JN300637

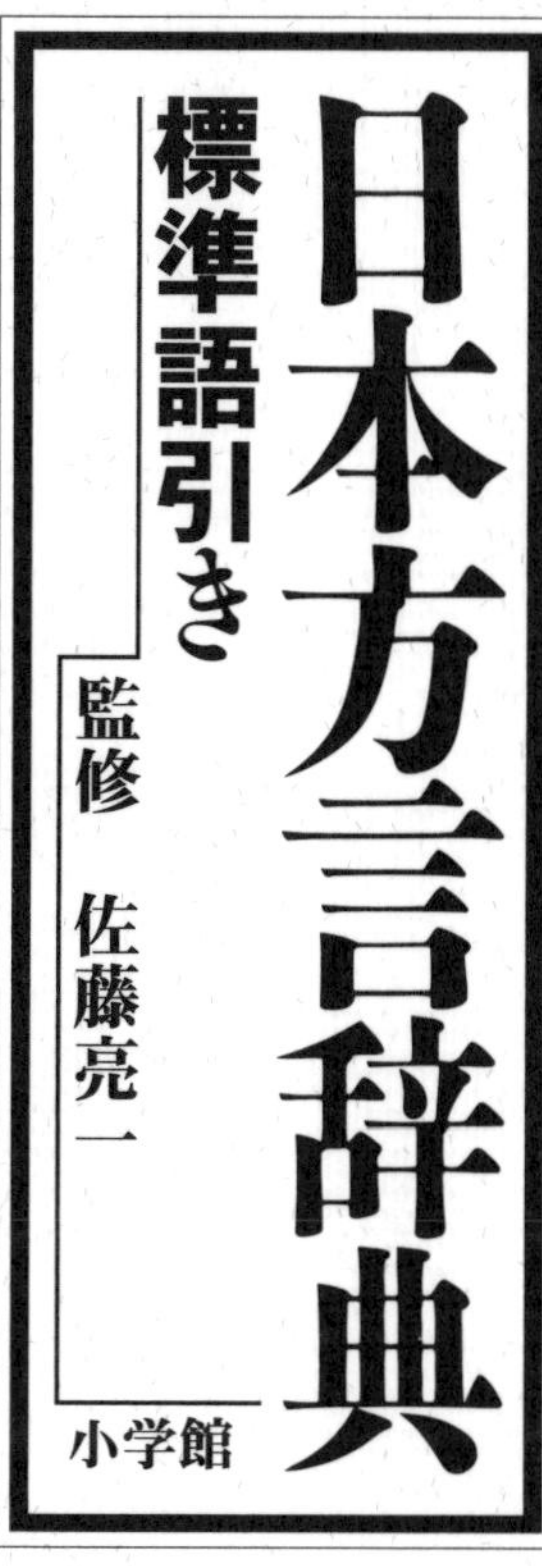

日本方言辞典

標準語引き

監修　佐藤亮一

小学館

はじめに

明治時代以降、日本では数多くの方言集・方言辞典が作られた。近代国家を樹立するためには国語の統一が必要であり、その手段として、まず全国の方言の状況を明らかにすべきであるという風潮が高まったことが背景にある。

わが国最初の全国方言集は江戸時代に刊行された越谷吾山編『物類称呼』(一七七五年)であるが、明治期以降の方言集を集大成した最初の全国規模の方言辞典は、戦後まもなく出版された東条操編『全国方言辞典』(東京堂、一九五一年)である。この辞典の編集に深くかかわってこられた故大岩正仲氏は、戦後も次々に刊行された各地の方言集をもとに方言語彙をカード化し、さらに大きな全国方言辞典の制作を計画しておられたのであるが、志なかばにして不帰の客となられた。その後、徳川宗賢氏が大岩氏の遺志を継ぎ、多くの協力者を得て大岩カードをさらに充実させ、『日本方言大辞典』(小学館、一九八九年)を完成させた。

大部分の方言集・方言辞典は方言形(俚言形)が五十音順に配列されており、たとえば「とんぼ」のことを何と呼ぶかというような調べ方はできない。しかし、『物類称呼』『全国方言辞典』『日本方言大辞典』のような全国規模の方言辞典では、いずれも標準語の意味から俚言形を探し出すことが可能である。

『物類称呼』は意味分野別の辞典であり、まず、「天地」「人倫」「動物」「生植」「器用」

などの大分類がなされ、動物の中の「とんぼ」の項目を見ると、「蜻蛉　とんばう　奥州仙台南部にてあけづと云、津軽にてだんぶりと云、常州及上州野州にてげんざと云、西国にてゑんばと云（以下略）」のように記述されている。

『全国方言辞典』と『日本方言大辞典』は、基本的には俚言形を五十音順に配列したものであるが、別巻として標準語引き索引が用意されている。とんぼの異称と分布状況を『日本方言大辞典』で調べようとして、「動物編」の「虫」の項目で「とんぼ」の見出しを探すと、「あーけ、あーけーじょ、あーけーず、あーげっちぃ、あいじ、あぎだん、あきたんやー、あきつ」など一八四種類の異形が並んでいる。これで「とんぼ」を意味する俚言形の種類は分かるが、それぞれの俚言形がどの地方で使われているかを調べるためには、ひとつひとつの見出し（俚言形）について、本文編に当たらなければならない。これにはかなりの労力と手間がかかる。この労力を解消し、それぞれの標準語形に当たる方言形（俚言形）がどこに分布するかをひと目で見ることができるようにしたものが、この『標準語引き 日本方言辞典』である。

この辞典で「とんぼ」（蜻蛉）の項目（九四三ページ）を引くと、一八九種類の異形のそれぞれについて分布地域が明示されている。これによって、たとえば、アケズ類の語（あーけ・あーけーじょ・あーけーず・あけ・あけず、など）が東北地方と鹿児島から沖縄にかけて周圏分布を見せていること、ゲンザ類の語（げんざ・げんざっぽ・げんざんぼー、など）が関東北部に見られること、エンバ類の語（えんば・えんぼ・へんぼ、など）が九州北西部に分布していることなどが読み取れる。この方言辞典は、いわば「標準語引き語形別分布辞典」ともいうべきもので、このような方式の全国方言辞典は過去に例をみない。この辞典の母体となっている『日本方言大辞典』（全三巻）には二〇万語を越える俚言形が収録されているが、本書は、日常生活に密着した項目を中心に約三、六〇〇語の標準語項目を立項し、『日本方言大辞典』の中からそれぞれに対応する方言形（俚言形）とその分布地域を選定して示している。また、本文中に方言の基礎知識に関するコラム（「方言の窓」）を、付録には都道府県別の方言概説を併載した。

明治生まれのお年寄りが話す方言は江戸時代の方言と大差がないとも言われている。このような伝統的な方言は急速に衰退しつつあるが、一方、今でも生活の中で使われている方言もある。

この辞典を見て日本語の豊かさに触れながら、それぞれの地方でどのような方言が生き残っているか、知りたいものである。また、この辞典を使って、全国の方言地図を作ってみるなど、さまざまな利用法が考えられる。地方を旅行したときの地元の人々との会話や、御年寄りと若者との交流などにも役立ててほしい。

二〇〇三年九月

佐藤亮一

目次

コラム「方言の窓」目次

［凡例］

この辞典は、『日本方言大辞典』（全三巻・一九八九年　小学館刊）の成果をもとに、約三、六〇〇語の標準語から各語に相当する方言を検索できるようにしたものである。

各項目は、次の要素から成り立っている。

標準語見出し／漢字欄／語釈（必要に応じて）／方言語形／使用地域名／補助注記／方言の例文

標準語見出しについて

見出しの種類には、次の二種がある。

① 親見出し――標準語の単語の見出し。ひらがな見出しに漢字欄を付して示した。

② 子見出し――親見出しの単語を含む句の見出し。親見出しの次にやや小さめのゴシック体で掲げた。親見出しとは別に、約三、〇〇〇項目ある。親見出しと同じ部分は □ によって省略して示した。ただし、親見出しと同じ語が句の中にない場合は、全形を示した。

これらの標準語見出しに相当する方言語形に＊印を付してひらがなで示し、その使用地域名などを、それぞれの語形の下に掲げた。

これを実例によって示すと、次のようになる。

あいきょう【愛嬌】 ＊**あい** 香川県西部 ＊**あいしらい** 島根県出雲「あの人はあいしらいの悪い（あいきょうのない）人だ」 ＊**あばいけ** 青森県津軽「あばぇけぁなぇ女だ」 ＊**えまい** 岐阜県大野郡 ＊**おとりもち** 岩手県気仙郡「おどりもぢいわり（あいきょうがない）」 ＊**しお** 大阪市「眼にしおがある」 ＊**そっぱい** 岐阜県恵那郡 ＊**せつ** 島根県邑智郡「せつが良い」 ＊**そっぺ** 長野県佐久 ＊**つんく** 大分県日田郡「あの人はつんくもねー（あいきょうなしだ）」 ＊**つんげ** 愛媛県大三島
→あいそ（愛想）

□がない（さま） ＊**いもぎり** 山口県豊浦郡 ＊**うやがない** 高知県 ＊**ぎこつ** 新潟県佐渡「それはぎこつな話だ」 ＊**きぞばえない** 岩手県胆沢郡 ＊**きぞぺぁねぁ** 秋田県雄勝郡「あの人はきぞぺぁねぁ」 ＊**きちょぺねぁ** 岩手県気仙郡 ＊**しおがからい** 島根県「しおがかろーてよりつかれん」 ＊**そっぱいがない** 茨城県真壁郡　群馬県邑楽郡　埼玉県南埼玉郡 ＊**ぎゅーしわるい** 長崎県北松浦郡「あの女はぎふしわるか」 ＊**こんげつなー** 愛媛県大三島 ＊**つらくされ** 長崎県対馬 ＊**てしぶ**

い 徳島県　高知県
□のあるさま ＊うらやか 島根県石見　高知県吾川郡・高知市「あそこの嫁さんのうらやかな事」 ＊うるまい 青森県津軽 ＊えさわさ・えさらわさら・えさおさ 愛媛県 ＊かなさまり 沖縄県石垣島 ＊きまえよし 島根県能義郡・隠岐島「今度来た嫁はきまえよしだ」 ＊やれそれ 新潟県佐渡
□のない人 ＊きでっぽー 新潟県岩船郡 ＊けんつー 大分県中部 ＊よこずこしー 山口県豊浦郡
□者 ＊おはめ 愛知県名古屋市 ＊んかいぱー 沖縄県鳩間島

見出しの配列について

1. 親見出しは、かな表記による五十音順の配列、また、子見出しは、原則として親見出しと同じ部分を表す□も含めた読みの、五十音順の配列とした。
2. 清音→濁音→半濁音の順。
3. 拗音・促音などの小文字が先、大文字が後。
4. 同語形が重複する場合は、漢字欄の漢字画数の順によって適宜配列した。

漢字欄について

1. 見出しの語に当てられる慣用的な漢字表記のうち主なものを【　】の中に示した。漢字表記が二つ以上考えられる場合は併記した。
2. 見出しの語の構成上、漢字が当てられない部分を含む語については、その部分に「―」を当てた。
3. 送りがなは一切省略した。

品詞について

品詞表示は原則として省略した。

参照見出しについて

別の見出しに解説の一切を委ねた場合、⇩の先にその参照すべき見出しを示した。

語釈について

1. 標準語の語釈は意味がわかりにくい語のみ示し、意味の明らかな語は省略した。
2. 標準語の意味・用法を分ける場合は、必要に応じて①②…の分類記号を用いた。

方言の表記と配列について

1. 方言の表記はひらがな・表音式で示した。ただし長音は「ー」で表し、「ぢ」「づ」は用いない。
2. 共通語に見られない「くゎ」「くぇ」の類や、しばしば各地に見られる音転化「あい→えー」、「い↔え」「さ行音→しゃ行音」、東北地方などに見られる語中・語末の有声化などは、原則として本来の形にまとめて扱った。
3. 琉球諸方言については、共通語に見られない表記「ぐぇ」「つぃ」の類を用い、なるべく実際の具体的な音に近づけるように努力した。特に特殊な音韻に関しては、「琉球諸方言の表記について」を参照。
4. 方言は五十音順の配列。
   ①長音記号「ー」は、直前のかなの母音と同じとして考えるが、同音の母音と並んだ場合には長音記号「ー」が同音の母音に先立つ。
   ②清音→濁音→半濁音の順
   ③拗音・促音などの小文字が先、大文字が後

方言の意味・語源・位相について

方言のさらに微妙なニュアンスや、語源、位相などは、各方言形のあと、または分布地域名のあとに（　）内に入れて示した。

分布使用地域名について

1. 資料によって方言に続いて使用地域名を掲げた。原資料は第二次世界大戦以前のものが多数あるため、その地域名は現在の行政地名とは必ずしも一致しない。主な郡名、地域名は「県界・郡界図」（12ページ）、「国名・地域名図」（14ページ）を参照。
2. 地域表示は、『全国市町村要覧』（市町村自治研究会編）の順序を参考にして、ほぼ北から南に並べた。
3. 同一都道府県下で、方言の分布が三地域以上におよんでいる場合は、都道府県名のみ表示した。
4. 県庁所在地と都道府県名が一致する場合、都道府県名は省略した。
   青森市　岩手県盛岡市
5. 同一都道府県の地名には間に「・」を入れて示した。
6. 同一都道府県下で、方言の分布が三地域以上におよんでいることを示す資料と、一地域のみであることを示す資料が存在する場合は、都道府県名の後に「・」を入れ分

けて示した。

鹿児島県・肝属郡

方言の例文について

1．原資料から、理解を助けると思われる例文を引用した。

2．文の表記は原則として原資料に従ったが、必要に応じて漢字を当てたり、句読点を補ったりした。また、理解を助けるために（　）内に説明を補った場合もある。

方言資料について

この辞典は、近代の一、〇〇〇点を越える各地の方言集や地誌、雑誌論文などを参考にして方言語彙を採録した。拠りどころとした資料の詳細については「方言資料一覧」（15ページ）を参照。

相互参照について

この辞典は、原資料の解説をもとに、キーワードを抽出することによって標準語見出しを立項したものである。そのため、意味の近い語が別々に立項された可能性も少なくない。よって、項目の末尾に矢印（→）で参照すべき項目を可能な限り示した。

コラム（「方言の窓」）について

方言に関する基礎知識やエピソードなどを取り上げたコラム欄（「方言の窓」）を本文中に設けた。

コラムの掲載ページは4ページ参照。

付録について

付録として、都道府県別の方言を概観した「都道府県別方言概説」と、その中で用いられた用語の「用語解説」を掲げた。「都道府県別方言概説」にはカットとして、故徳川宗賢氏のコレクションの方言が書かれた暖簾、手拭いなどの「方言土産」を添えた（山形県三川町所蔵）。

琉球諸方言の表記について

琉球諸方言、すなわち鹿児島県奄美地方および沖縄県下の島々で使われてきた伝統的な方言は、全国的な視野のもとで特に異彩を放っており、音声上も著しい特徴をもつ。この辞典の方言語形の表記は検索の便宜を考えて「かな」で表示しているが、琉球諸方言はもとより、各方言語形の厳密な表音的表記を「かな」によって表示することは理論的に困難である。したがって「かな」による表記は、ほぼ原音を正確に伝えているとはいうものの、近似的なものにとどまっていることをご理解いただきたい。

下表は琉球諸方言に見られる音声のうち特徴的なものを掲げ、それぞれに対応させた「かな」表記を示したものである。元来は同一方言内で区別のある音声を、「かな」表記では区別できない場合がある一方、別方言間でほとんど同一の音声なのに、もとの資料の表記に影響されるなどして、音声を近似的に表記した「かな」にもかかわらず、ことさら区別して表記しているようにみえる場合も考えうるので注意が必要である。

いぇ [ʔje,je,ʔjɛ,jɛ]
う [ʔu,wu]
ゔ [vu,−v]
ゔぁ [va]
うぃ [ʔwi,wi,wï]
うぇ [ʔwe,we,ʔwɛ,wɛ]
うぉ [wo]
うゎ [ʔwa]
くぃ・くぅぃ [kwi]
ぐぃ・ぐぅぃ [gwi]
くぇ・くぅぇ [kwe,kwɛ]
ぐぇ・ぐぅぇ [gwe]
くゎ [kwa,ʔkwa]
ぐゎ [gwa,ŋwa]
しぇ [ʃe]
じぇ [dʒe,ʒe]
すぃ [si]

ずぃ [dzi,zi,dzï]
ちぇ [tʃe]
つぁ [tsa,ʔtsa]
つぃ [tsi,tsï]
つぇ [tse,tsɛ,’tzɛ]
つぉ [tso,’tzo]
てぃ [ti,’ti,ʔti,twi,tï]
でぃ [di]
てぇ [’tje]
てゃ [tja]
でゃ [dja]
てゅ [tju]
でゅ [dju]
てょ [tjo]
でょ [djo]
とぅ [tu]
どぅ [du,ʔdu]

ふぁ [fa,ɸa]
ふぃ [fi,fï,ɸi,ɸï]
ふぇ [fe,fɛ,ɸe,ɸɛ]
ふぉ [fo,ɸo]
ふゃ [fja,ɸja]
ふゅ [fju,ɸju]
ふょ [fjo,ɸjo]

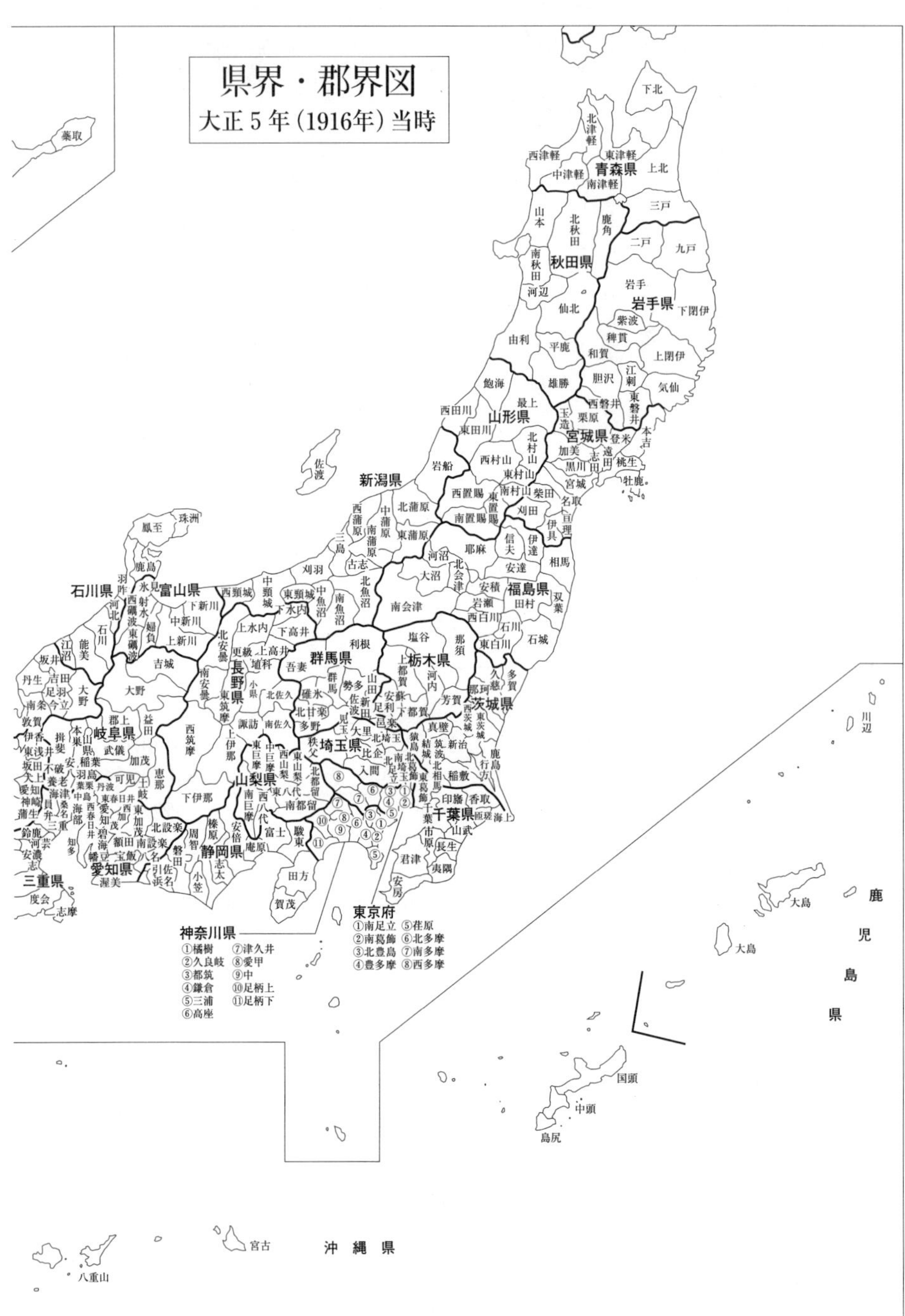

県界・郡界図
大正5年(1916年)当時
青森県
秋田県
岩手県
山形県
宮城県
新潟県
福島県
富山県
石川県
群馬県
栃木県
長野県
茨城県
岐阜県
埼玉県
山梨県
千葉県
静岡県
愛知県
三重県
東京府
①南足立 ⑤荏原
②南葛飾 ⑥北多摩
③北豊島 ⑦南多摩
④豊多摩 ⑧西多摩
神奈川県
①橘樹 ⑦津久井
②久良岐 ⑧愛甲
③都筑 ⑨中
④鎌倉 ⑩足柄上
⑤三浦 ⑪足柄下
⑥高座
鹿児島県
沖縄県
国頭
中頭
島尻
宮古
八重山

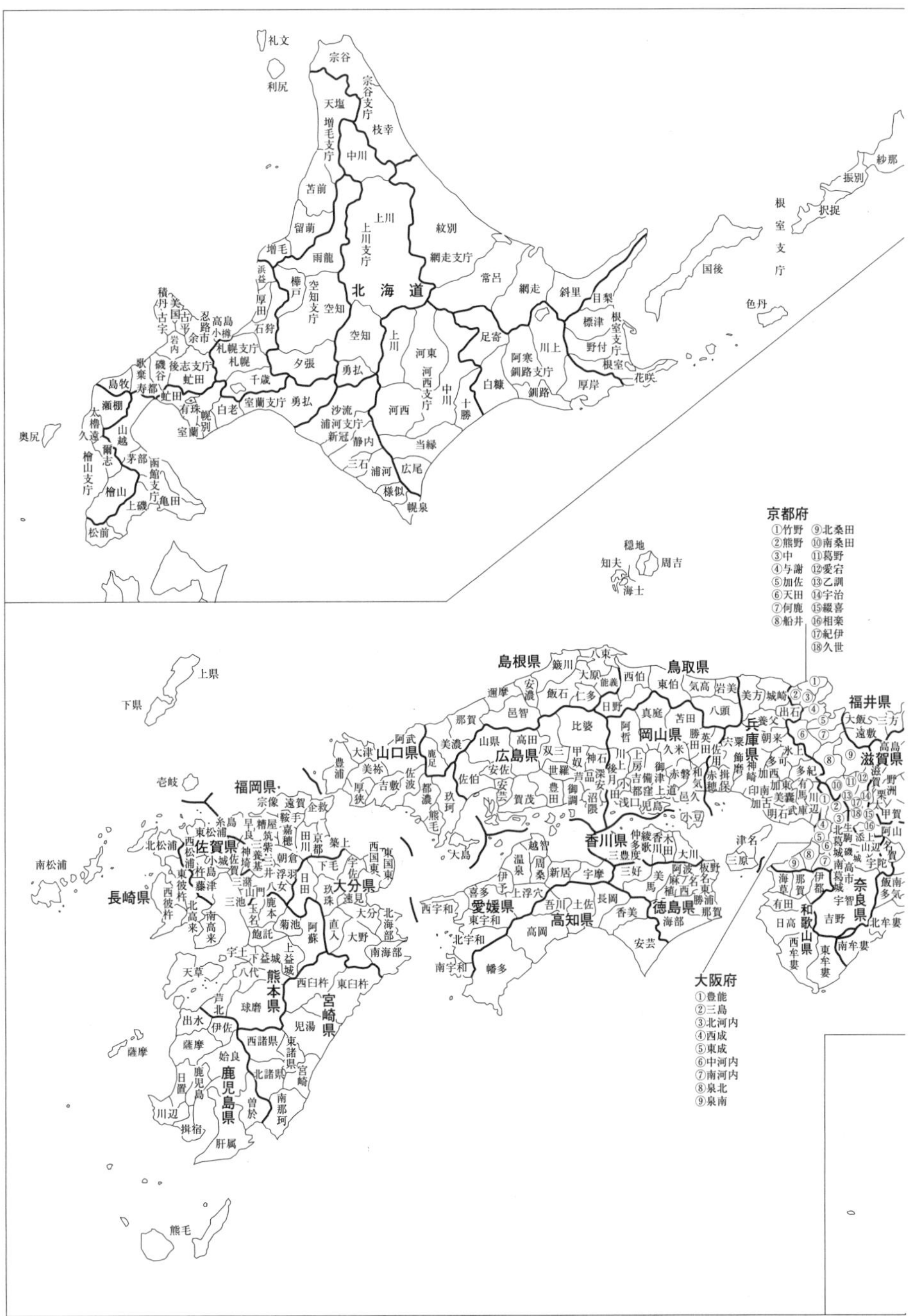

北海道
礼文
利尻
宗谷
宗谷支庁
天塩
増毛支庁
枝幸
中川
苫前
留萌
増毛
雨龍
上川
上川支庁
紋別
網走支庁
常呂
網走
斜里
目梨
標津
根室支庁
野付
根室
花咲
川上
阿寒
釧路支庁
釧路
厚岸
白糠
足寄
十勝
中川
河東
河西支庁
河西
当縁
広尾
様似
幌泉
浦河
三石
静内
新冠
浦河支庁
沙流
勇払
夕張
空知
空知支庁
樺戸
厚田
浜益
石狩
札幌支庁
札幌
千歳
室蘭支庁
白老
室蘭
幌別
有珠
虻田
後志支庁
磯谷
歌棄
寿都
島牧
瀬棚
太櫓
久遠
奥尻
爾志
檜山支庁
檜山
山越
茅部
函館支庁
亀田
上磯
松前
積丹
美国
古平
古宇
岩内
余市
忍路
高島
小樽
根室支庁
国後
色丹
択捉
振別
紗那
穏地
知夫
周吉
海士
京都府
①竹野
②熊野
③中
④与謝
⑤加佐
⑥天田
⑦何鹿
⑧船井
⑨北桑田
⑩南桑田
⑪葛野
⑫愛宕
⑬乙訓
⑭宇治
⑮綴喜
⑯相楽
⑰紀伊
⑱久世
大阪府
①豊能
②三島
③北河内
④西成
⑤東成
⑥中河内
⑦南河内
⑧泉北
⑨泉南
島根県
鳥取県
山口県
広島県
岡山県
兵庫県
福井県
滋賀県
福岡県
佐賀県
長崎県
大分県
熊本県
宮崎県
鹿児島県
愛媛県
香川県
徳島県
高知県
和歌山県
奈良県
上県
下県
壱岐
南松浦
北松浦
東松浦
西松浦
天草
薩摩
熊毛
出水
伊佐
始良
日置
川辺
揖宿
肝属
曽於
南那珂
北諸県
西諸県
東諸県
宮崎
児湯
西臼杵
東臼杵
球磨
芦北
八代
宇土
下益城
上益城
阿蘇
菊池
直入
大野
南海部
北海部
大分
西国東
東国東
速見
玖珠
日田
下毛
宇佐
上毛
築上
京都
田川
嘉穂
朝倉
宗像
遠賀
鞍手
糸島
早良
企救
豊浦
厚狭
美祢
大津
阿武
吉敷
佐波
都濃
熊毛
大島
玖珂
鹿足
美濃
那賀
邑智
安濃
邇摩
飯石
簸川
八束
能義
仁多
大原
西伯
東伯
日野
気高
岩美
八頭
比婆
双三
高田
山県
佐伯
安佐
安芸
賀茂
豊田
世羅
甲奴
神石
芦品
沼隈
御調
真庭
苫田
勝田
英田
久米
阿哲
川上
後月
小田
浅口
児島
赤磐
和気
邑久
小豆
上房
吉備
御津
上道
美方
城崎
出石
養父
朝来
氷上
多紀
多可
宍粟
佐用
揖保
赤穂
飾磨
神崎
加西
加東
印南
加古
美嚢
明石
有馬
川辺
武庫
津名
三原
越智
温泉
周桑
新居
宇摩
伊予
喜多
上浮穴
東宇和
西宇和
北宇和
南宇和
幡多
高岡
吾川
土佐
長岡
香美
安芸
大川
木田
香川
綾歌
仲多度
三豊
板野
阿波
麻植
名西
名東
美馬
三好
勝浦
那賀
海部
海草
那賀
伊都
有田
日高
西牟婁
東牟婁
南牟婁
北牟婁
吉野
宇智
高市
北葛城
南葛城
山辺
宇陀
生駒
添上
磯城
大飯
三方
遠敷
高島
野洲
甲賀

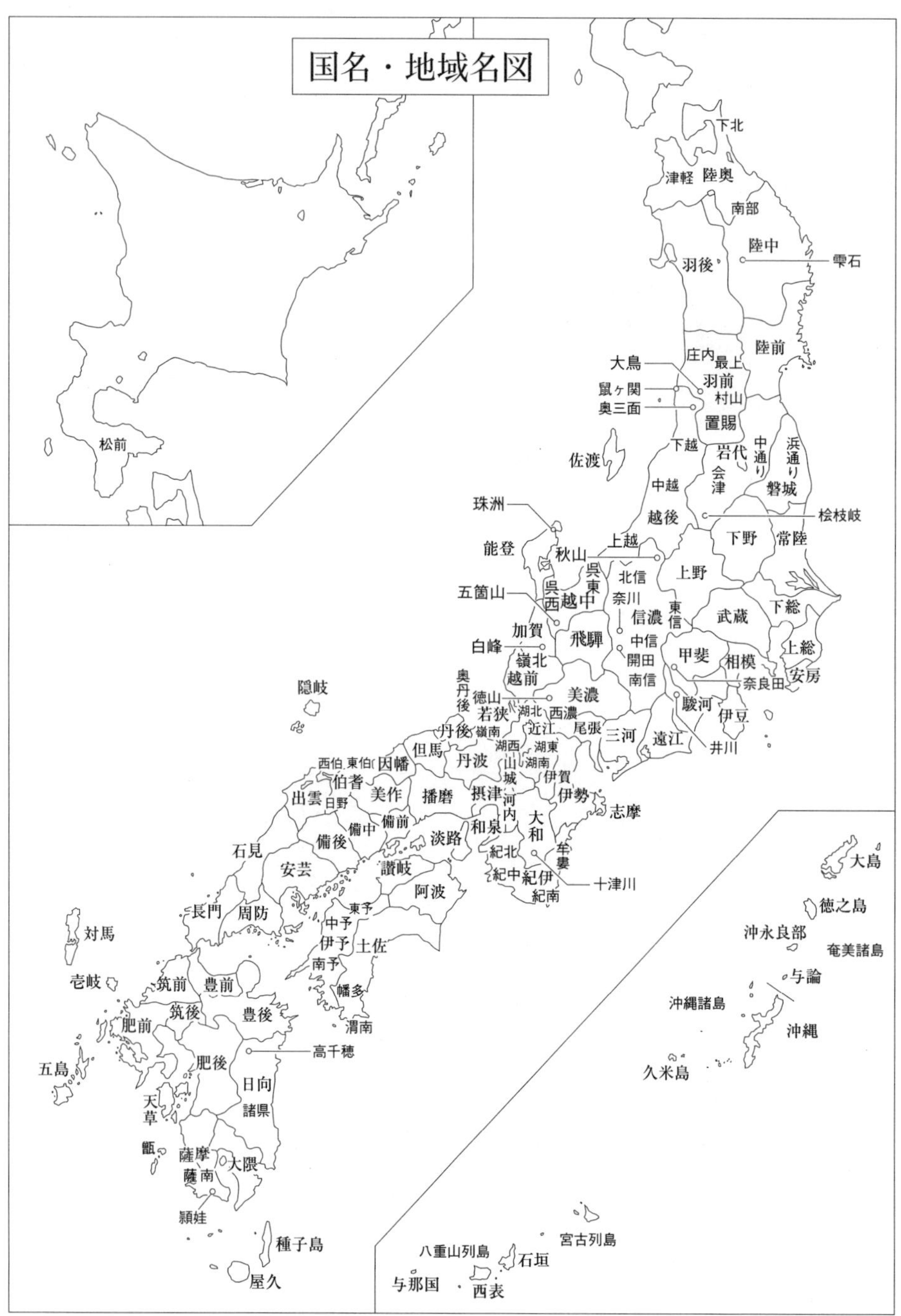
国名・地域名図
松前
下北
津軽
陸奥
南部
陸中
雫石
羽後
陸前
庄内
最上
大鳥
羽前
鼠ヶ関
奥三面
村山
置賜
佐渡
下越
岩代
中通り
浜通り
会津
中越
磐城
越後
桧枝岐
珠洲
上越
下野
常陸
能登
秋山
北信
上野
呉東
五箇山
呉西
越中
奈川
東信
武蔵
下総
信濃
加賀
白峰
飛騨
中信
上総
嶺北
開田
甲斐
相模
越前
南信
安房
奈良田
隠岐
奥丹後
徳山
美濃
駿河
伊豆
若狭
湖北
西濃
丹後
嶺南
近江
尾張
三河
遠江
井川
但馬
湖西
湖東
西伯
東伯
因幡
丹波
山城
湖南
伯耆
伊賀
出雲
日野
美作
播磨
摂津
河内
伊勢
志摩
備中
備前
大和
和泉
石見
備後
淡路
紀北
牟婁
安芸
讃岐
紀中
紀伊
十津川
紀南
阿波
長門
周防
東予
中予
対馬
伊予
土佐
南予
壱岐
筑前
豊前
幡多
筑後
豊後
肥前
渭南
高千穂
肥後
五島
日向
天草
諸県
甑
薩摩
大隅
薩南
頴娃
種子島
屋久
大島
徳之島
沖永良部
奄美諸島
与論
沖縄諸島
沖縄
久米島
宮古列島
八重山列島
石垣
与那国
西表

方言資料一覧

1「標準語引き　日本方言辞典」は約一千点の方言資料（各地の方言集・地誌の類）から語彙を採録したが、それらの方言資料を掲げた。

2各方言集・地誌の類は、編著者名・成立年を示した。

3成立年は、原則としてその発行年を当て、西暦で示した。

4雑誌・叢書等に所収のものは、＝の下にその雑誌名・叢書名等を示した。また、稿本のものも、＝の下に示した。

5雑誌のうち、主要なものについて、刊行年、所収の論文名・編著者名・巻数・号数等を示した。

広い地域にわたって語彙のとられている資料

大日本国誌（内務省地理局）一八八六
日本大辞書（山田美妙）一八九二〜九三
日本樹木名方言集（農商務省山林局）一九一六
狩猟鳥類ノ方言（農商務省農務局）一九二一
日本産物志（伊藤圭介）一九二〇〜二四
本草図譜名疏（白井光太郎）一九二二
鳥類ノ方言（農林省農務局）一九二五
樹種名方言集（農林省山林局）一九三二
民間服飾誌履物篇（宮本勢助）一九三三
山村生活の研究（柳田国男）一九三七
民具問答集（アチック・ミューゼアム）一九三七
山岳語彙蒐集報告（高橋文太郎）一九三八
国語の将来（柳田国男）一九三九
瀬戸内海島嶼巡訪日記（アチック・ミューゼアム）一九四〇
日本産魚類方言集（兵庫県水産試験場）一九四一
実用魚介方言図説（田中茂穂）一九四一
国語と民俗学（倉田一郎）一九四二
山岳語彙（岩科小一郎）一九四二
日本魚名集覧（渋沢敬三）一九五八
民俗採訪（橋浦泰雄）一九四三
麝香の臍（宮本勢助）一九四四
雪国の民俗（柳田国男・三木茂）一九四四
毎日の言葉（柳田国男）一九四六
家閑談（柳田国男）一九四六
海村生活の研究（柳田国男）一九四九
日本星座方言資料（内田武志）一九四九
方言語彙学的研究（小林好日）一九五〇
西はどっち（柳田国男）一九五〇
全国民俗誌叢書　一九五一
農作物の地方名（農林省統計調査部）一九五一
日本の星（野尻抱影）一九五七
民俗と植物（武田久吉）一九四八
方言学（藤原与一）一九六二
樹木と方言（倉田悟）一九六二
言語変化の類型（馬瀬良雄）＝信濃一五・四三　一九六三
日本主要樹木名方言集（倉田悟）一九六三
雑草の地域別生態調査（千葉大学）一九六五
全国方言資料（日本放送協会）一九六六〜六七
言語学雑誌　一九〇〇
　八丈島方言（保科孝一）＝一・二
大八洲学会雑誌
音声学会会報　一九五二
　八丈八村方言の文例（吉町義雄）＝八〇
郷土研究　一九三一
　方言覚帳から（二）（山本靖民）＝五・三
国語学
国語教育　一九二八〜一九三一
　稿本「宮崎方言に就て」（上）（東條操）＝一三・二
　新潟県語彙（上）（吉田澄夫）＝一六・一
　新潟県語彙（下）（吉田澄夫）＝一六・二
　出雲方言に就て（高橋龍雄）＝一六・九
　石見地方に於ける方言訛語について（千代延尚寿）＝一六・九
　阿波の方言について（金沢治）＝一六・九
　豊前方言の歴史的考察と特殊な語句語法の研究（岡村利一）＝一六・九
　壱岐島方言の接辞（山口麻太郎）＝一六・九
　全国メダカ方言語彙（佐藤清明）＝一六・九
　方言と児童綴方（池田和夫）＝一六・九
国語研究　一九三五
　三重県名賀郡名張町字松崎町方言集（大岡夏子）＝三・六
　大和方言集（奈良県学務課）＝三・六
心の花
　方言訛語伊予国宇摩郡（森田義男）
　越佐方言に就て（万葉草廬主人）
　薩摩言葉（重永紫雲）
　方言訛語山形県飽海郡（梅津曾太郎）
東京人類学会雑誌　一八八六〜一九〇七
　淡路方言（岡田信利）＝二
　土佐国方言（N・Y生）＝三
　但馬方言（羽柴雄輔誌・河本庚之助）＝六
　伊予大洲方言（堀悌三郎）＝六
　西海道方言表人倫之部（岡村増太郎）＝二・九
　函館方言（佐藤重記）＝一二
　甲斐方言（吉田時）＝一六
　佐渡方言（大川通久）＝一七
　伊豆御蔵島方言及び盆歌（栗本俊吉）＝一八
　伊豆諸島に於ける人類学上の取調、大島の部（坪井正五郎）＝二三
　羽前国西田川郡山五十川村ニ長寿ノ者多キ事及方言（羽柴雄輔）＝二五
　志摩国英虞郡和具邨ニッキテ（古坂生）＝三四
　壱岐国風俗及方言（菊池吉祥）＝三四
　飛騨国大野郡高山町方言略表（田中正太郎）＝三五
　各地方言表（羽柴雄輔）＝三五
　方言研究の材料（坪井正五郎）＝三六
　荘内稚児言葉（羽柴雄輔）＝三六
　米沢稚児言葉（佐藤周助）＝三六
　因幡国鳥取方言表（加茂元善）＝三七
　陸中国鹿角郡方言表（泉沢恒蔵）＝三七
　滋賀県下高嶋郡今津方言（加茂元善）＝三八
　伊豆国加茂郡方言表（鳥居邦太郎）＝三八
　福島県下岩代国安積郡多田野方言表（鳥居邦太郎）＝三八
　福井県越前国今立郡養脇方言集（鳥居邦太郎）＝三八
　和歌山県下紀伊国日高郡印南方言表（鳥居邦太郎）＝三八
　岩代国安積郡中央部方言（石井民司）＝三八
　越中国礪波郡方言集（三村釵吉）＝三九
　下総国猿島郡方言表（東宮鉄真呂）＝三九
　陸中国磐井郡山ノ目方言表（大久保初男）＝三九
　岩手県下陸中国北岩手郡沼宮内方言表（鳥居邦太郎）＝三九
　壱岐国方言（菊池吉祥）＝三九
　上総国長柄郡一ノ宮方言表（大久保初男）＝四〇
　加賀国金沢方言表（大久保初男）＝四〇
　陸中国膽沢郡南部方言表（鳥居邦太郎）＝四〇
　備後国沼隈郡草戸方言表（鳥居邦太郎）＝四〇
　周防国都濃郡徳山方言表（長坂達郎）＝四一
　越後国中蒲原郡五泉町方言表（大久保初男）＝四一
　下野国芳賀郡方言表（東宮鉄真呂）＝四一
　備後福山方言表（保多守太郎）＝四一
　加賀国金沢地方方言表（梅村迷子）＝四一
　豊前小倉方言表（某氏）＝四二
　駿河国富士郡下等人民方言表（角田虎男）＝四二
　山城国京都方言表（大久保初男）＝四二
　土佐国長岡郡国比左村方言表（大高坂守衛）＝四二
　土佐国高知市方言表（鳥居邦太郎）＝四二
　越中国富山方言表（鳥居邦太郎）＝四二
　雑記・第一土佐高知ノ正誤（寺石政路）＝四四
　雑記・樵夫猟夫ノ禁止語及掟（藤井秀任）＝四四
　雑報・南部方言（佐藤重紀）＝七五

鹿児島県下大島群島雑辞（田代安定）＝八五
伊豆新島婦人ノ現況（水越正義）＝九八
伊豆利島ノ土俗（水越正義）＝一一六
伊豆大島土俗観察の記（山崎直方）＝一一八
阿波国祖谷土俗調査（中井伊与太・曾木嘉五郎）＝一三三
雑報・甲斐の贈答風習（中山笑）＝一三五
雑報・越中国五箇山の方言（米沢）＝二五三

雪氷

氷の方言覚書（畠山久尚）＝九・一

土の香　一九三四～一九三五

山形県荘内住居家居の方言（斎藤秀一）＝六八
愛知県に於ける農地方言の研究（耕地・林地の部）（山田有一）＝六八
「富山市近在方言集」補遺（太田栄太郎）＝六八
紙漉重宝記（石田春昭）＝一五・二
長崎方面の方言（辻山生）
全国竈馬方言集（佐藤清明）＝一〇
岐阜県加茂郡黒川村方言（鈴木規夫）＝一〇
淡路島由良町方言集（玉岡松一郎）＝一一
淡路方言資料補遺岩屋町方言集（玉岡松一郎）＝一二
氷上郡黒井町の方言（河本正義）
愛知県に於ける農地方言の研究（山田有一）＝七
南大隅の方言雑志（野村伝四）＝一
熊本方言（宮本勢助）

日本アジア学会会報　一八七五～一九一一

The Yonezawa dialect.(Charles H. Dallas)
Notes of a visit to Hachijô in 1878(F. V. Dickins & Ernest Satow)
Notes on the dialect spoken in Ahidzu.(Basil Hall Chamberlain)
Notes on dialectical usage in the Nagasaki district.(G. B. Sansom)

方言　一九三一～一九三八

広島県安芸郡倉橋島方言（西林源次郎）＝一・一
新潟方言二三（吉田澄夫）＝一・二
長崎版日葡辞書にあらはれた方言資料（一）（近藤国臣）＝一・二
肥前五島方言集（橋浦泰雄）＝一・二
琉球語彙（一）（伊波普猷）＝一・三
南佐久郡方言集（信濃教育会南佐久郡会）＝一・三
南佐久郡方言集（二）（信濃教育会南佐久郡会）＝一・四
広島県安芸郡倉橋島方言集（二）（西林源次郎）＝一・四
宝島方言集（敷根利治）＝二・一
奈良県吉野郡の方言調査（岸田定雄）＝二・二
愛媛県の蝸牛方言（杉山正世）＝二・二
琉球語彙（二）（伊波普猷）＝二・二
長崎版日葡辞書にあらはれた方言資料（二）（近藤国臣）＝二・二
兵庫県揖保郡河内村方言（高瀬軍治）＝二・二
人倫に関する宮古方言（国仲寛徒）＝二・四
幡多方言川柳抄（中平悦麿）＝二・四
豊橋方言の音声と語法（谷亮平）＝二・四
長崎版日葡辞書にあらはれた方言資料（三）（近藤国臣）＝二・五
石見方言集（千代延尚寿）＝二・五
広島愛媛両方言の境界線（藤原与一）＝二・六
瀬戸内海島嶼方言資料（山田正紀）＝二・六
伊豆宇佐美方言（山本靖民）＝二・七
郷土方言小識（島根県那賀郡下府村）（西谷登七郎）＝二・八
鹿児島ことば（翠香漁夫）＝二・九
磐城相馬の植物方言（松本繁）＝二・一〇
宮崎県蟷螂方言集（日野巖）＝二・一〇
佐賀県馬渡島の方言（山口麻太郎）＝二・一〇
更級郡方言集（柳田国男）＝二・一〇
越中高岡地方の謎と方言（磯部忠雄）＝二・一二
内地に於ける蛙の方言（佐藤清明）＝二・一二
愛媛県周桑郡庄内村実報寺方言（四之宮サカヱ）＝三・一
豊橋方言余録（谷亮平）＝三・二
静岡市近傍漁業語彙（内田武志）＝三・二
高野口町方言集（高瀬軍治）＝三・二
種子島方言集（鮫島松下）＝三・三
神奈川県方言資料（山本靖民）＝三・四
長崎版日葡辞書にあらはれた方言資料補遺（近藤国臣）＝三・五
長崎県下、西彼・東彼両郡に於ける方言分布の若干に就て（本山桂川）＝三・六
瑞江・葛西言葉（福里栄三）＝三・六
京都方言襍記（高萩精玄）＝三・九
鳥取県西伯郡逢坂村方言（遠藤茂）＝三・九
南隅高山方言考（野村伝四）＝三・一〇
器物の名称に就いて（早川孝太郎）＝三・一一
出雲方言語原考（錦織柳蔵）＝三・一一
鹿児島地方の動物方言に就て（宇都野新太郎）＝三・一一
備中小田郡方言集（佐伯隆治）＝三・一一
蛇に関する方言（内田武志）＝三・一二
南隅高山方言考（二）（野村伝四）＝四・一
首里・那覇方言に於ける親族関係の語に就いて（金城朝永）＝四・一
ヒキガヘルの方言（佐藤清明）＝四・一
諏訪語特徴語一班（笹岡末吉）＝四・一
伊予方言の分布対立（杉山正世）＝四・二
讃岐特殊方言（陸田稔）＝四・二
広島県のツララ方言（磯貝勇）＝四・三
京都方言襍記以後（高萩精玄）＝四・四
和歌山の方言中の否定詞（杉村楚人冠）＝四・五
大隅方言概観（福里栄三）＝四・五
肥後方言集（宗要吉）＝四・六
南隅高山方言考（三）（野村伝四）＝四・六
野辺地々方に於ける音韻変化（奥角杏作）＝四・七
山形県荘内人倫の方言（斎藤秀一）＝四・八
天草島の方言に就て（原田芳起）＝四・九
接尾辞「げ」「さう」及び助詞「に」に就いて（上野勇）＝四・九
磐城地方方言考（高木稲水）＝四・九
硫黄島方言集（井上一男）＝四・九
国頭方言の音韻（仲宗根政善）＝四・一〇
宮古島方言研究（与儀達敏）＝四・一〇
南島方言に於ける「場所」の代名詞（宮良当壮）＝四・一〇
南島八重垣―明治初年の琉球語彙―（山内盛熹遺稿伊波普猷補註）＝四・一〇
長野市及び上水内郡方言集（佐伯隆治）＝四・一一
広島県山県郡大朝町山村語彙（研井知陽）＝四・一二
播磨国赤穂郡・佐用郡方言資料（玉岡松一郎）＝四・一二
全国菫方言集（佐藤清明）＝五・一
磐城方言考（二）（高木稲水）＝五・三
熊本県動物方言分布（田中正行）＝五・三
壱岐島方言ニ於ケル畳語ノ副詞（目良亀久）＝五・四
大隅百引事物名集（桜田勝徳）＝五・四
仙南地方の家族称呼（菅野蔵治）＝五・五
紀州上山路村の語彙（倉田一郎）＝五・五
宮城県方言考（猪狩幸之助）＝五・六
千葉県印旛郡方言訛語（一）（印旛郡国語教育研究部）＝五・六
津軽方言語釈（副詞の部）（北山長雄）＝五・七
備後国三次町の方言（千代延尚寿）＝五・七
土井八枝著「土佐の方言」を読む（田中茂穂）＝五・七
球磨山村語彙―熊本県球磨郡五木村方言―（能田太郎）＝五・八
千葉県印旛郡方言訛語（二）（印旛郡国語教育研究部）＝五・八
志摩崎島方言集（玉岡松一郎）＝五・九
静岡県周智郡気多村語彙（橋浦泰雄）＝五・一〇
中央出雲の挨拶（加藤義成）＝五・一〇
岡山市方言集稿本（二）（内田百閒）＝五・一〇
兵庫神戸の方言小纏（壁谷真蔭）＝五・一一
相州江の島語彙（清野久雄）＝五・一一
岡山市方言集稿（三）（内田百閒）＝五・一一
長崎県南松浦郡五島語彙（瀬川清子）＝五・一二
安芸中野村語彙（大間知篤三）＝六・三
津軽方言語釈（名詞の部）（北山長雄）＝六・三
紀州方言の代名詞（上山景一）＝六・三
上総漁村語彙（倉田一郎）＝六・四

磐城方言考（三）（高木稲水）＝六・四
西多摩郡檜原村語彙（大藤時彦）＝六・五
新潟県東蒲原郡東川村語彙（最上孝敬）＝六・六
村人の生活の一面（水野葉舟）＝六・七
徳島県祖谷方言（井上一男）＝六・七
房州平館方言資料（宮本馨太郎）＝六・七
愛知県北設楽郡振草村語彙（瀬川清子）＝六・八
岡山市方言集稿本（四）（内田百閒）＝六・八
九州漁語抄（倉田一郎）＝六・一〇
壱岐島ニ於ケルいれものノ呼称（目良亀久）＝六・一一
遠山方言の一資料（井上福実）＝六・一一
香川県三豊郡五郷村語彙（瀬川清子）＝六・一一
信州東筑摩郡方言集（佐伯隆治）＝六・一一
土佐方言語法（上）（土居重俊）＝六・一二
熊本県山村語彙（最上孝敬）＝六・一二
愛知県農民衣食住語彙（井之口有一）＝六・一二
埼玉県の方言区画（東條操）＝七・二
秩父地方の方言調査票より（東條操）＝七・二
幸手方言その他（上野勇）＝七・二
埼玉県入間郡方言集稿（池ノ内好次郎）＝七・二
白川村カミンチョの方言（浅田茂）＝七・四
南伊予の産育習俗語彙稿（杉山正世）＝七・五
上五島方言考（一）（頴原謙三稿・頴原退蔵補）＝七・七
対馬民俗語彙稿（鈴木棠三）＝七・七
下伊那郡方言調査書（井上福実）＝七・八
上五島方言考（二）（頴原謙三稿・頴原退蔵補）＝七・九
陸前荒浜漁村語彙（倉田一郎）＝七・九
山形県東田川郡新堀村方言（浅田茂）＝七・九
徳島県方言分布（井上一男）＝七・一〇
土佐の山村を歩く（橋詰延寿）＝七・一〇
三重県北牟婁郡須賀利村語彙（牧田茂）＝八・一
愛媛県温泉郡神和村語彙抄（武田明）＝八・一
佐賀県植物方言（栗田正秀）＝八・一
甑島語法の考察（北條忠雄）＝八・二
秩父大椚村語彙（小西ゆき子）＝八・二
野辺地方言集補遺（中市謙三）＝八・二
方言研究 一九四三
　国語の真相を覓めて（北條忠雄）＝八
方言の研究（新潟大学方言研究会）
方言研究年報（広島大学方言研究会）
方言と土俗 一九三四
　山梨県河内方言（石川緑泥）＝四・九
民間伝承 一九三七～一九四三
　宇鉄漁村語彙（山口彌一郎）＝三・三
葬送語彙（白井永二）＝三・三
遠山村採集（水野葉舟）＝三・六
遠山村耕作語彙（二）（水野葉舟）＝三・七
相州北足柄村狩猟語彙（野口長義）＝三・一〇
北足柄狩猟語彙（二）（野口長義）＝三・一一
家屋語彙（貝森格正）＝三・一二
ヲニオケ（満岡忠成）＝三・一二
山村語彙（武田明）＝三・一二
津軽漁村語彙（貝森格正）＝四・六
感情を表はす形容詞（細谷則理）＝四・六
感情を表はす形容詞（小川景）＝四・六
城南語彙（佐久間昇）＝四・七
津軽漁村語彙（貝森格正）＝四・七
中豊島民俗（佐久間昇）＝四・九
屋根葺替の種類（小川景）＝四・九
木挽の挽歩の勘定（篠田定吉）＝四・九
葉山附近風の呼名（伊藤最子）＝四・九
綱のこと（伊藤最子）＝四・一〇
方言二、三（鈴木棠一）＝四・一〇
農村語彙補足（三宅周一）＝四・一〇
分類漁村語彙補足（目良亀久）＝四・一〇
綱のこと補足（伊藤最子）＝四・一一
船の種類（伊藤最子）＝四・一二
農村語彙補遺（三宅周一）＝四・一二
城南語彙（佐久間昇）＝四・一二
夷隅郡大原町辺の漁村語彙（安藤菊二）＝五・四
食物語彙（和気周一）＝五・五
方言（甲斐卓雄）＝五・五
茨城県稲敷郡金江津村（佐久間昇）＝五・八
漁村語彙（森脇太一）＝五・八
葬送習俗と語彙（和気周一）＝五・八
葬送習俗語彙（三宅周一）＝五・一一
代り言葉（伊藤作一）＝六・四
夷隅郡興津町語彙（一）（相場国郎）＝六・四
夷隅郡興津町語彙（二）（相場国郎）＝六・五
代り言葉（今野円輔）＝六・六
夷隅郡興津町語彙（三）（相場国郎）＝六・六
児童語彙（北林徳治）＝六・六
南高来郡有家町方言（城野智）＝九
戸鹿野の民俗（星野義正・佐久間昇）＝九
厄年その他―簸川郡伊波野村―（岡義重）＝九
農村の言葉一二（蒲生明）＝九
甲州清里村覚書（笹村）＝九
語彙食習其他（瀬川清子）＝九
陸中大川村の食物など（丸山久子）＝九
遠州地頭方採訪録（二）（鈴木正彦）＝九
民俗学
民族と歴史 一九一九～一九二三
　備後三次言葉（後藤美心君）＝一・三
　名古屋言葉＝一・六
　神戸言葉―神戸と兵庫―（神戸独尊生）＝二・五
　西播住宅の一例（高田十郎）＝二・六
　播州山田方言（矢倉甫田）＝三・七
　三浦半島の方言（赤星直忠）＝七・三
　三浦半島方言（赤星直忠）＝九・三
風俗画報 一八九二～一九一六
　米沢方言（馬場由雄）＝四六
　米沢方言（馬場由雄）＝四七
　静岡市方言（鈴迺屋報）＝一〇六
　信濃松本地方の方言（珍事堂半狂）＝一〇六
　薩摩国鹿児島市の方言（渓廼家涼華）＝一〇八
　盛岡方言考（小本村司）＝一〇八
　甲斐国方言（加納英次郎）＝一一〇
　甲斐国方言（続）（加納英次郎）＝一一二
　盛岡方言考（続）（小本村司）＝一一二
　遠州国引佐郡地方の方言（鈴木和四郎）＝一一四
　盛岡方言考（続）（小本村司）＝一一四
　伊勢国富田地方の方言（別所乙也）＝一一六
　盛岡方言考（続）（小本村司）＝一一六
　沖縄の言語（白龍居士）＝一一七
　宮古島言語（白龍居士）＝一一七
　播磨加古地方の方言（玉木亀三郎）＝一二一
　出雲国松江地方の方言（住山永年）＝一二一
　飛騨国高山地方の方言（住山永年）＝一二一
　駿河国庵原郡方言（香雲生）＝一二一
　盛岡方言考（続）（小本村司）＝一二一
　上野国館林の方言（鴎夢生）＝一二二
　金沢の方言（大屋愷敆）＝一二二
　盛岡方言考（続）（小本村司）＝一二三
　陸奥国折爪山麓地方々言（零々生）＝一二五
　越中方言（杜歩化小史）＝一二五
　盛岡方言考（続）（小本村司）＝一二五
　但馬国方言（小出舟山）＝一二七
　長崎方言（瓊南散史）＝一二七
　盛岡方言考（続）（小本村司）＝一二七
　因幡国鳥取市の方言（久松山樵）＝一三〇
　佐渡国方言佐渡相川（鶴廼舎主人）＝一三〇
　盛岡方言考（続）（小本村司）＝一三〇

方言資料一覧

近江長浜地方幼童稚女の言葉（中山嘉三郎）＝二八三
甲斐方言考（上）（三田村玄龍）＝三〇七
紀伊那賀郡地方方言（重田栄泉）＝三〇七
上総地方の方言（第五回）（ジ・ハヤシ生）＝三〇七
甲斐方言考（中の一）（三田村玄龍）＝三一〇
大和高田方言（七）（岡田竹雲）＝三一〇
志摩国船越村の方言（小坂孤堂）＝三一〇
甲斐方言考（中の二）（三田村玄龍）＝三一二
大和高田方言（八）（岡田竹雲）＝三一二
甲斐方言考（中の三）（三田村玄龍）＝三一四
大和高田方言（九）（岡田竹雲）＝三一四
掛川町並に近在の方言（中山元治）＝三一五
甲斐方言考（中の四）（三田村玄龍）＝三一六
上総地方の方言（第六回）（ジ・ハヤシ生）＝三一六
愛媛県越智郡の方言（矢野定彦）＝三一六
薩摩鱗介の殊称（醯雞舎主人）＝三一八
甲斐方言考（中の五）（三田村玄龍）＝三二〇
大和高田方言（十）（岡田竹雲）＝三二〇
甲斐方言考（中の六）（三田村玄龍）＝三二二
大和高田方言（十一）（岡田竹雲）＝三二二
越中婦負山村の方言（瓦山人）＝三二二
甲斐方言考（中の七）（三田村玄龍）＝三二四
甲斐方言考（中の八）（三田村玄龍）＝三二六
信濃南部の方言（小林義暁）＝三二六
甲斐方言考（中の九）（三田村玄龍）＝三三〇
土佐方言（河口月華堂）＝三三〇
甲斐方言考（中の十）（三田村玄龍）＝三三二
越後中魚沼郡方言（不如学楼主人輯）＝三三二
結城地方の方言（安楽居善子）＝三三二
駿河駿東郡北部の方言（香雲）＝三三二
甲斐方言考（下の一）（三田村玄龍）＝三三四
美濃国羽島郡笠松地方の方言（久納興三）＝三三四
土佐方言第二（河口月華堂）＝三三六
甲斐方言考（下の二）（三田村玄龍）＝三三八
越後中魚沼郡方言（二）（不如学楼主人輯）＝三三八
甲斐方言考（下の三）（三田村玄龍）＝三三九
甲斐方言考（下の四）（三田村玄龍）＝三四一
甲斐方言考（下の五）（三田村玄龍）＝三四三
遠江磐田郡内の方言（香雲）＝三四三
越中富山方言（清秀女史）＝三四三
甲斐方言考（下の六）（三田村玄龍）＝三四六
駿河富士郡内の方言（香雲）＝三四六
甲斐方言考（下の七）（三田村玄龍）＝三四九
信濃南部の方言（続き）（小林義暁）＝三四九

山口地方の方言（すの字）＝三四九
甲斐方言考（下の八）（三田村玄龍）＝三五〇
秋田市の方言（一酔子）＝三五〇
甲斐方言考（下の九）（三田村玄龍）＝三五二
信州南部方言（小林義暁）＝三五二
秋田市の方言（承前）（一酔子）＝三五二
甲斐方言考（下の十）（三田村玄龍）＝三五五
東北方言とアイヌ語（画報生）＝三五五
信州南部方言（続）（小林義暁）＝三五五
甲斐方言考（下の十一）（三田村玄龍）＝三五七
信濃南部方言（続）（小林義暁）＝三五七
八尾山方々言（瓦山人）＝三五九
上総地方の方言（第六回）（ジ・ハヤシ生）＝三六二
水戸市の方言（横田暁峰）＝三六四
常陸の方言東南地方（蘆のまろ家のあるじ）＝三六六
信濃南部方言（続）（小林義暁）＝三六八
常陸の方言東南地方（承前）（蘆の円家の主人）＝三六九
尾三方言籤（一）（三田村玄龍）＝三七一
下総国香取郡東部地方の方言（木内桂華）＝三七二
尾三方言籤（二）（三田村玄龍）＝三七四
下総国香取郡東部地方の方言（承前）（木内桂華）＝三七四
尾三方言籤（三）（三田村玄龍）＝三七六
上総地方の方言（補遺）（ハヤシ生）＝三七六
尾三方言籤（四）（三田村玄龍）＝三七七
越後中魚沼中部方言（其一）（宮沢浩）＝三七七
尾三方言籤（五）（三田村玄龍）＝三七九
尾三方言（六）（三田村玄龍）＝三八一
福島地方々言（横山暁峰）＝三八三
下野東部の方言（新田撫堂）＝三八三
金沢方言（丸谷生）＝三八四
尾三方言（七）（三田村玄龍）＝三八四
広島方言（三好右京）＝三八五
尾三方言（八）（三田村玄龍）＝三八五
尾三方言籤（九）（三田村玄龍）＝三八六
越後方言（宮沢浩）＝三八六
尾三方言籤（十）（三田村玄龍）＝三八八
尾三方言籤（十一）（三田村玄龍）＝三八九
茨城方言補遺（蘆円家主人）＝三九二
茨城方言補遺（二）（蘆円家主人）＝三九三
茨城方言補遺（三）（蘆円家主人）＝三九四
尾三方言籤（三田村玄龍）＝三九五
茨城方言補遺（四）（蘆円家主人）＝三九六
尾三方言籤（承前）（三田村玄龍）＝三九九
尾三方言籤（承前）（三田村玄龍）＝四〇一

尾三方言籤（十二）（三田村玄龍）＝四〇二
上総ヒヤリ（千葉窈窕）＝四〇四
信濃国小県郡地方方言（小山真夫）＝四〇七
薩摩方言摭解（加藤尾花）＝四〇八
尾三方言籤（十三）（三田村玄龍）＝四〇八
信濃南部方言（小林義暁）＝四一〇
出雲の方言（敷島道成）＝四一一
宮城方言抄（あしのまろや）＝四一九
豊前宇佐地方の俚諺（吉川実）＝四一九
茨城方言補遺（五）（飯田蓋山）＝四二三
茨城方言補遺（六）（飯田蓋山）＝四二四
茨城方言補遺（八）（飯田蓋山）＝四二五
茨城方言補遺（九）（飯田蓋山）＝四二六
茨城方言補遺（十）（飯田蓋山）＝四三〇
茨城方言補遺（十一）（飯田蓋山）＝四三一
茨城方言補遺（十二）（飯田蓋山）＝四三九
茨城方言補遺（飯田蓋山）＝四四〇
茨城方言（飯田蓋山）＝四四四
茨城方言補遺（蓋山処士）＝四四九
茨城方言補遺（承前）（蓋山処士）＝四五〇
山口言葉（今井石壺）＝四五二
盛岡附近の方言（蓋山処士）＝四五二
越前の国大野の方言（南山人）＝四五二
盛岡紫波郡地方の方言（関場武彦）＝四五三
茨城方言拾遺（蓋山処士）＝四五三
和歌山市方言（摩尼庵）＝四五四
新潟地方の方言（亀倉生）＝四五四
松本方言（珍事堂）＝四五四
越中五ケ山地方々言（杜歩化）＝四五四
金沢方言＝四五五
壱岐方言＝四五五
薩摩なまり（芋之助）＝四五五
茨城方言補遺（承前）（蓋山処士）＝四五五
茨城方言拾遺（蓋山処士）＝四五六
伊勢北部地方の方言＝四五八
埼玉地方の方言（蓋山処士）＝四五八
埼玉地方の方言北足立郡（第二）（蓋山処士）＝四六〇
茨城方言拾遺（蓋山処士）＝四六四
遠江国榛原郡南部地方の方言（香雲生）＝四六五
埼玉地方の方言（第三）（北足立郡）（蓋山処士）＝四六五
埼玉方言北足立郡（第四）（蓋山処士）＝四六六
茨城方言（蓋山処士）＝四六九
金沢地方方言（竹亭白山）＝四七〇
九十九里浜方言考（上総之部）（蓋山処士）＝四七一

仙台方言＝四七一
茨城方言（蓋山処士）＝四七二
九十九里浜方言考（上総之部）（蓋山処士）＝四七七
旅と伝説
民族

各地方別に語彙のとられている資料

北海道・東北
北海道方言集（渡辺茂）一九五五
南方北海道方言の概観（小笠原文次郎）一九三七
箱舘方言（桜園叢書）一八七〇頃
東北方言集（仙台税務監督局）一九二〇

青森
青森県地誌（青森県教育会）一九二〇
青森県総覧（東奥日報社）
青森県方言訛語（青森県庁）一九〇八
東奥日用語辞典及青森県方言集（東奥日報社）一九三二
青森県方言集（菅沼貴一）一九三五
方言俚諺集（有畑尋常高等小学校）一九三三頃
津軽のことば（鳴海助一）一九五八～六一
津軽方言考（松平円次郎）一九〇一
津軽方言集（斎藤大衛）一九〇二
津軽のしるべ（佐藤彌六）一八九九
勝地浅瀬石川（佐藤雨山・工藤親作）一九二八
鳥城志—黒岩案内（安西如鳩）一九一三
七和村誌
野辺地方言集（中市謙三）一九三六
青森県五戸語彙（能田多代子）一九六三
南部方言訛語序説（佐藤政五郎）一九三六
教育適用南部方言集（築瀬栄）一九〇五
三戸郡誌（青森県八戸町同郡教育会）一九二七

岩手
岩手方言の語彙（小松代融一）＝岩手方言研究第三集 一九五九
九戸郡志（岩手県教育会九戸郡部会）一九三六
方言集（岩手郡巻堀尋常高等小学校）一九三一
盛岡案内記（盛岡銀行）一九二三
船越村ヲ中心トセル発音ノ誤リト方言訛語（下閉伊郡船越尋常高等小学校）一九三一
杜陵方言考（小本村司）一八八九
岩手県紫波郡長岡村方言集（堀合健一）＝方言誌九 一九三四
湯本村誌 一九二〇
西和賀方言之研究（高橋藤作）一九三四
江刺郡誌（岩手県教育会江刺郡部会）一九二五
岩手県釜石町方言誌（八重樫真）一九三二
遠野方言誌（伊能嘉矩）一九二六
遠野案内（松山繁二）一九一一
気仙方言誌（菊地武人）一九六四
岩手気仙の方言（菊地武人）一九七二
気仙ことば（佐藤文治）一九六五
広田村郷土教育資料三（広田尋常高等小学校）一九三二
気仙郡誌（岩手県教育会）一九一〇
胆沢郡誌（岩手県教育会胆沢郡部会）一九二七
東磐井郡誌（岩手県教育会東磐井郡部会）一九二五
東磐井郡東山（畠山芳造）＝岩手叢書 一九〇二
平泉方言の研究（小松代融一）一九五四

宮城
宮城県地方に行はるる魚の方言（佐々木喜一郎）一九三二
栗原郡誌（宮城県栗原郡教育会）一九一八
細倉の言葉（世古正昭）一九五五
登米郡史（登米郡役所）一九二三
玉造郡誌（玉造郡教員会）一九二九
加美郡誌（加美郡教育会）一九二五
遠田郡誌（遠田郡教育会）一九二六
牡鹿郡誌（牡鹿郡役所）一九二三
石の巻弁（弁天丸孝）一九三二
仙台方言集（土井八枝）一九一九
仙台の方言（土井八枝）一九三八
仙台方言考（伊勢斎助）一九一六
仙台方言考（真山彬）一九三六
仙台方言（藤原勉）＝仙台市史 一九五二
仙台民俗誌（三原良吉）＝仙台市史 一九五二
名取郡誌（名取教育会）一九二五
宮城県亘理郡史（渡辺義顕）一九一七
宮城県伊具郡史（渡辺義顕）一九一六

秋田
秋田方言（秋田県学務部学務課）一九二九
秋田の植物方言（水口清）一九三〇
鹿角方言考・同補遺（大里武八郎）一九五三・五九
鹿角方言集（内田武志）一九三六
河辺郡誌（河辺郡役所）一九一七
秋田市方言資料（国立国語研究所）一九六四
西明寺村郷土志（同編纂会）一九三三

山形
山形県方言集（山形師範学校）一九三三
山形県方言辞典（山形県方言研究会）一九七〇
羽後飛島図誌（早川孝太郎）一九二五
飽海郡誌（飽海郡役所）一九二三
荘内語及語釈（三矢重松）一九三〇
荘内方言考（黒川友恭）一八九一
羽前村山方言（斎藤義七郎）一九三四
地域社会の言語生活（国立国語研究所）一九五三
山形市史 一九二六
米沢・六十一茎集（五十嵐力）一九三五
置賜方言集（米沢高等学校郷土研究クラブ）一九五二
米沢言音考（内田慶三）一九〇二
米沢地方に於ける方言（山形県立米沢高等女学校）一九三三
米沢方言辞典（上村良作）一九六九
白鷹方言ぽんがら（奥村幸雄）一九六一

福島
福島県方言辞典（児玉卯一郎）一九三五
福島県中村町方言集（武藤要）一九三一
福島県棚倉町方言集（武藤要）一九三二
福島県福島市方言集（武藤要）一九三二
信夫郡方言集（半沢保・小田イツ・高ヤス・善方常治）一九一〇
信夫郡鎌田村誌（香内思水）一九三六
相馬方言考・続相馬方言考（新妻三男）一九三〇・三二
伊達郡誌（伊達郡役所）一九二三
福島県耶麻郡誌（耶麻郡役所）一九一九
磐梯と猪苗代湖（田子健吉）一九二四
東北民俗誌会津編（山口彌一郎）一九五五
福島県会津方言集（安達善吉）一九三三
北会津郡郷土誌（北会津郡役所）一九一七
会津方言雑考（安達善吉）
会津若松市方言集稿（五十嵐正巳）一九三六
若松市史（若松市役所）一九四一
若松市郷土誌（若松市役所）一九一四
会津両沼方言訛語考（佐藤忠彦）一九六三
会津繁昌記
大沼郡誌（大沼郡役所）一九二三
岩瀬郡誌（岩瀬郡役所）一九二三
石城郡誌（石城郡役所）一九二二
磐城北神谷の話（高木誠一）一九五五
石川郡誌（石川郡役所）一九二三
須賀川方言集（大久保利治）一九五四
西白河郡誌（西白河郡役所）一九一五
泉崎ことば集（遠藤輝之助）一九六七
福島県西白河郡白河町方言（白河高等女学校国語科）一九三七
南会津郡田島町方言訛語集（樋口弘次郎）一九六〇
尾瀬と檜枝岐（川崎隆章）一九四三
檜枝岐民俗誌（今野円輔）一九五一

茨城

茨城方言集覧（茨城教育協会）一九〇四
新編常陸国誌補遺（栗田寛）一九六九
多賀郡高岡村民俗誌（大間知篤三）一九五一
方言の研究・真壁郡方言集（小島保）一九三五
石岡誌（松倉鶴雄）一九一一
茨城県稲敷郡方言集（稲敷郡教員集会）一九〇二
茨城県稲敷郡根本村方言調査表（中野和子）＝稿 一九五三
北相馬郡川原代村方言集（三谷栄一）＝方言誌三 一九三二

栃木

本県に於ける方言訛語の調査（栃木県師範学校）一九三八
栃木県方言辞典（森下喜一）一九八三
大田原小誌（橋本一郎）一九二五
栃木県塩谷郡泉村方言集＝芳賀郡土俗研究会報 一九三一
栃木県塩谷郡喜連川方言集（手塚邦一郎）一九五二
烏山
方言訛語調査綴（芳賀郡第四部小学校組合会）一九一〇
河内郡方言集（栃木県河内郡小学校聯合組合会）一九〇三
芳賀郡逆川村方言方物考（高橋勝利）一九二八
逆川村方言考（高橋勝利）一九三〇
栃木県芳賀郡逆川村方言（高橋勝利）＝芳賀郡土俗研究会報 一九三〇
栃木県安蘇郡野上村語彙＝方言誌一七
足利市史（足利市役所）一九二八〜二九
植野村郷土誌
豊郷村郷土誌 一九一二

群馬

藤原風土記・藤原地方の風俗（中島ツネ子）一九六三
利根郡片品村言語調査報告（中沢政雄）＝季刊国語六 一九四九
ことばのスケッチ—利根のことば（上野勇）一九五九
沼田町史（町役場）一九五二
群馬県吾妻郡誌（吾妻郡教育会）一九二九
六合村の民俗（群馬県教育委員会）一九六三
秋山紀行補注（山口一衛氏よりの聞書）
群馬県吾妻郡中之条町郷土誌（町役場）一九一九
勢多郡語彙（原田龍雄）一九五八
群馬県群馬郡誌（群馬郡教育会）一九二五
滝川村郷土誌 一九一〇
白郷井村郷土誌（上白井尋常高等小学校）一九一〇
群馬郡塚沢村郷土誌 一九一〇
碓氷郡誌 一九二三
碓氷郡松井田村方言（近藤喜博）＝方言誌三 一九三二
群馬県北甘楽郡誌（本多亀三）一九二八
多野郡上野村郷土誌 一九一六
方言と文化（山田修）一九五七
群馬県多野郡誌（多野郡教育会）一九二七
安中の方言（阪本英一）一九七〇
倉賀野町郷土誌 一九一〇
伊勢崎方言（図書館カード）
村のことば（星野次子・渡辺昭子）一九五二
勢多郡方言資料＝稿
勢多郡町村郷土誌類＝稿 一九四三
前橋市方言（群馬県師範学校）＝稿
山田郡町村誌山田郡相生村（上野勇）＝方言の研究 一九三九
桐生地方に於ける方言訛語調査（桐生市乙種学事会）一九二六
佐波方言之研究（中沢政雄）一九四二
郷土調査（佐波郡東尋常高等小学校）一九三四
群馬県邑楽郡誌（邑楽郡教育会）一九一七
上州館林町方言集（宮本勢助）一九三一
万場の方言（上野勇）一九五二

埼玉

埼玉県郷土研究資料
埼玉県秩父郡誌（秩父郡教育会）一九二五
秩父の伝説と方言（秩父市教育委員会）一九六二
妻沼町誌（高木幹雄）一九二八
奥秩父大滝村方言採集帖（大滝尋常高等小学校）一九三四
八基村郷土誌（鈴木徳三郎）一九一三
埼玉県川越市近傍言語集（杉山正世）一九三〇
入間郡誌（安部立郎）一九一三
埼玉県入間郡宗岡村言語集（池ノ内好次郎）一九三〇
埼玉県幸手方言集（上野勇）一九三三

千葉

房総方言集（林天然）＝千葉文化一巻四号 一九三九
房総之半島（栗岩水諧・藤浪紫園）一九〇七
千葉県の植物方言・千葉県の動物方言一〜三（川名興）一九六九〜七一
下総方言一斑（村岡良弼）一九三五
香取郡誌（山田角次郎）一九〇〇
佐原町誌（千葉県香取郡佐原町役場）一九三一
古城村誌（高木卯之助）一九五三
千葉県海上郡誌（海上郡教育会）一九一七
山武郡郷土誌（山武郡教育会）一九一六
千葉方言—山武郡篇（塚田芳太郎）一九三四
印旛郡誌（印旛郡役所）一九一三
千葉県印旛郡本埜村誌（村役場）一九一六
印旛郡宗像村誌（村役場）一九一五
印旛郡六合村誌 一九一二
千葉郡誌（千葉郡教育会）一九二六
東葛飾郡誌（東葛飾郡教育会）一九四〇
東葛富勢村誌
関宿
湖北村誌（菅井梅之助）一九二一
北総方言採集帖（伊藤晃）一九六四
船橋の方言＝船橋町誌 一九三七
市原郡誌 一九一六
市原郡の方言（葉山修平）
市原郡内田村誌
東総地方方言集（斎藤達夫）＝方言誌三 一九三二
長生郡一宮町方言（浅野栄一郎）＝方言誌一六 一九三六
長生郡郷土誌 一九一三
千葉県夷隅郡誌 一九二四
夷隅郡興津方言（武井君子）＝稿
夷隅郡瑞沢村方言（佐藤芳子）＝稿
夷隅郡古沢村方言（江沢皞・鵜沢貞子・安藤かく）＝稿
夷隅郡長者町方言（吉野静子）＝稿
安房郡富浦町方言（鈴木ちゑ子）＝稿
安房郡豊房・館山方言（鈴木氏）＝稿
安房郡七浦村方言（栗原通）＝稿
安房郡主基村方言（高梨幸雄）＝稿
安房郡曾呂村方言（石井昭）＝稿
安房郡吉尾村方言（畠山明）＝稿
房州方言（鈴木茂）＝稿
布佐地方方言（工藤悟）＝稿
君津郡誌（君津郡教育会）一九二七
安房郡誌（安房郡教育会）一九二六
安房郡豊田村誌抄
南総の俚俗（内田邦彦）一九一五
旧葛西村ニ於ケル話言葉

東京

東京方言集・江戸川区の方言（福里栄三）一九三五
東京方言集・旧市域の訛語（斎藤秀一）一九三五
東京方言集・多摩方言（村田鈴城）一九三五
八王子の方言（塩田真八）一九六五
東京京阪言語違 一八八六
武州小河内採薬目録（伊藤篤太郎）

神奈川

神奈川県方言辞典（斎藤義七郎・日野資純）一九六五
横浜市史稿（横浜市役所）一九三一〜三三
津久井郡勢誌・民俗語彙（尾崎恒雄）一九五四
相州内郷村近傍方言（鈴木重光）＝方言誌二 一九三二
方言整理の一例（山本宗一）＝国語と民族思想二 一九三四
遠藤民俗聞書（丸山久子）一九六一
大野誌（神奈川県平塚市教育委員会）一九五八

高座郡南部（山本宗一）一九三四

東京伊豆諸島

伊豆諸島文化財総合調査報告（東京都教育委員会）一九五八〜五九
伊豆諸島方言の研究（平山輝男）一九六五
音韻調査＝八丈島教育会報二 一九一一
口語法調査＝八丈島教育会報二 一九一一
伊豆大島方言集（柳田国男）＝全国方言集三 一九四二
大島要覧（月出くの）一九一四
伊豆大島岡田村語彙（白井潮路）一九三七
三原山今昔史（杉原北洋）一九五〇
波浮港村誌（松木国次郎）一九一四
利島語彙（大間知篤三）一九四九
新島採訪録（藤木喜久麿）一九三六
三宅島・御蔵島方言全集（浅沼悦・栗原寿）一九三七
八丈島方言（丸尾芳男）＝方言誌一 一九三〇
八丈島の言語調査（国立国語研究所）一九五〇
八丈島方言の語法（飯豊毅一）＝ことばの研究 一九五九
八丈島（大間知篤三）一九六〇
伊豆七島八丈島の動物方言（籾山徳太郎）一九三四
黒潮圏の八丈島（小川武）一九五八
八丈島三ッ根村方言集（宮本馨太郎）＝趣味叢書二三 一九三六
八丈島仙郷誌（大脇繁吉）一九二八
八丈島中之郷（丸井芳男）＝方言誌一 一九三一

新潟

越後方言考（小林存）一九三七
新潟県天産誌（中村正雄）一九二五
越佐方言集（田中勇吉）一八九二
佐渡方言集（矢田求）一九〇九
佐渡方言集（萩野由之）一九〇四頃
佐渡の方言＝佐渡一 一九五四
新潟県方言辞典・佐渡編（渡辺富美雄）一九七四
佐渡方言辞典（広田貞吉）一九七四
佐渡羽茂方言（羽茂尋高小学校）一九二八
佐渡植物方言（渡辺吾郎）一九三一
佐渡・河原田・二宮・沢根・八幡・地方方言訛言（佐渡民俗研究会）一九三二
佐渡海府方言集（倉田一郎）＝全国方言集六 一九四四
新潟県佐渡郡加茂村方言（川島主税）＝方言誌一八 一九三七
方言訛言取調書（本間・柴野他）一九〇〇
相川町誌（岩木拡）一九二七
北小浦佐渡民俗誌（柳田国男）＝全国民俗誌叢書 一九五一
越後方言七十五年（小林存）一九五一
岩船郡下川郷民俗語彙稿（渡辺行一）一九三九
蒲原の民具（巻史学会）一九六二
粟島採取録（丸茂武重）＝方言誌三 一九三二
八幡村方言採集（大滝勝人）＝高志路二二一 一九七〇
新潟県北蒲原郡西山・長浦・水原村方言（佐藤謙吉）＝方言誌一八 一九三七
東蒲原郡方言調査報告書（東蒲原郡PTA連合会）一九五五
越後津川附近方言集（丸山寛）一九三七
西蒲原郡案内（井口越南）一九一四
さとことば（幸田文時）一九二五
越後三条南郷談（外山暦郎）一九二五
北越史料出雲崎（西沢新次）一九〇六
中越方言集（長岡中学校国漢科）一九三六
三島郡誌（三島郡教育会）一九三七
長岡市史（長岡市役所）一九三一
長岡の方言（高嶋定雄）一九二七
南魚沼郡誌（南魚沼郡教育会）一九二〇
中魚沼郡中部方言集（中魚沼郡中部協議会）
刈羽郡案内（関甲子次郎）一九〇五
柏崎（中村葉月・西巻三四郎）一九一五
新潟県方言辞典・上越編（渡辺富美雄）一九七三
頸城方言集（渡辺慶一）一九三八
妙高高原を中心とした方言並びに発音語法の一考察（池田一男）一九五八
西頸城郡誌（西頸城郡教育会）一九三〇
下越方言集（村上高等女学校）一九三五頃

富山

越中方言集（伊藤風年）一八九七
富山県方言（富山県教育会）一九一九
入善区域方言集（入善区域教育研究会）一九一七
富山市近在方言集（田村栄次郎）一九二九
富山市方言集（中塩清之助）＝方言誌一三 一九三五
富山県射水郡櫛田村方言集（柴山幸）＝方言誌一三 一九三五
伏木地方の方言集（田口俵太郎・克敏）一九五四
八尾史談（松本駒次郎）一九二七
越中礪波方言集（林政二）一九四二
砺波民俗語彙（佐伯安一）一九六一
城端町史（町史編纂委員会）一九五九
五位山の民俗（伊藤曙覧）一九五七〜五八
方言茶話（松居巌夫）一九五七
越中五箇山方言語彙(1)〜(6)（真田ふみ）一九七三〜七八

石川

石川県方言彙集（石川県教育会）一九〇一
国語方言（石川国語方言学会）一九五一〜五三
石川県民俗資料緊急調査報告書（能登文化財保護連絡協議会）一九六五
能登半島先端部の方言分布（馬場宏）一九五八
石川県珠洲郡誌（珠洲郡役所）一九二三
石川県鳳至郡誌（鳳至郡役所）一九二三
町野村誌（江尻寅次郎）一九二六
石川県鹿島郡誌（鹿島郡自治会）一九二八
石川県羽咋郡誌（羽咋郡役所）一九一七
能登の「たとへ言葉」（長岡博男）＝方言誌一八 一九三七
石川県河北郡誌（河北郡役所）一九二〇
普通語対照金沢方言集（木村尚）一九〇九
金沢市方言（並木喜子）＝稿
松任地方の方言（中山随学）一九二九
加賀なまり（竹中邦香）一八八〇前後
石川県能美郡誌（能美郡役所）一九二三
郷土調査資料（石川県能美郡浜尋常高等小学校）一九三二
石川県石川郡誌（石川郡自治協会）一九二七
石川県江沼郡誌（江沼郡役所）一九二五
江沼郡河南村方言考（野田清）一九三六
江沼郡三木村方言考（野田清）一九五一

福井

福井県方言集（福井県福井師範学校）一九三一
福井の方言（徳山国三郎）一九三二
福井県民俗資料緊急調査報告書（県教育委員会）一九六五
若越民俗語彙（斎藤槻堂）一九六〇
若越方言集（福田太郎）一九〇二
若越の方言（石橋重吉）一九四七
越前坂井郡方言集（島崎圭一）一九三二
坂井郡誌 一九一二
国語教材の地方的研究（敦賀郡教員会）一九三〇
大野郡五箇坂谷村誌 一九一二
今立郡誌 一九〇九
石徹白民俗誌（宮本常一）＝全国民俗誌叢書Ⅰ 一九五一
読方地方教材の研究（大野郡勝山部会）一九三〇
国語研究（足羽郡教員会）一九三〇頃
読方科ノ郷土化事項教授要目（今立郡新横江校）一九三〇
国語教材の地方化（南条郡教育会）一九三〇
敦賀町方言集（山本計一）一九三六
三方郡耳村小学校プリント 一九三〇頃
遠敷郡小学校教員会第一回研究報告集 一九一四以後
知三村誌（遠敷郡知三村役場）一九一五
福井県大飯郡方言の研究（松崎強造）一九三三
大飯郡地方方言訛語の調査（大飯郡教員会）
今富村誌

山梨

山梨鑑（小幡宗海・安藤誠治）一八九四

山梨県方言辞典（羽田一成）一九三四
甲斐の落葉（山中共古）一九二六
甲斐国方言集（西山梨郡役所）
北都留郡誌（北都留郡誌編纂会）一九二五
中巨摩郡誌（中巨摩郡聯合教育会）一九二八
河口湖畔船津今昔物語（伊藤堅吉）一九五二
東八代郡誌（山梨教育会東八代支会）一九一四
松のしらべ（山梨県立甲府高等女学校校友会）＝方言伝説号 一九二五
北巨摩郡誌（山梨教育会）一九一五
奈良田の方言（深沢正志）一九五七
西山村総合調査報告書（西山村総合学術調査団）一九五八
山梨県河内方言（石川緑泥）一九三四

長野

洲羽言葉（岩本節次）一九三四
信州方言風物誌（福沢武一）一九五六～五八
下水内郡方言調査書（下水内郡校長会）一九〇二
上高井郡誌（上高井郡教育会）一九一四
長野市及上水内郡内の方言集（佐伯隆治）一九三五
長野市（長野市役所）一九二五
小谷口碑集（小池直太郎）一九二二
信州上田附近方言集（上田中学校国語漢文科）一九三二
北安曇郡方言取調（北安曇郡役所）一八九七
松代町誌（埴科郡松代町役場）一九二九
更級郡方言集 一八九一
南安曇郡誌 一九二三
東筑摩郡方言 一八九八
諏訪方言集（長野県諏訪実業高等学校地歴部）一九六一
北佐久郡志（北佐久郡役所）一九一五
佐久郡俚言鈔（武田喜伝治）一八七五
信州佐久地方方言集（大沢心一）一九四一
佐久の植物方言（佐藤邦雄）一九五〇
南佐久郡志（南佐久郡役所）一九一九
信州南佐久郡方言集（佐伯隆治）＝方言誌二三 一九三九
上伊那方言集（畑美義）一九五二
黒河内民俗誌（最上孝敬）＝全国民俗誌叢書 一九五一
西筑摩郡誌（西筑摩郡役所）一九一五
方言調査（西筑校長会）一九〇三
信州下伊那郡方言集（井上福美）一九三六
東信濃方言集（上原邦一）一九七六

岐阜

岐阜県方言（松平静）一九〇三
岐阜県方言集成（瀬戸重次郎）一九三四
北飛騨の方言（荒垣秀雄）一九三二
郷土の自然と文化（古川町教育会）一九三一
袖川村誌（吉城郡袖川村教育会）一九一七
飛騨のことば（土田吉左衛門）一九五九
岐阜県益田郡誌（益田郡役所）一九一六
郡上方言（岐阜県立郡上高等学校方言研究会）一九五二
飛騨白川郷の風物（白木紫峯）一九五一頃
山県郡誌（山県郡教育会）一九一八
美濃徳山村民俗誌（桜田勝徳）＝全国民俗誌叢書 一九五一
美濃梅原村附近の方言（信田葛葉）一九三一
東白川村誌（苅田乙三郎）一九一四
本巣郡誌（本巣郡教育会）一九三七
岐阜市史（岐阜市役所）一九二八
大垣市史（大垣市役所）一九三〇
岐阜県不破郡垂井町岩手方言（奥村三雄）＝方言録音資料シリーズ 一九六八
東濃方言集（恵那郡教育会）一九〇三
城山村を中心としたる方言集（城山尋常高等小学校）一九三四
洞戸村誌（古田広一）一九二六

静岡

静岡県方言辞典（静岡県師範学校・同女子師範学校）一九一〇
静岡県方言集（内田武志）一九三四
静岡県方言誌（内田武志）一九三六～四一
静岡県博物方言集（徳田）＝方言誌一九 一九三七
静岡県の植物（杉本順一）一九四八
三島町附近
三島町を中心とした方言訛語（大岩一郎）一九三二
静岡県駿東郡誌（駿東郡役所）一九一七
修善寺村誌（修善寺村役場）一九一四
北豆方言集（田方郡第二区小学校長会）一九〇六
静岡県田方郡誌（田方郡役所）一九一八
静岡県庵原郡誌（庵原郡教育会）一九一六
静岡県志太郡誌（志太郡役所）一九一六
藤枝町誌（町役場）一九二四
静岡県庵原郡飯田村及び志太郡榛原郡川根地方方言集（鈴木脩一）＝方言誌一〇 一九三四
駿河岡部の方言と風物（佐藤義人）一九六七
静岡県島田方言誌（坂野徳治）一九六二
小笠郡下の方言を中心とした言葉の栞（戸塚一郎）一九五二
静岡県小笠郡誌（小笠郡役所）一九一五
浜松郷土志料（飯島千里）一九三三
静岡県安倍郡誌（安倍郡時報社）一九一四
本川根方言考（井沢隆俊）一九六〇
静岡県本川根方言の文（山口幸洋）一九六五
静岡県磐田郡誌（磐田郡教育会）一九二一
周智郡誌
新居の浜のことば（山口幸洋・吉原けい子）一九七〇
水窪方言の基礎調査（山口幸洋）一九六〇

愛知

愛知県方言集（黒田鉱一）一九三四
西加茂郡誌（西加茂郡教育会）一九二六
愛知県丹羽郡誌（丹羽郡教育会）一九一七
小牧町史（津田象山）一九二六
三河北設楽郡方言集（原田清・永江土枝次・岡田松三郎）一九三四
南設楽郡誌（南設楽郡教育会）一九二六
八名郡誌 一九二六
東三河方言の調査（愛知県豊橋第二中学校校友会）一九三三
葉栗村志稿（岩田儀蔵）一九一七
西春日井郡誌 一九二三
東春日井郡誌（東春日井郡役所）一九二三
名古屋市史 一九一五～三四
名古屋ことば（名古屋教育会・今枝清胤）一九三二
随筆名古屋言葉辞典（山田秋衛）一九六一
愛知郡誌（愛知郡役所）一九二三
参河国碧海郡誌（碧海郡教育会）一九一六
矢作ダム水没地域民俗資料調査報告（愛知県教育委員会）一九六七
六ツ美村誌（村是調査会）一九二六
尾張之方言・続篇（加賀治雄）一九三一～三二
尾張百姓ことは稿本（柳人生）一九三七
大野町史（町役場）一九二九
南知多方言集（鈴木規夫）一九三三
郷土研究（知多郡河和第一尋常高等小学校）一九三〇頃
なほしてほしい東参方言（宇井英）一九二六
方言やっとかめ（竹内向村）一九二一
刈谷町誌（町役場）一九三二
岡崎市史（柴田顕正）一九三〇
額田郡地誌 一八八四
三河国額田郡誌（額田郡役所）一九二四
三州奥郡風俗図絵（松下石人）一九三六
日間賀島民俗誌（瀬川清子）＝全国民俗誌叢書 一九五一

近畿・三重

上方語源辞典（前田勇）一九六五
近畿方言の総合的研究（楳垣実）一九六二
三重県方言（三重県方言学会）一九五五～六八
三重県方言資料集（北岡四良）一九五七～五九
三重県方言資料（鈴鹿郡誠化高小ほか）＝稿
三重県山村語彙（最上孝敬）＝方言誌一五 一九三五
三重県北牟婁郡尾鷲町方言（高田昇三）＝方言誌一五 一九三五
三重県一志郡境村方言（最上孝敬）＝方言誌一五 一九三五

三重県飯南郡森村方言（最上孝敬）＝方言誌一五 一九三五
郷土の生物方言調査（孫福正）一九三三
員弁郡郷土資料・員弁郡誌（員弁郡役所）一九一五
北勢三重全郡採薬之記（鎌井松石）一八八七
三重郡誌 一九二〇
鈴鹿郡郷土誌
阿山郡方言訛語集（阿山郡教育会）一九〇四
松坂の方言（太田一平）一九六一
三重県多気郡五箇谷村波多瀬方言（林大）
地方方言集（度会郡教育会）一九一四
宇治山田市史（宇治山田市役所）一九二九
尾鷲地方方言集（三重県立尾鷲中学校校友会）一九三三
尾鷲のことば（太田寿）一九五八
紀伊南牟婁郡誌（南牟婁郡教員会）一九二五

滋賀

滋賀県方言集（大田栄太郎）一九三二
滋賀県言語の調査と対策（井之口有一）一九五二
滋賀県方言取調書 一八九八
彦根ことば（藤谷一海）一九五二
蒲生郡誌 一九二二
甲賀郡誌（甲賀郡教育会）一九二六
近江八幡地方方言集（山本小太郎）一九三二
油日郷土誌
滋賀県高島郡役所稿 一九〇七頃
滋賀県犬上郡役所稿 一九〇七頃
滋賀県神崎郡役所稿 一九〇七頃
滋賀県栗太郡山田小学校稿 一九〇七頃

京都

京都府下方言一覧（京都府師範学校）一九〇六
京言葉（楳垣実）一九四六
丹後網野の方言（井上正一）一九六四
三重郷土誌（永浜宇平）一九二二
与謝郡誌（与謝郡役所）一九二三
与謝郡加悦谷方言調査書（加悦谷教育研究会）一九〇三
四辻郷土史（山添）一九五六
石川村誌 一九二六
丹後宮津志（町役場）一九二六
京都府天田・何鹿・加佐三郡方言調査書（京都府立第三中学校）一九一〇
丹波の話（磯貝勇）一九五六
中川北山町方言（京都市観光局・楳垣実）一九四九
深草誌（宗形金風）一九三三
宇治郡方言調査（京都府教育会）一九〇四
方言訛語調査録（京都府教育会久世郡部会）一九〇六
方言調査報告書（京都市教育会）一九〇三

大阪

方言と大阪（猪飼九兵衛）一九四八
大阪方言事典（牧村史陽）一九五五
言葉のよしあし（東区教育協会）一九〇六
大阪府方言稿本
東成郡誌（東成郡役所）一九二二
田辺町誌（町役場）一九二五
布施町誌（町役場）一九二九
河内国滝畑左近熊太翁旧事談（宮本常一）一九三七
郷土和泉・方言集（小谷方明）一九三一
和泉郷荘村方言（南要）一九三五

兵庫

播磨（播磨郷土研究同攷会）一九三三
兵庫県方言集成（河本正義）一九三四
国語教育と方言研究（岡田荘之輔）一九三六
兵庫方言集（中谷保二）一九五二
但馬方言（中島貞一郎）一九三一
但馬方言雑俎（亀井素月）一九二二
校補但馬考附録（桜井勉）一九二二
兵庫方言（神戸市明親尋常高等小学校）一九〇七
養父郡誌
兵庫県宍粟郡誌 一九二三
兵庫県佐用郡方言之調査（本間斉）一九三六
佐用郡誌（佐用郡役所）一九二六
播州赤穂方言集（佐伯隆治）一九五一
播州小河の方言（高田十郎）一九三一
飾磨郡風俗調査書（飾磨郡教育会）一九一二
加西郡誌（加西郡教育会）一九二九
播磨加古郡北部方言記録（中島信太郎）一九七二
伊川谷方言集（森俊秀）一九五一
多可郡誌（多可郡教育会）一九二三
多紀郡誌（私立郡教育会）一九一一
多紀郡風俗調査（私立郡教育会）一九一六
兵庫県美嚢郡誌（美嚢郡教育会）一九二六
神戸方言集（鹿谷典史）一九三九
淡路方言研究（田中万兵衛）一九三四
淡路方言資料（玉岡松一郎）一九三三

奈良

大和方言集（奈良県学務課）一九〇〇頃
奈良の方言（新藤正雄）一九三一
奈良百話・ことばの奈良（高田十郎・野村伝四）＝奈良叢記 一九四二
大和方言集（新藤正雄）一九五一
ふるさと（沢田四郎作）一九三一
菟田の方言（辻村佐平）一九三九
輝く郷土誌方言篇（奈良県高市郡真菅小学校）一九三一
奈良県南葛城郡誌（南葛城郡役所）一九二六
南大和方言語彙（野村伝四）一九三六
奈良県吉野郡大淀村風俗誌（竹山清文）一九一八
吉野西奥民俗採訪録（宮本常一）一九四二
吉野山林語彙(中野荘次）＝大和志第十一巻三・四号 一九四一頃
十津川・熊野川・北山川流域方言実地踏査概報（近畿国語方言学会）一九三二
十津川の民俗(平山敏治郎・林宏・岩井宏実・高取正男）一九六一

和歌山

和歌山県方言（和歌山県女子師範学校・同日方高等女学校）一九三三
和歌山方言集（杉村広太郎）一九三六
和歌山県植物方言集（水口清）一九五四
紀州漁夫の言葉（木下虎一郎）一九三一
紀州魚譜（宇井縫蔵）一九二四
雑賀崎漁業語彙（和歌山大学紀要）一九六四
和歌山県那賀郡安楽川村方言訛語集（藪重孝）一九三一
和歌山県有田郡誌（有田郡役所）一九一五
南紀土俗資料（森彦太郎）一九二四
田辺方言（名屋梅園）一八八七
訛音及方言の調査（東牟婁郡教育会第一部会）一九三〇
東牟婁郡誌 一九一七
新宮地方方言集（和歌山県立新宮高等女学校）一九三五
新宮地方における訛音及方言の調査（郡教育会）一九三〇
下里町を中心とせる訛言方言迷信調査（下里尋常高等小学校）一九三一
下里町誌 一九三八
和歌山県串本町誌（和歌山県西牟婁郡串本町役場）一九二四
田並郷土誌（田並尋常高等小学校）一九三四

中国・鳥取

中国地方語彙（川崎甫）一九三一
因幡伯耆方言輯録（岩田勝一）一九三一
因伯方言考（生田彌範）一九三七
因幡志
鳥取県方言分布の実態（石黒武顕）一九五七
鳥取県郷土誌（鳥取女子師範）一九三六
鳥取県岩美郡岩井町方言集（岸本彌三郎）＝方言誌四 一九三二
鳥取県(気高郡)豊実村宮谷（岸本彌三郎）＝方言誌四 一九三二
鳥取県気高郡大和村方言調査稿(近藤喜博）＝方言誌四 一九三二
西伯に於ける方言分布の状況（就将尋常小学校国語研究部）一九三二

西伯方言集（生田彌範）一九五三
日野郡誌（郡自治協会）一九二六

島根

島根県下訛音方言一覧（郷語改善会）一九三一
島根県に於ける方言の分布（島根県女子師範学校）一九三二
島根県方言辞典（広戸惇・矢富熊一郎）一九六三
出雲言葉のかきよせ（島根県私立教育会）一八八八
出雲方言考（後藤蔵四郎）一九二七
出雲の方言（漢東種一郎）一九六一
出雲八束郡片句浦民俗聞書（宮本常一）一九四二
島根県八束郡古江村方言（小笹功）＝方言誌三 一九三二
島根県邑智郡市山村方言（牛尾三千夫）＝方言誌三 一九三二
大根島―生態と課題（中国地域社会研究会）一九五六
島根県仁多郡誌（上野富太郎）一九一九
粒々辛苦・流汗一滴（田中梅治）一九四一
邑智郡誌（森脇太一）一九三七
石見山間部方言（石田春昭）一九三二
石見日原村聞書（大庭良美）一九五五
島根県鹿足郡方言の調査研究（篠原実）一九三六
隠岐島の昔話と方言（横地満治・浅田芳朗）一九三六
隠岐島方言の研究（島根県女子師範学校）一九三六

岡山

岡山動植物方言図譜巻三草類之部（桂又三郎）一九三二
備中北部方言集（桂又三郎）一九三二
真庭郡誌（真庭郡役所）一九二三
二川の民俗（岡山県立落合高校歴史研究クラブ）一九六〇
西美作方言集（岡崎忠志）一九三四
かもだにことば（加茂郷土史研究会）一九六九
英田郡誌
阿哲郡誌（阿哲郡教育会）一九二九～三一
上房郡誌（私立上房郡教育会）一九一三
方言調査（津山高等女学校）一九二九
久米郡誌（久米郡教育会）一九二三
中津井村誌 一九一六
和気郡誌（私立郡教育会）一九〇九
川上郡誌
小田郡誌（小田郡教育会）一九二四
上道郡誌（上道郡教育会）一九二二
邑久郡誌（小林久麿雄）一九一三
岡山県邑久郡方言（時実黙水）一九三四
岡山方言（島村知章・桂又三郎）一九三五
児島地方の方言集（十河直樹）一九六六
児島湾方言集（岡秀俊）一九三四
新成羽川ダム水没地区の民俗（岡山県教育委員会）一九六六

方言訛語調査書（私立吉備郡教育会）一九〇四
岡山県小田郡方言集（佐伯隆治）一九三五
方言訛語調査案（浅口郡教育会）一九〇四

広島

広島県方言の研究（広島県師範学校郷土研究室）一九三三
比婆郡の方言（北和町立科学博物館）一九五三
北備後動植物語彙集稿（山田次三）一九三六
郷土調査（比婆郡峯田村青年団）一九三五
市職（備後庄原市役所）
備後府中方言集（清水範一）一九三一
世羅郡誌（世羅郡教育会）一九二七
広島県雙三郡誌（双三郡役所）一九二三
たかたことば（小都勇二）一九五九
高田郡誌（熊見定次郎）一九一三
広島県沼隈郡誌（沼隈郡役所）一九二三
賀茂郡志（郡私立教育会）一九一六
広島県安芸郡坂村方言集（藤河喜美江）＝方言誌一一 一九三四
福山植物志（森立之・森約之）一八六九
広島市方言集（永井博）＝方言誌一一 一九三四
安芸三津漁民手記（進藤松司）一九三七

山口

山口県方言調査（山口県立山口高等女学校国語研究部）一九三二
防長方言調査表（防長史談会）一九三三
防長の方言（岡崎忠祐）一九四二
防長方言考（新井無二郎）一九五二
山口県植物方言集（山口高等学校）一九四三
阿武郡内方言
阿武郡志（阿武郡教育会）一九二七
見島聞書（瀬川清子）一九三八
長門方言集（重本多喜津）一九三七
山口県厚狭郡植物俗名目録（永冨三治）一九三〇
山口県柳井町方言集・㊗「方言と土俗」（森田道雄）一九三一
周防大島方言集（原安雄）一九四三
防府方言（御薗生翁甫）一九二七
山口県方言辞典（山中六彦）一九六七
森の下蔭（山口県立山口高等女学校）一九三二

四国・徳島

四国の方言（奥里将建）一九四三
四国樹木名方言集（高知営林局）一九三六
阿波の言葉（橋本亀一）一九三〇
阿波方言集（森本安市）一九五〇
阿波言葉の辞典（金沢治）一九六〇
阿波木頭民俗誌（近畿民俗学会）一九五八
木頭村の方言（川島信夫・森重幸）＝阿波学会紀要第16号一九七〇

祖谷山民俗誌（武田明）一九五五
西祖谷山村史（喜多源内）一九二二
阿波美馬郡方言語彙（金沢治）一九三四
美馬郡郷土誌（美馬郡教育会）一九一五
徳島県美馬郡一宇村誌 一九二〇
市場町史（町役場）一九一六
麻植郡（麻植郡教育会）一九二二
徳島県鴨島方言調査（鴨島小学校）一九三〇
名西郡誌（名西郡役所）一九一六
牟岐の言葉（川島信夫）一九六四

香川

讃岐方言の研究（脇田順一）一九三八
讃岐の方言（草薙金四郎）一九五三
香川県の方言（村上唯雄）一九三五
香川県方言辞典（近石泰秋）一九七六
香川県農山漁村の生活（香川県師範学校郷土研究部）一九三六
木田郡誌（木田郡教育部会）一九四〇
讃州高松叢誌（宮武省三）一九二五
讃岐高松ことば（陸田稔）一九三二
讃岐丸亀方言（陸田稔）
郷土俚語方言集（加藤増夫）一九三一
小豆島方言（桂又三郎）一九三三
　小豆島誌

愛媛

愛媛の方言（武智正人）一九五七
いよのことば（杉山正世）一九三一
わが郷土の読方参考資料（今治第三尋常高等小学校）一九二七
愛媛県新居郡誌（新居郡役所）一九二三
周桑郡郷土研究彙報（杉山正世）一九三〇～三二
愛媛県周桑郡丹原地方言語集（杉山正世）一九三〇
伊予松山方言集（岡野久胤）一九三八
余土村誌（鶴本房五郎）一九二五
伊予大三島北部方言集（藤原与一）一九四三
西宇和郡双岩村誌（西宇和郡双岩村役場）一九一九
うわじま方言民謡集 一九六五頃
改訂宇和島語法大略（国村三郎）一九五六
宇和島方言語彙（森田虎雄）一九七二
宇和島方言語彙拾遺（森田虎雄）一九七五
津島（愛媛県北宇和郡津島町役場）一九六五頃
南伊予の方言（江湖山恒明）一九三一
愛媛高知両県紀行（藤野寄命）一八八四
愛媛高知両県下採集植物写生（藤野寄命）一八八四

高知

土佐方言集＝高知教育六〇一～六二八号（橋詰延寿）一九三二

土佐方言の研究（高知県女子師範学校郷土室）一九三六
土佐方言集（宮地美彦）一九三七
土佐方言記（桂井和雄）一九五三
土佐言葉（土居重俊）一九五八
土佐及び紀州の魚類（蒲原稔治）一九五〇
土佐山民俗誌（桂井和雄）一九五五
土佐の方言（土井八枝）一九三五
佐川町誌（町自治会）一九一九
明治大正時代国府村民俗語彙（高村晴義）一九六一
幡西方言抄（上岡望洋・沖本白水）一九三一

福岡

福岡県内方言集（福岡県教育会本部）一八九九
福岡県築上郡東吉富方言集（梅林新市）一九三二
小倉（小倉市役所）一九五〇
企救郡誌（伊藤尾四郎）一九三一
香椎町誌（町役場）一九五三
博多仁和加集（竹田秋樓）一九一四
博多方言集（竹田秋樓）＝新選博多仁和加 一九三一
博多方言（原田種夫）一九五六
福岡市方言調査書（福岡教育支会）一九〇三
福岡地方方言集（梅林新市）一九三一
三輪村地方に於ける地方言（田辺敏夫）一九三二
久留米市方言＝写本 一九一四
はまおき補足（黒岩万次郎）一九三五

佐賀

佐賀県方言辞典（佐賀県教育会）一九〇二
佐賀県大観（佐賀県師範学校）一九三三
佐賀県方言語典一班（清水平一郎）一九〇三
最新佐賀案内（久原秋紅）一九一五
神崎郡郷土誌（栗山賚四郎）一九一五
佐賀県唐津地方方言（戸川健太郎）＝方言誌三 一九三二
佐賀県東松浦郡唐津市方言集（吉村一男）＝方言誌一四 一九三五
佐賀県三養基郡上峰村方言集（原義武）＝方言誌一四 一九三五
佐賀県藤津郡久間村方言集（小田寛次郎）＝方言誌一四 一九三五
佐賀県西松浦郡誌（西松浦郡役所）一九二一

長崎

長崎県郷土誌（長崎県史談会）一九三三
平戸郷土誌（平戸尋常高等小学校）一九一七
平戸しるべ（加藤三吾）一九一六
佐々町郷土誌（佐々町教育委員会）一九五六
佐世保郷土誌（佐世保市役所）一九一九
長崎県東彼杵郡誌（東彼杵郡教育会）一九一七
肥前千々石町方言誌（山本靖民）一九二九
島原半島方言の研究（島原第一尋常高等小学校）一九三二
長崎方言集覧（古賀十二郎）＝長崎市史 一九二五
伊王島村郷土史（松尾兼治）一九五〇
長崎県西彼杵郡樺島方言（小川信一）一九三四
対馬方言集（鳥居伝）一九三〇
対馬島誌（対馬教育会）一九二八
新対馬島誌（賀島由己）一九六四
対馬北端方言集（大浦政臣）一九三二
対馬南部方言集（滝山政太郎）一九四四
壱岐島方言集（山口麻太郎）一九三〇
続壱岐島方言集（山口麻太郎）一九三七
壱岐島民俗誌（山口麻太郎）一九三四
五島民俗図誌（久保清・橋浦泰雄）一九三四

熊本

笑訳熊本方言字典（福田秀蔵）一九三八
方言の性格と分布相（田中正行）一九四二
熊本県方言資料篇（田中正行）一九六二
熊本県方言音韻語法（池辺用太郎）一九三三
九州阿蘇地方の方言訛語（甲斐積）一九三二
熊本県阿蘇郡小国郷土誌（橋本浩）一九二三
阿蘇郡誌（阿蘇郡教育会）一九二六
鹿本郡誌鹿本（鹿本郡役所）一九二三
肥後方言と普通語言葉改良の栞（私立玉名郡教育会）一九〇七
熊本県玉名郡腹赤村郷土誌（岡村喜之）一九一四
肥後南ノ関動植物方言及民俗誌（能田太郎）一九三一
肥後方言集（倉岡幸吉）一九三八
下益城郡誌（下益城郡教育支会）一九二二
宇土郡誌 一九二一
熊本県南部方言考（斎藤俊三）一九五八
葦北郡誌（熊本県教育会郡支部）一九二六
津奈木郷土誌（六車茂一郎）一九三六
天草の方言（天草国語研究会）一九五七
天草島牛深町方言集（江上たつゑ）一九三三

大分

大分県方言の研究（三ヶ尻浩）一九三七
大分県方言類集（土肥健之助）一九〇二
方言生活の実態（松田正義）一九六〇
豊後方言集（大分県立第一高等女学校国文会）一九三三〜三四
大分県方言の旅（松田正義・糸井寛一）一九五四〜五八
大分県方言考（堀江与一・原田兵太郎）一九三三
大分県速見郡誌＝稿 一九二三頃

宮崎

日向（雑誌）一九三三
北日向方言圏紀行（加藤諄）一九五二
延岡大観（山口徳之助）一九二六
高千穂阿蘇（吉町義雄）一九六〇
東郷村誌資料（村役場）一九五一頃
国語資料（穆佐尋常高等小学校）一九三二
日向の言葉（若山甲蔵）一九三〇〜三二
都城地方方言集輯（山元都星雄）＝宮崎県教育二月号 一九三一
都城誌（宗村満夫）一九一二

鹿児島

鹿児島ことば（戸田翠香）一八八九
鹿児島方言集（県私立教育会）一九〇六
鹿児島語法（村林孫四郎）一九〇八
鹿児島方言辞典（嶋戸貞良）一九三五
鹿児島民俗植物記（内藤喬）一九六四
鹿児島県植物方名集（内藤喬）一九五五〜五六
鹿児島県博物調査第一輯（鹿児島県教育調査会）一九二七
始良地方の研究（鹿児島県女師二高女校友会）＝桜なでしこ三五
三号 一九三五
鹿児島県鹿児島郡谷山町方言集(山下光秋）＝方言誌六 一九三三
南方薩摩方言（福里栄三）＝方言誌五 一九三三
大隅肝属郡方言集（野村伝四）一九四二
大隅地方の諺（小大塚平男）＝大隅一〇 一九六四
古代村落の研究黒嶋（早川孝太郎）一九四一
東南方村郷土誌 一九一〇
南島方言資料（東条操）一九二三 同第二版 一九三〇
採訪南島語彙稿（宮良当壮）一九二七
甑島（熊本商科大学民俗学会）一九六四
甑島方言集（上村孝二）＝九大国文学会会報第三号 一九三二
種子島方言集（餃島・松下）一九三三
種子島方言考（井上一男）＝鹿児島教育第四九一号 一九三四
宝島方言集（敷根利治）一九三二
屋久島民俗誌（宮本常一）一九四三
口之永良部方言集（井上一男）＝日本文学三巻八号 一九三三
喜界島方言集（岩倉市郎）一九四一
南島方言えらぶ語の研究（安藤佳翠）一九三四
シマの生活誌（野間吉夫）一九四二
奄美大島語概観（鹿児島県立大島中学校）一九三三
奄美大島民俗誌（茂野幽考）一九二七

沖縄

沖縄対話（沖縄県学務課）一八八〇
琉球語文典及語彙（チェンバレン）一八九五
琉球語彙稿（島袋盛敏）
沖縄語辞典（国立国語研究所）一九六三
沖縄案内
改版古琉球（伊波普猷）一九四二
八重山語彙（宮良当壮）一九三〇

監修　佐藤亮一

本文執筆協力
児島さくよ　小林澄子　斉藤万里子　佐藤敦子　牧野昭仁
牧野晶　村山のぞみ　吉田暁子

コラム執筆
安部清哉　大西拓一郎　加藤和夫　佐藤亮一　真田信治
篠崎晃一　徳川宗賢

都道府県別方言概説執筆
新井小枝子　吉田雅子

地図作製
ユニオンプラン

装幀・本文レイアウト
難波園子

編集
神永　曉　彦坂　淳

制作企画
横山　肇

資材
池田　靖

書籍制作
久保哲郎

宣伝
下河原哲夫

販売
栗原　弘

あ

あいきょう【愛嬌】 *あい 香川県西部 *あいしらい 島根県出雲「あの人はあいしらいの悪い(あいきょうのない)人だ」 *あばいけ 青森県津軽「あばぇけぁなぇ女だ」 *えまい 岐阜県大野郡 *おどりもち 岩手県気仙郡「おどりもぢいわり(あいきょうがない)」 *しお 大阪市「眼にしおがある」 *せつ 島根県邑智郡「せつが良い」 *そっぱい 岐阜県恵那郡 *そっぺ 長野県佐久 *つんく 大分県日田郡「あの人はつんくもねー(あいきょうなしだ)」 *つんげ 愛媛県大三島

→あいそ(愛想)

□がない(さま) *いもぎり 山口県豊浦郡 *うやがない 高知県 *ぎこつ 新潟県佐渡「それはぎこつな話だ」 *きぞばえない 岩手県胆沢郡 *きぞぺぁねぁ 秋田県雄勝郡「あの人はきぞぺぁねぁ」 *きちょぺねぁ 岩手県気仙郡 *しおがからい 島根県「しおがかろーてよりつかれん」 *そっぱいがない 茨城県真壁郡 群馬県邑楽郡 埼玉県南埼玉郡 *ぎゅーしわるい 長崎県北松浦郡「あの女はぎふしわるか」 *こんげつなー 愛媛県大三島 *つらくされ 長崎県対馬 *てしぶい 徳島県 高知県

□のあるさま *うらやか 島根県石見 高知県吾川郡・高知市「あそこの嫁さんのうらやかな事」 *うるまい 青森県津軽 *えさわさ・えさらわさら・えさおさ 愛媛県 *かなさまり 沖縄県石垣島 *きまえよし 島根県能義郡・隠岐島「今度来た嫁はきまえよしだ」 *やれそれ 新潟県佐渡

□のない人 *きでっぽー 新潟県岩船郡 *けんつー 大分県中部 *よこずこしー 山口県豊浦郡

□者 *おはめ 愛知県名古屋市 *んかいぱー 沖縄県鳩間島

あいこ【相―】 *あいこっぱ 高知県 *いーぬー 沖縄県首里 *いっぺっこ 神奈川県中郡 *えー・えっこ 長野県長野市・上水内郡「それはえっこだ」 *えやっこんでぇ 岩手県九戸郡 *おんべ・おんべこ・おんべこちゃん 大阪市 *がい 熊本県「がいする(勝負なしにする)」 宮崎県南部 鹿児島県鹿児島郡 *がいちょ 鹿児島県鹿児島郡 *ぎゅー 千葉県香取郡 鹿児島県 *ぎゅむ 鹿児島県 *ぎよむ 香川県 *じっぽ 和歌山県東牟婁郡 *ずっか 愛媛県宇和島市・南宇和郡 *ずっこっけ 栃木県足利市 *たいま 山形県・米沢市 岐阜県恵那郡 愛知県名古屋市 *たいまん 山形県村山 *ちょっぺー 茨城県多賀郡・那珂郡 *ついつい 三重県志摩郡 *つーつー 愛知県宝飯郡「つーつーにして置く」 広島県高田郡 香川県 愛媛県・松山 *つーつっこ 千葉県長生郡 *つーぷ・つーぷこ 山形県米沢市「あまり儲けたからあの位損してもつーぷだべ」 *つら 山口県「つらぢゃからどっちも泣くことはないでの」 *つんつん 愛媛県 *どーとー 愛媛県松山「此の勝負はとーとーぢゃ」 *はっちょ 愛媛県南宇和郡 *はっぽ 奈良県南大和 和歌山県日高郡 *ふぁっきー 沖縄県石垣島 *ぶく・ぶっく 山梨県南巨摩郡 *べっちゃ 神奈川県中郡 *ぼっこ 静岡県榛原郡 *まいし 滋賀県滋賀郡 *もっけ 山形県東村山郡「もっけなった」 *ゆーたがい 富山県「ゆうたがいにして置くまいけ」 *わいこ 島根県隠岐島「勝負がつかないからわいこにしよう」

あいさつ【挨拶】 *あい(幼児語) 香川県丸亀市「あいせんのな」 *あいけんど 山口県豊浦郡「寝言のあいけんどをうつ」 *あいしらい 鹿児島県喜界島 *あいそぐらい 岩手県上閉伊郡・気仙郡「(返事をする者の態度の悪いことを非難して)いいあいそぐらいなもんだ」「よっぽごせやいた(怒った)とみえて、ろくなあいそぐらいもしない」 宮城県石巻「俺めえぐのにあいそぐらいもすねぁとわけつ(けしからん)なやった」 *あいへど 岩手県気仙郡・東磐井郡 *あいへんとー 島根県隠岐島 香川県高松「あひへんとうつ」 *あいへんと 島根県隠岐島 *あいへんどー 和歌山県西牟婁郡「あいへんどうにのらぬ」 島根県那賀郡「あいへんどーする」 *あいへんど 青森県 岩手県上閉伊郡・東磐井郡 岐阜県飛驒「あいへんどうつ」 島根県「あえへんどうつ」「あいへんどとる」 *あごへんと 富山県砺波「あごへんとかく」 *あへんと 香川県「はいぁへんとうたんか」 *あへんど 青森県津軽 富山県「あへんどかく」 福井県坂井郡 香川県 *えぁへんど 岩手県気仙郡 *えへんど 青森県上北郡「おれが訪ねてもえへんどもしない」 *おじんぎ 長野県佐久 *おわい・おわがい 和歌山県日高郡「ちょっとおわいして来ます」 *かなみ 沖縄県首里「かなみじょーじ(挨拶上手、交際上手)」 *げば 島根県益田市「村長が通るとだれもげばをする」 *ごえしゃく 山形県 *ことばがけ 新潟県佐渡「道であってもことばがけ一つしない」 *こまり 青森県三戸郡「こまりもしないで立っていてはいけない」 *さた 青森県上北郡「さだがない」 山形県「さだしてけろ」 群馬県館林 長野県佐久 静岡県志太郡 滋賀県彦根 佐賀県東松浦郡「けがしたてちさたんきたもんじゃあるけ(けがをしたという知らせが来たものですから)」 沖縄県首里 *じぎ 岐阜県飛驒「お客さんにじぎする」 *じげ 島根県隠岐島 *じゅんぎ 山梨県南巨摩郡 *じょんぎ 新潟県中頸城郡「隣りの家から土産を貰った、じょんぎを言へ」 *じんぎ 群馬県勢多郡「いくつになってもじんぎができなくって」・佐波郡 埼玉県秩父郡 新潟県佐渡 富山県砺波 山梨県 長野県佐久 *たねる(挨拶する) 岐阜県郡上郡「たねて居る」 *へんか 山梨県 *まがる(挨拶する) 山形県 福島県会津・大沼郡 新潟県東蒲原郡 *ものい(年始の挨拶) 徳島県美馬郡 *ものいー 山口県阿武郡 *ものーゆー

山口県柳井市 *れーしゃく山形県米沢市 *れしゃく山形県

あいさつのことば【挨拶言葉】 ***あーえ**(訪問やものを買いに行く時の挨拶の言葉)山形県南置賜郡 ***あーた**(目上の人に対する挨拶)熊本県玉名郡 ***あーた・あた・あたー**(「おはよう」、「こんにちは」などの挨拶の言葉の後に付けて用いる)長崎県南高来郡「おはやーた。おはよあた。こんにちわあたー」 ***あえーん**(訪問やものを買いに行く時の挨拶の言葉。主として子供が「あ、あえーん」「は、あえーん」の形で用いる)山形県米沢市 ***あなた**(他家を訪問した時や、路上で人に会ったりした時の挨拶)島根県鹿足郡 ***あなた**(「おはよう」、「こんにちは」などの挨拶の言葉の後に付けて用いる)長崎県南高来郡「おはよーあなた。こんにちわあなた」 ***あんた**(他家を訪問した時や、路上で人に会ったりした時の挨拶)島根県石見「あんた、早う来てやんさいと」 ***あんやとー**(買い物をして帰る時、客が言う挨拶の言葉)石川県金沢市 ***おー**(こんにちは。こんばんは)広島県倉橋島 ***おせんにち・おせんにちわ**(「先日はありがとう」「先日は失礼」などの意で言う挨拶)岩手県気仙郡 宮城県仙台市 ***おのぼり**(人を座敷に導いて通す時の挨拶)奈良県南大和 ***おはやく**(人を迎える時の挨拶)長野県更級郡「おい、帰ってきたぜ」「はい、おはやく」 ***おはよー**(昼、夜ともに人と会った時)長崎県南高来郡 ***おはよー**(道連れになった人と別れる時)岡山県備前 ***おはよーございます**(昼、夜ともに人と会った時)愛知県尾張 ***おふえが**(客が帰る時、主人が無礼を謝する意味で言う挨拶)高知県長岡郡 ***おぶえが**(客が帰る時、主人が無礼を謝する意味で言う挨拶)高知県 ***およーおいでました**(客が帰る時、また客を送る時に言う挨拶の言葉)徳島県美馬郡 ***およーであんせ**(客が帰る時、また客を送る時に言う挨拶の言葉)岩手県下閉伊郡 ***およーでーあんせ**(客が帰る時、また客を送る時に言う挨拶の言葉)岩手県上閉伊郡 ***およりなんし**(自宅へ請じ入れる時の挨拶)栃木県安蘇郡 ***およりない**(自宅へ請じ入れる時の挨拶)山形県米沢市 ***おらくざに**(くつろぐように勧める挨拶)埼玉県秩父郡 ***おわい・おわがい**(昼間に限らず人に会った時の挨拶の言葉。また、挨拶)和歌山県日高郡「ちょっとおわいして来ます」 ***おわるもございませんか**(改まった訪問の時の挨拶の言葉。御機嫌いかがでございますか)富山県砺波 ***かーう**(買物に店に入る時の挨拶)高知県「おばん かーう」 ***かーしょーり**(買物に店に入る時の挨拶)沖縄県石垣島(「買わされよ」の意) ***かーべー**(買物に店に入る時の挨拶)福島県会津 茨城県 千葉県安房郡・東葛飾郡 神奈川県逗子市・三浦郡 ***かーべよ・かーよ**(買物に店に入る時の挨拶)茨城県稲敷郡 ***かいす**(買物に店に入る時の挨拶)宮城県栗原郡 ***かいましょ**(買物に店に入る時の挨拶)千葉県東葛飾郡 ***かいまっしゅー**(買物に店に入る時の挨拶)熊本県下益城郡 ***かいんしょ**(買物に店に入る時の挨拶)茨城県久慈郡 ***かうー**(買物に店に入る時の挨拶)山形県 千葉県市原郡 ***かうーっす**(買物に店に入る時の挨拶)山形県山形市・北村山郡 ***かうえー**(買物に店に入る時の挨拶)徳島県海部郡 ***かうべー**(買物に店に入る時の挨拶)千葉県夷隅郡 ***かうんじゃー**(買物に店に入る時の挨拶)香川県伊吹島 ***かべー**(買物に店に入る時の挨拶)千葉県市原郡 ***かべよ**(買物に店に入る時の挨拶)千葉県夷隅郡 ***かる・かるえ**(買物に店に入る時の挨拶)青森県上北郡・三戸郡「かるーえんぺつ」 ***きたしー**(帰り道で出会った時にする挨拶の言葉)三重県志摩郡 ***こーいびら・こーやびら・こーら・こーらー**(買物に店に入る時の挨拶)沖縄県「おばさーん、こーらー」 ***こらまつ**(会った時の挨拶)鹿児島県肝属郡 ***こりゃこりや**(会った時の挨拶)岐阜県郡上郡 三重県一志郡 愛媛県松山 ***しまいなはりますな**(悔やみの挨拶の言葉)滋賀県伊香郡 ***せちかいなはりますな**(おかまいなさいますな)熊本県球磨郡 ***ただいま**(午後、または夕方、人に会った時の挨拶の言葉)山梨県・甲府市・中巨摩郡 ***ただいま**(外出する時、外出する者を送る時、帰って来た者を迎える時、また、人と別れる時などの挨拶の言葉)岩手県気仙郡 宮城県 山形県 ***ただいめ**(外出する時、外出する者を送る時、帰って来た者を迎える時、また、人と別れる時などの挨拶の言葉)山形県 ***つらにめんかぶる**(面目ないのをかえりみず、あえて訪問する時の挨拶の言葉)長崎県対馬「今日はあがる面目はねえのでありますけんどん、つらにめんかぶりて参上致しました」 ***てんきさんで**(人に出会った時などの挨拶の言葉。よい天気ですね)島根県出雲・隠岐島 ***どーしもーたかや・どーぞいるかや**(他家を訪問した時、または人に会った時の挨拶)新潟県佐渡 ***どーじゃな**(他家を訪問した時、または人に会った時の挨拶)岐阜県飛騨 ***どだな・でしてれ**(他家を訪問した時、または人に会った時の挨拶)青森県上北郡 ***どーぞな**(他家を訪問した時、または人に会った時の挨拶)愛媛県松山「どーぞな、この頃は」 ***どーならい**(他家を訪問した時、または人に会った時の挨拶)奈良県吉野郡 ***どーらえ**(他家を訪問した時、または人に会った時の挨拶)長野県西筑摩郡 ***どめさたどんし**(他家を訪問した時、または人に会った時の挨拶)秋田県鹿角郡 ***なにごともございませんで**(人を接待する時の挨拶。客が帰る時に言う主人の挨拶の言葉)島根県那賀郡 ***よーあんた**(軽い挨拶の言葉)兵庫県 ***よーおいだーす**(客が帰る時、また客を送る時に言う挨拶の言葉)石川県金沢 ***よーおいだすばいた・よーいらしてくだはれた**(客が帰る時、また客を送る時に言う挨拶の言葉)富山県砺波 ***よーおいで**(客が帰る時、また客を送る時に言う挨拶の言葉)石川県金沢 *よーきてーや(客が帰る時、また客を送る時に言う挨拶の言葉)三重県阿山郡 *よーゆかんし(客が帰る時、また客を送る時に言う挨拶の言葉)新潟県佐渡

相手のことばに対して、それをていねいに打ち消しながら返す挨拶の言葉(どういたしまして)

*あねーなことを 山口県『ゆんや(昨夜)は御馳走になりました』『あねーなことを、あなた』 *そげんなー 島根県出雲『べったりべったりお世話になりまして』『そげんなー』 *そこそばおしょかいなー 滋賀県湖北 *だーれんでーさー・だーれんじーさ 山梨県 *どちらか 香川県東部「どちらかお願いします」 *どちらへか 徳島県『まあ長いこと御無沙汰しています』『いや、どちらえか』 香川県東部 *めっそー 石川県能美郡・石川郡 福井県 三重県北牟婁郡 滋賀県彦根・蒲生郡 京都府京都市・与謝郡 大阪府中河内郡 兵庫県神戸市 奈良県 和歌山県「まあめっそーな、お礼どころかのし」 香川県仲多度郡「めっそーに」 福岡市 長崎市 *よーあんた 滋賀県彦根

朝の挨拶(おはようございます)

*うんだーおきたか 東京都大島 *おきあがったけー 熊本県天草郡 *おきさしたか 島根県隠岐島 *おきたかな 大分県大分郡 *おちゃおあがりあすばいたか(朝の訪問の挨拶)富山県東礪波郡・西礪波郡 *おちゃおあがり(朝の訪問の挨拶)富山県砺波 *おつかりかえー 長野県下伊那郡 *おつかれ 山梨県甲府市近在 *おつかれでありましょー 広島県高田郡 *おつかれなはいませ 愛媛県周桑郡 *おつかんなさいましょー 新潟県佐渡 *おはえぁなす 岩手県和賀郡 *おはえーなー 大分県 *おはやえなし 山形県東置賜郡・西置賜郡 *おはやがんす 岩手県和賀郡 *おはよーがす・おはよーごす 福島県西白河郡 *おはよーさん 三重県「お早うさんでございます」 滋賀県 京都府 大阪府 兵庫県城崎郡 奈良県南大和 島根県仁多郡 大分県大分郡 *おはよおります 和歌山県 *おはよさん 岩手県和賀郡 *おひなっておいでるかのーや 徳島県美馬郡 *おひなり 大分県南海部郡 *おひなりました・おひになりました 青森県三戸郡 *おひなりましたか 広島県山県郡・倉橋島 *おひなりまして 大阪市 *おひるなりやした 高知県幡多郡 *おひんなり 石川県 *おひんなりあすばいたか 富山県西礪波郡 石川県金沢 *おひんなりました 島根県那賀郡・鹿足郡(上流語) 山口県大島 *おひんなりましたか 愛媛県西宇和郡 *おひんなりやったか 東京都八丈島 *おひんなんさった 島根県邑智郡 *おひんなんなさいました・おひんなんなさい 島根県那賀郡 *おへんなんましたか 長崎県五島 *おやすみやったか・やすみやって・やすみやったー・やすみやろわかーい 東京都八丈島 *およりやったか 東京都八丈島 *けりーめっかりもーさん(朝の訪問の挨拶)鹿児島県種子島 *ただいま 山形県 *ねとーか 東京都八丈島 *はやーむし 群馬県利根郡 *はやい 佐賀県杵島郡 *はやいでないか 香川県大川郡 *はやいねー 三重県志摩郡 *はやいのー 福井県遠敷郡 三重県志摩郡 香川県男木島・伊吹島 大分県大分郡・北海部郡 *はやいやれ 滋賀県東浅井郡 *はやいわて 三重県阿山郡 *はやかったな 三重県名賀郡・阿山郡 *はよー 長崎県五島 *はよーおまんな 兵庫県加古郡 *はよーござんす 島根県仁多郡・隠岐島 *はよーのし 長崎県南高来郡 *はよがんした・はよがんす 群馬県利根郡 *はよごわす 三重県名張市 *はよなーし・はよなし・はよのい 長崎県南高来郡 *やどろーかい・やとったか 東京都八丈島

祝いを述べる時の挨拶(おめでとう)

*めんだくもーす 山形県東田川郡 *よいくらい 静岡県榛原郡「よいくらいでした……」

大みそかの挨拶

*おしつまりやした 山梨県南巨摩郡 *おことおーさん(「お忙しい」の意)大阪市「お事多ふさんで御座ります。炭屋でございます」

贈り物を受けた時の挨拶

*おまもりなんしょ 茨城県多賀郡 *つまらない 新潟県中魚沼郡「つまらねー、そんねことなんして」

外出から帰った時の挨拶(ただいま)

*いってきたどな 三重県北牟婁郡 *いってさんじました 埼玉県秩父郡 新潟県佐渡 岐阜県飛驒(児童語) 岡山県児島郡 *いってさんじやした 長野県佐久 *いまきたばの 長崎県西彼杵郡 *いまじゃった 鹿児島県鹿児島市・屋久島 *いまたんでやま 静岡県 *いまつごあした 鹿児島県姶良郡 *いまやった 鹿児島県・硫黄島 *いまやったい 鹿児島県枕崎市 *かえきたー 宮崎県日南市 *かえった 三重県上野市 *かえってんわ 三重県名賀郡 *かえりました 島根県那賀郡 岡山県津山市・苫田郡「かえりました、かえりました、だあれもおらんの」 *よーやく 島根県出雲・隠岐島

外出するときの挨拶(いってきます)

*いきてもどーますい 島根県出雲 *いたちきますばい 佐賀県唐津市 *いたっきもーす 鹿児島県硫黄島 *いたっきもんで・いたっきめんで・いたっめんで 鹿児島県鹿児島郡 *いたっきんで 鹿児島県姶良郡 *いってかえり 広島県高田郡 *いってかえりましょう・いってもどりましょう 島根県那賀郡 *いってかえります 岡山県児島郡 愛媛県松山 *いってきませー 島根県邑智郡 *いってくってのー 長崎県西彼杵郡 *いってさんじ 長野県佐久 *いってさんじます 新潟県佐渡 岐阜県飛驒(児童語) *いて

かえります 岡山市 愛媛県周桑郡・松山 *いてくっわ・いてこー 三重県名賀郡 *いてこーど 三重県上野市 *いてこーわい 愛媛県松山

*いてさにます 奈良県 *いてさんじます 京都市 大阪市 和歌山市 徳島県・美馬郡 *いてさんにます 和歌山県

客を送り出す時の挨拶

*あいそがおまへんな 上方 *あぶないぞけー（「用心して下さい」の意）石川県珠洲郡 *あんばいよーおかえーませ（気をつけて無事にお帰りなさいませ）島根県仁多郡 *いかさいせ 北陸

*いけやーい 東京都大島 *いねや・いねよ 香川県高見島・伊吹島 *いらして 富山県砺波 石川県 *いんな 京都府 *いんどいな 滋賀県

*いんどいで 愛媛県周桑郡 *おしこみなんし 福島県石城郡 *おしずかに 青森県南津軽郡 岩手県気仙郡・東磐井郡 秋田県鹿角郡 福島県石城郡「おしずかにおいりなんしょ」 富山県氷見市 大阪市「どーぞおしずかに」 *おじゃりやるか 東京都八丈島 *おそまつだんす 岩手県和賀郡 *おそろそろ 新潟県佐渡 岡山県真庭郡「おそろそろお帰ぇんなさぇえよう」 *おなんちょ・おなっちょ 長野県 *おやがっていらしみせ（お早くお帰りください）石川県鳳至郡

*およーおいでました 徳島県美馬郡 *およーであんせ 岩手県下閉伊郡 *およーでーあんせ 岩手県上閉伊郡 *そろそろ（ゆっくり。気をつけて）山口県都濃郡「そろそろおかえりましぇ（気をつけてお帰りなさいませ）」 愛媛県西宇和郡「そろそろ往んなはれよ」 *なにごともございませんで（何もお構いしませんで）島根県那賀郡

*よーおいだーす 石川県金沢 *よーおいだすばいた・よーいらしてくだはれた 富山県砺波

*よーおいで 石川県金沢 *よーきてーや 三重県阿山郡 *よーゆかんし 新潟県佐渡

断り、謝り、また、訪問、辞去の挨拶（ごめんください）

*あなてゃーあがっすいろー 佐賀県 *あろか（「御在宅ですか」の意。目下に用いる）東京都八丈島 *あんたんで 山口県 *あんたんでごあんすか 山口県玖珂郡 *あんたんでござりますか（「あなた御在宅ですか」または「だれだれさんのお宅はあなたですか」の意）山口県・大島

*あんたんですか 山口県都濃郡 *いたかい 青森県上北郡 岩手県気仙郡 長野県西筑摩郡・上伊那郡 *いたかや 岩手県気仙郡 *いたか 岩手県和賀郡・気仙郡 福島県南会津郡 新潟県岩船郡 *いたと 青森県三戸郡「いだど。はーすんだど（もう夕飯が済んだか）」 *いたかにし 青森県上北郡 *いてかー・いとーかー 山梨県南巨摩郡 *いましたか 山梨県北都留郡 *いなったか 福井県 *いなってか 福井県坂井郡 *いやったかし 山形県置賜 *うるせ 岐阜県飛驒 *おあがり 長野県上田・佐久 奈良県五条・南大和 和歌山県那賀郡 *おあがりやんしたか 広島県安芸郡 *おあがんな 千葉県海上郡・香取郡 和歌山県 *おいだすばすか 石川県金沢

*おいでなさいますか 富山県東礪波郡 *おいでなはい 福井県 *おいでなはんすけ 富山県

*おいろーし 長崎県北松浦郡 *おーがんなされませ 山口県大島 *おじえんすか 宮崎県東諸県郡 *おじゃすか 鹿児島県 *おじゃるか・おじゃりやるか 東京都八丈島 岐阜県郡上郡

*おじゃんすか 鹿児島県 *おっちゃか・おっちゃこ 京都府 *おってか 石川県石川郡・江沼郡 *おでぁんしたか 岩手県上閉伊郡・気仙郡

*おでやすばすか 富山県砺波 *おでんすか 宮崎県東諸県郡 *おばさま 福井県大野郡「『おばさま』『あい』」 *おめでとがんす 岩手県中通 *おめとがんす・おめんとがんす 岩手県 *おめんなされ 奈良県吉野郡 *おやすみな（昼間訪問した時の挨拶）奈良県南大和 *おゆるし 奈良県吉野郡

*おゆるしな・およろしな 山口県玖珂郡

*おゆるしなされませー 山口県 *おゆるしなさんせー 高知県 *およろしんされませ 山口県大島 *おりますか 新潟県佐渡「『はい、おりますか』『はい、ようごじぇました』」 長崎県西彼杵郡「『おりますかー』『へー、あがらんのー』」 *おりやすか 長野県佐久 *おるか 新潟県佐渡 *おるかい 岐阜県吉城郡 *おるかや・おるかえー 新潟県佐渡 *おるとけー 熊本県天草郡「『おるとけー』『んー、おると、なんしげ来たっかぁい』」

*おんか 香川県仲多度郡 *おんきゃ 香川県伊吹島 *おんな 長崎県壱岐島 *おんなはんもーすか 熊本県球磨郡 *おんのこ 三重県志摩郡（多く女性が用いる）「『おんのこ』『はってー』」 *おんまーい 長崎県南高来郡「『おんまーい』『どーれ、あらーお前じゃったんかい、よー来たのー、はよあがらっしゃい』」 *おんまえ 長野県上田

*げーさりませー 岡山県上房郡・吉備郡 *けさまだじゃいもしたー（「今朝はお会いするのがまだでございました」の意。早朝以外に訪問した時の挨拶）鹿児島県揖宿郡 *ごいさいませ 福井県遠敷郡 *ごいさってください 石川県金沢市 *ごいさませ 岡山県 *ごいさりましょー 岡山県津山市 *ごいざりませ 高知県土佐郡 *ごいされ 石川県加賀 長野県東筑摩郡「そんならごいされ」 和歌山県那賀郡 高知県（卑語）・長岡郡（人前を通る時） *ごいされませ 新潟県佐渡 和歌山県 岡山県 高知県・高知市「後がつんぢょりますきに前を通らしてつかさいませ、ごいされませ」 *ごいざれませ 高知県 *ごいさんせ 岡山県 *ごいしゃらませ 和歌山県西牟婁郡・東牟婁郡 *ごいしゃりませ 和歌山県西牟婁郡 *ごー 長野県東筑摩郡 *ごーしゃれ・ごーしゃれませ 香川県木田郡（仏前の飯を食べる時） *ごーしゃれませ・ごっしゃりませ 和歌山県東牟婁郡 *ごーめん 奈良県（主として子供が

使う） *ごぎぎょー 青森県津軽「はいごぎぎょう」 *ごきげん 高知県 *ごけんよーございます 島根県那賀郡 *ここのしょー・ここんしょ 山形県東田川郡 *ここんしょー 新潟県中魚沼郡 *ごしゃめん 兵庫県淡路島 *ごしゃめんなはれ 徳島県那賀郡・名西郡 *ごしゃめんなさりませ 兵庫県淡路島 *ごしゃめんなして 徳島県 *ごしゃらませ 和歌山県東牟婁郡 *ごしゃりませ 和歌山県西牟婁郡・東牟婁郡 *ごっけん 広島県三原市 *こねーのしょー・こねんしお 東京都三宅島 *ごみやっす 岐阜県可児郡 *ごめーん 岐阜県飛騨 *ごめしょ 山形県村山 *ごめやーす 岐阜県羽島郡 愛知県 *ごめやす 岐阜県養老郡 *ごめん 岐阜県飛騨 三重県阿山郡 滋賀県蒲生郡 広島県安芸郡（中流以下） *ごめんけー・ごめんけーや 青森県津軽 *ごめんさい 岡山県苫田郡 *ごめんさいませ 島根県石見 *ごめんされー・ごめんさんせー 島根県大田市 *ごめんさりませ 島根県石見 *ごめんしくんない 三重県桑名市 *ごめんしてくりょ・ごめんしとくれ 岐阜県飛騨 *ごめんしとくれーむし 岐阜県郡上郡 *ごめんしとくれんさい 岐阜県飛騨 *ごめんせやー 兵庫県出石郡 *ごめんつかーさい（上流） 広島県安芸郡 *ごめんな 三重県北牟婁郡 兵庫県加西郡・加古郡 奈良県（昼間の訪問の際の挨拶） 香川県 *ごめんないもーせー 鹿児島県上甑島 *ごめんなざっせー 福岡市 *ごめんなされー 鹿児島県下甑島 *ごめんなさんせ 島根県隠岐島 *ごめんなして 三重県伊賀 徳島県 香川県大川郡 *ごめんなって 山梨県 *ごめんなはいまっせ 熊本県阿蘇郡 *ごめんなはえませ 島根県出雲市・大原郡 *ごめんなはりまっせ 熊本県 *ごめんなはれ 三重県名賀郡 兵庫県城崎郡 島根県邇摩郡 *ごめんなよ（多く女性が使う） 香川県丸亀市 *ごめんなんして 香川県大川郡 *ごめんなんしょ 福島県石城郡 茨城県多賀郡 和歌山県東牟婁郡 *ごめんなんせー 鳥取県因幡 *ごめんましょー 愛知県南設楽郡 *ごめんやす 福井県敦賀郡 三重県名張市 滋賀県 奈良県（主として女性が使う） *ごよーしゃ 長崎県壱岐島 *ごよーしゃおしつけらりまっせー 長崎県壱岐島 *ごよさる 高知県 *ごよされ 石川県能美郡 *ごりさい 石川県 *ごんしゃれませ（児童語） 三重県南牟婁郡 *こんしゅのえーしゅ 山梨県南巨摩郡 *こんのもん 福井県大野郡 *こんのひとら・こんねおってか 石川県江沼郡 *ごんめん 和歌山県日高郡 *さり（もしもし。男性語。目上に） 沖縄県首里 *さりーさりー（もしもし） 沖縄県石垣島 *されーされー（もしもし） 沖縄県石垣島・竹富島・小浜島・新城島 *しされーしされー（もしもし） 沖縄県小浜島・新城島 *ざりしさり（もしもし） 沖縄県石垣島 *ざりっさり（もしもし） 沖縄県黒島 *さんじました 島根県石見 広島県高田郡 *せーら（「参りましょう」の意） 鹿児島県喜界島 *ちゃーびら（「来はべら」の意） 沖縄県・首里「ちゃーびらさい（男性語）」「ちゃーびらたい（女性語）」 *どー（他人の家で、取り次ぎを請う） 石川県 *はーい 秋田県雄勝郡「はーえ、太郎さんは居りますか」・鹿角郡 愛媛県 *はいー 愛媛県 *はいっと 岩手県気仙郡 福島県 *はいっとー 山形県東村山郡・最上郡 福島県会津・中部 *はえっとっ 岩手県胆沢郡 *はっあー 山形県西置賜郡 *はっあえーん 山形県米沢市 *はっあえし 山形県米沢市 *はっは・はっあい 山形県置賜「はっは。煙草下さい」 *へいー 和歌山県新宮「へいー菓子を売って下さい」 *へーこん・はいこん 長野県松代 *へーっ 岐阜県恵那郡 *へーっと 山形県最上市「へーっと、お菓子下さい」 *へつあ 岐阜県郡上郡・飛騨 *へつあー 兵庫県佐用郡 *へっあん 岐阜県郡上郡 *まいどー 富山県砺波（日中、男性が同輩以下に対して使う） 島根県仁多郡「まえどー、新生えっぴょう（一箱）ござっしゃえ」 *まいどさん 富山県砺波「まいどさん、んまいもん（お菓子）くだはれ（子供が菓子を買う時に言う）」 石川県石川郡 *まいどはや 富山県 岐阜県北飛騨 *まいだありがとーございます 島根県那賀郡 *まいりもーそー 鹿児島県黒島 *まかりでもーそ 宮崎県東諸県郡 鹿児島県 *まかりでます 鹿児島県 *もーまいったか 奈良県吉野郡 *もーめしたかい 奈良県吉野郡 *ゆるしてくれさい 滋賀県 *ゆるせ 岐阜県大野郡

謝罪・断りの挨拶の言葉（ごめんなさい）

*おごめん 大分県大分郡・日田郡（中流以下の語） *おゆるし 滋賀県彦根 山口県阿武郡 高知市 *おゆるしな 滋賀県 *ごめしてけれ 秋田県由利郡「今度いたづらしないからごめしてけれ」 *ごめや 秋田市 *ごめやーす 岐阜市 *ごめんさい 岡山県苫田郡 *ごめんさんせー 島根県鹿足郡 *ごめんしっせー 福島県会津 *ごめんなしょ 山梨県 *ごめんなったもし 鹿児島県 *ごめんなんしょ 福島県会津 茨城県多賀郡 山梨県 *ごめんやす 滋賀県彦根

就寝時の挨拶（おやすみなさい）

*いざっこざれ 長崎県五島 *おしおーございます 徳島県 *おすんまり 石川県金沢市 *はよやすんでーや 三重県名賀郡 *やすまいしょ 三重県南牟婁郡 *やすまっせあ 岩手県気仙郡 *やすまんかい 香川県伊吹島 *やしめわなあ 秋田県平鹿郡「まずやしめわなあ」

食事の前後に人を訪ねる時の挨拶

*あがたか 青森県三戸郡 広島県倉橋島 *あがらしたかね 新潟県 *あがりやったか 東京都八丈島 *おあがりあすばいたか 富山県砺波 *おあがりしゃんしたか 岩手県気仙郡 *おあがりましたか 青森県三戸郡 広島県倉橋島

*おあがんなったか 京都府竹野郡 *おあげなさいました 新潟県佐渡 *おういなしやました・おういなしやましたか・おういなしやませ 新潟県佐渡 *おしずかに 長野県佐久 *おすごしなんしょ 福島県石城郡 *くーたか 新潟県佐渡 *くったかえ 山梨県南巨摩郡 *ごじゅぶんでございますか 愛媛県大三島 *ごじぶんこ・ごじぶんこー 三重県志摩郡 *すんだかな(「食事は終わりましたか」の意) 福岡県北九州市 大分県 *すんだかよ・すまいてか(「食事は終わりましたか」の意) 山梨県南巨摩郡 *おすみあんしたか(「食事は終わりましたか」の意) 岩手県上閉伊郡 *よーおあがり(食事中のところに行き合わせた時) 関西 *よろしゅーおあがりなさんせ 香川県木田郡 *よろしゅーおあがんなさい 岡山県津山付近・苫田郡『あがっとってくれんさい。じきめしゅうすませますけえ』『よろしうおあがんさい。待たしてもらよーりますけえ』

食前、または供応を受ける時の挨拶(いただきます)

*おしょばんします 香川県木田郡

食物を勧める時の言葉(お上がり下さい)

*あがえ 山形県 *あがたんせ 秋田県平鹿郡・雄勝郡 *あがっさい 山形県村山郡 *あがっておくやぇ 山形県 *あがらっしやれ 山形県 *あがんもされ 岩手県気仙郡 *おあがらしてくださりませ 青森県三戸郡 *おあがりなんし 長野県佐久 *おわいな 長野県上伊那郡 *おわいない 山形県置賜「りんご早くおわいない(早くお上がりください)」 *おわんなえ 宮城県石巻

新年の挨拶

*あらたなし・やらたなし(新年の訪問をした時の挨拶。「ふっきばんぶく」と答える) 東京都利島 *いーしょーぐわつぃ 沖縄県首里 *ふっきばんぶく(「あらたなし(新年)」に答える語) 東京都利島

知人の家の前を通り過ぎる時や家を訪ねた時に掛ける挨拶

*うちか 三重県志摩郡 *うちな 福岡市 *うちにかね 島根県 *うちにかな 島根県益田市 *うちおじゃんすか 鹿児島県 *おうちんでござりますか 山口県 *おんちたしか 秋田市

日中の挨拶(こんにちは)

*あがんない(仕事をしている人のそばを通る時) 福井県南条 *おあがり(仕事をしている人のそばを通る時) 奈良県南大和 和歌山県那賀郡 *おあがりなさんし(仕事をしている人のそばを通る時) 長野県南安曇郡 *おじゃるか・おじゃりやるか(外出の途上での挨拶) 東京都八丈島 *おひなり 山梨県 *おゆるしな 和歌山県日高郡「おいるしな良いお天気だね」 *きゅはまだございもした・きゅはまだじゃいもした・きゅまだでございました(訪問の時の挨拶) 鹿児島県揖宿郡 *きょあめっかいむさんにょん・きょあめっからんにょー(訪問の時の挨拶) 鹿児島県種子島 *ごきげんさん 滋賀県犬上郡 *ごきげんですか 愛媛県喜多郡 *ごっけんはん 香川県高見島 *こらまつ 鹿児島県肝属郡 *こりやこりや 岐阜県郡上郡 三重県一志郡 愛媛県松山 *こんちも 京都府 島根県石見「こんちもおくなる(朝の挨拶)」 *こんちもはえ・こんちわはえ 島根県出雲 *こんちゃまだっごわした・こんちゃだっごわした 鹿児島県鹿児島郡 *した(学生語) 鹿児島県鹿児島郡 *ちゅー(目下に対して用いる) 沖縄県首里 *ばー 愛知県八名郡 *はーい 兵庫県明石郡 *はーいー 愛媛県北宇和郡 *はっあー(少年が多く用いる) 山形県西置賜郡 *はっは・はっあい(少年が多く用いる) 山形県置賜「はっは。煙草下さい」 *はっあえーん・はっあえじ(少年が多く用いる) 山形県米沢市 *やりんさるのー・やんさるな 島根県石見 *やんばいどな・よろしあんばいです 三重県上野市 *やんばいなー 三重県名賀郡 *よいと(また、案内を請う時の語) 和歌山県日高郡

人の訪問を受けた時の挨拶の言葉(お上がり下さい)

*あがえ 山形県 *あがさまい 青森県上北郡 *あがさもせー 青森県 *あがしぇ 山形県飽海郡 *あがっておくやぇ 山形県 *あがらい 滋賀県彦根 *あがらっしゃれ 山形県 *あがらんかっちゃ 新潟県佐渡 *あがらんせ 香川県・小豆島 *あがりさえ 奈良県宇陀郡 *あがりま 香川県 *あがりゃ 滋賀県彦根 *あがれっちゃ 新潟県佐渡 *あがんな 奈良県高市郡 和歌山県新宮 *あがんなはれ 香川県 *あがんもされ 岩手県気仙郡 *おあがいやす 宮崎県都城 *おあがりさって 山梨県南巨摩郡 *おあがんなんしょ 茨城県稲敷郡・新治郡 *おあげなさい 島根県石見 *おわんないしょ 山梨県

人前を通ったり、人を追い越したりする時の挨拶の言葉

*ごめんけへ・ごめんけへや 青森県津軽 *ごめんしてくりよ・ごめんしとくれ・ごめんしとくれんさい 岐阜県飛驒 *ごめんしろ(人をどかす時) 群馬県多野郡

人を送り出す時の挨拶の言葉(いってらっしゃい)

*いっていらっせ 石川県金沢市・河北郡 *いっておんであんせ 岩手県気仙郡 *いってこーし 山梨県 *いってございの 石川県珠洲郡 *いってござえ 石川県河北郡 *いってござっしー 石川県石川郡 *いってござれ 石川県石川郡 *いってごじゃませ 新潟県佐渡 *いっておかえり 山口県美祢郡・都濃郡 *いっておこしなはれ 徳島県那賀郡 *いておもどり 愛媛県温泉郡 *おかえんなさまし 千葉県長生郡 *おかえって 奈良県吉野郡 *おせっかく 新潟県佐渡 *おはよーおかえり 奈良県南大和 *かえらん

すな 新潟県佐渡

訪問を受けた時の挨拶の言葉(いらっしゃいませ)

*いらしてくだはれ 富山県砺波 *えーでんはい 岡山県阿哲郡 *おいじゃーす 岐阜県本巣郡 *おいだーす 石川県金沢 *おいだい 山形県米沢市・南置賜郡 *おいだすばせ 富山県砺波 石川県金沢・河北郡 *おいでな 滋賀県神崎郡 奈良県山辺郡 香川県 愛媛県周桑郡 *おいでなー 和歌山県日高郡 *おいでなさいました 島根県那賀郡 *おいでなさんせ 香川県 *おいでなして 三重県 *おいでなって 山梨県 *おいでなはりやんした 茨城県多賀郡 *おいでなはれ 三重県名賀郡 徳島県 *おいでなんしょ 茨城県稲敷郡・西茨城郡 *おいでまーせ・おいでまえ 香川県 *おいでました 静岡県・志太郡 島根県 長崎県大村市 *おいでまへー 山口県都濃郡 *おいでやーす 岐阜市 *おいでやす 福井県敦賀郡 岐阜県揖斐郡 愛知県西春日井郡 三重県 滋賀県 大阪市 兵庫県明石郡 岡山県苫田郡 *おいでんさい 兵庫県但馬 *おいでんさった 島根県邑智郡・那賀郡 *おいでんさりーした 山梨県 *おいでんされ 兵庫県但馬 岡山県津山・苫田郡 *おいでんされます 兵庫県美方郡・出石郡 *おいでんさんした 島根県 *おいな 愛知県碧海郡 *おいない 滋賀県彦根 *おいなさい 三重県宇治山田市 *おいなして 長野県佐久 *おいなはい 滋賀県彦根 *おいなはれ 三重県伊勢 *おいんなんしょ 長野県佐久 *おーらったーなー 青森県三戸郡 *おこし 三重県一志郡 奈良県南大和 和歌山県 *おこしなー 兵庫県加古郡 和歌山県日高郡 *おこしやす 大阪府泉北郡 奈良県南大和 *おじゃし・おじゃしたな・おさいじゃしたな 鹿児島県 *おじゃったもし 鹿児島県鹿児島郡 *おじやんしたな 宮崎県都城 *おだえんせー 岩手県海岸地区 *おであれ 青森県 *おでぁんせ 岩手県気仙郡 *おでやんせ 岩手県海岸地区 *おでんせ 京都府 *おまえ(お入りなさい) 和歌山県東牟婁郡 *おんさい 岐阜県 *おんなさりせ 宮城県仙台市 *おんなされ 岩手県東磐井郡 *おんなはりやせ 岩手県磐井郡 *おんなはれます 兵庫県城崎郡 *ごくろー 岐阜県飛騨「ごくろーさまでございます」 *やすでたもれ 岩手県和賀郡 *よーいで 和歌山市 *よーおいで 富山県高岡市 *よーおいでやす 滋賀県彦根 京都府・京都市 *よーおこし 京都市 奈良県吉野郡 和歌山県 *よーおこしやす 滋賀県彦根 *よーございました 奈良県吉野郡 *よくおいでやした・よくきてに 山梨県南巨摩郡 *よくござりました 千葉県長柄郡

夜の挨拶(こんばんは)

*えーばげだねし・えーばげでごすじゃ 青森県津軽 *おしまい(仕事をやめる意から) 東京都大島 石川県金沢市 三重県名張市・一志郡 大阪府泉北郡 兵庫県神戸市 奈良県五條市・南大和 和歌山市 広島県 香川県 高知県 大分県北海部郡・南海部郡 *おしまいあすばいたか 富山県砺波 石川県金沢市 *おしまいか 高知県 *おしまいかーい 高知県幡多郡 *おしまいかな 大分県南海部郡 *おしまいかのーし 高知県 *おしまいさん 島根県隠岐島 香川県 *おしまいさんしたか 山口県玖珂郡 *おしまいさんでござんす 島根県隠岐島 *おしまいであります 大分県南海部郡 *おしまいできましたか 三重県阿山郡 *おしまいでございましたか 神奈川県横浜市・三浦郡 福岡県北九州市 *おしまいでございます 神奈川県高座郡 静岡県安倍郡 広島県高田郡・安芸郡 大分県南海部郡 *おしまいでござりやんするか 大分県大分郡 *おしまいでござんしょ 香川県 *おしまいでござんす 広島県安芸郡 香川県 大分県北海部郡 *おしまいです 静岡県安倍郡 *おしまいですか 千葉県安房郡 静岡県川根 京都府竹野郡 鳥取県西伯郡 大分県 *おしまいな 千葉県香取郡・海上郡 福井県 滋賀県 京都府 兵庫県神崎郡・加古郡 奈良県 和歌山県 広島県賀茂郡 香川県 *おしまいなーて 三重県名張市・名賀郡 *おしまいなーれ 兵庫県神戸市 *おしまいなさい 茨城県 千葉県香取郡 静岡県北伊豆・榛原郡 徳島県 愛媛県 *おしまいなさいましたか 新潟県佐渡「おしめーなしゃましたか」 富山県氷見市・砺波 京都府竹野郡 兵庫県淡路島 和歌山県東牟婁郡・西牟婁郡 愛媛県松山 高知県 大分県 *おしまいなさいましたな 島根県大田市 *おしまいなさいませ 新潟県佐渡 静岡県田方郡 愛媛県周桑郡・喜多郡 *おしまいなさっ

方/言/の/窓

●共通語と標準語

共通語とは国際的に通用する言語、または全国的に通用する言語(方言)のことである。日本国内では東京のことば(東京方言)が共通語として機能している。

標準語は共通語と同じ意味で使われることもあるが、学術的には異なる概念とされている。共通語は現実に使われている話し言葉であるのに対し、標準語は規範とされている書き言葉である。たとえば「行っちゃだめだよ」「おっこっちゃった」「しょっぱい」は共通語であり、「行ってはいけない」「落ちてしまった」「塩辛い」は標準語である。

標準語であるか否かは辞書に載っているかどうかで判断されるが、「帽子をとる」「帽子を脱ぐ」のようなイディオムに関してはいずれが標準語と言えるのか、判断がむずかしい。

た島根県邇摩郡 *おしまいなさったか 岡山県 愛媛県 *おしまいなされやんしたか 大分市 *おしまいなさんしたか 富山市近在 広島県倉橋島 *おしまいなさんせ 富山市近在 広島県佐伯郡 香川県 *おしまいなしたか 三重県名賀郡 愛媛県周桑郡 *おしまいなって 山梨県 *おしまいなはいませ 山口県大島 愛媛県周桑郡 *おしまいなんしたか 大分県北海部郡 *おしまいなんせ 和歌山県西牟婁郡・東牟婁郡 大分県北海部郡 *おしまいに 大分県東国東郡 *おしまいました 長崎県壱岐島 *おしまいやす 三重県上野市・阿山郡 滋賀県 京都府愛宕郡 京都市 大阪市 *おしまいやったか 東京都八丈島 *おしまいんさった 島根県石見 *おしまえさんですか・おしまえですか 島根県隠岐島 *おしまえんさえー 岡山県小田郡 *おしみゃんさいたかん・おしみゃんさいたな・おしみゃんさいたのまい 佐賀県藤津郡 *おそしゅーごいす 山梨県南巨摩郡 *おそしゅーございます 山梨県 *おつかいな・おつかりな・おつかりなんしょ 長野県上伊那郡 *おつかれ 群馬県多野郡 新潟県刈羽郡・中頸城郡 長野県 高知県土佐郡 *おつかれさま・おつかれでございます 長野県諏訪郡 *おつかれさん 新潟県新津市・中頸城郡 *おつかれさんでごいす 山梨県南巨摩郡 *おつかれです 群馬県吾妻郡 長野県佐久 *おつかれなさいませ 新潟県佐渡 愛媛県周桑郡・喜多郡(夜、他家を訪問した時に用いる) *おつかれなって・おつかれさって 山梨県 *おつかれさん 新潟県新津市・中頸城郡 *おばーん 長崎県大村市(青年同士の場合) *おばん 青森県津軽 岩手県和賀郡・気仙郡 宮城県仙台市 福島県西白河郡 栃木県 新潟県東蒲原郡 山梨県 *おばんがた 栃木県 *おばんかたでござりす 宮城県仙台市 *おばんかたです 福島県西白河郡 *おばんかたになりやした 福島県石城郡 *おばんかたんなりました 茨城県新治郡 *おばんでおぜーやす 福島県 *おばんでがす 宮城県栗原郡・仙台市 長崎県大村市 *おばんでがんす 群馬県利根郡 埼玉県秩父郡 *おばんでごあす 青森県三戸郡 *おばんでごいす 山梨県南巨摩郡 *おばんでございす 青森県三戸郡 山梨県南巨摩郡 *おばんでございます 青森県津軽・三戸郡 群馬県利根郡 富山県上新川郡 大分県速見郡 *おばんでござりす 宮城県仙台 *おばんでござります 青森県三戸郡 *おばんでござんす 岩手県上閉伊郡 *おばんです 北海道 青森県津軽・上北郡 岩手県和賀郡 山形県西置賜郡 神奈川県津久井郡 新潟県佐渡・上越 長崎県大村市 *おばんですか 島根県那賀郡 *おばんでやす 福島県石城郡 群馬県 埼玉県秩父郡 神奈川県津久井郡 新潟県 長野県北安曇郡 *おばんでやんす 栃木県 *おばんなりした・おばんなりしてござりす 宮城県仙台市 *おばんなりました 新潟県 長野県北安曇郡 *おばんなりやした 群馬県利根郡 *おばんになったし・おばんになったなし 山形県 *おばんになりしてござりす 宮城県仙台市 *おばんになりました 青森県三戸郡 群馬県多野郡 埼玉県秩父郡 東京都八王子 神奈川県 新潟県 *おばんになりやした 福島県石城郡 *こーべ(「こゆーべ(今夕)」の転か) 東京都大島 *しっぽりですね 大阪府泉北郡 *しっぽりでんな・しっぽりやな(夕方遅くまで働いている人に対する挨拶の言葉) 兵庫県加古郡「えらい今日はしっぽりやな」 *しっぽりやってやすなー(夕方遅くまで働いている人に対する挨拶の言葉) 滋賀県彦根 *しまいがわるいのー(夕方遅くまで畑仕事をしている人に対して、ねぎらう気持ちを込めて言う挨拶の言葉) 香川県 *しまいしなはれ 兵庫県神戸市 *しまいでござんす 島根県隠岐島 *しまいな 滋賀県伊香郡・神崎郡 *しまいなーれ 兵庫県神戸市 *しまいなはったかー 熊本県飽託郡 *しまいなはったかな 島根県邇摩郡 *しまいになりましてござんすかのー 島根県隠岐島 *しまったかやー 京都府竹野郡 *しまったんけ 千葉県夷隅郡 *しまわしたか 島根県隠岐島 *しまわしたかの 島根県隠岐島 *しまんしたか 京都府北部 *しみゃーなったかえ 京都府竹野郡 *しもーたかえ・しもーたかな・しもーたかの 大分県 *しもーたっけー 熊本県天草郡 *しもーたのー 長崎県樺島 *しもたっかの 長崎県五島 *ばんかたになりました 茨城県新治郡 *ばんげになったのー 新潟県岩船郡 *ばんじました 島根県 岡山県 *ばんじまして 鳥取県西伯郡 島根県出雲 *ばんじましてね 島根県出雲 *ばんなりまして 鳥取県東伯郡 *ばんになーまして 鳥取県西伯郡 島根県出雲 *ばんになーましてごさえす 島根県出雲 *ばんになりました 神奈川県中郡・南足柄市 鳥取県 *ひっちまーでよ(「仕事を終わりましょう」の意) 山梨県南巨摩郡 *やすみやれよー・やすみやるー・やすむか・おやすみやると(夜や夕方の別れの挨拶) 東京都八丈島 *やすんでーや 三重県阿山郡 *やすんでや 三重県上野市

礼の挨拶(ありがとうございます)

*おーごくろー 長野県諏訪 *おごくろー 広島県倉橋島 徳島県阿波郡 *おごちそー(贈り物や賃金) 長野県上田・佐久 *おごちそーさま(贈り物や賃金) 群馬県多野郡 *おごっつぉん(贈り物や賃金) 静岡県富士郡 *おめでとー 長野県下伊那郡「昨日はお珍しいものを下すって、おめでとー御座いました」 *こちそーさま(贈り物や賃金) 長野県佐久 *ごちそーさま(贈り物や賃金) 山梨県甲府市・南巨摩郡 岐阜県飛騨 *ごつそーさん(風呂の礼) 広島県福山市「大き

にごつそーさん」 *ごっつぉー(贈り物や賃金)新潟県佐渡「ごっつぉーごじゃぇました」 岐阜県吉城郡 *ごっつぉーさま(贈り物や賃金)新潟県中蒲原郡 富山県氷見市・東礪波郡 石川県輪島市・珠洲郡 岐阜県飛騨 静岡県安倍郡

*ごっつぉーさま(風呂の礼)岡山市 *ごっつぉーさま(法座の宿の礼)富山県砺波「今日はお宿ごっつぉーさまでございます」 *ごっつそーさま(贈り物や賃金)富山県 *ごみよさん・ごんめさん(御無用)福井県大野郡「ごみよさんな」「ごんめさんな」 *ごやっけさー(世話になった時の礼に言う挨拶)鹿児島県鹿児島郡 *こりゃこりゃ 岐阜県郡上郡 *これは 福岡県 鹿児島県鹿児島郡 *これはこれは 熊本県天草郡 宮崎県東諸県郡 *ごんみょーさん(「御無用」の意)福井県 *しったい(「したり」の転か。幼児語)静岡県安倍郡 *せーせーかんぶん(「過分」から。毎度ありがとう)山形県東田川郡 *だんだん 鳥取県西伯郡・日野郡 島根県出雲・隠岐島「きのーもえろえろだんだん」

香川県塩飽諸島(幼児語) 山口県大島(幼児語) 愛媛県「ほんじゃの絵じゃのいろいろもろてだんだん」 高知県幡多郡(主として子どもの言葉)「おばさんだんだん」 福岡市「これぁだんだん、之で肩荷の下りたごとなりました」 熊本県 大分県 宮崎県西臼杵郡 *ちょーじょ 熊本県下益城郡 *ちょーじょー 熊本県「ちょうじょうだんだん(たいへんにありがとう)」 *ちょじょ 熊本県八代市「ちょじょじゃったのい」 *ちゃっちゃー 岩手県九戸郡

*ほにゃぐら 青森県上北郡 *ほんなくら 秋田県鹿角郡 *ほんにゃくら(「ほいなく(本意無)ある」の転か)青森県南部 *ほんにゃくらい 青森県三戸郡「度々ほんにゃくらい(訪問の際の挨拶)」

*もーはいな 滋賀県彦根 *らんらん 宮崎県臼杵市

↓かんしゃ(感謝)

労をねぎらう挨拶(ご苦労様)

*おーきはばかりさん 和歌山県 *はばかりさん 滋賀県彦根 京都市「えらいはばかりさんどしたなー」 大阪府大阪市「おおきに、はばかりさん」・泉北郡 兵庫県神戸市 奈良県 和歌山県 香川県仲多度郡 *はわかりさん 大阪府泉北郡

別れる時の挨拶(さようなら)

*あいしゃれ 富山県東礪波郡 *あしたえー 山形県 福島県南会津郡 長野県下伊那郡 *あしたごあんそ 鹿児島県鹿児島郡・揖宿郡 *あしたじゃろ 鹿児島県阿久根市 *あしたや 福井県大野郡 *あしたよー 山形県 鹿児島県揖宿郡

*あすまた 山形県東田川郡・西田川郡 *あたなー 沖縄県宮古島 *あちゃ 山梨県 長野県南佐久郡 *あちゃー 山梨県南巨摩郡「ほんじゃーあちゃーよー」 *あっあ(幼児語)岩手県気仙郡

*あったえ 山形県西置賜郡 *あったった 滋賀県 *あったに 福井県 *あっちゃ 長野県南佐久郡 *あっちゃっちゃ 滋賀県彦根市 *あばらだんだん 香川県高松 *ありがとー 高知県・高知市(児童語) 熊本県八代市 *ありがどごじゃります 青森県上北郡 *あんせー 沖縄県 *いかいー(目下に対して)沖縄県首里 *いかいせよ 和歌山県西牟婁郡 *いかさいせ 石川県鹿島郡

*いきくるなあ・いきーくーなー・いきってぃくーなー(他家を出る時の挨拶)沖縄県多良間島 *いきよー・いきやー 鹿児島県喜界島 *いくろよー 新潟県佐渡 *いこわよい 東京都八丈島 *いちゃびら 沖縄県 *いつかよ・いつかゆー 三重県北牟婁郡 *いっきす(他家を出る時の挨拶)福井県坂井郡 *いってきます(他家を出る時の挨拶)新潟県佐渡 *いってくる(他家を出る時の挨拶)石川県珠洲郡 *いってこかい 石川県鳳至郡 *いってこやい 石川県金沢市 *いってさんじます(他家を出る時の挨拶)新潟県佐渡 *いってまいります・いってくるうんす・いってくるちゃんす・いってくるはい(他家を出る時の挨拶)北海道江差 *いまに 山形県・米沢市 *いまーに 山形県南部 *いまよ 高知県香美郡 *いまんよー 山形県東田川郡 *いらーい 東京都大島 *いらい 東京都八丈島 *いらして 富山県砺波 石川県 *いんでくる(帰る。また辞去の挨拶)福井県大飯郡「ずいぶん話しこんだからもういんでくることにします」 三重県阿山郡 滋賀県彦根 京都府 大阪市 兵庫県神戸市 徳島県 香川県三豊郡・小豆島「いんでくらー」 愛媛県「遅なったけんいんでこーわい」 鹿児島県宮崎県西臼杵郡 *いんまよ 愛媛県 鹿児島県揖宿郡 *いんまな 愛媛県 *いんまごあんそ・いんまじゃいもそー 鹿児島県揖宿郡 *うれしかったよ 岐阜県郡上郡 *うんねらい(夜、出て行く者が言う挨拶)東京都大島 *えまえー 山形県東置賜郡・最上郡 *えめよ・えんめよ・えんめー 山形県飽海郡 *えんまい・えんまにー 山形県南部(幼児語) *おあがり 長野県上田・佐久 奈良県南大和 *おあがりあすばせ 富山県砺波 *おあがりさって 山梨県 *おあがりなんし 長野県佐久 *おあすー 山形県米沢市 *おいけんさい 佐賀県藤津郡 *おいざと(夜、別れる時に言う挨拶)長崎県対馬「おいざとならしゃりませ」・壱岐島 *おいざとー(夜、別れる時に言う挨拶)長崎県壱岐島 *おいと(「おいとまします」の略。人の家を辞去する時の挨拶)兵庫県淡路島「まあ、おいと」 長崎県・大村市「もう遅かけん、そっじゃおいと」 *おいに(客が帰るのを送る挨拶)滋賀県彦根 *おーきにょ 高知県土佐郡 *おさまたげ(辞去の挨拶)島根県鹿足郡「おさまたげいたしました」 *おさよごっしゅ 長崎県南高来郡 *おさんぼ 静岡県 *おしずかに 山形県西置賜郡 富山県 福井県丹生郡「ふにゃおしずかに行ってきなせーのー」 岐阜県吉

城郡　滋賀県彦根　京都市　島根県隠岐島　*おすかいなさいませよ（夜の別れの挨拶）京都府北部　*おそずけー 新潟県岩船郡　*おそれます（他家を辞去する時）三重県伊賀　*おせっかく 岩手県気仙郡　*おだいじに 山梨県北都留郡「（店で主人が）はい、ありがとーさんでした、おだいじによ」　長野県上伊那郡　岐阜県吉城郡　徳島県美馬郡　*おたまやかにだんだんよ 高知県吾川郡　*おちかいうち（訪問先を辞去する時の双方の挨拶）宮城県仙台市　*おてまとりました（辞去の挨拶）三重県名賀郡　広島県安芸郡　*おはよー（道連れになった人と別れる時）岡山県備前　*おみちそーそー 新潟県佐渡「おみちそうそうござれ（早くお帰りなさいの意）」　*おみちよー・おみちょ（お気を付けてお帰り下さい）新潟県佐渡「おみちょいなしゃまし」　*おみょーにち（多く、夕暮れ以後に言う）岩手県東磐井郡「御明日申上げます」　宮城県　*おやすみ 新潟県　長野県南佐久郡　*おやすみなさい 静岡県庵原郡　*おやすみなさいまし（夜や夕方の別れの挨拶）新潟県佐渡　*おやすみなんし 長野県佐久　*おやすみなさい 静岡県庵原郡　*おゆるっしゅー 富山県砺波　*およると・およりやると（夜の別れの挨拶）東京都八丈島　*おんちゅー 新潟県「おんちう御出なさい」　*かえってきます 愛媛県周桑郡　*かえらしてもらおど 三重県阿山郡　*けーれーよー 千葉県安房郡　*こーは（小児語）福岡市　*ごくろー（途中で別れる時）和歌山県日高郡　*ございまっしゅー 佐賀県・杵島郡「それじゃあございまっしゅう」・西松浦郡　*ござっしゅー 佐賀県杵島郡　*ごさいまっしゅ・ごっしゅ 長崎県南高来郡　*ごせっかく 岩手県上閉伊郡・気仙郡「そんでぁ、ごせっかく」　*ごっつぉさん（辞去する時の挨拶の言葉）岩手県和賀郡「ささ、ごっつぉさん」　*ごとっくらと（「熟睡するように」の意。夜に辞去する時の挨拶）徳島県　*このじょえ 山形県庄内「先ずこのじょえ」　*ごめん 福島県会津　長野県上田・佐久　*ごめんさい 岡山県苫田郡　*ごめんしましょー 新潟県東蒲原郡　*ごめんな・ごめんなよ 香川県　*ごめんなんし 長野県佐久　*ごめんねー 山梨県　*これは 福岡県　*こんたえ 福島県南会津郡　*こんどめや 新潟県佐渡　*こんどちござろ 鹿児島県肝属郡　*さかしー 熊本県玉名郡「すんなら、さかしゅ」　*ざっとーで 長崎県対馬　*ざっとーな 長崎県対馬　*ざっとえー 長崎県対馬　*ざっとやー 長崎県対馬　*ざとえ・ざとよ 長崎県北松浦郡　*ざとーな 長崎県対馬「も、はい、ざとーな、もう」　*ざとやー・ざっとーや 長崎県対馬　*さば 滋賀県東浅井郡　*さばえ 新潟県上越市・西頸城郡　*さばね 新潟県西頸城郡　*さばよ 群馬県群馬郡　新潟県西頸城郡　長野県　*さよござりまっしょ（女性用語）長崎県東彼杵郡　*さよござっしょ 長崎県東彼杵郡　*さよがっしょ 長崎県東彼杵郡　*さよーじゃらば（朝、昼に使う）東京都八丈島　*さよーおじゃろが 東京都八丈島　*さら 長崎県五島　*さらさら 青森県三戸郡　*さんば 静岡県「さんば又あした」　滋賀県高島郡　*さんばー（児童語）佐賀県　*さんばよー 滋賀県犬上郡　*さんばさんば 熊本県天草郡（児童語）　鹿児島県肝属郡（旅に出る人を送って言う）　*さんぱ 滋賀県高島郡　*しずかに 宮城県栗原郡「しずかにいがせは」　秋田県南秋田郡　石川県石川郡　*しまわんしぇ 福井県遠敷郡「ま、しまわんしぇ（まあ、さようなら）」　*すまんこったして 三重県名賀郡　*すまんだな 三重県阿山郡　*すんなら 熊本県阿蘇郡　*せっかく（辞去の時に言う）富山県砺波「せっかくやってくだはれ（仕事の手を止めさせて話をした場合）」　*そいなー 鹿児島県鹿児島郡　*そいなら 長崎県大村市　鹿児島県「そいなら、あしたぢゃろ」　*そんじゃはじゃ 新潟県中魚沼郡　*そんじゃらまず 山形県東置賜郡・西置賜郡　*そんだば 新潟県岩船郡　*そんだらまず 山形県　*そんとき 佐賀県東松浦郡　長崎県壱岐島「どうぞそんときゃ」　*そんないば・そーないば 長崎県大村市　*そんなら 山形県最上　石川県能美郡　京都府　兵庫県但馬　長崎県大村市　鹿児島県　*そんなりゃー 長崎県大村市　*だいじにいかでよ 山梨県南巨摩郡　*だっちょ・だっちょな・だっよ・だっよな・だっござれ（夜別れる時の挨拶）長崎県五島　*だーつやいもせ（夜別れる時の挨拶）鹿児島県甑島　*だっと 鹿児島県屋久島「だっとおー」「あ、だっとよー」　*だつなー 長崎県五島「おおきに、そっじゃあもうだつなー」　*だんだん（「に」「と」を伴って用いられることもある）熊本県阿蘇郡　*でろわよい（朝と昼に用いる）東京都八丈島　*ねろよい（晩に別れる時の挨拶）東京都八丈島　*のいの 石川県能美郡　*のちがたもーしあげす（ていねいな別れの挨拶の言葉）宮城県栗原郡　*のちじゃいもそー 鹿児島県揖宿郡　*のっじょー 鹿児島県揖宿郡　*のっちえ（小児語）長野県下伊那郡　*のっちょなー・のっちーやーん 鹿児島県種子島　*ばーえ（小児語）新潟県佐渡　長野県南部　*ばいや・ばいよ・ばんや・ばんばん（夕方に言う語）新潟県佐渡　*はいさい 長野県上田・佐久　*ひまだれかけあんした（訪問先を辞去する時の挨拶）岩手県気仙郡　*おひまだれかけあげしてまず（訪問先を辞去する時の挨拶）宮城県仙台市　*へーさい 茨城県多賀郡　*へーさえーな 静岡県　*へーまたきましょー 島根県那賀郡　*ほじゃまず 山形県西置賜郡　*ほんじゃまず 山形県　*ほんだらまず 福島県相馬　*ほんであまーず 岩手県気仙郡　*ほんでまず 山形県北村山郡　*まーおしまいさんせ（辞去する時の挨拶）山口県玖珂郡　*まーず 山形県米沢市・南置賜郡　*まーま（幼児語）徳島県

*まーまー 兵庫県加古郡　徳島県(幼児語)　*まいね 新潟県中頸城郡　*まいや 新潟県佐渡　*まず 山形県米沢市(児童語)・西置賜郡「まずまず」　新潟県岩船郡「はいはい、まず」・東蒲原郡「ではまずまずさようなら」　*またきましょー・またあがりましょー 島根県那賀郡　*またきませー 島根県邑智郡

*またくっから 岩手県気仙郡　*またくっらよー・またくっらいー 三重県北牟婁郡　*またこずに 静岡県　*またちござろ 鹿児島県肝属郡

*またつごあんそ 鹿児島県始良郡　*またな 大分県宇佐郡　*またねー 長崎県五島　*またのー 新潟県佐渡　*またや 岩手県中通　新潟県佐渡

*またよ 島根県那賀郡　*またよー 島根県石見「じゃーまたよーじき来るけーのー」　*まめね・まめな 新潟県中頸城郡　*まんな・まんの 滋賀県高島郡　*まんよ(夜、別れる時の挨拶) 新潟県佐渡　*もーおいと(辞去する時の挨拶) 和歌山県　*もどんべー 千葉県印旛郡　*やすまいしょー 和歌山県東牟婁郡　*やすまっしゃれや 新潟県　*やすみやれよー・やすみやるー・やすむか・おやすみやると(夜や夕方の別れの挨拶) 東京都八丈島　*やすめ 岩手県和賀郡　*やっとさっしゃえ 富山市近在　*やどれやい・やどりやれよー・やどりやると(夜や夕方に別れる時の挨拶) 東京都八丈島　*よー 三重県伊賀　*よーよ 静岡県榛原郡(幼児語)　*よがえ(遊んでいた子供たちが夕方別れる時に言う挨拶) 青森県津軽　*んじゃらまず・んじゃまず 山形県米沢市

*んだば 山形県庄内　*んだら 山形県最上　新潟県岩船郡　*んだらまず 山形県村山・最上

*んでわまず 宮城県栗原郡

あいじ【愛児】　*あたらしふぁー 沖縄県石垣島　*おめご 長崎県五島　*おめんこ 栃木県　*おもいぐゎ 沖縄県　*おもいご 鹿児島県甑島　*おんの 山梨県　*かなしふぁー(「愛子等(かなしこら)」の意) 沖縄県石垣島　*かなしんぐゎ 沖縄県首里　*かんぞ 茨城県稲敷郡　千葉県夷隅郡　新潟県佐渡

*かんぞー 福島県会津　茨城県猿島郡・稲敷郡　千葉県長柄郡・長生郡　新潟県佐渡　*かんぞーむすこ 福島県会津　茨城県　栃木県那須郡・河内郡　*かんぞっこ 千葉県安房郡　*かんぞむすこ 茨城県真壁郡　栃木県　*かんぞもっこ 千葉県

*こんこのまんこ 島根県隠岐島　*じょっぽこ・ちょっぽこ 福井県　*じょん 熊本県天草郡　*たまくがにー 鹿児島県喜界島　*ちょっぺのこ 福井県坂井郡　*どーす 東京都八丈島　*ぽちゃ・ぽた 新潟県佐渡　*ほんこ 島根県石見・隠岐島「この子はわしのほんこだ」　山口県都濃郡・大島　*ほんこのまんこ 島根県益田市・隠岐島　*ほんころぽち 山口県大島　*ほんそ 岐阜県飛騨　奈良県吉野郡　鳥取県西伯郡　島根県　山口県阿武郡　香川県　愛媛県　高知市　福岡県企救郡　*ほんぞ 香川県仲多度郡　*ほんそー 島根県　山口県阿武郡　*ほんそーご 島根県　岡山県岡山市・川上郡　広島県安芸郡　*ほんそこ・ほんそま・ほんそまる 岐阜県飛騨　*ほんそご 兵庫県佐用郡　鳥取県西伯郡　島根県　広島県島嶼　徳島県美馬郡　香川県

愛媛県　高知市「あの子はお祖母さんのほんそごぢゃ」　*ほんそのこ 兵庫県赤穂郡　*ほんそのたまご 島根県出雲　*ほんちょ 島根県隠岐島　*ほんまこ 香川県大川郡　*まんちょ 石川県珠洲郡　*めご(また、子供を褒めて言う時の語) 青森県津軽

岩手県九戸郡・気仙郡　宮城県仙台市「お花ちゃん、おばんつぁんのめごだおねー」　秋田県平鹿郡・鹿角郡　山形県　福島県　新潟県岩船郡・東蒲原郡　*めごこ 青森県　*めごさま 青森県三戸郡

*めごっこ 岩手県気仙郡　*めごめご 宮城県石巻・仙台市　*めっこ 秋田県仙北郡　*めんがー 鹿児島県喜界島　*めんこ 青森県上北郡・三戸郡　岩手県　宮城県　秋田県　福島県　*めんご 山形県　福島県(おとなしい子)　*めんごこ 青森県津軽　*めんこめんこ 岩手県気仙郡　*めんちょこ 秋田市　*もご 千葉県夷隅郡・安房郡　*もっこ 千葉県・長生郡

あいそ【愛想】　*あいしろい(相手をすること。もてなし) 島根県出雲　愛媛県宇和島市・松山「おあいしろいがええもんじゃけんついつい長居をした」　*あいそらい 青森県津軽・三戸郡　岩手県胆沢郡　*あいそれ 青森県上北郡「お客にあいそれする」　*あいふさ 香川県伊吹島　*あばいけ 青森県津軽　*いさらばさら(気軽に愛想よくするさま)・いさらわさら 愛媛県　*いろあい 岡山県児島郡「あの人はどしたんいろあいのねえ人じゃなー」

*えがお(もてなし) 広島県比婆郡　*きっそー 岡山市「きっそーの悪い人(人づきの悪い人)」　*けんぞ 新潟県「(せっかく訪問されたのになんの愛想もなく帰す時)本えにけんぞがのーて済まなかった」・西蒲原郡　岡山市　*そっぱい 岐阜県恵那郡　*そっぺ 長野県佐久　*そんぶり 埼玉県秩父郡「そんぶりのわりい奴だ」　新潟県中頸城郡　山梨県　*そっぷり 山梨県　*つんげ 愛媛県大三島　*つんく 大分県日田郡　*ぶんのー 鹿児島県喜界島「ぶんのーはあえーらん(なんのお愛想もございません)」

↓あいきょう(愛嬌)

□が尽きる　*あふぇつきる 秋田市「あの人にはあふぇつぎた」　*うざまがつきる 静岡県志太郡　*おめいれぬなか 長崎県壱岐島　*おめれもなか 長崎県北松浦郡「あの子供はおめれもなか」

*おめれんなか・おめらんなか・おめれくちゃなか 長崎県五島　*おもれんなか 鹿児島県甑島　*げっそり(愛想が尽きるさま) 静岡県「来たばかりでげっそりした」　三重県阿山郡　京都府　愛媛県周桑郡・喜多郡　*げっつり・げっつら(愛想が尽きるさま) 新潟県佐渡　*げっちゃり(愛想が尽きるさま) 愛媛県周桑郡・喜多郡　*げんたく(愛想の尽きること) 京都府与謝郡「もうげんた

くした」 ***しんじんがさめる** 島根県「この話を聞いてしんじんがさめた」 ***しんじんきがさめる・しんじんけがさめる・しんじんげがさめる・しんじんこんじんがさめる** 島根県出雲 ***じんねんがさめる・じんねんがきれる** 島根県邇摩郡 ***ずもこもつきる** 新潟県西蒲原郡「彼奴にはずもこもつきた」 ***ちっちゃり**（愛想を尽かすこと）愛媛県新居郡「ちっちゃりする」 ***ひきらす**（愛想を尽かさせる）青森県津軽「あの生徒が先生にひきらしてばりゐる」 ***ぶんのーちりゆい**（「煩悩が切れる」の意）鹿児島県喜界島

▯**がない** ***あいさない** 三重県尾鷲 和歌山県「あの人はあいさない人だ」 ***あいへんない** 石川県鳳至郡・鹿島郡 ***あやない** 鳥取県倉吉市「あやなーことだったがやあ」・東伯郡「あやなーに死んだ」 ***おーずらはり**（愛想のない人）広島県高田郡 ***おしゃこい** 大分県大分郡「きょうは、おしゃこいことだったなー」 ***おめいれぬなか** 長崎県壱岐島 ***おめれもなか** 長崎県北松浦郡「あの子供はおめれもなか」 ***おめれんか** 長崎県南松浦郡 ***おめれんなか・おめらんなか・おめれくちゃなか** 長崎県五島 ***おもれんなか** 鹿児島県甑島 ***かいさ**（愛想がないさま）島根県石見「切角来てくれたのに、かいさなことでござんした」 ***きなりぼーなり**（愛想がないさま。ぶっきらぼう）香川県・高松市・仲多度郡 ***きんじょがない**（常識としての社交性がない）・**きんぞがない** 富山県砺波「人が挨拶しとるがにあっちゃ向いてった。何ちゅうきんぞのない奴やな」 ***しおがからい** 島根県「しおがかろーてよりつかれん」 ***すぞない** 徳島県 ***すっちょーない** 山梨県「姑はすっちょーないが、嫁は愛想がよい」 静岡県 福岡市 ***すっちょない** 山梨県 静岡県田方郡 和歌山県「すっちょない人やさかい、よう話をせなんだ」 ***すっちょんなし**（愛想がないこと）長野県佐久 ***すぼ**（愛想がないさま）愛媛県西宇和郡 ***すぼっこ**（愛想がないさま）福井県遠敷郡 三重県志摩郡 滋賀県彦根・蒲生郡 京都市 愛媛県「あの人はすぼっこな」「そーすぼっこに言ふもすぼっこい」 兵庫県神戸市「すぼっこいものの言いようわいな」 ***すぼっこー**（愛想がないさま）島根県仁多郡 高知県「見るからにすぼっこーな人ぢゃ」「あの人は人相手の職業は余りすぼっこーなから不適当ぢゃ」・高知市「まーすぼっこーな人で話をしても面白うない」 熊本県 ***そっぱいなし**（愛想がないこと。もてなしが不十分なこと）新潟県佐渡 山梨県南巨摩郡「そっぱいなしだったよ」 長野県佐久 ***そっぺなし**（愛想がないこと。もてなしが不十分なこと）長野県下水内郡・南佐久郡 ***そぺあなし**（愛想がないこと。もてなしが不十分なこと）秋田県北秋田郡・平鹿郡 ***ぶいこくり**（愛想のないこと。無愛想）東京都南多摩郡 ***ほいない** 滋賀県愛知郡「せっかくのお出でにほいないこと」 ***みそっぱいかけない・みそっぱいもない** 新潟県東蒲原郡 ***むぎしない・もぎしない**（情がこわいことも）石川県金沢市 ***もげない** 岡山市 山口県 ***もっきょーげ**（愛想のないさま）高知県安芸郡

▯**がよい** ***あいそしー** 三重県志摩郡 ***あいそらい**（愛想よくすること。お愛想）青森県津軽・三戸郡 岩手県胆沢郡 ***あいそらしー** 兵庫県加古郡 ***あいそらっしー** 富山県砺波 ***あいそれ**（愛想よくすること。お愛想）青森県上北郡「お客にあいそれする」 ***いさいな** 和歌山県「いさいな人やて評判や」 ***えがおよし**（愛想のよい人）滋賀県彦根 兵庫県加古郡 ***えごよし**（愛想のよい人）宮崎県東諸県郡 ***えせむん・えそむん**（愛想のよい人）宮崎県東諸県郡 ***かながなーとぅ**（愛想のよいさま。また、かわいがっているさま）沖縄県首里 ***さいし**（愛想のよい人）香川県 ***ぞーさいない** 山形県米沢市 ***ぞーさない** 岩手県気仙郡 ***っちゅうっしゃぎさん** 沖縄県首里

あいだ【間】 空間的な意味と時間的な意味とがある。 ***あい** 山形県 新潟県佐渡・東蒲原郡 富山県砺波 福井県遠敷郡・大飯郡 岐阜県飛驒「鐘が鳴るかよ撞木が鳴るか、鐘と撞木のあいが鳴る」 三重県松阪市 滋賀県彦根 京都府「あいに挟まった」 大阪府泉北郡 兵庫県但馬 岡山県児島郡 広島県 徳島県 香川県 愛媛県松山「あいを置いて植える」 沖縄県石垣島「うんぬあいのー、どぅしーだー（その間何をしていたか）」 ***あいさ** 栃木県 群馬県桐生市・佐波郡 東京都南多摩郡 新潟県「ねずみが、とだなのあいさへもちょうひっぱっていったこて」 富山県下新川郡 山梨県 長野県「木のあえさ」 岐阜県「一日あいさおく」 静岡県「敷居と畳んあいさにつっかさってる」 愛知県 三重県 滋賀県彦根 和歌山県日高郡 島根県「あの時から大分あいさがあるで、詳しいことははっきり分からん」 岡山県 徳島県美馬郡 香川県 熊本県球磨郡 ***あいこ**（すきま）秋田県「家と家とのあゐぁこに居た」 香川県三豊郡 ***あいさくさ** 富山県下新川郡 ***あいさこいさ** 静岡県島田市 ***あいさこーさ** 静岡県「山のあいさこーさに家がある」 ***あいさま** 岐阜県 ***あいさん** 静岡県磐田郡 ***あいだこ** 山形県東部「何と何のあいだこにあった」 香川県 ***あいだしゅ・あいだせ・あえーだせ** 山形県東田川郡 ***あいだっこ** 山形県 群馬県館林 ***あうぇ**（空間にも時間にも言う）山形県 ***あぇーさ**（時間的にも空間的にも言う）静岡県志太郡 ***あさい**（空間にも時間にも言う）三重県阿山郡 ***あばさ**（空間にも時間にも言う）和歌山県有田郡 ***あわい**（空間にも時間にも言う）岩手県気仙郡 宮城県仙台市・加美郡 秋田県鹿角郡 山形県 福島県会津 茨城県稲敷郡 神奈川県「A地とB地のあわい」・津久井郡 新潟県佐渡・東蒲原郡「石垣のあわいに小鳥が巣をか

けた」　富山県高岡市・砺波　山梨県南巨摩郡　岐阜県飛驒　静岡県榛原郡「戸のあわいから風が来る」「仕事のあわいに手紙を書く」　三重県伊賀　滋賀県彦根　京都府　大阪市　岡山県苫田郡「あわい風(すきま風)」・児島郡　広島県東部　徳島県

香川県仲多度郡　沖縄県石垣　***あわいこ**(空間にも時間にも言う)宮城県遠田郡・仙台市「戸棚と壁のあわいこに書附おとしてしまったや」　山形県

***あわいさ**(空間にも時間にも言う)福井県敦賀郡　岐阜県「しおりわ本のあわいさに入れといた」　三重県　滋賀県彦根　京都市　大阪市「大勢の人のあはいさからやっと花嫁さんを見た」　奈良県「歯のあわいさに骨がはさまった」・南大和　和歌山県日高郡　***あわいっこ**(空間にも時間にも言う)山形県　***あわさ**(空間にも時間にも言う)福井県敦賀郡・坂井郡　岐阜県飛驒　***あわさい**(空間にも時間にも言う)新潟県佐渡　富山県砺波　福井県　岐阜県飛驒　滋賀県蒲生郡　京都府　兵庫県加古郡　和歌山県伊都郡・有田郡　島根県出雲　岡山県　***あわしゃ**(空間にも時間にも言う)石川県江沼郡　***あわしら**(空間にも時間にも言う)滋賀県伊香郡　***うと・なかっせ** 山梨県　***えー** 沖縄県首里　***えだしぇ** 山形県鶴岡市・西田川郡　***えと** 群馬県吾妻郡　長野県「そのえとに死んでしまった」「歩くえと泣いてえた」　***じょー**(物と物との間。期間。範囲)岡山県「このじょーにもう一軒立てられるか」「冬のじょーはこたつの守りをしとります」　***たなー**(物と物との間。中間)鹿児島県喜界島「棚と壁のたなー」　***たなか**(物と物との間。中間)沖縄県首里　***なかさ** 新潟県「本のなかさへはさめておいた」　***なかさい** 新潟県佐渡　富山県　福井県大飯郡　岐阜県飛驒「話のなかさいへ入る」

***なかせ** 山形県東田川郡・飽海郡　新潟県佐渡

***はざ** 佐賀県「私が飯食ふはざ待て」　長崎県　熊本県玉名郡　鹿児島県　***はざあい** 新潟県佐渡

***はざかい** 愛媛県　***はさこ** 山形県鶴岡市　***はざこ** 徳島県三好郡　香川県仲多度郡・三豊郡　愛媛県「裁縫しよるはざこでちょくちょく立ちあがる」

***はざま**(一続きの時間)熊本県玉名郡　***はざや** 熊本県玉名郡　***はだ** 鹿児島県肝属郡「おいが戻ち来るはだ留守しちょれよ」　***はだこ** 香川県仲多度郡　***はわい**(空間にも時間にも言う)奈良県吉野郡　***はわいさ**(空間にも時間にも言う)奈良県吉野郡　***はんざいこ**(ものとものとの間)奈良県磯城郡　***ふたなか**(二つの物の間。主として母屋と炊事場との間)沖縄県石垣島　***まんば** 新潟県東蒲原郡「家と家とのまんば」　***よない** 山梨県南巨摩郡

↓かんかく(間隔)・ちゅうかん(中間)

□**があく** ***あらかる** 千葉県安房郡「あらかってろ」　東京都大島「舟をもっとあらからせろよ」　三重県松阪　和歌山県東牟婁郡・新宮「一番と二番とはよっぽどあらかっていた」　***あらく** 兵庫県加古郡・淡路島　島根県石見「桶があらくと水がもる」「板と板との間が日に当たってあらーとる」　山口県大島　徳島県　香川県「兄弟の年があらいとる」　愛媛県　高知県　大分県　***あらける** 大阪市　山口県玖珂郡「間があらけた」

しばらくの□ ***いっか** 岩手県気仙郡　新潟県

***すてぁこ** 岩手県和賀郡　秋田県仙北郡　***たーば** 島根県隠岐島「たーば止めることにした」

***どーない** 香川県丸亀市「とうないこれで辛棒しとんな」・綾歌郡　***どーば** 徳島県　香川県「電話を売ったとうばは淋しかったけどもう馴れた」　***ひてぁこ** 秋田県平鹿郡・雄勝郡　***ひとあい** 秋田県「ひとあい待ちたども(しばらく待っていたけれども)とうとう来ない」　山形県　***ひとまんば** 新潟県西蒲原郡　***ひとわえ・ひとあわえ** 山形県「しとわえ休んでからする」　***よっぱら** 新潟県　***よっぱらか・よっぱりか** 山形県「よっぱらかて来た」「風邪ひいてよっぱりか休んだ」

少しの□ ***いつこっぱ** 石川県江沼郡　***いっときな** 青森県上北郡　秋田県鹿角郡　***いっときのこま** 山形県　***いっときのこめ** 鹿児島県肝属郡　***いっときのこんめ** 山形県飽海郡　***いっとときひとときき** 島根県美濃郡・益田市　***いっときま** 北海道函館　青森県南部　岩手県　宮城県石巻　***いっとこな・いとこな** 秋田県鹿角郡

***いっとこま** 青森県　岩手県紫波郡　秋田県

***いっとまが** 青森県津軽　***いとこま** 青森県津軽　秋田県北秋田郡・鹿角郡　***こま** 岩手県気仙郡「いつのこまにがなぐなった(いつの間にかなくなった)」　宮城県栗原郡　秋田県平鹿郡・鹿角郡　山形県「ちょっとのこまにこんなに仕上げたのか」　福島県相馬郡　新潟県佐渡・西蒲原郡　***こまい** 青森県津軽「えっとまが見なえでるこまぇね(ちょっと見ないでいるまに)」　山形県

***こわい** 山形県北村山郡　***してぁっこ** 秋田県平鹿郡　***しとたか** 岡山市　***しんば** 高知県土佐郡　***すこしま** 大阪府泉北郡　***すっとえぁ・すっとわえ** 山形県最上郡　***すてぁこ** 岩手県和賀郡　秋田県仙北郡　***せっとこま** 香川県　***せっとのま** 香川県小豆島　***そっとくま** 香川県仲多度郡　***そっとこば** 香川県三豊郡　***そっとこま** 香川県「それぐらいのこと、そっとこまにすんでしまう」　***たださま** 島根県鹿足郡「たださま待ってくれ。すぐ戻ってくるけー」　***たってきのま** 埼玉県秩父郡「たってきのまに出来上った」　***たんとくのま** 富山県砺波「たんとくのまに溜る」

***ちーとがなかい・ちとがなかい** 鳥取県西伯郡　島根県「ちーとがなかい待ってくれ」　***ちーときま** 岡山県　***ちーとない** 愛知県東春日井郡

***ちーとのま** 岐阜県揖斐郡　大阪市　徳島県美馬郡　***ちーとま** 京都府　大阪市　兵庫県

***ちーれのあいだ・ちーないだ** 三重県阿山郡

***ちぇっとのこま** 山形県村山・最上　***ちっとがうち** 栃木県「ちっとがうちに来るよ」　***ちっときない** 香川県　***ちっときま** 香川県・小豆島

*ちっとくま 徳島県　香川県大川郡 *ちっとこのま・ちっとこも 香川県 *ちっとこま 徳島県　香川県 *ちっとない 愛知県東春日井郡「ちっとないに大きくなりゃーした」 滋賀県彦根　香川県　愛媛県 *ちっとま 福井県　京都府与謝郡・何鹿郡　大阪府大阪市・泉北郡　兵庫県加古郡・明石郡　和歌山県・那賀郡 *ちっとんとり 三重県 *ちょいのま 島根県那賀郡「なんのこりゃーほんのちょいのまでございますけー」

*ちょことのま 愛媛県周桑郡・喜多郡 *ちょこのま 香川県伊吹島 *ちょころま 広島県庄原市 *ちょっこしがなかい・ちょっこーがなかい 島根県「ちょっこーがなかえに大怪我をした」

*ちょっとき 山形県鶴岡市 *ちょっときま 青森県南部・三戸郡　岩手県遠野 *ちょっとくま 香川県大川郡 *ちょっとこば 徳島県　香川県「ちょっとこばするとじきに終わえていくきに(すぐ終わって行くから)行っきょってつか(行ってください)」 *ちょっとこま 青森県　秋田県鹿角郡　香川県 *ちょっとない 香川県三豊郡 *ちょっとのあい 徳島県 *ちょっとのこま 山形県北村山郡 *ちょっとのなかい・ちょっとなかい・ちーとなかい・ちとなかい 島根県 *ちょときま 岩手県上閉伊郡 *ちょとこま 青森県津軽　秋田県鹿角郡 *ちょとまが 青森県津軽

*ちょろこのなかい 島根県邇摩郡 *ちょろのなかー 島根県益田市 *ちょろのま 香川県 *ちょろま 岡山市「菓子うちょろまに食うてしまった」 *ちょろこのま 島根県　広島県高田郡

*ちょんのま 長野県諏訪　岡山県小田郡 *ちろこのま 島根県仁多郡 *ちんとま 福島県浜通

*ときのま 山梨県南巨摩郡　徳島県「五百枚ぐらひあったがときのまに売れてしもた」 *ときんま 鹿児島県種子島 *とっきりま 山梨県 *ひたいご 秋田県仙北郡「忘れものをしたからひたいご待って下さい」 *ひてぁこ 秋田県平鹿郡・雄勝郡 *ひとあい 秋田県「ひとあい待ちたども(しばらく待っていたけれども)」 *ひとくち(寝ることに言う)和歌山県西牟婁郡「ひとくち寝る」　香川県小豆島　広島県豊田郡 *ひとかた(寝ることに言う)奈良県宇陀郡「ひとかた寝たら身体がらくだ」 *ひときま 香川県小豆島「ひときまにおらんようになった」 *ひとほのぎ 鹿児島県種子島 *ひとわえ・ひとあわえ 山形県「しとわえ休んでからする」 *ふとはなえ 島根県隠岐島「さあ仕事をふとはなえにやろー」 *もちーときま 岡山市 *やんずけ 山梨県・北都留郡

当分の□ *いまだし 島根県石見「いまだし戻って来ん」「風呂の空(す)くなー、いまだしじゃーなー」 *いまだそこら 島根県石見「いまだそこらそがーな事をしちゃーいけん」 *いまやそこら 島根県邑智郡「おみこしはいまやそこら出て来ん」

*とーない 香川県丸亀市「とうないこれで辛棒しとんな」・綾歌郡

長い□ *あどーない(副詞は「あどーなー」)沖縄県石垣島「あどーないし　ぱれーった(久しぶりに晴れた)」 *さんたら 静岡県「さんたらやって居た」 *じょんしゃ 徳島県麻植郡 *じょんしやない 徳島県「じょんしゃない会わざったの」

*すねん 島根県邑智郡「すねん蓄めた財産をなくした」 *せっかく 岩手県九戸郡「せっかくまいってで、そーしてまいったどこさ、うまえでよろごんでだー(たいそう待っていて、そして待っていたところへ生まれて喜んでいた)」 *そーたい 愛媛県「そーたいあわなんだなー(しばらく会わなかったですねえ)」「そーたいぶり(久しぶり)」「そーたいこーたい(絶えて久しく)」 *とーとー 栃木県「とーとー待っていた」 *ながでー 沖縄県首里「ながでーぬやんめー(長い間の病気)」 *ながない 徳島県三好郡 *はーりが 長野県西筑摩郡「いんにゃはーりがはや遊んだー」 *はーるか 長野県「はーるか遊んでいた」 *はるか 長野県上田・北安曇郡　愛知県北設楽郡 *よーまで 和歌山県東牟婁郡「ようまで行っておいで」 *よのしさし(また、一晩中)長野県南佐久郡

あいだがら【間柄】 *あい 青森県津軽「あえわり(仲が悪い)」　岐阜県飛驒「あいを邪魔する」

*あわい 秋田県鹿角郡「甲と乙とあはひがよくない(仲が悪い)」 *がっ 鹿児島県「がっがわり(仲が悪い)」 *じょーあい 新潟県佐渡

非常に仲のよい(親しい)□ *うまあい(意気投合した相手。気の合う仲)京都市　兵庫県明石郡「AとBとは本当にうまあいやな」　奈良県　和歌山市　高知市「うまあいの友だち」 *うまくい(意気投合した相手。気の合う仲)奈良県宇陀郡 *おとくい 徳島県 *かくびつぃ 沖縄県首里

*けぬぎあしぇ 山形県東置賜郡 *じょーなか(「じょうなかよし(常仲好)」の略)新潟県佐渡

岡山県児島郡 *すねん 鹿児島県肝属郡 *たぐえしゃ・たげしゃ(親密間柄の人たち。仲間)宮崎県東諸県郡 *ちっこまっこ(親密な間柄のさま)宮崎県東諸県郡 *ちん 高知県「あの人とはちんじゃ」 *ちんかも 島根県隠岐島 *ちんくそ(親友の間柄)山口県大島　福岡市 *ちんち 島根県仁多郡 *ちんちん 新潟県佐渡　滋賀県

兵庫県淡路島「口の中の物も食い合うくらいそれはそれはちんちんじゃ」　和歌山県・和歌山市

島根県「あれと僕とはちんちんだ」　徳島県美馬郡　香川県 *ちんとくそ(親友の間柄)山口県豊浦郡　福岡市　長崎県対馬「彼らはちんとくそだ」 *とくい 山口県玖珂郡「あの二人はとくいぢゃ」　徳島県　大分県速見郡「AとBとはとくいじゃ」 *なーやうや 岩手県気仙郡 *みみきれ 高知県「私のみみきれですから、私から交渉しましょー」

あいて【相手】 *あいは 山形県西置賜郡・南置賜郡　新潟県東蒲原郡「あいつは嘘つきであいはにならない」・西蒲原郡 *あでこ 青森県津軽 *え

ーとぅ(同等の力量の者。いい相手）沖縄県首里　*かたやーて(けんかの相手。また、仕事の相棒）島根県隠岐島「かたやーてはどげしたか」　*であい(共同作業の相手）愛知県北設楽郡　*てがい(共同作業の相手）香川県綾歌郡　*とぎ 島根県石見「わしゃ京に参るが、とぎゃござるまいかな(石見田唄)」　広島県高田郡　山口県玖珂郡・大島　愛媛県　高知県　大分県「遊びとぎ、話しとぎ」　宮崎県西臼杵郡　*もっこあいふぁ(「もっこを担ぐ相手」の意。つりあいのとれた相手）山形県西置賜郡

□にする *あいどる 島根県隠岐島「あいどらざった」　*いきあしらう 東京都三宅島「いきあすらんだっちゅなー(相手にしないだろうねえ)」　*しじがる(かまう。からかう）青森県「あたら馬鹿さしじがるな(あんなばかにかまうな)」　秋田県鹿角郡「しじがって泣かせるな」　*しずがる(かまう。からかう）青森県津軽　秋田県鹿角郡・北秋田郡　*すとす 青森県上北郡　*へつらがう(子供などを相手にする。からかう。取り合う）大分県南海部郡　*へつりあう(子供などを相手にする。からかう。取り合う）新潟県中頸城郡

□にならない *あいてくさい 北海道　青森県　岩手県気仙郡　宮城県栗原郡　秋田県鹿角郡　*あでくさい 青森県津軽「なだきゃ、あでくさえでぁ(お前なんか、張り合いがないよ)」　*あでくせ・えでくせ 青森県上北郡「あんな弱虫あでくせ」　*あぼっねー 長野県下水内郡　*うるさい 青森県・上北郡　*えーはにならん 新潟県佐渡　*たすい 徳島県・美馬郡　高知県　*たすくたい 徳島県那賀郡　*たっすい 徳島県　*てっとーうたん 石川県鹿島郡

□になる *あいそらい(快く相手になること）青森県津軽・三戸郡　岩手県胆沢郡　*あいそれ(快く相手になること）青森県上北郡　*いく 奈良県南大和「喧嘩ならいたろ」　*うてあう 島根県邇摩郡　福岡市　佐賀県「そんな奴にうてあうな」　長崎県　*てあう 高知県土佐郡　*おてあう 島根県「あの人間はおてあわん方がえー」　*かかしらう(かまう。からかう）長野県東筑摩郡　*かかしろう(かまう。からかう）山梨県・南巨摩郡「あがーに酔っとー人にかかしろーどーで喧嘩になった」　長野県　*かからく(相手になること。動詞「かかる」の未然形に接尾語「く」の付いたもの）岩手県気仙郡　新潟県東蒲原郡「そんなことに、いつまでもかからくしているな」　*かたる(けんかの相手になる）京都府竹野郡「大きな子にかたったらあかん」　*かまう 三重県志摩郡　*かわしろう(かまう。からかう）東京都大島　*しと 青森県「あんな者がなんと云はふが俺はしとしない」　*ちょっかいうつ(けんかの相手になる）香川県

□をする *あいこ(酒の相手をすること）秋田県南秋田郡　*あいさらう 福岡市　*あいしろい(相手をすること。もてなし。愛想）島根県出雲　愛媛県宇和島市・松山　*あいしらう 山形県「俺があいしらって酒を呑ませる」「あいしらいによい相手だ(碁・将棋など)」　山梨県・北巨摩郡・南巨摩郡　静岡県榛原郡「よい加減にあいしらって帰せ」　愛知県豊橋市「お客をあいしらう」　愛媛県松山「よーお客さんをあいしらうものじゃ」　*あいしろう 埼玉県秩父郡　新潟県東蒲原郡　愛媛県・越智郡　*あしらう 島根県　*おあい(酒の相手をすること）岩手県気仙郡　山形県　大阪市　香川県三豊郡「おあいするもんがのうて」　*せんびきあい(だれに対しても快く相手をすること）高知県長岡郡　*どっこどとる(機嫌を損ねないよう相手をする。機嫌を取る）宮城県登米郡

□をののしって言う語 *いがたかり 山形県「えがたがり野郎」　*がきされ 新潟県東蒲原郡　愛媛県周桑郡・伊予郡　宮崎市　*がきどされ 愛媛県大三島　*かしんべだご 秋田県平鹿郡「このかしんべだご、なにもよいことをしない」　*かってかまかぎ 長崎県壱岐島　*かんた(「かんさ(奸詐)」の転か。「極道者」といった意）長崎県壱岐島　*くそだけ(「くそたわけ(糞痴)」の転か）徳島県三好郡　香川県「くそだけめが」　*くそどれ(「くそおのれ」の転か）香川県　*くらいこまり・くらえこまる・くそくらえ(相手または男児をののしって言う語。ごくつぶし）富山県下新川郡　*けめんちゃこ・けめんちゃろ 愛媛県周桑郡　*ごろぱつやろー 山形県東村山郡　*しなんたろー 富山市近在「しなんたろーなんしとる」　*ちくしょーのかわ 島根県美濃郡・益田市「ちくしょーのかわ奴が、人をだましゃーがった」　*ちくしょーのす 高知県宿毛市・鵜来島　*ちくしょたかり 宮城県栗原郡　秋田県鹿角郡　*どーし・どーしこー 岩手県気仙郡「このどうしこう」「どーし野郎、どーし畜生」　*どっすぼく 新潟県上越市「あそこのどっすぼくがやった」　*ばち 高知県宿毛市　*へねくらい 富山県下新川郡

人に□にされない者 *あたまあわず(また、あさはかな男）島根県八束郡・能義郡　*あまされもの(不品行な者や暴れ者など。厄介者）岩手県気仙郡　新潟県岩船郡　*あまされもっけ(不品行な者や暴れ者など。厄介者）青森県三戸郡　*あまされがき(不品行な者や暴れ者など。厄介者）岩手県紫波郡　*えきゃれもん 島根県出雲市　*はんなぎむん(「捨て者」の意）鹿児島県喜界島

あいにく【生憎】 *あやにく 宮城県仙台市　静岡県庵原郡　*いるしがまーし 沖縄県首里　*いんば 富山県高岡市・砺波　島根県邇摩郡・大田市　*うんじゃくされ 長崎県五島「うんじゃくされ、雨が降ってきた」・北松浦郡「あの人がうんじゃくされ留守じゃった」　*えんば 富山県「えんばの悪い

風が出て来た」・富山市近在・砺波　石川県　福井県大野郡　岐阜県　京都府　大阪市「えんばなこと」　兵庫県南部「えざわざ来たのに、えんばとるすかいな」　和歌山県日高郡「えんばな日にやって来たもんや」・西牟婁郡　鳥取県西伯郡　島根県「えんばとしたこと大雨が降って来た」　広島県比婆郡　***えーばっと** 島根県鹿足郡　***えんばた** 島根県石見　***えんばし** 新潟県西頸城郡　***えんばのかわ** 富山県西礪波郡　兵庫県加古郡　和歌山県日高郡「本当にえんばのかわだった」・西牟婁郡　***えんばん** 福井県遠敷郡・大飯郡　滋賀県南部　京都府・京都市　大阪市「えんばんとお客さんがありましてなあ」　***おんばと** 兵庫県多紀郡　***かたがた**(たまたま。あいにく。一時に両様のことがある場合に言う) 沖縄県首里「いきわどぅ　やたすぃが、かたがた　いちゅなしー　ばしゅやてぃ、いからんたん(行くべきだったが、ちょうど忙しくて行けなかった)」　***きたない** 徳島県「きたないこっちゃ、来るたびに留守じゃ」　***さいわい** 福島県安達郡　***しつなこつ** 鹿児島県揖宿郡　***しゃんと** 徳島県海部郡「しゃんと見つけられた」　高知県「しゃんと惜しい事した」「今度もしゃんといかざった」　***しょーわると** 兵庫県加古郡　***ちょーど** 三重県志摩郡　島根県邑智郡　***ちょーどんとっ・ちょどんとき** 鹿児島県　***ちょーどんのもんと** 三重県度会郡　***ちょんどに** 岩手県和賀郡　***どん**(ぶちょうほう。へま。あいにくなこと) 静岡県志太郡　京都府　大阪市「えらいどんなこと致しまして」　兵庫県加古郡「どんな天気」　奈良県「折角遠方からお出下さいましたのに本当にどんなことです」　大分県　宮崎県西臼杵郡　***なかどー** 鹿児島県口之永良部島　***にくさ** 長崎県壱岐島「にくさと主人が居りまっせんで」　***にくじ** 山口県豊浦郡「たまの客ににくじに留守」　***にくじゅー** 長崎市「にくじゅーにも」　***にっちか** 長野県佐久・上伊那郡　***にっちき・にっちかわんなれ** 長野県佐久　***ぶひょーし** 沖縄県首里「ぶひょーし　やってーさ　やー(あいにくだったねえ)」・石垣島　***むばー** 沖縄県首里「むばーぬあみやっさーやー(あいにくの雨だねえ)」　***やっくと** 和歌山県西牟婁郡「やっくと今日は雨や」・東牟婁郡　徳島県　高知県・高知市　***ややささや** 高知県長岡郡「他行しようとする場合ややささやお客が来た」　***ややさや** 高知県高岡郡　***よにく** 茨城県　***わんならしー** 静岡県磐田郡　***わんなり** 山梨県　長野県　愛知県宝飯郡　***わんなりに** 静岡県　***わんなれ** 長野県「わんなれ留守で残念だった」　静岡県

あいまい【曖昧】

***あにゃふにゃ** 千葉県山武郡　***あやくしゃ** 宮城県栗原郡　***あやふしゃ** 山形県南置賜郡・米沢市「あやふしゃな奴だ」　***あやほや** 石川県鳳至郡　奈良県南大和　和歌山県　***あやもや** 愛媛県周桑郡「あやもやに言い消してしもーた」　***あんにゃもんにゃ** 静岡県　***ごんべごんにゃく**(「権兵衛蒟蒻(ごんべーごんにゃく)辛労(しんど)が利(り)」の略。あいまいなこと。また、その人) 滋賀県蒲生郡　愛知県知多郡　***てんぽなし** 福島県東白川郡「てんぽなしばあり語ってる」　***なこーどぐち** 福岡市　***なべ** 神奈川県藤沢市「なべを言う」　***なべたべ** 福岡県粕屋郡　***なまずけない** 滋賀県蒲生郡　***なめだらぐだら** 宮城県登米郡　***なめらめっちゃく** 福岡市　***にやくや** 茨城県　新潟県佐渡　滋賀県蒲生郡・神崎郡　***にやふや** 奈良県吉野郡　***にやほや** 石川県　***にやまた** 福井県遠敷郡　滋賀県蒲生郡　***にやにや** 新潟県佐渡「にやにやしていてはわからん」　京都府　***ぬべた** 滋賀県神崎郡　***ぬべたこ** 福井県敦賀郡　***ばふら・ばほら・ばほばほ** 青森県津軽「お金のことはばふらどやておいてもいかんぜ」　***ぱんちかーんち** 沖縄県石垣島　***ひょーし** 大分県・宇佐郡　***へなへな** 香川県「へなへな言わんと、はっきり言いな」　***へろんけろん** 埼玉県北葛飾郡「奴の言うことはいつもへろんけろんだ」　***まんちゃら** 新潟県　***ややこしー** 新潟県西頸城郡　富山県砺波　石川県石川郡　三重県伊勢　大阪府　奈良県南大和　山口県豊浦郡　徳島県「この手紙の書き方はややこしいな(あいまいだな)」　香川県高松　***ややかしー** 香川県高松　***ややっこしー** 新潟県佐渡　長野県佐久

→あやふや・「いいかげん(好加減)」の子見出し、「ものごとをいいかげんにすること」・うやむや(有耶無耶)

□**にする**　***おこつる** 静岡県安倍郡　***おっぺす・おっぷす** 福島県東白川郡　***ぐずらめく**(決意をあいまいにする) 宮城県仙台市　新潟県中頸城郡　***にちゃぐらかす** 静岡県庵原郡　***にちゃくる** 新潟県佐渡　***にちゃぐる** 神奈川県中郡　長野県佐久　***にやくる** 新潟県佐渡　山梨県　長野県下伊那郡「体裁が悪いで好い加減ににやくって来た」「此の人はにやくった仕事をする人だ」　***ねちゃくる** 新潟県中頸城郡

□**にすること**　***しれんごれん** 山口県豊浦郡「しれんごれんでやっておく」　福岡県久留米市　***しれんよれん** 長崎県壱岐島「しれんよれんで通っちしもーた」　***どじくりばったり** 福岡市　***にごじゅー** 新潟県西蒲原郡「にごじふにして置かう」　***にごはち** 愛知県名古屋市「そんなにバカ骨を折らんでも、二五八にやっとけやい」　滋賀県彦根・神崎郡　***ほんまち** 富山市近在「野師は上手にほんまちする」

あいらしい【愛】

***あじこい** 茨城県稲敷郡　***あじらかし** 大分県北海部郡　***あずない**(無邪気で愛らしい。子供らしい) 香川県　***あぞない**(無邪気で愛らしい。子供らしい) 和歌山県　***あだない**(無邪気で愛らしい。子供らしい) 和歌山県伊都郡　***あったらさーん** 沖縄県石垣島・黒島　***あったらさん** 沖縄県竹富島・鳩間島　***あったらさんがしゃーん** 沖縄県石垣島　***あったらん・んだらん** 沖縄県与那国島　***あどい**(無邪気で愛らし

い。子供らしい)和歌山県有田郡・日高郡 ***あどない**(無邪気で愛らしい。子供らしい)三重県松阪市・北牟婁郡　和歌山県「あの娘さんは未だあどない」 ***かぎ** 沖縄県宮古島 ***こあいらしー** 山形県置賜「こあえらしくなえ(憎らしい)」 ***こやらしー** 秋田県平鹿郡「こやらすぐね(憎らしい)」 長崎県南高来郡　熊本県「こやらしさ」 ***つぃんだーさーん**(いじらしい。愛らしい)沖縄県石垣島・新城島・波照間島 ***しんだしゃん** 沖縄県竹富島 ***つぃんだらさーん** 沖縄県小浜島 ***むぐったらしー** 千葉県安房郡 ***むごい** 千葉県 ***もごい** 千葉県夷隅郡・君津郡 ***もごっちょ** 千葉県夷隅郡 ***もごらしー** 長野県佐久 ***やーらしか** 佐賀県長崎県北松浦郡「やーらしか人形」 ***やらしか** 長崎県五島

□**子供** ***いたいたのこ** 岐阜県本巣郡(姑が、息子の嫁の産んだ子をさして言う) ***ちょん** 鹿児島県 ***ぼちゃ・ぼた** 新潟県佐渡

□**さま** ***いたいけ** 山形県米沢市「えだえげ盛り」 新潟県中頸城郡 ***いちゃいけ** 京都府何鹿郡 ***いたけ** 新潟県中頸城郡 ***いちゃけ** 富山県「ちょっこる見ん間に何ちゅういちゃけになられたね」 石川県　福井県坂井郡 ***えたやかげ** 新潟県西蒲原郡 ***じこん** 滋賀県高島郡 ***りくつげ**(小児の容貌(ようぼう)の愛らしいさま)香川県高松

あう【会】 ***いかいるん** 沖縄県小浜島 ***いかいん** 沖縄県国頭郡 ***いかうん** 鹿児島県喜界島　沖縄県鳩間島 ***いかゆん** 鹿児島県奄美大島 ***いきあう** 岩手県気仙郡　山形県北村山郡　千葉県「そだーな、またいきあうべーや」 東京都三宅島・八丈島 ***いぎあえる** 秋田県鹿角郡 ***いぎある** 青森県南部 ***いぎやる** 青森県三戸郡　愛知県知多郡 ***いけーん** 沖縄県島尻郡 ***いじやう** 山形県置賜 ***いちゃーゆん** 沖縄県首里 ***いちゃいん** 沖縄県中頭郡 ***いちゃゆん** 鹿児島県沖永良部島　沖縄県国頭郡・首里 ***いっきゃう** 青森県九戸郡 ***いっぎやう** 茨城県稲敷郡 ***いっきょう** 福島県石城郡 ***いっこーん** 沖縄県八重山・石垣島 ***えっぎゃー** 千葉県山武郡 ***おーん** 沖縄県石垣島 ***げーいるん・げーいやん** 沖縄県黒島 ***であう** 島根県隠岐島「長いだきい(間)であわざったじゃねえかのう」 ***とぅばいるん・とぅばいん** 沖縄県与那国島・石垣島 ***はがれるん** 鹿児島県奄美大島 ***へーるん** 沖縄県竹富島

久しく□**ない** ***うがんどぅーさん** 沖縄県首里 ***おとーどーしー** 福岡市　長崎県対馬「どうもお遠々しいことでござりました」 ***おとーろしー** 福岡県 ***おとしー** 大分県大野郡「おとしゅーございます」 ***おとどーしー** 岡山県苫田郡「おとどーしゅー」 ***おとどしー** 徳島県「おとどしいございます」 愛媛県「おとどしいなあ(しばらくだねえ)」 高知県「まーおとどしゅーございました」 長崎市 ***おめがた** 岩手県上閉伊郡「一向おめがだでござんした」 ***とーどーしー** 山口県「いっそとーどーしうて申訳なうござります」 ***とーとーしー** 宮城県仙台市 ***とーどしー** 高知県幡多郡「えらいとーどしかったのー(ずいぶん久しぶりだねえ)」 長崎県五島 ***とーろーしー・とーろしー** 鹿児島県種子島「とーろーしかったなあ」 ***とんどぃ・とどひ** 長崎県五島「とどひかったなあ」 ***みーどぅーさん** 沖縄県首里「みーどぅーさ(お久しゅう。目下への挨拶)」

あお【青】 ⇨あおいろ(青色)

あおい【青】 ***あうさーん**(主に緑色を念頭に置いて言う)沖縄県石垣島 ***おーさん**(主に緑色を念頭に置いて言う)沖縄県首里 ***ずあおい** 群馬県多野郡「顔色がずあをくなる」 ***まっぴ** 宮崎県「この梢(こずえ)はまっぴなあ」「お前まっぴぢゃないか(顔色)」 ***まっぴー** 大分県北海部郡　宮崎県 ***まっぷーい** 大分県日田郡 ***まっぺ** 熊本県下益城郡

顔色の□**者** ***あうがー・あうがん** 沖縄県石垣島 ***あおしんべ** 富山県「あおしんべになる(青ざめる)」 ***あおっとろけ** 茨城県稲敷郡

あおいろ【青色】 ***あわあわぬいる・あわわぬいる** 沖縄県新城島 ***おーいる** 沖縄県竹富島・波照間島 ***かちいろ**(青色の一種。海水のような青色)青森県三戸郡 ***かついろ**(青色の一種)富山県砺波 ***たっぱいろ**(胆礬(たんばん)の色合い。多く驚きや恐怖などによって真っ青になった顔色の形容に用いる)高知県幡多郡

あおだいしょう【青大将】 ナミヘビ科に属する日本本土では最大の無毒のヘビ。背は褐色を帯びた暗緑色で不明瞭な縦縞、または薄い色の斑点がある。性質は温順。山野や人家付近にすむ。 ***あうなざ** 沖縄県新城島(青い長物の意) ***あう**

方/言/の/窓

●方言の発生

方言の発生の前提として、まず言語に歴史的な変化のあることを認めておく必要がある。もっともこのことは、老人と若者のことば、平安時代と現代のことばを比較すれば、誰でも納得するはずである。

もし日本の国土のことばが大昔全く一様だったとしても、交通の不便な長い歴史の流れの中で、各地のことばがそれぞれ無関係に自由に変化すれば、当然地域差が発生するはずである。

また、言語の変化には、自身が自然に変化するタイプと、他からの影響で変化するタイプがある。元来一様だったとしても、影響を受け入れた地域とそうでない地域があれば、そこにも地域差が生ずる原因がある。

大昔、日本に多様な言語が存在したとすれば、それも当然方言発生の素地となる。

なじ・あうなじぱぶ 沖縄県黒島・鳩間島 *あうなじぱん 沖縄県黒島 *あうなんつぃ 沖縄県小浜島 *あお 長野県北安曇郡　熊本県天草郡 *あおがい 高知県高岡郡 *あおくち 熊本県八代郡 *あおくちなわ 熊本県球磨郡 *あおさか 福島県相馬 *あおだち 長野県西筑摩郡 *あおどし 新潟県佐渡 *あおな 長野県南部 *あおなぶさ 青森県下北郡 *あおなまず 岐阜県 *あおなむさ 岡山県真庭郡 *あおなめすおー 奈良県吉野郡 *あおぬる 山形県東置賜郡 *あおぬるし 宮城県栗原郡　山形県 *あおのし 山形県西田川郡 *あおのめそ 奈良県吉野郡 *あおのろし 青森県青森市・下北郡　岩手県　宮城県(男性への、ののしりの語としても用いる)　秋田県　山形県　新潟県岩船郡 *あおへび 香川県高松市 *あおへんべ 岐阜県飛騨 *あおぼーず 長野県上伊那郡 *あおらじ 山形県西置賜郡　新潟県東蒲原郡 *あおらち 新潟県東蒲原郡　富山県 *あおろし 新潟県佐渡 *あおろじ 新潟県　長野県 *あおろち 新潟県上越市 *あおん 京都府 *いえへび 熊本県天草郡　宮崎県 *いえまむし 島根県那賀郡 *いえまわり・えまわり 奈良県吉野郡 *いえやどし 香川県大川郡 *うーへび・うへび 熊本県天草郡 *うぐっなお 鹿児島県・肝属郡 *えあがいへび 鹿児島県薩摩郡 *えーのぼりへび 熊本県球磨郡 *えーへび 熊本県天草郡 *えぐち 熊本県天草郡 *えぐちなわ 佐賀県三養基郡・藤津郡　熊本県 *えへび 熊本県・天草郡 *えむし 長崎県五島 *えわたし 熊本県芦北郡 *おーこへび 山口県大島　熊本県上益城郡 *おーさかお 島根県邇摩郡 *おーさかぼー 茨城県久慈郡 *おーさまぼー 栃木県芳賀郡 *おーなざ 沖縄県石垣島 *おーなざぱく 沖縄県波照間島 *おーなじ 沖縄県竹富島 *おーなじり 鹿児島県奄美大島 *おーなめそ 兵庫県佐用郡　奈良県吉野郡 *おーなんじゃー 鹿児島県喜界島 *おーねり(また、青大将に限らず大きな蛇) 愛媛県周桑郡 *おーへび 千葉県安房郡・夷隅郡 *おーらーじ 沖縄県竹富島 *おーんなじゃー 沖縄県首里 *おさかぶ 福島県　茨城県多賀郡・久慈郡 *おさかぶへび 福島県北部・浜通 *おながむし 徳島県美馬郡 *おなぐそ 兵庫県神崎郡・赤穂郡 *おのろし 山形県 *かいとまり・かいとーまる 奈良県南大和 *かいとまる 奈良県 *からすぐちなわ 鳥取県西伯郡 *からすとり 熊本県天草郡 *からへっ 鹿児島県 *かんさまへーぶ 富山県・砺波 *くじな 高知県幡多郡 *くちな 三重県北牟婁郡　兵庫県神戸市　島根県隠岐島 *ぐちな 三重県北牟婁郡 *くちなお 広島県安芸郡 *くちなご・ぐちなご 香川県 *くちなわ 兵庫県神戸市　岡山県真庭郡　熊本県球磨郡・下益城郡 *くちなわへび 宮崎県西臼杵郡 *くつなわ・くつなわへび 熊本県球磨郡 *くつのー 鹿児島県種子島 *くらのぬし 島根県那賀郡 *くろた・くろのー 長崎県壱岐島 *けたまり 香川県 *けたまる 香川県綾歌郡・丸亀市 *けたまわり 香川県綾歌郡・三豊郡 *ごーまり 愛知県宝飯郡 *ごーまわり 愛知県知多郡 *さかお 島根県出雲　岡山県真庭郡・児島郡 *さとのたり 三重県名賀郡 *さとまり 大阪府泉北郡 *さとまわり 三重県名賀郡・阿山郡　大阪府泉北郡 *しまぐちなわ 三重県阿山郡 *しまへび 熊本県球磨郡 *しらぐちなわ 熊本県宇土郡・上益城郡 *しらなぶさ・しらなぶた 青森県津軽 *しらなぷさ 青森県上北郡 *しろごろし 静岡県志太郡 *しろなぐさ・しろなみさ 香川県・小豆島 *しろなぴた 青森県北津軽郡 *しろなぶさ 青森県三戸郡 *しろなぷさ 秋田県鹿角郡 *しろなぷた 青森県中津軽郡 *たからぐちなわ 熊本県阿蘇郡 *たからへび 熊本県下益城郡 *とのさまへび 岡山県真庭郡 *ながお 島根県簸川郡 *ながむし 長崎県対馬 *なくさ 島根県仁多郡・能義郡 *なぐさ 島根県 *なふさ 島根県大原郡・仁多郡 *なぶさ 青森県三戸郡　岩手県九戸郡　長野県下伊那郡　静岡県磐田郡・周智郡　愛知県北設楽郡　島根県出雲 *なまず 岐阜県恵那郡　愛知県北設楽郡 *なまいろ 岐阜県加茂郡・恵那郡 *なみそ・なぎさお・なぎさんぼ 香川県三豊郡 *なむしゃ 高知県高岡郡・長岡郡 *なむっさー 広島県比婆郡 *なめそー 岡山県苫田郡 *なめら 宮城県仙台市　長野県北安曇郡 *なんぶさ 青森県南部 *ねずみとり 愛知県渥美郡　兵庫県赤穂郡・淡路島　島根県石見　岡山県苫田郡・小田郡　広島県　徳島県　香川県　高知県土佐郡　長崎県五島　熊本県 *ねずみとりぐちなわ 熊本県 *ねずりとり 熊本県 *のきまり(家の周囲にいるところから)・のきま・いきま 兵庫県神戸市 *のたり 三重県名賀郡 *のろなぷさ 岩手県九戸郡 *ぴーふぁー 鹿児島県喜界島 *ひらくち 福岡市 *ふつなわ(「太縄」か) 熊本県球磨郡 *へび 鹿児島県屋久島 *ぼーやーじ 愛媛県北宇和郡 *ぼくこぼぐちなわ 熊本県上益城郡 *ぼくとぐちなわ 熊本県飽託郡 *ぼなち 沖縄県西表島 *まぐち 岡山県・小田郡 *みやま 沖縄県国頭郡 *むらへび 熊本県芦北郡 *むらまる 新潟県 *もっこへび 熊本県八代郡 *もっこぼぐちなわ 熊本県上益城郡 *やくぐり 熊本県球磨郡 *やさがし 熊本県下益城郡 *やしきへび 新潟県佐渡　熊本県上益城郡・下益城郡 *やしきまわり 新潟県　富山県　愛知県知多郡　京都府竹野郡　長崎県南松浦郡(大きいもの) *やじらみ 福岡県 *やじらめ・やじ・やーじ 愛媛県 *やどいし 徳島県 *やどーし 徳島県・那賀郡 *やとし 徳島県　香川県・高松 *やどし 徳島県　香川県大川郡 *やねとーし 岡山県吉備郡　高知県土佐郡　熊本県芦北郡 *やばり 静岡県浜松市 *やぶさ 静岡県周智郡 *やまがさ 熊本県阿蘇郡 *やまがじ 山形県西置賜郡 *やまだいしょー 島根県美濃郡 *やまたろへび 熊本県芦北郡 *やまぬるげぁし 岩手県下閉伊郡 *やみしり 広島県芦品郡 *やみしろ 広島県芦品郡

＊やむし 島根県簸川郡・出雲市　山口県豊浦郡・山口市　愛媛県今治市 **＊やむしろ** 広島県高田郡 **＊やもこへび・やんもこへび** 熊本県八代郡 **＊やもし** 島根県簸川郡・出雲市 **＊やわたいむし** 鹿児島県揖宿郡 **＊やわたし** 熊本県 **＊やわたり** 熊本県阿蘇郡・芦北郡　大分県 **＊やわたりへび** 宮崎県東諸県郡 **＊わたりもの** 石川県河北郡

あおむけ【仰向】 **＊あーぬくさ** 岐阜県郡上郡 **＊あーぬけだま** 埼玉県川越　島根県石見「あーぬけだまをこく(大の字に寝る)」 **＊あお** 宮城県仙台市　秋田県秋田市「足をすべらしてあおに返る」・鹿角郡 **＊あおしか** 長野県伊那「あおしかに寝る」 **＊あおぬかい** 茨城県猿島郡 **＊あおぬけだま** 島根県石見「あおぬけだまをとらんと早う仕事をせー」 **＊あおのがえり** 山形県東置賜郡・東村山郡　福島県大沼郡 **＊あおのけーさ** 新潟県中魚沼郡 **＊あおるげ** 栃木県河内郡「あおるげになって寝る」 **＊あおろけ** 新潟県東蒲原郡 **＊あおんだま・あおんけだま** 島根県出雲「あおんだまうつ」「あおんけだまをうつ」 **＊あかぬけ** 愛媛県松山 **＊あごんけー** 新潟県三島郡 **＊あっぽぬけ・あっぽのけ・あっぽくた・あっぽたい** 岐阜県郡上郡「あっぽぬけにたおれる」 **＊あなぐさ** 三重県度会郡 **＊あぬきだま** 愛知県名古屋市「あぬきだまうって寝とると空地の方からボールが飛びこんで来た」 **＊あぬけだま** 京都府竹野郡「弟はあぬけだまうって寝ている」　兵庫県淡路島「女だてらあぬけだま張って何じゃい」　広島県比婆郡　香川県「あぬけだまとる」 **＊あぬけんだま** 岡山県児島郡「二階からあぬけんだまとって落ちる」　広島県 **＊あのうけ** 香川県大川郡 **＊あのきだま** 富山市近在「あのきだまかやす」 **＊あのくせ** 新潟県中魚沼郡 **＊あのげあ** 青森県三戸郡 **＊あのけんだま** 岡山県岡山市「ごろつきが店先であのけんだまを取って商売の邪魔をした」・浅口郡 **＊あばぬけ・あばのけ** 徳島県 **＊あぶなけ** 熊本県 **＊あまぬけ** 広島県御調郡 **＊あまるけさ** 群馬県邑楽郡 **＊あむき** 岐阜県大垣 **＊あわぬけ** 徳島県 **＊あわぶけ** 徳島県三好郡・那賀郡 **＊あわむけ** 広島県御調郡 **＊あんのけ** 高知市「目薬をさして上げるきにぁんのけにねなさい」 **＊うしろかえし** 秋田県鹿角郡 **＊おーつけ** 和歌山県日高郡 **＊おーなかし** 佐賀県 **＊おなぎ** 鹿児島県揖宿郡 **＊おなけ** 宮崎県日向　鹿児島県鹿児島郡 **＊おのけ** 秋田県雄勝郡　新潟県佐渡 **＊おんのげ** 宮城県登米郡 **＊さらけ** 和歌山県東牟婁郡「さらけになって泳ぐ」 **＊さんのけ** 和歌山県日高郡「橋からさんのけに落ちた」 **＊そらっぽ**(また、よそ見) 茨城県稲敷郡 **＊でんぐりけー** 茨城県稲敷郡 **＊でんぽーがえり** 新潟県佐渡 **＊どんぽーかえり** 新潟県佐渡 **＊とんぽがえり** 新潟県佐渡 **＊ぬくのかえす**(あおむけにする) 岩手県南部 **＊のきむかい** 岩手県九戸郡 **＊のけ** 徳島県海部郡 **＊のけた** 徳島県美馬郡・那賀郡「のけたはじく(あおむけになって寝そべる)」 **＊のけった** 徳島県三好郡　高知県安芸郡 **＊のっけ** 新潟県上越市　和歌山県有田郡・和歌山市「のっけになる」　愛媛県 **＊まーふぁなちゃー** 沖縄県首里「まーふぁなちゃー けーりゆん(あおむけにひっくり返る)」 **＊まーふゎなちゃー** 沖縄県首里 **＊まおなき** 鹿児島県肝属郡 **＊まおのけ** 山梨県　島根県隠岐島

□になる **＊あんぐるかえる** 茨城県久慈郡・猿島郡 **＊うちぱなぐん** 沖縄県石垣島 **＊ぬきにかえる・ぬきかえる** 岩手県 **＊ぬけにかえる** 岩手県気仙郡 **＊のきにかえる** 岩手県「のきにかえって寝た」　秋田県雄勝郡 **＊のけたはじく** 徳島県那賀郡 **＊のっけりそる** 山口県阿武郡

あか【赤】 ⇨あかいろ（赤色）

□の他人 **＊あまんたしょー** 長崎県対馬 **＊しらしらたにん** 新潟県岩船郡 **＊しらたにん** 山形県東置賜郡

あか【垢】 **＊いら**(うろこにたとえて) 大分県「永う湯に入らんけん身体からいらが起くる」　沖縄県西表島 **＊ごーら** 鹿児島県与論島 **＊こけ** 秋田県山本郡・河辺郡　東京都大島・利島　石川県鳳至郡　島根県石見　岡山県邑久郡　広島県　山口県大島　愛媛県　高知県幡多郡　福岡県企救郡　長崎県壱岐島　大分県　宮崎県延岡市　鹿児島県・肝属郡「風呂でこけを落さうかい」 **＊こけつ** 島根県美濃郡・益田市　岡山県小田郡　山口県玖珂郡 **＊こけぶく** 長崎県壱岐島「こけぶくぃーまめっちょる(垢にまみれている)」 **＊こけら** 山梨県 **＊こけらん** 宮崎県東諸県郡 **＊こけんたん** 大分県大分郡　宮崎県東諸県郡 **＊さすり** 高知県・高知市 **＊なば** 沖縄県宮古島 **＊ひぎるー** 鹿児島県奄美大島・加計呂麻島 **＊ひごろ・ふぃごろ** 鹿児島県奄美大島 **＊ひんぐ** 鹿児島県喜界島　沖縄県首里・島尻郡 **＊ぴんぐ** 鹿児島県喜界島「ぴんぐったねぃ(垢だらけ)」・国頭郡 **＊ふぃぐろ** 鹿児島県加計呂麻島 **＊ふぃんぐ** 沖縄県 **＊ひそ** 山形県東田川郡「ひそたまる」　新潟県西頸城郡　長野県諏訪・北安曇郡　静岡県榛原郡「手びそ」「茶びそ」　愛知県奥設楽 **＊ふたり** 沖縄県波照間島 **＊ふるっつー** 沖縄県与那国島 **＊べろ** 大分県 **＊よごれ** 熊本県下益城郡「よごれべこ(垢(あか)のついているふんどし)」

爪の□ **＊つぃみくす** 沖縄県首里 **＊つめくそ** 宮城県栗原郡　山形県西置賜郡　神奈川県中郡　新潟県佐渡　熊本県下益城郡

皮膚に生じる□ **＊あかつ** 島根県美濃郡・益田市 **＊あかんこ** 愛媛県 **＊がば** 沖縄県八重山 **＊がばー** 沖縄県鳩間島 **＊かび** 東京都大島

あかい【赤】 **＊あかしー** 島根県邇摩郡「あかしい花が咲いとる」 **＊あかっちょー** 新潟県中魚沼郡 **＊あちぇぁ**(赤い。美しい) 秋田県鹿角郡 **＊あっこ** 和歌山県「あっこに(赤く)」 **＊めんめー** 山梨県南巨摩郡

朝焼け、夕焼けなどで空が□ **＊あけーゆん** 沖縄県首里 **＊さるがあかべべほす** 京都府竹野郡「さるがあかべべほしとるで、あしたもええ天気だ

ろう」・中郡 *さるがほしものほす 岩手県紫波郡

黒みがかって□ *どぐろい（どす黒い。また、黒みがかって赤い）山形県米沢市 島根県 *どぐれ（どす黒い。また、黒みがかって赤い）島根県出雲「顔がどぐれ」 *どごろい（どす黒い。また、黒みがかって赤い）山形県西田川郡「どごろぐなる（あざになる）」 *どんぐろい（どす黒い。また、黒みがかって赤い）島根県

非常に□さま *びんまっか（「びん」は「べに（紅）」の転か）島根県大田市 *べにまっか・べねまっか・べんまっか 島根県「べにまっかな日が落ちた」 *まっかーら 沖縄県首里 *まっかいけ 奈良県・宇陀郡「空がまっかいけや」・宇智郡 *まっかしけ 岐阜県大垣市 愛知県中島郡・名古屋市「まっかしけの花」 *まっかすけ 岐阜県大垣市・本巣郡 *まっかち 千葉県夷隅郡 *まっかちか 栃木県 *まっかちっか 福島県相馬郡「西のそら、まっかちっかだ」 *まっかちやっか 福島県伊達郡 *まっかてっか 新潟県東蒲原郡「まっかてっかな着物を着ていいこと」・下越 *まっからけ 奈良県宇智郡

あかいろ【赤色】 *かーいる（「あかいろ（赤色）」の転）・かーかぬいる 沖縄県新城島 *はーいる・はーはーぬいる 沖縄県新城島

あかご【赤子】 *あかごんこ 熊本県天草郡 *あかっふぁーま・あがふふぁーま 沖縄県鳩間島 *あかにかご（「赤丹顔」か）岐阜県・飛騨 *あがにんがこ 秋田県河辺郡 *あかねこ 岐阜県飛騨 *あかふぁーなー 沖縄県石垣島 *あっかふぁーなー 沖縄県竹富島 *ういこ 三重県志摩郡 *うだらご 山口県下関市 *うだりご 島根県益田市 *うだれご 島根県石見 山口県 *おちょこ 岐阜県稲葉郡 愛知県中島郡 *おびやご 三重県志摩 *きゃーれご 熊本県 *きゃれご 熊本県上益城郡 *くねっこ 千葉県印旛郡 *こしょ 滋賀県野洲郡・滋賀郡 *こじょ 滋賀県栗太郡 *こしょー（卑語）滋賀県蒲生郡 *こまご 愛媛県東部 *しりご 愛媛県 *だっこ（まだ、おむつをしている赤子）鹿児島県肝属郡「だっこん頃かい、もろち来て」 *たれ 福井県大飯郡 *たれご 福井県大飯郡 *ちーぼ 富山県（女児） *ちーぼー（小児。または、赤子）山梨県 長野県諏訪 *ちぼ 長野県北安曇郡・東筑摩郡（男児）「ちぼは良い子だ」 *ちめ 和歌山県日高郡 *にか 秋田県平鹿郡・雄勝郡 *にが 北海道・函館市 青森県 宮城県登米郡 *にかこ 青森県南部・下北郡 秋田県雄勝郡 長野県更級郡 *にかご 岐阜県大野郡 *にがこ 青森県下北郡・上北郡 *にかっこ 秋田県平鹿郡・雄勝郡 新潟県 長野県 *にがっこ 新潟県中頸城郡 *みずこ 新潟県佐渡 長野県諏訪 *みずご 山梨県南巨摩郡 静岡県磐田郡 滋賀県彦根 *みずっこ 長野県諏訪 静岡県榛原郡・磐田郡 *みつご 島根県 *よさご 三重県志摩 *んかこ 青森県

→あかちゃん（赤—）・あかんぼう（赤坊）

あかちゃん【赤—】 *あか 北海道小樽 青森県津軽・三戸郡（男） 岩手県上閉伊郡（卑語） 山形県 栃木県安蘇郡 群馬県多野郡 埼玉県秩父郡 千葉県千葉郡 神奈川県 新潟県 石川県 福井県大飯郡 山梨県 長野県 静岡県 愛知県 三重県三重郡 京都府竹野郡 山口県豊浦郡 熊本県天草郡 *あかこ 宮城県仙台市 山形県米沢市・西置賜郡 *あかこおぼこ 宮城県仙台市 *あかさ 石川県石川郡 *あかさん 熊本県天草郡 *あかじょー 熊本県八代郡 *あかちゃ 山形県西田川郡 *あかに 秋田県河辺郡 *あかにかご（「赤丹顔」か）岐阜県・飛騨 *あがにんがこ 秋田県河辺郡 *あかべ 岩手県上閉伊郡 *あかぺ 秋田県仙南 *あかま 岩手県上閉伊郡 *あかめ 新潟県東蒲原郡 *あかや（下層社会）宮城県仙台市 *あかんぐゎ 沖縄県首里 *あかんこ 石川県能美郡 *あっか 山形県庄内 新潟県東蒲原郡 *あっかー 静岡県 愛知県豊橋市 *あっかこ・あかっこ 新潟県東蒲原郡 *あっかん 和歌山県海草郡・有田郡 *かか（幼児語）滋賀県高島郡 兵庫県淡路島 *かかやん（幼児語）兵庫県淡路島 *めめ 宮崎県都城

→あかご（赤子）・あかんぼう（赤坊）

あかつき【暁】 *あがっとぅぶぐい 沖縄県与那国島 *あかとぅんち 沖縄県中頭郡・国頭郡 *あかとき 高知県 *あけしがた 群馬県勢多郡 *あさあけ・あさあげ 千葉県印旛郡 *あさかずき 青森県三戸郡「あさがずきに川原町に火事があって驚ろいた」 岩手県二戸郡 *あさがたり 岐阜県飛騨 *うすうす 熊本県玉名郡 *しけしけ 富山県砺波「今朝しけしけに家を出た」 *しばとりどき 大分県直入郡 *しゃーか 沖縄県宮古島 *つとめて 新潟県佐渡 *とんぼっかー 群馬県勢多郡 *とんめて 東京都八丈島「ありゃー、とんめてん起きろわ（私は早朝に起きます）」 *はーとぅき 鹿児島県奄美大島・徳之島 *はいさり 沖縄県新城島 *ひきあけ 大阪市 岡山県真庭郡 徳島県海部郡 大分県 *よあけかたし（早朝、未明）富山県砺波 *よあけさま 福島県南部・浜通 *よあけしがた 群馬県勢多郡・多野郡 *よあけしな 福島県北部・中部「よあけしな赤ん坊なした（産んだ）と」 *よあけしま 宮城県登米郡・玉造郡 山形県東置賜郡・西置賜郡 岐阜県飛騨 *よあけそ 島根県邑智郡「隣の爺さんによあけそに出よーた」 *よあけもと 長野県諏訪 *よあさ 新潟県西頸城郡 兵庫県赤穂郡・淡路島 島根県鹿足郡・隠岐島 広島県走島 山口県大島「此頃はよあさが冷えるけえ気をつけんと風邪をひくで」 香川県伊吹島 愛媛県 *よのあけあけ 山形県米沢市「よのあげあげに出掛げんべ」 *よのひきあけ 新潟県佐渡 滋賀県彦根 大阪市 広島県高田郡 山口県 徳島県 香川県仲多度郡 大分県 *よひきあけ 鹿児島県種子島 *よわさ 愛媛県今治市「よわさになって

寒くなった」

→あけがた（明方）・よあけ（夜明）

□の明星 *あかりぷし（「明り星」の意）・がりぷし沖縄県石垣島 *ありぷし沖縄県黒島 *うくしふし・うくしぷし・たぎふし沖縄県与那国島 *はーるぶし（「明るい星」の意）沖縄県新城島

あかり【明】 *あかあか山形県北村山郡 *あかか（幼児語）山形県 長崎県壱岐島 *あかがい沖縄県中頭郡・首里 *あかこ（幼児語）青森県三戸郡 *あかし青森県 岩手県 宮城県 秋田県 山形県村山・西置賜郡 福島県 茨城県新治郡「あがしがめーだ（見えた）」・稲敷郡 栃木県 群馬県東部 埼玉県秩父郡 千葉県印旛郡・東葛飾郡 東京都八丈島 神奈川県足柄上郡・津久井郡 新潟県 山梨県南巨摩郡 静岡県浜松市 愛知県北設楽郡 熊本県球磨郡 *あかしこ岩手県和賀郡 *あかしっこ岩手県気仙郡 *あかせ熊本県球磨郡 *あかぶ沖縄県宮古島 *あっか（火の明かり）兵庫県加古郡 *がい新潟県佐渡 *てらし福島県南会津郡 *どぼし島根県大原郡「足元がわるいから、とぼし貸せてあげましょう」 *ともし徳島県・美馬郡 *のーの（幼児語）茨城県北相馬郡 *のーのー（幼児語）新潟県 *のーのさま（幼児語）静岡県田方郡 *のんの（幼児語）茨城県真壁郡・稲敷郡 新潟県西頸城郡 *のんのさま（幼児語）茨城県稲敷郡 栃木県河内郡 *はーがり鹿児島県奄美大島 *ばいばい奈良県 *ふー・ふ（幼児語）香川県 *ふーふ（幼児語）愛媛県松山 *ぶーぶー（幼児語）山形県米沢市「ぶうぶうつける（灯火を点ずる）」 滋賀県彦根・蒲生郡 京都市 *ぶよぶよ（幼児語）山形県米沢市「ぶよぶよつける」

あがりぐち【上口】 *あがったて・あがりだち島根県隠岐島 *あがっと三重県伊賀 *あがっとばな神奈川県津久井郡 *あがりたて奈良県吉野郡 島根県 愛媛県 鹿児島県揖宿郡・種子島 *あがりだん熊本県天草郡 *あがりっと静岡県志太郡・磐田郡 *あがりと福井県敦賀郡 愛知県知多郡 鳥取県気高郡 愛媛県 *あがるたて富山県射水郡 *えんばた新潟県西頸城郡 *えんばな東京都三宅島・御蔵島 長野県南部 岐阜県武儀郡・郡上郡（台所） 岡山県児島郡 徳島県 *えんばら新潟県佐渡 岐阜県郡上郡 *おてんばな・おてんば静岡県 *かばち京都府葛野郡 島根県邑智郡 岡山県児島郡 香川県 *けんざ島根県邑智郡 *さま青森県津軽 *さまぐち福島県会津・大沼郡 茨城県猿島郡 静岡県 *しきだん長崎県西彼杵郡 *じょーぐち山形県最上 山梨県 *だし京都府葛野郡 *はいとぐち新潟県東蒲原郡 *はいりと富山県 愛知県知多郡 三重県 *はな島根県 大分県 *はなた島根県

家の□ *あがーたて島根県出雲 *あがっと千葉県 静岡県・安倍郡 滋賀県神崎郡 *あがと岩手県気仙郡 秋田県鹿角郡 千葉県海上郡 *あがりたち三重県度会郡 *あがりだち島根県隠岐島 *あがりたて岐阜県北飛驒 三重県北牟婁郡 島根県石見 広島県 鹿児島県種子島 *あがりっと埼玉県北葛飾郡 長野県諏訪・上伊那郡 静岡県安倍郡 *あがりと秋田県鹿角郡 福井市 岐阜県飛驒 兵庫県神戸市「そんなあがりとに居らんともっとこっちに来とくんなあれ」 奈良県南大和 和歌山県 島根県 鹿足郡 山口市 愛媛県松山 高知県幡多郡 *あがりとばな岐阜県飛驒 *あがんど島根県鹿足郡 *おはし島根県隠岐島 *そのこ大阪府泉北郡 *だんばこ熊本県天草郡 *のぼりたて和歌山県有田郡 島根県 広島県倉橋島・高田郡 徳島県 *みせ和歌山県有田郡 島根県 広島県倉橋島・高田郡 徳島県 *ろーじ・どーじ福井県大野郡 *ろじ山梨県南巨摩郡 長野県北安曇郡 静岡県安倍郡 愛知県北設楽郡

家や階段などの□ *あがりがけ愛媛県周桑郡 *あがりさき愛媛県

玄関などの□ *えんげ岐阜県武儀郡 *えんげた（玄関の上がり口の用材）徳島県 *えんの奈良県吉野郡

土間の□ *なみざ香川県木田郡 *ふんがまき鹿児島県肝属郡 *ふんがまつ鹿児島県

あがる【上】 *あーるん（昇る。また、照る）沖縄県石垣島 *いちかる茨城県稲敷郡 栃木県 *いっかる福島県東白川郡 茨城県 栃木県 群馬県「其の上にいっかっちゃいけねぇ」 埼玉県秩父郡・入間郡 東京都旧市域 新潟県佐渡「馬にいっかる」・中越 長野県上田・佐久 *いっちかる栃木県 群馬県山田郡 *えんがる長野県佐久 *しける（上気する）島根県能義郡・隠岐島「演芸会に出たがしけてさっぱりだった」 *ちかる栃木県 埼玉県川越 *ちっかる埼玉県入間郡 *とじる（のぼせる。意識不明になる）高知市「あたしゃ此頃狎（な）れてとぢん様になった」「この子はかんきがつよーて、再々とぢて困る」 *のぼる奈良県南葛城郡「座敷にのぼれ（上がれ）」 *のぼる（上気する）香川県 *のぼる（逆上する）島根県「大分頭がのぼっとる」 *やける（緊張する）岡山市「選手がやけて負けた」

あかるい【明】 *あかー広島県西部 *あかい山形県西置賜郡 東京都八丈島「天気がよかろおてこそ、はやあかかれ（天気がいいからもう明るいよ）」 新潟県糸魚川市 福井県三方郡・遠敷郡 滋賀県神崎郡 京都府北部 大阪府大阪市・東成郡 兵庫県南部 奈良県 和歌山県 島根県 岡山県苫田郡「あかいま（明るい間）」・津山市 広島県比婆郡 山口県 徳島県那賀郡・海部郡 香川県「あかなる・あかんなる・あこんなる（明るくなる）」 愛媛県 高知県 佐賀県佐賀郡 長崎県福江市・佐世保市 熊本県 大分県南海部郡・直入郡 宮崎県 鹿児島県揖宿郡 沖縄県 *あかさーん沖縄県石垣島 *あかない高知県室戸市 *あかる

きー 新潟県佐渡 *あきゃー 兵庫県但馬 熊本県玉名郡 *あけ 宮崎県南部 鹿児島県姶良郡・揖宿郡 *あっか 愛知県知多郡 長崎県 熊本県玉名郡 *あっかい 愛知県知多郡 *はーいさん 沖縄県竹富島

□さま *かっか 富山県砺波「月夜でくゎっくゎや」 *かんから 東京都三宅島「あの家は何かあるのか、かんからついている」 *がんがら・かんがら 青森県津軽「今朝おどがてみだきゃ(目を覚ましたら)窓ぁがんがらどしてえだどごで」「(仏壇などに)あがしこ、かんがらどつけで」 *かんがり 山形県東置賜郡「かんがりと灯明がついた」 *がんがり 青森県南部「お堂の前やがんがり明りど」

非常に□さま *まどー 山形県最上郡 *まんど 山形県東置賜郡「まんどのごと明るい」 富山県砺波 *まんどー 宮城県仙台市 秋田県平鹿郡「百燭光の電灯付けたからまんどーだ」 山形県「家の中まんどーだ」 新潟県佐渡 *まんとろ 青森県 *まんどろ 青森県津軽「夜明けてまんどろになった」「電気灯はまんどろじゃ」 山形県東村山郡「隅から隅までまんどろに明るい」 徳島県「お月さんがまんどろじゃ」・海部郡 *まんどん 岡山県

あかんぼう【赤坊】 *あかごんこ 熊本県天草郡 鹿児島県 *あかびき 青森県津軽 宮城県栗原郡(卑語) 秋田県鹿角郡(やや卑しめて言う) *あかびっき 青森県(卑語) 岩手県二戸郡・上閉伊郡(卑語) *あかぼこ・あかぼ 長野県更級郡 *あかもっけ 青森県津軽 *あこ 和歌山県日高郡 鳥取県西伯郡 島根県 岡山県真庭郡 *あこさん 和歌山県 島根県 *あこち 兵庫県明石郡 *あっぱ 東京都八丈島「あっぱをなす(子を産む)」 *あっぱめ 東京都八丈島 *あっぽさん 島根県隠岐島 熊本県玉名郡 *あぱ・あば・あっぽ 島根県隠岐島 *あや 新潟県・佐渡 *あんご(蛙に見立てて) 和歌山県日高郡 *いが 三重県度会郡 佐賀県 長崎県 *いがいが 長崎県壱岐島 *いかご 熊本県天草郡 *いがご 岐阜県養老郡 愛知県愛知郡 熊本県天草郡 *いがじょ 長崎県北松浦郡 *うまれびっき 青森県三戸郡 *えんがびき 青森県東津軽郡 *おちょこ 岐阜県稲葉郡 *おと 福島県 新潟県中頸城郡 *おとめ 福島県いわき市 茨城県 栃木県東部 千葉県東葛飾郡 *おぶこ 高知県 *おぼ 山形県西置賜郡・東村山郡 東京都大島 *おぼいや・おぼいやー 山梨県 *おぼこ 青森県 岩手県 宮城県栗原郡・玉造郡 秋田県鹿角郡「おぼこが生れた」 山形県「おぼこなす(出産する)」 福島県 神奈川県横浜市 新潟県東蒲原郡 山梨県南巨摩郡 徳島県 *おぼっこ 東京都大島 京都府 *おんぼ 青森県津軽 山形県南部 *がい・がいのこ 香川県・小豆島 *かご・がご 富山県 *がっこ 岩手県 *かんが・がが 長崎県五島 *がんが 長崎県 *かんこ 千葉県夷隅郡 *がんこ 青森県西津軽郡 *こぶ 宮崎県東諸県郡 鹿児島県 *こべ 大分県東国東郡 *こぼ 長野県北安曇郡・諏訪 福岡県田川郡・企救郡 *こまご 愛媛県東部 *こんび 三重県志摩郡 *こんぶ 鹿児島県 *こんぼこ 長野県北安曇郡・諏訪 *じゃんこ 鹿児島県川辺郡 *しょーろくだま 長野県北佐久郡 *じょろさん(女の赤ん坊) 三重県鳥羽市 *ちっこ 長野県佐久 *ちゃっちゃ 愛媛県八幡浜市 *ちん 宮崎県都城 *ちんこ 新潟県西頸城郡 三重県 宮崎県西諸県郡・都城 *でけご 三重県名張市 *なな 福井県敦賀郡 滋賀県犬上郡 *ななさん 京都府 *ななちゃん 滋賀県坂田郡 *ななめ 滋賀県高島郡 *ななやん 滋賀県坂田郡・東浅井郡 *になぇ 富山県氷見市 *にゃっこ 岩手県南部 *ねー 和歌山県日高郡・西牟婁郡 *ねっこ 千葉県東葛飾郡 *ねね 群馬県利根郡 東京都八王子 神奈川県 富山県 石川県 岐阜県 静岡県富士郡 愛知県尾張 三重県 滋賀県甲賀郡 兵庫県淡路島 和歌山県 島根県出雲 徳島県 香川県 愛媛県周桑郡 福岡県糸島郡 佐賀県 *ねねー 神奈川県 広島県沼隈郡 *ねねこ 茨城県稲敷郡 千葉県 三重県 滋賀県甲賀郡 兵庫県淡路島 奈良県宇智郡 徳島県 香川県 *ねねさま 愛知県名古屋市 *ねねっこ 茨城県 栃木県 群馬県 埼玉県北葛飾郡 千葉県 東京都八王子 神奈川県 *ねねはん 富山県砺波 *ねねぼ 三重県志摩 *ねねま 富山県 *ねんこ 千葉県香取郡・匝瑳郡 山梨県 長野県佐久 *ねんね 栃木県 東京都南多摩郡 神奈川県中郡 新潟県 富山県 石川県 福井県 山梨県 長野県下水内郡 岐阜県郡上郡 静岡県富士郡 兵庫県神戸市 和歌山県東牟婁郡 岡山県小田郡 広島県大崎上島・高田郡 山口県 徳島県 香川県 愛媛県今治市・周桑郡 高知県 佐賀県 長崎県南高来郡 *ねんねー 茨城県稲敷郡 静岡県志太郡 広島県 山口県・玖珂郡 佐賀県 *ねんねこ 福島県南部・浜通 茨城県稲敷郡 栃木県 千葉県 神奈川県中郡 石川県江沼郡 広島県江田島 山口県 香川県 *ねんねさん 岡山県 *ねんねっこ 茨城県結城郡 栃木県 群馬県館林 千葉県 神奈川県足柄上郡 新潟県長岡市 *ねんねん 山梨県 広島県安佐郡 *ねんねんっこ 千葉県 *ばー 兵庫県加古郡 島根県隠岐島 *ばーちゃん 山梨県南部 兵庫県加古郡 *ばーやん 兵庫県加古郡 *ばっこ 新潟県東蒲原郡 *びー 静岡県磐田郡(女の赤ん坊) 三重県志摩郡 *びーのこ 岐阜県大野郡 *びき 青森県 岩手県折爪岳山麓 秋田県鹿角郡「よく泣くびきだ」・河辺郡 *びす 長崎県壱岐島 *びっき 北海道南部 青森県「びっきすずめ(子雀)」 岩手県 秋田県鹿角郡「めごくないびっき(可愛くない子)」・河辺郡 *びた(女の赤ん坊) 青森県三戸郡 *びっちゃご 佐賀県藤津郡 *びっちょ 長崎県壱岐島 *べー(男の赤ん坊) 山口県豊浦郡「べえが生まれた」 *へぼ 新潟県糸魚川市「まー、へぼみせてもらっていこーか(赤ちゃんを見せてもらって行きましょうか)」・西頸城郡 ***へらこ** 兵庫県明石郡 ***べらこ** 福島県浜通 ***べんべ** 山口県大島 ***ぼい** 宮崎県宮崎郡・宮崎市 ***ぼいよこ** 宮崎県宮崎郡 ***ほご** 広島県西能美島 ***ぼこ** 群馬県吾妻郡 ***ぼこたち** 長野県諏訪 ***ぼっこ** 岩手県紫波郡 新潟県 山梨県 長野県 秋田市 福島県北部 ***ぼぼ** 新潟県 富山県下新川郡・射水郡 長野県諏訪・上伊那郡 岐阜県飛驒 ***ぼぼこ** 岩手県和賀郡 秋田県河辺郡・仙北郡 ***ぼぼさ** 富山県下新川郡・射水郡 岐阜県飛驒 ***ぼぼさま** 岐阜県飛驒 ***ぼん** 兵庫県明石市(男の赤ん坊) 鹿児島県鹿児島郡 ***ぼんち** 鹿児島県曾於郡 ***ぼんぼ** 岩手県下閉伊郡 秋田県山本郡 山形県 ***ぼんぼこ** 秋田県平鹿郡・由利郡 ***ぼんや** 山梨県 ***みそ** 福井県大飯郡 ***めめ** 宮崎県都城 ***もけ** 青森県津軽 ***もっけ** 青森県 ***やーこ** 大阪市 兵庫県明石郡 ***やーさん**(「ややこ」をていねいに言う語) 大阪 ***やーちゃん**(幼児語) 奈良県 ***やーはん** 和歌山県 ***やーやー** 愛知県豊橋市・渥美郡「うちにゃーやーがある」 ***やーん** 和歌山県海草郡(幼児語)「あれどこのやーんな」 ***やえご** 香川県 ***やぼ** 宮崎県日向 ***やや** 岩手県紫波郡 福島県「ややんぶって(赤子を負ぶって)」 栃木県那須郡 神奈川県中郡 新潟県 福井県遠敷郡・大飯郡 長野県 三重県 滋賀県神崎郡 京都市(幼児語) 大阪市 兵庫県 奈良県 和歌山県和歌山市・日高郡 鳥取県 広島県豊田郡 山口県 愛媛県 高知県・高知市 福岡県 佐賀県唐津市 長崎県彼杵・佐世保市 熊本県 ***ややー** 島根県石見「かいさなややーじゃけー何の役にも立たん」 広島県比婆郡(幼児語) ***ややーこ** 島根県邑智郡・大原郡 ***ややーさー** 島根県鹿足郡 ***ややこ** 福島県 神奈川県 新潟県下越 愛知県碧海郡 三重県名張市「ややこできる(子供を生む)」 滋賀県蒲生郡・彦根 大阪府大阪市・泉北郡 兵庫県 奈良県 和歌山県 島根県石見・隠岐島 広島県 徳島県海部郡 香川県 愛媛県 高知市「うちのややこ」 大分県 ***ややさん** 滋賀県彦根 大阪市 兵庫県赤穂郡 和歌山県日高郡 鳥取県因幡 愛媛県周桑郡 高知市「隣のややさん」 佐賀県唐津市 熊本県 ***ややちゃん** 大阪市 奈良県 ***ややっこ** 福島県 神奈川県三浦郡 新潟県中越 ***ややめ** 福島県東白川郡 ***やんやっこ** 静岡県浜松 ***よーいー**(泣く子をあやす語から)・**よーいーぐゎー** 沖縄県首里 ***わねっこ** 千葉県印旛郡 ***んこってぃー**(「んこ」は泣くさまを表す。「てぃー」は小さいものに付ける愛称) 沖縄県与那国島 →あかご(赤子)・あかちゃん(赤—)・えいじ(嬰児)

生まれたての□ ***うまれご** 新潟県 島根県隠岐島 長崎県南高来郡 熊本県 ***うまれっこ** 長野県更級郡・南佐久郡 ***どーびんご** 香川県三豊郡 ***どびんご** 鳥取県西伯郡 岡山県・上房郡・吉備郡 広島県山県郡 徳島県 香川県 ***どびんこ** 広島県・高田郡 香川県 ***どんびこ・どんびご** 三重県志摩郡 ***どんびんこ** 広島県・倉橋島 ***どんびんご** 岡山県上房郡 ***まれ** 千葉県印旛郡 ***まれこ** 千葉県香取郡・海上郡 ***まれっこ** 茨城県

あき【秋】 ***あきんに** 沖縄県島尻郡 ***さなつぃ** 沖縄県石垣島 ***しさなつぃ**(「白夏」の意) 沖縄県石垣島

□の長雨 ***あくびくさらし**(二、三日降り続くと山の通草が腐ってしまうところから) 新潟県佐渡 ***じゅーがつただれ** 熊本県玉名郡 ***じゅーなずき** 熊本県天草郡 ***じゅーなんずき** 熊本県菊池郡 ***じゅーなつき** 佐賀県藤津郡 ***じゅーばこびより** 熊本県天草郡 ***じゅるきた** 熊本県玉名郡 ***ただれ** 青森県三戸郡「八月ただれは倉立つる(ことわざ)」 兵庫県淡路島 香川県高見島 熊本県 ***ながあめ** 熊本県球磨郡・天草郡 ***ながしけ** 熊本県玉名郡 ***にしあげ** 熊本県下益城郡 ***はちがつただれ** 香川県高見島 熊本県 ***はちがつながし** 島根県隠岐島 ***はちがつながせ** 島根県出雲 香川県大川郡 ***はちがつのただれ・はちがつのなべわれ** 兵庫県淡路島

□の初め ***あきあせ** 岩手県九戸郡 ***あきさか** 岩手県気仙郡 宮城県 山形県 ***あきさごろ** 山形県 ***わさあき**(初秋) 島根県「今年はわさあきが照って稲によかった」

あきあき【飽飽】

□する ***あきする** 秋田県河辺郡「あのことでは本当にあきする」 ***あざれる** 長崎県壱岐島「蜜柑にあざれちょる」 熊本県菊池郡「ぜににゃあざれとったつちゃ心ん苦しみや絶えんとだもん」 ***かじょをする** 鹿児島県肝属郡

□すること ***じゅっぷか・じゅっぷが** 秋田県「この雨続きにはじゅっぷがする」 ***じゅぷが** 秋田県雄勝郡 ***じゅんぷが** 秋田県平鹿郡 ***ちゅふゎーら** 沖縄県首里 ***てーこつ** 長崎県対馬

あきらめる【諦】 ***おーねをくくる** 島根県美濃郡・益田市「あいつはとうからおーねをくくっとる」 ***じょーいれる** 兵庫県加古郡 ***とぐろーまく** 長野県佐久 ***どしょずく** 栃木県 ***やすんじゅん** 沖縄県首里 →だんねん(断念)

□こと ***うんじょー** 栃木県 長野県諏訪「うんじょーする」「うんじょーきめる」 ***ざまい** 山形県「そんなお土産などざまえしてけらっしゃえ」 ***ざんま** 山形市「ざんまにしろ(うっちゃっておけ)」 福島県石城郡「ざんまにしてもらいたい(お控え下さい)」 ***さんまい** 宮城県仙台市 ***ざんまい** 岩手県気仙郡「まあしかだね、ざんめぁなぐべ(我慢しよう)」・東磐井郡 宮城県登米郡・仙台市 山形県「もう沢山だからざんまえしてけろ」 福島県・岩瀬郡 茨城県那珂郡 栃木県

塩谷郡・河内郡 東京都八丈島 新潟県東蒲原郡「乱暴はざんまいにしてくれ」

あきる【飽】 ***あいる** 千葉県君津郡 ***あえる** 三重県度会郡 ***あきれる** 栃木県「あきれないで仕事をする」 岐阜県益田郡 島根県石見「何をさせてもすぐあきれる」 ***あくばる** 島根県石見 広島県 徳島県三好郡「あいつぁ、仕事にあくばったりゃ、すぐに遊びに行く」 高知県長岡郡 長崎県壱岐島 ***あぐむ** 山梨県 岐阜県郡上郡・飛驒 ***あこばる** 愛媛県 ***あずる** 静岡県「仕事をあずる(移り気で仕事をしばしばかえる)」「あんまりあずるもんだで損をする」 ***あっがつっ・あっがちっ** 鹿児島県 ***あめる** 北海道 青森県津軽「今日の寄合こぁ、しまぇさなたけゃあめでしまた(終わりになったらだらけてしまった)」・三戸郡 ***あんど**(飽きること) 宮崎県「ありゃー仕事にあんどすりゃーすぐ遊び行く」 鹿児島県 ***いげる** 岐阜県恵那郡・羽島郡 愛知県東加茂郡「こんなおかずにあーいげた」 ***いぼる** 三重県度会郡 ***うるー** 島根県石見「あれの長あ話にはうるーた」 岡山県 ***えく** 大分県 ***えげる** 長野県「餅は好きだが毎日食べてゐたからもうえげて来た」 岐阜県 愛知県 三重県志摩 ***えびのくそあがる** 和歌山県 ***おてちっ** 鹿児島県鹿児島郡・揖宿郡 ***かげる** 東京都大島 ***かまじる** 沖縄県宮古島 ***こたえる** 鳥取県西伯郡 島根県出雲 ***じょけする** 秋田県鹿角郡「先刻から本を読み続けたらじょけした」 ***じょける** 青森県津軽 秋田県北秋田郡「じょげるだけ食った」・鹿角郡 ***たる** 和歌山県 鳥取県気高郡 岡山県「うどんもこう毎日じゃあたった」 徳島県・海部郡 香川県 愛媛県松山 高知県・高知市「もー遊びたった」 ***ちょげる** 青森県津軽「たやすいことばかりしていて全くちょげた」 ***なずむ** 群馬県碓氷郡 ***にりゆん** 沖縄県首里 ***はばぐねる** 岩手県気仙郡 ***びれる** 東京都大島「毎日魚ばかり食べてもうびれた」 ***ぶれる** 東京都三宅島 ***ぽちゃける** 東京都八丈島「ぽちゃけるとすぐ遊びー出ろう」 ***やける** 長野県下伊那郡 ***やまう** 三重県北牟婁郡「柿(かき)ゃやもた」・南牟婁郡

□**やすい(っぽい)** ***あきろしー・あけろしー** 愛媛県越智郡 ***あちはてぃべーさん** 沖縄県首里 ***たりやすい・たりしょー** 香川県小豆郡・大川郡 ***ぽちゃけ** 東京都八丈島 ***やだっきな** 長野県上田

□**やすいこと(っぽいこと)** ***あきすけ** 山形県 長野県上田・佐久 ***あきっぽ** 山形県 千葉県東葛飾郡 ***しりあけ・しりあけとんぼ** 香川県「お前はしりあけとんぼじゃから成功せんぞ」 ***しりあけざる** 新潟県西蒲原郡 ***しりやけ** 新潟県中越 長野県上田・佐久 岡山県児島郡 山口県豊浦郡 徳島県 香川県三豊郡・高見島「あの子はしりやけな子じゃ」 ***しりやけざる** 岐阜県飛驒 長崎県対馬 ***すりあきざる** 山形県東田川郡 ***ものあき** 山形県 ***ものあく** 鹿児島県鹿児島郡「ものあくすい(飽きてしまう)」

□**やすい人(っぽい人)** ***あきばさま** 富山県砺波 ***あきばはん** 富山県上新川郡 ***あきぼちゃっか** 埼玉県川越 ***あきすけ** 山形県 長野県上田・佐久 ***あきっぽ** 山形県 千葉県東葛飾郡 ***けつわれ** 香川県高見島 ***やかん** 石川県 ***やかんたぎり** 宮崎県延岡・東諸県郡

□**さま** ***てれふれ** 岩手県気仙郡「てれふれのんだ」 ***むっつり** 新潟県佐渡「三杯食ったらむっつりした」・北蒲原郡 ***よっばら** 新潟県北蒲原郡 ***よっぱら** 福島県大沼郡 新潟県「日が長いのに用事がなうてよっぱらになつだ」「喧嘩(けんか)の仲裁はよっぱらだぞ(つまらないぞ)」「掃除がよっぱらになる」

□**ほど** ***あくたら** 福井県大飯郡「あくたら食べた」 ***きっこん** 新潟県岩船郡 ***ざっち** 和歌山県東牟婁郡 ***さっちら** 長野県上田・佐久「もうさっちらだ」 ***さっつぁ** 新潟県中越 長野県佐久 ***ほーず** 山梨県南巨摩郡「ほーずに飯を食いば腹をおやす(こわす)」 岐阜県飛驒「言いたいことをほーず言う」 兵庫県淡路島 ***よっぱら** 茨城県稲敷郡 ***よっばら** 福島県「俺わ飯よっぱら食べた」「よっぱらさわえで、よっぱらくった」 茨城県 栃木県「よっぱら寝う」 群馬県館林 埼玉県北葛飾郡 千葉県東葛飾郡 新潟県「もうよっぱら遊ばして貰たでの」「よっぱら待った」 富山県下新川郡 石川県鳳至郡 岐阜県揖斐郡 ***よっぱらさっぱら** 青森県上北郡「よっぱらさっぱら食べたり遊んだりした」 岩手県上閉伊郡・気仙郡「よっぱらさっぱらご馳走になりぁした」 ***よっぱらすっぱら** 茨城県多賀郡 ***よっぽー** 福島県安達郡・耶麻郡 ***よではら** 茨城県稲敷郡 千葉県海上郡

十分過ぎて□さま ***おさんざ** 長野県上水内郡・長野市 ***さっざ** 新潟県長岡市 ***さっつぁ** 新潟県 長野県佐久 ***さんざ** 埼玉県秩父郡 新潟県「石をさんざ持って来い」 長野県「腹さんざ餅を食った」「もうさんざです」 ***さんじ** 和歌山県東牟婁郡

あきれる【呆】 ***あぐねる** 青森県三戸郡 山形県南置賜郡・庄内 ***あさびる** 京都府加佐郡 ***あっぺだつ** 長崎県壱岐島「あっぺだっち聞いちょった」 ***あとれる** 愛知県西尾市 ***あふねる** 東京都大島 ***あやける** 徳島県 愛媛県・周桑郡「あやけた顔をして私の方を見た」 高知県「それ位の事にあやけるものがあるか」・高知市「余り思いがけないからあやけている」 ***おーざめる**(驚きあきれる。また、あきれて見限る) 新潟県 富山県下新川郡 山梨県南巨摩郡「あの人だいばあがーのーことーうつちるどーでうらーおーざめる」 ***おざめる** 岐阜県飛驒 ***おっべる** 島根県八束郡 ***おびーる** 島根県隠岐島「手に負えん子供を見て、おびーた顔をしちょる」 ***おべる** 島根県出雲「おべかえる」 ***おぼえる** 新潟県佐渡「あれにゃおぼえた」 ***き**

ける 島根県出雲「あんまりだらしがなてきけた」 *きょーさめる(賞賛嘆息の意で) 青森県津軽 *ぎょーさめる 宮城県栗原郡 *しょぷける・じょふける 青森県津軽 *てがなえる 鳥取県東伯郡 *てをだらす 島根県邑智郡「あの子にはてをだらした」 *ぽちゃける 東京都八丈島「よこときかずにぽちゃけたら(言うことをきかないのであきれた)」
□さま *げっそり 静岡県「来たばかりでげっそりした」 三重県阿山郡 京都府 愛媛県周桑郡・喜多郡 *げっちゃり 愛媛県周桑郡・喜多郡 *げっつり・げっつら 新潟県佐渡 *ざっぱ 茨城県久慈郡

あくぎ【悪戯】 *あくたい 石川県・能美郡 *うわまめ 広島県安芸郡 *えせごと 福島県南会津郡 *かたじり 新潟県・西頸城郡 *がんさい 山梨県 *くそぼたえ 奈良県南葛城郡「くそぼたえする(ざれる)」 *くちにくじゅー 福岡市 *だくな(むだ口も) 新潟県佐渡「だくな言うな」 長野県北安曇郡「だくなするな」 *たれか 宮城県仙台市「たれかをするな」 *わにく 愛知県碧海郡「わにくして困る」・愛知郡
→いたずら(悪戯)

あくび【欠伸】 *あくっ 鹿児島県鹿児島郡 *あっくい 沖縄県竹富島 *おーいき 岡山県児島郡 *げと 石川県鹿島郡 *なまあくび 山梨県東八代郡 長野県諏訪 *なまくび 長野県
眠くて□を連発すること *あくりあくり 島根県石見「この子はあくりあくりするけー、ねぶたーのじゃ」 *ごくりごくり 島根県飯石郡・仁多郡

あぐら【胡坐】 *あーぐら 山梨県南巨摩郡 *あいぐち 新潟県 富山県砺波 *あきなじょ・あきなじゅーり・あきにゃじゅーり・あきにゃじょ 鹿児島県奄美大島 *あきなじょり 鹿児島県奄美大島・加計呂麻島 *あきにゃじょり 鹿児島県加計呂麻島 *あぐー 鹿児島県種子島 *あぐざ 岐阜県郡上郡 *あぐし 山形県 新潟県「あぐしつく」 *あくた 岡山県浅口郡 *あぐた 京都府 *あぐち 新潟県 富山県 石川県 山梨県 長野県下高井郡・諏訪 *あぐちょ 新潟県西頸城郡 *あぐらみ 長崎県壱岐島 *あごす 山形県西田川郡 *あごろ 長野県 *あしぐ 新潟県中魚沼郡 *あじくみ 長野県諏訪 *あしくら 東京都三宅島 *あじろ 三重県度会郡「あじろする(あぐらをかく)」 *あず 長野県北安曇郡 *あずき 三重県志摩郡「あずきにかく」 *あずきま 岐阜県恵那郡「あずきまかく」 *あずきまい 岐阜県 *あずきまり 三重県員弁郡 *あずきみ 長野県 三重県志摩郡 *あずきめ 長野県北安曇郡・上伊那郡 *あずきも 長野県 *あずくま 長野県 *あずくまり 愛知県知多郡 *あずくみ 長野県「あずくみをする」「あずくみをかく」 静岡県「かしこまってなぇーでーあずくみにしざー」 三重県「あずくみかく」 *あずくら 東京都大島・八丈島 静岡県 *あずふら・あずふろ 東京都大島 *あずみ 長野県南安曇郡 *あずみき 長野県 *あたた 岡山県 *あっきつ 長野県南安曇郡 *あっきゃー 東京都八丈島 *あっくら 東京都三宅島 *あっけ・あっけー 東京都八丈島 *あびた 福岡県小倉 *あぶた 京都府 兵庫県但馬 鳥取県岩美郡・気高郡 島根県隠岐島 *あぷた 島根県隠岐島 *あぶら 千葉県山武郡 *あんかきびり 沖縄県小浜島 *あんぐぇーいー・あんぐぇーどぅい 沖縄県首里 *あんぐら 山形県 長野県 愛知県碧海郡「あんぐらかす」・額田郡 滋賀県高島郡 *あんぐろ 長野県 *あんごら・あんごろ 長野県 *あんざ 岐阜県郡上郡「あんざかく」 兵庫県加古郡「あんざくむ」 *あんた 京都府 兵庫県多紀郡 *あんだ 兵庫県加西郡・加古郡 *あんち・あんちょ・あんつび 長野県北安曇郡 *いじま 岐阜県飛騨・郡上郡 島根県出雲 *いじまい 奈良県宇陀郡 *いずま 岐阜県 島根県出雲 岡山県小田郡 *いずまい 三重県一志郡 *いたうら 三重県阿山郡 *いたぐあめ 鹿児島県始良郡 *いたぐら 滋賀県犬上郡 奈良県吉野郡 福岡県粕屋郡 長崎県佐世保市「いたぐらする」 熊本県玉名郡 宮崎県えびの市「いたぐらをかく」・西臼杵郡「いたぐらくむ」 鹿児島県肝属郡「いたぐらかく」 *いたぐらみ 熊本県阿蘇郡 宮崎県東諸県郡 *いたぐらみあ 長崎県佐世保市 *いたぐらめ 福岡県久留米「いたぐらめにいづる(あぐらをかく)」 佐賀県 長崎県 熊本県「いたぐらめせん」 鹿児島県「いたぐらめをする」 *いだくらめ 福岡県粕屋郡・福岡市 *いたぐらめい 鹿児島県揖宿郡 *いたぐれ 鹿児島県「いたぐれすわれ」 *いたびら 三重県伊賀 滋賀県 *いたぶら 三重県上野市・阿山郡 滋賀県 *いたまぐら 福岡県久留米市 *いたまぐり 熊本県玉名郡・八代郡 *いったぐら 長崎市 *うたぐら 三重県南牟婁郡 奈良県吉野郡 和歌山県日高郡・東牟婁郡 *うたびら 京都府 *えーじんまい 三重県飯南郡 *おーひざ 愛知県 島根県「おーひざーくんで大飯をかっこーだ(食った)」 広島県高田郡 徳島県 *おーひだ 島根県石見 *おーひら 三重県度会郡 *おたぐら 三重県南牟婁郡 奈良県吉野郡 和歌山県「女の子はおたぐらをかくではない」 *おたひら 新潟県佐渡 *おたびら 三重県名賀郡 奈良県「おたびらかいて下さい」・宇陀郡 広島県安芸郡 *おやぐら 三重県志摩郡「おやぐらかく」・度会郡 *おやじ 三重県志摩郡・度会郡「おやじかく」 *おやじむかい 三重県志摩郡「おやじむかいする」 *おらく 新潟県佐渡 *おろく 山形県庄内 島根県石見 *ぎっと 福井県遠敷郡 滋賀県高島郡 *ぎっとー 大阪府泉北郡「ぎっとーにすわる」 *さまんっとぅい 沖縄県与那国島 *じゃら 兵庫県西宮市・明石郡 *じょーら 新潟県刈羽郡 岐阜県山県郡・大垣市 滋賀県犬上郡 奈良県南大和 *じょーらく 奈良県 岡山県御津郡 *じょら 三重県伊賀 滋賀県 大阪府 兵庫県 奈良県 香川県仲多度郡 *じょ

る京都府 *じょろ石川県江沼郡 福井県 滋賀県彦根・蒲生郡 京都市 大阪府 *じょろく福井県敦賀郡 大阪府三島郡 *じょろこ福井県遠敷郡・大飯郡 滋賀県滋賀郡 京都府与謝郡 *じょろっ大阪府能勢郡「じょろっかく」 *しんこ神奈川県津久井郡「しんこかく」 *だいろく長野県

*だしきびー沖縄県新城島 *だしきびり沖縄県石垣島 *だしくりびり沖縄県波照間島 *だすきびり沖縄県八重山 *たてひざ香川県広島 *たろべあぐち(「あぐち」はあぐらの意)石川県能美郡

*だんしきびり沖縄県鳩間島 *でーろ長野県南安曇郡 *てんぐら長野県 *てんぐる群馬県邑楽郡「てんぐるまく」 *てんぐろ長野県上高井郡

*でんごろ長野県北安曇郡「でんごろかく」 *どーんはきびり・どーはきびり沖縄県黒島 *とぐろ山梨県「とぐろをかく」「とぐろをぶがつかけ(あぐらをおかきなさい)」 長野県南安曇郡・東筑摩郡 *ないない奈良県吉野郡 *なう愛知県東春日井郡 *ねじひだ(「捩膝」か)山口県大島「ねじひだーくむ」 *ひざぐみ愛媛県周桑郡 *ひだぐら栃木県河内郡 *びたぐら福島県中部 茨城県多賀郡・稲敷郡 栃木県(卑語) *ひゅちーり鹿児島県奄美大島 *ふたぐら奈良県吉野郡 *ぺったり岐阜県飛騨「ぺったりせよ」 *べっとずわり佐賀県唐津市 *らく新潟県佐渡 *らくざ群馬県勢多郡 長野県佐久 岐阜県飛騨 *ろく千葉県山武郡 新潟県佐渡 長野県 岐阜県飛騨 京都府竹野郡 長崎県壱岐島 *わくら新潟県三島郡 *わぐら新潟県

□をかく *あっけーかく東京都八丈島 *いじまかく・じまかく岐阜県飛騨 *いじまかす岐阜県郡上郡 *いじまくむ島根県出雲「人前へ出て、えじま組んだぁしさぁなや、はちかしもね」

*いずくます岐阜県益田郡 *いずまかく岐阜県 *いずまかす岐阜県郡上郡「おりゃごめんしてむらって、いずまかすわい。たまにつくばると、足がしびれてしゃないで」・武儀郡 *いずまくむ島根県出雲 *いずまらかく岐阜県加茂郡

*いずまをくむ岡山県小田郡 *おいざかく三重県志摩郡 *おろくする山形県庄内「おろくさってゆっくりして」 *おろくにする富山県砺波「おろくにしてくださるませ」 島根県石見 岡山県苫田郡 *おろろく山形県米沢市 福島県会津 *ぎっとまる滋賀県高島郡 *くむ埼玉県川越「おくみなさい(あぐらを勧める挨拶の語)」 徳島県「膝をくむ(あぐらをかく)」 *しく長崎県壱岐島「御免蒙っちしきまっしょーや」 *じょーらかす(「じょーら(丈六)」は「あぐら」の意)岐阜県 愛知県尾張 *すばる岐阜県郡上郡 *すわる長野県 岐阜県 滋賀県高島郡 奈良県吉野郡 島根県那賀郡・鹿足郡 徳島県 *たいらにいる山形県 *つくばる長野県諏訪・上伊那郡 *でっすわる長野県下伊那郡 *とぐろまく・たぐるまく茨城県稲敷郡 *どすわる長野県上伊那郡 *どっすわる長野県西筑摩郡・上伊那郡 *なわないする熊本県飽託郡 *なわないすわる熊本県阿蘇郡 *ねまる岩手県九戸郡 新潟県佐渡 長野県下伊那郡 岐阜県北飛騨

*ねんとこばる山口県豊浦郡 *ひざをくむ島根県邑智郡 広島県高田郡 徳島県 愛媛県周桑郡・松山 *ひざーかく広島市 *ひざかく岐阜県土岐郡・益田郡 *ひざくむ兵庫県淡路島 広島県 徳島県 香川県 愛媛県 高知県幡多郡 *ひざをわる三重県阿山郡 *ひだーくむ広島県安芸郡 山口県屋代島・大島 *びだまる栃木県日光市 *ひだをくむ島根県鹿足郡 山口県 *ふざくむ島根県出雲 *ふんばる三重県度会郡 *へざくむ兵庫県淡路島 香川県綾歌郡・大川郡 愛媛県青島・大三島 *へざこむ香川県三豊郡 *へざをくむ島根県那賀郡 *へだーくむ島根県那賀郡 *ほんにすわる・ほんすわり東京都利島 *やぐらかく熊本県阿蘇郡

鹿児島県肝属郡 *ゆっくいとすわる鹿児島県種子島 *ゆっくりすわる三重県伊賀 *ゆったりとすわる三重県名張市 *よこになる秋田県河辺郡「足がいたいからよこになる」 *らーくにする滋賀県彦根 *らくにいる山形県 長野県佐久 鳥取県気高郡 広島県安芸郡 *らくにしる静岡県志太郡「なーみんならくにしてくりょー(ねえ皆さんあぐらをかいて下さい)」 *らくにする山口県玖珂郡 *らくにすわる三重県 *らっくにすわる三重県上野市 *ろくーする山口県大島「膝をろくうする」 *ろくえる・るくえる新潟県岩船郡 *ろくかく長野県 *ろくする長崎県壱岐島「ろくして坐れ」 大分県速見郡 *ろくにいる新潟県岩船郡 長野県佐久 高知県「ろくにおいで下さいませ」 *ろくにおる島根県隠岐島 山口県 高知県「膝がすくんだからさきからろくにをる」 *ろくにする山形県庄内 福井県遠敷郡・大飯郡 岐阜県 京都府竹野郡・与謝郡 奈良県宇陀郡「ろくにしとくなはれ」・吉野郡 鳥取県気高郡 島根県「どげぞ(どうぞ)ろくにさっしゃえませ」 岡山県苫田郡 山口県

福岡県企救郡 *ろくになる長野県南佐久郡 大分県日田郡 *ろくをまわす高知県高岡郡「さあ、みなろくをまーして十分におあがりつかさいませ」

□をかくこと *おちゃん滋賀県高島郡 *おちん三重県上野市 *おとこむかい三重県志摩郡

*げっと大阪府南河内郡・泉北郡 *てっちょーいどり・てっちょーいど・てっちょー長崎県対馬 *ててむかい三重県度会郡 *ぺったり岐阜県飛騨「ぺったりせよ」 *わりひざ徳島県 長崎県対馬

あけがた【明方】 *あがっとぅぶぐい沖縄県与那国島 *あかとぅんち沖縄県中頭郡・国頭郡

*あかとき高知県 *あさしがた群馬県勢多郡・多野郡 *あさと佐賀県東松浦郡 熊本県鹿本郡

*あさとー 奈良県　長崎県対馬 *あさもと 新潟県佐渡　静岡県榛原郡・磐田郡 *うすすみ 熊本県玉名郡 *くのより 長崎県壱岐島「くのよりから起きて働く」 *ごっとおき 熊本県玉名郡・球磨郡 *しけしけ 富山県砺波「今朝しけしけに家を出た」 *しらしら 富山県東礪波郡「今朝、しらしらから雨が降っとる」 *しらしらあけ 千葉県印旛郡　神奈川県愛甲郡・津久井郡　東京都八丈島　長野県下伊那郡　静岡県志太郡 *しらじらあけ 千葉県印旛郡 *はーとぅき 鹿児島県奄美大島・徳之島 *ひがししらみ 三重県志摩　香川県三豊郡・伊吹島　宮崎県東諸県郡 *ひがしじらみ 新潟県佐渡　三重県志摩郡　熊本県　大分県 *ひがしじろみ 長崎県南高来郡・壱岐島 *ほのほのあけ 山梨県南巨摩郡 *ほのぼのあけ 山梨県南巨摩郡　静岡県磐田郡 *ほのぼのあけー 熊本県天草郡 *まじみ 徳島県伊島 *まじめ 徳島県 *よあけかたし（早朝、未明）富山県砺波 *よあけさま 福島県南部・浜通 *よあけしがた 群馬県勢多郡・多野郡 *よあけしな 福島県北部・中部「よあけしな赤ん坊なした（産んだ）と」 *よあけしま 宮城県登米郡・玉造郡　山形県東置賜郡・西置賜郡　岐阜県飛驒 *よあけそ 島根県邑智郡「隣の爺さんによぁけそに出よーた」 *よあけもと 長野県諏訪 *よあさ 新潟県西頸城郡　兵庫県赤穂郡・淡路島　島根県鹿足郡・隠岐島　広島県走島　山口県大島「此頃はよあさが冷えるけえ気をつけんと風邪をひくで」　香川県伊吹島　愛媛県 *よじらみ 熊本県八代郡・球磨郡 *よわさ 愛媛県今治市「よわさになって寒くなった」

→あかつき（暁）・みめい（未明）・よあけ（夜明）

あけび【通草】 アケビ科の落葉低木。茎はつる性。秋に甘みのある実をつける。つるはかご細工にする。 *あおぼけ（熟しても赤くならないところから）鹿児島県肝属郡 *あかいぶ 新潟県東頸城郡 *あきうさ 香川県香川郡 *あきうどー 山口県玖珂郡 *あきゅ・あけむすべ 鹿児島県 *あけご 新潟県中越 *あけっか 岡山県 *あけびひらき 鹿児島県川辺郡 *あっくり 茨城県（熟して口を開けたもの）　千葉県香取郡・印旛郡 *あわあけぼ・あわかけぼ 宮崎県西臼杵郡 *いつつば 愛媛県周桑郡 *いつつばあきび 山形県北村山郡 *いぬのきんたま 静岡県 *うべ 山口県都濃郡　鹿児島県曾於郡 *うべずら 東京都八丈島 *うんべ 鹿児島県鹿児島郡 *おきのこんぶ 鹿児島県肝属郡 *かーつ 東京都大島「かーつふじ（あけび蔓）」 *がひん 徳島県伊島 *からすうべ・ながうんべ 鹿児島県出水郡 *からすうんべ 鹿児島県薩摩郡 *からすのあまだけ 山口県厚狭郡 *からすのうり 山口県厚狭郡 *からすむべ 鹿児島県 *くちあけび 高知県幡多郡 *ぐべ 鹿児島県曾於郡 *けきび 山口県厚狭郡 *こっこー 山口県熊毛郡 *こつぶ 宮崎市 *こぶと 高知県土佐郡 *こぷとあけび 高知県長岡郡 *じじーばばー 長野県諏訪 *じんじばんば 長野県北佐久郡 *たてたてごんぼ 奈良県 *とっぱっ 鹿児島県 *とんぼ 宮崎県都城 *ねこのくそ 香川県三豊郡 *ねこぐそ 愛媛県 *ねこくそうんべ 鹿児島県串木野市・日置郡 *ねこくそかずら 岡山市 *ねこのげーげー 千葉県 *ねこのこったばき 宮城県石巻 *ねこのたばけ 山口県阿武郡 *ねこのへんどー 鳥取県気高郡 *ねこんくそ 鹿児島県肝属郡 *ねこんくそうべ 鹿児島県薩摩郡 *ねこんくそうんべ・ねこんうんべ 鹿児島県串木野市 *ねこんへ 鹿児島県出水郡 *ねこんべ 鹿児島県阿久根市 *はんだつ 奈良県吉野郡 *ひきび 山口県阿武郡 *やなぎあくび 長野県北佐久郡

□の実 *ちょろむけ 兵庫県加古郡 *ねこぐそ 愛媛県 *ねこくそうんべ 鹿児島県串木野市・日置郡 *ねこくそかずら 岡山市 *ねこのくそ 香川県三豊郡 *ねこのげーげー 千葉県 *ねこのこったばき 宮城県石巻 *ねこのたばけ 山口県阿武郡 *ねこのへんどー 鳥取県気高郡 *ねこんくそ 鹿児島県肝属郡 *ねこんくそうべ 鹿児島県薩摩郡 *ねこんくそうんべ・ねこんうんべ 鹿児島県串木野市 *ねこんへ 鹿児島県出水郡 *ねこんべ 鹿児島県阿久根市

あける【開】 *あくい 熊本県天草郡　鹿児島県鹿児島郡 *ひっぱだける 福島県東白川郡

大きく口を□こと *あば 宮城県仙台市 *あばくち 宮城県石巻・仙台市　山形県 *あばぐち 宮城県栗原郡　山形県東村山郡・山形市 *あんば 宮城県栗原郡

口を□ *あーはる（転じて、手をこまぬいて人の仕事を見ていて手助けしない。また、うっとりと見とれる）島根県石見「あーはって女の顔ば

方/言/の/窓

●方言周圏論

柳田国男は著書『蝸牛考』（一九三〇）の中で、通信調査によって全国から集めた「かたつむり」の方言を地図に描き、京都のデデムシを中心として、マイマイ、カタツムリ、ツブリ、ナメクジ、の順に各種の語形が渦巻状に分布していることを発見した。そして、この分布は京都を中心にナメクジから順に地方に向かってことばが伝播していったことを意味するという「方言周圏論」を唱え、当時の方言研究者に衝撃を与えた。

『日本言語地図』を見ると、きわめて多くの地図に周圏分布（ＡＢＡ分布ともいう）が認められる。しかし、共通の発想や意味のずれなどによって、各地に同一の語形が偶然に生まれることがあるなど、周圏分布が認められても、周圏論が適用できないケースもある。

っかし見とる」 *あぐちゃく・あむちゃく 長崎県壱岐島 *あぐっちゃく 熊本県「あぐっちゃぁてみい」 鹿児島県・種子島 *あぐっちゃっ・あぐっちぇっ 鹿児島県鹿児島郡 *あんごにゃーち 熊本県下益城郡 *はうみかしゅん 沖縄県首里

あげる【上】 *あいげる 京都府与謝郡「菓子をあいげる」 *あぐい 鹿児島県鹿児島郡 *あんしょ(上げよう) 和歌山県 *あんそ(上げよう) 徳島県 *いちける 茨城県稲敷郡 栃木県 群馬県 埼玉県大里郡・北葛飾郡「盆にいちける」 千葉県印旛郡 *いっける 福島県南部「車さいっける」 茨城県 栃木県 群馬県 埼玉県「神棚へえっけておけ」 千葉県「その上にいっけるんだ」 東京都八王子 神奈川県横須賀市 長野県 静岡県 *いっちける 福島県岩瀬郡「尻をいっちける(腰を掛ける)」 栃木県「それを棚へいっちけろ」 群馬県山田郡 *いっつける 栃木県佐野市・大田原市 *うちける 群馬県吾妻郡・多野郡 *うちゃぎゅん(上へ上げる) 沖縄県首里「つぃら うちゃぎゅん(顔を上に向ける)」 *うっける 埼玉県秩父郡 千葉県山武郡 *うっちける 群馬県多野郡「棚に道具をうっちける」 *しんずる 長崎県壱岐島 大分県北海部郡 *しんぜる(補助動詞としても用いる) 山形県米沢市「お菓子しんじぇる」・西置賜郡 福島県若松市・大沼郡 富山市近在 福井県 長野県諏訪・下伊那郡 岐阜県飛騨 静岡県・田方郡 島根県 山口県「足袋を買うてしんぜましょう」 徳島県 香川県「これしんぜるわ」 愛媛県周桑郡 高知県 *しんでる 高知県「これは粗末な品ですがしんでましょーか」 *すぜる 山形県 *せんぜる 三重県阿山郡 鳥取県西伯郡 島根県 *ちける 宮城県登米郡 茨城県・猿島郡 栃木県「そのびんを棚にちけとけ」 神奈川県津久井郡 *ちっける 茨城県猿島郡 栃木県 埼玉県入間郡 静岡県 *ぬちゃぎゅん(下から支えて上げる。差し上げる) 沖縄県首里 *のせる 島根県美濃郡・益田市「顔をもっとのせてみー」 *ひんぜる 福島県会津 岐阜県可児郡・恵那郡 愛知県北設楽郡「花をひんぜる」 広島県比婆郡 *ひんでる 広島県賀茂郡 *へんぜる 福島県若松市 長野県東筑摩郡 静岡県 島根県出雲 *まーせる 石川県鹿島郡 *まいせる 山口県大島 *ませる 富山県東礪波郡「これおまいさま(あなた様)にませる」 石川県鹿島郡 *まらすい・まーすい 鹿児島県大隅 *まらする 鹿児島県甑島 *まわす(スピードを上げる) 香川県高松「もっとまーせ」 *めーらする 宮崎県東諸県郡 *めっする 鹿児島県 *めらする 宮崎県東諸県郡 鹿児島県 *よせる 山形県「人を内によしぇる」

あご【顎】 *あお 新潟県西蒲原郡 *あぎ 新潟県 島根県 広島県 山口県阿武郡 愛媛県 高知県幡多郡 福岡県久留米市・八女郡 長崎県 熊本県「あぎのだいぃ(だるい)」 大分県 鹿児島県 沖縄県島尻郡 *あぎた 青森県上北郡 岩手県・下閉伊郡 埼玉県秩父郡「あぎたのでかい人」 広島県佐伯郡 長崎県対馬「やなあぎたのやつじゃ(ののしって言う語)」 *あぎたん 熊本県下益城郡 宮崎県西臼杵郡 *あぎと 長野県南安曇郡 三重県南牟婁郡 和歌山県 広島県比婆郡 徳島県 愛媛県「そんなぜいたくをすりゃあぎとがひっつく」 高知県・土佐郡 福岡県粕屋郡 大分市 *あぎとー 福岡県粕屋郡 *あぐ 岩手県紫波郡 宮城県 福島県 栃木県「あぐがはずれちゃった」 群馬県 埼玉県秩父郡・入間郡 静岡県・島田市 *あげ 秋田県鹿角郡 新潟県 *あげた 青森県 広島県倉橋島 *あげたー 岩手県九戸郡 *あげと 兵庫県赤穂郡 和歌山県日高郡 徳島県 香川県 愛媛県 広島県倉橋島・大崎上島 *あごき 山形県最上郡 福井県 *あごた 石川県 福井県 長野県諏訪・上伊那郡 岐阜県 愛知県西春日井郡・知多郡 三重県 滋賀県 京都府 大阪市 兵庫県 奈良県 鳥取県 島根県 岡山県邑久郡・小田郡 広島県 香川県 福岡県浮羽郡・八女郡 熊本県玉名郡・下益城郡 大分県 *あごたー 岡山県児島郡 *あごたん 福井県大飯郡 三重県志摩郡 大阪市 香川県 *あごった 奈良県南大和 和歌山県和歌山市(卑称)・日高郡 *あごったい 広島県芦品郡 *あごと 香川県綾歌郡 *あごとー 福岡市 *あんご 千葉県山武郡 新潟県三島郡・西頸城郡 三重県志摩郡 長崎県南高来郡 *あんごー 京都府 *あんごた 石川県河北郡・石川郡 京都府 *あんごんたん 長崎県南高来郡 *うったい 沖縄県石垣島 *うってー 沖縄県波照間島 *うっとぃ 沖縄県竹富島 *うとぅぃ 沖縄県新城島 *うとぅがく(下あご) 沖縄県首里(卑称) *うとーい 沖縄県鳩間島・黒島 *うとげ(下あご) 鹿児島県奄美大島 沖縄県 *おとがい(下あご) 青森県 岩手県「なんとおでげぁのなんげぁ(なんとあごの長い)人だべ」 秋田県 山形県 福島県 東京都八丈島 福井県敦賀郡 山梨県南巨摩郡 長野県佐久 大阪府・泉北郡 兵庫県神戸市・城崎郡 奈良県吉野郡 鳥取県岩美郡・気高郡 島根県 広島県 山口県玖珂郡 香川県小豆島 愛媛県 大分県北海部郡 *おとぎ(下あご) 東京都新島 長野県諏訪 *おとげ(下あご) 青森県津軽・上北郡「わらておどげはず」 宮城県栗原郡 山形県 福島市 東京都利島 山梨県 長野県 島根県簸川郡・隠岐島 *おとんが(下あご) 広島県比婆郡 *おとんがい(下あご) 島根県大原郡・邇摩郡 *おとんげ(下あご) 島根県 *おとんりー(下あご) 広島県比婆郡 *かーずぃ 鹿児島県奄美大島 *かくじ 沖縄県 *かくずぃ 沖縄県宮古島・石垣島 *かくち 沖縄県鳩間島 *かくつぃ 沖縄県小浜島・新城島 *かくでぃ 沖縄県与那国島 *かぐでぃ 沖縄県与那国島 *かっぷ 長崎県五島 *かはち 鹿児島県奄美大島 *かばち 広島県 山口県大島 *かまじ 東京都大島 *かまち 沖縄県国頭郡・西表島 *かまつぃ 沖縄県小浜島 *たんぽ

ろ愛媛県南宇和郡 *ちゃい・ちゃん・ちゃいご 鹿児島県 *ちゃいろかし 鹿児島県種子島 *はくじ 沖縄県黒島

あごひげ【顎髭】 *したぴに 沖縄県八重山 *しちゃふぃぎ 鹿児島県与論島 *しちゃふぃじ 沖縄県首里 *しゃーひぎ 鹿児島県奄美大島 *しゃーひぎー 鹿児島県徳之島 *すたぴに 沖縄県石垣島 *ひちゃひぎ 沖縄県島尻郡
→ひげ（髭）

あさ【麻】 *あさお 宮崎県一部 *あらそ 秋田県一部 岡山県一部・御津郡 *いちび 長崎県南高来郡「いちびばたけ」 *いと（麻。大麻）青森県津軽「いど畑」 岩手県一部 秋田県 *いとそ（麻。大麻）千葉県東葛飾郡 新潟県一部 *うー 大分県西国東郡・日田郡 *お 山形県 福島県会津 栃木県安蘇郡 群馬県利根郡 神奈川県津久井郡 新潟県東蒲原郡 富山県一部 福井県一部 山梨県一部 長野県上伊那郡 岐阜県一部 静岡県志太郡 三重県一部 京都府一部 兵庫県 和歌山県一部 鳥取県一部 島根県 岡山県苫田郡 広島県高田郡・豊田郡 山口県阿武郡 愛媛県一部 高知県 熊本県一部 大分県一部 宮崎県一部 鹿児島県 *おいあさ 宮崎県一部 *おー 奈良県吉野郡 *おーあさ 岐阜県一部 *おがら 群馬県一部 *おのは 新潟県東蒲原郡 鹿児島県悪石島 *おのみ 千葉県東葛飾郡 *かあっつぉ 新潟県中頸城郡 *かおつー 群馬県一部 *かつ 長野県一部 *かつそ 栃木県一部 *かっつお 栃木県安蘇郡 *からむし 青森県津軽 香川県小豆島 *からもの（稲、麦、麻など、殻のある実をつける植物の総称）青森県三戸郡 *かわそ 山梨県一部 *ささ 秋田県一部 大分県一部 *さびそ 青森県津軽 *そ（複合語として用いられる場合が多い）富山県「マニラそ」「あおそ（紫染めの麻）」 和歌山市「そいと」 島根県石見 長崎県壱岐島 *そー 滋賀県彦根 *たいま 岩手県一部 群馬県一部 福井県一部 山梨県一部 長野県一部 岐阜県一部 静岡県一部 三重県一部 滋賀県一部 鳥取県一部 岡山県一部 広島県一部 高知県一部 熊本県一部 宮崎県一部 *たそ 山梨県一部 *たなき 島根県一部 *ばーごー 沖縄県波照間島 *ひね 島根県一部 *ひめ 兵庫県一部 岡山県一部 *ぶー 沖縄県八重山 *ほんあさ 静岡県一部 *まーぶー 沖縄県鳩間島

あさ【朝】 *あさーざ 茨城県稲敷郡 *あさおり 富山県砺波 石川県江沼郡 *あさぎ 山形県東置賜郡 新潟県長岡市 山梨県 長野県 兵庫県淡路島 奈良県宇陀郡 *あさぎり 新潟県佐渡「次郎が行くあさぎりはそうやぼに降って」 石川県 福井県・坂井郡 岐阜県飛驒 *あさぐ 新潟県中頸城郡 *あさけ 熊本県天草郡 *あさげ 山形県 福島県「きのおのあさげ、町さえって来た」 群馬県 新潟県 福井県今立郡 山梨県南巨摩郡 長野県 兵庫県淡路島 *あさげん 山形県 *あさごと 鹿児島県種子島 *あさざ 茨城県稲敷郡 岐阜県郡上郡 香川県 愛媛県・周桑郡 *あささり・あさざり・あっさり 岐阜県 *あさで 千葉県夷隅郡・君津郡「この仕事はあさでにやってしまおう」 山梨県 長野県更級郡 静岡県 *あさと 佐賀県東松浦郡 熊本県鹿本郡 *あさとー（早朝。明け方）奈良県 長崎県対馬 *あさま 青森県 岩手県上閉伊郡 宮城県栗原郡 秋田県「ひるまになれば暑くなるからあさまのうちにしてしまう」「あさまに早く起きる人で」 山形県 福島県北部 栃木県 福井県 滋賀県高島郡「あさまよー（夜の）明けるのー見とって」 兵庫県 鳥取県東部 島根県 岡山県邑久郡 広島県・比婆郡 長崎県佐世保市 大分県 熊本県肥後 宮崎県西臼杵郡「あさまにゃくるうぇー（暗い）うち」 *あさまがけ 島根県「あさまがけに浜田い行った」 *あさまで 岩手県上閉伊郡 *あさまり 鳥取県・気高郡 岡山県 *あさまんくち 大分県東国東郡 *あさもん 長崎県壱岐島「あさもんの内に行たち来（け）え」・五島 *あさり 岐阜県飛驒 三重県南牟婁郡 兵庫県淡路島 和歌山県「この頃ぁあさりや冷たうなったのんし」 *あさんま 兵庫県加古郡 佐賀県東松浦郡「あさんまばかりと おもちょっとん（朝の間だけ借りたいと思っています）」 *あさんめ 福岡県浮羽郡 鹿児島県 *あそーざ（午前中）徳島県 *あそち 千葉県君津郡 *かま・かんま 鹿児島県喜界島 *しかま 鹿児島県奄美大島・与論島 *してぃみてぃ 沖縄県本島 *しとぅむち 沖縄県波照間島 *しとぅむてぃ 沖縄県宮古島 *しとぅむでぃ 沖縄県石垣島「しとぅむでぃんあーし（毎朝）」「しとぅむでぃぱいしゃ（朝早く）」 *すぃとぅむてぃ 鹿児島県与論島 沖縄県黒島 *すかま 鹿児島県奄美大島・加計呂麻島 *すとぅみてぃ 鹿児島県沖永良部島・徳之島 沖縄県首里 *すとぅむち 沖縄県波照間島・石垣島 *すとぅむてぃ 鹿児島県徳之島 沖縄県石垣島 *すとぅむでぃ 沖縄県石垣島・新城島 *すとぅんでぃ 沖縄県小浜島 *つとぅむてぃ 鹿児島県奄美大島 *つどぅむてぃー 沖縄県与那国島 *とむいてー 鹿児島県南西諸島 *とんめてー 東京都八丈島 *よいかい 鹿児島県揖宿郡

□**起きてすぐの時** *ごすとおき 福岡県朝倉郡・福岡市 熊本県玉名郡 鹿児島県 *ごそっとおき 佐賀県「あすごそっとおきにいってこい」 *ごつおき 山口県豊浦郡 *ごっとおき 鹿児島県鹿児島郡・肝属郡 *ごろっとおき 熊本県八代郡 *ごろばしおき 長崎県北松浦郡

□**遅いこと** *あささがり 島根県美濃郡「あささがりはよーさがり（朝遅くことを始めると、夜遅くなって仕事がすむ（ことわざ））」 *ひだけ 高知県「今朝ひだけによーよ返信を出した」

□**のうち** *あさーざ 茨城県稲敷郡 *あさいき 徳島県「草刈はあさいきに（朝の元気のよいうちに）やってしまおう」 香川県大川郡 *あさおろし 熊本県玉名郡・天草郡 *あさがけ 東京都八

王子「朝がけに出立した」 富山県上新川郡 兵庫県加古郡 愛媛県 *あさざ 茨城県稲敷郡 岐阜県郡上郡 香川県 愛媛県・周桑郡 *あさだ 香川県伊吹島 *あさない 香川県丸亀市「あさないは、うちにおります」 *あさま 青森県 岩手県上閉伊郡 宮城県栗原郡 秋田県「ひるまになれば暑くなるからあさまのうちにしてしまう」「あさまに早く起きる人で」 山形県 福島県北部 栃木県 福井県 滋賀県高島郡「あさまよー(夜の)明けるのー見とって」 兵庫県 鳥取県東部 島根県 岡山県邑久郡 広島県・比婆郡

長崎県佐世保市 大分県 熊本県肥後 宮崎県西臼杵郡「あさまにゃくるうぇー(暗い)うち」

*あさまがけ 島根県「あさまがけに浜田い行った」 *あさまで 岩手県上閉伊郡 *あさまり 鳥取県・気高郡 岡山県 *あさまんくち 大分県東国東郡 *あさらい 岡山県 *あさんま 兵庫県加古郡 佐賀県東松浦郡「あさんまばかりとおもちょっとん(朝の間だけ借りたいと思っています)」 *あさんめ 福岡県浮羽郡 鹿児島県 *あそーざ(午前中) 徳島県 *あそち 千葉県君津郡

*あっさはんぼ(九時ごろまでの時間) 香川県三豊郡 *ねはおき 愛媛県大三島

□早い時刻 *あさっぱし 和歌山県 *あさっぱち 長野県上伊那郡・下伊那郡「あさっぱちから何処へ行く」 三重県志摩崎島 和歌山県 島根県 山口県阿武郡 徳島県「あさっぱちから泣くな」 高知県 長崎県対馬 熊本県 大分市

宮崎県延岡 *あさっぱな 三重県名賀郡 奈良県宇陀郡 *あさのあさっぱち 島根県石見・隠岐島 *あさのきっぱち 島根県石見 *あさばな 沖縄県石垣島 *あっさ 香川県三豊郡 *いざとー・いざと・よざてー 宮崎県西臼杵郡 *ひだっかに 新潟県佐渡「ひだっかにでかけていった」・中頸城郡「ひだっかに高田へ行った」

あざ【痣】 *あいぬぱな(藍色(あいいろ)であるところから) 沖縄県石垣島「あいぬぱな ふくむん(あざになる)」 *あおじ(内出血による青あざ) 愛媛県「こけて此処へあおじが入った」 *あおじに(内出血による青あざ) 愛媛県 *あおじん(内出血による青あざ) 山口県豊浦郡 愛媛県周桑郡 *こあざ 熊本県球磨郡 *こんにゃくあざ 熊本県芦北郡 *しゅるし(生まれつき) 新潟県佐渡 *しるし(生まれつき) 山形県東田川郡・西置賜郡 新潟県佐渡 *すみ・すん 沖縄県首里 *そばかす 広島県高田郡 熊本県 *のびやけ(ほくろも) 愛媛県西宇和郡 *のぶやけ(生まれつきの大きなあざ。ほくろも) 愛媛県中・南部 *はんしぶ 兵庫県氷上郡 *ひゃーんくそ 熊本県菊池郡 *ひゃんくそ 熊本県上益城郡 *ふふくん・っふくん(「黒色を呈したもの」の意) 沖縄県竹富島 *ふふしくん・っふしくん(「黒色を呈したもの」の意) 沖縄県鳩間島

*ふふつくん・っふつくん・っふつぃくん(「黒色を呈したもの」の意) 沖縄県石垣島 *へなぼ 三重県志摩郡 *ほーやけ 岡山県志々島 徳島県 香川県(大きいもの) *ほくろ 愛知県北設楽郡 大阪府泉北郡 広島県高田郡 *ほぐろ 山口県 福岡市 熊本県玉名郡 *ほやけ 島根県石見 広島県 山口県・大島(赤あざ) 香川県「赤ほやけ、青ほやけ」 愛媛県(大きいもの) 佐賀県三養基郡 長崎県対馬 熊本県 大分県 鹿児島県・肝属郡 *ゆみあざ 熊本県下益城郡 *ゆめあざ 熊本県球磨郡 *よまざ 熊本県宇土郡 *よみあざ 福岡市(顔の小あざ) 熊本県 *よめあざ 熊本県

□になる *ちぐむ 香川県高松市 *ちごむ 香川県香川郡

子供のしりなどにある青黒い□ *あおじ 高知県土佐郡 *けっつあざー 青森県三戸郡 *むらさきけつ・あおけつ 青森県上北郡

強く打ってできる□ *あおなじみ 千葉県夷隅郡 *くろじ(皮膚にできるあざ) 岩手県上閉伊郡 *くろじに 長野県東筑摩郡・上伊那郡 *くろじん 山口県豊浦郡 *くろずみ 静岡県榛原郡「くろずみんいる(あざができる)」 *くろなじみ 福島県相馬郡 *くろなじり 福島県石城郡 栃木県 *くろに 富山県西礪波郡「いつのまにぶっつけたやら、へざ(膝)がくろにになっとるわ」

*くろにね 愛媛県 *くろね 長野県東筑摩郡

あさい【浅】 *あさかしー 高知県 *あーさい 和歌山県東牟婁郡 *あさこい 青森県三戸郡・南部 山形県 *あささーん 沖縄県石垣島 *あささん・あっさん 沖縄県首里「あささる いち(浅い池)」 *あさだらい 三重県名賀郡「あさだらい皿(大きいわりに浅い皿)」「あんなあさだらい家(間口の広いわりに奥行きのない家)きらいや」 *あさっぴー 埼玉県入間郡 *あさらい 奈良県 *あさらっこい 新潟県「あの川はあさらっこいさけ、入っていい」・中頸城郡「あさらっこい茶碗」 *あっさい 三重県 *あっさらこい 和歌山県海草郡「あっさらこい川やよって気遣いない」

底が□ *さらい 岐阜県郡上郡「入れ物がさらいでしるがこぼれた」 静岡県「さらい皿だ」 高知県長岡郡「このどんぶりは実にさらい」 長崎県壱岐島 熊本県玉名郡 *さんらい 静岡県「さんらい池だ」

あざける【嘲】 *あざむちゅん 沖縄県首里「っちゅ あざむちゅん(人をあざける)」 *あざる 富山県砺波 *あじゃる 和歌山県日高郡 島根県「老人をあじゃってばかりおる」 高知県土佐郡 *あだける 島根県「人をあだけるな」 奈良県「あいつおちょくりよんね」 *おちょくる 大阪市 兵庫県 奈良県「あいつおちょくりよんね」 和歌山県 岡山県児島郡 徳島県 香川県 愛媛県 高知県安芸郡 *おちょける 熊本県 *おっちょくる 新潟県東蒲原郡 *ぐさす 愛知県岡崎市 *くざす 愛知県碧海郡 *くさする 滋賀県彦根 *けつる 岡山県 *ぞめく 石川県鹿島郡 福井県 敦賀郡 岐阜県稲葉郡・郡上郡 大阪市 徳島県 *ちゅぐる 青森県津軽 *ちょーくる 香川県仲多

度郡 *ちょーぐる 山形県米沢市 *ちょくい 鹿児島県揖宿郡 *ちょくずる 山形県東置賜郡 *ちょくる 青森県 岩手県上閉伊郡 山形県東村山郡・米沢市 福島県会津・北会津郡 新潟県三島郡・長岡市 岐阜県飛騨 香川県 鹿児島県 *なく東京都八丈島 *ひびらかす 佐賀県 *へなぶる 新潟県佐渡 徳島県 香川県「きんかという言葉は、禿げ頭をへなぶった言葉である」 *へべかす 兵庫県淡路島「ちっと位物があるとて人をへべかしくさって癪にさわる奴じゃ」 徳島県 香川県木田郡 *へべらかす 香川県豊島 *やかす 香川県 *わざをゆー 富山県 *わやくたにする・わやくちゃにする 高知市「たらん(足りない)人をわやくちゃにするとは悪い事ぢゃ」 *わやにする 徳島県海部郡「兄をわやにする」 香川県「人をわやにするのう」 高知県・高知市

→ちょうろう(嘲弄)

□こと *せせったげ(あざけったようなさま) 富山県砺波「そんなせせったげなことを言うもんでない」 *はじくそ・はじはじ 長野県下伊那郡

あさせ【浅瀬】 *あさい 千葉県山武郡 香川県伊吹島 *あさっぴー 東京都西多摩郡 *あさびっちょ 静岡県 *あさり 島根県石見「鵜の鳥をあさりに歩かせる」 香川県塩飽諸島 愛媛県・越智郡 高知県長岡郡「魚があさりへ寄る」 大分県速見郡 鹿児島県種子島 *こいぜ(川を歩いて渡る時に使う通り道) 群馬県吾妻郡 *ざざ 長野県上伊那郡・飯田市付近 *ざら 秋田県雄勝郡 栃木県河内郡 埼玉県大里郡 神奈川県津久井郡 長野県下高井郡・上田 *さらさら 長野県下高井郡 *ざらざら 新潟県北魚沼郡 *ざらせ 新潟県中頸城郡・岩船郡 *ざれ 長野県上伊那郡 *しらせ 福島県南会津郡 *せご 香川県 *わたるぜ 富山県東礪波郡

海中の□ *あさくり(「くり」は暗礁の意) 島根県江津市 *つか 島根県益田市

あさって【明後日】 ⇩みょうごにち(明後日)

□の次の日 ⇩「みょうごにち(明後日)」の子見出し、「明後日の次の日」

□の次の次の日 ⇩「みょうごにち(明後日)」の子見出し、「明後日の次の次の日」

あさねぼう【朝寝坊】 *あさいね 岩手県九戸郡・気仙郡 *あさっぱれ 神奈川県中郡 *あさなー 沖縄県首里(卑称) *あさにしゃー 沖縄県石垣島 *あさねこき 宮城県栗原郡 秋田県雄勝郡・鹿角郡 山形県 新潟県佐渡 三重県 滋賀県神崎郡 広島県 徳島県三好郡 香川県 *あさねごろ 熊本県天草郡 宮崎県 鹿児島県 *あさねたろー 島根県石見 大分県 *あさねっぷし 神奈川県津久井郡 *あさねぶった 神奈川県足柄下郡 *あさぶせり 岡山県真庭郡 *うねーごろ 鹿児島県鹿児島郡 *うねごろ 鹿児島県硫黄島・鹿児島郡 *がずま 奈良県吉野郡 *ごくどーやみ 京都市 *すぼけやろー 神奈川県三浦郡 *ときしらず 青森県南津軽郡 *ながね 三重県上野市・名賀郡 *ながねしょー 三重県上野市 *ねきすけ 島根県 *ねぐさり 和歌山県東牟婁郡「あの人はまー随分にねぐさりよ」 *ねくされ 高知県 *ねぐた 静岡県・榛原郡 *ねこ 三重県 *ねこすけ 栃木県 三重県上野市 *ねごすけ 奈良県吉野郡 熊本県天草郡 *ねごた 香川県小豆島 愛媛県伊予郡 *ねこたれ 三重県上野市 *ねごぼー 茨城県 千葉県香取郡 *ねこめ 福井県 *ねごんぼ 栃木県 埼玉県北葛飾郡 千葉県長生郡 *ねごんぼー 栃木県 塩谷郡 埼玉県北葛飾郡 千葉県夷隅郡・安房郡 *ねぞー 兵庫県淡路島 *ねぞこき 岐阜県揖斐郡 *ねっこ 青森県南部 *ねとべ 青森県上北郡 *ねとれ 香川県綾歌郡 *ねぼーこき 新潟県 *ねぼけ 青森県 京都府 兵庫県神戸市 *ねぽこき 新潟県 *ねぽこぎ 新潟県 *ねぼさく 三重県志摩郡 和歌山県日高郡 鳥取県西伯郡 愛媛県松山 大分県大分郡 *ねぼたれ 香川県綾歌郡 *ねぼとけ 島根県出雲 *ねむりこき 新潟県佐渡 *ねんぼこき 新潟県東蒲原郡 *ねんぼたかり 山形県庄内 *ふかいち 和歌山県那賀郡

→ねぼう(寝坊)

□する *おさをうる 三重県名張市 *ねほえる 青森県津軽 *ねほれる 岩手県気仙郡 秋田県鹿角郡 *ねわしぇる 山形県西置賜郡・北村山郡 *ねんぼたげる 秋田県由利郡「ねんぼたげて学校に遅れた」

あさひ【朝日】 *あがいてぃーだ 沖縄県首里「あがいてぃーだどぅ うがぬる、さがいてぃーだー うがまん(上がる日は拝むが、落ちる日は拝まない。権勢の強い者につくの意)」 *てんとーさん 島根県出雲

あざみ【薊】 *あかうま・あかんま 岐阜県恵那郡 *あざ 沖縄県新城島 *あざいも 滋賀県高島郡 *あだん 鹿児島県奄美大島 *いが・いがいが 島根県美濃郡 山口県 大分県大分郡 *いがいがばな・いぎぐさ 山口県玖珂郡 *いがぐさ 島根県鹿足郡 *いがな 岡山県 山口県熊毛郡 愛媛県大島 *いがのはな 山口県豊浦郡 *いがぼたん 山口県熊毛郡・豊浦郡 *いがんどー・いぎんぞー 山口県美祢郡 *いぎ・いぎんどー 山口県 *いぎな 山口県大島 *いぎのは 山口県都濃郡 *いぎのはな 島根県美濃郡・益田市 *いぎばな 山口県都濃郡・豊浦郡 *いぎぼたん 山口県佐波郡 *いぎんど 山口県吉敷郡・美祢郡 *いしぐんぼー 沖縄県石垣島 *いたいた 新潟県中越 岐阜県飛騨(幼児語) 静岡県田方郡 兵庫県加古郡 和歌山県有田郡 山口県玖珂郡 *いたいたのき 奈良県南大和 *いたいたぼーず 岐阜県飛騨(幼児語) *いたいたぼぼ(花を言う) 岐阜県飛騨 *いどら・いどろばな 大分県大分郡 *いなば 三重県志摩郡 *いら 山口県熊毛郡 *いらくさ 山口県大島 *うさぎぐさ 山口県柳井市 *うしでこいうまでこ

い・うしでーうまでー 奈良県南大和 *うぶんぎ（「大棘」の意）沖縄県黒島 *うまのおこわ（「おこわ」は赤飯のことで、ごちそうの意）群馬県山田郡 *うまのぼたもち（また、ノアザミ）福島県相馬 千葉県印旛郡 *うまのもち（また、ノアザミ）福島県相馬 *おにぐさ 大分県速見郡 *おにざめ（「オニアザミ」の転か）大分県東国東郡 *おにたんぽぽ・ごーじろいぎ 山口県玖珂郡 *おにばば 大分県北海部郡 *がざみ 兵庫県赤穂郡 岡山県吉備郡（ノアザミ） 愛媛県松山市・北条市 *がざめ 愛媛県松山市・北条市 *ぎざぎざ 大分県北海部郡 *きざきざぐさ 山口県美祢郡 *ぎだぎた 山口県大島 *ぐいばな 香川県木田郡 *くんしょーぐさ・くんしょーばな 山形県東田川郡 *さざみ 山口県豊浦郡 *ちちくさ・ちちぐさ（みそ汁の実にして食べると乳の出がよくなるというところから）島根県美濃郡 *つぃばな 沖縄県首里 *ななばけ 山口県熊毛郡 *のいぎ（「いぎ」は「とげ」の意）山口県佐波郡 *のみとりばな 長野県下水内郡 *ばか・ばかたれ 大分県大分郡 *はまぐんぼー 沖縄県石垣島・小浜島 *ぱまぐんぼー 沖縄県石垣島・鳩間島 *ばら 静岡県庵原郡 香川県東部 *べにばら 山口県都濃郡 *めら 島根県隠岐島 *やまごぼー（アザミ類の総称）岐阜県 愛知県 *んじつぃちゃー 沖縄県首里

あざむく【欺】 *あっぱかす 鳥取県米子市 *あばかす 鳥取県西伯郡 島根県 *あめかせる 山形県 *あめがたくわせる 島根県出雲 *あめくれる 山形県東置賜郡 *あめなめらせる 山形市 *あめにのせる 愛媛県松山「あめにのせられてたまるかい」 *あめをくわせる 山口県豊浦郡 *あやかす 新潟県東蒲原郡 岐阜市 愛知県 山口県防府市 *あやす 岐阜市 *うりたます 茨城県 *うんだます 徳島県 *えぞーかす・よぞかす 岡山県 *かいしかしん 沖縄県石垣島 *かからかす 島根県石見 *かける 島根県「あいつにかけられた」 香川県 大分県別府市 *かしかすん 沖縄県鳩間島 *かます 滋賀県彦根「かまされる」 奈良県 *くさせる 岩手県気仙郡「やっや、あいづに一ぺぁくさせらいだ」 *ぐらかす 岩手県上閉伊郡 茨城県稲敷郡 新潟県佐渡 *くらす 宮城県石巻「まんまと一杯くらせらえたをね」 茨城県稲敷郡 *ぐらす 茨城県久慈郡 新潟県佐渡「升目をぐらした」 静岡県 *くらわす 兵庫県但馬 徳島県「うまいことくらわしたな」 *ぐれさす 新潟県佐渡 *こけらする 栃木県河内郡 *こじかす 山形県西田川郡 *しかしん 沖縄県石垣島・波照間島 *しかふん 沖縄県小浜島 *しっかすん 沖縄県竹富島 *すこまーす 徳島県美馬郡 *すっぽぬかす 島根県「子をすっぽぬかして行ってしまえ」 *すっぽぬく 千葉県東葛飾郡 *ずます 山形県東置賜郡・西置賜郡 *ずまする 新潟県 *だーぬく 島根県石見「嘘の皮を言ってだーぬく」 *だきつかす 岐阜県郡上郡 *ただかす 新潟県佐渡 *たぶるんかん 沖縄県与那国島 *だめく 島根県邑智郡「人をだめーて夜逃げをした」 *たろーにかける 京都市 *たろにかける 和歌山県西牟婁郡 *どまかす 鳥取県「狐がどまかす」 島根県「嘘を言ってどまかえた」 *はったりくわす 福島県石川郡 石川県石川郡・能美郡 和歌山県 *はったりにかける 石川県金沢市・河北郡 *ゆーぜーまーしゅん 沖縄県首里 ↓たぶらかす（誑）・だます（騙）

□こと *しりのまわしやい（共同して欺くこと）福岡市 *すっぽかし 茨城県北相馬郡 千葉県東葛飾郡 *まや（「まやかし」の略か）秋田県平鹿郡 新潟県西蒲原郡 香川県・高松市・香川郡 *まやか 熊本県南部 *むず 茨城県猿島郡「むずする」

あさめし【朝飯】 *あさえがる 富山市近在「八時だ、あさえがるにするぞ」 *おちゃ 岐阜県飛驒 静岡県田方郡 島根県邑智郡 岡山市「お茶ァ飲む」 香川県木田郡 *おちゃずけ 愛知県海部郡・東春日井郡 徳島県美馬郡 *おちゃのこ 千葉県東葛飾郡 山梨県 静岡県・磐田郡 徳島県・那賀郡 香川県「はよおちゃのこ食べまいよ」 愛媛県新居郡 *おちゃまま 香川県三豊郡 *してぃみてぃむぬ 沖縄県国頭郡 *すとぅみてぃむん・すてぃみてぃむん・すとぅみてぃぅぶん 沖縄県首里 *ちゃ 新潟県「ちゃをのむ（朝飯を食う）」 岐阜県 愛知県 島根県石見「ちゃをたべたらすぐまゐる」 広島県比婆郡 徳島県 *ちゃがし 群馬県利根郡 *ちゃこ 鳥取県西伯郡 *ちゃのき 熊本県宇土郡 *ちゃのこ 千葉県東葛飾郡 新潟県 山梨県西山梨郡・南巨摩郡 岐阜県 静岡県・小笠郡「ちゃのこを済ましてから行く」 愛知県 兵庫県 鳥取県西伯郡 島根県能義郡 岡山県真庭郡 徳島県 香川県 佐賀県三養基郡 熊本県 鹿児島県・揖宿郡 *ひりー・めーしび 沖縄県与那国島 *めーさび 沖縄県黒島 *めし 鹿児島県沖永良部島 ↓ちょうしょく（朝食）

あさやけ【朝焼】 *あさかじ 千葉県印旛郡 *あさしゃけ 埼玉県北葛飾郡 *あさてっかり 青森県三戸郡「継母のにっかりと朝でっかりはあてにならない」 岩手県気仙郡「朝てっかりのもご（婿）泣がせ」「朝てっかりと姑のけたけた笑いに油断すんな」 宮城県栗原郡 秋田県鹿角郡 山形県 *あさにじ 長野県北安曇郡 *あさびかり 富山県砺波 *あさひやけ 栃木県 群馬県山田郡 千葉県印旛郡 *あさよーやけ 香川県仲多度郡 *あせー 鹿児島県喜界島 *こちやけ 長崎県南高来郡 *みなとやけ 山形県東置賜郡 *やけ 長崎県南高来郡

あさり【浅蜊】 *あしゃら 和歌山県東牟婁郡 *いしがい 鹿児島県 *いしはまぐり 香川県・伊吹島 *いっげ 鹿児島県鹿児島郡 *おなごがい 香川県・小豆島・粟島 *かい 香川県 *くすじ 山口県 *こがい 広島県安芸郡・倉橋島 山口県 *こぜこすり・ごぜこすり 香川県 *こそでがい 熊本

県・玉名郡 *しおふき 香川県 *しゃべりくち 石川県加賀 *しよがい 香川県 *どべがい 愛媛県周桑郡 *なんげ 鹿児島県 *ぬのめ 高知市 *ぬのめがい 高知県 *はちはまぐり 香川県三豊郡 *はとがい 香川県小豆島 *はなたれがい 香川県 *はまぐり 香川県 *ひなため 香川県小豆島

あざわらう【嘲笑】 *えへらめぐ 青森県津軽「あのおなごぁ、えじ見でも、えへらめぐ」 *えへらわらう 新潟県西頸城郡 *たこにあげる 島根県八束郡 *へくそわらう・へつりわらう 新潟県佐渡 *へらわらい 新潟県佐渡 →ちょうしょう（嘲笑）

□こと *けつけつわらい 岩手県気仙郡 宮城県石巻 秋田県雄勝郡 *しらわらい 長崎県対馬 *しらわれー 沖縄県首里 *しれわりやー 熊本県下益城郡

あし【足】 *あいこ（幼児語）長野県北安曇郡 *あいや（また、歩くこと。幼児語）福井県遠敷郡 岐阜県飛驒 滋賀県蒲生郡 京都市 大阪市 兵庫県淡路島 奈良県南大和 和歌山市 岡山県 広島県高田郡 徳島県 香川県香川郡 大分県 *あこ（幼児語）山形県 新潟県北蒲原郡 *あしこんぼ・あしごんぼ 岐阜県飛驒 *あしふぃしゃ（「ふぃしゃ」も足の意。卑語）沖縄県首里 *あしぼこ 新潟県 *あしんぼー 埼玉県北足立郡 山梨県 *あっこ（幼児語）青森県三戸郡 山形県 新潟県 *あよ（小児語）新潟県佐渡 長野県上田 *あんぎょ（小児語）山梨県 長野県上田・佐久 *あんこ（幼児語）茨城県 *あんしょ（小児語）千葉県安房郡 *あんじょ（小児語）長野県下伊那郡 *あんにょ（小児語）長野県上田・佐久 *えだ 徳島県麻植郡 香川県大川郡（卑語） 長崎県対馬 *えだわす 富山市近在 *えっか 島根県美濃郡 *おあこ（幼児語）山形県米沢市 *おだ・おだくね 奈良県吉野郡 *かんがら 長野県 *くそふみ 熊本県阿蘇郡 *ごすたい 福島県耶麻郡・若松市 新潟県東蒲原郡 *ごたい 山形県米沢市 長崎県壱岐島 *ごたいぶし 宮城県北部 栃木県 *ごて（動物の足にも言う）鹿児島県 *ごでぁぽね 秋田県仙北郡 *ごんぼ 岐阜県飛驒 *しきしゃり 福島県南会津郡 *したえだ 熊本県菊池郡 *ずか 山梨県 長野県（もと、馬の脚） 静岡県磐田郡 *ずかんぽー（ののしって言う）山梨県 *すくろ 島根県石見「怠けてばっかし居るけーすくろが大けになる」 山口県萩市・阿武郡 *すす 鹿児島県喜界島「すすが利かないので相撲が弱い」 *すね 富山県砺波 *すねぃ 鹿児島県喜界島 *たーた 岡山県小田郡 *ちょっけ 栃木県塩谷郡 *つか 山梨県中巨摩郡 *っさ 鹿児島県喜界島 *ぱい 沖縄県小浜島・西表島 *はぎ 鹿児島県奄美大島「はぎんうら（足の裏）」 *ぱぎ 沖縄県宮古島 *はずぃ 鹿児島県沖永良部島 *はん 沖縄県与那国島 *ぱん 沖縄県八重山 *ひさ 沖縄県 *ぴしゃ 沖縄県八重山 石垣島（熟語にのみ用いる） *ふぁぎ 鹿児島県与論島 *ふぃしゃ 沖縄県首里「めーびしゃ（前足）」 *へっちんばしら 熊本県上益城郡 *ほた 長野県佐久 奈良県 *ほだ 新潟県中頸城郡（ののしって言う語） 石川県鳳至郡 長野県佐久 和歌山県日高郡 島根県隠岐島 徳島県（卑語） 香川県 愛媛県（卑語） 高知県・幡多郡 *ほたあし・ほたれあし 島根県美濃郡・益田市 *ほだあし 島根県隠岐島 *ほだかし 大分県東国東郡 *ほだくね 奈良県 *ほだくれ 島根県（ののしって言う語）「ほだくれを出すと折ってやるぞ」 岡山県 愛媛県新居郡 *ほだっぽ 長野県 *ほだっぽー 長野県南佐久郡 *ほだぶし 徳島県 *ほだんぶし・ほだんすか 長野県東筑摩郡 *ほど 愛媛県周桑郡 *ほらかあし（多く、男が人の前に大きなはだしを出している時、悪口に言う言葉）新潟県佐渡 *よいや（小児語）奈良県吉野郡 *よろた 島根県出雲市・八束郡「あんまり歩いてよろたがすくんだ」

□の裏 *あしっぴら 栃木県 *あしっぺら 栃木県安蘇郡 埼玉県北葛飾郡 *あしのした 青森県上北郡 宮城県栗原郡 秋田県鹿角郡 *あしの腹（はら）島根県石見「あしのはらい、すいばりが立った」 徳島県 高知県幡多郡 長崎県五島・壱岐島 熊本県 大分県 宮崎県延岡 鹿児島県・硫黄島・宝島 *あしのひしゃ 山形県 *あしのひら 宮城県仙台市 山形県 埼玉県秩父郡 新潟県 長野県南部・佐久 岐阜県北飛驒・郡上郡 静岡県榛原郡 長崎県南高来郡 *あしのべら 宮城県栗原郡 *あしぴら 茨城県北相馬郡 *あしんはら 長崎県彼杵 熊本県 *あっのはら 鹿児島県鹿児島 *あなした（「な」は「の」の意）東京都八丈島 *くそふみ 熊本県 *さんわた（「足の腹」の意）鹿児島県喜界島 *ぱいぬぱだ 沖縄県小浜島 *ぱんぬした 沖縄県竹富島・黒島 *ぱんぬしたり 沖縄県波照間島 *ぱんぬばた 沖縄県八重山 *ぱんぬばだ 沖縄県石垣島 *はんぬばった 沖縄県与那国島 *ひさんわた 沖縄県島尻郡 *ふぁぎぬしちょーら 鹿児島県与論島 *ふぃさぬわた 沖縄県中頭郡 *ふぃしゃぬわた 沖縄県首里

□のかかと *おごいし 奈良県宇陀郡 *おごーし・おごいす 滋賀県栗太郡 *おごし 三重県 滋賀県 奈良県宇陀郡「おごしに泥ついとる」 *おごしく 奈良県宇陀郡 *おごしり 三重県阿山郡・名賀郡 *おもしく 奈良県山辺郡 *おもしり 三重県上野市・名賀郡 奈良県大和高田市 *おもしろ 三重県名賀郡 *へーざぶろ 千葉県安房郡 *へーざぶろー 千葉県安房

□のくるぶし ⇩くるぶし（踝）

□の甲 *あしのこっぱ 新潟県 *あしのへら 青森県 秋田県 *あしのべら 岩手県気仙郡 宮城県北部 秋田県平鹿郡 *あなひら（「な」は「の」の意）秋田県鹿角郡 *かーがら 富山県西礪波郡 *かんがら 長野県下伊那郡 *くわーがら 富山県西礪波郡 *くわひら 京都付近 *くわべ

ら石川県能美郡 *たびら 高知県土佐郡 *ななつげ(足の甲の先の広い所。足の甲の急所) 山形県 *ぱいぬくつぃ(「脛(はぎ)の背」の意) 沖縄県小浜島 *ぱんぬくし(「脛(はぎ)の背」の意) 沖縄県鳩間島 *はんぬくっつぃ(「脛(はぎ)の背」の意) 沖縄県与那国島 *ぱんぬぴしゃ・ぱんぬぺーら(「脛(はぎ)の背」の意) 沖縄県竹富島 *ぴさ 沖縄県波照間島 *ひさまー 沖縄県島尻郡 *ぴびらぬうぃ 沖縄県黒島 *ぴゃーびざ 沖縄県新城島 *ひゃくぜにおとし(足の甲の中央部。体の急所の一つで百匁の物をそこに落とすと死ぬという) 愛知県北設楽郡 *ひゃくめおとし(足の甲の中央部。体の急所の一つで百匁の物をそこに落とすと死ぬという) 宮城県仙台市 *ふぃさなー 沖縄県中頭郡 *ふぃさびら 沖縄県国頭郡 *ふぃしゃなー 沖縄県首里

―のすね ⇩すね(臑)

―の土踏まず ⇩つちふまず(土不踏)

―のひざ ⇩ひざ(膝)

―のふくらはぎ *あしのはら 新潟県佐渡 *しおずつ 山梨県 広島県芦品郡 *しおずと 岡山県 *しょーずと 長野県長野市・上水内郡 *しょずつ 山梨県 *しょずと 静岡県榛原郡 *すけとばら 新潟県佐渡 *すぼ 香川県三豊郡 愛媛県 *たわらっぱき 長野県佐久 *たわらっぱぎ 群馬県勢多郡・多野郡 長野県上田・佐久 *たわらっぱぎり 長野県南佐久郡 *つっつっこ 長野県南部 *つつわら 岐阜県飛騨 *つと 静岡県 愛知県宝飯郡 福岡市 熊本県 宮崎県・東諸県郡「あしのつと」 鹿児島県 *つとこぶら・つとっこぶら 佐賀県・藤津郡 *つとずね 長崎県壱岐島 *つとっこ 長野県「つとっこをすりむいた」 静岡県静岡市・志太郡 *つとっこー 静岡県 *つとっぱき 東京都八王子 *つとはら 長野県西筑摩郡 *つとばら 岐阜県加茂郡 愛知県知多郡 *つとわら 富山県 岐阜県加茂郡 愛知県・恵那郡 愛知県知多郡 *ひーりす・ひりす・ひーりすぼ・ひーるすぼ 島根県石見「ひーりすがぁがる(こむらがけいれんする)」 *ひりすぼ 島根県那賀郡 *ひるますぼ 島根県石見 山口県豊浦郡 徳島県三好郡 *ひるめすぼ 大分県宇佐郡

―の股 *ふくろはぎ 大阪府泉北郡 *よーた・よのた 青森県南部 *よた 青森県上北郡「よたさ糞つけだ」 *よろ(または、股(もも)の内側) 青森県津軽 秋田県雄勝郡 *よろた(または、股(もも)の内側) 青森県 秋田県

―を言う尊敬語 *おみ(幼児語) 三重県伊賀 *おみあ 兵庫県但馬 *おみや 三重県伊賀(女性語) 滋賀県彦根 京都府 大阪府 奈良県 *おめ 富山県

―を言う幼児語 *あしあし 富山県 *あしゃし 愛媛県宇和島 *あしゃしゃ 石川県江沼郡

大きな― *うふぱん(また、象皮病にかかった者) 沖縄県石垣島 *うぶぱん(また、象皮病にかかった者) 沖縄県鳩間島 *おーかんがら 長野県上伊那郡 *おーずか(また、足が大きい人) 山梨県 静岡県磐田郡 *ぬすどあし 島根県益田市

太い― *でんご 熊本県芦北郡 *でんごあし 熊本県芦北郡・八代郡 *れんこんあし 熊本県天草郡

あじ【味】

*あんきょー・あんちょー 長崎県壱岐島「あんきょーがよい」 *いろあい 岡山県児島郡「あの人はどしたんいろあいのねえ人じゃなー」 *くえ(「食(くい)」の意か) 愛知県名古屋市「この練物はちょっとくえがよい」「焼物にはもう少し鶏卵を入れると尚(なお)くえがようなる」 *そっぱい 新潟県佐渡 長野県佐久 *そっぺ 長野県佐久

―が淡い *ささらしか 熊本県芦北郡・八代郡 *さっぴらい 山形県米沢市 *さっぴらこい 山形県米沢市「このたまりあさっぴらこえ」 *しゃんと 石川県金沢市・鹿島郡 *しょびしょび 長野県東筑摩郡「しょびしょびして甘い」 *すっぴらこい 山形県南置賜郡 *どんけあない 山形県 *どんけーねー 新潟県岩船郡 *どんけない 山形県 新潟県 *ものあさか 長崎県北松浦郡「夏の酒の肴はものあさかものがよい」・五島

―が薄い *あふぁぐち(味が薄いこと) 沖縄県首里 *あふぁげーりゅん・あふぁげーゆん(味が薄くなる) 沖縄県首里 *あふぁさーん 沖縄県石垣島 *あふぁさん 沖縄県首里 *ゆるい 岩手県気仙郡

―がくどい *きんむらし 鹿児島県肝属郡 *どけーぬたっか 長崎県壱岐島 *どけだかい 熊本県下益城郡 *どけだっか・どけだき・どけだきー 熊本県玉名郡「から芋はどけだっか」 *ものげ 群馬県多野郡「此の肉汁はものげくってうんと食えない」 *ものごい 山形県「ものごくて食んね(食べられない)」 群馬県多野郡 神奈川県津久井郡 *ものごいー 京都府竹野郡「ものごいーおかずです」

―が濃い *あきる 長崎県対馬 *きつい 岩手県胆沢郡 島根県隠岐島 *きどい 山形県西置賜郡 島根県邑智郡「あんまり醤油がきどすぎる」 *くどっぽい 静岡県「くどっぽい魚だこと」 *むぎ・もげ・もぎ(甘過ぎる) 鹿児島県 *むぐい 宮崎県西臼杵郡 *むぐちー 愛媛県西宇和郡 *むごいー 長崎県対馬 *むつこい 山形県米沢市 山口県大島 徳島県 香川県小豆島 愛媛県「この肴はむつこい」 高知県「支那料理はあまりむつこいから私は好かん」・高知市 *むつごい 山形県「この煮物はあまりむずごえ」 新潟県佐渡 徳島県 香川県 *もごい(甘過ぎる) 鹿児島県

―が足りない *えずい 新潟県佐渡 *からしー 長崎県対馬

―がない *あじもくちもない 長崎県対馬 *あ

じもこーけもない 福岡市　佐賀県 *あじもこけらもない・あじくちもない 熊本県下益城郡 *あじもさっぺむない・あじもこっけむない 長崎県壱岐島 *あじもしゃっぺもない 島根県隠岐島「この料理はあじもしゃっぺもねー」 *あじもすっぺもない 島根県石見　長崎県対馬 *あじもすっぽーもない 島根県石見 *あじもすんぱちもなー 愛媛県大三島 *あじもそっぺもない 新潟県佐渡「電話したらあじもそっぺもない返事だ」　長野県諏訪 *うまもしゃびもない 島根県八束郡 *うまもまみにゃもない 島根県出雲市 *うまもまんなもない・まもまんなもない 島根県出雲 *うもーもすこーもない 島根県美濃郡・益田市 *うもーもすっぽーもない・うもーもすゆーもない 島根県石見 *えげそげもない 島根県出雲 *こいだよーな 島根県益田市「こいだよーな話」 *さびなか 佐賀県　長崎県北松浦郡 *さむない 長崎県西彼杵郡 *しょっぱいない 秋田県鹿角郡 *しょっぺがない 愛知県知多郡「このおかずはしょっぺがない」 *そっけない 山梨県東八代郡・北巨摩郡　長野県佐久 *そっぱいがない 千葉県君津郡　新潟県・西蒲原郡「そっぱえがなえ汁だ」 *そっぱいなし(何の味もないこと) 新潟県佐渡　長野県佐久 *そっぱいもない 山形県東置賜郡　福島県「此の汁わそっぱえもない」　新潟県佐渡 *そっぺがない 愛知県知多郡 *そっぺない 宮城県仙台市　長野県佐久 *そっぺなし(何の味もないこと)　長野県南佐久郡 *そっぺもない・しょっぺもない 新潟県佐渡 *そっぽない 長野県佐久 *まみない 島根県出雲 *まむない 鳥取県日野郡　島根県 *まむね・まむにゃ 鳥取県西伯郡 *まんない 島根県出雲・隠岐島 *まんね 島根県出雲 *もーない 岐阜県飛驒　和歌山県日高郡　島根県邑智郡「こがーな菓子はもーなー」 *もーむない 島根県邇摩郡・大田市 *もない 岐阜県飛驒「これはもないけどたべてくれ」 *もみない 京都府　大阪市　兵庫県　奈良県　和歌山県和歌山市・海草郡　島根県石見　香川県高松市・伊吹島 *もむなー 島根県邑智郡 *もむない 京都府・与謝郡　大阪府大阪市「このくだものはみかけによらずもむない」・泉北郡　兵庫県・明石郡・神戸市　奈良県・吉野郡「桜餅より、もむない」　和歌山県　島根県石見　広島県山県郡 *ももない 大阪府泉北郡　奈良県吉野郡　和歌山県那賀郡・和歌山市

□がよい *あじっぽい 栃木県塩谷郡「あじっぺものはねいが、おあがんなんしょー」 *あじぽい・あじぽしー 岩手県胆沢郡 *あんじょー 和歌山県日高郡 *うまさい・まさい 鹿児島県喜界島 *うるまい 青森県津軽「この御料理はなんぼ、うるまいばなァ」

□がよくない *いみしー 熊本県芦北郡　宮崎県東諸県郡 *うまない 新潟県西頸城郡　三重県志摩郡　和歌山県　鳥取県岩美郡・気高郡　徳島県海部郡　香川県　愛媛県周桑郡 *うまむない 兵庫県　福岡市 *うまむにゃ 鳥取県西伯郡 *うもない 和歌山市 *さえん 長崎県対馬 *まずっぽらしー 長野県東筑摩郡「まずっぽらしい肴(さかな)だ」 *まみない 島根県出雲 *まむない 鳥取県日野郡　島根県 *まむね・まむにゃ 鳥取県西伯郡 *まんない 島根県出雲・隠岐島 *まんね 島根県出雲 *むせ 青森県上北郡 *もーない 岐阜県飛驒　和歌山県日高郡　島根県邑智郡「こがーな菓子はもーなー」 *もーむない 島根県邇摩郡・大田市 *もない 岐阜県飛驒「これはもないけどたべてくれ」 *もみない 京都府　大阪市　兵庫県　奈良県　和歌山県和歌山市・海草郡　島根県石見　香川県高松市・伊吹島 *もむなー 島根県邑智郡 *もむない 京都府・与謝郡　大阪府大阪市「このくだものはみかけによらずもむない」・泉北郡　兵庫県・明石郡・神戸市　奈良県・吉野郡「桜餅より、もむない」　和歌山県　島根県石見　広島県山県郡 *ももない 大阪府泉北郡　奈良県吉野郡　和歌山県那賀郡・和歌山市 *んもない 福井県

塩けが不足で□が甘い *みずくさい 福井県・足羽郡　岐阜県「このおつけはみずくさい」　三重県志摩郡　滋賀県彦根・蒲生郡　大阪府・泉北　鳥取県西伯郡　広島県高田郡　香川県　愛媛県・松山 *みずぐさい 新潟県佐渡

刺激的な□がする *いがらい 山形県東田川郡　新潟県佐渡　滋賀県　兵庫県加古郡・明石郡　奈良県宇陀郡　熊本県下益城郡 *いからこい 岐阜県郡上郡　愛知県名古屋市 *いからしー 徳島県 *えがっぽい 神奈川県足柄上郡 *えがらい 山形県　新潟県東蒲原郡・中頸城郡　滋賀県蒲生郡 *えがらこ・えがらぽ 山形県飽海郡 *えがらこい 青森県三戸郡　秋田県平鹿郡「此のいもはえがれぁこくて食はれない」 *えがらっかい 新潟県 *えがらっこい 岩手県気仙郡 *えぐたい 茨城県 *えごったい 栃木県 *えんがらこい 岩手県九戸郡・気仙郡 *のどからい 青森県三戸郡

よい□ *あじくーたー 沖縄県首里 *くるみあじ 青森県三戸郡

あじ【鯵】 *がすん 沖縄県黒島 *がちゅん 沖縄県沖縄本島・竹富島 *がつぃん・がてぃん・がちん 鹿児島県奄美大島 *がつー 沖縄県小浜島 *がっつぃん 沖縄県石垣島 *がつん 鹿児島県薩南諸島　沖縄県 *かばち 石川県珠洲郡 *ごじょあじ(小さなアジ) 長崎県西彼杵郡 *ごんぜあじ(大きいアジ) 鹿児島県 *じんだ(小さなアジ) 新潟県佐渡 *じんだんご(小さなアジ) 神奈川県小田原 *ぜんご(小アジ) 愛知県渥美郡　島根県江津市　熊本県天草郡 *ぜんごあじ(小アジ) 香川県三豊郡 *ぜんごー(小アジ) 静岡県浜名郡 *とつか 和歌山市 *とつかあじ 和歌山県日高郡・西

牟妻郡（夏アジ） *まいご 愛媛県魚島 *んぬ 沖縄県石垣島・新城島

□の尾に近い所にあるとげのようなうろこ *いらら 富山県砺波 *おにころし 島根県 *ぜに 和歌山県田辺市・和歌山市 *ぜん 鹿児島県 *むかぜ 長崎県壱岐島

□の干物 *ぜんまい 三重県宇治山田市 *ひばんちょ 鹿児島県・肝属郡

あしあと【足跡】 *あさど 青森県上北郡 *あしかた 秋田県鹿角郡「猫のあしかた」「泥棒のあしかた」 宮崎県都城 *あしがた 岡山市 *あしこ 茨城県北相馬郡 栃木県上都賀郡「あしこが大きい」 埼玉県北足立郡 千葉県印旛郡 *あしっこ 茨城県真壁郡 栃木県 群馬県 埼玉県「掃除したべえだから（床へ）あしっこをつけるな」 千葉県市原郡 *あしっと 栃木県 東京都八王子 神奈川県津久井郡 長野県更級郡・下水内郡 *あしつぶ・あしっつぶ 長野県佐久 *あしと 福島県石城郡 茨城県 千葉県安房郡 長野県更級郡 *あしびと 滋賀県神崎郡 *あしめ 香川県 *あしもと 静岡県磐田郡 *あしんど 静岡県

鹿や猪などの□ *あしと 栃木県 *いりあと 熊本県球磨郡

獣類の□ *と 福島県南会津郡 栃木県安蘇郡 長野県下高井郡 愛知県北設楽郡 *とー 栃木県安蘇郡 *とつなぎ 栃木県安蘇郡

雪道についた□ *あごおとし 山形県東村山郡 *あごつりみち・あごつりぶみ 山形県北村山郡 *あごとしみち（大股で歩いた足跡） 山形県東置賜郡 *あごみち 山形県 *ふんど 宮城県栗原郡 広島県山県郡「ふんどふち（一人二人通った雪道の足跡を伝って歩くこと）」

あしくび【足首】 *まねき 富山県砺波「足のまねき」

□のくるぶし *ひゃくにちこぶ（足首の内側のくるぶし） 島根県 →くるぶし（踝）

□をくじく *くねる 新潟県中越 福井県敦賀郡 京都府竹野郡「さっきくねって鼻緒を切った」 兵庫県加古郡 *ふんがえす 山梨県南巨摩郡「そんな高下駄を履いて飛べば（走れば）ふんがいす」 *ふんぐりかえす・ふんぐらかえす 東京都三宅島 *ふんぐるかえす 群馬県多野郡 神奈川県 *ふんげす 栃木県安蘇郡

踏み違えて□をねじること *ぐらかえし 青森県津軽・三戸郡 *ぐらかえり 青森県三戸郡・南部 宮城県栗原郡 秋田県「ぐらけぁりして足首傷めた」・鹿角郡 *ぐらけ 青森県津軽

あじさい【紫陽花】 *あっちょーしば 東京都八丈島 *あまちゃ 山形県西田川郡・飽海郡 山口県大島 *あまちゃのき 宮崎県延岡 *あんさ 新潟県佐渡 *あんさんばな 石川県鳳至郡 *あんしー 長崎県壱岐島 *あんせぁ 秋田県平鹿郡 *うのはな 鹿児島県肝属郡 *おいらんばな 山形県鶴岡市 *おたきさんばな 長崎市 *おてまるかん 山口県大津郡・阿武郡 *おばけばな 千葉県夷隅郡 *おばさん 山口県大島 *かんざしばな 山形県酒田市・飽海郡 *かんじょしば 東京都八丈島 *けまる 富山県 *こがいのき 東京都新島 *こげー 東京都新島 *じごっばな 鹿児島県 *しちばけ 高知県長岡郡 *しちめんちょー 新潟県西頸城郡 *しばはな（花弁が四枚あるところから） 東京都大島 *じゅーごにちばな 鹿児島県曾於郡 *てまーばな 島根県益田市 *てまり 鹿児島県 *てまりか 熊本県玉名郡・下益城郡 *てまりかん・てまるかん 山口県 *てまりぐさ 山口県玖珂郡 *てまりこ 香川県三豊郡 福岡県築上郡 *てまりこー 島根県益田市 *てまりばな 島根県 *てまるばな 島根県美濃郡 *てんまりばな 山形県北村山郡・飽海郡 富山県 *てんまる（花を言う） 香川県綾歌郡 *てんまるかん 山口県熊毛郡 *てんまるこ（花を言う） 香川県仲多度郡・三豊郡 *てんまるばな 富山県射水郡 岐阜県安八郡・飛驒 *ながしばな（「ながし」は梅雨の意。梅雨のころに咲くところから） 鹿児島県垂水市・奄美大島 *なないろばけ 佐賀県藤津郡 *ななばけ 新潟県佐渡 三重県宇治山田市・度会郡 滋賀県彦根 奈良県宇智郡 山口県 香川県仲多度郡 *ななばな 岡山県上房郡 福岡県築上郡 *ななへんげ 島根県簸川郡 *ばけわな 富山市近在 *ひちへんげ 岐阜県海津郡 *ひちめんちょー 佐賀県藤津郡 *ぼんぼんだりや 山口県豊浦郡 *ぼんぼんばな 新潟県東蒲原郡 *やまたばこ 岐阜県飛驒 *ゆーれーぐさ 鹿児島県種子島 *ゆーれーばな 山口県美祢郡 *わすれぐさ 東京都利島

あした【明日】 ⇩あす（明日）

あす【明日】 *あーちゃ 岩手県東磐井郡 沖縄県小浜島 *あいさ 滋賀県 大阪府・泉北郡 和歌山県・東牟婁郡 香川県伊吹島 *あいた 三重県 和歌山県 広島県 徳島県・海部郡 高知県 *あいたり 和歌山県西牟婁郡 *あいった 奈良県中河内 *あしたーとー 大分県 *あしたつー 大分県北海部郡 *あしたり 岐阜県 三重県南牟婁郡 兵庫県神戸市 和歌山県 鳥取県 岡山県 山口県熊毛郡 熊本県下益城郡 宮崎県 *あして 福岡県・久留米市 佐賀県 大分県 *あしてや 熊本県 *あすえつ 山梨県 *あすなった 岩手県九戸郡 *あちゃ 鹿児島県喜界島 沖縄県首里 *あちゃー 山形県 鹿児島県 沖縄県 *あつぁ 沖縄県小浜島・新城島・鳩間島「あつぁーゆー（明晩）」 *あったー 沖縄県与那国島 *あっつぁ 沖縄県八重山「あっつぁぬゆー（明晩）」 *あひたり 岐阜県・恵那郡 岡山県阿哲郡

あずき【小豆】 *あーまみ 鹿児島県与論島 *あか 山口県大島 *あがまーみ・あかまみ 沖縄県石垣島 *あかまーみー 沖縄県首里「あかまーみーうぶん（小豆入りの赤飯）」 *あがまみ 沖縄県鳩間島 *あかまめ 大分県一部 *あっつ 鹿児島県鹿

児島郡 ***あるき** 大阪府 奈良県吉野郡 ***あんこまめ** 北海道一部 滋賀県一部 高知県一部 ***あんまめ** 山梨県一部 ***いらくり** 三重県一部 ***おあか** 島根県鹿足郡 ***がにのめ** 京都府竹野郡 ***かんのめ** 山口県一部 ***かんのめあずき** 大分県日田郡 ***きんとき** 埼玉県一部 愛知県一部 ***くだー** 鹿児島県喜界島 ***ぐるりまめ** 熊本県一部 ***こなれまめ** 愛知県一部 ***こまめ** 静岡県一部 兵庫県一部 奈良県宇智郡 ***しょーまめ** 徳島県一部 ***ならず** 愛媛県一部 ***はーまみ** 沖縄県竹富島 ***ままみ** 沖縄県首里

あずける【預】 ***あげる** 青森県南部 ***あずかう** 秋田県平鹿郡「金をあずがう」 ***あずらう** 山形県東田川郡 ***あつかる** 宮城県仙台市「銀行さおぁしあつかって来た」 ***あっくい** 鹿児島県鹿児島郡 ***あつらえる** 青森県「わ、もどりねもてえぐはで、こちゃ、あじらぇでえぎしじゃ(私、帰りにもらっていきますから、ここへ預けて行きますよ)」 秋田県平鹿郡 山形県 新潟県佐渡 岐阜県飛騨 静岡県志太郡 ***あつらく** 北海道南部 青森県南部「あづらく時ぁ札(下足札)てとれ」 秋田県鹿角 山形県 新潟県

あすなろ【翌檜】 ヒノキ科の常緑高木。樹形がヒノキに似ており、「明日は檜（ひのき）になろう」の意から名付けられたという。***あおき** 岩手県紫波郡 ***あおび**(ヒノキも言う) 徳島県那賀郡 ***あしたなれ** 山形県最上郡 ***あす** 兵庫県播磨 ***あすかび** 和歌山県日高郡 ***あすかべ** 奈良県吉野 和歌山県日高郡 ***あすひ** 長野県 岐阜県飛騨 静岡県 愛知県名古屋市 兵庫県播磨 鳥取県因幡 熊本県肥後 大分県豊後 ***あて** 富山県 石川県 福井県 滋賀県 京都府 島根県隠岐島 岡山県美作 ***あてのき** 富山県東礪波郡 ***あてび** 新潟県 ***おにざわら** 神奈川県津久井郡 ***おにひば** 岩手県 埼玉県 神奈川県津久井郡 三重県 ***からすぎ** 静岡県 ***くさまき**(材に強い臭気があるところから「臭槙」か) 岩手県気仙郡 宮城県本吉郡 山形県置賜 茨城県 新潟県 石川県 福井県 静岡県磐田郡 ***くろすぎ** 静岡県 ***さわら** 岩手県江刺郡 山形県 栃木県 群馬県吾妻郡 千葉県 山口県厚狭郡 長崎県東彼杵郡・南高来郡 熊本県球磨郡 大分県竹田 宮崎県南那珂郡 ***しらび** 栃木県日光 ***つぎつぎば** 三重県伊勢市・宇治山田市 ***つべつべ** 山形県西田川郡 ***つみつみ** 山形県鶴岡・東田川郡 ***なろ** 佐賀県杵島郡 長崎県・南高来郡 熊本県・上益城郡 宮崎県都城・児湯郡 ***なろー** 福岡県筑豊 ***ひのき** 岩手県下閉伊郡 千葉県長生郡 ***ひば** 静岡県 ***ぼやひ** 福岡県 大分県玖珠郡 ***まき** 静岡県 ***みねぞー** 山梨県南巨摩郡

あせ【汗】

□がにじみ出るさま ***じらじら** 富山県砺波「辛いもん食べたら、じらじらと汗が出る」 ***にきにき** 山口県豊浦郡 愛媛県松山「汗がにきにき出た」

□でびっしょりになること ***あせこだら** 鳥取県西伯郡 ***あせしらかえ** 熊本県玉名郡 ***あせだれ** 島根県隠岐島 ***あせみだれ** 三重県志摩郡 ***にっきり** 愛媛県周桑郡・喜多郡「かぜぐすりのんでねたらにっきりと汗がでて、熱がひいた」 ***ふたふた** 新潟県佐渡

あぜ【畔】 ***あじら** 沖縄県竹富島 ***あでっぽー** 埼玉県北足立郡 ***あね** 東京都八丈島 ***あんだちんだ**(「あんだ」は畔(あぜ)の意。田畑の畔ごと。すべての畔) 鹿児島県喜界島 ***うーな** 千葉県上総 ***うの** 山形県最上郡 ***おーな** 茨城県新治郡・稲敷郡 千葉県海上郡・印旛郡 ***おな** 青森県三戸郡 山形県 ***かたっちゃ** 香川県 ***かまち** 新潟県東蒲原郡 岐阜県飛騨 愛媛県 ***くほ** 山形県 ***くる** 三重県志摩郡・度会郡 滋賀県彦根・高島郡 長崎県壱岐島 ***ぐる** 和歌山県 ***くろ** 群馬県利根郡 長野県 滋賀県彦根 大分県 ***けみくろ**(「ぬるめ(苗代に引く水を温めるための迂回(うかい)した水路)」と苗代との間の畔) 茨城県多賀郡 ***この** 三重県度会郡 ***さかて** 和歌山県那賀郡 ***さく** 栃木県 千葉県君津郡 ***だま** 長崎県 ***たむぎ** 愛知県海部郡 ***たんぼ** 岩手県気仙郡 宮城県玉造郡 ***はば** 長野県長野市・上水内郡 ***ほた** 三重県阿山郡 滋賀県 ***ぼた** 長野県下伊那郡・上伊那郡 岐阜県・恵那郡(大きな畔) 愛知県三河 ***ほとり** 島根県邑智郡 山口県 徳島県「田のほとりを刈っとけ」 ***まくら** 岡山県浅口郡 ***まぶ** 奈良県・吉野郡 ***まま** 岩手県気仙郡 宮城県玉造郡 栃木県 神奈川県中郡 新潟県東蒲原郡 長野県佐久 山形県(大きなもの) 福島県(大きなもの) 茨城県(大きなもの) 相模(大きなもの) ***みじゅ** 沖縄県石垣島 ***みず** 沖縄県鳩間島 ***よせ** 千葉県香取郡

田の□ ***おの** 山形県新庄市・最上郡 ***おのくほ** 山形県最上郡 ***くる** 新潟県岩船郡 滋賀県 ***くろ** 岩手県九戸郡 山形県 福島県東白川郡 茨城県真壁郡 千葉県 新潟県岩船郡・東蒲原郡 富山県砺波 ***こーげ** 兵庫県赤穂郡 ***こーだ** 熊本県天草郡 ***しゃいる** 香川県高松市 ***たぬごろ** 山形県東村山郡 ***たのくふぉ** 山形県最上郡 ***たのくぼ・たのくほ・たのくほみち** 山形県西置賜郡 ***たのくろ** 青森県 岩手県和賀郡・気仙郡 福島県相馬郡・東白川郡 群馬県館林 千葉県印旛郡 熊本県 ***たのくろみち** 山形県庄内 ***たのころ** 山形県東村山郡・西村山郡 ***たんくろ** 千葉県印旛郡・夷隅郡「おっかさんはたんくろぬりだよ」 ***たんくろみち・たんなかみち** 熊本県

田の境の□ ***かまざかい** 高知県土佐郡 ***さいみ** 島根県八束郡 ***さいめ** 島根県簸川郡 ***したあぜ** 富山県砺波

田の周囲の高い□ ***くな** 島根県隠岐島 ***くね** 長野県東筑摩郡 三重県伊勢 高知県長岡郡

*くねいり 岐阜県稲葉郡 *けた 鳥取県西伯郡（広いもの） 島根県出雲 *でぼくぼ 香川県大川郡 *ふね 石川県河北郡

田の中の小さい□ *こなわ 京都府竹野郡 *この 三重県度会郡 *こもち 高知県土佐郡 *とらぜ 愛媛県大三島 *とりあぜ 香川県仲多度郡 愛媛県大三島 *なかぎり 香川県 *やえぐろ 千葉県夷隅郡

田畑の□ *あぶーし 鹿児島県加計呂麻島 *あぶし 山口県大島 鹿児島県喜界島・沖永良部島・奄美大島・与論島 沖縄県首里・竹富島・鳩間島 *あぶす 鹿児島県徳之島 沖縄県石垣島 *あぼし 長崎県壱岐島 *あんだちんだ（「あんだ」は畔（あぜ）の意。すべての畔） 鹿児島県喜界島 *こーじ 山口県大島（田畑の畔や畝）「こーじやき」 *ほてら 岡山県苫田郡

畑の□ *うねがしら 山形県東村山郡・西村山郡 *がんぎ 島根県石見 *くろ 山梨県南都留郡・南巨摩郡 熊本県下益城郡 *まいね 静岡県富士郡

あせる【焦】 *あがく 福井県坂井郡 岐阜県飛驒 *あがふ 東京都大島 *あがやく 山梨県 岐阜県山県郡 *あしがちゅん 沖縄県首里 *あずる 新潟県佐渡 福井県坂井郡 兵庫県加古郡・神戸市 島根県 岡山県苫田郡・児島郡 *あせかく 富山県砺波 *あせがる 福岡市 佐賀県 長崎県 熊本県 *あせくる 新潟県佐渡 岐阜県武儀郡・飛驒 *あせぐる 富山県・砺波 *あせずる 新潟県佐渡「あせずりまわる」 *あっぱやめく・あっぺーめく 埼玉県秩父郡「あっぱやめくとまちがいがおこるぞ」 *いぜる（身をもがいて焦る） 岐阜県飛驒 *いらちもむ 和歌山県東牟婁郡 *いらつ 岐阜県養老郡 三重県松阪市・志摩郡 滋賀県彦根・蒲生郡 京都市 兵庫県加古郡・神戸市 和歌山市「そないいらってもあかん」 岡山市 徳島県・美馬郡 *いらつく 兵庫県神戸市 和歌山県新宮・東牟婁郡 *いられる 高知県・高知市「そんなにいられても早う出来るものぢゃない」 *いれこむ 和歌山県日高郡 *いれる 東京都 兵庫県但馬 愛媛県 高知県土佐清水市 *うざらつく 岩手県南部 *がしまける（「餓死負ける」か） 茨城県猿島郡 *かちもだえる 新潟県佐渡「かちもだえて食うた」 *からもぐ 青森県 秋田県鹿角郡「いくらからもえでもだめだ」 *からもむ（「から（骸）」は「体」の意） 青森県上北郡 秋田県仙北郡・雄勝郡 *ぎぼずく 秋田県河辺郡 *きゅーせる 鳥取県「きゅーしぇって道をあるく」「きゅーしぇらにゃいけんで」 *ぎんぼずく 秋田県平鹿郡・河辺郡 *しぇっこむ 新潟県佐渡 *じぐねる 秋田県河辺郡 *ししかゆい・ししかうい 鹿児島県喜界島 *ずぐねる 秋田県雄勝郡「馬がずぐねてつかまへられない」・河辺郡 *ずねくる 秋田県河辺郡 *せきこむ 岐阜県羽島郡 島根県隠岐島 熊本県芦北郡・八代郡 *せく 青森県南部 岩手県南部 秋田県鹿角郡「間違ってはならぬからせぐな」 福島県東白川郡 栃木県塩谷郡 千葉県 新潟県 石川県能美郡・江沼郡 福井県敦賀郡 長野県佐久 静岡県志太郡 愛知県碧海郡 三重県北牟婁郡 滋賀県彦根 京都府 大阪府大阪市「あんた今何ぞせく用事しててやおまへんか」・泉北郡 兵庫県 奈良県南大和 和歌山県南部 島根県 広島県高田郡 徳島県海部郡 長崎県南高来郡 熊本県玉名郡 大分県大分郡 宮崎県西臼杵郡 *せぐ 鳥取県気高郡・岩美郡 香川県 *せける 山形県 京都市 兵庫県神戸市・加古郡「気がせける」 和歌山県 島根県 香川県 *せしこう 宮崎県東諸県郡 鹿児島県下甑島「はよせしこで走らんが（早く急いで走らないか）」 *せたぐ 島根県石見「気がせたぐ」 *せつく 島根県「早うせつかにゃー汽車の間にあわん」 *せっこむ 福島県東白川郡「そおだにせっこまねぇで、ゆっくらやれ」 山梨県・南巨摩郡「こがーのーこまっかい仕事はせっこむと間違う」 熊本県下益城郡 *せっつく 山梨県 *せる 栃木県 島根県「あんまりせっても間に合わん」 岡山県苫田郡 *せれる 岐阜県吉城郡 鳥取県八頭郡 島根県「机がせれるけん早に作れ」 岡山県苫田郡 *つっこがす 山梨県西山梨郡 *てんごまう（思うようにならず焦る） 島根県大原郡 *もだえる 島根県出雲 *もだゆる 熊本県 *もらえる 新潟県佐渡「そんなにもらえるな」 *やける 岐阜県恵那郡 山口県周防

→せく（急）

□こと *あしがち・あしがちのーり 沖縄県首里「あしがち しゅん（焦る）」 *じりじりまい（気がもめて焦ること） 京都府竹野郡「さあ、あの事件の最中に家内は急病で入院する、いやもうじりじりみゃーでした」 島根県石見 *じんじんまい（気がもめて焦ること） 島根県仁多郡 *せーつわーつ 長崎県北松浦郡「せーつわぁーつそぎゃんことせんでもよか」 *はたはた（何かしようとして焦るさま） 沖縄県首里

あそこ【彼処】 *あ 山形県最上郡「あさ（あそこに）遊びにあえべ」 愛媛県 *あー 徳島県三好郡 愛媛県周桑郡・喜多郡「あーにポプラが立っとろ、あれが学校じゃ」 *あい 愛媛県 *あこ 北海道松前 青森県 秋田県 山形県庄内 新潟県 富山県砺波 石川県 山梨県 岐阜県大野郡 滋賀県高島郡 京都府葛野郡 大阪市 兵庫県淡路島・多紀郡 奈良県 和歌山県伊都郡 広島県比婆郡 山口県 愛媛県 高知県 *あこなか 三重県度会郡 *あこなく 高知市「あこなくに猫が居る」 *あすくなーて 埼玉県北葛飾郡 *あつく 栃木県芳賀郡 *あっこ 山梨県 岐阜県本巣郡 愛知県額田郡 滋賀県神崎郡 広島県沼隈郡 *あっとこ 岐阜県恵那郡 静岡県 和歌山県有田郡 大分県西国東郡 *あっとんとこ・あっつこ 静岡県 *あとこ 大分県西国東郡 *あなか 京都府 *あひこ 三重県南牟婁郡 長崎県南高来郡・北松浦郡 鹿児

島県肝属郡 *あま 鹿児島県奄美大島・喜界島 沖縄県 *あまー 鹿児島県沖永良部島 *あれこ 愛媛県周桑郡 *あん 島根県「あんに鳥がおる」 *あんで 長野県東筑摩郡 *あんとこ 静岡県 島根県石見 広島県 *あんなく 徳島県 *あんなこ 広島県 *うく 東京都八丈島 *かま(「か」は彼、「ま」は処の意) 沖縄県石垣島 *かーま・かめー 沖縄県宮古島・八重山 *こんなけ 岡山県浅口郡 *こんなこ 愛媛県周桑郡・喜多郡 *こんなさき 広島県比婆郡「こんなさきを自動車が通る」 *こんなとこ 愛媛県喜多郡 *はなー 沖縄県波照間島 *はま 沖縄県黒島

あそぶ【遊】 *あーぶ 山口県玖珂郡 *あすっ 宮崎県霧島北麓 鹿児島県揖宿郡 *あすびやく(「遊ぶのを仕事とする」の意から。遊んでいること) 青森県三戸郡 岩手県気仙郡 *あそう 高知県幡多郡 *あっぴゅい・あっすい 鹿児島県喜界島

*あっぷ 宮城県石巻「泣ぐごってぁえまからあっぱねがら」 *あっぷー 長崎県壱岐島 *あっぽ 長崎県対馬 *あっぽう 鹿児島県種子島 *あばう 岡山県 *あぶらとる 愛知県一宮市「あの人はあぶらばっかとる」 *あんぶ 長野県諏訪 静岡県 磐田郡 三重県度会郡 長崎市 *あんぶん 沖縄県波照間島 *おそぶ 香川県 *かたる 福井県遠敷郡・大飯郡 *しょなつく(ぶらぶら遊ぶ) 静岡県 *せめる 岩手県九戸郡 *ねすぶ 石川県羽咋郡 *はばたく 新潟県佐渡「あの男も若い時ははばたいたものだ」 *ぴんこしゃんこ(勢いよく跳ね回って遊ぶさま。跳んだり跳ねたり、上がったり下がったりするさま) 島根県益田市・隠岐島 長崎県対馬

□こと *あす 島根県石見(幼児語)「浜い行ってあすをしよう」 *かくねあそび(学校へ行かずに隠れて遊ぶこと) 千葉県市原郡 *こーりはしり(氷の上で遊ぶこと) 岩手県気仙郡 *こーりわたり(氷の上で遊ぶこと) 福島県相馬郡 *しがわたり(「しが」は氷の意。氷の上で遊ぶこと) 山形県西置賜郡 *つとがっこ(学校へ行かずに隠れて遊ぶこと) 鹿児島県鹿児島郡 *つばいごと(騒ぎ回って遊ぶこと) 愛媛県大三島 *つばいやいこ(騒ぎ回って遊ぶこと) 愛媛県周桑郡・喜多郡 *つばえ(騒ぎ回って遊ぶこと) 島根県「あんまりつばえがひどいけー、大怪我をしたんじゃ」 *つばえこー(騒ぎ回って遊ぶこと) 島根県出雲「家の中でつばえこーをするな」 *つばえやこ(騒ぎ回って遊ぶこと) 島根県 *ねーさんごと(女児が姉様などの人形を並べて遊ぶこと) 広島県芦品郡 *ねーはんごと・ねねさんごと(女児が姉様などの人形を並べて遊ぶこと) 広島県芦品郡 *ねねさんあそび(女児が姉様などの人形を並べて遊ぶこと) 三重県志摩郡 *ねんねごと(女児が姉様などの人形を並べて遊ぶこと) 埼玉県北葛飾郡 静岡県磐田郡 *のがき(春や秋、食べ物を持って野山に遊ぶこと) 岩手県気仙郡 *のがけ(春や秋、食べ物を持って野山に遊ぶこと) 青森県三戸郡 宮城県本吉郡・仙台市 *ばんば 富山県(子供たちが雪で遊ぶこと)「ばんばする」 *ばんばこ(子供たちが雪で遊ぶこと) 富山県高岡市

子供と一緒に□ *あいちょーじる(幼児の相手になり遊ばせる) 山口県豊浦郡 *つれる 新潟県佐渡「まあしっかりと大事につれるといいぜえ」 *つれんしる 長野県佐久

仕事もしないで□でいるさま *あやーさやー・あやりさやり 島根県石見「一日中あやーさやーしとる」 *へんのんがんのん 栃木県安蘇郡「へんのんがんのんしていねいで早く仕事しろ」

仕事をしないで□ *ごろつく 山梨県南巨摩郡「仕事あってもごろつくもなー一生楽にゃあなれぬ」 島根県「今まで何処をごろついていたか」 岡山県児島郡 徳島県 *ごろまく 青森県津軽 *へらかく 岐阜県飛騨「商売の事も気にならんと見えて、毎日へらかいてござる」

ぶらぶら□でいること *おかじしまわり(「岡獅子」は、七月の雨ごいの獅子舞に二匹の獅子のほかにそれを真似ながら舞う役) 埼玉県北葛飾郡 *ずらけ 秋田県鹿角郡 *ほーせ 茨城県真壁郡

あたえる【与】 *あいげる 京都府与謝郡「菓子をあいげる」 *あずける 宮城県栗原郡「(泣いている子に)ああやかましい、これでもあずけておけ」 秋田県鹿角郡 山形県 福島県・相馬郡「やがましから銭あずけてやれ」・東白川郡「乞食だら、ひゃくもあずけてやれ」 栃木県 新潟県「この間あずけた金もう使ったか」 *あだでる 山形県西置賜郡 *あつける 岩手県気仙郡「がぎめらさ金などぁあつけでなんねぁ」 宮城県栗原郡・石巻「飴こでも買ってあつけさえ」・仙台市「おぼこさ銭あつけんすな」

方/言/の/窓

●「方言」ということば

「方言」ということばは、中国から輸入された字音語である。「五方の言」ということばがあって、広い中国大陸には中央のことばを中心として、東西南北に特色のあることばが存在していることを表していたようである。中国古代には『方言』という名の本も存在した。

したがって「方言」は、元来地域的特色のある言語を表していた。これがダイアレクトに対する語と考えられたために、ソーシャルダイアレクトが「社会方言」と訳されて、方言の指す範囲は、地域的な言語変種にとどまらなくなった。

一方、標準語や共通語に対することばと考えられたために、「方言」には悪いことばという色がついてしまった。ここに地方語、地域語、生活語といった言い換えの発生する理由がある。

よ」「さんじんなったらこのお菓子、わらしだっつぁ(子供たちに)あつけていただきます」　新潟県「金遣いが荒いから嫁でもあつけたら直るだろう」　***あっぜる** 千葉県夷隅郡　***あっつける** 栃木県安蘇郡　***あんずける** 岩手県気仙郡「がぎこさ金あんずけてなんねぁ」　***いくす** 富山県・砺波「この本読んでしもたらお前にいくすちゃ」　石川県羽咋郡・河北郡　***いこす** 岐阜県飛驒　***いこせる** 愛知県知多郡　***いっちゃる** 熊本県玉名郡・下益城郡　鹿児島県肝属郡　***おこす** 岐阜県飛驒　***かく** 青森県上北郡「給料かぐ」　新潟県佐渡「おだちんかく」　富山県砺波「手間かく(駄賃を払う)」　***きらかす**(気前よく金銭、物品を使う、また、与える)島根県出雲市　***きらす**(気前よく金銭、物品を使う、また、与える)島根県「なかなかきらす人だ」　広島県高田郡　高知県「公共の事にきらさいで何にきらすもんで、まーえー考じゃのー」「今日の様なめでたい祝いにはもちっときらさんとみともない」　***くす** 富山県下新川郡「大きーふろすきー(ふろしきを)くすからいねー、こんにぇくるんで」・砺波「手伝いしてくそかい」　***こじませる** 島根県(相手を卑しめる気持ちを含んで言う)「殴ってからこじませる」　***ごす** 島根県「お父っつぁんが、〈略〉え(いい)餅搗いてごしけん(ついてやるから)」「わしがおすぅぇて(教えて)ごすわな」　***こませる**(卑語)島根県仁多郡　***たーする** 石川県珠洲郡　***だす** 秋田県　福島県浜通「これはお前にだすから」・東白川郡　茨城県・稲敷郡・北相馬郡「これだそーか」　栃木県「この菓子だすよ」　千葉県　徳島県(卑語)　***たーせる**(主に目下の者に与える)石川県鳳至郡　***たらす**(主に目下の者に与える)富山県砺波「たらいてやる」　石川県加賀　***たらする**(主に目下の者に与える)富山県高岡市　石川県鹿島郡　***たらせる**(主に目下の者に与える)富山県　石川県鹿島郡　***とぅらしゅん**(主に目下の者に与える)沖縄県首里　***とらせる**(主に目下の者に与える)新潟県佐渡　石川県鳳至郡　***はまる**(ふるまう。おごる)秋田県雄勝郡・由利郡「今日は一つはまるがな」　福島県若松市・大沼郡　富山県　石川県　島根県　岡山県川上郡　広島県比婆郡・高田郡　愛媛県「今晩の酒代はわしがはまることにする」　***ひじをはなす**(もの惜しみせず人にものを与える)新潟県佐渡　***へる** 山形県西田川郡　***まーしる**(目下に対して用いる)石川県羽咋郡　***まーする** 島根県隠岐島(目下に対して用いる)「あだにまーする(おまえに与える)」「こりょまーしゃえ(これをくれ)」　山口県「芋粥をこしらえてまーしょー」　***まーせる**(目下に対して用いる)東京都八丈島「その代りにはおみに良け物もぁせるじょう」　***まいす**(目下に対して用いる)広島県高田郡　***まく** 新潟県佐渡「物をまくものにつく」　***ましる**(目下に対して用いる)石川県羽咋郡　***ませる**(目下に対して用いる)島根県簸川郡・出雲市「お前にこれをませーわ」　山口県・阿武郡　***まらす**(目下に対して用いる)新潟県古志郡　***まらせる**(目下に対して用いる)新潟県古志郡　***めーす**(目下に対して用いる)長崎県対馬「その品はおしい(汝に)めえすけ、取って行かしや」

↓やる (遣)

相手にものを□　***くへる**(補助動詞としても用いる)山形県　***くゆ**(補助動詞としても用いる)鹿児島県薩摩「くゆかい」　***くりゅ**(補助動詞としても用いる)長崎県南高来郡「くりゅかい(やろうか)」　鹿児島県奄美大島「たがくりゅり(誰がやるものか)」　***くりゅー**(補助動詞としても用いる)長崎県平戸「みやげするならくりゅーかい」　***くりよる**(補助動詞としても用いる)石川県石川郡　***くる**(補助動詞としても用いる)群馬県桐生市「おめえにくんべえ」　新潟県北魚沼郡「くっど(やろうか)」　岐阜県武儀郡「くろか」　三重県志摩郡・度会郡「くろ」　***くるる**(補助動詞としても用いる)福岡県　長崎県壱岐島・南高来郡「だーがくるるもんな(誰がやるものか)」　熊本県天草郡　大分県宇佐郡　鹿児島県　***くれる**(補助動詞としても用いる)山形県庄内「昔あの人に呉れだなだども」・米沢市　福島県「葉書くれんべし(あげましょう)」　茨城県結城　栃木県安蘇郡　群馬県前橋市・勢多郡　東京都御蔵島　新潟県・北蒲原郡「これをくれろか(これをやろうか)」　富山県砺波　石川県能美郡「くれよっか(やろうか)」　山梨県「くれずか(上げましょうか)」　長野県「だれえ、くれるもんで(誰がやるものか)」「くれらー(やるよ)」　岐阜県「くれーずに(あげましょう)」　静岡県「誰かにえをくれすか」「菓子をくれずに(あげるから)早くだまりな」「ちっちーもくれずに、なかえーとく(母乳もやらないで泣かせておく)」　長崎県　***くんず**(補助動詞としても用いる)群馬県勢多郡　***けーる**(補助動詞としても用いる)青森県　神奈川県　新潟県西頸城郡　和歌山県那賀郡　***ける**(補助動詞としても用いる)北海道　青森県「だー寄付だなんてけるじば(だれが寄付だなんてやるものですかい)」「妹に帯をける約束をした」「けな(やるな)」　岩手県「けない(やらない)」　宮城県「けでけれ(与えて下さい)」　秋田県「銭けるから来い」　山形県　福島県　東京都八丈島　石川県珠洲郡・羽咋郡　福井県　奈良県　鹿児島県阿久根市・出水郡　***けろ**(補助動詞としても用いる)東京都八丈島「けろわ(わしがお前にやる)」「うぬにもけろんて(お前にもやるから)」　***ひーるん・ひーん**(補助動詞としても用いる)沖縄県石垣島

人にものを□意の謙譲語　***うます** 石川県河北郡　***おます**(「おまいらす(御参)」の転)富山県砺波　石川県　***おまする** 石川県珠洲郡　***おませる** 新潟県東蒲原郡　富山県　石川県　岐阜県飛驒「お前におませるで持っていきな」・郡上郡

物を惜し気なく人に□人 *きらして 高知県「あの人はずい分きらしてじゃきに人には喜ばれるが」 *きらすて 島根県出雲 *はてっぽ 奈良県

あたたかい【温】 *おんくい(幼児語) 徳島県 *にゅくない 鹿児島県揖宿郡 *ぬーとい 千葉県東葛飾郡 *ぬくこい 長野県佐久 *ぬくさい 鹿児島県喜界島 *ぬくさん 鹿児島県奄美大島 沖縄県首里 *ぬくたい 茨城県 栃木県下都賀郡 群馬県 千葉県東葛飾郡 東京都御蔵島・八丈島 神奈川県 福井県 長野県 岐阜県 静岡県 愛知県北設楽郡・知多郡 三重県 京都市 和歌山県東牟婁郡 *ぬくっとい 東京都大島 *ぬくて 千葉県市原市・印旛郡 東京都三宅島 *ぬくとい 茨城県真壁郡・稲敷郡 栃木県 群馬県 埼玉県 千葉県 東京都大島・三宅島 神奈川県 新潟県 石川県能美郡・江沼郡 福井県 山梨県 長野県 岐阜県 静岡県 愛知県 三重県 滋賀県 京都府 大阪市 奈良県南大和 *ぬくどし 千葉県海上郡 *ぬっくとい 静岡県 *ぬっさーん 沖縄県石垣島・鳩間島 *ぬっさん 沖縄県竹富島 *ぬふさーん 沖縄県石垣島 *ぬふっとい 東京都大島 *のーくい 新潟県東蒲原郡 *のーとい 愛知県東春日井郡 *のき 鳥取県西伯郡 *のきー 青森県 秋田県山本郡・仙北郡「この頃は少しのぎぐなった」 千葉県君津郡 島根県 *のく 島根県出雲 *のくい 青森県 山形県 新潟県岩船郡 富山県 滋賀県蒲生郡 鳥取県西伯郡 島根県 *のくたい 千葉県東葛飾郡 東京都三宅島・御蔵島 神奈川県 福井県 長野県埴科郡・佐久 静岡県 *のくちゃー 東京都三宅島 *のくとい 埼玉県川越・入間郡 千葉県東葛飾郡 東京都三宅島 新潟県 富山県 福井県 長野県「のくといなー(暖かいですね)」 岐阜県 静岡県浜松 愛知県海部郡・西春日井郡 三重県松阪市 滋賀県 *のこい 秋田県仙北郡 *のっくい 山形県 *のっこい 山形県東田川郡・西田川郡 新潟県西頸城郡「おこそずきんをかぶるとのっこい」 *のっとい 新潟県西頸城郡 *のんのい 滋賀県彦根・蒲生郡 *ぽーぽい 福島県相馬郡「この御飯、まだぽおぽえな」
→あたたかい(暖)

あたたかい【暖】 *あたたい 三重県志摩郡・度会郡 和歌山県新宮「あたたい内に食べませんか」 *あつい 愛媛県西宇和郡 *あったい 長野県西筑摩郡 *あったかない 富山県「今日はなんちうあったかない日じゃ」 *あっちぇ 山形県南置賜郡・庄内 *あっちゃん 鹿児島県喜界島 *おんくい(幼児語) 徳島県 *にゅくない 鹿児島県揖宿郡 *ぬーとい 千葉県東葛飾郡 *ぬくこい 長野県佐久 *ぬくさい 鹿児島県喜界島 *ぬくさん 鹿児島県奄美大島 沖縄県首里 *ぬくたい 茨城県 栃木県下都賀郡 群馬県 千葉県東葛飾郡 東京都御蔵島・八丈島 神奈川県 福井県 長野県 岐阜県 静岡県 愛知県北設楽郡・知多郡 三重県 京都市 和歌山県東牟婁郡 *ぬくっとい 東京都大島 *ぬくて 千葉県市原市・印旛郡 東京都三宅島 *ぬくとい 茨城県真壁郡・稲敷郡 栃木県 群馬県 埼玉県 千葉県 東京都大島・三宅島 神奈川県 新潟県 石川県能美郡・江沼郡 福井県 山梨県 長野県 岐阜県 静岡県 愛知県 三重県 滋賀県 京都府 大阪市 奈良県南大和 *ぬくどし 千葉県海上郡 *ぬっくとい 静岡県 *ぬっさーん 沖縄県石垣島・鳩間島 *ぬっさん 沖縄県竹富島 *ぬふさーん 沖縄県石垣島 *ぬふっとい 東京都大島 *のーくい 新潟県東蒲原郡 *のーとい 愛知県東春日井郡 *のき 鳥取県西伯郡 *のきー 青森県 秋田県山本郡・仙北郡「この頃は少しのぎぐなった」 千葉県君津郡 島根県 *のく 島根県出雲 *のくい 青森県 山形県 新潟県岩船郡 富山県 滋賀県蒲生郡 鳥取県西伯郡 島根県 *のくたい 千葉県東葛飾郡 東京都三宅島・御蔵島 神奈川県 福井県 長野県埴科郡・佐久 静岡県 *のくちゃー 東京都三宅島 *のくとい 埼玉県川越・入間郡 千葉県東葛飾郡 東京都三宅島 新潟県 富山県 福井県 長野県「のくといなー(暖かいですね)」 岐阜県 静岡県浜松 愛知県海部郡・西春日井郡 三重県松阪市 滋賀県 *のこい 秋田県仙北郡 *のっくい 山形県 *のっこい 山形県東田川郡・西田川郡 新潟県西頸城郡「おこそずきんをかぶるとのっこい」 *のっとい 新潟県西頸城郡 *ほっとけぁ 宮城県石巻 *ほぬくい 愛媛県周桑郡 *ぼやける(湿気を含んで暖かい) 島根県出雲「風がぼやけるけん雨かも知れん」 *まるい 岩手県上閉伊郡 *みなみがする 香川県綾歌郡
→あたたかい(温)

□さま *こっとる 富山県砺波「シャツの一枚もけい着てこっとるしてかんにゃ(行かないと)風邪引くぞ」 *ことこと 新潟県上越市「ことことと寝ているわ」 富山県砺波「この炬燵ことことじゃ」 *つくつく(衣服などが暖かいさま) 新潟県佐渡「こたつがつくつくだ」 *どかどか 長野県中部「今日はどかどかする」「ストーブを入れたらどかどかするほど暖かい」 岐阜県飛驒「額がどかどかする(ほてる)」 静岡県志太郡 *ぬっくり・ぬっくら 和歌山県 *ほげほげ 愛媛県今治 *ほこほこ 福井県 岐阜県大垣市 滋賀県蒲生郡 大阪市 兵庫県加古郡「今焼いたほこほこのいも」 島根県出雲・隠岐島「炬燵(こたつ)の中がほこほこする」 山口県豊浦郡 徳島県美馬郡 香川県高松市・仲多度郡 長崎市 *ほっこり 新潟県佐渡 和歌山市「ほっこりぬくもる」 *ほとほと 新潟県佐渡「こたつはほとほとだ」
□所 *うばのつくら 長崎県北松浦郡 *こーぼ 徳島県美馬郡 *ぬくとばっこ 千葉県市原郡「あそこはぬくとばっこだ」・千葉郡
□なる *しもれる(「霜折れる」か。朝、厳しい寒さだったのが暖かくなる) 山形県 *ぬくばーゆん 沖縄県首里 *ほっとーる 東京都八丈島

あたたまる【温・暖】 *あたたか（「暖（だん）を取る」の暖の意） 和歌山県日高郡 *あつぃりゆん（多く食べ物に言う） 沖縄県首里 *あっつん 沖縄県石垣島 *ぬーとまる 千葉県・夷隅郡 *ぬくせる 香川県高松 *ぬくたまゆん 沖縄県首里 *ぬくたまる 青森県 岩手県九戸郡・気仙郡 秋田県「こたつに入るとぬぐだまる」 山形県東田川郡・西田川郡 福島県浜通・南部 栃木県佐野市・足利市 新潟県佐渡・下越 長野県諏訪 *ぬくたまるん・ぬふたまるん・ぬふまるん 沖縄県石垣島 *ぬくとばる 千葉県 *ぬくとまる 茨城県多賀郡 群馬県勢多郡 埼玉県川越 千葉県 神奈川県 新潟県 富山県砺波 山梨県・南巨摩郡「よくぬくとまらないば後でさぶいに」 長野県 岐阜県 静岡県志太郡・榛原郡 愛知県 三重県志摩郡 滋賀県彦根 *ぬくどまる 千葉県印旛郡 *ぬくぬん 沖縄県首里 *ぬくむ 東京都八丈島 鹿児島県揖宿郡・肝属郡 *ぬとまる 千葉県・長生郡 *のくだまる 秋田県河辺郡「こたつでのぐだまれ」 *のくとばる 千葉県千葉郡 *のくとまる 埼玉県川越 新潟県中頸城郡・西頸城郡 富山県砺波 福井県 長野県 岐阜県飛驒 *のくまる 山形県庄内 *のこだまる 山形県西田川郡 *のとばる 千葉県夷隅郡 *のとまる 千葉県 *ほっとーる 東京都八丈島 *ほどまる 岩手県上閉伊郡・気仙郡「からだほどまった」 *ほとる 岩手県江刺郡 宮城県「手も足もえあんべにほとりした」 栃木県 *ほどる 岩手県上閉伊郡・気仙郡「けさ炊いたご飯がまだほどっている」 山形県

□なるさま *とっかり 長野県佐久「とっかりした」 *どっかり 長野県「どっかり日がさした」

□さま *ほんごりほんごり・ほんごり・ほんごほんご 長崎県壱岐島「蒲団のよかもんぢゃけん夜がな夜ぢゅうほんごりほんごりぬきー（暖かい）こつぢゃった」

ひなたで□こと *しなたぐれ 青森県北津軽郡・南津軽郡 *ぬくたばっこ 群馬県佐波郡 *ぬくとばっこ 茨城県北相馬郡 埼玉県入間郡 千葉県印旛郡・東葛飾郡 *ぬくとぼ 茨城県西茨城郡 *ぬくとぼっこ 茨城県新治郡・北相馬郡 埼玉県秩父郡 *ぬくとぼっち 茨城県新治郡 *ぬくとまり 三重県志摩郡 *ぬくとんぼ 静岡県「寒い時にはぬくとんぼに限る」 *ぬくぼろし 山口県玖珂郡・大島 *ぬっかんぼ 鹿児島県鹿児島郡 *のーとばっこ・のとばっこ・ぬとばっこ 千葉県夷隅郡 *のくとばっこ 埼玉県南埼玉郡・川越 千葉県千葉郡・東葛飾郡 宮崎県日向 *ひがたぶくり 山梨県 静岡県富士郡・駿東郡 *ひがたぼっくり 静岡県中部 *ひなたあぶり 山形県 岐阜県飛驒 *ひなたあぶれ 山形県東田川郡 *ひなたご 岐阜県大垣市 愛知県東春日井郡・名古屋市 *ひなたこくり 秋田県鹿角郡 *ひなたに 和歌山県那賀郡 *ひなたぬくぼり 香川県 *ひなたぬくもり 兵庫県加古郡 和歌山市 岡山市 徳島県 香川県 愛媛県 *ひなたびっくり 京都府北部 長崎市 *ひなたぶくり 宮城県登米郡・玉造郡 山形県東置賜郡・南村山郡 福島県相馬郡 岐阜県揖斐郡・飛驒 静岡県 三重県宇治山田 鳥取県 山口県 *ひなたぶくれ 山形県鶴岡市・東田川郡 岐阜県恵那郡 静岡県志太郡 *ひなたぶくろ 愛媛県・喜多郡 福岡市 *ひなたぶっくり 福島県相馬郡 福岡県久留米市・八女郡 *ひなたぶり 山形県 静岡県安倍郡 *ひなたぼくり 島根県鹿足郡 *ひなたぼこり 山形県 大阪市 島根県鹿足郡 広島県比婆郡 香川県 *ひなたぼし 山形県西置賜郡 *ひなたぼっくり 福島県東白川郡 熊本県下益城郡 *ひなたぼっこり 山形県最上郡 香川県 *ひなたむくり 山梨県南巨摩郡 *ひぼこり 長崎県壱岐島 *ふなた 島根県隠岐島

→ひなたぼっこ（日向―）

日に当たって□ていること *あったかばっこ 埼玉県北葛飾郡 *あったかぼっこ 茨城県真壁郡 栃木県・塩谷郡「ひまでしゃあねがら、あったがぼっこしてたどこだよ」 埼玉県北葛飾郡

あたためる【温・暖】 *おもす 山形県東置賜郡・西村山郡 *かみらしゅん（火の上に載せて暖める） 沖縄県首里 *だんじる（患部を温める） 岐阜県養老郡 *にふたみるん・にふたみん 沖縄県新城島 *ぬくたまゆん・ぬくみーん 沖縄県国頭郡 *ぬくたみゆん 沖縄県首里 *ぬくたみるん 鹿児島県奄美大島 沖縄県石垣島 *ぬくたみん 鹿児島県奄美大島 沖縄県石垣島 *ぬくためる 青森県上北郡「卵を抱いてぬくためる」・津軽 岩手県 秋田県平鹿郡・鹿角郡 新潟県下越 長野県諏訪 *ぬくとめる 群馬県多野郡 千葉県印旛郡 新潟県佐渡「お汁をぬくとめよ」・中越 富山県砺波 長野県諏訪 岐阜県養老郡・高山 静岡県志太郡「おゆーでぬくとめてもらーすか（風呂に入って温かくしてもらおうか）」・榛原郡 愛知県 三重県北牟婁郡「牛乳をぬくとめる」・阿山郡 *ぬくみゆん 沖縄県伊江島・首里 *ぬくみるん・ぬくみん 沖縄県石垣島・黒島 *ぬふたみるん・ぬふたみん・ぬふみん・ぬふむん 沖縄県石垣島 *ぬふみるん 沖縄県八重山 *ぬふむ 沖縄県宮古島・八重山 *のくとめる 長野県南佐久郡 岐阜県飛驒 *のっとめる 新潟県西頸城郡「おつゆのっとめれや」

食べ物などを□ *あつぃらしゅん 沖縄県首里 *あっつぁしん 沖縄県石垣島 *あっつぁふん 沖縄県小浜島 *たじらしゅん 沖縄県首里 *ほ

だてる 千葉県東葛飾郡

あだな【渾名】 *あざな 宮城県登米郡・玉造郡 千葉県夷隅郡 新潟県中頸城郡 富山県・砺波 長野県佐久 大阪府泉北郡 香川県 鹿児島県種子島 *あんじな 徳島県 *いみょーな 愛知県知多郡 *いんみょー 三重県度会郡 *ぐちなー(あざけって呼ぶあだ名) 沖縄県首里 *しこな 新潟県佐渡 静岡県磐田郡 愛知県 兵庫県但馬 和歌山市 鳥取県西伯郡 島根県 岡山県阿哲郡 広島県 山口県 愛媛県 高知県 佐賀県 長崎県 熊本県玉名郡 大分県 鹿児島県 *したな 島根県隠岐島 *ちけな 鹿児島県 *ちこな 長崎県西彼杵郡 鹿児島県鹿児島郡 *なぶりげ 愛媛県生名島 *ひこな 新潟県佐渡 *よめな 富山県

あたま【頭】 *あか 沖縄県八重山 *あた 新潟県佐渡「あたがわるい」 長野県下水内郡(幼児語) 和歌山県日高郡 *あたまんごーら 熊本県北部 *あたまんごら 熊本県中部 *あった 長野県諏訪 静岡県浜松市(幼児語) *あぼちゃ 島根県 *あまざー・あまざーすぶる 沖縄県黒島 *あましくり・あましくる 沖縄県鳩間島 *あんま(幼児語) 長野県 *いの(頭。頭と胃。また、命のこともいう) 岡山県児島郡「いのが無うなる」 *うつむり 香川県大川郡 *うなじ 山形県山形市・北村山郡 *えじ 長野県西筑摩郡 *おごし 山形県西置賜郡・米沢市 *おしゃり(幼児の頭) 長野県下伊那郡 *おはち 栃木県「おはちがわりー(悪い)」 *かちぐりあたま(固い頭。石頭) 栃木県 *がっくんび 秋田県 *かっぷ 長崎県南高来郡 *かっぷー 長崎県北松浦郡 *がっぺ・がんぺ 青森県津軽 *かっぽ 長崎県五島 *かっぽー 長崎県壱岐島 *かなずき 宮城県仙北・登米郡(ののしって言う語) *かなまり・かなまじ・かなまず 沖縄県宮古島 *かばち 和歌山県西牟婁郡・東牟婁郡 島根県石見・隠岐島「白蛇も元気がちいて、かばちを二三度もちやげて礼よをやなふうをして」 長崎県壱岐島(クジラの頭部) *がばち 和歌山県西牟婁郡・東牟婁郡「あの子のがばちは大きい」 *かぶ 山形県 *かぷさ 宮城県本吉郡 *がぶっしょ 熊本県天草郡 *かぶら 熊本県球磨郡 *がまじ 沖縄県鳩間島 *かまち 鹿児島県奄美大島・加計呂麻島 沖縄県首里(卑語) *かまつぃ 鹿児島県徳之島 *かみ 石川県河北郡「かみうつ(頭痛がする)」 大分県東部 宮崎県日向「かみがうつ(頭が痛む)」 *からじ 鹿児島県徳之島 *からてっぺ 秋田県北秋田郡・南秋田郡(卑語) *がんきゅー 熊本県上益城郡 *がんくたま 秋田県南秋田郡 *がんくび 岩手県気仙郡・東磐井郡 秋田県北秋田郡 山形県 栃木県 *がんくへ 山形県最上郡「がんくふぇぶんなぐれ」 *がんけ 秋田県鹿角郡 *がんこ 岩手県東磐井郡 宮城県 山形県 *がんこび 岩手県気仙郡 宮城県石巻(卑称) *がんごら 熊本県中部 *がんた 岩手県気仙郡「がんたふる(独楽(こま)が止まりそうになる)」・東磐井郡 宮城県栗原郡・登米郡 秋田県鹿角郡 山形県(西村山郡では魚の頭をいう) 長野県松本市・東筑摩郡 静岡県・磐田郡(死人の頭) 熊本県中部 *がんだ 宮城県名取郡 *がんぱ 熊本県中部 *かんぶり 山形県西置賜郡 東京都三宅島 *がんぺー 山形県西置賜郡 *きーきー(幼児語) 静岡県志太郡「きーきーがいたぇー」 *ぎっ 鹿児島県 *きっき 香川県大川郡「きっきにくる(頭にくる)」 *くふぁつぃぶる(「堅い頭」の意。男の頭) 沖縄県首里 *こーべつ 長野県上田・北安曇郡 *ごーら 熊本県「この肴んごうらん太さ、どうか(この魚の頭の大きいことよ、なんと)」 *ごーらんきゅー 熊本県上益城郡 *こつ 愛媛県越智郡 *ごつ 長崎県南高来郡 大分県南海部郡 *こっぴん 福井県大飯郡 兵庫県加古郡 *こっぺ 秋田県北秋田郡 *ごっぺ 秋田県南秋田郡 *こびん 岡山市「こびんをはりまーす(頭をはりとばす)」 *こびんた 岡山市 *こびんたま(なぐる時に言う語) 福井県 *こべ 石川県鳳至郡 福井県遠敷郡・大飯郡 三重県志摩郡 *こべのはち 福井県 *こべんたま 福井県・大飯郡 *こやずか 宮城県登米郡 *ごら 熊本県(卑称)「ごらんいたか(頭痛がする)」 *ごらあたま 熊本県天草郡 *ごんきら 熊本県芦北郡 *こんけ 青森県津軽「悪いことをしたからこんけ叩いてやれ」 *ごんた 和歌山県東牟婁郡 熊本県上益城郡・八代郡 *こんべ 青森県 三重県 *こんぺ 山形県北村山郡「おれあえづにこんぺさげるわげわなえ」 *ざーぶら 沖縄県鳩間島 *ざぶら 沖縄県西表島 *さら 岩手県気仙郡「あたまのさら」 秋田県鹿角郡 新潟県中蒲原郡 静岡県「こっちの方へさらむける」 三重県志摩郡 大阪市 岡山県邑久郡 徳島県 長崎県壱岐島 *さらこ 秋田県雄勝郡「あだまのさらこ」 *さらっこ 岩手県気仙郡「あだまのさらっこいでぁ(頭痛がする)」 *しころ 東京都南多摩郡 山口県玖珂郡「猫がしころを傾けて魚を喰ふ」 *ず 山形県 三重県志摩郡「頭を病む」 鹿児島県 *ずー 滋賀県「ずーがいたい」・彦根 兵庫県加古郡 香川県「このこえんげたへずうもっていてあぶなかったんで」 熊本県 *すかっぱち 和歌山県東牟婁郡・西牟婁郡 *ずき 富山県砺波「今だにずきがあがらんそな」 *ずく 富山県砺波 福岡県京都郡 大分県 *ずくずくにゅー 大分県速見郡 *ずくたん 福岡県浮羽郡・八女郡 熊本県阿蘇郡 大分県 宮崎県宮崎郡 *ずくにゅー 福岡県 佐賀県 熊本県阿蘇郡 大分県 *ずくろ 香川県三豊郡 *すこ 新潟県佐渡 岐阜県 愛知県 三重県 滋賀県 京都府 大阪市 奈良県吉野郡 和歌山県 島根県美濃郡・益田市 *ずこ 新潟県 富山県 石川県 福井県 長野県 岐阜県 三重県伊賀 滋賀県彦根 *ずこー 秋田県鹿角郡「あたまのずごー」 長野県北安曇郡 *すこーべ 新潟県佐渡「すこーべを出していたら暑かろう」 *すこた 岐阜県 愛知県 和歌山県有田郡 *ずこた 岐阜県武儀郡 *すこたね 愛知県 *すこたま 三重県 和歌山県 *ずこ

たま長野県諏訪 ***すこたん** 愛知県知多郡 三重県 滋賀県 京都府 大阪市 兵庫県西宮市 和歌山県「すこたんくろた(頭をたたかれた)」 ***ずこたん** 富山県射水郡・砺波 岐阜県吉城郡 三重県志摩郡 京都府 ***ずこったま** 長野県 ***すこっぱち** 和歌山県東牟婁郡・新宮 ***すこっぺ** 三重県志摩郡 ***すこびんた** 愛知県葉栗郡・愛知郡 ***ずこびんた** 岐阜県恵那郡 ***すずき** 岩手県和賀郡 ***ずずき** 香川県丸亀市 ***ずたま** 香川県 ***ずつ** 滋賀県彦根「ずつがいたい」 ***すっこ** 岐阜市 愛知県葉栗郡 ***ずっこ** 香川県綾歌郡 ***ずっこー** 京都府竹野郡「あたまのずっこー」 ***すっこべ** 三重県度会郡・宇治山田市 ***すぶる** 沖縄県竹富島・黒島 ***ぞーら** 熊本県球磨郡 ***ちくな** 愛媛県新居郡 ***ちぶる** 鹿児島県奄美大島 沖縄県・首里 ***ちゅぶる** 鹿児島県沖永良部島・奄美大島 沖縄県国頭郡 ***ちょんちょ**(幼児語) 静岡県田方郡 ***ついぶる** 鹿児島県奄美大島・与論島 沖縄県 ***ついぶるぐー** 沖縄県首里 ***つぶる** 南西諸島 鹿児島県喜界島 沖縄県・小浜島・新城島 ***つぷる** 沖縄県小浜島・新城島 ***つぶれ** 青森県津軽 ***つぶろ** 山口県見島 ***つむじ** 群馬県多野郡 香川県高見島 愛媛県周桑郡 ***つんぶ** 静岡県富士郡 ***てっか** 島根県隠岐島 ***てっかち** 島根県隠岐島 ***てっぺ** 秋田県 ***てんてん**(幼児語) 山形県 大阪府泉北郡 愛媛県喜多郡 香川県大川郡 大分県大野郡 ***でんな** 山形県西田川郡 ***どーあたま**(卑語) 島根県出雲市 ***どくな** 愛媛県新居浜市・周桑郡 ***どくろ** 徳島県・美馬郡 香川県「どくろが痛い」「どくろのっしゃげてやった(たたきのめしてやった)」 ***どくろー** 香川県「どくろーをはりますぞ(なぐるぞ)」 ***どしょーごー**(卑語) 新潟県佐渡 ***どすこ** 岐阜県大垣市(どずことも) 岐阜県 ***どたま**(卑語) 福井県 岐阜県稲葉郡・本巣郡 三重県 滋賀県 京都府 大阪府「どたま張り倒したろか」 兵庫県 奈良県 和歌山県「今日はどたまが悪い」 島根県「大けなどたまをしとる」 岡山県 徳島県・阿波郡 香川県 愛媛県「どたまが痛い」 大分県南海部郡・北海部郡 ***どだま**(卑語) 奈良県南大和 広島県走島 香川県三豊郡 ***どてら** 熊本県球磨郡 ***どばちかん** 島根県隠岐島 ***どんこつ** 香川県三豊郡 ***なす** 長野県上水内郡・長野市「なすをつつむ(ほおかぶりする)」 ***なずき** 岩手県 宮城県 山形県 福島県伊達郡 新潟県岩船郡 岡山県 鹿児島県喜界島 ***なつき** 新潟県中越 ***なでぃつぃ** 鹿児島県奄美大島・加計呂麻島 ***なでぃてぃ** 鹿児島県奄美大島 ***などぅち** 鹿児島県喜界島 ***にだし**(煮出しにイワシの頭を使うところから) 島根県石見「この子は大けなにだしをしとるのー」 ***にやし**(卑しめて言う語) 山口県玖珂郡 ***のくっとー** 広島県豊田郡 ***のつ** 高知県沖の島・幡多郡 ***のと** 高知県幡多郡 ***のんこ** 香川県三豊郡 ***はっけ**(アイヌ語 pake (頭の意)から。卑語) 秋田県鹿角郡「あいつははっけが高くて生意気だ」 山形県西置賜郡(卑語) ***はまち** 鹿児島県喜界島 ***ひあだま** 栃木県塩谷郡 ***ひず** 山形県米沢市「きかないとひず押してくれるぞ」 福島県 ***ひずだま・ひずったま** 福島県会津「魚のひずったま捨てろ」 ***びんた** 茨城県稲敷郡 長野県諏訪 愛知県豊橋市 東春日井郡 熊本県 宮崎県 鹿児島県 鹿児島県「びんたをかかじっ(頭をかく)」 ***びんたー** 鹿児島県種子島 ***びんたん** 宮崎県西臼杵郡 ***ふらじ** 鹿児島県与論島 ***ほーび・ぽーび**(「こーべ(頭)」の転か。尊敬語) 鹿児島県喜界島 ***ぽーら** 島根県石見「この大けなぼーらは誰か」 ***ぽんこつ** 島根県鹿足郡 ***ほんそー** 島根県益田市・邑智郡「ほんそーをなでた」 ***みんぶる** 沖縄県与那国島 ***めっか・めっかばち**(卑語) 島根県隠岐島 ***めめ**(主として幼児語) 茨城県 大阪府泉北郡 ***めんめ**(主として幼児語) 茨城県北相馬郡 千葉県香取郡 ***ろくろ** 香川県小豆島「ろくろかちわってやろか」

□**が足りない(が弱い)** ***あんがたらん**(「頭の中身が足りない」の意) 鹿児島県鹿児島郡 ***こばかくさい** 宮城県石巻 福島県相馬郡「おらこばかくせぇから(おれはばかだから)」 ***こばくさい** 宮城県仙台市「あいつすこしこばくせぇんだ」 ***しゃくぬねーん**(「尺がない」の意) 鹿児島県喜界島 ***ちょーどない** 岩手県気仙郡 ***はんかくさい** 北海道「あれははんかくさい奴だ」・函館市 青森県「なんぼはんかくさいわらしだばな」・津軽 岩手県気仙郡

□**が鈍い** ***うっとい** 三重県北牟婁郡 ***うとい** 岩手県九戸郡・気仙郡 埼玉県秩父郡「頭がうてーから忘れてしまった」 神奈川県 新潟県佐渡・東蒲原郡 長野県 岐阜県 静岡県「うとい手合」 愛知県 三重県南牟婁郡 滋賀県彦根 兵庫県神戸市 奈良県吉野郡 和歌山県「貴様よっぽどうといな」 ***ちょろい** 岐阜県加茂郡・恵那郡 静岡県小笠郡「ちょろい子だ、そっちへ行くんだよ、知らんか」 愛知県知多郡 兵庫県神戸市 和歌山県東牟婁郡 鳥取県 岡山県「わしがあんまりちょろいもんですけえ、人がちょーさいぼーにしてのー」 鹿児島県鹿児島郡 ***ちょろくさい** 長野県西筑摩郡 愛知県知多郡「ちょろくせいことだなあ」 大阪市 和歌山県東牟婁郡 鳥取県 岡山県阿哲郡 ***ちょろこい** 大阪市 香川県小豆島 ***とろい** 神奈川県「あいつは少しとろい」 新潟県佐渡 山梨県 長野県 岐阜県岐阜市・恵那郡 静岡県榛原郡 愛知県 滋賀県彦根 和歌山市「あの児は少しとろいので又落第した」 島根県 岡山県苫田郡 山口県 徳島県 香川県 愛媛県 高知県 熊本県 ***とろくさい** 長野県西筑摩郡「とろくさい人だ」・下伊那郡 岐阜県 愛知県 三重県 滋賀県彦根 和歌山県和歌山市・新宮 島根県 香川県小豆島・佐柳島 愛媛県新居郡・周桑郡 高知県土佐郡・高知市「そんなとろくさい事をしなや」 *とろくそい 徳島県(卑語) 香川県 *どろこい 徳島県 香川県仲多度郡 高知県 *とろっくさい 静岡県榛原郡

〓がぼんやりする *おっぽろげる 山形県 *おれる 香川県三豊郡 *ぐれる 福島県東白川郡 新潟県佐渡「算盤がさっぱり合わぬ、頭がぐれたぞ」 *ふーく 長崎県壱岐島 *ほーける 福井県 遠敷郡 山梨県 三重県北牟婁郡 京都府 大阪市 島根県 岡山県阿哲郡・浅口郡 *ほける 新潟県佐渡 岐阜県大垣市 愛知県名古屋市 三重県志摩郡 兵庫県淡路島 島根県出雲・隠岐島 徳島県 *ぼれる 岩手県江刺郡・気仙郡「あのじんちぁぼれだ、年だがら」 宮城県石巻 兵庫県淡路島 香川県 *ぽれる 茨城県久慈郡 *ほろける 青森県上北郡 山形県 新潟県下越 長野県諏訪 島根県出雲・隠岐島 高知県香美郡・土佐郡 *ぼろける 山形県西置賜郡

〓の一番高い所 *がんつー(彦根願通寺に大頭の僧侶がいたという言い伝えから) 滋賀県彦根 *ごっぽつ 島根県石見 *だいもん 奈良県 *だいもんじゃ 京都府京都市・竹野郡 奈良県 *でぼ 広島県豊田郡 *どーはち 島根県益田市・鹿足郡

〓の側面 *びんこ 山形県西置賜郡・西村山郡 三重県桑名市「それでびんこへ梅干をはると熱がとれるという」 *びんご・びんごし 愛媛県大三島 *びんたー(ののしって言う語) 愛媛県大三島 *よこすっぽ 和歌山県伊都郡・那賀郡

〓の中央 *さら 新潟県岩船郡(子供の頭髪をそり残す部分) 兵庫県赤穂郡 奈良県吉野郡 *ちょっぺ 奈良県吉野郡 *つじ 徳島県 *なかずぼ 山形県庄内 *なかぼっち 埼玉県北葛飾郡 *ひゃくめき・ひょくめき 山梨県 *ひょーひょーめっき 東京都八王子 *へとめき 秋田県河辺郡

〓のてっぺん *あたまこんべ(「こんべ」は「こーべ」の転) 北海道南部 *あたまのさら・あたまのてんだい 兵庫県赤穂郡 *あたまのてんつりてん 熊本県鹿本郡 *あたまのとっぺん 和歌山県西牟婁郡 *あたまのはち 長崎県対馬 *さら 新潟県岩船郡(子供の頭髪をそり残す部分) 兵庫県赤穂郡 奈良県吉野郡 *じんぎり・ずのー 新潟県佐渡 *しんぽち 奈良県吉野郡 *ずこーべ 新潟県佐渡 *ずひん 高知県高岡郡 *せんが 岡山県 *てっき 長野県 *てっぺち 秋田県鹿角郡 *てへんつ 岐阜県恵那郡 *てんこ 新潟県上越 *てんつじ 愛媛県 *てんなか 東京都三宅島 *とつじ 愛媛県喜多郡 *のーてつ 長野県佐久 *のーてんぽら 千葉県市原郡 *のんこ 香川県仲多度郡・三豊郡 *のんこつじ 香川県三豊郡 *はち 群馬県山田郡 新潟県佐渡・中蒲原郡「あたまのはち」 兵庫県赤穂郡 島根県美濃郡・益田市 徳島県・美馬郡 長崎県対馬 *はつぼ 山形県庄内

〓のはげ ⇩はげあたま(禿頭)

〓のはげていること *かんぱ 宮城県牡鹿郡 茨城県稲敷郡 新潟県上越市「あの人はかんぱになった」・中頸城郡 長野県北安曇郡 *がんぱ 岩手県気仙郡 *かんぱち 沖縄県首里 *かんぽ 茨城県猿島郡 新潟県西頸城郡 *がんぽ 新潟県西頸城郡 *すべ 富山県 *ずべ 富山県 石川県河北郡・江沼郡 岐阜県飛驒 *ずべた 岐阜県飛驒 *ずべとこ 富山県東礪波郡

〓の働き *かなずぶ 山形県最上郡「かなづぶわるい」 *かんど 島根県飯石郡・大原郡 *かんどり 愛知県北設楽郡「狸はかんどりがいいのか、人の言ふてゐる心が解る」 島根県石見 岡山県苫田郡「あいつは、勘どりが悪いぞ、なんぼう言うても解らんらしい」 広島県倉橋島・高田郡 愛媛県「かんどりぬくい(理解し難い)」

〓の働きが鈍い *おそい 香川県 *おぞい 福井県 岐阜県本巣郡 *おぞくたい 岐阜県本巣郡 *おっちどい 岩手県 *おっつとい 岩手県気仙郡 *おどい 和歌山県日高郡「あの子はおどい子だ」

〓の働きが鈍くなる *とぼける 新潟県佐渡 山梨県南巨摩郡「あんしゅのえーしゅ(あの家の人たち)は昔からとぼけるつるね(血統)だ」 長野県上伊那郡・佐久 島根県石見 熊本県上益城郡 *とぼくる 大分県宇佐郡 *とぼる 島根県簸川郡

〓の弱い人 *あかみそ 和歌山県東牟婁郡 *あたせみ(頭の弱い青年) 香川県大川郡 *だくねー 群馬県吾妻郡 *ないしあたま(「ないし」は鯔(ぼら)の意) 島根県出雲 *にもん 新潟県上越市「おやじはちもんで、かかにもん」

〓の悪い人 *さっぽっぽびんた 鹿児島県川辺郡 *どーしした 島根県出雲 *のーたんがん 鹿児島県鹿児島郡 *べーせんきした(「米選機」は米を良米とくず米に分ける網) 島根県大原郡・仁多郡 *べんせんきした 島根県出雲

〓を卑しめて言う語 *あたまのがんこ(「がんこ」も頭の意) 山形県最上郡 *からこび 宮城県北部 *からこびん 岩手県岩手郡 宮城県栗原郡 *からこべ 岩手県気仙郡 *からたま 長崎県五島 *ざっぱ 山形県最上郡「ざっぱ下げろ」

大きい〓 *がえあたま(「がえ」は食器の曲げ物の類) 熊本県 *がえびんた 鹿児島県 *しゃーずちあたま 熊本県玉名郡 *ずがあたま 宮城県仙台市 *でこべん 富山県砺波 *どっかん 島根県隠岐島 *はっしゅーこーべ 新潟県佐渡 *ひずころ 福島県若松市 *ひずごろ 福島県 *ぼらあたま 高知県

おかっぱ〓 ⇩「おかっぱ」の子見出し、「おかっぱ頭」

体のわりに〓の大きいこと *あたまがいち 新潟県 *あたまがち 新潟県佐渡 *あたまじっかん 鳥取県「頭十貫、尻細にや」 *あたまはちか

ん島根県隠岐島

木槌のように、額と後頭部が突き出ている□ *さいこずち 島根県邇摩郡 *さいこずちあたま 高知県長岡郡 *さいこんずちあたま 香川県

後頭部の平らな□ *いなあたま 兵庫県加古郡 岡山県児島郡 *いなこーべ 和歌山県東牟婁郡 *いなどくろ 香川県高松 *かべ 奈良県 *かべあたま・かべどたま 兵庫県加古郡 *がんけあたま 宮城県仙台市 *きんちゃくあたま 香川県木田郡 *ごまいり 鳥取県気高郡 *ごまいりあたま(胡麻(ごま)をいる土器に似ているところから) 和歌山県 鳥取県東部 岡山県津山市 *つくらびんた 宮崎県東諸県郡

後頭部の出た□ *さいずちあたま 山形県 *べんとーごり・べんとごり 島根県益田市

子供を褒めて□をなでること *こっぺはたき 秋田県鹿角郡 *めごめご 山形県「めごめごしてあげた」 *めんこめんこ 青森県三戸郡

すっかりはげている□ ⇩「はげあたま(禿頭)」

そりたての□ *あおたん 栃木県 *あおたんぼーず 栃木県「このあおたんぼうず」 *あおてんぼーず 長野県上田・下伊那郡 *あおばーじ・あおばじ・あおんばーじ 島根県出雲 *ごてす 栃木県安蘇郡 *すこくりぼーず 熊本県・下益城郡 *ずぼ 富山県

疲れて□がぼんやりしているさま *あおらあおら 新潟県上越市「あつくて、あおらあおらした」 *あふあふ・あふたらとふたら・あふらあふら 岩手県気仙郡「腹へったし、あふらあふらどなった」 *あふらとふら 岩手県気仙郡 宮城県玉造郡

頭髪を不ぞろいに刈った□ *えもがっしゃ 福島県相馬 *がんぎあたま 青森県三戸郡 *きじあたま 熊本県玉名郡 *だんだらあたま 島根県 *だんとこあたま 島根県石見 *とらのこあたま 岐阜県飛驒

長い□の者 *げほ 秋田県鹿角郡 *げほー 奈良県 *しっちょぼん 富山県砺波

脳みその足りない□ *すりぬかあたま 香川県 *ぬかあたま・ぬかどくろ 香川県大川郡 *らっかせあたま(落花生は殻のわりに実が小さいところから) 千葉県東葛飾郡

はげ上がるなどして額の広くなっている□ *むけあがり 島根県美濃郡・益田市 *むげあがり 島根県邑智郡・大田市 広島県比婆郡 *もげ 島根県出雲 岡山市 *もげあがり 島根県出雲 岡山県 香川県 *もっぎゃがり 香川県仲多度郡

白髪の□ ⇩「はくはつ(白髪)」の子見出し、「白髪の頭」

額が突き出ている□ *がっぱいつぃぶる 沖縄県首里 *きんちゃくあたま 新潟県佐渡 *さいこずち 島根県邇摩郡 *さいこずちあたま 高知県長岡郡 *さいこんずちあたま 香川県 *さいずちあたま 岐阜県北飛驒 京都市 島根県出雲 長崎県南高来郡 *さいつつあたま 富山県砺波

人にへつらい、むやみに□を下げるもの *おがみ 島根県益田市 *はえとりこぶ 長崎県壱岐島 *へーこーずく・へーへーずく(ぺこぺこ頭を下げる) 新潟県佐渡

短く刈った□ *けしぼーず(五分刈り) 山形県東置賜郡・飽海郡 *ざんぐりあたま 栃木県 *じゃんぎり 島根県 山口県玖珂郡 徳島県 福岡市(五分刈り) *じゃんぎりこべ 新潟県佐渡

あたらしい【新】

*あかい 岐阜県飛驒「あかいべっぺ着ていく」 *あったらい(「あたらし」の転) 群馬県山田郡 *あっちゃい 栃木県塩谷郡 新潟県東蒲原郡「あっちゃい着物」 *あらしー 岐阜県飛驒 *さーらい 和歌山県 *さらい 奈良県吉野郡 和歌山県「この着物まださらい」 愛媛県 *しなうるし(新しいものを初めて用いること。多く身に着けるものについて言う) 沖縄県首里 *しんきゅーに(新しくするさま) 島根県邑智郡・邇摩郡「しんきゅーにこしらえる事は要らん」 *にーか 鹿児島県種子島 *にーし 岩手県下閉伊郡 *にーしー 青森県南部 岩手県 東京都八王子・伊豆諸島「今日は祭でにいしいものを着た」 神奈川県津久井郡・足柄下郡 新潟県佐渡 山梨県 長野県諏訪 静岡県 鹿児島県 *にーな 島根県「にーな靴をはいて行け」 広島県 山口県玖珂郡 徳島県那賀郡 愛媛県大三島 高知県 *にか 宮崎県西諸県郡 鹿児島県 *にけ 宮崎県西諸県郡 鹿児島県 *にしー 青森県南部 新潟県佐渡 *にせ 宮崎県西諸県郡 *ににしー 山梨県中巨摩郡 *にゅーしー 静岡県榛原郡 *みーくに・みーくん 沖縄県首里 *みーさーん 沖縄県石垣島 *みーさい 鹿児島県喜界島 *みーさん 沖縄県首里

□さま(こと・もの) *あった(「あらた」の転) 島根県浜田市 *あば 熊本県「あば洋服」「あば手拭い」 宮崎県 *あばうち 熊本県芦北郡・八代郡 *あらき 静岡県榛原郡「あらきに買わずよ」 *あらこ 三重県志摩郡 *きんきん 岐阜市 *さら 新潟県佐渡・西頸城郡(衣類) 富山県砺波「さらのもん(新品)」 岐阜県稲葉郡 静岡県小笠郡 愛知県碧海郡 三重県 滋賀県 京都市 大阪府大阪市・泉北郡 兵庫県神戸市・淡路島「さらの本を買おて、しんに来た先生に教えて貰うんじゃ」 奈良県 和歌山県 鳥取県西伯郡 島根県 山口県阿武郡 徳島県「さらなときはきれい」 香川県「その着物さらやろが」 愛媛県 高知県「『これはさらかよ』『さらぢゃのーし』」 沖縄県首里 *さらき 兵庫県加古郡 岡山県苫田郡 香川県大川郡「さらきに買わないかん」 *さらけん 島根県隠岐島 *さらさらき 香川県三豊郡 *さらた 奈良県吉野郡 鳥取県西

伯郡 *さらっちょ 和歌山市 *さらっぱち 和歌山県 香川県高見島 *さらっぱん 香川県香川郡 *さらっぴん 香川県木田郡 *さらっぽ 和歌山県那賀郡 *さらてこ・さらてん 和歌山県「さらてこの手拭かぶりくさって」 *しん 兵庫県淡路島「さらの本(新しい本)を買おて、しんに来た先生に教えて貰うんじゃ」 *しんぱ 山形県西田川郡・東田川郡 *しんぱん 長崎県壱岐島「しんぱんにやり直す」 *すあら 三重県志摩郡 *にけもん 鹿児島県 *にんと 鹿児島県 *ばりばり・ぱりぱり 岩手県平泉「やぁこの服ぁばりばりだな」 *ぶえん 高知市「まだ誰っちゃー知らんぶえんの話を聞かそーか(まだ誰も知らないニュースを聞かせようか)」 *みーさ 沖縄県石垣島 *みーむぬ 沖縄県石垣島 *みーむん 沖縄県首里

□**品物** *あたら 岩手県気仙郡「この着物あだらだな」 *あらき 静岡県磐田郡 *あらしこ 愛知県宝飯郡 *あらす 茨城県 長野県上伊那郡「あらすをおろした」・下伊那郡 静岡県榛原郡「このシャッポーはあらすだ」 愛知県名古屋市・知多郡

□**すること** *からき 山口県豊浦郡「からきに造る」

□**するさま** *しんきゅーに 島根県邑智郡・邇摩郡「しんきゅーにこしらえる事は要らん」

□**もの好き** *しんもんぐい(また、新しいもの好きの人) 奈良県南大和 *わさもんずき 熊本県・下益城郡

あたり【辺】 *あたし 三重県阿山郡 和歌山県日高郡 *あて 徳島県美馬郡「ここらあてんやーそんな家やーない」 *からまり 福島県浜通「あのからまりには何もない」 *じ 京都府竹野郡「たしかこらじに落としたと思うが」 *じき 石川県能美郡「このじき(この辺)」 *しょけん 島根県出雲・隠岐「しょけんが騒がしいもんだけん、外へ出て見た」 *そば 千葉県夷隅郡「火の気の無いそばには居られない」・安房郡 東京都三宅島・御蔵島「遠いそばに居た」 静岡県 岡山県和気郡 *たえと 新潟県「火事は学校のたえとだ」 *たえど 新潟県上越市・中頸城郡 *ちっぱ(海上で言う語) 宮城県亘理郡「かないしのちっぱ」 *にー 沖縄県首里「がっこーぬにー(学校の近く)」 *にき 兵庫県加古郡「こんなにきにあった(こんな所にあった)」 香川県 愛媛県 高知県 福岡県 佐賀県 長崎県「いけんはたんにき、ふとかどんくのおる(池の端の辺りに大きな蛙がいる)」 熊本県玉名郡 鹿児島県 *にきー 佐賀県藤津郡「いどんにきー(井戸の辺)」 鹿児島県甑島「海苔のきれいかよう生いとるにきーにゃあ」 *ね 青森県上北郡「そこねにいたべ(その辺にいるだろう)」 秋田県平鹿郡・雄勝郡 島根県隠岐島「宇賀のね行きたら」 *ねき 三重県北牟婁郡「いなえーのねき(お前の家の近所)」 京都府 奈良県南大和 和歌山市 島根県出雲「橋のねきで、へっちゃー会ったわね(橋のたもとで、ぱったり出会ったのよ)」 岡山県阿哲郡 広島県福山 香川県「駅のねき」 愛媛県 福岡県 鹿児島県 *ねきらい 愛媛県宇摩郡 *ねけ 長崎県南高来郡 *ひり 鳥取県西伯郡 *ふち 愛知県西春日井郡 徳島県 香川県「ふちから思うほどこの仕事はえろないぞのう」 高知市「どんなにふちで面白そうに騒ぎよってもあの人一人はちっともうげん」 *へーり 山口県大島「口のへーりに飯粒がついちょる」 *へり 愛知県葉栗郡「西べり(西側)」 鳥取県西伯郡「君のへりに居ると危険だから帰る」 岡山県苫田郡 山口県豊浦郡・玖珂郡 香川県 愛媛県今治市 高知県 *べり 愛知県葉栗郡 *へりー 山口県美祢郡 *ほーり 山口県大島「ほーりほーりで言って貰ふ」 長崎県壱岐島「ほーりがよい」 大分県日田郡「そこぼーりを探してみよ」 *まーい 長野県上伊那郡「おらーまーいじゃー(わたしの家の近所では)」 *まーち 東京都三宅島「埼玉(小字)のまーち」 *まり 長野県上田「そんなまり(その辺)」 岐阜県飛騨(階級的な意味を表す)「おまいたのまり(あなたの辺では)」 *まわし 静岡県「此まーしを通る」 *まわり 栃木県 東京都利島「新島まーりっから」 山梨県南巨摩郡「ひとこ(懐)まーりい菓子やんどう持って来ちゃあくれるだっけ」 島根県石見「邪魔になるけーまーりをのけ」 岡山市 山口県大島 香川県「机のまありへ置いといたのに」 沖縄県石垣島 *みし 静岡県 *もい・もり 鹿児島県「かわんもり(川の辺りに)」 *もーりゃー・もりゃー 佐賀県 *もつれ 島根県 岡山県児島郡 *もと 岩手県気仙郡「それ、おれもっつぁ(もとさ)けろや」「娘もっちゃ(娘の所へ)行ぐのす」「おれぁもどに沢山あるから譲ってやる」 愛知県西春日井郡 長崎県五島「あがんもと(君の家)」 鹿児島県鹿児島郡「そこんもと」・肝属郡 *やーつ 長野県西筑摩郡・諏訪 *やつ 長野県北部・西筑摩郡

□**一面** *いっしき 岩手県気仙郡「いっしき雪だらけになった」

この□ *くまりかー・くりかー 沖縄県首里 *こいらたまり 千葉県夷隅郡「こいらたまりには居ない」 *こーえ 徳島県美馬郡 *こーたい・ここたい 和歌山県 *こーらた 千葉県夷隅郡 *こがー 島根県那賀郡 *こぎゃん 島根県出雲 *こけらじ・ここいらじ・ここらじ・京都府与謝郡 *こげんたり 長崎県伊王島 *ここたし 石川県能美郡 奈良県 和歌山県 *ここたり 三重県北牟婁郡「ここたりに、空屋ぁないかなー」・度会郡 和歌山県 *ここったし 石川県石川郡・能美郡 *ここまり 山口県浮島 *ここらあたし 石川県石川郡 *ここらがた 群馬県多野郡「ここらがたでは紙を随分漉(す)く」 *ここらたし 石川県能美郡 *ここらたり 和歌山県 *ここらまり 岐阜県飛騨「ここらまりへやんだせる(差し上げられる)ものでないけど」 *これー 岡山県吉備郡 *これこ 愛媛県周桑郡「これこでは違(ちご)ー」 *これら 長野県佐久

そこら□ *そーらまし 千葉県君津郡 *そーらんまーし 千葉県夷隅郡・君津郡 *そこらまーり 山梨県南巨摩郡「そこらまーりょーともだちのとこい(そこら辺りの友達の所へ)」 *そこんにき 千葉県山武郡 長崎県西彼杵郡 *そこんにっ 鹿児島県鹿児島郡 *そっかり 長崎県壱岐島

その□ *そごらかごら 岩手県気仙郡「そごらかごらにだれもいない」 *そごらこごら 山形県米沢市 *それー 岡山県吉備郡 *まみんが 鹿児島県喜界島 *もより 群馬県多野郡 岡山県小田郡

どの□ *どこくたり 和歌山県西牟婁郡 *どこたい・どこたし・どこたり 和歌山県 *どこどーり 岩手県気仙郡「どごどおりわるいんだ(どこが悪いのか)」 *どこどり・どこんつりー 大分県玖珠郡「どこどり行きしか」「どこんつりー在るか」 *どこなーて 埼玉県北葛飾郡 *どこない・どこらい 香川県 *どこなく 高知県 *どこね 長野県上田・佐久 *どこねー 富山県 *どこんにき 長崎市

あたりまえ【当前】 *あたり 富山県砺波「ぁたりならもっと何かせんなんがやれど簡略にした」 *あたりこ 愛知県名古屋市「『今日はにこにこと御機嫌だなも』『あたりこさ、うちの牛が子を産んだら牝(めん)だったもん』」 *おーばけんたい 愛媛県大三島 *じゅん 沖縄県首里 *たいて 兵庫県加古郡「たいてのこってでけるか(並たいていのことでできようか、できはしない)」 和歌山県和歌山市・西牟婁郡「たいてやない(大変です)」 *たいてい(下に打ち消しの表現を伴ったり、反語表現になったりして、逆に特別であることを強調する場合に用いることが多い)兵庫県加古郡「たいてぇーことか(何よりも大変良いことだ)」 徳島県「松茸はたいていに見付からぬ」「一寸おくれてもたいてーでおいつかん」 *ついに 沖縄県首里 *どたりまえ 奈良県南葛城郡 *はっかーれー 新潟県佐渡「そうはっかあれい」 *よせら(下に打ち消しを伴って用いる)東京都大島「今日の風はよせら吹いたぢやぁない」 ↓とうぜん(当然)

□のこと *はちはん 富山県 岐阜県飛驒「いつの芝居も俺ははちはん(木戸御免)で見られる」 香川県「その道ははちはんで通ったらえんじゃ」 愛媛県「あの二人の仲ははちはんじゃ」 *はちはんぞ 富山県砺波「人に迷惑かけとってかかって(かけていながら)、はちはんぞな顔しとる」 *はっちゃん 香川県伊吹島「はっちゃんだからかまわぬ」

あたる【当】 *あたりばち(人に強い態度で接すること)鳥取県「あたりばちをくらわせる」「あたりばちを持って行く」 *いきあたる 島根県石見「薬がいきあたると気分がえー」 *まがる 山口県大島「花瓶に袖(そで)がまがって横倒しに倒れた」「あの人は神経質な人ぢゃけまがんなよ」 香川県 愛媛県「これにまがったらきかんぞ」

人につらく□さま *きささきさ 富山県砺波 *ぞんき 茨城県 栃木県「ぞんきな嫁で困った」 群馬県山田郡・館林「親をぞんきにする」 岐阜県飛驒 *ぞんぎ 群馬県邑楽郡

日の□所 *てぃだてぃんじょー 鹿児島県喜界島 *てっとー(日が当たっていること)兵庫県明石郡 *ひあて 島根県隠岐島 熊本県芦北郡・八代郡 *ひうけ 奈良県宇智郡 愛媛県 *ひうら 岐阜県揖斐郡 奈良県 和歌山県日高郡 徳島県 *ひがた 山梨県 静岡県 *ひな 島根県邑智郡 広島県・芦品郡 *ひなたご 愛知県海部郡「ひなたごに出る」 *ひなたびこ 千葉県夷隅郡 *ひなたびら 宮城県登米郡 宮崎県都城 *ひなびら 岡山県真庭郡 *ひのじ 高知県土佐郡 *ひゅーら(日のあたる庭)愛媛県 *ふおけ 島根県仁多郡・隠岐島 ↓ひなた(日向)

ものに荒く□さま *ばんがり 岩手県九戸郡 *でんがり 宮城県仙台市

あちら【彼方】 *あかー 奈良県 *あがー 奈良県・吉野郡 島根県石見「あがー行って見い」 *あがた 沖縄県首里 *あげー 大分県東国東郡(中流以下)・北海部郡 *あっちかた 山梨県 *あっちがた 長野県佐久 *あまりかー・ありかー 沖縄県首里 *あんげ 福岡県 熊本県阿蘇郡・下益城郡 大分県 宮崎県日向 ↓あっち(彼方)

□の方 *あち 青森県 秋田市南部 山形県 福島県 神奈川県川崎市 愛媛県松山市 高知県 長崎市 大分県臼杵市 *あちゃ 青森県三戸郡 香川県高松市 *あちゃっぱら 和歌山県那賀郡 *あっちぇ 新潟県佐渡 *あっちぇぐち 新潟県佐渡 *あっちさ・あっちさね 大分県東北部 *あっちっぺた・あっちぺた 新潟県中頸城郡 *あっちべた 大分県大分郡・大野郡 *あっちゃ 富山県砺波 福井県大飯郡 三重県 京都府与謝郡 徳島県 長崎県北松浦郡 *あっちゃべた 三重県南牟婁郡 *あっちゃべら 奈良県 *あっちゃん 東京都青ケ島 熊本県 *あって 石川県鳳至郡・羽咋郡 *あまむてぃ 沖縄県首里 *あんちゃ 大阪府中河内郡

□側 *あちがき 愛媛県 *あちて 香川県 *あちらべた 岐阜県山県郡 *あっちうら・あっつうら 富山県 *あっちっか 長野県佐久 *あっちっぱた 埼玉県北葛飾郡 *あっちべた 新潟県 岐阜県 愛知県西部 滋賀県彦根 *あっちぺた 新潟県東蒲原郡 三重県北牟婁郡 *あっちべら 滋賀県彦根 奈良県南部 愛媛県周桑郡 *あっちぺら 大阪府南河内郡 *あっちむけー 埼玉県北葛飾郡 *あっちゃうら 富山県砺波 *あっちゃっぺら 奈良県吉野郡 *あっちゃべた 富山県砺波 岐阜県岐阜市・大垣市 愛知県知多郡

*あっちゃべら 奈良県宇陀郡 *あってべこ 和歌山県東牟婁郡 *あっべた 新潟県東蒲原郡 *あまむてぃ 沖縄県首里

あつい【暑】 *あたい 静岡県周智郡 宮崎県西臼杵郡 *あっちぇー 福島県会津 新潟県三島郡 *あっちゃい 山形県庄内 新潟県 *あつぽったい 静岡県榛原郡 *あつらっこい 新潟県中頸城郡 *あつらぼったい 静岡県 *あてー 大分県南海部郡・大分郡「今日はあてー」 *えんきてー 秋田県平鹿郡・由利郡 *にゅっか 鹿児島県揖宿郡「にゅっかひよい(暑い日和)」 *ぬき 岩手県紫波郡 秋田県「今日はあまりぬぎので海に入った」 *ぬきー 岡山県児島郡 広島県豊田郡 大分県 宮崎県「なかなかぬきかったなー」 鹿児島県 *ぬくい 青森県津軽・三戸郡「このぬぐい盛りね。よく歩げたもんだでば」 秋田県南秋田郡 山形県東田川郡 福島県相馬郡 石川県河北郡「炭焼はぬくかたべしや(暑かったでしょう)」 島根県 徳島県 愛媛県西宇和郡 長崎県南高来郡 大分県日田郡 鹿児島県・肝属郡 *ぬくたい 岐阜県郡上郡 三重県志摩 *ぬくとい 石川県石川郡 長野県上田 *ぬけぁ 秋田県北秋田郡・平鹿郡「けふはぬげぁお天気だ」 *ぬっか 佐賀県東松浦郡・三養基郡 熊本県 宮崎県西諸県郡 鹿児島県出水郡 *のきー 島根県大原郡・隠岐島 *のく 島根県出雲「今日はのくなー」 *のくい 島根県隠岐島・出雲「今日はのくてやれん」 *のくとい 岐阜県飛騨 *のこい 山形県西田川郡(暑苦しい) 島根県大原郡

□てむしむしする *うみる(蒸す)岐阜県郡上郡「今日はばかにうみるが、きっと夕立ちがくるぞ」 *おみる(蒸す)島根県「沢山着るとおみるやな気がする」 *にだえる 兵庫県「今日はよくにだえますね」 岡山市 *にだめく 佐賀県 *にやずく 鳥取県東伯郡 *にやつく 福岡市 熊本県 *にやめく 長崎市 *にらえる 兵庫県明石郡「今日は朝からにらえるなー」 *ねだめく 佐賀県

□なる *おめく 大分市 *ぷーみちゅい 鹿児島県喜界島「ぷーみちゅんてぃんきでーる(蒸し暑い天気でございます)」 *ふみちゅん 沖縄県首里 *ふむんぐん 沖縄県石垣島 *ほとーる 東京都八丈島「ほとーりーたそぢゃ(挨拶の言葉。お暑うございます)」 *ほとる 東京都八丈島 三重県度会郡 *ほのく 高知県「今日はほのきますね」 *ほめく 京都府 島根県隠岐島 福岡県粕屋郡 佐賀県 長崎県「ひどうほめくもんぞ(ひどく蒸し暑いですね)」 熊本県 大分県 鹿児島県 *ほめっ 鹿児島県

非常に□ *あたあつい 兵庫県明石郡 和歌山県西部 *あたつい 和歌山県東牟婁郡 *じかじか(たいへん暑いさま)山形県 *ふんきゅん 鹿児島県奄美大島 *ほめきー 高知県香美郡「ほめきーき、すいのこにいきよる(暑苦しいから水泳に行っている)」 *わっくわっく(ひどく暑いさま)島根県大原郡「夕日で部屋がわっくわっくする」

あつい【熱】 *あたい 静岡県周智郡 宮崎県西臼杵郡 *あたたい 岐阜県郡上郡 三重県 *あったい 佐賀県 長崎県・北松浦郡・五島 *あっちぇー 福島県会津 新潟県三島郡 *あっちゃい 山形県庄内「この火箸、あっちゃえぐて困る」 新潟県 *あてー 大分県南海部郡・大分郡 *いたい 徳島県「この風呂いとーてかなわん」 香川県「お茶がいたい」 愛媛県 熊本県 宮崎県 鹿児島県大隅 *いたさん 沖縄県竹富島 *いちゃさい 鹿児島県喜界島 *いっちゃん 鹿児島県徳之島 *いっつぁーん 沖縄県鳩間島 *たぎる(まだ熱い状態だ)熊本県菊池郡「風呂やつがやっぱたぎるけん、まちいっとうべち下はり(風呂の湯がやはり熱いからもう少しうめて下さい)」 鹿児島県「干物がまだたぎっちょる」・肝属郡 *ちちー 栃木県那須郡「湯がちちい」 *つよい 群馬県山田郡「ゆがつよい」 *ぬくとい 愛知県北設楽郡「ぬくといのものを食ふ」

□時に発する語 *あいた 香川県・高松 高知県「あいた、此の火箸を焼いちゃーったね。たまるもんか」 鹿児島県・肝属郡 *あちゃちゃんぼちゃちゃん 兵庫県加古郡

□くなる *あつぃりゅん(多く、食べ物などについて言う)沖縄県首里 *ことる 滋賀県高島郡 *ふかいるん 沖縄県石垣島 *ふみちゅん(熱く感じることもいう)沖縄県首里 *ほかる(体や顔などが熱くなる)鳥取県 島根県出雲「人前で顔がほかった」 岡山県 *ほがる(体や顔などが熱くなる)広島県中部 *ほげる(体や顔などが熱くなる)愛媛県周桑郡 *ほたく 島根県隠岐島「顔がほたく」 *ほとーる 長野県諏訪 岐阜県大垣市 静岡県磐田郡 *ほどーる 茨城県 *ほとる 群馬県勢多郡 新潟県「かぜひいてねつがあるげで、かおがほとっとる」 長野県佐久 *ほめく(熱く感じることもいう)石川県江沼郡・舳倉島 福井県坂井郡 大阪市 兵庫県加古郡 奈良県 島根県益田市 山口県・豊浦郡 徳島県 愛媛県・大三島「顔がほめーて」 佐賀県 長崎市 熊本県玉名郡・八代郡 大分県東国東郡 鹿児島県 *ほめる(熱く感じることもいう)岡山県御津郡

ひどく□ *あたあつい 兵庫県明石郡 和歌山県西部 *あたつい 和歌山県東牟婁郡 *しゃしゃくて・しゃしゃくてー 東京都八丈島

あつかましい【厚】 *うっさい(また、しつこい)新潟県頸城 *うっとしー 徳島市 *おしがいー 愛知県知多郡 *おしょーし・しょし 新潟県中頸城郡 *じらたい 滋賀県 京都府北部 兵庫県西宮 *ずくがよい 青森県三戸郡 *つさっぱじない・つさっぱじー 岩手県気仙郡 *つらけねー 山形県西田川郡 *つらつけない 北海道函館 青森県 岩手県下閉伊郡 秋田県「つらつけなく何でも云ふやつだ」 山形県 新潟県 石川県 *つらつけにゃー 新潟県佐渡 *つらつけね 青森県上北郡

山形県「つらつけね女だの」 *つらっぱじけない 宮城県仙台市「つらっぱぢけない人」 *つらっぱしない 千葉県 武蔵 新潟県中頸城郡 山梨県南巨摩郡 長野県下水内郡 *つらっぱじない 群馬県館林 千葉県東葛飾郡 東京都南多摩郡 山梨県南巨摩郡「あがーに(あんなに)恥をかいていなぎら(いながら)人前にひん出るなんちゅうはつらっぱじないもんだ」 *つらっぱちない 神奈川県津久井郡 *つらはじない 山口県豊浦郡 *つらぱじない 岩手県九戸郡 山形県東置賜郡 *つらぱちない 茨城県北茨城郡 *はばしい 山口県大島「はばしい人」 愛媛県 *ふんずらつけない 青森県「ふんづらつけねぇ子供だ」 *へらこい 大阪府泉北郡 和歌山県「あの人へらこいことする」 *へらこない 三重県志摩崎島(食べ物をもらう際に少しも遠慮しない意)・志摩郡 *へらっこい 和歌山県 *まがりかまし— 愛媛県 *まずらこい 三重県志摩郡 →こうがん(厚顔)・ずうずうしい(図図)・ずぶとい(図太)

▢顔 *じら 沖縄県首里「じらなゆん(ずうずうしくなる)」 *むくつく(厚かましい顔つきをするさま) 大分県南海部郡

▢こと *ぬりほし 長崎県北松浦郡「いくら言はれてもつらぬりほししとる」 *ぬれほし 長崎県壱岐島 *めつらなし(また、向こう見ず) 香川県「めつらなしに追いかける」 *せんまいずら・せんまいはられ(きわめて厚かましいこと) 長崎県対馬

▢さま *がま 石川県 *がまん 奈良県南大和 *しらかわ・しらかー 静岡県「しらかーな女だ」 *ずーずー(厚かましくて恥知らずのさま) 茨城県多賀郡 *つらこー 島根県邑智郡 *つらずら 岩手県気仙郡「よくつらづらに来たもんだ」 *つらっこー 島根県石見 広島県山県郡 *つらでっこー 新潟県佐渡 *つらのっぺり 長崎県対馬「彼は此処に来る顔は無い筈であるのに、つらのっぺりと平気で来て話をして行った」 *べんべん 青森県三戸郡「今時分どのつらして、べんべんど来られるけぁ」 長崎県対馬 *まずら 三重県志摩郡 *めつらなし 香川県 *もっけ 岩手県気仙郡

▢人 *つらずらしー 山口県豊浦郡 *てっこめろり(若い女) 新潟県 *でんこー 新潟県岩船郡 *ぬりほし 長崎県北松浦郡 *ぬれほし 長崎県壱岐島 *めつらなし 香川県

あっけない【呆気無】 *あいぎょーもない 静岡県榛原郡「あいぎょうもない死に方」 *あいさない 和歌山市「あんまり早よすんであいさない」 *あちけね 山形県 *あやない 鳥取県倉吉市「あやなーことだったがやあ」・東伯郡「あやなーに死んだ」 *あんけね 山形県「これはあんけね」 *けっけらくもない 岩手県気仙郡「行ってみだどもなんのけっけらぐもねぁ」 宮城県栗原郡 山形県西置賜郡 *けっぷりけあない 秋田県鹿角郡 *けっぽらいない 青森県南部 *けっぽれあなえー 岩手県九戸郡 *けっぽれあやない 青森県三戸郡 *けなー 愛媛県大三島「まーけなー事だにー(まああっけなく死んでしまったことよねー)」 *けない 山形県東田川郡・飽海郡 島根県石見「この炭はけない」 広島県 山口県「この織物は見てくれはえーけれどまことにけないでの」・豊浦郡 徳島県「子供が多いのでお菓子やこーてきてもけないもんじゃ」 香川県「このごろぜにがいかさまけないのー」 愛媛県 高知県吾川郡 福岡県小倉市・企救郡 *さえけがない 青森県南部 *すっけんなか 熊本県芦北郡・八代郡 *そっけない 山形県米沢市 奈良県南大和 *ぞっけない 福島県南部・会津「何だぞっけねえ仕事だったなあ」 *そっぱいない 秋田県「本当にそっぴゃねぁ」 高知県長岡郡 *ぞんげもない 岡山市「ぞんげもなぇ死にかたぁした」 *だらくさい 富山県 石川県 岐阜県飛騨 *たるい 長野県 岐阜県 愛知県「そんな事たるい」 *だるい 滋賀県甲賀郡 *たるくさい 長野県下伊那郡 岐阜市 愛知県東春日井郡・知多郡 *だるくさい 愛知県東春日井郡 三重県 滋賀県彦根・甲賀郡 *つきゃーない 青森県「あまりはやくてつぎぁない」 *てまない 青森県津軽「てまなぇぐ負けた」 *ひょしがね・ひょしゃね 宮崎県東諸県郡 *ひょしむない 福岡県 *へんもない(何の特徴もないことにもいう) 福井県南条郡 岐阜県揖斐郡 京都府竹野郡「なんのへんもなゃーお汁だなぁ」 *へんこつがない(何の特徴もないことにもいう) 岡山県小田郡 *もげない 島根県石見「せっかく行って見たがもげのーて戻って来た」 広島県比婆郡「すぐ終ってもげなかった」・高田郡 山口県

▢さま *ばーっと・ばーと・ばっと 長崎県壱岐島「ばっとした話ぢゃった」 *ぺそら 栃木県大田原市「男にぺそらだまされた」

あっこう【悪口】 ⇩わるくち(悪口)

あっこうぞうごん【悪口雑言】 *あくたいもくたい 青森県津軽 岩手県「あくたいもくたい吠(ほ)える」 宮城県登米郡 山形県東置賜郡・西置賜郡 埼玉県秩父郡「あくてー、もくてーこきゃあがる」 島根県出雲 長崎県対馬「あくてえもくてえしこでこ言うて罵る」 *あくだいもっこ 山形県北村山郡 *あくたもくた 栃木県東部 東京都八王子 神奈川県津久井郡 奈良県宇陀郡 島根県「お前のことをあくたもくたに言うた」 香川県 *あばくち(悪口雑言を吐く人) 岩手県気仙郡 *くちあくぞ 宮崎県 *しょんべたれ 大阪市 奈良県 *じれ 秋田県鹿角郡 *どーくち 兵庫県加古郡 *どーくちぃー(悪口雑言を吐く人) 兵庫県加古郡 *やくたいもくたい 香川県仲多度郡

あっち【彼方】 *あーんで 埼玉県秩父郡「あぁんでの山に雪が降った」 *あち 青森県 秋田市南部 山形県 福島県 神奈川県川崎市 愛媛県松山市 高知県 長崎市 大分県臼杵市 *あちゃ 青森県三戸郡 香川県高松市 *あっちぇ 新潟県

佐渡 *あっちゃ 富山県砺波 福井県大飯郡 三重県 京都府与謝郡 徳島県 長崎県北松浦郡 *あっちゃん 東京都青ヶ島 熊本県 *あって 石川県鳳至郡・羽咋郡 *あま 鹿児島県奄美大島・喜界島 沖縄県 *あまー 鹿児島県沖永良部島 *あんちゃ 大阪府中河内郡 *あんなき 香川県 *あんなけ 岡山県吉備郡 *あんなこ 香川県三豊郡 *あんのけ 岡山県吉備郡 *おんし 高知県高岡郡 *かーま・かめー 沖縄県石垣島 *かま 沖縄県宮古島・八重山 *はなー 沖縄県波照間島 *はま 沖縄県黒島

↓あちら（彼方）

あつまる【集】 *うぐなーいん 沖縄県宮古島 *こてまる 福岡県田川郡 *ささる 宮城県栗原郡・仙台市 *すりゆん 沖縄県首里 *たかまる 和歌山県和歌山市・東牟婁郡 高知県幡多郡 *たかれる 熊本県南部「鳥がたかれとる」 *たてる 高知県・高知市「蟻が砂糖のかたまりにたてちょる」 *であう 長崎県対馬 *まくれる 富山県「あの田へ雀(すずめ)ゃまくれて来とる」 山口県 *まじばる 青森県津軽「ばばんどァ(婆さんたちが)、寺こさまじばる日だネ」 *まるつむ(分散したものが集まる) 島根県益田市 *もがる 三重県北牟婁郡 *もくれる 広島県高田郡 *よさる 岩手県気仙郡「もっとこっちさよされ」 山形県東置賜郡・西置賜郡 千葉県印旛郡 東京都利島「晴着を着てよさって親戚の家にゆく」・八丈島 長野県佐久 静岡県志太郡 *よはる 岩手県気仙郡 *よる 岐阜県不破郡「大勢よってな」 三重県名張市・度会郡「よれて来い」 島根県「今夜よらこい(集まろう)」 鹿児島県日置郡 *よれる 岐阜県不破郡「一と所(とこ)よれるやらよれんやら分からへんで」 三重県度会郡「よれておる(集まっている)」

生き物が多数□ているさま *ぐにゃぐにゃ・ごにゃごにゃ 山形県北村山郡 *ごんもいごんもい 鹿児島県肝属郡 *どんぐいどんぐい 鹿児島県肝属郡 *どんぐりまんぐり 島根県鹿足郡・益田市「風呂の中いどんぐりまんぐり人がはいっとる」 *どんぐりもんぐり 島根県美濃郡・益田市 *にやにや 岩手県南部 *もつもつ 岩手県気仙郡

一か所に□ *いどまる 長崎県対馬 *うつしかける 島根県邇摩郡 *つかす 長崎県対馬「多人数の人がつかしかける」

人が□ *こぞる 岩手県気仙郡(また、人家が集まる) 群馬県多野郡「何をこぞっているだ」 *こじょる 秋田県鹿角郡 *たまる 奈良県南大和 *ばんば(他人の集まる所) 富山県 滋賀県彦根

ものが多く□ているさま *かりかたまり(うようよ集まっていること) 長崎県壱岐島 *ぐいち 長崎県壱岐島「何もかむぐいちしちゃでけん」 *ぐじゃがたまり(たくさん集まっていること) 福岡市 *ぐじゃぐじゃ 新潟県佐渡 徳島県 *ぐじょぐじょ(小さいものがたくさん集まっているさま) 福岡県久留米市・三井郡 *ぐっしゃぐっしゃ 長野県上伊那郡 *こずこず 栃木県 *ごずごず 栃木県河内郡 長野県諏訪・東筑摩郡「ごずごずした蚕になった」 *ごまごま(小さなものの集まっているさま) 宮城県仙台市「子どもをごまごま連れてきた」 *ねんずごんず(何もかも区別なく集まっているさま) 宮城県石巻「ねんずごんず寄ってたかって」 *めんずこんず(何もかも区別なく集まっているさま) 山口県豊浦郡 *めんずごんず(何もかも区別なく集まっているさま) 岩手県気仙郡

ものが多く□ *たたかる 新潟県佐渡「蠅がたたかってこまる」 *たらがる 千葉県長生郡 *のまえる 富山県砺波 石川県江沼郡・金沢市 *ふねがつく 香川県綾歌郡「皆から呉れて柿の舟がついた」

あつめる【集】 *あつべもの(不ぞろいなものを集めたもの) 岩手県気仙郡 宮城県仙台市 *あつぺもの(不ぞろいなものを集めたもの) 宮城県石巻 *うがく(多く集める) 愛媛県 *うがす(多く集める) 山口県「さんぶーうがーたかよー(三郎君はたくさん釣れたかね)」 *おごねる(散らばったものを集める) 島根県隠岐島 *かたむる 福岡県企救郡 *かためる 兵庫県加古郡「ごみを散らさないでかためとく」 福岡県小倉市 *すらーしゅん 沖縄県首里「どーぐ(道具)、すらーしゅん」 *すろーしん 沖縄県石垣島 *たがめる・たぐめる 千葉県市原郡「散らばっているからたがめておけ」 *ただずめる 山形県庄内 *とぅいすらーしゅん(もれなく集める) 沖縄県首里 *どんまじべる 岩手県九戸郡 *なつべる・なつめる・まとべる 京都府 *などべる 京都府加佐郡 *まじべる 青森県津軽「つぎき

方/言/の/窓

●共通語に導入された方言

「松毬（まつかさ）」をいうマツボックリは関東周辺の方言が共通語に取り入れられた語の例であるが、ほかにも、東京都区内よりも、その周辺の地域で盛んに使われているものが共通語となっている例がある。

たとえば、「明後日の翌日」は都区内ではシアサッテであるが、周辺はヤノアサッテである。一方、西日本ではシアサッテが一般的でこれなどは西から導入されたと見られる。

ガメツイ、シンドイ、ジキニ（すぐに）なども関西弁が共通語にとり入れられた例であるが、その他の地域からの流入例も多い。たとえば、神奈川で頻繁に用いられていたジャンという文末語、また「〜みたいに」を〜ミタクという関東方言。これらもいずれは標準語としての地位を得るのかもしれない。

れこ(布切れ)、みんなまじべてとっておげへ」 岩手県九戸郡 *まつべる 青森県 新潟県西蒲原郡・中頸城郡 長野県佐久 京都府北部 兵庫県加古郡 鳥取県東部 *まつめる 長野県 京都府

*まるける 和歌山県 *もそげる(乱雑に集める) 徳島県「糸をもそげる」 香川県綾歌郡「それもそげてほりこんどけ」 *ゆらーしゅん(人を集める) 沖縄県首里 *よせる 山形県「沢山よしぇる」 長野県上伊那郡「灯りの松よせる仕事にしちゃあ」 岐阜県郡上郡 香川県大川郡「そのごみよせとけ」 *よすい 宮崎県西諸県郡

一まとめに□ *よじむる 和歌山県日高郡 *よじめる 神奈川県中郡 和歌山県「そこらよじめて御飯にしようか」 *よじる 和歌山県西牟婁郡

福岡県朝倉郡 *よちめる 和歌山県東牟婁郡

徳島県美馬郡 高知県「道具をよちめちょきよ」 *よつむ 和歌山県「そこの本よつめとけ」

*よつめる 和歌山県東牟婁郡 長崎県対馬

あて【当】

*あてめ 秋田県鹿角郡「あてめが外れる」 *おもれ 福岡県 *かて 新潟県佐渡「彼なんかかてにせん」 *しゃきら 島根県石見「どこをしゃきらはなー(目的はなく)歩き回る」 *じょぎ・じょんぎ 青森県津軽(当てになること)「あの人は何でもじょぎならぬ」 *みずぃむい 沖縄県首里「みずぃむいそーい(見積もりが違う。当てが外れる)」

□がない *おーかーもない・おーかもない 島根県邑智郡「何時になったら戻って来るかおーかもない」 *すてん(当てもないこと) 山梨県南巨摩郡「すてんに旅行すらー面白い」 *ほーだいがない 新潟県佐渡

□が外れる *あごがはずれる 香川県仲多度郡「そなんこと思とったらあごがはずれるぞ」 *あてぃかわゆん 沖縄県首里 *あまむく 石川県金沢市 *ごねる 香川県 *すかす(当てを外す) 滋賀県彦根 徳島県 *すぼをかるー・すぼをくー(「かるう」は担う意) 島根県石見「せっかく益田まで行ったが、あてがはずれてすぼをかるーだ」 *すやくる 岐阜県 *すやける 島根県益田市 *すやこく 岐阜県飛騨 *すやる 岐阜県 *すやをくー 島根県石見「折角行ったが留守ですやをくーた」 *すんてんくらう 和歌山県 *てとる 青森県津軽「約束やぶて、みなね、てとらへるんだことへばまなぇでぁ」 *なぐれる 徳島県「猟になぐれる(獲物がない)」・那賀郡 愛媛県大三島

*はずみそこなう 愛媛県大三島 *はながあく 香川県三豊郡 *はなをあける 島根県「雨が降ってはなーあけた」 *ぺける 島根県出雲市「折角あてにして来たがぺけた」 *へねる 島根県邑智郡「雨が降って約束がへねた」 *ほーかす 島根県邑智郡「何もかもほーかした」

□が外れること *あほばらい 和歌山県日高郡

*かすつぼ 和歌山県東牟婁郡「あの人にかすつぼくった」 *すか 新潟県西頸城郡「くじはすかさ」 福井県 静岡県志太郡・榛原郡 京都市

大阪府大阪市「すか踏む(すっぽかされる。むだ足踏む)」・泉北郡 兵庫県「すかになる」 奈良県「宝くじは五枚共すかやった」 和歌山県「随分待ったけれどとうとすかくわされた」 島根県

徳島県 香川県綾歌郡・仲多度郡「すかくらす」

熊本県下益城郡 *すかたん 新潟県上越 石川県加賀 静岡県浜名郡「すかたんくらう」 三重県志摩郡 滋賀県彦根 京都市「すかたん食はされた」 大阪府大阪市・泉北郡 兵庫県 奈良県 和歌山県 広島県高田郡 徳島県「此の月は百円はもうけると思ったのにすかたんになってしまった」 香川県 *すかっちょ 奈良県「あの弾丸はすかっちょへ飛んで行った」 *すかとん・すかま・すかんぽ 徳島県 *すかまのごらいこ 徳島県阿波郡 *すこ・すこてん 静岡県浜名郡「きょーわすこだい(今日は不漁だ)」 *すこたん 石川県加賀 和歌山県「すこたんくろた」 *すっかん 岡山県苫田郡「ようにすっかんくわされてのー」 *すや(「的をそれた矢」の意から) 島根県石見「約束がすやになった」 *でぼ 長崎県対馬「きょうはでぼこいた」

□にする *あちえこぶし(当てにしている事柄) 宮崎県東諸県郡「あちえんこぶしがはづるる」

*あしめる 富山県 石川県「それはあしめーち来たんじゃが、よわったのー(それは当てにして来たんだが困ったな)」 岐阜県飛騨 *あてめる(「あてめ」の動詞化) 秋田県鹿角郡 *あてる 大分県臼杵市 *かいなう(他人を当てにする) 岐阜県飛騨「人をかいのっとると仕事が遅うなる」

*かぎなう(他人を当てにする) 石川県金沢市

*かぎのう(他人を当てにする) 東京都大島「かぎのふ人があるからいいさ」 *かけー(当てにすること) 山梨県 *かけそく(当てにすること・する人) 岩手県気仙郡「人をかけそくにすんな」 宮城県石巻「かげそぐねぁくて(手不足で)つい御無沙汰すておりす」・仙台市 山形県「あの人をかけそくしてあだめだ」 *たるがきゆん 沖縄県首里 *つぃむゆん 沖縄県首里 *やまき(万一の僥倖を当てにする者) 香川県三豊郡

□にならないこと *あてーもこてーもならぬ(当てにならない) 長崎県対馬 *あぶにほーかぶり 岩手県気仙郡 *かっぽ 愛媛県 *きつねうまいのせたごと・きつねうまいのったごと 福岡市 *くーけん(ぼんやりして当てにならないさま) 福井県 *すっぱくろ・すっぺくろ 徳島県

*すっぺくろー 徳島県 高知県 *てらにきる(当てにしない) 岩手県九戸郡「彼奴はてらにきっとけ」・気仙郡 *ほどらい(当てにならないさま) 奈良県南大和

□にならない人 *うらへら 神奈川県津久井郡

富山県高岡市・砺波「愛想よけれどうらへらあってあかん奴や」 *うらへらもん 富山県下新川郡 福井県大飯郡 *どんべんぐら 新潟県佐渡

*ひょっとこ 山口県豊浦郡

あてこすり【当擦】 ⇩ひにく（皮肉）

あてずいりょう【当推量】 ＊**あてぃげーふー** 沖縄県首里 ＊**あてがい** 新潟県東蒲原郡 富山県 岐阜県飛驒 兵庫県淡路島 和歌山県東牟婁郡 大分県 ＊**あてがいずっぽー・あてがいでっぽー** 新潟県西頸城郡 ＊**あでこ** 新潟県東蒲原郡 ＊**あてす** 島根県益田市・邑智郡 ＊**あてずっぽなし** 福島県東白川郡 ＊**あてすっぽら** 栃木県河内郡 ＊**あてすんぽー** 高知県 ＊**あてちっぽ・あてちっぽー** 香川県 ＊**あてつ** 岡山県・苫田郡 ＊**あてっぱち** 香川県三豊郡 ＊**あてっぱり** 香川県伊吹島 ＊**あてっぷしぎゃー** 佐賀県 ＊**あてっぽ** 鳥取県 島根県 香川県 ＊**あてっぽー** 新潟県岩船郡 岡山県「あてっぽーを云ふ」 山口県大島 愛媛県宇和島 福岡市 ＊**あてっぽーず** 新潟県「あてっぽうずにしたら当った」 ＊**あてっぽか・あてっぽさ** 愛媛県 ＊**あてっぽかい** 鳥取県 島根県大原郡 ＊**あてっぽがい** 香川県西部 ＊**あてっぽくさー** 千葉県山武郡 ＊**あてっぽこ** 岡山県児島郡 ＊**あてっぽす** 新潟県 和歌山県西牟婁郡 福岡市 ＊**あてっぽなし** 北海道 岩手県上閉伊郡 宮城県仙台市 秋田県鹿角郡 ＊**あてぽなし** 宮城県石巻「あてぽなし言ったのにすっかり当った」 秋田県鹿角郡 ＊**あてんぽー** 島根県鹿足郡・益田市 山口県大島 福岡県 ＊**あてんぽす** 島根県鹿足郡・美濃郡 ＊**あわせる**（当て推量をする） 新潟県東蒲原郡 ＊**おっかぶせ** 群馬県邑楽郡「おっかぶせをゆー」 ＊**けんつく・けんとくそ** 徳島県那賀郡「けんつく言う」 ＊**こしだめ** 埼玉県秩父郡「こしだめで注文したら、こんなに余ってしまった」 静岡県榛原郡 ＊**こて・こてくそ・こてつけ** 徳島県 ＊**さっちゅー** 沖縄県首里「さっちゅーむぬいー（いいかげんに推測してものを言うこと）」 ＊**すいをまわす**（当て推量をする） 東京都三宅島 ＊**そこらへんゆー**（当て推量を言う） 徳島県那賀郡 ＊**ちむあてぃげー** 沖縄県首里 ＊**てっぽすっぽ** 和歌山県「てっぽすっぽに言ふ」 ＊**てんご** 徳島県海部郡 ＊**ほどらい** 三重県阿山郡「ほどらい言う」 兵庫県加古郡

↓あてずっぽう（当―）・「いいかげん（好加減）」の子見出し、「いいかげんなこと」

あてずっぽう【当―】 ＊**あてぃげーふー** 沖縄県首里 ＊**あてがい** 新潟県東蒲原郡 富山県 岐阜県飛驒 兵庫県淡路島 和歌山県東牟婁郡 大分県 ＊**あてがいずっぽー・あてがいでっぽー** 新潟県西頸城郡 ＊**おけんと** 香川県高松市 ＊**およそまく・およそまくり** 愛媛県 ＊**てっぽ** 島根県大田市「てっぽで書いたら当った」 ＊**てっぽすっぽ** 和歌山県「てっぽすっぽに言ふ」 ＊**てんぷくてんさい** 島根県簸川郡 ＊**てんぽくさい・てんぽこてんさい** 島根県出雲「勝つか負けるかてんぽくさいでやって見る」 ＊**てんぽくてんさい** 島根県「てんぽくてんさいをすると後で困るで」 ＊**めくらあて** 山形県南村山郡 ＊**めくらさんぽ** 島根県出雲「めくらさんぽに探してもだめだ」 ＊**めくらめっそ** 和歌山県 ＊**めくらめっそー** 和歌山県 福岡市 ＊**めくらめっぽーかい** 和歌山県日高郡

↓あてずいりょう（当推量）

あてつけ【当―】 ⇩ひにく（皮肉）

あと【後】 ＊**あがり**（何かことのあった後） 岩手県気仙郡「このあがり見でいろ、金持ちになるから」 福島県石城郡 埼玉県北葛飾郡 熊本県天草島「日露戦争あがりいが六十銭になったりゃあ」 ＊**あとする** 富山県砺波（人の後になる）「要領の悪い奴でいつも人のあとしとる」 香川県大川郡（後を継ぐ）「あとするひと（後を継ぐ人。長男）」 ＊**あとっこー** 静岡県（後の方） ＊**あとて** 香川県 熊本県下益城郡 ＊**あとまる**（後になる） 岩手県気仙郡「ばっぱ（婆）の方、じんつぁ（爺）よりあどまって死んだ」 ＊**くしゃーなしん**（後にする） 沖縄県石垣島 ＊**すえばって**（後になるほど） 青森県津軽 ＊**すぐつけ**（すぐ後） 山形県東置賜郡・米沢市「すぐづげに、え（行）った」 島根県「飯を食ってすぐつけ菓子を食う」 ＊**すぐなり**（すぐ後） 島根県隠岐島

□**から後から** ＊**おいくれおいくれ** 広島県倉橋島 ＊**しかしか** 青森県津軽「しかしかど乾く」 岩手県気仙郡 ＊**せんぐり** 福井県遠敷郡 三重県員弁郡 滋賀県彦根 奈良県 徳島県「畑の草はせんぐりに生える」 香川県「うちの親父はせんぐりおこる」 ＊**せんぐりせんぐり** 岐阜県郡上郡 大阪市 兵庫県明石郡 奈良県 和歌山県 ＊**せんぐりまんぐり** 徳島県 香川県丸亀市 ＊**てんぐりまんぐり** 鳥取県東部

□**にも先にも** ＊**けーにもはれにも** 長崎県対馬「けえにもはれにもたった一人の息子である」 ＊**けーもはれも** 長崎県北松浦郡 ＊**けともはれとも** 香川県仲多度郡 ＊**けにもはれにも** 島根県石見「けにもはれにもこれしきゃーなー」 山口県 ＊**てーにもはれにも** 富山県砺波 ＊**てーむはれーむ** 長崎県壱岐島 ＊**てーもはりゃーも** 佐賀県 ＊**てーもはれも** 鹿児島県 ＊**てーんはれん・てんはれん** 熊本県玉名郡「てーんはれん一文無し」 ＊**てにもはらにも** 福岡市「てにもはらにもこの子一人たい」 ＊**てにもはれにも** 富山県砺波 石川県金沢市 島根県「てにもはれにもこの羽織しかなー」 広島県高田郡 香川県 ＊**てんにもはれにも** 島根県 ＊**てんにもはんにも** 岐阜県飛驒「てんにもはんにもこれ一つとなった」 ＊**てんもはりゃんも** 熊本県八代郡

□**の祭り** ＊**あとごっ** 鹿児島県肝属郡 ＊**あとごと** 島根県隠岐島「何もかもあとごとになってしまった」 ＊**あとのまい** 広島県高田郡 ＊**あとへんへん** 香川県 愛媛県大三島「あとへんくー（後の祭りの目に遭う）」 長崎県五島 ＊**あとまつり** 島根県飯石郡・大田市「何もかもあとまつりになってしまった」

□**を追い慕うこと** ＊**あとえ** 新潟県中頸城郡 長崎市 鹿児島県鹿児島郡 ＊**あとお** 岐阜県大野郡「うちの子はあとおしてどもならん」 ＊**あと**

おい 佐賀県 長崎県対馬壱岐島 *あとおわえ 新潟県佐渡 *あとたてくる 青森県上北郡(後を慕ってくる)「泣ぎながらあどたてくる」 *あとはたり 青森県 *あとぼえ 岩手県九戸郡・気仙郡 *ちびういしん 沖縄県石垣島

一番□の者 *しーご 島根県出雲 *しゃーご 島根県仁多郡 *しりご 島根県飯石郡・簸川郡 *しりっこ 静岡県志太郡

あどけない *あざとい 大阪市 *あずない 香川県 *あぞない 和歌山県 *あだない 和歌山県伊都郡 *あてぃってーん(あどけない様子) 沖縄県首里 *あてぃなし・あでなし(あどけない者) 沖縄県首里 *あどい 和歌山県有田郡・日高郡 *あどない 三重県松阪市・北牟婁郡 和歌山県「あの娘さんは未だあどない」 *あやかしー 香川県伊吹島 高知県 *うたどい 香川県伊吹島 *じゃけら(あどけないこと) 静岡県 →むじゃき(無邪気)

あとつぎ【跡継】 *あーはん(妻帯していない長男) 富山市近在 *あいな 青森県南部(中流以上。成人してもまだ相続せぬ長男) 岩手県九戸郡・気仙郡 秋田県鹿角郡・北秋田郡 *あいなこ 岩手県気仙郡 *あいなさま(敬称) 岩手県九戸郡 *あいなさん 岩手県気仙郡 *あえま(中流以上の長子) 青森県南部 *あだ 岩手県九戸郡 *あとしき 広島県高田郡 愛媛県・大三島 *あに 青森県津軽(敬称) 秋田県鹿角郡(農家の父母が呼ぶ) 山形県東田川郡(長子の男に限って用いる。結婚して三十歳くらいまでの男) 新潟県東蒲原郡・西蒲原郡(下流。戸主または嫡子) 岐阜県郡上郡(親から呼ぶ) 三重県上野市 奈良県吉野郡 *あにき 岐阜県郡上郡(親から呼ぶ) 島根県隠岐島 *あにこ(長子で男の子) 山形県東田川郡 *あにご(下流。戸主または嫡子。軽い敬称) 新潟県西蒲原郡 *あにさん 奈良県吉野郡 *あにべー 三重県志摩郡 *あにぼんさん 大阪市 *あにゃ(粗末な呼び方) 山形県東田川郡 *あにょ 三重県志摩郡 *あぼ 長崎県南高来郡 熊本県天草郡 *あま(壮年になった長男) 岐阜県飛驒 *あや 山形県庄内 *あんか 富山県砺波 *あんくさま(敬称) 青森県上北郡 *あんくさん 青森県南部 *あんこ 青森県「お宅のあんこですか、大きくなりましたね」 岩手県気仙郡(父母が呼ぶ) 秋田県 富山県上新川郡(長男の幼年の頃)・射水郡 *あんこさ・あんこさま 岩手県九戸郡 *あんさ 青森県(敬称。上流の長男) 石川県(親などから言う) *あんさま 青森県(敬称。上流の長男) 新潟県岩船郡(若い長男の敬称)・西蒲原郡(上流の戸主または嫡子) 岐阜県飛驒(尊称) *あんさん(他家の長男の敬称) 島根県隠岐島 *あんちゃ 秋田県北秋田郡 *あんちゃこ 青森県上北郡(子供時代の長男の敬称) 新潟県西蒲原郡(軽い敬称) *あんちゃめ(上・中流。幼い長男) 秋田県 *あんちゃん 愛知県知多郡 *あんちょ 青森県(愛称)・津軽(下流) *あんつぁ 新潟県東蒲原郡 *あんどん 富山県砺波 *あんにゃ 群馬県勢多郡 新潟県(中流の下の戸主または嫡子) 富山県下新川郡(他家の幼年の長男) 石川県 *あんにゃこ(軽い敬称) 新潟県北蒲原郡 *あんにゃさ 山形県置賜 福島県中通 新潟県(中流の戸主または嫡子) *あんにゃさま(上流の少年の嫡子) 新潟県西蒲原郡 *あんにゃま 新潟県北蒲原郡(軽い敬称)・西蒲原郡(中流の上の戸主または嫡子) *あんのー 新潟県佐渡 *あんぺ(卑称) 青森県津軽 *あんぺー(下流) 青森県津軽 *あんぼ 富山県(特に長男の幼少時) 岐阜県飛驒 *あんま 岐阜県北飛驒 *あんや 島根県隠岐島(親が呼ぶ場合および他家の長男を呼ぶ場合に言う) *いえこ 大分県大分郡 *いえつぎ 大分県大分市・大分郡 *いえとり 島根県石見 広島県江田島・高田郡 山口県大島 大分県 *いえとりご 島根県石見 *いえもち 三重県志摩郡 滋賀県彦根 *いせき 埼玉県 千葉県上総 東京都・伊豆諸島 神奈川県 山梨県東八代郡 静岡県 *いせきむすめ(長女) 神奈川県三浦郡 *うやわんだい 鹿児島県喜界島 *えっこ 富山県東礪波郡 *えとり 青森県三戸郡 岩手県気仙郡 広島県比婆郡 長崎県西彼杵郡 熊本県 *えとりむすこ 長崎県西彼杵郡 *かかーご 島根県 *かかりご 山形県 埼玉県秩父郡 新潟県 富山県富山市近在・砺波 山梨県南巨摩郡 大阪市 和歌山市 島根県 岡山県児島郡 広島県比婆郡・高田郡 徳島県 香川県 愛媛県 長崎県壱岐島 熊本県玉名郡・球磨郡 大分県 宮崎県西臼杵郡 *かかりごー 香川県 *かかりっこ 新潟県 静岡県志太郡 *かかりむすこ・かかりもん 岡山県児島郡 *しんしょもち(跡取り息子) 愛知県北設楽郡 *だいじょ(跡取り娘) 香川県高松市「おだいじょさんですからな」 *どべっつい(跡取り娘) 滋賀県野洲郡・栗太郡 *にだい 群馬県勢多郡 新潟県佐渡「にでぇぁむすめ(家を継ぐ娘)」 *にで 山形県東田川郡 *にでーご 新潟県佐渡 *ねーかり(跡取り息子) 香川県伊吹島 *むすめ(跡取り娘) 千葉県東葛飾郡 *よとい 熊本県球磨郡 *よとり 群馬県勢多郡 静岡県志太郡 三重県伊賀 滋賀県彦根 京都市 兵庫県神戸市 熊本県阿蘇郡 大分県 宮崎県延岡

あととり【跡取】 ⇩あとつぎ(跡継)

あな【穴】 *あご 香川県 *あなぐる 富山県東礪波郡 *あなぐるま 富山県射水郡 *あなこ 山形県西置賜郡 茨城県稲敷郡・新治郡 *あなご 和歌山県東牟婁郡・有田郡 島根県邇摩郡 *あなごと 徳島県・海部郡・阿南市 *あなこんぼ 奈良県宇陀郡 *あなぜんじょー 茨城県 千葉県香取郡 *あなっこ 福島県西白河郡 茨城県真壁郡・稲敷郡 栃木県「あなっこほり」 群馬県 埼玉県 千葉県長生郡・君津郡 和歌山県 *あなっこち 島根県仁多郡・能義郡 *あなった 和歌山県日高郡 *あなっぽ 福島県大沼郡 栃木県 群馬県山田郡・桐生市 千葉県山武郡 島根県 *あなっぽ

ん(小さな穴)熊本県 *あなでんじょー 千葉県香取郡 *あなど 高知県「道の真中えあなどがぁいて居る」 *あなぽ 山形県西村山郡(小穴) *あなぽっこ 埼玉県北葛飾郡 *あなほら 青森県津軽「ふしまでばあなほらばぇで(襖は穴だらけで)」 *あなぽれ 千葉県山武郡 *あなぽん 佐賀県 *あなむろ 千葉県山武郡 *あなめっちょ・あなめっつこ 埼玉県北足立郡 *あなめど 茨城県真壁郡 千葉県夷隅郡(土穴) *あなもろ 千葉県印旛郡・山武郡 *あなんこ 長野県佐久 奈良県南大和 和歌山県 香川県 *あなんご 群馬県群馬郡 島根県石見 高知県 *あなんごー 広島県賀茂郡 *あなんごす 愛媛県喜多郡 *あなんと 香川県・小豆島 *あなんど 高知県・高知市(やや品のない語)「靴下にぁなんどがあいた」 *あなんぼ 福井県 和歌山県東牟婁郡 *あなんぽ 和歌山県 香川県 *あなんぽー 山梨県・南巨摩郡 *あなんぽこ 福井県大飯郡 *あなんぽす 山梨県 *あなんぽつ 香川県 *あぶ 沖縄県石垣島・新城島 *あぶあな 沖縄県竹富島 *あまんごー 静岡県田方郡 *あんぽ 栃木県足利市(幼児語) 山口県玖珂郡 *いーざー(底の知れない穴) 沖縄県石垣島 *いけ(埋める穴) 鹿児島県屋久島 *いしぐら・いしぶろ(塚穴) 和歌山県日高郡 *いりくりえんごー・えんご(穴やへこみ) 山口県豊浦郡 *うっぽげ 長崎県対馬 *うと 岡山県苫田郡 徳島県三好郡 高知県 宮崎県西諸県郡 *うど 秋田県鹿角郡 高知県高岡郡・幡多郡「はなのうど(鼻孔)」 大分県大分郡・西国東郡 *うとー 岩手県上閉伊郡 愛知県北設楽郡 *うとんこ 愛媛県宇摩郡 *うろ 茨城県新治郡 新潟県佐渡 福井県敦賀郡 滋賀県彦根 宮崎県西臼杵郡 *うろー(入りこんだ穴) 長野県上伊那郡 *うろつ 岐阜県本巣郡 *うろんぼー 神奈川県愛甲郡「もみそのうろんぼー」 *えら・えらた 京都府 *がーま 沖縄県与那国島 *かぜあな(平地にあく穴) 鳥取県八頭郡 *がっぱな 和歌山県東牟婁郡「がっぱながあいた」 *がな 三重県北牟婁郡 和歌山県東牟婁郡・新宮 鹿児島県揖宿郡・肝属郡(水中の小穴) *かま 静岡県 熊本県球磨郡「かまほってる(猪がくぼみを作って寝ている)」 *がま 岐阜県可児郡「魚ががまに入る」・恵那郡 三重県北牟婁郡・南牟婁郡 宮崎県宮崎市・都城 鹿児島県・肝属郡・奄美大島・喜界島 沖縄県 *がまー 沖縄県小浜島 *がまつ 岐阜県可児郡・恵那郡 *がまと 岐阜県恵那郡 *がまぬみ 沖縄県竹富島 *がまん 沖縄県新城島 *がんす 島根県美濃郡・益田市「鼻のがんす」 *がんまー 沖縄県石垣島 *くら(棺を埋める穴) 茨城県 *ごーら 岩手県東磐井郡 山形県東田川郡 福島県相馬 新潟県岩船郡 *ごーり 沖縄県石垣島 *こーろ 静岡県小笠郡 *ごーろ 福島県伊達郡 長野県下伊那郡 静岡県志太郡 愛知県碧海郡 和歌山県日高郡 *ごーろん 静岡県志太郡「あのくさーみきんごーろんでひとんはぇーれるぜん(あの楠(くすのき)は幹がうつろになっていて人間が入れるぜ)」 *こっぱあな(「こっぱ」は穴の口の開いたさま) 岐阜県養老郡 *ごら 宮城県石巻「あの銅像は鋳物だがら中ごらですお」 山形県・西置賜郡 三重県三重郡 *ごらあな 宮城県石巻 山形県西置賜郡 *ごろ 山形県庄内「ごろさがし(魚穴探し)」 福島県北会津郡 和歌山県那賀郡「彼のごろに鰻があるかも知れぬ」 *ごろあな 和歌山県那賀郡 *ごろた 滋賀県蒲生郡 *しびっきがま(底のない穴) 沖縄県鳩間島 *す 徳島県・三好郡 長崎県対馬「すがほげとる」 熊本県 宮崎県東諸県郡 *ず 宮崎県東諸県郡 鹿児島県肝属郡 *すー 愛媛県周桑郡・今治郡 *だま・だも 三重県度会郡 *たんぼ 大分県 *たんぽ 千葉県長生郡 島根県石見 *だんぽ 三重県度会郡 長崎県南松浦郡 *たんぽけ 佐賀県 *たんぽこ 島根県鹿足郡 *つぼ 島根県 *つぼき(水たまり) 鹿児島県種子島 *つぼくり 愛媛県 高知県土佐郡 *つぽっこ 和歌山県日高郡 *つぼみ 山口県豊浦郡 *つんぽこ 和歌山県西牟婁郡 *どめけつ 栃木県足利市 *どんがめ(ゴミを埋める穴) 埼玉県北葛飾郡 *のす(「す」は穴の意) 熊本県玉名郡・下益城郡 *はざ・はだ 島根県隠岐島 *ひやーみー(城壁の銃眼など) 沖縄県首里 *ふぎ 沖縄県首里 *ふね 島根県那賀郡(窯業用語) *ほいめ 鹿児島県屋久島 *ほげ 福岡県粕屋郡・福岡市 佐賀県 熊本県下益城郡 鹿児島県・屋久島(小さい穴) *ほげたま 長崎県対馬「ほげたまからのぞく」 *ほげたん 佐賀県 鹿児島県 *ほげと 宮崎県西諸県郡 *ぽち 新潟県西頸城郡 三重県志摩郡 *みー 沖縄県首里「はーいぬみー(針の穴)」・石垣島 *みず 新潟県佐渡・北蒲原郡「針のみず」 岐阜県稲葉郡 *みそ・みぞ 新潟県佐渡 *めっぽー 茨城県稲敷郡 *めど 岩手県江刺郡・気仙郡「けつめど(肛門)」 宮城県 山形県置賜 福島県 茨城県 栃木県 群馬県勢多郡・邑楽郡 埼玉県入間郡 千葉県 東京都南多摩郡・大島 神奈川県中郡 新潟県佐渡 山梨県 長野県佐久 静岡県「障子のめど」 三重県志摩郡 山口県 愛媛県東宇和郡 *めどこ 福島県 *めどっこ 茨城県・真壁郡 栃木県 埼玉県川越 千葉県 神奈川県中郡 *めどんご 静岡県田方郡 *めな・めなんご 東京都三宅島 *めんと 千葉県香取郡 *めんど 埼玉県入間郡「鼻めんど」 東京都利島 *めんとー 茨城県 *めんどー 鹿児島県屋久島 *めんぽ 千葉県上総・長生郡 *わんど 大分県南海部郡

浅い□ *ひど 岩手県和賀郡 山形県 *ひどこ 山形県西置賜郡 *ひどっこ 秋田県平鹿郡 *へっと・へと 秋田県鹿角郡 *へどっこ 宮城県栗原郡「道路のへどっこ」

□**があく** *あんぽらい(穴あいていること) 千葉県長生郡・夷隅郡 *うぐる・おぐる 佐賀県「大根がうげてをる」 *うげる 山口県 香川県高松 *おげる 兵庫県淡路島 香川県 愛媛県

*がんくら(穴があいていること) 岩手県気仙郡 *ごーりゆん(ぽっかりあく) 沖縄県首里 *ごーりるん・ごーりん(ぽっかりあく) 沖縄県石垣島 *ごっぽり(あなのあくさま) 島根県八束郡・隠岐島 *ふぎむん(穴があいたもの) 沖縄県首里 *ぷぎゆい 鹿児島県喜界島 *ふぎゆん 沖縄県首里 *ふぎるん・ふぎん 沖縄県石垣島 *ふらちゅん 沖縄県首里 *ほぐる 青森県三戸郡 福岡県 佐賀県 長崎県北松浦郡「障子がほぐる」・長崎市・壱岐島・五島 熊本県下益城郡 大分県 鹿児島県 *ほげる 島根県石見 山口県・豊浦郡「人の面をほげる程見る」 香川県三豊郡 愛媛県 福岡市 熊本県下益城郡 大分県 *みーみーふーがー(穴だらけのさま) 沖縄県 *めどめど(穴だらけのさま) 愛媛県東宇和郡「めどめどの物」

□をあける *うっぽがし(穴をあけること) 長崎県対馬 *うっぽかす 福岡市 *うっぽがす 長崎市 熊本県菊池郡 *うっぽぐ 熊本県「鉄砲ン玉やつが壁ばうっぺえだ」 *うっぽぐる 熊本県菊池郡 *うっぽんがす 長崎市 *おっぽじくる(穴を掘る) 栃木県 *くる 大分県 *こじる 東京都三宅島 静岡県田方郡 *こぜる 和歌山県東牟婁郡 徳島県 *せせる(穴を掘る) 和歌山県 *つぃちふがしゅん 沖縄県首里 *つじくる 高知県幡多郡「いもを、つじくってあそびよる」 *つっぽがす 長崎市 鹿児島県 *ぴくん 沖縄県竹富島 *ぴぐん 沖縄県石垣島 *ぴっくん 沖縄県鳩間島 *ぷがしゅい・ぷわすい 鹿児島県喜界島 *ふがしゅん 沖縄県首里「みー ふがしゅん(穴をあける)」 *ふがしん 沖縄県石垣島 *ふがす 鹿児島県沖永良部島 *ほがす 島根県石見「鼠が穴をほがした」 山口県豊浦郡・長門 愛媛県 福岡県(小さい穴をあける) 佐賀県神埼郡 長崎県長崎市・南高来郡・対馬・壱岐島 熊本県 大分県 宮崎県西諸県郡 鹿児島県・種子島・口之永良部島 *ほぐ 山口県・大島「木へ穴をほいで怒られた」 大分県 *ほぐる 島根県那賀郡・江津市「浜の砂に穴をほぐった」 広島県高田郡 愛媛県 福岡市 長崎県北松浦郡「竹でほぐる」・西彼杵郡・対馬・五島 熊本県下益城郡・宇土郡 *ぽぐる 島根県那賀郡 *ほこる 島根県八束郡

□をふさぐ *おっくえる 新潟県・南魚沼郡 *かしめる 岡山県苫田郡 *くー 宮城県仙台市 山形県置賜・米沢市 *くーうい・くーゆい 鹿児島県喜界島 *くーえる 山形県東田川郡・米沢市 *くーしゃーびら(穴をふさぐこと) 沖縄県石垣島 *くーしん 沖縄県石垣島 *くーゆん 沖縄県首里 *くえる 北海道 青森県上北郡 岩手県「屋根の穴くいでおげや」 宮城県石巻・仙台市「あなこ くえさえ(穴をふさげ)」 秋田県 山形県 福島県「めどをくえる(穴をふさぐ)」 東京都八丈島 新潟県 *くっぺる 青森県津軽 *くへる 宮城県 山形県 新潟県・西蒲原郡 *くべる 青森県津軽 新潟県・中魚沼郡 *くぺる 青森県「ねずみ穴をくぺる」 *ける 岩手県和賀郡 *とぺる 青森県津軽「鼠穴とぺろ」 *ひっくえる 東京都八丈島

大きい□ *ごたあな 鳥取県中部・東部 *ごっとんあな 山口県大島 *ごとあな(洞穴) 岡山県御津郡 *ごとろ 福井県遠敷郡 *どんごあな 新潟県佐渡「ばけつにどんごあなあえた」

がけなどに横にえぐられてできた□ *まま 長野県北安曇郡 *ままっかけ 長野県諏訪・東筑摩郡 *ままあな 長野県東筑摩郡 *ままっされ 長野県下伊那郡

木の□ *うつる 高知県 *うと 岐阜県飛驒・郡上郡 三重県 奈良県南大和 和歌山県日高郡 徳島県・美馬郡 *うど 岩手県上閉伊郡・気仙郡 *うとー 岐阜県揖斐郡 *うとがら 香川県大川郡 *うとっと 高知県 *うとっぽ 岐阜県郡上郡 高知県 *うとろ 高知県 *うろ 栃木県安蘇郡 千葉県印旛郡「木のうろに蜂の巣がある」 静岡県志太郡 三重県松阪市 和歌山県日高郡 *うろー 静岡県磐田郡 *おろ 島根県「木のおろになった所に水がたまる」

小さい□ *す 徳島県・三好郡 長崎県対馬 熊本県 宮崎県東諸県郡 *ず 宮崎県東諸県郡 鹿児島県肝属郡「ずがほげた(小穴があいた)」 *すー 愛媛県周桑郡・今治郡 *つぺかぶ 青森県津軽 *つぺかる 青森県南部 *みーぴぎ・みーぴぎゃーま・みーぴぎゃー 沖縄県石垣島(また、穴のあいた所) *みず 新潟県佐渡・北蒲原郡 岐阜県稲葉郡 *みそ・みぞ 新潟県佐渡 *めっぽー 茨城県稲敷郡 *めど 岩手県江刺郡・気仙郡 宮城県 山形県置賜 福島県 茨城県 栃木県 群馬県勢多郡・邑楽郡 埼玉県入間郡 千葉県 東京都南多摩郡 神奈川県中郡 東京都大島 新潟県佐渡 山梨県 長野県佐久 静岡県 三重県志摩郡 山口県 愛媛県東宇和郡 *めどこ 福島県 茨城県稲敷郡 *めどっこ 茨城県・真壁郡 栃木県 埼玉県川越 千葉県 神奈川県中郡 *めどんご 静岡県田方郡 *めんと 千葉県香取郡 *めんど 埼玉県入間郡 東京都利島 *めんとー 茨城県 *めんどー 鹿児島県屋久島 *めんぽ 千葉県上総・長生郡 *やきつぶれ(畳や衣類などに火が落ちてできた小穴) 青森県三戸郡 *やけつぶれ(畳や衣類などに火が落ちてできた小穴) 青森県津軽 秋田県鹿角郡

あなた【貴方】

□の家 ⇩「いえ(家)」の子見出し、「あなたの家」

あなどる【侮】 *あなずる 山形県東村山郡「少し学問すると人をあなづる」 富山県・砺波 石川県鳳至郡・河北郡 福井県遠敷郡・大飯郡 長野県佐久 滋賀県彦根 京都府 大阪市 兵庫県・

神戸市　和歌山県　鳥取県　長崎県南高来郡・伊王島 *ういなしん 沖縄県石垣島・竹富島 *うーじゅん・うせーゆん 沖縄県首里 *けなぶい 鹿児島県鹿児島郡・揖宿郡 *けなぶつ 鹿児島県始良郡 *けなぶる 新潟県佐渡　長野県下伊那郡　愛知県尾張　鹿児島県 *けばす 富山県「何某をげばしてやったらおこられた」 *けんなぶる 鹿児島県 *こなす 茨城県猿島郡　新潟県佐渡　山口県阿武郡　高知県高岡郡「友達をそんなにこなすもんぢゃない」・土佐郡　熊本県下益城郡 *こみやる 愛知県 *しょずむ 三重県伊賀東部 *ちゃちゃくらかう 広島県倉橋島 *ちょんなめる 福井県南条郡　滋賀県彦根 *のみこむ 三重県度会郡　長崎県五島「のみこまれてゐる」 *へけかく(女房が亭主をしりに敷く) 長崎県壱岐島 *へこにかく 島根県美濃郡・益田市「女房にへこにかかれちゃーおしまいだ」　山口県大島 *へこをかぶらせる 島根県美濃郡・益田市「お前にいつへこをかぶらせるようになったか」 *ほーけする 香川県大川郡 *ほーけにする 徳島県・海部郡　香川県 *ほーけんする・ほーけんにする 香川県「親をほうけんしよったら罰があたるんぞ」 *ほーけんせる 香川県木田郡 *まがる 大分県北海部郡 *めずめー 鳥取県西伯郡 *めずをみる 鳥取県鳥取市「めずを見られとるけえ駄目」・西伯郡 *めだれかう 京都市　和歌山市 *めだれみる 兵庫県淡路島　高知県「とーからめだれをみられて居るきに」 *みだりみる 奈良県「親でさえみだりみるのでなあ」 *めめる 三重県志摩郡 *めんずーみる(牛馬が人間をばかにする) 岡山県苫田郡 *やしがる 東京都八丈島　静岡県 *やしべる 高知県 *やしむ 山梨県　岐阜県北飛驒・飛驒　愛知県 *やしめる 青森県　岩手県盛岡市・紫波郡　宮城県仙台市　秋田県「隣の人にやしめられた」　山形県最上・西田川郡　富山市近在　愛知県碧海郡 *やしょむ 新潟県西頸城郡 *やしょめる 山形県 *やすこかく 青森県津軽「やしこかがえる」・上北郡「おれの方で、あいつにはとうにやすこかいてる」 *やすべる 徳島県那賀郡 *やんつこかく 青森県三戸郡「人が余り良すぎるから、文吉ァすっかりやんつこかかれるそうだ」　↓さげすむ　(蔑)

□こと(さま) *くとぅうせーい 沖縄県首里 *たいへーらく 大分県南海部郡 *なぐそ 新潟県佐渡「人をなぐそにするな」 *なずてむなか 長崎県壱岐島「然うなずてむの一云ふもんぢゃなか」 *のくと 福井県坂井郡「のくとするな(ばかにするな)」

人を□て言う語 *つぶけ 青森県南部 *つぼけ 北海道南部　青森県　岩手県九戸郡 *つもけ・つぼけなし 青森県津軽 *つんぼけ 青森県津軽　宮城県栗原郡

あに【兄】 *あー 岡山県阿哲郡・浅口郡 *あーさ 岡山県吉備郡 *あーざ 沖縄県鳩間島 *あーさん 岡山県 *あーちゃん 香川県豊島 *あーやん 長野県佐久　岡山県(卑称)　香川県・小豆島・豊島 *あーよ 香川県 *あーん 岡山市 *あいご 鹿児島県・鹿児島郡(下流)・揖宿郡 *あいさん 島根県隠岐島　高知県幡多郡 *あいじょー 鹿児島県種子島 *あいちゃん 長崎県五島 *あいな 岩手県　秋田県鹿角郡・北秋田郡 *あいなこ 岩手県気仙郡 *あいなさま 岩手県九戸郡(敬称)・上閉伊郡(中流) *あいなさん 岩手県気仙郡 *あいなっこ 岩手県上閉伊郡 *あいや 高知県幡多郡 *あいやん 長野県長野市・上水内郡　高知県幡多郡　熊本県芦北郡　大分県 *あえ 山形県西田川郡 *あざ 沖縄県宮古島 *あざーま(末の兄) 沖縄県鳩間島 *あしー・あせー 東京都八丈島 *あじゃ(三番目の兄) 沖縄県八重山・石垣島 *あじゃーま(四番目の兄) 沖縄県石垣島 *あっちん 鹿児島県口之永良部島 *あっぴー(農村で用いる) 沖縄県首里 *あな 秋田県北秋田郡 *あなさま・あなさん 秋田県鹿角郡(弟妹が兄を呼ぶ時に言う。中流) *あにー 群馬県吾妻郡・群馬郡　埼玉県秩父郡「あにーでー(兄さんたち)」　千葉県　東京都大島・三宅島　神奈川県津久井郡　山梨県　静岡県田方郡 *あにーさん 香川県 *あにーま 長野県下伊那郡 *あにーやん 大分県大分郡 *あにーよ 鹿児島県 *あにお 熊本県宇土郡・球磨郡 *あにこ 長野県上田・佐久　三重県志摩郡 *あにご 新潟県(尊称)　愛知県碧海郡・岡崎市 *あにさ 長野県諏訪・佐久　岐阜県郡上郡　三重県南牟婁郡「うちのあにさは明日帰るでせう」 *あにさま(中流以上) 愛知県名古屋市 *あにじゃひと 徳島県 *あにす 熊本県下益城郡 *あにっこ 群馬県利根郡・吾妻郡　長野県 *あにま 山形県　岐阜県飛驒・郡上郡　和歌山県東牟婁郡 *あにや 山形県　大分県大分郡 *あにゃさ 山形県東置賜郡 *あにやん 栃木県安蘇郡　群馬県山田郡・邑楽郡　三重県南牟婁郡　滋賀県彦根　大阪府　兵庫県美嚢郡　奈良県(卑称)　広島県高田郡　香川県　高知県(敬称)　大分県 *あにゅ 熊本県八代郡 *あにょ 香川県小豆島　熊本県　鹿児島県(下流) *あにょー 熊本県 *あにょーさん 熊本県球磨郡 *あにょきん 鹿児島県鹿児島郡 *あにょさま 宮崎県 *あにょはん 宮崎県西諸県郡 *あにんこ 三重県志摩郡 *あぬさ 岡山県浅口郡 *あね 岡山県邑久郡　広島県賀茂郡 *あねお 熊本県八代郡 *あねき 三重県伊勢　岡山県備中　熊本県阿蘇郡・上益城郡 *あねさん 熊本県上益城郡・下益城郡 *あのん 鹿児島県 *あぼ 長崎県南松浦郡・南高来郡　熊本県宇土郡・天草郡　大分県南海部郡　宮崎県東臼杵郡 *あぼーさん・あぼさん・あぼん・あぼんどん 熊本県天草郡 *あま 岐阜県飛驒(尊称) *あまーま(末の兄) 沖縄県小浜島 *あや 青森県上北郡　秋田県由利郡・仙北郡　山形県 *あん 宮崎県西臼杵郡 *あんか 富山県・砺波(中・下流)　石川県(自分の兄)　福井県坂井郡　京都府 *あんが 富山県 *あんかさま 石川県珠洲郡 *あんかま石川県鹿島郡・能美郡 *あんかん 新潟県佐渡 *あんき 東京都三宅島 香川県綾歌郡 *あんくさん 青森県南部 *あんこ 北海道函館(十歳以上二十歳以下) 青森県上北郡・南部 岩手県(卑称) 宮城県玉造郡・牡鹿郡 秋田県 富山県高岡市近郷 石川県加賀 *あんこさん 岩手県気仙郡 *あんさ 青森県 宮城県登米郡(下流) 山形県置賜・米沢市 新潟県(尊称。他人の兄) 富山県砺波 石川県(多くは既婚者に言う) 福井県今立郡・坂井郡 長野県上田 岐阜県(壮年の兄) 愛知県東春日井郡 三重県員弁郡 和歌山県日高郡・西牟婁郡 大分県直入郡 *あんさー 和歌山県西牟婁郡 大分県大野郡 *あんざこ 宮城県牡鹿郡 *あんさま 青森県(成人した兄)・上北郡 宮城県栗原郡(義兄)・石巻 山形県 新潟県中蒲原郡 富山県砺波 石川県(多く既婚者に言う) 岐阜県飛驒 長崎市 *あんさん 北海道函館(二十歳以上の兄) 岩手県胆沢郡 秋田県 山形県飽海郡 千葉県山武郡 新潟県佐渡 福井県福井市・敦賀郡 山梨県 長野県上田・佐久 愛知県東春日井郡 三重県名賀郡 兵庫県佐用郡 和歌山県那賀郡 島根県 徳島県・美馬郡 香川県・木田郡・綾歌郡 福岡県(主に中流以上) 長崎県 熊本県(中流以下) 大分県 宮崎県宮崎市・都城 鹿児島県・硫黄島 *あんじ 鹿児島県・揖宿郡 *あんじゃ 熊本県上益城郡・下益城郡 *あんじゃー 大分県大野郡 *あんじゃいもん 佐賀県・三養基郡 長崎市 *あんじゃしと(尊称) 熊本県玉名郡 *あんじゃひと 佐賀県藤津郡 熊本県 *あんじゃもん(卑称) 熊本県 *あんじょ 熊本県球磨郡 鹿児島県・揖宿郡 *あんじょー 島根県石見 山口県(主に農家で用いられる他称。親愛の意がある) 福岡県(主に下流) 大分県大分市・大分郡 鹿児島県宝島 *あんじょーおとこ 島根県益田市「あんじょーおとこに似合わん女房」 *あんじょーにー 島根県江津市 *あんぞ 鹿児島県・鹿児島郡・揖宿郡 *あんち 石川県(下流。幼い兄) 長崎県西彼杵郡・長崎市(児童語) 熊本県天草郡 *あんちー 石川県(下流) 長崎市(児童語) *あんちゃ 青森県 岩手県気仙郡 山形県 福島県会津 千葉県夷隅郡 新潟県(尊称) 福井県 長野県上伊那郡・佐久 静岡県遠江 大分県北海部郡 *あんちや 秋田県 *あんちゃこ(軽い敬称) 新潟県 *あんちゃま 青森県上北郡 *あんちょ 青森県(やや卑称) 長野県佐久(幼児語) *あんつぁ 秋田県南部 山形県 新潟県東蒲原郡 *あんつぁこ 山形県 *あんつぁま 山形県東置賜郡・西置賜郡 *あんつぁん 宮城県玉造郡 *あんどん 熊本県阿蘇郡・八代郡 宮崎県 *あんな 岩手県上閉伊郡 *あんに 岩手県九戸郡 福島県東白川郡 茨城県北相馬郡 栃木県 長野県東筑摩郡(幼児語)・上伊那郡 高知県幡多郡 *あんにー 福島県東白川郡 栃木県塩谷郡・芳賀郡 千葉県香取郡・東葛飾郡 東京都大島・三宅島 長野県諏訪 静岡県 愛知県三河 *あんにこ 千葉県海上郡 *あんにさ 長野県諏訪 *あんにゃ 岩手県気仙郡 宮城県牡鹿郡 山形県(下流) 福島県 栃木県 新潟県 石川県 福井県 長野県上田 岐阜県北部 静岡県遠江 京都府 和歌山県那賀郡 鳥取県・西伯郡 島根県仁多郡・能義郡 徳島県 福岡県小倉市・企救郡 大分県(下流) *あんにゃー 福島県東白川郡 茨城県多賀郡 栃木県塩谷郡 大分県大野郡(下等) *あんにゃこ 山形県(兄に当たる子供を愛称的に言う)「おらえのあんにゃこは働く」 新潟県北蒲原郡(軽い敬称) *あんにやご 鳥取県米子市 *あんにゃさ 山形県 福島県東白川郡 新潟県(尊称。他人の兄) *あんにゃさま(尊称) 新潟県 *あんにゃさん 福島県石川郡・西白河郡 京都府 福岡県田川郡・企救郡(主に小児語) *あんにゃはん 福井県敦賀郡 島根県能義郡 徳島県 *あんにゃま 新潟県北蒲原郡(軽い敬称) 富山県 石川県鳳至郡 岐阜県飛驒(尊称。児童語) *あんにゃん 福井県遠敷郡・大飯郡 三重県 大阪府・中河内郡 兵庫県赤穂郡 奈良県 和歌山県 徳島県 香川県 福岡県京都郡(主に小児語) 大分県大野郡 *あんにょ 香川県 熊本県球磨郡・芦北郡 *あんにょー 栃木県 *あんの 三重県志摩郡・度会郡 香川県・佐柳島 *あんのー 新潟県佐渡 *あんのこ 三重県志摩郡 *あんぺー 青森県津軽 *あんぼ 富山県高岡市近郷 福井県南条郡 岐阜県吉城郡 *あんま 富山県(中流以下) 石川県 岐阜県飛驒・郡上郡 和歌山県東牟婁郡「この着物はあんまのです」 *あんまー 富山県 *あんや 岩手県気仙郡 岐阜県 愛知県尾張 三重県名張市(幼児語) 兵庫県宍粟郡 鳥取県 島根県出雲・隠岐島 広島県 愛媛県 大分県東国東郡(中流以下) *あんやー 静岡県 兵庫県但馬 *あんやーさん 京都府 *あんやこ(大人から若い者に言う) 島根県出雲 *あんやさ 岐阜県飛驒・郡上郡 *あんやさー 島根県出雲(中流) *あんやさん 鳥取県 島根県隠岐島 *あんやに 福島県岩瀬郡 *あんやはん(中流) 島根県出雲 *あんやん 千葉県山武郡 新潟県佐渡 福井県大飯郡 山梨県 長野県長野市・上水内郡 三重県阿山郡 和歌山県 鳥取県 島根県 広島県 愛媛県 豊前 長崎県対馬 熊本県 大分県(やや下品) 宮崎市 *あんよ 山梨県北巨摩郡 鳥取県西伯郡 島根県出雲 *いーやん(幼児語) 愛媛県周桑郡 *いーよ 香川県小豆島 *いーよいーよ 香川県 *いなー 茨城県・多賀郡(若い男も言う)・稲敷郡 *いなっきー 鹿児島県喜界島 *いろせ 神奈川県横浜市 *いんな 東京都八丈島 *うぃきがすぃーざ 沖縄県首里 *うふあじゃ・ふっちゃ(一番上の兄) 沖縄県石垣島 *うふあふぃー(一番上の兄) 沖縄県首里 *うぶながびゃー(二番目の兄) 沖縄県与那国島 *うぶなぐだー(二番目の兄) 沖縄県与那国島 *えあな 秋田県鹿角郡・由利郡 *えせ 神奈川県横浜市 *えたどり 鳥取県 *え

なさん 岩手県紫波郡 *おあにさま(武家言葉。弟妹から兄を呼ぶ)愛知県名古屋市 *おあんさま(中流以上)大分県直入郡 *おあんさん・おあんつぁん(主に義兄に対して言う)岩手県気仙郡 *おせな 富山県東礪波郡 *おにやん 高知県 *おばーさん 佐賀県・神埼郡 *おばやん 佐賀県藤津郡 *おやかた 青森県 岩手県 宮城県(他称) 秋田県鹿角郡 福島県相馬郡・福島市 岡山県 広島県芦品郡(三人称) 香川県香川郡 福岡県 佐賀県 長崎県 大分県 *おやがた 徳島県 愛媛県越智郡・周桑郡 高知県・高知市 *おやかっちょ 佐賀県唐津市 *おやがっどん 長崎県南高来郡 *おんにゃん 香川県大川郡 *がっちゃ(二番目の兄)沖縄県石垣島 *がっちゃー(二番目の兄)沖縄県西表島 *がっちゃーまー(末兄)沖縄県西表島 *かんかん(上流家庭の語)新潟県佐渡 *かんちゃん 滋賀県高島郡 *このかみ(「子の上」の意) 神奈川県横浜 *こまーちゃん(年下の兄)岡山県苫田郡 *こまいあーちゃん(年下の兄)岡山県真庭郡 *こんまいあんにゃん(年下の兄)香川県高見島 *こんまいにーやん(次兄)高知県 *こんまに(年下の兄)愛媛県 *しーざ 沖縄県・石垣島 *しーじゃ 沖縄県中頭郡 *しーじゃー(末の兄) 沖縄県竹富島 *しぇー 沖縄県黒島 *しぇーま(末の兄)沖縄県黒島 *しざ 沖縄県・西表島 *ししゃ 沖縄県新城島 *しじゃ 沖縄県石垣島・黒島 *しじゃーめー(末の兄)沖縄県新城島 *しじゃびぎり 沖縄県石垣島 *しだ 鹿児島県喜界島 *しゃま 沖縄県波照間島 *すぃーざ 沖縄県 *すざ 沖縄県宮古島 *すざがま(末の兄)沖縄県宮古島 *すだ 鹿児島県奄美大島 *すなってぃー(男の兄弟から見た場合に言う)沖縄県与那国島 *せな 岩手県和賀郡 秋田県 福島県 栃木県 群馬県佐波郡・多野郡 埼玉県 千葉県君津郡・市原郡 東京都南多摩郡・八王子「せなよめ(兄嫁)」 神奈川県 新潟県東蒲原郡 山梨県東部 *せなー 福島県石城郡 茨城県 栃木県 群馬県邑楽郡 千葉県 神奈川県津久井郡 *せなご 栃木県 群馬県南部 埼玉県秩父郡・大里郡 東京都南多摩郡・八王子 神奈川県 *せなさ 福島県中部 *せなさま 福島県 埼玉県秩父郡 *そーりょー 大分県直入郡 *そざ・そじゃ 沖縄県宮古島「大兄(おーそざ)」 *たーい・だい・たいたい 福島県 *だいだい 福島県安達郡「大だぇだぇ(大きな兄さん)」 *たんち・たんつ 富山県 *ちーちゃん(年下の兄)新潟県佐渡 *であいであい 福島県伊達郡 *どーん 熊本県玉名郡 *どん・どん 高知市 *なかーざ(二番目の兄)沖縄県鳩間島 *なかぜ(二番目の兄)神奈川県中郡 *なかっせー(二番目の兄)神奈川県津久井郡 *なかっちゃ(二番目の兄)沖縄県石垣島・鳩間島 *なかつのあに(二番目の兄)香川県小豆島 *なくや(二番目の兄)沖縄県小浜島 *なな 千葉県印旛郡 *ななー 千葉県 *なんな 千葉県夷隅郡 東京都八丈島 *なんなー・なんせ 東京都八丈島 *なはしぇー(二番目の兄)沖縄県黒島 *なはっしゃ(二番目の兄)沖縄県新城島 *にー 千葉県市原郡 東京都三宅島 福井県大野郡(卑語) 長野県諏訪 岐阜県 静岡県 愛知県(幼児語) 三重県 京都府 島根県石見(下流の語) 山口県防府市 香川県木田郡・小豆島 愛媛県 高知県(卑語とする所と敬語とする所がある) 大分県大分郡 *にーこ 滋賀県彦根 *にーさ 岐阜県郡上郡 静岡県 山口県阿武郡 *にーにー 島根県石見 山口県阿武郡 大分県 *にーま 長野県下伊那郡 岐阜県加茂郡・郡上郡(下流の語) 愛知県尾張 島根県美濃郡・益田市 山口県 *にーまー 島根県石見 山口県 *にーや 神奈川県中郡 静岡県浜松市 愛知県名古屋市(幼児語) *にーやー(小児語)静岡県 *にーやん 長野県佐久 三重県 大阪府・泉北郡 兵庫県 島根県那賀郡(下流の語) 香川県・小豆島 高知県(敬称)・幡多郡 大分県 *にーよ 香川県小豆島 *にっこ 千葉県印旛郡 *にや 新潟県中部 *にやー 福井県南条郡 *にやさ 新潟県中部 *にやん 長野県佐久 大阪府三島郡・泉北郡 兵庫県加古郡 *にゃんにゃん(幼児語)香川県仲多度郡 *にょーさん 熊本県球磨郡 *にんにー(下流の語)島根県石見 *ねーさん 熊本県玉名郡 *のー 新潟県佐渡 香川県男木島・女木島「のーさん」 *のの 三重県度会郡 *のんの 東京都八丈島 *ば 長崎県 *ばーあ・ばーあやん 佐賀県 *ばーさん 佐賀県神埼郡 長崎県西彼杵郡 *ばーやん 佐賀県藤津郡 長崎県彼杵 *ばい 熊本県天草郡 *ばう・ばん 長崎県五島 *ばさん 長崎県南松浦郡 *ばぶさん 福岡県筑後 *ばぼ 長崎県 *ばぼー 佐賀県 長崎県 *ばぼーじょー 長崎県対馬 *ばやん 長崎県北松浦郡 *ひな 秋田県 *びや 沖縄県小浜島 *びやーま(末の兄)沖縄県小浜島 *ぶーさん(兄を呼ぶ語)福岡県八女郡 *へな 秋田県南秋田郡・河辺郡 *ぼー 岐阜県恵那郡 宮崎県西臼杵郡 *ぼーかい 三重県志摩郡 *ほーさん 宮崎県西臼杵郡 *ぼーさん 福岡県 *ぼじょ 宮崎県・児湯郡・南那珂郡 *ぼっち 岐阜県恵那郡 *むぃー 鹿児島県奄美大島 *や 三重県志摩郡 *やか(主として士族に言う)鹿児島県与論島 *やくみ・やくみー・やんみ 鹿児島県奄美大島 *やっきー 鹿児島県喜界島 *やっちー(主として士族に言う)沖縄県首里 *やっちーぐゎー(末の兄)沖縄県首里 *やんむぃ 鹿児島県奄美大島 *んにょ 熊本県球磨郡

あね【姉】 *あーは 富山県 *あーま 沖縄県小浜島 *あいしゃん(敬称。弟妹から)長崎県壱岐島 *あうねー 岐阜県飛騨 *あえちゃ(幼児語)山形県 *あえつぁ 山形県村山 *あしぇ 鹿児島県奄美大島 *あしぇっくゎ 鹿児島県奄美大島・加計呂麻島 *あだ 秋田県鹿角郡 *あっつぁ 秋田県平鹿郡・雄勝郡 *あに 佐賀県神埼郡 鹿児島県 *あにぇ 鹿児島県 *あにやん 新潟県佐渡 福井県 *あにょー 佐賀県(下流)・藤津郡 *あにょご

（敬称）宮崎県 *あぬん 鹿児島県鹿児島郡 *あねーじょー 山梨県南巨摩郡 *あねーっこ 長野県佐久 *あねおなご 青森県上北郡 *あねき 静岡県駿河 三重県 徳島県 香川県高松 *あねこ 北海道函館 青森県南部 岩手県気仙郡（卑称） 秋田県 新潟県佐渡 富山県・下新川郡 三重県志摩郡 島根県八束郡 大分県速見郡 *あねご 栃木県 群馬県 埼玉県秩父郡 千葉県市原郡 東京都八王子 神奈川県津久井郡 愛知県碧海郡 徳島県 大分県大分郡 *あねさ 青森県三戸郡 岩手県九戸郡 宮城県牡鹿郡 秋田県由利郡（敬称）

山形県 新潟県東蒲原郡・中頸城郡 長野県諏訪・佐久 岐阜県飛驒 三重県員弁郡 大分県大野郡 *あねさま 山形県（敬称） 新潟県下越（上・中流） 富山県 岐阜県北飛驒（上・中流） 愛知県名古屋市（上・中流） 和歌山県海草郡・有田郡

長崎市 熊本県天草郡 大分県直入郡（中流以上） *あねさん 秋田県鹿角郡 岩手県気仙郡 千葉県山武郡 新潟県佐渡 静岡県志太郡 愛知県愛知郡 三重県志摩郡 鳥取県西伯郡 島根県 香川県（他人の姉の軽い敬称） 福岡県粕屋郡・福岡市 長崎県壱岐島 熊本県 大分県 *あねじょ 熊本県（敬称。中流以下） 宮崎県東諸県郡 鹿児島県 *あねじょー 島根県石見（敬称） 大分県（親愛の称） *あねちゃ 青森県上北郡 秋田県 山形県（自分の姉） *あねちゃさま 青森県上北郡 *あねちゃん 宮城県石巻 千葉県山武郡 *あねつぁ 秋田県 山形県北村山郡・最上郡 *あねつぁん 宮城県栗原郡・遠田郡 *あねっこ 岩手県上閉伊郡 長野県 *あねっちゃ 秋田県雄勝郡・仙北郡

福島県会津 *あねっつぁ 秋田県仙北郡 *あねはん 岩手県磐井郡 山形県 富山県 兵庫県加古郡（上品な語） 島根県出雲（中流） 徳島県 香川県（他人の姉の軽い敬称） 宮崎県西諸県郡 *あねび 岐阜県揖斐郡 *あねま 山形県庄内（他人の姉） 新潟県西蒲原郡（上流。弟妹が呼ぶ語） 富山県 石川県 岐阜県飛驒（敬称） 三重県南牟婁郡 和歌山県東牟婁郡 *あねや 新潟県南魚沼郡 *あねやん 福島市 新潟県佐渡 福井県大飯郡 山梨県 三重県志摩郡（敬称） 奈良県（卑称）

鳥取県西伯郡 島根県簸川郡・出雲市（下流） 広島県（敬称。他人の姉） 香川県（他人の姉の軽い敬称） 高知県（敬称） 熊本県 大分県大分市・大分郡 *あねよい 三重県志摩郡 *あねん 熊本県芦北郡 鹿児島県鹿児島郡 *あねんこ 三重県志摩郡 *あの 鹿児島県川辺郡 *あばー 沖縄県本島 *あま 三重県志摩郡・南牟婁郡 沖縄県波照間島・石垣島（末の姉）・西表島（末の姉）・鳩間島（末の姉） *あまべ 三重県志摩郡 *あやん 鹿児島県 *あんがー 沖縄県宮古島 *あんぐゎー 沖縄県首里 *あんこ 東京都大島 *あんご 熊本県天草郡 *あんごん 熊本県芦北郡・八代郡 *あんしゃん 福岡市 佐賀県 熊本県玉名郡 *あんじょ 大分県大分市・大分郡 鹿児島県 *あんぞ 鹿児島県揖宿郡 *あんちゃ 福島県相馬・会津（名前に付けて「……あんちゃ」と呼ぶ） *あんちゃん 福岡県

長崎県北松浦郡 *あんど・あんどー 東京都八丈島（名前に付けて「……あんど」「……あんどー」と呼ぶ） *あんにゃ 石川県加賀 福井県 三重県志摩郡・度会郡 大分県 *あんにゃー 大分県大野郡 *あんにゃはん 福井県 *あんにゃま 石川県

福井県 *あんにゃん 新潟県佐渡 福岡市（卑下語） 鹿児島県 *あんにんぼ 福井県坂井郡 *あんね 岩手県 秋田県鹿角郡 山形県米沢市・東置賜郡 福島県 茨城県北相馬郡 栃木県 埼玉県秩父郡・北葛飾郡 東京都八丈島 新潟県南魚沼郡 富山県 長野県 岐阜県 愛知県（中流以下）

三重県度会郡 徳島県 高知県幡多郡 佐賀県藤津郡（下流） 長崎県 熊本県玉名郡（下流）・天草郡 宮崎県西諸県郡 鹿児島県種子島 *あんねー 宮城県牡鹿郡 茨城県 栃木県塩谷郡 群馬県 埼玉県秩父郡 神奈川県津久井郡 富山県高岡市（多く下品な言い方） 石川県加賀 山梨県 長野県 岐阜県飛驒 静岡県 愛知県 三重県志摩郡 佐賀県 長崎県西彼杵郡・佐世保市 宮崎県西臼杵郡 *あんねーじょ 山梨県 *あんねーさん 佐賀県 *あんねさ 長野県諏訪・西筑摩郡 *あんねさん 岩手県気仙郡 佐賀県神埼郡・藤津郡（上流） 熊本県天草郡 *あんねっこ 岩手県上閉伊郡 *あんねやん 佐賀県藤津郡（中流） *あんの 滋賀県高島郡 *あんま 東京都三宅島 石川県河北郡・鹿島郡 沖縄県八重山・石垣島・西表島

*あんまー 東京都三宅島 沖縄県竹富島（末の姉）・西表島（末の姉） *あんやん 広島県能美島 長崎県 熊本県玉名郡・宇土郡 *いーやん 広島県賀茂郡 福岡県山門郡 大分県別府市・宇佐郡（幼児語） *いね 三重県南牟婁郡 *いねさん 和歌山県東牟婁郡・西牟婁郡 *いんね・いんねー 東京都八丈島 *うぃなぐすぃーざ 沖縄県首里 *うね 山形県庄内 *うぶながにー（二番目の姉） 沖縄県与那国島 *うんね（小児語） 鹿児島県 *えねぼ 兵庫県淡路島 *おーねさま（上品な語） 愛知県名古屋市 *おさまさま 高知市 *おねー 滋賀県彦根

兵庫県佐用郡 岡山県上房郡・吉備郡 高知県幡多郡 大分県 *おねーはん 香川県 *おねなん 和歌山県 *おねやん 和歌山県 高知県 *おねん 岡山県上房郡・吉備郡 *おんね 三重県志摩 *かんまー・がんま（二番目の姉） 沖縄県西表島 *ぐめーぬもーま（末の姉） 沖縄県新城島 *こんまいねーやん（年下の方の姉） 高知県 *こんまね（年下の方の姉） 愛媛県 *しーざ・しじゃぶなり 沖縄県石垣島 *しだ・しだうなり 鹿児島県喜界島 *すいーざうない 沖縄県首里 *すだー 鹿児島県奄美大島 沖縄県与那国島 *たーた・たーぼ・たーろ 富山県 *っごー 沖縄県与那国島 *なかーま（二番目の姉） 沖縄県小浜島・鳩間島 *ながにー（三番目の姉・末の姉） 沖縄県与那国島 *なかんま（二番目の姉） 沖縄県石垣島・西表島 *なかんまー

(二番目の姉) 沖縄県竹富島 *なな 千葉県夷隅郡 *なはな(二番目の姉) 沖縄県黒島 *なはねー・なはもーま(二番目の姉) 沖縄県新城島 *にや 石川県能美郡 *にゃー 石川県石川郡 三重県度会郡 京都府与謝郡 *にゃーにゃ 富山県・砺波・東礪波郡 石川県 京都府与謝郡 長崎県五島 *にゃーにゃー 石川県金沢市・江沼郡 *にやにや 石川県能美郡・石川郡 京都府 長崎県五島 *ねー 栃木県河内郡 埼玉県入間郡 新潟県東蒲原郡 福井県 長野県下水内郡 岐阜県 静岡県「ねーはいるかぇー(姉さんはいるかね)」 愛知県 三重県 兵庫県 奈良県吉野郡 島根県 広島県 山口県豊浦郡 香川県 愛媛県 高知県幡多郡 福岡県企救郡 大分市 *ねーさ 長野県諏訪郡 静岡県・浜松 岡山県上房郡 大分県直入郡 *ねーちゃ 静岡県浜松 *ねーちゃー 静岡県磐田郡 *ねーなん 鳥取県岩美郡・気高郡(児童語) 高知県安芸郡 大分県日田郡 *ねーねー 新潟県佐渡 静岡県川根 島根県石見 山口県阿武郡 大分県 *ねーはん 香川県 *ねーべー 三重県志摩郡 *ねーま 長野県下伊那郡 岐阜県 愛知県 島根県・益田市 山口県・阿武郡 *ねーまー 島根県石見 山口県 *ねーや 新潟県佐渡 長野県下水内郡 静岡県・浜松 愛知県東春日井郡 島根県隠岐島 高知県 大分県大分市・大分郡 *ねーやー 静岡県志太郡 島根県美濃郡・益田市 *ねーやん 栃木県 群馬県山田郡・館林 新潟県佐渡 三重県 滋賀県彦根 大阪府泉北郡 兵庫県 和歌山県 島根県隠岐島 岡山県上房郡 広島県 香川県 愛媛県周桑郡 大分県 *ねーよ 大分市 *ねさま 岐阜県北飛騨 *ねせん 奈良県 *ねっこ 千葉県長生郡 *ねね 山形県庄内 三重県 京都府竹野郡 長崎県対馬 *ねねー 島根県美濃郡・益田市 *ねねさま 長崎県対馬 *ねねちゃ・ねねはん 山形県庄内 *ねねんこ 三重県志摩郡 *ねやん 新潟県佐渡 大阪府三島郡 奈良県 高知県土佐清水市 大分県東国東郡 *ねん 新潟県南魚沼郡 *ねんこ 岐阜県飛騨 *ねんね 新潟県三島郡 *ねんねー 島根県鹿足郡・益田市 大分市 *ばー(一番上の姉) 鹿児島県喜界島 *ばぼーじょ 佐賀県 長崎県 *ばんかー(二番目の姉) 鹿児島県喜界島 *びこ 新潟県佐渡(姉の呼称) *びやん(姉の呼称。上流) 新潟県佐渡 *まー 三重県志摩郡 *みん 新潟県中越 *めーぬもーま・もーまめー(末の姉) 沖縄県新城島 *もーま 沖縄県新城島 *やんやん(下流) 熊本県玉名郡 *んなーま(末の姉) 沖縄県黒島 *んね 山形県庄内 兵庫県淡路島(小児語) 和歌山県西牟婁郡・東牟婁郡 *んねー 鹿児島県口之永良部島

あの【彼】 *あが 奈良県吉野郡「あが下」 *あな 高知県幡多郡「あなひと(あの人)」 *あんな 島根県石見「あんなひとに問うて見い」 広島県「あんなさき(あの先)」 愛媛県周桑郡・喜多郡「あんなとこ(あそこ)」 *こんな 島根県出雲「け、こな者は昔かぁちょちょくさだったけんの(ほんとにあの人は昔からそこつ者だったからな)」

□くらい *あっぴ・あっぴぐゎー・あふぃぐゎー(量や大きさなどについて言う) 沖縄県首里 *あぬしゃく 沖縄県首里 *あのかえ 和歌山県 *あのごろ 秋田県平鹿郡「あのごろ言っても分らないか」 山形県 *あのぶつ 青森県南部 *あのぶんこ 岩手県上閉伊郡 *あんかい(「あのくらい」の転) 千葉県海上郡 神奈川県中郡 新潟県佐渡 和歌山県「あんかいもやったのに未だ欲しがるわ」 *あんころ 秋田県雄勝郡

□辺 *あーらた 千葉県夷隅郡「あーらたにあったおう」 *あすこんつり(卑語) 大分県日田郡 *ありかー・あまりかー 沖縄県首里 *あれー 岡山県吉備郡

□ような *あーい 岩手県気仙郡(卑しめて言うのに用いる)「おめあ、ああいなものなぞにする気だ」 香川県三豊郡 *あーえ 福島県東白川郡「あえぐやれば良え」 *あーた 茨城県稲敷郡・西茨城郡 群馬県多野郡「あーた者に嫁の来手はない」 東京都大島「あーたになった」 *あーな 福井県遠敷郡 *あい 三重県志摩郡・度会郡 愛媛県 長崎県壱岐島「あいなもん」 *あいつげ 山形県米沢市 *あいな 山形県 香川県「きのう、あいなかれえ(鰈)こうたらな、ようけこお(子)がいって、おいしかったわな」 *あえ 山形県庄内「あえだもんよくよくだめだ(あなものは全くだめだ)」 福島県東白川郡「あえぐ(あのように)」 *あえずげ・あえずげだ 秋田県平鹿郡 山形県村山「あえずげだな」 *あえっかえ・あえっけ 山形県 *あえっげ 福島県中部 *あえん 三重県志摩郡「あえん言(ゆ)ーて」 兵庫県赤穂郡 *あが 山形県「あがな者は出世されまい」 滋賀県東浅井郡 和歌山県・東牟婁郡 島根県 岡山県児島郡「あがにしょうったら先生に叱られらあ」 広島県比婆郡「あがにいきとりゃーいーよーながーの(あんなに生きていれば幸福ですね)」 愛媛県大三島 高知県「あがに云いよったから忘れては済まんぞね」・高知市(下流) *あがー 山梨県南巨摩郡 奈良県吉野郡 島根県「あがーに大きい」 岡山県備中 広島県「あがーなった」 山口県阿武郡 高知県吾川郡 鹿児島県種子島 *あかい 和歌山県「あかいなりしてよう歩いたもんや」 *あがい 山形県「あの風船玉はあがえに高くあがった」 長野県下伊那郡 三重県度会郡 和歌山県「あがえに美しくしておいたのに台なしや」 島根県邇摩郡「あがいなことを言うまーで(言うまいぞ)」 岡山県 広島県「わりゃーはー、あがいなことーすなよー」 山口県・大島「われがあがえ言ふけえ」 愛媛県「あがいに大酒呑んでは体に悪い」 高知県「あがいに立派に出来ましたか」 福岡県京都郡・企救郡 *あがん 岡山県備中 広島県双三郡「あがんこと」 長崎県「おまやー(お前は)もーあがんこたーすんな」 熊本県

玉名郡・天草郡「あがんところ(所)」 ***あぎ** 東京都三宅島 ***あぎゃ** 山形県山形市・村山「あぎゃに酔ふてもよく帰って来た」 島根県能義郡 熊本県下益城郡「あぎゃいわす(ああ言われる)」 ***あぎゃー** 鳥取県気高郡・岩美郡 岡山県苫田郡 ***あぎゃーん** 熊本県鹿本郡・下益城郡「あぎゃあん奴」 ***あぎゃい** 山形県西置賜郡 兵庫県赤穂郡 ***あぎゃん** 島根県出雲 佐賀県「あれはあぎゃんしてはよくない」 長崎県 熊本県 宮崎県西臼杵郡「わりわもーあぎゃんことぉするな」 ***あげ** 山形県 東京都御蔵島 愛知県 三重県「おまえわもーあげなことせんとけよ」 和歌山県「あの人あげなことをして居る」 鳥取県西伯郡「あげなもん(あのような人)」・日野郡 島根県「あげだけー(ああですわ)」 広島県高田郡 愛媛県 福岡県 長崎県対馬「あげ食たもんじゃろかなあ」・壱岐島 熊本県阿蘇郡「あげたい(あーですよ)」 大分県 宮崎県西臼杵郡「おまやーもーあげなこたぁーすんな」 鹿児島県・宝島 ***あげー** 山形県「あげーたくさんいただいて」 千葉県夷隅郡 新潟県佐渡「あげえ事もうせんな」 愛知県「あげーな物を貰ってなんし」 兵庫県赤穂郡 鳥取県気高郡 島根県出雲「あげーだらが」 岡山県児島郡 広島県高田郡・賀茂郡 福岡県京都郡・福岡市 長崎県対馬(田舎の語)「此ぬ人はあげえな事を言はるるばな」 熊本県阿蘇郡 大分県大分郡(下流)・西国東郡(中流以下) ***あげーた・あげた** 山形県 ***あげなか** 福岡県糸島郡「あげなかもの」 ***あげゆー** 和歌山県海草郡 ***あげん** 新潟県佐渡 愛知県知多郡「あげん大きいもん」 三重県志摩郡・度会郡 島根県出雲「あげん事」 岡山県児島郡「あげんことしよったら」 福岡県「あげん達者にござっしたとがれすな(いらっしゃいましたのにですね)」 佐賀県・神埼郡 長崎県 熊本県阿蘇郡・天草郡 大分県「あげんこつう(あんなことを)」 宮崎県西臼杵郡「おまやーもーあげんなことすんな」 鹿児島県・宝島「あげんなった」 ***あけんか** 福岡県 ***あじぇげだな・あじぇげな**(軽べつの意を含む) 山形県村山 ***あじぎだな**(軽べつの意を含む) 山形県西田川郡 ***あじゅー** 高知県香美郡「豊永の人(し)があぢゅうによう言ふとほめて呉れた」 ***あだ** 山形県「あだなものを持って来られては困る」 福島県 ***あだえ** 山形県 ***あただ** 青森県上北郡・三戸郡「あただね」 ***あたら** 青森県上北郡 ***あだん** 山形県村山「あだんどげあったのか(あんな所にあったのか)」 ***あっがえ** 新潟県北魚沼郡・南魚沼郡 ***あっぎ** 秋田県河辺郡「あっぎだもの(あんなもの)」 新潟県下越 ***あつけ** 山形県村山「あつけな」 ***あつげ** 新潟県「あつけに泣いてえるねか」 新潟県下越「あつげだ(あのような)」 ***あつけー** 新潟県中魚沼郡 ***あつけた** 山形県村山 ***あつけん** 山形県村山 新潟県「あつけんがが何になる(あのようなものがなんの役に立つ)」 ***あっじぇげだ** 山形県村山「あっじぇげだな」 ***あった** 青森県「生まれてからあった目に会ったことはない」 秋田県雄勝郡 福島県会津 ***あっただ** 青森県三戸郡「あっただね(あんなに)」 ***あったら** 北海道「あったらもの要らぬ」 青森県南部 群馬県利根郡 ***あっとー** 島根県美濃郡 ***あな** 山形県東田川郡「あなだ(あんな)」 新潟県上越 京都府葛野郡 徳島県 香川県「あなことぃよるけどうそにきまっとる」 愛媛県周桑郡「おんしゃーもーあなことすなよ」 高知県土佐郡 ***あない** 富山県西部「あないに行きたがっとるもん行かしてやれ」 石川県鹿島郡 福井県大飯郡 三重県北牟婁郡「あない急に死んでなー」・松阪市 滋賀県彦根 京都府 大阪府 兵庫県「あないした」 奈良県南大和 和歌山県 徳島県「あないに言いよるけんどできるかいな」 香川県三豊郡「あないとこ(あのようなところ)」 愛媛県「あないに大けいのが欲しい」 ***あなん** 香川県「あなんとこへ大穴掘ったるきん落ちこんみょったわい」 ***あにゅん** 鹿児島県 ***あぬぐーとぅ** 沖縄県国頭郡 ***あぬぐどぅ・あぬぐどーる・あんぐどぅ** 沖縄県首里 ***あね** 三重県度会郡 京都府宇治郡 島根県松江市 ***あねー** 兵庫県神戸市「あねーに云わんでもよかろうに」 島根県石見「あねーなことしてはいけん」 岡山県 広島県高田郡 山口県「あねーに言うたのにもう忘れたかあ」 長崎県対馬 ***あねん** 新潟県佐渡 奈良県・吉野郡「あねんほしがるものとりあげてしまうのかわいそや」 岡山県倉敷市「あねん言(ゆ)んじゃが」 山口県都濃郡「あねんことするもなーありませんのー」 長崎県壱岐島 ***あのい** 京都府 岡山県津山市 愛媛県喜多郡 高知県「あのいにして」 ***あのー** 山形県東田川郡「あのーだ(あんな)」 新潟県佐渡「あのうのこと言わんでも」 ***あのげ** 山形県「あのげだ騒ぎ」 ***あのしてーな** 宮城県登米郡 ***あのとー** 山口県「私はあのとーにはできません」 ***あのん** 新潟県佐渡「あのんこと言わんでも」 ***あやーな・あやな** 岐阜県郡上郡「あやーなこただちかん」 ***あやん** 熊本県下益城郡 ***あれー** 広島県安佐郡・西能美島 ***あれがい** 広島県倉橋島 ***あれげー** 群馬県碓氷郡 ***あん** 岐阜県益田郡 三重県志摩郡 大阪市 沖縄県首里 ***あんが** 徳島県三好郡・美馬郡 香川県佐柳島「あんがら(あんな)」 ***あんがい** 山形県 ***あんぎゃ** 福島県中部 京都府 徳島県美馬郡「あんぎゃなこと」・三好郡 香川県佐柳島・志々島「あんぎゃもんかっきょら(あんなものを書いているよ)」 ***あんぎゃー** 広島県芦品郡 ***あんぎゃい** 山形県西置賜郡・東村山郡 ***あんげ** 山形県西置賜郡・庄内「あんげだ(あのような)」 新潟県 高知県「あんげに大水の出た事は六十年この方ない」 宮崎県宮崎市・延岡市「あんげなこつ(あんなこと)」 鹿児島県薩摩

*あんげー 山形県置賜・庄内　長崎県西彼杵郡 *あんげちゃ 山形県西置賜郡 *あんげん 長崎県 *あんこーざい 山口県豊浦郡 *あんじり 沖縄県石垣島「あんじりむぬ(こんなもの)」 *あんた 青森県津軽　岩手県　宮城県石巻「あんてぁな者と遊ぶんでねぁっに」　秋田県「あんたにすると駄目だ」　山形県「あんた野郎あるものでない」 *あんだ 山形県　新潟県・北蒲原郡 *あんたへーぁ 岩手県上閉伊郡「あんたへぇぁな物何にする」 *あんたら 秋田県鹿角郡「あんたら花だめだ」 *あんたんだ 秋田県南秋田郡・平鹿郡「あんたんだにわがまさせるとだめだ」 *あんつ・あんつぁ 新潟県東蒲原郡 *あんつきだ 秋田県河辺郡・雄勝郡 *あんつく 山口県豊浦郡 *あんつくた 秋田県 *あんつくたら 青森県 *あんつけ 新潟県東蒲原郡 *あんつけた 山形県西田川郡・飽海郡　新潟県東蒲原郡 *あんつら 新潟県東蒲原郡　石川県石川郡 *あんて 宮城県仙台市「あんてなもの」　新潟県佐渡 *あんてー 宮城県 *あんてん 新潟県佐渡 *あんとー 島根県石見「あんとーの物をくれー」　山口県「あんとーな男に何ができるか」・豊浦郡 *あんな 新潟県上越「あんなな」　香川県「あんなしょん(あらっ、あんなことをしている)」 *あんない 静岡県　和歌山県那賀郡 *あんなん 新潟県佐渡「あんなんおおきいもん」・上越「あんなんいわれりゃおらいやだわ」　静岡県庵原郡「あんなん本」　兵庫県神戸市　和歌山県東牟婁郡　徳島県那賀郡 *あんね 新潟県中頸城郡　長野県佐久「あんねに」　岐阜県「あんねして」　三重県 *あんねー 山梨県　長野県諏訪 *うがー・うがん・うごん 東京都八丈島「うがんならら(あんなになった)」 *えっだな 山形県庄内・村山「えっだな事はするものでない」 *おーた 群馬県多野郡　埼玉県秩父郡「おーたことができるもんか」 *おーだ 山形県東田川郡「おーだどこ(あんな所)」 *はげん 熊本県芦北郡 *んげ 山形県「んげだ事ではだめだ」 *んげだ 山形県山形市・西村山郡「んげだな(あのような)」

↓あんな

□ような所 *あなか 京都府 *あんなか 京都府与謝郡 *あんなく 徳島県美馬郡

□ようなもの(こと・人) *あいなん・あななん 香川県「あいなん怒らーたらことじゃ」 *あっつぁが 新潟県中越・長岡市 *あぬぐとーるー 沖縄県首里 *あんなん 兵庫県播磨「あんなん買うて」　奈良県高市郡　和歌山県東牟婁郡「あんなんきらひだわ」　香川県

□ように *あーいうしこー 島根県邑智郡 *あーいたに 静岡県「あーいたに勉強するものだ」 *あーに 奈良県吉野郡「あーにほしがんのに取上げたんなーかはいそうじゃ」　愛媛県・大三島 *あーゆーたに 静岡県志太郡 *あお 青森県三戸郡「あお書いて置きました」 *あのくに 山梨県　長野県北安曇郡 *あのぐに(「あのごと(如)くに」の転か) 山梨県　長野県諏訪 *あやんばえ(「ああいう塩梅」の転か) 山形県東村山郡・最上郡 *あゆべに 山形県東置賜郡 *あんに 岐阜県益田郡　三重県志摩郡　大阪市「みさきー出てわなーあんにして(岬へ出てはね、あのようにして)」 *あんべ 青森県上北郡

↓「あんな」の子見出し、「あんなに」

あばらぼね【肋骨】 ⇩ろっこつ(肋骨)

あばれもの【暴者】 *いばらもん(卑しんで言う語) 熊本県玉名郡 *おごいばち・おごいばっ 鹿児島県 *おごいばっちょ 鹿児島県曾於郡 *がいんす 愛媛県宇和島 *がえん(「臥煙」は江戸時代の町火消しで、入れ墨をしたりして乱暴者が多かったところから) 新潟県・西蒲原郡　岐阜県郡上郡 *ごりがん(暴れ者の子) 大阪市 *でんば 鹿児島県硫黄島 *なんか 埼玉県秩父郡　新潟県　長野県　静岡県「なんかの子で困ります」 *なんかうま 埼玉県秩父郡「あれはなんか馬だ」 *なんかけ 長野県南安曇郡 *なんかち 栃木県河内郡　群馬県多野郡　埼玉県秩父郡　長野県東筑摩郡　静岡県・浜松市 *なんかん 埼玉県「今日はなんかん坊主がゐないでせいせいした」　千葉県君津郡　新潟県 *なんこく 長野県長野市・上水内郡「なんこくな人」 *ぼーきらー・ぼーきりむぬ 沖縄県石垣島 *ぼーきりゃー 沖縄県竹富島

↓あばれんぼう(暴坊)

あばれる【暴】 *あーたれる 静岡県 *あがく 新潟県東蒲原郡　福井県　島根県石見　岡山県児島郡 *あくれる 福井県敦賀郡 *あじくる 島根県能義郡・大原郡 *あせる 富山県射水郡　福井県大野郡　岐阜県吉城郡・飛驒「あの子は寝あせりしてどもならん」 *あたける 茨城県稲敷郡　新潟県中魚沼郡　石川県輪島市　長野県諏訪　岐阜県恵

方/言/の/窓

●方言区画 I

国語をいくつかの方言に分けること、また、それぞれの方言が使われている領域を「方言区画」と呼ぶ。方言区画は、アクセント、音韻、文法、語彙における諸事象を総合的にとらえて設定される。

現実には、ある地点から他の地点へ進むにつれて少しずつことばが違ってくるのであって、町や村の間にはっきりした方言の境界線を引くことはなかなかむずかしい。また、無数の言語事象のどの特徴を重視するかによって区画の立てかたも違ってくる。区画設定の方法についてはいくつかの論があるが、いずれにしても、日本語をまずいくつかの方言に大きく分類し、それぞれの方言について、さらに下位の区分を行うというように、大分類から小分類への手順で進められることが多い。

那郡　静岡県「そんなにあたけるなや」　愛知県豊橋市　*あだける 茨城県稲敷郡・北相馬郡　新潟県　静岡県磐田郡　兵庫県佐用郡・赤穂郡　奈良県宇陀郡　島根県益田市　岡山県小田郡　*あばける 山形県　神奈川県　山梨県南巨摩郡「酒に酔ってあぱける」　長野県佐久　*あばたえる 京都府・竹野郡　*あばらかす 福岡県博多　*あばらける 神奈川県　*あまる 熊本県玉名郡　*あまうい・あまゆい 鹿児島県喜界島　*あまさる 静岡県田方郡　*あまされる 岩手県盛岡市　秋田県鹿角郡「此の児はあまされてこまる」　東京都大島「わいら、あまされてゐんな」　新潟県　静岡県志太郡・安倍郡　*あまゆん 沖縄県首里　*あらける 岩手県和賀郡　秋田県南秋田郡　山形県　栃木県塩谷郡　新潟県佐渡　長野県上田・佐久　島根県「馬があらける」　岡山県小田郡　*いきる 岡山県浅口郡　広島県賀茂郡　徳島県「あの馬はよくいきる」　愛媛県　*いぎる 愛媛県大三島　*いらきあばれる 山口県豊浦郡（急に暴れる）　*うじく 秋田県平鹿郡「さううんじいては着物を切らすよ」　*うずく 岩手県和賀郡　秋田県雄勝郡　山形県東置賜郡　*うずげる 秋田県　*おごる 東京都八丈島　新潟県佐渡　富山県「鼠がおごっとる」　石川県　島根県　岡山県　広島県双三郡　愛媛県大三島　大分県「之は喧嘩ぢや無え、おごりにしよるのじぢや」　宮崎県東諸県郡　*がつる 福井県大野郡　*くただれる 島根県出雲　*ぐれる 東京都大島　*ごぼほる 青森県南部　秋田県鹿角郡　*ごんぼほる 青森県・上北郡　岩手県　秋田県仙北郡「この子はよくごんぼほる子だ」　岐阜県飛騨　三重県度会郡　*さかめいる（酒に酔って暴れる）奈良県「さかめいったらこわいで」　和歌山県「あの人は飲むといつもさかめいる」　*さかめがいる（酒に酔って暴れる）奈良県吉野郡　*さくれる 広島県佐伯郡　*しこる 大阪府泉北郡　奈良県南大和・吉野郡（牛馬が暴れる）　*じなける 島根県大原郡　*じゃばれる 高知県土佐郡　*じゃみる 北海道（馬が暴れ回る）　新潟県南蒲原・三島郡　*じゃめる 北海道　*ずく 島根県石見　愛媛県周桑郡「なんかゆーたらじきずきまーる」　*ずぐる 秋田県平鹿郡「押へられてからは、いくらずぐってもだめだ」・河辺郡　*ずばつー 宮崎県東諸県郡　*ずばとう 熊本県八代郡・芦北郡「すばとうちけがする（暴れてけがをする）」　*ずんぐる 秋田県「ずんぐる子供だ」　*たぐるー 佐賀県　鹿児島県　*たぐろう 福岡県山門郡　熊本県下益城郡　*てぃべーゆん 沖縄県首里　*とちくるー 静岡県志太郡　*とちぐるー 山梨県南巨摩郡　長野県東筑摩郡　岐阜県山県郡　静岡県　香川県　*ばける 新潟県佐渡　*ばたぐらう 熊本県玉名郡・下益城郡　*ばたくる 三重県南牟婁郡　和歌山県　徳島県海部郡　高知県幡多郡　鹿児島県　*ばたぐる 鹿児島県肝属郡　*ばたぐるー 大分県玖珠郡　*はたらく 青森県下北郡「はだらぎまはる」　秋田県鹿角郡「（安静を要する病人が）はたらいてこまる」　愛知県東春日井郡　*ばだりこぐ 青森県津軽　*はっちる 長野県諏訪「子供がはっちる」　*ばってーうつ・ばってーとる 長崎県壱岐島　*ばぶれる 高知県土佐清水市　*ばるい 熊本県天草郡　*ばるる 福岡県　長崎県五島　*ばれる 鳥取県　岡山県　長崎県伊王島　*ふれる 栃木県　*ぼーきりるん 沖縄県石垣島　*ほくい 鹿児島県鹿児島郡　*ほげる 岩手県和賀郡　*ぼげる 青森県三戸郡「ぼげまる（暴れ回る）」　*ほこまる 福島県相馬郡「ほこまって痛くした」　*ほこる 北海道　青森県南部　秋田県雄勝郡・鹿角郡　山形県　福島県「やがましがら、ほこんな」　新潟県東蒲原郡　山口県豊浦郡・大島　徳島県　鹿児島県肝属郡　*ぽごる 青森県　*ほたえる 徳島県　香川県　高知県幡多郡　福岡県企救郡　*ほたく 新潟県佐渡　*ほたゆる 大分県玖珠郡　*ほてる 三重県員弁郡　*られる 岐阜県稲葉郡

□こと（さま）　*あがっぱい 愛媛県大三島　*あじぐるい 島根県出雲「あじぐるいする」　*あたけはっちょー 静岡県志太郡「そーしたらあたけはっちょーしてこまらせた」　*あられぐるい 島根県簸川郡「銭がなてあられぐるいする」　*くろたけり 長崎県壱岐島　*けんぽー（短気を起こし、暴れること）新潟県佐渡　*だんけつ 新潟県佐渡　*ぱっとぅるげーやー・はっとぅるげーやー 沖縄県首里

あばれんぼう【暴坊】

*あくそ（子供）三重県度会郡　*あばえごろ 鹿児島県鹿児島郡　*あまいばち・あまいばっきょ 鹿児島県　*あまいばっちょ 宮崎県日向　鹿児島県・鹿児島郡　*あまいばっちょー・あまえばっちょー・あまりばっちょー 鹿児島県種子島　*あまいむん・あまやー 沖縄県首里　*あらびごろー 島根県美濃郡・益田市「内の様なあらびごろーが居っちゃー、たまったもんじゃーなー」　*かんぱ 静岡県駿東郡　*がんぱ 長野県上田　静岡県「あの児はがんぱだ」　*かんぱち（自暴自棄の意を人名化したもの）長野県北安曇郡　香川県　*がんぱち 長野県更級郡　三重県三重郡　和歌山県和歌山市・東牟婁郡「やくざのがんぱちや」　*がんばち 長野県東筑摩郡　*きんぴら（金平浄瑠璃の主人公、坂田金平の怪力剛勇ぶりから）滋賀県坂田郡・東浅井郡　宮崎県南那珂郡

→あばれもの（暴者）

あひる【家鴨】

*あーる 神奈川県高座郡　*あいひる 和歌山県　*あせろ 長野県上高井郡　*あっぴ 山形県　*あっぴら 沖縄県石垣島　*あひ 青森県南部　岩手県九戸郡　群馬県佐波郡　千葉県山武郡　宮崎県日向　*あひあひ（あひるを呼ぶ語）岩手県九戸郡　*あぴら 沖縄県石垣島・新城島　*あひるがも 石川県能美郡　*あひろ 青森県上北郡　秋田県平鹿郡　千葉県　*あふぃら 沖縄県鳩間島　*あふぃらー 沖縄県首里　*あふぇら 沖縄県竹富島　*あへっ 長崎県五島　*あへろ 新潟県中魚沼郡　京都府　*がーな 沖縄県宮古島　*かも 富山県

石川県 *かもかも 石川県能美郡 *じがも・ちがも 福島県北部 *でかも 福島市 *ばった 茨城県稲敷郡 *ぱっぱ 三重県北牟婁郡 *びーび(幼児語) 長崎市 *びーびー(幼児語) 長崎県 *びこ 佐賀県 *ひる 和歌山県海草郡・那賀郡 大阪市 香川県高松 鹿児島県奄美大島 *べこ 佐賀県・三養基郡 *へる 奈良県 *みずがも 秋田県鹿角郡

あぶく【泡】 *あお 山口県大島 徳島県美馬郡 香川県 愛媛県 福岡県浮羽郡 *あふ 青森県上北郡 *ぶく 新潟県佐渡 静岡県 兵庫県加古郡 長崎県壱岐島 熊本県下益城郡 鹿児島県・喜界島 *ぶくじょー 長崎県壱岐島 *ぶら 鹿児島県喜界島
→あわ(泡)

あぶない【危】 *あくなか 鹿児島県 *あっなか・あっね 鹿児島県鹿児島郡「あっねこち(すんでの事に)」 *あばい 群馬県多野郡 *あぶい(幼児語) 栃木県 *あぶか 福岡県久留米市 *あぶかしー 岩手県胆沢郡 高知県「そんなあぶかしい事はせんがよいねー」・土佐郡 *あぶこしー 徳島県「あぶこしかった(危なかった)」 *あぶしない・あんぶしない 秋田県河辺郡 *あぶせー 群馬県勢多郡・佐波郡 *あぶっかしー 静岡県 *あぶねしか・あべしか 長崎県壱岐島 *あぶゆかしー 岩手県東磐井郡 宮城県登米郡 *あべー 長野県佐久 *あやしー 静岡県 *あやっさーん 沖縄県石垣島 *あやっさん 沖縄県首里 *あやぶい 兵庫県神戸市 奈良県南大和 *あんなか 鹿児島県 *あんばか(小児語) 長崎市 *あんめー(小児語) 新潟県佐渡 *いぶせー 群馬県「あっ、いぶせーど(危ないぞ)」 *うかーしゃん 沖縄県首里 *うかーさん 沖縄県島尻郡 *おーかい 茨城県稲敷郡 *おーさい・おーしか 鹿児島県喜界島 *おかい 青森県三戸郡
→あやうい(危)

□こと(さま) *あぶずく 奈良県吉野郡 *あやっさ 沖縄県石垣島 *ぐがん 島根県那賀郡「どーもぐがんな歩き方をする」・邑智郡 *さっかけ 島根県邑智郡「さっかけな仕事はせんことだ」 *てんごのかわ・てんごのかー 愛媛県松山「あの人はよーてんごのかわをする」 *ふいらふいら 三重県志摩郡

あぶら【油】 *あっだ 長崎県五島 *あっぱ・あんば 鹿児島県喜界島 *あば 沖縄県八重山 *あるば 富山県・砺波 石川県 長崎県対馬 *あんだ 沖縄県首里・与那国島 *いらず(食用油) 香川県高松市 *ごろた(油桐の油) 島根県簸川郡 *しょーじんあぶら 新潟県佐渡(食用油) 長崎県壱岐島(揚げ物用の油)

あぶらあげ【油揚】 *おいなりさん 愛知県名古屋市 *けんけん 奈良県 *つきあげ 長崎県壱岐島 *つけあげ 島根県 愛媛県宇和島 *てんぷら 滋賀県蒲生郡 *はべん・はんべ 三重県志摩郡

あぶらな【油菜】 *あぶらたね 鹿児島県一部 *からし 福島県一部 福岡県 佐賀県 長崎県一部・壱岐島 *からしな 福島県大沼郡 佐賀県 *からしなたね 鹿児島県一部 *からしのはな 福岡県柳川市 *からせ 福岡県一部 大分県一部 *しょーたね 島根県 *たかぶ 宮崎県一部 *たね 滋賀県一部 鳥取県一部 岡山県一部 山口県一部・厚狭郡 愛媛県一部 熊本県下益城郡 宮崎県一部 鹿児島県一部 *たねかっ 鹿児島県 *たねかぶ 鳥取県一部 島根県一部 鹿児島県肝属郡・垂水市 *たねこ 岡山県一部 広島県一部 *たねな 島根県鹿足郡・隠岐島 *ながらし 福島県会津 滋賀県一部 *ねーり 長野県諏訪・東筑摩郡 *ねーれ 山梨県一部 長野県諏訪 *のらぼーな 埼玉県一部 *はずな 新潟県一部 *はたけな 京都府 *はだな 新潟県 *はるな 宮城県一部 岐阜県恵那郡 *まな 奈良県 和歌山県 愛媛県 *まなかぶ 香川県高松市

あふれる【溢】 *あおれる 愛媛県 *あくる 青森県「川の水あぐた」 秋田県鹿角郡 *あくれる 青森県南部 秋田県「米が俵からあぐれた」 *あばく 長崎県北松浦郡「雨の降ると池の水があばく」 *あびるん・あびん 沖縄県石垣島 *あんでぃゆん 沖縄県首里 *いかばる 岐阜県飛驒・郡上郡「いがわにごみがつまってひどーいかばっとる」 *いかまる 神奈川県藤沢市 *いがまる 青森県津軽 静岡県 *いしたる 鹿児島県 *うかばる 岐阜県飛驒 *うつれる 島根県石見「茶碗の水がうつれた」 *おんでる 群馬県佐波郡 *こす 兵庫県赤穂郡 *こばる 鳥取県東部 島根県隠岐島 *したる 新潟県佐渡 岐阜県飛驒・郡上郡「おついがしたった」 島根県「酒が杯からすたる」 広島県高田郡 徳島県「水がしたるきんこぼすなよ」 香川県小豆島「わきしたる」 愛媛県 熊本県下益城郡 *すずるる 佐賀県 長崎県五島 熊本県 *すずれる 長崎県対馬「すずれこぼれる(あふれこぼれる)」 熊本県八代郡 *ずりこぼれる 長崎県南高来郡 *ぜる 徳島県三好郡「(粉を)匕(さじ)にぜるだけ太く(多く)すくうてやる(食う)」 *なぎれる 埼玉県秩父郡「桶へいっぱいになってなぎれ落ちてる」 *のたくる・のたる 富山市近在「鰯(いわし)がとれて町でのたるそな」 *はばむ 山梨県南巨摩郡「あんま(乳)がはばむ」 岐阜県「水がはばむ」 *ふたる(水があふれる) 和歌山県・東牟婁郡 *ぶんむくれる 福島県安達郡 *へちばる 岐阜県大野郡 *まかる 青森県 岩手県 宮城県栗原郡・石巻「お湯まがっから蛇口を止めさえ」 秋田県 群馬県勢多郡 三重県度会郡・宇治山田市 *まくれる 和歌山県伊都郡・東牟婁郡 *まける 兵庫県淡路島 岡山県岡山市・児島郡 徳島県「水がまける」 香川県「ここへ何かまけたんで」 愛媛県「川は一ぱいにまけてゐる」 高知県
→こぼれる(零)

水がせき止められて□ *いがえる 山形県西置賜郡 福島県 神奈川県 *いかる 青森県津軽 鳥取県東伯郡 島根県美濃郡・益田市 *うけ

ーる 福島県会津 *ゆたえる 徳島県海部郡

水などが□ *あばける 香川県 *いがえる 山形県「川の水がえがえて来て道の上を流れる」 *いかる 青森県「此の間の大雨で田えがってしまったね」 岩手県盛岡市 秋田県平鹿郡 静岡県「はずれのほーわいかってる(町外れの方面は水に深くひたっている)」 鳥取県東伯郡 高知県 *うかいる 福島県会津「水がうかいる」 *うかえる 山形県南部「川の水がうかえて来る」 福島県会津 *こしたる 島根県出雲「盃から酒がこししたっちょる」 *なばえる 山口県「水がここまでなばえてきた」 *よばる 鳥取県西伯郡 島根県八束郡 *よぼう 島根県邑智郡 高知県「とい(雨どい)の水がよぼーて椽が濡れた」・高岡郡 *よぼる 兵庫県淡路島

水などが□さま *がわがわ 岩手県平泉 *だばだば 島根県益田市・美濃郡「風呂の水がだばだば越える」 *だらひし 山形県米沢市 *だらひら 秋田県鹿角郡「水をだらひらとたらす」 *だらもら 青森県津軽

水などが□ばかりに入っているさま *ぞろごい 香川県三豊郡「ぞろごい一杯」 *ぞろごし 兵庫県淡路島「そないぞろごし入れたらまける(溢れる)」 徳島県「ぞろごし一ぱいある」 *ぞろっと 兵庫県淡路島「昨日の大雨でこの池もぞろっと一杯になった」 徳島県 *ぞろまけ 兵庫県淡路島 徳島県

あべこべ *あげこぐり 青森県津軽・上北郡 *あげこげ 和歌山県西牟婁郡・有田郡「言ふ事とする事とあげこげやが」 *あげたぐり 青森県津軽 *あさしま 鹿児島県奄美大島 *あちこち 千葉県長生郡 新潟県長岡市「ばか、靴そんげにしてはくもんがあっか、あちこちだねか」 石川県鳳至郡 愛知県碧海郡 和歌山県 島根県出雲・隠岐島 愛媛県松山 熊本県阿蘇郡 *あちゃこちゃ 青森県津軽 秋田県「仕事の仕方があちゃこちゃだ」 山形県 新潟県西頸城郡 島根県隠岐島 香川県・高松 高知県 *あちゃこちょ 香川県 *あちらこちら 石川県 愛知県愛知郡・碧海郡 *あっちーこっちー 島根県石見 *あっちぇこっちぇ 新潟県佐渡 *あっちこち 島根県 *あっちこっち 岩手県上閉伊郡 栃木県 埼玉県入間郡 千葉県長生郡 東京都南多摩郡 新潟県 石川県鳳至郡 福井県 長野県 岐阜県 三重県三重郡 山口県防府 香川県 福岡県 長崎県五島 熊本県阿蘇郡 大分県日田郡 *あっちゃーこっちゃー 静岡県志太郡 佐賀県 *あっちゃいこっちゃい 徳島県 *あっちゃこえ 福岡県久留米市 *あっちゃこし 福岡県久留米市・三井郡 佐賀県 *あっちゃこち 福岡県小倉市 長崎市 熊本県 *あっちゃこちゃ 愛知県碧海郡 和歌山県西牟婁郡 *あっちゃこっち 長崎県 熊本県 *あっちゃこっちー 佐賀県 *あっちゃこっちゃ 山形県西置賜郡・北村山郡 富山県 石川県 福井県 静岡県志太郡 愛知県知多郡 岐阜県大垣市 三重県松阪市・名賀郡 滋賀県彦根市・蒲生郡 京都市 大阪市 兵庫県 奈良県 和歌山県東牟婁郡 鳥取県 徳島県 香川県「あっちゃこっちゃになっとるな」 愛媛県 福岡県嘉穂郡 長崎県五島 熊本県 鹿児島県 *あっちゃこっちゃい 徳島県 *あっちゃてっちゃ 福井県大飯郡 *あっちゃらこっち・あっちゃらこっちゃら 福岡市 *あっちょーこっちょー 島根県美濃郡・益田市 *あってこって 石川県鳳至郡 *あっぺ 北海道 青森県津軽 新潟県西頸城郡「あのひとはきもんあっぺにきておる」 *あっぺこっぺ 北海道 富山県 *あてーさきー 岡山県小田郡 *あといさき 愛媛県 *あといさきー 岡山県苫田郡「そりゃあ、あといさきーじゃがな」 *あとぅさち 沖縄県首里 *あとさき 愛媛県 *あべ 青森県 *あべこべ 茨城県稲敷郡 *あべさ 岐阜県恵那郡 *あらいこらい 奈良県南大和 *あらこら 福井県 徳島県 *ありゃーこりゃー 神奈川県津久井郡 静岡県志太郡 *ありやこら 福井県大飯郡 *ありやこりや 宮城県仙台市 栃木県「それじゃありゃこりゃだがな」 群馬県吾妻郡・勢多郡 千葉県長生郡 富山県 福井県大飯郡 岐阜県 愛知県知多郡 三重県桑名郡 滋賀県蒲生郡 大阪市 兵庫県神戸市 奈良県南大和 和歌山県「障子をありゃこりゃにしめてある」・西牟婁郡 徳島県 *ありやこりゃ 鳥取県西伯郡 *あんべーこんべー 静岡県志太郡「すっかりあんべーこんべーになっちまった」 *いっぽかっぽ・いっぽがて・いっぽさ 宮崎県東諸県郡 *うえひら 島根県美濃郡・益田市「着物をうえひらに着る」 *うっちぇーゆん(あべこべになる) 沖縄県首里 *うらひら 島根県益田市 *うらへら 青森県津軽 福井県大飯郡 岐阜県大野郡 兵庫県 奈良県宇陀郡「うらへらに成ってしもた」 山口県玖珂郡 *うらべら 岐阜県羽島郡・大野郡 奈良県宇陀郡 *おっとるかい 富山県砺波 *かーさま 山口県祝島 *かーしま 岐阜県郡上郡 *かーすんめ 鹿児島県鹿児島郡 *かーちま 静岡県磐田郡 *かいさま 富山県「着物をかいさまに着る」 石川県 三重県 滋賀県 京都府 兵庫県佐用郡 鳥取県東部 岡山県 山口県佐合島 徳島県・阿波郡 香川県「お前着物をかいさまに着とるでないか」 愛媛県 高知県 *かいさめ 島根県出雲「お前、着物かいさめね着ちょうへんか」 *かいさらまいさら(「かいさま」を強めて言う) 岡山県苫田郡 *かいし 愛媛県 高知県「若い者が年寄りに手を引いて貰うてはかいしなことぢゃ」 *かいしき 徳島県美馬郡 *かいしま 富山県東礪波郡 福井県 岐阜県恵那郡・郡上郡 *かいしまーうい 沖縄県石垣島「わーぱうれーかいしまーういなりそー(君の羽織は裏返しになっているよ)」 *かいちゃ 青森県南部 岩手県気仙郡・東磐井郡 宮城県栗原郡・仙台市「あらなんだい、あんだ袴かいちゃでがっつぉ」 山形県米沢市・南置賜郡 福島県 茨城県多賀郡 *か

いちゃま 新潟県東蒲原郡「着物をかいちゃまに着ていて可笑しい」 *かいちゃむくれ 岩手県気仙郡「けぁちゃむぐれになる(転ぶ)」 宮城県仙台市(下流) *かいっち 新潟県新発田 *かいっちゃ 北海道 福島県 東京都三宅島・御蔵島 静岡県「あきめくらの人は手紙もかいっちゃに持つ」 *かいっちやま 新潟県東蒲原郡 *かえーさま 岡山県上道郡 *かえさ 山形県米沢市「えしょーをかえさに着た」 *かえさま 新潟県東蒲原郡 富山市近在 福井県大飯郡 鳥取県西伯郡 島根県「蓋をかえさまにせー」 岡山市 山口県大島 徳島県 香川県 愛媛県 *かえさみ 島根県能義郡・仁多郡「着物をかえさみに着る」 *かえさめ 島根県出雲 *かえし 島根県鹿足郡・隠岐島 愛媛県 高知県 *かえしま 新潟県「付け方がかえしまじゃしょうがない」 富山県富山市近在・西礪波郡 福井県 岐阜県飛騨 *かえしょ 新潟県中越 *かえちぇ 山形県東置賜郡 *かえちゃ 青森県上北郡 宮城県 秋田県鹿角郡 山形県南部 福島県西白河郡 茨城県 *かえちゃま 秋田県鹿角郡 *かえちゃまくり 宮城県遠田郡 *かえちゃむくれ 山形県南部「かえちゃまぐれに叱られた」 *かえちゃまくれ 山形県東置賜郡 *かえちゃもくれ 青森県三戸郡 宮城県栗原郡 秋田県鹿角郡(「かえちゃ」より強意) *かえちょ 山形県西田川郡 *かえっちゃ 青森県南部 山形県置賜 静岡県「着物がかえっちゃだ」・田方郡 *かえっちゃまくれ 山形県西置賜郡「注意したらかえっちゃまぐれー怒られた」 *かえっちゃむくり 岩手県胆沢郡 *かえっちょ 新潟県東蒲原郡 *かえりもく 青森県三戸郡 *かさすい 奈良県 *かさまい 滋賀県蒲生郡 奈良県 *かしな 石川県能美郡 和歌山県日高郡 *かしま 石川県 三重県南牟婁郡 和歌山県西牟婁郡 *かしまい 滋賀県坂田郡・東浅井郡 和歌山県東牟婁郡 *かすま 和歌山県東牟婁郡「下着をかすまに着た」 *がち 福岡市 *かちゃ 青森県津軽 秋田県平鹿郡 *かちゃえ 山形県北村山郡「とっくりのさげみなかちゃえなた(徳利の酒がみなこぼれた)」 *がちゃっぽん 福岡市 *がちゃぽん 福岡市 *かちゃま 秋田県 *かちゃまくれ 山形県山形市・最上郡「かちゃまぐれやっつけた」 *かっさ 東京都三宅島 *かっちぇ 山形県南村山郡「かっちぇする(逆さにする)」 *かっちま 静岡県磐田郡 *かっちゃ 青森県津軽 秋田県南秋田郡・仙北郡 山形県「靴かっちゃはえだあだ」 東京都三宅島 *かっちゃえ 山形県中部「着物ばかっちゃえ着る」 *かっちゃえまくれ 山形県最上郡 *かっちゃまえ 山形県西置賜郡・最上郡 *かっちゃまくり 青森県津軽 *かっちゃまくれ 山形県 *かっちゃむくれ 山形県西村山郡 *かっつぁー 東京都三宅島 *かっぱ 青森県津軽 *かやし 島根県石見 徳島県海部郡 高知県 *かやしま 岐阜県飛騨「橋の上からかやしまに落ちた」 *かやっさ 静岡県志太郡 *かやっさー・かやった 静岡県 *かわしま 岐阜県郡上郡 *きしんめ 宮崎県都城 鹿児島県 *きつい 島根県「すんなと言やーきつーする」 *きゃーさま 京都府竹野郡「あの子はきゃーさまに着とる」 *きゃーさんぼー 熊本県下益城郡 *きゃーしま 新潟県佐渡 *きゃーしんみゃー 熊本県天草郡 *きゃーっちゃ 静岡県・田方郡 *きゃしんみゃ 熊本県天草郡 *ぎゃちゃぽん 福岡市 *ぐらり 熊本県阿蘇郡「ぐらりする」 *けぁちゃ 宮城県石巻 千葉県安房郡 神奈川県三浦郡 *けあちゃー 福島県相馬郡「けぇあちゃーに着てる」 *けぁっちゃ 岩手県上閉伊郡 宮城県遠田郡 *けぁっちゃまくれ 宮城県石巻 *けーさね・けーしね 長崎県壱岐島 *けーしな・けーしま 新潟県佐渡 *けーしまー 沖縄県首里 *けーちゃ 山形県東置賜郡 福島県 茨城県北相馬郡 千葉県夷隅郡 *けーちょ 山形県 *けーっちゃ 千葉県安房郡 *けしんめ 宮崎県東諸県郡「けしんめに着ちょる」 鹿児島県・肝属郡 *けちゃ・けちゃもくれ 青森県上北郡「袖をけちゃもぐれにして袂糞(たもとぐそ)とる」 *けっちゃ 宮城県石巻 千葉県安房郡 神奈川県三浦郡 *けっちゃま 新潟県岩船郡 *けっちょ 山形県 *さーなー・さーらー(人体について言う) 沖縄県首里 *ざい 岡山県児島郡 *さいさか 徳島県・美馬郡 *さか 兵庫県神戸市・美嚢郡 徳島県「さかばかり言う子じゃな」 香川県仲多度郡 沖縄県首里「じーぬさかなとーん(字が逆になっている)」 *さかさでっぽー 千葉県上総 *さかし 大阪市 兵庫県淡路島 岡山県児島郡 広島県高田郡・安芸郡 島根県 鳥取県西伯郡「紙おさかしに貼った」 山口県・阿武郡・玖珂郡 徳島県「着物をさかしに着た」 香川県 愛媛県「その魚はさかしに吊っとーき」 高知県「ひしゃげると思うたら思惑がちがふぞ、さかしにひしゃぎつぶすぞ」 佐賀県藤津郡 長崎県 大分県 *さかしー 島根県邑智郡 長崎県彼杵 *さかしこ 岐阜県武儀郡 *さかしな 新潟県新発田市・佐渡 富山県 石川県河北郡・金沢市 兵庫県養父郡 長崎県対馬 *さかしめ 大分県大分郡・東国東郡 *さかしん・さかしんぱち 宮崎県東諸県郡 *さかしんめ 鹿児島県「さかしんめい着ちょる」 *さかずんば 島根県隠岐島 *さかせ 愛媛県周桑郡・今治市 *さかせー 長崎県伊王島 *さかたん 兵庫県神戸市 奈良県宇陀郡 *さかたんぼ 兵庫県淡路島 *さかちん 兵庫県神戸市 和歌山県東牟婁郡 *さかっちょ 大阪府泉北郡 兵庫県淡路島 和歌山県 *さかっと 奈良県吉野郡 和歌山県 *さかっとー 和歌山県日高郡 *さかっとんぼ 和歌山県 *さかつべ 香川県 高知県 *さかつんぶり 島根県石見 *さかつんべ 鹿児島県肝属郡 *さかつんぼー 島根県那賀郡 *さかてんご 島根県出雲 *さかてんぶつ 新潟県上越「さかてんぶつついてきた」 *さかてんぼ 新潟県 長野県下伊那郡 *さかてんぼー 新潟県西蒲原郡 *さかとん 兵庫県神戸市 *さかとんぶり 福井県大飯郡 京都府 兵庫県神戸市 大分県 *さかと

んぼ 三重県志摩郡　滋賀県彦根　京都市　兵庫県神戸市・淡路島　奈良県宇智郡　和歌山市　徳島県 *さかとんぼー 島根県邑智郡 *さかとんぼり 福井県大飯郡　愛知県一宮市　三重県員弁郡　滋賀県彦根・蒲生郡　京都府　大阪市　兵庫県加古郡・神戸市　奈良県吉野郡　徳島県　大分県 *さかばち 長崎県対馬　鹿児島県肝属郡 *さかばちー 長崎県対馬「あん高えとこかるさかばちぃ落ちたが怪我もせざってよかった」 *さかまーつぃき 沖縄県石垣島 *さんこ 香川県綾歌郡 *さんこっべ 香川県香川郡 *さんのけ 和歌山県日高郡 *しーさかすんめ 鹿児島県鹿児島郡 *しちゃこちゃ 島根県隠岐島「着物の着方がしちゃこちゃだ」 *しちゃぽん 福岡県筑紫郡 *しちゃまかちゃま 秋田県 *しっきゃこっち 長崎県対馬 *しっくりかえ 富山県「しっくりかえに(かえって)」 *しっちゃこし 福岡県久留米市 *しっちゃこち 福岡県山門郡 *しっちゃこっち 長崎県対馬・壱岐島 *しっちゃこっちゃ 福井県大飯郡 *しっちゃまかせ 福岡県三潴郡 *しりさかし 宮崎県 *すか 京都市 *すかたん 愛知県名古屋市　三重県阿山郡・上野市　滋賀県神崎郡　京都府　大阪市 *すこたん 和歌山県「すこたんやった(矛盾することをした)」 *すちゃまかちゃま 秋田県平鹿郡「それはすちゃまかちゃまだ」 *すっちゃこっち 長崎県壱岐島　熊本県阿蘇郡 *すっちゃこっちー 長崎県壱岐島 *そちこち 島根県「靴をそちこちにはえちょー」 *そっちこっち 新潟県佐渡「話はそっちこっちになった」 *そて 島根県隠岐島 *たんたんちんこ 静岡県 *ちゃんぽん 福岡市「雨で傘がちゃんぽんになった」 *つらかえし 島根県大田市 *てれこ 三重県名賀郡　滋賀県　大阪市　兵庫県加古郡　奈良県宇陀郡　岡山県児島郡　香川県綾歌郡 *でんぐるまい 山形県西置賜郡 *とけーちゃま 山形県飽海郡　新潟県岩船郡 *とけちゃま 山形県 *とけっちゃま 新潟県岩船郡 *どっくりかえし 新潟県北蒲原郡 *とっけーちゃま 山形県東田川郡 *とってかえ 鳥取県西伯郡　島根県 *とってかえし 島根県出雲 *とってらかえ 島根県仁多郡 *どんがへんが 兵庫県神戸市 *はらこら・はりやこら 福井県 *はりやこりゃ 新潟県佐渡　福井県 *はりやこりや 新潟県佐渡　福井県坂井郡・南条郡 *はりゃこれや 福井県足羽郡・坂井郡 *はれこれ 新潟県佐渡「はれこれに」 *はんたいごし 佐賀県唐津市 *ひちゃぽん 福岡市 *ひっくりかえ 富山県砺波 *ひっくりかえしま 岐阜県飛騨 *ひっくりけーさ 山梨県 *ひっくりさま 大分県大分郡 *ひっちゃこ 熊本県玉名郡 *ひっちゃこし 佐賀県唐津市 *ひっちゃこっち 長崎県北松浦郡　鹿児島県 *ひっちゃこっちゃ 京都府竹野郡「その持ち方はひっちゃこっちゃだよ」・与謝郡　鳥取県東部　山口県玖珂郡　長崎県五島 *ひっちゃらこっち 福岡県 *ひっちゅーこっちゅー 島根県邑智郡 *ひっちらこっち 福岡市 *ふーたが 岐阜県郡上郡 *ふってかわり 岐阜県郡上郡 *へーしまー 鹿児島県喜界島 *へーとち 香川県仲多度郡「人をやりこめようとおもたら、へーとちにやりこめられた」 *へこ 三重県度会郡 *へご 岐阜県飛騨 *へこー 岡山市 *へこさか 三重県北牟婁郡　兵庫県　奈良県南大和　島根県石見　岡山県　広島県　山口県浮島　徳山県那賀郡　香川県「おまい着物のまいをへこさかにしとるでないか」　愛媛県　高知県高岡郡 *へこさま 滋賀県　徳島県　香川県三豊郡 *へこちゃん 岡山市 *へこちん 兵庫県加古郡・明石郡　岡山県児島郡 *へこま 兵庫県淡路島 *へこむけ 兵庫県神戸市 *へちくちゃ 高知県安芸郡 *へちこ 愛媛県 *へちこち 滋賀県蒲生郡　広島県双三郡　徳島県　愛媛県新居郡　長崎県壱岐島 *へちゃ 徳島県　香川県三豊郡 *へちゃこ 香川県 *へちゃこちゃ 三重県度会郡　島根県隠岐島「それはへちゃこちゃだ」　徳島県　香川県　愛媛県　宮崎県 *へちゃこっちゃ・へちゃんちゃ 香川県 *へちゃぽん 福岡県糸島郡 *へっちぇーこっち 大分県大分郡 *へっちこちー 広島県佐伯郡 *へっちこっち 広島県高田郡　山口県大島　大分県 *へっちこっちゃ 香川県高松 *へっちゃいこっちゃい 兵庫県淡路島　徳島県 *へっちゃこっち 広島県　長崎県壱岐島 *へっちゃこっちゃ 兵庫県但馬　徳島県　香川県 *へっちょー 山口県豊浦郡 *へっちょこ 大分県速見郡 *へとす・へとっちゃ 香川県三豊郡「そななこととして、それへとっちゃじゃが」 *へとち 香川県・三豊郡 *へどちまどち 香川県高松市 *へどちん・へどまん 徳島県 *へなこな 徳島県　香川県仲多度郡 *へなごにゃ・へにゃこにゃ 香川県高松市 *へにゃごにゃ 香川県大川郡・香川郡 *へらこら 京都府与謝郡　兵庫県美方郡　島根県「着物がへらこらだ」　香川県三豊郡　宮崎県東諸県郡 *へりゃーこりゃー 島根県美濃郡・益田市 *へりゃこりゃ 京都府竹野郡　兵庫県出石郡　島根県邇摩郡・隠岐島　山口県大島　徳島県那賀郡　香川県仲多度郡・三豊郡 *へんこら 香川県佐柳島 *へんちくりん 岡山県児島郡 *へんにゃごんにゃ 香川県 *やちゃぷん 福岡県筑紫郡・糸島郡 *やりゃこりゃ 岐阜県山県郡・武儀郡 *りやこ 愛知県知多郡 *りゃんこ 京都府竹野郡 →うらがえし(裏返)・ぎゃく(逆)・さかさ(逆)・はんたい(反対)

あほう【阿呆】 *あぜ 岐阜県本巣郡 *あっぱ 福島県　愛媛県 *あっぱー 静岡県 *あっぱっぱ 神奈川県藤沢市 *あっぽ 香川県 *あっぽ 山形県村山・最上郡　新潟県東蒲原郡　長野県佐久　三重県阿山郡　兵庫県神戸市　奈良県(幼児語)「またおしっこしたのは本当にあっぽちゃんね」　和歌山県(幼児語)　香川県 *あっぽー 和歌山県 *あっぽーず 長野県佐久　滋賀県蒲生郡 *あっぽけ 三重県志摩郡　和歌山県 *あっぽち 和歌山県那賀郡 *あっぽなし 秋田県平鹿郡 *あっぽん 新潟

県東蒲原郡　大分県 *あっぽんたん 新潟県東蒲原郡　長野県佐久 *あば 和歌山県東牟婁郡「あばちゃん」 香川県・小豆島 *あはー 三重県志摩郡　兵庫県但馬 *あはーたれ 兵庫県但馬 *あふらんけ 新潟県東蒲原郡 *あぼ 奈良県南大和　徳島県　大分市 *あほーだま 岡山市 *あほーたん 大分県北海部郡 *あほかす 福井県 *あほくらい 岡山県児島郡　香川県「いよいよあほくらいで困りますがな」 *あぼす 石川県能美郡 *あぼだぼ 三重県志摩郡 *あほだま 三重県度会郡　徳島県板野郡 *あほだらきょー 鳥取県気高郡・岩美郡 *あほたらめ 茨城県真壁郡 *あぽたれ 福岡市 *あほたん 三重県北牟婁郡　岡山県児島郡　大分県東部 *あまかじょー 福岡市 *あんが 徳島県 *あんかち 和歌山県日高郡 *あんけ 秋田県由利郡・鹿角郡 *あんけつ 福井県　岐阜県飛驒　静岡県・安倍郡　滋賀県　大阪市　兵庫県加古郡「あほのあんけつ」・淡路島　香川県　愛媛県 *あんけら 滋賀県野洲郡・栗太郡 *あんけらかん 愛知県名古屋市 *あんけらそ 香川県大川郡 *あんこ 新潟県佐渡 *あんご 三重県　岡山県久米郡　香川県大川郡・三豊郡　愛媛県・大三島 *あんこー 茨城県　新潟県中越　長崎県壱岐島 *あんごー 島根県美濃郡・益田市　岡山県　広島県比婆郡　香川県大川郡・三豊郡　愛媛県 *あんごーたれ 岡山県苫田郡 *あんごさい 三重県 *あんごさく 三重県志摩郡・度会郡 *あんごし 三重県志摩郡　和歌山県東牟婁郡 *あんごしー 三重県「なんぞ、こや、あんごしーのー」 *あんごたらし 岐阜県北飛驒 *あんごたれ 香川県　愛媛県大三島 *あんこち 滋賀県伊香郡 *あんこにんそく(のんびりし過ぎていて相手にならない人) 新潟県 *あんごよ 三重県志摩郡 *あんごらぼー 三重県志摩郡 *あんころ 愛知県知多郡 *あんごんたー 山口県玖珂郡 *あんごんたん 香川県佐柳島 *あんつく 新潟県東蒲原郡　静岡県　三重県伊賀・度会郡　滋賀県南西部　京都府久世郡　和歌山県「あの子はあんつくや」・那賀郡　島根県石見　岡山県阿哲郡・浅口郡　山口県阿武郡　徳島県　香川県　愛媛県・周桑郡・大三島 *あんつくす 山口県萩市 *あんぼ 徳島県(幼児語)　香川県 *あんぽ 山形県　石川県江沼郡　島根県八束郡　徳島県・名西郡　香川県大川郡 *あんぽー 島根県那賀郡 *あんぼけ 兵庫県淡路島 *あんぽけ 和歌山県 *あんぽこたん 徳島県 *あんぽす 福岡市　長崎県対馬　熊本県玉名郡 *あんぽた 山形県最上・置賜 *あんぽつ 岡山県 *あんぼん(幼児語) 徳島県 *あんぽん 愛知県碧海郡・岡崎市　兵庫県神戸市　鳥取県西伯郡　島根県出雲　山口県玖珂郡　徳島県(幼児語)　愛媛県周桑郡　長崎県壱岐島(児童語)　熊本県玉名郡 *あんぽんたい 三重県鈴鹿郡 *うすぺらぼー 茨城県稲敷郡 *うそつく 和歌山県西牟婁郡 *うん・うんさく 和歌山県西牟婁郡・東牟婁郡「うちの子はうんで困る」 *うんきち 徳島県 *うんずくね 福島県北会津郡 *うんちき 和歌山県東牟婁郡 *うんつく 東京都　新潟県佐渡　長野県北安曇郡　大阪市　奈良県磯城郡・宇陀郡　和歌山県東牟婁郡・日高郡　島根県邇摩郡　徳島県　香川県　愛媛県　大分県宇佐郡・速見郡 *うんつくつん 愛媛県伊予郡「お前のような馬鹿があるか、うんつくつんがすっこんどれ」 *うんつくぼー 愛媛県松山 *きあくま 鹿児島県鹿児島郡 *げんべ 香川県伊吹島 *こあんご・こあんごし 三重県志摩郡 *ごくぞー 奈良県吉野郡 *こくどー 福井県　岡山県浅口郡 *じゅーのしま(平仮名の「あほ」の字を分解して言う) 高知県長岡郡 *ちょーたまつ 島根県 *てんのー 奈良県吉野郡 *どあんごー 徳島県三好郡 *どーろく 三重県　島根県八束郡・隠岐島　高知県高岡郡 *どーろくだま 島根県 *どーろくやまのいも 三重県志摩郡 *どだ 岐阜県飛驒「わりゃどだじゃ」 *どぼれ 香川県綾歌郡 *どんきょー 島根県能義郡「あそこにおるとんきょーな男はだーだ(だれだ)」 *どんきょー 岡山県浅口郡 *どんすけ 新潟県佐渡　島根県能義郡 *どんすこ 岡山県浅口郡 *どんた 鹿児島県肝属郡 *どんだら 滋賀県高島郡　鳥取県西伯郡　島根県出雲・隠岐島 *どんだらず 島根県簸川郡・出雲市 *どんだらばーず 島根県隠岐島 *にばん 岐阜県武儀郡　奈良県 *にばんたろ 奈良県 *にんぎょー 奈良県 *ぶーす 大阪府泉北郡 *ぶーすか 岡山市 *ふくべ 山梨県 *ぽいすー 島根県美濃郡・益田市 *やか 香川県香川郡・綾歌郡 *ゆーごー 岡山県児島郡 *んかん・んかんぽ 島根県隠岐島

→おろかもの(愚者)・ばか(馬鹿)・ばかもの(馬鹿者)・まぬけ(間抜)

あほくさい【阿呆臭】 *どんくさい 島根県隠岐島

→あほらしい(阿呆―)

あほらしい【阿呆―】 *あおくさい 新潟県佐渡 *あほくさらし 和歌山県和歌山市・海草郡 *あほりくさい 奈良県吉野郡 *あらくさい 福井県大野郡 *かいだるい 静岡県榛原郡「かいだるくて、そんなもの拵らえっかやれ」 *けったりー 千葉県夷隅郡 *しゃらくさい 香川県小豆島 *じゃらくさい 岡山市「あんなじゃらくさぇことができんいうて不思議な」 徳島県美馬郡 *じゃらこい 徳島県

→あほくさい(阿呆臭)・ばからしい(馬鹿―)

□さま *だらずけ・だらずげ 島根県出雲・隠岐島「だらずげな事をしたもんだ」 *だらちけ 島根県出雲 *だらつけ 島根県 *へんなげ 香川県「へなげに見えても」

あま【尼】 *あまぼす 鹿児島県 *おびー 長野県　愛知県東三河　島根県石見　山口県 *おびーさ 愛知県北設楽郡 *おびーさー 島根県石見　山口県 *おびーさま 長野県諏訪　愛知県宝飯郡・北設楽郡　山口県阿武郡 *おびーさん 長野県南

佐久郡・上田　愛知県岡崎市・額田郡　広島県三原　山口県　福岡県企救郡　*おびさま 愛知県宝飯郡　*おびしまさま 長野県上伊那郡　*くぼ 長野県上水内郡「くぼさん」　*びーさま 長野県上伊那郡　*びくにん 群馬県勢多郡　岐阜県武儀郡・飛騨　愛知県名古屋市　島根県簸川郡・出雲市　*びくん・びくんさん 長崎県南高来郡　*ひじり 奈良県吉野郡　*べくにん・べくにんさん 島根県出雲

あま【海女】　*あまいり(海士も言う) 福井県坂井郡　*あまはいり(海士も言う) 山口県見島　*あまど 三重県志摩郡　*いさばと 青森県八戸市　*いそど 三重県志摩郡　愛媛県大三島　*いそばたど 三重県志摩郡　*いそもぐり 千葉県安房郡　*いたあま 三重県志摩郡　*いりど 三重県志摩郡　*おーかずき・おかずき 三重県鳥羽市・志摩郡　*おけあま 三重県志摩郡　*かずきさん 静岡県賀茂郡　*かずきど 三重県志摩郡　*かち・かちいそ・かちど・へたど(近海に潜る海女) 三重県志摩郡　*かつき 東京都八丈島　*かつぎ 東京都八丈島(男子のみに言う)　静岡県下田　*かつぎど 徳島県海部郡　*ふなど・ふねど(深海に潜る海女) 三重県志摩郡　*ふなもぐり(深海に潜る海女) 千葉県　*もぐり 石川県舳倉島　京都府竹野郡　島根県　徳島県伊島　*もっぺこ 福岡県宗像郡

あまい【甘】　*あずぃましゃーん(「味甘さある」の意) 沖縄県石垣島　*あずぃまはん 沖縄県黒島　*あまこい 青森県三戸郡　岩手県気仙郡　宮城県遠田郡　山形県　福島県中部　*あまずっこい 山形県　*あまずらい 福島県東白川郡　*あまちけ 秋田県由利郡　*あまちこい 和歌山県　山口県大島　香川県　*あまちころい 和歌山県　*あまちちこい 和歌山県日高郡　*あまったるい(淡い甘味) 福島県東白川郡　*あまっちょろい 新潟県佐渡　*あまつらしー 島根県隠岐島　*うまい 秋田県「砂糖の様にんめぁ菓子だ」　*ししょい 山形県西置賜郡　*ぬるさい 鹿児島県喜界島

しつこく□　*あまくたらしー 島根県「この酒はあまくたらして飲めん」　*あまこい 青森県三戸郡・南部　*あまじこい 青森県南部　茨城県稲敷郡　*あまじっこい 山形県東置賜郡　福島県東白川郡　*あまずったい 山形県東置賜郡　*あまずらしー 島根県隠岐島　*あまずらっこい 静岡県榛原郡　*あまずれたい 山形県置賜　*あまたいー 島根県美濃郡・益田市　*あまたらい 大阪府泉北郡　*あまたらこい 愛知県愛知郡　*あまだらこい 岐阜県吉城郡・飛騨　*あまたらしー 静岡県田方郡　愛知県知多郡　島根県東部　*あまだらっこい 長野県南部　*あまたるこい 和歌山県　*あまちかい 岡山県　*あまちこい 青森県三戸郡　和歌山県　岡山市「このお菓子はぁまちこいから歯が痛うなる」　香川県高松市　*あまちごい 新潟県佐渡　島根県鹿足郡・邇摩郡　*あまちころい 和歌山県　*あまちじこい 和歌山県西牟婁郡　*あまちっこい 茨城県稲敷郡　*あまちらこい 和歌山県　*あまちろこい 和歌山県那賀郡　*あまったらしー 島根県　*あまったるこい 富山県砺波　*あまつべたい 島根県鹿足郡　*あまつらしー 島根県隠岐島　*あまつれたい 山形県米沢市　*あまでらこい 岐阜県飛騨　*あまとろい 和歌山県和歌山市・日高郡　島根県邑智郡　*あまどろい 青森県上北郡・三戸郡　*あまとろしー 茨城県稲敷郡　島根県　岡山市

↓あまったるい(甘―)

人に□　*あぐったらし(異性に甘い人) 栃木県　*くゎんぐゎーらーしゃん(子供に) 沖縄県首里　*こばか(わが子に) 新潟県佐渡　*にほんぼー(女に甘い男) 栃木県　*にやこい(女に) 大阪市

あまえる【甘】　*あがつく 岩手県九戸郡　秋田県北秋田郡「あがつぐ小供だな」　*あたけあたる 和歌山県西牟婁郡(甘えている)　*あたける 和歌山県日高郡「よい年をしてあたけってる」　*あだける 新潟県東蒲原　*あばえくさる 新潟県上越市　*あばえちょくく 新潟県上越郡　*あばえる 新潟県　富山県　石川県鹿島郡「あんた、今の者(もな)、あばえかえっとるわ」　三重県志摩郡　奈良県吉野郡　和歌山県　*あばれる 青森県上北郡　*あべーる 新潟県三島郡・中魚沼郡　*あべくさる 新潟県高田市　*あべる 新潟県　*あまえたれる 群馬県佐波郡　*あまげーる 静岡県田方郡　*あまげる 静岡県「母親にあまげる」・駿東郡　*あまごいろ 東京都利島　*あまごえる 青森県三戸郡「母にあまごぇる」　東京都大島「あの年でまだあまごえている」　静岡県　島根県美濃郡・鹿足郡「あんまりあまごえてくれるな」　広島市　山口県　*あまさる 新潟県佐渡「おやにあまさる」　静岡県・田方郡・島田市　*あまされる 新潟県東蒲原郡「大きくなってもあまされている」・佐渡　*あまばえる 静岡県志太郡「なにょーあまばえるんだ」・榛原郡　*あまべる 神奈川県足柄上郡　*あまぼえる 岐阜県恵那郡　*いっぴゅい・いんびゅい 鹿児島県喜界島　*うじげる 青森県「七つにもなってまだ母にうじげて乳をのむ」　*うつける 北海道茅部　*えぼちゃえる 静岡県　*おかばえる 富山県砺波　*くれっぱがむ 埼玉県北葛飾郡「えら、くれっぱがむな」　*じなる 山形県東田川郡・西田川郡　*ずなる 山形県庄内・飽海郡　*ずねる 山形県　*すばえる 愛媛県南宇和郡　*せつく 愛知県名古屋市「あそこの女房は亭主せつきで人前でも亭主にべたべたしとる」　*ぞーぜる 新潟県中頸城郡　*ぞざえる・ぞぜーる 長野県「ぞざえっこ(甘えっ子)」　*ぞせーる 長野県諏訪「あんまりぞせーるな」　*ぞぜる 長野県長野市・埴科郡　*そねる 栃木県　*そばーいる 栃木県　*そばえきさす・そばえきらす 岩手県気仙郡　*そばえる 青森県三戸郡　岩手県　宮城県　秋田県雄勝郡・由利郡　山形県　福島県　茨城県多賀郡・稲敷郡　栃木県　埼玉県秋父郡　新潟県佐

渡　静岡県志太郡　三重県　和歌山県西牟婁郡　*そびゃる岩手県紫波郡　*ぞべーる長野県東筑摩郡　*そべる宮城県栗原郡・仙台市　山形県　*そんばえる山形県西置賜郡・最上郡　*ちばける山口県「大きな子がちばけてはおかしい」　*どそばえる岐阜県郡上郡　*どそべる栃木県　*にやける群馬県佐波郡　*ぬさばる青森県　宮城県玉造郡・遠田郡　秋田県鹿角郡　*ぬさんばる秋田県　*ねだれる山口県阿武郡　*のさばる青森県「大きくなったらあまりのさばるな」　岩手県九戸郡・和賀郡　宮城県本吉郡　秋田県河辺郡・仙北郡　*のさんばる秋田県「あの子はのさんばる子だ」　*はがむ埼玉県北葛飾郡　*ばやかる山形県西置賜郡　*びたける茨城県稲敷郡　千葉県　*びだける千葉県海上郡　*ぶっそべーる・ぶっつぉべーる東京都八丈島　*わにる群馬県佐波郡

□こと(さま)　*あばすべ千葉県市原郡「あばすべする」　*あまえご千葉県市原郡　東京都八丈島　*でー鹿児島県喜界島「でーしるな(甘えるな)」　*ひとあまえ広島県比婆郡(子供)　*ひゅんひゅん熊本県玉名郡(子供)　*ふんきゃふんきゃ青森県南部　*ふんぎあふんぎあ岩手県気仙郡　*ほたほた岡山県児島郡

□たものの言い方　*あばえた和歌山県東牟婁郡　*あばえたごえ和歌山市「あの人たいがいあばえたごえやのい」　*あまえ奈良県　徳島県　*あまえたごえ京都市　*ばけくち(「ばける」は甘ったれるの意)千葉県東葛飾郡

子供が□　*いたくる(甘え声でものを言う)高知県　*うまのしらみ(甘える子)青森県三戸郡　*からそばえる岩手県気仙郡　*からまる青森県「あの子はよく後妻にからまる」　岩手県気仙郡　宮城県北部　秋田県鹿角郡　新潟県東蒲原郡　山梨県南巨摩郡　長野県佐久　静岡県小笠郡　*きゃーまいぼー(甘える子)鹿児島県屋久島　*ざれる(甘えて人に取り付く)香川県大川郡　*じゃれる(甘えて人に取り付く)山口県豊浦郡　*びれる宮城県仙台市　山形県北村山郡・最上郡　福島県「あのわらしゃ、うんとびれる」　*めどろみる(親の目の色を見て甘える)新潟県佐渡

あまがさ【雨傘】　*こっこ山梨県中巨摩郡　*さしかさ宮城県登米郡　秋田県鹿角郡　山形県村山・東村山郡　山梨県南巨摩郡　沖縄県首里　*さしがさ岩手県気仙郡　新潟県佐渡　静岡県磐田郡　長崎県南高来郡　鹿児島県・肝属郡　*さすがさ沖縄県島尻郡　*どんやばり(大きなもの)鳥取県西伯郡　*ばらばら(幼児語)青森県三戸郡　山形県米沢市　長野県東筑摩郡　滋賀県長浜市　香川県綾歌郡・仲多度郡　*ぱらぱら香川県仲多度郡

あまガッパ【雨——】　*あまどい(「どい」は「とうゆ(桐油)」の転か)鹿児島県　*まんと(フランス語 manteau から)山形県

あまぐ【雨具】　*あまご山形県　新潟県　長野県　*あまぐい富山県下新川郡　*あまごえ富山県西礪波郡　*かきぶし石川県江沼郡　*かぶりもの(雨具の総称)富山県砺波　*まる(ラシャのもの)新潟県　*まろ京都府葛野郡　*みのかさ(雨具の総称)新潟県佐渡　富山県砺波　石川県　*めのかさ富山県砺波

藺草(いぐさ)、または、わらを編んで作った□　*ござぶし富山県東礪波郡　*ござぼーし山形県　福井県大野郡　*ござぼし山形県北村山郡　新潟県西蒲原郡　岐阜県飛驒　*ござみの新潟県佐渡　*ござむしろ岐阜県飛驒　*こもそ長野県上伊那郡

田植えの時などに用いる□　*にだら青森県津軽　*よこござ(ござの目が横になっているところから)富山県砺波　静岡県　*よござ静岡県庵原郡　*よこて(目が横に付いているところから)静岡県　*よこで静岡県・安倍郡

わらで作った□　*みのばし・みのすっこ・みのすこ新潟県西頸城郡　*わらぼし新潟県中頸城郡

あまぐも【雨雲】　*あまふむ沖縄県石垣島　*しらた千葉県長生郡

あまごい【雨乞】　*あまがんたて熊本県上益城郡　*あめもらい熊本県　*おどくーさい岡山県邑久郡　*どんごもり奈良県吉野郡　*ひふり(火を振りかざしながら山に登るところから)奈良県・南大和　*みずもらい熊本県阿蘇郡

□の行事　*あまいのり神奈川県藤沢市　*あまよばわり栃木県日光市・河内郡　*あめよばわり栃木県　*おひまち香川県綾歌郡　*だけのぼり奈良県宇陀郡　*ひゃくますあらい岡山県邑久郡

□をすること　*せんたき長崎県五島　*せんだだき長野県上伊那郡　*せんばたき新潟県佐渡

あまざけ【甘酒】　*あくもち(防腐剤として生石灰などを用い、薄しょうゆ色をしている)熊本県下益城郡　*あま岐阜県高山市　*あまい秋田県仙北郡　*あまいじょーかん香川県高松市　*あまかい青森県津軽　福島県中部　新潟県東蒲原郡　熊本県球磨郡　*あまがい新潟県東蒲原郡　広島県比婆郡・高田郡　熊本県球磨郡・下益城郡　*あまがえ山口県大島　*あまかす秋田県中部　*あまかゆ青森県津軽　宮城県栗原郡　福島県中部　栃木県　*あまがゆ新潟県東蒲原郡　山口県見島　*あまごすい宮崎県東諸県郡　*あまちこ(「甘くて乳のようなもの」の意から)秋田県鹿角郡　*あまゆ岩手県　佐賀県東松浦郡　長崎県壱岐島　*あんま秋田県仙北郡　*いちやざけ(一夜の間に造るところから)長崎県壱岐島　*うんしゃく沖縄県首里　*おどへー(新穀を醸して土瓶に入れて神に供えるところから)福岡県京都郡　*かんしょ青森県三戸郡「かんしょのよだ(甘酒のようだ。非常に美味だ)」　*にごりざけ・にござけ

新潟県佐渡 *ふくざけ(元日に神に供えるために作る) 長崎県壱岐島

あまだれ【雨垂】 *あまおち 群馬県吾妻郡 長野県東筑摩郡 *あまざり・あまざれ 愛知県碧海郡 *あましずく 福島市 新潟県中越 *あましだり 岩手県気仙郡 *あましだれ 岩手県気仙郡 山形県 *あまだり 三重県志摩郡 沖縄県石垣島 *あまだれぼち 山形県西置賜郡 *あまどろ 三重県志摩郡 *あまんじゃく 群馬県勢多郡 新潟県中越 *あまんだれ 栃木県塩谷郡 新潟県三島郡 奈良県宇陀郡 *あまんぼち・あまんぼちゃ 長野県南佐久郡・佐久 *あめたり 京都府竹野郡 兵庫県但馬 *あめたりしずく 兵庫県但馬 *あめだれ 三重県度会郡 *あめんだれ 長野県上田 *あもーたれ 広島県佐伯郡 *あもーち 山梨県南巨摩郡 *あもし 和歌山県東牟婁郡 *あもち 長野県南安曇郡・上伊那郡 岐阜県飛騨 *あんもち・あもちゃ・あもちゃれ 長野県東筑摩郡 *おーだれ 高知県長岡郡 *ぬきだれ 山梨県 長野県上伊那郡 *ぬきんだれ 山梨県 静岡県 *ぬくだれ 長崎県南高来郡 *のきだり 長崎県壱岐島 *のきだれ 群馬県多野郡 新潟県中頸城郡 山梨県 長野県佐久 *のきみず 鹿児島県種子島 *のきんだれ 山梨県

あまったるい【甘】 *あまくたらしー 島根県「この酒はあまくたらして飲めん」 *あまこい 青森県三戸郡・南部 *あまじこい 青森県南部 茨城県稲敷郡 *あまじっこい 山形県東置賜郡 福島県東白川郡 *あまずったい 山形県東置賜郡 *あまずらしー 島根県隠岐島 *あまずらっこい 静岡県榛原郡 *あまずれたい 山形県置賜 *あまたいー 島根県美濃郡・益田市 *あまたらい 大阪府泉北郡 *あまたらこい 愛知県愛知郡 *あまだらこい 岐阜県吉城郡・飛騨 *あまたらしー 静岡県田方郡 愛知県知多郡 島根県東部 *あまだらっこい 長野県南部 *あまたるこい 和歌山県 *あまちかい 岡山県 *あまちこい 青森県三戸郡 和歌山県 岡山市「このお菓子はあまちこいから歯が痛うなる」 香川県高松市 *あまちごい 新潟県佐渡 島根県鹿足郡・邇摩郡 *あまちころい 和歌山県 *あまちじこい 和歌山県西牟婁郡 *あまちっこい 茨城県稲敷郡 *あまちらこい 和歌山県 *あまちろこい 和歌山県那賀郡 *あまったらしー 島根県 *あまったるこい 富山県砺波 *あまつべたい 島根県鹿足郡 *あまつらしー 島根県隠岐島 *あまつれたい 山形県米沢市 *あまでらこい 岐阜県飛騨 *あまとろい 和歌山県和歌山市・日高郡 島根県邑智郡 *あまどろい 青森県上北郡・三戸郡 *あまとろしー 茨城県稲敷郡 島根県 岡山市 *あまびりゆん(甘ったるくなる) 沖縄県首里 *うたいー 島根県益田市「この酒はぁんまりうたゆーて飲めん」 *うらがなしー 島根県美濃郡・益田市「うらがなしー声で話しとる」

↓「あまい(甘)」の子見出し、「しつこく甘い」

あまったれる【甘】 ⇩あまえる(甘)

あまど【雨戸】 *いぬふせぎ 愛媛県弓削島・大三島 *おーと 広島県高田郡 *おーど 広島県大崎上島・因島・比婆郡 徳島県 *おくりと 山形県 *おと 広島県 *くろど 島根県美濃郡・邑智郡 *そとのとー 三重県志摩郡 *だどぅー 沖縄県与那国島 *どー 三重県志摩郡 *はしる 沖縄県首里 *はんど 福島県東白川郡「はんど、たてろ(閉めろ)」 *ほんど 山口県周防「本戸を下す(雨戸を閉めて出入りをやめる)」 *まくり 岩手県気仙郡 石川県羽咋郡・鹿島郡 長野県佐久 *まくりど 岩手県気仙郡 石川県鳳至郡 長野県佐久 *やーど 島根県簸川郡・出雲市 *やど 鹿児島県喜界島 *やどぅ 沖縄県八重山 *やりど 島根県 *やんどぅ 沖縄県小浜島

□の戸締まりの装置 *おとし 愛知県碧海郡 鳥取県西伯郡 島根県 徳島県 愛媛県大三島 鹿児島県「おとしをおろす」 *こざる 岡山県 愛媛県 *しんざし・しん 沖縄県首里

□の戸締まりの棒 *おしかいぼ 長野県佐久 *おっかいぼー 静岡県志太郡

あまのがわ【天川】 *あまくら 鹿児島県奄美大島 *あまごーら 長崎県壱岐島 *あまごら 鹿児島県加計呂麻島 *あまずがわ 三重県一志郡・志摩郡 *あまねがわら 長野県諏訪 *あまのがーら 静岡県庵原郡 *あまのかわら 静岡県富士郡 広島県比婆郡 宮崎県西臼杵郡 *あまのがわら 山形県 三重県志摩郡 *あまやすごわ 東京都八丈島 *あまんかーら 愛媛県 鹿児島県鹿児島郡 *あまんかわら 熊本県球磨郡 宮崎県西臼杵郡 鹿児島県揖宿郡 *あめんくらごー 鹿児島県奄美大島 *あもじがわら 三重県志摩郡 *うーがー 沖縄県石垣島・竹富島 *うかーみんぞーま(「み」は愛称語) 沖縄県小浜島 *うぶかー 沖縄県石垣島・与那国島 *うぶけー 沖縄県新城島 *かーらぐも 静岡県川根 *しらかわ 三重県志摩郡 *じんぬふかー 沖縄県波照間島 *たなばたがわ 新潟県佐渡 *たなばたさん 長崎県南高来郡 *てぃんがー 沖縄県国頭郡 *てぃんがーら 沖縄県首里・鳩間島 *てぃんじゃーら 沖縄県中頭郡 *てぃんぬうぶはー 沖縄県黒島 *てぃんぬんず 沖縄県宮古島 *てぃんのんぞ 沖縄県宮古島 *てんぬうぷむずぅ 沖縄県宮古島

あまのじゃく【天邪鬼】 *あまがく・あまがかー 沖縄県首里 *あまぬしゃぐめ 宮崎県西臼杵郡 *あまんさっめ 鹿児島県鹿児島郡 *あまんしゃくま 鹿児島県 *あまんしゃぐま 熊本県・芦北郡・八代郡 *あまんしゃくめ 鹿児島県・肝属郡 *あまんじゃぐめ 熊本県八代郡 *あまんしゃしみや 長崎県五島 *かめだい(「かめだゆう(亀太夫)」の転) 島根県八束郡 *からせめる(あまのじゃくの行動をする) 青森県三戸郡 *げってん 福岡市 大分県 *すじろむじろ・すじろもじろ 三重県志摩郡「のーら、よっぽろすじろむじろやね(君ら

はよほどあまのじゃくだね)」 *ててっぴゅー 新潟県佐渡「あの人はててっぴゅうでこまる」 *ててっぴょー・ててっぴょー 新潟県佐渡 *むんち 山形県 *むんちん 岩手県気仙郡 宮城県「むんちん親爺」 山形県 *むんちんかたり 宮城県仙台市 *むんちんたかり 山形県 *むんちんもの 宮城県登米郡・玉造郡 *やまかわ 島根県

あまやかす【甘】 *あたやかし 香川県伊吹島 *おなえかす 島根県邑智郡「柿をやって子供をおなえかす」 *きよくする 神奈川県中郡「気よくすれば」 *どぅいたかてー(子供を甘やかして育てること)沖縄県首里 *ぐち(甘やかすこと。また、そのさま)宮城県仙台市「あんまりぐちに育てんすな、あとで困っから」 福島県相馬郡「一人子だからどうしてもぐちになって困る」「あんなにぐちに育てては子供の為によくないでせう」 *やこやこ(甘やかすさま)島根県出雲市・大原郡「母親がやこやこ言うけん子は甘えて来る」

あまり【余】 物事の程度が、期待、必要以上に及ぶさま。また、打ち消しの語などを伴って、それほど、たいして、の意を表す。 *あほー(下に打ち消しの語を伴う)長野県下伊那郡「あほーに美味くもない」 岐阜県郡上郡「こりゃうれしや、雨もあほーに降らんわい」 *あまっと(「あまりと」の転)・あんまと 三重県名賀郡「あまっとのことで腹立った」 *いらー(打ち消しまたは禁止の語を伴う)茨城県猿島郡「いらー馬鹿にするな」 *えらい(打ち消しまたは禁止の語を伴う)和歌山県「えろも痛くない」 岡山市「死んだ者ぁえろーなかった」 香川県「そなんことえろうききません」 *おーか・おーく 群馬県勢多郡「人がおーか喜ばねえんだよねえ」 広島県高田郡 高知市「今日はあの方は、おおく御留守でございますろー」 *おーきに 岡山市「おーけに残ってぁおらん」 *おもり 滋賀県高島郡 *かい 石川県 福井県 奈良県吉野郡 *がい(「がいに」の形で下に打ち消しの表現を伴う)静岡県小笠郡・榛原郡「がいに知りもせんくせに」 愛媛県中部「前とがいに変らんよーになりました」 高知市「がいに痛いこともありません」 *げー 新潟県佐渡「牛乳はげえに好きじゃない」 山梨県南巨摩郡「たんとあるともったら、げえになかった(たくさんあると思ったら、そんなになかった)」 *げぇあー 岩手県上閉伊郡「病気はげえあーに悪くない」 *げやー 栃木県芳賀郡「げやーに馬鹿にするな」 *しーて 島根県石見「講堂にはしーて人が来とらん」 *じんど(下に打ち消しの意の語を伴って)島根県出雲 *ずんと(下に打ち消しの意の語を伴って)島根県邑智郡 *ずんど(下に打ち消しの意の語を伴って)島根県「病人はずんどえーこたーない」 愛媛県大三島「ずんどにがうなー(あまり苦くない)」 長崎県北松浦郡「づんど面白くもなか」 *つーゆー(打ち消しを伴う)佐賀県「つーゆー急ぐな(あまり急ぐな)」 *つひゅー 佐賀県「つひゅう働かぬがよい」 *つよー(打ち消しを伴う)島根県那賀郡「つよーええ物ではないが」・鹿足郡 *でーっこ(多く、下に打ち消しの表現を伴う)新潟県中越 *でこ(多く、下に打ち消しの表現を伴う)新潟県長岡市「でこ沢山もいらんども」 *でこー(多く、下に打ち消しの表現を伴う)新潟県三島郡 山梨県北都留郡「しろいもなー でこー わけーしも着もしねー(白いものはあまり若い人たちも着もしません)」 *どーかに(下に打ち消しを伴う)島根県鹿足郡「どーかに立派な人でもなー」 *どかと(下に打ち消しを伴う)島根県石見「どかと面白うもない」 *なま 兵庫県加古郡・神戸市「飯を食って置けばパンより腹がなま減る」 *ぺーつーて 新潟県西頸城郡 *ほんどら(打ち消しの語を伴う)島根県益田市「病気がほんどらせん」 *ほんどり(打ち消しの語を伴う)徳島県「ほんどりわからん(十分には分からない)」「ほんどりおもしろない(あまり予期したほどおもしろくない)」 愛媛県大三島「ほんどりせん(体の具合がはっきり回復しない)」 *ほんのり(打ち消しの語を伴う)静岡県・榛原郡「(病気が)まだどうもほんのりせん」 愛知県知多郡「私はほんのり知らん」 岡山県児島郡 *まこと 島根県美濃郡・益田市「まこと多いと、うまい具合にいかん」 山口県阿武郡「まこと食ふな」 *まっこと 奈良県南部 *まっこに 富山県

□に *あまで 大阪府泉北郡 *いかい 秋田県「えきゃかせだ(働いた)人だったて」 山形県米沢市「えがえくお世話になって」 福島県東白川郡 埼玉県北足立郡「いかいせわになった」 新潟県「えけぇ遅い」 長野県「いこ食べるな」 岐阜県可児郡「いかうお寒うございます」 愛知県豊橋市・名古屋市「いことろいことこくな」 三重県員弁郡「いこもうけたそうやな」 兵庫県淡路島 奈良県 和歌山県日高郡 岡山県苫田郡 愛媛県周桑郡・越智郡 福岡県 長崎県「いけー腹が立たう」 熊本県 *おもり 滋賀県高島郡 *しかしか 長崎県対馬 *どぅく・とぅじゃ 沖縄県首里 *どぅぐ・どぅき 沖縄県石垣島 *どぅこーどっぐ 沖縄県石垣島・新城島 *まこと 島根県美濃郡・益田市「まこと多いと、うまい具合にいかん」 山口県阿武郡「まこと食ふな」 *まっこと 奈良県南部 *まっこに 富山県 *むごい 島根県石見「仕事がむごいやってない」「むごい少なーじゃなーか」 山口県大島 *やまこに 島根県浜田市・江津市「やまこに飯を炊くな」 *ゆかい 沖縄県首里「ゆかいはたらち(相当な働き)」

ものの□ *がー 東京都大島「さざゐは獲れたが、がーには獲れなかった」 *がい 福島県岩瀬郡 茨城県 栃木県「がいに食ふと腹をいたくする」 静岡県島田市 三重県 愛媛県 *げあぇ 茨城県稲敷郡 *げー 福島県石城郡「おめえ、そんなにくっちゃげえだっぺえ」・東白川郡 栃木県芳賀郡「小さい人にはげいだ」 *げやぁー 栃木県河内 *ごんじー 静岡県安倍郡 *よ・よま

え 高知県土佐郡 ***よは**(数の余り)山口県「合計千五十円ですが千にしてよははまけましょ」・豊浦郡「よはが出る」

あまる【余】 ***あくる** 青森県「お城の本丸さ(弘前観桜会に)、人ぁあくてしまたっけぁな」「川の水あぐた」 秋田県鹿角郡 ***あくれる** 青森県南部 秋田県「米が俵からあぐれた」 ***あぶれる** 千葉県夷隅郡「天気が悪いのでアイスキャンデーがあぶれた」 ***あまゆん** 沖縄県首里 ***でる** 和歌山県日高郡「一升でる」

□ているもの ***じゃっぱ** 青森県津軽 ***びり** 奈良県 ***ゆーあまい** 沖縄県首里 ***よざん** 兵庫県佐用郡「弁当によざんを入れる」 ***よざんもん** 香川県小豆島

あみ【網】 ***あん** 鹿児島県 沖縄県石垣島 ***いなみ** 新潟県東蒲原郡 ***さで** 奈良県大和高田

磯近くの海で引く□ ***すまびきあみ** 宮城県亘理郡 ***てぐり** 香川県 長崎県西彼杵郡 ***てぐりあみ** 和歌山県 長崎県西彼杵郡 ***てんぐり** 香川県三豊郡 ***てんぐりあみ** 和歌山市

川魚を捕る□の一種 ***けかけ** 島根県鹿足郡 ***ごそあみ** 奈良県南大和 ***こたか** 大阪府南河内郡(高さ四、五十センチメートルくらいの刺し網) 奈良県南大和 ***にごりかけ** 島根県鹿足郡・益田市

小魚を捕る□ ***えすくい**(えさをまいて魚を集め、すくい捕るところから)長野県諏訪 ***かかし** 三重県度会郡 ***かかみ** 静岡県浜名郡 ***ぐりあみ** 香川県志々島 ***こあみ** 滋賀県彦根 ***さで** 山形県西置賜郡 千葉県東葛飾郡・長生郡 東京都八王子・大島 新潟県佐渡・下越 山梨県南巨摩郡 静岡県浜名郡 愛知県尾張 大阪府南河内郡 鳥取県気高郡 島根県大原郡・飯石郡 岡山県上房郡 愛媛県 ***しったび**(海以外の所で用いる)千葉県長生郡・夷隅郡 ***すいで** 愛媛県宇和島市 ***すくいこみすぎて** 大分県北海部郡 ***すくいだま** 兵庫県佐用郡 ***たび** 長崎県西彼杵郡 熊本県玉名郡 ***たぶ** 福岡県 佐賀県 長崎県 熊本県下益城郡 宮崎県 鹿児島県 ***たぼ** 鹿児島県沖永良部島 ***ちょこあみ** 神奈川県三浦郡 ***はらあみ** 神奈川県江の島 ***ぼーけ** 茨城県 千葉県安房郡 ***ぼーけあみ** 千葉県安房郡 ***まえがき** 奈良県 岡山市 ***まえびき** 新潟県佐渡

小鳥を捕らえる□ ***いちばんあみ**(二番網と返し網の間に張る)栃木県安蘇郡 ***ひるてん** 東京都八王子 山梨県・南巨摩郡 静岡県志太郡 ***むまちあみ** 栃木県 ***むそー** 栃木県安蘇郡 ***むそーあみ** 長野県東筑摩郡

火の上に掛ける鉄製格子状の□ ***さな** 徳島市 ***わたし** 青森県上北郡・三戸郡 秋田県鹿角郡 群馬県多野郡 富山県 長野県北安曇郡 ***わたしがね** 岩手県気仙郡 宮城県栗原郡・仙台市

あむ【編】 ***くぬん** 沖縄県首里「ぼーし くぬん(帽子を編む)」 ***くむ** 富山県富山市・東礪波郡 徳島県

網を□ ***あみいー** 静岡県安倍郡 ***あみゆい** 静岡県浜名郡 ***あみをすく** 静岡県浜名郡 ***きおる** 和歌山県海草郡 ***きょーる** 千葉県夷隅郡 ***きよふ** 東京都大島 ***きよる** 岩手県九戸郡 千葉県夷隅郡 東京都大島「今日は網をきよった」 ***しくる** 鹿児島県沖永良部島 ***すかる** 茨城県稲敷郡 ***すく** 青森県南部 岩手県気仙郡「ぁみ(を)すぐ」 神奈川県津久井郡 山梨県南巨摩郡 長野県佐久「毛糸をすく」 静岡県浜名郡 愛知県 岡山県津山 徳島県 愛媛県周桑郡「あんた何すいとん」 ***ひく** 岩手県気仙郡

あめ【雨】 ***おさがり** 三重県伊賀 ***おたれ** 山梨県西山梨郡 ***こんこ**(細雨。幼児語)滋賀県阪田郡 ***ごんご**(幼児語)三重県志摩郡 ***こんこさま**(幼児語)静岡県小笠郡 ***こんこん**(幼児語)静岡県 長崎市「こんこんの降って来るけん、そとに出なはんな」 ***こんこんさん・あめこんこんさん**(幼児語)静岡県田方郡 ***しけ** 長野県佐久 滋賀県彦根 熊本県天草郡 ***しない**(幼児語)福島県南会津郡「しないおす(雨が降る)」 ***だーだー** 奈良県吉野郡 ***ながむん** 鹿児島県喜界島 ***ばらばら**(幼児語)青森県三戸郡 秋田県鹿角郡・平鹿郡 長野県東筑摩郡 ***ばんば** 宮崎県西臼杵郡 ***ぶんぶ** 静岡県庵原郡

秋の□ ***あきさずい** 新潟県佐渡 ***あくびくさらし** 新潟県佐渡 ***なべわり** 兵庫県淡路島 広島県安芸郡 山口県 徳島県

朝の□ ***あさじ**(後に晴れた時に言う)山口県豊浦郡 ***あさほだれ** 島根県簸川郡 ***あさまだえ** 島根県能義郡・仁多郡 ***あさもだえ** 島根県八束郡

□が急に降る ***すっとにける・すっとのける** 島根県隠岐島

□が細かく降る ***こまぶる** 愛媛県「雨はしだいにこまぶって来ました」 ***ししらぶる** 大分県玖珠郡

□がどんどん降る ***どしゃける** 徳島県海部郡「あめがどしゃけてきた」 ***どっちぇる** 高知県安芸郡「あめがどっちぇてきた」

□が激しく降る ***うつしこむ・おちしこむ** 島根県「雨がうつしこんやに降る」 ***うつす・おつす** 島根県「雨がうつした」 ***うつすやにふる** 島根県

□が激しく降るさま ***ぐっしゃぐっしゃ** 大分県日田郡 ***ざざぬけ** 長崎県対馬「今日はひどい降りやうで、ざざぬけでありました」 ***じたじた** 山形県米沢市 ***じっち** 東京都八王子 ***じとじと** 岩手県気仙郡 ***ずしゃずしゃ** 高知県幡多郡「あめんづしゃづしゃふった(雨がざんざん降った)」 ***たっこらたっこら** 島根県美濃郡・益田市「雨がたっこらたっこら降る」 ***たてこーじ** 群

馬県多野郡 *たてこーずい 山梨県・南巨摩郡 *たてこーぜー 長野県諏訪「雨がたてこーぜーに降る」 *どーどー 島根県簸川郡・出雲市「どーどーえって(言って)降った」

□がばらばら降る *ばらける 鳥取県西伯郡 *ばらめく 長崎県南高来郡

□が降ったりやんだりすること *じたじた 島根県「今日はどうも雨がじたじたする」 *じやかわ 島根県隠岐島「じやかわしましたえど、ひなおーましてござんして(降ったりやんだりしましたけれど、よい天気になりました)」

□が降り掛かる *おつぶる・うつぶる 新潟県佐渡 *したきつける 新潟県佐渡 *ぼろける 鳥取県西伯郡 島根県 徳島県海部郡

□が降りそうな気配 *あまうちげ 新潟県佐渡 *あまき 青森県南津軽郡「このあまきにどこさえぐのしぁ」 *あまくしゃー 熊本県下益城郡 *あまけずく 静岡県浜名郡 *あみふいぎさん 沖縄県首里 *にすい 愛知県北設楽郡 *にずい 岐阜県土岐郡・恵那郡 *またい 岡山市「天気がまたい」

□が降る *あえる 長崎県対馬「雨があえる(小雨が降る)」 *あゆる 長崎市 *しける 長野県・下伊那郡「毎日しけてうっとうしい」 *ぼろける 鳥取県西伯郡 島根県 徳島県海部郡 *みしげる (山言葉) 山形県西置賜郡

□が降ること *うりー 京都府竹野郡 広島県芦品郡・比婆郡 熊本県下益城郡 沖縄県首里 *うりーぬしめり 熊本県玉名郡 *うるい 島根県「今日はえーうるいがするのー」 岡山県邑久郡 広島県比婆郡・高田郡 山口県豊浦郡「うるいがない」・大島 福岡県北九州市「もううるいは要らんがね」 熊本県飽託郡・玉名郡 宮崎県東諸県郡 *うるおい 島根県 徳島県 *うれい 島根県隠岐島 *うろい 大分県大野郡 *おーるい 愛媛県喜多郡 *おるい 愛媛県周桑郡「わるいおるいじゃのもし」 *おれ 島根県 *おれおえ 島根県大原郡 *おろい 鳥取県西伯郡

□がぽつりぽつりと降りだす *だり 滋賀県愛知郡 *おつぶる・うつぶる 新潟県佐渡 *ぼろずく 島根県邇摩郡 *ぼろっく 大阪府泉北郡 *ぼろつく 新潟県佐渡 岐阜県恵那郡 愛媛県周桑郡・喜多郡「ちとぼろつきます」 *ぽろつく 新潟県佐渡 大阪市 *ぼろめく 新潟県佐渡

□がやむ *あかる 滋賀県彦根 京都府北部 大阪市 兵庫県但馬 福岡県 長崎県佐世保市・伊王島 熊本県玉名郡 *うーばりゆん(「少し晴れる」の意。小やみになる)・ささぬん 沖縄県首里 *しじゃがる 大分県大野郡 *ひゃーがゆん 沖縄県首里

□がやむこと *あませー・あまっせ・あまっせー・あまっさい 山梨県「雨せーなくふる」 *あまっさえ 静岡県

□の兆し *あまずる(雨の兆しがある) 千葉県安房 *したけ 千葉県上総 *もよい 山梨県 *もよー 山梨県西山梨郡

一時的に降る強い□ *ざぶり 京都府竹野郡 岡山県南部 宮崎県東諸県郡 *ひとかたけあれ 富山県東礪波郡 *ひとくちあれ 富山県砺波 *ひとくもあれ 新潟県・北蒲原郡

大降りの□ *あしじろ 長崎県壱岐島 *おーだーこ 島根県飯石郡・大原郡 *おーだいこ 島根県鹿足郡 *おーだえこ・おーだりこ 島根県大原郡 *おーだらこ 島根県能義郡・仁多郡

風がやむ前の□ *かざくそ 島根県出雲市・能義郡

風のために斜めに降る□ *しぶき 滋賀県彦根 島根県石見「帰りにしぶきに出よーて(出合って)困った」 広島県 山口県大島 *しぶきあめ 島根県石見 *しぶけ(風交じりの小雨) 愛知県知多郡

局地的な□ *ころどあめ 岩手県気仙郡 *わたくしあめ 福島県南会津郡

小降りの□ *こばれ 岩手県気仙郡 山形県 新潟県佐渡 富山県砺波「こばれになったけで行こまいか」 *こまぶり 香川県三豊郡「こまぶりになって出てゆく」 愛媛県周桑郡

細かい□ *けあめ 長野県南部 静岡県・榛原郡・磐田郡 愛知県北設楽郡・東三河 *けさめ 岐阜県恵那郡 愛知県愛知郡・碧海郡 *けんけあめ 静岡県・磐田郡 *こすあめ 神奈川県津久井郡 *こそあめ 群馬県勢多郡 埼玉県秩父郡・入間郡 *こそこそあめ 埼玉県入間郡 *さくずあめ 宮城県仙台市 *さくずこあめ 宮城県仙台市 *しぶきあめ・しぶけあめ 和歌山県日高郡 *ひげあめ 三重県志摩郡

しっとりともの寂しく降る□ *しぽしぽあめ

方/言/の/窓

●方言区画 Ⅱ

日本の方言を最初に分類（区画）した研究者は東条操である。その後、他の研究者によるさまざまな区画案が出されたが、東条の区画に若干の修正を加えたものが多い。

東条は、まず日本の方言を本土方言と琉球方言に二分し、本土方言を東部方言・西部方言・九州方言に三分割した。

日本の方言を糸魚川・浜名湖線を境に東と西に分ける見方があるが、東条の区画の特色は、九州方言を別立てにしたこと、糸魚川・浜名湖線の西側に位置する岐阜県と愛知県をアクセントが東京式であることを重視して東部方言に含めたことである。

栃木・茨城方言を東条は関東方言に含めているが、両県は福島方言などの南奥方言との共通性が大きく、そちらに所属させるべきだとする研究者が多い。

新潟県 ***しぼしぼぶり**（こぬか雨）富山県東礪波郡

しのつく□ ***さじく** 山梨県南巨摩郡 静岡県磐田郡 ***しゃじき** 静岡県榛原郡「ひとしゃじき来るぞい」 ***しゃじく** 山梨県 ***しゃじけ** 三重県北牟婁郡「あめやふろがしゃじけゃしょが（雨が降ろうが暴風雨であろうが）」 ***しゃちきー** 長崎県対馬「しゃちきいふる」 ***しゃちこ** 愛知県北設楽郡・宝飯郡 ***しゃっじき** 滋賀県愛知郡

じめじめ降る□ ***しびしびあめ** 奈良県南大和 和歌山市

***しぼいあめ** 鹿児島県肝属郡 ***じぼたらあめ**

しょぼしょぼ降る□ ***しぶしぶあめ** 群馬県吾妻郡 ***しゅーらあめ** 島根県石見「黒い雲が出てしゅーらあめが降ってきた」 愛媛県宇和島 ***しゅーろあめ** 熊本県玉名郡

早春の□ ***きのめおこし** 徳島県美馬郡 ***きのめもやし・きのねおこし** 徳島県 ***しょぼしょぼあめ** 新潟県佐渡 ***やまうむし** 島根県邑智郡「この頃毎日やまうむしが続く」 岡山県苫田郡 ***やまおもし** 島根県出雲市 ***ゆきけしあめ** 山形県西置賜郡 ***よーず** 三重県飯南郡

激しい□ ***ごーすれ** 島根県隠岐島 ***どーつきあめ** 島根県出雲市 ***どーつきぶり** 島根県八束郡

春の□ ***はるしあめ** 山口県防府 大分県南海部郡 ***はるせあめ** 山口県大島 佐賀県藤津郡

久し振りに降る□ ***うり** 鹿児島県肝属郡 ***うりー** 広島県芦品郡 ***うるい** 広島県 香川県 高知県長岡郡 宮崎県東諸県郡 ***うるおい** 鳥取県気高郡「まあええうるおいがしましてなー（久し振りによい雨が降りまして）」 ***おうるい** 徳島県（適度の降雨） 香川県三豊郡・仲多度郡 愛媛県・大三島 ***おうれ** 香川県三豊郡 ***つゆ** 新潟県西頸城郡 ***ひゃーいあみ** 沖縄県首里

降ったりやんだりする□ ***あげあめ** 栃木県 群馬県館林 神奈川県中郡 ***あげぶり** 東京都八王子 神奈川県津久井郡 ***おちあれ** 山形県 ***だしあれ** 山形県米沢市 ***のぞきあめ** 山梨県南巨摩郡

冬の□や雪に強風の加わるもの ***そばえ** 徳島県 ***すばい** 香川県

冬の冷たい□ ***かえ** 島根県美濃郡 ***しむ** 沖縄県首里 ***しむかきる** 沖縄県那覇市 ***しむだち** 鹿児島県喜界島 沖縄県国頭郡

ぼつぼつ落ちる□ ***ぼろ** 愛媛県「今日の天気は雨かと思うたが、ぼろでねじた（少しの雨で天気が変わった）」 高知県 ***ぼろぼろ** 香川県「傘持っとったら少々ぼろぼろがきたってええとおもて元気出して来たんじゃ」 ***ぼろぼろあめ** 徳島県 香川県

夜間に降る□ ***おやかたあめ** 京都府竹野郡 ***ゆあみ**（豊年の前兆とする）・**ゆがふあーみ**（「豊年をもたらす雨」の意）沖縄県石垣島

あめ【飴】

***あめがた** 鳥取県西伯郡 島根県石見・出雲 福岡県三井郡・三瀦郡 佐賀県唐津市 長崎県 熊本県・芦北郡 大分県 宮崎県児湯郡 ***あめだか** 長崎県五島 ***あめんちょ** 熊本県芦北郡 ***あめんとり・あめんとろ** 愛知県東春日井郡 ***あんだん** 岡山県備中北部 ***かよ** 山形県「かよでもかってくへばゑぞや」 ***かよー** 長崎市 ***かよかよ** 長崎県南高来郡 ***ぎおせん** 愛知県 ***ぎょーせん** 静岡県・磐田郡 愛知県北設楽郡・名古屋市（削りあめ） 大阪府泉北郡 島根県隠岐島 岡山県児島郡 福岡県三瀦郡 長崎県南高来郡 熊本県天草郡 ***ぎょーせんあめ**（削りあめ）愛知県名古屋市 ***じょーせん** 富山県・下新川郡 岐阜県飛騨 三重県伊賀 滋賀県南部 大阪府泉北郡 奈良県南大和 ***じょーせんあめ**（削りあめ）奈良県 ***じょせん** 奈良県南大和 ***たんきらあめ** 岩手県気仙郡 ***たんきり** 富山県高岡市 山梨県 静岡県駿東郡・志太郡 島根県 香川県 ***たんきりあめ** 青森県上北郡 島根県 ***たんきれ** 島根県益田市・那賀郡 ***ねこんめのたま** 佐賀県唐津市 ***はなめ** 長崎県北松浦郡 ***ばんきり** 佐賀県唐津市

→あめだま（飴玉）

あめだま【飴玉】

***いちりだま**（「一つ口に入れれば一里行く間もつ飴玉（あめだま）」の意。大きいあめ玉）岩手県上閉伊郡 宮城県仙台市（黒砂糖製） 山形県庄内・北村山郡 山梨県南巨摩郡（黒砂糖製） 静岡県駿東郡・志太郡 愛知県渥美郡 鳥取県東部 島根県 山口県大島 香川県 熊本県 ***いちりんだま**（大きいあめ玉）香川県高松市 ***ごーっだま** 熊本県玉名郡 ***たま** 静岡県志太郡「たまーしゃぶる」 ***ちちしろー**（幼児語）島根県美濃郡 ***つむだま** 徳島県・美馬郡 ***どんぐり** 大阪府大阪市・泉北郡 奈良県・宇陀郡 愛媛県 ***ねこんめのたま** 佐賀県唐津市 ***まるだま** 香川県高松市 ***めのたま** 秋田県平鹿郡

→あめ（飴）

あめんぼ【飴坊】

アメンボ科の昆虫。脚が長く、池や沼の水面を滑走して小昆虫を捕食する。 ***あしなが** 熊本県天草郡 ***あべか** 静岡県田方郡・駿東郡 ***あま** 新潟県佐渡 ***あまちゃ** 大分県大分郡 ***あまったれー** 神奈川県津久井郡 ***あまんじゃく** 島根県那賀郡 ***あめ**（捕らえると水あめのにおいがするところから）神奈川県津久井郡 島根県隠岐島 宮崎県西諸県郡 ***あめいろー** 島根県益田市 ***あめういじょ** 鹿児島県肝属郡 ***あめうり** 静岡県田方郡 島根県安来市・隠岐島 宮崎市 ***あめおり** 島根県安来市 ***あめがた** 東京都八丈島 鳥取県西伯郡 長崎県南高来郡 ***あめがたうい** 佐賀県藤津郡 長崎県南高来郡 ***あめがたうり** 長崎県南高来郡 熊本県玉名郡 大分県大分郡 宮崎県児湯郡 ***あめがたねぶり** 大分県別府市 ***あめしょっぱい** 長野県 ***あめたれ・あめったれ** 神奈川県津久井郡 ***あめっちょ** 和歌

山市 *あめてんこ 新潟県下越 *あめふりばば 宮崎市 *あめむし 静岡市 *あめや 静岡県庵原郡・賀茂郡 *あめやさん 長崎県南高来郡・長崎市 熊本県天草郡 *あめりか 静岡県沼津市・田方郡 兵庫県赤穂郡・加古郡 奈良県 島根県江津市・出雲 *あめんた 宮崎県東諸県郡 *あめんたばしょ 宮崎県東諸県郡 *あめんちゃ 京都府 *あめんちゃん 鹿児島県鹿児島郡 *あめんちょ 熊本県 大分市 *あめんちょー 熊本県 *あめんどー 静岡県榛原郡 島根県浜田市・江津市 *あめんとり 三重県名張市 奈良県宇陀郡 *いかき 新潟県東蒲原郡 *いかだのり 新潟県東蒲原郡 和歌山県日高郡 *いかだむし 新潟県東蒲原郡 *いすぼし 長野県南安曇郡 *いずむし(「魚虫」の意) 沖縄県石垣島 *うき 長野県上水内郡 *うま 山形県東置賜郡 群馬県佐波郡 三重県上野市 兵庫県赤穂郡 *うまうま 長野県上水内郡・北安曇郡 *うまっこ 岩手県紫波郡 長野県 *うまっとび 長野県 *うまぬり 秋田県平鹿郡 *うまのり 長野県 *うんま 長野県南佐久郡・上田 *えぶりつき(農夫がえぶりを突くかっこうに似ているところから) 高知県 *えんまこ 静岡市 *おかぐらまい 宮崎県延岡 *おかめ 長野県上伊那郡 *おしょーやどん 大分県大分郡 *おすいじんさま 山梨県南巨摩郡 長野県諏訪 *おすいじんさん 静岡県田方郡 *およぎ 静岡県賀茂郡 三重県三重郡 *およぎむし 埼玉県北葛飾郡 *おんま 群馬県佐波郡(幼児語) 長野県下伊那郡 *おんめ 神奈川県津久井郡 *かーがみ 群馬県多野郡 *かーかんぼ 東京都三宅島 *かーくも 静岡県磐田郡 *かーぐも 千葉県安房郡 *かーこし 長野県北安曇郡・南安曇郡 静岡県小笠郡 *かーごし 静岡市 *かーごしどん 静岡県庵原郡 *かーごしばーさん 静岡県榛原郡 *かーすんまえー 静岡県田方郡 *かーっぱ 神奈川県津久井郡 静岡県田方郡 *かーとんぼ 静岡県 *かーむし 静岡県安倍郡 *かがんぼ 静岡県磐田郡 *かっぱ 山形県西村山郡 栃木県 神奈川県津久井郡 静岡県 *かつぶしむし 長野県諏訪 *かとり 静岡県賀茂郡 *かにーちょー 東京都八王子 *かねんぼー 群馬県多野郡 *かのおばはん 三重県上野市 *がま 三重県志摩郡 *かまば 神奈川県津久井郡 *かまぼこ 静岡県小笠郡 *かわうま 熊本県天草郡 *かわくも 島根県益田市 *かわぐも 三重県阿山郡・志摩郡 *かわこし 静岡県榛原郡・小笠郡 *かわせんどー 静岡県富士郡 長崎県南高来郡 *かわっとび 静岡県駿東郡 *かわとんじ 静岡県志太郡 *かわとんぼ 静岡県安倍郡 *かわのかみさん 兵庫県赤穂郡 *かわのとのさま 大分県東国東郡 *かわむし 静岡県小笠郡 *かわんかみさま 熊本県天草郡 *かわんま 宮崎県西諸県郡 *がん 静岡県富士郡・志太郡 *かんかん 静岡県志太郡 愛知県北設楽郡 *かんかんすめすめ 愛知県北設楽郡 *かんかんぶと 静岡県磐田郡 *かんかんぼーず 埼玉県入間郡 *かんかんむし 埼玉県秩父郡 *かんどー 広島県安芸郡 *がんどり 香川県小豆島「がんどりみたいだ(やせている人の形容)」 *かんぬし 長野県 *かんぬしむし 長野県佐久 *かんのし 長野県 *がんもんも 埼玉県入間郡 *ぎょーせん 愛知県名古屋市・尾張 岡山県児島郡 *ぎょーせんうり 岡山県岡山市・児島郡 *ぎょーせんばば 島根県隠岐島 熊本県天草郡 *ぎょーせんむし 静岡県磐田郡 宮崎県延岡 *くるまひき 山口県 *ごきゃーす 静岡県磐田郡 *ごぼーむし 栃木県那須郡 *こんぺと 三重県北牟婁郡 *さかなんおとも 大分市 *さわよっこ(「沢の小魚」の意) 東京都三宅島 *さんしこ 三重県名張市 *じーかきむし 福島県西白河郡 *しえくみ 大分県大分郡 *しお 高知県香美郡 *しおうり 徳島県三好郡 高知県吾川郡 大分県 *しおうりどん 大分県北海部郡 *しおかい 高知県土佐郡 *しおかき 大分県大分市・大分郡 *しおかたぎ 徳島県 *しおから 新潟県 *しおくみ 大分県 *しおた 岐阜県大垣市 *しおたき 高知県 *しおっかす 新潟県中越 *しおふり 香川県香川郡 大分県 *しおりこん 大分県大分郡 *しおんどん 大分県大分郡 *しか 長野県佐久 *しゅーり 大分県北海部郡 *しょー 高知県 *しょーが 大分市 *しょーから 鳥取県東部 島根県簸川郡 *しょーかんどー 大分県速見郡 *しょーしょーめ 東京都八丈島 *じょーせん(水あめのようなにおいがするところから) 三重県伊賀 和歌山県有田郡 *じょーせんうり 三重県阿山郡・名賀郡 *じょーせんくも 奈良県宇陀郡 *じょーせんとり 和歌山県那賀郡 *しょーぼー 大分市 *しょーやどん・しょーりどん 大分県大分郡 *しょーりんこ 大分県 *しょくんど 大分県速見郡 *じょせんきり 奈良県南大和 *しょせんとり 和歌山県那賀郡・東牟婁郡 *じょせんむし 三重県名賀郡 *しょっかい 島根県松江市 *しょっこしょーのみ・しょーぶ 新潟県上越市 *じんじーばんばー 静岡県志太郡 *すいじんさま 島根県鹿足郡・美濃郡 *すいじんさん 島根県 徳島県 *すいすい 静岡県賀茂郡 *すいすいむし 長野県上田 *すいば 奈良県南大和 *すーとめ 群馬県勢多郡 長野県小県郡 *すぼとり 兵庫県淡路島 *すみ 神奈川県津久井郡 長野県筑摩郡 *すめ・つみ 長野県東筑摩郡 *せんどー 長野県西筑摩郡・上伊那郡 静岡県富士郡・周智郡 *せんどーさん 静岡県富士郡 長崎県南高来郡 *せんどーはん 兵庫県赤穂郡 *せんどーむし 静岡県富士郡 *せんどさん 長崎県南高来郡 熊本県天草郡 大分県南海部郡 *そーため 富山市近在 *そーとめ 長野県上水内郡・更級郡 *たーかき 長野県北部 *たーぶち 長野県更級郡 *だいくさん 静岡県駿東郡 *たいこはたき 長野県北信濃 佐久 *たいこぶち 長野県上田 *たいこむし 長野県 *たかあし 神奈川県中郡 *だつーぐも 大分県速見郡 *たぶち 長野県諏訪 *たゆーはん 愛媛県周桑郡 *たんきり 静

岡県駿東郡・志太郡 *たんきりむし 静岡県志太郡 *たんきれ 静岡県富士郡・榛原郡 *たんきれむし 静岡県富士郡 *たんごばば 島根県隠岐島 *ちましろ 島根県隠岐島 *ちょーきー 広島県芦品郡 *ちょき 長野県上伊那郡・下伊那郡 *ちょつき 長野県上伊那郡・下伊那郡 *ちょっけ・ちょっか・ちょっかい 長野県下伊那郡 *ちょんちょろ 長野県上伊那郡 *つま・つましろ 島根県隠岐島 *つるかめ 京都府葛野郡 *つんつんこ 長野県佐久 *つんつんむし 長野県 *てんかさん 長崎県南高来郡 *てんしさまのんまこ 青森県上北郡 *てんじんきょー 長野県南佐久郡 *とーしん 長野県北部 *とーすみ 長野県東筑摩郡・諏訪 *どーどっこ(「どーど」は馬の意) 長野県北安曇郡 *とーね 長野県 *とーねっこ 長野県北西部 *とーば 新潟県西蒲原郡 *とちはかり 長野県南安曇郡 *とね 栃木県足利市 *とのさんうま 新潟県佐渡 *とび 長野県北安曇郡 *とびうま 長野県西部 三重県志摩郡 島根県隠岐島 *とびぐも 長野県西筑摩郡 *とびっこ 静岡市 *とびっちょ 長野県 静岡県駿東郡・田方郡 *とびむし 長野県 *とびとびむし 香川県・小豆島 *とら 三重県北牟婁郡 *とんね・とんな 長野県北安曇郡 *とんび 長野県南佐久郡 *とんびっちょ 静岡県駿東郡・庵原郡 *とんぶし 長野県上水内郡 *どんぼむし 長野県更級郡 *ながあし 静岡県富士郡 *なべか 静岡県田方郡 *なべかま 神奈川県津久井郡 *なべかり 栃木県 *ねぎさま 長野県上伊那郡 *はしりがね 三重県志摩郡 *はたおりばーさん 静岡県榛原郡 *ひこーきむし 長野県諏訪・上伊那郡 *ひめこんこん 島根県邇摩郡 *ひよ 長野県西筑摩郡 *ふねこえし・ふねこぎ 山形県西置賜郡 *べんけー 長野県下伊那郡 *ぺんぺんす 静岡県賀茂郡 *へんろはん 熊本県天草郡 *ぼーあめ 大分県大分郡・直入郡 *ぼーふら 新潟県佐渡 *ぼーふり 三重県名張市 *まいまい 山口県 *まいまいえー 山口県宇部市 *まいまいこ 岡山市 山口県厚狭郡 *まいまいこぼし・まいまいこんぼ 三重県名張市 *まいまいし 山口県厚狭郡 *まいまいむし 大阪市 *まめろ 山口県 *まわりんぼ 長野県上田 静岡県安倍郡 *まんがおし・まんが 群馬県山田郡・佐波郡 *まんかむし 群馬県勢多郡 *みずうま 山形県東置賜郡 長野県 山口県美祢郡 *みずか 島根県美濃郡 *みずかき 静岡県周智郡・小笠郡 *みずくみ 岩手県九戸郡 *みずぐむ 静岡県小笠郡 *みずくも 静岡県磐田郡 岡山県邑久郡 大分県大分郡 *みずぐも 千葉県上総 静岡県浜名郡・庵原郡 山口県玖珂郡 *みずすまし 福島県西白河郡 栃木県 東京都三宅島・御蔵島 福井県敦賀郡 長野県 静岡県小笠郡・志太郡 三重県 島根県隠岐島 岡山県児島 山口県玖珂郡・豊浦郡 愛媛県弓削島 長崎県南高来郡 *みずとんぼ 長野県北安曇郡・下伊那郡 静岡県 大分県北海部郡 *みずのかみさん 兵庫県赤穂郡 *みずぼたる 山口県吉敷郡・下関市 *みずむし 静岡県静岡市・小笠郡 山口県玖珂郡 大分県速見郡 *みそ 山形県西置賜郡 *みやーみゃー 静岡県安倍郡 *もしか 静岡県浜名郡 *ももんか 静岡県安倍郡 *もんめんぼ 鹿児島県肝属郡 *やんま 静岡県磐田郡 *やんめしょーこ 神奈川県津久井郡 *ゆーびんさん 島根県浜田市 *ゆーびんやさん 山口県下関

あやうい【危】 *あやしー 静岡県 *あやっさーん 沖縄県石垣島 *あやっさん 沖縄県首里 *あやばしか・あやわし 佐賀県 *あやぶい 兵庫県神戸市 奈良県南大和 *あよわしか 長崎市 熊本県玉名郡 *いぶせー 群馬県「あっ、いぶせーど(危ないぞ)」

↓あぶない(危)

□ところ *つばせっぱ 山口県豊浦郡 *はんず 新潟県佐渡「はんずに自動車にしかれようとした」

あやしい【怪】 *いぶくさい 新潟県東蒲原郡 *うさんか 熊本県天草郡 *つまらない 山形県米沢市「つまらない奴が来た」 *なまくしゃー 熊本県下益城郡「なまくしゃあ話」 *ぴるまさーん 沖縄県石垣島・黒島 *ひるましー・ひるまし 沖縄県「ひるましー うーくゎじややびーたしが(珍しい大火でございましたが)」 *ふぃるまさん 沖縄県中頭郡 *ふぃるましゃん 沖縄県首里「ふぃるましいくとぅ(不思議なこと)」 *へんだなし 茨城県久慈郡 *へんなか 長崎県佐世保市 *やーこしー 兵庫県神戸市 *やいこしー 兵庫県加古郡 *やぐさい 兵庫県西宮 *ややかしー 石川県北部 *ややこしー 富山県砺波 石川県能美郡 京都市 大阪府「あいつはややこしい男や」 兵庫県 徳島県「ややこしい奴(やつ)が家みにきた」 *ゆかしー 宮城県仙台市「自分では出来たというんだが、ゆかしいのでよくきいてみたら、果して出来ていなかった」 *よーしれん 奈良県宇陀郡「よーしれん人に相手になるなよ」 *よしれん 奈良県宇陀郡「よしれん事するさかい」 愛媛県「よしれん者」 長崎県「よしれんもん」 *よもしれん 和歌山県東牟婁郡 愛媛県「よもしれん者」・宇和島市 *よもしんれん 長崎県五島「よもしんれんもん」 *よもよしれん 和歌山県西牟婁郡「よもよしれん事云ふんや」・東牟婁郡 *よしれ 島根県隠岐島「よしれのん(身元の知れない者)」 *よしろい 岐阜県大野郡「よしろいもの(知らん者)」

↓きかい(奇怪)

□こと *あやっさ(感動詞は「あやっさー」)沖縄県石垣島 *けち 高知県「あの家にはけちがあるよーぢゃ」 *ふずまり 山形県米沢市「あれの見えないのはふずまりだ」

□さま *おさんけ 島根県大原郡・仁多郡「こな人はちとおさんけな人だ」 *がらくさげ 石川県鹿島郡 *けふ 愛知県名古屋市「ここ五六日裏の榎でよふけになると妙な声がする。鳥か獣か知らんがけふなことがあるもんだ」 *げぶ 新潟県中

頸城郡 *へんげる(怪しいさまをする) 和歌山県「あの人はへんげた恰好してゐる」 *まえん 和歌山県日高郡 熊本県球磨郡「まえんなもん」 *まへん 奈良県吉野郡

□もの *こっとりぼーず(小児語) 愛媛県大三島 *まえん 和歌山県日高郡 熊本県球磨郡「まえんなもん」 *まへん 奈良県吉野郡

あやす *あいしらう 山形県東村山郡 静岡県庵原郡 *あいする 岩手県上閉伊郡 秋田県平鹿郡 富山県砺波 *あえす 山形県山形市・東置賜郡 新潟県西頸城郡 *あざくる・あざける 香川県仲多度郡 *あぜくる 香川県三豊郡 *あばかす 山形県「おぼこをあばがす」 *あばやかす 新潟県佐渡 *あやかす 山形県西置賜郡・東村山郡 新潟県佐渡「泣く子をあやかす」・東蒲原郡 長野県諏訪 岐阜市 静岡県志太郡 愛知県名古屋市 三重県志摩郡 和歌山県 香川県伊吹島 *いやす 栃木県 *えーす 長野県諏訪 *えやす 茨城県稲敷郡 *かたる 岩手県九戸郡 新潟県「御苦労でもこの子をかたって居て呉れ」 福井県遠敷郡 長野県 静岡県伊豆 *かてる 青森県「晩まで子供をかでろよ」「わらすかてる」 岩手県 秋田県鹿角郡 *こがらす 鹿児島県種子島 *しかす 鹿児島県沖永良部島 *じゅす 新潟県中越 *しょーずく 岡山市 *すいすいかーしゅん 沖縄県首里 *すかす 鳥取県西伯郡「子供をおすかして呉れ」 島根県 広島県高田郡 香川県 熊本県 *すやす 鳥取県東部 *そばえかす・そぼえかす 新潟県佐渡 *そやす 広島県比婆郡 *だまかす 山形県米沢市 新潟県「ぼぼをだまかせや」 富山県砺波 石川県 長野県下水内郡・佐久 岐阜県郡上郡「小さい子供泣かせんよーにあんばよーだまかいてあすべよ」 *だまくらかす 静岡県志太郡 *だます 岩手県気仙郡「おめぁこのがぎだましていろや」 宮城県石巻・仙台市 秋田県 山形県 茨城県稲敷郡 埼玉県北葛飾郡 新潟県佐渡 富山県砺波 福井県坂井郡 静岡県志太郡 愛知県宝飯郡 *だんます 千葉県君津郡 *ちゃやがす 鳥取県岩美郡・気高郡 *ちゃらかす 奈良県吉野郡 *ちゃらがす 富山県下新川郡 *ちょーかす 兵庫県 *ちょーけやかす 三重県南牟婁郡 *ちょーす 青森県南部(愛撫(あいぶ)する) 群馬県 埼玉県秩父郡 神奈川県津久井郡 新潟県 京都府竹野郡 *ちょーらかす 富山県富山市近在・高岡市 石川県金沢 長野県東筑摩郡・下伊那郡 岐阜県 静岡県「手をたたいてちょーらかす」 愛知県 広島県高田郡 香川県小豆島 *ちょーらがす 富山県 石川県 鳥取県西伯郡 島根県那賀郡 広島県安芸郡 山口県豊浦郡 *ちょがす 福井県大飯郡 岐阜県飛騨 *ちょちょらかす 島根県隠岐島 *ちょやがす 鳥取県 *ちょらかす 岐阜県飛騨 和歌山県那賀郡 *ちょろがかす 岐阜県飛騨 *ちょろかす 福井県遠敷郡 *ちょろがす 富山県 福井県大飯郡 *てがう 岡山県児島郡 香川県 高知県「ややをてがいよっとーせ」・高知市 *どどる 大分県北海部郡 *ばやかす 香川県木田郡・大川郡 *はやす 栃木県 千葉県印旛郡 *へーす 山梨県南巨摩郡 *やまいるん 沖縄県石垣島 *よそる 東京都八丈島 *よどる 大分県大分郡

□こと *しかしまーし 沖縄県石垣島 *たちむい(立ってあやすこと) 沖縄県首里 *ちょーひゃー 群馬県多野郡「赤ん坊をちょーひゃーする」 *ちょはい 青森県津軽 *ほんこ・ほんこー 島根県石見・隠岐島「ほんこする」 *ほんそ 島根県 岡山県「ねんね(赤子)をほんそほんそしてやれ」 山口県阿武郡・豊浦郡 香川県「ほんそにする」・高松 *ほんそー 島根県「ほんそーしんさるけー子供がおとなしい」

幼児や犬の背中などを軽くたたいて□ *たたじっ 鹿児島県 *たたしる 山口県豊浦郡 鹿児島県肝属郡 *たたしん 沖縄県石垣島

あやとり【綾取】 *あじとり 群馬県勢多郡・多野郡 長野県佐久 *あぜとい 鹿児島県肝属郡 *あぜとり 大分県 *いとどき 熊本県玉名郡・下益城郡 *いととり 京都府竹野郡 大阪市 兵庫県加古郡 奈良県 香川県高松市・小豆島 愛媛県 長崎県 熊本県天草郡 鹿児島県肝属郡 *いとどり 岡山県岡山市・児島郡 愛媛県大三島 熊本県天草郡 *いととりばば 和歌山市 *いとんどり・いとどりこ・いとどーこ 島根県 *おひとつ 新潟県中頸城郡 *かんこ 高知市「かんこをとる」 *たしことり 岩手県上閉伊郡 *たしっこどり 岩手県気仙郡 *たすきどり 山口県豊浦郡 *ちどり 富山県砺波 愛媛県 *ちどりがけ 愛媛県 *てがら・てんがら(幼児語) 岐阜県飛騨 *ときげ 青森県 *とらげ 青森県津軽 *みず 山口県大島「みずうとる」

あやふや *うやない 富山県東礪波郡「あの人の話ならうやないもんじゃ」 *こーてー・こーて・こーと 島根県隠岐島「こーてーな話をする」 *こじゅーくらい 山形県米沢市「仕事はこじゅうくらいにしんな」 *ちくれぁ 宮城県石巻「ちくれぁなごとばかりかだるをな(言うな)」 *ちゅーくはい 山形県西置賜郡 *ちゅーくらい 宮城県仙台市「ちゅうくらゐな話(あいまいな話)」 秋田県平鹿郡 山形県「ちゅーくらえな事しゃべんな」 福島県 *ちゅーくれ・ちゅっくれー 長野県佐久「ちゅっくれえにやれ(いいかげんにやれ)」 *ちゅーっくらい 山形県米沢市「ちゅうっくらえな仕事で駄目だ」 新潟県中頸城郡 *ちょーっくれ 長野県佐久 *ちょっくらい 新潟県三島郡・中頸城郡 *にやくや 茨城県 新潟県佐渡 滋賀県蒲生郡・神崎郡 *にやふや 奈良県吉野郡 *にやほや 石川県 *にやまた 福井県遠敷郡 滋賀県蒲生郡 *はんたしゃん(「はんた」は、がけ。「がけのふちにいるような」の意) 沖縄県首里「はんたしー くとぅ(危なっかしいこと)」 *ぶっそ 和歌山県 *ぶっそー 和歌山県那賀郡

↓あいまい（曖昧）

あやまち【過】 *がら 群馬県吾妻郡 *けが 兵庫県但馬 *しずくない 富山県東礪波郡 *しぞくない 長野県佐久 *しぞこない 新潟県中魚沼郡・西頸城郡　島根県隠岐島 *しっちゃく 岐阜県大野郡 *しでくない 新潟県西頸城郡 *そそー 徳島県「まあそそーなことをした」 *とっぱし 千葉県安房郡 *とっぱすが 新潟県東蒲原郡 *とっぱずか 秋田県秋田市・由利郡　新潟県中蒲原郡 *とっぱずかい 新潟県東蒲原郡 *とっぱずかし 長野県佐久 *とっぱずけ 山形県西田川郡・飽海郡　新潟県「とっぱずけにこわした」 *とっぱずし 長野県佐久 *とっぱずしごと 山形県南置賜郡・米沢市「とっぱづしごどだから、しかだなえ(しかたがない)」 *とっぱずれ 新潟県中頸城郡「とっぱずれして二階から落ちた」 *とっぱつか 山形県東田川郡「とっぱつかしで逃した」 *とっぱんずかい 秋田県南秋田郡 *とぱずか 秋田県秋田市・河辺郡 *とぱちげ 山形県庄内「あれはとぱちげしたんだ」 *ひっちゃく 岐阜県郡上郡

↓かしつ（過失）・しっぱい（失敗）

□をする *あやまゆん 沖縄県首里 *とぱじらかす 秋田県平鹿郡「とぱじらかして硝子をわ(割)る」 *とぱじらする 秋田県仙北郡「とぱじらしてこはしたから御免な」 *とぱずかす 秋田県山本郡・平鹿郡

あやまり【誤】 ⇩まちがい（間違）

あやまる【誤】 *あやまゆん 沖縄県首里 *すかる 三重県志摩郡・度会郡「すかった」 *とっぱくる 茨城県久慈郡 *とっぱぐる 福島県　茨城県・稲敷郡 *とっぱずす 山形県米沢市　茨城県稲敷郡　千葉県夷隅郡　新潟県中頸城郡 *とっぱずらかす 秋田県平鹿郡・雄勝郡 *とっぱずれる 茨城県稲敷郡 *とっぱどす 茨城県北相馬郡　千葉県「とっぱどしたからかんにんしてくれ」 *とっぱどする 岩手県気仙郡

↓まちがえる（間違）

□て *がーら 茨城県猿島郡 *がら 群馬県吾妻郡　埼玉県南埼玉郡　千葉県「がらだから勘弁な」 *がらー 茨城県猿島郡 *からい 静岡県富士郡 *がらい 神奈川県三浦郡　静岡県 *がらえー・がりゃー・がらん・がらいか・がりゃーか・かれー 静岡県「がらん落した」 *がらっか 千葉県夷隅郡 *がらり 福島県相馬　群馬県勢多郡「がらり言葉が出ちまって」・佐波郡　新潟県東蒲原郡　静岡県 *しや 大分県「しや破ったのは仕方あねえ」 *てーど 新潟県「てーど転んだども、ばか、痛む」「てーど皿こわした」

あやまる【謝】 ⇩しゃざい（謝罪）・わびる（詫）

あやめ【菖蒲】 *うまばな 山形県西田川郡 *かけつ 岩手県上閉伊郡　岐阜県北飛驒 *かっこ 岩手県江刺郡 *かっこばな 福島県相馬郡 *かっこん 山形県西村山郡 *そとめ 青森県　秋田県由利郡 *ばんばな 山形県飽海郡 *むらさきあやめ 長野県佐久

あゆ【鮎】 *あいお 広島県 *あいなご 石川県鹿島郡　和歌山県 *あいのいお 岐阜県飛驒　長崎県南高来郡　鹿児島県 *あいのいぼ 富山県高岡市 *あいのうお 岐阜県飛驒　島根県浜田市・益田市　岡山県苫田郡 *あいのゆ 秋田県由利郡　富山県 *あいのよ 秋田県平鹿郡　新潟県東蒲原郡・刈羽郡　富山県砺波 *あえのよ 山形県飽海郡 *えあのゆ 秋田県由利郡 *えこ 青森県上北郡 *えのよ・えの 山形県庄内 *えゃー 広島県芦品郡 *しろばえ(小さいもの) 島根県鹿足郡・益田市 *ひときだ(大きくて新鮮な鮎) 宮城県仙台市 *まわしあい(下りあゆ) 奈良県吉野郡 *やー 新潟県佐渡

□の友釣り *おとりがけ 高知県土佐郡 *おやかけ 鳥取県気高郡 *さくり 東京都八王子　神奈川県津久井郡

友釣りのおとりにする□ *おあゆ 島根県石見 *おで 徳島県那賀郡 *おや 岐阜県益田郡 *たねあい 島根県益田市・能義郡

あらあらしい【荒荒】 *あらけない 青森県「あらげないから物毀しばかりしている」　岩手県二戸郡・九戸郡　秋田県鹿角郡　富山県砺波「あらけない脱ぎ方」　石川県鹿島郡・羽咋郡　山梨県　岐阜県大垣市　滋賀県彦根・蒲生郡　京都市　大阪市　鳥取県　島根県美濃郡「女をあらけのーもてあつかう」　香川県大川郡　愛媛県南宇和郡「あらけない奴」　高知県長岡郡　福岡県小倉市・福岡市 *あらさーん 沖縄県石垣島 *あらさん 沖縄県首里 *あらっけない 富山県砺波　石川県 *あらっぱし 福島県東白川郡「貴様、あらっぱし子だな」 *あらっぱしー 千葉県山武郡　島根県出雲・隠岐島 *あらっぽしー 千葉県山武郡 *あらぽしー 岩手県九戸郡 *あらぼったい 静岡県「あらぽったい人だ」 *くちぐふぁさん(言葉が荒々しい) 沖縄県首里 *ごーつい 兵庫県神戸市　和歌山県和歌山市・西牟婁郡 *ごつい 福井県足羽郡・南条郡　三重県員弁郡　大阪府大阪市・泉北郡　兵庫県神戸市　和歌山県　島根県「ごついことをする」　岡山市　徳島県　香川県 *ごっつい 兵庫県神戸市 *さっかけさい 静岡県「さっかけさい人だ」 *ざっかけない 東京都　静岡県「ざっかけない事をするな」・田方郡・安倍郡 *ばさらい 福岡県　熊本県玉名郡　大分県日田郡「ばされーことをするな」 *ばさらっか 熊本県玉名郡・天草郡 *はばしー 新潟県佐渡　兵庫県淡路島　鳥取県西伯郡　島根県「昨日ははばしい風が吹いた」　山口県「はばしい食べ方」　香川県小豆島・佐柳島　愛媛県　長崎県　大分県北海部郡(金遣いについて言う)　宮崎県 *ぶっかい 静岡県・田方郡 *ほーない 福岡県京都郡

□ふるまう *あじゃらける 岩手県気仙郡 *あらさしん 沖縄県石垣島 *はぶてかやる 長崎県

対馬

□ものを言う ＊けんつく 滋賀県彦根 ＊どぎる 大分県 ＊どくれる 京都府竹野郡「何が気にさわったのか大きな声でどくれていた」

言動が□さま ＊あらっぱさん 長崎県壱岐島「あらっぱさんな男」 ＊おてっか 新潟県佐渡 ＊がぎほぎ（言葉が荒々しいさま）秋田県鹿角郡「物言いががぎほぎしてる」 ＊けんそ 島根県（女の心のとげとげしいさま） 鹿児島県「けんそなつら（すごい顔）」「けんそいあっ（すごい）」 ＊けんそー 高知県高岡郡 ＊けんつく 香川県三豊郡 ＊ごーほー（「豪放」か）大分県宇佐郡 ＊ごっぽー 山口県 ＊そんぎょー（荒々しく言うこと）群馬県佐波郡 ＊てっか 岩手県気仙郡 新潟県佐渡 ＊てっくわ 岩手県気仙郡 ＊てっこ 新潟県中頸城郡「あのおくさんはてっこだ」・新井市「このねこはてっこだ」 ＊てっこー 新潟県 ＊とげとげ 山梨県 ＊ぽんこぽんこ（跳ね飛ばすように荒々しいさま）長崎県壱岐島「ぽんこぽんこ放り出す」 ＊ろくそー 大分県日田郡

動作が□ ＊あらかましー 山口県玖珂郡 愛媛県・大三島 長崎県対馬 ＊あらがましー 香川県塩飽諸島 ＊あらくたい 三重県 京都市 大阪市（職人言葉） 奈良県 和歌山県 島根県出雲「あらくて男だ」 岡山県苫田郡「まあまあそんなあらくたい植え方じゃあおえりゃあせんがな」 徳島県・美馬郡・那賀郡 香川県 愛媛県周桑郡 高知県 ＊あらくたない 和歌山県 ＊あらくたましー 長崎県五島 熊本県下益城郡 ＊あらぐまし 岩手県気仙郡 ＊あらくましー 島根県隠岐島 宮崎県東諸県郡 ＊あらくもしー 徳島県 ＊あらったい 香川県大川郡 ＊けちょらしか・けちゅらしか 長崎県壱岐島「けちょらしか男」「けちょらしうするな」

あらい【粗】 ＊こそったい 群馬県勢多郡 ＊こそっぱい 福島県西白河郡 茨城県新治郡・那珂郡 栃木県 群馬県佐波郡・邑楽郡 埼玉県秩父郡・入間郡 千葉県東葛飾郡 東京都八王子 神奈川県・中郡 山梨県「滑り台の板がこそっぱい」 長野県諏訪 静岡県富士郡 ＊こそつべー 山梨県北巨摩郡 ＊こそっぽい 栃木県 山梨県東八代郡・北巨摩郡 長野県「手が荒れてこそっぽい」 ＊こそばい 茨城県稲敷郡 ＊こそぼったい 山梨県 ＊こそんぺい 山梨県 ＊ごつい 三重県伊勢 ＊ころっぱい 栃木県佐野市 ＊ざすい 和歌山県「ざすい縫ひ方をしてとめてある」 ＊ざつい 京都市 大阪市 兵庫県加古郡 奈良県・宇陀郡 ＊ざっすい 和歌山市 ＊ざらっぽい（質が粗い）新潟県

目や粒が□ ＊あらかましー 高知県長岡郡「皮膚があらかましい女ぢゃ」「あらかましい縞ぢゃ」 ＊あらさん 沖縄県首里 ＊あらしー 島根県「ずいぶんあらしい粉をひいたものだ」 ＊あらぺ 秋田県由利郡 ＊あらぽい 山形県 ＊おきたい 山形県飽海郡

あらし【嵐】 ＊あらぶき 静岡県 ＊あれ 福井県坂井郡 山梨県南巨摩郡 長野県上水内郡・上伊那郡 兵庫県氷上郡 鳥取県 ＊あれかど 富山県東礪波郡 ＊あれこち 富山市 ＊あれしけ 島根県隠岐島 ＊うーかじ 沖縄県首里・石垣島 ＊うかぜ 鹿児島県肝属郡 ＊うぶかじ 沖縄県与那国島 ＊おちかぜ 三重県度会郡 ＊だしあめ（急に荒れ出した風雪やあらし）三重県阿山郡 ＊だしあれ（急に荒れ出した風雪やあらし）山形県南部 ＊ひがんじゃーらぐ（彼岸前後に来るあらし）青森県南部 ＊ひがんじゃらく（彼岸前後に来るあらし）青森県上北郡・三戸郡 ＊ひゅーがじけ 大分県大分郡 ＊ほっこーかぜ 広島県向島 ＊やませ 山形県飽海郡

↓ぼうふうう（暴風雨）

あらそい【争】 ＊いがみあい（子供の争い）新潟県東蒲原郡 ＊いくさー（動詞は「いくさーしん」）沖縄県石垣島 ＊えどりあい 山形県東置賜郡・米沢市「えどりやえしるな」 ＊ぎやみあい 石川県江沼郡 ＊ごいな 徳島県那賀郡 ＊こもしり（小さい争い）島根県大田市 ＊こもしりあい（小さい争い）島根県出雲 ＊どしぜり（仲間争い）長崎県壱岐島 ＊ものいー 奈良県 徳島県 ＊もめ 徳島県 ＊もめど 愛媛県松山「もめどがいきました（ごたごたがありました）」 ＊やーむんどー（家の内部の争い）沖縄県石垣島

↓いさかい（諍）

小さい□をする ＊こもしりあう 島根県出雲・大田市「部落では又こもしりあっちょー」 ＊こましれあう 島根県邑智郡 ＊こむしりあう 島根県邇摩郡

あらそう【争】 ＊あらがーゆん 沖縄県首里 ＊あらがう 岩手県気仙郡 山形県庄内 新潟県佐渡 徳島県海部郡 愛媛県・周桑郡「二人してあらがい居った」 ＊あらがる 青森県三戸郡「人がかかって来てもお前はあらがるな」 ＊ありがう 愛媛県大三島 ＊いこつく 香川県 ＊かせろう 島根県鹿足郡・益田市「あいつは親にかせろーてどーもならん」 ＊がせろう 富山県 石川県石川郡・金沢市 ＊がそろう 富山県砺波「がそろて食うもんじゃけで、一ぺんになよんなって（なくなって）しもー」 ＊からかう 福井県 山梨県中巨摩郡・東八代郡 ＊からこう 長野県諏訪 愛知県東春日井郡 滋賀県神崎郡 ＊がりあう 島根県簸川郡・平田市 ＊きしろう 島根県隠岐島 ＊きばる 長野県上田 ＊せらう 大阪市 島根県石見 岡山県苫田郡・児島郡 ＊せらがう 徳島県 高知県「子供同志がせらがうきに皆に同じ品をやろー」 ＊せる 兵庫県明石郡 奈良県 広島県比婆郡 ＊ぜる 長崎県諫早市 熊本県 ＊てっぱる 福井県大飯郡 滋賀県彦根 大阪市「嫁取の申込がてっぱる」「丁度時間がてっぱる」 岡山県岡山市「三井と三菱がてっぱっとる」・児島郡 広島県高田郡 香川県 ＊とちくりあう（「とっくみあう（取組合）」の転か）群馬県邑楽郡 ＊どんじあう 島根県邑智郡「桃をどんじあう」

*どんじこう島根県邇摩郡・邑智郡　広島県高田郡　*ばっちこげる長野県上伊那郡　*ばっちらかう静岡県安倍郡「子供がおもちゃをばっちらかう」　*ばっちらがう長野県佐久　静岡県　*ばっちらがる長野県　静岡県「犬が肉をばっちらがる」　*はりあう東京都八丈島　*よせろう・いせろう兵庫県加古郡　*ろんじる島根県出雲

あらっぽい【荒―】　*あらかましー山口県玖珂郡　愛媛県・大三島　長崎県対馬　*あらがましー香川県塩飽諸島　*あらくたい三重県　京都市　大阪市(職人言葉)　奈良県　和歌山県　島根県出雲「あらくて男だ」　岡山県苫田郡「まあまあそんなあらくたい植え方じゃあおえりゃあせんがな」　徳島県・美馬郡・那賀郡　香川県　愛媛県周桑郡　高知県　*あらくたない和歌山県　*あらくたましー長崎県五島　熊本県下益城郡　*あらぐましー岩手県気仙郡　*あらくましー島根県隠岐島　宮崎県東諸県郡　*あらくもしー徳島県　*あらけない青森県「あらげないから物毀しばかりしている」　岩手県二戸郡・九戸郡　秋田県鹿角郡　富山県砺波「あらけない脱ぎ方」　石川県鹿島郡・羽咋郡　山梨県　岐阜県大垣市　滋賀県彦根・蒲生郡　京都市　大阪市　鳥取県　島根県美濃郡「女をあらけのーもてあつかう」　香川県大川郡　愛媛県南宇和郡「あらけない奴」　高知県長岡郡　福岡県小倉市・福岡市　*あらすこい香川県綾歌郡　*あらっけない富山県砺波　石川県　*あらったい香川県大川郡　*あらっぱし福島県東白川郡「貴様、あらっぱし子だな」　*あらっぱしー千葉県山武郡　島根県出雲・隠岐島　*あらっぽしー千葉県山武郡　*あらぽしー岩手県九戸郡　*あらむさい鹿児島県喜界島　*いしこい千葉県山武郡　*いばしー福岡県遠賀郡「いばしゅ、きまりよんなすなあ(働いている人にかける挨拶。ずいぶんがんばっておられますねえ)」　熊本県　*がいたらかし和歌山県「あの子はがいたらかし子や」　*がいたらくい和歌山県西牟婁郡・東牟婁郡「あの子は大へんがいたらくい」　*がいたらしー和歌山県東牟婁郡　*がさい京都府　兵庫県「何とがさい子やな」　*がさつい兵庫県神戸市「がさつい人」　*がさっぽい新潟県西頸城郡　*ぶっかい静岡県・田方郡
→らんぼう(乱暴)

□気性　*がっぽーぎ新潟県　*がっぽぎ新潟県西頸城郡「がっぽぎだすけ、けがもしるわね」

□こと　*どーらく奈良県南大和　*なたざいく新潟県佐渡　*なたじゃく熊本県下益城郡

□さま　*がくど山形県「俺家の子供はがぐどで困る」「がぐどにつくる」　*がくどー山形県米沢市　*かさつ山形県東田川郡　*ぶんなぐり埼玉県秩父郡「ぶんなぐり仕事だ」

あらまし　*あらかじめ岩手県気仙郡「あらかじめ一升は飲んだろう」「あらかじめ五里はあんべえ」　宮城県栗原郡　栃木県　群馬県勢多郡　埼玉県入間郡　新潟県・西蒲原郡　富山県西礪波郡　兵庫県淡路島　和歌山県　広島県倉橋島　山口県阿武郡　*あらつじ島根県「仕事があらつじ片付いた」　*うーばんがい熊本県　大分県北海部郡・大分郡　*うーばんぎゃ熊本県玉名郡・天草郡　*うばんげ熊本県芦北郡・八代郡　*おーたいこ兵庫県淡路島　*おーたいず新潟県「おーたえず、そんなもんだろう」　長野県　三重県名賀郡　京都府竹野郡　*おーだたい鳥取県東部「おおだたい間違ってをる」　島根県出雲　香川県仲多度郡　愛媛県・大三島　高知県長岡郡　*おーだったい島根県邑智郡「おーだったえ仕事がすんだ」　*おーちごー岩手県九戸郡　*おーつじ鳥取県東部　島根県「おーつじ仕事が片付いた」　*おーどこ岩手県気仙郡「おおどご終わった」　*おーばんがい山口県大島「おおばんげぇな事をする」　福岡県粕屋郡　長崎県南高来郡・対馬　*ざっとこせ香川県小豆島「ざっとこせでけた」　*ざっぺらっ・ざっぱらっ鹿児島県鹿児島郡　*だいぼ石川県江沼郡　*たいほー広島県高田郡　*どたくた新潟県佐渡「どたくた一日かかる仕事だ」
→おおよそ(凡)・だいたい(大体)・たいりゃく(大略)

あられ【霰】　*あらあめ富山県・富山市近在　*あらし栃木県　*あらち石川県能美郡　*あらねゆき山形県　*あらめ富山県砺波　*おはぜ愛媛県　*かざはな武蔵　埼玉県大里郡　千葉県印旛郡　*こめごゆき福島県　*こんご島根県八束郡・大田市(幼児語)　*こんこん(幼児語)島根県仁多郡　*こんぺゆき熊本県天草郡　*しおて神奈川県中郡　*つぶえき島根県安濃郡　*まめごゆき福島県北部

細かい雪と□の混じったもの　*あらねゆき青森県三戸郡　*こざね熊本県天草郡

あらわす【表】　*はらす茨城県

あらわす【現】　*くます岐阜県飛騨「そんな事をしるると、目をくまされるぞ(しかられるぞ)」・郡上郡「へそ(臍)くまいとるぞ」　*びろめく(ちらちら姿を現す)長崎県対馬「あの男は時々此処にびろめく」　*かっぱく(隠れているものを現すようにする)埼玉県秩父郡「そこいらをかっぱいてみろ。きっとあるから」「土をかっぱく」

あらわれる【現】　*である山形県東田川郡　*ではる北海道　青森県「月ではた(月が出た)」　岩手県　宮城県　秋田県　山形県　新潟県

あり【蟻】　*あーい沖縄県宮古島　*あーこ鳥取県西伯郡　*あーご鳥取県西伯郡　島根県出雲　*あーら沖縄県八重山　*あーりご島根県出雲　*あーりんぼ千葉県上総　*あーる沖縄県宮古島　*あいー沖縄県島尻郡　*あいこ沖縄県首里　*あいこー沖縄県　*あいだめ三重県志摩郡　*あいむし熊本県阿蘇郡　*あいらめ三重県志摩郡　*あいり愛媛県大三島　*あいる和歌山県日高郡　*あえご鳥取県西伯郡　*あがた岩手県下閉伊郡　*あかり岩手県下閉伊郡・釜石　長野県佐久　*あかり

こ山形県東村山郡・西村山郡 *あし 和歌山県有田郡 *あじ 奈良県南葛城郡 *あっと 長崎県西彼杵郡 *あに 熊本県鹿本郡 *あね 熊本県上益城郡 *あみ 鹿児島県奄美大島 *あや 沖縄県与那国島 *あらじ 岩手県九戸郡 *あらりぁじ 青森県三戸郡 *ありーじょー(女児語) 鹿児島県種子島 *ありーぞー 神奈川県津久井郡 *ありかんじょー 広島県向島・賀茂郡 *ありかんど 広島県 愛媛県 *ありがんどー 愛知県額田郡 *ありげんど 大分県大分郡・大野郡 *ありこ 山形県北村山郡・西置賜郡 福井県大野郡・遠敷郡 三重県南牟婁郡 京都府 兵庫県 鳥取県気高郡 岡山県邑久郡 広島県・高田郡 山口県 愛媛県周桑郡 *ありご 福島県西白河郡 群馬県利根郡・勢多郡 千葉県安房郡 新潟県 長野県 岐阜県 静岡県 愛知県八名郡・北設楽郡 三重県 兵庫県但馬 奈良県吉野郡 和歌山県新宮・東牟婁郡 鳥取県 島根県 岡山県・苫田郡 広島県 山口県 熊本県阿蘇郡 大分県 宮崎県延岡 *ありごん 大分県大野郡 *ありす 香川県三豊郡 *ありず 青森県三戸郡 *ありっこ 山形県東置賜郡 東京都三宅島 岐阜県飛驒 *ありっぽ 千葉県山武郡 *ありど 愛知県葉栗郡 大分県大分郡・大野郡 *ありどーし 大分県大分郡 *ありどーどー 熊本県球磨郡 *ありとめ 和歌山県日高郡 *ありとも 和歌山県日高郡 *ありどん 群馬県佐波郡・邑楽郡 埼玉県北葛飾郡 和歌山県 大分県大野郡 *ありにぼーし 和歌山県日高郡 *ありばば 長野県長野市・上水内郡 *ありぼ 茨城県 千葉県 愛知県碧海郡・愛知郡 *ありぽ 千葉県山武郡 *ありぼー 千葉県香取郡 大分県大分郡 *ありぼさ 愛知県幡豆郡 *ありま 長崎県西彼杵郡 大分県南海部郡 宮崎県 *ありまき 大阪府泉北郡 *ありまん 熊本県阿蘇郡・下益城郡 大分県 *ありまんじゃー 長崎県西彼杵郡 *ありむし 愛知県 熊本県 宮崎県延岡・西臼杵郡 *ありめ(女性・幼児語) 和歌山県日高郡 *ありめん 大分県北海部郡 *ありやどーど 熊本市 *ありんこ 山形県最上郡 埼玉県秩父郡 岐阜県飛驒・益田郡 愛知県東加茂郡・豊橋市 兵庫県赤穂郡 奈良県宇智郡 広島県倉橋島 香川県大川郡・木田郡 愛媛県東部 *ありんご 群馬県佐波郡 静岡県引佐郡 愛知県 兵庫県赤穂郡 島根県出雲(幼児語) 岡山県 広島県 香川県 熊本県宇土郡 *ありんこー 神奈川県津久井郡 *ありんじょ 新潟県佐渡 熊本県天草郡 *ありんじょー 新潟県佐渡 *ありんぞ 山梨県北都留郡 *ありんぞー 東京都八王子 神奈川県津久井郡 *ありんと 神奈川県足柄上郡 静岡県磐田郡 *ありんど 群馬県 埼玉県入間郡・大里郡 東京都南多摩郡 神奈川県中郡 岐阜県羽島郡 静岡県 愛知県 徳島県三好郡・那賀郡 香川県 愛媛県 高知県 *ありんどー 群馬県多野郡 埼玉県北足立郡・秩父郡 東京都八王子 神奈川県津久井郡 山梨県 静岡県 愛知県 広島県江田島・大崎上島 *ありんどん 茨城県猿島郡 群馬県佐波郡 埼玉県北足立郡 静岡県庵原郡 *ありんぼ 茨城県稲敷郡・北相馬郡 群馬県佐波郡 埼玉県北足立郡 千葉県 東京都江戸川区 神奈川県中郡 新潟県 富山県婦負郡 長野県佐久 岐阜県飛驒 静岡県浜名郡 愛知県愛知郡・碧海郡 兵庫県神戸市 長崎県南高来郡 熊本市 *ありんぼー 茨城県北相馬郡 新潟県 *ありんぼーし 和歌山県日高郡 *ある 新潟県 *あるい 広島県上蒲刈島 *あるご 新潟県三島郡・刈羽郡 *あるさん 熊本県宇土郡 *あるまんじゃー 長崎県西彼杵郡 *あん 熊本県芦北郡 *あんめーやー 沖縄県中頭郡 *いあい 熊本県宇土郡・八代郡 宮崎県 鹿児島県 *いあり 兵庫県淡路島 福岡県粕屋郡 熊本県南部・天草郡 大分県 宮崎県 *いあれ 熊本県八代郡・天草郡 *いあん 熊本県南部 *いーやい 宮崎県都城 鹿児島県姶良郡 *いだれ 大分県大分郡 *いやい 熊本県球磨郡・芦北郡 鹿児島県 *いやり 静岡県・磐田郡・志太郡 愛媛県温泉郡 福岡県東南部 熊本県 大分県 宮崎県 *いやりど 大分県大分郡 *いやれ 熊本県八代郡 大分県大分郡 *いら 静岡県 山口県阿武郡・見島 *いらい 熊本県芦北郡 *いらし 熊本県芦北郡 *いらり 大分県北海部郡 *いられ 福岡県田川郡・企救郡 大分県北海部郡・宇佐郡 *えあり 兵庫県淡路島 *おあり・おありこ 愛知県愛知郡 *がが(幼児語) 島根県 *くれずあい(大形のアリ) 鹿児島県 *こしぼそ 愛媛県喜多郡・松山 *ささみ・しゃしゃん 鹿児島県奄美大島 *さしぎり(人を刺すアリ) 島根県出雲 *さしぎれ(人を刺すアリ) 島根県 *しあい・じあい・しがれ・すわい 鹿児島県 *しがる・しぎゃ・しぎゃつ・ちがり 長崎県五島 *すあい 鹿児島県 *すあり 長崎県西彼杵郡 熊本県芦北郡 鹿児島県 *すあれ 長崎県西彼杵郡 *すいやい 鹿児島県姶良郡 *すがい 佐賀県 長崎市 宮崎県西諸県郡 鹿児島県肝属郡 *すがね 長崎県南高来郡・伊王島 熊本県 *すがみ 佐賀県 *すがり 福岡県 佐賀県 長崎県 熊本県 *すがる 長崎県長崎市・五島 熊本県玉名郡・天草郡 *すがれ 長崎県 熊本県天草郡 宮崎県西諸県郡 *すがん 熊本県玉名郡・芦北郡 *すごーね 長崎県伊王島 *すわれ 熊本県天草郡 *すんがね 長崎県樺島・西彼杵郡 *てんじんありご(腹部が赤と黒で、つやのある大きなアリ) 群馬県勢多郡 *どいつべーし・おーべーし(黒色で大形のアリ) 東京都八丈島 *どーしろ・とーしろあり(大形のアリ) 長崎県壱岐島 *どど 熊本県芦北郡・八代郡 *はまだ(大形のアリ) 宮崎県日南市 *はりむし 熊本県天草郡 *はるさし 熊本県下益城郡 *ひあしめ・へーしめ 東京都八丈島 *やい 鹿児島県 *やまありこ(大形のアリ) 山形県 *やり 熊本県芦北郡

ありがたい【有難】 *ありがたない 和歌山

県西牟妻郡「ありがたない事やのんし」 *うたてー 岐阜県吉城郡・飛驒 *おーれない 秋田県平鹿郡「おーれにゃなんし」 *おたてー 岐阜県飛驒 *おなさけない 滋賀県坂田郡・東浅井郡 *おほりない 秋田県雄勝郡「沢山いただいておほりねぁんす」 群馬県吾妻郡 埼玉県秩父郡 *おほんない 群馬県勢多郡「おほんのうがんした」・佐波郡 *たえがたい 島根県石見 広島県高田郡・世羅郡 山口県「そねえなことをなされちゃあ、おたえがとーございますいのー」 大分県宇佐郡 *どーどーしー 静岡県榛原郡「おっかちゃんが苦労して作った麦だで、ちいっとばかでもとーどーしい」 *とてさかい 宮城県栗原郡 *とどさい 山形県西置賜郡 *なさけない 滋賀県「なさけのー頂きました」 *にふぁい 沖縄県石垣島 *ほいない 群馬県利根郡 埼玉県秩父郡 *ほずない 秋田県平鹿郡「それはほじねぁことだ」・仙北郡 *ほない 青森県津軽 *ほりない 秋田県平鹿郡 群馬県利根郡・勢多郡 埼玉県秩父郡 *ほんない 青森県南部 秋田県雄勝郡「よいものもらってほんねぁ」 *もったいない 石川県能美郡「ごもったいな(ありがとう)」 滋賀県彦根

□こと *おしょーし 山形県 新潟県東蒲原郡 長野県 香川県綾歌郡 *おしょーしさま 宮城県仙台市 *おしょし 新潟県上越市 長野県北安曇郡・東筑摩郡 *おしょしさん 宮城県石巻・仙台市 *おしょっさま 長野県 香川県中部 *ごきとく 長崎県壱岐島「今日はごきとく、遊びおいでました」 *ごしょーし 静岡県 *ごむしん 香川県三豊郡「ごむしんな」 *しょーし 長野県北安曇郡 静岡県榛原郡 *にふぇー 沖縄県首里 *ふくらしゃ・ふこーらさ 沖縄県石垣島

□さま *いや 福井県大野郡「いやなこっちゃ」

ありがとうございます ⇩「あいさつのことば(挨拶言葉)」の子見出し、「礼の挨拶(ありがとう)」

ありじごく【蟻地獄】 *あじのす 兵庫県淡路島 *あといじー 広島県倉橋島 *あとさりかっこ 長野県 *あとさりべこ 青森県上北郡 *あとさりむし 青森県南部 奈良県山辺郡 *あとざりむし 青森県南部 *あとざりむしこ 青森県三戸郡 *あとしっつぁり 神奈川県高座郡 *あとしゃりかっこ 長野県 *あとじゃりむし 新潟県中蒲原郡 *あとじょろ・あとしりぞき 愛媛県 *あとっちやりむし 栃木県那須郡 *あとんじょり 奈良県山辺郡 *あなこぼこぼ 奈良県生駒郡 *あなずきほーほ 山形市 *あなっぽぽ 島根県飯石郡 *あなほりむし 岡山県邑久郡 *あまんじゃく 岡山県御津郡 香川県塩飽諸島 *あまんじゃこ 岡山県邑久郡 *ありあな 奈良県磯城郡 *ありおとし 新潟県佐渡 *ありくい 長野県 三重県阿山郡 奈良県磯城郡 *ありごき 香川県 *ありごさん 新潟県中頸城郡 *ありずか 山形県 奈良県磯城郡 *ありのあな 三重県名張市 *ありのこーさんまいり 三重県阿山郡 *ありのこじごく 広島県山県郡 *ありのこぼさんまいり 三重県上野市 *ありのす 三重県名賀郡・志摩郡 広島県 香川県直島 *ありのすはら 三重県名張市 *ありのとー 三重県上野市 香川県仲多度郡 *ありはさみ 奈良県磯城郡 *ありばんばー 静岡県榛原郡 *あんまいごって 島根県那賀郡 *いざり 愛知県海部郡 三重県度会郡・宇治山田市 *いじりこ 広島県能美島 *いずもこ 奈良県添上郡 *いち・いちち 愛媛県中島 *いちいち 岡山県児島郡 *いちこんこ 愛知県北設楽郡 *いちっこ 神奈川県津久井郡 静岡県東部 *いっちらたっちら 神奈川県津久井郡 *いどほり 愛媛県越智郡 *いどほりむし 千葉県安房郡 静岡県安倍郡・志太郡 *いなちょこ 千葉県 *いねくぼ 奈良県吉野郡 *いぼ 岐阜県郡上郡 静岡県静岡市・榛原郡 *いぼいぼ 岐阜県飛驒 静岡県榛原郡 *いぼじり 静岡県 *いぼちょこ・いもじり・いもり 静岡県榛原郡 *いもんじり 静岡県志太郡 *いんぼ 岐阜県郡上郡 *いんぼんむし 静岡県安倍郡 *うぐろもーじ 広島県比婆郡 *うし 静岡県田方郡 *うしあな 岩手県九戸郡 *うしこ 福島県 茨城県多賀郡 千葉県印旛郡 *うしこたっこ 茨城県水戸市 *うしころ 三重県桑名市 *うしころたんころ 栃木県大田原市・那須郡 *うしたこっこ 茨城県 *うしっこ 福島県南部 埼玉県入間郡 静岡県駿東郡 *うしっこめ 栃木県芳賀郡 *うしっころ 福島県南部 *うしのつの 静岡県富士郡 *うしろべご 秋田県山本郡 *うしんべー 静岡県駿東郡 *うしんべかにんべ 静岡県富士郡 *うすこめ 静岡県志太郡 *うすごもり 愛媛県大洲市 *うずこもり 愛媛県周桑郡 *うすひきばばさ 長野県北安曇郡・東筑摩郡 *うすんぼ 静岡県富士郡 *おくんぼ・おこんぼ 静岡県 *おけらこ 長野県上伊那郡 *おこさま 長野県北安曇郡 *おごべ 福井県 *おこぼ 佐賀県唐津 大分市 *おこんころ 静岡県安倍郡 *おこんぼさん・おぼんぼろ 静岡県志太郡 *おこんぼち 静岡県小笠郡 *おさるさま 長野県上伊那郡 *おしゃかさま 長野県上伊那郡 *おじょげ 和歌山県有田郡 *おちゃーばんばー 静岡県榛原郡 *おちょこ 神奈川県愛甲郡・藤沢市 *おちょろ 静岡県榛原郡 *おとま 兵庫県神戸市 *おどりこ 山口県上関島 *おめめ 奈良県高市郡 *おろろん 広島県賀茂郡 *おんちょこ 神奈川県茅ケ崎市 *かーっぽ 福島県会津 *かかっぽー・かかっぽっぽ 島根県仁多郡・簸川郡 *がくがく 新潟県中頸城郡 *かくさん 山梨県南巨摩郡 *かっこ・かっこさま・かっこさん 長野県 *かっこー 山梨県南巨摩郡 *かっこもっこ 岩手県気仙郡 *かっこん 長野県上水内郡 静岡県田方郡 *かっこんじょ 山梨県 *かった 埼玉県入間郡 *かっぽ 栃木県上都賀郡・塩谷郡 島根県 広島県比婆郡 *かっぽかっぽ 島根県簸川郡 *かっぽり 島根県 *かっぽれ 栃木県塩谷郡 *かっぽん 大分県東国東郡 *かっぽ

んさん島根県鹿足郡 *かめこむし・かめこ山形県西置賜郡・南置賜郡 *かわらのめめご三重県名賀郡 *かんこ長野県佐久 島根県益田市・美濃郡 *かんご島根県美濃郡・益田市 *きなずり大分県大分郡 *ぎりぎり石川県江沼郡 *ぎりぎりもんじー島根県益田市 *ぐじゅぐじゅむし静岡県賀茂郡 *くぼくぼさん兵庫県氷上郡 *ぐも・ぐりむし・ぐるぐるもーじ・ぐるも・ぐるもじ広島県比婆郡 *ぐりぎりもんじょー・ぐるまんじ・ぐろもんじ・島根県鹿足郡 *ぐりんどー島根県鹿足郡 *ぐるもーじ島根県石見 広島県 *ぐるもんじ・ぐるもんじー・くろもんじー島根県石見 *くんぼーた長野県諏訪 *けけっちょ島根県大原郡 *けけっぽ島根県仁多郡 *けけっぽっぽあなっぽっぽ島根県出雲市・大原郡 *けこ島根県八束郡 *けんけさん島根県能義郡 *けんけんけそ和歌山市 *げんごろ千葉県東葛飾郡 *こーこーさん奈良県北葛城郡 *こーこーむし大分市 *こーじばば新潟県中頸城郡 *こくぞ・こくぼ奈良県吉野郡 *ここーもり島根県那賀郡「ここーもり、ここーもり、こーせんご、早う起きて茶あ沸かせ(童謡)」 *ごごむし熊本県下益城郡 宮崎県西臼杵郡 *こじこじ岐阜県可児郡 三重県上野市 *ごじごじ岐阜県加茂郡 *ごじろ島根県美濃郡 *こそこそ兵庫県赤穂郡 *こちょこちょ千葉県上総 島根県簸川郡 大分県北海部郡 *こつこつ大分県東国東郡・大分郡 *こつこついごいご大分県大分郡 *こつこつむし大分県 *こってーうし長崎県壱岐島 *こっとい島根県江津市 *こっといかけ島根県那賀郡・邑智郡 *こっとり島根県那賀郡・江津市 *ごっとりこ島根県那賀郡 *こっぱ島根県邇摩郡 *こっぱどん熊本県玉名郡 *こっぷ島根県那賀郡 *こっぽ島根県那賀郡・邑智郡 *こっぽー島根県石見 *ことい島根県那賀郡 *ことことむし埼玉県北葛飾郡・北足立郡 *こぼこぼ兵庫県出石郡・美方郡 鳥取県気高郡 *こまこま兵庫県佐用郡・赤穂郡 岡山県南部 *こまこまむし兵庫県赤穂郡 岡山県邑久郡 *ごまごまむし兵庫県赤穂郡 *ごむごむ静岡県榛原郡 *こむろー・こーむろ島根県益田市 *こめこめ奈良県北部 *ごめんごめん奈良県 *こもこも兵庫県佐用郡・赤穂郡 鳥取県 島根県 岡山県真庭郡・苫田郡 広島県比婆郡 山口県玖珂郡 *ごもごも兵庫県赤穂郡 *こもこもさん島根県出雲 *ごろ岐阜県郡上郡 *こんこ長野県佐久 *こんご島根県 *こんごー島根県石見 *こんこーさん・こんごーさん島根県那賀郡 *ごんごろ広島県江田島 *こんこん広島県比婆郡 *ごんごん静岡県小笠郡 *ごんごんじー島根県鹿足郡・美濃郡 *ごんごんむし大分県大分郡・直入郡 *こんじょろ静岡県富士郡 *こんぼ・こんぼさま静岡県小笠郡 *さいさいごんじー島根県鹿足郡 *さらこべ山形県村山 *さるこ岩手県九戸郡 山形県南置賜郡・西置賜郡 *さるこむし岩手県九戸郡・上閉伊郡 秋田県雄勝郡 山形県南置賜郡・西置賜郡 *さるっこ長野県上伊那郡 *しーしーもぐり千葉県安房郡 *しーしんぼー・ししんぼー静岡県富士郡 *じーのみ愛媛県 *じーも愛知県宝飯郡 *じーろこたろこ茨城県稲敷郡 *じごくむし新潟県佐渡 静岡県沼津市・田方郡 島根県安来市・大田市 *じごさま長野県 *じごじこ長野県南安曇郡 *じさんばさん群馬県多野郡 奈良県磯城郡 *じじくぼ静岡県安倍郡 *ししくも京都府葛野郡 *じじこ奈良県吉野郡 *じじっこ神奈川県足柄下郡 *ししんぼ静岡県周智郡 *じじんぼ島根県鹿足郡 *じっこばっこ群馬県多野郡 *じっぽかっぽ島根県邇摩郡 *じねんご島根県邑智郡 *じむし静岡県 *じも長野県 静岡県庵原郡 愛知県宝飯郡 *じもぐり長野県北安曇郡 *じもさま長野県北安曇郡 *じもじも長野県東筑摩郡・北安曇郡 *じもむし長野県東筑摩郡 *しゃん長野県南安曇郡 *じゅんじゅんむし大分県大分郡 *しょーとみ広島県御調郡 *しょーとめ広島県 *しょーろむし香川県広島 *しょしょじ・しょしょり兵庫県神戸市 *じょじょぼさん島根県八束郡 *しりこじゃり山形県北村山郡 *しりぞき愛媛県 *しりほり三重県富田 *じろっこたろっこ栃木県 *じろはん愛媛県周桑郡 *しんくり広島県佐木島 *じんじくむし長野県南安曇郡 *じんじんこ島根県邑智郡 *じんじんむし三重県桑名 *じんのみ愛媛県喜多郡 *じんぼ長野県東筑摩郡 *すっこ長野県上伊那郡 *すっこっこ千葉県東葛飾郡 *すながめ岡山県邑久郡 *すなくいむし兵庫県赤穂郡 *すなねこ長野県上水内郡・佐久 *すなほり奈良県山辺郡 島根県益田市 *すなむし長野県安曇郡 静岡県志太郡 大分県大分郡 *すなもぐり静岡県志太郡 *ずも・もじ長野県東筑摩郡 *すもすも・そもそも岐阜県飛騨 *すもといむし鹿児島県肝属郡 *すりこばち岡山県北木島 *すりばち神奈川県小田原市 長野県北部 三重県上野市 *すりばちあな静岡県安倍郡 *すりばちむし新潟県上越市 静岡県庵原郡 三重県阿山郡 奈良県 *するばち香川県綾歌郡 *ぜご和歌山県伊都郡 *ぜぜ・ぜぜこ・ぜぜんこ奈良県宇智郡 *せせり和歌山県西牟婁郡・田辺市 *ぜんぜん奈良県南大和 *ぜんめ静岡県田方郡 *そーとめ山口県豊浦郡 *ぞろさま富山県東礪波郡 *たーめろこじろ・たうえこじょろ・たえろこじょろ・たえろっこ千葉県印旛郡 *だいこくさん滋賀県伊香郡 *たいこたいこむし山形県置賜 *たいじさま富山県東礪波郡 *たくじら島根県隠岐島 *たちこんさん島根県能義郡 *たへんぼ広島県安佐郡 *ちあご新潟県佐渡 *ちーたっぽ栃木県小山市 *ちーちんぼー静岡県賀茂郡・庵原郡 *ちじまっこ栃木県塩谷郡 *ちちかっぽ栃木県安蘇郡・上都賀郡 *ちちくぼ静岡県磐田郡 *ちちっぽぐり栃木県日光市・安蘇郡 *ちちねんぼ 静岡県庵原郡 *ちちむぐり・ちっぽけっぽ 栃木県安蘇郡 *ちちんぼ 栃木県安蘇郡　静岡県 *ちちんぼー 山梨県 *ちめちめさん 島根県邇摩郡 *ちちんぽん 栃木県安蘇郡 *ちょこ 静岡県榛原郡 *ちょこちょこばーさ 静岡県榛原郡 *ちょこちょこばーさん 静岡県志太郡 *ちょこちょこむし 静岡県清水市　宮崎市 *ちょこばんば 神奈川県津久井郡・高座郡 *ちょこほり 静岡県榛原郡 *ちょこほりむし 静岡県賀茂郡 *ちょこまこ 静岡県賀茂郡 *ちょこむし 神奈川県高座郡　長野県佐久　静岡県賀茂郡・田方郡 *ちょこんみゃー 静岡県田方郡 *ちょぼ 和歌山県日高郡　香川県三豊郡 *ちょろ 埼玉県秩父郡 *ちろっこたろっこ 栃木県河内郡 *ちんころたんころ 栃木県 *ちんころめ 栃木県芳賀郡 *ちんちろ 三重県飯南郡 *ちんぽんかんぽん 栃木県 *つくつくぼーし 愛媛県 *つちばと 栃木県日光市 *つぼい 高知市 *つぼくり 奈良県吉野郡 *つぼむし 大分県大分郡・北海部郡　宮崎県東諸県郡・児湯郡 *つめきりむし 奈良県吉野郡 *てーちっこ 東京都八王子 *てこはこ 群馬県碓氷郡 *てこまこ・てっこまっこ 群馬県勢多郡 *てしこい 奈良県吉野郡 *てっこ 長野県佐久 *てっこーばこ 群馬県山田郡 *てっこーはっこ 埼玉県秩父郡 *てっこーはっこー 埼玉県秩父郡 *てっこさま 長野県南佐久郡 *てっこはっこ 群馬県吾妻郡・勢多郡　埼玉県秩父郡　長野県 *てっこばっこ 群馬県勢多郡・佐波郡 *てっこはっこー 埼玉県秩父郡 *ててかっぽ 栃木県上都賀郡・塩谷郡 *ててこ 島根県簸川郡 *ででこ 奈良県南大和 *ででごじ 静岡県榛原郡 *ててっぽ・ててっぽむし 島根県出雲 *ででっぽ 神奈川県愛甲郡 *ててっぽー 島根県仁多郡 *でてっぽー 長野県南安曇郡 *ててっぽーむし・ててっぽぽ 島根県飯石郡 *ててっぽっぽ 島根県出雲　広島県比婆郡 *ててっぽっぽかかっぽっぽ 島根県出雲市 *ててばっこ 群馬県佐波郡 *でぽさん 香川県屋島 *でぽはん 香川県綾歌郡・仲多度郡 *でんでらむし・でんでらぽ 三重県度会郡 *でんでんまいこ 山口市 *でんでんむし 福井県 *でんぽ 長野県南安曇郡・東筑摩郡　静岡県庵原郡 *でんぽのこ・でんぽのこ 長野県南安曇郡 *とあしゃれかっこん 静岡県田方郡 *とーかいこ 島根県江津市 *とーこい 広島県山県郡 *とーとーこ 広島県比婆郡 *とーとこ 広島県 *とことこ 栃木県足利市・矢板市 *とっこ 栃木県　群馬県 *とっこすっこ 栃木県佐野市 *とっこばっこ・とっこべっこ・とっこぼっこ 栃木県安蘇郡 *とっこまっこ 栃木県安蘇郡　群馬県佐波郡 *とっと・ととっこ・ととっと 栃木県河内郡 *とと 島根県美濃郡 *ととばっこ 群馬県佐波郡 *ととべっこ 栃木県安蘇郡 *とのさまむし 奈良県吉野郡 *とぶくろ 広島県安佐郡 *ねぼ 静岡県田方郡 *ねんねんこぼこぼ 奈良県吉野郡 *ねんねんこぼち 兵庫県出石郡 *のたむし 長野県南安曇郡 *はーこ・はーた・ばっく・はっこさん・はり・はりこ・はるこ 島根県隠岐島 *はいこ・はいこさま・はいこばば・はいこぼ 長野県北安曇郡 *はいぼこ 長野県南安曇郡 *はかじらみ 大分県北海部郡 *はかはか 新潟県中頸城郡 *はこ 新潟県佐渡　長野県　島根県隠岐島 *ばこ・はこむし 新潟県佐渡 *はこさま・はこばば 長野県 *はこさん 新潟県佐渡　長野県東筑摩郡 *はこはこ 長野県上水内郡 *はこべ 長野県北安曇郡・東筑摩郡 *はこぼこ 長野県北安曇郡 *はさみむし 長野県上伊那郡　静岡県志太郡 *はっこ 新潟県　長野県　島根県隠岐島 *ばっこ 群馬県多野郡「ばっこばっこ出て来い、おんばの山が焼けるぞ」 島根県隠岐島 *はっこー 群馬県多野郡　岐阜県恵那郡 *はっこみっこ・はっこむし 長野県北安曇郡 *はっこんすりばち 新潟県上越市 *はった 岐阜県恵那郡 *はてっぽっぽ 静岡県賀茂郡 *はとぽっぽ(幼児語) 栃木県 *はまねこ 静岡県庵原郡 *ひょーと 広島県 *ひょーとみ 広島県御調郡 *ひよひよ 大分県大分郡 *ぶっくい 鹿児島県 *ぶっくいむし 鹿児島県肝属郡 *ぶんぶくちゃがま 栃木県 *べーこ 福井県三方郡 *へこ 長野県 *べこ 福島市 *へごこ 長野県佐久 *べごこ 岩手県上閉伊郡 *へことりむし・へこへこむし 長野県東部 *べこべこ・べこべこむし 福島県北部・中部 *へこむし 長野県北部 *べこむし 福島県相馬郡 *べごむし 福島県東白川郡 *べそ・ぺそ 静岡県小笠郡 *へっこばっこ 長野県佐久 *へっとこもっこ 群馬県佐波郡 *ぺっぺーむし 岡山県邑久郡 *べべくろ 京都府竹野郡 *べべこ 福井県大飯郡　岐阜県飛騨　奈良県南葛城郡・宇陀郡 *べべこーじ・べべこん 三重県阿山郡 *べべこじ 三重県阿山郡 *べべしやね 岐阜県飛騨 *べべっこ 神奈川県横須賀市 *べべっこし 静岡県小笠郡 *べべっちょ 神奈川県藤沢市 *べべらこじ 三重県名賀郡 *へぼ 福井県大野郡　岐阜県郡上郡 *へぼへぼ 岐阜県郡上郡 *べんべこ 福井県大飯郡　京都府中郡 *ほーぐんしょ 大分県速見郡 *ほーけかた 広島県沼隈郡 *ほーりんさん 島根県邇摩郡 *ほくろ・ほっく・ほっくる・ほっくろ・ほっころ 長野県上伊那郡 *ほこほこ 新潟県佐渡 *ほっかいさん 島根県浜田市 *ほっこ 栃木県鹿沼市・日光市　神奈川県津久井郡　長野県上伊那郡 *ほっといこ 島根県那賀郡・江津市 *ほてーぽっぽ 静岡県賀茂郡 *ほてっぽっぽ 神奈川県横須賀市 *ほとほと 福井県三方郡 *ほりほりむし 島根県八束郡 *ほろ 秋田県鹿角郡 *ほろこ 岩手県九戸郡　秋田県鹿角郡 *ほろろ 香川県直島 *ほろろん 愛媛県生名島 *まいまいこじこじ 岐阜県飛騨 *まいまいさん 滋賀県伊香郡 *まつばこーこ 香川県広島 *まつばむし 静岡県志太郡 *ままっこ 神奈川県鎌倉 *みみこ 三重県阿山郡 *みみずく 長野県諏訪 *みみすってー・

みみってー 岡山県邑久郡 ***みみたこ** 奈良県大和 ***みみっと** 長野県上伊那郡 ***みみっとー** 長野県 ***みみっとーむし** 長野県諏訪・上伊那郡 ***みみっとむし** 長野県諏訪 ***みみとー** 長野県東筑摩郡 ***みみとーし** 山口県屋代島・大島 ***みみなごじ・みみらこじ** 奈良県山辺郡 ***みめらごじ** 奈良県山辺郡 ***むくろー・むくろーじ** 島根県邑智郡 ***むしきりむし** 栃木県那須郡 ***めーめーこ** 福井県遠敷郡 ***めめくじ・めめこし** 奈良県宇陀郡 ***めめくそ** 奈良県吉野郡 ***めめくぼ** 三重県一志郡　奈良県宇陀郡 ***めめこ** 三重県　奈良県山辺郡 ***めめこじ** 静岡県浜名郡　三重県名賀郡・名張市　奈良県 ***めめこじょ・めめじく** 三重県名張市 ***めめこぼこぼ・めめんこ** 奈良県磯城郡 ***めめたこ** 奈良県添上郡・奈良市 ***めめたし** 岡山県御津郡 ***めめらこ** 奈良県添上郡 ***めめらこじ** 奈良県山辺郡 ***も** 山形県米沢市 ***もー** 大分県南海部郡 ***もーもんじょ** 鳥取県岩美郡 ***もこもこ** 広島県比婆郡 ***もず** 長野県西筑摩郡 ***もっこ** 長野県軽井沢 ***もっこむし** 宮崎県西諸県郡 ***もっこもっこ** 鹿児島県 ***ももんじゃ** 鳥取県気高郡・東伯郡 ***ももんじょ** 兵庫県城崎郡　鳥取県　島根県鹿足郡　長崎県 ***ももんじょー** 鳥取市　島根県鹿足郡・邑智郡 ***やたのおんばさん** 奈良県生駒郡 ***やまちょこ** 静岡県賀茂郡

ありのまま【有儘】 ***あーなー** 島根県出雲「あーなーの話」 ***あーなーずく** 島根県出雲「なんもかんも、あーなーじくねはなしだわね(何もかもありのまま話したらいいわ)」 ***あいさまい** 鹿児島県鹿児島郡 ***あけなんこ** 福井県大飯郡　兵庫県加古郡　香川県「あけなんこの話じゃ」　福岡市「あけなんこい、いうもんじゃけん」　長崎県壱岐島　宮崎県東諸県郡 ***あけらんこ** 香川県三豊郡 ***あきなんこ** 香川県三豊郡「あきなんこがとこいえば(打ち明けたところ)」 ***あそんにゃーし** 沖縄県石垣島 ***あってげんべ** 長崎市 ***あっりょ** 香川県三豊郡 ***ありすけ** 山梨県南巨摩郡「ほんこのことーありすけに言った」 ***ありなり** 島根県「ありなりの話を言えば実はこうだ」 ***ありよー** 岐阜県大垣市・郡上郡「ありよーの話じゃが、今ちょっとも銭ゃないんじゃでな」　滋賀県彦根　鳥取市「ありよーはかうかうだ」　長崎市「ありよー、そーゆーわけにゃ行きまっせん」 ***ありよ** 愛媛県周桑郡「ありよの事を言はうかん」 ***そっなり** 島根県隠岐島「そっなりの話をして往んだ」 ***ばさらけ** 山梨県

→そっちょく(率直)

ある【在・有】 ***あー** 鳥取県日野郡 ***いる** 北海道小樽　青森県「鍋は棚にいる」　岩手県気仙郡　宮城県栗原郡・仙台市　秋田県鹿角郡　山形県庄内　福島県　和歌山県 ***おる** 石川県鳳至郡「でかぇふねがしそー(四隻)おって」　和歌山市「『蝋燭おりますか』『はい、おります』」「醤油が居りませんか」　広島県高田郡　高知県「火がおらん」「つるいに水がおらんきねや」

□**の意を卑しめて言う語** ***きつかる** 愛知県知多郡「彼処にきつかる」 ***けざがる** 秋田県「まだけざがるか、早く帰れ」・河辺郡 ***けっかーる** 静岡県志太郡 ***けつかる** 岩手県「おぼえてけづかれ」「まだけじがったな」　宮城県「毎日あすんでばかりけずがる」　秋田県仙北郡　山形県　福島県　茨城県真壁郡・稲敷郡　栃木県「人が仕事すっとき、遊んでけっかっからそのざまだ」　群馬県勢多郡　千葉県海上郡　新潟県佐渡「知らん顔してけつかる」・上越「そこにまだけつかる」　富山県　福井県　山梨県　長野県　岐阜県　静岡県・志太郡・榛原郡　愛知県　三重県　滋賀県甲賀郡・彦根　京都府「何してけつかる」　大阪市　兵庫県加古郡　奈良県　和歌山県　広島県安芸郡　徳島県「其処にけつかれ」・美馬郡　香川県 ***けつくなる** 三重県度会郡 ***けつこなる** 滋賀県愛知郡 ***けっちゃる** 三重県四日市市

□**の尊敬語** ***あんにゅー** 沖縄県石垣島 ***おーるん** 沖縄県石垣島 ***おわす** 大阪府「おわへん(ございません)」 ***さーゆん** 沖縄県首里「とぅんちねー　ちーじぬ　さーとーやびーみ(お宅には系図がおありですか)」 ***わーるん** 沖縄県与那国島

□**のていねい語** ***あーす** 静岡県「さうであーす」 ***ありあんす** 秋田県由利郡「お菓子は家にありあんす」 ***ありーす** 山梨県「ありーすけー(ありますか)」 ***ありゃんす** 岩手県気仙郡　栃木県 ***ありんす** 神奈川県足柄上郡　新潟県佐渡「ありんせん」　福井県 ***あれんす** 福井県大野郡 ***あんす** 青森県南部「御座ありあんす」　岩手県気仙郡「はっ、そうしあんす」　秋田県秋田市「そであんす」・鹿角郡「これは学校であんす」　山形県「あんした(ございました)」　福島県河沼郡「行

方/言/の/窓

●方言の海上伝播

マスコミの発達した現代では、新しく誕生したことばがあっという間に何百キロも離れた地方に伝わったり、全国のあちこちに空からばらまいたように伝播することも珍しくない。が、方言は、本来陸路を地を這うように伝播するものであった。

ところで、場合によっては、海上交通を通じてことば（方言）が伝播することもあった。

新潟県の佐渡の方言は、アクセント・語法・語彙などの諸部面で西部方言的だと言われる。これは、かつての海上交通路で佐渡と北陸の能登が深く結びついていたことによるものと考えられている。

風位名や魚名など、特に漁業と深いかかわりをもつ語の分布に、ことばの海上伝播のあったと思われる例が少なくない。

ってきあんした」 栃木県「行きあんした」 群馬県群馬郡「あげあんしょう(あげましょう)」 千葉県市原郡「おめでとうあんした」

徳島県名西郡「お早うあんす」 鹿児島県枕崎市「おばさん、たばこーくれあんせ」 ***おざいやす** 福島県会津 ***おざる** 福島県北会津郡 ***おざんす** 秋田県仙北郡 ***おじゃる** 青森県南部 東京都八丈島「岩のおぢゃろわ」「あんにもおぢゃんのーが」「よくおじゃろわ」 ***おす** 滋賀県「おすか(ありますか)」 ***おます** 長野県上田・佐久 岐阜県羽島郡 滋賀県 京都府「そうでおます」

大阪府「十五日までなー、門松おしたはるおうちがおますわ」 兵庫県神戸市・加古郡「おまっしゃろ」 奈良県南部「どんなんもおます」 島根県浜田市「酒はおまへんか」 岡山県吉備郡「おません」 ***がー** 岩手県上閉伊郡 ***がーす** 和歌山県東牟婁郡 島根県益田市・邑智郡「煙草はちっともがーせん」 岡山県備中 高知県 ***がーん・がーんす** 静岡県「ここに墨ががーん」 ***がいす** 山梨県 ***がす** 青森県津軽「売り切れて今日はがせん」 岩手県「品切れになってがえん」「それは家にがせん」 宮城県「『りんごがえんか(ありませんか)』『がす』」「『さっきのものはまだありますの』『もうがえんペわ(ないでしょうよ)』」 群馬県山田郡・桐生市 埼玉県秩父郡 岡山県苫田郡 長崎県南高来郡「大地震ががしたなーい」 ***がりす** 山梨県 ***がん** 岩手県上閉伊郡「がんねぁあ(ございません)」 宮崎県都城「ぐゎんげな(あるそうです)」 ***がんす** 岩手県上閉伊郡 山形県西田川郡「がんすね(ありません)」 群馬県

埼玉県秩父郡 静岡県 岡山県備中 広島県「がんひょー(ありましょう)」「売りよらんのなら借るよりほかにゃーしょーががんすまい」 徳島県 香川県高松市「がんせん」 ***けーす** 茨城県新治郡 ***げす** 群馬県山田郡 岐阜県恵那郡 静岡県志太郡 ***げっす** 茨城県新治郡「げっしょー(ございましょう)」 ***ごあいます** 奈良県宇陀郡 ***ごあす** 岩手県東磐井郡 山形県庄内「ごぁすまえ(ありますまい)」 新潟県佐渡・三島郡 長野県上田「ごあすいなー(ございますよ)」・佐久 三重県上野市「そんな事ごあへんわして(そんなことございませんわよ)」 京都府 徳島県

鹿児島県鹿児島郡 ***ごあはんす** 和歌山県西牟婁郡 ***ごあん** 鹿児島県「ごあんが(ございますが)」 ***ごあんす** 岩手県折爪山麓(九戸・二戸郡界) 秋田県由利郡 山形県庄内「何もごあんすね(ございません)」 埼玉県川越市・入間郡 石川県羽咋郡 徳島県 鹿児島県「ごあんしたどで(ございましたでしょうから)」 ***こいす** 青森県 ***ごいす** 青森県津軽「『卵がありますか』『はい、ごいす』」 福井県「ごいへん」 山梨県 広島県三次 山口県「ごいすい(ございますよ)」

***ごいんす** 福井県 ***ございす** 福島県会津 石川県鳳至郡「ございせん」 長野県埴科郡 静岡県 奈良県吉野郡 ***ござえーす** 岡山県上道郡

***ござえんす** 島根県大原郡 ***ござす** 宮城県仙南「ござへん」 山形県北村山郡・新庄(上流の女性)「ござへん」 京都府 福岡市 熊本県下益城郡 ***ござっしゃります** 熊本県 ***ござっする** 福岡県北九州市「ちょいと差(だん)がござっするけな」・福岡市「ござっしゃう」 佐賀県「ござっしゅう」 長崎県「ござっせん」・北松浦郡(中流以下)・壱岐島「ござっする」 ***ござりがす** 静岡県 ***ござりす** 宮城県「ござりえん(ございません)」 山形県(上流の女性)「ござりへん」 ***ござりもーす** 山形県米沢市 ***ござりやす** 福島県東白川郡 山梨県 ***ござる** 石川県石川郡 ***ござんす** 静岡県「そこには何もござんへん」 滋賀県蒲生郡 岡山県上房郡 広島県大崎下島・佐木島 山口県笠戸島 香川県「両方ござんす」 ***ごじす** 石川県鳳至郡「ごじせん」 ***ごじゃます** 新潟県佐渡 ***ごじんす** 新潟県佐渡 石川県鳳至郡 ***ごす** 青森県津軽 群馬県山田郡 福井県越前「ごへん」 山梨県「ここにごしたよ」 静岡県志太郡 滋賀県蒲生郡「ごへん」 ***ごずえんす** 宮崎県東諸県郡 ***ごぜす** 福井県越前「ごぜへん」 ***ごぜんす** 福井県 長野県諏訪 ***ごたす** 兵庫県多可郡「ごたへん」 ***ごだます・ごだります** 山口県阿武郡 ***ごたる** 東京都大島 ***ごだんす** 島根県鹿足郡 ***ごっす** 山梨県南巨摩郡

***ごなんす** 山形県鶴岡 ***ごはんす** 和歌山県西牟婁郡 ***ごやんす** 和歌山県西牟婁郡「そこにごやんすか」 ***ごわす** 長野県「ごわしね(ありません)」「ごわせん」 三重県「ごわへん」 大阪府「ごわへん」 兵庫県加西郡・美嚢郡 奈良県高市郡 和歌山県那賀郡・日高郡 岡山県阿哲郡・上房郡 香川県大川郡 鹿児島県鹿児島郡「ごわはん」 ***ごわん** 鹿児島県鹿児島郡「ごわんが(ございますよ)」 ***ごわんす** 和歌山県那賀郡 岡山県上房郡「ごわんへん」 香川県大川郡「ごわんすわ(ございますよ)」 鹿児島県鹿児島郡「ごわんそ(ございましょう)」 ***ごんす** 群馬県吾妻郡 埼玉県入間郡 新潟県佐渡 石川県羽咋郡

静岡県志太郡 和歌山県東牟婁郡 岡山県備中 高知県「此の辺にはごんせんわい」

あるく【歩】 ***あいぶ** 岩手県 宮城県「おらえのわらしも(家の子も)よーやっとあいぶよになりしたお」 山形県 福島県 群馬県勢多郡 東京都大島 富山県下新川郡 石川県鳳至郡 山梨県 長野県東筑摩郡・西筑摩郡 岐阜県 静岡県 三重県度会郡 奈良県吉野郡 和歌山県東牟婁郡・西牟婁郡 ***あえく** 新潟県西頸城郡 ***あえぶ** 宮城県栗原郡 福島県相馬郡「あえべ(おいで)」 新潟県中頸城郡・西頸城郡 長野県佐久 ***あく** 青森県津軽「このま、めたねあがなえぐなたであ(この馬、どうも歩かなくなりましたね)」 秋田県「たださかであったもんだいな(ただ叫んで歩いたもんですね)」「足が痛くてあかれない」 新潟県 ***あごつ**

る 山形県「雪の中をあごつって歩く」「どの位の長さか、あごつってしらべる」 *あさく 青森県「早くあさげ」「海さあさていぐ」 *あしをえぎする(足をしのばせて歩く) 長崎県壱岐島「あしをえぎしち行たち見た」 *あっくん 沖縄県島尻郡 *あっちゅん 沖縄県那覇市・首里「つぃらむっちぇー あっからん(顔を持っては歩けない＝世間に顔出しができない)」 *あふ 秋田県河辺郡 *あぶ 青森県「あべ(来い)」 岩手県中通 宮城県「僕と一所にあべさ」 *あゆ 秋田県 山形県 神奈川県中郡「あべー」 *あゆぬん 沖縄県首里 *あゆぶ 静岡県 富山県 和歌山県東牟婁郡 福岡県 佐賀県藤津郡 長崎県南高来郡 宮崎県東諸県郡 鹿児島県 *あらぐん・あらくん 沖縄県鳩間島 *あるぐん 沖縄県石垣島 *あろーん 沖縄県竹富島 *あんぶ 秋田県平鹿郡・雄勝郡「よくあんぶ児だ」 *いざる(泥や雪の中を歩く) 新潟県佐渡「ゆきに足とられていざれなんだ」 *うちゃめく・うちゃかちゃめく(足元危なげに歩く) 秋田県鹿角郡 *うゎーちみせーん(歩くの尊敬語。目上の人に対する挨拶にも使う。お歩きになる。お元気でいらっしゃる。達者でいらっしゃる) 沖縄県首里 *えーぶ 山形県東田川郡 福島県 茨城県北相馬郡 群馬県勢多郡 千葉県東葛飾郡 東京都三宅島・南多摩郡 神奈川県津久井郡 山梨県北都留郡 長野県上田・佐久 *えぶ 山形県 新潟県東頸城郡 *おしあるく(当てもなく歩く。歩き回る) 岩手県気仙郡 神奈川県津久井郡 *おわえあるく(後を付いて歩く) 島根県「朝から犬をおわえあるく」 *おわやーるく(後を付いて歩く) 島根県美濃郡・益田市「女の尻をおわやーるく」 *かけずりあるく(急いで歩く) 山梨県 *ぎしつく(気どって歩く) 長崎県壱岐島 *ぎしめかす(気どって歩く) 岩手県気仙郡「あの人ぎしめがしている」 *ぎしめく(気どって歩く) 大分県 *ぎしめる(気どって歩く) 大分県 *ぎすつく・ぎしゃつく(気どって歩く) 長崎県壱岐島「あぬ男は、ちっとむぎしゃつかぬ」「ぎすつくにも程がある」 *きゆい(威勢を張ろうとして変なかっこうをして歩く) 鹿児島県鹿児島郡 *きるぶ(急いで歩く) 東京都八丈島「きるんでいこわ(急いで行く)」「きるっで来る」 *さーく 佐賀県 *さーるく 和歌山県日高郡 *さいく 鹿児島県 *さらく 長崎県「さらきやらく(歩き回る)」 *さりく 宮崎県西臼杵郡 *さるく(歩きまわる) 高知県高岡郡・高知市「今迄何処をさるきよったぞ」 福岡県企救郡・福岡市 佐賀県東松浦郡「ししみゃーどんしてさるかす時(獅子舞などをして歩かれる時)」 長崎県南高来郡・伊王島 宮崎県日向市「たたき起してさるきよったとの」 *さるく 福岡県 佐賀県東松浦郡・藤津郡 長崎県 熊本県 宮崎県 鹿児島県 *さるず 鹿児島県始良郡 *さるっ 鹿児島県 *さるっ・さりっ・されっ・さろっ・さらっ(歩きまわる) 鹿児島県鹿児島郡 *されく 熊本県球磨郡・芦北郡 *されっ 鹿児島県揖宿郡 *さろく 長崎市 熊本県菊池郡・鹿本郡 宮崎県延岡市 鹿児島県・口之永良部島 *しあるく(歩きまわる) 和歌山県東牟婁郡 徳島県海部郡 *しあるく 奈良県吉野郡 和歌山県 熊本県阿蘇郡 *しゃらく 長崎県佐世保市・壱岐島 *しゃるく 奈良県吉野郡 和歌山市 佐賀県唐津市 長崎県北松浦郡 熊本県阿蘇郡 鹿児島県鮫島・種子島 *じょろめかす(群がって歩く) 青森県三戸郡 *すそはく(長い着物の裾を引きずって歩く) 富山県砺波 *せらす(探し求めて歩く) 島根県益田市「子供が毎日栗をせらーて歩く」 *そっきる(いばってあるく) 岩手県気仙郡 *だくる(てくてく歩く。徒歩で歩く) 山口県長門 *たくる(てくてく歩く。徒歩で歩く) 島根県那賀郡「天気がえーけー駅までたくった」 *たんぼこく(雪の中を歩く) 福井県 *としる 三重県志摩郡 *とっぱこく(雪の上をはだしで歩く) 福井県大野郡 *にょきにょき(ちょこちょこ歩くさま。また、おぼつかない歩き方に言う) 山口県豊浦郡 *にょこにょこ(ちょこちょこ歩くさま。また、おぼつかない歩き方に言う) 山口県豊浦郡 長崎県壱岐島 *ぬたる 群馬県邑楽郡「ぬたんねー」 *のたくる 愛知県「畑をのたくる」・知多郡(難渋して歩く) 長崎県対馬「のたくりまわる」 *のだつる 茨城県稲敷郡(難渋して歩く) *のたる 山形県鶴岡 愛知県名古屋市 *のだる 栃木県河内郡「このぬかるみぢゃのだれねいな」 *ふむ 山口県「もう三里もふんだと思う」 *へかつく(よちよちと歩く) 長崎県壱岐島 *ほーれる(当てなしに歩く。ぶらつく) 神奈川県津久井郡 山梨県 *ほとずく(ぶらぶら歩く) 香川県 *みく 東京都八丈島「みこじょー(歩こう)」「あすっでみってばっかり(遊んで歩いてばかり)」「彼処をみからら(通った)」「家の前をみこわ(通る)」「一人でみきやるか(歩きなさるか)」 *やーく 静岡県 *やーぶ 福島県相馬郡「やあべ」 栃木県 千葉県海上郡 静岡県安倍郡 *やいく 千葉県海上郡「やいてこい(歩いて来い)」 *やく 兵庫県淡路島「触れやく」 *やぶ 栃木県「やベー(来なさい)」 埼玉県川越市「あとからやべ」・北葛飾郡「やびな」 千葉県下総「連れてやべやべ」「俺とやべ」「やんでこう(歩いて来い)」 新潟県東頸城郡 *やむ 東京都八丈島「やみんなか(歩かない)」 *よこしなり(山腹を横なりに歩いて行くこと) 岩手県気仙郡 *よちゃめく(ふらふらと危なげに歩く) 岩手県上閉伊郡 秋田県鹿角郡 *よちゃらめく(ふらふらと危なげに歩く) 青森県 *わにをふむ(内またで歩く) 島根県「あの人はわにをふむけーみとーもない」

足先を内側に向けて□こと *うちあし 兵庫県加古郡 *うちかま 宮城県仙台市 *うちがま 宮城県栗原郡 福岡市 長崎市 熊本県玉名郡 大分県 *うちがめ 宮崎県東諸県郡 鹿児島県肝属郡 *うちがも・うちわに 長崎県対馬 *うちたも 新潟県佐渡 *うちふみ 岡山市 *うちわ 奈良県 *うちわさん 富山県砺波 *うつかま 宮

城県石巻 ***かまあご** 山形県西置賜郡・南置賜郡 ***かまあし** 岩手県気仙郡　山形県　新潟県東蒲原郡 ***かもあし** 長崎県壱岐島 ***けーぐり** 山形県東田川郡 ***けんぐり** 山形県鶴岡市 ***まいだーふん** 沖縄県石垣島 ***わにをふむ** 島根県 ***わねあし** 高知県

足先を内側、または外側に向けて□こと ***かまあし** 秋田県鹿角郡

足先を外側に向けて□こと ***そとかま** 宮城県石巻・仙台市 ***そとがま** 宮城県栗原郡　福岡市　長崎市　熊本県 ***そとがめ** 宮崎県東諸県郡　鹿児島県肝属郡 ***そとがも** 長崎県対馬 ***そとわ** 大阪市　奈良県 ***なたあご** 山形県西置賜郡 ***なたあし** 岩手県気仙郡　山形県

足元危なげに□さま ***いんがらもんがら** 島根県美濃郡 ***うちゃうちゃ・うちゃかちゃ**(用もないのに動き回るさまにも言う) 秋田県鹿角郡 ***えがらまがら** 山形県飽海郡 ***えがらもがら** 秋田市「隣のお爺さんはえがらもがらしながら毎日畑の手入している」 ***えたえた・えちゃえちゃ** 秋田県鹿角郡 ***えんがらまんがら** 山形県西田川郡・飽海郡 ***とぽかぽ・とぽとぽ**(雪道などを足もと危なげに歩くさま。歩き方のおぼつかないさま) 山形県 ***へろへろ**(足の疲れたさま。歩き方などの不安定なさま) 奈良県南大和　島根県「へろへろ(ひょろひょろ)歩く」
→よたよた

歩き始めの子供の□方のおぼつかないさま ***えんごらえんごら** 岡山県児島郡 ***えんごらもんごら** 三重県度会郡 ***ちどちど** 島根県「あれー、あれー、あぶなー、ちどちど歩いて」 ***ちだちだ** 島根県簸川郡・出雲市 ***とちとち**(幼児、老人などの歩き方の心もとないさまにも言う) 新潟県佐渡　島根県鹿足郡・隠岐島「おーおー、とちとちせー(幼児を歩かせる語)」「赤ん坊がとちとち歩く」 山口県豊浦郡　徳島県
→よちよち

□こと ***あーい**(小児語) 福岡県三池郡 ***あーたばい**(またぐらの痛い時など、股を横に広げるようにして歩くこと。また、そのこっけいな歩き方をあざ笑って言う語) 沖縄県首里 ***あいこ**(小児語) 長野県北安曇郡 ***あいび** 長野県佐久「あいびしろ(歩け)」 ***あいや**(幼児語) 福井県遠敷郡　岐阜県飛騨　滋賀県蒲生郡　京都市　大阪市　兵庫県淡路島　奈良県南大和　和歌山市　岡山県　広島県高田郡　徳島県　香川県香川郡　大分県 ***あたーっち**(急いで歩くこと。また、急に歩きだすこと) 鹿児島県喜界島 ***あっち** 沖縄県首里「あっちはじみ(幼児などの歩きはじめ)」 ***あっちゃ** 沖縄県首里(小児語)「なーあっちゃしゅみ(もうあんよするか)」 ***あゆあゆ**(小児語) 福岡県久留米市 ***あよあよ** 新潟県佐渡(小児語)「あよあよする」 ***あんじょ** 長野県南部(小児語)「あんじょする」 ***えーえ** 香川県高松市(小児語)「えーえする」 ***えんえん**(幼児語) 新潟県西頸城郡　長崎県北松浦郡「お手引くせん、えんえんなさり」 ***えんだ**(子供が歩くこと。またその歩き方) 山梨県南巨摩郡「えんだは上手」 長野県佐久 ***おーやっこ**(大手を振って歩くこと) 島根県出雲「おーやっこふって歩く」 ***がっち**(雪が凍った上を歩くこと) 長野県南安曇郡 ***かんかんわたり**(雪の上を歩くこと。幼児語) 山形県米沢市 ***くねり**(大勢の人々がぞろぞろ歩くこと) 山形県「お祭りのくねり」 ***こあご**(小さい歩幅で歩くこと) 山形県「こぁごに歩く」 ***さんまた**(股広げて歩くこと) 東京都三宅島「さんまたして歩く」 ***しゃんまた**(股広げて歩くこと) 東京都御蔵島「しゃんまたをひろげてあるく」 ***しょーやみち**(道のへりを歩くこと) 島根県鹿足郡 ***そでばり**(両方のそでに手を入れ、そでを張って歩くこと) 長崎県対馬 ***そねわたり**(尾根づたいに山を歩くこと) 福島県耶麻郡 ***ぞろまき**(着物をたくし上げないで歩くこと) 三重県阿山郡 ***たかあし**(暗い場所などで一足ごとに足を高く上げて用心して歩くこと) 京都府竹野郡「電灯を持たずに出かけたらたかあしふんで歩きにくかった」 ***ちがちがあよび**(足をつま立てて歩くこと) 新潟県佐渡 ***ちゃっちゃっちゃ** 滋賀県彦根(幼児語) ***つぐりまぐり**(あてもなくぶらぶら歩くこと) 島根県鹿足郡「何処へ行くともなー、つぐりまぐりしとる」 ***つぽあし**(雪道を、かんじきを履かないで歩くこと) 岐阜県飛騨「雪道をつぽあしで歩く」 ***てこてこ**(歩いて行くこと。徒歩) 奈良県南大和 ***てぬぐいうま**(夫婦が肩を並べて歩くこと) 香川県高松 ***てのごいうま**(夫婦が肩を並べて歩くこと) 香川県 ***てひきなご**(子供が手をつないで歩くこと) 鹿児島県肝属郡 ***とかんとかん・とっかんとっかん**(用もないのに、用ありげに、大またで歩くこと) 愛媛県大三島 ***とちとち**(幼児の歩くこと。また、幼児、老人などの歩き方の心もとないさま) 新潟県佐渡　島根県鹿足郡・隠岐島「おーおー、とちとちせー(幼児を歩かせる語)」「赤ん坊がとちとち歩く」 山口県豊浦郡　徳島県 ***どんど**(幼児語) 島根県大原郡・能義郡「はやにはやにどんどせー」 ***なーあし**(音を立てぬようにつま先立って歩くこと。差し足) 沖縄県石垣島 ***ながあっち**(遠足などで長いこと歩くこと。長歩き) 沖縄県首里 ***のまがけ**(道にこだわらず、最短の所を歩くこと。田野を突っ切って行くこと) 富山県砺波「道、曲っとるけで(曲がっているから)、田んぼ、のまがけに行こまいか」 ***ばいばい**(幼児語) 富山県東礪波郡 ***ひきしゅー**(夫婦で連れ立って歩くこと) 京都府竹野郡「まぁ今日はひきしゅーでどこえお出かけですか」 ***ひたかち**(乗り物に乗らずに歩くこと) 長崎県対馬 ***へーごー**(よちよち歩きの幼児などが母親に

ついて急いで歩くこと）福島県南会津郡「へーごーしろ」　*ゆきばしり（雪の上の固い道を歩くこと）長野県佐久　*よいよい（幼児語）福井県　三重県伊賀　滋賀県　京都市「よいよいする」　兵庫県加古郡　奈良県大和高田市・南葛城郡　徳島県　*よんよ 島根県隠岐島（幼児語）「この子もよんよをするやーになった」　*らくだ（夫婦連れ歩くこと）岐阜県本巣郡「らくだで歩く」　和歌山市　*わんこわんこ（四つんばいになって歩くこと）栃木県　*わんわんこ（四つんばいになって歩くこと）栃木県塩谷郡「わんわんこする」

□さま　*あおらあおら（疲労した体で歩くさま。ふらふら）新潟県上越市「あつくて、あおらあおらした」　*あふあふ（疲労した体で歩くさま。ふらふら）岩手県気仙郡　*あふたらとふたら（疲労した体で歩くさま。ふらふら）岩手県気仙郡　*あふらあふら（疲労した体で歩くさま。ふらふら）岩手県気仙郡「腹へったし、あふらあふらどなった」　*あふらとふら（疲労した体で歩くさま。ふらふら）岩手県気仙郡　宮城県玉造郡　*うすうす（豊かな人が歩くさま）新潟県西頸城郡　*うすらかすら（落ち着きなく歩くさま。うろうろ）福島県東白川郡「うすらかすら歩くもんでねぇ」　*うろうろ（ぶらぶら歩くさま）石川県石川郡　*えごえご（がにまたの人の歩くさま）新潟県佐渡　*えごまた（家鴨のような歩き方）島根県出雲市　岡山県小田郡　*えっこらやっこら（あえぎながらゆっくり歩くさま）島根県飯石郡・仁多郡　*えんじゃえんじゃ（歩き方のたどたどしいさま）青森県三戸郡　*ぎすぎす・ぎしぎし（歩き方の気どっているさま）長崎県壱岐島「ひでーぎすぎすする男ねー」　*ぐでりんぐでりん（酔っぱらって、ひょろひょろしながら歩くさま）香川県　*こちこち（てくてく歩くさま）香川県大川郡「こちこち歩く」　*しこしこ（元気よく歩くさま）愛媛県　長崎県壱岐島「しこしこ戻って来た」　*じたじた（ぬかるみをはだしで歩くさま）長崎県壱岐島「ぢたぢた踏みつかっち来た」　*したした・じたじた（雨の降る中をぬれながら歩くさま）島根県　*しとぅりしとぅり（黙って歩くさま。すたすた）沖縄県石垣島　*じとじと（ぬれながら歩くさま）島根県「雨の中をじとじと歩いとる」　*しとしと（頻繁に歩くさま）島根県石見「雪の中をしとしと歩いて、寒かろうに」　*しなしな（女が体裁を作って歩くさま）島根県出雲「しなしな歩く」　*しなしな・しんなりしんなり（身のこなしのよくしなうさま。また、荷を担いでしなやかに歩くさま）富山県砺波　*しなりしなり（女が体裁を作って歩くさま）島根県出雲　*しゃなしゃな（女が体裁を作って歩くさま）島根県　*しょぎしょぎ（急いで歩くさま）岩手県気仙郡　*じょこじょこ（無遠慮に、大またに歩くさま）秋田県鹿角郡「人様の前を、そんなにじょこじょことあるくものではない」　*じょぼじょぼ（雨の中をぬれながら歩くさま）島根県　*しょぼしょぼ（雨の中をぬれながら歩くさま）島根県「雨の中をしょぼしょぼ歩く」　*じょんぼじょんぼ（雨の中をぬれながら歩くさま）島根県飯石郡・大原郡　*すかすか（早く歩くさま。すたすた）香川県仲多度郡　*すこすこ（急ぎ足に歩くさま）長崎県北松浦郡「あの人はすこすこ行きをる」・伊王島　*すっとこすっとこ（急いで歩くさま）新潟県佐渡　*すわすわ（ためらわずに歩くさま。すたすた）山形県米沢市「すわすわと出て来た」・南置賜郡　*せたせた（難儀して歩くさま。息を切らしながら歩くさま）長野県下水内郡　島根県隠岐島　*せたせた（難儀して歩くさま。息を切らしながら歩くさま）長野県下水内郡　島根県隠岐島　*せったせった（難儀して歩くさま。息を切らしながら歩くさま）島根県隠岐島「重い荷を負って山をせったせった登って行きた」・出雲　*せったせった 島根県隠岐島「重い荷を負って山をせったせった登って行きた」・出雲　*せっちせっち（難儀して歩くさま。息を切らしながら歩くさま）島根県東部　*せっちせっち 島根県東部　*そこそこ（急ぐさま。急いで歩くさま）栃木県　*そんなそんな（気取って歩くさま。しゃなりしゃなり）青森県三戸郡「彼の人はしなを作って、そんなそんなと歩いて行った」　*たくたく（暗くて道のでこぼこがよく見えず、たどたどしく歩くさま）島根県出雲・隠岐島「足がたくたくして歩かれん」　*ちこちこ（千鳥足で歩くさま）島根県隠岐島　*ちこちこ（背の低い人や幼児などが小またに歩くさま。ちょこちょこ）山形県南置賜郡・米沢市　島根県隠岐島「ちこちこ歩いちょる」　*ちたこた（小またで歩くさま）山形県米沢市　*ちたちた（小またで歩くさま）山形県米沢市「ちたちたと足跡おつけでおえだ」　*ちゃきちゃき（女が派手に動き回るさま。気どって歩いているさま）岩手県気仙郡　*ちょたちょた・ちょたらちょたら（しとやかに歩くさま）山形県米沢市　*ちんがらもんがら（小児や老人などがゆっくりと歩くさま）大阪市「ちんがらもんがら暮しています」　*でくんでくん（首を上下させて歩くさま）長野県下水内郡　*でしょんでしょん（足音高く歩くさま）長野県下水内郡　*てんで（足早に軽く歩くさま。すたすた。どんどん）山形県　*てんて（足早に軽く歩くさま。すたすた。どんどん）青森県津軽「（幼児が）くつをはいて、てんてど、あるけるようになった」　*でんで（堂々と歩くさま。また、急いで大またに歩くさま。どんどん）青森県津軽「ふとりこ、でんでどえてしまたもんだ（ひとりで、どんどん行ってしまったもんだ）」　山形県　*てんてん（足早に軽く歩くさま。すたすた。どんどん）富山県砺波「てんてんてんてんと」　岐阜県養老郡　静岡県「てんてん歩いて行く」

*どぐりどぐり(暗いため道のでこぼこが見定められず、たどたどしい足取りで歩くさま)島根県石見「足がどぐりどぐりして歩かれん」 *どってどって(大きな歩幅で歩くさま)鹿児島県鹿児島郡 *とぽかぽ・とぽとぽ(雪道などを足もと危なげに歩くさま。歩き方のおぼつかないさま)山形県 *どんがどんが(足を踏み鳴らして歩くさま)岩手県平泉 *にょきにょき(ちょこちょこ歩くさま。また、おぼつかない歩き方に言う)山口県豊浦郡 *にょこにょこ(ちょこちょこ歩くさま。また、おぼつかない歩き方に言う)山口県豊浦郡 長崎県壱岐島 *ねこねこ(のんびり歩くさま)長野県諏訪 *ひょっとこひょっとこ(ふらふら歩くさま)新潟県佐渡 *びらしゃら(女子が着飾って歩くさま)新潟県佐渡 *びらびら(女子人前を度々行き来するさま。また、気どって歩くさま)新潟県佐渡 *びらりしゃらり・びらりしらり(女子が着飾って歩くさま)島根県那賀郡「びらりしゃらりと」 *びろびろ(着物を着て歩くさま)岩手県気仙郡「あの人いつもびろびろ歩いでいる」 *ひんなりしゃんなり(美しい衣服を着て気どって歩くさま。しゃなりしゃなり)島根県美濃郡・益田市「いつも絹ずくめで、ひんなりしゃんなり歩いとる」 *べーったべーった(竹のようなものを担いで歩くさま。よたよた)沖縄県石垣島 *へーやーまーやー(酔いどれの歩くさま)児島県喜界島 *へがもが(たどたどしい足で歩くさま。よたよた)島根県美濃郡・益田市「何をへがもがしとるか、早う追っついて来い」 *へんぐりもんぐり(家鴨のようなかっこうをして歩くさま)島根県美濃郡・益田市「へんぐりもんぐり歩くとみともなー」 *ぼっつぼっつ(積雪の中を足を高く上下して歩くさま)秋田県鹿角郡「雪の中をぼっつぼっつと漕で来た」 *ぼなぼな(衰弱して歩くさ)山口県 *よさばたかり(股を開いて歩くさま)長崎県壱岐島「よさばたかりとっち歩む」 *よっがりよっがり(老人や幼児などがようやく歩くさま。とぼとぼ)島根県隠岐島「婆さんがよっがりよっがり歩いて来た」 *よんじんぶらよんじんぶら(ぶらぶら歩くさま)群馬県多野郡「酒を飲んであっちこっちよんじんぶらよんじんぶらしてる」 *わんまえて(うっぷん晴らしに、大声でわめき散らしながら歩くさま)山形県西村山郡・最上郡

ゆっくり□さま *えんざらまんざら 長野県東筑摩郡「えんざらまんざら歩いて来た」 *おんごりおんごり 島根県「長い道をおんごりおんごり歩く」 *おんごらおんごら 島根県簸川郡 *ことこと 岡山県児島郡 *じょびじょび 香川県大川郡「じょびじょびあるく」 *てんこてんこ(ゆっくりと一人歩くさま)岡山県児島郡 *どったりどったり 富山県下新川郡 *のっかりのっかり 島根県八束郡・隠岐島 *ぼっとりぼっとり・ぽっとりぽっとり 長崎県壱岐島「ぼっとりぼっとり歩うぢもどった」

幼児がよちよちと□さま *えっかいえっかい 鹿児島県肝属郡 *おがおが(子供が初めて歩くさま)島根県八束郡 *こたこた(子供が危なげに歩くさま)山形県東南部 *こたらこたら(子供が危なげに歩くさま)山形県米沢市・南置賜郡「こたらこたらと歩く」 *ちょこちょこ 山形県米沢市 *ちょこらちょこら・ちょこりちょこり 山形県 *ちょろちょろ 新潟県佐渡 *つぃる(幼児などが危なげに歩くさま)沖縄県首里 *ひょこたん 栃木県「ひょこたんやって来る」 *ぶらぶら・ぶらぶらー 沖縄県首里「ぶらぶらーあっち(よちよち歩き)」 *へかへか 島根県益田市 長崎県壱岐島 *べかべか 長崎県壱岐島「べくゎべくゎやっち来おる」 *へたへた 長崎県壱岐島

→よちよち

老人が危なっかしく□さま *おがおが 島根県 *こしこし 長野県東筑摩郡「こしこし歩いて来る」 *たよったよっ 島根県能義郡・仁多郡「年寄りがたよったよっと歩く」 *ととらととら 宮城県石巻「あの老人もよっぽど、ととらととらなった」 *とどらとどら・とどらまどら 岩手県気仙郡 *ぶらいさらい 沖縄県首里

→よぼよぼ

あれ

《感動》 *あじゃれー 和歌山県日高郡 *あんでー 沖縄県首里 *うっし(嘲笑の意を含む)島根県益田市「うっしあれ見い」

あわ【泡】

*あーぶー 千葉県君津郡 *あーぶく 栃木県芳賀郡 千葉県東葛飾郡・君津郡 山梨県南巨摩郡 長野県下水内郡 沖縄県首里 *あーぼこ 栃木県 *あいつべ 沖縄県竹富島 *あっぷく 新潟県中越 *あば 兵庫県加古郡 島根県「田の中からあばが出る」 香川県 福岡県小倉市 *あばぐつ 香川県三豊郡 *あぶ 青森県 秋田県北秋田郡・鹿角郡 新潟県佐渡 *あぶき 千葉県山武郡 *あぶつ 兵庫県但馬 鳥取県 *あぼこ 新潟県中越・三島郡 *あやしぴ 沖縄県石垣島 *あわつぶ 香川県三豊郡 *あわぶく 宮城県 山形県 福島県 新潟県 長野県上伊那郡・下伊那郡 長崎県佐世保市 *あわぶつ 長崎県佐世保市 *あわぶつぶつ 福岡県久留米市 *あわぼこ 山形県 新潟県 *あわんぶき 静岡県榛原郡 *あわんぶく 長野県・諏訪・佐久 静岡県 *あわんぶつ 香川県三豊郡 *あわんぼく 長野県佐久 *あわんぼこ 静岡県・小笠郡 *あんぶ 青森県三戸郡 *あんぶく 岩手県気仙郡 秋田県仙北郡 栃木県 群馬県 埼玉県 神奈川県津久井郡 山梨県 長野県佐久 静岡県田方郡 *あんぷく 埼玉県 あんぼろ山口県大島 *かっぽ 愛媛県 *がば 香川県・三豊郡 *がばがば 香川県伊吹島 *がばぐつ・がばぶつ・がばんこつ 香川県・三豊郡 *がばんつ 香川県 *がばんばつ・がばんぶつ 香川

県・三豊郡 *がぶ 愛媛県魚島 *がぼ 愛媛県新居浜市 *がわぐつ・がわぶつ 香川県・三豊郡 *がんがら 愛媛県・松山「がんがらわかす（水の泡を立てる）」 *がんがらす・かんがらす 愛媛県 *がんば 香川県小豆島 *がんばつ 香川県 *がんぱつ 香川県 *かんぶつ（一つ一つ離れている泡）兵庫県淡路島 *がんぶつ 兵庫県淡路島 熊本県玉名郡 *がんぼ・がんぼー 香川県小豆島 *かんぼつ 徳島県 *がんぼつ 香川県木田郡 *がんぽつ 香川県綾歌郡・仲多度郡 *ごーず 長崎県 *ごぼっさん・ごんぼつ・ごんぼっつぁん 香川県 *ごんぼり（水面に浮かんでいる泡）兵庫県淡路島 *だんぶつ（水の泡）三重県志摩郡 *どんがんす（小児語）愛媛県周桑郡「どんがんすわかしよる（カニが泡を出している）」 *のた（砂浜に寄せる波の泡）山形県庄内 *はな 岡山市「鉄漿（かね）のはな、藍（あい）のはな」 鹿児島県肝属郡 *ぶく（水の泡）新潟県佐渡 静岡県 兵庫県加古郡 長崎県壱岐島 熊本県下益城郡 鹿児島県・喜界島 *ぶくじょー（水の泡）長崎県壱岐島 *ぶつ 広島県比婆郡 愛媛県 *ぶっつー 佐賀県三養基郡 *ぶっつん 愛媛県 *ぶら（水の泡）鹿児島県喜界島 *ぶんぶくろ（水の泡）愛媛県 *ぶんぶり・ぶんぶら（水の泡）愛媛県温泉郡・大三島 *ぶんぶろ・ぶんぶる（水の泡）愛媛県大三島 *ぼんぼこ 香川県 *ぼんぼつ 香川県大川郡 *ぼんぼら・ぼんぼろ 愛媛県 *まー 京都府加佐郡 *まー 京都府加佐郡 島根県美濃郡・益田市 *まん 島根県石見 *まんぐり 島根県石見 *まんぶつ 京都府竹野郡「よくかきまわすとまんぶつがたつでしょう」 *まんぼく 長野県佐久 *もーも（水の泡）島根県仁多郡・隠岐島 *もーもー（水の泡）島根県邇摩郡・邑智郡 *よた（岸近くに浮かぶ泡の集まり）東京都大島「よたが出たから近い中に波になる」 *わず（浮いた泡）島根県隠岐島 *わんがら 愛媛県 ↓あぶく（泡）・すいほう（水泡）

あわ【粟】

イネ科の一年草。粟飯、粟餅などや、小鳥の飼料などにする。 *あー 静岡県川根 *あお 鹿児島県与論島 *あわきび 福井県一部 *あわごめ 岩手県気仙郡 熊本県八代郡・下益城郡 *あわのこめ 福井県大野郡 *あわんこめ 長崎県五島 *あん 沖縄県石垣島 *うぉあ 東京都八丈島 *うるちのみ 島根県一部 *お 東京都一部 *おーごめ 東京都八丈島 *かじあわ（精白した粟）福井県大野郡 *くまご 島根県（うるち粟） 広島県比婆郡（うるち粟）・高田郡 *ごくもの（黍、稗、粟など）奈良県吉野郡 *ただあわ 鳥取県一部 *ときび 三重県一部 *にんそくだまし（粟の一種）島根県鹿足郡 *ねこのて 島根県鹿足郡 *もちーもの（餅の代用になるもの。黍や粟を言う）群馬県多野郡 *やまあわ 鳥取県一部

あわてもの【慌者】

*あーれー 沖縄県石垣島 *あわかす 石川県能美郡 *あわくい 静岡県磐田郡 愛知県岡崎市・額田郡 *あわくらい 三重県志摩郡 *あわっくい 静岡県 *あわてがき 兵庫県加古郡 *あわてがみ 兵庫県明石郡 徳島県 *あわてこまい 香川県丸亀市「あわてこまいやけん、でけんのじゃ」 *あわてさく 徳島県 *あわてやま 静岡県 *きょーそく 新潟県中頸城郡 *きょす 長崎県対馬 *きょそ 山口県大島 *きょそきょそー 島根県石見 *きょつ・きょつま 富山県西礪波郡 *きょと 富山県砺波 *きょとさく 香川県大川郡 *きょとすけ 兵庫県赤穂郡 *きょろ 京都市 和歌山市 香川県高見島 *きょろさい 香川県伊吹島 *きょろさく 愛媛県 *きょろすけ 三重県名賀郡 *きょろたえ・きょろたえもん・きょろまつ 愛媛県松山市 *きょろたき 和歌山県日高郡 *きょろつき 新潟県上越 和歌山県 *きょんきょん 島根県鹿足郡「またきょんきょんが来た」 *けと 富山県砺波 滋賀県愛知郡 京都府宇治郡 *ごそこき 新潟県長岡 *ごそつき 新潟県 *さーつきもの 静岡県 *しょーぬがー 沖縄県首里 *しょっこ 青森県南部 *ずこいきり・ずこてん 石川県 *すこたえもの 熊本県玉名郡 *すっとんきょー 山口市 *せか 和歌山県 *せかせかもん 島根県「せかせかもんで、ちっともじっとしておらん」 *せっかい 静岡県 *そそくさもん 島根県「そそくさもんで仕様がなえ」 *そそくら 千葉県市原郡 *そそくり 高知県 *そそり 高知県 *そっきょーさく 山口県大島 *そらいけ 福岡市 *ちゅーかん 大分県大分郡 *ちゅーら 大分県南海部郡 *ちょーはち 愛知県名古屋市 *ちょんま 富山県砺波 *つかつか 岐阜県飛騨 *つりあがり 大分県西国東郡 *つりんぼ 大分県西国東郡 *どかちかもの 秋田市 *どかひかもの 秋田県雄勝郡 *どっきもの 宮城県栗原郡・仙台市 山形県庄内 *どっちん 奈良県宇陀郡「あいつ、とっちんやで」 *どっつく 和歌山県那賀郡 *とばろく 石川県金沢市・鹿島郡 *とびさく 徳島県 *とびすけ 香川県高松 *とべ 新潟県西頸城郡 *どぺかぺ 青森県津軽 *どんがもの 奈良県南大和 和歌山県那賀郡 *どんきょーさく 島根県鹿足郡 山口県 *どんきょーまち 島根県大原郡・能義郡 *どんきょまち 島根県能義郡 *どんきょろさ 和歌山県那賀郡 *どんこ 新潟県 *どんてき 青森県津軽 秋田県平鹿郡 山形県鶴岡 山梨県 長野県下伊那郡「とんてきで困る」 *どんてつ 新潟県佐渡「あのしたぁとんてつだ」 *どんとき 新潟県 *どんときもの 新潟県 *どんとけ 青森県「あのとんとげぁまあ、まんだ、べんと（弁当）わすえでえたね」 *どんとこ 新潟県佐渡 *どんぴょーさく 山口県大島 *はやまくり 香川県 *ひかりもの（卑しめて言う語）福岡市 *ひのきだま 福岡市 *ひょーたんやろー 新潟県佐渡「ありゃひょうたんやろうだ」 *へのけだま 福岡市

あわてる【慌】

*あおたえる 神奈川県津久井郡 静岡県磐田郡 *あおたく 静岡県「あおたいでるから忘れるのだ」 *あおてる 広島県福山市・沼隈郡 愛媛県 *あがく 長野県上伊那郡「あがくも

んでやりそくなった」・下伊那郡 *あがふ 東京都大島 *あせずる 新潟県佐渡「あせずりまわる」

*あちゃつく 長野県上田・東筑摩郡「あちゃついて逃げた」 *あどえる 愛媛県 *あぶつく 奈良県

*あやける 群馬県吾妻郡 長野県「あやけて飛んで行った」 *あわたえる 新潟県西頸城郡 *あわたく 山形県 新潟県 静岡県「そんなぇーあわたかなぇーってええ」 *あわつく 富山県・射水郡 *あわつる 大分県 *あわふく 山形県東村山郡・新庄市 三重県志摩郡 *いちゃつく 長野県 *いらす 岩手県気仙郡 *うげはちかやる 高知県 *うろがくる 奈良県 *うろがつく 香川県仲多度郡 *うろくる 奈良県南大和 *うろつく 新潟県佐渡 大分県 *おろつく 長崎県佐世保市 *かくたえる 東京都大島「そんなにかくたえると怪我をするよ」 和歌山県日高郡 *かぐらまてゆく 千葉県安房 *きょろたえる 和歌山市 愛媛県松山市 *きょろつく 和歌山市 愛媛県松山市 大分県大分郡 *きをもむ 静岡県志太郡 *けちょつく 長野県下伊那郡

*けとつく 富山県砺波 *けとどかいす 茨城県稲敷郡 *けとわかす 富山県砺波「人をけとわかせるにも程がある」 *けとをまわす 長野県下伊那郡

*けとをまわらかす 長野県下伊那郡「けとをまわらかして逃げて行った」 *さきだまかえる 青森県津軽「わわね、なんもさべなえで(わたしに、なんにも言わないで)、ふとりこ、さぎだまかえて、えたもえぁ(自分ひとりで、先走って行ったまではいいが)」

*ざまさがす 高知県幡多郡「そんげざまさがさんでもよかろがや(そんなに慌てなくてもよかろうがね)」 *さわじゅん 沖縄県首里 *しぇっこむ 新潟県佐渡 *じくるー 新潟県佐渡 *じぐるー 新潟県岩船郡 *しょまでしゅり 鹿児島県奄美大島 *すこたえる 長崎県南高来郡 *すこたゆる 福岡県三池郡・三潴郡 *せかれる 香川県・小豆島「ひとりせかれてくる」 *せきこむ 岐阜県羽島郡 島根県隠岐島 熊本県芦北郡・八代郡 *せっこむ 福島県東白川郡「そおだにせっこまねぇで、ゆっくらやれ」 山梨県・南巨摩郡「こがーのーこまっかい仕事はせっこむと間違う」 熊本県下益城郡 *ちばける 島根県「えんまかた十二時のサイレンが鳴ったあ、ちばけてえなっしゃぁましたで(慌てて帰って行かれましたよ)」・邇摩郡・大田市「あんまりつばけると、穴え落ちるぞ」 *ちゃわつく 新潟県中頸城郡「ちゃわつくな」 石川県鳳至郡 *ちゃわめく 青森県 *ちょかつく 福井県遠敷郡 長野県下伊那郡

*ちょちょめく 岐阜県郡上郡「あの人、停車場の方へちょちょめーして行った」 *ちょっこらめく・ちょこらめく 青森県津軽 *つつぎれる 島根県出雲 *つりくりかえす 岩手県気仙郡 *てたぱためく 岩手県気仙郡「そんなにてたぱためくな(あわてるな)」 *どぎまんつく 兵庫県明石郡 *どきらめく 青森県津軽「わがぇおなごね、べろっと、声かげらえだどごで、わもなもどきらめだでぁ(若い女に、不意に声を掛けられたもんで、私、泡を食ってどぎまぎしましたよ)」「まんだ、むねぁどきらめでらでぁ(胸がまだ、どきどきしていますよ)」 *どしめかす 秋田県「どしめがしてにげて行った」 *どしめく 秋田県平鹿郡・由利郡「あんまりどしめくな」

*どちぎる 香川県 *とちくる 三重県度会郡・宇治山田市 *とちくるー 新潟県佐渡 *とちける 福井県大飯郡 滋賀県高島郡 *とちつく 新潟県佐渡 *どちつく 石川県江沼郡 三重県阿山郡 *とちねんぼーふる 島根県八束郡「あわててとちねんぼーふっちょー」 *とちべんぼふる 富山県砺波

*どちまう 滋賀県甲賀郡 *とちまずく・どちまずく 三重県度会郡 *とちまどう 長崎県対馬 大分市 *とちまとる 福岡県築上郡 *とちまよう 島根県「あの時はさすがにとちまよーた」「何をとちまよーちょーか。しっかりせー」 山口県豊浦郡 *とちめんくー 愛知県尾張 滋賀県甲賀郡 *とちめんぼーかえす・とちめんぼーまわす 茨城県稲敷郡 *とちめんぼーかわく 愛知県知多郡 *とちめんぼーする 静岡県小笠郡「急にやれと云ったので、とちめんぼうした」 *とちめんぼーふ 千葉県上総

福井県敦賀郡 滋賀県彦根・神崎郡 島根県「先生が来られて、とちめんぼーふった」 福岡県 大分県大分郡 *とちめんぽーをふる 大分県西国東郡・北海部郡 *とちめんぼーをふる 奈良県 岡山市 広島県倉橋島 *とちめんぼーよこにふるー 三重県伊勢 *とちめんぽーくー 新潟県佐渡 福岡県三池郡 *とちめんぼかわく 愛知県西春日井郡 *とちめんぼくー 愛知県東春日井郡 島根県出雲 *とちめんぼくらかく 愛知県東春日井郡

*とちめんぼふる 秋田県河辺郡「仕事が少しも出来ないので、とじめんぼふった」 鳥取県西伯郡 愛媛県大三島 *どちゃまく 青森県三戸郡 *とちる 兵庫県淡路島 高知県 *とちるる 福岡市 熊本県 大分県大分郡 *とちれる 三重県伊賀 島根県石見「後から自動車が来てとちれた」 山口県阿武郡・大島「あんまり仕事が多いので何をしてよいか判らんのでとちれちょる」 *とっぱくる 静岡県磐田郡 *とばえる 山形県 *とばずく 徳島県 鹿児島県肝属郡 *どまずく 北海道積丹半島 青森県 岩手県「急に言われだので、どまずいだ」 山形県北村山郡 宮城県 福島県東白川郡「どっちゃ行って良えがわかんねえでどまづえた」 茨城県

*どまつく 岩手県紫波郡 福島県石川郡 茨城県 新潟県佐渡「ありゃ、なにをどまついとる」 富山県・砺波 石川県 岐阜県稲葉郡・郡上郡 愛知県知多郡 三重県志摩郡・度会郡 京都府竹野郡「初めての所なのでかなりどまついて居たようだ」 兵庫県明石郡 *ばける・ばけんなる 島根県隠岐島「火事にばけんなって物を持ち出した」 *ばたぐりゅん 鹿児島県奄美大島 *ばたぐりりゅん 鹿児島県徳之島 *ばたぐるー 宮崎県西臼杵郡

*ばたみちゅい・ばたくゆい 鹿児島県喜界島「余りばたみち怪我するなよ」 *ばったかえす 宮城県石巻 山形県米沢市 *ばったこく 山形県東村山

郡「夕立で干物入れにばったこく」 ***ふたみちゅん** 沖縄県首里 ***ほーたえる** 愛媛県大三島 ***ほたえる** 島根県「ほたえると忘れ物をするぞ」 岡山県津山市 広島県 愛媛県・大三島 ***まいをまう** 東京都三宅島 ***ままたえる** 鳥取県東部・西伯郡 ***ままたく** 島根県那賀郡 ***ままやく** 東京都八王子 神奈川県津久井郡 岐阜県 ***もだえる** 島根県出雲 ***もだゆる** 熊本県 ***もらえる** 新潟県佐渡「そんなにもらえるな」 ***ややける** 長野県「よくややける人だ」 ***らんごくー**（ひどく慌てる）島根県簸川郡
↓まごつく

□**て** ***いそぎたまぐり** 長崎県壱岐島「いそぎたまぐり行たち見たばっち（行ってみたけれど）、間に合わぢゃった」 ***いっときひととき** 島根県美濃郡・益田市 ***えっさ・えっさのま** 島根県「えっさと来んと遅れるずや」「えっさに家え帰った」 ***はやさおすさ**（急ぎ慌てて）鹿児島県肝属郡「はやさおすさ手出しゅすんな」 ***はよーおそー**（急ぎ慌てて）山口県阿武郡 ***はよおす**（急ぎ慌てて）宮崎県東諸県郡「はよおすせんでいい」 鹿児島県肝属郡 ***はよさき**（急ぎ慌てて）熊本県玉名郡 ***まっくろけーして** 長野県上水内郡「まっくろけーして出て行った」 ***むしょーとぅしょー**（めっぽう慌てて）沖縄県首里
↓「いそぐ（急）」の子見出し、「急いで」

□**こと** ***あーでぃ・あーでぃかーでぃ** 沖縄県石垣島 ***あーり** 沖縄県石垣島 ***あっかまんどー** 神奈川県津久井郡「（突然予想していなかった人に訪ねられた時）あっかまんどーしちゃった」 ***あんばいごー** 静岡県「あんばいごーして逃げる」 ***いらこし** 高知県 ***きおくれ** 愛知県知多郡「きおくれして逃げる」 ***そそっぱえや**（狼狽していること。慌てよう）島根県隠岐島 ***ちゃんちゃんまい**（忙しさに慌てること）三重県志摩郡「ちゃんちゃんまひする」 ***てんてこまい** 島根県「急に部長が見えててんてこまいをした」 広島県佐伯郡 ***とちねんぼー**（ひどく慌てること）島根県邑智郡 ***とちめん**（ひどく慌てること）滋賀県甲賀郡 ***とちめんぼー**（ひどく慌てること）奈良県南大和 広島県高田郡 山口県豊浦郡 ***どどかっぱえ** 山形県村山 ***どんちゃん**（予定が狂うなどして慌てること）島根県出雲「五人分の料理が、急に六人にふえてどんちゃんだ」 岡山市「折角の運動会が雨が降り出してどんちゃんして了った」 ***ぼーまい** 鳥取市 徳島県「ぼーまいつく」 ***ぼーまん** 長崎県対馬 ***ぼーめん** 新潟県「ぼうめんしる」「わるさしてっとこ先生に見つけられたんだ、ぼうめんかいてったっけ」 ***ぼんまえ** 新潟県「ぼんまえかく」 ***もーぞー** 群馬県

□**さま** ***あたかた** 山形県東村山郡 ***あっぱかっぱ**（慌ててするさま。心ぜわしいさま）福島県相馬郡 ***あっぱすっぱ**（慌ててするさま）茨城県多賀郡 ***あっぱたっぱ**（慌ててするさま。心ぜわしいさま）茨城県稲敷郡・北相馬郡 新潟県東蒲原郡 ***あっぱとっぱ**（慌ててするさま。心ぜわしいさま）茨城県那珂郡 千葉県海上郡・夷隅郡 ***あぱかぱ**（慌ててするさま。心ぜわしいさま）山形県西置賜郡 ***あぱとぱ**（慌ててするさま。心ぜわしいさま）山形県「まだ時間があるからあぱとぱするな」「あぱとぱて出で来た」 福島県 ***あばとば**（慌ててするさま。心ぜわしいさま）新潟県東蒲原郡 ***いそらそら** 岡山市「いそらそらに」 ***うかうか**（驚き慌てるさま）長崎県南高来郡「うかうかしたもんだるけん（驚きあわてたものだから）」 ***きょろきょろ** 大分県大分郡「きょろきょろする」 ***けちょけちょ**（こせこせするさま。そわそわするさま。慌てるさま）長野県南部 ***けとけと**（こせこせするさま。そわそわするさま。慌てるさま）和歌山県日高郡 ***けろけろ** 茨城県 ***しぇかぱか** 山形県北村山郡「しぇかぱかする」 ***そーくりはちべー**（慌てて行うさま）山口県玖珂郡「そーくりはちべーにやるとけがをするぞ」 ***ちゅーらちゅーら** 島根県邇摩郡「ちゅーらちゅーらする」 ***てたくた**（落ち着きのないさま。慌てるさま。そそっかしいさま）岩手県気仙郡 宮城県石巻「てたくたて間違えねよに届けてけさえ」 ***てたぱた**（落ち着きのないさま。慌てるさま。そそっかしいさま）岩手県気仙郡 ***どがまじ**（慌てるさま。あわただしく走り回って落ち着かないさま）高知県長岡郡 ***どこか** 岩手県気仙郡「火事と聞いてどこか駆けつけた」「発車まで五分しかないので、どこか急いだもんだから忘れ物して来ただ」 ***どどまど** 静岡県榛原郡「あんまし怒られりゃー、どどまどしちまう」 ***もっきょー** 山梨県南巨摩郡「今日はお客が多勢でひりー（昼食）をこしゃいるに（作るのに）もっきょーしたいそ」

あんか【行火】 炭火などを入れて、手足を暖める道具。 ***おかごたつ** 群馬県多野郡 ***つじばん** 千葉県夷隅郡 神奈川県中郡 新潟県中頸城郡・西頸城郡 京都府北部 鳥取県 島根県仁多郡・能義郡 徳島県 香川県大川郡 愛媛県松山 ***つちばん** 福島県安達郡 茨城県稲敷郡 ***つみばん** 愛知県碧海郡 ***ねこ** 群馬県勢多郡 埼玉県川越 京都府 ***ねこひばち** 山梨県 愛媛県大三島 ***ばんこ** 新潟県南蒲原郡 富山県砺波 福井県 岐阜県海津郡・飛驒 愛知県 滋賀県蒲生郡 京都府竹野郡 兵庫県加古郡 香川県 ***ばんしょ** 富山県高岡市・砺波 石川県 ***ばんた** 大分県宇佐郡 ***はんどこ** 岐阜県恵那郡 ***ばんとこ** 新潟県 富山県・東礪波郡 岐阜県飛驒 香川県小豆島 ***ばんどこ** 武蔵 東京都八王子 神奈川県津久井郡 福井県 岐阜県 三重県 滋賀県彦根・蒲生郡 香川県・小豆島 ***ばんどころ** 福島県西白河郡 埼玉県秩父郡 ***ひばこ** 山形県 富山県

東礪波郡　鹿児島県肝属郡 *ほんそ 高知県・高知市・長岡郡

□をやぐらに入れたもの *あげごたつ（掘りごたつに対して言う）富山県砺波

あんがい【案外】 *あんがない 岐阜県飛騨「お前が来るなんて、ちっともあんがないもんじゃで……」 *うまーざからざ 沖縄県鳩間島 *うまーざはらざ 沖縄県石垣島 *おーとろし・おーとろしか（案外なさま）長崎市 *おんでもない（案外だ）秋田県平鹿郡「おんでもねぁ儲け事出来る」 *がい 山形県東村山郡・西村山郡「そんながいなこと言われたって」 岡山県児島郡　愛媛県 *かくがい 島根県石見「かくがい安い」 *かっごんほか 鹿児島県鹿児島郡 *けくと 宮城県牡鹿郡 *けっか 島根県石見「けっか立派に作ったのー」「この船はけっか乗心地がえー」 大分県玖珠郡 *けっかし 大分県速見郡・大分郡 *けっく・けっくら 大分県玖珠郡・大分郡「けっくしごとがはかどった」 *けっくし 大分県北海部郡 *けっくしゃ 大分県大野郡 *けっくら 大分県玖珠郡「けっくらいー」 *けんご 島根県石見 *ぞーたんのごと 福岡県「ぞーたんのごと（奇異なことだ、おやまあ）」・久留米市「ぞーたんのごつ（意外に、非常に）」 長崎県「ぞーたんのごと、あんげん、こすかことして、人気のとるっとばいの（意外なことだ。あんなに狡猾不正で人望を得るとは）」 熊本県 *ぞんじよらん 大分県速見郡 *だったい・だってー 福島県 *どくしょー（予想に反して悪いさま。案外に）京都府竹野郡「こんなことくらい出来るだろうと思っていたのに、どくしょー下手くそだ」「今年は台風にやられてどくしょーな作だった」 *どだい・どだいごと 愛知県知多郡 *ほーたがい 岐阜県美濃 *まさば 山形県「これはまさばえの（案外よいね）」 *もーさだ 山梨県・南巨摩郡 *もーそーば 新潟県岩船郡 *もーさば 山形県東田川郡「もーさば軽い怪我ですんでよかった」 *もさば 岩手県南部「今年のいねもさばよがったよ」 山形県西置賜郡・東田川郡

→いがい（意外）

あんしょう【暗礁】 *あさね 東京都八丈島 *あむでぃ・あむり 鹿児島県加計呂麻島 *いそ 千葉県安房郡　兵庫県淡路島　山口県大島　香川県　宮崎県児湯郡 *いわ 三重県志摩郡　広島県安芸郡（露礁）　宮崎県児湯郡 *いわんね 千葉県夷隅郡 *うちびし 沖縄県那覇市 *うみいし 沖縄県国頭郡 *えん 大分県速見郡 *おご 香川県伊吹島 *かくりじ 鹿児島県奄美大島・喜界島（歌語） *かくりしー 鹿児島県沖永良部島 *かくりじー 鹿児島県徳之島 *かくりすー 鹿児島県喜界島 *かくりでぃ・かくりーでぃ 鹿児島県奄美大島 *かくりでぃー 鹿児島県喜界島 *かくれいし 兵庫県飾磨郡 *かくれいわ 富山県高岡市　三重県上野市・名張市　大分県東部 *かくれぜ 佐賀県唐津市　長崎県南高来郡　熊本県天草郡 *かくれで 鹿児島県奄美大島 *がた 東京都利島 *ごつ 島根県隠岐島 *しー 沖縄県宮古島 *しま 愛知県日間賀島　三重県 *しゃくり 島根県隠岐島 *す 東京都八丈島　島根県邑智郡　広島県倉橋島　山口県大島　大分県 *すか 大分県大分郡 *ずぶ 新潟県佐渡　島根県益田市・美濃郡「あそこのずぶには鮑がじょーに居る」 *ずぶせ 新潟県佐渡 *ずぶぜ 三重県北牟婁郡・志摩郡　島根県益田市・美濃郡 *せ 新潟県佐渡　島根県　山口県　香川県伊吹島　愛媛県　長崎県南高来郡・対馬「あぶないせをとほす」　熊本県天草郡　大分県　宮崎県児湯郡　鹿児島県 *せー 三重県志摩郡 *そーあい 広島県安芸郡 *そーわ 広島県江田島 *そね 長崎県　鹿児島県屋久島 *そわ 広島県向島・走島 *そわえ 岡山県前島　香川県島嶼 *そわえー 岡山県邑久郡 *つぶら 神奈川県三浦郡 *ね 岩手県上閉伊郡・気仙郡　宮城県亘理郡　千葉県安房郡・夷隅郡「ねにぶっつかった（暗礁に乗り上げた）」　東京都利島・大島「あのねに天草がある」・八丈島　静岡県 *はい 東京都大島「この下にはいがあって針を引っ掛けた」　徳島県海部郡　高知県幡多郡　長崎県西彼杵郡 *はえ 神奈川県鎌倉　石川県鳳至郡　広島県倉橋島　山口県阿武郡　高知県鵜来島「はえへのしあげる」・幡多郡　大分県大野郡　宮崎県 *ぴー 沖縄県八重山 *ひし 沖縄県島尻郡 *ひらせ 新潟県佐渡 *ふぃし 沖縄県首里・中頭郡 *ふぃっちー・ふぃー 沖縄県与那国島 *まくら 鹿児島県硫黄島 *みずかぶり 神奈川県三浦郡 *みずかぶりいわ 青森県上北郡 *めくらいわ 大分県北海部郡 *やげん 大分県 *やま 茨城県（漁師の語）・稲敷郡 *ゆわ 三重県志摩郡

あんしん【安心】 *あんけつ 広島県高田郡 *うしー 鹿児島県喜界島「はでぃとぅりてぃうしーじゃ（風が凪（な）いで安心だ）」 *おーだ 新潟県佐渡 *おーだー 愛知県知多郡 *おーやり 新潟県佐渡「これでおおやりした」 *おーやれ 茨城県（女性語）　新潟県佐渡 *ばんじゃく 新潟県佐渡「こうしておけばばんじゃくだ」

→あんど（安堵）

□したさま *あっからけん 富山県 *あっかり 富山県・高岡市 *あっかる・あっかるけーん 富山県砺波 *あっくり 石川県珠洲郡「あっくりする」・河北郡 *あんじら 島根県飯石郡・大原郡 *うみなーく 沖縄県首里「うみなーくなゆん（安心する。また、万事休す）」 *だっくら 新潟県中部・西蒲原郡 *だっくり 新潟県「これでだっくりした」 *どっか 山形県北村山郡・最上郡「どっかとする」 *らくらく・らっくり 新潟県「試験がすんでらっくりした」 *らっくら 長野県上伊那郡

□する *あんききらす 新潟県佐渡 *おーいきつく 新潟県佐渡「これでやっと、大息ついた」 *おてちっ 鹿児島県 *おてつく 鹿児島県屋久島「孫が生まえたっておでつかったよが」・肝属郡

□すること *あんき 山形県 富山県西礪波郡
山梨県南巨摩郡「大怪我あしとーちゅうが命おとりとめとーちゅうであんきした」 長野県更級郡「ひとあんきして」 岐阜県郡上郡「よろこんであんきしとったがなー」 兵庫県加古郡 島根県出雲・隠岐島 *だく 鹿児島県甑島「孫さんが生れてよがったあねえ。だくしたー」 *らくらく 新潟県「田植えおえて、らくらくした」

□だ *あじましー 青森県津軽 新潟県東蒲原郡 *あずましー 北海道 青森県上北郡・津軽
新潟県東蒲原郡(打ち消しの語を伴って用いる)「あずましくねー(思うようにならない)」 *おもしろい 秋田県鹿角郡 *きやつおい 和歌山県「あの人に頼んでおいたらきやつおいよ」 *こーらし 千葉県安房郡「稲刈が済んでこーらしやえ」
*ちむじゅーさん 沖縄県首里

すっかり□している *あんけつこく 広島県三次市 愛媛県 *あんけつだまこく 愛媛県大三島 *あんけつをくー 広島県三次市 *ゆめうとう 長崎県壱岐島「ゆめうとーちょった」

あんど【安堵】

*おーやり 新潟県佐渡「これでおおやりした」 *おーやれ 茨城県(女性語) 新潟県佐渡
→あんしん（安心）

□すること *あんき 山形県 富山県西礪波郡
山梨県南巨摩郡 長野県更級郡 岐阜県郡上郡 兵庫県加古郡 島根県出雲・隠岐島 *うなーぐ・うなーんぐ・うみなーぐ 沖縄県石垣島
*どぅくーっとぅ 沖縄県石垣島

□するさま *だっくら 新潟県中部・西蒲原郡
*だっくり 新潟県「これでだっくりした」 *どっと・どえっと 山形県西置賜郡(急に安堵するさま)「どえっとする」 *ばくらと 鳥取県西伯郡
島根県「やれ、やれ、ようねばくらとしたやなわ」 *ばっくらと 鳥取県西伯郡 *ほっかり 山口県「いそがしい客事がすんでほっかりした」
*ほっこり 京都府 *ほっこる 富山県砺波 *やーやーとぅ 沖縄県首里「やーやーとぅなゆん(静まる)」

あんな

*あいつげ 山形県米沢市 *あえずげ・あえずげだ 秋田県平鹿郡 山形県村山「あえずげだな」 *あえっかえ・あえっけ 山形県 *あえっげ 福島県中部 *あが 山形県「あがな者は出世されまい」 滋賀県東浅井郡 和歌山県・東牟婁郡 島根県 岡山県児島郡「あがにしょうったら先生に叱られらぁ」 広島県比婆郡「あがにいきとりゃーいーよーながーの(あんなに生きていれば幸福ですね)」
愛媛県大三島 高知県「あがに云いよったから忘れては済まんぞね」・高知市(下流) *あがー 山梨県南巨摩郡 奈良県吉野郡 島根県「あがーに大きい」 岡山県備中 広島県「あがーなった」 山口県阿武郡 高知県吾川郡 鹿児島県種子島 *あかい 和歌山県「あかいなりしてよう歩いたもんや」
*あがい 山形県「あの風船玉はあがえに高くあがった」 長野県下伊那郡 三重県度会郡 和歌山県「あがえに美しくしておいたのに台なしや」 島根県邇摩郡「あがいなことを言うまーで(言うまいぞ)」 岡山県 広島県「わりゃーはー、あがいなことーすなよー」 山口県・大島「われがあがえ言ふけえ」 愛媛県「あがいに大酒呑んでは体に悪い」 高知県「あがいに立派に出来ましたか」 福岡県京都郡・企救郡 *あがん 岡山県備中 広島県双三郡「あがんこと」 長崎県「おまやー(お前は)もーあがんこたーすんな」 熊本県玉名郡・天草郡「あがんところ(所)」 *あぎ 東京都三宅島 *あぎや 山形県山形市・村山「あぎゃに酔ふてもよく帰って来た」 島根県能義郡 熊本県下益城郡「あぎゃいわす(あぁ言われる)」 *あぎゃー 鳥取県気高郡・岩美郡 岡山県苫田郡 *あぎゃーん 熊本県鹿本郡・下益城郡「あぎゃあん奴」 *あぎゃい 山形県西置賜郡 *あぎゃん 島根県出雲 佐賀県「あれはあぎゃんしてはよくない」 長崎県 熊本県 宮崎県西臼杵郡「わりわもーあぎゃんことぉするな」
*あげ 山形県 東京都御蔵島 愛知県 三重県「おまえわもーあげなことせんとけよ」 和歌山県「あの人あげなことをして居る」 鳥取県西伯郡「あげなもん(あのような人)」・日野郡 島根県「あげな物をごえた(くれた)」 広島県高田郡 愛媛県 福岡県 長崎県対馬「あげ食たもんじゃろかなあ」・壱岐島 熊本県阿蘇郡「あげたい(あーですよ)」 大分県 宮崎県西臼杵郡「おまやーもーあげなこたぁーすんな」 鹿児島県・宝島 *あげー 山形県「あげーたくさんいただいて」 千葉県夷隅郡
新潟県佐渡「あげえ事もうせんな」 愛知県「あげーな物を貰ってなんし」 兵庫県赤穂郡 鳥取県気高郡 島根県出雲「あげーだらが」 岡山県児島郡 広島県高田郡・賀茂郡 福岡県京都郡・福岡市

方/言/の/窓

●方言の伝播速度

歴史の経過の中で、勢力圏を拡大する語があり、一方、伝来の領域を縮小せざるをえなかった語があった。

では、その歴史の深さは、どれぐらいであろうか。また、たとえば中央で新しく誕生した語は、どれほどの速度で周囲に浸透していくのであろうか。

文献でその語の発生期がわかれば（たとえば八百年前）、領域の広さ（たとえば都から四百キロ）との関係で、平均伝播速度（この例なら年速〇・五キロ）が計算できる。語により方向により（東西南北）速度はいろいろながら、平均年速〇・九三キロなる試算がある。そうであれば、この伝播速度とその領域の広さから、逆に文献からは確かめえないある語の発生年代を逆算できると考えることは、そう不自然ではない。

長崎県対馬(田舎の語)「此ぬ人はあげえな事を言はるるばな」 熊本県阿蘇郡 大分県大分郡(下流)・西国東郡(中流以下) *あげーた・あげた 山形県 *あげなか 福岡県糸島郡「あげなかもの」 *あげゆー 和歌山県海草郡 *あげん 新潟県佐渡 愛知県知多郡「あげん大きいもん」 三重県志摩郡・度会郡 島根県出雲「あげん事」 岡山県児島郡 福岡県 佐賀県・神埼郡 長崎県 熊本県阿蘇郡・天草郡 大分県「あげんこつう(あんなことを)」 宮崎県西臼杵郡「おまやーもーあげんなことすんな」 鹿児島県・宝島「あげんなった」 *あけんか 福岡県 *あだえ 山形県 *あっがえ 新潟県北魚沼郡・南魚沼郡 *あっぎ 秋田県河辺郡「あっぎだもの(あんなもの)」 新潟県下越 *あっけ 山形県村山「あっけな」 新潟県「あっけに泣いてえるねか」 *あつげ 新潟県下越「あつげだ(あのような)」 *あっけー 新潟県中魚沼郡 *あっけた 山形県村山 *あっけん 山形県村山 新潟県「あっけんがなんだてがだ、おらいつこうおもしやないでや」 *あっじぇげだ 山形県村山「あっじぇげだな」 *あな 山形県東田川郡「あなだ(あんな)」 新潟県上越 京都府葛野郡 徳島県 香川県「あななことといよるけどうそにきまっとる」 愛媛県周桑郡「おんしゃーもーあななことすなよ」 高知県土佐郡 *あない 富山県西部「あないに行きたがっとるもん行かしてやれ」 石川県鹿島郡 福井県大飯郡 三重県北牟婁郡「あない急に死んでなー」・松阪市 滋賀県彦根 京都府 大阪府 兵庫県「あないした」 奈良県南大和 和歌山県 徳島県「あないに言いよるけんどできるかいな」 香川県三豊郡「あないとこ(あのようなところ)」 愛媛県「あないに大けいのが欲しい」 *あなん 香川県 *あにゅん 鹿児島県 *あぬぐーとぅ 沖縄県国頭郡 *あぬぐとーる・あぬぐとぅ・あんぐとぅ 沖縄県首里 *あね 三重県度会郡 京都府宇治郡 島根県松江市 *あねー 兵庫県神戸市「あねーに云わんでもよかろうに」 島根県石見「あねーなことしてはいけん」 岡山県 広島県高田郡 山口県「あねーに言うたのにもう忘れたかあ」 長崎県対馬 *あねん 新潟県佐渡 奈良県・吉野郡 岡山県倉敷市「あねん言(ゆ)んじゃが」 山口県都濃郡「あねんことするもなーありませんのー」 長崎県壱岐島 *あのい 京都府 岡山県津山市 愛媛県喜多郡 高知県「あのいにして」 *あのー 山形県東田川郡「あのーだ(あんな)」 新潟県佐渡「あのうのこと言わんでも」 *あのげ 山形県「あのげだ騒ぎ」 *あのん 新潟県佐渡「あのんこと言わんでも」 *あれー 広島県安佐郡・西能美島 *あれがい 広島県倉橋島 *あれげー 群馬県碓氷郡 *あんが 徳島県三好郡・美馬郡 香川県佐柳島「あんがら(あんな)」 *あんがい 山形県 *あんぎや 福島県中部 京都府 徳島県美馬郡「あんぎゃなこと」・三好郡 香川県佐柳島・志々島「あんぎゃもんかっきょら(あんなものを書いているよ)」 *あんぎゃー 広島県芦品郡 *あんぎゃい 山形県西置賜郡・東村山郡 *あんじり 沖縄県石垣島「ぁんじりむぬ(こんなもの)」 *あんげ 山形県西置賜郡・庄内「あんげだ(あのような)」 新潟県 高知県 宮崎県宮崎市・延岡市「あんげなこつ(あんなこと)」 鹿児島県薩摩 *あんげー 山形県置賜・庄内 長崎県西彼杵郡 *あんげちゃ 山形県西置賜郡 *あんげん 長崎県 *あんな 新潟県上越「あんなな」 香川県「あんなしょん(あらっ、あんなことをしている)」 *あんない 静岡県 和歌山県那賀郡 *あんなん 新潟県佐渡「あんなんおおきいもん」・上越 静岡県庵原郡「あんなん本」 兵庫県神戸市 和歌山県東牟婁郡 徳島県那賀郡 *あんね 新潟県中頸城郡 長野県佐久「あんねに」 岐阜県「あんねして」 三重県 *あんねー 山梨県 長野県諏訪 *うがー・うがん・うごん 東京都八丈島「うがんならら(あんなになった)」 *はげん 熊本県芦北郡 *んげ 山形県「んげだ事ではだめだ」 *んげだ 山形県山形市・西村山郡「んげだな(あのような)」

↓「あの(彼)」の子見出し、「あのような」

□所 *あなか 京都府 *あんなか 京都府与謝郡 *あんなく 徳島県美馬郡

□に *あーに 奈良県吉野郡「あーにほしがんのに取上げたんなーかはいそうじゃ」 愛媛県・大三島 *あがしこ 福岡県粕屋郡・福岡市 佐賀県佐賀郡 熊本県玉名郡 *あのかえ 和歌山県 *あのごろ 秋田県平鹿郡「あのごろ言っても分らないか」 山形県 *あれっぽど 長野県佐久 *あんかい(「あのくらい」の転) 千葉県海上郡 神奈川県中郡 新潟県佐渡 和歌山県「あんかいもやったのに未だ欲しがるわ」 *あんころ 秋田県雄勝郡 *あんなたに 山梨県 *あんに 岐阜県益田郡 三重県志摩郡 大阪市 *ばーがーに 鹿児島県種子島

↓「あの(彼)」の子見出し、「あのように」

□もの *あっつけたもの 新潟県岩船郡 *あっつらもん 新潟県上越市 *あぬぐとーるー 沖縄県首里 *あんつぁもん 新潟県長岡市 *あんつくたら 青森県津軽 *あんつらのん 新潟県中魚沼郡 *あんつらばちもん 新潟県佐渡 *あんつらもん 新潟県「あんつらもんとつきおーてわだめだ」・佐渡・長岡市「あんつらもん買うんだないぞ」 *えっずげだおの 山形県飽海郡 *えっつきだも 秋田県平鹿郡「えっつきだもとあそぶな」

あんのじょう【案定】

*あなたも 島根県美濃郡・益田市「あがーに注意しといたのに、あなたも怪我をした」 *あんじゅ 熊本県芦北郡・八代郡 *あんじゅで 鹿児島県 *あんじょー 三重県伊賀南部 大阪府東成郡 *あんち 島根県出雲「ぁんち怪我した」 *あんちー 島根県簸川郡・大田市 *あんちゅー 島根県邇摩郡・大田市 *あんのじょーらく 和歌山県「あんのじょーらくその金返せへん」・日高郡 *あんのず 鹿児島県鹿児島郡 *あんのたま 京都府「もう降るだろーと思っていたらぁ

んのたま降ってきた」 兵庫県神戸市 鳥根県 岡山市 広島県高田郡 ＊ぎのごとく 千葉県東葛飾郡・長生郡 ＊どーてき 島根県邑智郡「とーてきやられた」 ＊なんのじ・なんのうち 福島県相馬郡「なんのうちころんだ」 ＊なんのじゅー 福島県岩瀬郡 ＊なんのじょー 福島県東白川郡 東京都八丈島 新潟県 ＊なんのちゅー 福島県東白川郡 ＊まさがぐとぅ 沖縄県首里

↓はたして（果）

あんま【按摩】 ＊あんまとい 鹿児島県・鹿児島郡 ＊あんまとぅい 沖縄県首里 ＊じゅーろくもん 島根県浜田市 ＊てぃーみみじ 沖縄県首里 ＊どぅーむみ 沖縄県石垣島 ＊ひねり 岡山県児島郡 香川県高松市・三豊郡 愛媛県松山 ＊ひねりて 岡山市 ＊ぼーさま 山形県新庄市・西田川郡 新潟県東蒲原郡 ＊ぼさま 秋田県 ＊もみいしゃ 新潟県佐渡

□**する** ＊とてとて（按摩をすること） 奈良県 ＊ひねる 富山県砺波 石川県 福井県丹生郡 滋賀県彦根 島根県 岡山県苫田郡・岡山市 香川県「肩ひねる」 愛媛県 ＊へねる 富山県東礪波郡 岡山県児島郡 ＊みくしうがん 沖縄県首里（尊敬語） ＊みしーうがん（貴族の腰をもむこと） 沖縄県首里

い

い【胃】 ＊いぞ 長崎県南高来郡 ＊いわた 沖縄県首里 ＊うーんがい・うぶぐい 沖縄県小浜島 ＊うぶがい 沖縄県与那国島 ＊うぷげ 沖縄県国頭郡 ＊うふげー 沖縄県首里・中頭郡 ＊うぶんがい 沖縄県八重山 ＊えじぶくろ 高知県長岡郡 ＊えぶくろ 山梨県北都留郡・中巨摩郡 岐阜県山県郡 三重県三重郡 和歌山県日高郡 広島県安芸郡 長崎県北松浦郡 ＊おぷがい 沖縄県宮古島 ＊ばたっくる 沖縄県与那国島 ＊ばたふくる 沖縄県宮古島 ＊ばだふくる 沖縄県石垣島 ＊はらぶくろ 宮城県登米郡 ＊ひい 山梨県 島根県石見 愛媛県周桑郡「ひーら食ひやぶってしもーてから」 高知県・長岡郡「ひいをそこなう」 熊本県 ＊びりい 山梨県南巨摩郡 ＊ふぃー 沖縄県首里 ＊ぷーげ・ぷーげー 沖縄県国頭郡 ＊ふーげわた 鹿児島県奄美大島 ＊ふーばった 沖縄県竹富島 ＊むげー 沖縄県波照間島 ＊むぬふぁいっくる 沖縄県与那国島 ＊むぬぶくる 沖縄県首里 ＊もむぶくる 沖縄県島尻郡

↓いぶくろ（胃袋）

いい【好】 ⇩よい（良）

いいあらそう【言争】 ＊あらがーゆん 沖縄県首里 ＊あらがう 岩手県気仙郡 山形県庄内 新潟県佐渡 徳島県海部郡 愛媛県・周桑郡「二人してあらがい居った」 ＊あらがる 青森県三戸郡「人がかかって来てもお前はあらがるな」 ＊ありがう 愛媛県大三島 ＊かかしろう 長野県諏訪 ＊がりあう 長野県東筑摩郡・上伊那郡 ＊がりおう 長野県諏訪 ＊きばる 新潟県 長野県佐久 ＊しのずる 山形県北村山郡・最上郡 ＊せきあう 長崎県壱岐島「親子せきあう」 ＊ひのつる 山形県北村山郡・西村山郡 ＊ろんずる 新潟県上越市

いいかげん【好加減】

①適度。ほどほど。 ＊いーかん 埼玉県秩父郡「わるさもいーかんにしろい」 ＊えーからかん・えーからはちべー 山梨県南巨摩郡 ＊えーかん 新潟県中頸城郡「ええかんにしておけ」 山梨県南巨摩郡「悪戯もえーかんにせでよ」 長野県長野市・上水内郡 静岡県 ＊えーころ 静岡県「えーころにしておけ」 岡山県苫田郡 ＊たいがい 山形県「たえがえづごどある（ものには限度がある）」 和歌山県 島根県 広島県佐伯郡・高田郡 ＊たいくらい 新潟県岩船郡「たいくらいにせ（ののしりの言葉）」 ＊てーっくれー 長野県諏訪 ＊ほどらい 三重県阿山郡 大阪府大阪市「ほどらいでええやないか」・泉北郡 兵庫県明石郡 奈良県「そねんきっちりせいでもほどらいにしときな」 和歌山県

↓ほどほど（程程）

②無責任なさま。でたらめ。 ＊いーからかん 栃木県 ＊いーかん 埼玉県秩父郡 長野県東筑摩郡 ＊いーかんぶし 埼玉県秩父郡「いーかんぶしべえ（ばかり）言っている」 ＊いーかんべ（いい加減な人） 群馬県勢多郡 ＊いーくれ 宮城県仙台市 ＊いーくれー 長崎県壱岐島 ＊いかげ 和歌山市「いかげなもんやな」 ＊いっかん 長野県東筑摩郡 ＊いっくらい 岩手県気仙郡「いっくれぁなごどかだれ（でたらめ言うな）」 ＊いやんべ 宮城県仙台市「いやんべな仕事しさんすな、までーにしさえ」 ＊えーかもん 静岡県志太郡 ＊えーからかん 栃木県 山梨県 静岡県小笠郡「ええからかんの勉強で困る」 ＊えーからげ 島根県美濃郡・益田市「えーからげな事ばっかししとる」 ＊えーからげん 静岡県志太郡「えぇからげんなもんだぇー（でたらめなものだよ）」 ＊えーからごー 島根県美濃郡・益田市 ＊えーからもん 静岡県志太郡 ＊えーかん 長野県東筑摩郡 ＊えーころ 島根県石見「えーころを言うな」 ＊えーころかげん 山形県北村山郡 愛知県知多郡 島根県「えーころかげんなことをする」 ＊えーころはちべー 島根県石見「あいつはえーころはちべーを

きめるけー信用がならん」 広島県高田郡 山口県・大島 *えがべかんじょ・えがべかんじょえ 山形県西村山郡 *えくらい 宮城県石巻「えくれぁなごとばり語って人をだます」 *えくらえ 山形県「えくらえな事する」 *えくらかげん 青森県津軽 *えくりてげ 山形県西村山郡・西田川郡 *えこらんべぁ 秋田県平鹿郡「えこらんべぁに書いてやれ」 *えっからかげん 青森県津軽 *えっからかん 長野県東筑摩郡「あの人はえっからかんな事をいふんだ」・西筑摩郡 *えっかん 長野県東筑摩郡 *えっくらたげ 山形県最上・庄内「えっくらたげ掃除する」 *えっころかげん 山形県 *ごじょほ 兵庫県加古郡「ごじょほですませてしまう」 *ぜーくれー 福島県相馬郡「ぜぇくれぇ言う」 *ちゃがはが 石川県「ちゃがはが普請」 *ちょーしはえし・ちょーしはやし 島根県出雲「あの人はいつもちょーしはえしばっかー言う」 *つーつーかげん 群馬県館林 *どえんけん 長野県下伊那郡 岐阜県恵那郡 *なからなまじ 青森県三戸郡「なからなまじ知ったふりをするな」 宮城県 秋田県鹿角郡

山形県米沢市「ながらなまじな事ゆう」 新潟県東蒲原郡 *なからなましー 岩手県盛岡市 *なからなまじっか 新潟県東蒲原郡 *なからなまんじ 秋田県雄勝郡・平鹿郡 *なまにはん 大分県 *なまねはん 徳島県 *よいからかん・よいからはちべー 静岡県榛原郡「よいからかんに書いておく」 *よいかん 静岡県榛原郡「よいかんなもんだ（ぞんざいにもほどがある）」 *よかくれー・よかろーこーべ 長崎県壱岐島「よかろーこーべばっかりゆー」 *よやりひやり 長崎県対馬 *わやく 徳島県海部郡

↓でたらめ（出鱈目）・なげやり（投遣）

□だ *たすい 香川県 *だすい 長野県東筑摩郡「だすい仕事のやり方だ」 兵庫県淡路島 岡山県児島郡 徳島県 香川県「帯がだすい」 愛媛県 高知市「栓のさしかたがだすい」 *だずい 長野県東筑摩郡 *だすくたい 兵庫県淡路島 香川県三豊郡 *たすこい 高知県 *だすこい 徳島県 香川県三豊郡 愛媛県 *どーずるい 島根県石見「お前のようなどーずるい者は外にゃーおらん」 *とどらない 岩手県気仙郡 *とどりあない 青森県津軽「よれば（酔えば）なんもとどりゃなえぐなる」 *とどりがない 山形県庄内 *とどりくさない 青森県津軽 *とどりくそない 青森県 *とどろくそない 青森県南部・上北郡 *とどろない 岩手県気仙郡 宮城県栗原郡 山形県東村山郡 *とんどりない 秋田県「あの女はとんどりねあ」 *はらだくさい 山形県「はらだくさい話だ」 *へんだらだすい・へんだらすい（強意）兵庫県淡路島「良いとも悪いとも薩張り分らんでないか、へんだらすい男じゃのお」 *よーしれん 奈良県宇陀郡 *よしれん 奈良県宇陀郡 福岡市「よしれんこと（要らないこと）」 *よもしれん 愛媛県

□なこと *あてす 島根県益田市・邑智郡 *あてずっぽなし 福島県東白川郡 *あてすっぽら 栃木県河内郡 *あてすんぽー 高知県 *あてちっぽ・あてちっぽー 香川県 *あてつ 岡山県・苫田郡 *あてっぱち 香川県三豊郡 *あてっぱり 香川県伊吹島 *あてっぷしぎゃー 佐賀県 *あてっぽ 鳥取県 島根県 香川県 *あてっぽー 新潟県岩船郡 岡山県「あてっぽーを云ふ」

山口県大島 愛媛県宇和島 福岡市 *あてっぽーず 新潟県 *あてっぽか 愛媛県 *あてっぽかい 鳥取県 島根県大原郡 *あてっぽがい 香川県西部 *あてっぽくさー 千葉県山武郡 *あてっぽこ 岡山県児島郡 *あてっぽさ 愛媛県 *あてっぽす 新潟県 和歌山県西牟婁郡 福岡市 *あてっぽなし 北海道 岩手県上閉伊郡

宮城県仙台市 秋田県鹿角郡 *あてぽなし 宮城県石巻「あてぽなし言ったのにすっかり当った」 秋田県鹿角郡 *あてんぽー 島根県鹿足郡・益田市 山口県大島 福岡県 *あてんぽす 島根県鹿足郡・美濃郡 *おーけん 長野県佐久

岡山県児島郡「彼奴はおーけんばあ言う」 *おーげん 岡山県児島郡「ちょっとこけただけのにおーげんいいなんな」 長崎県五島 宮崎県東臼杵郡 *おーけんず 長野県佐久 *おーへんごと 岡山県小田郡 *おた 静岡県志太郡「おたばっかこいてやーがる」 *おっぽけ 長野県佐久 *おっぽけ 長野県上田 *くろぶた 徳島県 *じゅんさい 滋賀県彦根「じゅんさいな人（いいかげんなことを言う人）」 大阪市 兵庫県明石郡 香川県小豆島「じゅんさいなこといわんといて」 *ずあい 三重県「ずあいかわくな（するな）」 *ずやり 長野県南部「あの男はずやりな奴だ」 愛知県 *ちゃら 茨城県稲敷郡 群馬県邑楽郡 埼玉県秩父郡 神奈川県津久井郡 山梨県・南巨摩郡「あの男はちゃらばかり言ってゐる」 静岡県田方郡 岡山県「ちゃら師」 *ちょち 島根県簸川郡「ちょち言うな」 *ちょっぱい 島根県「ちょっぱいを言うな」 *てんやわんや 大阪市「あの人の言ふことはてんやわんやでほんまの事がわからん」 *ととなず 栃木県足利市「ととなずを言うな」 *へったくれ 福岡市 *まんちゃら 島根県「あいつはいつもまんちゃらを言うてどーもならん」 *みところ 山梨県 *みところはん 福岡市 熊本県天草郡「みところはんに」

↓あてずいりょう（当推量）・でたらめ（出鱈目）

□なさま *あてがい 石川県「あてがいな」 *あてがいすっぽ 富山県砺波「あてがいすっぽな事ばっかりいう」 *あらつら 鹿児島県肝属郡 *うざ 三重県多気郡「うざな字を書いて」 *うさうさ 富山県砺波「うさうさのこと」 *うそそ 鹿児島県・肝属郡「うそそなむんぢゃ（いい気なもんだ）」 *おーたいず 新潟県佐渡「その仕事はおおてえずにしておけ」 岐阜県恵那郡 長野県北佐

久郡・南佐久郡　愛知県葉栗郡「おーたいずな人」・知多郡 *おーまん 福岡市　佐賀県三養基郡 *およそ 大阪市「およそなさかい、そんなしくじりするのやがな」　兵庫県加古郡　奈良県南大和 *けころ 長野県上田・佐久「けころに計ればいい」 *けざらく・けざらっけ 香川県塩飽諸島 *こじゅーくらい 山形県米沢市「仕事はこじゅうくらいにしんな」 *じゅんさい 滋賀県彦根「じゅんさいな人(いいかげんなことを言う人)」 大阪市　兵庫県明石郡　香川県小豆島「じゅんさいなこといわんといて」 *ただくさ 岐阜県武儀郡・本巣郡　三重県志摩郡　福岡県粕屋郡 *だだくさ 新潟県・長岡市　富山県高岡市・砺波　石川県　長野県下伊那郡　岐阜県「あの人わ仕事わ速いがだだくさじゃ」　愛知県　三重県志摩郡・北牟婁郡　滋賀県　京都府竹野郡　大阪市　奈良県宇陀郡「あこの嫁はん大分だだくさや」　和歌山県・東牟婁郡　鳥取県・西伯郡　高知県・高知市　福岡県　長崎県対馬「何も彼もだだくさになっとる」 *だだぐさ 新潟県 *だだくし 岐阜県可児郡・加茂郡 *だだくそ 鳥取県・西伯郡 *だだけ 滋賀県 *だだした 岐阜県益田郡 *だらくさ 新潟県佐渡 *ちくれぁ 宮城県石巻「ちくれぁなごとばかりかだるをな(言うな)」 *ちゅーくはい 山形県西置賜郡 *ちゅーくらい 宮城県仙台市「ちゅうくらゐな話(あいまいな話)」　秋田県平鹿郡　山形県「ちゅーくらえな事しゃべんな」　福島県 *ちゅーくれ・ちゅっくれー 長野県佐久「ちゅっくれえにやれ(いいかげんにやれ)」 *ちゅーっくらい 山形県米沢市「ちゅうっくらえな仕事で駄目だ」　新潟県中頸城郡 *ちょーっくれ 長野県佐久 *ちょっくらい 新潟県三島郡・中頸城郡 *ちょんまげ 香川県小豆島「ちょんまげなことせんと、しゃんとやれ」 *どっさくさ 島根県出雲 *なからはんじゃく 青森県津軽　宮城県登米郡・仙台市　新潟県下越　島根県石見「なからはんじゃくにして責任がすむと思うか」 *なからはんちゃく 青森県上北郡・三戸郡　山形県 *なからはんと 宮城県仙台市 *なからはんぱ 宮城県仙台市　福島県東白川郡 *なまか(ものごとにいいかげんなさま) 岩手県上閉伊郡 *なまかー・なまかわ(ものごとにいいかげんなさま) 愛媛県周桑郡 *なまじげ 新潟県中頸城郡「なまじげのこといふな」 *なまにんじゃく 島根県隠岐島 *なまはんこげ 石川県鹿島郡・羽咋郡 *なまはんじっか 埼玉県北葛飾郡「なまはんじっかの事をきく男じゃねー」 *なまはんじゃく 群馬県佐波郡　新潟県佐渡　静岡県「なまはんじゃくな事をするな」　京都市　大阪市　和歌山市　島根県　広島県高田郡　山口県　香川県 *なまはんだけ 石川県羽咋郡 *なまはんちゃく 富山県砺波　島根県隠岐島 *なまはんちゃくれ 岐阜県稲葉郡 *なまはんちゃらく 山形県 *なまらなかず 青森県南部「なまらなかず覚えたって」 *なまらはんか 新潟県東蒲原郡 *なまらはんじゃく 山形県　福島県東白川郡　新潟県　福井県敦賀市・大飯郡　三重県志摩郡　福岡市 *なまらはんちゃく 山形県西置賜郡 *なまらはんぱ 福島県東白川郡　新潟県東蒲原郡 *なまりはんじゃく 滋賀県彦根・神崎郡 *ぼっこー 島根県鹿足郡 *らくすっぽ 京都府「らくすっぽな奴」 *ろくさんぼ 島根県出雲「ろくさんぼな事しかせん男だ」 *ろくしっぽ・ろくしょ 三重県度会郡 *ろくしょー 三重県度会郡 *ろくすっぽ 三重県宇治山田市 *ろくそー 福岡県　佐賀県「ろくそうなわろー(ろくでもない人)」 *ろくだすっぽ 長野県佐久 *ろくつっぽ 三重県度会郡
→ちゅうとはんぱ(中途半端)

□に *おもしつかもしつ 鹿児島県肝属郡「おもしつかもしつ掃除しちょけ」 *ささらさっと 青森県三戸郡　岩手県上閉伊郡　宮城県石巻「大急ぎだからささらさっとでえがすと」　秋田県鹿角郡　新潟県佐渡・岩船郡 *どーなりこーなり 青森県上北郡 *どーばり 香川県三豊郡「どーばりしよったら(へたしたら)おんかれるぞ(しかられるぞ)」 *どだりかだり・どんだりこんだり 青森県津軽「どんだりこんだりやればまね(いいかげんにあっさりやるといけない)」 *どだりこだり 青森県上北郡・三戸郡「この方言カードをどだりこだりするなよ」　秋田県鹿角郡 *どだれこーだれ 岩手県気仙郡「どだれこうだれやってしめぁ」 *やんし 香川県塩飽諸島 *やんだ 香川県三豊郡

ずるずると□にしておくこと *そるべくそーろー 愛媛県大三島「ええい、そるべくそーろーよ(えい、ままよ)」 *そるべくそろ 鹿児島県肝属郡「そるべくそろでびがとれん(一向埒があかぬ)」 *それべきそれ 新潟県佐渡 *それべくそれ 高知県長岡郡 *そろべくそろ(多く女性が手紙文に用いた語で、草体で崩し書きにしたところから) 鹿児島県肝属郡「どうもそろべくそろで仕様がね」

ものごとを□にする *さいまぎる 福岡市 *にやくる 新潟県佐渡　山梨県　長野県下伊那郡「体裁が悪いで好い加減ににやくって来た」 *ぶんなする 埼玉県秩父郡「ぶんなすって片づける」

ものごとを□にすること *そそら 愛知県名古屋市　和歌山県東牟婁郡 *そぞら 富山県砺波「人のいうことをそぞらに聞いとるけ」 *そそらっかー 群馬県群馬郡 *そそらっぺー 埼玉県秩父郡 *なりき 静岡県「あの人はなりきだ」 *なるき 静岡県志太郡 *にごじゅー 新潟県西蒲原郡「にごじふにして置かう」 *にごはち 愛知県名古屋市「そんなにバカ骨を折らんでも、二五八にやっとけやい」　滋賀県彦根・神崎郡 *のそか 岩手県上閉伊郡 *やっさかさ 新潟県佐渡 *やまきん 鹿児島県肝属郡 *ろくさ 新潟市「仕事が

ろくさだ」
→あいまい（曖昧）・ぞんざい

ものごとを□にするさま ***さーさらばーさら** 新潟県佐渡　徳島県「お墓の掃除などはささほーさにすな」 ***ささほーさ** 東京都南多摩郡　新潟県東蒲原郡 ***ささらほーさ・ささらぼっさ** 新潟県東蒲原郡 ***ささらほーさら** 東京都南多摩郡「大事なものもささらほーさらにして」 ***ささらほさら** 新潟県下越 ***さっさごさ** 山形県「さっさごさに縫った」 ***しでろくそー** 熊本県阿蘇郡 ***ちゃち** 香川県「ちゃちな仕事しとる」 ***ちゃちゃくちゃ** 宮城県栗原郡「ちゃちゃくちゃしごと（骨を折らず遊び半分の仕事）」 ***どげかげ** 島根県隠岐島 ***どげやこげや** 島根県出雲 ***ぬためかた** 岩手県盛岡市 ***ばふら・ばほら・ばほばほ** 青森県津軽「お金のことはばふらどやておいてもいかんぜ」
→なおざり

ものごとを□にする人 ***ちゅーりん** 滋賀県甲賀郡 ***なりきっさー・なるきっさー** 静岡県志太郡 ***ぶんなすり** 埼玉県秩父郡

いいなずけ【許嫁】 ***いーあわせ** 島根県 ***いちごむい** 沖縄県国頭郡 ***いんぐみ** 沖縄県八重山 ***いんぐみなか** 沖縄県石垣島・波照間島 ***うやそーだん**（「親相談」の意という）鹿児島県沖永良部島 ***くいあわせ** 愛知県北設楽郡 ***くんばーさー**（「くくりあわせ（括合）」の意）鹿児島県喜界島 ***さきむい** 沖縄県首里 ***なーつけ** 鹿児島県沖永良部島 ***なずけ** 宮崎県西諸県郡 ***ひっつけ** 大分県津久見市 ***ぷぱんむい** 沖縄県国頭郡 ***やくそく** 三重県上野市・名張市

いいはる【言張】 ***いせはる** 岩手県気仙郡 ***いせる** 岩手県気仙郡 ***えせはる** 岩手県江刺郡・気仙郡 ***えせる** 宮城県仙台市　静岡県　滋賀県栗太郡 ***えへる** 青森県津軽 ***かたぎる** 兵庫県加古郡　長崎市 ***がをはる** 大分県大分市・大分郡 ***きしゃばる** 山形県米沢 ***ぎしゃばる** 宮城県仙台市　山形県飽海郡・米沢市　新潟県 ***ぎしゃんばる** 秋田県雄勝郡「ぎしゃんぱってきかない」 ***きばる** 新潟県西頸城郡　長野県佐久　岐阜県吉城郡 ***くちもがい**（言いはること）大分県中部「くちもがいする」 ***くちもがう** 大分県大分郡・大分市 ***けばる** 秋田県角館 ***こんじょはる** 山形県 ***ごんじょはる** 秋田県平鹿郡「なんだ、この子ごんじょはりゃがって」 ***じょっぱる** 北海道南部　岩手県気仙郡「あのがぎのじょっぱるのにもあきれけぁった」 ***ぜんき**（言いはること）山口県 ***ぞーはる** 福島県会津 ***ぞーぱる** 岩手県東部「あの頑固な爺どこまでもぞーぱる」 ***ぞっぱる** 岩手県気仙郡　山形県「お前なんだってぞっぱんなだの（強情を張るのか）」 ***ぞっはる** 山形県庄内 ***ねっぱる** 青森県津軽　山形県東置賜郡・西置賜郡 ***ねばりこむ** 徳島県 ***やっぱる** 栃木県塩谷郡 ***やばる** 長野県諏訪　和歌山県東牟婁郡「そんなにやばらいでもええげ」

□人 ***やりがんぼ** 愛媛県大三島 ***よこぞ** 長崎県五島 ***よこぞー** 佐賀県　長崎県北松浦郡

いいわけ【言訳】 ***いーはるけ** 高知県・幡多郡 ***おげんぎょー** 島根県石見「おげんぎょーをいう」 ***くとぅわき** 沖縄県首里・石垣島 ***ことわけ** 大阪市　奈良県南大和　佐賀県三養基郡「ことわけゆー（わびる）」 ***ぱるみ** 沖縄県石垣島 ***へんばい** 富山県砺波 ***わき** 鹿児島県喜界島「わきしゅい（謝る）」　沖縄県首里 ***わけ** 高知市「誠にわけのたたん御無沙汰（ごぶさた）をいたしています」
→こうじつ（口実）

なんのかのと□すること ***せんじょーこんごー** 島根県 ***ひったーまったー** 島根県邑智郡「あの奴のくせで、すぐひったーまったー言う」 ***へんじょーこんごー** 島根県

いう【言】 ***あぎたたたく**（卑語）長崎県対馬 ***あごたたく**（卑語）新潟県西頸城郡　富山県砺波　愛知県知多郡　熊本県 ***あごたはじく**（卑語）熊本県阿蘇郡「あごたはじくな」 ***あごとーたたく**（卑語）福岡県粕屋郡・福岡市 ***あごをたたく**（卑語）熊本県八代郡　大分県北海部郡 ***あずん** 沖縄県鳩間島 ***あわる** 石川県羽咋郡 ***あんくん** 沖縄県石垣島 ***あんごたたく・あんごをたたく**（卑語）京都府 ***あんじゅん** 沖縄県竹富島 ***いーあがる** 山口県防府 ***いーあげる**（謙譲語）新潟県三島郡 ***いかす** 熊本県 ***いじゅん** 沖縄県竹富島 ***いずん** 沖縄県石垣島・鳩間島 ***うっちゅ** 鹿児島県 ***うんにゅきゅん・んぬきゅん**（謙譲語）沖縄県首里 ***かえす** 大分県日田郡「かえすな（言うな）」 ***かく** 徳島県「ほんな、どねんごーかくないや（そんなに自慢を言うな）」 ***かやす** 宮崎県西臼杵郡「すらごと（嘘）かやす」・東諸県郡　鹿児島県・鹿児島郡 ***きしかやす** 鹿児島県・肝属郡 ***きらす**（卑語）山口県「えいかげんな嘘をきらすな」・玖珂郡「そんなことをきらすな」 ***きる**（卑語）岩手県気仙郡　熊本県「きりかやした（ぬかしやがった）」 ***くちたつ** 山形県「いらないくじたって」 ***くちをたつ** 宮城県仙台市「これ静かに、口をたってはいけない」 ***けらす** 大分県西国東郡 ***こかす**（卑語）栃木県塩谷郡・河内郡　新潟県佐渡　富山県　石川県河北郡　岐阜県飛驒 ***こきすえる** 岐阜県恵那郡 ***こきずる**（卑語）岐阜県郡上郡 ***こく**（卑語）北海道　青森県南部「自慢こぐ」　岩手県気仙郡・東磐井郡　宮城県登米郡　秋田県　山形県　福島県　茨城県真壁郡　栃木県　群馬県　埼玉県久井郡　新潟県　富山県　石川県　福井県　山梨県南巨摩郡　長野県　岐阜県　静岡県　愛知県　三重県　大阪市　兵庫県赤穂郡・神戸市　奈良県　和歌山県新宮　島根県　岡山県苫田郡・阿哲郡　広島県　徳島県　香川県　高知県土佐郡　福岡県　佐賀県　長崎県対馬 ***こさぐ**（卑語）福岡県企救郡 ***こやす**（卑語）鳥取県西伯郡 ***ささめな**

らす 青森県津軽 *さでこく（卑語）福岡市 *さへる 新潟県西蒲原郡 *さべる 青森県津軽「警察ささべねえぐ（警察へ知らせに行く）」・上北郡「お前の名をさべろ」 秋田県鹿角郡「おまへ一寸行ってさべて来い」 新潟県西蒲原郡・中頸城郡 長野県下水内郡 *さらす（卑語）京都府北部 和歌山市「何をぐずぐずさらすのじゃ」 *しゃべる 青森県津軽

*しょう 秋田県由利郡「彼はほんたうにしょた」・河辺郡 *すー 茨城県稲敷郡「すわない」 岐阜県飛驒「すった」 *せう 岩手県紫波郡 秋田県北秋田郡「おれはしらないとせったらば皆笑った」 山形県飽海郡 神奈川県中郡「せうど（告げるぞ）」 新潟県上越市「そんなことはせわなん（言わない）」・中頸城郡 長野県「せー（言え）」 岐阜県山県郡「せってやる（告げてやる）」・飛驒 *せーう 神奈川県「せーってこー（言って来い）」 新潟県中頸城郡 静岡県「あなたにせーった時」 *せーる 静岡県「そんな事をすると先生にせーるぞ」 *せる 青森県 岩手県和賀郡「せたれば」 秋田県鹿角郡「行くてせたらう（言ったろう）」・北秋田郡「おれはさうしぇねぁじゃ（俺はそう言わないよ）」 *そう（「そう（然）い（言）う」の転）岩手県九戸郡・上閉伊郡「何んてそー」 山形県庄内・西田川郡「わすんねでそー（忘れないで言う）」 千葉県「そうべー（告げよう）」 長野県「先生にそった」 *たれる（卑語）秋田県鹿角郡

三重県北部「大言たれる」「嘘たれる」 兵庫県赤穂郡 奈良県南大和 島根県邑智郡 岡山県苫田郡 広島県双三郡 *つかす（卑語）山形県「うそつかす」 *つく 岩手県九戸郡「ふほーつぐ（不法を言う）」 山形県北村山郡 長野県上田 島根県出雲「先生が小言つきーやせなかったかや」 広島県三次

香川県 *はじく 大分県南海部郡「つまらんこつーをはじくな」 *ひる（卑語）岩手県気仙郡「又ひる（またうそを言う）」 広島県双三郡「ひんな（いうな）」・広島市「うそひる」 鹿児島県「うそひい（うそつき）」 *へう 岩手県岩手郡「へてら（言っていた）」・紫波郡 *へる 青森県「へんね（言わない）」「へろ（言え）」・南部（卑語）「そんなことをへるな」

*ほげたあく・ほげたたたく（卑語）奈良県 *ほえる 岩手県気仙郡「小言ばりほえでいげあらしぐねあ（小言ばかり言って嫌いだ）」 *もぜる 長野県上田 *んどぅん 沖縄県与那国島

□の尊敬語 *あのーりたぼーるん・あのーりとーるん・あのーるん 沖縄県石垣島 *あんこーるん 沖縄県石垣島 *いぎゃーる 山形県 *いぎやる 宮城県仙台市「おじいさまあーいぎゃっからやめさえ（やめなさい）」 山形県米沢市 宮崎県東諸県郡 *うもーゆい 鹿児島県喜界島「うもーゆん、とぅーいでー（仰せの通りです）」 *おいーる 岡山県備中東南部 *おいる 徳島県美馬郡 愛媛県松山「先生がさうおいるがな」 *おしられる 山口県 *ぎゃす 鹿児島県「をばさんもばかなこっぎゃすな」 *ぎゃる 鹿児島県・鹿児島市

*ぎょる 鹿児島県「そーぎょらんでもいじゃごわはんか」 *みせーん 沖縄県首里（「いみせーん」より目上に用いる）

いえ【家】 *いが 宮城県登米郡・玉造郡 *いさ 岩手県磐井郡 栃木県 *いなか 山形県酒田市「いながが三軒ある」 *えーさ 山梨県 長野県北安曇郡 *えーさー 山梨県南巨摩郡・西八代郡 *えーまーし 山梨県南巨摩郡「うらがえーまーしゃー（私のうちでは）」 *えこ 秋田県鹿角郡「あのえこぁ誰のえこだべ」 *えさ 秋田県南秋田郡 山形県「えささけーる（家に帰る）」 新潟県東蒲原郡「新しくえさを建てた」 山梨県・北巨摩郡「あのえさでかい」

長野県北安曇郡・東筑摩郡 *えっこ 岩手県気仙郡「おらいのえっこ」 *えべ 富山県下新川郡・砺波 岐阜県飛驒 *ごーと 東京都八丈島「嫁のごーとえかよあらろあが（通ったが）」 *す（卑語）徳島県 *ぜー 福島県中通・福島市 *た 島根県出雲市「お前んた（おまえの家）え行く」 *だー 沖縄県与那国島 *たか 島根県石見「あんたたかにゃー大けな鯉が居るげなのー」 広島県山県郡 *とのげ 三重県志摩郡 *なや 山形県飛島 *ひー 沖縄県波照間島 *むだ 福島県南会津郡 *や 岐阜県飛驒「やいっけん（一軒の家）」 沖縄県中頭郡 *やー 鹿児島県喜界島 沖縄県首里 *やかた 新潟県東蒲原郡

*やかばね 山形県「ええやがばねだ」「やがばねちょす（普請をする）」 福島県浜通 *やたい 長野県佐久 *やっか 鹿児島県喜界島（普請をする時だけの称） *やど 鹿児島県肝属郡 *やどぅ 沖縄県首里

あなたの（お前の・君の）□ *あーたかた 熊本県玉名郡 *あーたげ 熊本県玉名郡 *あがえ・あがんえ・あがんもと 長崎県五島 *あじゃけ 三重県度会郡 *あじよげ・あよげ 三重県志摩郡 *あぜらい 三重県南牟婁郡 *あれ 長崎県壱岐島「あれの猫ですか」 *あんたえ 岩手県東磐井郡 宮城県 *あんたき・あんたんき 香川県・三豊郡 *あんたく・あんたんく 香川県・東南部 *あんたげ 福島県岩瀬郡「あんたげのは出来がいいぞい」 栃木県 *あんたげー 福島県中部 *あんたのー 福岡市 *うちかた 富山県高岡市・砺波 兵庫県加古郡 徳島県「うちかたにもおかぜですか（お宅でもお風邪をひいているのですか）」 香川県大川郡「うちかたではどうなさるんですか」 *うなげー・んなげー 新潟県佐渡

*うんじゅなー 沖縄県首里 *えのえ 山形県東田川郡 *おうちかた・おうちさん 大阪市 *おうちく 香川県三豊郡 *おしんくのうち・おんしく・おんしゅく 徳島県海部郡 *おのがい 奈良県南大和 *おまいんく 香川県 *おまえー 和歌山県西牟婁郡 *おまえがえ 和歌山県西牟婁郡・東牟婁郡 *おまえき 香川県・三豊郡 *おまえく 徳島県海部郡 香川県「おまえく寄っていなんならん」 *おまえた 岐阜県北飛驒 *おまえとこ 香川県 *おまえんき 香川県三豊郡 *おまえんとこ 長野県佐久 島根県 香川県 *おまがえ 奈良県吉野郡 *おまっち・おめっち 神

奈川県中郡 *おまはんく 徳島県那賀郡「おまはんくのおとーさんだやって（あなたの家のご主人だって）」 香川県 *おまはんとこ 滋賀県彦根 *おまはんとん 奈良県南大和 *おまやえ 和歌山県西牟婁郡 *おまんく 徳島県・美馬郡 *おまんさーかた・おまんさーやど 鹿児島県鹿児島郡（敬語） *おまんと 和歌山県那賀郡 *おまんとこ 滋賀県彦根 兵庫県加古郡 *おまんね 兵庫県加古郡 *おめげー 栃木県 *おめらが 埼玉県川越「おめらがいあつまんべ」 *おやど 福島県相馬郡 新潟県中頸城郡 宮崎県東諸県郡「おやどはどこか」 鹿児島県種子島「かか（母）どのはおやどにおぢゃり申すか（御在宅か）」・鹿児島郡 *おんしんく 徳島県那賀郡 *こんなんく 愛媛県新居郡 *そこ 新潟県佐渡「そこでは田は植えてすんだか」 岐阜県吉城郡・飛騨 *そこんと 富山県砺波 *そこんど 富山県高岡市 *そこんとこ 岐阜県北飛騨 *そち 滋賀県高島郡 京都府愛宕郡 島根県出雲「そちの子だなし、孫じゃなし（君の家の子じゃないし、孫じゃないし）」 香川県小豆島 *そちとこ・そちんく 香川県小豆島 *そちね 鳥取県西伯郡 島根県 *そちのえ 島根県 *そちら 新潟県佐渡「そちらでは皆そくせえですか」 *そつ 兵庫県加古郡 *そっち 新潟県佐渡 島根県那賀郡・鹿足郡 広島県佐伯郡・高田郡 香川県・小豆島 *そっちかた 広島県高田郡 *そって・そつね・そつねん 兵庫県加古郡 *ならうち 新潟県中越 *にしげ 福岡県浮羽郡 大分県玖珠郡 *にしゃげー 福島県 *にしらげ 千葉県夷隅郡 *のーげ・んなえ 三重県志摩郡 *のけ 三重県度会郡 *ほち 香川県 *やど 鹿児島県阿久根市・上甑島「やどばっかいでございもさんでえ」 *やんど 鹿児島県阿久根市「つまらんごっじゃってなあ、やんだー」 *わいく 香川県小豆島 *わがかた 大分県玖珠郡 *わかた 山口県玖珂郡 *わがへ 福岡県久留米市 *わがみげ（目上に対して用いる） 三重県志摩郡 *わげー 大分県玖珠郡 *わじょげ（同輩に対して用いる） 三重県志摩郡 *わっちゃー 沖縄県石垣島 *わっとこ 石川県能美郡 *わるとこ 富山県砺波 *われがい 香川県伊吹島 *われがえ 石川県江沼郡 *われかた 香川県豊島 *われげ 三重県志摩郡・度会郡 *われげー 東京都神津島（同輩に対して用いる）「われげーのお父ちゃん」 *われたか 三重県南牟婁郡 *われっこ 石川県江沼郡 *われとこ 三重県度会郡 香川県小豆島・豊島「われとこの船でいこうや」 *われんとこ 神奈川県 *わんかた 大分県 *わんげ 福井県 *わんげー 福島県中部「わんげいどこだ（あなたの家はどこだ）」 *わんねー 福島県浜通 *わんねん 長崎県五島 *わんらい 三重県南牟婁郡 *んぎや 青森県 *んのげ 三重県鳥羽市・志摩郡

□の中 *いんなか 茨城県真壁郡 栃木県河内郡 新潟県東蒲原郡 滋賀県神崎郡「いんなかの物は買った物ばかりだ」 *うちっぺら 奈良県高市郡 徳島県 *うちひら・うちゅーら 高知県 *うちら 岐阜県大垣市・本巣郡 京都市 大阪市 兵庫県「うちらに在るやろが」 奈良県南大和 和歌山市「うちらへおはひり」 徳島県 香川県 高知県・高知市「外はまだ明いがうちらは、はや暗い」 *うちらがわ 兵庫県明石郡 和歌山市 *うちらて 徳島県 *おち 島根県出雲 *やうち 新潟県佐渡 島根県石見・隠岐島「やうち喧嘩」 山口県 *やごし 岐阜県郡上郡 *やぶち 島根県隠岐島

この□ *ここなしょ 富山県砺波 *ここんしょ 新潟県三島郡・上越市 *こなた 広島県高田郡 *これ 京都府竹野郡 島根県石見「一寸これえ寄って行く」 広島県比婆郡・高田郡 山口県玖珂郡「（訪問先で）これには風呂をたくか」 *こん 兵庫県加古郡「こんの（お宅の。私の家の）」 香川県小豆島 *こんね 東京都三宅島 石川県石川郡 兵庫県 鳥取県 島根県邇摩郡 *こんねかた 兵庫県加古郡

小さい□ *いぼごや 茨城県稲敷郡 *いぼちこや 千葉県香取郡 *うだつ 愛知県東春日井郡 三重県員弁郡 *ぐまやー 沖縄県首里 *すぼや 愛媛県周桑郡 *やーぐゎー 沖縄県首里

私の□ *あいんく 高知市「あいんくえ来てみぃや」 *あがい 三重県南牟婁郡 滋賀県東浅井郡 奈良県吉野郡「あがいこらい（私の家へ来い）」 *あがいえ 滋賀県犬上郡 *あがいぇー 東京都神津島 *あがえ 三重県南牟婁郡 *あがえー・あげ 和歌山県日高郡 *あしえー 和歌山県西牟婁郡 *あしがい 三重県南牟婁郡 *あしかた 愛媛県松山「あしかたいこんか（私の家へ来ないか）」 *あしゃえ 和歌山県西牟婁郡・東牟婁郡 *あたえらげ 千葉県夷隅郡「今日あたえらげ来なね」 *あたきかた 福岡県糸島郡・早良郡 *あたきんがた 福岡市 *あたくしげ 福岡県久留米市・三井郡（同輩以上に対して言う） *あっとこ 和歌山県有田郡・東牟婁郡 香川県綾歌郡・丸亀市 *あていんく・あてんく 高知県 *あてらげ 千葉県夷隅郡「あてらげじゃ牛の子が生れた」 *あれがえ 奈良県吉野郡 *いえのいえ 三重県志摩郡「いえのいえら（我が家も）」 *いさな 熊本県天草郡 *うちかた 岡山県 広島県高田郡 愛媛県・松山「うちかたはお城の南にある」 福岡県企救郡 大分県 *うちがた 広島県高田郡 *うちく 香川県 *うちげ 鳥取県岩美郡・気高郡 *うちち 千葉県夷隅郡 *うちとこ 兵庫県氷上郡 岡山県児島郡 広島県高田郡 愛媛県周桑郡・喜多郡 *うちね 兵庫県加古郡 島根県 *うちのうち 石川県 *うちのち 石川県河北郡 *うちほー 岡山県児島郡 香川県豊島 *うちやつ 岐阜県不破郡 *うちんき 香川県「うちんきで遊ばんな」 *うちんく 徳島県 香

川県 *うちんち 神奈川県藤沢市 *うちんとこ 香川県「それうちんとこにもあるぜ」 *うって・うってん・うつね 兵庫県加古郡 *うっと 滋賀県栗太郡 *うっとえー 兵庫県加古郡 *うっとかた・うっとーかた 大分県大分郡・大野郡 *うっとこ 滋賀県彦根 京都市 大阪市「うっとこへ来なはれ」 兵庫県神戸市(児童語)・加古郡 香川県 愛媛県周桑郡・喜多郡 *うっとどーかた 大分県大分郡 *うらが 埼玉県秩父郡 山梨県 *うらがい 和歌山県日高郡 *うらがち 埼玉県秩父郡 *うらげ 福井県大飯郡 *うらとこ 石川県能美郡 福井県坂井郡 *うらんとこ 新潟県佐渡 石川県能美郡 福井県 *うらんどこ・うらんところ 福井県 *うんがち 栃木県安蘇郡 群馬県邑楽郡「うんがち、やんできやっせ(僕の家へ歩いて来たまえ)」 *うんだんく 高知県幡多郡 *うんどーかた 大分県 *えのえ 青森県津軽・上北郡「ゑのえさおでれ(うちへおいでなさい)」 *えのえこ 青森県 *えのち 島根県出雲 *えれ 山形県村山 *えんち 佐賀県 長崎県 熊本県 *おいい 新潟県佐渡 *おいがーど 鹿児島県鹿児島郡 *おいがえ 宮崎県西諸県郡・西臼杵郡 鹿児島県 *おいげ 熊本県天草郡 鹿児島県 *おいげー 東京都神津島 鹿児島県肝属郡・鹿児島郡 *おいとこ 三重県阿山郡 奈良県宇陀郡 *おえ 青森県 *おくね 兵庫県赤穂郡 *おげん 鹿児島県大隅 *おじ 福井県三方郡 *おたく・おてく 徳島県海部郡 *おち 島根県 *おっちゃうち 富山県氷見市 *おっちゃけ 新潟県佐渡 *おっどんげー 熊本県天草郡 *おどげ(同輩間で) 福岡県筑紫郡 *おどんげ(同輩間で) 福岡県西部 *おどんげー 熊本県阿蘇郡 *おらーい 茨城県稲敷郡 *おらーえー 長野県諏訪郡 *おらーじ 山形県東置賜郡・米沢市 栃木県河内郡 *おらーとこ 山形県米沢市 長野県佐久 *おらい 栃木県 新潟県東蒲原郡 *おらうち 山形県東置賜郡・新庄 福島県会津 千葉県長生郡 富山県氷見市 *おらえ 青森県津軽 岩手県 宮城県栗原郡・石巻 秋田県鹿角郡 山形県 福島県 栃木県 千葉県香取郡 新潟県東蒲原郡 長野県上伊那郡・西筑摩郡 三重県南牟婁郡 *おらえー 千葉県長生郡 *おらが 山形市 群馬県 埼玉県秩父郡・川越 山梨県 愛知県「おらがのおじーさん」 *おらがえ 千葉県山武郡 和歌山県東牟婁郡 *おらがえさ 栃木県 *おらがち 岩手県和賀郡 栃木県 埼玉県 *おらがとこ 愛知県知多郡 *おらがれ 愛知県知多郡「おらがれ行かんか」 *おらく 徳島県美馬郡 香川県 *おらげ 福島県西白河郡 栃木県 埼玉県川越 千葉県山武郡・夷隅郡 三重県志摩郡 *おらげー 茨城県稲敷郡 栃木県那須郡 千葉県長生郡 *おらげやー 栃木県 *おらこ 新潟県 富山県 *おらじ 山形県米沢市 栃木県芳賀郡 *おらち 福島県会津・西白河郡 茨城県真壁郡・新治郡 栃木県 新潟県三島郡 長野県上田・佐久 *おらちゃうち 富山県砺波 *おらっち 茨城県猿島郡 神奈川県 新潟県中越 *おらとこ 青森県津軽 岩手県気仙郡 宮城県栗原郡・石巻 秋田県 山形県 富山県砺波・氷見市 石川県鹿島郡 長野県上伊那郡 *おられ 愛知県知多郡 *おらんがー 山梨県中巨摩郡 *おらんき 香川県三豊郡 *おらんく 徳島県 香川県 高知県 *おらんくじょ 徳島県南部 *おらんち 埼玉県川越 岐阜県飛騨 *おらんと 島根県隠岐島 *おらんどこ 山形県 岐阜県 *おりがえ 長崎県西彼杵郡 熊本県阿蘇郡 *おりげ 福岡県(目下に対して) 熊本県天草郡 大分県玖珠郡・日田郡(下等) *おりげー 熊本県阿蘇郡・天草郡 *おりげん 宮崎県 *おるげー 熊本県天草郡 *おれえー 三重県志摩郡 *おれがえ 宮崎県西臼杵郡 *おれがち 栃木県安蘇郡 *おれけ 三重県志摩郡 *おれげ 栃木県 三重県志摩郡・度会郡 *おれげー 茨城県 栃木県 東京都三宅島 *おれげゃー 栃木県河内郡 *おれけやい 茨城県水戸市 *おれっち 秋田県由利郡 *おれと 奈良県南部 *おれとこ 三重県志摩郡 *おれや 和歌山県東牟婁郡 *おれゃーど 秋田県河辺郡 *おれんがえ 福岡県早良郡(目下に対して)・福岡市 *おれんげ 栃木県 福岡県筑紫郡(同輩間で) *おれんと 島根県隠岐島 *おんげ 栃木県芳賀郡 *おんだい 三重県南牟婁郡 *おんだく 徳島県美馬郡 *おんどかい・おんどんかい(同輩間で) 福岡県粕屋郡 *おんらい 三重県南牟婁郡 *けーら 京都府竹野郡「けーらな(私の家では)そんな立派な親戚はありません」 *げらほー・げろー・げろ 奈良県吉野郡「げろの方いのう涼み来たもれ、げろーも涼しいぜい」 *こち 三重県名賀郡 奈良県吉野郡 京都府愛宕郡 *こちの 三重県阿山郡 *こちんく 徳島県 *こってん 三重県阿山郡 *こつの・こつね 三重県阿山郡・名賀郡 *こり 石川県能美郡・江沼郡 *だがえ 石川県河北郡 *だんと 島根県隠岐島 *のげ 三重県志摩郡 *ばんちゃー 沖縄県石垣島 *めしんく 高知県 *めんめく 香川県香川郡「その本ならめんめくに置いてあるわ」 *やど 島根県 佐賀県藤津郡 鹿児島県・鹿児島市「やどおとどけやったもはんか(うちにお届けくださいませんか)」 *らんと 島根県隠岐島 *わーんく 徳島県那賀郡「わーんくでえーほどしごとして(自分の家で十分に仕事をして)」 *わいとこ 大阪市 兵庫県明石郡・神戸市 和歌山県「こいわいとこのや(これは私の家のだ)」 香川県直島 *わいんく 徳島県 *わえ 秋田県仙北郡 和歌山県日高郡「今日はわえにお客さん来たる(来ている)」 *わえとこ 兵庫県明石郡 *わがい 和歌山県東牟婁郡 鹿児島県 *わがうち 香川県 *わがえ 三重県南牟婁郡 島根県出雲 鹿児島県 *わがえー

三重県北牟婁郡　兵庫県神戸市　和歌山県海草郡 ＊**わかた** 島根県鹿足郡・那賀郡　広島県山県郡　山口県大島 ＊**わがた** 広島県高田郡 ＊**わがとこ** 和歌山県　島根県 ＊**わがへ・わぎへ** 三重県南牟婁郡 ＊**わがり・わがれ** 鹿児島県 ＊**わがんて・わがんと** 島根県隠岐島 ＊**わげ** 栃木県大田原市・那須郡 ＊**わこ** 新潟県中越　和歌山県・那賀郡 ＊**わしえ** 三重県志摩郡 ＊**わしがい** 和歌山県日高郡 ＊**わしかた** 広島県佐伯郡　山口県大島　福岡県企救郡 ＊**わしがた** 愛媛県大三島 ＊**わしがんと** 島根県隠岐島 ＊**わしげ** 栃木県上都賀郡　三重県志摩郡・度会郡　鳥取県岩美郡 ＊**わしとこ** 三重県志摩郡 ＊**わしども・わしら** 長野県佐久 ＊**わしゃーらんち**(女性語) 静岡県志太郡 ＊**わしゃい** 和歌山県東牟婁郡 ＊**わしやが** 愛知県 ＊**わしらが** 愛知県八名郡「わしらがではせはしい」・知多郡 ＊**わしらがのうち** 愛知県幡豆郡 ＊**わしらとこ** 長野県上伊那郡 ＊**わしんき** 香川県木田郡・三豊郡 ＊**わしんく**(「く」は場所の意) 徳島県　高知県「わしんくにやってくれんか(私の家で働いてくれないか)」 ＊**わしんち** 香川県高松市 ＊**わしんと** 島根県隠岐島 ＊**わしんとこ** 香川県 ＊**わたいく** 徳島県那賀郡 ＊**わたいんとこ** 大阪府中河内郡 ＊**わたくしょ** 長崎市 ＊**わたんく・わたんき** 愛媛県宇摩郡 ＊**わちげ** 熊本県上益城郡 ＊**わっせ** 和歌山県日高郡 ＊**わったー** 沖縄県首里「わったーんかい　いかに(私の家へ行かないか)」 ＊**わっちげ** 栃木県上都賀郡 ＊**わっとこ** 和歌山県那賀郡・新宮 ＊**わてとこ** 大阪府中河内郡 ＊**わへー** 和歌山県日高郡(女性と小児の語) ＊**われがく** 香川県男木島 ＊**われんとこ** 岐阜県揖斐郡 ＊**わんく** 徳島県美馬郡　高知県香美郡「わんくには先祖の門脇中納言の書いた巻物がある」・長岡郡 ＊**わんげーあ** 岩手県九戸郡 ＊**わんでら** 福井県大野郡 ＊**わんとこ** 新潟県佐渡

いか【烏賊】 ＊**えは** 沖縄県西表島 ＊**きちいか** 奈良県南部 ＊**くぶすぃみ**(大形で胴が太く丸いもの) 沖縄県首里 ＊**ちんちろいか**(小さいイカ) 三重県北牟婁郡 ＊**つーいか** 熊本県天草郡 ＊**つついか** 長野県下伊那郡 ＊**とんきゅ** 鹿児島県肝属郡 ＊**とんきゅーいか** 熊本県天草郡 ＊**ひいか**(小さいイカ) 和歌山市

□の塩辛 ＊**いちゃがらしゅ** 沖縄県首里 ＊**きりこみ** 岩手県上閉伊郡　宮城県仙台市　山形県西置賜郡　新潟県佐渡・中頸城郡 ＊**たたき** 宮城県仙台市　茨城県多賀郡 ＊**もみいか** 新潟県中頸城郡 ＊**もみか** 三重県度会郡

□の墨 ＊**いちゃぬくり** 沖縄県首里 ＊**くり** 鹿児島県喜界島　沖縄県首里・石垣島 ＊**くろおる・くろうり** 島根県隠岐島 ＊**くろくそ** 島根県隠岐島 ＊**くろっぽ** 岩手県上閉伊郡 ＊**くろへ** 和歌山市 ＊**くろみ** 島根県　山口県豊浦郡 ＊**くろめ** 三重県度会郡

干し□ ⇩するめ(鯣)

いがい【意外】 ＊**うまーざからざ** 沖縄県鳩間島 ＊**うまーざはらざ** 沖縄県石垣島 ＊**かんげなし** 鹿児島県屋久島 ＊**がんだい** 岐阜県飛騨・大野郡 ＊**ねっから** 岩手県気仙郡　宮城県玉造郡　福島県相馬郡・東白川郡　長野県佐久 ＊**はなあき** 奈良県 ＊**はなあけ** 岡山県小田郡 ＊**むって** 岩手県気仙郡「むってにやかましい」 岡山県川上郡「むってなこと(思いがけない災難などの見舞いの言葉)」 ＊**むってん** 島根県石見 ＊**むってんごー** 島根県邑智郡「むってんごーな事が起った」 ＊**むてっぽー** 広島県山県郡 ＊**むてん** 島根県鹿足郡・益田市　広島県 ＊**むてんごく・むてんぽー** 広島県 ＊**むてんさく** 広島県甲奴郡 ＊**むてんぽー** 広島県豊田郡 ＊**りょがい** 山口県「慮外なことを聞いた」

→あんがい(案外)・おもいがけない(思掛)・「おもう(思)」の子見出し、「思いも掛けない」「思いも寄らない」

□だ ＊**あじかけない**(「あんじかけない」の転) 新潟県北蒲原郡・東蒲原郡 ＊**あちかけねー** 栃木県塩谷郡 ＊**あっさま** 長崎県五島 ＊**あったられん** 福岡市「あったられんこと言ふちゃいかん」 ＊**あられん** 熊本県玉名郡「あられん話ぁ止めろ」・阿蘇郡 ＊**あんじがけむなか・あんじむなか** 長崎県壱岐島 ＊**あんどもない** 群馬県吾妻郡・勢多郡「そんなことあんどもねえことだ」 ＊**おべたい** 島根県大田市「おべたいな事が起って困った」 ＊**おんばくもなか** 熊本県 ＊**きょーとい** 奈良県吉野郡 ＊**きょたい** 奈良県吉野郡 ＊**きょとい** 奈良県吉野郡　徳島県 ＊**くらすみさぼー** 青森県津軽 ＊**ごもーけ** 広島県高田郡 ＊**じがない** 大分県速見郡 ＊**ぞーたんのごと** 福岡県「ぞーたんのごと(奇異なことだ、おやまあ)」・久留米市「ぞーたんのごつ(意外に、非常に)」 長崎県　熊本県 ＊**たんどもない** 岐阜県吉城郡 ＊**てっしょんね・てっせんね** 鹿児島県 ＊**でほーでもない** 長野県佐久 ＊**とけつもない** 京都府 ＊**とちけむない** 大分県 ＊**とつかもない** 新潟県西頸城郡 ＊**とつがもない** 山梨県南巨摩郡「とつがもないことーえーば(言えば)笑われる」 静岡県志太郡　島根県隠岐島 ＊**とっけむない** 福岡県 ＊**とつけむない** 福岡県　長崎県対馬「とっけむねえ重い品ぢゃ」 熊本県「とっけむにゃあ」「とっけむなか」 大分県西国東郡・日田郡 ＊**とっけもない** 長野県北安曇郡　三重県志摩郡・名賀郡　兵庫県佐用郡　奈良県南大和　島根県隠岐島　徳島県　香川県「とっけもないとこい(所に)置いてある」 愛媛県　福岡県八女郡・福岡市　佐賀県　熊本県玉名郡 ＊**とつけもない** 滋賀県蒲生郡・神崎郡　兵庫県加古郡　和歌山県「とつけもない事を言ひ出す」 鳥取県　岡山県阿哲郡・岡山市「とつけもなえ時に来た」 山口県豊浦郡　香川県　福岡県　長崎県対馬　熊本県八代郡　大分県西国東郡・日田郡 ＊**とっげもない**

福岡県糸島郡 *とつげもない 岡山県苫田郡 *とつけらむない 長崎県対馬「とつけらむねえ大きな音」 *とつけんない 福岡県久留米市 熊本県芦北郡・天草郡「とつけんなか」 *とっげんない・とっげんね 鹿児島県・肝属郡 *とっけんね 鹿児島県 *とっけもない 滋賀県彦根 *とっちもない 福岡県 *とってもない 岩手県九戸郡 *とってもつかぬ 徳島県 栃木県河内郡 群馬県吾妻郡 福井県 岐阜県稲葉郡 滋賀県彦根 *とっぺずもない 新潟県東蒲原郡「とっぺずもね事を言い出す」 *とっぺちもない 島根県出雲「とっぺちもなえ大声をする奴だ」 *とっぺつない 千葉県夷隅郡「とっぺつない方へ行ってしまった」 *とっぺっもない 茨城県真壁郡 栃木県芳賀郡「とっぺっもない野郎だ」 *とっぺつもない 茨城県・稲敷郡 栃木県芳賀郡 千葉県東葛飾郡・夷隅郡 新潟県 *とっぺともない 千葉県香取郡 *とっぺもない 茨城県行方郡 栃木県 *とっぺんない 長崎県五島 *とでこでもない 島根県仁多郡 山口県大島 *とてもない 愛知県西加茂郡・愛知郡「とてもなえ大きい」 *とでもない 長野県諏訪 岐阜県郡上郡「あの人わ、とでもないことゆー人じゃ」 *とへつもない 岐阜県岐阜市 愛知県 *とべっもない 福島県北会津郡 *とべつもない 福島県会津 栃木県芳賀郡 *とぺつもない 青森県三戸郡 *どべつもない 栃木県 *とへんつもない 岐阜県可児郡 *とんがもない 島根県隠岐島 *とんけつもない 島根県石見 *とんばもない 島根県隠岐島 *とんぼーもない 長崎県対馬 *なーして 兵庫県神崎郡 *ないた 島根県美濃郡・益田市「ないたことをするのー」 *なした 新潟県「なした、きれいな花だわ」・南蒲原郡 富山県砺波 岐阜県飛騨「なしたこっちゃ(何ということだ)」 京都府「なしたお上手でしょう」 兵庫県 鳥取県西伯郡 島根県美濃郡・益田市 岡山県津山市 *なっちゃ 岩手県九戸郡「なっちゃもんしんだえ(何するんだ)」 *なひた 島根県美濃郡・益田市 山口県豊浦郡 *なにゃさー 兵庫県淡路島 *なんちゃ・なんちゃー 高知県「何ぼか重かろーと思ーたら、なんちゃー軽いもんじゃ」・高知市 *へんてつもない 茨城県新治郡・石川県 長野県佐久・南佐久郡 *もっけ 秋田県鹿角郡 山形県米沢・西置賜郡 三重県志摩郡 和歌山県「もっけなかお(きょとんとした顔)」 島根県「もっけな事がおこった」 香川県三豊郡 *もっけー 新潟県佐渡

↓おもいがけない(思掛)・とんでもない

□な *しょんた 岩手県九戸郡 秋田県平鹿郡「しょんだ姿(変な姿)」 *とんな 岩手県気仙郡「とんなごどになってしまった」 宮城県仙台市「とんな災難」 山形県「とんなしゃわせで(たいへん好都合です)」 福島県 茨城県西茨城郡 *ひやけな・ひゃっけな 香川県三豊郡 *ひょきな 島根県美濃郡・益田市「お前のことでひょきな話を聞いた」 山口県阿武郡 *ひょくな 広島県大崎上島・山県郡 大分県日田郡(下流)・大野郡 *ひょこじけな 岡山市 *ひょこな 鳥取県日野郡 島根県能義郡 *ひょこなげな 岡山県小田郡 *ひょちな 島根県美濃郡・益田市 *ひょんけた 秋田県鹿角郡・鹿児島県 *ひょんげな 奈良県吉野郡 和歌山県和歌山市・日高郡 島根県鹿足郡 徳島県美馬郡 香川県 *ひょんた 岩手県上閉伊郡 *ひょんたな 岩手県上閉伊郡・気仙郡 *ひょんつくな 島根県邑智郡「ひょんつくな鳥が木の枝にとまっとる」 *ひょんなげーな 山口県大島 *ひょんなげな 岡山県 *ひょんなしな 新潟県佐渡 *ひんこな 島根県能義郡

□に *あだこと 岐阜県 *あだに 愛知県「あだに大きい」 *えてんぽこ 香川県三豊郡 *きどき 鹿児島県肝属郡 *けんご 島根県石見 *ずんと 岐阜県恵那郡 徳島県 *ちーに 島根県出雲「ちーにえーことばっかー続く」 *ちゅーに 島根県石見 *めんぼーかい 栃木県佐野市 *もーく 東京都八王子 神奈川県津久井郡 *おーあみ 千葉県夷隅郡

いかく【威嚇】

↓おどす(脅)

□する *あかうまかます(「灸(きゅう)を据える」の意。人を威嚇する時に言う語) 香川県大川郡 *いきらかす 山口県・豊浦郡 *いぜる(鳥獣などが威嚇する) 熊本県下益城郡 宮崎県東諸県郡 *どっきふっかける 福島県東白川郡 *はったりをかける 茨城県 *ふきつける(親猫が子猫を威嚇する) 長崎県対馬

いがぐりあたま【毬栗頭】 髪をいがぐりのように短く丸刈りにした頭。 *がんにん(「がんにんぼうず(願人坊主)」の連想から) 茨城県新治郡 *がんにんぼー(「がんにんぼうず(願人坊主)」の

方/言/の/窓

●分布パターンの類似

方言分布には、いくつかの型がある。「居る」におけるイル・オルのようなAB型の東西対立はよく知られている。

東西両端に同じ語形が分布するABA型(周圏分布型)は、いくつかの種類に分けられる。その一つは、Aが北関東・東北にかけて東日本北部を広く占領し、西日本では周辺部のみに僅かに分布、Bが広く西日本から東日本南部にかけて分布する「AB－Ba型」である。「灰」におけるアク・ハイ、「目」におけるマナコ・メ、「畦畔」におけるクロ・アゼがこのタイプである(前者がA)。

また、交互分布型の中に「ABABAB A型」という「多重交互分布型」がある。「舌」におけるシタ・ベロ、「ふすま」におけるフスマ・カラカミがこれに当たる。

連想から）岐阜県大垣市 *がんぼじ 長野県東筑摩郡 *ぐりぐりどーしん 埼玉県秩父郡 山梨県南巨摩郡 *ざんぐりあたま 栃木県 *じゃんがら 愛媛県南宇和郡・日振島 *じゃんぎり 島根県 山口県玖珂郡 徳島県 福岡市（五分刈り） *じゃんぎりこべ 新潟県佐渡 *じゃんぼ 岩手県二戸郡 *しゃんぼあたま 青森県上北郡 *ぼーじつぃぶり 沖縄県石垣島 *ぼーずぐり・ぼーずっくり・ぼーずっこ 東京都三宅島 *ぼーずこ 山形県「小枝を切りとって木をぼーずこにした」 *ぼずこ 山形県西置賜郡・北村山郡「頭をぼずこに刈る」 *ぼずこくり 山形県東置賜郡 *ぼずこれ 山形県 *ぼつこれ 山形県北村山郡「ぼつこれ刈る」 *ぼんずこ 宮城県仙台市 *ぼんつくり 山形県 *ぼんつくれ 山形県最上郡 *ぼんつこれ 山形県村山「ぼんつこれなる（はげる）」

いかけや【鋳掛屋】 なべ、かまなどの金物のこわれた部分を、はんだや銅などで修理することを業とする人。 *いもじ 新潟県 山梨県南巨摩郡 静岡県磐田郡 愛知県名古屋市 兵庫県淡路島 和歌山県日高郡 島根県 *いもじや 愛知県知多郡 愛媛県大三島 *かざや 島根県隠岐島 *かんざー・かんぜーく・かんぜーくー 沖縄県首里 *すーほー 佐賀県 *どーや 青森県上北郡・三戸郡 岩手県気仙郡 山形県東田川郡・西置賜郡 *どや 秋田県仙北郡・由利郡 山形県西置賜郡 *どやどの 秋田県平鹿郡 *なーびなくー 沖縄県首里 *なーびぬくー 沖縄県首里・石垣島 *なびんくー 鹿児島県喜界島 *なべのこー 沖縄県宮古島 *なべそそくり 熊本県玉名郡 *なべふさぎ 岩手県気仙郡 熊本県球磨郡 *なべふたき 鹿児島県肝属郡 *なべふたぎ 宮城県登米郡・玉造郡 宮崎県 *なべや 山形県庄内 *ふーすー・ぷーすー・ぷーそー 佐賀県

いかり【錨】 *いから 神奈川県鎌倉郡 静岡県 三重県志摩郡 沖縄県石垣島 *かいて（錨の一種）長崎県対馬 *かいで（錨の一種）岩手県気仙郡 *かぎ 静岡県 *かたつめ 香川県高見島・佐柳島 *かなご 三重県志摩郡 *きっと（小舟の錨）静岡県田方郡 *すばる（かぎのついた錨）長崎県壱岐島 *すばろ・すぼら（かぎのついた錨）新潟県佐渡 *すまり（かぎのついた錨）島根県隠岐島 *すまる（かぎのついた錨）山口県都濃郡 長崎県壱岐島 *つぶら・つぶろ（石の錨）静岡県田方郡 *びょー 三重県志摩郡 *まけ（アイヌ語からという）青森県上北郡 *やまたろー（船の錨）鹿児島県黒島

いかる【怒】 ⇨おこる（怒）

いき【息】 *いしき 沖縄県石垣島 *しこー 愛知県名古屋市「しこうをかける（手に息を吹きかける）」 *しょろ 島根県石見「あんまり痛しゅーて、しょろが切れそうな」 *しょら 山口県玖珂郡「しょらが切れる（命がなくなる）」 *ほーけ（白い息）山口県・豊浦郡 香川県 *ほけ（白い息）兵庫県淡路島 島根県石見「今朝は寒うて口からほけが出た」 岡山県 山口県 徳島県 香川県「ほけをかけて手をぬくめる」 愛媛県松山 高知県 熊本県・八代郡 *ほけし（白い息）兵庫県加古郡・淡路島 徳島県板野郡 *ほけり 島根県大原郡・仁多郡

□**が切れる（を切らす）** *いっぎゅい 鹿児島県鹿児島郡 *しーがきれる 新潟県佐渡 *せーがきれる 山形県 栃木県 群馬県吾妻郡・佐波郡 埼玉県秩父郡・北葛飾郡 神奈川県津久井郡 新潟県佐渡 山梨県南巨摩郡 静岡県磐田郡 鹿児島県・肝属郡 *せーきる 栃木県「せーきって飛ぶようにやって来た」 *せーはらきる 群馬県佐波郡 *せがきゆい・せがきるい 鹿児島県鹿児島郡 *はっかめく 秋田市「（急坂を人力車で登ると）はっかめくもんであった」 *むなもとがくるしー 広島県比婆郡

□**が切れるさま（も絶え絶えなさま）** *かたいき 島根県能義郡・隠岐島 *けっけもっけ 長崎県壱岐島「けっけもっけゆーち走っち来た」 *せーこらせーこら 東京都八王子 *ふいふい 東京都南多摩郡 *ふいらふいら 宮城県栗原郡 神奈川県愛甲郡（病人が生死の境にいる時） *ふっくらふっくら 青森県上北郡

いきぐるしい【息苦】 *あけぶたい 富山県 *いきしんどい 奈良県 *いきずくない 富山県近在 福井県坂井郡 *いきずましー 静岡県・田方郡 *いきだーさーん 沖縄県石垣島 *いきだーしー 大分県大分郡 *いきたい 秋田県平鹿郡・由利郡 山形県 *いきでーしー 大分県北海部郡 *いきでし 宮崎県東諸県郡 *いきでせ 鹿児島県 *いきどい 奈良県南大和 和歌山県那賀郡 *いきどーし・いきどわしー 島根県出雲 *いきどーしー 島根県隠岐島 徳島県 *いきどし 和歌山県 *いきばったい 新潟県西頸城郡 *いきぼたい 宮城県仙台市 山形県米沢市・最上郡 *いきぼったい 宮城県 山形県・米沢市 *いきもらしー 島根県大原郡 *いちじらさん 沖縄県首里 *いっだしか 長崎県五島 *えきごもらしー 島根県出雲・隠岐島 *かなしー 愛知県 島根県隠岐島 香川県広島 *かなしけ 東京都八丈島 *じゅつない 滋賀県蒲生郡 大阪市 *しんどい 福井県南条郡・遠敷郡 兵庫県淡路島 岡山市 高知県 *しんない・じんのえ 新潟県西頸城郡 *ずつない 岐阜県本巣郡 三重県伊賀 滋賀県愛知郡・蒲生郡 大阪市 奈良県吉野郡 和歌山県・那賀郡 高知県 *せこい 兵庫県淡路島 徳島県 *せつなー 島根県石見 *せつない 山形県「あんまり走ったのでせずなえ」 東京都南多摩郡 島根県 長崎県南高来郡・長崎市 *ちきない 石川県 *てきー（小児語）岐阜県郡上郡「坊やどこかてきーかよ」 *てきない 山形県庄内 新潟県・佐渡（頭痛にいうことが多い） 富山県 石川県 福井県 長野県 岐阜県 滋賀県高島郡 京都府 *てけない 富山県 *むなもとがくるしー 広島県比婆郡

いきどおる【憤】 *いきのる 千葉県夷隅郡 ***いさる** 石川県能美郡 ***いぶる** 栃木県 埼玉県秩父郡 ***いぼる** 栃木県 群馬県吾妻郡・勢多郡「そんな所でえぼってねーで早くこい」 埼玉県秩父郡 新潟県 長崎県壱岐島 ***じらまく** 富山県 ***まらむしゃける・むしゃける** 石川県鳳至郡 ***むっしゃける・もしゃける・もしゃやける** 富山県

いきなり【行成】 ***いきあたり** 新潟県佐渡 ***おでっと** 秋田県北秋田郡「おでっと先づょい物を取った」 ***おでんと** 青森県上北郡・三戸郡 岩手県気仙郡「おでんとこう言うのだから、あきれてしまう」 ***おでんぱち** 岩手県九戸郡 ***おでんぺつ** 青森県三戸郡 ***ずいら** 岩手県気仙郡「ずいら顔を出した」 宮城県仙台市 山形県 ***てんがけ** 埼玉県秩父郡「てんがけ食ってかかった」 新潟県西頸城郡 静岡県「てんがけ失敗した」 ***てんずき** 長野県上水内郡・長野市 ***てんずけ** 栃木県 東京都大島 神奈川県愛甲郡 新潟県西蒲原郡・中頸城郡「誰でもてんづけ大将にはなれない」 長野県 ***てんつけ** 茨城県猿島郡・真壁郡 栃木県「てんつけそんなことするな」 埼玉県北葛飾郡「てんつけきかれてもわからねー」 岐阜県恵那郡 岡山県苫田郡 高知県長岡郡 ***てんぼこだし** 埼玉県北足立郡 ***でんぼこだし** 神奈川県高座郡 ***なにっくら** 沖縄県石垣島 ***のずきがけ** 島根県「のずきがけにやられた」 ***はつなり** 千葉県東葛飾郡「山へ行ってはつなり手を切った」 ***ひしゃっと** 岩手県気仙郡 ***びたりと** 山形県「びだり落ちた」 ***ひっぽらかし** 神奈川県中郡 ***ひらっと** 岩手県上閉伊郡 ***びらっと** 岩手県上閉伊郡・気仙郡「俺ぁ来たらびらっと立ってしまった」 ***ひらり** 群馬県多野郡 ***ぴらり・びらり** 岩手県気仙郡「びらりいねぁぐなった」・東磐井郡 宮城県「びらりかっさらって逃げた」 山形県東村山郡 ***べーら・べあら・べあり** 岩手県気仙郡「べぁら取っていった」 ***ぼいり・ぼえらっと・ぼいらぼっと** 岩手県気仙郡「ぼいらぼっと出てきておらたんまげた」 山形県西村山郡 ***ぼえっと** 山形県「ほだえぼえっとやっだて駄目っだなや(そんなに不意に言われてもだめだよ)」 ***ぽえっと** 山形県北村山郡 ***ぼえら** 岩手県気仙郡 山形県「脳溢血でぼえら死んだ」 ***ぽえら** 山形県 ***ぼえらさっと・ぽえらさっと** 山形県西置賜郡 ***ぼえらさと** 山形県米沢市 ***ぼえらと** 岩手県上閉伊郡 ***ぼっぽり** 岩手県気仙郡「ぼっぽりでで来た」 ***むさと** 福岡市 ***めのちりはらわぬうち** 愛知県西春日井郡 ***めのちりはらわぬま** 愛知県名古屋市 ***ものゆわず** 山形県「ものゆわず、ぶったたいた」

↓「きゅう(急)」の子見出し、「急に」・とつぜん(突然)

いきる【生】 ***いきこえる** 滋賀県犬上郡「ほら(そりゃ)くろーしていきこえた」 ***いきるがましげ**(いつまでも生きているようなさま) 島根県「いつまでもいきるがましげに働かんでもよからーが」・出雲 ***いちみ**(現世に生きていること) 沖縄県首里 ***おる**(生きている) 宮城県加美郡「おりした(居ます)」・仙台市 東京都大島 新潟県中蒲原郡・佐渡「じっとおる」 富山県東礪波郡・射水郡 石川県輪島市・鹿島郡 福井県大野郡「おってやか(居ましたか)」 長野県上田 岐阜県 愛知県 三重県阿山郡 滋賀県彦根 京都府 奈良県南部「内のお父さんおられます」 鳥取県気高郡 島根県邑智郡・鹿足郡 岡山県津山・真庭郡 広島県「をりゃあーへん」 徳島県 香川県 愛媛県(同輩や目下の者に) 熊本県 宮崎県西臼杵郡 鹿児島県鹿児島郡 ***しょーじみ**(現に生きていること) 長崎県壱岐島 ***ながいきり**(長く生きること) 岐阜県飛騨 ***まめじょーがましげ**(いつまでも元気で生きているようなさま) 島根県出雲市・八束郡

いく【行】 ***あっちゅん** 沖縄県首里「うみぁっちゅん(海を行く。つまり、航海する。また、漁をする)」 ***いじゃ**(行こう) 山形県「学校にえじゃ」 長野県「遊びにいじゃ」 静岡県・小笠郡 愛知県「まあ、いじゃ」 ***いじゃ**(行け) 長野県「さーいっしょにいじゃ」 ***いじゃー**(行こう) 青森県三戸郡 静岡県榛原郡「早くいじゃー」 ***いたる** 福岡県 佐賀県東松浦郡・佐賀郡「もっていたちくれんなー(持って行ってください)」・下益城郡 長崎県 熊本県天草郡「いたって来るわい」 宮崎県 鹿児島県「早よいたて」 ***いぬ** 三重県志摩 兵庫県佐用郡・赤穂郡 和歌山市 ***いぬる** 愛知県 京都府 兵庫県赤穂郡 島根県出雲「けふは学校へえんだやや(行ったか)」 ***うさーる**(卑語) 山梨県南巨摩郡 ***うさる**(卑語) 東京都大島 神奈川県・津久井郡・中郡 新潟県佐渡 山梨県・南巨摩郡 長野県中部 ***うする**(卑語) 佐賀県 長崎県壱岐島 熊本県玉名郡 ***うせずる**(卑語) 岐阜県郡上郡 ***うせる**(卑語) 埼玉県秩父郡「野郎、どこへうせた」 神奈川県津久井郡 新潟県・刈羽郡 富山県砺波 山梨県 長野県西部 岐阜県岐阜市・郡上郡 静岡県・志太郡 愛知県 三重県 滋賀県彦根・蒲生郡 和歌山県東牟婁郡 岡山県吉備郡 徳島県・美馬郡 香川県 愛媛県越智郡・伊予郡 高知県 佐賀県 長崎県北松浦郡・五島 大分県日田郡 ***うっせる**(卑語) 新潟県三島郡 ***おっぱしる** 神奈川県津久井郡 ***くー** 鳥取県米子 ***くえる** 広島県比婆郡 ***くる** 富山県「あしたきっとあんたのうちへくる」・砺波 石川県鳳至郡・鹿島郡「待っとれ、今来る」 岐阜県東部「そっちへくる」 鳥取県米子「あしたくーけん(行くから)」・西伯郡 島根県隠岐島「来ます(行きます)」 佐賀県西松浦郡 長崎県 熊本県「こん(行かない)」 宮崎県西臼杵郡 鹿児島県・肝属郡 ***けざがる**(卑語) 秋田県 ***けつかる**(卑語) 青森県上北郡 岩手県上閉伊郡「早くけづがれ」 山形県最上郡 茨城県稲敷郡 新潟県佐渡・岩船郡・西田川郡郡「さっさとけつかれ」 富山市近在「けつかるかも知れん」 福井県・坂井郡 山梨県 三重県度会郡 和歌山県西牟婁郡 *こえる 岡山県真庭郡 広島県庄原市「奥へこえてつかあさい(通って下さい)」 *こじく(卑語) 茨城県稲敷郡「こじかれ(行け)」 埼玉県北足立郡・入間郡 千葉県「あっちへこじいてろ」 神奈川県三浦郡「こじきゃーがれ」 長野県下伊那郡 静岡県 愛知県奥設楽 *こだく 茨城県稲敷郡「こだけ」 *ころげる 茨城県那珂郡「ころげろ(行けよ)」 *さでいく 熊本県 *しゅーい 鹿児島県喜界島 *ちゅーん 沖縄県首里 *でる 東京都八丈島「借りてでるわよい(行きますよ)」 高知市「私が御宅へでて御話をいたします」 *とーつく 富山県婦負郡「とーつけ(行け)」 *なゆん 沖縄県首里「あまんかい なれー(あっちに行け)」 *のめくる(卑語) 青森県津軽 秋田県鹿角郡「何処さだりのめくれ(どこへでも出てうせろ)」 *のんめくる(卑語) 秋田県「よくのんめくる奴だ」 *はーしる 群馬県勢多郡「あの子ははあしったか」 *はう 茨城県久慈郡「はーてしまった」 *ぱうい・ぱゆい・ぱゆり 鹿児島県喜界島 *はしる 群馬県勢多郡 山梨県南巨摩郡「うらー(私は)一人で山いはしる」 長野県北安曇郡 佐賀県・佐賀郡 *ぱしる 静岡県安倍郡 *はるん 沖縄県竹富島 *ぱるん 沖縄県八重山 *ひるん 沖縄県与那国島 *ぶっくらせる 千葉県君津郡 *ほける(卑語) 奈良県高市郡「でてほけろ(出ていきやがれ)」 *やってく 愛知県知多郡「どこへやってくのだい」 *ゆかす 福岡県八女郡 *わーるん 沖縄県与那国島 *わす 東京都八丈島「どけーわす(どこへおいでになりますか)」

□の謙譲語 *さにます 奈良県宇陀郡 *さんじます 新潟県佐渡 三重県志摩郡 大阪市 兵庫県明石郡 奈良県「ぢきにさんじますから少しお待ち下さいませ」 和歌山市「もうそこへさんじました」 広島県高田郡 山口県 香川県 長崎市 *さんにます 和歌山県 *さんります 和歌山県那賀郡 *まかいでる 島根県「夜分にまかえでます」 *まかす・まかんす(「まかりもう(申)す」の転) 鹿児島県・薩摩「まかんそ(参りましょう)」 *まかっでる 熊本県玉名郡 *まかりできる 宮城県栗原郡・仙台市 山形県米沢市「そっちにまがりでぎる」 *まかりでる 宮城県仙台市 *まかる 鹿児島県薩摩 *まかんできる 宮城県石巻・仙台市 *まけんす 宮崎県東諸県郡

□の尊敬語 *いじゃく 長野県西筑摩郡「いじゃけ(共に行け)」 岐阜県恵那郡「いぢゃかっせ(おいでなさい)」 *いじゃる 新潟県 長野県「てってといじゃれ(急いで行けよ)」 静岡県榛原郡「一緒にいじゃってくりょーや」 *いめーん 沖縄県首里 *いめんせーん 沖縄県首里(かなり目上の者に対して使う) *うじゃる 山形県 *うもーうい・うもーゆい 鹿児島県喜界島「うもーり・よー(さようなら)」 *えざる 青森県三戸郡 *おいきる 岡山県備中 *おいだりやす 長野県上田 *おいだる 山形県米沢市・南置賜郡 *おいでます 奈良県南大和 島根県出雲 広島県庄原 長崎県壱岐島 *おいでやす 長野県佐久 *おいでる 宮城県本吉郡 山形市 栃木県 富山県砺波 福井県遠敷郡 長野県諏訪・上伊那郡 岐阜県 静岡県志太郡 愛知県 三重県 滋賀県彦根・蒲生郡 京都府 和歌山市 島根県大原郡 山口県・豊浦郡 徳島県美馬郡・海部郡 香川県 愛媛県周桑郡・喜多郡 高知県香美郡・高知市 熊本県阿蘇郡 大分県 *おいる 山形市 福岡県久留米 *おーるん 沖縄県石垣島「おーり(命令形。来い、居れ、行け)」 *おさいじゃる 鹿児島県肝属郡 *おざらっしゃる 岩手県胆沢郡 *おざる 秋田県河辺郡(命令形のみ)・仙北郡 山形県最上郡「太鼓もっておざれ」 福島県若松市・大沼郡 岐阜県 *おじゃす 鹿児島県熊毛郡 *おじゃる 秋田県「尊い人がたおじゃれば」 山形県最上郡 福島県若松市・大沼郡 東京都八丈島「どけえおじゃりやるか」 岐阜県 愛知県知多郡 三重県志摩郡・度会郡 滋賀県 京都府 島根県能義郡・隠岐島 愛媛県大三島 宮崎県東諸県郡・都城 鹿児島県 *おでーる 青森県三戸郡 岩手県宮古市・気仙郡 秋田県鹿角郡 福島県相馬郡 *おでやる 長野県上高井郡 *おなはる 山形県 *おやーる 岐阜県郡上郡 *おやる 長野県上高井郡 滋賀県 *おんざる 秋田県雄勝郡 *おんじゃる 岐阜県北飛騨 *おんなる 宮城県仙台市「さぁ早くおんなえ」 福島県相馬 *がす 宮城県南部・仙台市 *ごあはんす 和歌山県西牟婁郡 *ごあんす 熊本県球磨郡 *ごいす 滋賀県滋賀郡 和歌山県日高郡・東牟婁郡 島根県石見 広島県豊田郡・比婆郡 *ございす 石川県鳳至郡 和歌山県東牟婁郡 *ございます 富山県東礪波郡 *ござっさる 山形県山形市・南村山郡「ござっさえ」 *ござっしゃる 山形県 茨城県那珂郡 新潟県三島郡 山梨県中巨摩郡・北巨摩郡 和歌山県東牟婁郡 島根県出雲 *ござはる 山形県庄内 滋賀県坂田郡・東浅井郡・彦根 *ござへんす 石川県能美郡 *ござらす 島根県隠岐島 *ござらっしゃる 岩手県胆沢郡 茨城県久慈郡・那珂郡 東京都大島 静岡県 愛知県東春日井郡 島根県八束郡・大原郡 *ござります 岩手県胆沢郡 茨城県稲敷郡「ござりますか(お帰りですか)」 群馬県吾妻郡 千葉県君津郡 奈良県吉野郡 *こざる 新潟県西頸城郡 *ごさる 宮城県仙北 山形県米沢 福島県相馬郡 茨城県北茨城郡 石川県江沼郡 鹿児島県 *ござる 岩手県江刺郡・胆沢郡 宮城県 山形県 福島県 茨城県 群馬県吾妻郡 埼玉県秩父郡 新潟県「お道早早ござれ(早くお帰りなさい)」 富山県 石川県加賀 福井県 山梨県 長野県「ござってお休み」 岐阜県 静岡県 愛知県 三重県 滋賀県 京都府 大阪府泉北郡 奈良県吉野郡「用心しての帰ってござれよ」 鳥取県 島根県 広島県比婆郡・高田郡 山口県 福岡県 佐賀県 長崎県 熊本県・芦北郡・八代郡 宮崎県東臼杵郡 *ござんさる 長崎県壱岐島 *ござんす 岩手県胆沢郡 福島県中通 石川県羽咋郡 三重県度会郡「ござんし」 島根県隠岐島 香川県 大分県北海部郡・大分郡 *ごじぇます 新潟県佐渡 *ごじゃる 和歌山県日高郡「ごじゃれ」 *ごす 和歌山県東牟婁郡「ごしょ」 広島県双三郡・高田郡 *ごぜんす 石川県能美郡 *ごだえます 島根県簸川郡・大原郡 *ごだっしゃる 島根県出雲 *ごだらっしゃる 静岡県 *ごだる 静岡県 島根県大原郡 山口県大島 *ごだんす 島根県隠岐島 *ごっさる 岡山県苫田郡 *ごらす 新潟県三島郡 *ごんざる 秋田県由利郡 山形県 *こんす 新潟県佐渡 三重県志摩郡「こんせ」 京都府加佐郡 奈良県吉野郡 香川県小豆島 徳島県 高知県 大分県大分郡・西国東郡(中流以下) *ごんす 福井県遠敷郡「おくえごんしたや(奥へいらっしゃったのですか)」 滋賀県 京都府 大阪府泉北郡 兵庫県飾磨郡・明石郡 奈良県 和歌山県東牟婁郡・西牟婁郡 岡山県備中 高知県高岡郡・幡多郡 *めーん・めんせーん・もーゆん 沖縄県首里

うまく□ *いける 青森県三戸郡「口がいける(おしゃべりが達者である)」 岐阜県北飛騨「あのざまはどうぢゃ。いけたもんでない」 高知県高岡郡 *でぃかし(うまく行くこと) 沖縄県首里 *でぃかしゅん 沖縄県首里 *でぃがしん 沖縄県石垣島 *でぃきゆん 沖縄県首里 *はかいき(うまく行くこと) 島根県「はかいきな仕事をする」 広島県比婆郡 熊本県玉名郡 *はかじゆき(うまく行くこと) 新潟県「はかじゆきに」 *はかゆき(うまく行くこと) 鳥取県

いくじなし【意気地無】 *あかんたれ 大阪市 兵庫県 岡山県児島郡 *あかんちょ 兵庫県加古郡 *あかんつ 和歌山県 *いきしみったれ 和歌山県 *いじくされ 宮城県登米郡・石巻「おらぇのわらすとも、えずくされでやっせねぁ(やるせない)」 島根県美濃郡・鹿足郡 *いじくなし 山梨県南巨摩郡 *いじなし 佐賀県藤津郡 熊本県天草郡 *いじもたず 佐賀県藤津郡 *うとむし 神奈川県津久井郡 *えーさま・えーさまなし(人をあざけって言う語) 岩手県気仙郡「ええさまなしやろうなもんだ」 *おたら 神奈川県中郡 *おびえぐそ 愛知県名古屋市 *おびんくそ 香川県直島 *おびんた 兵庫県赤穂郡 *おびんたー 兵庫県明石郡 *おびんたれ 兵庫県加古郡・明石郡 *おんずくなし 福島県会津 *がしんたれ 大阪府大阪市・泉北郡 *がしんだれ 京都府宇治郡 *きもなし 熊本県天草郡 *きょーぎゃなし 熊本県天草郡 *きんたまなし 三重県志摩郡 *ぐーた 長崎県北松浦郡「うちの下女はぐーたで困る」 *ぐーだ 沖縄県首里 *ぐーたもんなし 新潟県佐渡 *ぐーたらべー 新潟県西蒲原郡 静岡県「この児はぐーたらべーだよ」・安倍郡 *ぐーだらべー 静岡県 *ぐーたれ 長崎県対馬 *ぐーたれべー 千葉県 *ぐず・ぐずったれ 新潟県中越 *ぐずめき 岩手県上閉伊郡 *くそきったれ 宮崎県西諸県郡 *くそたれ(「恐怖の余り脱ぷんする者」の意) 新潟県佐渡 宮崎県東諸県郡 鹿児島県 *くそったれ 新潟県三島郡 *ぐた 岐阜県養老郡 *くらげ 神奈川県中郡 *げーしょたーれ 長崎県対馬 *こんじょくされ 埼玉県北葛飾郡 *ざまなし 新潟県佐渡 熊本県天草郡 鹿児島県鹿児島郡 *しきとれ 大分県東国東郡 *しくた 静岡県安倍郡・榛原郡 *じくたれ 秋田県平鹿郡 *じくっかし 神奈川県津久井郡 *しぐなし 山形県西田川郡 *じくなし 青森県津軽 岩手県 宮城県 山形県西田川郡 群馬県勢多郡・佐波郡 埼玉県秩父郡 山梨県 *じぐなし 秋田県 *じくぬけ 岩手県九戸郡 神奈川県津久井郡 *じくねぁもの 秋田県平鹿郡 *じごぼ 青森県三戸郡 *じちなし 山梨県・南巨摩郡 静岡県 *じつなし 静岡県 *じゃまぬけ 青森県上北郡 岩手県九戸郡 *じゃまのけ 青森県津軽 *じょーどなし 岩手県気仙郡 *しょーなし 岩手県気仙郡 新潟県佐渡 *しょーねなし 新潟県西頸城郡 長野県下伊那郡 岐阜県北飛騨「道楽ばっかりして、このしょーねなし奴」 島根県石見 高知県 大分県速見郡・大分郡 *しょーべんたれ 新潟県佐渡 *しょこたれ 愛媛県 *しょろけ 群馬県館林 *しりひえ 愛知県知多郡 長崎県南高来郡 大分県大分郡 *ずくたれ 岩手県岩手郡・和賀郡 秋田県平鹿郡 山形県 福島市 岐阜県飛騨 *ずくなし 青森県 岩手県 秋田県 山形県 群馬県吾妻郡・多野郡 新潟県佐渡 山梨県 静岡県榛原郡 *ずくぼー 岩手県紫波郡 *ずつなし 千葉県上総 神奈川県津久井郡 静岡県「ずつなしな人だ」 *すてかぶり 奈良県吉野郡 *すぼねなし 香川県仲多度郡・塩飽諸島 *だらー・だいむん 沖縄県首里 *だんこのげ 青森県津軽 *どずくなし・どんずくなし 青森県津軽 秋田県仙北郡 *なまくら 福岡市 *ぬーなし 長崎県壱岐島「太かばっかりで(大きいばかりで)ぬーなし」 *ぬってつつー 佐賀市 *のーくれ・のーくれもの 島根県石見 *のーされ 島根県美濃郡・益田市 *のーたれ 長崎県対馬 *のっけ 岩手県上閉伊郡 *のっけなし 青森県津軽 秋田県仙北郡 *のっぺし・のっぺー 長野県佐久 *ひーたれ 佐賀県 *びーたれ 島根県石見 山口市 *びーだれ・びんだれ 愛媛県大三島 *ひきずり 長野県北安曇郡 *ひきょー 静岡県庵原郡 *ひきょーさく 山口県祝島 *ひきょーたれ 三重県阿山郡 *ひきょーもの 三重県 *ひきょたれ 奈良県吉野郡 *ひきょもん 鳥取県気高郡 *びたたいむん 沖縄県首里 *びったれ 高知県・幡多郡 *びっちく・びっちく・びっちくたかり 山形県西置賜郡 *ひもじかれ 福井県坂井郡 *ひょこた

れ香川県三豊郡 *びんたー広島県比婆郡 *ふぎりこんじょー(不義理根性)・ぶきりこんじょー岐阜県大垣市 *へこたれ山形県最上郡・東田川郡 茨城県久慈郡 栃木県 長野県下水内郡 滋賀県彦根・蒲生郡 島根県石見・出雲「そがーなへこたれでは責任は果されん」 香川県 愛媛県松山 高知県 福岡県 佐賀県 長崎県南高来郡 熊本県 大分県 *へごたれ福井県 滋賀県神崎郡 *へこたれがんす愛媛県松山 *へこたれもん福岡県久留米市・三井郡 *へごっちゃれ・へごっちゃくれ新潟県西蒲原郡 *へちゃまくれ・へちゃもぐれ青森県三戸郡 *へとどなし・へとなし・へんとこなし・へんとなし・へんどなし新潟県刈羽郡 *へんごたれ新潟県三島郡 *へんごったれ新潟県 *へんなし新潟県 *ほーだいなし・ほーべーなし新潟県佐渡 *ぼんくら山形県最上・村山 *みじく長野県下伊那郡「みぢくな奴だ」 *みつれなし岩手県盛岡市 *みのくなし山形県村山 *みのこなし岩手県和賀郡・気仙郡 宮城県栗原郡 秋田県 山形県北村山郡・最上郡 *むでむね宮崎県東諸県郡 *もじかれ福井県坂井郡 *やくざ栃木県安蘇郡「やくざな野郎だ」 埼玉県川越市 千葉県夷隅郡 新潟県 福井県足羽郡・南条郡 京都府 島根県出雲 *よーばれおとこ(小児語)福岡市 *よーばれごし福岡市 *よてくず千葉県君津郡 *よぼ・よぼそー長崎県対馬 *よらがね熊本県八代郡・芦北郡 *ろくでなし長野県諏訪

→おくびょうもの(臆病者)・よわむし(弱虫)

いくつ【幾】 *なぼ宮城県登米郡 山形県庄内「なぼだば」 *なんつ新潟県佐渡「なんつになったか」 *なんぶ山形県東田川郡「なんぶゆだがい(幾ついるのかい)」・米沢市 高知県・幡多郡 宮崎県・日南市・青島 鹿児島県 *なんぼ北海道「これはなんぼですか」・松前郡 青森県 岩手県 宮城県「あんだの年なんぼでがす」 秋田県 山形県 福島県 栃木県 埼玉県川越・入間郡 千葉県長生郡・夷隅郡 新潟県 福井県遠敷郡・敦賀郡 山梨県南巨摩郡 長野県 岐阜県美濃 静岡県富士郡 三重県 滋賀県犬上郡・蒲生郡 京都府 大阪府 兵庫県 奈良県 和歌山県 鳥取県 島根県「なんぼねなってでしかね(いくつになられますか)」 岡山県津山付近 広島県・倉橋島・佐木島・能美島 山口県都濃郡・祝島・下関市 徳島県 香川県 愛媛県 高知県 福岡県小倉市 熊本県下益城郡 大分県 宮崎県延岡市 *なんぽ栃木県芳賀郡 *なんぼー青森県南部 岩手県岩手郡・下閉伊郡 宮城県仙台市「なんぼうしゃ」 茨城県多賀郡 栃木県河内郡 群馬県北甘楽郡 埼玉県入間郡 東京都八王子 神奈川県津久井郡 石川県羽咋郡 山梨県 静岡県 兵庫県神戸市 島根県「全部でなんぼーでしかねえ」 岡山県 広島県 山口県 徳島県・美馬郡・那賀郡 香川県手島・広島・小豆島 *なんぼかんぼ島根県 *なんぼつ秋田県河辺郡

いくら【幾】 *ちゃっさ沖縄県首里 *どがしこ福岡県「どがしこ心配したかわからぬ」 長崎県 熊本県「どがしこでん(どれくらいでも。続く限り)」 *どがっしょ長崎県壱岐島 *どしこ福岡県筑後「どしこでん(いかほどでも)」 熊本県玉名郡 宮崎県都城「どしこな(いくらですか)」 鹿児島県「どしこばっかり」 沖縄県 *どすこ鹿児島県枕崎市「あすかどすこあっかねー(あそこはどのくらいあるかねえ)」 *どひこ鹿児島県屋久島・鹿児島郡 *どりがしこ福岡県山門郡 *なぼ宮城県登米郡 山形県庄内「なぼだば」 *なんぶ山形県東田川郡・米沢市 高知県・幡多郡「これなんぶだすそねえ」 宮崎県・日南市・青島 鹿児島県 *なんぼ北海道「これはなんぼですか」・松前郡 青森県「じぇねこぁなんぼでごあすだか(値段はいくらでございますか)」 岩手県 宮城県 秋田県 山形県「なんぼころ出したらよがんべ(どのくらい出したらよいだろうか)」 福島県 栃木県 埼玉県川越・入間郡 千葉県長生郡・夷隅郡「なんぼ仕事をしても同じだ」 新潟県 福井県遠敷郡「なんぼやねや(いくらですか)」・敦賀郡 山梨県南巨摩郡 長野県 岐阜県美濃 静岡県富士郡 三重県 滋賀県犬上郡・蒲生郡 京都府 大阪府 兵庫県 奈良県 和歌山県 鳥取県 島根県 岡山県津山付近「なんぼほどつかーさりゃー(いくらくらいもらえますか)」 広島県・倉橋島・佐木島・能美島 山口県都濃郡・祝島・下関市 徳島県 香川県 愛媛県 高知県「こりゃなんぼぜよ(これはいくらかね)」 福岡県小倉市 熊本県下益城郡 大分県 宮崎県延岡市「そん花わなんぼぢゃろーかい」 *なんぽ栃木県芳賀郡 *なんぼー青森県南部「なんぼうほしけい(いくらほしいかな)」 岩手県岩手郡・下閉伊郡 宮城県仙台市 茨城県多賀郡 栃木県河内郡 群馬県北甘楽郡 埼玉県入間郡 東京都八王子 神奈川県津久井郡 石川県羽咋郡 山梨県「なんぼー悲しんどーうてしょーうがない」 静岡県 兵庫県神戸市 島根県「全部でなんぼーでしかねえ」 岡山県 広島県 山口県 徳島県・美馬郡「その花はなんぼーするかえ」・那賀郡 香川県手島・広島・小豆島 *なんぼかんぼ島根県「なんぼかんぼ言って聞かせても悪いことをする」 *へーば沖縄県竹富島 *ほんぼ新潟県新発田

□**でも** *ちゃっさん・ちゃっさんかっさん沖縄県首里「ちゃっさんこーゆん(幾らでもたくさん買う)」 *どんぼ香川県観音寺市「どんぼあげらい」 *なんぼだり宮城県石巻「なんぼだり買ってけさえ(買って下さい)」 秋田県鹿角郡「なんぼだり食へ」 *なんぼだれ岩手県気仙郡「なんぼだれ寄附してけらえ」 *のっぺーに岩手県気仙郡 *のっぺなし宮城県遠田郡 新潟県東蒲原郡 *のべつなしに愛媛県周桑郡・伊予郡「あの人はさっきからのべつなしにしゃべっとる」 *の

ぺとろく 青森県上北郡 *のべに 千葉県香取郡「のべにある」

□も(下に打ち消しを伴う) *なにばいしも 愛媛県松山「こらなにばいしもない」 *なにばくも 宮城県仙台 山形県「なにばぐも入ってない」 *なにばこも 宮城県仙台「おらどこのあきないなんと、なにばこも儲かりいん」 山形県 *なにばっこも 宮城県石巻「なにばっこも残ってゐなぇ」 *なんばく 秋田県雄勝郡「ここから岩崎まではなんばぐない」 *なんばしも 長野県西筑摩郡 *なんぼーかし・なんぼーかしも 島根県石見「松江い行くにゃーなんぼーかし金が要らん」 *なんぼし 高知県・高知市「今は値が安いきにこれ丈売ってもなんぼし儲かりません」 *なんぼしだえ 島根県簸川郡「京都え行くのにはなんぼしだえ金は要らん」 *なんぼだえ 島根県隠岐島「まだなんぼだえ使っちょらのんだけに」・出雲 *なんぼだり 島根県 *なんぼばし 福島県「残りなんぼばしもねい」

いけ【池】 *あわ・あわら 山形県村山 *いけす 秋田県南秋田郡 山形県 茨城県新治郡・真壁郡 千葉県東葛飾郡・夷隅郡 新潟県(庭池)・中頸城郡(庭池)・佐渡(小さい池) 富山市 長野県上伊那郡(庭池) 岐阜県 滋賀県彦根 広島県・比婆郡(庭池) 大分県 *いけっぽ 栃木県 群馬県邑楽郡 *いけんど 滋賀県坂田郡・東浅井郡 *いけんぼ 栃木県 群馬県佐波郡 *いちたらい・いついたらい 沖縄県与那国島 *かわ 山形県村山 山口県阿武郡 *くむい 沖縄県・首里「くむいばた(池の端)」・与那国島 *くむり 鹿児島県奄美大島 沖縄県石垣島・小浜島 *じゃぼ 島根県那賀郡 *すがま(庭池) 愛知県西春日井郡 *すはま(庭池) 愛媛県宇摩郡 *すわま(庭池) 愛知県愛知郡・碧海郡 *せんざい 兵庫県淡路島 *せんし 秋田県鹿角郡 *せんす(「せんすい(泉水)」の転) 秋田県仙北郡 *せんせんば(幼児語) 富山県 *せんちー 山形県飽海郡 *たてぼり 山形県西置賜郡 *だぶ 山口県「だぶへ行って真菰を取って来んかい」・大島 *だぼ 島根県石見 *だぼかえ 山形県西置賜郡 *だぼぼ・だぼれ 島根県 *だぼり 島根県簸川郡「だぼりの中え落ちて下駄を泥だらけにした」 *たまり 大分県大分市・大分郡 *たまりいけ 栃木県 *ため(庭池) 新潟県佐渡 *だんぶ 長崎県五島 宮崎県 *たんぼ 三重県 滋賀県蒲生郡 奈良県・南葛城郡 島根県 広島県 山口県阿武郡 香川県 福岡県久留米市 長崎県 熊本県 大分県 *たんぽ 福井県南条郡 滋賀県甲賀郡 奈良県南葛城郡 島根県 山口県大島 香川県小豆島 愛媛県 佐賀県唐津市 熊本県玉名郡 大分県津久見市 宮崎県・東諸県郡 *たんぽー 山口県長門 *たんぽこ 新潟県岩船郡 *たんぽち 三重県・度会郡 *つつみ 青森県津軽 秋田県雄勝郡 福島県・会津 群馬県勢多郡 新潟県 富山県・高岡市 石川県珠洲郡 長野県更級郡 静岡県・安倍郡 兵庫県但馬 岡山県・苫田郡 広島県・山県郡 山口県豊浦郡 熊本県玉名郡 大分県 *どて 岡山県阿哲郡 *どぶ 新潟県西頸城郡(泉水) 富山県 福井県大野郡 長野県上伊那郡・佐久 静岡県小笠郡 *どぷら 長野県長野市・上水内郡 *どぼす 富山県砺波 *どぼり 宮崎県東臼杵郡 *どんぶ 福井県大野郡 岐阜県郡上郡 *どんぶー 福井県 *どんぶる 富山県砺波 *どんぼ 岐阜県郡上郡 *ふむい(海岸のくぼみの水たまり) 鹿児島県喜界島 *へにち・へにつ 山形県飽海郡 *ほり(また、庭池) 秋田市 石川県能美郡 広島県芦品郡・高田郡 山口県 大分県大分市・大分郡 *ぼり(また、庭池) 富山県 *ほるばた(また、庭池) 富山県砺波 *ゆつ 兵庫県佐用郡

いけない *あかすか 岐阜県可児郡 愛知県一宮市・東春日井郡 *あかせん 岐阜県養老郡 *あかな 兵庫県神戸市 和歌山県 *あかぬ 三重県伊勢 *あかひん 奈良県 *あかへん 岐阜県養老郡 三重県伊賀 滋賀県南部 大阪市 兵庫県神戸市 奈良県 長崎県南高来郡 *あかん 新潟県上越 富山県 福井県 長野県下伊那郡 岐阜県 静岡県 愛知県 三重県「あの男ぁーいよいよあかんにゃー」 滋賀県南部 京都府「もーあんなことをしたらあかんど」 大阪府 兵庫県 奈良県 和歌山県 岡山県苫田郡 徳島県 香川県 愛媛県今治市・周桑郡 高知県 *あきません 愛知県中島郡・東春日井郡 三重県伊勢 兵庫県神戸市 和歌山県 *あきまへん 滋賀県蒲生郡 京都府 兵庫県佐用郡・神戸市「近頃さっぱりあきまへんわ」 愛媛県周桑郡 *あきゃせん 岐阜県稲葉郡 愛知県東春日井郡 滋賀県彦根 兵庫県神戸市 和歌山県有田郡・牟婁 *あきゃひん 京都府竹野郡 *あきゃへん 大阪府泉北郡 *あくかー・あくかいよ 和歌山県 *あくかえ 大阪府泉北郡 和歌山県 *あくかよ 奈良県南葛城郡 *あくきゃーな 京都府竹野郡 *あくもんで 和歌山県「そんな事をしてもあくもんで」 *あけせん 福井県足羽郡 愛知県東春日井郡 *あけへな 和歌山県北部 *あけへん 大阪市 兵庫県赤穂郡・神戸市 和歌山県北部 徳島県 *あこーに・あこーちー 奈良県吉野郡 *あこかー(困った時に発する語) 長崎県南高来郡 *あこかい 滋賀県彦根 *あすけん・あっけん 愛知県東春日井郡 *あっかえ・あっかん 大阪府泉北郡 *いかな・いかなー 香川県三豊郡 *いかない 福島県耶麻郡 栃木県 群馬県吾妻郡・多野郡 香川県 愛媛県周桑郡 高知県 *いかんあんたな 大分県 *いけせん 茨城県水戸市 三重県度会郡 *いけらん 大分県南海部郡 *いけりゃーせん 鳥取県・岩美郡・気高郡 岡山県 *いけん(「いけぬ」の転) 山形市 新潟県佐渡 福井県遠敷郡 山梨県南巨摩郡 長野県上伊那郡 岐阜県恵那郡 静岡県榛原郡 三重県 滋賀県蒲生郡 兵庫県但馬 奈良県 鳥取県 島根県 岡山県 広島県安芸郡・豊田郡 山口県 香川県三豊郡

愛媛県　高知県鵜来島・幡多郡・高岡郡　福岡県小倉市　長崎県対馬・南高来郡　大分県　鹿児島県種子島　*いけんやんせん 茨城県猿島郡　*いらん 三重県志摩郡　滋賀県彦根・犬上郡　奈良県　島根県出雲「もうお前さんは、私の家へ来てえらんけんてて」　*おえない 埼玉県北葛飾郡　千葉県　*おえん 静岡県遠江「そんなことしちゃおえんよ」　岡山市　香川県直島　*げーない 岩手県北部　*さえん（動詞「さえる」に打ち消しの助動詞の付いたもの）島根県邑智郡「われらー、六時までに起きんにゃーさえんでー」　*だしかん 岐阜県飛驒・郡上郡　*だちあかん 新潟県西蒲原郡　富山県高岡市　岐阜県稲葉郡　*だちがあかん 香川県　*だちかん 新潟県佐渡「年が寄ったもんだすけん、だちかんけん」　富山県「だちかなんだ」　福井県　岐阜県「こらっ、だちかん」　愛知県　*だちくちあかん 新潟県佐渡　*だちこちはあかん 島根県石見　*だちゃあかん 岐阜県飛驒　宮崎県西臼杵郡・西諸県郡　*だちゃかん 新潟県西頸城郡　富山県・砺波　石川県　福井県　岐阜県　愛知県東春日井郡　*だっちゃかん 富山県　石川県　*だっちゃかんない 富山県東礪波郡　*だやかん 福井県　*ちれー・ちれーむん（してはいけないこと）沖縄県首里　*ぼく（してはいけないこと）茨城県猿島郡　愛媛県　福岡市　大分県　宮崎県「わりどまろくぢまえおきにゃーぼくぞ（お前達は六時前に起きなければいけないよ）」　鹿児島県肝属郡「ぼくぎゃった（だめでした）」　*ぼっ（してはいけないこと）鹿児島県大隅　*まいへん 青森県「あっちだばまいへなかぁ（あちらはいけませんか）」　*まにやない・まいない・まない 青森県津軽「今年は凶作で何も買われないのでまいねぁ」　*やざかない 秋田県　山形県「無駄づかいしてはやざがね」　*やちかない 秋田県平鹿郡・山本郡　*やちゃかない 秋田県鹿角郡・河辺郡　山形県「この時計はやじゃがねぐなった」　新潟県東蒲原郡　*やちゃかん 富山県砺波　石川県石川郡　*やっちゃかない 福島県若松市・大沼郡　新潟県東蒲原郡　*らちあかん 新潟県佐渡「茶碗めかけしてらちあかん」　富山県　石川県石川郡　福井県　岐阜県山県郡　*らちがあかん 広島県高田郡　愛媛県周桑郡・喜多郡　*らちかれせん 新潟県佐渡　*らちかん 新潟県佐渡「鍬が無うてらちかんだが」　富山県　岐阜県高山市　愛知県名古屋市　*らちくちあかん 新潟県佐渡　*らちくちのあかん 熊本県　*らちこちがあかん 島根県邇摩郡・出雲市　*らちこちがつかん 島根県簸川郡・出雲市　*らちみちあかん 広島県　*らちみちがあかん 島根県「何をさせてもあの子はらちみちがあかん」　*らちゃあかん 新潟県佐渡　富山県　高知県高岡郡　*らちゃかせん 新潟県佐渡　*らちゃかない 秋田県鹿角郡　山形県　*らちゃかりゃーせん 新潟県佐渡　*らちゃかん 新潟県佐渡　富山県砺波　石川県鳳至郡・能美郡　福井県　岐阜県郡上郡　三重県津市　*らっちゃあかん 富山県砺波　*らっちゃかない 福島県大沼郡　*らっちゃかん 新潟県佐渡　富山県　滋賀県蒲生郡　*わかない 青森県南部「おらの着物ささわればわがね」　岩手県胆沢郡・紫波郡　秋田県鹿角郡「そんなことするとわがねぁ」　*わからない 北海道小樽市・函館　青森県津軽　岩手県岩手郡・上閉伊郡　宮城県　秋田県「そんなことせばわからない（そんなことをしてはいけませんよ）」　山形県「そんなもの買ってもわがらね」　福島県　*わからん 熊本県芦北郡　*わがりえん 宮城県石巻　*わかんない 北海道・松前郡「わすれればわかんなぇー（忘れると困るよ）」　岩手県　宮城県「ええずわ他さ貸てわがんねあぞ（いいのをよそに貸してはいけない）」　山形県　福島県相馬郡・東白川郡「俺さばかりかかったってわかんねぇ」　*わっかんね 山形県米沢市

いさかい【諍】　*えどりあい 山形県東置賜郡・米沢市「えどりやえしるな」　*ごだまぐ 青森県上北郡「家の中のごだまぐ」　*なんじゅー・なんじゅーふぃんじゅー 沖縄県首里　*ひつらひっぱり・ひずらひっぱり・ひずりひっぱり 山形県米沢市「ひづらひっぱりしんな」
→あらそい（争）・もめごと（揉事）

いざこざ　*いじくじ 新潟県西蒲原郡「いじくじなしに（穏やかに）」　愛媛県伊予市「いじくじの無いように分けよう」・松山　*いどくど 富山県　*ごたくさ 栃木県「ごたくさがあってからよくなった」　*ごたすた・ごてすた・ごてすて 埼玉県秩父郡　*ごてくさ 滋賀県彦根・蒲生郡　京都市　大阪市　和歌山県　*でっこく（いざこざを起こすこと）島根県大原郡　*どさくさ 島根県鹿足郡　*へんじょこ 岐阜県飛驒「後でへんじょこがないように」　*もんた 青森県津軽「もんたおぎだでぁ（問題が起きた）」　*やかもか 新潟県佐渡　*やさもいさ 和歌山県那賀郡「やさもいさゆうてる」　*やちゃもちゃ 新潟県西蒲原郡　*やっさくさ 和歌山県西牟婁郡・東牟婁郡「あそこでやっさくさやってゐる」　*やっさらもっさら 大阪府泉北郡
→もめごと（揉事）

いし【石】　*あぶらいし 青森県津軽（黒い小石）　新潟県佐渡（硬い黒石）　岐阜県美濃（黄色い方解石）　島根県益田市（飯浦石）　*いしぇーなー・いしゃーなー・いしゃーま 沖縄県石垣島　*いしな 山形県　新潟県　富山県　石川県　福井県　岐阜県　愛知県「いしなをほかる（放る）」　三重県　滋賀県　京都市　大阪市　奈良県・高市郡　和歌山県日高郡　*いしなぐ 沖縄県国頭郡・石垣島　*いしなこ 福井県遠敷郡・大飯郡　*いしなご 山形県　新潟県西蒲原郡　京都市　兵庫県淡路島　*いしなんこ・いしなんご・いしなんころ 山形県　*いしぬぐ・いしぬぐー 沖縄県小浜島　*いしやぐ 鹿児島県徳之島　*いしらご 沖縄県首里　*いすぃなー 沖縄県竹富島　*いつぃぐー 沖縄県与那国島　*いながいし（海底の石）沖縄県石垣島　*いわ 愛知県東春日井郡　*いんなーぬいず（海底の

石）沖縄県竹富島 *かつぉーらいし（海底の石）沖縄県石垣島 *ぐーぬいし（小さい石）沖縄県石垣島 *こゆみ 三重県志摩郡 *じゃみ（小さい石）静岡県志太郡 *しんいすぃ（海底の石）沖縄県竹富島 *そーあく（海底の石）香川県木田郡 *どんがらいし（大きな石）静岡県 *どんころいし（大きな石）青森県　秋田県鹿角郡　新潟県佐渡 *ばらす（こぶし大の石）兵庫県明石郡

□の多い場所（土地） *いーわら 鹿児島県揖宿郡 *いしぇーらじー 沖縄県石垣島 *いしぇーらぬみー 沖縄県石垣島・竹富島 *いしぇーらぱたぎ（畑）沖縄県石垣島 *いしがーら 山口県防府 *いしがっぱらじ・いしがまじ 鹿児島県奄美大島 *いしから 青森県　岩手県上閉伊郡・気仙郡　秋田県由利郡・鹿角郡 *いしがら 宮城県仙台市「そっち行くつといしがらで歩きつらいとっしゃ」　京都市　兵庫県淡路島　鳥取県西伯郡　島根県　広島県高田郡　熊本県天草郡　大分県東国東郡 *いしがらく 徳島県美馬郡 *いしがらた 京都府竹野郡　島根県出雲 *いしからばたけ（畑）青森県上北郡 *いしがんくら 青森県三戸郡 *いしがんつー 大分県大野郡 *いしがんとわら 長崎県壱岐島 *いしぐーばる 沖縄県島尻郡 *いしぐじん 沖縄県中頭郡 *いしくるーみー・いしぐるぐるーみー 沖縄県那覇市 *いしごーとー 島根県邑智郡 *いしごーとぐろ・いしごーどぐろ 島根県鹿足郡 *いしごーとわら 長崎県壱岐島 *いしこーら 大分県大分市・大分郡 *いしごーら 岡山県邑久郡　大分県大分市・大分郡 *いしごーろ 新潟県中頸城郡　長野県上田・佐久（畑）　島根県　徳島県美馬郡 *いしこつ 長野県飯田市 *いしごつ 長野県上伊那郡 *いしごっとー・いしごとー 静岡県榛原郡 *いしごと 大分県東国東郡・速見郡 *いしこら 岩手県和賀郡 *いしごら 和歌山県日高郡 *いしごらじ 兵庫県氷上郡 *いしごらた 京都府竹野郡 *いしごろ 大阪府泉北郡　奈良県宇智郡　島根県出雲市　香川県小豆島 *いしごろつー 大分県北海部郡 *いしごんつ 大分県速見郡 *いしごんとー 島根県鹿足郡 *いしっかーら 栃木県 *いしっから 長野県下水内郡 *いしっからばたけ（畑）栃木県 *いしっかわら 群馬県吾妻郡 *いしっくゎむい 鹿児島県喜界島 *いしつら 愛媛県南宇和郡 *いしぬみー 沖縄県石垣島 *いしぬみーじー 沖縄県新城島 *いしぬみーぱてー（畑）沖縄県新城島 *いしばな 沖縄県小浜島 *いしはら 大分県 *いしぶし 沖縄県鳩間島 *いしやら 山形県北村山郡　東京都大島　神奈川県高座郡 *いしわら 新潟県中頸城郡　滋賀県彦根　京都市　兵庫県淡路島　広島県高田郡　香川県（また、石の多い畑）　佐賀県藤津郡　熊本県玉名郡　熊本県天草郡　大分県　鹿児島県揖宿郡 *いちだら 沖縄県与那国島 *がさー 京都府葛野郡 *がらばたけ・がらばた（畑）三重県志摩郡 *ぐろ（石の集まり）島根県　広島県倉橋島　山口県玖珂郡 *ぐろんごー（石の集まり）島根県鹿足郡・邇摩郡 *ごーす（石がごろごろしている所）岐阜県飛騨 *ごーや（石がごろごろしている所）群馬県吾妻郡　長野県西筑摩郡　岐阜県吉城郡　大分県 *ごーろ（畑）徳島県 *ごとろ（石がごろごろしている所）長野県佐久 *ざく（石がごろごろしている所）栃木県　山梨県　長野県北安曇郡　岐阜県飛騨 *ざくわら（石がごろごろしている所）新潟県上越 *そね（畑）岩手県気仙郡 *ゆわくら 三重県上野市

いし【医師】 ⇨いしゃ（医者）

いじ【意地】 *いきやり 新潟県佐渡「いきやりにも負けられん」 *いじくれ 和歌山県日高郡　香川県小豆島「いじくれが悪い」 *いじぽね 岩手県九戸郡 *いっぱた 岩手県九戸郡「えっぱだーとーす（我を張る）」 *えごくた 富山県・射水郡「えごくたの悪い」 *がー 沖縄県石垣島 *しょーこつ 京都府竹野郡「しょうこつのわりー人（意地の悪い人）」　香川県 *ずく 青森県津軽「ながなが、じぐぁえわらしだ（ずいぶん、気性の強い子供だ）」・三戸郡　新潟県「ようずくが出ます（挨拶語）」　山梨県「あの男はなにをさしてもじくはない」・南巨摩郡　長野県「ずくのある人でたまげた」　岐阜県加茂郡　静岡県榛原郡「はー年でずくがかなわん」　熊本県玉名郡 *ずくたん 熊本県下益城郡

□が悪い *いびねりくさい・いびりくさい 岩手県気仙郡 *いみしー 鹿児島県 *いもくりわるい 石川県能美郡 *えずい 愛知県知多郡「彼の人はえずい事を云ふ」　三重県　高知県・高知市 *きむやにっしゃーん 沖縄県石垣島 *くじっぽい 新潟県佐渡 *くらわれん 石川県能美郡 *こーだいない 愛媛県「この子はこーだいない子だ」 *ざまがわるい 富山県砺波 *ざまわるい・ざまくそわるい 富山県砺波 *しおがからい 岡山県　香川県 *しおからい 岡山県 *じくーか 佐賀県藤津郡 *ずいがわるい 島根県隠岐島　岡山県苫田郡　香川県高松市・三豊郡 *せたっこねー 長野県南安曇郡 *ぞくがわるい 佐賀県 *どくつべらしー 長崎県壱岐島「どくつべらしか事言うもんぢゃなか」 *どくてらしー 熊本県 *どくむし・どくらしー 島根県隠岐島「どくらしー言い方をすっ男だ」 *やにくい・やにこい 福井県 *やにたい 福井県足羽郡 *やねこい 石川県鳳至郡・珠洲郡

□の悪いさま（こと） *あんごら 愛媛県東宇和郡 *きんま 新潟県東蒲原郡「きんましないで他人にも借してやれ」・南魚沼郡 *きんまん 埼玉県秩父郡 *すくど 愛媛県「すくどな奴」 *せたっこ 長野県南安曇郡 *だくねー 新潟県中魚沼郡 *どくしょ 石川県　奈良県南大和　和歌山県日高郡「ほんまにどくしょな人や」 *どくじょ

和歌山県「どくじょなことしよる」 *どくしょー 石川県 滋賀県蒲生郡 京都府「どくしょーな叱り方」 大阪市「どくしょおな目にあはしよった」 兵庫県淡路島 和歌山県海草郡・伊都郡 徳島県 *どくしょーもなげ 京都府竹野郡「どくしょーもなげに言いなはる」 *どくそ 島根県隠岐島 *どへって 香川県大川郡「どへってな」 *へそまけ 千葉県君津郡

□の悪い人 *あくま 沖縄県首里 *いじくれ 奈良県南大和 和歌山県那賀郡 *いんのわっぽ(子供) 長崎県五島 *えがま(子供) 島根県那賀郡 *おこんじょ 群馬県 長野県佐久 *おこんじょー 栃木県足利市・下都賀郡 群馬県勢多郡・佐波郡 埼玉県秩父郡 *かしゃ(女) 島根県 愛媛県温泉郡・大三島 *かしゃーばー・かしゃばー(老婆) 島根県石見 *がしゃばー(老婆) 山口県玖珂郡 *かしゃばばー(老婆) 島根県出雲 *ぎじゃー(女) 沖縄県首里 *きんぴら(女) 福岡県福岡市・久留米市 *くされ 大分県 *ごたかれ(老人。卑語) 青森県津軽 *さっかち 鹿児島県喜界島 *しょーわる 兵庫県佐用郡・明石郡 *てっか 石川県 *てっこー 新潟県南蒲原郡 *どしょーねわる・どしょくねわる 愛媛県大三島 *どじょーわる 香川県大川郡 *ねじけ 和歌山市 *ふーぞくとーされ 長崎県壱岐島

□を張る *あじんたつ 新潟県佐渡 *いけばる 石川県金沢市 *いじかく 新潟県東蒲原郡「いじかいて最後までやり通した」 *いじる・いぜる 岐阜県大野郡 *いせはる 岩手県気仙郡 *いせる 岩手県気仙郡 *いろまくる 島根県美濃郡「いろまくって碁をやった」 *えせはる 岩手県江刺郡・気仙郡 *えせる 宮城県仙台市 静岡県 滋賀県栗太郡 *えへる 青森県津軽 *がーぱるん 沖縄県石垣島 *かたばりっる 茨城県猿島郡 *かたばる 宮城県玉造郡 岡山県児島郡 *こくれる 島根県邑智郡・能義郡 広島県比婆郡 *ごんじょはる 秋田県平鹿郡「なんだ、この子ごんじょはりゃがって」 *じくねる 岩手県胆沢郡 山形県 栃木県安蘇郡「そんなにじくねるんぢゃないぞ」 群馬県 埼玉県秩父郡・入間郡 千葉県東葛飾郡 東京都南多摩郡 神奈川県津久井郡 新潟県 *しごねる 新潟県 *じこねる 山形県東置賜郡 *じごねる 青森県南部 岩手県東磐井郡 宮城県仙台市 *しこばる 島根県「少ししこばって見い。きっと勝つから」 *しつこばる 島根県大原郡 *しゃきばる 和歌山県日高郡・西牟婁郡 *じゅーねる 宮崎県西臼杵郡 *ずくねる 宮城県栗原郡 秋田県北秋田郡「何時までもずぐねる奴だ」 山形県 長野県北安曇郡 島根県美濃郡・益田市 山口県・豊浦郡(反抗する) *ずごねる 青森県三戸郡 岩手県気仙郡 宮城県石巻 山形県 *ぞくねる 長野県 *つる 岐阜県飛驒「何んでもない事にすぐつる人じゃ」 *どーばる 京都府竹野郡「この牛め、どーばりくさって動かん」 *ねっぱる 青森県津軽 山形県東置賜郡・西置賜郡 *ねばりこむ 徳島県 *ひじをはる 長野県東筑摩郡「よくひじを張る男だ」 愛知県渥美郡

□を張ること(を張る人) *あまぬしゃぐめ 宮崎県西臼杵郡 *あまんさっめ 鹿児島県鹿児島郡 *あまんしゃくま 鹿児島県 *あまんしゃぐま 熊本県・芦北郡・八代郡 *あまんしゃくめ 鹿児島県・肝属郡 *あまんじゃぐめ 熊本県八代郡 *あまんしゃしみや 長崎県五島 *いじみ 新潟県東蒲原郡「いじみになってつつかかる」 *えげ・えげそ 島根県益田市「そがーにえげを言うな」 *がいまく 大阪府泉北郡 *がいもん(意地の強い人) 大阪府泉北郡 香川県 *がいくり(意地の強い人) 大阪府泉北郡 *ぎーごーさ(「ぎーごー」は「義理硬」) 沖縄県石垣島 *じょーっぱり 北海道函館 *じょーばり 山梨県 徳島県「あの子はじょーばりなきん(強情だから)いやらしい」 香川県「じょーばりいうな」 *じょーばりこい 徳島県 *じょっぱり 岩手県九戸郡 *じょっぱり 青森県「じょっぱりしてめごくないわらしだなー(ごうじょっぱりしてかわいくない子供だなあ)」 岩手県「じょっぱりな奴だ」 宮城県石巻(子供について言う) 秋田県鹿角郡・北秋田郡 新潟県佐渡 *じょぱり 青森県上北郡 *ぞーつっぱり 新潟県佐渡 *ぞーっぱり 新潟県 *ぞっぱり 岩手県上閉伊郡・気仙郡 新潟県佐渡

→いじっぱり(意地張)

いしがき【石垣】 *いしくら 三重県志摩郡 *いしぐら 三重県志摩郡 鹿児島県 *いしずか(家の周りの石垣) 愛知県北設楽郡 *いしつじ 富山県下新川郡 *いしなぐら 山形県庄内 *いじば 静岡県 *いしはどり・はどり 富山県砺波 *うらいわずか(家の周りの石垣) 愛知県北設楽郡 *おーて 香川県女木島 *おり 東京都八丈島「おりおく(石垣を積む)」 *がき 大分県宇佐郡 *かくら 岩手県九戸郡 *かぜくね(家の周りの石垣) 東京都八丈島 *がんぎ 山口県阿武郡 *かんげん 神奈川県中郡 *きし 奈良県吉野郡(家の背後の石垣) 徳島県那賀郡(田の石垣) 香川県高見島 *ぎし 島根県那賀郡・邑智郡 広島県安芸郡 香川県小豆島 福岡県築上郡「ぎしのうえ、あげちあったろんな」 大分県・日田郡 *きしがき 福井県敦賀郡 徳島県 *ぎしがき 福岡県粕屋郡 *ぎしがぎ 山口県阿武郡 *きしかけ 大阪府南河内郡 *きしがけ 徳島県 *ぎしがけ 島根県石見 香川県三豊郡 *ぎすく 沖縄県新城島 *ぐすく 沖縄県八重山 *ぐふく 沖縄県竹富島 *げし 広島県能美島 *げしがけ 広島県安佐郡 *ごーど 富山県東礪波郡 *ちーじ 群馬県多野郡 埼玉県秩父郡 島根県隠岐島 *ちじかけ 群馬県山田郡 *ちゅーじ 群馬県勢多郡 埼玉県秩父郡 *ちゅーじかけ 岐阜県

郡上郡 *ついじ 埼玉県秩父郡　東京都八王子・大島　神奈川県津久井郡　山梨県南巨摩郡　静岡県　兵庫県　島根県那賀郡　広島県 *ついじかけ 長野県下伊那郡　静岡県 *ついじがけ 静岡県志太郡 *つーじ 東京都利島 *つじ 富山市近在　長野県北安曇郡　三重県南牟婁郡　島根県隠岐島 *つじかけ 長野県下伊那郡　静岡県・磐田郡　兵庫県三原郡 *つずくら 富山県下新川郡 *つんじ 広島県安佐郡 *どいぐら 富山市近在 *なかぐしく（門内の石垣）沖縄県石垣島・鳩間島 *なんご（川端に造った石垣）滋賀県野洲郡・栗太郡 *はどる 富山市近在 *はね（川端に造った石垣）山口県豊浦郡　香川県三豊郡 *ふく 沖縄県波照間島 *ぶんこ（土蔵の石垣）三重県度会郡 *へおい（家の周りの石垣）香川県小豆島・豊島 *ぼた（畑の石垣）静岡県磐田郡　愛知県北設楽郡 *まいぐすく（門内の石垣）沖縄県石垣島 *まいやーし（門内の石垣）沖縄県竹富島 *まえいわずか（家の周りの石垣）愛知県北設楽郡 *まま 山形県米沢市　群馬県山田郡　東京都伊豆諸島　新潟県東蒲原郡 *ままいし 山形県米沢市・南置賜郡「ままいし積む」 *ままがき・ままくら 群馬県利根郡 *ままね 静岡県 *やぐら 三重県飯南郡 *やずか 静岡県 *やっか 長野県諏訪 *やっくら 群馬県勢多郡　長野県南佐久郡・上高井郡 *やっこ 長野県小県郡・東筑摩郡

いじきたない【意地汚】 *あたじわい 千葉県安房郡 *いげつない 長崎県対馬「何某はいげつない男で出したものを遠慮なくよく食ふ」 *いしけない 長野県 *いじましー 新潟県東蒲原郡　大阪市　兵庫県・神戸市・加古郡　香川県三豊郡・小豆島「いじましい話じゃけどのう」 *いじむさ・いじむっさ（意地汚いこと）長野県「あの下女はいじむさでいかん」 *いじやし 群馬県山田郡　長野県佐久 *いじりぎたない 兵庫県淡路島 *えげつない 長野県佐久　京都市　大阪府泉北郡　香川県高松市 *かーはゆん 沖縄県首里 *こじきない 長崎県対馬 *しんぼかり・しんぼっかり（意地汚いさま）千葉県夷隅郡「あの人はしんぼかりだ」 *ずいがわるい 鳥取県西伯郡　島根県 *ぜんかい（意地汚いこと）静岡県「この子はぜんかいだよ」 *びろー（食べ物に意地汚い）愛媛県周桑郡・喜多郡　高知市「びろーな人と一緒にお客に行てこりこりした」 *ほいとーこんじょー（意地汚い者）山口県防府市 *みつれない 青森県三戸郡　愛媛県東宇和郡 *みとむない 石川県金沢市

いじくる【弄】 *がんどー（いじくること）鹿児島県喜界島 *こねくる 福島県相馬郡　栃木県「こねぐんなー」 島根県石見 *しゃしゃくる 山形県東置賜郡 *せじくる 埼玉県北足立郡 *せせがう 三重県北牟婁郡「歯をせせがう」 *せせく 長崎県対馬 *せぜく 高知県幡多郡 *せせくる 岐阜県　静岡県　愛知県東部　大阪市　島根県　徳島県　福岡市　長崎県長崎市・対馬　熊本県玉名郡・下益城郡 *せせる 栃木県安蘇郡「せせりっこわす」　富山県　石川県・河北郡　静岡県　滋賀県神崎郡　和歌山県日高郡　島根県「母の乳をせせる」　山口県長門　徳島県　香川県大川郡　愛媛県　長崎県南高来郡・長崎市　熊本県 *せる 山形県飽海郡 *たなく 広島県・芦品郡 *たなぐ 広島県比婆郡 *ちょちょくる 島根県隠岐島

↓いじる（弄）

いしけり【石蹴】 *いしきあげ 香川県大川郡 *いしけつり・けつり 愛媛県周桑郡・喜多郡 *いしとり 愛媛県周桑郡 *いちごく 香川県三豊郡 *いちごろ 香川県高松市・香川郡 *いちねん 香川県三豊郡 *いちねんこ 神奈川県中郡 *いちねんにねん 青森県三戸郡　山形県西村山郡 *けだし 群馬県山田郡・佐波郡　埼玉県北葛飾郡　千葉県東葛飾郡　長野県佐久 *けっとばし 群馬県勢多郡 *けとばし 香川県仲多度郡 *けんけん 富山県砺波　三重県志摩郡　滋賀県彦根　徳島県美馬郡　香川県仲多度郡　愛媛県周桑郡 *けんけんとび 愛媛県周桑郡 *けんけんぱー・けんけんぱい 奈良県 *けんぱ 兵庫県赤穂郡 *さんごき 愛媛県周桑郡 *ちんぱた 長野県佐久 *ちんぱら 愛知県東加茂郡 *てんか 群馬県山田郡 *とっぴんかん 徳島県美馬郡 *はしごき 愛媛県周桑郡 *ばったんせんぎ 群馬県多野郡 *まるいち 岩手県紫波郡 *まるかい（「まるいっかい（丸一回）」の略）岩手県上閉伊郡 *まるがっこー 山形県西置賜郡・南置賜郡 *まるけん 島根県鹿足郡　香川県仲多度郡 *まるさんごき 愛媛県周桑郡 *まるとび 島根県簸川郡・鹿足郡　山口県熊毛郡

□遊びの石 *きしゃご（ガラス製の道具）埼玉県北葛飾郡 *たま 奈良県 *だまとりいし 青森県津軽 *てつ 香川県

いじける *いじかむ 新潟県佐渡「顔がいじかん

方/言/の/窓

●方言差の濃淡

方言の分布を総括すると、東日本は単純な分布、西日本は複雑な分布といった、いわば東単純vs西複雑のパターンが目立つ。

東日本と西日本における日本語歴史の深浅と関係するのではあるまいか。言語一般について、歴史が長ければ長いほどその内部のことばの違いは大きくなると推測される。反対に展開後の時間が短ければ短いほどその違いは少ないはずである。このような地域差の多少が、ある言語の祖語の祖地を推定する一つの根拠ともなるのである。

特に東北地方では、方言の地域差が一般に少なく、やはり東北地方の開拓の歴史、人口展開の歴史の新しさがわかるのではないかと考えられる。

北海道の場合は、移住者の出身地とのかかわりで事情は他の地方と異なる。

でいつも泣いたような面している」 *いんじゃくない(いじけている) 新潟県西頸城郡 *えつける・えんつける・ねつける 青森県三戸郡 *かじかむ 新潟県東蒲原郡「本当の親でないからかじかんでいる」 *かじむ 長野県下伊那郡 徳島県 *がしゅむ 宮崎県東諸県郡 *しけこむ 兵庫県加古郡 奈良県南大和 *しょじける 島根県邑智郡 *しょねしー(いじけている) 山形県鶴岡 *すがたわり(いじけること) 島根県出雲「この子は親が違って、すがたわりして来た」 *ちーぽけ・ちぽけ(いじけたさま) 茨城県新治郡 *ちじける 島根県隠岐島 愛媛県新居郡 *ちちれる 岡山県浅口郡 *ちっぽくさい(いじけている) 茨城県新治郡 *ひっける 新潟県上越市「ひっけて仕事しなくなった」 *へたばる 長野県東筑摩郡「あの人はよくへたばる」 *やじかむ 新潟県上越市「あの子はやじかんでいるすけ、げんきづけない」・中頸城郡 長野県下水内郡

いしだん【石段】 *いしきじゃい(「きじゃい」は「きざはし」の転) 沖縄県首里 *いしざか 山形県西置賜郡・飽海郡 *いしばし 長野県下伊那郡 三重県南牟婁郡 *いしばつか 山形県西置賜郡 *がーぎ 三重県南牟婁郡 *がき 栃木県那須郡 *がきさか 茨城県新治郡 *がぎだん 新潟県東蒲原郡 *かんぎ 岡山県 *がんき 山口県「お宮のがんき」 *がんぎ 静岡県・田方郡 和歌山県東牟婁郡 島根県 岡山県 山口県 徳島県 香川県・小豆島・塩飽諸島 愛媛県温泉郡 高知県・高知市「神社のがんぎを登る」 福岡県 長崎県 *がんぎさか 茨城県・新治郡(長いもの) *がんぎょ 山梨県 *がんげ 静岡県・田方郡 大分県東国東郡・大分郡 *かんげん 神奈川県中部 *きざ 熊本県水俣市 鹿児島県姶良郡 *きざだん 熊本県球磨郡 *きざはし 兵庫県神戸市 徳島県 熊本県水俣市 大分県大野郡 *きだはし 山形県 千葉県夷隅郡 岐阜県飛驒 和歌山県日高郡 島根県 広島県高田郡 徳島県 *きだわす 山形市 *ぎだん 広島県 *くらはし 奈良県吉野郡 *だんかい 山形県米沢市 *だんぎ 静岡県 愛媛県中島 高知県土佐郡 *だんげ 兵庫県赤穂郡 *だんこ 岩手県紫波郡 埼玉県秩父郡 *たんじ 静岡県 *ひざ・ひざはし 熊本県芦北郡 *ひゃくだん 大分県 *ふみだん 大分県 *ふんだん 富山県東礪波郡
→かいだん(階段)

いじっぱり【意地張】 *いけず 新潟県東蒲原郡 大阪府泉北郡 奈良県宇陀郡 *いじくさり 山形県東田川郡 新潟県上越市 三重県志摩郡・度会郡 愛媛県 *いじくされ 青森県 岩手県 宮城県栗原郡 秋田県・鹿角郡 山形県 島根県美濃郡・鹿足郡「うちの子のいじくされにゃー困る」 高知県 大分県宇佐郡 *いじぐされ 島根県鹿足郡 *いじたかり 山形県飽海郡 *いじたけ 山形県村山 *いちずいもん 大阪市 *いつずもん 長崎県対馬 *えせっぱり 宮城県仙台市 福島県 *えせはり 岩手県気仙郡 *えせぱり 宮城県石巻「右つえば左つうえせぱりだお」 *がーじゅー 沖縄県首里 *がった・がったこ 長野県北安曇郡 *からきず 青森県「女はからきずするものでない」 岩手県上閉伊郡 *からきずい 宮城県栗原郡・石巻「あずくのおがだ(奥さん)からきずえだ」 *からきんじ 青森県津軽 岩手県上閉伊郡 *がんだくれ 香川県伊吹島 *ぎーごーむぬ(「ぎーごー」は「義理硬」) 沖縄県石垣島 *きぶい(意地っ張りだ) 山口県豊浦郡 *くじっぽい(意地っ張りだ) 和歌山県那賀郡 *まけじか 岩手県東磐井郡 *まけずかぶり 岩手県気仙郡 宮城県 *まけつか 宮城県石巻「まげつかば語んねで言うこときけ」 *まけつかぶり 岩手県気仙郡 *もっこ・もっこー 新潟県佐渡「あのおっさんもっこでこまる」
→「いじ(意地)」の子見出し、「意地を張ること(を張る人)」・ごうじょう(強情)

いじめる【虐】 *いじかめる 群馬県吾妻郡 山梨県 長野県 *いしくる 青森県上北郡 *いじくる 岩手県九戸郡 栃木県上都賀郡・安蘇郡「舅が嫁をいじくる」 埼玉県秩父郡 新潟県佐渡 *いじめかかす 岩手県気仙郡「はっぱがぎもだまさねぁで、いじめかがしてばりいる」 宮城県登米郡 *いじらう 新潟県佐渡 *いじる 岩手県 宮城県栗原郡 栃木県 埼玉県秩父郡・川越 千葉県海上郡・印旛郡 新潟県佐渡・東蒲原郡 石川県 三重県志摩郡 滋賀県彦根 奈良県「うちの子いじらんといてよ」 島根県石見「姑が嫁をいじる」 徳島県美馬郡 香川県 *いたしめる 富山県 長野県北安曇郡・東筑摩郡「彼奴いたしめてやれ」 岐阜県郡上郡・大野郡 三重県阿山郡 *いためる 富山県射水郡 石川県 長野県下伊那郡 兵庫県但馬 鳥取県因幡・西伯郡 島根県「猫をあんまりいためるな」 岡山県北木島・岡山市「小さい子供をいためるな」 広島県西南部 山口県浮島 香川県 *いとしめる 長野県東筑摩郡 *いやがらかす 愛知県尾張 *いらう 島根県「あがーにいらうと泣くのも無理はなー」 *いらばかす 香川県小豆島 *いろう 石川県河北郡 香川県 *いろべらう 香川県 *いろべる 徳島県「女をいろべる」 香川県 *いわす(「困った、参った」などと言わせるの意から) 岐阜県 愛知県西春日井郡 三重県「いはされた(やられた)」 京都府 兵庫県加古郡 奈良県 鳥取県東部 岡山県児島郡 徳島県「ほんなこといいよったらいわすぞ」 香川県 *いわせる 鳥取県東部 *うからかす 愛媛県東宇和郡「赤子なんかあんまりうからかすな」 *うがらかす 愛知県知多郡 *うがらせる 愛知県碧海郡 *えじかめる 長野県佐久 *えせらかす 京都府 *えめる・えんめる 長野県南佐久 *えらめる 山口県 *おがえる 新潟県佐渡 *おがらかす 岐阜県可児郡・恵那郡 愛知県「あいつをおがらかす」 *おがらす 愛知県岡崎市 *おがらせる 愛知県愛知郡・碧海郡 *おこずく 長崎県 *おこなう 石川県羽咋郡・鹿島郡

和歌山市「おこなはれるよって、誰か一所についてきておくれ」 福岡県 熊本県下益城郡 *おなえる 高知県長岡郡「弱いもんをおなえるな」・香美郡 *おやす 鹿児島県・肝属郡 *おんがらかす 岐阜県可児郡 *かーもう 山梨県 *かかる 岩手県上閉伊郡・気仙郡 宮城県「道端で男の子にかかられたやあ」 秋田県鹿角郡「学校に遅刻すれば先生にかかられる」 山形県 福島県東白川郡「俺さ(おれに)ばかりかかったってわかんねえ」 埼玉県秩父郡 岐阜県飛驒 和歌山市 愛媛県松山 *かすめる 青森県三戸郡 *かたんにする 三重県志摩郡 *がちなる 島根県簸川郡 *かまう 岩手県気仙郡 秋田県南秋田郡・河辺郡 茨城県 群馬県佐波郡 千葉県東葛飾郡・長生郡 山梨県 長野県「猫が犬にかまわれた」 岐阜県稲葉郡 静岡県志太郡 愛知県名古屋市 鳥取県西伯郡 島根県 愛媛県 *かむ 山形県最上郡「火と馬鹿はかむほどおきる」・北村山郡「先生、皆して俺ばかむなだっす(いじめるのです)」 *かも 岩手県和賀郡 *かもう 岩手県上閉伊郡・気仙郡 秋田県 新潟県三島郡 山梨県南巨摩郡 長野県上田 島根県石見 広島県 山口県・阿武郡 愛媛県・大三島 *ぎみしる 新潟県中越 *きむる 福岡県久留米市 大分県 *きめる 岩手県 岐阜県加茂郡・恵那郡 愛知県「彼の子が私をきめた」 奈良県 愛媛県 高知県幡多郡 福岡市 大分県 *ぎゅーしあげる 長野県諏訪「あのやつぎゅーしあげるぞ」・上伊那郡 *ぎゅーす 長野県諏訪・上伊那郡 *ぎゅる 富山県 *ぎょーる 長野県上水内郡・長野市 *ぐーみせる・ぐーみする 長崎県南高来郡 *くすべる 兵庫県赤穂郡 *くなしゅり 鹿児島県奄美大島 *くなしゅん 沖縄県首里 *こじくる 岐阜県本巣郡 *こしゃげる・こしゃぎつける 新潟県佐渡 *ごす 奈良県吉野郡「ごしてやれーら」 和歌山県西牟婁郡・東牟婁郡「子供が犬をごす」 *こずく 静岡県志太郡「しょっちゅーこずかれてるずら(いじめられているだろう)」 *ごずる 奈良県吉野郡 *こせくる・こぜくる 愛媛県 *こせる 宮城県登米郡 愛媛県 *こぜる 愛媛県新居郡 *こちめる 長崎県対馬 *ごつく 秋田県河辺郡 *こなす 青森県三戸郡 福岡県 佐賀県唐津市・三養基郡 長崎県佐世保市・長崎市・対馬「彼は人の弱味に付け入りてよく人をこなす」 熊本県 大分県「犬をこなす」 宮崎県 鹿児島県「兄さんにこなされた」・宝島 *こなすん 鹿児島県奄美大島 *こねる(婿や嫁をいじめっる) 広島県・芦品郡 *こばめる 香川県仲多度郡「いいこばめた」 *こみせる(子供をいじめる) 山形県米沢市・東置賜郡 *こみやる 岐阜県恵那郡 *こみわる 京都市 *ごらす 奈良県吉野郡 *こんずく 秋田県山本郡・平鹿郡「子供が犬をこんずぎまわす」 *こんみせる(子供をいじめる) 山形県米沢市 *しーしきるん・しーしきん 沖縄県黒島 *しーひきるん・しーひきん 沖縄県竹富島 *じくる 山形県「子供をあんまりづぐるな」 *しこたむっ 佐賀県藤津郡 *しこたむる 佐賀県 *じこためる 富山県 *しごめる 島根県邑智郡・美濃郡「猫をしごめると化けて出るで」 *ししきるん 沖縄県鳩間島 *しちきるん・しちきん 沖縄県小浜島 *しつぃきゆん 沖縄県首里 *しつぃきるん 沖縄県石垣島・新城島 *しつぃきん 沖縄県石垣島 *しでる 愛媛県東宇和郡 高知市「いたずら小僧にしでられた」 *しまーしゅい 鹿児島県喜界島 *しまわせる 島根県能義郡 *しめる 栃木県「今にみろ、しめてやるから」 *しゃくる 石川県石川郡 *じゃくる 長野県東筑摩郡 *しょこめる 岐阜県飛驒「しょこめてどもならん」 *すつぃきいん 沖縄県宮古島 *すつぃきるん 沖縄県新城島 *せーたげる 高知県 *せがー(子供をからかっていじめる) 山口県阿武郡 *せがう(子供をからかっていじめる) 島根県鹿足郡 山口県「そねいにせがうものぢゃあない」・豊浦郡・大島「小さい子供をせがうちゃ泣かせるから困る」 福岡県東部 大分県 *せかす 鳥取県東伯郡 *せがす 香川県 *せかめる 岐阜県益田郡 *せがめる 岐阜県武儀郡 *せごう(子供をからかっていじめる) 山口市 大分県西国東郡 *せごす 福井県西部 三重県阿山郡 滋賀県南部 *せごする 島根県簸川郡・大原郡 *せこためる 島根県簸川郡・出雲市 徳島県 長崎県対馬 *せこめる 福井県遠敷郡 岐阜県飛驒 兵庫県淡路島 和歌山県西牟婁郡 岡山県苫田郡 *せしがう 和歌山県東牟婁郡 *せしむしる(子供をからかっていじめる) 新潟県中越 *せせがう 三重県松阪・北牟婁郡「生意気なこと言うとせせごーたるじょ」 *せせむしる・せせみちる(子供をからかっていじめる) 新潟県 *せせる 島根県「姑が嫁をせせる」 高知県 宮崎県西臼杵郡 *せたぐる 大分県大分市・大分郡 *せたげる 徳島県海部郡 高知県長岡郡 *せだやかす(子供をからかっていじめる) 島根県隠岐島「余り子供をせだやかすな」 *せちがう 三重県度会郡 大阪府泉北郡 奈良県 和歌山県 *せちごう 奈良県南大和 *せちめる 新潟県佐渡 *せちゃげる 新潟県佐渡 *せつぼじる 宮崎県西臼杵郡 *せつめる 和歌山県西牟婁郡 *せばめる(主として親兄弟、姑と嫁) 山口県「そねーにせばめーでもえいじゃーないか」 *せびらかす 岐阜県養老郡 兵庫県 鳥取県因幡 島根県「そんなに子供をせびらかえちゃーいけん」 岡山県上道郡・岡山市「よその子をせびらかす」 長崎市 熊本県・天草郡 *せびる 山形県米沢市 岐阜県飛驒 兵庫県加古郡 香川県 長崎市 熊本県「せびり出す(いびり出す)」 *せぶらかす 新潟県岩船郡 岐阜県「いかいな子供がせぶらかいてどーもならん(大きい子供がいじめてしかたがない)」 京都府愛宕郡 兵庫県 和歌山県 鳥取県・気高郡 香川県小豆島 長崎市 *せぶる 岐阜県飛驒 *せべらかす 岡山県和気郡 *せむる 熊本県天草郡 *せめる 山形県 富山県 島根県鹿足郡 *せらう 大分県大分市・大分郡 *せらかす

三重県名張市 *せらす 三重県伊賀 *せわーやかせる(子供をからかっていじめる) 静岡県志太郡「よそのこーせわーやかせるじゃーなぇーぞ」 *たでる(いやみを言っていじめる) 山口県大島「今日はあの男をたでちゃった」 高知県 *ちしきるん・ちしきん 沖縄県波照間島 *ちゃじめる 新潟県佐渡 石川県 *つくじる 宮崎県西臼杵郡 鹿児島県肝属郡 *でこくる 山形県庄内「あの猫をでこくてくれる」 *てちがう 愛媛県 *でちがう 愛媛県・大三島 *てべす 岡山県上房郡 愛媛県 *どやす 栃木県上都賀郡 鳥取県日野郡 熊本県玉名郡 *なぶる 福島県西白河郡 新潟県佐渡 福井県 愛知県名古屋市 三重県 京都市 大阪市 兵庫県淡路島 和歌山県 徳島県 香川県 愛媛県松山 福岡県企救郡 長崎県対馬 鹿児島県口之永良部島 *なやむ 千葉県夷隅郡 *なやめる 島根県八束郡・能義郡・隠岐島「猫をなやめると化けて出る」 *ねちる 愛媛県大三島 *ばーちおわす 鹿児島県屋久島 *はじかかす 三重県志摩郡 *ひしぐ・ひしゃぐ 高知県「言う事をきかんとひしゃがれるぞよ」 *びっくりさす 奈良県吉野郡 *びっしゃぐ 長崎県西彼杵郡 熊本県 *ふぃーじゅん 沖縄県首里 *ふぃしきるん・ふぃしきん 沖縄県与那国島 *ふくじく 静岡県「朋輩をふくじく」 *ふすぶる 岩手県気仙郡 *ふすべる 岩手県気仙郡 徳島県 *ふすむる 宮崎県東諸県郡 *ぶっちめる 岩手県気仙郡 山形県東置賜郡 埼玉県秩父郡「あのいたずら小僧をぶっちめてやれ」 *ふんじゃなむ 青森県上北郡「旅の女をふんじゃなんだ」 *へべす 岡山県苫田郡 *ほやかす 島根県「人をあんまりほやかすとろくな事はないで」 *ほやす(吠(ほ)えるように仕向けるの意) 兵庫県飾磨郡 岡山県上道郡・岡山市 *まわす 三重県上野市 *みみじゅん 沖縄県首里 *めにあわせる 岩手県下閉伊郡 *めにあせる 岩手県気仙郡 秋田県鹿角郡 *もだく 青森県津軽 *もむ 三重県上野市 *やがらかす 岐阜県不破郡 *やしべる 高知県「弱い者をやしべるのはひきょー者ぞよ」 *やしむ 福井県大野郡 *やしめる 青森県 *やます 山形県最上 *やらげる 愛媛県 *ゆわす 三重県 奈良県・宇陀郡「ゆわしたろか、ぼけ」 和歌山県 *りょーる 長野県下水内郡

↓いびる・ぎゃくたい(虐待)

□こと *ぎょーぎ 岡山県小田郡「ぎょーぎをする」 *ごーもく(動物をいじめること) 広島県比婆郡 *ごくじょー 山形県庄内「ごくぢょーする」 *しぇんちょ・せんちょ 山形県東村山郡・北村山郡「せんちょされる(いじめられる)」 *しご 兵庫県加古郡 鳥取県 島根県 岡山県阿哲郡 広島県「しごーしやがったけー(ひどい目に遭わせおったから)」 山口県屋代島・平群島・大島 *しつぃき 沖縄県石垣島 *せせみ(子供などをからかっていじめること) 新潟県・西蒲原郡 *せっちょ 茨城県猿島郡 長崎県五島 *せっちょー 新潟県岩船郡 *ちょーさいぼ(むちゃくちゃにいじめること) 愛媛県松山「ちょーさいぼにしてやれ」 *でっこく 島根県出雲 *てのくそ(動物をいじめること) 島根県「猫をてのくそにする」 *ひつけ 徳島県美馬郡 *よめいじり(嫁をいじめること) 栃木県

□さま *ごーご 福島県相馬郡「お姑にあんまりごーごにしらえるもんだら」 *むくつなし 福井県坂井郡・今立郡

□人 *かまいて・かもいて 島根県 *わらびしつぃきやー・わらばーくるしゃー(子供をいじめる人) 沖縄県首里

いしゃ【医者】 *いしゃっぽ・いしゃんぼ 長野県佐久 *いしゃぬしゅー(「医者の父」の意。敬称) 沖縄県石垣島・小浜島 *えんまみいしゃ(はやらない医者) 奈良県北葛城郡 *きかんさん(やぶ医者) 熊本県下益城郡 *くすぃし 沖縄県首里 *ぐろー 静岡県磐田郡 *せんさん(敬称) 岩手県気仙郡 宮城県石巻 *だなさん 新潟県佐渡 *だんさん 島根県 *だんだんさま 岡山県邑久郡 *だんなさま 山形県酒田市 熊本県天草郡 *だんなさん 熊本県 *ちくあん(「やぶいちくあん(藪医竹庵)」の略。卑称) 香川県高見島 *やまとぅいしゃ(蘭方の医者) 沖縄県首里 *やんぶし 静岡県磐田郡

いしょう【衣装】 *きら(芝居の衣装) 山梨県南巨摩郡 *しはだ 沖縄県石垣島 *はね 岡山市「行きたうてもはねがない」 山口県豊浦郡 *びら 鳥取県「びらが良い(外見がよい)」 岡山市 *びらまえ 鳥取市「びらまへに欺された」 *ぶら 東京都八丈島 *まきもの 新潟県佐渡「まきもの一つでかわるもんだ」 *むかわれべんじょ(花嫁衣装) 鹿児島県肝属郡

↓いるい(衣類)・きもの(着物)

いじる【弄】 *あつかう 長崎県対馬 熊本県玉名郡・天草郡「あつかわん」 *あつかるー 佐賀県 *あつこ 鹿児島県鹿児島郡 *あまる 栃木県大田原市・那須郡 *いぐる 静岡県 *いじく 愛媛県 *いびくる 長野県佐久 大分県 *いびる 栃木県 群馬県 新潟県上越市 山梨県甲府・南巨摩郡 長野県 岐阜県飛驒「きず口をいびる」 島根県那賀郡 大分県 宮崎県 *いぼる 奈良県吉野郡 *いらう 石川県江沼郡 福井県 岐阜県大野郡 愛知県額田郡 三重県 滋賀県彦根・蒲生郡 京都府 大阪府 兵庫県 奈良県・南大和 和歌山県 島根県「その機械をいらうじゃーなーぞ」 岡山県苫田郡「そんなもんいらいなさんな」・阿哲郡 広島県 山口県豊浦郡 徳島県・海部郡 香川県 高知県幡多郡 *いらむ 兵庫県赤穂郡 *いろう 東京都八丈島 富山県砺波 石川県 岐阜県 三重県志摩郡・度会郡 京都府竹野郡 兵庫県但馬 奈良県南大和 鳥取県 島根県石見 岡山県 広島県備後 山口県・阿武郡 徳島県 香川県「それいろうたらいかん」 愛媛県 高知県・高

知市　長崎県対馬　*いろわかす 島根県石見　*えぐる 山梨県甲府　*おじょる 新潟県西蒲原郡　*かかい 鹿児島県　*かかいたくい 鹿児島県揖宿郡　*かかる 新潟県東蒲原郡「それにかかると痛い」 佐賀県　熊本県　宮崎県東諸県郡　鹿児島県　*ごーちんけーす 千葉県長生郡・夷隅郡　*こなす 青森県三戸郡　長崎県　熊本県　*さーらむ 岩手県九戸郡　*さいなむ 秋田県鹿角郡「それは大事な物だからさえなむな」 *さいのむ 青森県南部「あまりさいのまないだでぁ」 岩手県九戸郡　*さなむ 青森県南部　秋田県鹿角郡　*さのむ 青森県上北郡・三戸郡　*さばくる 和歌山県西牟婁郡　*さばる 岡山県真庭郡　*さまう 三重県志摩郡　*さらむ 青森県津軽　*さわる 香川県「さわらんとくんぜ」 熊本県天草郡　*じょーずく 静岡県　*じょーする 北海道函館　*しょーる 静岡県　*せくりもんじゃく 静岡県　*せくる 山形県南置賜郡　山口県玖珂郡　*せたぐ 長崎県対馬　*せたげる 岐阜県飛驒　*せっちる 神奈川県津久井郡　*ちゅーす 新潟県・長岡市　*ちょーす 北海道小樽　青森県津軽　岩手県　宮城県「汚い手でちょーすな」 秋田県鹿角郡　山形県庄内・米沢市　福島県　新潟県　*ちょーらかす 徳島県三好郡・美馬郡　*ちょーろがす 山形県庄内・米沢市　*ちょかす 長野県諏訪　*ちょくる 山形県米沢市　新潟県　*ちょす 北海道小樽　青森県　岩手県和賀郡・江刺郡　宮城県栗原郡　山形県　新潟県　*ちょっからかす 三重県志摩郡　*つつく 岡山県苫田郡　広島県　徳島県「菊をつつく」 香川県伊吹島　愛媛県中島　高知県幡多郡・高知市「これは大切の物じゃきにつつかれんぞね」 *ないめる 鳥取県　*なぶくる 岐阜県　愛知県知多郡　*なぶる 石川県鹿島郡・羽咋郡　福井県足羽郡　岐阜県　三重県北牟婁郡・度会郡　滋賀県蒲生郡・彦根　兵庫県神戸市　奈良県吉野郡　和歌山県日高郡・東牟婁郡　*なやぐる 島根県隠岐島　*なやむ 兵庫県佐用郡・加古郡　島根県「羽織の紐をなやむな」 広島県佐伯郡・安芸郡　山口県阿武郡　香川県　愛媛県「火をなやんでいかん(火をいじってはいけない)」 *なやめる 宮崎県東諸県郡　*ねじくる 島根県隠岐島　*ひちくる 愛媛県　*ふんぞす 岩手県上閉伊郡　*ほたい 鹿児島県　*ほたる 宮崎県西臼杵郡・西諸県郡　*むたぶん 沖縄県首里「みずぃむたぶん(水遊びをする)」 *もざく 和歌山県有田郡・日高郡「そんなもざいたらいかん」 *もさぶる 徳島県「ほんなにもさぶっりょったらめげてしまうぞ(そんなにいじくっていると壊れてしまうぞ)」 *もずく 鹿児島県・肝属郡　*もだく 奈良県吉野郡　和歌山県日高郡　*よーる 群馬県多野郡　埼玉県秩父郡　神奈川県津久井郡「よーりこーす(いじり壊す)」 *よじる 新潟県三島郡　*よる 群馬県多野郡「火をよると危い」 *よろう 新潟県東蒲原郡「電気器具によろうな」・中越

↓いじくる（弄）・もてあそぶ（玩）

□こと　*てぃんちゃま 沖縄県首里　*でっこく 鳥取県西伯郡「でっこくする」 島根県出雲　*てやんご・てやんめ 長崎県壱岐島「てやんごばっかりするな」 *てやんめー 長崎県対馬　*でろどーずき(泥いじり)静岡県田方郡　*でろわすら(泥いじり)栃木県芳賀郡　*どろたなき(泥いじり)広島県芦品郡　*ひろちゃく 茨城県北相馬郡「ひろちゃくする」 *みずかかり(水をいじること)東京都「水かかりしちゃいけない」 *わーさ 島根県出雲　*わーっさ 島根県隠岐島　*わさ 島根県　*わちゃ 山形県東村山郡「わちゃする(いじる)」 *わっしゃ 山形県東置賜郡「わっしゃにする」 *わらす 山形県東田川郡　福島県岩瀬郡　栃木県　*わるさ 島根県

いじわる【意地悪】　*いけこんじょ 宮城県仙台市　新潟県東蒲原郡　*いけこんじょわり 新潟県東蒲原郡　*いけしょー 長崎県南高来郡　*いけず 滋賀県　京都府　大阪市　兵庫県神戸市　大分県「いけずをゆー(無理を言ってむずかる)」 *いけすじょー 茨城県「いけすじょーがわるい」 *いこじ 栃木県那須郡「いこじするな」 *いじくさり 山形県東田川郡　新潟県上越市　三重県志摩郡・度会郡　愛媛県　*いじくされ 青森県　岩手県　宮城県栗原郡　秋田県・鹿角郡　山形県　島根県美濃郡・鹿足郡「うちの子のいじくされにゃー困る」 高知県　大分県宇佐郡　*いじぐされ 島根県鹿足郡　*いじたかり 山形県飽海郡　*いじたけ 山形県村山　*いにく 埼玉県入間郡　*いんなっか 長崎県五島　*えごすご 富山県・射水郡　*おーど 石川県羽咋郡　島根県出雲　熊本県阿蘇郡　*おーどー 広島県高田郡　熊本県　*おこんじょ 群馬県　長野県佐久　*おこんじょー 栃木県足利市・下都賀郡　群馬県勢多郡・佐波郡　埼玉県秩父郡　*がんぼ 愛媛県　*がんぼー 広島県賀茂郡　*くんじょーむん 沖縄県首里　*ごくどーれ 和歌山県　*こんじょーくさり 山口県　*こんじょーもん 福岡市　*こんじょーわる 新潟県西頸城郡　*こんじょくさり 三重県志摩郡　*こんじょくされ 大分県　*こんじょわり 新潟県東蒲原郡　石川県能美郡　三重県「こんじょわりする(いじめる)」 和歌山県新宮　*こんじょわる 富山県砺波　愛知県名古屋市　三重県阿山郡・名賀郡　滋賀県彦根・蒲生郡　京都市「こんじょわるばっかりしやはる」 大阪市「そないこんじょわるしないな」 和歌山市　愛媛県大三島　*ごんた 大阪府泉北郡　*じょーにく 新潟県中頸城郡　*せんしょ 新潟県長岡市　*ぞんき 茨城県　栃木県「ぞんきな嫁で困った」 群馬県山田郡・館林「親をぞんきにする」 岐阜県飛驒　*ぞんぎ 群馬県邑楽郡　*どーちゃく 岐阜県養老郡　*どくでなし 千葉県・夷隅郡　*ねじょーわる 静岡県　*ねちょ 山形県北村山郡「ねちょたがる」 *ねっきょ 新潟県東蒲原郡　*ねっちょ 福島県大沼郡　新潟県　長野県下水内郡　*ねっちょー 茨城県・稲敷郡　千葉県香取郡「ねっちょーする」 新潟県

東蒲原郡　山梨県北都留郡 *ぼねくされ 宮崎県東諸県郡 *やなしむち 沖縄県首里 *やなしんてぃー 沖縄県石垣島 *よちごろ 宮崎県東諸県郡 *よにく 茨城県　千葉県印旛郡「よにくすんなよ」 *よによに 茨城県稲敷郡 *ろくでなし 山形県庄内　福島県耶麻郡　茨城県稲敷郡　千葉県夷隅郡「あん人ずいぶんろくでなしだよ」・東葛飾郡　新潟県東蒲原郡

□する *あたけはっちょー(いじわるをすること) 静岡県志太郡「そーしたらあたけはっちょーしてこまらせた」 *あたける 静岡県志太郡 *いじたける 山形県「えづたげんな(じゃまするな)」 *いじをだす 岐阜県大野郡　島根県石見 *えじかめる 長野県佐久 *がいする 香川県木田郡「こんまい子にがいしたらいかん」 *くねる 和歌山県有田郡「そんなにくねんなよ」・東牟婁郡 *にくじ(わざと意地悪くすること) 福岡県遠賀郡「よけいにくじするばい」・小倉市　熊本県玉名郡 *やご(いじわるをすること) 愛媛県伊予郡・上浮穴郡

□だ *いぐぇわれ・えぐらわりえ・えぐりわりえ 山形県西村山郡 *いごくりわるい 石川県金沢市　福井県敦賀郡 *いごくるわるい 石川県河北郡 *えぎー 熊本県 *えぐい 新潟県刈羽郡　三重県志摩郡　京都府竹野郡　奈良県南大和　鳥取県西伯郡　徳島県　香川県　愛媛県　熊本県玉名郡 *えぐりわるい 宮城県仙台市　山形県東村山郡・北村山郡 *えごらわるい 新潟県西頸城郡 *えごわるい 秋田県平鹿郡「えごわるい奴だ」 *えんぐりわるい 山形県東村山郡 *しとわりー 山形県「あいつもしとわりぐなった」 *じょあるい 和歌山県西牟婁郡 *しょーわると 兵庫県加古郡 *ずない 静岡県駿東郡 *ずんない 山形県西田川郡 *せこい 栃木市　神奈川県中郡 *せっこい 神奈川県中郡 *つらつけない 新潟県佐渡　長崎県対馬「彼は何某をその立場の無いまでにつらつけなう言うて恥をかかせた」 *どーちゃくい 岐阜県不破郡 *どーちゃくない 岐阜県郡上郡 *ひとわるい 新潟県佐渡「ひとわるい顔をする」 *めんどい 香川県

□なさま *いひゅー 佐賀県神埼郡 *うで 島根県石見「あれはうでな所があって仲々むつかしい」 *ぎょーにく 新潟県中頸城郡　長野県佐久「ぎょーにくなやつ」 *みーぬちはなぬち 沖縄県首里「みーぬちはなぬちしゅん(意地悪をする)」

□な人 *あくしょーもん 島根県益田市・邇摩郡 *いかず 神奈川県愛甲郡 *いけず 長野県長野市・上水内郡　滋賀県彦根　京都　大阪府大阪市・泉北郡　奈良県　兵庫県加古郡(意地悪な女)　香川県小豆島　高知県 *いじけもん 島根県 *いじんぼ 岐阜県飛騨　三重県員弁郡 *えんぴんかたり 山形県東置賜郡 *おがも 徳島県 *ぎしゃばりやろー 山梨県南巨摩郡 *けんちゅー 大分県大分郡・北海部郡 *けんつー 大分県 *ごーにん 神奈川県三浦郡 *こんじょーくさり 山口県 *こんじょーわる 新潟県西頸城郡 *こんじょくさり 三重県志摩郡 *こんじょくされ 大分県 *こんじょわり 新潟県東蒲原郡　石川県能美郡　三重県　和歌山県新宮 *こんじょわる 富山県砺波　愛知県名古屋市「虫眼鏡買ってもあの子こんじょわるだて見せてくれせんぎゃい」　三重県阿山郡・名賀郡　滋賀県彦根・蒲生郡　京都市　大阪市　和歌山市　愛媛県大三島 *しねくされ 大分県 *ずとれ 宮崎県東諸県郡 *はんがく(意地悪な女) 静岡県志太郡　香川県三豊郡・伊吹島 *ひねくさ 山梨県 *ひねくれ 香川県 *ひねくれまい 香川県木田郡 *わるがね 大分県

いす【椅子】 *いー 沖縄県首里 *すくてーん 沖縄県波照間島 *ちょくろく 佐賀県 *ちんべ 石川県鹿島郡 *とん 和歌山県日高郡・和歌山市 *んっとぅいだい 沖縄県与那国島

いずみ【泉】 *いがわ 熊本県　宮崎県東諸県郡 *いつ・いつい 島根県那賀郡 *いでぃみん 沖縄県与那国島 *いのこ(飲料用) 宮崎県南那珂郡 *えんどこ 秋田県山本郡 *かー 東京都利島 *かど 青森県 *かどこ 青森県三戸郡 *かわ 島根県大根島 *くみかわ 岡山県川上郡 *くんごさい 長崎県北高来郡 *じぇみっ 鹿児島県揖宿郡 *しみず 千葉県印旛郡　神奈川県津久井郡　長野県諏訪　静岡県磐田郡　愛知県北設楽郡　岡山県邑久郡 *しみずいど 長野県下伊那郡 *しみずっぱ 神奈川県津久井郡 *ずるくみ・ずるこみ 宮崎県西臼杵郡 *つるい 島根県益田市 *つるべ 島根県美濃郡 *でーすい 兵庫県加古郡 *でーみつ・でみじ 長崎県南高来郡 *でくち 熊本県阿蘇郡 *でぐち 熊本県飽託郡・芦北郡 *でし・です 千葉県夷隅郡 *でしみず 千葉県 *ですい 山形県　群馬県山田郡・佐波郡　長野県　香川県 *ですじ 山形県庄内 *でみ 山口県大島　愛媛県大三島「でみがっく(泉がわき始める)」　鹿児島県肝属郡 *でみず 山形県西村山郡・西置賜郡　富山県東礪波郡　静岡県磐田郡　香川県香川郡・綾歌郡　愛媛県　長崎県南高来郡　熊本県　宮崎県西臼杵郡　鹿児島県肝属郡 *でみっ 鹿児島県「でみっがすい(泉がわく)」・揖宿郡 *でみつ 宮崎県西諸県郡 *ねみず 静岡県川根 *ばいな(「湧穴」の意) 沖縄県竹富島 *ばぐ 沖縄県石垣島 *ばけーな 沖縄県黒島 *ばげーな 沖縄県石垣島・新城島 *ひぐち 山口県 *ひやけ 長崎県五島 *ぼくぼく 群馬県多野郡 *ぼくぼくみず・ぼくみず 長野県佐久 *みじぃぬんじるかた 沖縄県波照間島 *みずくち 熊本県天草郡 *みずとび 沖縄県宮古島 *みずのくち・みずのもと 熊本県阿蘇郡 *みどぅふんじ 鹿児島県喜界島 *みなくち 奈良県吉野郡 *みので 栃木県芳賀郡 *むなくち 島根県仁多郡・能義郡 *ゆがわ 熊本県球磨郡 *ゆご 熊本県球磨郡　宮崎県西諸県郡 *わきがわ・わきご 熊本県芦北郡・八

代郡 *わきくち 熊本県阿蘇郡 *わきつぽ 青森県三戸郡 *わきで 長野県諏訪 *わっご 熊本県芦北郡

→しみず（清水）

いそがしい【忙】 *あぐらしー 新潟県東蒲原郡 富山県 *あせくらしー 新潟県佐渡・東蒲原郡 富山県「ああ、あせくらしい人じゃ」 石川県 *あせくるしー 石川県江沼郡 *あせくろしー・あせろしー 愛媛県 *あせっくらしー 新潟県 *あせない 富山県「あせなそー（忙しそう）」・砺波 石川県「ひどいあせないことにおーてー（会って）」 *あせらしー 愛媛県周桑郡 *あつこまし 兵庫県加古郡 *いじゃーしー 島根県那賀郡 *いじらしー・いじろーしー 島根県浜田市「どうもこの頃はいじろーしゅーてならん」 *いたしー 大分県西国東郡 *いちゅなさん 沖縄県首里 *かせわし 三重県 *きびしー 兵庫県宍粟郡 岡山県苫田郡「節季になって掛けとりやら何やらきびしゅうなりました」・津山市 *ぎんだまえー 大分県日田郡「今日はぎんだまえー」 *けばしー 長野県北安曇郡 *けわしー 山形県東置賜郡 長野県北安曇郡 島根県出雲・隠岐島「このころは田植でけわしてならん」 香川県 福岡市 宮崎県日向市 *こいそがしー 長野県佐久（たいそう忙しい） 島根県石見・隠岐島（少し忙しい） *こぜからしー 熊本県下益城郡 *しがらさい 鹿児島県喜界島 *ししろーしー 広島県高田郡 山口県玖珂郡 *しろーしー 山口県「今日はしろうしいから駄目だ」 *せーたりない 新潟県長岡市 *せかしー 愛媛県 *せかせかしー 新潟県佐渡「きょうはせかせかしくはたらいた」 島根県「何とせかせかしーことだ」 *せからし 和歌山県 鹿児島県鹿児島市・肝属郡 *せからしー 大阪市 兵庫県 岡山県苫田郡 山口県大島 香川県三豊郡 愛媛県・周桑郡 福岡県・久留米市 長崎県北松浦郡 熊本県・八代郡「せからしゅー言いなはんな（そうせかせか言いなさるな）」 宮崎県児湯郡 鹿児島県・種子島 *せがらしー 鹿児島県揖宿郡 *せかんたらしー 大阪市 *せこい 香川県「せこてせこていかんが」 *せこらしー 愛媛県新居郡 *せせかしー 長野県上伊那郡 *せせっかしー 栃木県 *せせろーしー 広島県高田郡 *せつくろしー 滋賀県 *せつない 岩手県東磐井郡 宮城県登米郡・玉造郡 *せつらない 秋田県雄勝郡「朝から晩まで仕事が多くてせずらねぁな」 *せつらもない 新潟県中越 *せつろしー 福井県敦賀郡 滋賀県 京都府京都市・葛野郡 *せわらし 熊本県玉名郡・下益城郡 鹿児島県肝属郡 *せわらしー 兵庫県但馬 島根県出雲市・大田市 長崎県対馬「面倒しいことをせかせか言うて来るのでせわらしいこっちゃ」 *そーぞーしー 広島県 *そーましー 岐阜県本巣郡 *てんくるまい 滋賀県彦根 *はわしー 島根県仁多郡 *ぱんたさーん・はんたさん 沖縄県竹富島 *ぱんたるある 沖縄県鳩間島 *ぼーばいならん（たいそう忙しい） 香川県伊吹島 *まどぅねーぬ 沖縄県石垣島 *まどーなーぬ 沖縄県鳩間島 *やかない 静岡県・富士郡 *やかましー 岐阜県養老郡・飛驒「収穫でやかましい」 愛知県 鹿児島県沖永良部島 *やせったい 山梨県 *やせつない 岡山県 *やぜない 福岡県築上郡「今日はやぜねーなき又ゆるっと話そ」 大分県 *よれこむ 静岡県周智郡

→きぜわしい（気忙）・せわしい（忙）・せわしない（忙）・たぼう（多忙）

□こと *きーきーも 鹿児島県鹿児島郡 *きゃーきゃーまえ 島根県仁多郡 *ぎりぎりまい 兵庫県赤穂郡「ぎりぎりまいする」 *ことおー 大阪市 *せしけ（動詞「せしこー」の名詞形「せしかい」の転・非常に忙しいこと） 鹿児島県「せしけ時（忙しい時）」・枕崎市・肝属郡「うぜしけ（大多忙）」 *せせかい（非常に忙しいこと） 長崎市 *てんてんまい 山梨県 *ぼーまい 岐阜県郡上郡 *ぼーみゃー 京都府竹野郡「朝から次々と人が来てぼーみゃーした」

お□ *おことい 兵庫県淡路島 島根県那賀郡 山口県 徳島県「今晩はおこといのによう来てくれた」 香川県「おこといでしょう（挨拶の言葉）」 *おこといー 島根県石見 岡山県小田郡「おこといい事でせう」 広島県 山口県大島「おこといいのに良う御苦労して下されました」 大分県 *おことおい 岡山市「お嫁入り前でおことおーござんしょ」 広島県中部 山口県 長崎県壱岐島 *おことおいー 島根県鹿足郡 *おことおーい 大阪市「お事多い中をわざわざお越し下さいまして」 *ことい一・ことおいー 広島県比婆郡 *ことおい 鳥取県西伯郡（祝い事の近づいたことを言う）

たいへん□様子 *あかぐつ 新潟県西蒲原郡「あがぐつする」 *あやこや（忙しそうにするさま） 愛媛県周桑郡「あやこやと支度をして」 *きゅーくれまい 三重県宇治山田市・度会郡 *けっつかえちゃえする 山形県北村山郡 *しりかえちゃにする 山形県東置賜郡・南置賜郡「しりかえちゃにしてねげる（大急ぎで逃げる）」 *しりからたてまつ 山形県東置賜郡・西置賜郡 *すたこた 宮城県石巻「すたこたて何んだつことねぁぐ用がある」 *すたばた 宮崎県東諸県郡 *せっかん 茨城県稲敷郡「あー、せっかんだ、せっかんだ」 千葉県印旛郡 *せわせわて 山形県米沢市「しぇわしぇわて、こしゃった」 *ちたぱた 山形県米沢市「忙しくて、ちたぱたさせらっちゃ」 *ちょこやこ（忙しそうにするさま） 秋田県北秋田郡・河辺郡「ちょこやこ回って世話をする」 *てんてこまう 高知市「てんてこもーた（目の回るほどいそがしかった）」 *どたらばたら 宮城県仙台市 *どんちゃん（家などが忙しいさま） 香川県大川郡 *ねこのてもひとのて 富山県砺波 *ぱんたさんがしゃ（忙しそうにするさま） 沖縄県石垣島 *ひがちるよー 島根県邑智郡「せわ

しゅーてひがちるよーな」 *ひがふるよー 島根県益田市 *めーがまう 大阪市 *めがまう 山口県 *めっぱをかえす 東京都八王子 *やきやき 大阪市「毎日やきやきしています」

いそぎ【急】

大□ *いったん・いったんざったん・いったんぽったん 新潟県西頸城郡 *えっさもっさ 島根県「えっさもっさで帰ったがとうとう間に合わざった」 *されーうるたき 新潟県岩船郡 *だいはんにゃ 島根県「だいはんにゃで仕事をすませた」 *はやまく 大阪府「はやまくでやっとくなはれ」 *はやまくり 香川県「はやまくりでこしらえたすしじゃ」 *ひょーまくれ 山梨県 *やさもさ 広島県高田郡 山口県防府市 *やっさーもっさ 島根県隠岐島 *やっさーもっさー 島根県石見「やっさーもっさーで出て来た」 *やっさーやっさー 島根県益田市 *やっさもっさ 島根県 岡山県児島郡「やっさもっさでよーよー作った」 広島県・高田郡 山口県「やっさもっさで帰った」 *やっさもっしゃー 島根県那賀郡 *わちわちと 山形県西田川郡

いそぎんちゃく【磯巾着】

*あざみ 島根県八束郡 *いそっつび 神奈川県三浦郡 *いそつび 和歌山県日高郡 *いそのじゅーっべ 愛媛県 *いそのどつび 和歌山県日高郡・西牟婁郡 *いそべー 和歌山県西牟婁郡 *いそべべ 茨城県 和歌山県西牟婁郡 山口県阿武郡 *うしのしり 香川県・小豆島 *うまのけっち 岩手県九戸郡 *うみつび(「つび」は女陰の意) 山口県阿武郡 *うみのばば 青森県上北郡 *うみふつべ・おみふつべ 島根県隠岐島 *うんちび 島根県那賀郡・江津市 *おんべべこ(「べべこ」は女陰の意) 島根県隠岐島 *しおふき 島根県那賀郡 *じが 島根県浜田市 *じっつき・しっつく 鹿児島県 *じっつく 鹿児島県肝属郡 *しまのめ 島根県江津市・大田市 *しりご 三重県鳥羽市・志摩郡 *すいこみ 島根県益田市 *すいちゃこ 徳島県伊島 *だっこ 青森県南部 *みずはき 島根県浜田市 *めんちょ 島根県益田市・八束郡 *よばりたれ 香川県伊吹島

いそぐ【急】

*あおつ 石川県鳳至郡・鹿島郡 *あがく 新潟県東蒲原郡 石川県能美郡 福井県 長野県下伊那郡 岡山県児島郡 *あせがる 長崎県南高来郡「いわしのかたまりばみつけたけん、あせがってこい」 *あせつく 新潟県中頸城郡 *あちゃつく 長野県上田・東筑摩郡「あちゃついて逃げた」 *あっぱやめく・あっぺーめく 埼玉県秩父郡「あっぱやめくとまちがいがおこるぞ」 *いきせき(急いでいるさま) 長野県佐久「いきせきして」 *いそがしー(急いでいるさまだ。速い) 宮崎県西臼杵郡「暑え時なあ、いそがしゃ歩みきらん」 *いそぎかやる 徳島県 *いちゃつく 長野県 *いらつ 福井県大飯郡 三重県松阪市・南牟婁郡 滋賀県 和歌山県日高郡 *うならかす 東京都大島「山へうならかして行った」 *うならがす 神奈川県江の島「うならがして来い」 *うなりかす 千葉県夷隅郡 *うるたく 新潟県岩船郡 *うるてる 青森県津軽「もとうるてであさげ(もっと急いで歩け)」 *うろたく 秋田県南秋田郡 *おったゆる 熊本県玉名郡 *おろたえる 富山県射水郡 *おろたゆる 熊本県 *おろつく 佐賀県・藤津郡 *かいこむ(仕事などを急ぐ) 青森県津軽 *かさぐ 栃木県足利市「かさいで来い」 *かせぐ 岩手県胆沢郡 茨城県「かせーでこい(早く来い)」「かせでにしろ(早くしろ)」 栃木県「かせてこい」 群馬県「かせいで行ってこお」 埼玉県秩父郡・入間郡「かせーでやっちめーな」 千葉県東葛飾郡「かせうでこい」・香取郡 東京都南多摩郡・八王子「かせーでやってくれ」 山梨県 長野県佐久「早くかせんで行け」 *かちもだえる 新潟県佐渡「かちもだえて食うた」 *きおう 高知県「時間がないきにきおーて行こー」・高知市「きおーて行かんと乗りおくれるぞ」 *きゅーせる 鳥取県「きゅーしぇって道をあるく」「きゅーしぇらにゃいけんで」 *きるぶ 東京都八丈島「きるんでいこわ(急いで行く)」「きるっで来る」 *ぐーぐっと(急いでするさま。早く。さっさと。ずんずん) 北海道「ぐうぐっと来い」 岩手県気仙郡 *ぐーくと(急いでするさま。早く。さっさと。ずんずん) 宮城県名取郡 *ぐーぐと(急いでするさま。早く。さっさと。ずんずん) 青森県津軽「ぐーぐどあどかたじけろ」 秋田県秋田市・南秋田郡 *ぐくと(急いでするさま。早く。さっさと。ずんずん) 山形県 *ぐぐと(急いでするさま。早く。さっさと。ずんずん) 青森県 秋田県「ぐぐど片つけろ」 山形県 *ぐっぐっと(急いでするさま。早く。さっさと。ずんずん) 山形県米沢市 *ぐっくと(急いでするさま。早く。さっさと。ずんずん) 青森県 山形県「ぐっぐどしないと間に合わない」 茨城県新治郡 新潟県東蒲原郡「ぐっくと耕せ」 *ぐっと(急いでするさま。早く。さっさと。ずんずん) 秋田県雄勝郡・由利郡 山形県飛島「ぐっとこちゃ(早く来い)」 *ぐど(急いでするさま。早く。さっさと。ずんずん) 秋田県「ぐど来い」 *くらます 神奈川県江の島「くらましてにげた」 *くらむ 神奈川県藤沢市「くらんで来る」 *ぐれぐれ(急いでことを成すさま。さっさと) 青森県上北郡「巡査がぐれぐれとひっぱって行った」・三戸郡「ぐれぐれやれ」 岩手県気仙郡「ぐれぐれけあ(帰)ってしまった」 秋田県鹿角郡「ぐれぐれと仕舞って行った」 *ぐんぐと(急いでするさま。早く。さっさと。ずんずん) 山形県「ぐんぐど仕事すろ」 新潟県下越 *ぐんぐんと(急いでするさま。早く。さっさと。ずんずん) 山形県 茨城県真壁郡 *こいそぐ 島根県「急病だと聞いてこいそいで戻った」 *さおぐ 山口県大島 *さわぐ 福島県南会津郡 岐阜県郡上郡「さわいでいかにゃ汽車にのれんぞ」 *しぇっこむ 新潟県佐渡 *ししかゆい・ししかうい 鹿児島県喜界島 *しりがぐらつく 福岡市 *せかつく(心あわただしく急いでもの

ごとをする）新潟県佐渡　長野県諏訪・東筑摩郡

***せきこむ** 岐阜県羽島郡　島根県隠岐島　熊本県芦北郡・八代郡　***せく** 青森県南部　岩手県南部　秋田県鹿角郡「間違ってはならぬからせぐな」

福島県東白川郡　栃木県塩谷郡　千葉県　新潟県　石川県能美郡・江沼郡　福井県敦賀郡　長野県佐久　静岡県志太郡　愛知県碧海郡　三重県北牟婁郡　滋賀県彦根　京都府　大阪府大阪市「あんた今何ぞせく用事しててやおまへんか」・泉北郡　兵庫県　奈良県南大和　和歌山県南部　島根県　広島県高田郡　徳島県海部郡　長崎県南高来郡　熊本県玉名郡　大分県大分郡　宮崎県西臼杵郡

***せぐ** 鳥取県気高郡・岩美郡　香川県　***せける** 山形県　京都市　兵庫県神戸市・加古郡「気がせける」　和歌山県　島根県　香川県　***せこせこ**（急いでいるさま）岩手県気仙郡　***せしこう** 宮崎県東諸県郡　鹿児島県下甑島「はよせしこで走らんが（早く急いで走らないか）」　***せたぐ** 島根県石見「気がせたぐ」　***せつく** 島根県「早うせつかにゃー汽車の間にあわん」　***せっこむ** 福島県東白川郡「そおだにせっこまねぇで、ゆっくらやれ」　山梨県・南巨摩郡「こがーのーこまっかい仕事はせっこむと間違う」　熊本県下益城郡　***せっつく** 山梨県　***そーくる** 山口県玖珂郡　***てぱてぱ**（急いでするさま）岩手県気仙郡　***てばてば**（急いでするさま）千葉県安房郡「てばてばやれよ」　***どしめかす** 秋田県「どしめがしてにげて行った」　***どしめく** 秋田県平鹿郡・由利郡「あんまりどしめくな」　***どて**（急ぎ慌てること）山形県最上郡・西村山郡　***どぶ** 山形県庄内　福島県　群馬県碓氷郡・多野郡　埼玉県秩父郡　東京都八王子・三宅島　神奈川県足柄上郡・津久井郡　新潟県　富山市近在　山梨県・甲府・南巨摩郡　長野県　岐阜県加茂郡・恵那郡　静岡県　愛知県三重県　島根県　岡山県児島郡　徳島県　長崎県　熊本県阿蘇郡　大分県　***どぶ** 大分県・南海部郡　***はがーやる** 岩手県九戸郡

***はかやる** 岩手県九戸郡「はかやってやれ（急いでやれ）」　山形県東置賜郡　***ひく** 秋田県仙北郡「未だ時間があるからひぐな」　***もだゆる** 熊本県・菊池郡「よっぽっ（よほど）もだえちいけて云ふたばってんがなあ（よほど急いで行けと言ったけれどもねえ）」・天草郡　***やひやひ**（卑しく急ぎ求めるさま）新潟県岩船郡　***よろぐ** 新潟県西蒲原郡　***わーらわら**（急いで行うさま。多く、走るさまに言う）茨城県稲敷郡　***わらわら**（急いで行うさま。多く、走るさまに言う）岩手県気仙郡「その仕事わらわらどやってしめぇ」・平泉　宮城県「わらわらとかたづける」「何を見つけたかわらわら走せて行った」　秋田県仙北郡「わらわらど早く行って来い」　山形県「わらわら走って行ってこい」　福島県　茨城県・稲敷郡　静岡県「わらわら飛で来た」・田方郡

***わわと**（急いで行うさま。多く、走るさまに言う）山形県「わわど来え」

□**で** ***いそぎたまぐり** 長崎県壱岐島「いそぎたまぐり行たち見たばっち（行ってみたけれど）、間に合わぎゃった」　***えっさ・えっさのま** 島根県「えっさと来んと遅れるずや」「えっさに家え帰った」　***きめて** 兵庫県加西郡　***しんと** 秋田県河辺郡「しんと行け」　山形県　***せーだい** 岐阜県益田郡　***せーだいて** 富山県・砺波　石川県鹿島郡・石川郡　***せーだいと** 富山県・砺波　石川県金沢市　兵庫県赤穂郡　***せーだして** 京都府

***せーで** 福井県　大阪府東成郡　***せーらと・せーでと** 新潟県佐渡「せえらといってこい」

***せきまい** 大阪市「せきまいでやってんか（やってくれないか）」　***せだいて** 石川県河北郡　***せだいと** 富山県　***せって** 福井県足羽郡　***せわいて** 和歌山県有田郡　***ぞっそん** 福岡県企救郡「ぞっそんぞっそん」　***ちょっくり** 千葉県上総　***ちょっこり・ちょっこい** 鹿児島県阿久根市「ぬっかっで（暑いから）、ちょっこい行だっ来ややあい」

***つー** 大分県南海部郡「つーに行った」　***でやーと** 兵庫県但馬　***と** 島根県簸川郡「と行きて来た」　***どー** 島根県「とおもどんさいよお（早くお帰りなさいよ。送る者の挨拶の言葉）」・石見「もっととー来りゃーよかったに」　大分県南海部郡「とーに」　***とっそく** 新潟県佐渡「あのしたぁとっそく行ってしもうた」　富山県東礪波郡「とっそくに行く」　岐阜県郡上郡「そーあわてたって、とっそくに　やできんぞえ」　***はやさおすさ** 鹿児島県肝属郡「はやさおすさ手出しゅすんな」

***はよーおそー** 山口県阿武郡　***はよおす** 宮崎県東諸県郡「はよおせんでいい」　鹿児島県肝属郡　***はよさき** 熊本県玉名郡　***はんで** 山梨県

長野県東南部　***はんでー** 山梨県南巨摩郡「はんでーしろ」　***へだいて** 富山県砺波　***へだいと** 富山県・砺波　***へんで** 山梨県　長野県東筑摩郡「へんでやると褒美をやる」・諏訪　***ほちゃーと・ほちょかっと・ほちると** 長野県北安曇郡

***やーやーと** 岩手県平泉　長崎県対馬「雨の降らんうちにやーやー片付けた」　***やーやと** 山形県「仕事をやーやとおわして帰って行った」　***やしやし** 香川県伊吹島　***ややと** 青森県上北郡「ややど仕てしまれ（さっさとやってしまえ）」　***やんざ** 和歌山県西牟婁郡　***やんだ** 和歌山県日高郡・西牟婁郡「やんだに拾う」

↓「あわてる（慌）」の子見出し、「慌てて」

□**で行く** ***いきほかて**（急ぎ過ぎるさま）山形県西田川郡　***かぐらまてゆく** 千葉県安房　***がんがん**（急いで行くさま）山形県庄内・飽海郡「がんがんとよけ（行け）」　***さかとんぼをうつ**（前のめりになって急いで行く）高知県幡多郡・高知市「そんなにさかとんぼをうって何処へ行きよるぞね」　***つーじいく** 大分県下毛郡・直入郡「小児がつーじいく」　***つーじく** 大分県大野郡　***つーじさるく** 熊本県下益城郡　***つーぜいく** 大分県南海部郡「人がつーぜいく」

□**せる** ***きもげる** 高知県「話が進まんがちっと行

てきもげてみてくれんか」 ***しょたげる** 新潟県佐渡　石川県能美郡 ***せーたげる** 島根県出雲 ***せーたくる・せりたくる** 島根県大田市 ***せーつく** 岐阜県安八郡・北飛騨「さうせーついたって直ぐは出来ん」　佐賀県 ***せがう** 福岡県田川郡・京都郡 ***せく** 三重県志摩郡・北牟婁郡　京都市　大分県大分郡 ***せくらかす** 山口県大島 ***せくりたてる** 島根県邑智郡　山口県 ***せくる** 島根県石見「そがーにせくるな。今日は一文もなー」　広島県双三郡・高田郡　長崎県壱岐島 ***せける** 山形県東田川郡 ***せたぐ** 広島県賀茂郡　長崎県壱岐島「おしがあんまりせたぐけに本な忘れち来た」 ***せたくる** 島根県邑智郡「せたくって学校へ行かせた」 ***せたぐる** 大分県東国東郡 ***せたげる** 新潟県「早く帰るようにせたげる」　富山県砺波　石川県河北郡　島根県大田市　岡山県苫田郡　広島県高田郡　香川県伊吹島　愛媛県 ***せちゃげる** 新潟県佐渡 ***そらはらゆー** 長崎県対馬「彼は気ぜきな人間で、来るが早いかそらはらいうて人を騒がさせる」

□**せるさま** ***やーはや・やーはえ** 島根県出雲 ***やえはえ** 島根県八束郡 ***やれこりゃ** 広島県比婆郡 ***やれそら** 新潟県佐渡　山口県 ***やれそれ** 宮城県石巻「やれそれったてすぐに出来せんてば」　静岡県志太郡「やれそれいったってすぐにゃできなぇーよ」　島根県石見 ***やれはえ** 島根県出雲 ***やれはや** 島根県出雲・隠岐島「やれはやには出来ん」

□**ないさま** ***かかりあい** 岐阜県飛騨「まあかかりあいにやってくれりゃええ」 ***じねん** 長野県下伊那郡「じねんとうっぱしれ(徐々に行け)」 ***じねんこ** 栃木県安蘇郡・上都賀郡「じねんこに煮つめろ」 ***じねんほっとり** 長崎県対馬「水の滴りも年数がたてば、じねんほっとりと石をもうがつやうになる」 ***ぼとぼと** 岡山県岡山市「ぼとぼと歩く」・児島郡「ぼとぼと運べゃーえー」　香川県三豊郡「もーさぶいけにぼとぼといねよ(帰れよ)」

→ゆっくり

□**さま** ***いそぎはやとき**(慌ただしく急ぐさま)　山口県防府市 ***いそらそそら** 岡山市「いそらそそらに」 ***がたがた** 山形県「がだがだえってこい(大急ぎで行ってこい)」 ***がたんがたん** 山形県米沢市「がだんがだん仕事をしろ」 ***けちけち** 大分県北海部郡 ***こばえ** 新潟県西蒲原郡「こばえ来え」 ***こばや**(少し急ぐさま)長野県上田・佐久　鳥取県・西伯郡　島根県出雲・隠岐島「ちいと、まあ、こばやに戻らっしゃえ」 ***こばよ** 島根県　香川県小豆島「夕はんこばよにたべていけよ」　大分県臼杵市 ***じんじん** 山形県庄内「ぢんぢんと行く」 ***ずんずら** 静岡県榛原郡「ずんずらあいべや(歩け)」 ***ずんは** 宮城県仙台市「ずんはとまいれ」 ***せっこせっこ・せっこ・せっこちり** 茨城県真壁郡 ***そこそこ** 栃木県 ***ちょろちょろ** 鹿児島県肝属郡「ちょろちょろと行って来い」 ***ちょろっちょろ** 島根県出雲「ちょろっちょろ行って来え」 ***ちらちら** 長崎県「ちらちらしなさい(早くしなさい)」 ***とろく**(いっしょうけんめいに急ぐさま)宮城県栗原郡「何も言わずにとろくと逃げていった」 ***ばらばら** 大分県「ばらばら走って来い」 ***むしょーとぅしょー**(むしょうに急ぐさま)沖縄県首里 ***やかやか**(打ち消しの語を伴って用いる)富山県砺波「やかやかとやってくれん」「そんなやかやかしたわけにはいかん」 ***やっさで** 島根県石見　岡山県岡山市・児島郡　山口県 ***やっさに** 岡山市「やっさに縫い上げて間に合わした」

たいそう□ ***かけらかす** 神奈川県中郡 ***かっぱらう** 神奈川県中郡「かっぱらって行ってこい」 ***すっとこめかす** 新潟県西蒲原郡「すっとこめかして出て行った」 ***のめくる** 秋田県北秋田郡「のめくってあるいて居る」 ***はけしろかぐ** 青森県

いた【板】 ***うぐろよけ**(もぐらを防ぐために田畑の畔に打ち込む板)島根県邑智郡 ***うちいた**(めん類を打つための、足が付いた大きい板)青森県三戸郡 ***おいねだい**(荷物を載せて背負うための板)三重県飯南郡　奈良県吉野郡 ***おでいた**(のし板)愛媛県 ***ぎすいた**(五右衛門風呂に入る時底に沈める板)兵庫県赤穂郡 ***げすい**(五右衛門風呂に入る時底に沈める板)山口県阿武郡 ***げすいた**(五右衛門風呂に入る時底に沈める板)愛知県中島郡　三重県鳥羽市　滋賀県高島郡　京都府竹野郡　大阪府大阪市・泉北郡　兵庫県赤穂郡・加古郡　奈良県・南大和　和歌山県有田市・和歌山市　徳島県　香川県　愛媛県・大三島　長崎県対馬 ***げすー**(五右衛門風呂に入る時底に沈める板)滋賀県高島郡 ***こいた**(屋根をふくための板)鹿児島県肝属郡 ***こけら**(板屋根などをふく板)秋田県　静岡県周智郡　愛知県北設楽郡　島根県石見　岡山市　鹿児島県 ***さな**(五右衛門風呂に入る時底に沈める板)岡山県　山口県大島・防府　徳島県　香川県綾歌郡・三豊郡　愛媛県 ***じょーたんく**(五右衛門風呂に入る時底に沈める板)徳島県那賀郡 ***せいた**(荷物を背負うために、背に当てる板)栃木県　群馬県邑楽郡　埼玉県秩父郡　千葉県君津郡　富山県　石川県能美郡・河北郡　福井県大飯郡　長野県　岐阜県加茂郡・飛騨　静岡県磐田郡　島根県鹿足郡・那賀郡　大分県大分郡 ***せーで**(荷物を背負うために、背に当てる板)栃木県安蘇郡 ***せた**(荷物を背負うために、背に当てる板)福井県大野郡　滋賀県高島郡・甲賀郡 ***せった**(荷物を背負うために、背に当てる板)富山県高岡市 ***せったら**(荷物を背負うために、背に当てる板)奈良県吉野郡 ***ちょーぎ**(薄い板)静岡県磐田郡 ***のしばん**(のし板)神奈川県中郡　静岡県志太郡 ***ばいた** 群馬県吾妻郡　長野県北安曇郡　熊本県玉名郡 ***ばん**

（大きな厚い板）徳島県 *まさ（屋根をふく板）青森県三戸郡（杉檜） 岩手県紫波郡・気仙郡（栗） 秋田県河辺郡・鹿角郡 *まさいた（屋根をふく板）秋田県河辺郡 *むぐろとめ（もぐらを防ぐために田畑の畔に打ち込む板）福島県石城郡 *めーた（めん類を打つ板）栃木県宇都宮市・安蘇郡 島根県 *めんいた（めん類を打つ板）京都府竹野郡 島根県隠岐島 *めんこぶちいた（めん類を打つ板）栃木県安蘇郡 *めんた（めん類を打つ板）島根県隠岐島・八束郡 *めんばいた（めん類を打つ板）群馬県勢多郡 埼玉県秩父郡 福井県敦賀郡 *めんばん（めん類を打つ板）埼玉県秩父郡 *もくろがやし（もぐらを防ぐために田畑の畔に打ち込む板）富山県東礪波郡

いたい【痛】 *いんぐりわるい（何となく痛い）愛媛県八幡浜市・大三島 *えがっぽい（稲、麦などのぎが刺さって痛い）長野県上伊那郡 *えぐらわるい（何となく痛い）山形県東置賜郡・最上郡 *えぐりわるい（何となく痛い）山形県 *えごらわるい（何となく痛い）山形県南置賜郡・米沢市 *えごろわるい（何となく痛い）富山県東礪波郡 *えんぐらわるい（何となく痛い）新潟県岩船郡 *おっちー（急激に痛い）茨城県 *かいたい（かゆくて痛い）兵庫県加古郡 *こわい 神奈川県高座郡 和歌山県日高郡「腹がこわい」 *しょむか（液体が染みて痛い）長崎市「この眼薬わ、ひどー、しょむか」 *ずつない（頭が痛い）長崎県対馬 *たいー（児童語）徳島県 *ちから（針などが刺して痛いさま。ちくり）青森県津軽「（注射など）ちからってしばえだね（ちくりとするばかりだよ）」 *つまくる（爪の先を痛くする）青森県津軽・上北郡 *びーどろになる（傷口などが赤くはれ上がって痛そうなさまになる）香川県仲多度郡 *ひーらい（痛い。ひりひり痛い）静岡県志太郡・榛原郡 *ひらこい（けがややけどで、ひりひりと痛い）青森県南部 *びんどろになる（傷口などが赤くはれ上がって痛そうなさまになる）香川県三豊郡 *ほめきー・ほもきー（熱があって頭がずきずき痛い）島根県隠岐島 *みなちかしー（困難で胸が痛い）島根県出雲「子供を育てることはみなちかしー」 *やきやき（むずがゆく痛いさま）兵庫県加古郡 *わーしー 青森県津軽 *わしー 青森県・津軽

□**時に発する語や声** *あが（痛い時に発する語）沖縄県石垣島 *あがー（痛い時に発する語）沖縄県 *あがゆ・がゆー（痛い時に発する語）沖縄県石垣島 *あがよー 沖縄県石垣島・竹富島・鳩間島 *あきっつぁ・あきっつぁやい（痛さを表す時に発する語）沖縄県石垣島 *あだあだ（痛い時に発する語）青森県上北郡 *あちか（痛い時に発する語）愛知県知多郡 *あっかー・あっつぁー（痛い時に発する語）沖縄県首里 *おーち（痛い時に発する語）茨城県稲敷郡 *おっちー（痛い時に発する語）茨城県 *きっつぁやい（痛い時に発する声）沖縄県石垣島

□**くなる** *かたかいめ（過労から目が痛くなること）富山県西礪波郡 *こで（手首の痛くなること）岡山県川上郡「今年もこでをしませんように」 *こでいたみ（手首の痛くなること）岡山県苫田郡 *つきで（田植えで手首が痛くなること）広島県山県郡 *ねたがう（寝ていて体が痛くなる。寝違える）島根県鹿足郡 *ねたごわす（寝ていて体が痛くなる。寝違える）愛媛県宇和島市 鹿児島県肝属郡 *みいりがする（激しく動いたために体が痛くなる）島根県出雲

いたずら【悪戯】 *あた 新潟県佐渡「あたかく」 長崎市 *あたんこ（小児語）兵庫県淡路島 *あった 京都府加佐郡 *あまいこっ 鹿児島県 *いけず 島根県 愛媛県「いけずをおしな」 *いし 千葉県山武郡 *いやこと 山口県大島 *えけじ 島根県出雲「まんだ、えけじの出来いさいちぃでね」 香川県豊島 *おーちゃく 東京都利島 岐阜県大垣市 愛知県名古屋市「わるおーちゃく（悪質ないたずら）」 *おーちゃくい 愛知県名古屋市 *がーたく 長野県 *がき 島根県隠岐島「子供はがきしちょるわなあ」 *がし 神奈川県津久井郡 山梨県南巨摩郡 *かす 島根県益田市・鹿足郡「あの子はかすじゃ」 *がず 島根県石見・隠岐島（子供をののしって言う語）「この、がず」 *がたく 山形県 *がった 長野県「がったをする」 *かったい 長崎県対馬 *がったく 長野県北部 *がったこ 長野県北安曇郡 *がり 三重県度会郡・北牟婁郡「がりすんな」 *がりすけ 三重県北牟婁郡 *がりっぽ 三重県度会郡 *がりっぽー 広島県三次市・双三郡 *がんた 長野県更級郡・埴科郡 *がんたく 長野県上水内郡・更級郡 *かんだくれ 富山県下新川郡 *がんまり 沖縄県首里・石垣島 *きかざる 岩手県気仙郡 鹿児島県肝属郡「ほんのきかざるが……」 *きかじ 富山県 *きかず 宮城県石巻「きかずわらす」・仙台市 山形県「うちの子はきかずで困った」 新潟県「ありゃなかなかのきかずだ」 *きかずがき 宮城県栗原郡・仙台市 *きかずぼー 茨城県 *きかずもん 新潟県上越 *きがっこ 秋田県由利郡 *きかっぽー 茨城県行方郡 *きかなす 山形県「あいつはきかなすだ」 *きかんこ 岩手県気仙郡 新潟県佐渡 三重県志摩郡 *きかんしょ 福井県 *きかんしょー・きかんしょーもん 福井県 *きかんすつぽ 鹿児島県薩摩 *きかんぽ 秋田県仙北郡 山形県 *きかんぽー 山形県東田川郡 *きっかじ 山形県西置賜郡 *くちにくじゅー 福岡市 *けぁし 宮城県加美郡 *しちふり・ひちふり 埼玉県秩父郡「つまらねえしちふりをするな」 *しなし（茶目っ気、おませの意も）山形県 *しねぐれ・しめぐれ 鹿児島県・揖宿郡「しめぐれをすい（ふざける）」 *しょーわる 香川県 *しょーがる 香川県・小豆島 *しょわる 香川県佐柳島 *しょわるぼーず 香川県木田郡 *じょんだ 和歌山県那賀郡 *しわざ 高知県「ただのしわざじゃないけんのー」 *すってこ 神奈川県津久井郡「すっ

てこやろー（いたずら小僧）」 ***すっぴん** 神奈川県津久井郡 ***ずほ・すほー・ずほら** 青森県津軽「又そんなずほらをしていけませんよ」 ***すれっかす** 福島県岩瀬郡 ***ずれっこない**（いたずらだ）新潟県三島郡 ***ぞーぐい** 佐賀県 ***ぞーくり** 大分県南海部郡・速見郡 ***ぞーぐり** 長崎県五島 ***ぞーぐりー** 佐賀県　長崎県北松浦郡「子供のぞーぐりーしてうちわった」・伊王島 ***ぞーたん** 福岡県　佐賀県　長崎県「ぞーたんする（ふざける）」　熊本県天草郡「ぞーたんせん（ふざけない）」 ***ぞくり** 宮崎市 ***ちぇんご**（いたずら、又いたずらなさま）宮崎県東諸県郡　鹿児島県 ***ちゃこ** 島根県邑智郡・邇摩郡「邪魔になるけーいらんちゃこをするな」

***ちょっけ** 山形県最上郡・米沢市 ***つじわざ** 長崎県対馬 ***てぃーごー**（いたずら、又いたずらなさま）沖縄県首里 ***てぃんごー**（いたずら、又いたずらなさま）鹿児島県喜界島 ***てご**（いたずら、又いたずらなさま）三重県阿山郡　滋賀県　和歌山県　愛媛県 ***でざこ** 香川県仲多度郡 ***てだこ** 香川県 ***でだこ** 香川県木田郡 ***てっか** 長野県上伊那郡　静岡県 ***てっこ** 新潟県 ***てなわず** 福井県南条郡 ***てびてび** 群馬県多野郡「てびてびする」 ***てびんど** 三重県南牟婁郡 ***てもずり** 石川県河北郡・金沢市 ***てんが**（また、いたずらなさま）鳥取県気高郡・岩美郡 ***てんご**（また、いたずらなさま）石川県　福井県　愛知県名古屋市「ようてんごかく児だなん（いたずらをする子ですね）」　三重県　滋賀県　京都府「あの子はてんごばっかりしてる」　大阪府　兵庫県神戸市・明石郡

奈良県　和歌山県　島根県石見　徳島県　香川県　愛媛県「てんごな（手にあまるいたずらな）」　長崎県五島　熊本県芦北郡・八代郡　宮崎県　鹿児島県・日置郡 ***てんこ**（また、いたずらなさま）石川県鳳至郡 ***てんごー**（また、いたずらなさま）群馬県群馬郡　埼玉県秩父郡　京都府竹野郡　奈良県　和歌山県　島根県石見　岡山県阿哲郡・小田郡　山口県　香川県　長崎県対馬 ***てんごーのかわ**（ひどいいたずら）島根県美濃郡・益田市

***てんごーのかわ**（子供のするいたずら）和歌山県西牟婁郡「てんごうの皮する」 ***てんごく**（また、いたずらなさま）福井県 ***てんごく** 福井県 ***てんごげ**（いたずらっぽいさま）香川県 ***てんこげ**（いたずらっぽいさま）香川県仲多度郡 ***てんこのかわ** 和歌山県日高郡 ***てんごのかわ** 滋賀県蒲生郡・神崎郡　奈良県吉野郡　愛媛県大三島「てんごのかわーすな」 ***てんば** 和歌山県西牟婁郡「てんばする（なぶるべからざるものをなぶる）」　山口県玖珂郡「てんばをする奴」 ***てんばさー** 岡山県浅口郡 ***てんぱな** 岐阜県飛驒「いらんてんぱなせんでもええ」 ***てんばら** 岐阜県吉城郡・飛驒 ***てんぽ** 山口県玖珂郡 ***とちわるさ** 神奈川県津久井郡 ***どっかん** 京都府葛野郡 ***ならず** 秋田県山本郡・鹿角郡「此の羊がならずして困ります」 ***にくじ** 福岡県　佐賀県　熊本県・玉名郡　大分県日田郡　鹿児島県 ***にくじゅー** 福岡県粕屋郡・福岡市 ***にくぞー** 熊本県 ***にんぎょー** 岡山県「にんぎょうつく（いたずらする）」「にんぎょーするな」

***にんげ** 岡山県川上郡「にんげをつく」 ***ぬさ** 高知県高岡郡「ぬさをする」「ぬさつき（いたずらっ子）」 ***ねすら** 秋田県平鹿郡 ***ねちょ** 山形県北村山郡「ねちょたがる」 ***ねっきょ** 新潟県東蒲原郡

***ねっちょ** 福島県大沼郡　新潟県　長野県下水内郡 ***ねっちょー** 茨城県・稲敷郡　千葉県香取郡「ねっちょーする」　新潟県東蒲原郡　山梨県北都留郡 ***はっさー** 島根県益田市「はっさーをせんこー（せずに）外へ出て遊んでくれ」 ***ぱなんぎ** 沖縄県石垣島 ***はらぐり**（子供のいたずら）熊本県八代郡「はらぐりする」　鹿児島県肝属郡「はらぐりばかりすんな」 ***はらぐるい**（子供のいたずら）熊本県八代郡 ***はんか** 栃木県宇都宮市・河内郡「はんかきらす（いたずらする）」 ***びっせー・びっせーからけー** 沖縄県首里「びっせーしゅん（ふざける）」 ***べーこ**（いたずらなさま）愛媛県西条市・周桑郡 ***ほだわるさ**（子供のいたずら）島根県邇摩郡「家の中でほだわるさばっかししとる」 ***ほててんご** 大阪市「ほててんごしいないな（いたずらをするなよ）」　奈良県・南葛城郡　香川県大川郡・木田郡 ***ほでてんご** 大阪市 ***ほててんごー** 和歌山県日高郡 ***ほててんごのかわ**（卑語）香川県小豆島 ***ほてわるさ** 長野県下伊那郡 ***みがらく** 新潟県佐渡 ***もーぞー** 栃木県足利市 ***やくざ** 三重県南牟婁郡　和歌山県 ***やくだもん** 和歌山県西牟婁郡 ***やしっこい**（いたずらだ）愛知県知多郡

***やだ** 福井県 ***やなわちゃく**（意地悪いいたずら）沖縄県首里 ***やらしー**（いたずらだ）静岡県志太郡「あの子はやらしいだよ」・榛原郡 ***やんか** 長野県東筑摩郡・上伊那郡「やんか小僧で困る」 ***やんが** 奈良県南大和「やんがする」 ***やんかー・やんかち** 静岡県磐田郡 ***よーまー** 広島県沼隈郡

***よた** 新潟県佐渡「よたする」　長野県上田・佐久「よたおんな（いたずら女）」「よたーする」　静岡県

***よたっかき** 長野県佐久 ***よたっかす** 新潟県南蒲原郡 ***よたっくれ・よたっぱち** 静岡県磐田郡

***よたっこ** 群馬県多野郡 ***よたっこぞー**（子供を言う）山梨県 ***よたんぼ** 新潟県三島郡 ***ろくでなし** 宮城県加美郡 ***わーわーさ**（悪いいたずら。ひどいいたずら）島根県出雲 ***わーわりさ**（悪いいたずら。ひどいいたずら）島根県仁多郡 ***わいく** 広島県沼隈郡　山口県阿武郡 ***わいた**（また、いたずら者）香川県「わいたせる」 ***わさ** 青森県上北郡　岩手県　山形県　新潟県岩船郡　島根県隠岐島 ***わざ** 福島県浜通　千葉県夷隅郡　山梨県南巨摩郡（仕返しとしてするいたずら）　島根県隠岐島「わざすんな」　高知県幡多郡「まあこな子のわざするとゆーたら」　長崎県壱岐島 ***わざし** 島根県隠岐島 ***わさせ** 島根県隠岐島「今からわさせに行かーか（行こうか）」 ***わさら** 秋田県平鹿郡・由利郡「小刀でわさらしてゐる」 ***わしら** 岩手県上閉

伊郡　宮城県　秋田県雄勝郡・仙北郡　山形県米沢市　福島県中部　*わしらまね 宮城県仙台市　*わすら 岩手県上閉伊郡・東磐井郡　秋田県仙北郡・平鹿郡　山形県鶴岡　福島県　茨城県　栃木県「わすらばかりしているなよ」　千葉県東葛飾郡　新潟県中越　*わちゃ 山形県「わちゃこぐ（ふざける）」　*わっこと（子供のいたずら）島根県隠岐島　*わっさ 岩手県気仙郡　宮城県「手わっさ」　山形県　茨城県新治郡・稲敷郡　島根県隠岐島　*わっさー 福島県「わっさあしっとなぐるぞ」　*わっさのまね 宮城県石巻　*わっしゃ 宮城県石巻「火わっしゃ」・仙台市　山形県米沢市・南置賜郡　*わっつぁ 岩手県気仙郡　*わっつら 秋田県南秋田郡・河辺郡　*わにく 愛知県碧海郡「わにくして困る」・愛知郡　*わや 愛知県「わやする」　三重県　岡山県久米郡　*わゃーく 京都府竹野郡「これは子供たちのわゃーくです」　*わやき 熊本県　*わやく 千葉県君津郡　岐阜県大野郡　愛知県　三重県「わやくしなさる」　兵庫県淡路島「人の履物を隠したり、そんなわやくするもんでないぞ」　鳥取県（落書き）　島根県　岡山県　山口県阿武郡　香川県　愛媛県「わやくをおしな（いたずらをするな）」　福岡県小倉市・福岡市　佐賀県「わやくしてはいけない」・藤津郡　大分県　宮崎県東諸県郡　鹿児島県「わやくばっかいすんな」　*わやくちゃ 鳥取県西伯郡　*わやこ 愛媛県　*わらさ 広島県佐伯郡・安芸郡　*わらし 山形県米沢市「なにわらししるか（するか）」　*わりこと（子供のいたずら）徳島県海部郡　*わりさ 新潟県　*わりんご（たちのよくないいたずら。幼児語）島根県　*わるごー（たちのよくないいたずら）岡山県苫田郡「わるごうすなえ」　*わること（子供のいたずら）長崎市　*わるさあすび 島根県石見　*わるさてんごー 島根県益田市「畠でわるさてんごーをしてどがーも（どうにも）ならん」　*わるさら 新潟県　*わるす 香川県高松市・三豊郡　*わるそ 徳島県　香川県「わるそばっかりしよる」　*わるそー 香川県　福岡県小倉市・福岡市　*わるぼたえ（度の過ぎたいたずら）京都市　大阪市　和歌山県　*わるわざ 島根県隠岐島　*われこと（子供のいたずら）富山県砺波　*わんさ 岩手県気仙郡　新潟県中頸城郡　*わんざ 新潟県上越市・西頸城郡　岐阜県可児郡・恵那郡　愛知県東春日井郡「此（こ）の子はわんざする」　*わんぞ 岐阜県本巣郡・稲葉郡　兵庫県淡路島

↓あくぎ（悪戯）・わんぱく（腕白）

□をする　*あまさる 静岡県田方郡　*あまされる 岩手県盛岡市　秋田県鹿角郡「此の児はあまされてこまる」「そんなにあまされるな」　東京都大島「わいら、あまされてゐんな」　新潟県　静岡県志太郡・安倍郡　*あまる 宮崎県東諸県郡　鹿児島県肝属郡　*あやばぐ（いたずらをすること）青森県津軽「こら、わらはど、あんまりあやばぐへば、くつがえるど。なぇでもおらしらなぇ（これこれ、子供ら、あんまり犬にいたずらをすれば、かみつかれるよ。泣いてもおれぁ知らんぞ）」　*いろべらう 香川県　*いろべる 徳島県「女をいろべる」「草花をいろべる」　香川県　*いんぱてぃしゃーん（いたずらをするさま。名詞は「いんぱてぃしゃ」）沖縄県石垣島　*かしょう 奈良県吉野郡（女をからかう）　広島県山県郡　*かしょめる 山形県庄内「あの人はいつも俺ばかしょめる」　*かまう 山形県　千葉県東葛飾郡　新潟県・三島郡　島根県隠岐島「わざっとかまってまぐれたふりしたちゅに」　*かもう 新潟県北蒲原郡　*かもる 山形県酒田市・飽海郡　*がらをはたく 山梨県　*がんまーる 沖縄県国頭郡　*がんまりしゅん 沖縄県首里・那覇市　*がんまりしん 沖縄県石垣島・波照間島　*がんまりすぃん 沖縄県石垣島・波照間島　*がんまりすん 沖縄県中頭郡・鳩間島　*しりくじる（女にいたずらする）福岡市　*しわずら（しつこくいたずらを続けるさま）島根県益田市「しわずらな人だけー滅多なことは言われん」　*せつる 和歌山県日高郡「土塀を余りせつるな」　山口県玖珂郡　*ちょかちょか（たわいないいたずらをすること）兵庫県神戸市「ちょかちょかすんねやない」　*ちょっかいかける 三重県志摩郡　福岡県・福岡市　*ちょっきりかける 福岡市　*てぃーむたーん（手でいたずらをすること）沖縄県首里　*ばくれる 茨城県新治郡・稲敷郡　*はぐれる 山梨県　*ぱだら・ぱだらさ（いたずらをすること）沖縄県石垣島　*ひとしょばい（子供が客などの前でいい気になってはしゃいだりいたずらをしたりすること）青森県津軽　*ひとそばえ（子供が客などの前でいい気になってはしゃいだりいたずらをしたりすること）福井県越

方/言/の/窓

●方言の価値

方言には悪いことば、泥くさく古くさく垢抜けしないことば、という印象がある。貧しい時代の日本を思い出させ、通用範囲も狭く、早く捨てたいという人も多いのではあるまいか。

ここで世界の中の日本語のことを考えると、世界語である英語に対する日本語は、ちょうど標準語に対する方言によく似ているように思われる。

明治以来、日本人は日本語を捨てて英語を使うべきだという主張があった。平均的日本人の心の底には、現在ももしかすると、英語を使う国に生まれればよかったのにという思いがひそんでいるかもしれない。

しかし、日本人である以上、日本語は捨てられないのである。方言も、同様に捨てられない、捨ててしまってはならないものなのではあるまいか。

前　三重県志摩郡　広島県比婆郡　香川県　愛媛県・松山「うちの子はようひとそばいをする」　＊へんめーこんめー・へんめー（よけいないたずらをすること）長崎県対馬「へんめえこんめえする」「何をへんめえな事をいふか」　＊ほっぱえる 高知県幡多郡 ＊ぼらまかす（悪意のないいたずらをする）山口県豊浦郡 ＊わさかく 新潟県下越 ＊わさなく 新潟県中越 ＊わちゃく（他人にいたずらすること）沖縄県首里 ＊わちゃくゆん（人にいたずらする）沖縄県首里 ＊わんざん（婚礼の行列にいたずらをすること）長崎県壱岐島

□をする子 ＊いんぱたー・いんぱてぃまり 沖縄県石垣島 ＊がーたく（いたずらな子）山梨県　長野県佐久 ＊がった・がったこ・がったっこ（いたずらな子）長野県北安曇郡 ＊がんずあくれ・がんめ（いたずらな子）富山県下新川郡 ＊がんた（いたずらな子）新潟県中頸城郡 ＊がんたくれ（いたずらな子）福井県大飯郡 ＊がんだくれ（いたずらな子）香川県伊吹島 ＊かんつ（いたずらな子）高知県 ＊だくなっこ（いたずらな子）長野県北安曇郡 ＊けぁし（いたずらをする子供を卑しめて言う語）岩手県気仙郡
→いたずらっこ（悪戯子）

□をする人 ＊おっちゃくもん（いたずらな者）三重県志摩郡 ＊がらはだき 山梨県 ＊てぃんちやーまわらび（いたずらっ子）沖縄県国頭郡 ＊てぃんちゃまー（いたずらっ子）沖縄県首里 ＊てぃんちゃまわらび（いたずらっ子）沖縄県首里 ＊てーさま・てぃんがまー（いたずらっ子）沖縄県竹富島 ＊てーんがま（いたずらっ子）沖縄県黒島

いたずらこぞう【悪戯小僧】　＊あらかんぼー 三重県 ＊がっぽー 奈良県吉野郡 ＊しおから 島根県　岡山県阿哲郡・小田郡　香川県 ＊しおからご 岡山県苫田郡 ＊しょーから 鳥取県　島根県 ＊しょーからご・しょからご 島根県 ＊しょーからぼーず 鳥取県岩美郡 ＊しょーからもん 鳥取県気高郡 ＊しょから 島根県出雲 ＊そーから 島根県大原郡・仁多郡 ＊どすでっち 岐阜県 ＊どっかんぼーず 京都府葛野郡 ＊どろぼ 滋賀県坂田郡・東浅井郡 ＊どろぼー 滋賀県彦根・蒲生郡　兵庫県赤穂郡「この子はどろぼーで、しょーがあらしまへん」　奈良県 ＊どろぼー 滋賀県東部
→いたずらっこ（悪戯子）・いたずらぼうず（悪戯坊主）・いたずらもの（悪戯者）

いたずらごと【徒事】　＊さいたら 千葉県夷隅郡 ＊てんごのか 群馬県邑楽郡 ＊てんごのかー 愛媛県　高知県 ＊てんごのかわ 愛媛県越智郡　高知県 ＊もだこと 愛知県「そんなに木をもだことにしてはいけない」

いたずらっこ【悪戯子】　＊あばれ 香川県　愛媛県周桑郡　宮崎県 ＊あばれぼー 大分県 ＊あふぁぶくらむ 沖縄県与那国島 ＊あまいぼち 鹿児島県 ＊あまいばっきょ 鹿児島県 ＊あまいばっちょ 宮崎県日向　鹿児島県・鹿児島郡 ＊あまいばっちょー・あまえばっちょー・あまりばっちょー 鹿児島県種子島 ＊あまさりもの 神奈川県三浦郡　静岡県伊豆 ＊あまされ 青森県三戸郡「四つぁまされ（四歳ごろは一番言うことをきかないの意）」　新潟県 ＊あまされこ 宮城県仙台市 ＊あまされもの 岩手県気仙郡 ＊あんばれ 山形県 ＊あんびゃ 沖縄県与那国島 ＊いご 愛媛県・大三島 ＊いごすけ・いごはち・いごさく 愛媛県大三島 ＊いごっそー 徳島県　愛媛県宇和 ＊いっちょがま 愛知県知多郡 ＊いなば 三重県度会郡 ＊いみしんぼ 熊本県南部 ＊えけそーこー・えけそーこ（手に負えないいたずらっ子）島根県大原郡 ＊がいみそ 高知県鵜来島 ＊からしこぞー 長野県下伊那郡 ＊がんさい 神奈川県津久井郡　愛知県名古屋市 ＊がんばりっふぁ・がんばりふふぁ 沖縄県鳩間島 ＊がんぼー 島根県邑智郡　広島県　山口県・豊浦郡　愛媛県大三島 ＊がんぼーたれ 山口市付近 ＊がんぼーむすこ 山口市 ＊がんまらー 沖縄県石垣島 ＊がんまりゃ 沖縄県宮古島 ＊ぎふなー 沖縄県石垣島 ＊けすいばち 鹿児島県肝属郡 ＊けすいばっ・けすいばっちょ 鹿児島県 ＊けすいぼ 鹿児島県・肝属郡 ＊ごんべー 石川県河北郡　山口県大島 ＊ごんぼー（悪童の意）広島県双三郡 ＊ごんぼー（茶目の意）広島県比婆郡 ＊さねくり 島根県出雲「この子はさねくりで仕様がない」　＊しがんぼー 広島県中部 ＊しごならじ・しごんならじ 島根県出雲 ＊しごならず 鳥取県西伯郡　島根県「隣のしごならずにも困る」　＊しごんならず 鳥取県西伯郡　島根県　山口県大島 ＊しごんぼ 島根県 ＊しこんぼー 広島県双三郡・比婆郡 ＊しごんぼー 島根県・石見　広島県 ＊しごんぽー 広島県双三郡 ＊すっぴん 神奈川県津久井郡「すっぴんでく（いたずら小僧）」　＊せごならじ 島根県簸川郡・出雲市 ＊せごんならず 島根県簸川郡 ＊たいぱん 沖縄県新城島 ＊ちぇんご 鹿児島県日置郡 ＊てぃんちゃーまわらび 沖縄県国頭郡 ＊てぃんちゃまー 沖縄県首里 ＊てぃんちゃまわらび 沖縄県首里 ＊てーさま・てぃんがまー 沖縄県竹富島 ＊てーんがま 沖縄県黒島 ＊てなわじご 島根県出雲 ＊てなわず 福井県坂井郡・足羽郡 ＊てなわん 鳥取県気高郡 ＊てにあわず 島根県「このいたずらは何処のてにあわずがしたか」　岡山市 ＊てにあわんぼー 島根県石見 ＊てにゃわず 島根県出雲・隠岐島 ＊てにやわず 島根県益田市・那賀郡・隠岐島 ＊てねあわじ 島根県出雲 ＊てんご 島根県鹿足郡 ＊てんやわず 島根県大原郡・隠岐島 ＊ぬさつき 高知県高岡郡 ＊びー（児童語）新潟県佐渡 ＊ふりがんまらー 沖縄県西表島 ＊わーさご 島根県出雲 ＊わさこき 新潟県中頸城郡 ＊わっさばーず 島根県隠岐島 ＊わりこっぽ・われこっぽ 鹿児島県 ＊わりことし 三重県宇治山田市　愛媛県松山　高知県・高知市 ＊わりことしー 徳島県 ＊わりんご 島根県出雲 ＊わるいことむし 富山県 ＊わるがたのこ 愛知

県北設楽郡 *わるがね 徳島県(自分の家の子を卑下して言う語) 愛媛県 高知県 大分県 *わるがねご 大分県大分郡 *わるがんせー 長野県上田 *わるくろ 長崎市 *わるご 岡山県苫田郡 *わるごこ 熊本県玉名郡 *わるごろー 島根県邑智郡 熊本県(餓鬼大将の中の大将) *わるさ 大阪府泉北郡 奈良県 岡山県児島郡「そこのわるさをつれてけー」 *わるさご 島根県石見 *わるさこき 新潟県佐渡・上越市 *わるさし 広島県比婆郡 *わるさでっち 島根県美濃郡・益田市 *わるさぼ 宮崎県延岡 *わるす 香川県高松市・三豊郡 *わるすんぼ 香川県三豊郡 *わるそ 徳島県 香川県「わるそがそろたのう」 *わるそー 香川県 福岡県 *わるそんぼ 香川県綾歌郡・仲多度郡 *わるっとー 島根県邑智郡 *わるぼー 福岡県久留米市 *わるぼーず 山口県 大分県 *わるぼーむすこ 佐賀県 *わるやっこ 大阪府泉北郡 *わるんぼ 長崎市 *われことむし 富山県砺波 *わんさこき 新潟県新井市 *わんざこき 新潟県上越市

↓「いたずら(悪戯)」の子見出し、「いたずらをする子」・いたずらこぞう(悪戯小僧)・いたずらぼうず(悪戯坊主)・いたずらもの(悪戯者)・「わんぱく(腕白)」の子見出し、「腕白な子」

いたずらぼうず【悪戯坊主】 *ごじゃめ 千葉県安房郡 *どろくた 福井県遠敷郡 滋賀県坂田郡・東浅井郡 *どろさく 奈良県 *どろさくさん 滋賀県伊香郡 *どろすもの 滋賀県愛知郡

↓いたずらこぞう(悪戯小僧)・いたずらっこ(悪戯子)・いたずらもの(悪戯者)

いたずらもの【悪戯者】 *あくたいもくたい 埼玉県秩父郡 *あくたいもん 富山県 *いがず 神奈川県中郡 *いけじ・いけじご 島根県出雲 *いけず 三重県名張市 兵庫県佐用郡・赤穂郡 奈良県・宇陀郡 鳥取県西伯郡 島根県 愛媛県 高知県高岡郡 *いけずびー(女児のいたずらもの)愛媛県喜多郡 *いけずぼー(男児のいたずらもの)愛媛県喜多郡 *いんなーぼ 長崎県五島 *いんぱたー・いんぱてぃまり 沖縄県石垣島 *えけずご 島根県 *おごいばち 鹿児島県 *おごいばっ 鹿児島県 *おごいばっちょ 鹿児島県曾於郡 *おすす 神奈川県横須賀市 *がね・がねす 愛媛県 *がま 静岡県「この児はがまで困ります」 *がり 三重県度会郡・北牟婁郡「がりすんな」 *がりすけ 三重県北牟婁郡 *がりっぽ 三重県度会郡 *がりっぽー 広島県三次市・双三郡 *かんぱ 静岡県駿東郡 *がんぱ 長野県上田 静岡県「あの児はがんぱだ」 *かんぱち 長野県北安曇郡 香川県 *がんばち 長野県東筑摩郡 *がんぱち 長野県更級郡 三重県三重郡 和歌山県和歌山市・東牟婁郡「やくざのがんぱちや」 *ごーたく 新潟県中頸城郡 長野県上田 *こっつなし 山形県東置賜郡 *じゃんか 神奈川県小田原市 新潟県中頸城郡 *じゃんかねこ 長野県諏訪 *じゃんかもの 神奈川県足柄上郡 *すす 神奈川県 *すすがみ 神奈川県三浦郡 *すすどい 神奈川県足柄上郡・秦野市 *すすで 神奈川県三浦郡・高座郡 *ちぇんご 鹿児島県日置郡 *てっか 福井県大飯郡 *てっかぼ 石川県能美郡 *てっかもの 宮城県栗原郡・登米郡 富山県 *てっくれ 岩手県気仙郡 *てっこー 新潟県・長岡市 *てっこもの・てっこーもん 富山県 *てんご 島根県鹿足郡 *てんば 島根県鹿足郡 *なんてき 愛媛県松山「なんてきな子供ぢゃ」 *ぬっぺずら 長崎県五島 *ぱだらー 沖縄県石垣島 *ぱたらしゃるむぬ 沖縄県波照間島 *ぱだらむぬ 沖縄県石垣島 *ぱんだらーるふぁー 沖縄県小浜島 *やんか 長野県東筑摩郡・上伊那郡「やんか小僧で困る」 *やんかー・やんかち 静岡県磐田郡 *やんが 奈良県南大和「やんがする」 *よむなごろ 熊本県玉名郡 *わーさご 島根県出雲 *わさこき 新潟県中頸城郡 *わっさばーず 島根県隠岐島 *わりこっぽ・われこっぽ 鹿児島県 *わりことし 三重県宇治山田市 愛媛県松山 高知県・高知市 *わりことしー 徳島県 *わりんご 島根県出雲 *わる 大阪府泉北郡 山口県豊浦郡(自分の子を他人に言う時に使う語) *わるいことむし 富山県 *わるご 岡山県苫田郡 *わるごこ 熊本県玉名郡 *わるさ 大阪府泉北郡 奈良県 岡山県児島郡「そこのわるさをつれてけー」 *わるさご 島根県石見 *わるさこき 新潟県佐渡・上越市 *わるさし 広島県比婆郡 *わるさでっち 島根県美濃郡・益田市 *わるさぼ 宮崎県延岡 *わるす 香川県高松市・三豊郡 *わるすんぼ 香川県三豊郡 *わるそ 徳島県 香川県「わるそがそろたのう」 *わるそー 香川県 福岡県 *わるそんぼ 香川県綾歌郡・仲多度郡 *わるっとー 島根県邑智郡 *わるぼー 福岡県久留米市 *わるぼーず 山口県 大分県 *わるぼーむすこ 佐賀県 *わるやっこ 大阪府泉北郡 *わるんぼ 長崎市 *われことむし 富山県砺波 *わろ 滋賀県彦根 *わんさこき 新潟県新井市 *わんざこき 新潟県上越市

↓いたずらこぞう(悪戯小僧)・いたずらっこ(悪戯子)・いたずらぼうず(悪戯坊主)

いただき【頂】 *ごでん 青森県津軽「山のごでん」 *さき 香川県 *しじ 沖縄県黒島・竹富島 *ずく 京都府 山口県 宮崎県 *ずくてん 福井県遠敷郡・大飯郡 京都府 山口県防府 *そね(山の尾部の頂)山口県玖珂郡 *たかてこ(高い頂)島根県隠岐島 *たかてん(高い頂)長崎県対馬 *たかてんこ(高い頂)島根県隠岐島「山のたかてんこに登った」 *たかてんご(高い頂)岡山県真庭郡 *たかてんじょー(高い頂)新潟県佐渡 *たきぬぱな 沖縄県波照間島 *ちじ 鹿児島県沖永良部島 *ちゃんぼ 岐阜県恵那郡 *ちょんぼ 岐阜県加茂郡・可児郡 *ちんぷる 沖縄県与那国島 *つぃじ 沖縄県首里・石垣島・新城島 *つざ 岡山県 *つじ 島根県 岡山県 山口県阿武郡 香川県 大分県宇佐郡 沖縄県八重山 *つじんこ・つじ

んこー島根県石見 *つず香川県豊島 *つんぼらさき島根県隠岐島 *てぃじ沖縄県石垣島 *てっかち島根県隠岐島 *てっき長野県「頭のてっき」 高知県土佐郡 *てっきね長野県東筑摩郡 *てっきょ新潟県中頸城郡 *てっきょー群馬県吾妻郡 *てっきん山梨県 長野県「山のてっきんまで上る」 *てっこ新潟県「鼻のてっこ」 和歌山県海草郡 *てっこー新潟県中越 *てっこーす高知県長岡郡 *てっつじ岡山県 *てっぴね長野県北安曇郡・東筑摩郡「山のてっぴねに登った」 *てんかち岐阜県大野郡 島根県隠岐島 *てんがつじ岐阜県大野郡 *てんがむね岐阜県飛驒「頭のてんがむね」 *てんがり奈良県吉野郡 *てんぎ三重県飯南郡 高知県(頭のてっぺん) *てんぎょー高知県 *てんきょーし広島県倉敷島 *てんきん長野県下伊那郡 *てんくま長崎県対馬 *てんげす愛媛県周桑郡 *てんけつ岡山県苫田郡 香川県粟島 愛媛県岩城島 *てんこ新潟県 富山県砺波 石川県 岐阜県 静岡県 和歌山県・日高郡 鳥取県西伯郡 島根県 徳島県阿波郡 香川県 *てんこー東京都三宅島 新潟県西蒲原郡 島根県仁多郡 広島県三次・双三郡 山口県豊浦郡 *てんごー島根県鹿足郡・邑智郡 岡山県苫田郡 *てんこさま富山県 *てんこす高知県「あの女は頭のてんこすに髷(まげ)を結うちょる」 *てんごす愛媛県 *てんこち島根県出雲 *てんこつ岐阜県羽島郡 奈良県南葛城郡 鳥取県西伯郡 島根県出雲「木のてんこつ」 岡山県苫田郡・児島郡 広島県「山のてんこつ」 香川県 愛媛県 高知県安芸郡 *てんごつ愛媛県周桑郡・新居郡 *てんこつじ香川県 *てんこばち鳥取県西伯郡 *てんずし岐阜県飛驒「頭のてんずし」 *てんずち岐阜県 滋賀県彦根 *てんずり岐阜県郡上郡 *てんちこ島根県大原郡・簸川郡 *てんつい兵庫県加古郡 *てんつじ岐阜県郡上郡「あたまのてんつじがはげとる」 兵庫県加古郡 岡山県 香川県 *てんば長野県下伊那郡 三重県志摩郡 奈良県宇陀郡「てんばまで七尺」 鳥取県西伯郡 島根県隠岐島 徳島県 *てんびね長野県北安曇郡 *てんぶく滋賀県蒲生郡「山のてんぶく」 *てんぷら・てんぷり新潟県佐渡 *でんぷら島根県出雲 *でんぼく滋賀県神崎郡 *てんみどり長崎県壱岐島「木のてんみどり登る」 *てんみね山形県西置賜郡 新潟県中頸城郡 長野県 *とっけす熊本県下益城郡 *とっけつ福岡県 *とっけん長崎県北松浦郡「松の木のとっけん」・五島 熊本県玉名郡 *とっけんぎょー長崎県北松浦郡「白岳のとっけんぎょー」 *どんぎょ愛媛県松山 大分県日田郡 *どんきょー福岡県粕屋郡 *どんぎょー愛媛県 福岡市 *とんけ岩手県九戸郡 *とんげつ福岡県 *とんけら長崎市「頭のとんけら、鼻のとんけら」 *とんけん愛媛県今治市 佐賀県 *とんこ静岡県 *とんこつじ香川県 *とんじん東京都八丈島 *とんつじ岡山県上道郡・岡山市 香川県 大分県日田郡「山のとんつじ」 *とんつべ東京都八丈島「竿のとんつべ」 *とんぷら大分県大分郡 *とんぼ富山県・砺波 石川県能美郡・河北郡 岐阜県飛驒 *とんぼくれ岐阜県武儀郡 *とんぼさき三重県志摩郡 *とんぼすえ三重県上野市 *とんぼち徳島県三好郡 高知県 *とんぼら・とっぽーげ山梨県南都留郡 *とんぼり和歌山県東牟婁郡

↓さんちょう（山頂）・ちょうじょう（頂上）・てっぺん（天辺）

屋根の□ ⇩「やね（屋根）」の子見出し、「屋根の頂」

山の□ *えご島根県石見 *おぜ島根県隠岐島 *さら(丘や低い山の頂)鹿児島県肝属郡 *しん・じん沖縄県石垣島 *ずき(山やものの頂)島根県石見「竿のずきに蜻蛉がとまった」 鹿児島県 *ずきさら石川県鹿島郡 *ずきっとー島根県石見「木のずきっとーに登る」「頭のずきっとーが痛あ」 *ずつ(山などの頂)鹿児島県肝属郡「丘のずつ」 *ずっけん鹿児島県肝属郡 *そら高知県土佐郡 *そらし香川県高見島 *そらっちょ和歌山県東牟婁郡 *どね新潟県佐渡 *ねこつ岐阜県土岐郡

山や木などの□ *てーべー三重県南牟婁郡 *てっぴ群馬県吾妻郡 山梨県 長野県南佐久郡・佐久 *てっぴらりん千葉県印旛郡・香取郡 *てっぴん山梨県 長野県諏訪 *てっぷくら静岡県川根・大井川上流 *てっぺぐら千葉県印旛郡 *てっぺこ兵庫県赤穂郡 *てっぺち岩手県江刺郡 秋田県鹿角郡 *てっぺつ宮城県玉造郡 新潟県 香川県 *てっぺら青森県 *てっぺろりん千葉県印旛郡 *てっぺんじょー栃木県「木のてっぺんじょー」 東京都八王子 *てべっちょ奈良県・南大和 *てへん山口県阿武郡 *てへんつ岐阜県可児郡 *てんぴ兵庫県飾磨郡 和歌山県日高郡・西牟婁郡 *てんぴょー岐阜県不破郡 *てんぴら千葉県東部 長野県下伊那郡「木のてんぴら」 大分県・大分郡 *てんぴん長野県上伊那郡「山のてんぴんに登る」 *てんべ岐阜県郡上郡 *てんぺこ岩手県和賀郡 *てんぺち群馬県佐波郡 *てんぺちこ東京都江戸川区 *てんぺつ岐阜県 鳥取県西伯郡 *とっぺ奈良県山辺郡 香川県小豆島 *とっぺー滋賀県阪田郡・東浅井郡 岡山県浅口郡 香川県小豆島 *とっぺす熊本県芦北郡 *とっぺん静岡県志太郡「山のとっぺんから富士山がめーる」 三重県北牟婁郡 愛媛県 福岡県 佐賀県 長崎県 熊本県 大分県 宮崎県西臼杵郡 鹿児島県種子島 *とっぺんさき長崎県五島 *どてっぺ滋賀県蒲生郡 奈良県 *とべっちょ・どべっちょ奈良県 *とんぺす佐賀県 *どんぺん大分県 宮崎県

いただきます ⇩「あいさつのことば（挨拶言葉）」の子見出し、「食前、または供応を受ける

時の挨拶（いただきます）」

いただく【頂】 頂戴する。 *あめった（頂くこと。幼児語）長野県南部 *いーゆん 沖縄県首里「じんいーゆん（金をもらう）」「いーてーる じん（もらった金）」 *いーるん 沖縄県石垣島・竹富島 *いーん 沖縄県石垣島 *いたみる（ものなどを頂く）山形県西田川郡「いだみりまして（頂きまして）」 *うなだく 岐阜県養老郡 *おろす 群馬県多野郡「おみくじをおろす」 *かみゆん（「頭上に押し頂く」の意から。目上の人からものを頂戴する）沖縄県首里 *かみるん・かみん（「頭上に押し頂く」の意から。目上の人からものを頂戴する）沖縄県石垣島 *くれられる 長崎県対馬「（嫁が来て）みんな喜ぼります。良えとこからくれられてえ」 *もらってくー・むらってくー 岐阜県郡上郡「ひーり（昼食）もらってくわまいか」「めしむらってくおーかえ」

頭上に□ 頭の上に載せる。 *かじく 兵庫県佐用郡 *かずく 山形県東村山郡「着物をかずく」 三重県名賀郡 大阪府泉北郡 兵庫県淡路島 奈良県北葛城郡 和歌山県 島根県 広島県 山口県「傘をかずく」 香川県三豊郡 愛媛県 *がずく 山口県都濃郡「角かくしちゅーて、やっぽり、まー、こまいものー、がずきますが」「お祭の獅子頭のよーなもんをかずいて」 *かっく 大阪府泉北郡 *かつく 岡山県久米郡 *かつぐ 大阪市 兵庫県加古郡 和歌山県日高郡・西牟婁郡 島根県 岡山県苫田郡「今日は暑いけえ、ぼうしをかついでいきんさいよ」・岡山市 山口県都濃郡 香川県 愛媛県・周桑郡 *がぶく 和歌山県

いたどり【虎杖】 タデ科の多年草。各地の山野、路傍に生える。若い茎には紅紫色の斑点があり、やや酸味をおび食用となる。根茎は利尿、健胃剤などとされる。 *あーすいすい 福岡県八女郡 *あおば 岩手県上閉伊郡 *あっぱな 和歌山県伊都郡 *あなっぽ 和歌山県北部 *あねんぼ 静岡県 *いーたんこ 奈良県宇智郡 *いかどり 岐阜県益田郡 *いくろんぼ 島根県隠岐島 *いたいた 三重県上野市 *いたじっこ 静岡県田方郡 *いたずいこ 長野県 *いたずいこん・いたじーこ 石川県鳳至郡・珠洲郡 *いたずら 和歌山県日高郡 香川県仲多度郡 *いたずらすいこ・いたこん 長野県北佐久郡 *いたっぽ 奈良県吉野郡 和歌山県那賀郡 高知県幡多郡 *いたぶ 高知県幡多郡 *いたぼ 奈良県吉野郡 *いたぼぼ 三重県度会郡 *いたんこ 兵庫県淡路島 奈良県宇智郡 徳島県美馬郡（幼児語）・三好郡 香川県 高知県高岡郡・安芸郡 *いたんご 香川県 *いたんぼ 徳島県美馬郡（幼児語） 香川県木田郡 愛媛県宇和島市 高知県幡多郡 *いたんぽ 兵庫県淡路島 奈良県吉野郡 徳島県西部 香川県 高知県西部 *いたんぽこ 兵庫県淡路島 香川県 *いったんこ 奈良県宇智郡・吉野郡 *いったんだらけ 岐阜県飛騨 *いっぽり 兵庫県淡路島 *いぬしば 山口県美祢郡 *いぬすいば 山口県 *いんたんこ 奈良県吉野郡 *うますっかんぽ・うまつっかんぽ 栃木県 *おいらんすいこ 長野県佐久 *おとこすいすい 島根県隠岐島 *おにしゃっぽん 岡山県浅口郡 *かーがらっぱ 鹿児島県日置郡 *かじっぽ 島根県邇摩郡 *がじっぽ 島根県大田市 *かっこ 山形県東田川郡 *かっぽ 千葉県夷隅郡 山口県吉敷郡・厚狭郡 *かっぽー 山口県美祢郡 *かっぽり 岡山県児島郡・御津郡 *かっぼん 島根県隠岐島 *かっぽん 兵庫県美方郡 鳥取県西伯郡 島根県能義郡 広島県 山口県佐波郡・厚狭郡 香川県 *かば 山口県笠戸島 *かみなりすいこ 長野県北佐久郡 *かやぽんぽん 石川県鳳至郡 *からすがっぽー・かすらかっぽ 山口県美祢郡 *かわじんとー 島根県石見 *かわすいば 島根県 *かわたけ 山口県熊毛郡 福岡県小倉市 長崎県南高来郡 熊本県天草郡 *かわらだけ 広島県高田郡 *かんこ 山形県飽海郡・東田川郡 *かんちこ 愛媛県大三島 *きずいこ 長野県佐久 *きつねんみ 鹿児島県鹿児島郡 *ぐみ 広島県高田郡 *ごーさ 愛媛県周桑郡・今治市 *こっぽ 大分県 *ごっぽ 徳島県三好郡 *こっぽん 兵庫県赤穂郡 広島県江田島・倉橋島 *こばこば 広島県芦品郡 *ごろっぽ 香川県仲多度郡 *こんこん 広島県山県郡 *ごんぱち 静岡県磐田郡 三重県南牟婁郡 奈良県吉野郡 和歌山県 *さーつぽろ 岡山県川上郡 *さいき 山梨県 *さいじ 兵庫県赤穂郡 岡山県・御津郡 山口県向島 *さいじっぽー 島根県邑智郡 *さいじんこ 岡山県苫田郡 *さいしんこー 岡山県 *さいじんこー 岡山県津山市 *さいたな 広島県佐伯郡 山口県 香川県綾歌郡 愛媛県伊予郡 *ささどり 青森県津軽 岩手県上閉伊郡 秋田県北秋田郡 *さじっぱ 島根県能義郡 *さじっぽ 栃木県那須郡 鳥取県西伯郡 島根県出雲 *さしっぽー 岡山県備中北部 *さじっぽー 島根県邑智郡 岡山県備中北部・苫田郡 広島県比婆郡 *さしとり 青森県 岩手県九戸郡 *さしどり 青森県 岩手県下閉伊郡 秋田県 新潟県中越 *さじなっぽー 岡山県備中北部・苫田郡 *さじんこー 岡山県苫田郡 *させどり 岩手県和賀郡 秋田県北秋田郡 *さだ 鹿児島県揖宿郡 *さど 熊本県 大分県 宮崎県 *さとーがら 熊本県阿蘇郡 鹿児島県国分市・肝属郡 *さとがら 熊本県球磨郡・芦北郡 大分県 鹿児島県肝属郡・鹿児島郡 *さどがら 大分県日田郡 宮崎県東諸県郡・西諸県郡 *ざどがら 大分市 *さどがわ・さどわら 鹿児島県肝属郡 *さとんがら 大分県 *さとんご・さたんご・さとご 大分県北海部郡 *さどんぼー・さざんぼー 大分県大野郡 *しあじ 岡山県邑久郡 *しーかんぽ 埼玉県秩父郡 *しっぽく 香川県高見島 *しっぽん 島根県簸川郡・能義郡 *しゃーじ 岡山県邑久郡・御津郡 *しゃーず・しゃーせんご 岡山県邑久郡 *しゃーせんごー 岡山県都窪郡 *しゃじっぽ 島

根県出雲 *しゃしっぽー 岡山県小田郡 *しゃじっぽー 岡山県 広島県比婆郡 *しゃじな 広島県比婆郡 *しゃじなっこー 岡山県川上郡 *しゃじなっぽー 岡山県・真庭郡・津山市 *しゃじのとー 広島県比婆郡 *しゃっぽん 島根県邑智郡 岡山県・浅口郡 *しんざい 島根県出雲 *しんざえ 島根県出雲 *しんじゃ 鳥取県気高郡 *じんめ 熊本県天草郡 *すいか 島根県隠岐島 *すいかっぽ・すいがっぽ 山口県厚狭郡 *すいかっぽー 山口県美祢郡 *すいかっぽん 新潟県佐渡 *すいかんぽ 福井県今立郡 山梨県中巨摩郡 三重県志摩郡 *すいかんぽー 埼玉県秩父郡 *すいかんぽー 新潟県佐渡 *すいこ 新潟県 石川県珠洲郡 長野県上伊那郡・北佐久郡 香川県 *すいこき 香川県綾歌郡 *すいこたんこ 石川県鳳至郡 *すいこっぽー 高知県香美郡 *すいこん 石川県珠洲郡 香川県小豆島 愛媛県中島 *すいこんぽ 長野県佐久(イタドリの茎を言う) 愛媛県・伊予郡・喜多郡 *すいこんぽー(茎を言う) 長野県佐久 *すいすい 三重県志摩郡 兵庫県加古郡 奈良県吉野郡 和歌山県 島根県隠岐島 山口県都濃郡 香川県仲多度郡 *すいすいごんぽ 三重県・志摩郡 *すいすいば 山口県厚狭郡 *すいたな・すいたん 広島県能美島 *すいっぱ 静岡県小笠郡 *すいと 富山県氷見市 京都府綴喜郡 *すいば 島根県 広島県江田島・能美島 山口県都濃郡・佐波郡 *すいばん 広島県江田島・能美島 *すいんこ(細いものを言う) 香川県大川郡 *すかし 新潟県 *すかすか 秋田県鹿角郡・北秋田郡 *すかっぽ 和歌山県日高郡 島根県隠岐島 *すかっぽん 大阪府泉北郡 *すかどり 山形県飽海郡・飛島 *すかな 新潟県下越 *すかんこ 山形県北部 *すかんぽ 埼玉県秩父郡 三重県桑名市 兵庫県赤穂郡 奈良県 和歌山県伊都郡 *すかんぽ 岩手県九戸郡 福島県 埼玉県入間郡 *すかんぽー 埼玉県秩父郡 *すかんぽー 福井県敦賀郡 *すかんぽん 東京都三宅島(「はちじょういたどり」を言う) 三重県志摩郡 大阪府泉北郡 *すかんぽんぽ・すかんぽんぽん 三重県志摩郡 *すけごっかんぽー 群馬県勢多郡 *すけのこ 三重県名賀郡 *すっかん 三重県上野市 *すっかんぽ 栃木県 群馬県 埼玉県秩父郡 千葉県印旛郡 三重県上野市・阿山郡 *すっかんぽ 千葉県夷隅郡 新潟県中頸城郡 *すっかんぽー 群馬県勢多郡 新潟県中越 *すっかんぽっち 栃木県芳賀郡 *すっかんぽん 大阪府泉北郡 *すっぱいぽん 島根県邑智郡 *すっこべ・すっこべー 兵庫県赤穂郡 *すっぽ 奈良県吉野郡 *すっぽこ・すっぽんだい 兵庫県赤穂郡 *すっぽん 新潟県佐渡 三重県志摩郡 奈良県吉野郡 和歌山県 島根県 広島県(大きいもの) 山口県 香川県 愛媛県 高知県幡多郡 *せーず 岡山県邑久郡 *たーじ 島根県隠岐島 *だーじんば・だんじんば・たんじんば 京都府丹後 *だいじんば 京都府竹野郡・中郡 *たいどー 島根県鹿足郡 *たいぼく 香川県三豊郡 *たかすいこ 長野県北佐久郡 *たかずいこ 長野県佐久 *たかずっぽー 長野県北佐久郡 *たからこ 三重県名賀郡・阿山郡 *たからんこ 三重県阿山郡 *たけしんげ 島根県隠岐島 *たけしんじや 鳥取県気高郡 *たけしんぜーこ 島根県隠岐島 *たけじんとー 島根県益田市・美濃郡 *たけずいか 島根県隠岐島 *たけずいこ 長野県佐久 *たけずいこん 石川県鳳至郡 福井県坂井郡・今立郡 *たけすいすいば 島根県浜田市・那賀郡 *たけすいば 福井県大野郡 島根県石見 山口県阿武郡 *たけすかな 福島県相馬・石城郡 *たけすかんぽ 福島県石城郡・南部 *たけすっかん・たけずっかん 三重県上野市 *たけすっかんぽー 群馬県山田郡 *たけずっぽん 新潟県佐渡 *たけぞー 福井県今立郡 *たけたんずり 香川県 *たけっぽっぽ 島根県安来市・大原郡 *たけどり 岐阜県郡上郡 *たけとん 島根県邑智郡 *たけとんとこ・たけとんとん・たけとんとんこ 島根県邑智郡 *たけのこ 徳島県三好郡・美馬郡 *たけぽっぽ 島根県大原郡 *たけんぽ 島根県飯石郡 *たけんぽっぽ 広島県高田郡 *たこな 三重県 滋賀県甲賀郡 *たじ 愛媛県越智郡 *だじーこ 石川県鳳至郡 *たしっぱ 愛媛県西条市 *たしっぽ 愛媛県 高知県土佐郡 *たじっぽ 島根県 広島県 *たじっぽー 広島県比婆郡 *たじな 広島県 愛媛県 *たじんこ 広島県深安郡・比婆郡 *たじんぽー 広島県 *たず 和歌山県日高郡・広島県世羅郡 *たずな 広島県甲奴郡 *たちがれー 広島県 *たちっぽ 島根県飯石郡 広島県比婆郡 山口県玖珂郡 *たちっぽー・たじんぽー 広島県比婆郡 *たちながら 広島県因島 *たちんぽ 広島県芦品郡 *たちんぽ・たちぽっぽ 島根県簸川郡 *たちんぽー 島根県簸川郡 広島県芦品郡 香川県綾歌郡 高知県土佐郡 *たっけん 三重県名張市 *たっちん 広島県向島 *たっぽ 島根県簸川郡 *たっぽん 広島県倉橋島 *たで 鹿児島県大島郡 *たでっぽー 広島県安芸郡 *たなご 三重県名張市 *たんこ 石川県鳳至郡 *たんご 三重県志摩郡 *だんこ 石川県鳳至郡 *だんじ 京都府 兵庫県 *だんじー 鳥取県岩美郡 *だんじがら(成長したもの) 兵庫県赤穂郡 *たんじり 京都府 *だんじり 京都府与謝郡・天田郡 鳥取県気高郡・岩美郡 *だんずり 石川県輪島市 *たんとこ 島根県鹿足郡 *たんば 三重県度会郡 *たんぽ・たいぽん 島根県邑智郡 *たんぽこ 東京都三宅島 島根県邑智郡・那賀郡 広島県 香川県・小豆島 *たんぽぽ 島根県隠岐島 *たんぽん(イタドリの若芽) 島根県邑智郡 *ちゃっぽん 愛媛県西宇和郡 *ちゃんぽん 島根県邑智郡 *ちゅーぎ 岩手県九戸郡 *ちょんぽ 徳島県海部郡 *ちんこん 香川県小豆島 *つかな 秋田県由利郡 新潟県岩船郡 *つかんぽ 千葉県夷隅郡 *つっかんぽ 群馬県佐波郡 *つぽ 広島県山県郡 *ててっぽ 山口県玖珂郡・

都濃郡 *ててっぽー 広島県大崎下島 *てと 広島県倉橋島 *でんすけ 秋田県仙北郡 *てんどり 三重県志摩郡 *どーがえ 山形県北村山郡 *どーぐり・どーぐい 山形県米沢市 *どーごい 福島県会津 *どーとんがら 長野県下水内郡 *どがらんぽ 岩手県和賀郡　秋田県平鹿郡・雄勝郡 *どげ 山形県西田川郡 *どっかんぽ 栃木県上都賀郡　群馬県勢多郡 *どっこん 石川県能登 *どっぽん 広島県佐伯郡 *どてがら・どでんがら 山形県東村山郡 *とど 岩手県九戸郡 *とどがら 新潟県中頸城郡 *とどくさ 静岡県 *とどんがら 新潟県中越 *とどんがら 新潟県上越市 *とのさまがつぽ 山口県厚狭郡 *どんがからぽ 秋田県平鹿郡 *どんがら 秋田県仙北郡・平鹿郡　山形県東村山郡 福島県会津・大沼郡 *どんがらんぽ 秋田県平鹿郡・雄勝郡 *どんぐい 北海道　山形県東田川郡 福島県南会津郡 *どんぐえ 山形県置賜「どんぐえば(いたどりの葉)」 *どんぐり 山形県西田川郡 新潟県東蒲原郡 *どんぐろぽ 山形県置賜 *どんげがら 山形県最上郡 *どんげんがら・どんげんすかんこ 山形県北村山郡 *どんご 山形県飽海郡 *どんこい 静岡県 *どんごえ 山形県庄内 *どんごろ 新潟県東蒲原郡 *どんでんがら 山形県村山 *どんとん 島根県邑智郡・鹿足郡　広島県佐伯郡 *どんとんこ・とんとんたけ・とんとんだけ 島根県邑智郡 *どんべがら 山形県最上郡 *なべわり 島根県隠岐島 *にんじんこ 岩手県九戸郡 *ねんぽ 秋田県鹿角郡 *のだけ 山口県厚狭郡 *のんぎり 香川県・小豆島 *はーたな 広島県走島 *はいた 香川県豊島　愛媛県 *はいたな 山口県　香川県綾歌郡・小豆島　愛媛県・中島 *はいたね 愛媛県 *はいたら 山口県玖珂郡 *はえたち 香川県 *はえたな 山口県屋代島・大島　香川県小豆島 *はえたん 香川県小豆島 *はっぽん 広島県西能美島 *はますいば 島根県美濃郡 *びーびーがら 山口県豊浦郡 *ひょっぱ 群馬県佐波郡 *ひょろひょろだけ 和歌山県日高郡 *ぶら 鹿児島県奄美大島　沖縄県名瀬市 *へびいたどり(細くて食べられないもの) 長野県佐久 *へびすかな(若いころの茎) 山形県 *ほいとーがっぽ・ほえとのかっぽ 山口県厚狭郡 *ほーずいこ 長野県上伊那郡 *ほーらだけ・ほほろだけ・ほろろだけ 和歌山県日高郡 *ほけじろ 和歌山県日高郡 *ぽこんぽこん 広島県高田郡 *ぽっぽ 和歌山県海草郡・那賀郡 *ぽつぽつだけ 広島県高田郡・双三郡 *ぽんちん 香川県粟島 *ぽんぷら 広島県佐伯郡・双三郡 *ぽんぽろ 広島県佐伯郡 *ぽんぽん 山口県大島郡・熊毛郡 *ぽんぽん 新潟県佐渡　石川県鳳至郡・珠洲郡　長野県佐久　岡山県小田郡・後月郡　広島県芦品郡・深安郡　山口県　愛媛県青島　高知県幡多郡 *ぽんぽんぎ 広島県走島 *ぽんぽんずいこ 新潟県佐渡・上越 *ぽんぽんずいこん・ぽんぽんずいか 新潟県佐渡 *ぽんぽんだけ 三重県志摩郡　和歌山県有田郡　島根県邑智郡　広島県高田郡・双三郡 *ぽんぽんつ 広島県安芸郡・安佐郡 *みずぐるま 山口県都濃郡・厚狭郡 *みやじっぽー 岡山県備中北部 *めぐみ 高知県幡多郡 *めすたいどー(春、新芽の茎が折れやすいものを言う) 島根県鹿足郡 *めだっこ 兵庫県赤穂郡 *めんぽこさん 島根県仁多郡 *もんつき・もんつきぐさ 山口県美祢郡 *やつおり 山口県阿武郡 *やまだけ 新潟県佐渡　広島県世羅郡・御調郡 *やまだち 広島県 *やまとんとん・やまとんとんこ・やまどんとん・やまどんどん 島根県邑智郡 *ゆたんこ 香川県島嶼　愛媛県島嶼 *ゆたんぽ 香川県綾歌郡 *ゆわんめ 鹿児島県肝属郡

いたましい【痛】 *あほーげ(痛ましいさま。悔やみの挨拶などに言う) 京都府竹野郡「まんだお若いのにあほーげなことしなはったそーで」 *いじましー 新潟県東蒲原郡　香川県島嶼 *いたみいった 福島県相馬郡「なくなったんだってなー、いたみいったこといたしやした」 *いたみった 岩手県上閉伊郡「財布をなくしてえだみった事した」　秋田県鹿角郡 *いとーしー 群馬県多野郡　埼玉県秩父郡　島根県石見「いとおしいことをしんさった(悔やみの挨拶)」　広島県 *いとーしない 埼玉県秩父郡 *いとしー 宮城県仙台市「(人の死に対して)なんともおいとしいこってがしたねす」　山形県最上郡　新潟県東蒲原郡　富山県砺波　石川県　福井県・丹生郡「おっつぁん(主人が)いとしてどもならんのじゃー」　岐阜県飛騨・郡上郡　鳥取県西伯郡　島根県　岡山県真庭郡　徳島県　香川県　長崎県対馬 *いとしげない 滋賀県 *いとしない 島根県　香川県綾歌郡・仲多度郡 *いとっしー 富山県砺波　石川県江沼郡 *おとましー 静岡県「やれやれおとまし い事であった」　愛知県東三河「そんな事しちゃおとましい」　滋賀県 *がまらさーん・がまらしゃん 沖縄県石垣島 *かまらさん 沖縄県鳩間島 *ごもーけ(痛ましいさま) 広島県高田郡 *ごもっ(痛ましいさま) 島根県那賀郡「お父さんが死なれてごもっなー事だなー」 *ごもっけ(痛ましいさま) 島根県那賀郡　山口県玖珂郡 *にがにがしー 千葉県安房郡・夷隅郡「若いのに死んでにがにがしい」 *むがい 新潟県佐渡 *むぎしー 山形県最上 *むげたらしー 大分市 *むごい 福島県　新潟県佐渡　山梨県　長野県諏訪　岐阜県稲葉郡・郡上郡　滋賀県彦根　奈良県吉野郡　島根県石見　岡山県児島郡「この家の人もむげーめにおーたろーに」　広島県高田郡　徳島県　香川県　愛媛県周桑郡・喜多郡　高知県高知市「あの子は孤児になったとはむごい事よ」・幡多郡　熊本県玉名郡・下益城郡 *むごさい 山形県　福島県北部 *むごさかい 宮城県玉造郡 *むごたい 長野県岡谷 *むごたらしー 愛媛県周桑郡・喜多郡 *むごったい 東京都大島 *むごらしー 新潟県佐渡 *もーらし 新潟県中頸城郡　長野県更級郡 *もーらしー 千葉県夷隅郡　新潟県中頸城郡　長野県更

級郡・上水内郡 ***もごい** 福島県・相馬 新潟県佐渡 長野県 岐阜県武儀郡 滋賀県彦根 広島県高田郡 ***もごさい** 山形県 福島県北部 ***もごっちー** 長野県諏訪 ***もごらしー** 新潟県新発田・佐渡「ないとるが、もごらしいなあ」 長野県佐久 ***もっけ**(痛ましいさま) 岩手県上閉伊郡・気仙郡 秋田県鹿角郡 山形県「父さんが死んだなてもっけなごんだな」 新潟県「もっけや」・糸魚川市「あのこはもっけなことをした」 滋賀県坂田郡・東浅井郡 島根県那賀郡・邑智郡「大怪我せられたげでもっけな事でした」 山口県玖珂郡 ***ももさい** 山形県東置賜郡・西置賜郡

→むごい(惨)

いたみ【痛】 ***いきあい**(わき腹の痛み) 山梨県南巨摩郡 ***いしぶみ**(長い道のりを歩いた時に生ずる足の裏の痛み) 山口県豊浦郡 ***うちやん**(体の内部の痛み) 沖縄県首里 ***えごえご**(腸が不快であちこちに軽い痛みを感じるさま) 富山県砺波「えごえごする」 ***えどまではしる**(ひどく痛むさま。痛みがぴりぴりと走るさま) 島根県美濃郡「指を焼あてえどまではしる」・益田市 ***かみらりゆん**(棒で突き上げられるような痛みを感じる) 沖縄県首里 ***きやきや**(うずくような痛みのさま) 神奈川県津久井郡 岐阜県飛驒「虫歯がきやきやと病める」 香川県 ***きやきや**(刺すような痛みのさま) 秋田県鹿角郡「腹きやきやどしてきた」 岡山市「いきざし(肺の末端あたり)がきやきやする」 大分県北海部郡・玖珠郡 ***じがじが**(ずきずきする痛みのさま) 長崎県対馬・壱岐島 ***じかじか**(ずきずきする痛みのさま。歯痛) 徳島県 ***じがじが**(刺すような痛みのさま) 岩手県気仙郡 ***じかじか**(刺すような痛みのさま) 岩手県気仙郡 宮城県栗原郡「蜂に刺されてじかじかと痛い」 秋田県鹿角郡 島根県邇摩郡 ***しきり**(しきりに繰り返されるところから、分娩に先立つ腰の痛み) 岐阜県武儀郡 大阪市 兵庫県加古郡 奈良県吉野郡「しきりがくる(産気づく)」 ***じっかじっか**(刺すような痛みのさま) 岩手県気仙郡 秋田県鹿角郡 島根県 ***じっがじっが**(刺すような痛みのさま) 島根県仁多郡 ***ずっかずっか**(刺すような痛みのさま) 島根県 ***すばこ**(手首の痛み痙攣) 岐阜県飛驒「男のすばこは、女の末子に元結で結んで貰うと治る」・郡上郡 ***だりやみ**(リューマチなどのだるいような感じの痛み) 新潟県佐渡 ***ちかちか**(刺すような痛みのさま。ちくちく) 青森県津軽「へながちかちかて、のみだべが、むしだべが(背中ちくちくして、蚤だろうか虫だろうか)」 愛知県尾張 島根県 広島県 香川県丸亀市 熊本県 ***ちっかちっか**(刺すような痛みのさま。ちくちく) 島根県東部 ***つかいたみ**(手首や腕の使い過ぎによる痛み) 静岡県榛原郡 ***はらつかえ**(みぞおちの痛み) 広島県芦品郡 ***ひばしり**(火がついたような痛み) 島根県「身体中ひばしりがする」 山口県 ***ふにやん**(筋骨に痛みを感じること) 沖縄県首里 ***ほねやみ**(筋骨に痛みを感じること) 長崎県対馬「今日は遠い山から薪を余計に担うて来たのでほねやみをして節々が痛くてたまらぬ」

子供のはれの□を止める唱え言 ***いきいきごんぼ**(打撲などの痛みを回復するために、子供が痛みのない子と共に足踏みして唱える文句) 鳥取県東部 ***ぴんぽんぱちん** 青森県上北郡「痛いところはぴんぽんぱちんと隣のばばこさ飛んでいけ」

いたむ【痛】 ***あつぃびーらち**(はれ物などが、熱をもって痛むこと。またやけどが痛むこと) 沖縄県首里 ***いがやる** 岡山県阿哲郡「腹がいがやる」 ***いーきれ**(足指の裏側が切れて痛むこと。あかぎれ) 岡山県小田郡 ***いきる**(はれ物が痛む) 岡山県児島郡 ***いぎれ**(足指の裏側が切れて痛むこと。あかぎれ) 富山県砺波 長野県上伊那郡・下伊那郡 京都府竹野郡 鳥取県西伯郡 岡山県児島郡「いぎれがして歩けん」 ***いばる**(はれ物が化膿して痛む) 新潟県佐渡「出来もんがいばってねむれん」 岡山県岡山市・御津郡 ***うぐー**(化膿して痛む) 鳥取県 岡山県苫田郡「こないだきずをしたとこがうぐうて困りょうる」 徳島県 香川県綾歌郡 愛媛県新居浜市 高知県土佐郡 ***うばる**(はれ物が化膿して痛む) 島根県石見 ***うばる**(患部がうずき痛む) 広島県比婆郡 ***おばる**(はれ物が化膿して痛む) 島根県 山口県阿武郡 ***おばる**(患部がうずき痛む) 島根県邑智郡 ***かぶる**(体の節々が痛む) 長崎県対馬「肩がかぶる」「骨がかぶる」 ***くわる**(ひどく痛む) 和歌山県西牟婁郡 徳島県 香川県 愛媛県今治市・喜多郡 ***こわる**(ひどく痛む) 岐阜県本巣郡・大垣市 兵庫県加古郡・淡路島 島根県「どうしょーうも腹がこわってたまらん」 広島県 徳島県 香川県 愛媛県 ***しびらぐ**(やけどなどがひりひりと痛む) 青森県上北郡 ***しみる** 新潟県長岡市 ***しむ**(ずきずき痛む) 山口市 ***しもう** 宮城県登米郡・玉造郡 ***しゃくばる**(針が刺すように痛む) 和歌山県那賀郡・西牟婁郡「お腹がしゃくばって動くことが出来ない」 ***しゅん** 鹿児島県 ***しょむ** 山形県米沢市 ***しらつく**(やけどやすり傷などで、皮膚がひりひりと痛む) 青森県 ***ずいつく**(錐(きり)でもむように痛む) 高知県「臑の関節がずいつく」 ***すえる**(冷たいものが歯に染みて痛む) 香川県大川郡 ***すじばる**(筋がひきつるように痛む) 岡山市「腹がすじばる」 ***すびく** 大分県玖珠郡「歯がすびく」「頭がすびく」 ***せく**(胸が痛む) 福岡市 長崎県対馬 鹿児島県 ***たまやん**(眼球あるいは睾丸が痛むこと) 沖縄県首里 ***だむん** 沖縄県与那国島 ***ちからめく**(ちくちく痛む) 青森県津軽「まなぐぁちからめで、なんぼさだだがさ(眼がちくちく痛んで、どれほど困ったことか)」 ***つつく**(歯などが痛む。うずく) 岡山県豊島・屋島 徳島県 香川県 福岡市 佐賀県 長崎県 熊本県玉名郡・天草郡 ***つぶれる** 島根県美濃郡・益田市「一日中働らーて、

よーに肩がつぶれた」 *つめる（ひどく痛む）滋賀県彦根「胃がつめる」 島根県「一晩中腹がつめて困った」 山口県豊浦郡 香川県小豆島 *つめる（小刻みに痛む）山口県玖珂郡 *てぃーざ（手首が痛むこと）沖縄県首里 *どよむ（ずきずき痛む）奈良県 *にがる 島根県「腰が苦る」 岡山県苫田郡「山仕事で足がにがった」・児島郡 広島県安芸郡 *はしー（ずきずき痛む）鳥取県西伯郡 *はしる（ずきずき痛む）兵庫県赤穂郡「手がはしる」 鳥取県「歯がはしる」 島根県 岡山県「やけとーがはしってしかたがない」 広島県 山口県「頭がはしる」 香川県 愛媛県「はしりがいー（痛がゆい）」 大分県西国東郡 *はしる（染みて痛む）富山県東礪波郡（目や鼻や皮膚に染みる） 岡山県苫田郡（薬が傷口に染みる） *はしる（染みて痛む）富山県東礪波郡（目や鼻や皮膚に染みる） 岡山県苫田郡（薬が傷口に染みる） *ひーらぐ（やけどなどがひりひりと痛む）三重県志摩郡 *ひきつり ひっつれ（筋や皮膚がつれて痛むこと）長野県佐久 *ひばしる（やけどの疼痛のように激しく痛む）徳島県 香川県 *ひひらちゅん（やけどなどがひりひりと痛む）沖縄県那覇市 *ひやめき（やけどがひりひり痛むこと）富山県砺波「ひやめきする」 *ひらつく（やけどやすり傷などで、皮膚がひりひりと痛む）福岡市 大分県大分市・大分郡 *ひらめく（皮膚の一部が刺すように痛む）秋田県鹿角郡 長崎県 鹿児島県 *ひりめく（皮膚の一部が刺すように痛む）秋田県鹿角郡 *ふぃーらちゅん（切り傷、やけどなどがひりひり痛む）沖縄県首里 *ほとびる（やけどで痛む）長野県下伊那郡 *ほねくさ（過労のために筋肉が痛むこと）熊本県下益城郡 宮崎県東諸県郡 鹿児島県 *ほめく（発熱して身体が痛む）石川県江沼郡 島根県益田市 長崎市 *みがしおる 熊本県下益城郡 *みこみ（おできが吹っ切れないために痛むこと）島根県八束郡「みこみがする」 *むむすっくゎー（長く歩いた後などに股が痛むこと）沖縄県首里 *めげる 神奈川県中郡 *やにゅい 鹿児島県喜界島 *やにゅん 沖縄県国頭郡 *やぬん 沖縄県首里 *やま 沖縄県宮古島 *やまう 和歌山県西牟婁郡・東牟婁郡 *やみぬ 鹿児島県沖永良部島 *やみゅい・やむい 鹿児島県喜界島 *やみゅむ 鹿児島県加計呂麻島・沖永良部島 *やみゅり 鹿児島県奄美大島 *やみん 鹿児島県与論島 *やむ 宮城県仙台市「ゆんべはなーやんでやんでよっぴてやみ通しした」 山形県米沢市 新潟県佐渡 静岡県志太郡 沖縄県宮古島 *やむん 沖縄県 *やめる 青森県「おできがやめる」 岩手県九戸郡 秋田県鹿角郡 山形県 茨城県・久慈郡 栃木県河内郡 群馬県勢多郡 東京都八王子「腰がやめる」・八丈島 神奈川県津久井郡 新潟県 富山県 石川県 長野県（強く痛む） 岐阜県 静岡県志太郡・榛原郡 愛知県名古屋市・額田郡 三重県松阪 滋賀県彦根 兵庫県明石郡

□さま *ひらひら（けが、やけどなどで皮膚がひりひりと痛むさま）青森県南部「ひらひらする」 宮城県石巻「すっこぐった跡がひらひらつえ」 大分県北海部郡 *ひらいひらい（けが、やけどなどで皮膚がひりひりと痛むさま）鹿児島県「ひらいひらい痛む」・肝属郡 *しりしり（しくしく痛むさま）岡山県苫田郡「腹がしりしりした」 *ずくずく（はれ物などの痛むさま。ずきずき）島根県「一晩中傷がずくずく痛んで寝られだった」 広島県・高田郡 長崎県対馬・壱岐島 *るくるく（はれ物などの痛むさま。ずきずき）和歌山県有田郡・那賀郡 *つーつー（ひどく痛むさま）長崎県壱岐島「骨節のつーつー痛む」 *くしくし（やや鈍く継続的に痛むさま。しくしく）兵庫県佐用郡「手がくしくしといたむ」 *ぐじぐじ（やや鈍く継続的に痛むさま。しくしく）長崎県壱岐島 *ぎじぎじ（体の一部が痛むさま）徳島県「腹がぎじぎじこわる」 *まくまく（逆上して頭の痛むさま）新潟県佐渡 *ふぃしふぃし・ふぃっすいふぃっすい（脈打つように痛むさま。ずきずき。ずきんずきん）沖縄県首里「はーぬ　ふぃしふぃし　やぬん（歯がずきずき痛む）」 *ざっくざっく（歯や切り傷の痛むさま）岡山県児島郡 *さくさく（歯や指先が痛むさま）徳島県「さくさくする」 *きやりと（筋肉、ひざなどが不意に痛むさま）鳥取県東部 *めきめき（頭が強く痛むさま）新潟県佐渡 *ずいずい・すいすい（錐でもむように痛むさま。ずきずき）高知市「ゆーべ歯がずいずいして寝られざった」 *じわじわ（腹が痛みだすさま）新潟県佐渡「腹がじわじわする」 *にがにが（腹がしくしく痛むさま）兵庫県加古郡「にがにがする」 *にしにし（腹が痛むさま）香川県小豆島・高松市「おなかがにしにしする」 *むしくし（腹が痛むさま。ちくちく）大阪市「腹がむしくしする」 島根県隠岐島 岡山市

体の□所 *いたが（傷やはれ物など）岡山県備中北部・岡山市「いたがあっては働けん」 *いたご（傷やはれ物など）山口県豊浦郡

腹が□ *おなかがこわる 岐阜県大垣市 *はらがこわる 岐阜県本巣郡 徳島県 香川県 愛媛県大洲 *はらにいためられる 愛知県知多郡「昨夜ははらにいためられた」 *はらがくわる 香川県 *はらがしぼる 島根県「はらがしぼって気持がわりー」 *むしかぶる（腹が刺すように痛む）富山県砺波 *むしがやめる 千葉県安房 *むねがまく・むねがまくじー 鹿児島県 *かぶる 静岡県小笠郡「腹がかぶってどうにもならん」 愛知県知多郡 *ぐじる（緩慢に腹が痛む）長崎県壱岐島 *くわる（腹などが痛む）和歌山県西牟婁郡 徳島県 香川県 愛媛県今治市・喜多郡 *こわばる（腹などが張って痛む）島根県「腹がこわばって歩かれん」 *こわる（腹などが痛む）岐阜県本巣郡・大垣市 兵庫県加古郡・淡

路島　島根県「どうしょーうも腹がこわってたまらん」　広島県　徳島県　香川県　愛媛県　*しおる（腹がしくしく痛む）愛媛県　*しくつく（腹がしくしく痛む）新潟県佐渡　*しぼる（腹がしくしく痛む）愛媛県　*しわる（腹がしくしく痛む）大阪市　和歌山県　香川県木田郡　愛媛県　*すーぬん（傷などがしみて痛む）沖縄県首里　*すくじりやん（腹の底がえぐられるように痛むこと）沖縄県首里　*せーく長崎県南高来郡　*せく島根県石見（下痢気味で痛む）　山口県「腹がせいて困った」　愛媛県　福岡県　佐賀県・唐津市　長崎県　熊本県　大分県　鹿児島県　*せっ鹿児島県　*にがー（腹が激しく痛む）鳥取県西伯郡　*にがる（腹が激しく痛む）大阪市（下痢を伴う）　兵庫県赤穂郡　鳥取県　島根県　岡山県　広島県　山口県　香川県　愛媛県・大三島　長崎市　大分県西国東郡　*にごる・にごつく（腹が激しく痛む）岐阜県飛騨　*はらやみ（腹が痛むこと。腹痛）岩手県和賀郡　宮城県・仙台市「はらやみすさったっけ（腹痛を起こされたそうだが）、およござりすかわ（よろしいんですか）」　山形県　新潟県佐渡　*はらやみば（腹が痛むこと。腹痛）新潟県東蒲原郡　*もぎれる（腹がひきつり痛む）新潟県西蒲原郡・中頸城郡

いたむ【傷】　*いどる（苗や食物などが傷む）岐阜県飛騨　*えどる（苗や食物などが傷む）岐阜県飛騨「この飯はえどりかけとる」　*えどれる（苗や食物などが傷む）新潟県岩船郡・中頸城郡「なすの苗がえどれかかってきた」　*おえーる山梨県　*おえる山梨県中部　静岡県「おえると困るでせせくるな」　*まいる（飯などが傷む）茨城県新治郡　*やれる長野県佐久「やれた家」　岐阜県恵那郡　香川県伊吹島（紙、布などが弱る）　*んなになる石川県金沢市

いためる【炒】　*あぶらこかす（油でいためる）熊本県芦北郡・八代郡　*あぶらいびり・あぶらいり（食用油で野菜などをいためること）栃木県　*いびる（油でいためる）茨城県猿島郡　栃木県　埼玉県北葛飾郡　神奈川県藤沢市　静岡県小笠郡「油でぃびって菜っ葉を食う」　*いる（野菜などを油でいためる）宮城県栗原郡「なすいり（なすの油いため）」　*けらす（油でいためる）大分県宇佐郡　*ける（油でいためる）島根県石見「茄子を油でけった」　*ころす（油でいためる）滋賀県蒲生郡　*しじる（肉などをいためる）岡山県川上郡　*たしゅん（食物を油でいためる）沖縄県首里　*ぴたしん沖縄県石垣島

いち【市】　*うゎーしゃーまち（肉を取り引きする市。豚肉が主）沖縄県首里　*ごんぼいち（うら盆会に仏前に供える草や種々の品を売る市）神奈川県平塚市　*しょーぐゎつぃまち（正月に立つ市）沖縄県首里　*たかまち（祭礼の時に立つ市）山形市　茨城県　千葉県長生郡　*たちまち（市が立つことも言う）青森県三戸郡　秋田県平鹿郡　*だんごいち（小正月の繭玉飾りのための水木を売る市）山形県米沢市　*つぃぶやまち（陶器を売る市）沖縄県首里「つぃぶやまちぬ　ぐとーさ（陶器市のよう。足の踏み場もないさまに言う）」　*つめいち（正月、盆の前の最後の市）新潟県　*つめのまち（年の市）山形県北村山郡（十二月二十八日）　*つめまち（年の市）青森県三戸郡（十二月二十七日）　岩手県気仙郡　*つめまつり（年の市）宮城県栗原郡　*はないち（八月十二日の盆市。盆花を買う市）長野県佐久　*ひーないち（三月二十八日の雛節句ごろに開く市）島根県鹿足郡　*ふでまち（筆を売る市）山形県西置賜郡　*ぶんまち（盆に用いる器具、食品、玩具などを売る市）沖縄県首里　*ほーこーいち（雇い主や奉公人がそれぞれを選択する市）山口県豊浦郡　*まち青森県三戸郡「まちの日」　岩手県上閉伊郡・気仙郡「まっちゃいぐ（行く）」　秋田県「まちが立つ」　山形県北村山郡　徳島県　沖縄県首里　*まつぃ沖縄県石垣島　*ゆさんでぃまち（夕方に立つ市。宵市）沖縄県首里

→いちば（市場）

いちがつ【一月】　⇩しょうがつ（正月）

いちご【苺】　*あび東京都一部・八丈島　*いちりご・いちりんご・いちりんこ・いちねご和歌山県西牟婁郡　*いちゅび鹿児島県沖永良部島・奄美大島・与論島　沖縄県首里　*いちゅびゃ・いちゅびゃー・いちゅじゃー鹿児島県喜界島　*いちゅんぎ鹿児島県徳之島　*ぐいび・ぐいみ・ぐいべ・ぐいめ広島県　*たいし沖縄県鳩間島　*てーし沖縄県石垣島・竹富島

いちじ【一時】　*いっせき香川県「あぃつぃいっせき大阪へいとった」　*いっぱし滋賀県彦根　兵庫県加古郡「いっぱしそんな事もあった」　鳥取県東部「いっぱしはっこー（繁盛）にやって居ったが」　*しとはな鹿児島県肝属郡　*ひといき岐阜県稲葉郡・大垣市　静岡県磐田郡　愛知県名古屋市　三重県志摩郡・北牟婁郡　京都府竹野郡「あのお家もひといきよりだいぶん良うなったなあ」　大阪市　兵庫県加古郡　奈良県吉野郡・南大和　岡山県児島郡　*ひとせ新潟県佐渡　山口県　*ひとはな島根県「あの家もひとはなは良かったもんだ」　長崎県　*ふとせつ島根県「ふとせつは良かったがとーとー死んだ」　*ふとはな島根県

→いっとき（一時）

□限り　*いっさんばらり石川県金沢市

□に　*いっちゃくに千葉県夷隅郡「いっちゃくに運ばずに少しずつ運びなよ」　*いっちゃくちに千葉県夷隅郡　*ざらっと宮城県石巻

□にするさま　*いったん・いったんざったん・いったんぽったん新潟県西頸城郡

いちじく【無花果】　クワ科の落葉小高木。春から夏に倒卵形で肉厚の花嚢をつける。花嚢は中に無数の白い小さな花をもち、暗紫色か白緑色に熟し、食用となる。　*あまがき岡山県岡山市・

御津郡 *いそずき 福岡県粕屋郡 *いたぶ 長崎県五島（野イチジク） 熊本県天草郡 *いっぐつ 福岡県久留米市 *うしほーずき 大分県大野郡 *うどんげ 石川県加賀 *からがき 山梨県一部 岐阜県本巣郡・山県郡 愛知県一部・葉栗郡 滋賀県一部 香川県 *きなんば 滋賀県 *くーたぶ 鹿児島県甑島 *こーらいがき 愛知県一部 三重県一部 岡山県・岡山市 *さんぞがき 福岡県一部 *じく 島根県一部 *したび・んたび 沖縄県石垣島 *しながき 大分市 *ずた 熊本県宇土郡 *たーがき 大分県大分郡 *たつ 鹿児島県一部 *たび 熊本県 鹿児島県一部 *たぶ 熊本県天草郡・芦北郡 *ちち 大分県大分市・大野郡 *ちちかき 奈良県宇陀郡 *つんぐり 広島県大崎上島 *とーがい 山口県大島 *とーがき 新潟県一部・佐渡 山梨県一部 滋賀県一部 京都府 大阪府一部 兵庫県 奈良県 鳥取県一部 島根県 岡山県・岡山市 広島県 山口県・玖珂郡・厚狭郡 香川県・小豆島 愛媛県 福岡県・築上郡 長崎県 熊本県 大分県 *とーたび 熊本県一部 *とーたぶ 熊本県天草郡 鹿児島県一部 *とーびや 大分県大分郡 *とがき 大阪府一部 兵庫県家島 *とたび 熊本県天草郡 *とろがき 島根県石見 *とんがき 愛知県一部 兵庫県・赤穂郡 *なんば 兵庫県赤穂郡 香川県 愛媛県一部 鹿児島県一部 *なんぱ 香川県男木島・女木島 *なんばー 香川県高見島 *なんばがき 香川県大川郡・木田郡 熊本県天草郡 *なんばん 熊本県天草郡 *なんばんがき 熊本県球磨郡・天草郡 *ばべしま 広島県走島 *びってー 大分県大分郡 *ほーらいがき 鳥取県一部 *ほぐり 熊本県下益城郡 *ままこ（イチジクの小さいもの） 奈良県宇智郡 *ままんがき 広島県 *まんたぶ 熊本県天草郡 *まんまんがき 大分県大分郡 *むかが 埼玉県一部 山口県一部 *むかさ 岩手県一部 *むかじゅ 京都府一部 *やまいちじく（野生のイチジク） 島根県出雲・隠岐島 *やまぶーずき 熊本県球磨郡

いちど【一度】 *いっこん 香川県「わしあしこへいっこんいきたいわ」・小豆島 *いっちょ 香川県 福岡県 *いっちょー 岡山県阿哲郡 香川県 *いっぱい 秋田県「えっぺぁやってみるか」 岐阜県養老郡・海津郡 三重県度会郡 滋賀県滋賀郡 *ひとがえり 岩手県上閉伊郡 宮城県石巻 秋田県「ひとげぁり行った」「まふどげぁり（今一度）走って来い」 *ひときっぱ 岩手県気仙郡「もうひときっぱやるべ」 宮城県石巻 *ひとくら 新潟県佐渡 三重県志摩郡

↓いっかい（一回）

□にするさま *いちがい 岩手県気仙郡「うまいからといっていちげぁに食べると腹をこわす」・胆沢郡 山形県「えぢがえに雪あふった」 栃木県 新潟県 山梨県南巨摩郡「いちがいに言われても思い出せーのーに」「行ったらいちがいにめしができとう」 *いちげ 愛媛県大三島 *いっさん 新潟県佐渡「いっさんにかえらんか」・東蒲原郡「お金をいっさんに使ってしまった」 徳島県美馬郡 高知県・高知市「もーいっさんお目にかかり度い」

もう□ *のー 東京都八丈島「あすのー来るてえや（明日また来るとさ）」「のーおじゃれやい（またいらっしゃい）」 *まいっちょ 熊本県 *まいっちょー 福岡県 長崎県 *またでぃ・またとぅ 沖縄県石垣島 *まっちょー 佐賀県「まっちょー持ってこい」「まっちょー読んでみよ」 *もっぱい 和歌山県新宮「もっぱい行って来ましょう」

いちにち【一日】 *しして 山形県北村山郡「ししてでできねべな（一日ではできないだろうよ）」 *しっして 山形県東村山郡・北村山郡 *しひて 山形県「しひて働いて千円だ」 *てぃー 沖縄県国頭郡「てぃーに いくーむどぅしん（一日に何べんも） いめんしょちゃん（いらっしゃった）」 *ひーして 山形県北村山郡・最上郡 *ひーて 山形県東田川郡・飽海郡 愛知県「ひいて遅れたなー」 三重県志摩郡「春のひいて吹き（春の荒風は一日で吹きやむの意）」 愛媛県 山口県阿武郡 香川県三豊郡 *ひーてー 静岡県 山口県豊浦郡 *ひーとい 静岡県 三重県志摩郡 愛媛県 高知県 *ひしーて 山形県西田川郡 *ひしち 鹿児島県肝属郡・大隅 *ひして 岩手県気仙郡 山形県「ひしてですまう（一日で終了する）」 福島県「ひしてだけ休むことにしっぺ」 茨城県水戸市・稲敷郡 栃木県 群馬県邑楽郡 埼玉県入間郡 千葉県印旛郡（中流以下） 新潟県佐渡 富山県・富山市・砺波 石川県鳳至郡 長野県下水内郡・北安曇郡 三重県志摩郡「ねとったんやけどなー、ひして前に起きたばっかやがな」 岡山県児島郡 香川県 愛媛県 福岡県久留米市 佐賀県佐賀郡 長崎県・対馬 熊本県玉名郡 鹿児島県 *ひしてー 茨城県稲敷郡 群馬県山田郡 千葉県 福岡県久留米市 大分県東国東郡 *ひしとく 香川県大川郡 *ひすって 山形県最上郡 *ひすて 富山県砺波 香川県三豊郡 *ひすてー・ひっして 山形県最上郡 *ひっちー 大分県 *ひっつぃー 大分県大分郡 *ひって 岩手県上閉伊郡 山形県西田川郡 香川県仲多度郡（漁民の語） *ひて 山形県東田川郡・飽海郡 福島県東白川郡「このくれえの仕事、今日ひてかゝってえられっか」 和歌山県西牟婁郡 島根県邇摩郡・大田市 *ひてー 島根県 岡山県備中 広島県 山口県・美祢郡「ひてー雇われちゃー貰われんかえー」・阿武郡 *ひてーひ 島根県石見 *ひてのうち 山形県東田川郡 *ぴとぅい 沖縄県石垣島 *ひとえ 山口県大島 *ひどし 山形県飽海郡 *ひひって 山形県新庄市 *ひひて 岩手県上閉伊郡・気仙郡 宮城県「ひひて休んだら風邪も治るだらう」 山形県「あんなごどにひひてかがった」 栃木県「あとひひて干したらよかんべ」 新潟県岩船郡 岐阜県稲葉郡 愛知県西春日井郡 *ぴひとぅい 沖縄県竹富島 *ふぃーっちー 沖縄県首里・那

覇市 *ふぃっちー 沖縄県首里「ふぃっちーやくーとぅぐーとぅ ぬくばーゆん(日一日と暖かくなる)」 *ふてー 島根県仁多郡 *へーとい 静岡県「おら学校へへーといいった」 *へして 栃木県 群馬県山田郡 千葉県夷隅郡 新潟県中頸城郡「へして遅れると」 富山県・婦負郡 石川県能登 長野県下水内郡・北安曇郡 *へしてー 群馬県山田郡 千葉県

□中 *いちにちさっけー 千葉県山武郡 *いちにちさんがら 群馬県吾妻郡 *いちにちさんげ・いちんちさんげー 千葉県夷隅郡 *いちにちしがぶく 富山県婦負郡 *いちにちひーて 山形県飽海郡 *いちにちひがうら・いちにちしがうら 富山県 *いちにちひがくら 富山県砺波 *いちにちひがな・いちにちがいだ 富山県砺波 *いちんちがのー 島根県隠岐島 *いちんちがひょーざら 静岡県島田市 *いちんちさんがら 長野県佐久 *いちんちしんがら 長野県南佐久郡 *いちんちひがさら 静岡県田方郡・賀茂郡 *いちんちひょーらく・いちんちがひょーらく 静岡県 *いちんちょーさんがら 埼玉県秩父郡「いちんちょーさんがら柿の皮むきでは指が痛くてほーはねえ」 *しがうら 富山県 *しがのいちんち 山口県玖珂郡 *しして 山形県「きんなししてあすんだ(昨日は終日遊んだ)」 長野県佐久 *ししてー 長野県南佐久郡 *しっして 山形県東村山郡・北村山郡 *してー 島根県那賀郡・邇摩郡 岡山県邑久郡 *しなか 山形県東村山郡・南村山郡 *ひーして 山形県北村山郡・最上郡 千葉県香取郡 三重県四日市市 *ぴーじゅ 沖縄県鳩間島 *ひぃっぱい 岩手県胆沢郡 岐阜県郡上郡 *ひーて 千葉県印旛郡 新潟県佐渡 長野県上伊那郡 愛知県 三重県志摩郡・度会郡 山口県阿武郡 香川県伊吹島 愛媛県 *ひーてぃー 大分県東国東郡 *ひーてー 長野県 静岡県・小笠郡「ひいてい草を刈る」 愛知県北設楽郡 鹿児島県種子島・屋久島 *ひーてじゅー 長野県諏訪・上伊那郡 *ひーてじゅー 香川県伊吹島 長崎県彼杵 *ひーとい 長野県上伊那郡 静岡県 愛知県豊橋市・北設楽郡 三重県志摩郡 愛媛県 *ひがうらじゅー 富山市近在 *ひがくら 富山県砺波 *ひかさら 静岡県富士郡 *ひがさら・ひがさらいちんち 山梨県 愛媛県 *ひがな 岡山県・浅口郡 *ひがなじゅー 愛媛県 長崎県五島 *ひがなひーじゅー 三重県 *ひがなひしじゅ 長崎県五島 *ひがなひしち 宮崎県東諸県郡・宮崎郡 *ひがなひして 新潟県佐渡 *ひがなひじゅー 島根県 長崎県北松浦郡 *ひがなひなか 三重県志摩郡 *ひがなひにち・ひがなひんのち 新潟県佐渡 *ひがなほとき 長崎県対馬「ひがなほとき使いまわされた」 *ひがらひーとい 静岡県榛原郡 *ひがらひじゅー 神奈川県津久井郡 *ひしち 熊本県阿蘇郡 宮崎県 鹿児島県肝属郡 *ひしちー 大分県直入郡(農村の中流以下) *ひしつぃ 大分県玖珠郡 *ひしつぃー 大分県大野郡(下流)「ひしつぃー働いた」 *ひしって 山形県最上郡 *ひして 岩手県気仙郡 宮城県栗原郡 山形県 福島県会津若松市 茨城県猿島郡 栃木県 群馬県 千葉県印旛郡・長生郡 新潟県佐渡 長野県 岐阜県飛騨「ひして働いたが、あと半日はかかる」 香川県「今日ひしてゆっくり遊んできな」 愛媛県西条市・松山市 福岡県 長崎県対馬 長崎市 熊本県 鹿児島県肝属郡 *ひしてぃー 大分県 鹿児島県加計呂麻島 *ひしていちにち 群馬県邑楽郡 *ひしていちんち 埼玉県入間郡 *ひしてうち 山形県西置賜郡・最上郡 *ひしてー 宮城県 福島県「ひしてえ仕事した」 茨城県東南部・北相馬郡 群馬県 千葉県香取郡 新潟県佐渡 長野県 *ひしてがえだ 富山県 *ひしてじゅー 香川県「ひしてじゅーかかってやっとすんだ」 愛媛県周桑郡 佐賀県唐津市 熊本県 *ひしとい 徳島県 *ひしといじゅー 愛媛県 *ひじゅー 熊本県飽託郡 大分県 *ぴじゅー 鹿児島県喜界島 *ひじゅーひんがら 大分市 *ひすつぃー 福岡県浮羽郡 *ひすついじゅー 熊本県阿蘇郡 *ひっち 宮崎県西臼杵郡 *ひっちー 福岡県築上郡 大分県南海部郡 鹿児島県喜界島 沖縄県島尻郡 *ぴっちゅいなーく 鹿児島県与論島 *ひっつぃー 大分県大分郡 *ひって 香川県仲多度郡(漁師の語) *ひってぃー 大分県 *ひってー 静岡県・田方郡 *ぴっとい 静岡県 *ぴっとぅいいちにち 沖縄県竹富島 *ぴてぃんぬぴゅーじゅー 沖縄県石垣島 *ひてー 島根県邑智郡 *ひてーじゅー 島根県石見 広島県 山口県・向島・祝島・浮島 愛媛県大島 *ぴとぅいつぃにつぃ 沖縄県石垣島 *ひとえ・ひとえじゅー 山口県大島「今日はひとえじゅー田の中に居ったら足がほとびて皮が柔うなった」 *ひとひなか 新潟県佐渡 岐阜県飛騨 *ひなか 新潟県下越 三重県志摩郡 広島県・高田郡 *ひなごーら 鹿児島県沖永良部島 *ひのひーし 長崎市 *ひのひして 新潟県佐渡 長崎市「ひのひしてかせぐ」 熊本県玉名郡 *ひのひひて 長崎市 *ひのよして 宮崎県西諸県郡 *ひひて 岩手県 宮城県 山形県米沢市 福島県安達郡 栃木県 岐阜県飛騨 和歌山県有田郡 長崎市 熊本県球磨郡 *ひひてー 群馬県 埼玉県南埼玉郡・秩父郡 長野県上田 宮崎県西臼杵郡 *ひひてーじゅー 群馬県吾妻郡 *ひひとい(「ひひとひ」の転) 長崎市 *ひふて 島根県大田市 *ひやひんなか 和歌山県東牟婁郡 *ひょーくら 静岡県田方郡 *ひょーらく 静岡県「一日ひょーらくかけまわった」・安倍郡・田方郡 *ひんがじゅー 大分県南海部郡 *ひんがひじゅー・ひんがひにち 大分県大分市・大分郡 *ひんがら 長野県上伊那郡 *ひんからひーて・ひんがらひー

て長野県北安曇郡 ＊ひんがらひーてー 長野県 ＊ひんからひじゅー 山梨県中巨摩郡 ＊ひんがらひじゅー 山梨県 ＊ひんごて 島根県江津市 ＊ひんどし（「ひるどおし（昼通）」の転か）高知県 ＊ひんなか 三重県上野市・名張市 和歌山県西牟婁郡 ＊ひんなかさんねん 和歌山県西牟婁郡「ひんなかさんねんかかった」 ＊ふぃじゅー 沖縄県首里 ＊ふぃっちー 沖縄県首里「ふぃっちーや くーとぅぐーとぅ ぬくばーゆん（日一日と暖かくなる）」 ＊ふぃっちーゆっちー 沖縄県首里・那覇市 ＊ふがなじゅー 島根県隠岐島 ＊ふてー 島根県 ＊ふてーふなか 島根県飯石郡 ＊へして 茨城県猿島郡 栃木県 新潟県中頸城郡 富山県・下新川郡 石川県能登 長野県北安曇郡 岐阜県大野郡 ＊へしてー 静岡県 ＊へしてーじゅー 群馬県勢多郡

→しゅうじつ（終日）

いちにちおき【一日置】 ＊いちにちがい 愛媛県宇和島市 ＊いちにちはだめ 大阪市 兵庫県 ＊いちんちはだめ 京都府竹野郡「ちょっと暇だからいちんちはだめに出勤しとります」 ＊いっちんちがえ 島根県出雲 ＊じゅーごんちがえ 岡山市「じゅーごんちがえに行く」 ＊なからび 奈良県南部 ＊ひーてーおき 静岡県志太郡 ＊ひーておき 新潟県佐渡 愛知県知多郡 三重県志摩郡 ＊ひーてごーし 長崎県・長崎市 ＊ひーといはざめ 高知市 ＊ひしちおき 宮崎県 鹿児島県肝属郡 ＊ひしちごし 鹿児島県大隅 ＊ひしついごし 宮崎県東諸県郡 ＊ひしておき 岩手県気仙郡 山形県米沢市 栃木県 埼玉県北葛飾郡・入間郡 ＊ひしてがい 埼玉県入間郡 香川県 愛媛県 ＊ひしてがえ 香川県 ＊ひしてがわせ 長崎県対馬 ＊ひしてごーし 長崎市 ＊ひしてごし 鹿児島県薩摩 ＊ひしてばん 富山県砺波 ＊ひしといがい 愛媛県 ＊ひてーがい 広島県高田郡 ＊ぴとぅいんごーし 沖縄県石垣島 ＊ひとえまだき 山口県大島 ＊ひとひがい 愛媛県宇和島市 ＊ひひといはざめ 長崎市 ＊ふぃっちーぐしー 沖縄県首里 ＊へーしておき・へしておき 栃木県

いちにんまえ【一人前】 ＊あらしこ（労働者として一人前の男）香川県三豊郡 ＊いちぶ 石川県鳳至郡「お前様にいちぶのにょーぼやさかぇ（あなたは一人前の女だから）」 ＊いっこんずかい（否定的な場合に用いる）山口県防府「いっこんずかいにならぬ」 ＊いっじょーめ 群馬県吾妻郡 ＊いっちょーまえ 宮城県 山形県 福島県 栃木県 新潟県 岐阜県吉城郡 愛媛県 ＊いっちょまえ 岩手県気仙郡「えっちょめぁぶってがぎのくせに」 福島県 新潟県岩船郡・上越市 富山県・砺波 ＊いっぱた 岩手県上閉伊郡 宮城県「彼の子も、此の頃にいっぱた仕事をする様になった」 ＊ぎぼぎぼ（ようやく一人前になったさま）島根県隠岐島「まったけがぎぼぎぼしかけた」 ＊じょーびと（一人前の仕事が十分にできる人）香川県西部 ＊にごじゅー（二人合わせて一人前であること）新潟県佐渡 ＊ひとりてまえ 宮城県仙台市「ひとりてまえ一合の勘定で百人なら一斗炊けば間に合うよ」 ＊ほんにんまえ 長崎県対馬 ＊りっき（一人前のさま）岩手県気仙郡「りっきどしたわげぁ（若い）もんだ」 宮城県玉造郡 山形県西置賜郡・米沢市「あそごあ、りっきとしたうぢ（家）だ」 茨城県稲敷郡 栃木県

□でない ＊うとい 長野県上伊那郡 ＊ぱいぱい（一人前でないこと）山形県「ぱいぱい相撲」「あいつ、まだぱいぱいだ」

□でない者 ＊いっちょたらわず（一人前の能力がない人）山形県飽海郡 ＊いっちょなし（一人前の能力がない人）山形県東田川郡・飽海郡 ＊うまさがり（一人前の仕事のできない者）新潟県東蒲原郡 ＊おはちり（一人前の能力のない人）岩手県上閉伊郡（女） ＊がき 山形県 ＊しょーたれ・しょたれ（一人前の仕事ができない人。役たたず）新潟県佐渡 ＊しょったれ（一人前の仕事ができない人。役たたず）北海道 ＊しんべー 新潟県佐渡 ＊すってんぽ 山形県東村山郡（のしって言う語）「あの野郎すってんぽで身上持ってがんなえべえ」 ＊にわり（一人前に足りない人）鳥取県西伯郡 島根県 ＊にわりもの（一人前に足りない人）島根県邑智郡 広島県安芸郡 ＊はした 山梨県「はした女」・南巨摩郡 ＊はしたびと（一人前のことのできない人）香川県綾歌郡 ＊はしたもん 島根県隠岐郡 ＊はしたやろー 岩手県東磐井郡 宮城県仙台市 山形県 ＊はち（一人前の能力のない人）和歌山県日高郡 島根県石見 ＊はちがけ（一人前の能力のない人）山形県西置賜郡 ＊はちこ（一人前の能力のない人）富山市近在 ＊はちごー（一人前の能力のない人）鹿児島県加計呂麻島 ＊はちごむん

方/言/の/窓

●方言と思われている共通語

「手袋をハク（はめる）」「背中をカジル（掻く）」のように、共通語と語形が同じで意味・用法の異なるものは、方言と気づかずに使われることがある。

逆に、れっきとした共通語や東京でもよく使われる俗語が方言集の中にまぎれこんでいることがある。

関東地方のある方言集から例を引こう（用例とも）。

イチコロ（たやすい）〈そんなことはイチコロだ〉／キイロイ（黄色）〈キイロイ花〉／コオバシイ（香りがよい）〈コオバシイお茶だ〉／コチトラ（自分・私）〈たまにはコチトラの考えも聞いてくらっせ〉

キイロイは「キイロノ」が標準語形という意識が背後にあるのかもしれない。イチコロは用例を見ると、共通語と用法がややずれているような感じもする。

（一人前の能力のない人）鹿児島県奄美大島　*はちごもん（一人前の能力のない人）熊本県　*はちじゅー（一人前の能力のない人）東京都御蔵島　新潟県佐渡「ありゃたらんだもの、はちじゅうだ」　島根県大原郡・隠岐島　福岡県久留米市・三井郡　*はちじゅっせん（一人前の能力のない人）新潟県刈羽郡（お人よし）　*はちじょ（一人前の能力のない人）新潟県中越　*はちぶ（一人前の能力のない人）新潟県佐渡　富山県東礪波郡　大分県速見郡　*はちぶんめ（一人前の能力のない人）東京都御蔵島　*はちもん（一人前の能力のない人）新潟県刈羽郡　富山県砺波　福井県坂井郡　岐阜県北飛驒　兵庫県城崎郡　奈良県　島根県　広島県　山口県豊浦郡　香川県三豊郡　愛媛県周桑郡　高知県・長岡郡　*はちりん（一人前の能力のない人）栃木県　新潟県佐渡・上越市　長野県　愛知県尾張　三重県北牟婁郡　兵庫県淡路島　奈良県吉野郡（お人よし）　和歌山県　島根県　長崎県西彼杵郡　熊本県天草郡　大分県　*はちりんせん（一人前の能力のない人）岐阜県不破郡　*はちわりもん（一人前の能力のない人）島根県大原郡・飯石郡　*はった 滋賀県東浅井郡　*はっしゅ（一人前の能力のない人）熊本県鹿本郡　*はっちょせん（一人前の能力のない人）新潟県中頸城郡　*はんこまえ（半人前）山形県庄内　*はんた 島根県隠岐島　*はんだ 滋賀県　宮崎県西臼杵郡　*はんたくれ 熊本県宇土郡・上益城郡　*はんたごろー 熊本県球磨郡　*はんため 山形県村山「はんため野郎」　*はんたもん 京都府竹野郡　島根県大原郡・仁多郡　*はんぱもん 新潟県中頸城郡　富山県富山市・砺波　*ひやけ（一人前のことができない人間。ののしって言う語）岐阜県飛驒「このひやけめ」

□になる　*ひきる 山梨県　*ひとじゃくになる（結婚して一人前になる）長野県下伊那郡「ひとじゃくになる頃、死んでしまった」　*ひとになる（結婚して一人前になる）長野県佐久　*ふんどしをかく（「ふんどしを身に着ける」意から、一人前の男になる）岡山県苫田郡　*ぶんやになる（月役中別の家に住むような、一人前の女になる）愛知県北設楽郡　*みいる（成人して一人前になる）岩手県気仙郡

いちねんおき【一年置】　*いちねんがい 岡山県児島郡　香川県　*ちゅとぅぐし 沖縄県首里

いちば【市場】　*あてば 三重県志摩郡　*けば（馬市場）長野県下伊那郡　*す（青物市場）茨城県真壁郡　*つじ 石川県金沢市　*まち 青森県三戸郡・南部「まちの日」　岩手県上閉伊郡・気仙郡「まっちゃいぐ（行く）」　秋田県「まちが立つ」　山形県北村山郡　徳島県　沖縄県首里　*まちぬめー 沖縄県首里　*まつぃ 沖縄県石垣島

→いち（市）

いちめん【一面】　*いちげー（一面に）愛知県北設楽郡　*いちめんかい（辺り一面）新潟県西頸城郡　富山県・砺波　*いちめんこ（辺り一面）福井県大飯郡　*いっしき（辺り一面）岩手県気仙郡「いっしき雪だらけになった」　*いったらかい（一面になるさま）福井県足羽郡　*いっとろてん 和歌山県海草郡・有田郡「火がいっとろてんにひろがった」　*いっぱい 愛知県尾張　京都府　徳島県美馬郡　熊本県阿蘇郡・芦北郡　*いっぱいごくじゅー 和歌山県日高郡「いっぱいごくじゅー　撒き散らす」　*いっぺんかい（辺り一面）富山県　*ごたーんと（一面に）富山県　*ごどり（一面に。べったりと）山形県「ごどりとつく」　*ざった 栃木県「米がざったにこぼれてる」　*さよーいちめん 島根県邑智郡・大田市「さよーいちめんに雪が積もった」　*ざらっと 秋田県秋田市・平鹿郡「市場には色々の店がざらっとならんでいる」　*すべたら 神奈川県津久井郡・中郡　山梨県南巨摩郡「庭中すべたら水になった」　*ずべたら 茨城県久慈郡　*ずるりっと（一面に）広島県賀茂郡「火事でずるりっと焼けて」　*なめら 秋田県鹿角郡「この町はずらっとなめらに焼けた」　*ぬっぺり（一面に）秋田県鹿角郡「からだ中ぬっぺりでものした（できものができた）」　*のっぺら・のっぺち（一面に）高知県「落し物をしたと言うてのっぺち探しよる」　*のっぺり（一面に）青森県南部　*ばったり（一面に）山口県阿武郡　*ばんだい 高知県「かおばんだいはれた」　*びっしゃり 長野県諏訪　*ひとかんぱちに（一面に）岐阜県飛驒「身体中ひとかんぱちにはじか（麻疹）が出て来た」　*ひとすめん 島根県鹿足郡　*ひとぬめ 山口県豊浦郡「模様がさめてひとぬめに成た」　*ひとのし 兵庫県加古郡「ずっと向こうまでひとのしに見える」　*ひとのっぺ 福井県大飯郡「川も田も水でひとのっぺになった」　*ひとのっぺー 福井県大飯郡　*ひとのべ（一面同じになるさま）富山県・砺波　*ひらいちめん 新潟県佐渡「かゆいものがひらいちめんに出来た」　*ひらおし 富山県　*ひらなめし 新潟県佐渡「ひらなめしに焼けた」　*ひらめんごんぜー 群馬県利根郡「ひらめんごんぜーに百合の花の咲いてる」　*べたーん（残るくまなく一面。全面）富山県　*べたこ・ぺたこ 徳島県「松茸がべたこに生えている」　*ぺたこー 新潟県佐渡　*ぺたこく 徳島県　*べたべた（一面に）岐阜市　*べたら 神奈川県津久井郡　*べたっかー 静岡県榛原郡　*べたら 山形県村山　神奈川県中郡　*べっしゃり 島根県仁多郡「劇場にはべっしゃり客が坐っちょった」　*べったら 福島県東白川郡「しらみがべったらたかった」　茨城県稲敷郡　高知県　*ぺったり 岐阜県飛驒　島根県出雲・隠岐島　高知県　*べっちゃり・べったりこ 滋賀県蒲生郡　*べらびっしり・べらべっしり（一面に）長崎県壱岐島「星がべらべっしり出た」　*めたらく 大分県玖珠郡「道にめたらく水をまいた」　*めっきり（一面に）福岡県企救郡　大分県日田郡「めっきりつまる」　*めろっと（一面を覆うさま）山形県「火さめろっと灰

をかぶせる」 *めろりと(一面を覆うさま) 山形県最上郡・米沢市 *めろんと(一面を覆うさま) 山形県米沢市 *めんごんぜー(一面に) 群馬県勢多郡・利根郡「めんごんぜーにたがやす」 *らくじー(くまなく一面) 福島県相馬「畑らくじーさがしてこんな胡瓜(きゅうり)一本だ」 *らくじゅー(くまなく一面) 岩手県気仙郡「そごららぐぢゅう」 宮城県仙台市「仙台らくじゅー」 *らくちゅー(くまなく一面) 島根県石見「浜田のらくちゅーを歩いても見つからん」 山口県大島 長崎市「長崎洛中、歩いても、そんな莫迦者は居らぬ」

いちょう【銀杏】 *はべるばー(「蝶葉」の意。いちょうの葉や木) 沖縄県首里 *いっき(いちょうの実) 島根県石見

いつ【何時】 *いつのだい 静岡県榛原郡「この部屋はいつのだいにも使ったことがない」 *いつばり 愛媛県越智郡 *いつわい 青森県三戸郡「今度来るのはえずわいになるかな」

□**とはなしに** *いすずり 岩手県気仙郡「そごにあったものいすずり運んだ」 *いつんばり 岡山県苫田郡 *いつんまり 高知県高岡郡「いつんまり勘定取りに来られては困る。月末にしておーせ」 *えすつりこすつり・えすんずりこすんずり 秋田県河辺郡「えすんずりこすんずりなくなった」

□**になっても** *いっちゃー・いっちゃ 徳島県「いっちゃ為たことはない」 *いつっちゃー 高知県「取るばー使いよったらいつっちゃーお金はたまらん」・高知市

□**のこと** *いつのよこでー 神奈川県津久井郡「いつのよこでーだか判らねー」 *いつのよとき 徳島県「いつのよときにほんな目にあえるか」

いっかい【一回】 *ひとがえり 岩手県上閉伊郡 宮城県石巻 秋田県「ひとげぁり行った」「まふどげぁり(今一度)走って来い」 *ひときっぱ 岩手県気仙郡「もうひときっぱやるべ」 宮城県石巻 *ひとくら 新潟県佐渡 三重県志摩郡

→いちど(一度)

いっこ【一個】 *いっか 青森県上北郡「その林檎いっか呉れろ」 *いっきん 大分県大野郡・北海部郡 *いっこぼ 三重県北牟婁郡 *いっこん 徳島県 香川県直島「いっこんくれ」 愛媛県 *いっちゃ 鹿児島県・鹿児島郡 *いっちゃんこ 鹿児島県 *いっちょ 奈良県南大和 香川県 福岡県 佐賀県 長崎県「蜜柑ばいっちょおせつけまっせ(下さい)」 熊本県 鹿児島県 *いっちょー 岡山県 徳島県 香川県 福岡県企救郡 佐賀県 熊本県 阿蘇郡 大分県直入郡・大野郡 *いっちょこ 香川県香川郡・大川郡「林檎いっちょことって」 *いっぴき 富山県「茶碗いっぴき持ってこい」 石川県能登島「水瓜をいっぴき分けてくれえ」・羽咋郡 山口県阿武郡 *ぴてぃーじなー・ぴてぃじんなー(一つずつ) 沖縄県石垣島

→ひとつ(一)

いっこう【一向】 多く、下に打ち消し、または否定的な表現を伴って用いる。 *かいくれ 山形県東置賜郡「かえくれもうからない」 富山県下新川郡・富山市近在「そんな事、かえくれ知らん」 長野県上伊那郡 岐阜県土岐郡 滋賀県 和歌山県「かいくれ行方がわからん」 *かいぐれ 三重県志摩郡 *がいくれ 宮城県仙台市 *かいぐり 岩手県気仙郡 *がいぐり 宮城県登米郡 *がいくり 宮城県玉造郡 *かいくり 福井県吉田郡・丹生郡 *かいくれー 長野県諏訪 *かいくつ 岐阜県益田郡 *がいくれさんぼー 宮城県仙台市「たまに遊びに出すと、がいくれ三宝帰ることを知らぬ」 *かいぐりさんぼ 岩手県気仙郡「けぁぐりさんぼそれからこなかった」 *がで 熊本県玉名郡 *がんかる 熊本県玉名郡 *すったい・しったい 鹿児島県 *だいざ 岐阜市 *だいたい 鳥取県気高郡・岩美郡 *だいなし 富山県「そんな事だいなし面白くない」 長野県西筑摩郡「だいなしだめだ」 岐阜市 愛知県知多郡 *だたい 鳥取県気高郡・岩美郡 *だったい 新潟県「仕事がだったいはかどらん」 *ねから 山形県米沢市 愛知県名古屋市「ねから存じません」 *ねっかい 鹿児島県 *ねっかいこく 山口県大島「ねっかいこく人の言うことを本当にせん男じゃの、君は」 *ねっかり 長崎県対馬 *ねっか 福井県大野郡・南条郡 *ねっきら 山梨県 *ねっきり 山形県東田川郡「あいつその後ねっきり来ない」 長野県佐久 *ねっこー 栃木県那須郡 和歌山市 *にっから 香川県三豊郡「にっからけっこいのないなあ」 *にーから 沖縄県首里 *ねっからはっから 茨城県稲敷郡 島根県隠岐島 香川県 佐賀県「ねっからはっからわからんばんたー(分かりません)」 *ねっからもっから 島根県石見「うちの子はねっからもっから言うことを聞かん」 *ねっからやっから 島根県益田市・美濃郡 *むりっと 青森県上北郡「むりっとこなくなった」

□**に** 多く、下に打ち消し、または否定的な表現を伴って用いる。 *いかさま 京都府竹野郡「あの子はいかさま親の言うことを聞かん」 *いっかい 岐阜県揖斐郡「おか(陸)みたものぁいっかい行けなんだでなー(行けなかったからねえ)」 *いっかな 山形県 *いっころ 愛媛県「いっころやってもだめだ」 *いっそ 福島県会津 新潟県中魚沼郡 山梨県 長野県「いっそだめだ」 静岡県・浜松 愛知県北設楽郡 島根県「いっそ知らない」 山口県阿武郡「いっそ見えん」 広島県 福岡県遠賀郡 大分県玖珠郡 *いっそー 山口県「いっそうわからん」 *いっそのこと 宮城県栗原郡「いっそのこと出来ねえ奴だ」 *いっそも 島根県石見「いっそも知らざったとはおかしい」 *えげん 青森県津軽「あの醤油売りあえげぇんでもめなぇぐなたな(さっぱり来なくなったね)」 *えで 秋田県山本郡「えで分らない」 *えでー 秋田県 *がい(「がいに」の形で下に打ち消しの表現を伴う) 静岡県小笠郡・榛原郡「がいに知りもせんくせに」 愛媛県中部「前とがいに変らんよ」

ーになりました」 高知市「がいに痛いこともありません」 ***かい** 石川県 福井県 奈良県吉野郡 ***げー** 新潟県佐渡「牛乳はげえに好きじゃない」 山梨県南巨摩郡「たんとあるともったら、げえになかった(たくさんあると思ったら、そんなになかった)」 ***げぇあー** 岩手県上閉伊郡「病気はげえあーに悪くない」 ***げやー** 栃木県芳賀郡「げやーに馬鹿にするな」 ***かなに** 京都府 鳥取県西伯郡「君は近来かなに顔お見せんな」 島根県「かなに便りをせん」「今年は栗がかなにならん」 ***かなね** 島根県出雲 ***しゃっけ** 高知県長岡郡「そんな事はしゃっけ知らんきにのー」 ***だいざ** 長野県西筑摩郡 岐阜県「病気がだいざ治らない」「だいざ役に立たん」 愛知県西春日井郡・名古屋市 ***だいざかいざ** 岐阜県飛騨 ***たいに** 島根県隠岐島「たいに知らん」 ***だいに** 岐阜県郡上郡「からだがいかいなばっかでだいにやくにたたん(体が大きいばかりで一向に役に立たない)」 京都府竹野郡「だゃーにごぶさたばっかりしとりまして」・与謝郡 ***たてよこ** 香川県 ***まちまち** 島根県「まちまち仕事をせん」 ***むくすけ** 和歌山県日高郡 ***むくたい** 東京都大島 福井県大飯郡 長野県下伊那郡「それはむくたい駄目な事だ」 和歌山県日高郡・東牟婁郡 高知県「むくたい知らん訳でもなかった」 ***むたい**(否定表現を伴って用いる) 長野県上伊那郡「むてーだめ」 ***むたいき** 岐阜県恵那郡「むたいきあかん(一向にだめだ)」 ***もくたい** 兵庫県神戸市「もくたい歩かれへん」 香川県

いっこくもの【一刻者】 ***いごつ** 高知県・高知市「あの子はいごつでなかなか教育に骨が折れる」 ***いごっそー** 高知県「坂本竜馬は子供の時から少しいごっそーであった。水泳の稽古をするに暴風雨の日でも休まず行った」 ***いこっちょ** 兵庫県淡路島 ***えごっそ** 徳島県・海部郡 ***かたいちがい** 新潟県東蒲原郡 富山県・砺波 岐阜県恵那郡・飛騨「あの人はかたいちがいじゃ」 ***かたいちず** 長崎県対馬 ***かたいつがい** 富山県下新川郡 ***かたいっこー** 奈良県 ***かたいっちょ** 長野県下水内郡 →がんこ(頑固)

いっさいがっさい【一切合切】 ***あるむんねーんむん** 沖縄県首里 ***あれなかれ**(あるものもないものも一切合切) 岩手県気仙郡「家の財産あれながれ売ったぐる」 宮城県栗原郡 秋田県鹿角郡「差押に遇ってあれなかれさっぱともてがれた(持っていかれた)」 ***がーっさい** 三重県北牟婁郡 ***がっさい** 広島県高田郡 高知県「がっさい呉れ」 鹿児島県・屋久島・口之永良部島 ***ごぞまくり** 熊本県下益城郡 ***こそろもそろ** 愛媛県 福岡県北九州市 ***こぞろもぞろ** 愛媛県西宇和郡・南宇和郡 ***ぞもくそも** 鹿児島県肝属郡 ***ねごめはごめ** 徳島県 ***やざいかざい** 宮城県仙台市「やざいかざい持っていかれた」 大阪市 広島県高田郡 →すっかり

いっさく【一昨】 □**日** ⇩おととい(一昨日) □**日の前々日** ***さきさきおとて** 宮城県仙台市 ***さきさきのおとてな** 青森県三戸郡 □**年** ***おととしな** 新潟県 ***さおとどし** 徳島県美馬郡 ***さきおっとし** 栃木県足利市 山梨県南巨摩郡 ***さけおとどし** 福岡市 ***みーてぃなてぃ** 沖縄県石垣島・黒島・小浜島 ***みーてぃなでぃ** 沖縄県石垣島 ***みちゅなてぃ**(「みとせなりて」の転) 鹿児島県南西諸島 沖縄県国頭郡 ***みっちゅなてぃ** 鹿児島県沖永良部島 ***んちゅ** 沖縄県首里 ***みてぃなり** 沖縄県波照間島 ***んちゅなてぃ** 沖縄県首里「んちゅなてぃぬいくさ(三年前の戦争)」 ***んーてぃなてぃ** 沖縄県与那国島 □**年の前々年** ***さきさきおっとし** 宮城県仙台市 □**夜** ***きにゅーのばん** 埼玉県秩父郡 ***きにゅーゆるー** 鹿児島県喜界島 ***きにゅのばん** 新潟県佐渡 鹿児島県 ***きにゅんゆーる** 鹿児島県加計呂麻島 ***きにゅんゆる** 鹿児島県奄美大島 ***きにょーのばん** 茨城県稲敷郡・北相馬郡 島根県 広島県高田郡 山口県祝島・前島・見島 香川県仲多度郡・綾歌郡 長崎県対馬 熊本県玉名郡・下益城郡 大分県玖珠郡 ***きにょーのゆんべ** 山梨県南巨摩郡 ***きにょーのよさ** 島根県 ***きにょのばん** 島根県隠岐島 大分県大分郡 ***きぬがゆー** 沖縄県宮古島 ***きぬげゆる** 鹿児島県徳之島 ***きぬぬゆー** 沖縄県八重山 ***きぬゆる** 鹿児島県奄美大島 ***きぬんばん** 宮崎県西諸県郡・南那珂郡 鹿児島県 ***きのーぬゆる** 鹿児島県与論島 ***きのーのばん** 福島県 茨城県行方郡・真壁郡 栃木県足利市 群馬県 埼玉県秩父郡・北葛飾郡 千葉県 東京都三宅島 神奈川県高座郡 新潟県佐渡 岐阜県郡上郡 静岡県田方郡・磐田郡 三重県 京都府 和歌山県日高郡 島根県 広島県賀茂郡 山口県阿武郡 徳島県美馬郡 香川県綾歌郡・三豊郡・小豆島 愛媛県 福岡県北部 佐賀県藤津郡 長崎県西彼杵郡 大分県 ***きのーのゆんべ** 山梨県中巨摩郡 ***きのーのよーさ** 静岡県 ***きのーのよさ** 山口市 ***きのーのよさり** 三重県名張市 ***きのーのよろ** 岡山県上房郡・和気郡 ***きののばん** 新潟県佐渡 島根県 熊本県天草郡 大分県 ***きんにょーのばん** 岐阜県恵那郡 愛知県愛知郡 三重県北牟婁郡 ***きんにょーのよる** 岡山市 ***きんにょのばん** 千葉県印旛郡 岐阜県 愛知県知多郡 三重県志摩郡・南牟婁郡 兵庫県淡路島 奈良県吉野郡 鳥取県西伯郡 島根県出雲 愛媛県大三島 高知県幡多郡 ***きんにょのよさ** 三重県志摩郡 島根県出雲 ***きんにょのよんべ** 三重県志摩郡 ***きんのーのばん** 静岡県榛原郡「よんべじゃーなくてきんのーのばんだっけ」 ***きんのーのよーさ**

岡山県邑久郡 *きんのーのよんべ 静岡県榛原郡 *きんのーゆーべ 静岡県 *きんののばん 千葉県印旛郡・夷隅郡 岐阜県郡上郡 三重県名張市 奈良県吉野郡 和歌山県西牟婁郡 宮崎県 *きんののよさ 兵庫県多紀郡「よんべときんののよさと二晩寝なんだ」 *きんののよさり 三重県志摩郡 *きんのんばんげ 千葉県印旛郡 *さきのばん 岩手県九戸郡 山形県庄内 大分県北海部郡 *さきのばんげ 岩手県和賀郡 山形県庄内 *しぬぬゆー 沖縄県石垣島 *しぬぬゆる 沖縄県波照間島 *ちぬーぬゆる 沖縄県首里 *まえのばん 新潟県中頸城郡 静岡県・安倍郡 *まえのまえのばん 長野県佐久 *ゆんべ 千葉県印旛郡 *よいのばん 福島県浜通・南部 *んぬぬどぅる 沖縄県与那国島

いっさくさく【一昨昨】

□日 *きたさって 青森県三戸郡 *きにょーのあとび 熊本県八代郡 *さーつい 島根県那賀郡・美濃郡 愛媛県大三島 *さーとい 奈良県吉野郡 高知県 *さいつい 島根県隠岐島 徳島県美馬郡 *さいつひ 徳島県美馬郡 *さおとつい 兵庫県淡路島 和歌山県日高郡 島根県石見 山口県防府市 徳島県・美馬郡 香川県綾歌郡 高知県・長岡郡・高知市 *さおととひ 山口市 *さきおってな・さきのおっつい 長野県上田 *さきおっといな 新潟県中頸城郡 *さきおとてな 青森県 秋田県 山形県 新潟県上越 *さきおとてんな 山形県北村山郡 *さきおとといな 青森県南部 山形県東田川郡 *さきのおってー 静岡県庵原郡 熊本県 *さきのおとつい 静岡県 島根県 広島県比婆郡 香川県・三豊郡・高松市・小豆島 *さきのおととい 神奈川県津久井郡 岐阜県吉城郡 熊本県 *せーち 島根県隠岐島 *せち 宮崎県都城 鹿児島県 *せつい 鹿児島県肝属郡 *ちぬーうってぃー 沖縄県首里市・那覇市 *ゆーかなてぃ 沖縄県鳩間島 *ゆーかなでぃ 沖縄県石垣島 *ゆはなてぃ 鹿児島県加計呂麻島 *ゆふぁーなてぃ・ゆはなて 鹿児島県奄美大島 *ゆふぁなてぃ 鹿児島県与論島 *よーなってぃー 鹿児島県喜界島 *よわーなってぃ 鹿児島県沖永良部島

□年 *ゆーってぃ 沖縄県黒島 *ゆーってぃなてぃ 沖縄県鳩間島 *ゆーてぃなてぃ 沖縄県石垣島・小浜島 *ゆーてぃなでぃ 沖縄県石垣島・新城島 *ゆーてぃなり 沖縄県波照間島 *ゆーてぃぬてぃ 沖縄県石垣島 *ゆちゅなてぃ 鹿児島県喜界島 *ゆってぃなてぃ 沖縄県竹富島 *ゆとぅ 沖縄県首里

□晩 *おっといのばん 静岡県榛原郡・磐田郡 *おとついのばん 三重県南牟婁郡 島根県那賀郡・鹿足郡 山口県阿武郡 *おとついのよさ 三重県志摩郡 *おとてんばん 千葉県印旛郡 熊本県玉名郡 *おとといのばん 埼玉県秩父郡 千葉県印旛郡 *さきさきのばけ 青森県三戸郡 *さきさきのばん 岩手県九戸郡

いっしゅうき【一周忌】 *いちねんき 長野県上田・諏訪 *いぬい 沖縄県首里 *たいや 大阪府泉北郡 *だんあげ(一周忌に、別に設けた壇を取り払って位牌(いはい)を仏壇にまつるところから。一周忌の仏事) 香川県佐柳島 *にとなぬか 三重県阿山郡 *ひとまわり 長野県上伊那郡 *ひとむかわれ 大分県大分郡 *みかわり 三重県名張市 島根県出雲 *みがわり 島根県仁多郡・能義郡 *むかーごんち 島根県石見・隠岐島 *むかーり 広島県鷺島 大分市 *むかい 長野県下伊那郡 香川県高見島 *むかいぎにち 徳島県美馬郡 *むかいごんち 島根県石見・隠岐島 山口県大島 *むかえ 愛媛県 大分市 *むかえり 大分県大分郡 *むかりどき 福島県大沼郡 *むかわい・むかわせ 大分県大分郡 *むかわり 富山県 長野県下伊那郡 岐阜県 三重県阿山郡 京都府 大阪府 大阪市・南河内郡 兵庫県 奈良県南大和 和歌山県 鳥取県気高郡 岡山県苫田郡・岡山市 広島県 徳島県三好郡 香川県 愛媛県 高知県土佐郡 大分県 宮崎市 鹿児島県屋久島 *むかわれ 岐阜県吉城郡 兵庫県淡路島 岡山県児島郡 徳島県 香川県 愛媛県・松山 大分県 *むこーぐんち 広島県山県郡 *むこーり 和歌山県西牟婁郡 *むこすぎ 大分県西国東郡 *もかわり 富山県砺波 *ゆぬりゃー 沖縄県竹富島 *ゆのーれー 沖縄県石垣島・鳩間島

いっしょ【一緒】 *いこく(何もかも一緒なさま) 青森県上北郡・津軽「みんなえごぐね渡ったら橋がおれた」「えごぐね詰める」 岩手県気仙郡「いごぐの物(雑駁な食物)」 *いっころさ 高知県 *いっそく 富山県砺波 *いってぃん 沖縄県首里「くぬ しぐとー やーとぅ わんとぅ いってぃんに さな(この仕事は君と僕と一緒にやろう)」 *いっぺ 茨城県稲敷郡 *いっぽ 長野県佐久 *おなしょ 長野県下水内郡・長野市「おなしょに」 *ぐり 大分県宇佐郡 *ちゅくさい 沖縄県首里 *どろく 青森県津軽「よんべら(夕べは)、皆どろぐねなて寝だでぁ(雑魚寝したよ)」 *ひとずれ 秋田県雄勝郡「皆ひとずれに行く」 *まいっしょ 香川県三豊郡「まいっしょかどうか比べてみる」 *まじーん(一緒。又、一緒に) 鹿児島県喜界島「なーちゃにんぢゅまぢーんうったちぇーろー(皆様方、御一緒に、出かけましょう)」 *まじゅん・まじゅーん(一緒。また、一緒に) 沖縄県首里「まじゅんぬちゅ(一緒の人)」 *まま 沖縄県首里「くゎとー まーまでぃん まま(子とはどこまでも一緒)」

↓いっしょくた(一緒―)・おなじ(同)

□に *あいあわせて(あれもこれも一緒に) 島根県仁多郡・邑智郡「この頃はあいあわせて忙しいことばっかし続く」 *あごをしー(一緒に、連れ立って) 沖縄県宮古島「あごをしい遊べ」「あごをしいこう(来い)」 *いっせき 佐賀県馬渡島

「買物がちら町へ一せき行かんにゃ(行かないか)」
　＊しとこえ 石川県羽咋郡 **＊どーしに** 茨城県真壁郡「どーしにいくべぇー」・稲敷郡　千葉県　東京都八丈島　静岡県 **＊どーしん** 千葉県長生郡「どーしんいかねーけ」　東京都八丈島　山口県「買物に行くがどーしんせんか」 **＊どしに** 新潟県佐渡「学校までどしに行かんか」 **＊ひとこに** 静岡県榛原郡「きつい風でひとこにかーった」　愛知県三河 **＊まじーん** 鹿児島県喜界島「なーちゃにんぢゅまぢーんうったちぇーろー(皆様方、御一緒に、出かけましょう)」 **＊まじゅん・まじゅーん** 沖縄県首里「まじゅんぬちゅ(一緒の人)」 **＊まーぞん** 沖縄県石垣島 **＊よりよし** 長崎県壱岐島「よりよし読ませろ」

□にする **＊あいか**(物事を一緒にすること) 岡山県岡山市「あぇかにする」・児島郡 **＊あいこ**(物事を一緒にすること) 神奈川県中郡「あいこで使う」　三重県名賀郡・阿山郡　滋賀県栗太郡　奈良県吉野郡「犬は狼と一緒に猪を捕ってあいこに食うていたのである」　広島県高田郡　香川県 **＊あいしゃこ**(物事を一緒にすること) 香川県三豊郡「あいしゃこにする」 **＊あいしょこ**(物事を一緒にすること) 香川県 **＊あいや**(物事を一緒にすること) 兵庫県赤穂郡 **＊あいやい**(物事を一緒にすること) 兵庫県赤穂郡　徳島県 **＊あいやいこ**(物事を一緒にすること) 兵庫県赤穂郡　徳島県 **＊あいやこ**(物事を一緒にすること) 大阪市「あいやこで使う」　兵庫県淡路島　奈良県北葛城郡「あいやこする」・宇陀郡　香川県「お玩具をあいやこに使う」「それ、うちもあいやこにさしてっか。あいやこにしたらええがいな」 **＊あやこ**(物事を一緒にすること) 三重県阿山郡　奈良県北葛城郡「これ一つしかないから、あんたと、あやこするわ」 **＊いちもん**(区別なく一緒にするさま) 新潟県西蒲原郡 **＊いっけ**(一緒にするさま) 群馬県山田郡「わけずに、いっけでくーべー」　岡山県苫田郡 **＊いっこ**(一緒にするさま) 島根県石見　岡山県「いっこにさうて何もかにも云うては解らん」　広島県沼隈郡　山口県　高知県「それもこれもいっこに売って下さい」　長崎県対馬 **＊いっこん**(一緒にするさま) 福岡県粕屋郡 **＊いっこんたくり**(一緒にするさま。一緒くたにするさま) 岡山県岡山市・小田郡　山口県豊浦郡　福岡県　長崎県対馬「何も彼もいっこんたくりいあどめる(集める)」・壱岐島 **＊いっさん**(一緒にするさま。一度にするさま) 新潟県佐渡「いっさんにかえらんか」・東蒲原郡「お金をいっさんに使ってしまった」　徳島県美馬郡　高知県・高知市「もーいっさんお目にかかり度い」 **＊いっそずける・いっちょずける** 岩手県気仙郡「それはめんどくせぇがら　いっそづけろ」「ことしの御年始は、砂糖だの酒だの風呂敷だのと別々にしないで、どこさも砂糖にいっちょづけべぁ」 **＊うしゃーしゅん・うさーしゅん・うさーゆん** 沖縄県首里 **＊えずろぐえする**(何もかも一緒にする) 山形県西村山郡・最上郡 **＊えちこくさい**(何もかも一緒にするさま。ごちゃ混ぜ) 山形県「えぢごくさえに煮た」 **＊かいくるめる**(一緒にする) 香川県綾歌郡 **＊こしきついで**(他のことをする時、一緒にすること。ついで) 三重県志摩郡 **＊ざく**(何もかも一緒にすること) 宮城県栗原郡 **＊ばん**(一緒にすること) 香川県大川郡「ばんに乗れ」
　＊ひとこね(何もかも一緒にするさま) 岩手県気仙郡「奈良も京都もひとこねに覚えているから、どの寺がどちらに在ったのかわからない」 **＊ふとこね・ふとこねー**(何もかも一緒にするさま) 島根県隠岐島 **＊ふどこん**(何もかも一緒にするさま) 島根県簸川郡 **＊ふとこんだ**(何もかも一緒にするさま) 島根県簸川郡・出雲市 **＊やみごみ**(一緒にすること) 岩手県気仙郡「やみごみにされた」

□になる **＊うしゃーゆん** 沖縄県首里 **＊こそう** 岡山県児島郡「岡山へ行く予定じゃったが展覧会とこそうてからどうしょうかしら」 **＊つぼむ** 岡山市「子供の時両親に分かれて伯父方へつぼんだ」
　＊いっしょこしょい(何もかも一緒になること) 島根県邑智郡「何もかもいっしょこしょいで訳が分からん」

□に物事をする **＊うつかたる**(一緒に行動をする) 東京都利島「うつかたって仕事する(一緒に仕事をする)」 **＊きてかす**(一緒に来る) 滋賀県彦根 **＊ちぇーなう** 岡山県苫田郡・小田郡「ちぇーのーて来い」　香川県小豆島 **＊ちぇん** 香川県「ちぇんとる(連れだっている)」 **＊ちゃう** 福井県足羽郡・南条郡　三重県伊勢　島根県石見「兄弟でちょーて山い登った」 **＊つのう** 長崎県南高来郡「だんなさんとつのちくりばなーい(連れだって来ればねえ)」　宮崎県西臼杵郡「おばやんがいかるけ、おたちがつのーていくぢゃろ」 **＊つりょう** 島根県　広島県 **＊つれおう** 島根県安来市 **＊つれどう** 京都府 **＊つれなう** 新潟県佐渡　京都府
　兵庫県佐用郡「つれのーてかえろや(連れだって帰ろうよ)」　岡山県津山・苫田郡　広島県　香川県小豆島　熊本県 **＊つれなむ** 長崎県南高来郡・壱岐島「あの人たーつれなまん(あの人とは同行しない)」 **＊つれよう・つりよう** 島根県石見「祭にはつれよーて来い」 **＊つんなう** 福岡県　長崎県対馬　熊本県玉名郡・阿蘇郡　大分県「つんなふてゆく」　宮崎県西臼杵郡 **＊つんなむ** 佐賀県　長崎県西彼杵郡　熊本県下益城郡・宇土郡 **＊てーのう** 岡山県　広島県 **＊てなう** 岡山県
　熊本県菊池郡「ぬしどま、ふちゃりやき、てのーじ来たつか(君たちは、二人で連れだって来たのか)」　鹿児島県肝属郡「お父さんとてのち行きやい」 **＊てなむ** 熊本県下益城郡　宮崎県西諸県郡　鹿児島県 **＊てらう** 香川県 **＊とぅりなう** 鹿児島県喜界島「とぅりなーてぃあっちゅい(連れ並

んで歩く)」 *よってこって(大勢が一緒になってするさま)兵庫県加古郡 和歌山市「よってこってあんな事をいひふらす」 *よりあう(一緒にする。連れだってする)広島県高田郡 *よりよう(一緒にする。連れだってする)島根県石見 熊本県下益城郡 大分県大分郡「爺さん、茶どまよりよーち飲もーえ(茶でも一緒に飲みましょうよ)」 宮崎県東諸県郡「よりよち」 *よろう(一緒にする連れだってする)島根県美濃郡「みんなよろーて話そー」 高知県高岡郡「このおこんこ(粉)ちーとぢゃがよろーてたべとーせやの(食べてくださいよ)」 大分県 鹿児島県肝属郡「よろって遊ぼや」・種子島

いっしょう【一生】 *いちだい 香川県小豆島「くせはいちだいぬけん」 *いちでー 沖縄県首里「いちでーにいちどぅ(一生に一度)」 *だい 山形県東置賜郡「だえになえごど(一代にあるかないかの大事件)」 *まっせ 新潟県佐渡 長野県下伊那郡「まっせ貧乏をする訳でもあるまい」

いっしょうけんめい【一生懸命】 *いっしゅっぺ・いっしっぺ・いっせっぺ 鹿児島県 *いっしょいっぱい 山口県玖珂郡 *いっしんかん 宮崎県東諸県郡 *いっしんけんめー 熊本県 *いっしんこっしん 京都府竹野郡「いっしんこっしん絵を描いています」・与謝郡 兵庫県加古郡 *いっしんこつらん 京都府 *いっしんほっしん 鳥取県東部「いっしんほっしん行ってゐる(一心にやっている)」 *いっせーがっせー 島根県益田市・隠岐島 *いっせがっせ 島根県美濃郡「この頃はいっせがっせ働あても食えん」「いっせがっせ暮らーとる」 *いっせき 新潟県佐渡 岐阜県飛驒「娘の嫁入にはいっせきのことをしてやらんならん」・郡上郡「これでもわしがいっせきの心じゃね」 愛知県丹羽郡「生きているよりうちは、いっしぇきにしてぃもらってぃ(精いっぱい親切にしてもらって)」 大分県 宮崎県東諸県郡 *いっぺこっぺ 鹿児島県鹿児島郡 *いのちぎり 岐阜県土岐郡 *うんと 秋田県 *うんとて 秋田県「うんとて書け」 *うんめーしゅんめー 島根県美濃郡 *えっこら 島根県大田市「一日中えっこらと働いた」・仁多郡 *えつもつ 青森県津軽「あのふとえつもつ勉強するなあ」 *ぎょー 岡山県児島郡 *きろっぺ 神奈川県横浜市 *くろーむてん 新潟県「くろーむてんに走り出した」 *こくー 静岡県 島根県石見「こくうに逃げてしまった」「綱をこくうに引っ張る」 *こっけむくら 岐阜県揖斐郡 *こっぱい 三重県南牟婁郡 *こんずころんず 徳島県 *こんずめ 島根県「今日はこんずめに仕事をした」 徳島県 香川県 愛媛県松山「こんずめ絵を書いとる」・大三島 *しーぎり・しんぎり 和歌山県西牟婁郡・東牟婁郡 *しぐらに 宮城県登米郡 新潟県佐渡 *しっぽり 滋賀県高島郡・彦根 奈良県南大和「しっぽり見物する」 和歌山県 *しにめぐり 青森県津軽「すにめぐりけぱる(いっしょうけんめいがんばる)」・上北郡 *しょーだいて 岐阜県郡上郡「しょーだいてはたらけよ」 *しょねらかし 奈良県宇陀郡 *しらしんき(「しら」は純粋であるさまを表す)富山県 *しらしんけん(「しら」は純粋であるさまを表す)新潟県佐渡 山梨県南巨摩郡「重大問題どーで、しらしんけんではなしょーせでよ」 徳島県 長崎県壱岐島 熊本県下益城郡 *しんきんいっぱい 石川県鳳至郡 *しんけぱり 青森県津軽 *しんけんこ・しっけんこ 新潟県西蒲原郡 *せーぎり 福島県東白川郡「今日はせいぎり働くんだぞ」 埼玉県秩父郡 愛知県 奈良県吉野郡 和歌山県東牟婁郡 *せーきりいっぱい 香川県大川郡 *せーぎりいっぱい 福島県東白川郡「これでせいぎりえっべぇだ」 栃木県塩谷郡「せーぎり一ぱいたべとこれ」 埼玉県北葛飾郡「せーぎりいっぱいはたらく」 *せーだい 滋賀県彦根「せーだい食べてしな」 京都市 大阪府「せーだいつことくれやす(せいぜい使って下さい)」 奈良県 *せーだいと 大阪府泉北郡 *せーで 福井県 *せーとー 宮城県仙台市「なんぼきく肝油だって、まっとせいとーして飲まなけ駄目っしゃ」 *せーどー 新潟県岩船郡 *せーほだい・せーほでー 山形県最上「梨がせーほでーなっち」 *せーらいて 大阪府泉北郡 兵庫県加古郡 *せーらと・しーらと 新潟県佐渡「せーらと働いてくれ」 *せきりいっぱい 香川県 *せだして 香川県小豆島 *せっかせっか 島根県「せっかせっか言って山を登った」 *せっきり 青森県三戸郡「せっきり苦労した」 宮城県石巻「日短いがらせっきり稼だたて知れたもんでがす」・仙台市 秋田県平鹿郡 山形県 神奈川県三浦郡 *せっきりいっぱい 香川県三豊郡 *せって 長野県上伊那郡 *せんぎり 福島県浜通 茨城県猿島郡 三重県志摩郡 和歌山県東牟婁郡 愛媛県南宇和郡・二神島 *ていっぱい 青森県南部 島根県仁多郡・隠岐島「ていっぺー働く」 *てーいっぱい 富山県砺波 *てーっぴや・てーっぺ 島根県隠岐島 *てっぴやぐら 群馬県勢多郡「稲上げをてっぴやぐらでやったけれど、終んなかった」 *とんぱい 栃木県安蘇郡「とんぱいやったが負けた」 *とんぱいとんぱい 栃木県佐野市・安蘇郡「とんぱいとんぱい走る」 *ねーらんこーら・ねーらんけーら 沖縄県石垣島 *ねっぴと 岩手県中通 *ばくばく 北海道「ばくばく仕事しろ」 *はこみけ 島根県八束郡「はこみけでやれ」 *はらびき 岡山県小田郡 広島県沼隈郡 *はりぎりいっぱい 山口県玖珂郡 *ひしこ・ひしこて 香川県大川郡「ひしこてになる」 *ひしこまい 香川県 *ひっしこんぼし 三重県名賀郡「ひっしこんぼしにしがみついた」 *ひっしもっし 岡山県児島郡 *ひっせーがっせー 島根県鹿足郡「明けても暮れてもひっせーがっせー働く」 *びりくそ 和歌山県日高郡「びりくそに走る」 *ぴりぴり 和歌山県日高郡 *ほーほ 長崎県五島 *ほんしんけん 和歌山市 岡山県 *まくらさんぼ 島根県八束郡 *まっくろけー 長野県上田 *まっくろけーして 福島県

会津　長野県上田・佐久 *みちさと 山形県西置賜郡 *みちっと 山形県 *みちと 岩手県気仙郡 *みっきと 青森県三戸郡 *みっしら 茨城県真壁郡・久慈郡 *みっしり 岩手県九戸郡　山形県米沢市　埼玉県北葛飾郡 *みっちと 岩手県　宮城県栗原郡「みっちと稼げ」・遠田郡　秋田県北秋田郡・鹿角郡　山形県 *みっちら 山形県置賜・新庄市 *みっつと 青森県津軽　岩手県上閉伊郡　宮城県石巻「大切な仕事だからみっつとやってくなえ」　山形県村山・最上 *みつっと 青森県三戸郡　山形県 *みっつら 山形県 *みとかがて 秋田県河辺郡 *めっくらさんぼ 島根県出雲「めっくらさんぼに働く」 *やっさで・やっさんこえなで 山口県大島「昼までに済まそうと思ってやっさで草を取った」 *やっさと 岩手県九戸郡　秋田県秋田市・雄勝郡「やっさど働け」　千葉県夷隅郡　福岡市「やっさと練習する」 *やっさに 岩手県九戸郡 *やっさんこ 香川県 *やっぴし・やっぺし 埼玉県秩父郡 *やり 鹿児島県喜界島「やりふぁしり(いっしょうけんめい走れ)」 *らんき 山形県「らんきなてあばっだ(がむしゃらに暴れた)」 *わたわた 秋田県雄勝郡 *わたわたと 青森県津軽「わたわたどはける(猛然と走る)」　秋田県平鹿郡 *わったと 青森県三戸郡 *わったり 岩手県和賀郡　秋田県平鹿郡「わったり叩(たた)いた」 *わったわたと 青森県上北郡 *わったわった 秋田県「わったわった走れ」 *わったわったと 青森県三戸郡「これからわったわったど勉強します」　岩手県和賀郡・気仙郡「わったわったど仕事しろや」 *わらわら 秋田県平鹿郡「わらわらやれ」 *んーとて 山形県北村山郡・最上郡 *んとて 秋田県河辺郡「んとて働いた」　山形県北村山郡・最上郡「んとて引張れ」

↓ねっしん（熱心）・ひっし（必死）

□に *いっさんかけて 新潟県西蒲原郡「えっさんかけて走る」 *いっさんたれて 富山県砺波 *いっぱい 島根県石見「いっぱいたんねてみたが居らだった」 *いっぺ・いっぺいっぺ 鹿児島県鹿児島郡 *かーきさばいて 神奈川県三浦郡 *がっしき(一生懸命に働くさま) 島根県隠岐島「がっしき働いても苦しい」 *がっしょがけで 島根県出雲「がっしょがけで勉強する」 *がっしょで 島根県「がっしょで駆けらかえて逃げたわね」 *けしきして 三重県志摩郡 *しんもって 高知市「私がしんもって話しよるに、居眠りするとはひどい」 *せこいっぱい 島根県出雲市・簸川郡「せこいっぱい働く」 *むたむた 青森県三戸郡「むたむたかかる(いっしょうけんめいになる)」「此頃ァ息子もむたむたど働くよねなりましたおん」 *むったむった 岩手県気仙郡 *やりきって 富山県下新川郡　静岡県「やりきって仕事をする」

□にする *いきをいれる 岡山県児島郡 *ごいせーきる 静岡県三島郡「ごいせいきってはたらく」 *はをかむ 大分県 *はかむ 青森県津軽「しんけ、はかんでおても(力いっぱいがんばって織っても)」 *しゃぎる 奈良県南大和 *しんくまんく 愛媛県「しんくまんくする」　沖縄県首里(千苦万苦)

□になる *あかめはる 秋田県鹿角郡 *あかめをはる 山梨県南巨摩郡「この畑を今日中に耕すじゃあ、あかめをはるだ」 *うならかす・うんならかす 神奈川県 *うんじいる 岡山県児島郡「弟の奴、彫刻しだしたらいつまでもうんじいってやるが、よっぽど好きなんじゃろう」 *うんじりいる 香川県三豊郡・仲多度郡「うんじりいってとりょった」 *ばける・ばけんなる 島根県隠岐島「ばけたやーにする(夢中で働く)」 *へくそたれて(いっしょうけんめいになって) 神奈川県 *やせなりまる 岐阜県飛騨

いっしょくた【一緒—】 *いっこんたくり 岡山県岡山市・小田郡　山口県豊浦郡　福岡県　長崎県対馬「何も彼もいっこんたくりいあどめる(集める)」・壱岐島 *いっしょこしょい 島根県邑智郡「何もかもいっしょこしょいで訳が分からん」 *うしゃーまーとぅー 沖縄県首里 *ぐいち 長崎県壱岐島「何もかむぐいちしちゃでけん」 *ごろまくり 福岡市 *ごろりまっきゃ 長崎県北松浦郡 *ごろりやっさ 長崎県壱岐島「ごろりやっさ、をしいくるる(ありったけ全部お前にやる)」 *ごんだごめつ 福岡市 *ひとこたて 高知県「まあ何もかもひとこたてにしてどーするものぞ」 *ひとこね 岩手県気仙郡「奈良も京都もひとこねに覚えているから、どの寺がどちらに在ったのかわからない」 *ふとこね・ふとこねー 島根県隠岐島 *ふどこん 島根県簸川郡 *ふとこんだ 島根県簸川郡・出雲市

↓いっしょ（一緒）・おなじ（同）

何もかも□にする *おっくねる 栃木県佐野市 *おっつくねる 岩手県気仙郡・胆沢郡　栃木県　群馬県多野郡「蒲団を部屋の隅におっつくねて置く」 *つくねる 埼玉県入間郡「そんなにつくねておかねーでかたづけろ」　神奈川県中郡　新潟県西頸城郡　山梨県「着物を脱ぎっぱなしでつくねる」　富山県砺波　岐阜県飛騨　静岡県　愛知県　三重県志摩郡　大阪市　奈良県　山口県「このようにつくねちょくちうとしわになるからようたとうぢょけ」　徳島県 *つぐねる 愛媛県

いっそう【一層】 *いちばい 熊本県下益城郡 *いちべ 長崎県壱岐島「暑かりゃ暑かしこ、いちべ元気ぬ出る」 *いったら 東京都大島「そんな事をすればいったら駄目になる」　静岡県・田方郡 *いっだん 熊本県上益城郡「いれもんでん少なからにゃ、いっだん喉さんにゃ入らんもんな(混ぜ物でも少なければ、なおさらのどへは入らないものね)」・玉名郡　宮崎県西諸県郡 *ぐすと 熊本県玉名郡「それより此っちがぐすとよか」 *ごいと 岩手県九戸郡　鳥取県東部　鹿児島県 *ごーいと 兵庫県加古郡「ごーいとこっちの方が大きい」　熊本県

鹿児島県・硫黄島 *しげのー 長崎県壱岐島「しげのー酒ずき」 *しこー 島根県「お前がなぐさめるようなことを言うけえしこー悲しうなった」 *しここと 島根県安来市・邇摩郡 *しこのこと 島根県大田市 *しっこー 島根県邑智郡・大田市「そんなことをするとしっこー悪い」 *ついよ 長崎県北松浦郡「ついよつつくよ」 *どいと 兵庫県加古郡「これよりどいとその方が良い」 *なーふぃん 沖縄県・首里「なーふぃん くぃみしょーり(もっと下さい)」 *なおか 新潟県「あの品はこの品より善いが、私のもってゐるのはなおかよい」 *なおかいで 富山県砺波 *なおが 新潟県東蒲原郡「なおが悪い」 *なおかえ 福井県南条郡 *なおかで 富山県 *なおかと 新潟県長岡市「そんつらことといはれっと(言われると)なほかと行ぎたならあ」 *なおこと 新潟県長岡市 *なおしか 新潟県佐渡 長野県 愛知県名古屋市 *なおそ・なおそー 香川県 *なおと 石川県鳳至郡・鹿島郡 兵庫県但馬 島根県隠岐島 香川県・三豊郡 *なごと 富山県下新川郡 *のーか 新潟県 *のーかし 長野県南佐久郡 *のーこと 新潟県三島郡 *もーに 群馬県群馬郡 東京都大島 長野県更級郡・東筑摩郡「もーに悪くなった」 *ゆく 沖縄県首里「『あーや、ちゅらさん(お前は美しい)』『うんじょー、ゆく(あなたはもっと)』」「っくゎ、いーならーしっし、ゆくわるくなたん(子供を教育してなお悪くなった)」 *ゆくん 沖縄県首里・石垣島 *よいよ 広島県島嶼・高田郡 山口県大島「あの人は人の気に入らん事ばかり言ふ人ぢゃけ、よいよ好かん」 香川県三豊郡

いっつい【一対】

□で *かけて 奈良県南大和

↓つい（対）

ものが□になっていること *ついこ 石川県江沼郡 岐阜県飛騨「ついこの品」

いってきます ⇩「あいさつのことば（挨拶言葉）」の子見出し、「外出するときの挨拶（いってきます）」

いつでも【何時】 *いちんかーも 石川県河北郡 *いったい 青森県津軽「さがな、えったえ来るふとがらかれば、やすぁね(魚はいつも来る人から買えば安いよ)」 *いったかった・いつだかんだ 青森県津軽 *いつだかつだ 青森県上北郡・津軽 *いったりかったり 青森県南部 岩手県上閉伊郡・気仙郡 宮城県 *いつだりかつだり 青森県 岩手県和賀郡・平泉 宮城県仙台市「いつだりかつだり勘定とりさ来んすな、晦日にがえ」 *いつだれ 岩手県気仙郡「いじだれに来たってわがんねぁ(だめだね)」 *いつだれかつだれ 岩手県気仙郡 *いっちぇん 大分県北海部郡・大野郡 *いっちゃー・いっちゃ 徳島県「いっちゃ為たことはない」 *いつっちゃー 高知県「取るばー使いよったらいつっちゃーお金はたまらん」・高知市 *いっつもかっつも 岩手県気仙郡 宮城県登米郡・名取郡 山形県 愛媛県松山 *いつもかも 岐阜県郡上郡 *いってんが 大分県西国東郡 *いってんかってん 大分県中部 *いつてんかつてん 長崎県対馬 *いつでんかってん 長崎県五島 *いつでんかつでん 大分市 *いっぱた 山形県庄内 新潟県岩船郡 *いつばり 香川県「こなんえ品はいつばりあらへんで」 *いつばりかばり 香川県伊吹島 *いつばれ 香川県三豊郡 *いつもかっちも 島根県 *いつもかつも 青森県南部 岩手県気仙郡「いずもかずも御面倒おかけしてすみません」 宮城県栗原郡・仙台市 秋田県 山形県 奈良県 島根県 広島県高田郡 山口県柳井市徳島県「いつもかつもやすみなしじゃ」・美馬郡 香川県 愛媛県 高知県 長崎県五島・対馬 鹿児島県鹿児島郡 *いつもかも 富山県・砺波 石川県鹿島郡・金沢市 岐阜県 三重県北牟婁郡 *いつもかんも 徳島県南部 *いながら 和歌山県東牟婁郡「彼の人はいながら機嫌がよい」 *のろぺーつ 新潟県東蒲原郡 *まるで 東京都三宅島「まるでいつでも(しょっちゅう)」

↓いつも（何時）・「つね（常）」の子見出し、「つねに」

いってらっしゃい ⇩「あいさつのことば（挨拶言葉）」の子見出し、「人を送り出す時の挨拶（いってらっしゃい）」

いっとき【一時】 *いちゅた・いちゅーた 沖縄県首里 *いっか 岩手県気仙郡 新潟県 *いっときな 青森県上北郡 秋田県鹿角郡 *いっときのこま 山形県 *いっときのこめ 鹿児島県肝属郡 *いっときのこんめ 山形県飽海郡 *いっときま 北海道函館 青森県南部 岩手県 宮城県石巻 *いっとこな・いとこな 秋田県鹿角郡 *いっとこま 青森県 岩手県紫波郡 秋田県 *いっとまが 青森県津軽 *いとこま 青森県津軽 秋田県北秋田郡・鹿角郡 *ざらっと 宮城県石巻 *しとこま 鹿児島県肝属郡「ましとこま働こかい」 *ひとかたぎ 福岡県・浮羽郡

↓いちじ（一時）

いっぱい【一杯】 *あんびくんび(あふれるほどにいっぱいになっているさま) 鹿児島県喜界島「幾日も降り続いて、田の水はあんびくんびぢゃ」 *がんがん 岡山県苫田郡 *ぎちいっぱい 高知県宿毛市「ぎちいっぱいめしおつぎなんすな」 *ぐんばい 長崎県西彼杵郡「酒をぐんばい注ぐ」 *ざーく 静岡県 *ざく 静岡県・志太郡「銭がざくある」 *ざっくと 青森県津軽 *しっとつ 新潟県中越 *しゃんしゃん 新潟県佐渡「桶に水がしゃんしゃんだ」「貸し借りしゃんしゃんになった」 *じんばい・ずんばい・ずぃんばい 沖縄県首里「かーみなかい さきぬ じんばいしょーん(かめに酒がいっぱいある)」 *ずっぱ 青森県津軽「おり(折)さづっぱどつめる」・三戸郡「きたねぇ物ばりずっぱどはいっていだ」 岩手県九戸郡 *ずっぱい 熊本県天草郡 *すっぱり 岩手県気仙郡「おら家には麦ならすっぱりある」「どうぞすっぱり食べらっせ」 *ずっぱり 北海道 青森県南部「づっぱり採ってこ」 岩

手県　秋田県「御飯がずっぱり残った」　山形県西田川郡　鹿児島県種子島　*ずばっ　鹿児島県　*ずばつ 宮崎県西諸県郡・東諸県郡　鹿児島県肝属郡「づばつ呉りゃいお」　*すべたら 神奈川県津久井郡・中郡　山梨県南巨摩郡「庭中すべたら水になった」　*ずべたら 茨城県久慈郡　*すもる(いっぱいになる)岡山県児島郡　*ずんばい 宮崎県「ずんべー」　鹿児島県「水をずんばい汲む」「魚を船にずんばいとる」　沖縄県首里　*ずんばり 宮崎県東諸県郡　*つむ(いっぱいである)三重県桑名・志摩郡　奈良県南大和　島根県美濃郡・益田市「部屋の中に煙がつんどる」　広島県佐伯郡　愛媛県周桑郡「講堂にびっしりつんどる(満席である)」　松山「倉に荷物がつんどる」　*どぅんばい・どんばい 鹿児島県喜界島「はみに、どんばいみどぅいりとぅき(かめにいっぱい水を入れておけ)」　*はちわら 岐阜県不破郡「ふんなら借金はちわらなったか」　*はっぺし 山形県東田川郡　*はっぺす 山形県庄内「芝居がはっぺすだ」「桶にはっぺす水がある」　*はばかる(いっぱいになる)岩手県気仙郡　*ひっとつ 山形県「倉にひっとづあった」　新潟県西蒲原郡「この籠にひっとつ持ってきた」　*ぴてぃーじ 沖縄県石垣島　*ふっとつ 新潟県　*まけまけ 徳島県海部郡　香川県大川郡「もうまけまけになった」　*みー 沖縄県首里「かーみぬみーみずぃくぬん(かめにいっぱい水をくむ)」　*みっちゃかゆん(いっぱいになる)沖縄県首里

□**になること** *あぽし 青森県津軽「こらはど、ださえれば、あぽししてかえなぇ(こんなに一度にたくさんごちそうを出されると、腹がいっぱいになって食べられません)」

□**になるさま** *いっそー 静岡県小笠郡「洪水で田に水がいっそうになった」　*のー 和歌山県有田郡「火のーになる」

ちょうど□ *すいっぱい 東京都八王子「すいっぺー」　神奈川県津久井郡　*つきつき 岡山県苫田郡「斗升につきつきいっぱい」　*つくつく 新潟県佐渡「着物がつくつくだ」　愛媛県・大三島「今年やああんまれも出来が悪いけん、大方年貢につくつく(やっと)ぢゃわい」　*つついっぱい 埼玉県北葛飾郡「月給だけじゃつついっぱいだ」　福井県南条郡・大飯郡　滋賀県彦根　大阪市　奈良県　島根県「私では千円がつついっぱい。それ以上は出せん」　岡山県苫田郡　広島県高田郡　*つついっぴゃー 京都府竹野郡「この袷もつついっぴゃーでこの子には短くなった」　*つっつく 山梨県南巨摩郡「あの会社も今年はつっつくにいったろう」

いっぽう【一方】 *かたどぅがーん 沖縄県石垣島　*ぐぐち 島根県出雲「菓子を中から取らずぐぐちからとれ」　*こぐち 兵庫県神戸市　香川県「そなん方々からせんと、こぐちからせんかい」　愛媛県松山「こぐちからかたづけきょー」　*ちゅかた 沖縄県首里「ちゅかたからかたずぃきゆん(一方からかたづける)」

↓かたほう(片方)

いっぽんぎ【一本気】 *いちがいたかり(度が過ぎて一本気なこと)山形県北村山郡・最上郡　*いちずい 愛知県名古屋市「あの人はやり出すとそれいちづいになる性分だでなも」　三重県度会郡・宇治山田市　和歌山県　岡山県児島郡　香川県「あの人はいちずいな」　愛媛県松山　*いちずいもん(一本気な人)大阪市　*いつずもん(一本気な人)長崎県対馬　*きっぽ・きっぽー 岡山県川上郡・浅口郡

いつまで【何時迄】

□**たっても** *まごまつだい 岩手県気仙郡「これせぁあればまごまづでぁ使える」・胆沢郡　*まんぐー 新潟県佐渡　*まんごー 東京都大島「手紙を出してもまんごー返事がない」　山梨県南巨摩郡「先生の御恩はまんごー忘れぬよ」　島根県美濃郡・益田市　山口県「君とはまんごー取引はせん」　*まんごーまつだい 島根県鹿足郡　*まんごまつだい 岩手県気仙郡　鳥取県・西伯郡　島根県「まんごまつだい厄介になる」　長崎県対馬

□**も** *えーまつ 新潟県佐渡「ええまつこんなことはせんな」　*こんげん(根元の昔、すなわち、古い昔という意から)・こんねんぼだい 東京都大島　*ただーの・ただうの・ただむの 島根県大田市　*ただおの 島根県邑智郡　*ただまな 島根県石見　*ただむに 大分県日田郡(下流)「ただむにするな(いつまでもするな)」　*ただもと・ただも 島根県出雲　*ただもの・ただもん 島根県　*たったさま・たっと 広島県比婆郡　*まんでー 沖縄県首里

いつも【何時】 *あいがなすきがな 三重県志摩郡　*あいなしに 愛知県知多郡　*あっぱし 高知県・高知市「そんなにあっぱしお菓子をたべてはいきません」　*いきまーりたちまーり 徳島県　*いきまりかいまり 香川県大川郡　*いじょー 鳥取県岩美郡・気高郡　*いちーき 広島県　*いちきり 鳥取県東部「いちきりまん(運)が悪い」　*いちのー・いちぬ 新潟県佐渡　*いちめんに 青森県津軽「この子はまた、えじめんね泣いてばかりいてさ」　*いちんかーも 石川県河北郡　*いつはきりゃーなー・いつきりゃーなー・いついきゃーない 島根県石見「いつぁーきりゃーなー寝とる」　*いついーき・いつーき 広島県比婆郡　*いついき 兵庫県神戸市「彼の人はいついき旅に出て居る」　島根県　広島県　香川県・高松　愛媛県東部　*いついけ 香川県仲多度郡　*いついきなしに 香川県木田郡　*いつかしじゅー 熊本県　*いっかた 秋田県「えっかだ喧嘩する」　*いつからしーじゅ 熊本県玉名郡　*いつかるしじゅー 熊本県下益城郡・天草郡　*いっけちゅー 島根県那賀郡「いっけちゅー酒のんでいる」　*いっけちょー 島根県美濃郡・益田市「いっけちょー山仕事をする」　*いっしき 岩手県九戸郡　秋

田県「あの人はえっしぎ遊びに来る」 ***いつしき** 青森県南部「いつづぎこれあこんだ(いつでもこれがこうだ)」 ***いっしく** 広島県大崎上島 ***いっしゅく** 滋賀県甲賀郡 ***いっしんに・いっしに** 徳島県「この子はいっしに泣いとる」 ***いっせき** 福岡県小倉市 ***いっせつ** 滋賀県彦根 ***いっそ** 岩手県胆沢郡「いっそそんなことばりかたってる」 宮城県栗原郡
　山口県豊浦郡「いっそ来て居る」 愛媛県大三島 ***いっそー** 鹿児島県喜界島 ***いったい** 青森県津軽「さがな、えったえ来るふとがらかれば、やすぁね(魚はいつも来る人から買えば安いよ)」 ***いっちぇん** 大分県北海部郡・大野郡 ***いっちご** 三重県志摩郡 ***いっついき** 兵庫県佐用郡・加古郡 ***いっつき** 兵庫県美嚢郡 ***いっつけ** 愛媛県・伊予郡 ***いっつもかっつも** 岩手県気仙郡 宮城県登米郡・名取郡 山形県 愛媛県松山 ***いっつもかも** 岐阜県郡上郡 ***いって** 神奈川県藤沢市 ***いってんが** 大分県西国東郡 ***いってんかってん** 大分県中部 ***いつてんかつてん** 長崎県対馬 ***いっでんかっでん** 長崎県五島 ***いつでんかつでん** 大分市 ***いつばり** 香川県「こなんええ品はいっぱりあらへんで」 ***いつばりかばり** 香川県伊吹島 ***いつばれ** 香川県三豊郡 ***いつひき** 島根県鹿足郡 愛媛県 ***いつもかっちも** 島根県 ***いつもかつも** 青森県南部 岩手県気仙郡「いずもかずも御面倒おかけしてすみません」 宮城県栗原郡・仙台市 秋田県
　山形県 奈良県 島根県 広島県高田郡 山口県柳井市 徳島県「いつもかつもやすみなしじゃ」・美馬郡 香川県 愛媛県 高知県 長崎県五島・対馬 鹿児島県鹿児島郡 ***いつもかも** 富山県・砺波 石川県鹿島郡・金沢市 岐阜県 三重県北牟婁郡 ***いつもかんも** 徳島県南部 ***いつもよときも** 香川県西部「そなんいつもよときも働っきよったら、お金がでけすぎるで」 ***いつゆき** 愛媛県 ***いつらく** 青森県「娘がえじらくお世話戴きまして」 岩手県九戸郡 秋田県北秋田郡・鹿角郡 ***いつりき** 秋田県河辺郡「えずりきお世話になって」 ***いびたれ** 福井県大飯郡 ***いべたり** 京都府竹野郡「この子は今日はえべたりにお菓子をせがむ」 ***えーたい** 山形県米沢市 島根県出雲 広島県 ***えーたいこーたい** 島根県出雲 ***えーて** 宮崎県東臼杵郡 ***えちえき** 島根県出雲「えちえき、口動かえちょうもんだの(口を動かしているものだね)」
　「えちえき小言ばっかぁ、ついちょうがな」 ***えっせー** 長野県北佐久郡・南佐久郡 ***えったえ** 青森県津軽「魚はえったぇ来る人から買えば安いよ」 ***えってー** 青森県津軽「えってぇ ふとづふとだ(いつも同じ人だ)」 ***えて** 新潟県佐渡「えて行こうとはしない」 ***おんどーし** 広島県 ***かたて** 山形県米沢市 ***かったし** 徳島県「うちの子はかったし新しい着物を着てしまう」 ***かまーず・かまず** 山形県置賜「あの人は私をかまーづ馬鹿にする」 ***けっと** 三重県 ***こんりん** 島根県出雲「こんりん雨が降る」 ***さー** 沖縄県鳩間島・黒島 ***さんてー** 山梨県 ***さんどが** 朝夕(ちょーせき) 香川県 ***さんま** 岐阜県武儀郡・郡上郡「あのブローカーわさんまさんま来る」 愛知県丹羽郡・葉栗郡 ***さんまさんま** 岐阜県 ***さんまに** 岐阜県恵那郡 ***しきらず** 山形県 ***しったり** 徳島県海部郡「あの子はしったりうちへついとる」「しったりいよるんじょこれ(いつも言っているのですよ、あなた)」 ***じったり** 秋田県仙北郡「じったりいたづらする人だ」 ***しゃー** 沖縄県竹富島 ***じゃーしき** 香川県大川郡 ***じゃくに** 島根県美濃郡「風呂を焚くのには、じゃくに木をくべにゃーならん」 ***じょー** 愛知県葉栗郡・知多郡「じょー遊んどる」 ***じょーき** 徳島県・美馬郡 香川県 ***じょーきー** 香川県高松市・香川郡 ***じょーく** 三重県志摩郡 香川県仲多度郡・三豊郡 愛媛県 高知県「私は此着物が好きでぢょーく着ている」 ***じょーし** 愛媛県伊予郡 ***じょーじー** 茨城県稲敷郡 ***じょーしき** 新潟県佐渡 石川県 福井県 岐阜県飛驒「じょーしきごっつお(ごちそう)になる」 愛知県宝飯郡・尾張 滋賀県神崎郡 兵庫県加西郡・加古郡 島根県邇摩郡・大田市「あれはじょーしき来る」 徳島県 香川県 愛媛県 ***じょーじき** 兵庫県加古郡 ***じょーして** 山形県「あそこからじょーしてもらってる」 福島県安達郡・会津 栃木県 長崎県対馬「じょーしてそんな事になるもんじゃ」 ***じょーじべったり** 島根県「じょーじべったりまかいでまして」 ***じょーじゅ** 奈良県南大和 香川県 長崎市 ***じょーじゅー** 山形県米沢市「そういう間違いはじょーじゅーある」
　福島県東南部 新潟県佐渡 石川県江沼郡 山梨県 岐阜県海津郡 愛知県名古屋市 三重県志摩郡 京都府 和歌山市 鳥取県「じょうじゅうしくじる」 島根県益田市・邇摩郡 岡山県 広島県芦品郡・高田郡 山口県 徳島県 香川県 ***じょーじゅさんぶ** 宮崎県東諸県郡 ***じょーじょ** 富山県砺波 石川県 長野県上田 長崎市 熊本県玉名郡 ***じょーじょー** 茨城県新治郡・北相馬郡
　栃木県 群馬県利根郡・群馬郡 埼玉県入間郡 千葉県香取郡・夷隅郡 東京都南多摩郡・八王子 神奈川県中郡・津久井郡 新潟県中部 石川県 長野県南佐久郡 愛知県西加茂郡 三重県志摩郡 京都府 岡山県児島郡 熊本県芦北郡・八代郡 鹿児島県種子島 ***しょーしょーごっと** 富山県下新川郡 ***じょーじょーざんがい** 群馬県群馬郡 ***じょーすけ** 富山県下新川郡 ***じょーずべったり** 島根県隠岐島 ***じょーずめ** 香川県高松市 ***しょーずんばり** 和歌山県 ***じょーずんばり** 和歌山県日高郡 ***じょーせき** 長野県下水内郡 島根県石見「じょーせき雨になる」 岡山県 長崎県南高来郡 ***じょーたい** 山形県 石川県能美郡・石川郡 島根県邇摩郡「そのことはじょーたい忘れるな」 ***じょーたらびょーし** 新潟県佐渡 ***じょーだらぼこ** 新潟県中部 ***じょーたり** 奈良県磯城郡 ***じょーだり** 愛知県碧海郡 ***じょーたれ** 奈良県吉野郡 ***じょーだれ** 奈良県 ***じょーたん** 岐阜

県飛騨「じょーたん厄介になってすまん」 静岡県 *じょーだん 島根県隠岐島 *じょーっこ 長野県東筑摩郡 *じょーて 山形県北村山郡 石川県能美郡 *じょーど 栃木県安蘇郡 *しょーなり 東京都南多摩郡 *じょーなり 山梨県 *じょーなれ 兵庫県加古郡 *じょーなれべったり 兵庫県加古郡 *じょーに 富山県砺波 石川県羽咋郡 奈良県吉野郡 岡山県小田郡 広島県高田郡 山口県美祢郡 愛媛県 佐賀県 長崎県壱岐島「一年中じょーに病気しちょった」 熊本県 *じょーびったり 大阪府泉北郡 *じょーふぃた 沖縄県首里 *じょーべったり 東京都大島「お前はじょーべったり悪いことばかりしてゐる」 滋賀県彦根・蒲生郡 京都府竹野郡「いくら好きだといっても、こうじょーべったり出されてはなあ」 大阪市「じょぉべったりに雇はれてます」 兵庫県加古郡 奈良県 香川県仲多度郡「あいつじょうべったり酔うとる」 *じょーべんだら 愛媛県宇和島市・津島 *じょーめん 三重県志摩郡 *じょーもん 新潟県三島郡・西頸城郡 *じょーろく 愛媛県 *じょこ 香川県三豊郡 *しょじ 山口県祝島 *じょじ 茨城県北相馬郡 *じょしき 香川県与島 *じょして 山形県庄内 *じょじゅ 鹿児島県 *じょじょ 富山県高岡市 長野県佐久 *じょず 鹿児島県鹿児島郡 *じょっく 三重県志摩郡「じょっくこげんしている」 *しょっちゅーらい 愛媛県周桑郡「しょっちゅーらいそいよーにいーよるけんきかんのじゃがね」 *じょでぁ 秋田県平鹿郡「じょでぁに貰って面目ない」 *しらっと 山口県豊浦郡 *ずーずー 島根県益田市 山口県見島 *ずったり 長崎県五島・北松浦郡「雨でずったりぬれた」 *すっと 香川県「すっとに」 *ずらっと 青森県「我だきゃ此の頃ずらっと山ばり見てらぢゃ」「あの人はずらっと家に来ている」 大分県宇佐郡 *ぞーじ 宮崎県西臼杵郡 *そーたい 岩手県九戸郡 *ぞーだい 岩手県上閉伊郡 *そっこり・そっくり 岩手県九戸郡 *たーさま 島根県邇摩郡「たーさま有難うごだんした」・鹿足郡 山口県阿武郡 *たんび 島根県出雲 *たんびごって 島根県石見 *たんびゅー 島根県石見「歩くたんびゅーに足が痛い」 岡山県「そうたんびゅー使われてはこまる」 広島県安佐郡・高田郡 *たんびゅーたんびゅー 島根県邑智郡 *たんびょー 島根県益田市・邑智郡「息をするたんびょーに胸が痛む」 *たんびょーごって 島根県益田市 *たんびょーらく 島根県邑智郡 *たんびょね 島根県能義郡「甘かったのでたんびょね食った」 *たんべたんべに 富山県砺波 福井県 *たんべん 熊本県玉名郡 *ちゃー 沖縄県 *つーきゃーなー 島根県鹿足郡・邇摩郡「この頃はつーきゃーなー雨が降って困ったもんだ」 *つきらず 岩手県気仙郡「けさからつきらず腹が痛む」「つきらず遊びに来る」 *つめて 島根県・那賀郡「つめてありがとうございます(挨拶)」 岡山県 広島県「つめておしぇわさんでがんした(いつもお世話様です)」 香川県 *つんなー 広島県賀茂郡 *つんめて 兵庫県佐用郡・赤穂郡「つんめて来て困る」 *どぅーし 沖縄県宮古島 *どーし 岩手県気仙郡「とうし、ハイヤーで歩く」 山形県「とーし来て御馳走になって」 福島県「とおし悪戯(いたずら)ばありしてえる」 茨城県新治郡「おいはぎっちのとーしでやしたよ(追いはぎというものがしょっちゅう出ましたよ)」・稲敷郡 栃木県「あの人はとーし来る」 群馬県吾妻郡・勢多郡 千葉県香取郡 東京都八王子 神奈川県津久井郡 新潟県上越「ばあちゃ、とうしとなりんちにいっている」 山梨県 長野県「とーし大きい声を出す」 岐阜県 静岡県「とーしぐちょーこぼぇーてる(絶えず愚痴をこぼしている)」 愛知県 三重県志摩郡 奈良県吉野郡「このうね道を越えて〈略〉とおし米麦・塩などを買いに出掛けた」 鳥取県倉吉市「とーにゃとーしありゅりましたー(昔には度々ありましたよ)」 島根県出雲「あんまぁとーしのことだもんだけんねそげんえ顔ばっかぁもしちょられんとまえね(あまり度々のことですからそう毎度いい顔ばかりもしておられませんよ)」 福岡県久留米市・八女郡 熊本県玉名郡・八代郡 大分県大分郡・大分市 *とーしー 熊本県玉名郡・天草郡 大分県「とーしい食べよるけえ食べとねえやろ」 *どーして 茨城県稲敷郡 栃木県 *とーしとーし 新潟県中頸城郡 岐阜県郡上郡 愛知県北設楽郡「とうしとうしいやな事をいふ」 *とーしに 岩手県胆沢郡 宮城県仙台市「今年はとほしに風を引いてゐる」 茨城県稲敷郡 埼玉県秩父郡 富山県「とーしに来とる」 愛知県東加茂郡 三重県志摩郡 和歌山県東牟婁郡 鳥取県西伯郡「お前わとーしに叱られるなあ」 島根県「とーしに便所に通う」 香川県 *とーす 福井県吉田郡・坂井郡 *とーと 栃木県「とーと、やかましゅってんだから」 *とーど 栃木県「とーど降ってばがしいんだがら」 石川県能美郡 *とちっぺつ 新潟県東蒲原郡 *とろっひ 茨城県真壁郡 *とっしに 島根県大田市「とっしに遊びに来る」 *とろっと 岩手県東南部「とろっと遊びに来る」 宮城県北部「或る事にとろっとひたって居る」「とろっとお世話になっております」 山形県最上郡・東田川郡 栃木県今市市 *とろっひ 茨城県真壁郡 *とろっぴ 福島県中部・南部 栃木県「とろっぴに訪れる」 埼玉県南埼玉郡 *とろっぴし 千葉県東葛飾郡 神奈川県中郡・足柄上郡 *とろっぴょ 茨城県稲敷郡 長野県東筑摩郡 *とろっひょー 群馬県群馬郡 *とろっびょー 茨城県稲敷郡 *とろっぴょー 栃木県 群馬県利根郡・勢多郡 埼玉県秩父郡・入間郡 東京都八王子 神奈川県津久井郡 長野県北部 *とろっひょーし 山梨県 *とろっびょーし 茨城県南部 *とろっぴょーし 岩手県気仙郡 栃木県足利市・佐野市 千葉県東葛飾郡 神奈川県中郡・足柄上郡 長野県下伊那郡・上伊那郡 *とろっぴょーど 神奈川県足柄上郡 *とろっぺ 福島県 栃木県北部 新潟県中頸城郡 *とろっぺー 福島県東部 栃木県河内

郡 ***とろっぺし** 岩手県気仙郡 秋田県平鹿郡・雄勝郡「とろっぺし口を動かしている」 山形県村山 栃木県南部 神奈川県中郡・足柄上郡 新潟県 ***とろっぺつ** 青森県三戸郡 岩手県江刺郡・気仙郡 秋田県北秋田郡・秋田市 山形県置賜・庄内 栃木県下都賀郡 新潟県 ***とろびゅー** 群馬県吾妻郡 ***とろひょー** 茨城県南西部 ***とろぺー** 茨城県稲敷郡 ***とろぺし** 岩手県気仙郡 宮城県北部 秋田県雄勝郡・鹿角郡 山形県西田川郡 新潟県中越 ***とろべす** 岩手県和賀郡 ***とろべつ** 青森県八戸市 宮城県仙台市 ***とろぺつ** 岩手県上閉伊郡 宮城県北部 秋田県河辺郡・鹿角郡 山形県 新潟県東蒲原郡 ***なっても** 山形県東村山郡「なってもお世話になって」・北村山郡 ***なんどきも** 宮城県仙台市「なんどきも御馳走様です」 ***にっぱい** 滋賀県高島郡 ***ねんじゅーさんぶ** 山口県 長崎県北松浦郡・対馬 ***ねんじゅさんぶ** 長崎県南松浦郡・北松浦郡 ***ねんない** 三重県「ねんない来い来い言(ゆ)ーもんでの」 ***ねんびゃく** 香川県大川郡 ***ねんびゃくさんびゃく** 長崎県壱岐島 ***ねんびゃくねんじゅー** 山形県・西置賜郡 新潟県佐渡・西蒲原郡 富山県砺波 広島県佐伯郡・高田郡 徳島県 ***ねんびゃくねんちゅー** 福島県東白川郡 ***ねんぶ** 長崎県北松浦郡 ***ねんぶん** 島根県 岡山県 山口県 愛媛県 長崎県北松浦郡 大分県大分郡・速見郡 ***ねんぼん・ねんぼんさんぼん** 島根県出雲市「ねんぼんさんぼん遊びに来る」 ***のーのしょー・のーのしゅー** 徳島県 ***のーのやく** 香川県西部「のーのやくに本ばっかり読んみょる」 ***のーべ** 山形県村山 ***のーべに・のべくたに** 三重県南牟婁郡 ***のーやく** 香川県 ***のべのっとこ・のっとこ・のべのとろね** 新潟県佐渡 ***のっぺ** 岩手県海岸地区「のっぺ働いてよく疲れない事だ」 宮城県仙北 山形県 福島県 栃木県 新潟県東蒲原郡 滋賀県犬上郡 ***のつべー** 福島県 ***のっぺー** 福島県石川郡・西白河郡 茨城県 栃木県「のっぺーたべてばっかりいら」 新潟県東蒲原郡 山梨県 ***のっぺし** 秋田県雄勝郡「のっぺす飲んでばかりゐる」 福島県大沼郡 ***のっぺなしに** 島根県隠岐島「のっぺなしに菓子を食うな」 ***のっぺに** 宮城県 福島県東白川郡 滋賀県蒲生郡 ***のっぺのっぺ** 福島県東白川郡「のっぺのっぺそおだごとする」 茨城県多賀郡 ***のっぺり** 秋田県「のっぺり遊んでばかり居る」 ***のっぺろく** 山形県西田川郡 ***のっぺん** 山形県 ***ののしや** 香川県木田郡 ***ののやく** 香川県西部 ***のべ** 山形県東村山郡 福島県大沼郡 千葉県香取郡 新潟県佐渡 ***のべとこ** 新潟県西頸城郡 ***のぺとろく** 秋田県河辺郡「のぺとろぐ失敗してゐる」 ***のべに** 山形県南置賜郡・米沢市「のべにえって御馳走になってくる」 新潟県佐渡 和歌山県 ***のべのっとこ・のっとこ・のべのとろね** 新潟県佐渡 ***のべののとくと** 和歌山県日高郡 ***のべののところ** 和歌山県 ***のべののへとに** 和歌山県西牟婁郡 ***のべらべっとー** 神奈川県津久井郡 ***のろっと** 青森県「のろっと寝でる」 ***のんべ** 山形県 ***のんぺ** 山形県東村山郡 ***のんべに** 山形県「のんべに御笑止(おしょーし)な(いつもありがとう)」 ***ばったり** 三重県度会郡 島根県「ばったり戸棚を探す」 ***ばんきら** 福島県東白川郡 ***ばんきり** 岩手県気仙郡「ばんきりばんきりお世話さまでがす」 宮城県「えー、ばんきり、まず、どーも(まあ、いつもいつも、まあ、どうも)」 山形県 福島県東白川郡「ばんきり負けてばありえる(負けてばかりいる)」 群馬県吾妻郡 山梨県・東八代郡・北巨摩郡 ***ひーてぃー** 東京都八丈島 ***ひきさず** 山形県米沢市 ***ひきらず** 山形県 ***ひじっと** 山形県米沢市「ひじっと食いたがっている」 ***びしっと** 岩手県気仙郡 ***びしと** 宮城県仙台市「この頃はびしとあがりましておじゃまです」 ***びしり** 山口県阿武郡 ***ひっきらず** 山形県最上郡・東田川郡「雨垂れひっきらづ落ちる」 福島県東白川郡「ひっきらず食ってっと腹痛くすっつお」 ***びっしと** 宮城県仙台市 秋田県鹿角郡 ***びっしら** 岩手県気仙郡 宮城県仙台市 新潟県佐渡 兵庫県淡路島「どんな用が有るのか知らんがびっしら来ておる」 和歌山県 ***びっしり** 北海道「びっしりあの家に居た」 岩手県 宮城県 秋田県鹿角郡 山形県 富山県 三重県南牟婁郡 滋賀県彦根 和歌山県 島根県 山口県阿武郡 高知県・高知市 ***びっすり** 宮城県加美郡・石巻 山形県「びっすり飲んでばり(ばかり)える」 ***ひっせー** 静岡県・小笠郡 ***びっちら** 岩手県気仙郡 宮城県登米郡・玉造郡 ***びっちり** 岩手県上閉伊郡・気仙郡 宮城県仙台市 ***びっつと** 宮城県石巻 ***びっちら** 岩手県気仙郡 宮城県登米郡・玉造郡 ***びっつり** 岩手県上閉伊郡 宮城県加美郡・石巻 山形県 ***ぶっつめ** 兵庫県佐用郡・赤穂郡 ***ふらに** 島根県隠岐島 ***へーてー** 東

方/言/の/窓

●方言の共通語化

方言の衰退には、さまざまな要因がからみあっている。その第一は、戦後、地域社会が急激にくずれてきたという点に求められるのではないか。

かつては地域人は地域人として、土地に定着し、一定の結びつきの中での言語生活を営んでいた。しかし、交通機関の発達、経済基盤の変質に伴う社会構造の変容によって、土地に定着して生活を営める人はしだいに少なくなってきた。

このような情況のもとでは、うちわだけのことばは、現実問題として通用しなくなる。どうしても共通語を使わざるを得なくなる。方言の共通語化は、もちろん、教育や、マスメディアの影響にもよるものであるが、このような、生活基盤の変動こそ、方言消滅のもっとも大きな要因であろう。

京都八丈島「親のそばんはぇーてあろが(いるのが)のんきだらんのー」「へーてー待ちたら(待った)」 *ぽんと 山口県見島 *まいかえり・めーげやり 宮城県仙台市 *まいじ・まいじまいじ 島根県出雲「まえじお世話になーましてね」 *まいだえ 島根県那賀郡・江津市 *まっで 東京都三宅島 *まんこまんこ 香川県綾歌郡 *みっちり・めっちり 石川県珠洲郡・鳳至郡 *むったりと・むったと・むたと 青森県 *むったり 北海道「むったりあの家に行っている」 青森県 *むっつり 秋田県「むっつりお世話になって」 山形県米沢市「むっつり悪い事している」 *むつり 山形県米沢市 *やっぱい 鹿児島県揖宿郡 *やっぱし 高知県幡多郡 *やっぱり 広島県 香川県三豊郡 *よーじ 兵庫県淡路島

→いつでも（何時）・しじゅう（始終）・たえず（絶）・「つね（常）」の子見出し、「つねに」・まいど（毎度）

□いつも *えてさんぶ 宮崎県東臼杵郡 *おっとーし 長野県下伊那郡 *おっぱり 長野県下伊那郡「おっぱりあの人はうそをつく」 島根県美濃郡・益田市 山口県阿武郡 *おっぱりさいさい 島根県美濃郡・益田市 *しーっと 新潟県西頸城郡 *つねならず 新潟県佐渡「つねならずお世話になっています」 *でろっと 秋田県「でろっとものわすれする人だ」 *のっぱって 山形県東田川郡 新潟県岩船郡 東蒲原郡

いつわり【偽】 *かずわら 岩手県気仙郡「かずわらかだり(無根の話をする人)」 *がませ 岩手県胆沢郡 千葉県香取郡 *からたいほ(強調形) 岩手県気仙郡 *からぴら 岩手県「からぴら撒げる(うそを言う)」 *からぽが 岩手県気仙郡「からぽがひる・からぽがほえる(うそを言う)」 *きょ 高知市 *じほ 宮城県栗原郡 秋田県「からじほだ(まっかなうそだ)」「からじほまけな(うそを言うな)」 *じろっこ 長野県東筑摩郡 *しんけん(うそ、偽りでないこと) 新潟県刈羽郡 岡山県「しんけんに(実に)」 *すってん 福岡県 熊本県 *すってんくら 島根県邇摩郡 *ずふ 山形県「ずふかたる」 *すほ 宮城県栗原郡 *ずほ 秋田県「あの人はずほまげだ」「ずほこぐな」 山形県「づほかだる」「づほぬぐ」「づほつかす」「づほつぐ」「づほこぐ」 新潟県下越「づほこく」 福島県浜通「このずほこき野郎」 *ずほー 岩手県江刺郡・東磐井郡 宮城県北部 新潟県下越 *ずほら 宮城県栗原郡・仙台市 山形県村山 *ずぼら 山形県 新潟県佐渡「ずぼらふく」 広島県高田郡 熊本県下益城郡 *たいほ 北海道「たいほかたる」 岩手県気仙郡 *たいほー 岩手県九戸郡・江刺郡 宮城県 熊本県阿蘇郡 *だだー 神奈川県津久井郡 *だらか 沖縄県宮古島 *たんこ 富山市 *ちーやく・ちーやら 岡山県浅口郡 *つべら 愛媛県大三島「つべらこく」 *つら 宮城県遠田郡 *ばいこ 香川県高松市 *ぼんが 岩手県 宮城県栗原郡「ぼんがかたる」 *ぼんか 宮城県加美郡「ぼんかつく(うそをつく)」 *ゆく 鹿児島県奄美大島 *ゆくさり 鹿児島県喜界島 *ゆくし 鹿児島県与論島 沖縄県・石垣島・黒島 *ゆくしぐとぅ 沖縄県那覇市 *ゆくしむに 沖縄県国頭郡・八重山諸島「ゆくしむにしん(うそをつく)」 *ゆくしむにー 沖縄県首里 *ゆこしむに 沖縄県小浜島

→うそ（嘘）・うそっこ（嘘）

□者 *たばかい 鹿児島県・肝属郡 *たばかいもん 鹿児島県肝属郡 *たばかりもん 宮崎県東諸県郡

□を言う *がすくわせる 秋田市「またがすくわせられた」

いてん【移転】 *かたさる(移転する) 千葉県山武郡 *かたす(移転する) 福島県会津若松市 *ずる(移転する) 新潟県西蒲原郡「居処がきまらなえで、ずってばかり居る」 富山県「何町へずる」 福島県会津若松市 *なおる(移転する) 山梨県南巨摩郡「あのおしょーにん(坊さん)は隣りの村の無住寺いなおるだげな」 長崎県五島・対馬 宮崎県 鹿児島県肝属郡 *なわる(移転する) 佐賀県 長崎県佐世保市・西彼杵郡 熊本県南部 *むついなり 沖縄県石垣島

→ひっこし（引越）・ひっこす（引越）

いと【糸】 *いとそ 岐阜県 静岡県小笠郡 愛知県葉栗郡 和歌山県伊都郡・日高郡 岡山市 徳島県 香川県「針に白のいとそ通してくれ」 *お 石川県羽咋郡 兵庫県神戸市 *おー 新潟県東蒲原郡 *かーら 岩手県九戸郡「二本かーら(縫糸のこと)」 *かな 北海道江差 青森県 新潟県 富山県 石川県江沼郡 京都府 *かないと 宮城県栗原郡 *かんな 青森県南部 岩手県九戸郡・紫波郡 新潟県 *かんなこ 岩手県紫波郡 *ぐ(太い糸) 新潟県佐渡 *ぐー・ぐい(太い糸) 福井県 *そ 新潟県岩船郡 島根県益田市・那賀郡 香川県 高知県香美郡 鹿児島県「そがふて(糸が太い)」 *ぞべいと(よりのかかっていない糸) 香川県仲多度郡 *ちからいと(木綿糸よりやや細いじょうぶな糸) 香川県小豆島 *とーきょーみこ(三本よりの木綿の手縫い糸) 富山県東礪波郡 *とがせ(太い糸) 鹿児島県肝属郡 *ぶー 沖縄県八重山 *ふたぐ(二筋より合わせた糸) 沖縄県首里 *やま(じょうぶな糸) 徳島県板野郡 高知県 *やめ(じょうぶな糸) 島根県隠岐島 *よま(じょうぶな糸) 島根県

□などがもつれる *うんだける 新潟県中蒲原郡 富山県射水郡・砺波 *かじかまる 神奈川県足柄下郡 *ぐぐる 神奈川県中郡 *くまらける 岩手県 *くまる 青森県「糸あくまった」 岩手県九戸郡 秋田県鹿角郡 *こぐる 神奈川県 *こごなる 栃木県 群馬県山田郡・桐生市 埼玉県秩父郡 *こごる 栃木県上都賀郡 群馬県碓氷郡・北甘楽郡 千葉県山武郡 神奈川県 長野県佐久 *とぐらさる 千葉県夷隅郡 *とごがる 東京都大島 *とごらう・とげらう(糸な

どが絡まる）東京都大島 *どじかる 静岡県島田市・榛原郡 *どじくる 千葉県夷隅郡 静岡県島田市 *どじくれる 岩手県気仙郡 宮城県登米郡 *どんじかなる 静岡県「糸がとんじかなる」 *どんじだれる 岩手県気仙郡 *びれる 東京都八王子 *ふんだらかる 新潟県中頸城郡 *ほつる 長崎県壱岐島 *ますぼる（糸などが絡まる）和歌山県東牟婁郡「糸がますぼる」 *まつのる・まつながる（糸などが絡まる）三重県志摩郡 *まつぼる（糸などが絡まる）和歌山県西牟婁郡・東牟婁郡 *むさぶれる 京都府北部 *むさぼれる 福井県大飯郡 *むじからむ 神奈川県足柄上郡・足柄下郡 *むじらかる 新潟県高田

*むすばける 富山県富山市近在・砺波 *むすばる 富山県砺波 岐阜県飛驒「糸がむすばる」・大垣市 *むすびれる 島根県石見・仁多郡 *むすぼる 岐阜県北飛驒 *むだかる 新潟県「この糸がむだかった。早くなおせ」 富山県下新川郡 福井県 *むだがる 神奈川県三浦郡 新潟県中越 *むだける 石川県 *むつぃりゆん 沖縄県首里 *むらかる・むらける 新潟県西蒲原郡 *もざかる 新潟県佐渡「糸がもざかった」

*もじかなる 愛知県岡崎市 *もじからむ 神奈川県 *もじかる 神奈川県 愛知県岡崎市 *もじがる 愛知県幡豆郡 *もじくなる 愛知県知多郡 *もじくる 神奈川県足柄上郡・足柄下郡

*もじくれる 神奈川県 山梨県南巨摩郡 高知県幡多郡 *もじぐれる 栃木県 *もじゃかる 新潟県佐渡 *もじゃくる 栃木県 *もじゃぐる 栃木県鹿沼市・矢板市 *もじゃくるる 熊本県芦北郡・八代郡 *もしゃくれる 山形県米沢市

福島県 *もじゃくれる 宮城県「羽織もじゃぐれねよーに畳んでけさえ」「糸めもじゃぐれて了った」 山形県米沢市 神奈川県津久井郡 新潟県佐渡 高知県 *もじゃける 山形県 福島県相馬郡 *もじらける 千葉県海上郡 *もじれる 神奈川県 *もすぼれる 島根県大原郡・隠岐島

*もすれる・もする・もつー 高知県幡多郡

*もだかる 新潟県東蒲原郡 富山県 *もだける 富山県 石川県石川郡 *もちかなる・もちかる 愛知県碧海郡・額田郡 *もちくる 高知県安芸郡・高知市 *もちくれる 高知県安芸郡・土佐郡 *もちゃかる 新潟県佐渡 愛知県 *もちゃくれる 山形県 *もつくれる 岐阜県羽島郡

*もっちらかる 新潟県岩船郡 *もんじからむ 神奈川県足柄下郡 *もんじゃくれる 秋田県平鹿郡 山形県 神奈川県足柄下郡 山梨県・北都留郡 *もんだける 富山県 *んじゃりゆん 沖縄県首里

□**などがもつれるさま** *くで 山梨県南巨摩郡「くでになる」 長野県佐久 *すぐどこ（糸などが結んだようになって解けにくいこと）静岡県「すぐどこになる」 *とちこ 岩手県上閉伊郡「とちこになる」 *むじゃか 新潟県佐渡「いとがむじゃかになる」 *もしゃ 高知県高岡郡・幡多郡

*もす 高知県高岡郡「もすになる」 *もたもた 富山県砺波 *もだら 岩手県九戸郡・江刺郡

細い□ *ぐー 石川県鹿島郡 *ほそっこ（細めの糸）静岡県志太郡「こりゃー、ほそっこで縫わにゃだめずら」

いど【井戸】 *いーぞみ 香川県三豊郡 *いがや 鹿児島県鹿児島郡 *いがわ 広島県島嶼 福岡県 長崎県長崎市・西彼杵郡 熊本県 鹿児島県

宮崎県東諸県郡（わき水の井戸） *いけ 富山県 石川県 福井県 滋賀県 京都府 兵庫県佐用郡 山口県阿武郡・豊浦郡 徳島県海部郡 愛媛県・周桑郡・新居郡 福岡県嘉穂郡 *いけど 滋賀県愛知郡 *いご 大分県玖珠郡 *いごー 熊本県天草郡 宮崎県西臼杵郡 *いずみ 兵庫県淡路島

徳島県 香川県 愛媛県宇摩郡 *いずみさん 香川県大川郡・木田郡 *いつ 兵庫県赤穂郡 島根県那賀郡 *いつい 島根県那賀郡 *いどが 千葉県山武郡 *いどかわ 長崎県五島 *いどば 千葉県海上郡 *いどんぼ 群馬県佐波郡 *いのこ 大分県

宮崎県東諸県郡・南那珂郡（わき水の井戸） *いのもと 京都市 *えげ 富山市近在 *かー 東京都大島（わき水の井戸） 長崎県五島 沖縄県・首里（わき水の井戸） *かわ 東京都利島 福井県坂井郡 島根県那賀郡・隠岐島・大根島（わき水の井戸） 広島県 山口県・阿武郡 愛媛県 長崎県

熊本県宇土郡・天草郡 大分県北海部郡 鹿児島県種子島・揖宿郡 沖縄県（文語） *ぎっちゃん 熊本県菊池郡 *くみかわ 長崎県壱岐島 *くみこー 鹿児島県種子島 *けー 沖縄県新城島・波照間島 *こぁ（わき水の井戸）東京都八丈島 *こー 鹿児島県与論島 *しみずがわ 佐賀県藤津郡 *ちりべんけ・ちゃーべんけ 島根県仁多郡 *つぃーがー 沖縄県首里 *ついがわ 長崎県西彼杵郡 *つぃりけー 沖縄県新城島 *つーるい 山口県屋代島

*つちん 長崎県対馬 *つついけ 滋賀県伊香郡

*つつがわ 熊本県天草郡 *つべ 鹿児島県屋久島

*つぼかわ 広島県倉橋島 山口県大島 長崎県五島 *つり 鹿児島県「つりんみっ（井戸水）」 *つりー 群馬県利根郡 広島県豊田郡・芦品郡 鹿児島県屋久島 *つりかわ 長崎県壱岐島 *つりがわ 熊本県天草郡 *つりん 宮崎県西臼杵郡・都城

*つりんかわ 鹿児島県揖宿郡 *つるい 福島県 島根県石見 広島県 山口県・阿武郡 高知市

*つるいけ 島根県邑智郡 愛媛県周桑郡 *つるかわ 長崎県・壱岐島 熊本県天草郡 *つるぎょ 鹿児島県奄美大島 *つるべ 岡山県川上郡 高知県安芸郡 熊本県球磨郡 鹿児島県屋久島 *てんぼーがわ 東京都八丈島 *どーらご（わき水の井戸）東京都八丈島 *どよ 長野県伊那 *なー 沖縄県石垣島「ふーがーなー（大川井戸）」 *ながし 徳島県 *はー 鹿児島県喜界島「はーんぱたー（井戸端）」

沖縄県国頭郡・首里 *ゆいど 東京都八丈島

*ゆがわ 島根県石見 広島県 熊本県球磨郡

宮崎県西諸県郡・西臼杵郡　鹿児島県 *ゆつ 兵庫県佐用郡・赤穂郡　島根県石見　広島県　山口県阿武郡 *ゆつい 島根県鹿足郡・那賀郡 *よがわ・ゆーごー 熊本県球磨郡

灌漑用□ *かいぶり 香川県香川郡 *したい 香川県綾歌郡 *したゆ 香川県 *たんぼ・たんぽ 愛媛県大三島

共同の□ *くみじ 島根県浜田市 *もやいずるい 山口県阿武郡 *むらがー 沖縄県首里

噴き出し□ *つきほぎ 熊本県玉名郡 *つんつん 熊本県玉名郡

いとう【厭】 ⇩いやがる（嫌）・きらう（嫌）

労苦を□ない *えずい 兵庫県淡路島 *きさく（労働を厭わないさま）三重県志摩郡「きさくな人や」 *まて（手を使うのに労を厭わないさま）長野県諏訪「まてに字を書く」

いとおしい *いげつない 岡山県 *いじましー 新潟県東蒲原郡　香川県島嶼 *かなしー 青森県「この子なんぼかなしば」「あんなにかなしがった子が死んだ」　宮城県栗原郡　秋田県鹿角郡　山形県東田川郡
→いとしい（愛）・かわいい（可愛）

いとこ【従兄弟】 *あいどーし 岩手県九戸郡 *いすくきょーだい 沖縄県八重山 *いちふ 沖縄県首里 *いちゅふきょーだい・いちふきょーだい 沖縄県石垣島 *いちゅー・いてぃぐ 沖縄県与那国島 *いちゅーきょーだい 沖縄県竹富島 *いちゅく 沖縄県首里・小浜島 *いちゅくーじゃさー（「いとこおじ」の意。父母の男の従兄弟）沖縄県首里 *いちゅくーばまー（「いとこおば」の意。父母の女の従兄弟）沖縄県首里 *いちゅふ 沖縄県石垣島 *いとこじょ 長崎県北松浦郡（尊称）　熊本県玉名郡（尊称）　鹿児島県肝属郡 *いとこじょー 長崎県対馬 *いとこぞ 鹿児島県鹿児島郡（尊称） *いとこべら（従兄弟の類）長崎県対馬 *えーどーし 岩手県九戸郡 *きょーだいなしご 宮城県栗原郡　秋田県鹿角郡 *きょーだいもちご 岩手県上閉伊郡・気仙郡 *こめのいとこ（父方の従兄弟）栃木県 *さしわたしいとこ 宮城県石巻・仙台市　鹿児島県肝属郡 *ちょーだいなしご 青森県三戸郡 *はらしきこーでー 鹿児島県徳之島 *ひたいあわせのいとこ・ひたあせのいとこ・ひてあせのいとこ（「額を突き合わせるほどの親しい親族」の意）宮城県栗原郡 *まいとこ 兵庫県加古郡

□同士 *いーどーなか 茨城県 *いえどーし 岩手県九戸郡「あの人はおれのえーどーしだ」 *いとこずき 香川県伊吹島　高知県長岡郡 *いとこずっき 香川県三豊郡「いとこずっきゃけんど嫁さんもろてくれちゅーてなー」 *えどし 岩手県気仙郡 *おいとー・おいとーさん（従兄弟同士、あるいは女性が年上の従兄弟を呼ぶ語。多く名前の下に付けて用いる）高知市「私のお花おいとーが」 *おいとさん（従兄弟同士、あるいは女性が年上の従兄弟を呼ぶ語。多く名前の下に付けて用いる）宮崎県東諸県郡　鹿児島県肝属郡

いとしい【愛】 *かなかー・かなはり 鹿児島県徳之島 *かなさーん 鹿児島県奄美大島　沖縄県石垣島・新城島・波照間島 *かなさん 沖縄県中頭郡 *かなし 沖縄県宮古島 *かなしー 青森県「この子なんぼかなしば」「あんなにかなしがった子が死んだ」　宮城県栗原郡「てまえばかりかなしがって」　秋田県鹿角郡　山形県東田川郡 *かなしゃん 鹿児島県奄美大島・加計呂麻島　沖縄県 *かなはーん 沖縄県小浜島 *かぬさん 沖縄県鳩間島 *はなさーん 沖縄県黒島 *はなしゃい・はなさい 鹿児島県喜界島「はなしゃどぅしゅらさ（愛しきぞ美しき＝愛すれば醜婦も美人である）」 *みじゃい 新潟県南魚沼郡 *みじょーい 新潟県 *みじょか 長崎県北松浦郡「この子はみじょかばい」・五島 *みぞーか 長崎県長崎市・伊王島 *みぞか 長崎県 *みぞらしか 熊本県天草郡 *みどーか 長崎県伊王島 *むじ 宮崎県都城　鹿児島県肝属郡 *むじっこい 群馬県勢多郡・多野郡「とてもむじっこい赤坊だ」　埼玉県秩父郡「孫はよけいにむじっけー」 *むじょい 鹿児島県宝島 *むじょーか 長崎県北松浦郡 *むずい 鹿児島県肝属郡 *むずらしー 宮崎県日向 *むぜ 宮崎県西諸県郡　鹿児島県 *むせー 福島県会津 *むそい 岩手県紫波郡 *むぞい 長崎県南高来郡「むぞか」　熊本県　宮崎県　鹿児島県 *むぞーか 福岡県　佐賀県藤津郡　長崎県北松浦郡 *むぞーさい 福島県会津 *むぞーらしー 大分県大分郡・北海部郡 *むぞが（幼児語）鹿児島県揖宿郡 *むぞらしー 長崎県　熊本県　宮崎県児湯郡・東諸県郡　鹿児島県 *むどーらしー 大分県南海部郡・北海部郡 *めじょーい 新潟県 *もじ 鹿児島県 *もじこい 茨城県稲敷郡 *もじっけ 長野県上高井郡 *もじっこい 群馬県 *もじょか 鹿児島県 *もずか 鹿児島県・揖宿郡 *もぜ 鹿児島県 *もぞか 鹿児島県・揖宿郡 *もちこい・もちっこい 茨城県稲敷郡 *んぞーさーん 沖縄県石垣島 *んぞーさん 沖縄県首里
→いとおしい・かわいい（可愛）

いどむ【挑】 *おこずく 大分県下毛郡・日田郡「喧嘩をおこづく」 *かかる 岩手県上閉伊郡・気仙郡　宮城県「道端で男の子にかかられたやあ」「あいつ又友達さ（友達に）かかってんのすか」　秋田県鹿角郡　山形県　福島県東白川郡「俺さ（おれに）ばかりかかったってわかんねえ」　埼玉県秩父郡「あんまりひどいことをいうからついかかってしまった」　岐阜県飛驒「でかい者にかかっていくと泣かんならん」　和歌山市　愛媛県松山「余りひどい、親の家へかかっていこう」 *からかう 福井県　山梨県中巨摩郡・東八代郡 *からこう 長野県諏訪 *くさる 茨城県稲敷郡「くさってこい」　千葉県海上郡「あんな奴に負けないでくさってけ」・香取郡 *しかきん・しかきるん 沖縄県石垣島 *しっかける 岩手県気仙郡　宮城県仙台市 *すをかう 福島県石城郡「だ

まってえるもんにすうかってえるんだがら」 茨城県「すーかーぜに(銭)もありもしないで(子供が挑んで来る時の応答の言葉)」 千葉県香取郡「小さいくせに姉にすーかうでねえ」 長崎県対馬 *せせくる 千葉県安房郡 長野県更級郡 *せせる 長野県更級郡・佐久 *そべかう 福井県遠敷郡・大飯郡「そべかうてわ喧嘩をしとるや」 *てぃーねーいふぃ しゃねーい(「手を出したり、足を出したり」の意。喧嘩を挑むさま) 沖縄県首里 *はちかかる 富山県・砺波

□こと *そーび・しょび 岡山県苫田郡 *そび 島根県石見「そびをかう」 岡山県「そびをこうてみても、あのボスには歯がたつまい」 広島県神石郡・山口県豊浦郡 *そべ 島根県鹿足郡「そべをこーけー喧嘩になる」

いなか【田舎】 *ういぬふん 沖縄県石垣島 *ごー 新潟県佐渡 静岡県志太郡 愛媛県・松山「あれはごーの人ぢゃ」 高知県「ごーかた(田舎の方)」・高知市・幡多郡 *ごーちゅー 徳島県 香川県「ごーちゅーの人」 愛媛県松山「今はごーちゅーずまゐぢゃ」 *ごーぶん 徳島県 *ごちゅー 香川県高松市 *ざいしょ 新潟県佐渡 愛知県名古屋市 滋賀県蒲生郡 大阪府大阪市・泉北郡 香川県仲多度郡・三豊郡 *ざいちゅー 岐阜県大垣市 *さんちゅー 三重県度会郡 *じかた 島根県飯石郡 香川県 *しま・しまま 沖縄県石垣島 *しまー 沖縄県石垣島 *だいしょ 京都府愛宕郡 *つぼ 群馬県勢多郡「卵がつぼなら〇〇円だが、町へ行くと××円だ」 *やまが 山梨県 長野県諏訪・上伊那郡 岐阜県恵那郡 島根県 岡山県苫田郡 *やまね 青森県南部・三戸郡 *やまんだ 島根県能義郡

いなかもの【田舎者】 *あかふらんけ(田舎者をあざけって言う語) 青森県津軽 *いなかー(田舎者をあざけって言う語) 沖縄県首里・石垣島 *いなかぞー(田舎者をあざけって言う語) 宮崎県西臼杵郡・東臼杵郡 *いなかのもっさん(田舎者をあざけって言う語) 奈良県南大和 *いなかぼー(田舎者をあざけって言う語) 大分県大分郡 *いなかんちゅ(田舎の人) 沖縄県首里 *うんねき 長崎県対馬 *ごさ(卑語) 岐阜県飛騨 *ござい(卑語) 群馬県館林 *ごっつ 岐阜県大垣市 *こばとーじん(田舎者をあざけって言う語) 長崎市 *ごんぜ 宮崎県 *ざーごーべー(卑語) 島根県石見 *ざーごたろー(卑語) 秋田県仙北郡 *ざいご(卑語) 岩手県上閉伊郡 福井県三国地方 岡山県苫田郡・岡山市 香川県 *ざいごーたろー(卑語) 宮城県登米郡・玉造郡 *ざいごーべー(卑語) 島根県那賀郡・鹿足郡 広島県佐伯郡 *ざいごーもの(卑語) 長野県佐久 *ざいごさ(卑語) 岐阜県飛騨 *ざいごしゅ(卑語) 山形県 *ざいごしゅー(卑語) 岩手県遠野 山形県西置賜郡 *ざいごたら(卑語) 鳥取県西伯郡 島根県出雲 *ざいごたろ(卑語) 岩手県上閉伊郡・気仙郡 宮城県石巻・仙台市 山形県 福島県相馬郡 *ざいごたろー(卑語) 青森県南部 岩手県上閉伊郡 福島県相馬 *ざいごたろまんたろ(田舎者をばかにして言うはやし言葉。幼児語) 宮城県仙台市 *ざいごっさー(卑語) 静岡県「ざいごっさあらしい歩き方だ」 *ざいごっぱ(卑語) 新潟県上越 *ざいごっぺ(卑語) 群馬県桐生市・佐波郡 埼玉県川越市・入間郡 福井県三国地方・坂井郡 長野県長野市・佐久 *ざいごっぺー(卑語) 福島県会津 *ざいごっぽー(卑語) 茨城県 *ざいごとー(卑語) 福岡市 *ざいごのこちんぼ 岐阜県益田郡 *ざいごべ(卑語) 香川県 *ざいごべー(卑語) 和歌山県東牟婁郡 岡山市 広島県三原市・高田郡 香川県 *ざいごぼて(卑語) 香川県大川郡 *ざいごもの(卑語) 福島県相馬郡 *ざいごもん(卑語) 千葉県長生郡 新潟県・佐渡 岐阜県大垣市 *ざいしょべー(卑語) 奈良県南大和 *ざいしょもの(卑語) 大阪市 *ざいのぼーた(卑語) 滋賀県蒲生郡 *さとちゅ(田舎の人) 鹿児島県沖永良部島 *じゃーこべー(卑語) 香川県高松市 *じゃーごべー(卑語) 香川県男木島 *じゃいごたろー(卑語) 青森県南部 *じゃごたろーふぐべ(卑語) 秋田県平鹿郡 *じゃごんべ(卑語) 熊本県下益城郡 *すねぐろ 愛媛県 *ぜーごしょ(卑語) 新潟市 *ぜーごだ(卑語) 山形県東田川郡 *ぜーごたぁ(卑語) 福島県会津 *ぜーごのっぽ(卑語) 神奈川県高座郡 *ぜごたろ(卑語) 青森県上北郡 *だいごーべー(卑語) 島根県美濃郡・益田市 *だいごべー(卑語) 香川県伊吹島 *たうさぎ 熊本県 *だごにー(田舎者を軽べつして言う語) 愛媛県松山 *たんころりん 青森県三戸郡 *のえっぽ・のやっぽ 神奈川県高座郡 *ぽっとこ 富山県東礪波郡 *ほてくろ(卑語) 香川県仲多度郡 *ぽんとで 熊本県 *もさ 山口県大島 *もっさん 奈良県吉野郡・南大和 *やまぞ 愛媛県 *やまねたろー(田舎の人。田舎の人をあざけって言う語) 青森県三戸郡 *やもーと 高知県 *わらけつ(「わらでしりをぬぐう者」の意から。卑語) 福岡市

いなご【稲子】 バッタ科の昆虫の総称。体は黄緑色で、はねは淡褐色。後ろあしは前の二対のあしに比べて大きく、はねるのに適する。イネ科植物の葉を食べる害虫。夏から秋にかけて多く見られる。古くから佃煮(つくだに)などに用いられる。 *いがた 滋賀県坂田郡・東浅井郡 *いがたに 滋賀県 *いかんど 静岡県 *いご 大分県大分郡・大野郡 *いちんど 静岡県志太郡 *いないご 三重県阿山郡 *いなかたいなかた・いなかたかた 和歌山県西牟婁郡 *いなぎーす 山口県柳井市 *いなぎし 福井県大飯郡 *いなぎす 富山県氷見市 愛知県宝飯郡 *いなぎち 福井県大飯郡 *いなぎっちょ 愛知県宝飯郡・知多郡 *いなきりご 岡山県苫田郡 *いなだか 三重県宇治山田市 愛媛県 高知県幡多郡 熊本県天草郡 *いなたぎ 滋賀県愛知郡 *いなだき 滋賀県蒲生郡 *いなた

ご滋賀県蒲生郡　大分県別府市 *いなたに 滋賀県愛知郡・蒲生郡 *いなたんぼ 滋賀県愛知郡 *いなば 香川県・小豆島 *いなばたと 香川県 *いなぼはたぎ 秋田県鹿角郡 *いなむし 大分市 *いなんど 静岡県 *いねぎっちょ 静岡県 *いねたか 高知県幡多郡 *いねちょんぎり 島根県那賀郡 *いねとらぼ 青森県 *いねばった 和歌山県日高郡 *いねむし 香川県・三豊郡 *うむい 静岡県田方郡 *おきな 大分市 *おたか 大分県東国東郡 *おたけ 大分県大分郡 *おべんべん 香川県 *おんめ 神奈川県津久井郡 *がしたぎ 和歌山県東牟婁郡 *がしょー 長崎県壱岐島 *かた 沖縄県鳩間島 *がた 鹿児島県奄美大島 *かたー 沖縄県石垣島・竹富島 *かたぎ 和歌山県東牟婁郡 *がたき 岐阜県本巣郡・養老郡　三重県 *がたぎ 岐阜県海津郡・本巣郡　愛知県葉栗郡・海部郡　三重県　奈良県吉野郡 *かたぎす 三重県度会郡 *かたち 和歌山県西牟婁郡 *かたん 沖縄県石垣島・波照間島 *かった 沖縄県小浜島 *がった 愛知県名古屋市・西春日井郡 *かったー 沖縄県八重山 *がったぎ 愛知県名古屋市 *かんぬしさん 長野県佐久 *ぎーす 石川県鹿島郡　鳥取県米子市　島根県石見　岡山県真庭郡　熊本県玉名郡 *ぎーなんど 山口県 *ぎし 長崎県南高来郡 *きす 富山県氷見市 *ぎす 岐阜県武儀郡　熊本県　大分県別府市 *ぎすたん 熊本県飽託郡 *きちきち 大分県別府市 *きちんほ 高知県幡多郡 *きっちょ 富山県氷見市　奈良県吉野郡 *ぎっちょ 岐阜県稲葉郡　静岡県　島根県隠岐島 *ぎっちょん 島根県益田市 *きな 大分県 *きなご 島根県鹿足郡・那賀郡　大分市 *ぎなご 島根県鹿足郡 *きなんご 島根県那賀郡 *ぎなんこ 島根県石見 *ぎなんご 島根県鹿足郡・那賀郡　広島県佐伯郡 *ぎなんごー 島根県鹿足郡・那賀郡 *ぎなんど 広島県佐伯郡 *ぎなんどー 山口県豊浦郡 *ぎなんどー 島根県石見 *きにゃ 大分県大野郡 *ぎめ 長崎県南高来郡　熊本県　宮崎県 *ぎめっちょん・げめ 熊本県球磨郡 *ぎらんど 山口県浮島 *きりぎりす 石川県鳳至郡 *きりご 島根県那賀郡　岡山県真庭郡・苫田郡 *ぎりこ 広島県下蒲刈島・鷺島 *きりんご 島根県江津市 *ぎろんぎろん・ぎろんぼ・ぎんぎろ・きんきろはん・ぎんぎろはん 香川県 *きわ 大分市 *くさなか 宮崎県南那珂郡 *くびぬき 大分県大野郡 *けら 京都府竹野郡・中郡 *けんげれす 石川県鹿島郡 *こーろ 福井県今立郡 *こーろぎ 富山県　福井県坂井郡・丹生郡 *こーろん 富山県砺波 *こぎな 大分県北海部郡 *こねはったぎ 岩手県九戸郡 *こめばたと 香川県 *さばいむし 島根県益田市 *しっとー 佐賀県 *すきぎりす 石川県鳳至郡 *せー 沖縄県首里 *せーご 新潟県佐渡 *たか 愛媛県　高知県幡多郡　長崎県西彼杵郡　熊本県天草郡　大分県北海部郡・大分郡　鹿児島県 *たがたき 三重県南牟婁郡 *たかむし 大分県中南部 *たかんじょー 広島県鷺島 *たかんぼ 愛媛県北宇和郡・南宇和郡　高知県幡多郡 *だるま 新潟県佐渡 *ちょんぎー 広島県佐伯郡 *ちょんぎし 長崎県南高来郡 *ちょんぎりす 富山県氷見市 *ちんご 鳥取県西伯郡 *つっばねめ 東京都八丈島 *つまもり 京都府何鹿郡 *とちんば 兵庫県 *どっちんば・とっちんけら 京都府竹野郡 *とっぽ 鹿児島県屋久島 *とば 石川県羽咋郡 *とび 石川県河北郡 *とびうま 島根県隠岐島 *どびす 京都府 *とびっちょー 山梨県 *とびとび・とびむし・どびんこ 岐阜県飛騨 *とま 三重県度会郡 *とらぼ 青森県 *とらぼこ 青森県津軽 *とんぎりす 石川県鹿島郡・羽咋郡 *とんじ 三重県度会郡 *とんぼし・とんばす 岐阜県吉城郡・飛騨 *とんぶし 岐阜県飛騨 *とんぶん 福井県大飯郡 *とんまい 京都府 *とんむし 岐阜県飛騨 *なーご 茨城県　埼玉県　千葉県 *ないご 栃木県　群馬県　埼玉県大里郡・北葛飾郡 *なご 山形県　福島県　茨城県稲敷郡・北相馬郡　埼玉県　三重県尾鷲 *なやご 埼玉県南埼玉郡 *なんご 山形県　福島県南部　千葉県上総 *ねーご 茨城県真壁郡　栃木県　群馬県　埼玉県大里郡　千葉県東葛飾郡 *ねなんご 島根県簸川郡 *はたっとー・はたいと 高知県 *はたき 青森県上北郡 *はたぎ(イナゴ、バッタなどの総称) 青森県　秋田県鹿角郡 *はたっちょ・はたご 高知県 *はたた 香川県　愛媛県周桑郡 *はたちょ 香川県三豊郡 *はたと 兵庫県淡路島　徳島県　愛媛県　高知県 *はたはた 奈良県吉野郡　香川県 *はったぎ 青森県三戸郡・南部　岩手県　宮城県　秋田県　山形県西置賜郡 *ばったき(イナゴ、バッタなどの総称) 宮城県栗原郡 *はったげ 岩手県九戸郡 *はっとり 茨城県　千葉県香取郡・海上郡　奈良県吉野郡 *はねっこ 茨城県　栃木県　千葉県 *はねっこーめ 栃木県 *はねっこむし 千葉県東葛飾郡 *はねむし 東京都江戸川区 *びーなご 香川県 *ほーたこ 大分県南海部郡 *よいなご 熊本県芦北郡 *んなぐらーぜー(イナゴ、バッタの類) 沖縄県首里

いなずま【稲妻】 *おひかり 栃木県「遠くでおひかりしてっから見ろ」 群馬県勢多郡・佐波郡・邑楽郡　埼玉県大里郡・入間郡 *おひかりさま 埼玉県北葛飾郡 *てぃちゃや 沖縄県国頭郡 *ひかいもん 佐賀県・藤津郡　鹿児島県 *ひかひか 兵庫県宍粟郡　鹿児島県屋久島 *ひかひかどん・ぴかぴかどん・ひかひかいどん・ひかひかさま 鹿児島県揖宿郡 *ひかめき 鹿児島県種子島 *ひからしゃる(稲妻が光る) 山形県最上郡 *ひかりもの 福岡県　長崎県　熊本県　大分県 *ひじゅり 鹿児島県奄美大島・加計呂麻島 *ひずり 鹿児島県奄美大島 *ひなでり 長崎県佐世保市 *ひばしら 島根県 *ふがかり 島根県隠岐島 *ぷつぃる 沖縄県波照間島 *ぷっつり・ぷっとぅり 沖縄県小浜島 *ふってぃー 沖縄県与那国島 *ぷでぃ 鹿児島県喜界島 *ふでぃー 鹿児島県喜界島　沖縄

県国頭郡・首里 *ぷてぃら沖縄県石垣島 *ふでぃる鹿児島県奄美大島・沖永良部島 *ふでー沖縄県・首里 *ふどぅい鹿児島県徳之島 *ふとぅり沖縄県竹富島 *ふどぅり・ぷどぅり鹿児島県喜界島 *ぷとぅり沖縄県石垣島 *ぷとぅる沖縄県鳩間島 *ぷとり沖縄県八重山 *ふりー沖縄県中頭郡・那覇市 *ほてら鹿児島県奄美大島 *ほでり岩手県上閉伊郡 *みっち(幼児語)沖縄県竹富島 *みなぷてぃり沖縄県黒島 *んなぷつり・んなぷとぅり沖縄県新城島

↓いなびかり（稲光）

いなびかり【稲光】 *いねはらまえ(雷鳴を伴わない稲妻)山形県最上郡 *かんだち千葉県安房郡 *くもさんがひかる(いな光がする)大阪府泉北郡 *さいふでぃ・せーふでぃ(雷鳴を伴わない稲妻)鹿児島県喜界島 *てぃちゃや沖縄県国頭郡 *ひじゅり鹿児島県奄美大島・加計呂麻島 *ひずり鹿児島県奄美大島 *ふがかく(いな光がする)島根県隠岐島 *ぷつぃる沖縄県波照間島 *ぷっつり・ぷっとぅり沖縄県小浜島 *ふってぃー沖縄県与那国島 *ぷでぃ鹿児島県喜界島 *ふでぃー鹿児島県喜界島　沖縄県国頭郡・首里 *ぷてぃら沖縄県石垣島 *ふでぃる鹿児島県奄美大島・沖永良部島 *ふでー沖縄県・首里 *ふどぅい鹿児島県徳之島 *ふとぅり沖縄県竹富島 *ふどぅり鹿児島県喜界島 *ぷとぅり沖縄県石垣島 *ぷどぅり鹿児島県喜界島 *ぷとぅる沖縄県鳩間島 *ぷとり沖縄県八重山 *ふりー沖縄県中頭郡・那覇市 *ほてら鹿児島県奄美大島 *ほでり岩手県上閉伊郡 *ほてる(いな光がする)三重県「雷がほてった」 *ほでる兵庫県淡路島 *まぶらけ福井県丹生郡・三方郡 *みなぷてぃり沖縄県黒島 *よびかり香川県大川郡 *んなぷつり・んなぷとぅり沖縄県新城島

↓いなずま（稲妻）

いなほ【稲穂】 *あおさぼ(実の入らない稲穂)新潟県佐渡「つめてえみずがかかってあおさぼになった」 *しらっぽ(実の入らない稲穂)栃木県 *しらぽ(実の入らない稲穂)香川県三豊郡 *たぶ　東京都一部・八丈島「たぶ刈り」 *ほくびいもち(実の入らない稲穂)栃木県鹿沼市・下都賀郡 *ぼさら(まだ籾(もみ)の残っている稲穂のくず)神奈川県中郡 *ぼっさ(まだ籾(もみ)の残っている稲穂のくず)長野県諏訪 *ぼっさら(まだ籾(もみ)の残っている稲穂のくず)長野県 *ぼっざら(まだ籾(もみ)の残っている稲穂のくず)茨城県久慈郡 *ぼったら(まだ籾(もみ)の残っている稲穂のくず)茨城県真壁郡 *ぼっちゃーら茨城県　千葉県九十九里浜・香取郡(まだ籾(もみ)の残っている稲穂のくず) *ぼっちゃら(まだ籾(もみ)の残っている稲穂のくず)茨城県稲敷郡・北相馬郡　埼玉県北足立郡　千葉県香取郡 *ぼっつぁ(まだ籾(もみ)の残っている稲穂のくず)群馬県勢多郡 *ぼっつぁら(まだ籾(もみ)の残っている稲穂のくず)栃木県　新潟県上越　長野県南佐久郡

↓ほ（穂）・いね（稲）

いなむら【稲叢】 *いなぐま鳥取県気高郡 *いなぐら三重県度会郡 *いなぐろ島根県仁多郡・能義郡　岡山県邑久郡・岡山市　香川県木田郡・仲多度郡　高知県 *いなご愛知県東加茂郡 *いなずし島根県江津市 *いなすずき三重県 *いねご山形県村山 *いもすずき三重県名張市　奈良県 *かっぽし静岡県川根 *きぐろ島根県能義郡 *くささし島根県鹿足郡 *くろ徳島県美馬郡　香川県　愛媛県周桑郡　高知県 *ぐろ島根県鹿足郡 *けらば富山県中新川郡 *こずみ熊本県玉名郡　大分県　宮崎県東諸県郡 *こずん宮崎県・都城　鹿児島県肝属郡 *こやにょー・こやずみ青森県三戸郡 *ししし島根県出雲・大根島 *しじし島根県能義郡 *しら沖縄県八重山 *すすき三重県志摩郡・伊賀　滋賀県愛知郡　和歌山県「すすきぐい(稲むらの中心にした杭)」 *すずき三重県　滋賀県　大阪府泉北郡　奈良県 *すすきぼーし三重県志摩郡 *すすし鳥取県西伯郡　島根県能義郡・簸川郡 *すずみ愛知県「すずみがあるがや」　三重県北勢 *たかすずき奈良県 *たにお青森県津軽 *たんぼ愛知県 *ちょんこ静岡県「ちょんこを積む」 *とーしゃく福岡県豊前　大分県 *とーび宮崎県西臼杵郡 *とーべ熊本県上益城郡・下益城郡 *としゃーく島根県鹿足郡 *としゃく島根県石見　山口県　大分県 *どしゃく山口県見島 *とべ熊本県上益城郡 *とべー熊本県上益城郡 *どんぼすずき奈良県 *にえ三重県志摩郡 *にお青森県津軽　岩手県上閉伊郡　新潟県　福井県　山梨県　長野県佐久　岐阜県北飛騨　滋賀県甲賀郡　和歌山県東牟婁郡 *におにお三重県一志郡 *にご山梨県　長野県 *にごぼーず愛知県東加茂郡 *にゅー福島県　群馬県　新潟県佐渡・中頸城郡　富山県　福井県　滋賀県伊香郡・滋賀郡 *によ新潟県中頸城郡 *にょー新潟県佐渡　福井県　長野県諏訪・東筑摩郡 *によし山梨県中巨摩郡 *の千葉県印旛郡 *のー茨城県　栃木県河内郡　千葉県　島根県鹿足郡　山口県玖珂郡 *のーぐろ山口県玖珂郡 *のーつんぼ・のーぼっち茨城県稲敷郡 *はさ愛知県西春日井郡 *はんて山梨県 *はんでー山梨県東八代郡・北巨摩郡 *ぼーし静岡県川根 *ほーとー島根県那賀郡・美濃郡 *ぼーとー島県高田郡 *ぼーどー徳島県 *ほずみ大分県大分郡 *ぼっち福島県石城郡「ぼっち場」　茨城県真壁郡　埼玉県北足立郡　東京都江戸川区 *まじん・んにまじん沖縄県首里 *まるぐろ(丸く積み上げた稲むら)香川県仲多度郡 *まるにゅー(丸く積み上げた稲むら)長野県諏訪 *みょーぶら・みょーつんぶら静岡県富士郡 *もずいなぶら(一人で積める稲むら)静岡県庵原郡 *やまにょー青森県三戸郡 *わらぐろ長野県佐久　兵庫県佐用

郡・揖保郡　岡山県小田郡　広島県・芦品郡　*わらこずみ 熊本県玉名郡　大分県大分市・大分郡　*わらにゅー・わらんにゅー・わらんぎょー・わらんぎょ 長野県佐久　*わらにょー 富山県砺波　長野県佐久　静岡県　*わらぶつ 三重県桑名　*わらぼーと 島根県美濃郡　*わらぼっち 神奈川県愛甲郡　*わらんにょ 福井県

↓「いね（稲）」の子見出し、「刈った稲を積み重ねたもの」

いぬ【犬】　*あまいぬ（雌犬）千葉県印旛郡　*あねこいぬ（ほえたてない犬）青森県津軽「あねこいぬぁ食い付ぐ（ほえない犬がかえって人にかみつく）」　*いご 新潟県・中魚沼郡（子犬）　*いごのこ（子犬）新潟県中魚沼郡　*いっこ 福島県　茨城県（子犬）　*いっこめ 栃木県今市市・塩谷郡　*いっころ（子犬）茨城県稲敷郡　*いんが 新潟県・中魚沼郡（児童語）・南蒲原郡　*いんがー 鹿児島県喜界島　*いんぐゎー（子犬）沖縄県首里　*いんこ 青森県三戸郡（児童語）　岩手県九戸郡・和賀郡　秋田県　山形県飽海郡・庄内（子犬）　福島市（児童語）　*いんこーこー（子犬）福岡市　*いんぬふぁー（子犬）沖縄県石垣島　*えご 新潟県　*えんまる（子犬）山梨県　*かーか（幼児語）島根県　*かーかー（幼児語）島根県石見・隠岐島　山口県豊浦郡　*かーこ（小犬）島根県　*かいんこ（幼児語）島根県益田市　*かっか・かか（幼児語）秋田県鹿角郡　*がっが 熊本県　*かめ（洋犬）青森県・三戸郡（小さい洋犬に似た犬）　山形県東置賜郡・西村山郡　福島県東白川郡・福島市　富山市近在　山梨県南巨摩郡　愛知県　*かめいぬ（洋犬）青森県津軽・三戸郡（小さい洋犬に似た犬）　宮城県　福島市　千葉県印旛郡・山武郡　徳島県阿波郡　高知県　*かめえの（洋犬）岩手県上閉伊郡　*かめえん（洋犬）岩手県上閉伊郡　富山市近在　*がんが 長野県　静岡県　*がんがー 静岡県　*がんがん 静岡県　島根県那賀郡　*ぎゃすいぬ（よく鳴く犬）鳥取県東部　*ぐおっぐお（鳴き声から。幼児語）鹿児島県　*ぐおんぐおん 愛媛県大三島　*けんかざき（闘犬に用いる犬）高知市　*こいこい（犬を呼ぶ語から転じて）大阪府南河内郡　*こーこ 岐阜県郡上郡　鳥取県　島根県石見　徳島県　香川県　愛媛県　高知県　福岡県　熊本県　*こーこー（幼児語）福島県岩瀬郡　福岡市　宮崎県西臼杵郡　*ここ 岩手県胆沢郡　山形県最上・庄内　三重県伊勢　*こちょ（幼児語）鹿児島県肝属郡　*こっこ 青森県三戸郡（子犬）　岩手県・九戸郡（子犬）・気仙郡（子犬）　宮城県栗原郡（子犬）　山形県最上郡（子犬）　石川県鹿島郡　三重県伊賀・北牟婁郡　滋賀県　滋賀郡　兵庫県神戸市・淡路島　和歌山県　島根県　広島県比婆郡　*ごっこ 奈良県　*ごっご 佐賀県藤津郡　熊本県上益城郡・下益城郡　*ごっごいん 佐賀県藤津郡　*ごま（灰色に黒の差し毛のある犬）新潟県西蒲原郡　*こよこよ 熊本県上益城郡　*ころころ 島根県簸川郡　*ころころころ 秋田県鹿角郡　*ごんご（小児語）新潟県西頸城郡　*さくいぬ（赤茶と白の斑点（はんてん）のある犬）青森県三戸郡　*ししいん（猪（いのしし）狩りに使う犬）奈良県吉野郡　*ししのこ 福島県南会津郡　*じっこつこ（犬の子）福島県安積郡　*ぞぶくろ・ぞぶくる（獣）三重県度会郡（特に犬を言うことがある）　*ちーちゃー（幼児語。犬を呼ぶ時にも言う）沖縄県首里　*ちーぬ 山口県大島（小犬）　*ちめ・つめ・つめえんこ（雌犬）岩手県九戸郡　*ちん 栃木県（小犬。幼児語）　香川県「ちんがばい（糞）ふんだような顔（しかめた醜い顔を言う）」　長崎県壱岐島　*ちんちん 群馬県多野郡（幼児語）　鹿児島県肝属郡　*ちんのいぬ 香川県　*つめいぬ（雌犬）青森県　*どーけん（日本犬に対して、耳の垂れた犬。洋犬）愛知県碧海郡・岡崎市　和歌山市　*どーと（子犬）島根県　広島県南部　*どーとー 島根県石見・鹿足郡（子犬）　岡山県小田郡・苫田郡（子犬）　広島県（子犬）・江田島　大分県北海部郡（子犬）　*どーとーいぬ（子犬）広島県　*どーとーのこ（子犬）広島県沼隈郡　*どーとこ（子犬）広島県豊田郡　*どーとのこ（子犬）岡山県小田郡（小児語）　広島県深安郡　*とち（幼児語）島根県益田市「とち来い、とち来い」　*とっとこ（子犬）広島県賀茂郡　*とと 島根県出雲・隠岐島（幼児語）　広島県比婆郡（子犬）・双三郡（子犬）　*ととこ（子犬）島根県石見　広島県　山口県　*とところ（子犬）広島県高田郡　*ととのこ（子犬）広島県　*なげいぬ（捨て犬）青森県三戸郡　*のだれ（飼い主のない犬や猫）三重県阿山郡　*のらぼーいぬ（飼い主のない犬。のら犬）茨城県稲敷郡　*はしかいいん（性質の悪い犬）長崎県壱岐島　*ばんばん 三重県志摩郡　*びょー・びょーやん 長崎市　*びょーびょー（幼児語）島根県益田市　長崎市　*ぶこ 秋田県平鹿郡　山形県東田川郡　*ぶつ 青森県津軽　*へだ 青森県南津軽郡　*ぼこ 山形県東田川郡　*めーた（雌犬）福島県伊達郡　群馬県勢多郡　神奈川県三浦郡　静岡県　島根県出雲　*めか（雌犬）秋田市　*めが（雌犬）宮城県登米郡　*めた・めちゃ（雌犬）秋田県河辺郡　新潟県西蒲原郡　*めっか・めった（雌犬）秋田県河辺郡　*めっち（雌犬）新潟県中蒲原郡・五泉　*めっちゃ（雌犬）島根県那賀郡　*めんか（雌犬）青森県津軽　秋田県平鹿郡　*めんかいぬ（雌犬）青森県津軽　*めんた（雌犬）静岡県富士郡　*むくいぬ（白い犬）愛知県名古屋市　*らんけん（西洋種の犬）鹿児島県種子島　*わーわー 新潟県佐渡　*わうわ 長野県東筑摩郡　*わわ・わわこ 山形県　*わんこ 山形県米沢市　福島県相馬郡　栃木県河内郡　長野県下水内郡　*わんつく 兵庫県加古郡　*わんわこ 山形県最上郡　*わんわんこ（鳴き声から）山形県東村山郡・西村山郡

□**が鳴く、また、その声**　*あおぼえ（犬の遠ぼえ）富山県砺波　*あびゅん（犬、猫、豚などが鳴く。ほえる）沖縄県首里　*おーいんなき（犬

の遠ぼえ。不吉の兆し）富山県高岡市 ＊**おーかみなき**（犬の遠ぼえ。不吉の兆し）奈良県吉野郡 ＊**おーかめぼえ**（狼のようにほえる犬の鳴き声）奈良県南大和 ＊**おかぼえ**（犬が夜更けに長ぼえすること）高知県土佐郡 ＊**おくれごえ**（長く引いて鳴く犬の鳴き声。死人を招くといって忌む）香川県 ＊**がおがお**（犬のほえる声を表す語）鹿児島県 ＊**がんがん**（犬の鳴き声を表す語）島根県那賀郡 ＊**くそぼゆる**（犬がひどくほえる。また、子供がひどく泣く。人が怒って苦情を言う）熊本県芦北郡・八代郡 ＊**くび**（犬の遠ぼえ）岩手県上閉伊郡・気仙郡「くびかぐ」 ＊**くびかく**（犬が遠ぼえをする）岩手県上閉伊郡 ＊**くびかけ**（犬の遠ぼえ）岩手県上閉伊郡「くびかげをしたから」 ＊**くぼえ**（犬の遠ぼえ）宮城県仙台市 福島県相馬 茨城県「くぼえかける（遠ぼえする）」・多賀郡 新潟県岩船郡 山梨県南巨摩郡 ＊**くぼえる**（犬が遠ぼえをする）福島県相馬 ＊**くろぼえ**（犬がひどくほえること。また、怒ってどなり叫ぶこと。また、小児の泣くこと）長崎県壱岐島 ＊**こめる** 滋賀県犬上郡 ＊**せく** 岡山県児島郡・小田郡「犬がせく」 ＊**せぐ** 兵庫県 鳥取県東部 岡山県 ＊**たちなち**（夜中に犬が長く声を引いて鳴くこと）沖縄県首里 ＊**たちぼえ**（夜中に犬が長く声を引いて鳴くこと）福岡市 長崎県 ＊**たっごえ**（犬の遠ぼえ）鹿児島県肝属郡 ＊**たつぼえ**（夜中に犬が長く声を引いて鳴くこと）長崎市 ＊**びゆい** 鹿児島県喜界島 ＊**びょーびょー**（犬のほえる声を表す語）島根県益田市「一晩中犬がびょーびょー啼あて寝せだった」 岡山市 高知県 長崎市

→なく（鳴）

□を呼び寄せる時の語 ＊**おしおし** 静岡県田方郡 ＊**かーかーかー** 秋田県鹿角郡 ＊**かーかか** 青森県津軽 ＊**かーかかか** 青森県三戸郡 ＊**かーこさっさ** 島根県益田市 ＊**かかかか・かかか** 秋田県鹿角郡 ＊**がが** 岩手県九戸郡 ＊**かめ** 青森県三戸郡 ＊**かめかめ** 福島県東白川郡 千葉県長生郡 ＊**がんが**（子供が犬を呼ぶ時の語）長野県 静岡県 ＊**がんがん** 静岡県 島根県那賀郡 ＊**がんがー** 静岡県 ＊**くれくれ** 沖縄県石垣島 ＊**けーけー** 広島県安芸郡 ＊**こーこ** 愛媛県周桑郡 ＊**こーこー** 青森県上北郡 山形県置賜（畜類を呼ぶ声） 福島県岩瀬郡・南会津 島根県邑智郡 ＊**ころころ** 島根県出雲 ＊**さーとーとーととー・さーとと** 島根県邇摩郡 ＊**ちーちゃー** 沖縄県首里 ＊**とーとー** 岡山県小田郡 ＊**とと** 島根県簸川郡・出雲市（小犬） ＊**はいこ**（「はや（早）くこ（来）い」の転）島根県益田市

いね【稲】 ＊**あぎと**（刈り取った後の株から再び生える稲）青森県上北郡 ＊**あくれる**（実りの悪い稲）島根県大原郡 ＊**いくいほ**（イノシシに荒らされて、実らずにまっすぐ伸びている稲の穂）島根県益田市 ＊**いっぽんざし**（虫に冒された稲）富山県西礪波郡 ＊**いなくさ** 福島県相馬郡 長野県「いなくさは上出来だからよい穂が出るらい」 岐阜県一部 ＊**いねぐさ** 京都府一部 ＊**おさ** 山形県最上郡「千刈り田のおさこ」 ＊**おそこめ**（晩生種の稲）青森県三戸郡 ＊**おそもみ・おそもん**（晩生種の稲）長崎県南高来郡 ＊**おそもんあき**（晩生種の稲）新潟県佐渡 ＊**かさいね**（稲掛けの上段に掛けた、乾燥の悪い稲）山形県西置賜郡・最上郡 ＊**がさら**（実りの悪い稲の穂などのさま）青森県津軽 ＊**かざりいね**（秋のうちによいものを採っておいて、十二月二十八日に神棚に供えたり大黒柱に結び付けたりする稲）山口県見島 ＊**かざりぼーし**（香りの高い一種の稲）島根県鹿足郡 ＊**からもの**（稲、麦、麻など、穀のある実をつける植物の総称）青森県三戸郡 ＊**かれあき**（稲の実りの悪いこと）長崎県壱岐島 ＊**くが**（畑で作る稲。陸稲）和歌山県一部 ＊**くさいね**（穂の出る前の稲）新潟県佐渡「こうくさいねが茂っては、稔りがわるくなる」 ＊**くましろ**（神に供える稲）島根県邑智郡 ＊**けしね** 青森県上北郡 ＊**けしょーいね**（見た目はよいが、収穫の少ない稲）島根県八束郡 ＊**こーぼーいね**（籾（もみ）粒が非常に密な稲）島根県邑智郡 ＊**こーれいね**（成熟し過ぎた稲）島根県美濃郡・益田市 ＊**こめ** 岩手県九戸郡 鹿児島県揖宿郡 ＊**こめさま** 長崎県南高来郡 ＊**こめさん**（小児語）三重県度会郡 ＊**しずいね**（早稲（わせ）を刈った後の株から再び自然に芽が出て実った稲）福島県石城郡 ＊**しとて**（稲を刈った後の株から再び自然に生え出た芽）富山県下新川郡 ＊**しとで**（稲を刈った後の株から再び自然に生え出た芽）富山市近在 ＊**しらちゃに**（元来は、品種の名）沖縄県首里 ＊**すだつ**（稲の実らないまま立っているもの。また、その籾（もみ））山形県東村山郡・北村山郡 ＊**そーもく**（作物。主として稲を言う）岡山県苫田郡 ＊**そったち**（稲の実らないまま立っているもの。また、その籾（もみ））岩手県気仙郡 宮城県登米郡 福島県石城郡 ＊**た・たー** 長崎県南高来郡 ＊**たごめ**（水稲）埼玉県一部 東京都一部 徳島県一部 長崎県一部 宮崎県一部 ＊**たぶ**（稲穂）東京都一部・八丈島「たぶ刈り」 ＊**つったち**（稲や麦の穂が実らないこと）神奈川県藤沢市 ＊**とど**（稲をこく時などに出るくず稲）新潟県岩船郡 ＊**とどら**（稲をこく時などに出るくず稲）岐阜県飛驒「とどらがあって、唐箕の口が通らん」 ＊**とどろ**（稲をこく時などに出るくず稲）愛知県宝飯郡・知多郡 ＊**にお**（刈って乾かした後、籾（もみ）にするまでの間の稲）宮城県栗原郡 秋田県鹿角郡 ＊**においいね**（香りの高い一種の稲）島根県鹿足郡 ＊**にばんめ**（稲や草木などの一度刈り取られた後、二番目に生じた芽）島根県美濃郡・益田市 ＊**にばんばえ**（稲や草木などの一度刈り取られた後、二番目に生じた芽）富山県砺波 山口県見島 ＊**にばんぽー**（稲や草木などの一度刈り取られた後、二番目に生じた芽）千葉県印旛郡 ＊**にばんぽげ・にばんぽえ**（稲

や草木などの一度刈り取られた後、二番目に生じた芽）山形県 ＊**にばんぼぎ**（稲や草木などの一度刈り取られた後、二番目に生じた芽）岩手県気仙郡 ＊**にほんぼけ**（稲や草木などの一度刈り取られた後、二番目に生じた芽）山形県西置賜郡 ＊**にゅ**（刈って乾かした後、籾（もみ）にするまでの間の稲）青森県上北郡 ＊**ばんでん**（実るのが遅い稲。晩稲（おくて））佐賀県三養基郡 ＊**ひいね**（水稲）岡山県一部 ＊**ひうち**（稲を刈った後に生えてさらに実る稲）岐阜県飛驒 ＊**ひつじばえ**（刈り取った株から再び生えた稲）青森県三戸郡　三重県北牟婁郡 ＊**ひつじぼ**（刈り取った株から再び生えた稲）茨城県稲敷郡 ＊**ひとしゃ**（稲を刈った後の株から再び自然に生え出た芽）富山県砺波 ＊**ひとち**（刈り取った株から再び生えた稲）京都府竹野郡 ＊**ひゅーじ**（稲を刈った後に生えてさらに実る稲）高知県高岡郡 ＊**ぷーまい**（籾（もみ）が穂に付いたままの稲）沖縄県石垣島・黒島 ＊**ぼさ**（稲などが伸び過ぎて実りの悪いこと）新潟県佐渡「ぼさ出来だ」 ＊**ほんけ**（麦を「うらけ」と言うのに対する）奈良県 ＊**まい** 鹿児島県与論島　沖縄県八重山

＊**まじ** 沖縄県宮古島 ＊**またび**（刈り取った後に生ずる稲の穂）愛媛県南宇和郡 ＊**またぷー**（刈り取った後に生ずる稲の穂）沖縄県石垣島 ＊**ままばえ**（刈り取った後の株から、再び生え出た稲）神奈川県藤沢市　新潟県佐渡 ＊**みなくちいね**（田の水口に植える稲）香川県香川郡 ＊**めー** 沖縄県石垣島・波照間島 ＊**わかばえ**（稲を刈った後の株から再び自然に生え出た芽）香川県

↓いなほ（稲穂）

□**の害虫** ＊**あらむし**（稲の葉を食う虫）山口県見島 ＊**いなむし**（稲の害虫の総称）山口県見島

＊**いねだわら**（稲の葉末につく、俵の形をした米粒大の虫の巣）青森県三戸郡 ＊**かめじ**（稲の害虫）三重県志摩郡 ＊**からもし**（稲の螟虫）島根県 ＊**こーじょ**（稲の害虫の一種。ズイムシ）新潟県南魚沼郡 ＊**さねむりむし** 島根県益田市

＊**さねもり**（斎藤別当実盛（さいとうべっとうさねもり）の生まれ変わりという伝説から）関東

島根県 ＊**さねもりもし** 島根県出雲 ＊**さべー**（稲の害虫の一種）鹿児島県喜界島 ＊**さんねもり** 島根県八束郡 ＊**じなご** 京都府

□**の病気** ＊**いら**（稲などの病気）奈良県吉野郡「いらが来た（稲や麦が病害で下から枯れることに言う）」　和歌山県日高郡 ＊**いりもち**（稲のいもち病）福島県石城郡 ＊**こーじ**（稲の穂が麹（こうじ）のようになる病気）香川県 ＊**ししくい**（病気のために籾（もみ）が少なくなっている稲の穂。まるで猪が食べたようになるところから）島根県邑智郡 ＊**しぼ**（稲や麦につく病気の一種）東京都八王子 ＊**ほしもち**（葉に黒い斑点（はんてん）ができ、発育が止まってしまう稲の病気）新潟県中頸城郡 ＊**ゆーれーびょー**（稲が成長の途中で腐る病気）群馬県勢多郡

↓いもちびょう（稲熱病）

□**のもみ殻** ⇩「もみがら（籾殻）」の子見出し、「稲の籾殻」

□**を稲架に掛けて干すこと** ＊**おだがけ** 茨城県多賀郡 ＊**かったてあげ**（刈って畔（あぜ）に並べておいた稲を稲掛けに運んで掛けること）山形県西置賜郡 ＊**がぼし**（稲を横棒に掛けて干すこと）栃木県 ＊**こでがけ**（刈った稲の稲架（はさ）への掛け方）島根県邑智郡　岡山県川上郡 ＊**はぜかけ** 長野県佐久 ＊**はでかけ** 岡山県苫田郡「稲をいわえるんが済んだらはでかけをしょうで」

＊**はでがけ** 栃木県 ＊**はながけ**（刈った稲を稲架（はさ）の末端に三、四束掛け、縄でくくりつけること）島根県邑智郡 ＊**またぼし**（稲を干すのに、棒が四角形またはひし形に順々とつながった稲架（はさ）で干すこと）三重県飯南郡

刈った□**を積み重ねたもの** ＊**いなこずみ** 大分県大分郡・大分市 ＊**いねこずみ** 佐賀県藤津郡

大分県大分郡・大分市 ＊**いのご** 千葉県印旛郡 ＊**かためにお**（仕事の都合上、そのまま田に積み上げておく干し上がった稲）富山県西礪波郡 ＊**かためにゅー**（刈り取った稲を二、三十束一つに積み上げたもの）富山県 ＊**かりぐろ**（刈った稲を本式に丸く山形に積まないで、横に仮に積み上げたもの。ぐろ）香川県 ＊**きぐろ** 島根県能義郡 ＊**くささし** 島根県鹿足郡 ＊**くろ** 徳島県美馬郡　香川県　愛媛県周桑郡　高知県 ＊**ぐろ** 島根県鹿足郡 ＊**けらば** 富山県中新川郡 ＊**たにお** 青森県津軽 ＊**とりかけ**（稲を刈って三日後、穂を中心にして十束ほど積み重ねること）岐阜県飛驒 ＊**にえ** 三重県志摩郡 ＊**にお** 青森県津軽　岩手県上閉伊郡　新潟県　福井県　山梨県　長野県佐久　岐阜県北飛驒　滋賀県甲賀郡　和歌山県東牟婁郡 ＊**におにお** 三重県一志郡

＊**にぐ** 岐阜県飛驒 ＊**にご** 山梨県　長野県　岐阜県飛驒「稲にご」 ＊**にごぼーず** 愛知県東加茂郡 ＊**にゅー** 福島県会津「稲（いな）にゅー」・岩瀬郡　群馬県伊勢崎市・勢多郡　富山県　福井県　長野県更級郡・佐久　静岡県賀茂郡　滋賀県　京都府竹野郡 ＊**にょ** 富山県砺波 ＊**によ** 青森県南部　秋田県　新潟県中頸城郡　長野県佐久　和歌山県東牟婁郡 ＊**にょー** 山形県・米沢市　富山県・西礪波郡　福井県　山梨県・南巨摩郡　長野県・下水内郡　岐阜県吉城郡　静岡県 ＊**によし** 山梨県中巨摩郡 ＊**ぬー・のーぼっち・のーつんぼ** 茨城県稲敷郡 ＊**の** 千葉県印旛郡 ＊**のー** 茨城県　栃木県河内郡　千葉県　島根県鹿足郡　山口県玖珂郡 ＊**のーぐろ** 山口県玖珂郡 ＊**はさ** 愛知県西春日井郡 ＊**はんて** 山梨県 ＊**はんでー** 山梨県東八代郡・北巨摩郡 ＊**ふみいなぶら**（刈り取った稲を横に寝かして積んだもの）静岡県庵原郡 ＊**まじん・んにまじん**（刈り取った稲を空き地などに積み上げておくもの。稲むら）沖縄県首里 ＊**みょーぶら・みょ**

ーつんぶら静岡県富士郡 *やまにょー(山積みにした稲。稲むら)青森県三戸郡 *わらぐろ長野県佐久 兵庫県佐用郡・揖保郡 岡山県小田郡 広島県・芦品郡 *わらこずみ熊本県玉名郡 大分県大分市・大分郡 *わらにょー(刈り取った稲を乾燥させるために積み重ねたもの。稲むら)富山県砺波 長野県佐久 静岡県 *わらにゅー・わらんにゅー・わらんぎょー・わらんぎょ長野県佐久 *わらんにょ福井県

→いなむら(稲叢)

いねかけ【稲掛】 刈り取った稲を干すために、稲木(いなぎ)などにかけておくこと。また、刈った稲を束ねて、穂を下向けにしてかけて干す具。 ***いなぇーぎ** 静岡県志太郡 ***いながき** 兵庫県加古郡 ***いなき** 福井県 京都府 兵庫県 鳥取県気高郡 愛媛県周桑郡 ***いなぎ** 兵庫県加古郡 山口県豊浦郡 ***いなぐら・いなぐる** 徳島県那賀郡 ***いなぐろ** 岡山市 徳島県 ***いねご** 山形県「えねごかけ(稲むらの中心になる杭に稲を掛けること)」 ***うでき** 熊本県上益城郡 ***うまはぜ・うまはで**(馬形の丈の低い稲掛け)島根県美濃郡・那賀郡 ***かけね** 奈良県高市郡 ***かけぼし** 佐賀県藤津郡 ***だて・だてがき** 大阪府南河内郡・泉北郡 ***でこ** 香川県大川郡 ***ならし** 千葉県夷隅郡 島根県隠岐島 ***のろし** 茨城県北相馬郡 千葉県市川市・東葛飾郡 ***はさかけ** 青森県津軽 ***はさだけ** 三重県桑名 ***はさば** 福井県 ***はし** 宮城県栗原郡 ***はず** 静岡県 ***はせ** 青森県南部 岩手県 宮城県栗原郡 山形県 福島県 徳島県 ***はぜ** 栃木県 新潟県佐渡・中頸城郡 長野県 静岡県 兵庫県赤穂郡 奈良県宇智郡 和歌山県那賀郡 島根県石見 岡山県小田郡 広島県 徳島県 香川県木田郡・仲多度郡 愛媛県 ***はぜかけ** 長野県北佐久郡・南佐久郡 ***はぜご** 島根県那賀郡 ***はそ** 石川県鹿島郡 ***はぞ** 石川県羽咋市・鹿島郡 長野県上伊那郡 ***ばた** 茨城県 ***はって** 新潟県南魚沼郡・中魚沼郡 ***はって** 新潟県 ***はで** 福島県 栃木県 新潟県東蒲原郡 長野県南部 静岡県榛原郡 奈良県南大和 鳥取県東伯郡・西伯郡 島根県 岡山県真庭郡・苫田郡 広島県 山口県玖珂郡 徳島県 香川県三豊郡 愛媛県 高知県土佐郡 ***はでかけ** 長野県佐久 兵庫県赤穂郡 ***はでぎ** 埼玉県秩父郡 ***はでご** 島根県石見 広島県高田郡 ***はでば** 島根県隠岐島 ***はなち**(それぞれの田ごとに立てる一段の稲掛け)和歌山県日高郡 ***はへ** 青森県上北郡 ***はんで** 静岡県 ***はんでー** 群馬県勢多郡 ***はんでん・はんでんたけ** 埼玉県北葛飾郡 ***ふぁさんば** 秋田県仙北郡 ***ほーとく** 静岡県 ***やらい** 埼玉県北足立郡 ***やらいあし** 千葉県印旛郡

→はさ(稲架)

いねこき【稲扱】 刈り取った稲の穂から、籾(もみ)をこきとること。 ***いさゆぎ** 島根県鹿足郡 ***いなひき** 岡山県邑久郡 ***かりごき・かりごなし**(刈ったそばから稲こきをすること)群馬県勢多郡 ***こじょー** 新潟県西頸城郡 ***せんこき** 青森県 岩手県九戸郡 秋田県鹿角郡 ***せんだんこき・しんだんこき** 東京都三宅島 ***たこき** 長崎県南高来郡 ***のーこしらい**(「農拵」からか)青森県三戸郡 ***ぶり** 島根県美濃郡 広島県高田郡 ***へんこぎ** 青森県 ***まねぎ** 静岡県志太郡 ***もみこなし** 長野県上田・佐久 ***やまめ** 三重県度会郡 大阪府泉北郡

□**の道具** ***いなばし** 徳島県 ***いにしんふどーし**(稲こきに使う、筆の柄ほどの竹を六センチくらいに二本切り、稈を差し込んでつないだもの)沖縄県石垣島 ***かなしげ** 三重県度会郡 ***こいばし** 新潟県佐渡 石川県鹿島郡 岐阜県郡上郡 ***こーばし** 新潟県中頸城郡 愛知県知多郡 ***こき** 東京都三宅島 ***こきはし** 東京都神津島 ***こぎばし** 香川県・三豊郡 ***こきんぼ** 東京都新島 ***こばし** 長野県 岐阜県山県郡 静岡県榛原郡 愛知県東部 ***ぜちみょー** 大分県大分郡・大分市 ***せんば** 山形県 神奈川県津久井郡・藤沢市 新潟県 石川県羽咋郡・七尾市 福井県遠敷郡 岐阜県飛驒 滋賀県彦根 和歌山県日高郡 鳥取県西伯郡 島根県 岡山県阿哲郡・川上郡 広島県 山口県見島・豊浦郡 愛媛県 佐賀県藤津郡 長崎県佐世保市・南高来郡 熊本県 大分県 鹿児島県種子島 ***せんばこき** 宮城県栗原郡 ***せんばこぎ** 長崎県壱岐島 大分県大分市・大分郡 ***せんばごき** 宮城県登米郡 岡山県苫田郡 ***せんばすごき** 奈良県吉野郡 ***やまめ** 三重県度会郡 大阪府泉北郡

いねむり【居眠】 ***いなさいき**(対岸の稲佐へ渡ることから転じて「夜船をこぐこと」の意から)長崎市 ***いなさこぐ**(対岸の稲佐へ渡ることから転じて「夜船をこぐ」意から、いねむりする)長崎市 ***うんぶいこーぶい**(いねむりするさま)沖縄県首里 ***きたがよい** 千葉県長生郡 ***くらりくらり・くらりんくらりん**(いねむりするさま)鳥取県 ***くんねぶる**(いねむりする)山梨県南巨摩郡「お祖母さんはくんねぶるが仕事いそ」 ***さるねぶり** 山形県飽海郡 ***とっこねむり** 群馬県山田郡 ***にーりふり** 沖縄県石垣島 ***にーるぶる** 沖縄県鳩間島 ***にぬふい** 沖縄県竹富島 ***にぬぶい** 沖縄県与那国島 ***にーりふり** 沖縄県石垣島 ***にーるぶる** 沖縄県鳩間島 ***にぬふい** 沖縄県竹富島 ***にぬぶい** 沖縄県与那国島 ***ねぶいこぐ**(いねむりする)熊本県天草郡 ***ねふかぎ** 秋田県平鹿郡・雄勝郡 ***ねぶかき・ねむかぎ・ねむりかげ** 山形県 ***ねぷかき** 岩手県和賀郡・江刺郡 山形県南置賜郡・西置賜郡 ***ねぶかけ** 青森県南部 岩手県 宮城県加美郡 秋田県鹿角郡・平鹿郡 山形県 ***ねぷかけ** 青森県津軽・三戸郡 宮城県栗原郡・石巻 秋田県鹿角郡 山形県 ***ねぶりかき** 青森県南部 ***ねぶりかぎ** 山形県東田川郡 ***ねぶ**

りかけ 青森県津軽・上北郡　山形県 *ねぼかげ 山形県飽海郡 *ねむかけ 宮城県　山形県北村山郡・米沢市　福島県相馬郡「あんまりあつえもんで、ねむかけした」 *ねんぷかげ 秋田県 *ねんぶりかんぶり 青森県三戸郡「ねんぶりかんぶりしても縫い上げた」 *ふらいふらい(いねむりするさま) 鹿児島県「ふらいふらい眠る」 *ふらふら(いねむりするさま) 新潟県佐渡 *ろをこぐ(いねむりする) 山口県

いのしし【猪】 *あおれ 福島市 *いたい(樹木のやにが体に固く付いているイノシシ) 長崎県五島 *いのこ 岡山県上房郡・吉備郡　広島県芦品郡 *ういのしし(「うい」はその鳴き声から) 岩手県北部 *うつ 島根県石見 *うな(雌のイノシシ) 愛知県北設楽郡 *うなとも(子を連れたイノシシ) 東京都西多摩郡 *うなふ(雌のイノシシ) 徳島県美馬郡・三好郡 *うむざ 沖縄県八重山 *おーろーそく(革で六足の沓が作れるところから、イノシシの最も大きいもの) 奈良県吉野郡 *おーろくそくもの(革で六足の沓が作れるところから、イノシシの最も大きいもの) 和歌山県日高郡 *かじし(シカやイノシシなどの総称) 徳島県三好郡 *かまい 沖縄県八重山 *かまん・きやまん 沖縄県新城島 *かるい(雄のイノシシ) 徳島県美馬郡 *きやまい 沖縄県西表島・小浜島 *くらしし(イノシシの一種) 栃木県矢板市・安蘇郡 *げんじ 岡山県邑久郡 *こくめじし(米一石の重さ(約百五十キログラム)があるような年取った大きなイノシシ) 島根県鹿足郡 *ごそくもの(猟の時に履く皮ぐつが六足取れる大きなイノシシを大六足物といい、それにつぐ大きさのイノシシ) 和歌山県日高郡 *ごねんげー(「五歳」の意。イノシシの最も大きいもの) 鹿児島県肝属郡 *ごんぼ 三重県度会郡 *しし 群馬県勢多郡　神奈川県津久井郡　新潟県北魚沼郡　長野県諏訪　愛知県北設楽郡・碧海郡　三重県北牟婁郡　京都府北部　兵庫県佐用郡　奈良県・吉野郡　和歌山県日高郡　島根県・島根県那賀郡　岡山県邑久郡　広島県高田郡　徳島県那賀郡・海部郡　山口県山口市・防府市　高知県幡多郡　福岡県　熊本県球磨郡・下益城郡　大分県速見郡　宮崎県南那珂郡　鹿児島県肝属郡 *しょしょい(白いイノシシ) 宮崎県東諸県郡 *ずなし(四歳以上のイノシシ) 鹿児島県肝属郡 *すぶいのこ(その年に生まれたイノシシ) 鹿児島県肝属郡 *ちかい(手負いのイノシシ) 鹿児島県肝属郡 *ひきじし(明け方に巣に戻るイノシシ) 和歌山県日高郡 *ぶっかけじし(傷ついたイノシシ) 埼玉県秩父郡 *まけっちし・まけっじん(「まけ」は集団の意。群れをなして歩くイノシシ) 栃木県安蘇郡 *むざ 沖縄県石垣島・波照間島 *もんじ 茨城県多賀郡 *やおい(手負いのイノシシ) 和歌山県日高郡 *やまかぶら 徳島県 *やましー・やまんしー 沖縄県国頭郡 *やましし 沖縄県 *やまぬかみ 沖縄県西表島 *やまのかみ 新潟県佐渡 *やまんしし 沖縄県瀬底島 *ろーそく(「靴が六足取れる大きさ」の意) 奈良県吉野郡・宇陀郡 *ろーそくもの(「靴が六足取れる大きさ」の意) 奈良県宇陀郡・和歌山県日高郡

□の子 *うり 奈良県吉野郡 *うりこ 三重県志摩 *うりぼー(背の毛に銀まくわうりのしまに似た斑紋があるところから) 千葉県上総　神奈川県津久井郡　静岡県庵原郡　愛知県宝飯郡 *うりまだら(しま目がはっきりしている、八月ごろのイノシシの子) 奈良県吉野郡 *うりんぼ 長野県下伊那郡　静岡県磐田郡 *うりんぼー 静岡県　愛知県北設楽郡 *こぶった 奈良県吉野郡 *こぶりこ 三重県度会郡　奈良県吉野郡 *こんころこ 三重県度会郡 *こんぼー 静岡県榛原郡 *まっくわ(イノシシの一年子) 奈良県吉野郡

□の肉 *くさかけ(イノシシの胸の肉) 福島県南会津郡 *くさばき(イノシシの胸の肉) 神奈川県足柄上郡 *くさわき(胸の前で草を押し分けて行くところから、イノシシの胸の肉) 宮崎県児湯郡　鹿児島県肝属郡 *そーじし(イノシシの背中の肉) 宮崎県児湯郡 *ぼたん 茨城県多賀郡　静岡県駿東郡　三重県飯南郡 *やまあったみ 沖縄県首里 *やましー・やまんしー 沖縄県国頭郡 *やましし 沖縄県 *やまんしし 沖縄県瀬底島 *ろーそー(イノシシの背筋からわきにかけた部分の肉) 神奈川県足柄上郡

いのち【命】 *あまのいのち(天からの授かり物の命。「あまの命拾う」で、命拾いすることに言う) 兵庫県淡路島「すっての事死ぬ所を不思議に助かって、ほんまにあまの命拾ろた」 徳島県 *いの 岡山県児島郡「いのが無うなる」 *むむち 沖縄県首里

→せいめい(生命)

いのる【祈】 *うやーんてぃずん 沖縄県石垣島 *おがみ(神仏に祈ること) 島根県「えたし(病気)になったけん、おがみを頼んだ」 *かじる(呪文を唱えて神仏に祈る) 高知県香美郡「山へ行くし(人)はかじる事を知っちゅう」 *かみにんじ(神に祈ること) 沖縄県首里 *かりーるん・かりーん・かるいしん 沖縄県石垣島 *きねり・ひねり(祈ること) 宮崎県西臼杵郡 *きばる 富山県砺波 *てぃっつん 沖縄県石垣島 *にがいつぃきるん・にがいつぃきん・にんがいつぃきるん・にんがいつぃきん 沖縄県石垣島「にがいつぃくば(願わくば)」

いはい【位牌】 *いはいじょ 長崎県五島　熊本県天草郡 *いはじょ 熊本県天草郡 *おしょーい 愛知県碧海郡 *おりかけいはい(葬儀に使う位牌。板に折り曲げて立てた割竹に紙袋をかぶせ、その上に戒名を書く) 長崎県壱岐島 *かいみょー 愛知県碧海郡 *ぐりーじん 沖縄県首里 *とーとー(小児語) 鹿児島県喜界島 *とーとーめー 沖縄県首里 *のいはい(葬礼の時、墓に納める位牌) 京都府竹野郡 *ほとけ 東京都八丈島

いばりかえる【威張返】 ***ぎしつく** 長崎県壱岐島 ***ぎしめかす** 岩手県気仙郡「あの人ぎしめがしている」 ***ぎしめく** 大分県 ***ぎしめる** 大分県 ***ぎすつく・ぎしゃつく** 長崎県壱岐島「ぎすつくにも程がある」

いばりちらす【威張散】 ***うちがったり**(外ではおとなしく家庭内ではいばりちらす) 島根県鹿足郡・益田市「うちがったりの外良し」 ***うちがったい**(外ではおとなしく家庭内ではいばりちらす) 島根県那賀郡 山口県豊浦郡 ***がーいむん**(いばりちらす人) 沖縄県首里 ***きばり**(いばりちらす人) 高知県 ***けんしき**(いばりちらす態度) 新潟県佐渡「人をけんしきで使う」

いばる【威張】 ***いかばる** 和歌山県西牟婁郡・東牟婁郡 鳥取県東伯郡 愛媛県 ***いき**(いばっているさま) 島根県出雲 ***いきしむ** 岩手県岩手郡 ***いきすむ** 岩手県胆沢郡 ***いきばる** 栃木県那須郡 ***いきびる** 山口県 ***いきむ** 栃木県 千葉県海上郡 ***いきゃばる** 和歌山県西牟婁郡 ***いきらかす** 島根県鹿足郡・益田市「どがーにいきらかーても身元は知れとる」 ***いきる** 富山県・砺波 滋賀県(卑語) 島根県鹿足郡・益田市 徳島県・那賀郡 高知県「滅相はじめにいきっちょくと負けた時に恥かしいぞ」 福岡県企救郡 大分県 ***いきれる** 長野県諏訪・下伊那郡 ***いこーずる** 大分県下毛郡 ***いこずる** 福岡県築上郡 ***いさいきばる** 愛知県名古屋市 ***いさる** 石川県金沢市・石川郡 福井県 岐阜県恵那郡・飛驒 福岡県 ***いざる** 岐阜県益田郡 ***いしょこく** 山形県西田川郡 ***いせこく** 山形県最上郡・庄内 ***いっちょーばる**(仲間などに特にいばる) 滋賀県彦根 ***いばんなーし**(いばるさま) 沖縄県石垣島 ***いんげめく** 新潟県刈羽郡 ***いんげんめく** 新潟県中魚沼郡 ***いんげんめる** 新潟県 ***うわずる** 大分県 ***えらいきになる** 富山県 長野県下伊那郡 愛知県知多郡 ***えらげ・えらそげ**(いばるさま) 香川県「えらげにする」 ***えらばる** 京都府竹野郡「あの人たいへんえらばっていましたな」 徳島県海部郡 香川県 ***えらぼる** 三重県度会郡 ***えらわる・えらそばる** 滋賀県彦根 ***えんげんぶる** 山形県東置賜郡 ***おーてんぷら**(大いばり) 広島県高田郡 ***おーてんぶり**(大いばりのさま) 岩手県気仙郡 宮城県仙台市「あいつ学校の成績が落第になってるのも知らずに大てんぶりでやって来た」 山形県 ***おーはばこぐ** 青森県「亭主がお人好しだから、おかみさんがおーはばこえで横座にすわっている」 ***おーはりぱり**(大いばり) 福岡市 ***おごせばる** 長野県東筑摩郡 ***おごせる** 長野県「大層おごせる人だ」 ***おっきゃなかおをする** 島根県八束郡 ***おはばこぐ** 青森県津軽「悪評はあるが財産があるものだから、おはばこえで歩きまわっている」 ***おはる** 愛知県名古屋市 ***おんどぶる** 香川県三豊郡「偉いもんみたいにおんどぶってからに」 ***かおする** 香川県 ***かさにかぶる** 栃木県那須郡 新潟県岩船郡「村のうちをかさにかぶる」 ***かさばる** 滋賀県彦根 ***がさばる** 福島県東白川郡「ひたぁ弱ぇど思って、がさばりゃがる」 ***かしゃばる** 新潟県佐渡 ***がしゃばる** 山梨県南巨摩郡「金があるともってがしゃばるな」 ***かたはちけん**(大いばりのさま) 香川県三豊郡「肩八間の大威張り」 ***かんぱち**(いばること) 滋賀県彦根 ***がんぱち**(いばること) 滋賀県滋賀郡・蒲生郡 ***ききすぎる**(出過ぎた態度でいばる) 高知県「あれは大勢の店員中でもききすぎちょるから、皆に嫌われちょる」 ***ぎくむく** 福島県北会津郡 ***ぎしぇむ** 長崎県対馬 ***ぎしぎし・ぎしゃぎしゃ**(いばっているさま) 長崎県壱岐島「今度ぬ官員な何ちゅうぎしぎし威張りかえーちょるもんなーえ」 ***きしゃはる・きしゃばる** 宮城県仙台市 ***ぎしゃはる** 富山県「あの人はぎしゃはってばかりをる」・下新川郡 ***ぎしゃばる** 岩手県胆沢郡 山形県東置賜郡 千葉県香取郡 新潟県佐渡 石川県河北郡 山梨県南巨摩郡 ***ぎしゅむ** 長崎県対馬「彼は近頃分限者となったと思うて、ひどうぎしゅんどる」 ***ぎじゅむ** 長崎県対馬 ***きすきす**(いばっているさま) 長野県 ***きすぎす**(いばっているさま) 長野県東筑摩郡「利口ぶってきすぎする人だ」 ***ぎすぎす**(いばっているさま) 栃木県「あれはぎすぎすなやつだ」 群馬県碓氷郡 山口県豊浦郡「ぎすぎすする人」 ***ぎずむ** 宮城県仙台市 ***ぎっさめる** 福島県会津・大沼郡 ***きっつばる** 新潟県中頸城郡 ***きっぽこる** 山梨県 ***きてんばり**(いばること) 神奈川県津久井郡 ***きばる** 新潟県佐渡 石川県鹿島郡・羽咋郡 三重県 京阪 ***ぎばる** 熊本県玉名郡 ***きまる** 福岡県企救郡 ***ぎんばる** 滋賀県高島郡 大分県南海部郡 ***くそいばり**(うわべだけいばること) 新潟県佐渡 ***くんぴんばる** 千葉県安房郡 ***げしゃばる** 福島

方/言/の/窓

●方言量 I

ひとつの事物についてそれを表すことばの地域差のはなはだしいものと、ほとんど地域差の認められない、全国一律のものがあることに注意したい。この違いを示すスケールとして、柳田国男は「方言量」という概念を持ち出した。

方言量が多いということは、その対象となる表現が、歴史的に変化しやすいものであったことを示していると考えられるが、そのような対象とは、一体どのようなものであろうか。

動植物や子ども達の遊戯にかかわる項目に方言量が多いことはつとに指摘されているところである。一方、「馬鈴薯」などには方言量が非常に多いが、「茄子」などに非常に少ないのはなぜか、など、方言量の本質に関してはまだ十分に解明されているとは言えない。

県岩瀬郡 *げすめく 岩手県和賀郡 *けんしきぶる 新潟県佐渡 *けんたいぶる(高くとまっていばる) 新潟県岩船郡　富山県　岐阜県飛騨　愛知県名古屋市　三重県志摩郡　岡山県児島郡　長崎県壱岐島 *けんつく 新潟県佐渡　京都府北部 *けんにふる(権勢をかさにきていばる) 静岡県榛原郡 *けんぺー(傍若無人でいばっているさま) 新潟県佐渡　山梨県南巨摩郡　静岡県小笠郡「あの人は何でもけんぺいでやる人だ」 *けんぺん(いばっているさま) 長崎県対馬 *こーかる 福岡市 *こーまん(いばること) 長野県諏訪「こーまんする」 *ごんかふく 愛知県東春日井郡 *さきはる 山形県庄内 *じくさいぶる 兵庫県朝来郡 *しこぶる 長崎県西彼杵郡 *しこる 栃木県下都賀郡「だいぶしこっているな」 群馬県邑楽郡　神奈川県小田原　徳島県「この子はようしこっと」 熊本県芦北郡・八代郡 *しさいばる 島根県仁多郡 *したんしたん(大いばりのさま) 群馬県館林 *しゃきばる 秋田県鹿角郡「彼氏は役人になったと思ってしゃきばって歩く(いばってふんぞり返る)」 *しゃぎはる 山形県「羽織など着てしゃぎはる」 *しゃっきばる 東京都三宅島 *しゃれる 石川県能美郡 *しょきばる 秋田県鹿角郡 *しょきぱる・そきぱる 青森県 *じんばる 滋賀県東浅井郡 *ずい(「きずい(気随)」の略。思い上がっていばっていること) 宮城県登米郡 *ずこいきる 富山県射水郡 *すっきもっき(いばっているさま) 茨城県猿島郡 *ずなばる 山梨県 *そーきばる 島根県出雲「あいつがそーきばるのが癪になる」 *そりきばる 島根県「あの男はいつもそりきばった男だ」 岡山県児島郡 *たぎる 和歌山県有田郡　高知県「めっそー(やたらに)たぎるなや」 *ちゃんぶる(「ちゃん」は父のことで、父のようにふるまう意から。児童語) 群馬県桐生市 *ちゅーるる 大分県西国東郡 *ちょーすく 岐阜県大垣市 *できむ 岐阜県大野郡 *なまいきばる 富山県 *ねんこばる 徳島県 *ねんこぶる 愛媛県 *のーきばり(いばること) 島根県出雲 *のーきばる 島根県出雲 *のりきばる 島根県出雲　広島県比婆郡 *のりそばる 岡山県苫田郡「ちいとばあ銭が出来た言うて、のりそばって歩きょーらあ」 *はがむ(勢いを借りていばる) 茨城県北相馬郡 *はたかる 長崎県南松浦郡 *はばかる 富山県・西礪波郡 *はばる 富山県西礪波郡 *ばばる 富山県 *ぱりつかす 大阪市 *ぱりつかせる 奈良県宇智郡 *ばりつく 和歌山県「あいつばりつく奴なー」 *ぱりつく 長野県諏訪 *ひこる 神奈川県小田原 *ふけぶる(調子に乗っていばる) 愛媛県　高知県 *ふける(調子に乗っていばる) 新潟県佐渡　愛媛県大三島　高知県長岡郡「ええ下駄はいてふけりよる」 *へける(調子に乗っていばる) 徳島県・美馬郡　香川県・木田郡 *ほけらかす(調子に乗っていばる) 和歌山県 *ほける(調子に乗っていばる) 青森県三戸郡 *ほげる(調子に乗っていばる) 三重県阿山郡・一志郡　高知県安芸郡「あいつはほげるから面白い」・須崎市 *ぽんぽん(いばること) 三重県度会郡 *めごだす 島根県大原郡・仁多郡 *やばる 茨城県 *りきみあーがる 山梨県東八代郡・北巨摩郡 *りきみあがる 山梨県中巨摩郡 *りきむ 岩手県九戸郡・東磐井郡　宮城県玉造郡・加美郡　福島県安積郡・東白川郡　茨城県稲敷郡　栃木県河内郡　埼玉県秩父郡　千葉県・印旛郡　新潟県・佐渡　富山県　石川県金沢　山梨県南巨摩郡「おんだち(あなたがた)のりきむ場所ぢゃーないよ」 長野県「りきんでばかりゐる」 岐阜県飛騨・郡上郡「あいつ級長になったもんじゃでりきんどるぞ」 愛知県　滋賀県彦根　奈良県　和歌山市「あいつ滅法りきんでくさる」 福岡県小倉・福岡市　大分県日田郡　宮崎県延岡 *りくむ 新潟県佐渡 *りこーがる 香川県大川郡

家だけで□者 *かまどべんけー 滋賀県愛知郡・彦根 *よこざべんけー 富山県上新川郡　岐阜県北飛騨・吉城郡　京都府竹野郡　島根県八束郡　岡山県真庭郡　愛媛県　宮崎県日向 *よこだべんけー 山口県大島

□ている人 *いばやー(いばっている者) 沖縄県首里 *えらいさん 兵庫県加古郡「えらいさんしとる(いばっている)」 *かんぱち 滋賀県彦根 *がんぱち 滋賀県滋賀郡・蒲生郡 *ぎし 岩手県気仙郡 *のーきばり 島根県出雲「のーきばりに限って失敗すー」 *ふろだるのせん(木栓を「気然」に掛けて。いばった人) 熊本県下益城郡

いびき【鼾】 *いぐすり 山梨県　静岡県・駿東郡・田方郡 *いくち 静岡県 *いぐち 山梨県南巨摩郡　静岡県志太郡・安倍郡　長崎県壱岐島 *いごろ 東京都八丈島 *いしびき 山形県 *えぐち 高知県幡多郡 *えび 山形県「えびかく」 *ぐすり 神奈川県津久井郡 *ごーばな(大いびき) 沖縄県島尻郡 *ごろ 香川県大川郡「ごろひく」 愛媛県 *ごろた 兵庫県赤穂郡「ごろたひく」 香川県　愛媛県 *そばひき(そば粉をひく石うすの音に似ているところから) 青森県三戸郡「お父さんはそばひきして寝ている」 *どろかき 奈良県北部 *にぃーき・にんき 沖縄県小浜島 *にーき 沖縄県石垣島 *にーっき 沖縄県新城島 *にぇいっ 鹿児島県揖宿郡 *ねいき 鹿児島県沖永良部島　沖縄県黒島 *ねー 沖縄県波照間島 *ねぐすり 埼玉県秩父郡「でっかいねぐすりをかいて、うるさくてねつかれない」 *ねびき 山形県飽海郡　香川県 *ねひびき 大分県津久見市 *ねぶき 埼玉県入間郡　島根県大根島 *はないーち 沖縄県那覇市 *はないびき 岩手県気仙郡　宮城県栗原郡　山形県最上郡・南村山郡 *はなおと 青森県　岩手県　宮城県登米郡　秋田県 *はなぐら 宮城県「はなぐらかいて寝てす」 山形県東置賜郡　福島県「はなぐらか立てる人」 茨城県水戸市・真壁郡　栃木県 *はなぐるま 栃木県　埼玉県北葛飾郡 *はなごーら

東京都大島 *はなごと 青森県 岩手県上閉伊郡 秋田県鹿角郡「はなごとたてる」 *はなびき 岩手県気仙郡・上閉伊郡 宮城県玉造郡・石巻「お雷様みでーなはなびきかえでだ」 秋田県平鹿郡 山形県西村山郡・飽海郡 *はなふき 沖縄県竹富島 *ぱなふき・ぱなふしり 沖縄県八重山 *はなぶってぃー 沖縄県与那国島 *ひびき 愛知県碧海郡 三重県志摩郡 京都府北部 和歌山県那賀郡 *ふいき 鹿児島県沖永良部島

□をかく *ごとかえす 群馬県勢多郡「ねたべえだつうんに(寝たばかりだというのに)、はあごとけえした」 *ぞーすいやる(雑炊をする時の音に似ているところから言うか) 奈良県南葛城郡 *はながなる 香川県綾歌郡 宮崎県 *はならす 香川県綾歌郡 *やかんひっぱる 香川県大川郡・綾歌郡

□をかくさま *ぐーこらぐーこら(熟睡していびきをかくさま) 島根県美濃郡・益田市 *ぐーすぐーす 愛媛県松山「ぐーすぐーす寝る」 *ぐーすこぐーすこ 島根県 *ぐーすらぐーすら 静岡県榛原郡 *ぐーとこぐーとこ 島根県美濃郡・益田市 *ごろんすごろんす(いびきの音を表す語) 愛媛県松山

いびつ【歪】 *えごびつ 愛知県碧海郡・岡崎市 *きびつら 福島県北部「やかんがきびつらになった」 茨城県稲敷郡 *きぷっつら 茨城県 *しょっこ 神奈川県中郡 静岡県「この団子はしょっこになった」 *びっこしゃっこ・びっくしゃっく(いびつなさま) 埼玉県秩父郡「路がびっくしゃっくしている」 *びっちょー(いびつなさま) 山梨県 *ひっちょく(いびつなさま) 静岡県田方郡 *びっちょこ・びっちょく(いびつなさま) 静岡県「箱を落してびっちょこにした」 *びっつー(いびつなさま) 神奈川県津久井郡 静岡県・安倍郡 *びっつく(いびつなさま) 神奈川県北部 *ひょっこ 神奈川県南部 *ひよっこ 神奈川県小田原・足柄上郡 *びんちょ 千葉県「箱がびんちょになる」 *びんちょー 千葉県海上郡 長野県諏訪 *よこびつ 新潟県中頸城郡・西頸城郡 *よこぴつ 福島県相馬「よこぴっになる(ゆがむ)」

いびる *いしくる 青森県上北郡 *いじくる 岩手県九戸郡 栃木県上都賀郡・安蘇郡「舅が嫁をいじくる」 埼玉県秩父郡 新潟県佐渡 *いじらう 新潟県佐渡 *いじる 岩手県 宮城県栗原郡 栃木県 埼玉県秩父郡・川越 千葉県海上郡・印旛郡 新潟県佐渡・東蒲原郡 石川県 三重県志摩郡 滋賀県彦根 奈良県「うちの子いじらんといてよ」 島根県石見「姑が嫁をいじる」 徳島県美馬郡 香川県 *せせる 島根県「姑が嫁をせせる」 高知県 宮崎県西臼杵郡 *せつぽじる 宮崎県西臼杵郡

→いじめる(虐)・ぎゃくたい(虐待)

いふく【衣服】 *いっちゃら(最上の衣服) 三重県志摩郡 大阪府泉北郡 *いっちょーべら(最上の衣服) 宮崎県西臼杵郡 *いっちょーらい(最上の衣服) 埼玉県秩父郡 神奈川県中郡 新潟県西頸城郡 富山県砺波 石川県 福井県 長野県佐久 岐阜県恵那郡 静岡県磐田郡 三重県一志郡 京都府 大阪市 兵庫県 奈良県宇陀郡 和歌山県 鳥取県 島根県隠岐島 岡山県 広島県 徳島県 愛媛県 高知市 *いっちょーらん(最上の衣服) 長野県下伊那郡 *いっちょーろー(最上の衣服) 新潟県佐渡 島根県 広島県安芸郡 *いっちょーろーそー(最上の衣服) 島根県益田市 *いっちょーろーそく(「たった一本でともし替えのないろうそく」の意から、最上の衣服) 新潟県佐渡 岐阜県羽島郡 愛知県 島根県 長崎県対馬・壱岐島 *いっちょきちょらい(最上の衣服) 福井県 *いっちょこらい(最上の衣服) 兵庫県神戸市 和歌山県 *いっちょべら(最上の衣服) 佐賀県唐津市 *いっちょらい(最上の衣服) 石川県江沼郡 福井県大飯郡 岐阜県飛騨 三重県 滋賀県彦根 兵庫県加古郡・淡路島 奈良県南大和 和歌山県日高郡 徳島県 香川県 大分県大分郡 *いっちょろ(最上の衣服) 和歌山県 高知県土佐郡 大分県 *おそぶつ(新しい衣服) 山梨県 *おろしさげ(初めて着た衣服。新しい衣服) 山形県東置賜郡 *きーもの 鳥取県西伯郡 島根県出雲・隠岐島 *きかぶり 岩手県気仙郡 *きかもん 長崎県対馬「きくゎもんは大切に仕舞うておけばいつまでもよくもてる」 *きまき 岩手県胆沢郡 *きよもん 新潟県中越 *きらもの 広島県 *きりもの 岩手県九戸郡 山形県庄内 石川県 福井県 岐阜県 愛知県 三重県 滋賀県 京都府 大阪府 兵庫県 奈良県「またきりもん汚しよって」 和歌山県「こちらのきりもの着なさい」 鳥取県 島根県石見・隠岐島 岡山県 広島県 山口県 徳島県 香川県 愛媛県 高知県 長崎県長崎市・対馬 大分県 *きりものん 大阪府東成郡 *きるむん 岐阜県郡上郡 *きろーの 秋田県平鹿郡 *きろも(幼児語) 島根県鹿足郡 *きろもの 岩手県中通 島根県出雲 広島県西能美島・江田島 山口県萩市・阿武郡 *きろもん 福井県大飯郡 京都府中郡 大阪府泉北郡 兵庫県養父郡 島根県鹿足郡・八束郡 *きんもの 兵庫県美嚢郡 島根県隠岐島 *きんもろ 島根県隠岐島 *きんもん 石川県江沼郡 福井県 兵庫県 *こーこ 三重県志摩郡 *さらもん(仕立て下ろしの衣服) 新潟県佐渡 奈良県 長崎県対馬 *せだご 岩手県和賀郡 *せんたく 秋田県鹿角郡「せんたくがよい(立派な着物だ)」 *せんだく 青森県「よいせんだく持ってる女」 岩手県上閉伊郡 宮城県栗原郡(晴着) 秋田県鹿角郡 *ちるむん 沖縄県首里 *ばいばい(幼児語) 茨城県東南部 *ぱいぱえ(幼児語) 茨城県新治郡 *ばえばえ(幼児語) 茨城県 *はね 岡山市「行きたうてもはねがない」 山口県豊浦郡 *へんだぐ 青森県上北郡 *やーやー(幼児語) 沖縄県首里・石垣島 *ほんしん 静岡県賀茂郡・富

士郡　香川県 *ぽんしん 新潟県佐渡　静岡県・富士郡・田方郡　香川県三豊郡「寒げにせんとぽんしん着とんな」 愛媛県　熊本県天草郡　大分県北海部郡・大分郡 *ぼんちん 新潟県佐渡 *ぽんちん 新潟県佐渡　静岡県・田方郡・安倍郡　香川県大川郡
↓いるい（衣類）・きもの（着物）・ようふく（洋服）

□の丈が短いさま *つくんつくん・つくらつくら（短い衣服を着たさま）山形県米沢市「つくんつくんちゅう着物をきてる」 *つんつこ 山形県 *てんつらつん 長野県東筑摩郡 *てんつらてん 長野県諏訪・東筑摩郡 *てんつるてん 茨城県真壁郡　栃木県　埼玉県川越・入間郡　千葉県香取郡　山梨県　長野県東筑摩郡「大男の借着はてんつるてんだ」 香川県 *てんてらてん 大阪市

いぶくろ【胃袋】 *うげ（イノシシの胃袋）鹿児島県肝属郡 *えぶくろ 山梨県北都留郡・中巨摩郡　岐阜県山県郡　三重県三重郡　和歌山県日高郡　広島県安芸郡　長崎県北松浦郡 *えら 岩手県気仙郡 *おーずつみ（クマの胃袋）新潟県北魚沼郡 *きゆぇ（タラの胃袋）青森県三戸郡 *ちょーじ（クジラの胃袋）長崎県壱岐島 *とちごめ（カモシカの胃袋）福島県南会津郡 *ひえぶくろ 長崎県壱岐島 *ふと（魚の胃袋）新潟県佐渡 *みの（シカの胃袋）静岡県磐田郡 *みのわた（シカの胃袋）鹿児島県肝属郡 *ものはみ（鳥獣の胃袋）岩手県九戸郡 *ももげ（鳥の胃袋）鹿児島県・肝属郡
↓い（胃）

いぶす【燻】 *いやす 栃木県安蘇郡・上都賀郡　群馬県伊勢崎市・佐波郡 *うやす 長野県上伊那郡「あなをうやしてきつねをおいだす」・下伊那郡　岐阜県加茂郡・土岐郡 *きゅさーらしん 沖縄県石垣島 *くぶし（いぶすこと）島根県那賀郡・鹿足郡「浜でくぶしをする」 *くぶす 島根県那賀郡・大原郡「松葉をくぶした」 *くよす 鳥取県西伯郡　島根県「ごみをみんな集めてくよしてしまえ」 広島県比婆郡 *しぼす 島根県仁多郡 *しもす 島根県出雲 *すぼす 島根県浜田市・那賀郡「くどにいた猫をすぼしてやった」 熊本県芦北郡 *すぼらかす 長崎市 *すぼらす 愛媛県 *すぼる（いぶされる）岐阜県飛驒　熊本県玉名郡 *すもす 鳥取県西伯郡　島根県 *すもらかす・すもらす 島根県 *ふすぼらかす 島根県石見「そがーにふすぼらかすとそばに居られん」

いぶる【燻】 *いやる 東京都八王子 *うやる 長野県南部 *えむる 山形県南置賜郡「大変えむるぞ」 *きゅさーるん 沖縄県石垣島 *くいる 徳島県　香川県　愛媛県 *くする 愛媛県　高知県「薪がよー干いちょらんきにくすってもえん」 *くすれる（燃焼が十分でなくいぶる）徳島県 *くゆる 徳島県 *くよる 鳥取県　島根県「なんど、くよっちょうへんかや（何かくすぶっちゃいないか）」 広島県比婆郡
↓くすぶる（燻）

いぼ【疣】 *いびら 愛媛県南宇和郡　高知県 *いぼた・いぼたん 島根県簸川郡・大原郡 *いぼちゃ 島根県大原郡 *かねかけいぼ（耳の前方の上縁にできるいぼ。幸運の印といわれる）長崎県壱岐島 *くつび 沖縄県首里 *くつべ 鹿児島県加計呂麻島 *くんびー 鹿児島県喜界島 *ししね 島根県石見 *しね 島根県出雲 *そこまめ（足の裏に出るいぼ）愛媛県松山 *でぼ 富山県 *にゅーどーいぼ 島根県鹿足郡 *ぱつめー 沖縄県鳩間島 *ひしね 島根県 *ひすね 広島県比婆郡・高田郡 *ひすべー 沖縄県竹富島 *ふつぃべー 沖縄県石垣島 *ぶっとぅー 沖縄県首里「ぶっとぅーふぃっとぅー（いくつもあるいぼ）」 *ふつね 島根県隠岐島 *へしね 島根県飯石郡・仁多郡 *ほくろ（黒いぼ）愛知県知多郡 *めっぱ（目の上のいぼ）神奈川県鎌倉市 *もの 島根県出雲 *ゆおめ（大きいもの）和歌山県日高郡 *よのたま 岩手県気仙郡

いま【今】 *いまがた 山形県東置賜郡「えまがだ参ります」 *いまさー 山梨県南巨摩郡　滋賀県神崎郡 *いまし 三重県「いましわ、かいこわーかわん（今はもう蚕は飼わない）」 奈良県宇陀郡「いましの若い衆は……」 *いまたっても・いまたってーも 新潟県佐渡「いまたっても出かけよ」 *どーなう 長野県小県郡「とーなはそういうこともいいでしょう」 *ない 沖縄県与那国島 *なま 鹿児島県奄美大島・喜界島・沖永良部島　沖縄県「なまぬぴとぅ（現代人）」 *まなま 沖縄県鳩間島 *まぬま・まるま 沖縄県黒島 *まねー 沖縄県新城島 *まんま 新潟県佐渡 *みなま 沖縄県小浜島 *みんめー 鹿児島県喜界島「みんめーふぁどぅし（一時逃れ）」
↓げんざい（現在）

□から *いまどこし 島根県石見「いまどこし（そう早く）寝る馬鹿があるか」 *ふぁから 秋田県南秋田郡・平鹿郡「ふぁから酒呑んで何とする」

□すぐ *さしめ 香川県 *さすめ 香川県仲多度郡「さすめ用がないから行かん」 *すぐいま 千葉県印旛郡

□少しで *すってに 和歌山県東牟婁郡 *すってんで 京都市 *すてんと 山形県米沢市「すてんと、火事となるどごろてあった」

□では *いーまりや 奈良県吉野郡「いーまりゃそれぁねえのう」 *いまら 香川県「いまら女の子が月に二万円もうけるようになった」 *いまりやー 岡山県児島郡

□でも *いまがたいし 島根県石見「いまがたいし此処におった」 *いまだし 島根県石見「いまだし戻って来ん」 *いまねき 島根県 *いまのき 新潟県「朝の約束をしたのに夕方に成てもえまのき来ない」 島根県 *いまんたら 長野県佐久 *なま 鹿児島県奄美大島「なまわからむ（まだ分からない）」 沖縄県「ひるまーなまあつさやびーしが

(昼間はまだ暑うございますが)」
□になって *いまかーなってかー 鹿児島県鹿児島郡 *いまらー 鳥取県「いまらー云ったって仕様がない」
□のうちに *いまーのこまえ 山形県 *そんでらね 青森県津軽「ねごもの、そんでらね、はやぐえしゃさえて、みんでもらたほじえきぁ(腫れものは、それくらいなうちに、早くお医者さんに行って、診てもらったほうがいいですよ)」
□まで *いまねき 島根県 *いまのき 新潟県「朝の約束をしたのに夕方に成てもえまのき来ない」 島根県 *いまわけ 徳島県美馬郡
ちょうど□ *いまさー 山梨県南巨摩郡 滋賀県神崎郡 *いまし 三重県 奈良県宇陀郡

いま【居間】 *あだ・あざ・あざんま 長崎県西彼杵郡 *あらは 長崎県西彼杵郡 *いど 東京都大島・三宅島 *いどこ 岩手県和賀郡 山梨県・北巨摩郡・南巨摩郡 長野県 *いどころ 青森県津軽 *いのま 千葉県夷隅郡 *いるとこ 長野県佐久 *うーえ 長崎県西彼杵郡 *うち(家族の居間) 富山県砺波 徳島県美馬郡 *うちねー 宮崎県西臼杵郡 *うらざ(婦人の居間) 沖縄県首里 *おいえ 新潟県佐渡 岐阜県飛驒 滋賀県滋賀郡 *おえ 秋田県 新潟県西頸城郡・岩船郡 富山県東礪波郡 石川県 長野県北安曇郡 岐阜県飛驒 島根県鹿足郡 *おえー 新潟県岩船郡 長野県諏訪・安曇 *おーえ 石川県鹿島郡 長野県北安曇郡 岐阜県飛驒 愛知県 *おーまい 東京都三宅島・御蔵島 *おま 新潟県佐渡 *おまい 福島県会津 *おまえ 秋田県河辺郡 山形県東田川郡 新潟県岩船郡・東蒲原郡 長崎県西彼杵郡 熊本県 *おもて 熊本県 *おりま 長崎県北松浦郡 宮崎県西臼杵郡 *おんえ 愛知県知多郡 *おんえー 長野県諏訪 *かずき 石川県鳳至郡 *かって 熊本県 *かってんま 熊本県天草郡 *こざ 香川県三豊郡 *ごぜん・ごんぜん 熊本県玉名郡 *こり 長崎県内目海岸 *したくば 徳島県三好郡 *じょい 青森県 秋田県平鹿郡・鹿角郡 *じょーい 岩手県紫波郡 秋田県鹿角郡 *すぃめーざ 沖縄県首里 *すぶどっし・すぶどーっし 沖縄県黒島 *すまや 熊本県鹿本郡 *すみや 鹿児島県黒島 *すみゃーどこり・すめじょー 長崎県西彼杵郡 *ぜんぶ 山形県南置賜郡 長崎県南高来郡 *ぞい 岩手県下閉伊郡 *ぞーい 岩手県上閉伊郡 *そとのま 東京都八丈島 *そのや 熊本県天草郡 *だいどこ 秋田県秋田市・河辺郡 石川県七尾市 長野県上伊那郡 愛知県知多郡 三重県飯南郡 熊本県 *だいどこい 熊本県球磨郡 *だいどころ 青森県津軽 和歌山県日高郡 熊本県芦北郡 *ちょーだい 東京都八丈島 岐阜県 *ちょんで 三重県志摩郡 *つぼね 熊本県上益城郡 *で 青森県上北郡 *でい 青森県南部 新潟県西蒲原郡 岐阜県高山市 香川県高見島 宮崎県西臼杵郡 *でこ 青森県南部 *ないしょ 岩手県気仙郡 茨城県多賀郡 静岡県志太郡 徳島県 愛媛県大三島 *ないしょー 茨城県久慈郡 *なかえ 熊本県阿蘇郡 *なかめー 沖縄県首里 *なんど 千葉県安房郡 武蔵 神奈川県 三重県志摩郡 奈良県吉野郡 広島県高田郡(婦人の居間の意もあり) 熊本県球磨郡 *にわ 山形県南置賜郡 新潟県東蒲原郡 *ねーしょ 鹿児島県奄美大島 *ひのま 東京都三宅島 *ひや 岡山県真庭郡 愛媛県周桑郡 *ひろま 熊本県天草郡 *へーや 宮崎県西臼杵郡 *へや 愛媛県周桑郡 熊本県 *へんや 熊本県 宮崎県西臼杵郡 *よーなんど(亭主の居間) 千葉県安房郡 *よこざ 栃木県 新潟県 長野県東筑摩郡(主人の居間) 愛媛県北宇和郡・大三島 長崎県(農家の居間の意もあり) *よこだ 山口県祝島・大島 *よま 愛媛県 熊本県天草郡 *よりつき 長野県佐久

いまいましい【忌忌】 *あたばわるい 福井県敦賀郡 *あたぶがわるい 京都府竹野郡「ほんとうにあたぶがわりーこった」 兵庫県 *あほらしー 福井県大飯郡 京都府竹野郡 *あほーらしー 京都府中郡 *いずまし 富山市近在「あんな奴に負けたと思うたらいずましてたまらん」 *きあいがわるい 島根県 *きがわるい 静岡県志太郡「そんなぇーことーされて、わしゃーきがわるいよー」 島根県「心配事があって行ったのに、笑ってばかりいてきがわりかった」 *きゃーがわるい 岡山県小田郡 *きゃいくそがわるい 岐阜県恵那郡 香川県三豊郡・小豆島 愛媛県「あななことされると、ほんきゃいくそが悪い」 *きゃいわるい 香川県「おんかれまわって(さんざんしかられて)きゃいがわるいきん、あそびに来たんや」 *きやがわりー 島根県「あの男の顔を見るときやがわりー」 *きやくそがわるい 岐阜県土岐郡 島根県 香川県 *きゃくそわるい・きゃくそがわるい 香川県高松市・三豊郡「よいよきゃくそがわるいんやけどしょがないんやがな」 *きゃわるい 青森県津軽 香川県仲多度郡・三豊郡 *けたい(いまいましいこと。また、そのさま) 三重県度会郡 *けち(いまいましいさま) 岩手県 宮城県石巻「けずな奴」・仙台市「けちな目にあった」 秋田県平鹿郡「けつだ者」 群馬県佐波郡 新潟県西頸城郡 石川県・金沢市 長野県更級郡 *けつ(いまいましいさま) 石川県 *けったい(いまいましいこと。また、そのさま) 三重県中部 大阪市 高知県土佐郡 *けったくさい 新潟県上越市・中頸城郡 *ごーつら(いまいましいさま) 愛媛県 *しゃくだまねー 山形県東置賜郡 *はんしくたい 岐阜県吉城郡 *ぶがわるい 兵庫県但馬 *ふげたがわるい 福井県・大飯郡 滋賀県甲賀郡・蒲生郡 *ふげたわるい 福井県大飯郡 *べらぼっくさい 新潟県 *ほげたがわるい 滋賀県蒲生郡
→「しゃく(癪)」の子見出し、「癪に障る」
□く感じる *きなる 秋田県平鹿郡「あーきなる奴だ」「字をよくかけないできなる」

いましがた【今方】 *いまーし(「し」は強め

を表す助詞）栃木県塩谷郡「えまーし見た時はなかったんだきっとも」 *いまがた 岩手県東磐井郡 山形県「えまがだ来たばかりだ」 大分県別府市 *いまがたし 富山県砺波 *いまし（「し」は強めを表す助詞）福島県東白川郡「えまし来たげんと、ぢき行った」 栃木県 *いまもと 静岡県 *いまんた 岐阜県飛驒・郡上郡「ほんいまんた行きないた」 *いまんだし 岐阜県飛驒「いまんだしまでここにおった」 *いんまがたし 島根県石見 *さーきに 愛媛県 *さーきん 群馬県佐波郡 *さーちん 鹿児島県喜界島 *さーっきに 滋賀県彦根 *さーま 石川県江沼郡 *さかんた 石川県鹿島郡 *さきかた 岩手県気仙郡 *さきがた 宮城県仙台市 富山県高岡市 石川県江沼郡 岐阜県 香川県仲多度郡「さきがたまでおった」 *さきがたし 石川県能美郡・石川郡 *さきさ 山形県 *さぎし 千葉県印旛郡 *さきた 青森県 岩手県 宮城県「もーは、さきた行ってめーりした」 秋田県 山形県 *さきだって 山形県西田川郡 *さきな 福島県相馬 埼玉県入間郡「さきな歌うたってゐたな誰だ」 新潟県 富山県下新川郡 *さきながた 新潟県佐渡・三島郡 *さきながたし 新潟県西蒲原郡・佐渡 *さきなし 茨城県稲敷郡 *さきに 三重県志摩郡 兵庫県養父郡・淡路島 香川県・高松市・三豊郡 *さきにがた 京都府竹野郡「さきにがた出かけました」 *さきね 神奈川県津久井郡 山梨県北巨摩郡 *さきめ 石川県江沼郡 *さきん 埼玉県秩父郡「さきん帰ったべーだよん」 香川県 *さきんうちに 香川県仲多度郡 *さきんがた 広島県双三郡 香川県「さきんがた見えよった」 *さぎんし 千葉県印旛郡 *さきんた 福井県足羽郡 *さきんな 群馬県利根郡・勢多郡 *さきんに 香川県高松市・香川郡 *さけん 香川県 *さっかり 熊本県 *さっきかた 岩手県気仙郡「さっきかだきたばかりだ」 *さっきがた 岐阜県飛驒 *さっきし・さっきしがた 埼玉県北葛飾郡 *さっきた 青森県南部 岩手県「さっきだきたばりだ」 宮城県栗原郡・玉造郡 山形県 *さっきな 青森県南部 岩手県九戸郡・上閉伊郡 宮城県石巻「さっきなは留守すてすみえんでござりすたねんす」・仙台市 山形県 福島県 群馬県碓氷郡・佐波郡 新潟県中越 長野県下水内郡・佐久 *さっきながた 長野県佐久 *さっきに 愛知県名古屋市「花の先生はもうさっきにから見えております」 三重県松阪 滋賀県蒲生郡 和歌山県日高郡・西牟婁郡「さっけに書いて置きました」 香川県 愛媛県新居郡 *さっきね 岐阜県飛驒 *さっきん 福井県大飯郡 三重県阿山郡 京都府 兵庫県加古郡 奈良県 香川県 *さっきんがた 香川県 *さっきんだし 岐阜県飛驒 *さっきんに 香川県三豊郡 *なーまさき 鹿児島県奄美大島 *なまーてぃ 沖縄県竹富島 *なまがた 鹿児島県奄美大島 沖縄県首里 *なまさき 沖縄県島尻郡・石垣島 *なまさち 沖縄県首里 *なましき 沖縄県石垣島 *なまんがた 鹿児島県奄美大島 *まなしき・まなしし 沖縄県波照間島 *まなすき 沖縄県波照間島 *まなったばり 沖縄県石垣島 *まねばれってぃ 沖縄県新城島 *みなまーってぃ 沖縄県小浜島 →せんこく（先刻）

いも【芋】 *あんも 栃木県 *いでいも（「ゆでいも」の転か。むし芋）徳島県 *えぐいも（えぐい味の芋）大阪市 徳島県 *えごりぼー（えぐい味の芋）茨城県西茨城郡 *けしねいも 福島県岩瀬郡（売りに出したりせず、家庭で食べる芋） 山梨県南巨摩郡（よく洗った小さい芋） *さかえも 長野県下水内郡 *じーぶり（凍りついた芋）山梨県 *つめ（芋の切り干し）高知県幡多郡 *ととこ 島根県鹿足郡 *どんびいも（芽の出てしまった芋）三重県志摩郡 *ひがしやま（蒸した薩摩芋を切って干したもの。干し芋）山口県大島 高知県・幡多郡 *ふかし（芋を蒸したもの。ふかし芋）岡山県児島郡 *ほーべん（山芋の代用にもする、赤味を帯びた芋）岡山県苫田郡 *ぼっくそいも（子芋。小さい芋）栃木県安蘇郡 *むしいも（ふかし芋）大阪市 和歌山県

いもうと【妹】 *あーば 富山県下新川郡 *あのばっこ（「ばっこ」は女を卑しめて呼ぶ語）山形県庄内 *あば 新潟県 富山県 *あばさ 新潟県中魚沼郡 *あばちゃ 新潟県中頸城郡 *あばちゃん 新潟県 *あんま（末の妹）沖縄県石垣島 *あんまー（末の妹）沖縄県西表島 *いみおとがま（末っ子の妹）沖縄県宮古島 *いも 宮崎県東諸県郡 *いもー 神奈川県 *いもっじょ（他人の妹を敬って言う語）熊本県玉名郡 *いもっちょー（他人の妹を敬って言う語）長崎県対馬 *いもとじょー（他人の妹を敬って言う語）広島県比婆郡 山口県大島 *いれ 青森県南部 *うぃなぐうっとぅ 沖縄県国頭郡・首里 *うしとぅ 沖縄県黒島 *うすとぅ 沖縄県鳩間島 *うっと 鹿児島県喜界島 *うっとぅ 沖縄県首里・新城島 *うっとぅうない（兄から見た場合の妹）沖縄県首里 *うっとんぐゎ・うぃなごうっとんぐゎ（末妹）沖縄県那覇 *うとぅっとをー 沖縄県与那国島 *うとぅとぅ 鹿児島県奄美大島・加計呂麻島 沖縄県八重山 *うとぅどぅ 沖縄県石垣島 *うとぅどぅぶなり（兄から見た場合の妹）沖縄県石垣島 *うばこ 北海道函館 青森県上北郡（中流の次女への尊敬語）・三戸郡 秋田県鹿角郡 *うんば 秋田県鹿角郡 *おーば 富山県 *おつぱ 新潟県 *おとと 東京都八丈島 沖縄県宮古島 *おとみっこ 新潟県岩船郡 *おとむすめ（末妹）香川県高見島 *おなごいが 長崎県南高来郡 *おば（長子相続の場合、次女以下は当主にとって叔母に当たることになるところから）青森県津軽 岩手県中通 秋田県 山形県 福島県 千葉県 新潟県 石川県北部 長野県下水内郡 三重県志摩郡 島根県隠岐島 *おばー 山形県庄内 茨城県東南部 千葉県 *おばい 富山県下新川郡 *おばいま 富山県東礪波郡 *おばかす 秋田県

平鹿郡（さげすんで言う） 新潟県三島郡 *おばこ 青森県 岩手県中通 秋田県仙北郡・北秋田郡 福島県会津 山形県 新潟県 富山県 *おばさ 山形県置賜・村山 新潟県 *おばさま 山形県最上郡 *おばさん 新潟県佐渡 *おばじょ 千葉県長生郡 *おばちゃ 青森県上北郡（尊敬語） 山形県、西部 新潟県岩船郡 *おばはん 山形県東村山郡 富山県 *おばめ 岐阜県郡上郡 三重県南部（やや尊敬して）・志摩郡 *おやんま・おやんまがま 沖縄県宮古島 *おんば 秋田県平鹿郡・雄勝郡 千葉県夷隅郡 神奈川県三浦郡 *おんばちゃ 秋田県由利郡 *きょーだい 東京都八丈島 *げっぱばっこ（「げっぱ」は最後の意。末妹）山形県鶴岡市 *げっぱんぱ 山形県庄内 *こさまさん（姉を言う「おさまさま」に対する語）高知県 *たーべ 富山県 *ねーやん 広島県豊田郡 *ばこ 山形県庄内 *ばさま（上流）青森県三戸郡 *ばっち（「ばっし」の転）長崎県西彼杵郡 *ばっちゃ 秋田県仙北郡・平鹿郡 *ばっちゃめ・ばっこ（次女以下）秋田県仙北郡 *びー・びんた・びんたのこ（妹の卑称） 岐阜県益田郡 *めどもおっと 沖縄県宮古島 *めんこ 秋田県平鹿郡

いもちびょう【稲熱病】 稲の病害。わが国で被害が最も大きな病気で、全国いたるところに発生する。葉、穂首、節、籾（もみ）などを侵す。夏の気温が低く、多雨多湿の年に発生しやすく、昔は飢饉（ききん）の原因となった。 *いりもち 福島県石城郡 *くせ 神奈川県津久井郡・中郡 長野県佐久 滋賀県彦根 広島県高田郡 *じくい 青森県三戸郡 *しぶ 宮城県登米郡 *ひいもち 新潟県中頸城郡

↓「いね（稲）」の子見出し、「稲の病気」

いもり【井守】 イモリ科の両生類。背面は黒褐色、腹面は赤色で、黒い斑点がある。黒焼きは媚薬（びやく）として有名。日本の特産種で本州、四国、九州の池や沼などにすむ。 *あかこしまき 三重県名賀郡 *あかじょろ 青森県三戸郡 *あかっぱら 山形市 静岡県湯ヶ島 *あかはら 青森県上北郡・南部 岩手県九戸郡 秋田県鹿角郡 山形県西村山郡 福島県 栃木県 新潟県佐渡 長野県西筑摩郡 岐阜県郡上郡 静岡県富士郡 三重県名賀郡・志摩郡 滋賀県蒲生郡 京都市 兵庫県神戸市 奈良県 山口県玖珂郡 徳島県 愛媛県 佐賀県藤津郡 宮崎県延岡 鹿児島県肝属郡 *あかばら 新潟県佐渡 *あかべべ 山形県東置賜郡 *あかべら 富山県・東礪波郡 岐阜県益田郡・飛驒 *あかべろ 岐阜県北部 *あかわた 沖縄県島尻郡 *あかんべら 岐阜県飛驒 *あかんべろ 岐阜県吉城郡 *あけーはら 岩手県九戸郡 *いもあらい 熊本県 *いもあれ 熊本県芦北郡・八代郡 *いもいり 三重県度会郡 *いもうら 福岡県南部 *いもー 大阪府三島郡 *いもーれー 島根県邇摩郡 *いもーれん 島根県邇摩郡・邑智郡 *いもくい 福井県遠敷郡 *いもくり 熊本県下益城郡 *いもじりかけ 愛媛県宇和島 *いもぶら 高知県高岡郡 *いもほり 福島県安達郡 三重県南牟婁郡 島根県仁多郡 *いもら 福井県大飯郡 京都府 奈良県南大和 山口県玖珂郡 福岡県南部 *いもらい 石川県能美郡 三重県名賀郡 兵庫県但馬 奈良県南大和 和歌山県日高郡 鳥取県 岡山県 *いもりや 熊本県玉名郡・天草郡 *いもりやー 佐賀県 熊本県玉名郡 *いもれ 福岡県三池郡・八女郡 大分県日田郡 宮崎県霧島北麓 *いもれー 鳥取県気高郡 *いもろ 富山県砺波 兵庫県多紀郡 *えもほり 島根県出雲 *えもりんつぁ 山形県東置賜郡 *おきんじょ 長崎県南高来郡 *からっと 石川県能美郡 *かんこもれ 宮崎県 *かんじょめ 神奈川県三浦郡 *がんちょめ 神奈川県三浦郡 *ぎょっきゃれ 鹿児島県肝属郡 *くものばば 三重県志摩郡 *ごきあらい（背が黒く腹が赤いイモリ）山口県豊浦郡 *ししゃむし 鹿児島県 *しだみ 沖縄県黒島 *しょーじむやー・しょーじまやー 沖縄県首里 *しんなん 沖縄県島尻郡 *すもだ 三重県伊賀 *すもり 三重県阿山郡 滋賀県愛知郡 *そーじむやー 沖縄県中頭郡・那覇市 *そーずぃんぶら・そーずぃんむら 鹿児島県奄美大島 *そーちむらー 鹿児島県奄美大島 *たもり 愛媛県周桑郡 *ちしゃむし 宮崎県西臼杵郡 鹿児島県 *ちんなん 鹿児島県奄美大島・与論島 沖縄県那覇市・中頭郡 *なけんべす・なけんべっそ・なべそ 鹿児島県 *みずすまし 大阪府泉北郡 *もーらい 兵庫県但馬 *ももらい 滋賀県滋賀郡・高島郡 *よもじげんたろー 富山県 *よもり 新潟県中越 *よもれ 新潟県 *んだみ 沖縄県与那国島

いや【嫌】 *げに 広島県「活動へ行こーか、げに止めよー」 山口県大島「げにそーじゃない」 *ふしゅ 沖縄県石垣島

相手を不快にさせるような□な顔つき *つさつき・つさつかい 岩手県気仙郡 *つらつき 青森県津軽 宮城県仙台市「今度の下女は面つきをするので困る」 秋田県鹿角郡「つらつきする」 新潟県佐渡 *つらぶり 新潟県・西蒲原郡「近頃仕事がなうて遊んで居るから、うちのものがつらぶりして困る」

飽きて□になった気持ちを表す語 *あーきつ 福岡県粕屋郡 *あーきっつゎ 福岡県 *あくさい 長野県北佐久郡 *あくしー 島根県美濃郡 *あくばたい 青森県津軽 石川県鹿島郡 *あけべたい 青森県上北郡「この芋餅みるのもあげべたくなた」

□だ *いぶしない 高知県幡多郡 *いぶせー 長野県上田・佐久 *いやたい 静岡県「もういやたくなった」・榛原郡「いやたい話」 *いやったい 静岡県 愛知県豊橋市・東三河 愛媛県 *いやらしー 神奈川県津久井郡 愛知県岡崎市・名古屋市 三重県伊勢 滋賀県犬上郡・神崎郡 和歌山市 *いらん 三重県志摩郡 滋賀県彦

根・犬上郡　京都府竹野郡(女性語)「また雨だ。いらんわー」　奈良県『その紙一枚くれないか』『いらん』」　島根県出雲　*いろわるい　新潟県佐渡「いろわるい顔をされた」　*いんきゃわるい　静岡県　*うがい　和歌山県西牟婁郡「そんな事するの、うがいよ(嫌ですよ)」　*うしわい　山形県置賜　*うたち　山口県大島「(雨でびしょぬれになって)やれうたち、やれうたち」　*うたちー　山口県大島　*うたてー　青森県　秋田県北秋田郡・仙北郡　山形県「蛇食うなんてうだでーごだなぁ」　福島県　新潟県佐渡　滋賀県　京都府　島根県那賀郡・石見　広島県比婆郡・安芸郡　徳島県「雨がふってうたていのう」　*えそわしー・えつさしー　長崎県南高来郡　*えだきー　大分県大分郡「えだきゅーなる」　*おいた　岐阜県・郡上郡「『坊、えー子じゃね、使いに行ってくれんかい』『おいた』」　*おたてー・おーたてー　京都府竹野郡　*おとまっし　香川県「おとまっしゃ、また雨が降ってきたがいや」　*かなわん　三重県阿山郡　*かなん　三重県伊賀　滋賀県神崎郡　*ぎやだ　群馬県山田郡　新潟県西頸城郡　*きゃった　栃木県塩谷郡　*こいやらしー　岐阜県益田郡　*こぜからしー(煩わしくて嫌だ)　長崎県対馬　*こっともない　岐阜県大野郡・飛騨　*こはい　岐阜県吉城郡　*こやらしー　岐阜県吉城郡　*こわい　岐阜県飛騨　*こんとむない・こんとくない　富山県　*こんともない　岐阜県飛騨　*すかたらん　岐阜県　愛知県　*すかない　宮城県栗原郡　*すかん　岐阜県　三重県　山口県豊浦郡・大島「すかーん(あら嫌だ)」　徳島県　香川県　愛媛県周桑郡　熊本県阿蘇郡　宮崎県西諸県郡　*すかんたらしー　新潟県佐渡・西頸城郡「あのしと(人)は、すかんたらしいしとだ」　静岡県　愛知県東春日井郡　滋賀県彦根　京都府　大阪市　広島県倉橋島・高田郡　愛媛県　長崎県壱岐島「すかんたらしか男」　*せーちー(するのが嫌だ)　大分県南部　*せからしー(煩わしくて嫌だ)　福岡県　佐賀県三養基郡　長崎県長崎市・対馬「又面倒しいことばっかり言うてせからしいこっちゃ」　*せからしやぐらし(煩わしくて嫌だ)　長崎県佐世保市　*せちー(するのが嫌だ)　大分県直入郡　*せつい(するのが嫌だ)　大分県南部「またこんなしごとをせねばならんのか、せつい」　*せつない(女性語)　静岡県榛原郡「まーず、せつない(あら、いやだわ)」　*だーうたてー　島根県那賀郡　*だーら　福島県石川郡　*だだい　山形県東田川郡　*だったい　岩手県東磐井郡　宮城県栗原郡・登米郡　山形県北村山郡・最上郡　*だって　山形県米沢市　*だってー　岩手県気仙郡　*だてー　山形県　*でびしー　岐阜県飛騨「あいつはでびしー奴じゃ」　*なさけない　三重県名賀郡　滋賀県彦根　大阪市　*なますかん(生意気で、嫌だ)　鹿児島県「あげななますかんわろちゅがおいむんな(あんな嫌な方ったらいないわ)」　*ねたい　石川県江沼郡　*ばじゃ　鹿児島県奄美大島　*ふゆん　沖縄県首里　*へーでよー　島根県益田市・江津市「へーでよー、わしの袖を引っぱって」　*むしずがわく(きざに思えて嫌だ)　山梨県　*やーらしー　愛知県知多郡　*やぎろしー　徳島県「電気が暗うてやぎろしー」　*やぐらし　長崎県東彼杵郡　*やげろしー　愛媛県大三島(雨天でうっとうしい時など)　*やごらしー　長崎県対馬　*やしぇあない(堪えられないほど嫌だ)　山形県「なんぼ稼えでも貧乏でやしぇあなえ」　*やしぇね(堪えられないほど嫌だ)　山形県南置賜郡　*やせーね(堪えられないほど嫌だ)　山形県東田川郡　*やせがない(堪えられないほど嫌だ)　新潟県佐渡　*やせない(堪えられないほど嫌だ)　宮城県栗原郡「病気ばりしてやせねえ」　*やだい　秋田県由利郡「やだがるのをむりに連れて行った」・仙北郡「やだぐねや(嫌でない)」　山形県「やだぐなる」　福島県西白河郡　栃木県　千葉県長生郡・夷隅郡　新潟県上越・中頸城郡　長野県「やだくなるとじき飛びあるく」　静岡県志太郡「やだきゃーよしょー(嫌ならやめろ)」　愛知県知多郡　*やだくさい　千葉県夷隅郡・安房郡　*やだらしー　長野県　*やない　山形県酒田市・飽海郡「やなぐなる」　*やばちー　岩手県気仙郡　秋田県「おれが来たからってやばちがらなくてもよからう」　*やらしー　長野県下伊那郡　岐阜県山県郡・郡上郡　愛知県北設楽郡　三重県鈴鹿郡　京都府　鳥取県気高郡・岩美郡　島根県出雲　岡山県岡山市・児島郡　徳島県「やらしい雨が降る」　愛媛県伊予郡・喜多郡　長崎県対馬　*やるせあない(堪えられないほど嫌だ)　静岡県志太郡　*やんか　岩手県和賀郡　秋田県「そうするなら、俺(おれ)やんか」　*やんだい　宮城県「やんだくなるやぁ(嫌になっちゃうなぁ)」「つくづくおらやんだくなった」　山形県「やんだげば」　福島県　*よそわしー　佐賀県　長崎県・長崎市　*よだきー(「よだけし」の転)　兵庫県美方郡　鳥取県　大分県大分市・大分郡　宮崎県東諸県郡・宮崎市「よだきなる(飽きる。嫌になる)」　鹿児島県肝属郡　*わからない　北海道小樽市・函館　青森県津軽　岩手県岩手郡・上閉伊郡　宮城県　秋田県　山形県「重くて一人でわからない」　福島県　*わからん　熊本県芦北郡　*わがりえん　宮城県石巻　*わかんない　北海道・松前郡　岩手県　宮城県　山形県　福島県相馬郡・東白川郡「俺さばかりかかったってわかんねぇ」　*わっかんね　山形県米沢市　*わかない　青森県南部　岩手県胆沢郡「おんべーにはーおらわかねだ(重い荷物はおれは困るよ)」・紫波郡　秋田県鹿角郡　*んた　秋田県南西部「買いに行くのはんた」　*んか　秋田県山本郡・平鹿郡「そんな事はんか」

□だの意で鼻をなでながらののしって言う語　*べっと　岐阜県　*べっとしょ・べっとしゃ

れ・べっとくえ 岐阜県飛騨

□だ、まっぴら御免の意で言う語 *あかしゃこにろべー・あかしゃこべー 大分県南海部郡 *あかちゃかべーろ 愛媛県松山 *あかちょこべー 福岡市 *あかべ 新潟県西頸城郡 滋賀県彦根「そんな事あかべや」 京都市 鳥取県西伯郡 *あかべー 三重県北牟婁郡 *あかべっとしょいのみ 高知県長岡郡 *あかめ 岩手県気仙郡 福島県北部・浜通 福井市 *あかめしょっぱい 山形県『これをしてけろ』『あがめしょっぱい』 *あかめたえ 宮城県石巻 山形県東置賜郡・村山 福島県相馬郡 *あかめたえたえ 山形県北村山郡 *あかめたぐれ 青森県三戸郡 *あかめったい 青森県南部 福島県北部・浜通 *あかめて 宮城県仙台市 *あかんべー 栃木県河内郡 *あかんべろ 石川県江沼郡 岐阜県吉城郡

□というほど *おめなしー 岩手県胆沢郡 *おめなしく 岩手県江刺郡 宮城県 *おもいなく 青森県三戸郡 山形県東置賜郡 福島県会津 *おもいなし 福島県「あのやうにおもえなしはだがっちゃ」 *おもいなしく 岩手県気仙郡「おもいなしぐぶっただいだ」 宮城県「びらり跳びついておもいなしぐなぐってやりしたや(やりましたよ)」

□な *いな 山梨県 長野県上田・佐久 島根県「近頃お前についていなことを聞く」 山口県豊浦郡 *へな 新潟県南蒲原郡 *やだな 兵庫県赤穂郡「やだな恰好をしている」 *やだよーな 長野県南佐久郡・上田

□な感じだ *はらがわるい 島根県石見「勝つことは勝ったがどーもはらがわりー」 *はらくそがわり 島根県出雲「あの奥さんは、大学出を鼻ねかけて、どげね見識ぶっちょってかね。おちゃ(私は)、声聞いただけで、ようねはらくそがわりやなわ…」

□な気になる *あくさいうつ 福岡市 長崎県対馬「重ね重ね仕事を夥しう持ち懸けられてあくすぇえうった」 *あくさいつく 愛媛県松山「もうこんな事あくさいついてしもた」

□な気持ちだ *きがわるい 静岡県志太郡「そんなぇーことーされて、わしゃーきがわるいよー」 島根県「心配事があって行ったのに、笑ってばかりいてきがわりかった」 *きゃわるい 青森県津軽「まぇんじのべんとねかて、きゃーわりでぁ(毎日の弁当を作るのに、いやもうたいへんですよ)」 香川県仲多度郡・三豊郡

□なこと *けたい 三重県度会郡 *けったい 三重県中部 大阪市 高知県土佐郡 *べっからべー 福岡市 *べっくら 愛知県「そんな事べっくらだ」

□なさま *いなげ(「いなげな」の形で連体詞的に用いられることが多い) 島根県「いつも弟をいなげにする(嫌がらせる)」 *げだ 岩手県中通「又今日も雨か、もう雨はよくよくげだげだ」 *けたい 三重県度会郡 *けったい 三重県中部 大阪市 高知県土佐郡 *げな 岩手県北部「げな雨だ」 *やみやみ(非常にいとわしく嫌なさま) 新潟県佐渡 沖縄県

□な人 *かったひと(「かわったひと(変人)」の転) 鹿児島県 *やながたー 沖縄県首里

□なやつ *みたくなし 青森県「あいつは本当にみたぐなしだね。相手にしないことこしょう」 岩手県気仙郡 宮城県仙台市 山形県西置賜郡 福島県会津 東京都三宅島 新潟県東蒲原郡 *やなむん 沖縄県首里「とぅいんつぃかみんならんやなむん(煮ても焼いても食えない嫌なやつ)」

□になる *あきれる 栃木県「あきれないで仕事をする」 岐阜県益田郡 島根県石見「何をさせてもすぐあきれる」 *あくさいうつ(飽きて嫌になる) 福岡市 長崎県対馬「重ね重ね仕事を夥しう持ち懸けられてあくすぇえうった」 *あくさいつく(飽きて嫌になる) 愛媛県松山「もうこんな事あくさいついてしもた」 *あくばる(仕事が多すぎて嫌になる) 島根県益田市・那賀郡「子供にあくばるほど仕事をさせるな」 広島県高田郡 山口県豊浦郡 徳島県三好郡 長崎県五島 *のれる(仕事が嫌になる) 山口県豊浦郡 *のるる(仕事が嫌になる) 福岡県粕屋郡 *びれる(同じものをたくさん食べて満腹して見るのも嫌になる) 東京都大島「毎日魚ばかり食べてもうびれた」・御蔵島 *ふきる(同じものをたくさん食べて満腹して見るのも嫌になる) 東京都三宅島・御蔵島 *ぶれる(同じものをたくさん食べて満腹して見るのも嫌になる) 東京都三宅島 *ほっとすい(飽きて嫌になる) 鹿児島県鹿児島郡 *ほっとする(飽きて嫌になる) 三重県阿山郡 滋賀県甲賀郡 兵庫県神戸市 徳島県 鹿児島県 *みみがはらやむ(いつまでも決まらない論議を聞いていて嫌になる) 青森県津軽 *やしぇあない 山形県「なんぼ稼えでも貧乏でやしぇあなえ」 *やしぇね 山形県南置賜郡 *やせーね 山形県東田川郡 *やせがない 新潟県佐渡 *やせない 宮城県栗原郡「病気ばりしてやせねえ」 *やまう 三重県北牟婁郡「柿(かき)ゃやもた」・南牟婁郡 *やるせあない 静岡県志太郡

□になること *あくさい(飽きて嫌になること) 三重県志摩郡 *あくせー(飽きて嫌になること) 長野県佐久「あくせーした」 *あっせー(度が過ぎて嫌になること) 鹿児島県喜界島「あっせーする」「あっせーだ」 *あんど 宮崎県「ありゃー仕事にあんどすりゃーすぐ遊び行く」 鹿児島県 *うんなり(飽きて嫌になること) 奈良県南葛城郡 *やっきり 神奈川県小田原市「やっきりする」

□になるさま *うんなり 奈良県南葛城郡 *げっそり 静岡県「来たばかりでげっそりした」 三重県阿山郡 京都府 愛媛県周桑郡・喜多郡

*げっちゃり 愛媛県周桑郡・喜多郡 *げっつり・げっつら 新潟県佐渡 *よっばら 新潟県北蒲原郡 *よっぱら 福島県大沼郡　新潟県「日が長いのに用事がなうてよっぱらになつだ」「喧嘩(けんか)の仲裁はよっぱらだぞ(つまらないぞ)」「掃除がよっぱらになる」

□になるほど *やんだくはえ 山形県最上郡 *やんだころ 山形県「やんだころお世話になった」

□を強調する語 *いやだんべー 茨城県稲敷郡 *いやっぺ(児童語) 滋賀県彦根 *いやのかー(「いやのかわ」か) 高知市「そんなくだらんことはいやのかーじゃ」 *いやべ(児童語) 高知県 *いやべー 高知市「いやべー、あたしゃそんな事はごめんよ」 *いやますべー 富山県中新川郡 *やだべーだ 岐阜県恵那郡

ものごとが□になった状態 *きあがき 青森県三戸郡 *きあがり 青森県三戸郡　群馬県勢多郡

いやいや【嫌嫌】 *しびしび 香川県「仕事をしびしびする」・仲多度郡 *つらずら 愛媛県伊予三島市 *つらつら 愛媛県周桑郡「頭が重いのでつらつらながら学校に行く」 *んぱーんぱー 沖縄県首里「んぱーんぱーぬ　うふさん(嫌がることが多い)」 ↓しぶしぶ(渋渋)

□ながら *しりくりもね・しりくりもぬ 長崎県壱岐島「しりくりもぬに来た」

□ながら行うさま *にぶにぶ・にぶしぶ・にぶやみ 新潟県佐渡 *のっくつ(「体を前に伸ばしたり後ろに反り返ったりする」の意から) 新潟県西蒲原郡「彼奴は何をさしてものっくつばかりして居る」 *のんじくんじ 新潟県西蒲原郡 *やだやだ 秋田県仙北郡「やだやだと仕事する」　山形県　新潟県糸魚川市

□ながらする *のたうつ 奈良県

□ながらすること *あちはいしー 沖縄県首里

*さららんしー 沖縄県首里

□ながら食べること *なまふぁい・なまんだふぁい 沖縄県石垣島

□ながら食べるさま *あぎあぎ 島根県那賀郡 *あぎりあぎり 島根県益田市・邑智郡「あぎりあぎり食う」 *あぎりもぎり 島根県邑智郡

いやがる【嫌】 *いやじがる 山梨県・南巨摩郡 *うたて(嫌がるさま) 青森県津軽　秋田県 *えずがる 青森県三戸郡 *おたて(嫌がるさま) 京都府与謝郡 *おんじょーをゆー 長野県「よくおんじょーを言う子供だ」　静岡県・磐田郡　愛知県設楽 *かばねひきじり(働くのを嫌がること) 岩手県気仙郡　宮城県登米郡・玉造郡 *かばねほし(働くのを嫌がること) 宮城県栗原郡 *かばねやみ(働くのを嫌がること) 岩手県　宮城県「かばねやみの節句ばたらき」　山形県最上郡　福島県南部 *かばねやむ(口実を設けて仕事をするのを嫌がる) 岩手県気仙郡 *からだやみ(働くのを嫌がること) 宮城県　福島県 *けぎらい(けちをつけて嫌がること) 山口県長門 *しゃぶぎだち(嫌がること) 岩手県気仙郡「しゃぶぎだずして(嫌がって)誰も食わない」 *せしぼじる(他へやるのを嫌がる) 島根県邇摩郡 *だって(嫌がるさま) 宮城県加美郡　山形県「だってな野郎だ」 *だってぁ(嫌がるさま) 岩手県気仙郡 *だでだで(嫌がるさま) 山形県東置賜郡「豚はだでだでだこと」 *にさぶゆん 沖縄県首里「んもー　にさぶとーん(薩摩芋(さつまいも)を食べるのは嫌がっている)」 *へばる 愛媛県「へばってどーしても行かん」 *もがる 岡山県小田郡 *やじがる 静岡県 *わるがる 大分県日田郡 *んぱーんぱー(嫌がること) 沖縄県首里「んぱーんぱーぬ　うふさん(嫌がることが多い)」 ↓きらう(嫌)

□せる *いらばかす 愛媛県

□ない *うさない 岩手県気仙郡「よぐうさねぁで行ぐ人もある」

いやらしい【嫌】 *いぎつない 山口県玖珂郡「いぎつのーする」 *いげちない 京都府 *いげつない 大分県大野郡 *いだきー 鳥取県東伯部 *いやたー 愛媛県伊予郡 *いやたい 愛媛県「あなな人はさーけにからいやたいことばーか云ひよる」 *いらっしぁい 長野県東筑摩郡「あの女はいらっしぁい」 *いんげちない 京都府竹野郡「なんぼ猫だかってそんにいんげちなゃーことしてやるな」 *うざくらし 石川県金沢 *うさぐらしー 石川県河北郡 *うざくらしー 富山県砺波　石川県　福井県坂井郡　岐阜県飛驒 *うざこい 石川県鹿島郡 *うざってー 東京都八王子 *うざにー 石川県鳳至郡 *うずくらしー 石川県能美郡 *うっちゃい 秋田県鹿角郡 *うらめし 岩手県気仙郡 *うらめしー 岩手県上閉伊郡　熊本県玉名郡「色男面してうらめしか」 *うるさい 滋賀県彦根 *えげちない 福井県大飯郡　京都府　高知市 *えげつない 山形県西置賜郡　新潟県中頸城郡　福井県大飯郡　長野県佐久　滋賀県彦根　京都市　大阪市「そないにえげつのお言はんかてええやないか」　兵庫県「えげつない傷」　奈良県・南大和　和歌山県　島根県　岡山県児島郡　広島県高田郡　徳島県 *えずい 高知県香美郡「あんなえずい男はないのーし」・土佐郡 *えぞい 岐阜県飛驒・稲葉郡 *えぞくらしー 岐阜県羽島郡 *えぞくるしー 岐阜県養老郡 *えぞくろしー 滋賀県 *えんげつない 奈良県宇陀郡 *おーぐらしー 石川県珠洲郡 *からほーとくない 島根県邑智郡「からほーとくない風をするな」 *きしげ(いやらしいさま) 愛媛県北宇和郡「きしげな」　高知県幡多郡 *きちゃなましー 島根県大原郡・隠岐島 *きゃらし 和歌山市 *きゃらしー 徳島県 *きやらしー 大阪府泉北郡　徳島県「あの人はきやらしい人じゃ」 *ぎゃらしー 長野県諏訪・下伊那郡 *ぎやらしー 長野県上伊那郡 *けぁらしくない 岐阜県飛驒 *げむね 宮崎県東諸県郡「げむね人じゃ」 *けゃしく

ない 青森県津軽 ＊けらしくない 青森県津軽「あの女はどうもけらしぐなぇ」 ＊こいやらしー 岐阜県益田郡 ＊こやらしー 岐阜県吉城郡 ＊ざくらしー 岐阜県大野郡 ＊ざくらし 石川県河北郡 ＊ざっこい 富山県砺波 ＊したらしー 島根県八束郡・能義郡「したらしー風をするな」 ＊しゃらすかねー 長野県上田・佐久 ＊しゃらっすかねー 長野県上田 ＊すかんたらしー 大分県 ＊すかんらしー 新潟県佐渡 ＊ずるい 新潟県中頸城郡 岐阜県飛騨「あの女はずるい」 滋賀県彦根 京都市 ＊せせない 愛媛県津島 ＊せせりむつかしー(手数が掛かっていやらしい) 富山県 ＊せせるむつかしー(手数が掛かっていやらしい) 富山市「ああ、せせるむつかして嫌になった」 ＊そくしゃーか(いやらしいさま) 佐賀県 ＊たいこ(いやらしいさま) 石川県羽咋郡 ＊とーとし・とーとっし 東京都大島「この雨の最中をとうとっしゃ、釣に行くが」 ＊なめなめ(言葉つきが優しく、しかしいやらしいさま) 長崎県壱岐島 ＊なもかけ(しつこくていやらしいさま) 石川県江沼郡 ＊はごーさん 沖縄県首里 ＊みるもみだぐない(非常にいやらしい) 岩手県気仙郡 ＊むさい 石川県石川郡 ＊やぎろしー 徳島県「電気が暗うてやぎろしー」 ＊やぐらし 長崎県東彼杵郡 ＊やげろしー 愛媛県大三島(雨天でうっとうしい時など) ＊やごらしー 長崎県対馬「斯(こ)う乱雑に取り散らかしてあってはやごらしいぢゃねえか」 ＊やだくさい 千葉県夷隅郡・安房郡 ＊やだな 兵庫県赤穂郡「やだな恰好をしている」 ＊やだよーな 長野県南佐久郡・上田 ＊やだらしー 長野県 ＊やぶい 石川県河北郡・石川郡 ＊やろい 京都府 ＊よぞくろしー 滋賀県犬上郡 ＊よだきー(「よだけし」の転) 鳥取県 ＊よだけー 岡山県苫田郡 ＊よだけない 岡山県苫田郡 ＊よもくりわるい 石川県能美郡 ＊よもくろわるい 石川県石川郡

□人 ＊すかんぴん(虫の好かない、いやらしい人) 山梨県 三重県志摩郡 ＊すかんぼ・すかんべ(虫の好かない、いやらしい人) 新潟県西頸城郡

いらい【依頼】 ＊かねぐ(依頼する) 三重県志摩郡 ＊かぎのう(目下の者に依頼する) 静岡県「かぎのーておきました」 ＊ちゃわんしぼり(ごちそうをして依頼ごとをすること) 福岡市 ＊なんだい 石川県「ごなんだいながら」

↓たのみ(頼)

□心 ＊たよりこんじょー 新潟県佐渡 ＊よりかかりこんじょー 新潟県佐渡

□心の強い人 ＊ひとがかりこんじょー 長崎県対馬

互いに□し合うこと ＊もたれあい 奈良県宇智郡

いらいら【苛苛】 ＊あしがち・あしがちのーり 沖縄県首里 ＊いじいじ 栃木県 長野県上伊那郡「へでもねーことにいじいじする」 大阪市 岡山県児島郡「あの人がやりょん(やるのを)見よったらいじいじする」 ＊しかしか 沖縄県首里 ＊むたくた 福井県大飯郡「むたくたする」

↓じれったい(焦)

忙しくて□するさまだ ＊せせくらぜわしー 島根県美濃郡・益田市「せせくらぜわしーけーやめてしまえ」 ＊せせくらわしー 島根県隠岐島 ＊せせくりぜわしー 島根県邇摩郡 ＊せせりぜわしー 島根県石見

□させる ＊いびらかす 愛媛県 高知県幡多郡 ＊いらばかす 愛媛県 ＊じゃらかす(からかっていらいらさせる) 栃木県那須郡「幼いものをじゃらかすな」

□して落ち着きがない ＊こざかしー 岡山県児島郡

□してしかりつけるさま ＊けちょけちょ・けちょらけちょら・けちょぱた・けちょぱちょ 山形県南部

□してよく怒る人の形容 ＊おこぜのよーな(虎魚(おこぜ)に刺されたように、いつもいらいらしてよく怒る人の形容) 長崎県対馬

□する ＊あがく 福井県坂井郡 岐阜県飛騨 ＊あがふ 東京都大島 ＊あがやく 山梨県 岐阜県山県郡 ＊あしがちゅん 沖縄県首里 ＊いやくる 鳥取県西伯郡 ＊いらくらする 島根県 ＊いらくる 和歌山県東牟婁郡・新宮 鳥取県西伯郡 島根県「仕事がなんぼーもあって、一日中えらくる」 ＊いらける 青森県上北郡 島根県・仁多郡 ＊いらちもむ 和歌山県東牟婁郡 ＊いらつ 岐阜県養老郡 三重県松阪市・志摩郡 滋賀県彦根・蒲生郡 京都市 兵庫県加古郡・神戸市 和歌山市「そないいらってもあかん」 岡山市 徳島県・美馬郡 ＊いらつく 兵庫県神戸市 和歌山県新宮・東牟婁郡 ＊いられる 高知県・高知市「そんなにいられても早う出来るものぢゃ

方/言/の/窓

●方言量Ⅱ

『日本方言大辞典』（小学館）や『全国方言辞典』（東京堂出版）を用いてどのような意味分野に方言量が多いかをみると、およそ以下のようなことが分かる。

小動物（かたつむり・めだか・ありじごく・おたまじゃくし……）、遊び（片足跳び・お手玉・鬼ごっこ・ままごと……）、マイナスイメージを持つ人間（おてんば・怠け者・臆病者・娼婦……）、栽培植物（じゃがいも・とうもろこし・空豆……）、草花（彼岸花・いたどり・すみれ……）、親族名称（父・母・兄・親類……）、人称代名詞（私・あなた）、程度を表す副詞（非常に・いつも・むやみに……）など。

フランスやドイツにおける方言量の多寡は日本語の場合と一致するのだろうか。興味深い研究課題である。

ない」 *いらをおこす 鳥取県 *いれこむ 和歌山県日高郡 *いれる 東京都 兵庫県但馬 愛媛県 高知県土佐清水市 *きもがいる(腹が立っていらいらする) 茨城県 千葉県香取郡 *きもがいれる(腹が立っていらいらする) 茨城県北相馬郡 栃木県安蘇郡 群馬県多野郡 埼玉県「あんなこどもにばかにされてきもがいれてしかたがねー」 千葉県東葛飾郡・長生郡 長野県佐久 *しがらさい・しからーさい(騒々しくていらいらする) 鹿児島県喜界島 *しからしー(騒々しくていらいらする) 熊本県八代郡・芦北郡 鹿児島県喜界島 *せがーし・せがーっね・せがーっなか(騒々しくていらいらする) 鹿児島県鹿児島郡 *せからし(騒々しくていらいらする) 熊本県下益城郡 宮崎県 鹿児島県 *せがらし(騒々しくていらいらする) 熊本県天草郡 鹿児島県 *せからしー(騒々しくていらいらする) 福岡県 佐賀県 長崎県・北松浦郡「人ばかり来いせからしい」 熊本県・下益城郡 大分県 宮崎県東諸県郡・西臼杵郡「せからしい!おとなしうせい」 鹿児島県 *せからわし(騒々しくていらいらする) 福岡県田川郡 *せける 京都市 香川県 *せっからしない(騒々しくていらいらする) 宮城県栗原郡 *せりこむ 岡山県御津郡 *せわらし(忙しくて気がいらいらする) 熊本県玉名郡・下益城郡 鹿児島県肝属郡 *せわらしー(忙しくて気がいらいらする) 兵庫県但馬 島根県出雲市・大田市 長崎県対馬「面倒しいことをせかせか言うて来るのでせわらしいっちゃ」 *だだこく 山形県庄内 *はんしくたい・はんちくたい(思うようにならなくていらいらする) 岐阜県飛騨 *めかいだるい(見ていていらいらする) 奈良県吉野郡 *めだいー(見ていていらいらする) 徳島県 *めだるい(見ていていらいらする) 茨城県久慈郡 新潟県西頸城郡 滋賀県彦根 大阪市 岡山県苫田郡「あれのやることぁめだるうて見ちゃおれん」・児島郡 *めだるこい・めっちゃらこい(見ていていらいらする) 新潟県東蒲原郡 *めんだるい(見ていていらいらする) 新潟県西頸城郡 *もたつく 岡山県児島郡 *やせながる(「やるせながる(遣瀬無)」の転か) 岩手県紫波郡

□する気持ちが募る *しんきがにえる 鹿児島県肝属郡 *しんきがにゆい 宮崎県都城 *しんきがやける・しんきやく 新潟県

□すること *しんき(もどかしくていらいらすること) 福井県大飯郡 岐阜県郡上郡・飛騨 京阪 京都府 大阪市 兵庫県加古郡「ようあない本ばかい見てしんきなことしとってや」 徳島県 愛媛県「なんぼ待っても来ん、ああしんき」 高知県 *どじんき 岐阜県郡上郡「あーどじんきな、日わくれるし、仕事わすまんし」

□するさま *えらしじ 島根県隠岐島「あれはえらしじな人だ」 *かちゃくちゃ・がちくち・かつくつ(忙しさや心配事のために気持ちがいらいらするさま) 青森県「かつくつどする(気がくしゃくしゃする)」 *きやきや 愛知県名古屋市 香川県大川郡 *もがもが 和歌山県 *やじやじ 山口県大島「やじやじする、やじやじ言う」 *やっけ 熊本県下益城郡

思うようにならず気が□する感じだ *うっとしー 兵庫県明石郡「うっとしー、又糸もつらしたんかいな」 *うとうとしー 徳島県海部郡「目が不自由なと(不自由だと)うとうとしーてな」

いらだつ【苛立】 *あしがちゅん 沖縄県首里 *いじれる 東京都八丈島 山梨県「あの子は疳が強いづらにいんめーのこと(少しのこと)でもいじれる」 長野県「病人がいじれて困る」 *いやくる 鳥取県西伯郡 *いらくらする 島根県 *いらくる 和歌山県東牟婁郡・新宮 鳥取県西伯郡 島根県「仕事がなんぼーもあって、一日中えらくる」 *いらける 青森県上北郡 島根県・仁多郡 *いらちもさ(気持ちがいらだつさま) 和歌山県東牟婁郡「今日は伯母さんが来るから、いらちもさだ」 *きがもげる 長崎県対馬「あすこは心配事が次から次へと出て来るので、主人もきがもげて此頃は顔色が良くない」 *きもげる 鹿児島県肝属郡 *しょぎしょぎ(物事がはかどらず気がいらだつさま) 長崎県対馬「しょぎしょぎする」 *じんごーをいる 島根県美濃郡・益田市 *せぇはちける 福島県東白川郡 *ちむあしがち(心がいらだつこと) 沖縄県首里 *はらたつ 奈良県南大和 *もがく 和歌山県日高郡 *もっこく(困却していらだつこと) 静岡県志太郡「もっこくしる」・安倍郡 *やきやき(気がもめていらだつさま) 岩手県気仙郡 群馬県山田郡 東京都八王子 神奈川県中郡 長野県上伊那郡 静岡県志太郡 大阪市 和歌山県 徳島県 *やぎる 佐賀県「年取ればやぎるようになる」 *やける 岐阜県恵那郡 山口県周防

□人と *いらくーし 島根県大原郡 *いらくーむし 島根県出雲「うちのえらくーむしにも困る」

いらっしゃい *あえばっしゃえ 山形県 *あえばっせ 山形県南村山郡 *あばっしゃえ 山形県 *やいばしー 福島県南部「俺ぁ家までやいばしー」 *やいぱしー 福島県西白河郡 *やばっせ 栃木県「おっかなくないから一人でやばっせ」 埼玉県北葛飾郡

いらっしゃいませ ⇨「あいさつのことば(挨拶言葉)」の子見出し、「訪問を受けた時の挨拶(いらっしゃいませ)」

いらっしゃる *いなる(「いる(居)」の尊敬語「いなさる」の転) 新潟県中越「いなんない(いなさらない)」・上越市「いなるかい」 福井県「いなってか(いらっしゃるか)」 *うちぇーいみせーん・うちぇーんせーん 沖縄県首里

□ませんか *こいだ 香川県大川郡

いりえ【入江】 *いーうん 鹿児島県 *いじ(川

の入江になった所）徳島県三好郡 ＊いり 岡山県児島郡 ＊いりこ 千葉県山武郡・長生郡 ＊いりごみ 島根県益田市・美濃郡 ＊いりっこ・いりこみ 千葉県山武郡 ＊いりわだ 岡山県邑久郡 ＊いりわんど 香川県高見島 ＊うちま 京都府竹野郡 ＊えご 東京都八丈島 長野県諏訪（湖水の入江） ＊えば 石川県羽咋郡 ＊えわんど 島根県大田市 ＊かや 滋賀県高島郡 ＊ふつぃ 沖縄県石垣島 ＊みなと 千葉県夷隅郡 ＊わご 岐阜県飛驒 ＊わごみ 山梨県南巨摩郡 島根県隠岐島（小さいもの） ＊わだ 東京都大島 静岡県賀茂郡 岡山県邑久郡 長崎県対馬 ＊わど・わと 青森県上北郡 ＊わんご 岐阜県飛驒 島根県安来市・隠岐島 ＊わんと 宮城県亘理郡 ＊わんど 神奈川県三浦郡 島根県 香川県高見島 長崎県南高来郡 ＊わんどー 島根県益田市

いりぐち【入口】 ＊あまうち 愛知県北設楽郡 島根県出雲 ＊あまや 山形県東田川郡 ＊あらと（住居の入り口）東京都大島 新潟県佐渡 ＊いけんど（家の入り口）岐阜県 ＊いけんどぐち（家の入り口）岐阜県飛驒・益田郡・郡上郡 ＊おーと（家の入り口）新潟県 富山県 石川県珠洲郡・河北郡 三重県度会郡 ＊おーど（家の入り口）栃木県 東京都大島 長野県諏訪・佐久 ＊おーとぐち（家の入り口）富山市 岐阜県郡上郡・不破郡 ＊おーどぐち（家の入り口）栃木県 長野県諏訪 ＊おーどまぐち（家の入り口）長野県諏訪・佐久 ＊おーとんぼ（家の入り口）栃木県 ＊おと（家の入り口）山形県最上郡・飽海郡 三重県志摩郡 ＊おど（家の入り口）秋田市 東京都利島 ＊おとぐち（家の入り口）長野県佐久 岐阜県大垣市 愛知県 三重県 滋賀県甲賀郡 兵庫県神戸市 奈良県宇陀郡 ＊おとのくち（家の入り口）山形市 ＊かど 新潟県佐渡 静岡県磐田郡 三重県度会郡 京都府 ＊かどぅ 鹿児島県喜界島・徳之島 ＊かどっぽ 栃木県 ＊かばち 京都府葛野郡 島根県邑智郡 岡山県児島郡 香川県 ＊かろ 長野県西筑摩郡 大阪府 ＊かんど 和歌山県東牟婁郡 香川県高見島「みしろまくってから、かんどへおいとかんか」 ＊けーろー（屋敷の入り口）神奈川県中郡 ＊こぐち（家の入り口）新潟県佐渡 和歌山県 ＊ごはい 富山県 ＊さま 青森県津軽 ＊さまぐち 福島県会津・大沼郡 茨城県猿島郡 静岡県 ＊じょーぐち（土間の入り口）愛知県日間賀島 ＊しょくち 三重県度会郡・宇治山田市 ＊しょっくち 静岡県志太郡 ＊すとぐち 長崎県壱岐島 ＊せこ（屋敷の入り口）岐阜県山県郡・稲葉郡 ＊だいどこ（表玄関のわきにある入り口）和歌山県 ＊でいぐち（客間わきの入り口）群馬県佐波郡 ＊でぃのくち（客間わきの入り口）岡山県邑久郡 ＊でと 青森県 福島県浜通 ＊でとくち 宮城県栗原郡・仙台市 ＊でとぐち 宮城県 ＊でとっくち 福島県「出る人わでどっくちから出て下さい」 ＊どぅんじ 沖縄県黒島 ＊どぅんどぅふち 沖縄県竹富島 ＊とっかけ 福島県中部・会津「それわこの村のとっかけの場だ」 ＊とのくち 岩手県気仙郡（台所の入り口） 宮城県栗原郡・仙台市「とのくちさんずんでたことない（いつも家にこもっていること）」 秋田県 山形県（勝手口も言う） 新潟県（玄関から土間へ入る入り口） 三重県名賀郡「とのくちのと」 兵庫県淡路島 和歌山県海草郡 奈良県南葛城郡（垣内の入り口） 島根県美濃郡・益田市「とのくちに立たんで中にはいれ」 高知県 ＊とのぐち 鳥取県岩美郡・気高郡 徳島県 香川県 ＊とのじ 青森県上北郡・三戸郡「とのじ三寸出たごとぁなえ」 ＊とのず 青森県南部 ＊とぼくち（台所の入り口）宮城県仙南・仙台市 ＊とまぐち（台所の入り口）長野県 ＊とりくち 岡山県児島郡 ＊どんぐち 香川県 ＊どんぼぐち（台所の入り口）栃木県 ＊どんぼっくち（台所の入り口）栃木県 ＊はいとぐち 新潟県東蒲原郡 ＊はいりと 富山県 愛知県知多郡 三重県 ＊はな 島根県 大分県 ＊はなた 島根県 ＊はまりぐち 岡山県児島郡 香川県 ＊はんど（玄関横の入り口）新潟県東蒲原郡 ＊はんどぐち 福島県北部・東白川郡 ＊はんとのぐち（来客用の入り口）山形県最上郡 ＊はんどまえ（家の入り口）秋田県平鹿郡 ＊ゆきだな（冬季の家の入り口）新潟県中頸城郡 ＊ろーか 新潟県刈羽郡

↓でいりぐち（出入口）

倉の□ ＊とまえ 新潟県佐渡 富山県砺波 静岡県志太郡 愛知県 島根県鹿足郡 ＊とまや 新潟県

宅地の正面□ ＊おーと・おーど（宅地の正面入り口）静岡県周智郡 ＊だいもんぐち（門の有無にかかわらず、屋敷の正面入り口）富山県砺波

いりひ【入日】 ＊いーりてぃだ 沖縄県石垣島 ＊いりばさま 富山市近在「いりば様ええから明日天気だろ」 ＊いるばさま（「入端様」か）富山県婦負郡 ＊さがいてぃーだ（「下り天道」の意）沖縄県首里「あがいてぃーだどぅうがぬる、さがいてぃーだーうがまん（上がる日は拝むが、落ちる日は拝まない。勢いのよいものにつく意のことわざ）」

いる【居】 ＊ある 三重県南牟婁郡 和歌山県「松本君がそこにあるか」 香川県大川郡・小豆島「あっこにおじいさんがあったけどどなんしたん」 ＊いさる 京都府久世郡「いさろ（居ろ）」 ＊いてる 滋賀県・彦根 奈良県「もうちょっといててなー（もう少しおってください）」・高市郡「いてたらへんけ（いらっしゃいますか）」 和歌山県「いてと（いました）」 ＊うん 沖縄県石垣島・首里 ＊おる 宮城県加美郡「おりした（居ます）」・仙台市 東京都大島「誰も人間こはをらんぞーお熊っこばかりだよー」 新潟県中蒲原郡・佐渡「じっとおる」 富山県東礪波郡・射水郡「おろ（居ろ）」 石川県輪島市・鹿島郡「子が三人もおってからに」 福井県大野郡「おってやか（居ましたか）」 長野県上田 岐阜県 愛知県 三重県阿山郡 滋賀県彦根「おらへん（居ない）」 京都府「おりくさった（おった）」 奈良県南部「内のお父さんおられます」 鳥取県気高郡 島

根県邑智郡・鹿足郡　岡山県津山・真庭郡　広島県「をりゃあーへん」　徳島県　香川県「ほんなせんせ、そこでおって下さい」「ようけさかながおられ」　愛媛県(同輩や目下の者に)「誰もおらん」「鳥がをる」　熊本県　宮崎県西臼杵郡「しぬるものもおりゃ、でくるもんもおる」　鹿児島県鹿児島郡「おらはん(居ません)」　***くちょーる** 岡山県御津郡「逃げてくちょーる」　***さっちる** 東京都八王子「黙ってさっちる」　神奈川県津久井郡(卑語)　山梨県　***さる** 三重県四日市市　***しゃくれる** 京都府　***じゃる** 島根県隠岐島「黙ってじゃえ(黙っておれ)」「ここにじゃる」　***ずくむ** 栃木県佐野市・上都賀郡　***ひんよりいる** 山梨県南巨摩郡「うらー(おれは)えーさ(家へ)かいらでーて(帰らないで)此処にひんよりーる」　***ひんよりる** 山梨県　***ぶん** 沖縄県八重山「ぶーだー(居るか)」

いつもそこに□　***ささる** 北海道「あの人は料理屋にばかりささっている」　岩手県気仙郡　宮城県石巻・仙台市「昔の友達ねす、失業したつってまづ、わたしの家ささりこんでした」

□ことの尊敬語　***めー**(年長者に対する尊敬語) 沖縄県首里「めーぬ　なゆみ(おいでになれるか)」

□の尊敬語　***いじゃく** 長野県西筑摩郡　岐阜県恵那郡　***いじゃる** 新潟県　長野県　静岡県榛原郡「一緒にいじゃってくりょーや」　***いめーん** 沖縄県首里　***いめんせーん**(かなり目上の者に対して使う) 沖縄県首里　***うじゃる** 山形県上田　***えさはる** 山形県村山「先生が学校にえさはる」　***えざる** 青森県三戸郡　***おいだりやす** 長野県上田　***おいだる** 山形県米沢市・南置賜郡「先生は家においだる」　***おいでます** 奈良県南大和　島根県出雲　広島県庄原　長崎県壱岐島　***おいでやす** 長野県佐久　***おいでる** 宮城県本吉郡　山形市　栃木県　富山県砺波「おいでんか(いらっしゃいませんか)」　福井県遠敷郡　長野県諏訪・上伊那郡　岐阜県　静岡県志太郡　愛知県　三重県　滋賀県彦根・蒲生郡　京都府　和歌山市　島根県大原郡　山口県・豊浦郡「内においでるか」　徳島県美馬郡・海部郡　香川県　愛媛県周桑郡・喜多郡　高知県香美郡・高知市　熊本県阿蘇郡　大分県　***おいる** 山形市　福岡県久留米　***おさいじゃる** 鹿児島県肝属郡　***おざらっしゃる** 岩手県胆沢郡　***おざる** 秋田県河辺郡(命令形のみ)・仙北郡　山形県最上郡「太鼓もっておざれ」　福島県若松市・大沼郡　岐阜県　***おじゃす** 鹿児島県熊毛郡「こちらにいつおじゃした」　***おじゃる** 秋田県「尊い人がたおじゃれば」　山形県最上郡　福島県若松市・大沼郡　東京都八丈島「どけえおじゃりやるか」　岐阜県　愛知県知多郡「仕事をしておじゃる」　三重県志摩郡・度会郡　滋賀県　京都府　島根県能義郡・隠岐島　愛媛県大三島　宮崎県東諸県郡・都城　鹿児島県　***おでーる** 青森県三戸郡　岩手県宮古市「およめさんがおでーるそーで」・気仙郡　秋田県鹿角郡　福島県相馬郡　***おでやる** 長野県上高井郡　***おなはる** 山形県「久しぶりでおなはたもの、何か御馳走せや」　***おやーる** 岐阜県郡上郡　***おやる** 長野県上高井郡　滋賀県　***おわす** 大阪府　***おんざる** 秋田県雄勝郡「お父さんはおんざたんすか」　***おんじゃる** 岐阜県北飛驒　***おんなる** 宮城県仙台市　福島県相馬　***がす** 宮城県南部・仙台市　***がっしゃる** 福岡県「がっしゃれん」「がっしゃらん」　***ごあはんす** 和歌山県西牟婁郡「此処へごあはんし」　***ごあんす** 熊本県球磨郡「ごあんさんか(おいででないでしょうか)」　***ごいす** 滋賀県滋賀郡　和歌山県日高郡・東牟婁郡　島根県石見「あの方は今日ごいす」　広島県豊田郡・比婆郡　***ございす** 石川県鳳至郡　和歌山県東牟婁郡　***ございます** 富山県東礪波郡「んなございますか(皆いらっしゃいますか)」　***ござっさる** 山形県山形市・南村山郡「ござっさえ」　***ござっしゃる** 山形県「ござっしゃえ」　茨城県那珂郡　新潟県三島郡　山梨県中巨摩郡・北巨摩郡　和歌山県東牟婁郡　島根県出雲　***ござはる** 山形県庄内　滋賀県坂田郡・東浅井郡・彦根　***ござへんす** 石川県能美郡　***ござらす** 島根県隠岐島　***ござらっしゃる** 岩手県胆沢郡　茨城県久慈郡・那珂郡　東京都大島　静岡県　愛知県東春日井郡「ござらっせ」　島根県八束郡・大原郡　***ござります** 岩手県胆沢郡　茨城県稲敷郡　群馬県吾妻郡「皆様これにござりました」　千葉県君津郡　奈良県吉野郡「ござりますか(ご在宅ですか)」　***こざる** 新潟県西頸城郡　***ごさる** 宮城県仙北　山形県米沢「ごさんな(おいでなさるな)」　福島県相馬郡　茨城県北茨城郡　石川県江沼郡　鹿児島県　***ござる** 岩手県江刺郡「ござんなし(おいでなさい)」・胆沢郡　宮城県「あんだも一緒にござえばえさ」　山形県「叔母さがござた」　福島県「ござあい(おいでなさい)」　茨城県　群馬県吾妻郡　埼玉県秩父郡「そんな見たいなら見てござえ」　新潟県「お道早ござれ(早くお帰りなさい)」　富山県　石川県加賀　福井県　山梨県　長野県「ござってお休み」　岐阜県「みんな悔みにござるでなあ」　静岡県　愛知県　三重県　滋賀県　京都府　大阪府泉北郡　奈良県吉野郡「用心しての帰ってござれよ」　鳥取県　島根県「ありゃあ久見からござりょったのう」　広島県比婆郡・高田郡　山口県　福岡県　佐賀県「まだござらん」　長崎県　熊本県芦北郡・八代郡「ござるならすぐお出でなはりまっせ(おられるならすぐおいでくださいませ)」　宮崎県東臼杵郡　***ござんさる** 長崎県壱岐島　***ござんす** 岩手県胆沢郡　福島県中通　石川県羽咋郡　三重県度会郡「ござんし」　島根県隠岐島　香川県　大分県北海部郡・大分郡　***ごじぇます** 新潟県佐渡　***ごじゃる** 和歌山県日高郡「ごじゃれ」　***ごす** 和歌山県東牟婁郡「ごしょ」　広島県双三郡・

高田郡 *ごぜんす 石川県能美郡 *ごだえます 島根県簸川郡・大原郡 *ごだっしゃる 島根県出雲 *ごだらっしゃる 静岡県 *ごだる 静岡県「御役人様がごだる」 島根県大原郡 山口県大島 *ごだんす 島根県隠岐島 *ごっさる 岡山県苫田郡 *ごらす 新潟県三島郡 *ごんざる 秋田県由利郡 山形県 *こんす 新潟県佐渡 三重県志摩郡「こんせ」 京都府加佐郡 奈良県吉野郡 香川県小豆島 徳島県 高知県 大分県大分郡・西国東郡(中流以下) *ごんす 福井県遠敷郡「おくえごんしたや(奥へいらっしゃったのですか)」 滋賀県 京都府 大阪府泉北郡 兵庫県飾磨郡・明石郡「今日おやっさんごんすかいな」 奈良県 和歌山県東牟婁郡・西牟婁郡 岡山県備中 高知県高岡郡・幡多郡「皆内にごんするか」 *めーん 沖縄県首里 *めんせーん 沖縄県首里 *わーるん 沖縄県与那国島

〓のていねい語 *おざる 福島県北会津郡 *おじゃる 青森県南部 東京都八丈島「岩のおぢゃろわ」「あんにもおぢゃんのーが」「よくおじゃろわ」

〓べき場所 *おりは(「居端」か) 岡山市「おりはが無え」

〓を卑しめて言う語 *いしかゆん 沖縄県首里 *うさる 神奈川県中郡 *うせずく 新潟県佐渡 *うせる 山梨県 長野県上伊那郡「何してうせる」 静岡県「そこにうせるとじゃまになる」 愛知県名古屋市 三重県南牟婁郡 山口県 徳島県 *きつかる 愛知県知多郡「彼処にきつかる」 *けざがる 秋田県「まだけざがるか、早く帰れ」・河辺郡 *けっかーる 静岡県志太郡 *けつかる 岩手県「おぼえてけづかれ」「まだけじがったな」 宮城県「毎日あすんでばかりけずがる」 秋田県仙北郡 山形県 福島県 茨城県真壁郡・稲敷郡 栃木県「人が仕事すっとき、遊んでけっかっからそのざまだ」 群馬県勢多郡 千葉県海上郡 新潟県佐渡「知らん顔してけつかる」・上越「そこにまだけつかる」 富山県 福井県 山梨県 長野県 岐阜県 静岡県・志太郡・榛原郡 愛知県 三重県 滋賀県甲賀郡・彦根 京都府「何してけつかる」 大阪市 兵庫県加古郡 奈良県 和歌山県 広島県安芸郡 徳島県「其処にけつかれ」・美馬郡 香川県 *けつくなる 三重県度会郡 *けつこなる 滋賀県愛知郡 *けっちゃる 三重県四日市市

始終そばに〓 *ささる 岩手県気仙郡「母さんさばぁり(にばかり)ささる」「そんなにささんな」

たくさん〓 *ごわっとる 香川県・高松

長く〓 *ながじれる 島根県隠岐島

皆出て行ってだれも〓ないさま *あんからかん 和歌山県日高郡 *あんけらかん 和歌山県

いるい【衣類】

*あっぱ(幼児語) 山口県大島 *あっぱい(幼児語) 島根県鹿足郡 *あっぴー(幼児語) 高知県 *あっぺ(幼児語) 島根県浜田市 *あっぺー(幼児語) 島根県浜田市・那賀郡 *あば(幼児語) 島根県 山口県豊浦郡 *あぼ(幼児語) 島根県石見 *あぼー(幼児語) 島根県那賀郡 *いしゅ 鹿児島県奄美大島 *いしょ 岩手県気仙郡 宮城県 秋田県 山形県 福島県「泣くと赤ええしょ着せねぇぞ」 千葉県東葛飾郡 新潟県東蒲原郡「いーいしょ(晴れ着)」 長野県長野市・上水内郡 福岡県三井郡 宮崎県西諸県郡 鹿児島県 *いしょー 宮城県仙台市 福島県会津・石城郡 長野県佐久「早くいしょーを着ろ」 佐賀県 長崎市 鹿児島県肝属郡「着たいしょーいんめで(着た着物一枚で)」・薩摩・沖永良部島(外出着) *いしょーちふぁだ 沖縄県首里 *いそ 岩手県気仙郡 鹿児島県 *きかかり 青森県上北郡 *きかがり(「着懸」か) 青森県南部 岩手県九戸郡 *きずく 青森県三戸郡 新潟県佐渡 *きぞく 青森県三戸郡 *きそけ 愛媛県宇和島 *きっかかり 青森県南部 *きぬ 岡山県児島郡 鹿児島県与論島 沖縄県小浜島・新城島 *きぬー 沖縄県国頭郡 *きん 鹿児島県奄美大島・徳之島・喜界島・沖永良部島 沖縄県 *きんかー 沖縄県石垣島 *きんきん(幼児語) 沖縄県石垣島 *ごつごつ(木綿の衣類) 静岡県庵原郡 *ごつごつもん(木綿の衣類) 新潟県佐渡 *しはだ 沖縄県石垣島 *すっぽん(幼児の夏の衣類の一つ) 兵庫県淡路島 *せだご 岩手県和賀郡 *せんたく 秋田県鹿角郡「せんたくがよい(立派な着物だ)」 *せんだく 青森県「よいせんだく持ってる女」 岩手県上閉伊郡 宮城県栗原郡(晴れ着) 秋田県鹿角郡 *ちぬ 鹿児島県喜界島 *ちぬー 沖縄県国頭郡 *ちん 鹿児島県喜界島 沖縄県首里 *ちんちふぁだ 沖縄県首里 *つーちはた 沖縄県与那国島 *っきーん 鹿児島県奄美大島・加計呂麻島 *つっくるみ(赤子の衣類) 神奈川県中郡 *なつぎ(麻布で作った衣類) 富山県東礪波郡「なつぎのゆかた」 *ば(主として小児語) 富山県 石川県 *ばー(主として小児語) 新潟県佐渡 富山県「そるやれど嫁入の時に、一枚でもよけ良いばぁ持っていきたいがやろ」 石川県 *ばーこ(主として小児語) 富山県砺波 *ばい(主として小児語) 新潟県佐渡 長野市 和歌山県日高郡・西牟婁郡 *ばおり 青森県上北郡 *べちゃ(子供の衣類) 山形県庄内・酒田市 *へんだぐ 青森県上北郡 *まい 和歌山県東牟婁郡 *わんぼー(「おんぼう」の転) 長野県佐久 山口県周防 ↓いしょう(衣装)・いふく(衣服)・きもの(着物)

雨よけの〓 *あまもよー 青森県津軽

〓が窮屈で短い *つつしー 兵庫県淡路島 高知県幡多郡・高知市「着物がつつしいとみともない」

〓の繕いをすること *ふせ 熊本県天草郡 大分県

〓を洗うこと *せんたくあらい 岩手県気仙郡 宮城県

□を繕う ＊しとねる 岩手県九戸郡 ＊つずくる 新潟県佐渡・上越市　大阪市　奈良県北葛城郡　広島県高田郡　徳島県 ＊つずしる 長崎県壱岐島　大分県大分郡

美しい□ ＊おーのべべ（児童語）愛知県幡豆郡

着替えの□ ＊きずい 和歌山市

着古した□ ＊きすたれ 岐阜県飛驒 ＊きそだれ 愛知県名古屋市「大分きそだれがたまったで、洗濯したり仕立直しをせんならん」 ＊たおし 徳島県

仕立て売りの□ ＊しんぶつ・しんぶつもの 岡山市

そでなしの□ ＊おかんき 香川県綾歌郡・三豊郡 ＊かんかつ 長野県南佐久郡 ＊かんかん 長野県 ＊かんき 兵庫県赤穂郡・神戸市　和歌山県東牟婁郡・日高郡　香川県綾歌郡「寒いけん（寒いから）かんきでもひっかけとくわ」 ＊かんきー 岡山県小田郡 ＊かんこ 千葉県安房郡・君津郡　兵庫県赤穂郡　香川県丸亀 ＊かんちょ 長野県上田・佐久 ＊ててらじゅばん 千葉県上総

筒そでの□ ＊そき 三重県志摩郡 ＊そぎ（「そぎそで（削袖）」の略）三重県志摩 ＊そげ 山口県阿武郡

いれる【入】

＊おっこむ 山形県東置賜郡　福島県相馬郡・東白川郡「洗濯物、おっこむ」 栃木県　埼玉県北葛飾郡　山梨県 ＊おねこむ（無理に入れる）愛媛県 ＊きせこむ（ものを強く押し込んで入れる）岐阜県大野郡 ＊くみゆん（押して入れる）沖縄県首里 ＊こむ（余分に入れる。強いて入れる）兵庫県淡路島「一俵に二升づつこむ」「口から水をこむ」 ＊しぇる 岩手県上閉伊郡「しぇろ（入れろ）」 ＊すげる 山梨県　三重県度会郡 ＊せーる 岩手県　宮城県栗原郡　福島県「学校させえる」 茨城県　栃木県「ちっと塩せえてみろ」 埼玉県入間郡　千葉県 ＊せる 岩手県　宮城県栗原郡　秋田県「かごに林檎をせる」「ポストに手紙しぇる」 福島県 ＊せれる 岩手県九戸郡　宮城県　秋田県鹿角郡「手紙をポストにせれだ」 ＊つっける（無理に入れる）茨城県　栃木県 ＊つっこえる（無理に入れる）福島県相馬郡「この穴に手つっこえてみろ」・東白川郡　栃木県河内郡　新潟県中部・南魚沼郡 ＊どやしこむ（無理に入れる）愛知県知多郡「力一（いっ）ぱいどやしこむ」 ＊はめる 宮城県登米郡・玉造郡　山形県米沢市　三重県桑名　岡山県児島郡　徳島県「自転車に空気をはめる」 香川県　高知県「ばけつに水おはめる」 ＊ふぃちんちゅん・ふぃちくぬん（引っ張って入れる）沖縄県首里「かーがりもーが　わらび　かーらんかい　ふぃちんちゅん（かっぱが子供を川に引っ張り込む）」 ＊ぶっこむ 岩手県上閉伊郡　千葉県長生郡 ＊へーる 岩手県気仙郡 ＊へす 岩手県江刺郡　宮城県栗原郡・登米郡 ＊へる 青森県津軽　秋田県河辺郡　山形県北村山郡 ＊へれる 青森県南部　山形県東置賜郡・米沢市「こえずさ（これに）へれろ」 ＊ぼしこむ（むぞうさに入れる）新潟県佐渡「池の中へぼしこむぞ」 岡山県備中　香川県　高知県「そんなものは箱の中へぼしこみなさい」 ＊ぼっこむ 山形県　栃木県上都賀郡　千葉県長生郡・夷隅郡

□ておく ＊せーる 岩手県　宮城県栗原郡　福島県　茨城県　栃木県　埼玉県入間郡　千葉県 ＊せる 岩手県　宮城県栗原郡　秋田県「かごに林檎をせる」 福島県 ＊せれる 岩手県九戸郡　宮城県　秋田県鹿角郡「手紙をポストにせれだ」 ＊へーる 岩手県気仙郡 ＊へる 青森県津軽　秋田県河辺郡　山形県北村山郡 ＊へれる 青森県南部　山形県東置賜郡

□てください ＊へっちぇけろ 山形県米沢市

手に□ ＊しこためる 鳥取県東部

懐に□ ＊こいる 山梨県南巨摩郡「大事の手紙だからよくこいとけよ」 ＊ふとくる・ほとくる 岐阜県飛驒「たんと金をふとくってござる」 ＊ふどくる 富山県砺波

身を□ ＊みにいれる 新潟県佐渡「みにいれて聞かんし」 ＊ひたる 山形県米沢市　新潟県佐渡「勉強にひたる」 岡山県児島郡 ＊ふみくぬん 沖縄県首里

身を□てするさま ＊しんもって 高知市「私がしんもって話しよるに、居眠りするとはひどい」 ＊みしみし・みりみり・みっつみっつ 岩手県平泉 ＊みちかじ 秋田県平鹿郡 ＊みちかち 秋田県鹿角郡 ＊みちがち 秋田県河辺郡「みちぐゎちど働け」 ＊みちさと 山形県西置賜郡 ＊みちっと 山形県 ＊みちと 岩手県気仙郡 ＊みっきと 青森県三戸郡 ＊みっしら 茨城県真壁郡・久慈郡 ＊みっしり 岩手県九戸郡　山形県米沢市　埼玉県北葛飾郡 ＊みっちかっち 秋田県鹿角郡 ＊みっちと 岩手県　宮城県栗原郡「みっちと稼げ」・遠田郡　秋田県北秋田郡・鹿角郡　山形県 ＊みっちら 山形県置賜・新庄市 ＊みっつと 青森県津軽　岩手県上閉伊郡　宮城県石巻「大切な仕事だからみっつとやってくなえ」 山形県村山・最上 ＊みつっと 青森県三戸郡　山形県 ＊みっつら 山形県

横やりを□ ＊こさいれる（よけいな我見を入れる）富山県砺波「んーまいこと行っとったがに（行っていたのに）、こさいれるもんじゃけで、あかんよんなってしもた」 ＊こまたとる（人の話に異を立て、ちゃちゃを入れる）愛媛県 ＊ちゃびつく（よけいなくちばしを入れる）新潟県西頸城郡 ＊ちゃべつく（よけいなくちばしを入れる）富山県射水郡・砺波 ＊ひっちょーとる 島根県美濃郡・益田市「横合いからひっちょーとって要らんことを言うな」 ＊よこぼーをいれる 島根県出雲「せっかく言わとすー話によこぼーをえれーな」 ＊わやをいれる 長崎県対馬 ＊わやをいるる（下流の語）大分県日田郡

いろ【色】

□があせる ＊あらいしゃらける（水で洗って色

があせる）島根県石見「あの子はあらいしゃらけた着物を着とる」 ＊さぎっ 鹿児島県 ＊さぎる 鹿児島県肝属郡 ＊すらされる 青森県三戸郡 ＊はぜる 山形市 ＊はたれる（花などの色があせる）島根県邑智郡 ＊ほーざれかえる（日にさらされて色があせる）新潟県西蒲原郡 ＊ほーされる（日にさらされて色があせる）山形県米沢市「羽織の色がほおされだ」 ＊ほーざれる（日にさらされて色があせる）山形県米沢市 千葉県海上郡 新潟県・西蒲原郡 ＊よみる 岡山県小田郡「よみとる」

□が薄い ＊**あささん・あっさん** 沖縄県首里「いるぬ あささん（色が薄い）」

□が薄れる ＊**ほーける** 山形県 ＊**ぼーげる** 山形県米沢市 ＊**ぼじゃける・ぼじゃくる** 島根県美濃郡・益田市「花の色がぼじゃくった」

□が濃い ＊**こわい** 栃木県 長野県「こわく書く」 ＊**ばかばか**（色が濃くて目につきやすいさま）岐阜県飛騨「そんねーばかばかした着物を着ると、人はえいことをいわん」

□がさめやすい ＊**さーけっぽい** 静岡県榛原郡

□がさめる ＊**すだる** 高知県長岡郡

□がはげる ＊**こっぱぐる** 熊本県下益城郡 ＊**こっぱげる** 長崎県対馬 熊本県八代郡 ＊**はげこっける** 長崎県対馬

□が不鮮明になる ＊**どじゅむ** 熊本県「どじゅうどる」 ＊**どびる** 岡山県御津郡

□のあせたもの ＊**ひやけ** 新潟県佐渡「このきもんがひやけした」

□の具合 ＊**いろめ** 香川県「煮えとるかどうかいろめでわかる」

□の黒い人 ＊**くろす** 島根県益田市 長崎県対馬 熊本県玉名郡 ＊**やちうし** 沖縄県首里

□の黒い娘 ＊**かんころだんご** 山口県大島

□のさめたさま ＊**しょーはくらん**（色のさめたさま。生鮮でない魚の色などについて言う）長崎県対馬「此魚はしょうはくらんとしてをって、とてももう食はれぬ」

□の白い人 ＊**きすご** 広島県豊田郡 ＊**はんしろこ**（色のなま白い人）新潟県佐渡

□の調和 ＊**はいや** 奈良県南大和「はいやええ（調和のよい）」

□や形が毒々しい ＊**どべつけない** 大阪市

□を失う ＊**あったうどぅるち**（がぜん色を失うこと）沖縄県首里 ＊**いるとぅぶん** 沖縄県首里 ＊**いろまく** 香川県「学校で子供が怪我したときいて、いろまいて飛んでいった」 ＊**いろをまく** 岡山県児島郡 徳島県 香川県 ＊**いろをまくる** 広島県高田郡 ＊**ひとよすがね** 鹿児島県肝属郡

□を濃くする ＊**かたみゆん** 沖縄県首里 ＊**にじる** 兵庫県加古郡

□を塗る ＊**えずる** 兵庫県神戸市 ＊**えどくる** 長野県上伊那郡 ＊**えどる** 新潟県中頸城郡 山梨県 長野県下伊那郡 愛知県名古屋市 三重県志摩郡 兵庫県神戸市 岡山県児島郡 福岡市 長崎市

濁った□ ＊**どーすいろ**（さえない濁った色）山形県西村山郡・北村山郡 ＊**どすいろ** 山形県東村山郡・西村山郡 新潟県佐渡 ＊**ぶすいろ**（濁った感じの色）岩手県気仙郡 宮城県栗原郡・仙台市 ＊**ぶすけいろ**（濁った感じの色）秋田県鹿角郡

水などが染みて□がぼける ＊**ばける** 富山県砺波

いろり【囲炉裏】

屋内の床を四角に仕切って火をたき、煮炊きや暖房などに用いる場所。 ＊**いじろ** 熊本県球磨郡 ＊**いなか・えなか** 石川県珠洲郡・鳳至郡 ＊**いればた・いれぶち** 富山県砺波 ＊**いんなか** 富山県中新川郡・高岡市 石川県 ＊**えぬぎ** 秋田県山本郡 ＊**えれんなか** 富山県婦負郡 ＊**えろぶち・よぶち** 新潟県 ＊**えんなか** 富山県 石川県 ＊**えんなた** 石川県 ＊**おくど** 新潟県刈羽郡 ＊**おくら** 山梨県 ＊**おまえくど** 熊本県玉名郡 ＊**かなご** 三重県阿山郡 京都府 ＊**かなみ** 三重県名賀郡 ＊**かまど** 東京都八丈島 新潟県東蒲原郡 ＊**きじり** 栃木県 群馬県勢多郡・邑楽郡 ＊**きりくど** 熊本県上益城郡・球磨郡 ＊**くど** 神奈川県愛甲郡 岐阜県山県郡・大野郡 島根県邑智郡 ＊**しびつ** 新潟県中蒲原郡（座敷炉） 鹿児島県種子島 ＊**しびと** 青森県南部・三戸郡 岩手県九戸郡 ＊**しぶと** 青森県津軽・三戸郡 岩手県九戸郡・気仙郡 秋田県鹿角郡 ＊**しぶど** 秋田県鹿角郡 ＊**しぼと** 青森県津軽 ＊**じる** 岩手県上閉伊郡 ＊**じろ** 岩手県上閉伊郡 秋田県仙北郡 山形県 群馬県吾妻郡・多野郡 埼玉県秩父郡 東京都八丈島 新潟県 石川県能美郡 福井県大野郡 長野県 熊本県 宮崎県児湯郡・西臼杵郡 鹿児島県 ＊**じろー** 石川県能美郡 熊本県芦北郡 ＊**じろぎ** 新潟県北魚沼郡 ＊**じろり** 熊本県天草郡 ＊**すびと** 青森県上北郡・南部 岩手県上閉伊郡 ＊**すぶと** 岩手県東磐井郡 ＊**ちろ** 宮崎県西臼杵郡 ＊**ちろり** 群馬県吾妻郡 ＊**どんど**（小児語）福井県 ＊**ひーたきば・ひーたくば** 富山県砺波 ＊**ひじろ**（「しろ」は場所の意）埼玉県南埼玉郡・秩父郡 千葉県東葛飾郡「ひじろばた」 東京都西多摩郡・八王子・大島 神奈川県津久井郡・高座郡 山梨県 長野県 静岡県「ひじろぶち（いろり端）」 ＊**ひたきじろ** 山形県庄内 長野県諏訪 ＊**びっつー** 山梨県 ＊**ひつぽ** 静岡県磐田郡 ＊**ひどこ** 青森県三戸郡 東京都三宅島 新潟県岩船郡 ＊**ひなか** 石川県珠洲郡・鳳至郡 ＊**ひなた**（「ひのはた（火端）」の転か）岐阜県飛騨 ＊**ひのなか** 新潟県岩船郡 ＊**ひびと** 岩手県紫波郡 秋田県鹿角郡 ＊**ひぶど** 岩手県岩手郡・気仙郡 秋田県北秋田郡 ＊**ひほど** 岩手県九戸郡 ＊**ひむしば** 群馬県勢多郡 ＊**ひんなか** 神奈川県足柄上郡 新潟県中部・刈羽郡 ＊**ふげんさま** 東京都新島 ＊**ふんごみ**（内側に板を敷いて履き物のまま入るようにしてある囲炉裏）岩手県気仙郡 新

潟県東蒲原郡 *ふんごみろ(内側に板を敷いて履き物のまま入るようにしてある囲炉裏)宮城県仙台市 *へなか 富山県 石川県珠洲郡・鳳至郡 *へんか 富山県下新川郡 *へんなか 新潟県刈羽郡 富山県・下新川郡 石川県鳳至郡・鹿島郡 *ほいろ 香川県 *ほど 岩手県 山形県 栃木県 新潟県刈羽郡 *ほろ 新潟県刈羽郡 *まっこ 静岡県 *まっこー(山言葉)福島県南会津郡 *よろばた 新潟県中頸城郡 *よろぶち 新潟県西蒲原郡 *よろぶつ・よろびつ 新潟県北蒲原郡 *ろえん 新潟県 *ろぶち 山形県米沢市「ろぶちの端(炉端)」

↓いろりばた(囲炉裏端)

□のそば *ひばた 静岡県磐田郡

□の火から一番遠い所 *ときじり 鹿児島県肝属郡

□の縁 *いろり(いろりの周りの縁)新潟県東蒲原郡 *おくらっぷち 長野県佐久 *おくらぶち(いろりの枠)山梨県南巨摩郡 長野県 岐阜県揖斐郡 静岡県 *おこらんぶち 静岡県磐田郡 *きじり 栃木県 群馬県勢多郡・邑楽郡 *せんぶち 長野県下伊那郡 愛知県北設楽郡 *ぜんぶち 長野県伊那 *だいわ(いろりの四方のへりの木)大阪府南河内郡 *ちょーとざ 兵庫県佐用郡 *どえん 岡山県川上郡 熊本県上益城郡・下益城郡 *どえんかばち 島根県那賀郡 *どえんぎ 島根県仁多郡 岡山県川上郡 広島県比婆郡 *どえんぶち 岡山県真庭郡・川上郡 *ほーだつ・ほだて(いろりの外側の木枠)高知県高岡郡 *ほーだて(いろりの外側の木枠)高知県香美郡・吾川郡 *ほたてがまち(いろりの外側の木枠)高知県長岡郡 *まっこ 福島県会津・南部 栃木県日光市 群馬県 埼玉県秩父郡 千葉県海上郡 東京都西多摩郡・八王子 神奈川県 山梨県・郡内地方 *まっこーぶち 福島県安達郡 *まっこぎ 千葉県 東京都大島 *ゆるぎ 青森県津軽 岩手県九戸郡 秋田県鹿角郡 *ゆるり 三重県北牟婁郡 *ゆるりがまち(いろりを縁どりした木)熊本県天草郡 *ゆるんぶち(いろりを縁どりした木)新潟県佐渡「ゆるんぶちにとうついていても(しがみついていても)生きていてほしかった」 *ろえん 新潟県中魚沼郡 京都府北桑田郡 山口県阿武郡 *ろえんぶち 新潟県中越

いろりばた【囲炉裏端】 *しびつ 奈良県吉野郡 *しびと 岩手県気仙郡 *しぶと 青森県津軽・上北郡 岩手県気仙郡 *しぼと 青森県津軽「寒くなるとしぼどさ、ささる」 *ひなた(「ひのはた(火端)」の転か)岐阜県飛驒

↓いろり(囲炉裏)

いわ【岩】 *いくじ 新潟県佐渡 京都府竹野郡(粘土が固まってできた板状の岩) *いそ 徳島県美馬郡 *いわがっとー(岩。また、非常に硬い岩)高知県「このお菓子は、いわがっとーの様に固いきに歯をしまいなよ」 *いわがんぜき(「いわ(岩)」と「がんぜき(巌石)」と同意の語を重ねて強調して言う語。岩。また、非常に硬い岩)徳島県 *いわがんつー(岩。また、非常に硬い岩)広島県比婆郡 大分県大分郡・別府市 *いわがんと(岩。また、非常に硬い岩)大分県東国東郡 *いわくり 長崎県対馬 *いわぐれ・ゆわくれ 大分県 *いわごっとー(岩。また、非常に硬い岩)高知市 *いわごんつー(岩。また、非常に硬い岩)熊本県下益城郡 *いわた 徳島県 香川県 愛媛県 *いわっぱ(板のように平たい岩)千葉県夷隅郡 *いわと 愛媛県 *いわやげん 大分県大分郡 *うふいし(岩。また、大きい岩)沖縄県石垣島 *うふし(大きい岩)沖縄県首里 *がざくりや(表面に凸凹のある岩)熊本県下益城郡 *がた 東京都利島(基盤に当たる大きい岩) 大分市 *がたやげん 大分県大分郡 *かっぱい(板のように平たい岩)千葉県夷隅郡 *かべ 富山県西礪波郡 *がろだち 岩手県気仙郡 *がんきょー 鳥取県気高郡「がんきょーやま(岩の山)」 岡山県苫田郡 *がんずー 大分県大野郡 *くら(岩。また、大きい岩)福島県南会津郡 奈良県吉野郡 *くらね(岩。また、大きい岩)奈良県吉野郡 *しー 鹿児島県喜界島 沖縄県首里 *せ 島根県益田市 長崎県西彼杵郡 *せー 新潟県佐渡 和歌山県 *だき 愛媛県周桑郡・伊予郡 *なべら(平らで滑らかな岩)岐阜県大野郡 徳島県美馬郡 *なめい(平らで滑らかな岩)鹿児島県肝属郡 *なめた 長野県南佐久郡 *なめら(平らで滑らかな岩)奈良県吉野郡 愛媛県 *はげ(川べりの平らな岩)島根県隠岐島 *ひえのこいし(小粒の土が固まってできた岩)高知県長岡郡 *ふらぎ(川辺のつるつるした岩)島根県隠岐島 *やと 三重県度会郡 *ゆー 新潟県東蒲原郡 *ゆわと 高知県長岡郡

□がそばだっていること *いわすかんぱち・いわすがんくら・いわすかんべ 岐阜県飛驒「昔いわすかんぱちに山賊がこもった」

□などの切り立った所 *いわくら 福島県南会津郡 和歌山県日高郡 鹿児島県肝属郡 *いわたき(岩のがけ)熊本県芦北郡・八代郡 *かぐら・かくら 青森県三戸郡 *がくら 新潟県東蒲原郡 *がけくら 奈良県吉野郡 和歌山県東牟婁郡 *がけっくら 新潟県北魚沼郡 *がんくら 岩手県和賀郡 秋田県 山形県 福島県南会津郡 新潟県「すごいがんくらで目がくらむ」 岐阜県大野郡 兵庫県美方郡 奈良県吉野郡 *がんくれ 山形県村山 *がんけくら 秋田県雄勝郡 *がんけら 岩手県和賀郡 兵庫県但馬

切り立って険しい□ *いしばな 沖縄県鳩間島 *しばな 沖縄県与那国島 *しばに 沖縄県石垣島・波照間島 *すばら(険しくそびえたった岩)沖縄県竹富島 *つぃばな(高くそびえ立つ岩。切り立った岩)沖縄県波照間島

いわし【鰯】 *あおこ 和歌山県 *あかぐち(イワシの稚魚)大分県北海部郡 *えたり 熊本県天草

郡 *おーばいわし(大きなイワシ) 新潟県佐渡・上越市 *きがま(イワシの一種) 島根県隠岐島 *ぎど 熊本県天草郡 *きみ(イワシの一種) 三重県度会郡 *こしなが 香川県三豊郡 *こまもの 岩手県気仙郡 *ごもく(多くいるところから) 長崎県壱岐島 *さしあみ(三、四月ごろに捕れる大きなイワシ) 富山県砺波 *さしあみいわし(三、四月ごろに捕れる大きなイワシ) 富山県砺波 石川県金沢市 *しおから(イワシの子) 鳥取県岩美郡・気高郡 *じゃこ(イワシの小さいもの) 島根県出雲・隠岐島 *しろこ(イワシの小さいもの) 愛媛県温泉郡 *たつくり(五月の田植えごろ、盛んに捕れるイワシ) 島根県益田市・那賀郡 *たれ 熊本県天草郡 *どんぽ・どんぽー 熊本県天草郡 *ながし 長野県松本 *なんまい・なんまん 広島県 *なんまんよ 山口県小野田市 *ひらご 北海道 大分県北海部郡(細くて小さいイワシ) *みじゅん 沖縄県首里 *めじろ(イワシの小さいもの) 山口県 *わかよ(年の初めに捕れたイワシ) 千葉県夷隅郡

節分の晩に□の頭と柊の葉を竹ぐしや豆がらに挿して門口に挟んでおく習俗 *やいかがし 山梨県南巨摩郡 *やいくさし 島根県出雲 *やかがし 埼玉県秩父郡 *やきこがし 新潟県東蒲原郡 *やきさし 奈良県吉野郡 岡山市 香川県塩飽諸島(大みそかの夜にも行う) *やくさ 岡山市 *やくざ 岡山県和気郡 *やくざし 岡山県川上郡 *やござし 鳥取市 岡山県苫田郡 *やっかがし 山形県東置賜郡 福島県若松市 栃木県安蘇郡 埼玉県秩父郡 東京都八王子 神奈川県津久井郡 新潟県南魚沼郡・東蒲原郡 *やっかがしら 福島県岩瀬郡 *やっこがし 新潟県東蒲原郡(田作りの頭を窓に挿す) *やっこざし 山形県西置賜郡

干し□ *うでこ 島根県浜田市 *かいぶし 石川県 *かいぼし 石川県珠洲郡 *くしさし(イワシを串に刺して干したもの) 島根県鹿足郡 *くしぼし(イワシを串に刺して干したもの) 長崎市 *しーばし 富山県 *しこ(干した小さなイワシ) 山形県北村山郡 *どーじんぼし 宮崎県西臼杵郡 *ひいわし 富山県東礪波郡 *ひどんぼ 長野県西筑摩郡 *ほーどーし(数匹のイワシのほおをわらなどで刺し連ねて干したもの) 岩手県気仙郡 *ほーどし(わらで連ねた干しイワシ) 岩手県上閉伊郡・気仙郡 宮城県仙台市 山形県東置賜郡 福島県 *れんぽし(わらで連ねた干しイワシ) 新潟県

いんき【陰気】 *いんくつ(陰気なさま) 京都府 *しんきくさ(陰気なこと) 大阪府泉北郡 *いんじゃもの(陰気な人) 大阪市 *つつこしー(陰気だ) 高知県安芸郡

家の隅など□な所 *ひあっきゃー 静岡県 *ひやっこ・ひやっけー 神奈川県津久井郡

□で心が晴れ晴れしない *しんきくさい 岐阜県飛驒 大阪府泉北郡 島根県「毎日雨が降ってしんきくさい」 徳島県 香川県「しんきくさい天気」

□で理屈や文句の多い人 *いやぶつ 愛知県名古屋市

口数少なく□なさま *むしら 秋田県山本郡「太郎はむしらどした子だ」 *むすら 青森県上北郡「むすらどする」 *むっさり 長野県上伊那郡 *むっしり 鳥取県 香川県三豊郡 *むっちり 富山県

いんきょ【隠居】 *おとなわたし(跡取りに家長の座を渡して隠居すること) 熊本県上益城郡 *かんきょ 新潟県佐渡 奈良県吉野郡 徳島県 *ごてをゆずる(戸主を譲って隠居する) 鳥取県西伯郡 *しょたいわたし(隠居すること) 富山県東礪波郡 *つぼね 熊本県天草郡 *へや 島根県石見「もうあんたもへやなりとしんさい」 広島県山県郡 山口県大島 徳島県「おへやはん(御隠居さん)」 香川県大川郡 高知県長岡郡 *みをゆずる(家督を譲って隠居する) 島根県簸川郡・八束郡

□している人 *いんきょまち 島根県出雲「お前とこへくうもえだども(行っても良いけど)、えんきょまちがおっての」 *いんじー・いんじ(隠居した男) 東京都新島 *おしこめいんきょ(無理に隠居させられた人) 長野県諏訪

□所 *いっけんろーじ(隠居の家) 大阪市 *えんりょー(主に上流家庭で隠居した人の住まい) 新潟県中頸城郡 *こぶ(隠居部屋) 山口県見島 熊本県球磨郡 *こぶや(隠居部屋) 鹿児島県甑島 *そとや(別棟の隠居部屋) 愛知県東加茂郡 *つぼね 佐賀県藤津郡 長崎県 宮崎県西臼杵郡 *ねま 和歌山県西牟婁郡・東牟婁郡 *へや(隠居部屋) 福井県坂井郡 広島県山県郡 山口県大島・見島 徳島県美馬郡 香川県大川郡 高知県・土佐郡 長崎県五島 *よま(隠居家) 長崎県対馬

いんけい【陰茎】 *かも(男の子の陰茎) 青森県南部(小児語) 秋田県鹿角郡 *がも(男の子の陰茎) 秋田県南秋田郡・仙北郡 *かもこ(男の子の陰茎) 青森県三戸郡 山形県東田川郡・西田川郡 *かり 山梨県 *がり 山形市 *きびしょ(小児の陰茎) 新潟県中頸城郡 兵庫県淡路島 *きびちょ(小児の陰茎) 宮城県栗原郡 *きんぴちょ(小児の陰茎) 青森県津軽 *ごーない(男児の陰茎) 静岡県富士郡・志太郡 *こっち 沖縄県石垣島・小浜島(児童語) *こっちー 沖縄県西表島・波照間島(児童語) *こっちぇー 沖縄県竹富島 *こっちゃ 沖縄県西表島 *ごろたむし(陰茎を言う陰語) 山形県最上郡 *しじ(主に小児のものを言う) 青森県南部 岩手県盛岡市・上閉伊郡 宮城県登米郡 秋田県鹿角郡 山形県米沢市 山梨県・南巨摩郡 長野県伊那 兵庫県淡路島 徳島県美馬郡 *じじ(主に小児のものを言う) 岩手県上閉伊郡 秋田県鹿角郡 島根県大原郡・隠岐島 *しじこ(主に

小児のものを言う）岩手県気仙郡　宮城県仙台市　山形県　新潟県佐渡　三重県志摩郡　*じじこ（主に小児のものを言う）岩手県上閉伊郡　島根県隠岐島　*しじっこ（主に小児のものを言う）長野県下伊那郡　*しじんぼー（主に小児のものを言う）埼玉県北葛飾郡　山梨県　*しちこ（主に小児のものを言う）山形県　*しんじ（主に小児のものを言う）岩手県紫波郡　*じんじ（主に小児のものを言う）青森県南部　*しんじこ（主に小児のものを言う）岩手県気仙郡　*しんじっこ・しんちこ（主に小児のものを言う）岩手県気仙郡　*しんつこ（主に小児のものを言う）青森県南部　*すず 青森県三戸郡　*ずん 福井県　*すずこ（子供の陰茎）山形県東村山郡　*すつこ（子供の陰茎）宮城県石巻　山形県最上郡　*すんつこ（子供の陰茎）秋田県平鹿郡　山形県　*だっぺ 山形県　*たに 沖縄県　*たにぬそー 沖縄県石垣島　*だま 富山県東礪波郡　*たんべ 岐阜県郡上郡　*だんべ 山形県　新潟県北蒲原郡・中頸城郡　富山県富山市・砺波　石川県加賀　福井県今立郡・坂井郡　岐阜県吉城郡　*だんぺ 山形県北村山郡・西置賜郡　*だんぽ 広島県安佐郡・高田郡　*だんぼー 島根県邑智郡　*ちゃんべ 富山県射水郡　*ちゅーちゅー（幼児語）沖縄県首里　*ちゅっかー（幼児語）沖縄県八重山　*ちゅっちゅ（幼児語）沖縄県石垣島　*ちょこ 島根県隠岐島　*ちょっきー・ちょっこー 鹿児島県種子島　*ちょんぼ 千葉県安房（小児のもの）新潟県中頸城郡　三重県志摩郡　島根県隠岐島　*ちょんぽ 千葉県上総　*ちょんぽこ（小児のもの）山形県東置賜郡　*ちんころ（小児の陰茎）富山県射水郡　広島県　*つんつこ（幼児語）山形県　*てぃっぷってぃー（「鉄砲の小さいもの」の意。幼児語）沖縄県与那国島　*てれ 島根県那賀郡　愛媛県周桑郡　*てれくそ 愛媛県周桑郡　*どぅっとぅ・とぅっとーま 沖縄県石垣島　*とっちん 宮崎県西臼杵郡　*とんがらし（子供の陰茎）京都市　*はなもと 東京都八丈島　*ふぐい 鹿児島県奄美大島・加計呂麻島・喜界島　*ふるまる（「ふりまら（振魔羅）」の転か）栃木県　*ぼぼ 山梨県南巨摩郡　*ぽんぽ（小児の陰茎）千葉県上総　*まらふり 沖縄県小浜島　*もえもん（小児のもの）岡山市　*もの 島根県美濃郡・益田市　*れこ 滋賀県神崎郡　*んぐい 沖縄県与那国島　*んぐいってぃー（「小さいふぐり」の意）沖縄県与那国島

↓「いんぶ（陰部）」の子見出し、「男性の陰部」・おちんちん

□が勃起する　*うゎーゆん・うゎーりゆん 沖縄県首里　*えんがる 新潟県東蒲原郡　*おえる 岐阜県飛驒　兵庫県淡路島　奈良県南大和　和歌山県　島根県那賀郡・鹿足郡　*おがる 岩手県気仙郡・胆沢郡　山形県　*おんがる 神奈川県中郡　*ほえる 新潟県佐渡　長野県松本市

□の頭　*かり（「かりくび（雁首）」の略）山形県東部　長野県上田・佐久　静岡県志太郡「かりんたかぇー（亀頭（きとう）が大きい）」　岡山市　*がり 新潟県佐渡　*かれ 三重県志摩郡

□を勃起させる　*うゎーしゅん 沖縄県首里　*おやかす 兵庫県淡路島　*おやす 山形県東置賜郡・山形市　兵庫県淡路島　愛媛県宇和島市　*ほこらす（陰茎を立てる）香川県「子供がちんぼうほこらして」・高松

大きい□　*うふたく・うふたに（幼児語）沖縄県石垣島　*うふたなー（大きい陰茎の者）沖縄県石垣島　*うふやっこん 沖縄県石垣島　*なめそ（ヘビ「アオダイショウ」を「なめそ」と言うところから転じて）岡山県御津郡　*ろくでんきゅー（巨大な陰茎）熊本県下益城郡

子供の□　*きびしょ 新潟県中頸城郡　兵庫県淡路島　*きびちょ 宮城県栗原郡　*きんぴちょ 青森県津軽　*ちょろき 高知県　*ちょんちょん（幼児語）鹿児島県

幼児の□　*ちょんこ 島根県出雲・隠岐島　*ちょんちょこ 山形県　*ぶでぃふこっち（「ぶでぃふ（＝芋貝）」に似ているところから）沖縄県石垣島

いんげんまめ【隠元豆】　*あかみとり 三重県一部　*あくしゃまめ（「あくしゃ」は「あくさい」の転で、迷惑の意。とれ過ぎて困る豆の意）熊本県一部　*あくせーまめ 長崎県一部　*あねこまめ 新潟県一部　*あほまめ（あまりに長く生長するところから）滋賀県一部・甲賀郡　*あめりかささげ 岐阜県一部　*あめりかまめ 滋賀県一部　*あんごまめ 三重県一部　岡山県一部　*いろまめ 北海道一部　*いんぎょーまめ 大分県大分郡・大分市　*いんぎょまめ 富山県一部　福井県一部　奈良県　大分県一部　*いんぎりまめ 愛知県一部　福岡県築上郡　大分県　*うくまーみ 沖縄県首里　*えーどーまめ 山口県阿武郡　*えかきまめ 和歌山県一部　*えどささぎ 兵庫県・豊岡市・出石郡　*えどささげ 兵庫県播磨　*えどまめ 新潟県一部　大阪府　*えんどー 山口県大津郡　*えんどーまめ 山口県厚狭郡　*おきゃくまめ 宮崎県一部　*おじょーまめ 愛媛県一部　*おらんだまめ 福島県浜通・相馬郡　*かきまむ 鹿児島県徳之島　*かきまめ 滋賀県彦根　京都府中郡　奈良県南大和　和歌山県日高郡　山口県大島・吉敷郡　大分県大分市・大分郡　*かくまめ 三重県伊賀　*かわくいまめ 山口県玖珂郡　*かんどーまめ 山口県阿武郡　*かんとまめ 大分市　*きささげ 長野県一部　*きじまめ 佐賀県一部　長崎県一部　*きじら 徳島県一部　*きまめ 大分県一部　*きんとき 鹿児島県与論島　*きんときまめ 北海道一部　新潟県一部　岐阜県一部　三重県一部　滋賀県一部　京都府一部　兵庫県一部　鳥取県一部　岡山県　愛媛県　高知県一部　福岡県一部　*きんとんまめ 宮城県一部　新潟県一部　福井県一部　岐阜県一部　*くわのきまめ 新潟県一部　*くわまめ 愛媛県一部　*けんけん 愛媛県一部　*ごいしまめ 石川県江沼

郡 *こーしふろ 香川県一部・高松市 *こーしぶろ 香川県高松市 *ごがつささぎ 岐阜県大垣市 *ごがつささげ 岐阜県 愛知県一部 三重県一部 広島県一部 *ごがつまめ 山梨県一部 岐阜県 愛知県一部 三重県一部 滋賀県一部 奈良県一部 広島県一部 山口県 *さいとー 北海道一部 宮城県 富山県一部 滋賀県一部 京都府 奈良県 島根県一部 高知県一部 大分県一部 *ささぎ 北海道一部 青森県 岩手県・上閉伊郡 宮城県 秋田県一部 山形県 福島県一部 山梨県一部 岐阜県一部 山梨県一部 山口県玖珂郡 *ささげ 北海道一部 青森県 岩手県 宮城県 秋田県 新潟県一部 長野県 岐阜県一部 愛知県 京都府一部 鳥取県一部 山口県 宮崎県一部 *ささげまめ 山口県都濃郡 *さつきまめ 山口県大島 *ざとー 愛媛県一部 *さのぎ 山口県佐波郡 *ざまめ 静岡県一部 *さやくいまめ 岡山県一部 山口県玖珂郡 *さやくりまめ 山口県玖珂郡 *さやまめ 北海道一部 富山県一部 福井県一部 三重県一部 兵庫県一部 島根県一部 山口県一部 徳島県一部 愛媛県一部 高知県一部 福岡県一部 佐賀県一部 熊本県一部 宮崎県 鹿児島県 *さんどーまめ 山口県萩市 *さんどささげ 島根県一部 岡山県一部 広島県一部 徳島県 *さんどなり 富山県 石川県一部 岐阜県一部 静岡県一部 和歌山県一部 香川県一部 福岡県一部 大分県一部 *さんどまめ(「一年に三度収穫する豆」の意) 宮城県一部 山形県一部 福島県一部 埼玉県一部 新潟県一部 富山県一部 福井県一部 岐阜県一部 愛知県一部 三重県一部 滋賀県 京都府 大阪府一部 兵庫県 奈良県 和歌山県一部 鳥取県一部 島根県一部 岡山県 広島県一部 山口県 徳島県 香川県 愛媛県一部 高知県一部 福岡県 長崎県一部 宮崎県一部 *さんばそーまめ 徳島県一部 *しととまめ 熊本県下益城郡 *しゃくじょーまめ 岐阜県恵那郡 *じゅーろく 神奈川県津久井郡・中郡 *しょーえんどー 山口県玖珂郡 *ずくなし 山梨県一部 *すこき 和歌山県一部 *せやみ 山梨県一部 *せやみささげ 山形県・東田川郡 *せやみじゅーろく 山梨県一部 *せんだいささげ 宮城県 *そーぼーまめ 千葉県一部 *たーささげ 大分県大分郡 *だてまめ 山形県一部 *たまごまめ 島根県一部 *たらずまめ 鳥取県一部 島根県一部 *たわけまめ 岐阜県一部 *ちゃおけまめ 大分県一部 *ちゃまめ(せんじて茶の代用とするところから) 広島県一部 *ちょーじゃまめ 滋賀県一部 *つゆまめ 岡山県一部 広島県一部・安芸郡 山口県一部 香川県 *つるささげ 岐阜県一部 *つるまめ 石川県一部 長野県一部 大分県一部 *てありささげ 岩手県一部 *てーこつまめ 福岡県一部 大分県一部 *でっちまめ 愛媛県一部 *てなし 北海道一部 *てなしいんげん 新潟県一部 *てなしささげ 青森県一部 秋田県一部 山形県一部 *てなしまめ 新潟県一部 福井県一部 滋賀県一部 *てぼー 北海道一部 *てまめ 北海道一部 新潟県一部 *とーまめ 長野県北安曇郡 山口県周防 *とーろく 和歌山県 愛媛県一部 *とーろくまめ 大阪市 兵庫県加古郡 和歌山県東牟婁郡・新宮市 島根県一部 岡山市 愛媛県一部 *どじょーまめ 岐阜県一部 静岡県一部 鹿児島県一部 *とはっすん(豆十個分の長さが八寸(約二十四センチメートル)になるところから) 熊本県下益城郡 *とろくすん 長崎市 熊本県玉名郡・下益城郡 *とんどまめ 岡山県一部 *なたささぎ 山形県庄内 *なたささげ 山形県庄内 *なたまめ 岐阜県一部 大阪市 *なまめ 京都府一部 山口県阿武郡 大分県一部 *なりくら 群馬県一部 長崎県一部 *なりっくらいんげん 群馬県一部 *なりっこ 静岡県志太郡 *なんきん 栃木県 *なんきんまめ 栃木県 広島県高田郡 大分県日田郡 *にしあまめ 徳島県一部 *にしきまめ 愛媛県一部 *にどとりまめ 新潟県一部 *にどなり 岐阜県可児郡・恵那郡 奈良県南大和 和歌山県東牟婁郡・新宮市 *にどなりまめ 石川県一部 山梨県一部 岐阜県一部 静岡県一部 愛知県一部 三重県一部 奈良県一部 和歌山県一部 大分県一部 *にとまめ 宮崎県一部 *にどまめ 宮城県一部 富山県 石川県一部 福井県一部 長野県一部 静岡県一部 三重県一部 京都府一部 大阪府一部 兵庫県 奈良県 和歌山県一部・北部 鳥取県一部 島根県一部 広島県一部 愛媛県一部 *にまめ 山梨県一部 *にんぎょーまめ 大分県大分市・大分郡 *のすかいまめ 熊本県一部 *のすかこまめ 滋賀県一部 *ばかまめ 島根県一部 山口県一部 *はこたてまめ 大分県大野郡 *はっしょまめ 三重県伊賀・伊勢 *はやまめ 長野県一部 *びじんまめ 長崎県一部 *びるま 北海道一部 三重県一部 *ふーろまめ 千葉県安房郡 *ふくろまめ 鹿児島県一部 *ふじまめ 滋賀県一部 京都府一部 鳥取県西伯郡 山口県 長崎県一部 大分市 *ふるー 群馬県一部 *ふろー 群馬県 千葉県安房郡 *ふろーまめ 群馬県一部 兵庫県一部 *ふろまめ 熊本県下益城郡 大分県一部 宮崎県一部 *ぼーずまめ 山口県玖珂郡 *ほーとーまめ 岡山県一部 *ぼたんささげ 新潟県一部 *ほっかいどーまめ 富山県一部 鳥取県一部 *まどまめ 京都府一部 *みたび 埼玉県一部・入間郡 東京都一部 神奈川県一部 *めずら 埼玉県秩父郡 *やさいまめ 福岡県一部 長崎県一部 大分県一部 宮崎県一部 鹿児島県一部 *やざまめ 宮崎県一部 *やしやまめ 佐賀県一部 熊本県一部 *やせまめ 長崎県一部 宮崎県一部 鹿児島県一部 *やつぷさ 香川県一部

いんのう【陰嚢】 *かえっぺ 山形県東置賜郡 *けぁっぺ 青森県津軽 岩手県気仙郡 *ごろ 鹿児島県鹿児島郡 *さがり 富山市近在 *たいも 大阪府泉北郡 *たにぬふり 沖縄県石垣島 *ふい 沖

縄県竹富島 *ふいぬくんが（「ふぐりの卵」の意）沖縄県竹富島 *ふぐい 鹿児島県奄美大島・加計呂麻島・喜界島 *ぷぐい 沖縄県国頭郡 *ふぐり 岩手県上閉伊郡 宮城県石巻 秋田県鹿角郡 千葉県香取郡・安房郡 新潟県佐渡・岩船郡 鹿児島県奄美大島 *ふり 沖縄県石垣島・小浜島・黒島・西表島 *ふる 沖縄県鳩間島・波照間島 *ふるだに 沖縄県新城島 *ふんぐり 岩手県 宮城県 山形県 新潟県 三重県 奈良県吉野郡・宇智郡 和歌山県東牟婁郡 徳島県 *ふんぐりたま 山形県西置賜郡 *へつぐり 新潟県南魚沼郡 *んぐい 沖縄県与那国島 *んぐいだに 沖縄県与那国島

→「いんぶ（陰部）」の子見出し、「男性の陰部」

いんぶ【陰部】 *はじ 沖縄県首里 *もちもん（男女ともにいう）熊本県天草郡

女性の□ ⇩じょいん（女陰）

男性の□ *どんべ 島根県隠岐島 *どんべん 佐賀県藤津郡 *へねこ 和歌山県日高郡 *へのこ 青森県南部 岩手県九戸郡・上閉伊郡 秋田県平鹿郡 山形県 福島県東白川郡 栃木県 埼玉県北葛飾郡 新潟県 愛知県碧海郡 兵庫県淡路島 島根県鹿足郡・邑智郡 広島県芦品郡 徳島県 香川県 愛媛県 高知市

→いんけい（陰茎）・いんのう（陰嚢）

いんもん【陰門】 *いきみ 青森県津軽・南部 *いけっつび 山梨県西山梨郡 *さとーばこ 山形市 *しんのこ 東京都八丈島 *ちょぼ 愛媛県周桑郡 *べっけぁ 岩手県気仙郡 *もち・もっちー 鹿児島県種子島

うえ【上】 *あげ 東京都八丈島「木のあげしゃん登れ」 愛媛県 高知県長岡郡 *うえか 秋田県鹿角郡「うえかさ上げる（上にのせる）」 *うえっか 岩手県上閉伊郡「山のうえっかに家がある」・気仙郡 山形県 *うえっから・うえっこら・うわこら・うわっこら 岩手県気仙郡「あの人、畑うわっこらばりはだいでいる」 *うれ 岐阜県飛驒 *うゎーら 沖縄県首里 *うわから 宮城県石巻 *うわっか 山形県東置賜郡・西置賜郡 福島県東白川郡 千葉県印旛郡 長野県上田・下伊那郡 *えかっつ 山形県 *えべ 岐阜県飛驒 *おか 和歌山県東牟婁郡・西牟婁郡 島根県「このおかに家がある」 *おもて 石川県 *おわら 宮崎県西臼杵郡 *かた 滋賀県高島郡 *そら 石川県江沼郡 岐阜県「口のそらは鼻だ」「空はもっとそらの方にある」 三重県 京都府与謝郡「本が机のそらにある」 兵庫県養父郡 奈良県南大和 鳥取県倉吉市「山のそらのアンテナ」 島根県「釘はもちっとそらに打て」 岡山県・苫田郡・阿哲郡 広島県「山のあのそらまで登る」 徳島県三好郡「本箱のそらにある物をとってくれぇ」 高知県宿毛市 長崎県「えのそら（屋根）」「やまんそら（峰）」 大分県北海部郡・南海部郡 鹿児島県「木のそら（樹上）」 *そらっぱち 和歌山県新宮「そらっぱちへ登る」 *たか 富山県 石川県羽咋郡 岐阜県「あたまのたか」 *たかで 秋田県仙北郡 *だけ 島根県鹿足郡「石垣のだけの方の草が取られん」 *てっきょ 福島県会津 *てっこ 福島県会津「てっこさ上れ」 新潟県中蒲原郡 *てっこー 新潟県三島郡 *てっじょー 新潟県刈羽郡 *てっちょ 岩手県気仙郡「その家ならここから少してっちょの方でがす」 *てっちょー 福島県東白川郡 茨城県多賀郡 栃木県 群馬県利根郡・勢多郡 兵庫県加古郡 *てっぺ 山形県 福島県相馬郡「てっぺむき（上向き）」 *てっぺん 山形県 *てっぺー 山形県東田川郡 福島県安達郡 *てんこ 岐阜県土岐郡 *てんこー 新潟県西蒲原郡 *てんじく 宮城県栗原郡 *てんじょ 岩手県上閉伊郡 宮城県登米郡 秋田県鹿角郡 山形県 福島県 茨城県稲敷郡 千葉県市原郡・夷隅郡「その棚もっとてんじょにやれ」 新潟県西頸城郡 愛媛県 *てんじょー 宮城県栗原郡「ますこし、てんじょうさ上げれ（もうちょっと上へあげろ）」 福島県 茨城県 新潟県佐渡「棚のてんじょうにのせておいた」 *てんじょく 新潟県西頸城郡 *てんじょくら 千葉県夷隅郡 *てんば 奈良県宇陀郡 徳島県 *てんぺ 宮城県登米郡・玉造郡 山形県米沢市「てんぺの方にあるっ」 福島県会津 *てんぺん 山形県 *てんぽら 岐阜県恵那郡 *わっか 茨城県稲敷郡 栃木県河内郡 千葉県 *わっかー 山梨県南巨摩郡 静岡県榛原郡 *わっかわ 山梨県南巨摩郡 *わら 鹿児島県喜界島

→じょうぶ（上部）

□の方 *あて 長野県下伊那郡 静岡県「山のあて」 *ういんた 沖縄県石垣島 *うえぎれ 奈良県吉野郡 *うえっか 岩手県上閉伊郡・気仙郡 山形県 *うえっから・うえっこら・うわこら・うわっこら 岩手県気仙郡 *えっぱら 青森県南部「もう少しうえっぱらの枝を払ふて下さい」・三戸郡 *うえつら 三重県南牟婁郡 *うえぱら 青森県南部 *うゎーら 沖縄県首里 *うわから 宮城県石巻 *うわさ 高知県土佐郡 *うわぜ 大分県玖珠郡・日田郡 *うわっか 山形県東置賜郡・西置賜郡 福島県東白川郡 千葉県印旛郡 長野県上田・下伊那郡 *うわつさ 山形県最上郡 *うわっぱら 岩手県気仙郡 *えがつく 山形県村山 *えかっつ 山形県 *おはら（また、床の間のある上座もいう）宮崎県西臼杵郡 *おわぜ 大分県日田郡「おわじぇん方に橋があ

る」 ＊**おわら** 宮崎県西臼杵郡 ＊**かさ** 岩手県上閉伊郡「入道にあった時には、かさから見ると消えるが仰ぐと何処までも大きくなる」 埼玉県秩父郡 山梨県 長野県 大分県大分郡・東国東郡 ＊**かせ** 長野県西筑摩郡「また、かせいぎゃー寄るわー」 ＊**たか** 富山県 石川県羽咋郡 岐阜県「あたまのたか」 ＊**たかで** 秋田県仙北郡 ＊**てっきょ** 新潟県中頸城郡 ＊**てっこ** 新潟県「鼻のてっこ」 和歌山県海草郡 ＊**てっこー** 新潟県中越 ＊**てっじょー** 新潟県刈羽郡 ＊**てっちょ** 岩手県気仙郡 ＊**てっちょー** 福島県「まっと、てっちょおさ(上の方に)行って見ろ」 新潟県・中魚沼郡 ＊**てっぺ** 山形県 福島県相馬郡「てっぺむき(上向き)」 ＊**てっぺー** 山形県東田川郡 福島県安達郡 ＊**てっぺん** 山形県 ＊**てんこ** 岐阜県土岐郡 ＊**てんこー** 新潟県西蒲原郡 ＊**てんば** 奈良県宇陀郡 徳島県 ＊**てんぺ** 宮城県登米郡・玉造郡 山形県米沢市「てんぺの方にあるっ」 福島県会津 ＊**てんぺん** 山形県米沢市 ＊**てんぽら** 岐阜県恵那郡 ＊**のんぼい** 佐賀県「これからのんぼいにゆく」 鹿児島県「のんぼいみちょい(上の方に向いている)」 ＊**のんぼり** 福岡県 熊本県下益城郡 大分県日田郡 ＊**ゆわて** 静岡県磐田郡 ＊**わかた** 島根県隠岐島 ＊**わぜ** 大分県日田郡「川のわじぇん方」 ＊**わっか** 茨城県稲敷郡 栃木県河内郡 千葉県 ＊**わっかー** 山梨県南巨摩郡 静岡県榛原郡 ＊**わっかわ** 山梨県南巨摩郡 ＊**わっこ** 千葉県東葛飾郡 ＊**わっぱ** 千葉県東葛飾郡 ＊**わっぱら** 岩手県気仙郡 ＊**わて** 島根県仁多郡 ＊**わで** 山梨県 長野県「村のわで」「わで村」 静岡県磐田郡 ＊**わてかた** 島根県仁多郡・能義郡 ＊**わでかた** 静岡県磐田郡 ＊**わね** 山梨県南都留郡・北都留郡 ＊**わら** 鹿児島県喜界島 ＊**わんまえ** 岩手県気仙郡

うえる【飢】 ＊**かじる** 秋田県平鹿郡「すて猫がかじて居た」 ＊**かずれる**(「かつえる(餓)」の転か) 青森県津軽 宮城県石巻「魚にかずれて言うことに『魚売りの脛でもええ』と」 ＊**かちえる** 青森県津軽「女にかじえる」 東京都大島 ＊**かつぃりん・かつぃりるん** 沖縄県石垣島 ＊**かつえる** 青森県津軽「近頃甘い物さかつえだ」 新潟県佐渡 山梨県 岐阜県 三重県員弁郡 滋賀県彦根 京都市 大阪府南河内郡・泉北郡 和歌山県海草郡・和歌山市 島根県「かつえて仕事が出来ん」 岡山県岡山市・御津郡 広島市 山口県 徳島県・阿波郡 香川県三豊郡・仲多度郡 愛媛県喜多郡 高知県・幡多郡 長崎県南高来郡 ＊**かつげる** 岐阜県郡上郡 ＊**かっつぇる** 香川県 ＊**かっつく** 新潟県佐渡「金にかっついている」 長野県佐久 ＊**かつる** 秋田県雄勝郡「食物がつきてかつる程になった」 ＊**かつるる** 熊本県 ＊**かつれる** 青森県 宮城県石巻 秋田県鹿角郡 山形県米沢市 新潟県佐渡 富山県砺波 山梨県 奈良県「あいつ女にかつれとる」 島根県 徳島県 香川県 愛媛県・新居郡 長崎県対馬「食事時を過ぎても食膳を出さず、かつらかされた」・五島 ＊**がつれる** 新潟県東蒲原郡 ＊**かてーる・かてぃーる** 東京都八丈島 ＊**かててる**(空腹になる) 青森県南部 ＊**かてる** 青森県 ＊**かといる** 山梨県南巨摩郡 ＊**かとえる** 長野県下伊那郡 愛知県三河 ＊**かわく** 新潟県佐渡 ＊**ちかがつるる**(飢えて瀕死の状態になる) 熊本県芦北郡・八代郡 ＊**しょっぎれ** 鹿児島県肝属郡 ＊**ひじん** 宮崎県西諸県郡

□**たさま** ＊**がしん** 香川県仲多度郡 ＊**かっかつ** 岩手県気仙郡 宮城県栗原郡 ＊**したした** 山形県東村山郡・西村山郡 ＊**とべとべ** 新潟県西頸城郡「とべとべする」 ＊**へたへた** 新潟県佐渡

□**た人** ＊**うがりむん** 沖縄県首里 ＊**かつぃりむぬ** 沖縄県石垣島・竹富島 ＊**かつえうど** 島根県石見 高知市 ＊**かつえと** 山形県東田川郡 ＊**かつえど** 三重県志摩郡 兵庫県加古郡 山口県大島 愛媛県「かつえどみたいに飯を食うな」 高知県 ＊**かっちぇど** 島根県八束郡 ＊**かってど** 兵庫県加古郡 ＊**かつれど** 島根県出雲 香川県小豆島・佐柳島 愛媛県 ＊**かといにん** 山梨県南巨摩郡

うえる【植】 ＊**いける** 岐阜県稲葉郡「苗をいけた」・北飛騨 ＊**いためる** 香川県 ＊**いびん** 沖縄県石垣島 ＊**いびるん** 沖縄県石垣島 ＊**いべる** 岐阜県北飛騨 ＊**うめる** 東京都大島「今日は木をうめた」 ＊**しつける**(苗を植える) 青森県三戸郡 岩手県気仙郡 山形県「畑に苗をしつける」 神奈川県 新潟県佐渡 ＊**すえる** 東京都三宅島「さつまーせーるときんなって」 ＊**せーる** 東京都三宅島 ＊**つぐ**(苗を植える) 島根県隠岐島「(苗を)ごしゃやあつぐけに、つがーも苗が足らんわ」 ＊**なべる** 東京都八丈島 ＊**はさける** 京都府竹野郡「あの畑にこの豆をはさけておこう」 ＊**びーるん・びーん** 沖

方/言/の/窓

●方言変化と性差

大都会ではさまざまな社会集団が混在する。各種の方言の接触、混質によって次々に新しいことばが生産される。新奇を求める心理はその新しいことばをどんどん成長させる。それが本来の規範からはずれた〝悪〟の表現であってもである。都会的なものは、なにも常に文化的に高く美しいなどといった単純なものではない。都会は、いわば窮屈な旧制度を破るところとしての新鮮な魅力をそなえた場所である。

ところで、そのような言語変化を引き起こすのは、どちらかと言えば男性の方であるとされる。一方、変化が標準的な規範(全国共通語・地域共通語)の方向にむかって起こる場合は例外であって、その時には、どちらかと言えば女性の方が前衛的であることが指摘されている。

縄県黒島 *ふす 長崎県壱岐島「芋をふす」「種子をふす」 *んびるん・んびん 沖縄県竹富島

うおのめ【魚目】 *いおのめんたま 島根県石見 *いぼのめ 岐阜県武儀郡・海津郡 *いゆぬみー 沖縄県首里(手足にできる) *いんのめ 岡山県児島郡 *ゆぼめ・ゆぼみ 奈良県南大和 *よーのめ 新潟県(手足にできる)・西蒲原郡 *よのめ 千葉県九十九里浜(手足にできる)

うかがう【窺】 *うけくらいをみる(先方の出方をうかがう) 宮城県栗原郡・仙台市「あいつはいつも人のうけくらいを見て物を云ふ奴で、どうも好かない奴だ」 秋田県鹿角郡 *うけぐらいをみる・あげぐらいをみる(先方の出方をうかがう) 岩手県気仙郡 *かげすむ(物陰にたたずんで様子をうかがう) 新潟県「かげすむなんてひどい」 *けぞーみ(他人の様子をうかがうこと) 茨城県鹿島郡 *ちらつく(落ち着きなく人のすきうかがう) 高知県「またあの人がちらつきよる、なんぞもうけ口でも見つけつろー」 *はざみ(すきまなどからうかがい見ること) 島根県隠岐島 長崎県対馬 *まーしみーるん(「ませみる(垣見)」、すなわち「垣間見る」意) 沖縄県石垣島

うかつ【迂闊】 *あじゃら 福島県南部「あじゃらに仕事にかかるな」 *あじゃらけ・あんじゃらけ 秋田県雄勝郡
→うっかり

□なさま *あさどい 新潟県佐渡「あさどい奴だ」 *あざとい 三重県度会郡 兵庫県淡路島 奈良県宇陀郡「あざとい心でしてんねやろ、ちょっとは気をつけたがええぜ」 岡山県苫田郡「りこうなことをゆうとっても、あざといもんじゃ。ええ儲け話もおえんように(駄目に)してしもうて」 *おーとり 高知県長岡郡「あの男わおおとりなきに(うかつだから)、そんな細密な話わできん」 *かっとまりがない 茨城県 *こくろくなし 茨城県猿島郡 *しょーばん・しょーばんさ・しょーばんさーりむぬ・しょーばんさーん・しょーばんむぬ 沖縄県石垣島 *てっかり 群馬県「やっもてっかりしてらぁ」 *とろい 愛知県名古屋市 山口県 *とろっくさい・とろっこい 長野県上伊那郡 *のっぺらぽん 茨城県真壁郡

□な人 *うっそり 静岡県小笠郡 愛知県宝飯郡 大阪市 *うっそりやろー 静岡県磐田郡 *うっそれ 長野県南部「あの児は余程うっそれだわい」 *きなかてんのーさん 島根県簸川郡 *きなしのきんじゅー 島根県美濃郡・益田市 *きなしのてんのーさん 島根県出雲 *しょーばん・しょーばんさ・しょーばんさーりむぬ・しょーばんさーん・しょーばんむぬ 沖縄県石垣島 *ひょーろく 岡山県苫田郡 *ひょーろくだま 大分県 *ひょろくだま 宮崎県東臼杵郡 *よんどり 大阪府泉北郡 *よんぼら 大阪市 *よんぼり 京都府 大阪市 奈良県 和歌山県 岡山県児島郡 愛媛県

□に *あっさりひょんと 新潟県佐渡 *いこ 愛知県知多郡 *へーと(下に打ち消しの表現を伴う) 岐阜県飛騨 愛知県知多郡「へいとに言へぬ」 島根県 広島県三次 *へーとー(下に打ち消しの表現を伴う) 島根県石見 *へっと(下に打ち消しの表現を伴う) 岐阜県稲葉郡 愛知県尾張「あの人にはへっとなことは言へん」 *へと(下に打ち消しの表現を伴う) 岐阜県飛騨「あいつはしゃべりばちゃでへとなことは言えん」 *へんと(下に打ち消しの表現を伴う) 奈良県南部

うかぶ【浮】 *うかる 山口県大島 熊本県玉名郡・芦北郡 宮崎県東諸県郡 *うきぶ 青森県津軽 *うきる 青森県 岩手県気仙郡 宮城県 秋田県鹿角郡 山形県 福島県東白川郡 栃木県塩谷郡 千葉県 新潟県東蒲原郡 *うける 山形県 *うずく 新潟県西頸城郡 *うっけーるん 沖縄県石垣島 *おきる 岩手県九戸郡 *ふえっと(ふんわり浮かぶさま) 山形県米沢市「紙ぁふえっととんだ」 *おだおだ(少し重いものが波に浮かぶさま) 島根県

うく【浮】 ⇨うかぶ(浮)

うぐいす【鶯】 *いしぬり 沖縄県波照間島 *おーましゃ 沖縄県宮古島 *きむしぴさーま 沖縄県小浜島 *けきょ 愛媛県 *じぇっち(藪鶯) 鹿児島県肝属郡 *じぇっちぇ 宮崎県児湯郡 *じぇっちゃー 鹿児島県種子島 *ちっち(幼鳥) 高知県・幡多郡 *ちゃっちゃ 千葉県安房郡(幼鳥)・印旛郡(幼鳥)・東葛飾郡 東京都大島(幼鳥) 神奈川県(幼鳥) 静岡県志太郡(幼鳥)・島田市(藪鶯) 兵庫県淡路島(幼鳥) 奈良県宇智郡(藪鶯) 和歌山県西牟婁郡 高知県土佐郡(藪鶯)・高岡郡「ちっちとちゃっちゃがはりよる(頬白と鶯がさえずっている)」・幡多郡(幼鳥) *ちゃっちゃー(幼鳥) 静岡県富士郡・志太郡 鹿児島県喜界島 *ちゃっちゃっ 千葉県安房郡 神奈川県中郡(幼鳥) *ちょっちょっんぐゎー(幼鳥) 沖縄県首里 *でっち 鹿児島県口之永良部島 *でっちゅ(幼鳥) 鹿児島県 *にんぐゎちびるりょー(幼鳥) 沖縄県西表島 *びるりゃー(鳴き声から) 沖縄県西表島 *ほーけきょ 千葉県 *ほーけちょー 山形県 *ほーこけじょー 東京都八丈島 *ほーほぎっちょ 岩手県気仙郡 *ほけきょ 山形県 神奈川県 奈良県宇陀郡 *ほけきょー 埼玉県北足立郡 熊本県 *ほけきょーどり 群馬県 *ほけきょどり 愛媛県 福岡県 *ほけしろ 高知県 *ほけじろ 和歌山県日高郡 *ほけちょ 山形県 長野県下伊那郡 三重県度会郡 *ほけっきょーどり 岩手県気仙郡 *ほっけきょー 福岡県粕屋郡 *ほほぎっちょ 岩手県気仙郡 *まきた(幼鳥) 沖縄県新城島 *まさ 沖縄県宮古島 *ましこ(幼鳥) 鹿児島県奄美大島・加計呂麻島 *ましちょーじゃー 沖縄県首里 *ましゃ 沖縄県宮古島 *ましゃー(幼鳥) 沖縄県首里 *ましゃがま(幼鳥) 沖縄県宮古島 *まちしたー(幼鳥) 沖縄県竹富島 *まつぁふつぁ 沖縄県

八重山・石垣島(幼鳥) *まっぁふっぁー(幼鳥) 沖縄県石垣島・鳩間島 *やぶちゃっちゃー(ささ鳴きのころの鶯) 静岡県志太郡「せど(裏庭)でやぶちゃっちゃーの声んしたっき」

□が鳴く、またその声 *でっち(ささ鳴き) 鹿児島県 *ふーふぃっちょー・ふーふぃちょー(鶯の鳴き声を表す語) 沖縄県首里 *ふきる 沖縄県 *ほくる 青森県三戸郡 *ほける 和歌山県西牟婁郡 愛媛県 長崎県対馬・壱岐島

うごかす【動】 *いごいご(体を細かく動かすさま) 広島県比婆郡・高田郡 香川県綾歌郡・仲多度郡「そなんいごいごすな」 *いじもじ(じっとしていられずに体を動かすさま) 島根県石見 *いじりくじり(座席にじっとしていられずに体を動かすさま。また、背負われた子供が背中で動くさま) 島根県美濃郡 *いじりこじり(座席にじっとしていられずに体を動かすさま。また、背負われた子供が背中で動くさま) 島根県邑智郡 *いじろかす 島根県「そこの石をえじろかえておけ」 *いじろき(身を動かすこと) 長野県諏訪・東筑摩郡「どうにもこうにもいじろきがならん」 *いじろけ(身を動かすこと) 長野県東筑摩郡 *いじろわかす 島根県大原郡 *いびる 群馬県吾妻郡 *えこえこ(体を細かく動かすさま) 岩手県気仙郡 *えごえご(絶えず体を動かすさま) 島根県出雲「布団の中でえごえごする」 *おごおご(子供が、寝床で体を動かすさま。また、絶えず体を動かすさま) 島根県出雲「おごおご動くな」「蒲団の中でおごおごする」 *おねくる(食べ物を口の中であちこち動かす) 京都市 和歌山市「飴玉をおねくってゐる間に解けてしもた」 *おねすね(子供などが、じっとしていられず体を動かすさま) 島根県隠岐島「着物を着せるけんおねすね動くな」 *おねる(てこを入れて動かす) 鳥取県東部 *がっぽーろく 茨城県稲敷郡 *かっぽろぐ 栃木県「柿の木をかっぽろぐ」 *ぎっつもっつ(狭い場所でものや体を動かすさま) 岩手県平泉 *ぎっつらもっつら(狭い場所でものや体を動かすさま) 岩手県気仙郡・平泉 *きろきろ(落ち着きなく目を動かすさま) 新潟県佐渡 愛媛県大三島 *くちおかず(口を休めることなく動かすさま) 青森県津軽「だまってれば、えじんじえっぱえでも、くじおがじね、さべてる(黙っていれば一日いっぱいでも口を休めることなくしゃべっているよ)」「口おかずに食う」 山形県 新潟県佐渡 *ぐらかす 新潟県中頸城郡 静岡県榛原郡「まーちっとそっちをぐらかせ」 *ごーこ(手足を自由に動かすこと) 熊本県玉名郡 「ごーこかなわんごつなっと困る」 *ごーご(手足を自由に動かすこと) 宮崎県西臼杵郡 *こじる(てこでものを動かす) 静岡県志太郡 *こずきまわす(人を指図して動かす) 島根県「今日はこずきまわいて使われた」 *こぜる(てこでものを動かす) 富山県砺波 岐阜県飛驒・郡上郡 京都府竹野郡 兵庫県淡路島 岡山県苫田郡・児島郡 *ごそごそ・ごすごす(絶え間なく体を動かすさま) 長崎県壱岐島「一っ時間(ま)無しーごすごすしちょらす(していらっしゃる)」 *こで(手先をまめに動かすこと) 群馬県多野郡 *こでる(てこでものを動かす) 兵庫県加古郡 島根県 *こねる(てこでものを動かす) 広島県・比婆郡 *こんずく(人を指図して動かす) 秋田県由利郡「あまり人をこんずくな」 *じじもじ(じっとしていられずに体を動かすさま) 島根県出雲「便所へ行きたてじじもじしちょー」 *じだまだ(座に堪えられないように、体を動かすさま) 島根県出雲「便所に行きたくてじだまだしちょー」 *じだもだ(座に堪えられないように、体を動かすさま) 島根県 *しゃしゃっつく・しゃしゃつく(落ち着きなく体を動かす) 富山県「なぜそんなにしゃしゃついてをる」 *ぜぜもぜ(じっとしていられずに体を動かすさま) 島根県隠岐島 *ぜちみょー(てこなどで物を動かすこと) 長崎県壱岐島「ぜちみょーにかくる」 *てこる(心を動かす) 岐阜県飛驒 *でっつます(両手で抱えて動かす) 山形県最上郡「でっつまさんね(動かすことができない)」 *てんがき(手をしきりに動かすこと) 茨城県北相馬郡 *てんがきまんがき(手をしきりに動かすこと) 千葉県東葛飾郡 *ないどかす 広島県高田郡 *にしくさ・にしもし(その場に耐えられず、体を少しずつ動かすさま) 島根県隠岐島「にしくさして子供が寝の(寝ない)」 *になう(二人で荷を動かす) 千葉県印旛郡 東京都八王子 *はなぐりをとーす(他人を意のままに動かす) 岡山県苫田郡 *まめろし(体をまめに動かす) 大分県宇佐郡 *みーくげー(目を動かすこと) 沖縄県首里 *よっこ(ものを移動したり取り除くために動かすこと。「よこ(横)」の転か) 北海道 富山県砺波「よっこする」 山梨県 *んじゅちはい・んじゅちむどぅるち(体を動かすこと) 沖縄県首里「んじゅちはいぬ うふさん(身動きが多い。動いてばかりいる)」

うごく【動】 *あがく 新潟県 広島県比婆郡 *あくあく・あくりあくり(穴によくはまらず、または継ぎ目が離れてがくがくと動くさま) 島根県美濃郡・益田市 *あじる 鳥取県西伯郡 *あずる(「足摺る」からか) 鳥取県西伯郡・日野郡 島根県那賀郡 岡山県小田郡 *いごいご 兵庫県加古郡(やっとのことで動くさま)「もう年がよっていごいごしとるだけや」 鳥取県西伯郡(やっとのことで動くさま) 広島県比婆郡(絶えず動くさま)・高田郡(絶えず動くさま) 徳島県(やっとのことで動くさま) 香川県綾歌郡(絶えず動くさま)・仲多度郡(絶えず動くさま)「そなんいごいごすな」 *いじりくじり(背負われた子供が背中で動くさま) 島根県美濃郡 *いじりこじり(背負われた子供が背中で動くさま) 島根県邑智郡 *いじろく 鳥取県西伯郡 島根県隠岐島 *いじろぐ 島根県「いくら突いてもいじろぎだりせん」 *いろぐ(「ゆらぐ」の転) 鳥取県東部「影がいろぐ」 *いん

ちゅい 鹿児島県喜界島 *うぃーちゅん 沖縄県首里 *うぃぐん 沖縄県与那国島 *うーふん 沖縄県竹富島 *うくーん 沖縄県小浜島 *うくん 沖縄県新城島 *うぐん 沖縄県石垣島・波照間島 *うごりまごり（ぐずぐず動くさま）島根県美濃郡「うごりまごりすると、紙がみんな散らばってしまう」 *うねくる（くねくね動く）和歌山県 岡山県浅口郡 *うやふん 沖縄県新城島 *えこえこ（絶えず動くさま）岩手県気仙郡 *えごえご・いごまご・えごまご（やっとのことで動くさま）鳥取県西伯郡 *おごおご（ゆっくり動くさま）島根県「おごおご歩いて山から下りた」 *おこつく（心が動く）京都府与謝郡 *おねくる（くねくね動く）愛媛県周桑郡「へびがおねくりからいとった」 *がくつく（がくがくと動く）島根県「ちったーがくついても構わんように作ってくれ」 *かっぽかっぽ・がっぽがっぽ（穴によくはまらずがくがく動くさま）島根県出雲 *きくきく・きくらきくら（固定したものが緩んで動くさま）山形県 *ぎくぎく（固定したものが緩んで動くさま）山形県 滋賀県彦根「柱がぎくぎくする」 *ぎくらぎくら（固定したものが緩んで動くさま）山形県東置賜郡・西置賜郡 *ぎくりぎくり（固定したものが緩んで動くさま）山形県東置賜郡・西村山郡 *きちょきちょ（じっとしないで常に動いているさま）山形県西置賜郡 *ぎちょぎちょ（じっとしないで常に動いているさま）秋田県鹿角郡「（切られた蚯蚓（みみず）が）ぎちょぎちょと動く」 *きっくきっく（固定したものが緩んで動くさま）山形県東置賜郡 *ぎろがろ（つかみどころなく動くさま）青森県三戸郡 *くげーゆん 沖縄県首里「ふにぬくげーゆん（船が揺れる）」 *けつがかるい（まめに動く）新潟県佐渡 *ごきごき（固いものの動くさま）栃木県 *ごとつく 岐阜県 *さいばしる 新潟県上越（すばしこく動く）「あいつは才走っている」 滋賀県彦根（手や口がよく動く） *すくもく（こそこそと動くさま）岩手県気仙郡 *すすとう（忙しく動く）宮崎県宮崎郡 *ずる 福島県「うんと飯くったらづらんにぇ（動けない）」 新潟県「汽車がずる」 *たちうぃーち（立って動くこと）沖縄県首里 *ちすちす（ゆっくり動くさま）青森県三戸郡「ちすちすと動く」 *ちょこばえる・ちょろころばえる・ちょろこばえる（人がちょこちょこと動く）愛媛県大三島 *ちょこらめく（せかせかと落ち着きなく動く）青森県津軽・南部 *ちょちょらめく（せかせかと落ち着きなく動く）青森県津軽・南部 秋田県鹿角郡 *ちょっこらめく（せかせかと落ち着きなく動く）青森県津軽 *ちんがもんが（始終こまごまと動いているさま）新潟県「一日中ちんがもんがしていてまとまった仕事が出来ない」 *つぃびがっさん（気軽に動く）沖縄県石垣島 *てぃーろー（歩く時自然に手が動くこと）沖縄県石垣島 *ねだつき（知らずに動くこと）山口県豊浦郡 *のんじくんじ・のんじく（くねくねと動くさま）新潟県西蒲原郡「蛇がのんじくして居た」 *はたらく 青森県下北郡「はだらぎまはる」 秋田県鹿角郡「（安静を要する病人が）はたらいてこまる」 愛知県東春日井郡 *びちびち（気持ちが動くさま）新潟県佐渡「自分の娘をくれたがってびちびちしている」 *びっくりうごき（ほんの少し動くこと）兵庫県加古郡 *びらびら（大勢が一斉に勢いよく動くさま）宮城県石巻「飴こやのラッパきけだえばびらびらはせでえった」 *びる（わずかに動く）山口県大島 *ぺーたんなまず（気持ちの動きやすい人）山梨県中巨摩郡 *ぼんまえかく（目の回るほど騒がしく動く）新潟県 *まう（休みなく動く）富山県高岡市「もうて歩く」 島根県鹿足郡・益田市 山口県「あの人はよくまう」 *まねく（円滑に動く）岐阜県飛驒郡 *まめじん（まめまめしく動く人）富山県東礪波郡 *むーくん 沖縄県鳩間島 *むくる・むぐる 高知県「あまりむくると字が書けん」 *むずらうごき（かすかに動くこと）岐阜県吉城郡「むずらうごきもせん」 *むんじり（かすかに動くさま）熊本県 *むんずり（かすかに動くさま）滋賀県彦根「むんずりともしない」 長崎県壱岐島 熊本県 *もそもそ（人中で少し動くさま）群馬県勢多郡 静岡県志太郡 三重県度会郡 *もだく・もたく（あれこれと抜け目なく動く）新潟県西頸城郡 *やがく 新潟県

□ない *いごきもすごきもせん・いごきもたごきもせん・いごきもすごきもできん（少しも動かない）島根県石見 *いしかる（座り込んで動かない）青森県上北郡「めしどきでもまたいしかってる」 秋田県鹿角郡「御宅へ上がるといつもえしかって御申訳はありません」 新潟県 *いずわり（座ったまま動かないこと）山口県豊浦郡「いずわりに又飲む」「いずわり養子」 *うごきもすごきもせぬ（少しも動かない）島根県石見「何と言うても、うごきもすごきもせん」 広島県高田郡 愛媛県松山 大分県 *うごきもたごきもせん（少しも動かない）島根県美濃郡・益田市 *えじょくええながら（その場を動かずに）島根県出雲市「えじょくええながら杯を受けた」 *おそれまいこむ（恐れて動かない）島根県益田市 *ぎちっともせん（少しも動かない）島根県隠岐島「大風が吹いても、この家はぎちっともせん」 *ぎっすりもせん・きすとんせん（少しも動かない）熊本県玉名郡「此ん石ゃきすとんせん」 *きっと（じっと動かないさま）宮城県石巻「危えがらえご（動）かねぁで、きっとすてゐさえ（していなさい）」・仙台市 山形県 福島県東白川郡 茨城県 *ぎっとだえばっとだえせん・ぎっともばっともせん（ちっとも動かない）島根県出雲市 *ぎっともしゃっともせん（ちっとも動かない）島根県八束郡 *こげつき（一つ所に停滞して動かないこと）愛知県名古屋市「桜水という小説家は名古屋のこげつきになってしまって、土地の新聞に捕物帳ばかり書いておる」 *しちた

く(座り込んで動かないこと)沖縄県首里 ***じっこり・じっこら**(動かないさま)新潟県佐渡「そこにじっこりしておれ」 ***じっちり**(落ち着いて動かないさま)岐阜県大垣市 和歌山県「そないばたばた走らずにちっとじっちりしてゐなはれよ」 ***じっともばっともせん**(少しも動かない)島根県簸川郡・出雲市「この石はじっともばっともせん」 ***じっとら**(動かないさま)島根県八束郡「じっとらとせんと頭が刈れん」 ***たんじーともせん**(ちっとも動かない)島根県八束郡・大田市「大風でもこの家はたんじーともせん」 ***たんじとだえせん**(ちっとも動かない)島根県大田市 ***ちんと**(動かずにいるさま)富山県・砺波 石川県「ちんとしとる」 ***ついびんぶさん**(「しり重い」の意。骨惜しみをして動かない)沖縄県首里 ***てこになる**(てこでも動かない)新潟県佐渡 ***ねじもこじもならん**(どうしても動かない)福岡市 ***まんず**(じっとして動かないさま)山梨県南巨摩郡「まんずと見てーた」 ***わだかまる**(じっと身をかがめて動かない)島根県隠岐島「使いに行けと言っても、わだかまっちょる」

うさぎ【兎】 ***うさ** 岩手県九戸郡(呼ぶ時に言う) 長野県佐久 ***うさぎざれー** 福島県南会津郡 ***うさごろ・うさんごろ** 鹿児島県 ***うさじ** 沖縄県首里(家畜の兎を言う) ***うさっごろ** 宮崎県西諸県郡 ***おしゃげ** 岐阜県飛驒 ***おしゃん** 富山県 ***ごそ** 鹿児島県甑島 ***だんじり** 青森県南津軽郡 ***とこなつ** 大分県南海部郡 ***みこども**(山言葉)和歌山県西牟婁郡 ***みみさげ** 大阪府泉北郡 ***やまのて**(木こりの言葉)青森県南津軽郡

うし【牛】 ***あかば**(赤毛の牛)島根県 広島県山県郡 愛媛県 ***あかばうし**(赤毛の牛)島根県 高知県長岡郡 ***あかばうじ**(赤毛の牛)島根県 岡山県児島 広島県高田郡 香川県香川郡 愛媛県越智郡 ***あかべ**(赤毛の牛)島根県石見 愛媛県 ***あかべうし**(赤毛の牛)愛媛県喜多郡 ***あげうし**(屠場に送られる牛)熊本県下益城郡 ***あしや**(白に茶の混じった毛色の牛)東京都大島 ***あべうし**(赤みがかった茶色の牛)愛媛県 ***あみがさじり**(しりの細い、弱い牛)山口県見島 ***あめうし**(赤みがかった茶色の牛)大分県大分市・大分郡 ***あめだうし**(飴(あめ)色をした牛)和歌山県有田郡 ***あんげーた**(やせた牛のさま)東京都三宅島・御蔵島 ***うーしめっぽ** 千葉県山武郡 ***うしだけーうし**(力の強い牛)島根県鹿足郡「うしだけーうしは油断するな」 ***うしねんぼ** 愛知県渥美郡 ***うしねんぼー** 群馬県多野郡 神奈川県津久井郡 静岡県庵原郡 ***うしぼ** 富山県・砺波 ***うしむじり** 福島県会津 ***うしめんぼー** 千葉県香取郡 ***うしんべ** 神奈川県足柄上郡 長野県飯田市付近 ***うしんべー** 栃木県安蘇郡 山梨県 長野県 静岡県 ***うしんべこ** 栃木県大田原市・那須郡 ***うしんべっこ** 栃木県 ***うしんぼ** 栃木県 長野県上伊那郡 愛知県北設楽郡 ***うしんぼー** 埼玉県秩父郡 東京都南多摩郡 神奈川県津久井郡 新潟県中魚沼郡 長野県南佐久郡・上伊那郡 静岡県 愛知県北設楽郡 ***うせうし**(荷を載せて運ばせるための牛)熊本県八代郡・芦北郡 ***うも**(幼児語)兵庫県加古郡 和歌山県海草郡・伊都郡 ***うもー**(幼児語)福井県敦賀郡・遠敷郡 徳島県 愛媛県新居郡 ***うんぼーめ** 東京都八丈島 ***おなつ** 岡山県邑久郡 ***おなめ** 神奈川県足柄下郡 ***おも**(子牛を連れている親牛)山口県豊浦郡 ***おやべこ**(親牛)秋田県南秋田郡 ***かっこうし**(夏秋の耕作期に徳島県から借りる牛)香川県香川郡 ***かっぱ**(老いた牛)愛媛県大三島 ***がっぽー** 岐阜県郡上郡 ***かみやーうし**(よく人を突く牛)沖縄県首里 ***かめら**(子を産まない牛)宮崎市 ***からっぱ**(子を産まない牛)長崎県壱岐島 ***かりこうし・かりこ**(夏秋の耕作期に徳島県から借りる牛)香川県 ***くちぎらい**(飼料の好き嫌いをする牛)山口県見島 ***こーがいつの**(角が、笄(こうがい)をさしたように斜め上に伸びている牛)岡山県川上郡 ***こったうし**(暴れる牛)香川県小豆島 ***こってうし** 新潟県北蒲原郡(車を引く大きな牛) 奈良県(角のりっぱないかめしい牛)・北葛城郡(大きな老いた牛) 熊本県(大きな老いた牛) ***こっとい・こっというし**(車を引く大きな牛)愛媛県 ***こてうし**(赤毛の暴れ牛)長野県北安曇郡 ***こてー** 東京都三宅島 ***ことい**(尾の太い牛)高知市 ***さか**(額に渦巻きがなかったり、はっきりしなかったりする牛)山口県阿武郡 ***さかずら**(額に渦巻きがなかったり、はっきりしなかったりする牛)長崎県壱岐島 ***さかつら**(額に渦巻きがなかったり、はっきりしなかったりする牛)島根県美濃郡・益田市 ***さきうじ**(田の代かきの時、先頭に立って先導する牛)島根県石見 ***さんざい**(三歳牛)奈良県吉野郡 ***さんぶ**(荒っぽい牛)兵庫県佐用郡 岡山県 ***じあめ**(全体が黒色で、鼻や目の辺りに赤味のある牛)広島県山県郡 ***しきうし**(耕作に従う牛)沖縄県石垣島 ***しきばり**(足を道のへりに出して歩く牛)山口県見島 ***しもと**(赤毛に黒いしまのある牛)島根県仁多郡 ***じょっくめ**(肥えた牛)東京都八丈島 ***じら**(猛牛)島根県那賀郡・八束郡 ***すだれうし**(背から腹へかけての毛色がくり毛で、腹の色が白い牛)青森県三戸郡 ***すもとあかば**(赤と黒の縞のある牛)広島県山県郡 ***ぞく**(老いた牛)東京都八丈島 ***だ**(牛や馬など、大形の家畜)広島県比婆郡 熊本県阿蘇郡・下益城郡 大分県南海部郡・西国東郡 宮崎県西臼杵郡 ***たかぞの**(「高角」か。角が高く上を向いている牛)山口県阿武郡 ***たかで**(角が高く上を向いている牛)岡山県川上郡 ***だしごろべぶ**(「べぶ」は牛の意。牛車を引く牛)鹿児島県 ***たじし** 関東 岡山市 ***たてぎゃー**(飼料を食わせるばかりで使わない牛)京都府竹野郡「あれではまったくたてぎゃーだでなあ」

*だむし 長崎県南高来郡 *ちょーせんうし（赤毛の牛）島根県石見 香川県木田郡・仲多度郡 *つく（大牛）東京都八丈島 *つるうじ（代々血統の正しい牛）岡山県苫田郡 *てうじ（自分が所有している牛）岡山県川上郡 *でっこ 石川県珠洲郡 *てんて（幼児語）高知県 *てんまい（額に渦巻きがある牛）山口県阿武郡 *どーちゅーうし（荷を運ぶ牛）青森県上北郡 *なからうし（十歳までの牛）山口県見島 *ばー（小児語）静岡県田方郡 *ばーば（小児語）静岡県賀茂郡・田方郡 島根県 岡山県小田郡 広島県 愛媛県 *ばーばー（小児語）島根県那賀郡 広島県佐伯郡・賀茂郡 山口県玖珂郡 *ばーめ 東京都三宅島 *ばし（母牛）島根県邑智郡 *ばっこ 石川県鳳至郡・鹿島郡 *はななめ 島根県簸川郡・出雲市 *ひーため・へーた（やせ牛）東京都八丈島 *びっちゅーうし（「岡山県備中地方産の牛」の意。黒い牛）香川県木田郡 *びんだれ（角が前に垂れている牛）岡山県川上郡 *ぶー 新潟県佐渡（児童語） *ふくろうじ（母牛。また、母牛とする牛）山口県豊浦郡 *べー 山形県西村山郡（幼児語） 三重県阿山郡 京都府竹野郡（小児語） *べーこ 青森県南部 岩手県 福島県 茨城県久慈郡・多賀郡 栃木県那須郡 *べーべ 青森県南部（小児語） 兵庫県但馬 鳥取県東伯郡 *べーぼ（小児語）長野県下水内郡・北安曇郡 *べーん（幼児語）静岡県駿東郡 *べこ 北海道函館市・小樽市 青森県 岩手県 宮城県 秋田県 山形県 福島県 栃木県那須郡 新潟県 京都府 兵庫県但馬 *べここ 宮城県「お牧山のあがべごこ」 山梨県 *べっこ 栃木県 石川県鳳至郡 *べぶ 宮崎県都城 鹿児島県（小児語）・姶良郡・肝属郡（幼児語） *べべ 山形県西置賜郡・東田川郡 京都府竹野郡（小児語） *べんた 鳥取県日野郡 *べんべん 京都府 *ぼうし 鳥取県・岩美郡 *ぼー（多く幼児語）神奈川県津久井郡 新潟県 静岡県 愛知県知多郡 岡山県苫田郡 香川県 *ぼーぼ 徳島県三好郡 香川県 愛媛県周桑郡 *ぼーぼー 新潟県佐渡 長野県北安曇郡 静岡県 *ほーりぞく・ほーりめ（悪癖のある雄牛。暴れ牛）東京都八丈島 *ぼっこ 石川県珠洲郡 *ぼっこー・ぼっこーうし（体の大きな牛）東京都大島 *ぼべー 岐阜県郡上郡 *ぼろた（老いた牛）三重県伊賀 *ぼんぼー 新潟県佐渡 *まえかなわ（角が前方に曲がっている牛）岡山県川上郡 *まるは（歯が全部生えて成育した牛）兵庫県加古郡 *めーん・めーんこ（幼児語）静岡県富士郡 *めっぺ（幼児語）山形県米沢市 *めんこ 石川県珠洲郡 *もー 山形県 京都市 大阪府泉北郡 和歌山県海草郡 鳥取県西伯郡 香川県 長崎県北松浦郡 鹿児島県 *もーじゃんじゃん 長崎市 *もーん 静岡県 奈良県生駒郡・南大和 島根県石見 *もがー 富山県西礪波郡 *もっこー・もっこんしー 鹿児島県種子島 *もも 奈良県吉野郡 *もん 島根県石見 *もんこ 千葉県市原郡 石川県鳳至郡 島根県 *もんも 島根県出雲 *もんもん 千葉県市原郡 *やぶ（角が後ろに向いている牛）山口県見島 *やぶりめ（暴れ牛）東京都八丈島 *やまうし（山地に放牧して半野生となった牛）東京都八丈島 *よーし（極上の牛）奈良県 愛媛県 *よーじ（極上の牛）愛媛県津島・大三島 *よよせ（角が異なった方向を向いている牛）山口県見島 *ろくすん（背中に六寸（約十八センチ㍍）ほどの渦巻きのある牛）山口県見島 *ろくは（普通は八枚ある歯が六枚しかない牛）山口県見島 *んぶ 沖縄県石垣島

□などが反芻する *おいもどし 香川県三豊郡 *にどがん 鹿児島県肝属郡 *にれかむ 兵庫県淡路島 *にれとる 兵庫県加古郡 *ねじかえす 兵庫県赤穂郡 *ねりかえす 京都府竹野郡「今、すわって、ねりかえしとるよーだ」 兵庫県淡路島 奈良県 *ねりかむ 青森県 兵庫県赤穂郡 奈良県宇陀郡「牛みたいにねりかむな」 鳥取県西伯郡 *ねりかやす 奈良県 和歌山県 *ねりをかえす 大阪市 兵庫県赤穂郡 岡山市 *ねりをかむ 高知県 *ねりをかやす 岡山県苫田郡 山口県大島 *ねれもどす 長崎県壱岐島 *はみかえし 長野県佐久

□の子 ⇩こうし（子牛）

□の鳴き声を表す語 *べーべー 山形県最上郡 *めー 岩手県上閉伊郡 山形県南置賜郡・最上郡 群馬県吾妻郡（雌牛の鳴き声） 鹿児島県喜界島 *めーめー 青森県上北郡 岩手県上閉伊郡 山形県東置賜郡

雄の□ ⇩おうし（雄牛）

雌の□ ⇩めうし（雌牛）

うじ【蛆】

*あに 青森県津軽 *あまんじゃく 千葉県東葛飾郡 *うげむし（便所などにわく蛆）島根県隠岐島 *うちぐし 石川県 *うながじ（便所などにわく蛆）鳥取県西伯郡 *うなぐし・うなくっ（便所などにわく蛆）鹿児島県鹿児島郡 *うなごーじ（便所などにわく蛆）東京都南多摩郡 神奈川県「うなごーじのようだ（子供の汚れた首筋などの形容）」 山梨県 静岡県 愛知県豊橋市 *うなごじ（便所などにわく蛆）長野県西筑摩郡 岐阜県恵那郡 愛知県北設楽郡 *おなうじ（便所などにわく蛆）三重県飯南郡 *おながーじ（便所などにわく蛆）島根県仁多郡 *おながじ（便所などにわく蛆）鳥取県西伯郡 島根県出雲 *おながむし（便所などにわく蛆）高知県土佐郡 宮崎市 *おなごーじ（便所などにわく蛆）島根県邇摩郡 *おなごじ（便所などにわく蛆）千葉県東葛飾郡 *かんころ 愛媛県上浮穴郡 *かんぜんむし（「便所の虫」の意）熊本県阿蘇郡・下益城郡 *ぐし 鹿児島県 *ぐじ 宮崎県東諸県郡 *こえむし（便所などにわく蛆）茨城県多賀郡 *ごーじ 群馬県吾妻郡・多野郡 埼玉県秩父郡 山梨県南巨摩郡 長野県諏訪・東筑摩郡 *ごじ 長野県西筑摩郡・下水内郡 三重県松阪・飯南郡 *ささのこ（みそなどにわ

く小さい蛆)岡山市 *さし 山形県村山 栃木県 神奈川県津久井郡 新潟県佐渡「さしがたった」・中蒲原郡 長野県上伊那郡 静岡県志太郡 愛知県知多郡 三重県南牟婁郡 島根県邑智郡・隠岐島 長崎県対馬 宮崎県宮崎郡 *さす 神奈川県津久井郡 島根県隠岐島 *さるうじ 新潟県 *しりきりうじ 山口県 *しりけんうじ・しりけんどー 山口市 *すご 三重県志摩郡 *せっちんむし 香川県 熊本県下益城郡 宮崎県 *せんちむし 三重県飯南郡・阿山郡(尾長蛆) 京都府竹野郡 大阪府大阪市・泉北郡 奈良県 和歌山県 岡山県岡山市・児島郡 愛媛県松山 *せんちもし 島根県 *せんちょむし 兵庫県加古郡 *せんちんうじ 島根県石見 山口市 *せんちんむし 宮崎県延岡市 *だに 愛知県知多郡 *つもむし 奈良県吉野郡 *どんびりむし 愛媛県伊予三島市・新居浜市 *はだかうじ 島根県益田市・美濃郡「糠(ぬか)の中にはだかうじがわーた」 *ふくどーじ・ふとーじ 岡山市 *ふんちゅー 島根県邑智郡 *ふんどーむし 岡山県邑久郡 *へご 鹿児島県・鹿児島市 *へっちんむし 宮崎県那珂郡 *べんじょむし 岡山県児島郡 *むとーじ 岡山県邑久郡 愛媛県越智郡 *もとじ 愛媛県・大三島 *わかいしゅ 山形県

うじがみ【氏神】 *いわいでん 長野県 *うえでん 長野県東筑摩郡 *みょーじんさま・おみょーじんさま 長野県佐久

□に参ること *さるとりむし(月のうち申(さる)と酉(とり)の日に氏神に参ること) 香川県高見島 *おやがみさんまいり(生後五十日目の氏神参り) 新潟県佐渡

うじこ【氏子】 *うじこふだにつける・うじこにつける(氏子にする) 愛媛県大三島 *じげ 広島県比婆郡 *まいこ 栃木県安蘇郡 *みやこ 奈良県南大和

うしろ【後】 *あとあし(後ろの方) 青森県津軽「あどあしぁおっこなぇ(うしろがおっかない)」 *うら 千葉県東葛飾郡「俺先かつぐから、お前うらの方かつげ」 長野県佐久 *しー 沖縄県石垣島 *そっけぁ(後ろの方) 岩手県気仙郡 *どーがい(後ろの方) 岩手県気仙郡 *とがい(後ろの方) 岩手県上閉伊郡

家の□ *うらせ 宮城県仙台市 *うらせど 長崎県対馬 *かくち 青森県 岩手県 秋田県 *かごち 山形県庄内 *かまで 宮崎県西臼杵郡 *しーぬはた 沖縄県黒島 *しょーど 岐阜県飛騨 *しりー 沖縄県首里 *せと 千葉県安房郡 *せど 山形県 福島県「おんねーのせど(おれの家の後ろ)」 茨城県猿島郡 栃木県「せどへ行って来な」 群馬県 埼玉県秩父郡・入間郡 千葉県・東葛飾郡 東京都八王子・大島 神奈川県 愛甲郡 富山県砺波 山梨県南巨摩郡 長野県諏訪・佐久 岐阜県可児郡 静岡県「せどのはたけ(裏の畑)」 愛知県北設楽郡・宝飯郡 三重県志摩郡 滋賀県滋賀郡 兵庫県赤穂郡 島根県 岡山県 広島県佐伯郡 山口県豊浦郡 香川県小豆島 *せどや 宮崎県西臼杵郡 *せんど 秋田県平鹿郡 愛媛県 *やずま 高知県土佐郡

うす【臼】 *うさっがらうす(水流に仕掛けて米をつく臼) 熊本県玉名郡 *うすくぼ 奈良県吉野郡 *おとこうす(きねが重く、女性には使用困難なところから。胴にくびれのない大形の臼) 秋田県鹿角郡 *おなごうす(外側にくびれのある臼で、主に女が手ぎねで餅(もち)などをつくのに使うもの) 秋田県鹿角郡 *かむうす(大形の臼) 熊本県玉名郡 *きうす 宮崎県西臼杵郡 *くぼ 奈良県吉野郡 和歌山県南部 *こしきりうす(腰のくびれている臼) 山形県西置賜郡 *こすりうす・こーするうす(米などをひいて粉にするのに用いる臼) 新潟県佐渡 *こんこんうす(粉をつく時に使う腰切り臼の小さいもの) 山形県西置賜郡 *こんぼうす(臼の小さいもの) 山梨県 *こんぽうす(臼の小さいもの) 山梨県・中巨摩郡 *こんほーうす(臼の小さいもの) 静岡県田方 *だいから(長柄のきねの先を足で踏んで米などをつく臼) 和歌山県日高郡 *だいがら(「がら」は「からうす(唐臼)」の略。長柄のきねの先を足で踏んで米などをつく臼) 石川県羽咋郡 愛知県渥美郡 三重県志摩郡 兵庫県加古郡 島根県石見 山口県 徳島県 高知県 *たいごー(長柄のきねの先を足で踏んで米などをつく臼) 徳島県那賀郡 *たうす(もみすり臼) 京都府竹野郡(土臼) 島根県 *たおす(もみすり臼) 島根県 *たちうす 東京都八王子(地上に据えて、餅(もち)などをつく臼) 神奈川県津久井郡(地上に据えて、餅(もち)などをつく臼) 山梨県(地上に据えて、餅(もち)などをつく臼) 長野県南佐久郡(地上に据えて、餅(もち)などをつく臼)・上伊那郡(地上に据えて、餅(もち)などをつく臼) 島根県隠岐島(地上に据えて、餅(もち)などをつく臼) 香川県(米麦を精白する臼の一種) *たちおす(地上に据えて、餅(もち)などをつく臼) 島根県隠岐島 *たてうす(地上に据えて、餅(もち)などをつく臼) 奈良県 *ちゃんから 愛知県宝飯郡 *つちするす(もみすりに使う上下二つから成る土製の臼) 青森県上北郡・三戸郡 *てうす 佐賀県唐津市 長崎県五島(下部を四角に削ったもの) *ておす(もみすり臼) 島根県 *どーぎりうす(松の木の胴を切って作った米つき臼) 島根県石見 *どーずるす(もみすり臼) 山形県西村山郡・北村山郡 *どずるうす(土製のもみすり臼) 山形県西置賜郡 *どずるす(土製のもみすり臼) 岩手県気仙郡 山形県西置賜郡 栃木県 *どろうす(土製のもみすり臼) 富山県砺波 石川県能登 島根県隠岐島 *どろだおし(土製のもみすり臼) 島根県出雲 *どんぎりうす(腰のくびれていない臼) 山形県西置賜郡 *なでうす 三重県志摩郡(米つき臼) 佐賀県唐津市 長崎県北松浦郡(大臼)・対

馬(もちつき臼)・五島(大臼) *はうす(浅い臼) 青森県三戸郡 *はちうす(餅(もち)をつく臼) 埼玉県秩父郡 *ぶちうす(麦をつくための大きな臼) 東京都八丈島 *ふみがら(てこを応用してきねの柄の一端を足で踏み、中の穀物などをつく臼) 東京都八王子 島根県那賀郡・鹿足郡 *ふみざっこん(てこを応用してきねの柄の一端を足で踏み、中の穀物などをつく臼) 熊本県芦北郡 *ふんがちっ(てこを応用してきねの柄の一端を足で踏み、中の穀物などをつく臼) 富山県砺波 *ほたうす(大木を胴切りにして作ったもみすり臼) 島根県石見・隠岐島 山口県豊浦郡 *ぽんかり(水力を利用した米つき臼) 福島県東白川郡 *ぽんくら(水力を利用した米つき臼) 愛知県奥設楽 *むぎゆうす(石で作った、粉をひく臼) 山口県豊浦郡 *やまとぅうし(浅くて中の広い臼) 沖縄県石垣島 *よこうす(米、麦などをつく臼) 奈良県吉野郡 島根県益田市

うず【渦】 *うど(波打ち際の近くに発する渦) 静岡県浜名郡 *ぎー 佐賀県・三養基郡 鹿児島県・肝属郡「ぎーがも(渦紋ができる)」 *ぎし 富山県「ぎしまく(渦巻く)」 *ぎじぎじ・ぎずぎず 富山県 *ぎり 愛知県 奈良県南大和 熊本県八代郡 *ぎりぎりまき 兵庫県但馬 *げず 富山県砺波「げずまく(渦巻く)」 *ごー(水などの渦) 愛媛県・大三島「ごーがまう(巻く)」 沖縄県首里「ごーまくん」 *せまくら(洪水の奔流の高い渦) 山口県豊浦郡「せまくらを打つ」 *ちんぎり(髪の毛の渦の所) 新潟県佐渡 *まいぎり(「舞錐」か) 長崎県南高来郡 *まいこん 富山県小矢部市 *まいまい 富山県 三重県志摩郡 *まいまいこ 富山県砺波 *まえまこ 富山市近在「水がまえまこしとる」 *まき 秋田県由利郡 新潟県東蒲原郡 岐阜県吉城郡 *まきこみ 埼玉県秩父郡 新潟県佐渡 *まきまき 岐阜県飛驒 *まきめ 宮城県仙台市「滝んどこのまきめ見てみさえまづ」 秋田県鹿角郡 *まくめ 岩手県江刺郡 *まっこみ 福島県 *わ(川の渦) 静岡県磐田郡 *わごる(水流が渦を巻く) 山梨県南巨摩郡「大雨で増水したいば(したので)わごるようになった」

→うずまき(渦巻)

うすい【薄】 *あささん・あっさん(色が薄い) 沖縄県首里「いるぬ あささん(色が薄い)」 *あふぁぐち(味が薄いこと。また、それを好む者) 沖縄県首里 *あふぁさん(味が薄い) 沖縄県石垣島 *あふぁさーん(味が薄い) 沖縄県首里 *あまさ(塩味の薄いこと) 沖縄県石垣島 *うさっぴゅーか(汁などの塩けが薄い) 佐賀県 *うさぶか(汁などの塩けが薄い) 長崎県五島「この汁はあんまりうさぶかぢゃん」 熊本県八代郡 *うすこい 岩手県気仙郡 *うたちー(情が薄い) 大分県 *うたてー(情が薄い) 大阪市 *しおむない(「しお(塩)もない」の転。塩けが薄い) 石川県金沢 *ししょんない・っしょんない(塩けが薄い) 富山県砺波「っしょんなて食べれん」 *しっしょむない(塩けが薄い) 富山県砺波 石川県 福井県東部 *しょむない(塩けが薄い) 富山県婦負郡 *しょんない(塩けが薄い) 富山県高岡市 *すのけ(頭の毛の薄いこと) 新潟県上越市 *とすんけー(毛の薄いこと) 富山県「とすんけいの人(毛の薄い人)」 *ぴすさい・ぴっさい 鹿児島県喜界島「昔の豆腐に比べると近頃のは大分ぴすくなった」 *ぴっさ(塩けが薄いこと) 沖縄県石垣島 *ぴっさーん(塩けが少ないことにも言う) 沖縄県石垣島 *ぴっさん(塩けが少ないことにも言う) 沖縄県竹富島・鳩間島 *ぴっしゃん(塩けが少ないことにも言う) 沖縄県竹富島 *ふぃっさん(厚みや濃度が薄い) 沖縄県首里「かびぬふぃっさん(紙が薄い)」「うちゃぬふぃっさん(お茶が薄い)」 *へのは(薄いこと) 宮城県登米郡 *へらへら(薄いさま) 山形県 *へろへろ・べろべろ(薄いさま) 大阪府泉北郡 *ぺそらぺそら・ぺそぺそ(ごく薄いさま) 宮城県石巻 *ぼやぼや(毛の薄いさま) 岩手県気仙郡 *またい(食物の味付けが薄い) 岡山市「汁がまたえ」 徳島県 香川県「まだちょっと酢がまたいぞ」 *めかめか(布や紙などの薄いさま) 富山県砺波 *めらめら(布などの薄いさま) 富山県砺波 長崎県北松浦郡 *ゆるい(味が薄い) 岩手県気仙郡

□なる *あざれる(着物が古くなって薄くなる) 島根県隠岐島 *あふぁげーりゆん・あふぁげーゆん(味が薄くなる) 沖縄県首里 *あめる(衣類などの布地が、すり減って薄くなる) 新潟県東蒲原郡 *ふぃすぃゆん(厚みや濃さが薄くなる) 沖縄県首里

うずくまる【蹲】 *いじかる 石川県江沼郡・能美郡 *いじくなる 岐阜県揖斐郡 *いずかる 石川県江沼郡 *いんつくばい(人がうずくまること) 富山県下新川郡 *うずぶれる(元気なくうずくまる) 神奈川県鎌倉市 *えんたこく 鳥取県西伯郡 *えんつくばい(人がうずくまること) 富山県砺波「えんつくばいする」 *おじくなる 島根県出雲 *おつくばみ(うずくまること) 愛媛県 *おつべたか・おつべたて(「つべ」はしりの卑語。臀部(でんぶ)を高くしてうずくまること) 愛媛県宇和島市 *かんか 長野県佐久(座ること) *がんが(うずくまること) 山梨県南巨摩郡 長野県佐久 *かんご(うずくまること) 広島県高田郡(児童語) 長崎県北松浦郡「あの人はかんごしとる」 *くーなる 岐阜県郡上郡 愛知県知多郡 *ぐなる 岐阜県飛驒 *くっつるぶく 熊本県南部 *こーなる 新潟県三島郡・西蒲原郡 静岡県 *こーまがる 栃木県日光市・河内郡 *こーまる 宮城県仙台市 山形県東田川郡・飽海郡 栃木県河内郡 *こがまる 秋田県仙北郡 *こぐなる 静岡県志太郡「そんなーりこぐなってよー(そのままかがんでいなさい)」・榛原郡 *こぐまる 静岡県志太郡「じーっとこぐまってた」 *こごたまる 新潟県下越 *こごなる 群馬県群馬郡・勢多郡 東京都三宅島・御蔵島 新

潟県 *こっこまる 岩手県九戸郡 *こまる 青森県 岩手県九戸郡・紫波郡 宮城県「こまらぇねぁくれぁ食った」 秋田県山本郡・平鹿郡「物を落してこまって取った」 山形県 *こんじょくなる 静岡県志太郡 *こんまる 岩手県上閉伊郡 *しこる（身を隠すためにうずくまる）岐阜県飛驒 三重県宇治山田市 和歌山県日高郡・西牟婁郡 *しずくなる 奈良県宇陀郡 *しすまいびー・っすまいびー（うずくまること）沖縄県竹富島 *しゃがたむ 新潟県三島郡・長岡市「前のもんはしゃがたんでくれや」 *しゃがなる 新潟県上越市 *しゃがまる 山形県 長野県北安曇郡 *しゃがみっちょー（うずくまること）静岡県 *しゃがる 山形県西村山郡 *しゃごなる・せごなる 新潟県佐渡 *しゃごまる 山形県南村山郡・最上郡 *しゃじかまる 秋田県鹿角郡「そこさしゃじかまって何してるか」 *しゃじこまる 山形県鶴岡市・西田川郡 *しゃずこまる 山形県最上郡 *しゃちこばる 滋賀県彦根 *しゃっかがむ 茨城県新治郡・真壁郡 千葉県東葛飾郡 *しょーずくなる 愛知県愛知郡・碧海郡 三重県 *しょくなる 三重県度会郡 *しょぐなる 静岡県「茶の木のそばにしょぐなっていた」 *しょずくなる 愛知県碧海郡・岡崎市 三重県 *しょずくぼる 三重県一志郡 *しょんじくなる 静岡県磐田郡 *しょんじょくなる 静岡県・志太郡「けつぉーふいてやるでまーっとしょんじょくなってよー（しりをふいてやるからまだまだしゃがんでいなさい）」 *しょんじょこなる 静岡県志太郡・安倍郡 *しょんじょこまる 静岡県志太郡 *しょんずくなる 静岡県「しょんずくなってこんな事しちゃいけんな」 *しりがむ 山形県東村山郡 *すくばる 愛媛県周桑郡「寒い寒いと蒲団の中にすくばりながら」・松山 長崎県対馬「彼は悪事を働き逃げ出したが、後から声を懸けられ俄かに其場にすくばって了うた」 大分県 *ずくばる 千葉県印旛郡「づくばってる」 *ずくまる 山梨県 *ずくむ 茨城県猿島郡 山梨県「荷が重いもんで、とうとうずくんでしまった」 *ずぐむ 千葉県東葛飾郡 *ずくらむ 山梨県南巨摩郡 *ちきなむ 香川県丸亀 *ちくじょむ・ちくじょーむ・ちくじゅむ・ちゅくずむ・ちょこじょむ 新潟県佐渡 *ちくなる 島根県仁多郡 *ちぐなる 島根県出雲「そこにちぐなって何をしちょーか」 *ちぐばむ 島根県仁多郡 *ちくばる 島根県能義郡 *ちぐまる 島根県出雲 *ちじくたばる・ちじくばる 青森県・津軽 *ちじくなる 岐阜県土岐郡・飛驒 *ちじこなる 新潟県佐渡 *ちちくばる 青森県 *ちちこばる 秋田市「後の方は見えないから前の方はちちこばって下さい」 *ちちょこばる 秋田県鹿角郡 *ちゃがまる 岩手県気仙郡 愛媛県 *ちゃんこまる・ちゃんちゃんこまる 岩手県気仙郡 *ちゃんざがまる 岩手県上閉伊郡 *ちゅちゅくぼる 滋賀県蒲生郡 *ちょーずくなる 愛知県愛知郡 *ちょくじょむ 新潟県新発田市・佐渡 *ちょくなむ 兵庫県多紀郡 *ちょくなる 長野県下水内郡 *ちょぐなる 新潟県上越市 *ちょくぼる 奈良県宇陀郡 *ちょこちょこなる 滋賀県甲賀郡 *ちょじょこなる 新潟県南魚沼郡 *ちょじょなる 新潟県上越市 *ちょぞくなる・ちょぞなる 新潟県佐渡 *ちょちょくなう 愛知県西春日井郡 *ちょちょくなる 新潟県上越市 静岡県 *ちょちょこなる 群馬県利根郡 *ちょちょこばる 滋賀県彦根 京都市 *ちょちょこぼる 大阪市 *ちょちょこまる 群馬県勢多郡 新潟県佐渡 *ちょっつくぼる 大阪市 奈良県 *ちょっつくぼる 大阪市「立ったなりでせんと、ちょっつくぼって手を洗いなはらんか、ぬれますがな」 *ちょっぱずく 石川県鳳至郡 *ちょんじょくなる 新潟県中頸城郡 静岡県・志太郡 *ちょんじょこなる 静岡県・田方郡 *ちょんつぐまーする 島根県能義郡 *つーばる 千葉県安房郡 *つきなむ 香川県丸亀 *つくなう 岐阜県稲葉郡 愛知県海部郡・名古屋市「今日は四ツ目垣を結うので、一日中つくないづめの仕事だ」 *つぐなう 島根県出雲 *つくながる 長野県下水内郡 *つくなむ 新潟県佐渡 長野県佐久 兵庫県・明石郡 島根県石見「そこにつくなんどると邪魔になる」 岡山県 広島県佐伯郡・高田郡 山口県 徳島県「じっとつくなんで順番をまっとる」 香川県 愛媛県・新居郡 高知県・高知市「前の人が立てると後の人はなんちゃー見えんきに、つくのーでつかされ」 大分県南海部郡 *つぐなむ 神奈川県津久井郡 静岡県田方郡 *つくなりこむ 島根県鹿足郡「そねーにつくなりこんじゃー着物が汚れる」 *つくなる 新潟県中頸城郡・西頸城郡 長野県 岐阜県 静岡県榛原郡 愛知県知多郡 広島県比婆郡・高田郡 高知県吾川郡・高岡郡 *つぐなる 新潟県上越市・中頸城郡 島根県 *つくねる 神奈川県中郡 長野県北安曇郡 *つくのむ 島根県鹿足郡・邇摩郡 *つくのる 広島県比婆郡 *つくばう 福井県大飯郡 兵庫県赤穂郡 奈良県 岡山県苫田郡 熊本県芦北郡・八代郡 大分県大分郡 宮崎県児湯郡 *つくばむ 鳥取県日野郡 島根県益田市 岡山県 愛媛県 福岡市 *つくばる 宮城県仙台市「つくば山つくばってさえ、でっかいに、立ったらお空をつんぬくべっちゃ」 山形県「そこにつくばれ」 茨城県新治郡 埼玉県秩父郡 新潟県佐渡 長野県下伊那郡 静岡県志太郡 三重県松阪・志摩郡 兵庫県加古郡 島根県石見 香川県佐柳島 愛媛県 *つくべーる 長野県佐久 *つくぼむ 島根県大田市 広島県 長崎県対馬 *つくぼる 三重県 京都市 大阪府 兵庫県 奈良県 島根県「そこへつくぼって何をしちょるか」 *つくまむ 徳島県・海部郡 愛媛県今治市 *つくまる 群馬県佐波郡 *つぐまる 島根県 *つくむ 群馬県勢多郡 *つぐむ 栃木県 群馬県 埼玉県北葛飾郡「まえのものはつぐむんだ」 東京都八王子 静岡県田方郡 *つくもる 大阪府泉北郡 和歌山県「長い間つくもってゐたんで腰が痛い」 *つくらむ 神奈川県中

郡 *つずくなる 岐阜県養老郡 *つずくまる・つんつこまる 山形県 *つずこばる 秋田県仙北郡「其処さつづこばれば着物のすそよごれるよ」 *つずこまる 秋田県平鹿郡 山形県 *つつきぼる 三重県富田 *つつくなむ 滋賀県愛知郡 *つっくなる 岐阜県不破郡 *つつくばる 青森県上北郡 秋田県鹿角郡「見付けられないやうにつゝぐばる」・仙北郡 *つつくぼる 滋賀県愛知郡・蒲生郡 *つつこなむ 滋賀県彦根 *つつこばっこ(ひざを折ってうずくまること) 千葉県香取郡 *つつこぼっこ・つつこぼこ(ひざを折ってうずくまること) 秋田県雄勝郡 *つっこまる 青森県南部 岩手県江刺郡 山形県最上郡 *つっつきぼ(ひざを折ってうずくまること) 山形県「つっつきぼしろ(しゃがめ)」 *つっつくぼ(ひざを折ってうずくまること) 山形県置賜 *つっつくなる 岐阜県大垣市 *つっつくばる 秋田県鹿角郡 *つっぱずく 石川県鳳至郡 *つぶかむ(うつむいてうずくまる) 愛媛県弓削島・大三島 *つぶむ(うつむいてうずくまる) 鹿児島県枕崎市「つぶんで みたもんやったがねー(しゃがんで見たものだったがねえ)」 *つるぼう 石川県河北郡 *つわつくぼっこ(ひざを折ってうずくまること) 岩手県胆沢郡 *つんずくまる 秋田県平鹿郡 *つんぼねまり(うずくまること) 石川県鳳至郡 *どばじむ 静岡県富士郡 *どばむ 静岡県「井戸端にとばむ」 *はじかまる 長野県諏訪 *はじくなる 新潟県・中頸城郡 長野県 岐阜県武儀郡・飛騨 *はじくまる 長野県 *はんじくなる 長野県上伊那郡・諏訪 *ひじくなる 静岡県 *びたまる 栃木県「道の真中へびたまったまま動かねんだ」 *ぶーちる 千葉県千葉郡 *ふくだまる(ひなたにうずくまる) 長崎県対馬 *ふくだむ 福岡県 長崎県対馬(ひなたにうずくまる)・壱岐島 *ふくらむ 福岡県粕屋郡・福岡市「ふくろーどる」 *ぶしかる 群馬県勢多郡 千葉県香取郡 *ぶちーる 千葉県香取郡・安房郡 *ぶちかる 福島県会津 茨城県稲敷郡・北相馬郡 栃木県「おりこだからそこへぶちかってろ」 千葉県香取郡・東葛飾郡 *ぷちかる 茨城県真壁郡・稲敷郡 *ぶちゃかる・ぶっちゃがる 山形県東田川郡 *ぶったらがる 東京都八丈島「ぶったらがれ(座れ)」 *ぶっちーる 千葉県君津郡 *ぶっちかる 福島県東白川郡・岩瀬郡 茨城県真壁郡 栃木県 *ぶっちがる(腰をかけて座る) 福島県東白川郡 *ぷっちかる 茨城県稲敷郡 *へじくなる 岐阜県恵那郡・揖斐郡 *へじょくなる 長野県佐久 *ほじょくなる・ほじゃむ 長野県下伊那郡

↓かがむ(屈)・しゃがむ(蹲)

うずまき【渦巻】 *ぎー 佐賀県・三養基郡 鹿児島県・肝属郡「ぎーがも(渦紋ができる)」 *ぎし 富山県「ぎしまく(渦巻く)」 *ぎじぎじ・ぎずぎず 富山県 *ぎり 愛知県 奈良県南大和 熊本県八代郡 *ぎりぎりまき 兵庫県但馬 *ぐじゅまき 愛媛県 *ぐんぐんなー(「ぐるぐる巻けるもの」の意) 沖縄県石垣島 *げず 富山県砺波「げずまく(渦巻く)」 *だいろまき 山形県米沢市 *つるまき 長野県佐久 *へよまる 岩手県気仙郡 *まいこん 富山県小矢部市 *まいまい 富山県 三重県志摩郡 *まいまいこ 富山県砺波 *まえまこ 富山市近在「水がまえまこしとる」 *まき 秋田県由利郡 新潟県東蒲原郡 岐阜県吉城郡 *まきこみ 埼玉県秩父郡 新潟県佐渡 *まきまき 岐阜県飛騨 *まきめ 宮城県仙台市「滝んどこのまきめ見てみさえまづ」 秋田県鹿角郡 *まくめ 岩手県江刺郡 *まっこみ 福島県

↓うず(渦)

うずめる【埋】 ⇨うめる(埋)

うずらまめ【鶉豆】 *せっとーまめ 山梨県南巨摩郡 *つゆまめ 香川県塩飽諸島 *にどなり 和歌山県 *にどまめ 島根県鹿足郡・那賀郡 *ほっかいどまめ 富山県 愛媛県西条市・今治市

うそ【嘘】 *あかうそのてれ・あかうそのてれまー 島根県石見「お前の言うこたー、あかうそのてれじゃ」 *あかうそのてれんぱつ 島根県益田市・邑智郡 *あかっぱら 茨城県 *あや 長野県佐久 *あらんむん 鹿児島県奄美大島 *いけうす 福島県 千葉県夷隅郡 *いけおそ 山形県東田川郡 *いけす・えけす・いけ 千葉県夷隅郡 *いけちくらく 茨城県「いけちくらくー(を)ぬく(うそをつく)」 *いけったこと(「いけたわごと」の転。大虚言) 茨城県猿島郡 *いっから 鹿児島県鹿児島郡 *うーすっぽ 長崎県北松浦郡 *うさっぺ 栃木県足利市 *うすらっぽ 栃木県鹿沼市 *うそごつ 熊本県菊池郡・八代郡 *そごと 宮崎県西臼杵郡 *うそっくら 埼玉県北葛飾郡 *うそっぱら 福島県東白川郡「うそっぱらばあり(うそばっかり)ゆってら」 茨城県筑波郡・行方郡 *うそっぺ 栃木県 長野県佐久 岐阜県恵那郡 *うそっぺら 長野県佐久 *うそっぽ 千葉県夷隅郡・安房郡 *うそっぽー 千葉県安房郡 *うそっぽら 千葉県夷隅郡 *うそてんつ 山形県南置賜郡・最上郡 *うそへっぱく・おそへっぱく 広島県比婆郡 *うそま(「ほんま」に対する語) 大阪市 *うそらっぺ・うすらっぺ 栃木県西部 埼玉県北葛飾郡 *うそらっぽ 栃木県河内郡 *うそんじょー 熊本県下益城郡 *うだ 神奈川県鎌倉市 *うだごつ 熊本県玉名郡 *うっさごつ 長崎県彼杵 *うっしゃげ 和歌山県東牟婁郡「そんなことは皆うっしゃげだ」 *うとっこ 奈良県吉野郡 *うふむぬいー 沖縄県首里 *うらはらむに(「反対の言葉」の意) 沖縄県石垣島 *えさ 長野県長野市・上水内郡「えさつく」 *えわ 鹿児島県屋久島 *えわごと 鹿児島県種子島 *おいごかし(本当らしい虚言) 福岡市 *おーかまし 島根県隠岐島「あの女はおーかましを言うから大したあてにならん」 *おーけん 長野県佐久 岡山県児島郡「彼奴はおーけんばあ言う」 *おーげん 岡山県児島郡「ちょっとこけただけのにおーげんいいなんな」 長崎県五島 宮崎県東臼杵郡 *おー**けんず** 長野県佐久 ***おーすっとん** 島根県大田市 ***おーすてんぽー** 島根県邇摩郡 ***おーてんぷら** 広島県高田郡 ***おげ** 徳島県 香川県 ***おげしこ** 香川県「おげしこなしで」 ***おげちゃら** 香川県丸亀市 ***おっつくらい** 宮城県 ***おてんつら・おてんつる** 島根県那賀郡 ***かたり** 山形県「あいつはいつも、かたりこく(うそをつく)」 ***かっぽ** 愛媛県 ***からたいほ** 岩手県気仙郡 ***からぴら** 岩手県「からぴら撒げる(うそを言う)」 ***からぼが** 岩手県・気仙郡「からぼがひる・からぼがほえる(うそを言う)」 ***かんぱち** 静岡県 ***きつね** 大阪府泉北郡 ***ぐすー** 鹿児島県喜界島 ***くそてれ** 香川県志々島 ***くそとび** 香川県仲多度郡「くそとびいうな」 ***ぐだ** 新潟県西頸城郡 ***くちほーだい** 島根県 ***ぐなし** 群馬県利根郡 ***くぼ** 山形県東田川郡・飽海郡「くぼかける(ぺてんにかける)」 ***ぐれっぱち** 群馬県碓氷郡 ***こけとっくり**(倒れた徳利の口から酒が流れ出すところから) 奈良県宇智郡 ***こけどっくり** 大阪市 岡山県児島郡 ***ごじゃ** 茨城県鹿島郡 岡山県浅口郡 徳島県 香川県 愛媛県 ***ごじゃくそ** 香川県三豊郡・木田郡 ***ごじゃっぺ** 栃木県「そんなごじゃっぺ誰が本気にする」 ***ごじゃはげ** 香川県 ***ごじゃぶろ** 徳島県 香川県大川郡 ***ごじゃんぽ** 徳島県 ***こちくらっぽー** 茨城県猿島郡 ***ごちゃっぺ** 栃木県芳賀郡・安蘇郡 ***ごろた** 奈良県吉野郡 ***さごと** 長崎県西彼杵郡 ***さら** 栃木県芳賀郡 埼玉県川越・入間郡 長野県上田・佐久 ***さらこと** 長野県上田 ***さらっこと** 長野県上田・佐久 ***さらっぺ** 長野県上田・佐久 ***さらっぺー** 長野県佐久 ***さらっぺす** 長野県上田 ***さわら** 秋田県由利郡 ***さんびゃく** 山形県北村山郡 ***しったご** 鹿児島県 ***してんぽ** 山形県西置賜郡「してんぽこき(うそつき)」 ***じなくそ** 島根県出雲 広島県 愛媛県 ***じなたら** 愛媛県生名島 ***じなんくそ** 岡山県真庭郡 ***しにうそ** 長野県北安曇郡 ***じほ** 宮城県栗原郡 秋田県「からじほだ(まっかなうそだ)」「からじほまけな(うそを言うな)」 ***じゅんさい** 兵庫県美嚢郡 福井県坂井郡 香川県・小豆島 ***じら** 宮城県登米郡 滋賀県彦根 ***じらくそ** 広島県高田郡 ***しらごつ** 熊本県玉名郡・天草郡 ***しろぐち** 鹿児島県奄美大島 ***すーら** 大分県北海部郡 ***すか** 山梨県南巨摩郡「すかをくれる(だます)」 岐阜県加茂郡・本巣郡 静岡県榛原郡 島根県石見・隠岐島 岡山県浅口郡 山口県豊浦郡「すかをくふ(だまされる)」 ***すかたん** 兵庫県神戸市 島根県石見・隠岐島 熊本県玉名郡「すかたんくわする」 ***すかみたん** 福岡市「すかみたんくわせる」 ***すこたん** 秋田県雄勝郡「すこたん食はせられた」 兵庫県神戸市 ***すさごと** 鹿児島県種子島 ***ずす** 大分県日田郡「ずすを言う」 ***ずだいほー** 宮城県登米郡・玉造郡 ***すたえほー** 宮城県栗原郡 ***すってん** 福岡県 熊本県 ***すってんくら** 島根県邇摩郡 ***すってんほ・すってんつ** 山形県米沢市 ***すってんぽ** 山形県「すってんぽかたり(うそつき)」 ***すっとんかわ** 大分県南海部郡 ***すっぱ** 鳥取市「すっぱをこく」 広島県中部「すっぱつく」 ***すっぱく** 富山県高岡市 広島県比婆郡 長崎県南高来郡・西彼杵郡 大分県大野郡 ***すっぽ** 長崎県北松浦郡 ***すっぽー・すっぽーくり** 長崎県壱岐島 ***すっぽんかわ** 大分県大分郡「すっぽん皮を云ふな」 ***すてんくら** 山口県豊浦郡 ***すてんぽ** 石川県金沢市 長野県下水内郡 ***すてんぽー** 新潟県佐渡 ***すとごつ** 宮崎県 ***すとんかわ** 大分県東国東郡 ***ずふ** 山形県「ずふかたる」 ***すほ** 宮城県栗原郡 ***ずほ** 秋田県「あの人はずほまげだ」「ずほこぐな」 山形県「づほかだる」「づほぬぐ」「づほつかす」「づほっぐ」「づほこぐ」 福島県浜通「このずほこき野郎」 新潟県下越「づほこく」 ***ずほー** 岩手県江刺郡・東磐井郡 宮城県北部 新潟県下越 ***ずほら** 宮城県栗原郡・仙台市 山形県村山 ***ずぼら** 山形県 新潟県佐渡「ずぼらふく」 広島県高田郡 熊本県下益城郡 ***すら** 山梨県南巨摩郡・西八代郡「すらをこく」 静岡県「すら吐く」 長崎市「すらやる(とぼける)」 鹿児島県喜界島 ***ずら** 宮城県栗原郡「ずらふく」・仙台市「づらうそ(全くのうそ)」 福島県中部・浜通「ずら語んな」 ***すらごつ** 福岡県筑後 佐賀県 長崎県南高来郡 熊本県 大分県大野郡・玖珠郡・日田郡 ***すらごと** 山口県豊浦郡 福岡県「すらごとばこきめえ」 佐賀県 長崎県「まるですらごとでもなかった(まんざらうそではなかった)」 熊本県芦北郡 大分県日田郡・大分郡・北海部郡 鹿児島県種子島 ***ずらもの** 宮城県仙台市「おら、約束の所さ行ったけっと、づらものっしゃ、はっぱりこいんかった」 ***すろ** 鹿児島県奄美大島・加計呂麻島 ***ずんばく** 大分県南海部郡

方/言/の/窓

●個人の中の方言

「方言」ということばは、地域的なことばの違いに即して使われることが多い。しかし「社会方言」ということばがあるように、かならずしも地域差に関係しない用法もある。

「方言」の原義から次第に離れていくかもしれないが、「方言」をことばのバラエティ、言語の変種の意味で使うことにしてはどうだろうか。つまり日本語のバラエティ(方言)には地域的変種のほかに、性別による違いとか職業による違いもある、ということになる。

こうなってくると、個人の中にも「方言」のあることに気付く。故郷のことばと標準語の差はもちろんであるが、よそ行きのことばと家庭内のことば、書きことばと話しことばなど、個人の内部にも、いくらでもバラエティが見出されるのである。

***せんすら** 宮崎県宮崎郡 ***せんすらまんみー**(千に一つ、万に三つも真実がない意から) 島根県鹿足郡 ***そら** 栃木県芳賀郡 埼玉県川越・入間郡 長野県上田・佐久 ***そらごつ** 長崎県南高来郡 熊本県菊池郡・八代郡 ***そらこっと** 長野県佐久 ***そらごと** 熊本市 宮崎県西臼杵郡 ***そらっこ** 長野県上水内郡 ***そらっこと** 群馬県吾妻郡・碓氷郡 埼玉県秩父郡・北葛飾郡 東京都八王子 新潟県中頸城郡 長野県 ***そらっぱ** 新潟県西頸城郡 ***そらっぱち** 群馬県 長野県佐久 ***そらっぺ** 栃木県安蘇郡「それはそらっぺだ」 群馬県 埼玉県 神奈川県 長野県佐久 ***そらっぺー** 栃木県 群馬県 埼玉県秩父郡・入間郡 ***そらっぺす** 長野県佐久 ***そらっぽ** 茨城県久慈郡 ***そらでっぽー** 長野県佐久 ***ぞろ** 新潟県佐渡 ***たーくら** 群馬県利根郡・吾妻郡 長野県「たーくらを言ふ」 ***たーくらたー** 長野県 ***たーこと** 栃木県芳賀郡 群馬県利根郡 山梨県中巨摩郡「たーことつく」「たーことをこくな」 ***たいほ** 北海道「たいほかたる」 岩手県気仙郡 ***たいほー** 岩手県九戸郡・江刺郡 宮城県 熊本県阿蘇郡 ***たく** 長野市 ***たくら** 群馬県佐波郡 新潟県西頸城郡 山口県豊浦郡 熊本県下益城郡 ***たくらく** 島根県美濃郡・益田市 ***たくらけ** 島根県那賀郡 ***たこーら** 島根県石見「あいつのたこーらにも困ったもんじゃ」「たこーらばなしはたいていにしておけ」 ***たこと** 福島県南部 栃木県 ***だだー** 神奈川県津久井郡 ***だぼ** 千葉県東葛飾郡 ***だま** 和歌山県日高郡「眠った風をしてはいるがあれはだまじゃ」 熊本県下益城郡・球磨郡 ***だまかし** 福岡県企救郡 熊本県 ***だまこ** 愛媛県 ***だまごと** 福岡県早良郡・粕屋郡 ***だます** 熊本県上益城郡・阿蘇郡 ***だまんす** 熊本県球磨郡 ***だめ** 長野県佐久「だめこく(うそを言う)」 ***だらか** 沖縄県宮古島 ***たわくら** 長野県南佐久郡 ***たんか** 宮崎県西臼杵郡・東臼杵郡 ***たんわく** 宮崎県西臼杵郡 ***ちーやく・ちーやら** 岡山県浅口郡 ***ちく** 茨城県「ちくをぬく」 栃木県「ちく言うな」 群馬県館林 埼玉県北葛飾郡 千葉県香取郡・東葛飾郡 ***ちくてっぽ** 茨城県結城郡 ***ちくら** 栃木県矢板市・河内郡「ちくらぬく(うそを言う)」 富山県砺波 ***ちくらく** 茨城県 栃木県 群馬県勢多郡 ***ちくらっぱー** 群馬県館林 ***ちくらっぱら** 栃木県 ***ちくらっぺ** 栃木県「ちくらっぺをいふ」 群馬県館林 埼玉県 千葉県東葛飾郡 ***ちくらっぺー** 茨城県稲敷郡 ***ちくらっぽ** 茨城県 栃木県 ***ちくらっぽー** 栃木県芳賀郡・河内郡 群馬県邑楽郡 ***ちくりん** 島根県出雲「またお前がちくりんいいわ、おそだけんな(またお前のうそつきが、うそだからな)」 ***ちゃら** 茨城県稲敷郡 群馬県邑楽郡 埼玉県秩父郡 神奈川県津久井郡 山梨県・南巨摩郡「あの男はちゃらばかり言ってゐる」 静岡県田方郡 岡山県「ちゃら師」「あいつはちゃらばあ言うておえん」 ***ちょーし** 山梨県 ***ちょーば** 千葉県「そんなにちょーばばかり語っているとみんなん信用してもらえなくなるぞ」 ***ちょーらく** 山形県新庄 ***ちょじょら** 栃木県安蘇郡「ちょじょら言ふな」 ***ちょべ** 栃木県「彼奴ちょべでだめだ」 ***ちょろ** 石川県江沼郡「ちょろこき(うそつき)」 香川県綾歌郡 ***ちょろちょろ** 香川県綾歌郡・仲多度郡 ***ちんから** 茨城県新治郡・稲敷郡 ***つぃくりむに** 沖縄県石垣島 ***つがせ** 宮城県登米郡 ***つくいむぬいー・つくいむにー** 沖縄県首里 ***つくりだし** 富山県砺波 岐阜県北飛驒・吉城郡「そんな事はつくりだしやろう」 ***つくるい** 島根県隠岐島「つくるいを言うけんあてにならん」 ***つけだし** 三重県北牟婁郡「よーけつけだしいふな(でたらめを言うのもたいていにしろ)」 ***つつ・ずず** 大分県「つつをいう」 ***つべら** 愛媛県大三島「つべらこく」 ***つら** 宮城県遠田郡 ***でぐら** 群馬県勢多郡・佐波郡 ***でぐらっぱち** 群馬県桐生市・佐波郡 ***でご** 群馬県勢多郡 ***でごろ** 群馬県勢多郡 ***でたっぱち** 群馬県前橋市 ***でたらすっぽ** 長野県佐久 ***たらぱち** 栃木県佐野市・安蘇郡 ***でっうず** 山形県東田川郡 ***てっぽ** 新潟県 香川県 ***でっぽ** 長野県佐久「でっぽゆふな」 ***てっぽー** 山形県東田川郡 新潟県 徳島県 香川県 ***でっぽー** 東京都八王子 神奈川県 新潟県南魚沼郡・中頸城郡 長野県佐久 ***でふ** 宮城県仙台市 山形県東村山郡・北村山郡「でふっかす」「でふこく」 福島県会津若松市 ***でほ**(「でほうだい(出放題)」の転か) 山形県 福島県 群馬県佐波郡 長野県下水内郡 岐阜県郡上郡 静岡県・磐田郡 愛知県宝飯郡・額田郡 ***でほー** 山梨県南巨摩郡「そがー(そんな)のでほーを言うもんじゃあない」 長野県佐久 静岡県浜松市 愛知県南設楽郡 兵庫県養父郡・但馬 ***でほーらく**(「法楽」は慰め、楽しみの意) 福島県 茨城県真壁郡 栃木県 群馬県勢多郡 埼玉県秩父 神奈川県 ***でほだえ・でほだれ** 山形県 ***でほら** 栃木県 ***でぼら** 神奈川県 長野県佐久 ***でほらく** 栃木県「でほらぐばっかりいってんだから」 ***でま** 山形県南置賜郡・西村山郡「でまこく」「でまつかす」 ***でまめ** 福井県丹生郡 ***てれ・てれんぱつ** 島根県石見「よーもよーもてればっかし言うたもんじゃ」「てれんぱつを言うてもあとからはげるで」 ***てれくさ** 島根県隠岐島 ***てれさく** 島根県石見 ***てれまー** 島根県美濃郡・益田市 ***てれん** 東京都八丈島「てれん言うな」 ***てれんぱらん** 島根県隠岐島 ***てんくら** 島根県石見 山口県豊浦郡 大分県 ***てんぐらまんぐら** 東京都南多摩郡 ***てんくろ** 徳島県 愛媛県南宇和郡「てんくろ言うな」 高知県 長崎県北松浦郡・南松浦郡 ***てんぐろ** 長崎県五島 ***てんげー** 山口県浮島「てんげーいー(うそつき)」 ***てんご** 山形県東村山郡 ***てんすら** 山口県阿武郡・豊浦郡 ***てんち** 山形県東置賜郡・南置賜郡 ***てんつ** 山形県「てんつつかす」「てんつかたる」 ***でんど・でんと** 富山県下新川郡「でんどこく」「でんどきる」 ***どい** 徳島県美馬郡 ***どぅ**

びむぬい・とぅびゃむぬい・とぅばー 沖縄県与那国島 *どえーなし 島根県仁多郡 *どーひ 香川県香川郡 *どーひゃく 徳島県三好郡 *どーぼら（口から出任せの虚言）長野県上伊那郡 *どくすら 長崎県北高来郡・南高来郡 *どさ 香川県綾歌郡 *どす 新潟県北魚沼郡 *どすくら 長崎県北高来郡 *どちねんぼー 島根県邑智郡 *どてらっぽ・とてらっぽ・ととらっぺ 栃木県南部 *ととなず 栃木県足利市「ととなずを言うな」 *とひ 徳島県　香川県綾歌郡 *どまかし 島根県出雲 *とやーなし 島根県「とやーなしばかり言う」 *どやなし 島根県出雲 *どらっぺー 栃木県佐野市・河内郡 *どんから 愛媛県喜多郡・東宇和郡 *どんぱち 山形県東置賜郡 *どんぺー 徳島県・美馬郡 *なんでもないこと 山口県玖珂郡 *なむぬ（「むなものいい（空物言）」の転）沖縄県黒島 *なんきん 大分県日田郡「なんきんを言ふな」 *なんでもないこと 山口県玖珂郡 *ぬすっとごつ 宮崎県日向 *ぬすとぐち 島根県江津市 *ぬすとごつ 長崎県対馬（うそ八百）・壱岐島　宮崎県宮崎市・西臼杵郡 *ぬすどごつ 宮崎県延岡市・東臼杵郡 *ぬすとごと 宮崎県西臼杵郡 *ぬすとんごつ・すとんごつ 宮崎県西臼杵郡 *ねくだ 山形県飽海郡 *ねたくら 群馬県吾妻郡 *ねな 長野県佐久 *ねなくら 長野県 *ねなっかす 長野県上田・佐久 *ねなっこと 長野県更級郡 *ねなっぱち 長野県小県郡 *のっぺくろー 福島県北部「のっぺくろー言うな」 *ばいこ 香川県高松市 *はいしかし 沖縄県黒島 *ばく 秋田県　山形県酒田市　群馬県 *はぐったれ 群馬県碓氷郡　埼玉県秩父郡「そんなはぐったれがきけるか」 *はくらく 島根県益田市「またはくらくを言う」 *ばくりょー 大分県南海部郡 *はぐれ 埼玉県秩父郡 *はけなり 長崎県対馬「はけなり食わされた（だまされた）」 *ばす 秋田県「ばすこぐ」「ばすまげる（うそを言う）」 石川県江沼郡 *ばそ 秋田県平鹿郡 *はた・はった 山形県西村山郡「はっだいう」「はたつかす」 *ぱち 静岡県　島根県「あいつはかいさな（根も葉もない）ぱちを言うけーあてにならん」 *はっぱ 山口県阿武郡 *はら 鹿児島県「はらをひる（うそをつく）」 *はらた 宮城県仙台市　山形県「はらだかたる」「はらだつかす」　栃木県・日光市・黒磯市「はらた語る」 *はん 長野県「はん云ってらあ」 *ひでーなし 栃木県那須郡「そんなひでぇなしいふな」・芳賀郡 *ひゃくとー 栃木県佐野市 *ふーむに 沖縄県竹富島 *ふるむに（「ふ（外）れ物言い」の意）沖縄県石垣島 *ふろばち 長崎市 *へだて 新潟県佐渡 *へっぱ 愛媛県大三島 *へっぱく・へっぱっ 長崎県五島 *へっぱく 岡山県児島郡　広島県　香川県三豊郡　長崎県北松浦郡・対馬 *へんぎょ 奈良県吉野郡 *へんげ 奈良県吉野郡「へんげひる（うそをつく）」「へんげたれ（うそつき）」 *ぼが 岩手県上閉伊郡・気仙郡「ぼがふく」「ぼがかたる」 宮城県牡鹿郡「ぼがひる」　神奈川県高座郡 *ほかごと 島根県隠岐島 *ぼつ 福島県中部「ぼつこいでいげねえぞ」 *ぼんか 宮城県加美郡「ぼんかつく（うそをつく）」 *ぼんが 岩手県　宮城県栗原郡「ぼんがかたる」 *ぼんぎ 岩手県上閉伊郡 *ぼんぎり 岩手県九戸郡「ぼんぎりきり（うそつき）」 *まぼ 山形県飽海郡「まぼこぐ（うそをつく）」 *まんから 栃木県　群馬県「まんからいうな」 *まんがら 東京都南多摩郡　静岡県榛原郡 *まんぱちもの 福島県 *まんみ 島根県鹿足郡 *むか 宮城県仙北「むか吹く（うそを言う）」 *むぐ 岩手県南部「むぐ吹く（うそを言う）」 *もく・むく 宮城県登米郡 *もっけなし 新潟県岩船郡 *やくた 岩手県上閉伊郡 *やくと 青森県「『あれほんと……。これぁ困った、いやだなあ』『実は、やぐどだえ』」 岩手県　秋田県「そりゃやくとだ」 山形県「さきさのはなすやくどだ（さっきの話はうそだ）」 岐阜県飛騨 *やこと 秋田県平鹿郡 *やまかん 福井県 *やまし・やましゅ・やましゅー 東京都八丈島「やましゅーつく（うそをつく）」「やましゅーだ」 *ゆく 鹿児島県奄美大島 *ゆくさり 鹿児島県喜界島 *ゆくし 鹿児島県与論島　沖縄県・石垣島・黒島 *ゆくしぐとぅ 沖縄県那覇市 *ゆくしむに 沖縄県国頭郡・八重山諸島「ゆくしむにしん（うそをつく）」 *ゆくしむにー 沖縄県首里 *ゆこしむに 沖縄県小浜島 *んなぱなし・んなくとぅ 沖縄県石垣島

→いつわり（偽）・うそっこ（嘘）

うそつき【嘘吐】 *うすこき 新潟県長岡市・頸城 *うそいー 三重県上野市　広島県高田郡　山口県玖珂郡　香川県　熊本県 *うそいごら 熊本県天草郡 *うそいごろ 熊本県球磨郡・芦北郡 *うそいや 和歌山県東牟婁郡 *うそか 熊本県天草郡 *うそかたり 岩手県気仙郡　山形県東部・南部 *うそこき 青森県　岩手県和賀郡　宮城県北部　秋田県　山形県　福島県東白川郡「なんだこのうそこき」　新潟県　石川県江沼郡　長野県諏訪　岐阜県武儀郡　愛知県碧海郡・尾張　三重県上野市・度会郡　兵庫県淡路島・明石郡　広島県　愛媛県・大三島 *うそごら 熊本県天草郡 *うそごろ 熊本県飽託郡 *うそし 青森県津軽　岩手県九戸郡 *うそじまけ 青森県津軽 *うそだまし 三重県阿山郡 *うそたれ 岩手県九戸郡・気仙郡　三重県名張市・度会郡　兵庫県明石郡・神戸市　和歌山県　香川県香川郡　愛媛県大三島 *うそちっごろ 鹿児島県揖宿郡 *うそっこき 福島県会津　栃木県　群馬県山田郡・佐波郡　長野県　静岡県・榛原郡・磐田郡 *うそっごろ 鹿児島県揖宿郡 *うそっぱち 熊本県上益城郡 *うそっぺ 長野県上田 *うそてん・うそにん 熊本県天草郡 *うそひー 山口県　鹿児島県 *うそひーごろ 宮崎県西諸県郡　鹿児島県・宝島 *うそひーぼ 鹿児島県 *うそぶじまけ 青森県津軽 *うそまき 熊本県天草郡 *うそまけ 秋田県北秋田郡 *うそゆーごら 熊本県天草郡 *うそゆごろ 熊本県球

磨郡・芦北郡 *うそゆや 和歌山県東牟婁郡 *うっそこき 愛知県知多郡 *おーうそてんぽー(大うそつき) 島根県邑智郡 *おーうそのすってんき(大うそつき) 島根県邇摩郡 *おーうそのてんくら(大うそつき) 島根県美濃郡・益田市 *おーすっとん(大うそつき) 島根県大田市 *おーすてんぽー(大うそつき) 島根県邇摩郡 *おげ 徳島県 愛媛県・喜多郡 佐賀県 *おげくそ 香川県三豊郡 *おげこき 徳島県 *おげそ・おげすっぽ 香川県仲多度郡 *おげった 徳島県 *おげっちょ・おげっと 香川県三豊郡 *おげっとー 徳島県・阿波郡 *おげもん 長崎県伊王島 *おそいー 島根県那賀郡 *おそかせぽー 千葉県香取郡 *おそこき 山形県東田川郡 広島県比婆郡 愛媛県大三島 *おそたれ 愛媛県大三島 *おそゆい 広島県安芸郡 *かっぽすけ・かっぽさく(「かっぽ」は当てにならないこと、うその意) 愛媛県北宇和郡・南宇和郡 *からたいほ 宮城県石巻 *きつね 東京都八丈島 熊本県飽託郡 *こうそーこき 新潟県佐渡 *ごーらかたり 岩手県東磐井郡 *ごらかたり 宮城県登米郡 *さんつく 高知県幡多郡 *じほかたり 宮城県栗原郡 *じほまけ 秋田県鹿角郡 *しらごついー 熊本県玉名郡・天草郡 *しんいち(大うそつき) 鹿児島県奄美大島 *すっぱくいー 長崎県西彼杵郡 *すっぱくもの 富山県高岡市 *すとかん(大うそつき) 島根県隠岐島 *すばくら 静岡県富士郡 和歌山県 *すばくらもの 和歌山県 *ずふたれ 山形県東置賜郡 *ずほかたり 宮城県栗原郡 山形県 *ずほきり 山形県最上郡 *ずほこき 秋田県平鹿郡 山形県 *ずほたれ 山形県東置賜郡・西置賜郡 *ずほつき 山形県東村山郡・北村山郡 *ずほまけ 秋田県北秋田郡 *すらごついー 佐賀県唐津市 長崎県彼杵 *すらごといー 佐賀県藤津郡 長崎県彼杵 *すらつかい 静岡県 *せみ 島根県美濃郡 *せんいち(千回言う言葉の中に本当のことは一回しかないの意で、大うそつき) 山形県西置賜郡 栃木県 千葉県夷隅郡 三重県志摩郡・度会郡 滋賀県伊香郡 長崎県南高来郡 *せんすだり 香川県塩飽諸島 *せんすだれ 香川県仲多度郡 *せんすら 熊本県 *せんすらまんみー 島根県鹿足郡 *せんすらり 愛媛県大三島・岡村島 熊本県 宮崎県 *せんぞろ 愛媛県周桑郡 *せんとー(大うそつき) 栃木県 *せんみ 新潟県中頸城郡 *せんみー 島根県 岡山県 *せんみっつあん 神奈川県中郡 *そらごちいー 熊本県天草郡 *そらつき 神奈川県足柄下郡 *そらつきゃー 静岡県田方郡 *そらつけ 神奈川県中郡 *そらっつかい 静岡県志太郡 *そらっつき 神奈川県中郡 *そらっぺこき 長野県上田 *たいほ 三重県名賀郡 *たいほー 三重県阿山郡 兵庫県赤穂郡 奈良県南大和 島根県石見「あいつはたいほーじゃけー、本当にはせられん」 徳島県 高知県 *たいほーかたり 宮城県 *たいほもの 岩手県気仙郡 *たのき 熊本県飽託郡 *たらかたり 福島県相馬 *だらかむす 沖縄県宮古島 *ちくぬき 栃木県 *ちょべ 栃木県「彼奴ちょべでだめだ」 *ちょろ 香川県 *ちょろこき 石川県江沼郡 *ちょろすけ 岡山県児島郡 香川県・三豊郡 *ちょろつき 香川県綾歌郡 *ちんくろもん 高知県幡多郡 *てっか 山形県東村山郡 *てっぱ 高知県・幡多郡 *てっぽ 和歌山県 島根県簸川郡 *でほこき 山形県西置賜郡 *でほだれ 山形県 *てれこく 広島県 *てれさく 島根県石見 *てれまー 島根県美濃郡・益田市 *てれん 東京都八丈島 熊本県天草郡 *てれんつき 東京都八丈島 *てれんもん 高知県幡多郡 *てんつかたり 山形県東置賜郡・北村山郡 *てんつこき 山形県 *てんのしろ 山口県豊浦郡 *てんぷこき 山形県東田川郡 *てんぷら 島根県隠岐島 広島県高田郡 *てんぽーこき 新潟県佐渡 *でんぽーこき 群馬県多野郡 *でんぽーつき 群馬県勢多郡 *てんぽーひり 岩手県気仙郡 *てんぽかたり 青森県三戸郡 *てんぽかたり 山形県 *てんぽこき 山形県 新潟県 *でんぽこき・でんぽこきやろー 群馬県勢多郡 *てんぽつき 福井県 *でんぽっこき 群馬県佐波郡 *てんぽやまはち 山形県庄内 *といきり 島根県邑智郡「あいつはといきりだけー相手にならん」 *といくろー 徳島県三好郡 *といこき 徳島県美馬郡 *とぅびゃー(「飛語を言う者」の意) 沖縄県与那国島 *とーべえー 高知県 *とひきり 島根県邑智郡 *とひこき 徳島県・美馬郡 *どん 兵庫県赤穂郡 *どんずく 香川県小豆島 *ねこのめ(言うことがすぐ変わること。また、大うそつき) 香川県高見島 *はいのかぜ 島根県鹿足郡 *ばくこき 秋田県中部 *はこまち 島根県仁多郡・隠岐島 *はらひー(「はら」は、うその意) 鹿児島県曾於郡 *はらひーごろ 鹿児島県・肝属郡 *はんや 島根県隠岐島 *ぴとぅかーしかしむぬ 沖縄県小浜島 *ぴとぅしかさー 沖縄県西表島 *ひとぅしかしむぬ 沖縄県竹富島 *ぴとぅしかしゃー 沖縄県石垣島・新城島 *ひゃくいち(「百に一つの真実しかない」の意) 山形県北村山郡 群馬県碓氷郡 新潟県中頸城郡「あいつはひゃくいちだ」 富山県砺波 長野県 三重県名張市・度会郡 滋賀県彦根 兵庫県赤穂郡 福岡市 長崎県対馬 熊本県球磨郡 鹿児島県奄美大島 *ひゃくいちー 沖縄県首里 *ひゃくみっつ 岡山県真庭郡 *ふこいち(「彦一」か) 熊本県八代郡 *へっぱこき 愛媛県大三島 *へでなしっこき 栃木県鹿沼市・日光市 *ほーてつ・ほーてつこき(大うそつき) 新潟県佐渡 *ほら 新潟県佐渡 *ほらがとーげ 長崎県対馬 *ほらこき 山形県鶴岡市・酒田市 長野県諏訪 *ほらつき 島根県出雲 *ほらやはん 三重県名張市 *ぽんぎ 岩手県上閉伊郡 *ぽんぎり 岩手県九戸郡「ぽんぎりきり(うそつき)」 *まいす 山口県 *まんから 群馬県山田郡 神奈川県津久井郡 *まんすらべ 香川県 *まんみ 山口県玖珂郡 *まんみー 島根県鹿足郡 *やまし・やましゅ・やましゅー 東京都八丈島「やましゅーつく(うそをつく)」「やましゅーだ」 *ゆくしぇー(「ゆくしぃー」の転)沖縄県西表島・石垣島 *ゆくしむにしゃ 沖縄県国頭郡 *ゆくしむにしゃー 沖縄県石垣島 *ゆくしむにすーぷす 沖縄県鳩間島 *ゆくしむぬいーさー 沖縄県中頭郡 *ゆくしむぬいやー・ゆくしむにーしゃー 沖縄県首里 *ゆくしむぬしーむぬ 沖縄県波照間島 *ゆくしむぬやー 沖縄県那覇市・国頭郡 *ゆくしゃー 鹿児島県与論島 *ゆくすむやー 沖縄県島尻郡 *ゆこーしむにいつぃむぬ 沖縄県小浜島 *わるぐちゆい 三重県上野市

うそっこ【嘘】 *かしご 埼玉県北葛飾郡 *ちんこ 茨城県 栃木県「このパーでちんこやっぺよ」「ちんこでやろう」 *ちんこー 茨城県 *やくであこ 岩手県気仙郡 *やくでぁっこ 岩手県気仙郡 *やくとこ 青森県三戸郡(幼児語) 秋田県鹿角郡 山形県北村山郡 *やくとほんこ 山形県西村山郡・北村山郡「今のはやぐどほんこだ」 *やくとんこ 山形県村山 *わらっご 鹿児島県鹿児島郡

→いつわり(偽)・うそ(嘘)

うた【歌】 *あてうた(人に当てこする意味をもって歌う歌)宮崎県東諸県郡 *いしばつき(地突き歌。一般の祝宴にも歌われる)京都府竹野郡 *うたさんか(宴会で歌う歌)島根県隠岐島 *おーうた 島根県鹿足郡(田植え歌) 山口県阿武郡(大漁祝いの歌) *おたさか(宴会で歌う歌)島根県出雲 *おたさんか(宴会で歌う歌)島根県大原郡・隠岐島 *がおまお(遊戯の組分けや鬼を決める時に歌う歌)青森県上北郡 *かきうた(風刺歌)沖縄県首里 *くもすけ(嫁入りの時、人足の歌う歌)島根県八束郡・仁多郡 *くもすけぶし(嫁入りの時、人足の歌う歌)島根県出雲 *しくいり(嫁入り道具を運ぶ人足の歌う歌)島根県 *しゅくいり(嫁入り道具を運ぶ人足の歌う歌)島根県益田市 *たかりうた(稲刈りの時歌う歌)奈良県南大和 *どんじぶし(地突き歌)鹿児島県肝属郡 *なごや(嫁入り道具を運ぶ時の歌)鳥取県東伯郡 *にがた(祝宴の席で、小謡の次に歌われるめでたい歌)京都府竹野郡 *みみざかな(酒盛りの時座興に歌う歌)新潟県佐渡 *ものひきうた(粉ひき歌)香川県高見島 *やどいり(嫁入りの人足の歌う歌)島根県大原郡 *やまおろし(山中の草刈り歌)和歌山県日高郡 *よいよーい(酒宴で歌われる歌)兵庫県加古郡

□の曲節 *おりふし 岩手県九戸郡 *つぼ 三重県志摩郡 *ほど 山口県豊浦郡「ほどがよい(歌じょうず)」

□のじょうずな者 *うたぐち(歌うのがじょうずなこと。歌声がよいこと。また、その人)沖縄県首里 *うたしゃー 沖縄県首里

□のへたな人 *しおからぶし 島根県 *ねぶかふし 香川県三豊郡 *ねぶかぶし 滋賀県彦根 奈良県吉野郡 鳥取県西伯郡 大分県

うたう【歌】 *いじゅん 沖縄県竹富島 *いずん 沖縄県鳩間島 *うてぃなんしさなんしいずん(高音と低音の二つの旋律で歌う。二部合唱する)沖縄県石垣島 *かんどがわりー(調子外れの歌を歌う)島根県出雲 *くーんけぁえ(小声で歌などを歌うさま)青森県三戸郡「今日ぁ病人がきげんがよいとみえて、くーんけぁえて歌こ唄ている」 *しやなる(山言葉)新潟県北魚沼郡 *どぅげーりいずん(高声で歌う。どなり歌う)沖縄県石垣島 *ぴきばー(歌を途中から調子を変えて婉曲(えんきょく)に歌うこと)沖縄県石垣島 *ほこりたたき(歌などを次から次へと出任せに歌うこと)大阪市

うたがう【疑】 *かんなぐる 長野県佐久 *きしふむ(しつこく疑う)青森県津軽 *たどろく・たぶろく 沖縄県石垣島 *ねだくる 茨城県行方郡 *もくさん(人を疑うこと)岩手県九戸郡「あんまり人さもくさんかげんな(かけるな)」

うたたね【転寝】 *いどこね 新潟県・長岡市 長野県諏訪 愛知県知多郡 高知県 大分県南海部郡 宮崎県東諸県郡 鹿児島県 *いどこねーり 山梨県南巨摩郡 *いどころね 栃木県 群馬県 埼玉県川越 神奈川県高座郡・中郡 長野県上伊那郡 岐阜県・飛驒・郡上郡 静岡県 愛媛県 高知県 *いどね 埼玉県秩父郡 東京都八王子 神奈川県 *いね 静岡県磐田郡 *かたがる(体をしばらく横たえて休んだり、うたた寝をしたりする)富山県砺波 新潟県佐渡 *かぶかけ 山形県東田川郡 *しょーやね 島根県隠岐島 *しょしゃーね 島根県仁多郡 *しょしゃね 島根県 *じろね 岐阜県飛驒 *ずりね 富山県下新川郡 *そしゃね 島根県飯石郡・隠岐島 *そそーね 島根県邑智郡「そがーな所でそそーねすると風邪をひくが」 広島県比婆郡 *そそね 島根県石見 *たびね 徳島県 香川県三豊郡 愛媛県 *たぶね 兵庫県淡路島 山口県大島 徳島県 香川県「たぶねしょったら、かぜひくぞ」 愛媛県・大三島 *たるね・たぶりね 香川県三豊郡 *どぅるどぅるーにんじ(「にんじ」は「眠る」の意)沖縄県首里 *どころね 千葉県夷隅郡 *どんころ(小さい子供がうたた寝をすること)長崎県壱岐島「○○さんな、さいぜんかり、とんころしちょるけに、早う蒲団敷いちゃらにゃ」 *ぽってーうつ(うたた寝する)長崎県対馬 *ひこね 岐阜県飛驒「ひこねして風邪ひくな」 *ふたとこね 島根県八束郡 長崎県対馬 *ふたところね 長崎県壱岐島 *ふたとこんね 熊本県玉名郡 *むくね 新潟県佐渡「こたつでむくねすると風邪ひくぞ」 *もくね 富山県砺波

うちき【内気】 *いつず(内気なさま)新潟県佐渡「あのしたぁ(人は)いつづなしとだ」 *いんじゅー(内気なさま)島根県石見「いんじゅーもん」 *うんともつんともいわない・うんつんさたない(内気でむだ口を利かない)福島県東白川郡「行ったっきりで、うんつんさだなしだ」 *おじき 島根県出雲「あの人はおじきな人だ」 *おすぼ 愛知県知

多郡 *おすんば 静岡県 *おすんばー 静岡県小笠郡・磐田郡 *きうちば 群馬県勢多郡 *しょしん 島根県隠岐島 *すーめ 岐阜県土岐郡 *すばり 山梨県南巨摩郡 静岡県磐田郡 *すわり 山梨県南巨摩郡 長野県下伊那郡 *すんばー 静岡県磐田郡 *たなぎ 群馬県邑楽郡 *ちむぐーさん 沖縄県首里 *つらよわ(内気なさま) 山形県 *ひきょー(内気なさま) 長野県諏訪・上伊那郡「この子はひきょーで困る」 三重県一志郡 *ひっけー(内気なさま) 長野県 *よーちょ(内気なさま) 富山県砺波 □な人 *いりっこび(家の中でばかり遊んでいる子供。内気な子) 神奈川県中郡 *うちゅーど 島根県邑智郡「とてもうちうどだけー、人前にゃーよー出ん」 *がなず 千葉県夷隅郡 *げきまくれ 茨城県稲敷郡 *けしんぼ(「けしん」は動詞「けすむ」の連用形から。内気過ぎる人) 新潟県東蒲原郡 *こべー 神奈川県津久井郡 *やまねこ 山口県周防(人見知りする子供) 香川県佐柳島

うちけす【打消】 相手の言うことを□語 *あー 青森県津軽 沖縄県・中頭郡 *あーい 鹿児島県奄美大島・沖永良部島・喜界島(同等以下の者に対して) 沖縄県宮古島・八重山 *あーいす・あい 鹿児島県奄美大島 *あーえ 島根県隠岐島 千葉県山武郡 *だー 青森県「明日は雨だろうか、だあ降るものか」 *だーさ 長野県下水内郡・埴科郡 *だーさー 長野市 *だーりや 秋田県鹿角郡 *だーれー 宮城県栗原郡 千葉県印旛郡 *だがふん 愛知県碧海郡・岡崎市 *だがほん 愛知県岡崎市 *なーし 高知県土佐清水市「なーし、そんなことすらせん」 *なーにも 愛媛県周桑郡 *なーにん・なんない 静岡県 *なーむ 富山県・東礪波郡・下新川郡 石川県『手に持っとる栗か』『なーむ、どんぐり』」 *なーも 新潟県中頸城郡 富山県 石川県 福井県坂井郡 *なーん 富山県砺波 奈良県吉野郡 *なむ 石川県加賀 *なも 青森県三戸郡 秋田県鹿角郡 富山県下新川郡 福井県坂井郡・福井市 岐阜県飛驒 *なん 福井県大飯郡「なん、そんなことがあるもんかい」 *なんも 新潟県中頸城郡 石川県 三重県志摩郡「『好子、これ知っとるか』『なんも』」 *へーいや 香川県「おまい知っとんじゃろが。へえいや知らんぜ」 *へーや 岡山県「へいやもう(いいえどういたしまして)」 香川県「ご飯すんだんな。へいや、まだじゃがな」 *へーやあ・へんやー 岡山県児島郡 *や 石川県鳳至郡 *やいや 三重県志摩郡・南牟婁郡 京都府 和歌山県・東牟婁郡 長崎県対馬 *やさ 和歌山県日高郡・有田郡「やさ、そうと違う」 *やや 山形県 *よー 山口県「よー、あなたそねえな気楽なわけにいっちょりゃあしません」 高知県「よーそーやない」 *よーじゃ 愛媛県宇摩郡

→ひてい(否定)

うちべんけい【内弁慶】 *あてぎべんけー 山形県 *いえおごりのそとすぼり 長崎県対馬 *いえなかべんけー 山形県東田川郡 *いべんけー 長野県東筑摩郡「あの人は いべんけいで外に出ると弱くていけん」 *いんなかべんけー 岩手県気仙郡 栃木県 *いんのくそ 群馬県勢多郡「うちのまわりのいんのくそ外に出ちゃ猫ぐそ」 *うちがったい 島根県那賀郡 山口県豊浦郡 *うちがったり 島根県鹿足郡・益田市「うちがったりの外良し」 *うちがらかさのそとすぼまり 岐阜県飛驒 *うちばたかりのそとすぼまり 長崎県五島 *うちばたかりのそとすぼり 福岡市 *うちはちかりのそとつまり・うちはちかり・うちはたかり 鳥取県東部 *うちひろがりのそとすぼまり 富山県砺波 岐阜県北飛驒「あれはうちひろがりのそとすぼまりじゃ」 *うちひろがりのそとすぼみ 高知県 *うちひろがりのそとつぼまり 三重県志摩郡 *うちべんけーそとねずみ 和歌山市(子供) *うちべんけーそとみそ 宮城県仙台市 山形県西置賜郡 *うちぼこり 新潟県中頸城郡 愛媛県松山 *えのなかべんけー 秋田県南秋田郡 *えんなかべんけー 岩手県上閉伊郡 山形県 *おにみそ 新潟県岩船郡 大阪府泉北郡 岡山県邑久郡 山口県豊浦郡 愛媛県 福岡市 長崎県対馬・壱岐島(主に子供について言う) 大分県別府市 *おにみそこ 新潟県岩船郡 *がくやべんけー 熊本県玉名郡 *かげべんけー 東京都 香川県三豊郡 *かねうちぼこい 鹿児島県肝属郡 *かまどべんけー 滋賀県愛知郡・彦根 *かめんいえぼこり 鹿児島県肝属郡 *こたつべんけー 山口県萩市 *そとすぼり 兵庫県加古郡 奈良県南大和 香川県 福岡市「そとすぼりの内弁慶」 *そとみそ 山形県 *つしねこ 奈良県南大和 *つらなし 熊本県天草郡 *どーみそ 山形県東置賜郡・西置賜郡 *とぐちまんざい 大分県大分郡 *ところべんけい 青森県津軽 *とちっぱり 岩手県上閉伊郡 *にかいねこ 奈良県 *ふとめじろ 新潟県 *まっこべんけー(「まっこ」は炉縁の意) 埼玉県秩父郡 *やーいじゃー 沖縄県首里 *ゆるんはたべんけー 新潟県佐渡 *よこさべんけー 岐阜県郡上郡 *よこざべんけー 富山県上新川郡 岐阜県北飛驒・吉城郡 京都府竹野郡 島根県八束郡 岡山県真庭郡 愛媛県 宮崎県日向 *よこだべんけー 山口県大島 *ろぶちべんけー 岩手県 宮城県仙台市 *ろぶちごんけ 岩手県胆沢郡

うちまた【内股】 ⇩「あるく(歩)」の子見出し、「足先を内側に向けて歩くこと」

うちみず【打水】 ほこりを抑えたり、涼気を招いたりするために道や庭などにまく水。 *しず 高知県 *しつ 愛媛県東宇和郡 高知県「冬は塵が立つからいつもしつをうちなさい」 *しと 山形県 福島県「しとを打つと涼しー」 新潟県「しとまく」 静岡県榛原郡 高知県 長崎県壱岐島 *ひと 静岡県島田市

うちょうてん【有頂天】 ＊**てんこぼんこ** 富山県砺波「てんこぼんこになる」 ＊**のーてんき** 新潟県西頸城郡　山梨県 ＊**むちゅーてんがん** 福岡市 ＊**りゅーさい** 長崎県対馬「あの人は少し珍しさうなことでもあれば忽ちりゅうさえになって直ちに飛んで行く」

□**になる** ＊**いこす** 富山県高岡市「いこいとる」 ＊**うく** 和歌山県「手ぇたたいてもろたんでういてくさる」 ＊**うんじとあがる** 秋田県鹿角郡「少しばかりちやほやされて、うんぢどあがる馬鹿なやつ」 ＊**おだきいている** 新潟県 ＊**おんぶく**（有頂天になること） 青森県津軽「あれぁ　この頃、つと　おんぶぐしてきたんたでぁ」 ＊**しりをさかしにとんでいく**（有頂天になって、他の場所へ行く） 岡山県苫田郡「あいつ、それを聞いて、尻をさかしに飛んで行きゃあがった」 ＊**てんすい**（有頂天になること） 徳島県 ＊**のりあがり**（有頂天になる者） 愛媛県　長崎県対馬 ＊**のりあがる** 愛媛県　長崎県対馬 ＊**のりかける** 香川県大川郡 ＊**のりきり・のりきりもん・のりちょー**（有頂天になる者） 東京都大島 ＊**のりさく**（有頂天になる者） 愛媛県 ＊**のりすけ**（有頂天になる者） 島根県邑智郡 ＊**のりすて**（有頂天になる者） 長崎県対馬 ＊**のりたゆー**（有頂天になる者） 岡山市 ＊**のりまつ**（有頂天になる者） 島根県仁多郡・邑智郡「のりまつをこく（はしゃぐ）」 ＊**のりんま**（有頂天になる者） 島根県出雲

うちわ【団扇】 ＊**あうち** 岐阜県　奈良県北葛城郡　島根県石見 ＊**あおち** 岐阜県郡上郡　島根県（とくに、米、麦などのほこりを取るのに用いる大きな団扇を言うことがある） ＊**あぶち** 岐阜県飛騨　愛知県中島郡「あぶちであぶつ」　奈良県　島根県石見 ＊**うっぱ** 鹿児島県・鹿児島郡 ＊**おーじ** 沖縄県首里 ＊**おーに** 沖縄県竹富島 ＊**おちゃ** 長野県佐久 ＊**おちや** 栃木県安蘇郡・上都賀郡 ＊**かしわぎ**（下等の団扇） 島根県簸川郡 ＊**かもうちわ**（蒲（がま）の葉で作った団扇） 鹿児島県肝属郡 ＊**どーうちわ**（牛皮を樫（かし）の木で挟んだ大きな団扇。米のごみをあおぎ出すのに用いる） 香川県 ＊**ぱーぱー**（幼児語） 東京都八王子 ＊**ぱっぱ**（幼児語） 滋賀県彦根 ＊**ばんば・ばんばん**（幼児語） 香川県高松市

うちわげんか【内輪喧嘩】 ＊**こもしり** 島根県大田市 ＊**こもしりあい** 島根県出雲 ＊**どーせんぎ** 栃木県足利市

□**をする** ＊**こましれあう** 島根県邑智郡 ＊**こむしりあう** 島根県邇摩郡 ＊**こもしりあう** 島根県出雲・大田市「部落では又こもしりあっちょー」

うつ【打】 ＊**あおる** 山形県米沢市「ばいだあ（薪）持てあをられた」　新潟県佐渡・東蒲原郡　静岡県 ＊**あてぃゆん** 沖縄県首里 ＊**うっしばく・うっしまく** 長崎県壱岐島 ＊**おっぱる** 茨城県　千葉県東葛飾郡 ＊**かつ** 新潟県佐渡「頭をかった」　富山県　石川県南部　福井県　岐阜県郡上郡・吉城郡「馬が壁をかつ」　滋賀県神崎郡　兵庫県淡路島 ＊**かつける** 岐阜県飛騨 ＊**かっつける** 岐阜県吉城郡・飛騨 ＊**かっぱる** 福島県会津「きかないとかっぱるぞ」　茨城県北相馬郡・稲敷郡　千葉県　神奈川県津久井郡　長野県下伊那郡「人の面をかっぱる」・諏訪　静岡県「頭をかっぱるぞ」 ＊**かっぴすく** 千葉県山武郡 ＊**かつる** 福井県 ＊**かまする**（力を入れて打つ） 兵庫県赤穂郡「げんこつかまする」 ＊**からみつける** 秋田県鹿角郡 ＊**からむ** 青森県南部　秋田県鹿角郡 ＊**くさせる** 岩手県気仙郡 ＊**くらーす** 埼玉県川越　静岡県志太郡　山口県阿武郡 ＊**くらかす** 島根県隠岐島　山口県阿武郡 ＊**くらがす** 福井県大飯郡　京都府・竹野郡「猫をくらがす」　兵庫県　島根県　山口県見島 ＊**くらしつける**（「くらわしつける」の転） 宮城県　秋田県河辺郡・雄勝郡「そんなことをするとくらしつけるぞ」　山形県　福島県石川郡・西白河郡　新潟県「こんだ前のたま（猫の名）がきたらくらしつけてくっら」 ＊**くらしゃげる** 長野県佐久 ＊**くらしん** 沖縄県石垣島 ＊**くらす** 秋田県「あまりきかないとくらしてやる」　新潟県　福井県足羽郡　静岡県志太郡「あのこんくらした、あーん、あーん」　愛知県知多郡　三重県阿山郡　大阪府中河内郡　奈良県南大和「一撃をくらすぞ」　岡山県児島郡　徳島県海部郡　香川県「ごじゃごじゃいよったらくらっそ」　高知県幡多郡　福岡市　佐賀県藤津郡 ＊**くらすい** 熊本県天草郡 ＊**くらすける** 山形県　福島県「生意気の奴、くらすけろ」　新潟県「そんなことするとくらすけるぞ」 ＊**くらする** 福岡県　佐賀県　長崎市　熊本県玉名郡・天草郡　鹿児島県 ＊**くらせる** 青森県　岩手県気仙郡　宮城県石巻　山形県東置賜郡・庄内　福島県石川郡　茨城県稲敷郡　栃木県　長野県　静岡県「子供が犬を棒でくらせる」　愛知県知多郡　岡山県苫田郡　福岡県「おもふさんくらせた」　佐賀県 ＊**くらっける** 長野県上水内郡 ＊**くらつける** 秋田県「彼奴をくらつけてやる」　山形県　福島県　新潟県佐渡　富山県砺波　岐阜県吉城郡 ＊**くらっつける** 新潟県佐渡　岐阜県益田郡 ＊**くられる** 青森県津軽「くられられる」 ＊**くらわかす** 島根県「頭をくらわかしてやった」 ＊**くりゃーつける** 新潟県佐渡 ＊**くるしゅん** 沖縄県首里 ＊**くるる** 福岡県　大分県宇佐郡 ＊**くれーつくる** 大分県玖珠郡「石をくれーつくる」・日田郡「汝をくれーつくる」 ＊**くれつくる** 福岡県三井郡 ＊**こーげる**（頭にだけ言う） 新潟県中蒲原郡・西蒲原郡「頭こーげるぞ」 ＊**こーずく** 群馬県群馬郡 ＊**こかす** 茨城県稲敷郡　長野県下水内郡・長野市 ＊**こきあげる** 愛知県東春日井郡・名古屋市「まんだぁやまらんならこきあげたるぞ」 ＊**こきすえる** 岐阜県恵那郡・郡上郡「われ、くそ、こきすえてくれるね」 ＊**こきせる** 岐阜県北飛騨 ＊**こきたおす** 愛知県東春日井郡・瀬戸市 ＊**こきのめす** 栃木県 ＊**こきまわす** 大分県宇佐郡・速見郡 ＊**こく** 長野県「人が犬をこく」　岐阜県飛騨・郡上郡　静岡県　愛

知県東加茂郡・東春日井郡　高知県「頭をこくのはいかん」　*こくすえる 富山県砺波(棒で殴る)　*こしゃげる・こしゃつける 新潟県佐渡　*こずきあげる 岡山市　香川県　福岡県企救郡　*こずきまわす 徳島県　大分県　*こずく 群馬県　埼玉県秩父郡「人の頭をそんなにこずいていいと思うか」　山梨県・南巨摩郡　長野県　三重県志摩郡　兵庫県淡路島「どたま二つ三つこずいてやれ」　奈良県吉野郡　鳥取県気高郡　島根県「頭をこずく」　岡山県「ぐずぐずぬかすとこずくぜ」　徳島県　香川県「お母ちゃん、あんちゃんがこずくんで」　高知県宿毛市・幡多郡　大分県　*こずむ 鳥取県西伯郡　島根県能義郡　*こつく 愛知県東春日井郡・岡崎市　三重県志摩郡・北牟婁郡　滋賀県神崎郡　京都府　香川県小豆島　大分県速見郡「こっきまわす」　*こっくるる 大分県西国東郡　*こっつく 愛知県東春日井郡　*こっぱーる 長野県佐久　*こっぱつける 新潟県中頸城郡　長野県上水内郡・長野市　*こっぱりける 長野県上水内郡・長野市　*こっぱりつける 新潟県三島郡　長野県上高井郡　*こつばる 新潟県西頸城郡　*こっぱる 神奈川県中郡　新潟県　長野県上田・佐久　岐阜県恵那郡　静岡県田方郡　愛知県宝飯郡・豊橋市　佐賀県　*こぶる 高知県　*こます 島根県邇摩郡　岡山県浅口郡　*こませる 島根県出雲市・仁多郡「あまり騒ぐからこませた」　*さえる 広島県倉橋島　愛媛県大三島「ボールをバットでさえる」　*さする 高知県幡多郡　*しあう 山口県見島　*しぞる 奈良県吉野郡　*したむ 三重県度会郡　*しなぐ 新潟県佐渡　福井県大飯郡　*しばく 福井県　滋賀県　京都市　兵庫県多紀郡　島根県　広島県　山口県　徳島県　香川県三豊郡・香川郡　愛媛県　高知県　長崎県・対馬(平手で打つ)　大分県東国東郡・西国東郡　*しばっきやげる 徳島県　*しぱつける 山形県村山　*しぶく 徳島県　香川県伊吹島　*しまく 長崎県壱岐島　大分県西国東郡　*しゃいつける 新潟県中頸城郡　*しゃきたーす・しゃきたす 愛媛県伊予市　*しゃぎつける・しやぎつける 新潟県　*しやく 愛媛県・越智郡　*しやぐ 新潟県　*しゃつける 新潟県佐渡・中頸城郡　*しゃっつける 新潟県中頸城郡　*しゃんつける 新潟県佐渡　*しわく 島根県　岡山県苫田郡　広島県山県郡　徳島県　愛媛県　高知県「余り分らん言を云うとしわくぞと云いさましわいた」・高知市(横殴りに殴る)　*しわぐ 山形県庄内　新潟県　鳥取県西伯郡　島根県出雲　岡山県阿哲郡　広島県比婆郡　*じわぐ 山口県阿武郡　*しんどずく 神奈川県藤沢市　長野県佐久　*ずーぐらする 大分県大分郡　*ずーぐらわす 大分県大野郡「うぬーづーぐらはすぞ」　*ずーずく 大分県　*ずぐらす 大分県　*ずぐらわする 大分県北海部郡　*すばく 徳島県美馬郡　*すらかす 長崎県壱岐島「頭すらかすぞ」　*ずらかす 宮崎県西臼杵郡　*すわぎつける 新潟県新発田　*すわく 島根県石見「生意気言うとすわーてやるぞ」　愛媛県周桑郡　*すわぐ 島根県益田市・那賀郡　山口県阿武郡　*ずわぐ 山口県豊浦郡　*せぎる(太鼓をいっしょうけんめいにはやく打つ)　愛媛県大三島　*そしきる 和歌山県東牟婁郡・新宮(細い物で強く打つ)　*そしまわす・そしこむ 三重県南牟婁郡　*そす 三重県南牟婁郡・北牟婁郡　和歌山県東牟婁郡「返事もなければそすぞ」・新宮(細い物で強く打つ)　*だいす 山口県下関　*たたくせる(「たたきふせる(叩伏)」の転か)富山市「何某をたたくせる」　*ただみつける 岩手県気仙郡　*たっちゃく 新潟県三島郡　*たのく 香川県香川郡　*だやかす 島根県大田市　*だやす 広島県比婆郡　*ちーまわす 大分県大分郡　*ちしくりまわす 大分県　*ちしまわす 大分県　*ちちます 大分県速見郡　*ちちまわす 大分県「うぬーちちまーすぞ」　宮崎県延岡市　*ちゃす・ちゃっしゃげる(卑語)香川県　*ちゃつる 香川県高松・三豊郡　*てぐ 島根県石見「あいつの頭をてーでやれ」　山口県「おらぁひどうてがれたい、おやじにのう」　*でやく 広島県　*でやくらかしゃげる(卑語)愛媛県大三島　*てやす 香川県仲多度郡　*でやす 岡山県小田郡　広島県双三郡・芦品郡　香川県　愛媛県　福岡県　宮崎県・延岡　*てやっしゃげる 香川県仲多度郡・三豊郡(「てやす」を激しく言う語)　*でやっしゃげる 香川県　*どいやす 長野県上伊那郡　*どーぐらーせる 埼玉県秩父郡「この野郎、どーぐらーせるぞ」　*どーぐらかす 島根県「生意気言うからどーぐらかえた」　*どーぐらす 栃木県足利市　群馬県勢多郡・桐生市　*どーぐらつかす 島根県仁多郡　*どーぐらわす 島根県邇摩郡　愛媛県今治市・周桑郡　*どーくらわせる 島根県　*どーぐらわせる 島根県出雲　*どーずきあげる 香川県綾歌郡　*どーずきまわす 愛媛県松山・大三島　*どーすく 岐阜県恵那郡　*どーずく 栃木県　群馬県　埼玉県秩父郡「あんな野郎どーずいてやれい」　東京都八王子　神奈川県津久井郡・中郡　新潟県　福井県　山梨県　長野県　岐阜県　静岡県　愛知県　京都府与謝郡　鳥取県　島根県　岡山県　広島県　山口県　徳島県　香川県「ぐずぐずぬかすとどうずくぞ」　愛媛県　大分県　*どーずっきゃげる 徳島県　香川県綾歌郡　*どーぞく 香川県　*どーちく 島根県出雲「け、どーちかれぇたで(くそ、殴るぞ)」　*どーつく 埼玉県北葛飾郡　長野県北佐久郡　島根県隠岐島　香川県綾歌郡　*どーにやす 鳥取県日野郡　*どくらかす 神奈川県逗子　*どくらす 和歌山県伊都郡「あの子どくらしてやった」　徳島県美馬郡　香川県大川郡　*どぐらす 群馬県佐波郡　和歌山県那賀郡　*どぐらわす 愛媛県今治市・周桑郡「どら猫をどぐらわす」「彼が生意気を言ったからどぐらわしてやった」　*どぐわっしゃげる 香川県大川郡　*どさかす 京都府中郡　*どさす 鳥取県　*どじく 島根県隠岐島「生意気なけんあいつどじーて来い」　*どしからす(骨も砕けよと打つ)長崎県対馬　*どす 三重県志摩郡「どすぞ(なぐるぞ)」・南牟婁郡 *どずきます 香川県小豆島「どずきますぞ(強意)」 *どずきゃーげる 岡山市 *どずく 愛媛県東宇和郡 *どすく 大阪府泉北郡「どすけ(殴れ)」 *どずく 栃木県 神奈川県横浜市 新潟県 福井県 長野県東筑摩郡

岐阜県「あの糞猫、ばいたでどずいてやれよ」 静岡県志太郡 愛知県尾張 三重県 滋賀県彦根・神崎郡 京都府宇治郡 大阪府大阪市・泉北郡 兵庫県 岡山県 徳島県 香川県 大分県速見郡

*どずっきゃげる 香川県 *どつく 宮城県仙台市

福井県遠敷郡・大飯郡 三重県 滋賀県 京都府 大阪府 兵庫県 奈良県南大和 徳島県名東郡 香川県大川郡 *どにやす 岐阜県恵那郡 鳥取県 岡山県・上道郡・吉備郡 *どやかす 東京都大島 和歌山県 島根県出雲・隠岐島 *どやきゃーげる 島根県益田市 *どやく 鳥取県・伯耆東部 島根県「どやくと泣くで」 岡山県浅口郡 広島県 愛媛県 *どやくらかす 和歌山県東牟婁郡

愛媛県 福岡県 宮崎県児湯郡 *どやされる 兵庫県加古郡「どやされるぞ(なぐるぞ)」 *どやしあげる 島根県石見「どやしゃーげるぞ」 福岡市

*どやしつける 埼玉県秩父郡「ぼやぼやしていたんでどやしつけられた」 新潟県新発田 富山県砺波 長野県下水内郡 奈良県南大和 和歌山県「そんな事するとどやしつけるぞ」 島根県「頭をどやしつけた」 *どやしゃげる 島根県隠岐島 *どやす 北海道 茨城県 栃木県足利市 群馬県利根郡・群馬郡 埼玉県「棒てんぎ(丸太ん棒)でどやすぞ」 千葉県・海上郡 東京都八王子 神奈川県津久井郡 新潟県 富山県 石川県 福井県南条郡・敦賀 山梨県・北都留郡 長野県 岐阜県 静岡県「まきざっぽーでどやしてやった」 愛知県名古屋市・知多郡「ぐづぐづしてゐるとどやすぞ」 三重県 滋賀県 京都府 大阪府「どやしたろか」

兵庫県 奈良県 和歌山県 鳥取県岩美郡・西伯郡 島根県 岡山県 広島県 山口県「八さぁはきのうのお祭でけんかしてひどうどやされたげな」

徳島県 香川県 愛媛県 高知県幡多郡 福岡県 長崎県対馬 熊本県 大分県 宮崎県 鹿児島県 *どやっしゃげる 香川県小豆島 *とらかす 長崎県対馬「かばちとらかすぞ(ほおを打つぞ)」

*とらする 福岡県三井郡・山門郡 長崎県北松浦郡「割木でとらするぞ」 大分県日田郡 *どるく 奈良県南大和 *どんぐらす 群馬県桐生市 *どんぐらわす 愛媛県今治市・周桑郡 *どんぐわす 徳島県・美馬郡・名西郡 *どんにやかす 和歌山県有田郡・西牟婁郡「人をどんにやかす」 *にやかす 和歌山県西牟婁郡 *にやくらかす 愛媛県 *にやしあげる 山口県大島「にやしあげちゃる」 *にやしーげる 広島県双三郡 *にやしゃーげる 愛媛県大三島 *にやす 長野県東筑摩郡 兵庫県淡路島

鳥取県日野郡 島根県石見「言うことを聞かんとにやしてやれ」 岡山県 広島県 山口県「ぶちにやす」 徳島県・美馬郡 香川県 愛媛県「にやしてやれー」 高知県 福岡県小倉市 大分県 *にやっしゃげる 香川県高松市 *のす 福島県東白川郡「あのやろ、のしてやれ」 茨城県久慈郡・稲敷郡 千葉県印旛郡「のしたたく」 神奈川県 山梨県 長野県佐久 静岡県 岡山県児島郡 徳島県・名西郡 香川県 *のっす 兵庫県飾磨郡「頭をのっそー(たたくぞ)」 *のめす 埼玉県入間郡・秩父郡 山梨県「悪いことーすればのめすよ」 長野県佐久 徳島県美馬郡 *のめらかす 香川県伊吹島 *のろす 福島県東白川郡 *のろすける 福島県相馬郡 *はじく 山梨県 *はしゃげる・はっしゃげる 香川県高松・木田郡 *ばする 石川県 *はたく 青森県津軽 岩手県 宮城県「はだがれるといけない、行くな」 山形県 福島県 茨城県・稲敷郡 栃木県 群馬県 埼玉県入間郡 東京都八丈島 神奈川県湘南 新潟県 長野県 静岡県田方郡・志太郡 三重県志摩郡 奈良県 広島県比婆郡・高田郡 徳島県・海部郡 香川県綾歌郡・仲多度郡・小豆島 愛媛県 *はちる 島根県仁多郡

広島県比婆郡 *はっかえす 茨城県行方郡 栃木県 埼玉県秩父郡 *はっける 富山県砺波 *はっこくる 茨城県真壁郡・稲敷郡 栃木県 群馬県「はっこくられるない」 埼玉県秩父郡 新潟県西頸城郡「あのやろうのびるまではっこくった」 山梨県・北都留郡 *はっこずく 栃木県「ぐずぐずしてるとはっこずくど」 *はったかす 和歌山県和歌山市・海草郡 *はったく(「はりたたく(張叩)」の転か) 新潟県西蒲原郡 *はったらかす 和歌山県「けんかしてはったらかされた」 *はっつける 福島県東白川郡 茨城県行方郡 新潟県中頸城郡 長野県佐久 岐阜県飛驒 *はっりゃげる 香川県

*はつる 新潟県佐渡「頭をはつる」 石川県金沢市・江沼郡 福井県 長野県東筑摩郡 鳥取県日野郡 岡山県 広島県 愛媛県 長崎県対馬「びんたをはつる」 熊本県「貴様はつらるるどう」「はつりかやす」 大分県西国東郡 *はばく 石川県鹿島郡 *はまくる 高知県 *はりあげる 香川県大川郡 *はりかえす 東京都八王子 *はりきる 三重県南牟婁郡 *はりこかす 新潟県三島郡 *はりこくる 千葉県君津郡 東京都八王子 新潟県三島郡・上越 山梨県・北都留郡 長野県下水内郡

*はりこずく 静岡県志太郡 *はりころばす 千葉県山武郡 *はりつける 福島県中部・会津「生意気なやつははりつけるぞ」 新潟県・西蒲原郡「頭はりつけるぞ」 富山県砺波 長野県 *はりびしゃく 三重県志摩郡 *はりまくる 三重県北牟婁郡

*はります 兵庫県加古郡 徳島県 香川県「頭をはります」 愛媛県新居郡 *はりまっしゃげる 香川県 *はりまっす 岡山県児島郡「はりまっそー」

*はりまわす 茨城県 東京都三宅島 三重県志摩郡・北牟婁郡 京都市 兵庫県美嚢郡 島根県邑智郡「はりまーちゃる」 岡山県・岡山市・児島郡 徳島県 愛媛県「いうこと聞かんとはりまーすぞ」 高知県 長崎県 大分県北海部郡 宮崎県

***はりまわる** 愛媛県 ***はる** 茨城県行方郡・稲敷郡 千葉県千葉郡・夷隅郡 新潟県・佐渡 福井県敦賀市 長野県 岐阜県 愛知県尾張 三重県「はったる」 滋賀県 京都府 大阪府・大阪市・泉北郡 兵庫県「はったろか」 奈良県・大和高田市 和歌山県「悪いことをするとはってやるぞ」 鳥取県気高郡「ほおをはる」 島根県邇摩郡・石見 山口県 徳島県 香川県・高松市 愛媛県・松山「よこびんたまはるぞ」 大分県速見郡 ***はわく** 石川県 福井県坂井郡 ***はわす** 石川県鳳至郡 ***はんなぐる** 茨城県真壁郡・稲敷郡 栃木県「そばへ来るとはんなぐるぞ」 群馬県勢多郡・佐波郡 埼玉県入間郡(卑語) 千葉県香取郡「悪いことするとはんなぐるぞ」・夷隅郡 ***ばんなぐる** 宮城県玉造郡(追い払う) ***はんのめす** 群馬県桐生市「はんのめされるな」 千葉県香取郡 ***ぱんみかしゅん**(ぱんという音を立てる。ぱんと打つ) 沖縄県首里 ***ぴきのめす** 茨城県真壁郡 ***ひしぐ** 徳島県 ***びしゃく** 三重県名張市・名賀郡 京都府 奈良県吉野郡 ***ぴしゃげる** 広島市 ***ひっこく** 長野県西筑摩郡 ***びっしゃーける・びっしゃーげる** 島根県邑智郡 ***ひやく** 山形県庄内 ***ひやす** 長野県上田 ***びんがり**(こぶしなどで打つさま) 秋田県平鹿郡「彼をびんがり叩いてやった」 ***ひんなぐ** 山形県米沢市 ***ぶくる** 福島県浜通「犬っこぶくった」 ***ぶしあげる** 愛媛県今治市 ***ぶしまく・ぶしばく** 山口県屋代島 ***ぶしゃーく** 広島県深安郡 ***ぶしゃーげる** 広島県高田郡 ***ぶしゃげる** 島根県邑智郡「言うことをきかんとぶしゃげるで」 ***ぶちあげる** 栃木県 山口県 福岡県企救郡 ***ぶちのしゃげる** 香川県綾歌郡 ***ぶちまーす** 岡山県真庭郡「ひどくぶちまーすもんじゃけぇ牛が恐れてなあ」・児島郡 徳島市 愛媛県松山「ぶちまーすぞ」 ***ぷちまーす**(平手で殴る) 岡山県児島郡 ***ぶちまくる** 徳島県麻植郡・鴨島 ***ぶちます** 兵庫県 香川県 愛媛県周桑郡・今治市「生意気なこと言ふとぶちますぞ」 ***ぶちまっしゃげる** 香川県木田郡 ***ぶちまわす** 兵庫県赤穂郡・美嚢郡 岡山県 広島県高田郡 徳島県美馬郡 香川県仲多度郡 愛媛県・喜多郡 大分県 ***ぶちゃーしゃーげる** 岡山県児島郡 ***ぶちゃぐ・ぶっちゃぐ** 秋田県由利郡 ***ぶっくじく** 栃木県 埼玉県北葛飾郡「悪(わる)するとぶっくじくぞ」 千葉県夷隅郡 東京都八王子市 神奈川県横浜市・津久井郡 ***ぶっくだく** 東京都八丈島 ***ぶっこごく** 山梨県北巨摩郡 ***ぶっこじく** 埼玉県入間郡 ***ぶっこずく** 山梨県東八代郡 静岡県榛原郡 ***ぶっことす** 茨城県稲敷郡 栃木県 ***ぶっしぁぐ** 岡山県苫田郡 ***ぶっしゃーげる** 島根県石見 ***ぶっしゃげる** 島根県邑智郡 ***ぶっしわく** 島根県美濃郡・益田市 ***ぶっちゃーげる** 島根県邑智郡 香川県 ***ほーぜる** 愛媛県東宇和郡「火箸でほーぜる」 ***ぽっこずく** 群馬県桐生市 ***ほてくらわす**(ののしって言う語) 愛媛県周桑郡 ***みしらかす** 山口県豊浦郡「頬をみしらかす」 ***みそる・みぞる** 奈良県吉野郡 ***みちしらかす** 島根県邑智郡 ***みっしらかす** 島根県邑智郡「下級生をみっしらかすのはよーなー(よくない)」 山口県大島 ***もむ** 奈良県吉野郡 ***やます** 山形県北村山郡 長野県佐久 ***やませる** 山形県北村山郡「あんまりきかねどやましぇんざえ(あまり聞かないと殴るぞ)」 茨城県新治郡・稲敷郡 ***ゆく** 埼玉県秩父郡 ***ろずく** 和歌山県「そんなにろずくなよ」 ***んにゃす** 兵庫県淡路島

□こと ***すっぺりこ**(指ではじいて打つこと) 島根県仁多郡 ***せっちょー** 岩手県東磐井郡 ***ちゃい**(幼児語) 三重県伊賀 ***てっきゅーうち**(「てっきゅう」は「鉄灸」か。すぐに人をぴしゃりと打つこと) 熊本県 ***てっきうち**(すぐに人をぴしゃりと打つこと) 熊本県玉名郡 ***てっきらぶち・てっきらぼー**(すぐに人をぴしゃりと打つこと) 茨城県新治郡 ***ばい** 鹿児島県肝属郡 ***ぱい** 富山県砺波 ***ほけがんつー**(非常に強くこぶしで打つこと) 熊本県

げんこつでこつんと□ ***がふぁみかしゅん** 沖縄県首里

しかって□ ***こしく** 山形県庄内 ***こすく** 山形県鶴岡 茨城県 ***こずく** 茨城県鹿島郡・稲敷郡

手で人などを□ ***てばす・てばしゃーげる** 広島県佐伯郡 ***てびしゃーげる** 広島県高田郡 ***てぶす・てぶしゃーげる** 広島市 ***てべしゃーげる** 島根県石見 愛媛県大三島 ***てべす** 島根県石見 岡山県 広島県 山口県大島 愛媛県大三島

手のひらで□ ***たたい**(平手で軽く打つこと) 沖縄県竹富島 ***てびかす・てびく・てびす** 島根県美濃郡・益田市「頭をてびかそーか」 ***なぜる** 埼玉県秩父郡「生意気だからなぜてやった」 ***ぱすする** 石川県 ***はちる** 島根県仁多郡 広島県比婆郡 ***はつる** 新潟県佐渡「頭をはつる」 石川県金沢市・江沼郡 福井県 長野県東筑摩郡 鳥取県日野郡 岡山県 広島県 愛媛県 長崎県対馬「びんたをはつる」 熊本県「貴様はつらるるどぅ」「はつりかやす」 大分県西国東郡 ***ぱてぃみんがしん** 沖縄県石垣島

ひどく□ ***うったくる** 熊本県八代郡・天草郡 鹿児島県 ***かちなぐる** 新潟県佐渡 ***かちゃげる** 兵庫県淡路島 ***ぶくらせる** 青森県南部 ***ぶちくらがす** 島根県石見「犬の頭を棒でぶちくらがーた」 ***ぶちくらす** 香川県 ***ぶちくらす** 香川県小豆島 ***ぷちくらのっす** 岡山県児島郡 ***ぶちくらわす** 岡山県児島郡 ***ぶっくさせる** 岩手県気仙郡「あまりに悪いがらぶっくさせで来た」 ***ぶっくらーせる** 茨城県行方郡 東京都八王子市 神奈川県津久井郡 ***ぶっくらす** 栃木県 群馬県佐波郡 新潟県中部・長岡市 長野県佐久 静岡県「悪口するとぶっくらすぞ」

＊ぷっくらす・ぷっくらせる 茨城県稲敷郡 栃木県 ＊ぶっくらせる 埼玉県北葛飾郡「横ずっぽぶっくらせる」 ＊ぶっくらつける 山形県東置賜郡 ＊ぶっくらわしつける 山形県東田川郡 ＊ぶっくらわす 山形県東田川郡・西田川郡 新潟県下越 ＊ぶっくわつける 山形県西置賜郡 ＊ぶっさらう 山梨県 静岡県・小笠郡「そんなことをしたらぶっさらうぞ」 ＊ぶっさらがす 島根県美濃郡・益田市 ＊ぶっさる 静岡県「ぶっさってやりたり」 ＊ぶてくらわす・ぶってくらわす 島根県隠岐島「犬をぶてくらわした」

人を□ ＊ごらす 三重県南牟婁郡 ＊てちまわす 奈良県吉野郡

鞭やひもなど細いもので□ ＊しなぐ 山形県米沢市「しなぎずげる」 京都府竹野郡「牛の尻をしないだ」 ＊しばく 滋賀県蒲生郡・犬上郡 大阪市 兵庫県神戸市 奈良県 島根県石見 岡山県児島郡 山口県 香川県 愛媛県宇和島市 高知県 ＊しばっきゃげる 香川県 ＊しばる 奈良県 ＊しびく 大分県 ＊しまく 広島県賀茂郡（はじく） 大分県西国東郡 ＊しゃぐ 新潟県長岡市 島根県那賀郡 ＊しわく 島根県石見 高知県 ＊しわぐ 新潟県 鳥取県鳥取市・日野郡 島根県 広島県比婆郡 山口県・豊浦郡 ＊すわぐ 島根県 ＊びしゃく 京都府 兵庫県神戸市 山口県防府

うつ【撃】 ＊あげはうち（飛んでいる鳥を撃つこと） 新潟県中蒲原郡 ＊いゆん（鉄砲で撃つ）沖縄県首里 ＊うちまち（獣の通る道で待ち伏せして銃を撃つこと。また、そうする人）奈良県吉野郡 和歌山県日高郡 ＊うつまち（獣の通る道で待ち伏せして銃を撃つこと。また、そうする人）静岡県磐田郡 島根県那賀郡 ＊きえぐ 大分県速見郡 ＊こざく（鉄砲を撃つ）福島県会津 ＊ししのうながり（巣にいる猪を撃つこと）島根県美濃郡・益田市 ＊まちうち（獣の通り道で待ち伏せして獲物を撃つこと）栃木県安蘇郡 ＊よまち（夜、田畑に出て来る獣を撃つこと）愛知県北設楽郡

うっかり ＊うかそか 長崎県対馬「何の考へもなしにうかそかした事は言へぬ」 ＊うかつか 新潟県佐渡 ＊うかっとぅ・うかいとぅ 沖縄県首里 ＊うかっとぅし 沖縄県石垣島 ＊うっかりひょん 新潟県佐渡・西蒲原郡 ＊うっかりぽん 茨城県 ＊うっそり 長野県下水内郡・東筑摩郡「うっそりして紙入を落した」 静岡県駿東郡 ＊がーら 茨城県猿島郡 ＊がら 群馬県吾妻郡 埼玉県南埼玉郡 千葉県「がらだから勘弁な」 ＊がらー 茨城県猿島郡 ＊からい 静岡県富士郡 ＊がらい 神奈川県三浦郡 静岡県 ＊がらぇー・がりゃー・がらん・がらいか・がりゃーか・かれー 静岡県「がらん落した」 ＊がらっか 千葉県夷隅郡 ＊がらり 福島県相馬 群馬県勢多郡「がらり言葉が出ちまって」・佐波郡 新潟県東蒲原郡 静岡県 ＊すことん・すこたん 高知市「すこたんぬかった」「すことん忘れてゐた」 ＊ちゃーんと 福岡市 ＊ちゃんと 新潟県佐渡「ちゃんと風呂敷おいたよ（置き忘れたよ）」 福岡県「鳥がちゃんと逃げた」 長崎県対馬「今日はちゃんとやり損うた」 ＊てーど 新潟県「てーど転んだだども、ばか、痛む」「てーど皿こわした」 ＊てっかり 群馬県「やつもてっかりしてらあ」 ＊どやらーん 長崎県壱岐島「どやらーんに聞いちょったりゃ忘れちしもーた」 ＊はったり 岐阜県飛騨

↓うかつ（迂闊）

□している、また、そのさま ＊あんかん 新潟県佐渡 島根県 ＊あんかんぺろりん 新潟県東蒲原郡「あいつはあんかんぺろりんとしているから人に馬鹿にされる」 ＊うーばんがい 福岡県三潴郡 長崎県 ＊うーばんぎゃ 熊本県玉名郡 ＊うかつく 岐阜県高山市 ＊うかんきょー（うっかりしていること。また、うっかりしている人）山口県大島 ＊うばんがい 熊本県八代郡 ＊おーばんがい 福岡県久留米 長崎県北松浦郡 ＊おーぼっかい（うっかりしたさま。もうろうとしているさま）山口県豊浦郡「おーぼっかいで見へぬ」 ＊がんじゃなし（「がんぜなし（頑是無）」の転か）静岡県「がんじゃなしで居た」 ＊きあはなっじゃ（うっかりした）山形県西置賜郡・米沢市 ＊どやらんなか 長崎県壱岐島「どやらむなか事では暮せぬ」 ＊のっぺらぽん 茨城県真壁郡 ＊ほっかり（うっかりしているさま。また、その人）静岡県 ＊ぽっかり（うっかりしているさま。また、その人）千葉県香取郡 静岡県「ぽっかりしていて車に突当った」

□している人 ＊あーぬき 静岡県「あーぬきだから困る」 ＊あーぬきたーらー 島根県美濃郡・益田市 ＊あふぬけ 新潟県佐渡「あのしたぁあふぬけらさけえたのんでもらめらっちゃ」 ＊いんきょ・いんきょさん 奈良県 ＊うかっとぅー 沖縄県首里 ＊うかんきょー（うっかりしていること。また、うっかりしている人）山口県大島 ＊うっかー 沖縄県那覇・首里 ＊うっからへん 京都府竹野郡 ＊うつからへん 和歌山県那賀郡 ＊うっかりせん 長崎県対馬 ＊うんつく 三重県伊賀南部 奈良県吉野郡「うんつくでれ（うっかり者だな）」 ＊しちゃしょーぬがー 沖縄県首里 ＊そらっぷい 山梨県 ＊どーへろく 島根県邑智郡 ＊とーへんぼー 島根県仁多郡・能義郡 ＊へもとらーず 島根県美濃郡・益田市「何をさせてもへもとらーずで役に立たん」 ＊ゆめのきゅーさく・ゆめのきゅーぞー 福岡市

□すること ＊あんけつこく 広島県三次市 愛媛県 ＊あんけつだまこく 愛媛県大三島 ＊あんけつをくー 広島県三次市 ＊かんさい 静岡県「そんな事してかんさいだなー」 ＊きなし 長野県上伊那郡「ついきなしでわすれちまったよ」・佐久 ＊じょさい 青森県津軽 秋田県鹿角郡「じょさいして（うっかりして）かぜひいた」 ＊そーらく 富山県砺波 ＊そらく 石川県羽咋郡「そらくする」

***はなをたれる** 島根県石見「はなーたれとると盗られるで」 山口県阿武郡 ***ゆさん** 長崎県対馬「ゆさんする」
→ゆだん（油断）
□**できない** ***よーうすましゃん** 沖縄県首里「よーうすましゃんにんじん（うっかりできない人間）」
□**と** ***あっかすっか** 長野県佐久「あっかすっか言われぬ」 ***むさと** 山形県米沢市「むさとたのまんにゃえ」

うつくしい【美】 ***あーち**（幼児語）島根県隠岐島「あーちべんべ（着物）だこと」 ***あかい** 青森県三戸郡（幼児語） 山形県東部「あがいかか（美しい着物）」 福島県岩瀬郡（幼児語） 長野県上田・上伊那郡「あけーきものをきてる」 岐阜県飛驒 ***あじけー** 兵庫県 ***あじこい** 京都府 兵庫県 ***あちぇぁ** 秋田県鹿角郡 ***あちこい** 茨城県 ***あっつぇ** 新潟県佐渡 ***あっぱい**（幼児語）島根県 徳島県 高知市「あっぱいおべべ」 福岡県 大分市附近 ***あっぴー**（幼児語）島根県 広島県高田郡 ***あっぷい**（幼児語）愛媛県 福岡県久留米市・八女郡 熊本県玉名郡 ***あっぺー・あっぽい**（幼児語）島根県那賀郡 ***あばい**（幼児語）島根県石見 ***あばりはん** 沖縄県黒島 ***あびゃぎさーん・あびゃん** 沖縄県与那国島 ***あふぁりしゃーん** 沖縄県石垣島 ***あんじょい** 兵庫県美方郡 ***うじらーしゃん・うじらーしぎさん** 沖縄県首里 ***うんなし** 三重県志摩郡 ***え** 秋田県 鹿児島県鹿児島郡 ***おっこい**（幼児語）愛知県・豊橋市「お盆だで、おっこい着物を着るぞん」 ***おっこし・おっこーし**（幼児語）島根県隠岐島 ***おっちー** 静岡県・磐田郡・志太郡（幼児語） ***かいしゃーん** 沖縄県石垣島・新城島 ***かいしゃん** 沖縄県竹富島 ***かいはーん** 沖縄県小浜島 ***かいやん** 沖縄県鳩間島 ***かうぇあしけ** 東京都八丈島「（おとひめ様は）ひどくかうぇあしけ女で」 ***かぎ** 沖縄県宮古島 ***きゅらさい・しゅらさい** 鹿児島県喜界島 ***きゅらさり** 鹿児島県奄美大島 ***きゅらさん** 鹿児島県沖永良部島 ***きらさん** 沖縄県島尻郡 ***きれこい** 鹿児島県 ***けーしゃーん** 沖縄県波照間島 ***けっかい** 愛知県豊橋市 ***けっこい** 静岡県「けっこい花が咲いている」「けっこい子供衆」 愛知県 香川県 愛媛県 ***げっこい** 香川県木田郡 ***けもーな** 長野県下伊那郡 ***こーごーしー** 千葉県千葉郡 ***ごーごーしー** 新潟県佐渡 ***こどましー**（大きく美しい）山形県 ***このましー**（大きく美しい）秋田県雄勝郡「このまし鮒を釣った」 山形県米沢市「このましい物を沢山下さって」 ***こもろい** 千葉県東葛飾郡 ***ころましー**（大きく美しい）長野県上伊那郡「まあなんちゅうころましいすいかずら」 ***じゃけら**（人目を引き過ぎるさま。美し過ぎるさま）富山県富山市近在「じゃけらな着物だ」・婦負郡 ***しゃごい** 富山県砺波「わぁしゃごい」 ***ちー**（幼児語）島根県隠岐島「まあ着物がちーこと」 ***ちぇっちぇっー**（幼児語）大分県大野郡 ***ちゃい**（幼児語）新潟県魚沼「ちゃいべんべ」 ***ちゃっちゃ** 石川県能美郡 ***ちゅらさん** 鹿児島県奄美大島 沖縄県首里 ***ちんち**（幼児語）愛媛県「ちんちべべ（着物）」 ***ちんちー**（幼児語）大分県大分郡 ***ちんちか**（幼児語）長崎県北松浦郡「ちんちかねね（着物）着て」 ***ちんちん**（幼児語）宮崎県東諸県郡 ***つんつか**（幼児語）長崎県五島 ***でーちけ** 東京都八丈島「でぁちけ家（えー）のあろとけえ行くと」 ***にーちー** 静岡県・安倍郡 ***のんのい**（幼児語）長崎市 ***はくい**（学生語）高知県 ***はぐいー**（学生語）広島県神石郡 ***ばちー**（幼児語）島根県那賀郡「ばちー着物を着る」 ***はっくい**（学生語）兵庫県赤穂郡「あの人ははっくいなあ」 ***ばっぴー・ばっぷちー・ばっぴちー** 島根県邑智郡 ***ばっぷい・ばっぽい・ばっぱい** 島根県那賀郡 ***ばぷちー・ばっぽちー**（「まぶしい」の転か。幼児語）島根県邑智郡「まあばぷちー着物だこと」 ***べべー** 兵庫県佐用郡 広島県沼隈郡 ***べんか** 長崎県彼杵付近 熊本県南部「べんかよう（小児語）」 ***べんけ・べんこ**（小児語）鹿児島県 ***まぶい** 千葉県夷隅郡 ***みごつい** 宮崎県西諸県郡 ***みごて** 宮崎県西諸県郡 鹿児島県揖宿郡 ***みごてー** 東京都三宅島 静岡県 ***みごとい** 東京都三宅島・御蔵島 静岡県「みごとい花」・田方郡 広島県高田郡 ***みよい** 富山県高岡市・砺波 ***めごとい** 東京都三宅島 ***めんめー**（幼児語）長野県諏訪・上伊那郡「めんめー着物」 ***めんめ・めめー**（幼児語）長野県佐久 ***もんもい** 愛知県額田郡 ***ゆゆじゅらさん**（体の節と節の間がすんなりして美しい。なよなよと美しい）沖縄県首里 ***やーち**（幼児語）島根県隠岐島「やーち着物着て」
→きれい（綺麗）
□**こと** ***あっぱりしゃ**（形容詞は「あっぱりしゃーん」）沖縄県石垣島 ***かいしゃ** 沖縄県石垣島「かいしゃー（美しいことよ）」 ***てんて** 大分県南海部郡 ***めめこよし**（顔の美しいこと）千葉県上総・君津郡 ***めめよし** 新潟県刈羽郡（顔の美しいこと） 島根県邑智郡（顔の美しいこと。また、風景の美しいこと）
□**さま** ***あっこ**（幼児語）島根県簸川郡「あっこな下駄」 ***いとしげ** 新潟県 ***えふ** 島根県簸川郡 ***おしゃ**（「おしゃらく（御洒落）」の転か）長野県 ***おっこ**（幼児語）島根県簸川郡・出雲市 ***ぎっぱ** 福岡県八女郡 長崎市 ***ぐんぐんと**（ぬきんでて美しいさま）山形県南置賜郡・米沢市「ぐんぐんちゅう羽織だ」 ***けーけ** 香川県塩飽諸島 ***けっけ** 大分県大野郡「嬢はけっけなべべを着ちょるな」 ***けっけー** 岡山県浅口郡 ***けっこー** 静岡県志太郡・島田市「虹がけっこーだ」 広島県比婆郡「けっこーな花が咲いた」 愛媛県周桑郡「けっこーにおかたづけんよ」 ***さっぱと** 岩手県気仙郡「さっぱどした娘」 宮城県石巻 ***じっぱ** 静岡県・三重県志摩郡 福岡県久留米市 ***ちー・ちゃー**（幼児語）島根県隠岐島「ち

ーなべんべ（きれいな着物）」 ＊はんつ・はんつか 長崎県五島 ＊びっぱ 福岡県朝倉郡 ＊べっこ 島根県出雲「その着物はべっこだね」 ＊ほほ・ぼぼ・ぽぽ 島根県隠岐島「ほほな着物」 ＊めーしょ 石川県江沼郡「めいしょな」・鳳至郡 三重県志摩郡 ＊めしょー 石川県鹿島郡 ＊めめ 鹿児島県種子島 ＊めんしょ 石川県江沼郡 三重県志摩郡 ＊りっぱ 岐阜県稲葉郡「りっぱな人（美しい人）」 大分県大分郡「りっぱな おてんきでござりやんす」 ＊るっぽ 新潟県中越

□女性 ＊おじょーもの 山梨県 ＊おしろもの 長野県上伊那郡・下伊那郡 ＊かぎじゅらか（「じゅらか」は清らかの意。女の美しいさま） 鹿児島県喜界島 ＊じょーと 静岡県浜松 ＊じょーもん 福岡県 熊本県阿蘇郡 大分県玖珠郡・日田郡 ＊しろもの（「売り物になる」の意から） 長野県諏訪「いいしろものが来た」 静岡県浜松 大分県 ＊どんしょめ（盛装した美しい女） 岐阜県本巣郡

↓びじん（美人）

□人 ＊あぱらぎぴとぅ 沖縄県宮古島 ＊あばりぴとぅ 沖縄県西表島 ＊あぱりぴとぅ 沖縄県竹富島 ＊あばりむぬ 沖縄県黒島 ＊あぱりむぬ 沖縄県新城島 ＊あばれー 沖縄県鳩間島 ＊あふぁりむぬ 沖縄県石垣島 ＊すこくりべっぴん 熊本県

□もの ＊あっこ（幼児語） 島根県簸川郡「まあぁっこ着て」 ＊あっぽ 愛媛県大三島 ＊あっぽい 島根県那賀郡 ＊おっこ（幼児語） 島根県簸川郡・出雲市 ＊ばんば（幼児語） 愛媛県

□くなる ＊いろむ（赤みを帯びて美しくなる） 島根県鹿足郡「顔がいろんで美人じゃ」 ＊むける（顔が十人並み以上に美しくなる） 熊本県「むけとる」

容貌の□子 ＊じょろさん（美しい女の子） 新潟県佐渡 ＊よかめめ（「めめ」は「みめ（見目）」の転か） 鹿児島県

うつけもの【空者】 ＊うんのんぼー 神奈川県中郡 ＊ふーけ 福岡市 長崎県 熊本県玉名郡 ＊ふーけもん 佐賀県 長崎県 ＊ほーけ 山形県 福井県遠敷郡 岡山県津山 ＊ほーけだま 兵庫県佐用郡 岡山県苫田郡 ＊ほーけなし（気の回らない者） 新潟県岩船郡 ＊ほーけまち 島根県出雲 ＊ほーけもの 島根県隠岐島 長崎市 ＊ほーけんと 兵庫県但馬 ＊ほーけんとー 兵庫県氷上郡 ＊ほけ 福岡市 長崎市 ＊ぼけ 岩手県気仙郡 新潟県 三重県伊賀 京都市 大阪市 兵庫県 奈良県 和歌山県海草郡・和歌山市 鳥取県気高郡・岩美郡 島根県石見・隠岐島 岡山県児島郡 広島県・高田郡 山口県・阿武郡 徳島県 香川県 高知県鵜来島 ＊ぼけくそ 香川県伊吹島 ＊ぼけくらい 岡山県児島郡 ＊ほげさく 山口県玖珂郡 ＊ぼけさく 島根県石見 岡山県岡山市・児島郡 香川県 愛媛県周桑郡・喜多郡 ＊ぼけす 徳島県 高知県・鵜来島 ＊ぼけすー 奈良県吉野郡 ＊ぼけた 長野県東筑摩郡「あのぼけたが何を知るものか」 ＊ほけだま 三重県度会郡 ＊ぼけだら 三重県阿山郡 ＊ぼけたれ 島根県石見 岡山県児島郡 広島県 山口県 ＊ぼけたん 兵庫県加古郡 奈良県 ＊ぼけとろ 島根県飯石郡 ＊ぼけはち 三重県阿山郡 奈良県吉野郡 ＊ほけまくり 福岡県三池郡 ＊ぼっけ 岩手県気仙郡 ＊ほれ 徳島県三好郡 ＊ほろけ 山形県 新潟県岩船郡

↓おろかもの（愚者）・ばか（馬鹿）・「ぼんやり」の子見出し、「ぼんやり者」

うつす【移】 ＊かたす 山形県西村山郡・南村山郡 福島県 茨城県稲敷郡 千葉県山武郡・安房郡 新潟県東蒲原郡 ＊かわす（ものを移す） 島根県石見「子供が来たけー、ほうち（包丁）をかわせ」 ＊くばる 青森県「米俵をそっちへくばれ」 岩手県九戸郡「背負ってくばる」 秋田県鹿角郡・秋田市 岡山県児島郡 ＊せよる 山形県最上郡 ＊でんごく・てんごくまんごく（ものをあちこち移すこと） 島根県隠岐島「そんなに庭木をでんごくしたら枯れてしまあ」 ＊なおしん・のーしん 沖縄県石垣島（中の物を他の器へ全部移す） ＊なおす 東京都大島「危いに針箱をなほして置けよ」 山口県玖珂郡 長崎県対馬「彼に家を貸して居ったけれども、都合あって外になほした」 ＊なしゅん 沖縄県首里「くまんかい なせー（こっちに移せよ）」 ＊なわす 熊本県 ＊むつぃなしん 沖縄県石垣島 ＊むんにゃしゅい（場所を移す） 鹿児島県喜界島「鳥小屋を家の後ろへむんにゃしゅんことにした」 ＊よせる 山形県

うっとうしい【鬱陶】 ＊いきどしー 石川県 ＊いぐしりわるい 山口県 ＊いぶせったい 東京都南多摩郡 ＊うずらし 島根県隠岐島 ＊うぜねー 大分県玖珠郡「うぜねー天気」 ＊うたちー 大分県

方/言/の/窓

●方言の調査法

一般に方言の調査法には次の三つがあるとされる。①臨地調査法 ②通信調査法 ③文献調査法

このうち、方言研究者がまずこころがけるべきは臨地調査法であろう。生きたことばをそれが実際に話されている土地に行って直接観察・記録してこそ方言の真の姿をとらえることができ、また方言研究の面白さ・醍醐味が味わえるものである。

ただ、臨地調査はその規模が大きくなればなるほどそれに要する時間も費用も大きくなる。短期間に大量の、あるいは地理的に広い範囲の資料を得ようとする場合などには通信調査法がとられることもある。

すでに現代方言から消えてしまった過去の方言を知りたいときには、文献調査法がとられることになる。

*うてー 青森県三戸郡　山形県　大阪府大阪市・泉北郡　奈良県「何するもうたてぃ」　和歌山県和歌山市・那賀郡　島根県那賀郡「うたてー事を頼む男だ」・鹿足郡　徳島県　長崎県 *うたとい 和歌山県 *うやっかしー 千葉県山武郡 *うるさい 長野県諏訪 *おずらし 島根県隠岐島 *おっそい 福井県大飯郡 *おったらしー 島根県 *きたない 三重県志摩郡　岡山県小田郡　広島県大崎下島・佐木島・因島　山口県佐合島　徳島県　香川県広島 *きちゃなー 岡山県小田郡 *くーてぃなか 鹿児島県喜界島「あみばっかいふてぃ、くーてぃなかむんぢゃ(雨ばかり降ってうっとうしいことだ)」 *しじましー(天気がうっとうしい) 愛媛県南宇和郡「しじましい天気」 *せわしない・せやしない・しやせない 秋田県鹿角郡「雨降がつづいてせわしない」 *しゅーとくない 島根県美濃郡 *しゅるしー 福岡県久留米市 *しるしー 福岡県　大分県北海部郡・日田郡 *しろーしー 福岡市 *しろしー 福岡県「雨が降ってしろしいね」　大分県北海部郡 *せぶせったい 長野県北安曇郡 *だてー・だってー 山形県 *どもどもしぇー 山形県東置賜郡 *びんろーしー 島根県美濃郡「藁屑がぶら下ってびんろーしー」 *もーもーしー 岩手県気仙郡　茨城県　群馬県群馬郡　長野県「もーもーしいお天気だ」 *ももしー 長野県更級郡 *やかましー(天気がうっとうしい) 長野県南佐久郡 *やくたしー 茨城県鹿島郡・稲敷郡 *やくたわしー 茨城県行方郡 *やっかし 茨城県稲敷郡 *やっかしー 茨城県「やっかしい子供だ」　千葉県印旛郡「やっかしー子供だ」 *やぶしー・やんもしー 長野県下伊那郡 *やぶせったい 神奈川県小田原市　山梨県「眼にものもらひが出来てやぶせったい」　長野県　静岡県「やぶせったいからそこらにごろしているじゃない」 *やぶせっぽい 静岡県・富士郡 *やぶせぼったい 静岡県・安倍郡 *やぶっくせー 長野県佐久

□さま *おっとり 岩手県九戸郡 *しゅーとく 島根県美濃郡「しゅーとくな日が毎日続く」 *もやっと 山形県 *もやらっと 山形県最上郡 *もやらもやら 山形県村山・最上郡 *やごやご 長崎県対馬「あせぼが体一杯に吹き出てやごやごしてたまらん」

□なる *もかつく 新潟県佐渡「今日はもかつきますね」

うつむく【俯】 *うすふくん 沖縄県石垣島 *うつごる 和歌山県日高郡・東牟婁郡「うつごったら腰が痛い」 *うつずす 大分県南海部郡 *うっぷける 香川県高松市 *うっぷする 山形県東置賜郡・南置賜郡 *かがむ 岡山県阿哲郡 *かごむ 岡山県阿哲郡　山口県防府 *かしげる 青森県三戸郡 *かたがる 新潟県東蒲原郡「かたがって歩くもんじゃない」 *くーなる 岐阜県郡上郡「くーなって仕事したら、腰がいたい」 *くずぬく 山口県豊浦郡　愛媛県今治市「机に着いたら体を真直にして、くずぬいてはいけない」　大分県 *くずのく 愛媛県 *くっずく 熊本県芦北郡「穂がくっじた」・八代郡 *くつずく 熊本県下益城郡 *くりぶく 京都府 *くるずく 鳥取県東部　岡山県浅口郡　大分県西国東郡・速見郡　鹿児島県 *くるずっ 鹿児島県 *くるびく 熊本県芦北郡 *くるぶく 京都府「今日は一日くるぶく仕事だった」　兵庫県但馬　徳島県三好郡　愛媛県　高知県土佐郡「くるぶける」　福岡県　長崎県熊本県「くるぶくなら見苦しか」　大分県 *くるんずく 鹿児島県肝属郡 *くるんぶく 福岡県久留米市 *くろじく・くろびっ 鹿児島県揖宿郡 *くろじっ 鹿児島県鹿児島郡 *くろずく 宮崎市 *くろずっ 鹿児島県・鹿児島郡 *くんずく 大分県大分郡・西国東郡　宮崎県日向 *くんだりむく 福岡県久留米市　大分県大分郡・大野郡 *こーなる 神奈川県津久井郡 *こーまる 山形県東田川郡・飽海郡　神奈川県三浦郡 *こぐなく 群馬県吾妻郡 *こごまる 神奈川県 *こまがる 山形県東村山郡・北村山郡 *こまる 宮城県仙台市「いまっとこまらえ(もっとうつむきなさい)」 *したみずくる 新潟県中頸城郡 *しためずくる 山形県東田川郡・飽海郡 *しためんずくる 山形県飽海郡 *しゃがむ 滋賀県彦根 *つっくるぶく 長崎県北松浦郡「つっくるぶくといかん」　熊本県下益城郡 *のたばる 山形県西置賜郡 *はむ 岐阜県　愛知県知多郡「はむで仕事をする」 *ふびたりるん 沖縄県石垣島 *ふりくずく 鹿児島県種子島 *まがゆん 沖縄県首里 *まがる 山形県

□こと *うっつぃんとぅー 沖縄県首里 *したみずく 新潟県西蒲原郡 *したみずくらい 宮城県登米郡・玉造郡「したみづくらゐになる(うつむく)」

うで【腕】 *うにぇ 鹿児島県揖宿郡 *え 宮崎県西臼杵郡 *えだ 青森県津軽「えだふるまし(踊る)」　岡山県邑久郡　徳島県　長崎県伊王島・五島　熊本県「えだの折るごときつかった」　大分県 *かいな 青森県上北郡　岩手県紫波郡・気仙郡　宮城県仙台市　秋田県鹿角郡　福島県　栃木県塩谷郡　静岡県榛原郡「かいなが痛い」　愛知県名古屋市　三重県　滋賀県彦根　大阪府大阪市・泉北郡　兵庫県　奈良県「かえな、うずいて、ねやれなんだなー」　島根県　熊本県八代郡 *きやな 秋田県北秋田郡 *ぐてー 鹿児島県喜界島 *けぁな 岩手県　宮城県石巻　秋田県鹿角郡 *けな 青森県上北郡 *ごで 鹿児島県揖宿郡 *ずく 新潟県岩船郡「ずくしゃ(手工の巧みな人)」 *せんご 奈良県吉野郡 *つぃでぃんかー 沖縄県与那国島 *てっかい 高知県幡多郡 *てっぷし 福島県東白川郡 *てぶし 岩手県気仙郡　新潟県佐渡「てぶしが早い」　富山県・砺波「てぶしかち折るぞ」　山梨県南巨摩郡　長野県　奈良県吉野郡　徳島県東祖谷 *てぼし 富山県砺波 *てんぼし 富山県東礪波郡 *ほだ 香川県木田郡 *ほで(卑語) 奈良県　徳島県　香川県高松 *ほでこ 徳島県美馬郡 *やで 徳

島県・海部郡　愛媛県　高知県「猿にもやでの長いのがある」「やでが太い」　＊やね 徳島県「やねがこわる(腕が疲れて痛む)」・阿波郡

↓にのうで（二腕）

□がある ＊こたえる 静岡県榛原郡「絵を描かせればこたえている」　＊ころがたつ(腕が立つ。任せられる) 高知県高岡郡 ＊まえばしり(腕が立つこと) 島根県仁多郡「まえばしりする人」

うどん【饂飩】　＊いなにわ(秋田県稲川町稲庭で産したところから) 山形県 ＊おずる 神奈川県津久井郡・藤沢市　静岡県庵原郡　愛媛県 ＊おぞろ 栃木県那須郡・河内郡　愛媛県　大分県 ＊おつる 長野県佐久 ＊おどろ 大分県北海部郡 ＊おめん 栃木県　群馬県館林　埼玉県川越 ＊おめんこ 群馬県桐生市・佐波郡 ＊おめんめ 群馬県　長野県南佐久郡 ＊おめんるい 長野県上田・佐久 ＊くべ 福井県大野郡 ＊ちりむじ 沖縄県首里 ＊とんとん(小児語) 大分県東国東郡 ＊はっと 青森県南部　岩手県紫波郡 ＊はっとー 岩手県九戸郡・胆沢郡 ＊ぴーぴ(幼児語) 香川県 ＊ぴっぴ・ぴぴ(幼児語) 香川県三豊郡 ＊ぺろぺろ(幼児語) 岩手県気仙郡 ＊ほーだ 新潟県岩船郡 ＊ほーと 栃木県 ＊ほーとー 栃木県足利市・安蘇郡(大麦製)　長野県佐久 ＊めん 埼玉県入間郡 ＊めんこ 栃木県足利市　群馬県　埼玉県大里郡・北葛飾郡 ＊めんめ 群馬県 ＊めんめん 埼玉県南埼玉郡 ＊もぎ 新潟県西蒲原郡

□などのめん類 ＊おじゅーじゅー 静岡県田方郡 ＊おず 神奈川県中郡 ＊おずーずー 神奈川県津久井郡　静岡県 ＊おずる 神奈川県津久井郡　静岡県 ＊おずんず 東京都八王子　長野県上伊那郡・下伊那郡 ＊おぞ 栃木県 ＊おぞーぞー 静岡県志太郡 ＊おぞこ・おんぞ 栃木県芳賀郡 ＊おぞろ 千葉県東葛飾郡　大分県大野郡 ＊おつる 長野県 ＊ずーず(小児語) 岐阜県可児郡・恵那郡　愛知県碧海郡　島根県美濃郡・益田市 ＊ずーずー(小児語) 東京都八王子 ＊ずる(幼児語) 三重県伊賀　岡山県　山口県豊浦郡 ＊ずるこ(幼児語) 青森県三戸郡 ＊ずるずる(幼児語) 静岡県 ＊ずんず(小児語) 東京都八王子　長野県上伊那郡 ＊ぞべ 富山県下新川郡　福井県大野郡　岐阜県養老郡・本巣郡 ＊そべそべ(幼児語) 富山県 ＊ちるちる 奈良県吉野郡 ＊つーつー(幼児語) 兵庫県加古郡　島根県石見　香川県 ＊つぉろ(幼児語) 山形県北村山郡 ＊つぉろつぉろ(幼児語) 山形県西村山郡・北村山郡 ＊つっつ(幼児語) 三重県伊賀 ＊つるつる(幼児語) 山形県西村山郡・北村山郡　茨城県北相馬郡　長野県北安曇郡　兵庫県加古郡　奈良県　島根県益田市・邇摩郡 ＊つるつるー(幼児語) 島根県益田市・邇摩郡 ＊てんやもん 三重県志摩郡「今晩は、てんやもんですましとけのー(今晩は(ご飯を炊かないで)うどんかそばで夕飯をすませることにしよう)」

煮込み□ ＊うちこみ 香川県仲多度郡・綾歌郡 ＊おほーと・おほと 長野県佐久 ＊おほーとー 山梨県東山梨郡・東八代郡　長野県南佐久郡 ＊にぼーと・にぼと・にごーと 群馬県佐波郡 ＊にごみ 神奈川県津久井郡(うどんと大根のみそ仕立て) ＊にごめ 岩手県上閉伊郡「にごめにする」・気仙郡「にごめうどん」 ＊にぶと 群馬県前橋 ＊にぼーとー 群馬県勢多郡 ＊のしいれ 山梨県・南巨摩郡 ＊のしこみ 山梨県南巨摩郡　長野県上伊那郡 ＊はっとー 長野県上伊那郡・南部 ＊ぶちこみ 長野県 ＊ぶっこみ 群馬県多野郡　長野県 ＊ぶっこみうどん 山梨県 ＊ほーちょー 大分県大分郡・大野郡 ＊ほーと 長野県下水内郡 ＊ほーとー 群馬県吾妻郡　山梨県　長野県

うなぎ【鰻】　＊いとすじ 岡山県田郡 ＊う 京都府　大阪府　和歌山県日高郡 ＊うー 和歌山県日高郡 ＊うーない 沖縄県石垣島・竹富島・鳩間島 ＊うーなん 沖縄県石垣島 ＊うな 東京都 ＊うなと(幼児語) 東京都 ＊おーなん 長崎県五島 ＊おなん 鹿児島県揖宿郡 ＊かにくい 愛媛県西条市 ＊かみなげ 三重県志摩郡 ＊がんくれ 鹿児島県肝属郡 ＊くだり 千葉県印旛郡 ＊くちぼそ 和歌山県 ＊げーた 愛媛県西条市 ＊さじ 栃木県下都賀郡 ＊しゃじ 群馬県邑楽郡 ＊じゃん 鹿児島県 ＊すぼ 長崎県北松浦郡 ＊たからご 鹿児島県肝属郡 ＊なまゆお 大分県大分郡 ＊ぬせき 静岡県 ＊はしたうなき 鹿児島県肝属郡 ＊はっちょーはび 東京都三宅島 ＊はまこ 静岡県 ＊はも 富山市 ＊へめずり 愛媛県川之江市 ＊ほそくち 和歌山県 ＊まうなぎ 富山県 ＊みみずうなぎ(細いもの) 岡山市 ＊めそろ・めそろく・めせ・めっせー・めせん・めっせん・めせら・めせれっこ・めせろ・めせろく・めせろっこ・めすら・めしら・めしろっこ 静岡県 ＊めじろ 三重県志摩郡 ＊めそ 茨城県　栃木県　群馬県館林・山田郡　埼玉県北葛飾郡　千葉県印旛郡・香取郡　東京都　神奈川県　岐阜県大垣市　静岡県　愛知県 ＊めそうなぎ 栃木県 ＊めそっこ 栃木県　埼玉県北葛飾郡　千葉県　神奈川県津久井郡・中郡　岐阜県大垣市　静岡県富士郡・駿東郡 ＊めそっこうなぎ 栃木県　岐阜県大垣市 ＊めめそ 三重県桑名 ＊もどり 岡山県御津郡

うなされる【魘】　＊うさーりるん・うさーりん(夢でうなされる) 沖縄県石垣島 ＊うむされる 愛知県愛知郡・碧海郡 ＊えんずくまされる 山形県西置賜郡 ＊おそわる(夢でうなされる) 熊本県・下益城郡 ＊おそわるる(夢でうなされる) 熊本県玉名郡 ＊おそわれる(夢でうなされる) 三重県志摩郡　京都市　大阪市　和歌山県「いやらしい夢を見ておそわれた」　島根県　広島県高田郡　山口県大島　長崎県対馬 ＊おだされる 山形県最上郡 ＊おびえる(夢でうなされる) 静岡県志太郡　岡山県「さっきおびえたっきけーが、またよくねーってるよー」　和歌山県西牟婁郡　島根県「夢におびえた」 ＊おぶれる(夢でうなされる) 石川県

*むす 滋賀県余呉 *もーぞーかたる 山形県米沢市

うなじ【項】 *うなくぼ 岡山県 *うなじっくど 埼玉県秩父郡 *おなじくぼ 三重県南牟婁郡 *かじ 沖縄県首里 *かじがー(卑語) 沖縄県首里 *くびがー 沖縄県首里 *ごんのくぼ・ごんのごー 岩手県九戸郡 *じじくぼ・じんじくぼ 愛媛県 *ずんのくぼ 大分県大分郡 *ちょーちかけ 島根県 *どーのくび・どーのくびったま 新潟県西蒲原郡 *どーのくぼ 愛媛県大三島 *どのくじ 宮崎県西臼杵郡 *どのくぼ 岩手県二戸郡・九戸郡 山口県大島 香川県三豊郡・塩飽諸島 熊本県阿蘇郡・下益城郡 宮崎県西臼杵郡 *どのこぶ 岩手県気仙郡 秋田県鹿角郡 *どのこぼ 秋田県 山形県東置賜郡 *どんのくぞ 宮崎県東臼杵郡 *どんのくだま 新潟県中越・南魚沼郡 *どんのくび 新潟県 *どんのくぼ 山形県 福島県東白川郡 茨城県稲敷郡 栃木県 千葉県印旛郡・東葛飾郡 長野県下水内郡 島根県隠岐島 香川県 高知県高岡郡 福岡市 熊本県阿蘇郡 大分県 *どんのくぽ 茨城県稲敷郡 *どんのぐほ 栃木県芳賀郡 *どんのぐぽ 茨城県北相馬郡 *どんのこぼ 岩手県上閉伊郡 秋田県雄勝郡 山形県東置賜郡 茨城県稲敷郡 栃木県安蘇郡 *どんのじゅー 大分県大野郡 *どんろくぼ 栃木県河内郡 *ぬびかじ・ぬぶいかじ 沖縄県鳩間島 *のーとー 長野県諏訪 *はじ・はじすじ 鹿児島県喜界島 *ほんくび 新潟県佐渡 *ぼんたく 島根県能義郡・簸川郡 *まぬしん 沖縄県波照間島 *みそくび 福井県遠敷郡 *みそつぼ 岐阜県加茂郡

うなずく【頷】 *かずく 和歌山県那賀郡・日高郡 *かんずく 長野県佐久 *がんずく 新潟県佐渡

□こと *あんずり 静岡県・庵原郡 *がってんくび 島根県「あれも賛成してがってんくびをした」 *こんなじき 島根県八束郡「あれも賛成してこんなじきをした」 *ほっくり 栃木県 群馬県「わかったらほっくりしろ」 埼玉県秩父郡 東京都八王子市 山梨県

うなる【唸】 *いがむ(病気で唸る) 島根県「病人が大分えがんどる」 *いぜる 熊本県下益城郡 宮崎県東諸県郡 *いどゆー・いろゆー(病気で唸る) 新潟県佐渡 *いねる(動物が唸る) 島根県鹿足郡 *うじあう(病気で唸る) 島根県邑智郡「腹痛みで夜通しうじおーた」 *うじょう(病気で唸る) 島根県隠岐島 *うずー(病気で唸る) 島根県安濃郡 *うずえる(病気で唸る) 島根県石見「腹が痛うて一晩中うずえて寝られだった」 *うずおう(病気で唸る) 山口県防府市 *うずなう(病気で唸る) 島根県邑智郡 *うずよう(病気で唸る) 島根県石見「あの人は夢を見たのかあねーにうづよー」 山口県豊浦郡 *うぞん 鹿児島県 *うどむ 島根県 広島県 徳島県美馬郡 愛媛県 高知県 大分県 宮崎県延岡・東諸県郡 鹿児島県宝島 *うどめっ 鹿児島県鹿児島郡 *うめる 大分県大分市・速見郡 *おがる 三重県上野市・名賀郡 京都府加佐郡 岡山県阿哲郡 香川県志々島・与島 *おじなう(病気で唸る) 島根県出雲 *おじよう・おじょう(病気で唸る) 島根県 *おどむ 島根県 *こまる 広島県安芸郡 *たきるん 沖縄県石垣島 *たける 長崎県 *とえる 山口県浮島・大島 *とよる 山口県屋代島 *におう(苦しくて唸る) 静岡県 愛知県「におって居る」 滋賀県 岡山県児島郡・御津郡 山口県屋代島 徳島県・三好郡 愛媛県 *にやう(苦しくて唸る) 三重県南牟婁郡 和歌山県「にやう声がきこえる」 *によう(苦しくて唸る) 東京都八丈島 三重県南牟婁郡 奈良県吉野郡 和歌山県日高郡 岡山県 広島県佐伯郡・安芸郡 山口県祝島・大島 愛媛県 高知県 大分県西国東郡・東国東郡 *によぶ(苦しくて唸る) 岡山県 *ひなる 静岡県 *ぼなる 山形県米沢市「下手な歌をぼなる」 茨城県真壁郡 新潟県 静岡県榛原郡 *んどむ 徳島県美馬郡

□こと *たきり 沖縄県石垣島

うに【海胆】 *いが 京都府竹野郡 *いがぐり 愛媛県宇和島 *いげ 京都府竹野郡 *いそがんす 東京都大島 *いそざる 東京都八丈島 *いそばり 静岡県 *いらかち 東京都八丈島 *うにがじゃ 石川県鳳至郡・珠洲郡 *うば 鹿児島県加計呂麻島 *うまのくそ(とげのないもの) 島根県隠岐島 *うみぐり 岡山県邑久郡 *えだたか(とげの多いウニ) 島根県簸川郡 *おい 鹿児島県 *おこぜのまくら 岡山県児島郡 香川県伊吹島・小豆島 *おにのはり 石川県鳳至郡 *おにがぜ 三重県志摩郡 愛媛県西宇和郡 *おにこかぜ 島根県隠岐島 *がーぜ 長崎県南高来郡 *がき 沖縄県鳩間島 *かきつぃ 沖縄県竹富島 *がざい 新潟県刈羽郡 *かざえ 千葉県安房郡 *かじ 神奈川県江の島 静岡県 *がじ 島根県石見 *がじえ 長崎県西彼杵郡 *かしぼーろく 静岡県 *がじゃ 石川県珠洲郡 *がじょー 長崎県南松浦郡・五島 *かぜ 青森県上北郡・三戸郡「かぜ売り」 岩手県 秋田県雄勝郡・鹿角郡 山形県東置賜郡 千葉県安房郡 三重県志摩郡 *がせ 石川県鹿島郡 福井県敦賀郡 三重県志摩郡 *がぜ 北海道函館 宮城県 福島県相馬郡 千葉県下総 新潟県佐渡「寒ぃので手ががぜのようになった」 石川県珠洲郡 愛知県知多郡 三重県志摩郡・宇治山田市 和歌山県日高郡 島根県 徳島県海部郡 香川県木田郡 長崎県 *かぜー 千葉県安房郡 *がせー 新潟県三島郡 *がちち・がてぃてぃ 鹿児島県奄美大島 *がちちゃー 沖縄県中頭郡・首里 *かつぃ 沖縄県石垣島・小浜島 *がで 島根県益田市 *がてぃーてい 鹿児島県加計呂麻島 *かてち 沖縄県西表島 *がらしぬまっふぁー 沖縄県石垣島 *がんじ 福井県南条郡 *がんじゃ 石川県珠洲郡 福井県 *がんじゃい・がんじゃがい 石川県珠洲郡

*かんぜ 三重県志摩郡 *がんぜ 北海道・松前郡 *がんぜん 三重県志摩郡 *きゃんぜ 香川県 *こかぜ(とげの短いウニ)島根県隠岐島 *ごぜ 島根県簸川郡 *ざる 東京都八丈島 *たこのまくら 愛媛県 *のな(とげの長いウニ)北海道・函館 青森県上北郡 *はつぃつぁ 沖縄県新城島 *はりせんぼ・はっせんぼ 石川県珠洲郡・鳳至郡 *はりせんぼん 新潟県佐渡 *ぶんぶく・ぶんぶくちゃまが 愛媛県南宇和郡 *ぶんぶんちゃがま(幼児語)島根県那賀郡 *ほーろく 静岡県 *ぼんじかじぇ・ぼんすかじぇ(とげの短いウニ)青森県上北郡 *んぎだぐら 沖縄県与那国島

うね【畝】 *おさ 岩手県気仙郡 奈良県吉野郡 *おね 新潟県頸城 長野県佐久 島根県「おねを切る」 *おやうね(畑の中心となる太い畝)岐阜県飛騨 *かけおうね(半端の長さの畝)青森県三戸郡 *けた 高知県長岡郡 *こーじ(田畑の畦や畝)山口県大島「こーじやき」 *さう 千葉県君津郡 *さお 千葉県「さおをきる(畝を作る)」 「さをきる(中耕する)」 *さくり 岩手県気仙郡 *しこ(半端な短い畝)富山県砺波・東礪波郡 長野県佐久 *すん 兵庫県赤穂郡「すんたてる(畝を切る)」 *ずん 兵庫県赤穂郡「ずんをきる」・加古郡 *はか 山形県南村山郡 栃木県「ひとはが、ふたはが」 神奈川県中郡 富山県砺波「三はかずつ刈る」・西礪波郡 石川県鹿島郡「雪い、はかの上に白うなってえ」 *ぱか 沖縄県石垣島 *はさこ 長野県長野市・上水内郡 *はだ 和歌山県日高郡 *ひこ(半端な短い畝)新潟県佐渡 長野県上伊那郡・佐久 京都府竹野郡 *ひこうね(半端な短い畝)京都府竹野郡 *ひこさく(半端な短い畝)神奈川県津久井郡 *ひこざく(半端な短い畝)東京都八王子 *ふるしる 沖縄県竹富島 *まご(半端な短い畝)和歌山県那賀郡・日高郡 香川県 *まごはか(半端な短い畝)福島県石城郡 *むぐり 静岡県 *むね 秋田県仙北郡・平鹿郡 石川県鹿島郡 香川県綾歌郡 熊本県玉名郡 *やっか 香川県大川郡 *よめ(半端な短い畝)群馬県勢多郡「よめができちゃった」 *よめさく(半端な短い畝)群馬県多野郡

うばいあう【奪合】 *あばう 新潟県東蒲原郡 静岡県榛原郡「子供らがもちゃーそび(おもちゃ)をあばっている」 *あばつる 長野県上田 *あばみあい 長野県下伊那郡「あばみぁあひをして拾ふ」 *あばやい 新潟県東蒲原郡 *あばむ 長野県下伊那郡「あばみあう」 *あばらう 静岡県 *すばやう 宮城県玉造郡 *せばる 長野県南部「鯉がせばって餌を食べる」 広島県高田郡 *とっかえしくら 山形県南置賜郡・東置賜郡 *とっかえっしくら 栃木県 *とっかしくら 山形県南置賜郡 *とりばらい・とらいばらい 青森県津軽「とりばれぁする」 *とりぁばる 青森県上北郡「餅をとりぁばて喧嘩した」 *とりかんじ 島根県簸川郡 *とりくらえこ 島根県大原郡 *とりごっこ 新潟県佐渡「あんなとりごっこしているからたまるもんじゃねぁ」 *とりじょっこ 青森県三戸郡 *とりばり 青森県 *ばーけー・ばーけーからけー 沖縄県首里 *ばえさぼう・ばえさぽう・ばーさぼう 千葉県夷隅郡 *ばーやう・ばーやる 宮城県石巻 *ばいつりあい 新潟県中頸城郡 *ばいつりあう 新潟県 *ばいつる 長野県諏訪・下水内郡 *ばいつれー 三重県三重郡 *ぱいどくる 愛知県葉栗郡 *ばいとりがいち 岐阜県飛騨「おいしいのでばいとりがいちで食べる」 *ばいとりがち 群馬県多野郡 埼玉県秩父郡 和歌山市 *ばいやぐる 愛知県名古屋市 *ばう 長野県西筑摩郡 徳島県美馬郡 香川県 愛媛県 *ばえっつりあう・ばえっつる 新潟県中頸城郡 *ばがい・ばがいとぅなー 沖縄県石垣島 *ばかいばかい 長崎県対馬「ばかいばかいする」 *ばかう 福岡県 長崎県「兄弟ばかうて困る」 熊本県 宮崎県西諸県郡 鹿児島県 *ばがうん・ばごーん 沖縄県石垣島 *ばかわ 長崎市 *ばきゃーとり 熊本県 *ばこ 鹿児島県大隅 *ばじゃう 三重県志摩郡 *ばっちこげる 長野県上伊那郡 *ばっちらがい 静岡県志太郡 *ばっちらかう 静岡県安倍郡「子供がおもちゃをばっちらかう」 *ばっちらがう 長野県佐久 静岡県 *ばっちらがる 長野県 *ばっちらげっこ 神奈川県津久井郡・中郡 *ばやいっこ 栃木県「子供ら何ばやえっこしてんだか」 *ばやう 北海道伊達市 岩手県九戸郡 宮城県 山形県「おもちゃばよて、けんかしたなだ」 福島県東白川郡 *ばやえこ 福島県 *ばやたける 山形県庄内 *ばやっくら 群馬県桐生市 埼玉県北葛飾郡 *ばやつり 宮城県玉造郡 *ばやとり 秋田県雄勝郡・鹿角郡 *ばやる 青森県 *はよいくら 山形県米沢市 *ばよえくら・ばよつら・ばよつらい 山形県 *ばよつりやい 山形県米沢市 *ばよつる 山形県東村山郡・西村山郡「ばよつって買う」 *ばんげーこー 千葉県香取郡 *ばんやーくろー 茨城県 *ひっぱる 福島県東白川郡 *ふぃーちゃーばーえー 沖縄県首里 *べーつりっこ 長野県上水内郡 *べーやっくら 群馬県勢多郡「べーやっくらで食う」 *べーやっこ 福島県東白川郡 埼玉県秩父郡 *べっくら 栃木県 *やかくる 青森県上北郡・津軽 *やかねる(幼児語)青森県津軽 *やかむ 山形県西置賜郡 *やからう 宮城県栗原郡 *やぱくる 青森県南部 *やらう 山形県「やらっている」 *やらげる 青森県津軽「そんなにやらげないでくれ」

うばいとる【奪取】 *おったくる 長崎県対馬 *がんなぐる 山形県「人のものをがんなぐる」 *くんすぐゆん 沖縄県首里 *しとる・ひとる 山形県北東部 *しなぐる 山形県最上郡「人のものをしなぐって食う」 *たくしあげる 群馬県吾妻郡 長野県諏訪・上伊那郡 岐阜県飛騨「盗んだ品物をたくしあげる」 *たくしゃげる 長野県東筑摩郡 *たくる 福島県東白川郡 茨城県稲敷郡 福井県 岐阜県飛騨 愛知県西春日井郡 島根県石見「手に持っとる風呂敷包をたくり取った」 岡山県苫

田郡　徳島県（卑語）「たくりこむ」　*ちゃくる 香川県香川郡・高松市 *どっかえす 岩手県気仙郡「兄さんにお菓子とっけぁされた」　宮城県石巻　秋田県鹿角郡　山形県米沢市「人のものおとっかえす」・西置賜郡　福島県南部・浜通 *ねじあげる 富山県・射水郡　山口県阿武郡 *ねじまわす 富山県射水郡 *ばけあす 秋田県平鹿郡 *ひっさらげる 新潟県佐渡 *ひなぐる 岩手県気仙郡　山形県北村山郡・最上郡 *ひんなぐる 岩手県気仙郡

山形県庄内 *ふぃっとぅゆん 沖縄県首里 *ふなぐる・ふんなぐる 岩手県気仙郡「ふんなぐりとっけぁす」 *ふんぐくる 栃木県河内郡 *ふんだくりかえす 岩手県気仙郡 *むしる 新潟県中頸城郡

和歌山県日高郡

うばう【奪】　*おっとい 鹿児島県 *おっとっ 佐賀県藤津郡 *おっとりつける 富山県 *おっとる 福岡市　佐賀県　長崎県　熊本県　宮崎県東諸県郡　鹿児島県 *かっぱる 富山県・射水郡　広島県比婆郡・高田郡 *けっぱる・こっぱる 広島県比婆郡 *しゃくる 徳島県 *すだくる 岐阜県恵那郡 *せかやみ（席を奪う）千葉県山武郡 *そーくびまわす（相手の自由を奪う）高知県 *とっかえす 岩手県気仙郡「兄さんにお菓子とっけぁされた」　宮城県石巻　秋田県鹿角郡　山形県米沢市「人のものおとっかえす」・西置賜郡　福島県南部・浜通 *ぶっかける 福島県若松市 *ふっつなごく 新潟県東蒲原郡「犬が紐をふっつなごいた」

*ふっなごく 新潟県 *よこいく（横から奪う）三重県阿山郡

うばぐるま【乳母車】　*おしぐるま 愛知県中島郡 *おんば・おんばさん 香川県 *おんばー 香川県香川郡 *おんばごま 香川県綾歌郡 *くるくる（幼児語）奈良県 *しゅたぐるま 鹿児島県肝属郡 *まいまい（幼児語）香川県高松市

うぶぎ【産着】　*うぃぎ・うぃきん 長崎県南高来郡 *うぶきん 島根県石見　長崎県西彼杵郡

*うぶぎん 大分県 *おてかけ 長野県諏訪 *おてだまぎもん（麻の葉模様の産着）新潟県 *おばきぶ栃木県佐野市 *おびき（出産祝い）香川県伊吹島

*おぶきん 山口県大島　大分県 *かいつかみ（略製の産着）滋賀県栗太郡 *がにとり 奈良県吉野郡

*かんとり 三重県上野市 *そでとーし 新潟県中頸城郡　大分県大分郡 *そぶつ 島根県邑智郡

*つとし・つっとしこ 福島県北会津郡 *てだま 新潟県中頸城郡 *てだまぎもの 新潟県北蒲原郡

*てだまり 新潟県上越市 *てとーし 富山県砺波郡・上野市　岐阜県大野郡　愛知県東加茂郡　三重県阿山郡・上野市　島根県　大分県 *てとーしぎもの 大分県大分市・大分郡 *てとーせ 島根県飯石郡

*とじぎ 山形県飛島 *はつぎ（乳児の産着）佐賀県藤津郡　大分県 *はつぎり（乳児の産着）大分県大分郡 *はっとーし 大分市 *ひきあげぎもの・ひきあげ 香川県三豊郡 *ひよひよ（産児の産着）新潟県中頸城郡　鳥取県 *みみこ 山形県 *みみこいしょ 山形県米沢市

うま【馬】　*あっぽ 岩手県江刺郡 *あほあほ（馬に呼び掛けて言う）宮城県栗原郡 *いっじゃろくしゃ（非常によい馬）熊本県玉名郡 *うぇんだんま（おとなしい馬）沖縄県首里 *うまっこ 山梨県 *うまむじり・うまむしり 福島県南会津郡

*うまんこ 長崎県南高来郡「んまんこいちーいてくるけんねやー（馬市に行ってくるからね）」 *うまんま（幼児語）徳島県 *えーんえん（児童語）青森県三戸郡 *おかふね 茨城県 *おば（雄の馬）静岡県駿東郡・富士郡 *かじょうま（父馬）秋田県雄勝郡 *がんじょー（強健な馬）岩手県気仙郡 *きんま（やせた馬）愛媛県 *くーやーんま（荒々しい馬）沖縄県首里 *こま 熊本県 *ごんこんま（駆ける時のひづめの音から。幼児語）沖縄県石垣島

*こんだ（小さい馬）山口県豊浦郡 *じゃじゃうま（荒々しい馬）大阪市 *じゃんか（荒々しい馬）長野県佐久 *じゃんかうま（荒々しい馬）長野県佐久・南佐久郡 *じゃんかんま（荒々しい馬）山形県北村山郡　長野県南佐久郡 *せどぎち（やせた馬）鹿児島県肝属郡 *そーま（死んだ馬）山梨県

*ぞーやく（母馬）秋田県由利郡　群馬県吾妻郡

新潟県中蒲原郡　長野県 *そま（死んだ馬）青森県上北郡　茨城県久慈郡・多賀郡　東京都南多摩郡・八王子　神奈川県津久井郡　山梨県　長野県下伊那郡　静岡県田方郡・賀茂郡 *ぞやくうま（母馬）秋田県雄勝郡 *そんま（死んだ馬）群馬県勢多郡 *だ 熊本県阿蘇郡・上益城郡　大分県北海部郡　宮崎県西臼杵郡・西諸県郡 *だーだ 青森県三戸郡　広島県比婆郡 *だだ 秋田県南部　熊本県　宮崎県　鹿児島県・肝属郡 *だだうま 熊本県菊池郡 *だだこ 秋田県平鹿郡 *だだひん 熊本県飽託郡 *だんだ 宮崎県西臼杵郡・西諸県郡 *だんだうま 長崎県五島 *ててうま（父馬）山形県飽海郡　新潟県北魚沼郡 *どーやり（母馬）長野県飯田市付近 *とき（雄の馬）新潟県佐渡

*どど 千葉県（小児語）・長生郡（児童語） *どとうま 山形県米沢市 *どどうま 山形県（幼児語）福島県石城郡　新潟県東蒲原郡（児童語） *とま（雄の馬）新潟県佐渡 *どんどんま（児童語）新潟県東蒲原郡 *どんま（幼児語）富山市近在 *にんに（幼児語）山形県東置賜郡 *はいはい（追う時の掛け声から。幼児語）香川県大川郡　鹿児島県肝属郡 *ばっこばっこ（幼児語）福島県 *ばばうま（母馬）新潟県北魚沼郡 *はらびだ（はらみ馬）青森県上北郡 *びーたらんま（年老いた馬）栃木県河内郡・那須郡 *びーたれうま（年老いた馬）栃木県 *びーちゃくうま（年老いた馬）神奈川県津久井郡 *ひしひし（小児語）長野県北安曇郡 *ひばー（雌の馬）山形県北村山郡 *ひんば（雌の馬）山口市　香川県仲多度郡　熊本県阿蘇郡　大分県大分市・速見郡 *ひんま（雌の馬。博労言葉）香川県大川郡 *ほっけうま（年老いた馬）岩手県岩手郡　秋田県鹿角郡 *ぼっけんま（はらみ馬）岩

手県九戸郡 *ほろ(馬を慈しんで言う語) 愛媛県大三島「ほろほろ(呼び掛け)」 *まーめ 茨城県新治郡 *まこ 岩手県和賀郡 *まっこ 岩手県江刺郡・東磐井郡 宮城県 *まる(雄の馬) 石川県能美郡 静岡県 愛知県宝飯郡 *やんかんま(荒々しい馬) 山形県西村山郡 *わーわ 福島県

□のいなく声 *いーんほほ 山形県飽海郡・東田川郡 *いんしっし 青森県津軽 *えーほほん 青森県三戸郡 岩手県気仙郡 *えーんえん 青森県三戸郡 *にーにー・にーん 山形県東置賜郡 *にーほほ 山形県最上郡 *にーんふふー 山形県西置賜郡 *ひゃーんこひゃーんこ 島根県鹿足郡「この道を馬がひゃーんこひゃーんこなーて通った」 *みーはーはー・みーははー 沖縄県首里

□の子 ⇨こうま(子馬)

□のたてがみ *いながみ 島根県那賀郡・隠岐島 広島県芦品郡・高田郡 *えがみ 岩手県九戸郡 千葉県 *こーがみ 富山県 *こーね 福岡県朝倉郡 熊本県阿蘇郡 大分県直入郡 *こね 熊本県下益城郡・芦北郡 宮崎県東諸県郡 鹿児島県肝属郡「うまんこね」 *こねんけ 宮崎県東諸県郡 *しげだ 茨城県 *した 山形県 *しだ 山形県置賜 福島県 *したげ 栃木県 *しだけ 宮城県 *しだげ 山形県東置賜郡 茨城県多賀郡 栃木県芳賀郡 *しゃんが 富山県西礪波郡 *しら・しろ 新潟県西蒲原郡 *すだ 山形県 *すだふさ 山形県最上郡 *せがみ 香川県仲多度郡 *たてげ 静岡県磐田郡 *たんね 沖縄県竹富島 *とりかみ 福島県 *とりがみ 岩手県九戸郡 *のがみ 高知県長岡郡 *ふりがみ・ふりげ 静岡県磐田郡

うまい【旨】

①味がよい。おいしい。 *あじっぽい 栃木県塩谷郡「あじっぺものはねいが、おあがんなんしょー」 *あじぽい・あじぽしー 岩手県胆沢郡 *こーばしー 徳島県美馬郡 *ちんちろこばしー 奈良県吉野郡

→おいしい(美味)

②巧みである。上手だ。手際がよい。 *いごと 岐阜県 *いよって 佐賀県東松浦郡「盆踊りもおだまいよってやりゃえんじゃりょったないどん(私がうまくすればよいのですが)」 *うまいちょー・うまいちょこ 香川県大川郡「うまいちょうしまいだ(しなさいよ)」 *うるさい 高知県「うるさい、よく書いた」「うるさい角力」・高知市「なかなかうるさい奴じゃ」 *じょーず(うまく。よく。下に打ち消しの語を伴う) 東京都大島「じょーずに算術がわからない」 *すっくり 徳島県「すっくりいた(うまくできた)」 *にごと 岐阜県山県郡・郡上郡「おまい、にごとひとーりでいくかい」 *にんごと 岐阜県郡上郡 *みじょ 徳島県「みじょするか(自分の力でよくできるか)」 香川県 *みじょー 徳島県 香川県「みじょー行くか」 *みじょと・みじょーと 香川県「みじょとよう飛ぶか」 *みぞ 香川県三豊郡 *めんじょ 富山県

→じょうず(上手)

③都合がよい。好ましい。よい具合に。 *あんばい 三重県名賀郡「あんばい礼言うといてえや、こんなにようけもうてな」 京都市 大阪市「あんばい云ふて物もあげたので喜んで帰(い)にやはりました」・泉北郡 兵庫県明石郡・神戸市 奈良県南大和「あんばいおせる(よくわかる様に教える)」 和歌山県和歌山市・那賀郡 徳島県海部郡「あんばいやれよ」 *あんぱい 奈良県吉野郡「あんぱい見いさ(よく御覧)」 *ほどよーに・ほどえしゅーに 山口県大島「この木とこの木をほどようにひっつけて呉れ」 *ほどゆ 熊本県玉名郡 *ほどよ 徳島県 *ほどよー 熊本県「どうぞ程よう頼みます」 *やんばぐ 静岡県 *やんべー・やんびゅー 新潟県佐渡「やんべー火を見ておけ」「やんびゅーしまっておけ」

□具合だ *てんまい 徳島県「そんなてんまいこといくか」 香川県 愛媛県 高知県幡多郡 *てんまたい 香川県「てんまたげに作ったなあ」 *まえしこ(うまい具合であること) 島根県出雲「まえしこ試験ねパシしてごしゃ、えだが(うまく合格してくれればよいが)」「ほら、見、すべえさがって、まえしこだ(落第しやがっていい気味だ)」

□具合に *あいじょ・あいじょー 徳島県「あいじょ言うといてつかはれ(よろしく言っておいて下さい)」 *あじょー 徳島県「あじょうに」 *あじよー 和歌山県 *あじよく 和歌山県 *あっじょ 兵庫県加古郡 香川県「あっじょと」「あっじょに」 *あっじょこ 香川県綾歌郡「あっじょこに」 *あんじょ 福井県敦賀郡 三重県伊賀「あんじょと」 滋賀県 大阪府大阪市・泉北郡 兵庫県淡路島・加古郡 奈良県「あんじょしといたるさかい心配するなよ」 和歌山県 香川県 *あんじょい 和歌山県「あんじょいする」 *あんじょー 新潟県佐渡 富山県高岡市 福井県「あんじょー片付けといてよ」 岐阜県飛騨 三重県「あんじょーと」 滋賀県 京都府 大阪府 兵庫県 奈良県 和歌山県 徳島県「あんじょーに」 香川県 *あんじょー 三重県志摩郡 京都府宇治郡 奈良県吉野郡「用事もあんじょーすんだかぞ」 島根県石見「箱の組方をあんじょーにやってくれー」 岡山市「ここを直したら、あんじょうなった」 *あんじょーよく 兵庫県赤穂郡 *あんじょよー 福井県大野郡 *あんよー 三重県志摩郡 *てっこり・てーこり 新潟県岩船郡「てっこり入った」 *どっこり 新潟県岩船郡「とっこり入った」

□具合にするさま *もっとりと 福岡県三潴郡「もっとりとだます(都合よく言い回して人を欺く)」「もっとりとある人(念入りに事をする人)」

□いかない *どじぐじ(うまくいかないさま) 徳島県 *ぽじける・ぽじれる 山口県「ご飯がぽ

じけた」 ***やんでぃゆん** 沖縄県首里 ***わるいき**(うまくいかないこと) 滋賀県彦根「わるいきがする」 京都府竹野郡「就職がどうもわるいきになりそうです」 大阪府泉北郡

うまる【埋】 ***いかる** 山梨県 長野県諏訪・上伊那郡 岐阜県飛騨「山がぞれ(崩れ)で来て川がいかってまう」 静岡県志太郡 島根県那賀郡 香川県大川郡 福岡県 ***うんのまる** 千葉県印旛郡 ***えんまる** 秋田県鹿角郡「堰ぁえんまて水ぁくって来た」 ***おぶえる** 愛媛県南宇和郡「山くずれで五六軒おぶえた」 ***ぐもる** 長野県東筑摩郡「この道はぐもっていけぬ」 ***しゃげる** 香川県櫃石島 ***しやる** 香川県「土管がしやっとる(詰まっている)」 ***つんめる** 長野県東筑摩郡 ***つんもーる・つんもぐる・つんもる** 長野県 ***ぬかる** 新潟県新発田市 ***のまる** 栃木県 千葉県香取郡・山武郡 大分県宇佐郡・速見郡 ***のめる** 滋賀県彦根 ***めりこむ** 岡山県児島郡

うまれる【生】 ***くる** 静岡県安倍郡「おかげさまでじょーぶなぼーがきておせわさんなります」 ***できる** 山梨県北巨摩郡 愛媛県松山「近い内におできるそうじゃ(近日お産があるそうだ)」 ***でくる** 宮崎県西臼杵郡 ***でる**(子どもが産まれる) 宮城県栗原郡「久し振りで子供でたやあ」 ***むしける** 青森県(犬、猫に言う) 岩手県江刺郡 宮城県玉造郡・名取郡

□を言う尊敬語 ***すぃでぃゆん**(高貴な人が生誕なさる) 沖縄県首里「うみんぐゎぬ、すぃでぃゆん(お子様がお生まれになる)」

うみ【海】 ***いなが** 沖縄県石垣島 ***いながた** 沖縄県波照間島 ***いんなー** 沖縄県竹富島 ***いんばた** 沖縄県小浜島 ***うんなが** 沖縄県与那国島 ***おき** 香川県 愛媛県 ***おんなか** 石川県鹿島郡 島根県大根島 ***かわ** 静岡県 ***すなか** 沖縄県石垣島・鳩間島 ***とぅーぬみー** 沖縄県新城島 ***とぅま** 沖縄県新城島 ***とぅまい** 沖縄県竹富島 ***とぅもーり** 沖縄県石垣島 ***なだ** 静岡県榛原郡・浜名郡 島根県 ***ばた** 沖縄県竹富島・鳩間島 ***りゅーぐん** 三重県志摩郡 ***りゅーごんさん** 愛知県日間賀島

沖の□ ***おーしゅくるしゅ** 沖縄県首里 ***おきのだいなん**(「だいなん」は、はるか沖の意) 新潟県佐渡 高知県・室戸市

陸近くの□ ***おか** 山口県見島 ***かち** 山口県大島 ***けた** 宮崎県児湯郡 ***じ** 地静岡県浜名郡 島根県「波がじえうち上げる」 ***たか** 千葉県長生郡 神奈川県三浦郡 ***へた** 新潟県佐渡 三重県志摩郡 京都府 長崎県南松浦郡・五島 熊本県芦北郡

陸地に入り込んだ□ ***いりわだ** 岡山県邑久郡 ***いりわんど** 香川県高見島 ***えば** 石川県羽咋郡

うみ【膿】 ***あか** 群馬県勢多郡・多野郡 ***うんく** 沖縄県鳩間島 ***うんちゅ** 沖縄県首里 ***んっく** 沖縄県竹富島

□が出る ***あいるん** 沖縄県石垣島・波照間島・与那国島 ***あいん** 沖縄県石垣島 ***あえでる** 島根県 ***あえる** 島根県 岡山県苫田郡 ***あびるん** 沖縄県小浜島 ***ちえる** 徳島県 香川県 ***ついえる** 和歌山県 島根県 岡山県苫田郡・御津郡 広島県比婆郡 山口県豊浦郡 徳島県 愛媛県松山市「でものがつえた」 高知市

うみべ【海辺】 ***うにばた** 鹿児島県沖永良部島 ***うみばた** 愛知県碧海郡 大分県 ***うみべた** 茨城県 新潟県佐渡 岐阜県揖斐郡山県郡 愛知県碧海郡 大分県 ***うんばた** 宮崎県東諸県郡 ***うんべた** 新潟県佐渡 三重県南牟婁郡 ***うんべちゃ** 熊本県玉名郡「南の方さん二三ちょ行くと、うんべちゃ出ます」 ***おんばた・おんばたぎわ** 高知県幡多郡 ***しむ・っさ**(山手に対する海辺) 鹿児島県喜界島 ***つばた** 長崎県壱岐島 鹿児島県肝属郡 ***つばな** 長崎県壱岐島「つばな住まひ」 ***はまばた** 沖縄県与那国島 ***はまべた** 熊本県天草郡 ***はまべり** 宮崎県延岡

→かいがん(海岸)・はまべ(浜辺)

うむ【生】 ***なーん** 沖縄県石垣島 ***なしゅい・なすい** 鹿児島県喜界島 ***なしゅり** 鹿児島県奄美大島 ***なしゅん** 沖縄県国頭郡・首里 ***なしん** 沖縄県石垣島・波照間島 ***なす** 青森県上北郡「おなごわらし(女の子を)なした」・三戸郡 岩手県 宮城県石巻・仙台市 秋田県「おぼこなした」 山形県「おぼこなすみまえ(出産見舞い)」 福島県 茨城県 栃木県「卵なしたかなんだか(生んだかどうか)みてこー」 千葉県 東京都八丈島 新潟県 静岡県志太郡 沖縄県宮古島 ***なすん** 沖縄県黒島・新城島 ***ひりなす**(卑語) 岩手県南部・気仙郡 ***まらしん** 沖縄県石垣島

□ことを卑しめて言う語 ***ひる** 岩手県気仙郡 宮城県登米郡 新潟県佐渡・岩船郡 広島県高田郡 ***へる** 三重県志摩郡

子を□ ***そとになる** 奈良県吉野郡 ***たれる** 三重県阿山郡 ***とりがむ** 千葉県夷隅郡 ***むちゅん** 沖縄県首里 ***もつ** 青森県 岩手県上閉伊郡・気仙郡 秋田県「雛が卵をもった」 新潟県岩船郡 山梨県 長崎県 熊本県下益城郡 ***やすめになる** 三重県阿山郡 ***らくになる** 島根県「らくんならっしゃえましたげで」

子を□こと ***あかなし** 福島県南会津郡 ***くゎーなし** 沖縄県与論島 ***しら** 鹿児島県喜界島「しらふじょー(出産の時の不浄)」 沖縄県宮古島「しらぴとぅ(産婦)」・八重山 ***ぱら** 沖縄県石垣「ぴとぅぱら(子を一度産むこと)」 ***はんじょ** 宮崎県東諸県郡 鹿児島県 ***はんじょー** 長崎県対馬 宮崎県 鹿児島県種子島 沖縄県首里 ***ぱんじょー** 沖縄県石垣島 ***ふぁーなし** 沖縄県石垣島・竹富島

うむ【膿】 ⇩かのう(化膿)

うめ【梅】 ***うめこ**(梅の実) 山形県最上郡「う

めこぬぎ(梅の木)」 *すもどし(梅のしそ漬け) 島根県簸川郡・出雲市 *もも(杏、梅などを言う) 山形県西置賜郡・酒田市 長野県上田

うめく【呻】 *うぞん 鹿児島県 *うどむ 島根県 広島県 徳島県美馬郡 愛媛県 高知県 大分県 宮崎県延岡・東諸県郡 鹿児島県宝島 *うどめっ 鹿児島県鹿児島郡 *おがる 三重県上野市・名賀郡 京都府加佐郡 岡山県阿哲郡 香川県志々島・与島 *おどむ 島根県 *くじなえる(苦しんで呻く) 兵庫県加古郡 *くずよう 京都府竹野郡「くずよう声が聞こえる」 兵庫県 岡山県苫田郡・英田郡 *ごめく(苦しんで呻く) 島根県美濃郡・益田市 *どぅーにー(病気などのためうめくこと。また、その声) 沖縄県首里「どぅーにーしゅん(うめく)」 *どえる 山口県浮島・大島 *とよる 山口県屋代島 *にゅーにゅー・にゅーゆい・にゅーうぃ(苦しげに呻くさま) 鹿児島県喜界島「腹が痛いといってにゅーにゅーしている」 *ほろめく(病人が熱に浮かされてうめく) 鹿児島県・肝属郡 *やたけり(苦しくてうめくこと) 長崎県壱岐島 *んどむ 徳島県美馬郡

うめぼし【梅干】 *うめずけ 山形県 福島県河沼郡 新潟県中頸城郡 徳島県美馬郡 *うめわけ 島根県隠岐島 *すいすい(小児語) 福岡市

うめる【埋】

①くぼんだ所や低い所などに物を詰めてふさぐ。また、物を何かの中に入れて隠れるようにする。 *いぐる 静岡県榛原郡「栗を灰の中へいぐる」 *いこむ・いむ 香川県高松市 *いこめる 香川県「火がきついきん、すこしいこめたらえが」 *うずこめる 青森県津軽 *うっちょめる 千葉県夷隅郡 *うむくる 岐阜県羽島郡 *うむす 秋田県鹿角郡 山形県東田川郡「このーだ雪でうむされるもなーくたばったいむんだ(これくらいの雪で埋められる者はくたばったほうがいい)」 *うんのめる 茨城県稲敷郡 千葉県印旛郡・夷隅郡 *おぶえる 愛媛県南宇和郡「猫の死んだのをおぶえて来い」 *おぼむ 滋賀県「火を灰におぼむ」 京都府城陽市 *おぼめる 滋賀県大津 *おぼる 大阪府東成郡 *おもる 大阪府泉北郡 *おんのめる 福島県相馬郡「ろばたさおんのめった」 茨城県稲敷郡 *さくる 岩手県気仙郡 宮城県栗原郡・登米郡 *しやす 香川県・綾歌郡「掘ったとこ、あとでしやしときなよ」 *つっぺす 山形県最上郡 *とめる 長野県東筑摩郡(炭火などを) 島根県「炬燵のおきをとめておけ」 「石を土の中にとめた」 広島県比婆郡 山口県 愛媛県・松山(炭火などを)「火をとめる」 *ぬたむる 熊本県玉名郡 *のめる 福島県「その穴、のめろ」 茨城県 栃木県「土の中へのめる」 群馬県多野郡「灰にのめる」 「墓にのめる」 埼玉県秩父郡「すが入らないように、この大根をふかくのめとけ」 千葉県 *ぼっこめる・ほごめる 岩手県気仙郡 *ほろむ 島根県隠岐島「死骸をほろんで進(せん)ぜた」 *ほんのめる 栃木県 *やすめる 新潟県岩船郡 長野県東筑摩郡「猫が死んだでやすめる」 *やどす 広島県比婆郡

②熱い湯や濃い汁などに水を入れて、よい加減にする。 *ぬぶる 福岡県久留米市・朝倉郡 佐賀県 *ぬべる 高知県・高知市「お風呂が沸きすぎた、ちっとぬべとーせ」 福岡市 鹿児島県肝属郡 *のべる 福島県東白川郡 茨城県多賀郡 栃木県「風呂をのべる」 山口県 愛媛県「熱いけん水をのべとーくれ」

うやまう【敬】 *うすりゆん 沖縄県首里 *もっきょーじる 佐賀県

□こと *うすり 沖縄県首里 *っちゅうやめー 沖縄県首里

うやむや【有耶無耶】 *にーじーむーじー 東京都八王子 *ぱんちかーんち 沖縄県石垣島 *へーさらばーさら 東京都南多摩郡

→あいまい(曖昧)

うら【裏】 *おて 京都府「あの山のおて」 *かいちゃ 宮城県玉造郡 *かえさま 福井県大野郡・遠敷郡 愛媛県今治市 *かえっちゃ 岩手県紫波郡(後ろの意もある) 宮城県加美郡・遠田郡 *かげ 青森県津軽「そもつのかげさ、なまえこつけておがなが(本の裏表紙に名前を書いておきなさいね)」 山形県 福島県「このかげにも家がある」 *かげつも 岐阜県飛騨 *かさまい 三重県員弁郡 *かしま 和歌山県日高郡 *かしまい 和歌山県日高郡・東牟婁郡 *かちゃま 秋田県鹿角郡・由利郡 *かっちゃ 山形県 *かやし 愛媛県岩城島 *かんげ 山形県北村山郡 *くし 沖縄県 *くしゃー 沖縄県首里 *けぁちゃ 宮城県石巻「どっちがけぁちゃだか見分つかぬ」 *けあちゃー 福島県相馬郡 *けあっちゃ 岩手県気仙郡 宮城県栗原郡 *けちゃま 新潟県北蒲原郡 *しーぬはた 沖縄県黒島 *しんた 沖縄県石垣島 *ふし 鹿児島県喜界島 *やど 栃木県安蘇郡「やどんち(裏の家)」

→うらがわ(裏側)

うらがえし【裏返】 *うしろかえし 秋田県鹿角郡「慌てて衣物をうしろかえしに着た」 *うらかえしま・うらがえしま・うらかしま 福井県 *うらしま 岐阜県郡上郡「やはーい、あの子きもんうらしまに着とるが」 *うらしゃ 東京都八丈島「うらしゃに着る」 *かーさま 山口県祝島 *かーしま 岐阜県郡上郡 *かーすんめ 鹿児島県鹿児島 *かーちま 静岡県磐田郡 *かいさま 富山県「着物をかいさまに着る」 石川県 三重県 滋賀県 京都府 兵庫県佐用郡 鳥取県東部 岡山県 山口県佐合島 徳島県・阿波郡 香川県「お前着物をかいさまに着とるでないか」 愛媛県 高知県「ありゃおまさん着物をかいさまに着いちょる」 *かいさめ 島根県出雲「お前、着物かいさめね着ちょうへんか」 *かいさらまいさら(「かいさま」を強めて言う) 岡山県苫田郡 *かいし 愛媛県 高知県 *かいしき 徳島県美馬郡 *かいしま 富山県東礪波郡 福井県 岐阜県恵那郡・郡上郡 *かいしまーうい

沖縄県石垣島「わーぱうれーかいしまーういなりそー(君の羽織は裏返しになっているよ)」 *かいちゃ 青森県南部　岩手県気仙郡・東磐井郡　宮城県栗原郡・仙台市「あらなんだい、あんだ袴かいちゃでがっつぉ」　山形県米沢市・南置賜郡　福島県　茨城県多賀郡 *かいちゃま 新潟県東蒲原郡「着物をかいちゃまに着ていて可笑しい」 *かいちゃむくれ 岩手県気仙郡　宮城県仙台市(下流) *かいっち 新潟県新発田 *かいっちゃ 北海道　福島県　東京都三宅島・御蔵島　静岡県 *かいっちゃま 新潟県東蒲原郡 *かえーさま 岡山県上道郡 *かえさ 山形県米沢市「えしょーをかえさに着た」 *かえさみ 島根県能義郡・仁多郡「着物をかえさみに着る」 *かえさめ 島根県出雲 *かえし 島根県鹿足郡・隠岐島　愛媛県　高知県 *かえしま 新潟県「付け方がかえしまじゃしょうがない」　富山県富山市近在・西礪波郡　福井県　岐阜県飛驒 *かえしょ 新潟県中越 *かえちぇ 山形県東置賜郡 *かえちゃ 青森県上北郡　宮城県　秋田県鹿角郡　山形県南部　福島県西白河郡　茨城県 *かえちゃま 秋田県鹿角郡 *かえちゃまくり 宮城県遠田郡 *かえちゃまくれ 山形県南部 *かえちゃむくれ 山形県東置賜郡 *かえちゃもくれ 青森県三戸郡　宮城県栗原郡　秋田県鹿角郡(「かえちゃ」より強意) *かえちょ 山形県西田川郡 *かえっちゃ 青森県南部　山形県置賜　静岡県「着物がかえっちゃだ」・田方郡 *かえっちゃまくれ 山形県西置賜郡 *かえっちゃむくり 岩手県胆沢郡 *かえっちょ 新潟県東蒲原郡 *かえりもく 青森県三戸郡 *かさすい 奈良県 *かさまい 滋賀県蒲生郡　奈良県 *かしな 石川県能美郡　和歌山県日高郡 *かしま 石川県　三重県南牟婁郡　和歌山県西牟婁郡 *かしまい 滋賀県坂田郡・東浅井郡　和歌山県東牟婁郡 *かすま 和歌山県東牟婁郡「下着をかすまに着た」 *がち 福岡市 *かちゃ 青森県津軽　秋田県平鹿郡 *かちゃえ 山形県北村山郡 *がちゃっぽん・がちゃぽん 福岡市 *かちゃま 秋田県 *かちゃまくれ 山形県山形市・最上郡 *かっさ 東京都三宅島 *かっちぇ 山形県南村山郡「かっちぇする(逆さにする)」 *かっちま 静岡県磐田郡 *かっちゃ 青森県津軽　秋田県南秋田郡・仙北郡　山形県　東京都三宅島 *かっちゃえ 山形県中部「着物ばかっちゃえ着る」 *かっちゃえまくれ 山形県最上郡 *かっちゃまえ 山形県西置賜郡・最上郡 *かっちゃまくり 青森県津軽 *かっちゃまくれ 山形県 *かっちゃむくれ 山形県西村山郡 *かっつぁー 東京都三宅島 *かっぱ 青森県津軽 *かやし 島根県石見　徳島県海部郡　高知県 *かやしま 岐阜県飛驒 *かやっさ 静岡県志太郡 *かやっさー・かやった 静岡県 *かわしま 岐阜県郡上郡 *きしんめ 宮崎県都城　鹿児島県 *きゃーさま 京都府竹野郡「あの子はきゃーさまに着とる」 *きゃーさんぼー 熊本県下益城郡 *きゃーしま 新潟県佐渡 *きゃーしんみゃー 熊本県天草郡 *きゃーっちゃ 静岡県・田方郡 *きゃしんみゃ 熊本県天草郡 *ぎゃちゃぽん 福岡市 *けぁちゃ 宮城県石巻　千葉県安房郡　神奈川県三浦郡 *けあちゃー 福島県相馬郡「けぇあちゃーに着てる」 *けぁっちゃ 岩手県上閉伊郡　宮城県遠田郡 *けぁっちゃまくれ 宮城県石巻 *けーさね・けーしね 長崎県壱岐島 *けーしな・けーしま 新潟県佐渡 *けーしまー 沖縄県首里 *けーせー 島根県隠岐島 *けーちゃ 山形県東置賜郡　福島県　茨城県北相馬郡　千葉県夷隅郡 *けーちょ 山形県 *けーっちゃ 千葉県安房郡 *けしんめ 宮崎県東諸県郡「けしんめに着ちょる」　鹿児島県・肝属郡 *けちゃ・けちゃもくれ 青森県上北郡「袖をけちゃもぐれにして袂糞とる」 *けっちゃ 宮城県石巻　千葉県安房郡　神奈川県三浦郡 *けっちゃま 新潟県岩船郡 *けっちょ 山形県 *せがえし 神奈川県中郡 *とくらがし 青森県津軽 *とけーちゃま 山形県飽海郡　新潟県岩船郡 *とけちゃま 山形県 *どけっちゃま 新潟県岩船郡 *どっけーちゃま 山形県東田川郡 *とってかえ 鳥取県西伯郡　島根県 *とってかえし 島根県出雲 *とってらかえ 島根県仁多郡 *どってんがえし 滋賀県彦根 *ひっかしま 岐阜県郡上郡 *ひっくりかえしま 岐阜県飛驒「ゆかたをひっくりかえしまに着る」 *へーしまー 鹿児島県喜界島

↓あべこべ

□にする *うっちぇーしゅん 沖縄県首里 *うってらかえす 奈良県宇陀郡 *うてかえす 三重県伊賀　奈良県宇陀郡 *うてかやす 三重県伊賀

□になる *うてかえる 三重県名張市　奈良県宇陀郡 *べらぐりがやる 大分県南部

着物などを□に着るさま *しちゃこちゃ 島根県隠岐島「着物の着方がしちゃこちゃだ」 *しちゃまかちゃま 秋田県 *しっきゃこっち 長崎県対馬 *しっちゃこし 福岡県久留米市 *しっちゃこち 福岡県山門郡 *しっちゃこっち 長崎県対馬・壱岐島 *しっちゃこっちゃ 福井県大飯郡 *しっちゃまかせ 福岡県三潴郡 *ひっちゃこ 熊本県玉名郡 *ひっちゃこし 佐賀県唐津市 *ひっちゃこっち 長崎県北松浦郡　鹿児島県 *ひっちゃこっちゃ 京都府竹野郡・与謝郡　鳥取県東部　山口県玖珂郡　長崎県五島 *ひっちゃらこっち 福岡県 *ひっちゅーこっちゅー 島根県邑智郡 *ひっちらこっち 福岡市 *へちくちゃ 高知県安芸郡 *へちこ 愛媛県 *へちこち 滋賀県蒲生郡　広島県双三郡　徳島県　愛媛県新居郡　長崎県壱岐島 *へちゃ 徳島県　香川県三豊郡 *へちゃこ 香川県 *へちゃこちゃ 三重県度会郡　島根県隠岐島「それはへちゃこちゃだ」　徳島県　香川県　愛媛県　宮崎県 *へちゃこっちゃ 香川県 *へちゃんちゃ 香川県 *へっちぇーこっち 大分県大分郡 *へっちこっち 広島県佐伯郡 *へっちこっち 広島県高

田郡　山口県大島　大分県　*へっちこっちゃ　香川県高松　*へっちゃいこっちゃい 兵庫県淡路島　徳島県　*へっちゃこっち 広島県　長崎県壱岐島　*へっちゃこっちゃ 兵庫県但馬　徳島県　香川県　*へっちょー 山口県豊浦郡　*へっちょこ 大分県速見郡　*へなこな 徳島県　香川県仲多度郡　*へなごにゃ 香川県高松市　*へにゃこにゃ 香川県高松　*へにゃごにゃ 香川県大川郡・香川郡　*へらこら 京都府与謝郡　兵庫県美方郡　島根県「着物がへらこらだ」　香川県三豊郡　宮崎県東諸県郡　*へりゃーこりゃー 島根県美濃郡・益田市　*へりやこりや 京都府竹野郡　兵庫県出石郡　島根県邇摩郡・隠岐島　山口県大島　徳島県那賀郡　香川県仲多度郡・三豊郡　*へんこら 香川県佐柳島　*へんにゃごんにゃ 香川県

うらがわ【裏側】　*うすへら 岐阜県大野郡　*うらびら 島根県那賀郡　*うらべつ・うらべち 兵庫県加古郡　*かいちゃ 宮城県玉造郡　*かえさま 福井県大野郡・遠敷郡　愛媛県今治市　*かえっちゃ 岩手県紫波郡(後ろの意もある)　宮城県加美郡・遠田郡　*かげ 青森県津軽「そもつのかげさ、なまえこつけておがなが(本の裏表紙に名前を書いておきなさいね)」　山形県　福島県「このかげにも家がある」　*かげつも 岐阜県飛驒　*かさまい 三重県員弁郡　*かしま 和歌山県日高郡　*かしまい 和歌山県日高郡・東牟婁郡　*かちゃま 秋田県鹿角郡・由利郡　*かっちゃ 山形県　*かやし 愛媛県岩城島　*かんげ 山形県北村山郡　*けぁちゃ 宮城県石巻「どっちがけぁちゃだか見分つかぬ」　*けあちゃー 福島県相馬郡　*けあっちゃ 岩手県気仙郡　宮城県栗原郡　*けちゃま 新潟県北蒲原郡　*けっぱ 青森県上北郡「けっぱにする(ひっくり返す)」　*したぶら 島根県

→うら(裏)

うらぐち【裏口】　*うらのくち 岩手県気仙郡　山形県　*うらうら 富山県　*うらが 長野県佐久　*うらかくち 青森県八戸市　新潟県東蒲原郡(裏口辺り)　*おーど 岩手県気仙郡　*おくびょーぐち 埼玉県入間郡　山梨県　*しょーど 岐阜県飛驒　*せーど 三重県阿山郡・名賀郡　*せと 京都府北部　大阪市　*せど 栃木県河内郡　千葉県東葛飾郡　山梨県南巨摩郡　長野県南部　岐阜県武儀郡・郡上郡　静岡県　愛知県岡崎市　三重県伊賀　京都府　島根県　福岡県企救郡　熊本県下益城郡　*せとぐち 静岡県　*せどぐち 栃木県　群馬県　千葉県　東京都八王子　神奈川県　長野県佐久　静岡県　愛知県岡崎市　滋賀県滋賀郡　兵庫県赤穂郡　島根県　広島県高田郡　*せどっかた 静岡県　*せのぐち 兵庫県淡路島　*せんど 和歌山県東牟婁郡　高知県幡多郡　*そとんとぐち 鹿児島県肝属郡　*つまど 岐阜県恵那郡　*つまどぐち 滋賀県彦根　*はんど 秋田市　福島県東白川郡　*めあかぐず(「まえかくち(前―)」の転か) 岩手県気仙郡

うらぼんえ【盂蘭盆会】　陰暦七月一五日を中心に行なわれる仏事。祖先の霊を自宅にむかえて供物をそなえ、経をあげる。現在では、一三日夜に迎え火をたいて霊を迎えいれ、一六日夜に送り火で霊を送る。　*おぼに 兵庫県佐用郡　*ぼーに 徳島県海部郡　香川県豊島　*ぼに 和歌山県日高郡・西牟婁郡　鳥取県東伯郡　岡山県　広島県比婆郡・芦品郡　徳島県　香川県小豆島・豊島　*ぼんさま 栃木県塩谷郡　*ぼんさん 長野県佐久　*ぼんに 奈良県吉野郡

□**に親類知己などが贈り物をしたり、宴に招いたりして挨拶を交わすこと**　*ぼにれー 岡山県川上郡　*ぼんれー 青森県三戸郡　宮城県栗原郡　秋田県鹿角郡　京都府竹野郡　大阪府南河内郡　島根県邑智郡　香川県綾歌郡・塩飽諸島　長崎県南高来郡

□**の陰暦七月十三日の称**　*しょーろさん 熊本県玉名郡

□**の最後の日で、精霊送りの日**　*おくりぼん 山形県(七月二十日)　島根県(七月二十日)　山形県北村山郡(七月十六日)　栃木県安蘇郡(七月十六日)　埼玉県秩父郡(七月十六日)

□**の念仏踊り**　*ちゃんこここ 長崎県五島　*どんがらがん 奈良県

□**の祭り**　*おしょらいさん 滋賀県犬上郡　*おしょろいさん 愛知県名古屋市　*おしょろいさん 愛知県西加茂郡　*しゅーろまつり 長崎県五島　*しょーろー 沖縄県竹富島　*しょーろまつい 鹿児島県沖永良部島　*そーら 沖縄県小浜島　*そーろー 沖縄県与那国島　*そーろん 沖縄県石垣島・鳩間島

□**の迎え火**　*しょれんだち 山形県飽海郡

方/言/の/窓

●気候と方言 Ⅰ

気候と関係のある単語については、地域の特色が方言に反映することが多い。雪の多い地方では、雪の降り方に関する非常に細かい区別がある。また、しもやけ（凍傷）をユキヤケという地方は日本の豪雪地帯とほぼ一致する。

沖縄諸島や伊豆の八丈島には、「凍る」を意味することばがない。この地方では凍結現象そのものがないのであろう。「しもやけ」の名称も八丈島および奄美大島以南には見られない。

日本海側の各地には「ふくろうの鳴き声」としてノリツケホーセー類の語が分布するが、これを「糊を付けて干せ」の意味と説明するところが多い。これらの地域では、冬に晴天の日が少なく、洗濯物が気になるために、ふくろうの鳴き声もそれらしく聞こえるのかもしれない。

死んだ人の最初の□ *はつがき 新潟県佐渡 *ぼんはじめ 兵庫県加古郡

うらやましい【羨】 *あちこい 千葉県海上郡 *いかめー 京都府「お隣のはえーおじさんがあっていかめーわ」 兵庫県・加古郡・多紀郡 鳥取県東部 広島県・上蒲刈島 山口県屋代島・大島 徳島県・美馬郡 香川県仲多度郡・三豊郡 愛媛県 *いかめしー 広島県倉橋島 香川県広島・三豊郡 愛媛県・周桑郡・新居郡「いかめしそーに見ていた」 *いかめらしー 広島県安芸郡・山県郡 *いずましー 富山県・富山市近在「財産家がいずましい」 *いせましー 岐阜県飛驒 *いらめしー 広島県 *うせましー 岐阜県飛驒・郡上郡 *うらましー 広島県 *うれーまさん・うらみしゃーん 沖縄県石垣島 *うらみしゃ(うらやましいこと) 沖縄県石垣島 *うらめしー 長野県南佐久郡 山口県浮島 *うれーましー 長野県南佐久郡 *うれましー 長野県南佐久郡 大分県大分市・大分郡 *えずましー 富山県「人と物をえずましがってばかりをる」 *えめらしー・ゆめらしー 香川県三豊郡「あしこは銭がようけあってえめらしい」 *きなーりー 広島県佐木島 *きなるい 富山県 石川県河北郡 三重県阿山郡 広島県鷺島 *きらるい 富山県 *くやしー 新潟県 熊本県天草郡 *けたりー 群馬県多野郡 長野県佐久 *けだるい 鳥取県 *けなーるい 新潟県佐渡 *けないー 広島県 *けなり 岩手県「あれけなり」 宮城県栗原郡 秋田県「あの人は成績がよくてほんとにけなり」 山形県 新潟県下越 三重県 和歌山県 香川県(うらやましく感じられるさま) *けなりー 岩手県 宮城県登米郡・玉造郡 山形県 栃木県 群馬県 埼玉県 東京都大島「あの子は成績がよくてほんとにけなりーよ」・利島 新潟県「あんないーうちでけなりーね」 福井県 長野県佐久 岐阜県揖斐郡 静岡県 愛知県「あれがけなりーな」 三重県 滋賀県 京都府 大阪市 兵庫県 奈良県 和歌山県 岡山県 広島県 香川県 愛媛県弓削島・岩城島 *けなりげ(うらやましそうなさま) 埼玉県秩父郡 香川県「けなりげにする」 *けなるい 宮城県仙台市 秋田県鹿角郡 群馬県 埼玉県「大骨おってるのに休んでるのみるのはけなるいもんだ」 千葉県 東京都利島 新潟県「いーだんなさんもらってけなるいね」 富山県 石川県「いー靴はいて来たな、けなるいな」 福井県 長野県「あの人は幸福でけなるい」 岐阜県 静岡県「あの人はよくできてけなるいな」 愛知県「むかえの京さまがえい帯を買ってもらやした、けなるいなん」 三重県 滋賀県 大阪府大阪市・泉北郡 兵庫県 奈良県 和歌山市 鳥取県東部 岡山県小田郡・児島郡 広島県高田郡 徳島県 香川県 愛媛県 *けなるげ(うらやましそうなさま) 香川県木田郡 *けなるしー 埼玉県秩父郡 愛知県東部 *けなるたらしー(「けなるらしー」より意味が強い) 愛媛県大三島 *けなるらしー 愛媛県大三島 *けなれ 山形県西田川郡 *けなれー 静岡県周智郡 *けふがりー 宮崎県西臼杵郡 *けもしー 長野県「けもしい程ある(たくさんある)」 *けんたるい 茨城県稲敷郡 栃木県芳賀郡 *けんなりゅー・けんなり 栃木県 *けんなるい 茨城県 栃木県芳賀郡・河内郡「ほんとにけんなるい」 千葉県香取郡 岐阜県可児郡 *こごるましー 千葉県君津郡 *こごろましー 千葉県夷隅郡・君津郡「お宅のトマトはこごろましいですね」 *このましー 宮城県気仙郡 山形県「このましがる」 福島県東白川郡「ああだに(あんなに)良く出来んだもの、なんちぅこのましごど」 *このもしー 和歌山県「このもしさうな顔してる」 *ころましー 静岡県榛原郡 *しょがましー 島根県出雲「人が金を儲けるのを見ると、しょがましーてならん」 *しょねむたえ 山形県北村山郡・西村山郡 *しょのましー 島根県「人が金を儲けるとしょのましてならん」 *しょみたい 山形県東村山郡 *しょみたえ 山形県 *そっこよねみたい 山形県東置賜郡 *そねましー 山形県東村山郡・南村山郡 島根県大原郡 *としらしー・とっとしー 東京都八丈島 *ねだい 青森県三戸郡「何がねだえくてそんなにぶつぶつ言っている」 *ねねしー 岡山県児島郡「わっちゃーやっぱり隣りの死んだあの娘のことをねねしゅー思う」 *はがいー 大分県保戸島 *ひんめしー・ひめしー・ひるめしー 兵庫県赤穂郡 *へんなし 福井県坂井郡・敦賀郡 *へんねしー 岐阜市 *ほしー 宮崎県西臼杵郡 *めしー 山形県東田川郡 *やかしー 愛媛県 *ゆかしー 福島県

□く思う *きないがる 三重県阿山郡 *けだりがる 山形県飽海郡 *けなえがる 山形県東置賜郡 *けながる 富山県 *けなねがる 山形県東置賜郡 *けなりがる 岩手県 山形県 栃木県 群馬県勢多郡 埼玉県秩父郡 千葉県 新潟県「けなりがってどーなる」 富山県 愛知県東春日井郡 三重県「けなりがられる」 大阪市 兵庫県加古郡 和歌山県 岡山県 広島県江田島・安芸郡 香川県「けなりがらす」 大分市 *けなる 山形県新庄市・西田川郡 群馬県邑楽郡 *けなるがる 山形県最上郡・米沢市 群馬県勢多郡・佐波郡 新潟県 富山県 石川県能美郡 長野県下伊那郡 岐阜県飛驒・岐阜市 愛知県「まっとえいのを買ったげるで、けなるがらんでもえいぎゃー」 滋賀県彦根 大阪市「新しい着物など着て見せびらかすと皆けなるがる」 奈良県「けなるがらす」 和歌山県 香川県木田郡 愛媛県大三島 大分市 *けなれがる 山形県東置賜郡・南置賜郡 *けなれめする 山形県西置賜郡 *けんなりがる 山形県 *げんなりがる 千葉県東葛飾郡

□そうに *んないんない 沖縄県石垣島

うらやましがる【羨】 *あざむ 富山県高岡市 *いかみがる 広島県上蒲刈島 大分県西国東郡 *いかめがる 京都府竹野郡「うちの西瓜は大き

いちゅーて、人がいかめがるわ」 兵庫県・加古郡 山口県 徳島県・美馬郡 香川県 愛媛県・大島 高知県長岡郡 *いずむ 長野県 *いずん 富山県砺波 *いせみかける 岐阜県飛驒 *いせむ 岐阜県 *うせむ 岐阜県飛驒・郡上郡 *えざむ 石川県江沼郡 *えさろう 大分市「えさろーもんじゃねー」 *えしむ 和歌山県 *えしゅむ・えしょむ 和歌山県日高郡「人の成功をえしょむ」 *えじゅむ 和歌山県東牟婁郡 *えしょのん 鹿児島県 *えずむ 富山県 *えせぐ 長崎県対馬 *えせしむ 和歌山県・那賀郡・有田郡 *えせむ 長野県 三重県 京都府竹野郡「この子がお菓子を持っているとほかの子がえせんで困りました」・与謝郡 *えせろう 瀬戸内海島嶼 愛媛県・周桑郡・新居郡 *えぞむ 長野県佐久 *きないがる 三重県阿山郡 *けだりがる 山形県飽海郡 *けなえがる 山形県東置賜郡 *けながる 富山県 *けなねがる 山形県東置賜郡 *けなりがる 岩手県 山形県 栃木県 群馬県勢多郡 埼玉県秩父郡 千葉県 新潟県「けなりがってどーなる」 富山県 愛知県東春日井郡 三重県「けなりがられる」 大阪市 兵庫県加古郡 和歌山県 岡山県 広島県江田島・安芸郡 香川県「けなりがらす」 大分市 *けなる 山形県新庄市・西田川郡 群馬県邑楽郡 *けなるがる 山形県最上郡・米沢市 群馬県勢多郡・佐波郡 新潟県 富山県 石川県能美郡 長野県下伊那郡 岐阜県飛驒・岐阜市 愛知県「まっとえいのを買ったげるで、けなるがらんでもえいぎゃー」 滋賀県彦根 大阪市「新しい着物など着て見せびらかすと皆けなるがる」 奈良県「けなるがらす」 和歌山県 香川県木田郡 愛媛県大三島 大分市 *けなれがる 山形県東置賜郡・南置賜郡 *けなれめする 山形県西置賜郡 *けんなりがる 山形県 *げんなりがる 千葉県東葛飾郡 *せらう 大阪市 島根県石見(兄が弟をうらやましがって争う時) 岡山県 広島県比婆郡 徳島県(兄弟が相手のものを欲しがるような時) 香川県 愛媛県大三島 *せろー 香川県 大分県北海部郡 *ひんにしがる 石川県能美郡・石川郡 *へんじょしがる 石川県能美郡 *へんなしがる 石川県河北郡 *へんねしがる 岐阜県 愛知県尾張 滋賀県愛知郡・彦根 *ませがう 山形県庄内 *ませがる 山形県庄内・東田川郡 *ゆかしがる 福島県中部「他人が金をとるとゆかしがって許(ばか)り居る」

→うらやむ(羨)

人にものを見せて□せる *おしなべる 三重県北牟婁郡「菓子をおしなべる」 *まびらかす 茨城県北相馬郡 *まぶらかす 茨城県北相馬郡 香川県 *まぶらす 香川県

うらやむ【羨】 *うらみる 秋田県鹿角郡「太郎坊にやれば、次郎坊はうらみる」 *うらむ 香川県木田郡 *こはむ 青森県上北郡「たびしゅあ金持ねなたので村でこはんだ」 *こばむ 岩手県九戸郡・気仙郡 三重県志摩郡 愛媛県周桑郡 *しぇけー(他人を羨む) 鳥取県西伯郡 *じゃく 高知県 *じやみる 岩手県紫波郡 *しょなむ 島根県邇摩郡 長崎県北松浦郡「あの人は金持ちをしょなむ」 *しょねむ 山形県 島根県大原郡・隠岐島 熊本県天草郡 大分県大分市・大分郡 *しょのむ 島根県「しょのまれる(うらやましがられる)」 高知県 長崎県五島 熊本県玉名郡 大分県中部 *せく(他人を羨む) 長崎県対馬 *せける(他人を羨む) 鳥取県 島根県「せけて喧嘩をした」 *そねむ 大分県大分市・大分郡 *そのむ 大分市 鹿児島県甑島 *そのん 鹿児島県揖宿郡 *たっとしがる 東京都八丈島 *ひんにしがる 石川県能美郡・石川郡 *へんじょしがる 石川県能美郡 *へんなしがる 石川県河北郡 *へんねしがる 岐阜県 愛知県尾張 滋賀県愛知郡・彦根 *まげる 島根県那賀郡・邑智郡「成績のよいのをみんなでまげった」「隣の餅(もち)をまげっても仕様がなー」 *やがまをや 埼玉県秩父郡 *やらう 高知県長岡郡 福岡県朝倉郡 佐賀県 *やらそう 愛媛県松山・今治市「僕が優等生だと思うてやらそうて遊んでくれない」 *やらそむ 愛媛県 *んない(羨むこと) 沖縄県石垣島 *んのーん・んなうん 沖縄県石垣島

→うらやましがる(羨)

□ねたむこと *ひんねし 京都府相楽郡 *ひんねみ 三重県上野市 *へんにし 兵庫県神戸市 *へんにち 福井県遠敷郡 岐阜県不破郡 *へんねし 福井県 三重県伊賀 滋賀県彦根・蒲生郡 京都市「あの子はまたへんねし起してる」 大阪市 兵庫県・神戸市 奈良県 *へんねじ 兵庫県明石郡 *へんねち 愛知県名古屋市

他人を□人 *よだれったらし 埼玉県秩父郡

人のすることを□であれこれと言う *ませがう 山形県庄内 *ませがる 山形県庄内・東田川郡

うり【瓜】 *あじうり 新潟県佐渡 *たまごうり(鶏卵大の白色の瓜) 鹿児島県肝属郡 *つけうり(漬け物用の瓜) 山形県西置賜郡 長野県佐久 *つけものうり(漬け物用の瓜) 周防

□などのうらなり *つるたぐり 山形県西置賜郡 新潟県西蒲原郡 *つるたごみ 山形県 *つるまくり 滋賀県彦根 *へべかす 新潟県佐渡 *へぼ 宮城県仙台「胡瓜、こったへぼばりになりしたまづ」 千葉県香取郡 神奈川県中郡 *へぼなり 千葉県香取郡

うる【売】 *おり(原価の倍額で売る) 群馬県多野郡 *おれ(原価の倍額で売る) 静岡県志太郡 *かーすん(「買わす」の転) 沖縄県八重山 *はーすん 沖縄県黒島 *ふりうり(商品を利益を無視して売ること) 岐阜県飛驒 大分県宇佐郡

ものを高く□ *ける 山口県玖珂郡 *たかうい(高く売ること) 沖縄県首里 *たかばる 福岡市

安く□ *こだるる(値引きをして売る) 福岡市 *ぶっさらう 静岡県榛原郡

うるさい【煩】

①音が大きくてやかましい。騒々しい。 *あき

ろしー徳島県　香川県伊吹島　*あぎろしー徳島県　*あぐらしー新潟県　富山県砺波　石川県鹿島郡・金沢市　*あぐるしー新潟県佐渡　富山県　石川県河北郡　岐阜県飛驒　*あぐろしー新潟県佐渡　*あせくらしー新潟県東蒲原郡　富山県富山市「彼地（あっち）へ行っとれ、あせくらしい」・砺波　石川県鹿島郡・羽咋郡　*あぜくるしー熊本県球磨郡　*あせずがし青森県　*あせっくらしー新潟県　*あぞくろしー滋賀県彦根市　*あつかましー（うるさい。やかましい。また、煩わしい）京都府竹野郡「子供が居るとあつかましてゆっくり昼寝もでけん」　兵庫県佐用郡・赤穂郡　岡山市「おあつかましう御座いました」　徳島県・海部郡　香川県高松市・塩飽諸島　愛媛県「えーあつかましー、もー止みょー」　高知県「えらいあつかましい子で、少しもじっとしては居りません」　*あへじがし青森県津軽「立ったり座ったりして、あへじがし」　*あれぁない青森県南部　*いげろし鹿児島県肝属郡　*いじましー新潟県東蒲原郡　岡山市「いじましい児」　*いっしゃいなか鹿児島県揖宿郡　*いまいましー・いまめしー（子供につきまとわれてうるさい）熊本県南部　*いやけない山口県　*いろくらしー（子供が人のものなどを見たがったり知りたがったりしてうるさい）宮城県仙台市「いろくらしいやつだ。人のかくすものを見たがるのは卑しい根性だ」　*うざくらしー福井県東部　岐阜県飛驒　*うざくるし石川県江沼郡　*うざくろしー福井県敦賀郡　*うすらい千葉県安房郡　*うすれべ千葉県安房　*うぜらしー鹿児島県　*うっさくらしー新潟県上越市　*うるさったい長野県上伊那郡・下伊那郡　*えーいよ和歌山県　*えーもよ奈良県宇陀郡「えーもよ　あっちへ行ってくれ」　*おとましー（「うとましい」の転）福井県大飯郡　三重県　大阪市　奈良県　岡山県　徳島県　香川県　*かかましー茨城県稲敷郡　*かせわしない・かっちぇわしない・かっちゅわしない・かっちゃわしー山形県　*かっせわしー山形県西村山郡　*かっせわしない・かちょわしない山形県西村山郡　*かっちょわしない山形県東村山郡・北村山郡　*がらがら（騒がしいさま。うるさいさま）栃木県　*からせつない岩手県気仙郡　宮城県北部「からせずねぁがら遊ぴさ出はれ」　*からせわしー山形県東置賜郡・最上郡　*からへわしぇ山形県新庄市・最上郡「からへわしぇ小僧っ子」　*きがわるい兵庫県但馬　鳥取県　島根県　岡山県真庭郡　*ごーさい（うるさいさま）高知県高岡郡　*こじゅらしか熊本県天草郡　*こじょわしない富山県・砺波　*こじわし岩手県九戸郡　*さがましー（がさがさしてうるさい）愛媛県　*さしない青森県津軽「よがさしなえ（蚊がうるさい）」　*さまじー岡山県阿哲郡　*されがしー山形県西置賜郡　*しがらさい・しからーさい鹿児島県喜界島　*しからしー熊本県八代郡・芦北郡　鹿児島県喜界島　*ししかましー愛媛県　*しゃーしー大分県西国東郡・速見郡　*じゅつね鹿児島県肝属郡（ちっともじっとしていない子供などに言う）　*しょしねー山形県東田川郡　*しょわしー山形県飽海郡　大分県　*しょわしない秋田県河辺郡「しょわしねぇ子供だ」　山形県南村山郡・飽海郡　富山県砺波　石川県江沼郡　*しろーしー島根県鹿足郡「子供が泣あてしろーしー」　山口県豊浦郡　*しろしー山口県向島「しろしいところ」・大島　*ずつない岐阜県郡上郡「こどもたちそーわるかんなよ、ずつないね（子供たち、そうふざけるでないよ、うるさいから）」　鹿児島県　*ずっね鹿児島県・硫黄島　*すばらしねぁ秋田県南秋田郡「隣の家ではすばらしねぁ音する」・河辺郡　*すぱらすい青森県南部「少しすぱらすいからおとなしくしろ」　*すばろーしー・すばらおしー広島県比婆郡　*すばろしー広島県比婆郡・高田郡　*ずんなか鹿児島県屋久島　*せぁしね鹿児島県　*せーまじったい・せまじったい山梨県　*せがーし・せがーっね・せがーっなか鹿児島県鹿児島郡　*せからし熊本県下益城郡　宮崎県　鹿児島県　*せがらし熊本県天草郡　鹿児島県　*せからしー福岡県　佐賀県　長崎県・北松浦郡「人ばかり来いせからしい」　熊本県・下益城郡　大分県　宮崎県東諸県郡・西臼杵郡「せからしい！おとなしうせい」　鹿児島県　*せからわし福岡県田川郡　*せせうるさい（子供などがひどくうるさい）茨城県稲敷郡　新潟県佐渡「側にきてせせうるせえ」　*せせかましー高知県高岡郡　大分県　*せぜかましー愛媛県周桑郡「こなせぜかましい所じゃ何じゃ考えられん」　*せせっかしー栃木県　*せせっぽい長野県東筑摩郡　*せせらしー島根県　*せせろーしー島根県石見　*せせろしー大分県大分郡　宮崎県西臼杵郡「こげーなせせろしい所じゃちいっとん考えられん」　*せっからしない宮城県栗原郡　*せつない岩手県　宮城県　福島県「子供ばかり多くてせつない目に会う」　福岡県小倉市　*せばしない・ひわしない秋田県山本郡「お前は常にせばしね」「ひわすねぁ児だな」　*せわしー青森県上北郡　岩手県　山形県　福島県　岐阜県飛驒「せわしうて眠れん」　大分県宇佐郡　宮崎県西臼杵郡「こぎゃー、せわしいとこぢゃなんにも考えられん」　*せわしたない岐阜県飛驒　*せわしない青森県南部　宮城県栗原郡　秋田県「余りせわしねぁぐ催促する」　山形県　福島県　富山県　石川県江沼郡・珠洲郡　島根県「せわしないぞ。静かにせー」　*そーがしー愛知県宝飯郡　*そーがましー島根県　広島県高田郡　香川県塩飽諸島　愛媛県「そーがましい、はよお止め」　高知県「そんなにそーがましゅーてはのぼせる」　福岡市　長崎県対馬　熊本県下益城郡　*ぞーがましー徳島県　*そーくらがましー愛媛県　*そーつらがましー・そつらがましー愛媛県宇和島市　*そーましー長野県西筑摩郡　岐阜県「なんとそーましい人たちじゃろ」　静岡県　愛知県　*そがましー熊本県芦北郡・八代郡　*そがら

し 鹿児島県「そがらしゅし(騒がしくて)のさんが(たまらんよ)」 *そぐらがましー 愛媛県南宇和郡 高知県幡多郡 *そぐらましー 愛媛県北宇和郡 *そぼろしー 山梨県南巨摩郡「何といふそぼろしい子づら」 *そぼろったい 長野県佐久 *そんぐらがましー 高知県幡多郡 *そんぐらましー 高知県幡多郡 *ちんけない 宮城県遠田郡 *てかぴか(うるさいさま) 山形県米沢市「てかぴかする(うるさくする)」 *てれくさい(特に色事に用いる) 山口県阿武郡 *どーとしー 埼玉県秩父郡 *はがい・はがたらしない 兵庫県淡路島 *ばぶしなー 三重県南牟婁郡 *ひすこい 香川県高見島 *ひっちゃぜくろしか 長崎県五島 *ひわすない 秋田県山本郡「ひわすねぁ児だな」 *びんぼーしー 島根県美濃郡「この女子は何とびんぼーしーのー」 *まだかしー(子供が騒いでうるさい) 長崎県対馬 *みみがしましゃん 沖縄県首里 *みみがはらやむ(周囲の声や音が、耳が病気になるほどうるさい) 青森県津軽 *むせっこい 岐阜県土岐郡 *めつぐ(うるさいさま) 鹿児島県揖宿郡 *やかしない 石川県鹿島郡「やかしないわらしだ」 *やかしまい 秋田県 *やかしめ 秋田県平鹿郡「そんなにしては、やかしめ」 *やかましない 秋田県秋田市「やかましねぁがら静かにせ」・鹿角郡 長野県上伊那郡 *やぎろしー 広島県倉橋島・比婆郡 徳島県「子供が泣いてやぎろしい」 香川県伊吹島 愛媛県 高知県幡多郡 *やくさい 石川県鹿島郡 *やぐらしか 佐賀県・藤津郡「こぎゃんやぐらしかとこでないなんいっちょでんかんがえられん(こんなうるさい所では何一つ考えられない)」 長崎県 *やげりおしー 広島県高田郡 *やげろーしー 岡山県阿哲郡 広島県倉橋島・高田郡 *やげろしー 島根県石見 *やごらしー 長崎県壱岐島・対馬 宮崎県西臼杵郡 *やじかましー・やじくろしー 兵庫県加古郡 *やじらしか・やじらっしゃよ 長崎県五島 *やじろし 鹿児島県姶良郡 *やぜかましー 愛媛県新居浜市・周桑郡 *やぜくらしか・やぜくるしか 長崎県長崎市・西彼杵郡 *やぜくろしか 鹿児島県・屋久島 *やせくろしー 鹿児島県 *やぜらしか 長崎県北松浦郡(中流以下)「ああ、やぜらしかよ」・壱岐島 熊本県天草郡 鹿児島県 *やぜろーしー 山口県 *やぜろしー 宮崎県 鹿児島県 *やでろーしー 広島県高田郡 *やながましゃん(音などがうるさい。不快だ。また、人などがしつこく不快だ) 沖縄県首里「やながましー むん(しつこい嫌なやつ)」 *やんちゃくさい(子供がまつわりついてうるさい) 広島県比婆郡 *よだき 鹿児島県肝属郡 *よだきー 鳥取市 大分県大分市・大分郡「あーよだきー(ああうるさい)」 *よだけー 広島県中部 *らくげ(うるさいさま) 奈良県吉野郡「らくげな」 *わやわや(騒いでうるさいさま) 岩手県平泉 新潟県佐渡「わやわや騒いでいる」 富山県砺波 山口県豊浦郡

②わずらわしい。うっとうしい。面倒くさい。じゃまだ。 *いしー・いっしー(いとわしい) 兵庫県但馬 *いじくらしー 富山県 石川県 島根県出雲 *いじこい(不快だ) 青森県津軽 *いじっかしー 石川県金沢市 *いやましー(執拗だ) 長崎県五島「あまり度度いやましく言われぬ」 *うせない(干渉されてうるさい。また、子供がむずかってうるさい) 岩手県上閉伊郡・東磐井郡 *うたちー 大分県 *うたてー 青森県三戸郡 山形県 大阪府大阪市・泉北郡 奈良県「何するもうたてい」 和歌山県和歌山市・那賀郡 島根県那賀郡「うたてー事を頼む男だ」・鹿足郡 徳島県 長崎県 *うたとい 和歌山県 *うっさかれ(面倒なさま。世話がやけたりしてうるさいさま) 愛媛県東宇和郡「分かっていようか、うっさかれなやのー」 *うっつぁーしー 群馬県勢多郡 埼玉県秩父郡「うっつぁーしー奴らだ」 *うっつぁし 福島県 *うっつぁしー 福島県 茨城県久慈郡・多賀郡 栃木県 *うっとーたい 愛知県宝飯郡・豊橋 *うっとさえ 茨城県東茨城郡・行方郡 *うっとしー 徳島県 *うっとしねー 長野県上田 *えきじらしー 島根県安来市 *えじくらし・えんつくらし 青森県津軽「えんつくらしでぁ、やめろじゃ」 *えずらしー(世話が焼けるさまだ) 高知県土佐 *えぜない 大分県速見郡 *おーらましー(邪魔だ) 新潟県佐渡「あまりさわいじゃおおらましい」 *おとろしー・おとろし 奈良県「そんなおとろし事俺ようしやん」 *かからしー(気掛かりだ。仕事の邪魔だ) 岩手県気仙郡「かがらし奴だ」 宮城県牡鹿郡 山形県東置賜郡・米沢市 福島県相馬 新潟県北蒲原郡・新発田 *かちゃましー・かっちゃましー 青森県「あいつかちゃましい奴だ」 *がめつい(ささいなことにまで細かくうるさい) 岡山県児島郡 *きあいがわるい 岐阜県土岐郡 島根県 岡山市 *きたない 三重県志摩郡 岡山県小田郡 広島県大崎下島・佐木島・因島 山口県佐合島 徳島県 香川県広島 *きちゃなー 岡山県小田郡 *きやいくそがわりー 島根県石見 *きゃくそがわるい 岡山市 *しゃーらしか 福岡市 *じゅーこい(しつこい。執拗だ) 島根県石見「じゅーこいことを言うな」「お前のように繰り返して言うのはじゅーこい」 *じゅんけない(厄介だ) 宮城県登米郡・玉造郡 山形県最上郡 *しゅんけない(厄介だ) 山形県最上郡 *じんけーない(厄介だ) 宮城県仙台市・名取郡 *じんけない(厄介だ) 宮城県栗原郡・玉造郡 *ずつもね(しつこい) 鹿児島県 *ずれたい(しつこい) 山形県庄内「ずれたい子」 *ずんかえねぁ(厄介だ) 宮城県加美郡 *せわらし 島根県「せわらしね言わんでも分っちょる」 *だてー・だってー 山形県 *ちょろちょろしー(ちょろちょろしてうるさい) 山形県米沢市「ちょろちょろしい奴だ」 *どぜね 大分県速見郡 *めぐらってー(子供などが目の前を動き回ってうるさい) 東京都八王子 神奈川県津久井郡 *めぐらまったい(子供などが目の前を動き回ってうるさい) 静岡

県富士郡 *やいこしー 兵庫県淡路島 高知県 *やえこしー 新潟県佐渡 *やくたしー 茨城県鹿島郡・稲敷郡 *やくたわしー 茨城県行方郡 *やせったい 山梨県「三人の孫を子守るこたーやせったい」 *やっかし 茨城県稲敷郡 *やっかしー 茨城県「やっかしい子供だ」 千葉県印旛郡「やっかしー子供だ」 *やにこい 愛知県知多郡 *やねこい 石川県鹿島郡 香川県小豆島 *やばちー(嫌だ。不快だ) 岩手県気仙郡 秋田県「おれが来たからってやばちがらなくてもよからう」 *やぶしー・やんもしー 長野県下伊那郡 *やぶせったい 神奈川県小田原市 山梨県「眼にものもらひが出来てやぶせったい」 長野県 静岡県「やぶせったいからそこらにごろしているじゃない」 *やぶせっぽい 静岡県・富士郡 *やぶせぼったい 静岡県・安倍郡 *やぶっくせー 長野県佐久 *ややくしー 石川県能美郡 *ややこい・ややこ 愛媛県周桑郡・喜多郡「ああややこ」 *ややこしー 新潟県佐渡・西頸城郡 石川県 三重県 大阪府 兵庫県加古郡・淡路島 島根県「ややこし仕事に今かかっちょーところだ」 徳島県 愛媛県周桑郡・喜多郡「ややこしーことぎり云ひよるんじゃけん、好かん」 高知県 *ややっこしー 新潟県佐渡

→さわがしい（騒）・そうぞうしい（騒々）・やかましい（喧）

いつも小言ばかり言って□ *こしぱらし 青森県上北郡 *こしばらしない 青森県上北郡 *こすぱらしない・こつぱらしない 北海道函館 *こちぱらしー 北海道 *しはらしー 青森県南部 *しばらしー 秋田県鹿角郡「しばらしくて寝られない」 *しぱらしー 青森県上北郡・南部 *しぱらしない・こしぱらしない 青森県三戸郡・南部 *しぱらない 青森県三戸郡

□**人** *あきろしまつ 香川県伊吹島 *けかちぽいと(飲食物にうるさい人) 岩手県二戸郡 *びんろーじ(うるさい子供) 長野県上田 *ふぃっく(動作が速くてうるさいこと。また、その人) 山形県西置賜郡・南置賜郡

□**言う** *いじをやく(小言を言う) 茨城県 長野県 *うざうざ(細細とうるさく言うさま) 奈良県南大和 *がまがま・がまかさ(うるさく言うさま) 山口県「がまがま言ふ」 *ちゃぴちゃび(差し出がましくうるさく言うさま) 新潟県西頸城郡 *ちゃわちゃわ(うるさく言うさま) 新潟県西頸城郡

□**する** *ばさつく 岩手県九戸郡

□**てしようがない** *ほーだいない・ぽーだいない 岩手県上閉伊郡「騒いでほーでぇぁねぇあ」

非常に□ *あたうたてー 和歌山県那賀郡「あたうたてい事止めよし」 *あたうっせ 千葉県夷隅郡 *あたうるさい 兵庫県神戸市 和歌山県「あたうるさいよ、もうだまってゐよ」 *あためんどい 兵庫県明石郡・神戸市

目障りになって□ *めまぐらしー 山形県米沢市「めまぐらしー事をしんな」 *めまぐるしー 茨城県多賀郡 *めめがましー 愛媛県 *めめぎろしー 宮崎県宮崎郡 *めめくるしー 佐賀県 鹿児島県 *めめぐるしー 愛媛県 佐賀県 鹿児島県 *めめぐろしー 島根県石見「その辺をばーはーする(じゃまする)とめめぐろしー」 愛媛県・大三島 長崎県北松浦郡「めめぐろしかことするな」 鹿児島県肝属郡 *めめってぁ 岩手県気仙郡「ああめめってぁ、あっちで遊べ」 *めめらしか 鹿児島県

うるし【漆】 *うるしのき 静岡県 *かぶれ 静岡県遠江 *かぶれっき 静岡県 *かぶれのき 静岡県 広島県高田郡 *さかりうるし(土用に採った最良質の漆) 奈良県吉野郡 *せしめ(その年、最後に採った漆) 奈良県南大和 *まけぎ 岡山県児島郡・御津郡

うるち【粳】 粘り気の少ない澱粉（でんぷん）、アミロースを主成分とし、飯として常食にする米。 *あかぴにじゅまい 沖縄県石垣島 *うりごめ 新潟県佐渡 *うる 新潟県上越市 *うるしね 愛知県愛知郡 *うろごめ 新潟県上越市・中頸城郡 *おろごめ 山形県西田川郡 *きち 徳島県・那賀郡 香川県大川郡・木田郡 高知県・高知市 *きちごめ 徳島県 香川県大川郡 *きちまい 兵庫県淡路島 香川県東部 徳島県美馬郡 高知市 *さくぐみ 鹿児島県奄美大島 沖縄県島尻郡・首里 *さくまい 沖縄県鳩間島 *さくめー 沖縄県首里・石垣島 *さふまい 沖縄県石垣島・竹富島 *じこごめ 鹿児島県奄美大島 *しゃく 愛媛県 *しゃくごめ 鹿児島県奄美大島 *しゃくのこめ 愛媛県 鹿児島県 *しゃくのよね 宮崎県児湯郡 *しゃくまい 大分県北海部郡 *しゃち 鹿児島県 *ただ 岡山県児島郡・川上郡 広島県 *たたごめ 兵庫県但馬 *ただこめ 岡山県児島郡 *ただごめ 富山県砺波 島根県石見 広島県・比婆郡・高田郡 香川県小豆島 大分県日田郡 *ただまい 新潟県上越市 岐阜県高山市 京都府竹野郡 兵庫県 和歌山県東牟婁郡

うれしい【嬉】 *あながちさん(再会してうれしい) 沖縄県首里 *いさましー 山口県 *うっしー(児童語) 滋賀県 *うっしゃん 沖縄県首里 *うれー 茨城県真壁郡 *うれしない 香川県大川郡 *おもしょい 岩手県気仙郡 *おもしれ 青森県上北郡 秋田県横手市 *おもしろい 青森県三戸郡 秋田県鹿角郡「(久しぶりに帰省した子の親に対して)なんぼかおもしろくておでゃるだか」 山形県鶴岡 *おもせー 山形県 *おもっしぇー 岩手県気仙郡 *おもっせ 岩手県気仙郡 *おもへー 山形県北村山郡 *けち(嬉しいさま) 東京都八丈島「あしけことに(これはこれは)けちだあ(うれしい)」 *さにーさに(嬉しそうなさま) 沖縄県石垣島 *さにしゃーん 沖縄県石垣島 *さにしゃん 沖縄県竹富島 *さにやん 沖縄県鳩間島 *さにんけーり(嬉しそうなさま) 沖縄県石垣島 *しゃにしゃーん 沖縄県

石垣島 *しゅーぶ(嬉しいこと) 山形県東田川郡 *しょーぶ(嬉しいこと) 秋田県雄勝郡「これが、こはれないでしょーぶした」・鹿角郡「ええものを頂いてしょうぶつけたね」 新潟県中頸城郡「くじを引いて簞笥を当ててしょーぶした(大もうけした)」 石川県金沢市・河北郡 広島県倉橋島 愛媛県津和地島・二神島・津島市 *しょんぶ(嬉しいこと) 秋田県河辺郡 *ふーらさ 鹿児島県与論島 *ふくらしゃん 沖縄県首里 *ふほらさん 鹿児島県加計呂麻島 *ぽーらさい・ぽーらしゃい・ぷくらさ 鹿児島県喜界島「ぽーらしゃちぇーさしゅい(嬉しそうにしている)」 *ほーらさん 鹿児島県沖永良部島 *ほーらしゃん 鹿児島県奄美大島 *ほーらはん 鹿児島県徳之島 *ほたほた(喜んで嬉しそうなさま) 滋賀県蒲生郡 岡山県児島郡「キャラメル買うちゃったらほたほたして帰ったが」 *めんげらしー(やった結果がよくてうれしい) 愛知県西春日井郡・名古屋市

うれる【熟】 *あかむ・あこむ 和歌山県東牟婁郡「裏の柿あこむの待って売ろか」 *てる 石川県 徳島県 香川県「このすいかようてっとるからうまいな」

果実の□盛り *うれさご 島根県美濃郡「いちじくのうれさごじゃ」

うろこ【鱗】 *いーこ 佐賀県 *いこ 鹿児島県 *いっき・いっち 鹿児島県喜界島 *いっとー 沖縄県与那国島 *いら(魚の鱗) 大分県 *いらき 沖縄県鳩間島・黒島 *いらぎ 沖縄県石垣島・小浜島 *いらこ 静岡県川根 鹿児島県 *いりき 鹿児島県奄美大島・加計呂麻島 沖縄県島尻郡・新城島 *いりぎ 沖縄県波照間島 *いりこ 長崎県南高来郡 熊本県芦北郡 鹿児島県種子島 *いりち 沖縄県・首里 *いりや 沖縄県西表島 *いる 沖縄県竹富島 *いるこ 長崎県南高来郡 *いろこ 秋田県仙北郡 岐阜県飛驒 長崎県南高来郡 宮崎県東諸県郡 *おけろ 岐阜県武儀郡 *おろくず 岐阜県益田郡 *おろけ 山形県西田川郡 岐阜県北部 島根県出雲 *こけ 青森県南部 宮城県栗原郡 山形県 福島県 茨城県稲敷郡 栃木県河内郡 群馬県佐波郡 埼玉県入間郡 東京都 新潟県 長野県 静岡県磐田郡 愛知県東春日井郡 香川県綾歌郡「さかなのこけうつ」 *こけら 岩手県 宮城県 山形県 福島県 茨城県 栃木県塩谷郡 埼玉県秩父郡「こけらを取ってから料理するんだよ」 千葉県 東京都・利島 神奈川県中郡 新潟県 山梨県・南巨摩郡 長野県上伊那郡・佐久 岐阜県恵那郡 静岡県 愛知県 香川県 *ささみ(魚の鱗) 岩手県上閉伊郡 *さめ 福井県坂井郡 鹿児島県種子島 *しゃめ 山口県豊浦郡 *そぶ(魚の鱗) 島根県隠岐島 *つ 長崎県五島 *はざ(魚鱗) 和歌山県西牟婁郡 *はだ(魚鱗) 静岡県賀茂郡・榛原郡 三重県「はだをすく(うろこをとる)」 和歌山県東牟婁郡・西牟婁郡 *ひら 大分県大分郡 *ゆきひら(魚の鱗) 大分県大分郡 *ゆら(魚の鱗) 大分県大分市・大分郡

アジなどの、尾に近い所に付いている細かい□ *いらら 富山県砺波 *おにころし 島根県 *ぜに 和歌山県田辺市・和歌山市 *ぜん 鹿児島県 *むかぜ 長崎県壱岐島

うろたえあわてる【狼狽慌】 *どぅまんぐぃちまんぐぃ 沖縄県首里 *まいどれる 兵庫県加古郡

うろたえさわぐ【狼狽騒】 *しょーぬぎゅん 沖縄県首里 *てぃおーさおー(うろたえさわぐさま) 沖縄県首里 *どんぎろめ(うろたえさわぐこと) 鹿児島県「どんぎろめをする」

うろたえる【狼狽】 *あおたえる 神奈川県津久井郡 静岡県磐田郡 *あおてる 広島県福山市・沼隈郡 愛媛県 *あやける 群馬県吾妻郡 長野県「あやけて飛んで行った」 *あわたえる 新潟県西頸城郡 *いちゃつく 長野県 *うろがくる 奈良県 *うろがつく 香川県仲多度郡 *うろくる 奈良県南大和 *ぎりをうつ 大分県北海部郡・南海部郡 *けてんずく 長崎市 *さわじゅん 沖縄県首里 *じゃまどぅゆん 沖縄県首里 *じんどもう 奈良県南大和 *すこたえる 長崎県南高来郡 *すこたゆる 福岡県三池郡・三潴郡 *ちぢぎらかす 島根県出雲 *ちぢぎれる 島根県「バスが来たのでちぢぎれて乗った」 *ちぢれる 鳥取県日野郡 *ちゃわつく 新潟県中頸城郡「ちゃわつくな」 石川県鳳至郡 *ちゃわめく 青森県 *どぅまんぐぃゆん 沖縄県首里 *どぎまんつく 兵庫県明石郡 *どしめかす 秋田県「どしめがしてにげて行った」 *どしめく 秋田県平鹿郡・由利郡「あんまりどしめくな」 *どちぎる 香川県 *とちくる 三重県度会郡・宇治山田市 *とちくるー 新潟県佐渡 *とちける 福井県大飯郡 滋賀県高島郡 *とちつく 新潟県佐渡 *どちつく 石川県江沼郡 三重県阿山郡 *どちまう 滋賀県甲賀郡 *とちまずく・どちまずく 三重県度会郡 *とちまどう 長崎県対馬 大分市 *とちまとる 福岡県築上郡 *とちまよう 島根県「あの時はさすがにとちまよーた」「何をとちまよーちょーか。しっかりせー」 山口県豊浦郡 *どちゃまく 青森県三戸郡 *とちる 兵庫県淡路島 高知県 *とちるる 福岡市 熊本県 大分県大分郡 *とちれる 三重県伊賀 島根県石見「後から自動車が来てとちれた」 山口県阿武郡・大島「あんまり仕事が多いので何をしてよいか判らんのでとちれちょる」 *とどろく・とどろく 島根県「図太い男で、ちっとぐらえ言うたんではとどろく人間だなえ(ではない)」 *とばずく 徳島県 鹿児島県肝属郡 *どまぎるる 鹿児島県 *どまくー 新潟県佐渡 *どまぐゆい 鹿児島県鹿児島郡 *どまくる 新潟県佐渡 京都府竹野郡 *どまぐる(どれにするか迷う) 山口県豊浦郡 *どまぐるる 佐賀県 熊本県玉名郡・八代郡 *どまぐれる 宮城県仙台市 埼玉県川越市近傍 長野県下伊那郡 愛媛県・松山 高知県「あんな事とは知らずに往ってみてどまぐ

れた」・幡多郡　福岡県　長崎県対馬　熊本県八代郡　鹿児島県　*どまずく 北海道積丹半島　青森県　岩手県「急に言われだので、どまずいだ」　山形県北村山郡　宮城県　福島県東白川郡「どっちゃ行って良えがわかんねえでどまづえた」　茨城県　*どまつく 岩手県紫波郡　福島県石川郡　茨城県　新潟県佐渡「ありゃ、なにをどまついとる」　富山県・砺波　石川県　岐阜県稲葉郡・郡上郡　愛知県知多郡　三重県志摩郡・度会郡　京都府竹野郡「初めての所なのでかなりどまついて居たようだ」　兵庫県明石郡　*どりゅーまう 島根県邇摩郡　*ばたぐりゅん 鹿児島県奄美大島　*ばたぐりりゅん 鹿児島県徳之島　*ばたぐるー 宮崎県西臼杵郡　*ばったかえす 宮城県石巻　山形県米沢市　*ばったこく 山形県東村山郡「夕立で干物入れにばったこく」　*ほーたえる 愛媛県大三島　*ほたえる 島根県「ほたえると忘れ物をするぞ」　岡山県津山市　広島県　愛媛県・大三島　*ほろまく 岩手県気仙郡　宮城県「手不足でとくとほろまえた」　*ほろをまく（「ほろを巻いて逃げる」の意から）宮城県登米郡・仙台市　*ままたえる 鳥取県東部・西伯郡　*ままたく 島根県那賀郡　*ままやく 東京都八王子　神奈川県津久井郡　岐阜県　*ややける 長野県「よくややける人だ」

→ろうばい（狼狽）

□させる　*どぅまんぐゎしゅん 沖縄県首里

□こと　*じゃまどぅい・じゃまどぅいかー 沖縄県首里「じゃまどぅいかーどぅい（大いにうろたえること）」　*てんてこまい 島根県「急に部長が見えててんてこまいをした」　広島県佐伯郡　*とぅぬーまぬー 沖縄県首里　*どてかっぱえ 山形県北村山郡・最上郡「今朝の火事で、どてかっぱえした」　*ばったげし 宮城県栗原郡「ばったげしする」　*ぼーまい 鳥取市　徳島県「ぼーまいつく」　*ぼーまん 長崎県対馬　*ぼーめん 新潟県「ぼうめんしる」「わるさしてっとこ先生に見つけられたんだ、ぼうめんかいてったっけ」　*ぼんまえ 新潟県「ぼんまえかく」　*まんぐぃ（動詞は「まんぐぃゆん」）沖縄県首里

□さま　*あまじちかー 沖縄県首里　*うろとろ 山形県南置賜郡・西置賜郡　*おりたえくさー（「うろたえくさい」の転。とかくうろたえやすい）愛媛県大三島「おりたえくさーけんよ（子供がつまずいた時に親がたしなめて言う）」　*けぼけぼ 岐阜県可児郡　滋賀県愛知郡　*そそっぱえや 島根県隠岐島　*ちょーらもーら 新潟県「そんなにちょーらもーらしんな」　*てぃーまーまー 沖縄県首里　*どどまど 静岡県榛原郡「あんまし怒られりゃー、どどまどしちまう」　*やっさもっさ 山口県

恐れ□　*おじひろたえる 和歌山県西牟婁郡

早のみこみで□人　*はやがねつき 熊本県

うわぎ【上着】　*おーんぎん 沖縄県石垣島　*かも（仕事着の三角そでの上着）千葉県君津郡　*かわばおり（鹿の革で作った、山行き用の上着）奈良県吉野郡　*ぎんぽ・ぎんぼ（紺色の作業用上着）山形県西置賜郡　*さる（山仕事などをする時に着る上着）長野県飯田　*じしんぺ（綿入れのそでのない上着）福井県　*じばん（着物の上に常に着る上着）山形県　*しょいこ（そでなしの上着）千葉県安房郡　*しょいっこ（そでなしの上着）静岡県富士郡　*しょっこ（そでなしの上着）茨城県新治郡　栃木県　*しりっぷり（丈の短い上着）山形県西置賜郡　*しりぷり・しっぷり・しっぷりはんてん（丈の短い上着）山形県米沢市　*じんじん（そでなしの上着）兵庫県加古郡　*じんば（そでなしの上着）大分県西国東郡　*じんべ 石川県江沼郡　三重県名張市　京都市　大阪府　兵庫県神戸市・加古郡　奈良県　和歌山県　島根県　広島県安佐郡・高田郡　香川県　大分県　*じんぺ（そでなしの上着）島根県八東郡　*じんべー（そでなしの上着）三重県伊賀　兵庫県但馬　島根県鹿足郡　岡山県　広島県高田郡　*じんぺー（そでなしの上着）島根県鹿足郡　愛媛県　*じんべさん（そでなしの上着）兵庫県加古郡　奈良県南大和　香川県綾歌郡　*じんべら（そでなしの上着）奈良県吉野郡　*ずぶり 青森県南部　*すぷり 青森県南部　岩手県　*でんちゅー（筒そでの上着）長崎県壱岐島　*どーかけ（腰の辺りまでの丈の短い上着）高知県土佐郡　*どさ（漁師が着る、木綿刺し子の上着）福井県大飯郡　*ひっぱり（仕事着。作業用の上着）福井県大飯郡・遠敷郡　三重県上野市・名賀郡　大阪市　奈良県吉野郡　広島県江田島・高田郡　山口県大島　香川県木田郡・高松市　*ひっぱり 大阪府東成郡　兵庫県但馬　和歌山県「ひっぱり着てる」

うわさ【噂】　*うとぅ 鹿児島県喜界島　沖縄県首里　*おと 鹿児島県上甑島　*おとのたより 新潟県佐渡　*かばなし 岩手県上閉伊郡　*くちすぃば 沖縄県首里「すぃきんぬ　くちすぃばに　かかゆん（世間のうわさに上る）」　*こえとひょーし 新潟県佐渡「こえとひょうしであてにならん」　*さた 島根県出雲「こなえだ分家へえきたらお前のことがえねさたしちょってだったで（この間分家へいったら君のことをいろいろうわさしてたよ）」　沖縄県「さたりゆん（うわさされる）」　*どーひ 岐阜県飛驒「それはとーひじゃろ」　*はがまち 広島県倉橋島「はがまちにかかる（人のうわさに上る）」　*ふーぎ 愛知県知多郡　*やおと 島根県美濃郡「やおとを聞いてから始めた方がえー」　*やわい 愛媛県今治市「やわいこぐ（人のうわさをする）」・周桑郡　*やわき 島根県隠岐島　*わさ（「うわさ（噂）」の転）茨城県　*わざ（「うわさ（噂）」の転）石川県河北郡

□をする　*やわい（他人のよくないうわさをすること）愛媛県今治市「やわいこぐ（人のうわさをする）」・周桑郡　*やわき（他人のよくないうわさをすること）島根県隠岐島　*ことふれ（他人のうわさなどを触れ回ること。また、その癖の

ある人）香川県三豊郡 ***はやがね**（うわさを流して歩くこと。また、その人）宮城県石巻「あの女ははやがねだ」・仙台市 ***ふやす**（うわさする）福島県南部・会津「何ふやして居るんだ」 ***はやがねうつ・はやがねこかす**（うわさなどを言い広める）宮城県仙台市「おせる（教える）けんとも、はやがねうちんすなよ」 ***やわいこき**（他人のうわさをよくする人）愛媛県

うわさばなし【噂話】 ***ならし** 鹿児島県肝属郡

また聞きで信用できない□ ***だっちょーばなし**（「だっちょー」は「だとよ」の意）静岡県榛原郡

うん【運】 ***あだ** 島根県簸川郡・仁多郡「あだがわるけりゃ」 ***うなじ・うなし** 福井県 ***うんき** 新潟県佐渡「うんきが悪かった」 ***うんすー** 沖縄県首里 ***うんちふぃんち**（非常に運が悪い）沖縄県首里 ***おなじ** 福井県「おなじがいい」 ***かた**（人間の運命を左右する倶生神は肩に宿っているという俗説から）富山県砺波「かたわるい（不幸せだ）」 滋賀県彦根 京都府「かたの悪い（回り合わせの悪い）」 大阪市 愛媛県松山 長崎県対馬 ***きそ** 愛知県知多郡「こりぁきそがええわい」 島根県出雲「あんたは朝からきその悪いことを言う」 香川県三豊郡 ***きそー** 島根県仁多郡 ***きっそ** 新潟県佐渡 和歌山県和歌山市・東牟婁郡「きっその悪い夢をみました」 香川県「きっそのわるいことやしたらいかんぞでぇ」 ***きっそー** 京都市 和歌山県 島根県「元日から天気じゃけーきっそーがえーぞ」 岡山県川上郡 広島県・高田郡 山口県阿武郡・大島 徳島県美馬郡 ***くそげたい** 香川県大川郡 ***ぐん** 岐阜県吉城郡「ぐんが悪い」 ***けたいくそ** 香川県大川郡・木田郡 ***けたくそ** 香川県 ***げまん** 香川県綾歌郡・三豊郡「げまんが悪い」「げまんが損（そこ）ねる（縁起が悪い）」 ***しうじ** 大分県宇佐郡 ***しゅーじ**（「しょうじ（生死）」の転か）大分県宇佐郡 ***すー** 沖縄県首里・石垣島 ***そこび** 京都府竹野郡「あたりましたか。そりゃそこびがよかったですなあ」 ***ちょーしまん** 島根県「あれもちょーしまんが良かった」 ***ひょーし** 山形県「ひょーしわり」「ひょーしえー」 福島県西白河郡 新潟県「あの男もひょーしが悪い」 岐阜県高山 兵庫県淡路島 香川県伊吹島 ***ぶ** 岡山県苫田郡 ***ふ** 群馬県吾妻郡 千葉県夷隅郡 島根県 隠岐島 岡山県真庭郡 広島県 山口県「どういうものかふが悪うてようないことばかり続いちょります」・大島 徳島県 愛媛県 福岡県 佐賀県 長崎県・対馬・壱岐島 熊本県・玉名郡・天草郡 大分県 宮崎県西臼杵郡 鹿児島県・枕崎市・肝属郡 ***ぷー** 鹿児島県喜界島 ***ふー** 大分県「ごふーが悪うございます（お悔やみの挨拶）」 ***ぶに** 和歌山県「今日はどうもぶにがわるい」 島根県「酒だけは不自由せずぶにがあったな」 岡山県 広島県安芸郡・比婆郡 徳島県 香川県木田郡・小豆島・佐柳島 愛媛県 高知県 ***ぶん** 埼玉県秩父郡「あそこの子はぶんがねーそうでとうとう死んじゃった」 ***ぼに** 島根県 ***ま** 高知県 ***まっぱ** 茨城県猿島郡「まっぱがわるい」 千葉県印旛郡 ***まわり** 岩手県気仙郡「まありの悪い人」 山形県東村山郡・西村山郡 ***まん** 新潟県中蒲原郡 岐阜県郡上郡「まんわるい」 三重県名賀郡・志摩郡 滋賀県彦根 京都市「まんがえゝ」 大阪府大阪市「まんよう汽車に乗れた」・泉北郡 兵庫県「まんのもの（運次第）」 奈良県「まんなおしの地蔵尊」 和歌山県「どうも今日はまんが悪いので負けてばかりいる」 鳥取県・西伯郡・気高郡 島根県 岡山県「着いたらすぐ雨が降りました。ええまんじゃった」 広島県 山口県 徳島県・美馬郡「まんがよかったら在宅する」・海部郡「売りまんわるかったらてんごよ（売り運が悪ければだめだ）」 香川県「怪我のまんだったの」 愛媛県 高知県 福岡県粕屋郡・小倉市 佐賀県「まんのよい人」・唐津市・藤津郡 長崎県「まんのわるか」 大分県 鹿児島県・鹿児島郡・喜界島「まんぬわっさた（悪かった）」 ***まんぎ** 愛媛県上浮穴郡 ***まんくそ**（悪い場合）島根県 ***まんけた** 山口県「まんけたがわるい」 ***まんけたい** 山口県大島 ***まんけつ** 香川県 ***まんた** 島根県「どーもまんたがわりー」 福岡県嘉穂郡・粕屋郡 佐賀県「まんたのよい人」 ***まんちょーし** 島根県隠岐島 ***まんば** 新潟県「なんてまんばがえーんだろー」 →うんめい（運命）

一か八か、□に任せること ***いったかみたか** 富山県砺波「どうなるやらわからねど いったかみたかでやってみよう」

□が強い ***ふずよい** 島根県美濃郡・益田市「どこまでもあいつはふずよい奴じゃ」 広島県

□か不運かは天まかせであること ***うっぷかほー** 鳥取県東部

□がよくなる ***まんがなおる** 山口県「今年はまんがなおりそうなものと思うちょる」

□が悪い ***あたふがわるい** 和歌山県東牟婁郡 ***うんざい**（運が悪いさま）京都府竹野郡「わざわざ尋ねて行ったのにうんざゃーお留守でして」・加佐郡 高知県中村市 ***うんぜー**（運が悪いさま）長野県佐久 ***うんつくどんつく**（運の悪いこと）香川県 ***えたわるい** 香川県伊吹島 ***えっきょ**（運の悪いさま）島根県出雲「あいつにとって、えっきょなことがおこった」 ***ごー**（運の悪いさま）新潟県岩船郡 富山県砺波 滋賀県彦根「ごーなこっちゃ」 ***ぶんのこがつめたい・ぶんぼこがつめたい** 岐阜県飛騨 ***へまん**（運の悪いこと）山口県豊浦郡 ***みそくびがわるい** 福井県大飯郡「みそくびの悪い人や」

□次第 ***あたいふし**（「あたりひょーし（当拍子）」の転か。当たるか当たらないかは運次第であること）鹿児島県喜界島「（分配物が当たらない場合）あたいふしだから仕方がない」「（ねらいを定めず雀の群れに石を投げた場合）あたいふし投げたら当たった」 ***あたりびょーし・あたりぶし**

ょー(当たるも当たらぬも時の運であること。当たらないことに言うことが多い)新潟県佐渡「あたりぶしょうで駄目さ」 ***うんぱてんぱ** 新潟県頸城 ***うんぷかんぷ** 岐阜県本巣郡 ***うんぷさんぷ** 長崎県五島 ***うんぷたんぷ** 山形県東田川郡 ***うんぷてんぷ** 山形県　長野県下伊那郡 ***おんぷてんぷ** 岩手県気仙郡「おんぷてんぷやってみろ」 ***まんのもの** 兵庫県神戸市 ***まんもん** 兵庫県加古郡　奈良県北葛城郡 ***れんまん** 長野県下伊那郡「試験などうかるかどうかはれんまんだ」

□の尽き ***ごーのつくばり・ごーのつくばえ** 新潟県西頸城郡

□の巡り合わせ ***じゅん** 香川県木田郡・綾歌郡「きょうはほんまにじゅんが悪かった」

□のよい人 ***ふーぬまり** 沖縄県石垣島 ***ふーにん** 沖縄県首里

□不運 ***うんぷてんぷ**(運のよしあし)山形県西置賜郡 ***えんぶかほー**(「現世で受ける報い」の意から。ものを分ける時などの運不運)島根県邇摩郡「物を分ける時はえんぶかほーがあるもんだ」・邑智郡　広島県福山市 ***びんぶかふ** 宮崎県東諸県郡 ***びんぼーかほー** 島根県大原郡・隠岐島「物を分ける時にはびんぼーかほーがあるもんだ」 ***びんぼかほ** 島根県出雲

□を天に任せること ***うんとーてんとー** 広島県高田郡　福岡市　長崎県対馬 ***うんとてんと** 宮崎県東諸県郡 ***うんぱてんぱ** 新潟県頸城 ***うんぷかんぷ** 岐阜県本巣郡 ***うんぷさんぷ** 長崎県五島 ***うんぷたんぷ** 山形県東田川郡 ***うんぷてんぷ** 山形県　長野県下伊那郡 ***おんぷてんぷ** 岩手県気仙郡「おんぷてんぷやってみろ」

□悪く ***うんこそわりけれ** 島根県 ***おんこそわーけれ** 島根県出雲「おんこそわーけれ汽車に遅れた」 ***おんこそわるけれ・おんこそわっけれ** 島根県隠岐島 ***しゃんと** 徳島県海部郡「しゃんと見つけられた」　高知県「しゃんと惜しい事した」「今度もしゃんといかざった」 ***ちょーど** 三重県志摩郡　島根県邑智郡 ***ちょーどんとっ** 鹿児島県 ***ちょーどんのもんと** 三重県度会郡 ***ちょどんとき** 鹿児島県 ***ちょんどに** 岩手県和賀郡

うんき【運気】

***のだつ** 佐賀県「あの家はのだつがあがらん」「あれは勉強しないからのだつがない」

□の悪いこと ***くろぼし** 新潟県佐渡・中頸城郡「ことしはどうもいちねんじゅうくろぼしだった」

健康で□も強い ***かしらかたい** 新潟県佐渡「にくまれもんかしらかたい」

年齢による□ ***おーどし** 京都府竹野郡「去年はおーどしが悪るて、何をやってもろくなことはなかった」

うんちん【運賃】

***うーしでぃま**(牛馬に荷を負わせて運ぶ時の運賃)沖縄県首里 ***こーそー** 三重県志摩郡 ***つぃみでぃま**(船の貨物運賃)沖縄県首里 ***ぶいち** 島根県石見「ぶいちがあんまり高あ」

うんめい【運命】

***うんすー** 沖縄県首里 ***じょーごー**(死ぬべき運命。寿命)新潟県佐渡「やはり死ぬじょうごうであった」 ***せつ** 島根県「あの人が死んだのはそげなせつに立っておったんだなー」 ***せなか** 長崎県壱岐島「あれもこれもせなか」「あの人もせなかが悪い」 ***てぃんすー** 沖縄県首里 ***のさい** 鹿児島県肝属郡 ***のさり** 宮崎県東諸県郡 ***ふ** 群馬県吾妻郡　千葉県夷隅郡　島根県・隠岐島　岡山県真庭郡　広島県　山口県「どういうものかふが悪うてようないことばかり続いちょります」・大島　徳島県　愛媛県　福岡県　佐賀県　長崎県・対馬・壱岐島　熊本県・玉名郡・天草郡　大分県　宮崎県西臼杵郡　鹿児島県・枕崎市・肝属郡 ***ふー** 大分県「ごふーが悪うございます(お悔やみの挨拶)」 ***ぷー** 鹿児島県喜界島 ***ふじ**(不幸な運命)新潟県佐渡　愛知県知多郡　京都府竹野郡「あのうちもふじが入ったのか近年不幸続きだ」　大阪府大阪市「漬物の匂いや色が悪い時は不時が入る」・泉北郡(凶事)　兵庫県加古郡「ふじがいる」　奈良県生駒郡(災難)・南大和　香川県綾歌郡・三豊郡「ふじが入る」 ***ぶんのくそ** 富山県砺波 ***ぶんのこ・ぶんぼこ** 岐阜県飛驒 ***ぼんのくそ** 富山県　滋賀県「ぼんのくそが悪い」 ***まっぱ** 茨城県猿島郡「まっぱがわるい」　千葉県印旛郡 ***みー** 沖縄県首里

→うん(運)

□付けられる ***あたわる** 青森県南津軽郡「あれしぬね(あれは死ぬように)あれぁあだわたでんじゃ(あれは運命づけられていたのですよ)」　新潟県中蒲原郡「孝行者には何か幸せがあたわる」　富山県砺波　愛媛県宇和島 ***さされる** 岐阜県飛驒「落石で死ぬなんて、ようもさされていたんじゃ」 ***ぬさりゆい** 鹿児島県喜界島 ***のさる** 長崎市「この五銭は僕にのさった」　熊本県「景品ののさらんぢゃった(もらえなかった)」　大分県　宮崎県東諸県郡・都城　鹿児島県肝属郡「あの人は金にのさったしとぢゃ」 ***のさわる** 長崎県南高来郡・長崎市「その金はあーたに、のさわっとったい」

□に遭う ***ひをくー** 福島県東白川郡「怪我しねえで、良いひくった(運がよかった)」

□にゆだねること ***てんとまかせ** 岐阜県飛驒「今となってはてんとまかせでいくよりしかたがない」

え【絵】 *えーさま 富山県砺波 石川県河北郡・江沼郡 *えーさん 奈良県宇陀郡 *えかき 栃木県 *えず 長野県下伊那郡 *えどえ 三重県南牟婁郡 徳島県 愛媛県 長崎県壱岐島 *かー 埼玉県北葛飾郡 *がかも・ががも・ががんも(子供の描いたでたらめの絵) 岐阜県飛驒 *かた 埼玉県北葛飾郡「この挿絵はえらいーかただ」 沖縄県首里 *ちらし 長崎県壱岐島「手ぬぐいのちらし」 *でく 千葉県香取郡 *でこ 鳥取県・西伯郡 島根県 岡山県阿哲郡 広島県比婆郡・高田郡「でこをかく(絵をかく)」 山口県大島 *でこさん 島根県鹿足郡 *でこばじ 島根県八束郡・大原郡 *でこばんば 島根県大原郡 *にんにょー 鹿児島県喜界島 *はつえ(正月に売りに来る恵比須大黒の絵) 栃木県 *ばんば(人物の絵) 和歌山県 香川県仲多度郡・三豊郡 愛媛県 *ばんばー 京都府竹野郡 *ぼぼ(「ぼぼ」は人形の意。人物の絵) 長野県東筑摩郡 岐阜県飛驒 *ぼぼえ(「ぼぼ」は人形の意。人物の絵) 岐阜県大野郡・飛驒(児童語) *ぼぼさ(「ぼぼ」は人形の意。人物の絵) 岐阜県飛驒 *ぼぼのえ(「ぼぼ」は人形の意。人物の絵) 岐阜県吉城郡「義経様のぼぼのえ」

えいじ【嬰児】 *あかねこ 岐阜県飛驒 *あかびき 青森県津軽 宮城県栗原郡(卑語) 秋田県鹿角郡(やや卑しめて言う) *あかびっき 青森県(卑語) 岩手県二戸郡・上閉伊郡(卑語) *あっぱめ 東京都八丈島 *あぱ・あば・あっぽ 島根県隠岐島 *あっぽさん 島根県隠岐島 熊本県玉名郡 *あぼ 熊本県 *あぼさん 熊本県 *あぼんさん 熊本県芦北郡 *あんぼ 岩手県九戸郡 *いが 三重県度会郡 佐賀県 長崎県 *いがいが 長崎県壱岐島 *いかご 熊本県天草郡 *いがご 岐阜県養老郡 愛知県愛知郡 熊本県天草郡 *いがじょ 長崎県北松浦郡 *えちこわらし(「えちこ」は乳児を入れておくわらかごの意。特に、年老いてから後妻などにできた子) 青森県三戸郡「おじいさまて言られずな。まだえちこわらしあるもの」 *えんがびき 青森県東津軽郡 *おぼいや・おぼいやー 山梨県 *こぶ 宮崎県東諸県郡 鹿児島県 *こべ 大分県東国東郡 *こぼ 長野県北安曇郡・諏訪 福岡県田川郡・企救郡 *こんぶ 鹿児島県 *こんぼこ 長野県北安曇郡・諏訪 *さやご 島根県隠岐島 *じやじょ・ちゃちゃ 長崎県五島 *たれ 福井県大飯郡 *たれご 福井県大飯郡 *たんち 石川県 *どーびんご 香川県三豊郡 *どびんこ 広島県・高田郡 香川県 *どびんご 鳥取県西伯郡 岡山県・上房郡・吉備郡 広島県山県郡 徳島県 香川県 *どんびこ 三重県志摩郡 *どんびご 三重県志摩郡 *どんびんこ 広島県・倉橋島 *どんびんご 岡山県上房郡 *にか 秋田県平鹿郡・雄勝郡 *にが 北海道・函館市 青森県 宮城県登米郡 *にかこ 青森県南部・下北郡 秋田県雄勝郡 長野県更級郡 *にかご 岐阜県大野郡 *にがこ 青森県下北郡・上北郡 *にかっこ 秋田県平鹿郡・雄勝郡 新潟県 長野県 *にがっこ 新潟県中頸城郡 *ばー 兵庫県加古郡 島根県隠岐島 *ばーちゃん 山梨県南部 兵庫県加古郡 *ばーやん 兵庫県加古郡 *びき 青森県 岩手県折爪岳山麓 秋田県鹿角郡「よく泣くびきだ」・河辺郡 *びす 長崎県壱岐島 *びっき 北海道南部 青森県「びっきすずめ(子雀)」 岩手県 秋田県鹿角郡「めごくないびっき(可愛くない子)」・河辺郡 *べろ 山口県大島 *べんべ 山口県大島 *ぼん 兵庫県明石市(男の赤ん坊) 鹿児島県鹿児島郡 *ぼんち 鹿児島県曾於郡 *ぼんや 山梨県 *みずこ 新潟県佐渡 長野県諏訪 *みずご 山梨県南巨摩郡 静岡県磐田郡 *みずっこ 長野県諏訪 静岡県榛原郡・磐田郡 *みつご 島根県 *やーこ 大阪市 兵庫県明石郡 *やーさん(「ややこ」をていねいに言う語) 大阪 *やーちゃん(幼児語) 奈良県 *やーはん 和歌山県 *やーやー 愛知県豊橋市・渥美郡「うちにやーやーがある」 *やーん(幼児語) 和歌山県海草郡「あれどこのやーんな」 *やえご 香川県 *やや 岩手県紫波郡 福島県「ややんぶって(赤子を負ぶって)」 栃木県那須郡 神奈川県中郡 新潟県 福井県遠敷郡・大飯郡 長野県 三重県 滋賀県神崎郡 京都市(幼児語) 大阪市 兵庫県 奈良県 和歌山県和歌山市・日高郡 鳥取県 広島県豊田郡 山口県 愛媛県 高知県・高知市 福岡県 佐賀県唐津市 長崎県彼杵・佐世保市 熊本県 *ややー 島根県石見「かいさなややーじゃけー何の役にも立たん」 広島県比婆郡(幼児語) *ややーこ 島根県邑智郡・大原郡 *ややーさー 島根県鹿足郡 *ややこ 福島県 神奈川県 新潟県下越 愛知県碧海郡 三重県名張市「ややこできる(子供を生む)」 滋賀県蒲生郡・彦根 大阪府大阪市・泉北郡 兵庫県 奈良県 和歌山県 島根県石見・隠岐島 広島県 徳島県海部郡 香川県 愛媛県 高知市「うちのややこ」 大分県 *ややさん 滋賀県彦根 大阪市 兵庫県赤穂郡 和歌山県日高郡 鳥取県因幡 愛媛県周桑郡 高知市「隣のややさん」 佐賀県唐津市 熊本県 *ややちゃん 大阪市 奈良県 *ややっこ 福島県 神奈川県三浦郡 新潟県中越 *ややめ 福島県東白川郡 *やんやっこ 静岡県浜松 *わねっこ 千葉県印旛郡 *んかこ 青森県

↓あかんぼう(赤坊)

えがお【笑顔】 *まんぞ 三重県度会郡「まんぞがわるい」 *ほぞほぞがお(喜びを包みきれないような笑顔) 富山県砺波

□のさま *えかえか 新潟県佐渡 *えがえが 長崎県壱岐島「えがえがした顔」 *えがっと 長崎県壱岐島「いっぺんどまあ えぐゎっと わろー

ちみれ(一度くらいはにこっと笑ってみい)」 *えんがりえんがり 長崎県壱岐島

乳児が眠りながら□を作ること *えなわらい 宮城県仙台市 神奈川県藤沢市 *よあび 鹿児島県肝属郡

無理に□を作るさま *われーしーじー 沖縄県首里「われーしーじーしゅん(無理に笑う)」

えがらっぽい【蘞辛】 *いがらい 山形県東田川郡 新潟県佐渡 滋賀県 兵庫県加古郡・明石郡 奈良県宇陀郡 熊本県下益城郡 *いからこい 岐阜県郡上郡 愛知県名古屋市 *いからしー 徳島県 *えがっぽい 神奈川県足柄上郡 *えがらい 山形県 新潟県東蒲原郡・中頸城郡 滋賀県蒲生郡 *えがらこ・えがらぽ 山形県飽海郡 *えがらこい 青森県三戸郡 秋田県平鹿郡「此のいもはえがれぁこくて食はれない」 *えがらっかい 新潟県 *えがらっこい 岩手県気仙郡 *えぐたい 茨城県 *えごったい 栃木県 *えんがらこい 岩手県九戸郡・気仙郡 *さくらーん(塩辛い。えがらい) 沖縄県鳩間島 *さくらさーん(塩辛い。えがらい) 沖縄県石垣島 *しえらしえら(喉がえがらっぽいさま) 岩手県平泉 *せせらぽい 岩手県気仙郡 *ひがらい 群馬県佐波郡 和歌山県 *ひずい 神奈川県津久井郡 *へらからい 北海道 青森県 岩手県九戸郡

→えぐい(蘞)

□もの *うぃーごーむん 沖縄県首里

のどが□なる *ほがる 愛媛県・大三島

えぐい【蘞】 *いがらい 山形県東田川郡 新潟県佐渡 滋賀県 兵庫県加古郡・明石郡 奈良県宇陀郡 熊本県下益城郡 *いからこい 岐阜県郡上郡 愛知県名古屋市 *いからしー 徳島県 *えがっぽい 神奈川県足柄上郡 *えがらい 山形県 新潟県東蒲原郡・中頸城郡 滋賀県蒲生郡 *えがらこ・えがらぽ 山形県飽海郡 *えがらこい 青森県三戸郡 秋田県平鹿郡「此のいもはえがれぁこくて食はれない」 *えがらっかい 新潟県 *えがらっこい 岩手県気仙郡 *えぐる(えぐい感じがする) 青森県三戸郡 島根県「のどをえぐる」 岡山市 広島県高田郡 長崎県北松浦郡「この筍はえぐるな」・対馬 *えんがらこい 岩手県九戸郡・気仙郡 *しゃしゃほしゃ(えぐいさま) 富山県東礪波郡 *せらい 秋田県鹿角郡 *のどからい 青森県三戸郡 *ひがらい 群馬県佐波郡 和歌山県 *へらからい 北海道 青森県 岩手県九戸郡 *ほろこい 富山県・東礪波郡 *ほろこにがい 山形県 *ほろこにんがい 山形県北村山郡

→えがらっぽい(蘞辛)

えくぼ【靨】 *ちょこべこ 宮崎県延岡市 *ぴどーなー(「小さいくぼみ」の意) 沖縄県石垣島 *ふーくぶーぐゎー 沖縄県首里「ふーくぶーぐゎーぬんじゅん(えくぼが出る)」

えぐりとる【抉取】 *おがく 鳥取県

→えぐる(抉)

えぐる【抉】 *いぎる 佐賀県 熊本県下益城郡・宇土郡 *いぐじる 熊本県芦北郡・八代郡 *いぐじー 鹿児島県姶良郡 *うぃーぐゆん 沖縄県首里 *こじる 東京都三宅島 静岡県田方郡 *こぜる 和歌山県東牟婁郡 徳島県 *さくる 静岡県志太郡 長崎県対馬「柱の穴をさくる」 鹿児島県沖永良部島「小刀にて足をさくる」 *びんぐるん 沖縄県石垣島

→えぐりとる(抉取)

えさ【餌】 *いー(ブタの餌) 沖縄県石垣島 *えじき 香川県香川郡 愛媛県北宇和郡 *えとり(タカなどのえさにする鳥、「餌鳥」からか) 愛媛県周桑郡 *えば 岩手県上閉伊郡「ともえば(魚を釣るえさにその魚の肉を使うこと)」 宮城県登米郡・玉造郡 山形県 福島県 栃木県塩谷郡「うさぎのえばとってこー」 埼玉県入間郡 新潟県東蒲原郡 長野県佐久 島根県邑智郡 岡山県浅口郡 *えばっこ 岩手県気仙郡 *えぼ 埼玉県北葛飾郡 島根県大田市 岡山県 広島県芦品郡 福岡県久留米市 *えもつ(小鳥の餌) 長野県上伊那郡 *えや 青森県上北郡「えやばこ(えさ箱)」 *け(鳥などの餌) 栃木県鹿沼市・安蘇郡 *はみ 新潟県佐渡 岡山県児島郡 香川県 愛媛県西宇和郡 佐賀県 鹿児島県 *はんまい(鳥などの餌) 香川県木田郡 *はんま(鳥などの餌) 三重県阿山郡 香川県 愛媛県周桑郡 *はんめ(鳥などの餌) 鹿児島県「にわとい(鶏)のはんめ」 *ぱんめー(鳥などの餌) 鹿児島県喜界島 *ひじょ(鳥の餌) 長野県西筑摩郡 *もの(小鳥や家畜などの餌) 宮城県「鶏のものやってけろ(くれ)」 山形県「もの桶」 山口県 徳島県 香川県 *ものっこ 岩手県気仙郡 *もん 香川県

魚釣りの□ *いどぅ 鹿児島県喜界島 *えじ 高知県・幡多郡 *えじょ 鹿児島県 *えぞ 新潟県佐渡 *えで 徳島県 愛媛県東宇和郡・南宇和郡 高知県「今日は大食いぢゃーったが、えでがのーなって早ーに止めて戻った」・幡多郡 長崎県 *えでこ 長崎県北松浦郡「えでこすられたごと(えさを取られたように)」 *えでし 鹿児島県 *えど 東京都式根島 三重県度会郡 兵庫県淡路島 鳥取県西伯郡 島根県「ここはかなね、えどね食いちかんとまえ(ここはさっぱり、えさに食いつかないよ)」 岡山県苫田郡 山口県 徳島県・海部郡 愛媛県南宇和郡 高知県幡多郡 福岡県山門郡 長崎県西彼杵郡 熊本県 大分県南海部郡 鹿児島県 *おしら(魚を寄せるための投げ餌) 千葉県夷隅郡 *かばし(魚群を集めるためにまく餌) 和歌山県 鹿児島県肝属郡 *かばす(魚を集めて漁をするために餌をまく) 和歌山県「餌を放つて蝦をかばす」 *かぶし(魚群を集めるためにまく餌) 神奈川県江の島 三重県度会郡「かぶしをかふ」 島根県隠岐島 徳島県海部郡 長崎県壱岐島 *がぶし(魚群を集めるためにまく餌) 徳島県海部郡 *かぶす

(魚群を集めるためにまく餌)宮崎県児湯郡　*かぶす(魚を集めて漁をするために餌をまく)徳島県海部郡　長崎県西彼杵郡　*かぶせ(魚群を集めるためにまく餌)三重県北牟婁郡「かぶせやる」　島根県益田市・隠岐島　鹿児島県屋久島　*かぶせる(魚を集めて漁をするために餌をまく)高知県　*かぶら(釣り針のついた擬似餌)徳島県海部郡　*かむし(魚群を集めるためにまく餌)千葉県夷隅郡　*きりえで　長崎県壱岐島　*ぐ　京都府竹野郡「さっきから二度もぐを取られた」　*すずぐり　高知県　*どしえで(魚釣りの餌にそれと同種の魚を使うこと)長崎県壱岐島　*どもえ(魚を釣る時に、同類の魚を餌にすること)三重県北牟婁郡　*むんだに　沖縄県首里・石垣島　*よじょ　鹿児島県肝属郡　*よど　鹿児島県沖永良部島

えしゃく【会釈】　*えご　宮崎県西臼杵郡　*おまがり(幼児語)山形県　*おまが・まが(幼児語)山形県米沢市　□する　*つくばる　山形県　栃木県　群馬県邑楽郡

えだ【枝】　*あおだ(青葉の茂った枝)岩手県気仙郡　*いちのえだ(一番下の枝)奈良県吉野郡　*えだかんじょー(すっかり枯れきっていない枯れ木の枝)高知県長岡郡　*えっし　岡山県　*おこれ(むだに伸びた枝)宮崎県東諸県郡　*かぞーりむん(風で折れた木の枝など)沖縄県首里　*きなぎれ　愛媛県　*きなくい　山口県豊浦郡　*きなぐし(小さい木の枝)岡山県川上郡　*きなぐじ　京都府　*きなぐせ　京都府竹野郡「きなぐせで地面に書いて計算した」・加佐郡　兵庫県但馬　鳥取県　*ごよ(たくさん出た木の枝)神奈川県津久井郡　*ごよー(たくさん出た木の枝)東京都三宅島・御蔵島　*ざか　茨城県稲敷郡　*ずい　東京都八王子　富山県東礪波郡　*すえ　三重県飯南郡　*ずえ　秋田県平鹿郡・秋田市　群馬県佐波郡　埼玉県秩父郡「桑のずえ」　徳島県　*ずえー　東京都八王子　*すえき　奈良県吉野郡　*すえんぼ　京都府　*すえんぽ　京都府与謝郡　*すえんぼす　京都府　*すれ　和歌山県西牟婁郡　*すれくち　和歌山県日高郡　*そだ(炭にした残りの枝が落ちこぼれたもの)静岡県伊豆西海岸　*なりえ(果実のなっている枝)島根県「つるし柿にするからなりえをつけー」　*またかり(二またになっている木の枝)青森県上北郡・三戸郡　*またぶり(二またになっている木の枝)青森県三戸郡　*もぐさ　奈良県吉野郡　*もや(炭にした残りの枝)静岡県伊豆西海岸

木の根元や切り株から出る新しい□　*ずあえ(梅などの根元から出た若い枝)山形県米沢市　*すだち　宮崎県東諸県郡　*ずばえ　富山県　*ずわい　岐阜県飛驒　*ずわえ(梅などの根元から出た若い枝)山形県米沢市　徳島県　*ひげね　島根県隠岐島　山口県大津郡　*ひこね　島根県隠岐島　*ほえ(「秀枝」か。新たに伸び出た木の芽や枝)東京都八王子　神奈川県津久井郡・愛甲郡　新潟県・西蒲原郡　山梨県・北巨摩郡・南巨摩郡　長野県下伊那郡　*ぽえ　山形県「桜のぽえ」　新潟県岩船郡

木の若い□　*ずあい　奈良県南大和　*ずーえぁ　秋田県河辺郡　*ずえ　群馬県佐波郡　*ずえぁ　秋田市　*ずっぱい　山梨県　*ずばい　富山県高岡市　*ずるびゃー　京都府竹野郡「ええずるびゃーが出とるなあ」　*ずわい　岐阜県飛驒

桑の□　*かーで　福島県伊達郡　*かで　群馬県多野郡　埼玉県秩父郡「かでんめー(桑の枝に作った繭)」　*かんで　福島県北部　*くわずえー　神奈川県津久井郡　*くわぜ　群馬県佐波郡　埼玉県秩父郡　神奈川県高座郡　長野県佐久　*くわで　群馬県吾妻郡・佐波郡　神奈川県津久井郡　長野県下諏訪　*くわぼえ　愛知県一宮市

下の方の勢力盛んな太い□　*ちからえだ　奈良県吉野郡　*もちえだ　奈良県吉野郡

竹の□　*いざさ　鹿児島県肝属郡　*たけぱがら(そだのような竹の細い枝)茨城県　*たけぱっがら　茨城県北相馬郡　*たけびゃーら　熊本県下益城郡　*たけんべーら　宮崎県東諸県郡　*ばい(細い竹の枝)京都府　*べざ(細い竹の枝)鹿児島県肝属郡

細い□　*うらき　山形県西置賜郡　*うらぎ　島根県　*おらき　島根県簸川郡・隠岐島　*ほせ　岐阜県　*ほぜ　福井県遠敷郡　*ほせくし・ほせくせ　岐阜県大垣市　*ほせぼ　岐阜県不破郡　*ほせほせ　神奈川県中郡　*ほせんぼ　岐阜県恵那郡

松の□　*てくら　徳島県　香川県大川郡　*てぐら　徳島県海部郡・高島

えだまめ【枝豆】　*あぜまめ　新潟県一部　富山県一部　石川県一部　山梨県一部　長野県佐久　岐阜県一部　静岡県志太郡　愛知県　三重県

方/言/の/窓

●気候と方言 Ⅱ

東北地方はいわゆるズーズー弁の地域として知られている。このズーズー弁は、寒さのために口の開きや舌の動かし方が粗雑になったために生じたという俗説がある。また、東北弁は音節数や語数の少ない簡潔な表現が多いと言われることがあり、その時によく引かれる例は、「ドサ?」「ユサ」(「どこに行くのですか」「風呂に行くところです」)という会話である。これも東北の寒さのなせるわざだという人がいる。

このように方言の発音と気候とを結びつけることは、こじつけにすぎない。「火事」をクヮジ、「舵」をカジと区別して発音するような標準語より複雑な発音は、東北北部に顕著に認められる。一方、あたたかい沖縄の島々の中にも、標準語より母音の数が少ない地域がある。

滋賀県一部　京都府一部　大阪府一部　兵庫県　奈良県　和歌山県　岡山県　広島県高田郡　山口県一部　香川県　愛媛県松山　福岡県一部　佐賀県一部　熊本県一部　*うでまめ 岐阜県大垣市　*さやまめ 神奈川県中郡　富山県砺波　大阪市　和歌山市　香川県　愛媛県 *じゅーさんやまめ(陰暦九月十三日の夜に食べる習慣があることから)香川県 *はじきまめ 青森県上北郡　山形県米沢市　群馬県吾妻郡　福井県 *はんずきまめ 山形県米沢市 *ぼんまめ 青森県上北郡 *ゆでさやまめ 奈良県 *ゆでまめ 新潟県東蒲原郡　長野県佐久　岐阜県大垣市・飛騨　静岡県志太郡

えび【蝦】 *えびんこ 和歌山県海草郡 *あかえび(エビの一種)香川県小豆島 *いぴる(小さいエビ)沖縄県鳩間島 *いんびんちょー 広島県芦品郡 *えーら 富山県射水郡 *えっがね 長崎県五島 *えびがね 長崎県南高来郡 *おんだらえび・おんだら(雄のエビ。幼児語)和歌山県東牟婁郡 *かつえび(エビの一種)岡山県邑久郡 *かめざきえび(エビの一種)愛知県知多郡 *がんもん 広島県安佐郡 *くも(エビの小さいもの)千葉県長生郡 *こまし(小さいエビ)神奈川県江の島 *じょーあみ(干した小さいエビ)福岡市 *だくま 長崎県南高来郡　長崎市 *どーすけ・とーすけえび(小さいエビの一種)島根県益田市 *どーぜー(大エビ)三重県鳥羽市・志摩郡 *みず(脱皮したばかりの柔らかいカニやエビ)島根県益田市・浜田市

川にすむ□ *いびる 沖縄県石垣島 *がっつんえび 熊本県 *がも 大分県宇佐郡 *ぎなめ(小さい川エビ)熊本県下益城郡 *くまんじょー(川にすむ黒く大きなエビ)山口県豊浦郡 *さえび(小さい、川にいるエビ)高知県　宮崎県東諸県郡 *ざっこ(小さな川にすむエビ)千葉県夷隅郡・安房郡　神奈川県津久井郡 *しらせー 沖縄県首里 *せーぐゎー 沖縄県首里 *ぞえび(川にすむエビの一種)鹿児島県肝属郡 *たなご(淡水産の、鋏の長く大きなエビ)高知県土佐郡 *やで・やんちゃ(淡水産のエビの一種)高知県土佐郡

えらびだす【選出】 *ささほる 静岡県駿東郡 *ささぼる 静岡県 *てぃーつぃいらび(良いものを選び出すこと)沖縄県首里

えらぶ【選】 *ぎむ(よく吟味して選ぶ)新潟県東蒲原郡「良いのも道理、ぎんで来た品だ」 *ぎんじる(良いものを選ぶ)長崎県対馬 *ぎんずる(良いものを選ぶ)愛媛県 *すなぐる 青森県南部 *すぐる 群馬県伊勢崎市・佐波郡　新潟県「すぐった選手だ」「沢山の中、良いのだけすぐれ」　山梨県南巨摩郡　岐阜県飛騨　滋賀県蒲生郡　徳島県 *すぐるん 沖縄県石垣島 *てぃーつぃいらび(一つ一ついねいに選ぶこと)沖縄県首里 *ほーろく(一つ一つ手に取って選ぶ)茨城県久慈郡・真壁郡 *まなげる 京都府久世郡

えり【襟】 *えーぼし 島根県仁多郡・能義郡 *ちんぬくび(着物の衿)沖縄県首里 *はなえり(着物の美しい襟)青森県津軽 *ふすむん 沖縄県首里 *ほそ 千葉県上総

□を抜く庫和服の襟を首の後ろの方に押し下げる。 *えりをこかす 宮城県仙台市 *こかす 宮城県仙台市

着物の左右の□が合う辺り *ななぐら 長崎県対馬 *むながら 山形県　千葉県印旛郡　新潟県中頸城郡　長野県　静岡県志太郡 *むなごーら 広島県 *むなずくし 東京都八王子　神奈川県津久井郡　長野県東筑摩郡「むなずくしを捕る」・諏訪 *むなたぐら 福岡市　熊本県球磨郡 *むなたご 熊本県球磨郡 *むなっぱら 三重県志摩郡 *むねたぐろ 長崎県南高来郡 *んなぐら 山形県東村山郡 *んにばら 沖縄県与那国島

えりまき【襟巻】 *えりもくい 香川県綾歌郡 *えりもつり 島根県出雲 *くーまき 富山市近在 *くびまき 青森県南部　秋田県鹿角郡　新潟県佐渡　富山市近在　岐阜県　静岡県志太郡「けーとーのくびまき」　和歌山県日高郡　香川県　愛媛県　高知県幡多郡　熊本県玉名郡　鹿児島県島嶼　沖縄県石垣島 *くぴまき 宮城県登米郡 *くびまく 香川県丸亀市 *くびまくい 香川県丸亀市・三豊郡 *くびもくい 香川県三豊郡 *くびもつり 島根県出雲 *くぶまき 鹿児島県奄美大島・加計呂麻島 *くるまき 富山県東礪波郡　石川県珠洲郡　福井県　長野県長野市・上水内郡 *くんびりまき 秋田県由利郡 *くんまき 富山県砺波　石川県江沼郡　福井県　三重県　滋賀県栗太郡　兵庫県加古郡　奈良県大和高田市・宇智郡　香川県大川郡　長崎県佐世保市 *しかんまき(薄い色絹を三角形に折って首に巻きつける襟巻き)大阪市　兵庫県加古郡 *ひきまくい 香川県 *ひきまくり 香川県綾歌郡 *ひるまく 富山県 *ふびまき 沖縄県鳩間島

えりわける【選分】 *せぐる 徳島県 *とりわけ(えり分けること)香川県綾歌郡「蔵の中のものとりわけせないかん」 *とりわける 香川県 *ゆらげる 新潟県佐渡 *よろける 長野県東筑摩郡「米をよろける」・下伊那郡　静岡県 *よろげる 山梨県・南巨摩郡　長野県「豆をよろげる」　静岡県志太郡「このあずきょーよろげてくりょー」「豆をよろげていいのを取る」

えん【縁】

①縁側。 *いんさ 長野市 *いんの 長野県更級郡 *うでん(二階の縁)岐阜県吉城郡 *えーぎ 兵庫県加古郡 *えぎ 岐阜県大野郡　京都府北部　兵庫県加古郡 *えけ 岐阜県大野郡 *えげ 京都府北部 *えんか 島根県石見　広島県高田郡 *えんえ 岐阜県「えんえで遊ぶ」　和歌山県日高郡　島根県仁多郡　岡山県津山市　広島県東北部　香川県佐柳島　愛媛県・大三島「えんえのしも(表の縁の

戸袋のある方の端の部分）」 *えんが 長野県上伊那郡・諏訪 *えんぎ 兵庫県加古郡・神戸市 奈良県吉野郡 *えんぎわ 香川県 *えんぐち 富山県高岡市 *えんげ 岐阜県 京都府北部 兵庫県 奈良県宇陀郡・吉野郡 香川県三豊郡 *えんげた 香川県 *えんご 千葉県 長野県諏訪・下伊那郡 *えんさ 山梨県 長野県北部 *えんさく 長崎県南高来郡 *えんせ 長野県南佐久郡 *えんだな 島根県大田市 長崎県南高来郡 *えんで 埼玉県秩父郡 *えんな 兵庫県多紀郡 *えんね 群馬県 埼玉県秩父郡 富山県東礪波郡 石川県羽咋郡・鹿島郡 山口県玖珂郡 *えんの 長野県長野市・上水内郡 三重県南牟婁郡 奈良県吉野郡 和歌山県南部 *えんや 岐阜県郡上郡 三重県北部 兵庫県出石郡 島根県邇摩郡 広島県佐伯郡・高田郡 香川県 愛媛県宇摩郡 *でんじ 家の表側の縁） 岐阜県郡上郡 *まぐり（座敷の前と横についている縁）岩手県下閉伊郡 *ぬのえん（座敷側の板縁。敷居に沿って長く付けた縁）高知県長岡郡

↓えんがわ（縁側）

②関係。結びつき *えんぞぐ 山形県「あだなさむがさんなもえんぞぐだはげすかだなえ（あんな者に嫁ぐのも縁だから仕方ない）」 *ゆかりかかり 新潟県佐渡 長崎県対馬

□もゆかりもない *えんでもないこと（縁もゆかりもないこと）島根県出雲 *どりもつかぬ 山口県豊浦郡 *どんぽ（縁もゆかりもないさま）愛媛県大三島「とんぽなとこい行て（縁もゆかりもない所へ行って）」

□を切る *たんをきる 山口県豊浦郡

全く□のない者同士が偶然に、わけもなく夫婦になる *こてくりあう・こたりあう（軽べつして言う）愛媛県大三島

えんかい【宴会】 *いぇー 鹿児島県沖永良部島 *おきゃく 香川県 愛媛県松山 高知市 長崎市 熊本県 *きゃく 島根県 熊本県 *きゃくごと 香川県高見島 *くゎっつぃー 沖縄県那覇市 *けーやく 山形県南置賜郡・最上郡 *さかば 滋賀県彦根 高知県 *さかむいどぅあい 沖縄県与那国島 *さけんぼ 熊本県菊池郡 *さこんば 熊本県熊本市・天草郡 *さんくぇー 沖縄県首里 *しえり 島根県隠岐島 *しゅーじ 沖縄県国頭郡 *ひかり 大分県速見郡 *ゆーえ 鹿児島県奄美大島 *ゆえ 鹿児島県徳之島 *よい・よーい 沖縄県八重山 *ろくいち 高知県

えんかつ【円滑】 ⇩なめらか（滑）

回転が□でない *しぶさい 鹿児島県喜界島

ものごとが□に行かないさま *ぎこつ 新潟県佐渡 静岡県「ぎこつな」 *ぎごつ・ぎもつ 長野県東筑摩郡「此障子はぎごつであかない」 *ぎっつりこーり 長崎県壱岐島「ぎっつりこーりしち（して）戸のせかれん（閉められない）」

えんがわ【縁側】 *あがりえん（南の間から上がる縁側）香川県香川郡 *あまえん 福井県 長野県上伊那郡・下伊那郡 奈良県南大和 香川県広島 *あるき・ありき 岐阜県郡上郡 *いたじき 香川県高見島 *いたば 香川県高見島 *いりかわ 長野県佐久 *いんさ 長野市 *いんの 長野県更級郡 *えーぎ 兵庫県加古郡 *えぎ 岐阜県大野郡 京都府北部 兵庫県加古郡 *えけ 岐阜県大野郡 *えげ 京都府北部 *えだば 福島県会津 *えばた 島根県仁多郡 *えんえ 岐阜県「えんえで遊ぶ」 和歌山県日高郡 島根県仁多郡 岡山県津山市 広島県東北部 香川県佐柳島 愛媛県・大三島「えんえのしも（表の縁の戸袋のある方の端の部分）」 *えんか 島根県石見 広島県高田郡 *えんが 長野県上伊那郡・諏訪 *えんがま 静岡県安倍郡 *えんがまち 山梨県南巨摩郡 香川県 *えんぎ 兵庫県加古郡・神戸市 奈良県吉野郡 *えんぎわ 香川県 *えんぐち 富山県高岡市 *えんげ 岐阜県 京都府北部 兵庫県 奈良県宇陀郡・吉野郡 香川県三豊郡 *えんげた 香川県 *えんご 千葉県 長野県諏訪・下伊那郡 *えんさ 山梨県 長野県北部 *えんさく 長崎県南高来郡 *えんせ 長野県南佐久郡 *えんだ 岡山県 香川県塩飽 *えんだい 兵庫県赤穂郡 香川県伊吹島 *えんだな 島根県大田市 長崎県南高来郡 *えんで 埼玉県秩父郡 *えんど（幼児語）和歌山県東牟婁郡 *えんな 兵庫県多紀郡 *えんね 群馬県 埼玉県秩父郡 富山県東礪波郡 石川県羽咋郡・鹿島郡 山口県玖珂郡 *えんの 長野県長野市・上水内郡 三重県南牟婁郡 奈良県吉野郡 和歌山県南部 *えんばな 山梨県 *えんばら 石川県珠洲郡 *えんぼた・えんのはし 香川県 *えんや 岐阜県郡上郡 三重県北部 兵庫県出石郡 島根県邇摩郡 広島県佐伯郡・高田郡 香川県 愛媛県宇摩郡 *からえん 愛知県知多郡 *くれえん 山形県村山 島根県邑智郡 *くれん 山形県村山 群馬県利根郡 千葉県山武郡 長野県下水内郡 *くれんさ 長野県下水内郡 *げんか 岩手県上閉伊郡 *さもーと 群馬県勢多郡「さもーとをしめて来い」 *しごえん 福島県 *そえん 岩手県九戸郡 *ちゅーれん 岡山県岡山市・児島郡 *でのぐち（前庭に面している縁側）山形県西村山郡 *どーりえん 栃木県 *とりえん 栃木県中部 *どんと 愛知県海部郡 *なかど 千葉県印旛郡 *にじゅー（家の周囲の縁側）富山県東礪波郡「にじゅーだし（縁側を付けること）」 *ぬれんこ 秋田県平鹿郡 *はど 岩手県和賀郡 *はなっせん 岩手県九戸郡 *はまゆか（家の内側の縁側）島根県 *はりま・はるま 石川県鹿島郡 *はんどー 東京都三宅島 *ひらきまえ（前庭に面した座敷の縁側）岩手県気仙郡「ひらきめぁから上がる」 *ひらきもと 秋田県山本郡 *ふみだん・ふんだん 島根県出雲 *ふんた 沖縄県竹富島・新城島 *ふんだ 沖縄県石垣島・新城島・波照間島 *ふんたー 沖縄県竹富島 *ふんつぁ 沖縄県鳩間島

↓えん（縁）①

えんぎ【縁起】 ***えんぎたんき** 埼玉県北葛飾郡「えんぎたんきかつぐひとわいまでもおーい」 ***えんし** 徳島県「おかねの夢をみたのでえんしがええ」・三好郡 高知市 ***きこん** 千葉県安房郡・館山市「きこんでもねえ」 ***きさ** 長野県上伊那郡 滋賀県蒲生郡 ***ぎさ** 福井県坂井郡「ぎさやな(兆しが悪いな)」 愛知県名古屋市 ***ぎざ** 長野県下伊那郡「ぎざの悪いことを言ふな」・東筑摩郡 岐阜県「ぎざまつる(縁起を考える)」 静岡県磐田郡 愛知県「ぎざがえい」 三重県 滋賀県甲賀郡 ***ぎざん** 岐阜県養老郡・本巣郡 ***きそ** 愛知県知多郡「こりぁきそがええわい」 島根県出雲「あんたは朝からきその悪いことを言う」 香川県三豊郡 ***きそー** 島根県仁多郡 ***きっそ** 新潟県佐渡 和歌山県和歌山市・東牟婁郡「きっその悪い夢をみました」 香川県「きっそのわるいことやしたらいかんぞでぇ」 ***きっそー** 京都市 和歌山県 島根県「元日から天気じゃけーきっそーがえーぞ」 岡山県川上郡 広島県・高田郡 山口県阿武郡・大島 徳島県美馬郡 ***きっぽー**(「吉報」か) 三重県志摩郡 ***きゃくそ** 千葉県市原郡 ***けたい**(多く「けたいが悪い」の形で用いる) 岐阜県養老郡・大垣市 島根県石見 山口県豊浦郡・大島「出がけに下駄の鼻緒が切れてけたい悪い事だ」 香川県 高知県 長崎県対馬 ***けたいくそ** 新潟県佐渡 岐阜県飛騨 愛知県 兵庫県加古郡 和歌山県東牟婁郡 島根県 広島県高田郡 山口県大島 愛媛県 福岡県小倉市 ***けだいくそ** 福岡市 ***けたくさ** 和歌山県東牟婁郡 ***けたくそ** 北海道 山形県東置賜郡・最上郡 新潟県中頸城郡 長野県佐久 愛知県知多郡 和歌山県 岡山県児島郡 福岡市 ***けたっくそ** 静岡県志太郡 ***けちゃ** 石川県鳳至郡 ***けちゃくそ** 長崎県北松浦郡 ***けったい** 高知県 ***けったいくそ** 愛知県名古屋市・尾張 三重県中部 兵庫県加古郡 ***けったくそ** 富山県砺波 大阪市 兵庫県・神戸市 長崎県五島 ***けてくそ** 神奈川県三浦郡 長崎県壱岐島 大分県 ***けやいくそ** 広島県賀茂郡 愛媛県大三島 ***げんくそ** 福井県大飯郡 三重県名賀郡・南牟婁郡 滋賀県蒲生郡 大阪府 兵庫県明石郡・神戸市 奈良県 和歌山市 鳥取県 香川県 ***げんぐそ** 新潟県佐渡 ***げんたれ** 奈良県宇陀郡 ***けんと** 福岡市 長崎県壱岐島「けんとぬ悪か」・五島 ***けんとー** 福岡市「けんとーとる」 長崎県北松浦郡「そぎゃん事を言うてはけんとーのわるか」 ***げんとく** 富山県「なんちゅうげんとくわるい事じゃい」 ***ま** 島根県「今日はまんのよい日だ」 広島県双三郡 香川県 ***まんた** 島根県

□が悪い ***あやわるい** 富山県砺波 ***きやくそがわるい** 千葉県市原郡 ***けあいくそがわるい** 島根県大田市 広島県高田郡 ***けたいくさい・けたくさい** 岐阜県大垣市 ***けち**(縁起が悪いこと) 岩手県気仙郡 宮城県登米郡 山形県東田川郡 福島県耶麻郡 栃木県河内郡 新潟県佐渡「けちが入った」 石川県石川郡 山梨県南巨摩郡「お祝の座で、あのぐの(あのような)けちなことー言うもんじゃあない」 静岡県志太郡「けちんつく」 三重県度会郡 滋賀県甲賀郡 兵庫県西宮 和歌山県伊都郡「けちゃいる」 香川県仲多度郡 愛媛県宇和島 大分県日田郡「けちがある」 ***けちくそ**(縁起が悪いこと) 新潟県佐渡「けちくそのわるい」 石川県石川郡 ***けちらし** 青森県津軽「けずらす事言うな」・上北郡 ***けちらしー** 青森県津軽「死んだ人の話なんかけちらしい」 ***どげたくそがわるい** 徳島県美馬郡 ***ぶかりー** 沖縄県首里 ***ふじ**(縁起が悪いこと) 新潟県佐渡 愛知県知多郡 京都府竹野郡「あのうちもふじが入ったのか近年不幸続きだ」 大阪府大阪市「漬物の匂いや色が悪い時は不時が入る」・泉北郡(凶事) 兵庫県加古郡「ふじがいる」 奈良県生駒郡(災難)・南大和 香川県綾歌郡・三豊郡「ふじが入る」 ***ふのきちわるか** 熊本県玉名郡 ***まんが** 福岡市

□担ぎ ***けんととり** 島根県八束郡「あれはけんととりだ」

□のよいこと ***いーくとぅ** 沖縄県首里「いーくとぅかたり(良い事語れ。烏(からす)など不吉な鳥が鳴いた時などのまじないの言葉)」・石垣島 ***かりー** 沖縄県首里

□のよい日 ***くがにひー** 沖縄県首里

□の悪いことを言うこと ***やなむぬいー・やなむにー** 沖縄県首里

□の悪い方角 ***くまうじ** 静岡県周智郡 香川県 ***くまお** 山口県大島 ***くまおじ・くまうず** 香川県三豊郡

□や迷信を気に掛けること ***きっそー** 徳島県 ***きんく・きんくー**(また、迷信を気にする人) 島根県石見「あの人はきんくをよー言う」「あれはほんとにきんくーだ」 ***くす** 広島県高田郡「くすなことをいう」 山口県豊浦郡・大島 香川県三豊郡 ***ひみつ** 青森県 岩手県気仙郡「ひみつする人」 宮城県登米郡 秋田県鹿角郡 山形県東村山郡 岡山市 ***ゆたむぬいー・ゆたむにー** 沖縄県首里 ***よへんじょー・よしょーなべ**(また、迷信を気にする人) 和歌山県西牟婁郡

□を担ぐ ***おんべーかつぎ**(縁起を担ぐこと) 埼玉県入間郡 東京都南多摩 静岡県榛原郡 ***おんべーかつぐ** 茨城県稲敷郡 群馬県邑楽郡 東京都八王子 神奈川県 山梨県南巨摩郡 ***おんべーかっずい**(縁起を担ぐこと) 千葉県君津郡 ***おんべかずく** 新潟県 ***おんべかつぎ**(縁起を担ぐこと) 群馬県勢多郡・多野郡 神奈川県西部 新潟県・新井市 長野県佐久 ***おんべかつく** 新潟県中頸城郡 ***おんべっかつぎ**(縁起を担ぐこと) 群馬県佐波郡 ***おんべんかつぎ・おんべんかずき**(縁起を担ぐこと) 千葉県山武郡 ***おんべんかつぐ** 茨城県稲敷郡 ***くす**(縁起を担ぐこと、又そのさま) 広島県山県

郡「くすなこと」 *くんじん(縁起を担ぐこと、又そのさま)島根県 「くんじんを言う」 広島県山県郡「くんじんがましいこと」 *しみつする 青森県

えんぐみ【縁組】 *いーたちなーか(「たちなーか」は配偶者の意。女性から見て、よい縁組み)沖縄県首里 *えんびき 新潟県岩船郡 *えんぴぎ 新潟県 *とぐー(縁組をする)岡山市「あの家とぁとぐえん」 *なべぐみ(妻を失った男と夫を失った女の縁組み)宮城県仙台市

→えんだん(縁談)・けっこん(結婚)

えんせき【宴席】 ⇨えんかい(宴会)

えんだん【縁談】 *いーくぃー(「いー」は承諾、「くぃー」は与える意)沖縄県首里

→えんぐみ(縁組)・けっこん(結婚)

えんどう【豌豆】 *あまえんどー 山口県一部 *いがら・いざら 大分県大分市・大分郡 *いざりまめ 広島県一部 *いだら・いぞら 大分県大分郡 *いらら・いら・いらだ・ひらら 大分県 *うすい 和歌山県一部 *うわ 広島県 *おかぐらえんどー 山梨県一部 *おむき 京都府一部 *かきまめ 岩手県一部 宮城県 *かめど 山形県東村山郡 *からとり(さやごと食べる若いエンドウ)山形県東置賜郡 *かわくいまめ 広島県一部 山口県一部 *かんささぎ 千葉県夷隅郡 *かんとー 広島県一部・高田郡 *かんどー 広島県豊田郡 *かんまめ 千葉県一部 *ぎんだまむ 鹿児島県奄美大島 *ぎんどーまみ 鹿児島県与論島 *こえんどー 島根県鹿足郡・隠岐島 広島県高田郡 *こけっこまめ 静岡県志太郡 *ごんどーまめ 福島県一部 *さいまめ(「さやまめ(莢豆)」の転か)広島県佐伯郡・高田郡 *ささらまめ 大分県大分郡 *さとーまめ 茨城県一部 *さどまめ・さんどなり 新潟県一部 *さやくい 広島県沼隈郡・高田郡 *さやぶどー 栃木県一部 群馬県 埼玉県一部 *さやまめ 宮城県一部 新潟県一部 石川県一部 山梨県一部 滋賀県一部 和歌山県一部 島根県一部 広島県一部 熊本県一部 *さるえんど(実だけ食べるもの)兵庫県加古郡 *さるこまめ・さるえんどー 山口県一部 *さるつらまめ 茨城県稲敷郡 *さるぼーまめ 茨城県東南部 *さるまめ 青森県一部 茨城県東南部・稲敷郡 千葉県下総 広島市 山口県一部・玖珂郡 *さんがつまめ 茨城県一部 栃木県一部 埼玉県一部 千葉県一部 *さんどまめ 宮城県一部 福島県 茨城県一部 栃木県 群馬県一部 埼玉県一部 新潟県中越 *しかぱり 青森県南部 *しがまめ 青森県一部 *しがわり(「しが」は氷の意。早春に氷を割って発芽するところから)青森県 岩手県 秋田県鹿角郡 *すがわり 青森県南部 岩手県上閉伊郡 秋田県鹿角郡 *そーまめ 岩手県一部 *そらず 岡山県邑久郡 *ちゃんこまめ 愛媛県一部 *つけまめ 石川県一部 *つたまめ 宮城県一部 *つらまめ 青森県一部 秋田県一部 *つるまめ 秋田県北秋田郡 山形県村山・最上 福島県一部 千葉県印旛郡 静岡県小笠郡 愛知県一部・宝飯郡 大分県大分郡 *どーまめ 愛媛県 *とりまめ(若い莢(さや)の形が鳥の雛(ひな)に似るところから。エンドウの一種)千葉県夷隅郡 静岡県志太郡 *なつまめ 北海道一部 富山県・砺波 *なりきんまめ 静岡県一部 *にえず 三重県度会郡 *にどまめ 北海道一部 青森県 岩手県 宮城県・栗原郡 秋田県一部・北秋田郡 山形県 新潟県一部・東蒲原郡 愛媛県 *にんどまめ 岩手県下閉伊郡 *のらまめ 岐阜県一部 *ばた 京都府一部 *ばったまめ 熊本県八代郡 *びっつるまめ 群馬県一部 *ぶっつー 群馬県利根郡 *ぶとー 埼玉県一部 *ぶどー 栃木県足利市 群馬県佐波郡・邑楽郡 *ぶどーまめ 茨城県 栃木県一部 群馬県・勢多郡 埼玉県一部・北足立郡 千葉県印旛郡 *ぶどまめ 埼玉県一部 *ぶんじゅー 鹿児島県一部 *ぶんずー 群馬県一部・北甘楽郡 埼玉県一部・秩父郡 *ぶんぞー 群馬県一部・碓氷郡 東京都一部 長野県南佐久郡・佐久 *ぶんつー 埼玉県秩父郡 *ぶんど 埼玉県北足立郡 滋賀県蒲生郡・竜根 *ふんどー 岐阜県恵那郡 *ぶんどー 群馬県多野郡 埼玉県秩父郡 岐阜県恵那郡 滋賀県滋賀郡 京都府中郡・与謝郡 広島県高田郡 *ぶんどーまめ 群馬県一部 埼玉県一部 滋賀県 京都府一部 広島県一部 山口県一部 *ぶんどまめ 岐阜県一部 滋賀県・蒲生郡 京都府一部 *ほび(エンドウの一種)島根県邑智郡 *みずご 香川県高見島 *みぞ・みど 山口県一部 *みとり 山梨県一部 *みどりまめ 宮城県一部 福島県一部 *むきまめ 滋賀県一部 京都府一部 *やしゃえんどー 熊本県一部 *ゆきわり 山形県一部・庄内 山梨県 長野県一部・佐久 *ゆきわれ・ゆきわりまめ 長野県佐久 *よさくまめ 秋田県

えんとつ【煙突】 *いきふき 鹿児島県沖永良部島 *すっぽん 石川県 *ひぐち 鹿児島県沖永良部島 *ふぃーたてぃー 沖縄県首里 *ほけだし 長崎県五島 鹿児島県揖宿郡・甑島 *ほろ(汽船の煙突)山口県大島 *ぽんぷろ 香川県 *ぽんほら 香川県仲多度郡 *ぽんぽら 岡山県児島郡 広島県倉橋島・高田郡 山口県阿武郡 香川県 愛媛県 *ぽんぽろ 香川県三豊郡 *ぽんぽろだし 愛媛県

えんにち【縁日】 *さかり(盛り場のようににぎわうところから)青森県南部「今日は神明様のさがりで相撲がある」 岩手県九戸郡・気仙郡 秋田県鹿角郡

祭礼や□などの露店・商人 *えしき 愛知県 *さんとー 東京都八王子 *さんとーぶち 東京都八王子 神奈川県津久井郡 *ちょいちょいかいな(商人)山梨県南巨摩郡

えんぴつ【鉛筆】 *からふで 富山県上新川郡 *きぺん 青森県南部 岩手県 *ぺん 福井県 和歌山県「ちょっとそのぺん取って下さい」 *ぺんぺ

つ 広島県賀茂郡 *ほくしつ 富山県 *ほくひつ 三重県名賀郡 *ぼくひつ 徳島県三好郡 *ぼけへつ 滋賀県栗太郡 *ぽっとこ 山口県都濃郡 *ぼっとる 静岡県 *もくひつ 山口県・大島　熊本県下益城郡 *もくぺん 宮城県仙台市

えんぽう【遠方】 *えんちょーじ(はるか遠方) 神奈川県津久井郡 *おいそ 富山県「舟がおいその方に見える」 石川県鹿島郡・金沢市　島根県出雲「おえそから」 *おんごく 群馬県多野郡「一里半位おんごくから来る」 愛媛県大三島　長崎県対馬 *かーま 沖縄県首里・石垣島 *かまーら 沖縄県石垣島 *くがとー(こんな遠方) 沖縄県首里 *くれしー 愛媛県大三島「あのくれしー行かれるちゅかい(あんな遠方へ行けるものか)」 *ちゃがとー(どんな遠方) 沖縄県首里「ちゃがとーやちんいちゅん(どんなに遠くても行く)」 *とぅーさなーさ 沖縄県石垣島 *とーい 兵庫県加古郡「とおいから来た者」 *とーいー 兵庫県但馬「とういいに(はるかに)」 *とーて・とーで 茨城県稲敷郡 *とーん・とんとん 鹿児島県・肝属郡 *ぼーち 岡山県苫田郡・小田郡 *ぼっち 岡山県児島郡 *まーら 沖縄県鳩間島

→とおい(遠)

えんりょ【遠慮】 *うけーいうみー 沖縄県首里 *うたてー 山梨県 *おへら 島根県邇摩郡「何のおへらはない、話してしまえ」 *けっぺらぐ 新潟県東蒲原郡「けっぺらぐがない」 *さるこおじぎ(心にもない遠慮) 宮城県石巻 *さるこじぎ(心にもない遠慮) 青森県「さるこじぎして食いたいくせに食わない」 岩手県気仙郡 *さるこじんぎ(心にもない遠慮) 岩手県上閉伊郡 *ししゃみじぎ・しらみじぎ(体裁上の遠慮) 岩手県気仙郡 *しょしん 島根県隠岐島 *すらじぎ(心にもない遠慮) 長崎県壱岐島 *つか 鹿児島県「つかんもね」・肝属郡 *へーこら 滋賀県彦根「へーこらする」 *もたせぶり(必要以上の遠慮) 宮城県石巻 *よーしゃ 島根県隠岐島・簸川郡・出雲市　広島県　山口県大島　愛媛県大三島「わしああしこい行くなあどうもよーしゃな」 *よしゃ 島根県八束郡「よしゃなしに食え」

ありのままで□のない人 *あーらんかー 沖縄県首里

□がちな人 *しんしゃくじん(必要以上に遠慮する人) 鹿児島県肝属郡 *へげたれ 和歌山県東牟婁郡 *へぼ 和歌山県新宮・東牟婁郡

□がない(こと) *いせーなし 長野県上高井郡 *さとい 岩手県気仙郡「(遠慮ばかりしている人に)さあどうぞ、さとくしてください」 *じょさいなし 新潟県佐渡

□がましい *きあつい 奈良県宇智郡

□される *いじー 宮城県栗原郡 *えじ 青森県津軽「えじぐし(人をじゃまにする)」 *えじー 青森県「主人が来たからえじいなあ」 *えずい 青森県「えずくする(居づらくする)」 岩手県気仙郡 *えずきゃ 東京都八丈島「あそこへ顔を出すのはえずきゃ」 *えんじー 岩手県気仙郡 *えんじやがわるい 和歌山県西牟婁郡・東牟婁郡 *えんじゃある 和歌山県西牟婁郡

□して席を外す *きらかす・きらす 熊本県玉名郡

□する(こと) *いもをひく 島根県 *うけーゆん 沖縄県首里 *えんにん 岩手県下閉伊郡・上閉伊郡　福島県南部「みたごとねぇ人だもんだがら、えんにんすんだ」 茨城県多賀郡　新潟県西蒲原郡　愛知県額田郡 *おじき 福島県北会津郡 *おじぎ 山形県米沢市　長野県諏訪・上伊那郡　岐阜県大垣市 *おじんぎ 新潟県東蒲原郡　山梨県南巨摩郡「そんなにおじんぎをしずにおあんなって」 静岡県田方郡 *かげる 青森県津軽 *ごじぎ 岩手県宮古市「ごずぎなすに、いただきえんす」 *ごめん 新潟県東蒲原郡「屋敷の中を通るのはごめんしてもらいたい」 *じき 青森県三戸郡　群馬県利根郡　愛媛県八幡浜市・東宇和郡　宮崎県西臼杵郡 *じぎ 青森県　宮城県栗原郡　秋田県鹿角郡　山形県「じぎして、何も食わない」 群馬県佐波郡・多野郡　埼玉県秩父郡「じぎなしにいただきましたよん」 神奈川県中郡　新潟県　岐阜県飛驒　静岡県榛原郡　島根県　広島県高田郡　宮崎県西臼杵郡　鹿児島県種子島 *じぎこ 秋田県鹿角郡 *しゃみじぎ・しらみじぎ(不本意なのに遠慮すること) 岩手県気仙郡 *じまん(気どって遠慮すること) 岐阜県郡上郡「そーじまんこかずに(そう気どっていないで)たんとたべなれよ」 *じんぎ 青森県南部　秋田県秋田市・平鹿郡　山形県　福島県　茨城県稲敷郡　栃木県「じんぎばっかりしねーでたべなよ」 千葉県海上郡　新潟県　富山県　山梨県南巨摩郡　岐阜県飛驒　静岡県　島根県美濃郡・益田市「そがーなじんぎはしんされんでもえー」 *しんしゃきゅ・しんしやつ 鹿児島県 *しんしゃく 山口県　徳島県「しんしゃくいらん」 *ねこじんしゃく(必要以上に遠慮すること) 岡山市　福岡市 *ねこじぎ(必要以上に遠慮すること) 長崎県対馬 *はがむ 千葉県海上郡

□せずに *かまいはちはない・かまったこたーない 静岡県榛原郡「かまったこたーない言ってやろ」

□なく *えんにょー 島根県石見「えんにょー言いたいだけ言え」 *えんよー・えんりょー 島根県美濃郡 *ばっつばっつ(遠慮なく言うさま) 岩手県気仙郡・平泉「あの人は、何でもばっつばっつと云う人だ」 宮城県仙台市 *ほびらかに 石川県金沢市

□をしない(さま) *こーけ 和歌山市「こーけな顔して貰いに来よる」 *ざっかけ 千葉県東部　東京都八王子 *さばける 山形県西置賜郡　茨城県真壁郡・稲敷郡　新潟県佐渡 *じじこ・じ

じこー 宮崎県西臼杵郡 *しゃずらをこむ 東京都八丈島 *ぞんかい 静岡県榛原郡「ぞんかいな手合ら」 *ばさばさ 新潟県佐渡「あの人はばさばさだ」 *はばしー 山口県大島「はばしい人」 愛媛県 *めらず 新潟県刈羽郡

□をしないように促す言葉 *おいといなく 高知県

だれに□もなく *めんばんはれて 東京都八丈島

お

お【尾】 *えぼこ・えぼっこ・おぼっこ 岩手県気仙郡 石川県鳳至郡 岐阜県「雀のおんぼ」 静岡県磐田郡 愛知県 三重県 徳島県美馬郡・三好郡 *えんぼ 徳島県美馬郡・三好郡 *おーじり 愛媛県松山市「猿のおーじりが長い」 *おーば 香川県大川郡 *おじっぽ 富山県 *おじょきり 富山県下新川郡 *おじり 愛媛県周桑郡・喜多郡 *おっぱ 青森県 *おっぱ 青森県 岩手県紫波郡 秋田県 山形県 新潟県佐渡 富山県 *おっぱこ・おぱこ 秋田県鹿角郡 *おっぺ 岩手県気仙郡 山形県最上・庄内 *おっぺだ 岩手県上閉伊郡 *おとんぼ 石川県鹿島郡 *おば 東京都三宅島 富山県砺波 徳島県 香川県 高知県「犬のおば」 *おぱ 青森県津軽・上北郡 秋田県鹿角郡 *おばす(卑称) 富山県砺波 *おばた 徳島県 香川県 愛媛県 *おばち 石川県 福井県坂井郡 三重県伊賀 島根県石見「蜂のおばちにゃー剣がある」・隠岐島 広島県 山口県玖珂郡・大島 徳島県 香川県 愛媛県 高知県 熊本県八代郡・芦北郡 大分県 *おばちん 徳島県 *おばっ 富山県 *おばった・おばっち 高知県「牛がおばったで犬を打った」 *おべ・おべた 徳島県三好郡 *おぼ 富山県 徳島県三好郡 *おわ 富山県下新川郡 *おんじり 愛媛県 *おんど 三重県志摩郡 *おんば 徳島県 *おんばち 広島県安芸郡・高田郡 *おんべ 富山県 徳島県三好郡 *おんぼ 富山県 *おんぽ 京都府竹野郡「ねこのおんぽ」 *げすのおば・げすのば 富山県砺波 *げすんぼ 石川県河北郡 *げんのば・げんのべ 富山県射水郡 *げんぼ(短い尾) 富山県・砺波 *しーご 鳥取県西伯郡 島根県仁多郡 *しっぷり 山梨県 *しど 東京都八丈島 *じゃーら(凧の尾) 高知県 *じゅー 沖縄県 *しりご 鳥取県西伯郡 島根県 *ずー 鹿児島県喜界島 沖縄県 *すぶに 沖縄県新城島 *どぅー 鹿児島県喜界島 沖縄県与那国島 *のろ 栃木県「人魂がのろをひく」 *ぶさ 沖縄県竹富島 *ぶしぷ 沖縄県波照間島 *ぶすぷ 沖縄県石垣島 *へんぼ 徳島県 高知県香美郡・長岡郡 *へんぼー 高知県

→しっぽ(尻尾)

獣などの□ *さーお・さーぽ・しゃーお 島根県仁多郡 *さーぼ・しゃーぼ 島根県大原郡・仁多郡 *しーお 佐賀県三養基郡 *しーぼ 鳥取県西伯郡 島根県出雲 鹿児島県 *しっつぽ 山梨県 *しっぽこ 新潟県西蒲原郡 *しぱ 青森県津軽 秋田県平鹿郡・鹿角郡 *しぱこ 秋田県鹿角郡 *しりお 島根県 岡山県小田郡 広島県・比婆郡 香川県 長崎県南高来郡 熊本県 宮崎県 *しりっぽ 香川県 *しりっぽ 岩手県九戸郡・気仙郡 山形市 福島県 茨城県 栃木県 千葉県 新潟県中頸城郡 富山県 福井県 山梨県 長野県北安曇郡 静岡県 愛知県碧海郡・岡崎市 京都府北部 島根県 愛媛県喜多郡 長崎県南高来郡 熊本県・芦北郡 宮崎県 *しりのおば 富山県西礪波郡 *しりのば 富山県氷見市 *しりばち 熊本県八代郡 *しりほ 島根県石見 *しりぼ 宮城県栗原郡・玉造郡 鳥取県西伯郡 島根県出雲 山口県阿武郡 香川県 熊本県芦北郡 宮崎県 鹿児島県種子島 *しりぽ 岩手県江刺郡 宮城県 山形県東置賜郡・米沢市 福島県 茨城県稲敷郡 千葉県海上郡 *しれっぱ 富山県西礪波郡 *しれっぽ 富山市近在 *しろっぽえ 山形県村山 *しろぱえ 山形県北村山郡 *しろぽ 新潟県下越 *しろぽえ 山形県 *しんのば 富山県婦負郡 *しんのばち 富山県氷見市

お【緒】 *おもりがい(くつわを固定するために、馬の顔に付ける馬具の緒) 新潟県刈羽郡 *かねのお(神社の鈴に付けられた緒) 高知市 *しっちゃー(背負いかごの緒) 鹿児島県喜界島 *となり(輪かんじきの皮の緒) 青森県上北郡 *のりお・ふりお(かんじきの、足をのせる所に張ってある縄の緒) 山形県西置賜郡 *ふりこ(かんじきの、足をのせる所に張ってある縄の緒) 山形県東田川郡 *へちょ(座繰り糸を巻く緒) 青森県
→ひも （紐）

おあがりください ⇩「あいさつのことば（挨拶言葉）」の子見出し、「食物を勧める時の言葉（お上がり下さい）」

おい【甥】 *はっこ 富山県砺波 *みょーず・みょーずー 沖縄県宮古島 *むいしくわ 鹿児島県徳之島 *むいつくわ 鹿児島県喜界島 *めーよーし 東京都八丈島

□や姪を指す語 *ぶい 沖縄県八重山 *めーこ・めーよーし 東京都八丈島
→めい （姪）

他人の□の尊敬語 *うぇぞ 鹿児島県鹿児島郡 *おいじょ 島根県邑智郡・邇摩郡 熊本県玉名郡 *おいじょー 島根県石見 山口県大島 *おいぶし 島根県隠岐島 *おいぼー 島根県石見・飯石郡 広島県比婆郡 *おいぼーし 島根県邇摩郡・仁多郡 *おいぼし 兵庫県加古郡 奈良県 島根県 *おいぼち 長野県下伊那郡

おいかける【追掛】 *うぃーつぃきゆん 沖縄県首里 *おいかます 奈良県南大和 *おいさげる・おいっさげる・ぼいっさげる・ぼっさげる・ぼいちゃげる 島根県出雲「盗人をおいっさげた」 *おいなぐる(「なぐる」は勢いのあるさまを表す) 福島県南部・浜通 *おっかけおんます・おっかけひんます 岩手県気仙郡 *おっさげる 島根県出雲「盗人をおっさげる」 *おっさらう 静岡県榛原郡「その犬をおっさらえ」 *おっぱしる 千葉県千葉郡・東葛飾郡 *おっぱする 千葉県千葉郡 佐賀県藤津郡 *おわえかける 石川県羽咋郡・鳳至郡 滋賀県彦根 *かーる 静岡県 *がる 石川県珠洲郡・鳳至郡 *ぶくる 岩手県気仙郡 宮城県名取郡 福島県北部 岐阜県郡上郡・益田郡 *ぼいさげる 島根県飯石郡・能義郡 *ぼいつける 富山県砺波 島根県能義郡「犬をぼいつけた」 *ぼいっしゃげる 島根県簸川郡・出雲市 *ぼう 北海道・函館 青森県「わらしぼってあさえて(子供を追いかけて歩いて)」 岩手県 宮城県「炉に猫ぼってやれ」 山形県 秋田県「朝鳥もぼったもんだ」 栃木県 千葉県海上郡 新潟県 富山県 石川県 福井県 山梨県南巨摩郡 長野県北安曇郡・東筑摩郡 岐阜県 静岡県 愛知県 三重県伊賀・員弁郡 滋賀県彦根 京都府 兵庫県 鳥取県 島根県 広島県 徳島県 香川県 愛媛県 高知県土佐郡 *ぼえしゃげる 島根県出雲市 *ぼえちゃげる 島根県簸川郡・八束郡 *ぼえっしゃげる 島根県出雲市・大原郡 *ぼくー 岐阜県飛驒 *ぼくる 岩手県九戸郡・下閉伊郡 宮城県石巻「蛇にぼくらえた」・仙台市 秋田県鹿角郡「ぼぐらえる」 山形県庄内 岐阜県「自転車であとをぼくっていった」 *ぼこる 青森県南部 *ぼっさらう 静岡県榛原郡 *ぼっしゃげる 島根県大原郡 *ぼっつける 島根県美濃郡 広島県双三郡・三次市 *ぼる 北海道 青森県 宮城県栗原郡 秋田県鹿角郡・北秋田郡 *まくる 長野県 岐阜県「まくってってとっつかまえた」
→おう （追）

□っこ *とまえやい 香川県

人の後を慕って□こと(ていくこと) *おくりおーかみにいく・おくれおーかみにいく 島根県「妻と一緒にいくはずが、あてがはずれておくりおーかみにいった」 *しーごずき 島根県大原郡「お前もおかさんのしーごずきして行くだなー」 *しゃーこずき 島根県仁多郡 *しりこずき 島根県出雲

おいしい【美味】 *うまさい・まさい 鹿児島県喜界島 *うんしらーしゃん 沖縄県首里 *およしー 新潟県上越市 *くちまーさん(食欲が出て何でもおいしい) 沖縄県首里 *けっこい 長崎県佐世保市 *けなるい 愛知県東春日井郡 *こうまい 奈良県「こうまいもの」 *こうんまー(ちょっとおいしい) 愛媛県大三島
→うまい （旨）

□ものを食べること *あつくれぁ 岩手県上閉伊郡「あつくれぁばかりしている」 *のどのあかとり(おいしいものを味わって楽しむこと) 長崎県対馬「今日はごちそうになりまして、久しぶりに喉の垢取りをいたしました」 *こんびはげる・こんびんはげる(おいしいものを食べてほっぺたが落ちる) 和歌山県西牟婁郡

□そうなさま *うまげ 香川県 *うまたげ 香川県仲多度郡・三豊郡(強意語)「うまたげなにおいがしよら」 *まげ 鳥取県西伯郡「この西瓜はまげなな」 島根県 *まさげ 島根県出雲 *まそげ 島根県大原郡

思いがけず□ものを食うこと *くちがほー 高知県長岡郡 *くちぶに(「ぶに」は天賦の意) 徳島県

たいへん□意を表す *ほーたいがおちる・ほーたいがもげる・ほーたいがぼろける 島根県美濃郡・益田市 *ほーたえがほろける 山口県長門 *ほーたねがとぶ 愛知県名古屋市「お牡丹(ぼた)があんまり美味いのでほうたねが飛んでくほどだった」

非常に□もの *ぬちぐすい 沖縄県首里

おいばね【追羽根】 *おっぱごえ 山梨県甲府 *はごばね 福岡県築上 *はねっこ 神奈川県足柄上郡・足柄下郡 静岡県庵原郡 *はんこ 岩手県上閉伊郡
→はねつき （羽根突）

□を突くこと *はごいた 熊本県天草郡「はごいたする」 *はごいたっこ 香川県大川郡

おう【負】 ***おっふぁしん** 沖縄県石垣島 ***おんじょる・おんほ** 大分県速見郡 ***かさないん** 沖縄県八重山 ***かさないるん** 沖縄県石垣島 ***かしょう** 埼玉県秩父郡 ***からう** 山口県見島 福岡市 佐賀県 長崎県「米俵をからう」 熊本県 ***かる** 長崎県五島「焚付ばかるっ来たわや」 熊本県南部 宮崎県西諸県郡 鹿児島県「握飯よ握ってかるで行きおったなー」 ***かるー** 三重県飯南郡 島根県石見「木をかるう」 山口県「かきゃーかるーちょったでの（柿は背負っていたんですよ）」 香川県塩飽諸島 愛媛県 高知県 福岡県 佐賀県 長崎県南高来郡・西彼杵郡 熊本県阿蘇郡・天草郡「かるわん（背負わない）」 大分県 宮崎県 鹿児島県 ***かるお** 長崎県南高来郡 ***かろ** 鹿児島県鹿児島郡 ***かろう** 奈良県吉野郡 福岡県三池郡 長崎県南高来郡 熊本県下益城郡 宮崎県西臼杵郡「御飯をとぇえち（炊いて）かろわせたり」 鹿児島県揖宿郡（幼児語） ***ひっからう** 長崎県南高来郡 熊本県八代郡

↓かつぐ（担）・せおう（背負）

□こと ***いっけがり・いっけこんご**（「いっけ」は「ゆいつけ」の転。子供を負うこと）鹿児島県肝属郡 ***ざとーしょい・ざとじょい**（ふろしき包みなどを肩からわき腹にかけて斜めに負うこと）山形県庄内 ***にしょく**（馬が荷を負うこと）愛媛県大三島「にしょくがえー（馬が荷をよく負う）」 ***ぶっつんこ**（ねんねこに入れて子供を負うこと。幼児語）鹿児島県肝属郡

重荷を□さま ***いつりぽっちり** 千葉県

肩に□ ***こじょう** 香川県 愛媛県 ***こじょーう** 香川県香川郡

子供を□ ⇩「おんぶ（負）」の子見出し、「おんぶする」

他人の罪を□ ***かるー** 島根県石見 熊本県芦北郡・八代郡「ぬすとかるわせた（盗まない者に罪を着せた）」 ***よぼしをかずく・よぼしをかべる** 島根県邑智郡・仁多郡

負債などを□（負わせる） ***うせる**（負わせる） 熊本県下益城郡 ***かんじゅん**（負う） 沖縄県首里

おう【追】 ***うわえる** 新潟県佐渡 兵庫県淡路島 ***おいなぐる** 福島県南部・浜通 ***おーん** 沖縄県石垣島 ***おっつける** 広島県三次 ***おっぱえる** 島根県隠岐島 ***おっぱしる** 千葉県千葉郡・東葛飾郡 ***おっぱする** 千葉県千葉郡 佐賀県藤津郡 ***おばえる** 岐阜県吉城郡「（子供が親を）あとおばえして泣く」 ***おわーる** 山梨県南巨摩郡 山口県阿武郡 ***おわいつける** 広島県高田郡 ***おわいる** 東京都三宅島 石川県鳳至郡 岐阜県安八郡 兵庫県淡路島 奈良県宇陀郡 徳島県那賀郡 香川県 ***おわえる** 埼玉県南埼玉郡 新潟県佐渡 長野県・下伊那郡 岐阜県北部 静岡県志太郡 愛知県名古屋市・知多郡 三重県南部 京都府竹野郡「犬がうちの猫をおわえて行った」 大阪府大阪市・中河内郡 兵庫県南部・淡路島 奈良県宇陀郡 和歌山県 島根県 岡山県 広島県高田郡 山口県玖珂郡 徳島県 香川県 愛媛県 高知市 長崎県対馬 ***おんまくる** 長野県佐久 ***おんます** 千葉県夷隅郡 ***たてる**（獲物を追う）群馬県多野郡「鹿をたてる」 ***ちびういしん**（「尻追いする」の意。後を追う）沖縄県石垣島 ***はみきをもつ**（魚群が小魚を追う）和歌山県・西牟婁郡 ***ぶくー** 宮城県仙台「のら犬をぶくってやれ」 福島県北部 ***ぶくる** 岩手県気仙郡 宮城県名取郡 福島県北部 岐阜県郡上郡・益田郡 ***ぼう** 北海道・函館 青森県岩手県「あの家で嫁ごぼんだしたずぁ」 宮城県「炉に猫ぼってやれ」 秋田県「朝鳥もぼったもんだ」 山形県 栃木県 千葉県海上郡 新潟県 富山県 石川県 福井県 山梨県南巨摩郡 長野県北安曇郡・東筑摩郡 岐阜県 静岡県 愛知県 三重県伊賀・員弁郡 滋賀県彦根 京都府 兵庫県 鳥取県 島根県 広島県 徳島県 香川県 愛媛県 高知県土佐郡 ***ぼくー** 岐阜県飛騨 ***ぼくる** 岩手県九戸郡・下閉伊郡 宮城県石巻「蛇にぼくらえた」・仙台市 秋田県鹿角郡「ぼぐらえる」 山形県庄内 岐阜県「自転車であとをぼくっていった」 ***ぼこる** 青森県南部 ***ぼっぱす** 新潟県西蒲原郡 ***ぼる** 北海道 青森県 宮城県栗原郡 秋田県鹿角郡・北秋田郡 ***まくる** 長野県 岐阜県

↓おいかける（追掛）

□こと ***けつおい**（幼児が親の後を追うこと）新潟県佐渡「そんなにおれのけつおいすんな」 ***ししやらい**（猪を追うこと）和歌山県日高郡 ***とつなぎ**（獣類の足跡を探して追うこと）栃木県安蘇郡 ***はぶり**（牛が顔を動かして虫を追うこと）山口県見島

おうが【横臥】

□する ***くたう** 佐賀県 ***くたおす** 大分県南海部郡 ***くたげやーる** 千葉県安房郡 ***くたわく** 福岡県三潴郡 長崎県壱岐島 熊本県玉名郡 大分県東国東郡 ***くたわす** 福岡県朝倉郡 ***ころぶ** 滋賀県彦根 長崎県南高来郡 ***ごろぶ** 新潟県西蒲原郡 ***ごろまる** 新潟県西頸城郡 ***ながーなる** 島根県飯石郡・仁多郡・隠岐島 ***ながくなる** 岩手県気仙郡「さあさ、ながくなって、ゆっくり話語りしあすべ」 宮城県仙台市 山形県 ***ながなる** 島根県出雲・隠岐島「ふとり（独り）ながなって」 ***ながんなる** 島根県出雲 ***なごーなる** 新潟県佐渡 富山県氷見市 岐阜県飛騨「暇さえありやすぐなごーなる」 島根県石見 徳島県「どうぞなごーなってつかはれ」 ***なごーになる・なごーんなる** 香川県 ***なごなる** 新潟県佐渡「少しなごなって休んで下さい」 富山県 石川県 熊本県八代郡 ***のそべる** 島根県美濃郡・益田市 ***ほたえる** 島根県美濃郡・益田市 ***よころぶ** 兵庫県加古郡 ***よっころぶ** 宮崎県東諸県郡 鹿児島県

→ねる（寝）・ねそべる（寝—）・ねころぶ（寝転）・「よこ（横）」の子見出し、「横になる」

おうし【雄牛】 ＊うくてぃ 沖縄県小浜島 ＊うぐどぅい 沖縄県与那国島 ＊うなべ 福岡県粕屋郡 ＊うなめ 岐阜県郡上郡 ＊うの 長崎県南高来郡 ＊うのー 佐賀県 ＊おっさん 新潟県佐渡 ＊おとこうし 熊本県 ＊おとこべこ 山形県 ＊おとこんぼー 長野県佐久 ＊おなみ 島根県隠岐島 ＊おなめ 鳥取市 島根県出雲 香川県綾歌郡 ＊おのこごめ 東京都八丈島 ＊おぼちゃうし 鹿児島県宝島 ＊おんうじ 三重県名張市 ＊おんた 兵庫県赤穂郡 和歌山県日高郡 香川県 ＊おんたぶろ 香川県豊島 ＊おんたれ 香川県大川郡 ＊かとうし 愛媛県 ＊くってー 沖縄県与那国島 ＊くて 鹿児島県奄美大島 ＊くてぃー 鹿児島県奄美大島・加計呂麻島 ＊くてぃーうし 沖縄県 ＊こち・こちうし 大分県 ＊こつ 大分県大分市・北海部郡 ＊ごつ 熊本県球磨郡 ＊こついうし 宮崎県東諸県郡 ＊こつうし 大分県大分市・北海部郡 ＊こったうし 香川県小豆島 ＊こっち 宮崎県東臼杵郡 ＊こっちー 熊本県阿蘇郡・下益城郡 大分県北海部郡 ＊こっちーうし 大分県南海部郡 ＊こっちうし 鹿児島県肝属郡 ＊こっちゅー・こっつー・こってぃ・こってぃー 大分県 ＊こっちんべぶ 鹿児島県 ＊こっつ 大分県玖珠郡 ＊こっつい 大分県（下流） 宮崎県西臼杵郡 ＊こっついー・こっつくろ 熊本県阿蘇郡 ＊こっつうし 大分県玖珠郡 ＊こっつん 大分県南海部郡 ＊こって 愛知県知多郡 三重県 大阪府泉北郡 兵庫県赤穂郡 奈良県 和歌山県（強健な雄牛）「あの牛はこってですねー」 鳥取県西伯郡 島根県 香川県・男木島・女木島・香川郡 愛媛県 佐賀県唐津市・藤津郡 長崎県（中流以下） 熊本県 宮崎県西臼杵郡・西諸県郡 大分県大分郡 鹿児島県 ＊ごって 新潟県西頸城郡（太った雄牛） 石川県 長野県北安曇郡 岐阜県郡上郡 三重県名賀郡 島根県出雲「おーごって」 熊本県球磨郡 鹿児島県揖宿郡 ＊ごってぃ 大分県速見郡 ＊こってうし 新潟県中魚沼郡 長野県北安曇郡 岐阜県飛騨 三重県 京都市 奈良県 和歌山県（強健な雄牛） 鳥取県西伯郡 香川県高見島 福岡県 長崎県南高来郡 熊本県 大分県 宮崎県西諸県郡 鹿児島県 ＊こってうじ 三重県名賀郡 鳥取県西伯郡 ＊ごってうし 長崎県南高来郡 熊本県球磨郡・芦北郡 鹿児島県硫黄島 ＊こってうひ 長崎県南高来郡 ＊こってー 新潟県佐渡 三重県 滋賀県蒲生郡・甲賀郡 大阪府泉北郡 兵庫県 奈良県吉野郡 和歌山県 鳥取県因幡 島根県 岡山県 広島県 香川県男木島・女木島 長崎県対馬 熊本県 大分県 宮崎県西臼杵郡 ＊ごってー 新潟県佐渡 熊本県 ＊こってーうし 新潟県佐渡 岡山市 宮崎県西臼杵郡 鹿児島県種子島 ＊こってーうじ 岡山県苫田郡・岡山市 ＊こってーこ 岐阜県飛騨 ＊こってつごろ 長崎県南高来郡 ＊こってん 大阪府泉北郡 鹿児島県鹿児島郡 ＊ごってん 石川県珠洲郡・鳳至郡 ＊こってんうし 長崎県五島・南高来郡 熊本県 鹿児島県日置郡 ＊こってんごろ 長崎県南高来郡 大分県東国東郡 ＊こってんし 長崎県五島 ＊こってんでぶ 鹿児島県鹿児島郡 ＊こってんぼ 熊本県天草郡 ＊こってんぼー 熊本県宇土郡 ＊ごってんぼー 熊本県天草郡 ＊こっと 島根県石見 香川県大川郡 ＊ごっと 石川県珠洲郡・鳳至郡 ＊こっとい 岐阜県揖斐郡 三重県北牟婁郡・南牟婁郡 滋賀県蒲生郡 京都府 兵庫県 和歌山県日高郡・西牟婁郡 鳥取県 島根県 岡山県真庭郡・苫田郡 広島県 山口県 徳島県・板野郡・美馬郡 香川県 愛媛県 高知県 長崎県南高来郡 ＊ごっとい 兵庫県明石郡 山口県・阿武郡 徳島県（強い雄牛） 香川県綾歌郡・三豊郡・佐柳島 愛媛県宇摩郡 ＊こっというし 京都府 山口県阿武郡 香川県（去勢してないもの）・三豊郡・大川郡 愛媛県周桑郡・今治市 ＊こっというじ 香川県 ＊ごっというし 徳島県（強い雄牛） 香川県綾歌郡・三豊郡・佐柳島 ＊ごっといのうし 島根県美濃郡・益田市 ＊こっとうし 兵庫県淡路島 香川県高松市 ＊こっとー 徳島県 ＊ごっとり（大きな雄牛） 愛媛県宇摩郡 ＊こっぺー 岡山県真庭郡 ＊こて 青森県南部 秋田県秋田市・河辺郡 山形県 千葉県君津郡 愛知県北設楽郡・額田郡 鳥取県西伯郡 島根県出雲・隠岐島 熊本県阿蘇郡 大分県大分郡 宮崎県日向 ＊こてぃうし 宮崎県東諸県郡 ＊こてうし 山形県 千葉県 神奈川県三浦郡 長野県 静岡県磐田郡 愛知県額田郡 ＊こてうじ 鳥取県西伯郡 ＊こてー 岩手県九戸郡 東京都利島・大島・神津島 新潟県中越 静岡県 愛知県宝飯郡 島根県隠岐島 宮崎県西臼杵郡・東諸県郡 ＊こてーうし 千葉県安房郡 東京都大島 山梨県・北巨摩郡 ＊ごてーうし 山梨県 ＊こてーぼっこ 東京都大島（大きくて強い雄牛） 静岡県田方郡 ＊こてーめ 東京都八丈島 ＊こてのし 千葉県安房郡 ＊こてべーこ 青森県南部 ＊こでべこ 山形県米沢市 ＊こてんぼ 千葉県夷隅郡 ＊こてんぼー 静岡県磐田郡 ＊ことい 兵庫県多紀郡 ＊ごまめ 石川県鳳至郡 ＊ごん 石川県珠洲郡・鳳至郡 ＊じげん 香川県男木島・女木島 ＊じやがらごってー 新潟県佐渡 ＊じょやく 青森県上北郡 ＊すって 石川県鳳至郡 ＊ぞーめ・ぞく・ぞっか・ぞっく・ぞっくめ 東京都八丈島 ＊ぞーやく 新潟県佐渡 ＊ただうし 山形県西田川郡 ＊たねうし 香川県大川郡 大分県大分郡 ＊たねべこ 山形県 ＊たねぼ 山形県南村山郡 ＊たねぼー 新潟県佐渡 長野県佐久 香川県木田郡 ＊だんべうし（「男根牛」の意）石川県珠洲郡 ＊ちちべこ 岩手県九戸郡 ＊ちっごろべぶ（獰猛な雄牛） 鹿児島県肝属郡 ＊つっごろうし 宮崎県西諸県郡・東諸県郡（獰猛な雄牛） 鹿児島県（獰猛な雄牛）・肝属郡（獰猛な雄牛） ＊でっこ 石川県珠洲郡 ＊ててうし 山形県庄内 ＊とち 福井県 ＊ばくら 島根県隠岐島

*ばこ(老雄牛)島根県隠岐島 *ばっこ 石川県鳳至郡　島根県隠岐島 *ふってうし 鹿児島県沖永良部島 *べーこ 山形県最上郡 *へーため 東京都八丈島 *べこ 山形県米沢市　三重県度会郡　京都府与謝郡 *ぼうし 長崎県五島 *ぼー 三重県志摩郡 *ぼーさん 香川県高松市 *ほーりぞく・ほーりめ(悪癖のある雄牛)東京都八丈島 *ぼっこ(老雄牛)東京都三宅島 *ぼっこうし 静岡県賀茂郡 *ぼっこー 静岡県 *やろうし 山形県東田川郡・飽海郡　千葉県印旛郡　新潟県上越市 *やろっこうし 千葉県印旛郡 *よーじ 奈良県

□の子 *めーじ 和歌山県東牟婁郡

おうちゃく【横着】 *いたずら 愛媛県 *おーっこべ 静岡県庵原郡「おーっこべもの」 *おーど 石川県　岡山県児島郡　徳島県　愛媛県「おーどな奴だ」　熊本県阿蘇郡 *おーどー 島根県　岡山県児島郡　広島県高田郡　徳島県「おーどーしよったらええことあない」・美馬郡　愛媛県宇和島市　大分県　宮崎県西諸県郡・西臼杵郡 *おだく 鹿児島県 *おど 鹿児島県・鹿児島郡 *がわ 鹿児島県喜界島 *しりがこえる(大胆になり、横着になる)兵庫県加古郡 *じんとくをかまえる(横着をして動こうとしない)島根県八束郡 *ずいらく 石川県 *すーろっか 長崎県南高来郡 *すこーべ 山梨県南巨摩郡　兵庫県赤穂郡 *すこや 滋賀県蒲生郡 *すっこべ 三重県志摩郡 *ずま 福井県遠敷郡・大飯郡「ずまな奴や」　兵庫県西宮市 *すらんこー 岡山県阿哲郡 *ずろーへー 福島県耶麻郡 *ずんた 兵庫県明石郡「昨日はずんたしとりました」 *ずんばい 愛媛県北宇和郡 *だいごしすえる・だいろくすえる(横着をして動こうとしない)山口県大島「だえろくすえて飯を食ふ」 *だいろくをすえる(横着をして動こうとしない)島根県邇摩郡 *たれか 宮城県仙台市「たれかこかす」　福島県福島市・相馬郡「たれかこく」「たれかすんな」 *たれかー 福島県 *でぶろく 秋田県由利郡 *どーちゃく 岐阜県養老郡 *のさ 山口県都濃郡 *のざ 宮崎県東諸県郡 *のさくもの 岐阜県飛驒 *やんが 三重県度会郡 *やんちゃく 滋賀県 *やんちゃくちゃ 滋賀県彦根 *ゆた 長野県佐久 *よた 長野県埴科郡・更級郡 *よたくら 富山県　奈良県 *よたわら 奈良県 *わやく 岐阜県大野郡　島根県那賀郡

□する *あんきらこく 島根県益田市・那賀郡「あんきらこいてねそべっておるな」 *あんぎらこく 島根県美濃郡・益田市 *あんぎらをはる 島根県 *あんけらこく 島根県浜田市 *ずいをわるくする 広島県山県郡「ずいを悪くして朝寝した」 *ずべらこがす 岩手県気仙郡 *ずべらこぐ 愛媛県 *ずるかまえる 島根県「あれはずるかまえて働かん」 *どーずる 新潟県三島郡　長野県 *どんずやる 山形県東置賜郡・西置賜郡

□だ *いみしー 熊本県球磨郡 *おーどーか 佐賀県 *おーどか 佐賀県　長崎県「をーどか事するな」　熊本県玉名郡 *おどか 熊本県 *おどくさい 愛媛県生名島 *げーなか 長崎県壱岐島「げーなか奴」 *しびとい 高知県幡多郡 *しぶとい 岩手県気仙郡　茨城県北相馬郡　高知県幡多郡 *ずいがわるい 広島県賀茂郡 *ずくがわるい 愛知県奥設楽　熊本県下益城郡 *ずくんわるい 静岡県磐田郡 *すっちょい 熊本県八代郡・芦北郡 *ずない・ずるっこい 長野県佐久 *ずぶとい 茨城県稲敷郡　静岡県 *ずぶとっこい 静岡県「ずぶとっこい奴」 *ずるい 岩手県胆沢郡「ずるいやつ(なまけ者)」　山形県米沢市　東京都八王子　新潟県佐渡　山梨県南巨摩郡　長野県佐久　京都府　兵庫県加古郡　島根県「あの職人はずるい」　岡山市　広島県高田郡　山口県豊浦郡 *ずるくたい 三重県伊賀 *せながない 島根県 *だおい 高知県幡多郡 *だすい 長野県南安曇郡 *だずい 長野県北安曇郡 *だすこい 愛媛県周桑郡 *ちゃくい 山梨県中巨摩郡・南巨摩郡 *どーちゃくい 岐阜県不破郡 *どーちゃくない 岐阜県郡上郡 *のふーぞーか 佐賀県 *のふーぞか・のふぞか 長崎市 *ふずらつけない 北海道函館 *ふとい 栃木県河内郡　長野県佐久　熊本県下益城郡 *へこだすい・へだすこい 愛媛県 *へちこい 香川県 *へらこい 三重県志摩郡　岡山県児島郡　徳島県阿波郡　香川県香川郡　愛媛県新居郡 *へらっこい 香川県綾歌郡・仲多度郡 *わやくい 岐阜県恵那郡

□なこと *おーへー 栃木県 *おへ 山形県北村山郡 *おへもん 長崎県五島 *ずえら 山口県玖珂郡 *すべ 群馬県桐生市 *ずべ 新潟県中頸城郡 *ずべた 三重県阿山郡 *ずべたら 栃木県「仕事がずべたらで困る」　埼玉県秩父郡　東京都八

方/言/の/窓

●方言のイメージ I

人々の方言に対するイメージは、必ずしも方言だけに対してのイメージではない。多くの場合、そのイメージは、その方言を話す個人、あるいは、ことばの性質とはほとんどかかわりのない、県民性とか地域イメージと密接に結びついている。そもそも方言（言語）そのものに、汚ない方言（言語）ときれいな方言（言語）とがあるはずはない。

また、ある特定の方言についても、豊かで味わいのあるものとして積極的に評価される場合と、笑いや嘲りの対象として一段低く評価される場合の両面性の存在することがある。

一般に、ある現象や事物に対して抱く人間の意識やイメージは、時代の情況や環境の変化によって大きく左右されやすい。なかなか一面的にはとらえがたいものである。

王子　山梨県南巨摩郡　静岡県榛原郡「ずべたら言う」　*ずべたらもの 群馬県勢多郡（道楽者）　*すべら 福島県東白川郡「あの人とってもすべらなんだ」・西白河郡　*ずへら 山形県最上郡　*ずべら 青森県　岩手県気仙郡「ずべらこがす」　宮城県仙台市　山形県北村山郡「ずべらつかす」・西置賜郡　福島県「あまりずべらしっと承知しなえぞ」　栃木県　群馬県吾妻郡　埼玉県秩父郡　東京都南多摩郡・八王子　新潟県中頸城郡　静岡県榛原郡　山口県阿武郡・豊浦郡　香川県　愛媛県「ずべらこぐ」　*ずべらっぺー 山口市　*ずべらもの 青森県　宮城県仙台市　*ずりこき 新潟県佐渡　*ずる 新潟県上越市「あいつぁずるだ」　山梨県南巨摩郡　徳島県　*ずるこき・ずるすけ 山形県米沢市　*ずるた 山梨県南巨摩郡　*ずるたん 静岡県　*ずるどろ 長崎県対馬　*ずんべら 秋田県平鹿郡　*たんば 岐阜県可児郡・恵那郡　*ちゃく 山梨県南巨摩郡　和歌山県東牟婁郡（幼児語）「ちゃく言う」　*よいたのわるいた 奈良県宇陀郡

□なさま　*いびたれ 山形県「えびだれへな（無精な女）」　福島県東白川郡　*うどおーちゃく（全く横着なさま）愛媛県大三島　*おーはく 島根県石見「あの男はおーはくな所がある」　*おーふー 熊本県下益城郡　*おばく 秋田県鹿角郡「おばくだ野郎だ（おうちゃくな野郎だ）」　*おんばく 石川県鳳至郡　福岡市　*ぎす 高知県　*ぐす 石川県　*げーにある・げーもん 長崎県壱岐島　*けっちゃく 岡山市　香川県伊吹島　*じょーが 奈良県「じょーがな事しとったらあかんぞ」　*すっちょー 岡山県苫田郡　徳島県三好郡　*すらくら 石川県羽咋郡　*ぞーらい 岡山県児島郡　*だじゃく（ずるく横着なさま）宮城県栗原郡「あいつあだじゃくだ」　秋田県鹿角郡　*たんば 岐阜県可児郡・恵那郡　*ちゃくい 和歌山県東牟婁郡「あの人はちゃくひな人です」　*どしれん 福岡市「どしれんやつ」　*どんみゃく 山形県西田川郡　*のっこー 静岡県榛原郡「のっこー野郎」　*のっぺり 長崎県対馬　*のへーとー 岡山県浅口郡　*のへっと 山形県「あいつはいつものへっとしている」　香川県大川郡「のへっとな（おうちゃくな）」　*のぺっと 山形県東置賜郡・西村山郡　*のへっとー 香川県大川郡　*びたれ・べたれ・べたら 山形県　*へっぱく 香川県三豊郡　*やだな 富山県高岡市

□者　*いきおーちゃくもの（強調して言う語）長崎県壱岐島　*いきすぎ 愛知県碧海郡　*いっごどもん 鹿児島県　*うすどんきゅー 福岡県浮羽郡　*おーずりもん 新潟県佐渡　*おーどーもん 和歌山県　山口県玖珂郡・大島　福岡県粕屋郡・福岡市　長崎県壱岐島　鹿児島県種子島・口之永良部島　*おーどもん 山口県玖珂郡　福岡県　長崎県　熊本県玉名郡　鹿児島県屋久島　*おーへー 栃木県　*おちゃっもん・おちゃもん・おちょーどもん 鹿児島県鹿児島郡　*おでわろ 熊本県下益城郡　*おてんば（横着な女）滋賀県蒲生郡　*おどか 長崎県五島　*おどむん・おろもん 鹿児島県　*おどもの 宮崎県　鹿児島県　*おへ 山形県北村山郡　*おへもん 長崎県五島　*がわ・がわー・がわーむん 鹿児島県喜界島　*きっしょどもん 鹿児島県　*きんちゃく 長野県東筑摩郡　*くたぶれもん・ふたぶれもん 石川県鹿島郡　*けすいぼ 鹿児島県　*こっぽー・こっほーもん 長崎県壱岐島　*ごんた・ごんど 京都府　*しくた 静岡県榛原郡　*しくたもん 長崎県対馬　*じくたらし・じくだれ・じくだれもの 島根県出雲　*じくたれ 山形県　福島市　*しりもた 広島県比婆郡　*すいこー 静岡県　*すくたれ・すくたれもの 長崎県南高来郡　*ずくたれ 山形県　*ずくたれもの 島根県大原郡　*すたくもの 福岡市　*すったくろ 熊本県八代郡　*ずつなし 神奈川県　東京都大島　*ずない 長野県下水内郡　*すばくら 静岡県賀茂郡　三重県志摩郡　和歌山県　*すばくらもの 東京都大島　和歌山県　*ずへー（だらしなく横着な人）山口県豊浦郡　*すぼか（ずぶとく横着な人）京都府竹野郡　*ずりこき 新潟県佐渡　*ずる 新潟県上越市「あいつぁずるだ」　山梨県南巨摩郡　徳島県　*ずるこき・ずるすけ 山形県米沢市　*ずるた 山梨県南巨摩郡　*ずるたん 静岡県　*ずるどろ 長崎県対馬　*せごなが・せななが 島根県隠岐島　*だいたんむん 鹿児島県　*たくざえもん 富山県婦負郡　*だじゃく（ずるく横着な人）宮城県栗原郡「あいつあだじゃくだ」　秋田県鹿角郡　*だましもん 新潟県佐渡　*だらんこ 福井県南条郡　*ちんねー・ちんねくそ 愛媛県大三島　*どーずあい 山形県置賜　*どーずやり 山形県　*どーずり 新潟県中魚沼郡　*どーずり 新潟県「あのしとは、どうずりだ」　長野県上田・佐久　*どーずりもの 新潟県佐渡　*どーずれもの 島根県　*どーまき 岐阜県大野郡　*どずやりもの 山形県東置賜郡　*どろぼー 滋賀県東南部　*どんきゅー 福岡県朝倉郡　*どんずやり 山形県東置賜郡・西置賜郡　*どんたく 石川県鳳至郡　鳥取県西伯郡　*どんべくらげ 石川県羽咋郡　*ないとー 広島県・江田島・能美島　*ないとーぼー 広島県下蒲刈島　*なわはり 滋賀県彦根　*なわばり 滋賀県蒲生郡　*にずつもの 石川県能美郡　*ぬすたれ 佐賀県　*ぬすっちょ 鹿児島県　*ぬすっちょー 熊本県球磨郡　*ぬらりおーど・ぬらりおーどもん（おとなしい顔をした横着者）長崎県北松浦郡　*ねすくろー 徳島県三好郡　*ねすごろー 大分県大分郡・宇佐郡　*のーふーたん 熊本県球磨郡　*のーふーどー 山口県大島　*のーへー 山口県　*のけ 広島県高田郡　*のけさ 山梨県　*のふーじもん・のふじもん 島根県出雲「あののふーじもんにゃー困ったもんだ」　*のふーぞー 福岡市　*のふーぞもの

長崎県壱岐島 *のふーど・のふーどー 山口県 *のふじ 島根県出雲 *のふぞーもの 愛媛県大三島 長崎県北松浦郡 *のぶそもん 長崎県五島 *のふどーもん 島根県石見 *のぶとーもん 福岡市 *のふんぞー 兵庫県佐用郡・赤穂郡 *のふんどー 兵庫県赤穂郡 *のへーとー 岡山県浅口郡 *のへっと 山形県 香川県大川郡 *のぺっと 山形県東置賜郡・西村山郡 *のへっとー 香川県大川郡 *のほーらつもの 岐阜県養老郡 *はちめろ(横着な女) 滋賀県栗太郡 *ふたびれもん 石川県鳳至郡 *ふとーもの 福岡市 大分県玖珠郡 *へって 香川県大川郡 *へろくり(頼りない横着者) 静岡県志太郡 *ほいとー 大分県大野郡 *まんぱち 山梨県中巨摩郡・東八代郡 *まんぱちもの 岩手県上閉伊郡 *やんちゃ 滋賀県 *やんちゃくちゃ 滋賀県彦根

おうとう【応答】 *あいけんど 山口県豊浦郡「寝言のあいけんどをうつ」 *あいごたえ 岩手県上閉伊郡 *あいへど 岩手県気仙郡・東磐井郡 *あいへんと 島根県隠岐島 *あいへんど 青森県 岩手県上閉伊郡・東磐井郡 岐阜県飛驒「ぁいへんどうつ」 島根県「あいへんどとる」 *あいへんとー 島根県隠岐島 香川県高松「あひへんとうつ」 *あいへんどー 和歌山県西牟婁郡「あいへんどうにのらぬ」 島根県那賀郡「あいへんどーする」 *あごへんと 富山県砺波「あごへんとかく」 *あへんと 香川県「はいあへんとうたんか」 *あへんど 青森県津軽 富山県「あへんどかく」 福井県坂井郡 香川県 *いれーくてー・いれーふぃじ 沖縄県首里 *えぁへんど 岩手県気仙郡 *えへんど 青森県上北郡「おれが訪ねてもえへんどもしない」 *おけさえ・おけへんと 島根県出雲 *おけへんとー 島根県

↓へんじ(返事)

相手の意見を肯定して感動的に□する語 *いかさま 青森県・上北郡・津軽「えがさまほんだねす(なるほどそうですね)」 山形県「えがさまおっしゃる通りだ」 福井県敦賀郡 長野県佐久 鳥取県 島根県 広島県高田郡 *えかさまたこさま 青森県 島根県出雲

□の語 *あー(目上に) 鹿児島県揖宿郡 *あーい 新潟県岩船郡 富山県氷見市 石川県鹿島郡 山梨県北都留郡 山口県美祢郡 高知県幡多郡 長崎県五島・壱岐島 *あーさー(やや物憂い気持ちを帯びる) 神奈川県中郡 *あーよ 山梨県 *あーん 石川県金沢市(目下に対する) 福岡県久留米市 *あい 北海道美唄市 青森県南津軽郡・上北郡(やさしみのある返答)・三戸郡(同等以下、または下流一般) 岩手県気仙郡(親しい者・老人の間) 宮城県宮城郡 秋田県「あい、まつんだら静かにいてくなしぇ(はい、まあそれではさよなら)」 山形県 福島県 茨城県新治郡 栃木県那須郡 東京都大島(目上に対する最もていねいな返事)・八王子 新潟県(女・子供に多い) 富山県東礪波郡 石川県・金沢(下賤な者の間) 福井県丹生郡・遠敷郡 山梨県北都留郡 長野県 岐阜県 静岡県安倍郡・富士郡 愛知県愛知郡 三重県 滋賀県長浜市・高島郡 京都市 兵庫県城崎郡 奈良県吉野郡 島根県松江市 愛媛県(児童) 高知県幡多郡(目上に用いる女性語) 福岡県(親しい者の間) 佐賀県 長崎県北松浦郡・対馬・壱岐島(血族間または極めて親密な間柄) 熊本県天草郡 大分県 宮崎県日南市・東臼杵郡 鹿児島県枕崎市・上甑島 *あいあい 青森県上北郡 富山県東礪波郡・下新川郡 岡山県真庭郡 高知県安芸郡 長崎県五島 大分県臼杵市 宮崎県西臼杵郡 *あいさ 三重県北牟婁郡 *あいさーい・あいさーりー 佐賀県東松浦郡 *あいやい 新潟県(親近感あるていねいな返事) 富山県東礪波郡 *あがー 岐阜県揖斐郡 *あぎ 長野県西筑摩郡 *あてら 三重県志摩郡 *あん 長野県上田・佐久 岐阜県武儀郡・加茂郡 愛知県知多郡 *い 鹿児島県奄美大島 *いー 新潟県 石川県 高知県清水市 長崎県南高来郡 沖縄県(同輩以下)・与那国島 *いーん 鹿児島県喜界島 *いぇー 沖縄県石垣島・小浜島・鳩間島 *いえー 栃木県河内郡 *いや 滋賀県坂田郡 *いん 滋賀県湖南 奈良県(児童語)「『奈美ちゃんおんの』『いん』」 高知県幡多郡 沖縄県国頭郡 *うら 茨城県 *お 青森県三戸郡(目下に) 香川県(同輩以下に) *おー 青森県 山形県東田川郡 千葉県安房郡 東京都伊豆諸島(同輩に) 神奈川県中郡 新潟県 富山県「ばばやるかえ。おーおるぞー」 石川県 山梨県南巨摩郡 長野県西筑摩郡 岐阜県飛驒 静岡県・榛原郡(同輩以下に) 愛知県宝飯郡(目下に) 三重県(目下に) 滋賀県 広島県賀茂郡 徳島県 香川県(親しい男子に) 愛媛県・松山(同輩に) 高知県・高岡郡 長崎県壱岐島 大分県臼杵市 鹿児島県阿久根市・肝属郡(同輩に)・島部(目上に) 沖縄県宮古島(目上に)・首里(目下の年長者に)・八重山(目上に) *おはい 和歌山県日高郡(女性語)「『今日は十日かい』『おはい、さうどあら』」・西牟婁郡(女性語) *おん 石川県河北郡「おん、ほーや(ええ、そうですね)」 岐阜県西部 愛知県東春日井郡 滋賀県彦根 島根県出雲 福岡市 *けー 岩手県盛岡市 *さいな 大阪市 香川県 *さいや 三重県上野市 滋賀県 京都府相楽郡 大阪府東成郡・泉北郡 奈良県 鳥取県西伯郡 *なーしたて 山形県米沢市 *ばーやれ 静岡県「『この花はきれいですね』『ばーやれ』」 *はってー 三重県志摩郡「『行くこー(お出かけですか)』『はってー』」 *ひ 香川県三豊郡 *ひあー 静岡県伊豆 *ひー 島根県那賀郡 沖縄県首里(目下に対して言う) *ひやー 佐賀県 *へあ 青森県三戸郡 *へーえい 愛

媛県伊予郡 *へーさ 岐阜県本巣郡 *へーさー 岐阜県北飛騨 *へーな 山梨県甲府 *へーない 三重県鳥羽 *へーへー 愛媛県 *へーん 和歌山県海草郡・日高郡 *へん 三重県 熊本県(若い女性が用いる) *へんのー 滋賀県 *ほ 青森県上北郡「花さんと外から呼ぶとほと内でこたへる」

*ほい 青森県上北郡・三戸郡 新潟県佐渡 石川県河北郡「ほい あいやと(ありがとうございます)」 愛知県宝飯郡 高知県『兄さんよ』『ほい』 *ほいほい・ほいよ 山梨県南巨摩郡 *ほー(目下の年長者に対して)沖縄県首里 *ほーい 徳島県海部郡 *ほん 岐阜県・揖斐郡 愛知県東春日井郡・西春日井郡 滋賀県彦根 兵庫県佐用郡 島根県出雲 香川県 *まーえ 徳島県海部郡『今日も休みや』『まーえ』 *ゆい 沖縄県与那国島(同輩、または目下の者に) *ゆー(非常に目上の上に対して用いる)沖縄県首里・石垣島・小浜島 *よい 三重県志摩郡 *よーえ 徳島県美馬郡

疑問を残した□の語 *うんさー・うんさよー 岐阜県郡上郡『あした、どーでも行かまいかよ』『うんさー、行けるかしらん』 *うんかな 三重県北牟婁郡

玄関に人が来た時の□の声 *だーさえ 青森県三戸郡

同意や承諾の意を表す□の語 *あまえ 山形県『これを持っていってくれ』『あまえ』 *あんまえ 山形県米沢市・東置賜郡 *おいかー 石川県鹿島郡 *おいし 富山県東礪波郡 *おいしょ 滋賀県伊香郡 京都府 広島県高田郡 *おいな 福井県福井市・遠敷郡 *おいね 石川県 福井県坂井郡 *おいねまた 石川県金沢市 *おいの 滋賀県高島郡「おいの、せんど会わなんだのー」 *おいのれ・おいや・おいやれ 福井県 *おいやまた 福井県大飯郡 *おいやり 石川県能美郡 *おえま 千葉県山武郡 *おえよ 新潟県西蒲原郡 *おー 三重県志摩郡 島根県邑智郡 山口県・豊浦郡(目下に) 愛媛県 長崎市 鹿児島県喜界島(目上に) 沖縄県石垣島(屋根ふきなどの作業の際に交わす合図の語) *おーえ 富山県砺波 石川県能登島 *おーお(男が同輩以下に)富山県砺波 *おーおー 富山県婦負郡 長崎県対馬「おうおうにぜにいらず」 *おーかい・おーけの 石川県珠洲郡 *おーけ 石川県珠洲郡・鳳至郡 *おーさ 新潟県佐渡 三重県北牟婁郡 *おーさー 新潟県佐渡 *おーさい 静岡県榛原郡 *おーさまた 千葉県夷隅郡 *おーなー 山梨県 三重県北牟婁郡 *おーね 石川県鳳至郡 *おーや 山形県・米沢市(女性語)「おおや、そおだでは」 *おーやー 新潟県西頸城郡 *おーよ 千葉県夷隅郡 神奈川県中郡・愛甲郡 三重県北牟婁郡 和歌山県日高郡・西牟婁郡 鹿児島県種子島 *おーよー 千葉県夷隅郡 神奈川県「『あいつがいけねーだよー』『おーよー』」 和歌山県 *おーわい 岐阜県吉城郡・飛騨 *おっさ 千葉県夷隅郡・印旛郡 *おっさー 千葉県夷隅郡 三重県北牟婁郡 *おっさき 石川県鳳至郡 *おっされ 三重県北牟婁郡

同輩または目下への□の語 *よー 三重県阿山郡 奈良県吉野郡 和歌山県東牟婁郡「『あーよ、よかったよー』『よー』(軽く相づちを打つ時)」 徳島県「『今日はええお天気じゃなー』『よー』」・美馬郡 香川県綾歌郡・小豆島(男性語) 宮崎県西諸県郡(男性語) 鹿児島県

否定または拒絶の意を表す□の語 *おーおー(目下の年長者に)沖縄県首里 *だがふん 愛知県碧海郡・岡崎市 *だがほん 愛知県岡崎市 *てー 三重県度会郡

目上に呼ばれた時の□の語 *ふー 沖縄県首里

おうとつ【凹凸】

*ががら 島根県出雲市・簸川郡「このせんべいにはががらがある」 *どかひく 岡山県 *どがへが 兵庫県加古郡 岡山県久米郡 広島県比婆郡 *どからばから 山形県米沢市・南置賜郡「どからばからて道あ悪い」 *どんぐりへんぐり 奈良県南大和

→でこぼこ（凸凹）

□のあること *でくしゃく 長野県下水内郡 *でこかこ 山形県北村山郡・東村山郡 *でこしこ 山形県 富山県砺波 *でこすこ 山形県最上郡 *でごちゃご 福井県大飯郡 *でこでこ・でこひこ 山形県庄内 *でこへご 岐阜県大垣市 *でごへご 島根県出雲 *でんぐりへんぐり 大阪市

□のあるさま *だこしこ・だっこしっこ 富山県 *だこびこ 山形県西置賜郡・庄内 *だごへご 富山県「この道がだごへごとしておる」 鳥取県東部 島根県隠岐島 *だっくりひょっくり 大分県北海部郡・南海部郡 宮崎県東諸県郡 *たんぐりへん 奈良県南大和 *たんぐりへんぐり 和歌山県「この道にはたんぐりへんぐりが多い」 *だんこ 埼玉県秩父郡 *だんこだんこ 岐阜県飛騨 *だんこちんこ 富山県 岐阜県飛騨 *たんごへんご 岡山県和気郡

□の少ないこと *のめつ 長野県小県郡

□の甚だしいこと *あざり 沖縄県石垣島「あざりいし(表面の粗い石)」

おうへい【横柄】

*いき 島根県出雲 *えらいがお(いばった横柄な態度)愛知県名古屋市 和歌山県「えらいがおすんな、あほんだらめや」 *おーど 石川県羽咋郡 島根県出雲 熊本県阿蘇郡 *おーどー 広島県高田郡 熊本県 *おーばく・おんばく 青森県津軽「いい人だが、口がおんばくでね」 *おーふ 新潟県 愛知県名古屋市 滋賀県神崎郡 兵庫県淡路島 和歌山市 *おーふー 宮城県 山形県 茨城県 千葉県香取郡 新潟県仙北郡 *おーべし(横柄な言葉を用いること)岩手県気仙郡 *おせげ 香川県「おせげにする」 *おばく 青森県津軽 秋田県鹿角郡「おばぐすな(失礼なこと

言うな)」 *けんしき・けんつく 新潟県佐渡「あの男はけんしきな奴だ」 *けんたいらし 石川県能美郡 *けんたいらしー 兵庫県 *しさいくそ 島根県飯石郡・仁多郡「しさいくそな風をする奴だ」 *ずない 山梨県南都留郡 長野県 静岡県榛原郡「ずない小僧」 *ずへー 新潟県佐渡 愛媛県・大三島 *たかいき 島根県出雲・隠岐島「あの男はたかえきだ」 岡山県苫田郡 *ちぐぇーゆん(横柄になる)沖縄県首里 *つけっと・つけらっと 青森県津軽 山形県「仕事云いつかってもつけらっとしている」 *なまおへ 山形県西村山郡 *のつ 島根県那賀郡・邑智郡「のつな人」 *のっぱり 愛媛県大三島 *のふーぞーか 佐賀県 *のふーぞか・のふぞか 長崎市 *へちょー 香川県高松

□な言葉 *いけくちたたく(横柄な口をきく) 長崎県壱岐島「いけぐちたたき居ったぎり承知せぬぞ」 *おーたば 長野県東筑摩郡・上伊那郡

□な人 *うどーむん 鹿児島県喜界島 *おーどーもの 京都府竹野郡 山口県「あいつは以てのほかなおーどーものぢゃ」 熊本県阿蘇郡・天草郡 *おどーむん 鹿児島県沖永良部島 *ちーぐぇーむん・ちぐぇーいむん・ちぐぇーむん 沖縄県首里 *とくとのかわ 愛媛県大三島 *なまおへ 山形県西村山郡 *へらず 熊本県天草郡

おえる【終】 *うちなしゅん(すっかり終える) 沖縄県首里 *うつぃなしん(すっかり終える) 沖縄県石垣島 *きめる 岩手県江刺郡・気仙郡 宮城県栗原郡「仕事早くきめてこ」・仙台市 *しめとい(準備を終える) 鹿児島県鹿児島郡 *すぐす(食事を終える) 宮城県栗原郡 *すごす(食事を終える) 岩手県気仙郡「忙しいから早くすごせ」 *でける 秋田県雄勝郡「遊戯がでけた」 *まいまい(終えること。幼児語) 三重県伊賀 奈良県

おおい【多】 *あのしっけー(あのくらい多く) 長野県上田 *いかい(副詞的に用いられることが多い) 北海道「ほんの一寸の間いげゃあ魚獲った」 山形県米沢市「えがえ人あえだ」 新潟県・佐渡 大阪府大阪市・中河内郡 兵庫県淡路島 長野県諏訪 岡山県「あゆをいかい釣ったのー」 広島県高田郡 福岡県小倉市・福岡市 長崎県対馬 大分県下毛郡 *いかつい 岡山県「いかつう」 *うーか 佐賀県 長崎県五島・壱岐島 熊本県玉名郡 *うーかもん 長崎県五島・北松浦郡「うーかもんここにある」 *うか 鹿児島県 *うかい 山形県 *うかむん 鹿児島県・肝属郡 *うかもん 長崎県五島 鹿児島県 *うけ 鹿児島県「今日は人がうけ」 *うっかもん 長崎県五島 *うっさい 鹿児島県喜界島 *うふさーん・ふーさーん 沖縄県石垣島 *うぶさーん 沖縄県新城島・与那国島 *うふさん 沖縄県首里 *うほーく 沖縄県首里「うほーくぬっちゅ(たくさんの人)」 *うやっこい 静岡県 *うらはん 沖縄県黒島 *えじー 大分県直入郡・玖珠郡 *えすい 熊本県菊池郡「そぎゃんもんな、山ん中へんにゃえすか」・下益城郡 *えぞい(小動物が群がり集まって多い) 岐阜県加茂郡 *えそくない 山梨県 *おーか 青森県三戸郡 岩手県和賀郡 群馬県桐生市 岐阜県吉城郡「宮川村には石器時代の遺物がおーかある」 熊本県玉名郡 *おーきょ 兵庫県淡路島「もお、余りおおきょは有ろまい」 *おか・おっか 秋田県鹿角郡 *おかい 山形県東置賜郡「年がおかい」・庄内 兵庫県加西郡・加古郡 愛媛県 *おっけー 山形県鶴岡市・酒田市 *おり 青森県上北郡「砂糖があんまりおり」 *おりく 青森県南津軽郡 *きびらしー 広島県豊田郡 *けもしー 長野県「けもしい程ある(たくさんある)」 *げらい 大阪府泉北郡 *ごーつい(終止形で副詞的に用いることもある) 島根県那賀郡「ごーつ肥えた大女房だ」 香川県三豊郡・小豆島・高見島 *ごつい(終止形で副詞的に用いることもある) 福井県遠敷郡「ごつい銭もーけさんした(たいした金をもうけなさった)」 大阪府北河内郡・中河内郡「ごついこと(たくさん)」 兵庫県 鳥取県「ごつう寒い」 島根県石見「ごつー綱を引っ張ると切れるで」 岡山市 広島県 香川県「下駄もごつちびるもんじゃな」 *ごっつい(終止形で副詞的に用いることもある) 新潟県佐渡「おめえとこのごっつぉ(御馳走)は、ごっついねか」 兵庫県 鳥取県岩美郡・気高郡 徳島県「ごっつぃあるわ(ずいぶんたくさんあるわ)」 香川県 *このけんまく(これほど多く) 群馬県吾妻郡 長野県 *ざくざらい(ものの多いことをたとえて言う語) 富山県砺波「大学出ぐらいざくざらいほどおる」 *ざまくもない 大分県宇佐郡 *さまじー 大分県北海部郡 *じょーい 富山県下新川郡 *ずない 宮城県仙台市 新潟県 *とろい・とろくさい 高知県「内にはとろくあるから、ええばーとっておいでなさい」 *ふぃさり・ふーさり 鹿児島県奄美大島 *ぶーさーん・ぼさーん 沖縄県波照間島 *ふちー 大分県大分郡・西国東郡 *ふとい 徳島県美馬郡「さじに溢れるだけふとくすくう」 *ほーらさん 沖縄県竹富島 *むさい 茨城県 千葉県香取郡 石川県鳳至郡・鹿島郡 香川県綾歌郡(予想より多い) *むさら 長野県佐久 *むさらく 和歌山県東牟婁郡「魚はむさらく有った」 *むさらこ 三重県志摩郡 *むそい 千葉県印旛郡 *やさい 石川県能美郡 *やにーこい・やにくそくさい・やにしゅい・やねーこい・やねこい・やねまい(副詞的に用いることが多い) 和歌山県東牟婁郡「何とやにしゅい仕事やな」 *やにくさい・やにこい(副詞的に用いることが多い) 和歌山県「やにくさい持って来た」「やにこう寒い」 *やにこくさい(副詞的に用いることが多い) 和歌山県西牟婁郡 *やまさん 沖縄県竹富島 *ゆかい(副詞的に用いられることが多い) 沖縄県首里「じんぬ ゆかい あさ(金が相当あるよ)」 *よんなか 長崎県五島 *よんにゅい 長崎県佐世保市「よんにゅか」・南高来郡「よんにゅいときなー(多い時ねえ)」 *よんにゅーか 佐賀県「五杯も食ふてはあまりよんにゅうか」 *よんにょか 熊

本県玉名郡

→おびただしい（夥）・たくさん（沢山）

□**こと** ＊**くもせんばい**（幼児語）兵庫県加古郡 ＊**しもけ**（冬の降霜の多いこと）長崎県壱岐島 ＊**じゃぎ**（ものに凸凹の多いこと）島根県 ＊**つかなえ**（一つの植え穴に差し込む稲苗の本数が多いこと）京都府竹野郡「そんなつかなえは困る」 ＊**のたし** 茨城県那珂郡 ＊**ゆかい** 沖縄県首里「ゆかいぬ でぃき（相当の収穫）」

□**さま** ＊**いっせ** 新潟県中頸城郡「やまものとりいって、いっせにとってきた」 ＊**いっと** 鳥取県西伯郡 島根県隠岐島「漁船がいっとちらって（連なって）戻りよった」・石見 ＊**うって** 北海道南部「うってある」 青森県津軽「そばをうって食て来た」 秋田県河辺郡・由利郡「栗うって拾って来た」 山形県西田川郡 ＊**うつて** 青森県 ＊**うっと** 青森県津軽 秋田県由利郡「うっと、たべれ」 山形県東田川郡・飽海郡 ＊**うんきたま** 山形県東田川郡 ＊**うんざら** 福島県北会津郡 栃木県上都賀郡「うんざら持って来た」 ＊**うんすこたま** 山形県西村山郡・西田川郡 ＊**うんたま** 山形県飽海郡 新潟県東蒲原郡「サイダーをうんたま飲んだ」 ＊**うんつくらい** 宮城県石巻（卑語）・仙台市 ＊**うんつこたま** 山形県 ＊**うんて**（「うんと」の転）秋田県「うんて水がました」 ＊**うんとくらい** 宮城県仙台市「柿うんとくらいしょって、まず、どこさ運ぶんだか」 ＊**えーと** 広島県高田郡 山口県大津島 ＊**えっと** 京都府 兵庫県淡路島 鳥取県「たいしてえっともないけど」 島根県「魚がえっと獲れた」 岡山県 広島県 山口県・上関島・屋代島・前島・浮島・大島「えっと水を呑むなよ。腹が冷えるけ」 香川県三豊郡 愛媛県 熊本県芦北郡 大分県西国東郡・北海部郡 ＊**えっとこと** 鳥取県西伯郡 島根県出雲「花をえっとこと取ってごせ」 広島県倉橋島 ＊**えっとことー** 広島県高田郡 ＊**えっとなこと** 島根県出雲 ＊**えつもつ**（あれこれとひっかかりの多いさま）新潟県中蒲原郡「えつもつしていてまだ伺いません」 ＊**えと** 奈良県南大和 和歌山県伊都郡 ＊**おーず** 群馬県山田郡 ＊**おーぞ** 栃木県足利市・佐野市「おーぞもらっていくべー」 群馬県「おほぞ降って困りますなあ」 ＊**おーばち** 千葉県夷隅郡 ＊**おだおだ** 山口県阿武郡「おだおだしちょる」 ＊**かーと** 岐阜県飛騨「餅やいたにかーと食ってたもれ」 ＊**がーと** 神奈川県 愛知県八名郡「がーとに戴いてね」 大分県速見郡 ＊**がいなこと** 愛知県知多郡「魚ががいなこと釣れた」 三重県志摩郡・南牟婁郡 和歌山県 ＊**かしゃんがしゃん・からんがらん** 長野県佐久 ＊**かたくねー** 栃木県河内郡 ＊**がっと** 神奈川県中郡「がっとある」 ＊**がっぱ** 新潟県北蒲原郡・東蒲原郡「芋ががっぱある」「手を切って血ががっぱ出た」 ＊**かっぱり** 山形県西置賜郡 ＊**がっぱり** 山形県「がっぱり減った」 新潟県佐渡 ＊**がと** 大分県西国東郡 ＊**かとー** 栃木県佐野市 静岡県志太郡 ＊**がとー** 神奈川県三浦郡 新潟県 山梨県「賃金をがとーくれた」 長野県 静岡県志太郡 愛知県南設楽郡 大分県 ＊**がとーなこと** 大分県「がとーなこと人が居る」 ＊**がはり** 山形県米沢市「がはり怒った」「がはり食った」 ＊**がばり** 岐阜県飛騨「がばりもうけた」 ＊**がはん** 岐阜県不破郡 ＊**がらがら** 新潟県佐渡「柿ががらがらなっている」 ＊**がらんがらん** 長野県長野市・上水内郡 ＊**きさんじ** 島根県美濃郡・益田市「蜜柑がきさんじなった」 ＊**ぎゅーっと** 千葉県夷隅郡 ＊**ぎゅーと** 千葉県夷隅郡 群馬県勢多郡 静岡県 ＊**ぎょーさ** 岐阜県吉城郡「あぇつおぎょーさとってきて（あれをたくさん取って来て）」 ＊**ぎょーさなこと** 島根県隠岐島「ぎょーさなこと魚がはいった」 ＊**きょーさん** 大分県北海部郡 ＊**ぎょーさん** 山形県西置賜郡 新潟県「魚がぎょうさんいる」 石川県金沢・江沼郡 福井県 長野県東部「おかしをぎょーさんかって来た」 静岡県 岐阜県「灰はぎょーさん入れたるに」 三重県 滋賀県 愛知県「ぎょーさん欲しい」 京都府 大阪府 兵庫県「ぎょーさん貰うてすんまへん」・淡路島 奈良県「ぎょーさん持って帰ったな」 和歌山県那賀郡 鳥取県西伯郡「この池には鯉がぎょーさん居るな」 島根県 岡山県 広島県 山口県下関 徳島県 香川県 愛媛県 高知県「ほんだぎょーさんあらー」 長崎県壱岐島 大分県北海部郡 宮崎県延岡・宮崎市 ＊**ぎょーさんげ** 愛知県名古屋市（中流の婦人の語） ＊**ぎょーさんこと** 新潟県佐渡 岡山県津山「もったいない、こねーにぎょーさんことくさらかして」 ＊**ぎょーさんなこと** 新潟県佐渡「どうい、ぎょうさんなことのもんだ」 高知県幡多郡「ぎょーさんなこと（みやげ物を）おこしてもろてぇ」 ＊**ぎょーはん** 兵庫県赤穂郡 愛媛県周桑郡 ＊**ぎょーんさ・ぎょんさ** 岐阜県飛騨 ＊**ぎょさん** 石川県江沼郡 福井県今立郡 岐阜県吉城郡・大野郡 兵庫県加古郡 広島県沼隈郡 ＊**ごーさん** 福井県足羽郡・大野郡 三重県志摩郡 ＊**こーじょ** 島根県出雲 ＊**ごーらーるある** 沖縄県鳩間島 ＊**ごろいと** 鹿児島県 ＊**ざった** 栃木県「米がざったにこぼれてる」 ＊**ざらく** 茨城県・鹿島郡 ＊**ざらけ** 山口県厚狭郡「そねーなものはざらけある」 ＊**じーね** 島根県能義郡「じーね魚が釣れた」 ＊**しかっぱち** 島根県益田市「車に草をしかっぱち積んで戻った」 ＊**しかほか** 新潟県佐渡「ごはんをしかほか食べている」 ＊**しぎょ** 島根県出雲「小便がしぎょな子だ」 ＊**しぎょー** 兵庫県加古郡 島根県 香川県「しぎょうに子産んどる」 ＊**しげー** 島根県隠岐島「人がしげーに通る」 ＊**したたか** 岩手県九戸郡 秋田県鹿角郡「山へ行って茸したたか採って来た」 山形県 茨城県稲敷郡 栃木県河内郡 新潟県佐渡・新井市「したたかのまされた」 長野県上田・佐久 静

岡県富士郡　三重県飯南郡　島根県出雲　福岡市　大分県大野郡・下毛郡　*しただか 宮城県仙台市　秋田県秋田市・平鹿郡　千葉県海上郡　鹿児島県宝島・喜界島「蜜柑がしただかなっている」　*したたき 千葉県海上郡　*したたく 千葉県長生郡　*したったか 静岡県志太郡　*じっか 栃木県　静岡県　*しっかー 千葉県長生郡　*しっかし 福島県　*しっから 千葉県夷隅郡　*しっかり 福島県　茨城県　栃木県「しっかりいただきました」　群馬県邑楽郡　埼玉県北葛飾郡　千葉県　東京都御蔵島・八丈島　神奈川県　新潟県三島郡・刈羽郡　静岡県　鳥取県西伯郡　岡山県小田郡　徳島県三好郡　香川県　愛媛県　高知県　*しっかりだら 東京都八丈島　*しっこり 新潟県佐渡　愛媛県　高知県　*しったか 静岡県富士郡　*しったらか 茨城県稲敷郡　*しったらが 茨城県稲敷郡　千葉県印旛郡　*じっぱい 岩手県九戸郡　*じっぱし 秋田県山本郡　*じっぱと 秋田県鹿角郡　*しっぱり 山形県米沢市　*じっぱり 北海道松前郡　岩手県「どうか、じっぱり食べて下さい」・九戸郡　秋田県　*じゃーに 京都府竹野郡・熊野郡　兵庫県但馬　鳥取県　島根県　*じゃーにじゃーに・じゃーねじゃーね・じゃんじゃね 島根県出雲　*じゃーね 岐阜県飛騨　島根県出雲　広島県比婆郡　*じゃーねこと・じゃんじゃーに 島根県仁多郡　*じゃーねじゃんじゃん 島根県大原郡　*じゃに 鳥取県西伯郡　島根県　*じゃね・じゃん 鳥取県西伯郡　島根県出雲「じゃね褒美を貰った」「松茸がじゃんある」　*じゃねこと・じゃねことじゃねこと・じゃんじゃんこと 島根県能義郡　*じゃんこと 鳥取県西伯郡　島根県　*じゃんじゃん 静岡県志太郡　鳥取県西伯郡　島根県　*じゃんとこ 島根県美濃郡・益田市「じゃんとこ貝殻がある」　*じゅさん 和歌山県東牟婁郡　*じょーいか 新潟県中越　*じょーさん 石川県鳳至郡　福井県　岐阜県武儀郡・恵那郡　三重県南牟婁郡・北牟婁郡「こんなにじょーさんもーてもよいんかなー(もらってもいいのかな)」　京都府　大阪府・泉北郡　兵庫県　奈良県南大和　和歌山県　広島県上蒲刈島・下蒲刈島　徳島県美馬郡・海部郡　香川県・三豊郡　*じょーさんぎょさん 兵庫県加古郡　*じょーさんこと 香川県三豊郡　*じょーしゃ 徳島県三好郡　*しょーに 愛媛県　*じょーに 岐阜県飛騨「じょーにまいれ(食物を勧める時の言葉)」　京都府竹野郡「雪がじょーに降りました」・中郡　大阪府泉北郡　兵庫県　鳥取県　島根県　岡山県吉備郡　広島県　山口県「これよりじょーにゃあ入りませんでえ」　徳島県　香川県「じょうにいう(あれこれとたくさんしゃべる)」　愛媛県　高知県香美郡・長岡郡　大分県　*じょーにか 香川県伊吹島　*じょーにこと 香川県三豊郡　*じょーにじょーに 島根県石見　*じょさん 奈良県南大和　*じょん 富山県下新川郡・砺波　*じょんじょん 滋賀県滋賀郡・高島郡　島根県美濃郡・益田市「竹ならじょんじょんある」　*しんぎょー 三重県名賀郡　*ずぃんばい 沖縄県首里　*すぎやま(この地方には昔から杉の木が多かったところから) 富山県下新川郡　*すくたら 神奈川県津久井郡　*ずっぱ 青森県津軽「おり(折)さづっぱどつめる」・三戸郡「きたねぇ物ばりずっぱどはいっていだ」　岩手県九戸郡　*ずっぱい 熊本県天草郡　*すっぱり 岩手県気仙郡「おら家には麦ならすっぱりある」　*ずっぱり 北海道　青森県南部「づっぱり採ってこ」　岩手県　秋田県「御飯がずっぱり残った」　山形県西田川郡　鹿児島県種子島　*ずばっ 鹿児島県　*ずばつ 宮崎県西諸県郡・東諸県郡　鹿児島県肝属郡「づばつ呉りゃいお」　*ずんばい 宮崎県「ずんべー」　沖縄県首里　鹿児島県「水をずんばい汲む」　*ずんばり 宮崎県東諸県郡　*せんど 和歌山県「せんど食べた」　*たーまんなぇー・たまんない 静岡県志太郡「たまんなぇーある(とてもたくさんある)」　*たかーにん 沖縄県石垣島・鳩間島　*ただくさ 三重県安濃郡・津市　*だらく 三重県志摩郡　*だんさく 長野県南部・上伊那郡　*どへ 岐阜県本巣郡　*どへん 岐阜県・本巣郡「どへんとくれた」・恵那郡　*のちょー 山梨県「のちゃうある」　*のつ 長野県更級郡　*のったら 青森県津軽「借金をのったらと残してね、亡くなったんだってよ」　*ひたたか 山口県豊浦郡　*ひっかり 福島県東白川郡(主に子供が使う)　千葉県香取郡　静岡県田方郡　*ひとたか 大分県大分郡　*ひょいきん 静岡県榛原郡　*ひょーきん 静岡県安倍郡「ひょーきんにたくさんある」・志太郡「ひょーきんにあるなー」　*ふっさり 高知県「ふっさり積んで来た」　*むーくり 香川県三豊郡　*めた 神奈川県津久井郡　*めためた 山梨県　*めっそ 高知県幡多郡　*めっそー 長野県北安曇郡　静岡県伊豆　高知県高岡郡・安芸郡　*めった 山梨県「めったない(たくさんない)」　静岡県田方郡「めったに居る」　*もーに 岩手県東磐井郡　福島県会津・大沼郡　茨城県鹿島郡・稲敷郡　栃木県「ごはんもーにたきすぎて」　群馬県　新潟県　長野県下水内郡　*もっこり 岩手県和賀郡　秋田県「お菓子をもっこり上げるよ」　山形県東田川郡　*やーさ 沖縄県竹富島　*やーた 愛知県名古屋市「今年は柿がやーた生った」　*やーっと 兵庫県加古郡(多く女が用いる)　*やーと 福井県大飯郡　岐阜県本巣郡「やあと飲んで」　三重県阿山郡　京都府　大阪府摂津　兵庫県多紀郡　*やた 愛知県「やた有る」　*やたら 栃木県「やたら食べてください」　*やっと 栃木県　福井県「やっと貰ろた」　長野県上高井郡　滋賀県神崎郡「やっとこひらいといて(たくさん作っておいて)」　京都府　兵庫県「柿(かき)がやっと落ちる」　島根県出雲　岡山県・和

気郡　広島県比婆郡　大分県北海部郡 *やっとー大分県直入郡(中流以下の語) *やまんに 島根県石見「それたーやまんにある」 *よーさん 愛知県知多郡　三重県志摩郡・度会郡　大阪府泉北郡　兵庫県神戸市・淡路島　和歌山県　愛媛県大島・津島・日振島・今治市 *より 東京都大島「あの山へ行けばその花ならよりだ」 *よれ 三重県志摩郡「はぜに、かぼず(どもくろはぜ)もよれおるんな」 *わざいしこ・わっざえしこ・わぜしこ 鹿児島県 *わざわい 鹿児島市 *わざわいか・わざわいしこ・わぜひこ 鹿児島県屋久島「わざわいか魚をとった」 *わっぜー 鹿児島県肝属郡 *わっぜしこ 宮崎県西諸県郡　鹿児島県

十分に□さま *こふだん 岩手県気仙郡 *ふだ 岩手県磐井郡・胆沢郡　宮城県　山形県　福島県・東白川郡「今日のおかずはふだだ」　茨城県・真壁郡　栃木県　千葉県香取郡 *ふだー 茨城県稲敷郡 *ふだふだ 宮城県石巻・仙台　山形県　福島県相馬郡 *ふだらく 茨城県真壁郡・稲敷郡 *ふだん 岩手県気仙郡「ふだんに持ってこい」　秋田県雄勝郡　山形県　福島県若松市・大沼郡　茨城県　栃木県　埼玉県北葛飾郡　千葉県香取郡「風呂の水をふだん汲んだな」　新潟県東蒲原郡　岐阜県郡上郡 *ふんだ 北海道　東京都南多摩郡　神奈川県愛甲郡・津久井郡「ふんだな湯」　山梨県・北都留郡・南巨摩郡　滋賀県大津市　徳島県「こんなにふんだにいらぬ」・美馬郡 *ふんど 徳島県三好郡

数量が□ *あらけない 秋田県鹿角郡「いや、あらけなく集ったもんだ」 *あらけんねー 福岡県 *うざっこい 静岡県志太郡 *うじゃっけー 神奈川県中郡 *うじゃらっこい 静岡県田方郡 *おーきな 鳥取県「おーきな人(群衆)」 *おーけ 山形県　新潟県岩船郡　富山県高岡市・砺波「炭をこわいて使うとおーけない(不経済だ)」　福岡市　佐賀県　長崎県対馬「使いおーけがある」・壱岐島　大分県 *おーばしー 島根県那賀郡「この荷物はおーばしいけー持てん」 *おけ 山形県北村山郡　大阪市　和歌山県　長崎県南高来郡・長崎市 *おしこげない 茨城県稲敷郡 *ことろし・ことろしー 鹿児島県「ことろしーしこ(たくさん)」 *しぎょい 徳島県「雨がふりしぎょい年じゃ」　香川県　高知県長岡郡 *しぎょーい 香川県「おしっこがしぎょういから毛糸のパンツをはく」 *しげー 神奈川県中郡　大阪市　兵庫県佐用郡　島根県「小便のしげー子だ」・隠岐島「しげー材木が置いてある」 *しごい 神奈川県中郡 *しじさん 沖縄県首里 *しちてんぽもない 島根県隠岐島「しちてんぽもねー買って来た」 *しゃきらもない 島根県邑智郡「大根がしゃきらもなー今年はできた」 *しゃけらもない 広島県佐伯郡・高田郡 *すてんぽない 島根県隠岐島「すてんぽねー土産を貰った」 *でぐしけない 三重県志摩郡 *どえらーこい・どえらこい・どってらこい・どてらこい 三重県志摩郡 *どーらい・どてらい 京都府「柿をどーりゃーことぼってきなった(柿をたくさんもいで来なさった)」 *ほーちぇきもねー 大分県東国東郡 *もくさくちもなか 長崎県壱岐島「もくさくちもなかしてお菓子を貰うた」 *もぐさもない 熊本県下益城郡 *よーけ 奈良県南大和「遊びよーけがある」 *よけ 奈良県南大和　和歌山県 *わけわからない 青森県津軽

数量の□さま *あなっくれー 沖縄県小浜島 *あまたこまた 新潟県佐渡 *あまって 岩手県下閉伊郡 *いくのー 岡山県小田郡 *おーどさに 茨城県久慈郡 *おーねー 島根県隠岐島「魚をおーどさやった」 *たーへん 静岡県 *たーみん 沖縄県新城島 *たいへん 茨城県鹿島郡　京都府　大分県大分郡 *たんぶり 富山市 *とーてん・とてん 大分県「さかなーとーてんよーきーおる(魚がたくさんいる)」 *とっても・とってん 大分市 *とても 山梨県東八代郡「とてもある(たくさんある)」　大分県 *へんなこと 京都府竹野郡「まあこないだ(この間)はへんなこと桃をいただきまして」 *まっさんばら 和歌山県西牟婁郡

数量の非常に□さま *うすくたま 山形県東田川郡・西田川郡「あの家にはうすくたま金がある」 *うすこいたま 山形県東田川郡 *うすこたま・うすこてま 山形県 *うすたま 山形県東田川郡 *おすこたま 山形県最上郡 *こじきたま 福島県会津 *こじくたま 山形県西置賜郡 *こしこたま 山形県東置賜郡 *こじみたま 福島県中部・会津「こじみたま儲けやがった」 *しこくたま・しごくったま 山形県米沢市 *しこする 和歌山県東牟婁郡 *しこたか 愛媛県温泉郡 大分県宇佐郡 *しこだけ 島根県益田市 *しこたっぺ 栃木県日光市「仕事はしこたっぺやれ」 *しこだも 茨城県稲敷郡 *しこたら 高知県幡多郡 *しこたん 山口県豊浦郡　愛媛県 *しこっぱち 島根県鹿足郡・邇摩郡　山口県阿武郡 *しこっぱら 山口県大島「めでたい祝宴だったのでしこっぱらよばれた」　長崎県壱岐島 *しこてー 埼玉県北足立郡 *しこてこ 茨城県　千葉県東葛飾郡　島根県益田市　熊本県天草郡 *しこでこ 島根県益田市　長崎県対馬 *しこてつ 島根県簸川郡・出雲市 *しこてっぱら 千葉県東葛飾郡 *しこてま・しこでま 山形県最上郡 *しころく 大分県玖珠郡 *してゆて 埼玉県北足立郡 *すこえたま 山形県 *すこたま 岩手県気仙郡　宮城県栗原郡　秋田県平鹿郡　山形県 *すこてま 山形県最上郡 *すっこたま 岩手県気仙郡

非常に□ *あいたてない 和歌山県西牟婁郡 *あいたてもない 京都府与謝郡 *あてこともない 茨城県稲敷郡　群馬県　千葉県香取郡 静岡県藤枝・安倍郡　愛知県北設楽郡 *あばか

ん(「処理できない」の意から) 島根県松江市 福岡県 熊本県「食いなっせ、あばかんあるでか」 *あばちぇんね 宮崎県 鹿児島県肝属郡「見物があばちぇんねむんぢゃ」 *あばてもなか 鹿児島県甑島 *あばてんなか 鹿児島県 *あばてんね 宮崎県都城 鹿児島県・肝属郡 *あぶともない 新潟県中越 *あやーたてもない・あやーたもない 京都府竹野郡「たきゃーもんを(高価なものを)あやーたてもにゃーこといただきまして」 *あらけな 愛媛県南宇和郡 *あんどもない 長野県佐久 *いさぎいー・いさげー 福岡県久留米市「いさぎえーしこ(たくさん)」 *いさっか 熊本県玉名郡「こんな方言集ならいさっか(多い)」 *いざぶい 兵庫県淡路島 *おばかん 福岡県粕屋郡 *かずもほどもしれん 兵庫県加古郡 *ぎょーさんもない 島根県石見 *くさきー 沖縄県首里 *くっちー 長野県東筑摩郡 *くっちゃえ 新潟県「少しくっちゃえ(仕事が手に余る)」 *ざまーない 大分県玖珠郡(農民) *ざまむねー 熊本県阿蘇郡 大分県「ざまむねーある」 *ぞーのくそほど 長崎県対馬 *ぞーんくそ 熊本県下益城郡 *そがらし 鹿児島県「そがらししこ(たくさんの量)」 *そつがらし 宮崎県都城 *たくなましー 島根県鹿角郡・邇摩郡「たくなましい鮒がとれた」 *だだくさもない 長野県上伊那郡・下伊那郡 愛知県豊橋市「だだくさもない有る」 *ばくだいもない 奈良県南大和 *ばさらい 福岡県福岡市・久留米市 大分県 *ひらだたき 三重県志摩郡

非常に□さま *がい 青森県三戸郡 宮城県牡鹿郡 福島県 茨城県久慈郡・稲敷郡「がいだっぺい」 東京都利島・大島 新潟県 富山県中新川郡・下新川郡 山梨県「まあこがあにがいに呉れとう」 愛知県知多郡「客ががいにあった」 三重県南部「がいなもんや」 和歌山県 鳥取県西伯郡 島根県「がいに(魚を)取りょったものう」 岡山県 徳島県 香川県 愛媛県 大分県「あんまりがいと食べた」 *がう 長野県北安曇郡 *がえー 山梨県南都留郡 *がしょーき 茨城県稲敷郡 栃木県 埼玉県川越・入間郡 *がしょーぎ 群馬県邑楽郡 千葉県長生郡 *がしょーけ 茨城県 千葉県香取郡・海上郡 *がしょーげ 千葉県 *がしょぎ 千葉県山武郡 *がしょぎん 千葉県長生郡 *かしょっき 千葉県上総 *ぎゃー 長崎県壱岐島「きゃーぎゃーに(これはたくさんに)」 *くもいっぱい 兵庫県加古郡 *ぐよぐよ 福岡市「おたまじゃくしがぐよぐよしとった」 *けぁー 茨城県 栃木県那須郡 *げー 福島県「そおだにわけてげぇだ、少し残しておごれ」 茨城県多賀郡 栃木県 群馬県利根郡 千葉県香取郡・長生郡 新潟県・中魚沼郡「げーにかせぐなも」・南魚沼郡 山梨県 *げやー 茨城県猿島郡 栃木県芳賀郡「もーげやーだ(もうたくさんだ)」 *ごくてん 岐阜県郡上郡「今年は栗がごくてんなった」 徳島県「ごくてん夢中」 *ごんくろ 香川県「ごんくろに」 *しわーしょの 三重県志摩郡 *どっせー 広島県比婆郡「どっせーに使うな」 *とろく 高知県 *とろくさんぱち 高知県長岡郡 *ひたむでに 栃木県那須郡「ずいぶんひたむでにひいでんがら(車に積んで行くから)」

量の□さま *あぶさん 香川県木田郡「水をあぶさんにつかう」 *あぶて・あぶてー 埼玉県秩父郡「あぶてに食うなよ」 *いずいー 福岡県久留米市「いずいー食ふばいのー」 *いすか(「に」を伴って) 群馬県伊勢崎市「魚がいすかに居た」 *いり 茨城県鹿島郡 *うんとこ 奈良県吉野郡 福岡県 *うんとこせっと 滋賀県彦根「うんとこせっと買うた」 *うんとこどっこい 京都府竹野郡 *えじー 大分市 *えず 和歌山県那賀郡・日高郡「えづ取れた」 *えすい 熊本県八代郡 *えずいこと 福岡県遠賀郡 *えすか(「に」を伴って) 長野県南佐久郡「えすかにある」 熊本県下益城郡 *えすかしこ 熊本県玉名郡 *えずきやー・えつきゃー 東京都八丈島 *えっぱ 広島県豊田郡 *えどへおくるほど 島根県益田市「えどいおくるほど集めたのー」 *えら 茨城県 栃木県 群馬県多野郡・山田郡 埼玉県「ずいぶんえらあるなあ」 千葉県 東京都南多摩郡・八丈島「えらんなる(増える)」 神奈川県津久井郡 *えらい 茨城県稲敷郡 栃木県下都賀郡「えらい貰った」 東京都大島・三宅島・御蔵島 長野県上伊那郡 岐阜県恵那郡 静岡県田方郡 兵庫県神戸市 奈良県 岡山県西部 香川県 愛媛県越智郡・周桑郡 熊本県阿蘇郡 *えらさら 神奈川県 *えらさんげー 埼玉県秩父郡 *えんぜー 石川県舳倉島 *えんなえー 長崎県彼杵郡 *えんにょー 島根県邑智郡 岡山県・吉備郡 山口県豊浦郡 *おらい 愛知県丹羽郡 *くさぐさ 新潟県佐渡「なんずかんずくさぐさいただきました」 *ぐさと 福岡県朝倉郡・粕屋郡 *くじやらまんほど(卑語) 愛媛県周桑郡 *ぐすさく 熊本県 *ぐすと 福岡県 *こいたま 長野県上田・上高井郡 *こいたまなし 長野県長野市・上水内郡 *こえたま 長野県下水内郡 *こーだい 秋田県雄勝郡「梨がこーでぁなった」 山形県「こーだえ、雪ぁたまった」 *ごーほ 福岡県・久留米市 大分県下毛郡 *ごーほー 佐賀県「ごーほーに」 大分県宇佐郡 *こぎたま 長野県北安曇郡・東筑摩郡 *こげいたん 群馬県吾妻郡「こげいたん持って行きなあろ(行きなさい)」 *こげーたま 埼玉県秩父郡「こげーたま、うち食ってやった」 長野県諏訪 *こげたま(「こげ」は「こがい」の転) 長野県北安曇郡 *こげつく 長野県佐久 *こごくたま 山形県東置賜郡・村山 *こったく 新潟県中越 *こったま 新潟県 *ごっぽ 山口県下関市 福岡県 *ごっぽー 島根県石見 山口県豊浦郡「ごっぽー米があった」 福岡県企

救郡 *こよけ 青森県上北郡 *ざま 静岡県榛原郡「そのざまあるにまだ欲しいだか」 愛媛県 高知県・安芸郡・幡多郡「ざまに(たくさん)」 *しょーぶ 東京都八丈島「しょーぶ持ってきた」 *じょーぶ 岐阜県飛驒「じょーぶにあがっとくれ(客に食物を勧める挨拶の言葉)」 兵庫県淡路島 *すすたか 新潟県 *すてこ 島根県美濃郡・益田市「今日はすててこにいそがしい」 *そけ 山口県豊浦郡「そけ注ぐな」 *てしっと・てすっと 和歌山県日高郡「てしっとある」 *どいと 岩手県気仙郡「どいと金出す」 *どえっと 山形県「どえっと投げて」 *どーっと・どーと 島根県隠岐島「どーと魚がとれた」 *どーど 新潟県 *どーどー 滋賀県彦根「どーどーやってくる」 *どーんと 滋賀県彦根「どーんとある」 島根県隠岐島「魚がどーんと獲れた」 *どくしょー 島根県那賀郡・邑智郡「山に栗がどくしょー落ちとる」 岡山県 *どさ 長野県東筑摩郡「どさ荷がついた」・佐久 *どさどさ 山形県米沢市 福島県東白川郡「一ぺんに、どさどさ木くべる」 新潟県「金をどさどさと使ふ」・佐渡 *どさまく 長野県東筑摩郡 愛知県宝飯郡「どさまくもらった」 *どしこ 静岡県榛原郡「どしこと仕入れる」 *どす 愛知県岡崎市「どすと」 *どすん 岐阜県大垣市「どすんと」 *どっくどっく 鹿児島県鹿児島郡 *どっさどっさ 鹿児島県 *どっと 三重県三重郡 島根県隠岐島「菓子をどっともらった」 香川県「経費がどっとやすんなる」 *どんたかさ 鹿児島県・肝属郡 *どんと 静岡県榛原郡「どんとない」 *どんと 千葉県夷隅郡「どんとあってえ」・市原郡 長野県諏訪・東筑摩郡 岐阜県本巣郡「どんとくれた」 静岡県「どんとお待ちなさい」・小笠郡 三重県志摩郡 滋賀県彦根・犬上郡 和歌山県那賀郡 島根県隠岐島「どんと飯を食った」 *なぐた 静岡県「夏烏賊はなぐただった」 *のっこ 青森県三戸郡 *のっこら・のっそら 青森県津軽「たんぼに稲がのっこらど残っていますね」 *のっこり 青森県南部 岩手県和賀郡・気仙郡 宮城県 秋田県鹿角郡 山形県西田川郡 *のっさり 秋田県平鹿郡・鹿角郡 *のっしら 福島県東白川郡 *のっしり 山形県「のっしりど金ためだそおだ」 福島県 *のっそり 青森県南部 岩手県 宮城県「夜のうちに雪がのっそり積った」 山形県西村山郡・北村山郡 *のっちり 岩手県海岸地区・気仙郡 秋田県 *のっつり 青森県南部 *ばくたい 鳥取県西伯郡 島根県「ばくたえ土産を貰った」 *ばくだい 秋田県「ばくでぁ刈たんしな(稲をたくさん刈りましたね)」 山形県飽海郡 鳥取県西伯郡 *ばさら 島根県浜田市「小石がこの辺にばさらにある」 *やまばー 高知県中村市 *やもーど・やもど 石川県 *よのか 宮城県栗原郡 *よんきゅー 大分県玖珠郡 *よんどく 茨城県稲敷郡 *よんに 長崎県五島 *よんにゅ 長崎県南高来郡・五島 熊本県天草郡「よんにゅ取って来んば」・芦北郡 宮崎県東臼杵郡 *よんにゅー 福岡県浮羽郡 佐賀県神埼郡・藤津郡 長崎県「よんにゅーおくれ」 熊本県阿蘇郡・天草郡 大分県 *よんにょ 宮崎県西臼杵郡「よんにょは挽かんどん」・東諸県郡 *よんにょー 長崎県東彼杵郡 熊本県下益城郡 *よんぬく 茨城県多賀郡・稲敷郡 *よんね 青森県三戸郡「着物をよんね買ったこと」 *よんの 千葉県夷隅郡 岐阜県海津郡 *よんのー 千葉県安房郡「暑いから食物はよんのう作るな」 *よんのく 福島県浜通・石城郡 茨城県 *よんのこつ 長崎県南高来郡

量や程度の□さま *えけ 青森県南津軽郡「あめー、えげ降てねし」 山形県最上「えげす(たくさんです)」 *じょーけ 香川県三豊郡 *なま 山梨県「なまに」 *よーき 福岡県築上郡 大分県「よーきできた」 *よーきー 大分県大分郡 *よーきゅー 大分県日田郡 *よーきょー 島根県大原郡・隠岐島 *よーく 三重県伊勢 *よーけ 富山県砺波 福井県 岐阜県「人がよーけおるなー」 愛知県名古屋市 三重県 滋賀県「わしらほど苦労したもんも、よーけおらんがー」 京都府 大阪府「そないよおけ取りないな」 兵庫県 奈良県 和歌山県 島根県 岡山県苫田郡・児島郡「よーけ勉強せーよ」 広島県 山口県 徳島県 香川県「雨がようけ降っりょるわ」 愛媛県 高知県 長崎県 *よーけー 群馬県群馬郡 三重県名賀郡 滋賀県湖南 兵庫県但馬 和歌山県 広島県高田郡 香川県 *よーけこと 岡山県苫田郡「よーけこともろうた」 香川県 *よか 三重県志摩郡 *よがえ 青森県津軽 *よきー 大分県速見郡・玖珠郡 *よけ 青森県 栃木県那須郡 石川県河北郡 岐阜県大垣市 三重県志摩郡 兵庫県加古郡 和歌山県「よけない(たくさんはない)」 鳥取県西伯郡「僕によけごせやい(よこせよ)」 島根県「そげなことをすーとよけ悪い」 広島県佐伯郡 徳島県海部郡 香川県「あることはあるけど、よけないで」 愛媛県 高知県 *よけー 秋田県「よげぁ持って来い」 山形県米沢市 茨城県真壁郡 新潟県佐渡「そんなによけーきて、あついらろー」 富山県砺波 石川県鳳至郡 岐阜県郡上郡 愛知県 大阪市「よけい見たので芝居はもうたんのうした」 奈良県吉野郡 和歌山県 島根県隠岐島・邑智郡 岡山県真庭郡・上房郡 広島県 山口県・都濃郡 徳島県那賀郡 香川県 高知県 長崎市 *よげく 島根県八束郡「花をよげく貰った」 *よけこと 島根県出雲「近頃よけこと悪んなった」 愛媛県宇摩郡 *よけよけ 和歌山県東牟婁郡 *よげよげ 島根県八束郡「よげよげと」 長崎県壱岐島「菓子ばよげよげつくれた」 *よっか 三重県志摩郡 *よっき 大分県 *よっけ 東京都利島「よっけに食えよ」 三重県志摩郡 高知県香

美郡・吾川郡 *よっけー 岐阜県土岐郡 高知県吾川郡

おおきい【大】 *あくばたい 青森県津軽 *あぐらしー(見るだけでも疲れ果てるほど大きい) 山形県米沢市 新潟県東蒲原郡 *あのしっけー(あのくらい大きく)長野県上田 *あらけな 愛媛県南宇和郡 *あらけない 石川県鹿島郡 岐阜県 滋賀県神崎郡 *あらしー 島根県邇摩郡「あらしい鰯」 *いかい 福島県浜通・東白川郡「えげぇくなった(大きく育った)」 茨城県 栃木県「この西瓜はいがいなあ」 群馬県邑楽郡 千葉県 東京都大島・三宅島・御蔵島 神奈川県逗子市・愛甲郡 富山県 福井県 山梨県・南巨摩郡 岐阜県 静岡県 愛知県 三重県 滋賀県 大阪府大阪市・中河内郡 奈良県 島根県石見「いかー家を造ったもんじゃ」 岡山県苫田郡 広島県 山口県・阿武郡・玖珂郡 福岡市 *いかしー 島根県那賀郡 *いきろしか 長崎県壱岐島「どーゆーいきろしか魚ぢゃろーか」 *いっかい 福島県 茨城県真壁郡 栃木県 埼玉県入間郡「ずいぶんいっかい蛇だ」 千葉県東葛飾郡 東京都江戸川区 福井県敦賀郡 山梨県 岐阜県海津郡・不破郡 静岡県志太郡 滋賀県 京都府宇治郡 *いっこちょろい 岐阜県郡上郡 *うーまそい(よく発育して大きい)富山県砺波「んーまそい南瓜や」 *うすらでっかい(少し大きい)埼玉県北葛飾郡「うすらでっかいやろうだ」 *うすんげぁ・うっすんげぁ 秋田県「あの牛はうっすんげぁだ牛だな」 *うふぃさん 沖縄県首里 *うぶはん 沖縄県黒島 *えかち 島根県大原郡「えかちな魚を釣った」・能義郡 *えぐい 三重県志摩郡 *えずい 宮崎県児湯郡 *えっらい 熊本県玉名郡 *えらい 千葉県安房郡 愛知県額田郡 大阪府中河内郡 奈良県 島根県出雲「えらえ魚を釣った」 徳島県美馬郡 *えらくたい 三重県 *おーぎだしない 青森県南部 *おーきに・おーきょ・おーきょに 香川県「あしこの子もおおけになった」「あの店おおきょにしとる」 *おーたい 京都府 *おーべしー(形が大きい)愛媛県周桑郡・喜多郡 *おきたい 山形県飛島 *おきたしない 青森県三戸郡 *おぞい 三重県 *おっかい 大分県北海部郡(幼児語)・南海部郡 *おっきょい 香川県 *おとましー 三重県阿山郡 *がい 千葉県上総・香取郡 富山市近在 三重県「がいなもの」 和歌山県「がいなことをする(大きいことをする)」 鳥取県 島根県「がえな大根が出来た」 広島県比婆郡 愛媛県「こんどら、がいなことを始めとるけに」 *がう 長野県北安曇郡 *かまん 愛知県北設楽郡「かまんな」 *がみつい 兵庫県佐用郡「あのがみつい顔」 *がんこ 岐阜県可児郡 静岡県周智郡・榛原郡「がんこな屋敷」「がんこな人数」 *がんこー 山梨県 長野県南部 静岡県駿河 *きさんじー 愛媛県越智郡 *ぎゃーび 高知県 *くふぃな(こんなに大きい)沖縄県首里「くふぃな うじゃ(こんな貴いお座敷)」 *ぐらぐら 新潟県北蒲原郡 *げらい 大阪府泉北郡 *けんともない(予想以上に大きい)千葉県安房郡「あそうの道んとこへけんともねえ家を建てていんぞ」 *ごいせ 長野県北安曇郡「この大根はごいせだ」 *ごーぎ 滋賀県 鳥取県西伯郡 広島県比婆郡 *ごーげー 香川県仲多度郡・小豆島 *ごーせー(太くて大きいさま) 山形県東置賜郡・西田川郡 *ごーつい 兵庫県神戸市 奈良県南部 *ごーほー 大分県宇佐郡 *ごせ(太くて大きいさま)秋田県雄勝郡「ごせだ体で善い」 *ごたましー(大きくて不格好だ)宮崎県東諸県郡 鹿児島県・肝属郡 *ごたましねー(大きくて不格好だ)宮崎県東諸県郡 *ごつ 山口県阿武郡 *ごつい 滋賀県高島郡「ごつい材木出してー垣しとったったただや」 兵庫県「昨日軍艦見て来とら、ごついもんじゃ」 鳥取県西伯郡 広島県比婆郡・高田郡 *ごつくろしー(不格好で大きい)兵庫県加古郡 *こったい 新潟県・西蒲原郡 *こっちょいた 大分県南海部郡 *ごっつい 長野県佐久(体が大きいのを言う) 大阪府豊能郡 兵庫県 *ごっつけ 徳島県海部郡「ごっつけな石が落ちてきた」 *こでこない・こでっこない 静岡県志太郡 *こでっかい(少々大きい)山梨県 長野県上田・佐久 *ごてらい 兵庫県多紀郡 *こぼき(「こおおきい(小大)」の転。少し大きい)秋田県鹿角郡 *こぼっけ(少し大きい)岩手県気仙郡 *こらっかい 静岡県「こらっかいな魚だ」・田方郡 *ごんげ 山形県西田川郡「ごんげな」 *ざま 徳島県海部郡 高知県幡多郡・高岡郡 *ざんならしー 静岡県磐田郡 *ざんま 徳島県海部郡「沖にざんまなくじらおよんぎょった(大きな鯨が泳いでいた)」 *しこぶつ(もののかさばって大きなさま)宮崎県東諸県郡 *すぎれ 新潟県 *ずたい 茨城県久慈郡・稲敷郡 *ずだいぼ 愛媛県松山市「こりゃずだいぼぢゃなぁ」 *すてきもない 茨城県稲敷郡 新潟県 静岡県「すてきもない高い木」 *すてつもない 長野県佐久 *ずない 宮城県仙台市 山形県東村山郡(最大だ) 福島県「このでえごんのずねえごと」 茨城県 栃木県 群馬県 埼玉県「ずねー蛇」 千葉県 神奈川県横須賀市 新潟県佐渡 山梨県「あのおすもう(力士)はづない」 長野県更級郡 静岡県田方郡 三重県志摩郡 *ずぬい 栃木県 *すぼっこ 岡山県苫田郡 *すぼっこー 奈良県南大和 岡山県 広島県・沼隈郡 *ずもない 茨城県稲敷郡 *ずんない 福島県 *ぞーつけない 徳島県三好郡 *たいかい・たいこー 島根県出雲「この牛はたいくゎいな牛だ」 *だいぎに 山形県米沢市「だえぎに切る」 *だってぃー 沖縄県石垣島 *だてーん 沖縄県中頭郡・首里「わらびぬ だてーん なゆん(子供が大きくなる)」 *つずくなー 島根県益田市 *つねー 栃木県佐野市 *でーない 長野県上田「でーなくなって(成人して)」 *でか 富山県砺波「でかなる(大きくなる。成長する)」 *てかい 茨城県西茨城郡 千葉県印旛郡 *でかい 青森県南部 岩手県東磐井郡 山形県米沢市 福島県「でかい山だなあ」 茨城県多賀郡・稲敷郡　栃木県　群馬県　埼玉県秩父郡・川越　千葉県北部　東京都八王子・利島・三宅島　神奈川県　新潟県佐渡・西頸城郡　富山県　石川県・石川郡　福井県　山梨県　長野県「でかくする(育てる)」　岐阜県　静岡県・田方郡　愛知県宝飯郡・北設楽郡　三重県　滋賀県彦根・蒲生郡　京都府　兵庫県神戸市　和歌山県東牟婁郡・日高郡　鳥取県　島根県石見　愛媛県周桑郡　*でがい 千葉県夷隅郡　*でかたい 三重県北牟婁郡　*でかつい 鳥取県　*でかっと 山形県米沢市　*てこ 静岡県「てこな」・志太郡　*てこい 青森県南部　鳥取県東部　*でこい 青森県南部　岩手県東磐井郡　新潟県佐渡・南魚沼郡　長野県下伊那郡　*でこない 静岡県　*てしこい 徳島県美馬郡　*でしこい 奈良県宇陀郡　*てすい 徳島県西部　*ですかい 栃木県　愛知県　*てすこい 徳島県阿波郡・美馬郡　*ですこい 愛知県豊橋市・南設楽郡　*でたい 千葉県印旛郡　*でちかい 茨城県久慈郡　*でっか 富山県　*でっかい 宮城県玉造郡　山形県東南部　福島県　茨城県南部　栃木県　群馬県　埼玉県　千葉県　東京都江戸川区・八王子　神奈川県津久井郡・中郡　新潟県　富山県「でっかい風ぁ吹いて来たっちゃ」　石川県北部　山梨県　長野県　岐阜県南部　静岡県・志太郡　愛知県　三重県志摩郡・伊賀　滋賀県彦根・蒲生郡　京都府　大阪府　兵庫県神戸市　奈良県南大和　鳥取県　徳島県　*でっきゃい 秋田県仙北郡　*でっくい 新潟県佐渡　*でっけー 栃木県安蘇郡・下都賀郡「でっけーな」　*でっこい 新潟県　*でっこない 静岡県・志太郡　*てっぱり(形や容量の大きいさま) 三重県志摩郡　*でばらしー 千葉県君津郡　*でぶさい(小児語) 新潟県西蒲原郡　*でへー 千葉県印旛郡　*でんばらい 千葉県千葉郡　*どーらい 三重県阿山郡・志摩郡「どーらい人」　兵庫県但馬　*どしこい 奈良県宇陀郡　*どしてらこい 三重県鳥羽市　*どすかい・どすらかい・とすらかい 三重県志摩郡　*どすこい・どすごい 三重県度会郡　*どすこい 愛知県宝飯郡　大阪府東成郡　奈良県宇陀郡　和歌山県那賀郡・伊都郡「どすこい頭」　*どつい 滋賀県　*どっつけ 徳島県海部郡　*どてかい 静岡県磐田郡　三重県度会郡　*とてこい 和歌山県伊都郡「とてこい波が来た」　*どてこい 三重県度会郡・鳥羽市　*どでこない 静岡県　*どでっこない 静岡県志太郡「どでっこないへーび(蛇)だぜん」　*どてらい 三重県伊賀南部　京都府久世郡・南桑田郡　奈良県吉野郡　*どでらい 熊本県玉名郡・下益城郡　*なでかい 三重県志摩郡　*ねんこい 奈良県南大和　*のぷとい 新潟県北魚沼郡　*ばたらんき(幼児語) 山形県　*はでっかい 青森県津軽　秋田県北秋田郡　*ふぃさり 鹿児島県奄美大島　*ふーとか 熊本県　*ぶたごい(大きくて不細工だ) 高知県　*ふつい 宮崎県児湯郡　*ふってー 新潟県三島郡　*ふっとか 鹿児島県枕崎市　*ふて 島根県八束郡「ふてこと(大げさなこと)言うけん何を言ってもほっちょけ」　宮崎県都城市　鹿児島県　*ふとい 山形県東田川郡　新潟県佐渡　石川県輪島市　長野県佐久　広島県　山口県都濃郡　徳島県美馬郡　愛媛県「私は松山でふとーなった(大きくなった)」　高知県「ふといにーやん(長兄)」　福岡県三井郡・福岡市　佐賀県　長崎県　熊本県　大分県　宮崎県　鹿児島県　*ふとこい 香川県三豊郡　*ほた 三重県志摩郡　愛媛県周桑郡・新居郡「こりゃまーほたじゃことわい」　*ほたくれ 愛媛県「ほたくれの石が落ちとった」　*ぼっちり・ぼっちり(やや大きい) 茨城県稲敷郡　*まーそい 石川県鹿島郡　*まいさーん 沖縄県石垣島・新城島　*まいさい・まぎさい 鹿児島県喜界島　*まいさん 沖縄県与那国島　*まいしゃーん 沖縄県首里・石垣島「まいしゃなしん(大きくする)」・新城島　*まいじんさーん 沖縄県石垣島　*まいはーん 沖縄県小浜島　*まいやん 沖縄県鳩間島　*まぎさん・まぎしゃん 沖縄県　*まぎはん 沖縄県国頭郡　*まぎまぎーとぅ 沖縄県首里　*やごー 愛媛県「やごーな」　*らん 愛媛県周桑郡・今治市

□こと　*いかい 岐阜県郡上郡「いかいな頭」　静岡県榛原郡「その蜂はいかいだったかい」　*いせーなし 長野県上田市　*うふぃーくとぅ 沖縄県首里　*おーすけ 新潟県佐渡　*がてき 三重県度会郡　*ずぬけ 新潟県　*ずば 千葉県夷隅郡　*つかさ 千葉県夷隅郡「つかさな犬が来た」　神奈川県三浦郡・中郡「さざえのつかさ」　東京都大島　*つっかさ 千葉県夷隅郡　*でか(形容詞「でかい」の語幹) 宮城県仙台市　群馬県吾妻郡　*でたら 青森県津軽　*でっか 長野県東筑摩郡　*てっこびん 宮城県仙台市　*でった 青森県津軽「でっただかぼちゃ」・上北郡　*でったら 青森県・津軽「でったらだ穴」　*でぼ 茨城県稲敷郡　*でれっぱつ 千葉県夷隅郡　*どた(他の名詞と複合して用いられる) 新潟県佐渡「どたげつ(大きいしり)」「どたがえる」　三重県志摩郡　長崎県対馬　熊本県下益城郡「どたあし(大きい足)」　*ほらっかー 静岡県田方郡(大漁の時などに言う)　*まいまい 沖縄県石垣島「まいまいぬむぬ(大きなもの)」

□もの　*うっど 鹿児島県　*うど 宮崎県　鹿児島県　*うどかん 鹿児島県肝属郡　*うどされ 宮崎県　*うどっかん 鹿児島県鹿児島郡　*おーたろ 三重県北牟婁郡「狸のおーたろ」・度会郡　*おーもん 新潟県佐渡　*こったい 新潟県・西蒲原郡　*だてーまー 沖縄県首里　*だんば 山形県置賜　*でか(形容詞「でかい」の語幹) 宮城県仙台市　群馬県吾妻郡　*でっか 長野県東筑摩郡「此家の下女はでっかだ」　*てっぱつ 千葉県海上郡　東京都三宅島「西の風のてっぱつ」　*ほた 三重県志摩郡　愛媛県周桑郡・新居郡「こりゃまーほたじゃことわい」　*ほたくれ 愛媛県「ほたくれの石が落ちとった」　*まぎー 沖縄県首里・

石垣島

□**する** ＊**うわーしゅん** 沖縄県首里 ＊**おがす** 北海道函館 青森県南部 岩手県 宮城県 秋田県平鹿郡・鹿角郡「おがされた恩は忘れてはならぬ」 山形県「茄子苗、上手におがしたなー」 ＊**おんがす** 秋田県平鹿郡「此の木をおんがす」

□**なる** ＊**ありゅん・うくりゅん** 沖縄県首里 ＊**おがる** 北海道 青森県 岩手県「柿の木ががった」 宮城県 秋田県河辺郡 山形県「おがり申した(成人しました)」 福島県北部・若松市 新潟県東蒲原郡 ＊**おごえる** 香川県 ＊**たんぽぽ**(積もり積もって大きくなること) 岐阜県飛騨「貸せにたんぽぽがつく」 ＊**ひとる** 新潟県西蒲原郡 ＊**ぷでぃーゆい・ぷでーゆい** 鹿児島県喜界島 ＊**ふとる** 山形県米沢市「木あふとる」 新潟県佐渡・西蒲原郡 富山県・砺波「一年に十センチもふとった」 石川県 島根県鹿足郡 広島県 山口県大津郡 香川県三豊郡(赤子に言う) 愛媛県 高知市「昨日の雨で芍薬(しゃくやく)の芽が二寸ほどふとった」 福岡県三井郡・福岡市 長崎県西彼杵郡 熊本県 宮崎県 ＊**ほてる** 長野県下伊那郡 ＊**ほとる** 香川県「ほとらす(生育さす)」

□**過ぎる(さま)** ＊**あっぱっぱー** 島根県美濃郡・益田市 ＊**あっぱぱー** 島根県邑智郡「兄さんの着物だけーあっぱぱーだ」・邇摩郡 ＊**がふ** 岩手県気仙郡 秋田県鹿角郡 ＊**がふがふ** 岩手県気仙郡「この服がふがふだ」 秋田県鹿角郡 ＊**がぶがぶ** 山形県東田川郡 長崎市 ＊**がふらがふら** 青森県南部 岩手県気仙郡 秋田県鹿角郡 ＊**がほがほ** 山形県南置賜郡・西置賜郡 ＊**がぼがぼ** 長崎県対馬 ＊**けたばる** 島根県石見「車がけたばって門をはいらん」 ＊**しょくすぎー** 島根県出雲 ＊**すこすこ** 和歌山県 香川県「この服うちに(私に)すこすこじゃがな」 ＊**すごすご** 兵庫県加古郡「すごすごする」 ＊**だおだお・だほだほ** 岩手県気仙郡 ＊**だたいもない** 山口県豊浦郡

きわめて□もの ＊**じはぐれもん** 島根県出雲 ＊**だいるく・だいろこ** 奈良県吉野郡 ＊**だいろく** 三重県南牟婁郡 和歌山県西牟婁郡・東牟婁郡

非常に□ ＊**あくでかい** 神奈川県三浦郡 ＊**あぶでっこもない** 新潟県西頸城郡 ＊**いさぎー・いさげー** 福岡県久留米市「いさげーもん(たいへん大きいもの)」 ＊**いさっか** 熊本県玉名郡 ＊**おそろしない**(恐ろしいほど大きい) 宮城県北部 秋田県雄勝郡「おそろしねぁ大根だ」 ＊**おたてー**(恐ろしいほど大きい) 東京都大島 ＊**おとろしきない**(恐ろしいほど大きい) 富山県 ＊**かたこない** 滋賀県蒲生郡・神崎郡 ＊**かたこもない** 滋賀県神埼郡 ＊**ぎょーさんもない** 島根県石見「ぎょーさんもなー家を建てたもんじゃ」 ＊**けんともない** 千葉県安房郡 ＊**こでこない・こでっこない** 静岡県志太郡 ＊**すってらこい** 三重県志摩郡 ＊**すてかい・すてこい** 三重県度会郡 ＊**すでっかい** 神奈川県・中郡 岡山市 ＊**ずでっけー** 長野県上伊那郡 ＊**すてっぱち** 千葉県夷隅郡・安房郡「すてっぱつなあ豚だあ」 神奈川県三浦郡 静岡県「そんなすてっぱちの事を云ふな」 ＊**すてでかい** 長野県 ＊**すてでっけー** 長野県佐久 ＊**すてでっぱつ・すてれっぱつ** 千葉県夷隅郡「すてでっぱつな人」 ＊**すてばち** 静岡県「西洋人はすてばちだ」 ＊**ずでらい** 静岡県小笠郡「ずでらい魚をとった」 ＊**だいるく・だいろこ** 奈良県吉野郡 ＊**だいろく** 三重県南牟婁郡 和歌山県西牟婁郡・東牟婁郡 ＊**たくなましー** 島根県鹿角郡・邇摩郡「たくなましい鮒がとれた」 ＊**だたいもない** 山口県豊浦郡 ＊**てかばちねー** 東京都八王子 ＊**でかばっちー・でかばっちねー** 埼玉県秩父郡(みっともないほど大きい) ＊**どすえらい・どすでかい** 岐阜県飛騨 ＊**どてかい** 静岡県磐田郡 三重県度会郡 ＊**とてこい** 和歌山県伊都郡 ＊**どてこい** 三重県度会郡・鳥羽市 ＊**どでこない** 静岡県 ＊**どでっこない** 静岡県志太郡 ＊**にっつきろしか** 長崎県壱岐島「にっつきろしか蛇の居った」 ＊**ぼーろくわかす** 香川県仲多度郡

非常に□こと ＊**おーでんぼ**(児童語) 青森県津軽 ＊**ずなし** 岩手県気仙郡「ずなし大きい」 山形県庄内「ずなし針」・米沢市 新潟県佐渡 福井県大飯郡 長野県下伊那郡「ずなしの足袋を穿く」 奈良県 鳥取県 島根県「お前の足はずなしだ」 岡山県岡山市・御津郡 山口県豊浦郡 徳島県 香川県綾歌郡・伊吹島「わしはずなしでないと合わんのじゃ」 愛媛県 高知県 長崎県壱岐島 ＊**だんばかー** 沖縄県石垣島 ＊**だんべ** 山形県置賜「あの人の口がだんべな」 ＊**だんべー** 山形県米沢市 沖縄県石垣島 ＊**てっぱつ** 千

方/言/の/窓

●方言のイメージⅡ

方言調査に行くと「ここの方言は荒い。しかし、隣の町(村)はもっと荒い」と言われることが多い。自らの方言を卑下しつつ、自分と異なる方言を「荒い」と感じるのである。また、一般に城下町のことばはきれいで、港町の言葉は荒いと感じる人が多い。これは城下町では敬語が発達していることとも関係がありそうだ。

無型アクセントの地域には美人がいないという説がある。無型アクセントとは「橋」と「箸」をアクセントで区別して発音するような「アクセント型の区別」を持たない体系をいう。そう言えば「秋田美人」「新潟美人」「京美人」は聞くが、「仙台美人」「福島美人」「水戸美人」は聞いたことがない。これも人々の方言に対するイメージと関係があるのかもしれない。

葉県「あじしてこんなにてっぱつなのか」 東京都大島　神奈川県三浦郡　静岡県田方郡 *でっぱつ 千葉県夷隅郡「でっぱつな船」 *ほーずなし 山口県

おおぎょう【大仰】 *かんこつもない（おおぎょうだ）茨城県 *かんべかける（おおぎょうに言う）山形県東置賜郡 *ぎょーこっちー（おおぎょうだ）和歌山県東牟婁郡 *きょーさめー（おおぎょうだ）岡山県阿哲郡 *ぎょーさんたらし（行為や言葉がおおぎょうだ）奈良県南部 *ぎょーとい・ぎょーとしー（おおぎょうだ）高知県幡多郡 *けぞーいんぶるまい（おおぎょうなふるまい）茨城県行方郡 *ごーほ・ごっぽ（卑語）兵庫県淡路島「ごっぽな」 *ごっぽい（おおぎょうだ。卑語）兵庫県淡路島
→おおげさ（大袈裟）

おおぐい【大食】 *あらしこ 岡山市 *うーまくらい 山形県東田川郡 *うぐれ 鹿児島県 *おーまくらい 青森県　岩手県気仙郡　宮城県石巻・仙台市　秋田県仙北郡・鹿角郡　山形県庄内　群馬県　埼玉県秩父郡　東京都八王子　神奈川県藤沢市・中郡　新潟県上越市　山梨県　長野県 *おーまぐり 群馬県多野郡 *おーまくれ 長野県佐久 *おーまぐれ 青森県三戸郡　宮城県石巻 *おーめしまぐらる 青森県三戸郡 *おーものぐらい 島根県出雲 *おまくらい 山形県村山 *おまくらいこき 新潟県 *おまくれ 山形県 *おんまくらい 山形県東部 *くらいたおし 岩手県気仙郡 *くらいだおれ 熊本県下益城郡　宮崎県西臼杵郡 *くらいどーれ 熊本県 *くらいぬけ（「抜け」は人並みはずれている意）福島県　群馬県佐波郡　東京都神津島　山梨県中巨摩郡　岐阜県養老郡　静岡県志太郡　三重県南牟婁郡　大阪府泉北郡　和歌山県新宮「随分にあの人はくらひぬけだわ」 *くらいのけ 福島県　新潟県中頸城郡 *くりゃーどーされ・くれどれ 新潟県佐渡　宮崎県西臼杵郡 *くりゃどれ 熊本県下益城郡 *だおけぶらさげちょる（非常に大食いだ）島根県大原郡 *わたっそー 鹿児島県喜界島
→たいしょく（大食）・たいしょくかん（大食漢）
□の人 *あばらー 沖縄県首里 *くいがしら 山梨県 *くいすけ 三重県北牟婁郡　京都市　兵庫県加古郡　和歌山県・東牟婁郡 *じんぺー 岩手県気仙郡 *だちぶらさげちょー（大食いの人を悪く言う）島根県簸川郡 *だつがおーきい（大食いの人を悪く言う）島根県出雲 *はんどばら 島根県隠岐島

おおげさ【大袈裟】 *うーげとーげ（大げさでばかげたさま）新潟県佐渡「ううげとうげいろな」 *おーかまし 島根県隠岐島「あの女はおーかましを言うから大したあてにならん」 *おーぎょー・おーぎょーし 島根県「おーぎょーなことを言うて笑わかす」 *おーけん 長野県佐久　岡山県児島郡「彼奴はおーけんばあ言う」 *おーげん 岡山県児島郡「ちょっとこけただけのにおーげんいいなんな」 長崎県五島　宮崎県東臼杵郡 *おーけんず 長野県佐久 *おーごすけ 島根県那賀郡「いつもおーごすけを言う」 *おーだけ 富山県砺波「おーだけなことばっかる言う」 石川県鹿島郡 *おーちょー 鳥取県東部　岡山県苫田郡「まあそがいなおーちょーなことをゆうな」 *おーどー 島根県 *おーはず 富山県砺波 *おーばち 千葉県夷隅郡 *おーばちげ 新潟県佐渡 *おーべんけ 島根県「ちょっと病気するとおーべんけだけんほっとけ」 *おーべんけー 島根県大原郡 *おーらい 和歌山県・那賀郡　兵庫県淡路島 *おっくー 静岡県志太郡 *おっこ 滋賀県彦根　愛媛県 *おっこー 長野県下伊那郡「おっこーなことを言う」 *おんか 山梨県南巨摩郡 *おんばく 愛媛県今治市・周桑郡 *がいさく 鳥取県西伯郡「がいさくな」 *がいそく 長野県下伊那郡 *かさだか 新潟県西頸城郡　富山県 *きょーこつ 神奈川県小田原市・中郡 *きょーじん 愛媛県 *ぎょーれつ 長崎県対馬「へんなぎょーれつばかりしくさる」 *ぐはぐ 埼玉県入間郡 *ごーき（派手で大げさなさま）島根県隠岐島 *ごーぎ（派手で大げさなさま）島根県「ごーぎに暮す」 *ごーげー（派手で大げさなさま）香川県仲多度郡・小豆島 *こーだい 愛媛県南部　高知県 *こーだいばす 愛媛県南部 *こーて・こーてー・こーと 島根県隠岐島「こーてーな話をする」 *こーとーげ 島根県大原郡「医者に診せるのもこーとーげなもんだけん見せん」・仁多郡 *こーとげ 兵庫県佐用郡　島根県 *こっとげ 島根県八束郡「あんまりこっとげなものだけんまだ診て貰わん」 *ごつないに（大げさに）兵庫県加古郡 *こでほ（式などを大げさにすること）青森県上北郡「これはわざわざこでほに」 *ことこーだい 高知市「ことこーだいな人で何でも簡単にはいかん」 *ことふつー・ことむね 宮崎県東諸県郡 *しちぎょーさ 島根県隠岐島 *たいぎょー 島根県那賀郡「たいぎょーな事ばっかし言う男だ」 *たいこーげ 島根県仁多郡 *でかでかに 長野県佐久 *てんこ 福井県 *とんが 和歌山県西牟婁郡 *はごーりー 沖縄県首里
→おおぎょう（大仰）・ぎょうぎょうしい（仰々）
□だ *あらけない 石川県鹿島郡　岐阜県　滋賀県神崎郡 *いぼちえもない 宮崎県東諸県郡 *いぼもない 熊本県芦北郡・八代郡　宮崎県東諸県郡 *うふぃさん 沖縄県首里 *おーくらかまし 福岡県小倉市 *おーくらましー 長崎県対馬「あの位の仕事を如何にもおほくらましう言ふ」 *おきょーこつない 長野県南佐久郡 *がわくさい 石川県鹿島郡・羽咋郡 *かんこつもない 茨城県 *ぎゃーらしー 長崎県五島 *きゃぐらしー 長崎県壱岐島 *きゅーらしー（下流）大分県日田郡 *ぎゅーらしー 佐賀県　長崎県北松浦郡「ぎゅうらしう」・壱岐島　大分

県「ぎゅーらしいことおゆーな」 *ぎょーさんもない 島根県石見 *ぎょーさんたらし 奈良県南部 *ぎょーたたしー 新潟県西蒲原郡 *ぎょーただしー 新潟県 *ぎょーらしー 福岡市「蚤(のみ)の食ふたくらいに、ぎょーらしかぞ」 大分県 *けそけそしー 新潟県佐渡 *けたたましー 山形県「けただましい装束をした」 新潟県佐渡 *こーだいがましー 広島県佐伯郡・高田郡 *こぎょーこつがない 岡山市「あえだけの傷で泣えたりわめいたり、こぎょーこつがなえ」 *こさだけない 新潟県中頸城郡 *ことほし 鹿児島県 *ことろしー 宮崎県 鹿児島県 *さぎたましー 長崎県対馬 *さだけない 新潟県中頸城郡 *ざらっぽい 千葉県東葛飾郡 *そーましー 愛知県名古屋市 *そがましー 宮崎県東諸県郡 *そがらし 鹿児島県 *ぞぞらしか 長崎県五島 *そっがらし 鹿児島県鹿児島郡 *たーたーしー 静岡県「それしきの傷に痛いなんてたーたーしい」 *ちょーちょーしー 島根県美濃郡・益田市 *ちょーちょーらしー 新潟県佐渡

□な言い方 *いーだたーしゃん(言い方が大げさだ) 沖縄県首里 *いーだてぃ 沖縄県首里 *にわとりはざし 奈良県「にわとりはざしで逃げる」 *やまこ 京都市 大阪府 香川県 *やまだしがありゃー(大げさな話しぶり) 京都府竹野郡

□な話 *うばなし 鹿児島県肝属郡 *おうてもたてんよーなはなし 新潟県佐渡

□に言う *あぎつつく 長崎県北松浦郡 *あごとーつまむ 福岡市 *あごはじく 熊本県下益城郡 *かける 青森県 新潟県佐渡「話をかけていう」 *さらふく 茨城県北茨城郡 *たいらく 福井県坂井郡 *はでんくをきる 埼玉県秩父郡 *ひょーらげる 山形県西置賜郡 *ほたえる 香川県大川郡

↓「ほら(法螺)」の子見出し、「法螺を吹く」

□に言うこと *おーげら 岡山県川上郡 *おはね 熊本県天草郡 *ことおっこ 長崎県北松浦郡「僅かの事をことおっこに言ふてさわがせる」・五島 *たいほー 滋賀県彦根 *てーかほーか 島根県簸川郡・隠岐島 *やまし 山形県西村山郡・寒河江市 *やましもん 新潟県佐渡

□にする *かがなく 新潟県東蒲原郡 *たいそたてる 奈良県・宇陀郡「なんでもたいそたててしやはる」

何事も□に言ったり考えたりする人 *おーぎょー 山口県大島 *ぎょーさんばち 山口県大島 *ぎょーさんまつ 香川県伊吹島 *じょーさんや 兵庫県加古郡 *んまやみ 香川県大川郡

おおさわぎ【大騒】 *うーむさげーい 沖縄県首里 *おーはえぐん 島根県仁多郡 *おーはえごん 島根県出雲 *ぎょーれつ 長崎県対馬「へんなぎょーれつばかりしくさる」 *ぐがい 千葉県香取郡 *さっぱそーどー 長崎県壱岐島 *さっぱそーらん 福岡市 大分県大分郡 *しちらっぱ・しっきょらっぱい 島根県出雲「しちらっぱに飲んで暴れた」 *そーどのか 愛媛県松山・南宇和郡 *そーどのかわ 愛媛県南宇和郡「そーどのかわ言う(おだてておる。騒動を起こす)」 *たんごく 和歌山県東牟婁郡 *どどめぐり 福井県大飯郡「子供等が家中をどどめぐりしとる」 *らっぴらんごく 静岡県榛原郡 *らんごーく 静岡県「喧嘩でらんごーくだ」 *らんごく 静岡県志太郡「あのうちゃーらんごくだ」・榛原郡 愛知県北設楽郡 和歌山県西牟婁郡・東牟婁郡「家の中でらんごくすんな」 島根県八束郡・隠岐島「家中らんごくして探えた」

□する *うげくりかやる 高知県 *うげことかやる 高知県・高知市「女学校の親睦会でうげことかやりよる」 *おんじょたける 長野県 *きたへへのす 東京都大島 *きちがう 島根県美濃郡・益田市 *ごーらかす 島根県江津市・邇摩郡 *せれる 島根県隠岐島 *そーどーかえす 兵庫県加古郡 島根県「隣は婚礼の祝でそーどーかえしちょる」 *そーどはんかえす 島根県大原郡「珍客で家の中はそーどはんかえしちょー」 *そーどはんがえる 島根県仁多郡 *そどけす 青森県上北郡 *たふたぐん 沖縄県石垣島 *でんぐりがやる 高知県 *でんぐりでんぐり 島根県美濃郡・益田市「家の中はでんぐりでんぐり煮えかえる」 *どーらやく 愛媛県 *どさかえす・どさつく 新潟県佐渡 *どさくる 京都府与謝郡 *どさくれる 鳥取県西伯郡 島根県「仕事が忙しくてどさくれた」 *どさぶる 京都府 *どつばえる 島根県「どつばえんこに(騒いでいないで)早ん寝え」 *にえかえる 島根県隠岐島 *にえかやす 山口県豊浦郡 *にえくりかえる 島根県邑智郡 *ねかえる 秋田県北秋田郡「解散を命じたら議場はねけぁった」 *ねっかえる 青森県三戸郡 *ねっくりげぁる 秋田県平鹿郡「ねっくりげぁって笑う」 *ねっくるげぁる 秋田県仙北郡・平鹿郡「子供が多くてねっくるげぁる」 *まいさくる 島根県邑智郡「あいつがまいさくると目が見えん」 *めげかやる 高知県長岡郡「お母あがおいていたつーて子供がめげかやりよる」 *ゆっちぎゃす 秋田県平鹿郡「火事でゆっちぎゃす」 *ゆっつめかす 秋田県雄勝郡 *ゆるぐ 高知県土佐郡 *らんいちかやす・らんひちかやす 愛媛県周桑郡 *らんがいる 千葉県東葛飾郡「あそこに行仆れがあって、村中らんがいっている」 *らんかやす 富山県砺波「早う御飯にせいというてらんかやす」 愛媛県今治市 *らんこつかやす 愛媛県今治市 *らんさやく・らんさやる 愛媛県「火事場で人がらんさやるのはおそろしい程だ」 *らんやる 福井県大飯郡「らんやって探しとる」 愛媛県

□すること *そーど 徳島県海部郡「そーどする」 佐賀県藤津郡「そーどせーじおっておくんさい」 熊本県 *そーどぅい 沖縄県与那国島「そーどぅいきるん(騒ぐ)」 *そーどー 島根県「朝から晩

までそーどーする(騒ぐ)」　宮崎県西臼杵郡　沖縄県与那国島「そーどーしん(騒ぐ)」　*そーどこ高知県安芸郡「おまんら座敷でそーどこするもんぢゃない」　*そど島根県出雲市・八束郡「家の中でそどするのは止めー」　鹿児島県「そどをすい(する)」　*でんちかえり(とるものもとりあえずに大騒ぎすること)青森県三戸郡　*もっこく(慌てふためいて大騒ぎすること)静岡県志太郡

おおどおり【大通】　*うーかん熊本県鹿本郡・玉名郡　鹿児島県喜界島　*うふみち沖縄県首里　*うふみつぃ沖縄県石垣島　*おーかん青森県津軽　岩手県気仙郡　山形県「おーがん筋」　栃木県　群馬県利根郡・佐波郡　埼玉県秩父郡　千葉県印旛郡・山武郡　神奈川県足柄下郡　新潟県・岩船郡　富山市近在　長野県　静岡県田方郡・志太郡「おーかんに出んな」　愛知県南部　三重県志摩郡　兵庫県但馬　島根県　広島県　山口県　徳島県　香川県　愛媛県中部　佐賀県三養基郡　熊本県　大分県　*おーかんど岐阜県益田郡　*おーくゎん沖縄県首里　*おーみち栃木県　香川県小豆島　*おかん岩手県気仙郡　熊本県南部　宮崎県　*おっかん香川県　村の□　*しく茨城県真壁郡　*しゅく長野県佐久

おおみず【大水】　⇨こうずい(洪水)

おおみそか【大晦日】　*あらどしのばん鹿児島県肝属郡　*うーとし新潟県佐渡　*おーずめ岩手県気仙郡　*おーぜっき奈良県南大和　*おーつご愛知県北設楽郡　山口県見島　*おーつこーつ広島県高田郡　*おーつごも岐阜県海津郡　愛知県愛知郡　三重県志摩郡　奈良県吉野郡　山口県　徳島県　香川県伊吹島　*おーつも静岡県　*おーつもご愛知県愛知郡・碧海郡　三重県一志郡　長崎県南高来郡　*おーつもごー島根県出雲　*おーつもごも愛知県額田郡　*おーとし東京都八丈島　新潟県　富山県下新川郡・砺波郡　福井県坂井郡　長野県　岐阜県飛驒・郡上郡　大阪市　兵庫県但馬　島根県　岡山県苫田郡　大分県北海部郡　*おーどし山形県西田川郡　長野県諏訪・佐久　島根県　岡山県川上郡　長崎県対馬(陰暦十二月二十九日)　*おーもっせ静岡県磐田郡　*おーもっつぇー福島県南会津郡　*おごっつい栃木県安蘇郡　*おしつめ長野県諏訪　*おつご山口県見島　*おつごも三重県　徳島県海部郡　香川県三豊郡　*おっつめ神奈川県愛甲郡・中郡　*おっつもり茨城県　*おっもご徳島県海部郡　*おつもご愛媛県新居郡　*おつもり兵庫県赤穂郡　*おとし岐阜県吉城郡　鳥取県西伯郡　*おとしとり長野県　*おまっつぇー・おもっつぇー埼玉県秩父郡　*おもせ長野県南佐久郡　*おもっせ茨城県稲敷郡・猿島郡　山梨県・南都留郡　長野県佐久　静岡県　*おもっせー神奈川県津久井郡　山梨県　静岡県榛原郡　*おもっつい群馬県利根郡・多野郡　*さきのとしのばん鹿児島県肝属郡　*しわすのにじゅーくんち長崎県南高来郡　*しわすのにじゅくにっ鹿児島県揖宿郡　*すーま(「すー(蔬)」という料理を作る日」の意)沖縄県竹富島　*せっき新潟県佐渡　島根県「このせっきには必ず金を返す」　香川県　熊本県菊池郡　*せつき愛知県豊橋市「このせつきが越されまい」　*つめ秋田県鹿角郡　山形県最上郡　*といのばん長崎県五島　*とぅしぬどぅる沖縄県与那国島　*とぅしぬゆー沖縄県石垣島　*とぅしぬゆーる・とぅしぬゆるぬひん沖縄県首里市・那覇市・竹富島　*とぅしぬゆる鹿児島県南西諸島　沖縄県　*とぅしぬよい沖縄県小浜島　*とぅしゆる鹿児島県喜界島　*とぅしんゆーる沖縄県島尻郡　*とぅすぬゆー沖縄県八重山　*としとり青森県津軽・上北郡　岩手県上閉伊郡・気仙郡　宮城県栗原郡　山形県　群馬県多野郡　新潟県佐渡・中頸城郡　長野県佐久　岐阜県飛驒　静岡県榛原郡「としとりのばん(大みそかの晩)」　広島県比婆郡・高田郡　香川県　*としのくれ熊本県天草郡　*としのばん長崎県南高来郡　熊本県　宮崎県延岡市　鹿児島県揖宿郡　*としのひ熊本県　*としのよ香川県仲多度郡　*としのよーさ鹿児島県種子島　*としのよさ香川県高見島　*にじゅーくんち長崎県南高来郡　熊本県　*にじゅくにっ鹿児島県

おおむぎ【大麦】　*あおざし(まだ熟さない大麦)神奈川県津久井郡　*あかむぎ山梨県一部　*あめむぎ青森県一部　秋田県一部　*あらむぎ埼玉県一部　愛知県一部　三重県　山口県一部　福岡県一部　長崎県一部　熊本県一部　大分県一部　鹿児島県一部　*いがむぎ山形県一部　新潟県一部　京都府一部　鳥取県一部　熊本県一部　*いわしむぎ(ビールの原料となる大麦)熊本県一部　*うしむぎ鹿児島県一部　*うまむぎ奈良県一部　広島県一部　宮崎県一部　*えましむぎ長野県上伊那郡・下伊那郡　*おーびん香川県　*おにむぎ静岡県一部　*かちがた三重県　*かっちゃむぎ岩手県一部　*からむぎ宮城県　福島県　茨城県　栃木県(殻の付いたままの大麦)　埼玉県一部　千葉県一部　東京都一部　*かわかぶり北海道一部　東京都一部　福井県一部　徳島県一部　佐賀県一部　大分県一部　*かわらむぎ山口県一部　*くいむぎ三重県一部　*くさむぎ長野県一部　*ぐんばいむぎ岐阜県一部　*けしね(ひき割った大麦)茨城県猿島郡　*けむぎ岩手県一部　埼玉県一部　鳥取県一部　*げらむぎ愛媛県一部　高知県一部　*こびむぎ岡山県一部　*さくらむぎ(押して平たくした大麦)兵庫県加古郡　*さけむぎ(ビールの原料とするところから)山梨県一部　*さなだむぎ北海道一部　茨城県一部　栃木県一部　千葉県一部　静岡県一部　島根県一部　*さんがつむぎ岩手県一部　福岡県一部　*すぬけむぎ岐阜県一部　*すばむん沖縄県石垣島　*すんぼ福井県一部　*ただむぎ和歌山県一部　*だんごむぎ広島

県一部 *ちこ 岡山県邑久郡・岡山市 *ちこむぎ 岡山県岡山市・御津郡 *ちごむぎ 岡山県一部 *ちゃんこむぎ 宮崎県一部 *ちんむぎ 島根県一部 *とーじむぎ 静岡県一部 *にじょーおーむぎ 北海道一部 岐阜県一部 *にじょーむぎ 北海道一部 山形県一部 東京都一部 静岡県一部 宮崎県一部 鹿児島県一部 *にどむぎ 東京都一部 *ねはず 東京都一部 *ぱだがーむん 沖縄県竹富島 *はだかっぽ 山梨県一部 *ぱだかむん 沖縄県鳩間島 *はだかもん 富山県一部 *ぱりょーむぎ 京都府一部 *ひちへん 山口県一部 *ぴねむん 沖縄県石垣島 *ひめっこ・ひめむぎ 静岡県一部 *びゅーまん 山口県一部 *ふたさく 栃木県一部 *ふたのぼり 神奈川県一部 山梨県一部 熊本県一部 宮崎県一部 *ふたひらむぎ 東京都一部 *ふたみち 東京都一部 *ぶっつい(精白した大麦) 佐賀県 *ぼーしむぎ 大阪府一部 鳥取県一部 *まむぎ 三重県一部 大阪府一部 和歌山県一部 徳島県那賀郡 *まるむぎ 兵庫県一部 *むぎこめ(皮を取り去った大麦) 茨城県久慈郡 *むぎっこめ(皮を取り去った大麦) 群馬県勢多郡 *めしむぎ 北海道一部 京都府一部 奈良県一部 島根県一部 広島県一部 山口県一部 宮崎県一部 *もちねむぎ 京都府一部 *もやしむぎ 山形県一部 *やすむぎ 岡山県一部 *やっこむぎ 兵庫県一部 *やばね 栃木県一部 埼玉県一部 東京都一部 神奈川県一部 *やむぎ 東京都一部 静岡県一部 *よなむぎ 静岡県一部 愛知県一部 *ろっかくむぎ 北海道一部 岩手県一部 *わり 岐阜県加茂郡 *わりはむぎ 埼玉県一部

おおめし【大飯】 ⇩おおぐい(大食)

おおよそ【凡】 *あてちっぽ・あてちっぽー 香川県 *あてっぱー 山口県阿武郡 *あてっぱち 香川県三豊郡 *あてっぽ 山口県阿武郡 香川県三豊郡・小豆島 *あてんぽー 山口県阿武郡 *あぶねあ 岩手県気仙郡「あそこまでなら、あぶねあ一里ある」 *あら 兵庫県加古郡「そいであら分かった」 *あらあら 山形県東村山郡「あらあらきまっているのだべ」 沖縄県首里 *いーかん 長野県東筑摩郡 *いーからかん 長野県小県郡 *いーくる 沖縄県「いーくるなとーん(大よそできている)」 *いっかん 長野県東筑摩郡 *うーず 山形県東田川郡 *うすら 神奈川県「うすら五人は居たろう」 *えーかん 新潟県三島郡 長野県東筑摩郡 *えーくれ 岡山県児島郡「えーくれ混ぜて入れとってえ」 *えーころはちべー(目算。見当) 山口県 *えくはえ・えくはえかげん 山形県最上郡・西置賜郡「えくはえ来る頃だ」 *えっからかん・えっかん 長野県東筑摩郡 *えっくりてんげ 山形県飽海郡 *えんけん 栃木県(見た目。目測をも言う) 神奈川県藤沢市「杉や檜もえんけん(目測)で売る」 新潟県上越市(見た目。目測をも言う) *おーあらまし 新潟県上越市 島根県「おーあらまし出来た」 *おーえんけん 新潟県上越市 *おーかた 京都府竹野郡「うちのも田植は今日でおーかたにしました(おおよそ完了した)」 *おーけん 神奈川県中郡 新潟県「おーけんで話をきめる」・中頸城郡 富山県砺波「秤にかけんでもおーけんでよい」 山梨県南巨摩郡 長野県「おーけんに出来りゃいい」 岐阜県飛驒 静岡県榛原郡「おーけんで買う」 愛知県名古屋市 大阪市 *おーげん 兵庫県神戸市 岡山県苫田郡 *おーけんず 長野県佐久 *おーげんとー 新潟県岩船郡 兵庫県神戸市 岡山県苫田郡 *おーず 山形県「おおづぁ、わがる(分かる)」 山梨県南巨摩郡「まぁおーずこんなもんだ」 *おーずっこ 島根県邑智郡 *おーたいこ 兵庫県淡路島 *おーたいず 新潟県「おーたえず、そんなもんだろう」 長野県 三重県名賀郡 京都府竹野郡 *おーつじ 鳥取県東部 島根県「おーつじ仕事が片付いた」 *おーはからい 新潟県上越市 *おーへん 栃木県安蘇郡「長さはおーへんこの位だ」 群馬県佐波郡 *おーぼ 兵庫県加古郡 *おーぼー 徳島県「おーぼーは判っとる」 *おーぼくさ 京都府竹野郡 *おーぼっかい 島根県石見「おおぼっかいな事を言うても分からん」 山口県大島 *おっつまり 福島県北会津郡「おっつまり計れ」 *おっつもり 岩手県気仙郡 茨城県真壁郡 *おっとり 新潟県・西蒲原郡 京都府竹野郡 大阪府大阪市・泉北郡 兵庫県淡路島「年頃というたら、おっとり三十かのお」 奈良県南大和 和歌山県伊都郡・那賀郡 島根県 岡山県 *おぶ 高知県土佐郡 *がんがん 岡山県苫田郡 *こで 山形県米沢市 *こでら 山形県米沢市「こでら一升もある」 新潟県東蒲原郡・中頸城郡 *なま 岐阜県郡上郡「なま十日もめし食わずにねとる」 島根県 鹿児島県揖宿郡 *ぶっかじり 千葉県香取郡 *ほどらい 三重県阿山郡 大阪府大阪市 兵庫県明石郡 奈良県「そねんきっちりせいでもほどらいにしときな」 和歌山県「ほどらい(目分量)で定めよう」 *ぼぼら 新潟県佐渡「一日にぼぼら二千円になるそうだ」 *めーっそー 滋賀県高島郡 *めそっぽ 奈良県宇陀郡 *めっそ 山形県東村山郡 岐阜県飛驒 愛知県名古屋市・知多郡 三重県名賀郡 兵庫県淡路島 奈良県宇陀郡 香川県仲多度郡・三豊郡 愛媛県 熊本県玉名郡 *めっそー 新潟県・西蒲原郡 石川県鹿島郡 静岡県 京都府竹野郡 兵庫県神戸市「めっそー買い(一山いくらで買うこと)」・西宮市 和歌山県「おおよそめっそーでやって行く」 山口県 愛媛県・大三島 福岡市 長崎県壱岐島 熊本県下益城郡 *めっつぉ 山形県北村山郡 *やより 愛媛県「やより三年ぐらい前のことじゃったろ」 ↓あらまし・おおよそ(凡)・だいたい(大体)・たいりゃく(大略)

□の見当 *おけんと 香川県高松市 *およそまく・およそまくり 愛媛県「ひとつおよそまくでやってみよう」 *ちじ 島根県出雲「ちじでもらっ

ておく」 *つじ 島根県八束郡・大原郡「箱の中の物をつじで当てて見い」 *はちけんわり 島根県邑智郡「面倒臭いけー、はちけんわりにせー」

□の目分量 *おーめっこー 島根県那賀郡「おーめっこーで百匁はある」 *おーめっそー 新潟県佐渡

おか【丘】 *あげ 富山県 高知県長岡郡 *うず 島根県隠岐島 *おかっぱち 京都府竹野郡 *ぐーふ 沖縄県首里・中頭郡 *くし(小さな丘) 和歌山県有田郡・日高郡「くしの上へ登る」 *こんまる 長野県佐久 *しばずか(芝の生えた小さい丘) 高知県土佐郡 *そら 山口県阿武郡 *だーら(開墾し残した丘) 島根県美濃郡・石見 *だい 福島県南会津郡 茨城県・北相馬郡 埼玉県北足立郡 長崎県壱岐島 大分県 *たお 山口県 *てぎ 奈良県吉野郡 *ひら 長崎県対馬 *ふぃら 沖縄県 *へら 新潟県東蒲原郡 *まっか 青森県南部 岩手県九戸郡 *むい 鹿児島県喜界島 沖縄県国頭郡・首里 *むいぐゎー(小さな丘) 沖縄県首里 *むじぐゎー(小さな丘) 沖縄県国頭郡 *むらっく・むりこってぃ(小さな丘) 沖縄県石垣島 *むり 鹿児島県徳之島 沖縄県八重山 *むりっこ 沖縄県与那国島 *もり 青森県津軽・南部 秋田県鹿角郡・雄勝郡 *もりこ 青森県津軽

おかあさん【御母様】 *あうぼー 佐賀県 *あっぱ 北海道函館 青森県 岩手県 秋田県鹿角郡・北秋田郡 東京都八丈島 島根県益田市 沖縄県八重山 *あっぱー 鹿児島県屋久島 沖縄県石垣島(呼び掛けの語) *あっぱめ 東京都八丈島 *あは 秋田県平鹿郡・仙北郡 *あば 青森県 岩手県和賀郡 秋田県 山形県 新潟県岩船郡 石川県鳳至郡・江沼郡 岐阜県大野郡「あばちょっとおじゃらんとすぐ泣く」 沖縄県波照間島 *あぱ 青森県 *あばー(中流の語) 岐阜県大野郡 *あほ 熊本県球磨郡(中流の語) 鹿児島県下甑島 *あぽ・あぼ 鹿児島県・揖宿郡 *あぼい・あほー 熊本県球磨郡 *あぽん 鹿児島県 *うっとおかん(私の家のお母さん) 兵庫県加古郡 *おーか 大阪府中河内郡 奈良県南部 *おか 青森県(中流以下) 岩手県和賀郡・気仙郡 秋田県 新潟県東蒲原郡 石川県河北郡 三重県度会郡 大阪府泉北郡 奈良県吉野郡 和歌山県 香川県大川郡・女木島(卑語)・香川郡 *おかー 青森県南部 岩手県気仙郡 山形県村山 福島県会津 埼玉県秩父郡 神奈川県津久井郡 富山県 山梨県 長野県西筑摩郡 岐阜県郡上郡(中流) 静岡県 滋賀県彦根 京都府 大阪府東成郡 兵庫県 奈良県吉野郡 鳥取県気高郡(卑語) 島根県石見(下流) 岡山県 広島県 徳島県海部郡 香川県(卑語) 高知県 福岡県企救郡 大分県 *おかーかん 鳥取県気高郡・岩美郡 *おかーさ 静岡県 *おかーさー 島根県石見 *おかーはん 山形県村山 愛媛県周桑郡 *おかーま 島根県鹿足郡 *おかーやん 広島県芦品郡 *おかーらん 島根県美濃郡・益田市 *おかーん 山梨県 大阪府 奈良県北葛城郡 広島県芦品郡 愛媛県周桑郡 *おかか 山形県東置賜郡・南村山郡 福島県海岸地区 新潟県(中流の語) 富山県砺波 石川県 鳥取県西伯郡 島根県(中流以下の語) 広島県高田郡 山口県(上級語)「うちのおかかは来てをりませんか」・玖珂郡(下流語) 長崎県(下流語) 熊本県天草郡(中流以上の語) 宮崎県延岡市 *おかかさん 京都(上流語) 島根県出雲(上等語) *おかかん 岡山県備中北部 広島県 *おかさ 青森県(上流) 岩手県九戸郡 山形県南部(上流) 福島県会津 長野県上田・佐久 *おかさー 長野県上田 *おかさま(士族) 青森県三戸郡 *おかさん 岩手県紫波郡・気仙郡 宮城県仙台市 和歌山県 鳥取県西伯郡 福岡県粕屋郡 *おかしゃま 長崎県 *おかちゃ 青森県上北郡(中流以下) 秋田県由利郡 山形県 福島県会津 *おかちゃま(中流) 新潟県 *おかちゃん 三重県北牟婁郡 奈良県南部 和歌山県 鳥取県西伯郡 *おかっちゃ 秋田県仙北郡 新潟県上越市 *おかっつぁ 山形県東置賜郡・西置賜郡 *おかな(下流) 岩手県上閉伊郡 *おかはん 秋田市 山形県 京都 和歌山県 鳥取県米子 島根県鹿足郡 山口県玖珂郡・大島 香川県綾歌郡 愛媛県喜多郡 *おかま 岐阜県羽島郡 *おかまー 岐阜県恵那郡 *おかめ 新潟県東蒲原郡 京都府 *おかや 岩手県気仙郡 福島県会津 *おかやん 三重県鈴鹿郡・北牟婁郡(中流以下) 奈良県南大和 和歌山県伊都郡 鳥取県西伯郡 高知県 大分県大分郡 *おかん 福井県三方郡・遠敷郡 京都府 大阪市 兵庫県・淡路島(中流以下) 奈良県(下流) 和歌山県 岡山県 徳島県海部郡 香川県(卑語)・小豆島 福岡県企救郡 大分県 *おかんはん 香川県 *おじゃはん 富山県砺波 *おじゃま(子供が母を呼ぶ語。中等以上) 富山県砺波 *おじゃん 富山県婦負郡 石川県金沢市(中等以下) *おじゃんじゃ 石川県 *おっか 山形県 福島県東白川郡 福島市 千葉県(下流) 新潟県 石川県輪島 福井県 岐阜県本巣郡 愛知県尾張(卑語) 宮崎県西臼杵郡 *おっかー 山形県 栃木県河内郡 群馬県 埼玉県秩父郡・入間郡 千葉県山武郡 東京都大島 石川県江沼郡 長野県 岐阜県郡上郡(中流) 静岡県浜松市 島根県鹿足郡 大分県直入郡(下流農業地) 宮崎県東臼杵郡 *おっかさ 山形県 福島県東白川郡 新潟県中頸城郡 長野県上水内郡 静岡県浜松市 *おっかさま 山形県東置賜郡・西置賜郡 *おっかちゃ 山形県 福島県東白川郡 *おっかちゃん 山形県 *おっかはん 福井県 *おっかま 新潟県東蒲原郡 *おっかやん 栃木県 群馬県山田郡・邑楽郡 *おっかん 群馬県佐波郡 新潟県上越市 長野県上田 長崎県南高来郡 熊本県 大分県 宮崎県西臼杵郡 鹿児島県種子島 *おっちゃー 岩手県中通 静岡県(幼児語) *おわ 滋賀県坂田郡・東浅井郡 *か 岩手県和賀

郡 *かー 茨城県稲敷郡　栃木県(老人語)　東京都御蔵島　新潟県佐渡　福井県(下級の子女の語)　長野県下水内郡　三重県　滋賀県高島郡　京都府　和歌山県　香川県佐柳島　愛媛県周桑郡 *がー 岩手県気仙郡　福島県伊達郡・会津　茨城県稲敷郡・新治郡　石川県能美郡 *かーか 富山県　石川県(下等語) *かーかー 新潟県佐渡　静岡県志太郡(古語。中流語)　大分県西国東郡 *がーがー 栃木県真岡市・芳賀郡 *かーかん 三重県北牟婁郡(下流語)　鳥取県気高郡・岩美郡　香川県 *かーさ 静岡県　三重県三重郡 *がーさま 岩手県気仙郡 *かーたん 香川県小豆島 *かーはん(小児語)徳島県美馬郡 *かーべ 三重県志摩郡 *かーま 石川県江沼郡　熊本県鹿本郡(下流語) *がーま 宮城県登米郡 *かーやー 茨城県新治郡・真壁郡 *かーやん 栃木県　長野県上田・佐久　三重県・北牟婁郡(下流語)　京都府何鹿郡　和歌山県(童語)　島根県那賀郡・邑智郡・隠岐島(下流)　徳島県(小児語)　愛媛県東部　佐賀県 *かーよ 徳島県美馬郡 *かーん(小児語)和歌山県 *かい 福岡県三池郡 *かいやん 三重県度会郡 *かか 青森県　岩手県九戸郡　宮城県登米郡　山形県　新潟県(下流語)　福井県　長野県西筑摩郡　岐阜県大野郡　三重県　滋賀県高島郡　兵庫県淡路島　奈良県・吉野郡　和歌山県(幼児語)　島根県(下層語)　広島県(中流語)　山口市　徳島県「もうかかよ、茶こ(もうお母さん昼飯ですか)」　香川県小豆島・佐柳島　高知県　佐賀県　長崎県　熊本県(中流以下の語)　宮崎県　鹿児島県・硫黄島 *がか 福島県相馬(卑語)　新潟県下越 *がが 青森県　岩手県　宮城県栗原郡・石巻(卑称)　秋田県　山形県　福島県若松市・大沼郡　茨城県稲敷郡　新潟県東蒲原郡(下流語)・岩船郡 *かかー 山形県米沢市　東京都大島　三重県志摩郡　和歌山県東牟婁郡(幼児語)　島根県(下層語)　広島県高田郡　徳島県海部郡　香川県　高知県(卑語)　長崎県壱岐島　熊本県球磨郡(下流語)　大分県　鹿児島県 *かかーさん 広島県高田郡 *かかうま 山口県大島　長崎県南松浦郡 *かかえ・かかえさま 山口県大島 *ががこ(卑称)宮城県石巻 *かかさ 岩手県九戸郡　山形県(中流語)　新潟県　富山県(三人称)　長野県諏訪郡　岐阜県　三重県伊勢・南牟婁郡　山口県大島　大分県直入郡(下流商業地の語) *かかざえもん 熊本県玉名郡(卑称) *かかさしゅー(複数語。または尊称)岐阜県飛騨 *かかさま 山形県東置賜郡・南村山郡　岐阜県(上流の嫁が姑(しゅうとめ)を呼ぶ語)　愛知県　高知県(ごく上流の語)　熊本県天草郡(上流語)　大分県直入郡(中流以下の語) *かかさん 山形県庄内　新潟県佐渡(上流語)　愛知県愛知郡・碧海郡　三重県飯南郡・度会郡　西京　滋賀県高島郡　兵庫県但馬　鳥取県気高郡・日野郡　島根県　岡山県阿哲郡　広島県安芸郡　徳島県美馬郡　香川県　愛媛県　高知県(上流語。敬称)　福岡県(下流語)　佐賀県　長崎県　熊本県　大分県　宮崎県 *かがさん 和歌山県有田郡・西牟婁郡 *ががさん 宮城県栗原郡(下流語。敬称)・遠田郡 *かかし(ののしる語)島根県隠岐島 *かかしゃん 福岡市　長崎県壱岐島　熊本県(中流以下の語) *かかしゅー(複数語。卑称)岐阜県飛騨 *かかす(三人称)富山県 *かかちゃ 山形県 *がかちゃ 新潟県下越 *ががちゃ 岩手県紫波郡　山形県 *かかちゃん 山形県東南部　愛媛県周桑郡・喜多郡　熊本県天草郡(中流語) *かがつぁ 山形県 *がかっつぁん 宮城県栗原郡 *かかどの 鹿児島県種子島「かかどのはおやどにおぢゃり申すか(御在宅か)」 *かかは 徳島県勝浦郡 *かかはん 山形県　三重県飯南郡　広島県倉橋島　徳島県　香川県　愛媛県喜多郡　宮崎県西諸県郡 *かかべ 三重県志摩郡 *かかま 山形県「かがまや、ゐおてんきだのし」　新潟県　富山県(三人称)　岐阜県(中流以下の嫁が姑(しゅうとめ)を呼ぶ語)　三重県南牟婁郡　和歌山県東牟婁郡(卑語) *かかや 山形県南村山郡　三重県志摩郡・南牟婁郡　大分県直入郡(下等商人の語) *ががや(卑称)岩手県気仙郡 *かかやん 新潟県佐渡(尊称)　三重県中部　島根県那賀郡・邑智郡(下層語)　広島県双三郡・高田郡　高知県(敬称)　福岡県山門郡　佐賀県藤津郡(下流語)　長崎県　熊本県(下流語)・玉名郡(尊称)　大分県南部　宮崎県西臼杵郡・日向 *かかよー 徳島県美馬郡 *かから 三重県度会郡 *かかん 福井県遠敷郡　兵庫県但馬(下等語)　岡山県　香川県三豊郡・小豆島・伊吹島　福岡県豊前・田川郡(下流語)　熊本県天草郡(中流以下の語)　大分県 *かがんま 山形県庄内 *かく(下流語)熊本県阿蘇郡 *かくー(廃語)島根県邑智郡 *かくさま 高知県(下流語)　福岡県 *かくさん 岡山県　高知県(下流語)　福岡県久留米市(卑語)　佐賀県　長崎県壱岐島・南高来郡(下流語。三人称)・長崎市(三人称)　熊本県(中流以下の語。尊称)　大分県北海部郡・南海部郡 *かくなま(下等語)大分県日田郡 *かけやん 広島県豊田郡 *かこー 東京都八丈島 *かさ 新潟県長岡市 *かさーん 長崎県 *かさま(中流以下の語)福岡県浮羽郡 *かさん 滋賀県高島郡　奈良県吉野郡　香川県綾歌郡・伊吹島　福岡県浮羽郡(中流以下の語)　熊本県(中流以下の語)　鹿児島県(中流以下の語) *かしゃん(下流語)熊本県天草郡 *かたん 大分県北海部郡 *かちゃ 山形県西置賜郡・西田川郡　福島県会津 *かちゃま(中流語)熊本県天草郡 *かちゃん 三重県名張市　熊本県八代郡・天草郡(中流以下の語)　宮崎県西臼杵郡 *かっか 岩手県　千葉県印旛郡・夷隅郡　新潟県　富山県　長野県　岐阜県本巣郡(小児語)　愛知県西部(幼児語)　鳥取県西伯郡(小児語)　島根県(下流語。幼児語)「たいげなうちがちゃっちゃ、かっかいーよった(たいがいの家が「ちゃっちゃ」「かっか」と言っていた)」　香川県(幼児語)　愛媛県　高知県　長崎県西彼杵郡・長崎市(下流語) 熊本県玉名郡・宇土郡(下流語) *がっか 岩手県 山形県最上郡 福島市(小児語) 茨城県新治郡 栃木県 新潟県下越 長崎県南松浦郡 *かっかー 東京都大島(旧家の語) 新潟県長岡市 和歌山県西牟婁郡(小児語) 島根県石見(下層語) 福岡市(小児語) 佐賀県 長崎県佐世保市 熊本県玉名郡 *がっかー 山形県 *かっかーさま 島根県美濃郡・益田市(中流語) *かっかい 福岡県山門郡 熊本県天草郡(中流語) *かっかはん(中流語) 島根県出雲 *かっかま 新潟県長岡市 *かっかん 和歌山県(小児語) 徳島県美馬郡(小児語) 香川県(幼児語) 佐賀県 長崎県南高来郡・壱岐島 熊本県天草郡(下流語) 鹿児島県鹿児島郡(小児語) *かった 新潟県三島郡 *かっちゃ 山形県 宮崎県西臼杵郡 *がっちゃ 秋田県仙北郡 山形県庄内 *かっちゃま(下流語) 熊本県天草郡 *かっちゃん 山形県 熊本県天草郡(下流語) *がっちゃん 福島市 *がっつぁ 秋田県平鹿郡 *かはん(主に商家の語) 鹿児島県鹿児島郡 *かやん 新潟県佐渡 長野県上水内郡・上田 京都府西北部 熊本県飽託郡・芦北郡 *かん 滋賀県高島郡 熊本県南部(中流以下の語) 大分県日田郡(下等語) *がん(下流語) 熊本県天草郡 *かんか 福井県坂井郡 島根県八束郡(自称) *かんかん 福岡県山門郡 *がんま 福井県坂井郡・丹生郡 *ざざ 岩手県気仙郡 *じゃ・じゃーや 富山県 *じゃー 富山県・東礪波郡 石川県(下流の語) *じゃーさ 石川県能美郡 *じゃーさー(子供からは言わない) 富山県 *じゃーじゃ 石川県鳳至郡 *じゃーま 富山県 石川県(下等) *じゃさま 青森県上北郡 石川県江沼郡 *じゃさん 秋田県鹿角郡 *じゃじゃ 青森県南部・三戸郡(中流の語) 岩手県 秋田県 富山県高岡市 石川県鳳至郡 *じゃっちゃ 秋田県 *じゃま 富山県砺波 石川県輪島 *じゃや 秋田県南秋田郡・河辺郡 *ちゃーちゃ 新潟県中頸城郡 *ちゃーちゃー 新潟県佐渡 *ちゃちゃ 福島県会津 新潟県佐渡(中流以上)・中越 三重県南牟婁郡 和歌山県西牟婁郡 鹿児島県(小児語) *ちゃん 福島県浜通・中部 *ちゃんちゃん 鹿児島県 *でいや・でや 富山県下新川郡 石川県鳳至郡 *にゃーにゃー 富山県高岡市 *はーじゃすと・はいじゃすと 香川県 *はーじゃひと 徳島県美馬郡 愛媛県喜多郡 *はーじょ 大分県大分市・大分郡 *はお 鹿児島県揖宿郡 *はか 長崎県五島 *はかさん 佐賀県 *はじゃ 三重県志摩郡 *はじゃしと 兵庫県淡路島 奈良県 徳島県 香川県島嶼・木田郡・三豊郡 愛媛県新居郡 *はじゃすと 香川県木田郡 *はじゃひと 三重県 京都府愛宕郡 大阪府(男性語) 徳島県美馬郡 香川県仲多度郡 愛媛県 *はじゃびと 香川県仲多度郡 *はっじゃ 香川県綾歌郡 *はっじゃいひと・はっじゃしと・はっじゃひと 香川県 *ははさん 福島県北部・会津 *ははしゃひと 香川県高松市 *ははじゃひと 香川県綾歌郡・佐柳島 *ははじゃびと・ははじゃぴと 徳島県 *ははじょ 熊本県玉名郡・天草郡 *ははじょー 島根県石見 大分県中部 *はほ 宮崎県都城 鹿児島県(下流)・肝属郡(下流) *はほー 鹿児島県種子島 *はやしと 兵庫県加古郡 奈良県南大和 *はやひと 香川県仲多度郡 *はわさん(幼児語) 京都府 *ふかま 静岡県 *ほあ・ほあどの・ほー・ほーさま・ほーどの・ほーど・ほわ 東京都八丈島 *まー 長崎県東彼杵郡 *まいまい 千葉県安房郡 *めめ(児童語) 島根県隠岐島 *やんば 新潟県東蒲原郡

↓はは(母)

おかしい

①こっけいであるさま。笑いたくなるさま。 *うかしゃん 沖縄県首里「うかしゃどぅ うふさる(こっけい至極だ)」 *おかしなんけ(妙におかしいさま) 青森県上北郡・三戸郡 *きがわるい 島根県美濃郡・益田市 *きやいがわりー・きやいくそがわりー 島根県石見「子供がおせ(大人)の真似をしてきやいがわりー」 *しゃらおかし 新潟県中頸城郡 長野県南佐久郡 *しゃらおかしー 福島県会津 長野県上田・佐久 *しょーし(笑うべきこと。おかしいさま) 新潟県長岡市 富山県砺波 岐阜県飛騨「しょーしな奴じゃ」 徳島県 高知県(性的なことでおかしいさま) *はなおかしー 広島県高田郡 *はらっかー(非常におかしいこと) 神奈川県中郡「はらっかーだ」 *ましゃ(おかしいこと。形容詞は「ましゃーん」) 沖縄県石垣島

②普通とようすが違う。変である。いぶかしい。怪しい。 *いかつい 兵庫県神戸市「あいついかつい奴や」 和歌山県日高郡 *いなせ(奇妙なさま) 愛媛県 *おかしけない 宮城県栗原郡 *おかしげない 大分県大分郡・玖珠郡 宮崎県 *おかしない 岩手県和賀郡・気仙郡 宮城県登米郡 山形県「おがしなぇ味だ」 福島県「今日わ朝からおかしない日だ」 福井県 静岡県「おかしないことをいふ」 兵庫県加古郡 *おかしらい 群馬県山田郡 埼玉県北足立郡・大里郡 長野県佐久 三重県 *おがつない 宮城県石巻「おがつねぁまねすてる」 *おかんない 兵庫県加古郡 *おもしげ(変なさま) 新潟県佐渡 *つかりー 熊本県 *よーしれん 奈良県宇陀郡「よーしれん人に相手になるなよ」

↓こっけい(滑稽)・おもしろい(面白)

おかず【御数】 *あせ 岩手県 宮城県栗原郡 栃木県矢板市・安蘇郡 *あせこ 岩手県 *あせっこ 岩手県気仙郡「あせっこいれ(弁当のおかず入れ)」 *あせもの 岩手県 *あせもん 栃木県 *あて 三重県度会郡 大阪市 *あわせ 岡山県児島郡 *うまわい 沖縄県首里 *おせ 栃木県 *おそいもん 島根県鹿足郡 *おそえ 島根県那賀郡・鹿足郡 *おそっぺー 山梨県 *おまーっ 長崎県五島 *おまかない 宮城県仙台市「おまかなひになすって下さい」 山形県 *おまかね 宮城県仙台市「今日のおまがね何っしゃ」 *おまり 石川県舳倉島 香川県大

川郡 *おまわり 滋賀県彦根　京都府　大阪市「ごりょんさん、けふのお回りは何に致やひょう」 兵庫県「何ぞおまわりにするもんおまへんか」 香川県大川郡・高松市　長崎市 *おめぐり 京都府　大阪府 *かいやき(副食物の一種) 石川県能登「野菜漬けのかいやき」 *かちぇむん 宮崎県東諸県郡 *かちぇもの 宮崎県児湯郡 *かちむぬ 沖縄県波照間島 *かちゅもん・かでもん 鹿児島県揖宿郡 *かってぃむぬ 沖縄県与那国島 *かて 栃木県　東京都八王子　新潟県東蒲原郡 *かてぃむぬ 沖縄県 *かてぃむん 鹿児島県奄美大島・徳之島　沖縄県 *かてくさ 青森県 *かてむん 鹿児島県・肝属郡 *かてもの 青森県三戸郡・南部(汁類も言う)　岩手県上閉伊郡　秋田県鹿角郡　群馬県吾妻郡　新潟県　山梨県南巨摩郡　長野県佐久　静岡県・磐田郡　熊本県　宮崎県西諸県郡　鹿児島県肝属郡 *ごさい 山形県東田川郡　群馬県多野郡(野菜料理) *ござい 大分県北海部郡 *ごっつぉ 福井県敦賀郡 *さい 山形県　新潟県佐渡　富山県射水郡・砺波　石川県河北郡　三重県　大阪府泉北郡　兵庫県加古郡　和歌山県　島根県隠岐島　香川県　長崎県南高来郡　熊本県　沖縄県八重山 *さいぐさ 群馬県佐波郡 *さえもつ 岩手県九戸郡 *さえもん 熊本県鹿本郡 *さよ 広島県賀茂郡 *さら 鹿児島県喜界島 *しぇぁっこ 秋田県平鹿郡・雄勝郡 *しぇー 熊本県　沖縄県国頭郡 *しおけ 鹿児島県 *しゃー 佐賀県藤津郡　長崎県　熊本県 *じゃー 佐賀県 *しゃこ 秋田県雄勝郡 *すえ 新潟県中部 *せ 熊本県芦北郡　鹿児島県 *せぁ 秋田県南部 *せぁっこ 秋田県仙北郡 *せー 新潟県佐渡「弁当のせえを忘れた」 沖縄県波照間島 *せーもの 埼玉県秩父郡 *せっこ 秋田県山本郡 *せもち 青森県津軽 *ぜんまわり(食膳の副食物) 新潟県中蒲原郡「これだけではぜんまはりが淋しい。もう一品添へよう」 *そいもの 島根県鹿足郡・益田市・隠岐島 *そえ 島根県隠岐島 *そえくさし(食べかけのおかず) 愛媛県大三島 *そえむん 鹿児島県肝属郡 *そえもの 島根県　山口県豊浦郡・玖珂郡　宮崎県西臼杵郡　鹿児島県 *そーじ 和歌山県有田郡 *だーちん 三重県上野市・阿山郡 *ちゃずっぺ 栃木県安蘇郡 *はしやすみ 新潟県 *はしやすめ 栃木県　山梨県南巨摩郡　新潟県中頸城郡 *はてぃむぬ 鹿児島県与論島・沖永良部島　沖縄県黒島・新城島 *はてぃむん 鹿児島県沖永良部島・喜界島 *ばんさい(ふだんのおかず) 奈良県吉野郡 *ばんざい(ふだんのおかず) 三重県名賀郡　大阪市「おばんざいでえらい済んまへんけど、しんぼしといとくなはれ」 *へぁ 秋田県鹿角郡・南秋田郡 *べんとぜ(弁当のおかず) 山形県庄内 *ほーせき 三重県伊賀 *みそざい(飯のおかずにする生みそ。また、非常に粗末なおかず) 岐阜県飛騨 *むこざい(飯と汁以外のおかず) 富山県東礪波郡「むこざいが二つあった」

おかっぱ【御河童】 *おけし 静岡県磐田郡　愛媛県松山「あの子もおけしじゃな」 *おけしんぼ・おけんだら 長野県下伊那郡 *おしょぼ 広島県庄原市・比婆郡　山口県大島　香川県仲多度郡・大川郡　愛媛県 *おぼこ 鳥取県　広島県芦品郡 *おぼこさん 島根県出雲 *おぼっこ 和歌山県那賀郡 *がっそー 大阪市 *かんたー 沖縄県首里 *ちゃだいぼーず 熊本県下益城郡

赤い髪の□をした者 *あかがんたー 沖縄県首里

□頭 *おかぶろ 岐阜県武儀郡 *おっかぶろ 埼玉県入間郡　山梨県南巨摩郡　長野県 *かぶこ 山形県東置賜郡 *かむろっこ 静岡県磐田郡 *ざんぎあたま 山形県庄内 *ざんぎり 宮城県仙台市「世の中も変るもんでござりんか、いい年したおなごのざんぎりあたま、はやるんでござりすつおねす」 山形県 *さんだら(頭の中央をそった幼児のおかっぱ頭) 岐阜県飛騨「ぼーの子のさんだらは優しうみえてかわええ」 *じゃんぎり 長野県諏訪・佐久　岡山市

□の少女 *かんたー 沖縄県首里

□の人形 *おしょぼ 大分県大分市・大分郡 *しょぼ 愛媛県・松山

おがむ【拝】 *うがぬん(神仏を拝む) 沖縄県首里 *おがもす 山形県南部「神様をおがもしてから飯をくう」 *おこなう(神仏を拝む) 岩手県気仙郡 *おまごす 山形県東置賜郡・山形市 *こごむ 新潟県長岡市「今日おれが町あるいてたら、助のやつこごみやがるがこつたい(たいそう)おかしかったいや、きっと先生だと思たがあろう」 *まがる 山形県　福島県会津・大沼郡　新潟県東蒲原郡

□こと *あってぁ(神仏を拝むこと。幼児語) 秋田県鹿角郡 *あっとー(神仏を拝むこと。幼児語) 島根県鹿足郡・益田市 *あん(神仏を拝むこと。幼児語) 群馬県多野郡　兵庫県神戸市 *おーとおーと・おとと(神仏を拝むこと。幼児語) 鹿児島県肝属郡「さ、おーとおーとせんか(さ、拝みなさい)」 *おれー 香川県「おれーする」 *てずり・てつり・てずりあげ(合掌して拝むこと) 沖縄県首里 *なまえなまえ・なまなま(神仏を拝むこと。幼児語) 山形県 *なむなむ(神仏を拝むこと。幼児語) 静岡県榛原郡「なむなむしる」 *なんまいなんまい(神仏を拝むこと。幼児語) 山形県米沢市 *なんまんなんまん(神仏を拝むこと。幼児語) 島根県出雲

神仏を□時に唱える語 *あーっと(児童語) 青森県三戸郡「ささ、まみゃさまさ、あーっとへろ(言え)」 *あーとーとぅ 沖縄県首里 *あーとーどぅ 沖縄県石垣島 *あーとーとー 長崎県壱岐島 *あーとと 長崎県壱岐島 *あっと 岩手県気仙郡 *あっとーあっとー(幼児語) 島根県美濃郡・益田市 *あっとーちゃ(女性語) 東京都新島 *あっとーでぁ 岩手県上閉伊郡・気仙郡「なまんだなまんだあっとーでぁ」 *あっとーてや

な 東京都御蔵島 *あっとて(幼児語) 山形県飽海郡「あどさま(仏様)あっとてとおがめ」 *あっとでぁ 青森県三戸郡 岩手県気仙郡(幼児語) *あとーだえ 岩手県上閉伊郡 *あとーでや・あとーどーざります 新潟県岩船郡 *うーとーとぅ(女性語) 沖縄県首里 *うーとーどぅ 沖縄県石垣島 *おーとーおーと(幼児語) 鹿児島県肝属郡 *おーとーどぅい 沖縄県石垣島 *おとと(幼児語) 鹿児島県肝属郡 *がんがんあったい(小児語) 秋田県鹿角郡 *とぅとぅがなし 鹿児島県喜界島 *とーだい 岩手県気仙郡 *とーてやな 東京都大島 *とーとぅとーとぅ 鹿児島県喜界島 *とーとー 沖縄県首里 *とーとがなし 鹿児島県奄美大島 *とーととーと 鹿児島県沖永良部島 *とーどや 秋田県鹿角郡 *とだいとだい 岩手県気仙郡 *のんのーはいちゃ 東京都三宅島 *のんのかんじ 群馬県多野郡 *はっと・はっとーでぁ 岩手県気仙郡

おがわ【小川】 *いがわ 岐阜県郡上郡 *いで 鳥取県気高郡 島根県出雲 *いでがわ 島根県出雲 *えがわ 新潟県佐渡・下越 富山県高岡市・砺波 福井県 *えめぞ・えめぞがわ(家の前の小川) 新潟県佐渡 *かーぼっこ 神奈川県中郡 *かーらーなー・かーらーま 沖縄県石垣島 *こーら 愛媛県 長崎県壱岐島 鹿児島県奄美大島 *さーや 静岡県 愛知県北設楽郡(清水のわき出る小川) *さがご 山形県最上郡 *さど・さんど 秋田県由利郡・河辺郡 *せー 長野県下水内郡 *せき 岩手県紫波郡 宮城県玉造郡 秋田県鹿角郡 山形県 福島県会津・北部 群馬県利根郡 新潟県佐渡 *せぎ 青森県 岩手県上閉伊郡・気仙郡 山形県 神奈川県・中郡 新潟県・中頸城郡・西頸城郡 山梨県・南巨摩郡 長野県 静岡県 愛知県八名郡 *せぎこ 山形県 *せぎちょ 山梨県 *せげ 岩手県和賀郡 秋田県 山形県庄内 長野県上田・東筑摩郡 *せっこ 宮城県栗原郡 *せんぎ 新潟県上越市 *せんげ 長野県北佐久郡 *ながれがわ 岩手県上閉伊郡 *ひっちゃっかー(浅い小川) 静岡県 *へぎ 山形県最上郡 *ほりこ 新潟県東蒲原郡 *みずかわ 奈良県宇智郡 *みよこ 千葉県匝瑳郡 *みよっこ 千葉県東葛飾郡 *ゆがわ 岐阜県飛騨

おき【沖】 *あけら 和歌山県有田郡 *うーち(海岸からそれほど遠くない沖) 沖縄県首里 *うーとぅ 沖縄県首里 *うぶとぅー 沖縄県新城島 *おい 千葉県市原郡 *おさえおき(東南の沖) 静岡県田方郡 *しかえおき(東北の沖) 静岡県田方郡 *した 神奈川県三浦郡「うちのした(自分の土地の沖)」「西のしたしょ(西の沖へ流れる潮)」 *だんなか 島根県隠岐島「海のだんなかえ出た」 *どぅー 沖縄県 *なだ 静岡県志太郡・田方郡 長崎県西彼杵郡 熊本県天草郡 *にしめん(島の西方の沖) 香川県佐柳島 *ふぁ 鹿児島県沖永良部島 *ぼた 愛知県名古屋市

→おきあい (沖合)

□の方 *あらけ 和歌山県有田郡 *おきら 兵庫県淡路島 香川県大川郡

おきあい【沖合】 *どぅーなー 沖縄県竹富島 *どぅなか 沖縄県首里 *となか 愛媛県・大三島 *どなか 島根県八束郡・隠岐島「船は帆を上げて海のとなかへ出た」 *よだ 岩手県気仙郡

→おき (沖)

海岸から□三里の間 *なぎさ 新潟県西蒲原郡

はるかな□ *だいな 三重県志摩郡 和歌山県日高郡・和歌山市 香川県佐柳島 *だいなん 岩手県上閉伊郡・気仙郡 宮城県亘理郡 千葉県安房郡・夷隅郡 東京都大島 神奈川県三浦郡 新潟県佐渡 静岡県 兵庫県淡路島 和歌山県日高郡 愛媛県 大分県南海部郡 *だいらん 大分県北海部郡 *でーなみ 千葉県夷隅郡 *でなん 青森県上北郡 *まーあらうぷとぅー(「遠くの大渡」の意) 沖縄県黒島

おぎなう【補】 *うじなゆん(栄養を取って体力を補う) 沖縄県首里 *たれーゆん 沖縄県首里 *つくなう 新潟県佐渡「足らん所は何かでつくなっておけ」 長崎県壱岐島「足らんばって是だけでつくのーちょこー」 *よなう 茨城県・稲敷郡 新潟県中頸城郡 岐阜県飛騨

互いに□助け合うさま *ちゅいたれーだれー 沖縄県首里

不足を□物 *あしあげ 広島県高田郡「わずかな金でもあしあげになる」 *たり 兵庫県加古郡「これはそのたりや」 香川県「そこへちょっとのたりこうたらええ」

おきる【起】 ①眠りから覚める。寝ないで目を覚ましている。 *おひんなる 山梨県 岡山県御津郡 *ひる 鹿児島県奄美大島「うらきゃやるくじまえんにゃひらんばいきゃんど(お前達は六時前に起きなけりゃいけないよ)」

②何事かが発生する。起こる。生ずる。 *いく(事件などが起きる) 滋賀県神崎郡 兵庫県神戸市「地震がいった」「火事がいく」 奈良県南大和 島根県隠岐島 岡山県児島郡 徳島県 香川県 愛媛県周桑郡・松山「向うにかじがいきよる(向こうに家が焼けている)」「もめどがいきました(ごたごたがありました)」 *うくりゆん 沖縄県首里 *うくるん 沖縄県石垣島 *たてあう(いろいろな事態が一時に起きる) 静岡県榛原郡 島根県「祭と出産がたてあった」 岡山県苫田郡 徳島県美馬郡 *たてくわす(いろいろな事態が一時に起きる) 香川県三豊郡 *たてまぜる(いろいろな事態が一時に起きる) 島根県大原郡 *たてやわせる(いろいろな事態が一時に起きる) 島根県出雲

朝、いつまでも□ない人 *ねきすけ 島根県 *ねこ 三重県 *ねこすけ 栃木県 三重県上野市 *ねごすけ 奈良県吉野郡 熊本県天草郡 *ねごた 香川県小豆島 愛媛県伊予郡 *ねこ

たれ 三重県上野市 ***ねごぼー** 茨城県 千葉県香取郡 ***ねこめ** 福井県 ***ねごんぼ** 栃木県 埼玉県北葛飾郡 千葉県長生郡 ***ねごんぼー** 栃木県塩谷郡 埼玉県北葛飾郡 千葉県夷隅郡・安房郡 ***ねっこ** 青森県南部

→ねぼう（寝坊）

朝早く□ ***すとぅみてぃうき** 沖縄県首里

□てすぐ ***うきざまにざま** 沖縄県首里 ***おきおき** 新潟県佐渡 富山市近在 大阪市 奈良県宇陀郡「おきおき学校でラジオ体操してきた」 徳島県 ***おきすっぱい** 香川県仲多度郡 ***おきだち**（朝起きてすぐに）岐阜県飛驒「これでもおきだちやって来たんじゃ」 ***おきばしら** 長野県東筑摩郡 ***おきむくじり** 千葉県東葛飾郡「おきむくじりに野良へ出る」 ***おきむくり** 福島県「おきむくりに仕事さ行った」 茨城県 栃木県「まだおきむくりだ」 ***おきむぐれ** 茨城県真壁郡 栃木県「おきむぐれに来られちゃって」 ***おきもくり** 茨城県稲敷郡 ***すとおき** 山口県阿武郡 ***ねはおき** 山口県豊浦郡 愛媛県大三島

□こと ***きー**（幼児語）徳島県「きいする」 香川県「これっ、きいしとくんぜ」

□さま ***かっぱぇぁ** 青森県三戸郡「今時分かっぱぇぁ起きて、また遊びに行った」

□の尊敬語 ***おしゅなる** 秋田市「父がおしゅなる」 ***おひなる** 青森県三戸郡 岩手県 秋田県鹿角郡 長野県西筑摩郡（まれ）・下伊那郡（まれ） 大阪市「えらい、はよーおひなりやしてんなー」 和歌山県「御主人がもうおひなったか聞いてきてくれ」 広島県 徳島県 香川県「坊ちゃんがおひなった」 大分県大分市・西国東郡 ***おひになる** 山口県阿武郡 ***おひるなる** 高知県東部「お風邪気味の様ですから余り早うおひるならん方がよくはございませんか」 ***おひんなる** 島根県邑智郡

寝たり□たりのさま ***しわんたわん** 岡山県苫田郡「ながいじょー、しわんたわんしとりんさるが、柳に雪折れなしで、まだ生きとりんさるがなー」 ***たちやみ**（寝込むほどではない、寝たり起きたりの病。ぶらぶら病）岩手県気仙郡

布団から□て出る ***うきんじゅん** 沖縄県首里

夜通し□ていること ***よねんこ** 香川県・小豆島・伊吹島「よねんこでする」

→てつや（徹夜）

夜遅くまで□ていること ***たかおき** 長崎県対馬 ***よだれこき・ゆーだれこき** 愛媛県 ***よーざれこき** 愛媛県「よーざれこきの朝寝くれ」 ***よざり・よざ** 島根県隠岐島 ***よざいこき** 香川県三豊郡 ***よざれこき・よざらひき** 愛媛県 ***よざりひき** 島根県鹿足郡 ***よざる** 島根県（多く子供に言う） 香川県高松市 ***よざるをひく**（夜遅くまで起きている。夜更かしする）島根県石見 岡山県小田郡 広島県高田郡（子供が夜遅くまで目を覚ましている）***よざるとき** 島根県邑智郡 ***よざるひき** 島根県「よざるひきのあさねぼー（ことわざ）」 広島県 山口県 香川県高松市 愛媛県・松山「あれはよざるひきで困ります」 ***よざれひき** 愛媛県・大三島（子供） ***よずめ** 山形県南村山郡 群馬県多野郡「夜爪を切るとよづめをするようになるという」 富山県砺波 ***よだる** 島根県石見 ***よだるひき** 島根県石見 広島県倉橋島・高田郡 ***よだれ** 島根県 ***よだれひき** 大阪市 島根県益田市・那賀郡 広島県倉橋島 山口県大島 香川県丸亀市・三豊郡 愛媛県 ***よっぱら** 群馬県吾妻郡 ***よひかり** 岩手県上閉伊郡・気仙郡 ***よびかり** 山形県「よびかりの朝寝こぎ」 ***よぴかり** 岩手県上閉伊郡 宮城県石巻・仙台市 山形県 新潟県東蒲原郡 ***よむし** 和歌山市

夜遅くまで□ている人 ***よたか** 山形県村山 ***よだか** 島根県隠岐島 山口県豊浦郡 長崎県対馬「よだかする」 ***よぶくろ** 山形県北村山郡「よぶぐろのあさねぼー」

おく【奥】 ***いーり** 山形県米沢市 新潟県「この谷のえーりに大きな村がある」 ***いーりー** 新潟県東蒲原郡 ***いえり** 新潟県刈羽郡 ***いり** 岩手県上閉伊郡「山のいり」・気仙郡 宮城県 山形県 福島県「いりの座敷」 栃木県 埼玉県秩父郡 新潟県岩船郡・東蒲原郡 長野県 愛知県東加茂郡 ***いりかっつ** 山形県北村山郡・最上郡 ***いりこ** 宮城県「戸棚のえりこ」 ***いりっこ** 岩手県気仙郡 ***うど** 長野県更級郡・東筑摩郡「山のうど」 ***おき** 群馬県利根郡 東京都八王子 神奈川県津久井郡「戸棚のおきの方」 山梨県南巨摩郡「屋敷のおきに蔵がある」 静岡県田方郡「この山のおきに鉱山がある」・榛原郡 ***おくり** 栃木県足利市 群馬県「小鹿野町のおくり」 埼玉県入間郡 ***おっとまり**（一番奥）福島県 ***おんごく** 山梨県南巨摩郡

方/言/の/窓

● 地域共通語 I

共通語の原義は「全国どこでも通用することば」である。その意味あいで、これを「全国共通語」と称することがある。一方、あらたまった場面で使われる方言的特徴を「地域共通語」（地方共通語）と称することがある。

たとえば、和歌山県中部や熊本県南部などでは、あらたまった場に関西中央部での表現が使われることがある。物の値段をたずねるときの言い方は、この地ではイクラが本来の表現である。ところがデパートなどではナンボという表現に改められるのである。これらの地域では、大阪のことばが規範と考えられている。地域共通語とは、このように、全国的に見れば方言であるが、一定の地域においては規範と考えられて使われることばを指すわけである。

「山のおんごくいはいった」 岡山県児島郡 広島県比婆郡 徳島県 香川県西部(山奥の田舎) 愛媛県 *かっち 新潟県岩船郡「かっち山(奥山)」 *すんま 東京都八丈島「そりぁのい、すんめーへえらずにそこん腰ょかけて(それはね、奥へ入らないでそこへ腰を掛けて)」

家の□ *おくり 群馬県佐波郡 埼玉県秩父郡 *おくりのでい 埼玉県秩父郡 *やぶろ 東京都八丈島 *わて 島根県

海の入り江の□ *ごつ 島根県隠岐島

□の方 *いーり 山形県米沢市 新潟県「この谷のえーりに大きな村がある」 *いーりー 新潟県東蒲原郡 *いえり 新潟県刈羽郡 *いり 岩手県上閉伊郡「山のいり」・気仙郡 宮城県 山形県 福島県「いりの座敷」 栃木県 埼玉県秩父郡 新潟県岩船郡・東蒲原郡 長野県 愛知県東加茂郡 *いりかっつ 山形県北村山郡・最上郡 *いりこ 宮城県 *いりっこ 岩手県気仙郡 *えれこ 岩手県 宮城県石巻 *えれっこ 岩手県南部 *おくじ 青森県津軽 東京都八丈島 *おくしま(「しま」は隅の意) 青森県津軽「ニラのおぐしま(納屋の奥の方)」 *おくたま 山形県飽海郡 *おくり 栃木県足利市 群馬県「小鹿野町のおくり」 埼玉県入間郡 *かまち 福島県東白川郡 *やね 岡山県「やねへ寄れ」

山や谷などの□ *いーり 山形県米沢市 新潟県「この谷のえーりに大きな村がある」 *いーりー 新潟県東蒲原郡 *いえり 新潟県刈羽郡 *いり 岩手県上閉伊郡「山のいり」・気仙郡 宮城県 山形県 福島県「いりの座敷」 栃木県 埼玉県秩父郡 新潟県岩船郡・東蒲原郡 長野県 愛知県東加茂郡 *いりかっつ 山形県北村山郡・最上郡 *いりこ 宮城県 *いりっこ 岩手県気仙郡 *うね(山の奥) 奈良県吉野郡 *えれっこ(山奥) 岩手県南部 *かっち(山の奥) 青森県 秋田県鹿角郡・仙北郡 *かっつ(山の奥) 秋田県 *かみ(沢の奥) 栃木県安蘇郡 *かわち(山の奥) 山形県飽海郡 *せき(谷の一番奥) 奈良県吉野郡 和歌山県日高郡 *せと(谷の奥) 奈良県吉野郡 *たにがしら(谷間の最も奥の部分) 熊本県玉名郡

おく【置】

*いしゅん(「居据える」か。据える。置く。また、設ける。付ける。また、座らせる。また、ある地位に就ける) 沖縄県首里 *いっちょく(置く。置き忘れる。ほうっておく) 長崎県佐世保市・南高来郡 熊本県玉名郡「家に子供ばいっちょく」・八代郡 鹿児島県 *うちきゆん(位置を決めてきちんと置く) 沖縄県首里 *うっちょく 長崎県佐世保市 *おっかる(ものの下に置く) 青森県三戸郡 秋田県鹿角郡 *おっける 福島県「玄関に待たせておっけた」「そごさおっけろ」 新潟県東蒲原郡 *さっちおく(卑語) 神奈川県津久井郡 *しくん 沖縄県竹富島 *すける(据える。置く) 島根県石見「床の上に火鉢をすける」 広島県豊田郡 山口県 徳島県「岩の入口に手網をすけ、岩をはずして逃げだす魚をすくいとる」 *そばめる(そばに置く) 新潟県佐渡 *つぃくん・つくん 沖縄県石垣島 *やっとく 愛知県知多郡「机の上へやっとく」 三重県

おくびょう【臆病】

*いんじゅー 島根県石見「いんじゅーもん」 *えずえず 福岡市 *おーけだま 香川県 *おっかながり 山形県「おっかながりで困った」 *おっかなみ(臆病な気持ち) 岩手県気仙郡「おっかなみひっこむ(おくびょうになる)」 *おび 愛媛県西宇和郡 *おびきょ 高知市 *おびきょー 愛媛県周桑郡 *おひげ 愛媛県 *おぶきょ 高知市 *おぶきょー 徳島市 香川県東部 愛媛県 *おんばく 静岡県 *おんびん(臆病なさま。また、その人) 岡山県苫田郡・小田郡 広島県 香川県手島「おんびんな奴」 *おんぼく 静岡県田方郡 *かいさ 島根県石見「かいさな者」「かいさがやつ」 *きみぶけ(臆病者。また、臆病) 香川県 *きむぐまさ 沖縄県石垣島 *こじゅー 岩手県九戸郡 山形県米沢市・東置賜郡「こじゅーな奴」 *こちゅー 新潟県佐渡 *こちょ 新潟県佐渡・岩船郡「気がこちょ(小さい)」 *さばしがり・さばしがりや 島根県美濃郡・益田市「この子はさばしがりをして困る」 *さびしがり 三重県名張市 *さぶしがりや 島根県益田市 *さべしこき 三重県志摩郡 *さむしがりんぼー 東京都大島 *さめしやみ 東京都八丈島 *しかんかー(臆病なさま。びくびく) 沖縄県首里 *しきとれ 大分県東国東郡 *しくた 静岡県安倍郡・榛原郡 *じくたれ 秋田県平鹿郡 *じょーとーぎも 島根県邑智郡 *しょーとぎも 岡山県苫田郡 広島県芦品郡 *しょこたれ 愛媛県 *しょんじり 静岡県 *ずくたれ 岩手県岩手郡・和賀郡 秋田県平鹿郡 山形県 福島市 岐阜県飛驒 *だくな 新潟県 *つどこけ 山形県西田川郡 *つらやけ 大分県宇佐郡 *てげたれ 和歌山県東牟婁郡 *てど(「てどお(手遠)」の転か。臆病。また、そのさま) 香川県高松市 *どーこけ(臆病なこと。また、その人) 山形県東田川郡 *どーみそ 福島県会津 新潟県 *どくさ(臆病。臆病者) 新潟県西蒲原郡 *どくされ(臆病。臆病者) 新潟県 *どっこき(臆病なこと。また、その人) 山形県西部「お前はどっこきだなー」 *どっこけ(臆病なこと。また、その人) 山形県東田川郡・西田川郡 *どみそ 山形県西置賜郡 新潟県中頸城郡・下越 *どみそたがり 新潟県下越 *どんくされ 山形県庄内 *ぬつかれ 山形県西村山郡 *びんなえ 山形県米沢市 *へご 新潟県「夜になるとへごになる」 *へだ 山形県 *べだらべだら・べだらくたら 山形県米沢市 *へちごへー 新潟県岩船郡 *へべかす(臆病なこと。意気地がないこと。弱いこと。また、そういう人) 新潟県佐渡 *へぼ(臆病なこと。意気地がないこと。弱いこと。また、そういう人) 新潟県中越 長野県北安曇郡・東筑摩郡 岐阜県不破郡 愛知県「へぼな子」 三重県度会郡 島根県隠

岐島　岡山県小田郡・浅口郡　徳島県　香川県　愛媛県 *べぼ(臆病なこと。意気地がないこと。弱いこと。また、そういう人)静岡県小笠郡 *へぼくそ(臆病なこと。意気地がないこと。弱いこと。また、そういう人)愛知県宝飯郡(最下層の語) *べぼくそ(臆病なこと。意気地がないこと。弱いこと。また、そういう人)静岡県小笠郡 *へぼくそたれ(臆病なこと。意気地がないこと。弱いこと。また、そういう人)和歌山県東牟婁郡 *へぼくた(臆病なこと。意気地がないこと。弱いこと。また、そういう人)福井県大飯郡「へぼくたな奴や」 岐阜県山県郡　静岡県・田方郡　和歌山県東牟婁郡　愛媛県松山市(ののしりの語) *へぼくれ(臆病なこと。意気地がないこと。弱いこと。また、そういう人)愛知県知多郡 *へぼしゃ・へぼしゃくれ(臆病なこと。意気地がないこと。弱いこと。また、そういう人)岐阜県恵那郡 *へぼすけ(臆病なこと。意気地がないこと。弱いこと。また、そういう人)香川県仲多度郡 *へぼた(臆病なこと。意気地がないこと。弱いこと。また、そういう人)愛知県額田郡 *へぼたれ(臆病なこと。意気地がないこと。弱いこと。また、そういう人)愛知県東春日井郡　香川県仲多度郡　長崎県南高来郡 *へんご(臆病なさま。弱いさま)新潟県 *みそおけ・みそおけかずき 新潟県西頸城郡

→しょうしん(小心)

□がる *さばしさをする 島根県美濃郡・益田市「夜さばしさをして便所へよー行かん」

□だ *おーけよわい 島根県江津市・邑智郡「おーけよわい者は夜道は禁物だ」 *きむぐまさーん 沖縄県石垣島 *きもがこまい 島根県　岡山県児島郡 *きもがほそい 島根県 *きもがわり 島根県出雲 *きょとい 福井県大野郡 *しかさん 沖縄県首里 *しょーがわるい 長野県下伊那郡 *ずくがない 青森県三戸郡・南部　山梨県甲府 *ずくない 秋田県由利郡「ずぐねぁ子供である」 山形県飽海郡 *ずるい 広島県沼隈郡 *ちょろい 兵庫県加古郡　岡山県苫田郡　宮崎県東諸県郡 *ちょろくさい 京都府竹野郡「おい君ちょろくさゃー、もう一杯やれ」 兵庫県加古郡「男のくせにそれがでけんなんて、ちょろくさいこと言うな」 和歌山県日高郡 *ちょろこい 兵庫県加古郡 *とろい 岡山県苫田郡 *とろくさい 岐阜県郡上郡「男のくせにそやーなとろくさいこっちゃだちかん」 三重県 *ひけしか 佐賀県三養基郡 *ひけらしか 熊本県玉名郡 *ひょろくさ 広島県沼隈郡 *ひょろくた 岡山市 *ふじゃまない 青森県津軽「どれほどふじゃまなぇ亭主なんだい。女房と子ども二人、食わしていけないもんですぜ」 *へこがにすい 岐阜県恵那郡 *へこがよわい 秋田県平鹿郡「へこのよわい男だ」 長野県下伊那郡

□な人 *おんびん 岡山県苫田郡・小田郡　広島県　香川県手島「おんびんな奴」 *しょま 富山県下新川郡 *どーこけ 山形県東田川郡 *どっこき 山形県西部「お前はどっこきだなー」 *どっこけ 山形県東田川郡・西田川郡 *はんどー・はんど(臆病で高い所に登ることのできない者)島根県石見 *はんどーおい(臆病で高い所に登ることのできない者)島根県邑智郡 *はんどーかるい(「かるい」は担ぎの意。臆病で高い所に登ることのできない者)島根県石見・鹿足郡 *はんどーもち(臆病で高い所に登ることのできない者)島根県那賀郡 *へべかす 新潟県佐渡 *へぼ 新潟県中越　長野県北安曇郡・東筑摩郡　岐阜県不破郡　愛知県「へぼな子」 三重県度会郡　島根県隠岐島　岡山県小田郡・浅口郡　徳島県　香川県　愛媛県 *べぼ 静岡県小笠郡 *へぼくそ(最下層の語)愛知県宝飯郡 *べぼくそ 静岡県小笠郡 *へぼくそたれ 和歌山県東牟婁郡 *へぼくた 福井県大飯郡「へぼくたな奴や」 岐阜県山県郡　静岡県・田方郡　和歌山県東牟婁郡　愛媛県松山市(ののしりの語) *へぼくれ 愛知県知多郡 *へぼしゃ・へぼしゃくれ 岐阜県恵那郡 *へぼすけ 香川県仲多度郡 *へぼた 愛知県額田郡 *へぼたれ 愛知県東春日井郡　香川県仲多度郡　長崎県南高来郡 *よーばれおとこ(小児語)福岡市 *よーばれごし 福岡市 *よぼ・よぼそー 長崎県対馬

→おくびょうもの(臆病者)・しょうしんもの(小心者)

□になる *おくびれる 岩手県気仙郡　宮城県栗原郡 *おくぶれる 京都府竹野郡「人中でおくぶれて挨拶もろくにでけん」 *かがなく 宮城県栗原郡　山形県鶴岡市・飽海郡「これっぱしの怪我にかがなえでだめだ」 新潟県東蒲原郡 *しかぬん 沖縄県首里

おくびょうもの【臆病者】 *いじきらむぬ 鹿児島県与論島 *いじくなし 山梨県南巨摩郡 *いちなさー 鹿児島県喜界島 *いっきぬぎむん 鹿児島県徳之島 *いびせがり 広島県大崎上島・高田郡 *いぼひき 島根県益田市 *いよーもの 山口県豊浦郡 *えずがり 福岡県粕屋郡　福岡市 *えんきょー 徳島県美馬郡 *おーみむぬ 沖縄県宮古島 *おくびょーくされ 宮城県登米郡 *おくびょーたかり 宮城県栗原郡・仙台市　山形県　新潟県東蒲原郡 *おくびょーたれ 和歌山県日高郡　愛媛県　大分県 *おくびょーたろー・おくびょーたん 大分県 *おくびょたかり 福島県相馬郡・東白川郡 *おくびょったかり 栃木県　千葉県東葛飾郡 *おくぼとーれ 大分県大分郡 *おくれもの 奈良県南大和 *おさだむら 三重県度会郡 *おじがみ 徳島県 *おずがりもの・おじがりや 大分県北海部郡 *おじくそ 千葉県香取郡「おーおじくそであったーだけっど」 愛知県宝飯郡　三重県　滋賀県蒲生郡・高島郡　和歌山県　徳島県・那賀郡　愛媛県松山「おじくそじゃけん夜は恐ろし

い」 大分市 *おじくそたれ 三重県 和歌山県 香川県小豆島 愛媛県松山 *おじくそもん 三重県志摩郡 *おじけ 和歌山県那賀郡・西牟婁郡 *おじけもん 島根県出雲市 *おじみそ 兵庫県淡路島 徳島県 香川県 *おじんぼー 兵庫県加古郡 *おぞがりて 大分県大分市・大分郡 *おそれ 広島県・高田郡 山口県 *おそれぎも 広島県・走島 *おそれぼー 山口県屋代島・浮島 *おそれんぼー 広島県・高田郡 *おとしがりや・おとしがりて 三重県志摩郡 *おとっちゃま 香川県 *おとろしがっりや 香川県 *おとろしがり 三重県志摩郡 広島県能美島 香川県 *おとろしや 兵庫県加古郡 香川県 *おとろっしゃ 香川県 *おびえぐそ 愛知県名古屋市 *おびきょーたれ 愛媛県周桑郡 *おびんくそ 香川県直島 *おびんた 兵庫県赤穂郡 *おびんたー 兵庫県明石郡 *おびんたれ 兵庫県加古郡・明石郡 *おぶきょーもん 愛媛県新居郡・周桑郡 *おぶけもの 三重県志摩郡 *おんずくなし 福島県会津 *おんびんくそ 岡山県 香川県 *おんびんさく 岡山県小田郡 *おんびんたれ 京都府竹野郡「おんびんたれが何言うとるだぁや」 兵庫県 岡山県苫田郡・児島郡 *おんびんもの 岡山県浅口郡 *かがなき 新潟県 *かがらき 新潟県岩船郡 *かたのけ 富山県下新川郡 *がんない 山形県米沢市 長崎県 *がんにゃー 岡山県阿哲郡 愛媛県大三島 長崎県 *がんにゃくそ 愛媛県大三島 *がんね 長崎県 *がんねぁ 岩手県 *かんねー 茨城県西茨城郡 *きーしかむぬ 沖縄県黒島 *きぼそ 島根県「うちの子はきぼそで困る」 *きみぶけ 香川県 *きむぐまーむぬ 沖縄県西表島 *きもこま 大分県別府市 *きもほそ 島根県「この子はきもほそで困る」 *きもぼそ 島根県出雲 大分県大分市・別府市 *きもわるし 鳥取県西伯郡 *きょーとがり 香川県 *きりょなしゃ 鹿児島県奄美大島 *くそきったれ 宮崎県西諸県郡 *くそたれ 新潟県佐渡 宮崎県東諸県郡 鹿児島県 *くそったれ 新潟県三島郡 *けーす 長崎県対馬 *けしょとれ 大分県西国東郡・東国東郡 *けつぼそ 島根県大田市 *けつぽそ 青森県上北郡 *こどきょー 山梨県甲府市「こどきょーな者」 静岡県庵原郡 *ごんぼ 石川県鳳至郡 *さばしがり・さばしがりや 島根県美濃郡・益田市「この子はさばしがりをして困る」 *さびしがり 三重県名張市 *さぶしがりや 島根県益田市 *さべしこき 三重県志摩郡 *さむしがりんぼー 東京都大島 *さめしやみ 東京都八丈島 *しおたれ 新潟県佐渡 愛媛県 *しかむん・しかー 沖縄県首里 *しかむぬ 沖縄県 *しぎたれ・しんきたれ 山形県 *しぎったれ 山形県西置賜郡 *じくっかし 神奈川県津久井郡 *しぐなし 山形県西田川郡 *じくなし 青森県津軽 岩手県 宮城県 山形県西田川郡 群馬県勢多郡・佐波郡 埼玉県秩父郡 山梨県 *じぐなし 秋田県 *じくぬけ 岩手県九戸郡 神奈川県津久井郡 *じくねぁもの 秋田県平鹿郡 *じごひえ（「じご」は「しり」の意） 長崎県南高来郡 *じちなし 山梨県・南巨摩郡 静岡県 *じつなし 静岡県 *しぴたやー 沖縄県首里 *しびたれ 山形県 福島県会津 茨城県新治郡 *しぴたれ 岩手県九戸郡 山形県 *しびったれ 福島県 *しぶたれ 茨城県新治郡 *しぷたれ 青森県南部 *しみたれ 茨城県真壁郡 新潟県佐渡 岐阜県本巣郡 *しみったれ 福島県会津 茨城県新治郡 長野県北安曇郡 愛知県北設楽郡 滋賀県彦根 *じゃーこんひき 佐賀県藤津郡 *しょーたれ 群馬県館林 新潟県佐渡 富山県下新川郡 徳島県「しょーたれで夜小便しによう行かん」 愛媛県 *しょーたれがんす 徳島県 *しょーわる 長野県南部 *しょたれ 富山県砺波 長野県佐久 *しりひえ 愛知県知多郡 長崎県南高来郡 大分県大分郡 *すかむぬ 沖縄県新城島 *ずく 山形県南置賜郡 *ずくなし 青森県 岩手県 秋田県 山形県 群馬県吾妻郡・多野郡 新潟県佐渡 山梨県 静岡県榛原郡 *ずくぼー 岩手県紫波郡 *そったち・すだつ 山形県東村山郡・北村山郡「そったつで役に立たない」 *ずつなし 千葉県上総・神奈川県津久井郡 静岡県「ずつなしな人だ」 *すんばー・すんば 静岡県 *だいこひき 長崎市 *だいこんひき 長崎県北松浦郡 *たれかもの 宮城県仙台市 *たれくそ 宮崎県児湯郡 *たんがりもん 鹿児島県種子島 *だんこのげ 青森県津軽 *だんこんひき 長崎県北松浦郡 *ちくぼもん 新潟県佐渡 *ちろーなさー 鹿児島県喜界島 *どぅんぶりむぬ 沖縄県与那国島 *どーぼねくされ 島根県 *どくさ 新潟県西蒲原郡 *どくされ 新潟県 *どしょーなし・どひょーなし 福島県相馬 *どずくなし・どんずくなし 青森県津軽 秋田県仙北郡 *とぜんがり 山形県南置賜郡 *とぜんぼー 千葉県 *どんくされ 山形県庄内 *なまくら 福岡市 *なみおそれ 島根県益田市 *にぐらー 沖縄県与那国島 *はんどーおい 島根県邑智郡 *はんどーかるい 島根県鹿足郡 *ひーがぶい 鹿児島県屋久島 *ひえぐそたれ 長崎県北松浦郡 *ひえじょ・ひえじご 長崎県南高来郡 *ひえしょー 愛知県知多郡 *ひえじり 愛知県碧海郡 *ひえみそ 愛媛県東宇和郡 *ひかぶい 宮崎県都城 *ひきょー 静岡県庵原郡 *ひきょーさく 山口県祝島 *ひきょーたれ 三重県阿山郡 *ひきょーもの 三重県 *ひきょたれ 奈良県吉野郡 *ひきょもん 鳥取県気高郡 *びくたれ 山形県南置賜郡・米沢市 *びくつき 大分県北海部郡 *びくどー 山梨県南巨摩郡 *ひけし 岐阜県恵那郡 *ひけしぼ 長崎県南高来郡 *ひけしぼー 佐賀県藤津郡 *ひけそ 和歌山市 *ひっかぶい 鹿児島県 *びっき 山形県庄内 *ひのけだまし 熊本県天草郡 *びびー・びびーごろ 鹿児島県鹿児島郡 *ひやけ 愛媛県魚島 *ひょーぎも・ひょーぎー 広島県江田島 *ひょーどぎも 広島県因島 *ひよこ 新潟県佐渡 *ひょどぎも 愛媛県伯方島 *ひよひよ 広島県江田島 *ひらやま

宮崎県児湯郡 *びんないたかり 山形県米沢市 *ふるいぞー 島根県美濃郡・益田市 *べか 福岡県三井郡 *へげたれ 和歌山県新宮 *へそくさり 島根県石見「へそくさりで役に立たん」 *へそくされ 島根県石見 *へそたけ 島根県美濃郡 *へそなし 島根県那賀郡 *へそぬけ 島根県 *へそのけ 島根県隠岐島 *へっこし 静岡県磐田郡 *べびーごろ 鹿児島県鹿児島郡 *へべかす 新潟県佐渡 *へぼ 新潟県中越 長野県北安曇郡・東筑摩郡 岐阜県不破郡 愛知県小田郡・浅口郡 徳島県 香川県 愛媛県 *べぼ 静岡県小笠郡 *へぼくそ(最下層の語) 愛知県宝飯郡 *べぼくそ 静岡県小笠郡 *へぼくそたれ 和歌山県東牟婁郡 *へぼくた 福井県大飯郡「へぼくたな奴や」 岐阜県山県郡 静岡県・田方郡 和歌山県東牟婁郡 愛媛県松山市(ののしりの語) *へぼくれ 愛知県知多郡 *へぼしゃ・へぼしゃくれ 岐阜県恵那郡 *へぼすけ 香川県仲多度郡 *へぼた 愛知県額田郡 *へぼたれ 愛知県東春日井郡 香川県仲多度郡 長崎県南高来郡 *みそ・みそだま 新潟県中頸城郡 *みのくなし 山形県村山 *みのこなし 岩手県和賀郡・気仙郡 宮城県栗原郡 秋田県 山形県北村山郡・最上郡 *めーすむん 鹿児島県沖永良部島 *やくせんぼ 鹿児島県肝属郡 *やくせんぼー 鹿児島県種子島 *やっせんぼ 宮崎県西諸県郡 鹿児島県 *よーせんぼー 鹿児島県姶良郡 *よーばー 沖縄県首里 *よろ 島根県出雲 *よろぎっちょ 大分県日田郡 *よろくそ 島根県「あのよろくそに何が出来るもんか」 熊本県 宮崎県延岡 *よろけ 大分県 宮崎市 *よろた 島根県出雲市・大原郡 *よろりんぼー 長崎県北松浦郡「あの男はよろりんぼー」 *よわかす 山形県 福島県「君わほんとによわかすだなあ」 *よわくそ 三重県志摩郡 *よわしんべ 富山県砺波 *よわすけ 山形県 *よわたれ 山形県 熊本県天草郡 *よわっかす 福島県東白川郡「おっかながってばありえて、よわっかしだな」 *よわっそ 佐賀県藤津郡 *よわっぴ 茨城県稲敷郡 *よわっぴ・よわっぺし 茨城県真壁郡 *よわっぴー 東京都八王子 静岡県 *よわっぽ 宮城県 *よわみそ 石川県 滋賀県彦根・蒲生郡 大阪市 兵庫県明石市・神戸市 奈良県南葛城郡・高市郡 島根県鹿足郡 徳島県美馬郡 大分県大分市・大分郡 *よわんぞー 静岡県 *わーきたまがりゃ(「化け物に魂消える者」の意) 鹿児島県奄美大島 *わーくふぁりむぬ 沖縄県小浜島 *んぶりむぬ 沖縄県与那国島

↓いくじなし(意気地無)・「おくびょう(臆病)」の子見出し、「臆病な人」・しょうしんもの(小心者)

おくりもの【贈物】

*いきみたま(新盆の家に持っていく贈り物) 静岡県駿東郡 *いんし・いんしもの 岐阜県飛驒 *いんしん・いんしんもの 長崎県対馬 *えんしもの 岐阜県飛驒 *おとび 福岡市 *おみたて(送別の贈り物) 岩手県上閉伊郡 秋田県鹿角郡「おみたてを上げる」 徳島県 香川県仲多度郡・三豊郡 *くがい(交際上の贈り物) 富山県高岡市 *さしあわせ・さっしゃわせ(親類などから花嫁花婿に贈る贈り物) 熊本県玉名郡 *さしよせもの(親類などから花嫁花婿に贈る贈り物) 熊本県上益城郡 *ざっしょ 佐賀県藤津郡 鹿児島県 *ざっしょー 佐賀県 *さとりぐさ(贈り主の気持ちを名称などに託した贈り物) 高知県長岡郡 *しきつ・しきり(結婚を約束した男から女への贈り物) 長崎県五島 *しょー(本来、品物ですべき贈り物を現金ですること。また、餅を配るべき時に、代わりにもち米や小豆を配って済ますこと) 島根県出雲「餅をつく者が居らんけん、しょーで(現金で)あげてしまえ」 *しょーぶ 三重県南牟婁郡 *しょーぶん 和歌山県東牟婁郡 *じょし(「りょうしゅ(両種)」の転か。祝い事のある家に対する贈り物) 鹿児島県肝属郡 *しるまし(感謝の気持ちを表す贈り物) 岩手県気仙郡「ほんのしるましですが(進物を差し出す時の言葉)」 *せーぼ 富山県・砺波 愛知県知多郡 奈良県「盆のせいぼにもろてん」「中元のおせいぼ」 和歌山県東牟婁郡 長崎県南高来郡 *そぶつ 島根県邇摩郡 *つかいかた(中元の贈り物) 長崎県南松浦郡 *つきやもん(返礼のための贈り物) 熊本県玉名郡 *つけ(盆暮れなどの贈り物) 岩手県気仙郡 *てじるし(わずかばかりの贈り物) 鹿児島県肝属郡 *とーぶ(年始の贈り物) 熊本県玉名郡 *とっぴ 秋田県鹿角郡「とっぴもたぢに(手土産も持たずに)」 *とび(年始の贈り物) 熊本県玉名郡 *どんび 宮崎県日向 *なさき(男女間の愛の表現としての贈り物) 沖縄県首里 *はなむけ(結婚する人への祝いの贈り物) 青森県三戸郡 群馬県勢多郡 埼玉県秩父郡「はなむけのしるしでがんすが、どうかお納めなすって」 山梨県南巨摩郡 長野県諏訪・佐久 広島県高田郡 *ほりもん 奈良県宇陀郡 *みたて 香川県 *りーじ(感謝の気持ちを表す贈り物) 沖縄県首里「りーじげーし(贈り物のお返し)」

おけ【桶】

*うーき 沖縄県鳩間島・黒島・新城島 *うーぎー 沖縄県与那国島 *うき 沖縄県石垣島・波照間島 *おーげー 沖縄県小浜島 *おけこがれ 長崎県壱岐島 鹿児島県肝属郡「おけこがれを片づけとけ」 *おそ(「おそん」の転) 栃木県足利市 *かっしょけ(ものを浸しておく桶) 香川県佐柳島 *ぎばおけ(はえなわ漁をする時に、糸などを入れる桶) 新潟県佐渡 *こえたが 岩手県和賀郡 *こが 青森県津軽 岩手県和賀郡 宮城県栗原郡・仙台市 山形県鶴岡 福島県 茨城県稲敷郡 栃木県 埼玉県入間郡・秩父郡 千葉県印旛郡 神奈川県津久井郡 新潟県東蒲原郡 山梨県南巨摩郡 三重県志摩郡(樽)・飯南郡 大分県大分郡 *こが(みそやしょうゆを造ったり、ものを貯蔵したりする大きな桶) 青森県上北郡・南部 岩

手県　宮城県　秋田県　山形県「味噌こが」「漬物こが」　福島県　茨城県　千葉県　新潟県　山梨県南巨摩郡　長野県上田・佐久　和歌山県東牟婁郡　香川県　愛媛県　長崎県北松浦郡・五島　*こがい 佐賀県藤津郡　長崎県西彼杵郡　大分県　*こんが（樽）三重県志摩郡　*こんが（みそやしょうゆを造ったり、ものを貯蔵したりする大きな桶）青森県　*しょべがが 岩手県和賀郡　*たーぐ 沖縄県那覇市　*たーんぐ 沖縄県八重山　*たいへ・たいへー（大きなもの）青森県津軽「つけものだいへい」　*たが 京都府　島根県松江市　*たご 宮城県登米郡　秋田県仙北郡　奈良県　岡山県小田郡　広島県高田郡　香川県仲多度郡　熊本県玉名郡　鹿児島県奄美大島　*たごおけ 奈良県　*たんご 京都府　長崎県・南高来郡　鹿児島県・姶良郡　*ばんたご（火消し用の桶。一番から十番まで番号が書かれ、庄屋の軒につるしてあった）山口県豊浦郡　*ひらはんぼ（大がまから飯を移し入れておく大桶）愛媛県大三島　*びんだらい（三本脚の木製の洗面桶）島根県那賀郡　*びんだれ（三本脚の木製の洗面桶）宮崎県都城　鹿児島県肝属郡　*ぶーき 沖縄県竹富島　*めーつぎ（手の二つ付いた飯入れ桶）山口県見島

柄のある□　*えさし 島根県大田市　*えっけ 佐賀県藤津郡　*えつけ 佐賀県

大きい□　*おーはぎり 新潟県中頸城郡　*こきん 香川県小豆島　*だうす 福岡県　*とーご 茨城県　千葉県北部　*はぎり 岩手県上閉伊郡　新潟県中頸城郡　*はじうーき（大きくて丸い、提げるところのない桶）沖縄県首里　*はんぎり 長野県佐久　山口県玖珂郡　徳島県　香川県大川郡　愛媛県大三島　*やな 群馬県吾妻郡

□が乾燥し過ぎて反ったり曲がったりする　*しさく・ひしゃぐ 新潟県中頸城郡　*ししぎる 青森県　岩手県気仙郡　山形県北村山郡　*ししきれる 山形県村山郡　*ひしぎる 北海道　青森県上北郡「日向へ出してた盥（たらい）がひしきだ」　*ひしける 宮城県仙台市「このおけこ、ひしけて水むるね」　山形県米沢市　*ひしげる 岩手県気仙郡　宮城県栗原郡　山形県　*ひすきる 山形県北村山郡・米沢市　*ひすきれる 山形県　*ひすやく 埼玉県秩父郡　岐阜県恵那郡　*ひすやける 埼玉県秩父郡　*ひひきる 青森県津軽　秋田県鹿角郡　*ひひぎる 青森県　岩手県気仙郡　宮城県石巻　*ひひわく 山形県庄内　*ひわれる（桶が乾燥して壊れる）岩手県気仙郡

牛馬の飲料や飼料を入れる□　*うーまもんおけ 富山県砺波　*うしおけ 山口県見島　*うしだれ 島根県隠岐島　*うまのふね 山形県東置賜郡・南置賜郡　*かいりょ・かいりょげ 青森県三戸郡　*かしおけ・かっしょけ 香川県伊吹島　*きつ 青森県津軽　*きっち 北海道　青森県上北郡　*ぞーずたが・ざーずたが 島根県隠岐島　*じょみずおけ 秋田県鹿角郡　*じょみずごが 青森県三戸郡　*ぞーずたご 島根県石見　長崎県壱岐島　*ぞみずおけ・ぞみずばけつ 香川県　*ぞんぞけ 長崎県五島　*だおけ 島根県簸川郡・大原郡　*たらいおけ・たれー 島根県　*となおけ・となため 岩手県九戸郡　*どみどけ 兵庫県加古郡　*はぎり 青森県　*はみいれ 大分市　*はみおけ 長崎県壱岐島　大分県　*はんぎー 宮崎県都城　*はんぎり 島根県出雲・鹿足郡　鹿児島県肝属郡　*ぽち 三重県北牟婁郡　*まーうけ 茨城県久慈郡　*まーけ 岡山県・苫田郡　*まおけ 山形県東村山郡　長野県諏訪・上伊那郡　*ろーずおけ 大分県大分市・別府市

米を研ぐ□　*かしおけ 岐阜県　静岡県小笠郡　京都府竹野郡　*かしげ 島根県隠岐島　*かしょーけ 岐阜県恵那郡・郡上郡　*かしょけ 岐阜県郡上郡　*かっしょげ 香川県伊吹島　*がっしょけ 和歌山県東牟婁郡　*じょーず 静岡県田方郡　*てごおけ 岡山県苫田郡　*ふみおけ 青森県三戸郡

酒を醸す□　*もとおけ 青森県三戸郡　*もとすり 山形県米沢市　*もとすりおけ 山口県防府　*わたし 岐阜県飛騨

下肥をためておく□　*あげおけ 岐阜県飛騨　島根県出雲　*いつぼ 静岡県周智郡　*うせおけ・うせたご（下肥を入れて牛馬に運ばせるための樋）長崎県壱岐島　*うつし 宮崎県　*げすおけ（下肥を入れて運ぶ桶）青森県津軽　秋田県鹿角郡・北部　新潟県佐渡　*げすだめ 新潟県中頸城郡　*げすたる（下肥を入れて運ぶ桶）青森県津軽・南部　*げすたんか（下肥を入れて運ぶ桶）秋田県北部　*ころがし 島根県石見　広島県山県郡　*ころばし 島根県石見　*だーたご（下肥を入れて運ぶ桶）鳥取県西伯郡　*たまおけ（下肥を入れて運ぶ桶）石川県羽咋郡　*たもーけ（糞尿を入れて運ぶ桶）島根県益田市　*だら（下肥を運ぶ桶）福島県大沼郡　*だらおけ（下肥を運ぶ桶）宮城県石巻・仙台市　秋田県由利郡　山形県「だらおけかついで働く」　福島県・西白河郡　茨城県猿島郡・稲敷郡　東京都神津島・新島　山梨県・南巨摩郡　岐阜県郡上郡　*だるたご（下肥を運ぶ桶）山口県見島　*つぶけ（肥だめ。大小便を入れる桶。下水だめ）鹿児島県　*つぼ（肥だめ。大小便を入れる桶。下水だめ）新潟県佐渡　静岡県志太郡「山につぼー掘ってた」　大阪府泉北郡　島根県隠岐島　岡山県岡山市・川上郡　広島県高田郡　徳島県　香川県　*つぼーけ（肥だめ。大小便を入れる桶。下水だめ）岐阜県飛騨　静岡県志太郡「つぼーけー足をつっこむなー、縁起んええだに」　*つぼけ（肥だめ。大小便を入れる桶。下水だめ）長野県東筑摩郡「つぼけに蓋をきせる」　岐阜県飛騨　岡山市　*つぼんど（肥だめ。大小便を入れる桶。下水だめ）広島県安佐郡・賀茂郡　*どー 静岡県富士郡　*ときたが（下肥桶）岩手県稗貫郡

*はず 広島県倉橋島 *ふりおけ（下肥を運ぶ桶）山形県西村山郡・北村山郡　福島県（液肥）　茨城県真壁郡・稲敷郡　栃木県　千葉県九十九里浜　新潟県東蒲原郡 *ぶりおけ（下肥を運ぶ桶）岐阜県飛驒 *ふりんこ・ぶりんこ（下肥を運ぶ桶）岐阜県飛驒 *ふるおけ（下肥を運ぶ桶）山形県西村山郡 *まーるだる（糞尿を山の畑へ運ぶ時背負う桶）富山県西礪波郡 *やな（山へ運ぶ下肥桶）群馬県多野郡 *ゆとー（下肥をまく時に用いる口のある手提げ桶）埼玉県秩父郡

しょうゆの搾り汁を入れる□ *きりおけ 香川県小豆島 *こきん 香川県小豆島 *はんぎりおけ 香川県小豆島

炊事用の□ *かしおけ 高知県幡多郡一部 *かしこがえ 長崎県壱岐島 *じょーげあらい 東京都大島 *ぞーおけ・ぞーしおけ 香川県仲多度郡

すしを作ったり、餅とりをしたりする底の浅い□ *すしはんぼ 静岡県磐田郡 *はんぞ 富山県砺波 *はんぼ 長野県西筑摩郡　滋賀県彦根　兵庫県明石郡　岡山県邑久郡　香川県　愛媛県　高知県・土佐郡 *はんぼー 山口県玖珂郡（平おけ）　徳島県・南部 *はんぼん 静岡県志太郡

洗面用の□ *ちゅーじだれー 沖縄県首里 *ちゅーずたりゃー 熊本県玉名郡 *ちゅんだれ 大分県宇佐郡 *ちょーずたらい 愛知県渥美郡 *ちょーずだらい 青森県南津軽郡　山形県西村山郡・庄内　京都市　和歌山市　島根県　福岡県企救郡・田川郡　熊本県玉名郡 *ちょーだらい 神奈川県三浦郡　石川県鹿島郡　岐阜県加茂郡・飛驒　三重県三重郡　滋賀県蒲生郡・高島郡　兵庫県加古郡　島根県　広島県　山口県　香川県　愛媛県・周桑郡・大三島　福岡県粕屋郡　大分県 *ちょーっだりゃ 熊本県玉名郡 *ちょーんたらい 福島県会津・大沼郡　静岡県田方郡 *ちょーんだらい 静岡県　長崎県壱岐島 *ちょずだらい 青森県津軽　秋田県山本郡 *ちょだらい 愛媛県大三島　宮崎県延岡 *ちょつだらい 千葉県夷隅郡　熊本県八代郡 *ちょんたらい 長崎県壱岐島 *ちょんだらい 福井県　静岡県志太郡「ちょんだらぇーにみぞー（水を）いっぱぇーくんだ」　山口県大島　香川県三豊郡　愛媛県　福岡県　長崎県　大分県 *ちんざらい 大分市

たらいのような底の浅い□ *だんべ 千葉県夷隅郡 *はぎり 青森県　岩手県　秋田県鹿角郡　和歌山県 *はんぎー 佐賀県　鹿児島県肝属郡 *はんぎり 青森県・津軽　岩手県九戸郡　宮城県　山形県　福島県相馬　栃木県足利市　群馬県吾妻郡　千葉県・安房郡　神奈川県中郡　新潟県佐渡　富山県砺波　山梨県　長野県佐久　愛知県知多郡　兵庫県但馬・淡路島　和歌山県・日高郡　鳥取県　島根県　岡山県　広島県比婆郡　徳島県海部郡　香川県三豊郡・伊吹島　愛媛県　高知県土佐郡　福岡市　長崎県壱岐島　熊本県玉名郡　大分県 *ばんぎり 栃木県 *はんぎれ 東京都三宅島　長野県上伊那郡・下伊那郡 *ぱんじり 鹿児島県喜界島 *はんぶ 岐阜県郡上郡 *はんぼ 岐阜県郡上郡　愛媛県松山

小さい□ *うーきぐゎー 沖縄県首里 *おけっこ 福島県東白川郡　茨城県北相馬郡　千葉県東葛飾郡 *こたが 山梨県・南巨摩郡　静岡県 *こっこけ 福島県双葉郡　茨城県久慈郡・多賀郡（径十五〜十八センチメートル）　栃木県 *さおけ 岡山県 *てこがい 福岡市 *てこがえ 福岡県久留米市 *はんだい 長野県佐久

手洗い用の□ *ちょーずおけ 徳島県三好郡 *ちょずおけ 徳島県

手の付いた□ *あげたご 長崎県壱岐島 *こおけ 島根県　岡山県邑久郡　広島県比婆郡　徳島県美馬郡 *さげ 香川県三豊郡　愛媛県 *さげおけ・さごけ 兵庫県淡路島 *てたが 島根県隠岐島 *てたご 鳥取市　広島県・比婆郡　山口県都濃郡　高知県

乳児を入れておく□ *おさおけ 三重県志摩郡 *つーら 富山県射水郡 *つぶら 富山県　長野県西筑摩郡　岐阜県飛驒

人の死体を納める箱や□ *がん 山形県　茨城県新治郡・真壁郡　東京都八丈島　岐阜県飛驒　愛知県知多郡　奈良県吉野郡　和歌山県　島根県　岡山県阿哲郡・川上郡　熊本県球磨郡　大分県南海部郡　宮崎県都城　鹿児島県沖永良部島　沖縄県竹富島 *がんおけ 山形県東田川郡・南置賜郡　千葉県印旛郡　岐阜県　静岡県　愛知県碧海郡・知多郡　三重県南牟婁郡　和歌山県　島根県隠岐島 *がんこ 岩手県戸郡・上閉伊郡 *がんだい 青森県津軽　宮崎県都城 *がんばこ 岩手県上閉伊郡・気仙郡　宮城県栗原郡・仙台市　山形県　福島県　茨城県新治郡・真壁郡　栃木県　群馬県伊勢崎市・館林　埼玉県入間郡　東京都大島　岐阜県加茂郡　三重県南牟婁郡　奈良県吉野郡　和歌山県 *やまおけ 島根県邑智郡　広島県高田郡　長崎県壱岐島

↓かんおけ（棺桶）

肥料をためておく□ *うまたご（肥料を運ぶ長く大きな桶）高知県長岡郡 *うまたんご（肥料を運ぶ長く大きな桶）香川県 *うめこが（地中に埋めた、肥料だめの大きな桶）島根県石見 *えんこたんこ 新潟県 *こえだぼ 島根県江津市 *こえだんぼ（「たんぼ」は「たて穴」の意）島根県益田市 *こえたんぼー 島根県鹿足郡・邑智郡 *こえつぼ 三重県名張市・志摩郡　鳥取県西伯郡 *さんじゃく 千葉県夷隅郡　新潟県佐渡 *さんじゃくたが 新潟県佐渡 *さんじゃくもん 新潟県佐渡・西蒲原郡　富山市近在

*しっくい（石灰で作るところから肥だめ桶）島根県石見　*たーご（肥料を運ぶ桶）三重県志摩郡　*たが（肥料を運ぶ桶）島根県　*たがおけ（肥料を運ぶ桶）山形県西置賜郡　新潟県岩船郡　三重県志摩郡　*たがら 埼玉県北葛飾郡　千葉県東葛飾郡　*たご（肥料を運ぶ桶）山形県庄内　埼玉県北足立郡　千葉県印旛郡　長野県佐久　三重県志摩郡・北牟婁郡　滋賀県彦根　兵庫県淡路島　和歌山県日高郡　島根県　徳島県・美馬郡　香川県　愛媛県「たごを馬に乗せて来る」　大分県　*たごおけ（肥料を運ぶ桶）山形県西置賜郡　福井県敦賀郡　佐賀県・藤津郡

*たごけ（肥料を運ぶ桶）富山県高岡市・砺波郡　石川県　福井県　三重県　滋賀県甲賀郡・彦根

*だしおけ 島根県　*だしつぼ 島根県能義郡・鹿足郡　*たておけ 島根県隠岐島　*だぼ（地中に埋めた、肥料だめの大きな桶）島根県那賀郡　熊本県天草郡　*ためおけ 宮城県登米郡・玉造郡　山形県米沢市　新潟県上越市・中頸城郡　島根県　*ためこが 福島県石城郡　群馬県勢多郡　*ためこま 茨城県真壁郡　*ためさげ（肥料をくむ深い桶）群馬県勢多郡　*たもーけ 島根県益田市　*たもけ 千葉県上総　三重県上野市・阿山郡　*だんか（肥料を運ぶ桶）秋田県鹿角郡　*だんかおけ（肥料を運ぶ桶）秋田県北秋田郡　*たんご（肥料を運ぶ桶）埼玉県北足立郡

千葉県・夷隅郡・印旛郡「たんごをかずぐ」　福井県大飯郡　岐阜県郡上郡　三重県　京都市　大阪府泉北郡　兵庫県　奈良県　和歌山市　香川県　*たんこおけ（肥料を運ぶ桶）山形県西置賜郡　長崎県伊王島　鹿児島県種子島　*たんぼ（地中に埋めた肥料の大桶）島根県石見　*だんぼ 山形県置賜　長崎県五島（地中に埋めた肥料の大桶）　*たんぼがめ 佐賀県藤津郡　*どーけ 山形県　石川県　福井県・坂井郡　三重県志摩郡　兵庫県明石郡　鳥取県　島根県　*どーけー 石川県鳳至郡　*どーご 千葉県香取郡　*どげ 山形県「どげのにおいが臭い」　*どめこが（地中に埋めた肥料だめの大桶）島根県鹿足郡　*まんねんつぼ（畑に埋めた肥料桶。肥つぼ）島根県仁多郡・邑智郡

水くみ □　*かすり（水をすくう桶）熊本県下益城郡　*かわにない 大分県北海部郡　*こぶり 青森県三戸郡　*ごんぶり 青森県三戸郡　新潟県中頸城郡　*じょーまたーぐ（一人前の男が運ぶのに適当な、標準となる大きさの水くみ桶）沖縄県首里　*たーぐ（水や肥料などを担って運ぶ桶）沖縄県首里　*たが 島根県　*たが（水や肥料などを担って運ぶ桶）静岡県志太郡「たがーせどやにあらー」　奈良県吉野郡　島根県簸川郡・隠岐島　*たご 島根県・那賀郡・鹿足郡　広島県芦品郡　長崎県西彼杵郡・五島　*たご（水や肥料などを担って運ぶ桶）滋賀県蒲生郡　鳥取県西伯郡　島根県　岡山県邑久郡　広島県安芸郡　香川県三豊郡　高知県・高知市　長崎県壱岐島　宮崎県都城　*たごおけ 秋田県北秋田郡

*たごけ 富山県西礪波郡　*たごけ（水や肥料などを担って運ぶ桶）三重県　滋賀県蒲生郡　*たんご 秋田市　長崎県西彼杵郡　宮崎県・西臼杵郡・都城　鹿児島県・硫黄島　*たんご（水や肥料などを担って運ぶ桶）群馬県山田郡　埼玉県入間郡　千葉県山武郡　長野県下伊那郡　三重県志摩郡　京都府・宇治郡　奈良県　和歌山県那賀郡　香川県仲多度郡　長崎県西彼杵郡　熊本県天草郡　鹿児島県「川の水をたんごに汲む」　*てつけ（水くみなどに用いる、手の一つある小さな桶）新潟県佐渡　島根県　広島県山県郡・豊田郡　*てつけごーけ（水くみなどに用いる、手の一つある小さな桶）島根県仁多郡

*てつけはんぼ（水くみなどに用いる、手の一つある小さな桶）愛媛県大三島　*どーけ（水をためる桶）徳島県・三好郡　*どげ（水をためる桶）山形県北村山郡　*みずたが 島根県大原郡

*みずたご 島根県石見

おこげ【御焦】　*おこがし 岩手県上閉伊郡

*こがし 青森県南部　岩手県九戸郡　*こび 青森県　岩手県上閉伊郡・気仙郡　宮城県栗原郡　秋田県　山形県庄内　長野県上伊那郡　*こびい 山梨県南巨摩郡　*こびつき 山形県庄内　新潟県

*こびつけ 栃木県　*こびっつき 埼玉県秩父郡　長野県佐久　*こびっつけ 山梨県南巨摩郡　*こんこんまま 山形県東村山郡　*こんび 青森県津軽

*どーじ 熊本県天草郡　*どじ 佐賀県　*やきつき 宮城県登米郡・玉造郡　山形県西置賜郡　栃木県

*やきつけ 宮城県玉造郡・仙台市　山形県東部　栃木県中北部「やぎつけは朝のうちに食べろ」

*やげずげ 山形県最上・村山

おこたる【怠】　*あどける 新潟県中越　*こびる 宮城県登米郡　*ずやくる 山梨県　*すやす 神奈川県横須賀市　*ずやる 山形県米沢市「仕事をずやる」　新潟県佐渡　山梨県　愛媛県　*ずらーまく 徳島県阿波郡　*すらかす 佐賀県　長崎市　熊本県玉名郡　*ずらかす 新潟県佐渡「しごとずらかして、あそびにいった」　*すらす 熊本県玉名郡　*ずらす 長崎県対馬　*せほす 秋田県仙北郡「早くやってしまえ、せほすとできないよ」　*せやむ 秋田県平鹿郡　*せわがす 石川県江沼郡・能美郡　*だずる 石川県　*だだこく 滋賀県彦根　*ねんする 徳島県阿波郡　*のーたくる 広島県備後　*のさをこく 茨城県猿島郡　埼玉県北足立郡　静岡県榛原郡

*のたす 群馬県多野郡　*のたる 新潟県佐渡　*のめくる 岩手県気仙郡　新潟県西蒲原郡　*はげる 島根県　*へぼる 島根県隠岐島　*よこたえる 島根県「よこたえてしもーたけー物にならんで」　愛媛県島嶼「あいつあとうとうよこたえてしまやがった」

↓なまける（怠）

□こと　*くらずま（わざと義務を怠ること）島根県邑智郡「あいつはくらずまをするけー使いにく

い」 ＊ぐんやく(公役を怠ること) 三重県志摩郡 ＊じーぐー 茨城県稲敷郡 ＊ふすく(神仏や祖先の祭祀を怠ること) 沖縄県首里 ＊へって 香川県木田郡

おこりっぽい【怒】 ＊かんしょだかい 新潟県北蒲原郡 ＊きつい 兵庫県淡路島 ＊けっけしー 新潟県佐渡

□さま ＊きじ 秋田県鹿角郡・河辺郡 ＊きずい 奈良県 長崎県対馬 ＊きずいきまま 奈良県 ＊きんじ 秋田県 ＊ごっぽー 島根県石見「あがいにごっぽーなけー誰も寄りつかん」 ＊じょーばり 香川県木田郡・塩飽諸島 ＊せーわん 富山県砺波 ＊ぼっか 千葉県山武郡 ＊ほっきゅー 熊本県下益城郡 ＊ぼっこ 千葉県安房郡 神奈川県 愛媛県睦月島 ＊ぼっこー 島根県美濃郡・益田市 ＊ぼっこーこき 広島県・安芸郡 ＊もっこ 富山県砺波

□人 ＊あずきだいろ 青森県三戸郡 ＊いぼっつり 新潟県上越 長野県 ＊いぼっつり 新潟県南魚沼郡 長野県 ＊いぼっつりむし 長野県佐久 ＊いぼりむし 新潟県中越 ＊おこり 高知県 ＊おごり 福岡県粕屋郡 ＊おこりぜーも 島根県大原郡・隠岐島 ＊おこりとんぼ 愛媛県大三島 ＊おこりぼす 愛知県知多郡「彼の人はおこりぼすだな」 ＊おこりばち 長野県諏訪・上伊那郡 岐阜県飛驒 ＊おこりべす 京都府竹野郡 兵庫県赤穂郡 ＊おこりぼ 茨城県 ＊おこりぼっか 島根県出雲 ＊おこりみそ 奈良県南大和 ＊おこりむし 岐阜県飛驒 香川県 ＊がいす 高知県幡多郡 ＊きたむき 岩手県上閉伊郡 ＊きま(気短で怒りっぽい人) 山形県東置賜郡「きまおこすな」 新潟県東蒲原郡「きまを沈めろ」 ＊きもやき 岩手県九戸郡 ＊きんま(気短で怒りっぽい人) 山形県「あいつはきんまな人だ」 新潟県 ＊きんまたかり(気短で怒りっぽい人) 新潟県 ＊ごつこき 広島県安佐郡・高田郡 ＊じんばらかき 宮崎県東諸県郡 ＊そっぷ(偏屈で怒りっぽい人) 新潟県佐渡「なかなかそっぷな人間だ」 千葉県夷隅郡 ＊そっぷー(偏屈で怒りっぽい人) 千葉県長生郡・夷隅郡「うちの子はほんとにそっぷーで困る」 ＊たてはら 島根県隠岐島 ＊たてはらもん 島根県能義郡・隠岐島 ＊どーくれ 愛媛県・大三島 ＊どーくれもの 愛媛県大三島 ＊どくれ 香川県 高知県・高知市 ＊どくれもの 高知県・高知市 ＊どくれんぼ 徳島県美馬郡 ＊はじかねずみ 山梨県甲府 ＊ふくれんとー 和歌山県那賀郡 ＊ぼっか 千葉県山武郡 ＊ほっきゅー 熊本県下益城郡 ＊ぼっこ 千葉県安房郡 神奈川県 愛媛県睦月島 ＊ぼっこー 島根県美濃郡・益田市 ＊ぼっこーこき 広島県・安芸郡 ＊むしもん・むしこ 新潟県佐渡 ＊もっこ 富山県砺波 ＊やかん 千葉県房総 ＊やけたんか 富山県東礪波郡

→おこりんぼ（怒坊）・「おこる（怒）」の子見出し、「怒りやすい人」

おこりんぼ【怒坊】 ＊いっぷーりゅー・いっぷくりゅー・いっぷくりん 愛媛県 ＊いっぷしもん・いっぷし 新潟県佐渡 ＊いっぷつむん 鹿児島県 ＊いっぷり 新潟県佐渡 三重県 香川県仲多度郡 愛媛県 ＊いっぷりかき・いっぷりかわき 愛媛県 ＊いっぷりもの 三重県伊賀 和歌山市 ＊えへっぽ 青森県三戸郡 ＊はぶて(女性) 愛媛県大三島 ＊はふてむん 鹿児島県肝属郡 ＊はぶてや 山口市 ＊はらかっぽ 鹿児島県・肝属郡 ＊はらたちごんべー 千葉県夷隅郡 ＊はらだちじょーご 香川県三豊郡 ＊はらたちふぐと 東京都三宅島 ＊はらたて 滋賀県野洲郡 島根県美濃郡・益田市 山口県防府市 ＊はらたてごんぼー 島根県石見 ＊はらたてじょーご 香川県三豊郡 ＊はらたてぶく 山口県大島 ＊はらたてぼく 島根県八束郡 ＊はらたてぼっか 島根県出雲 ＊はらたてぼっこー 島根県美濃郡・益田市 ＊はるかきぶっつ 熊本県天草郡 ＊やっきりしゃー 静岡県志太郡「このうちのしゅーは、やっきりしゃーばっかしだー」

→「おこりっぽい（怒）」の子見出し、「怒りっぽい人」・「おこる（怒）」の子見出し、「怒りやすい人」

おこる【怒】 ＊あくる(毒づき怒る) 岩手県上閉伊郡 ＊いがむ(卑語) 大分県大分郡 ＊いきりかえる(激しく怒る) 静岡県志太郡「そんなぇー、いきりかーるなぇ」 ＊いこる 新潟県西頸城郡 長野県北西部 奈良県南大和 愛媛県 ＊いせる 青森県上北郡・南部 岩手県中通 ＊いぶる 栃木県 埼玉県秩父郡 ＊いへる 青森県上北郡・南部 ＊いぼきる 長野県北安曇郡・東筑摩郡 ＊いぼくる 群馬県佐波郡・多野郡 新潟県 長野県 ＊いぼっつる 新潟県中頸城郡 ＊いぼつる 新潟県 長野県「いぼつって出て来ない」 ＊いぼる 栃木県 群馬県吾妻郡・勢多郡「そんな所でえぼってねーで早くこい」 埼玉県秩父郡 新潟県 長崎県壱岐島 ＊いぼをつる 新潟県中頸城郡・西頸城郡 長野県 ＊いぽをつる 長野県長野市・上水内郡 ＊いらかす 富山県砺波 ＊いんぐりかく(ぷりぷり怒る) 宮城県本吉郡 ＊いんぶりかく(ぷりぷり怒る) 長野県南部・下伊那郡 静岡県磐田郡 愛知県北設楽郡 ＊いんぶりつる(ぷりぷり怒る) 新潟県佐渡 ＊うだらす 千葉県安房郡「あにうだらしてやがんだ」 ＊うだる 東京都八王子 ＊えせる 青森県津軽・南部 岩手県九戸郡 山梨県北都留郡 ＊えどる 岐阜県飛驒・大野郡 ＊えぶつく 山形県南置賜郡 ＊えへる 青森県上北郡・南部 ＊えらかす 富山県西部 ＊おがる 兵庫県淡路島 高知県幡多郡 ＊おごく 徳島県「あの人おごったらむつかしいぞ」 香川県「そんな事しよったら、おごかれるぞ」 愛媛県宇摩郡・新居郡 ＊おごっきゃげる 香川県丸亀市「あいつをおごっきゃげて(しかりつけて)やった事じゃ」 ＊おごる 徳島県 ＊おどかす 栃木県河内郡 ＊おどす 千葉県房総 ＊おほく 香川県 ＊おめる 新

潟県 ＊おんく 岡山県児島郡　徳島県美馬郡・三好郡「ほんなことしよったら、おんかれるぞ」　香川県「よーおんかれよったやないか」 ＊おんごく 香川県「おんごかれる」 ＊かちおこる(ひどく怒る) 新潟県佐渡 ＊かまける 長野県上田・東筑摩郡 ＊かまる 高知県中村市 ＊がる 石川県石川郡・能美郡

＊きまく 秋田県北部「子供のした事だ、そうきまいでも仕方あるまい」 ＊きもをやく 北海道函館　岩手県九戸郡　新潟県中部　岡山県児島郡 ＊くさみちゅん 沖縄県首里 ＊ぐざる 長野県「おとっさまにぐざられた」　愛知県 ＊くじをくる 島根県石見　広島県　山口県「あの人はようくじをくるでの」

＊ぐずる 石川県金沢市　長野県東筑摩郡「ぐずる男だ」　熊本県芦北郡・八代郡「ぐずられた(注意を受けた)」 ＊ぐぜくる 長野県下伊那郡 ＊ぐぜる 大分県日田市 ＊ぐぜる 長野県　佐賀県　大分県

＊くるー 宮城県仙台市「くるった」　新潟県佐渡「くるいかかる(腹を立てて飛びかかる)」　大分県

＊ごーがわく 富山県　石川県江沼郡　福井県　山梨県・南巨摩郡　長野県　岐阜県　静岡県　愛知県　三重県志摩郡　滋賀県蒲生郡・彦根　兵庫県　鳥取県東部　島根県隠岐島　岡山県　山口県

徳島県　香川県　福岡県　大分県 ＊ごーごー(怒って騒ぐさま。怒り叫ぶさま。また、その声) 山口県豊浦郡「ごーごー云ふた」 ＊ごける 秋田県平鹿郡・雄勝郡「母は子供をごげぁる」　山形県飽海郡・庄内 ＊ごせをやく 岩手県東磐井郡　山形県庄内　福島県岩瀬郡　新潟県南魚沼郡 ＊こなす 福島県 ＊さるがぶりをつる(赤い顔をしてぶんぶん怒る) 島根県鹿足郡 ＊しける 島根県邑智郡・飯石郡　愛媛県越智郡 ＊ずく 島根県石見　広島県山県郡「ずきゃーがった」　徳島県三好郡・美馬郡

愛媛県　高知県「づかれるとづかれる程心の歪む子もある」「こんどの先生はげにづく先生ぢゃ」

＊せーがもめる 富山市近在　石川県 ＊せくる(激しく怒る) 長崎県北松浦郡「あの人はせくるな」

＊せける(激しく怒る) 長崎県北松浦郡・東彼杵郡 ＊そそくりたつ(激しく怒る) 栃木県鹿沼市・安蘇郡 ＊たける 山形県西田川郡 ＊だだこく 滋賀県彦根 ＊つったつ 岩手県気仙郡 ＊つめくる 香川県塩飽諸島 ＊つらをはる 新潟県中頸城郡 ＊てんがらがる 静岡県志太郡「そんなぇーてんがらがってしょんなぇー(そんなに怒ったってしかたがない)」

＊とがめる 山梨県 ＊どぎる 大分県 ＊どならかす 島根県出雲・隠岐島 ＊どへざぬく(強く怒る。どなる) 岐阜県郡上郡 ＊どべざぬく(強く怒る。どなる) 岐阜県飛驒「今日はどべざぬかいた」

＊とんがらかす 山梨県 ＊はごをめぐ(猿などが歯をむいて怒る) 島根県八束郡 ＊はぜる(怒って顔が青白くなる) 山形県東置賜郡・西置賜郡 ＊ばちなる 静岡県　和歌山県日高郡「朝からばちなってゐる」

＊はらかく 福岡県「わけもんなきくとはらかかんしれんばってん(若い者が聞くと腹を立てるかもしれないが)」　佐賀県「はらきゃーた」　長崎県「ひになって(烈火のごとく)はらかく」　熊本県「かかやつがさぞーはらかきよっど」「はらけーた」「はらかかん」　大分県日田郡・速見郡　宮崎県「はらけた」　鹿児島県「おはらかきやったが」 ＊ふーらんたわる・ふーらんたる 千葉県夷隅郡 ＊ふぐをつる(腹を立てて顔を膨らます。怒って膨れる) 島根県益田市・隠岐島 ＊ふぐをつろ(腹を立てて顔を膨らます。怒って膨れる) 東京都利島 ＊ぶつく(陰でぶつぶつと怒る) 香川県 ＊ぶつくる 和歌山県東牟婁郡 ＊ふでぃゆん 鹿児島県喜界島 ＊ぼえる 三重県伊勢 ＊ほがをだす 島根県江津市・邇摩郡「酒に酔うてほがーだーて困る」 ＊ほざく 岡山県児島郡 ＊ほっぽをだす 山口県大島 ＊ほてくさる 富山県東礪波郡 ＊ほてこく・ほてこむ 島根県出雲市 ＊ほてたてる 富山県　石川県鹿島郡 ＊ほてむく 富山県婦負郡 ＊ほやかす 島根県江津市「思うよーならんので親爺がほやかーた」 ＊まう 島根県石見 ＊まらむしゃける 石川県鳳至郡 ＊むしをわかす 東京都八丈島 ＊むしゃける 石川県鳳至郡

＊むせる(ぷりぷり怒る) 宮城県仙台市「短腹者だで、またむせて帰ったぞ」 ＊めーむく 奈良県「悪い事したらめえむくぞ、おとなしいしとれ」 ＊めっこんごだす(顔色を変えて激しく怒る) 長崎県北松浦郡「あの人がめっこんごだすと、おそろしか」

＊もしゃける・もしゃやける 富山県 ＊やける 群馬県利根郡 ＊やめく(大声で怒る) 石川県鹿島郡　岐阜県大野郡 ＊りきむ 福島県「何りきんでんだい」　茨城県稲敷郡　埼玉県秩父郡「りきまれる(しかられる)」　千葉県印旛郡・東葛飾郡　新潟県東蒲原郡「いらいらしているからりきみやすい」　山梨県　長野県上伊那郡・佐久　岐阜県　岡山県児島郡 ＊わかす 千葉県君津郡

↓「はら（腹）」の子見出し、「腹が立つ」「腹を立てる」・りっぷく（立腹）

□やすいこと ＊かんつり 茨城県稲敷郡 ＊なからさ(「いっぱいに満たないこと」の意から。度量が狭くて怒りやすいこと。形容詞は「なからさーん」) 沖縄県石垣島 ＊なからむぬ・なーらむぬ(度量が狭く、怒りやすい者) 沖縄県八重山 ＊ぶいとー 神奈川県相模 ＊むかっぱら 山形県山形市・新庄 ＊むかぱら 山形県「むかぱらな奴」 ＊むきばら 山梨県南巨摩郡「くちいしゃかい(口論)すればむきばらになる」 ＊むくばら 京都府竹野郡「むくばらたてて怒っていた」 ＊もっかぱら・もっかばら 茨城県稲敷郡 ＊もっき 岩手県下閉伊郡・気仙郡「もっきおごす(短気を起こす)」 ＊もっきばら 宮城県仙北 ＊もっきぱら 宮城県「もっきぱらたつ」 ＊もっこばら 栃木県

＊もんきー 茨城県稲敷郡

□やすい人 ＊あかなべ(銅製の鍋は熱しやすいところから) 千葉県夷隅郡 ＊かんてき(「癇的」か) 愛知県名古屋市　滋賀県彦根　京都市　大阪府大阪市・泉北郡　兵庫県神戸市　奈良県「あのおっさん、かんてきやで」　香川県仲多度

郡 *かんてきぼし 奈良県南大和　和歌山県伊都郡 *かんてきもの 京都府竹野郡　大阪市 *じかたもち・じもち(痔疾(じしつ)の起こった時は立腹しやすいところから) 茨城県 *せけぼー 長崎県北松浦郡「あの人はせけぼーで困る」 *てんぼ 長野県東筑摩郡 *ばんつぁらむぬ 沖縄県小浜島

↓「おこりっぽい（怒）」の子見出し、「怒りっぽい人」・おこりんぼ（怒坊）

□こと *うすぐさみち(少し怒ること) 沖縄県首里 *そっぴょー(みだりに怒ること) 埼玉県北足立郡 *はこや(酒気を帯びて怒ること) 京都府宇治郡 *やから 新潟県中部「やからおこす（怒る）」

□さま *あたまけ(わずかなことですぐ怒り、やかましく言うさま。性格が少しねじけているさま) 島根県邑智郡・出雲市「あたまけな人間」 *いろしょーたえーち(甚だしく怒るさま) 長崎県壱岐島「いろしょーたえーちはるかく(立腹する)」 *けんきょ(「喧狂」、または「狷狂」か。下らないことに怒るさま。また、その人) 宮崎県東諸県郡「あの男はけんきょじゃ」 *ごてごて 奈良県南大和 *しっこつばり(人に気に入らないことを言われて、むっと押し黙って怒っているさま) 新潟県上越市 *つりんぼ(怒ったさま) 岐阜県吉城郡 *どぅーあたい(人の言を聞き、自分のことを言われたように感じ、恥じたり恨んだり怒ったりすること) 沖縄県首里 *どーあたい(人の言を聞き、自分のことを言われたように感じ、恥じたり恨んだり怒ったりすること) 鹿児島県喜界島 *ひになる(ひどく怒るさまに言う) 愛知県宝飯郡「ひになっておこる」 島根県石見　長崎県対馬 *ぴりぴり(怒ったさま) 奈良県南大和 *ぶきぶき 岩手県気仙郡　長野県東筑摩郡「ぶきぶきする人だ」 *ぶっしゅくなゆい(たいそう怒ったさま) 鹿児島県喜界島 *ぷりっと 滋賀県蒲生郡「ぷりっとする」 *ぷりっと 佐賀県 *ぷるぷる(非常に怒ったさま。ぷりぷり) 岩手県平泉 *まきこき(いきりたち、怒るさま。ぷんぷん) 山形県「まきこきて怒る」 *むきむき 長野県諏訪 *わんわん(大声で怒るさま) 島根県美濃郡・益田市「親爺がわんわん怒り散らかした」

おごる【奢】

①増長する。 *あぼしがる(食べ過ぎて口がおごる) 青森県津軽 *いたる 富山県・砺波「口がいたってしもて魚なけんにゃ飯食えんよんなった」 福井県坂井郡　山口県豊浦郡　宮崎県東諸県郡 *えたる 富山県砺波 *はなる 岡山市

②人に飲食や物品を振る舞う。 *えげる 滋賀県高島郡 *しげる 新潟県「今日はひとつ寿司をしげらう」 *はざう 長崎市「ぜにやなかけん、はざいませ(お金はないからおごってくれ)」 *はずむ 新潟県　静岡県志太郡　三重県南牟婁郡　滋賀県蒲生郡　京都府京都市・竹野郡「今日のお菓子は俺がはずんでおく」 大阪府大阪市・泉北郡　兵庫県淡路島　和歌山県　島根県石見　広島県高田郡　山口県下関市　徳島県「今日は映画はずんでやろか」 香川県中西部　大分県西国東郡 *はまる 秋田県雄勝郡・由利郡　福島県若松市・大沼郡　富山県　石川県　島根県　岡山県川上郡　広島県比婆郡・高田郡　愛媛県「今晩の酒代はわしがはまることにする」 *ばらす 福井県 *はりこむ 上方　京都市　兵庫県多紀郡　香川県「よし俺がはりこむから飲みにいこうぜ」 *ひっきる 熊本県天草郡 *ほけだし(人におごること) 福岡市　熊本県玉名郡(特別の利益があった時、関係者におごること) *みやがり(人におごること) 愛媛県宇摩郡 *もめる 富山県婦負郡　岐阜県吉城郡・飛騨

おこわ【御強】 ⇩こわめし（強飯）

小豆飯□ *あーうばん 鹿児島県徳之島 *あかいまま 山形県 *あかいまんま 山形県南部　長野県下伊那郡 *あかまま 新潟県佐渡(幼児語)　福井県敦賀郡・大飯郡　岡山県苫田郡　熊本県阿蘇郡・八代郡 *あかまんま 千葉県 *あかみし・あかまい 沖縄県宮古島 *あかめー 沖縄県島尻郡 *あかんぼん 沖縄県石垣島 *あげまま 山形県庄内 *はーまいぬいー 沖縄県竹富島 *はーまみみし 鹿児島県奄美大島

おさがり【御下】 *あがり 香川県伊吹島 *うさんでえ 沖縄県首里 *おすだれ(衣類のおさがり) 愛媛県大三島・岡村島 *たばりもの(神仏のお下がり) 奈良県南大和

おさない【幼】 *いなさい 鹿児島県喜界島 *いなさり 鹿児島県奄美大島 *いなさん 鹿児島県喜界島 *いみし(幼いこと。形容詞は「いみしゃ」) 沖縄県石垣島 *くーさーん 沖縄県石垣島 *くーさん 沖縄県首里 *たっこない(年の割に精神的に幼い) 長野県上伊那郡

おさなともだち【幼友達】 *じょーなか(「じょうなかよし(常仲好)」の略) 岡山県児島郡 *わらびどぅし 沖縄県首里

おさななじみ【幼馴染】 *こどもともだち 広島県芦品郡 *わらびどぅし 沖縄県首里

おざなり【御座成】 ⇩いいかげん（好加減）

おじ【伯父】 *あっつぁん 鳥取県東部 *いーや(児童語) 大分県直入郡 *いーやん 大分県 *いじさん 大分市 *いちおじ(親戚の中で最も重い関係にある伯父) 宮城県仙台市 *うおあや 沖縄県小浜島 *うおちき(両親の伯父) 鹿児島県肝属郡 *うじー 鹿児島県喜界島 *うじゃさー 沖縄県那覇・首里 *うちさん・うっちーさん 熊本県球磨郡 *うふーんちゅー(母方の伯父) 沖縄県首里 *うぶいざ(「大父」の意) 沖縄県黒島 *うふしゅー(一番上の伯父) 沖縄県首里 *うふたーりー 沖縄県那覇・首里 *うぼーや 沖縄県鳩間島 *うぼぬあや(「大きな父」の意) 沖縄県新城島 *うんち

ゅ 沖縄県国頭郡 *うんちゅー 沖縄県那覇・首里(叔父) *うんつぁ 千葉県香取郡 *うんつぁー 茨城県行方郡 *おい 和歌山県 *おいさ 岐阜県郡上郡 *おいはん 愛媛県周桑郡 *おいやん 香川県・高松　大分県 *おこおや(「大きい父」の意) 沖縄県宮古島 *おさん 滋賀県高島郡 *おじーさー・おじーさま・おじーまー 山口県防府 *おじおや 青森県・上北郡(戸主の場合) *おじき 茨城県多賀郡・水戸市　山梨県　岐阜県武儀郡　愛知県碧海郡・尾張　滋賀県彦根　京都府愛宕郡　島根県石見　徳島県　香川県　愛媛県喜多郡　福岡県久留米・八女郡　大分県 *おじきさん 静岡県 *おじきじょー 熊本県 *おじくそ 滋賀県彦根 *おじくら 島根県隠岐島 *おじご 埼玉県大里郡　千葉県長生郡　新潟県　愛知県碧海郡　大分県別府市 *おじさ 山形県米沢市 *おじじ 青森県上北郡・三戸郡　岩手県岩手郡 *おじじょー 山口県大島　大分県大分郡 *おじっこ 長野県諏訪 *おじはん 大分県東国東郡 *おじぽえ 山形県東置賜郡・米沢市 *おじやん 群馬県山田郡　高知県幡多郡　熊本県　大分県速見郡・大分郡 *おじょ 福岡県三潴郡 *おじん 大分県東国東郡・大野郡 *おちき 鹿児島県肝属郡 *おちさ 山形県米沢市 *おっさ 山形県米沢市　岐阜県大垣市 *おっさー 長野県西筑摩郡　島根県美濃郡・益田市 *おっさま 石川県金沢　長野県東筑摩郡(上流)　岐阜県本巣郡・北飛騨　長崎県対馬　熊本県阿蘇郡　大分県大野郡 *おっさん 島根県石見　香川県 *おっち・おっちー 宮崎県西臼杵郡 *おっちーさん 熊本県球磨郡 *おっちゃ 千葉県夷隅郡　長野県下水内郡 *おっちょ 宮崎県西臼杵郡 *おっつぁま 熊本県阿蘇郡 *おっつぁん 秋田県仙北　栃木県　千葉県　神奈川県津久井郡　愛知県碧海郡　鳥取県因幡　島根県　福岡県久留米市　熊本県玉名郡 *おにさー・おにさん 長崎県壱岐島 *おんき 宮崎県西臼杵郡 *おんざ 岩手県上閉伊郡　茨城県北茨城郡 *おんさま 山形県飽海郡 *おんさん 福井県　滋賀県高島郡　高知県幡多郡　長崎県壱岐島 *おんじ 栃木県(伯父)　東京都大島(名を前につけて言う。金太郎なら「金おんじ」)　三重県志摩郡・度会郡　宮崎県西臼杵郡(分家しないで一家の中にいる叔父) *おんじー 東京都八王子　神奈川県津久井郡　山梨県　長野県諏訪　佐賀県　長崎県佐世保市 *おんじーじょー 山梨県 *おんじ 秋田県雄勝郡 *おんじゃん 茨城県　長崎県彼杵 *おんじょー 福岡県八女郡・三池郡 *おんたん 肥前 *おんちゃ 岩手県岩手郡・上閉伊郡　秋田県仙北郡・平鹿郡　山形県　福島県東白川郡　長崎県五島 *おんちゃん 宮城県玉造郡　福島県東白川郡　栃木県　千葉県上総　高知県　佐賀県　長崎県佐世保市 *おんつぁ 岩手県和賀郡　秋田県南部　山形県北村山郡・米沢市　福島県安達郡・東白川郡　栃木県宇都宮市 *おんつぁー 福島県会津・石城郡　茨城県多賀郡・北相馬郡　栃木県河内郡 *おんつぁま 山形県西置賜郡　茨城県北相馬郡　栃木県　新潟県東蒲原郡 *おんつぁん 宮城県石巻　福島県東白川郡　茨城県北茨城郡　栃木県芳賀郡・那須郡　長崎県五島 *おんなん 高知県安芸郡 *おんま 和歌山県東牟婁郡 *おんやん 滋賀県高島郡　徳島県　高知県幡多郡 *じー(叔父) 東京都八丈島 *じーさま 福島県東白川郡 *じーさん 大分県大分郡 *じーじー 大分県速見郡 *じーど 東京都八丈島 *じーや(叔父) 愛知県知多郡 *じーやん(叔父) 香川県 *じじ 大分県西国東郡 *じっち 福島県東白川郡 *じゃじゃ 滋賀県高島郡 *じんじ 愛媛県 *ちじょ 鹿児島県 *ちゃん 兵庫県淡路島 *とっさん(目上の人に対しても言う。下流) 三重県北牟婁郡 *どん 熊本県芦北郡 *なー 千葉県印旛郡 *のんの 東京都八丈島 *ふーしゅー(「大父」の意) 沖縄県石垣島 *ぶざ 沖縄県波照間島(伯父)・黒島(仲父) *ぶざーま(叔父) 沖縄県石垣島 *ぶざがま(仲父) 沖縄県宮古島 *ぶざさ(伯仲父) 沖縄県石垣島・鳩間島 *ぶざま(叔父) 沖縄県鳩間島 *ぶざまたま(叔父) 沖縄県波照間島 *ぶじゃ(仲父) 沖縄県石垣島 *ぶじゃー(叔父) 沖縄県竹富島 *ぶじゃーま(季叔父) 沖縄県石垣島 *ぶじゃさ(伯仲叔父) 沖縄県竹富島 *ぶじゃみー(叔父) 沖縄県新城島 *ぶちー・ぶちゃー(伯仲父) 沖縄県西表島 *ぶつぃー(伯父) 沖縄県西表島 *ぶでぃー(伯父) 沖縄県与那国島 *ぶんざ(伯叔父) 沖縄県小浜島 *よそのお 京都府

おしい【惜】 *あたまし 青森県津軽 *あたむし 青森県上北郡・津軽 *あたらい 石川県鹿島郡　宮崎県日向 *あたらさーん 鹿児島県奄美大島　沖縄県石垣島・新城島・波照間島 *あたらさい 鹿児島県喜界島 *あたらさん 沖縄県伊江島 *あたらしゃん 鹿児島県奄美大島・喜界島　沖縄県那覇 *あたらはーん 沖縄県小浜島 *あたらまし 青森県津軽「まだだばあたらましして(まだ若いので惜しくて)、とっても、けでやらえへんでしでぁ(とても(嫁になど)やれない)」 *あたらむし 青森県 *あたらもし 秋田県鹿角郡 *あたらもしない 青森県三戸郡 *あたりやー 宮崎県西臼杵郡 *あたれ 宮崎県 *あったっか 長崎県五島 *あったっしや 三重県志摩郡「あったっしゃよー(損だ)」 *あったら 岩手県気仙郡　宮城県仙台市「あったらいしょ(大事な着物)、まづ　こったによごした」　山形県「あったら男」「あったらあの人がばぐづ(賭博)するのは玉に傷」　埼玉県秩父郡・入間郡「あったら、男をでーなしにしちゃった」　新潟県佐渡「あったら日曜日も雨ですんだ」・東蒲原郡　富山県砺波「あったら男を殺すよなもんじゃ」　石川県河北郡・能美郡　長野県「あったらきものをよごしちまった」　岐阜県・飛騨　三重県志摩郡・鳥羽市　滋賀県彦根 *あったらい 石川県鹿島郡 *あったらさーん 沖縄県石垣島・黒島 *あったらさん 沖縄県竹富島・鳩間島 *あったらさんがしゃーん 沖縄県石

垣島 ***あったらし** 東京都八丈島　宮崎県西諸県郡・都城　鹿児島県 ***あったらしー** 茨城県　東京都新島・利島・八丈島　石川県能登　山梨県南巨摩郡「こがーにきれいの花園を踏み荒しちゃぁあったらしい」　長野県上田・佐久　佐賀県唐津市・藤津郡　長崎県伊王島・西彼杵郡　熊本県南部・天草郡 ***あったらむし** 青森県南部 ***あったらむしない** 青森県三戸郡 ***あったらもし** 青森県南部 ***あったらもらしい** 石川県鹿島郡 ***あったらもんない** 富山県砺波 ***あったらん** 沖縄県与那国島 ***あったる** 沖縄県首里「あったる　うふぃゆふぃんがち　いちゃさたん(惜しい大きな魚を逃がして残念だった)」 ***あったるか** 長崎県五島・北松浦郡 ***あったれ** 大分県日田郡「あったれーことする」 ***いたしー** 青森県 ***いたましー** 岩手県　宮城県「いたましがる(物惜しみする)」　秋田県　山形県「大切な洋服を汚していたましー(もったいない)」　福島県　新潟県東蒲原郡・下越 ***いたみいった** 福島県相馬郡「なくなったんだってなー、いたみいったことといたしやした」 ***いたみった** 岩手県上閉伊郡「財布をなくしてえだみった事した」　秋田県鹿角郡 ***いたらしー** 岩手県上閉伊郡・気仙郡 ***いたわしー** 北海道美唄市・松前郡　青森県　岩手県上閉伊郡　宮城県栗原郡　秋田県・鹿角郡「いたわしい人をなくした」　山形県　新潟県 ***いちゃさん** 沖縄県首里 ***いとわしー** 島根県邑智郡 ***おいけない** 愛媛県大三島 ***おしなぎー** 大分県 ***おったら** 茨城県久慈郡 ***おとましー**(「うとましい」の転)　富山県　石川県　福井県　岐阜県飛騨「金をすててしまっておとましい」　愛知県　三重県員弁郡 ***おとまっしー** 富山県砺波 ***およけない** 高知県「砂糖がよけいいっておよけない」 ***かなしー** 山形県鶴岡市 ***きつい** 福岡県久留米市「やりそこのーてきつかった」　佐賀県「私は行きそこなって、きちいことをした」・東松浦郡「ほんなこて、ま、きつかったなー、一人息子」　長崎市「とーとー、おかっつぁまわ、おすぎなはりましたげな(お亡くなりになったそうですね)。きついことで、ございます」 ***ぎゃほんね** 鹿児島県大隅「ぎゃほんねこつ(惜しいこと)」 ***さたない** 福島市 ***しょーとろしー** 兵庫県加古郡「知らんもんやから安く売ってもて、しょおとろし事した」 ***つぃんだらーさ** 沖縄県宮古島 ***てこない** 鹿児島県・肝属郡「まだなーてこね(惜しい)といねじゃが(年齢でしたが)」「てこねこっじゃ」 ***てこなか** 鹿児島県薩摩郡 ***てまだりくさい**(むだに労力を費やすのが惜しい)　青森県津軽「これを、一つ一つ撰むったってサ、てまだりくさエデァ」 ***てまだれくさい**(むだに労力を費やすのが惜しい)　青森県南部・三戸郡 ***ほしー** 静岡県「ほしい人に死なれた」　愛知県　京都府加佐郡　和歌山県　島根県石見「若死してほしーことをした」　広島県「ほしい人を亡くした」　山口県　愛媛県　大分県玖珠郡　宮崎県西臼杵郡 ***むぞーさ** 沖縄県宮古島

→ざんねん(残念)・もったいない(勿体無)

□**こと** ***あたらしむん** 沖縄県首里 ***あたらむぬ** 沖縄県石垣島 ***あったいもん** 千葉県夷隅郡「あったいもんのかな(ああ、もったいない)」 ***あったらこと** 新潟県 ***あったらむん** 鹿児島県与論島 ***あったらもの** 岩手県　宮城県仙台市「こいつあったらものだけんと　あんだだからあげんべ」　山形県「あったらもの台なしにした」「捨てるとはあったらもんだ」　福島県　茨城県　栃木県「菓子を落としてあったらものした」　群馬県　埼玉県「あったらもんだがしがたがねー」　千葉県東葛飾郡　新潟県「あったら物を腐らせてしまった」　富山県砺波「あったらもんのー(惜しいなあ)」　石川県　福井県東部　長野県埴科郡　三重県　滋賀県　大阪府泉北郡　和歌山県「あったらもんな事をする」　佐賀県唐津市 ***あったりもの** 千葉県長生郡 ***あったるもん** 千葉県印旛郡「それを捨てるのはあったるもんだ」・東葛飾郡 ***ぼく** 宮崎県西臼杵郡

□**さま** ***あはーげ・はーげ** 兵庫県但馬 ***あほーげ** 京都府与謝郡「今日は大きなやつを釣りはずしてあほーげなことをしました」・中郡　兵庫県但馬 ***あほげ** 香川県「あなんおおきんなって死んだりしてほんまにあほげなやろな」 ***ほっこげ** 香川県「ほっこげなことしたなあ、ここまでおっきょんして死なれてしまうとて」

おじいさん【御祖父様】 ⇩そふ(祖父)

おしいる【押入】 ***すぃーちゅん** 沖縄県首里 ***わがかゆん** 沖縄県首里「んじてー　ならん　とぅくるんかいん　わがかゆん(出てはいけない所へも強引に出る)」

おしえる【教】 ***あかす** 茨城県真壁郡・稲敷郡　千葉県上総　神奈川県中部　新潟県東蒲原郡　山梨県・南巨摩郡「そがーのー　いたずらをすれ

方/言/の/窓

●地域共通語Ⅱ

地域共通語（二六三ページ参照）には、「地方の人たちがあらたまった場面で使う方言まじりの共通語」というもう一つの定義がある。現代では地方の人たちは方言と共通語を使い分けて生活している。しかし、その人たちの使う共通語にはアクセント・音声・文法、ときには語彙の中にも方言的特徴が現れる。そのような言語（ことばづかい）を地域共通語（地方共通語）と呼ぶ。

完全な共通語（すなわち東京方言）を話せる人は、実はきわめて少ない。東京生まれ育ちであっても、親が地方出身であると、方言的特徴を気づかずに使っていることがある。東北生まれの親に育てられた東京人が「ウルカス（水に浸す）」を共通語と思っていたという話がある。

ば、お父さんにぁかす」 長野県 静岡県 *あかせーる 神奈川県津久井郡 静岡県 *あかそ 東京都利島 *あせる 和歌山県海草郡・那賀郡 *いっかすい 鹿児島県鹿児島郡 *いっかする 鹿児島県肝属郡 *いってかせる 鳥取県気高郡 島根県邇摩郡 *おしえかす 愛媛県 *おしける 和歌山県西牟婁郡・東牟婁郡 *おすれかす 愛媛県周桑郡 *おせかす 福井県遠敷郡・大飯郡 三重県名賀郡「それ何という字かおせかしてくれ」 大阪府 兵庫県朝来郡 奈良県南葛城郡・南大和 和歌山県 香川県 *おそう 富山県「書物をおそへてもろをた」 *おそかす 静岡県安倍郡 *おっせかす 香川県 *しかえる 青森県津軽 *しかせる 秋田県「家の人にしかせる」 *しかる 青森県三戸郡 *ならーしゅん 沖縄県首里 *ならーしん 沖縄県宮古島・石垣島 *ならせる 富山県・射水郡 *ならわしん 沖縄県石垣島 *ならわせる 大分県南海部郡 *なるかす・なろかす 長崎県壱岐島 *ゆーかす 岡山県阿哲郡・小田郡 広島県 *ゆーてかす 島根県石見「知らんけりゃーゆーてかすで」 岡山県小田郡 広島県 *ゆーてかせる 新潟県佐渡「この問題がわからん、ゆうてかせぃ」 島根県石見 *ゆっかすい 鹿児島県揖宿郡

おじける【怖】 *いじげる 千葉県山武郡 *いもける 福井県 *うじーちゅん(すっかりおじける) 沖縄県首里 *えっしゃーする 佐賀県三養基郡 *えっしゃする 熊本県玉名郡 *おくせる 千葉県印旛郡 *おくれる 新潟県佐渡「いざとなるとおくれて駄目だ」・東蒲原郡 *おどける 長野県諏訪 静岡県志太郡「すっかりおどけちゃった」・榛原郡「おどけかーって慄えている」 兵庫県淡路島 *しかぬん 沖縄県首里

→おそれる(恐)

おしっこ *じーじ(幼児語) 千葉県印旛郡 *じじ(幼児語) 長野県北部 島根県「じじをばる(小便をする)」 *じじー(幼児語) 山梨県・南巨摩郡 島根県大原郡・仁多郡「じじーこく(小便をする)」 *じじこ(幼児語) 島根県隠岐島 *じじゅー(幼児語) 島根県邇摩郡「じじゅーする」 *じゃんじゃん(幼児語) 熊本県天草郡 *じんじ(幼児語) 栃木県河内郡 群馬県多野郡

おしまい【御仕舞】 *ありあい 愛知県西春日井郡 岡山県岡山市「これでもうありあひ」・小田郡 *がへ 広島県安芸郡 *こっぽし(お伽話の終わりに言う) 島根県出雲「こーで話はこっぽしだ」 *ざんばらい 岩手県気仙郡「あと一つずつ配当すればざんばれぁだ」 群馬県山田郡 千葉県香取郡「(釜(かま)の飯も)これでざんばらいだから、一杯よそってやろう」 新潟県佐渡「これで今年の脱穀もざんばらいだ」 *しまいごんごー(幼児語) 島根県益田市「これで菓子はしまいごんごーじゃ」 *しゃん 長野県下水内郡 兵庫県加古郡「仕事はもうこれでしゃんや」 *じゃん 長野県下水内郡 *しゃんしゃん 徳島県 香川県「もうしゃんしゃんにせんのな」 *たっちゃん(幼児語) 山形県西置賜郡・南置賜郡 *ちゃんちゃん(幼児語) 山形県西置賜郡・南置賜郡(食べるのをやめること) 茨城県久慈郡 栃木県那須郡「ちゃんちゃんしませう」 福岡県 熊本県玉名郡 *なー 沖縄県首里「ふぇーくなーなし(早く終わりにしろ)」 *ばっかばっか(幼児語) 山形県米沢市 *はっぱ(幼児語) 山梨県南巨摩郡「もうはっぱだ」 *ぱっぱ(幼児語) 愛媛県大三島 *はっぱはっぱ(幼児語) 静岡県 *ばんばん(幼児語) 新潟県佐渡 *ぱんぱん(幼児語) 茨城県・稲敷郡

→おわり(終)

おしむ【惜】 *あったらさしん 沖縄県石垣島 *かなじむ 茨城県 群馬県伊勢崎市・山田郡 *かなちむ 栃木県「ちっとばかりかなちんで(惜しんで)あのざまだ」 *きしむ 福島県中部「銭をきしむ男だなあ」 *きしゃぐる 宮城県石巻「あずくの家では、寄附つだきしゃぐる」 *きしる(わずかばかりのものや金銭を惜しむ) 広島県双三郡・高田郡 *きじる(わずかばかりのものや金銭を惜しむ) 広島県三次市 *きしろう(わずかばかりのものや金銭を惜しむ) 新潟県・西蒲原郡 島根県隠岐島「またきしろった」 *くどめく 長崎県五島 *じめんかく(「じゅーめん(渋面)かく」か) 茨城県 *すんぼかれる(物を惜しむ) 和歌山県西牟婁郡 *せがむ(物を惜しむ) 愛知県岡崎市 *たいそがる(労を惜しむ) 富山県砺波 *ひろつく(物を惜しむ) 三重県度会郡 *ほしみがかる 三重県志摩郡 *ほしむ 和歌山県東牟婁郡 島根県那賀郡・邑智郡「ぁの人は若死してほしまれた」 *まかばる 岩手県東磐井郡 *もったいがる 三重県名張市

□こと *あぐわかれ(別れを惜しむこと) 新潟県 *あぐわれ(別れを惜しむこと) 新潟県 *あごわかれ(別れを惜しむこと) 山形県西田川郡 新潟県 *あんごわかれ(別れを惜しむこと) 秋田県平鹿郡「ぁんごわがれの酒飲した」 *けちびん(物を惜しむこと) 山口県豊浦郡 *てまこぎり(「こぎり」は値切ることの意。時間を惜しむこと) 新潟県佐渡

物を□さま *ちーちー 栃木県芳賀郡「ちーちーする」 山梨県 *ちーちんぼー 千葉県上総 *ちこちこ(物を惜しむさま) 愛媛県大三島

おしめ【襁褓】 *いっぺ 新潟県東蒲原郡 *おしたし 熊本県天草郡 *かいまき 島根県石見 愛媛県 *かこー 沖縄県首里 *きょーめ・きょめん・きょーめん 香川県 *きよめ 香川県 *ぐさら(ぼろのおしめ) 奈良県吉野郡 *こーずき 京都府 *したし 奈良県吉野郡 佐賀県 熊本県 宮崎県東諸県郡 鹿児島県 *しりめし 島根県八束郡 *ちびしけー(「尻に敷く物」の意で) 沖縄県石垣島 *ねま 島根県邑智郡 *ひたし 山口県阿武郡 鹿児島県・揖宿郡 *ふたし 東京都三宅島 熊本県球磨郡 *ふだす 北海道江差 *ふてし 三重県志摩郡 *ふんどし 東京都三宅島 新潟県東蒲原郡

*まき山口県 *またげ滋賀県彦根 *まっち鹿児島県種子島 *むつ愛知県 三重県名賀郡・員弁郡 大分県大分市・速見郡 *むっつー静岡県 *もー広島県高田郡 *もーずき京都府北部 兵庫県但馬 *もずき宮城県 東京都八丈島 宮崎県宮崎郡 *もちき島根県八束郡 *もっき新潟県 *もつき新潟県 鳥取県西伯郡 島根県 岡山県児島郡 広島県 山口県大島 徳島県・美馬郡 香川県 熊本県球磨郡 大分市 宮崎県西臼杵郡 *もつけ山口県大島 *もっこ栃木県 *もっつき京都府 大分県大分郡 *わたこ奈良県吉野郡

おしゃべり【御喋】 *あご・あごいん熊本県 *あごかにゃー熊本県阿蘇郡 *あごきき熊本県菊池郡・阿蘇郡 *あごさん熊本県鹿本郡 *あごた大分市 *あごたたき岐阜県飛驒 熊本県阿蘇郡 *あごだゆー熊本県菊池郡 *あごはじけ熊本県 *あごはち熊本県鹿本郡 *あごんおーかつ熊本県鹿本郡・下益城郡 *あつかましや岡山市「あのおなごはあつかましやで閉口じゃ」 *あばふちゃー（卑語）沖縄県石垣島 *あばふつぁ沖縄県黒島 *あばふつぃ沖縄県石垣島・小浜島 *あぶらぐち鹿児島県奄美大島 *あぶらじょー鹿児島県種子島 *いーだ香川県塩飽 *いーて熊本県鹿本郡 *うーぐち熊本県菊池郡 *うーぐちたたき熊本県天草郡 *おーもの島根県石見「おーものを控えー」 岡山県児島郡 愛媛県松山 *おーものがめ島根県那賀郡・江津市 *おかさんべり青森県津軽 秋田県 *おかしゃべり青森県津軽 秋田県鹿角郡 *おくち高知県「あの小女はえらいおくちであった」 *おくちゃ京都府竹野郡 *おけやべ栃木県佐野市 *おしゃがん熊本県下益城郡 *おしゃべ長野県上田・佐久 岐阜県海津郡 愛知県名古屋市 三重県志摩郡 島根県出雲 香川県小豆島 *おしゃべっちょ福島県東白川郡 *おしゃべのかわ島根県出雲 *おしゃめ熊本県菊池郡・飽託郡 *おしゃん神奈川県足柄上郡 *おじゃんべ栃木県 *おしゃんべくり神奈川県 *おちっぺ栃木県 *おちゃか熊本県天草郡 *おちゃがん熊本県宇土市・下益城郡 *おちゃっぺ栃木県日光市 熊本県 *おちゃば香川県綾歌郡 愛媛県 *おちゃべ青森県南部 *おちゃべ栃木県 群馬県館林 富山県射水郡 熊本県天草郡 *おちゃら熊本県芦北郡 *おつべ長崎市 *おてんば大分県 *おばけ島根県隠岐島 *おまめ大分県大野郡 *かっさい（女の子のおしゃべりなさま）愛媛県周桑郡 *かばち兵庫県赤穂郡 島根県「よーもよーもかばちの立つことじゃ」 山口県豊浦郡 香川県 *かばちきき島根県「お前のようなかばちききはよけーはおらん」 香川県直島 *かばちたっしゃ香川県 *かばちたれ島根県 広島県佐伯郡・高田郡 香川県小豆島 *からくち神奈川県 *がんがらさ島根県仁多郡・能義郡 *かんながらにひのついたよー（おしゃべりなさま）宮城県仙台市 *ぎ鹿児島県「なんとんしれんぎをかやすな（わけのわからん文句を言うな）」「ぎを吹く（弁が立つ）」 *ぎかやし鹿児島県 *ぎさ鹿児島県鹿児島郡 *ぎしゃばち鹿児島県肝属郡 *きったたき熊本県芦北郡 *ぎつぶろ鹿児島県・肝属郡 *きゃんきゃん長野県下水内郡・諏訪 *きんつば長崎県北松浦郡「あの女はきんつばばい」・南高来郡・五島 熊本県飽託郡・天草郡 *くーじょー（幼児のおしゃべり）沖縄県首里 *ぐじゃ秋田県仙北郡・雄勝郡「あそこの奥さんはぐじゃだ」 *ぐた徳島県 *ぐだ香川県大川郡 *くちあま大分県大分郡 *くちかない宮崎市 *くちかね宮崎県 *くちたたき熊本県 大分県大分郡 *くちたち徳島県美馬郡 *くちっつぃ沖縄県国頭郡 *くちっぱじけ静岡県磐田郡 *くちっぱたき山梨県 *くちはいっちょもてにちょしゃみせん（おしゃべりなさまに言う）熊本県 *くちばし香川県伊吹島 *くちはじけ熊本県阿蘇郡 大分県大野郡 *くちはち島根県隠岐島 *くちはっちょー熊本県鹿本郡 *くちはな岡山県真庭郡 *くちはり愛媛県温泉郡 *くちはんじゃく大分市 *くちまつ（おしゃべりな人も言う）三重県志摩郡 徳島県 香川県大川郡・小豆島 愛媛県 *くちまめ（おしゃべりな人も言う）宮城県登米郡 千葉県 長野県諏訪 香川県小豆島 *くちゃまー（おしゃべりな人も言う）三重県志摩郡 *くちゃまつ（おしゃべりな人も言う）徳島県 *くちゃり香川県綾歌郡 *くっしゃべり茨城県稲敷郡 *くったたき宮崎県東臼杵郡「おっどんがえな、くったたきゃ（おれたちのようなおしゃべり屋は）」 *くっちゃけ長崎県五島 *くっちゃべり岩手県九戸郡 茨城県稲敷郡 神奈川県三浦郡・足柄下郡 *こーじょー香川県綾歌郡・三豊郡「こーじょー言うな」 愛媛県・松山 *こーべり神奈川県 *ごーろー新潟県中頸城郡 *こさ富山県砺波 熊本県天草郡 *ごじっぺ栃木県塩谷郡 *ごじゃ秋田県 *ごじゃっぺ栃木県河内郡 *こそぺー千葉県 *こっぺー茨城県稲敷郡 千葉県長生郡・香取郡 神奈川県 *こまんじゃくれ静岡県磐田郡 *こみゃ鹿児島県奄美大島 *さいぞー山形県 *さえずり新潟県上越 *さえずりばち岐阜県飛驒 *さえどりばす山口県屋代島・浮島・大島 *さしれみっちょ奈良県吉野郡 *さべくり新潟県 *さべくりばち岐阜県郡上郡 *さべちょ青森県上北郡 山形県 新潟県 *さべちょこ秋田県山本郡 *さべちょこき山形県東田川郡 *さべっちょ岩手県九戸郡 山形県東置賜郡・東田川郡 新潟県 *さべっちょー山形県米沢市 新潟県 *さべっちょこき新潟県 *さべりくち富山県 *さべりちょー新潟県佐渡 *さべりばち福井県坂井郡・南条郡 岐阜県吉城郡・北飛驒 *さべるくち富山県砺波 *さんばぐち沖縄県首里 *さんべちょ青森県津軽 秋田県南秋田郡・秋田市 *さんや千葉県市原郡 *しちゃぽけちゃ島根県 *しゃくま長野県下伊那郡 *しゃぐわ・しゃぐわっく熊本県天草郡 *しゃ

っとこ 三重県志摩郡 *しゃべ 三重県志摩郡・北牟婁郡 *しゃべーごろ・しゃべーちぇ 鹿児島県揖宿郡 *しゃべくた 三重県志摩郡 *しゃべくら 島根県簸川郡・隠岐島「しゃべくらだけん用心せー」 *しゃべくり 山梨県 三重県志摩郡 奈良県吉野郡 島根県 広島県走島・高田郡 愛媛県周桑郡 熊本県菊池郡 大分市 *しゃべくりばち 岐阜県飛驒 *しゃべくりむし 島根県出雲市 *しゃべさき 三重県北牟婁郡 *しゃべた 三重県上野市 *しゃべちょ 秋田県雄勝郡・由利郡 福島県・福島市 *しゃべちょこ 秋田県山本郡 *じゃべっこ 奈良県吉野郡 *しゃべっちょ 秋田県南部 山形県西田川郡 福島県東白川郡 新潟県三島郡・中頸城郡 *しゃべっちょー 群馬県利根郡 新潟県佐渡 *しゃべら 埼玉県北葛飾郡 長野県東筑摩郡 三重県 *しゃべり 三重県伊賀 京都府・京都市 大分県大分郡・大分市 *しゃべりくち 富山県 *しゃべりこき 福井県敦賀郡 *しゃべりばち 福井県 岐阜県飛驒 *しゃべろく 静岡県賀茂郡・田方郡 *しゃべんた 熊本県天草郡 *しゃめ 熊本県八代郡・天草郡 *しゃめんつ 熊本県上益城郡 *しゃんびー・しゃんべー 静岡県磐田郡 *すこっぽ 岐阜県安八郡 *すずめ 三重県阿山郡 兵庫県赤穂郡 島根県大原郡・隠岐島 大分県中部 *すずめのおまつ 三重県名張市 奈良県 *すずめのこ 島根県隠岐島(子供について言う) 大分県中部 *すばてん 鹿児島県屋久島 *すばてんじょー・すばはねくり 鹿児島県種子島 *たかねはり 神奈川県都筑郡 *たたり 愛媛県北宇和郡・南宇和郡 *ちぇんば 鹿児島県 *ちゃーちゃー 島根県「そう大した悪い女ではないがちゃーちゃーじゃ」 大分県大分郡 *ちゃーちゃーもん 兵庫県城崎郡 *ちゃちゃ 青森県津軽 富山県 *ちゃちゃくちゃ(おしゃべりなさま) 宮城県石巻 *ちゃちゃべ 青森県南津軽郡 *ちゃちゃま 富山県東礪波郡 *ちゃちゃまー 鳥取県岩美郡 *ちゃちゃんべ 青森県津軽 *ちゃちり 高知県 *ちゃっぺ 青森県八戸市・南部 岩手県九戸郡 *ちゃば 愛媛県喜多郡 大分市 *ちゃばすけ 愛媛県 *ちゃびちゃび(おしゃべりなさま) 島根県鹿足郡「ちゃびちゃび言う」 *ちゃぺ 青森県八戸市 *ちゃべ 栃木県 富山県 石川県金沢市・能美郡 熊本県天草郡 *ちゃべくり 山梨県 *ちゃべちゃべ 富山県婦負郡 *ちゃべつき 富山市近在 *ちゃぼくり 広島県 *ちゃめ 大分県大分郡 *ちゃんちゃら 熊本県天草郡 *ちゃんちゃん 島根県仁多郡 *ちゃんば 高知県(女性)・幡多郡 *ちゃんべー 静岡県小笠郡「あいつちゃんべいで困る」 *ちゃんべら 長崎県南高来郡 *ちゃんめら 佐賀県藤津郡 熊本県天草郡 *ちゃんらめ 熊本県天草郡 *ちょちゃべ 青森県津軽 *ちょっぺかたり 北海道函館市 *ちょべ 栃木県 新潟県中頸城郡 *ちょぺ 青森県東津軽郡・三戸郡 秋田県山本郡(口の早い者) *ちょぺかたり 青森県東津軽郡・三戸郡 *ちょべちょべ 栃木県 山梨県 *ちょべつき 山梨県甲府 *つーぞ(余計なおしゃべり) 福岡県三井郡「つーぞまく(おしゃべりする)」 熊本県玉名郡 *つばくち 神奈川県鎌倉市 *てれん 熊本県天草郡 *てんば 熊本県阿蘇郡・天草郡 大分県 *てんばごろ 大分県北海部郡・大野郡 *てんばしろ 大分県大分郡・北海部郡 *てんばたたき 大分県東国東郡・南海部郡 *てんばらさい 大分県南海部郡 *とがらくち 神奈川県逗子市 *ねそー(無用のおしゃべり) 広島県芦品郡 *ねんご 徳島県 *ねんだーくり 広島県安芸郡 *ねんだくり・ねんどくり 愛媛県大三島 *のどはげ 香川県三豊郡・男木島 *はち(女性に言う) 島根県隠岐島 *はちまめ(女性に言う) 島根県隠岐島 *はっさい 大阪市 *はっちゃ・はっちゃぎ 岩手県九戸郡 *はぼ 福井県「はぼをたたく(大言する)」 *はぼたたき 福井県坂井郡 *はらり 山形県・東村山郡「はらりへな(おしゃべり女)」 *ひばり 千葉県・長生郡 大分県大分郡 *ひばる 和歌山県(口やかましい女) 島根県美濃郡・益田市 *ひょーはくきり 岩手県上閉伊郡・気仙郡 *ふぃったくまったく 沖縄県首里 *ふったたき 大分県大分市・大野郡 *へちゃまくれ 宮城県登米郡・玉造郡 秋田県平鹿郡 *へちゃむぐれ 秋田県平鹿郡 *へちゃもくれ 石川県江沼郡・金沢 *へら 岩手県東磐井郡 山形県「あいつはへらだから気をつけろ」 長野県上田・南佐久郡 *ぺら 山形市 茨城県稲敷郡 *へらうり・へらずく・へらへらず 岩手県気仙郡 *へらから 山形県「へらから言うな」 *へらずい 千葉県夷隅郡 *ぺらすけ 山形県西村山郡 千葉県香取郡 *へらっか 千葉県安房郡 *へらつき 山形県米沢市 *べらつき 新潟県佐渡 *へらっさ 山形県米沢市 *へらめぎ 岩手県和賀郡 *へらり 山形県 福島県南部・浜通 *べんしゃ 島根県隠岐島 熊本県 *べんふり 青森県津軽・上北郡「無口者がいつの間にかあんなべんふりになった」 秋田県鹿角郡 *まつかさ 香川県綾歌郡・仲多度郡「まつかさおとこ」 *まめがら 大分県 *まめぐち 愛媛県伯方島 *まめじょー 青森県三戸郡 岩手県九戸郡 *まめぞ 新潟県中頸城郡 長野県上田 *まめぞー 山形県北村山郡 栃木県 群馬県吾妻郡 長野県「あの人はまめぞーだ」 愛媛県松山 大分県大野郡 *まめぞーかたり 富山県砺波 *まんだぐち 熊本県天草郡 *まんだくり 愛媛県大三島 *まんだらぐち 熊本県天草郡 *もず(「もず(百舌)」からか) 愛媛県周桑郡 *ものかず 島根県「ものかずの多い男」 *ものかずいー 島根県出雲市・大原郡「ものかずいーの多い子でうるさい」 *やわき 島根県隠岐島 *ゆんたー・ゆんたく 沖縄県首里「ゆんたくしゅん(おしゃべりする)」 *よーまつ 広島県御調郡 *よーまつこき 広島県・倉橋島 *よけしゃべり 青森県津軽・上北郡 *よしわらすずめ 滋賀県蒲生郡 *ろくじゅー 大分市

→じょうぜつ(饒舌)・たべん(多弁)

□な人 *あごむき 富山市近在 *うーものいー 佐賀県三養基郡 *うだいー 山口県笠戸島 *うばなしもん 熊本県天草郡 *おーものいー 島根県石見「お前のようなおーものいーにも困る」 *おさうり 三重県名賀郡 滋賀県甲賀郡(妻または女性について言う) *おしっぴー 大分県大野郡 *おしゃち 兵庫県城崎郡・出石郡 *おしゃっぺ 佐賀県唐津市 熊本県玉名郡・上益城郡 *おちゃべさん(おしゃべりな子供) 富山県高岡市 *おへら 宮城県登米郡・玉造郡(主に小児) 山形県庄内 *おぺら・おぺらさん 千葉県香取郡「あの人はおぺらだ」 *おへらさん 神奈川県中郡 *がさ 静岡県庵原郡 *がしゃがしゃ 千葉県東葛飾郡 *がす 富山県砺波 *がちゃがちゃ(女) 埼玉県川越 *がちゃがちゃどん 熊本県上益城郡 *がちゃつき 新潟県佐渡 *かんこたたき(「かんこ」は小太鼓の意) 島根県出雲市 *くちさかや 大分県大分郡 *こーしゃくこき 新潟県佐渡 *こーしゃくし 埼玉県秩父郡「あの人もなかなかこーしゃくしだ」 *こーしゃくや 栃木県 *じぐちたたき 宮城県登米郡 *しゃっぴー 大分県 *しゃっぺ 兵庫県赤穂郡 *じゃっぺ 秋田県鹿角郡 *ずんだくり 愛媛県今治市・大三島 *ちゃわんかご 島根県簸川郡・出雲市 *ちょちょじ(ヨシキリ(鳥)から転じて。早口でおしゃべりの女) 青森県津軽「あーら、まんだおらぇのちょちょじぁ、さぇじてら(ほーらまた、うちのおしゃべりがさえずっているよ)」 *つばきん 長崎県南高来郡 *つばじゅー 長崎県西彼杵郡 *つばすけ 徳島県美馬郡 *つばたたき(「つば」は唇の意) 熊本県菊池郡・玉名郡 *つばつるぎ(女性) 長崎県壱岐島 *どしゃべり 三重県名賀郡 *ひょーばんだいこ(あちこちおしゃべりをして回る人) 鳥取県 *びんくーむん 沖縄県首里 *べんごし 熊本県鹿本郡・球磨郡 *むにゆまー 沖縄県石垣島・西表島 *むにゆみむぬ 沖縄県鳩間島・波照間島 *むにゆみゃー 沖縄県波照間島 *むにゆんたぽー 沖縄県竹富島 *むにゆんてぃー 沖縄県石垣島 *むぬゆまー・むぬゆなー 沖縄県首里 *むぬゆめや 沖縄県宮古島 *やぶれぐち 熊本県玉名郡・芦北郡 *ゆんたー 沖縄県那覇市・首里 *ゆんたかー 沖縄県島尻郡 *ゆんたくー 沖縄県首里

おしゃれ【御洒落】

*あじゃり 愛媛県宇和島市 *いけしな 岩手県気仙郡「いげしなつぐる(化粧する)」 *うゎーち(主として男のそれを言う) 沖縄県首里 *えふりこぎ・えふりし 青森県「なんぼあのふとえふりこぎだばな(なんとまああの人ははで好きなんだね)」 *おしゃれこ(また、そのさま。その人) 群馬県山田郡・邑楽郡 *おしゃれっこ(また、そのさま。その人) 山形県 *おずまげる 山形県庄内 *おだいつ(おしゃれなさま) 愛媛県 *かす 岩手県江刺郡・気仙郡 *かすくされ 岩手県江刺郡・気仙郡 *かつとり(「かつ」は体裁、かっこうの意) 岡山県苫田郡 *からばぐ 青森県上北郡「からばぐしておしれつげでら(おしゃれして白粉つけてら)」 *くゎーにん 沖縄県首里 *こーざい・こーざいこき 京都府竹野郡 *こーへー 島根県 *こっぺ 山形県東田川郡 新潟県岩船郡 *こっぺー 静岡県小笠郡「小さいくせして、こっぺいな子だ」 *しくたれ 愛媛県喜多郡 *じまん 秋田県雄勝郡「じまんまける人だ」 長崎市 *しゃらこき(また、そのさま。その人) 三重県志摩郡 *しゃれ(また、そのさま。その人) 三重県伊賀 *しゃれこ 山形県 *しゃれこき(また、そのさま。その人) 山形県 新潟県佐渡「ありゃしゃれこきだ」 三重県北牟婁郡 *じんぴ(おしゃれをすること) 北海道増毛郡「あそこの娘はじんぴばかりして歩いている」・小樽市 秋田県「じんぴまける(おしゃれをする)」「あれぁじんぴこく(おしゃれをする)人だ」 *だいつ(また、そのさま) 富山県「だいつこく(めかす)」 石川県 愛知県 愛媛県 *だいつー(また、そのさま) 岐阜県郡上郡「だいつーなやわい」 静岡県 愛知県「だいつーな人」 鳥取県「だいつーする(装飾する)」 愛媛県松山「おまい今日はだいつーぎゃナァ(あなたは今日は大層おめかしですね)」 *だえつ(おしゃれなさま) 富山市「だえつな男だ」 *だちぇこぎ 宮崎県東諸県郡 *だてこき 山形県最上郡 新潟県・佐渡・中頸城郡「あの人は年のわりにだてこきだ」 富山県砺波 福井県 長野県佐久 岐阜県稲葉郡・吉城郡 三重県阿山郡・飯南郡 兵庫県・淡路島 奈良県宇陀郡・吉野郡 鳥取県西伯郡 島根県「あいつのだてこきにゃー困ったもんじゃ」 岡山市 広島県 高知県 鹿児島県 *だてこきもん 新潟県西頸城郡 *だてこっ 鹿児島県 *だてし 山口県長門 *だてしょー 新潟県佐渡 *だてっこき 長野県上高井郡 *です 岐阜県飛驒 *はでっき 長野県佐久 *ひさいらしい(おしゃれだ) 兵庫県加古郡 *ひっつー(おしゃれをすること) 東京都八丈島「ひっつーする(おしゃれをする)」 *ひなる 岩手県北部 *ぴんこしゃんこ(おしゃれをするさま) 島根県那賀郡 *べーこ(おしゃれなさ) 愛媛県 *やつし 三重県名賀郡・志摩郡 京都府・京都市 大阪府泉北郡 兵庫県「あいつ、男のくせにやつしじゃなあ」 和歌山県 徳島県 *やつして 京都府竹野郡 *れんぽー 山梨県東八代郡・北巨摩郡

□をする *おじまける 秋田県仙北郡「何も出来ないくせにおんじまけて」 *きかす 長野県佐久 *きさずこぐ 秋田県河辺郡 *きさずまげる 秋田県平鹿郡「あの人は、きさじまげること」 *こーべる 高知県 *こっぺこく 山形県東田川郡 *こっぺたける 山形県西田川郡・庄内 *こっぺまける 山形県飽海郡 *こしらえる 岩手県気仙郡 *こぺたける 秋田県由利郡「あまりこぺたげるな」 *こわだをはる 山口県玖珂郡 *しなをつくる・しなっこつくる 岩手県気仙郡「あの人

しなっこばり(ばかり)作っている」 *しゃらこく 新潟県佐渡 *しゃれからかす 静岡県志太郡「しゃれからかぇーて出てーったに」 *しゃれくりかーる 静岡県榛原郡 *しゃれこく 新潟県西頸城郡「うちのかあちゃんはしゃれこいとる」 *しゃれっこかす・しゃれっこける 群馬県館林 *しゃれまける(ののしる語) 青森県三戸郡 *しゃれをこく 新潟県佐渡 *てんげつ・てんげつかわき(仏語「天眼通」からか) 香川県小豆島

おしょう【和尚】 ⇩そうりょ(僧侶)

おじる【怖】 ⇩おそれる(恐)

おしろい【白粉】 *おけしょー 岡山市 広島県芦品郡 *おしろこ 石川県江沼郡 *おっしょい 宮城県仙台市 *おっせ 岩手県気仙郡「おっせべにつける」 *けしょ 長崎県五島 鹿児島県

おす【押】 *うしちゅん(すっかり押す) 沖縄県首里 *おしからかす(強く押す) 新潟県 長野県諏訪 岐阜県本巣郡 静岡県志太郡 愛知県葉栗郡 *おしくい 鹿児島県鹿児島郡 *おしくる 長野県佐久 鹿児島県 *おしける 岐阜県飛驒 愛知県碧海郡 兵庫県加古郡「箱の中へおしけて入れる」 *おしこくる 栃木県 群馬県佐波郡 新潟県中頸城郡 *おしたくる(突き飛ばすように強く押す) 島根県 *おすくる 鹿児島県 *おすける 愛知県額田郡・碧海郡「おすけるといってい(痛い)」 鹿児島県肝属郡 *おっからかす 愛知県 *おっける 青森県津軽 *おっさい 鹿児島県鹿児島郡 *おっぴす 千葉県山武郡 *おっぺす 茨城県 栃木県安蘇郡 群馬県 埼玉県北足立郡・秩父郡 千葉県 神奈川県三浦半島 新潟県佐渡・中魚沼郡 *おっぽす 新潟県東蒲原郡 *せる 宮崎県西臼杵郡 *つぃくん・つくん 沖縄県石垣島 *つく 滋賀県彦根 徳島県海部郡「車ついて行く」 *つっぺす 群馬県勢多郡「おおか、つっぺすなよう」 *のっぷす 群馬県多野郡「豆を南瓜がのっぷして困る」 *のっぷせる 栃木県 *へす 岩手県上閉伊郡 富山市近在 山梨県南巨摩郡「その戸を開けるにゃーへすだいそ」 長野県下伊那郡 岐阜県 静岡県「印をへす」 愛知県 京都府 島根県那賀郡 *ほーる 東京都八丈島「ほーらせんなか(牛の角でつかせない)」 *ほたる 熊本県阿蘇郡 大分県直入郡 *ぽっける 青森県津軽 *ほる 東京都八丈島「とのりがついたあるからほらせない」

おす【雄】 *おこ・おーこ 香川県高松市 *おぞ 福岡県三井郡 *きんつー 島根県益田市 *びーむぬ 沖縄県石垣島 *びき 沖縄県宮古島「びきのうま(牡馬)」 *びぎ 沖縄県石垣島「びぎどぅり(雄鶏)」 *びきむぬ 沖縄県鳩間島 *びぎむぬ 沖縄県石垣島・竹富島

おせじ【御世辞】 *うまいこと 三重県志摩郡「むまいことをゆー」 *おーせ 香川県仲多度郡 *おじょーず 香川県 *おたべら 長野県・諏訪 *おたんべら 長野県諏訪 *おちゃ 長野県上伊那郡「おちゃがじょうずだ」 *おちゃばやし 石川県 *おちんご 群馬県渋川・沼田「このごろわ、おちんごたれるものがおおくなった」 *おべら 愛媛県大三島 *おべん 島根県 山口県「おべんをかく」 *おべんたら 長野県上田市 静岡県磐田郡 *おべんつき 島根県美濃郡・益田市 *おまいす 新潟県佐渡・東蒲原郡 *おまいそ 長野県北安曇郡 滋賀県彦根 *おまいなす 新潟県東蒲原郡 *おまえずんべ 福井県坂井郡 *おまえむけ 島根県出雲市・大原郡「あの男はおまえむけを云う」 *おわんべこき 愛知県名古屋市・知多郡 *かいどちゃずけ(口先だけのおせじ) 岐阜県飛驒「かいどちゃずけに休んでいけとは云ったが」 *くちぬあんばー 鹿児島県喜界島 *くちんなさき 鹿児島県喜界島 *ことばのつや・ことばのあや 新潟県佐渡「それは言葉のつやさ」 *さしこ・さーこ 三重県阿山郡・名賀郡「さしこをやく(おせじを言う)」 *さとぐち 香川県高見島 *さとぐつ 鹿児島県 *さとべん 青森県上北郡 *じょーず 岩手県気仙郡「じょーずのねぁ人(ぼくとつな人)」 三重県阿山郡・志摩郡 兵庫県加古郡「じょおずゆう(へつらう)」 奈良県南大和「じょーずこく(おもねる)」 鳥取県西伯郡 香川県小豆島 福岡市「じょーず使う」 *じょーずけーはく 岩手県気仙郡 *じょべ 香川県伊吹島「じょべしー(おせじを言う者)」 *せんべー 島根県美濃郡・益田市「要らんせんべーはせんでもえー」 *ちゃら 福島県中部「ちゃら言う」 *つや 茨城県 *ひちべら 大分県 *べっか 三重県志摩郡「べっかを言う」 *へへらぐ 青森県津軽「へへらぐを言う」 *べら 石川県鳳至郡 兵庫県淡路島 徳島県美馬郡 高知県 大分県 *べらす 石川県鹿島郡 *べり・おんべり 新潟県佐渡 *べんこー 北海道「べんこふる(いやらしいおせじを言う)」 山口県上関島 *べんちゃ 福井県足羽郡 *まいす 山形県米沢市 新潟県 三重県 佐賀県「あれほどみゃーす言うものはない」 長崎県壱岐島 熊本県下益城郡 大分県「めーすが上手じゃ」 宮崎県西臼杵郡 鹿児島県喜界島 *まいすのかわ 愛媛県宇和島市「おまいすのかわ言う」 *まいそ 新潟県西頸城郡 滋賀県彦根 愛媛県 *めーすぃ 沖縄県首里 *めーそー 長野県北安曇郡 *めし 鹿児島県鹿児島郡・大隅 *めす 宮崎県東諸県郡 鹿児島県・揖宿郡 *よーかんぐち 香川県高見島 ↓おべっか・ついしょう(追従)

□を言う *あめかける 愛媛県喜多郡 *あめこく 富山県「上官にあめこく」 *あめたれる 富山県砺波 *おべったれる 岐阜県山県郡 *おまず 滋賀県東部 *おまゆー 滋賀県坂田郡・東浅井郡 *おめーすとる 福岡県筑後 熊本県玉名郡 大分県 *おめすこく 愛知県知多郡 *ちゃーちゃ(おせじや追従などを言うさま) 富山県砺波「土産持ってったらちゃーちゃ言うとった」 *つかす 山形県村山「先生につかしてばかりいる」 *ねこをなぜる 島根県邑智郡 *ねこをなでる 島根県 *のどのしたへはいる 京都市 *の

どをかく 島根県邑智郡 *べんふる 北海道増毛郡 *まいさある・まいさこく 新潟県 *まいすかく 愛媛県 *まいすこく 山形県「あの子は親にめーすこいでいる」 新潟県東蒲原郡 *まいすする 大分県 *まいすゆー 三重県志摩郡 佐賀県 長崎県壱岐島 *まいすとる 福岡市 熊本県玉名郡・下益城郡 *まいすたれる 新潟県中部・東部 *まえそこく 山形県東置賜郡 *みやーいとる 長崎県南高来郡 *みゃーしかくる 熊本県玉名郡・下益城郡 *みやすとる 熊本県南部 *みゃんずく 佐賀県藤津郡 *めーすをかやす 宮崎県西臼杵郡 *めしゅとい 鹿児島県 *めすたれる 新潟県中越 *めすとい 鹿児島県肝属郡 *めすとる 宮崎県延岡・東諸県郡 *めすゆー 鹿児島県鹿児島郡 *めそこく 山形県庄内「主人にめそこぐ」 *やれそれ（おせじを巧みに言うさま）新潟県佐渡

□を言うこと *おたんてら 長野県諏訪 *おちやもーし 福島県南部 *おてんたら 群馬県「おてんたらころがす」 埼玉県秩父郡 東京都南多摩郡・八王子 神奈川県津久井郡・藤沢市 山梨県・南巨摩郡 長野県「おてんたらを並べる」「おてんたらをいう」 静岡県富士郡 愛知県宝飯郡 *したぱら 青森県津軽「さう他の人ぁしたぱらがなくてよい」・上北郡 *したぱらし 青森県津軽「したぱらしする」 *じょーず 大阪府泉北郡「じょーずする（へつらう）」 鳥取県気高郡「じょーずな人」 *てんたら 山梨県

おせっかい【御節介】 *いけじゅーく 埼玉県「いけじゅーくやく」 *いらぬさいきょー 島根県八東郡・大原郡「いらぬさいきょーをやく」 *いらんこーぜー 新潟県佐渡 *いらんさいこー 島根県邇摩郡 *いらんさいこずち 愛媛県大三島 *いらんさいじょー 島根県鹿足郡 *いらんさいちん 島根県石見 *いらんさいはち 愛媛県大三島 *いらんせんしょ 静岡県志太郡 *いらんちゃこ 島根県石見 *いらんはっさー 島根県益田市・美濃郡「いらんはっさーをせんこー、早う出て行け」 *えもぜわ（余計なおせっかい）島根県八束郡「えもぜわやくな」 *おかせわ 青森県津軽・上北郡 *おしやち（おせっかいをすること。出しゃばること。また、そのさま。その人）三重県一志郡 徳島県 愛媛県 *おしゃちん（おせっかいをすること。出しゃばること。また、そのさま。その人）愛媛県 *おせせ 千葉県香取郡「おせせまく（お節介を焼く）」 *おせんしょ 長野県東筑摩郡・上伊那郡 愛知県三河 滋賀県犬上郡 *おちょか（おせっかいをするさま）和歌山県 *おてんば 山口県阿武郡 *からこさぐ 岩手県九戸郡 *からこしゃく 青森県三戸郡・南部 秋田県鹿角郡「からこしゃくすな（するな）」 *からせわ 秋田県鹿角郡 *こーさい・こーざん 徳島市付近 *こーざい 新潟県佐渡「こーぜえやく（おせっかいをする）」 福井県大飯郡「こーざいな」 長野県諏訪 岐阜県恵那郡 京都府 愛媛県大三島「こーざい言う」 *こーざいげ 京都府与謝郡・竹野郡「あいつなかなかこーざゃーげなことぬかす」 *こじょーけ 愛媛県西宇和郡 *ごせやき 新潟県上越「あの人はごせやきだ」 *こっぺ 山形県東置賜郡・南置賜郡「こっぺしんな（するな）」 千葉県夷隅郡 新潟県東蒲原郡 長崎県北松浦郡 *こっぺー 茨城県東南部 千葉県 東京都南多摩郡 神奈川県 新潟県東蒲原郡 山梨県 *こべ（差し出口）新潟県中頸城郡 *さいかん 岡山県苫田郡「わしのこたぁわしがするけん、さいかん焼かいでくれ」 *さいき 愛媛県 *さいきゃく 香川県 *さいきょ 島根県出雲「さいきょする」 広島県倉橋島「さいきょをやく」 愛媛県松山・大三島 *さいきょー 島根県鹿足郡・大原郡「さいきょーをやく」 岡山県苫田郡・邑久郡 愛媛県「さいきょーやくな」 *さいく 山口県玖珂郡 *さいこ 北海道「あまりさいこするな」 青森県南部 三重県度会郡 兵庫県淡路島「さいこ言わんとだまって引込んどれ」 山口県阿武郡「さいこをやく」 愛媛県 高知県 *さいご 和歌山県日高郡「さいごせんとあちらへ行って居れ」 *さいこー 山口県玖珂郡 *さいこずち 愛媛県大三島 *さいこばち 愛媛県「さいこばちつくな」 *さいこばな 愛媛県「さいこばなつくな」 *さいこばね 愛媛県「さいこばねやくな」 *さいこばり 愛媛県 *さいこまつ 高知県幡多郡 *さいじょー 島根県鹿足郡 *さいじん 新潟県東頸城郡「さいじんしんな」 *さいたら 群馬県碓氷郡 埼玉県入間郡「そんなせーたらしなくてもいい」 千葉県夷隅郡 山梨県南巨摩郡「他人の事いせーたらすれば、かいって迷惑になる」 広島県比婆郡「さいたらやく」 福岡市「さいたらまわす」 *さいちん 島根県石見「なんでもなー、要らんさいちんやくな」 *さいば 島根県出雲・隠岐島「さえばもつ」 *さいはい 青森県津軽「ひとりでやたらにさぇはぇふっていた」 島根県石見「さいはいをやく」 *さいばい 鳥取県東部「さいばいやく」 島根県「脇に座ってさいばえするな」 *さいはち・さいかち 愛媛県「いらんさいはちやくな」 *さいばな 愛媛県今治市・周桑郡 *さいばん 島根県美濃郡・益田市 *さいま 岡山県・真庭郡・苫田郡「さいまー焼くな、女房のくせして」 山口県玖珂郡 *さいりょー（おせっかいを焼くこと）島根県出雲「さいりょーする」 *さいろく 島根県八束郡「さいろくする」 *さいわい 新潟県中頸城郡「いらぬさいわいするな」 *さしくさび 岩手県気仙郡「さしくさびいらね」 宮城県 *さしくさみ 高知県長岡郡 *さしこ 三重県伊賀「さしこ、せんとき（おせっかい、するな）」 徳島県 *さしてんぼ（「さしでぼー（差出坊）」の転か。いらぬおせっかい）岐阜県飛騨 *さちょこ 新潟県西頸城郡「さちょこえれる（干渉する）」 *さばたる 岡山県邑久郡 御津郡 *しゃーたら 群馬県多野郡「しゃーたらやき（世話やき）」 *しゃーはち 熊本県玉名郡「しゃーはちきる（干渉する）」 *しゃーびゃー 佐賀県・藤津郡

「しゃーびゃーすっ」 *しゃーろく・せーろく島根県隠岐島「せーろくなことをすんな」 *しゃいこ山形県米沢市 *しゃいこなし山形県「あいつはしゃいこなしだ」 *しゃいっこ山形県「他人の事をしゃえっこするな」 *しゃいっこなし山形県 *しゃいなし山形県西置賜郡・東田川郡 *しゃこ島根県仁多郡 *しゃこもち島根県出雲 *しゃしこ徳島県・美馬郡 *しゃしゃ岐阜県武儀郡 *しゃしやく栃木県「しゃしゃく言うな」 愛知県名古屋市 島根県飯石郡・隠岐島 香川県仲多度郡「しゃしゃくやく」 *しゃしゃこ滋賀県愛知郡 島根県 徳島県 香川県 *しゃしゃこもち島根県出雲 *しゃしゃま・しょしょま鳥取県西伯郡「しゃしゃま焼く」 *しゃち岐阜県飛騨・大垣市 *しゃちこ徳島県・美馬郡 *じゃちこ香川県綾歌郡 *しゃびゃ島根県八束郡 *せーたらはじき・せーたらぱじき長野県佐久 *せーたらはじけ長野県佐久 *せーべー長崎県彼杵 沖縄県首里 *せーべーぐとぅ沖縄県首里 *せっちょ栃木県「余計なせっちょ」 千葉県東葛飾郡 長野県上伊那郡 *せっちょー群馬県勢多郡 埼玉県秩父郡 長野県佐久 *せんしょ長野県下伊那郡・佐久 岐阜県 静岡県 愛知県 岡山県苫田郡「せんしょをやく」 愛媛県周桑郡・今治市 *せんしょー長野県 静岡県「せんしょーするなよ、うるさくて困る」「せんしょうなことをして手を機械でとられてしまった」 愛知県 広島県「せんしょーをやく」 *せんちょかい長野県佐久 *ちゃこ島根県「ちゃこをやく(いらぬ世話をする、干渉する)」 *ちゃちゃ青森県津軽 富山県 *ちゃちゃや富山県「ちゃちゃやく」・下新川郡 *ちゃちゃべ青森県南津軽郡 *ちゃちゃま富山県東礪波郡 *ちゃちゃまー鳥取県岩美郡 *ちゃちゃんべ青森県津軽 *ちゃべ富山県 *ちゃべちゃべ富山県高岡市 *ちゃんば山口県大島「ちゃんばやく(おせっかいをする)」 *ちゃんびら新潟県西頸城郡 *ちょか(おせっかいをするさま)和歌山県 *ちょかちょか(おせっかいをするさま)京都市「ちょかちょかする」 兵庫県神戸市 和歌山県 *てあとり岩手県気仙郡「よげな(よけいな)てぁとりすんな」 *でこせ島根県邑智郡 *でこせー島根県仁多郡 *でこせまち島根県大原郡・仁多郡 *でせわ新潟県佐渡「いらんでせわだ」 *てっぱりじゃっこ青森県津軽「てっぱりじゃっこごぐ」 *てんご兵庫県淡路島 和歌山県 島根県簸川郡・出雲市「入らぬてんごして貰って大損をした」 徳島県 香川県 愛媛県 長崎県北松浦郡 *てんごー三重県北牟婁郡「いらんてんごーすんな」 島根県美濃郡・益田市 広島県高田郡「てんごうかき」「てんごーやり(おせっかい者)」 徳島県 香川県 高知県・幡多郡「この餓鬼がてんごー使ふ」 *てんごのかー高知県 *てんごのかわ香川県 愛媛県 高知県幡多郡 *てんば和歌山県「てんばするな」 山口県「てんばをやく」 *てんばこき和歌山県新宮「あの方はほんとにてんばこきです」 *てんばち三重県志摩郡「てんばちする」 *ひらべー山口県阿武郡 *へちこーぜー新潟県佐渡「へちこーぜーいうな」 *へっちらこーぜー新潟県佐渡「へっちらこうぜいなことというなっちゃ」 *もちけた(おっちょこちょいでおせっかいな)青森県津軽「もちけだ人」 *わざ島根県隠岐島「わざすんな」

□をする *かどをはく島根県美濃郡・益田市「人のかどばかりはくな。ちったー自分のこともせー」 *ごせやく新潟県 *さいでる福井県大飯郡 奈良県宇陀郡 *さいばる岡山県・苫田郡「おまえら、さいばらーでもええこっちゃ、すっこんどれ」 *さんべーずく長崎県対馬 *しゃーずる熊本県玉名郡 *せこす青森県上北郡「何にへでもせこす」 *せせこう福岡市 *ちゃびつく新潟県西頸城郡 *ちゃべつく富山県射水郡・砺波 *てんごーやく広島県 *てんごーをやく島根県美濃郡・益田市「てんごーをやかんこーに外え出て遊べ」 広島県安芸郡 *はじける岩手県気仙郡 新潟県 *ひとのかどをはく島根県美濃郡・益田市 *へちょまく青森県津軽

おそい【遅】

*うすぃさん沖縄県首里 *おそーら富山県砺波 石川県 *おそくさい三重県飯南郡 滋賀県南部 *おそくたい三重県志摩郡 *おそら富山県「なぜそんなにおそらと来られる」 石川県河北郡 *きしんだい(ものごとをするのが遅い)徳島県那賀郡 *きしんどい(ものごとをするのが遅い)徳島県海部郡 *きょろい徳島県・阿波郡・美馬郡 香川県大川郡 *きょろくさい徳島県「お前もきょろくさいやつじゃ」 *じーくたい島根県出雲「あの男はじーくてーけん、急ぎ仕事に間に合わん」 *じゃーてー島根県仁多郡 *じりくたい島根県 *しるい山形県庄内「歩がしるい」 *しんきー山口県大島 *しんきくさい愛媛県 *ずるい茨城県稲敷郡 千葉県夷隅郡・市原郡 新潟県 長野県「仕事がずるい」 愛知県奥設楽 鳥取市 島根県出雲「朝は羽根が露にぬれて蝗はずりー」 岡山県備中・岡山市「仕事がずりー」 香川県高松 福岡県小倉 熊本県 *ずるくたい香川県三豊郡 *ずるこい・ずるずるしー新潟県佐渡 *ずるっこい長野県上田 *だらい(「らんだ(懶惰)」の転か)長野県下水内郡 *にーさん沖縄県首里 *にーばーん沖縄県鳩間島 *にゔぁん・にばん沖縄県黒島 *にぴさーん沖縄県小浜島 *にぷさーん鹿児島県奄美大島・加計呂麻島 *にんく・にーく(速度がのろいさま)沖縄県首里 *にんさーん沖縄県与那国島 *にんさん鹿児島県奄美大島・与論島 *ぬーさん沖縄県竹富島 *ぬーらか熊本県 *ぬっさーん・にゅっさーん沖縄県石垣島 *ふくさーん沖縄県石垣島 *へしならと富山県富山市近在「そんなへしならと遣っとってどうする」・砺波 *ぽえー宮崎県西臼杵郡 *ゆでーさーん鹿児島県奄美大島・加計呂麻島 *ゆでーさい鹿児島県喜界島 *ゆるい(のろのろと遅い)

青森県津軽 *ゆるっこい(のろのろと遅い) 長野県佐久
→のろい(鈍)
速度が□ *にっちりけーちり(速度の遅いさま) 沖縄県首里 *のさい 東京都利島 *のそい 岐阜県稲葉郡 京都府北部 兵庫県「のそい奴っちゃ、いつまでも何しとんね」 *のろくさい 岐阜県本巣郡 *のろくたい 岐阜県吉城郡 兵庫県 *のろけ 福島県若松市 *のろこい 広島県佐伯郡 *のろっこい 栃木県 埼玉県北足立郡 長野県佐久 *のろまこい 青森県三戸郡
動作が□さま *おーや 島根県能義郡 *おーよ 新潟県東蒲原郡 *おーよー 千葉県印旛郡「あの人はおうようすぎる」 長野県下水内郡・上伊那郡 *おそびょーし 山形県米沢市「おそびょーしな奴だ」 *しょろしょろ 静岡県「しょろしょろしてーんな(ぐずぐずしているな)」 「しょろしょろ歩くとバスにひかれる」 *しょろりんしょろりん 静岡県「しょろりんしょろりん歩く」 *のっぽー 茨城県稲敷郡

おそなえ【御供】 *いただき 青森県三戸郡 東京都新島 新潟県 奈良県吉野郡 *いただきのもち 山形県西置賜郡 *いわい 島根県 広島県安佐郡・比婆郡 山口県大島 *うすんちぇ 沖縄県首里 *おいただき 高知県土佐郡 *おいわい 岡山県真庭郡 広島県高田郡 山口県玖珂郡・大島 愛媛県 高知県 *おいわいさま 山口県見島 *おいわんー 広島県芦品郡 *おかざり 青森県上北郡 新潟県佐渡・中頸城郡 石川県 岐阜県郡上郡 愛知県名古屋市 三重県志摩郡 大阪市 兵庫県加古郡 山口県豊浦郡 長崎県南高来郡・五島 *おかざりさま 岐阜県郡上郡 *おまいもの 長崎県南高来郡 *まーもち・まーもん 鹿児島県種子島 *まもち 三重県志摩郡 *ゆわえ 山口県大島
→おそなえもの(御供物)
正月の□ *どしだま 山梨県南巨摩郡 *うとぅしじゃま(飾り餅) 沖縄県首里

おそなえもの【御供物】 *うしゃぎむん・うしゃぎむち 沖縄県首里
→おそなえ(御供)

おそらく【恐】 *けしてみなはえ(「きっと見なさい」の意) 島根県出雲「おちやちまで聞こえぃぐらいだけん(我家あたりまで聞こえるくらいだから)けしてみなはえ、松江の町ん中は、おどんじょらぞね(おそらく松江の町中はどよめいているだろうよ)」 *きまって・きまってみなはえ 島根県出雲「この字はきまって浜田のおっつぁんの字だ」 *じょーか 新潟県 *じょーや 青森県南部 岩手県 宮城県栗原郡 秋田県雄勝郡「じょーや来るとおもった」・鹿角郡 山形県「ぢよおや、んまがんべ」 群馬県「じょーやどっかへ寄ってるだんべー」 埼玉県秩父郡 新潟県 長野県南佐久郡 *じょーやが 山形県米沢市「あすぁ、ぢよおやが、寒がんべ」 *じょーやで 山形県西置賜郡・南置賜郡 *じょや 秋田県鹿角郡「じょやあるごった」 山形県東置賜郡・西置賜郡 *ぞーや 岩手県上閉伊郡「ぞーや明日来る」 *なんでん(「なんでも」の転か) 鹿児島県・鹿児島郡 *なんでんか 鹿児島県始良郡・鹿児島郡
→たぶん(多分)

おそれる【恐】 *いびせがる 広島市 *うじゆん 沖縄県首里 *うとぅるしゃふぃーしゃ(恐れおののくこと) 沖縄県首里 *うばいるん(文語形は「うばいん」) 沖縄県石垣島 *えずがる 福岡県 熊本県玉名郡 *おこびるる 福岡県三潴郡 *おじひろたえる(恐れうろたえる) 和歌山県西牟婁郡 *おじゅむ 青森県三戸郡 *おぞむ 青森県 群馬県多野郡「人中へ出ておぞんぢゃ駄目だ」 新潟県佐渡 富山県・射水郡 山梨県南巨摩郡 静岡県榛原郡 愛知県知多郡 滋賀県彦根 岡山県苫田郡 徳島県 *おっかべる 岩手県南部 *おどける 長野県諏訪 静岡県志太郡「すっかりおどけちゃった」・榛原郡「おどけかーって慄えている」 兵庫県淡路島 *おめこむ 島根県簸川郡・大原郡「人の前でおめこんでしまった」 *おめる 福井県大飯郡 愛知県名古屋市「あの娘は内気のせいか、人様におめてこまりますはなも」・知多郡 三重県志摩郡・北牟婁郡 兵庫県加古郡 奈良県「しっかりしなさい。入学試験くらいにおめるようでは仕様がないよ」 和歌山県 島根県「演芸会におめてさっぱりだった」 岡山県 *がながな(恐れ震えるさま) 島根県 *がんながんな(恐れ震えるさま) 島根県出雲「多人数の前でがんながんなしちょる」 *けすむ 茨城県・真壁郡 *けだむ 群馬県山田郡 *しける 滋賀県蒲生郡 *しぶれる 千葉県君津郡 *しょぶける 青森県津軽 *ちーちー(恐れて縮み上がるさま) 新潟県佐渡「ちーちーちゅう目にあわせるぞ」 *ちじける 島根県隠岐島 愛媛県新居郡 *ちちれる 岡山県浅口郡 *ちっち(恐れて縮み上がるさま) 島根県隠岐島 *ちりちり(恐れて縮み上がるさま) 宮城県仙台市「子供らまでがちりちりしている」 山形県東置賜郡・西置賜郡 栃木県 新潟県佐渡「ちりちりちゅう目にあわせるぞ」 大阪市 兵庫県西宮 奈良県吉野郡 島根県「父親が帰るとちりちりする」 広島県・高田郡 山口県 徳島県・海部郡 香川県 愛媛県・松山 高知県 長崎県・壱岐島「ちりちりしちあたりにゃ寄り付きゃえん」 *ちりっちりっ(恐れて縮み上がるさま) 島根県「父親の声がするとちりっちりっする」 *ちるちる(恐れて縮み上がるさま) 富山県砺波「やめかれるかともて(しかられるかと思って)ちるちるになっとる」 *ちろちろ(恐れて縮み上がるさま) 新潟県佐渡 長崎県壱岐島 *はそむ 富山市近在「暗い所はそむ奴だな」 *ぱだしじまるん 沖縄県石垣島 *ひけつく(恐れおののく) 長崎県壱岐島 *ひける 熊本県 *ひこつく(恐れおののく) 新潟県佐渡 *ひずむ 新潟県佐渡「ひずんで手を出し得ない」 *ひろーひろ(恐れひるむさま) 青森県上

北郡 *びろーびろー(恐れひるむさま) 青森県三戸郡 *ひろひろ(恐れひるむさま) 新潟県佐渡 *びろびろ(恐れひるむさ) 青森県三戸郡 新潟県佐渡 *ぼとつく 新潟県中魚沼郡 *ものおじけ(恐れること) 島根県簸川郡「この子はものおじけして困る」 *ものおそみ(恐れること) 島根県美濃郡・益田市 *やぐみさ(恐れはばかること) 沖縄県首里「やぐみさしゅん(恐縮する)」

→おじける(怖)・おそろしがる(恐)・おびえる(怯)・きょうふ(恐怖)

おそろしい【恐】

*あくとーらーしゅん 沖縄県首里 *いすか 佐賀県 *いぜー 広島県 *いっがざい 鹿児島県 *いびしー 広島県 愛媛県大三島 大分県日田郡・玖珠郡 *いびせー 島根県 広島県「母におこられるのがいっちいびせかった」 山口県 *いぶせー 島根県美濃郡・邑智郡 広島県江田島 *いやらしー 兵庫県多紀郡 *うすさーん・うすまさーん(醜く恐ろしい) 沖縄県石垣島・新城島 *うすでゃわくか 長崎県北松浦郡「あの道を通るとうすでゃわくか」 *うすましゃん 鹿児島県喜界島「うすましゃんぱなし(ぞっとする話)」 沖縄県首里 *うぞい 広島県比婆郡 *うそとし・うそとろし(女性語) 三重県志摩郡 *うたてー 青森県・上北郡 秋田県・横手市「うだでゃぐなった」 山形県米沢市「うだでえ人(恐ろしき悪人)」 島根県石見「蛇はうたてー」 山口県玖珂郡 *うっぐわぜー・うっぐわぜーか 鹿児島県鹿児島郡 *うとぅっさい 鹿児島県喜界島 *うとぅらさーん 沖縄県波照間島 *うとぅらさん 沖縄県島尻郡 *うとぅるーさん 沖縄県伊江島 *うとぅるさん 鹿児島県奄美大島 沖縄県中頭郡 *うとぅるしゃん 鹿児島県奄美大島・加計呂麻島 沖縄県首里・那覇市 *うとぅるはん 沖縄県国頭郡 *うとるーしゃ 沖縄県国頭郡 *うとるしゃ 沖縄県「あれー、どっとうとるしゃむんや↘びいん(あれは、まことに怖いものであります)」 *うとるしゃり 鹿児島県奄美大島 *うとるす 沖縄県宮古島 *えじ 熊本県玉名郡 *えじー 熊本県 大分県直入郡・玖珠郡 *えすい 福岡県久留米市 佐賀県・藤津郡 長崎県南高来郡 熊本県玉名郡 *えずい 福岡県粕屋郡・福岡市「あすかーもー、えずかとこだんたもん(あそこは恐ろしいところでしたもの)」 佐賀県唐津市「わたしたちゃー、おかしなこつにゃー、おっかさんにおごらるるとが、いちばんえづかった」 長崎県 熊本県 大分県 宮崎県 *えずいー 福岡県 *えずらい 長崎県五島「ああ、えずらかよう」 *えずらしー 長崎県五島「もうえずらすーして」 熊本県八代郡・芦北郡 鹿児島県 *えちー(幼児語) 島根県隠岐島 *えっさか(児童語) 熊本県玉名郡 *えっぽい(厳格で恐ろしい) 茨城県多賀郡 *えびせー 広島県高田郡 *えぶせー 島根県邑智郡 *えべせー 島根県石見 広島県 *おーかい 茨城県稲敷郡 *おーぐらしー 石川県珠洲郡 *おーとろし 兵庫県多紀郡 *おかい(児童語) 青森県三戸郡 *おじ 宮崎県 鹿児島県 *おじー 大分県 宮崎県 鹿児島県 *おずい 大分県西国東郡 宮崎県西臼杵郡・東諸県郡 鹿児島県肝属郡 *おすがい 新潟県佐渡 岐阜県飛驒 *おすない 岐阜県北飛驒「おすない人」 *おぜ 鹿児島県・肝属郡 *おぜー 島根県「おぜしだ(恐ろしい人だ)」 熊本県下益城郡・天草郡 宮崎県 鹿児島県 *おぜしー 島根県八束郡・仁多郡 *おぞ 島根県出雲 *おぞい 石川県河北郡 福井県 静岡県榛原郡「おぞい根性」 愛知県岡崎市 三重県名賀郡・南牟婁郡 滋賀県 兵庫県・神戸市 奈良県 島根県「わぁ、おぞかったけんな」 広島県北東部 愛媛県・松山 大分県 宮崎県 鹿児島県・肝属郡 *おぞーない 茨城県稲敷郡 *おそがい 千葉県北部 新潟県佐渡「おそげえもんなし(恐いもののなし、のさばり者)」 岐阜県 静岡県磐田郡 愛知県「おそがいものがいる」 三重県志摩郡 滋賀県坂田郡・東浅井郡 *おぞかい 静岡県 *おぞかしー 滋賀県大津市 *おぞがましー 愛媛県 *おぞげない 愛媛県津島 *おぞけんね 鹿児島県肝属郡 *おそごい 福井県大野郡 *おそざまし 秋田県平鹿郡 *おぞぞ(幼児語) 島根県 *おぞつけない 石川県河北郡・能美郡 *おそべらし 愛媛県宇和島 *おぞましー 徳島県 高知県 *おそろしない(非常に恐ろしい) 岩手県気仙郡 宮城県栗原郡 秋田県雄勝郡・鹿角郡 富山県「なんちうおそろしない人じゃ」 長野県上伊那郡 *おそんがい 新潟県佐渡 *おちょろしか(幼児語) 熊本県 *おっか(幼児語) 山梨県 *おっかい(幼児語) 岩手県九戸郡 宮城県石巻「おっけぁおっけぁ来っから早くねさえは」 山形県 福島県会津・岩瀬郡 栃木県(感動詞のようにも)「おっけおっけはやぐにけてこ」 山梨県 長野県 静岡県富士郡・志太郡 *おっかんがしー 千葉県夷隅郡 *おっちー 和歌山県(小児語) 徳島県那賀郡(幼児語) 香川県 愛媛県今治市 *おっちん 三重県北牟婁郡 *おってー(幼児語) 徳島県美馬郡 *おっとしー 兵庫県 *おっとちしー 京都府 *おっとろしー 富山県 岐阜県恵那郡・郡上郡 滋賀県彦根 京都府竹野郡・与謝郡 大阪市 兵庫県 鳥取県 広島県 佐賀県 *おつない 茨城県西茨城郡 *おでー 大分県速見郡 *おとい(幼児語) 和歌山県 島根県鹿足郡 徳島県麻植郡・三好郡 *おどい 滋賀県高島郡 兵庫県「おどい目にあーた」 広島県・安芸郡 *おといしー 島根県鹿足郡「山が高いけーおといしい」 山口県玖珂郡(幼児語) 愛媛県大三島 *おとーし 鹿児島県肝属郡・姶良郡 *おとし 三重県南部「おとしかった」 徳島県(幼児語) *おとしー 富山県 三重県志摩郡 奈良県吉野郡 和歌山県東牟婁郡 島根県隠岐島(幼児語) *おとち 奈良県吉野郡「妙なことには、お母に叱られんの一番おとちかった」 香川県高松 *おとちー(幼児語) 三重県南牟婁郡 兵庫県加古郡 香川県仲多度郡 *おとっか 鹿児島県屋久島 *おどつけない 石川

県 *おとましー 長野県下伊那郡 静岡県 愛知県岡崎「おとましい罰があたる」 *おとろーし 滋賀県伊香郡 *おとろしー 新潟県佐渡 富山県「あれおとろしひこと云はれる」 石川県 福井県 岐阜県 三重県南牟婁郡「おとろしいものを見た」 滋賀県高島郡・蒲生郡 京都府「思いだゃしてもおとろしーことだった」 大阪府泉北郡・大阪市 兵庫県 奈良県吉野郡「妙なことにおかあにおこられるのが、一番おとろしかった」 和歌山県 鳥取県気高郡 島根県 岡山県児島郡 広島県 山口県 徳島県「おなごのがいなのは、げんどおとろしー(女子の悪いのは、ほんとに恐ろしい)」 香川県 愛媛県 高知県 福岡県 長崎県 熊本県 宮崎県 鹿児島県 *おとろしない(非常に恐ろしい) 富山県 *おどろっか(幼児語) 鹿児島県揖宿郡 *おとろっしー 富山県砺波 香川県丸亀市「ああ、おとろっしゃ」 *おばい 奈良県南大和 *おんがない 静岡県 *おんきゃ(幼児語) 秋田県仙北郡 *かんがむしー 茨城県 千葉県香取郡 *きつい 岡山県児島郡「おばんにきついめにおうた」 *きょーさみー 岡山県邑久郡 *きょーとい 福井県大飯郡・遠敷郡 滋賀県高島郡 京都府北部 大阪市 兵庫県 奈良県吉野郡 鳥取県 島根県出雲「ほんねきょーてー男だ」 岡山県 広島県 徳島県 香川県「ああきょーとかった」 *きょて 島根県能義郡 *きよとい 山形県 鳥取県西伯郡 広島県沼隈郡 *きょとい 滋賀県高島郡 京都府北部 鳥取県西伯郡 香川県小豆島 *きょとましー 島根県出雲 *くしふぃじゅるさん(背筋が寒くなるほど恐ろしい) 沖縄県 *けうとい 兵庫県佐用郡 岡山県 広島県高田郡 *けっぽーしー 福岡県企救郡 *けっぽしー 福岡県京都郡 *こいしー 広島県比婆郡 *こーとい(幼児語) 島根県能義郡 *こちゃんびす・こちゃびす(寂しくて恐ろしい) 青森県「此処はこちゃびすところだなあ」 *さびしー 東京都大島・八丈島「海で仕事をするとさびしくてたまらぬやうになり」 香川県志々島 *さぶしー 福島県 和歌山県西牟婁郡 *さみし 岩手県上閉伊郡 秋田県横手市「雨の降る夜墓場の中を通ったら、さみしかった」 *さむし 秋田県雄勝郡 *さむしー 青森県南部 福島県南部 東京都大島「さむしがりんぼー(おくびょう者)」 広島県高田郡 *さめしー 山梨県南巨摩郡「夜あの竹藪を一人で通ればさめしー」 広島県高田郡 *さんむしー・さんもしー 静岡県「さんむしー蛇だ」 *しゃめしー 東京都三宅島 *すこがわりー 高知県 *せぺせー 広島県甲奴郡 *そっぺー 岩手県宮古市「おっかねーもそっぺーもなんにもわかんねーかったったーが」 *だーうたてー 島根県那賀郡「夜道を通るとだーうたてー」 *ちびせー 広島県比婆郡 *ちょーてー 広島県 *ちょーとい 岡山県苫田郡 広島県 *てきない 新潟県岩船郡 *でゃーわくか 長崎県北松浦郡「あの人はでゃーわくかばい」 *とーちー 愛媛県新居郡 *とずてー 山形県東田川郡「幽霊の話を聞いたばとづてー」 *なはぶばはーん 沖縄県黒島 *にぐらん・にぶらん 沖縄県与那国島 *にひぶりさーん 沖縄県新城島 *ぬーさん 沖縄県竹富島 *ぬぐりしゃーん 沖縄県石垣島・波照間島 *ぬごい 石川県能美郡 *ばい(幼児語) 大阪府泉北郡 *ふーねー 大分県宇佐郡 *ぶきやか・ぶきゃーか 長崎県北松浦郡「あれはぶきやかよ」 *ぶっそい 香川県香川郡 *ぼいー 島根県美濃郡・益田市 *ぼいしー 島根県石見 *ぼいせー 島根県那賀郡・邑智郡 広島県佐伯郡・山県郡 *ぼえー 島根県石見「犬がおるけーぼえー」 *ぼえしー 島根県益田市「夜道はぼえしー」 *ぼえせー 島根県那賀郡・邑智郡 *みなくれーはーん 沖縄県小浜島 *やばい・やばいー 愛媛県「あれはやばいやつだ」「隣の小父さんはやばいーから用心して遊ばんと叱られるぞ」・大三島(けんのんな人) *やらしー 三重県上野市・阿山郡 長崎県対馬 *よーうすましゃん 沖縄県首里 *よぞい 滋賀県伊香郡・長浜市 *よそわしー 佐賀県 *よだけない 岡山県苫田郡「人にわからにゃあ、なんでももってゆくんじゃけえ、よだけないやつじゃ」 *わざい 鹿児島県・肝属郡 *わざいか・わざえか・わざれか 鹿児島県 *わざばいか 熊本県芦北郡・八代郡「こんふとんわざばいかよう(この人いやらしいわ)」 *わざわいか 鹿児島県屋久島「この子はわざわいか子供ぢゃ(ひどい子供だ)」

おそろしがる【恐】 *えっしゃーする 佐賀県三養基郡 *えっしゃする 熊本県玉名郡 *おじがい 鹿児島県 *おすがる 岐阜県飛驒 *おずがる 宮城県加美郡 大分県 *おぞいがる 島根県大田市 *おそがる 岐阜県山県郡 愛知県 *おぞがる 島根県 大分県 *おそんがる 新潟県佐渡 *おどがる 大分県 *おとろしがる 石川県江沼郡 福井県今立郡 香川県 長崎県 熊本県天草郡 *おとろすい 鹿児島県揖宿郡 *おとろっせすい 鹿児島県鹿児島郡 *おとろっせすっ 鹿児島県 *きょーとがる・きょとがる 香川県小豆島・豊島 *すごがる 香川県 *どーじがる 広島県山県郡 ↓おそれる(恐)

おだてあげる【煽上】 *あごくる 熊本県玉名郡 *いらばかす(必要以上に赤ん坊をあやしたり、人をおだて上げたりする) 愛媛県宇和島 *うっちゃげる 富山県西礪波郡 *たてごかし(おだて上げること) 三重県伊勢・津市 岡山市 *つくりたてる 熊本県下益城郡 *つくりたつる 大分県直入郡 *ひょーしあげる 島根県石見 ↓おだてる(煽)

おだてる【煽】 *あおだかす 富山県上新川郡・砺波 石川県金沢市 *あめかける 愛媛県喜多郡 *あめこく 富山県「上官にあめこく」 *あめたれる 富山県砺波 *おいかける 徳島県 *おがす 岩手県気仙郡 宮城県「たんねー人おがすんでがえんと」 *おだてもっこ(調子よくおだてること) 山形県 茨城県稲敷郡「おだてもっこにのる」 栃

木県　長野県諏訪・東筑摩郡　*おましあげる 愛知県名古屋市「おやじさんをうんとおましあげて、お祭りの獅子頭を寄附して貰うがよい」　*けつかく（後ろからそっとおだてる）大阪市　*こびく 愛媛県越智郡　*さだてる 秋田県雄勝郡「あまりさだでるな」　*さやす 香川県伊吹島　*しょーがかます 長崎県南高来郡・長崎市　*じょーずにゆー 三重県志摩郡「わるわると（せいぜい）じょーずにゆーて（おだてて）つこーてのー（使ってね）」　*すやす 富山市「良い加減のこというて人すやいとる」　*せかす 長崎県対馬　*せだてる・せだてまわす 島根県簸川郡　*そそくる 長崎県対馬「何某はまてえ（まったき）人間であったが、彼がそそくり出して善からぬ道を踏ました」　*そやかす 静岡県安倍郡　兵庫県加古郡　*ぞやかす 静岡県　*そやしたてる 新潟県佐渡　山口県豊浦郡　*そやす 新潟県佐渡　岐阜県郡上郡　広島県比婆郡　*ぞやす 静岡県　*ちょよーしあげる 新潟県佐渡　島根県邇摩郡　*ちょーしにあげる 島根県大田市・飯石郡　*ちょーしやげる 新潟県佐渡　島根県大田市・飯石郡　*ちょーらがす 愛媛県大三島　*ちょんちょめかす 青森県津軽　*つくやかす 熊本県下益城郡　*つつく 山形県　埼玉県秩父郡　*とぼやかす 長崎県対馬「気に入りさうな事を言うて人をとぼやかす」　*ねぶらかす 岡山市「なんぼーねぶらかしてもその手にゃのらん」　*のしぇあんげる 秋田県河辺郡「のしぇあんげて旨い事した」　*のしゃげる 秋田県河辺郡　*のせあげる 愛媛県今治市・周桑郡　*のせかける 島根県出雲　*のせたてる 島根県隠岐島　*のってぁげる 秋田県雄勝郡「あの男をのってぁげれ」　*のぼする 佐賀県「あれをのぼせてごらん、屹度馳走するよ」　*はしゃかす 山形県西置賜郡・東村山郡「小作人をはしゃかして小作争議をさせる」　*はっちゃげる・はっちゃける 静岡県駿東郡　*ひよりあげる 島根県隠岐島　*ほあげる 京都府何鹿郡　*ほがす 高知県幡多郡「人をほがして使うことが得手じゃ」　*ぼしゃげる 秋田県由利郡「あいつをぼしゃげる」　*ほだてる 千葉県東葛飾郡　神奈川県津久井郡　静岡県榛原郡「誰かほだてる手合がいる」　*ほだらかす 島根県出雲　*ぼぼけらがす・ぼんぼけらがす 青森県津軽　*ぼぼやがす 岩手県九戸郡　*ほらそら（ちやほやとあやしたり、おだてたりするさま）新潟県佐渡　*ほらほら（ちやほやとあやしたり、おだてたりするさま）香川県「ほらほらいうて背中なでるようにする」　*ほれほれ（ちやほやとあやしたり、おだてたりするさま）山形県「子供にほれほればかりしていては駄目だ」　*まいあげる 島根県江津市「あんまりまいあげると調子に乗る」　香川県木田郡　*まいやげる 香川県木田郡　*まいやがらす 香川県香川郡　*もちわらきせる 青森県　*もちわらしょわす 北海道「あいつにもちわらしょわせてやれ」　青森県上北郡「もぢわら背負はせる」　*もっきょーじる 長崎県対馬・壱岐島

↓おだてあげる（煽上）

おたまじゃくし【御玉杓子】 カエルの幼生。*あうだぬふぁーなー（「カエルの小さい子」の意）沖縄県石垣島　*あくちょん 愛知県碧海郡　*あたびく 鹿児島県沖永良部島　*あたまがえち 新潟県　*あたまがち 新潟県西蒲原郡　*あたましゃくし 島根県出雲・隠岐島　*あたまぶっこ・あたまぶと・あたまぷと 島根県隠岐島　*あたまふと 島根県隠岐島　高知県幡多郡　*あったびーんぐゎ 沖縄県島尻郡　*あまこ・あまっこ 長野県北安曇郡・東筑摩郡　*あみなー 沖縄県首里　*あんじったま 新潟県中越　*いもりこ 新潟県佐渡　*おーったー 沖縄県竹富島　*おかめどじょー 山梨県　長野県佐久　*おぎょろったま・おぎろたま 新潟県　*おこごろ・おごころ 高知県幡多郡　*おしゃもじ 香川県木田郡　*おたっぴー・おたふくじょじょ 千葉県夷隅郡　*おたま 群馬県佐波郡　長野県上伊那郡　滋賀県東部　高知県　熊本県八代郡　*おたまがえーろ 埼玉県南埼玉郡　*おたまぐす 愛知県西加茂郡　*おたまぐつ 岐阜県羽島郡　愛知県　*おたまげーろ 栃木県　群馬県佐波郡　*おたまこ 福井県遠敷郡　*おたまごっつ 岐阜県大垣　*おたまごっつり 岐阜県山県郡　*おたまごつり 岐阜県海津郡　*おたまじゃっこ 神奈川県小田原市　*おたまっこ 福島県東白川郡　埼玉県北葛飾郡　長野県　静岡県　*おたまっちょ 静岡県・磐田郡　*おたまろく 岐阜県恵那郡　*おたまんがえる 群馬県桐生市　*おたまんぎょ 埼玉県大里郡　*おたまんげーろ 埼玉県秩父郡　*おたまんげろ 栃木県安蘇郡・佐野市　*おたまんご 栃木県足利市　*おたまんごろ 栃木県佐野市・安蘇郡　*おだんじょこ 滋賀県坂田郡　*おたんふぐろ・おたんぶくろ・たんたんぶくろ・だんだんぶくろ・だんふぐろ 新潟県佐渡　*おふく 大分県北海部郡　*おへろっこ 静岡県志太郡　*おぼっこ 新潟県中頸城郡　*おろろい 熊本県球磨郡　*おろろんこ 熊本県芦北郡　*おんごろべー 新潟県佐渡　*がーらくと 山形県北村山郡　*がーらご 奈良県吉野郡　*がーる 愛媛県大三島　高知市　*がーるこ 高知県高岡郡　*がいご・がいごのこ・がいころ・がいのご 石川県能登　*かいこだま 奈良県　*がいごろ 富山県東礪波郡　石川県能登　*がいちま・がえちま 新潟県西蒲原郡　*がいどー 大分県大分郡　*がいのこ 熊本県阿蘇郡　*がいらんべー・がいろんべー・がいろんぼ 岐阜県郡上郡　*がいりこ 愛媛県北宇和郡　*がいる 高知県　*がいろ 青森県　山形県東置賜郡・米沢市　石川県鳳至郡　岐阜県飛驒・郡上郡　三重県南牟婁郡　大分県　*がいろこだま 岐阜県恵那郡　*がいろだま 岐阜県武儀郡　*がいろっこ 山形県東置賜郡・南置賜郡　愛知県奥設楽　*がいろぶくろ 大分県北海部郡　*がいろぼ 岐阜県益田郡　*がいろぼーず 新潟県中頸城郡　*がいろんこ 熊本県阿蘇郡　*がいろんべ 岐阜県益田郡　*かえころだま 三重県名賀郡　*がえ

らく・がえらくた・がえらこ・がえらんご 山形県 *がえらくと（足の生えたもの）山形県最上郡 *かえらこ 宮城県仙台市 *がえらご 岩手県紫波郡　宮城県仙台市　山形県　石川県鳳至郡 *がえらんこ 山形県西村山郡 *かえる 和歌山県日高郡　高知県　大分県北海部郡 *がえるくじょ 新潟県東蒲原郡 *がえるくたま・がえるくちょ 山形県西置賜郡 *がえるくと 山形県東田川郡 *かえるこ 山形県東置賜郡　新潟県佐渡　福井県敦賀郡　滋賀県蒲生郡　奈良県　島根県鹿足郡　大分県大分市・大分郡 *かえるご 宮城県仙台市　滋賀県湖西　三重県志摩郡　香川県綾歌郡 *がえるこ 滋賀県　三重県松阪市　奈良県　島根県　香川県仲多度郡　高知県高知市・幡多郡 *がえるご 山形県東置賜郡　新潟県東蒲原郡　三重県志摩郡・員弁郡　大阪府泉北郡　奈良県宇智郡　和歌山県　島根県　香川県仲多度郡・大川郡 *かえるこだま 奈良県 *かえるこんぼー 茨城県那珂郡 *がえるったま 新潟県中頸城郡 *かえるのこ 滋賀県湖東　島根県　高知県 *がえるのこ 高知県安芸郡・長岡郡 *がえるま・がえるまちょ 新潟県 *かえるまちょ・がえるまっちょ 新潟県東蒲原郡 *がえるまちょー 新潟県中蒲原郡 *かえろ 岐阜県郡上郡・飛騨 *がえろ 山形県米沢市・東置賜郡　岐阜県飛騨・郡上郡 *がえろく 山形県西置賜郡・北村山郡　岐阜県益田郡　高知県中村市・幡多郡 *がえろくた 山形県北村山郡・最上郡 *がえろくたま・がえろくと 山形県 *がえろくだま 岐阜県恵那郡 *かえろご 青森県南部・三戸郡　山形県東置賜郡 *がえろこ 山形県　岐阜県恵那郡 *がえろご 青森県南部　秋田県鹿角郡　山形県東置賜郡　三重県宇治山田市・南牟婁郡 *がえろっこ 山形県東置賜郡 *がえろっこだま 新潟県中越 *がえろったま 新潟県上越市 *かえろぼー 岐阜県益田郡 *かえろぼーず 新潟県中頸城郡 *がすもり 新潟県佐渡 *がたんぼ 新潟県佐渡 *がっとこ・がっとのこばら・がっとのこべちょ・がっとのこべら 石川県珠洲郡 *がっとのこ・がっとのこべ 石川県能登 *がばらっちょ 静岡県 *がやり 高知県幡多郡 *がやりこ 高知県幡多郡・高岡郡 *がやるご 香川県綾歌郡 *がやろ 青森県 *がらご 石川県能登　三重県南牟婁郡　和歌山県東牟婁郡 *がらごら・がらごろ・がるごら・がるごろ 石川県能登 *がらりん 高知市 *がりこ 高知県幡多郡　福岡県小倉 *がりご 石川県能登　岐阜県飛騨・吉城郡 *かりこだま 奈良県吉野郡 *がる 高知県吾川郡・安芸郡 *がるこ 高知県高知市・幡多郡 *がるご 石川県能登　三重県南牟婁郡 *がるのこ 高知県吾川郡 *がるも 奈良県吉野郡 *がれご・がんたこ・がんたき 石川県鹿島郡 *がわじょ・がわず・がわぞ 石川県能登 *がんよろ 岐阜県飛騨 *ぎゃーこ 鳥取県西伯郡　島根県出雲市 *きゃーこめ 島根県八束郡 *ぎゃーのこ 富山県射水郡　鳥取県西伯郡 *ぎゃーらー 熊本県上益城郡 *ぎゃーらこ 群馬県多野郡 *ぎゃーりこ 新潟県佐渡　高知県幡多郡 *きゃーるご 兵庫県出石郡 *ぎゃーるこ 京都府 *ぎゃーるっこ 新潟県西頸城郡 *ぎゃーるのこ 高知県 *ぎゃーれ 熊本県球磨郡・天草郡 *ぎゃーれんこ 熊本県 *ぎゃーろんこ 熊本県上益城郡・下益城郡 *ぎゃいる 高知県香美郡 *ぎゃいるご 香川県三豊郡 *ぎゃえろご 兵庫県城崎郡 *ぎゃくったま 長野県上高井郡 *ぎゃごろ 熊本県球磨郡 *ぎゃっこ 新潟県西頸城郡 *ぎゃのこ 富山県 *ぎゃらいご 山形県村山 *ぎゃらくた 山形県新庄市・東村山郡 *ぎゃらくと 秋田県仙北郡　山形県 *ぎゃらこ 山形県　高知県幡多郡　熊本県阿蘇郡 *ぎゃらご 富山市近在 *ぎゃらこと 山形県最上郡 *ぎゃらんこ 熊本県阿蘇郡・上益城郡 *きゃらんぼ 長野県更級郡 *ぎゃらんぼ 長野県上高井郡 *ぎゃり 熊本県球磨郡・天草郡 *ぎゃりこ 岐阜県北飛騨　島根県簸川郡　長崎県南高来郡　熊本県 *ぎゃりご 富山市近在　岐阜県飛騨 *ぎゃる 高知県　熊本県天草郡 *ぎゃるこ 石川県 *ぎゃるこ 石川県　滋賀県東浅井郡　長崎県南高来郡　熊本県 *ぎゃるご 富山県富山市近在・婦負郡　石川県石川郡　福井県坂井郡　兵庫県加古郡　香川県三豊郡 *ぎゃるのこ 徳島県美馬郡　高知県 *ぎゃるんばば 石川県能美郡 *ぎゃれんこ 熊本県上益城郡 *ぎゃろ 青森県・上北郡　石川県河北郡　島根県簸川郡　高知県　熊本県 *きゃろくと・げぁろくた・げーらくと・げーること・げーろくと 山形県 *ぎゃろこ 熊本県阿蘇郡・球磨郡 *ぎゃろご 青森県 *ぎゃろっこ 宮城県栗原郡 *ぎゃろのこ 高知県香美郡 *ぎゃんごろ 岐阜県飛騨 *ぎゃんのこ 熊本県 *きゅーしろー 熊本県宇土郡・下益城郡 *きゅ

方/言/の/窓

●東西対立分布

東日本にA語形、西日本にB語形というように、二つの語形が東西に分かれて分布することをいう。シアサッテ（西）対ヤノアサッテ（東）、（人が）オル（西）対イル（東）、ウロコ（西）対コケ・コケラ（東）、カライ（西）対ショッパイ（東）、（行カ）ン（西）対（行カ）ナイ（東）など、例が多い。

東西対立分布の基本的境界線は新潟県西端の糸魚川市と静岡県西端の浜名湖を結ぶ線上にあり、「糸魚川・浜名湖線」と呼ばれる。この境界線は明治期の国語調査委員会が口語文法の全国調査を行った結果、発見したものである。

『万葉集』の東歌や防人歌には東国方言（東日本の方言）で詠まれた歌が多数収録されており、この境界線は奈良時代にはすでに成立していたと考えられる。

ーどんべん熊本県天草郡 *ぎょーろくだま長野県南佐久郡・佐久 *ぎょろったま新潟県中越 *ぎりこ三重県阿山郡 *きんねだま鹿児島県揖宿郡 *ぐいらご愛知県碧海郡・額田郡 *くくちやてご愛知県碧海郡 *ぐすがえる新潟県刈羽郡 *くちなわのばば兵庫県朝来郡 *ぐりぐと山形県西田川郡・飽海郡 *くろんろん・ふくろんどん大分県大分郡 *げ鹿児島県 *げあーらご岩手県上閉伊郡・気仙郡 *げあーろご岩手県九戸郡 宮城県遠田郡 *げぁらくと秋田県 山形県 *げぁらこ山形県 *げぁらご岩手県上閉伊郡・気仙郡 宮城県 秋田県仙北郡 *げぁらこと山形県最上郡 *げぁらんこ山形県南村山郡 *げぁりごと秋田県仙北郡 *げぁるぐど秋田県 *げぁろ秋田県河辺郡 *げぁろくと秋田県由利郡 山形県 *げぁろこ山形県南置賜郡 *げぁろも秋田県北秋田郡 *げー宮崎県西諸県郡・都城 鹿児島県 *げーこ長崎市 熊本県芦北郡 *げーご鹿児島県 *げーじ大分県大分郡 *げーた・げーたぶく愛知県碧海郡 *げーだ大分市 *げーたふぐ愛知県愛知郡・碧海郡 *げーのこ熊本県阿蘇郡 鹿児島県 *げーら・げーらぼくろ・けーらんこ大分県大分市・大分郡 *げーらこ熊本県阿蘇郡 *げーらこと山形県最上郡 *げーらふぐ愛知県碧海郡 *げーらぶく大分県北海部郡 *げーらぶくろ・げーらんこ大分市 *げーらん大分県大野郡 *げーり福岡県粕屋郡 大分市 *けーりこ新潟県佐渡 *けーりご・げーろご・けーろっこ福島県会津 *げーりこ新潟県佐渡 長崎市 大分県下毛郡 *げーる長崎県対馬 大分県 *げーるくたま山形県 *げーるくと山形県東田川郡 *げーるご福島県相馬郡 *けーるこんぼ茨城県多賀郡・那珂郡 *けーるっこ茨城県稲敷郡 *げーるのこ大分県別府市 *げーるのまっちょ新潟県東蒲原郡 *けーろ長野県諏訪 *げーろ青森県津軽 長野県諏訪 大分県 宮崎県西臼杵郡 *げーろくたま山形県東置賜郡 *げーろくだま新潟県中越 長野県東筑摩郡 *げーろぐちょ新潟県下越 *げーろこ山形県東置賜郡 熊本県阿蘇郡 *げーろこと山形県最上郡 *げーろっこ新潟県上越市・中頸城郡 長野県諏訪 *げーろったま群馬県利根郡 長野県 *げーろばくど大分県大分郡 *げーろんこ大分県南海部郡・大分郡 *げーろんご埼玉県秩父郡 *げご・げのこ鹿児島県 *げどばく大分県南海部郡 *げらぐだ・げらくと・げりぐご山形県飽海郡 *げらこ熊本県阿蘇郡 *げらごと山形県東田川郡・飽海郡 *げり宮崎県西諸県郡・東諸県郡 鹿児島県肝属郡 *げりこ三重県 福岡県久留米市 大分県大分郡 *けりごと山形県西田川郡 *げりっこ三重県度会郡 *げりのこ宮崎県児湯郡 *げりぶくろ大分県東国東郡 *げりん宮崎県東諸県郡 *げりんぼ・げりんぽ熊本県天草郡 *げる長崎県対馬 宮崎県日向 *げるくと・げろくと・げろこと山形県 *げるこ三重県名賀郡 *げるご三重県志摩・度会郡 *げること山形県東田川郡・西田川郡 *げれ宮崎県西諸県郡 *げれくと山形県飽海郡 *げれこ京都府 三重県名賀郡 熊本県阿蘇郡 *げれっこ大分市 *げれんこ宮崎県南那珂郡 *げろ青森県津軽 山形県東田川郡 長野県佐久 岐阜県揖斐郡 宮崎県西臼杵郡 *げろくたま山形県東置賜郡 *げろご青森県北津軽郡・上北郡 三重県志摩郡 *げろたま山形県西田川郡 *げろっこ宮城県栗原郡 *げろも宮城県栗原郡 三重県鈴鹿市 *げんこ宮崎県児湯郡 *げんごろ三重県名賀郡・志摩郡 *げんごろーだま長野県佐久 *げんごろだま三重県伊賀 *げんごろったま長野県南佐久郡 *げんのこ熊本県球磨郡 宮崎県宮崎郡・南那珂郡 *こいまら奈良県吉野郡 *ごけーろ大分県大分郡 *こころごころ・ころころ石川県鳳至郡 *ごたのこ高知県高岡郡 *ごっと石川県珠洲郡 *ごと石川県 *ことことめ・ことこんべ栃木県芳賀郡 *こばら・こわら・こわろー富山県氷見市 *こばらえ富山県氷見郡 *こばろっこ愛知県北設楽郡 *こべちょ・こべら石川県珠洲郡 *こぼろ石川県江沼郡・羽咋郡 *ごも鹿児島県 *ごもくろ鹿児島県揖宿郡 *ごりんこ・ごれんこ・ころろん石川県珠洲郡 *ごろぎーや・ごろごろじゃ熊本県球磨郡 *ごろこ茨城県稲敷郡 千葉県印旛郡 *ごろごろ徳島県美馬郡 高知県幡多郡 *ごろた茨城県稲敷郡 千葉県香取郡・匝瑳郡 *ごろっこ茨城県 千葉県印旛郡 *ごろった茨城県稲敷郡 *ごろべ石川県鳳至郡 *ころまん千葉県上総 *さいゆー鹿児島県与論島 *じゃーりぇんこ熊本県上益城郡 *じゃーりんこ熊本県 *じゃーれんのこ熊本県下益城郡 *じゃご熊本県飽託郡 *じゃねんこ熊本県八代郡 *じゃらご富山県 石川県能登 *じゃりこ徳島県美馬郡 熊本県鹿本郡・玉名郡 *じゃるこ熊本県 *じゃるのこ高知県香美郡 *じゃれご石川県鹿島郡 *じゃれんこ熊本県球磨郡 *じゃんごろ富山県氷見市 *じゃんのこ熊本県八代郡・芦北郡 *じゅぎゃり(「じゅずがえる(数珠蛙)」の転か)熊本県球磨郡 *じりこ徳島県美馬郡 *じんじく千葉県印旛郡 *せんびき福岡県久留米市 *たーらぐ沖縄県石垣島・波照間島 *たいこ佐賀県 *たいこんぼ山口県大島 *だえろご山形県西置賜郡・南置賜郡 *たぐず石川県珠洲郡 *たごろ三重県北牟婁郡 *たこんぼー山口県柳井市 *たながい鹿児島県与論島 *たなご富山県 福井県丹生郡 *たびらこ岐阜県恵那郡 *たふぐ千葉県安房郡 三重県 *たぶく大分市 *たふご三重県志摩郡 *たふんぐ三重県度会郡 *たふんばり新潟県 *たべら愛知県北設楽郡 *たべらこ愛知県東加茂郡・額田郡 *たべらご愛知県東加茂郡 *たべらっこ愛知県北設楽郡・南設楽郡 *たべろっこ愛知県南設楽郡 *だまぐつ愛知県 *だまじゃこ富山県高岡市 *たまっこ群馬県勢多郡

長野県諏訪 *たまどじょー 千葉県夷隅郡 *たまひょろ 岐阜県 *だまんじゃこ 富山県 *たらいご 福井県吉田郡 *だらべこ 石川県江沼郡 *たわらご 島根県益田市 *たんぐ 三重県志摩郡 *だんご 大分県大分郡 *だんごじゃくし 大分県大分市・大分郡 *たんごたんご 三重県度会郡 *たんころ 岐阜県恵那郡 奈良県吉野郡 *たんごろ 千葉県山武郡 *だんばい 和歌山県日高郡 *だんぶく 島根県隠岐島 *だんべこ 福島県中部 新潟県佐渡 *ちぶるぶた（「頭の大きなもの」の意）沖縄県国頭郡 *ちゃちゃのこ 石川県鳳至郡 *ちょんごろ 愛知県碧海郡 *ちんちくだま 長野県下水内郡 *つぶつぶ 長野県下水内郡 *ででこ 三重県志摩郡 *ででっころ 千葉県安房郡 *ででんご・ででんぼこ 愛知県宝飯郡 *でべざっこ 富山県東礪波郡・西礪波郡 *でべれっこ 静岡県浜松市 *てんじょーご 京都府与謝郡 *でんでんがらむし 富山県氷見市 石川県鳳至郡 *どーまん 千葉県市原郡 *どだま 長野県上田 岐阜県飛騨 *どどっぱ 富山県 *どどんこぶ 愛知県渥美郡 *どびっこ 山梨県 *どびん・どびんちょ・どんび 山梨県南巨摩郡 *どびんこ 香川県 *どびんご 島根県那賀郡 香川県 *どべ・どべんちょこ 富山県 *どべくろ 兵庫県赤穂郡 *とべざっこ・どべざっこ・どべじゃこ・どべじゃっこ 富山県東礪波郡 *どべらんこ 岐阜県郡上郡 *どぼ 三重県志摩郡 *どんくご・どんくのこ 長崎県南高来郡 *どんぐつ 愛知県碧海郡 *どんくんこ 長崎県南高来郡 熊本県芦北郡・天草郡 *どんこ 熊本県上益城郡・芦北郡 *どんこんげー 鹿児島県肝属郡 *ねぼ 島根県隠岐島 *のだめ 熊本県天草郡 *ばいばいろ 栃木県足利市 *ばくどじょー 静岡県 *ばくどのこ 大分県大分郡 *ばばこ 石川県河北郡 *ばばざっこ 富山県 *ばばすえ 茨城県西茨城郡 *ばばすこ 栃木県河内郡・塩谷郡 *はらべっと 富山県 *はららんべっと 富山県・射水郡・砺波 *びきどじょー・びきんじょ 熊本県八代郡 *びきのぎゃーれ 熊本県球磨郡 *ひきのこ 高知県長岡郡・吾川郡 *びきのこ 高知県高岡郡 熊本県八代郡・天草郡 宮崎県西臼杵郡 *びく・びくっちょー 山梨県 *びくちょ 山梨県東山梨郡 *びくに 長野県諏訪 *びくも 山梨県南巨摩郡 *びっきご 山形県最上郡 *びっきのこ 山形県 *びっきのたまご 山形県南置賜郡 *びっこ 福岡県山門郡 *びっご 佐賀県藤津郡 熊本県鹿本郡・玉名郡 *びっごんたん 熊本県玉名郡 *びびーたー・ひびのこ（幼児語）島根県邑智郡 *びり 熊本県天草郡 *びりご 三重県志摩郡・度会郡 熊本県玉名郡 *びる 鹿児島県奄美大島 *びるこ 熊本県玉名郡・八代郡 *びんくんこ 熊本県天草郡 *びんごろー 福岡県三池郡 *びんたぶと 鹿児島県宝島 *びんのこ 熊本県天草郡 *ぶーたんじょじょ・ぶーまんじょじょ・ぶーまんじょじょー・ぶーまんじょちょ・ぶーまんた・ぶーまんたった・ぶーまんどじょ・ぶーまんどじょー・ぶーまんどちょー・ふくまんじょじょ 千葉県夷隅郡 *ふーまん 千葉県 *ふく 広島県 大分県北海部郡 *ふぐたいろ 愛知県知多郡 *ふぐたご 三重県伊勢 *ふぐたま 愛知県碧海郡・岡崎市 *ふぐつ 愛知県知多郡・額田郡 三重県宇治山田市 *ふぐっちょ 静岡県富士郡 *ふくっとー 高知県吾川郡 *ふくと 高知県幡多郡 *ふくどんどん 大分市 *ふっぱりどじょー 千葉県・長生郡 *へーろく 岐阜県恵那郡 *へーろくだま 岐阜県恵那郡 *へこっちょ 静岡県磐田郡 *べたこ 富山市近在 *へたごろ 大阪府中河内郡 *べっと 富山県 石川県能美郡 *へとま 滋賀県愛知郡 *へびじゃくし 大分県大野郡 *へべへべ 三重県一志郡 *ぼー 新潟県中越 *ほーごろ 広島県芦品郡 *ぼてがん・ぼでがん 愛知県碧海郡 *ほてんか 滋賀県愛知郡 *ぼろっこ 新潟県糸魚川市 *ほろほろ 高知県香美郡 *まごじゃく 大分県速見郡 *まごじゃくし 大分県大分郡 *ままっこ・まんまっこ 千葉県印旛郡 *まめた 千葉県香取郡・匝瑳郡 *まめぶく 大分県北海部郡 *めーめんじゃく 石川県江沼郡 *めめじゃこ 石川県鳳至郡 *めめっと・めめんと 新潟県西頸城郡 *ももらい 滋賀県滋賀郡・高島郡 *やんま 福島市 *わくどーのこ 宮崎県西臼杵郡 *わくどんこ・わっこんこ 熊本県

おだやか【穏】 *おーてーらか・おてやか（穏やかで気品のあるさま）島根県邑智郡・邇摩郡 石見 *おやか 石川県珠洲郡 *おんと 新潟県西頸城郡「あいつはおんとなやろうだ」 岐阜県養老郡 島根県簸川郡・大原郡 香川県三豊郡 愛媛県 *おんのり 富山県 *したたまる（穏やかで正直でまじめそうだ）島根県出雲「したたまった人」 *たいら 山形県米沢市 *なごい 福島県相馬郡「海がなごえ」 徳島県 *なごしー 岩手県九戸郡 秋田県鹿角郡 *なだやっさん 沖縄県首里 *なやすい 新潟県佐渡 高知県 *なよい 高知県「土佐の酒は此頃なよい美味いものが多い」・高知市 *なるい 群馬県吾妻郡 山梨県 岡山市「この犬ぁなりー」 *なんご 愛知県知多郡「なんごなもの言ひ」 *なんごー 愛知県額田郡・宝飯郡 *なんどり 愛知県名古屋市「ここはなんどりと話をもって行って、穏便にまとめるべきだ」 兵庫県加古郡「今年はなんどりした二百十日やな」・淡路島 *ふくさ 愛知県名古屋市 *もやっと 山形県 *やーらしー 福井県大野郡 岐阜県郡上郡 *やおい 島根県石見・隠岐島「今度来んさった先生はやおい」 福岡県遠賀郡 *やこい 富山県「やこい顔しとられる」 *やわい 宮崎県西臼杵郡「今の風の方がやわい」 *やわかい 山梨県南都留郡「いくらかやわかいかしらんが（幾分かおだやかかもしれないが）」 *やわらしー 岐阜県郡上郡 兵庫県加古郡 *ゆー 島根県益田市・邑智郡「この子はゆーな子じゃ」 山口県 *よいと 長野県北安曇郡 *よーい・よーり 鹿児島県喜界島

「よーいむてぃ(そっと持て)」 *よーいと 長野県「よーいと来い」 *よーら 東京都八丈島「ここわよーらだら(静かだ)」 福岡県八女郡 佐賀県東松浦郡 *よーらっと 熊本県 *よーらと 長崎県伊王島 *よーりっと 島根県石見「よーりっと降ろさにゃー子供が泣く」 *よよーと 群馬県吾妻郡「そっじゃあよようとしてくれ(静かにおはたらき)」 *よらっと・よろっと 長崎県壱岐島

おちつき【落着】 *いつき 山形県米沢市・西置賜郡「えづぎぁえー」

□がない *がさい 京都府 兵庫県「何とがさい子やな」 *がさつい 兵庫県神戸市「がさつい人」 *がさっぽい 新潟県西頸城郡 *かさぺない 秋田県「かさぺねぁ人だ」 *かそぺない 山形県庄内 *かそべない・かとべない 山形県東村山郡 *かたかたしー 新潟県東蒲原郡 *かちゃばない 山形県東村山郡 *かちゃぺない 青森県「落ち付かないかちゃぺね娘こだ」 秋田県山本郡 *かちょぺない 青森県 山形県東村山郡・庄内 *かっつぉべない 山形県東田川郡・鶴岡 *かるっぽい 新潟県佐渡「まだかるっぽーて駄目だ」 *かるっぽしー 群馬県多野郡 *けちゅらしか・けちょらしか(動作が荒々しくて落ち着きがない)長崎県壱岐島「けちょらしか男」 *こざかしー(いらいらして落ち着きがない)岡山県児島郡 *さだけない・しゃだけない 岐阜県飛驒「さだけない子で、ちょっとも目が離せん」 *さびねーらん 鹿児島県喜界島 *しゃがない 岡山県苫田郡「しゃがない猫じゃのう」 *せーぞない 長野県上伊那郡・下伊那郡 *せーどない 神奈川県 長野県東筑摩郡「せーどない児だ」・上伊那郡 *せぇはちける 福島県東白川郡 *せせくらしー 島根県隠岐島「せせくらしー子だ」 *せせくろしー 島根県石見 *せせらしー 島根県 *そこはいー 高知県長岡郡 *そそくさい 山形県米沢市 大阪市 兵庫県美嚢郡・神戸市 和歌山県伊都郡 *そそくさしー 島根県石見「内の子はそそくさしー」 *そそっぱい 島根県出雲市・隠岐島 *そそっぱしー 島根県出雲「随分そそっぱしぃ人も居れば居るもんだ」 *そそっぺかしー 和歌山県海草郡 *そそはい 徳島県「うちの子はどうもそそはいので困る」 香川県大川郡・仲多度郡 *そそはいー 徳島県 香川県大川郡・仲多度郡 *そどがない 島根県隠岐島「大荒れが来たのでそどがない」 *ちょーちょーしー 滋賀県蒲生郡 *てがまし 鹿児島県肝属郡 *てがましー 鳥取県東部 岡山県児島郡「おめえぐれえてがましい奴あおらん」 徳島県 香川県三豊郡 愛媛県 *てぞがましー 愛媛県 *てぶしかい 岩手県気仙郡 *ひっくめぐ 岩手県気仙郡 *やせあない 青森県南部 *やたかしー 山梨県

□がないさま *がさつ(子供の落ち着きのないさま) 山形県東村山郡・北村山郡 *かんなげちょのしっぽきったよー 宮城県仙台市 *きくしゃく(子供の落ち着きのないさま) 岩手県平泉「きくしゃくてばりえる」 *きぜわ 島根県「きぜわな男じゃ」 *きぜん 山口県豊浦郡 *きそきそ 新潟県佐渡・上越「あのしとはきそきそしているしとだ」 *きそまそ 新潟県「男の子はそんなにきそまそするものでない」 *きちゃきちゃ 宮城県仙台市 山形県 *きちゃぱちゃ 宮城県石巻・仙台市「そったにきちゃぱちゃすっとあぶねがすと」 *きちゃらきちゃら・きちゃらぱちゃら 宮城県仙台市 *きつきつ 高知市「きつきつしな(するな)、縁からこけるぞよ」 *ぎろがろ 青森県三戸郡 *ぎんながし 山形県東置賜郡・西置賜郡 *けそけそ 青森県三戸郡 新潟県佐渡 島根県石見・隠岐島「教場でけそけそしてじっとしとらん」 福岡市 長崎県対馬 大分県 *げそげそ 山口県 佐賀県 *けとくさ 富山県砺波 *けとくた 岐阜県飛驒 *したくた・すたくた 岩手県気仙郡 *しゃか 三重県阿山郡 *ぞーぞー 愛媛県喜多郡「ぞーぞーする(騒々しい)」 長崎県対馬 *ぞかぞか 富山県砺波「ぞかぞかした奴や」 *そそら 茨城県新治郡・稲敷郡 栃木県「そそらだから怪我をする」 *そそらそっぺあー・そっぺあー 埼玉県北足立郡 *そそらっか 栃木県 *そそらっぺー 茨城県稲敷郡 埼玉県秩父郡 *そそらはぜ 長崎県対馬 *ちたぱた 岩手県気仙郡 *ちゃか 山形県庄内 *ちゃかちゃか 青森県南津軽郡「ちゃかちゃかとする」 山形県 福島県北部 *ちゃちゃくちゃ 宮城県石巻 *ちょっぴーかー 東京都八王子 *ちょっぴか 栃木県足利市・佐野市 群馬県勢多郡「子供を町につれて行ったが、ちょっぴかちょっぴかしているので危かった」・多野郡 *ちょろちょろ 山形県米沢市 栃木県河内郡 *ておーさおー 島根県石見「ておーさおーして落ち着かん」 *てたくた 岩手県気仙郡 宮城県石巻「てたくたて間違えねよに届けてけさえ」 *てたぱた 岩手県気仙郡 *ときかき 青森県津軽「あのふとあ、ときかきてはなすなね」 *ときとき 山形県村山 *どばとば 富山市 岐阜県飛驒「そうとばとばするな」 島根県出雲市・大原郡 岡山県児島郡 徳島県 *とぱとぱ 鳥取県 島根県簸川郡・八束郡「巡査が来たもんだけん一日中とぱとぱした」 *はんか 青森県南部(主に女に言う) 山形県東村山郡 *はんしゅ 青森県 *ひくひく 岩手県気仙郡・平泉 宮城県仙台市「あいつはひくひくして、何事にもすぐ手を出す」 *ひぐひぐ 岩手県気仙郡 *びくびく 山形県西置賜郡・東田川郡 *みあらく 富山市 *やしゃやしゃ 滋賀県彦根

□のない人(こと) *あしゃ・あしゃま 富山県砺波 *いら 島根県石見 岡山県苫田郡 愛媛県大三島 高知県 *いらいら 香川県豊島「あいつ若い時からいらいらじゃったわいの」 愛媛県大三島 *いらち 福井県大飯郡 滋賀県彦根・

蒲生郡　京都市　大阪府大阪市・泉北郡　兵庫県赤穂郡・加古郡　和歌山県　徳島県　*いられ 滋賀県彦根　愛媛県宇和島　高知県「ぁの児はいられ者で困る」　*がさ 山形県東村山郡・北村山郡　新潟県佐渡　富山県　石川県能美郡　福井県　岐阜県飛驒「がさな女やったが嫁に行ったら淑かになった」　三重県名張市　京都市　大阪府泉北郡　兵庫県神戸市　奈良県　和歌山県　島根県石見「がさな真似はやめたがえー」　徳島県　香川県　*がざ 福井県　徳島県　*がさー 沖縄県首里　*がさつき 新潟県佐渡　三重県阿山郡　*がさっこ 新潟県西頸城郡　*がさっぱち 大阪府泉北郡　*がさっぽ 新潟県佐渡　奈良県南大和　和歌山県　*がさはち 徳島県　*がざまつ(がさがさして落ち着きのない子供) 愛媛県　*がさんぼ 三重県上野市・阿山郡　*がす 富山県砺波　*がぜ 山口県豊浦郡　*がら 長野県上田・佐久　*がんさ 新潟県佐渡「仕事ががんさで困る」　*きつねのかわらぱしり 山形県米沢市「きつねのかわらぱしりのような本読みをしてどうする」　*きょーそく 新潟県中頸城郡　*きょす 長崎県対馬　*きょそ 新潟県中頸城郡　山口県大島　*きょそきょそー 島根県石見　*きょつ・きょつま 富山県西礪波郡　*きょと 富山県砺波　*きょとさく 香川県大川郡　*きょとすけ 兵庫県赤穂郡　*きょろ 京都市　和歌山市　香川県高見島　*きょろさい 香川県伊吹島　*きょろさく 愛媛県　*きょろすけ 三重県名賀郡　*きょろたえ・きょろたえもん・きょろまつ 愛媛県松山市　*きょろたき 和歌山県日高郡　*きょろつき 新潟県上越　和歌山県　*きょんきょん 島根県鹿足郡「またきょんきょんが来た」　*けんけらそー 徳島県　*しゃしゃ 三重県名張市　*しょーぬがー(「性の抜けた者」の意) 沖縄県首里　*しょこずき 青森県三戸郡　*せんぞ 山形県東田川郡　*そか 兵庫県明石市　*ぞか 富山県砺波　*ちやわ 石川県能美郡　*ちゃわつき 新潟県佐渡・中頸城郡　*ちょちょら 福島県東白川郡　群馬県桐生市　*てんま 新潟県上越市　*とっぱ 兵庫県加古郡　奈良県　徳島県　長崎県対馬　熊本県玉名郡・芦北郡　大分県　*とっぱー 岡山県苫田郡・玉野市　*とっぱごろ 宮崎県西臼杵郡　*とっぱす 熊本県八代郡・下益城郡　*とっぱすけ 鳥取県東部　*とっぱのとびすけ 兵庫県加古郡　*とっぱんすけ 山口県大島　*とっぴょーす 大分県日田郡　*とっぴょす 佐賀県　宮崎県西臼杵郡・東諸県郡　*とっぽー 鳥取県　*とびさく 徳島県　*とびすけ・とぼすけ 香川県高松　*とんきろ(落ち着きのない男の子) 愛媛県大三島　*とんば 茨城県稲敷郡　徳島県　*とんぱ 千葉県山武郡　*とんびくりん・とんびくれん 茨城県新治郡　*とんぴくりん 茨城県稲敷郡　山梨県中巨摩郡　*とんぴくれん・とんぴこりん・とんぴょくれん・とんぴょこれ 茨城県稲敷郡　*とんぴょくりん 茨城県稲敷郡　山梨県　*ひょこひょこ 三重県阿山郡　*ぶわさわ 山形県西田川郡・米沢市

おちつく【落着】　*いゆん(一つの所に落ち着く) 沖縄県首里　*おさめすぎる(落ち着き過ぎている) 兵庫県加古郡　*おりあう 広島県高田郡　*おりおう 島根県鹿足郡　福岡県小倉市　*おれやう 山口県豊浦郡　*かんまえる 山形県米沢市　*さずむ 富山県「病がさずむ」　岐阜県「大雨もさずむ」　愛知県名古屋市・知多郡　大阪市「もちっとさずんでからにした方がよい」　宮崎県東諸県郡　*さずん 鹿児島県　*さどむ 山口県豊浦郡「風がさどーだ」　香川県三豊郡「火事がさどんだ」　*ねぐさる(気が落ち着く) 大阪府泉北郡

□ているさま　*うちら 鳥取県米子市　*おーよー 岐阜県恵那郡「おおようにしとれ」　*おじおじ(ゆっくり落ち着くさま) 島根県「おじおじ昨夜は寝られんだった」　*おちら 鳥取県西伯郡・日野郡　島根県出雲　*おっちら 東京都八王子　神奈川県津久井郡　新潟県佐渡　長野県佐久　三重県志摩郡　兵庫県　鳥取県西伯郡　島根県　岡山県　広島県双三郡・高田郡　徳島県「今夜はおっちら飯を食おう」　香川県　愛媛県・大三島　*おっちり 栃木県安蘇郡　群馬県館林　埼玉県秩父郡「あいつぁ、おっちりしていて焦らない」　長野県下伊那郡・佐久　静岡県　滋賀県蒲生郡　兵庫県加古郡・淡路島　徳島県　香川県　*けそけそ 長野県諏訪　*じったと 青森県上北郡　*じったり 島根県「なかなかじったりした人だ」　*じっちり(落ち着いて動かないさま) 岐阜県大垣市　和歌山県「そないばたばた走らずにちっとじっちりしてゐなはれよ」　*じっとら・じっとり 島根県「今度の先生はじっとりした人だ」　*しっぽら 奈良県南大和　*しっぽり(静かに落ち着いたさま) 山形県東田川郡　福井県大飯郡　広島県神石郡「いつもテレビはしっぽりと見るんですがな」　*じんど・ずんど 島根県出雲「走らんでずんどに歩け」　*ちゃかり 新潟県中頸城郡　静岡県「用事もすんでちゃかりとして居る」　*ちゃっかり 神奈川県「おら、もう、さーっきから、こけー来てちゃっかりしてら」　*でっしり・でっちり 新潟県佐渡　*どっさり 新潟県佐渡「どっさり坐る」　*どっしゃり 香川県　*ねっこら 茨城県久慈郡　*のっしら 新潟県佐渡「あこの子はのっしらしている」　岡山県小田郡　*べったり 宮城県石巻「朝からべったりすてお茶のんでた」　新潟県佐渡　*ぽっとり 新潟県佐渡　香川県仲多度郡　*ゆー 島根県益田市・邑智郡「この子はゆーな子じゃ」　山口県

□ない　*けそけそしー 新潟県佐渡　*けとつく・ぞかつく 富山県砺波　*ここーそどがない・こころそーどがない(そわそわして落ち着かない) 島根県出雲　*こころそどがない(そわそわして落ち着かない) 鳥取県西伯郡　島根県

出雲 *じきがない（気がせいて落ち着かない）富山県砺波　石川県金沢市・石川郡 *じきゃない（気がせいて落ち着かない）富山県砺波「待っとってもじきゃないけで先に行く」 *しりがうじょつく・しりはうようよする（尻が落ち着かない）長崎県対馬 *そぞろぐ（気持ちが落ち着かない）福島県石城郡 *みのせがない（そわそわと落ち着かない）新潟県「みのせのない子だ」・西蒲原郡 *むずつく（むずむずして落ち着かない）新潟県佐渡「けつがむずついておられんちゃ」 *ゆるせくない（気がかりなことがあって落ち着かない）静岡県「よさーなんだかゆるせくない（他家ではどうものんびりしない）」

□ないこと *いもじり（腰の落ち着かないこと）香川県「もう日がくれて皆いもじりじゃ」 *じゅーろくたまし（「魂を十六も持っている」の意から）青森県 *じゅーろくだまし（「魂を十六も持っている」の意から）青森県津軽「何程じゅーろくだましだわらし（子供）だ」 *ちむわさみち 沖縄県首里 *どんちゃん 茨城県新治郡・水戸市

□ないさま *あじゃあじゃ 富山県 *あやこや 愛媛県周桑郡「あやこやと支度をして」 *いじいじ 栃木県　長野県上伊那郡「へでもねーことにいじいじする」　大阪市　岡山県児島郡 *いちゃいちゃ 石川県金沢市　長野県南部　岐阜県本巣郡 *いんじりもんじり 島根県 *うおさお 島根県石見 *うきうき 山形県米沢市　奈良県南大和 *うきそか 山形県米沢市 *うきとき 山形県 *うこうこ 新潟県佐渡 *うさうさ 山形県「子供が傍でうさうさしているから、気がおちつかない」　神奈川県津久井郡 *うさくさ 山形県「うさくさして探した」 *うそうそ 栃木県西部　新潟県「うそうそして歩く」　富山県　福井県敦賀郡　長野県上伊那郡　島根県邑智郡「一日中うそうそ駈けずり回る」　香川県伊吹島　長崎県対馬 *うっきさっき 長野県南佐久郡「あの女はうっきさっきだなあ」 *うっきざっき 長野県佐久 *うわさわ・おわさわ 島根県隠岐島「あの男は始終おわさわしちょる」 *えんじりむんじり 山形県「人が込んでえんじりむんじりできない」 *おがさわ 島根県能義郡「あの男はおがさわしちょー」 *おだおだ 富山県砺波「上げたり下げたりしておだおだにする」 *おちょこちょ・うちょこちょ（動作の落ち着かないさま）秋田県鹿角郡 *おわさおわさわ 島根県 *おわそわ 島根県出雲「一日中おわそわしちょー」 *かかとか・ががどが 山形県米沢市「かかとかして歩くからころぶ」 *がしゃがしゃ 徳島県 *きょそきょそ・きょそんきょそん 熊本県玉名郡 *げくげく（ぐらぐらして落ち着かないさま）和歌山市「あんまり立っていたので足がげくげくする」 *さかさか 新潟県佐渡 *さわさわ 熊本県玉名郡 *ざかざか 新潟県佐渡・岩船郡 *さんさん 沖縄県首里 *しかしか 沖縄県首里 *しゃごしゃご 徳島県「しゃごしゃごする」 *しりこすばい（悪いことなどをして気がとがめて、なんとなく尻が落ち着かない感じだ）徳島県那賀郡 *しりこそばい 奈良県 *しりちょこばいー 長崎県対馬 *せかつき 長野県東筑摩郡「せかつきな人だ」 *せきせき 和歌山県西牟婁郡「せきせきするな」 *せこせこ 千葉県山武郡　東京都八王子　新潟県佐渡　長野県上田「せこせこする」 *せわせわ 山形県西置賜郡　島根県隠岐島 *ぞわぞわ 島根県仁多郡・隠岐島「そんなにぞわぞわしては何もかも忘れる」　長崎県対馬 *たっとぅいふぃっとぅい（胸がどきどきして落ち着かないさま）沖縄県首里 *ちこちこ 島根県邑智郡・隠岐島　愛媛県大三島 *ちわちわ 宮崎県東諸県郡・都城 *てぴかぴ（手を出したり引っ込めたり落ち着かないさま）山形県「てぴかぴて困る」 *とぅっそーはっそー 沖縄県首里 *とかふか 秋田県南秋田郡・河辺郡「どうもあまりとかふかするから物を壊す」 *どがまじ（あわただしく走り回って落ち着かないさま）高知県長岡郡 *どわさわ 島根県隠岐島「嫁入りで隣の家はどわさわする」 *どわとわ 島根県出雲 *どわどわ 島根県 *ぱーぱー（うきうきして落ち着かないさ）島根県益田市「あの娘はぱーぱーする」 *ひょこひょこ 滋賀県蒲生郡 *ひょんかん 岩手県気仙郡 *ぶま 青森県津軽「この部屋、なんぼぶまだば（この部屋はずいぶん落ち着かないね）」 *ほちほち 長野県諏訪・東筑摩郡「あいつもほちほちしていて」 *もたくた 岩手県平泉　宮城県仙台市「今日は気がもたくたしてならぬ」 *もたもた 宮城県仙台市「いつまでも長話して帰らないのでもたもたしてきた」　広島県高田郡 *もったてげっつ（座を立とうとして落ち着かない様子）山形県西村山郡 *もったてじり（座を立とうとして落ち着かない様子）宮城県仙台市　山形県東置賜郡 *もんだもんだで 秋田県横手市 *ゆさゆさ 沖縄県首里 *わさくさ 山形県最上郡・米沢市 *わさらくさら 山形県最上郡

おちば【落葉】 *かさしば 東京都三宅島・御蔵島 *がさら 栃木県那須郡 *がさらっぱ 千葉県東葛飾郡 *かしゃっぱ 茨城県稲敷郡・北相馬郡　千葉県「かしゃっぱみてえな着物ばり着てると風邪をひく」　新潟県中頸城郡　長野県 *がしゃっぱ 茨城県稲敷郡・北相馬郡　千葉県夷隅郡 *かしゃぱ 山形県東置賜郡 *かちゃぱ 山形県村山「狐ばかちゃぱでくるんだような（落ち着きのないたとえ）」 *こく 広島県大崎上島 *こくず 兵庫県淡路島 *こくば 兵庫県淡路島　岡山県苫田郡　広島県賀茂郡　山口県大島　徳島県 *こくま 奈良県 *ごくも 山梨県 *こすは 新潟県西頸城郡 *こすば 新潟県佐渡 *ごすば 石川県鹿島郡 *こそば 岐阜県飛騨 *こっか 兵庫県淡路島 *こっさ・こっさし 富山県 *ごっさ 石川県珠洲郡 *ごみ 長野県

諏訪「ごみをかく」 *しば 長野県諏訪・上伊那郡 島根県 徳島県「しばかき(落ち葉を集めること)」 香川県大川郡・仲多度郡 *すくぞ 山口県豊浦郡 *すくど 和歌山県 *ずくろ(枯れ落ち葉) 和歌山県海草郡・有田郡 *ちゃんば・ちゃんぱ・ちゃんぽ 長野県佐久 *どはご 京都府中郡・与謝郡 *ぼく 広島県佐伯郡 *もく 新潟県佐渡 島根県石見 *もば 徳島県

おちぶれる【落】 *いかれる 香川県仲多度郡「あいつひところとちごて、いかれたかっこうしとった」 *おげる 愛媛県 *しぴたゆん 沖縄県首里 *しぷたれる 青森県「我しぷたれでしまったぢゃ」 *しんぷたれる 青森県津軽 *なぐるる 佐賀県 長崎県伊王島・壱岐島 熊本県下益城郡 大分県 *なぐれる 山形県米沢市 島根県「なぐれて盗人になった」 広島県高田郡 山口県大島 愛媛県 宮崎県延岡市 *ひょろける 高知県 *へしぼれる 和歌山市 *ほーくれる 新潟県西頸城郡 広島県高田郡 *ほーける 広島県高田郡 *ぼれる 長野県東筑摩郡 山口県「彼も随分ぼれたもんだ」・大島 *ほろくれる 新潟県西頸城郡 *ほろける 山口県豊浦郡 愛媛県 *よかれる 山口県 *よぼける 高知県 *んでぃゆん 沖縄県首里

▯こと *うてぃしじみ 沖縄県首里 *なぐれ 熊本県 宮崎県 *ひっそく 新潟県佐渡 三重県志摩郡「ひっそくする」 大阪府泉北郡 兵庫県・明石郡 奈良県南大和 島根県益田市 岡山市「あの家も近頃ぁひっそくじゃ」 *びろく 東京都八丈島「あの家も今はびろくしたが」 新潟県・西頸城郡「びろくたける」 兵庫県但馬 徳島県

おちる【落】 *あえる 岡山県 山口県阿武郡・豊浦郡(空から小粒のものが落ちる) 徳島県 香川県 福岡県糸島郡・鞍手郡 長崎県・南高来郡「棚に上げとるもんが、かたかたあえーち」・西彼杵郡 熊本県「垢のあゑる」 大分県 宮崎県 鹿児島県屋久島 *あだくれおちる 岡山県苫田郡 *あだくれる 岡山県 *あだけおちる 岡山県邑久郡 *あたける 兵庫県多紀郡 *あだける 京都府 兵庫県 鳥取県東部「試験にあだける」 岡山県 香川県小豆島 *あだれー 鳥取県西伯郡 *あだれる 鳥取県西伯郡 島根県 岡山県阿哲郡・児島郡 *あへる 大分県下毛郡 *あゆ 佐賀県 鹿児島県 *あゆい・あゆる 鹿児島県 *あゆる 福岡県 長崎県五島「風で梨があゆる」・北松浦郡「岸からあゆる」・長崎市 熊本県 宮崎県東諸県郡 鹿児島県・種子島・屋久島 *あらける 京都府 兵庫県明石市 *うちゃえる・おちゃえる 長崎市 *うちゃゆる 佐賀県唐津市 長崎県五島 *うっちゃえる 長崎県・西彼杵郡「ごろごろさまのうっちゃえた」 *うんもげる 東京都利島「うんもげなよ(落ちるな)」「うんもがいた(落ちた)」 *おちぇる 大分県大野郡 *おちおてる 群馬県碓氷郡 *おちくずれる 静岡県榛原郡「階段からおちくずれた」 香川県 *おちくぜる 徳島県阿波郡 香川県高松市 *おちくっぜる 香川県大川郡「かんなりさんがおちくっぜてのう」 *おちくれる 徳島県 香川県 *おちょーちる・おちょーてる 山梨県 *おちょちる 福島県相馬 長崎県北松浦郡 *おちょてる 山梨県中巨摩郡 *おっこける 茨城県稲敷郡 *おっこちる 福島県東白川郡・西白河郡 茨城県 栃木県 群馬県 埼玉県川越・入間郡 千葉県 東京都・八王子・神津島・大島 神奈川県・津久井郡 新潟県 山梨県 長野県 静岡県 *おっこてる 茨城県 埼玉県川越 *おっこる 栃木県 *おっちゃえる 長崎県長崎市・南高来郡 *おっちゃゆる 佐賀県唐津市 長崎県佐世保市 *おっちょてる・おっちょる 静岡県 *おってる 茨城県北相馬郡・久慈郡 群馬県佐波郡 *おっとちる 千葉県君津郡 *おてーる 広島県備後 *おてる 山形県東田川郡 東京都八丈島 石川県輪島市 山梨県甲府・南巨摩郡 長野県南佐久郡 長崎県壱岐島・南高来郡 大分県 宮崎県東臼杵郡・都城 鹿児島県 *おとちる 千葉県海上郡 *おとっちる 千葉県夷隅郡 *おとる 千葉県 *おりる 宮城県栗原郡 山形県南置賜郡 *かちゃだける 兵庫県加古郡 *かっかゆっ 佐賀県藤津郡「実のかっかゆっ」 *かっかゆる 佐賀県 長崎県「そこに行くとかっかゆる」 *きおつい 鹿児島県鹿児島郡 *けおつい 鹿児島県 *こきおつる 福岡市 *こぐる 熊本県玉名郡 *こける 新潟県佐渡 愛知県宝飯郡「ほりー(堀へ)こける」 和歌山県西牟婁郡・東牟婁郡「紙がこけとる」 高知県「飛行機がこけた」 *こんする(幼児語) 香川県 *さえれぽおちる 山形県庄内 *さだる 徳島県海部郡 *さでおちる 島根県「木からさで落ちた」 長崎県対馬 *さらいおちる 山形県東田川郡・東置賜郡 群馬県多野郡 千葉県夷隅郡・君津郡 新潟県佐渡 *さらきおちる・さるきおちる 長野県佐久 *さらけおちる 栃木県 新潟県佐渡 長野県佐久 *さらびおちる 群馬県多野郡 *さらべーおちる 東京都八王子 神奈川県津久井郡 *さらぺーおでる 山形県東田川郡 *さらべおちる 栃木県足利市 山梨県 *さらやえおっちる・さるげーおちる・さるげおちる・さるげやえおちる 千葉県夷隅郡「縁側からさるげおちて怪我したってよー」 *さりがえおちる 千葉県上総 *さりげおちる 千葉県長生郡 *されおちる 千葉県夷隅郡 新潟県佐渡「にかいからされおちるぞ」 *されっぽおちる 山形県西置賜郡 *しちゃゆい 鹿児島県揖宿郡 *しっちゃえる 鹿児島県肝属郡 *しっちゃゆ 鹿児島県 *すてくりおちる 香川県小豆島 *ずぼらくる 大分県 *ぞくる・ぞける 和歌山県日高郡「柿がぞけた」 *そげつむ 和歌山県東牟婁郡「溝へそげつんだ」 *たくれる 岐阜県加茂郡・恵那郡 *たたきおちる 岩手県気仙郡 宮城県仙台市 福島県「木からたたきおちた」 新潟県 *ちあゆる 鹿児島県 *ちえる 徳島県 香川県 *ちっちゃゆる 長崎県南高来郡 *ちゃいくる 熊

本県芦北郡・天草郡 *ちゃいける 熊本県天草郡「実がちゃいけた」「ごろごろさまのちゃいけらいた」
*ちやゆる 熊本県芦北郡 *ちょーちゅい 鹿児島県揖宿郡 *ちょーちる 静岡県・安倍郡 *つえる 香川県大川郡「稲の穂がつえとる」「雨がつえた」
*つこくる 熊本県 *つこける 高知県 *つこげる 青森県津軽 *つこてる 茨城県 *つっくる 宮崎県西臼杵郡 *つっこくる 山形県東置賜郡・西置賜郡 栃木県 熊本県・天草郡「かみなりさまのつっこくる」 *つっこちる 福島県東白川郡 茨城県 栃木県 千葉県印旛郡・香取郡 千葉県印旛郡
*つっこてる 福島県東白川郡「しっかりつかまってねーど、つっこでっつお」 茨城県稲敷郡 栃木県芳賀郡・河内郡 *つっとぶ 静岡県安倍郡 *つっぱる 熊本県天草郡 *つんぬける 茨城県稲敷郡
静岡県田方郡 *でんぐる 福島県相馬郡 *どえる 香川県仲多度郡 *とくる 和歌山県日高郡 *どさる 香川県高松市 *どせまくれる・どぜる・どちくっぜる・どっぜくれる 香川県大川郡 *どせる 香川県「実がどせる」 *どちる 香川県仲多度郡
*どっこける 高知県 *どもくれる 香川県大川郡
*どやっつぇる 徳島県(ののしって言う語)・美馬郡 *どやる 徳島県美馬郡・三好郡 愛媛県
*びちこける 高知県 *ひっちおつぃ・ひっちゃえい・ひっちゃゆる・ひっちゃるぃ 鹿児島県
*ひっちゃいくる 熊本県天草郡 *ひっちゃゆい 鹿児島県鹿児島郡 *ひっちゃゆっ 鹿児島県揖宿郡 *ひっぱたきおちる 山形県米沢市 *ひんぼろめる 新潟県佐渡 *ぶこちる・ぶっこちる・ぼこじる・ぼこちる 栃木県 *ぶちおちる 岐阜市 *ぶちおつる 愛知県中島郡 *ぶちょーちる 山梨県南巨摩郡「高い木に登ればぶちょーちるよ」 *ぶちょおちる・ぶちょちる 愛知県名古屋市 *ぶっこてーる 東京都八丈島 *ぶっこてる 東京都八丈島 石川県江沼郡 *ぶっちょーちる 山梨県 静岡県「柿の木からぶっちょーちる」 *ぶっちょちる 静岡県 *へどりこむ 香川県小豆島 *ぽーろける 茨城県行方郡 *ほげずりおちる 新潟県・三島郡・刈羽郡 *ほげずりおつる・もけおちる・もげおつる 新潟県新発田 *ほげつりおちる 新潟県 *ぼこてる 栃木県宇都宮市・河内郡 *ほぜちえる 徳島県三好郡 *ほせる 徳島県美馬郡 *ほぜる 徳島県阿波郡・三好郡「ほぜこむ」 *ほたいくむ 鹿児島県
*ほたくりこむ 香川県佐柳島 *ほたりこむ・ぼてこむ・ぼてくれる 香川県 *ほたれこむ 香川県塩飽諸島 *ほだれこむ 徳島県 *ぼっこちる 栃木県塩谷郡 *ぼてくっぜる 香川県香川郡 *ぼてつえる(卑語) 香川県綾歌郡 *ぼてる 岡山県児島郡
香川県 *ほらきおちる 大分県 宮崎県東臼杵郡 *ほらくる・ほらける 大分県 *ほらけおちる 大分県 宮崎県延岡市 *ほらこける 熊本県下益城郡 *ほろきおちる 山形県 愛媛県伊予郡「木からほろき落ちた」 *ぼろくれる 島根県那賀郡「木の葉が何時の間にかぼろくれた」 *ほろけおちる 山形県 *ほろける 秋田県鹿角郡「ゆふべの風でりんごが皆ほろけた」 山形県 島根県「涙がほろける」「屋根からほろけて大怪我をした」 広島県佐伯郡 山口県・向島(実が落ちる) 愛媛県伊予郡
*ぼろける 兵庫県淡路島 鳥取県 島根県 山口県祝島(実が落ちる)・玖珂郡 *まくれる 山形県「崖(がけ)からまぐれる」 福島県北部 福井県大飯郡 長野県下伊那郡「石がまくれて来た」 岐阜県揖斐郡 三重県度会郡 兵庫県飾磨郡・神戸市 奈良県吉野郡 広島県比婆郡 徳島県三好郡
香川県・木田郡・三豊郡「おむすびがまくれる」
*もくれる 島根県石見 広島県比婆郡 香川県木田郡・高松市「上からもくれてくるん止めてやるぞ」 *ゆるれる(自然に落ちる) 島根県邑智郡「柿(かき)が木からゆるれる」

おちんちん *きびしょ 新潟県中頸城郡 兵庫県淡路島 *きびちょ 宮城県栗原郡 *きんぴちょ 青森県津軽
→いんけい(陰茎)

おつきさま【御月様】 *あたさん 島根県八束郡 *あっとーさん 島根県鹿足郡 *あっとさま 岩手県気仙郡 秋田県北秋田郡・南秋田郡 *あっとさん 和歌山県日高郡 高知県幡多郡 *あと 和歌山市 *あとーさー 山口県 *あとーさま 島根県石見 山口県・祝島・大島 長崎県対馬 *あとーさん 広島県江田島 山口県豊浦郡 *あとーはー 山口県屋代島 *あとさ 宮崎県児湯郡 *あとさま 山形県西置賜郡・南村山郡 新潟県東蒲原郡 長崎市 *あとさん 秋田県秋田市・由利郡 三重県宇治山田市 奈良県宇陀郡 和歌山県 長崎県壱岐島 大分県大分郡・大野郡 *あとつぁま・あとっつぁま 山形県 *あとと 秋田県由利郡 山形県
*あとはん 和歌山県日高郡 *あなたさま(八月十五夜のお月様) 青森県津軽 *うちちゅー・うちちゅーめー(幼児語) 沖縄県首里 *うつぃち(文語) 沖縄県首里 *おつきよさん 長野県佐久 *おとーとーさま 新潟県中越 *かってんさま 岩手県九戸郡 *がってんさま 香川県三豊郡・小豆島 大分県 *かってんさん 香川県小豆郡 *がってんさん 新潟県佐渡 京都府竹野郡 兵庫県赤穂郡 香川県 *しきがなし・つぃきんがなし 沖縄県石垣島
*しきんがなし 沖縄県黒島・波照間島 *ってぃがなち・ってぃんがなし 沖縄県与那国島 *とーだいさま 青森県三戸郡 *とーであさま 岩手県九戸郡 *とーとー 鹿児島県喜界島 沖縄県首里
*とーとーがなしーめー 沖縄県首里 *とーとーさま・とーとーさん 新潟県佐渡 *とーとーめー 沖縄県島尻郡・首里 *とーとさま 青森県三戸郡
*とだいさま 岩手県紫波郡・上閉伊郡 *ととさま 青森県南部 岩手県和賀郡 秋田県北秋田郡・鹿角郡
*ととさん 秋田県鹿角郡 *ななさま 山形県西置賜郡 *ななさん 大分県大分郡 *なまなまさま・なまなまはん 山形県庄内 *なんなさん 福井県坂

井郡　長野県長野市・上水内郡 ***なんぼさん** 広島県上蒲刈島 ***なんまさ** 長野県下水内郡 ***なんまさん** 長野県長野市・上水内郡 ***にょーにょーさん** 新潟県佐渡 ***にょにょさま** 新潟県東蒲原郡 ***にょんにょさん** 島根県大原郡・能義郡 ***にょんにょんさん** 島根県平田市　広島県高田郡 ***ままさん** 大分市 ***ままはん・まんま** 大阪府泉北郡　香川県綾歌郡 ***まんまい・まんまいさま** 香川県 ***まんまいさん** 島根県石見・隠岐島　徳島県　香川県　熊本県 ***まんまさん** 大阪府泉北郡　香川県綾歌郡　大分県 ***まんまはん** 和歌山県日高郡　香川県綾歌郡・仲多度郡 ***まんまん** 静岡県浜松市　香川県綾歌郡 ***まんまんさま** 山口県　大分県 ***まんまんさん** 新潟県佐渡「まんまんさん、かさかぶっているから雨だ」 三重県伊賀　滋賀県愛知郡・蒲生郡　兵庫県赤穂郡・神戸市　奈良県　島根県　広島県高田郡　香川県　熊本県 ***もったいさん** 愛媛県周桑郡・今治市

↓つき（月）

おっくう【億劫】 ***おもいやみ** 山形県 ***おもやみ** 青森県　宮城県栗原郡「行こう、行こうと思いながら、おもやみしてまだいってない」・仙台市　秋田県平鹿郡・鹿角郡　山形県 ***くの** 新潟県南魚沼郡 ***くのー** 新潟県中越 ***たいそ** 富山県射水郡・砺波「箸持つがさえたいそや」 三重県名賀郡　兵庫県加古郡　徳島県「たいそなけんど出かけるか」 香川県「さぶいのにたいそなのう」 ***たいそー** 上方「たいそうやなァ（億劫だねぇ）」 和歌山県日高郡　徳島県「雨降りに山に行くのはたいそうなことじゃ」 香川県「ほんまにたいそうなわな」 愛媛県周桑郡・松山「少し頼むとたいそーがる（少し頼むと億劫に思う）」 高知県「之位のことはたいそーなことはない」 ***たいつ** 三重県阿山郡 ***てーそー** 沖縄県首里 ***てそ** 宮崎県東諸県郡 ***てど**（「てどお（手遠）」の転か） 香川県高松 ***ゆだけ** 熊本県下益城郡

↓めんどうくさい（面倒臭）

□だ ***あぐましー** 岐阜県郡上郡 ***うらみしー** 岩手県気仙郡「おしめがたまったし、雨は降るし、ほんにうらみしい」 ***おーっこい** 静岡県榛原郡「おーっこい仕事」 ***おめったい** 長野県 ***おもいったい** 新潟県中頸城郡　長野県東筑摩郡「此寒さに行くのはおもいったい」 ***かなしー** 山形県「こんなことするのはかなしぇー」 ***しっとい** 兵庫県加古郡 ***しょわしー** 大分県下毛郡 ***しろーしー** 福岡市 ***しろしー** 大分県東国東郡 ***しんだい** 徳島県海部郡 ***しんどい** 兵庫県　山口県　徳島県阿波郡　高知県幡多郡　長崎県五島「しんどかばって」 ***しんどいー** 島根県鹿足郡 ***ずいがわるい** 島根県「昨日働きすぎて、今日はずいがわるーて」 ***たいぎー** 広島県能美島・安芸郡　山口県大島　香川県　愛媛県 ***たいそくさい** 富山県砺波 ***ひじー** 大分県宇佐郡 ***ふゆーか** 佐賀県藤津郡 ***みっつぇない・みっちぇない**（おっくうで気が向かない） 兵庫県淡路島 ***やばちー** 岩手県気仙郡 ***よだき** 鹿児島県 ***よだきー** 大分県「このしごとわよだきーじゃろー」 宮崎県 ***よたけろーしー** 福岡市「よたけらうしか」

□になる ***むかつく** 山形県東田川郡「むかついた（おっくうになった）」

おっちょこちょい ***おだちみん** 島根県鹿足郡 ***おだちもの**（「おだてに乗る者」の意） 宮城県　福岡市 ***おだっきー** 静岡市 ***おちゃか** 滋賀県彦根 ***ちゃくちゃくー・ちゃっくやー** 沖縄県首里 ***ちょーさいぼ** 大阪市　鳥取県西伯郡　愛媛県 ***ちょーさいぼー** 千葉県香取郡・君津郡　岐阜県飛驒　愛知県宝飯郡・名古屋市　三重県　和歌山県　鳥取県　島根県「人をちょーさいぼーにかけーにもほどがあー」 岡山県　徳島県　香川県　愛媛県　高知県・高知市　大分県南海部郡 ***ちょーさいぼーのかわ** 島根県八束郡「俺をちょーさいぼーのかわにしちょー」 ***ちょーさいもん** 島根県出雲　香川県伊吹島　愛媛県・大三島「ひとーちょーさいもんにすな」 長崎県壱岐島 ***ちょーさんげ** 香川県・小豆島 ***ちょーさんぼ** 香川県 ***ちょーさんぼん** 鳥取県西伯郡 ***ちょさいぼ** 鹿児島県肝属郡「ちょさいぼい合はす（さんざんになぶる）」 ***てーさいぼー** 島根県出雲 ***てんてこさえ** 島根県八束郡 ***としゃら** 青森県三戸郡「お前はとしゃらで困る」 ***とっぱ** 兵庫県加古郡　奈良県　徳島県　長崎県対馬　熊本県玉名郡・芦北郡　大分県 ***とっぱー** 岡山県苫田郡・玉野市 ***とっぱごろ** 宮崎県西臼杵郡 ***とっぱす** 熊本県八代郡・下益城郡 ***とっぱすけ** 鳥取県東部 ***とっぱのとびすけ** 兵庫県加古郡 ***とっぱんすけ** 山口県大島 ***とっぴょーす** 大分県日田郡 ***とっぴょす** 佐賀県　宮崎県西臼杵郡・東諸県郡 ***とっぽー** 鳥取県 ***ととくそ** 新潟県佐渡「あいつぁ、ととくそだ」 ***ととぴろ** 秋田県平鹿郡 ***とんこ・とんとき・とんときもの** 新潟県 ***とんてき** 青森県津軽　秋田県平鹿郡　山形県鶴岡　山梨県　長野県下伊那郡「とんてきで困る」 ***とんてつ・とんとこ** 新潟県佐渡「あのしたぁとんてつだ」 ***とんとけ** 青森県 ***とんば** 茨城県稲敷郡　徳島県 ***とんぱ** 千葉県山武郡 ***はやけ** 千葉県東葛飾郡 ***はんかくさい** 青森県津軽 ***ひょーたんやろー** 新潟県佐渡「ありゃひょうたんやろうだ」 ***ほほら** 青森県津軽 ***もちゃぺなし** 青森県「もちゃぺなしだからあの万年筆すぐ人にやってしまった」

↓かるはずみ（軽―）・けいそつ（軽率）・そそっかしい

□の人 ***とべ** 新潟県西頸城郡 ***とぺかぺ** 青森県津軽 ***もちごめ**（うるちが長く人に飽きられないのに対して言う） 青森県津軽

おっと【夫】 ***あえさ** 長野県下水内郡 ***あに** 青森県三戸郡　山形県庄内 ***あにー** 東京都利島「をれがいのあにー」 ***あにさ** 長野県北安曇郡

*あにさま 三重県南牟婁郡 *あや 青森県三戸郡 *あるじ 沖縄県石垣島 *あろーじ 沖縄県黒島 *あろーんつぃ 沖縄県小浜島 *あんさま 青森県津軽 *あんさん 新潟県佐渡 福井県(中年の妻から夫をさして言う) 島根県隠岐島(敬語) *あんすん(自分の夫または他人の夫を呼ぶ。下流) 石川県江沼郡 *あんちゃん 新潟県佐渡 *あんにー 東京都三宅島 *あんにゃ・あんにゃはん 福井県敦賀郡 *おいさま・おっさま 長野県諏訪 *おーじ 奈良県吉野郡 *おっつぁん 福井県 *おっとー 埼玉県秩父郡 *おつな 熊本県 *おと 青森県 秋田県雄勝郡・河辺郡 和歌山市 *おとー 広島県比婆郡 *おとこし 東京都八王子 神奈川県津久井郡 山梨県 静岡県 徳島県 香川県 *おとこしゅ 山梨県都留郡 *おとこしゅー 長野県佐久 静岡県 広島県比婆郡(他人の夫の敬称) *おとこしょー 長野県上田・佐久 *おとさま(年老いた主人) 長崎県 *おとっさん 千葉県市原郡 *おぬし 熊本県上益城郡 *おまえ 熊本県天草郡 *おやゆび(親指で表すところから) 茨城県真壁郡 三重県度会郡 *ごち 宮崎県延岡市 *ごちゃー 新潟県中頸城郡 *ごて 青森県 岩手県「わがごで(若主人)」 宮城県 山形県(他家の主人) 福島県 新潟県中越 富山県 石川県 岐阜県(他家の主人) 鳥取県西伯郡 長崎県(下流語) 熊本県 *ごてー 岩手県九戸郡 宮城県 福島県 千葉県香取郡・海上郡 新潟県東蒲原郡・西頸城郡 石川県鳳至郡 山梨県・南巨摩郡 長野県(尊敬語・卑語) 静岡県 長崎県長崎市・伊王島 熊本県阿蘇郡・下益城郡 大分県大分郡 宮崎県西臼杵郡 *ごてーさん 長崎市 *ごておどさま 青森県三戸郡 *ごてさ(卑語) 岐阜県吉城郡 *ごてさま 宮城県「むかいのごてさま」 福島県 長崎市 *ごてっさん 香川県 *ごてどん 長崎県南松浦郡・五島 熊本県 *ごてろく 新潟県西頸城郡 *せなさま 福島県 *だだ 山形県「まじだだもそんまくんだし(まあ、主人もまもなく帰ってきますから)」・庄内 新潟県岩船郡 *ちゃちゃし(ののしって言う語) 島根県隠岐島 *つぁんが 宮城県栗原郡 *つぉっつぁ(妻が呼ぶ時の語。卑称) 岐阜県飛騨 *つぉっつぁま(妻が呼ぶ時の語) 岐阜県飛騨 *つつざん 福岡市 *で 岩手県和賀郡 *でこ 福島県北部 *てて 青森県 岩手県和賀郡 秋田県 茨城県 新潟県岩船郡 三重県志摩郡 奈良県吉野郡 *ててら 三重県志摩 *てまえ 島根県邑智郡「てまえは今は風邪で寝ています」 *とーと 石川県鹿島郡「おらあとーた(夫は)」 *とさま 和歌山県東牟婁郡 *とっさ 富山県(下流の女性の夫を言う) 長野県諏訪(妻が呼ぶ時の語) 静岡県 愛知県碧海郡 奈良県吉野郡 *とっさま 茨城県久慈郡(自分の夫を言う) 栃木県(下品な語) *とっさん 静岡県 愛知県岡崎市 *とっつぁ 新潟県「となりのとっつぁ起きたか」 *とっつぁー・とっつぁま 茨城県稲敷郡 *とっつぁん 熊本県菊池郡 *とっとー 静岡県・田方郡 *とと 秋田県山本郡(多く自分の夫について言う) 山形県庄内 福井県 三重県志摩郡・度会郡 香川県伊吹島 長崎県北松浦郡(下流) 大分県南海部郡 *どと 秋田県仙北郡・平鹿郡 *ととー 埼玉県秩父郡 千葉県香取郡 *とどー 茨城県 千葉県海上郡 *ととーさま 埼玉県秩父郡 *とのご 熊本県(他人の夫を言う) 鹿児島県 *とのじょ 熊本県八代郡 宮崎県・西諸県郡・都城 鹿児島県 *とのじょー 鹿児島県・種子島 *とのぞ 鹿児島県 *ぬし 長崎県対馬「ぬしゃあ遊んでまわって」 熊本県 *びぎら・びら(美称は「びぎりゃ」。敬称は「びぎらーま」) 沖縄県石垣島 *ふぁーぬぶげー(「子の父親」の意) 沖縄県小浜島 *ぶと 沖縄県宮古島「ぶともつ」 *べと 宮崎県西臼杵郡 熊本県阿蘇郡・下益城郡 *べとー 宮崎県西臼杵郡 *むこ 岡山県上房郡・邑久郡 *むこどん 熊本県 宮崎県宮崎郡 *むころん 熊本県天草郡 *もこ 山口県大島

→ていしゅ(亭主)

妻が自分の□を言う語 *うちかた 宮崎県宮崎郡 *うちね 兵庫県加古郡 島根県邇摩郡 *うちのおとこし 香川県仲多度郡 *うちのし 和歌山県新宮 島根県 徳島県美馬郡(農民の語) 福岡県東部 大分県北部 宮崎県 *うちのしー 島根県飯石郡 *うちのじん 岐阜県山県郡 *うちのもの 島根県隠岐島 *うちんし 熊本県 大分県 *うっとおっさん 兵庫県加古郡 *うつね 兵庫県加古郡 *うつのし 熊本県下益城郡 *おやかた 島根県(上流) 熊本県阿蘇郡 *おやじ 茨城県真壁郡 栃木県 千葉県中部 新潟県佐渡・東蒲原郡 静岡県庵原郡 滋賀県伊香郡 香川県佐柳島 熊本県 大分県北海部郡 *おやじー(卑称) 広島県比婆郡 *おやっさま 福井県 *おやっさん 富山県 石川県金沢 福井県(妻から主人を呼ぶ) 岐阜県吉城郡 *おらーうちのひと 長野県西筑摩郡 *おらーとこ 山形県米沢市 長野県諏訪・東筑摩郡 *おらえ・おらえのしょ 新潟県東蒲原郡 *おらえのひと 長野県諏訪 *おらが 千葉県山武郡 *おらがひと 愛知県岡崎市・額田郡 *おらとこ 山形県 長野県下水内郡・上伊那郡 *おらとこのしょ 新潟県長岡市 *おらんとっさん 新潟県佐渡 *おらんひと 山梨県 *おりげんし 熊本県下益城郡・天草郡 *こちの 京都府愛宕郡 *こちのひと 山梨県 徳島県 *べんざい 大分県「内のべんぜーはどこにいた」・直入郡 *べんでー 大分県直入郡 *やど 福島県浜通 栃木県河内郡 埼玉県入間郡 千葉県東葛飾郡 長野県東筑摩郡「やどは参て御厄介になりました」 愛知県愛知郡・碧海郡 奈良県添上郡 香川県仲多度郡 長崎県南高来郡 熊本県 大分県大分市・北海部郡 宮崎県西臼杵郡 *やどんし 鹿児島県 *わがえのひと 東京都八丈島 *わしがえんし 熊本県天草郡 *わしらーとこ 長野県東筑摩郡 *わしら

うち 長野県上田・佐久　*わしらちのしょー 長野県佐久　*わしらとこ 長野県諏訪・上伊那郡　*わしらんしゅー 静岡県志太郡　*わたくしょ 長崎市　*わたしとこる 熊本県阿蘇郡

おてだま【御手玉】　*あげ 島根県邇摩郡　*あずきだま(小豆を中に入れるところから) 新潟県・佐渡　石川県鳳至郡　*あや 青森県津軽　福島県相馬　高知県長岡郡　*あやおり 長野県下水内郡　高知県　*あやこ 青森県「あやことる」　秋田県南秋田郡　新潟県佐渡　*あやこつき 青森県三戸郡　*あやことり 青森県津軽　*あやじりっこ 岩手県九戸郡　*あやとり 新潟県東蒲原郡　*あやふり・あやゆり 愛媛県　*あやほり 高知県香美郡　*いーす 広島県大崎上島　*いーちこ 兵庫県赤穂郡・加古郡　*いーっこ 兵庫県加古郡　*いきいし・いきし 山口県豊浦郡　*いしこどり 長崎県壱岐島　*いしこぶ 島根県隠岐島　*いしだま 岐阜県加茂郡・郡上郡　愛媛県　*いしでんこ 島根県大原郡　*いしどり 長崎市　*いしなぐ 沖縄県首里　*いしなご 福島県相馬郡　茨城県　新潟県中蒲原郡　石川県珠洲郡　福井県・坂井郡　岐阜県大垣市　京都府　兵庫県但馬・丹波　奈良県宇陀郡　島根県隠岐島　岡山県岡山市・児島郡　徳島県　愛媛県・周桑郡　高知県　福岡県久留米市(小石でするものに限る)　大分県大分市・速見郡　宮崎県　鹿児島県鹿児島郡　*いしなごゆり 愛媛県新居郡・周桑郡　*いしなとり 山形県鶴岡　*いしなゃーご 京都府竹野郡　*いしなん 島根県隠岐島　*いしなんこ 兵庫県加古郡　*いしなんご 京都府竹野郡　兵庫県但馬　鳥取県鳥取市・気高郡　島根県隠岐島　岡山県邑久郡・岡山市　広島県比婆郡　*いちこ 大分県大野郡　*いちだま 愛媛県　*いちどり 愛媛県　高知県幡多郡　*いちもんめ 高知県安芸郡　*いちゃいちゃ 神奈川県足柄下郡　*いっか 三重県南牟婁郡　奈良県吉野郡　*いっかんしょ 和歌山県西牟婁郡　*いっきにしょ・いっきんしょ 和歌山県伊都郡　*いっこ 千葉県安房郡　神奈川県鎌倉郡・三浦郡　静岡県賀茂郡　兵庫県但馬　*いっこいこ 静岡県賀茂郡　*いっこいっこ 神奈川県三浦郡　*いっこさ・えーこ 石川県　*いっことり 神奈川県高座郡　*いっこん 島根県　香川県三豊郡　*いっこんしょ 和歌山県那賀郡　*いっこんだま(お手玉一個) 香川県三豊郡　*いっすいこ 愛知県名古屋市　*いっちょ 島根県邑智郡・那賀郡　*いっちょどり 長崎県壱岐島　*いっちょにちょ 熊本県天草郡　*いつついこ 愛知県西春日井郡　*いつつこ 三重県　*いっと 神奈川県都筑郡　*うけ 富山市近在　*うけだま 東京都利島　岐阜県郡上郡　*えっこん 島根県　*おいこ 大阪府南河内郡　奈良県宇陀郡「おいこしましょう」　*おいさし 大分県大分郡　*おいち 京都府相楽郡　愛媛県上浮穴郡　*おいちこ 兵庫県加古郡　熊本県南部　*おいちゃ・おいちんげ 神奈川県　*おいっこ 奈良県　香川県大川郡・香川郡　*おいっこん 香川県三豊郡　*おいっちょ 群馬県館林　島根県石見　岡山県苫田郡　*おいっちょー 群馬県邑楽郡　島根県石見　*おいと 愛媛県魚島　*おーしーとー 沖縄県首里　*おかえし・おかよし 長野県佐久　*おかっけ 茨城県新治郡・稲敷郡　*おから 兵庫県播磨　*おがら 兵庫県淡路島　*おかんしょ 長野県佐久・南佐久郡　*おかんじょ 長野県佐久　*おぐいちゃ 神奈川県逗子市　*おくみ 三重県　*おくみし 三重県阿山郡　*おけーけ 神奈川県中郡　*おこめ 岐阜県養老郡　三重県　滋賀県彦根　京都市　大阪府豊能郡　*おこんめ 滋賀県彦根　京都府　大阪府豊能郡　*おさーらい 神奈川県愛甲郡　*おさくら 兵庫県　*おさくり 大分県東国東郡　*おさくろ 兵庫県揖保郡　*おさし 大分県中部　*おさだいし・おっさだ 三重県志摩郡　*おささら 三重県志摩郡・飯南郡　大阪府泉南郡　兵庫県佐用郡　和歌山県　鳥取県西伯郡　島根県　香川県三豊郡　*おさらい 熊本県天草郡　鹿児島県揖宿郡　*おしーと 神奈川県　長野県南佐久郡　愛知県名古屋市　三重県志摩郡　*おじーみ 京都府　*おしと 京都府　兵庫県淡路島・播磨　鳥取県日野郡　長崎県南高来郡　*おしとし 長野県佐久　*おしなこ 栃木県　*おしなご 茨城県北相馬郡　福井県　長野県下伊那郡　三重県北牟婁郡　*おしなっこ 千葉県東葛飾郡　*おじみ 大分県大分郡　*おじゃーみ 山梨県南巨摩郡　島根県石見　*おじゃっき 栃木県下都賀郡・那須郡　*おじゃっこ 佐賀県藤津郡　*おじゃま 三重県阿山郡　香川県三豊郡　*おしゃみ 静岡県田方郡　大分市　*おじやみ 千葉県夷隅郡　東京都八丈島　神奈川県高座郡　富山県砺波　石川県能美郡　福井県　山梨県南巨摩郡　岐阜県大垣市・飛驒　静岡県　愛知県　三重県　滋賀県　京都府　大阪府　兵庫県

方/言/の/窓

●西日本生まれの標準語形

「東西対立分布」の欄に記したように、あさっての翌日を意味するシアサッテや魚のウロコなどは、明治時代までは、おもに西日本で使われていたことばであり、話し言葉として東京で使われるようになったのは、昭和になってからのことである。

国立国語研究所編『日本言語地図』は明治時代に生まれた人たちを対象に調査した結果を地図に描いたものであるが、これを見ると、ツララ、コワイ(恐ろしい)、ケンケン(片足跳び)、ツユ(梅雨)、ヒマゴなどはいずれも西日本(おもに近畿地方)に分布し、東京を含む関東地方では、アメンボー(つらら)、オッカナイ、チンチン(片足跳び)、ニューバイ(梅雨)、ヒコ(ひまご)が使われている。

このように西日本のことばが標準語になった例は非常に多い。

奈良県　鳥取県西伯郡　島根県　岡山県苫田郡・児島郡　広島県　徳島県　香川県　愛媛県　高知県　長崎県対馬　熊本県天草郡　大分県　宮崎県延岡　*おじゃみおり 高知県長岡郡　*おじゃみたばり 奈良県吉野郡　*おじゃむ 大分県東国東郡　*おじゃめ 富山県射水郡・砺波　岐阜県土岐郡　静岡県　愛知県愛知郡　三重県上野市　高知県幡多郡　熊本県芦北郡・八代郡　*おしゃらん 大分県中部　*おじゃん 兵庫県淡路島　大分市　*おじゃんま 静岡県浜松　*おじゃんみ・おじゃんめ 静岡県　*おしょだま 岐阜県稲葉郡　*おしんじょ 栃木県日光市　*おたま 群馬県　埼玉県秩父郡(幼児語)　千葉県山武郡　東京都南多摩郡　山梨県　長野県上伊那郡・下伊那郡　静岡県静岡市・庵原郡　*おだま 静岡県磐田郡　愛知県渥美郡・幡豆郡　*おだんま 静岡県　*おだんも 静岡県浜名郡　*おちゃぼこ 京都府与謝郡　*おちゃんちゃん 神奈川県足柄下郡　*おちょちょ 静岡県小笠郡　*おちょっちょ 静岡県　*おつき 島根県鹿足郡　*おっさーらい 三重県北勢　*おっさし 大分市　*おっさら 三重県志摩郡・南勢　*おっさらい 三重県志摩郡　*おっちょっちょ 静岡県榛原郡　*おっついこ 愛知県愛知郡　*おつめ 宮崎県都城　*おてしゃみ 神奈川県中郡　*おてっこ 神奈川県　*おてやん 奈良県宇陀郡　*おてんこ 山梨県　長野県諏訪・上伊那郡「おてんことり(お手玉遊び)」　*おてんちゃん 大阪府北河内郡・中河内郡　*おてんちょ 愛知県中島郡・海部郡　*おとしだま 香川県仲多度郡　*おななこ 香川県三豊郡　*おなんこ 神奈川県　*おなんご 栃木県栃木市・安蘇郡　埼玉県秩父郡　新潟県長岡市　*おなんて・おなんてん 愛媛県周桑郡　*おにんく 長野県上田・佐久　*おにんこ 長野県南佐久郡　*おはじき 富山県東礪波郡　*おばら 長野県下水内郡　*おひーと 栃木県西部　群馬県北甘楽郡　神奈川県西部　長野県南佐久郡　愛知県名古屋　三重県志摩郡　*おひーふ 神奈川県高座郡　*おひーや 神奈川県西部　*おひち 三重県伊賀・名張市　愛媛県大三島　*おひと 神奈川県足柄下郡　静岡県賀茂郡　三重県伊勢　京都府南桑田郡・船井郡　大阪府　兵庫県淡路島・播磨　鳥取県日野郡　長崎県南高来郡　大分県　*おひとい 大分県速見郡　*おひとぎ・おひとん 栃木県鹿沼市　*おひとく 三重県北牟婁郡　*おひとこ 神奈川県都筑郡　*おひとだま 埼玉県秩父郡　*おひとつ(「おひとつ、おひとつ、おふたつ、おふたつ……」と言いながら投げ上げて遊ぶところから) 岩手県気仙郡「おひとづつぎ(お手玉遊び)」　宮城県仙台市　山形県　福島県　茨城県水戸市　栃木県　神奈川県三浦郡　新潟県　富山県砺波　長野県上田・佐久　三重県　兵庫県加古郡　奈良県宇陀郡・吉野郡　島根県隠岐島　広島県比婆郡　山口県屋代島　高知県幡多郡　長崎県南高来郡　熊本県天草郡　大分県中部　宮崎県えびの市　*おひとぶくろ 三重県伊賀・上野市　*おひとんきり 大分県大野郡　*おひや 神奈川県足柄下郡　*おひれんや 茨城県稲敷郡　*おひろい 茨城県真壁郡　長野県佐久　愛知県東部　*おぼろ 奈良県宇陀郡・吉野郡　*おむく 大阪市　*おもつ 新潟県佐渡　*おんじゃく 三重県中勢　*おんじょこ 栃木県栃木市・下都賀郡　*おんばら 兵庫県播磨・加古郡「おんばらおんばら、おばらおとしておさら(遊びの唱え歌)」　*がいき 宮城県　*かいな 富山県西礪波郡　*かちあげ 福井県大飯郡　*がちゃがちゃ 三重県志摩郡　*がっき 山形県　*がっけ 群馬県多野郡　*かやし・かわし 石川県珠洲郡・鳳至郡　*きしなご 愛媛県周桑郡　*きゅーなご 山形県北村山郡　*げ 三重県度会郡　*けけしょ 神奈川県横浜市　*ごいち 愛媛県伯方島　*こーとー 静岡県賀茂郡　*ごず 島根県石見　広島県山県郡　*ごち 京都府竹野郡　*ごっこ 愛知県知多郡「ごっこをやろう」　*こっつい 愛知県西春日井郡　*こび・こびといし・こびとり・こびとりいし 島根県出雲　*こびとりこ 島根県簸川郡　*こぶ 鳥取県西伯郡　島根県　*こぶいし 島根県簸川郡・八束郡　*こぶといし 島根県飯石郡・隠岐島　*こぶとりいし 島根県簸川郡　*こぶとる 島根県隠岐島　*こぼいし 島根県出雲　広島県比婆郡　*こぼし 兵庫県但馬　*こんめ 福井県・遠敷郡　岐阜県揖斐郡　滋賀県　*さいこ 京都市　*ざき 新潟県中蒲原郡　*ざく 山形県飽海郡　新潟県中越　*ざくくり・ざくぶくろ 山形県飽海郡　*さぐら 山形県東田川郡　*ざくら 新潟県岩船郡　*さぐらくくり 山形県東田川郡　*ざっく 山形県酒田市・飽海郡　福島県　新潟県北蒲原郡　*ざっくとり 山形県酒田市・飽海郡　*ざんまーいし・ざんめし 宮城県仙台市　*ざんまいし 宮城県仙台市・栗原郡　*しっちゃこ 石川県　*しっちょこ 石川県鹿島郡　*しっとしった 熊本県天草郡　*しなきり 島根県仁多郡　広島県比婆郡　*しなご 茨城県稲敷郡　*しなたま 長野県下水内郡　*しなだま 山形県西置賜郡　*しのたま 岩手県気仙郡　*しめだま・しんだま・せんだま 石川県珠洲郡・鳳至郡　*しゃーら 大分市　*じゃき 新潟県北蒲原郡　*しゃご 島根県那賀郡　*じゃこ 山口県　*じゃっく 秋田県鹿角郡・北秋田郡　*じゃっくり 富山県富山市近在・砺波　*じゃみ 静岡県志太郎　広島県山県郡・高田郡　高知県安芸郡・幡多郡　長崎県壱岐島　*じゃめ 三重県志摩郡　*じゃんこ 神奈川県三浦郡　*じゃんご 秋田県北秋田郡　*じゅーすずつぎ 山形県新庄市・最上郡　*じゅーだま 新潟県上越市　*じゅーもん 三重県名張市・名賀郡　*じゅもん 三重県名張市　*じょんじょこ 栃木県栃木市・下都賀郡　*ずーず 香川県与島　*すず 栃木県大田原市　*ずず 香川県伊吹島　*すずめこ 愛媛県岡村島　*ずた 三重県　*せぎだま 岐阜県飛驒　*だびこ 岡山県邑久郡　*たま 千葉県安房郡　長野県上田　島根県　広島県比婆郡　香川県直島　大分県　*だま 岩手県上閉伊郡「だまとる」　秋田県　山形県　長野県東筑摩郡「だまとって遊ばうねえ」・上伊那郡 長崎県南高来郡 *たまいし 愛媛県日振島 高知県幡多郡 *たまいれ 栃木県 *たまこ 島根県 *だまこ 青森県南部 岩手県和賀郡・上閉伊郡 秋田県平鹿郡 *たまこび 島根県八束郡・簸川郡 *たましこ 愛媛県周桑郡 *たまつき 高知県安芸郡 *たまとり 愛媛県 大分県大分郡・速見郡 *たまどり 京都府竹野郡 兵庫県但馬・淡路島 奈良県奈良市・吉野郡 高知県安芸郡 *ため 福島県中部・浜通 *たもことり 青森県南部 *たもとり 福井県敦賀郡 *たもどり 奈良県吉野郡 *たんたん 新潟県佐渡 *たんのせ 三重県志摩郡 *たんま 山形県 神奈川県足柄下郡 静岡県島田市 *だんま 岩手県九戸郡 宮城県石巻 山形県「だんまつぎ」 長野県東筑摩郡 静岡県 佐賀県唐津市 長崎県南高来郡 *だんも 静岡県 *ちかちか 山形県西置賜郡 *ちぎたま 島根県八束郡 *ちなご 山形県村山 *ちゃき 岐阜県益田郡 *ちゃっく 福島県北部・南部 *ちゃま 広島県上蒲刈島 *ちゃんく 山形県置賜 *ちゃんころばえ 山形県西村山郡・南村山郡 *ちゃんころまえ 山形県 *ちゃんちゃ 岩手県九戸郡 *ちゅーなご 山形県 *ちゅーなごつき 山形県西村山郡・最上郡 *ちょーなご 山形県西村山郡・最上郡 新潟県佐渡（一部では、小石を入れたお手玉） *ちょーろく 長崎県西彼杵郡 *ちょーろくさん 熊本県天草郡 *ちょこ・ちょっこび 島根県能義郡 *ちょっちょ 静岡県小笠郡 *ちょなご 山形県最上郡 *ちょのぞ 鹿児島県肝属郡 *ちょろじょ 宮崎県西諸県郡 *ちょんちょこちょん 大分県大分郡 *ちりこび 島根県松江市 *つが 山形県東田川郡 *つかつか 山形県「つかつかつき（お手玉遊び）」 *つき 島根県鹿足郡 *つぎだま 新潟県上越市 愛知県北設楽郡 *つべ 山形県東田川郡 *つんこぶ 島根県隠岐島 *ていし 島根県鹿足郡 *てこ 富山市近在 *てし 島根県益田市 *てんこ 長野県諏訪 *てんちゃ 三重県名張市 *てんちゃん 大阪府北河内郡・中河内郡 奈良県 愛媛県 *てんつく 大分県北海部郡 *てんまる 三重県名張市 *とーりし・とるご・とるこいし 長崎県南高来郡 *とびまる 青森県青森市・東津軽郡 *とまじょ・とまぞ 鹿児島県鹿児島郡 *とるじょ・とろじょ 鹿児島県 *どんき 兵庫県赤穂郡・加古郡 *どんきん 兵庫県播磨 熊本県玉名郡 *どんつ・どんつばき 三重県志摩郡 奈良県宇陀郡 *なーご 千葉県香取郡 *なーよ 千葉県 *なーよだま・ないよ 千葉県夷隅郡 *ないご 神奈川県高座郡 *なご 大分県大野郡 *なごいしなご 大分県北海部郡 *なっこ 埼玉県北足立郡・入間郡 千葉県東葛飾郡 *ななこ 京都府 大阪府泉南郡 和歌山県 香川県三豊郡 *ななつ 三重県伊勢 *ななつこ 福井県 鳥取市 *ななんこ 京都府葛野郡 *なよ 千葉県夷隅郡・匝瑳郡 *なよこ 千葉県九十九里浜 *なんこ 福島県浜通「なんことりましょう（お手玉しましょう）」 茨城県 埼玉県川越 千葉県 和歌山市 長崎県諫早 *なんご 栃木県 群馬県 埼玉県 千葉県市原郡・君津郡 新潟県 兵庫県美方郡 岡山県津山 広島県比婆郡 *なんごえ 新潟県中頸城郡 *なんよ 千葉県山武郡・夷隅郡 静岡県榛原郡 *にっき 大分県北海部郡 *にな 山口県祝島 *になつ 高知県幡多郡 *にんく 長野県佐久 *はじき 石川県鳳至郡 徳島県美馬郡 *はりこ 三重県志摩郡 *はんねんばら 長野県 *ひーとつ 三重県名賀郡 奈良県山辺郡 *ひーふー 神奈川県高座郡・三浦郡 新潟県東蒲原郡 *ひーり・ひーりいし・ひーりだま・ひーれ・ひーれーいし・ひーれし 長崎県南高来郡 *ひきねこ 山口県屋代島・大島 *ひっちょーちょろ 熊本県天草郡 *ひっちょみっちょ・ひっちょめっちょ 長崎県南高来郡 *ひとく 大分県別府市 *ひとひと・ざくぶくろ 熊本県天草郡 *ひふ 栃木県河内郡 *ひふだま 大分県北海部郡 *ふたつき 大分県北海部郡 *へーほ 福島県 *へにべに 大分県大分市・速見郡 *べんべやこ 大分県 *ほっけ 栃木県塩谷郡 *ほろしょ 福島県中部 *ぼんぼら 兵庫県淡路島 *まめぶくろ 三重県志摩郡 *まりつき 高知県幡多郡 *みつご 大分県別府市 *むくどりとり（幼児語） 京都府 大阪府 *めめんこ 福島県中部 *めめんそ 秋田県平鹿郡 *めんこ 奈良県宇智郡 *めんしょ 岩手県岩手郡 *めんめんそ 秋田県雄勝郡 *もいち・もーいち 大阪府泉南郡 *もとどり 愛媛県伯方島 *よいさし 大分県大分市・大分郡 *よしと 大分県大分郡

おでん【御田】 *かんとだき 大阪市 兵庫県加古郡 奈良県南大和 香川県木田郡 *かんとに 大阪府泉北郡 *ひっぱたき 群馬県勢多郡

こんにゃくの□ *てんぴら 岐阜県養老郡 *てんぷら 埼玉県入間郡 岐阜県大垣市 *ひっぱたき 埼玉県秩父郡

おてんとうさま【御天道様】（御日様） ⇩おひさま

おてんば【御転婆】 *あさる 鹿児島県沖永良部島 *あっぱっぱ 三重県志摩郡 *あばし・あばしゃー 沖縄県首里 *あばら 千葉県夷隅郡 *あばれ 香川県 愛媛県周桑郡 宮崎県 *あばれぼー 大分県 *あふぁぶくらむぬ 沖縄県与那国島 *あまりじゃこ 大分県大分市・別府市 *あまんじゃく 富山県下新川郡 島根県美濃郡・益田市 広島県高田郡 *あまんじゃこ 兵庫県佐用郡・神戸市「この児はあまんじゃこで困る」 *あんばれ 山形県 *いがず 神奈川県中郡 *いきすぎもの 香川県仲多度郡 大分県大分市・大分郡 *いけじ・いけじご 島根県出雲 *いけず 三重県名張市 兵庫県佐用郡・赤穂郡 奈良県・宇陀郡 鳥取県西伯郡 島根県 愛媛県 高知県高岡郡 *いけずっぽり 香川県大川郡 *いんがーばっけ・いんがばっけ（「男叔母」の意） 鹿児島県奄美大島 *うーまゆむん（「まゆ」は「猫」の意） 鹿児島県徳之島 *えけず

ご島根県 *えたてん 富山県下新川郡 *おきやすき 新潟県三島郡 *おきょーすき 新潟県中越 *おきょすき 新潟県刈羽郡 *おきんべら・おきんぺら 富山県 *おこっぺー 神奈川県津久井郡 *おさん 香川県伊吹島 *おしゃち 滋賀県彦根 徳島市 *おしゃちん 愛媛県 *おじゃっか 山梨県甲府 *おじゃっかー 山梨県南巨摩郡「頭のいい娘だがおじゃっかーで困る」 *おじゅーく 埼玉県秩父郡 長野県佐久・南佐久郡 *おじゅーこ 長野県佐久 *おちゃめ 大分県速見郡・大野郡 *おちゃり・ちゃり 大分県 *おちゃんちき 岐阜県養老郡 *おちゅーさら 大分県大分郡 *おっぱさっぱ 岐阜県飛騨「ええどこの娘に似合わずおっぱさっぱしとる」 *おてつく 東京都 *おてんこち 静岡県志太郡「おてんこちわらい(ひょうきんな笑い方。おおげさな笑い方)」 *おとこあっぱ 青森県 *おとこじゃ 島根県隠岐島 *おとこじゃっぱ 青森県 新潟県西頸城郡 *おとこしゃは 富山県砺波 *おとこずっぽ 新潟県上越市 *おとこぜー 島根県隠岐島 *おとこっぴー 静岡県磐田郡 *おとこにょーば 島根県 *おとこにょーぼ 岐阜県飛騨「あの娘はおとこにょーぼみたいな女じゃ」 *おとこにょーぼー 島根県石見 *おとこにょば 島根県出雲 *おとこのれ 新潟県佐渡 *おとこばじ 福井県敦賀郡 *おとこばす 愛知県知多郡「彼の娘はをとこばすだ」 山口県大島 *おとこはち 三重県志摩郡 *おとこばち 兵庫県加古郡 *おとこばっさい 香川県・小豆島 *おとこばっしゃ 熊本県天草郡 *おとこばっちゃ 青森県津軽 秋田県北秋田郡・鹿角郡 *おとこばり 兵庫県赤穂郡 *おとこばんば 長野県 *おとこびー 静岡県磐田郡 *おとこびく 山梨県 京都府竹野郡 *おとこびっさい 山口県大島 *おとこびんた 岐阜県飛騨 *おとこぼっけ 長崎県西彼杵郡 *おとこまさり 奈良県吉野郡 *おとこまちこ 秋田県河辺郡 *おとこやす 新潟県 *おとこわっぱ 岩手県上閉伊郡 山形県東田川郡・庄内 *おとこわら 兵庫県加古郡 *おとこんぼ 長野県 *おとこんぼ 長野県佐久 *おなごてんば 熊本県天草郡 *おなごばっさい 岡山市 香川県小豆島 *おなごばり 兵庫県赤穂郡 *おなごはんばく・おなごはんぱく 島根県出雲 *おばけ 島根県隠岐島 *おはち 愛知県南知多郡 三重県志摩郡 大阪市 兵庫県城崎郡・淡路島 広島県因島・鷺島 愛媛県島嶼 *おはっつぁん 大阪市 *おはね 埼玉県北葛飾郡 三重県名賀郡 大分県 *おはねさん 大分県 *おはん 静岡県志太郡・島田市 *おはんがく 静岡県「あの娘はおはんがくだ」・富士郡・駿東郡 *おはんき 福島県相馬郡 *おはんさん 静岡県庵原郡 *おらち 三重県志摩郡 *おらんさん 大分県大分郡 *かいめろ 奈良県 *がいめろ 奈良県・宇智郡 *がえん 山梨県 静岡県「この児はがえんで困る」 *がさ・がさつ 山形県東村山郡・北村山郡 *がさぎ 秋田県河辺郡 *かす 島根県益田市・鹿足郡「あの子はかすじゃ」 *がす 広島県 *がは 岩手県紫波郡 *かべくらい 愛知県北設楽郡 *がらがら 和歌山県東牟婁郡 *がらがらむすめ 長野県上田 *かるさん 大分県大分市・北海部郡 *がんたく 山形県最上郡「がんたくで男みたいだ」 *きつんぼー 広島県安芸郡 *きゃんきゃら 長野県下水内郡 *きんぼー 新潟県西蒲原郡 *きんま 新潟県佐渡 *けーまん 山口県上関島 *げんかい 奈良県宇陀郡 *げんかいもん 三重県名張市 *けんけらそー 徳島県 *けんせー・けんつー 大分県北海部郡 *こーば 広島県大崎上島・鷺島 *こーばり 広島県大崎上島 愛媛県大三島 *こーばれさく 広島県大崎上島 *ごすけ 香川県高見島「ごすけげにする(おてんばぶる。また、ふざける)」 *こんばり 愛媛県弓削島 *こんばれ 愛媛県新居浜市 *さいあがり 香川県粟島 *さば 千葉県夷隅郡 *さまなし 大分県南海部郡 *さんぐなー・さんぐなーさーん 沖縄県石垣島 *さんぱち 秋田県「家の妹はさんぱじだ」 *じぐめぎ 岩手県気仙郡 *しゃぐわ 熊本県天草郡 *しやしゃ・しゃた 三重県名張市 *しゃためろ 奈良県南大和 *しゃち 滋賀県 愛媛県 *しゃちがき 岐阜県益田郡 *しゃちめろ 滋賀県滋賀郡 *しゃでのかわ 石川県鹿島郡 *しゃめ・せんみゃー 熊本県天草郡 *しゃりきん 新潟県佐渡 *じゃんか・じゃんかうま 長野県佐久 *じんばり 島根県鹿足郡 *すっぴん 神奈川県津久井郡 *すてばて 群馬県前橋市 新潟県中頸城郡 長野県佐久 *すてばてもの 長野県上田市 *すりまた 島根県那賀郡・江津市 *たくらけ 島根県那賀郡 *ちゃち・ちゃちゃ 三重県志摩郡 *ちゃんば 高知県 *ちゃんばらばす 山口県大島 *ちゃんびー 静岡県浜松 *ちゃんぴら 新潟県佐渡 *ちゅーかん 大分県 *ちょーしー・ちょーはー 広島県高田郡 *ちょか 三重県名賀郡 *ちょかんぼ 三重県阿山郡・名賀郡 *ちょかんぼー 三重県阿山郡 *つきあがり・つりあがり 大分県 *てっか・てっこー 新潟県佐渡 *てっこ 山形県西置賜郡 富山県婦負郡 *てんかっちょ 熊本県玉名郡 *てんかま 青森県上北郡 *てんきゅー 島根県鹿足郡 *てんこ 青森県 *てんば 鳥取県西伯郡 *てんばくそ 島根県「一日中家におっててんばくそをする」 *てんばくろ 大分県北海部郡 *てんばくろー 広島県 *てんばこ 島根県簸川郡・仁多郡 *てんばご 島根県 *てんばこでー・てんばさい・てんばずら・てんばっり 大分県大分郡 *てんばさー・てんばずり 島根県那賀郡 *てんばさこ 宮崎県東諸県郡 *てんばしろ 大分県大分市・大分郡 宮崎県延岡 *てんばそー 島根県石見 *てんぱつ 山口県笠戸島 *てんばびー 福岡県 *てんばやき 広島県佐伯郡・芦品郡 山口県向島・大津島 *てんばらばす 愛媛県青島 *でんばり 兵庫県佐用郡 *てんぷら 島根県隠岐島 *てんべおなご 長崎県壱岐島 *どぅみどぅむ 沖縄県宮古島 *ときめぎ 岩手県和賀郡 *どてんば 京都府 兵庫県朝来郡 *とばす 群馬

県利根郡　埼玉県秩父郡 *どばつかげ 埼玉県入間郡 *どぼっちゃれ 兵庫県加古郡 *どびあがり 群馬県利根郡　新潟県東蒲原郡・中部　奈良県吉野郡　大分県大分市・直入郡 *とびあがりもの 三重県飯南郡 *とびさく 香川県広島・香川郡

*とびはぜ 和歌山県那賀郡 *とんてき 愛知県碧海郡「あの娘はとんてきだ」・岡崎市 *どんでき 岐阜県益田郡 *どんばち 香川県直島 *どんぱち 青森県津軽 *とんびあがり 福島県北部 *とんびやがり 福島県会津 *とんぴん 福岡県北九州市 長崎県南高来郡 *とんぴんかん 大分県別府市

*なばこっ 鹿児島県鹿児島郡 *ぱいがー 沖縄県新城島 *はしゃぎ 三重県名賀郡 *ばす 山口県大島 *ぱたらしゃみどぅむ 沖縄県波照間島 *はち 大阪府泉北郡　和歌山県東牟婁郡　岡山県児島郡

愛媛県大三島「はちゅー（おてんばなことを言う）」

*はちべ 福井県 *はちべー 福井県　大阪市 *はちまん 岡山県　広島県　愛媛県大三島・伯方島

*はちまんさん 広島県高田郡 *はちむん 広島県芦品郡 *はちめろ 三重県名張市　奈良県 *はちやびん 和歌山県西牟婁郡 *はっさー 島根県益田市「はっさーをすると人に笑われるでや」 *はっさい 三重県　大阪府大阪市・泉北郡　奈良県　和歌山県　徳島県　香川県小豆島 *ばっさい 兵庫県淡路島　和歌山県西牟婁郡　島根県美濃郡　岡山市　香川県小豆島　愛媛県　大分県大分郡・北海部郡 *ばっさいおなご 岡山市 *はっさいぼし 和歌山県伊都郡 *はっさいめろー 奈良県・宇陀郡 *ばっさいもの 京都府竹野郡　和歌山県有田市 *ばっさり 香川県小豆島 *はっされ 静岡県田方郡 *ばっしき・ばっしゃ 長崎県五島 *はっしやき 富山県 *ばっじゃめーろ 石川県江沼郡 *ばっすい 広島県賀茂郡 *はったか・はつたか 高知県「あれは男まさりのはったかぢゃ」 *はっちゃ 石川県江沼郡・河北郡 *ばっちゃ 石川県能美郡

*はっちゃけ 山形県 *はっちゃこ 兵庫県淡路島

*はっちゃれ 山形県西置賜郡・南置賜郡　兵庫県加古郡 *ばっちゃれ 兵庫県加古郡 *はっちょぼこ 兵庫県美嚢郡 *ぱっぱ 岐阜県益田郡 *はでもん 兵庫県氷上郡 *ばてれん 徳島県　香川県小豆島 *ばり 兵庫県赤穂郡「あいつはばりだなあ」

*はりこ 兵庫県佐用郡・赤穂郡 *はりこばち 兵庫県赤穂郡 *はりこまち 愛媛県中島 *はりっこ 和歌山県東牟婁郡 *はりっこー 島根県鹿足郡

*はんがく 静岡県　香川県三豊郡・伊吹島 *はんかくおなご 島根県邇摩郡 *はんがち 香川県伊吹島 *はんやぎ 長野県上高井郡 *びーつぁ 沖縄県竹富島 *びきつぁ（「びき」は男性の意） 沖縄県鳩間島 *びぎっちゃ 沖縄県石垣島・与那国島

*びきっつぁ・びきんつぁ 沖縄県黒島 *びぎっつぁ 沖縄県与那国島 *びげーつぁ 沖縄県小浜島

*ぴんしゃん 長野県東筑摩郡「向の娘はぴんしゃんするから善く言はれない」 *びんびら・ぴんぴんきょんきょら 島根県鹿足郡「あがーなびんびら娘は相手にするな」 *ぴんぴら 島根県鹿足郡　山口県「ぴんぴら娘」 香川県与島 *ほっぱれ 愛媛県南宇和郡「ほっぱれな人（おてんば娘）」 *まいこつぶ 広島県鷺島 *まんかち 広島県高田郡 *めつらかわき 三重県志摩郡 *やんちゃめろ・やんちゃもん 三重県名張市

□な女の子（娘） *あだけおんな 新潟県岩船郡

*いなば 鹿児島県鹿児島郡・肝属郡 *いなばこっつ 鹿児島県鹿児島郡 *おかる 大分市 *おしゃっぴー・しゃっぴー 大分県 *おじゃみ 愛媛県 *おちゃっぴー 千葉県　山口県萩市　福岡市 *おちゃっぺ 宮崎県延岡 *おてんこち 静岡県志太郡 *おとこぎんぽー 新潟県三島郡

*おとこぎんぽー 新潟県 *おはち 愛知県南知多郡　三重県志摩郡　大阪市　兵庫県城崎郡・淡路島　広島県因島・鷺島　愛媛県島嶼 *おはっつぁん 大阪市 *かっさい 愛媛県 *きんのー 奈良県吉野郡 *きんぴら 福岡市 *きんぴら（金平浄瑠璃の主人公、坂田金平の怪力剛勇ぶりから）千葉県山武郡　新潟県佐渡　島根県鹿足郡

山口県大島　愛媛県「あの女は中々のきんぴらだ」 福岡市　宮崎県西諸県郡 *きんぴらおごじょ 鹿児島県肝属郡 *きんぺら 奈良県吉野郡

富山県下新川郡 *きんぺらあま 奈良県吉野郡 *さいはち 愛媛県周桑郡・今治市 *さんさなー・さんさなーあいぐゎーめー 沖縄県首里

*しおから 香川県与島 *しゃっぱ・しゃっぱい 鹿児島県種子島 *じゃっぱ 青森県津軽 *しゃっぴり 愛媛県周桑郡 *じゃば 宮城県　福島県会津 *じゃばおなご 福島県会津 *じゃんび 青森県西津軽郡 *てんば 鳥取県西伯郡 *てんばくそ 島根県「一日中家におっててんばくそをする」 *てんばくろ 大分県北海部郡 *てんばくろー 広島県 *てんばこ 島根県簸川郡・仁多郡

*てんばご 島根県 *てんばこでー・てんばさい・てんばずら・てんばつり 大分県大分郡

*てんばさー・てんばずり 島根県那賀郡 *てんばさこ 宮崎県東諸県郡 *てんばしろ 大分県大分市・大分郡　宮崎県延岡 *てんばそー 島根県石見 *てんぱつ 山口県笠戸島 *てんばびー 福岡県 *てんばやき 広島県佐伯郡・芦品郡

山口県向島・大津島 *てんばらばす 愛媛県青島 *でんばり 兵庫県佐用郡 *てんべおなご 長崎県壱岐島 *どばっちゃれ 兵庫県加古郡

*どんばち 香川県直島 *どんぱち 青森県津軽

*なんか 山梨県甲府　静岡県周智郡 *はじくれもん 岩手県気仙郡 *ばす 山口県大島 *はち 大阪府泉北郡　和歌山県東牟婁郡　岡山県児島郡　愛媛県大三島 *はちかん 静岡県・浜松

*ばちかん 徳島県 *はちきん 高知県 *はちくそ 愛媛県北宇和郡・南宇和郡 *はちくた・はちくま 三重県志摩郡 *はちくれ 岡山県直島

*はちけん 愛媛県南宇和郡 *はちべ 福井県

*はちべー 福井県　大阪市 *はちまん 岡山県

広島県　愛媛県大三島・伯方島　*はちまんさん 広島県高田郡　*はちむん 広島県芦品郡　*はちめろ 三重県名張市　奈良県　*はちゃびん 和歌山県西牟婁郡　*はちわれ 香川県小豆島　*はっさー 島根県益田市「はっさーをすると人に笑われるでや」　*はっさい 三重県　大阪府大阪市・泉北郡　奈良県　和歌山県　徳島県　香川県小豆島　*ばっさい 兵庫県淡路島　和歌山県西牟婁郡　島根県美濃郡　岡山市　香川県小豆島　愛媛県　大分県大分郡・北海部郡　*ばっさいおなご 岡山市　*はっさいぼし 和歌山県伊都郡　*はっさいめろー 奈良県・宇陀郡　*ばっさいもの 京都府竹野郡　和歌山県有田市　*ばっさり 香川県小豆島　*はっされ 静岡県田方郡　*ばっしき・ばっしゃ 長崎県五島　*はっしゃき 富山県　*ばっじゃめーろ 石川県江沼郡　*ばっすい 広島県賀茂郡　*はっちゃ 石川県江沼郡・河北郡　*ばっちゃ 石川県能美郡　*はっちゃけ 山形県　*はっちゃこ 兵庫県淡路島　*はっちゃれ 山形県西置賜郡・南置賜郡　兵庫県加古郡　*ばっちゃれ 兵庫県加古郡　*はねちゃかり 東京都八丈島　*ばんじゃく 山形県北村山郡　*びんさく 和歌山県東牟婁郡　*びんびら・ぴんぴんきょんきょら 島根県鹿足郡「あがーなびんびら娘は相手にするな」　*ぴんぴら 島根県鹿足郡　山口県「ぴんぴら娘」　香川県与島

おと【音】　*おとない 島根県隠岐島「大けな雨がんなりがして出も入りもならのおとねえがした」　長崎県対馬　*おとなり 青森県津軽「いいおとなりがしていると思ったら餅つきだ」　岩手県気仙郡　*おとね 山形県東置賜郡「良いおとねだ」　*なりおと 岩手県気仙郡「瀬戸物の良い悪いはなりおとでもわかる」　宮城県仙台市「なんつ(なんという)なりおといー鐘だべ」

おとうさん【御父様】　*うと 鹿児島県奄美大島　*おおっちゃん 兵庫県淡路島　*おだー 山梨県南巨摩郡・西八代郡　*おだはん 秋田市　*おたん 和歌山県・西部(卑語)　香川県丸亀市　高知県幡多郡　*おたんたーん(幼児語) 和歌山県海草郡　*おちゃー(中下流) 岐阜県郡上郡　*おちゃん 神奈川県津久井郡(幼児語)　山梨県　静岡県(下流)　*おつぁま 山形県西置賜郡　*おったん 奈良県吉野郡　和歌山県那賀郡　高知県幡多郡　長崎県壱岐島(幼児語)　*おっちゃ 青森県津軽　岩手県九戸郡　山形県　新潟県東蒲原郡　石川県江沼郡　福井県東部　*おっちゃー 栃木県塩谷郡　*おっちゃま 石川県加賀市　*おっちゃん 山形県(幼児語)　茨城県　栃木県　埼玉県川越　東京都三宅島　福井県　山梨県　奈良県吉野郡　和歌山県海草郡・伊都郡(幼児語)　佐賀県　長崎県東彼杵郡　鹿児島県肝属郡・種子島　*おっちゃんぽ 福井県　*おっつぁ 山形県　石川県　福井県　*おっつぁー 栃木県塩谷郡　長野県下水内郡　*おっつぁま 山形県　石川県江沼郡　*おっつぁん 山形県　栃木県真岡市・芳賀郡　石川県加賀市　福井県　*おっつっつぁま(やや上流) 岐阜県郡上郡　*おっつっつぁん(上流) 岐阜県郡上郡　*おっと 山形県西置賜郡　岐阜県本巣郡　*おっとー 埼玉県秩父郡　岐阜県郡上郡・加茂郡　愛知県東三河　*おっとさん(下流) 大分県速見郡　*おっとったん 大分県大分市・大分郡　*おっとん 熊本県阿蘇郡(下流)　大分県(下等)　鹿児島県肝属郡　*おでいさま・おでいさん(寝殿造りの邸宅の「出居(応接間)」にいるのが常であったところからの尊敬語) 京都市　*おでっつぁま(上流階級語) 熊本県芦北郡　*おと 青森県　岩手県和賀郡　宮城県栗原郡　秋田県　山形県　茨城県北茨城郡　埼玉県北葛飾郡(幼児語)　千葉県山武郡・夷隅郡　東京都三宅島　新潟県東蒲原郡　富山県西礪波郡(幼児語)　奈良県南部　和歌山県　香川県　*おとー 群馬県　神奈川県津久井郡　山梨県　長野県西筑摩郡　岐阜県郡上郡(中流)　静岡県　三重県度会郡　滋賀県　京都府　兵庫県佐用郡・印南郡　奈良県吉野郡　岡山県　広島県　徳島県三好郡　香川県　愛媛県周桑郡・松山(下流)　福岡県企救郡　大分県南部　*おどーそん 山形県米沢市　*おとーのす 高知県幡多郡　*おとーはん(嫁が舅(しゅうと)を呼ぶ時など) 香川県　*おとーま 島根県鹿足郡　*おとーやん 香川県木田郡・香川郡(幼児語)　*おとーらん 島根県美濃郡・益田市　*おとさ 青森県(上流)　岐阜県揖斐郡　*おとさま 青森県上北郡(中流以上)・三戸郡(士族)　山形県東置賜郡　*おとさん 宮城県栗原郡　秋田県北秋田郡　和歌山県　香川県　*おとちゃ 青森県上北郡(中流)　山形県東置賜郡・東田川郡(中流以上)　*おとつぁ 山形県　新潟県東蒲原郡　*おとっさ 岐阜県本巣郡　*おとっさー(下流) 島根県石見　*おとっさま 福島県安達郡　愛知県尾張(上品な語)　*おとっさん 島根県石見(中下流)　香川県　*おとったん 東京都大島・三宅島　山梨県　三重県北牟婁郡(幼児語)　京都府相楽郡　大阪府三島郡　兵庫県加古郡・美嚢郡　奈良県(尊称)　広島県　香川県丸亀・三豊郡・高見島　愛媛県周桑郡・喜多郡　大分県(親愛の称)　宮崎県東諸県郡　*おとっち(幼児語) 埼玉県北葛飾郡　*おとっちゃ 岩手県九戸郡　福島県東白川郡　栃木県塩谷郡　新潟県東蒲原郡・上越市(中流)　大分県東国東郡　*おとっちゃや 和歌山県海草郡　*おとっつぁ 山形県　福島県東白川郡・会津　新潟県佐渡・東蒲原郡　広島県・芦品郡　*おとと 山形県　新潟県　富山県・砺波(中流)　石川県　島根県鹿足郡　広島県高田郡　山口県・玖珂郡(下流)　長崎県・長崎市(下流)・壱岐島(小児語)　熊本県天草郡　宮崎県延岡市　*おととさま 愛知県名古屋市　*おととさん 石川県金沢市　*おとはん 秋田市　山形県東田川郡(中流以上)　和歌山県　島根県鹿足郡　香川県　*おとやん 栃木県西部　三重県伊勢(幼児語)　愛媛県　高知県　大分県大分郡　*おとん 和歌山

県海草郡・日高郡　岡山県　香川県(卑語)・小豆島(卑語)　高知県安芸郡　福岡県南部　大分県(中下流) *こぞん 滋賀県高島郡 *さっさ 新潟県東蒲原郡 *じゃっちゃ 福島県石城郡 *じゃっちゃー(小児語)茨城県 *すっちゃま 岐阜県郡上郡

*たーりー(二人称及び三人称に用いる。士族語)沖縄県首里 *だん・だんさん・だんだん・だんつく・だんやん・らん 新潟県佐渡「おう、おらんに頼みがあるんらが」

*だんだ 千葉県夷隅郡 *だんな 千葉県安房郡「だんな銭くれえ」　東京都大島(旧家で用いる) *ちー 三重県志摩郡 *ちーちゃい 茨城県稲敷郡 *ちーやん 滋賀県野洲郡・栗太郡 *ちちさま 大分県北海部郡 *ちっちゃん 三重県阿山郡 *ちとー 東京都神津島 *ちゃ 青森県南部(中流)　岩手県紫波郡　秋田県　福井県(下流の子女が呼ぶのに用いる)・南条郡　滋賀県坂田郡・東浅井郡 *ちゃー 岩手県九戸郡　秋田県　福島県中部「おらえーのちゃー(私のうちのお父さん)」　栃木県(中流以下)　新潟県上越　石川県江沼郡　福井県大野郡　長野県下水内郡(小児語)　岐阜県恵那郡・武儀郡　愛知県東春日井郡　三重県志摩郡　滋賀県伊香郡・高島郡　長崎県五島

*ちゃーさ(小児語)岐阜県美濃市 *ちゃーさま 岐阜県　愛知県愛知郡 *ちゃーさん 福島県中部

長野県　愛知県知多郡 *ちゃーちゃ 福島県　新潟県西頸城郡(中流)　石川県(下流)　福井県坂井郡　愛知県東春日井郡　島根県出雲 *ちゃーちゃー 福島県相馬郡・東白川郡　石川県江沼郡　沖縄県那覇 *ちゃーちゃん 福島市　栃木県 *ちゃーま(中流)岐阜県郡上郡 *ちゃーやー(幼児語)東京都大島 *ちゃい 滋賀県坂田郡・東浅井郡

福岡県三池郡　熊本県天草郡 *ちゃさ(下流)岐阜県羽島郡 *ちゃさま 岩手県岩手郡 *ちゃちゃ 岩手県東磐井郡(子供が父を呼ぶ語)　新潟県

滋賀県高島郡　島根県簸川郡・仁多郡・隠岐島(下流。幼児語) *ちゃちゃさん(幼児語)島根県隠岐島 *ちゃちゃし(ののしって言う語)島根県隠岐島 *ちゃちゃやん(少年語)鳥取県西伯郡

*ちゃつ 熊本県天草郡 *ちゃっじゃ 長崎県五島

*ちゃっちゃ 山形県西置賜郡　福島県石川郡・西白河郡　栃木県(幼児語)　千葉県夷隅郡(中流以下)　新潟県西頸城郡　長野県北部(幼児語。対称として用いる時は尊敬語)　鳥取県西伯郡(小児語)　島根県(下流。幼児語)　愛媛県今治市・大島 *ちゃっちゃー 福島県石川郡・西白河郡　島根県出雲(下流) *ちゃっちゃい(下流)熊本県天草郡 *ちゃっちゃぼ 島根県出雲 *ちゃっちゃん 島根県隠岐島 *ちゃま 岩手県中通　山形県置賜

和歌山県東牟婁郡 *ちゃや 岩手県北部 *ちゃん 山形県山形市・東村山郡　福島県北部　茨城県行方郡・猿島郡　栃木県　群馬県(ふざけて言う場合)　埼玉県入間郡　千葉県(下流)　新潟県佐渡・中頸城郡　石川県鹿島郡　福井県西部　長野県長野市・上水内郡・上高井郡　静岡県(下流。小児語)　三重県度会郡「ちゃん、ねやんか(お父さん、お休みなさい)」　滋賀県滋賀郡・坂田郡　大阪府泉北郡　兵庫県淡路島　奈良県　島根県隠岐島　福岡県三潴郡　佐賀県(下流)・藤津郡(下流)

長崎県・佐世保市・五島　熊本県(下流)　大分県大分市・大分郡　宮崎県西臼杵郡　鹿児島県屋久島・種子島 *ちゃんこ 鹿児島県屋久島 *ちゃんさま 長崎県南高来郡 *ちゃんさん 福岡県山門郡　熊本県天草郡 *ちゃんじょ 鹿児島県 *ちゃんちゃ 島根県隠岐島 *ちゃんちゃん 福岡県八女郡・山門郡 *ちゃんや 栃木県 *ちゃんやん 福岡県山門郡　長崎県南高来郡 *ちょーさ 岐阜県本巣郡 *つぁ 岩手県和賀郡・胆沢郡　山形県「俺のつぁは村会議員だ」　新潟県(下流) *つぁー 秋田県平鹿郡　福島県会津・南部「つぁあ今行ぐぞ」　茨城県　栃木県宇都宮市・河内郡　新潟県上越　長野県長野市・上水内郡　岐阜県大野郡 *つぁーつぁ(中流以下)新潟県中部 *つぁーつぁー 福島県　新潟県中部 *つぁーま 長野県西筑摩郡　岐阜県吉城郡・大野郡(尊称) *つぁつぁ 岩手県気仙郡　山形県北村山郡・最上郡「つぁつぁ、俺も行きたいなー」　新潟県中部(他人の父。上流) *つぁっつぁ 岩手県胆沢郡　福島県 *つぁま 新潟県中部(中流の上)　岐阜県吉城郡 *つぁん 山形市

栃木県上都賀郡・河内郡 *つぁんが 宮城県栗原郡 *つぁんま 山形県置賜 *つーさ 石川県石川郡 *つーつ 石川県能美郡 *つぉつぁ(多く下流で用いる)岐阜県吉城郡 *つぉっつぁ(卑称)岐阜県飛騨 *つぉっつぁま 岐阜県飛騨 *つさん 熊本県玉名郡・八代郡(中流以下) *つたん 大分県 *つっあん 石川県加賀 *つつさん 福岡県筑後・久留米市(下流)　熊本県(中流以下) *つっちゃ 石川県能美郡 *つっつぁ 石川県石川郡　岐阜県郡上郡 *つっつぁー 石川県江沼郡 *つっつぁま 岐阜県大野郡・郡上郡(中流以上) *つっつぁん 滋賀県坂田郡 *つと 福岡県嘉穂郡 *つとさん(中流以下)熊本県 *つとしゃん(中流以下)熊本県上益城郡 *つとやん 熊本県阿蘇郡・鹿本郡(下流) *つとん(中流以下)大分県日田郡 *つゃい 新潟県中魚沼郡 *つゃっつゃはん(中流)島根県出雲 *ど 岩手県和賀郡　秋田県平鹿郡・仙北郡 *とー 栃木県　群馬県佐波郡　千葉県「おらんとーが来た」

東京都島嶼　新潟県佐渡(尊称)　三重県　奈良県・吉野郡　和歌山県　徳島県名西郡　愛媛県周桑郡(幼児語)　高知県・幡多郡　長崎県西彼杵郡

*どー 秋田県仙北郡 *どーおっさん 香川県綾歌郡・仲多度郡 *どーさ(下流)高知県 *どーそ 香川県 *とーたん 鳥取県気高郡・岩美郡 *とーっつぁま(敬称)熊本県天草郡 *とーと 富山県(中流以下)　石川県「りえのとーとわ(利兵衛のおやじさんは)」　兵庫県淡路島　熊本県天草郡 *とーとー 香川県木田郡　大分県北海部郡 *とーどの 東京都八丈島 *とーはん 三重県名賀郡　鹿児島県姶良郡 *とーべ 三重県志摩郡 *とーま 富山県(下

流）・下新川郡（下流） 三重県南牟婁郡 *とーや（中流）千葉県東葛飾郡 *とーやー（小児語）静岡県 *どーやん 栃木県 群馬県佐波郡 長野県上田・佐久 三重県志摩郡・度会郡 奈良県 香川県木田郡・香川郡（幼児語） 高知県幡多郡（敬称） 福岡県築上郡 大分県速見郡・大分郡 *とさま 青森県三戸郡（商家で用いる） 三重県南牟婁郡 和歌山県東牟婁郡 福岡県浮羽郡 *とさん 新潟県佐渡 高知県 福岡県浮羽郡 熊本県玉名郡・熊本市（中流以下） *どさん 奈良県吉野郡 *とたん 大分県大分郡 *とちゃ（下流） 青森県三戸郡 *とちゃん 熊本県八代郡（中流）・阿蘇郡 *とっ 熊本県天草郡 *とっさ 福島県中部 長野県諏訪 岐阜県益田郡 三重県 *とっさー 島根県美濃郡・益田市（下流）「そっちのとっさーは内にか」 *とっさま 富山県砺波 長野県諏訪・上伊那郡 岐阜県益田郡・本巣郡 三重県南牟婁郡 熊本県天草郡（敬称） 大分県日田郡（下流） *とっさん 新潟県佐渡 長野県下水内郡 愛知県知多郡 三重県北牟婁郡（下流）・南牟婁郡 鳥取県西伯郡 広島県豊田郡 香川県木田郡・三豊郡・伊吹島（敬称） 愛媛県周桑郡 福岡県八女郡 長崎県・壱岐島 熊本県（中流以下） 大分県（下流） 宮崎県東諸県郡 鹿児島県口之永良部島 *どっさん 香川県木田郡・香川郡 *とった（中流。卑称。三人称）富山県砺波 *とったま 富山県（下流・中流。最卑称） 大分県大野郡 *とったん 島根県那賀郡（中流） 香川県手島 佐賀県藤津郡（下流） 長崎県南高来郡 熊本県天草郡（下流） 大分県 宮崎県東諸県郡 *とっち（小児語）長野県北安曇郡 *とっちゃ 青森県上北郡（中流） 岩手県九戸郡・上閉伊郡（上流） 秋田県仙北郡・平鹿郡 山形県東村山郡 千葉県夷隅郡 長崎県五島 *どっちゃ 秋田県仙北郡 *とっちゃま（敬称）熊本県天草郡 *とっちゃん 山形県山形市・東村山郡 栃木県河内郡 東京都大島 三重県阿山郡 島根県邑智郡（中流。幼児語） 広島県・高田郡 香川県三豊郡・小豆島（幼児語） 愛媛県周桑郡・喜多郡 高知県（敬称） 長崎県北松浦郡（下流）・佐世保市・五島 熊本県（下流） 大分県大分市・大分郡 宮崎県西臼杵郡 鹿児島県 *とっちん 新潟県佐渡 愛媛県周桑郡 *とっつぁ 岩手県胆沢郡 秋田県平鹿郡・雄勝郡 山形県東村山郡 福島県岩代（小児語） 千葉県印旛郡 新潟県・西蒲原郡（下流） 富山県砺波（中流。卑称。三人称） 石川県鳳至郡・江沼郡（下流） 長野県下水内郡 岐阜県郡上郡（中流） 島根県隠岐島 長崎県五島 *とっつぁー 茨城県稲敷郡 栃木県河内郡 岐阜県武儀郡 *とっつぁま 岩手県気仙郡 茨城県稲敷郡 栃木県 新潟県（尊称） 富山県婦負郡・西礪波郡 岐阜県大野郡・郡上郡（中流） 愛知県愛知郡 熊本県天草郡（中流以下） *とっつぁん 栃木県 千葉県安房郡 新潟県佐渡（上流）・中頸城郡 岐阜県加茂郡 三重県 鳥取県 島根県 広島県比婆郡・双三郡 徳島県・海部郡 愛媛県周桑郡 佐賀県 熊本県（中流以下） 大分県北海部郡・大野郡 *とっつさん（下流）長崎県北松浦郡 *とっと 山形県南置賜郡 富山県（下流）・上新川郡（中流以下） 長野県諏訪 岐阜県羽島郡・本巣郡 愛知県尾張 愛媛県 高知県幡多郡 長崎市（下流） 熊本県阿蘇郡・玉名郡（下流） *とっとー 静岡県田方郡 愛知県尾張 島根県石見（幼児語。下流） 長崎県南高来郡「とっとーもおっかーも達者たいない」 大分県直入郡（下流。農業地で用いる） *とっとと 熊本県天草郡 *とっとん 長崎県南高来郡 *とっぱー 島根県益田市 *とてやん 広島県豊田郡 *とと 青森県南部（子供が父を呼ぶ語） 岩手県 秋田県平鹿郡・仙北郡 山形県庄内 新潟県 石川県河北郡・石川郡 福井県 岐阜県飛騨 愛知県東春日井郡 三重県 兵庫県淡路島 奈良県吉野郡 和歌山県東牟婁郡（小児語） 島根県（下流） 広島県 徳島県・美馬郡 香川県三豊郡・小豆島（幼児語） 愛媛県 高知県（敬称） 福岡県山門郡 長崎県（下流）・五島 熊本県（下流） 大分県南海部郡 宮崎県 鹿児島県（下流）・屋久島・種子島 *どと 青森県南部 秋田県・鹿角郡（中流以下） 山形県南部 *ととー 茨城県稲敷郡 東京都大島・八丈島 滋賀県滋賀郡 島根県石見（下流） 岡山県苫田郡 徳島県海部郡 長崎県壱岐島 熊本県球磨郡 *とどー 茨城県 千葉県海上郡 *ととーさま 東京都八丈島 *ととさ 富山県砺波（中流） 三重県南牟婁郡 大分県直入郡（下流） *どとさ 山形県置賜 *ととさま 東京都八丈島 岐阜県本巣郡 愛知県東春日井郡 三重県南牟婁郡 高知県（最上流） 熊本県天草郡（上流） 大分県直入郡（中流以上） *どとさま 山形県西置賜郡 *ととさん 兵庫県但馬 奈良県 島根県石見 香川県仲多度郡・伊吹島 高知県（最上流・上流・敬称） 福岡県 長崎県壱岐島・五島 熊本県（尊称。中流以上） 大分県 宮崎県東諸県郡 *どとさん 秋田県鹿角郡 *ととしやん（下流）熊本県 *ととちゃ 山形県庄内 *ととちゃん 熊本県芦北郡 *ととはん 山形県東置賜郡 兵庫県淡路島（小児語） 徳島県美馬郡 愛媛県喜多郡 福岡県山門郡 *どとはん 秋田県由利郡 *ととべ 三重県志摩郡 *ととま 富山県砺波 石川県加賀 三重県南牟婁郡 *ととまう 千葉県安房 *ととや（下流）大分県直入郡 *ととやん 兵庫県淡路島（小児語） 奈良県 島根県（下流） 広島県双三郡 徳島県海部郡 愛媛県周桑郡 高知県（敬称）・幡多郡 福岡県山門郡 長崎県・壱岐島 熊本県（下流） 大分県大分郡 宮崎県西臼杵郡 *ととん 兵庫県但馬（下流） 岡山県上房郡 香川県小豆島（卑語） 福岡県豊前・田川郡 熊本県芦北郡・天草郡（下流） 大分県（下流） *ととんちやん（中流）熊本県天草郡 *とや 三重県南牟婁郡 *とやん 新潟県佐渡 京都府 奈良県 高知県 *とん 香川県佐柳島 熊本県天草郡（下流） *と

んちゃ 山形県西置賜郡 *どんちゃん 新潟県西頸城郡(上流) 宮崎県西臼杵郡 *どんとん 福岡県山門郡 *どんま 富山県下新川郡 *ぱーぱ・ぱっぱ・ぱっぱー 石川県鳳至郡 *ぱっぱ(幼児語) 鹿児島県 *ま 山形県 石川県加賀 岐阜県飛騨(小児語) *まー 秋田県仙北郡 山形県 福島県中部「おめげのまー(君の家のお父さん)」 新潟県岩船郡・中魚沼郡 富山県下新川郡 石川県 三重県北牟婁郡 *まーさん 三重県度会郡 *まーま 石川県 *まちゃ・まっちゃ 山形県東置賜郡・西置賜郡 *やんとん 新潟県東蒲原郡

→ちち(父)・ちちおや(父親)

おとうと【弟】 *あにー 東京都利島 *いじ 新潟県・中魚沼郡 *いみおとがま(末っ子の弟) 沖縄県宮古島 *うぃきがうっとぅ 沖縄県首里 *うしとぅ 沖縄県黒島 *うすとぅ 沖縄県鳩間島 *うちた・うちとー 沖縄県西表島 *うっと 鹿児島県喜界島 *うっとぅ 沖縄県首里・新城島 *うっとぅうぃきー(姉から見た場合の弟) 沖縄県首里 *うとぅっとをー 沖縄県与那国島 *うとぅとぅ 鹿児島県奄美大島・加計呂麻島 沖縄県八重山 *うとぅどぅ 沖縄県石垣島 *うとぅどぅびぎり(姉から見た場合の弟) 沖縄県石垣島 *うんちぁっこ・うんちゃま・うんちゃん 岩手県気仙郡 *えじ 長野県下水内郡 *おーじ 富山県 *おじ 青森県 岩手県 秋田県 山形県 千葉県安房郡・東葛飾郡 新潟県 富山県 石川県 福井県 長野県下水内郡 岐阜県飛騨 三重県志摩郡・度会郡 滋賀県高島郡 京都府加佐郡 奈良県吉野郡 島根県隠岐島 徳島県 *おじー 山形県庄内 茨城県 千葉県「あにきはいてーで寝てるけんが、おじーの方は元気で」 島根県仁多郡・能義郡(年老いても未婚でいる者) *おじかぶ 岩手県気仙郡 *おじき 山形県東村山郡 石川県輪島 福井県大飯郡 *おじくた 福井県遠敷郡 *おじくら 島根県隠岐島 *おじこ 青森県上北郡 秋田県仙北郡(卑称) 山形県 三重県鳥羽市・志摩郡 *おじごんぼ 山形県西置賜郡(ののしって言う語) 新潟県東蒲原郡・三島郡 *おじごんぼー 新潟県 *おじさん 三重県志摩郡 *おじちゃ 山形県西田川郡 *おじっこ 岩手県岩手郡 *おじったぐれ 新潟県刈羽郡 *おじぱい 山形県西置賜郡 *おじべ 三重県志摩郡 *おじぺ 山形県庄内・置賜 *おじぼ 三重県東部 *おじぽ 山形県東置賜郡 *おじぼーず 岐阜県恵那郡 *おじぼん 富山県砺波(少年に) 福井県若狭 *おじま 青森県三戸郡(商家中流の次男) 富山県 石川県 *おじゃ 山形県・東田川郡(卑称) 富山県砺波 *おじょ 石川県鳳至郡 *おじろっぽ 石川県輪島・舳倉島 *おっさ 新潟県 富山県砺波 石川県 *おっさま 新潟県 富山県砺波 *おっさん 新潟県佐渡 富山県 石川県河北郡・石川郡 *おっじ 新潟県南魚沼郡 富山市近在(中流以上) *おっじゃ 富山県 *おっち・おっちさ 新潟県中魚沼郡 *おっちゃ 新潟県 長野県下水内郡 *おっちゃん(敬称) 新潟県 *おっつぁ 新潟県中魚沼郡 *おっつぁま 千葉県香取郡 *おと 長野県小県郡 沖縄県宮古島 *おとーた 香川県伊吹島 *おとこいが 長崎県南高来郡 *おとしゃて 宮城県仙台市 *おとず・おとっ・おどっ・おどつ 鹿児島県 *おとつ 熊本県 大分県速見郡 宮崎県都城 鹿児島県 *おとっじゃ(卑称) 熊本県玉名郡 *おとっじょ(尊称) 熊本県 宮崎県東諸県郡 鹿児島県鹿児島郡 *おとっぜー(「おととせ(弟兄)」の転か) 福岡県八女郡 *おとっちょー(尊称) 佐賀県西松浦郡 長崎県対馬 *おとっと 長野県 *おとっどん(尊称) 熊本県玉名郡 *おとと 千葉県山武郡 岐阜県海津郡・郡上郡 愛知県愛知郡・碧海郡 三重県員弁郡・度会郡 京都府 兵庫県赤穂郡 和歌山県 岡山県児島郡 広島県 香川県 高知県長岡郡 福岡県三井郡・久留米市 長崎県西彼杵郡・南高来郡 熊本県 宮崎県西臼杵郡 *おととご 熊本県鹿本郡・熊本市 *おととじょ 熊本県玉名郡 *おととじょー(やや敬称) 広島県比婆郡 山口県大島 *おとどり 鳥取市 *おとみっこ 新潟県岩船郡 *おとり 兵庫県美方郡 鳥取県因幡 *おんこ 北海道小樽市 青森県上北郡「えのおんこ(我が家の愛弟)」 *おんさ 新潟県中蒲原郡・新発田市 福井県南条郡 *おんざ 岩手県上閉伊郡 *おんさま 新潟県中蒲原郡・岩船郡(敬称) *おんじ 北海道 青森県 岩手県 秋田県 山形県最上郡 千葉県夷隅郡 神奈川県三浦郡 新潟県東蒲原郡・中魚沼郡 長崎県西彼杵郡 *おんじー 埼玉県入間郡 *おんじかし 秋田県雄勝郡 *おんじきれ 秋田県北秋田郡 *おんじこ 秋田県雄勝郡・由利郡 *おんじぼ 宮崎県西臼杵郡 *おんじぼー 長崎県西彼杵郡 宮崎県西臼杵郡 *おんちゃ 青森県 岩手県中通・九戸郡 秋田県 山形県 新潟県 *おんちゃこ 北海道小樽市 岩手県和賀郡 *おんちゃさん 北海道函館市 *おんちゃま 青森県(敬称) 岩手県九戸郡・紫波郡 山形県西置賜郡 新潟県南部(敬称) *おんちゃめ 秋田県平鹿郡・雄勝郡 *おんちゃん 北海道 *おんつぁ 秋田県 山形県 新潟県岩船郡(尊称)・東蒲原郡 *おんつぁま 宮城県仙台市 山形県 *おんつぁめ 新潟県東蒲原郡 *おんつぁん 秋田県 *おんと 滋賀県高島郡 *おんべ 三重県志摩郡 *おんま(中流以下) 富山県下新川郡 *かんぶ 岩手県九戸郡 *きょーじゃー 東京都八丈島 *きょーだい 東京都八丈島 岡山県阿哲郡 *げんぱおじ 山形県西田川郡 *こっぱおじ 石川県能美郡・石川郡 *こぼ 山形県庄内 香川県高松市「こぼさん(弟坊ちゃま)」 *こぼー・こぼこ・こぼちゃ 山形県庄内 *こぼさん 香川県高松 *こぼやん(次兄) 高知県 *こぼんさん 大阪市 *こぼんちゃん(よい家の弟または末弟に対する尊称) 香川県「こぼんちゃん、あそぼ」 *ごんぼ 新潟県東蒲原郡 *ごんぼー 岩手県九戸郡 *さで・しゃでっこ 岩手県気仙郡 *しゃち 宮崎県日向

*しゃて 岩手県気仙郡　宮城県栗原郡・仙台市　秋田県仙北郡・平鹿郡　山形県　福島市　新潟県東蒲原郡　三重県志摩郡 *しゃてー 岩手県西磐井郡　福島県　群馬県佐波郡・邑楽郡　埼玉県大里郡・入間郡「おめーらがしゃてーはいくらん(何歳に)なっただ」　東京都八王子　神奈川県　新潟県東蒲原郡　静岡県島田市・榛原郡　佐賀県三養基郡・藤津郡 *しゃでき 山形県 *しゃてこ 宮城県　秋田県仙北郡 *じろー 新潟県 *すっとのおとと(末の弟)香川県三豊郡 *せなご 群馬県勢多郡 *たんごもち(兄に対して弟を言う)鹿児島県肝属郡 *ちゃぼー 滋賀県高島郡 *ちゃま(愛称)新潟県中頸城郡 *でっち 岐阜県飛驒「うちのでっちをいこすで頼む」 *なかさい 福岡県粕屋郡 *に 三重県志摩郡 *ぼー 岐阜県飛驒

おどかす【脅】 *おあかす 京都府 *おそらかす 島根県　岡山県苫田郡・川上郡「おちょ(おばけ)が来るぞなど言って、子供をおそらかす」 *おどやかす 京都府竹野郡「まあ、そんにおどやかすない」 *おどらかす 愛知県碧海郡 *おにゃーかす・おにゃかす 新潟県佐渡「そこは話をおにゃかした」 *がぶらかす 静岡県下田 *こみせる(にらんで脅かす)山形県米沢市・東置賜郡 *こんみせる(にらんで脅かす)山形県米沢市 *そばかす・ちょばかす 東京都八丈島 *どっきふっかける 福島県東白川郡

→おどす(脅)

おとぎばなし【御伽話】　⇨むかしばなし(昔話)

おどける【戯】 *あばける 山形県米沢市・北村山郡　岐阜県恵那郡 *あふぁげーゆん・あふぁげーりゆん 沖縄県首里 *あやかす 岐阜県大垣市「あやかいた(道化た)」 *うつけあがる 秋田県鹿角郡 *うつける 秋田県鹿角郡　山形県「そがえにうづけるな」 *うわざえる(調子に乗っておどける)岡山県　高知県・高知市 *うんずく 秋田県雄勝郡「随分うんずぐ子供等だ」 *うんずける 青森県津軽 *えせる 愛媛県 *おげる 福島県会津　島根県美濃郡・益田市「おげてばっかりおらんと、ちったー勉強でもせー」　山口県豊浦郡 *おじける・おちける 島根県隠岐島「あの人おじけちょる」 *ぎょーくる 大分県玖珠郡 *きょくる 大分県　鹿児島県 *きょげる 香川県 *げらつく 富山県下新川郡・砺波　三重県上野市 *じくねる 新潟県・南魚沼郡 *しぬる 栃木県芳賀郡 *じゃけらかす 愛知県東春日井郡 *しゃける 和歌山県西牟婁郡 *じゃける 山梨県南巨摩郡　長野県　愛知県愛知郡　奈良県　鹿児島県種子島 *しょーげる・しょげる 山形県庄内「いつもしょげて面白い子だ」 *じょーける 宮城県仙台市　埼玉県秩父郡　新潟県中越 *じょーげる 秋田県鹿角郡 *じょくねる 神奈川県津久井郡 *じょけーる 長野県佐久 *しょける 静岡県 *じょける 群馬県　埼玉県秩父郡「きょうだいでじょけてべえいる(ふざけてばかりいる)」　山梨県　長野県諏訪・北安曇郡　静岡県榛原郡 *じょげる 秋田県鹿角郡　新潟県下越 *ずく 広島県 *ちーやる 京都府 *ちゃける 三重県伊勢 *ちゃらける 岩手県和賀郡　静岡県　三重県上野市　岡山県児島郡 *ちゃりくる 長野県下伊那郡 *ちゃりる 山梨県東八代郡・北巨摩郡　長野県下伊那郡　岐阜県恵那郡 *ちゃる 福井県　京都市　大阪市　兵庫県淡路島　和歌山県　島根県簸川郡・出雲市「ちゃった事は止め」　香川県高松市・香川郡 *ちゃれる 山形県西田川郡　岐阜県　愛知県東春日井郡・名古屋市　京都府竹野郡 *ちゅぐつかる 青森県津軽 *ちょぼける 岐阜県北飛驒 *ちょぼげる 三重県志摩郡「ぶしょうもんばっかよって、ちょぼげとるやぞい」 *ちんげる(狆(ちん)のようなおどけた顔をするところから)島根県石見「ちんげた顔をするな」 *ですける 静岡県榛原郡 *どける 秋田県平鹿郡・由利郡　山形県東置賜郡・飽海郡 *とごえる 山口県祝島「とごえんよーにしてくれませー(騒がないで下さい)」　福岡県　佐賀県三養基郡　熊本県天草郡　大分県下毛郡 *とごゆる 福岡県　佐賀県・三養基郡　長崎県彼杵・佐世保市　熊本県「あんまりとごゆると怪我するぞ」 *とんこずく 佐賀県 *なまりゆん 沖縄県首里 *ひゅーぐる 福岡県久留米市　熊本県阿蘇郡 *ひょーがる 長野県北安曇郡 *ひょーぐる 長崎市　熊本県「ピエロがよくひょうぐるです」 *ひょーける 新潟県　岐阜県　愛知県「猫がひょーける」　滋賀県彦根　京都府与謝郡　兵庫県西宮市　鳥取県　広島県鷺島・比婆郡 *ひょーげる 山形県　茨城県猿島郡　栃木県「あの人はひょーげでばかりいる」　群馬県　埼玉県「ひょーげたまねをする」　千葉県　東京都南多摩・八王子　新潟県　富山県　石川県鳳至郡　岐阜県　静岡県　兵庫県赤穂郡　鳥取県西伯郡　島根県「ひょーげることは止めー」　岡山県　広島県　山口県・阿武郡・豊浦郡　徳島県・美馬郡　香川県　愛媛県　高知県幡多郡　福岡県小倉市・福岡市　長崎県佐世保市・対馬 *ひょーたくる 鳥取県　岡山県児島郡 *ひょーれる 岐阜県郡上郡 *ひょぐる 福岡県企救郡 *ひょける 岐阜県飛驒 *ひょげる 茨城県稲敷郡　群馬県佐波郡　長野県下水内郡　山口県大島　香川県香川郡　愛媛県宇和島　福岡県三池郡 *ひょんげる 島根県　愛媛県 *ぴらしん 沖縄県石垣島 *わかす 山形県米沢市「ひとへわがすなあ」

□こと *うすなまこ 青森県南部 *じゃらじゃら 富山県砺波　滋賀県蒲生郡　大阪市「じゃらじゃらする(ふざける)」　和歌山市　島根県「じゃらじゃらせんこに食え」　愛媛県周桑郡 *たくらく 島根県美濃郡・益田市「あの人はたくらくじゃけー、あんまり信用にならん」 *ちょー 新潟県西頸城郡 *ほーけー 山口県大島・防府市 *よへんじょ 和歌山県那賀郡

□さま *じゃらじゃら 富山県砺波　滋賀県蒲

生郡　大阪市　和歌山市　島根県　愛媛県周桑郡 *ちゃりげ 香川県伊吹島 *なまつけない（おどけたさまだ）新潟県「なまつけないもの（こっけい者）」 *ひょーひゃくげ 香川県三豊郡「ひょーひゃくげにする」 *ひょん 香川県「ひょんげにする」 長崎県壱岐島「生れつきがひょんだ」

おとこ【男】 *いんが 鹿児島県奄美大島・喜界島 *うぃきが 沖縄県本島 *おっこ 新潟県三島郡　愛媛県大三島　鹿児島県 *おとこし 群馬県佐波郡　島根県　高知県香美郡・幡多郡 *おとこしー 長野県佐久 *おとこしょー 長野県諏訪 *おとこしゅー 岐阜県郡上郡 *おとこはん 兵庫県加古郡 *おのこ 群馬県佐波郡 *おのこご 東京都八丈島 *かしゃあて・かしゃて 福島県南会津郡 *さんぱ 石川県鹿島郡 *なた 山形県西置賜郡 *にゅー 東京都神津島 *ぬんど 三重県志摩郡（のしりの語）・度会郡 *びーどぅん 沖縄県西表島 *びきどぅむ・びぎどぅん 沖縄県宮古島・鳩間島・黒島 *びきんどぅん 沖縄県小浜島 *びどぅぬ・びどぅむ 沖縄県波照間島 *びどー 沖縄県竹富島 *びひどぅん 沖縄県新城島 *びんが（男児も言う）沖縄県与那国島 *またぎ（山言葉）山形県西置賜郡 *まらお 群馬県勢多郡 *ゆきが 沖縄県石垣島 *わら 大分県速見郡

→だんし（男子）・だんせい（男性）

おとこおや【男親】 *うぃきがうや 沖縄県首里 *やしねとと（里子を育てる男親）鹿児島県肝属郡 *おやしろ（嫁入りの時に嫁に付いていく男親）富山県砺波

おとこのこ【男子】 *あーち（十歳前後の男の子。また、特に自分の子を呼ぶのに言う）石川県石川郡 *あち 石川県河北郡 *あにっこ 長野県佐久 *あぽー 熊本県天草郡 *あま（良家の男児）長崎市 *あんこ 北海道函館（七、八歳から十三、四歳くらいまで）　青森県（親称）　宮城県北部　秋田県鹿角郡 *あんこさん（敬称）秋田県鹿角郡 *あんち（十四、五歳以下）石川県 *あんちゃめ（上・中流）秋田県 *あんつぁん 宮城県石巻 *あんぼ 富山県　石川県河北郡（十歳前後）*あんま 石川県鳳至郡 *あんや・あんやん 鳥取県 *いっかん（「一貫（一文銭一〇〇〇枚）」の意味で、女の子の五〇〇に対して言う）奈良県宇智郡「いっくわんもーける（男の子を産む）」 *いとー 滋賀県滋賀郡 *うぃきがわらび・うぃきがんぐゎ 沖縄県首里 *おじこ（中流以上）富山市近在 *おじぼ（息子）三重県志摩郡 *おっと 高知県吾川郡 *おとこし 神奈川県中郡 *おとこでち（卑語）富山県高岡市 *おとこどくろ（卑語）香川県三豊郡・香川郡 *おとこわらし 岩手県上閉伊郡・気仙郡　秋田県鹿角郡 *おとっこ 山形県　福島県会津　熊本県・宇土郡・天草郡　大分県直入郡 *おとっこどん 熊本県八代郡 *おのこ 石川県石川郡「おのこで、めでたいこっちゃったのー」 *おのこご 群馬県多野郡　島根県石見　広島県比婆郡 *おぼこ 山形県米沢市 *おんじ（下流）青森県三戸郡 *おんぼら 石川県能美郡　福井県大野郡 *がっこぼーず 熊本県菊池郡 *かっさい（言うことを聞かないやんちゃな男の子）愛媛県大三島 *がも 秋田県 *かん・かんかん・かんち・かんちょ 新潟県佐渡 *こにゅー 東京都新島 *こぼ 石川県能美郡・江沼郡（愛称）　長野県東筑摩郡　岐阜県飛驒　三重県　滋賀県滋賀郡　兵庫県但馬　大分県東国東郡 *こぼー 山形県庄内　栃木県河内郡 *こぼさん 三重県津市　兵庫県但馬 *こぼゆ 三重県志摩郡 *こぼん・こぼんさん 奈良県宇智郡 *こまがり（年齢の割に小さい男の子）愛媛県大三島 *こまこ 青森県津軽「そっくどこまこばれ、六人もあえしぁね（全部男の子ばっかり六人もありますよ）」 *こやろっこ 福島県東白川郡 *こんぼ・こんぼこ 長野県東筑摩郡 *こんぼー 静岡県 *しょーたいわる（言うことを聞かず、ひどいいたずらをする男の子）愛媛県大三島 *しょん 長崎県北松浦郡 *じょん 福岡県筑後　熊本県天草郡 *じょんさま 長崎県対馬 *じょんじょん 福岡県八女郡 *すこくれ 熊本県八代郡 *ずば 香川県「うしかひ（牛飼い）ずば」　宮崎県東諸県郡 *すばっこ 香川県仲多度郡 *ずぼ 富山県東礪波郡 *せがれ 熊本県菊池郡 *だったい 福島県北部 *たんち 富山県砺波・西礪波郡　石川県　岐阜県大野郡 *たんちま 富山県砺波 *ちご 鹿児島県「よかちご（美少年）」 *でく（卑称）長野県佐久 *でこ 長崎県南高来郡 *でこんこ 長崎県南高来郡 *でち 富山県・砺波 *でちのこ 富山県・砺波（卑称） *でっくりぼ（卑称）福井県大野郡 *でっこ（卑称）島根県石見「うちのでっこは何処い行ったやら」 *でっこさー 島根県美濃郡・益田市（卑称） *でっち 福井県大野郡　岐阜県郡上郡・飛驒（卑称）　島根県石見（卑称）「隣のでっちのいたずらには困る」　広島県「でっ

方/言/の/窓

●日本海型方言分布

凍傷「しもやけ」をいうユキヤケは日本海型分布の代表的なものであるが、同様の分布パターンを示すものに、「ふくろうの鳴き声」を表すノリツケホーセがある。この鳥が鳴くと翌日は晴天になるから「糊付けして干せ」であると解するところが多い。天候に恵まれず、とかく空模様の気になる日本海側の人々の生活意識が現れているといえよう。

また、「つむじ風」の名称が存在しない地域や「つむじ風」をタツマキと呼ぶ地域も日本海側に偏っている。

これらはいずれもこの地域の風土や生活と密接な関係をもっている。ある言語記号の存在、非存在について、往々にして言語外的な環境からの説明がつくという点で、日本海型方言分布パターンは注目される。

ちが来た(男児が生まれた)」 熊本県上益城郡 大分県直入郡 ＊**でっちこさー**(卑称)島根県邑智郡 ＊**でっちこさぎ**(卑称)島根県石見「でっちこさぎが家の前で騒いで困る」 ＊**どくろ** 徳島県 香川県 ＊**どくろご** 徳島県三好郡 ＊**どん** 新潟県佐渡・西蒲原郡 高知県(中流の男の子) 長崎県五島 熊本県天草郡 ＊**とんきろ**(落ち着きのない男の子) 愛媛県大三島 ＊**とんと** 高知県「お隣のとんとお向いのとんと遊びにおいでた」 長崎県五島 ＊**とんとん** 新潟県・佐渡 福岡県筑前 ＊**にー** 静岡県磐田郡 高知県(大人が呼ぶのに言う) ＊**にーこ**(大人が呼ぶのに言う)高知県 ＊**にお** 東京都新島 ＊**にゅー** 東京都大島(卑称に用いる所と尊称に用いる所とがある)・新島(七歳までの男児)・神津島・利島 ＊**のん**(男の子を敬っていう語)秋田市 高知県・安芸郡・高知市 ＊**へーたい** 熊本県鹿本郡 ＊**へーたいぼーず** 熊本県下益城郡 ＊**ぼー** 千葉県印旛郡 富山県東礪波郡 長野県西筑摩郡・佐久 岐阜県 愛知県碧海郡 三重県南部 大分市 ＊**ぼーこ** 和歌山県南部 ＊**ぼーさま** 岐阜県高山 ＊**ぼーさん** 東京都 ＊**ぼーし** 奈良県吉野郡 和歌山県日高郡 ＊**ぼーのこ** 岐阜県大野郡 和歌山県日高郡「ぼーのこを生んだ」 ＊**ぼーのま** 島根県簸川郡・出雲市 ＊**ぼーのまー** 島根県仁多郡 ＊**ぼこ** 青森県三戸郡(下流の子に言う) 長野県東筑摩郡 ＊**ほしっこ** 奈良県吉野郡 ＊**ぼち** 和歌山県日高郡・東牟婁郡 愛媛県松山 ＊**ぼっこ** 山形県最上郡 ＊**ぼん** 富山県砺波 石川県珠洲郡・江沼郡 福井県・遠敷郡 三重県阿山郡・名賀郡 滋賀県南部 大阪市 兵庫県但馬 奈良県山辺郡「おまけにぼんやないけー(男の子ではありませんか)」 岡山県 愛媛県伊予郡 大分県西国東郡 宮崎県 ＊**ぼんさん** 兵庫県佐用郡 大阪市 熊本県鹿本郡 ＊**ぼんち** 富山県砺波 石川県 三重県 滋賀県蒲生郡・神崎郡 兵庫県佐用郡 奈良県吉野郡 ＊**ぽんち** 三重県度会郡 ＊**まめちょこ** 高知県幡多郡 ＊**むすこ**(四、五歳の子にも言う)岐阜県加茂郡 ＊**むすこんこ** 熊本県 鹿児島県肝属郡 ＊**むひこんこ** 鹿児島県鹿児島郡 ＊**やっこ** 青森県南部 岩手県九戸郡・上閉伊郡 千葉県印旛郡 新潟県佐渡 福井県敦賀郡 長野県上高井郡 ＊**やらび** 沖縄県八重山 ＊**やろ** 岩手県九戸郡 宮城県登米郡・玉造郡 山形県「こんどんまっだなやろだ(今度生まれたのは男の子だ)」 福島県 千葉県夷隅郡 三重県志摩郡・度会郡 島根県隠岐島 ＊**やろー**(卑しめて言うことが多い)福島県安積郡 茨城県北相馬郡 栃木県那須郡 千葉県香取郡 新潟県糸魚川市「だいぶでっかいやろー産んでくれだ」 愛知県西春日井郡「おらがのやろー」 三重県志摩郡 島根県隠岐島 ＊**やろーこーべ**(小児をののしる語)新潟県佐渡 ＊**やろく** 島根県出雲・隠岐島 ＊**やろこ** 宮城県(愛称としても用いる)「車屋のやろこ、なんつきかねーやろこだべな」 山形県 福島県 千葉県印旛郡 新潟県東蒲原郡 ＊**やろっこ** 福島県東白川郡 茨城県 群馬県利根郡 埼玉県入間郡 千葉県夷隅郡(幼児に言う) 神奈川県 長野県 ＊**やろっぱち** 三重県南牟婁郡 島根県出雲 ＊**やろのこ** 島根県隠岐島 ＊**やろんぱち** 島根県出雲 ＊**やろんぼ・やろんぼー** 長野県佐久 ＊**わこ** 青森県三戸郡 岩手県 宮城県仙台市 秋田県鹿角郡 福島県浜通・相馬郡 茨城県那珂郡 京阪 熊本県玉名郡 宮崎県宮崎郡 ＊**わこーさま** 岩手県西磐井郡 ＊**わこーさん** 佐賀県 ＊**わこさま** 青森県上北郡 岩手県上閉伊郡・気仙郡 宮城県仙台市 秋田県鹿角郡 宮崎県 ＊**わこさん** 熊本県 宮崎県延岡 ＊**わごっつぁ** 秋田県平鹿郡 ＊**わし** 石川県金沢市・江沼郡(士族の男児) 京都府(息子) ＊**わしー**(他家の男の子)石川県金沢市 ＊**わしさま** 富山県砺波 ＊**わらし** 福島県若松市 新潟県東蒲原郡 ＊**わろ** 石川県珠洲郡 熊本県 大分県西国東郡(下流の語)

→だんし(男子)・だんじ(男児)

おとこやもめ【男鰥】 ＊**うぃきがやぐさみ** 沖縄県首里 ＊**おとこごけ** 青森県津軽 新潟県佐渡 愛知県碧海郡 島根県出雲 岡山県邑久郡 広島県比婆郡・安芸郡 山口県大島 佐賀県藤津郡 ＊**かっがん** 鹿児島県揖宿郡 ＊**だぐさみ** 沖縄県与那国島 ＊**とりもの** 東京都八丈島 ＊**なぐさみ** 沖縄県波照間島 ＊**なぐさみびどぅむ** 沖縄県波照間島 ＊**なべじりやき**(台所仕事にあれこれ干渉する男やもめ)香川県仲多度郡・三豊郡 ＊**ひとりもん** 鳥取県岩美郡・気高郡 ＊**やうさびぎどぅん** 沖縄県小浜島 ＊**やぐさみ** 沖縄県八重山 ＊**やぐさみびきどぅむ** 沖縄県鳩間島 ＊**やまめおんじょ** 鹿児島県

→やもめ(寡)

おとしめる【貶】 ＊**ぐざす** 愛知県碧海郡 ＊**ぐさす** 愛知県岡崎市 ＊**くさする** 滋賀県彦根 ＊**けなぶい** 鹿児島県鹿児島郡・揖宿郡 ＊**けなぶつ** 鹿児島県姶良郡 ＊**けなぶる** 新潟県佐渡 長野県下伊那郡 愛知県尾張 鹿児島県 ＊**けんなぶる** 鹿児島県

→けなす(貶)・さげすむ(蔑)

おとす【落】 ＊**あさす** 長崎県佐世保市 ＊**あだかす** 京都府「屋根からあだかした」 兵庫県但馬 ＊**あだす** 福井県大飯郡 京都府 岡山県 広島県比婆郡「ごみをあだす(ふるい落とす)」 ＊**あやかし**(知らぬ間に落とすの意も)鹿児島県鹿児島郡 ＊**あやかす**(知らぬ間に落とすの意も)長崎市 熊本県芦北郡・八代郡「ひっちゃあやかした」 鹿児島県 ＊**あやす**(知らぬ間に落とすの意も)岡山県「銭をあやいた」 福岡県 長崎県・長崎市 大分県北海部郡 ＊**うたる** 秋田県仙北郡「誰か煙草入をうたった方はありませんか」 山形県庄内 新潟県岩船郡 ＊**うちゃーる** 埼玉県秩父郡 ＊**うちゃいかす** 佐賀県東松浦郡「おいがうちゃいかした本」・唐津市 ＊**うっちゃいかす** 長崎県長崎市・西彼杵郡「おりがうっちゃいきゃーた本」 ＊**うっちゃる**

埼玉県入間郡「どけうっちゃったかしんねー」千葉県夷隅郡「大切な物だからうっちゃるなよ」東京都利島「誰かが銭(ぜね)えここいらでうっちゃったあよだそうろう」・大島 静岡県賀茂郡・榛原郡「時計をどっかでうっちゃった」 *うぶちゃーる 山梨県南巨摩郡「財布をうぶちゃーるなんちゅうはそそうどーでだよ」 *おちゃえかす 佐賀県唐津市 *おちょとす 福島県相馬 *おちる 奈良県吉野郡「おちらない」 *おっことす 福島県西白河郡 茨城県稲敷郡 栃木県 群馬県勢多郡 埼玉県川越 千葉県印旛郡・東葛飾郡 東京都 神奈川県津久井郡 長崎県佐世保市 *おっちょかす 東京都神津島「おいがおっちょかいた本ばたしかに拾ったもんがあるかだで」 *おっぽかす(忘れて落とす) 山形県東置賜郡「さいふをおっぽかす」 *おっぽろう 宮城県仙台市「どこさおっぽろったべな。見てくんべ」 山形県 *おとらかす 岐阜県「茶碗をおとらかいてわらす」 愛知県東春日井郡「鉛筆をおとらかいた」 三重県員弁郡 *かっかやす 佐賀県・藤津郡「おいがかっかやーた本な、たしかんふるーたもんの(確かに拾った者が)おろーでおんもー」 *かっことす 栃木県「ひとの持ってるものかっこどしても」 *かっぱずす(手に持っているものを落とす) 青森県津軽 *かっぽろぐ 栃木県塩谷郡「どこでかっぽろっちゃったんだが、なぐしっちゃって」 *こかす 高知県 熊本県 *さでる(勢いよく落とす) 徳島県那賀郡 *さらける・さらげる 長野県上伊那郡「石をさらけくずす」 *したらかす・したらす 兵庫県淡路島 *したる 兵庫県淡路島 島根県「財布がしたった」 岡山県 広島県 山口県 徳島県「したるといかんきん、つまえとけ」 香川県三豊郡 愛媛県「〇〇がしたったから、探ねて行て来うわい」 *しっぽろぐ 山形県 *してぃるん・していん 沖縄県石垣島 *すたる 島根県「財布が道ですたった」 岡山県 広島県高田郡 山口県 徳島県 愛媛県 高知市「ちっとも気付かざったが何所ですたっつろー」 *すてる 東京都大島 石川県輪島市 山梨県南巨摩郡「だいじの金をすてるなんちゅうは不注意だよ」 岐阜県「時計をすてる」 三重県度会郡 大阪府泉北郡 兵庫県淡路島 鳥取県西伯郡 島根県 岡山県吉備郡 広島県比婆郡 徳島県「昨日五銭どこかですてた」 香川県 愛媛県 高知県 *ちゃほーず 千葉県上総 *つっこどす 千葉県印旛郡 *てぼる(誤って手から落とす) 茨城県稲敷郡 *どぅいはんしゅん(誤って手から落とす) 沖縄県首里 *とばす 静岡県安倍郡・榛原郡「子供をとばす」 *とりとばす(ものを落とす) 長崎県対馬 *ひたる 島根県石見 岡山県 広島県高田郡 山口県屋代島 愛媛県伊予郡・周桑郡 *ひっことす 栃木県那須郡「茶碗をひっことす」 *ひてる 岐阜県郡上郡・飛騨「うっかりしていて万年筆をひてた」 島根県 広島県安芸郡 香川県大川郡・伊吹島 *ふたる 高知県「自転車に積んだ袋から米がまけ出てふたっていきよる」 *ぶちおとす 山梨県 *ぶっことす 栃木県 東京都八丈島「その芋を川へぶっことして」 *ふつる 長崎県五島 *ふてる 三重県「おっぢゃんあー、くらで、かねを、ふてたんじゃってさー」 和歌山県西牟婁郡 高知県 *ぽーろかす 茨城県 *ほーろく 岩手県気仙郡 福島県「財布ほおろった」 茨城県行方郡・稲敷郡 千葉県東葛飾郡 *ぽーろく 栃木県 *ぽーろく 福島県相馬郡 茨城県北相馬郡・稲敷郡 栃木県「ぽーろいちゃった」 *ほらく 茨城県北相馬郡 *ぽろかかす 島根県出雲市・隠岐島「茶碗をぽろかかえた」 *ほろかす 山口県 *ぽろかす 兵庫県淡路島 島根県石見 *ぽろがす 千葉県印旛郡「銭をぽろがした」 *ほろく 青森県三戸郡「浅草でうっかり財布をほろってきた」 岩手県気仙郡 宮城県「ないんだでば。どこさほろったいな」 秋田県山本郡・南秋田郡「ことしの厄はこれでほろた」 山形県北村山郡「さえふ(財布)ほろて来た」 福島県「ぜにをここいらでほろったんだと」 新潟県東蒲原郡 *ぽろく 島根県隠岐島「風呂敷をぽろいた」 *ほろける(落としてなくす) 秋田県北秋田郡・平鹿郡「財布の金をほろける(すっかりなくす)」

おどす【脅】 *あだーしん 沖縄県石垣島 *いけどる 山口県萩市・阿武郡 *うばーしん 沖縄県石垣島 *えがえがかける(条件を持ち出して脅す) 山形県西村山郡 *おしょくわせる 秋田県河辺郡 *おんじょ(虚勢を張って脅すこと) 秋田県「おんじょ食って(脅されて)逃げて行った」 *くせつける 三重県阿山郡 *こずく 秋田県仙北郡 *すくめる 島根県「行ってはいけんとすくめた」「一言も言われんように言いすくめた」 *だくだくかける・だくだくかへる(高飛車に出たり、こづき回したりして、相手を脅す) 青森県津軽「くぴたさてかげで、だくだくかげだおん(首に手を掛けて、脅してやったぜ)」 *だます 和歌山県那賀郡 *どやしつける 静岡県志太郡 島根県 *どやす 茨城県行方郡・真壁郡 千葉県安房郡 静岡県志太郡 奈良県吉野郡 *のじかける 宮城県栗原郡 *びっくりさす 三重県

→いかく(威嚇)・おどかす(脅)・「きょうはく(脅迫)」の子見出し、「脅迫する」

おととい【一昨日】 *きのーおととい 福島県西白河郡「おまつりはきのーおとといのばんだったっけかー?」 *きのーって・きのって 熊本県天草郡 *きのーとて 鹿児島県鹿児島郡 *きのーとてー 熊本県八代郡 *きのーのあとのひ 静岡県 *きんのおととい 三重県志摩郡 *さいつい 徳島県美馬郡 高知県 *さおとつい 和歌山県 徳島県美馬郡 *さきおとてな 青森県上北郡 *さきおととい 埼玉県入間郡 *さきのおっつい・さきおっつい・さきおってーな 長野県佐久 *さきのおとつい 広島県高田郡 *さっきょとつい 愛媛県新居郡 *さのおとつい 愛知県知多郡 *ぶしゅとぅい・ぶしとぅい 沖縄県黒島 *ぶすとぅい 沖縄県鳩間島 *ぶとぅち 沖縄県石垣島・波照間島 *ぶとぅ

つぃ・ぶどぅじ・ぶどぅとぅい・ぶどぅどぅい 沖縄県石垣島 *ぶどぅてぃ 沖縄県与那国島 *ぶどぅでぃ 沖縄県小浜島 *ぶどぅとぅ 沖縄県竹富島

□の晩 ⇩「いっさく（一昨）」の子見出し、「一昨夜」

おととし【一昨年】 ⇩「いっさく（一昨）」の子見出し、「一昨年」

□の前の年 ⇩「いっさくさく（一昨昨）」の子見出し、「一昨昨年」

おとな【大人】 ***いかいし** 島根県石見 ***いかいもん** 福井県 長野県佐久 島根県石見「いかーもんは木戸銭が百円じゃ」 ***うーせ** 大分県宇佐郡 ***うし**（卑しめて言う）和歌山県西牟婁郡 ***うとかもん** 熊本県上益城郡 ***うふっちゅ** 鹿児島県奄美大島・喜界島 沖縄県那覇市・石垣島・首里「うふっちゅぐぃー（大人の声）」 ***うぶとぅおー** 沖縄県与那国島 ***うぶぴす** 沖縄県黒島 ***うふぴとぅ** 沖縄県石垣島 ***うぶぴとぅ** 沖縄県新城島 ***うぷぴとぅ** 沖縄県宮古島 ***うふふぃちゅ** 鹿児島県与論島 ***うぷぷす** 沖縄県鳩間島 ***えけーしょー** 長野県南佐久郡 ***えけーしょ** 長野県佐久 ***おーきーし** 奈良県吉野郡 ***おーげなし** 徳島県「おーげなししてぶらぶらしよるとかっこがわるい」 大分県「おーげなしまで餅を欲しがる」 ***おーざる** 徳島県 ***おーせ** 兵庫県 香川県香川郡・木田郡 長崎県壱岐島 大分県北海部郡 ***おせ** 静岡県安倍郡 兵庫県「あいつもおせになった」 鳥取県 島根県「おせだえちょう（大人ぶっている）」 岡山県 広島県「おせしゅー（大人衆）」 山口県 徳島県 香川県 愛媛県 高知県 福岡県福岡市・粕屋郡 長崎県対馬 熊本県 大分県 宮崎県 鹿児島県（二十五歳から三十歳ぐらい）「おせをつくい（大人ぶる）」 ***おせー** 香川県 ***おっきし** 奈良県吉野郡 ***しじょー** 長崎県対馬 ***ちゅーろー**（二十五歳から五十歳くらいまでの大人）香川県 ***でかいもの・でかいしょー** 長野県南佐久郡 ***ふーちゅ** 鹿児島県沖永良部島 ***ふーひとぅ** 沖縄県竹富島 ***ぶーぴとぅ** 沖縄県波照間島 ***ふーぴとぅ** 沖縄県石垣島 ***ふっちゅ** 鹿児島県奄美大島・喜界島・徳之島 ***ふっつ** 鹿児島県奄美大島 ***ふっとかもん** 長崎県西彼杵郡 ***ふとかもん** 熊本県 ***ふとかし** 熊本県 ***ふとかしー** 長崎県南高来郡 ***ふとかしと** 熊本県飽託郡 ***ふとかひと** 長崎県彼杵付近 ***ふとかふと・ふとかふたち** 熊本県天草郡 ***ふとかもん** 長崎県南高来郡・西彼杵郡 熊本県 ***ぼーけひと**（「ぼーけ」は大きいの意）東京都八丈島

おとなしい【大人】 ***あまちゅろい** 島根県鹿足郡 ***うぇんださん** 沖縄県首里 ***うふやっさん** 沖縄県首里 ***おせらしー** 香川県 鹿児島県 ***おたし** 茨城県北相馬郡 ***おだしー** 東京都八王子 山梨県南巨摩郡「女のぐに（ように）おだしいものだ」 ***おんか**（「か」は「和」の漢音。性質がおとなしくて優しいさま）富山県砺波「おんかな人やけで、そんな事ぐらいで腹立てっしゃらん」 静岡県・榛原郡 兵庫県淡路島 岡山市 山口県大島 ***かたい** 富山県砺波 石川県金沢市・能美郡「かてもん（おとなしい人）」 ***きあつい** 奈良県宇智郡 ***きぼきぼ・きぼりきぼり**（一人でおとなしくしているさま）島根県石見「この子は一人で家の中できぼきぼしとる」 ***こなつろこい** 新潟県佐渡「そんなこなつろこいことを言うといい気になるぞ」 ***じってらしか** 熊本県天草郡 ***しとらし** 鹿児島県肝属郡 ***しょーよい** 京都府北部 ***ずない** 静岡県小笠郡・磐田郡 ***だくか** 熊本県 ***だっか** 熊本県芦北郡・八代郡 ***なごい** 福島県相馬郡「海がなごえ」 徳島県 ***なごしー** 岩手県九戸郡 秋田県鹿角郡「なごしくす（おとなしくする）」 ***なるい** 群馬県吾妻郡 山梨県 岡山市「この犬ぁなりー」 ***ひもくらしー** 石川県江沼郡 ***またー**（牛馬について言う）愛媛県大三島 ***またい** 富山県 三重県松阪市 大阪市 兵庫県神戸市・淡路島 和歌山県 岡山県備中「あの児あまた過ぎる（おとなし過ぎる）」 山口県下関市（牛馬について言う） 徳島県「うちの子はまたいので、いつもよその児に泣かされている」 香川県「この牛はまたいけに突いたりせんぜ」 高知県幡多郡 福岡県京都郡・企救郡 大分県（家畜類について言うことが多い） ***もっとらっと** 熊本県玉名郡「ものはもっとらっと云わい（お言い）」 ***やぐやぐーとぅ** 沖縄県首里 ***やしらしか** 長崎県五島

□さま ***あまちゃく** 島根県石見「この子はあまちゃくなえー子じゃ」 ***うらやか・おらやか**（すなおでおとなしいさま）島根県出雲 ***おったら**（黙っていておとなしいさま）東京都八丈島 ***おろか** 富山県砺波「おろかにいのかん（動かない）」 石川県「おろかな子」 ***おんと** 新潟県西頸城郡「あいつはおんとなやろうだ」 岐阜県養老郡 島根県簸川郡・大原郡 香川県三豊郡 愛媛県 ***おんびん** 香川県佐柳島 長崎県福江市 ***おんべん** 長崎県福江市「今ん人あ、おんべんだあし」 ***ぎょ** 福島県相馬郡「ぎょだ（おとなしい）」 ***しんびゅーか**（おとなしくてすなおだ。従順だ）佐賀県 ***じょー**（子供などが静かにしているさま）福島県相馬郡「大変じょおだ」 ***じんじょ**（すなおでおとなしいこと。また、そのさま）秋田県平鹿郡「じんじょだ娘だ」 ***じんじょー** 島根県石見・隠岐島「あの人はじんじょーな人柄だ」 ***しんてー**（温和でおとなしいさま）青森県津軽「ふとさつかえだら（人に仕えたら）、どんでもんんて（なんでもはいはいと言って）しんたぇねかがれよ（正直にすなおに仕えなさいね）」 ***すずやかげ** 島根県簸川郡・大原郡「すずやかげな娘」 ***ぶい** 長野県下伊那郡「この子はぶいな良い子だ」 京都市 大阪市 島根県（動物などがおとなしいさま）・石見「あの人はぶいな（安心のできる）」 広島県 山口県豊浦郡（牛、

馬） 愛媛県・伊予市（犬なども） *めごめご 新潟県「めごめごした顔してゐる」 長野県佐久 *めんこ 岩手県上閉伊郡 宮城県遠田郡 山形県米沢市（かわいいもの） 栃木県 *めんこのじょんこ 青森県三戸郡 *めんこのちょんこ 青森県上北郡 *ゆー 島根県益田市・邑智郡「この子はゆーな子じゃ」 山口県

おとなっぽい【大人—】 *おーぶる（大人っぽくふるまう）島根県邑智郡「あの子はませておーぶっとる」 *おとなげ（大人っぽいさま）新潟県三条市「おとなげになって」 *こばくさい 富山県砺波 *こんびんくさい 新潟県長岡市 *こんぴんくさい 新潟県南魚沼郡 *せんだい（子供の大人っぽいさま）岐阜県郡上郡「あの子はせんだいなこというわい」 *どずべんこー（子供が大人っぽい口の利き方をすること）岐阜県郡上郡「こどものくせに、どずべんこーな」
↓おとなびる（大人—）

おとなびる【大人—】 *えせる 岐阜県加茂郡「えせとる」 *おーせらしー 京都府竹野郡「花子ちゃんはおーせらしー子だ」 *おーぶく（年齢のわりに大人びて見えるさま。大柄なさま）岩手県気仙郡 *おーむく・おーもく（「むく」は「むくつけし」の語幹。年齢のわりに老けて見えるさま）岩手県胆沢郡 *おじょー（大人びていること）長野市 *おせ（一人前の顔をして、大人びた行動をすること）岡山県苫田郡「あいつ若いくせに、どうもおせをしょうしょうしていけん」 *おせだえちょー 島根県出雲「ひさね見だったらがえねおせだえちょられておらようね見間違えましたがね」 *おせらしー 兵庫県佐用郡 山口県大島 香川県 愛媛県「もうあんなにおせらしい」 鹿児島県 *おせろしー 鹿児島県肝属郡 *くさぶっくぃゆん 沖縄県首里 *くせらしー（年齢より大人びるさまだ。年に似合わず利口だ）熊本県芦北郡・八代郡 宮崎県宮崎郡 *くねっぽい 新潟県中頸城郡 山梨県南巨摩郡 長野県 *くねる 長野県「くねて見える」 *くまびる 岩手県気仙郡 宮城県仙台市「このいしょ、あんださ少しくまびてす」 山形県 *くまむ 山形県「くまんだ人だ」 新潟県 *こーしゃく（年の割に大人びていること。ませていること。また、そのさま）和歌山県「此の子はこうしゃくな子や」 島根県「こーしゃくをするな（生意気をするな）」 広島県高田郡 *こーせる 京都府竹野郡「今頃の子は小そても早からこーせて手におえん」 *こーへる 島根県隠岐島「こーへた人」「近頃こーへちょる」 長崎県対馬「こうへた事をいふ子ぢゃ」 *こしゃく（年の割に大人びていること。ませていること。また、そのさま）岩手県上閉伊郡・気仙郡 秋田県由利郡「こしゃぐたげる（ませたことをする）」・平鹿郡 山形県「こしゃくなこと言うな」「隣の娘もこしゃくになった（おしゃれになった）」 新潟県 島根県 *こしゃくるる（年の割に大人びている）熊本県芦北郡・八代郡 *こしゃくれる（年の割に大人びていること）島根県 福岡市 熊本県 *こせ（子供の大人びていること）三重県三重郡 *こせる 岐阜県「こせとる」 島根県隠岐島「こせて居ると思ったら割に若かった」 広島県倉橋島 愛媛県大三島「こんなー年に似合わん。こせとる」 *こっちゃく（年の割に大人びていること。また、そのさま）静岡県「こっちゃくな奴だ」 *こっぺる 岐阜県山県郡「こっぺちょる」・武儀郡 愛知県葉栗郡 三重県志摩・度会郡 和歌山県東牟婁郡 *ごっぺる 三重県度会郡 *こびる 山形県米沢市 静岡県志太郡「こびたまねをーしんな」 愛知県奥設楽・知多郡「こびとる」 *こぴる 山形県米沢市・西置賜郡「こぴたこと云う奴」 *しちこーて・しちこーたんや（大人びていること。また、そのさま）島根県隠岐島 *しゃまけ（大人びたさま）島根県大田市 *すけどしょる 山形県米沢市 *ちょこませる 和歌山市「ちょこませた事言ふの」 *ひねくましー（年齢より老けている。子供が大人びている）岐阜県飛騨 *ひねくらしー 富山県砺波 石川県 岐阜県東飛騨「苦労するとみえてひねくらしい顔をしとる」 *ひねくろしー 滋賀県彦根 大阪市 *ひねこし 三重県志摩郡 *へねくらしー 富山県・砺波 *ませくさい（年の割に大人びているさまだ）大阪市 *ませくるしー 滋賀県彦根 *ませくろしー 兵庫県加古郡 *ろくじゅー（子供のくせに大人びた言動をすること。また、その者）大分県大分郡「あれはろくじゅーじゃ」 *ろくじゅく 島根県益田市「ろくじゅくに言う」
↓おとなっぽい（大人—）・ませる

おとめ【乙女】 *ばがなー 沖縄県石垣島・竹富島 *べら 茨城県結城郡 栃木県・河内郡（軽べつして言う語） 新潟県佐渡 *べらっかす 茨城県結城郡
↓しょうじょ（少女）・むすめ（娘）

おどる【踊】 *うたがい（「うたがき（歌—）」と同語源か。酒宴の折などに歌ったり踊ったりすること）青森県三戸郡「もううだがいにして下さい」「今日はうだがい」 *うどぅいはに（踊ったり跳ねたりすること）沖縄県首里 *おどくる 岐阜県加茂郡・恵那郡 *ぶどぅるん 沖縄県石垣島 *まくー 千葉県夷隅郡 *まちゅい 鹿児島県喜界島 *もーいはに（踊ったり跳ねたりすること）沖縄県首里 *もーゆん（踊りを即興的に踊る）沖縄県首里

おとろえる【衰】 *おだれる（ものの勢いが衰える）佐賀県 長崎市 熊本県 *かびる 山口県豊浦郡「いえがかびる」 *くずおる（体力や気力などが衰える）高知県 *こつける 長崎県対馬 *こつれる（人やものが衰える）島根県出雲 高知県・高知市 *しーける（火などが衰える）岡山市 *しょぼける 富山県砺波 島根県 *すいびんこく 岐阜県恵那郡 *すやくる・すやこく・すやる 岐阜県飛騨 *だれる（ものの勢いが衰える）山梨県 香川県 *てこねる 和歌山県和歌山市・那賀郡

*なじれる 熊本県下益城郡 *ひける 岡山市 *ぼーじれる(汚らしく衰える) 山梨県南巨摩郡「ぼーじれ犬」 *ぼじれる(汚らしく衰える) 長野県東筑摩郡「蛾の羽がぼじれる」 *ぼれる 和歌山県西牟婁郡 *ほろびる 島根県鹿足郡 *めげる 東京都八王子 神奈川県津久井郡・中郡 島根県美濃郡・益田市「脚がめげる」

→すいじゃく(衰弱)

家や身上が□ *かしがる 新潟県上越市・中頸城郡 *かたがる 新潟県佐渡「あの家もかたがりかけてきた」 *すーびる 静岡県榛原郡 *すびる 新潟県佐渡 長野県南部 *へこたる・ふぇこたー・へこたれる・ふぇこたれー 鳥取県西伯郡

おどろく【驚】 *あやける 徳島県 愛媛県・周桑郡「あやけた顔をして私の方を見た」 高知県「それ位の事にあやけるものがあるか」・高知市「余り思いがけないからあやけている」 *いきそる 富山県「暗いところに人がでたら、いきそった」・東礪波郡・射水郡 石川県石川郡・鳳至郡 *いくそる 富山県 *うそむ(牛馬などが驚きはやる) 宮崎県東諸県郡 *うっさきばる 静岡県庵原郡 *うてかえる 三重県鳥羽市・志摩郡 *うどぅるちゅん 沖縄県首里 *うどるぐん 沖縄県石垣島 *おーける 兵庫県淡路島 香川県 *おーむねつく(予想外なのに驚く。量が多くて手に負えない) 長崎県対馬「見ただけでおーむねついた」 *おくれる 福井県大飯郡 京都府 高知県「まあ、おくれた」 *おっべる 鳥取県西伯郡 島根県「犬に吠えつかれておっぺた」 *おっぺる 兵庫県城崎郡 *おっぽえる 兵庫県加古郡 *おどける 岩手県九戸郡 東京都利島 新潟県 長野県「あんまりきょー(急)だっけでおどけたんねー」 静岡県 愛知県「馬がおどけるぢゃないか」「おどける程あった」 三重県志摩郡 広島県神石郡・比婆郡 徳島県那賀郡 香川県木田郡・綾歌郡 *おどめく 山形県西置賜郡「おどめがね」 *おどれる(牛馬などが、突然に驚く) 岐阜県飛騨 *おびーる 島根県隠岐島 *おびえる 山梨県南巨摩郡 岐阜県可児郡 静岡県 奈良県吉野郡 鳥取県西伯郡 島根県「お前ね町であたら(お前に町で会ったら)あんまぁえ娘ん子ねなっちょったもんだけんおびえたとや」 岡山県苫田郡「くちなわがぞろっと出て来てわしゃおびえたぞよう」 広島県高田郡 *おびける 岡山県阿哲郡 広島県比婆郡 *おびやがる 鳥取県西伯郡 岡山市 *おびる 新潟県 *おびれる 鳥取県西伯郡 島根県八束郡 *おぶける 兵庫県淡路島 岡山県小田郡 広島県比婆郡 徳島県「うっちゃおぶけたでよ(わたしはびっくりしましたよ)」 香川県 愛媛県東部 *おぶれる・おぼれる 岐阜県飛騨 *おべはちけこむ 島根県大原郡・能義郡 *おべはちける(「おべ」は「怯(おび)える」か) 島根県出雲 *おべはねかえる 島根県出雲市 *おべる 新潟県西頸城郡 兵庫県赤穂郡 島根県出雲「あだんおべた(まあびっくりした)」 岡山県真庭郡 *おぼえる 新潟県佐渡 石川県鳳至郡 兵庫県但馬 *おぼける 山形県南部「おぼげだごんでがんすのう」 石川県珠洲郡・鳳至郡 岡山県川上郡 *おんべる 福井県大飯郡 *がーる 神奈川県中郡「がーった(驚いた時に発する語)」 *きもがいもになる 岡山県岡山市・児島郡 *きもかえる・きもけーす 秋田県河辺郡「きまけぁった話だ」 *きもける 山形県「昨夜の火事にはきもけたの」 *きもげる 高知県長岡郡 *きもとる 富山県西礪波郡 *きもぬかす 山形県 *きょーがる 石川県加賀 *きんもける 山形県飽海郡 *けーたまがる 大分県大分郡・北海部郡 *けたまがる 大分県速見郡 *けでんまくる 高知県長岡郡 *けとくー(不意を食って驚く) 和歌山県日高郡 *けとびくー(不意を食って驚く) 滋賀県神崎郡「けとびくた」 和歌山県日高郡 *こしがいる 島根県隠岐島 *ごどーまくる 高知県土佐郡 *こびけかやる・こぶけかやる 徳島県 *しあけらかす・しゃけらかす 愛知県東春日井郡「彼奴しあけらかす」 *そーふく 岩手県九戸郡 *そっける(驚いてのけぞる意) 栃木県安蘇郡「そっけった(驚いた)」 *そぶける・そびける(牛馬などが驚く) 島根県出雲「牛が音にそびけて人を突いた」 *そぶれる(牛馬などが驚く) 富山県砺波 *そべーる(牛馬などが驚く) 東京都御蔵島・三宅島 *そぼれる 富山県下新川郡 *たぐたまる 新潟県刈羽郡 *たじろく 島根県 *たじろぐ 島根県隠岐島「雷が鳴ってもたじろがん」 *たまがい 熊本県天草郡 鹿児島県揖宿郡 *たまがっ 鹿児島県 *たまがる 福岡県「そりにゃ、おりゃたまがったー」 佐賀県・藤津郡 長崎県 熊本県「昨日聞いてたまがってお悔みー来ました」 大分県 宮崎県 鹿児島県 *たむがる 長崎県壱岐島 *たらげる 長野県南佐久郡「ああ、たらげた」 *たんがる 鹿児島県種子島 *ちゃーがる 香川県伊吹島 *ちゃがまる 高知県 *ちゃがる 石川県 *つったまがる 長崎県「木から落ちてつったまがる」 熊本県八代郡 *つったんがる 熊本県天草郡 *つもける 山形県西田川郡 *どーだまがぬける 島根県簸川郡 *どーてんかえす 山形県東置賜郡「火事を見てどーてんかえした」 *どきぬく 栃木県 *どだまがぬける 島根県邑智郡「雷が近くに落ちてどだまがぬけた」 *どだまがねける 島根県仁多郡 *どっきぬく 栃木県 *どってんかえす 山形県東置賜郡 *どってんかやす 岐阜県飛騨 *どってんぶちまける 青森県上北郡「鉄砲の音でどってんぶちまけた」 *どてがえす 山形県最上郡 *どでる 宮城県石巻「どでで了(しま)った」 *どてんかえす 山形県西置賜郡 *どでんまぐる 秋田県 *ととろく・とどろく 島根県「図太い男で、ちっとぐらえ言うたんではととろく人間だなえ(ではない)」 *どやまぎれる 岩手県気仙郡 *とんじんあける 秋田県雄勝郡「あの人にはとんじんあけた」 *とんじんまぐる 秋田県平鹿郡「おや!とんじんまぐた」 *とんじんまける 秋田県平鹿郡・雄勝郡「とんじんまけた雪だ」 *のけぞる 山形県鶴岡

*のけにそる 新潟県西頸城郡 *のっきりそる 新潟県佐渡 *はらしまう 香川県 *はらをしまう 岡山県児島郡 *びくたがる(驚いて飛び上がる) 青森県上北郡「大きな蛇みてびくたがった」・三戸郡 *ひくらする 山形県最上郡 *びっくたがる 青森県津軽 *ひったまがい 鹿児島県 *ひったまがる 熊本県天草郡 鹿児島県 *ぶっそべーる・ぶっつぉべーる 東京都八丈島 *まやがる 三重県志摩郡「まやがったがれ(驚いたよ)」 *めーむく 滋賀県彦根 *めがさめる 徳島県

□こと *あったうどぅるち(急に驚くこと) 沖縄県首里 *うふどぅんもーい(飛び上がって驚くこと) 沖縄県首里 *きょーことさめや 香川県 *たましほろぎ(失神するほど驚くこと) 青森県津軽 *たましぼろき(「ほろき」は振り落とすことの意。 失神するほど驚くこと) 北海道 青森県 秋田県鹿角郡 *どーて 山形県最上郡 *どーてー 山形県東田川郡 *どってん 青森県 秋田県秋田市・鹿角郡 *どて 山形県最上郡・飽海郡 *どてかっぱえ 山形県北村山郡・最上郡「今朝の火事で、どてかっぱえした」 *どてん 青森県津軽 岩手県和賀郡「どでんさせる(脅かす)」・気仙郡 秋田県「あの大水の時はどでんしてあった」 *どど 山形県最上郡 *どどえ 山形県西置賜郡・最上郡 *どんしゅ(ひどく驚くこと) 青森県・津軽「ああ、とんしゅした」 *どんて 青森県南部 *どんてまぐり 青森県津軽「よべら(ゆうべ)、どんてまぐりしたでぁ」 *びっちー 佐賀県 鹿児島県 *ぶきゅ(意外さに驚くこと) 熊本県玉名郡「ぶきゅする(めんくらう)」 *ぶきょー(意外さに驚くこと) 福岡県「ぶきようしとる(びっくりしている)」・福岡市 *ほーろー 鹿児島県屋久島「あつけはちぇちぇ(あきれはてて)ほーろーして」 *みーはいぐとぅ(意外な驚くべきこと) 沖縄県首里

□さま *あんぎり(小児語) 福井県遠敷郡 *えんと 山形県庄内「えんとする」 *おくよー 島根県邇摩郡「大しけで先日はおくよーだった」 *がっかり(ひどく驚くさま) 山口県阿武郡「がっかりする」 *げんとー 三重県度会郡 *しゃっきり 富山県下新川郡「しゃっきりした」 *ぴくらぴくら・ぴくりぴくり 山形県 *べーって(急に驚くさま) 沖縄県石垣島「よーんぬみーなんがりいんぬかもーだー(やみの中で犬がほえたので)べぇーってうばいだ(ぞっとして驚いた)」

非常に□ *きもをけす 岩手県盛岡市 *こびけかやる・こぶけかやる 徳島県 *すったまがる 熊本県 *そぶいかいる 東京都三宅島 *そぶれかやる 富山県砺波 *とぅんもーゆん(飛び上がって驚く) 沖縄県首里 *どーみゃくあげる 山形県置賜・西田川郡 *どしょーぼねがぬける 島根県美濃郡・益田市 *どしゃぼねがぬける 島根県「あんまりびっくりしてどしゃぼねがぬけた」 *めぼたるとばす(目から火が出る。ひどく驚いた時に言う) 山形県東置賜郡

おなじ【同】

*いなし 三重県度会郡 *いんなし 三重県多気郡 *おなり 奈良県南葛城郡 *おにない(同じだ) 和歌山市 *ぐいつさぶろく(さいころの目がいずれも値うちのない数の五一と三六とである意から、いずれも同じようであることに言う) 群馬県館林 *ぐー・ぐ 東京都大島「あれもこれぐだ」 *たいこ 滋賀県神崎郡 *たいご(同じさま) 青森県「君と僕とはたいごの権利がある」「沢庵をたいごに切れよ」「此の童の背あ兄とたいご位だ」 岩手県 宮城県栗原郡 秋田県鹿角郡 福島県浜通 滋賀県栗太郡・野洲郡 *たいごー 岩手県九戸郡 *たえんご 青森県津軽・三戸郡 *てあえんご 秋田県鹿角郡 *でぁご 岩手県胆沢郡 秋田県雄勝郡「君と僕とでぁごぇに分ける」 福島県浜通「子供とだえごに騒ぐな」 *てあごろ 岩手県和賀郡 秋田県南秋田郡「君と僕はてぁごろだ」 *であごん 秋田県雄勝郡 *てーあーご 岩手県上閉伊郡 *てご 青森県上北郡 *てんご 秋田県山本郡「これとてんごだ」 *どしどし 島根県隠岐島「全部がどしどしに分かれてやれ」「年がどしどしだ」 *まいっしょ 香川県三豊郡「まいっしょかどうか比べてみる」

↓いっしょ(一緒)・どうよう(同様)

□であること *いっけいず 新潟県 *いっしょ 岩手県気仙郡 秋田県鹿角郡 岐阜県揖斐郡「おやの別れわ、いつでもいっしょじゃな」 三重県一志郡・北牟婁郡 滋賀県蒲生郡 大阪市 奈良県山辺郡 鳥取県西伯郡 徳島県那賀郡 香川県 高知県香美郡 *いっちょ 秋田県鹿角郡「あれとこれといっちょだ」 *いっつい 岐阜県大垣市 *いってん 新潟県佐渡 *おんべ・おんべこ・おんべこちゃん(互いに相殺して同じであること。あいこ) 大阪市 *かけろく(角と角の字が似ているところから。重さも形も同じであること。双方勝り劣りがないこと。また、そのさま) 岩手県九戸郡「同じくらいのかけろくだ」・気仙郡 *ごあい 熊本県 *ずーぴー(ほとんど同じであること) 栃木県那須郡 *たり(「とおり(通)」の転か。それと同じであること) 京都府竹野郡「唄のたりでほんとに親のない子はかわいそうだ」 *ちえ 島根県簸川郡・八束郡 *ちょぼいち 大阪市「おまえとちょぼいちや」 *つい 富山県砺波 岐阜県郡上郡「値段がついなら、そりゃこっちの方がえー」 島根県 広島県 山口県 徳島県 香川県「その本とこの本とまっつい(全く同じ)だ」「あんたとついな物着ていこう」 愛媛県 高知県 熊本県・下益城郡 大分県 *ついこ 新潟県 香川県 *はり・はりかん(力が両方同じこと) 徳島県 *ぶつかつ(互いの力量が同じであること) 岐阜県恵那郡 *へーとー 島根県八束郡・仁多郡「二人はへーとーの成績だ」 *まったち(全く同じこと) 沖縄県首里 *まっつい(全く同じこと) 長野県埴科郡 岐

阜県大垣市　島根県鹿足郡・益田市「君の時計とまっついのが落ちとった」　岡山県児島郡　山口県「着物の柄がまっついです」・大島　香川県「その本とこの本とまっついだ」　＊まっつくつい（全く同じこと）香川県木田郡

おにごっこ【鬼―】　＊あげぁけぁ　秋田市　＊あたりばば　三重県志摩郡　＊あら　三重県北牟婁郡　＊いかしおに　愛媛県　＊いっちく　岐阜県恵那郡　＊いんば　香川県佐柳島　＊ういっくなー　沖縄県石垣島　＊うーおにんぎょー（「追い鬼っこ」の転か）熊本県天草郡　＊うーとりがち　大分県大分郡　＊うこ　鹿児島県　＊うまや・うまーや　三重県志摩郡　＊えーえー　長崎県壱岐島　＊えっとばっけ　山形県最上郡　＊えやぱっぱ　山形県東田川郡　＊えんここい　高知県幡多郡　＊えんさ　富山県砺波　＊おあんじょ　熊本県天草郡　＊おいかけやい　香川県　＊おいかけやこ　島根県出雲　＊おいくらごー　島根県石見　＊おいこ　島根県鹿足郡　＊おいこー　島根県那賀郡・鹿足郡　＊おいさげやこ　島根県出雲市・簸川郡　＊おいだご　鹿児島県　＊おいつきごく・おいつきやい　香川県　＊おいっくら　東京都利島　＊おいつけおに　大分県北海部郡　＊おいっこ　神奈川県　＊おいどりがち・おいらがち　大分県大分郡・大野郡　＊おいどんこ　熊本県天草郡　＊おいなんご　熊本県天草郡　＊おいのやま　鹿児島県揖宿郡　＊おいぼ　熊本県天草郡　＊おいまわしゃい　三重県志摩郡　＊おいみきて　東京都八丈島　＊おいやい　岐阜県山県郡　＊おいやいこ　高知県幡多郡　＊おーおんじょ・おーんぎょ　熊本県天草郡　＊おーんご　熊本県芦北郡　＊おこなじょ　青森県　＊おこなんご　宮崎県宮崎郡　＊おこなんじょ　青森県津軽　＊おさえ　高知県　＊おさえおに　高知県香美郡・高岡郡　＊おさえかご・おさえろかご　山形県西置賜郡　＊おさえくふぁ・おせくら　山形県東置賜郡　＊おさえくら・おさえくらご　山形県　＊おさえごっこ　高知県安芸郡　＊おさえっか　山形県東置賜郡・西置賜郡　＊おさえっこ　山形県　＊おさえっぽち　山形県東置賜郡・西村山郡　＊おさえやい・おさえやいこ・おさえこんぼ　高知県高岡郡　＊おっかけおに　千葉県山武郡　＊おっかけっこ　栃木県　＊おっかけなんご・おっかけもも　長崎県南高来郡　＊おっこなんじょ　青森県　＊おっぱえこ　島根県隠岐島　＊おてごい　三重県志摩郡　＊おに　山形県　香川県三豊郡「おにせんか」　高知県　熊本県　＊おにあい　鳥取県東部　＊おにーどっこ　東京都南多摩郡・八王子　神奈川県高座郡・津久井郡　＊おにえやいこ　高知県安芸郡　＊おにおい　山形県東置賜郡　兵庫県佐用郡　＊おにおさえ　山形県南置賜郡・東置賜郡　＊おにおっこ　青森県北部　＊おにおに　宮城県登米郡　山形県西置賜郡・北村山郡　＊おにかい　長野市　＊おにかいかい　大分市　＊おにがいけ　大分県大分市・大分郡　＊おにかいな　宮城県仙台市　＊おにかいぼ　石川県　＊おにかえご　宮城県登米郡　＊おにかぇっこ　岩手県紫波郡　＊おにがく・おにかわ　香川県綾歌郡　＊おにがち　大分県北海部郡　＊おにがっこ　埼玉県大里郡　＊おにかや　広島県賀茂郡　＊おにぎょ　熊本県下益城郡　＊おにぐま　香川県　＊おにくら　山形県北村山郡　奈良県「おにくらするもん此の指たかれ」　＊おにくらご　山形県東置賜郡　＊おにけな（幼児語）宮城県仙台市　＊おにげな　愛媛県　＊おにげんど　愛媛県岩城島　＊おにけんぼ　福井県坂井郡　＊おにこ　岩手県九戸郡・和賀郡　山形県南置賜郡・飽海郡　大分県速見郡・東国東郡　＊おにご　山形県　山口県大島　愛媛県　高知県幡多郡　福岡県久留米市　熊本県　＊おにごー　福岡県粕屋郡・福岡市　大分県速見郡・東国東郡　＊おにごく　奈良県吉野郡　香川県　＊おにごちゃ　愛知県碧海郡・岡崎市　＊おにこっこ　神奈川県　＊おにごっちゃ　愛知県碧海郡　＊おにこっちょ　新潟県西頸城郡　＊おにごと　山形県　福島県東白川郡「鬼ごとやっぺ」　群馬県邑楽郡　千葉県山武郡　神奈川県三浦郡　新潟県　滋賀県蒲生郡　大阪市　兵庫県　奈良県宇陀郡　和歌山県　島根県　香川県　愛媛県　熊本県球磨郡　大分県　＊おにこなんしょ・おにこなんちょ　青森県三戸郡　＊おにこなんじょ　青森県八戸・津軽　＊おにこぼい　秋田県鹿角郡・雄勝郡　＊おにこぼくり・おにこぼこり　青森県南部　＊おにこぼっち　山形県飽海郡　＊おにこま　岐阜県加茂郡・郡上郡　＊おにごま　岐阜県郡上郡　＊おにごまいこ　岐阜県大垣市　＊おにさ　岡山県上房郡・川上郡　広島県芦品郡　＊おにさご　山口市　＊おにさら　愛媛県「おにさらをしようかねんがり打たうかと往還ばたで子供らの声」　＊おにさらごー　岡山県阿哲郡　＊おにさん　山形県飽海郡・酒田市　神奈川県足柄下郡　静岡県田方郡　香川県　愛媛県　高知県　＊おにさんこ　高知県吾川郡・高岡郡　＊おにさんご　山口県阿武郡　高知県幡多郡　＊おにさんぼ　愛知県知多郡　＊おにさんよんご　愛媛県越智郡　＊おにしぇめ　山形県西村山郡　＊おにじょっこ　青森県　＊おにっこ　岩手県上閉伊郡・気仙郡　栃木県　埼玉県秩父郡　神奈川県　山梨県　長野県　静岡県榛原郡・庵原郡　大分県速見郡・東国東郡　＊おにっこっこ　神奈川県高座郡　＊おにっこと　神奈川県橘樹郡　＊おにど　大分県大分郡　＊おにどち　岐阜県武儀郡・益田郡　＊おにどっこ　神奈川県　＊おにどの　岐阜県恵那郡　＊おにとり　山形県南置賜郡　神奈川県平塚市　熊本県球磨郡　鹿児島県種子島　＊おにどり　山形県酒田市　神奈川県　長野県長野市・上水内郡　＊おにどん　新潟県佐渡　＊おにどんこ　静岡県庵原郡　＊おにとんぼ　徳島県三好郡　＊おになか　山形県東田川郡　＊おになご　新潟県　＊おになっか　山形県東田川郡・飽海郡　新潟県東蒲原郡　＊おになんこ　山形県飽海郡　＊おにのばっけー・おにばっけー　山形県最上郡　＊おにばん　香川県広島　＊おにびらっこ　山形県飽海郡　＊おにびらんこ・おにふぐり　山形県東田川郡　＊おにぶくろ　宮城県　神奈川県橘樹郡　＊おにぼい　山形県東置賜郡　＊おにぼくり　山形

県東田川郡 *おにぼちょ 宮城県遠田郡 *おにぼつ 秋田県平鹿郡 *おにぼっつ 山形県飽海郡 *おにもっこ 岩手県気仙郡 *おにやい 鳥取県東部 *おにやいこ 島根県鹿足郡 *おにゃおにゃ 秋田県雄勝郡 *おにやっこ 埼玉県北足立郡 長野県諏訪 静岡県榛原郡 *おにゃもっこ 茨城県稲敷郡 *おにわし 高知県幡多郡 *おにんぎょ 熊本県芦北郡・天草郡 *おにんぎょー 熊本県芦北郡・八代郡 *おにんご 島根県邑智郡 広島県大崎上島 熊本県球磨郡・天草郡 *おにんこー 島根県邑智郡 *おにんごと 島根県石見 広島県佐伯郡・高田郡 *おにんじょ 佐賀県 熊本県天草郡 *おにんど 広島県上蒲刈島 *おにんば 島根県鹿足郡 香川県 *おにんぶくろ 神奈川県都筑郡・橘樹郡 *おはいんご 静岡県富士郡 *おやおに 三重県志摩郡 *おやごっこ・おやか 新潟県佐渡 *およんば 香川県香川郡 *おりんど 長野県下伊那郡 *おわいがち 岐阜県養老郡 *おわいごこ 兵庫県赤穂郡 *おわいこみ 島根県那賀郡 *おわいて 高知県幡多郡 *おわいてごんご・おわいてごんじょ 香川県香川郡 *おわいやこ 兵庫県赤穂郡 *おわえ 高知県安芸郡・長岡郡 *おわえー 香川県大川郡 *おわえおに 兵庫県加古郡 香川県 愛媛県 高知県 *おわえぐらごー 島根県美濃郡・益田市 *おわえこ 島根県大田市・隠岐島 香川県 *おわえご 和歌山県東牟婁郡 徳島県 香川県東部 *おわえこー 島根県石見 *おわえごく 新潟県佐渡 和歌山県西牟婁郡 徳島県 香川県 *おわえごくら 香川県大川郡 *おわえごっこ 香川県 高知県安芸郡 *おわえごと 奈良県宇陀郡 和歌山県 島根県大田市 香川県 高知県安芸郡 *おわえごんご 香川県香川郡・綾歌郡 *おわえさん 高知市 *おわえっこ・おわえもーや・おわえものや 香川県 *おわえやーこ 島根県隠岐島 *おわえやい 香川県 高知県 *おわえやいこ 兵庫県赤穂郡 愛媛県 高知県幡多郡 *おわえんご 静岡県富士郡 香川県香川郡 *おわえんぼ 高知県幡多郡 *おわかけやい 兵庫県氷上郡 *おわれ 熊本県芦北郡 *おわんじょ 熊本県天草郡 *おん 熊本県 鹿児島県 *おんかいぼ 石川県鹿島郡・金沢市 *おんがろし 鹿児島県鹿児島郡 *おんきゃ・おんけご 熊本県芦北郡 *おんこ 青森県 長崎県南高来郡 *おんご 長崎県南高来郡 熊本県 *おんこどい 佐賀県 *おんさ 富山県砺波 *おんさごい 石川県鹿島郡 *おんじ 香川県高松市・香川郡 *おんじょ 佐賀県藤津郡 熊本県 *おんずら 宮崎県東諸県郡 *おんだ 三重県志摩郡 *おんだれご 鹿児島県揖宿郡 *おんつかえ 富山県 *おんつけ 熊本県芦北郡 *おんどー 大分県大分郡 *おんどち 岐阜県飛驒 *おんとり 熊本県球磨郡 *おんどんご 熊本県天草郡 *おんなんご 福岡県八女郡 熊本県 *おんなんごっこ 宮崎県延岡市 *おんにゃっこ・おんにゃっこっこ 千葉県夷隅郡 *おんのことり・おんのこどり 熊本県天草郡 *おんば 香川県綾歌郡 *おんばおに 島根県八束郡 *おんまー 富山市近在 *がおまお(遊戯の組分けや鬼を決める時に歌う歌にも言う) 青森県上北郡 *かぐじょっこ 青森県津軽 *かくねこ・かくねんぼー 長野県佐久 *かくらべ 三重県志摩郡 *かくれ 熊本県八代郡 *かくれおに・かくれおみ・かくれごと 大分県大分市・大分郡 *かくれがい 大分県大分市・別府市 *かくれこ 三重県志摩郡 *かくれご 熊本県玉名郡・天草郡 大分県大分市・大分郡 *かくれんぼ 三重県志摩郡 高知県 大分県大分市・大分郡 *かくれんぼー 島根県邑智郡 *かたちんば 高知県幡多郡 *かつぁみっくなー(「つかみくらべ」の意) 沖縄県石垣島 *かつぃみんそーれー(「んそーれー」は「召され」。「つかまえなさい」の意) 沖縄県首里 *かっこ(じゃんけんにも言う) 岩手県九戸郡 *かっつこ 岩手県九戸郡 *がに 宮崎県東臼杵郡 *かんずけおに(鬼ごっこの一種。鬼に捕まりそうになった時、仲間の子の名を呼んで助けを求めると、鬼は必ず呼ばれた子を追わなければならないもの) 山形県 *きりおねんじょ 熊本県天草郡 *ごっこ 奈良県吉野郡「ごっこしょーら」 *さめ 東京都大島 *さよ 山形県西田川郡 *しまいかご 山形県西置賜郡 *しめくら・しめっくら 山形県中部 *しめこ 山形県最上郡・西田川郡 *しめっこ 山形県 *しめらおに 山形県飽海郡 *しめらばんこ 山形県東田川郡 *しめらぼち 山形県西田川郡・庄内 *しめらぼつ 山形県鶴岡市・西田川郡 *しめらぼっち 山形県 *じゃどい 長崎県南高来郡 *じゃといごと 佐賀市 *しょいかご 山形県西置賜郡・西村山郡 *しんげき 兵庫県氷上郡 *しんごき 山形県西置賜郡 *じんじ 高知県幡多郡 *せめくら・せめっくら 山形県村山 *せめごと・せめばんこ 山形県東田川郡 *せめこら 山形県 *せめっこ・せめらぽっぽ・せめらかんご・へめこら 山形県北村山郡 *せめっこら・せめこ 山形県西村山郡 *せめんこら 山形県東村山郡 *たかごと 三重県伊勢 *たけのこ(竹の棒を用いる鬼ごっこの一種。子捕り) 静岡県志太郡 *たすけ 山形県 *たたきおん 熊本県球磨郡 *ちゅーちゅーおにごと(鬼ごっこの一種。鬼に追いかけられても「ちゅーちゅー」と言ってしゃがめば鬼は捕まえられない) 群馬県勢多郡 *ちんじゅー(二人ずつ組みになってする鬼ごっこの一種) 岩手県気仙郡 *つかまえ 京都府 *つかまえおに 福井県大飯郡 島根県出雲 大分県大分郡 *つかまえぐらごー 島根県益田市 *つかまえこ 島根県 *つかまえご 福井県大飯郡 *つかまえごと 島根県鹿足郡 *つかまえじょこ 岩手県九戸郡 *つかまえなんど 長崎県五島 *つかまえやい 香川県 *つかまえやこ 島根県出雲 *つかみ・つかみあい 高知県幡多郡 *つかみおに 滋賀県蒲生郡 *つかみごくら 滋賀県蒲生郡 *つかめ 群馬県山田郡 *つかめこ・つかめんぼ 三重県志摩郡 *つかめやい 岐阜県土岐

郡 *つかめんこ 福井県 *つくなみおにさん（鬼が来るとしゃがんで逃れる遊び方の鬼ごっこ）高知県土佐郡 *つけおん・つけがち 熊本県球磨郡 *でーこ 三重県志摩郡 *てんきおに（鬼ごっこの一種。片足おに）山形県東田川郡 *でんごと 山形県西田川郡 *とーらい（幼児語）長崎県壱岐島 *とらんぎょー 熊本県天草郡 *とりこ 愛媛県 *にげおに 熊本県芦北郡 *にげこ 兵庫県佐用郡 *にげっこー 静岡県 *にげのこ 香川県高見島 *にげもーも 長崎市 *はしりご 愛媛県喜多郡・周桑郡 *ばっけぁ 福島県北部 *ばんげーし 福島県会津 *はんたいおにごと（鬼ごっこの一種。なんでもものの名前を逆さまに言って、それに触ればよく、その前に鬼に捕まったらその人が鬼になる）群馬県勢多郡 *はんや 愛媛県喜多郡 *ひきだか 熊本県上益城郡 *ふかなんご 熊本県天草郡 *ぶくりがいち 岐阜県益田郡 *ぶくりっこ 岩手県気仙郡 *ぶぐれっこ 秋田県仙北郡 *へめくら 山形県北村山郡・最上郡 *ぼいがち 岐阜県飛驒 *ぼいくさご 岩手県気仙郡 *ぼいくふぁ・ぼいくら 山形県 *ぼいごく 福井県大野郡 *ぼいごっこ 岐阜県飛驒 *ぼいざっこ 山形県最上郡 *ぼいぞく 岐阜県吉城郡 *ぼいっくら 静岡県島田市 *ぼいっこ 秋田県平鹿郡　静岡県島田市 *ぼいっさげやこ 島根県出雲 *ぼいどく 岐阜県大野郡 *ぼいねんぼ 鳥取県米子市 *ぼいぼい 山形県東置賜郡 *ぼいめんぼ 鳥取県西伯郡 *ぼいやー（隠れんぼにも言う）京都府竹野郡 *ぼいやい 岐阜県山県郡・揖斐郡　愛知県北設楽郡・東春日井郡　兵庫県　奈良県吉野郡 *ぼいやいこ 富山県砺波　兵庫県 *ぼいやこ 兵庫県　鳥取県気高郡・西伯郡　島根県出雲 *ぼえーこ 山形県最上郡 *ぼえちゃげやこ 島根県出雲 *ほーえ 香川県・三豊郡 *ぼーけり 大分県 *ぼーけん 鹿児島県硫黄島 *ぼーさー・ぼーさん 島根県鹿足郡 *ぼーやい 愛知県 *ぼーやこ 島根県出雲 *ぼーわれ 山形県飽海郡 *ほた 三重県北牟婁郡 *ぼっかけくらこ 岩手県気仙郡 *ぼっけん・ぼっけんつき 高知県幡多郡 *ぼっさげこー 島根県仁多郡 *ぼっさげやこ 島根県 *ぼっしゃげこ 島根県飯石郡・大原郡 *ぼりげこ 青森県上北郡 *ぼろんこ 北海道増毛郡 *ほんちょばっけ 福島県伊達郡 *ぼんやい・ぼんやいこ・ぼんやいち 岐阜県郡上郡 *ぼんやこ 兵庫県美方郡 *ぼんやっ・ぼんやっこ 岐阜県郡上郡 *まくりばば（「まくる」は追う意）岐阜県飛驒 *まくりやんこ 岐阜県郡上郡 *みっくわーとーるー（鬼が目隠しをしてする鬼ごっこ）沖縄県首里 *めいのち 新潟県 *めくさんおに・めくさん 島根県 *めくらおに 兵庫県加古郡　和歌山市　福岡県久留米市 *めくらおんじ 香川県高松市 *めくらかご 山形県西置賜郡・西村山郡 *めくらご 鹿児島県肝属郡 *めくらさん 静岡県磐田郡 *めくらはんじょ 福岡市 *めくらぼっち 山形県西置賜郡 *めくらぼっつ 山形県西置賜郡・西田川郡 *めくらんぼ 山形県飽海郡　島根県隠岐島　香川県大川郡 *めくらんぼー 静岡県志太郡 *めっとろまい 三重県北牟婁郡 *めはんぼ 兵庫県佐用郡 *もー 新潟県東蒲原郡　熊本県天草郡 *もーごい 香川県佐柳島 *もーも 長崎県南高来郡・長崎市 *もーもー 長崎県 *もーや 香川県 *やかんさ（幼児語）岐阜県飛驒 *やったご 長崎県南高来郡 *やりおに 愛媛県八幡浜市　大分県大分市・速見郡 *やりおにど・やりおんど 大分県大分郡 *やりおん 熊本県 *ゆーらっこ 山梨県 *よしよし 山形県東置賜郡

おね【尾根】

*いきあい（尾根と尾根の一緒になった所）奈良県吉野郡 *うねごし（急な尾根）和歌山県日高郡 *うれ 岐阜県吉城郡　静岡県安倍郡 *えご 奈良県吉野郡 *お 兵庫県美方郡・氷上郡　奈良県吉野郡　徳島県 *おー 石川県能美郡　三重県北牟婁郡　滋賀県高島郡　京都府葛野郡　兵庫県美方郡　奈良県吉野郡 *おーお（大きい尾根）大阪府南河内郡 *おーすじ 熊本県玉名郡 *おーそね・うーそね 福島県南会津郡 *おーつるね 長野県上伊那郡 *おーばね 宮崎県西臼杵郡 *おーぼね 新潟県東蒲原郡　岐阜県飛驒「山のおーぼねを歩く」 *おか 鳥取県八頭郡　奈良県吉野郡（主稜から分かれて谷へ下る尾根。側稜）*おがた 兵庫県赤穂郡 *おさき 岐阜県大野郡 *おすじ 徳島県美馬郡　宮崎県西臼杵郡　鹿児島県肝属郡 *おばい・おはい 香川県木田郡 *おばっちょ 和歌山県新宮「あの山おばっちょに登った」 *おばな 長野県西筑摩郡　山口県豊浦郡　福岡県粕屋郡　大分県別府市 *おばね 静岡県　熊本県　大分県　宮崎県西臼杵郡 *おばん・おばんこね 熊本県天草郡 *おぼね 富山県中新川郡・東礪波郡　石川県能美郡　岐阜県吉城郡 *かまおね（鎌（かま）の刃のように薄っぺらな尾根）長野県北安曇郡「あすこは何せおっかねぇ、かまをねになってゐるものだで」 *くろっぴかげ（北に面した尾根）山梨県南都留郡 *こーね 長野県上伊那郡 *こし 福島県信夫郡　長野県飯田市付近　鹿児島県肝属郡 *こね 鹿児島県大隅 *せ 静岡県賀茂郡　鹿児島県肝属郡 *せすじ 鹿児島県肝属郡 *そ 長野県飯田市付近 *つっさき（川や沢に尾根の端が突出している所）福島県耶麻郡 *つりお 奈良県吉野郡 *つる・つるわたり 岩手県和賀郡 *つるね 新潟県北魚沼郡　長野県 *つんね 長野県下高井郡 *つんだし（川、沢に尾根の鼻が出ている所）福島県耶麻郡 *でっかご（川や沢に尾根の鼻の突き出ている所）福島県耶麻郡「おねのでっかご」 *ながね 青森県三戸郡　岩手県上閉伊郡・気仙郡　宮城県栗原郡　秋田県　山形県庄内 *ねぎし（山の尾根の下方の地形名）青森県三戸郡 *のー 群馬県勢多郡 *ほつ 長野県下伊那郡　静岡県「ほつざかいが境界になっている」　愛知県北設楽郡 *みね 福島県南会津郡「みねどーし（山稜越え）」　新潟県　長野県上水内郡　静岡県賀茂郡 *みねつずき 新潟県

中蒲原郡 ***むね** 福島県耶麻郡　新潟県岩船郡　石川県河北郡「むね越し（山稜を越えて行くこと）」　奈良県吉野郡　島根県隠岐島 ***やまのおー** 香川県大川郡 ***やまんおずり** 熊本県天草郡

→みね（峰）

おの【斧】　***いき**（大形のおの）石川県鹿島郡 ***いしゆき**（石切りに用いる金属製のおの）沖縄県石垣島 ***うーん**（大きくて柄の長いおの）沖縄県首里 ***えがま**（おの、なた、まさかり、手斧（ちょうな）の類）島根県　愛媛県 ***ききり** 島根県出雲　岡山県苫田郡 ***こぎわり**（小形のおの）香川県 ***こぼた**（小さいおの）愛媛県周桑郡 ***こよき**（小さいおの）鹿児島県揖宿郡 ***こよっ**（小さいおの）鹿児島県種子島 ***さーふんゆーち・さーふんぐゎー**（小さいまさかり。手斧（ちょうな））沖縄県首里 ***さめよき**（伐木を削って材木の形を調えるおの）長崎県対馬 ***さんずんば**（刃広のおの）長野県北安曇郡 ***そま**（山の木を切り、また、その木を削って材に作るためのおの）静岡県志太郡　島根県美濃郡 ***そまよき**（山の木を切り、また、その木を削って材に作るためのおの）岡山県邑久郡 ***たおの**（手斧（ちょうな））大分県直入郡 ***ちょーのし**（手斧（ちょうな））大分県大野郡 ***てじょーの**（手斧（ちょうな））島根県石見 ***てばつり**（片手で使う小さいおの）愛媛県大三島 ***てまがり**（柄の曲がっているおの。手おの）山梨県 ***なた** 兵庫県淡路島　島根県鹿足郡　山口県阿武郡　大分県（手斧（ちょうな）） ***のき**（小形のおの）大分県北海部郡 ***はつい**（大おの）鹿児島県肝属郡 ***はっつりよき**（大おの）鹿児島県種子島 ***はつり** 千葉県上総　山梨県南巨摩郡　長野県北安曇郡（手斧（ちょうな））・東筑摩郡（大おの）　奈良県吉野郡（大おの）　島根県隠岐島　山口県豊浦郡（大おの）　徳島県・海部郡　愛媛県（大おの）・大三島（大おの）　高知県（大おの）・土佐郡（大おの）　鹿児島県肝属郡（手斧（ちょうな）） ***はびろ** 群馬県多野郡（刃の広いおの）　長野県西筑摩郡 ***ひらよき**（手斧（ちょうな））熊本県球磨郡 ***ぼた**（小さいおの）愛媛県 ***ぽっか**（手斧（ちょうな））福島県南会津郡 ***まえじょー**（木材を荒削りする大工のおの）山口県 ***まえじょーな**（木材を荒削りする大工のおの）高知県 ***まえじょーの**（木材を荒削りする大工のおの）島根県石見 ***まえちょーな**（木材を荒削りする大工のおの）青森県上北郡 ***まきわりょーき**（薪（まき）を割るおの）栃木県 ***まんきち**（手斧（ちょうな））岐阜県飛驒 ***めゃーじょーな**（手斧（ちょうな））広島県芦名郡 ***ゆーき** 鹿児島県南西諸島 ***ゆーち**（小形のおの）沖縄県首里 ***ゆき** 群馬県利根郡　千葉県印旛郡・君津郡　新潟県北魚沼郡（山言葉。小形のおの）・中頸城郡　京都府（小形のおの）　鹿児島県喜界島・徳之島　沖縄県石垣島・宮古島 ***ゆきば**（小形のおの）沖縄県竹富島 ***ゆきばー**（小形のおの）沖縄県石垣島 ***ゆしぱ**（小形のおの）沖縄県波照間島 ***ゆつぃ** 鹿児島県沖永良部島 ***よーき** 福島県中部・会津　栃木県　奈良県吉野郡　香川県木田郡・男木島 ***よき** 宮城県登米郡　福島県　茨城県久慈郡・行方郡（小形のおの）・稲敷郡　栃木県河内郡・足利市（まき割り用のおの）　群馬県勢多郡（まき割り用のおの）・邑楽郡（まき割り用のおの）　埼玉県入間郡　千葉県　東京都南多摩郡・八王子　神奈川県津久井郡・中郡（まき割り用のおの）　新潟県・佐渡（まき割り用のおの）　富山県砺波・富山市（まき割り用のおの）　山梨県（大形のおの）・南巨摩郡　長野県諏訪・佐久　岐阜県不破郡　静岡県（特にまき割り用の長柄のおのにも言う）　愛知県尾張・知多郡・名古屋市（小形のおの）　三重県・伊賀（まき割り用のおの）　滋賀県蒲生郡・彦根市　京都府　大阪府泉北郡・大阪市（まき割り用のおの）　奈良県北葛城郡（まき割り用のおの）　兵庫県・美方郡（山言葉。小形のおの）・加古郡（長柄のおの）・神戸市（長柄のおの）　和歌山県那賀郡　島根県鹿足郡・美濃郡・出雲（小形のおの）・隠岐島（小形のおの）　岡山県・苫田郡　広島県倉橋島　香川県　高知県・長岡郡・土佐郡（小形のおの）　福岡市　佐賀県唐津市（まき割り用のおの）　長崎県佐世保市・南高来郡　熊本県（小形のおの）・芦北郡・天草郡　大分県（特に、小形のおのにも言う）　宮崎県児湯郡・延岡・宮崎市（大形のおの）　鹿児島県 ***よく** 長崎県南高来郡　鹿児島県 ***よっ** 宮崎県西諸県郡（小形のおの）　鹿児島県 ***よひ** 東京都大島

おのおの【各】　***てんでこで** 岩手県平泉「てんでこでにけぁんべ（各自別々に帰ろう）」 ***てんでこ** 岩手県気仙郡 ***てんでっこ** 長野県諏訪　静岡県志太郡 ***てんでっこー** 静岡県・榛原郡「道具はてんでってんでんこになった」「てんでんこにしまっておくべ、間違うから」 ***てんでんこ** 宮城県「今度からてんでっこーに持って行け」　福島県東白川郡・相馬 ***なーなー** 沖縄県石垣島

→かくじ（各自）・それぞれ（夫夫）・めいめい（銘銘）

おば【伯母】　***あっば** 島根県大根島 ***あね** 三重県志摩郡 ***あば** 新潟県中魚沼郡・佐渡　石川県羽咋郡　福井県大飯郡　滋賀県大津市・彦根（小児語）　岡山県和気郡　徳島市　高知県幡多郡・中村市（敬称） ***あばー** 新潟県佐渡 ***あばさ** 富山県西礪波郡 ***あばさん** 新潟県佐渡　京都府　鳥取県・気高郡・岩美郡　島根県仁多郡・大根島　岡山県阿哲郡　高知県幡多郡　大分県大野郡 ***あばちゃん** 新潟県西頸城郡　滋賀県彦根（小児語）・蒲生郡（小児語）　京都市　高知県中村市（敬称） ***あばはん** 京都市 ***あみ** 沖縄県与那国島 ***うふあやふぁあぶ**（「大阿母」の意）沖縄県鳩間島 ***うふあやー** 沖縄県首里（士族では父母の一番上の姉、一番上の伯母を言う）・中頭郡（士族） ***うふあんまー** 沖縄県中頭郡・首里（父母の一番上の姉。一番上の伯母） ***うふうば** 鹿児島県与論島 ***うふーまー**

沖縄県那覇市 *うぷぶば 沖縄県宮古島 *うぼーぶ(「大阿母」の意) 沖縄県黒島 *うぼぬんま(「大きな母」の意) 沖縄県新城島 *うわんにー 沖縄県小浜島 *おこあんな・おかあんな(「大きい姉」の意) 沖縄県宮古島 *げっくゎ 鹿児島県加計呂麻島 *こーこー 東京都八丈島 *ば 鹿児島県揖宿郡 *ばー 兵庫県淡路島 長崎県五島 沖縄県首里(叔母を言うことがある) *ばーぐゎー(いちばん下の叔母) 沖縄県首里 *ばーさん 大分県大分郡 *ばーちー 沖縄県那覇・首里(叔母) *ばーば(仲母) 鹿児島県沖永良部島 *ばーばー 大分県速見郡 沖縄県中頭郡 *ばーま(仲母) 沖縄県小浜島 *ばーまーま(叔母) 沖縄県小浜島 *ばいんこ(叔母) 鹿児島県屋久島 *ばき 熊本県球磨郡 宮崎県 鹿児島県肝属郡 *ばきー(田舎の語) 長崎県対馬 *ばきーさん・ばきーじょ 熊本県球磨郡 *ばきじょ 鹿児島県肝属郡 *ばくじょ 鹿児島県 *ばさま(叔母) 高知県 *ばっかい 鹿児島県種子島 *ばっき 佐賀県藤津郡 長崎県諫早市 宮崎県西臼杵郡 鹿児島県奄美大島 *ばっきー 佐賀県 宮崎県西臼杵郡(叔母) *ばっきさん 佐賀県藤津郡 *ばっきっくゎ(仲母) 鹿児島県奄美大島 *ばっくぇー(伯母) 鹿児島県奄美大島 *ばっくぇっぐゎ(仲母) 鹿児島県奄美大島 *ばっち 長崎県西彼杵郡 鹿児島県 *ばっちー 長崎県西彼杵郡 *ばっちゃ 秋田県雄勝郡 山形県米沢市 *ばっちゃん 佐賀県 *ばっちょー 長崎県壱岐島 *ばどん(幼児語) 鹿児島県揖宿郡 *ばば 滋賀県高島郡 *ばばん 大分県大分市・大分郡 *ばん 熊本県芦北郡(叔母) 大分県 *べーべー 長崎県対馬 *ほっぱ(伯母。また、祖母) 沖縄県石垣島

おばあさん【御祖母様】 ⇩そぼ(祖母)

おばけ【御化】 *あもー(幼児語) 熊本県球磨郡 *あもこ(幼児語) 青森県南部「そら、あもこぁきた(子供を泣きやませる時に言う)」 岩手県二戸郡 *あもじこ(幼児語) 岩手県 *あもじょ(幼児語) 長崎市 *あもじょー(幼児語) 長崎県壱岐島 *あもんこ(幼児語) 岩手県岩手郡 *あんもーこ・あんもーじーこ(幼児語) 岩手県九戸郡 *いったんもんめん(お化けの一種。長さ一反もある木綿のようなものが、ひらひらとして夜間人を襲うという) 鹿児島県肝属郡 *おちゃもん・おちゃいもん 新潟県佐渡 *おちょ・おんちょ・おっちょ・おーちょ 岡山県川上郡「おちょが来るぞ」 *おっか 新潟県西蒲原郡 長野県東筑摩郡「おっか来たぞ」 *おっかいもん 新潟県佐渡 *おっこ 福島県会津 *おんき(幼児語) 香川県高見島 *おんち(幼児語) 香川県木田郡・仲多度郡「おんちが出るぞ」 *かぶそ・かぼそ 香川県・小豆島 *がんぼ 岐阜県吉城郡 *つしんぼ(屋根裏部屋にいるというお化け) 岐阜県郡上郡 *ばけの(幼児語) 山形県西村山郡 *まど 徳島県三好郡 *まどー 群馬県多野郡 *まなもん 熊本県玉名郡 *まのもん 徳島県三好郡 香川県塩飽諸島 *まもー 福島県岩瀬郡(小児語) 高知県長岡郡「早く寝入らんとまもおが来る」 *めんどん・めん 鹿児島県肝属郡 *もー 岩手県上閉伊郡・気仙郡 宮城県栗原郡 山形県 福島県 群馬県勢多郡 埼玉県秩父郡 新潟県東蒲原郡 富山県砺波 石川県鹿島郡 長野県 長崎県対馬 *もーか 石川県金沢市 長野県諏訪 *もーかー 山形県東置賜郡 *もーこ・もーこんじ 長野県諏訪 *もーも 富山県 石川県河北郡 *もーもー 長野県 静岡県田方郡 *もーもんじ 千葉県夷隅郡 *もーん 山梨県南巨摩郡 長野県諏訪・下伊那郡 静岡県 *もーんこ 静岡県榛原郡 *もか 新潟県・岩船郡 *もが 長野県南安曇郡 *もこ 青森県 *もっか 新潟県西蒲原郡 長野県 *もっこ 青森県津軽 岩手県 秋田県 福島県 *もっこー 山形県東田川郡「あまり泣くともっこー来る」 *もも 長野県・西筑摩郡 *ももか 福井県 長野県 岐阜県大垣市 *ももこ 新潟県三島郡「ももこがくるぞ」・佐渡「はようねんと、ももこがでるぞ」 岐阜県益田郡 *ももこー 新潟県中頸城郡 *ももっか 長野県「ももっかが来たぞ」 *ももっこ 新潟県刈羽郡・西頸城郡 富山県下新川郡 *ももっこー 新潟県 *ももんか・ももんが 長野県 *ももんがー(化け物。お化けのまねをして子供をおどす時などに言うことが多い) 福島県西白河郡 埼玉県秩父郡 神奈川県津久井郡 新潟県中頸城郡 山梨県南巨摩郡 長野県 岐阜県飛騨 静岡県田方郡 岡山県児島郡 *ももんじー 神奈川県津久井郡 山梨県・南巨摩郡 静岡県駿東郡 *ももんじっかー 静岡県駿東郡 *ももんじょー 山梨県 *もろぞー 静岡県小笠郡 *もんか 長野県上伊那郡 *もんかん 長野県北佐久郡 *もんじ 神奈川県津久井郡 *もんも 石川県鹿島郡 長野県上伊那郡(児童語) *もんもん 千葉県山武郡 長野県・下伊那郡 島根県浜田市 *もんもんじ 島根県浜田市 *もんもんじゃ 千葉県上総 *やまんば(山のお化け。たこ揚げの時に風を送るという) 島根県 山口県 *やまんばば・やんばば(山のお化け。たこ揚げの時に風を送るという) 島根県「やんばば大風を出せ」 *わん(幼児語) 鹿児島県鹿児島郡 *わんわん(幼児語) 福岡市 熊本県玉名郡 下益城郡
→ばけもの(化物)

おばさん【小母様】 *おかー 岩手県気仙郡 静岡県志太郡(卑称)「あのおかーはずーんっなぇーよ(あの中年女はとても気が強いぜ)」 広島県比婆郡 *おかか 新潟県 *おかさ 岩手県九戸郡 *おかさま(敬称) 福島県会津 *おかさん 岩手県気仙郡 *おかしゃま(芸妓など) 長崎市 *おかちゃ 青森県南津軽郡「あねさまでもあんさまでも、そえごそおどちゃでもおがちゃでもみんなありたもんだべし(若い女も若い男も、それこそ男も女も皆歩いたものでしょう)」 新潟県下越(軽い敬称) *おっか 山形県米沢市(卑称)「おっかえなえが」 新潟県下越 *おっかさま・おっかま 新潟県下越 *がー

(婦人一般)岩手県気仙郡 *がーさま 岩手県気仙郡(婦人一般) 宮城県栗原郡 *かーさん(婦人一般)愛知県知多郡 *かか 新潟県 三重県南牟婁郡 島根県隠岐島(下流語) 徳島県(敬称) *がが 青森県 *かかさ 新潟県長岡市 *かかさん 愛知県知多郡(婦人一般) 島根県隠岐島(中流以上の語) *かから 三重県度会郡・宇治山田市 *かくー(婦人一般)広島県比婆郡 *かさ 新潟県長岡市 *かっか 新潟県長岡市・南魚沼郡 *かっかま 新潟県中越 *だんばい 鹿児島県口之永良部島 *ばー 奈良県吉野郡 *ばーま 岐阜県郡上郡 *ばーや(子供が婦人を呼ぶ語)岐阜県本巣郡 *ばき・ばっき 宮崎県西臼杵郡 *ばったん(卑称)長崎県南高来郡

おはじき【御弾】 *いさら 島根県鹿足郡 *いしなご 千葉県下総 富山県砺波 長野県上伊那郡 徳島県美馬郡 高知県・高知市 宮崎県児湯郡・宮崎郡 *いちぎり 奈良県吉野郡 *いちよきちや 千葉県東葛飾郡 *いっちょ・いっちょほいよ 山梨県南巨摩郡 *いっとぅがよー 沖縄県首里・石垣島 *いらみ 岐阜県飛驒 *いらみき 岐阜県飛驒 *いらみこ 岐阜県郡上郡 愛知県西春日井郡 *えらみ 愛知県知多郡 *おはらんじき(貝で作ったおはじき)山形県東置賜郡・西置賜郡 *おひとつ 富山県東礪波郡 *がっき(小石製で、投げ受けて遊ぶ)山形県西置賜郡 *かっけ 富山県西礪波郡 *がら 山形県西置賜郡(ガラスのおはじき) 新潟県 *きしゃご(本来は、にしきうずがい科の巻き貝の名。子供がその貝殻を用いて遊んだところから)栃木県安蘇郡 群馬県勢多郡 埼玉県秩父郡・北葛飾郡 山梨県 長野県 愛媛県「きしゃごする」 *ぎしゃご 愛媛県周桑郡 *ぎやま(ガラスのおはじき)福島県会津「ぎやまお呉れる」 *ぎやまん(ポルトガル語から、ガラスのおはじき)岐阜県大野郡 *ぐずかえこ 山形県北村山郡 *ぐんずんかえこ(「軍陣貝こ」か)山形県西村山郡・北村山郡 *けちあーし 高知県長岡郡 *けりびん 高知県高岡郡 *ごいし 栃木県 *さんから(スモモの種で作ったおはじき)新潟県中頸城郡 *しこくじじ 島根県大田市 *しここじじ 島根県飯石郡 *じじ 島根県仁多郡・能義郡 *じゃらじゃら(音から)香川県高松市 *せとつぶ 岩手県紫波郡・気仙郡 *せらみこ 岐阜県郡上郡 *たま 兵庫県赤穂郡 *ちゃら(ガラス玉のおはじき)島根県簸川郡 *ちょーなご 新潟県 *ちょっけー 新潟県佐渡 *つぶ 福島県相馬郡 *つぶこ 宮城県仙台市 *つぶこはじき・つぶこはずこ 宮城県仙台市 *つま 長野県長野市・上水内郡 *てか 兵庫県赤穂郡 *てま 兵庫県赤穂郡 *でんべきしゃご(貝のおはじき)群馬県山田郡 *でんぺきしゃご(貝のおはじき)群馬県多野郡 *のんだり(素焼きの陶でできたおはじき)新潟県蒲原 *はじき 大阪府泉北郡 *はじっこ 鹿児島県鹿児島郡・種子島・肝属郡 *はつこ 宮城県石巻 *はんじぎっこ 岩手県九戸郡・気仙郡 *ひしゃご 長野県東筑摩郡 *びしゃご 愛媛県 *めんこ 兵庫県加古郡 和歌山県和歌山市(男の子だけが用いる土焼きのおはじき)・那賀郡 愛媛県 *めんご・めっこ 愛媛県 *やさら 島根県石見 広島県 *やさらご 山口県玖珂郡 *やしゃら 山口県・大島 *よらみこ・よらめこ 愛知県名古屋市 *よらめ 愛知県

□遊び *おかえら 千葉県匝瑳郡 *しゃご 愛媛県 *つめはじき 秋田県鹿角郡

おはようございます ⇩「あいさつのことば（挨拶言葉）」の子見出し、「朝の挨拶（おはようございます）」

おび【帯】 *うちあわせ(裏と表を違う布で縫った帯)岡山市 *おつぼ 千葉県上総 *おもじ(女性語)京都市 和歌山県日高郡 *かいわれおび(一巾物を二つに折り合わせて作った帯)福井県大飯郡 *ききび 鹿児島県与論島 *ききゅぷ 鹿児島県奄美大島・加計呂麻島(女性の敬語) *きび 鹿児島県奄美大島・徳之島 *きゅーび・きゅび 鹿児島県奄美大島 *きゅぷ(男帯)鹿児島県奄美大島 *けんどんおび(小倉織などを使った、木綿幅で端に房を付けた帯)東京都利島 *さじ 鹿児島県沖永良部島 *しくび 沖縄県新城島・波照間島 *しごき 山形県米沢市 広島県 *すなおび(わら縄をそのまま用いた労働用の帯)東京都大島 *たずな 新潟県村上市 *たんな 山形県鶴岡 *ちちゅび・きじゅび(しごき帯)鹿児島県喜界島 *ててら 徳島県三好郡 *どん 沖縄県与那国島 *のしおび(親の死や祭りの折に締める白にあさぎ色の横じまの帯)東京都大島 *はちこ(潜水漁の漁師が潜る時、道具などを差すため腰に巻く縄の帯)石川県鳳至郡 長崎県壱岐島 *び(幼児語)富山県 *びー 和歌山県日高郡 徳島県・美馬郡(児童語) 香川県三豊郡 *ぴくい 沖縄県新城島 *ぴくん 沖縄県小浜島 *ひごき 山形県東置賜郡 *ひっ

方/言/の/窓

●気づかずに使う方言 I

誰もが共通語を話せる今日でも、地方出身者の中には、それと気づかずに方言を使っている例が多い。

茨城県出身の人で、東京の大学に入ってはじめてマンネンピツが方言だと気づいた人がいる。名古屋地方の人は「先生が本を読んでミエル」のように、「ミエル」を敬意を表す補助動詞として多用する。

富山県出身の人が食パンを「ショッパン」と発音したので聞きとがめたことがある。調べてみると「ショッパン」は愛知・岐阜から北陸にかけての地方と九州各地に分布していることがわかった。

東京では仮定表現の「～タラ」「～バ」「～ト」を区別するが、関西では「タラ」だけですませる傾向が強い。これも気づかれざる方言の一種と言える。

こき 山形県米沢市 *ぶーし 千葉県夷隅郡 *ふくび 沖縄県竹富島 *ぷくび 沖縄県黒島 *ぶし 千葉県東葛飾郡 *ふつかおび（表と裏とに異なる布地を使って、両面が使えるように仕立てた帯）秋田県鹿角 *ぼーし 大阪府中河内郡・南河内郡 奈良県・南大和「三尺ぼーし（三尺帯）」 *ぼし 大阪府泉北郡 *もつりおび（結ばないでくるくる巻きにした帯）島根県出雲 *らくぶつぃぬみうーび（金糸の入った帯）沖縄県首里

男、子供用の□ *さんじゃく 青森県 宮城県仙台市 山形県 福島県東白川郡 栃木県安蘇郡 群馬県邑楽郡 千葉県 新潟県 富山市近在 山梨県・中巨摩郡・南巨摩郡 静岡県北伊豆 愛知県 和歌山県日高郡 *さんしゃくおび 愛知県碧海郡 *さんじゃくおび 愛知県愛知郡・岡崎市 京都市 兵庫県淡路島 広島県芦品郡 *さんじゃこおび 愛知県海部郡 *さんじやこび 大阪府中河内郡 兵庫県加古郡 *しゃんじゃく 群馬県桐生市 長野県諏訪・佐久 静岡県・志太郡

男用の□ *うーび 沖縄県首里 *うふうーび（男子が礼装の時に着用する幅の広い帯）沖縄県首里 *うふうび 沖縄県石垣島 *うぶうくび 沖縄県鳩間島

おびえる【怯】 *うばぃるん 沖縄県石垣島 *おくびれる 岩手県気仙郡 宮城県栗原郡 *おくぶれる 京都府竹野郡「人中でおくぶれて挨拶もろくにでけん」 *そびーる 島根県大原郡 *ひろずく 青森県三戸郡

→おそれる（恐）

□さま *じゅじゅまがり（犬などがおびえるさま）宮崎県東諸県郡 *ひくひく 岩手県気仙郡・平泉 *びくらびくら 岩手県気仙郡 *ひけひけ 長崎県壱岐島「ひけひけする」 *ひこひこ 新潟県佐渡 兵庫県加古郡 *ひよひよ 兵庫県加古郡・淡路島「何もひよひよするこたあないでないか」 *ふるてぼのごつなる（ひどくおびえているさまに言う）長崎県壱岐島

おひさま【御日様】 *あっとさま（小児語）岩手県気仙郡 新潟県東蒲原郡 *あとさま（小児語）山形県西置賜郡・南村山郡 *あとさん（小児語）長崎県壱岐島 *あとつぁま・あとっつぁま（小児語）山形県 *あとてさま（小児語）宮城県仙台市 *あとと（小児語）山形県東置賜郡 *あととさま（小児語）山形県米沢市 *あなた 岩手県上閉伊郡 新潟県佐渡 三重県志摩郡 島根県・隠岐島 *あなたさま 新潟県佐渡 三重県志摩郡 島根県出雲市・簸川郡・隠岐島 香川県・大川郡 *あなたさん 島根県 *あなたはん 香川県大川郡 *うてぃだ 沖縄県首里 *した 沖縄県石垣島 *しな・しながなし・しながなす 沖縄県波照間島 *ちんだ 沖縄県小浜島 *てぃーだ 沖縄県首里 *てぃだ 鹿児島県南西諸島 沖縄県八重山・首里 *てぃだがなす 鹿児島県徳之島 *てぃだくみがなし 鹿児島県奄美大島 *てぃだくもがなし・てぃだくむがなし 鹿児島県奄美大島 *てぃだん 沖縄県与那国島 *てぃだんがなし（「がなし」は尊敬の意を表す接尾語）沖縄県石垣島 *てぃだんがなす 沖縄県石垣島 *てぃだんざなし 鹿児島県与論島 *てぃら 沖縄県那覇市・国頭郡 *てんにっつぁん 徳島県・美馬郡 *とだいさま（小児語）岩手県上閉伊郡 *とてさま（小児語）岩手県胆沢郡 *とどごさま（小児語）岩手県上閉伊郡 *なんなさん（「なむあみだぶつ（南無阿弥陀仏）」の転。主として幼児語）福井県坂井郡 *なんまさま（主として幼児語）新潟県古志郡 *にょーにょーさん 新潟県佐渡 *にょんにょんさん 広島県高田郡 *まんま（主として幼児語）大阪府泉北郡 *まんまいさま（主として幼児語）熊本県球磨郡 *まんまさん・まんまはん（主として幼児語）大阪府泉北郡 *まんまん（主として幼児語）静岡県浜松市 奈良県南大和 香川県綾歌郡 *まんまんさま（主として幼児語）山口県 *まんまんさん（主として幼児語）新潟県佐渡 滋賀県愛知郡・蒲生郡 兵庫県神戸市 奈良県南大和 広島県高田郡 *もったいさん 愛媛県

→たいよう（太陽）

おびただしい【夥】 *あばちぇんね 宮崎県 鹿児島県肝属郡「見物があばちぇんねむんぢゃ」 *あばてもなか 鹿児島県甑島 *あばてんなか 鹿児島県 *あばてんね（「あばてのない」の転）宮崎県都城 鹿児島県・肝属郡 *あらけない 秋田県鹿角郡「いや、あらけなく集ったもんだ」 *あらけんねー 福岡県 *おかない 岩手県釜石市 *おっかない 岩手県釜石市 茨城県 東京都三宅島 静岡県志太郡 *ほーらさん 沖縄県竹富島

→おおい（多）

□さま *あまだかぞ 岐阜県郡上郡「おまいたきもん（薪）をあまだかぞこさえたな」 *ぎょー（数量のおびただしいさま）富山県「ぎょうな」 兵庫県播磨 鳥取県東部 島根県邇摩郡・大田市「近頃りょうはぎょうにない」 岡山県・真庭郡 徳島県 高知県土佐郡「ぎょーにおみやげもろーた」 長崎県対馬 大分県 *けんまく（ものがおびただしいさま）山形県米沢市 群馬県吾妻郡 長野県・埴科郡・佐久 *でほーだい 岩手県 宮城県「でほうでえ賞品貰った」 長野県 *でほーで 宮城県仙台市「でほーで儲けたっけね」 *でほだい 岩手県気仙郡「でほでぁ立派ななりをして」 宮城県石巻

おひとよし【御人好】 *あま 福岡県浮羽郡 *あまくさ 徳島県 *あまくち 茨城県真壁郡・北相馬郡 岡山県児島郡 愛媛県 *うふやしー 沖縄県首里 *えーきんぼー 静岡県 *えーすけ 京都府竹野郡 *きよし 埼玉県秩父郡「ほんとにきよしで困ったもんだ」 山梨県南巨摩郡 京都府竹野郡 徳島県 愛媛県大三島 高知県幡多郡 *きよしんぼー 埼玉県秩父郡 神奈川県津久井郡 *きよ

っさん愛媛県大三島 *けっこーじん山形県 群馬県邑楽郡 富山県砺波 石川県金沢市・珠洲郡 大阪市 兵庫県加古郡・淡路島「結構人も阿呆の内」 和歌山県「あの人はけっこうじんやさか」 山口県 徳島県「あんなけっこーじんはない」 福岡市 長崎県壱岐島 *こんじょよし宮城県仙台市 富山県砺波・東礪波郡 *さらまくとぅ沖縄県首里 *じゃーじん徳島県三好郡 *じょーじん香川県三豊郡・塩飽諸島 *じょーにん香川県仲多度郡・塩飽諸島 愛媛県 *にこらい群馬県北甘楽郡 *にしむけはいひがしむけはい滋賀県彦根 *にしむけひがしむけ大分県 *にしゃどし千葉県長生郡 *にしゃどち千葉県上総 *ぬっかっ熊本県玉名郡 *のーのーさま岡山県苫田郡 *ののさん滋賀県愛知郡 *のんのさん香川県香川郡 *ぷりしゃ沖縄県石垣島 *ふりまくとぅ沖縄県首里 *ほほら青森県津軽 *まるい(少し足りないくらいお人よしだ)愛知県知多郡 兵庫県西宮市 *まんまんさん滋賀県彦根 *よかえみ(「えみ」は「右衛門」の転)長崎県対馬 *よかよか福岡市

おぶいひも【負紐】 *いーつけ岡山県岡山市・御津郡 長崎県壱岐島 *いーつけおび新潟県佐渡 香川県 長崎県壱岐島 大分県 *いちこおび香川県小豆島 *いつけ岡山県邑久郡 *いっけおび香川県小豆島 鹿児島県肝属郡 *いつけおび愛知県尾張 兵庫県加古郡 熊本県玉名郡 *いっけがれおっ鹿児島県 *いっこおび香川県小豆島 *いっこび岐阜県加茂郡 *おびたな山形県庄内・西田川郡 *おびたんな(「おぶいたずな」の転)青森県三戸郡 *おぶえで岩手県気仙郡 *おぶゆで・おびゆで岩手県上閉伊郡 *おみさおび山口県見島 *くくつけおび香川県仲多度郡 *くくりつけ香川県 *こーずき(赤子を負う帯)京都府竹野郡 *こびたな(子守用の負ぶいひも)秋田県 山形県飽海郡 *こびたんな(「こび」は「こおぶい(子負)」の転か。子守用の負ぶいひも)山形県鶴岡市 *ごんずき兵庫県 *しった宮崎県西臼杵郡 *しりかけ宮崎県西臼杵郡 *すき奈良県吉野郡 徳島県・名西郡・三好郡 愛媛県 *すけ愛媛県喜多郡 高知県・高知市「おんぶして上げるからすけを持ってお出で」 *すけおび愛媛県 *すつき奈良県吉野郡 *たくり島根県鹿足郡 *たな青森県 秋田県鹿角郡 山形県庄内 *たんな青森県南部 岩手県上閉伊郡 山形県庄内 *ゆいつけひも長野県下伊那郡 *ゆっけおび栃木県河内郡 群馬県勢多郡 *ゆつけおび宮城県石巻・仙台市 栃木県安蘇郡 *ゆっこび栃木県 *ゆっつけおび栃木県 群馬県勢多郡 静岡県志太郡 *ゆで(「ゆいで(結手)」の転か)岩手県紫波郡

おぶう【負】 ⇩「せおう(背負)」の子見出し、「子供を背負う」

おべっか *あんぺら富山県「あんぺらこく」 *おじょーず香川県 *おたんてら長野県諏訪 *おてたり愛知県愛知郡・碧海郡 *おてれす愛知県名古屋市「おてれす吉が又親方にうまくすりこんどるわさ」 *おてんたら群馬県「おてんたらころがす」 埼玉県秩父郡 東京都南多摩郡・八王子 神奈川県津久井郡・藤沢市 山梨県・南巨摩郡 長野県「おてんたらを並べる」「おてんたらをいう」 静岡県富士郡 愛知県宝飯郡 *おまいす新潟県佐渡・東蒲原郡 *おまいそ長野県北安曇郡 滋賀県彦根 *おまいなす新潟県東蒲原郡 *おまえずんべ福井県坂井郡 *おわんべ愛知県尾張「おわんべたらす(おせじを使う)」 *さしこ・さーこ三重県阿山郡・名賀郡「さしこをやく(おせじを言う)」 *じょーず岩手県気仙郡「じょーずのねぁ人(ぼくとつな人)」 三重県阿山郡・志摩郡 兵庫県加古郡「じょおずゆう(へつらう)」 奈良県南大和「じょーずこく(おもねる)」 鳥取県西伯郡 香川県小豆島 福岡市「じょーず使う」 *じょーずけーはく岩手県気仙郡 *じょべ香川県伊吹島「じょべしー(おせじを言う者)」 *せんしょー広島県 *てたり長崎県壱岐島「てたりにのる」 *てたれ京都府竹野郡 *てんたら山梨県 *まいす(禅宗で物品の販売をした堕落僧を言うところから)山形県米沢市 新潟県 三重県 佐賀県「あれほどみゃーす言うものはない」 長崎県壱岐島 熊本県下益城郡 大分県「めーすが上手じゃ」 宮崎県西臼杵郡 鹿児島県喜界島 *まいそ新潟県西頸城郡 滋賀県彦根 愛媛県 *まや熊本県 *めーすぃ沖縄県首里 *めーそー長野県北安曇郡 *めし鹿児島県鹿児島郡・大隅 *めす宮崎県東諸県郡 鹿児島県・揖宿郡

↓おせじ(御世辞)・ついしょう(追従)

□を使う人 *あんだぐち沖縄県首里 *あんだぐちしゃ沖縄県国頭郡 *うわーびらいむぬ沖縄県与那国島 *えんげたおさえ徳島県 *おちゃべんたれ新潟県西頸城郡 *おちゅーばいもん静岡県庵原郡 *おちょばいとり静岡県田方郡 *おちょべたれ新潟県中頸城郡 *おっべかき愛媛県西宇和郡 *おなで愛媛県睦月島 *おへつ岡山県北木島 広島県 徳島県 香川県島嶼 愛媛県 *おべっかっき・おべっこ大分市 *おへっこき愛媛県宇和島 *おへっし香川県綾歌郡・丸亀市 *おへっとり香川県仲多度郡 *おへつまい香川県三豊郡 *おへつもの・おへつゆい香川県 *おへつらいかたり岩手県気仙郡 *おへら徳島県 *おんなめずら(内心よくないことを思いながらおべっかを使う男)京都府竹野郡 *おんべこき新潟県佐渡・上越市 *こーもり神奈川県津久井郡 *こべる熊本県宇土郡 *さらこぶり熊本県芦北郡 *さらねぶり熊本県宇土郡・天草郡 *すんべこき福井県三国 *なで熊本県天草郡 *ねこ熊本県菊池郡 *ねこつかえ岩手県和賀郡 *ねこなぜ島根県邑智郡 *ねこなぜごえ島根県石見 *ねこなで島根県 広島県・高田郡 香川県高見島 熊本県 大分県大分市・南海部郡 *ねこなでごえ

島根県 *はなしたこさぎ・はなんしたこさぎ 熊本県球磨郡 *ひちなじゅー 大分県大分郡 *ひちみゃー 熊本県玉名郡 *ひちらまいす 大分県大分郡・北海部郡 *ひちらめーすじん 熊本県阿蘇郡 *へつ 徳島県 *へらへらもの 石川県金沢市 *べんこーたらし 山形県西置賜郡 *べんこたれ 岐阜県飛騨 *まなむぬ 沖縄県波照間島 *まや 熊本県 *よみゃ 熊本県天草郡

→おべっかつかい(—使)

おべっかつかい【—使】 *おまいすたれ 新潟県中頸城郡 *おまいそこき 山形県東置賜郡 新潟県西頸城郡・糸魚川市 *おめーす 大分県 *おめすこき 愛知県知多郡 *おめすや 大分県大分郡 *へすべいもん(「はいすべり者」の意) 鹿児島県 *まいす(禅宗で物品の販売をした堕落僧を言うところから) 三重県志摩郡 熊本県阿蘇郡 大分県 *まいすこき 山形県 新潟県岩船郡・北蒲原郡 三重県宇治山田市・志摩郡 *まいすこや 三重県宇治山田市 *まいすたれ 三重県名賀郡 *まいすもの 三重県伊勢 大分県大分郡 *ましとるもん 熊本県天草郡 *まやーすとり 熊本県鹿本郡 *まやとり 熊本県 *まやとりもん 熊本県飽託郡 *まやもん 熊本県 *まんだら 熊本県芦北郡 *まんだらもん 熊本県天草郡 *みゃーすいー 佐賀県藤津郡 *みゃーすとり 熊本県 *みゃーもん 熊本県上益城郡 *みやしとり 熊本県天草郡 *みやす 熊本県芦北郡 *みゃすかき 熊本県下益城郡 *みやすかくもん 熊本県八代郡 *みやすたれ 熊本県 *みやすもん 熊本県北東部 *みやん 佐賀県藤津郡 *めーさー 沖縄県 *めーしー 沖縄県国頭郡 *めーしむん 鹿児島県奄美大島 沖縄県首里・那覇市 *めーすいー 大分県大分郡 *めーすーむん 鹿児島県喜界島 *めーすくり・めーすこさぎ 熊本県天草郡 *めーすとり 熊本県阿蘇郡 大分県中部 *めーすむん 鹿児島県徳之島 *めしごろ 鹿児島県揖宿郡 *めしといごろ 鹿児島県・日置郡 *めしとり 鹿児島県 *めすこき 山形県東田川郡 *めすといごろ 鹿児島県肝属郡 *めすとり 熊本県芦北郡 鹿児島県肝属郡 *めんすとり 大分県大野郡 *よちさかたり 岩手県気仙郡「あのおなご、よちさかだりだ」 *りこーもん 熊本県鹿本郡

→「おべっか」の子見出し、「おべっかを使う人」

おぼつかない【覚束無】 *あずない(不確実でおぼつかない) 高知県長岡郡 *あどい(不確実でおぼつかない) 香川県仲多度郡「あいつ理窟いうても、この方のことはあどいもんじゃ」 *あどしない(不確実でおぼつかない) 高知県幡多郡 *あぶかしー 岩手県胆沢郡 高知県「そんなあぶかしい事はせんがよいねー」・土佐郡 *あぶこしー 徳島県 *あぶっかしー 静岡県 *あぶゆかしー 岩手県東磐井郡 宮城県登米郡 *あやばしか・あやわし 佐賀県 *あよわしか 長崎市 熊本県玉名郡 *おぼおぼしー 山形県庄内 *おぼけない 青森県上北郡「スキーをやるのは初めてなのでおぼけない」・三戸郡 *おぼぼしー 石川県珠洲郡 *がったいない 岩手県 *がってぁない 岩手県 山形県米沢市 *がってぁんなねぁ・がてぁんなねぁ 秋田県山本郡・平鹿郡「それはがってぁんなねぁ」 *かってーない 福島県相馬郡 *がってーない 山形県米沢市 福島県相馬 *がってらねぁ 秋田県平鹿郡「がってらねぁ話だな」 *がってんがない 山形県最上郡・東置賜郡 *がてない・がってない 山形県東村山郡 *どーくち 新潟県西蒲原郡 *はくはくしー 山形県庄内

おぼれる【溺】 *あっぷく 岩手県和賀郡 *あばあばつく 岐阜県飛騨 *あぶく 神奈川県中郡 *あぶれる 愛媛県・宇和島市 *あわつく 富山県射水郡 *あんぶるをこく 広島県倉橋島 *うぶえる 島根県石見「子供が淵にうぶえて死んだ」 *うぶくるる 熊本県 *うべる 島根県 *うんぶくる 熊本県玉名郡 *うんぶくるる 熊本県芦北郡・八代郡 *うんぶくれる 長崎県五島 *おっふぃるん 沖縄県石垣島 *おぶれる 三重県志摩郡 *おぼくるる 福岡県 熊本県芦北郡・八代郡 *おぼくれる 長崎県対馬 *おんのまる 茨城県行方郡 *おんぶくるる 熊本県玉名郡 *かっぱとる 岩手県和賀郡 *くだまく 愛知県知多郡 *ぐばくー 千葉県夷隅郡 *ずびる 香川県三豊郡 *ずぼける 山形県東置賜郡・南置賜郡 *ずんぼける・すんぶける・すぶける・ずぶける 山形県米沢市 *たねつける 富山県 石川県河北郡 *だんぶくつく 富山市近在 *つっぱいる 山形県 福島県・石城郡「河につっぱいるやつあっか」 茨城県水戸市・稲敷郡 栃木県 群馬県佐波郡 山梨県 長野県上田・佐久 *つっぴゃる 長崎県五島 *つっぺる 栃木県 群馬県邑楽郡 埼玉県北葛飾郡 *つつめる 栃木県栃木市・小山市 *とびる 岐阜県吉城郡 高知県「暗いきに(暗いから)溝えとびるなよ」 *どびる 岐阜県飛騨 *ながれる(子供などが溺れる) 島根県那賀郡「ながれるから川へ行くな」 *にえこむ 島根県江津市「淵の中いねえこんで死んだ」 *はまる 三重県 *ぼんぼらふく 三重県志摩郡 *まいこむ 徳島県・美馬郡 香川県東部 *まくれる 島根県美濃郡・益田市「波にまくれて死によった」 *めんこく 富山県下新川郡「川へ行ってもめんこくな」 *んぶっくぃゆん 沖縄県首里

水に□こと(さま) *あっぷ 宮城県仙台市「あっぷくらう(おぼれる)」 新潟県東蒲原郡・長岡市「大川へ一人でいくとあっぷかくっけ、でっこいもんといっしょにげえ」 *あっぽあっぽ 島根県 *あばあば 新潟県佐渡(幼児語)「あばあばかく」 岐阜県稲葉郡 兵庫県加古郡 *あぱかぱ・あっぱかっぱ 山形県 *あばば 新潟県佐渡(溺死) 富山県射水郡「あばばつく」・砺波 長野県下伊那郡(幼児語) 岐阜県「あばばくう」「あばばこく」「あばばする」 *あぶあぶ 岩手県気仙郡 新潟県佐渡 兵庫県加古郡 *あぶかっか

長野県諏訪 *あぶっか 神奈川県中郡 *あぼぼ 岐阜県飛騨「あぼぼつく」 *あんぐるぐる 長崎県北松浦郡「泳ぎ得ぬとあんぐるぐるするよ」・長崎市 *かっぱり 青森県上北郡 秋田県鹿角郡 *かぱどり 秋田県平鹿郡 *ぐるぐる 長崎市「ぐるぐるする」 *けぇっぱり 宮城県栗原郡 *ずんぐり 新潟県三島郡 *ぶく 栃木県 *みずくらい 青森県 秋田県鹿角郡 *みんずくれぁ 青森県 *みんつくらい 青森県津軽「あこの、あにわらしぁ(あそこの上の男の子は)、つさぇじぎ、みんつくらぇして、しんだぇだね(死んだのだね)」

おまけ【御負】 *いれこ 宮城県栗原郡・石巻 *いれっこ 岩手県気仙郡 *えれこ 宮城県石巻「一尺買ったえば二寸えれこすてけた(おまけをしてくれた)」 *かて 長崎県南高来郡 *すぃーぶん 沖縄県首里 *ひーきぶん 新潟県佐渡 *まけしろ 京都府竹野郡

おみき【御神酒】 *ぐしゅ・ぐし 沖縄県八重山 *ごじんしゅ 長野県諏訪

おみなえし【女郎花】 オミナエシ科の多年草。秋の七草の一つ。 *あおばな 岐阜県飛騨 *あねばな 山形県北村山郡 *あわぐさ 静岡県 *あわごめばな 熊本県玉名郡 *あわばな 青森県三戸郡 岩手県 秋田県 山形県北村山郡・最上郡 福島県 群馬県勢多郡 新潟県刈羽郡 長野県 岐阜県飛騨・大野郡 静岡県 和歌山県伊都郡 鹿児島県薩摩・鹿児島市 *あわぼ 青森県上北郡 *あわぼんばな 岩手県九戸郡 *あわもり 島根県美濃郡 *あわんばな 宮崎県西諸県郡 *おぼんばな 滋賀県彦根 *かるかや 宮城県伊具郡 奈良県宇智郡 鳥取県岩美郡 *きーばな 鹿児島県種子島 *きばな 鹿児島県阿久根市・肝属郡 *きよばな 鹿児島県曾於郡 *こーじぐさ 福島県相馬郡 *こーじばな 福島県相馬郡 埼玉県秩父郡 *こがねばな 宮城県 秋田県雄勝郡 山形県東田川郡 新潟県中蒲原郡 *こごめばな 島根県広島県比婆郡 *でしのはな 熊本県下益城郡 *とちな 山梨県南巨摩郡 *のばな 鹿児島県肝属郡 *ほとけぐさ 奈良県吉野郡 *ぼにばな 岡山県苫田郡 *ぼんはな 宮崎県東諸県郡 *ぼんばな 秋田県南秋田郡 栃木県 群馬県山田郡・多野郡 埼玉県入間郡 山梨県南巨摩郡 長野県下伊那郡 岐阜県益田郡 静岡県・磐田郡 奈良県吉野郡 島根県石見・隠岐島 鹿児島県 *みそばな 山形県北村山郡・飽海郡

おむつ【襁褓】 ⇨おしめ（襁褓）

おめでとう ⇨「あいさつのことば（挨拶言葉）」の子見出し、「祝いを述べる時の挨拶（おめでとう）」

おもい【重】 *あっつい 三重県度会郡 *いーさん 沖縄県竹富島 *いっさーん 沖縄県石垣島 *うっさい・うぶっさい 鹿児島県喜界島 *おび 鹿児島県・揖宿郡 *おびー 福岡県浮羽郡 *おぶい 長崎県南高来郡「おぶかったよ」・佐世保市 熊本県天草郡 鹿児島県宝島 *おみー 福岡県三井郡・久留米市 大分県「この荷物はおみー」 *おんべー 岩手県胆沢郡「おんべー荷はおらわかねだ(おれは困るよ)」 *くそおもたい(たいへん重い) 秋田県鹿角郡 *くそがるい 群馬県多野郡 *くそもで(たいへん重い)青森県上北郡 *ぐっふぁるある 沖縄県鳩間島 *しちゅらーしゃん(小児を「うぶさん(重い)」と言うのは忌み言葉になっているところから、小児の体重が重い)沖縄県首里 *だめがよい 岡山市 *ほたい 静岡県安倍郡 *よもい 群馬県碓氷郡・北甘楽郡 東京都八王子 神奈川県高座郡・津久井郡 山梨県西山梨郡・北都留郡 長野県 岐阜県 静岡県周智郡 愛知県東加茂郡・東春日井郡 *よもー 愛知県東春日井郡「よもー石」

↓おもたい（重）

□さま *いっちり 茨城県稲敷郡 *こてこて(柔らかいものが重なって重いさま) 岩手県東磐井郡 *しっとり 新潟県岩船郡 宮崎県東諸県郡(生草を担いだ時のような重さのさま) *どしどし 長野県下水内郡 *へちへち(荷の重いさま) 長崎県壱岐島 *ゆっさり(非常に重いさま)千葉県印旛郡「この荷物はゆっさりする」

おもいがけない【思掛】 *あてすっぽもない 島根県隠岐「投げた球があてすっぽもねー所へ飛んで行きた」 *あてつぽない 山形県北村山郡 *おーまくしらず 兵庫県淡路島 *おめげむなか 長崎県壱岐島 *おめもせんと 宮崎県西諸県郡 *おめんなか・おめんもなか・おめんにゃ・おめんもにゃ 熊本県玉名郡 *おもいつぎもない 島根県邑智郡・大田市「おもいつぎもないものを頂戴しまして」 *おもいとじきもない 島根県能義郡 *おもいとどきもない 島根県仁多郡 *おもいともえわん 島根県簸川郡 *おもいもない 宮崎県西臼杵郡 *おもえともよらん 島根県簸川郡・出雲市 *おもやりない 新潟県西頸城郡 *けでもない 島根県隠岐島 *けんでもない 島根県那賀郡「けんでもなー、俺がそがーなことをするもんか」「けんでもなー事を言うて困る」 山口県大島「けんでもない所へ立っちょるもんじゃけ、自転車がつきあたった」 *けんにもない 福井県遠敷郡 奈良県磯城郡 *けんりょもない 山梨県南巨摩郡「あの人の生れはけんりょもない遠国だげな」 *こっこもない 宮城県栗原郡「こっこもない金儲けた」 *ぞんじがけない 大阪市「存じがけないえらいことが起りまして(凶事に対する挨拶の言葉)」 *つきゃーない 青森県津軽 *どいら 岩手県気仙郡「どいら注(つ)ぐ」 宮城県栗原郡・玉造郡 山形県「どいらと友達が来た」 *とーしもねー・とーむねー 大分県大分郡 *どしょーしもなー 広島県向島 *としょーもない 福井県 *とっつけもない 大分県大分郡「とっつけものー(不意に)」 *とってもつかぬ 徳島県 *とってもない 岩手県九戸郡 茨城県稲敷郡 栃木県河内郡 群馬県吾妻郡 福井県 岐阜県稲葉郡 滋賀県

彦根 ***とでこでもない** 島根県仁多郡「あんまりとでこでもなえことを言うと人が笑う」 ***とてもない** 愛知県西加茂郡・愛知郡　山口県大島「とてもなえ大きい」 ***とでもない** 長野県諏訪　岐阜県郡上郡「あの人わ、とでもないことゆー人じゃ」 ***どひょーしくさい** 島根県「どひょーしくさー所から犬が飛び出あて(出して)びっくりした」 ***どひょーしくそもない** 島根県美濃郡・益田市「どひょーしくそもなー、早あ日も暮れた」 ***とひょーしもない** 岐阜市 ***どひょーしもない** 大阪市　島根県「どひょーしもなー網に魚がはいった」 岡山県小田郡　広島県　山口県阿武郡・大島「どひょうしもなえお世話になりまして」 福岡県小倉市 ***どひょーとてつもない** 島根県邑智郡「とひょーとてつもなー事を言うて人をたまがすな(驚かすな)」 福岡市 ***とひょーむない** 滋賀県神崎郡　福岡県北九州市「なんちとひょーむねー暑いねえ」 長崎県壱岐島「とひょーむなか事ゆーな」 ***とひょーもない** 富山県砺波　石川県　福井県越前　岐阜県稲葉郡・加茂郡　三重県員弁郡　滋賀県彦根　京都府与謝郡　島根県美濃郡・益田市　愛媛県「とひょーもない蜘蛛が出て来た」 福岡県筑紫郡　長崎県北松浦郡(中流以下) 大分県北海部郡・速見郡 ***どひょーもない** 岡山県 ***とひょむね** 宮崎県児湯郡 ***とほーずもない** 茨城県稲敷郡　静岡県志太郡「とほーずもなえーことーいいだした」 ***とほーとてつもない** 福井県　長野県上田　山口県阿武郡　福岡県企救郡 ***とほずもない** 新潟県中頸城郡 ***とほてもない** 青森県上北郡 ***とほねー** 大分県北海部郡 ***とやーもない** 島根県大田市・仁多郡 ***とやもない** 島根県出雲・隠岐島「とやもなえ事言うな」 ***どよーしもない** 島根県江津市　山口県周防 ***どよーひょーしもない** 山口県阿武郡 ***とんな** 岩手県気仙郡「とんなごどになってしまった」 宮城県仙台市「とんな災難」 山形県「きょーわ　とんな　ごちそーに　なりもーして　ふぁー」「とんなことになって、お気の毒だ」 福島県「とんなことをしましたね」 茨城県西茨城郡 ***ひこーと** 岡山県児島郡 ***ひょんげもない** 愛媛県新居郡・越智郡 ***ひょんでもない** 京都府与謝郡　香川県 ***へし** 岐阜県飛騨 ***ほっかない** 愛媛県津島

→いがい(意外)・「いがい(意外)」の子見出し、「意外だ」・「おもう(思)」の子見出し、「思いも掛けない」「思いも寄らない」

□こと ***うびらじぐとぅ** 沖縄県首里 ***うまーじふらーじ** 沖縄県首里「くまうてぃ(ここで)いちゃいせー(会うとは)うまーじふらーじぬくとぅ(思いがけないこと)やっさーやー(だねえ)」 ***かはん** 島根県「くゎはんのもーけをして、隣では大喜びだ」「くゎはんな貰い物身に余る」 ***むって** 岩手県気仙郡「むってにやかましい」 岡山県川上郡「むってなこと(思いがけない災難などの見舞いの言葉)」 ***むってん** 島根県石見 ***むってんごー** 島根県邑智郡「むってんごーな事が起った」 ***むてん** 島根県鹿足郡・益田市　広島県「こなたにやーむてんな事(とんだ災難)で御愁傷じゃんほー」 ***むてんこーもなー** 広島県世羅郡 ***むてんごく** 広島県 ***むてんさく** 広島県甲奴郡 ***むてんもなー** 広島県大崎上島

□さま ***うんど** 徳島県「今日はうんど銭入れを忘れてきた」 ***えっきょ** 島根県出雲「えっきょなことをした」 ***おめこぎなし・おめこえなし** 長野県東筑摩郡「おめこぎなしに来た」 ***かはん** 島根県 ***けきくそ** 島根県仁多郡 ***そっくり** 高知県「そっくりやられた」 ***とひょん** 岡山市「とひょんとした所」 ***りょがい** 山口県「慮外なことを聞いた」

おもいだす【思出】 ***あじける** 山形県東田川郡・飽海郡「あの事をあじけてみろ」 ***あじだす** 岩手県気仙郡「あっあじだした、あの時だべ」 宮城県「おちついてあじだしてみさえ」 山形県 ***あじつける**(「あんじつける(案付)」の転か) 山形県庄内 ***あちけだす** 秋田県鹿角郡　山形県東田川郡・庄内 ***あっけだす** 山形県東田川郡 ***あつける** 山形県東田川郡・西田川郡 ***あんじだす** 青森県上北郡・三戸郡　秋田県雄勝郡「あのこと今あんじだした」 山形県　長崎県壱岐島 ***あんちけだす・あじけだす** 山形県庄内 ***あんつける** 山形県　新潟県岩船郡 ***うびゅん** 沖縄県首里 ***うびんじゃしゅん** 沖縄県首里 ***おべだす** 山形県飽海郡 ***おぼえる** 香川県大川郡「どういうたか、おぼえられん」 ***おもつける** 福島県東白川郡「ばんげんなっと家おもつける」 ***けけだし** 岩手県下閉伊郡 ***けっけだす** 青森県三戸郡 ***けっける** 青森県南部　岩手県九戸郡

おもいやり【思遣】 ***しなさき** 沖縄県首里

□がない ***きもげ**(思いやりがないこと) 徳島市 ***こんじょない** 宮城県仙台市「あんまりこんじょないよーでまづ、自分でもおしょしがすけんと(恥ずかしいですが)、こんでせいきりの寄付ですてば」

おもう【思】 ***うみすぃみゆん**(強く思う) 沖縄県首里 ***おもる** 秋田県鹿角郡

□も掛けない ***えんでもない** 島根県「この子はえんでもなえことを言って困る」「球がえんでもなえは(方)え飛んだ」 ***ごもーけ** 広島県高田郡 ***たんどもない** 岐阜県吉城郡 ***てんこしもねんこつない** 鹿児島県 ***てんこちもない** 群馬県吾妻郡 ***てんこつない** 山形県「てんこつない事をいう」 ***てんこつもない・てんごつもない・てごつもない** 山形県庄内 ***てんこっもね** 鹿児島市 ***のっけもよらぬ** 佐賀県 ***めっぽーかい** 静岡県志太郡「めっぽーかぇーもなぇーことーこきゃー(とんでもないことを言いくさるぞ)」 ***めっぽーもない** 栃木県 ***めっぽかいもない** 島根県能義郡 ***もっけ** 秋田県鹿角郡　山形県米沢・西置賜郡　三重県志摩郡　和歌山県「もっけなかお(きょとんとした顔)」 島根県「もっけな事がおこった」

香川県三豊郡 *もっけー 新潟県佐渡

↓いがい（意外）・おもいがけない（思掛）

□も寄らない *あじかけない（「あんじかけない」の転）新潟県北蒲原郡・東蒲原郡 *あちかけねー 栃木県塩谷郡 *あんがない 岐阜県飛驒「お前が来るなんて、ちっともあんがないもんじゃで……」 *あんじがけむなか・あんじむなか 長崎県壱岐島 *うじんうびらん 沖縄県首里 *えってんぎもない 島根県大田市 *えてんぎもない 島根県鹿足郡 *えてんぎょーもない 島根県邑智郡「えてんぎょーもない所に錐があった」 広島県高田郡 *おんばくもなか 熊本県 *ごんご 福岡市 *ぞんじがけない 大阪市「存じがけないえらいことが起りまして(凶事に対する挨拶の言葉)」 *てんぎょーもない 島根県邇摩郡 *とけつもない 京都府 *とちけむない 大分県 *とつかもない 新潟県西頸城郡 *とつがもない 山梨県南巨摩郡「とつがもないことーえーば(言えば)笑われる」 静岡県志太郡 島根県隠岐島「とつがもねーことしてごいた(してくれた)」 *とっけむない 福岡県 *とつけむない 福岡県 長崎県対馬「とつけむねえ重い品ぢゃ」 熊本県「とつけむにゃーふとかったですばい」「とつけむにゃあ」「とつけむなか」 大分県西国東郡・日田郡 *とつけもない 長野県北安曇郡 三重県志摩郡・名賀郡 兵庫県佐用郡 奈良県南大和 島根県隠岐島 徳島県 香川県「とっけもないとこい(所に)置いてある」 愛媛県 福岡県八女郡・福岡市 佐賀県 熊本県玉名郡 *とつけもない 滋賀県蒲生郡・神崎郡 兵庫県加古郡 和歌山県「とつけもない事を言ひ出す」 鳥取県 岡山県阿哲郡・岡山市「とつけもなえ時に来た」 山口県豊浦郡 香川県 福岡県 長崎県対馬 熊本県八代郡 大分県西国東郡・日田郡 *とっげもない 岡山県苫田郡 *とつげもない 福岡県糸島郡 *とつけらむない 長崎県対馬「とつけらむねえ大きな音」 *とつけんない 福岡県久留米市 熊本県芦北郡・天草郡「とつけんなか」 *とっげんない・とっげんね 鹿児島県 *とっけんね 鹿児島県・肝属郡 *とっちもない 福岡県 *とっけもない 滋賀県彦根 *とんがもない 島根県隠岐島 *どんけつもない 島根県石見 *めっそーかいもない 高知市「めっそうかいもないことを言わないで下さい」 *めっそーもない 静岡県島田市「そんな事はめっそうもないことだ」 広島県高田郡 山口県阿武郡 香川県 高知市 *めっそもない 滋賀県彦根 兵庫県明石郡・淡路島 和歌山県和歌山市・海草郡 徳島県阿波郡「めっそもないことをする人じゃ」 高知市 *よてんぎょーな 島根県美濃郡・益田市「よてんぎょーなことを言う」 *よてんぎょーもない 島根県美濃郡・益田市 山口県阿武郡・山口市 *よてんげもない 山口県豊浦郡「よてんげもない事をする」・大島「よてんげもない事を言ひ出すものだから、話が纏らないで困ったうえ(よ)」 *よてんざもない 島根県邇摩郡 *りょーけんこん 長崎県北高来郡 *りょーけんにおよばん 長崎県北松浦郡「りょーけんにおよばんことした」

↓いがい（意外）・おもいがけない（思掛）

おもうぞんぶん【思存分】 *あくざもくざ 長野県下伊那郡 *あくそもくそ 青森県上北郡 *あくぞもくぞ 岐阜県飛驒「おらああくぞもくぞに言いからかいてやった」 奈良県 *あっぞもっぞ 鹿児島県揖宿郡「言出せばもうあっぞもっぞ言い散らげて」 *いもり 長野県東筑摩郡 *うむさま 鹿児島県喜界島「うむさま魚を獲って来た」 *うんじだけ 秋田県鹿角郡「滑って転んでうんぢだけ頭を打った」 *うんずか 徳島県三好郡 *うんすけ 大阪府泉北郡 和歌山県「今日はうんすけ稲を刈った」 岡山県児島郡 徳島県 愛媛県 高知県 *うんずだけ 秋田県秋田郡 *うんめろ 神奈川県三浦郡「魚がうんめろとれたなー」 *えんにょー 島根県石見「えんにょー言いたいだけ言え」 *えんりょー・えんよー 島根県美濃郡 *おーもり 千葉県安房郡「おーもり、まけてやるから」 *おしもさんも 島根県隠岐島 *おめーに 神奈川県鎌倉市・高座郡「おめーに叱られた」 *おめーり 神奈川県「おめーり、ひっちかってくれたー(うんとしかってやった)」 *おめーろ 神奈川県逗子市・鎌倉市 *おめさか 新潟県西頸城郡 *おめしか 神奈川県逗子市・三浦郡 *おめなしー 岩手県胆沢郡 *おめなしく 岩手県江刺郡 宮城県 *おめに 新潟県西頸城郡 *おめろ 神奈川県藤沢市「おめろ食う」 *おもい 岐阜県大野郡 *おもいさま 愛媛県 *おもいしこ 広島県倉橋島 *おもいしも 愛媛県今治市 *おもいすがい 秋田県鹿角郡「おもいすがぁぇぶっつけた(いやという程打ちつけた)」 *おもいなく 青森県三戸郡 山形県東置賜郡 福島県会津 *おもいなし 福島県「あのやうにおもえなしはだがっちゃ」 *おもいなしく 岩手県気仙郡「おもいなしぐぶっただいだ」 宮城県「びらり跳びついておもいなしぐなぐってやりしたや(やりましたよ)」 *おもいり 岩手県気仙郡 山形県 栃木県河内郡 神奈川県 福井県大飯郡 長野県下水内郡 岐阜県大野郡「おもいり御馳走してやれ」 愛知県宝飯郡 *おもいれ 千葉県夷隅郡 東京都 長野県 兵庫県淡路島 奈良県宇陀郡 *おもえしま 山形県「おもえしまころんだ」 *おもーり 茨城県 *おもさが 青森県津軽 *おもさま 山形県 新潟県中頸城郡 岐阜県揖斐郡 三重県志摩郡 島根県出雲「おもさま頭をなぐってやった」 熊本県菊池郡・芦北郡 *おもさも 茨城県稲敷郡・筑波郡 栃木県「おもさもやった方がいい」 島根県出雲・隠岐島 *おもさん 熊本県「わきゃあ時おもさん勉強しとかんと、しゃやが年とってかるふじゅかばい」 *おもさんも 島根県隠岐島 *おもしか 島根県八束郡「おもしかどーずえてやった」 *おもしき 長野県上伊那郡 *おもしこ 広島県倉橋島「おもしこおさへる」

*おもしたま 山形県「栗おもしたま拾った」 *おもしな 愛媛県越智郡 *おもすこたま 山形県南村山郡 *おもり 福井県大野郡　長野県東筑摩郡・上伊那郡「おもり御飯を食べてみてー」 *おんぷそんぷ 島根県隠岐島「おんぷそんぷ火を焚いてあたれ」 *おんめろ 神奈川県逗子市・三浦郡「おんめろおもしろかった」 *おんもいと 茨城県久慈郡 *おんもさが 青森県津軽 *おんもさま 茨城県北相馬郡　千葉県海上郡　新潟県中頸城郡 *おんもさも 福島県岩瀬郡　茨城県稲敷郡 *おんもさんも 茨城県筑波郡・稲敷郡 *おんもすま 山形県「今日はおんもすま働いた」 *おんもど 千葉県夷隅郡 *おんもり 青森県南部「おんもりぶんなぐってけるあ」 茨城県北相馬郡　千葉県「遠慮しねえでおんもり持って行け」 新潟県中頸城郡　長野県 *おんもれ 和歌山県西牟婁郡 *しらっぱち 島根県「しらっぱち酒を飲んだ」 *しらっぱら 鳥取県鳥取市「しらっぱら喧嘩する」・西伯郡「あの女わ親爺としらっぱらやって居た」 *すきざっけー 新潟県岩船郡 *すきじょー 新潟県中頸城郡「酒をすきじょーに呑んで下さい」 *せーぎり 三重県志摩郡 *せっきり 岩手県和賀郡 *せんぎり 福島県浜通　三重県志摩郡「せんぎり見た」「せんぎり食うた」 *とこぎり 三重県　滋賀県　京都市　大阪府大阪市「とこぎりどやしてやった(なぐってやった)」・泉北郡　奈良県「とこぎりいわしたった(いじめてやった)」和歌山県「とこぎりする」 *はらいっぱい 広島県　香川県伊吹島 *はらさけ 高知県「今日こそはらさけ言ってやった」 *はらふーじゃ 熊本県玉名郡 *はらふーだい 山形県東田川郡「はらふーでぇ食う」 *はらふーで 長崎県壱岐島「はらふーで食う」「はらふーで打つ」 *はらふだえ 山形県西村山郡 *はらほーず 新潟県佐渡　岐阜県飛騨「腹ほーず飯を食う」・郡上郡「はらほーず食った」 *はらほーだい 新潟県佐渡　山口県豊浦郡　愛媛県東宇和郡　福岡市「はらほーだい遊び廻った」 *ふてっぱら 広島県双三郡 *ほいっぺ 宮崎県 *ほーいっぴや 熊本県玉名郡 *ほーらく 広島県比婆郡「ほーらく使う」「ほーらく食べた」・高田郡 *ほーろく 島根県出雲「そげなほーろくするな」 *ほげほげ 茨城県 *ほっぱらほーだい 宮城県栗原郡 *ほてぎり 静岡県 *ほてっきり 静岡県島田市 *ほてっぱら 静岡県島田市 *ほてほーず 富山県砺波 *まかせーほーらく 島根県仁多郡「子供にまかせーほーらくにいたずらさせる」 *まかせほーだえ 島根県出雲

□に *あくまんだら 福井県 *しかしか 新潟県佐渡「しかしか飯を食う」 島根県「しかしか働け」 長崎県対馬 *しっかしっか 島根県出雲 *ひったくそ 愛知県知多郡「ひったくそに云ふ(悪罵する)」

おもさ【重】 *いっさ 沖縄県石垣島 *おもたみ 青森県三戸郡 *かんだいめ 静岡県磐田郡

→めかた(目方)

おもしろい【面白】 *いるきさ 沖縄県国頭郡 *うぃーりきさん・うぃーるきさん 沖縄県首里 *うびーらん(「覚えない」の意。おもしろくてたまらない) 鹿児島県喜界島 *うまい 山形県最上郡「んまぐね野郎だ(不愉快なやつだ)」 *うむしちー・うむしてぃー 鹿児島県喜界島 *うむつぁーん 沖縄県与那国島 *うむっさーん 沖縄県八重山 *うむっさい 鹿児島県喜界島 *うむっさはん 沖縄県波照間島 *うむっさん 沖縄県首里・鳩間島・黒島 *うむっしゃん 沖縄県竹富島 *おーしやい 和歌山市 *おかしけない 宮城県栗原郡 *おかしげない 大分県大分郡・玖珠郡　宮崎県 *おかしない 岩手県和賀郡・気仙郡　宮城県登米郡　山形県「おがしなぇ味だ」 福島県「今日わ朝からおかしない日だ」 福井県　静岡県「おかしないことをいふ」 兵庫県加古郡 *おかしらい 群馬県山田郡　埼玉県北足立郡・大里郡　長野県佐久　三重県 *おがつない 宮城県石巻「おがつねぁまねすてる」 *おかんない 兵庫県加古郡 *おぼろい 京都府 *おむっしゃい 福井県坂井郡 *おもーしぇね 新潟県栗島 *おもくろい 長野県佐久　和歌山県　香川県 *おもしー 福島県西白河郡・東白川郡　栃木県塩谷郡「おもしかね(おもしろくない)」 新潟県　富山県「なんちうおもしいことだい」 石川県鳳至郡　長野県上田・下伊那郡　佐賀県 *おもしぇ 秋田県「活動写真はほんとうにおもしぇ」 山形県　福島県会津「おもしぇぐねー」 新潟県　鳥取県西伯郡 *おもしたか 鹿児島県鹿児島郡 *おもしち・おもして 鹿児島県 *おもしとか 鹿児島県薩摩 *おもしゃい 山形県　新潟県中越　三重県宇治山田市　和歌山県・和歌山市・海草郡　香川県 *おもしゅー 茨城県東茨城郡 *おもしょい 岩手県気仙郡　新潟県中頸城郡・西頸城郡　岐阜県海津郡　三重県南部　京都府　香川県綾歌郡　熊本県玉名郡 *おもしん 長野県小県郡 *おもせー 秋田県平鹿郡　山形県　福島県　新潟県北蒲原郡・佐渡 *おもちぇ 宮城県仙北　山形県村山 *おもちょい 京都府北部 *おもっさい 福井県 *おもっしー 石川県能美郡・江沼郡 *おもっしぇー 宮城県北部　福井県　鳥取県米子市　島根県簸川郡 *おもっしゃい 福島県福島市・石城郡　新潟県東蒲原郡　福井県　香川県 *おもっしょい 山形県　福井県　三重県北牟婁郡　兵庫県加古郡　徳島県　香川県 *おもっせー 宮城県仙台市　茨城県多賀郡　石川県江沼郡　長野県南佐久郡　島根県 *おもっそい 石川県石川郡　兵庫県加古郡　島根県出雲 *おもっちょい 香川県大川郡 *おもへー 山形県北村山郡 *おもろい 三重県名張市(やや卑語)　滋賀県　京都府　大阪府　兵庫県　奈良県西部　和歌山県「それはなかなかおもろいなあ」 岡山県浅口郡　広島県芦品郡　香川県　愛媛県　長崎県壱岐島 *おもろしか 長崎県壱岐島 *おんもしー 千葉県千葉郡「おんもしかった」 *かばしー 熊本県玉名郡「何かかばしかこつぁなかか」 *ごりしょい 石川県能美郡 *こんまい 石川県石川郡 *すこっちょい 香川県 *でこくろい 長野県佐久 *どもっしょい 香川県大川郡 *ぷすかし 和歌山県新宮「随分ぷすかしかったね」 *むしろい 広島県双三郡 *むつい 青森県南部 *もしょい 山形県東田川郡 *もしろい 青森県 広島県双三郡 *もるそい 石川県河北郡 →おかしい・ゆかい（愉快）

□さま *が 青森県津軽「雅だ」 *じぇー 鹿児島県喜界島「じぇーなむんじゃ（おもしろいことだ）」 *りくつ 富山県砺波 石川県

おもたい【重】 *うんたい 千葉県 長崎県五島 *おぶたい 岩手県気仙郡 富山県 長崎県北松浦郡「此の石はおぶたか」・伊王島 *おふたか 佐賀県藤津郡 長崎県伊王島 *おんたい 千葉県山武郡 福岡県粕屋郡 *もたい 青森県 秋田県仙北郡 群馬県佐波郡 静岡県 島根県出雲 広島県双三郡・比婆郡 *もったい 山形県北村山郡・最上郡 *よもたい 群馬県 神奈川県津久井郡 新潟県中頸城郡・西頸城郡 山梨県 長野県 岐阜県可児郡・飛騨 →おもい（重）

おもちゃ【玩具】 ①子供の遊び道具。がんぐ。 *あかもの 岩手県気仙郡 *あすっどく・あすっどっ 鹿児島県 *あすびごと 岡山県 広島県芦品郡 *あすびほどき 熊本県天草郡 *あすぷどく 鹿児島県大島郡 *あすぼっこ 静岡県賀茂郡 *あすんぼこ 徳島県那賀郡 *あすんもん 福岡県 熊本県天草郡 *あすんもんどーぐ 佐賀県藤津郡 *あそびごと 岡山県浅口郡 広島県 *あそびもの 山形県南村山郡・新庄市 愛媛県松山 長崎県南高来郡・西彼杵郡 熊本県鹿本郡・宇土郡 *あそんまんご 長崎県南高来郡 *あめんごほどき 熊本県天草郡 *いーりむん 沖縄県首里 *いじりもん 新潟県中越 *いたずらもん 静岡県庵原郡 *いろい 東京都大島 *いろっこい 静岡県賀茂郡 *えんやえーやー・えーやこっこ（船を陸に据え上げる時や、急な坂を上る時の掛け声から、おもちゃの船。幼児語）島根県益田市「風呂にえーやーを浮きょーこい」 *おもちどーぐ 熊本県上益城郡 *がらがらもの 宮城県登米郡・玉造郡 *きんごろでこ（おもちゃの操り人形）山口県大島 *ざらみせ（おもちゃ屋）栃木県芳賀郡・安蘇郡 *さんばらばこ（おもちゃ箱）長野県上伊那郡・下伊那郡 *すりーもの 東京都八丈島 *せせらもの 静岡県小笠郡 *せせりもの 静岡県・浜松市 *だびむぬ 沖縄県波照間島 *ちゃんちゃんまぐゎー・ちんちんまぐゎー（動かすと「ちゃんちゃん」と鳴る仕掛けがあるところから、おもちゃの子馬）沖縄県首里 *ちゅーしもの・ちょしあすびもの 山形県東田川郡 *ちょーごもん 富山県 *ちょーしもの 山形県東田川郡 *ちょごもん 富山県砺波 *ちょしもの 山形県 *ちょんご 富山県 *ちょんごもん 石川県能美郡 *てあそび 青森県南部 岩手県九戸郡・気仙郡 新潟県佐渡 *てぃんごーどーぐ 鹿児島県沖永良部島 *てむずり 岐阜県吉城郡・飛騨 *てもずり 富山県 石川県鹿島郡 *てもずりもん 富山市近在 *てんずり 岐阜県大野郡 *どぅんどぅろーま 沖縄県小浜島 *はーつぃぶらー（「はつぶり（半頭）」の転か。おもちゃの面）沖縄県首里 *ぱちんこ（少量の火薬を紙に張り込めたおもちゃ）静岡県志太郡 *ぴーぴーからから（おもちゃの笛）岩手県気仙郡 *ぴーぴーがらがら（おもちゃの笛）島根県益田市「お土産はどーしょー、張子の太鼓に、ぴーぴーがらがら買うてやろ（童謡）」 *ぴっぴ（おもちゃの笛）山形県西置賜郡 *びびがぇ（卯木（うつぎ）の若木で作るおもちゃの笛）青森県三戸郡 *ままこ 島根県出雲 *ままんごー 長崎県西彼杵郡 *ままんごどーぐ 熊本県 *みたぴむぬ 沖縄県小浜島 *むたびむぬ 沖縄県鳩間島・黒島 *めんばご 福島県会津若松市 *もじゃーすび 岩手県上閉伊郡 *もじゃしび 青森県上北郡 岩手県上閉伊郡・気仙郡 *もじゃすび 青森県津軽 *もじゃすぴ 岩手県気仙郡 *もだしび 山形県西田川郡 *もだすび 山形県西田川郡 *もたすび 福井県坂井郡 *もちあすび 山形県 長野県下伊那郡 京都府竹野郡 兵庫県但馬 *もちあそび 秋田県仙北郡 山形県南村山郡・西村山郡 新潟県佐渡 愛知県名古屋市「比叡山え行ってきましたでなも、この力餅はお土産、それからこの椎の実の方は小供衆のもちあそびにしてちょだいすばせ」 鳥取県 *もちゃーすび 山梨県南巨摩郡 岐阜県本巣郡 静岡県・志太郡・田方郡 *もちゃーそび 青森県三戸郡 静岡県榛原郡 *もちゃしび 青森県津軽 岩手県上閉伊郡 秋田県鹿角郡 山形県 *もちゃすび 宮城県登米郡 新潟県中頸城郡 福井県・遠敷郡・大飯郡 長野県佐久 静岡県 三重県員弁郡 奈良県 和歌山県 *もちやすびもの 三重県上野市 *もちゃそび 青森県津軽 新潟県佐渡 長野県佐久 兵庫県淡路島 和歌山県 香川県 *もっちゃすびもの 三重県名賀郡 *もっちゃそび 兵庫県加古郡 徳島県 香川県 *わさどーぐ 山形県東田川郡 *わさどぐ 山形県酒田市・東田川郡 *わさどんご 山形県東田川郡 *わさもの 山形県 *わしらもの 山形県米沢市 *わすら 福島県 栃木県塩谷郡 *わすらもの 山形県東田川郡 *わちゃもの 山形県飽海郡 *わちゃら 山形県東田川郡・飽海郡 *わちゃらどーぐ・わちゃ 山形県東田川郡 *わちゃらもの・わちゃどーぐ・わちゃどんご・わちゃらどんぐ 山形県飽海郡 *わっさ 新潟県東蒲原郡 *わっさもの 山形県置賜 福島県「子供のわっさもの買って来る」 *わっしゃ 山形県南置賜郡 *わっしゃもの 山形県米沢市・南置賜郡 *わつらもの 山形県飽海郡 *わるさどーぐ 群馬県多野郡 *わるさもの 静岡県磐田郡 *われこともん 富山県 *んたびむぬ 沖縄県宮古島・竹富島・与那国島 *んだびむぬ 沖縄県石垣島・

新城島

②なぐさみ、もてあそぶもの。 *なやみこ 兵庫県佐用郡「そんなになやみこにして」 *もだこと 愛知県「そんなに木をもだことにしてはいけない」 ↓もてあそぶ (玩)

□にする *ちょこする 富山県砺波 *もっちょする 長野県南佐久郡 *むたつぃこーん・むたつぃかうん(人をおもちゃにする) 沖縄県石垣島

□にすること *てのこもち・てのこのもち・てのころもち(手でいじっておもちゃにすること) 島根県出雲「新しい紙をてのこもちにした」 *ひもだき(火をおもちゃにすること) 奈良県南大和 *ひもんざい(火をおもちゃにすること) 和歌山市「ひもんざいしたらよばれ(夜尿)たれるぞい」 *ほちゃそび 和歌山市「そんなにほちゃそびにせんといて」 *むたつぃかい(人をおもちゃにすること) 沖縄県石垣島 *もざすび 岩手県気仙郡 *もちあーそび 神奈川県中郡 *もちゃーすび 静岡県志太郡 *もちゃーそび 島根県出雲・隠岐島「新しい本をもちゃーそびものにする」 *もちゃしび 青森県 *もちゃすび 岩手県気仙郡 山形県・村山 福井県足羽郡 長野県佐久 *もちゃそーび 和歌山県和歌山市・西牟婁郡 *もちゃそび 山形県 香川県 *もっちゃそび 香川県 *ももぐしゃ 香川県仲多度郡・三豊郡「ももぐしゃにする」 *ももくちゃ 香川県「ももくちゃにする」

おもて【表】 *うわーら 沖縄県首里 *えんまえ 新潟県東蒲原郡 *おわら 宮崎県西臼杵郡 *きど 長野県上伊那郡・佐久 宮崎県 鹿児島県 *そで 青森県三戸郡「家のそで」 *そとかい 岩手県東磐井郡 *でんじ 島根県隠岐島 *ほんさま(畳などの表) 島根県八束郡 *ほんさめ(畳などの表) 島根県八束郡 *ほんざめ(畳などの表) 島根県隠岐島 *まーや 静岡県「まーやで遊ぶ」 *ましま 和歌山県西牟婁郡・東牟婁郡 *もんや 香川県 *わら 鹿児島県喜界島

おもねる【阿】 *おじんぎ(おもねること) 愛媛県 *ここしる 山口県大島「えらいここしるが何か下心があるんぢゃないかの」 愛媛県大三島 ↓へつらう (諂)

□態度だ *べりべりしー 新潟県佐渡

おもや【母屋】 *あらけ(老人の隠居所に対して若夫婦の住む母屋) 宮崎県東諸県郡 鹿児島県・肝属郡 *いたく(小屋に対して) 神奈川県藤沢市「いたくぶしん」 *いりえ 熊本県球磨郡 *うい 鹿児島県奄美大島・加計呂麻島 *ういやー(隠居屋などに対する母屋) 鹿児島県与論島 *うーえ 長崎県西彼杵郡 *うちにわ 沖縄県小浜島 *うふいぇー・うぶいぇー(隠居屋などに対する母屋) 沖縄県新城島 *うぶや(隠居屋などに対する母屋) 沖縄県与那国島 *うふやー(隠居屋などに対する母屋) 沖縄県本島 *うぶやー(隠居屋などに対する母屋) 沖縄県黒島・鳩間島 *うむてぃ 鹿児島県喜界島 *おいえ(隠居のない場合に言う) 鹿児島県肝属郡 *おーいえ 鹿児島県種子島 *おーや(隠居屋などに対する母屋) 東京都新島・利島・八丈島 愛知県知多郡 *おーやいんきょ(隠居屋などに対する母屋) 新潟県佐渡 *おまい 福島県 茨城県多賀郡 *おまえ 群馬県多野郡 長野県北安曇郡 *おもだち(屋敷の母屋) 石川県珠洲郡 *おもて 福島県浜通 岐阜県飛騨 京都府北桑田郡 鹿児島県日置郡 *おりいえ 島根県隠岐島 山口県豊浦郡 *おりえ 兵庫県淡路島 *おりや 愛知県知多郡 兵庫県佐用郡 島根県石見 岡山県苫田郡 広島県比婆郡 山口県阿武郡 徳島県三好郡・美馬郡 香川県三豊郡・木田郡 愛媛県 高知県高岡郡 *おんや(隠居屋などに対する母屋) 愛知県知多郡 *じゅくだち 京都府竹野郡 *とーじ 茨城県多賀郡 *とーじー 福島県浜通 *とーじゅ 福島県浜通 鹿児島県 *とじゅ 鹿児島県・肝属郡 *ふーやー(隠居屋などに対する母屋) 沖縄県竹富島 *ぶひー 沖縄県波照間島 *ふやー 沖縄県石垣島 *ぼーえ 東京都八丈島 *ぼーや(隠居屋などに対する母屋) 東京都八丈島 *ほんえ 佐賀県藤津郡 長崎県西彼杵郡・南高来郡 *ほんけ 山口県見島 香川県高見島・佐柳島 愛媛県越智郡 *ほんたく 茨城県多賀郡 長野県下伊那郡 *ほんにゃ 長野県上田 *ほんや 山形県庄内 群馬県前橋市 東京都八丈島 新潟県佐渡 長野県佐久 静岡県川根 愛知県南設楽郡・北設楽郡 和歌山県有田郡 広島県芦品郡 山口県 愛媛県 長崎県西彼杵郡 *ほんやいえ 愛知県海部郡 *みいえ 岩手県下閉伊郡 福島県会津 *もとえ 長崎県西彼杵郡・南高来郡

おや【親】 *あやげ 新潟県岩船郡 *えーうや(男の親) 鹿児島県喜界島 *おやす 島根県安濃郡 *しょーうや(実の親) 沖縄県首里 *ちゃん 千葉県印旛郡 *つぃかないうや(育ての親) 沖縄県石垣島・小浜島 *なしうや(産みの親) 沖縄県首里 ↓りょうしん (両親)

□が子を溺愛する *おやばかこばか(親が子を愛するあまり盲目的になっていること) 新潟県佐渡 *ぐじたける・ぐじんたげる 岩手県気仙郡 *くそぼんのー(親が子を溺愛すること) 熊本県 *こばか(他から愚かに見えるほど我が子に甘いこと) 新潟県佐渡

おやすみなさい ⇩「あいさつのことば(挨拶言葉)」の子見出し、「就寝時の挨拶 (おやすみなさい)」

おやつ【御八】 *あいぐい 富山県東礪波郡 滋賀県湖南 三重県 兵庫県播磨・加古郡 *あいさぐい 栃木県安蘇郡・下都賀郡 富山県砺波 *あいのめし 佐賀県三養基郡 *あいのもん 丹波 京都市 大阪市「この児は間のもんが過ぎるよって、ちょっとも御ぜんが進みまへんが」 奈良県 *あいまぐい 岩手県気仙郡 新潟県佐渡・中頸

城郡 福井県敦賀郡 岐阜県郡上郡 静岡県志太郡 三重県伊勢 岡山市 広島県高田郡 愛媛県
*あいまぐち 広島県比婆郡 *あさながし(朝のおやつ)岩手県上閉伊郡・気仙郡 *あし 沖縄県島尻郡 *あだぐい 三重県北牟婁郡 愛媛県 *あまい 奈良県山辺郡 *いじゃぐい 岐阜県加茂郡 愛知県設楽・知多郡 *いだぐい・いだぐらい 愛知県名古屋市 *えーもん 京都市 *おいぎり 熊本県北部 *おかぐい・おかもの 宮城県仙台市 *おこじはん 長野県下伊那郡 *おごじはん 長野県上伊那郡 *おこじゃ 群馬県勢多郡 静岡県 高知県幡多郡 *おこじゅー 東京都西多摩郡・八王子 神奈川県 山梨県北都留郡 *おこじょー 神奈川県
*おこじょはん 神奈川県 *おこびり 長野県南佐久郡 岐阜県郡上郡 *おこびる 福井県大野郡 愛媛県北宇和郡 *おこびれ 長野県佐久 *おこんま 高知県幡多郡 *おたんじゃ・おだんしゃ・おだんしょ(三時のおやつ)香川県大川郡 *おだんじゃ(三時のおやつ)香川県木田郡 *おちーや 三重県志摩郡 *おちゃ 和歌山県「おちゃ食べませう」
*おちゃあがり 熊本県 *おちゃうけ 長野県諏訪
*おちゃがり 熊本県玉名郡 *おちゃず 兵庫県赤穂郡 *おちゃすけ・ちゃすけ 香川県 *おちゃずけ 岐阜県海津郡 *おちゃのこ 熊本県阿蘇郡 *おちゃはん 神奈川県足柄下郡・中郡 *おちゃめし 愛媛県 高知県 *おちゅーじき 山梨県 *おちゅーはん 神奈川県 *おちょーはん・おちはん 神奈川県足柄上郡・中郡 *おちん 三重県 滋賀県彦根 大阪府 兵庫県明石郡「おちんばっかり呉れ呉れ言うて」 和歌山県 *おなかいれ 神奈川県津久井郡 山梨県北都留郡 *おおなつ 愛媛県新居郡 *まぐい 滋賀県湖東 *おめし(午後三時ごろの間食)香川県綾歌郡 *おゆーじゃ 静岡県庵原郡
*およーざけ 山梨県 長野県諏訪 *およーじゃ 神奈川県足柄下郡・横浜市 長野県諏訪 静岡県
*かいくらい 山形県 *かんまえ 熊本県 *きんず 三重県伊賀 *げびぐい 島根県鹿足郡 *げびちょろ 島根県美濃郡・益田市「げびちょろ(つまみ食い)は止めー」 *けびっちょー 島根県石見 *けんさい 新潟県西頸城郡 *けんずい 三重県伊賀・志摩郡 滋賀県蒲生郡 京都府北桑田郡・京都市 大阪府泉南郡・南河内郡「奉公人のよく出る様な家ではけんずいを食わさぬ」 奈良県 和歌山県伊都郡
*こあぇぎ 千葉県山武郡 *こーじはん 茨城県北相馬郡 埼玉県北葛飾郡 *こーびり 滋賀県彦根
*こーびる 三重県員弁郡 滋賀県 *こじはん 福島県相馬郡「こじはんどき(三時ごろ)」 茨城県真壁郡 栃木県 群馬県山田郡・佐波郡 埼玉県北葛飾郡 神奈川県 長野県佐久 愛知県宝飯郡
*ごじはん 愛知県豊橋市 *こじゃ 千葉県 静岡県 島根県隠岐島 広島県比婆郡 愛媛県大三島 高知県幡多郡 *ごじゃ 愛媛県周桑郡 *こじゃー 千葉県安房郡 *こじゅーはん 岩手県気仙郡 宮城県栗原郡 山形県西置賜郡 福島県東白川郡 茨城県多賀郡・結城市 栃木県 群馬県利根郡 埼玉県秩父郡 東京都八王子 神奈川県小田原市 *こじゅはん 群馬県山田郡 神奈川県 *こじょーはん 群馬県 埼玉県秩父郡 神奈川県津久井郡 *ごじょーはん 群馬県勢多郡 神奈川県藤沢市 *こじょはん 群馬県勢多郡・佐波郡 千葉県安房郡 神奈川県 *こずけ 新潟県佐渡 *ごせはん 愛知県碧海郡 *こちゅーはん 山形県米沢市
*こばさま 兵庫県美方郡 鳥取県・気高郡 広島県比婆郡 *こばしま 鳥取県東伯郡 島根県 広島県比婆郡 *こばせ 広島県比婆郡 *こばみ 新潟県東蒲原郡 長野県下伊那郡 香川県三豊郡
*こばんぐち 新潟県中越 *こびーり 岐阜県揖斐郡 *こびり 青森県津軽 千葉県山武郡 神奈川県横浜市 新潟県佐渡 富山県東礪波郡 長野県南佐久郡 岐阜県 三重県志摩郡 滋賀県彦根 大阪府南河内郡 長崎県南高来郡 熊本県 大分県 *こびりー 大分県 *こびりめし 三重県志摩郡
*こひる 石川県鳳至郡 岐阜県吉城郡 高知県幡多郡 熊本県天草郡 *こびる 秋田県鹿角郡 山形県 新潟県佐渡・三島郡 福井県 長野県上伊那郡 三重県 滋賀県 岡山県苫田郡 長崎県南高来郡 熊本県 大分県 宮崎県延岡市 *こびるい 岐阜県飛騨 大分県 *こひるま 長崎県南高来郡 *こびるま 兵庫県揖保郡 長崎県対馬 *こひるめし 高知県高岡郡 *こびれ 長野県南佐久郡
*こびん 滋賀県蒲生郡 *こぶり 岐阜県大野郡 大分県 *こぶりー(下流)大分県大分郡 *こぶるい 岐阜県飛騨 大分県大分郡・北海部郡 *こぶれ 富山県下新川郡 *こべり 石川県鳳至郡・珠洲郡 *こべれ 富山県高岡市 *こぼれ 富山県 *こまぐい 富山県砺波 石川県能美郡 岐阜県益田郡
*こまぐち 富山県東礪波郡 岐阜県飛騨 *こまぐちー 富山県高岡市 *こまじき 岐阜県益田郡・

方/言/の/窓

●気づかずに使う方言Ⅱ

大学生から集めた「気づかずに使う方言」の一部を紹介しよう。

「犬カラ追いかけられた」(犬に)〈山形〉／アルッテ(歩いて)〈東北・北関東〉／ガオル(からだが衰弱する)〈東北〉／自転車のウラに乗る(うしろ)〈栃木・埼玉〉／自転車をツク(押す)〈和歌山〉／背中をカジル(掻く)〈山梨〉／おなかがオキタ(満腹した)〈香川〉／先生にカケラレタ(当てられた)〈東北・新潟〉／ダイシ?(大丈夫?)〈茨城〉

気づかずに使う方言は、共通語と語形が同じで意味・用法が異なる場合や、共通語と語形がわずかに異なる場合、また共通語では表せない微妙なニュアンスを持つ単語が多い。これらは地域共通語(二六三・二七五ページ参照)の一部とも言える。

郡上郡 *こゆーめし 熊本県鹿本郡 *ごゆはる 熊本県菊池郡 *こりめし 高知県高岡郡 *こんま 兵庫県赤穂郡 *さいでぃり 沖縄県黒島 *こわいこ 岩手県九戸郡 *こわんぐち 新潟県 *こんびり 山形県西置賜郡・最上郡 *さなかむぬ 沖縄県宮古島 *さんじき 岩手県九戸郡 *さんとき 熊本県 *さんときじゃ 熊本県天草郡 *さんばんじゃ 静岡県磐田郡 *ずいたれぐい 島根県鹿足郡・益田市 *たちこじゃ 島根県隠岐島 *だちん 三重県中南勢・伊賀 *たなごめ(種もみの残りをいった、子供のおやつ) 福井県大飯郡 *たらし 岐阜県山県郡 三重県阿山郡 京都府竹野郡 大阪府豊能郡 兵庫県出石郡 *たらしもん 京都府久世郡 *だんじゃ 香川県大川郡「はよ大工さんにおだんじゃ出しまいよ」 *ちゃ 愛知県北設楽郡 兵庫県淡路島 島根県石見 広島県 徳島県 *ちゃあがり 熊本県 *ちゃがし 東京都大島・八丈島 *ちゃずけ 三重県伊賀 *ちゃのく 熊本県宇土郡 *ちゃのこ 島根県那賀郡 長崎県南高来郡 熊本県 *ちゃのま 奈良県吉野郡 *ちゃのみ 熊本県球磨郡・阿蘇郡・上益城郡 *ちゃめし 兵庫県淡路島 島根県美濃郡 岡山県阿哲郡 広島県芦品郡 香川県香川郡 高知県・幡多郡 *ちゅーじき 兵庫県城崎郡 *ちゅーはん 神奈川県 長野県上伊那郡 京都府竹野郡 兵庫県但馬 広島県高田郡 *ちょーけ 栃木県安蘇郡 *ちょーはん 兵庫県 *ちん 兵庫県加古郡 和歌山県 香川県小豆島・豊島「おいぎ(泳ぎ)に行くんなら、ちん持って行けよ」 *つかれ 長野県更級郡 *つまみぐい 徳島県 *てがいもん 兵庫県神崎郡 *てのこ 熊本県八代郡 *てやもん 大阪市 *てんがいもん 兵庫県加古郡 *てんやも 大阪府泉北郡 *てんやもん 大阪府 兵庫県明石郡 奈良県・南大和 *とちゅーぐい 京都府竹野郡 *なかいり・なかーれ 鹿児島県種子島 *なかたばこ 岩手県紫波郡 *なかびる・なかびり 熊本県天草郡 *なろ 奈良県吉野郡 *なんぞ 福井県 三重県「なんぞにしょう」 滋賀県彦根(幼児語) 京都市「なんぞばっかり欲しがってゐよる」 大阪市「まだなんぞは早おまんがな」 奈良県 鳥取県 島根県出雲 岡山県児島郡 香川県「なんぞないんな」 *なんぞー 福井県・大飯郡 鳥取県東部(児童語) *なんど 三重県伊賀 大阪府 兵庫県赤穂郡・加古郡 奈良県(幼児語) 島根県鹿足郡 *なんなっと 熊本市 *なんなっとん 熊本県玉名郡 *にはち 岐阜県恵那郡 奈良県吉野郡 *にばんだん 香川県香川郡 *にばんちゃ 徳島県 愛媛県上浮穴郡 高知県・土佐郡 *にばんめし 宮崎県西臼杵郡 *にるー 沖縄県首里 *はがぎり 熊本県天草郡 *はざーれ 鹿児島県南種子島 *はざぐい 神奈川県(不定時の食事) 徳島県 愛媛県 長崎県長崎市・西彼杵郡(おやつ) 熊本県 宮崎県東諸県郡 *はざぐぃー 佐賀県・藤津郡 熊本県玉名郡 *はざこ 香川県高見島 *はざこぐい 愛媛県 *はざまぐい 鳥取県西伯郡 山口県「おまえは年中はざまぐいをしているな」 愛媛県 *はざらぐい 熊本県芦北郡・八代郡 *はざれ 熊本県芦北郡 *はしま(「箸間」か) 鳥取県日野郡・西伯郡 島根県 岡山県真庭郡・川上郡 広島県比婆郡 *はしまぐい 島根県美濃郡 *はしまん 島根県 広島県比婆郡 *はしわぐい 島根県鹿足郡 *はすま 島根県 広島県山県郡 *はすまぐち 島根県浜田市 *はすまん 島根県飯石郡 *はすわ 島根県石見 *はすわぐい 島根県鹿足郡・益田市 *はすわぐち 島根県石見 *はせま 島根県隠岐島 *はだくい 長崎県西彼杵郡 宮崎県延岡 *はだぐい 長崎県南高来郡・長崎市 熊本県天草郡 宮崎県西臼杵郡 鹿児島県 *はっさーぐい 島根県益田市 *はやびる 滋賀県湖東 *ひーかいのちゃ 鹿児島県鹿児島郡 *ひぐらし(夕食前の間食) 愛媛県 *ひごり(三時ごろの間食) 熊本県天草郡 *ぴしぶ 沖縄県宮古島 *ぴすむぬ 沖縄県小浜島 *ひすがし 奈良県 *ひずかし 新潟県 富山県砺波(不定期) 福井県 大阪府 奈良県 和歌山県伊都郡 *ひとよけ・ふとよけ・ひとよこい 熊本県球磨郡 *ぴばなむぬ 沖縄県石垣島 *ひるからけんずい 三重県上野市 *ひるからこびり 大分県直入郡 *ひるからじゃ 兵庫県加古郡 島根県石見 岡山県川上郡 広島県 山口県大島 *ひるからちゃ 山口県阿武郡 *ひるこびり 新潟県岩船郡 *ひるじゃ 静岡県 *ひるじゃーのこ 長崎県南高来郡 *ひるちゃ 千葉県安房郡 *ふぃるまむん・ふぃるまうぶん 沖縄県首里 *ぶしょー 和歌山県西牟婁郡 *ほーせき 三重県 京都府 奈良県 *ほせき 三重県一志郡 奈良県吉野郡 *ほそいき 奈良県宇陀郡 *ほちぇかちぇぐい 山形県米沢市・南置賜郡「ほちぇかちぇぐえするから悪い」 *まーぬむぬ 沖縄県八重山 *まぎー 鹿児島県種子島 *まぐい 新潟県佐渡「うちの子はまぐいばっかしとる」 滋賀県湖東 愛媛県 鹿児島県喜界島 *まぐち 新潟県佐渡「まぐちをくう」 *まご 熊本県球磨郡 *まこま 新潟県佐渡「まこま食い」 *まごめし 熊本県球磨郡 鹿児島県屋久島 *まどぅぬむん 沖縄県 *まぬむぬ 沖縄県与那国島 *まんどぅむぬ・まんとぅむぬ 沖縄県小浜島 *むねさり 鹿児島県加計呂間島・奄美大島 *むねさる 鹿児島県奄美大島 *むんさるー・むんさぬー 鹿児島県喜界島 *やーとだまし(子供に灸を据える時に与えるおやつ) 京都府竹野郡 *やごろ 熊本県・天草郡 *やつ 東京都利島「やつを食う」 高知県土佐郡 *やつあがり 熊本県 *やつがい 熊本県 大分県大分郡・速見郡 *やつぎゃ 熊本県 *やつじす 和歌山県東牟婁郡 *やつじゃ 東京都利島 三重県志摩郡・度会郡 奈良県 和歌山市 高知県 長崎県壱岐島 *ゆーぎ 静岡県 *ゆーざけ 愛知県碧海郡 三重県度会郡・志摩郡 *ゆざけ・ゆーずけ 三重県志摩郡 *よーざけ 山梨県・南巨摩郡 愛知県 *よーじゃ 東京都大島 山梨県 長野県諏訪 静岡県庵原郡・磐田郡 *よーまぐい 広島県

三次市 *よけ 熊本県八代郡・球磨郡「あさよけ(午前の間食)」 *よけーまん・よけーばん・よけーばんめし・よけまん 熊本県球磨郡「ひるからのよけーまん(午後の間食)」 *よつじゃ 三重県南牟婁郡

おやゆび【親指】 *うーいび 熊本県玉名郡 *うーび 沖縄県小浜島 *うーゆび 長崎県南高来郡 *うふいーび 沖縄県本島 *うふうび 沖縄県石垣島 *うぶうび 沖縄県新城島 *うぶうやび 沖縄県鳩間島 *うぶうゆび 沖縄県与那国島 *うぶび 沖縄県西表島 *うぶやび 沖縄県黒島 *おいび(「おおゆび(大指)」の転か)和歌山県日高郡・海草郡 *おーゆび 山形県最上郡 *おでゆび 青森県 岩手県 秋田県 *おとゆび 青森県 秋田県平鹿郡・鹿角郡 *おゆび 山形県 *および 山形県酒田市 *ふーうび 沖縄県石垣島・竹富島 *ぶび 沖縄県波照間島 *へびかしら・へぴかしら 青森県三戸郡 *ぽーいび 東京都八丈島

およぐ【泳】 *あびる 岩手県九戸郡・気仙郡 宮城県玉造郡 栃木県 埼玉県川越市・入間郡 千葉県香取郡・山武郡 長野県佐久 岐阜県大垣市 滋賀県彦根 大阪府泉北郡 兵庫県但馬・加古郡「あびにいく(泳ぎに行く)」 岡山市 徳島県 香川県「水(潮)あびる」 愛媛県越智郡 福岡県小倉・福岡市 熊本県 *あぶる 秋田県鹿角郡 新潟県 石川県鹿島郡 三重県志摩郡 *あべる 岩手県九戸郡 新潟県西頸城郡 富山県砺波 石川県「川へ行ってあべてこう」 長野県 岐阜県飛驒「上手にあべる」・郡上郡 島根県「午前中水にあべて来た」 岡山市 広島県 山口県阿武郡 愛媛県越智郡 宮崎県延岡 *あみゆん 沖縄県首里 *あめる 奈良県吉野郡 *うぃーじゅん 沖縄県首里 *うむん 沖縄県石垣島 *うんしゃべる 石川県舳倉島 *およぎかく 島根県隠岐島 *すいのーぬける(潜水で泳ぐ)兵庫県加古郡 *ずんぼんくぐる(水中に潜って泳ぐ)栃木県鹿沼市・芳賀郡 *どてんあびる 香川県仲多度郡 *どてんかむ(幼児語)奈良県宇陀郡 *どでんかむ 奈良県高市郡 *どんでんあびる 兵庫県加古郡 *どんぼあびる・どんぼーあびる・どんぼうつ・どんぼかく 新潟県佐渡 *みずあびる 兵庫県赤穂郡 福岡県八女郡・浮羽郡 *みずあぶる 福岡県八女郡 *みずあべる 岩手県下閉伊郡 富山県砺波

およそ【凡】 *あらかじめ 岩手県気仙郡「あらかじめ一升は飲んだろう」「あらかじめ五里はあんべえ」 宮城県栗原郡 栃木県 群馬県勢多郡 埼玉県入間郡 新潟県・西蒲原郡 富山県西礪波郡 兵庫県淡路島 和歌山県 広島県倉橋島 山口県阿武郡 *えっぽど 大分県南海部郡 *こすら 神奈川県津久井郡「こすら一升ある」 *そーべつ 静岡県志太郡 島根県石見・隠岐島「そーべつにこの頃の天気は悪い」 *ちょーろ・ちょろ 岐阜県飛驒 *なから 岩手県気仙郡「なから一里はある」 秋田県鹿角郡 茨城県猿島郡 栃木県 群馬県「なからできたと思ったらこわされた」 埼玉県秩父郡 新潟県中頸城郡 長野県 *なまら 神奈川県愛甲郡「あと一月ぐれーはなまらあんべーよ」 新潟県「なまら五合」・三島郡 香川県仲多度郡「なまら十日ほどしてから」 愛媛県「なまらわかった」 *ぬーしん 沖縄県黒島 *のーしん 沖縄県石垣島 *のっそ 愛媛県北宇和郡 高知市「この小魚はのっそでなんぼぞよ」 *やせ 岐阜県飛驒「やせ半道で頂上へつく」

→おおよそ(凡)・だいたい(大体)・たいりゃく(大略)

おりおり【折折】 *おーりか 愛媛県 *おりかに 徳島県「おりかにある」 香川県香川郡 愛媛県・大三島 *おりさ・おーりし 愛媛県 *おりし 香川県大川郡 *おりま 愛媛県 *さんでつ・さんぜつ 長野県東筑摩郡「さんでつ欠席する生徒だ」 *しーっと 新潟県西頸城郡 *じょーや 長野県東筑摩郡「じょーや欠席する生徒だ」 岐阜県本巣郡 *じょーやさんげ 長野県佐久 *じょーやじょーや 岐阜県本巣郡 *たぶん 沖縄県「たぶん、うぬいようなくとー、あるぐとーやびーん(折々、さようのことも、あると見えまして)」 *つれかれ・つれつれつ 青森県三戸郡 *ふいふい 茨城県新治郡 福井県大飯郡(予期しない折々に)「ふいふいと見える」

→ときおり(時折)・ときたま(時偶)・ときどき(時時)

おりる【下】 *おじー(高所から下りる)鹿児島県鹿児島郡・揖宿郡 *おじる(高所から下りる)京都府相楽郡 福岡県南部 長崎県伊王島 熊本県 *おちる(高所から下りる)青森県南部 岩手県和賀郡・気仙郡 宮城県栗原郡・仙台市「二階からおって来い」 秋田県鹿角郡 山形県 福島県 千葉県山武郡 新潟県 *おんじる(高所から下りる)石川県鹿島郡 *おんでる(高所から下りる)富山県砺波 *されぽおちる 山形県西置賜郡

おりる【降】 *おじー(汽車や馬車などから降りる)鹿児島県鹿児島郡・揖宿郡 *おじる(汽車や馬車などから降りる)京都府相楽郡 福岡県南部 長崎県伊王島 熊本県 *おちる(汽車や馬車などから降りる)青森県南部「早くおづないば汽車あたづ」 岩手県和賀郡・気仙郡 宮城県栗原郡・仙台市 秋田県鹿角郡 山形県 福島県「おちる人がしんでから(降りる人が済んでから)お乗り下さい」 千葉県山武郡 新潟県 *おりくずれる 静岡県榛原郡「崖からおりくずれて来た」 *おんじる(汽車や馬車などから降りる)石川県鹿島郡 *おんでる(汽車や馬車などから降りる)富山県砺波

おる【折】 *うっかく(枝などを折る)栃木県「枝をうっかく」 *うっくじく 栃木県 *うっくじる 栃木県 埼玉県秩父郡 *うっちこる 栃木県安蘇郡 *おこちょる 茨城県稲敷郡 *おごちょる 茨城県東茨城郡・新治郡 *おごれる 茨城県行方郡

＊おしょだる 山形県東置賜郡 ＊おしょぼる 長野県長野市・上水内郡 ＊おしょる 岩手県江刺郡 宮城県 秋田県南部「枝をおしょるな」 山形県 福島市 栃木県上都賀郡 群馬県勢多郡・佐波郡 埼玉県大里郡 新潟県中部 長野県 愛知県額田郡 福岡県 熊本県玉名郡 大分県 ＊おじる 和歌山県日高郡・東牟婁郡(木を折る) ＊おそる 岩手県九戸郡 ＊おだる 山形県「その木をおだてわるい」「腕をおだった」 福島県 新潟県東蒲原郡 ＊おちょる 青森県 岩手県紫波郡 福井県三方郡・遠敷郡 ＊おっかく 茨城県 栃木県上都賀郡「これを二つにおっかく」 群馬県「骨ををつかく」 千葉県 ＊おっかめる・おかめる(紙や布を折る) 青森県三戸郡 ＊おっきょる 福島県 ＊おっきる 福島市 ＊おっくじく 埼玉県秩父郡 ＊おっくじゅー 千葉県夷隅郡 ＊おっくじょーる 神奈川県津久井郡 ＊おっくしょる 栃木県足利市 埼玉県秩父郡 ＊おっくじる 群馬県佐波郡 埼玉県秩父郡 長野県佐久 ＊おっちょる(「おしおる」の転) 青森県三戸郡 宮城県石巻・仙台市「山さ行って薄おっちょって来てけんか」 福島県 茨城県 栃木県 千葉県印旛郡 福井県敦賀郡 ＊おっぱじく 岩手県 宮城県栗原郡・登米郡 ＊おっぴしょーる 神奈川県津久井郡 ＊おっぴしょる 群馬県佐波郡 埼玉県 千葉県東葛飾郡 ＊おっぺしょーる 埼玉県秩父郡 東京都八王子 神奈川県津久井郡 ＊おっぺしょる 茨城県西茨城郡・稲敷郡 栃木県足利市 群馬県吾妻郡・佐波郡 埼玉県 千葉県長生郡・君津郡 新潟県 山梨県・南巨摩郡 長野県 ＊おっぺす 青森県三戸郡 ＊おっぽしょる 新潟県「そのぼい二つにおっぽしょってくんないか」 長野県 ＊おらかす 兵庫県淡路島 ＊おんごしょる 千葉県香取郡・海上郡 ＊おんごる 千葉県香取郡 ＊おんだる 秋田県 ＊おんちょる 茨城県稲敷郡 ＊かく 岩手県気仙郡 栃木県矢板市・芳賀郡 群馬県多野郡「もろこしをかいて来る」 新潟県佐渡 長野県佐久 ＊かじる(木を折る) 和歌山県東牟婁郡「山へ行って薪をかじって来る」・日高郡 ＊くじく 長野県佐久 ＊くじこ 東京都利島「枝をくじこ」 ＊くしょる・くしる 群馬県勢多郡 ＊くじる 群馬県吾妻郡 ＊くっぱじく(折る。くじいて折る。また、かんで折る) 岩手県気仙郡・胆沢郡 ＊こぐ 島根県「枝をこいた」 広島県比婆郡 ＊しっぽしょる 長野県下水内郡 ＊ちょーる 茨城県稲敷郡 ＊つんごい 鹿児島県鹿児島郡 ＊はなおる(話の腰を折る) 島根県大原郡・隠岐島「折角言おうとする話をはなおるな」 ＊ひっくじく 千葉県・夷隅郡「木の枝をひっくじいた」 ＊ひっぺしおる 静岡県志太郡 ＊ひっぺしょーる 山梨県・北都留郡 ＊ひっぺしょる 栃木県黒磯市・那須郡 長野県北安曇郡 ＊ひっぽしょる 長野県北安曇郡 ＊ぶじょる 秋田県平鹿郡「枝をぶじょる」 ＊ふっくじく 千葉県 ＊ふっくじゅー 千葉県夷隅郡 ＊ぶっちょる 茨城県稲敷郡 栃木県 ＊ぷっちょる・ぼっちょる・ぼこちょる・ぼんちょる・ぽんちょる 茨城県稲敷郡 ＊ぶるん 沖縄県石垣島 ＊ぺきおる(たわめて折る) 長崎県対馬 ＊べしおる 岐阜県 山口県阿武郡 徳島県 香川県 大分県南海部郡 ＊へっぺしおる 新潟県西頸城郡 静岡県 ＊へっぽしょる 新潟県 ＊ほぐ 島根県邇摩郡 ＊ほしょる 新潟県 富山県 ＊ほんぼしょる 新潟県上越市 ＊もぎる 宮崎県

おれい【御礼】 ＊あー(幼児語) 富山県下新川郡「あーした」 ＊おひき 宮城県仙台市 三重県志摩郡 京都市 ＊くのごれ(物品などで返礼せず、口だけでお礼すること) 鹿児島県肝属郡「くっのごれもせせぬ奴ぢゃ」 ＊ごくろぶん 岩手県気仙郡 ＊すいどぅーがふー・すぃでぃがふー 沖縄県首里「すぃどぅーがふー でーびる(ありがとうございます)」「にんじゅーぬすぃどぅーがふー(一年中のお礼。また、一年中のお礼に年末に神社仏閣を回ること)」 ＊みやげ 島根県

→れい(礼)

おろか【愚】 ＊あったられん 福岡市「あったられんこと言ふちゃいかん」 ＊あられん 熊本県玉名郡「あられん話ぁ止めろ」・阿蘇郡 ＊いくじない 福島市 千葉県香取郡 ＊うすけない 青森県三戸郡 ＊うすこったんにゃえ 山形県東置賜郡・東村山郡 ＊うすこぼけない 岩手県東磐井郡 ＊うたて 富山県「うたてな奴」 ＊うっとい 三重県北牟婁郡 ＊うとい 岩手県九戸郡・気仙郡 埼玉県秩父郡「頭がうてーから忘れてしまった」 神奈川県 新潟県佐渡・東蒲原郡 長野県 岐阜県 静岡県「うとい手合」 愛知県 三重県南牟婁郡 滋賀県彦根 兵庫県神戸市 奈良県吉野郡 和歌山県「貴様よっぽどうといな」 ＊おだしー 茨城県猿島郡 ＊ぐんだい 石川県珠洲郡「いかなぐんだいなこと言うなあ」・鳳至郡 ＊ぐんだん 石川県珠洲郡 ＊こけ 岩手県紫波郡・気仙郡 宮城県登米郡 秋田県仙北郡・河辺郡 山形県東置賜郡・東村山郡「こげな奴」 福島県相馬郡・大沼郡 茨城県・真壁郡 栃木県 群馬県 千葉県印旛郡 神奈川県中郡 新潟県佐渡 福井県南条郡 岐阜県 静岡県 愛知県 三重県度会郡 滋賀県彦根 徳島県 香川県 高知県「こけなことをするものは村を追い出さんといかんのー」 大分県大分市・大分郡 ＊こけさく 栃木県 愛媛県 ＊こけすけ 岩手県和賀郡 ＊こけずっぽ 栃木県安蘇郡 ＊こけぞー 岩手県気仙郡 香川県 ＊こけっぽ 栃木県 静岡県磐田郡 ＊こけぶつ 秋田県平鹿郡「こけぶつ野郎、早く行け」 ＊こけやろ 栃木県河内郡・塩谷郡 ＊さんぐーしてる(「抜け参り」に掛けて) 山形県米沢市 ＊さんまく 山梨県南巨摩郡「さんまくの者どーが頼むよ」 ＊しょってる(「背負ってる」か) 茨城県真壁郡 ＊すっとろい・すっとろこい 高知県 ＊ずるい 長野県諏訪 ＊だーま・たんま 富山県砺波 ＊たーらー 島根県 ＊たすい 兵庫県淡路島「たすい人」 香川県与島「たすいのう」 ＊だすこい 愛媛県「あの子はだす

らこい子だ」 ***だぶつ** 富山県砺波 石川県 ***たふら** 新潟県 ***たら** 岐阜県吉城郡 ***だら** 新潟県西頸城郡 富山県「そんなだらな話があるかい」 石川県 福井県坂井郡 岐阜県 滋賀県栗太郡 鳥取県西伯郡 島根県 熊本県 ***だらかす** 岐阜県北飛驒 ***だらくさもん** 富山県・射水郡 ***だらくそ** 島根県「だらくそな男だ」 ***だらけ** 石川県江沼郡 ***たらけつ** 和歌山県西牟婁郡 ***たらすけ** 新潟県・中越 ***だらすけ** 滋賀県蒲生郡 島根県邇摩郡 ***だらずけ** 島根県隠岐島 ***だらぶつ** 富山県・下新川郡・砺波 岐阜県飛驒 ***だらぼち** 富山県砺波 ***だらま** 石川県金沢市 ***だりー** 熊本県 ***だりー** 長崎県対馬「だりーやつ（無能者）」 ***たるい** 新潟県佐渡 ***だるい** 滋賀県蒲生郡 長崎県対馬「だるい人じゃ」 ***だろ** 宮崎県延岡地方 ***だろー** 富山県砺波 ***にしゃ** 三重県志摩郡 ***にすい** 長野県下伊那郡 岐阜県 静岡県榛原郡・磐田郡 愛知県 三重県 滋賀県 奈良県宇陀郡「にすいこと言ふとる」 和歌山県東牟婁郡 ***にっすい** 三重県桑名 ***ぬくい** 京都府竹野郡「ぬくい人」 岡山県苫田郡 ***ぬくいー** 大分県日田郡 ***ぬくとい** 福井県 ***ぬっか** 福岡県久留米市 熊本県玉名郡「ぬっか真似すんな」・下益城郡 ***ぬりー** 長野県佐久 長崎県対馬 ***ぬるい** 長野県諏訪・佐久 山口県阿武郡「ぬるい奴」・見島 福岡県 ***ぬるこい** 山口県阿武郡 ***のくたい** 福井県坂井郡・丹生郡 ***のくとい** 福井県 ***のっとい** 新潟県西頸城郡「あの男は少しのっといぞ」 ***のりー** 長野県佐久 ***のろっこい** 長野県佐久 ***へこだすい・へだすこい** 愛媛県 ***へにすい** 岐阜県飛驒 ***へぬるい** 山形県 山口県豊浦郡 ***へのろい** 福島県会津 ***ほほらぬくい** 青森県津軽 ***ゆくちない** 福島県大沼郡 ***ゆるい** 宮城県登米郡・仙台市「あの男ゆるいから、おかた（女房）に気儘されんのっしゃ」 山形県「ゆるえつら（馬鹿顔）」 大分県大分郡 ***りくじない** 山形県米沢市 福島県東白川郡

→ぐどん

□**なこと**（愚鈍） ***あんた** 山形県米沢 ***あんだー** 栃木県塩谷郡 ***あんたら** 滋賀県蒲生郡・彦根 長崎県対馬 ***あんだら**（「あのだら」「あのどら」または「あほたろう（阿呆太郎）」の転か） 三重県伊賀 滋賀県甲賀郡・蒲生郡 京都府宇治郡 大阪市 香川県 ***あんたれ** 滋賀県彦根 ***あんだろー** 栃木県 ***あんてら** 長崎県対馬 ***おんべさげる**（御幣を背中へ下げるところから、愚かなことは愚か者の見本であるところから、愚かなことの形容に言う） 新潟県 ***ぐしょー** 栃木県安蘇郡 ***こけ** 岩手県紫波郡・気仙郡 宮城県登米郡 秋田県仙北郡・河辺郡 山形県東置賜郡・東村山郡 福島県相馬郡・大沼郡「こけくらって（つまらぬ目に遭って）」 茨城県・真壁郡 栃木県 群馬県 千葉県印旛郡 神奈川県中郡 新潟県佐渡 福井県南条郡 岐阜県 静岡県 愛知県「こけの骨頂」 三重県度会郡 滋賀県彦根 徳島県 香川県 高知県 大分県大分市・大分郡 ***こけさく** 栃木県 愛媛県 ***こけすけ** 岩手県和賀郡 ***こけずっぽ** 栃木県安蘇郡 ***こけぞー** 岩手県気仙郡 香川県 ***こけっぽ** 栃木県 静岡県磐田郡（ちょっと軽いばか） ***こけぶつ** 秋田県平鹿郡 ***こけやろ** 栃木県河内郡・塩谷郡 ***どへ** 岩手県気仙郡 秋田県仙北郡 ***ぬんた・ぬんたまつ・ぬんたまろ** 三重県志摩郡 ***ふーてんが**（かたくなで愚かなこと） 千葉県夷隅郡 ***もーぞー** 群馬県邑楽郡「もーぞー事」 新潟県 ***ゆくちなし** 福島県耶麻郡・会津若松市 茨城県稲敷郡 ***りくちなし** 福島県会津 ***りくつなし** 山形県米沢市

□**な人** ⇩おろかもの（愚者）

おろかもの【愚者】

***あちゃけ** 山形県東田川郡 ***あっぱ** 福島県 愛媛県 ***あっぱー** 静岡県 ***あっぱっぱ** 神奈川県藤沢市 ***あっぼ** 香川県 ***あっぽ** 山形県村山・最上郡 新潟県東蒲原郡 長野県佐久 三重県阿山郡 兵庫県神戸市 奈良県（幼児語）「またおしっこしたのは本当にあっぽちゃんね」 和歌山県（幼児語） 香川県 ***あっぽー** 和歌山県 ***あっぽーず** 長野県佐久 滋賀県蒲生郡 ***あっぽけ** 三重県志摩郡 和歌山県 ***あっぽち** 和歌山県那賀郡 ***あっぽなし** 秋田県平鹿郡 ***あっぽん** 新潟県東蒲原郡 大分県 ***あっぽんたん** 新潟県東蒲原郡 長野県佐久 ***あば** 和歌山県東牟婁郡「あばちゃん」 香川県・小豆島 ***あはー** 三重県志摩郡 兵庫県但馬 ***あはーたれ** 兵庫県但馬 ***あへる** 鳥取県 ***あぼ** 奈良県南大和 徳島県 大分市 ***あほーだま** 岡山市 ***あほーたん** 大分県北海部郡 ***あほかす** 福井県 ***あぼす** 石川県能美郡 ***あぼだぼ** 三重県志摩郡 ***あほだま** 三重県度会郡 徳島県板野郡 ***あほだらきょー** 鳥取県気高郡・岩美郡 ***あほたらめ** 茨城県真壁郡 ***あぽたれ** 福岡市 ***あほたん** 三重県北牟婁郡 岡山県児島郡 大分県東部 ***あま** 福岡県浮羽郡 ***あまがき** 青森県西津軽郡 ***あまかじょー**（「甘か丈」か） 福岡市 ***あまくさ** 徳島県 ***あまくち** 茨城県真壁郡・北相馬郡 岡山県児島郡 愛媛県 ***あまけ・あまこ・あまだし** 青森県津軽 ***あましゅ** 青森県 ***あまてん** 奈良県 ***あんた** 山形県米沢 ***あんだー** 栃木県塩谷郡 ***あんたら** 滋賀県蒲生郡・彦根 長崎県対馬 ***あんだら**（「あのだら」「あのどら」または「あほたろう（阿呆太郎）」の転か） 三重県伊賀 滋賀県甲賀郡・蒲生郡 京都府宇治郡 大阪市 香川県 ***あんたらず**（「頭の中身が足りない」の意） 宮城県 鳥取県「餡足らずの饅頭であんたらず」 ***あんたらたん** 三重県志摩郡・度会郡 ***あんだらん** 鹿児島県鹿児島郡 ***あんたれ** 滋賀県彦根 ***あんだろー** 栃木県「長男のあんだろー」 ***あんてら** 長崎県対馬 ***あんぱん** 新潟県佐渡 滋賀県蒲生郡 島根県能義郡（幼児語） ***あんぽ** 徳島県（幼児語） 香川県 ***あんぽ** 山形県 石川県江沼郡 島根県八束郡 徳島県・名西郡

香川県大川郡 *あんぽー島根県那賀郡 *あんぼけ兵庫県淡路島 *あんぽけ和歌山県 *あんぽこたん徳島県 *あんぽす福岡市 長崎県対馬 熊本県玉名郡 *あんぽた山形県最上・置賜 *あんぽつ岡山県 *あんぽん徳島県(幼児語) *あんぽん愛知県碧海郡・岡崎市 兵庫県神戸市 鳥取県西伯郡 島根県出雲 山口県玖珂郡 徳島県(幼児語) 愛媛県周桑郡 長崎県壱岐島(児童語) 熊本県玉名郡 *あんぽんたい(薬の名、反魂丹になぞらえたもの)三重県鈴鹿郡 *うそつく和歌山県西牟婁郡 *うんきち徳島県 *うんさく・うん和歌山県西牟婁郡・東牟婁郡「うちの子はうんで困る」 *うんずくね福島県北会津郡 *うんたらがんす徳島県 *うんちき和歌山県東牟婁郡 *うんつく東京都 新潟県佐渡 長野県北安曇郡 大阪市 奈良県磯城郡・宇陀郡 和歌山県東牟婁郡・日高郡 島根県邇摩郡 徳島県 香川県 愛媛県 大分県宇佐郡・速見郡 *うんつくつん愛媛県伊予郡「お前のような馬鹿があるか、うんつくつんがすっこんどれ」 *うんつくぽー愛媛県松山 *うんてらがん和歌山県東牟婁郡・西牟婁郡 *うんてらがんす愛媛県松山 *うんてれ茨城県稲敷郡 千葉県香取郡 *うんでれ千葉県海上郡 関西 *うんてれがん岐阜県大垣市 和歌山市 香川県 福岡市 *うんてれがんす愛媛県伊予郡・周桑郡 *えーそーろー静岡県藤枝市 *えんけー山形県庄内 *おきゃく岐阜県可児郡・恵那郡 *おこ富山県 *おたーくら神奈川県中郡 *おたくら神奈川県津久井郡 長野県上水内郡 *おたらい・おたらいさん長崎県壱岐島 *おたらけ静岡県田方郡 熊本県 *おたりー長野県上田・佐久 *おたりや長野県上田 *おたりん愛媛県周桑郡・喜多郡 *おたりんさ長野県下伊那郡 *おたろー新潟県佐渡 *かいしょなし岐阜県郡上郡 滋賀県蒲生郡 兵庫県神戸市 広島県島嶼部 香川県 *からさし・からっつぁし(「止まりの結び目のない銭さし」の意から)茨城県稲敷郡 *からす新潟県中頸城郡 富山県東礪波郡「あのからすがまたこんなしずくない(仕損ない)をしてしもて」 島根県隠岐島 *からっつぁー茨城県猿島郡 *かんぽー(かたくなで愚かな子供)広島県高田郡 *ぐで茨城県猿島郡 *ぐでなし埼玉県入間郡 *ぐちかれ山形県西置賜郡 *くろく兵庫県淡路島 *ぐんだい石川県珠洲郡・鳳至郡 *ぐんだん石川県珠洲郡 *げーなし山形県飽海郡 *けっとーじん(くどくどと不平を言う愚か者)愛知県名古屋市「毛唐人だでわけがわからぬわさ」 *こけ岩手県紫波郡・気仙郡 宮城県登米郡 秋田県仙北郡・河辺郡 山形県東置賜郡・東村山郡 福島県相馬郡・大沼郡 茨城県・真壁郡 栃木県 群馬県 千葉県印旛郡 神奈川県中郡 新潟県佐渡 福井県南条郡 岐阜県 静岡県 愛知県 三重県度会郡 滋賀県彦根 徳島県 香川県 高知県 大分県大分市・大分郡 *こけさく栃木県 愛媛県 *こけすけ岩手県和賀郡 *こけずっぽ栃木県安蘇郡「このこけずっぽ」 *こけぞー岩手県気仙郡 香川県「こけぞうじゃのう」 *こけっぽ栃木県 静岡県磐田郡(ちょっと軽いばか) *こけぶつ秋田県平鹿郡 *こけやろ栃木県河内郡・塩谷郡 *こぶ新潟県佐渡「あの男はこぶだ」 *こべ・ごべ・ごべんなし新潟県西頸城郡 *こべなし・こべんなし新潟県中頸城郡 *こぼけなし岩手県江刺郡・胆沢郡 宮城県栗原郡・玉造郡 *こぼてなし宮城県仙台市 *こもけなし宮城県 *ささじ青森県津軽 *しょーたれ静岡県小笠郡「このしょーたれめ」 愛媛県周桑郡・新居郡 *しらは東京都大島 *ずーじれ・ずーじれもの大分県日田郡 *すれこけ岐阜県本巣郡 *ずろっぺー福島県大沼郡 *そこ山形県東置賜郡 *だーず島根県出雲 *だーま・たんま富山県砺波 *たーやん大分県大分郡 *たーらー島根県 *たえぁなし秋田県北秋田郡 *たくらんけ北海道 岩手県気仙郡 山形県南村山郡・最上郡 *たくらんたー静岡県 *だぶつ富山県砺波 石川県 *だべ長野県東筑摩郡 *だへー宮城県栗原郡 *だほ新潟県 富山県西礪波郡 長野県西筑摩郡 大阪府中河内郡 *だぼ新潟県東蒲原郡・西頸城郡 富山県砺波 長野県西筑摩郡 兵庫県明石郡・加古郡 徳島県・海部郡 *だぼー山梨県南巨摩郡 長野県佐久 *だほけつ兵庫県加古郡 *だほさく徳島県那賀郡 *だら岐阜県吉城郡 *だら新潟県西頸城郡「このだらめ」 富山県 石川県 福井県坂井郡 岐阜県 滋賀県栗太郡 鳥取県西伯郡 島根県 熊本県 *だらかす岐阜県北飛驒 *だらくさもん富山県・射水郡 *だらくそ島根県 *だらけ石川県江沼郡 *たらけつ和歌山県西牟婁郡 *だらじ島根県出雲 *たらず山形県東村山郡・西田川郡 新潟県中魚沼郡 富山県 島根県石見 熊本県阿蘇郡・上益城郡 大分県大分市・西国東郡 *だらず兵庫県但馬 鳥取県 島根県 *たらすけ新潟県・中越 *だらすけ滋賀県蒲生郡 島根県邇摩郡 *だらずけ島根県隠岐島 *たらずまえ愛媛県日振島 *たらずめ愛媛県東宇和郡 *たらっしゃん熊本県玉名郡 *だらぶつ富山県・下新川郡・砺波 岐阜県飛驒 *だらぼち富山県 *だらま石川県金沢市 *たらわず山形県東田川郡 島根県那賀郡 *たらん京都府愛宕郡 島根県 熊本県阿蘇郡・天草郡 *たらんきょー奈良県吉野郡 *たらんさん島根県美濃郡・益田市 *たらんじゃー熊本県熊本市・天草郡 *たらんと熊本県 *たらんもん熊本県菊池郡 *たるわず長崎県壱岐島 *だろ宮崎県延岡地方 *だろー富山県砺波「だろーになる(ばかを装う)」 *たわいなし岩手県気仙郡 *たんち(愚かな男児)岐阜県飛驒「このたんちめ」 *だんぽ富山県砺波 *ちくし山口県大島「あの男はちくしぢゃの」 *ちっくり滋賀県愛知郡・彦根 奈良県吉野郡 愛媛県 *ちょらい千葉県夷隅郡「このちょらいが」 *てっこーめろり(大胆で愚かな者) 新潟県岩船郡 *どーらく 山形県庄内「家の息子どうらぐで困る」 福島県 *とぶとぶ 三重県度会郡 *どんご 東京都大島・八丈島 *どんごしょー 東京都大島 *にしゃ 三重県志摩郡 *にたやま 富山県・下新川郡 熊本県 *にたるもん 富山県下新川郡 *にちゅーがん 熊本県 *にばん 岐阜県武儀郡 奈良県 *にばんたろ 奈良県 *にゅーたん 熊本県下益城郡 *にんご 滋賀県栗太郡 *ねこ 新潟県東蒲原郡・魚沼郡 *ねんがえし 島根県八束郡 *のーそー 鳥取県東伯郡 *のーてき 東京都三宅島 *のーてんき 東京都大島 山梨県・南巨摩郡 *のっきや・のっきん 鹿児島県 *のら 秋田県平鹿郡 *のらぼー 栃木県 千葉県海上郡 *はじけ 山形県米沢市 *はなたれ 島根県 岡山県児島郡 山口県豊浦郡 福岡県企救郡 *はなだれたれ 長崎県対馬 *はなったらし(意気地なし) 栃木県 *はんか 青森県 石川県鹿島郡 *はんかたぐり・はんかたがり 青森県三戸郡 *ばんくらーわせ 北海道檜山郡「あのふとぁー(あの人は)ばんくらぁわせだはい」 *ばんくらへ 青森県津軽 *はんしゅ 青森県・津軽 *はんだら 奈良県吉野郡 和歌山県那賀郡 島根県 *はんだらじ 島根県仁多郡 *はんちゅー 熊本県天草郡 *はんつー 島根県美濃郡・益田市 *はんつーたれ 島根県美濃郡・益田市 *ひょーたくれ 茨城県 千葉県上総 静岡県「このひょーたくれ」 *ひられ 秋田県平鹿郡 *ふるすきへな(愚かな女) 山形県東村山郡 *べらさぎ 茨城県新治郡 *ぽー 岡山県児島郡 香川県高見島 *ほた 徳島市 *ほほら 青森県津軽 *ぼほら 鹿児島県 *ぼら 秋田県 鹿児島県鹿児島郡・肝属郡 *ぼらかす 福井県・足羽郡 鹿児島県肝属郡 *まどーけ 山梨県西山梨郡 *まんじゅやのからうす 三重県度会郡 *めろり 秋田県 山形県東田川郡・鶴岡 新潟県岩船郡 *めろりあま 新潟県岩船郡 *めろりやろー 山形県東田川郡 新潟県岩船郡 *めろりんやろ 新潟県東蒲原郡 *もーぞー 群馬県邑楽郡 *もごない 新潟県 *もけさく・もげぞー 茨城県稲敷郡 *ものごい 福井県 *やはー 京都府 福井県三方郡 *ゆくちなし 福島県耶麻郡・会津若松市 *よかっちゃん 熊本県 *よたくなし 神奈川県中郡・足柄下郡 *よたくろ 愛知県名古屋市 *よたろく 愛知県西春日井郡 *よたんぼ・よたんぼー 新潟県長岡市 *よと 鹿児島県肝属郡 *よんどり 大阪府泉北郡 *よんぼら 大阪市 *よんぼり 京都府 大阪市 奈良県 和歌山県「あいつよんぼりやな」 岡山県児島郡 愛媛県 *りくちなし 福島県会津 *りくつなし 山形県米沢市 *ろく 山形県東田川郡 *ろくがつ 山形県東田川郡・庄内 *ろくだむし 長野県佐久 *ろくなしぼー 茨城県久慈郡 →あほう(阿呆)・うつけもの(空者)・ぐしゃ(愚者)

おろしがね【下金】 *おにおろし(下ろし金の歯の粗いもの) 新潟県佐渡・上越市 *おろしい 岐阜県加茂郡 *おろしばた 長崎県壱岐島 *すりがね 島根県簸川郡 *せーがな 沖縄県首里 *せんとり(芋からでんぷんを作るのに用いる下ろし金) 鹿児島県種子島 *そんがーしり 沖縄県石垣島 *はちにんぶき(下ろし金の大きいもの) 島根県隠岐島

おろす【下・降】 *おとす 山形県「くるまのにもづはやぐおどしぇ」 *おりらす 香川県

おわり【終】 *あっぱ 長野県南部「もー、御菓子はあっぱだよ」 *あらい(物事の終わり) 新潟県三島郡 *いちやぽん 新潟県刈羽郡 *うわい 鹿児島県喜界島「うわいふぁてぃ(終果)の金持ち(最高の金持ち)」 *おさっぱ・おしっぱ 長野県上伊那郡・下伊那郡「話はこれでおさっぱだ」「餅がいつの間にかおさっぱになってしまった」 *おさめ 山形県西村山郡・南置賜郡 新潟県「やっぱりおさめに善は栄え悪はほろびる」 *おしゃげ 岐阜県郡上郡「これがおさめじゃもしれん」 福井県大飯郡 和歌山県 島根県出雲市・簸川郡「おしゃげのはてに(結果として)負けてしまった」 *おっぱっぱー 山梨県 *おっぱらい 神奈川県中郡 *おつむり 福島県東白川郡 *おつもり 福島県東白川郡 長野県上伊那郡 *おとーり(物事の終わり) 長崎県対馬「これでおとほりぢゃ」 *おとり 岡山市 *おんざ 三重県阿山郡 滋賀県蒲生郡 大阪市 香川県小豆島 愛媛県津島(だめになる意を含む) *おんじまり 島根県出雲 *がへ 広島県安芸郡 *かんぱち 山口県豊浦郡 *きり 山形県西置賜郡「きりになる(終わる)」 三重県名張市 島根県大原郡・仁多郡「あの子は悪いことのきりをする」 *きりあげ(漁期の終わり) 新潟県西頸城郡 *きりじまい(漁期の終わり) 岩手県気仙郡 *けんぽっとり 石川県鹿島郡 *こっぽし(終わり。おとぎ話の終わりに言う) 島根県出雲「こーで話はこっぽしだ」 *こんこ(幼児語) 高知県「これでこんこぞね」 *さんばあげ(季節物の終わり) 香川県伊吹島 *しおい 新潟県三島郡 *しっぱらい 山梨県南巨摩郡 *しっぱれー 福島県東白川郡「皆帰っちゃって、おれ一番しっぱれーだな」 長崎県対馬 *しど 青森県南津軽郡 *しぱれ 青森県津軽 *しまいごんごー(幼児語) 島根県益田市「これで菓子はしまいごんごーじゃ」 *しめっぱら 長野県西筑摩郡 *しめっぱれ 長野県東筑摩郡 *しゃん 長野県下水内郡 兵庫県加古郡「仕事はもうこれでしゃんや」 *じゃん 長野県下水内郡 *しゃんしゃん 徳島県 香川県「もうしゃんしゃんにせんのな」 *しりくそ(一番終わり) 岐阜県飛騨 *すす 沖縄県首里 *すそ 香川県 *すっぱらい 山形県村山 群馬県勢多郡 *すっぱり 青森県 *すど 青森県津軽・三戸郡 *すとこ 青森県三戸郡 *すぱり 青森県三戸郡「堰のすぱりさ鰻針かけた」 *ずん 高知県土佐郡 熊本県下益城郡・宇土郡 *せり 長野県下伊那郡 *せんしょらく(物事の終わり)奈良県南大和　***たっちゃん**(物事の終わり。幼児語)山形県西置賜郡・南置賜郡　***ちびふしょー**(一番終わり)沖縄県石垣島　***ちゃんちゃん**(物事の終わり。幼児語)山形県西置賜郡・南置賜郡(食べるのをやめること)　茨城県久慈郡　栃木県那須郡「ちゃんちゃんしませう」　福岡県　熊本県玉名郡　***つぃびくす・つぃびくすー**(一番終わり)沖縄県首里　***てと** 和歌山県東牟婁郡　***どっぱえ・どんぱえ** 青森県三戸郡「酒あ、どっぱえだ」　***どっぽい** 長崎市　***とばっちり** 群馬県佐波郡　***どめ** 島根県隠岐島「荷物運びもこれでどめだ」　***なー** 沖縄県首里「ふぇーくなーなし(早く終わりにしろ)」
↓おしまい(御仕舞)・さいご(最後)・しゅうりょう(終了)

おわる【終】　***あがゆい・あがうい**(仕事や行事などが終わる)鹿児島県喜界島　***あがゆん**(仕事や行事などが終わる)沖縄県首里「まちぬ　あがゆん(市が終わる)」　***あちゃがい**(時期が終わること)沖縄県首里　***いまいるん** 沖縄県黒島　***うちなゆん**(すっかり終わる)沖縄県首里　***おやかす**(終わらせる)長野県上伊那郡　***おやす**(終わらせる)山形県　茨城県・真壁郡　栃木県・塩谷郡　群馬県佐波郡　埼玉県秩父郡「きょうはどうしてもこの仕事をおやしてえもんだ」・北葛飾郡　千葉県山武郡　新潟県「学校をおやす」　山梨県南巨摩郡　長野県上水内郡・上伊那郡　静岡県　***からまわり**(むだに終わること)新潟県佐渡「行ったが留守でからまわりした」　***きさまる** 岩手県気仙郡　***きしやまる** 岩手県　宮城県登米郡　山形県西置賜郡　***きまる** 岩手県気仙郡「卒業式がきまった」　宮城県「芝居も今日きりできまった」　山形県　福島県東白川郡「こえつすっときまんだから休んでげ(これをすると終わりだから休んでいけ)」　***げんたをつける**(ほぼ終わる)島根県邑智郡　***ざわ・ざわてこ**(めちゃめちゃなさま。混乱し徒労に終わるさま)徳島県「仕事の最中に子供にまぜられてざわてこになった」「まんで昨日は待ちぼーけでざわじゃ」　***しまえる** 岐阜県郡上郡　滋賀県彦根　***しりすぼり**(いい加減で終わること)兵庫県加古郡　***すめる**(ものごとを終わらせる。完了させる。済ませる)島根県石見「運動会はすめた」　広島県「支払をすめる」　***すや**(「的をそれた矢」の意から。不成功に終わること)島根県石見「約束がすやになった」　***ちょんちょん**(終わること。また、なくなること。幼児語)長崎県北松浦郡「もうちょんちょんした」　***どぅじまゆん** 沖縄県首里　***どぅじまるん** 沖縄県石垣島　***にてる** 新潟県西頸城郡　***はていゆん** 沖縄県首里「ゆみはてぃゆん(読み終わる)」　***はてる** 滋賀県彦根「芝居がはてる」　京都市　広島県高田郡　徳島県　香川県　熊本県上益城郡「『今日はまー田植がしまえち(終わって)安心しなはったなー』〈略〉『まーはてたけん(終わったので)しあわせたえ』」　***はねる** 群馬県佐波郡　新潟県中越　***ひける** 長野県佐久「学校がひけた」　***ひまのかーいた**(終わった)三重県志摩郡　***ひるじまい**(授業が午前中で終わること。半日授業)香川県高松市　***みたいる** 岡山県児島郡　***みてる** 三重県宇治山田市　島根県「夏休みがみてた」「米櫃の米もみてた」　岡山県阿哲郡・岡山市　広島県　山口県・豊浦郡「植えみてる」「刈りみてる」　香川県　愛媛県　高知県　長崎県対馬　大分県西国東郡　***ゆきやき**(喪の忌日の終わること。忌み明け)京都府　***らちやる**(決着をつける。終わらせる)愛媛県今治市「あの仕事も今日でらちやる考えだ」

おんな【女】　***あね** 北海道松前郡(三〇〜三五歳)　青森県上北郡(成人した女の意)　新潟県下越(軽い敬称)　***あねー** 群馬県吾妻郡(嫁に行かない女)　東京都八丈島(敬称。接尾語のように用いる)「にょこ(長女)あねへ」　石川県輪島　***あねこ** 青森県(成人した女の美称)　岩手県東磐井郡　***あねさま** 山形県「(婦人の絵に)よいあねさまだこと」　千葉県東葛飾郡　***あねちゃ** 青森県南部　***あねっこ** 北海道松前郡(三〇〜三五歳)・函館　***あま** 千葉県市原郡　新潟県　三重県度会郡・北牟婁郡　熊本県玉名郡　***あまこ** 神奈川県足柄上郡　***あまっこ** 埼玉県入間郡　***あまった** 和歌山県那賀郡　***あまっちゃく** 長野県長野市・上水内郡　***あまっちょ** 群馬県吾妻郡　長野県　***あまっちょろ** 三重県北牟婁郡　***あまつぶり** 山形県庄内　***あまのち** 和歌山県西牟婁郡　***あんねー** 茨城県　山梨県　***あんま** 和歌山県東牟婁郡　***うきみ**(一七歳から二四歳までの未婚の女)鹿児島県屋久島　***おちゃっぴー**(小さな女)山梨県　***おなごだい**(女たち。軽んじた言い方)徳島県　***おなごだつ**(女たち。軽んじた言い方)岡山県邑久郡　***おなごだつー**(女たち。軽んじた言い方)島根県江津市　***おなごだめ**(女たち。軽んじた言い方)島根県那賀郡　***おなごたれ**(女たち。軽んじた言い方)島根県益田市　***おなごびでぁ・おなごびだ**(卑しめて言う語)岩手県気仙郡　***おなごべんたー** 広島県下蒲刈島　***おばす**(卑語)愛媛県　***おんば** 奈良県吉野郡　***かみなが**(猟師の忌み言葉)青森県南津軽郡　***こび** 三重県南牟婁郡　***さっぺら** 山形県西置賜郡　***じゃべ** 秋田県雄勝郡・由利郡　***じゃぼ** 三重県志摩郡　***じょーもん** 青森県三戸郡　熊本県　***ちめなご** 三重県度会郡　***ちゃんびー** 静岡県　***どすめろ**(卑語)富山県　福井県　***なご**(ののしって言う語)千葉県市原郡「こんなごめ」　***なしろ** 宮城県栗原郡　***ねしょ**(やや卑しめて言う語)山梨県南巨摩郡　三重県南牟婁郡　奈良県吉野郡　和歌山県新宮・東牟婁郡　香川県　愛媛県宇和島　***ねじょ**(やや卑しめて言う語)奈良県吉野郡　***ねしょー**(やや卑しめて言う語)新潟県佐渡「ぁのねしょうは困ったものらのう」　山梨県西山梨郡　三重県南牟婁郡　奈良県吉野郡　和歌山県西牟婁郡　徳島県・美馬郡　香川県　愛媛県　高知県・幡多郡　***ねしょーご**(やや卑しめて言う語)

香川県仲多度郡 ＊ねしょーされ・ねっしょーされ(やや卑しめて言う語)高知県 ＊ねしょーたれ(やや卑しめて言う語)高知県・幡多郡 ＊ねしょーのす(やや卑しめて言う語)高知県幡多郡 ＊ねしょーびり(やや卑しめて言う語)香川県木田郡 ＊ねしょくらい(やや卑しめて言う語)香川県三豊郡 ＊ねしょっぱち(やや卑しめて言う語)三重県南牟婁郡 ＊ねしょどくろ(やや卑しめて言う語。童女)香川県 ＊ねしょのこ(やや卑しめて言う語。娘)香川県 ＊ねしょびり(やや卑しめて言う語)香川県・高松・木田郡 ＊ねしょんご(やや卑しめて言う語)新潟県佐渡 香川県綾歌郡 ＊ねっしょー(やや卑しめて言う語)高知県 ＊はいから 京都市 徳島県美馬郡 ＊ばいた 千葉県夷隅郡 ＊ばす 愛媛県「ばすの癖に生意気ぢゃ」 ＊ばすくれ 愛媛県 ＊ばっざい 愛媛県新居郡 ＊ばて(ののしって言う語)群馬県碓氷郡 新潟県「このばてめや」 ＊へら・ひらまたぎ(山言葉)山形県西置賜郡 ＊ひらもん(女児が産まれた時などに言う語)新潟県岩船郡 ＊べさ 福井県 ＊べら 栃木県河内郡・上都賀郡 ＊べらっかす 栃木県芳賀郡 ＊へらとり(みこの用語)岩手県気仙郡 ＊みーどぅむ 沖縄県鳩間島 ＊みーどぅん 沖縄県八重山「みーどぅんくす(女戸主。主婦)」 ＊みどぅぬ 沖縄県波照間島 ＊みどぅむ 沖縄県宮古島・黒島・波照間島 ＊みどー 沖縄県竹富島 ＊みぬが 沖縄県与那国島 ＊みんどぅん 沖縄県小浜島 ＊めーた 千葉県香取郡 島根県出雲 ＊めーろ 福井県 ＊めーろー 熊本県天草郡 ＊めけー 北海道函館 ＊めた 熊本県 宮崎県西臼杵郡 鹿児島県 ＊めたん 熊本県芦北郡 ＊めたんこ 熊本県天草郡 ＊めちゃ 山形県東村山郡 ＊めちょ 熊本県天草郡 ＊めっかい 北海道南部 ＊めっさい 福井県大野郡 ＊めっちゃ 山形県庄内 ＊めっちゅー 大分県大分郡 ＊めっちょ 山形県東田川郡・西田川郡 福岡県朝倉郡 熊本県 大分市 ＊めっちょこ 大分県大分郡 ＊めっつ 熊本県上益城郡 ＊めらっぱし 福島県南会津郡 ＊める 富山県氷見市 ＊めろ 福島県 富山県 石川県 福井県 滋賀県蒲生郡「めろの先生(女の先生)」・高島郡 京都府宇治郡 奈良県 熊本県 大分県速見郡 ＊めろー 福島県安積郡 滋賀県甲賀郡 奈良県 長崎県壱岐島 ＊めろっちょ 熊本県芦北郡 ＊めん 新潟県中越 鳥取県西伯郡 ＊めんす 三重県度会郡 ＊めんた 三重県度会郡・宇治山田市 滋賀県蒲生郡 大阪府泉北郡 奈良県南大和 鳥取県西伯郡 島根県能義郡 香川県 ＊めんだ 福井県大飯郡 京都府宇治郡 ＊めんたわらわど 青森県北津軽郡 ＊めんちゃ 石川県江沼郡 ＊めんちゃー 静岡県 ＊んね 山形県東田川郡(二〇～三〇代の女で主に家つき娘をいう) 兵庫県淡路島(他人への呼び掛け。下品な語)

おんなおや【女親】 ＊うぃなぐうや 沖縄県首里 ＊やしねかか(里子を育てる女親)鹿児島県肝属郡

おんなのこ【女子】 ＊あか 山形県庄内(十三、四歳まで)・飛島 新潟県佐渡 長野県下伊那郡 愛知県碧海郡 滋賀県 ＊あかちーよ 滋賀県高島郡 ＊あかめ(十四、五歳まで)福井県 ＊あっぱ 東京都八丈島 ＊あっぱめ 東京都八丈島 ＊うぃなぐわらび 沖縄県首里 ＊うずめ 群馬県吾妻郡 ＊うなーらび 鹿児島県喜界島 ＊おさま 高知県 ＊おじょ 千葉県安房郡 ＊おじょー 滋賀県彦根 鳥取市 香川県大川郡 ＊おたんや 島根県八束郡 ＊おでこ 千葉県東葛飾郡 ＊おてんこ 熊本県阿蘇郡 ＊おとむすめ(末の女の子。末妹)香川県高見島 ＊おなごおぼこ 山形県 ＊おなごがき 山形県村山 ＊おなごしゅー(尊敬語)岐阜県飛騨 ＊おなごまえ(女の子。また、女の子の器量)香川県伊吹島 ＊おなごわらし 北海道松前郡 岩手県上閉伊郡・気仙郡 山形県 ＊おびー・おびーさー 島根県石見 ＊おびーさん 神奈川県津久井郡 山梨県 ＊おびーじょ 山梨県 ＊おひん・おびん 福井県遠敷郡 ＊おんなしゅ 山梨県南都留郡 ＊がー 石川県能美郡 ＊がき(卑語)宮城県南部 山形県 栃木県 新潟県東蒲原郡 長野県 鳥取県岩美郡・気高郡 ＊がきこ 宮城県南部 福島県相馬郡 ＊がきびら・がきべら 山形県庄内 ＊がきめろ 福島県 ＊がっき・がっきこ・がっきめら(卑語)山形県西置賜郡 ＊がんまー 沖縄県西表島 ＊ぐんかん 熊本県鹿本郡 ＊こーこー 大阪府 ＊こぼ 長野県諏訪 ＊こぼー 栃木県河内郡 高知市「こぼーさん」 ＊こぼーとー(次女以下の女の子)長野県諏訪 ＊さま 高知県 ＊さまさま 徳島県美馬郡 ＊さまさん 新潟県佐渡 ＊しっぴりおばー(女の子の末っ子)千葉県香取郡 ＊しびたーれ・しびたい 鳥取県西伯郡 ＊しびたれ 鳥取県西伯郡 島根県簸川郡 ＊しびたれあま 奈良県吉野郡 ＊じゃくま 長野県諏訪 ＊しゃこ(幼い女の子)滋賀県滋賀郡 ＊しゃば 富山県 ＊じゃべ 山形県庄内 新潟県 ＊しゃべこ 山形県庄内 ＊しゃりん(利口で、言葉巧みにしゃべる女の子)滋賀県伊香郡 ＊じゃんべ 秋田県南秋田郡・由利郡 山形県飽海郡 ＊じょ 山形県東田川郡 ＊じょー 秋田県平鹿郡 山形県最上郡 福井県今立郡 岐阜県郡上郡 兵庫県氷上郡 愛媛県周桑郡・松山「じょうや、ここへおいで」 ＊じょーさん 千葉県上総 大分県速見郡 ＊じょーじょ 新潟県中越・長岡市 ＊じょーじょー 新潟県三島郡 ＊じょこ 青森県三戸郡(寺の娘) 秋田県平鹿郡 新潟県佐渡 滋賀県蒲生郡・犬上郡 京都府竹野郡 大分県西国東郡 ＊じょこさん 鳥取県西伯郡 島根県出雲 ＊じょっこ 秋田県 山形県 ＊じょっこさま 千葉県長生郡 ＊じょっちゃん 大分県大分郡 ＊じょっちょ 秋田県河辺郡 ＊じょっぺ 山形県東田川郡 ＊しょっぺー 福島県会津 ＊じょぺ 山形県庄内 ＊じょべーさん 鳥取市 ＊じょん 滋賀県神崎郡 京都府竹野郡 兵庫県但馬 愛媛県・伊予郡 熊本県天草郡 ＊じょんこ 兵庫県但馬・城崎郡 島根県・隠岐島 愛媛県 ＊じょんこさん・じょんさん 兵庫県但馬 *じょんべ 秋田県河辺郡 *じょんべー 鳥取県気高郡・岩美郡 *せの(「末の」の転。末の女の子。末娘) 宮城県栗原郡 *ちー 石川県江沼郡 *ちーさん 福井県 京都府 *ちさびー(末子の女の子) 岐阜県揖斐郡 *ちよこ 石川県鹿島郡(下流) 奈良県吉野郡(五〜六歳まで) *ちょび(末の女の子) 三重県南牟婁郡 *ちょんこ(女の子の愛称) 青森県津軽 *ちょんま 富山県砺波 *てこ 茨城県 *とてのー(「取って往(い)のう」か。嫁入りしても里へ帰って来て、ものを持って行くところから、女の子。また、嫁) 愛媛県大三島「とてのーが生れたんよ」 *にーばんこ 鳥取県西伯郡 *にゃんこ(次女以下の女の子) 岩手県和賀郡 *にょーばのこ 島根県隠岐島・石見 *にょーばんこ 鳥取県西伯郡 島根県出雲・隠岐島 *にょーぼ 富山県 奈良県宇智郡 広島県高田郡 *にょーぼさん 奈良県宇智郡 *にょーぼのこ 富山県 岐阜県飛騨 岡山県「にょーぼのこがうえの方をおよぎょーりゃー(水面の方を泳いでいると)」 広島県山県郡・双三郡 *にょばんこ 鳥取県西伯郡 島根県出雲 *ばこ(長女以外の女の子。妹) 山形県庄内 *ばす(卑語) 山口県大島 *ばち 新潟県 *ばっけ 富山県 *ばっこ(卑語) 山形県東田川郡 *ばっすい 島根県美濃郡 広島県 *ばっすいたれ 広島県安芸郡 *ばっち 山形県 長崎県西彼杵郡(長女以外の女の子。妹) *ばっちや(長女以外の女の子。妹) 秋田県仙北郡・平鹿郡 *ばっちゃめ・ばっこ(次女以下の女の子) 秋田県仙北郡 *ばて(ののしって言う語) 群馬県碓氷郡 新潟県「このばてめや」 *び 福井県南条郡 岐阜県飛騨 *ひー 新潟県佐渡 *びー 福島県南部 新潟県佐渡 福井県 山梨県・甲府近在 長野県 岐阜県「ぼーかびーかどーじゃよー(男か女かどうですか)」 静岡県・磐田郡 愛知県 三重県度会郡 京都府竹野郡 島根県邑智郡 愛媛県 福岡県朝倉郡 長崎県南高来郡 大分県 *ぴー

福井県遠敷郡 *びーさま(尊称) 岐阜県東飛騨 *ひーさん 島根県益田市 *びーさん 新潟県佐渡(良家の子女) 兵庫県佐用郡 *びーじょー 神奈川県逗子市 山梨県 *びーた 愛知県碧海郡 *びーたー 岡山県阿哲郡 *びーたく 山梨県 *びーたくじ 神奈川県逗子市 *びーつく 愛知県三河 *びーのこ 岐阜県飛騨 *ぴーま・ぴーまーま 沖縄県黒島 *びき(いなか) 秋田県 *びこ 新潟県佐渡(良家の子女) 大分県 *びこさん 新潟県佐渡(尊称) 大分県東国東郡 *びこやん 新潟県佐渡(良家の子女) 大分県 *ぴこん 大分県東国東郡 *ぴし・ぴしぇー 沖縄県八重山 *ぴしぇーま 沖縄県石垣島・鳩間島 *ぴしゃー 沖縄県石垣島・西表島 *びす 福島県伊達郡 *びた 青森県三戸郡 *びたい 宮城県加美郡 *びだいこ 宮城県玉造郡 *びたこ 青森県三戸郡 *びちくく 三重県南牟婁郡 *びちょ 長崎県南高来郡 *びちょこ 青森県三戸郡 *びっき 岩手県九戸郡・気仙郡 *びった 青森県南部 岩手県岩手郡 *びったり 青森県南部 *びっちゃ・びっちゃくちゃ 三重県志摩郡 *びっちゃこ 鳥取県西伯郡 *びっちょ 青森県三戸郡(愛称) 長野県下伊那郡・上伊那郡 岐阜県山県郡 愛知県北設楽郡「びっちょが居る(女の子がいる)」 *びっちょこ(中流以上) 青森県三戸郡 *ひっていー 沖縄県与那国島 *びてー 福島県中部・会津 新潟県東蒲原郡 *ひとつおとめ(年子で生まれた女の子) 東京都利島「兄さんとひとつをとめに生れた」 *びのこ 岐阜県飛騨 *びやん 新潟県佐渡 *ひらつけ 岐阜県大野郡 *びり 滋賀県坂田郡・東浅井郡 和歌山県東牟婁郡 岡山県御津郡 香川県塩飽諸島 *びん 新潟県佐渡 石川県鳳至郡・羽咋郡 福井県遠敷郡「びんか、ぼんかや(女かい、男かい)」 三重県度会郡・南牟婁郡 滋賀県 和歌山県東牟婁郡「こんどのお子さんはびんです」 香川県三豊郡「あしこのびんはもう嫁にいたかしらん」 *びんこ 長野県西筑摩郡 *びんさん 香川県「びんさん、ぼんさん遊ぼー」 愛媛県宇摩郡 *ひんだ 京都府 *びんた 福井県大野郡 岐阜県大野郡・益田郡 *びんたれ 奈良県 *びんだれ 三重県南牟婁郡 山口県 *びんちゃん 滋賀県甲賀郡 広島県走島 香川県「今津屋のびんちゃん」 *びんちょ 福井県敦賀郡・三方郡 *べくされ 北海道小樽市 *ぺっこ 山形県北村山郡 *べら 茨城県結城郡 栃木県・河内郡(軽べつして言う語) 新潟県佐渡 *べらっかす 茨城県結城郡 *ぼ 岩手県和賀郡 *ぼー 鹿児島県加計呂麻島 *ぼーず 岩手県南部(十〜十五歳の女児に)・江刺郡 *みーどぅなー・みーどぅなーふぁー 沖縄県石垣島 *みーどぅんふぁー 沖縄県石垣島・新城島 *みーどぅんふぁーなー 沖縄県石垣島 *みどぅんたま 沖縄県波照間島 *みどぅんっぐぁ・みどぅんっわ 沖縄県宮古島 *みどーぬっふぁ 沖縄県鳩間島 *みどーふぁなー 沖縄県竹富島 *みんどぅんふぁー・みんどーぬふぁー 沖縄県小浜島 *むすめの子 兵庫県赤穂郡 山口市 *めの子 山形県村山・西置賜郡 福島県中部 岐阜県飛騨 *めーた 千葉県香取郡 島根県出雲 *めーら 滋賀県東浅井郡 *めーれー 沖縄県西表島 *めーろ 石川県石川郡 *めーろのこ 石川県江沼郡 *めけー 北海道函館 *めし 滋賀県坂田郡・東浅井郡 *めしら 長崎県壱岐島 *めす 山口県(ののしって言う) 福岡県粕屋郡 *めた 熊本県 宮崎県西臼杵郡 鹿児島県 *めたん 熊本県芦北郡 *めたんこ 熊本県天草郡 *めちゃ 山形県東村山郡 *めちょ 熊本県天草郡 *めっかい 北海道南部 *めっさい 福井県大野郡 *めっちゃ 山形県庄内 *めっちゅー 大分県大分郡 *めっちょ 山形県東田川郡・西田川郡 福岡県朝倉郡 熊本県 大分市 *めっちょこ 大分県大分郡 *めっつ 熊本県上益城郡 *めどむ 沖縄県宮古島 *めらこ 山形県最上郡「ええめらこになった」 *めらんつ 鹿児島県 *めろ 福島県 富山県 石川県 福井県 滋賀県蒲生郡「めろの

先生(女の先生)」・高島郡　京都府宇治郡　奈良県　熊本県　大分県速見郡　*めろー 徳島県美馬郡　長崎県対馬　大分県　*めろーっこ 静岡県川根 *めろこ 宮城県仙台市　福島県　福井県大野郡 *めろさい 大分県大分郡　*めろっこ 神奈川県　三重県上野市(次女以下)　*めろっちょ 熊本県 *めろのこ 富山県 *めろんこ 新潟県佐渡　富山県西礪波郡 *めん 新潟県中越　鳥取県西伯郡 *めんす 三重県度会郡 *めんた 三重県度会郡・宇治山田市　滋賀県蒲生郡　大阪府泉北郡　奈良県南大和　鳥取県西伯郡　島根県能義郡　香川県 *めんだ 福井県大飯郡　京都府宇治郡 *めんたわらわど 青森県北津軽郡 *めんちゃ 石川県江沼郡 *めんちゃー 静岡県 *やや 長野県上伊那郡・下伊那郡 *よてこ・よて 青森県津軽 *んじょ 山形県東田川郡

→しょうじょ（少女）

おんぶ【負】 *うふぁ・うふわ・うーふぁ 沖縄県首里 *うんば・うんま(幼児語) 長野県上伊那郡「さあ、うんましろ」 *おーば 愛知県名古屋市「さあお菓子買いに行くだで、姉ちゃんにおーばしやあ」 *おっば(幼児語) 三重県阿山郡「おっばしてあげよう」 *おっぱ(幼児語) 三重県伊賀「おっぱしてだーこ(おんぶしてちょうだい)」 大阪市　奈良県　和歌山県　広島県能美島・倉橋島・比婆郡　徳島県　香川県　愛媛県 *おっぱい(幼児語) 和歌山県日高郡 *おっぺ(幼児語) 島根県隠岐島 *おっぽ(幼児語) 青森県三戸郡　滋賀県蒲生郡　愛媛県・大三島　大分県 *おんぼ(幼児語) 滋賀県蒲生郡 *かいかい(幼児語) 福岡県三池郡　長崎県　熊本県　宮崎県延岡「かいかいする」 鹿児島県肝属郡 *かっかい(幼児語) 鹿児島県鹿児島郡 *からいからい 熊本県芦北郡・八代郡 *かるごんご 鹿児島県鹿児島郡 *たた 福井県三方郡　滋賀県滋賀郡・彦根「お母ちゃんにたたしてもろて」 京都市　兵庫県淡路島　奈良県 *たった 福井県遠敷郡　滋賀県彦根・蒲生郡　京都市　大阪府大阪市・泉北郡　兵庫県加古郡　奈良県 *ねーな 京都府中郡 *ねーね 京都府竹野郡 *ねねー 島根県美濃郡・益田市 *ねんね 鳥取県西伯郡 *ばーば(幼児語) 愛知県知多郡 *ばいばい(幼児語) 福岡県遠賀郡 *ばえばえ(幼児語) 山形県西置賜郡 *ばっぱ(幼児語) 岩手県気仙郡「ばっぱする」 宮城県栗原郡　秋田県鹿角郡・山本郡 *ぱっぱ(幼児語) 三重県上野市　大阪府泉北郡　奈良県・南大和　和歌山県　岡山県児島郡　徳島県　香川県「ぱっぱする」 *はんにゆい・はんにー 鹿児島県喜界島 *ぶ 山形県飽海郡　福井県 *ぶー 岩手県和賀郡　秋田県「子供をぶって行って来た」　茨城県猿島郡　栃木県　埼玉県北葛飾郡　千葉県　新潟県 *ぶーわ 長野県東筑摩郡 *ぶん 茨城県猿島郡 *ぶんぶ(幼児語) 山形県置賜・米沢市 *べっちょぼんぼ(着物と背中の間へ子供を入れるおんぶ) 富山県砺波 *ぼ 滋賀県「子をぼす」 *ぼう 滋賀県蒲生郡「ぼーする」 *ぼーばい 新潟県佐渡 *ぼーぼー・ぼーせー 新潟県佐渡 *ほっぽ(幼児語) 滋賀県神崎郡 *ぼつぼ 富山県砺波 *ぼんぼ 富山県「ぼんぼする」 石川県　岐阜県大野郡　静岡県賀茂郡 *ぼんぼー 富山県婦負郡 *まー(幼児語) 長野県 *まーま(幼児語) 長野県東筑摩郡 *まーんこ(幼児語) 長野県北安曇郡・南安曇郡 *まま(幼児語) 長野県北安曇郡 *まんこ(幼児語) 長野県北安曇郡・東筑摩郡 *まんま(幼児語) 長野県東筑摩郡 *まんまん(幼児語) 愛媛県北宇和郡 *よいよい 長野県上伊那郡「子供をよいよいする」 静岡市 *よんよん(幼児語) 福岡県久留米市

▯する *えんえん(おんぶすること。幼児語) 岡山市　熊本県玉名　長崎市「えんえんする」 *おぶさんこ(おんぶすること) 長野県佐久 *からう 福岡県三池郡　熊本県玉名郡・下益城郡「からわれる(おんぶしてもらう)」 *かる 鹿児島県肝属郡 *かろう 熊本県下益城郡「かろうち(おんぶして)」 *こっぱ・こっぽ(ねんねこでおんぶすること。小児語) 愛媛県大三島 *だく 兵庫県明石郡 *ひっかろう 熊本県下益城郡 *ぶ 山形県飽海郡 *ぶー 岩手県和賀郡　秋田県　栃木県　埼玉県北葛飾郡　千葉県　新潟県

→「せおう（背負）」の子見出し、「子供を背負う」

か【蚊】 *あしだか 宮崎県西臼杵郡 *あしらが 熊本県球磨郡 *かーめ 茨城県稲敷郡・北相馬郡 栃木県下都賀郡 福井県 奈良県生駒郡 *ががんぼ 長野県東筑摩郡 *がざみ 沖縄県国頭郡 *がざむ 沖縄県宮古島 *がざん 鹿児島県・奄美大島 沖縄県 *がじゃ 沖縄県国頭郡 *がじゃまー 鹿児島県喜界島 *がじゃみ 鹿児島県喜界島・奄美大島 *がじゃむ 沖縄県国頭郡 *がじゃん 沖縄県 *がじん 沖縄県島尻郡 *かだん・かだんく 沖縄県与那国島 *かっか 富山県砺波 *かっぽ 宮崎県西臼杵郡 *かどんぼ 埼玉県南埼玉郡 *かな 山梨県 *かの 埼玉県秩父郡「今夜はかのがいるから蚊帳あ吊るべえ」 *かぶめ 東京都八丈島 *かめ 栃木県宇都宮市・真岡市 *かん 山形県東村山郡・北村山郡「かんえだなー(蚊がいるな)」 *かんかめ 栃木県矢板市 *かんかんめ 栃木県那須郡・日光市 *がんざん 沖縄県小浜島・波照間島 *がんじゃー 長崎県 *かんす 岐阜県稲葉郡・土岐郡 愛知県 *かんぱ・かんぼ 静岡県 *かんぼー 静岡県磐田郡 *かんめ 茨城県久慈郡・新治郡 *くちぼそ 長野県上伊那郡・下伊那郡 *どかんす 愛知県名古屋市 *のーが(カの大きなもの) 大阪府泉北郡 *ぶと 新潟県中頸城郡 富山県砺波 *ぶんぶ(幼児語) 新潟県中頸城郡 香川県綾歌郡 *やぶれが(初秋に出て来る生き残りのカ) 京都府竹野郡 *よーが・よーがー 福島県南部・会津 *よが 青森県津軽 岩手県 秋田県由利郡・鹿角郡 山形県 福島県 茨城県久慈郡 新潟県 富山県・東礪波郡 長野県下伊那郡 岐阜県 *よかめ 栃木県大田原市・那須郡 *よがめ 石川県能美郡 *わかれが(初秋に出て来る生き残りのカ) 富山県砺波

□などに食われた跡 *かのくち 青森県三戸郡 秋田県鹿角郡 山形県東田川郡 岐阜県飛騨・郡上郡 *かぐち 山形県東置賜郡・西置賜郡 *ほろし 香川県男木島・伊吹島 *ほろせ 岡山県苫田郡・児島郡 香川県 高知県 *まめ 兵庫県加古郡 *まめた 香川県伊吹島

が【蛾】 *あまびら 長野県長野市・上水内郡 *おこれ 熊本県菊池郡・天草郡 *おと 大分県国東郡・速見郡 *おとぼ 福岡県築上郡 大分市 *おばちょちょ 熊本県球磨郡 *おんぼ 福岡県八女郡 熊本県 *おんぼー 熊本県飽託郡・下益城郡 *がが(幼児語) 島根県 *かかべ 岩手県岩手郡・紫波郡 *がちょ 熊本県八代郡 *かびらー 沖縄県竹富島 *かんぼー 静岡県安倍郡 *こーもり・こーぶり 徳島県美馬郡 *こぶ 静岡県榛原郡 *さかやんこるべ 熊本県八代郡 *じょー(カイコのガ) 新潟県 *しょーじすずめ(大形のガ) 青森県三戸郡 *たべら 福島県南部 *ちーこ 大分市 *ちっぱ 秋田県仙北郡 *ちょー 長野県 愛知県 三重県上野市「かいこのちょー」 愛媛県 佐賀県 長崎県 熊本県 大分県 *ちょーち 大分県南海部郡 *ちょーちょー 千葉県上総 新潟県佐渡 富山県砺波・西礪波郡 三重県度会郡 鳥取県 大分県 *ちょちょ 千葉県上総 *ちょん 東京都利島 *ちょんちょ 鳥取県西伯郡 *てがら 青森県三戸郡 *てぐらこ(小さいもの) 青森県三戸郡 *どる 三重県一志郡 *ひーら 大分県大分郡 *ひーる 宮城県 福島県伊達郡 群馬県碓氷郡・勢多郡 東京都利島 新潟県佐渡 静岡県 大分県大分郡 *ひーるめ・へーるめ 東京都八丈島 *ひーろ 福島県会津 群馬県碓氷郡・勢多郡 東京都三宅島 新潟県佐渡 熊本県阿蘇郡・菊池郡 大分県 *ひとりむし 大分県大分郡 *ひむしどり 大分県速見郡 *ひゅーろ 和歌山県日高郡 佐賀県 *ひり 熊本県球磨郡 *ひりょー 熊本県菊池郡 *ひる 福島県北部 東京都御蔵島 熊本県 宮崎県児湯郡 *ひるこ 青森県南部 *ひろ 山形県東村山郡 *びんじゅ(小さいもの) 熊本県球磨郡 *びんじょ 熊本県八代郡 *ぶっつ 熊本県球磨郡 *へーろ 東京都三宅島

かい【貝】 *いしがい(湖畔の泥地に産する貝) 滋賀県彦根 *いそもの(磯(いそ)の貝類。特に、アワビのこと) 長崎県五島・対馬・壱岐島 *うらつぶ(溝などにすむタニシに似た小さな貝) 秋田県鹿角郡 *うらつぷ(溝などにすむタニシに似た小さな貝) 秋田県仙北郡 *おもがい(ハマグリに似て殻が厚く、表面に粗い縦筋のある貝) 長崎県対馬 *かいこ 青森県津軽(主に二枚貝) 茨城県 *かいごっちょ 栃木県足利市 *かいそー 福岡県山門郡 熊本県飽託郡 *かいっこ 栃木県 *かえしじゃ 静岡県 *きゃーがち 茨城県猿島郡・真壁郡 *きゃいきゃい(幼児語) 愛知県名古屋市 *けぁっこ 岩手県気仙郡 宮城県石巻 *けーがち 埼玉県入間郡 *けーごー 東京都八丈島 *けーころ 茨城県真壁郡 *けーっこ 茨城県北相馬郡 栃木県 千葉県市原郡 *けーっぽ 栃木県宇都宮市 *けーんこ 山形県 千葉県印旛郡 *けげ 栃木県安蘇郡 *けんこ 山形県庄内 千葉県印旛郡・千葉郡 *しおふき 香川県(貝類の総称) *したたび(夜になると出て来て磯(いそ)の岩に付着する、小さい巻き貝) 新潟県佐渡 *しただみ 東京都八丈島(カタツムリぐらいの大きさの巻き貝) *びんろーじ(らせんのある、一方が細くとがっている貝。田または溝にすむ) 新潟県西蒲原郡 *まるいそもん 和歌山県日高郡 *みな 沖縄県鳩間島 *みなー 沖縄県石垣島・竹富島 *みなん 沖縄県波照間島

かいが【絵画】 ⇩え(絵)

かいがん【海岸】 *いそばた 三重県志摩郡 香川県伊吹島・高見島 *うらて 岡山県邑久郡 島根県石見「うらての人は、みんな声が大けな」 *えばた 石川県鹿島郡 *おき 香川県 大分県 *おきはま 大分県大分郡 *おきのはま 山口県大

島 *おりんば(遠浅になった海岸) 静岡県志太郡 *かし・かーし(海岸。特に、乗船に便利な海岸) 三重県志摩郡 *がらはま(小石でいっぱいの海岸) 新潟県佐渡 *がんけ 茨城県 *どぅまんぬぱた 沖縄県黒島 *どぅもーりぬぱた 沖縄県石垣島 *ばーた 石川県鹿島郡 *はた 石川県鳳至郡・鹿島郡 *ぱた 沖縄県八重山 *はとさき 長崎県南松浦郡 *はまけ 愛知県碧海郡 *はまと 福井県大飯郡 京都府竹野郡

↓うみべ(海辺)・きし(岸)・はまべ(浜辺)

がいけん【外見】 *うつばい 島根県石見 *うっぱい 鳥取県西伯郡 島根県石見 岡山県「家のうっぱい(家の構え)」 広島県佐伯郡 徳島県 愛媛県大島・大三島 高知県「一見した所、うっぱいがいい人は徳だ」 *おっぱい 鳥取県西伯郡 *かがい 青森県三戸郡 *がかい 青森県三戸郡「ががぇやいー(外見がよい)」 秋田県鹿角郡(家屋敷の外構え) 山形県米沢市 山梨県南巨摩郡 静岡県志太郡・榛原郡 愛知県名古屋市 *がげぁ 岩手県気仙郡「がげぁの大きな家だ」 *かこち 香川県大川郡 *かばち 徳島県「あの家はかばちはよいが中は苦しい」 *がんつき 島根県 *げんぞー 高知市「老婆のみだれ髪はげんぞーがわるい」 *けんぶん 高知市「あの病人に今日逢うたがとてもけんぶんが悪かった」 *こつき 新潟県西頸城郡 愛知県名古屋市 奈良県南大和 *そ 島根県大原郡 *そえつき 島根県出雲「一寸見るとそえつきが悪いが、つき合ってみるとえー人だ」 *たっぱい 福岡市「彼はたっぱいがええ」 長崎県対馬 *たっぴき 長崎県壱岐島 *たっぴゃ 熊本県八代郡 *ばあい・ばやい 島根県「この方が人にやるにはばやいが良い」「あそこのおかっつぁんはばあいがえー」 *ばじょー 沖縄県首里 *ふーぞく 徳島県 愛媛県・宇和島 長崎県壱岐島「麦のふうぞくがよくなった」 *みーよー 沖縄県首里 *みずら 新潟県中頸城郡「みずらがいい(体裁がいい)」 長野県東筑摩郡・佐久 *みそぎ・みそく 千葉県夷隅郡 *みたて 宮城県仙台市「みたてがねえ(見栄えがしない)」 山形県米沢市 新潟県佐渡 徳島県三好郡 *みだて 新潟県「みだてがない」 長野県諏訪・上伊那郡「みだてのいい娘だ」 *みだてぃ 沖縄県石垣島 *めんぱい 青森県「めんぱいつくる」 宮城県「めんぺー悪くて顔向もなんね」 秋田県鹿角郡 山形県「めんぱいかざる」

↓ていさい(体裁)・みかけ(見掛)

かいこ【蚕】 *あとと 福島県会津 *いちとい 滋賀県 *いとぅむし 沖縄県首里 *おしなもんさま 富山県 *おじょろさま 富山市近在 *おしら 埼玉県秩父郡 *おしらさま 埼玉県秩父郡 神奈川県津久井郡 山梨県北都留郡 山梨県 *おしらさん 山梨県 静岡県東部 *おひめさま(主に四齢のカイコで、頭部に二つの黒斑点のない真っ白なもの) 青森県五戸郡 *おひめさん 静岡県田方郡 *おぼこ 山梨県・南巨摩郡 静岡県富士郡 *おぼこさま 山梨県南巨摩郡 *おぼこさん 山梨県 *おむし 長野県上田 *おんぼく 静岡県庵原郡 *おんぼこさん・おんぼくさん・おんばくさん 静岡県庵原郡 *かーご 鹿児島県種子島 *かーごじょー 鹿児島県種子島 *きゃーごじょ 長崎県南高来郡 熊本県天草郡・球磨郡 *きゃごじょ 熊本県天草郡 *くわこ 大分県大分市・大分郡 *くわご 熊本県 *けーごじょー 長崎県壱岐島 *けこじょ・けごじょー 鹿児島県「けこじょのめ(繭)」 *けごじょ(「じょ」は本来、親愛や尊敬の意を表す接尾語) 宮崎県 鹿児島県「けごじょどき(養蚕時分)」 *けこぞ 鹿児島県硫黄島・揖宿郡 *けごぞ 鹿児島県姶良郡・揖宿郡 *けこぞさん 鹿児島県鹿児島郡 *こーがいさま 富山県砺波 *こがい 岐阜県飛騨・郡上郡 *こがいさま 富山県・砺波 石川県河北郡 岐阜県飛騨 *こごじょ 富山県 *こごじょさま 富山県 *こごぜ 富山県 京都府中郡 *こな 東京都八丈島 *こなさま 東京都三宅島・御蔵島・八丈島 *こばえ 香川県 *こぼせ 京都府 *こぼぜ 京都府中郡 *こもじょ 富山県下新川郡 *こもぜ 京都府与謝郡 *こもでさま 静岡県小笠郡 *こんぎゃはん 富山県 *じょろー 三重県伊賀 *しろーさま 山形県東田川郡 *しろさま 山形県西田川郡・庄内 新潟県岩船郡 *しろはん 山形県庄内 *とーとこ 岩手県九戸郡「とーとこぴーろ(カイコのさなぎ)」 *とーどこ 岩手県下閉伊郡 *ととこ 青森県 岩手県江刺郡 秋田県 *どどこ 青森県「とどこいた(蚕板)」 岩手県 秋田県 *どどこ 岩手県岩手郡 *ととこさま 秋田県鹿角郡 *ととっこ 岩手県気仙郡 秋田県雄勝郡 *とどっこ 秋田県仙北郡 *どどっこさま 岩手県気仙郡 *のんのー 福島県南会津郡 *ひめ(主に四齢のカイコで、頭部に二つの黒斑点のない真っ白なも

方言の窓

●方言コンプレックス

話をしようとするとどうしても方言が出てしまう、ゆえに恥ずかしくて、人前では話ができなくなってしまう。このような症状の底にある意識を「方言コンプレックス」と呼ぶ。昔は方言コンプレックスを感じていた人は地方の一部の教養層であったろう。明治以降の方言を悪とする言語教育がコンプレックスを助長させたとも考えられる。

しかし、昔と違って、今では誰もが方言と標準語とを使い分けられるようになった。それとともに「方言コンプレックス」も次第に解消され、恥ずかしいとされていた方言はむしろ、懐かしいもの、ぬくもりに満ちたものというプラスのイメージに変わった。新聞の投書も、昔は「方言を笑うな」が主流であったが、今では「方言を大切に」という声が多く見られる。

の）山形県西置賜郡　島根県 ***ひめがいこ** 奈良県南大和 ***ひめこ** 群馬県勢多郡　埼玉県秩父郡 ***ひめご** 神奈川県 ***ひめこさま** 長野県 ***ひめこさん** 静岡県・榛原郡　島根県大原郡 ***ひめっこ** 千葉県房総　東京都大島　静岡県 ***ひる**（カイコの幼虫）秋田県平鹿郡 ***ぼーし**（小児語）鳥取県岩美郡 ***ぼこ** 新潟県　山梨県甲府市近在 ***ぼこさま** 新潟県 ***ぼこさん** 新潟県佐渡・刈羽郡 ***ぼこんさん** 静岡県安倍郡 ***ぼぼ** 長野県東筑摩郡 ***ぼぼー** 長野県更級郡・下水内郡 ***ぼぼーさま** 長野県 ***ぼぼさま** 新潟県刈羽郡・西頸城郡　長野県北安曇郡 ***ぼぼさん** 新潟県西頸城郡 ***まむし** 沖縄県 ***まむしぐゎ** 鹿児島県奄美大島 ***まんむし** 沖縄県八重山 ***むし** 群馬県多野郡　愛知県知多郡　熊本県八代郡 ***むしがー・むすわー** 鹿児島県喜界島 ***むしぐゎ** 鹿児島県徳之島 ***むしぐゎー** 鹿児島県沖永良部島 ***むしっぐゎ** 鹿児島県奄美大島 ***めんめ・めんめさま** 長野県下伊那郡 ***もつく** 群馬県勢多郡 ***よめじょー・よめじょーさー** 島根県石見

□のさなぎ ***うじ**（さなぎ。また、特にカイコのさなぎ）岐阜県飛騨 ***しびっつ** 福島県石城郡 ***しゅろこ** 秋田県雄勝郡 ***ずっこ** 山形県東村山郡 ***どーじ** 静岡県磐田郡　愛知県北設楽郡 ***とーやーまー**（「唐は何処（どこ）」の意という。さなぎ。特に、カイコのさなぎ）沖縄県首里 ***にーしゃー** 静岡県志太郡 ***にしひがし** 秋田県平鹿郡 ***にしむけひがしむけ** 香川県　福岡県久留米市 ***にしゃどち** 千葉県上総　三重県志摩郡 ***にしゃどっこ・にしゃどっちひがしやどっち** 群馬県多野郡 ***にしやどっち** 埼玉県北葛飾郡 ***はち** 島根県隠岐島 ***びーび** 島根県隠岐島 ***びく** 新潟県 ***びす** 新潟県古志郡 ***ひび** 長野県西筑摩郡　岐阜県飛騨 ***びび** 兵庫県佐用郡　岡山県川上郡 ***ひびつ** 福島県相馬郡・南会津郡 ***ひびっつ** 福島県岩瀬郡 ***ひょーろ** 富山県東礪波郡　岐阜県大野郡 ***ひろこ** 岩手県気仙郡　宮城県栗原郡　秋田県鹿角郡 ***へべす** 福島県会津 ***へへろー** 富山県婦負郡 ***まえみ** 山形県　福島県大沼郡 ***まゆみ** 宮城県登米郡　山形県米沢市 ***むつ** 愛知県海部郡 ***むつご** 長野県東筑摩郡　岐阜県　愛知県葉栗郡　島根県石見　山口県　徳島県 ***もつご** 島根県出雲

□を尊んで言う語 ***おこ** 山形県　福島県会津　栃木県安蘇郡　群馬県佐波郡　埼玉県秩父郡　神奈川県津久井郡　新潟県　長野県上田・佐久　静岡県志太郡　島根県石見 ***おこー** 岩手県気仙郡 ***おこーさま** 岩手県気仙郡 ***おこさま** 岩手県江刺郡　宮城県仙台市　秋田県鹿角郡　山形県「おごさまおぐ（養蚕をする）」　福島県会津　茨城県　栃木県　群馬県　埼玉県　千葉県印旛郡・長生郡　神奈川県津久井郡　新潟県東蒲原郡　長野県　岐阜県飛騨 ***おこさん** 宮城県石巻　東京都八王子　神奈川県中郡　新潟県中頸城郡　長野県佐久　静岡県　島根県石見 ***おこどの** 茨城県稲敷郡 ***おこもっつぁん** 静岡県志太郡 ***おこもでさま** 静岡県榛原郡 ***こどの** 福島県若松市・大沼郡　茨城県稲敷郡　千葉県上総 ***こどのさま** 福島県　茨城県　栃木県芳賀郡 ***こどんさま** 福島県 ***このさま** 茨城県北相馬郡　東京都八丈島 ***ぼこ** 新潟県北魚沼郡 ***よごさん** 栃木県那須郡

かいこんち【開墾地】

***あかぼっくらー・あかぼっこー**（赤土で肥料分の少ない開墾地）鹿児島県種子島 ***あらお** 千葉県安房郡 ***あらき** 青森県　秋田県鹿角郡　静岡県榛原郡「あらきの茶原」　鹿児島県種子島 ***あらきおこし** 岩手県九戸郡 ***あらきばたけ** 青森県三戸郡 ***あらく** 岩手県気仙郡　宮城県登米郡　福島県南会津郡　茨城県稲敷郡　栃木県　群馬県碓氷郡・多野郡「あらくをあける（開墾する）」　埼玉県秩父郡「あそこのあらくへは小豆でも蒔くべえ」　千葉県印旛郡　東京都三宅島「あらくを掘るときにゃもやった（共同でやった）もんだしさ」　神奈川県「あらくをおこす」　長野県埴科郡　静岡県田方郡 ***あらぐ** 千葉県印旛郡「あらぐきり（開墾）」 ***あらこ** 岩手県気仙郡　茨城県稲敷郡　東京都三宅島　長野県 ***あらじ・あらじり** 愛媛県 ***あらしの** 鹿児島県肝属郡「あらしのをしあぐる（開墾する）」 ***あらしょ** 広島県安芸郡 ***あらち** 宮城県栗原郡 ***あらっ** 鹿児島県肝属郡 ***あらとこ** 新潟県岩船郡　長野県上田・佐久 ***あらぼり** 三重県阿山郡 ***おこしち** 三重県志摩郡 ***かの**（草木を刈り払って畑にした所）山形県西置賜郡　新潟県東蒲原郡 ***かりょー・かりょーばたけ**（野山の開墾地）鳥取県気高郡 ***かんの**（草木を刈り払って畑にした所）新潟県中越　長野県下水内郡 ***くずし** 神奈川県 ***しがい** 三重県伊賀 ***しんかい** 群馬県碓氷郡　千葉県印旛郡　新潟県佐渡　愛知県北設楽郡　長崎県南高来郡　大分県大分市・北海部郡 ***しんがい** 三重県阿山郡　大阪府南河内郡　島根県石見　広島県高田郡　大分県大分市・北海部郡 ***しんきり** 長野県　愛知県八名郡「あの畠はしんきりだ」・知多郡 ***しんびらく** 長崎県南高来郡 ***しんぼり** 三重県名張市 ***たおし** 神奈川県足柄上郡 ***にーた** 島根県那賀郡 ***ねーの** 長野県北安曇郡 ***はり** 徳島県 ***はる** 鹿児島県　沖縄県与那国島 ***はれ** 徳島県美馬郡・那賀郡 ***はろー** 沖縄県小浜島 ***はんでおこし** 神奈川県横浜市 ***ひらき** 神奈川県　新潟県佐渡　富山県西礪波郡　京都市　兵庫県揖保郡　奈良県南葛城郡　鳥取県西伯郡　島根県那賀郡・邑智郡　岡山県邑久郡　佐賀県・藤津郡　長崎県南高来郡　熊本県天草郡　大分県　宮崎県東諸県郡 ***ひらきじ** 徳島県美馬郡　長崎県南高来郡　熊本県天草郡 ***ひらきだ** 熊本県天草郡 ***ひらけうち** 熊本県天草郡 ***ほった** 岩手県気仙郡　島根県鹿足郡・隠岐島 ***ほりこ** 新潟県上越市 ***ほりた**

島根県 *やまおこし 神奈川県足柄下郡 *やまじらけ(「やましあけ」の転。山の開墾地) 鹿児島県

かいすいよく【海水浴】 *うみとーじ 新潟県上越市・中頸城郡 *くゎんぬゆふり(無料であるところから) 沖縄県石垣島 *しおあびる(海水浴をする) 広島県佐伯郡「わしゃ、しおーあびに連ろーて行ったことがあるがの」 香川県 *しおとーじ 愛知県名古屋市 *しおはいり(また、海水浴客も言う) 島根県益田市 *なまとーじ・なまとじ 福井県

かいそう【海草・海藻】 *あおさ(春先、海岸近くの石に生える海草) 新潟県佐渡・上越市 島根県 *あさっぺ(海藻の一種。子どもがふくらませて遊ぶ) 島根県 *あさっぺー(海藻の一種。子どもがふくらませて遊ぶ) 島根県美濃郡・益田市 *いぎす(紅藻類の海藻) 山口県豊浦郡・大島 香川県 *いげす(紅藻類の海藻) 香川県 *いご(紅藻類の海藻) 新潟県佐渡 *いそくさ 宮崎県児湯郡 *がねのす・がねんぼー(海藻の一種) 香川県・小豆島 *ことじ(「粉綴」か。しっくいに混ぜる海草) 静岡県志太郡 *ごも 福島県石城郡「ごも刈り」 *てんじくも(黒くて毛髪のような海藻) 青森県上北郡 *ねば(海藻の一種。腐りも悪く肥料としてもききの悪いものだが、軽くて運びやすいので遠方の耕地に用いる) 山口県阿武郡 *はまくさ 秋田県鹿角郡 *びりも(重くて腐りやすい海藻) 山口県見島 *もく 宮城県亘理郡(海岸に打ち寄せられた海藻) 静岡県榛原郡(肥料にする海藻) 愛知県知多郡(海岸に打ち寄せられた海藻) 島根県美濃郡(海岸に打ち寄せられた海藻)・益田市(海岸に打ち寄せられた海藻) *もくぞー(海岸に打ち寄せられた海藻) 高知県 佐賀県 *もくた(海岸に打ち寄せられた海藻) 静岡県志太郡 *もばぐろ(海藻の堆肥(たいひ)) 香川県男木島 *よりもば(浜辺に打ち上げられる海藻) 香川県塩飽諸島

↓も (藻)

かいだん【階段】 *がき 福島県会津若松市 栃木県那須郡 *がぎ 秋田県鹿角郡「此の坂路はあまり急で歩行きにくい、がぎ付けた方がよい」 福島県会津 栃木県那須郡 新潟県東蒲原郡 *がきだん 福島県会津若松市 *がっき(階段状の凸凹) 秋田県南秋田郡 山形県鶴岡市「がっきついている(頭髪がとら刈りの状態だ)」 *がんぎ 栃木県那須郡 山梨県南巨摩郡 静岡県周智郡 徳島県 *がんげ 兵庫県赤穂郡 *きざ 鹿児島県・口之永良部島 *きざい 鹿児島県「石のきざい」 沖縄県首里 *きざん・きだん 鹿児島県鹿児島郡 *きじゃり 鹿児島県奄美大島 *きだ 鹿児島県鹿児島郡 *きたはし 千葉県海上郡 *きだはし 山形県 群馬県利根郡・吾妻郡 福井県大飯郡(神社の階段) 和歌山県東牟婁郡・新宮 島根県 香川県 *きだわす 山形市 *ぐき 福島県会津若松 *だっかん 山形県南置賜郡 *だっき 新潟県岩船郡 *だんかい 山形県米沢市 *だんぎ 静岡県 愛媛県中島 高知県土佐郡 *だんげ 兵庫県赤穂郡 *だんこ 岩手県紫波郡 埼玉県秩父郡 *だんと 島根県石見 *だんど 岐阜県恵那郡 *だんとー 島根県益田市 *だんとこ 島根県石見 *だんばし(三階へ上がる階段) 京都市 兵庫県赤穂郡 島根県隠岐島 *だんばしご(三階へ上がる階段) 新潟県佐渡 富山県砺波 石川県石川郡 福井県敦賀郡・大飯郡 長野県諏訪 滋賀県彦根 京都市 大阪府大阪市・泉北郡 奈良県南大和 島根県 広島県高田郡 香川県 愛媛県 松山「だんばしごを上がって上へお出でなさい」 *ちょんちょん 滋賀県 *でっかえ 山形県東置賜郡 *にーけーばし(二階に上る階段) 沖縄県首里 *ばっか 山形県 *ふんだん 富山県砺波 *ぼっか 山形県東置賜郡 *まんげ 静岡県
↓いしだん (石段)

かいにん【懐妊】 ⇩にんしん (妊娠)

かいば【飼葉】 *いもの 香川県 *うーまもん 富山県砺波 *うしのもの(牛の飼料) 島根県(馬の飼料にも言う) 香川県 *うしもん(牛の飼料) 滋賀県高島郡 *うまのもの 山形県 新潟県中頸城郡 富山県 長野県 *うまもの 秋田県平鹿郡 長野県 *うまんはん・おまんはん(馬のかいば) 長崎県五島 *おしわら(刻んだかいば) 長野県上水内郡 *かいくさ 長野県北安曇郡 岐阜県郡上郡 滋賀県神崎郡 *かいぐさ 青森県津軽 千葉県東葛飾郡 愛知県北設楽郡 *けぐさ 青森県津軽 秋田県南秋田郡 *ごいら・ごいそ(馬の飼料。まぐさ) 長野県 *ごーいそ・ごいそー(馬の飼料。まぐさ) 長野県南安曇郡 *ごーそ(馬の飼料。まぐさ) 長野県東筑摩郡・西筑摩郡 *さす(わらや干し草を刻んだかいば) 長野県下伊那郡 *ぞくら(刻んだかいば) 長野県上伊那郡 *にか 島根県出雲・隠岐島 *ぬか 新潟県佐渡「牛にぬかをくれて来い」 島根県邑智郡・隠岐島 大分県南海部郡 *ぬこー 大分県南海部郡 *はご 岐阜県郡上郡 岡山県苫田郡・上道郡 *はみ 岩手県九戸郡 宮城県亘理郡 秋田県鹿角郡 福島県南部 兵庫県神戸市 山口県豊浦郡 徳島県美馬郡 愛媛県 高知県 福岡県 長崎県 熊本県下益城郡・天草郡 大分県 宮崎県 鹿児島県種子島・肝属郡 沖縄県首里・石垣島 *はむ 長崎県南高来郡 *はめ 愛媛県上浮穴郡 大分県 *はん 長崎県五島 鹿児島県 *まのもの 茨城県・新治郡・真壁郡 *まのもん 千葉県印旛郡 新潟県中頸城郡・西頸城郡 *まるもん 千葉県印旛郡 *まんもの 千葉県千葉郡 *んまもの 秋田県雄勝郡・河辺郡
↓「しりょう (飼料)」の子見出し、「牛馬の飼料」・まぐさ (馬草)

かいひん【海浜】 ⇩かいがん (海岸)

かいもの【買物】 *あちねー(買い物。物々交換) 鹿児島県喜界島「あちねーさー(買い物をする人)」「まあちねー(馬の交換)」 *うりものかいもの(手ごろな買い物) 新潟県佐渡 *せつがい(晩

秋、雪に埋もれる春三月の節句までの準備のために行う買い物）福島県北会津郡 *せっきがい（年末の買い物）長野県下伊那郡 *まちだち（市に買い物に行くこと。町での買い物）秋田県平鹿郡 山形県最上郡 *もんけ 鹿児島市「よかもんけじゃごわはんど（よい買い物ではございませんか）」

かう【買】 *おきのる（代価を借りて、ものを買う。掛けで買う）福岡市 *おごる・おぐる（ぜいたくに走るとものをみだりに欲しがるところから）長野県上田・佐久 *かす 長野県更級郡「子供のものはかしたかい」 *くだす（商品などを中央から取り寄せて買う）青森県津軽「そもつくだしたり、きかえくだしたりして（本を取り寄せたり器具を送らせたりして）」 岩手県気仙郡「立派なの持ってるな、どっからくだしたれ」 長崎県対馬「品をくだす（商品を取り寄せる）」 *けーこーゆん（買ってしまう。思いきって買う）沖縄県首里 *さがゆん（代金後払いの約束で買う。掛けで買う）沖縄県首里 *しぎる 新潟県中魚沼郡 *しげる 新潟県 *しばく（値段を十分値切って買う）滋賀県蒲生郡 *とびこむ（他の人より非常に高い値で買う）島根県隠岐島 *とる 鹿児島県「花わおといやはんか（買いませんか）」 *ばらす（思い切りよくものを買う）福井県

□こと *かいぼこ・けぁぼこ（縁起物として買うこと。また、買って得をすること。買い得）岩手県気仙郡「けぁぼこだから買っていがせぁ」「けぁぼこに買って行くべ」 *がたぎや（細かな計算をしないで全体で幾らとものを買うこと）熊本県玉名郡 *さがい（代金を後日支払う約束でものを買うこと）沖縄県那覇市・首里「さがいごーい（掛け買い）」 *さがり（代金を後日支払う約束でものを買うこと）沖縄県石垣島・竹富島・鳩間島 *しまい（盆、正月に必要なものを買うこと）島根県八束郡「しまひに出る」 *じんぎがい（交際上やむなく物を買うこと）島根県 *はねっこ（「はね」は「撥」か。金を出し合って買うこと）茨城県北相馬郡 千葉県東葛飾郡 *めっそーかい（一まとめのまま目分量で買うこと）兵庫県神戸市

かう【飼】 *おく 山形県「おこさま（蚕）をおぐ」 兵庫県赤穂郡「牛をおく」 *かかえる 秋田県河辺郡 *かかぶ 富山県 *かくまう 東京都大島「犬を三匹もかくまっている」 新潟県佐渡「鶏をかくまう」 *かこう 富山県砺波 *かつ 神奈川県江の島 *たてる 青森県「ねごだのとりだのたでなぇばものぁそばつねなてねし（猫や鶏を飼わないとものが粗末になってね）」 秋田県鹿角郡 福島県南部「鶏おたてる」 佐賀県小川島（牛馬を牧に飼うことやアワビの養殖） 長崎県北松浦郡「よか牛たてよったろな」 熊本県玉名郡（馬） *たべさせる 富山県

かえす【返】 *いーふぁらゆい・いーむどぅしゆい（労働交換によって手伝ってもらったものを返す。手伝い返す）鹿児島県喜界島 *いくす 秋田県南秋田郡・河辺郡「貸した本をえぐさない」 富山県・高岡市 *すべる（借金や掛け買いの代金などを返す）岩手県気仙郡 *たてる（借金を返す）新潟県佐渡 *ぶっかえす（贈られた物などをそのまま返す）岩手県気仙郡 *まどう（借りたものを返す。借金を返す）山口県「あの借金は先日まどいました」 *まどす（借りたものを返す。借金を返す）島根県仁多郡「借金をまどした」 *よこす 山形県米沢市 福島県東白川郡「こねぇだ貸した本、はぐよこせ」

借りたものを□こと *まどい 島根県「借金のまどいがまだすまん」

かえって【却】 *いちだん 長崎県西彼杵郡 *いっだん 佐賀県藤津郡 長崎県南高来郡「うむ（海）のみち（水）ばあびったばってん、まえよるかいっだん痛なって」・西彼杵郡 熊本県天草郡 *かえちゃまくり 宮城県遠田郡 *かえっちゃ 鹿児島県 *かえってが 山形県米沢市「そんなことをするとかえってが悪い」 *かえってのかー 静岡県榛原郡 *がぇんだ 青森県津軽「がェんだあじましぐなぇてんきだでぁ（どうも気になる天気だねえ）」「あすえんそぐぁ中止だど。おお、がぇんだ、えでぁ（明日の遠足中止だとよ。ああそう、じゃあかえって好都合だよ）」 *けぁてもて 秋田県北秋田郡「下手に手を出してけぁてもて悪くした」 *けーてぃんかい 沖縄県首里 *げーんだ 青森県津軽「ちょうもまだ、げぇんだ、えぱだねなたでぁ（今日もまた、どうも、変になりましたねえ）」 *けくで 山口県大島 愛媛県・今治市 高知県 *けくと 岩手県胆沢郡 *けくら 岩手県上閉伊郡 *けっか 静岡県「けっかこの方がよい」 島根県石見 岡山県児島郡「あの女事務員よりけっかあの局員の方がええよんしたがあ」 広島県 山口県・大島「良うしちゃらうと思うて言うてやったら、けっか悪うなった」 大分県 *けっかし 山口県 *けっかて 島根県 広島県 *けっかで 広島県「書き直してけっかでへたになった」 *けっかと・けっかのこと 島根県石見 *けっく 秋田県由利郡「さうすればけっく駄目だ」 山梨県南巨摩郡「注射をうつとーことがけっく悪かった」 岐阜県本巣郡 静岡県 和歌山市「けっくその方が楽や」 島根県石見 愛媛県・越智郡 福岡県・粕屋郡 *けっくし 島根県鹿足郡 *けっくじゃ 鹿児島県 *けっくで 山口県大島「けっくで言はぬ方がよかった」 *けっくと 島根県石見 *けっくり 福岡市 *けんがく 福岡県小倉市 *さかに 三重県志摩郡 *さっち 島根県簸川郡「さっち良いこたなかった」 *さんかえり 宮城県登米郡 *しかも・しかもか 福島県東白川郡「その方がしかもか良え」 *しこー 島根県「お前がなぐさめるようなことを言うけえしこー悲しうなった」 *しここと 島根県安来市・邇摩郡 *しこのこと 島根県大田市 *しっこー 島根県邑智郡・大田市「そんなことをするとしっこー悪い」 *じんじ 鹿児島県・鹿児島郡 *ただもん 長崎県壱岐島「早う行かにゃただも

ん遅るるとね」 *ちょーた 鹿児島県喜界島 *なおかで・なおで 富山県砺波 *まさらさまに 島根県美濃郡「紙をちぎるよりゃー鼻をしゅんだ方がまさらさまにえー」 *りんじ 岩手県西磐井郡・気仙郡「腹こわしていたところさ、氷水飲んだもんだから、りんじ悪くした」 宮城県登米郡 山形県西置賜郡・米沢市 山口県豊浦郡 *りんじか 岩手県上閉伊郡・気仙郡 宮城県栗原郡 山形県東置賜郡・米沢市「この方あ、りんじが、んまえ(このほうがかえっておいしい)」 *りんじも・えんじ・えんじか・えんじも 岩手県気仙郡

かえで【楓】 *いたや 青森県津軽・南部 *はな 宮城県加美郡・黒川郡 栃木県 新潟県長岡市 *はないたや 青森県 *はなのき 青森県南津軽郡 岩手県盛岡 秋田県 山形県酒田 群馬県多野郡 新潟県岩船郡・佐渡 富山県下新川郡 岐阜県揖斐郡 *やまもみじ 新潟県 長野県 鹿児島県

かえる【帰】 *いぬ 福井県 滋賀県甲賀郡 京都府 大阪府 兵庫県神戸市・赤穂郡・淡路島 奈良県 和歌山県「おばー、もーいぬよ」 鳥取県岩美郡・気高郡 徳島県「もういにます」 香川県 愛媛県 高知県高岡郡 熊本県 *いぬる 福井県「こどもぁ まっとっさかい いぬるわのー」 三重県 滋賀県 京都府 大阪府大阪市・東成郡 兵庫県 奈良県 和歌山県 鳥取県 島根県 岡山県「早くいなんと日が暮れる」 広島県 山口県 徳島県美馬郡 香川県 愛媛県 高知県 福岡県 熊本県阿蘇郡・下益城郡 大分県 宮崎県 *いねる 兵庫県但馬 島根県石見 愛媛県温泉郡 *いのする 滋賀県彦根 *いのる 福井県大飯郡 鳥取県西伯郡 島根県・隠岐島 香川県佐柳島「もういのるんか」 愛媛県周桑郡 熊本県阿蘇郡 *いんずる 奈良県・吉野郡 *いんでくる(帰る。また、辞去する時の挨拶の言葉) 福井県大飯郡「ずいぶん話しこんだからもういんでくることにします」 三重県阿山郡 滋賀県彦根 京都府 大阪市 兵庫県神戸市 徳島県 香川県三豊郡・小豆島「いんでくらー」 愛媛県「遅なったけんいんでこーわい」 宮崎県西臼杵郡 *しっかえる 栃木県 *すぼける(大勢の中から一人抜け出して帰る) 兵庫県加古郡 *はーる(「はいる(入)」、または「かえる(帰)」の転か) 山梨県南巨摩郡「えんりょなしー、よばれてはあるだい(遠慮せずにごちそうになって帰りますよ)」 *はいでる 東京都八丈島「ここんしゅーつっとって、ひゃーでろあ(ここに置いておいて、帰りますよ)」「わりぁ、けー我がえーからへーでてめえろうでおじゃろが(私は今晩家出をして参ったのでございます)」 *はしる 群馬県多野郡「隣の客もはしった」 埼玉県秩父郡 長野県北安曇郡・東筑摩郡 佐賀県「なぜあの人ははしったろう」 *ぱゆい・ぱうい・ぱゆり 鹿児島県喜界島 *はるん 沖縄県竹富島 *ぱるん 沖縄県八重山

家へ□ *あがゆい・あがうい 鹿児島県喜界島 *あがゆん 沖縄県首里 *あがる 北海道美唄市「しるまだー、あがってぐべゃー(お昼だよ、仕事をやめて帰ろうよ)」 青森県津軽 山形県庄内 新潟県・佐渡・東蒲原郡 富山県氷見市・砺波 福井県丹生郡 岐阜県大垣市・不破郡 静岡県志太郡 愛知県海部郡 大阪府 和歌山県 徳島県・海部郡 佐賀県佐賀郡(学校から帰る)「学校からあがってあすびよって(遊んでいて)」 熊本県玉名郡 *ずりこむ(我が家に帰る。卑語) 長崎県 *ひける 栃木県 広島県高田郡 *よだいあがる・ゆらがる(夕方、仕事を終えて家へ帰る) 富山県西礪波郡

□こと *うちいり(外出先から自宅に帰ること) 兵庫県加古郡 *けーけ 福岡県久留米市「けーけする」 *げんぞー・げんぞ(自分の家に久しぶりに帰ること) 宮崎県西臼杵郡 *すもどり(用事を果たさないでむだに帰ること) 愛知県名古屋市 *どーちゅーごやし(出かけたのに目的が果たせず帰ること) 京都府竹野郡「せっかく行ったけど、どーちゅーごやしだった」 *のんの(家に帰ること。幼児語) 滋賀県彦根・蒲生郡 京都市 兵庫県加古郡 徳島県海部郡「のんのする」 *ゆあがり(夕方、仕事を終えて家に帰ること) 山形県西村山郡 *ゆらがり(夕方、仕事を終えて家に帰ること) 富山県西礪波郡 *よあがり(夕方、仕事を終えて家に帰ること) 岩手県和賀郡 山形県「今日はこれでよあがりだ」 *よだいあがり(夕方、仕事を終えて家に帰ること) 川県河北郡 *よだがり(夕方、仕事を終えて家に帰ること) 石川県能美郡・江沼郡 *よめしあがり・よみしゃがり・よめしゃがる(夕方、仕事を終えて家に帰ること) 富山県砺波「よめしゃがる酒(人を雇った時、仕事が終わって帰りがけに軽くふるまう酒)」

かえる【蛙】 *あうた 沖縄県鳩間島・新城島 *あうだ 沖縄県石垣島・小浜島・与那国島 *あがが 鹿児島県鹿児島郡 *あたびく 鹿児島県与論島 *あたひた 沖縄県与那国島 *あたびち・あたびちゃー(特に、土色の小さいものを言うことがある) 沖縄県首里 *あたひちゃー 沖縄県 *あっぷ・あっぷく・あっぷた・あっぷっ・あっぺ・あっぺどん 鹿児島県 *あぶたー 沖縄県西表島 *あまんしゃぐめ 長崎県壱岐島 *あんご 千葉県安房郡 *うば 大分県北海部郡 *おーった 沖縄県竹富島 *おった 沖縄県石垣島・波照間島 *おんじき 香川県 *おんじょびき 宮崎県南那珂郡 *おんばく 鹿児島県 *おんびき 大阪府南河内郡 兵庫県南部 岡山県英田郡 徳島県 香川県 愛媛県 高知県西部 *おんびきごーた 徳島県徳島市・麻植郡 *おんびゃく 香川県三豊郡 *がーす 愛知県東春日井郡 *がーた 徳島県 *がーちょ 香川県綾歌郡 *がーるっちょ 山梨県 *がいがい(鳴き声から) 岐阜県揖斐郡 静岡県 愛知県東春日井郡 *がいき 静岡県小笠郡 *がいた 愛知県愛知郡・

碧海郡　三重県松阪市・度会郡　香川県　*がいち　新潟県北蒲原郡　*がいる 滋賀県犬上郡　*がいろく岐阜県恵那郡　*がいろくしゃー 埼玉県秩父郡　*かいろっこ 栃木県安蘇郡　静岡県榛原郡(小児語)　*がいろっちょ 静岡県　*かいろっちょー 山梨県　*がいろん(小児語) 石川県江沼郡　*かいろんご 栃木県安蘇郡　*がえごがえご(鳴き声から) 山形県西村山郡　*かえず 愛知県東三河　*がえす 新潟県中越　*がえるこ 滋賀県蒲生郡　*がえろ 愛知県東春日井郡　島根県益田市　*がえろっこ 愛知県東三河　*かえろびき 秋田県鹿角郡　富山県　*かえろんご 栃木県　*がおがお(幼児語) 奈良県南大和　*がき 徳島県海部郡　*がく 長野県長野市・上水内郡　*がっと 石川県　*がにごろ 和歌山県西牟婁郡　*がやる 香川県綾歌郡　*がりこ 岡山県和気郡　*がる 岩手県九戸郡　香川県　高知県　大分県西国東郡　*かわじ 島根県出雲　*かわず　青森県三戸郡　群馬県勢多郡　石川県　福井県坂井郡　長野県東筑摩郡・佐久　静岡県　愛知県　大阪府大阪市・泉北郡　兵庫県揖保郡　鳥取県西伯郡　島根県　岡山県　広島県安芸郡　徳島県　香川県丸亀市　愛媛県　長崎市　宮崎県西諸県郡　鹿児島県宝島　*がわず 富山県氷見市　石川県　福井市　長野県東筑摩郡　*かわずぎ 愛知県愛知郡　*かわずびき 鹿児島県宝島　*がんどん 石川県金沢市　*がんぽ(幼児語) 香川県仲多度郡　*きーるばーさん 静岡県　*きっかん 熊本県上益城郡　*きはず 石川県江沼郡　*ぎゃー 鳥取県西伯郡　島根県八束郡・簸川郡　*ぎゃーぎゃー 富山県射水郡　*ぎゃーこ 鳥取県西伯郡　島根県出雲　*ぎゃーご 島根県大根島　*ぎゃーす 愛知県東春日井郡　*ぎゃーず 新潟県西頸城郡　富山県　石川県河北郡　*ぎゃーすびき 徳島県阿波郡　*ぎゃーた　愛知県知多郡・愛知郡「ぎあーたが鳴く」　*ぎゃーどん(幼児語) 富山県　*きゃーり 新潟県佐渡「あおきゃーり(青ガエル)」　*ぎゃーり 島根県　*きゃーる 静岡県　*ぎゃーる 鳥取県西伯郡　島根県大田市　香川県伊吹島・小豆島　*きゃーるめ 栃木県芳賀郡　東京都八丈島　*きゃーるんぼー 埼玉県入間郡　*きゃーろ 静岡県・志太郡　*ぎゃーろ 千葉県君津郡　愛知県　*きゃーろんどん 静岡県庵原郡　*ぎゃーわず 富山県射水郡　*ぎゃいこ 島根県大田市　*ぎゃいす 愛知県丹羽郡　*ぎゃいた 香川県三豊郡　*ぎゃいろ 愛知県東春日井郡　*ぎゃえる 滋賀県犬上郡　香川県仲多度郡・三豊郡　*ぎゃぎゃ 熊本県天草郡　*ぎゃく 新潟県　長野県上水内郡・長野市　*ぎゃくたん 熊本県　*ぎゃくったま 長野県　*ぎゃず 富山県下新川郡　石川県河北郡　*ぎゃつ 熊本県球磨郡　*ぎゃっと 富山県西礪波郡(幼児語)　石川県　*ぎゃばず 富山県高岡市・西礪波郡　*ぎゃり 福井県坂井郡　島根県　*きゃる 秋田県仙北郡　滋賀県高島郡　*ぎゃる 千葉県山武郡　石川県珠洲郡・江沼郡　福井県　滋賀県　兵庫県　島根県出雲　香川県　高知県長岡郡・安芸郡　*ぎゃるっぺ 福井県坂井郡　*ぎゃるめ 福井県　*ぎゃるんべ 福井県坂井郡　*ぎゃろ 北海道小樽市　青森県　岩手県九戸郡　秋田県　千葉県山武郡　愛知県幡豆郡・東春日井郡　兵庫県但馬　高知県　*ぎゃろもっけ 秋田県北秋田郡　*ぎゃわす 石川県能美郡　*ぎゃわず　新潟県西頸城郡　富山県　石川県　*ぎゃわつかえる 富山県上新川郡　*ぎゃわる 石川県能美郡　*ぎゃんどん 富山県　石川県河北郡・金沢市　*ぎわす 石川県能美郡　*ぐーぐー(児童語) 奈良県南大和　*くそびき 山形県東田川郡　*げーす 新潟県中越　*げーた 新潟県北蒲原郡　*げぇっつ 新潟県下越　*げーるちょー 山梨県中巨摩郡　*げーるっちょ・げーるっちょー 山梨県　*げーるめ 栃木県　*げーろ 愛知県東春日井郡　*げーろっこ 埼玉県北葛飾郡　愛知県東三河　*げーろったま 長野県　*げーろっち 千葉県印旛郡　*けーろめ 栃木県河内郡・芳賀郡　*けーろんご 栃木県安蘇郡　*げく新潟県新発田市　*げこ(幼児語) 長野県佐久　*げご 長野県南佐久郡　*げす 新潟県三島郡　*げっとー 埼玉県秩父郡　*げる・げるご 三重県志摩郡　*げろぎゃく 新潟県東頸城郡　*げんごろだま・げんごろったま 長野県佐久　*ごいと 徳島県美馬郡　*ごーた・ごーつ・ごーと・ごとー・ごとさぶ・ごとどん 徳島県　*ごーとー 徳島県三好郡・阿波郡　*ごーとがえる・ごーとこ・ごーとんびき　徳島県　*ごっと 石川県能美郡　長野県上水内郡・長野市　*ごっとひき 和歌山県有田郡　*ごと　三重県度会郡　徳島県海部郡　高知県幡多郡　*ごとひき 和歌山県　*ごとびき 三重県南牟婁郡　和歌山県西牟婁郡　徳島県那賀郡　*ごとべー 神奈川県津久井郡　*ごとまつ 徳島県　*ごとんびき 徳島県海部郡・勝浦郡　*ごろつ 徳島県板野郡　*ごんじゃ(年老いたカエル) 三重県一志郡　*ごんぜ　鹿児島県　*さんこがえろ(食用にする小形のカエル) 青森県三戸郡　*さんたぐぉ 鹿児島県　*じゅーと 徳島県名西郡　*じょーこ 長崎県北松浦郡・佐世保市　*じょーこー 長崎県北松浦郡　*じょーごー 長崎県佐世保市　*たかたろびき 宮崎県都城市　*たかまだ(春早く出てきたカエル) 岩手県九戸郡　*たぶく 新潟県刈羽郡　*たろびき 大分市　*たろんばす(大形のもの) 高知県高岡郡　*たんがく　福岡県　熊本県玉名郡　*たんがらびき 福岡県　*たんぎゃく 熊本県　*たんびき 熊本県八代郡　*どかど 徳島県麻植郡　*どざっぷ 鹿児島県　*どたま 鳥取市　*とっぽ 滋賀県坂田郡・東浅井郡　*とば 愛媛県　*どば 愛媛県東宇和郡　*とびっこ　山梨県西八代郡・南巨摩郡　*どんく 福井県　長崎県　熊本県　宮崎県延岡・西臼杵郡　鹿児島県　薩摩　*どんくー 佐賀県藤津郡(大きなもの)　長崎県西彼杵郡　宮崎県西臼杵郡　*どんくら 熊本県　*どんこ 和歌山県日高郡　岡山県　*どんこ 長崎県北松浦郡　宮崎県　鹿児島県　*どんこびき　鹿児島県肝属郡　*どんこびっ 鹿児島県　*どんす

岐阜県益田郡 *どんびき 岐阜県飛驒 *どんびき 富山県東礪波郡 福井県大野郡 山梨県 長野県 北安曇郡・東筑摩郡 岐阜県 兵庫県宍粟郡 島根県邑智郡 広島県 山口県厚狭郡・豊浦郡 香川県 愛媛県 福岡県若松市 *どんびきしょー 徳島県海部郡 *どんびゃく 富山県 *なんこ 栃木県「なんこが鳴いている」 *なんこーぽ・なんこんぽ 栃木県安蘇郡 *なんこげーろ 栃木県足利市・佐野市 *なんこぶ 栃木県 *なんこぽ 栃木県栃木市・安蘇郡 *なんこんがえる 栃木県上都賀郡 *ばく 大分県南海部郡・北海部郡 *ばくど 大分県 *ばっく 鹿児島県種子島 *ぱっくり 静岡県 *ばっくん 大分県 *ばっぷっ・ばんぶっ 長崎県五島 *ひー 鳥取県西伯郡 *ひーる 岐阜県恵那郡 鳥取県西伯郡 島根県仁多郡 岡山県児島郡 *びか 鹿児島県奄美大島 *ひき 秋田県河辺郡 奈良県吉野郡 和歌山県日高郡・新宮 島根県鹿足郡 岡山県・岡山市 広島県・能美島・大崎上島 山口県 高知県 福岡県若松市 大分県東国東郡・速見郡 宮崎県南那珂郡 *びき 青森県 秋田県南秋田郡 山形県鶴岡市 岐阜県揖斐郡 三重県南牟婁郡 奈良県吉野郡 和歌山県(小児語) 徳島県海部郡・那賀郡 愛媛県「びきが一匹をる」 高知県吾川郡 福岡県「びきの面(つら)いしょんべん」 佐賀県・唐津市 長崎県・壱岐島 熊本県 大分県 宮崎県 鹿児島県・南西諸島 *びききょん 宮崎県西諸県郡 *びきしゅー 徳島県那賀郡 *びきじょ 熊本県天草郡 *びきす 愛媛県 *びきず 鹿児島県 *びきぞー 福岡県企救郡 *ひきた 長野県下伊那郡 *びきた(中流以下) 大分県日田郡 *びきたろ 熊本県阿蘇郡 大分県宇佐郡 宮崎県 *びきたろー 佐賀県 大分県大分市・西国東郡 *びきたん 福岡県 佐賀県藤津郡 熊本県 宮崎県 *びきっちょ 奈良県吉野郡 *ひきっと 和歌山県西牟婁郡 高知県 *ひきど 大分県東国東郡 *びきどん 徳島県海部郡 *びきのこ 熊本県球磨郡 *びきんちょ 徳島県那賀郡 *ひきんど 高知県 *びきんど 徳島県那賀郡・海部郡 *ひきんどー 岡山市 *びく 富山県東礪波郡 *びっ 宮崎県小林市・都城 鹿児島県 *びっか 鹿児島県奄美大島 *びっかん 熊本県 *びっかんじょ 熊本県芦北郡・八代郡 *ひっき 岩手県盛岡市 *びっき 青森県 岩手県 宮城県 秋田県 山形県 福島県会津・北部 栃木県塩谷郡 新潟県岩船郡 岐阜県揖斐郡 滋賀県坂田郡・東浅井郡 佐賀県・佐賀市・藤津郡 鹿児島県奄美大島 *びっききょん 宮崎県西諸県郡 *びっきゃー 山形県 *びっきゃーろ 岩手県九戸郡 *びっきん・びっきんたん 熊本県玉名郡 *びっけ 山形県西田川郡 *びっこ 山形県米沢市 *びっこんたん 熊本県芦北郡 *びった 岩手県岩手郡 鹿児島県・揖宿郡 *びっち 山形県東置賜郡 *びっちゃー 鹿児島県喜界島 *びっつ 宮崎県西諸県郡 *ひゃーる 岡山県児島郡 *びんきゃー 長崎県南高来郡 *びんく 熊本県天草郡 *ふるだびっき 岩手県九戸郡 *べーっと 福井県 *へくた 長野県伊那市 *べっか 長崎県南高来郡 *べっき 宮城県加美郡 秋田県鹿角郡 山形県 *べっくゎ 長崎県南高来郡 *べっと 石川県能美郡 福井県大野郡 *べっとー 群馬県多野郡 埼玉県秩父郡 *べっとめー 石川県能美郡 *ぼたがえる(大きなカエル。太ったカエル) 新潟県佐渡 *ぽっぽらふぐだ 岩手県九戸郡 *ますびき(カエルの大きなもの) 福島県会津郡 *ますべき 福島県大沼郡 *もきや 秋田県北秋田郡 *もけ 青森県津軽 秋田県北秋田郡・南秋田郡 *もっきゃ・もっきゃー 秋田県鹿角郡 *もっけ 青森県上北郡・津軽 秋田県北秋田郡 *やまぶっさん 徳島県 *よましごと 徳島県 *らんごく 和歌山県西牟婁郡 *わくぞ 大分県大分郡 *わくど 長崎県南高来郡 熊本県 大分県 *わくどー 大分県直入郡 *わくどんく 長崎県南高来郡 *わくろ 大分県大分市・大分郡 *わっく 熊本県天草郡 *わっくー 佐賀県 *わっくん(小さなもの) 熊本県菊池郡 *わっこ 熊本県 *わっど 長崎県五島 *わびき 大分市 *わんく 長崎県南高来郡 *わんだらわっく 長崎県五島

□の子 ⇩おたまじゃくし(御玉杓子)

□の卵 *あーこ 群馬県多野郡 *がいろ 岐阜県飛驒 *がえろくたま 山形県 *ぎゃえるご 香川県仲多度郡 *ぎゃわず 富山県東礪波郡 *げーらんこ 大分県北海部郡・大分郡 *げーろったま 長野県佐久 *げりくた 新潟県岩船郡 *たごろ 千葉県夷隅郡「たごろをいじくるな」 *だまころ 岐阜県飛驒 *だんだんぶくろ・おたんぶくろ 新潟県佐渡 *だんぶくろ 千葉県夷隅郡 新潟県佐渡 *ひゃくひろ(長いところから) 群馬県勢多郡 神奈川県津久井郡 徳島県 福岡市

かえる【孵】 *うむれる 福島県東白川郡・西白河郡 *うもれる 福島県浜通「ひょっこがんもれる」 *おーる 徳島県三好郡・美馬郡 *おむれる 新潟県東蒲原郡 *がいきる 岐阜県郡上郡 *かいでる 兵庫県但馬 島根県隠岐島 岡山県久米郡・児島 *がいでる 岡山県上房郡・吉備郡 *かいわる 山形県村山市「もうひよこがかいわるだろう」 岐阜県本巣郡 愛知県碧海郡 三重県 岡山県岡山市・浅口郡 *がいわる 岐阜県 愛知県葉栗郡「卵ががいわった」・名古屋市 *かいわるる 福岡県久留米市・三井郡 大分県中部 *かいわれる 三重県 大分県日田郡 *がいをわる 岐阜県 *かえでる 島根県 岡山市 *がえでる 岡山県上房郡 *がやをわる 岐阜県飛驒 *かよわる 山形県村山 三重県阿山郡 *きゃーでる 京都府竹野郡「ひなが五羽きゃーでた」 兵庫県但馬 *きゃーるる・きゃれる・けーるる 熊本県天草郡 *きゃるる 熊本県 *けーでる 島根県隠岐島 *けーよ 鹿児島県鹿児島郡 *けれる 鹿児島県肝属郡「ひよこがけれた」 *しでぃるん・しでぃん 沖縄県八重山

*しりーん 沖縄県島尻郡 *しんでぃるん・しんでぃん 沖縄県小浜島 *すぃでぃゆん(「巣出る」の意) 沖縄県首里 *すでぃゆん 鹿児島県喜界島 *すでーいん 沖縄県国頭郡 *ちにるん・ちにん 沖縄県波照間島 *はーる 山梨県南巨摩郡 *はえる 栃木県 群馬県佐波郡 埼玉県秩父郡 岐阜県恵那郡 静岡県田方郡「鯉(こい)のたまごんはえてきた」・磐田郡 *はやかす 群馬県前橋市 *はやける 埼玉県北葛飾郡「みんなで十羽はやけた」 千葉県東葛飾郡 新潟県 *はやす 茨城県新治郡 栃木県 埼玉県秩父郡 長野県 静岡県志太郡 愛知県北設楽郡 *ひょーだす 東京都八丈島 *ひよける 新潟県中越・中魚沼郡 *ふえる 新潟県佐渡「卵がふえた」・西頸城郡 *ふやける 新潟県中頸城郡 富山県 *ふよける 新潟県上越市・中頸城郡 *みがく 石川県珠洲郡 *みよける 山形県北村山郡 新潟県 *むいけぁる 岩手県気仙郡 *むえる 岩手県上閉伊郡 宮城県 秋田県雄勝郡 山形県 福島県会津「ひよこがむえた」 岐阜県飛驒郡 *むける 岩手県和賀郡・上閉伊郡 宮城県栗原郡 山梨県 長野県諏訪・上伊那郡「ひよこがむけた」 静岡県磐田郡 *むしける 青森県「ひよこむしけだ」「毛虫がむしけだ」 岩手県 宮城県 秋田県平鹿郡・鹿角郡 山形県「しらみの卵がむすける」 *むしょける 山形県 *むでる 岡山県・神島 広島県・島嶼 *むやす 宮城県石巻「ひょっこ何匹むやすた」 山形県(自動詞にも他動詞にも用いる) 福島県 新潟県東蒲原郡 *むゆげる 山形県西村山郡「卵は今日むゆげるぞ」 *めがえる 島根県邑智郡・邇摩郡「ひよこがめがえった」 *めがく・みがく 石川県珠洲郡 *めだつ 島根県「ひよこが五羽めだった」 *めでる 広島県大崎下島・大崎上島 愛媛県生名島・大三島 *もやける 富山県 *もやす 石川県珠洲郡 *もえる 宮城県仙台市 山形県西田川郡 静岡県 *もしょげる 山形県村山 *やいわるる 大分県北海部郡 *わる 三重県三重郡 *わるっ 佐賀県藤津郡 *わるる 福岡県早良郡 *われる 三重県 福岡県粕屋郡・福岡市 佐賀県三養基郡 *んでぃん 沖縄県石垣島 *んーでぃるん 沖縄県与那国島 *んめかえる 秋田県南秋田郡「雀(すずめ)の卵がんめけぁた」

かお【顔】 *いきつら(卑語) 山形県南村山郡・飽海郡 長崎県壱岐島 *いけっつら(卑語) 新潟県西頸城郡 *いけつら(卑語) 新潟県・東蒲原郡 *いけむか・いけむかつさ(卑語) 岩手県気仙郡 *いはい 長崎県五島「いはいが悪い(顔がみっともない)」 *いへ・いへっつら 埼玉県秩父郡 *うんち・ぬんち・みゅんち(尊敬語) 沖縄県首里 *えげつさー(卑語) 山形県西置賜郡 *かおっつら 長野県 *かおつら 長野県佐久 香川県・小豆島 *かばち 島根県隠岐島(悪口として言う) 岡山市「かばちが売れとる」 山口県阿武郡 長崎県対馬(卑語) *しゃつ(卑語) 山形県米沢市 *しゃっつら 福島県東白川郡(卑語)「にしゃ、しゃっつら見やがれ」・西白河郡(卑語) 栃木県「あんな赤いしゃっつらしている」 群馬県碓氷郡(卑語)・勢多郡(卑語) 埼玉県秩父郡(卑語)・入間郡(卑語)「なんてしゃっつらこいてんだんべ」 東京都八王子(卑語) 神奈川県津久井郡・中郡 山梨県北都留郡・南巨摩郡(卑語) 長野県(卑語)・南佐久郡 静岡県(卑語) *しゃつら 山形県東置賜郡(卑語)・米沢市(卑語) 群馬県佐波郡 千葉県君津郡 山梨県(卑語) 長野県上田(卑語)・佐久(卑語) *しゃらっつら 長野県佐久 *つぃらがまち(卑語) 沖縄県首里 *つさつき 山形県西置賜郡 *つらかい 熊本県下益城郡 *つらつき 青森県 岩手県九戸郡 宮城県栗原郡 山形県「つらつぎえー娘だ」 群馬県佐波郡 新潟県 兵庫県赤穂郡(卑語) *つらっこー 島根県石見「大けなつらっこーをして歩く」 *つらぶり 新潟県上越市 *つらよ 熊本県玉名郡 *でこ(役者について言う場合が多い) 京都府竹野郡「今夜の芝居は芸はまああだが、でこが悪るて見られん」 山口県大島 *どんずら(卑語) 奈良県「手前のどんづらは何だ」 *のけずら(卑語) 山形県南置賜郡 福島県 福岡市 *のけつら(卑語) 山形県庄内「そののけつらして何をいう」 *ばっき・はっけ・ばっけ(卑語) 山形県西村山郡 *びんた・びんたずら 福岡県 佐賀県 長崎県 鹿児島県薩摩 *みったま(卑語) 沖縄県石垣島 *みぱな 沖縄県宮古島 *むか 岩手県南部「むか洗い(洗面)」 *むがつさ 岩手県気仙郡「そのむがつさなんだ」 *むがっつら 岩手県上閉伊郡「むがっつらが悪い」 秋田市 *むがつら 青森県「むがつらにくい」 秋田県 山形県 *むこーずら 山梨県南巨摩郡 岡山県児島郡 *むち 沖縄県波照間島 *むてぃ 沖縄県首里・小浜島 *めめっこ 埼玉県秩父郡 *めんこ 埼玉県入間郡「あの娘なかなかめんこが良い」

かおり【香】 *い 新潟県佐渡「からし漬けがいがぬけた」 *えんか 青森県津軽 秋田県中南部 広島県(せんじたものの蒸気の香り) 島根県・鹿足郡・益田市(茶の香り) *えんが(茶の香り) 大分県北海部郡 *かおりっこ 岩手県気仙郡「かおりっこする」 *かぎ 兵庫県但馬 *かざ 山形県東置賜郡「いやなかざする」 福島県会津・大沼郡 茨城県 千葉県香取郡・山武郡 新潟県 富山県 石川県 福井県 岐阜県「んまいかざがせる」 静岡県磐田郡「この味噌はかざが良い」 愛知県北設楽郡・尾張 三重県 滋賀県彦根 京都市 大阪府 兵庫県 奈良県 和歌山県 島根県益田市 岡山県「あの花のかざをきいてえん」 広島県 徳島県 香川県 愛媛県 高知市 宮崎県延岡 鹿児島県奄美大島 沖縄県首里・八重山 *かざり 徳島県三好郡 *かざん 岐阜県飛驒 *かじゃ 岩手県九戸郡 沖縄県国頭郡「こーべーかじゃしゅん」 *かずみ 島根県邑智郡 *かだ 三重県 大阪府大阪市・泉北郡 奈良県高市郡 和歌山県 山口県大島 香川県伊吹島 鹿児島県奄美大島・加計呂

麻島「こーびかだ」 沖縄県与那国島 *かまり 青森県 岩手県 宮城県栗原郡 秋田県 *かまりっこ 岩手県気仙郡 *から 和歌山県 *かん 山形県「この花、えーかんするの」 *きが（杉材の香り） 長野県佐久 奈良県吉野郡 大阪市 *さが 兵庫県美方郡 *すぃだかざ（清らかな香り） 沖縄県首里 *はざ 鹿児島県沖永良部島 沖縄県伊江島「ほーはでぃはざしゅん（きな臭いにおいがする）」 *はじゃ・はだ 鹿児島県喜界島「はだ、はみゅい（においをかぐ）」 *はなが 富山県

↓におい（匂）

□がよい *かばさーん 沖縄県石垣島 *かばしー 島根県 山口県 佐賀県 熊本県 鹿児島県 *かばしゃん 沖縄県首里 *かんばらしか 熊本県芦北郡・八代郡（茶がこうばしい） *はばさい 鹿児島県喜界島「はばさんさー（香りの高い茶）」 *ぱんがぱんが（香りのよいさま） 青森県三戸郡 *ふくふく（香りのよいさま） 沖縄県首里

かかえる【抱】 *うずむ 愛媛県「ちょっとこことまでうずんで来てん」 高知県幡多郡・高知市（むぞうさに抱きかかえる） *しかゆん（妊婦などが大きい腹を抱える） 沖縄県首里 *だかまえる（「抱く」と「つかまえる」が一語化したもの） 福井県遠敷郡 岐阜県養老郡 三重県阿山郡 滋賀県彦根 京都市 大阪市 奈良県南大和

かかく【価格】 *ぜにずら 香川県三豊郡 *ぜにめ 兵庫県加古郡 香川県三豊郡 長崎県対馬「ぜにめが上らぬ」 *やまて（「て」は代金の意。山の立ち木の価格） 奈良県吉野郡 和歌山県日高郡

↓ねだん（値段）

かかし【案山子】 *いっさんぼー 鹿児島県徳之島 *おっじも・おっじもん 静岡県榛原郡 *おどし 東京都八丈島 富山県 石川県江沼郡 福井県遠敷郡 山梨県 岐阜県加茂郡・海津郡 静岡県榛原郡 三重県・南牟婁郡 滋賀県伊香郡 京都府・葛野郡 大阪府泉北郡 兵庫県 奈良県南大和・吉野郡 和歌山県那賀郡・日高郡 鳥取県西伯郡 島根県 岡山県 広島県 山口県阿武郡・大島 徳島県 香川県 愛媛県 高知県 福岡県粕屋郡・福岡市 佐賀県唐津市 長崎県南高来郡 熊本県 大分県 宮崎県西諸県郡 鹿児島県 *おどしでこ 島根県出雲 *おどらかし 和歌山県西牟婁郡 高知県 *おどりかし 長崎県壱岐島 *おどろかし 富山県下新川郡 *おのし 鹿児島県揖宿郡 *おろし 香川県仲多度郡 *かーがー 沖縄県石垣島 *かかしたろー・かかしったろー 埼玉県秩父郡 *かかしんぼー 新潟県佐渡 *からすおどし 愛知県名古屋市 京都府竹野郡 島根県 福岡県久留米市 熊本県玉名郡・八代郡 *からすとぼし 長崎県北松浦郡・佐世保市 *からすのおどし 富山県砺波 奈良県南大和 島根県 愛媛県松山 長崎県南高来郡 熊本県下益城郡 *からすのとぼし 長崎県北松浦郡 *がんおどし 富山県 *しめ 徳島県美馬郡 高知県 鹿児島県種子島 *すずめおどかし 長野県佐久 *すずめおどし 富山県 長野県下伊那郡・佐久 長崎県南高来郡 熊本県 宮崎県東諸県郡 鹿児島県鹿児島郡 *すずめのおどし 富山県砺波 島根県大原郡 *すずめよけ 新潟県上越市 *ぜんもん 富山県下新川郡 *そーど 岐阜県飛驒 *そめ 長野県南部 岐阜県 静岡県 愛知県 *たのそめ 岐阜県飛驒 *でーこ 香川県大川郡 *でこすけ 茨城県稲敷郡 栃木県 長野県佐久 *でこまつ 栃木県河内郡 *とーぼし 佐賀県 長崎県西彼杵郡 熊本県天草郡 *とぼし 長崎県北松浦郡・五島 熊本県天草郡 *とりおどし 徳島県 熊本県 *なーしるまぶい 沖縄県首里 *にんぎょー 島根県隠岐島 *にんじょー 沖縄県竹富島 *ぬきむぬ 沖縄県鳩間島 *はじきざお（アワを干す時、スズメよけに立てるかかし） 熊本県玉名郡 *ほーたまぶる 鹿児島県沖永良部島 *ぽーとー 高知県香美郡 *ももんがー 岡山県児島郡

かかと【踵】 *あーどぅ 鹿児島県沖永良部島 *あぐ 新潟県 *あくい 岐阜県武儀郡 *あくいと 岐阜県 *あくこ 秋田県由利郡 *あくつ 東北地方 群馬県 埼玉県秩父郡 長野県南佐久 静岡県 愛知県 *あぐつ 静岡県小笠郡・磐田郡 *あくと 青森県 岩手県 宮城県 秋田県 山形県 福島県 群馬県 新潟県 山梨県 長野県 岐阜県羽島郡・恵那郡 静岡県 愛知県 *あくど 神奈川県 新潟県 *あぐと 新潟県佐渡・長岡市 山梨県中巨摩郡 長野県上田 岐阜県恵那郡 静岡県 愛知県 *あくひ 愛知県海部郡・中島郡 *あくび 長野県上田・佐久 *あくびと 愛知県東春日井郡 *あけー 山梨県 *あこ 静岡県富士郡 *あこい 東京都利島 山梨県 *あこつ 静岡県 *あごつ 静岡県引佐郡・浜名郡 *あごて 静岡県浜名郡 *あごと 静岡県西部 愛知県 *あこび 山梨県中巨摩郡 *あしのあど 長崎県南高来郡 宮崎県 *あしのかど 長崎県五島 熊本県天草郡 鹿児島県種子島 *あしのこ 島根県安来市・大田市 *あしのつちのこ・あしのとも 三重県志摩郡 *あしんかと・あしんかど 熊本県天草郡 *あぞ 大分県大分市・大分郡 *あっく 長野県佐久 *あっくい 山梨県 長野県 岐阜県 静岡県 愛知県 *あっくつ 群馬県碓氷郡 *あっくび 岐阜県飛驒 *あっけ・あっこい 長野県 *あっこ 長野県・佐久（幼児語） 岐阜県飛驒 *あっこぎ 長野県東筑摩郡・諏訪 *あど 長崎県南高来郡 熊本県 大分県 宮崎県 鹿児島県・奄美大島・加計呂麻島 沖縄県・宮古島 *あとぅ 沖縄県鳩間島・新城島 *あどぅ 鹿児島県喜界島・徳之島・与論島 沖縄県 *あどぅー 沖縄県国頭郡 *あどぅびら 沖縄県与那国島 *あときびす 奈良県吉野郡 *あどげん 宮崎市 *あとじー 宮崎県西諸県郡 鹿児島県・揖宿郡 *あどじー（児童） 鹿児島県揖宿郡 *あどっす 熊本県阿蘇郡 *あどど 鹿児島県 *あ

どぼーず 熊本県 *あどんげ・あどんげり・あどんげん 宮崎県東諸県郡 *あどんちょ 長崎県南高来郡 *いしぶ 愛媛県温泉郡 *いしぼ 京都府 *おごいし 奈良県宇陀郡 *おごいす・おごーし 滋賀県栗太郡 *おごし 三重県 滋賀県 奈良県宇陀郡「おごしに泥ついとる」 *おごしく 奈良県宇陀郡 *おごしり 三重県阿山郡・名賀郡 *おっとり 和歌山県日高郡 *おとじー 鹿児島県 *おもしく 奈良県山辺郡 *おもしり 三重県上野市・名賀郡 奈良県大和高田市 *おもしろ 三重県名賀郡 *かど 鹿児島県奄美大島 *かどぅ 沖縄県西表島 *かろと 香川県高松市 *ききびそ 兵庫県淡路島 *きびさ 島根県 広島県比婆郡・高田郡 *きびし 兵庫県赤穂郡 鳥取県西伯郡 島根県出雲・隠岐島 岡山県 広島県 香川県 愛媛県上浮穴郡 *きびしゃ 和歌山県日高郡 島根県 広島県南部 愛媛県島嶼 福岡県 長崎県 *きぴしゃ 佐賀県藤津郡 *きびしょ 茨城県真壁郡 栃木県 新潟県西頸城郡 大阪府泉北郡 和歌山県日高郡 広島県賀茂郡・倉橋島 徳島県 長崎県 *きびす 栃木県 富山県砺波 石川県 福井県・坂井郡・遠敷郡 岐阜県海津郡 三重県 滋賀県彦根 京都府 兵庫県神戸市 奈良県 和歌山県那賀郡 鳥取県西伯郡 島根県 広島県豊田郡・島嶼 山口県島嶼・阿武郡 徳島県・美馬郡・麻植郡 香川県 愛媛県 佐賀県唐津市 大分県速見郡・大分郡 *きびせ 広島県大崎上島・御調郡・神石郡 *きびそ 新潟県西頸城郡 富山県東礪波郡「きびその高いくつはいて」 岐阜県 兵庫県淡路島 和歌山県日高郡 鳥取県 広島県賀茂郡・甲奴郡 香川県・高松市・小豆島 *きびっしょ 長崎県東彼杵郡 *きびりさ 香川県木田郡・香川郡 *きぶさ 徳島県・美馬郡 *きぶす 香川県木田郡 *きりうさ 香川県屋島・綾歌郡 *きりぐさ 香川県綾歌郡・三豊郡 愛媛県 *きりびさ 香川県 愛媛県 *きりびし 香川県広島 *きりびしゃ 香川県大川郡・綾歌郡 愛媛県 *きりびしょ・きりぶし 香川県 *きりぶ 愛媛県喜多郡 *きりぶさ 徳島県・美馬郡・阿波郡 香川県 愛媛県 高知県・高知市・幡多郡 *きりわぐさ 愛媛県温泉郡 *くびす 兵庫県揖保郡 奈良県 広島県向島 香川県直島・広島 *けびす 石川県珠洲郡・河北郡 *けべす 富山県・砺波 *げんど 鹿児島県大隈 *こじり 三重県名張市 *ごつ 島根県安濃郡 *こば 愛媛県 *こばと 愛媛県今治市 *しっく・しっくり・しっこ・しりくい・しるく・しるくい・しろき 島根県隠岐島 *しろく・しろっく 島根県 *しろくい 島根県隠岐島・八束郡 *しろこ 島根県簸川郡・隠岐島 *しろっくい 島根県飯石郡 *しろっこ・しろっこー 島根県出雲 *すろくい 島根県松江市 *つま 三重県志摩郡 *つんぶし 和歌山県日高郡 *どげん 鹿児島県肝属郡 *とも 三重県「足のとも」 奈良県吉野郡 和歌山県・東牟婁郡・西牟婁郡 *へーざぶろ・へーざぶろー 千葉県安房

かがみもち【鏡餅】 *あさいもち(十二月三十日のもちつきの朝に作る、小豆あん付きの鏡餅) 富山県東礪波郡 *あたたき 石川県能登(男子誕生二十一日目に配る祝いの鏡餅) 三重県名賀郡 *あたたけ(「暖かい」の意の形容詞「あたたけし」の語幹からという) 滋賀県滋賀郡 *いただき 青森県三戸郡 東京都新島 新潟県 奈良県吉野郡 *いただきのもち 山形県西置賜郡 *おいただき 高知県土佐郡 *おかがみ 長野県佐久 岐阜県郡上郡 京都府 島根県邑智郡・鹿足郡 山口県豊浦郡 *おかがみさま 岐阜県郡上郡 島根県江津市 *おかがみさん 愛知県知多郡 *おかさね 山形県西置賜郡 島根県石見 広島県高田郡 *おかざり 新潟県中頸城郡 長野県 愛知県名古屋市・知多郡 広島県高田郡 香川県高松 大分県 *おごけんもち(初めての正月を迎える花嫁に、近親の者から贈る鏡餅) 鹿児島県大隅 *おすわい 長崎県北松浦郡・南高来郡 *おすわいさい 佐賀県 *おすわり 宮城県仙台市(小さいもの) 神奈川県藤沢市 山梨県 長野県諏訪 岡山県 広島県高田郡・厳島 香川県(主に小さいもの) 長崎県壱岐島(大神宮講のもの) 熊本県玉名郡 大分県大分郡 *おせち 三重県度会郡 *おたる 岐阜県武儀郡 *おとしだま(正月に嫁の実家へ持参する鏡餅) 徳島県三好郡 *おふくで 宮城県仙台市・登米郡 長野県松本・佐久 *おふくでもち(重ね餅) 宮城県仙台市 *おふくでんもち 山形県東置賜郡 *おまいもの 長崎県南高来郡 *おやもち(正月に嫁の里へ贈る鏡餅) 岐阜県揖斐郡 *かがみ 三重県志摩郡 熊本県下益城郡 *かがんのもっ 鹿児島県 *かめもち(棟上げの時、新築の建物の四隅へまく大きな鏡餅) 島根県隠岐島 *こしかけもち 島根県隠岐島 *しばもち(わら屋根をふき上げた時の祝いの鏡餅) 神奈川県津久井郡 *せち 三重県志摩郡・度会郡 *せっち 三重県志摩郡 *てかけもち 宮城県仙台市 *としだま 徳島県三好郡(正月に嫁の実家へ持参する鏡餅) 香川県(正月に嫁の実家へ持参する鏡餅)・三豊郡(正月の贈答用の鏡餅) *はつかがみ(婚礼の年の暮れに、里方へ贈る鏡餅) 京都府竹野郡 *はまもち 奈良県吉野郡 宮崎県延岡 *ふくで 宮城県石巻・仙台市 福島県南会津郡(正月の三重ねの大きいもの) 茨城県多賀郡(小さい丸型のもの) 東京都八丈島(小型のもの) 新潟県 山梨県南巨摩郡 長野県 *ふくでもち 宮城県栗原郡 福島県東白川郡・相馬(小さいもの) *ふくでん 山梨県南巨摩郡 *まーもち・まーもん 鹿児島県種子島 *みかがみ 石川県鳳至郡 *めーもち(正月に嫁が実家に持って行く大きな鏡餅) 長崎県壱岐島 *もどしかがみ(婚礼の年の暮れに嫁の里方へ初鏡餅を贈るのに対して、里方から返すやや小さい鏡餅) 京都府竹野郡 *わかもち(正月の鏡餅) 三重県北牟婁郡

→そなえもち(供餅)

かがむ【屈】 ＊**うつく** 山形県「うついで居ろ」 ＊**うっぷける**(幼児語) 香川県高松市 ＊**うっぷする**(幼児語) 山形県東置賜郡・南置賜郡 ＊**およずく**(前方にかがむ) 岐阜県山県郡・飛驒 愛知県名古屋市 三重県鳥羽市 ＊**およぶ**(前方にかがむ) 三重県度会郡・飯南郡「およんでくれ(取って下さい)」 徳島県 ＊**およぶく**(前方にかがむ) 徳島県 ＊**かじなる** 島根県邑智郡・那賀郡「そこいかじなって何をするんか」 ＊**かじむ** 兵庫県淡路島 高知県 ＊**かじゅむ** 兵庫県淡路島 ＊**かっちゃがむ** 栃木県日光市 ＊**くーなる** 岐阜県郡上郡 愛知県知多郡 ＊**ぐぐなる** 岐阜県飛驒 ＊**くじゅむ** 兵庫県淡路島 徳島県「じっと草の上にくじゅんどる」 香川県大川郡 ＊**くたばる** 鳥取県気高郡 ＊**こーなる** 新潟県三島郡・西蒲原郡 静岡県 ＊**こーまがる** 栃木県日光市・河内郡 ＊**こーまる** 宮城県仙台市 山形県東田川郡・飽海郡 栃木県河内郡 ＊**こがまる** 秋田県仙北郡 ＊**こぐなる** 静岡県志太郡「そんなーりこぐなってよー(そのままかがんでいなさい)」・榛原郡 ＊**こぐまる・こんじょくなる** 静岡県志太郡「じーっとこぐまってた」 ＊**こごたまる** 新潟県下越 ＊**こごなる** 群馬県群馬郡・勢多郡 東京都三宅島・御蔵島 新潟県 ＊**こっこまる** 岩手県九戸郡 ＊**こぼむ** 高知県 ＊**こまる** 青森県 岩手県九戸郡・紫波郡 宮城県「こまらぇねぁくれぁ食った」 秋田県山本郡・平鹿郡「物を落してこまって取った」 山形県 ＊**こんまる** 岩手県上閉伊郡 ＊**したえる** 山形県北村山郡「めけらんなええ、早ぐしたえろ(見つけられないよう、早く低くなれ)」 ＊**しためずくる** 山形県東田川郡・飽海郡 ＊**しためんずくる** 山形県飽海郡 ＊**しったえる** 山形県東置賜郡 ＊**しゃがたむ** 新潟県三島郡・長岡市「前のもんはしゃがたんでくれや」 ＊**しゃがなる** 新潟県上越市 ＊**しゃがまる** 山形県 長野県北安曇郡 ＊**しゃがる** 山形県西村山郡 ＊**しゃごなる・せごなる** 新潟県佐渡 ＊**しゃごまる** 山形県南村山郡・最上郡 ＊**しゃじゃむ** 静岡県 ＊**しゃっかがむ** 茨城県新治郡・真壁郡 千葉県東葛飾郡 ＊**しょーずくなる** 愛知県愛知郡・碧海郡 三重県 ＊**しょくなる** 三重県度会郡 ＊**しょぐなる** 静岡県「茶の木のそばにしょぐなっていた」 ＊**しょずくなる** 愛知県碧海郡・岡崎市 三重県 ＊**しょずくぼる** 三重県一志郡 ＊**しょんじくなる** 静岡県磐田郡 ＊**しょんじょくなる** 静岡県・志太郡 ＊**しょんじょこなる** 静岡県志太郡・安倍郡 ＊**しょんじょこまる** 静岡県志太郡 ＊**しょんずくなる** 静岡県「しょんずくなってこんな事しちゃいけんな」 ＊**すかがむ**(しさってかがむ) 京都府竹野郡「この子は布団の中えすかがんで寝とる」 ＊**すくたまる** 長野県上田市 ＊**すくだまる** 岩手県気仙郡 山形県西置賜郡 新潟県 長野県 ＊**すくなむ・すくまる** 長野県佐久 ＊**ずくなむ** 山梨県甲府 ＊**ずくなる** 長野県上田市・佐久 和歌山県伊都郡「ずくなりこむ(座り込んでしまう)」 ＊**ずくねる** 茨城県稲敷郡「頭とがしてやっからづくねろ」 ＊**すくばる**(動けなくなってかがむ) 愛媛県周桑郡「寒い寒いと蒲団の中にすくばりながら」・松山 長崎県対馬 大分県 ＊**ずくばる** 千葉県印旛郡「づくばってる」 ＊**ずくまる** 山梨県 ＊**ずくむ** 茨城県猿島郡 山梨県「荷が重いもんで、とうとうずくんでしまった」 ＊**ずぐむ** 千葉県東葛飾郡 ＊**すくもる** 和歌山県「藁の後へすくもってよ」 ＊**ずくらむ** 山梨県南巨摩郡 ＊**ちきなむ・つきなむ** 香川県丸亀 ＊**ちくじゅむ・ちくじょーむ・ちくじょむ・ちゅくずむ・ちょこじょむ・ちょころむ** 新潟県佐渡 ＊**ちくなる・ちぐばむ** 島根県仁多郡 ＊**ちぐなる・ちぐまる・つぐなう** 島根県出雲「そこにちぐなって何をしちょーか」 ＊**ちくばる** 島根県能義郡 ＊**ちょくじょむ** 新潟県新発田市・佐渡 ＊**ちょくなむ** 兵庫県多紀郡 ＊**ちょごなる・ちょごまる** 島根県隠岐島 ＊**ちょこばむ** 神奈川県三浦郡 ＊**ちょごむ** 愛知県「ちょごんで何しちょる」 広島県安芸郡・比婆郡 ＊**ちょんごむ** 愛知県知多郡 ＊**ちょんつぐまーする** 島根県能義郡 ＊**つーばる** 千葉県安房郡 ＊**つくなう** 岐阜県稲葉郡 愛知県海部郡・名古屋市「今日は四ッ目垣を結うので、一日中つくないづめの仕事だ」 ＊**つくながる** 長野県下水内郡 ＊**つくなむ** 新潟県佐渡 長野県佐久 兵庫県・明石郡 島根県石見「そこにつくなんどると邪魔になる」 岡山県 広島県佐伯郡・高田郡 山口県 徳島県「じっとつくなんで順番をまっとる」 香川県 愛媛県・新居郡 高知県・高知市 大分県南海部郡 ＊**つぐなむ** 神奈川県津久井郡 静岡県田方郡 ＊**つくなりこむ** 島根県鹿足郡「そねーにつくなりこんじゃー着物が汚れる」 ＊**つくなる** 新潟県中頸城郡・西頸城郡 長野県 岐阜県 静岡県榛原郡 愛知県知多郡 広島県比婆郡・高田郡 高知県吾川郡・高岡郡 ＊**つぐなる** 新潟

方/言/の/窓

●誤解された表現 I

福井県出身のある女性が横浜で小学校教師をしていた。ある日のこと、学校で重い机を運ぶ必要があって同僚に向かって「ちょっとこの机カイテ！」と言った。言われた同僚は横浜の出身の先生。一瞬きょとんとして、次に「机に何書くの？」と尋ねたという。

福井の方言で「二人で物を持ち上げる」ことをカクという。それまで福井出身の女性教師はそのカクを方言だとは意識していなかったという。

右の例もそうであるが、このような誤解は、「ナゲル（捨てる）」「コワイ（疲れた）」「ワカラナイ（できない）」などのように、標準語に意味の異なる同じ語形が存在する場合に生じやすい。また、方言と共通語の間だけでなく、方言と方言の間でもしばしば起こり得る。

県上越市・中頸城郡　島根県 *つくねる 神奈川県中郡　長野県北安曇郡 *つくのむ 島根県鹿足郡・邇摩郡 *つくのる 広島県比婆郡 *つくばう 福井県大飯郡　兵庫県赤穂郡　奈良県　岡山県苫田郡　熊本県芦北郡・八代郡　大分県大分郡　宮崎県児湯郡 *つくばむ 鳥取県日野郡　島根県益田市　岡山県　愛媛県　福岡市 *つくばる 宮城県仙台市　山形県「そこにつくばれ」　茨城県新治郡　埼玉県秩父郡　新潟県佐渡　長野県下伊那郡　静岡県志太郡　三重県松阪・志摩郡　兵庫県加古郡　島根県石見　香川県佐柳島　愛媛県 *つくべーる 長野県佐久 *つくぼむ 島根県大田市　広島県　長崎県対馬 *つくぼる 三重県　京都市　大阪府　兵庫県　奈良県　島根県「そこへつくぼって何をしちょるか」 *つくまむ 徳島県・海部郡　愛媛県今治市 *つくまる 群馬県佐波郡 *つぐまる 島根県 *つくむ 群馬県勢多郡 *つぐむ 栃木県　群馬県　埼玉県北葛飾郡「まえのものはつぐむんだ」　東京都八王子　静岡県田方郡 *つくもる 大阪府泉北郡　和歌山県「長い間つくもってゐたんで腰が痛い」 *つくらむ 神奈川県中郡 *つずくなる 岐阜県養老郡 *つずくまる・つんつこまる 山形県 *つずこばる 秋田県仙北郡「其処さつづこばれば着物のすそよごれるよ」 *つずこまる 秋田県平鹿郡　山形県 *つつきぼる 三重県富田 *つつくなむ 滋賀県愛知郡 *つっくなる 岐阜県不破郡 *つつくばる 青森県上北郡　秋田県鹿角郡「見付けられないやうにつゝぐばる」・仙北郡 *つつくぼる 滋賀県愛知郡・蒲生郡 *つっこごむ 島根県出雲「つっこごんで穴を掘る」 *つっこなむ 滋賀県彦根 *つっこまる 青森県南部　岩手県江刺郡　山形県最上郡 *つっつくなる 岐阜県大垣市 *つっつくばる 秋田県鹿角郡 *つっぱずく 石川県鳳至郡 *つぼむ 鹿児島県 *つるぼう 石川県河北郡 *つんずくまる 秋田県平鹿郡 *はじかまる 長野県諏訪 *はじくなる 新潟県・中頸城郡　長野県岐阜県武儀郡・飛騨 *はじくまる 長野県 *はむ 岐阜県　愛知県知多郡「はむで仕事をする」 *はんじくなる 長野県上伊那郡・諏訪 *ひずむ(小さくかがむ) 岡山県上房郡・吉備郡 *ひっかじゅむ 熊本県天草郡 *へごむ 広島県高田郡・佐伯郡 *ほじゃむ・ほじょくなる 長野県下伊那郡 *まがゆん 沖縄県首里 *まがる 山形県

↓しゃがむ (蹲)・うずくまる (蹲)

□こと *かんか(座ること) 長野県佐久 *がんが 山梨県南巨摩郡　長野県佐久 *かんご 広島県高田郡(児童語)　長崎県北松浦郡「あの人はかんごしとる」 *とびつきなみ(飛び付くようなかっこうにかがむ) 香川県

かき【垣】 *いがき(埋葬した後の土墳にめぐらす垣) 兵庫県淡路島 *いきもがり(立ち木の垣) 栃木県 *いざさがき(こさん竹でできた垣) 鹿児島県肝属郡 *えんがき(冬期、雪を防ぐため板やこもなどで作る縁側の垣) 京都府竹野郡 *おーがき(放牧した牛が里へ下りて畑などを荒すのを防ぐため山すそに作る丸太の垣) 新潟県佐渡 *おりかけ(新墓の周囲に生竹を折り曲げて作る垣) 長崎県壱岐島 *おろがき(竹の枝で作った垣) 愛媛県 *かきぎし 青森県　秋田県鹿角郡 *がた 宮崎県東臼杵郡 *かて(伐採した木が滑り落ちるのを止める垣) 奈良県吉野郡　徳島県那賀郡 *ぎすく 沖縄県新城島 *ぐすく 沖縄県八重山 *ぐふく 沖縄県竹富島 *こしば 富山県・砺波・射水郡 *こしわ 富山県砺波 *しがき(猟師が鳥や獣から姿を隠すために作る垣) 山口県豊浦郡　宮崎県東諸県郡　鹿児島県肝属郡「しがきをきる(しがきで待つ)」 *しとみ(和船で、光線や風波を防ぐためにこもやわらで作って周囲に巡らした垣。また、家の周囲の風よけ用の垣) 島根県 *しとめ(和船で、光線や風波を防ぐためにこもやわらで作って周囲に巡らした垣) 島根県美濃郡・益田市 *しょーんにゃち(門から家の中が見えないようにするための、目隠しの垣) 鹿児島県喜界島 *せばかき 熊本県天草郡 *たかへー(土の垣) 兵庫県但馬 *にだんがき(新墓の周囲に生竹で作る横二段の垣) 長崎県壱岐島 *はし 沖縄県新城島 *ばんべ(柴を結って家の周りに作る垣) 岩手県上閉伊郡 *まがき(道を通る馬が田の稲を食べないように、街道の両側にめぐらす垣) 岐阜県飛騨 *もやかべ(枯れ木で作った垣) 島根県簸川郡・出雲市 *やらい(イノシシよけの垣) 栃木県安蘇郡 *わち 長野県伊那　静岡県(また、イノシシよけの垣)　愛知県北設楽郡(イノシシよけの垣)

↓かきね (垣根)

かき【柿】 *いられがき(早生の柿) 高知県 *えどいち 栃木県 *かっか 三重県伊賀南部 *きんたまがき 栃木県大田原市・那須郡 *ざぶとんがき 群馬県多野郡 *しなのがき(小さい柿) 三重県一志郡 *だらり 新潟県佐渡「真光寺だらり七つむいたら夜があけた(俗謡)」 *にたり 群馬県勢多郡　山梨県南巨摩郡　和歌山市

かき【牡蠣】 *いそがき 香川県大川郡・三豊郡 *いたぼ 香川県高見島 *いたぼがき 香川県大川郡 *うちかき 熊本県玉名郡 *うちがき 福岡県久留米市・山門郡　熊本県 *かきかい 山形県 *かきぶせ 鹿児島県揖宿郡 *かきぼー 福岡県 *かっ・かっぷせ 鹿児島県揖宿郡 *ざがき 福島県浜通 *せっか 福岡市　佐賀県　長崎県　宮崎県延岡市 *せんげーぁ 岩手県九戸郡 *ばっかい 茨城県多賀郡

かぎ【鍵】 *かぎーこ 静岡県 *かぎんこ 岐阜県郡上郡 *かぎんちょ 千葉県夷隅郡「かぎんちょ、かけな」　静岡県田方郡 *かんかね 宮城県　秋田県山本郡・平鹿郡　山形県 *かんがね 岩手県気仙郡 *さーしぬっくゎ 沖縄県中頭郡・那覇 *さーしぬぱー 沖縄県与那国島 *さーすぃぬっくゎ 沖縄県首里 *さし 新潟県佐渡「さしこう」 *さしーぬくゎー 沖縄県国頭郡 *さしぬくゎ 沖縄県伊

江島 *さしぬっくゎ・さしんっくゎ 沖縄県島尻郡 *さしぬっふぁ(「鎖の子」の意) 沖縄県鳩間島・黒島 *さしぬふぁー 沖縄県石垣島・竹富島・新城島 *さしぬふふぁ 沖縄県宮古島・黒島・鳩間島 *さしんくゎ 鹿児島県奄美大島 *さす 石川県江沼郡 *さちぬふぁー 沖縄県波照間島 *じょーのこ 石川県 *よかぎ 山形県最上

□を掛ける *おとす 兵庫県加古郡「表を早うおとしとけ」 *かためる 栃木県「裏の戸かためて寝ろ」 *せん(かんぬきや鍵などを掛けること) 新潟県佐渡 島根県「戸口のせんをしたか」 *つむ(鍵が掛かっている) 愛媛県周桑郡「裏口はつんどるかね」・松山「戸がつんどる」

がきだいしょう【餓鬼大将】 *がんさい 神奈川県津久井郡 愛知県名古屋市 *たーいゆがしら(「鮒(ふな)の大将」の意から) 沖縄県首里 *てなわじご・てねあわじ 島根県出雲 *てなわず 福井県坂井郡・足羽郡 *てなわん 鳥取県気高郡 *てにあわず(「手に負えない者」の意) 島根県「このいたずらは何処のてにあわずがしたか」 岡山市 *てにあわんぼー 島根県石見 *てにゃわず 島根県出雲・隠岐島 *てにやわず 島根県益田市・那賀郡・隠岐島 *てんやわず 島根県大原郡・隠岐島 *まく 沖縄県首里

かきね【垣根】 *うさぎがき(苗木を兎に食べられないように、村の共有の山にわらで作った垣根) 新潟県佐渡 *かべ 島根県「いきかべ(生け垣)」 岡山県阿哲郡 福岡県 熊本県 大分県日田郡 宮崎県西諸県郡 鹿児島県 *ぐぎー 長崎県西彼杵郡 *くね 青森県上北郡(畑の境の垣根) 岩手県 秋田県「くね越しにのぞく」 山形県「くねゆう(垣を作る)」 福島県 茨城県 栃木県 群馬県 埼玉県「さやぶどーのくね」 千葉県 東京都 神奈川県 新潟県「柴ぐね」 山梨県 長野県 静岡県 長崎県西彼杵郡 宮崎県西臼杵郡 *くねがき 山形県東置賜郡 福島県石城郡・大沼郡 *くねぎし(畑の境の垣根) 青森県上北郡・三戸郡 *くねじま(畑の境の垣根) 青森県三戸郡 *くねばら 新潟県中頸城郡 *くべがき 山形県米沢市 *けね 宮崎県東諸県郡 *こしば 富山県・砺波・射水郡 *こしわ 富山県砺波 *ころがき(放牧の牛から自家の畑作物を守るために巡らした垣根) 新潟県佐渡 *ししがき(畑を荒らすイノシシやシカを防ぐために巡らした垣根) 和歌山県日高郡 *しぐね(畑を荒らすイノシシやシカを防ぐために巡らした垣根) 埼玉県秩父郡 *のきね(家屋に近い垣根) 愛媛県今治市 *ひーがえ 千葉県安房郡 *へーおい 岡山県児島郡 *へーがい 千葉県君津郡 *へかぎ 青森県上北郡「家のへかきへ大根干す」 *めぐり(屋敷周りの垣根) 宮城県栗原郡 *もがり 栃木県 静岡県磐田郡 *やずか 愛知県北設楽郡 *やねがき 鹿児島県

↓かき (垣)

かく【欠】 *うっかく 埼玉県秩父郡「なあんだ。うっかいちゃったんか。それじゃあ役に立たねえ」 *かけらかす(茶わんの一部などを欠く) 山形県中部 *こぐ 島根県「刃をこいだ」 山口県長門「岩をこぐ」 愛媛県「泥(どろー)こぐ(がけの土を取る)」

かく【書】 *こーん 沖縄県竹富島 *じらめがす(文字をすらすら書く。また、草書に崩して書く) 青森県津軽 *べらぐらがき(ぬたくり書き) 青森県三戸郡

かく【掻】 *かがる 福岡市 長崎県対馬 *かきしゃぶる(強くかく) 愛知県南設楽郡・西春日井郡 *かじく 長野県下伊那郡 静岡県田方郡 *かじくる 新潟県佐渡 山梨県 静岡県「犬がじべたをかじくりまーす」 *かしめくる 愛知県豊橋市 *かじる 東京都御蔵島 新潟県佐渡(くじる) 山梨県 静岡県「頭をかじる」 奈良県南大和(かき混ぜる) 福岡県 *かちる 東京都八丈島 *こさげる 兵庫県加古郡 *こさぐ 山口県豊浦郡「落葉をこさぐ」 熊本県下益城郡 大分県 *こさぐる 大分県日田郡「ものをこさぐりだす(かき出す)」 *こそげる(こすりつける) 岐阜県可児郡

かぐ【嗅】 *かぐる 岩手県気仙郡 *くさぐ 東京都三宅島・御蔵島 三重県南牟婁郡 *くざぐ 東京都御蔵島 *くさむ 島根県石見「どがーな匂かくさんで見い」 広島県佐伯郡・安芸郡 山口県大島 高知県 長崎県「是ばくそーぢお見」 熊本県天草郡 鹿児島県種子島 *におう 京都府葛野郡 島根県「このお菓子をにおって見い、少し臭いぞ」 岡山県真庭郡 広島市 山口県・山口市 徳島県「よーにおうてみー(よくかいでごらん)」 高知県 熊本県天草郡 大分県 鹿児島県種子島 *におぐ 京都市 大阪市 *にっきっ(「においをきく」の転か) 長崎県五島 *にゆー 大分県大分郡・大分市 *はなかぐ 兵庫県明石郡

においを□ *かがむ 高知県吾川郡 *かごむ 山口県浮島 *かざかく 富山県東礪波郡 石川県珠洲郡・能美郡 兵庫県但馬 *かざかぐ 新潟県佐渡・西頸城郡 石川県鳳至郡 岐阜県「ちょっとこの花かざかいでみなれ」 愛知県尾張 三重県 京都市 兵庫県赤穂郡・神戸市 和歌山県那賀郡 *かざがく 岐阜県飛騨 愛知県尾張 滋賀県彦根 大阪市「かざがいてごろうじ」 *がさがく 和歌山県那賀郡 *かさがす 石川県金沢 *かざかす・かだかす 大阪府泉北郡 兵庫県加古郡 *かざがす 石川県 三重県員弁郡 兵庫県赤穂郡 奈良県大和高田 *かざかむ 千葉県山武郡 高知県安芸郡・幡多郡 *かざぐ 愛媛県 *かざごう 兵庫県明石郡 *かざこむ 高知県安芸郡 *かさっむ 鹿児島県宝島 *かさむ 大分市 *かざむ 兵庫県淡路島 岡山県 広島県 徳島県 香川県「どんなかざがするぞ、かざんでみいだ」 愛媛県 高知県 福岡県糸島郡・浮羽郡 佐賀県 長崎県北松浦郡・壱岐島・対馬 熊本県 大分県 宮崎県 *かざん

鹿児島県 *かじかぐ 三重県名張市 *かじむ 島根県出雲 *かずむ 鳥取県西伯郡　島根県　広島県　愛媛県大三島　佐賀県　長崎県　熊本県玉名郡・天草郡　鹿児島県 *かずん 宮崎県西諸県郡・都城　鹿児島県 *かぞむ 兵庫県淡路島　岡山県　広島県　香川県　愛媛県「かぞんでみたら臭い臭い」　佐賀県藤津郡　鹿児島県種子島・肝属郡 *かだかぐ 三重県 *かだむ 広島県　大分県西国東郡・速見郡 *かどむ 広島県上蒲刈島・倉橋島　山口県屋代島・大島 *かぶん 沖縄県石垣島 *かまる 青森県上北郡・三戸郡　岩手県「かまってみる」　東京都八丈島 *かもる 岩手県和賀郡 *かん(においをかぐこと) 山形県「かんしてみる(においをかいでみる)」 *かんまる 岩手県上閉伊郡 *きく 岡山県児島郡「あの花のかざをきいてえん(あの花のにおいをかいでごらん)」　福岡県久留米市・浮羽郡 *けずむ 広島県高田郡 *にっきっ(「においをきく」の転か) 長崎県五島 *ふがかす 石川県鹿島郡・鳳至郡 *ほがかす 石川県鳳至郡

かくじ【各自】 *いこねいこね 香川県・小豆島 *てまいこ 愛知県知多郡「てまいこに金を払ふ」　島根県美濃郡・益田市 *なーなー 沖縄県石垣島

→おのおの（各）・それぞれ（夫夫）・めいめい（銘銘）

かくす【隠】 *うずぐる・おんずぐる(金や物を人に秘して隠しておく) 岩手県気仙郡 *うむす(罪などを隠す) 秋田県鹿角郡(また、ものごとを隠す)「うむして知らない顔をしてる」　山形県北村山郡・東田川郡 *おっつくねる 岩手県気仙郡 *おむす(罪などを隠す) 山形県山形市・置賜 *おもす(罪などを隠す) 岩手県気仙郡・胆沢郡　宮城県登米郡・玉造郡　山形県東置賜郡・西村山郡　鳥取県西伯郡 *かくしーまーしー(大事に隠して) 沖縄県首里 *かくなす 栃木県足利市・日光市　群馬県佐波郡　埼玉県北葛飾郡　神奈川県 *かくまう 島根県「着物を戸棚にかくもーた」　徳島県「あの人はしょーたくをかくもーとる(めかけを隠しておいている)」 *かくまる 山形県米沢市 *かざみ(人に知られないように隠すこと) 沖縄県石垣島 *かざみるん・かざみん(人に知られないように隠す) 沖縄県石垣島 *かざむ(姿を隠す) 福島県相馬郡 *かぞむ(姿を隠す) 東京都八王子 *がます(盗み取って隠す) 宮城県栗原郡 *きじがくれ(姿を隠すこと) 福岡市 *くまかくし(製品などの欠点を隠すこと) 青森県南部 *くみるん・くみん 沖縄県石垣島 *くろぶた(隠してあること) 愛知県名古屋市「掛金はしてあるが、さて何が当るかはくろぶただわ」 *しのべる 香川県高松市「しのべておく」 *しまう 山形県北村山郡「ぬすんですまておぐ(盗んで隠しておく)」 *ちょろまかす 愛媛県 *つくぬる 熊本県玉名郡 *とめる 広島県 *なぶす 東京都八丈島「あんせーなぶしいたそうし(なんでお隠し申しましょう)」 *ぬくめる 熊本県玉名郡 *はんみゅい 鹿児島県喜界島 *ひしかくし(むやみに隠すこと) 新潟県三島郡　大阪市 *ひしがくし(むやみに隠すこと) 奈良県「どうして此の子は物をひしがくしするんだろう」 *ひっちかくし(むやみに隠すこと) 山梨県南巨摩郡「前科があるこたーひっちかくしだ」 *ひっちかくす(ひたすら隠す) 山梨県 *ふくふく(内心に憤懣の情を隠しているさま) 長崎県壱岐島「口にゃ出さんばってふくふくしちょった」 *へそねる 香川県綾歌郡 *むす(罪などを隠す) 秋田県　長野県東筑摩郡 *めんかぶる(恥ずかしさに顔を隠す) 福岡市

がくふ【岳父】 ⇩しゅうと（舅）

かぐら【神楽】 *おしきめー(盆を持って舞う神楽の一種) 長崎県壱岐島 *かんめ 鹿児島県 *こーじんまい 岡山県吉備郡 *こけらばらい(神社の改築などが済んだ時に、神楽を奉納すること) 広島県比婆郡 *だいだい 群馬県佐波郡・多野郡 *とっぴきひょー 群馬県多野郡「とっぴきひょーをやる」 *ひゅーかち(囃子(はやし)の音から) 山梨県 *ひょっとこ 群馬県山田郡 *めかぐら 新潟県岩船郡

□の舞 *ちゃんちき 島根県美濃郡・益田市(幼児語)「鬼のちゃんちきを舞うた」 *ちゃんちきまい(幼児語) 島根県石見

かくれる【隠】 *かがむ 山形県米沢市「木の陰にかがんだ」　千葉県 *かごむ 山形県西置賜郡　新潟県東蒲原郡　兵庫県加古郡・神戸市　岡山県英田郡　山口県大島 *こもる 徳島県海部郡 *さげすむ(立ち聞きやのぞき見をするために隠れる) 島根県出雲「知らんうちにちゃんとさげすんどった」 *しゃがむ 長野県諏訪 *しりこむ 島根県八束郡・大田市「どこへしりこんだやら出ん」 *しれこむ 島根県簸川郡・出雲市 *すくむ(物陰などに隠れる) 奈良県南葛城郡 *すれこむ 島根県「何処えすれこんだやら出て来ん」 *つっきゅい 鹿児島県喜界島 *なぶる・なぶれる 東京都八丈島 *はいくわっくぃゆん(走って隠れる。急いで隠れる) 沖縄県首里 *ひずむ(隠れ潜む) 岡山県 *ぴょーまるん 沖縄県石垣島

人に□てするさま *こせこせ 奈良県南大和　宮崎県東諸県郡 *しんねこ(人に隠れてものごとをすること) 奈良県吉野郡　広島県高田郡　徳島県

かくれんぼ【隠坊】 *おくねっこ 長野県南佐久郡 *おにかい 長野県長野市・上水内郡 *おにご 山形県 *おにごっちょ 新潟県上越市 *おんぼ 和歌山県那賀郡 *かがみこ・かがみこら・かがみころ 千葉県夷隅郡 *かくえご・かくえぼ 鹿児島県鹿児島郡 *かくおに 高知県香美郡 *かくされご 福島市 *かぐじょっこ・かくれじょこ・かくれじょっこ 青森県津軽 *かくね・かくねごし・かくねごしょ 群馬県佐波郡 *かくねおに 千葉県千葉郡 *かくねかんじょ 神奈川県三浦半

島・中郡 *かくねくしょ 群馬県勢多郡 *かくねこ 長野県南佐久郡 *かくねごっこ 栃木県 *かくねしょ 群馬県勢多郡・多野郡 *かくねっきょー 群馬県碓氷郡 *かくねっこ 栃木県 群馬県碓氷郡・佐波郡 埼玉県秩父郡(幼児語)・入間郡 長野県 *かくねっしょ 群馬県 長野県 *かくねっちょ 長野県東筑摩郡 *かくねんごっこ 群馬県桐生市 *かくねんしょ 群馬県勢多郡 長野県 *かぐりあんびー 沖縄県与那国島 *かくれ 大分県玖珠郡 *かくれおっこ 青森県 *かくれおに 和歌山市 島根県出雲 *かくれおんご 熊本県天草郡 *かくれおんさ 富山県射水郡 *かくれおんじょ 佐賀県三養基郡・藤津郡 *かくれおんば 香川県綾歌郡 *かぐれかぇご 宮城県登米郡 *かぐれがおっこ 青森県津軽 *かくれかご 岩手県紫波郡 宮城県栗原郡・仙台市(小児語) 山形県 *かくれがっこ 岩手県上閉伊郡・気仙郡 山形県最上郡 福島県相馬郡 群馬県佐波郡 *かくれかんこ・かくれかんご 山形県村山 *かくれがんこ 岩手県上閉伊郡・気仙郡 *かくれかんじょ 神奈川県中郡・足柄下郡 静岡県 *かくれがんじょ 神奈川県中郡 *かくれかんじょー 静岡県田方郡 *かくれきょーとー・かくれっきょー 東京都利島 *かくれくら 山形県 *かくれくらご 山形県東置賜郡 *かくれげぁっちょ 宮城県石巻 *かくれこ 青森県 宮城県栗原郡 秋田県鹿角郡 山形県東村山郡・米沢市 鳥取県米子 島根県隠岐島 香川県高松市 高知県土佐郡 *かくれご 福井県大飯郡 鳥取県西伯郡 広島県安芸郡 香川県 愛媛県 高知県 福岡県久留米市 長崎県南高来郡 大分県 鹿児島県 *かくれこー 島根県仁多郡 *かくれごー 島根県 佐賀県 鹿児島県種子島 *かくれごく 新潟県佐渡 岡山市 *かくれごしょ 群馬県勢多郡 *かくれごち 長崎県南高来郡 *かくれごっちょ 新潟県上越市 *かくれごと 山形県東田川郡 新潟県佐渡 兵庫県淡路島 島根県 岡山市 *かくれごんご 香川県香川郡 *かくれごんこー 香川県木田郡 *かくれざっこ 山形県東置賜郡 福島県北部 *かくれさご 山形県最上郡 *かくれさんご 福島県北部 *かくれさんごと 島根県八束郡 *かくれじ 岡山県 *かくれつき(陣を決めた隠れんぼ) 山形県西村山郡 *かくれっこ 秋田県仙北郡 山形県 埼玉県川越・入間郡 東京都八王子 神奈川県津久井郡 山梨県南巨摩郡 *かくれっこー 新潟県中魚沼郡 *かくれどい 鹿児島県宝島 *かくれどち 新潟県佐渡 *かくれなんご 長崎県南高来郡 熊本県天草郡 *かくれなんど 長崎県五島 *かくれねんぼ 鳥取県西伯郡 *かくれぼっこ・かくれぼんこ・かくれほんも 富山県下新川郡 *かぐれぼこ 岩手県和賀郡 *かくれぼちや 新潟県佐渡・中頸城郡 *かくれぼつ 秋田県雄勝郡 *かくれぼっこ 富山県 香川県綾歌郡 *かくれぼっち 山形県 新潟県東蒲原郡 *かくれぼっちょ 山形県東田川郡 *かくれぼっつ 山形県南置賜郡・西田川郡 *かくれまっこ 岩手県気仙郡 *かくれもいど 宮崎県宮崎郡 *かくれもーじょー 佐賀県 *かくれもーも 長崎県南高来郡・長崎市 *かくれもーや 香川県・仲多度郡 *かくれもくら 香川県・仲多度郡・小豆島 *かくれもち 新潟県 *かくれもっこ 岩手県気仙郡 富山県中新川郡 *かくれもど 宮崎県延岡・東諸県郡 *かくれもも 長崎県南高来郡 *かくれやいこ(多く女子が使う) 岡山県児島郡 *かくれやこ 鳥取県西伯郡 *かくれやご 長崎県南高来郡 *かくれんこ 青森県 宮城県栗原郡 秋田県山本郡 香川県高松市 *かくれんご 栃木県 島根県 徳島県 香川県 熊本県天草郡 大分県玖珠郡 *かくれんごー 島根県 *かくれんじょ・かくれんじょこ・かくれんじょっこ 青森県津軽 *かくれんぽち 秋田県南秋田郡 *かくれんぽっち 山形県南村山郡 *かごみかごみ(遊戯の「かごめかごめ」か、また「屈み屈み」か) 長崎県壱岐島 *かちみんしょーりー・かついみんしょーりー 沖縄県首里 *かんちり 三重県名賀郡 *くまりこーい 沖縄県鳩間島 *くまりっぐなーい(「籠競(こもりくら)」の意) 沖縄県黒島 *くみっくなー 沖縄県石垣島 *くゎっくぃんとーるー・くゎっくぃんどーれー 沖縄県首里 *けった 新潟県佐渡 三重県名賀郡 香川県・伊吹島 *けったー 高知県土佐郡 長崎県西彼杵郡 *けったりがち 大分県大野郡 *けったん 鳥取県岩美郡・気高郡 *けっとおに 神奈川県中郡 *けんと 長野県長野市・上水内郡 *すもーり 沖縄県新城島 *たねくらご 山形県西置賜郡 *とぅーみやーがふふぃ 沖縄県宮古島 *とぅーゆ・とぅみまご・とぅゆご 鹿児島県奄美大島 *とーばん 三重県志摩郡 *なぶりっこー 東京都八丈島 *ねんぶら・ねんぶりどめ 静岡県榛原郡 *ぴまり 沖縄県波照間島 *ぴょーまりこーとー 沖縄県竹富島 *ぴょーまりごっけー 沖縄県石垣島 *ぴんまーり 沖縄県新城島 *ぺーむるごー(「ぺーむる」は「ひそまる」の転。「ごー」は「隠れる」の意) 沖縄県小浜島 *ぽっけん 高知県幡多郡 *まんだりこ 東京都八丈島 *みつけご 香川県大川郡 *むかっけ 鹿児島県屋久島 *めくらさがし 山形県最上郡 *めっこ 新潟県西頸城郡「めっこしょう」 *めとんち 新潟県佐渡 *めふさぎ 島根県鹿足郡 *もいじゃんこ・もじゃんこ・もんちゃらこ 鹿児島県 *もーそーおに 群馬県山田郡 *もっかっこー 鹿児島県種子島 *もんじ 静岡県田方郡

かげ【陰】 *おだれる 青森県三戸郡 新潟県東蒲原郡 *かーび・かわび(入り日になって、川面が川沿いの山などの陰になってくること) 長野県下伊那郡「かわびになるから一生懸命やろう」 *かげし 愛知県葉栗郡 *かげのこ 和歌山県東牟婁郡・日高郡 *かげら 石川県江沼郡 愛知県葉栗郡 奈良県・南大和 和歌山県東牟婁郡・日高郡 *かげろ 山形県最上郡・東田川郡 福島県安達郡 和歌山県日高郡 *かげろー 山形県最上郡・

東田川郡　＊がま（川の中の岩石の陰）奈良県宇陀郡　愛媛県　＊がまんど（川の中の岩石の陰）奈良県宇陀郡「がまんどに手を入れて大きい鮒をつかんだ」香川県伊吹島　＊しのた（山の陰）島根県美濃郡　＊しのと（山の陰）島根県石見　広島県安芸郡　＊ならい（山の陰）岩手県気仙郡　＊はたー　鹿児島県喜界島「はたーなゆい（陰になる）」「はたーしゅい（物を隠す。陰にする）」　＊やね（土地や部屋の陰になる面）岡山県・吉備郡（日陰の地）・久米郡

かげ【影】　＊おーやー（幼児語）沖縄県石垣島　＊かがぼち　茨城県稲敷郡　＊かげし　愛知県葉栗郡　＊かげっぷち　栃木県日光市　＊かげっぽし　山形県南置賜郡・米沢市　栃木県　＊かげっぽち　山形県南置賜郡・米沢市　＊かげっぽっし　栃木県真岡市・芳賀郡　＊かげのこ　和歌山県東牟婁郡・日高郡　＊かげぶつ　青森県　岩手県九戸郡　秋田県　山形県北村山郡「かげぶづなんがくうってる（影が長く映っている）」　＊かげぷつ　青森県津軽　＊かげぼ　三重県志摩郡　＊かげぼち　秋田県鹿角郡　山形県最上　＊かげぽち　山形県東置賜郡・西置賜郡　茨城県稲敷郡　＊かげぽつ　山形県最上郡　＊かげぼっち　岩手県九戸郡・気仙郡　秋田県仙北郡　＊かげぽっち　山形県西置賜郡　＊かげぽっつ　山形県東置賜郡　＊かげら　石川県江沼郡　愛知県葉栗郡　奈良県・南大和　和歌山県東牟婁郡・日高郡　＊かげろ　山形県最上郡・東田川郡　福島県安達郡　和歌山県日高郡　＊かげろー　山形県最上郡・東田川郡　＊かげんぶち　青森県津軽　秋田県鹿角郡　埼玉県入間郡　長野県佐久　＊かげんぼ　栃木県南部　岐阜県吉城郡　三重県　＊がげんぼ　三重県志摩郡　＊かげんぼち　栃木県南部　群馬県佐波郡　長野県佐久　静岡県　＊かげんぼつ　静岡県磐田郡　＊かげんぼっち　埼玉県北足立郡・大里郡　静岡県榛原郡　＊けえぁぶつ　岩手県九戸郡　＊しろけ・じろけ（「白け」か。影らしいもの）島根県隠岐島「しろけも見えん」　＊ばー（ものに映る影）島根県隠岐島「きれいに拭いてばーがうつるやーな」　＊ふいすぃかーがー（薄物を通して見えるものの影）沖縄県首里「ふぃすぃかーがー見ーゆん（薄物を通して物の影が見える）」　＊ぽぽ（鏡や水に映った影）長野県・佐久（幼児語）

がけ【崖】　＊あぐ　熊本県球磨郡　＊いわ　熊本県阿蘇郡　＊いわたき（岩のがけ）熊本県芦北郡・八代郡　＊いわっぷち（岩の多いがけ）長野県　＊いわっぺら（岩の多いがけ）熊本県球磨郡　＊いわつぼ　京都府　＊いわはえ　熊本県芦北郡　＊いわばけ（「ばけ」は傾斜地の意）茨城県　＊うーちりばんた（大きく切り立ったがけ）沖縄県首里　＊うまのせぼね（馬の背のようになった山のがけ）静岡県磐田郡　＊おとし　熊本県天草郡　＊かえ　熊本県芦北郡　＊がえんがら　千葉県夷隅郡　＊かけご　三重県一志郡　＊がけす　岐阜県飛騨　＊がけっちょ　静岡県賀茂郡　愛知県北設楽郡　三重県　大阪府泉北郡　奈良県　和歌山県　＊がけっちょー　広島県三次市・双三郡　＊がけっと　埼玉県秩父郡　岐阜県郡上郡　愛知県東三河　島根県飯石郡・大原郡　広島県高田郡　＊がけっぱた・がけぱた　山形県　＊がけっぷし　山形県西村山郡　＊がけっぽ　青森県西津軽郡　福島県石城郡　栃木県　＊がけつら　愛知県八名郡　＊がけと　愛知県南知多郡　京都府北部　＊がけばた　愛知県豊橋市　＊がけはな　愛知県北設楽郡　＊がけはば　富山県東礪波郡　＊がけぷし　山形県西村山郡・南村山郡　＊がけぷす・がけぶつ・がけぷつ　山形県　＊がけら　福井県敦賀郡・坂井郡　兵庫県出石郡　＊がけらっば・がけらっぱ　千葉県千葉郡　＊がけわら　山形県東村山郡・西田川郡　＊がけんちょ　三重県阿山郡　＊がけんと　京都府北部　＊がけんとー　茨城県久慈郡　＊がけんどー　静岡県小笠郡・安倍郡　＊がけんぼち　静岡県引佐郡　＊かて　和歌山県　＊かべ　富山県　岐阜県飛騨　滋賀県高島郡　＊がらんがえ　千葉県夷隅郡　＊がらんど（山などが崩れてできたがけ）新潟県東蒲原郡　長野県東筑摩郡　＊からんびし（険しいがけ）新潟県西頸城郡　＊かれ　山梨県南巨摩郡　＊がれ　山梨県・南巨摩郡　静岡県・富士郡　＊がんぎ　兵庫県赤穂郡　＊がんげ　兵庫県赤穂郡　＊がんせき（「岩石」か）愛知県北設楽郡　＊きし　三重県志摩郡　京都府中郡　徳島県　熊本県　＊ぎし　島根県簸川郡　山口県大島　愛媛県周桑郡　熊本県　大分県　鹿児島県揖宿郡　＊きしがき　香川県仲多度郡　＊ぎしがけ　香川県三豊郡　＊きしっぱな・きしのはら　三重県志摩郡　＊きしばな　徳島県　＊きせ　京都府中郡・竹野郡「畑のきせ」　＊きりわり　熊本県菊池郡　＊くえ　長野県南佐久郡　熊本県八代郡　＊ぐえ　三重県北牟婁郡　＊げし　鳥取県西伯郡　島根県（田畑や道のがけ）・八束郡　＊ごーろ　鳥取県八頭郡　＊こし（海岸などのがけ）東京都八丈島・大島・利島　＊ごとはち　鳥取県八頭郡　＊さー　沖縄県小浜島　＊ざき　大分県北海部郡　＊ざっかけ　山形県北村山郡　福島県相馬　＊さっこけ　千葉県山武郡　＊ざっこけ　福島県石城郡　＊ざれ　新潟県佐渡　＊ざんかけ　岩手県下閉伊郡　宮城県登米郡　山形県　＊じゃれ　香川県大川郡　高知県幡多郡（砂利の多いがけ）　＊ずえ　愛媛県周桑郡　＊ずだ　熊本県芦北郡　＊ずれー　京都府葛野郡　＊ぞーれ（山などが崩れてできたがけ）三重県飯南郡　＊ぞり（山などが崩れてできたがけ）長野県佐久　＊ぞれ　長野県佐久　岐阜県飛騨　静岡県周智郡　三重県志摩郡・飯南郡　大阪府南河内郡「大ぞれ。小ぞれ」　長崎県壱岐島　＊ぞれこみ（山などが崩れてできたがけ）和歌山県新宮　＊ぞれんぼ（山などが崩れてできたがけ）大阪府南河内郡　＊ぞろ（山などが崩れてできたがけ）群馬県吾妻郡　＊そわ　三重県志摩郡　＊だいやびん（大きながけ）山梨県南巨摩郡　＊たかぎし　熊本県北部　＊たき　島根県・鹿足郡（岩のがけ）・益田市（岩のがけ）　岡山県川上郡「十丈もあるたきの底に落込んでいると」　山口県阿武郡（海岸の絶壁）　長崎県対馬　徳島県　高知県（また、岩のがけ）

「ひと落てんたき(きり立ったがけ)」・壱岐島　熊本県 *だき 徳島県那賀郡「羚羊(にく)はだきの上にいるものだ」 愛媛県　高知県幡多郡　長崎県北松浦郡　大分県 *たきまっこ 高知県土佐郡 *たきまっこー 島根県那賀郡・江津市　高知県「足を踏み外してたきまっこーえ落ちたらしまいぜよ」 *たきんごー 島根県石見・益田市(岩のがけ)・邇摩郡(岩のがけ) *だけ 兵庫県美嚢郡・家島　島根県鹿足郡・邇摩郡・隠岐島　岡山県邑久郡　山口県玖珂郡　徳島県阿波郡・美馬郡　香川県　愛媛県　大分県大分郡 *たけっぽつ 岡山県邑久郡 *だけら 兵庫県淡路島 *たる(雨が降ると滝ができるがけ) 岐阜県北飛騨 *でばしゃり 栃木県 *でばな 島根県「むこうのでばなに藤の花が咲あとる」 *でばり 島根県美濃郡 *と 大分県速見郡 *どて 福島県　長野県上田・佐久 *どてがけ 山形県西置賜郡 *どんぎし 熊本県宇土郡・下益城郡 *どんだ 長崎県北高来郡　熊本県宇土郡・天草郡 *どんだき 徳島県 *なぎ(山などが崩れてできがけ) 東京都西多摩郡　山梨県　長野県　静岡県「なぎんひけるぞ(山崩れがするぞ)」 愛知県北設楽郡・東加茂郡 *なぎあと 愛知県北設楽郡 *なぎおし 長野県佐久 *なぎくみ 静岡県 *なぎこけ 栃木県塩谷郡・日光市 *なぎこみ 山梨県 *なぎぬけ 長野県上伊那郡 *にわっぱち(岩の多いがけ) 静岡県川根 *のけ 新潟県中魚沼郡 *のて 山形県西田川郡 *はけ 群馬県多野郡　埼玉県秩父郡　東京都・八王子(山などが崩れてできがけ) 神奈川県津久井郡「はけっぱた(がけ際)」 富山県射水郡　山梨県・北都留郡 *はけた 東京都八王子(山などが崩れてできがけ) 神奈川県津久井郡 *はけっと 埼玉県秩父郡 *はげら 三重県阿山郡 *ぱち 静岡県川根 *ばっかい 茨城県稲敷郡 *ばっかけ 山形県最上郡 *はっけ(丘陵の先端で川に面した高いがけ) 青森県三戸郡 *ばっけ 茨城県　千葉県印旛郡(山などが崩れてできがけ)・山武郡 *はば 群馬県多野郡　富山県砺波　山梨県　長野県「あのはばを登る」 岐阜県恵那郡・飛騨　島根県那賀郡 *ばば 徳島県三好郡 *はばっかけ 山梨県 *はばっくら 長野県長野市・下水内郡 *はばっつぁき 群馬県多野郡 *はばっと・はばっぷち 埼玉県秩父郡 *はま 山梨県 *はんかげ 青森県津軽 *はんた 沖縄県首里 *ぱんた 鹿児島県喜界島 *ひし 新潟県岩船郡　富山県　長野県北安曇郡「八方の黒びし」 *ひら 岩手県気仙郡　山形県最上郡・東田川郡　鹿児島県揖宿郡 *へつり 山形県西置賜郡　福島県南会津郡 *ほた 三重県飯南郡　滋賀県犬上郡 *ぼら・ぼらっけ・ぼらっこ 千葉県印旛郡 *まく 長野県北安曇郡 *まこ 静岡県磐田郡・周智郡　愛知県北設楽郡 *まぶ 宮城県　新潟県「まぶからおちるなよ」 奈良県宇智郡 *まま 山形県　茨城県(道に臨んだ所) 栃木県　群馬県佐波郡　東京都伊豆諸島　神奈川県鎌倉　新潟県「あんまり縁へ行くとままが欠ける」 長野県上高井郡・諏訪　静岡県　愛知県北設楽郡 *ままあな 長野県東筑摩郡 *ままかけ 山形県東置賜郡　長野県伊那 *ままくど 長野県伊那 *ままくね 長野県飯田市付近 *ままっか 茨城県・新治郡 *ままっかけ 栃木県芳賀郡　長野県 *ままっくね 長野県下伊那郡 *ままっこけ 静岡県安倍郡 *まみ 栃木県芳賀郡 *めぼろ 新潟県佐渡 *やげた 三重県一志郡 *わるぱち 静岡県大井川上流 *んまのせ(馬の背のようになった山のがけ) 新潟県岩船郡

↓だんがい（断崖）

かげぐち【陰口】 *あくさい 新潟県東蒲原郡・西頸城郡　徳島県 *うっす 鹿児島県喜界島「うっすいゆい」 *おつげっぽ 岐阜県山県郡 *こごと 山口県 *ざんず 山形県西置賜郡・山形市 *ざんそ 山形県　徳島県 *ざんぞ 岩手県和賀郡・気仙郡　宮城県「そったにざんぞかたるんでがえん」 秋田県平鹿郡「あの人はよくざんぞほる」 山形県「人をざんぞしてはいけない」 福島県相馬郡・東白川郡　栃木県　千葉県東葛飾郡　新潟県「人のざんぞほる男だ」 *ざんぞー 山形県米沢市　千葉県香取郡　新潟県「人をざんぞうする」 長野県諏訪 *すしゅー 沖縄県首里 *そっしょー(「そしょう(訴訟)」の転) 長崎県壱岐島「人ぬそっしょーはせんこつ」 *ちょべ 栃木県 *つぃちゃぎもーしゃぎ 沖縄県首里 *つぎあげ 愛媛県宇和島市 *つげ 島根県美濃郡・益田市 *ぬれーぐとぅ 沖縄県首里 *もーしゃぎ 沖縄県首里

↓わるくち（悪口）

他人の□を言う *うちゅー 山形県西村山郡 *うちょう 山形県北村山郡 *かげあたまをはる 岩手県気仙郡　新潟県 *こごとひき(他人の陰口などのないしょ話をする人) 広島県倉橋島　山口県大島 *こびく 愛媛県越智郡 *そしる 滋賀県彦根　広島県高田郡 *なさがしゅん 沖縄県首里 *やわきばば(陰口を言う女) 島根県隠岐島 *やわく 島根県隠岐島

かけっこ【駆】 ⇩きょうそう（競走）

かける【欠】 *かどむ 島根県邑智郡「洗う時に茶碗がかどんだ」 *こぐる 佐賀県唐津市 *こげる 鳥取県西伯郡　島根県「茶碗がこげる」 岡山県苫田郡　広島県山県郡・高田郡「こげた米(くず米)」 山口県阿武郡・大島　香川県小豆島　愛媛県　福岡市 *こつっかぐる・つっかぐる 熊本県下益城郡 *こもげる(餅が欠ける) 埼玉県北葛飾郡 *ちびる(刀剣などの刃先が欠ける) 福岡県小倉市 *ひっかく 長野県佐久 *ひっかぐい・ひっかぐる 鹿児島県 *ぶっかける(陶器などが欠ける) 福島県東白川郡「茶碗がぶっかけた」・大沼郡 *ほげる 和歌山市「爪(つめ)がほげた」 島根県「人形の鼻がほげた」 広島県　山口県・阿武郡 *ほつれる(陶器が欠ける) 島根県大田市「杯がほつれた」 *めげる 新潟県上越市　香川県　愛媛県越智郡

□こと *かぎ 沖縄県首里 *かけ 静岡県志太郡

(主として果物や菓子などについて言う)「おんにもひとっかけくりょー(私にも一かけらくれよ)」 *かげ 島根県　香川県「茶碗のかげが落ちとる」　愛媛県松山「瓶のかげで手を切った」 *かげこ 岩手県気仙郡

かける【掛】 *さっかける 埼玉県入間郡「兄ちゃんは砂さっかけるでー」 *はげる 兵庫県加古郡「眼鏡をはげる」 *へる 新潟県南蒲原郡

かげろう【陽炎】 *あがりさがり 愛媛県 *ちらちら 鹿児島県沖永良部島 *なぐい 沖縄県石垣島 *のび 島根県「のびが燃える」

かげん【加減】 *こーらん 愛媛県野忽那島 *こくげん 山口県見島「塩のこくげんは男衆がするので」 *こらん 岡山県阿哲郡　愛媛県・大三島「手ごらん(手加減)」 →ぐあい(具合)

かげん【寡言】 ⇩むくち(無口)

かご【籠】 *あなめかご(麻糸を紡ぐ苧績(おう)み作業の時に用いる) 岩手県下閉伊郡 *いかきめが 香川県大川郡 *いどけ 福井県大飯郡 *いどこ 福井県大飯郡　京都府何鹿郡　奈良県　和歌山県東牟婁郡 *いびら 沖縄県伊江島 *いびらき 鹿児島県加計呂麻島 *いびらく・えべらく 鹿児島県奄美大島 *いみどぅり(食物を入れる。藤蔓製) 沖縄県石垣島 *うとぅしぐー(小鳥を捕らえるために仕掛ける) 沖縄県首里 *えってぼ(「てぼ」はかごの意。生きえを入れる) 長崎県西彼杵郡 *えびら(うどんを平らにしておく丸かご) 栃木県芳賀郡 *えふご(釘などを入れる) 滋賀県彦根 *おにかご(節分の日に、ヒイラギの葉や古わらじなどを入れて、家の門口に出しておく) 静岡県周智郡 *おの(八斗かご) 三重県飯南郡 *かがい 鹿児島県肝属郡 *かがり 三重県志摩郡・飯南郡　和歌山県有田郡　福岡県　熊本県芦北郡・八代郡　大分県玖珠郡 *かきご・かけご(かご類のふたとなるかご) 長崎県壱岐島 *かけだま(網かご) 岡山県児島郡 *かごじ・かんごじ 岐阜県郡上郡 *かごてぼ(円形、または楕円形の小さなかご) 長崎県壱岐島 *かごどーし(籾をふるうのに用いる) 新潟県中頸城郡 *かごどし 山形県北村山郡(亀甲の目のかご)　新潟県(籾をふるうのに用いる) *かごろじ(蚕座用) 長野県上伊那郡・下伊那郡 *かっこ 京都府相楽郡 *からねこ(ネズミや小鳥などを捕らえる) 岐阜県東飛驒 *かんがり 三重県 *かんこ 三重県志摩郡 *かんだら(細目に編んだ、びくに似た円形のかご) 島根県益田市 *きつねいかき(一方に口のついた横長のかご) 香川県綾歌郡・仲多度郡 *きつねかご(一方に口のついた横長のかご) 香川県牛島・仲多度郡・三豊郡 *きつねのいかき(一方に口のついた横長のかご) 香川県綾歌郡 *くー 沖縄県首里 *くもんかご(手提げかご) 滋賀県甲賀郡 *くわぼて(桑の葉を入れる) 長野県諏訪 *こいため 大分県南海部郡 *こえかご(苗を入れる) 新潟県岩船郡 *こーざ 岐阜県飛驒 *こざ 福井県今立郡　岐阜県飛驒 *ござ 岐阜県郡上郡 *こたし(縄や植物の蔓(つる)や皮などで編んだかご) 青森県上北郡 *こだし 青森県　岩手県気仙郡　秋田県秋田市・鹿角郡 *こだしこ 秋田県仙北郡 *こだす 青森県津軽　岩手県和賀郡　秋田県 *こばん(小鳥や蛍などを入れる) 高知県・幡多郡 *ごみかご(三斗以上入るかご) 東京都利島 *こもじかご(便所に置き、しりふき用のわらくずを入れる) 新潟県岩船郡 *こんだす(縄や植物の蔓(つる)や皮などで編んだかご) 秋田県 *さいろ(炭取りかご) 富山県砺波 *さしこ(小鳥のかご) 茨城県・稲敷郡　栃木県　埼玉県北足立郡　千葉県君津郡・東葛飾郡　東京都八王子　神奈川県津久井郡　岐阜県恵那郡 *さしご・さしごち(小鳥のかご) 千葉県・千葉郡 *さしっこ(小鳥のかご) 栃木県上都賀郡・安蘇郡(山から鳥を持ち帰る時のもの)　埼玉県北足立郡・入間郡　千葉県東葛飾郡 *さつま・さつまぞーけ(扁平で直径が一㍍ほどある円形のかご) 高知県土佐郡 *さら 静岡県 *ざらかご 岡山県浅口郡 *ざる(カイコなどを飼育する) 東京都御蔵島 *しあく 和歌山県西牟婁郡・東牟婁郡 *しゃーぎ(塵取りのような形をしたもの) 群馬県利根郡 *しゅけ 鹿児島県 *しょいふご(麦刈りかご) 栃木県安蘇郡 *しょーき 三重県富田 *しょーぎ 栃木県　群馬県佐波郡・館林　武蔵　埼玉県入間郡・秩父郡 *しょーけ 福井県　岐阜県　三重県　滋賀県　京都府何鹿郡　奈良県　愛媛県宇和島　福岡県「町の真中ば、しょうけども下げて行きよろうが」　佐賀県　長崎県　熊本県　大分県　宮崎県 *しょーげ 三重県阿山郡　熊本県下益城郡 *しょーけー 青森県三戸郡 *しょーけざる 三重県阿山郡 *しょけ 福井県足羽郡・遠敷郡　三重県伊賀　奈良県　福岡県　熊本県　宮崎県　鹿児島県 *しょげ 鹿児島県・揖宿郡 *しんぐりかご(織物をする時に、管を入れておく) 奈良県南大和 *そーけ 富山県富山市近在・高岡市　兵庫県　鳥取県因幡　島根県石見　広島県豊田郡　山口県　長崎県壱岐島 *たがら(芋や草を入れる) 栃木県那須郡 *たなかご(柄の付いた小さいかご) 島根県隠岐島 *たびら・たびる 東京都利島 *たびろ・たびろっこ 東京都新島 *たべろ 香川県三豊郡「たべろに十杯ぐらいこえをほったで」 *だんかご 香川県 *だんぺかご(イナゴ捕り用) 山形県西村山郡 *たんまる 和歌山県海草郡 *ちっこべ(深いかご) 岩手県九戸郡 *ちゃつみぼーら・ちゃつんぼーら(茶摘みかご) 静岡県磐田郡 *ちゃまき(茶摘みかご) 静岡県志太郡 *ちゃんかご(手提げかご) 岡山県　香川県 *ちゃんちゃご(手提げかご) 香川県木田郡 *つるはけご(アケビのつるで編んだかご) 山形県東村山郡 *てこ(蔓(つる)や木の皮で編んだかご) 宮城県玉造郡 *てご 山形県西置賜郡　新潟県岩船郡・東頸城郡　熊本県下益城郡(蔓(つる)や木の皮で編んだかご)　宮

崎県西臼杵郡 *てそーけ・てぞーけ（一方に口の開いているすくいかご）島根県石見 *てぼ 和歌山県海草郡・有田郡（ミカンを入れる） 島根県 福岡県 佐賀県藤津郡 長崎県 熊本県玉名郡・八代郡 大分県「魚てぼ。塩てぼ」 *てぼかご 島根県隠岐島 *てぼろ 島根県石見 *でぼろ 島根県邇摩郡・邑智郡 *てんぺつ 岐阜県稲葉郡（小かご） 愛知県知多郡・東春日井郡（丸い小かご） *てんぼー・てんぼろ 島根県邑智郡 *どぼら（丸い大かご）静岡県磐田郡 *とんびょーし（編み残した端をひげのように延ばしてあるかご）滋賀県甲賀郡 *にきなし・ぬきなし・のきなし（中形）岐阜県郡上郡 *にないかご（結納や婚礼当日の着替えなどを入れる）香川県三豊郡 *ぬかかし（牛馬の飼料を入れる）岡山市 *ぬくめいかき（うどんを温める）岡山市 *ばいすけ（土石を運ぶ）岡山県苫田郡 徳島県 愛媛県大三島 *ぱいすけ（土石を運ぶ）神奈川県中郡 山梨県 長野県諏訪 三重県志摩郡 香川県綾歌郡 *はけご 岩手県九戸郡（深かご） 山形県飽海郡（小さいかご） 福島県若松市（小さいかご）・大沼郡（小さいかご） 茨城県水戸市（小さいかご） 新潟県（口の狭いかご） *はさみばこ（衣服を入れる）香川県 *はなかご（葬式の時墓地に持参する銭を入れる）栃木県安蘇郡 *はなほぼろ（摘み草に用いる。子供用）広島県比婆郡 *ばんよ・ばんよー（てんびん棒で担ぐ）千葉県夷隅郡「ばんよーにどっさり苗をつんで運ぶ」 *ばんりょー（てんびん棒で担ぐ）千葉県香取郡・海上郡 *ばんりょーかご（てんびん棒で担ぐ）千葉県安房郡 *びく 山形県最上（小かご） 静岡県（土石を運ぶ） 三重県南牟婁郡 広島県比婆郡・高田郡 *ひご（小かご）岐阜県 香川県大川郡 島根県邑智郡 福岡県京都郡 *びこ 広島県安佐郡 *びゃーすけ（土石を運ぶ）静岡県沼津市 *びらぐ 沖縄県石垣島・波照間島 *ふーたいかご（繭買場の繭を入れる）長野県佐久 *ふご（小さいかご）山形県庄内 岐阜県吉城郡 岡山県小川郡 徳島県 *ぺーすけ（土石を運ぶ）神奈川県藤沢市・中郡 *ぽーご 宮崎県延岡市 *ほご（口の小さい竹かご）島根県石見 *ぽっぽ（カイコ用）長野県佐久 *ぼて 新潟県中蒲原郡・蒲原（手提げかご）「茄子もぎぼて」・西蒲原郡（手提げかご）・佐渡（魚や野菜を入れて持ち歩く大きなもの）・刈羽郡（小さなもの） 長野県（桑などを入れる大きなもの。また、円いもの） 静岡県志太郡 奈良県南大和 和歌山県那賀郡 広島県高田郡 *ぽてー 山梨県 長野県諏訪 静岡県榛原郡 *ぽでー（手提げかご。目の細かいもの）群馬県利根郡 *ほてこ 奈良県吉野郡 *ぽてこ・ぽてんこ 奈良県南大和 *ぽぽら（桑の葉を入れる。また、茶摘みかご） 長野県下伊那郡 *ほぼろ（小さいかご）広島県 *まかた（桑の葉や繭を入れる）島根県隠岐島 *みーじょーき（ざるかご）沖縄県中頭郡 *めかご 青森県津軽 福島県相馬郡（野菜を入れる） 新潟県佐渡（小かご） 香川県（大かご） *めかんご（野菜を入れる）大阪府南河内郡 *めご 広島県芦品郡・高田郡 山口県玖珂郡 熊本県芦北郡 *めはじき（新墓の土にかぶせる）栃木県 *やえん（谷間に渡したケーブルにかごなどをつって向こう側へ渡るもの）奈良県吉野郡 和歌山県日高郡 *やっかい（柳の皮の繊維で作ったかご）岩手県九戸郡 *ゆすぎ 和歌山県東牟婁郡 *ゆっきり（深いかご）岩手県九戸郡 *よこだ（馬の側面に付ける大きな荷かご）茨城県多賀郡 *よこだかご（馬の側面に付ける大きな荷かご）青森県三戸郡 *よこびつ（野菜などを入れる楕円形の大かご）埼玉県北足立郡 *よこま（目のないかご・八斗かご）三重県飯南郡「三斗よこま、八斗よこま」 *ろじ（蚕座用）長野県上伊那郡・下伊那郡 岐阜県郡上郡 *わだら（むしろで作ったかご）長野県下水内郡

→たけかご（竹籠）

かこつける【託】 *いーなかす 鹿児島県種子島 *おつける 岩手県気仙郡 *おわせる 島根県簸川郡「勉強におわせて出て行きた」 *かじける 青森県上北郡「話が面倒になるとすぐかじける」 山形県「悪いことを他人にかじけるな」 *かずく 山梨県南巨摩郡 *かずける 岩手県紫波郡・上閉伊郡 宮城県石巻・仙台市 秋田県由利郡「人にかずげるな」 山形県 福島県相馬郡・東白川郡「俺、しもしねえごとに、かづけるきんなってんの」 群馬県佐波郡 埼玉県秩父郡 新潟県西蒲原郡 山梨県南巨摩郡 長野県「かぜにかずけて学校を休んだ」 岐阜県飛驒「子供の守をするとかずけて遊んどる」 静岡県 *かたずける 群馬県吾妻郡 *かたよせる 長野県諏訪 *かっける 茨城県東茨城郡 *かつける 青森県南部 宮城県遠田郡 秋田県鹿角郡 山形県 茨城県・真壁郡 栃木県 東京都八丈島 新潟県・佐渡 和歌山県東牟婁郡 *かっつける 栃木県 *かんずける 秋田県平鹿郡 山形県 *かんちける 秋田県平鹿郡「病気にかんちけて学校を休んだ」 *くせつくる・くせつける 長崎県佐世保市 *こつける 兵庫県淡路島 *こつげる 兵庫県加古郡 *なつぃきるん 沖縄県石垣島 *なっきゆい 鹿児島県喜界島「はまちやみになっきてぃあすでぃうぃ（頭痛にかこつけて遊んでいる）」

□こと *かずけ 岩手県盛岡「かづけにする」 茨城県稲敷郡 栃木県 埼玉県秩父郡「お使いをかずけにきりもなく遊んできてしょうがねえやつだ」 山梨県南巨摩郡 長野県諏訪・佐久 *かぞけ 東京都八王子 *かつけ 岩手県上閉伊郡「あれのかつけにする」 秋田県鹿角郡 *かつけぐさ 岩手県気仙郡「よくあんなにかつけぐさあるものだ」 *かつけこー 新潟県佐渡「出張をかつけこうに温泉遊びをした」 *かんつけ 青森県三戸郡「彼人つまらないことを、かんつけに、理屈だてする」 *くとぅゆし 沖縄県首里 *なつぃき 沖縄県石垣島

かさ【笠】 *うちぶせ 福島県大沼郡 *えさしが

さ（側面の傾斜が緩やかな笠）新潟県西蒲原郡　*たいころばち（田植えにかぶる笠）兵庫県赤穂郡　*ちゃっぴりがさ（側面の傾斜が緩やかな笠）新潟県西蒲原郡　*どぶかさ・どんぶがさ（深い笠）石川県鹿島郡　*どんぶりがさ（深い笠）新潟県佐渡　富山市　*なば（茸の笠）島根県那賀郡　*ねんねがさ（幼児を背負って寝かせるのに使う直径一㍍ほどの笠）高知県長岡郡　*ばちがさ　広島県　*まかげがさ（日光のまぶしさを避けるためにかぶる小さい笠）香川県仲多度郡　*ゆきおとし（田畑仕事の時、女性がかぶる笠）香川県　*ゆきながし　静岡県榛原郡（田畑仕事の時、女性がかぶる笠）・小笠郡（傾斜が緩やかで大形のもの）

かさ【傘】　*あまぶた　山形県西置賜郡・南置賜郡　*うまがさ（馬の絵を描いた子供用の傘）奈良県南大和　*おーがさー（中国から輸入された男ものの傘）沖縄県首里　*おだてがらかさ（大名や老僧などに供奉の者が差し掛ける長柄の傘）宮城県仙台市　*かーかー（幼児語）静岡県　*かっか（幼児語）徳島県・美馬郡　*こんこ（幼児語）山口県大島　*さな　沖縄県八重山　*ちゃりがさ（晴雨兼用の傘）香川県　*ばーば・ばんば（幼児語）香川県大川郡　*ばいばい（幼児語）静岡県　兵庫県加古郡　*べーべー（幼児語）兵庫県赤穂郡　*ぽんぽん（幼児語）三重県伊賀　*もんも（幼児語）静岡県庵原郡　*やりさな（破れた傘）沖縄県石垣島　*らんさん（王のかごにさしかける傘）沖縄県首里　*りょーてん（晴雨兼用の傘）山口県・豊浦郡
→からかさ（唐傘）

かさい【火災】　⇩かじ（火事）
□**を起こす**　*あます　和歌山県「炭焼が火をあました」

かし【菓子】　*あまい　三重県北牟婁郡・飯南郡　奈良県「あまいやるさかいええ子しいよ」　*あめ（菓子類の総称）青森県南部　福島県　新潟県東蒲原郡　長野県南部　静岡県　三重県伊賀　滋賀県蒲生郡　神崎郡　兵庫県多紀郡　奈良県吉野郡　和歌山県「あめや（菓子屋）」　高知県長岡郡　*あんま　石川県江沼郡・能美郡　福井県「おっかー、あんまこーてほしんにゃ」　岐阜県北飛騨（児童語）　高知県幡多郡　*あんまい　和歌山県伊都郡　*あんめ・あんめー　静岡県　*あんも（小児語）長野県諏訪・東筑摩郡　*うまいもの（主として幼児語）秋田県　山形県　新潟県中越　富山県　*おこ　長野県下水内郡　*おっこ（幼児語）山梨県　*かーか　静岡県　*かっか（幼児語）茨城県稲敷郡　*かんこん　高知県幡多郡　*なろ　奈良県吉野郡　*なんぞ　福井県　三重県「なんぞにしょう」　滋賀県彦根（幼児語）　京都市「なんぞばっかり欲しがってゐよる」　大阪市「まだなんぞは早おまんがな」　奈良県　鳥取県　島根県出雲　岡山県児島郡　香川県「なんぞないんな」　*なんぞー　福井県大飯郡　鳥取県東部（児童語）　*なんど　三重県伊賀　大阪府　兵庫県赤穂郡・加古郡　奈良県（幼児語）　島根県鹿足郡　*なんなっと　熊本市　*なんなっとん　熊本県玉名郡　*べんざいもの　青森県三戸郡・南部　新潟県

□**の種類**　*あおんぼ（大豆粉をこねて作った柔らかい棒状の菓子）富山県東礪波郡　*あかしがし（駄菓子屋で売る菓子で、福引きになるもの）福井県敦賀市　*あましょーがー（生薑を砂糖で煮詰めた菓子）沖縄県首里　*あやめ（三月三日の節句に雛に供える菓子の名）徳島県　*あらうじ（あぶった米を飴で固めた菓子）高知県長岡郡　*あんだむち（祭祀用の菓子）沖縄県首里　*あんだーぎー（麦粉を水でこねて油で揚げた菓子）沖縄県首里　*あんらぎー（麦粉を水でこねて油で揚げた菓子）沖縄県那覇市　*いがらまんじゅ（生菓子の外側に蒸したもち米をつけた菓子）富山県東礪波郡　*いりがし（あられと大豆をいった菓子）新潟県佐渡　*いりがし（いり米に砂糖を付けた菓子）富山県高岡市　*うけ（茶を飲む時に添えて食べる菓子の類）熊本県上益城郡　*うさぎのくそ（小さな餡の玉に砂糖を凝らして作った兎の糞のような菓子）青森県上北郡　*うばたま（黒餡を白い粉で包んだ菓子）青森県上北郡　*おけ（茶を飲む時に添えて食べる菓子の類）熊本県飽託郡　*おこしごめ（丸い棒状の餅などの菓子）山形県鶴岡　*おてかけ（年始客に出す菓子）山形県鶴岡　*おらんだ（六センチほどの細縄状に練った小麦粉を黒砂糖の蜜に浸して油で揚げた菓子）大阪市　*かくぼ（菓子の一種）山形県東置賜郡　*かしこがれ（数々の菓子）鹿児島県肝属郡　*かじょき（木の根か小枝のような形状の菓子）青森県津軽　*かすまき（対馬創製の巻き菓子）長崎県対馬・壱岐島　*かつやま（メリケン粉に砂糖を入れて練って伸べたものを小口から切り、焼いて砂糖の衣を掛けた菓子）長崎県壱岐島　*かんじ（四月八日、寺から家々でもらい受ける菓子類）奈良県南大和　*がんずき（小麦粉に砂糖や胡桃を混ぜて練り、蒸した菓子）宮城県仙台市　*きーらんこー（カステラに似た菓子の名）沖縄県石垣島　*くしちーうくゎーし（甑で蒸して作った菓子）沖縄県首里　*くばんあぎ・くばんあぎー（菓子の一種）沖縄県首里　*げんべーた（ふすまを原料として作った菓子）岩手県上閉伊郡　*こーでんがえし（葬式の終わった時に、会葬客に礼として出す菓子）新潟県佐渡　*こーせんぼー（麦焦がしを固めた菓子）群馬県多野郡　*こーれん（青大豆の粉でせんべいのように作った菓子）宮城県仙台市　山形県　*ごだん（仏事に用いる押し菓子の一種）静岡県志太郡　*ごぼーがし（あられを飴でからめた牛蒡に似た菓子）青森県三戸郡　*さーたーあんだーぎー（小麦粉に砂糖と水を入れてこね、油で揚げた菓子）沖縄県首里　*さーたーなっとぅー（菓子の名）沖縄県首里　*しょんべんがし（小学校で式日に配る

祝い菓子。児童の小便を農家に売った金銭で費用が賄われているといううわさから出た語）静岡県志太郡 ***たまやき**（小麦粉に砂糖を混ぜ、適度に練って直径三センチほどの球形に焼き上げた菓子）奈良県 ***すわとー**（薄荷で作った菓子）宮城県仙台市 ***そーうぶる**（小麦粉で作った、祭祀用の菓子の名）沖縄県首里 ***ちんすこー**（米の粉と砂糖を混ぜ、油を入れて練り、型に入れて作る菓子）沖縄県首里 ***ちんびん**（麦粉に黒砂糖と卵を混ぜてこね、油を引いたなべで焼いて巻いた菓子）沖縄県首里 ***てぃーらんこー**（カステラに似た菓子の名）沖縄県竹富島 ***てかけかし**（ふるまいの席で客に食べてもらう菓子）岩手県気仙郡 ***てんや**（店で売っている菓子類）愛媛県大三島 ***てんやもん**（店で売っている駄菓子）兵庫県淡路島 ***とっかんまめ**（玉蜀黍の粒を膨らませた菓子）群馬県多野郡 ***にりんぼ**（麦粉を焼いて黒砂糖で味を付けた菓子）熊本県玉名郡 ***はいりがし**（土用の入りに神に供える菓子）静岡県榛原郡 ***はちゃぐみ**（いり米を固めた菓子）沖縄県首里 ***ぱちゃぐみ**（いり米を固めた菓子）沖縄県石垣島 ***ひゃーが**（祭祀用の菓子の名）沖縄県首里 ***ひゃーくむち**（同年齢の者が死ぬと、百年も生きるようにとのまじないに買って食べる二厘の菓子）沖縄県首里 ***ふぃごもり**（餡を丸めて砂糖を掛けた菓子）岡山市 ***ふくれがし**（家庭で作る、膨らました菓子）熊本県 鹿児島県肝属郡 ***ふちゃぎ**（長円形の餅の回りに小豆を付けた菓子）沖縄県首里 ***へやみまい**（婚礼の日に嫁方の親類から嫁に贈る菓子や餅）京都府竹野郡 ***ほーらいがし**（豆を砂糖とこね合わせて焼いた菓子）高知県長岡郡 ***ほーらいまめ**（大豆に砂糖の衣をかけて白または紅色に着色した菓子）宮城県仙台市 大阪市 広島県高田郡 山口県 福岡市 ***ぼっさま**（砂糖ときな粉を棒状に固めた菓子）山形市 ***ほらいまめ**（落花生に砂糖の衣をかけた菓子）青森県津軽 ***みーくふぁやー**（朝、目を覚ました時に子供に与える菓子の類）沖縄県首里 ***みなつき**（外郎に小豆を散らした菓子）滋賀県彦根 京都市 ***むいうくゎーし**（法事の時、盆に盛る各種の菓子）沖縄県首里 ***むしぐゎーし**（菓子の中に駆虫薬を入れたもの）沖縄県石垣島 ***やまがし**（墓所で会葬の人々に渡す菓子）大阪市 ***ゆきめし**（年忌に、死者の近親者が作って贈り、客に出す菓子）鹿児島県肝属郡 ***よーろー**（梅花の形に焼いた菓子）青森県三戸郡 ***ろっぽー**（餡を入れて焼いた偏平で四角い菓子）奈良県 ***ろっぽやき**（餡を入れて焼いた偏平で四角い菓子）富山県東礪波郡

かじ【火事】 ***あかうま** 香川県大川郡 ***あかむし**（隠語）山形県「あかむし這わせる（放火する）」 ***あかんま** 香川県大川郡 高知県長岡郡 ***うまとぅ** 鹿児島県喜界島 ***じゃんじゃんぽっぽ**（幼児語）山形県庄内 ***じょーもん** 岐阜県恵那郡 岡山県 高知県高岡郡 ***ではぐし**（大事に至らないで消えた火事。ぼや）山形県置賜・米沢市 福島県南部 ***でぱぐし・でぱぐり**（大事に至らないで消えた火事。ぼや）山形県東置賜郡 ***てんのび**（火勢が強く火が天まで届くと見えるような夜中の火事）長崎県対馬「今夜の火事は盛大な勢で火の手が高く上りまるでてんのびぢゃ」 ***ぴーどー** 沖縄県石垣島 ***ぴどー** 沖縄県波照間島 ***ひになる**（火事になる）香川県大川郡 ***ひろく** 埼玉県秩父郡 ***やけ** 福島県会津 ***やまとてんじょー**（真竹の上にこもを敷き、その上に粘土を塗った火事よけの天井）香川県

かじかむ【悴】 ***うっちゅい** 鹿児島県喜界島 ***かがやく** 青森県上北郡・三戸郡 岩手県九戸郡 ***かぎなる** 静岡県「寒くて手がかぎなる」 ***かじかなる** 静岡県島田市 島根県出雲 ***かじくる** 長崎県壱岐島 ***かじくれる** 島根県益田市・鹿足郡 高知県 ***かしける** 長野県西筑摩郡 ***かじける** 福島県東白川郡「かじけて指がきかない」 栃木県河内郡「雪が降ったので、急に手がかじけた」 埼玉県川越 新潟県 富山県中新川郡・射水郡 石川県河北郡 福井県坂井郡・大飯郡 長野県 岐阜県吉城郡・不破郡 愛知県尾張 三重県松阪市・志摩郡 滋賀県彦根 京都府 大阪市 兵庫県加古郡・淡路島 和歌山市 鳥取県 島根県鹿足郡 岡山県 広島県佐伯郡・高田郡 山口県 香川県仲多度郡 愛媛県 高知県 ***かじこなる** 愛媛県越智郡 ***かじなる** 東京都西多摩郡「手がかじなる」 ***かじむ** 埼玉県川越 東京都八王子 静岡県駿東郡 徳島県 高知市「今朝の寒いこと、指がかじゅーでこんなになった」 ***かじゅむ** 愛媛県 ***かじょむ** 愛媛県伊予郡 ***かずける** 千葉県山武

方/言/の/窓

●誤解された表現Ⅱ

ある大学で学生に、これまでに経験した方言にまつわるエピソードにどんなものがあるかと尋ねたところ、実に様々な回答が寄せられた。そのうちの一つが、ある方言語形を方言と意識しないで使って相手に理解してもらえなかった、誤解されたといった類のものであった。

具体例を紹介しよう。例のあとの（ ）内は学生の出身地である。

・小さい頃名古屋の親戚に行ったら「エラカッタネー」と言われた。小さかったので、何も知らない私は何がそんなに「偉い」のか、東京から名古屋に来ることがそんなに「偉い」のかと思ったが、実は「疲れたね」の意味だった。（東京都）

このほか色々なエピソードがある（三七三・三八五・三九七ページ参照）。

郡 *かちける 島根県出雲 *かっじぇる 千葉県夷隅郡 *かっじゃける 富山県 *かんじかなる・かんじくなる 静岡県「寒くて手がかんじくなる」 *かんじける 静岡県磐田郡 *くばるん 沖縄県石垣島 *くふぁゆん 沖縄県首里 *こごなる 島根県 *こごる 高知県幡多郡 *こしくる 福岡県 熊本県 *こしける 香川県香川郡・木田郡 愛媛県 *こしげる 島根県仁多郡 *こじける 滋賀県高島郡・伊香郡 京都府竹野郡「よく冷えるので外仕事は手がこじけた」 兵庫県神戸市 島根県 岡山県浅口郡 広島県 香川県 愛媛県 *こちける 島根県 *こぼむ 高知県 *さじかむ・しゃじかむ 長野県北安曇郡 *はじかがむ 岐阜県山県郡

手足が□ *かがえる 青森県 秋田県雄勝郡「手がかげぁで文字を書かれない」・鹿角郡 栃木県 石川県河北郡 島根県鹿足郡 広島県倉橋島 *かがむ 栃木県 *かぎやる 岩手県岩手郡 *かぎる 長野県西筑摩郡 *かぎれる 群馬県吾妻郡 *かげる 青森県津軽 秋田県雄勝郡 山形県飽海郡 長野県 *かごむ 新潟県東蒲原郡 愛媛県周桑郡 長崎県壱岐島 *かじかげる 長野県諏訪 *かんがえる 岩手県 秋田県由利郡 栃木県河内郡・上都賀郡 富山県・下新川郡 石川県鳳至郡 *かんげぁる 岩手県上閉伊郡・気仙郡「ああ手ぁかんげぁる」 *かんげーる 長野県上水内郡 *かんげる 青森県津軽 *かんごーる 広島県向島 *こぐる 兵庫県加古郡 *こげる 宮城県登米郡・玉造郡 秋田県由利郡・秋田市 山形県「手がこげて針仕事ができない」 新潟県北蒲原郡・東蒲原郡「雀がこげて死んでいた」 静岡県富士郡 *こぼえる 香川県綾歌郡 *しゃがむ 岐阜県吉城郡・飛騨 *まじかう・まじこまる 岡山県苫田郡 *まじこる 兵庫県佐用郡・赤穂郡 岡山県・苫田郡「手がまじこって仕事にならん」

かしこい【賢】 *あおそくらい 和歌山県「あの子は小さいけれど、あおそくらい子だ」 *いずい 島根県石見「今度見えた先生はいずいで」 広島県佐伯郡・山県郡 山口県笠戸島 *うぞい 宮城県栗原郡 *えじー 宮崎県西臼杵郡 *えずい 島根県石見 広島県安芸郡・佐伯郡 山口県・祝島・玖珂郡 *おーぜー 栃木県下都賀郡・芳賀郡 *おそい 栃木県那須郡 愛媛県大三島 *おぞい 秋田県雄勝郡 山形県 栃木県西部 群馬県東南部 埼玉県 千葉県印旛郡・東葛飾郡 東京都 新潟県 京都府 鳥取県 島根県出雲・隠岐島「おぞい子が学校へ入学した」 岡山県 広島県豊田郡・山県郡 香川県綾歌郡 愛媛県大三島 *おぞっこい 新潟県 *おぞっこない 新潟県中魚沼郡 *おどい 和歌山県日高郡 広島県 愛媛県弓削島 *かいらし・かいらしー（行儀作法などをよくわきまえていて賢い）三重県北牟婁郡「この子あかいらしー子じやな」 かたい 石川県「かたいもん（賢い子）」 *かどい 山形県東田川郡「かどい子だ」 新潟県佐渡・岩船郡 静岡県 *かんばし 栃木県 *けけしー 山形県庄内「あいつはけげしい子だ」 *けんこい 長野県下伊那郡 *こわい 新潟県佐渡 *さかし 青森県津軽 岩手県紫波郡・和賀郡 秋田県平鹿郡・雄勝郡 *さかしー 青森県南津軽郡・三戸郡 岩手県九戸郡 宮城県栗原郡 秋田県仙北郡・鹿角郡 山形県南部 静岡県志太郡「さかしすぎると、はやじにょー（早死にを）しる」 島根県 広島県向島・深安郡 長崎県対馬 *さがしー 島根県隠岐島 *さかしか 長崎県南高来郡 熊本県玉名郡 *さこえ 山形県南村山郡 *さすい 和歌山県日高郡 *じこか・でくか 熊本県天草郡 *しょーらーしゃん 沖縄県首里 *しょーらしー 徳島県海部郡 *ずない 静岡県小笠郡「ずない子でよく言うことをきく」・磐田郡 *ずれっこい 富山県下新川郡 *はくい 山梨県西山梨郡 長野県北安曇郡 *はしかい 山形県庄内 福島県中部 群馬県 新潟県佐渡・中魚沼郡 富山県 石川県 福井県 山梨県南巨摩郡 岐阜県郡上郡 滋賀県彦根 和歌山県 徳島県 愛媛県松山 *はじかい 富山県下新川郡・婦負郡 *はしかいー 島根県 山口県・大島「はしかいい人（物事をてきぱき処理する人）」 *はしっか 埼玉県秩父郡 *はしっけー 茨城県稲敷郡 群馬県勢多郡 埼玉県秩父 長野県佐久 *はじっこい 長野県佐久 *はばしー 石川県 *へらこい 徳島県 *りこい 徳島県美馬郡 愛媛県 *りこーか 佐賀県藤津郡 熊本県天草郡
→りこう（利口）

□さま *おじょーこー 長野県 *おっこ（幼児語）徳島県 *かし 京都市 大阪府泉北郡「かしやな」 和歌山市 *かしー 京都市 *かっけ 和歌山県伊都郡 *かっさい 山口県豊浦郡「かっさいな男」 *こーしゃ 神奈川県愛甲郡「こーしゃな子」 新潟県佐渡 富山県 岐阜県飛騨 静岡県磐田郡 三重県松阪 滋賀県彦根 *こーばく（子供などの賢いさま。また、ませているさま）富山県砺波 石川県金沢市 *さいち 島根県益田市・八束郡 広島県高田郡「さいちな子ども」 山口県大島「さえちな」 *さつばつ 広島県山県郡 *さっぱつ 島根県邑智郡「隣の子はさっぱつな子だ」 *じく 鹿児島県「ぢくな人」 *べんこ 石川県 *べんこー 長野県 *りくつげ（小児が見るからに賢そうなさま）香川県「あの子はりくつげな子やなあ」

かしつ【過失】 *あまえじ 青森県津軽 *あやまい・あやまいぐとぅ 沖縄県首里 *かぱんじ 秋田県山本郡「かぱんじして水をかけた」 *けが 兵庫県但馬 *ごっとー 新潟県魚沼郡 *しっちゃく 岐阜県大野郡 *しや 大分県 *そそー 徳島県「まあそそーなことをした」 *てーど 新潟県「ていどした」・柏崎市・三島郡 *てっぱずし・てはずし（ふとした過失）山形県米沢市 *てっぱずれ（ふとした過失）山形県「てっぱづれしてちゃわんぶくした（茶わんを壊した）」 新潟県 *とっぱし 千葉県

安房郡 *とっぱすが 新潟県東蒲原郡 *とっぱずか 秋田県秋田市・由利郡 新潟県中蒲原郡 *とっぱずかい 新潟県東蒲原郡 *とっぱずかし 長野県佐久 *とっぱずけ 山形県西田川郡・飽海郡 新潟県「とっぱずけにこわした」 *とっぱずし 長野県佐久 *とっぱずしごと 山形県南置賜郡・米沢市「とっぱづしごどだから、しかだなえ(しかたがない)」 *とっぱずれ 新潟県中頸城郡「とっぱずれして二階から落ちた」 *とっぱつか 山形県東田川郡「とっぱつかしで逃した」 *とっぱんずかい 秋田県南秋田郡 *とぱずか 秋田県秋田市・河辺郡 *とぱちげ 山形県庄内「あれはとぱちげしたんだ」 *ひっちゃく 岐阜県郡上郡

→あやまち(過)・しっぱい(失敗)

かじつ【果実】 *いちご(水分の多い小果実の総称) 広島県比婆郡 *きーぬなり 沖縄県石垣島 *ごっかー・ごっかんなー・ごっかんなーま(児童語) 沖縄県石垣島 *ずもく 群馬県多野郡 神奈川県・中郡 長野県諏訪「づもくの木」 静岡県田方郡 *だご・だんご 鹿児島県肝属郡 *なーいそ 鳥取県米子市 *なーそ 鳥取県西伯郡 島根県出雲「今年ゃ、どこともなーそが、よう出来たさなが(よくできたそうだが)、ちた安んなっただらね?」 *ない 鹿児島県与論島 沖縄県首里・竹富島 *ないー・なりー 鹿児島県喜界島「ばさんないー(芭蕉の実)」 *ないそ 鳥取県米子市 *ないむん 沖縄県首里 *ないもん 鹿児島県 *なっきもん 島根県隠岐島 *なり 香川県 鹿児島県奄美大島 沖縄県石垣島 *なりきだま 香川県 *なりきもの 島根県那賀郡・隠岐島 香川県 *なりくだもの 宮城県仙台市 山形県 栃木県 埼玉県北葛飾郡 千葉県山武郡 愛知県名古屋市 和歌山市 香川県小豆島 長崎県対馬・壱岐島 *なりこのみ 鹿児島県種子島 *なりさんぼく 奈良県吉野郡 *なりじもく 長野県北安曇郡 *なりずもく 東京都八王子 神奈川県津久井郡 長野県「多くなりずもくのある家だ」 *なりそ 鳥取県西伯郡 島根県 *なりそーもく 奈良県吉野郡 *なりむぬ 沖縄県石垣島 *なりもの 秋田県南秋田郡・仙北郡 山形県 新潟県佐渡 石川県加賀 静岡県志太郡「なりもんにゃーはぇー(灰)がえぇ」 滋賀県彦根 大阪市 兵庫県加古郡 島根県石見 山口県豊浦郡 長崎市 *なる 沖縄県鳩間島 *なるもん 富山県砺波「今年はなるもんのあかん年や」 *ぼんぼ 茨城県 千葉県上総 岐阜県養老郡 滋賀県坂田郡・東浅井郡 *ぼんぼくちゃ・ぼんぼち・ぼんぼちこ 茨城県稲敷郡 *ぼんぼん 静岡県安倍郡 滋賀県滋賀郡 *みー 沖縄県首里 *みーみ(幼児語) 奈良県 *みーみー(幼児語) 静岡県庵原郡 *もも 青森県三戸郡(児童語) 山形県米沢市・庄内 神奈川県久良岐郡 富山県東礪波郡(幼児語) 福井県大飯郡「梨のもも」 岐阜県養老郡 静岡県・浜松市(児童語) 愛知県宝飯郡 三重県「ももや(果物屋)」・宇治山田市 滋賀県「椿のもも」・彦根(児童語) 大阪府泉北郡 和歌山県「南天のもも」 鳥取県 山口県柳井市 香川県(幼児語) 愛媛県・松山 高知県「梅のもも」 *もんも 福島県岩瀬郡 茨城県稲敷郡・北相馬郡「椿のもんも」 栃木県・河内郡 埼玉県北足立郡 千葉県上総(幼児語) 島根県八束郡(幼児語)

→くだもの(果物)・み(実)

かじりつく【齧付】 *かきつく 静岡県榛原郡 高知県「もっとよくかきつかんと落ちても知らんぞね」 *かぐりつく 徳島県「木の根にかぐりつく」「やせ腕にかぐりつく(乏しい経済力にすがりつく)」 *かじばりつく 千葉県海上郡 *かっかじる(気の向くままにかじりついてみる) 福島県東白川郡 *かつごーる 長崎県対馬「机にかつごーる」 *かつごる 長崎県対馬「寒い寒いと言うていつも火にばかりかつごっとる」 *かっつく 静岡県榛原郡「どん尻にかっついてでも当選すればよい」 *がっつく 静岡県志太郡 *かなぐりつく 岡山県児島郡 山口県大島 香川県仲多度郡 愛媛県周桑郡・喜多郡「お母さんに泣きながらかなぐりつきました」 *くらいつく 大阪府中河内郡・北郡 奈良県南大和 香川県

→かみつく(噛付)

かじる【齧】 *かかじゅん 沖縄県首里 *かしぎる 愛知県知多郡 *かじくる 新潟県佐渡 *かぶしー 鹿児島県鹿児島郡 *かぶしる 宮崎県東諸県郡・都城 鹿児島県肝属郡「鼠が鰹節をかぶしる」 *かぶる 新潟県東蒲原郡「鼠がかぶったのだろ」 山梨県・東八代郡 静岡県・榛原郡 京都府北部 大阪市 徳島県 愛媛県 *きしる 三重県志摩郡 *くっかじる 山形県米沢市 *けしる 愛知県碧海郡・愛知郡「鼠が餅をけしった」 *けじる 愛知県愛知郡 *こぶしる 熊本県芦北郡・八代郡 *こぶる 岐阜県飛騨「親の財産をこぶる」 徳島県 香川県三豊郡・仲多度郡「いり豆をこぶる」 愛媛県宇摩郡 福岡県「こぶりつく」 熊本県玉名郡・下益城郡 *さくる 静岡県「犬にさくられた」 *もじくる 静岡県榛原郡「聞きもじくる」「知りもじくる」

かす【貸】 *あてる(田畑を貸す。小作をさせる) 三重県飯南郡 岡山県邑久郡 徳島県 愛媛県 高知市「反一石の割であててつかさいませ」 *いらーしゅい(「いらす」の転) 鹿児島県喜界島 *いらーしゅん 沖縄県那覇市・首里 *いらみるん 沖縄県与那国島 *かせる 宮城県栗原郡「かせてけらいんちゃ(貸して下さいよ)」 栃木県河内郡「かせろ(貸せよ)」 新潟県「金をかせっしゃい(お金を貸して下さい)」 富山県「紙をかせてやる」 長野県「かせれ(貸せ)」 岐阜県「ちょっとそれかしょ」「かしゃれ」「かせにゃ承知せん」「よーかせん(貸すことはできない)」 静岡県「本をかしょー」「かせて(貸して)」 兵庫県但馬 島根県「お前にかせてやる」「よんべ方隣あね、かがち(すり鉢)かせちゃったら」 岡山県津山「かせんさらんか(貸してもらえないか)」 *からしゅん 沖縄県首里 *からしん 沖縄県

石垣島・波照間島 *からすん 沖縄県八重山 *からほーん 沖縄県小浜島 *たてこす(金銭を立て替える。また、人にものを貸す)宮城県仙台 *つけがし(畳や建具の造作付きで家を貸すこと)大阪市 *てをいれる(援助する。力を貸す)新潟県佐渡「あの人から手を入れて貰ったがよい」 *はらすん 沖縄県黒島 *わら(「わた(渡)せ」の転か)三重県志摩郡「筆わら」

かすみ【霞】 *ちりべー 鹿児島県喜界島 *なご 長野県伊那 愛知県北設楽郡 *まんぼー 山口県玖珂郡 *ゆきねぶり(雪解けのころ、雪が蒸発してかすみようにたなびいているもの)新潟県中頸城郡 長野県下水内郡 *よーず(春にかかるかすみ)岡山県苫田郡 *よきねぶり(雪解けのころ、雪が蒸発してかすみようにたなびいているもの)新潟県西蒲原郡

→きり(霧)

かぜ【風邪】 *あかがいき(悪性の感冒)岐阜県飛騨 *うすかぜ(軽い風邪)新潟県佐渡「うすかぜ引いた」 *うわかぜ(軽い風邪)富山県西礪波郡 *がいき 岩手県盛岡市 新潟県 富山県砺波 石川県河北郡 福井県「がいきした」 長野県東筑摩郡 岐阜県「がいきがといついた(風邪に冒された)」 愛知県 三重県南牟婁郡 滋賀県蒲生郡 京都府 兵庫県淡路島・多紀郡 和歌山県西牟婁郡 鳥取県東部 岡山県邑久郡 高知県・高岡郡 *がいけ 岐阜県吉城郡「がいけをひく」 静岡県磐田郡 岡山県苫田郡・阿哲郡 徳島県海部郡 香川県 *かぜひき 鹿児島県「かぜひきがひっついた(風邪をひいた)」 *かぜひっ 鹿児島県「かぜひっがひっちっ(風邪をひく)」 *きざし 石川県江沼郡 *ぎゃーき 兵庫県但馬 *ぎゃーけ 鳥取県西部 佐賀県 長崎県南高来郡 熊本県 *ぎやけ 熊本県 宮崎県西臼杵郡 *くしゃ(また、流行性感冒)宮崎県西臼杵郡 *くしゃがり 東京都八丈島 *げーき 長野県下伊那郡 *げーけ 鳥取県気高郡「げーけをする」 長崎県 宮崎県西臼杵郡 *けーけー(百日ぜき)茨城県水戸 *げーち 沖縄県那覇・首里 *げき 宮崎県西諸県郡・西臼杵郡 鹿児島県「げきがふっさった」 *げけ 佐賀県 熊本県芦北郡 鹿児島県 *げっ 鹿児島県肝属郡「げっがつく(風邪にかかる)」 *げっけ 福島県相馬郡(小児語) 鹿児島県(幼児語) *さんやかぜ(新生児が産室にいる間にかかる風邪)京都府竹野郡 *しょーかんぼ(悪性の風邪。流感)香川県伊吹島 *たぐりかぜ(咳(せき)の出る風邪)広島県比婆郡 *なまかぜ 愛媛県「なまかぜひいたか今日は気分が悪い」 *ばなしき 沖縄県八重山 *はなしけ 宮崎県西臼杵郡 *はなしち 沖縄県首里「はなしちかぎん(風邪気味)」 *ばなっき 沖縄県竹富島 *はなんき 沖縄県与那国島 *ふーち(風邪。インフルエンザ)沖縄県首里 *みーしちはなしち(風邪などの病気)沖縄県首里

かぜ【風】 *あらし 岩手県気仙郡 広島県安芸郡 香川県 *あらせ 川県三豊郡 *いぶき 滋賀県彦根 *うわさ 三重県志摩郡 *おいき 山梨県富士山北麓 *ずー(幼児語)高知県幡多郡 *そよこ 福島県南会津郡 *どんど 広島県高田郡 *ひあらし 滋賀県彦根 *ぼーぼー(幼児語)茨城県稲敷郡

秋の□ *あおきた 長崎県南高来郡 *えさがしかぜ(「さがし」はものを扱うこと。家がみしみし鳴るような風。晩秋によく吹く)青森県三戸郡 *かみおくりあれ(陰暦九月末日の神送りの日の朝に必ず吹く風)新潟県佐渡 *ごさいかぜ(八、九月ごろに吹く風)奈良県 *しぶきた(十月ごろ吹く湿っぽい風)愛知県知多郡 *じゅんき(九月ごろの風)奈良県吉野郡 *てぼーとし(陰暦八月に吹く風)香川県「てぼうとしが吹いたら瓜食うたままでは居られぬ」 *てんぼおどろき(「てんぼ」は、「不器用な女」の意で、冬支度をしなくてはと慌てるところから)香川県小豆島

海からの□ *あらし 島根県(波を立てずに、海から吹く強い風)・八束郡・能義郡 *うかえし 茨城県 *おきいれ(沖から風が吹くこと)千葉県長生郡 *おきげ(海から陸へ向かって吹く弱い風)香川県大川郡 *おきひえ 茨城県 *くだり 新潟県上越市「きょうはくだりだすけ、でねえでおけ」 *しもかぜ(中秋のころ、海から吹いてきて山根まで行かずに消える風)青森県三戸郡 *しら 和歌山県西牟婁郡・田辺市 *たかにし(北方の沖から吹く風)島根県那賀郡・邇摩郡

□がやむ *おろになる(風や雨などの勢いが衰える。静かになる)滋賀県彦根・犬上郡 岡山県真庭郡・苫田郡 広島県高田郡 山口県大島「風がおろになった」 *とぅり 鹿児島県喜界島「とぅりぬみ(ないだ海)」 沖縄県首里「あさどぅり(朝なぎ)」「ゆーどぅり(夕なぎ)」・石垣島 *とぅりゆぃ 鹿児島県喜界島 *とぅりゆん 沖縄県首里 *とぅりん・とぅりるん 沖縄県石垣島 *とえる 岩手県上閉伊郡・気仙郡「大風がといでしまった」 *なぎる 茨城県 神奈川県中郡 *のーじる(風が静かになる)新潟県西蒲原郡 *まぎる(風が一時とぎれる)新潟県佐渡 *やおる(波、風が静まる。なぐ)島根県石見・隠岐島 山口県見島・山口市 長崎県対馬「風がやおる」 *よどむ 島根県出雲・隠岐島「風も大分よどんで来た」

→なぎ(凪)

北の□ ⇩きたかぜ(北風)

強い□ *あらせ 香川県香川郡・三豊郡 *おちかぜ(旋風。荒い突風)新潟県西頸城郡 三重県志摩郡 滋賀県彦根 *おちきた・おちぎたのかぜ(秋から冬にかけて凪(なぎ)の後、突然たたきつけるように吹く風)島根県隠岐島 *おとし(急に強い風が吹くこと)広島県豊田郡 *おはいかぜ(激しく吹く風)富山県東礪波郡 *おやかぜ(いろいろな方向の風の中の、最も強い

風）青森県上北郡　*かぜのたま（強烈な風）三重県度会郡　*かぞーさん（中程度に風が強い。風が激しい）沖縄県首里　*かみわたし（十月十日ごろに吹く大風）愛媛県周桑郡・南宇和郡　*かみわたり（陰暦九月、十月ごろに一時強く吹く風）愛媛県南宇和郡　*かんぷき（雪を伴わない冬の激しい風）青森県上北郡　*こちじけ（八月ごろ強く吹く風）静岡市　*しむかじ（六月を境としてそれ以前に吹く強風を「はやかじ（早風）」と言うのに対し、それ以後に吹く強風を言う）沖縄県石垣島　*たまかぜ（突風）奈良県吉野郡　和歌山市　香川県　長崎県対馬　*どーごし（東から南に変わる瞬間の非常に強い風）神奈川県三浦郡　*どほらかぜ（大きく吹くが強くはない締まりのない吹き方の風）青森県三戸郡　*にんぱち（一月から三月ごろまで吹く恐ろしい風）岡山県邑久郡　*はいのかぜ（疾風）鹿児島県屋久島　*はやて　千葉県（暴風）　静岡県安倍郡（寒明けに吹く突風）・浜名郡（夏の強風）　和歌山県西牟婁郡（暴風）・和歌山市（暴風）　*ひかぜ（「日風」か、あるいは田の水を蒸発させるところから「干風」か。日が照っている時に吹く強い風）香川県仲多度郡　愛媛県・大三島　*ぶんまーし（風が吹き回すこと。強風の吹き回し）栃木県　*へーし（突発的な大風）長崎県壱岐島「へーしの後のごたる」　*ぽたかぜ（強い風。大風）熊本県阿蘇郡　*よだてかぜ（竜巻が起こる風）和歌山市　*わいた　広島県安芸郡（突風）　香川県（夏のにわか雨に伴う一時的な強風）・三豊郡（夏のにわか雨に伴う一時的な強風）・島嶼（突風）　愛媛県（突風）

夏の□　*あまかぜ（夕立の時に吹いてくる風）新潟県西頸城郡「あまかぜにだまかされるな」　*あらはえ（梅雨半ばに吹く風。船頭言葉）三重県志摩郡　*しらはえ（入道雲が上がるころに吹く風）熊本県芦北郡・八代郡　*どば（夏の夕方に吹く風）愛媛県越智郡　*はやて（夏の夕立とともに起こる一時的な風）愛媛県越智郡　*ひかた（夏、港の内のみに吹いて、外海には吹かない風）島根県隠岐島　*むぎこかし（麦の収穫前の風）愛媛県　*わいた（八十八夜または二百十日ごろの風）岡山県真鍋島

西の□　⇩にしかぜ（西風）

春の□　*いざなみなみ（春先に吹く、雨を伴った風）静岡県賀茂郡　*かつれにし（春先から吹く湿っぽい風）長崎県壱岐島　*かつれる（春先に湿っぽい風が吹く）長崎県壱岐島　*したけ　群馬県館林市・邑楽郡　*どろにし（春先から吹く、黄砂を混じえた湿っぽい風）長崎県壱岐島　*ながせ（春の季節風）秋田県由利郡　*なわしろかぜ（春早く吹く風）愛媛県越智郡　*ひがえりやませ（午前には暖かく、午後は冷え冷えとし、夕方にはなくなる風。春先に多い）青森県三戸郡　*ふすぼりにし（春先から吹く湿っぽい風）長崎県壱岐島　*みなみちけ（四月ごろ、蒸し暑く吹く風）神奈川県三浦郡

東の□　⇩ひがしかぜ（東風）

冬の□　*あなじ　島根県簸川郡　岡山県邑久郡　*あなじかぜ　島根県仁多郡　*あなじぎた　岡山県邑久郡　*かざはな（雪を伴って吹いてくる風）栃木県安蘇郡　*かみもどり（神が乗って出雲へ戻るというところから、陰暦十月末に吹く風）香川県佐柳島　愛媛県周桑郡・南宇和郡　*ちゅちゅかぜ（こがらしの風）奈良県南大和　*ひっつりおとし（「ひっつり」を吹き落とす風の意）新潟県佐渡　*みなみやませ（雪を誘う風）鳥取県八頭郡　*やまぜ（冬期、時雨に伴って吹いて来る風）長崎県五島　*ゆきおこし（雪の降る前の風）滋賀県彦根　島根県隠岐島

南の□　⇩みなみかぜ（南風）

山からの□　*あらし　秋田県由利郡　福島県南会津郡　新潟県北蒲原郡　長野県飯田市付近　*いせのこーやま（伊勢の朝熊山より起こる風）三重県志摩　*おとし　山梨県南巨摩郡　静岡県磐田郡　島根県隠岐島　岡山県児島郡　香川県小豆島・塩飽諸島　愛媛県　*おとしかぜ　静岡県磐田郡　愛知県東加茂郡　*だし　秋田県由利郡・雄勝郡　愛媛県大三島（東の山から吹き出す夜の風）　*ばんばかぜ　香川県綾歌郡　*ふきおろし　福島県耶麻郡　静岡県富士郡・駿東郡　*やまじ　島根県那賀郡・浜田市　*やませ　石川県能美郡・鹿島郡　島根県　*やまぜ　愛媛県　*やまで　静岡県榛原郡・賀茂郡

弱い□　*あらし（微風）東京都八丈島　香川県志々島・三豊郡　愛媛県越智郡　*こかぜ（穏やかな風）鹿児島県肝属郡　*ねーかぜ（柔らかい風）新潟県西頸城郡　*ぼんきた（陰暦七月中旬ごろから吹き始める弱い風）島根県鹿足郡・邇摩郡　宮崎県東臼杵郡

陸からの□　*あらし（夜、陸から海に吹く風）青森県南部　新潟県　香川県大川郡　*あらせ（夜、陸から海に吹く風）新潟県佐渡　島根県石見　愛媛県北宇和郡　*おやのかぜ（陸から沖に向かって吹く強風）静岡県賀茂郡　*かみかぜ　青森県上北郡　*じあらし　静岡県志太郡・賀茂郡　和歌山県　愛媛県温泉郡　高知県長岡郡　*じあらせ　香川県　徳島県板野郡　*しがた　島根県益田市・邑智郡　*じごち・じ　香川県　*じやらせ　和歌山市　*だし　青森県上北郡　静岡県（朝方吹く）　三重県　島根県邇摩郡・隠岐島　愛媛県越智郡　長崎県対馬　*だしかぜ　島根県隠岐島　*だしのへ　静岡県賀茂郡　*にし　宮崎県児湯郡　*へたんかぜ（陸から吹く風。西風）長崎県西彼杵郡　*やませ（梅雨時に夜明けごろ陸から沖に向かって吹く風）岩手県気仙郡　*やまて　静岡県賀茂郡　島根県益田市・隠岐島　*やまで　静岡県静岡市・志太郡

かせぐ【稼】　*あせぐ　三重県志摩郡「あせんで

来る」・度会郡 *かみぐ 宮崎県東諸県郡 *かめぐ 島根県隠岐島 香川県 熊本県南部 宮崎県南那珂郡「ようかめぐ人ぢゃ」 *せせる 福島県南部 茨城県久慈郡・多賀郡「よくせせる嫁」 栃木県上都賀郡・那須郡 *ぼどーをふるう(なりふりかまわず稼ぐ) 静岡県榛原郡

かそうば【火葬場】 *あんべやま 島根県出雲 *さいまい 福井県福井市・南条郡 *さみや 福井県坂井郡 *さんがり 石川県能登 *さんと 福井県坂井郡 *さんまい 富山県 石川県 福井県 岐阜県郡上郡・大垣市 愛知県名古屋市・海部郡 三重県伊勢 兵庫県神戸市 和歌山県 *さんまいだ 愛知県名古屋市 *しょーこーば 香川県三豊郡 *しょーれんば 石川県輪島市 *しょがわら 岐阜県揖斐郡 *そーるば 新潟県三島郡 *そーれば 新潟県 *そーれんば 香川県綾歌郡 *だんば 新潟県佐渡 *の 富山市近在「野へ送る」 岐阜県吉城郡 島根県石見 *のー 富山県砺波 石川県鹿島郡 *のーば 新潟県中頸城郡 富山県砺波 *のば 岩手県気仙郡 秋田県河辺郡 新潟県中頸城郡 *のんば 秋田県西部 *はいずか(火葬場の灰のたまり。また、火葬場) 新潟県佐渡 *ひとやきば 新潟県佐渡 *ひや 静岡県志太郡 奈良県南大和 山口県 *びょーしょ 石川県羽咋郡・鳳至郡 愛知県碧海郡 *びよし 新潟県西蒲原郡 *ほど 島根県邑智郡 *ぼんぼや 栃木県 *むしょ 愛知県三河・碧海郡 *むじょーど 岐阜県郡上郡 *むじょーば 岐阜県飛騨 *むじょば 岐阜県東飛騨 *もじょど 富山県砺波 石川県能登 *もじょば 富山県砺波 *やま 大阪市 岡山県苫田郡「やまの模様もよろしいようでございますので、どうぞこれでお引き取りを……」 *らんとば 富山県西礪波郡 *らんば 山形県 福島県 新潟県佐渡

かぞえる【数】 *かずく 山形県「柿をかずく」 富山市近在「どるだけあるか、あんにゃかずけ(お前数えろ)」 *かてる 青森県 *ちゅとぅくる(人を数える時の尊敬語。お一人) 沖縄県首里 *どぅむん 沖縄県与那国島 *はぐる(紙を数える) 茨城県稲敷郡 *ゆぬん 沖縄県首里 *ゆむい・ゆみゅい・ゆにゅい・ゆぬい 鹿児島県喜界島 *ゆむん 鹿児島県与論島 沖縄県 *よむ 新潟県佐渡「味方の札をよむ」・中頸城郡 富山県・富山市近在・射水郡 石川県能美郡 三重県伊賀 大阪府大阪市・東成郡 香川県「そこに鉛筆が何本あるか、よんでみい」「ぜにをよむ」 愛媛県 高知県・幡多郡「なんぺーし(何ページ)あるかよんでみよ」 *よん 富山県砺波

ものを□時に唱える語 *ちゅーちゅーたかじ(二つずつ十まで数える時に唱える語。幼児語) 山口県大島 *ちゅしちゅしたいこんかしのじゅ(一度に二つずつ数えて五回で十まで数える) 鹿児島県肝属郡 *ひろしまのはしのした(一から十までを数えるのに数の代わりに唱える言葉。児童語) 山口県大島

かぞく【家族】 *いーどーなか 茨城県 *いえどーし 岩手県九戸郡「あの人はおれのえーどーしだ」「今日はえーどーしでかせぐ(今日は家の者だけで働く)」 *うちかた(自分の家族) 岡山県児島郡 愛媛県松山「うちかたは六人ぢゃ」 *うちとー 群馬県多野郡「人数が多いからうちとーだけで仕事が出来る」 *うちば 熊本県玉名郡 *うちわ 富山県砺波 *うちわおーじ 沖縄県首里 *うふやーにんず(大家族) 沖縄県首里 *えどし 岩手県気仙郡 *かない 山形県米沢市 岐阜県郡上郡「かないがさぶしー(家族が少ない)」 静岡県・志太郡「かないがこにんずだに」 *おちゃのまのしゅー(台所の衆(下男下女)に対する語) 新潟県中蒲原郡 *おちゃのまのしょ(台所の衆(下男下女)に対する語) 新潟県 *きないにんじゅ 沖縄県石垣島 *けない 鹿児島県屋久島 *けないぴと・けないにんず 沖縄県宮古島 *けないのもの 宮城県仙台市 *けね 長崎県対馬「そげえけねんむんにー言おうばな(そう家内の者に言っておきましょう)」・壱岐島「けねぬうをーしやりきらん(家族が多くてやりきれない)」 *だーにんどぅー 沖縄県与那国島 *ちねー 沖縄県首里「ちねーにんず(家族全体。また、家族の人数)」 *ちゅちねー・ちゅやーにんず(一家族) 沖縄県首里 *どーずれ 宮崎県西臼杵郡 *やーてぃー 鹿児島県喜界島 *やーにじ 鹿児島県徳之島 *やーにんじゅ 鹿児島県喜界島 沖縄県 *やーにんじゅー 沖縄県国頭郡 *やーにんじょ 鹿児島県奄美大島 *やーにんず 沖縄県首里・八重山 *やうち 岩手県九戸郡 山形県東田川郡 新潟県佐渡・中頸城郡「やうち総出で働く」 長野県上田・佐久「やうちして出かけた」 岐阜県 愛知県豊橋市「やうちで遊びにいった」・知多郡 三重県志摩郡「あれのやうちが(あの人の家内中が)」・度会郡 滋賀県彦根 兵庫県明石郡・加古郡「あの家はやうちが達者や」 和歌山県東牟婁郡 岡山県小田郡 香川県三豊郡「やうち揃うち遊びにいく」 大分県北海部郡「やうちばーり(家族そろって)」 *やうちがっさゃー 京都府竹野郡「ゆうべの映画にはやうちがっさゃー行きました」 *やうちかない 滋賀県高島郡「いなあったら、よーれーゆーてたもれ、やうちかない(帰られたらよくお礼を言ってください。家の人たちに)」 *やうちこっぺ・やうちさんぽ 岐阜県飛騨 *やうちじゅー 千葉県安房郡「ふとがたい、やうちじゅーでおかずにないるよー(一食分、家内中でおかずになりますよ)」 岐阜県飛騨 *やうちばーり 大分県北海部郡 *やうちゃ 和歌山県西牟婁郡・東牟婁郡 *やうちやんじゃえ 岩手県九戸郡 *やうっ 鹿児島県揖宿郡 *やおち 香川県伊吹島 *やぶち 新潟県・佐渡・中頸城郡 長野県 奈良県吉野郡 *やぶちゃ 奈良県吉野郡 和歌山県海草郡・西牟婁郡 *わしゃーらんち・わしらんしゅー(自分の家族) 静岡県志太郡

かた【肩】 *うなじ 島根県石見 *かいな・きゃ

ーな 東京都八丈島 *かたぶし 福岡県久留米市 長崎県南高来郡 熊本県 *かたぼし・かたぽし 熊本県 *けんじょー 高知市 *けんぴ 千葉県夷隅郡 *けんびき 宮城県加美郡 山梨県 愛媛県 高知県 長崎県北松浦郡・壱岐島 宮崎県 *けんべき 高知県 *ごた・ごちゃー 熊本県八代郡 *ごちゃ 熊本県中部 *ごでゃー 熊本県球磨郡 *さんのーず 広島県比婆郡 *てなんかけ 熊本県下益城郡・球磨郡 *ふたぶし 長崎県南高来郡 *へき 秋田県平鹿郡「米俵をかついだらへぎ張た」 長崎県・西彼杵郡・五島 熊本県熊本市・下益城郡

□**が凝る（が凝って重苦しくなる）** *けんぴきさがる 栃木県「昨日からけんぴきさがってしゃぁね」 *ちりげがでる 鳥取県岩美郡・気高郡 *つまる 山梨県南巨摩郡「肩がつまるで叩いてくれで」 長野県佐久 岐阜県郡上郡 静岡県志太郡

□**が凝ること** *けっぺき・けっべき 山梨県南巨摩郡 *けんびき 長野県佐久・諏訪 静岡県志太郡 大阪市 兵庫県淡路島 奈良県 鳥取県気高郡 島根県邑智郡 岡山県苫田郡・児島郡 徳島県 香川県・高松 愛媛県 長崎市 *けんぴき 北海道 青森県 山形県 福島県岩瀬郡 新潟県佐渡 *けんべき 鳥取県西伯郡 島根県出雲 愛媛県 長崎市 *けんぺき 岩手県気仙郡

かたあしとび【片足跳】 *あさんがけ 広島市 *あしがえ 三重県伊賀 *あしがえり 福井県丹生郡 三重県名張市・阿山郡 *あしかき 新潟県西蒲原郡 *あしがき 新潟県北魚沼郡 *あしかけ 兵庫県淡路島 島根県隠岐島 香川県伊吹島 *あしがけ 新潟県佐渡 静岡県田方郡 兵庫県淡路島 *あしかっこ 島根県邇摩郡 *あしがっこ 神奈川県足柄下郡 静岡県田方郡 *あしがら 静岡県駿東郡 *あしがらこっこ 静岡県 *あしがりこっこ 静岡県田方郡 *あしがりこんこ 滋賀県・犬上郡 *あしがる 福井県小浜市 *あしかんぎ 島根県那賀郡 *あしかんぎょ 島根県那賀郡・鹿足郡 *あしかんげ 島根県石見 *あしかんご 島根県邇摩郡 *あしきゃんきゃん 千葉県山武郡 *あしげりけっこ 静岡県駿東郡 *あしけん 栃木県 千葉県山武郡 静岡県田方郡 *あしけんけ 福島県中部「あしけんけしっぺ」 栃木県「はやっこーや、ぁしけんけすっぺ」 *あしげんげ 愛媛県喜多郡 *あしけんけん 宮城県仙台市 茨城県 栃木県 埼玉県北足立郡 神奈川県足柄下郡 *あしげんこ 島根県飯石郡 *あしけんこっこ・あしけんじょ 静岡県田方郡 *あしこぎ 千葉県香取郡東部 島根県仁多郡・隠岐島 *あしごき 愛媛県 *あしこけ 島根県隠岐島 *あしこね 千葉県山武郡 *あしこび・あしこべ・あしこみ 島根県隠岐島 *あしこんぎ 栃木県 埼玉県北埼玉郡 *あしこんげ 埼玉県北足立郡・北葛飾郡 *あしごんげ 栃木県佐野市・安蘇郡 *あしこんこ 福島県西白河郡 千葉県山武郡 東京都江戸川区 *あしこんご 島根県 *あしごんご 島根県大田市 *あしごんごー 島根県邑智郡 *あしこんこん 茨城県真壁郡 埼玉県北足立郡 千葉県山武郡 神奈川県横浜市 *あしじゃっこ 秋田県北秋田郡 *あしだか 和歌山県東牟婁郡 *あしちんが・あしとんぎ 島根県能義郡 *あしとぎ・あしないこ 島根県隠岐島 *あしとび 島根県隠岐島・仁多郡 *あしどんぐり 兵庫県但馬 *あしなかとび 新潟県佐渡 *あしなぎり 山口県阿武郡 *あしなごけんけん・あんたんたんぎ 鹿児島県 *あしなっこ 神奈川県足柄下郡 *あしなりこっこ 静岡県 *あしなんご 福岡県企救郡 *あしのき 三重県三重郡 *あしのけ 三重県志摩郡 島根県隠岐島 *あしのこ（片足相撲） 新潟県佐渡 *あしんこぎ 群馬県佐波郡 *いきばんた・いきばんと 静岡県賀茂郡 *いけんちょ 滋賀県蒲生郡 *いしけり 岩手県紫波郡 神奈川県愛甲郡・津久井郡 三重県上野市・伊勢 奈良市 *いしけん 神奈川県 香川県 *いしけんぎょー 福岡県久留米市 *いしけんげ 島根県簸川郡・大原郡 *いしけんけん・いしけんかっこ・いしけっこ 神奈川県愛甲郡 *いしけんこ・いしけんこんこ 神奈川県津久井郡 *いしけんご 島根県安来市・大田市 *いしけんとび 神奈川県中郡 *いしこんこん 埼玉県比企郡 神奈川県都筑郡・橘樹郡 *いしだし 神奈川県高座郡 *いしとび 島根県隠岐島 *いしなげ 青森県津軽 *いしやげ 神奈川県中郡 *いちいち 高知県土佐清水市 *いちかけ 島根県邑智郡 *いちかんじんじ・いちねんこ・いっけんけーし・いっけんじょ 神奈川県中郡 *いちけじょ 福岡県浮羽郡 *いちけんけん・いちこのこん 神奈川県高座郡 *いちけんこ 神奈川県足柄下郡 *いちこ 島根県隠岐島 *いちこんこ 神奈川県都筑郡・橘樹郡 香川県瀬居島 *いちこんご 岡山県阿哲郡 *いちこんこん 神奈川県高座郡・橘樹郡 *いちだい 富山県砺波 *いちちんが 島根県能義郡 *いちっぺん 京都府竹野郡 *いちねんき 神奈川県高座郡・足柄下郡 静岡県 三重県志摩郡 *いちねんにーねん・いちりけんど 大分県大分郡 *いちもんどり 静岡県安倍郡 *いちょぎちょ 富山県砺波 *いっきんきしろ 神奈川県 *いっけけん 大分県南海部郡 *いっけん 愛媛県 大分県 *いっけんがたがた 大分県大分郡 *いっけんかたな 大分県速見郡 *いっけんかたなご 大分県東国東郡 *いっけんかんご 大分県大野郡 *いっけんけ 兵庫県赤穂郡 香川県大川郡 *いっけんけん 兵庫県赤穂郡 香川県綾歌郡 大分県 宮崎県西諸県郡 *いっけんけんど 大分県大分郡 *いっけんこ 愛媛県 大分県速見郡 *いっけんご 島根県邇摩郡 *いっけんこーこ・いっけんこーろ 大分県速見郡 *いっけんこっこ 埼玉県川越 神奈川県中郡 *いっけんこんこ 滋賀県甲賀郡 兵庫県赤穂郡 大分県速見郡 *いっけんこんご・いっけんごんご 島根県那賀郡 *いっけん

こんこん 神奈川県 新潟県上越市・中頸城郡 兵庫県赤穂郡・佐用郡 *いっけんしょ 大分県大野郡 *いっけんじょーじょ 神奈川県愛甲郡・中郡 *いっけんちょん 滋賀県犬上郡 *いっけんどーどー 大分県速見郡 *いっけんとび 島根県益田市 福岡県築上郡 大分県 *いっそくとび 香川県仲多度郡 *いっちゃちゃんげ 鹿児島県鹿児島郡 *いっちりけん・いっちんけっと・いっちんげっと 大分県大分郡 *いっちんこんこん 兵庫県淡路島 *いっててぎ 山形県東田川郡 *いっぺん 新潟県中頸城郡 *いっぺんこ 広島市 愛媛県宇和島市 *いっぺんご 島根県那賀郡 広島県高田郡 *いっぺんごー 島根県浜田市・江津市 *いっぺんこっこ 新潟県東蒲原郡・上越市 *いっぺんこんこ 滋賀県 兵庫県赤穂郡 *いっぺんなぎ 山口県阿武郡 *いっぺんぺ 福井県敦賀郡 *いっぽこ 青森県北部 *いっぽんかえかえ 新潟県柏崎市 *えっこたっこ 青森県北津軽郡 *えっこなげ・えっけなご 山形県西村山郡 *えっさっさ 新潟県三島郡 島根県能義郡 *えっせんがせん 島根県能義郡 *えっちゃっちゃ 愛媛県睦月島 *えっちょん 三重県志摩郡 *おけんけん 神奈川県 *おしこんこ 神奈川県川崎市 *おちょちょんげっこ 千葉県君津郡 *おちょんちょん 神奈川県小田原市・平塚市 *おちんちん 静岡県庵原郡 *おっちょちょい 静岡県川根 *おてんがら・てんがらとび 神奈川県足柄上郡 *おびっこ 神奈川県高座郡・鎌倉市 *かいかい 神奈川県横須賀市・鎌倉市 静岡県引佐郡 三重県伊賀 島根県八束郡 *かいかいびっこ 神奈川県鎌倉市 *かいかいびっちょ 神奈川県横須賀市・鎌倉市 *かいくり 大阪府泉北郡 *かいご 高知県高岡郡 *かいど 高知県幡多郡 *かえりこ 岩手県紫波郡 *かかし 富山県東礪波郡 *かじ・かじかこ・かじこ 秋田県北秋田郡 *かじか 秋田県北秋田郡・鹿角郡 *かしかんぎょ 島根県那賀郡 *かしきんぎょ 島根県飯石郡 *かたあし 神奈川県高座郡 石川県能登 *かたあしけんけん 栃木県 *かたあしごっこ・かちこ・かちこちゃこ・かちこだま 秋田県北秋田郡 *かたいっぽとび 高知県安芸郡 *かたけん 東京都八丈島 *かたけんけん 鹿児島県肝属郡 *かたこんご 岡山県上房郡 *かたごんご 岡山県真庭郡 *かたしがえり 岐阜県山県郡 *かたすにうどぅり 鹿児島県徳之島 *かたちん 高知市 *かたちんこ 島根県隠岐島 *かたちんば 神奈川県鎌倉市・足柄下郡 三重県志摩郡 高知県安芸郡・幡多郡 *かたっぽとび 三重県志摩郡 *かたとび 奈良県吉野郡 *かたとんぎ 島根県能義郡 *かたとんび 神奈川県足柄下郡 *かたなご 大分県大分市・速見郡 *かたね 大分県東国東郡 *かたねんき 静岡県田方郡 *かたぱぎあいき 沖縄県宮古島 *かたぱぎとぅび 沖縄県宮古島 *かたぱんさんぎ 沖縄県波照間島 *かたびっこ 埼玉県 *かっせん 島根県八束郡 *かつねつぽつぽ 岐阜県飛騨 *かねんちょいちょい 三重県志摩郡 *かんにょ 宮崎県東臼杵郡 *かんにょー 熊本県球磨郡 *ぎーかー 沖縄県島尻郡 *きーきーびっこ・きゃーきゃびっこ 神奈川県鎌倉市 *ぎーたー 沖縄県那覇市 *ぎーたろー・げーちゃーるー 鹿児島県喜界島 *ぎーちゃ 沖縄県国頭郡 *ぎーっちゃ 沖縄県伊江島 *きぇっこばっか 岩手県和賀郡 *きこんぎ 島根県八束郡 *ぎしぎし 長崎県南高来郡・長崎市 *ぎしご 熊本県 長崎県南高来郡 *ぎしごぎしご 長崎県 *きじゃけんけん 長野市 *ぎったーるー 鹿児島県喜界島 *ぎっちゃんご 島根県簸川郡 *ぎっちょ 埼玉県秩父郡 愛知県名古屋市 *ぎっちょんちょん 島根県邑智郡 広島市 *ぎっつー 沖縄県中頭郡 *ぎっとー 島根県 *ぎっとん 島根県邑智郡・隠岐島 *きつねずもー 新潟県佐渡 *きゃっぐり・きゃつばね・きゃけぐり 岩手県和賀郡 *きりぎっちょ 三重県志摩郡 *ぎんがた 鹿児島県奄美大島・加計呂麻島 *ぎんぎた 鹿児島県加計呂麻島 *きんきん 三重県伊賀 *きんぱ 三重県上野市 *けーけー 鹿児島県徳之島 *けーけびっこ 神奈川県中郡 *けーど 高知県幡多郡 *けーるっとび 神奈川県津久井郡 *けけなぎ 岩手県胆沢郡・気仙郡 *けけなげ 岩手県気仙郡 *けけんぱ 静岡県賀茂郡 *けしけし 長崎県南高来郡 熊本県阿蘇郡 *げしげし 長崎県樺島 *けしけしとび 長崎県南高来郡 *けしけんご・けしげしこ 長崎県北松浦郡 *げしころ・げしこ 長崎県五島 *けすけんご 長崎県北松浦郡 *げだし 長野県上田・佐久 *げっげちょ 石川県鳳至郡・珠洲郡 *けっけなぎ 岩手県気仙郡 *けっけなげ 岩手県江刺郡 *けっけらご 岩手県北部 *けっけん 東京都大島 *けっけんじょー 東京都八丈島 *げっこがき 群馬県利根郡 *げっちょっちょ 石川県鳳至郡・珠洲郡 *けっとばし 群馬県勢多郡 *けつりこ 広島県下蒲刈島 *けりこ 高知県幡多郡 *けりとび 島根県 *げんがた・げんがたあそび 鹿児島県奄美大島 *けんぎ 島根県鹿足郡 *げんげ 群馬県勢多郡 滋賀県神崎郡 愛媛県 *げんけつ 広島県倉橋島 *けんけなぎ 岩手県気仙郡 *けんけなげ 岩手県上閉伊郡 *けんけなり 岩手県気仙郡 *げんげまた 広島市 *けんけん 岩手県気仙郡 宮城県仙台市 東京都利島 神奈川県 新潟県西頸城郡 富山県高岡市・射水郡 石川県珠洲郡・鳳至郡 長野県北東部 岐阜県揖斐郡 愛知県北設楽郡・豊橋市 三重県 滋賀県 京都府 大阪府 兵庫県 奈良県 島根県石見 岡山県「けんけんをつく(片足跳びをする)」 広島県 山口県大島 瀬戸内海諸島 徳島県 香川県 愛媛県 高知県安芸郡 鹿児島県 *げんげん 群馬県佐波郡 神奈川県高座郡 三重県中部 滋賀県湖北 広島県大崎上島 *けんけんご 島根県那賀郡 香川県三豊郡 *けんけんごー 島根県浜田市 *けんけんじょ 神奈川県中郡 *けんけんとび 栃木県 埼玉県秩父郡 神奈川県高座

郡　石川県鳳至郡　兵庫県赤穂郡　和歌山県　島根県石見　山口県阿武郡　香川県高松市　高知県長岡郡・吾川郡　鹿児島県種子島 *げんげんとび 静岡県田方郡 *けんけんとんび 兵庫県佐用郡 *けんけんなぎ 岩手県気仙郡 *けんけんなぐり 岩手県上閉伊郡 *けんけんなげ 岩手県上閉伊郡 *けんけんぱい 三重県志摩郡 *けんけんばた 島根県美濃郡　益田市 *けんけんばたばた 静岡県賀茂郡　島根県益田市 *けんけんぱね 岩手県気仙郡 *けんけんびっこ 神奈川県中郡 *けんけんぽ 徳島県 *けんけんぽとぽと 富山県射水郡 *けんけんまり 岩手県気仙郡 *けんけんもつ 奈良県吉野郡 *けんけんやたろー 岩手県気仙郡 *けんじょけんじょ 神奈川県中郡 *けんつぁー 沖縄県鳩間島 *けんとび 埼玉県北葛飾郡　神奈川県愛甲郡 *けんぱ 三重県伊賀　滋賀県湖南　大阪府北河内郡・中河内郡　兵庫県赤穂郡　徳島県 *けんぱー 徳島県 *ごーっけー 沖縄県小浜島 *ごっこ 石川県鳳至郡 *こてーっこっこ（鶏の闘うさまに似ているところから）東京都大島 *ごにぎ 広島県江田島 *こんぎ 栃木県　群馬県山田郡・佐波郡　広島県安芸郡 *さんげんちょ・さんげんこ 富山県砺波「さんげんこつく」　*さんごき 愛媛県 *さんごろ・さんごろこ 石川県珠洲郡 *しかけとび 島根県隠岐島 *しぎとり 奈良県吉野郡 *しけけん 長崎県壱岐島 *しけけんこ 島根県簸川郡 *しげっこ 静岡県駿東郡 *しけんご 島根県出雲 *しここん 埼玉県入間郡 *しこなげ 山形県東村山郡 *しこび 島根県八束郡 *しこんぎ 島根県出雲 *しじゃしじゃ 山形県北村山郡 *しっけんぎょー 佐賀県 *しっけんけん 長崎県対馬 *しっけんご 熊本県天草郡 *しっけんこっこ 神奈川県津久井郡 *しっけんこんこ 神奈川県都筑郡 *しっことび 神奈川県津久井郡 *しっこんぎ 島根県仁多郡・飯石郡 *しっこんこん 埼玉県入間郡 *しってなげ 岩手県九戸郡 *しってんご 島根県大原郡 *しっとんぎ 島根県出雲 *しててぎ 青森県津軽 *しとーねー 沖縄県石垣島・竹富島 *しとかえり 新潟県上越市 *しとぎゃーり・しとけんけ 静岡県田方郡 *しとけんけん 福井県大飯郡 *しとしと 富山県・西礪波郡 *しとんぎ 島根県隠岐島 *じゃんがら 神奈川県足柄上郡 *じゃんことび 島根県隠岐島 *しりかんげ 島根県那賀郡・江津市 *しんから 長野県上田・佐久 *しんがら 新潟県中頸城郡　長野県 *じんがら 神奈川県 *しんからかっこ 神奈川県愛甲郡 *しんがらかっこ 神奈川県鎌倉市 *しんがらがっこ 静岡県駿東郡 *じんがらっこ 神奈川県川崎市 *じんがり 神奈川県三浦郡 *しんがりこっこ 静岡県 *しんがりごっこ 静岡県駿東郡 *しんぎ 埼玉県秩父郡「下駄の鼻緒が切れて、しんぎで来た」　*しんきらっこ 神奈川県愛甲郡 *じんぎり 山梨県南都留郡　静岡県「じんぎりして遊ぼう」　*しんぎりこっこ 東京都八王子 *しんぐる・しんこの 神奈川県高座郡 *しんけっこ 神奈川県愛甲郡・津久井郡 *しんけらっこ 神奈川県愛甲郡 *しんけんこ 神奈川県中郡・津久井郡 *しんけんこっこ 神奈川県津久井郡 *しんけんこんこ 神奈川県都筑郡・津久井郡 *しんこ 神奈川県愛甲郡・津久井郡　山梨県北都留郡　長野県南佐久郡 *しんご 群馬県碓氷郡・佐波郡　山梨県北都留郡　長野県佐久 *しんごかき 群馬県佐波郡 *しんこっこ・しんこんこー 神奈川県津久井郡 *しんころ 東京都西多摩郡　神奈川県高座郡 *しんごろ 長野県 *しんじかっこ 神奈川県愛甲郡 *じんじがっこ 神奈川県高座郡 *しんしこ 高知県吾川郡 *しんじごっこ 神奈川県鎌倉市 *じんじごっこ 神奈川県高座郡・鎌倉市 *しんじっこ 神奈川県 *しんじゃこ 神奈川県都筑郡 *しんしやっこ 神奈川県愛甲郡 *しんしん 神奈川県中郡　高知県 *じんじん 神奈川県中郡 *じんじんかい 京都府丹波 *しんしんかっこ 神奈川県津久井郡 *しんしんこ 神奈川県高座郡・橘樹郡 *じんじんこ 京都府丹波 *しんしんころ・しんしんころころ 神奈川県高座郡 *しんしんさ 高知県 *すけぎ 島根県隠岐島 *すけけん 青森県東津軽 *すけけんご 島根県簸川郡 *すけこんご 鹿児島県肝属郡 *すけさんすけさん・すけすけ 長崎県対馬 *すけなんご 鹿児島県 *すけんぎょ 福岡県三井郡・久留米市 *すけんぎょー 福岡県久留米市 *すけんじょ 大分県別府市 *すこぎ 島根県隠岐島 *すこぎこ 島根県隠岐島 *すここんこ 島根県簸川郡 *すっけんぎょ 熊本県 *すっけんぎょー 福岡県　佐賀県 *すっけんけん 岩手県紫波郡 *すっけんげん 佐賀県唐津市 *すっけんご 島根県簸川郡・飯石郡　熊本県天草郡 *すてかじ 秋田県鹿角郡 *すてこんこ 青森県南部 *すててぎ 青森県 *すてでん 青森県三戸郡　秋田県鹿角郡 *すててんぎ 青森県　岩手県九戸郡 *すててんこ 青森県　岩手県九戸郡　秋田県北秋田郡 *すてでんこ 青森県南部　秋田県北秋田郡 *すとどんこ 山形県 *すとんぎ 島根県八束郡・松江市 *せーこ 静岡県安倍郡 *せっこなぎ 宮城県栗原郡 *せっしや 島根県隠岐島 *せんがら 神奈川県足柄下郡・三浦郡 *せんがりこっこ 静岡県駿東郡 *せんぎ 群馬県勢多郡・多野郡　埼玉県　広島県　愛媛県伯方島 *せんぎずも 広島県弓削島 *せんぎずもー 埼玉県秩父郡 *せんぎせんぎ 広島県走島 *せんぎょ 群馬県多野郡・勢多郡 *せんぎょかき 群馬県勢多郡 *せんきらっこ 神奈川県愛甲郡 *せんぐら 三重県志摩郡 *せんご 群馬県勢多郡　千葉県長生郡　愛媛県周桑郡 *せんごかい 千葉県安房郡 *せんごく 三重県志摩郡 *せんどり・せんぞろ・せんどろ・せんずり 神奈川県三浦郡 *たいこき 三重県志摩郡 *だいちこ 島根県隠岐島 *たかあし 島根県邑智郡 *たからふんばり 大分市 *たすかけ・たつかけ・たすかけとび・たちかんご 島根県隠岐島 *たんご 高知県高岡郡 *たんこき千葉県印旛郡 *たんこたんこ・たんごたんご高知県高岡郡 *たんこちたげろ千葉県香取郡 *ちぎりこっこ山梨県甲府 *ちぎりごと・ちぎり三重県 *ちぎる・ちぎっと奈良県吉野郡 *ちけんご島根県八束郡 *ちこんぎ島根県出雲 *ちこんぎり島根県仁多郡 *ちこんこ神奈川県川崎市 *ちちっぱ三重県 *ちちんこ香川県大川郡・三豊郡 *ちちんご・ちちん香川県大川郡 *ちっこんぎ島根県仁多郡 *ちっちっぱ三重県北牟婁郡 *ちってんば三重県南伊勢 *ちっぱ三重県北伊勢 *ちにちにかたなご大分県東国東郡 *ちょびちょび高知県幡多郡 *ちょんぎ高知県香美郡 *ちょんちょん神奈川県津久井郡 *ちょんちょんとび石川県鳳至郡 *ちょんちょんば三重県名賀郡 *ちょんば三重県名張市 *ちんか高知県吾川郡 *ちんかた岐阜県飛騨 静岡県浜名郡 *ちんがちんが三重県 島根県能義郡 *ちんから岐阜県飛騨 静岡県磐田郡 *ちんがら神奈川県三浦郡 新潟県中頸城郡 富山市近在 石川県 長野県 岐阜県「ちんがらかいてく」 愛知県西春日井郡・名古屋市 *ちんからか岐阜県飛騨 *ちんがらがっこ神奈川県足柄上郡 *ちんからこ福井県坂井郡 岐阜県飛騨 *ちんがらこ岐阜県揖斐郡 *ちんがらごっこ長野県諏訪 岐阜県揖斐郡 *ちんがらちんがら長野県 *ちんがらやっこ長野県諏訪 *ちんがり愛知県碧海郡 *ちんがりこ大分県大分郡 *ちんがんご高知県幡多郡 *ちんぎ富山県上市 *ちんぎら愛知県知多郡「ちんぎらせまい(けんけんしよう)」 *ちんきり静岡県浜名郡 *ちんぎり神奈川県津久井郡 山梨県・南巨摩郡 愛知県 *ちんぎりかいご・ちんきりかいご長崎県南高来郡 *ちんぎりかっこ・ちんぎりぎっこ山梨県 *ちんぐら愛知県東加茂郡 *ちんぐり岐阜県土岐郡 愛知県瀬戸市「ちんぐりかいて競争しよう」・愛知郡 *ちんけん神奈川県都筑郡 愛媛県西条市 *ちんこき三重県 *ちんこっこ神奈川県鎌倉郡 *ちんごちんが島根県能義郡 *ちんごちんご鹿児島県揖宿郡 *ちんごり・ちんころ静岡県磐田郡 *ちんごろ長野県南佐久郡・上伊那郡 *ちんころっこ神奈川県鎌倉郡 *ちんごろっこ神奈川県高座郡 *ちんじっこ神奈川県鎌倉郡 *ちんちこっこ神奈川県高座郡 *ちんちっこ神奈川県愛甲郡 *ちんちまっこ静岡県磐田郡 *ちんちゃいほい三重県志摩郡 *ちんちらばっこ神奈川県高座郡 *ちんちん奈良県宇陀郡 和歌山市 徳島県 高知県 *ちんちんかたかた奈良県・吉野郡 *ちんちんがら三重県・北牟婁郡 *ちんちんからこん神奈川県愛甲郡 *ちんちんこ神奈川県津久井郡・都筑郡 香川県木田郡 高知県吾川郡・高岡郡 *ちんちんごいよ和歌山市 *ちんちんこまこま神奈川県愛甲郡 *ちんちんころ静岡県庵原郡 *ちんちんころころ神奈川県高座郡 静岡県志太郡「ちんちんころころでとんで来る」 *ちんちんびっこ神奈川県鎌倉郡 *ちんちんまごまご神奈川県中郡 *ちんば島根県隠岐島 *ちんばごっこ・ちんばひき高知県安芸郡 *ちんばっこ神奈川県久良岐郡 *ちんばとび神奈川県 三重県伊賀 奈良県吉野郡 高知県安芸郡・長岡郡 *ちんまご神奈川県愛甲郡 *ちんりき三重県名賀郡 *つけんご島根県大田市 *つけんじょー東京都八丈島 *つこんぎり島根県仁多郡 *てぎてぎ秋田県山本郡 徳島県三好郡美馬郡 *てげてげ岩手県九戸郡 *てこまこ・てこばこ秋田県河辺郡 *てしこび高知県長岡郡 *でしんこ愛知県北設楽郡 *てっぽっぽ島根県能義郡 *てってっぽ島根県能義郡 *ててっぽーかかっぽー島根県飯石郡 *てんかち・てんかつ千葉県山武郡 *てんがら神奈川県 *てんがらかし神奈川県大磯 *てんがらがっこ神奈川県中郡 *てんがらごっこ神奈川県足柄上郡・足柄下郡 *てんぎ秋田県由利郡 群馬県勢多郡 島根県鹿足郡 広島県御調郡 山口県屋代島・阿武郡 高知県 *でんき山口県阿武郡 *でんぎ愛媛県大三島 *てんぎてんぎ高知県幡多郡 *てんてん和歌山県有田郡 岡山県小田郡 山口県平郡島・大島 *てんてんから千葉県夷隅郡「てんてんからの競走」 *てんてんからから千葉県 *てんてんこなぎ山口県熊毛郡 *とび三重県志摩郡 *とびこんこ福島県東白川郡 *とびとび兵庫県佐用郡 高知県安芸郡・幡多郡 *とんぎ広島県双三郡・高田郡 *とんぎとんぎ兵庫県但馬 *とんこ島根県隠岐島 *とんご岡山県 *とんごとんご兵庫県出石郡 *とんとんぴ三重県志摩郡 *とんび広島県高田郡 *なんかなんか沖縄県新城島 *はぎきりや鹿児島県奄美大島 *はさぐい三重県志摩郡 *はしがい・はしがえり三重県阿山郡 *はしがき三重県桑名 *はしかげ島根県江津市 *はしがけ兵庫県淡路島 *はしかんぎょ・はしかんけ島根県邑智郡 *はしかんげ島根県江津市 *はしかんご島根県邇摩郡 *はしこぎ三重県 愛媛県 *はしこんご島根県邇摩郡 *はしのき三重県志摩郡 *はしらんこっこ静岡県田方郡 *はしんごき・はしんごけ三重県志摩郡 *はたぱんじぇーんちぇん・はたぽんじぇーんちぇん沖縄県黒島 *はちごき広島県上蒲刈島 *はねこ宮城県石巻 秋田県河辺郡 *はねごと山形県鶴岡市 *はねとび神奈川県小田原市 *はねんばこ秋田県河辺郡 *ひーひーべー広島県 *ひきたんぼ鹿児島県肝属郡 *ひけんご長崎県南高来郡 *ひこけん・ぴこけんけん宮城県仙台市 *ひここん神奈川県横浜市 *びこたこ青森県 *ひこなぎ宮城県登米郡・玉造郡 *ひたけんけん鹿児島県 *ひちかんぎょ島根県那賀郡・江津市 *ぴっきなげ山形県最上郡 *ひっけんぎ熊本県天草郡 *ひっけんぎょ佐賀県藤津郡 長崎県南高来郡 熊本県天草郡 *ひっけんぎょー福岡県早良郡 *ひっけんけん鹿児島県揖宿郡 *ひっけんげん佐賀県唐津市 長崎県彼杵 *ひっけんご長崎県南高来

郡 *ひっけんこん 埼玉県入間郡 *ひっけんこんこ 神奈川県都筑郡 *ひっこ 山形県飽海郡「ひっこふぐ」 *びっこ 埼玉県 神奈川県 長野県佐久 *びっこけんけん 宮城県仙台市 *びっこたっこ 岩手県和賀郡 *びっこっこ 埼玉県 *びっことび 神奈川県三浦郡 *ひっこなき 宮城県登米郡 *ひっこなぎ 山形県西村山郡 *びっこなぎ 宮城県玉造郡 山形県 *びっこなげ 山形県 *びっこなご 山形県米沢市 *びっこびっこ 山形県西置賜郡・南置賜郡 福島県南部 *びっこひわ 神奈川県逗子市 *びっこまね 秋田県雄勝郡 山形県 *びっこまねこまね 山形県庄内 *ひっこんこん 埼玉県北足立郡・入間郡 神奈川県都筑郡・橘樹郡 *ひっこんこんこ 神奈川県都筑郡 *びったきんじょ 神奈川県高座郡 *びっちょ 神奈川県鎌倉市 *ひっちょん 三重県名賀郡 *ひでひで 山形県南村山郡 *ひとけーじんじん 神奈川県中郡 *ひとげーり 山形県最上郡 *ひとけっこっこ 神奈川県高座郡 *ひとけり 山形県 *ひとけんじょ 神奈川県中郡 *ひとけんどんどん 神奈川県高座郡 *ひとなりこっこ・ひなりっこ 静岡県駿東郡 *ひんがら 新潟県中頸城郡 長野県 *ひんがり 新潟県中頸城郡 *ひんがりこっこ 静岡県駿東郡 *ぴんこぴんこ(児童語) 宮城県仙台市 *ひんごろかく 神奈川県高座郡 *ぴんぴん 高知県安芸郡 *ぴんぴんばね 茨城県稲敷郡 *へがから 石川県鳳至郡・珠洲郡 *へっちょこげ 三重県志摩郡 *へんがり 石川県鳳至郡 *へんがりこっこ・へんがりごっこ 静岡県駿東郡 *へんぐり 石川県鳳至郡 *へんぐりっき・へんごり・へんごろ・へんごん 石川県鳳至郡・珠洲郡 *よいよい 島根県隠岐島 *りんりんかいこ 山口県豊浦郡

かたい【固】 *ぎこわちない(乾物などが固い) 山形県米沢市 *くふぁさん 沖縄県首里「うーどぅぬ くふぁさん(布団が固い)」 *こーさーん 沖縄県石垣島 *こわい 埼玉県秩父郡「こわい竿(全体がへなへなしない釣りざお)」 新潟県佐渡・上越「このめしはこわい」 長野県上水内郡 奈良県北葛城郡 島根県 香川県(のりづけした着物、昆布、かわいた餅、飯などに言う) 長崎県南高来郡「いしのごてこをーてくわーれん(石のように固くて食べられない)」 熊本県玉名郡 宮崎県西臼杵郡「こーして石のごとある」 鹿児島県・鹿児島郡 *こわくるしー(弾力性があって固い) 熊本県玉名郡 *しちかたい(非常に固い) 群馬県多野郡 *しちかて(非常に固い) 鹿児島県肝属郡 *しちごわい・しやちごわい・しゃちこわい 滋賀県蒲生郡 *しゃごわい 山形県庄内 *しゃしゃらごわい 富山県砺波 *しわい 兵庫県佐用郡 *つぼい 岐阜県加茂郡

↓かたい(堅)・かたい(硬)

□さま *いわごんつー(非常に固いさま) 長崎市 *がきがき(固くて容易に食べられないさま) 青森県津軽「がきがきて、かえね(食べられない)」 秋田県平鹿郡「このだんごは、がきがきでぁくて食われない」 *がさら(固くてごわごわしているさま) 青森県津軽 *かちらかちら 山形県米沢市「かちらかちらどかだえ」 *かちん 長崎県対馬「かちんになる(餅などが乾いて固くなる)」 *がわがわ(粗く固いさま) 岩手県平泉 山形県「のりをつけ過ぎて着物ががわがわとなった」 *かんからかんから(乾いて固いさま) 山形県米沢市 *がんがんずく(ひどく固いさま) 秋田県雄勝郡「道が埋まってがんがんずぐなった」 *かんぴんたん 滋賀県滋賀郡 *ぎん 山形県東置賜郡・米沢市 愛媛県喜多郡・日振島 大分県西国東郡 *きんきん 山形県米沢市「糸をきんきんとむすんだ」 大阪府泉北郡「きんきんにむすぶ」 *ぎんぎん 山形県・米沢市 *ばかばか(こわばって固いさま) 宮城県栗原郡「手拭がばかばかと凍った」 秋田県鹿角郡「(餅(もち)の固いのを)ばかばかてかれない(食べられない)」 *ぱっかた 栃木県塩谷郡・那須郡 *ばっかばっか(こわばって固いさま) 岩手県気仙郡 秋田県鹿角郡 *ばっからばっから(こわばって固いさま) 青森県三戸郡 *ばっきらぼっきら(弾力があって固いさま) 秋田県山本郡・平鹿郡「この昆布はばっきらぼっきらしている」 *はっつら 東京都利島「はっつら煮えた(飯が固く炊けた)」

かたい【堅】 *かくい 愛媛県周桑郡「あーかくーなっとられてはこっちがたまらん」 *かたこい 宮城県 *かたしー 宮城県仙台市「かたしく守る」 新潟県東蒲原郡 *くふぁさん 沖縄県首里「うーどぅぬ くふぁさん(布団が固い)」 *こわしー 愛媛県 *こわしけない 三重県安濃津・阿山郡 *こわしない 三重県志摩郡・宇治山田市 *こわちない 山形県米沢市 新潟県中越 *こわつけない 岐阜県飛驒「この飯はこわつけない」 *こわっちー 福島県東白川郡「この菜っぱ、こわっちーな」 群馬県山田郡「きものがこわっちい」

↓かたい(固)・かたい(硬)

□さま *かんかち 兵庫県神戸市「餅がかんかちで焼かな食われへん」 *かんかちん 岐阜県揖斐郡 *かんかつ 岐阜県本巣郡 *かんかん 岐阜県本巣郡 愛知県名古屋市 *こーこー 沖縄県石垣島「めーすっとぅ こーこーし ねーしゃ(もう少し硬めに煮て下さい)」 *すっかんかん(ものや人の性質などが極めて堅いさま)・すっけんけん 富山県砺波「堅いすっかんかんの男や」「餅がすっけんけんになった」

かたい【硬】 *いしっころかたい(石のように硬い) 神奈川県中郡 *すてごわい 富山県砺波「すてごわい身体しとる」

↓かたい(固)・かたい(堅)

かだい【過大】 *おんか 山梨県南巨摩郡「いんめーばかの(ちょっとした)事件をおんかに言いふらすもんじゃーないよ」 *ずない 山梨県・北巨摩郡 *ずもない 新潟県西頸城郡 鹿児島県鹿児島郡

かたいじ【片意地】 ⇩がんこ(頑固)

かたいっぽう【片一方】 ⇩かたほう（片方）

かたくな【頑】 ⇩がんこ（頑固）

かたぐるま【肩車】 *あーだぶー 沖縄県新城島 *あーぬとーっとー 沖縄県竹富島 *あっちんなー・あっちんなま 沖縄県石垣島 *あぶ 岐阜県吉城郡 *あぶこ 福井県 岐阜県武儀郡・飛騨 *あぶど・あぶどー 沖縄県新城島 *あぶんこ 岐阜県吉城郡・飛騨 *あぶらんこつつこ 岐阜県大野郡 *あぼ・おぶ・あぶく・あぶと・あぶのこ・あぶんど 岐阜県飛騨 *あめちゃんこ 新潟県南蒲原郡 *あんまだいこ 福井県吉田郡・坂井郡 *いちょまんちょ 石川県珠洲郡 *いやさかもっこ・いやさかやっさ・やっさかもっこ・さかもっこ・よよさかもっこ・よーまっこ 石川県珠洲郡・鳳至郡 *うーまぼんぼ 富山県西礪波郡 *うまのり 新潟県東蒲原郡 *おこんべ 福井県鯖江市 *おさるまか 福井県丹生郡 *おさるまっか・おっさるまっか 福井市 *おししだいこく 福井県勝山市 *おしゃんしゃんこ 長野県佐久 *おちょかいぼんぼ 富山県西礪波郡 *おちょんま 福井県今立郡 *おてぐるま 宮城県仙台市 山形県東置賜郡・西置賜郡 *おでんぐるま 山形県米沢市 *おびくに 大分県大分郡・南海部郡 *おぶ 岐阜県飛騨 *かーたくま 愛媛県大三島 *かーとるまい 山梨県南巨摩郡 *がーんこい 沖縄県黒島 *かいもち 三重県名張市 *かざぐるま（「かたぐるま（肩車）」の転か）富山県西礪波郡 *かたうま 栃木県 長野県佐久 岐阜県飛騨 三重県志摩郡 兵庫県神戸市 和歌山県 *かたかけ 山形県西置賜郡 *かたきま 岡山県浅口郡 香川県 愛媛県 *かたぎま 岡山県 愛媛県岩城島 *かたきまい 香川県三豊郡 *かたきんま 香川県三豊郡 愛媛県 *かたぐーま 鳥取県西伯郡 *かたくま 宮城県亘理郡 福井県三方郡 岐阜県飛騨・大垣市 静岡県安倍郡・志太郡 三重県 滋賀県滋賀郡・彦根 京都府京都市・竹野郡 大阪府大阪市・泉北郡 兵庫県（小児の遊戯） 奈良県宇陀郡 和歌山県 鳥取県西伯郡 島根県 岡山県岡山市・児島郡 徳島県 香川県 愛媛県 高知県 福岡市 大分県北海部郡 *かたぐま 京阪 香川県伊吹島 愛媛県 *かたくも 愛媛県松山 *かたくんぼ・かたくんま 愛媛県 *かたごし 三重県三重郡 *かたごのおちご 山梨県 *かたこま 三重県名張市 大阪府・泉北郡 兵庫県淡路島 奈良県 和歌山県沖の島 岡山県浅口郡・小田郡 *かたこんま 三重県阿山郡 *かたっか 香川県木田郡 *かたっくま 香川県大川郡 *かたつま 三重県阿山郡 *かたぬし 沖縄県与那国島 *かたねくび 石川県輪島市 *かたま 石川県鳳至郡・珠洲郡 *かたまい 栃木県日光市・河内郡 *かたんま 栃木県 岐阜県加茂郡 静岡県・島田市 三重県志摩郡・名賀郡 *かたんまぐら 埼玉県北葛飾郡 *かたんめ 栃木県 *かたんめやー 栃木県河内郡 *かちくるま 三重県阿山郡 *がっかもち 石川県珠洲郡 *かつからがつ 新潟県西頸城郡 *かつとーまい 山梨県南巨摩郡 *かっとんどん 新潟県糸魚川市 *かどんま 栃木県鹿沼市 *かなぐるま 三重県名賀郡 *がらとーみ 鹿児島県喜界島 *かんかまんだ・かんかまんざ・かんかまんざい・かんかまだ・かーまんだ・かんからめ・かんなくび・かんなぶつ・かんなんだぶつ・かんぱ 石川県珠洲郡 *かんご 沖縄県波照間島 *かんなんこ 長野県上水内郡 *くびうま 長野県東筑摩郡・佐久 和歌山県日高郡 島根県隠岐島 愛媛県 *くびうんば 長野県上伊那郡 *くびきんま 高知県 *くびくんま 高知県長岡郡 *くびこ 山形県酒田市・飽海郡 *くぴこ 秋田県鹿角郡 *くびこのり 岩手県 山形県最上郡・東田川郡 *くぴこのり 青森県上北郡 山形県新庄市・最上郡 *くぴこぬり 青森県三戸郡 宮城県石巻 *くびたま（幼児語） 京都府竹野郡 *くびっこ 新潟県岩船郡 *くびのっこ 山形県西置賜郡 *くびのり 山形県新庄市・最上郡 *くびんま 島根県隠岐島 山口県大島 高知県長岡郡 *くんびょーま・くんびんば 長野県諏訪 *ごいだいぼ 島根県簸川郡 *こぼこぼぬり 岩手県和賀郡 *さかくま 岡山県南部 *さりやきゅーきゅー 富山県 *さるおばれ 岐阜県益田市 *さるかけ 福井県福井市・大野郡 *さるきっき 新潟県中頸城郡 *さるこばっぱ 岩手県和賀郡 *さるこぼんぼ（「ぼんぼ」はおんぶの意） 石川県 *さるぼんぼ 富山県砺波 石川県河北郡 *さるまか 福井県 *さるまた 福井県敦賀郡 *しどぅじぬうやむま 沖縄県宮古島 *じゃんこ 愛知県尾張 *ずっきゃんきゃん（諏訪（すわ）神事踊りのうちの一つ、薩摩（さつま）踊りの鳴り物で、薩摩踊りが山を負い担ぐところから）長崎市 *せんのんかんのん（「せなのかんのん」の転。「せんのん」は「かんのん」にかけて同韻に言ったもの） 福井県大飯郡 *だいぶつさん 福井県吉田郡・武生市 *たかうま 栃木県佐野市・矢板市 長野県南佐久郡 *たかくま 三重県 *たかま 長野県南佐久郡 *だっこもち 石川県珠洲郡 *だるま 長野県上伊那郡・下伊那郡 *たんぐるま・たんころば・たんごろば 長野県南佐久郡 *だんだんぼんぼ 富山県砺波 *ちちくま 大阪市 兵庫県淡路島 *ちゃんかぽっこ・ちゃんかちゃんか・ちゃんちゃんぼ・ちゃんちゃんぼこ・ちゃんこちゃん 石川県珠洲郡・鳳至郡 *ちゃんぐるま 新潟県中越 *ちゃんこ 山形県北村山郡・最上郡 *ちゃんこぎ・ちゃんこぐ 山形県北村山郡 *ちゃんこぐまえ・ちゃんちゃこまえ 山形県西村山郡 *ちゃんこべ 石川県珠洲郡 *ちょーさよーさ 石川県鳳至郡 *ちょんちょん・ちょんちょんぐるま・ちょんかちょん・ちょんのくま・ちょんのくび・ちょんくび 石川県珠洲郡・鳳至郡 *ちんかちん・ちんこちん・ちんここべ 石川県珠洲郡・鳳至郡 *ちんごろば・ちんころろば 長野県佐久 *ちんちゃぽんぽ・ちんちゃんぽ 岐阜県

大野郡 *ちんちんぼんぼ 富山県砺波 *ちんどこどんで 新潟県西頸城郡 *ちんまいだ 石川県鳳至郡 *つんこのり 山形県東田川郡 *てぐるま 宮城県仙台市・栗原郡 *でかっか 青森県南部 *ででんこ・でんかでん 石川県珠洲郡・鳳至郡 *てんぐーま 島根県出雲・隠岐島 *てんぐさん 新潟県中頸城郡 *てんぐま 島根県仁多郡・隠岐島 *てんぐり 群馬県勢多郡 *てんぐりま 島根県簸川郡 *てんぐりまい 静岡県賀茂郡 *てんぐるさま 新潟県上越市 *てんぐるしょ 群馬県多野郡 *てんくるま 福島県安達郡　長野県長野市・上水内郡　静岡県磐田郡 *てんぐるま 福島県東白川郡　栃木県　群馬県　埼玉県秩父郡「おとうちゃん。てんぐるまにのせてくれい」東京都　神奈川県　新潟県　長野県　静岡県　愛知県　三重県志摩郡・北牟婁郡　大阪府南端沿岸　兵庫県美方郡　和歌山県　鳥取県西伯郡・東部　島根県　岡山県苫田郡・川上郡　広島県備後沿岸部・高田郡　香川県女木島　愛媛県　長崎県対馬　熊本県玉名郡　宮崎県延岡 *でんぐるま 新潟県　長野県上伊那郡　岐阜県土岐郡　愛知県知多郡 *てんくるまい 新潟県上越市 *てんぐるまい 新潟県佐渡・上越市　兵庫県美方郡　島根県那賀郡 *でんぐるまい 新潟県　富山県 *てんぐるまっこ 神奈川県津久井郡 *でんこでん 石川県珠洲郡・鳳至郡 *てんごま 島根県隠岐島 *てんごろま 静岡県榛原郡 *てんころまい 長野県長野市・上水内郡 *てんじんぼんぼ 富山県砺波 *でんだらこ・でんだらぼ・でんでこ・でんでこばい・でんでこやっさい・でんでこやま 石川県珠洲郡・鳳至郡 *でんでばっこ 石川県鳳至郡 *てんてんぐるま 山梨県南巨摩郡 *でんでんぐるま 富山県射水郡・富山市近在　愛知県知多郡 *でんでんこぼこぼ・でんでんこま・でんでんぼこぼこ 石川県珠洲郡・鳳至郡 *でんでんぼんぼ 富山県砺波 *でんでんまかまか 石川県珠洲郡・鳳至郡 *てんま静岡県安倍郡 *てんまのり 新潟県中頸城郡 *とぅーんぬくらんま 沖縄県国頭郡 *どーにん 兵庫県赤穂郡 *どんぐりま 三重県志摩郡 *なっぱい 香川県仲多度郡・綾歌郡 *なっぱいど 香川県仲多度郡・綾歌郡 *なっぽいど 香川県小豆島 *なっぽえ・なっぽえど・なっぽえら・なっぽん 香川県綾歌郡 *びーびーぐるま 島根県邑智郡 *びーびーこー 島根県邇摩郡 *びーびーどー 島根県邑智郡 *びーびき 大分県大分市・大分郡 *びーびこ 大分県大分市 *びーびこん 大分県西国東郡 *びくに 大分市「びくにっす」 *びびき 大分県大分市・大分郡 *びびく 大分県 *びびくそ 大分県大野郡 *びびくに 大分県 *びびくび 大分市 *びびぐま 大分県北海部郡 *びびくま 島根県邑智郡 *びびくみ・びびくみ 大分県大野郡・東国東郡 *びびくり 大分県大分市・大分郡 *びびくん 大分県南海部郡・大野郡 *びびこ 大分県 *びびこん・びびんく 大分県大分郡 *びびっこ 大分県大分市・大分郡 *びびんくま・びびんこま 島根県邑智郡 *びびんこ 大分県　宮崎県東諸県郡　鹿児島県 *びびんしゃんご 宮崎県宮崎郡 *びびんちゃく 島根県邑智郡 *びんくり 大分県北海部郡 *びんずい 鹿児島県 *びんびく 島根県石見　広島県安芸郡 *びんびくさん 大分県大野郡 *びんびくに 大分県速見郡 *びんびくま 島根県邑智郡　山口県阿武郡・玖珂郡 *びんびくまい 山口県阿武郡　大分県速見郡 *びんびくら 島根県那賀郡 *びんびこ 大分県 *びんびこー 島根県江津市 *びんびりこ 島根県鹿足郡・那賀郡 *びんびんかいぎょ・びんびんかんご 島根県那賀郡 *びんびんかいご 島根県 *びんびんぐるま 島根県邇摩郡 *びんびんこ・びんびんたんこ 島根県那賀郡 *びんぶく 島根県石見　山口県玖珂郡 *びんぶくちゃがま 島根県益田市 *びんぶくと 島根県美濃郡・益田市 *びんぶくま 島根県邑智郡　山口県・阿武郡 *びんぶくまんぶく 大分県北海部郡 *びんぶくら 山口県防府 *びんぼく 島根県鹿足郡 *ぶーてぁとくゎーん 沖縄県首里 *ぶんぶく 島根県美濃郡・益田市 *ぶんぶくちゃがま 島根県那賀郡・美濃郡 *べべくに 大分県大分郡 *べべくま 山口県阿武郡 *へべこ 愛媛県今治市 *べべこ 大分県 *べべこま 愛媛県越智郡 *べべのこ 大分県大分郡 *へんだらっく(子供らは肩車に乗ると「へんだらっく、まんだらっく」と言って喜ぶ) 長崎県南高来郡 *べんぶくば 山口県厚狭郡 *べんべんこ 大分県大分郡・北海部郡 *まーするーきー 沖縄県島尻郡 *まーたがーたー 沖縄県首里 *まーぬすーむ 鹿児島県奄美大島 *まーまんぞ・まんまんざい・まんちゃぼっこ 石川県珠洲郡 *まーまんど 石川県珠洲郡 *まーむい 鹿児島県喜界島 *またはり 三重県南牟婁郡 *まっくわ 鹿児島県奄美大島 *まんざいごっこ 石川県鳳

方/言/の/窓

●誤解された表現 Ⅲ

大学の学生たちの、方言に関する誤解された、あるいは誤解した告白録から。

・目がかゆくて手でかいていたとき、思わず「カジッチャッタ」が口をついて出て笑われた。（静岡県三島市）

・東京にきて電気屋でアルバイトしていたとき、店の人に「その洗濯機ナオシ(注：九州などで「片付ける」の意)ておきますか」と言ったら、「それこわれてなんかいないよ」と変な顔をされた。（鹿児島市）

・母の実家（栃木）に行ったとき、近所の人が「今日は田植でコワクテコワクテ」と話しているのを聞いて、たぶん蛭（ひる）でもいたのかと思っていたが、栃木の方言で「コワイ」は「疲れた」の意味だった。（東京都）

至郡 ***まんじーかっか** 岩手県九戸郡 ***やっしょまかしょ** 石川県鳳至郡・珠洲郡 ***よいやかった** 富山県

かたじけない【忝】 ***おーれない** 秋田県平鹿郡「おーれにゃなんし」 ***おなさけない** 滋賀県坂田郡・東浅井郡 ***おほりない** 秋田県雄勝郡「沢山いただいておほりねぁんす」 群馬県吾妻郡 埼玉県秩父郡 ***おほんない** 群馬県勢多郡「おほんのうがんした」・佐波郡 ***なさけない** 滋賀県「なさけのー頂きました」 ***ほいない** 群馬県利根郡 埼玉県秩父郡 ***ほない** 青森県津軽 ***ほりない** 秋田県平鹿郡 群馬県利根郡・勢多郡 埼玉県秩父郡「そんなにもらっちゃあほりねー」 ***ほんない** 青森県南部 秋田県雄勝郡「よいものもらってほんねぁ」

かたち【形】 ***いかた** 鹿児島県肝属郡「ほんのいかたまで」「いかた迄い差上げもす」 ***おつ** 千葉県市原郡「あの女の子はおつが悪い」「みんなの前で話をするのはおつが悪い」 岡山県御津郡「おつの悪い風をしとる」 ***かっこーだま** 山口県大島 ***かっこぶし** 新潟県佐渡「あのしとは、かっこぶしわりい」 ***なり** 新潟県佐渡「なりよく並べておけ」 京都市 大阪市 奈良県宇智郡 香川県 ***なりっこ** 新潟県「夕顔のなりっこが悪い」 静岡県「このなりっこはよい」・田方郡 ***めんぎょ**(「面形」か。外から見た形) 鹿児島県肝属郡
→かっこう(格好)

かたづける【片付】 ***あずがのける**(人に頼らず自分でかたづける) 島根県隠岐島 ***あとめる** 福井県大飯郡 ***あどめる** 福井県遠敷郡・大飯郡 鳥取県東部 長崎県対馬 ***あばく** 愛媛県 鹿児島県肝属郡 ***あらくる** 和歌山県日高郡・西牟婁郡 ***あらける** 神奈川県中郡 三重県「おれげのくらをあらけとったらの(私のうちの倉を整理していたらね)」 兵庫県淡路島「道をあらけにゃ車が通られん」 奈良県吉野郡「墓をあらける」 和歌山県「そこらをあらける」 愛媛県・南部 高知県 ***あらげる** 和歌山県東牟婁郡 ***おさめる** 香川県三豊郡 ***おちける**(押しやってかたづける) 秋田県山本郡・雄勝郡「おちけるな落ちるから」 山形県飽海郡 ***おつける**(押しやってかたづける) 山形県「散らかった物を片隅におつけでおげ」 ***かじみゆん** 沖縄県首里 ***かじむる** 熊本県 宮崎県西臼杵郡 ***かたじめる** 熊本県飽託郡「もう、かたじめなはったかあ(夕刻の挨拶の言葉)」 ***かたす** 青森県上北郡 茨城県 栃木県芳賀郡 埼玉県 千葉県 東京都 神奈川県 静岡県志太郡 ***かたずめる** 高知県・高知市「戸棚をかたづめたら大分あいた」 ***からくる** 青森県南部「座敷を早くからぐる様にしなさい」 ***きゃーくるなわす** 長崎県南高来郡 ***きらつける** 島根県出雲「古飯をきらつける」 ***きりする** 島根県八束郡・隠岐島「宴会のあとを一通りきりした」 ***くりめる** 高知県幡多郡 ***くるめる** 高知県 高知市「お菓子は戸棚にくるめておきよ」・幡多郡 ***こがむい・こがっむい・こがっやっむい** 鹿児島県鹿児島郡 ***こざめる・こだめる** 愛媛県 ***こじめる** 高知県「荷物はなるべくこぢめて置きなさい」・高知市 ***こずめる** 徳島県海部郡 香川県丸亀市・三豊郡「なんぞ箱ん中いこずめといたらええじゃろ」 愛媛県 ***ごずめる** 愛媛県・周桑郡「机の上をごずめる」 ***こばむい**(乱雑になった所をかたづける) 鹿児島県 ***こばめる**(乱雑になった所をかたづける) 鹿児島・肝属郡 ***しあける** 高知県土佐郡 ***しーちゃめーゆん**(仕事を次々にかたづける) 沖縄県首里 ***しぇーきゆん** 沖縄県首里 ***しくる**(仕事を次々にかたづける) 島根県益田市「次第にしくって行かにゃー駄目じゃ」 ***しじゅみかち**(散らかった道具などをかたづけること) 沖縄県首里 ***しじゅみゆん** 沖縄県首里 ***したたみん・したたみるん** 沖縄県石垣島 ***しでーゆい** 鹿児島県喜界島 ***しどめる** 兵庫県淡路島 ***しのなべる** 静岡県「机の上をよくしなべておけ」 ***しのける**(散らかっているものなどをかたづける) 愛媛県宇和島 ***しのぶ** 長崎県壱岐島「家のまわりをしのぶ」 ***しのぶる** 長崎県北松浦郡 熊本県天草郡 宮崎市 ***しのべる** 香川県 愛媛県 高知県「箪笥へしのべる」 長崎県対馬・壱岐島 熊本県天草郡 ***すべくる** 岩手県気仙郡 ***すべる** 岩手県気仙郡 宮城県「店の品をすべる」「葬式をすべてやる」「『さきたの道具すべてくれしたか』『は、お蔵さ皆すべーてござりす』」 山形県西置賜郡 ***ただっておく** 岐阜県吉城郡 ***つえる** 香川県大川郡「ひこずりさがして何ということじゃ。つえとけ」 ***つまえる** 兵庫県淡路島 徳島県 香川県 高知県 ***といあつめる** 鹿児島県肝属郡 ***どいやすむい** 鹿児島県 ***とらーげる** 広島県大崎上島 ***とらげる** 島根県「部屋をとらげてから休め」 岡山県小田郡 愛媛県 ***とりあける・とらける** 愛媛県 ***とりあげる** 広島県高田郡 香川県小豆島 ***とりおく** 高知県「ちっととりおかんかよ足の踏場がないぢゃないか」 ***とりける**(「とりのける(取除)」の転か) 青森県 秋田県鹿角郡「座敷をとりけれ」 ***とりゃーげる** 広島県佐伯郡 ***とりやげる** 香川県広島・佐柳島 愛媛県大三島 ***とりよう** 島根県美濃郡・益田市「わしのずす(留守)に家の中をよーとりよーとけ」 ***とりよく** 香川県志々島 高知県 ***とろける** 青森県「客があるから座敷をとろけろ」 ***なおす** 新潟県佐渡「人が来るからそこらをなおしておけ」 三重県南牟婁郡 大阪府 兵庫県明石郡 奈良県 和歌山県 山口県玖珂郡 香川県「終りましたらそのままにして結構です。私がなおしますから」 高知県幡多郡 福岡市 大分県 鹿児島県 ***なつべる** 京都府・竹野郡「たしかあの服はたんすになつべておいたはずだ」 兵庫県 ***なとべる** 京都府与謝郡 ***なわす** 山口県大島 福岡市 ***のーしゅい** 鹿児島県喜界島 ***のーす** 静岡県「それをあちへのーせ」 ***のける** 大阪市 山口県大島「大事にのけてしまうた」 愛媛県 ***ひしゃめる** 東

京都八丈島 ***ふさめる** 東京都三宅島「お客様が来るから座敷をふさめておけ」 ***ほそぐる** 熊本県球磨郡 ***まげつける**(仕事を適当にかたづける) 長崎県壱岐島「大概にしちまげつけちょけ」 ***まつべる** 京都府竹野郡 兵庫県但馬 ***まつめる** 長野県佐久 京都府 ***まてる** 福島県浜通「この本をまでてくれ」 茨城県稲敷郡 栃木県 千葉県「物置にまでとけ」 ***まとべる** 京都府 ***みみくそうちはらう**(ものごとをさっぱりとかたづける) 福岡市 ***よじむる** 和歌山県日高郡 ***よじめる** 神奈川県中郡 和歌山県「そこらよじめて御飯にしようか」「蚕を一つによじめてしまふ」 ***よじる** 和歌山県西牟婁郡 福岡県朝倉郡 ***よちめる** 和歌山県東牟婁郡 徳島県美馬郡 高知県「道具をよちめちょきよ」 ***よつむ** 和歌山県「そこの本よつめとけ」 ***よつめる** 和歌山県東牟婁郡 長崎県対馬(集める) ↓しまう(仕舞)①

□**こと** ***あらいあけ**(調理に用いた器物や食べ汚した食器をかたづけること) 愛媛県宇和島市 ***あらいまし** 山梨県南巨摩郡 長野県佐久 ***あらいまた** 栃木県那須郡・上都賀郡 ***あらいまて** 栃木県 群馬県館林 埼玉県北葛飾郡 千葉県東葛飾郡 ***あれーまてー** 埼玉県秩父郡 ***あらいまわし** 岐阜県岐阜市・飛驒「茶碗や丼のあらいまわしをせならん」 愛知県知多郡 ***あらわけ**(ほぼかたづけること) 島根県出雲「あらわけつけてから休まーや」 ***かいしゃく** 新潟県佐渡 滋賀県彦根「かいしゃくする」 ***しのべ** 香川県大川郡 ***せーとー** 徳島県「子供の遊んだあとをせいとうする」 ***とっと**(幼児語) 富山県「とっとする」・砺波 兵庫県加古郡 徳島県 ***とっりやけ** 香川県三豊郡 ***とっりやげ** 香川県三豊郡・小豆島 ***とらげ** 岡山県苫田郡 ***とらげごと** 島根県出雲「半日かかってとらげごとをした」 ***とりあけ** 徳島県「とりあけする」 ***とりあげ** 香川県木田郡「この室(へや)、掃くけん、とりあげしていたよ」 ***とりやげ** 香川県小豆島 ***どんりやげ** 香川県高松市・小豆島 ***なたなり**(力量不相応のことを不満足ながらもどうやらかたづけること) 岩手県胆沢郡 ***まいまい**(幼児語) 三重県伊賀 奈良県 ***またい** 富山県・下新川郡・砺波「あとのまたいは誰ゃするがい(だれがするのか)」 ***またじ** 新潟県「こんなに、子供を連れて来てはまたじならん(手に負えない)」「ああ酔ってはまたじが悪い」「またじをしねえでなにしてる」 石川県金沢・鹿島郡 長野県南安曇郡 岐阜県 ***ゆきまたじ**(雪をかたづけること) 岐阜県飛驒

かたつむり【蝸牛】 ***あかはらでんでんむし** 滋賀県蒲生郡 ***いえかずき** 石川県江沼郡 ***いえかりー** 大分県大分郡 ***いえかるい** 大分県 ***いえもち** 滋賀県東浅井郡・坂田郡 ***いえんしょむし** 静岡県磐田郡 ***えーしょい・えしょいむし** 長野県下伊那郡 ***おいつかいぼ** 富山県 ***おしよびよびよ** 福井県坂井郡 ***おっしゃびょーびょー** 福井県 ***おとめ** 大分県大野郡 ***おやのめ** 島根県那賀郡 ***かーさんまい** 神奈川県足柄下郡 ***かーさんめ** 神奈川県中郡 静岡県下田市 ***かーさんめー** 神奈川県西部 静岡県賀茂郡 ***かーた** 愛媛県越智郡・大三島 ***かいかいかずき** 富山県氷見市 ***かいかいかたつぶれ** 石川県河北郡 ***かいかいくじり** 富山県 ***かいかいつの・かいかいつのだし・かいかいつのだす** 富山県氷見市 ***かいかいつのだせ** 富山県 ***かいかいつぶり** 富山県 ***がいかいむし・がいがいむし** 三重県度会郡 ***かいかずき** 富山県 石川県河北郡 ***かいかぶり** 富山県氷見市 ***かいがらむし** 香川県大川郡 佐賀県藤津郡 ***かいちょんぼり** 富山県射水郡 ***かいつぶり** 富山県砺波 香川県男木島 ***かいつぶれ** 石川県江沼郡 福井県遠敷郡 ***かいつぶろ** 長野県下伊那郡 香川県男木島 ***かいつぶろー** 香川県小豆島 ***かいつぼり** 大分県大分郡 ***かいつむり** 福井県大飯郡 ***かいつんぶり** 岐阜県郡上郡 ***かいなめくじ** 福島県石城郡 ***かいぼぼ・かいむし・かいろろ** 富山県 ***がえろがえろ** 山形県東置賜郡 ***かきみな・かっみな** 鹿児島県 ***かさっぱち** 静岡県 ***かさっぱちまいまい** 静岡県清水市・安倍郡 ***かさっぱちめぁーめぁー** 静岡県富士郡 ***かさつぶ** 福島県西南部 ***かさつぶり** 山形県 ***かさつんぶり** 秋田県 ***かさまい** 静岡県田方郡 ***かさんどー** 静岡県安倍郡・榛原郡 ***かさんばち** 静岡県田方郡 ***かさんまい** 神奈川県 山梨県 静岡県 ***かざんまい** 山梨県 ***かさんまぇー** 静岡県 岡山県苫田郡 ***かさんみゃー** 静岡県賀茂郡・田方郡 ***かさんめー** 神奈川県 山梨県 ***かざんめー** 山梨県 ***かさんめーん** 山梨県 ***かさんめそー** 山梨県 ***かしゃっぱち** 静岡県 ***かしゃぱち** 静岡県富士郡 ***かたいど** 愛媛県伊予郡・温泉郡 ***かたかた** 奈良県吉野郡 和歌山県西牟婁郡・東牟婁郡(小児語) 愛媛県 高知県幡多郡 ***がたがた** 高知県幡多郡 ***かたかたまい** 和歌山県新宮・東牟婁郡 ***かたかたばい** 和歌山県東牟婁郡・新宮 ***かたじ** 和歌山県西牟婁郡 ***かたた** 愛媛県喜多郡・西宇和郡 高知県幡多郡 ***かたたん** 愛媛県西部 ***かたつぼ** 三重県志摩郡 ***かたっぽ** 三重県度会郡 ***かたつんつん** 新潟県佐渡 ***かたと** 愛媛県北宇和郡・東宇和郡 高知県幡多郡 ***かたど** 三重県北牟婁郡 愛媛県宇和島 ***かたとん** 愛媛県西宇和郡・東宇和郡 ***かたんど・かとんど** 愛媛県南宇和郡 ***かったなむり** 高知県・高知市 ***かっぴな** 鹿児島県鹿児島郡 ***がと** 京都府加佐郡 ***かなつんぶ** 秋田県河辺郡 ***かまぐら** 宮城県牡鹿郡・石巻 ***かんにょぶ** 福島県伊達郡 ***ぎずぎず** 富山県氷見市 ***きねきね** 愛知県愛知郡 ***ぐじ** 高知県高岡郡 ***ぐじなめ** 熊本県飽託郡 ***ぐち** 高知県 ***げげっぽ** 千葉県君津郡 ***げんげらがい** 富山県氷見市 ***げんげんつのだし** 富山県氷見市 ***げんげんむし** 大分県大分郡 ***げんぞげんぞ** 福

井県大野郡 *けんだ 福井県大野郡 *げんだえろ 新潟県西頸城郡 *ごつの・ごつの 愛媛県西宇和郡 *ごんご 島根県八束郡 *しじむし 鹿児島県 *じじむし 鹿児島県川辺郡 *したみ 沖縄県石垣島 *しだみ 沖縄県竹富島・黒島 *しだめ 沖縄県鳩間島 *じっとー 山梨県・北巨摩郡 *じっとーばっとー 山梨県・北巨摩郡 *しゃくじろ 岐阜県飛騨 *じゅじゅむし 宮崎県宮崎市・児湯郡 *しょーしょーつのだし 富山県東礪波郡 *じんじろ 香川県・小豆島 *じんじろー・じんじん 香川県小豆島 *しんなん 沖縄県島尻郡 *ずくらめ 熊本県芦北郡・下益城郡 *ずぐらめ 熊本県芦北郡 *すたみ 沖縄県波照間島 *ずんぐるみゃー 長崎県西彼杵郡 *すんなーに 沖縄県国頭郡 *ぜんぜんからも 石川県鹿島郡 *ぜんぜんまいこ 島根県仁多郡 *だいだいまむし 鳥取県西伯郡 *だいだいむし 鳥取県西伯郡 島根県出雲 *だいだいもし 島根県出雲 *だいぼろ 茨城県猿島郡 栃木県 *だいら 山形県米沢市 *だいりょー 長崎県対馬 *だいる 福島県北部 *だいろ 山形県米沢市 福島県 栃木県 埼玉県 新潟県 富山県 長野県 三重県桑名 兵庫県出石郡 *だいろー 福島県岩瀬郡 群馬県多野郡 埼玉県入間郡・秩父郡 新潟県 山梨県 *たいろたいろ 福島県北部 *だいろだいろ 山形県東置賜郡・米沢市 福島県浜通・若松市 長野県更級郡 *たけやまさざえ 島根県隠岐島 *だしみょーみょー 石川県河北郡 *たつぼ 千葉県 三重県志摩 *たまくら 宮城県登米郡・仙台市 *たまぐらなめとう 岩手県下閉伊郡 *たんばくら 宮城県栗原郡・玉造郡 *たんまくら 宮城県 *ちざん 沖縄県西表島 *ちじみな 鹿児島県 *ちだみ 沖縄県石垣島・新城島 *ちちまた 石川県能美郡 *ちんけまごしろ 秋田県北部 *ちんだみ 沖縄県小浜島 *ちんなま 鹿児島県奄美大島 *ちんなみ・ちんなみー 沖縄県国頭郡 *ちんなん 鹿児島県奄美大島・与論島 沖縄県 *つぃんたい 鹿児島県沖永良部島 *つぃんだみ 沖縄県小浜島 *つぃんな・つぃんなま 鹿児島県奄美大島 *つぃんなん 鹿児島県徳之島 沖縄県黒島・首里 *つぃんま・つぃんやま 鹿児島県奄美大島 *つーなめくじ 熊本県玉名郡 *つーぼろかいぼろ 栃木県上都賀郡・河内郡 *つーぼろかいぼろ 栃木県河内郡 *つーまめくじ 熊本県玉名郡 *つぐら 山形県西置賜郡 *つぐらみゃー 長崎県東彼杵郡 *つくらめ 大分県南海部郡・北海部郡 宮崎県西臼杵郡 *つぐらめ 熊本県 大分県 宮崎県南那珂郡 鹿児島県肝属郡 *つぐらんじょ・つぐらいも 熊本県八代郡 *つぐるまー・ずんぐりみゃ 熊本県天草郡 *つっがめ・つっがめじょ 長崎県五島 *ってぃんだーる 鹿児島県加計呂麻島 *ってぃんだり 鹿児島県奄美大島 *つどろかえどろ 富山市近在 *つねんでろ 群馬県碓氷郡 *つの 石川県河北郡 *つのーめ 鳥取県西伯郡 *つのこだし 青森県上北郡 *つのじげーろ 青森県三戸郡 *つのしでろ 栃木県安蘇郡 *つのだし 青森県 岩手県九戸郡 石川県 *つのだしけぁ・つのだしけぁこ・つのだしげぁこ 青森県三戸郡 *つのだしだいろ・つのだしでーろ 群馬県山田郡 *つのだしみょーみょー 富山県 *つのだせ 富山県西礪波郡 *つのつの 石川県能美郡 *つのつのみよみよ 富山県・富山市近在 *つのべこ 青森県・津軽・東津軽郡 *つのんだいしろ 埼玉県入間郡 *つのんだいろ 栃木県 群馬県 埼玉県秩父郡 *つのんでーしょ 群馬県佐波郡 埼玉県大里郡 *つのんでーろ 栃木県 群馬県 埼玉県 長野県佐久・南佐久郡 *つのんでーろー 埼玉県秩父郡 *つのんでしょ 群馬県佐波郡 *つのんでろ 栃木県足利市・佐野市 群馬県 *つのんぼ 熊本県飽託郡 *つぶ 青森県東津軽郡 *つぶかさ 福島県会津 *つぶさん 広島県向島 *つぶらめ 長崎県壱岐島 熊本県球磨郡 鹿児島県揖宿郡 *つめつめごんご 石川県能美郡 *つるまめ 長崎県・北松浦郡 *つろろ 富山県 *つんぐらめ 大分県北海部郡・南海部郡 宮崎県 鹿児島県 *つんぐりじょ 熊本県玉名郡 *つんぐるぎゃ 熊本県飽託郡 *つんぐるみゃ 熊本県 *つんだり 鹿児島県奄美大島 *つんつん 岐阜県山県郡 *つんつんつぐらめ 福岡県三潴郡 大分県南海部郡 *つんなめ 鹿児島県種子島・宝島 *つんなめじょー 鹿児島県種子島 *つんなん 沖縄県 *つんのーかんのー 広島県佐伯郡 *つんぶり 石川県江沼郡 岐阜県 京都府 愛媛県上浮穴郡 *つんぶりむし 京都府竹野郡「つんぶりむし角だせわが家が焼けるどー」・与謝郡 *つんまめ 鹿児島県黒島・屋久島 *つんむり 岐阜県揖斐郡 *てぃんだり 鹿児島県奄美大島・加計呂麻島 *てぃんだる 鹿児島県加計呂麻島 *でーそんぼー 群馬県多野郡 *でーで 福井県大飯郡 三重県松阪 *でーでー 福井県大飯郡 三重県松阪 *てーてーむし 新潟県佐渡 *でーでーむし 熊本県天草郡 *てーぶ・でーぶ 福井県 *でーぶろ・でーぼろ 栃木県 埼玉県北葛飾郡 *でーら 大分県西国東郡 *でーらくどん 大分県 *でーらぼっち 長野県諏訪 *でーりょー 長崎県対馬 *でーろ 福島県 栃木県 埼玉県秩父郡 新潟県中頸城郡 長野県「でぃろまく(蝸牛のように渦巻き状になっている)」 *でーろー 群馬県多野郡 埼玉県秩父郡 *でーろーかん 群馬県多野郡 *でーろーむし 長崎県西彼杵郡 *でーろくどん 大分県西国東郡 *でーろでーろ 山形県東置賜郡 福島市 *でーろん 群馬県吾妻郡 *でーろんじ 群馬県山田郡 長野県佐久 *でーろんぼ 栃木県上都賀郡 *でこな 三重県伊勢 *てごま・でごな 三重県一志郡 *てでむし 福岡県企救郡 *ででむし(「でで」は「角(つの)よ出ろ出ろ」の意) 岩手県和賀郡 愛知県碧海郡 滋賀県東浅井郡 兵庫県佐用郡・淡路島 岡山県阿哲郡 広島県佐伯郡・比婆郡 徳島県 愛媛県宇摩郡・周桑郡 高知県高岡郡 長崎県北高来郡 熊本県球磨郡

宮崎県東諸県郡 *ででも 兵庫県豊岡郡 *ででんこ 広島県因島 *ででんごー 岡山県児島郡 *でのむし 高知県 *でぶ 福井県三方郡 *でぶら 三重県阿山郡 *でむし 広島県比婆郡・賀茂郡 香川県三豊郡 *でむじ 愛媛県 *でゃーすんぼー・でやそんぼー 群馬県多野郡 *でる 三重県度会郡 *でろでろ 三重県志摩 *でんしんむし 三重県一志郡 *でんで 和歌山県日高郡 高知県長岡郡 *でんでこ 香川県小豆島 *でんでこな 愛媛県越智郡 *でんでこば 香川県伊吹島 *でんでも 兵庫県出石郡 *でんでらこ 大分県北海部郡 *でんでらむし 鳥取県鳥取市・東部 *でんでん 岐阜県郡上郡 三重県 滋賀県犬上郡 奈良県 和歌山県日高郡 香川県 高知県香美郡 *でんでんがらぼ 石川県鹿島郡 *でんでんがらむし 富山県氷見市 *でんでんがらも 石川県鹿島郡 富山県氷見市 *でんでんこ 三重県伊賀 広島県大崎上島 *でんでんご 広島県豊田郡 香川県 愛媛県宇摩郡・越智郡 *でんでんごー 広島県倉橋島 香川県高松市・三豊郡 *でんでんごーな 広島県上蒲刈島 香川県・三豊郡 *でんでんごな 香川県三豊郡 愛媛県越智郡 *でんでんごや 愛知県知多郡・西春日井郡 *でんでんだいろ 群馬県・前橋市 *でんでんつぶろ 茨城県真壁郡 *でんでんでのむし 兵庫県赤穂郡 *でんでんまむし 鳥取県東伯郡 *でんでんもん 香川県 *でんべらこ 神奈川県三浦郡・鎌倉郡 *でんぼーろ 山梨県 *でんぼのこ 神奈川県三浦郡・足柄下郡 *でんほろー 山梨県南都留郡・北都留郡 *でんぼろー 山梨県 *でんむし 島根県石見 *でんわ 三重県一志郡 *とぅんにゃーうー 鹿児島県喜界島 *どんどんまい 大分県大分郡 *どんどんめぐり 大分県北海部郡 *ないほろ・ないぼろ 茨城県猿島郡 栃木県・芳賀郡 *ないぼろつぼろ 栃木県芳賀郡 *なまくじ 島根県江津市・鹿足郡 *なまくずれ 青森県北津軽郡 *なめくじ 青森県 福島県 茨城県稲敷郡・真壁郡 栃木県 神奈川県横浜市 島根県 長崎県 熊本県 大分県 *なめぐじ 長崎県樺島 *なめくじびな 長崎県諫早市 *なめくじら 島根県鹿足郡 *なめくじり 青森県津軽 茨城県稲敷郡 富山市 長崎市 *なめくずり 青森県北津軽郡 *なめくち 熊本県天草郡 *なめこーじ 神奈川県津久井郡 *なめっくじ 栃木県那須郡 神奈川県 *なめらっくじ 神奈川県中郡 *にょーにょー 新潟県 *ねーばろ 茨城県真壁郡 *ねーぼろ 栃木県芳賀郡 千葉県印旛郡 *ねーぼろつぼろ 栃木県塩谷郡 *ねぎろ 愛知県愛知郡・碧海郡 *ねぜりたんがい 高知県香美郡 *ねばうじ(ナメクジやカタツムリの類) 富山県東礪波郡 *ねゃーぼろ 栃木県河内郡 *ねゃーぽろっぽろ 栃木県芳賀郡 *ねゃぼ 栃木県河内郡 *ばいこ 京都府与謝郡 *はみ 鹿児島県沖永良部島 *ぱるむな(「ぱる」は畑の意) 沖縄県宮古島 *びくん 熊本県玉名郡 *びやーびや 鳥取県西伯郡 *べーこ 茨城県久慈郡・多賀郡 *べこ 青森県津軽 新潟県東蒲原郡 *べここ 青森県津軽 *べたご 富山県氷見市 *へびぎゃっこ 青森県北津軽郡 *へびたま 秋田県鹿角郡 *へびたまぐり 岩手県 *へびのたまくら 秋田県鹿角郡 *べんべんむし 大分市 *ぼーだし 千葉県東葛飾郡 *ぼーでーろ・ぼーでろ・ぼんでーろ・ぼんでろ 千葉県印旛郡 *まーまー 島根県邑智郡 岡山県小田郡 *まーまい 静岡県 *まーめ 鳥取県 *まいぼろ 茨城県 栃木県河内郡 *まいぼろーつぼろ 千葉県東葛飾郡 *まいぼろつぼろ 茨城県稲敷郡 千葉県東葛飾郡 *まいまい 埼玉県入間郡 千葉県安房郡 神奈川県 新潟県佐渡 富山県西礪波郡 福井県敦賀郡・遠敷郡 山梨県 静岡県 三重県宇治山田市・度会郡 鳥取県日野郡 島根県 岡山県・苫田郡 広島県 山口県阿武郡・豊浦郡 高知県 福岡県糸島郡・福岡市 熊本県上益城郡 *まいまいうじ 島根県邇摩郡 *まいまいかたつぼ 富山県 *まいまいくじ 愛知県葉栗郡 *まいまいくじら 福岡県粕屋郡 *まいまいぐつ・まいまいぐつぐつ 三重県度会郡 *まいまいこ 島根県大原郡・益田市 山口市 *まいまいこーじ 島根県邇摩郡 *まいまいじょー 長崎県南高来郡 *まいまいずぶろ 広島県比婆郡 *まいまいつの 富山県氷見市 *まいまいつぶ 広島県向島 *まいまいつぶり 富山県西礪波郡 島根県益田市 広島県高田郡 山口県下関市 *まいまいつぶれ 広島県安芸郡 *まいまいつぶろ 栃木県芳賀郡 千葉県安房郡 東京都 静岡県志太郡 広島県比婆郡 大分県玖珠郡 宮崎県 *まいまいつぼろ 茨城県 *まいまいつんぐりまい 福岡市 *まいまいつんぶり 静岡県磐田郡 *まいまいどん 静岡県 *まいまいどんく 長崎県南高来郡 *まいまいむし 山梨県 三重県伊勢 兵庫県但馬 島根県飯石郡 山口県豊浦郡 *まえーまえー 静岡県 *まえぼちつぶろ 茨城県新治郡 *まえまえ 福井県大飯郡 島根県八束郡・仁多郡 広島県 *ままいご 島根県邑智郡 *ままくじ 島根県江津市 *ままだいろ 長野県伊那 *ままで 三重県南牟婁郡 *ままんこ 東京都三宅島 *ままんでーろ 長野県下伊那郡 *まめくじ 栃木県 富山県 愛知県 島根県隠岐島 山口県阿武郡・萩市 長崎県長崎市・西彼杵郡 熊本県 *まめぐし 山口県阿武郡 *まめぐじ 長崎県樺島 *まめくじら・まめくじり 岐阜県飛驒 *まめくち 長崎県南高来郡 *まめっくじ・まめっくじろ 栃木県河内郡 *まめっこーじ(古い言い方) 東京都利島 *まめんじゅーる・まめんじょーろ・まめんずる 東京都三宅島 *まんまい 島根県益田市 *まんまんじょ 愛知県知多郡「まんまんじょが居る」 *みそけぁっこ 青森県南部 *みなくじ 宮崎県東諸県郡 *みなくち 長崎県南高来郡 *みなくんじょ 熊本県天草郡 *みなむし 鹿児島県 *みみず 山口県玖珂郡 *みゃーま 鳥取県西伯郡 *みゃーみゃー 広島県山県郡・芦品郡 *みゃーん 山梨県 *みゃみゃどんく

長崎県南高来郡 *みょーみょー 新潟県佐渡　石川県江沼郡・鹿島郡 *みょーみょーかいぽぽ 富山県 *みょーみょーつのだし 富山県砺波 *みょーみょーつぶろ 新潟県佐渡 *みょーみょだし 石川県河北郡 *みょみょつのだせ 富山市近在 *むーな・んーな 沖縄県宮古島 *むしむし 栃木県真岡市・下都賀郡 *むなむしけ 鹿児島県 *めーぽるつぽる 茨城県稲敷郡 *めーぽろ 茨城県　千葉県印旛郡・東葛飾郡 *めーめ 愛知県愛知郡 *めーめー 神奈川県　新潟県佐渡　山梨県北都留郡　愛知県渥美郡「めいめいが木の枝に居る」・碧海郡 *めーめーかんか 千葉県上総 *めーめーくじ 神奈川県　愛知県三河 *めーめーくんじょー 愛知県宝飯郡 *めーめーこーじ 神奈川県 *めーめーこじょ 愛知県南設楽郡 *めーめーこんじょ 愛知県豊橋市「あのめーめーこんじょをとってくれん」 *めーめーこんじょー 愛知県宝飯郡 *めーめーさ 愛知県渥美郡 *めーめーじっこ 神奈川県 *めーめーず 埼玉県入間郡 *めーめーたつぽ・めーめーたっぽ 千葉県山武郡 *めーめーつのだし・めーめーつのだせ 神奈川県 *めーめーつぶれ 愛知県北設楽郡 *めーめーつぶろ(中流以下) 大分県日田郡 *めーめず 東京都南多摩郡・八王子 *めーめずぽ 千葉県市原郡 *めーめつぽ 千葉県市原郡 *めーめつんぽ 愛知県北設楽郡 *めーめんかんか 千葉県夷隅郡 *めーめんじょ 千葉県安房郡 *めーめんつぶれ 愛知県北設楽郡 *めーめんでーろ 長野県下伊那郡 *めしじょー 山梨県東山梨郡 *めめくじ 神奈川県 *めめず 千葉県印旛郡 *めめたつぽ 千葉県山武郡 *めめちゃぶろ 千葉県東葛飾郡 *めめちょ 山形県最上郡 *めめっちゃぶろ 埼玉県北足立郡 *めめつぶ 千葉県下総 *めめど・めめどかたど 愛媛県北宇和郡 *めめん 富山県西礪波郡 *めめんじょ 山梨県甲府市 *めめんじょー 千葉県安房郡　山梨県 *めめんつんぐり 福岡県 *めゃーめゃー 千葉県安房郡　広島県芦品郡 *めんかいぶつ 富山県 *めんぽろ 千葉県東葛飾郡 *めんみんがらも 石川県鹿島郡 *めんめ 島根県能義郡 *めんめん 島根県能義郡 *めんめんかいぽぽ 富山県 *めんめんかえぶつ 富山県・富山市 *めんめんかえぽ 富山県中新川郡 *めんめんじょー 山梨県 *めんめんだいろ 長野県下伊那郡 *めんめんたばごろ 宮城県遠田郡 *めんめんつのだし 富山県 *もいもい 島根県　長崎県 *もー 島根県簸川郡 *もーも 富山県婦負郡　島根県簸川郡 *もーもり 島根県 *もーもろ・もんもー・もーもーこ・もーもりこ 島根県簸川郡 *もーや・もーもーえ 島根県邑智郡 *もーりもーり 兵庫県美方郡 *もーろもろ・もんもろ・もんもり 島根県出雲 *もっこだせ・もっこーであし 岩手県九戸郡 *ももーず 山梨県北都留郡 *もろもろ・もろもろこ 島根県簸川郡 *もんも 島根県大原郡・能義郡 *もんもだせ 島根県飯石郡 *やぎん 鳥取県西伯郡 *やにな 鹿児島県揖宿郡 *やぶたぬし 富山県 *やぶつぽ 愛媛県越智郡 *やぽみな 熊本県天草郡 *やまけんけん 神奈川県中郡 *やまさざえ・やまさぜ 島根県隠岐島 *やましだたみ 東京都八丈島 *やまたにし 千葉県下総 *やまつぶ 岩手県上閉伊郡 *やまにな 愛媛県南宇和郡 *やまみな 鹿児島県揖宿郡 *やみな 鹿児島県 *やもーず 東京都大島 *やりだし・やーりぼし 神奈川県三浦郡 *ゆだれくいみな 鹿児島県 *れーだどん 大分県速見郡 *んだみ 沖縄県与那国島

かたほう【片方】 *いっぽーかた(幼児語) 山口県玖珂郡「下駄がいっぽーかたしか無い」 *いっぽかんち 愛媛県宇和島 *えっぱ 島根県隠岐島「弓がえっぱえ当った」 *かた(片一方だけであること) 東京都大島 *かたー(片一方だけであること) 静岡県志太郡「げたんかたーだ(げたが片方しかない)」 鳥取県 *かたいし 愛媛県・松山「履物がかたいし見えん」 *かたこー・かてこー 新潟県佐渡「かてこうへ寄れ」 *かたこぐち 京都府竹野郡「かたこぐちからていねいに塗ってゆく」 島根県 *かたし 大阪市　兵庫県淡路島　岡山県児島郡「お前わしの下駄のかたし知らんけえ」 山口県　徳島県　香川県　愛媛県 *かたした 青森県津軽　山形県最上郡・東村山郡 *かたちら 徳島県海部郡 *かたっちゃ 香川県高松 *かたっつら 山梨県南巨摩郡 *かたっぱら 青森県南部 *かたっぺ 新潟県西頸城郡 *かたつら 岐阜県飛騨　島根県　岡山県苫田郡　広島県比婆郡　長崎県対馬 *かっつら 島根県石見「かっつらの下駄が見えん」 *かたぱご 岩手県気仙郡 *かたはら 広島県比婆郡 *かたばら 青森県南部 *かたばり 沖縄県石垣島 *かたひた 宮城県　秋田県　山形県庄内「靴かたひた見えない」 *かたびた 岩手県江刺郡・気仙郡 *かたぴた 岩手県上閉伊郡・気仙郡　宮城県「こえずのかたぴたどえずだべ(これの対はどれですか)」 山形県「げだかだぴためねぐなた(げたが片方見えなくなった)」 *かたひら 岡山県児島郡　広島県比婆郡　高知県幡多郡「かたひらばっかりえーもんぢゃないけにおまえもなかなかよかろー((円満なのは)片方ばかりがいいためじゃないから、あなたもなかなか(心掛けが)いいわけだろう)」 鹿児島県種子島「(ランプをともすが)またあかたひらねゃ(また一方では)たいまとぅも、たーちみたりすいもんじゃったとぅいなー(たいまつも、たいてみたりするものでしたね)」 *かたふた 青森県津軽「かだふた眼」 島根県出雲(主として魚の背割りの半身を言う) *かたへご 愛媛県周桑郡 *かたへら 鳥取県 *かたもくち 愛媛県周桑郡 *かだんぴた 秋田県平鹿郡 *かんち・かんちん 熊本県玉名郡 *そっぺくど 宮城県 *はしっぺら 和歌山県海草郡 *はんぴら 長野県　大分県速見郡 *はんべた 岐阜県益田郡 *はんぺた 福島県東白川郡・西白河郡　栃木県安蘇郡「俺にはんぺたくれ」 群馬県桐生市　新潟県中部　長野県諏訪・上伊那郡　岐阜県高山 *は

んぺら 静岡県田方郡 *ひゅーつら 長崎県壱岐島「道のひゅーつら歩め」 *ひょーつら 長崎県壱岐島「帽子をひょーつらにかぶる」 *べっぽー 長崎県壱岐島

→いっぽう（一方）

かたまり【塊】 *あらくれ（粗い土の塊）島根県 *いぼこ（糸、ひもなどの途中にできる結ばれた塊）宮城県仙台市 山形県西置賜郡 *いわ（土の塊）茨城県新治郡「いわをぶつ（土塊を投げる）」 *おぐれ（土の塊）岡山県 *かんす（泥の塊）山口県阿武郡 *きこり（木の塊）青森県三戸郡 *ぐり（土の塊）島根県隠岐島 *くれ 茨城県「土くれ・石くれ」 熊本県玉名郡・下益城郡 *くれ（土の塊）岩手県江刺郡 埼玉県秩父郡 新潟県佐渡・中頸城郡「たおこししても、くれがおおい」 長野県更級郡・佐久 島根県「くれがつく（田の中へ入ると足のすねが赤黒くなる）」 岡山市 熊本県玉名郡 大分県 *ぐれ（土の塊）島根県大原郡 *くれた（土の塊）香川県綾歌郡 *こーろぎ（土や雪、木などの塊）長野県上水内郡・北安曇郡 *こぐり 長野県 *こごなり 岩手県気仙郡「塩のこごなり食ってしょっぺぁくてわがんねぁ（困る）」 宮城県 栃木県 *ここり 山形県米沢市 *こごり 青森県 岩手県紫波郡 宮城県栗原郡「土こごり」 秋田県鹿角郡「此の糞こごり（ののしりの語）」 山形県米沢市 茨城県 栃木県「砂糖一（ひと）こごり」 群馬県勢多郡 埼玉県秩父郡 千葉県夷隅郡 神奈川県中郡 山梨県中巨摩郡・南巨摩郡 長野県佐久 *こっぱ 大分県南海部郡 *こてまり 大分県 *ことごり・ことぐり 長野県東筑摩郡 *こもり 秋田県鹿角郡 茨城県稲敷郡 *ころ（土や雪、木などの塊）新潟県西蒲原郡 *ごろくれ（土や雪、木などの塊）鹿児島県肝属郡 *ごろた（土や雪、木などの塊）山形県 茨城県新治郡 鹿児島県 *ごろった（土や雪、木などの塊）鹿児島県 *ごろつち（土や雪、木などの塊）新潟県佐渡 *こんごり 青森県 東京都大島・三宅島 山梨県 *こんごりっこ 東京都三宅島 *さなご（粉を水でこねる時に生ずる塊）山口県豊浦郡 *じご（粉を水でこねる時に生ずる塊）長崎県 *じだんば 島根県那賀郡 *すなかたまり（土の塊）千葉県印旛郡 *だこ（土の塊）島根県邑智郡 *たま 島根県「味噌のたまが汁の中にあって辛あ」 沖縄県石垣島 *だま 青森県津軽「なまずがだまになっていることがある」 神奈川県中郡 *だまり 神奈川県中郡 *だんぽ 岐阜県大野郡 *ちご・ちぐ（粉を水でこねる時に生ずる塊）長崎県北松浦郡 *ちちこ（粉を水でこねる時に生ずる塊）長崎県対馬「ちちこになる」 *ちむるし（血の塊）鹿児島県喜界島 *つだめ（粉を水で溶いた時に溶けない塊）高知県 *でろこごり（土の塊）福島県 *どーぐれ 静岡県「土のどーぐれ」 *どぐれ・どんぐれ（土の塊）熊本県玉名郡 *どろだんご（土の塊）島根県大原郡・能義郡 *どろっこごり（土の塊）群馬県邑楽郡 *はぐれ・はぐり 島根県 *ぼた（大きな塊）静岡県庵原郡 *ぼや（松の根に生じるやにの塊）高知県土佐郡・長岡郡 *ぼろっこ（土などの塊）秋田県平鹿郡「下駄にぼろっこがついて困った」 *まるくれ 熊本県下益城郡 *まるた 島根県「大けな土のまるたが落ちて来た」 *むっくり（土の塊）秋田県河辺郡 *むるし 沖縄県首里 *もっくり（土の塊）青森県津軽 *わぐたまり（糸などのもつれて解けない塊）和歌山市

かたむく【傾】 *うちゃだれる 福井県大飯郡「家の軒がうちゃだれる」 *およぶ 香川県香川郡「およんどる（傾いている）」 *かーぶる（船などが傾く）静岡県 *かたがえる 山形県中部 岐阜県飛騨 島根県八束郡 *かたがる 秋田県「あの瓜は右の方へかたがる」 山形県庄内「柱がかだがってる」 新潟県「かたがるとこぼれてしまう」 富山県 石川県 福井県坂井郡 岐阜県飛騨「屋根がかたがる」・郡上郡 静岡県志太郡・榛原郡 *かたぐ 長野県 静岡県志太郡「ばかにかたぇーでるなー（大変に傾いているねえ）」・小笠郡 三重県志摩郡・松阪市 滋賀県彦根 愛媛県「陽は西の山へかたいでしまった」 *かたぶる（船が波のために傾く）島根県八束郡 *かたよる 山口市 *かながる 石川県 *かやぶく 兵庫県加古郡 *かやぶる 兵庫県淡路島 香川県・三豊郡 *かやる 兵庫県加古郡 鳥取県 香川県 *かんぶる（船などが傾く）島根県益田市 *くねる 岐阜県恵那郡 京都府北部 島根県「筋が大分くねった」 広島県高田郡 大分県大分郡 *なじける 新潟県西頸城郡 *にびく（つりあいがとれなくて片方に傾く）埼玉県秩父郡「片方ににびく」 神奈川県津久井郡 *にぶく（つりあいがとれなくて片方に傾く）新潟県佐渡 *ねる（家の柱が狂って傾く）島根県「大黒柱が大分ねた」 *ひたる 島根県益田市・邑智郡「ほーろ（少しばかり）左側にひたっとる」 *ひっかしがる 山梨県 *ひっかたびく 鹿児島県 *へごる 三重県伊賀南部 *へたる 静岡県「このたきゃーよくへたる（この竹はよくしなしなしなう）」 *へちかたがる 富山県砺波 *よじける 東京都南多摩郡 *よろぐ 長野県諏訪 *よろぶ 神奈川県愛甲郡 山梨県甲府・南巨摩郡「地震でえー（家）がよろぶ」 長野県「小屋がよろんだ」 静岡県田方郡

かたる【語】 *いじゅん 沖縄県竹富島 *いずん 沖縄県石垣島・鳩間島 *うたう 茨城県 新潟県佐渡「大変いいことだが誰もうとうて出るもんがない」 *うだる 青森県三戸郡（多弁する）「唄にうだる（自分の下心を人に暗示うとう茨城県するように言う）」 *んどぅん 沖縄県与那国島

かたわら【傍】 ⇩そば（側）

かちき【勝気】 *おのれきかんき 高知県安芸郡・高知市「あの人は善人ぢゃが、もー少しおのれきかんきがあって欲しい」 *かっさい 愛媛県「あの子は中々かっさいな子だから」「あれはなかなかかっさいじゃ」 *がり 新潟県中頸城郡「あいつはこんじ

ょ(根性)がりだ」 *かんき 高知県 *きーち(勝ち気で、容易に屈しないさま)鳥取県「きいちな児」 *きかさ 長野県下伊那郡 *きがさ 大阪市「きがさ者」 福岡市 *きぱしない 青森県津軽 *きもがち 長崎県対馬「彼はきもがちな人間で、何時も人より先にのさばり出て仕事をしたがる」

→まけんき(負気)

□な人 *きしょー 新潟県佐渡「あの女はなかなかきしょうだ」 *ぎじょー 島根県益田市 *ぴんしゃ・ぴんしゃら(短気で勝気な女)新潟県佐渡

かつ【勝】 *かう 山形県「紅組がきっとかう」「なんしたて、かわんなぇ(どうしても勝てない)」 *がう 宮城県柴田郡 *かちがこむ 高知市「辛棒強く休まない人はかちがこむ」 *かちる 岐阜県加茂郡・恵那郡 *なる 秋田県平鹿郡「私なら到底ならねぁ」 高知県「まったいきにあのこになるまい(弱いからあの子に勝てまい)」 *のす 山口県豊浦郡 佐賀県「あの人の力にはのさん」 鹿児島県薩摩 *やる 徳島県「やった(勝った)」

かつお【鰹】 *かちゅいじゅ 沖縄県竹富島 *かちゅゆー 沖縄県石垣島 *かついず 沖縄県鳩間島 *かつーいず 沖縄県八重山 *かつおいお 岐阜県恵那郡 熊本県玉名郡 *かっつぉいお 石川県金沢市・河北郡 *かなごろ(カツオの子)三重県志摩郡 *こやつ(小さいもの)宮城県・仙台市 *しょーじ 沖縄県首里 *すま(小さいもの)和歌山県 *すまがつお(小さいもの)和歌山県海草郡 *そーだ(小さいもの)茨城県稲敷郡 *どだべ(大きいもの)茨城県 *とっくりがつお(小さいもの)新潟県佐渡 *はつゆ 沖縄県国頭郡 *びんこ 宮城県・仙台市 *びんぼ(小さいもの)茨城県 *まんだら 新潟県佐渡 富山県・東礪波郡(大きいもの)

かつおぶし【鰹節】 *うし 東京都利島 *おにぶし(カツオ一尾を四本に割って作ったかつお節)東京都新島 *かつ 山形県 *かつー 沖縄県首里 *かつお 熊本県玉名郡 *かっつお 大阪市 *かつのふし 秋田県南秋田郡・秋田市 *かめぶし(生乾きのもの)徳島県海部郡 *けずりっこ 栃木県 *ふし 東京都利島 静岡県志太郡 京阪 香川県三豊郡 *ぼや(生乾きのもの)岩手県上閉伊郡 *ぼやぶし(生乾きのもの)青森県上北郡 岩手県上閉伊郡・気仙郡 秋田県鹿角郡 *まぶし(上等なもの)高知県

□を削ったもの *けずりこ 千葉県夷隅郡 *はなびら 沖縄県首里

がっかり *えきやく 山形県東田川郡「こればりだば えきやくしたもんだで(こればかりにはがっかりしたもんだよ)」 *がっぱい 佐賀県三養基郡 *がっぱり 長崎県伊王島・五島 *ぎっくり 長野県佐久 *くしゃり・くっしゃり 富山県 *ぐっしゃり 香川県 長崎県「話聞いて、ぐっしゃりした」 *げっそり 秋田県「失敗してげっそりした」 茨城県新治郡 富山県砺波 長野県佐久 岐阜県恵那郡・北飛驒 三重県 滋賀県彦根 広島県佐伯郡・高田郡 徳島県 愛媛県周桑郡・喜多郡 *げったり 三重県志摩郡 滋賀県蒲生郡 香川県 *げっちゃり 島根県邇摩郡・大原郡 *げんなり 長野県下水内郡 大阪市 兵庫県神戸市・淡路島 和歌山市 島根県 岡山県苫田郡 徳島県 *はんがり 岐阜県飛驒

→しつぼう(失望)・らくたん(落胆)

□する *あからふく 新潟県長岡市・南魚沼郡 *あげっない 鹿児島県鹿児島郡 *げさめる 山形県庄内「俺はあの時げさめだけ」 *げなうつ 和歌山県東牟婁郡 *じっきー 鹿児島県鹿児島郡 *じょける 青森県津軽 *すけっない 鹿児島県鹿児島郡 *せーがない 大阪府 兵庫県加古郡・明石郡 奈良県山辺郡 和歌山県「来るというて来なんだので(来ないのだから)せーないな」 鳥取県東部 島根県「なんぼーやってもせーがない」 岡山県苫田郡 山口県 徳島県 香川県 愛媛県松山 *せーもない 福島県会津「せえもねえ野郎だなあ」 *せがない 香川県「あの先生は何ぼ勉強しても中々ええ点呉れんけんせがない」 愛媛県周桑郡・喜多郡 *だるくさい 三重県阿山郡 *つかれる 静岡県 *へこたる 京都府 *へったれる 栃木県足利市 *ほーける 高知県高岡郡 *ほける 熊本県 *ほっきおらす 三重県伊賀

□すること *がっかおち 岩手県気仙郡「がっかおずする」・胆沢郡 *げな 兵庫県加古郡「うまいこといかんいうでげなおこしとる」 *しょなえ 島根県出雲「雨で運動会がなーなってしょなえがした」 *しょろなえ 島根県大原郡 *ついるだい(「筋がだれる」意)沖縄県首里「つぃるだいしゅん」 *めっさい 鹿児島県 *めっちゃい 佐賀県

□するさま *あんぐり 福井県三方郡・大飯郡 *あんごり 和歌山県西牟婁郡・東牟婁郡 *うんざり 茨城県 徳島県 福岡市 *がさつ 宮崎県都城 *がっさい 鹿児島県「ぐゎっさいする」 *がっさり 新潟県中頸城郡 長野県南部 兵庫県加古郡「がっさりする」 *がったり 新潟県佐渡「あると思うたもんがのうなって、がったりしてしもうた」 岐阜県郡上郡 *かわかわ 新潟県上越市「かわかわした(がっかりした)」 *ぐらい 佐賀県「ぐらいする」 *ぐんにゃり 熊本県下益城郡 *げんじゃり 島根県簸川郡・出雲市 *すぴーり 静岡県榛原郡「すぴーりこく(がっかりする)」

かつぐ【担】 *いなう 岐阜県 静岡県 愛知県 三重県 滋賀県高島郡 京都府 大阪府大阪市・泉北郡 兵庫県加古郡・神戸市 奈良県大和高田市・宇陀郡 和歌山県 鳥取県 島根県大原郡・安濃郡 愛媛県温泉郡・周桑郡 福岡県 佐賀県・藤津郡 長崎県北松浦郡 熊本県 鹿児島県硫黄島 *いの 奈良県南大和 鹿児島県 *いの

う三重県志摩郡　大阪府南河内郡　熊本県下益城郡・宇土郡　鹿児島県 *うなう 香川県三豊郡　愛媛県 *うのう 愛媛県新居郡 *えなう 鳥取県西伯郡　島根県 *かく 岡山県児島郡　広島県　山口県玖珂郡　愛媛県周桑郡 *かたぐ 富山県　石川県　福井県　京都市　兵庫県佐用郡・淡路島　和歌山県日高郡　鳥取県西伯郡　島根県　岡山県　広島県　山口県　徳島県　香川県　愛媛県・松山(ひとりで肩にして運ぶ)　高知県　宮崎県西臼杵郡・延岡　鹿児島県 *かく(二人以上で担ぐ)新潟県東蒲原郡　滋賀県彦根　岡山市　徳島県　香川県　愛媛県 *かだく 広島県芦品郡・比婆郡 *かたぐい 宮崎県西諸県郡　鹿児島県鹿児島郡・揖宿郡 *かたぐる 和歌山県　佐賀県唐津　熊本県　大分県　宮崎県西臼杵郡 *かたげる 新潟県東蒲原郡・中頸城郡　福井県遠敷郡　三重県　京都市　大阪府　兵庫県　奈良県　和歌山市「大きな荷物かたげて来た」　鳥取県西伯郡　島根県　山口県　香川県伊吹島　福岡市　熊本県下益城郡　大分県　宮崎県延岡・西臼杵郡　鹿児島県屋久島 *かたごう 山口県 *かたねる 新潟県　富山県　石川県　福井県　岐阜県飛驒 *かたみゆん 沖縄県首里 *かたみるん・かたみん 沖縄県石垣島 *かたむい 鹿児島県 *かたむる 熊本県　鹿児島県 *かためる 福岡県三井郡　長崎県彼杵付近　熊本県下益城郡 *かたもっこかずく(片棒担ぐ)新潟県 *かつげる 岐阜県郡上郡・飛驒 *かつなぐ 秋田県南秋田郡・河辺郡　山形県東置賜郡 *かつねる 山形県　新潟県　岐阜県 *かとぐ 東京都八丈島　山梨県・南巨摩郡 *からう 山口県見島「見島の牛は馬よりも荷は少く、からう事は下手で」　福岡市　佐賀県　長崎県「米俵をからう」　熊本県 *かる 長崎県五島「焚付ばかるっ来たわや」　熊本県南部　宮崎県西諸県郡　鹿児島県「握飯よ握ってかるで行きおったなー」 *かるー 三重県飯南郡「男なら十二貫、女なら十貫かるうのを以て一人前とする」　島根県石見「木をかるう」　山口県「かきゃーかるーちょったでの(柿は背負っていたんですよ)」　香川県塩飽諸島「その荷はかべる(頭に載せて運ぶ)よりかるうた方が楽じゃ」　愛媛県　高知県　福岡県　佐賀県　長崎県南高来郡・西彼杵郡　熊本県阿蘇郡・天草郡「かるわん(背負わない)」　大分県「人間が一俵かるいよったんだと(背負っていたということだ)」　宮崎県　鹿児島県 *かるお 長崎県南高来郡 *かるむる(棺を担ぐ)和歌山県日高郡 *かろ 鹿児島県鹿児島郡 *かろう 奈良県吉野郡　福岡県三池郡　長崎県南高来郡　熊本県下益城郡　宮崎県西臼杵郡「御飯をとぇえち(炊いて)かろわせたり」　鹿児島県揖宿郡(幼児語) *くじゅー(荷物を棒の片方に付けて肩から担ぐ)奈良県吉野郡　和歌山県南部「荷物をくじゅうて行く」　高知県 *こじょう(棒で担ぐ)香川県　愛媛県 *こじょーう(棒で担ぐ)香川県香川郡 *さしあう(二人で担ぐ)京都府竹野郡　兵庫県加古郡　岡山市「四斗樽をお前と二人してさしやおー」 *しっかつねる(荷物を担ぐ)長野県下高井郡 *しったがく 新潟県佐渡 *ずる(二人で担ぐ)愛知県知多郡 *せどる(二人で担ぐ)和歌山県海草郡・那賀郡「あそこへせどって行ってくれんか」 *たがく 新潟県佐渡「米一俵たがいて来い」 *たんなく 岩手県下閉伊郡 *つる(二人以上で担ぐ)岐阜市　静岡県　愛知県名古屋市　三重県志摩郡「はよ机つってのけんかね」 *ずる(二人以上で担ぐ)岐阜県恵那郡　愛知県知多郡　奈良県吉野郡「ずってゆく」 *なかずる(荷物を棒の中央につるし、二人で担ぐ)和歌山県日高郡　福岡県朝倉郡　大分県日田郡 *なかどる(荷物を棒の中央につるし、二人で担ぐ)奈良県吉野郡　和歌山県 *にーなう 岐阜県郡上郡　長崎県西彼杵郡 *ねなう 島根県大原郡 *はたみゆい 鹿児島県喜界島 *ぴきかたみるん 沖縄県石垣島 *ひっからう 長崎県南高来郡　熊本県八代郡 *ぶっかつぐ 福島県南会津郡 *めなう 奈良県吉野郡 *んなろ 福井県足羽郡

→おう（負）・になう（担）

□こと(さま) *かたみ 沖縄県首里・石垣島 *かぶりつき(素手で肩に担ぐこと)愛媛県大三島 *こえおい(肥を担ぐこと)岡山県苫田郡 *さし(二人で荷などを担ぐこと)埼玉県秩父郡「この石をさしでかついで来た」　山梨県南巨摩郡　岐阜県飛驒　静岡県志太郡・磐田郡　滋賀県彦根　鳥取県西伯郡　島根県　広島県高田郡　山口県豊浦郡　香川県三豊郡 *さしゃーもち(重いものを二人、または二人以上で、棒を用いて担ぐこと)京都府竹野郡　熊本県下益城郡 *ずり(葬式の時、棺を担ぐこと)愛知県日間賀島 *たがらかつぎ(肥を担ぐこと)埼玉県北葛飾郡 *だらかつぎ(肥を担ぐこと)宮城県仙台市　山形県北村山郡　福島県東白川郡・相馬 *はやはや(お先棒を担ぐさま)岩手県平泉 *まるかたぎ(大きい重いものを素手で肩に担ぐこと)愛媛県大三島 *よつ(担ぎ棒に横棒を施して四人で担ぐこと)高知県長岡郡 *よてん(担ぎ棒に横棒を施して四人で担ぐこと)東京都八王子　岡山県苫田郡　山口県豊浦郡 *りょーがけ(荷物を肩に振り分けて担ぐこと)群馬県多野郡　山口県

かっこう【格好】 *あたひん(他から見られた時のかっこう。体裁)京都府竹野郡「あたひんのわりーことするな」 *かた 長野県佐久　京都市「かたえー」「かたわるい」　和歌山県「あの大きな奴と角力取って勝ったらかたえーぜ」　徳島県海部郡・美馬郡「かたくらわす(体裁だけりっぱにする)」　香川県仲多度郡 *かつ 岡山県「かつをとる(見栄えよくする)」「かつーする(見えをはる)」「かつとり(見え坊)」 *かんじゃま 北海道増毛郡「あんなかんじゃま」 *こーばい 山形県東置賜郡　福島県南部 *こつき 新潟県西頸城郡　愛知県名古屋市

奈良県南大和 ＊しこ 青森県三戸郡(悪い場合だけ言う) 岩手県上閉伊郡「しこやる(おめかしする)」 福井県 長野県佐久 岐阜県飛驒・郡上郡 愛知県奥設楽 熊本県天草郡 ＊しこー 福島県東白川郡「しこんよか(かっこうがよい)」「しこうわりーな」 群馬県吾妻郡・佐波郡 埼玉県秩父郡「花見に侍のしこーをして出かけた」 神奈川県津久井郡 新潟県岩船郡 長野県佐久・上伊那郡 岐阜県飛驒「そのしこーは何ということじゃ」 ＊しちふり 埼玉県秩父郡 長野県佐久 ＊しっこー・しこてー 岩手県九戸郡 ＊しゃしゃ(「しょさ(所作)」の転か)・しゃしゃくれ 山口県大島 ＊しょさ 岐阜県飛驒 ＊しょしゃ 岐阜県飛驒 静岡県磐田郡 山口県玖珂郡 香川県・小豆島 ＊すこてん 岩手県二戸郡「そのすこてんでは誰も相手にしない」 ＊ちょーこつ 奈良県吉野郡 ＊つくらい 岩手県気仙郡「手つぐれぁおもしろい(手のかっこうがおもしろい)」 ＊てー 千葉県印旛郡「こんてーにこしらいろ」 ＊てーらく 島根県石見「お前のてーらくは何か」 ＊てーらくそ 島根県益田市「あいつのてーらくそを見ると胸が悪い」 ＊どだい 島根県美濃郡・益田市「先生に見付かってどだいがわりかった」 ＊なり 新潟県佐渡「なりよく並べておけ」 京都市 大阪市 奈良県宇智郡 香川県 ＊なりっこ 新潟県「夕顔のなりっこが悪い」 静岡県「このなりっこはよい」・田方郡 ＊ひちふり 群馬県多野郡(異様なふり) 埼玉県秩父郡 ＊ひんこー 千葉県夷隅郡 新潟県佐渡「ひんこうわるい(かっこう悪い)」 京都府 ＊ひんこつ 島根県隠岐島 ＊ふーえー 長野県下伊那郡 長崎県壱岐島 ＊ふーじ 沖縄県首里・石垣島 ＊ふーたくれ 広島県倉橋島 ＊ふーたれ 三重県阿山郡 広島県 ＊ふーつき 新潟県佐渡・中頸城郡 山梨県南巨摩郡 岐阜県恵那郡 岡山市 長崎市 ＊ふーりょー 茨城県稲敷郡 ＊ほこ 新潟県佐渡 ＊ほこたい 新潟県佐渡「ほこていがわるい」 ＊ほど 新潟県佐渡「ほどのよさ」 ＊やいき 東京都伊豆大島「よいやいきだ」「降りそうなやいきだ」 ＊やから 新潟県東蒲原郡「背やからがよく似ている」 →かたち（形）

かって【勝手】

①台所。 ＊おいえ 兵庫県加古郡 ＊おえ 石川県 京都府 ＊おーえ 静岡県 ＊きたざ 愛知県 香川県・大川郡 ＊きただ 愛知県 ＊きたま 愛知県知多郡 ＊こざ 埼玉県 東京都 神奈川県 香川県三豊郡・仲多度郡 ＊こしもと 長野県 ＊ざしき 岐阜県郡上郡 ＊したんど 福島県相馬郡 ＊しもい 岩手県南部・上閉伊郡 ＊しもむき 奈良県吉野郡 ＊ちやのま 新潟県佐渡 富山県 香川県 高知県 ＊ちゅーま 愛知県知多郡 ＊ないしょ 宮城県栗原郡 静岡県 徳島県 大分県 ＊ないしょー 愛媛県今治市・周桑郡 ＊ないしょーま 愛媛県東宇和郡・周桑郡 ＊なかい 島根県隠岐島 ＊なかえ 島根県石見・隠岐島 広島県高田郡 熊本県阿蘇郡 宮崎県児湯郡 ＊ながし 山形県 福島県東白川郡 新潟県 富山県 長野県佐久 静岡県志太郡 三重県志摩郡 島根県隠岐島 愛媛県周桑郡・喜多郡 鹿児島県揖宿郡 ＊ながしば 熊本県菊池郡 ＊ながしまえ 福島県相馬郡 ＊ながしもと 福島県東白川郡 山梨県・南巨摩郡 石川県 長野県諏訪 奈良県吉野郡 熊本県 ＊なかや 香川県 ＊ばば 島根県邇摩郡 ＊ゆどの 鹿児島県肝属郡 ＊ゆどん・いどん 鹿児島県・肝属郡 ＊よこざ 茨城県新治郡・稲敷郡 長野県伊那「よこざで飯を食べる」 ＊よこだ 山口県玖珂郡 ＊わりま 長野県下水内郡 ＊わりのま 長野県長野市・上水内郡 ＊わんのま 長野県長野市・佐久 →だいどころ（台所）

②物事を行うときの都合や便利。また、自分のしたいように振る舞うさま。 ＊えて 新潟県東蒲原郡 徳島県「きょーえてわるいがな」 高知県・高知市「本を読む時は左から光線が射す方がえてがよい」「妙にえてが悪うて書きにくい、机の向を変えよー」 ＊きこ(自分のかって) 宮城県仙台市 茨城県久慈郡 新潟県北蒲原郡「花を見るには金がかからないから、きこんに見て帰れ」・中頸城郡「酒は沢山ありますから、きこんに願ひます」 富山県砺波 石川県鹿島郡 京都府竹野郡「どうかきこんでゆっくりとあがって下さい」 島根県 山口県豊浦郡 徳島県 愛媛県 長崎県対馬「遠慮なくきこんに頂きます」 鹿児島県肝属郡「きこんにする(好きにする。または、楽にする)」 ＊きこー(自分のかって) 島根県隠岐島「遠慮は入らんけんきこーに食え」 ＊きこみ(自分のかって) 島根県出雲 ＊きっこ(自分のかって) 新潟県下越 ＊ぐあい 徳島県海部郡「ぐわいせん(都合が悪い)」 ＊ぐあいしき 富山県射水郡・砺波「こんなぐゎいしきになる」 和歌山県「どうも初めてでぐあいしきが悪い」 ＊くつ 滋賀県南部「くつがわるい(気分が悪い)」 ＊ぐつ(「ぐつが悪い」「ぐつ悪い」の形で用いられることが多い) 福井県敦賀郡・遠敷郡 滋賀県彦根 京都府京都市・竹野郡「きのうの会議であれだけ口論したA君と銀行でばったり出会ってぐつがわるーてなー(きまりが悪くてなー)」 大阪市「今日貰(もろ)とかんとぐつが悪い」 兵庫県「この二三日からだのぐつが悪い」「何所かぐつの悪いところがあると見えて機械が廻はん」「朝のうちでないとぐつが悪い」 奈良県宇陀郡「校長はんに見られたらぐつわるい」・宇智郡 和歌山県「今日はぐつわりさか止める」 島根県益田市・邑智郡 岡山県 広島県 山口県玖珂郡 徳島県海部郡「ぐつがかるい(手元不如意である)」「ぐつがわるいつがどうで(病気だそうだがどうか)」 香川県小豆島 愛媛県 高知県「この洋服は裁縫がええけんうんとぐつがええ」「安うてもぐつの悪いのは厭ぢゃ」「今度の家は仲々ぐつがよー出来て居る」「この筒袖は妙にぐつが悪い」 大分県 ＊ぐんつ 岐阜県吉城郡 愛知県知多郡 奈良県宇陀郡・宇智郡 和歌山県日高郡・海草郡 ＊こくろく 山形県東田川郡 ＊こぜーさく 新潟県

佐渡「勝手に決めるなんてこぜーさく過ぎる」 *さって 愛媛県 *されきまま(わがままかって) 山形県東村山郡・北村山郡 *じもない・じもね(かってだ) 鹿児島県「じもね奴ぢゃ」 *じゅー 長野県佐久「じゅーしていただきやす(茶うけなどを勧められて食べる時の挨拶の言葉)」 *じゅーてんべ 島根県益田市・美濃郡「待っても来んけー、じゅーてんべに食うた」 *じゆーはんかい(わがままかって) 鳥取県東部 *じゅーよ 兵庫県加古郡 *じょー 岐阜県飛騨「じょーする」 島根県「じょーにして下さい(ひざを崩してください)」 *ちまかし 沖縄県首里 *てめ 岡山県小田郡「てめがいー(都合、かってがいい)」 *ぬっか(かってだ) 熊本県玉名郡「ぬっかこつ(かってなこと)」 *まま 兵庫県加古郡「何もかもままにでける」・神戸市「なんぼ食おうとままや」 *むち(めいめいのかって) 鹿児島県喜界島「だーむち、わの わーむち(お前はお前の自由、俺は俺の自由)」 *やうちもない(かってだ) 鹿児島県肝属郡 *よて 新潟県佐渡「これではよてがわるい」 岐阜県飛騨「左はよてが悪い」

↓かってきまま (勝手気儘)・きまま (気儘)・みがって (身勝手)

かってきまま【勝手気儘】 *おたいらく(かって気ままに暮らしているさま) 富山県砺波 *かってしでん 鹿児島県 *かってしんでー 新潟県佐渡 *きずい 宮城県仙台市 新潟県佐渡 京都府愛宕郡「きずいもの」 大阪市 鳥取県岩美郡・気高郡 島根県浜田市 山口県玖珂郡 防府市 香川県仲多度郡・小豆島 愛媛県 *きずいきまま 新潟県佐渡「きずいきままにくらす」 京都市 大阪市 *きままはっぴゃく 大阪市「きまま八百言ふてどむならん」 奈良県南部 *こずい(「きずい(気随)」の転) 新潟県佐渡「こずいな野郎だ」 *しーぶしゃふんでー 沖縄県首里 *てんとーらく(かって気ままを言うこと) 青森県上北郡

↓かって (勝手) ①・きまま (気儘)

かってぐち【勝手口】 *うちのくち 三重県南牟婁郡 *おーとまぐち 長野県佐久 *かいぞぐち 滋賀県 *かってもん 奈良県南大和 *さまぐち 青森県津軽 *さまど 福島県会津 *とぼくち 宮城県仙南・仙台市 *とまぐち 長野県 *とんぼぐち 栃木県 *とんぼっくち 栃木県 *なんとぼ 千葉県夷隅郡 *はいりくち 新潟県佐渡 *はんど 秋田市 福島県東白川郡

がってん【合点】 *ほっくり 栃木県 群馬県「わかったらほっくりしろ」 埼玉県秩父郡 東京都八王子市 山梨県 *り 長崎県対馬「そのりを得ぬ(理解できない)」 *りうち 島根県美濃郡・益田市「りうちがする(合点が行く)まで言うて聞かしてやれ」

↓なっとく (納得)

□がいかない *はんどにいらぬ 愛媛県岡村島 *はんどんにいかん 愛媛県大三島 *ぶきよー 福岡市「それでー、その訳が判らんなぶきよーしとった」 *へた 福島県若松市 *むねいこん 宮崎県西諸県郡 *むねへこん 熊本県下益城郡 宮崎県西臼杵郡

□する *かずく 和歌山県那賀郡・日高郡 *かんずく 石川県鳳至郡 *がんずく 新潟県佐渡 大阪府泉北郡 広島県高田郡

カッパ【合羽】 *かいろ 和歌山県西牟婁郡 *かざまわし 新潟県佐渡 *かっぱぎ 群馬県前橋市 *からす 新潟県佐渡 *とーゆー 山形県東田川郡 新潟県佐渡 *とゆー 山形県西置賜郡 *とよ 山形県庄内 *とい 愛知県葉栗郡 *といがっぱ 福井県大飯郡 *ひきまわし 新潟県佐渡 長崎県高来郡・長崎市 *ひきまき 岡山県川上郡 *ひきまし 福井県 *ひきまつい 福井県大野郡 *まる(ラシャのもの) 新潟県 *まろ 京都府葛野郡 *まわしかっぱ 新潟県佐渡 *みのぼーし(茅(かや)、菅(すげ)、わらなどで編んだ、フード付きマントの形をした雨や雪の日のカッパ) 青森県津軽(子供用) 山形県 新潟県 長野県下水内郡 *みのぼーすん 山形県 *みのぼし 青森県津軽(子供用) 山形県 新潟県 *みのぼっち 秋田県仙北郡(子供用) 秋田市

かっぱ【河童】 *いどぬき(「いど」は「しり」。人のしり子玉を好んで抜くというところから) 徳島県 香川県 *いんかもーら(「海河童」の意) 沖縄県新城島 *いんがらぼし 和歌山県東牟婁郡 *えぬこ 愛媛県大三島 *えびす 青森県三戸郡 *えんこ 島根県 岡山県児島郡 広島県鷺島 山口県阿武郡・大島 香川県仲多度郡 愛媛県・周桑郡 *えんこー 島根県石見「えんこーがいど(臀)を抜く(水死する意)」 広島県 徳島県三好郡 高知県・高知市「えんこーの川流れ」 大分県大分市・東国東郡 *えんこぼ 愛媛県大島 *おじどん 鹿児島県大隅 *かーがりもー 沖縄県首里 *かーかんば 長野県東筑摩郡 *かーこー 島根県邑智郡 *かーすっぱ 静岡県富士郡 *がーすっぱ 鹿児島県 *かーだら 大分県速見郡 *かーたろ 徳島市 *がーたろ 大阪府南河内郡 兵庫県揖保郡 和歌山県 香川県大川郡・木田郡「があたろみたいによごれくさっとる」 大分県 *がーたろー 長崎県五島 *がーっぽ 大分県 *かーぽん 大分県大分郡 *がーら 兵庫県但馬 香川県「泣っきよる子があったらがあらが連れにくるで」 *かーらんべ 長野県下伊那郡 岐阜県加茂郡・郡上郡 静岡県周智郡・磐田郡 愛知県北設楽郡「かあらんべの様だ」 *がーらんべ 岐阜県南飛騨「瓜を食って水あべるとがーらんべにしんのこを抜かれる」 *かーらんべー 岐阜県恵那郡 *がーろ 鹿児島県 *かーろー 岐阜県郡上郡 *がーろー 鹿児島県喜界島 *がいたる 和歌山県東牟婁郡 *がいたるぼーず・がいたろー 兵庫県赤穂郡 *がうろ 岐阜県飛騨 *がえたろー 兵庫県赤穂郡 *かおろ 岐阜県郡上郡 *がおろ・がごろ 岐阜県飛騨 *がぐれ 宮崎県都城 *かごぼし(奈良の元興寺(がんごうじ)の鐘楼に鬼が

住んでいたという伝説から、河童の類）三重県志摩郡 *がたらぼし 和歌山県新宮 *がたる 大阪府泉北郡　奈良県南葛城郡 *がたろ 三重県北牟婁郡　京都市　大阪府　兵庫県淡路島　奈良県「盆に河へ行たらがたろに尻吸はれる」　和歌山県海草郡 *かたろー 高知県 *がたろー 兵庫県赤穂郡 *がたろぼし 和歌山県東牟婁郡 *がったい 和歌山県西牟婁郡 *がったいぼし 和歌山県那賀郡・西牟婁郡 *がったらぼし 和歌山県西牟婁郡 *がったる 和歌山県那賀郡・西牟婁郡 *がったろ 長崎県壱岐島 *がっぱじょ 熊本県天草郡 *がなよー 鹿児島県喜界島 *がまたろー 奈良県宇智郡 *かむらーま 沖縄県鳩間島 *かむろー 沖縄県首里市・那覇市 *がめ 富山県砺波 *かもーら 沖縄県新城島 *がらた 兵庫県加古郡 *がらっぱ 熊本県玉名郡・天草郡　宮崎県　鹿児島県「がらっぱが尻子（しいご）をぬっ（抜く）」・種子島・屋久島 *がらっぽ 熊本県天草郡　宮崎県南那珂郡 *がらぼし 和歌山県東牟婁郡・新宮 *がらよー 鹿児島県喜界島 *がりっぽ 鹿児島県揖宿郡 *がろ 徳島県海部郡　鹿児島県 *がろー 奈良県吉野郡 *がろた 奈良県吉野郡 *がろぼし 奈良県吉野郡 *がわいろ・がわえろ 岐阜県郡上郡 *かわこ 兵庫県但馬　鳥取県東部「水泳中かわこがしりごを抜く」　島根県　大分県大分郡 *かわご 京都府竹野郡 *かわこぞ 愛知県西春日井郡・名古屋市　三重県一志郡 *かわこぞー 愛知県日間賀島・北設楽郡 *かわこぼし 三重県志摩郡 *かわだちおとこ（「川のほとりに育って水に親しんでいる男」の意から）九州 *がわたら 福井県三方郡・敦賀郡 *がわたろ 福井県敦賀郡　長崎県南高来郡・五島 *かわたろー 和歌山県日高郡　熊本県球磨郡　大分県 *がわたろー 熊本県下益城郡　大分県　宮崎県西臼杵郡 *かわっそ 佐賀県藤津郡 *がわっそ 熊本県天草郡 *かわっそー 佐賀県 *かわっぱ 福井県坂井郡　大分県大分市・大分郡 *がわっぱ 長崎県　熊本県八代郡・下益城郡　宮崎県北部　鹿児島県奄美大島・加計呂麻島・宝島 *がわっぽ 熊本県天草郡　大分県 *かわのとの 大分県大分郡 *かわのとん 大分県大分郡 *かわのぬし 大分県北海部郡 *かわばば 愛知県北設楽郡 *かわひと 大分市 *かわぼーず 静岡県引佐郡 *がわらい 兵庫県但馬 *かわらぼーず 富山市近在 *かわらんべ 長野県上伊那郡　愛知県北設楽郡・東加茂郡 *がわらんべー 岐阜県飛騨 *がわろ 三重県伊賀　宮崎県東諸県郡 *がわろー 岐阜県郡上郡 *かわんごろ 三重県飯南郡 *がわんたろ 長崎県南高来郡・長崎市 *かわんたろー 長崎市 *がわんたろー 長崎県西彼杵郡 *かわんとの 福岡県築上郡「まえわかわんとのーおっちぇ（以前は河童がいて）」 *かわんとん・かわんひと 大分県 *がんごーら 徳島県三好郡 *かんごろ 三重県飯南郡 *かんちょろ 大分県大分郡 *がんどら 奈良県宇智郡 *かんとろ 大分市 *がんとろー・がんとん 大分県大分市・大分郡 *がんぱ 鹿児島県 *きゃーたろー 長崎県五島 *ごーこ 岡山市 *ごーご 岡山県・岡山市 *ごーたら・ごーたらぼし 奈良県吉野郡 *ごーたろー 熊本県芦北郡・八代郡 *こーばち 鹿児島県徳之島 *ごーら 奈良県吉野郡　和歌山県日高郡・西牟婁郡 *ごーらご 奈良県吉野郡 *ごーらぼーし 和歌山県日高郡 *ごーらぼし 奈良県吉野郡 *ごご 岡山県邑久郡 *ごたろ 徳島県 *ごぼし・ごらぼし 三重県志摩郡 *ごんご 岡山県・苫田郡・岡山市 *ごんごーじ（河童の類）岡山県御津郡 *ざんびきわらし 岩手県気仙郡 *しじん 新潟県柏崎市 *しじんこ 新潟県上越 *じどん 鹿児島県肝属郡 *しゅーじー 新潟県刈羽郡 *しりこぼし 三重県志摩郡 *しりぬき 和歌山県新宮 *すいじん 長野県佐久 *すじんこ 新潟県上越市「あいずやへすじんこがきた」・中頸城郡 *すっぽん 兵庫県神戸市「すっぽんに尻いかれるぞ」 *せーじん 長野県下水内郡 *せこ 島根県隠岐島（山に住む河童）　熊本県球磨郡（山に住む河童）・上益城郡（山に住む河童）　大分県北海部郡・南海部郡 *せここ・せこご（山に住む河童）熊本県上益城郡 *せこぼー 宮崎県児湯郡 *せこんぼ 大分県南海部郡 *てなが 島根県鹿足郡 *どぅーさー 沖縄県与那国島 *どーつん 静岡県引佐郡 *どち・どちろんべー 岐阜県郡上郡 *どちろべ 岐阜県武儀郡 *どちろんべ 岐阜県加茂郡 *どんがす 和歌山市 *ひょーすんぼ 宮崎県児湯郡 *ひょーすんぼー 宮崎県東諸県郡 *ひょーぼー 宮崎県南部 *ひょすぼ 宮崎県延岡・東臼杵郡 *ふんごろぼーし 和歌山県西牟婁郡 *へじころ 鹿児島県 *みっつどん（指が三本あるといわれているところから）鹿児島県・肝属郡 *めっとーじ 岩手県九戸郡 *めとち 青森県上北郡 *めどち 青森県 *めどつ 青森県・上北郡 *やまたろ 奈良県吉野郡 *やまわろ・やまわる（山に登った河童）熊本県球磨郡 *やまんかみ（秋冬の間は山に入るというところから）鹿児島県肝属郡 *やまんたろ（山に登った河童）熊本県球磨郡 *わっぱ（「わらわ」の転）愛知県北設楽郡 *わろどん（山言葉）鹿児島県肝属郡

かっぱつ【活発】 *きばつ 島根県益田市 *さつぼつ 広島県山県郡 *さっぱつ 島根県邑智郡「隣の子はさっぱつな子だ」 *しゃんしゃ 島根県 *しゃんしゃん 新潟県佐渡「しゃんしゃん働いている」　滋賀県蒲生郡　兵庫県淡路島　奈良県南大和　島根県「しゃんしゃんした人」　山口県阿武郡・見島　徳島県・美馬郡　香川県　愛媛県　高知県 *びちびち 滋賀県栗太郡 *ぴんぴん 山形県米沢市「ぴんぴんと飛ぶ」　愛媛県周桑郡「火鉢に火がぴんぴんといこっとる」 *ぴんぴんばね 茨城県稲敷郡

□なこと *かにしゃ（清楚で活発なこと）沖縄県石垣島 *ほっぱれ（女が高い所へ登ったりして活発なこと）愛媛県南宇和郡「ほっぱれな人

(おてんば娘)」

□な人 *きまえもの 千葉県上総　新潟県上越
*ぴきぴきもの 千葉県上総

かてい【家庭】 *えのほ(自分の家庭) 青森県上北郡 *しんかまど(新しく持った家庭) 青森県津軽 *しんきかまど(新しく持った家庭) 新潟県佐渡 *ちねー 沖縄県首里 *やうち 鹿児島県喜界島「やうちぬしめ(家庭内の締まり)」

かど【角】 *えんかばち(敷居の角) 岡山県児島郡 *かいまがり(道の角) 大阪府泉北郡　熊本県玉名郡 *かいまり(道の角) 愛媛県 *かき 鹿児島県鹿児島郡 *がき 秋田県北秋田郡 *かずま 新潟県西蒲原郡 *かどり(角の所) 長崎県壱岐島 *こば(四角いものや、板、道などの角) 群馬県吾妻郡・勢多郡「かんなでこばを落す」 千葉県市原郡　神奈川県「豆腐のこば」「あのこばの家が煙草屋だ」 新潟県佐渡　山梨県・南巨摩郡　長野県佐久　静岡県　愛知県東加茂郡　徳島県「こばから引くりかやす(端から裏返す)」 香川県「こばを痛めんよに気をつけなよ」 愛媛県宇摩郡　高知県長岡郡・土佐郡「おかやん、傘のこば破った」 *こばっちょー(四角いものや、板、道などの角) 静岡県榛原郡 *こべら 香川県木田郡「あの道のこべらを通っていく」 徳島県 *すま 大阪府泉北郡 *すまえ 広島県比婆郡 *すまっか・すまっこ 長野県上田 *そかど 新潟県佐渡「この通りのそかどの家だ」 *つの(ものの角) 東京都八丈島「箱のつの」 *もんや 香川県
→すみ(隅)

かどまつ【門松】 *おーまつさま 長野県下伊那郡 *おしょーがつ 茨城県多賀郡 *おしょーがつさま 茨城県多賀郡　長野県諏訪　長崎県対馬 *おしょーがっつぁま 茨城県多賀郡　長野県南佐久郡・諏訪　長崎県対馬 *おまっつぁま 長野県諏訪・佐久　静岡県磐田郡 *がざいさま 三重県南牟婁郡 *かどばやし 山形県西置賜郡・東田川郡 *こさげ 宮城県仙台市 *しょーがつさま 新潟県岩船郡 *まつたけ 静岡県志太郡「まつたきょーしる(松飾りをする)」 *もんまつ 滋賀県蒲生郡

かなしい【悲】 *あいそもない(虚脱感を伴うような悲しさに言う) 富山県・東礪波郡「別れるがあいそものーて泣けてならん」 *あじきない 滋賀県蒲生郡 *いやけない 山口県 *うだだい 千葉県山武郡 *うたてー 滋賀県彦根・甲賀郡 *うたでー 千葉県東北部・海上郡 *うだでー 千葉県匝瑳郡 *おたてー 愛媛県大三島「なんぼかおたてからうぞいなうや(どれほどか悲しいだろうよねえ)」 *うらちらさ(心中が悲しいこと) 沖縄県首里 *おやげない 山形県東置賜郡・米沢市　新潟県・岩船郡 *がまらさーん・がまらしゃん 沖縄県石垣島 *かまらさん 沖縄県鳩間島 *きむやんさーん 沖縄県石垣島 *くやしー 青森県三戸郡「子供が死んで本当にくやしい」 岩手県九戸郡　山形県南置賜郡・飽海郡 *ごー(悲しいさま) 香川県三豊郡(嘲笑的に)「ごーなこと」 高知県・吾川郡・高岡郡 *しかたない 宮城県栗原郡　秋田県鹿角郡「しかたながる(悲しがる)」 *しゅーたんげ(悲しそうなさま) 新潟県佐渡「しゅうたんげにしとる」 *すばらしー 愛媛県「正が亡くなったと聞いて家内一同はすばらしそーな顔つきをした」 *せつない 福岡県　長野県「聞けば聞くほどせつねー話だ」 *ぞーえがねー 長野県諏訪 *つら・つらー(詠嘆的表現) 香川県「まあ、つらあ、どうしよかしらん」 *つらい 千葉県印旛郡「おらもつらくなって共に泣いてしまった」・香取郡　静岡県　三重県志摩　奈良県吉野郡　和歌山県　徳島県　香川県「つらいことしたなー(凶事、葬式などの場での挨拶の言葉)」 *つらつら(悲しく思うさま) 香川県三豊郡「つらつらこちらへ来たのです」 *つらめしー(悲しく哀れだ) 長野県 *なかしー(泣きたいほど悲しい) 愛媛県 *なさけない 三重県伊賀　大阪市　和歌山県　岡山県真庭郡　広島県比婆郡・安芸郡　香川県伊吹島 *なつぃかしゃん 沖縄県首里「なつぃかしーしばい(悲しい芝居)」 *なっかしゃい・なとぅかさい 鹿児島県喜界島「なっかしー歌ぢゃ」 *なんぎ(悲しいさま) 島根県隠岐島「なんぎなおた(歌)」 山口県阿武郡 *ほとくない 和歌山県東牟婁郡 *ものごい 福井県

かなづち【金槌】 *かなあいつぃつぁー・かにあいつぃつぁー 沖縄県石垣島 *かなあいっしー 沖縄県竹富島 *かなえーつぃつぃ 沖縄県新城島 *かなさいずき 栃木県芳賀郡 *かなさいずち 宮城県登米郡・玉造郡　山形県　福島県　新潟県佐渡　福井県敦賀郡・大飯郡　岐阜県飛騨　三重県度会郡 *かなざいつつ 富山県砺波 *かなしゃーずつ 熊本県下益城郡 *かなしゃじゅつ 熊本県八代郡 *かにあいだち 沖縄県鳩間島 *かんこ 島

方/言/の/窓

●誤解された表現Ⅳ

・中学生の時、長野県に引越してすぐ学校で運動会があった。リレーの選手に選ばれた私に友達がさかんに「○○さんてトブの速いね」と言う。そのとき長野あたりではトブが「走る」の意味だと知って驚いた。（東京都）

・ある日クラブの仲間に「捨てて」と言うつもりで「このごみナゲて」と言ったら、本当に私に向かって投げそうになってあわてた。（秋田県）

このように、同じことばでも「所変われば意味変わる」の例は、ほかにもいっぱいある。

ナットウといえば本来東京では「糸引き納豆」、大阪では「甘納豆」を指す。糸引き納豆の苦手な西日本の出身の方は、間違っても東京で「ナットウが好き」などと言わないように注意したほうがいい。

根県仁多郡・鹿足郡 *ごっずち 鹿児島県 *さいずち 宮城県栗原郡 山形県 *さんとぅく(くぎ抜き、たたき、ふた開けの三つの用途のある金づち)鹿児島県喜界島 *どんこ・どんこずち 千葉県夷隅郡 *ばらずち 兵庫県淡路島 *ぴゃーうちゃ 沖縄県宮古島
→つち(槌)

かなへび【金蛇】 カナヘビ科の尾の長いトカゲ。背面は褐色で胴から尾にかけて二本の縞が走る。 *あかどっかぎ 静岡県磐田郡 *あらすずめ 広島県比婆郡 *いちぶ 香川県伊吹島 *うゎーとぅおーやー(「豚と戦う者」の意)沖縄県首里 *かがみっちょ 神奈川県中郡 長野県佐久 静岡県富士郡 *かがめっちょ 長野県佐久 *かなえっちょ 長野県下水内郡 *かなぎする 長野県東筑摩郡 *かなきちょ 山形県米沢市 福島県 *かなぎちょ 山形県 *かなぎつ 新潟県西頸城郡 *かなぎっちょ 宮城県玉造郡 新潟県 長野県東筑摩郡 *かなげっちょ 福島県相馬郡 *かなこへび 山形県最上郡・酒田市 *かなちょり 福島県中部 *かなちょろ 山形県 福島県「ここにかなちょろ居た」 *かなへんずる 長野県東筑摩郡 *かなんきょ 福島県 *かまぎっちょ 群馬県勢多郡・山田郡・利根郡・佐波郡 *かまぎっちょー 群馬県群馬郡 *かまげっちょ・からみっちょ・からめっちょ 長野県佐久 *かまちこ 千葉県香取郡 *かわみそ・かわみゅー 長野県東筑摩郡 *かんたらへび・かんたら 福島県中部 *かんち 神奈川県中郡 *こーれーぐしゅくぇー 沖縄県首里 *だまちぶ・だまついるん 沖縄県与那国島 *とかぎり 熊本県玉名郡 *ひえどっかぎ 静岡県磐田郡 *ひちびしゃ 香川県仲多度郡・広島 *ひちぶ 香川県三豊郡 *ひちぶさん 香川県高見島 *ひちみしゃ 香川県小豆島 *ひちむしゃ 香川県仲多度郡 *ひばかり 広島県江田島・高田郡 *みそすり・みそへび 長野県東筑摩郡 *やどぅーみっかー・やどぅなんびゃ 鹿児島県喜界島 *やまあまみ 鹿児島県奄美大島 *やまそんく 沖縄県小浜島 *やまふだつぃーみ 沖縄県新城島

かならず【必】 *いこく 島根県那賀郡「明日はいこく戻って来る」 *いやでぃん(「嫌でも」の転)沖縄県首里「やくすく やくとぅ いやでぃん ちゅーさ(約束だからきっと来るよ)」 *いよいよ 熊本市「いよいよぶーつきよるばい(きっと文句を言っているだろう)」 *おろかなく 群馬県多野郡「おろかなく、今日中に帰って来るだろう」 *かじてぃ 沖縄県首里「かじてぃちゅーんやー(必ず来るねぇ)」 *かならずしも 奈良県南大和 *きっかり・きっちゃり 長野県東筑摩郡「今日はきっかり雨が降るぞ」 *きっきと 新潟県佐渡「時間になるときっきと帰る」 *きりきりきっと 和歌山県新宮「きりきりきっと明日遊びにいらっしゃいよ」 *けして 石川県河北郡 島根県出雲・隠岐島 *けしで 島根県出雲 *けっこー 長野県南部「けっこーこしらえて見せます」 *けっして 兵庫県淡路島「こりゃ決して彼奴の業に相違あるまい」 山口県都濃郡 *けんご 島根県鹿足郡・美濃郡 山口県「明日はけんご来るだろう」 *けんごと 島根県石見「けんごと来るにちがいない」 *けんたい 高知県長岡郡 *じょーき 青森県 島根県簸川郡・八束郡 *じょーしき 青森県 秋田県平鹿郡 山形県庄内 新潟県「あの人は来るというたらじょーしき来る」 島根県邇摩郡・大田市 岡山県 広島県芦品郡 山口県 *じょーしきや 新潟県西頸城郡 *じょーせき 長野県下水内郡 島根県石見「じょーせき雨になる」 岡山県 長崎県南高来郡 *じょーっこ 長野県東筑摩郡 *じょしぎ 青森県 秋田県 *じょっしき 秋田県南秋田郡・平鹿郡 *じんじょ 秋田県「今日じんじょ雪になるだらう」「あれはずんじょえらくなるな」 *じんじょー 岩手県和賀郡 *ずんじょ 秋田県南秋田郡・仙北郡「あれはずんじょえらくなるな」 *せんがせん 鹿児島県 *ぜんなうぇー 長崎県彼杵 *せんなく 長崎県 *ぜんなく(「善いにせよ悪いにせよ」の意から)岡山県阿哲郡 佐賀県 長崎県北松浦郡 *たちまち 岡山県邑久郡 *ちして・ちっして 沖縄県 *ちょーじょー 大分県「あの人はちょーじょーしくじるぞ」 *ちょじょー 大分県東国東郡 *てっしょー(「てしょう(手証)」の転か)静岡県「明日はてっしょー来るだらう」 *どがーしても 広島県高田郡 *どがーでも 島根県邑智郡 広島県 *どがんしてでん 熊本県天草郡 *どぎゃーでも 鳥取県岩美郡 *どげでも 鳥取県西伯郡「どげでも連れて行く」 *なっても 山形県「なっても来えちゃ」
→きっと(屹)

かなり【可成】 *あんまりか 愛知県宝飯郡「あんまりか好い」「あんまりかうまい」 *いっかど(かなりなさま)三重県北牟婁郡「やらー、いっかどの人みたいに歩くにゃー」 香川県佐柳島 熊本県玉名郡「こっちがいっかどよか」 *いっけな 沖縄県鳩間島 *かにここ 滋賀県 *けっか(「結構」か)広島県高田郡 大分県玖珠郡 *しかなか 新潟県・西蒲原郡 *しかも 新潟県「しかも長い橋だ」「ここにしかも沢山ある」 *そぞい 鹿児島県鹿児島郡 *ぞぞい 鹿児島県揖宿郡「ぞぞいんまが(かなりおいしい)」 *ぞんじ 愛媛県伊予郡・喜多郡「これにはぞんじ骨が折れた」 *たいがい 和歌山県「たいがいよまい(愚痴)云うてる」 広島県佐伯郡「たえがえ あつー(暑い)ありまひょー」 山口県屋代島 徳島県海部郡「今日はたいがいさむい」 香川県三豊郡 愛媛県北宇和郡・周桑郡「あんたも、姉はんになごー ねられて、たいがい お困りじゃったろのもし」 高知県幡多郡 福岡県北九州市「若い時からたいがい使うた身体でござすばい」・嘉穂郡「私をたいがー可愛がっちょるき」 大分県「てーげー面白かった」 *たいぎゃ 熊本県菊池郡「たいぎゃにゃひでぇこつば(ことを)したぞ」・玉名郡 *だいぎり 岡山県小田郡 広島県「きょねんの おどりにゃ だえ

ぎり　おりましたで」 *たいげ 大分県大分郡・大分市 *たいべん 徳島県三好郡 *だいべん 広島県三次「こがあな(こんな)見やすい問題でだいべんまんがえ(だいぶ運がいい)」 徳島県三好郡・美馬郡 愛媛県宇摩郡 *たいめん 広島県双三郡 *だいめん 島根県石見「気分はだいめんよーなった」 岡山県阿哲郡・小田郡 広島県 山口県「だいめん涼しくなりました」「此頃はだえめん温和しうなって親の言ふことでも聞くやうになった」 徳島県美馬郡・三好郡「彼処もだいめん銭が出来たわい」 愛媛県 福岡県京都郡・小倉市 *たえーめん 岡山県 *だえーめん 山口県美祢郡 *たがい 静岡県 *たんげ 青森県津軽「こんだ、からだこぁ、たんがぇ、きつぐ(大儀に)なったね」 *てーげ 長崎県南高来郡「てーげにゃひどーむしーくわれた」 大分県大分市・大分郡 宮崎県日南市 *てがい 和歌山県西牟婁郡「てがいにある」・日高郡「お土産てがいにもらった」 *てげ 鹿児島県揖宿郡「てげ宜がろだい」・鹿児島郡 *なんぼそれ 香川県「この設計やったらなんぼそれいりまっせ」 *ひとあし 滋賀県彦根「ひとあし遠い」 *めんごと・めんごとー 鳥取県「めんごとします」 *やまさ 沖縄県竹富島 *やまさー 鹿児島県喜界島「やまさー潮が満ちてきた」 *ゆかい(かなりさま) 沖縄県首里「ゆかいぬ　でぃき(相当の収穫)」

↓ずいぶん(随分)

かに【蟹】

高知県幡多郡 *あかいこ(赤いカニ) 愛媛県周桑郡 *あかつめ(淡水にいる爪の赤いカニ) 香川県丸亀市・綾歌郡 *あかにご(谷川にいる小さなカニ) 鳥取県気高郡 *あかべん(赤いカニ) 香川県 *あかべんちょ(赤いカニ) 兵庫県赤穂郡 *あかめんたん(赤いカニ) 香川県大川郡 *あかりこ(谷川にいる小さなカニ) 岡山県 *あかりご(谷川にいる小さなカニ) 岡山県 *あかりこがに(谷川にいる小さなカニ) 熊本県下益城郡 *あかりんご(赤い小さいカニ) 岡山県備中 *あかんべ(爪の赤いカニ) 香川県小豆島 *がーま 島根県八束郡 *かかべん(海岸にいる赤いカニ) 兵庫県赤穂郡 *がこ 長野県上高井郡 *がぞ 大分県宇佐郡 *がぞー 山口県豊浦郡 愛媛県(海にすむ大きい種類) *がちうま 千葉県安房郡 *かったいがく 香川県 *かったいがに 香川県小豆島 *がっつ(川ガニ) 愛媛県八幡浜市 *がにく 山梨県甲府近在 *がにくろー 神奈川県津久井郡 *がにごろ 岐阜県山県郡 *がにさ 岐阜県飛驒 *がにち 岐阜県加茂郡 *がにどの 長野県下伊那郡 *かにどん 埼玉県北葛飾郡 *がにどん 栃木県安蘇郡 群馬県佐波郡 *がにひち 香川県仲多度郡 *がにま 愛媛県 *かにまた・がにまた 岐阜県郡上郡 *かにめ 茨城県久慈郡 栃木県矢板市・芳賀郡 *がにめ 栃木県・芳賀郡・ 新潟県東蒲原郡 *がにんこ 香川県 *がにんごー 岡山県苫田郡 *がにんど 岐阜県大野郡・吉城郡 *がにんどー 群馬県山田郡 埼玉県秩父郡 島根県益田市 *かにんべー 静岡県 *がにんべー 神奈川県津久井郡 山梨県 静岡県駿東郡 *がにんぺー 山梨県北巨摩郡 *かにんぼ 福井県 *がにんぼー 埼玉県入間郡 神奈川県三浦郡 *かにんま 島根県隠岐島 *がにんま 千葉県安房郡 静岡県富士郡 *がねす 香川県三豊郡 *がねた 三重県志摩郡 *かねはん・がねはん 香川県 *がねま 愛媛県宇摩郡 *がねまさどん 熊本県下益城郡 *がねんこ 香川県 *がねんど 愛媛県南宇和郡・伯方島 *がぼ(川にいるカニ) 愛媛県周桑郡 *がりま 千葉県安房 *がりまめ 東京都八丈島 *かりめ 茨城県久慈郡 *がんが 千葉県長生郡(小児語) 徳島県(幼児語) 香川県 愛媛県 *がんがん 三重県伊賀 *かんこ・がんこ 香川県 *がんじ 三重県阿山郡 長崎県黒島 *がんじー 広島県 *がんじゅー 静岡県(川ガニ) 三重県阿山郡 *がんた 兵庫県加古郡 香川県 *がんだ 三重県伊賀 *がんたー 岡山県備中北部 *かんち 石川県鳳至郡・羽咋郡 徳島県海部郡 *がんち 石川県羽咋郡 島根県西部 徳島県海部郡 *がんちー 島根県益田市 *がんちゃ 兵庫県淡路島(幼児語) 島根県八束郡・隠岐島(幼児語) 徳島県麻植郡 *がんちょ 石川県鹿島郡 島根県安濃郡 香川県(幼児語) *がんちん 徳島県那賀郡 香川県 *かんつ 愛媛県 *がんつ 島根県石見 香川県西部 愛媛県・周桑郡 *がんつー 島根県石見 岡山県備中北部 広島県芦品郡 徳島県麻植郡 香川県仲多度郡・丸亀市 *かんてこ(幼児語) 香川県綾歌郡 *がんにんどー 岐阜県大野郡 *がんべ 福井県南条郡 *がんぺ 石川県鹿島郡 *がんめ 島根県八束郡 *がんろん 新潟県佐渡 *ぎだーさかん(カニの一種) 沖縄県石垣島 *くずがに(大きなカニ) 静岡県 *くつがに(川にすむ大きなカニ) 島根県石見・隠岐島 *こーばくがに(卵をはらんだカニ) 富山県砺波 *ささがに(小さいカニ) 奈良県南大和 *じびがね(小さいカニ) 香川県三豊郡 *ずいがに(水中にいる大きなカニ) 三重県北牟婁郡 *ずが 静岡県 和歌山県海部郡(大形のカニ)・有田郡(大形のカニ) *ずがに 静岡県 大阪府泉北郡 兵庫県出石郡(川にいるカニ) 奈良県(川にいるカニ) 愛媛県(川にいるカニ) *ずこ(大形のカニ) 和歌山県日高郡 *ずわがに(甲らの柔らかいカニ) 岡山市 *すんがね(カニの一種) 香川県 *ずんこ 和歌山県海草郡 *たうちがに(川と海との境にいるカニ) 新潟県佐渡 *たうちがね(穴にすむ小さな川のカニ) 長崎県南高来郡 *だけ(鋏(はさみ)が少し紫色がかっているカニ) 島根県隠岐島 *ちょーまん(海岸の砂中にいる白いカニ) 千葉県安房郡 *つがに(川にいるカニ) 愛媛県周桑郡 *どーまっか(背の赤いカニ) 香川県 *とわたりがに(河口にいるカニ) 宮崎市 *にぎり(小さい陸にいるカニ) 香川県高松市 *びそがに(脱皮直後のカニ) 島根県隠岐島 *ひち 香川県 *みず(脱皮したばかりの柔らかいカニ) 島根県益田市・浜田市 *むらめん 岡山県児島

郡 *もくがに(川にすむ大形のカニ)島根県隠岐島 *もぐぞがに(川にすむ大形のカニ)千葉県印旛郡 *やまさで(大きなカニ)岡山県 *やまたろがに(川にすむカニ。谷川にいる大きなもの)宮崎県 *やまたろがね(川にすむカニ)熊本県芦北郡・八代郡 *よばい 香川県

かね【金】 *あるもの 新潟県佐渡「あるもんがぁる」 *ぜぜ 山形県南村山郡・西置賜郡 神奈川県 三重県志摩郡 滋賀県彦根 京都市 大阪府泉北郡 奈良県 島根県邇摩郡・隠岐島 香川県大川郡・伊吹島 *ぜぜこ 香川県大川郡 *ぜんこ 北海道 青森県上北郡 岩手県 宮城県 秋田県 *ぜんぜ 山形県西置賜郡 栃木県塩谷郡 長野県下水内郡・西筑摩郡 島根県 徳島県 香川県大川郡 *ぜんぜー 山形県西置賜郡 *ぜんぜん・でんでん 島根県石見「何をしょーにもぜんぜんがなー(ない)」 長崎県壱岐島 *でんで 奈良県南大和 山口県大島 *ねーもん 新潟県佐渡

→きんせん(金銭)・ぜに(銭)

かね【鐘】 *かんしょ・ごーん 三重県志摩郡 *くじみ(日暮れごろ、寺でつく鐘の音。入相の鐘)沖縄県首里 *ごん 三重県度会郡 *ちんもんも(仏壇の鐘。小鈴。「がんもんも」の小形のもの)岐阜県飛騨 *ちんもんもん(響く音から。仏壇の鐘)静岡県志太郡「ちんもんもんを鳴らぇーて、のーのーさんを拝む」 *めしたきがね(午後四時に寺でつく鐘)三重県北牟婁郡 *よせがね(出棺の前に会葬者を集めるために鳴らす鐘。葬列の出る合図の鐘)新潟県上越市 兵庫県加古郡

かねいれ【金入】 ⇨がまぐち(蝦蟇口)

かねもち【金持】 *ありし・あるし 香川県 *いえもち 岡山県児島郡 *いかいしゅー 福井県 *いぐら 熊本県上益城郡 *うぇーきー・うぇーきんちゅ 沖縄県首里 *うげんしゃ 香川県 *おーぐべんしゃ 愛媛県周桑郡 *おーだい 愛知県尾張「おーだいだなも」 *おーどこ・おだいどこ 長野県下伊那郡 *おきかた・おっきかた 秋田県鹿角郡 *おだ 岐阜県大垣市 *おだい 長野県東筑摩郡・諏訪 岐阜県郡上郡 静岡県「おまぇーっちゃーおだいだん、おらんっちゃーびんぼーだぇー」 愛知県 三重県伊勢・員弁郡 *おだいさま 長野県上伊那郡・諏訪 静岡県磐田郡 *おとなしょー 富山県 *おやかた 秋田県 山形県庄内 岐阜県加茂郡・武儀郡 島根県 山口県阿武郡 鹿児島県揖宿郡 *おやかたし 島根県 *おやかたしゅ 秋田県東部 山形県東田川郡 *おやかっつぁん 熊本県八代郡 *かってーしゃ 鳥取県岩美郡・気高郡 *かねぐそ 京都府久世郡 大阪府泉北郡 *かねもちや 三重県志摩郡 *かぶもち 栃木県 *かぶもの 愛媛県大三島 *かまどもち 青森県 *ぎべんしゃ(金持ち。成金)香川県伊吹島 *ぎんし 長崎県南高来郡・西彼杵郡 熊本県下益城郡・八代郡 *ぎんしどん 熊本県芦北郡 *ぐえんしゃ 徳島県 香川県 愛媛県周桑郡 *ぐえんしゃー 香川県 *ぐげんしゃ 香川県高松市 *ぐべんしゃ 岡山県浅口郡 広島県 山口県大島 徳島県 香川県 愛媛県 長崎県南高来郡 熊本県 宮崎県東臼杵郡 *ぐべんしゃどん 熊本県玉名郡 *くめんよし 東京都南多摩郡 *くらのなとまえ 新潟県佐渡 *げんこく 香川県高松市 *げんしゃ 香川県 *ごーか 京都府 愛媛県松山 *このーよし(ちょっとした金持ち。小金持ち)高知県長岡郡 *じゃーじんどころ・じゃーじんどころ 熊本県飽託郡 *しょーや 新潟県佐渡 *しんしょ 三重県伊賀 *しんしょーにん 兵庫県赤穂郡 *しんしょーや 島根県石見 広島県下蒲刈島・高田郡 *しんしょよし 三重県 岡山県邑久郡 *じんむち 沖縄県首里 *じんむちゃ 沖縄県宮古島 *じんむつぃ 沖縄県石垣島「じんむつぃなるん(金持ちになる)」 *ぜにもち 熊本県阿蘇郡・玉名郡 *ぜんもち 熊本県 *たいけん 長崎県対馬 *だいじんこー 長野県佐久 *だいじんどころ 熊本県菊池郡 *たいちょー・たいちょーさま 静岡県磐田郡 *たかもち 富山県西礪波郡 *たかもっどん 鹿児島県 *たぬし 三重県志摩郡 *たのしー 京都府加佐郡 *たのしや 三重県志摩郡・度会郡 *だんな 香川県大川郡 *だんなさま 群馬県多野郡(裕福な農家を言う) 新潟県西蒲原郡 *だんなし 山形県南部 三重県 兵庫県赤穂郡 奈良県吉野郡 和歌山県日高郡・東牟婁郡 香川県 *だんなしゅ 青森県津軽 山形県 三重県度会郡 京都府 *だんなしゅー 青森県上北郡 京都府竹野郡(家柄もよい家を言う) 兵庫県但馬 *だんなしょ 山形県庄内 *だんなはーん 富山市 *だんなはん 富山県砺波 *だんなんえ 熊本県天草郡 *だんなんさん 熊本県八代郡 *だんなんし 兵庫県淡路島 *だんなんしゅー・だんなんしょ 福井県坂井郡 *たんぼさん 石川県能美郡 *でーじんど 茨城県結城郡 *とくせー 群馬県「あのうちも近頃はとくせいのようだ」 埼玉県秩父郡「畑はうんとあるし、息子たちは工場から金をもらって来るし、とくせーなこった」 *なりきん 新潟県西頸城郡 三重県志摩郡・阿山郡 *なるひと 新潟県東蒲原郡 *はためー 新潟県岩船郡 *ばりばり 徳島県三好郡 *ぱりぱり 茨城県稲敷郡 *びげんしゃ 鹿児島県種子島 *ぶー 岡山県児島郡 *ふーがないえ 徳島県祖谷・美馬郡 *ふくしゅー 栃木県河内郡 *ふくつん 滋賀県栗太郡・彦根 *ぶげーしゃ 熊本県八代郡 *ぶげん 岡山県児島郡 *ぶげんし 島根県 *ふげんしゃ 京都府 *ぶけんしゃ 鹿児島県・種子島 *ぶげんしゃ 三重県阿山郡 滋賀県 兵庫県 奈良県 鳥取県西伯郡 島根県隠岐島 岡山県 広島県 山口県 徳島県 香川県 愛媛県 高知県幡多郡 福岡県 佐賀県藤津郡 長崎県 熊本県・阿蘇郡(地主) 大分県 鹿児島県・喜界島 *ぶげんしゃどん 福岡市 熊本県玉名郡 宮崎県 *ぶげんどん(地主)大分県東国東郡 *ふっき 山形県西置賜郡 *ふとい 和歌山県有田郡 徳島県美馬郡 *ぶ

んげん 富山県富山市・砺波 *ぶんげんしゃ 京都 *ぶんげんしゃどん 佐賀県唐津市 *もったさん 香川県・高松市・三豊郡 *もったはん 香川県高松市・三豊郡 *もったやさん 香川県高松 *もったり 岩手県気仙郡「もったりのくせに、なかなか出さねぁ奴だ」 *もったりや 兵庫県加古郡 *ものよし 大分県宇佐郡 *もんちゃ 青森県上北郡 *ゆぜーむち 沖縄県首里 *ゆるしえ 秋田県平鹿郡 *よいしゅ 京都府 奈良県 *よろし 秋田県雄勝郡 *らくじん 東京都八王子 山口県 熊本県

↓「しさん（資産）」の子見出し、「資産家」・そほうか（素封家）

かのう【化膿】

□する *あばく（はれ物や灸の跡などが化膿したりただれたりする）熊本県 *あばくる（はれ物や灸の跡などが化膿したりただれたりする）大分県 *あばける（はれ物や灸の跡などが化膿したりただれたりする）山口県豊浦郡 福岡市 長崎県対馬「灸があばける」 *いぼう（傷が化膿する）富山県 山梨県南巨摩郡「傷がいぼーどーでペニシリンを注射した」 長野県諏訪 岐阜県飛驒・郡上郡 静岡県榛原郡「棘をくすいだとこがいぼった」 愛知県北設楽郡 *いぼくる（傷が化膿する）長野県佐久 *いぼる（傷が化膿する）山梨県 長野県諏訪・上伊那郡 *うぐー（傷が化膿する。また、化膿して痛む）鳥取県 岡山県苫田郡「こないだきずをしたとこがうぐうて困りょうる」 徳島県 香川県綾歌郡 愛媛県新居浜市 高知県土佐郡 *うじゃれる・おじゃれる（灸の跡や傷口などが化膿する。ただれる）島根県隠岐島 *うまかす（化膿させる）広島県比婆郡 *うみがよる 大分県大分郡 *うみがいる 大分県 *うみばる 兵庫県加古郡 *うぐー（灸を据えた跡が化膿する）兵庫県淡路島 *うげる・おげる（灸を据えた跡が化膿する）島根県隠岐島 *くえる（灸の跡の皮が取れて化膿する）新潟県西頸城郡 島根県隠岐島「灸のあとがくえる」 *だだらく（傷などが化膿してひどくなる）山形県西置賜郡 *でーめき（はれ物が化膿すること。その範囲）長崎県壱岐島「こぬかさぬでーめきでここまぢ赤うなっちょる（この瘡のはれでここまで赤くなっている）」 *どよむ（傷などが化膿する）滋賀県彦根・蒲生郡 *ふしける（傷が化膿する）愛媛県・宇和島市（化膿しかけて水けをもつ） 高知県幡多郡 *ほーちゃくる（傷が化膿する）島根県邑智郡・邇摩郡 *ほしける（灸の跡の皮が取れて化膿する）島根県益田市 *ほちる（灸の跡が化膿する）島根県出雲 *ほつる（灸の跡の皮が取れて化膿する）島根県 *やつれる（灸の跡の皮が取れて化膿する）島根県隠岐島 *ゆむどぅいぐち（唇のわきが白く化膿すること）沖縄県首里

かばん【鞄】

*がっぱん 岩手県上閉伊郡 *かっぷ 新潟県西頸城郡 *がば 福島県北部 *がんば 山形県東村山郡 *どーらん（肩掛けかばん）山形県東田川郡 静岡県志太郡 *ぶんこ 秋田県仙北郡 *ぶんだい（「文台」か。外側を革または紙で張った木製の文庫型のかばん）沖縄県石垣島 *ほんぶくろ 福井県

かび【黴】

*あまぐら（白布に生ずる黒色の黴）高知県 *あまご 愛媛県・宇和島（しょうゆの表面に生ずる白い黴） 高知県幡多郡（白布に生ずる黒色の黴） *いぬげ 茨城県稲敷郡 *うげ 島根県 *おげ 島根県 岡山県・苫田郡「この餅にゃおげがわいとる」 山口県豊浦郡 愛媛県大三島 *かぶけ 青森県 岩手県 秋田県鹿角郡 *かぷけ 青森県南部 岩手県九戸郡・気仙郡 秋田県鹿角郡 *がぷけ 青森県津軽 *がぶも 新潟県下越 *かぶれ 岩手県 宮城県「あたけくなって（暖かくなって）蜜柑さかぶれたがった（かびが生えた）」 新潟県「此の餅かぶれが生えた」 *かみだけ 神奈川県津久井郡 *がんど（しょうゆの表面に生ずる白い黴）愛媛県大三島 *かんぷけ 青森県津軽 岩手県和賀郡 *きら（しょうゆの表面に生ずる白い黴）新潟県新発田「きらが立つ」・佐渡「きらが浮く」 *くるべー（夏、白い着物などに生ずる黒い黴）沖縄県首里 *こ 富山県砺波「こーふく」 長野県「この餅はへーこが出た」「こがふける」 島根県 *こーじ 沖縄県首里「こーじふちゅん（かびがはえる）」 *こーじぬぱな 沖縄県石垣島 *こーず 香川県「こうずがわく（しょうゆに浮かぶ白いかび）」 *こーべ 島根県石見 徳島県 香川県 福岡県企救郡 *こし 鹿児島県・鹿児島郡 *こじ 鹿児島県肝属郡 *こび 島根県那賀郡 香川県木田郡・丸亀市 *こべ 島根県石見 香川県 *ささ（しょうゆの表面に生ずる白い黴）島根県隠岐島・石見 *さざ 静岡県榛原郡 鳥取県 島根県 *さざなみ（しょうゆの表面に生ずる白い黴）宮城県石巻 大分県西国東郡 *ささび（しょうゆの表面に生ずる白い黴）島根県隠岐島 *さざみ 愛知県知多郡 山口県豊浦郡 長崎県対馬「さざみが浮いた」・壱岐島 *さし（しょうゆ、漬け物の水などの上に出る白い黴）山形県庄内「さしたつ」 新潟県 島根県 *さじ 広島県高田郡 *さす 島根県隠岐島 *さだ 島根県 *さだれ 大分県東国東郡 *さつ 新潟県北蒲原郡 *ざみ 滋賀県彦根 *しょーゆこーじ（しょうゆの黴）大分県東国東郡 *しら（しょうゆの表面に浮かぶ白い黴）島根県隠岐島 *しらす 大分市 *しらと 兵庫県神戸市（女性語） 大分県別府市 *しらとり 京都府竹野郡（漬け物の黴も言う） 兵庫県加古郡 大分県速見郡 *しらとる（女性語）兵庫県神戸市 *ぜんぜんぼし（まだらになった黴）茨城県 *ぞーず（しょうゆの表面に生ずる白い黴）香川県「ぞうずがわく」 *ぞーぞー（しょうゆの表面にできる白い黴）岡山県岡山市・御津郡 *つろ・ちろ（しょうゆの表面にできる白い黴）島根県隠岐島 *どぅい（しょうゆの表面に浮かぶ白い黴）鹿児島県喜界島「とぅいゆい（かびが生える）」

***どーざ**(しょうゆに付く白い黴)愛媛県越智郡 ***ねずけ**(湿気のあるものなどに生ずる黴)山形県東田川郡 ***ねんつけ**(湿気のあるものなどに生ずる黴)山形県 ***ねんけち** 山形県鶴岡市・東田川郡 ***ぱな** 沖縄県石垣島 ***ふけ** 山口県豊浦郡 長崎県対馬「ふけがくる(かびが生える)」 ***ほび・ほぶ** 島根県隠岐島「ほびがいった」 ***ほや** 島根県能義郡「ほやがわたる(米や麦などに黴(かび)が生ずる)」 ***もや**(豆と麦とを蒸して発酵させた時につく黴)島根県「もやがつく」

□が生える ***かびける** 東京都八丈島 ***かぶける** 青森県 山形県 福島県中通 ***かぷける** 青森県 岩手県九戸郡・気仙郡 秋田県鹿角郡 山形県最上郡・北村山郡 ***かぶれる** 岩手県 宮城県仙台市 山形県 福島県 茨城県結城郡・久慈郡 新潟県東蒲原郡 ***かべがにえる** 島根県那賀郡・邑智郡 ***かべがねる** 島根県石見 ***かぶのにゆる** 鹿児島県種子島 ***かむれる** 千葉県夷隅郡 ***かもじれる** 千葉県夷隅郡 ***かんぷける** 秋田県 ***かんぶれる** 秋田県平鹿郡 山形県西村山郡・西置賜郡 ***こーべがにえる** 島根県那賀郡・邑智郡 ***こーべがねる** 島根県美濃郡・益田市 ***ささわたる** 山形県東村山郡(しょうゆなどに黴が浮く) 山形県庄内・飽海郡(漬け物に黴が生える) ***すがたつ**(しょうゆなどに黴が浮く) 新潟県 ***にえる** 島根県石見「あんまり梅雨が長うて、とうとうかびがにえた」 ***ねじける** 山形県鶴岡市・東田川郡 ***ねる** 島根県石見 山口県 徳島県 ***ぱなほーん**(「ほーん」は食うの意。黴が生ずる)沖縄県石垣島 ***ふける** 秋田県鹿角郡 栃木県 神奈川県中郡 新潟県佐渡・中頸城郡 長野県上田・佐久 ぷける 茨城県真壁郡 ***ほびる** 島根県隠岐島 ***やくする** 石川県鹿島郡 香川県仲多度郡 ***わく** 島根県 ***わたる** 島根県「あまり梅雨が長てかびがわたった」

かび【華美】 ***かい**(服装や生活が身分以上に華美になること。しゃれること。めかすこと)徳島県「かいやる(おしゃれする)」 ***ぱし** 静岡県「この衣服はばしだ」「ばしなやり方だが力はない」 ***はでしこ** 広島県高田郡 ***はでしま** 香川県綾歌郡

→はで(派手)

かびる【黴】 ⇩「かび(黴)」の子見出し、「黴が生える」

かふ【寡婦】 ***あとさん** 福岡県筑前・福岡市(旧士族の後家) ***ありまごけ**(夫が病気であったり、別居していたりするために寡婦のような生活をしている婦人)長野県下伊那郡 ***うぃなうやんさみ** 沖縄県国頭郡 ***うぃなぐやぐさみ** 沖縄県首里 ***うぃなだやぐさみ** 沖縄県 ***うなくだち** 鹿児島県奄美大島 ***おくろさん** 島根県簸川郡 ***おつっかえり** 山梨県 ***おなごごけ** 広島県安芸郡 ***おば**(離婚した女。また、寡婦)三重県志摩郡 鳥取県西伯郡 ***おばさん**(離婚した女。また、寡婦。卑語)福島県東白川郡 ***おふくろさん**(老寡婦)兵庫県赤穂郡「お内のおふくろさんはもーなんぼになってんだす」 ***おんば** 東京都新島 ***おんばー** 東京都大島 ***ごけあっぱ** 青森県津軽 ***ごけがか** 新潟県佐渡 ***ごけす** 香川県仲多度郡 ***ごめはん** 香川県三豊郡 ***ごりょん** 新潟県刈羽郡 ***だぐさみ** 沖縄県与那国島 ***つんでき** 山梨県西山梨郡 ***ててなし** 青森県上北郡 ***なぐさみ** 沖縄県波照間島 ***なぐさみみどぅむ** 沖縄県波照間島 ***にょーぼごけ** 広島県比婆郡 ***ひっくりかえり** 山梨県 ***ひとりかか** 秋田県平鹿郡 ***ひとりもん** 富山県砺波 ***みどぅむだつぃ** 沖縄県宮古島 ***やうさみんどぅん** 沖縄県小浜島 ***やくさみ** 鹿児島県沖永良部島 ***やぐさみ** 沖縄県首里・八重山 ***やぐさみいなぐ** 沖縄県国頭郡 ***やぐさみみーどぅむ** 沖縄県鳩間島 ***やもめがーさま・やもめおなご** 岩手県気仙沼 ***やんくさみ** 鹿児島県与論島

かぶ【株】 ***かっぽ**(小さい木や竹、草などを切った後の株)福島県東白川郡「かっぽふんだ」 茨城県久慈郡・稲敷郡 長野県佐久 ***かっぱれ**(小さい木や竹、草などを切った後の株)千葉県夷隅郡「かっぱれ(竹の切り株)に気をつけて歩きなさい」 ***かっぱれー**(小さい木や竹、草などを切った後の株)千葉県長生郡 ***かっぷ**(小さい木や竹、草などを切った後の株)熊本県天草郡「木のかっぷ」 ***くら** 徳島県(草木の株) 愛媛県(稲の株) 高知県・土佐郡(草木の株) 鹿児島県肝属郡(草木の株) ***こつ**(焼き畑の焼け残った木の株)岐阜県揖斐郡 ***としおとこ**(大みそかの晩からたく大きな木の株)福井県 ***としとりおとこ**(大みそかの晩からたく大きな木の株)福井県・坂井郡 ***としとりねっこ**(大みそかの晩からたく大きな木の株)山形県西置賜郡 ***どた**(古木の株)三重県北牟婁郡 奈良県吉野郡 ***とんかぶ・とんこぶ**(古木の株)佐賀県 ***ぼく・ぼっく**(ほとんど枯れ朽ちた木の株)茨城県新治郡・多賀郡 ***ぼくと**(ほとんど枯れ朽ちた木の株)茨城県久慈郡 ***ぼくとー**(ほとんど枯れ朽ちた木の株)静岡県磐田郡 ***ほっぽ**(腐った木や株。朽ち木)長野県下伊那郡 静岡県磐田郡 ***つめかぶ**(鎌の柄ほどの小さな株)愛媛県大三島

→きりかぶ(切株)

かぶとむし【兜虫】 ***あつもり** 長野県下水内郡・佐久 ***あんどんむし**(夜、灯火に誘われて飛んで来るところから)茨城県 ***いっぽんずの** 広島県比婆郡 ***うし** 三重県一志郡 ***うまぐそほり** 広島県 ***おにがら** 秋田県平鹿郡・雄勝郡 ***おにがらむし** 宮城県栗原郡・仙台市 秋田県由利郡 山形県東置賜郡・西置賜郡 ***おにがらめん** 山形県西置賜郡 ***おにむし** 宮城県 山形県 福島県 茨城県 栃木県 群馬県佐波郡 埼玉県秩父郡 千葉県印旛郡 新潟県 長野県下水内郡 岐阜県大野郡 静岡県磐田郡 奈良県吉野郡 岡山

県真庭郡・苫田郡　*おんたか 富山県東礪波郡　*おんだら 熊本　*かじわら 千葉県安房郡「かじわらつかめえた」　*かなしし 千葉県安房郡　*かんきりむし 富山県砺波　*くまがい 長野県下水内郡　*げんじ 三重県志摩郡　京都府　兵庫県神戸市（幼児語）　奈良県「げんじけんかさそか」　香川県綾歌郡　*こーらむし 宮城県仙台市　神奈川県中郡　*ごとごとむし 山形県米沢市　新潟県三島郡　*さいかち（サイカチの木によくいるところから）　埼玉県　千葉県　東京都八王子　*さいかちむし 秋田県鹿角郡　千葉県上総　東京都　*せーがじむし 千葉県印旛郡　*ぞーむし 広島県豊田郡　*だいごえむし 広島県高田郡　*だえごえむし 広島県豊田郡　*ちょちょりこ 山梨県　*つのがら 千葉県安房郡　*つのむし 兵庫県加古郡　熊本県下益城郡　*てんぐむし 群馬県山田郡　*てんつく・でんつく 三重県伊賀　*のけ（馬ふんから出るといわれる、一本角のカブトムシ）長野県長野市・上水内郡　*のこぎり・のこぎりかぶと 長野県佐久　*はさみむし 奈良県宇智郡　*ばんばー（大きなおおきなもの）神奈川県中郡　*ひゃっかんべっと 群馬県佐波郡　*ぶいぶい 香川県大川郡　*へーけ 三重県阿山郡　奈良県　*べんけー 長野県上伊那郡　*まぐそむし 群馬県多野郡　*まぐつかぶと 静岡県磐田郡　*みみかぶと 長野県佐久　*やりかつぎ 三重県

□の雌　*おにぶんぶ 茨城県　*ばばーむし 茨城県

かぶる【被】

①頭や顔、また、全体を覆う。　*かじく 兵庫県佐用郡　*かずく 山形県東村山郡「着物をかずく」　三重県名賀郡　大阪府泉北郡　兵庫県淡路島　奈良県北葛城郡　和歌山県　島根県　広島県　山口県「傘をかずく」　香川県三豊郡　愛媛県「お祭の獅子頭のよーなもんをかずいて」　*がずく 山口県都濃郡「角かくしちゅーて、やっぽり、まー、こまいものー、がずきますが」　*かっく 大阪府泉北郡　兵庫県加古郡　*かつぐ 大阪市　島根県　*かつく 岡山県久米郡　和歌山県日高郡・西牟婁郡　岡山県苫田郡「今日は暑いけえ、ぼうしをかついでいきんさいよ」・岡山市　山口県都濃郡　香川県　愛媛県・周桑郡　*かねる 山口県大島「蒲団をかねる」　*がぶく 和歌山県　*かんじゅん（帽子などをかぶる）沖縄県首里　*きる（帽子や笠などをかぶる）大阪市　兵庫県神戸市　岡山県児島郡　徳島県・海部郡「傘をきる」　香川県「手ぬぐいきる」　高知県幡多郡　*はめる 石川県江沼郡「帽子をはめておいで」　*はんじゅい・はんびゅん（帽子や夜着などをかぶる）鹿児島県喜界島

②（水などを）頭やからだ全体にあびる。　*あぶい 熊本県天草郡　*あぶる 秋田県鹿角郡　山形県　千葉県山武郡　新潟県「一ぱいあぶったらさっぱりした」　和歌山県日高郡　熊本県天草郡「湯うから先にあぶるか、飯から食うかん」　*あべる 新潟県西頸城郡　福井県　岐阜県　静岡県　三重県度会郡　和歌山県新宮・東牟婁郡　島根県　岡山県上房郡　広島県　山口県豊浦郡「水あべる」　香川県木田郡　愛媛県　高知県幡多郡　*あみゆん 沖縄県首里　*あめる 奈良県吉野郡　*あんぶる 秋田県　*かずく 山形県東村山郡・米沢市「漬物あ、水うかずえた」　*かつぐ 青森県三戸郡　*のる 香川県大川郡「すいかがのった」　*はびる 三重県　*やぶる 秋田県河辺郡

かべ【壁】

*うらちゃ 鹿児島県奄美大島　*おーなおし（家を新築する時、荒壁の上に塗る壁）香川県　*がやくび（かやぶきの壁）沖縄県石垣島　*くび 沖縄県　*くぴ 沖縄県新城島・波照間島　*くびっちゃ 沖縄県竹富島　*たくかび 沖縄県宮古島　*ふえーかべ 鳥取県西伯郡　*へー（家屋の壁）広島県安芸郡・山県郡　山口県大島　*へーかべ 鳥取県西伯郡　広島県三次市　山口県阿武郡　徳島県　*よどや（石灰壁。化粧壁）愛媛県大三島「よどやをかける（石灰壁に塗る）」

カボチャ【南瓜】

*あばちゃ 島根県鹿足郡　*あぶちゃ 沖縄県小浜島　*あぶっちゃ 沖縄県黒島　*あぶらしめ 秋田県一部　*あぼちゃ 島根県　*おかぶ 長野県南佐久郡　*おかぼ 長野県上田・佐久　岐阜県　静岡県庵原郡　滋賀県一部　京都府一部　徳島県一部　愛媛県新居郡　*おさつ 岡山県一部　*おちょーせん 香川県　*おぼら 香川県大川郡　*おんぞ 香川県仲多度郡　*かぶす 広島県　*かぼ 岐阜県一部　三重県　滋賀県一部　*からいご（「いご」は「ゆうご（夕顔）」の転）鹿児島県一部・出水郡　*からうり 福岡県一部・築上郡　大分県一部・下毛郡　*きねぼぶら（植物、カボチャの一種）鹿児島県薩摩　*きんか 和歌山県一部　*きんくわん・きんくゎー 沖縄県国頭郡　*きんと 秋田県一部　*きんとーか 岡山県備前　*さつま 岡山県　広島県　*さつまうり 広島県芦品郡　*ちょーせん 香川県　愛媛県　高知県・幡多郡　*ちんくゎー 沖縄県　*とぅっぴょー・とぅっそー 鹿児島県喜界島　*とー 鹿児島県加計呂麻島　*とーうり 山口県吉敷郡　*とーがん 広島県　*とーちぶる・とーてぃぶり・とーつぶろー（「唐夕顔」の意）鹿児島県奄美大島　*とーつぃぶる 鹿児島県奄美大島・徳之島　*とーつぶり 鹿児島県与路島　*とーつぶる 鹿児島県沖永良部島　*とーなすび 兵庫県一部・淡路島　和歌山県一部　香川県大川郡・木田郡　*とーぶら 北海道一部　秋田県一部　山口県　*とーぼら 山口県祝島　*となすび 兵庫県淡路島　奈良県一部・南大和　*とふら 福井県遠敷郡・大飯郡　*どふら 秋田県中北部　*とんがん 高知県安芸郡　*とんきん 佐賀県藤津郡　*とんぼら 山口県祝島　*ないきん 高知県幡多郡　*なんくゎ・なくぉ 沖縄県与那国島　*なるかん 鹿児島県与論島　*なんか 富山県一部　宮崎県　*なんかん 富山県長野県佐久・小県郡　岐阜県一部　*なんき 和

歌山県那賀郡・海草郡 *なんきん 神奈川県一部 富山県一部 石川県一部 福井県 岐阜県 愛知県一部 三重県 滋賀県 京都府 大阪府 兵庫県揖保郡・赤穂郡 奈良県 和歌山県 鳥取県 島根県石見 岡山県 広島県 山口県 徳島県 香川県 愛媛県 高知県 福岡県一部 佐賀県一部 長崎県南高来郡 熊本県上益城郡・天草郡 大分県 宮崎県児湯郡・西臼杵郡 *なんくゎー 沖縄県首里 *なんぐゎん 沖縄県国頭郡・島尻郡 *なんばいご 熊本県玉名郡・宇土郡 *なんばん 広島県一部 福岡県三池郡 熊本県 宮崎県西臼杵郡・宮崎市 *ぶな 香川県伊吹島 佐賀県 長崎県 鹿児島県甑島 *ぶら 大分県 *ぼー 広島県大崎上島・向島 *ぼんが・ぼーか 三重県志摩郡 *ぼーぐら 熊本県 *ぼーた 島根県石見 広島県 *ぼーちゃ 島根県石見 *ぼーちん 山口県防府市・玖珂郡 *ぼーびら 石川県鳳至郡 *ぼーぶーら 熊本県阿蘇郡 *ぼーぶな 島根県一部 佐賀県 長崎県西彼杵郡 *ぼーふら 兵庫県美方郡 鳥取県 島根県 広島県 山口県玖珂郡 徳島県 香川県 高知県 *ぼーぶら 千葉県夷隅郡 東京都一部 石川県石川郡 三重県志摩郡 奈良県一部 鳥取県 鳥取市 島根県石見 岡山県 広島県 山口県 香川県大川郡 高知県一部・長岡郡 福岡県 佐賀県 長崎県 熊本県 大分県 宮崎県一部・西臼杵郡 鹿児島県一部・出水郡・黒島 *ぼーふり(大きなものに言う) 鳥取県西伯郡 *ぼーぼら 島根県美濃郡・益田市 山口県 *ぼーぼらかぼちゃ 山口県 *ぼーぼろ 山口県美祢郡 *ぼーむら 熊本県天草郡 *ぼーら 富山県一部 兵庫県・赤穂郡 島根県・石見 山口県吉敷郡 高知県安芸郡 *ぼーらい 山口県玖珂郡 *ぼーらん 広島県一部・佐木島・因島 山口県一部・玖珂郡 愛媛県一部・弓削島 *ぼくら 長崎県一部 *ぼぐら 熊本県球磨郡・天草郡 *ぼちゃ 島根県能義郡 *ぼっだ・ぼっぼ・ぼっぱ 長崎県五島 *ぼつら 長崎県一部 *ぼふら 秋田県・雄勝郡・河辺郡 三重県志摩郡 香川県大川郡 高知県 *ぼぶら 富山県 石川県 三重県志摩郡 香川県・大川郡 高知県 長崎県西彼杵郡・五島 熊本県 大分県 宮崎県一部 鹿児島県 *ぼべら 富山県東礪波郡 岐阜県大野郡 *ぼぼら 秋田県・平鹿郡 鹿児島県 *ぼるば 石川県能美郡 *ぼんか 三重県志摩郡 滋賀県栗太郡 *ぼんかん 佐賀県・藤津郡 *ぽんきん 北海道一部 宮城県一部 秋田県一部 福島県一部 群馬県一部 富山県一部 石川県一部 長野県一部 愛知県一部 岡山県一部 *ぼんたん 佐賀県 *ぼんちゃん 佐賀県佐賀郡 *ぼんちん 佐賀県神埼郡 *ぼんぶら 島根県美濃郡・鹿足郡 熊本県菊池郡・鹿本郡 *ぼんぼら 岩手県一部 秋田県 島根県一部・美濃郡・益田市 山口県 *ゆーが 愛媛県一部・南宇和郡 *ゆーがお 香川県豊島 鹿児島県出水郡 *ゆーご 兵庫県赤穂郡 岡山県神島 香川県 長崎県南高来郡 熊本県天草郡 *ゆーごー 岡山県 香川県一部・小豆島・本島 長崎県一部 熊本県天草郡 宮崎県一部・西臼杵郡 鹿児島県一部 *ゆーごなんきん 大分県一部 *ゆーちゃろか 香川県・小豆島 *ゆご 熊本県天草郡 宮崎県一部 鹿児島県一部・出水郡 *るすん・ろそん(フィリピンの古称から) 山形県庄内

かま【釜】 *あっぱー 静岡県 *うまのかま(牛馬の飼料とするために、調理の残り物や米のとぎ汁、食器の洗い水などを混ぜて煮る大きな釜) 福島県会津 *えんなべ 長崎県対馬 *かんす(茶がまに似た形の湯を沸かす釜) 関東 神奈川県愛甲郡 静岡県伊豆(炉の上に掛けてあるもの) 大阪市 和歌山県那賀郡 島根県鹿足郡・隠岐島 岡山県児島郡 熊本県上益城郡(弦がある)・下益城郡 大分県 宮崎県延岡市 *こが(大きい釜) 広島県佐伯郡 *こらがま(水などを入れずに、下からたき、中のものをいったり乾燥させたりする釜) 宮崎県東諸県郡 *ぞーみずわかし(牛馬の飼料とするために、調理の残り物や米の研ぎ汁、食器の洗い水などを混ぜて煮る大きな釜) 岩手県江刺郡 *とながま(「とな」は牛馬の飼料の意。みそ煮、雑炊、また牛馬の飼料などを煮る、土間に据え付けてある大きな釜) 青森県上北郡・三戸郡 *とはん 香川県小豆島 *なべ 三重県度会郡 奈良県吉野郡 *ぬかがま(牛馬の飼料とするために、調理の残り物や米の研ぎ汁、食器の洗い水などを混ぜて煮る大きな釜) 福島県会津 *ひらがま 熊本県下益城郡 *ひらくち 香川県小豆島 広島県豊田郡(口の大きな釜) *やかん 熊本市 *やだがま(やだ(牛馬の飼料)を米麦のとぎ汁などと一緒にして煮る釜) 岩手県気仙郡

茶に使う湯を沸かす□ *おかんす 香川県 愛媛県周桑郡 *かんし 島根県出雲 *かんす 茨城県新治郡・稲敷郡 山梨県 三重県 京都府北部 兵庫県赤穂郡・加古郡 奈良県・宇陀郡 和歌山県 鳥取県 島根県鹿足郡・隠岐島 岡山県 広島県 山口県島嶼部 香川県 愛媛県 高知県 佐賀県藤津郡 熊本県玉名郡・天草郡 沖縄県 *かんすふろ 兵庫県赤穂郡 *かんそ 三重県名張市・阿山郡 奈良県宇智郡 *かんそー 三重県名張市 *ぶんぶく 岐阜県加茂郡

かま【鎌】 *あつば(刃の厚い鎌) 長野県上伊那郡 *あやぎがま・あやがま 愛媛県大三島 *いざら・いーあら 沖縄県宮古島 *いなーら 沖縄県国頭郡 *いらな 沖縄県 *いらら 沖縄県与那国島 *いんら・いんだ 沖縄県島尻郡 *うすば(刃の薄い鎌) 香川県三豊郡 *えがま 高知県(木の枝を切る鎌) 島根県簸川郡・出雲市(長い柄の付いた鎌) *えなが(高い木の枝を落とすための柄の長い鎌) 愛媛県大三島 *おーがま(杉の下草刈りに使う刃の長い鎌) 群馬県多野郡 *がーき 沖縄県小浜島 *かいがま(草取り用の小さな鎌) 和歌山県 *がき 沖縄県新城島・黒島 *がぎ 沖縄県石垣島

＊がし 沖縄県竹富島 ＊かじめかま(竹ざおにつけた、荒布(あらめ)刈りの鎌) 山口県見島 ＊かまぞー(船から海底の若布(わかめ)、荒布(あらめ)などを刈り取るのに用いる鎌) 長崎県壱岐島 ＊かまやり(長い鎌) 香川県 ＊かまえがま(山刈りに使用する柄の長い鎌) 高知県土佐郡 ＊かりかま(草刈り用の、刃の薄い鎌) 愛媛県宇和島 熊本県玉名郡 ＊きこりがま(厚手の鎌) 島根県 ＊くさけずり(立ち鎌) 群馬県山田郡 ＊くさこそげ(立ち鎌) 群馬県多野郡 ＊こがま(若布(わかめ)を切る鎌) 三重県志摩郡 ＊さいがま(鋸歯(きょし)のある鎌) 石川県河北郡 ＊さとがま(片刃の鎌) 岡山県邑久郡 ＊さよりがま(薄刃の鎌) 愛知県東加茂郡 ＊しがきがま(厚刃の鎌) 大分県北海部郡 ＊せせり(除草用の鎌) 福井県大飯郡 ＊ぞりんがま(刈り払いう用の鎌。曲がり鎌) 宮崎県東諸県郡 ＊とがま(茅ややぶなどを刈る鎌) 神奈川県高座郡 ＊ながえ(松の木などの高い枝を落とす鎌) 愛媛県大三島 ＊なたがま 鹿児島県肝属郡(下草などを払うのに用いる長柄の鎌) 群馬県勢多郡(木の枝などを払うのに用いる厚刃の鎌) 鳥取県気高郡(木の枝などを払うのに用いる厚刃の鎌) 島根県(木の枝などを払うのに用いる厚刃の鎌) 山口県阿武郡(木の枝などを払うのに用いる厚刃の鎌) 香川県高見島(木の枝などを払うのに用いる厚刃の鎌) 熊本県玉名郡(木の枝などを払うのに用いる厚刃の鎌)・球磨郡(柄の短い鎌) ＊なたがんま(木の枝などを払うのに用いる厚刃の鎌) 広島県高田郡 ＊のぼりがま(枝を払うための、湾曲のあまりない鎌) 愛媛県大三島 ＊はろがま(柴(しば)や茅(かや)を刈る厚く大きい鎌) 富山県西礪波郡 ＊ぼやきりがま(「ぼや」は柴(しば)の意。刃の厚い鎌) 埼玉県北葛飾郡 新潟県西蒲原郡 ＊ものぐさがま(立ち鎌) 埼玉県北葛飾郡 ＊やまがま 富山県西礪波郡(柴や茅を刈る厚く大きい鎌) 香川県(木を切る分厚い頑丈な鎌) ＊やまがり(木、柴(しば)などを刈る鎌) 山形県西村山郡 ＊わちきり(刃の厚い鎌) 大分県宇佐郡

かまう【構】 ＊いじくる(人を困らせる) 埼玉県秩父郡 ＊いじる(人を困らせる) 岩手県気仙郡 山形県鶴岡 茨城県稲敷郡 埼玉県秩父郡 長野県南佐久郡 島根県那賀郡 ＊いらう(干渉する) 熊本県菊池郡「わるさんどんが、いらわいな(お前どもが干渉するな)」・下益城郡 ＊いろう(干渉する) 宮崎県西臼杵郡 ＊うっちゃう 熊本県玉名郡 ＊かかしらう(相手になる) 長野県東筑摩郡 ＊かかしろう(相手になる) 山梨県・南巨摩郡「あがーに酔っとー人にかかしろーどーで喧嘩になった」 長野県 ＊かこむ(相手になる) 三重県志摩郡 ＊かわしろう(相手になる) 東京都大島 ＊しじがる 青森県「あたら馬鹿さしじがるな(あんなばかにかまうな)」 秋田県鹿角郡「しじがって泣かせるな」 ＊しずがる 青森県津軽 秋田県鹿角郡・北秋田郡 ＊しちがる 秋田県鹿角郡「ちょっとしちがれば本気にして、ほれたと思って居るらしい」 ＊せかかす 島根県「そげに子供をせかかすな」 ＊せかす 新潟県佐渡「ちいしゃぁ子供せかせんな」 石川県鳳至郡 鳥取県東伯郡 島根県隠岐島 長崎県対馬「せかしたてるのでせきこんで腹かきだした(腹立てだした)」 ＊せがす 香川県 ＊せかする 島根県隠岐島 ＊せかせる 新潟県佐渡 鳥取県 島根県隠岐島「弟をせかせるな」 ＊せがせる 青森県 ＊せがらかす 島根県 ＊とる 長崎県北松浦郡「うんにゃー、とりなんなよ(おかまいくださいますな)」 ＊へがへる 青森県津軽 ＊よーる 埼玉県秩父郡「あんまりこどもをよーるんじゃねえよ」 東京都大島(女をからかう)

かまきり【蟷螂】 ＊あしとりがめ 熊本県芦北郡 ＊あぶらむし 熊本県天草郡 ＊いーしゃとぅ・いしとばん 鹿児島県奄美大島 ＊いーぶうーらー 沖縄県首里 ＊いさーとぅー 鹿児島県喜界島 ＊いさとぅまい 沖縄県与那国島 ＊いしめめり 富山県 ＊いしゃとぅ 鹿児島県沖永良部島 ＊いしゃとぅー 沖縄県那覇市・首里 ＊いしゃんとぅまや 沖縄県波照間島 ＊いちやねぎどの 長野県西筑摩郡 ＊いばいむし 山形県村山 ＊いばえぼっつ 山形県最上郡 ＊いばえむし・いばむし・いべ・いべむし 山形県村山 ＊いぼ 神奈川県 ＊いびいぼ 長野県更級郡 ＊いぼいぼむし 福島県北会津郡 ＊いぼーじ 高知県 ＊いぼーじり 高知県安芸郡 ＊いぼかき 茨城県 栃木県日光市・河内郡 ＊いぼかじり 青森県上北郡・三戸郡 岩手県九戸郡 ＊いぼかっきり 茨城県 ＊いぼかり 茨城県多賀郡・行方郡 ＊いぼきり 青森県 栃木県那須郡 神奈川県都筑郡・鎌倉郡 新潟県東蒲原郡 長野県東筑摩郡・北安曇郡 愛媛県岩城島 ＊いぼきりむし 青森県上北郡・三戸郡 岩手県九戸郡・上閉伊郡 宮城県栗原郡 新潟県 静岡県 ＊いぼくい 青森県 岩手県九戸郡 千葉県海上郡 広島県佐木島 山口県端島・黒島 愛媛県怒和島・弓削島 大分県大分郡 ＊いぼくいむし 青森県 岩手県九戸郡 茨城県 千葉県安房郡・香取郡 長野県岡谷 ＊いぼっくい 神奈川県鎌倉郡・三浦郡 ＊いぼくらい 青森県三戸郡 神奈川県三浦郡 ＊いぼくらいむし 青森県三戸郡 千葉県安房郡 神奈川県三浦郡 ＊いぼさし 青森県 ＊いぼじー 神奈川県津久井郡 藤沢市 ＊いぼじり 神奈川県 山梨県 大分県大分郡 ＊いぼだし 青森県東津軽 ＊いぼたらむし 山形県西村山郡 ＊いぼちぎり 岩手県九戸郡 ＊いぼっかき 神奈川県横浜市・足柄下郡 ＊いぼっくい 神奈川県鎌倉郡・三浦郡 ＊いぼっくれ 神奈川県三浦郡 ＊いぼった・いぼったむし 神奈川県三浦郡 ＊いぼっちょ 神奈川県足柄上郡 ＊いぼっつりむし 新潟県中頸城郡 長野県 ＊いぼつりむし 長野県 ＊いぼとりむし 青森県上北郡 千葉県安房郡 神奈川県三浦郡 ＊いぼはち 青森県上北郡 ＊いぼぶつ 山形県最上郡 ＊いぼぼち 秋田県 山形県 ＊いぼぼつ 山形県 ＊いぼぼっち 秋田県由利郡

山形県 *いぼむし青森県上北郡 宮城県 秋田県鹿角郡 山形県 福島県 千葉県安房郡 新潟県 長野県佐久 *いぼむしり秋田県北秋田郡 *いぼもち山形県東田川郡 新潟県岩船郡 *いぼりむし(大形のもの)新潟県中越 *いぼんじり長野県西筑摩郡 *いもじげんたろー富山県 *いもじり神奈川県愛甲郡 山梨県 高知県安芸郡 *いもずる富山県砺波 *いもちゃく富山県西礪波郡 *いもちゃけ石川県・河北郡 *いもなえ・いもろ・いもる富山県砺波 *いもぼし山形県飽海郡 *いもぼち山形県 *いもぼつ山形県東田川郡・飽海郡 *いもぼっち山形県 *いもむし山形県東置賜郡 *いんばむし山形県西村山郡・南村山郡 *いんぼむし長野県上水内郡 *いんぼんぼー東京都利島 *うしょーろーうんま・しょーろーうんま沖縄県首里 *うろんぼ長野県佐久 *うろんぼー長野県南佐久郡 *えばえぼっつ山形県最上郡 *えばえむし山形県 *えばぼつ山形県最上・庄内 *えばむし山形県 *えぼし高知県高岡郡 *えもんげんたろ富山県射水郡 *えれんぼー高知県香美郡 *えんぼ徳島県美馬郡 愛媛県 *えんぼー高知県安芸郡 *えんぼーじ高知県 *えんぼーじり徳島県美馬郡 高知県長岡郡 *えんぼじり徳島県美馬郡 *えんま徳島県那賀郡・海部郡 *えんまはん徳島県 *おーがみ三重県志摩郡 *おがった岐阜県揖斐郡 *おがま岐阜県郡上郡 奈良県吉野郡 和歌山県海草郡・東牟婁郡 山口県平郡島 徳島県海部郡・美馬郡 愛媛県上浮穴郡・喜多郡 高知県高岡郡・幡多郡 福岡県三井郡 大分市 宮崎県西臼杵郡 *おがまじ静岡県志太郡・川根 *おがます奈良県吉野郡 宮崎県東諸県郡 *おがまっしょ徳島県美馬郡 *おがまっす宮崎県東諸県郡 *おがまとーさん滋賀県坂田郡 *おがまなとーさん滋賀県坂田郡 奈良県吉野郡 徳島県美馬郡 大分市 *おがまにゃとーさん徳島県美馬郡 福岡県久留米市 長崎県北松浦郡・対馬 熊本県 *おがまにゃとーせん佐賀県唐津市 *おがまにゃとーらせん大分県大分市・大分郡 *おがまにゃやらん岐阜県吉城郡 *おがまのちょろちょろ岡山県小田郡 *おがまのとーさん滋賀県 奈良県南部 徳島県美馬郡 *おがまのとーせん奈良県吉野郡 *おがまのとのさま奈良県吉野郡 徳島県美馬郡 *おがまのとのさん奈良県吉野郡・宇陀郡 徳島県美馬郡 *おがまへんぼ愛媛県上浮穴郡・喜多郡 *おがまん熊本県八代郡 *おがまんちょー熊本県阿蘇郡 *おがまんちょろ宮崎県西臼杵郡 *おがまんとーさん熊本市 *おがまんばとーさん熊本県八代郡 *おがみ岐阜県飛驒 三重県志摩郡 兵庫県美方郡 *おがみおじ奈良県吉野郡 *おがみしょ長崎県五島 熊本県天草郡 *おがみじょー長崎県西彼杵郡 *おがみじょーろー栃木県佐野市 *おがみじょろ京都府竹野郡 *おがみそー熊本県天草郡 *おがみだおし徳島県 宮崎県東臼杵郡 *おがみだか長崎県西彼杵郡 *おがみたろ長崎県 熊本県 宮崎県東臼杵郡 *おがみたろー長崎県西彼杵郡 長崎市 宮崎県東臼杵郡・延岡市 *おがみちょーちょ滋賀県東部 *おがみちょろ宮崎県西臼杵郡 *おがみっちょ栃木県下都賀郡 埼玉県川越市・入間郡 神奈川県秦野市 *おがみっちょー埼玉県秩父郡 *おがみとーさん滋賀県東部 *おがみとーせ滋賀県神崎郡 *おがみとーと滋賀県 *おがみとーろ滋賀県神崎郡 *おがみとし徳島県 宮崎県東臼杵郡 *おがみのとーさん滋賀県彦根 *おがみむし栃木県 群馬県佐波郡・館林 大分市 *おがみやんなとーさん長崎県佐世保市 *おがめ神奈川県足柄上郡・足柄下郡 富山県東礪波郡 岐阜県 滋賀県高島郡 京都府竹野郡 兵庫県出石郡・城崎郡 和歌山県有田郡・日高郡 広島県江田島・倉橋島 山口県牛島 徳島県海部郡 愛媛県 高知県幡多郡 福岡県 熊本県 大分県 宮崎県 鹿児島県揖宿郡 *おがめがとーさん熊本県宇土郡 *おがめたろ熊本県芦北郡 *おかめちょーらんみや長崎県佐世保市 *おがめちょーろ大分県 *おがめとーろ滋賀県西部 *おがめとーろー和歌山県日高郡 *おがめのとーさん奈良県吉野郡 熊本市 *おがめばはさむ宮崎県児湯郡 *おがめんちょー熊本県 *おがめんとんさん熊本県下益城郡 *おがも岐阜県郡上郡 和歌山県東牟婁郡 徳島県美馬郡 愛媛県 熊本県菊池郡・天草郡 大分県 宮崎県 *おがもおず・おがんぎす滋賀県坂田郡 *おがんじょ長崎県西彼杵郡 *おがんだ滋賀県坂田郡 *おがんだら福井県南条郡 京都府舞鶴市 *おがんたろ長崎県南高来郡 熊本県天草郡 宮崎県東臼杵郡 *おがんたろー長崎県西彼杵郡 熊本県天草郡 *おがんちょろ熊本県阿蘇郡 宮崎県西臼杵郡 *おがんちろ宮崎県 *おがんど岐阜県飛驒 愛知県設楽 *おがんどろ岐阜県揖斐郡・飛驒 *おがんぼ岐阜県郡上郡 長崎県西彼杵郡 熊本県天草郡 *おがんぼーし徳島県 *おがんまんぼー長崎県西彼杵郡 *おぎやまのくびきり・おばがのくびきり奈良県吉野郡 *おこりばばー群馬県碓氷郡 *おこりむし神奈川県中郡 *おこりんぼ神奈川県都筑郡 *おしやか神奈川県足柄下郡 *おたか大分県東国東郡 *おたつばかばか埼玉県秩父郡 *おとがめ宮崎県南那珂郡 *おとろむし栃木県安蘇郡 *おにばんばー長野県南佐久郡 *おまがじ静岡県川根 *おまちけ愛知県中島郡 *おまんばかばか・おまんばか埼玉県入間郡 *おやみみる富山県東礪波郡 *おやめめり富山県 *おんがます宮崎県東諸県郡 *おんがまっしょ宮崎県西諸県郡 *おんがみ静岡県磐田郡 *おんがめ静岡県安倍郡 長崎県西彼杵郡 熊本県 大分県別府市 宮崎県 鹿児島県 *おんがめじょ宮崎県北諸県郡 *おんがめっしょ宮崎県西諸県郡 *おんがもー熊本県球磨郡 *おんばば富山県・西礪波郡 *おんむし

富山県婦負郡 *おんめ 神奈川県中郡 *かーまんちょ 千葉県山武郡 *かがみっちょ 静岡県安倍郡 *かがめっちょ 栃木県 *かがんま 徳島県名東郡 *がぎっちゃ 沖縄県石垣島 *がし 沖縄県竹富島 *かすもり 滋賀県湖東 *かせぎ・かせぎめ 東京都八丈島 *がったろ 兵庫県佐用郡 *がったろー・がったろぼ・がったらぼー 兵庫県赤穂郡 *かっつぁきむし 栃木県日光・上都賀郡 *かなぎっちょ 宮城県登米郡 *かなぎっちょー 群馬県多野郡 *かまいたち 神奈川県中郡・川崎市 新潟県・中頸城郡 長野県上田・佐久 *かまうたて 広島県芦品郡 *かまうち 広島県向島 徳島県名西郡・阿波郡 高知県高岡郡 *かまうちこんぼー 徳島県阿波郡 *かまうちたて 岡山県小田郡 広島県深安郡 *かまうったて 岡山県邑久郡 *かまお 広島県芦品郡 *かまかけ 群馬県桐生市 鳥取県 島根県 岡山県真庭郡 徳島県三好郡 *かまかたぎ 徳島県三好郡 高知県安芸郡 *かまかち 石川県江沼郡・能美郡 *かまかっきり 栃木県 *かまがっちょー 茨城県新治郡 *かまかり 新潟県中頸城郡 *かまがり 栃木県河内郡・芳賀郡 *かまきち 徳島県名西郡 *かまきっちゅー 大分県宇佐郡 *かまきっちょ 石川県鹿島郡 福岡市 *かまぎっちょ 栃木県 群馬県山田郡 千葉県君津郡・印旛郡 神奈川県横浜市 静岡県安倍郡 大分県 *がまぎっちょ 長野県佐久 *かまきっちょー 福岡県粕屋郡・福岡市 大分県大分郡・北海部郡 *かまぎっちょー 茨城県新治郡・稲敷郡 群馬県多野郡 埼玉県秩父郡 静岡県 *かまきりご 島根県鞍賀郡・江津市 *かまきりちょー 滋賀県愛知郡 *かまきりちょーらい 大分市 *かまきりとーろ 徳島県三好郡 *かまきりのとーさん 徳島県美馬郡 *かまきりへんぼ 愛媛県 *かまきん 島根県邑智郡 *かまげっちょ 栃木県 千葉県東葛飾郡 *かまげっちょろ 千葉県東葛飾郡 *かまげりちょ 栃木県芳賀郡 *がまた 福井県南条郡 *かまたち 福井県足羽郡 *かまたて 石川県江沼郡 福井県坂井郡・足羽郡 奈良県 岡山県・邑久郡 広島県・向島 徳島県 香川県大川郡 大分市 *かまたり 福井県 岡山県勝田郡・苫田郡 *かまたれ 福井県坂井郡 徳島県那賀郡 *かまちこ 千葉県印旛郡 *かまちょ 千葉県山武郡 神奈川県中郡 徳島県美馬郡 *かまちょこ 千葉県印旛郡 *かまちょろ 千葉県山武郡 *かまつか 徳島県阿波郡 *かまっかき 神奈川県足柄上郡・足柄下郡 *かまっくび 長野県上水内郡 *かまっちょ 千葉県君津郡・山武郡 *かまふかけ・かまふっかけ 島根県八束郡 *かまむし 茨城県稲敷郡 *がまんく 滋賀県伊香郡 *かまんだ 滋賀県湖北地方 *かみさまのおつかい 東京都八丈島 *かみきり 青森県津軽 山形県東村山郡 千葉県山武郡・長生郡 兵庫県赤穂郡・家島・淡路島 広島県江田島 徳島県名東郡 愛媛県大三島 高知県室戸市 *かみとりむし 兵庫県加古郡 *かんきむし・かんぎり・かんきりむし 千葉県安房郡 *かんきり 大分県速見郡 *がんぎり 徳島県 *かんげきり 長崎県南高来郡 熊本県天草郡 *かんしち 群馬県勢多郡 *かんちょーりやー 宮崎県東臼杵郡 *かんちょりやー 宮崎県西臼杵郡 *かんちょれ・かんちょれー 宮崎県児湯郡 *かんちょろ 宮崎県 *かんちょろめ 宮崎県東臼杵郡 *がんど 愛知県北設楽郡 *かんのんむし 新潟県 *かんまえ・かんまえだ 山形県飽海郡 *きめっこむし 福島県南部 *きめむし 新潟県東蒲原郡 *ぎんべえ 埼玉県秩父郡 *くさかりむし 秋田県鹿角郡 *くぼかり 茨城県 *けーとりむし 兵庫県加古郡 *げんぜぁぼ 岩手県和賀郡 *げんた 岩手県和賀郡 富山県上新川郡 *げんたいぼ 石川県鳳至郡・鹿島郡 *げんだいぼ 石川県鹿島郡 *げんだいぼぼ 富山県西礪波郡 *げんぱ 千葉県夷隅郡 *げんぺーめ・げんびーめ 東京都八丈島 *けんべらぼっち 山形県東田川郡 *こしゃきむし 山形県 *こちゃ 富山県砺波 *こっしゃきむし 山形県西置賜郡 *こぼむし 山形県南置賜郡 *ごんべー 千葉県夷隅郡 *さーる 沖縄県宮古島 *さーるーぐゎあ 沖縄県島尻郡 *さけのみ 青森県南津軽郡 秋田県北秋田郡 *ざっとのぼ・だっとのぼ 兵庫県佐用郡 *ざっとのぼー 兵庫県佐用郡 *ざっとんぼー 千葉県・安房郡 *さんくるさー 沖縄県鳩間島 *さんとぅらしゃー(シラミを捕らえるものの意) 沖縄県石垣島・西表島 *さんとぅりしゃー 沖縄県石垣島・小浜島・新城島 *さんまいのほねかじり 富山県婦負郡 *しゃーと 沖縄県国頭郡 *しょーろ 宮崎県東臼杵郡 *しょろうま 宮崎県 *しょろがま 宮崎県宮崎郡 *しょろんま 宮崎県宮崎郡・東諸県郡 *じらみー 沖縄県首里 *しらめどり 東京都大島 *せーかんぼ 新潟県・長岡市 *せきせききろむしせんた 新潟県西頸城郡 *せたんぼ 新潟県 *せんき 神奈川県三浦郡 *せんきんたま 愛知県海部郡 *せんたろむし 新潟県西頸城郡 *せんねんおんぼー 山口県 *だーら 沖縄県黒島 *たいこたたき 青森県八戸市・三戸郡 長野県北安曇郡・上諏訪 *たいこんばち・たいこんぶち 長野県佐久 *たがりむし・たがりばば・たがりばんば 山形県南村山郡 *たけうま・たけむし 神奈川県中郡 *たけんぼ 長野県北安曇郡 *たばこむし 宮城県柴田郡 *たまつくり 山口県平群郡 *ちょー 宮崎県西臼杵郡 *ちょーな 高知県 *ちょーなかたぎ 広島県佐木島 愛媛県伯方島・岡村島 高知県 *ちょーなきり・ちょーなうち 愛媛県 高知県 *ちょーなむし 徳島県阿波郡 *ちょーのかたぎ 広島県 愛媛県 山口県大島 *ちょーらーまー 鹿児島県種子島 *ちょーらい 大分県大分郡 *ちょーらんみゃー 佐賀県 長崎県西彼杵郡・東彼杵郡・佐世保市 *ちょーりやー 宮崎県 *ちょーれ 大分県 宮崎県 *ちょーれー 大分県北海部郡 宮崎県西臼杵郡 *ちょーれん 大分県 *ちょーろ 大分県 宮崎県西臼杵郡・

東臼杵郡 *ちょーろーさま 大分市 *ちょーろんみゃー 長崎県北松浦郡 宮崎県北諸県郡 *ちょりんぼ 宮崎県西臼杵郡 *ちょろんみゃー 長崎県 *つくまい 千葉県君津郡・印旛郡 *つくめ・つくまいむし 千葉県印旛郡 *つくんめ 千葉県市原郡 *つなきりむし 大分県大分郡 *つのむし 大分県速見郡 *つるんまい 千葉県上総 *つんばこ 愛知県海部郡 *てらのばばさ 富山県 *てんぼ 長野県東筑摩郡 *でんぼ 長野県更級郡・東筑摩郡 *でんぼむし 長野県更級郡 *どーろーむし 群馬県山田郡 神奈川県津久井郡 *どーろげ 栃木県南部 *どーろっくび 長野県上水内郡 *どーろんぼ 長野県佐久 *どかけ 群馬県群馬郡・勢多郡 *とかげ 青森県上北郡 茨城県稲敷郡 埼玉県入間郡 千葉県北部 東京都西多摩郡・八王子 神奈川県 山梨県 *とがげ・とがけ 千葉県印旛郡 *とかげむし 埼玉県北葛飾郡 *とぎす 富山県西礪波郡 *とこあげ 神奈川県川崎市 *どしへび 秋田県由利郡 *とらぼ 秋田県仙北郡・北秋田郡 *どんがむし 徳島県麻植郡 *どんがめ 奈良県吉野郡 熊本県天草郡 *どんだいぼ 富山県氷見郡 石川県鹿島郡 *とんのうま 長崎県壱岐島 *なたかたげ 兵庫県出石郡・但馬 *なたきり 京都府与謝郡 兵庫県城崎郡 島根県邑智郡 *なたきりご 島根県邑智郡 *なたきりむし 京都府与謝郡 *ねぎさま 長野県上伊那郡 *ねぎさん・ねぎねぎ 長野県佐久 *ねぎどの 長野県南佐久郡・上伊那 *ねぎどん 長野県南佐久郡 *はえとり 青森県 秋田県雄勝郡 山形県 群馬県吾妻郡・群馬郡 和歌山県日高郡 島根県邑智郡 *はえとりげんじ 石川県河北郡 島根県邑智郡 *はえとりげんべー 富山県下新川郡 島根県邑智郡 *はえとりげんぼ 石川県河北郡 *はえとりごんべ 群馬県勢多郡 *はえとりばば 群馬県多野郡 新潟県佐渡 *はえとりばばー 群馬県 埼玉県秩父郡 *はえとりむし 青森県 秋田県平鹿郡 山形県 富山県砺波 島根県邑智郡 徳島県海部郡 *はえとるばー 群馬県佐波郡 *はえんとりむし 山形県北村山郡 *ばかばか 埼玉県秩父郡・入間郡 *はたおり 青森県津軽 長野県上水内郡 *はたおりげんた 富山県 *はたおりばんばー 静岡県志太郡 *はたおりむし 山形県西村山郡 *ばたきり 兵庫県赤穂郡 *はっかむし 鹿児島県種子島 *ばっちめ(特に茶色のカマキリ) 東京都八丈島 *はねがりむし 群馬県勢多郡 *はらたち 群馬県佐波郡 長野県上田 *はらたちげんぱ 千葉県夷隅郡 *はらたちげんべー 千葉県上総・夷隅郡 *はらたちごーじ 埼玉県秩父郡 *はらたちごんべ 埼玉県入間郡 *はらたちごんべー 埼玉県 *はらたちばば 千葉県夷隅郡 *はらたちばばー 埼玉県南埼玉郡・北葛飾郡 千葉県 *はらたちばんば 山梨県 *はらたちばんばー 静岡県富士郡 *はりがえむし 山形県北村山郡 *はりがねむし 栃木県上都賀郡 群馬県碓氷郡 *はんこむし 鹿児島県種子島 *はんどーうちわり 長崎県西彼杵郡 *へあとりげんぜあぼー 秋田県平鹿郡 *へーたらじー・へーたらばばー 群馬県多野郡 *べべめ 東京都八丈島 *へやーたらじじー 群馬県多野郡 *へんぼ 愛媛県・喜多郡 高知県 *へんぼー 高知県 *ぼーかつぎ 東京都八丈島 *ぼーじり・ぼーじろ・ぼんじり 島根県隠岐島 *ほーれ 滋賀県湖東 *ほとけうま 奈良県山辺郡 *ほとけさんのうま 兵庫県淡路島 奈良県 *ほとけのうま 兵庫県淡路島 長崎県壱岐島 *ほとけのかま・ほとけさんのかま・おとけさんのつかいもん 兵庫県淡路島 *ほとけむし 徳島県 *ほとけんま 兵庫県淡路島 徳島県美馬郡 *ぼりむし 新潟県中越 *ままえたち 長野県上田 *むすびのかみさん 滋賀県湖南 *めめりむし・めめるむし 富山県 *もっといむし 京都府船井郡 *やまのばーさ 富山県西礪波郡 *やんめ・やんめむし 熊本県阿蘇郡 *よぼじり 徳島県那賀郡

がまぐち【蝦蟇口】 *おーかめぐち 和歌山県 *かわずぐち 愛知県北設楽郡 *どーらん 青森県津軽 新潟県三島郡 大阪府・泉北郡 兵庫県赤穂郡・加古郡 岡山市 広島県高田郡 香川県高松市・小豆島 *ぱっくれ・ぱっく 山形県 *ぱっくり 山形県 福島県北部・会津「ぱっくりほろった(がま口落とした)」 新潟県東蒲原郡 *びっき 秋田県平鹿郡・雄勝郡 山形県庄内 *ぽっちり 大阪市 *わくどぐち 熊本県芦北郡 *わにぐち 鳥取県岩美郡 島根県(皮製) 広島県高田郡 *わんぐち 富山県砺波 長崎県南高来郡

↓さいふ(財布)・ぜにいれ(銭入)

かます【叺】 わらむしろを二つに折り、左右両端を縄で綴った袋。穀物、菜、粉などを入れるのに用いる。 *かちぶき 長崎県北高来郡 *かまき 香川県高松市 *かまぎ 島根県邑智郡 佐賀県藤津郡 *かまぐ 熊本県天草郡 *かまげ 島根県美濃郡・益田市 山口県玖珂郡 香川県大川郡・綾歌郡 愛媛県宇和島 高知県土佐清水市 長崎県壱岐島 熊本県 大分県大分郡・北海部郡 宮崎県 鹿児島県・宝島 *ぐつ 富山県東礪波郡 福井県 *けどし 青森県三戸郡 *こえくぶき(堆肥(たいひ)などを運ぶための、わらで編んだ叺(かます)のようなもの) 長崎県壱岐島 鹿児島県肝属郡 *すみだつ 島根県出雲 *そーしんふくん 沖縄県鳩間島 *たつ 岡山県邑久郡・岡山市 島根県美濃郡・益田市 *だつ 山形県置賜 茨城県多賀郡 鳥取県西伯郡 島根県 岡山県苫田郡 広島県山県郡 山口県長門 愛媛県大三島 *ひぐつ 長野県更級郡 *ひげご 滋賀県蒲生郡 *ひげなし 滋賀県栗太郡 *ふすま 島根県美濃郡・益田市 *まきがり 熊本県宇土郡 *まついれ(わらで作った叺(かます)形の容器) 島根県大田市 *まっかり 熊本県阿蘇郡 *まっがり 熊本県 *めっき 佐賀県 長崎県南高来郡 鹿児島県 *めっけ 長崎県壱岐島 *よっくぶき 鹿児島県肝属郡

かまど【竈】 *いえなか 富山県富山市・下新川郡 *いなか 富山県下新川郡 *いるり 愛知県西春日井郡 *えんなか 富山県 *おーがま 石川県鳳至郡（庭の流しの近くに並ぶ、日常の煮炊き用の他に設けたもの） 山口県阿武郡（土間の大竈） *おかまさま 高知県 宮崎県西臼杵郡 *おかまさん 新潟県佐渡 福井県敦賀郡 三重県阿山郡・度会郡 奈良県南大和 熊本県上益城郡 *おかまはん 奈良県宇陀郡 *おくご 香川県大川郡 *おくど 石川県能登 静岡県小笠郡「おくどが煙ってる」 兵庫県淡路島・神戸市 徳島県 香川県 大分県 *おくどこはん 香川県 *おくどさん 三重県伊賀 滋賀県彦根 京都市 兵庫県 広島県福山市 香川県 愛媛県 熊本市 *おくどはん 徳島県 香川県 愛媛県 *おこーじんさま 大分県速見郡 *おとごはん 香川県 *おふろ 鹿児島県 *かぎどこ 秋田県鹿角郡「かぎどこがあいてる（炉に火はたいてあるが、なべもかまもかかっていない）」 *かざりくど（内庭の土間に作った、荒神様を祭るかまど）長崎県壱岐島 *かまいさん・かまえさん 奈良県南大和 *かまくち 千葉県東葛飾郡 *かまくど 茨城県真壁郡 栃木県 愛知県北設楽郡 三重県飯南郡 奈良県・高市郡 *かまくどはん 奈良県宇陀郡 *かまくろ 奈良県高市郡 *かまさん・かまはん 奈良県宇陀郡 *かまだん 茨城県猿島郡 埼玉県南埼玉郡・北足立郡 千葉県 富山県砺波 *かまち 沖縄県鳩間島 *かまっくど 茨城県猿島郡 栃木県 群馬県山田郡 *かまとこ 香川県小豆島 熊本県球磨郡 *かまどこ 香川県小豆島 *かまどこい 長崎県西彼杵郡 *かまどころ 長崎市 *かまのくち 三重県南牟婁郡 *かまのまえ・かままえ 大阪市 *かまのだん 富山県中新川郡 *かまば 千葉県長生郡 大分県大野郡 *かまほど 岩手県九戸郡 *かまや 千葉県君津郡・夷隅郡 山梨県南巨摩郡 長崎県西彼杵郡 熊本県 *かまんくち 奈良県南大和 *かまんでー 群馬県邑楽郡 *かまんひた 鹿児島県揖宿郡 *かまんぼ・かまんぼー 静岡県 *きじり 千葉県千葉郡 *くず・くずし 島根県 山口県阿武郡 *くずがま（おがくずを燃料とするかまど）埼玉県秩父郡 *くぞ 京都府 *くと 青森県 岩手県気仙郡 *くど 青森県 岩手県・東磐井郡（簡単に作った小さな竈） 宮城県・栗原郡（簡単に作った小さな竈） 山形県 福島県 茨城県・北相馬郡（簡単に作った小さな竈） 栃木県河内郡 群馬県佐波郡 埼玉県秩父郡 千葉県夷隅郡・長生郡 新潟県 福井県 山梨県東山梨郡・南巨摩郡 長野県 岐阜県 静岡県 愛知県 三重県 滋賀県蒲生郡・彦根 京都府 大阪府南河内郡 兵庫県 奈良県「くどの北向はいけない」 和歌山県日高郡 鳥取県 島根県 岡山県 広島県 山口県 徳島県 香川県 愛媛県 高知県 福岡県 佐賀県唐津市・藤津郡 長崎県 熊本県 大分県 宮崎県西臼杵郡 鹿児島県甑島 *くどー 京都府 香川県木田郡 *くどがま 栃木県安蘇郡 *くどこ 三重県三重郡・志摩郡 島根県簸川郡・隠岐島 *くどさん 三重県阿山郡・名賀郡 奈良県南部 *くどし 島根県美濃郡 *くどどこ 島根県簸川郡・八束郡 *くどば 愛媛県青島 *くどはん 三重県 愛媛県周桑郡 *くどまい 愛媛県新居郡 *くろ 三重県度会郡 香川県 *くんど 青森県津軽 和歌山県東牟婁郡 *こーじんさん 兵庫県氷上郡 奈良県 *こど 長崎県五島 *こり 愛知県碧海郡 *さんぼーさん 兵庫県氷上郡 *さんぼーはん 上方 *しもくど 三重県度会郡 *じろ 山形県飛島 長崎県南高来郡・五島 熊本県天草郡 鹿児島県奄美大島 *すいがま 青森県三戸郡 *ずぼたん 京都府 *ちやね・ちゃーねん（茶がま。または、茶がまをかけたかまど）滋賀県栗太郡・野洲郡 *つちくど 愛知県北設楽郡 *どーこ 愛知県額田郡 *にわくど（内庭の土間に作ったかまど）長崎県壱岐島 *ぬかべっつい（もみ殻を燃料にするかまど）富山県砺波 *はま 鹿児島県喜界島「はまぎゆい（かまどになべを据える＝炊く準備をする）」 *ひじろ 千葉県東葛飾郡 山梨県 *ひぞこ 和歌山県日高郡 *ひっついさん 京都府 *ひとこ 富山県 三重県志摩郡（船の上で使用する竈） *ひどこ 茨城県 千葉県 東京都大島 新潟県佐渡 石川県 福井県坂井郡 静岡県田方郡 愛知県知多郡（船の上で使用する竈） 三重県志摩郡・度会郡（船の上で使用する竈） 兵庫県淡路島 和歌山県南部 島根県 広島県走島 山口県 香川県 愛媛県 *ひのぼと（「火の元」か）三重県度会郡 *ふど 岐阜県 滋賀県 *ふろ 長崎県五島・壱岐島（船の上で使用する竈） 宮崎県東諸県郡 鹿児島県・肝属郡 *ふろとこ 長崎県対馬 *ふんし（三つの火打ち石を鼎立（ていりつ）させたかまど）沖縄県黒島 *へっすい

方/言/の/窓

●誤解された表現Ⅴ

これまでに挙げた誤解の例は、ナットウの例を除けば、単にその場の意味の取り違え、笑い話ですんでしまうような類のものであった。

ところが、意味のズレが、時には深刻な誤解を生むこともある。

八丈島方言では、相手を指す「あなた」に当たる代名詞にオメー、オミ、オマエ、ウヌなどの形があり、中でオメーが目上の人に対するもっとも丁寧な言い方とされている。

ある時、八丈島出身の人が仕事で東京の取引先に行った。彼は先方に失礼のないようにと一番丁寧なオメーを使って相手に話しかけたという。その結果、彼からオメーと言われた東京の人がどういう反応をし、取引がどうなったかは説明するまでもないだろう。

長野県南佐久郡 *へっついさん 京都市 大阪市 兵庫県神戸市・明石郡 香川県 小豆島 高知県 *へとこ 千葉県上総 *へどこ 千葉県君津郡 *ほど 茨城県(土間にあるもの) 東京都八丈島 長野県「ほどっくべ(かまどの火の中へ入れて焼いた焼きもち)」 *ゆろり・ゆり 愛知県碧海郡 *ゆりばた 愛知県幡豆郡「ゆりばたにあるに持って来い」 *ゆるり 長野県佐久 長崎県対馬 *よろり 長野県佐久 *ろくだい 京都府 兵庫県多紀郡

かまぼこ【蒲鉾】 *いた 群馬県邑楽郡・館林 長野県佐久 岐阜県稲葉郡 愛知県尾張 三重県伊賀 京都府・葛野郡 兵庫県赤穂郡・加古郡 奈良県 香川県 *いたこ 三重県阿山郡 *いたずけ 香川県三豊郡 愛媛県 *いたちくわ 長野県上伊那郡 *いたつき 長野県 *いたつけ 新潟県上越市・中頸城郡 長野県上田・佐久 徳島県 香川県三豊郡 愛媛県 鹿児島県鹿児島郡 *いたやき 香川県高松市 *おーいた 広島県比婆郡 *かまぶり 三重県志摩郡 *かんびー 島根県鹿足郡 *くずし 富山県高岡市 岐阜県吉城郡・飛驒 兵庫県淡路島 奈良県南大和 和歌山県(焼きかまぼこの意もあり)・和歌山市 島根県出雲・隠岐島 香川県 愛媛県・松山 佐賀県唐津市 *くずしもの 島根県出雲 *こいた 香川県 *しなしもの 高知県・高知市 *しらいた 三重県伊賀 大阪市(蒸しただけで焼いてないかまぼこ) 香川県大川郡・木田郡 *しろもの(引出物に用いるかまぼこ) 青森県津軽 *すとー 香川県三豊郡 *すとかまぼこ(麦わらで巻いたかまぼこ) 島根県 *すまき(わらで巻いた一種のかまぼこ) 愛媛県松山「今日はおきゃくをするけん、くずしにすまきとちくわをこーといで」 *すりもの 青森県・津軽 新潟県佐渡 愛知県日間賀島 *するたま(イワシや小アジなどをすり鉢ですったかまぼこ) 富山県砺波 *ちくわ 岩手県和賀郡 香川県小豆島 愛媛県周桑郡 *つと 佐賀県藤津郡 *どとのぼち(イワシや小アジなどをすり鉢ですって作るかまぼこ) 富山県砺波郡 *なんばんやき(焼きかまぼこ) 和歌山県西牟婁郡 *ねこまた(粗悪なちくわやかまぼこ) 熊本県芦北郡・八代郡 *ねこまたぎ(粗悪なちくわやかまぼこ) 香川県仲多度郡 *はびん 岐阜県大野郡 *はべん 富山県 石川県 *はんぺー 滋賀県彦根(板につけない平たいもの) 香川県仲多度郡 *はんぺん 大分県 *むんぎゃらまき 香川県三豊郡

がまん【我慢】 *ざまい 山形県「そんなお土産などざまえしてけらっしゃえ」 *ざんま 山形市「ざんまにしろ(うっちゃっておけ)」 福島県石城郡「ざんまにしてもらいたい(お控え下さい)」 *さんまい 宮城県仙台市 *ざんまい 岩手県気仙郡「まあしかだね、ざんめぁなぐべ(我慢しよう)」・東磐井郡 宮城県登米郡・仙台市 山形県「もう沢山だからざんまえしてけろ」 福島県・岩瀬郡 茨城県那珂郡 栃木県塩谷郡・河内郡 東京都八丈島 新潟県東蒲原郡「乱暴はざんまいにしてくれ」 *しっこし 埼玉県秩父郡「しっこしのねぇ奴だ」 神奈川県愛甲郡 長野県上伊那郡「しっこしがかなわん(力が及ばない)」 *せっこー 新潟県中魚沼郡「せっこーがいー」 *にじでー 沖縄県首里 *にずぃーくねー 沖縄県首里 *にっち 沖縄県石垣島 *にゅーじ 千葉県香取郡「にゅーじが足んねえ」

↓こらえる(堪)・しんぼう(辛抱)・にんたい(忍耐)

□**する** *いきばる 千葉県東葛飾郡 *おさえひかえ(唇をかんで、じっとがまんすること) 岩手県気仙郡「思ったことはおせぁひけぁのない子で」 *おらえる 岩手県九戸郡 愛知県知多郡「倒れる木を肩でおらえる」 三重県志摩郡・度会郡 和歌山県日高郡 徳島県・海部郡 香川県 *かんまん 徳島県 *きなる(そのつもりになってがまんする) 秋田県鹿角郡「寝たきなる(寝たと思って辛抱する)」 *きばい 鹿児島県 *きばる 奈良県吉野郡 和歌山県「冬よりきばりよい」「まあきばってゐよ。今医者が来るから」 宮崎県東諸県郡 鹿児島県 *くっちぎり(唇をかんで、じっとがまんすること) 岩手県気仙郡 *くねーゆん 沖縄県首里 *けっぱる・けぱる(「気張る」の転か) 青森県上北郡・津軽 *こたう 愛媛県周桑郡「こたわん」 *こたえる 青森県津軽 岩手県「小便こでぇある」 宮城県栗原郡 秋田県鹿角郡・平鹿郡「よくこでぁた」 山形県 福島県「こてぇらんにぇ」 群馬県勢多郡 東京都大島・八丈島「こてーきれんなか(ひどすぎてがまんできない)」 新潟県佐渡・東蒲原郡「足が痛かったがこだえて歩いた」 長野県 岐阜県「さぶーてさぶーてこたえられん(寒くてたまらん)」 三重県志摩郡 滋賀県彦根 兵庫県淡路島 和歌山県 鳥取県西伯郡 島根県「仕事がきつーてよーにこたえん」 岡山県 徳島県 香川県「そなんあつい湯ではこたえられんのう」 長崎県壱岐島・対馬「こう雨ばかり降ってはこたえん」 大分県「そげえやかましゅう言うちゃあこたえん」 鹿児島県鹿児島郡 *こでる 山形県西田川郡 *しこたえる 島根県「この寒さにしこたえてとうとう風邪を引いた」 広島県高田郡 *しっこたえる 島根県飯石郡・大田市「風邪をしっこたえたとこーが大病になった」 *しわばる 広島県比婆郡「よくしわばる」 *ずられしずる(がまんできるだけがまんする) 愛媛県大三島 *つとめる 島根県隠岐島「まあこれでつとめるだわな」 *ぬびゆん 沖縄県首里「やーが ぬびれー(お前ががまんしなさい)」 *はかむ 青森県津軽「しんけ、はかんでおても(力いっぱいがんばって織っても)」 *はをかむ 大分県

がまんづよい【我慢強】 *あらい 山形県「(ころんだ子供を励まして)あらえから泣くんでない」 *がーずーさーん 沖縄県石垣島 *がま 岐阜県飛驒 *がまん 岐阜県郡上郡「がまんな」 愛媛県 *がまんだかい 富山県砺波 *がんじょ 島根県出

雲「がんじょな、しー(人)だのー」 ＊**がんまくた** 岐阜県揖斐郡 ＊**ずない** 長野県北安曇郡・諏訪 静岡県志太郡
↓「にんたい（忍耐）」の子見出し、「忍耐強い」
□**こと** ＊**がしょー** 新潟県佐渡 ＊**がへ** 青森県南部「がへあない(根気がない)」 ＊**きもなが** 山梨県

かみ【上】 ＊**のんぼい** 佐賀県「これからのんぼいにゆく」 鹿児島県「のんぼいみちょい(上の方に向いている)」 ＊**のんぼり** 福岡県 熊本県下益城郡 大分県日田郡
↓かみて（上手）
□**の方** ＊**かした** 鹿児島県鹿児島郡・肝属郡 ＊**かしら** 石川県珠洲郡「ダムのちょっとかしらやと」 島根県「橋のかしらに乞食が住んどる」 岡山県真庭郡 ＊**かっしや** 宮城県栗原郡「当地で言うなら荒町はかっしゃである」 山形県最上郡・北村山郡「かっしゃがらながってきたんだ(上の方から流れて来たのだ)」 ＊**かまち** 福島県東白川郡「まっとかまちええって見ろ」 茨城県稲敷郡・久慈郡 ＊**かまて** 富山県砺波 岐阜県飛騨「道のかまてに石碑がある」 ＊**かみぱら** 青森県南部 ＊**かんぱた** 青森県三戸郡 ＊**かんばら** 青森県南部 ＊**かんぱら**(「かみはら(上腹)」の転か) 青森県三戸郡・南部

かみ【神】 ＊**いげ** 高知県 ＊**いだりがみ**(飢餓をもたらす神) 奈良県南大和「いだりがみにつかれる(道中、疲れと空腹のためむやみに眠けを催す)」 ＊**いっけうじがみ**(本家分家が共同して祭る同族神) 栃木県安蘇郡 ＊**いび**(「威部」か) 沖縄県首里 ＊**いわいでん**(斎(いわ)い祭る神) 長野県 ＊**うえでん**(斎(いわ)い祭る神) 長野県東筑摩郡 ＊**おくないさま**(男女二体の偶像の神) 岩手県上閉伊郡 ＊**おしらがみ**(民間信仰の神) 青森県三戸郡 ＊**おしらさま**(民間信仰の神) 青森県津軽・上北郡 ＊**おしらぼとけ・おっしゃぼとけ**(民間信仰の神) 岩手県気仙郡 ＊**おっしゃがみ**(民間信仰の神) 山形県西置賜郡 ＊**おひらさま**(男女二体の偶像の神) 岩手県上閉伊郡 ＊**おみたまさま**(正月の神棚に祭る神) 群馬県勢多郡 ＊**かくしがみ**(夕方後、子供を隠すという神) 熊本県玉名郡 ＊**さがみ** 福島県南会津郡 ＊**すぃじ** 沖縄県首里 ＊**そぜ** 大分県速見郡 ＊**たおのかみさま**(峠に祭る神) 島根県石見 ＊**とーげさま**(峠には神社が祭られているところから) 東京都八丈島 ＊**とんじん**(十文字に小便をするとたたるという神) 岩手県気仙郡 ＊**はしりがい**(幼児が急に高熱を出したり急死したりした時の原因とされる神) 岩手県気仙郡「はしりがいにあたった」 ＊**はしりげぁ**(幼児が急に高熱を出したり急死したりした時の原因とされる神) 宮城県石巻 ＊**ひだりがみ**(飢餓をもたらす神) 奈良県宇陀郡 ＊**ひだるがみ**(飢餓をもたらす神) 奈良県南大和「ひだるがみがとっつく」 ＊**ふだるがみ**(飢餓をもたらす神) 徳島県三好郡「ふだる神にゆきおうた(山中で不意に飢えて倒れる)」 ＊**まむん** 沖縄県首里 ＊**みうちがみ**(同族の神) 愛知県北設楽郡 ＊**やくじんよけ**(厄神をよける神) 新潟県東蒲原郡
↓かみさま（神様）
お産の□ ⇩「かみさま（神様）」の子見出し、「お産の神様」
火の□ ⇩「かみさま（神様）」の子見出し、「火の神様」

かみ【紙】 ＊**きのべ**(糊(のり)を加えないですいた紙) 群馬県多野郡 ＊**くろほー**(コウゾの表皮の混じった粗悪な紙) 島根県石見 山口県豊浦郡 ＊**じょーわ**(普通の紙質で、一貫目の紙) 島根県鹿足郡 ＊**すきなおし**(すき返して作る浅草紙などの下等な紙) 和歌山県 ＊**ちゃーかび**(わら製で、黄色がかっている紙) 沖縄県首里 ＊**ちゃがみ**(コウゾで作った厚いじょうぶな紙) 静岡県志太郡 ＊**なかおり**(半紙に似た紙) 石川県加賀 ＊**のべのかみ**(糊(のり)を加えないですいた紙。または、すいたままで加工していない紙) 群馬県多野郡 ＊**ばばがみ**(粗悪な紙) 奈良県添上郡 ＊**はぶき**(周囲の不ぞろいな部分を切り落として整えた紙) 群馬県多野郡 ＊**ひそがみ**(コウゾの上皮の混じっている紙) 静岡県志太郡 ＊**ひょーかみ**(コウゾの粗皮ですいた紙) 茨城県久慈郡 ＊**ふゆかみ**(冬にすく紙) 群馬県多野郡 ＊**ももだがん**(普通の美濃紙大の紙) 鹿児島県肝属郡 ＊**りんちょー**(ミツマタを原料とする紙) 高知県

かみ【髪】 ⇩かみのけ（髪毛）

かみさま【神様】 ＊**あってぁさま**(小児語) 秋田県鹿角郡 ＊**あっとー**(幼児語) 島根県鹿足郡 ＊**あっとーさま**(幼児語) 岩手県九戸郡 ＊**あっとさま** 岩手県気仙郡(幼児語) 秋田県北秋田郡・南秋田郡 福島県南会津郡 新潟県東蒲原郡 ＊**あと** 秋田県河辺郡 ＊**あとあと** 秋田県仙北郡 ＊**あとーさま** 山形県東田川郡 新潟県岩船郡 長崎県対馬(幼児語) ＊**あとーと** 山形県東田川郡 ＊**あとさま** 秋田県(小児語) 山形県 新潟県(小児語)・岩船郡 長崎県佐世保市 ＊**あとさん** 秋田県仙北郡 新潟県東蒲原郡 三重県宇治山田市(小児語) 福岡県久留米市・八女郡(小児語) 佐賀県 長崎県壱岐島(小児語) 熊本県玉名郡 ＊**あとつぁま・あとっつぁま**(小児語) 山形県 ＊**あととさま**(小児語) 山形県米沢市 ＊**あなた** 岩手県上閉伊郡 三重県志摩郡「あなたの餅(神様に供えた餅)」 島根県那賀郡「これもあなたのお陰だ」 ＊**あなたさま** 三重県志摩郡 ＊**うすぃじ・うすぃじめー** 沖縄県首里 ＊**おかみ** 栃木県安蘇郡 群馬県勢多郡 新潟県東蒲原郡 奈良県吉野郡 沖縄県首里 ＊**おかんかーん・おかんかはん**(幼児語) 和歌山県海草郡 ＊**かさがみさん**(瘡毒(そうどく)を治す神様) 奈良県南大和 ＊**かんか**(幼児語) 和歌山県 ＊**かんかさま**(幼児語) 高知県 ＊**かんかさん**(幼児語) 和歌山県(仏様をも言う)「かんかさんへ参ってこか」 徳島県 ＊**かんがなし** 沖縄県石垣島 ＊**がんがんさま**(幼

児語）長崎市 *がんがんさん（幼児語）福井県大飯郡 *かんさー 鹿児島県揖宿郡 *じのいしさま（各家の戸外や屋敷内に祭る神様。落人を祭ったもの）香川県高見島 *じのおっさん（各家の戸外や屋敷内に祭る神様）香川県広島 *じのかみ（各家の戸外や屋敷内に祭る神様）静岡県周智郡 長崎県壱岐島 *でんでんさま（幼児語）島根県石見 *どーでんさ 宮城県 *どーどーがなし 鹿児島県奄美大島 *どーどーさん（小児語）新潟県佐渡 *とだいさま（小児語）岩手県上閉伊郡 *とてさま（小児語）岩手県胆沢郡 *とでさま 秋田県雄勝郡 *とでさん 宮城県仙台市 *とどごさま（小児語）岩手県上閉伊郡 *ななさん（「なむあみだぶつ（南無阿弥陀仏）」の転。幼児語）兵庫県 山口県豊浦郡 *なまさん（幼児語）長野県長野市・上水内郡 *なまなまさま・なまなまはん（幼児語）山形県庄内 *なむなむさま（幼児語）静岡県浜松市 *なむなむさん（幼児語）静岡県志太郡 *なんな（幼児語）富山県 福井県 *なんなさま（幼児語）富山県砺波 岐阜県郡上郡 *なんなさん（幼児語）福井県大野郡 長野県長野市・上水内郡 *なんなはん（幼児語）福井県 *なんなんさん（幼児語）宮崎県西臼杵郡 *なんまさま（幼児語）富山県下新川郡 *なんまさん（幼児語）長野県長野市・上水内郡 *なんまんさん（幼児語）鹿児島県 *にゃにやさん・にゃんにゃさん（幼児語）島根県隠岐島 *にょにょさま（幼児語）秋田県雄勝郡 新潟県東蒲原郡 *にょにょさん（幼児語）新潟県 島根県出雲 広島県高田郡 山口県豊浦郡 鹿児島県 *にょんにょさま（幼児語）山形県東置賜郡 島根県大原郡・能義郡 *まーまーちゃん（幼児語）兵庫県赤穂郡 *ままいだ（幼児語）青森県三戸郡 *ままさん（幼児語）島根県隠岐島 大分県宇佐郡 *ままはん（幼児語）大阪府泉北郡 *まみーだ・まみやさま・まみゃだ（幼児語）青森県三戸郡 *まんま（幼児語）大阪府泉北郡 香川県綾歌郡・仲多度郡 *まんまい（幼児語）徳島県海部郡 香川県 *まんまいさま（幼児語）青森県三戸郡 岩手県気仙郡 香川県 長崎県南高来郡 熊本県球磨郡 *まんまいさん（幼児語）島根県石見・隠岐島 徳島県 香川県 高知県安芸郡 熊本県・玉名郡 *まんまさー（幼児語）大分県東国東郡 *まんまさん（幼児語）大阪府泉北郡 香川県綾歌郡・仲多度郡 *まんまはん（幼児語）和歌山県海草郡・日高郡 香川県仲多度郡・綾歌郡 *まんまん（幼児語）福井県 静岡県浜松市 奈良県南大和 山口県大島 香川県綾歌郡・三豊郡 *まんまんさ（幼児語）山口県大島 *まんまんさま（幼児語）山口県・大島 長崎県南高来郡 *まんまんさん（幼児語）新潟県佐渡 福井県敦賀郡 滋賀県 京都市 大阪市 兵庫県神戸市 奈良県 島根県 広島県高田郡 香川県 大分県 *まんまんちゃん（幼児語）福井県 大阪市 兵庫県赤穂郡 *ゆえーじん（同姓の一族ごとに祭る神様）長野県諏訪 *んちゃん 沖縄県首里

↓かみ（神）

お産の□ *うぶがみ 香川県仲多度郡 *うぶのかみ 愛媛県温泉郡 *うぶのかみさん 奈良県南大和 *えなさま 東京都大島 *おっびゃはん（出産の神様）奈良県宇智郡 *さんたいさま（安産の神様。また、出産の時に集まる山の神、便所の神、ほうき神の三体ともいわれる）栃木県安蘇郡 群馬県多野郡 埼玉県秩父郡 *しーじょがみさま 東京都新島 *はぎがみ（お産を見守ってくれる神様）岩手県気仙郡 *ほーきがみ（お産を見守ってくれる神様）群馬県勢多郡 香川県塩飽諸島 *ほーきがみさま（お産を見守ってくれる神様）群馬県多野郡 *ほーきのだいじんさん（お産を見守ってくれる神様）香川県三豊郡 *もりさん 奈良県南大和

火の□ *あかぐちゃーめー（「赤い口をした尊いお方」の意）沖縄県首里 *おどくさま 岡山県苫田郡 香川県 *おどっくーさま 岡山県小田郡 香川県 *おろっくーさま 香川県 *こーじん 山梨県 *こーじんさま 長野県諏訪 *どっくーさま（「土公」は陰陽道で土をつかさどる神）香川県 *ろっくーこーじん 香川県仲多度郡 *ろっくーさん 岡山県川上郡 広島県芦品郡・豊田郡 香川県塩飽諸島

かみそり【剃刀】 *あたりがね（「当たり」は「する（剃）」を忌んで言う語）静岡県庵原郡 *さかい 奈良県南部 *そい 佐賀県藤津郡 鹿児島県 *そーり 島根県隠岐島 熊本県玉名郡 *そり 愛知県碧海郡 島根県石見 広島県 山口県 高知県 佐賀県 大分県南海部郡 宮崎県 鹿児島県 *なめぼー 愛知県碧海郡

かみだな【神棚】 *おいせだな 長崎県南高来郡 *おしょさま 山形県飽海郡 *おしんめさま 岩手県上閉伊郡 *おせだな 熊本県芦北郡・八代郡 *おはらいさま 高知県土佐郡 *おふくら 静岡県田方郡 愛知県豊橋 *おへさま（「御幣様」か）山形県飽海郡 *かみさんだな 愛知県知多郡 *ごーしんさん 和歌山県日高郡 *こくら 福岡市 *しんじん 京都府竹野郡 *しんじんだな 岩手県気仙郡 宮城県仙台市 *じんじんだな 三重県志摩郡 *しんめーだな 青森県津軽 *せんぞだな 鹿児島県肝属郡 *たかがみ 奈良県吉野郡 *たなさん 熊本県玉名郡 *とこ 鳥取県西伯郡 *んちゃんうたな 沖縄県首里

かみつく【噛付】 *がっつく（がぶりとかみつく）静岡県志太郡 *かぶー 鳥取県西伯郡 *かぶつく 岩手県気仙郡 宮城県「あの子は梨にかぶついた」 山形県 福島県東白川郡・福島市 新潟県 *かぶっつく 福島県東白川郡 *かぶる 新潟県東蒲原郡 山梨県 兵庫県「お前もそっちゃから一かぶりかぶれ」 奈良県 鳥取県西伯郡 島根県 岡山県児島郡 広島県比婆郡 山口県・大島 徳島県 香川県 愛媛県 *かぷる 島根県那賀郡

*がぶる 奈良県南大和 *かぶんる 香川県三豊郡「かた餅かぶんりょって」 *かんばる 富山県 *かんぱるん 沖縄県石垣島 *くーゆん 沖縄県首里 *くっかう 千葉県長生郡・夷隅郡 *くっかく 栃木県「歯で石をくっかいた」・東葛飾郡 千葉県・夷隅郡「犬にくっかかれた」 静岡県志太郡「ひとっころ、くっかぇーておくー（一かけら口で食い割って私に下さい）」 *くつく 青森県上北郡 山形県「足をくつぐ」 *くっつー 千葉県夷隅郡 *くっつく 青森県上北郡・津軽 山形県 福島県東白川郡 茨城県稲敷郡 栃木県安蘇郡・河内郡 千葉県香取郡 新潟県西蒲原郡・中越 山梨県

→かじりつく（齧付）

かみて【上手】 *あて 長野県下伊那郡 静岡県「山のあて」 *うわぜ 大分県玖珠郡・日田郡 *おーら 沖縄県石垣島 *おわぜ 大分県日田郡「おわじぇん方に橋がある」 *かさ 岩手県上閉伊郡「入道にあった時には、かさから見ると消えるが仰ぐと何処までも大きくなる」 埼玉県秩父郡 山梨県 長野県 大分県大分郡・東国東郡 *かせ 長野県西筑摩郡「また、かせいぎゃー寄るわー」 *かみじょー・かみんじゅー 新潟県佐渡 *かんだ 京都府与謝郡 *そら 岐阜県郡上郡「このそらの山」 三重県志摩郡・飯南郡 兵庫県淡路島「も少し空へ行て聞いて見な、すぐ分ります」 鳥取県倉吉市「学校のそら」 島根県 岡山県真庭郡・苫田郡「栄やんの家は、わしの家よりまだそらの方じゃ」 広島県比婆郡 徳島県（吉野川の上流地方のことを下流地方の人がいう） 香川県・三豊郡（谷下より谷上をいう） *ゆわて 静岡県磐田郡 *わぜ 大分県日田郡「川のわじぇん方」 *わて 島根県仁多郡 *わで 山梨県 長野県「村のわで」「わで村」 静岡県磐田郡 *わてかた 島根県仁多郡・能義郡 *わでかた 静岡県磐田郡 *わね 山梨県南都留郡・北都留郡 *わば 島根県邑智郡 *わんまえ 岩手県気仙郡

→かみ（上）

かみなり【雷】 *いだち 岐阜県山県郡 *えなっしゃま 栃木県芳賀郡 *おーかみ 石川県江沼郡 *おかざっつぁま 山形県 *おかだち 宮城県登米郡 秋田県雄勝郡 山形県 *おかだちさま 宮城県栗原郡 *おかだっさま 山形県 *おかだつさま 秋田県平鹿郡・雄勝郡 山形県新庄市・最上郡 *おかだっつぁま 山形県 *おかたっつぁん 山形県新庄市・最上郡 *おかまや 山梨県 *おかみ 山梨県南巨摩郡 *おからっつぁま 山形県北村山郡 *おかんだち 群馬県吾妻郡・利根郡 埼玉県入間郡 山梨県・南巨摩郡 長野県上伊那郡・上田 *おかんだっつぁま 長野県諏訪・上伊那郡 *おかんなり 山梨県 *おごだっつぁま 秋田県鹿角郡 *おしぐれ 茨城県行方郡 *おなり（女性語） 高知市「昨日のおなりは随分強うございましたのー」 *おなりがみさん 岩手県紫波郡 *おひかり 栃木県 群馬県邑楽郡 *おやらんさま 山形県北村山郡 *おらい 長野県諏訪 *おらいさま 岩手県胆沢郡・気仙郡 宮城県「おらいさまときさした（落雷した）」 *おらいさん 岩手県紫波郡 宮城県仙台市「あっく（あそこ）の神さんのまつ木さ、おらいさんとけさったとっしゃ」 *おらいはん 福島県相馬郡「おれぇはんあめ（夕立雨）」 *かたじ 岩手県九戸郡 *かだち 山形県 福島県 *かみ 石川県能美郡「かみがなる」・江沼郡 熊本県球磨郡 *かみさま 熊本県球磨郡 *かみさん 新潟県佐渡「かみさんがおちる」 *かみたち 千葉県市原郡 *かん 石川県河北郡 *かんだい 長崎県五島 *かんたち 千葉県安房 *かんだち 秋田県 山形県西村山郡 福島県岩瀬郡 茨城県多賀郡 群馬県館林 武蔵 千葉県上総 神奈川県津久井郡 山梨県 長野県「いらくかんだちが鳴るなあ」 *かんだちさま 長野県北佐久郡 *かんだっつぁさま 長野県南部 *かんだれ 宮崎県都城 鹿児島県 *がんだれ 石川県鹿島郡 *かんとぅめー 沖縄県波照間島 *かんどーら（幼児語） 沖縄県小浜島 *かんなー 島根県出雲 *かんなさま 大分県西国東郡 *かんなる 富山県射水郡 沖縄県石垣島 *かんなれ 石川県鹿島郡 香川県綾歌郡（幼児語） 鹿児島県 *かんなれどん・かんなれのん・かんなれろん 鹿児島県揖宿郡 *かんねー 沖縄県竹富島 *かんねどん 鹿児島県揖宿郡 *かんばら 石川県能美郡 *こがみなり（大きく光るが、音の小さい雷） 奈良県吉野郡 *ごろ 島根県美濃郡・益田市 *ごろすけ 三重県伊賀 *ごんごさん 和歌山県日高郡 *ごんごんさん・ごーごーさん・ごごさん 熊本県 *こんだち 青森県南津軽郡 *こんぼ 大分県大分郡 *じがみなり（光らずに地が震えるように鳴る雷） 奈良県吉野郡 *だい 熊本県 *だいせん 熊本県下益城郡 *とーだいさま・とーとさま・とーどっこさま（小児語） 岩手県九戸郡 *とど 熊本県球磨郡 *とどーさん 島根県仁多郡 *どどーさん 島根県仁多郡 広島県比婆郡 *とどこさま（小児語） 青森県南部 岩手県上閉伊郡 *ととさま（小児語） 青森県三戸郡 *とどさま 山形県飽海郡 *どどさま 山形県西置賜郡 *どどはん 山形県鶴岡市 *どどら 三重県志摩郡 *とどろ 三重県志摩郡 島根県邑智郡「とどろがほろける（雷が落ちる）」 *どどろ 三重県志摩郡 広島県 山口県・祝島 *とどろがみ 島根県邑智郡 *どどろがみ 島根県邑智郡 *どどろさん 広島県江田島・東能美島 *どろがみ 長崎県 *どろがみさま 大分県大分市・大分郡 *どろがみさん 長崎県 *どろさん 鳥取県西伯郡 *どろだ 三重県志摩郡 *どろどろ 島根県大田市 広島県比婆郡 *どろどろさま 大分県大分郡・北海部郡 *どろんさま 大分県 *どろんさん 佐賀県・藤津郡（幼児語） *どんがらさま 群馬県吾妻郡 *どんどがみ 石川県能美郡 *どんどら 三重県志摩郡 香川県 愛媛県中島 *どんどらさん 香川県 愛媛県 *どんどらはん 香川県 *どんどりさん 長崎県佐世保市 *どんどろ 三重県志摩郡 岡山県 広島県

山口県屋代島・浮島　香川県(幼児語)　愛媛県 *どんどろがめ 広島県芦品郡 *どんとろけ 鳥取県 *どんどろけ 兵庫県美方郡　鳥取県(小児語) *どんどろげ 島根県大田市 *どんどろさま 岡山県小田郡 *どんどろさん(小児語)愛媛県周桑郡 *どんどろさん 岡山県北木島・児島郡　広島県比婆郡　香川県(幼児語)　愛媛県中島・越智郡大島 *どんどろはん(幼児語)香川県 *どんどん 香川県佐柳島 *どんどんさま 大分県 *どんどんさん(児童語)秋田県平鹿郡 *ならかみ 島根県那賀郡・江津市　広島県比婆郡　佐賀県 *ならかみさん 長崎県佐世保市 *ならかめ 島根県鹿足郡・那賀郡 *ならし 青森県南部　秋田県北秋田郡 *なりかみ 青森県南部　秋田県北秋田郡「昨夕のなりかみは大層怖ろしかった」　群馬県吾妻郡　島根県石見　広島県・比婆郡・高田郡　愛媛県　大分県南海部郡 *なりがみ 岩手県気仙郡 *なりかみさま 大分県東国東郡・速見郡 *なりかめ 島根県石見 *なるかみ 東京都八丈島　島根県石見　広島県　山口県・大島　愛媛県「なるかみが鳴った」 *なるかみさん 愛媛県周桑郡 *なるかんがなす 鹿児島県徳之島 *ののさま 秋田県山本郡 *はたかみ 兵庫県 *はたがみ 福井県西部　京都府北部 *はみどぅる 鹿児島県沖永良部島 *はんげかみなり(七月、田植え終わりころに鳴る雷)島根県益田市 *ひかひか 兵庫県宍粟郡　鹿児島県屋久島 *ひかひかどん・ぴかぴかどん・ひかひかいどん・ひかひかさま 鹿児島県揖宿郡 *ひかんなり(落雷して火を発するような、近くて激しい雷)新潟県岩船郡 *ひがんなり(落雷して火を発するような、近くて激しい雷)新潟県 *ひゃーいがんない(雨を伴わない雷。日照りの雷)沖縄県首里 *ぶりおこし・ぶるおこし(冬季、ブリの捕れるころに鳴る雷)富山県砺波 *へそとり 島根県鹿足郡・隠岐島　大分市 *へそとろさん 熊本県飽託郡 *へそぬぎ 山形県最上郡 *みずかんなり(落雷しても火を出さない雷)新潟県岩船郡 *みずがんなり(落雷しても火を出さない雷)新潟県 *ゆーだち 長野県上伊那郡　岐阜県「夕立があまりなされた(雷が落ちた)」　静岡県庵原郡(夜の雷)　愛知県西春日井郡・東春日井郡　兵庫県但馬・飾磨郡 *ゆーだちさま 愛知県東春日井郡 *ゆーだっさま 岐阜県羽島郡・郡上郡　愛知県東春日井郡 *ゆーだっつぁま 岐阜県「ゆふだっつぁまがあまらした(雷が落ちた)」 *ゆきおこし(十二月中旬に鳴る雷)福井県敦賀郡 *ゆきおろし 山形県(初冬に鳴る、雪を知らせる雷)　新潟県(初冬に鳴る、雪を知らせる雷)・中頸城郡(初冬に鳴る、雪を知らせる雷)　長野県下水内郡(冬の雷) *ゆきおろしかみなり(初冬に鳴る、雪を知らせる雷)山形県 *よーだち 埼玉県秩父郡　東京都八王子　神奈川県津久井郡　長野県「あさよーだち(朝の雷鳴)」　岐阜県稲葉郡　静岡県磐田郡　愛知県　兵庫県　徳島県 *よーだちさま 埼玉県秩父郡　東京都八王子　静岡県磐田郡 *よーだちさん・よーだっつぁん 徳島県 *よーだっさま 長野県佐久 *よーだつさま 愛知県葉栗郡　愛知郡 *よーだっつぁま 神奈川県津久井郡　長野県　岐阜県恵那郡　愛知県北設楽郡　徳島県 *よだち 京都府愛宕郡　兵庫県 *よらち 兵庫県播磨 *らい 静岡県庵原郡　熊本県 *らいけん 岩手県気仙郡 *らいさま 青森県南部　秋田県鹿角郡・河辺郡　山形県「らえさまならしゃる」　福島県　茨城県真壁郡　栃木県下都賀郡・河内郡　群馬県　埼玉県　千葉県印旛郡・東葛飾郡　東京都八王子　神奈川県津久井郡　新潟県・東蒲原郡　大分県大野郡 *らいでんさま 群馬県勢多郡

かみのけ【髪毛】 *あかまじ 沖縄県石垣島 *あかまんつぃ 沖縄県小浜島 *あまじ 沖縄県黒島・波照間島 *あまち 沖縄県西表島 *あんも(幼児語)島根県鹿足郡・邑智郡 *うんちょーび(「御美髪」の意。髪の尊敬語)沖縄県首里 *おごー(尊敬語)京都府 *おごし(尊敬語)静岡県安倍郡　山口県萩市・阿武郡　徳島県　香川県・木田郡　愛媛県新居郡 *おごしかいらげ 長崎県南松浦郡 *おぼ(幼児語)山形県庄内 *おぼし 香川県木田郡 *おむし 滋賀県蒲生郡 *がーんじ(幼児語)沖縄県石垣島 *かしら 三重県南牟婁郡　京都府西部　奈良県高市郡「かしらゆー(髪結ぶ)」　島根県隠岐島　長崎県南松浦郡　沖縄県首里 *かしらぎー 沖縄県首里 *かまじ 沖縄県新城島 *かまじぬきー 沖縄県鳩間島 *かまずぃ 沖縄県新城島 *かまち 鹿児島県奄美大島 *かまちぬき・かまちんき・かまちぬすじ 鹿児島県奄美大島 *かまつぃき 鹿児島県加計呂麻島 *かみげ 兵庫県但馬　山口県周防　長崎県壱岐島　熊本県 *かみすべ 和歌山県「かみすべが落ちてくる」 *かみのうち 和歌山県東牟婁郡 *かみひげ 広島県高田郡　徳島県　愛媛県周桑郡・喜多郡　高知県長岡郡・幡多郡 *かむげ 山口県大島　宮崎県西臼杵郡 *からじ 沖縄県本島 *からじぎー 沖縄県首里 *からず 沖縄県宮古島 *からずぃ 鹿児島県徳之島 *からん 沖縄県与那国島 *かんぎ 島根県隠岐島 *かんげ 島根県　佐賀県藤津郡　長崎県「頭んかんげが一本立ちして」　熊本県 *がんずか・かんずら 静岡県 *がんた 長野県東筑摩郡 *がんつ(女性の髪)静岡県榛原郡 *かんとぅ(髪を卑しめて言う語)沖縄県首里 *けば 茨城県北相馬郡　山梨県北都留郡 *けんつー・けんずー 長野県諏訪 *こーずか 新潟県佐渡　福岡市　長崎県対馬　熊本県玉名郡 *こーぶ 鹿児島県奄美大島 *こずか 長崎県壱岐島 *じゃんぽ 青森県 *ずんが 島根県隠岐島 *せんが 岡山県「せんがをとる(頭髪をつかむ)」　山口県阿武郡 *せんがしら 山口県「せんがしらを取ってひき倒したげな」 *つぶり 山形県東置賜郡　茨城県稲敷郡　千葉県印旛郡　東京都八丈島 *つぶりけ(女の髪)福島県相馬郡 *はまじ 沖縄県竹富島 *はまち(女の髪)鹿児島県喜界島 *はらずぃ

沖縄県国頭郡 *びんこ 宮城県登米郡・玉造郡 秋田県仙北郡 *びんた 鹿児島県「びんたを摘ん(散髪する)」・屋久島 *びんたのけ 熊本県球磨郡 *びんたんけ 熊本県球磨郡 宮崎県西諸県郡 鹿児島県・揖宿郡 *めめ(主として幼児語) 栃木県佐野市・河内郡 三重県志摩郡 滋賀県蒲生郡 *めんめ(主として幼児語) 茨城県稲敷郡・北相馬郡 栃木県 群馬県 埼玉県北足立郡 千葉県東葛飾郡 長野県佐久 奈良県・吉野郡

かむ【噛】 *いちかむ 長崎県南高来郡 鹿児島県 *かす 大分県北海部郡 *かなーしゅん 沖縄県首里 *かんばる 富山県 *かんぱるん 沖縄県石垣島 *けしる 愛知県知多郡 *こぶしる 熊本県芦北郡・八代郡 *こぶる 岐阜県飛驒「親の財産をこぶる」 徳島県 香川県三豊郡・仲多度郡「いり豆をこぶる」 愛媛県宇摩郡 福岡県「こぶりつく」 熊本県玉名郡・下益城郡 *しがむ 新潟県佐渡 滋賀県彦根 大阪市 兵庫県・明石郡「ようしがんで食うねんで」 奈良県・南大和 *つむ 山梨県南巨摩郡(前歯でかむ)「このきつかーは(木の皮は)にがいで、いんめー(少し)つむでみで」 愛知県知多郡「百足がつんだ」 高知市(前歯でかむ)「私は前歯がかけたきにえつまん」 *ほーん 沖縄県石垣島

がむしゃら【我武者羅】 *らんき 山形県「らんきなてあばった(がむしゃらに暴れた)」

□なさま *あまんじゃく 島根県西部「あまんじゃくなことをするにも程がある」 *あらむしゃ 島根県「あらむしゃなことを言うな」 *がしょーき 栃木県 群馬県山田郡・桐生市 埼玉県秩父郡 千葉県東葛飾郡「そんながしょうきするからぶつかれちゃんだ」 *がしょーぎ 茨城県北相馬郡 *がしょき 栃木県 *がしょぎ 千葉県夷隅郡 *がっしょーき 群馬県勢多郡

□な人 *じゃじゃうま(せっかちでがむしゃらな人) 北海道 新潟県佐渡 *やがん 新潟県佐渡 岡山県 島根県「隣の婆さーはやがんで困る」 *やんがら 愛媛県西部・大三島 *やんがんきり 愛媛県

かめ【瓶】 *いしぶね(井戸のそばに水をためておく瓶) 福井県 *くつぃかみ(洗った骨を納める瓶) 沖縄県石垣島 *ずぃーしがーみ(遺骨を納める瓶) 沖縄県首里 *すがま(金魚や水草を入れる陶製の瓶) 愛知県名古屋市 *すんべ(小さい瓶) 静岡県 *ずんべ(小さい瓶) 静岡県磐田郡 *つぼ 山梨県南巨摩郡 愛媛県 *とぅらはみ(口の大きい瓶) 鹿児島県喜界島 *どんがめ(卑語) 福岡市 *はず(汚水や糞尿をためておくおけや瓶) 広島県倉橋島 *はんず 宮崎県都城 *はんど 岐阜県飛驒 愛知県名古屋市(陶製の壺(つぼ)を切ったようなやや浅い瓶) 島根県仁多郡 香川県三豊郡 愛媛県松山 高知県・高知市 *はんどー 島根県石見 広島県山県郡 山口県豊浦郡・阿武郡 福岡県小倉 *ぱんどー(瓶の大きなもの) 鹿児島県喜界島 *まがめ(埋葬用の瓶) 香川県西部 *みそげ(みそを小出しにして入れておく瓶または樽) 山形県東田川郡

水をくみ入れて台所などに置く□ *がめはんど 長崎市 *はんず 佐賀県藤津郡 長崎県南高来郡・五島 熊本県 大分県宇佐郡 宮崎県南部 鹿児島県 *はんずーがめ 佐賀県 *はんずかめ 鹿児島県 *はんずがめ 佐賀県藤津郡 長崎県南高来郡 熊本県天草郡 *はんと 愛知県碧海郡 *はんど 岐阜県稲葉郡・恵那郡 愛知県 兵庫県淡路島 奈良県 和歌山県伊都郡 鳥取県西伯郡 島根県 岡山県苫田郡 広島県高田郡・安芸郡 山口県見島 徳島県西南部 愛媛県 高知県・幡多郡 福岡県小倉市・企救郡 佐賀県唐津市 長崎県 熊本県 大分県 宮崎県延岡 *ぱんどぅ 沖縄県新城島 *はんどぅー 沖縄県首里 *はんどぅーがみ・はんどぅーがーみ 沖縄県首里 *はんどー 島根県 岡山県 広島県 山口県 福岡県企救郡 長崎県 宮崎県西臼杵郡 鹿児島県宝島・屋久島 *はんとーがめ 佐賀県 *はんどーがめ 島根県美濃郡・益田市 福岡県久留米市 *はんどかめ 愛知県碧海郡 *はんどがめ 山口県屋代島 香川県塩飽 佐賀県唐津市 長崎県 熊本県 *はんどつぼ 和歌山県伊都郡 山口県向島

かめ【亀】 *いしかめ 三重県度会郡 *いしがめ 宮城県栗原郡 *かめの 三重県志摩郡 *かめんじょー・かめんど 静岡県 *がんだめ 京都府与謝郡 *くそどんがめ(悪臭を放つカメの一種) 香川県豊島 *くそんど 三重県阿山郡・名賀郡 京都府 *くんくん 長崎県五島 *だんかす 京都府 *だんがめ 岡山県上道郡 *どろがめ 長野県南佐久郡 *どんがつ 広島県豊田郡 *どんがめ 三重県 奈良県 和歌山市 広島県 愛媛県北部 福岡市(大きなカメ) 長崎県南高来郡 *どんから 京都市 *どんがん 香川県(大きなカメ)・綾歌郡(大きなカメもいう)・仲多度郡・木田郡(大きなカメ) *べっこ 香川県男木島 *やまがーみー・やんばるがーみ(陸にいるカメ) 沖縄県首里

かも【鴨】 *あおくび(カモ類の総称) 北海道(雄) 青森県 岩手県盛岡市 宮城県 福島県(雄) 茨城県 栃木県日光 埼玉県本庄市・入間郡 東京都 神奈川県中郡 石川県 山梨県 長野県 岐阜県 愛知県 京都府 大阪府 兵庫県 奈良県高市郡 山口県 徳島県 香川県 愛媛県 高知県(雄) 佐賀県 熊本県 宮崎県 鹿児島県(雄) *あじがも・あじむら(カモ類の総称) 島根県出雲 *おしがも(カモ類の総称) 岡山県勝田郡 *がーっとぅりゃ 沖縄県竹富島 *がーてぃー 沖縄県中頭郡 *がーとぅい 沖縄県島尻郡・首里 *がーとぅり 沖縄県小浜島・波照間島 *かーどぅりゃー 沖縄県新城島 *がーどぅりゃー 沖縄県新城島 *かーどぅれー・がっとぅる 沖縄県石垣島 *がとぅりゃー 沖縄県西表島・竹富島 *かもめ(カモ類の総称) 東京都八丈島 *がら(カモ類

の総称）島根県能義郡 *かりかり 島根県能義郡・八束郡 *くってゃー 沖縄県与那国島 *ごめ 北海道小樽市 *はーどぅり 沖縄県黒島 *もとり 鹿児島県種子島

かもい【鴨居】 *うぃーぬしち 沖縄県首里市・那覇市 *うぃぬしき 沖縄県石垣島・新城島 *うぃぬすき 沖縄県石垣島・新城島 *うえのしきいり 島根県石見 *うわじき 岐阜県大垣市 熊本県菊池郡 *うわじきい 島根県石見 *うわじく 長崎県南高来郡 *おーどかもい（入り口にある太い木材のかもい）青森県三戸郡 *かまち 青森県三戸郡 静岡県磐田郡 *かみしき 沖縄県波照間島・鳩間島 *かむり 熊本県 *かもぎ 岐阜県飛驒 *かもる 熊本県芦北郡 *かんしき 沖縄県小浜島 *さいみち 岩手県九戸郡 *さんかまち 青森県津軽 *しき 香川県綾歌郡 *しきーば 広島県芦品郡 *しきかめ 長崎県南高来郡 *しきだちー 沖縄県与那国島 *ちゃくろ 鹿児島県口之永良部島 *ひきもん 熊本県球磨郡 *ひらもん 鳥取県西伯郡 熊本県玉名郡（大敷居の上の大かもい）*へらもん 富山県富山市近在（大敷居の上の大かもい）・砺波（大敷居の上の大かもい）・西礪波郡 *わーしき 沖縄県黒島 *わーすき 沖縄県宮古島・黒島 *わーはみー 鹿児島県沖永良部島

かもく【寡黙】 ⇨むくち（無口）

かもめ【鷗】 *あとあし 愛媛県大三島 *いわしがも 島根県簸川郡・八束郡 *いわしどり 長崎県五島 *うばみ 島根県益田市 *うみどり 福岡県 *うみねこ（鳴き声が猫に似ているところから）岩手県気仙郡・九戸郡 秋田県河辺郡 *うわみ 島根県石見 *うんどり 鹿児島県奄美大島 *おきあい（沖で魚群についているカモメやチドリ）香川県 *おきどり 高知県 *おきのとり 静岡県 *かご 島根県八束郡・隠岐島 *かごのとり 島根県隠岐島 *かだねご 秋田県山本郡 *かぶな 東京都八丈島 *かぶなめ・かぶめ 東京都八丈島 *かぶにゃーめ 東京都八丈島 *かも 島根県 熊本県天草郡 *かわめ 石川県河北郡 *かんぼ 鹿児島県屋久島 *ごみ 新潟県佐渡 *ごめ 青森県 *ごんべ 北海道函館 *しらがも 島根県仁多郡 *しろがも 熊本県下益城郡 *にゃごさぎ 石川県江沼郡 *ねこさぎ 島根県出雲 *ねこどり 富山県 福井県 福岡市 熊本県 大分県 *はまどり 富山県 *はまねこ 山形県庄内・飽海郡 千葉県 新潟県 *ひやご 京都府中郡・与謝郡 *まとり（カモメの一種）静岡県焼津市 *みやこどり 栃木県 埼玉県北足立郡 愛知県西春日井郡 大阪府

かや【茅】 屋根を葺（ふ）くのに用いるイネ科、カヤツリグサ科の大形草本の総称。主としてススキ、チガヤ、スゲなどが用いられる。 *かいご 島根県鹿足郡・邑智郡 *かやご 島根県 *かやぼ・かやぶ 和歌山県東牟婁郡 *かやんぼ 山形県米沢市 *こーら（カヤの一種）島根県鹿足郡・美濃郡 *しば 新潟県佐渡 *ちがや 群馬県佐波郡 *ちなわ（むしろを織るのに用いる一種のカヤ）島根県邑智郡 *ときわ 大分県大分郡・宇佐郡 *ぶんご 島根県美濃郡・益田市 *ほんがや 秋田県 *やちがや（水沢に生ずるカヤ）青森県上北郡

かや【蚊帳】 蚊を防ぐために、四隅をつって、寝床をおおう具。麻、絽（ろ）、もめんなどで作る。 *かさ 沖縄県波照間島 *かちゃ 沖縄県首里 *かちょー 香川県 愛媛県周桑郡 *かちょ 香川県 *かつぁ 沖縄県八重山 *かったー 沖縄県与那国島 *かっつぁ 沖縄県鳩間島 *はつぁ 沖縄県黒島・新城島 *つぶらがや（洋傘のように開閉できる幼児用の蚊帳）富山県砺波 *まくらがや（子供用の蚊帳）滋賀県愛知郡・蒲生郡 兵庫県神戸市 岡山市 熊本県玉名郡

かゆ【粥】 *あい 三重県度会郡 *あんがい（小豆を入れた粥）広島県芦品郡 *いもがい（芋と粟または米の粥）長崎県壱岐島 *いりめし（野菜などを混ぜて、味を付けた粥。しょうゆの粥）愛知県知多郡 *いれおかい（生米から直接にではなく、冷や飯を粥にこしらえたもの）京都市 大阪市 奈良県北葛城郡 和歌山市 島根県美濃郡・益田市 *いれぎゃー・いれぞーすい（生米から直接にではなく、冷や飯を粥にこしらえたもの）京都府竹野郡 *いれみそ（野菜などを混ぜて、味を付けた粥）新潟県佐渡 *いれめし（野菜などを混ぜて、味を付けた粥）長野県下水内郡 愛知県名古屋市 三重県度会郡・宇治山田市 島根県出雲 *えりめし（しょうゆの粥）愛知県知多郡 *おかいさん 兵庫県神戸市 奈良県・宇陀郡「おかいさんのあつあつ」和歌山市 *おかいまま 熊本県球磨郡 *おかいめし 熊本県飽託郡 *おきやすい 新潟県佐渡 *おちゃ 奈良県大和高田市 *おちゃちゃ（幼児語）奈良県 *おゆずけ 石川県金沢市・河北郡 *およずけ 新潟県中頸城郡 石川県金沢市・河北郡 *かいかい（幼児語）山口県豊浦郡 *かいじゃ 島根県出雲 山口県見島（産婦が最初に食べる薄い粥）*かいもち（そば粉、または米の粉の粥）福井県 *かえめし 熊本県天草郡 *けぁっこまま 秋田県仙北郡 *けこ 青森県上北郡「ちゃげこ（茶がゆ）」秋田県雄勝郡 *けこまま（米と粟の粥）青森県三戸郡 *げんか 広島県 *けんけ（幼児語）島根県隠岐島 *こたねがゆ（正月十五日に食べる、粟、黍を入れた粥）栃木県安蘇郡 *こぶり・こぶりゆ（釜の底のお焦げに水を加え塩味をつけて作る粥）兵庫県神戸市 *こめからがゆ（飯の余りを煮たかゆに対して、初めから米を煮た粥）新潟県 *しでいかい（水になった粥）沖縄県石垣島 *しるとぅみーとぅー（汁と米粒が別れ別れになっている薄い粥）沖縄県首里 *ずーしー 宮崎県西臼杵郡 *ずしめし（野菜などを入れて味を付けた粥）熊本県芦北郡・天草郡 *せんちゃ 奈良県南大和 *ぞーさえまま・ぞさえまま（野菜などを入れて味を付けた粥）山形県村山 *ぞーしー 宮崎県西臼杵郡 *ぞーすい（みそを入れた粥）新潟県佐渡 *ぞー

すいまま（野菜などを入れて味を付けた粥）山形県最上郡　*ぞーすがえ（野菜などを入れて味を付けた粥）島根県隠岐島　*ぞーすこ・ぞすこ（野菜などを入れて味を付けた粥）秋田県仙北郡　*ぞーせまんま（野菜などを入れて味を付けた粥）福島県東白川郡　*ぞろ富山県下新川郡　福井県　宮崎県東諸県郡（かゆと普通の飯の中間のもの）　鹿児島県　*ぞろぞろまま（幼児語）富山県　*ぞろろ愛媛県大洲市　*ぞんぞ石川県珠洲郡　*だいしっけー（十一月四日、十四日、二十四日に食べる粥）埼玉県北葛飾郡　*だいしのげぁ（陰暦十二月二十四日に大黒天に供える粥）岩手県気仙郡　*たむぎつけー（稲を刈った後の田への麦まきが終わった祝いに食べる小豆粥）群馬県勢多郡　*ちからげー（葬式の後で親戚の者が食べる粥）山形県東田川郡　*ちゃがい奈良県吉野郡　*ちゃちゃ（幼児語）奈良県大和高田　*ちゃんちゃ（幼児語）三重県伊賀　奈良県宇陀郡・吉野郡　和歌山県伊都郡　*ついじぬむん（重湯に対して、米粒の形が見える飯や粥）沖縄県首里　*つめがい（切り干し芋を入れた粥）愛媛県　*てしっちぇ（煮直し粥）栃木県安蘇郡　*ではつかい（出棺時の、塩を入れた粥）青森県三戸郡　*てんじょ（大工の用いる語）奈良県南大和　*どせまま（野菜などを入れて味を付けた粥）山形県最上郡　*ねばしがゆ・ねばしぞーすい（薄い麦粥）島根県益田市　*はつおーかい（正月四日に炊く粥）大阪府南河内郡　*ひきばん（ひいた米で作る糊状の粥）鹿児島県沖永良部島　*ひくわり（米を水に浸してからひいたものを煮た粥）富山県砺波　*ひっかりがい（ひき割り麦で炊いた粥）香川県伊吹島　*ふくわかし大阪府南河内郡（正月四日の早朝に作る白い粥）　愛媛県（餅を入れた粥）・松山（餅を入れた粥）　*ふたたき（「二度炊いたもの」の意）熊本県玉名郡・鹿本郡　*ふんぐりかい（十一月四日と十四日の大師講の時に食べる、団子を入れた粥）新潟県東蒲原郡　*ほーろー鹿児島県宝島　*みとりのおかゆ（盆の十四日の朝に供える粥）三重県北牟婁郡　*やうつりがゆ（引っ越し後、近所の人を招いてふるまう粥）青森県三戸郡　秋田県鹿角　岐阜県飛騨　鳥取県西伯郡（新築移転の時に炊く粥）　香川県（新築移転の時に炊く粥）*やうつりけっこ（引っ越し後、近所の人を招いてふるまう粥）青森県上北郡　*やたらがい（屋根ふき祝いの粥）岐阜県飛騨　*やどこがえ（屋根ふきが済み、棟上げの時に食べる粥）青森県三戸郡　*やわたりがゆ（引っ越し後、近所の人を招いてふるまう粥）島根県出雲　*ゆーこ熊本県上益城郡　*ゆかけめし熊本県芦北郡　*ゆこー高知県長岡郡　*ゆずけ山梨県南巨摩郡　*ゆでみそ（米と野菜を一緒に炊き込んだ粥にみそを加えたもの）新潟県佐渡　*わたりがい・わたしがい（陰暦十二月一日に作る、神仏に供えたり親里へ贈ったりする粥）長崎県壱岐島　*わっちゅー（米、麦などを粉にして炊いた粥）鹿児島県喜界島

かゆい【痒】　*うぃーごーさん沖縄県首里　*うざうざ（かゆい感じ）滋賀県神崎郡　*かいよい山梨県南巨摩郡「かいよいとこに手のとどくぐに」　*かりー千葉県山武郡　*かり青森県上北郡　山形県西置賜郡　*かる岩手県　*さしぽい（体がかゆくて、肌に刺激を感じる）岩手県気仙郡「今日、麦こぎしたがら、体中さしぽい」　*じじが鹿児島県鹿児島郡　*ちょこばいー大分県宇佐郡　*むぐったい群馬県邑楽郡　*やぐらしか（身体がかゆい）長崎県壱岐島　*ゆごさん鹿児島県奄美大島　*ゆごーさい鹿児島県喜界島

かよう【斯様】　⇩このよう

かよわい【弱】　*あやわしか熊本県芦北郡・八代郡　*あよわしか長崎県南高来郡　熊本県玉名郡　*うしけない青森県津軽　*えじゃくない新潟県西頸城郡　*かんじょーし宮崎県東諸県郡　*かんちょらい富山市近在　*かんちょろい山梨県南巨摩郡「そがーのーかんちょろい柱じゃあ危い」　長野県東筑摩郡「此急須の手はかんちょろい」　*かんちろい京都府北部　*じゃばい福岡県北部　大分県日田郡　*たよけない（「たよりげない（頼気無）」の転か）山形県米沢市　*ちょこにすい福井県大野郡　*ひゃーずい山梨県南巨摩郡「日本人が外国人と並べばひゃーずいようだ」　*ひやずい山梨県　*ひわずい福井県敦賀郡　静岡県　京都府竹野郡「こんなひわずい机では…」「ひわずい体だで大事にしなはれ」　香川県　愛媛県大三島　長崎県北松浦郡「あの子はひわづかばい」　*ひわそい滋賀県高島郡・甲賀郡　*ひわつい宮崎県東諸県郡　*ひわでない静岡県「常にひわでないでこまる」　*へわすい滋賀県蒲生郡　*へわずい京都府竹野郡　*へわそい滋賀県高島郡　*やくい新潟県佐渡「身体がやくい」　*やこい岐阜県飛騨　*やごい静岡県「やごい人だ」　*やっこい青森県三戸郡「この子がやっこくて困る」　*やふぁらさん沖縄県首里　*やらかい岐阜県飛騨　*やわらかい岐阜県飛騨　*よーせ千葉県東葛飾郡　*よーせー茨城県稲敷郡　群馬県多野郡「体がよーせいから力仕事をするのに大ごとだ」　埼玉県秩父郡「よーせー野郎だ」「そんなよーせー柄じゃあ、すぐ折れてしまう」　長野県上伊那郡　静岡県　*よーそい新潟県中越・南魚沼郡　*よーそしー長野県下伊那郡　*よせ山形県　*よせー群馬県多野郡　*よせたい秋田県仙北郡「あの奴、よせたいなあ」　山形県　*よっせー山形県飽海郡　*よへったい山形県最上郡

から【空】　*あどんこ岩手県紫波郡　*おさんから栃木県「財布がおさんからになる」　*かすっぽ和歌山県「財布の中はかすっぽだった」　*からこ山形県「からこな箱」　*がらぽこ富山県　*がらんこ山形県南村山郡　島根県隠岐島　*がらんす長野県西筑摩郡　島根県益田市　愛媛県「あら、これはがらんすじゃ」　*からんつー静岡県「この箱の中はからんつーだ」　*からんぽ静岡県志太郡　兵庫県加古郡　香川県三豊郡　*がらんぽ・からぽこ・

からぺ 山形県「家の中がらんぽだ」　*からんぽち 兵庫県加古郡　*からんぽつ 香川県　*からんぽん 静岡県志太郡　*ざーり 沖縄県石垣島　*すら 山口県豊浦郡「すらくじ」
→からっぽ（空）

がら【柄】　*あやぐゎー（細かい柄。着物の模様について言う）沖縄県首里　*うふあや（着物の模様の大きな柄）沖縄県首里「うふあやじん（大柄の着物）」　*ごすたい 神奈川県津久井郡「ごすてーのわりーやろーだ」「ごすてーもねーやつ」　*てぃじま（絣と縞の交ぜ織りの柄）沖縄県首里

からい【辛】　*いーか・いーかっか（幼児語）長崎市　*いからい 茨城県　三重県名賀郡　*いがらい 新潟県佐渡　兵庫県神戸市　奈良県南大和　愛媛県松山　鹿児島県肝属郡　*やらやら（辛いものを飲食して口の中が刺激されるさま）高知県長岡郡

からいばり【空威張】　*からかんぱつ 新潟県佐渡　*からきじ 秋田県仙北郡　*くそいばり 新潟県佐渡　*しろげんき（弱虫なのに空いばりをする者）高知県「あの子は口ばかし偉いが、さらばとなるとすぐ泣きだしそーになる、ほんのしろげんきぢゃ」　*ほーご 熊本県菊池郡「ほーごばかりぢゃあち（出して）」・下益城郡「ほーごあぐる」

からかう　*あいくる 兵庫県加古郡　香川県仲多度郡　*あいしらう 山形県　*あいてになる 兵庫県加古郡　*あえくる 鳥取県因幡　島根県隠岐島　徳島県「人をあえくるもんでない」　福岡県　大分県大分市・大分郡　*あえる 高知県「子供をそんなにあえな、泣き出すきに」　*あざる 富山県砺波　*あじゃる 和歌山県日高郡　島根県「老人をあじゃってばかりおる」　高知県土佐郡　*あぜる 香川県「あいつをあぜっとったらしまいに怒ってしもうた」　*あまされる 新潟県中部・東蒲原郡「子供が大人にあまされるものでない」　*あやかす 新潟県東蒲原郡　岐阜県可児郡　愛知県　三重県志摩郡・員弁郡　和歌山県伊都郡・東牟婁郡　*あやくる 愛知県豊橋市「しきりにあやくっとる」・東加茂郡　兵庫県淡路島　和歌山県　岡山県苫田郡　徳島県・美馬郡　*あらがう 岩手県　広島県走島　*あらそう（わざと逆らったりしてからかう）岐阜県北飛騨　岡山県苫田郡「わしがちょっとあらそうてみちゃったら、ほんきで怒りだした」　*いさかう 京都府　*いせくる・いせくれる 愛知県碧海郡「いせくれるとおこる」　*いびらかす 愛媛県　高知県幡多郡　*いびる 埼玉県北葛飾郡　新潟県上越　高知県幡多郡　*いやがらかす 愛知県名古屋市　*いらう 島根県「あがーにいらうと泣くのも無理はなー」　*いろう 石川県河北郡　香川県　*いろべらう 香川県　*いろべる 徳島県「女をいろべる」　香川県　*いんにかかる 石川県江沼郡　*うざつく 奈良県南大和　和歌山県　*えしゃたげる 山形県北村山郡・最上郡　*えぜく 宮崎県東諸県郡　*えせる 愛知県奥設楽　*えぞーかす 岡山県　広島県　*えぞかす・えぞわかす 岡山県　*えたける 愛知県愛知郡　*えつらかす 長崎県対馬　*えどーかす 広島県福山市　*えびらかす 愛媛県越智郡「子供じゃ思うて、そがにえびらかすな」　*えらかす 福岡県　佐賀県　長崎県「子供ばえらけーち遊ばせろ」　熊本県八代郡　*おこずる 佐賀県　*おこつる 徳島県美馬郡　香川県三豊郡　愛媛県　高知県「暇さえあれば子供をおこつって楽しんで居る」　佐賀県唐津市　大分県南海部郡　*おちょくる 大阪市　兵庫県　奈良県「あいつおちょくりよんね」　和歌山県　岡山県児島郡　徳島県　香川県　愛媛県　高知県安芸郡　*おちょける（人をばかにしてからかう）熊本県　*おっちょくる 新潟県東蒲原郡　*おなえる 新潟県佐渡　*おびく 広島県西南部　山口県「こまい子（年下の子）をおびいたりしちゃーいけん」　愛媛県伯方島　*かーらぶってーいしぶってー（女の子と遊んでいる男の子をからかって言う言葉）沖縄県首里　*かかしらう 長野県東筑摩郡　*かかしろう 山梨県・南巨摩郡　長野県　*かかりゆー 富山県砺波　石川県　*かしょう 奈良県吉野郡（女をからかう）　広島県山県郡　*かしょめる 山形県庄内「あの人はいつも俺ばかしょめる」　*かしらう 山口県大島　*かしろう 山口県玖珂郡　*かまかける 新潟県東蒲原郡　*がまる 大分県　*かまをかける 島根県　*かむ 山形県最上郡「火と馬鹿はかむほどおきる」・北村山郡　*かわしろう 東京都大島　*きしろう 栃木県塩谷郡「きしろーなよ」　*きょーすく 新潟県佐渡　*きょーずく 石川県珠洲郡　*こじかす 山形県西田川郡　*こなす（子供をからかう）大分県大分郡　*こびく 愛媛県越智郡　*こみやう 愛知県豊橋市　*さいなむ 岩手県気仙郡　秋田県鹿角郡　*さからう 京都府竹野郡「小さい子をそんなにさからうな」　*さかろう 広島県江田島・高田郡　*さくれる 広島県佐伯郡　*さらかう 兵庫県但馬　鳥取県岩美郡・気高郡　*さわす 新潟県佐渡　*しかける 宮城県仙台市「おぼこさしかけんすな。すぐと泣かれすつぉ」　*しじがる 青森県「あたら馬鹿さしじがるな（あんなばかにかまうな）」　秋田県鹿角郡「しじがって泣かせるな」　*しずがる 青森県津軽　秋田県鹿角郡・北秋田郡　*しちがる 秋田県鹿角郡「ちょっとしちがれば本気にして、ほれたと思って居るらしい」　*しっかける 岩手県気仙郡　宮城県石巻「女達へすっかける助平野郎」・仙台市　山形県東置賜郡・最上郡　*しゃまかす 東京都八丈島　*しょこめる 岐阜県飛騨　*しらかす 長崎県対馬・壱岐島　熊本県天草郡　*しろかす 長崎県五島　*すかう 和歌山県有田郡　*すっかける 宮城県石巻「女達へすっかける助平野郎」　*すをかける 宮城県栗原郡「すっかける」　香川県　*せがー（女や子供などをからかったりいじめたりする）山口県阿武郡　*せがう（女や子供などをからかったりいじめたりする）島根県鹿足郡　山口県「そねいにせがうものぢゃあない」・豊浦郡・大島「小さい子供をせがうちゃ泣か

せるから困る」　福岡県東部　大分県　*せかかす 新潟県佐渡「ちいしゃぁ子供せかせんな」　石川県鳳至郡　鳥取県東伯郡　島根県隠岐島　長崎県対馬　*せがす 香川県　*せかする 島根県隠岐島　*せかせる 新潟県佐渡　鳥取県　島根県隠岐島「弟をせかせるな」　*せがせる 青森県　*せがらかす 島根県　*せごう（女や子供などをからかったりいじめたりする）山口市　大分県西国東郡　*せじかう 大阪府泉北郡　*せせくる 山形県西置賜郡　群馬県吾妻郡　岐阜県飛驒　静岡県榛原郡　島根県隠岐島　*せせる 山形県米沢市　群馬県多野郡「犬をせせる」　新潟県佐渡・中頸城郡　富山県砺波　長野県北部・中部　岐阜県　静岡県・榛原郡　島根県隠岐島　香川県綾歌郡　*せぜる 群馬県吾妻郡　*せちがう 三重県度会郡　大阪府泉北郡　奈良県南葛城郡　和歌山県「あの犬にせちがうと噛まれるぜ」　*せつる 宮城県仙台市　*せびらかす 島根県　岡山県児島郡　福岡県小倉市　佐賀県　長崎県佐世保市　熊本県玉名郡・天草郡　*せびる 新潟県中頸城郡　*せぶらかす 島根県「せぶらかされる」　広島県　香川県小豆島　愛媛県　*せぶる 広島県倉橋島・長崎県伊王島　熊本県　佐賀県　*せらう 大分県大分市・大分郡　*せる 山形県飽海郡　*ぞーくる 愛媛県　高知県幡多郡　福岡県三池郡　熊本県「ぞうくっとる」　大分県　*そばやかす 島根県「犬をそばやかーて着物を汚した」　*そばやす 石川県能美郡　*そべかう（「そびかう」の転）福井県遠敷郡・大飯郡　*ぞめく 石川県鹿島郡　福井県敦賀郡　岐阜県稲葉郡・郡上郡　大阪市　徳島県　*たてごう 福岡県　*ちゃらかす（冗談を言ってからかう）埼玉県秩父郡・北葛飾郡「こどもだと思って、おれがことちゃらかすんだ」　三重県志摩郡　滋賀県神崎郡　和歌山県新宮「人をあまりちゃらかすものではないよ」　*ちゅーす 山形県東田川郡　*ちゅぐる 青森県津軽　*ちょいなぶる 三重県伊賀　*ちょーかす 和歌山県伊都郡　*ちょーがす 石川県能美郡　岐阜県飛驒　*ちょーくらかす 福岡県八女郡　福岡市　長崎県対馬　*ちょーぐる 山形県米沢市　*ちょーくる 香川県仲多度郡　*ちょーしまわす 岩手県気仙郡　*ちょーしゃがる 山形県東村山郡「俺を貧乏だともて、あまりちょーしゃがるな」　*ちょーしゃげる 島根県「人をちょーしゃげてばっかしおる」　*ちょーす 岩手県・九戸郡　秋田県仙北郡　山形県　茨城県　千葉県安房郡　東京都大島　新潟県三島郡・刈羽郡　山梨県・南巨摩郡　*ちょーらかす 長野県上伊那郡　愛知県　三重県志摩郡　大阪府　兵庫県加古郡　島根県　山口県　*ちょーらがす 石川県珠洲郡　島根県　*ちょーろがす 山形県米沢市　岡山県　*ちょかす 山形県東村山郡　長野県東筑摩郡・上伊那郡　兵庫県淡路島　和歌山県　*ちょぎらかす 高知市「あの人は子供をちょぎらかして困る」　*ちょくい 鹿児島県揖宿郡　*ちょくずる 山形県東置賜郡　*ちょくらかす 青森県三戸郡　長崎県南高来郡　熊本県玉名郡・天草郡　鹿児島県　*ちょくる 青森県　岩手県上閉伊郡　山形県東村山郡・米沢市　福島県会津・北会津郡　新潟県三島郡・長岡市　岐阜県飛驒　香川県　鹿児島県　*ちょけらかす 三重県南牟婁郡　*ちょこなう 奈良県　*ちょこなぶる 三重県阿山郡　奈良県吉野郡　*ちょしまわす 青森県南津軽郡　*ちょす 青森県津軽・上北郡　秋田県　山形県庄内・鶴岡　*ちょっかいかける 岩手県気仙郡　宮城県石巻　愛知県名古屋市　*ちょぼくる 兵庫県加古郡　奈良県　広島県　*ちょやかす 熊本県　*ちょらかす 福島県耶麻郡　三重県志摩郡　滋賀県　和歌山県　*ちょらがす 山形県東村山郡・飽海郡　*ちょろかす 宮城県栗原郡・加美郡・遠田郡　新潟県　滋賀県神崎郡　兵庫県淡路島　*ちょろがす 宮城県登米郡・玉造郡・石巻　秋田県平鹿郡　山形県　富山県砺波　広島県比婆郡　*ちょろまかす（冗談を言って人をからかう）新潟県佐渡「あんまり人をちょろまかすなよ」　三重県志摩郡　*ちょんぎらかす 高知県　*つきわかす 熊本県阿蘇郡　大分県直入郡　*つくわかす（子供をからかう）大分県大分郡・大野郡　*つつく（若い男が若い女をからかう）香川県小豆島　*つばえる 広島県　*つばやかす 島根県　*てかう 高知県　*てがう 三重県北牟婁郡・南牟婁郡　奈良県吉野郡　和歌山県「随分にてがはれた」　岡山県児島郡　山口県　徳島県　香川県　愛媛県「その犬は噛みつくかも知れんけん、てごうたらいけんぜ」　高知県　*でっこーやす 広島県山県郡　*てんがう 香川県仲多度郡　*とばえる 山形県　*どまかす 鳥取県「狐がどまかす」　島根県「嘘を言ってどまかえた」　*とりあう 山口県浮島・大島　*なばくゆん 沖縄県首里　*なぶる 福島

方/言/の/窓

●方言イベント

一九七〇年代後半頃から、「方言ブーム」とも呼ぶべき現象が全国的に起きている。一九七九年には全国の民放ラジオ局が協力し、各地の方言を二時間にわたって紹介する「くたばれ標準語」を放送した。テレビの方言ドラマでは方言指導者が活躍しているが、その人たちが中心になって「ドラマの方言を考える会」が一九九五年に結成され、日本俳優連盟と共催で「昔話を方言で楽しもう」（二〇〇三年）など、さまざまなテーマで毎年一回のイベントを開催している。

毎年行われているイベントには、ほかに「大分方言まるだし弁論大会」（大分県豊後高田市）や、全国方言大会（山形県三川町）がある。一九八七年には「名古屋弁を全国に広める会」が結成され、旗揚げ公演を行った。

県西白河郡　新潟県佐渡　福井県　愛知県名古屋市　三重県　京都市　大阪市　兵庫県淡路島　和歌山県　徳島県　香川県　愛媛県松山　福岡県企救郡　長崎県対馬「粗相な物でありますけれども」　鹿児島県口之永良部島 *なやむ 千葉県夷隅郡 *なやめる 島根県八束郡・能義郡・隠岐島「猫をなやめると化けて出る」 *ねちょたがる(意地悪くからかう) 山形県北村山郡・庄内 *ばーくらうん 沖縄県鳩間島 *ぱっくるん 沖縄県石垣島・竹富島 *ぱなぐりーしゅい 鹿児島県喜界島 *ひがる 宮城県 *ひこかう 香川県小豆島 *ひじる 岩手県　宮城県「ひじって泣かせんなよ」　山形県東村山郡　福島県 *ひずる 岩手県　宮城県　福島県中部 *ふくわかす(子供をからかう) 大分県北海部郡 *へがへる 青森県津軽 *へつらがう 大分県南海部郡 *へつりあう 新潟県中頸城郡 *へぶる(皮肉ってからかう) 広島県比婆郡 *へらける 秋田市 *ほぞくる 長崎県対馬 *ぼやかす 山口県　鹿児島県 *ぼやく 山口県 *ぼやくる 大分県 *ぼやす 京都府竹野郡「彼女も一しょだろーとぼやされた」　山口県・豊浦郡　愛媛県 *まぜる 香川県高松「まぜらるる」 *むさずる 山形県 *もえくる 新潟県佐渡 *もぞかす 鹿児島県 *もどかす(子供などをからかう) 大分県「ひどーもどかすな」　宮崎県　鹿児島県・宝島　やーがらかす 鳥取県西伯郡 *よーる 埼玉県秩父郡「あんまりこどもをよーるんじゃねえよ」 東京都大島(女をからかう) *よせらかす 京都府竹野郡・与謝郡 *よぞーかす 岡山県阿哲郡・岡山市「あんまりよぞーかして泣かすと仕末におえん」 *よぞかす 岡山県苫田郡「こっちゃ本気な話じゃけえそねえよぞかしちゃあいけん」 *よぞわかす 岡山市 *よどる(子供をからかう) 大分県 *わくゆん 沖縄県首里 *わちゃくゆん 沖縄県首里 *わやくたにする・わやくちゃにする 高知市「たらん(足りない)人をわやくちゃにするとは悪い事ぢゃ」 *わやくる 岡山県児島郡「あの奴はこの年よりをわやくりゃーがる」　香川県　高知県「あの人はわやくるきにいかん」 *わやにする 徳島県海部郡「兄をわやにする」　香川県「人をわやにするのう」　高知県・高知市

→ひやかす(冷)

からかさ【唐傘】 *えーがさ・えーがみがさ(藍色の紙で張ったからかさ) 沖縄県首里 *かりがさ 山形県東村山郡 *さしかさ 宮城県登米郡　秋田県鹿角郡　山形県村山・東村山郡　山梨県南巨摩郡　沖縄県首里 *さしがさ 岩手県気仙郡　新潟県佐渡　静岡県磐田郡　長崎県南高来郡　鹿児島県・肝属郡 *さすがさ 沖縄県島尻郡 *ばらばら(幼児語) 青森県三戸郡　山形県米沢市　長野県東筑摩郡　滋賀県長浜市　香川県綾歌郡・仲多度郡 *ぱらぱら(幼児語) 香川県仲多度郡 *ぱりぱり(幼児語) 香川県

→かさ(傘)

からし【芥子】 *ながらし 高知県「茄子のながらし漬」・高知市 *みがらし 和歌山県西牟婁郡　愛媛県松山「みがらし漬け(からし漬け)」

からす【烏】 *がーがー(幼児語) 青森県三戸郡　三重県北牟婁郡 *がーが 福岡県久留米市 *かーか 島根県 *がやがや(カラス一種) 奈良県吉野郡 *からすのそめ(「そめ」は「かかし」。鳥よけのためにつるした、死んだカラス) 岐阜県飛騨 *かろかろ(小児語) 秋田県山本郡 *さらえ 山形県西置賜郡 *せんびっがらす(群がっているカラス) 熊本県玉名郡 *だんごがらす(死人のある時に鳴くカラス) 山形県庄内 *どんがらす(カラスをののしって言う語) 島根県鹿足郡「烏烏、どん烏」 *まけがらす(群がっているカラス) 群馬県多野郡 *やまがらす 長崎県東彼杵郡

ガラス *ぎゃーまん(ポルトガル語から) 広島県 *ぎやま(ポルトガル語から) 岐阜県　愛知県海部郡・葉栗郡　三重県南牟婁郡　和歌山県日高郡　島根県出雲　広島県高田郡　香川県・小豆島 *ぎやまん(ポルトガル語から) 栃木県塩谷郡　群馬県佐波郡　千葉県上総　東京都南多摩郡　神奈川県津久井郡　山梨県　岐阜県　静岡県北伊豆・志太郡　愛知県　島根県　広島県高田郡　徳島県　香川県仲多度郡・三豊郡　長崎県　熊本県阿蘇郡 *たま 沖縄県首里 *たまかんがん 沖縄県石垣島 *びーぞろ(ポルトガル語から) 島根県隠岐島 *びーだか 広島県高田郡 *びーとろ 島根県邑智郡 *びーどろ 千葉県海上郡　神奈川県中郡　富山県砺波　岐阜県郡上郡　静岡県志太郡　三重県鈴鹿郡　滋賀県彦根　和歌山県　島根県　岡山県苫田郡　広島県　山口県　徳島県　香川県　愛媛県・松山　福岡市　熊本県　大分県宇佐郡 *びーぽろ 広島県沼隈郡 *びーろり 和歌山県西牟婁郡 *びーろろ 広島県双三郡 *びどぅる 鹿児島県喜界島 *びどろ 熊本県八代郡・芦北郡　鹿児島県 *びろーど 広島県倉橋島 *びん(ガラス。またガラスの類) 高知県 *びんどろ 三重県度会郡 *べーどろ 富山県砺波 *めがね 三重県度会郡　徳島県三好郡　香川県　高知県　鹿児島県

からだ【体】 *うーかばね(大きな体) 福島県北会津郡 *おーげなし(大きな体) 徳島県「おーげなししてぶらぶらしよるとかっこがわるい」　大分県 *かせ 岡山県児島郡 *かばね 岩手県　宮城県「昨日大掃除でうんと働いたっけ、今日かばねいてーやー」　秋田県鹿角郡　山形県　福島県「うーかばね(大きな身体)」　新潟県佐渡 *から 岩手県気仙郡「黒から。瘠せから」　新潟県佐渡　富山県砺波　滋賀県彦根「いかい(大きい)から」　京都市「大きなからしててなんや」　大阪市「からにも似合はん」　兵庫県　奈良県南大和「からの割には」　和歌山県和歌山市・日高郡　島根県　岡山県川上郡「着物は、からがよければ十六七歳から本身になる」　香川県　愛媛県　高知県　熊本県球磨郡・芦北郡　沖縄県首里 *かんばね 秋田県由利郡　山形県

南村山郡 ＊ごすたい(人の体) 新潟県上越 ＊ごずたい(人の体) 新潟県東蒲原郡「ごずてーばかり大きい」 ＊ごたい 新潟県佐渡「ごだいがだるい」 山梨県南巨摩郡 島根県「ごだいがどうも弱い」 広島県 山口県阿武郡「五体がえらい(疲れる)」・大島 徳島県「ごたいを大事にする」・海部郡 香川県「ごたいも大きいてのう」「ごたい中かいて(かゆくて)かいてならん」 愛媛県 高知市「ごだいが丈夫なのは大幸福です」 福岡県小倉市 福岡市「大きなごたいしとって」 佐賀県唐津市 長崎県 熊本県 ＊ごちゃ 長崎県・南高来郡 熊本県 ＊ごちゃー 熊本県下益城郡 ＊ごて 熊本県 宮崎県宮崎市・西諸県郡 ＊ざま 富山県・砺波「ざまばっかるでかて(大きくて)何にもならん奴ゃ」 石川県鳳至郡「きさまの宅のびんだろが(おまえの所の娘が)おらががきを大きなざましてちよちゃくした(うちの子供を大きなりをして打った)」 ＊じゃま 青森県「じゃまばれおきしても(なりばかり大きくても)」 ＊すったい 茨城県「あのいかいすったいで」 ＊ずぼ(大きな体) 島根県益田市・那賀郡「大きなずぼをして役に立たん」 ＊どぅー 鹿児島県喜界島 沖縄県「どぅーむち(胴持)とー(倒)しゅん(体をこわす)」「どぅーぬやー(自分の家)」 ＊どぅーぶに 沖縄県石垣島 ＊どーら 島根県美濃郡・益田市「ちったーどーらを起して働け」 ＊どがら(大きな体) 埼玉県秩父郡「いいどからだ」 香川県大川郡・伊吹島 ＊なまどぅー(生きている体) 沖縄県石垣島 ＊にんだい(人の体) 山形県東置賜郡・西置賜郡 ＊み 東京都利島 島根県「身が弱い」 ＊みー 香川県大川郡「みーにしんでこたえる」 ＊みがー 鳥取県 ＊みがら 山形県 島根県「みがらを使い過ぎるとだりが出る」 広島県「みがらが痛い」 ＊みごろ 島根県出雲・隠岐島「みごろがどーも弱い」 ＊みのうち 島根県出雲「みのうちがどーも弱い」 ＊むくぎ 奈良県吉野郡 ＊めがら 島根県安濃郡 ＊やさがた(小ぶりな体) 山形県東置賜郡・西置賜郡

↓しんたい(身体)・たいかく(体格)

からっぽ【空】 ＊うずろ 新潟県東蒲原郡 ＊うてう 山形県東田川郡 ＊うと(「うつ(空)」の転) 青森県南部 山形県 長野県北安曇郡 兵庫県加古郡・淡路島 奈良県吉野郡 岡山県苫田郡 高知県土佐郡 鹿児島県 ＊うど 青森県津軽・南部 岩手県気仙郡 秋田県「うど木」 ＊うとぅ 鹿児島県喜界島 ＊うとー 長野県 ＊うとーろ 長野県北安曇郡・東筑摩郡 ＊うとがら 長崎県北松浦郡・壱岐島 ＊うどから 青森県津軽「しころだわら、うどからねなってしまてらでぁ」 山形県北村山郡 ＊うどがら 青森県上北郡 山形県飽海郡 ＊うとっと 高知市 ＊うとっぺ 岐阜県恵那郡・飛驒 ＊うとっぽ 福井県遠敷郡 長野県東筑摩郡・下伊那郡 兵庫県淡路島 ＊うとら 鹿児島県鹿児島郡 ＊うとろ 福井県遠敷郡 岡山県児島郡「この土管泥をのけたらあとはうとろじゃが」 ＊うとんど 高知県 ＊うとんぽ 長野県諏訪・上伊那郡 ＊うろ 千葉県印旛郡「歯の中がうろになった」 新潟県 富山県東礪波郡「もぐらもちが歩いたやら、まんで畑がうろになった」 和歌山県日高郡 ＊うろー 静岡県磐田郡 ＊おど 青森県三戸郡「おど木」 ＊おとわ 新潟県岩船郡 ＊かすっぽ 和歌山県「財布の中はかすっぽだった」 ＊かっぽす 大分県日田郡 ＊からすっぺ 鳥取県西伯郡 ＊からすっぽ 長野県佐久 愛媛県大三島 高知県 ＊がらすんどー 静岡県田方郡 ＊からって 島根県仁多郡・能義郡 ＊がらぼこ 富山県 ＊がらんこ 山形県南村山郡 島根県隠岐島 ＊がらんす 長野県西筑摩郡 島根県益田市 愛媛県「あら、これはがらんすじゃ」 ＊からんつー 静岡県「この箱の中はからんつーだ」 ＊からんぽ 静岡県志太郡 兵庫県加古郡 香川県三豊郡 ＊がらんぽ・からぽこ・からぺ 山形県「家の中がからんぽだ」 ＊からんぽち 兵庫県加古郡 ＊からんぽつ 香川県 ＊からんぽん 静岡県志太郡 ＊がんから 富山県・富山市「この棒は多分ががんからだろう」 石川県金沢市 ＊がんこら 福島県浜通「木の中はがんこらだ」・相馬郡 ＊がんごら 新潟県中頸城郡 ＊がんころ 福島県会津 ＊がんごろ 山形県置賜 静岡県小笠郡 愛知県宝飯郡 ＊がんすっぽ 長野県 ＊かんぽす 熊本県下益城郡 ＊ごんがら 富山県 島根県石見「堤防に水がついて大けなごんがらになった」 ＊しんから 愛知県碧海郡 ＊すか 大阪市 兵庫県神戸市 奈良県南大和 ＊すかたん 兵庫県神戸市 ＊すから 徳島県 ＊すからっぽ 群馬県佐波郡 ＊すからんぽ 群馬県佐波郡 ＊すかんぴょ 島根県簸川郡・出雲市 ＊すかんぴょー 島根県美濃郡・益田市「この南瓜は中がすかんぴょーだ」 ＊すかんぴん 島根県 ＊すかんぽ 島根県「頭がすかんぽだ」 ＊すかんぽー 島根県邇摩郡 山口県豊浦郡 ＊すかんぽん 島根県隠岐島 ＊すっこん 長崎県五島 ＊ほがほが 岡山市 長崎県対馬「中はほがほがになっとる」 ＊めんがら 富山県下新川郡 ＊んな 沖縄県首里「んななとーん(空になっている)」 ＊んながら 沖縄県首里 ＊んなぐる 沖縄県石垣島 ＊んなむぬ 沖縄県石垣島 ＊んなむん 沖縄県首里

↓から(空)

からまる【絡】 ＊からまさる 静岡県志太郡「凧糸んからまさっちゃった」 ＊からまーさる 山梨県 ＊つらさがる 滋賀県彦根 ＊もぶれる 香川県 ＊とごらう・とげらう(糸などが絡まる) 東京都大島 ＊ふからまる(物が絡まる) 青森県 ＊たたくれなる(縄などがもつれ絡まる) 島根県隠岐島「縄がたたくれなって解けん」

↓もつれる(縺)

かりとる【刈取】 ＊かったぎる 岩手県気仙郡(卑語)「こんなものかったぎってしめあ」 山形県 福島県東白川郡 茨城県稲敷郡 新潟県 ＊たたむ 岩手県気仙郡 ＊かっつぶす(農作物を刈り取る) 神奈川県津久井郡 ＊つむ(頭髪、植木などを刈り取る) 新潟県佐渡「髪をつむ」「庭木をつむ」 兵庫県赤穂郡「あたまつむ」 島根県 広島県倉橋島・

高田郡　徳島県　香川県　愛媛県　高知県　長崎市　熊本県下益城郡 *つむる 長崎県壱岐島「あたまつむる」 *つもる 山梨県南巨摩郡「はーし(林)をつもる」 愛知県知多郡

□こと *なかがり(林の下に生えている雑木を刈り取ること) 新潟県中頸城郡 *かちがり(若布などの海藻を、陸から刈り取ること) 島根県八束郡・隠岐島

かりゅう【下流】 *あだ(谷の下流) 岡山県真庭郡 *かーくだり(沢の奥から、下流を指して言う語) 福島県南会津郡 *かーじ 長野県下伊那郡「かーじの方」 *かーじり 山梨県南巨摩郡 *かわそそ 富山県 *さわくだり(沢の下流) 福島県南会津郡 *さわしま(沢の下流) 福島県耶麻郡 *さわのくち(沢の下流) 新潟県北魚沼郡 *しそ(「すそ(裾)」の転か) 山形県東置賜郡 *しど(河川の下流) 青森県 *しも(川の下流の地域。また、そこにある都市) 岐阜県飛驒・郡上郡「しもの方(岐阜、名古屋方面)は景気がえーそーなで」 静岡県榛原郡 *しもより 徳島県 *すど(河川の下流) 青森県津軽・上北郡　宮城県栗原郡　山形県最上郡 *すぱり 青森県三戸郡「堰のすぱりさ鰻針かけた」 *でっぱな(沢の下流) 新潟県北蒲原郡 *でと(山や沢の奥から平地や下流を指して言う) 秋田県雄勝郡　山形県北村山郡　新潟県　石川県能美郡 *とば(沢の奥から下流を指す語) 東京都西多摩郡 *みずした(沢の下流) 山形県飽海郡

かりゅうど【狩人】 *えのしたまたぎ(家の近くだけで狩りをしている狩りゅうど) 山形県最上郡 *いぬつぃき 沖縄県小浜島 *かじろ 奈良県吉野郡 *かまいとぅるぷす(「イノシシ捕る人」の意) 沖縄県鳩間島 *かまんとぅりぴとぅ(「イノシシ捕る人」の意) 沖縄県新城島 *かりしゃ 鹿児島県奄美大島 *かりぴとぅ 沖縄県八重山 *かりゅー・かりゅーさん 三重県志摩郡 *かりんど 山形県東部　福島県会津若松市・大沼郡 *しし 茨城県八溝山麓 *せっしょーにん 栃木県　大阪府南河内郡　兵庫県淡路島　奈良県吉野郡　和歌山県日高郡　徳島県　香川県三豊郡　高知県幡多郡 *せっしょにん 兵庫県淡路島 *またき 秋田県由利郡・雄勝郡 *またぎ 北海道函館　青森県　岩手県　秋田県　山形県 *まとーのもの 香川県 *りっし(「りょうし(猟師)」の転か) 茨城県久慈郡

かりる【借】 *あたる(田畑を借りる) 岡山県邑久郡　愛媛県・松山「田を二反あたって居ります」 *いらう 山梨県　静岡県 *いろう 神奈川県久良岐郡　山梨県・中巨摩郡・南巨摩郡 *いらゆい・いらうい 鹿児島県喜界島 *いらゆん 沖縄県首里 *いるん 沖縄県与那国島 *かいなう(人の手を借りる) 岐阜県飛驒「人をかいのっとると仕事が遅うなる」 *かぎなう(人の手を借りる) 石川県金沢市 *かぎのう(人の手を借りる) 東京都大島「自分の道具は持って来ず他人にかぎのってばかりゐる」「かぎのふ人があるからいいさ」 *こーん 沖縄県石垣島 *ふぃっちゃてぃゆん(金などを一時的に借りる) 沖縄県首里「ひゃっくゎんびけーん　ふぃっちゃてぃらち　くぃらんな(銭百貫ばかり一時貸してくれないか)」 *ぶさぶつ(代金を借りる) 福島県北部「ぶさぶった(掛け買いをした)」

□こと *くしがき(頼りにすること。転じて、威を借りること) 沖縄県首里「うやくしがきしゅん(親の威をかさに着る)」 *ちんしんがい(料金を出して借りること) 沖縄県首里 *つぃらしちむち(証文を入れず、顔で金などを借りること) 沖縄県首里 *ときがり(一時的に金を借りること) 茨城県　山梨県・南巨摩郡　岐阜県飛驒・郡上郡「となりで三百円ときがりしてきてくれんかい」 静岡県磐田郡　香川県綾歌郡 *とっがり(一時的に金を借りること) 熊本県・玉名郡 *はんねくろ(ちょっとの間借りること。一時借り) 千葉県夷隅郡 *ふぃっちゃてぃるー(一時的に金を借りること) 沖縄県首里

かる【刈】 *あたまをはさむ(髪を刈る) 福島県石城郡 *かのーをかる(森林を切り開いて、草を刈る) 福島県南会津郡 *かべかる(平均よりも多く稲を刈る) 新潟県佐渡「今年はかべかる」 *かべでる(平均よりも多く稲を刈る) 岩手県気仙郡 *かべをかる(平均よりも多く稲を刈る) 岩手県気仙郡　新潟県・佐渡 *はぎる 福島県「子供の頭はぎる」 栃木県芳賀郡　群馬県邑楽郡　埼玉県秩父郡「垣根をはぎる」 *はちる(木の枝の先、または髪の毛を刈る) 和歌山県「頭はちて来た」 *ぶっぱく 栃木県安蘇郡「草をぶっぱく」

草を□こと *あおびき(牛馬の飼料にするため大豆を青いうちに刈ること) 青森県南部　岩手県一部　秋田県一部 *あげはらい(下草を刈ること) 東京都御蔵島 *あながり(田畑の縁の斜面や土手などの草を刈ること) 神奈川県藤沢市 *いちだんびれー(朝仕事として草を三十貫刈ること) 群馬県多野郡 *かっかいしかり(まぐさ刈り) 新潟県北魚沼郡 *かてがり(山の非常に険しい所の草を刈ること) 奈良県吉野郡 *かりしきかしき(畔などで草を刈ること) 高知県安芸郡 *かりぼし(まぐさ刈り) 宮崎県西臼杵郡 *かりほしぶち(まぐさ刈り) 秋田県雄勝郡 *きっぱ(農家で草刈り等の際そろって刈り進まずに各自で刈ること) 岐阜県飛驒「きっぱでする」 *くさきー(まぐさ刈り) 鹿児島県肝属郡 *くさきり 大分県速見郡 *くぞとり(まぐさ刈り) 秋田県雄勝郡 *くろかり(田畑の畔の草を刈ること) 山形県　新潟県中頸城郡 *くろがり 新潟県佐渡　島根県隠岐島 *くろぎり 熊本県玉名郡 *くろくさかり 群馬県勢多郡　新潟県佐渡 *こえかり(山の草を刈ること) 徳島県「こえかりがま(草刈りがま)」 *こがっぱらい(下草刈り) 栃木県安蘇郡・上都賀郡 *しんがっぱらい(雑木林の下草を刈ること) 栃木県 *すじが

り(山に筋がついたように見えるところから、杉苗の周辺の草を刈ること)徳島県那賀郡 *のりがり(田植え前に、緑肥とするための萩などを山に行って刈ること)福島県磐城 *はぎとり(まぐさ刈り)秋田県雄勝郡 *へりがり(代かき前に田の畔や岸の草を刈ること)岡山県川上郡 *ほとらがり・ほてらがり(田畑の畔の草を刈ること)岡山県苫田郡 *ほとりがり(田畑の畔の草を刈ること)島根県邑智郡 香川県大川郡 *みぞがり(自分の耕地に隣接する用水路付近の草を刈ること)島根県邑智郡 *みちがり(山道を覆っている草を刈ること)香川県三豊郡 *みちなぎ(春秋二回、村中から一戸一人ずつ出て道の草を刈ること)新潟県東蒲原郡 *やながり(田畑の縁の斜面や土手などの草を刈ること)千葉県夷隅郡・安房郡 *よせかり(田畑の畔の草を刈ること)福島県石城郡 茨城県多賀郡

かるい【軽】 *かーちゃっけー 千葉県夷隅郡 *がっさん(重さが軽い)沖縄県首里 *からこい 青森県三戸郡 *かりこえ 山形県 *かるけ 宮城県石巻「中がごら(空虚)だがらかるけ筈だ」 秋田県南秋田郡「非常にかるけ箱だ」 *かるこい 青森県南部 岩手県東部 宮城県登米郡・石巻 秋田県仙北郡「この石割合にかるこえ」 山形県 福島県北部 *かるっこい 東京都伊豆諸島 *かろけ 秋田県山本郡 *かろこい 青森県南部 秋田県北秋田郡・平鹿郡「この荷物はかろこえよ」 山形県 *かろっこい・からっこい 青森県「真綿は非常にかろっこい」 *かんるこい 岩手県気仙郡 *さらさっと 青森県南部「さらさっと盛ってけさい」 *さらさらっと 新潟県佐渡「その辺をさらさらっと掃け」 *さらっと 岩手県気仙郡「さらっと盛ってけらえ」 *すがるい 島根県出雲「この机は馬鹿にすがるい」 岡山市「すがるーとびまわる」 *すっかるい(極めて軽い)長崎県壱岐島 *そっくら(あまり力を入れずにするさま。軽く)三重県北牟婁郡 *ひがるい 三重県志摩郡 *よーんぐゎー 沖縄県首里「よーんぐゎーうちゅん(軽く打つ)」 *わけはない 山口県豊浦郡

かるはずみ【軽―】 *うきすか 福島県大沼郡 *はやけ 千葉県東葛飾郡
→おっちょこちょい・けいそつ(軽率)

□なさま *きちゃきちゃ 岐阜県大野郡 *てくひく 岩手県気仙郡 *てんてこさえ 島根県八束郡 *とばかす 福井県 *とばさく 香川県綾歌郡 *とばし 滋賀県 *とはず 山梨県 長野県下伊那郡 *とばす 群馬県碓氷郡 埼玉県秩父郡 *どばずき 鹿児島県肝属郡 *とばすけ 岡山県児島郡 徳島県 香川県 *とんだよー 新潟県佐渡

□な人 *いきりぼーず 石川県河北郡 *いさばもの 新潟県佐渡 *さいくろ 愛媛県 *ちゃくちゃくー 沖縄県首里 *はやけ 千葉県東葛飾郡

かれい【鰈】 *あさば(カレイの一種)新潟県佐渡・西頸城郡 *あわだち 山形県庄内 *いんばんがれー(カレイの一種)新潟県佐渡 *おーいおがれー(カレイの一種)新潟県佐渡 *おーぐち 和歌山県西牟婁郡 大分市 *おたんやがれ(報恩講のころの最も美味なカレイ)香川県 *おやにらみ 大分県大分郡・大分市 鹿児島県宝島 *おやねぎり 長崎県対馬 *おやふこーもん・おやふこー 大分県大分郡・大分市 *かーしゃぬふぁーいゆ 沖縄県首里 *かいわ 長崎県諫早 *かたつぁいゆ 沖縄県与那国島 *かたぴさいゆ 沖縄県波照間島 *かたぴさゆー・かたぴさいず 沖縄県石垣島 *かりわ 長崎県南高来郡 熊本県天草郡 *かりんいお(「かれいのいお」の転)鹿児島県 *かるわ 長崎県南高来郡 熊本県 *かんぬいず 沖縄県新城島 *くりのきのは(カレイの小さいもの)山形県庄内 *くろがしら(カレイの一種)青森県上北郡 *げたがれい(カレイの一種)香川県丸亀市 *こせんぼー(カレイの小さいもの)茨城県 *ごんた(カレイの一種)山形県庄内 *しばんはいお 鹿児島県 *しわすがれー(年末、師走のころのカレイ。特にまずいので言う)島根県益田市 *すっこべー 熊本県天草郡 *だいかぐら(横じまのあるカレイ)島根県石見 *てっくい 北海道小樽市 *なべふたいお 鹿児島県揖宿郡 *なめた 宮城県登米郡・玉造郡 *はたぴさいず 沖縄県黒島 *はたぴぺーいず 沖縄県新城島 *ぴさいず 沖縄県鳩間島 *ぴさんたいゆ 沖縄県西表島 *ぴしゃいじゅ 沖縄県竹富島 *ひらめ(カレイなど比目魚の小さなもの)山形県庄内 新潟県 *ぼたんやがれ(大形のカレイ)香川県 *ぼて 山口県玖珂郡 *めっとー 静岡県田方郡

かれる【枯】 *あがる(野菜などが枯れる)兵庫県加古郡 島根県石見「日照りが続いて作物が大分あがった」 香川県 *がする 長崎県北松浦郡「肥をかけねばがする」 熊本県玉名郡 *かせる(養分不足のため、土地や植物が枯れ衰える)島根県「大根がどうしたもんかかせて困る」 徳島県美馬郡(発育不十分なまま知恵づく) 香川県三豊郡 愛媛県(太らないで年月がたつ) *からっぴる 山梨県南巨摩郡 *からびる 山形県 埼玉県北葛飾郡「おしめりがないから、すっかりからびた」 千葉県東葛飾郡 *からふやぐ 島根県出雲 *からべる 愛媛県周桑郡・日振島 *かわく 三重県志摩郡「生花がかわいていく」「この花折角挿いたんやけどそのうちかわいていくわな」 *かわっちゃう 長野県佐久 *けかゆい 鹿児島県姶良郡 *けかるい 鹿児島県 *しがしが(ものの枯れるたさま)大阪府泉北郡 *しばなやかす(水けを取って枯れさす)島根県隠岐島 *ちもける(草木が霜にあって枯れる)茨城県北相馬郡 *ぬける(生えた麦が枯れる)東京都八王子 *はげる(日照りで枯れる)奈良県吉野郡「畑がはげる」 *はざ(田畑の苗や株などの枯れた所)香川県大川郡「この大根の畝にはざがでけ

とる」 *はだ（田畑の苗や株などの枯れた所）香川県「はだになる」 *ぱつく 東京都八丈島 *ひっかるい 鹿児島県 *ふしかり（薪などがよく乾いて枯れていること）沖縄県首里 *まいあがる（木の葉が枯れる）島根県美濃郡・益田市「木の葉がまいあがってしまった」 広島県 *まやーがる 島根県美濃郡・益田市

かわ【川】 *あもずがわ（海続きで、真水と潮水の混じった川）香川県 *いっかけがわ（水の流れない砂ばかりの川）奈良県南大和 *いもふりがわ（平常は水のない川）奈良県南大和 *え（小川）石川県能美郡 *おーかわ（村を流れる川のうちで大きな川）岩手県気仙郡 山形県西置賜郡 *かーら 山梨県南巨摩郡 沖縄県 *から 沖縄県与那国島 *きちげがわ（ふだんは水がなく、雨が降るとすぐ水の流れ出る川）栃木県 *かわら 静岡県志太郡 島根県隠岐島 *ごー 新潟県南魚沼郡 *ごろ（底が小石の川）埼玉県秩父郡 *ざら（砂利底の川）埼玉県秩父郡 *だん 富山県中新川郡 *てんぼーごー（山から流れている川）東京都八丈島 *ながれが・ながれがわ（水がかれることのない大きな川）岩手県気仙郡 *ながれかわ 静岡県浜名郡 *ながれこー 鹿児島県種子島 *はーら 鹿児島県喜界島 沖縄県国頭郡・黒島・新城島 *ふぁいかわ 沖縄県国頭郡 *ふたーじぇーかーら（二つの川が合流した川）沖縄県石垣島 *みそこしかわ（水の流れない砂ばかりの川）奈良県南大和 *ゆ 高知県長岡郡

かわ【皮】 *かーべ 栃木県芳賀郡・大田原市 *かーぺ 福島県「柿のかぁぺむけ」 茨城県 *かっぱ 福島県石川郡 *かび・かわんべ 東京都三宅島 *こーべ 東京都青ケ島 →ひょうひ（表皮）

かわいい【可愛】 *あいそしー 長野県上伊那郡・下伊那郡 *いげつない 岡山県 *いとしー 新潟県佐渡 香川県 長崎県南高来郡 *うい 岐阜県郡上郡「ういやつじゃ（かわいい奴だ）」 *うすらめごい（ややかわいらしい）秋田県鹿角郡 *おぞい 福島県会津 *かあいらしけ 千葉県夷隅郡「あそん子は何てかあいらしけ子だろう」 *かなかー・かなはり 鹿児島県徳之島 *かなさーん 鹿児島県奄美大島 沖縄県石垣島・新城島・波照間島 *かなさん 沖縄県中頭郡 *かなし 沖縄県宮古島 *かなしー 青森県「この子なんぼかなしば」「あんなにかなしがった子が死んだ」 宮城県栗原郡「てまえばかりかなしがって」 秋田県鹿角郡 山形県東田川郡 *かなしゃん 鹿児島県奄美大島・加計呂麻島 沖縄県 *かなはーん 沖縄県小浜島 *かぬさん 沖縄県鳩間島 *かわいっちー 長野県諏訪郡 *かわやーしきゃ・かわやーしけ 東京都八丈島 *かんばいし 高知県幡多郡「おお かんばいし かんばいし ほんそのこ（おおかわいやかわいやかわいい子よ）」 *くーしゅーらーしゃん 沖縄県首里 *けもーな 長野県下伊那郡 *こあいらしー 山形県置賜「こぁえらしくなえ（憎らしい）」 *こやらしー 秋田県平鹿郡「こやらすぐね（憎らしい）」 長崎県南高来郡 熊本県「こやらしさ」 *しおらしー 滋賀県彦根 *しゅーらーしゃん・しゅらしゃん（文語）沖縄県首里 *しゅーらしゃ 鹿児島県沖永良部島 *じょじょらしー 山形県庄内 *ずぼい 茨城県 *だいじー 東京都利島「だいじい子」 *ちむがなしゃん 沖縄県首里 *つぶい・つぶたい 群馬県利根郡「まーつぶてー子だ」 *つぼい 茨城県行方郡・稲敷郡 群馬県利根郡 千葉県 長野県 *はがいー 島根県出雲 *はごえ 山形県 *はごこえ 山形県南村山郡 *はなさーん 沖縄県黒島 *はなさい・はなしゃい 鹿児島県喜界島「はなしゃどぅしゅらさ（愛しきぞ美しき＝愛すれば醜婦も美人である）」 *はんごえ 山形県東村山郡 *ふっちゃぎさん 沖縄県首里 *ほにゃい 青森県三戸郡「ほにゃくてほにゃくて」 *みじゃい 新潟県南魚沼郡 *みじょーい 新潟県 *みじょか 長崎県北松浦郡「この子はみじょかばい」・五島 *みぞーか 長崎県長崎市・伊王島 *みぞか 長崎県 熊本県天草郡 *みぞらしか 熊本県天草郡 *みどーか 長崎県伊王島 *むぐったらしー 千葉県安房郡 *むごい 千葉県 *むじ 宮崎県都城 鹿児島県肝属郡 *むじっこい 群馬県勢多郡・多野郡「とてもむじっこい赤坊だ」 埼玉県秩父郡「孫はよけいにむじっけー」 *むじょい 鹿児島県宝島 *むじょーか 長崎県北松浦郡 *むずい 鹿児島県肝属郡 *むずらしー 宮崎県日向 *むぜ 宮崎県西諸県郡 鹿児島県 *むせー 福島県会津 *むそい 岩手県紫波郡 *むぞい 長崎県南高来郡「むぞか」 熊本県 宮崎県 鹿児島県 *むぞーか 福岡県 佐賀県藤津郡 長崎県北松浦郡 *むぞーさい 福島県会津 *むぞーらしー 大分県大分郡・北海部郡 *むぞが（幼児語）鹿児島県揖宿郡 *むぞらしー 長崎県 熊本県 宮崎県児湯郡・東諸県郡 鹿児島県 *むどーらしー 大分県南海部郡・北海部郡 *めーごい 新潟県東蒲原郡 *めぎ 秋田県平鹿郡 *めぐい 福島県北部 長野県佐久 *めげ 秋田県 *めごい 青森県「めごいわらしこであたがさ」 岩手県 宮城県 秋田県 山形県 福島県 群馬県利根郡 新潟県 山梨県 長野県佐久 *めごこい 岩手県九戸郡・気仙郡 宮城県栗原郡・遠田郡 秋田県仙北郡 山形県 福島県北部 *めごめごしー 茨城県・真壁郡 千葉県東葛飾郡 *めじょーい 新潟県 *めちゃこい 岩手県気仙郡 *めっこい 山形県 富山市近在 *めっちゃい 青森県三戸郡 *めっちゃこい（児童語）青森県三戸郡 岩手県気仙郡 宮城県仙台市 *めんけ 宮城県石巻 秋田県 *めんげ 岩手県上閉伊郡 福島県西白河郡 栃木県 *めんこい 北海道美唄市・小樽市 青森県 岩手県 宮城県栗原郡・石巻 秋田県 山形県東置賜郡・東村山郡 福島県相馬郡・西白河郡 栃木県 神奈川県横浜市 新潟県佐渡 *めんごい 山形県 福島県 茨城県久慈郡 新潟県東蒲原郡 *めんごこい 山形県

＊めんちゃい 青森県三戸郡 ＊めんちゃけ 宮城県仙台市 ＊めんちゃこい 岩手県気仙郡 宮城県仙台市 ＊めんちゃっけー 岩手県気仙郡 ＊めんちょこい 秋田県仙北郡 ＊もごい 千葉県夷隅郡・君津郡 ＊もごっちょ 千葉県夷隅郡 ＊もごらしー 長野県佐久 ＊もじ 鹿児島県 ＊もじこい 茨城県稲敷郡 ＊もじっけ 長野県上高井郡 ＊もじっこい 群馬県 ＊もじょか 鹿児島県 ＊もずか 鹿児島県・揖宿郡 ＊もぜ 鹿児島県 ＊もぞか 鹿児島県・揖宿郡 ＊もちこい・もちっこい 茨城県稲敷郡 ＊やーらしか 佐賀県 長崎県北松浦郡「やーらしか人形」 ＊やさし 三重県志摩郡 ＊やさしー 山形県東置賜郡 福島県岩瀬郡 富山県・砺波 和歌山県東牟婁郡 ＊やじき 東京都八丈島 ＊ややらしー 長崎県対馬 ＊やらしか 長崎県五島 ＊んぞーさーん 沖縄県石垣島 ＊んぞーさん 沖縄県首里

↓いとおしい・いとしい(愛)

□子 ＊いっくわ 沖縄県首里 ＊おめんこ 栃木県 ＊おんじょ 千葉県長生郡 ＊かん 茨城県稲敷郡・北相馬郡 ＊かんか 茨城県 ＊かんかんぼちゃ・かんち・かんちょ 新潟県佐渡「これはいい子のかんかんぼちゃだ」 ＊かんこ 千葉県長生郡・夷隅郡 ＊かんこちょ 福島県南部「めんげな、かんこちょだない(かわいい子供ですね)」 ＊かんちゃん 茨城県那珂郡 ＊かんや 茨城県新治郡 ＊こへち・へち 山口県豊浦郡 ＊ごほんそ 徳島県 ＊さとめんこ 岩手県気仙郡 宮城県石巻「何ちゃんはおばんつぁんのさとめんこだをね」・仙台市 秋田市 ＊じょっぽこ 福井県 ＊じょん 熊本県天草郡 ＊ちょーさいぼー 島根県石見 広島県比婆郡 ＊にく 青森県津軽「まあ、笑っているねぇ。このにぐぁまぁ…」 ＊ひそ・ひそーご 静岡県磐田郡 ＊ひそご 和歌山県 ＊ひそっこ 長野県下伊那郡 ＊ほんこ 鳥取県・岩美郡・気高郡 島根県石見・隠岐島「本当にこの子はほんこじゃ」 山口県 徳島県 ＊ほんこのたまご 鳥取県岩美郡・気高郡 ＊ほんこのまんこ 島根県益田市・隠岐島 ＊ほんそ 広島県高田郡 山口県・下関市「ほんそほんそ」 徳島県 香川県高松 愛媛県・大三島「ほんそじゃなう」 ＊ほんそー 広島県・比婆郡 ＊ほんそーご 広島県比婆郡 山口県・豊浦郡 ＊ほんそーぼー(かわいい息子)岡山県小田郡 ＊ほんそーむすこ(かわいい息子)岡山県苫田郡 山口県防府 ＊ほんそご 島根県能義郡 愛媛県 ＊ほんそのこ 高知県幡多郡「おおかんばいし、かんばいし、ほんそのこ(かわいやかわいやいい子よ)」 ＊めご 青森県津軽 岩手県九戸郡・気仙郡 宮城県仙台市「お花ちゃん、おばんつぁんのめごだおねー」 秋田県平鹿郡・鹿角郡 山形県 福島県 新潟県岩船郡・東蒲原郡 ＊めごこ 青森県 ＊めごさま 青森県三戸郡 ＊めごっこ 岩手県気仙郡 ＊めごめご 宮城県石巻・仙台市 ＊めっこ 秋田県仙北郡 ＊めんがー 鹿児島県喜界島 ＊めんこ 青森県上北郡・三戸郡 岩手県 宮城県 秋田県 福島県 ＊めんご 山形県 福島県(おとなしい子) ＊めんごこ 青森県津軽 ＊めんこめんこ 岩手県気仙郡 ＊めんちょこ 秋田市

□さま ＊あいこげ 兵庫県 ＊えちゃげ 石川県江沼郡 福井県坂井郡 ＊かあいそー 徳島県・美馬郡 ＊かいげ 高知県 ＊かわいげ 新潟県東蒲原郡「こんなかわいげな子はこの辺に居ない」 鳥取県気高郡 島根県「かわえげな顔をしちょる」 香川県 ＊かわいそー 香川県高松市 ＊だいじ 長野県佐久 ＊ひそ 長野県下伊那郡 ＊ひそー 群馬県吾妻郡「ひそーだ」 高知県「ひそーの児ぢや」 ＊ぼんのー 鹿児島県肝属郡「ぼんのんね(かわいげのない)」 ＊むぞー 宮崎県西臼杵郡 ＊むぞーぎー 大分県直入郡 ＊むぞーげー 宮崎県西臼杵郡 ＊むぞーさ 沖縄県首里 ＊めごげ 新潟県中越・南魚沼郡 ＊めごめご 新潟県「めごめごした顔してゐる」 長野県佐久 ＊めんこ 岩手県上閉伊郡 宮城県遠田郡 山形県米沢市(かわいいもの) 栃木県 ＊めんこのじょんこ 青森県三戸郡 ＊めんこのちょんこ 青森県上北郡 ＊めんそ 青森県三戸郡「めんそだ針箱だなあ」 ＊もぞ 宮崎県東臼杵郡「もぞな」 ＊んぞ 沖縄県石垣島

かわいがる【可愛】 ＊あまやらかす・あまらかす 岐阜県 ＊おごく 香川県大川郡 ＊おもろく 三重県阿山郡 ＊かなさしん 沖縄県石垣島 ＊ぐじたける・ぐじんたげる(親が子供を極端にかわいがる) 岩手県気仙郡 ＊くるめる 山梨県南巨摩郡「たつだ一人の子どーであがーにくるめるづらいそ(かわいがるのだろうよ)」 ＊ここしる 広島県高田郡 愛媛県大三島「去んで嬶にここしって貰へ」 ＊たたじー 鹿児島市 ＊ちょーす(愛撫する) 青森県南部 群馬県 埼玉県秩父郡 神奈川県津久井郡 新潟県 京都府竹野郡 ＊つぶったがる 群馬県利根郡 ＊つぼかる 茨城県行方郡・稲敷郡 ＊にーわく 奈良県南大和 和歌山県伊都郡 ＊ほとめく(年寄りなどが子供をかわいがる)熊本県八代郡 ＊まぜる 岡山県児島郡「おめーはこんめー(小さい)子をよーまぜるのー」 香川県「あの家はお客をまぜる家じゃ」「あの子ばかりまぜる」 ＊まつべる 長野県 ＊まつめる 長野県上伊那郡「子供をまつめる」 ＊みじょーがる 新潟県中越・南魚沼郡 ＊みじょがる 新潟県 長崎県五島 ＊みぞーがる 佐賀県 ＊みぞかる 長崎県南高来郡 ＊みぞがる 長崎県佐世保市・長崎市(子供などをしっかり抱いて愛する) 熊本県天草郡 ＊むじょいがる 鹿児島県宝島 ＊むじょがっ 鹿児島県硫黄島 ＊むしょがる 三重県志摩郡 ＊むじょがる 三重県志摩郡 長崎県壱岐島 ＊むぞーがる 福岡県 佐賀県 大分県北海部郡 ＊むぞがい 宮崎県西諸県郡 鹿児島県姶良郡・揖宿郡 ＊むぞがっ 鹿児島県・揖宿郡 ＊むぞがる 秋田県鹿角郡 長崎県・佐世保市 熊本県 大分県「人をむぞがる(人を愛する)」 宮崎県 鹿児島県・肝属郡 ＊むぞさがる 新潟県東蒲原郡「孤児を

むぞさがる」 *むつかる 大分県玖珠郡・速見郡 *むどーがる 大分県南海部郡 *むどがる 大分県 *めがる・めげがる 岩手県九戸郡 *めごがる 青森県 岩手県九戸郡・気仙郡 秋田県由利郡「父さんは吾々を非常にめごがる」 山形県 福島県 新潟県 *めんけがる 秋田県南秋田郡・由利郡 *めんごがる 山形県 福島県東白川郡 *もごがる 福島県相馬 千葉県 *もぞがい 鹿児島県鹿児島郡 *もぞがる 宮崎県 鹿児島県 *もぞこがる 宮城県仙台市「よくもぞこがって面倒みてやってくなえ」

□こと *かんぞ 栃木県塩谷郡「かんぞかんぞしてやっから泣くな」・河内郡 *かんぞー 千葉県安房 *こむぞがり・こむぞさがり(子供などを特別にかわいがること) 新潟県東蒲原郡 *ちょーさいぼー(子供をかわいがること) 島根県石見 広島県比婆郡 *ちょーじゃく 青森県上北郡・三戸郡「一人息子で、ちょーじゃくされて育った人だものな」 *ちょーひゃー 群馬県多野郡「赤ん坊をちょーひゃーする」 *ちょはい 青森県津軽 *ぼんのー 熊本県下益城郡 *ほんこ・ほんこー 島根県石見・隠岐島「ほんこする」 *ほんそ 島根県 岡山県「ねんね(赤子)をほんそほんそしてやれ」 山口県阿武郡・豊浦郡 香川県「ほんそにする」・高松 *ほんそー(子供をかわいがること) 島根県「ほんそーしんさるけー子供がおとなしい」 *めごめご(子猫などをかわいがる) 青森県三戸郡「小猫をめごめごーと抱いている」 *めんこぞんこ(子猫などをかわいがる) 岩手県気仙郡

かわいそう【可哀相】 ⇩ふびん(不憫)

かわいらしい【可愛】 ⇩かわいい(可愛)

かわかみ【川上】 *いり 福島県南会津郡 栃木県 新潟県西頸城郡 長野県 *かまち 福島県中通「かまちを止めて水が少しも来ぬ」 茨城県稲敷郡・久慈郡 *かまて 富山県砺波 *かわがした 鹿児島県肝属郡 *のんぼい 佐賀県「これからのんぼいにゆく」 鹿児島県「のんぼいみちょい(上の方に向いている)」 *のんぼり 福岡県 熊本県下益城郡 大分県日田郡 *わかたほー 岐阜県飛騨 →じょうりゅう(上流)

かわぎし【川岸】 *あぜ 岡山県川上郡 *いどば 鳥取県 *えご(水流にえぐられた川岸) 東京都南多摩郡 神奈川県 徳島県 *えごた 神奈川県 *かばけ 秋田県雄勝郡 *かわぐろ 愛知県東加茂郡 京都府竹野郡「かわぐろ道(堤防道)」 大分県大分市・速見郡 *かわんどちぇ 鹿児島県揖宿郡 *がんぎ 大阪市 鹿児島県肝属郡 *がんげ 愛媛県 *どてまち 京都市 *はた 茨城県稲敷郡 *はま 大阪市 *ゆーらばた 大分県速見郡 →かわばた(川端)・かわべり(川縁)

かわく【乾】 *いつく(沈殿して乾く) 秋田県平鹿郡「桶の底にえずぐ」・鹿角郡 岐阜県益田郡・大野郡 滋賀県彦根・蒲生郡 徳島県 *いばやく・えばやく 島根県「桶がえばやいて漏る」 *いらぎる 島根県美濃郡「板がいらぎって隙があーた」 *いらく 島根県石見 山口県「ほしものがもういらいた」 *いららく 京都府竹野郡 *いろく 熊本県 大分県「こんたきものはよーいろいたか(この薪はよく乾いたか)」 *いろくる 熊本県玉名郡 *かーらぐん 沖縄県首里 *かーらびつく 三重県度会郡 *かーらちゅん 沖縄県石垣島 *かえる 鹿児島県 *かっぱしゃぐ(ひどく乾く) 静岡県榛原郡 *からびっ 佐賀県藤津郡 *からびる 栃木県河内郡 山梨県南巨摩郡「洗濯もんがからびる」 滋賀県彦根 島根県「咽喉がからびて水が欲しい」 広島県佐伯郡 山口県大島 愛媛県宇和島 佐賀県 長崎県伊王島 *からふる 島根県出雲 *からぶる 長崎県伊王島 *からべる 長崎県五島「ほし物はからべたろかい」 *こらがたつ(熱気のために、口の中が乾く) 宮崎県東諸県郡 *こらく 鹿児島県・肝属郡 *こらぐ 宮崎県日向 *こらっ 鹿児島県 *さえる 島根県「稲が寒風にさえた」 *さやぐ(土地などが乾く) 島根県「雨が降らんで大分土地がさやえだ」 *さゆる 島根県隠岐島 佐賀県 *さらける(田が乾く) 島根県隠岐島「田が炎天にさらけた」 *しる 山形県最上・村山「おかちゃん洗濯物はしったづあえ」 *はさぐ 岩手県気仙郡 新潟県佐渡 愛知県海部郡・名古屋市 三重県志摩郡 *はしく 三重県南牟婁郡 和歌山県「洗濯物がはしいた」 *はしける 新潟県佐渡 奈良県吉野郡 *はしなぐ 青森県津軽 *はしゃーぐ 群馬県利根郡 山梨県 静岡県 *はしゃう 千葉県長生郡・夷隅郡 *はしゃく 岩手県江刺郡・胆沢郡 福島県 茨城県筑波郡・稲敷郡 千葉県印旛郡 *はしゃぐ 宮城県栗原郡・仙台市 秋田県鹿角郡 山形県 福島県東白川郡 茨城県 栃木県 群馬県 埼玉県北足立郡 東京都三宅島・御蔵島 新潟県 山梨県 長野県 岐阜県加茂郡 静岡県 愛知県「口がはしゃいた」 三重県度会郡 兵庫県但馬 和歌山県 鳥取県西伯郡 岡山市 広島県 徳島県 *はしやぐ 大阪市「ようはしやいでる」 島根県 *はしゃげる・はしらげる 岐阜県郡上郡「何もかもよーはしらげとるで火の用心をして下さい」 *はしらく 青森県津軽・南部 山形県米沢市・庄内「ちょりちょりとはしらく」 *はしらぐ 青森県 秋田県平鹿郡・鹿角郡 山形県東田川郡 新潟県「空気がはしらぐと火事が出易い」「南風でみんなはしらぐから用心しろ」 石川県珠洲郡・河北郡 長野県北安曇郡 岐阜県稲葉郡・飛騨 滋賀県神崎郡 鳥取市 島根県美濃郡・益田市 香川県 高知県中村市・幡多郡 *はしわぐ 兵庫県但馬 *はつく 山梨県南巨摩郡「ひでりでたんぼがはつく」 長崎県対馬「乾和布(ほしわかめ)を火に炙りはつかして食べる」・壱岐島 *はっしゃぐ 新潟県佐渡「こう照りが続くと田地がはっしぇいでこまる」 石川県 岐阜県 三重県度会郡 滋賀県蒲生郡 京都府宇治郡 香川県 愛媛県 *ははえる 静岡県

「茶の葉がはえる」 *ひー 島根県八束郡・能義郡 長崎県壱岐島「水汲んでもなかなかひーとが」 *ひーる 山梨県 静岡県 *ひあがる（よく乾く） 奈良県宇智郡 山口県 香川県三豊郡・高松 福岡県久留米市・粕屋郡 熊本県 大分県大分市・大分郡 鹿児島県 *ひからつく 岐阜県土岐郡 *ぴしゅん 沖縄県竹富島 *ぴすん 沖縄県石垣島・鳩間島 *ひっかわく 山形県 *ひっつく（水田が乾く）岡山県苫田郡 香川県綾歌郡 *ひっぱく 山梨県 *ひっぱつく 山梨県 *ひぬける 徳島県「田がひぬける」・那賀郡 *ひやぐ 島根県「身体がひやーでから着物を着る」 広島県・高田郡 愛媛県大三島 *ひやくる（日照りで田畑が乾燥する）熊本県芦北郡・八代郡 *ひやける 島根県石見 山口県大島 *ぴゅーん 沖縄県国頭郡 *ひる 山形県西置賜郡 東京都三宅島・御蔵島 岐阜県 静岡県島田市 兵庫県但馬 島根県石見 岡山県川上郡 広島県 山口県 大分県 *ひろ 東京都利島 *ふぃゅん 沖縄県首里 *ふー 島根県出雲 *ふやぐ 島根県 広島県 *ふよぐ 島根県益田市 *ぽしける 茨城県 *ほせる 岩手県紫波郡・気仙郡「今日天気いいがらほせる」 秋田県鹿角郡「ほせたかと思ったら未だほせてない」 新潟県佐渡・上越 富山県砺波 岐阜県 高知県幡多郡 *ほとびる（体のぬれた部分が乾く）熊本県 *ほへる 青森県三戸郡

↓かんそう（乾燥）・ひからびる（干涸）

▯こと *あおび（刈った草が青色に乾くこと） 高知県長岡郡 *しーしび 島根県出雲「洗濯物がしーしびでまだ着られん」 *ししび（濡れたものがざっと乾くこと）愛知県名古屋市「水の浸いた土地だったが、どうやらししびしたので、これから耕作にかかろうと思う」 *しんしび 静岡県榛原郡「しんしびの薪」 島根県美濃郡・益田市 *ひ 島根県石見「この米はひがわるい」 *ひー 新潟県佐渡・中頸城郡 兵庫県加古郡「ひいがえい」 *ふ 島根県

かわしも【川下】 *かーじ 長野県下伊那郡「かーじの方」 *かーじり 山梨県南巨摩郡 *かわそ 富山県 *しそ 山形県東置賜郡 *しど 青森県 *しんぱら（集落の川下）青森県南部 *すど 青森県津軽・上北郡 宮城県栗原郡 山形県最上郡 *すんぱら（集落の川下）青森県南部 *まっすい（一番の川下）山形県南村山郡

↓かりゅう（下流）

かわばた【川端】 *かーど 山梨県南巨摩郡 *かわだな 群馬県勢多郡 *かわど 山形県西置賜郡 *かわんうち・かわんへら 大分県大分郡 *かわんぐるい 佐賀県藤津郡 *はま 大阪市

↓かわぎし（川岸）・かわべり（川縁）

かわべ【川辺】 ⇩かわぎし（川岸）

かわべり【川縁】 *はまがわ 大阪市 *へぐり（川べりの岩がけが湾曲してえぐられている所） 山形県最上郡

↓かわぎし（川岸）・かわばた（川端）

かわら【瓦】 *うーがーら（竹筒を二つ割りにしたような形の瓦）沖縄県首里 *えものがわら（一端に模様のある瓦）高知県長岡郡 *かーらけ 大阪府泉北郡 香川県（破片） *かーらやき 香川県綾歌郡 *かわらき 和歌山県 *かわらけ 大阪府泉北郡 和歌山市 愛媛県周桑郡・喜多郡 鹿児島県種子島 *けらば（かわら屋根の両端の瓦）新潟県佐渡 富山市近在 *げんば 千葉県山武郡 *そで・そでがーら（屋根の左右の端に用いる瓦）島根県 *とりやすみ（かわら屋根の端の瓦）愛知県知多郡 *どんがめ（わらぶき屋根の棟に載せる大きな瓦）岡山市 *のし（かわら屋根の棟に積み上げる平らな瓦）兵庫県加古郡 山口県豊浦郡 *びぎんがーら（上から伏せる状態にふく瓦）沖縄県石垣島

かわら【河原】 *あらま 大阪府南河内郡 *えしから 秋田県由利郡 *おとなせ（岩ばかりの河原）奈良県吉野郡 *かーらこじら 大分市 *からまえ（「かわまえ（川前）」の転か）山形県北村山郡 *かわごーら 長崎県南高来郡 *ごーず・ごずま（岩の河原）群馬県多野郡 *こーら 徳島県阿波郡 愛媛県東部 福岡県山門郡 長崎県南高来郡 大分県 *ごーら 青森県三戸郡（水の奔流する河原で、ごろごろした石のたくさんある所） 岡山市 長崎県佐世保市・南高来郡 大分県大分郡・大野郡 *こら 宮崎県西諸県郡 鹿児島県 *しらから（水のかれた河原）山形県東置賜郡 *しらす 奈良県宇智郡 *す 島根県八束郡

かわり【代】 *かーし 山梨県 長野県諏訪・上伊那郡「そのかーしにお菓子をもらった」 *かーち 群馬県群馬郡 山梨県南巨摩郡「おれがかーちに弟が出来て（出て）働いた」 長野県「鉛筆のかーちに二銭やろう」 静岡県 *かい 香川県「そのかいにこれ買うてやる」 鹿児島県喜界島「こわれている物でもかいができるまでは辛抱して使え」 *かいち 静岡県磐田郡 *かえち 茨城県新治郡・稲敷郡・静岡県 *かた 滋賀県彦根 *かでぁ 秋田県河辺郡「そのかでぁこれをお前にくれる」 *かわし 栃木県足利市・安蘇郡 長野県諏訪 *かわせ 滋賀県彦根 *かわち 静岡県「そのかわちにあげます」 *きゅーだい（賃金またはその代わりのもの）青森県上北郡 *けぁでぁ 岩手県気仙郡「この羽織を汚すと、あとけぁでぁがない」 *さしかえ 新潟県佐渡「さしかえにこれをやる」 *だい 静岡県「そのだいにこれをやる」・榛原郡「何のだいにもさつま（芋）ばか食ってたっけんなあ」

かわりばんこ【代番】 *あいあいがわり・あいやーがわり 京都府竹野郡 *あいしろがい 岡山県岡山市「ゆんべあんたがいなれるとあいしろがいにあいつが来た」「あの帯とこの帯とをあいしろがいにする」「一番の兄と次の女の子はあいしろがいに出来た」・児島郡 *いちいれ 徳島県 *いっぺんがい 香川県 *うったがい・うったがいばったがい 宮城県仙台市「お隣でいっつもうったがいにおぼこ

でる(男児女児交互に生まれる)」 *うってがえ 山形県 *うってげー 東京都南多摩郡 *かいがい 香川県「かいがいに行くんやったらかまへんがな」 愛媛県 高知県高岡郡 *かいがいまり 愛媛県 *かいがわり 山形県東置賜郡 *かたいぐち 鹿児島県 *かたいぐっ 鹿児島県鹿児島郡 *かたいごち 鹿児島県肝属郡 *かたいごっ 鹿児島県 *かたまり 青森県三戸郡 岩手県上閉伊郡 *かたまりかたまり 青森県三戸郡 *かたまわり 岩手県盛岡市 *かたみがわり 兵庫県淡路島 *かたみつ・かたみつ 岐阜市 *かたみっこ・かたみっこつ 岐阜県恵那郡 *かたみっこに 静岡県「かたみっこに本を読みな」 *かたみに 三重県松阪 滋賀県南部 大阪市 兵庫県「両方へ別れてかたみに球を打ち合ふ」 *かたみばん 愛知県知多郡 *かためかわり 兵庫県明石郡 *かためこに 奈良県宇陀郡 *かたり 熊本県芦北郡・八代郡 *かたりかたり・かたりがたり 熊本県八代郡・芦北郡 *かたりばんこ 大分県大分郡 *かたんごし 長崎県南高来郡 *かちゃいかちゃい・かちゃいがちゃい 佐賀県 *かちゃいごし 佐賀県 *かちゃりごし・かちゃり 熊本県玉名郡 *かてーり 大分県日田郡 宮崎県西臼杵郡 *かてもり 宮崎県東諸県郡 *かてり 大分県日田郡・玖珠郡 *かてりかてり 大分県速見郡 *かわりがい 愛媛県松山「かわりがいにしょー」 *かわりこ 香川県大川郡 *かわりごーて 愛媛県 *かわりごーり 広島県高田郡 *かわりごかい 愛媛県伊予 *かわりごっこ 茨城県新治郡・稲敷郡 *かわりばんげー 福島県東白川郡「かわりばんげぇにする」 *かわりばんて 山形県米沢市 長野県 岐阜県飛驒 大阪府泉北郡 岡山県児島郡「かわりばんてに」 *かわりばんてん 新潟県中頸城郡 岐阜県郡上郡 鳥取県東部 *かわりばんてんこ 鳥取県東部 *かわりべんた・かわりべん 大阪市「かわりべんたにさげて行こう」 *かわりべんこ 岐阜県郡上郡 *かわりべんべ 滋賀県東浅井郡・坂田郡 *しがいこ・しがいち 岐阜県飛驒 *しりっかせ 栃木県栃木市・安蘇郡「しりっかせに寝る」 *てれこ 三重県名賀郡 滋賀県 大阪市 兵庫県加古郡 奈良県宇陀郡 岡山県児島郡「あんた、いつ来たん(来たのか)。おとうちゃんとてれこになったなあ」 香川県綾歌郡「豆と麦とてれこ(交互)に植える」 *ばいてんがわり 富山県 *ばてんがわり 山形県米沢市 *ばんがいちんがい 兵庫県養父郡 *ばんがえ 福島県相馬郡「ばんげえにする」・東白川郡 岐阜県飛驒 鳥取県岩美郡 *ばんがえたがえ 宮城県玉造郡 *ばんがえたんがえ 岩手県平泉「ばんげぁたんげぁに」 宮城県登米郡 福島県相馬郡 *ばんかく 山梨県 *ばんがりたんがり 茨城県新治郡 *ばんげーこたんげーこ 福島県東白川郡 *ばんげーっこ 福島県相馬郡・東白川郡「二人でばんげぇっこにさげて行ぐべな」 *ばんげたんげ 宮城県栗原郡 *ばんて 新潟県中頸城郡 山梨県・南巨摩郡「ブランコにばんてに乗れよ」 長野県 *ばんてーがわり 群馬県勢多郡 *ばんてかーり 長野県諏訪 *ばんてがわり 山形県米沢市 長野県東筑摩郡「ばんてがわりに碁を打った」 *ばんてくら 長野県東筑摩郡 *ばんてこーち・はんてこち 長野県佐久 *ばんてっかーり 長野県諏訪 *ばんてっかえし・ばんてっけーり 山梨県 *ばんてっこ 静岡県小笠郡 *ばんてっこー 静岡県 *ばんてん 山梨県南巨摩郡「一本きりの筆どーでばんてんに書かで」 長野市 静岡県小笠郡 *ばんてんか 長野県佐久 *ばんてんかわし 長野県長野市・上水内郡 *ばんてんかわり 新潟県中頸城郡 長野県上伊那郡 *ばんてんがわり 新潟県中頸城郡 静岡県榛原郡 兵庫県但馬 *ばんでんかわり 山形県東田川郡「ばんでんかわりピンポンする」 *ばんてんこ 新潟県中頸城郡 山梨県東八代郡 静岡県小笠郡 鳥取県気高郡・岩美郡 *ばんてんこー 長野県佐久 *ばんてんごー 静岡県「ばんてんごーに球を投げる」 *ばんてんちがい・ばんてんちがい 鳥取県気高郡・岩美郡 *ばんねんかわり 山形県東田川郡 *ひとはがえ 島根県「ひとはがえに(交互に)並べる」

↓かわるがわる (代代)・こうたい (交代)

かわりもの【変者】 ⇩へんじん (変人)

かわる【変】 *へんがくる(異変が起こる。様子が変わる) 大阪市 *へんがかわる(異変が起こる。様子が変わる) 和歌山県日高郡 *へんがわるい(病気、縁談、商談などの様子が変わる。状態が変わる) 岡山県苫田郡 *へんげる 栃木県 新潟県佐渡 山梨県 静岡県富士郡「せんどーむし(あめんぼ)がかまっきりにへんげてく」 三重県志摩郡 島根県「ひげがのびて顔がへんげた」 岡山県苫田郡・浅口郡 広島県高田郡

かわるがわる【代代】 *あいあいがわり・あいやーがわり 京都府竹野郡 *あいがわりひがわり 和歌山市 *ありがりひがり 和歌山県新宮 *あわいかえ 京都府 *うったがい・うったがいばったがい 宮城県仙台市「お隣でいっつもうったがいにおぼこでる(男児女児交互に生まれる)」 *うっつかわっつ 島根県益田市・美濃郡「うっつかわっつ出て来た」 *うっつりがっつり 福岡市 *うってがえ 山形県 *うってげー 東京都南多摩郡 *うつるごーし 長崎県壱岐島「うつるごーし泊り来る」 *えー 長野県長野市・上水内郡 *おちがい・おちがいごし 愛媛県喜多郡 *おちがいはねがい 愛媛県 *おつれがえね 島根県出雲「おつれがえね戻った。」 *かいがい 香川県「かいがいに行くんやったらかまへんがな」 愛媛県 高知県高岡郡 *かいがいまり 愛媛県 *かいがわり 山形県東置賜郡 *かいびかいび 島根県「かいびかいび乗ろう」 *かたいぐち 鹿児島県 *かたいぐっ 鹿児島県鹿児島郡 *かたいごち 鹿児島県肝属郡 *かたいごっ 鹿児島県 *かたがい 愛媛県南宇和郡「かたがいで物を持つ」 *かたまり 青森県三戸郡 岩手県上閉伊郡 *かたまりかたまり 青森県三戸郡 *かた

まわり 岩手県盛岡市 *かたみつ・かたみっつ 岐阜市 *かたみっこ・かたみっこつ 岐阜県恵那郡 *かたみっこに 静岡県「かたみっこに本を読みな」 *かたみに 三重県松阪 滋賀県南部 大阪市 兵庫県「両方へ別れてかたみに球を打ち合ふ」 *かたみばん 愛知県知多郡 *かためた 奈良県宇陀郡 *かたり 熊本県芦北郡・八代郡 *かたりかたり・かたりがたり 熊本県八代郡・芦北郡 *かたりばんこ 大分県大分郡 *かたんごし 長崎県南高来郡 *かちゃいかちゃい・かちゃいがちゃい 佐賀県 *かちゃいごし 佐賀県 *かちゃりごし・かちゃり 熊本県玉名郡 *かてーり 大分県日田郡 宮崎県西臼杵郡 *かてもり 宮崎県東諸県郡 *かてり 大分県日田郡・玖珠郡 *かてりかてり 大分県速見郡 *ちんぎゃーばんぎゃー 京都府竹野郡 *てんがりばんがり・てんぐりばんぐり(「てがわりばんがわり(手替番替)」の転か) 千葉県東葛飾郡 *とかばかえ・とかばこに 山形県村山「とかばかえ使う」 *とけばけ 青森県上北郡 *とっかえばっかえ 青森県三戸郡「この田舎で、あまりとっかいばっかえ着物着てめかしたら笑われるア」 岩手県気仙郡 山形県「とっかえばっかえに履く」 *とっかえぱっかえ 宮城県石巻「すぐ汚れっから、とっけぁぱっけぁ着さえ(着なさい)」 山形県西置賜郡 *とっかりばんかり 埼玉県入間郡 *とんがりばんこ 群馬県多野郡 *とっかりやっかり 千葉県東葛飾郡 *とっきゃーばっこ・とっきゃーやっきゃー 群馬県多野郡「隣の家の子ととっきゃーばっこに行ったり来たりしている」 埼玉県秩父郡 *とっけーばんごー 埼玉県秩父郡 *とんがりばんこ 群馬県多野郡 *はながい 岐阜県「はながいに車をひく」 *はねがい 石川県鳳至郡・鹿島郡 高知県幡多郡「ぶらんこをはねがいにのろう」・土佐郡

→かわりばんこ(代番)・こうたい(交代)

かん【棺】 ⇩かんおけ(棺桶)

がん【雁】 *うがん 鹿児島県薩摩 *がんが 三重県名賀郡

かんおけ【棺桶】 *かもけ 香川県大川郡 *がん 山形県 茨城県新治郡・真壁郡 東京都八丈島 岐阜県飛騨 愛知県知多郡 奈良県吉野郡 和歌山県 島根県 岡山県阿哲郡・川上郡 熊本県球磨郡 大分県南海部郡 宮崎県都城 鹿児島県沖永良部島 沖縄県竹富島 *がんおけ 山形県東田川郡・南置賜郡 千葉県印旛郡 岐阜県 静岡県 愛知県碧海郡・知多郡 三重県南牟婁郡 和歌山県 島根県隠岐島 *がんこ 岩手県九戸郡・上閉伊郡 *がんだい 青森県津軽 宮崎県都城 *がんばこ 岩手県上閉伊郡・気仙郡 宮城県栗原郡・仙台市 山形県 福島県 茨城県新治郡・真壁郡 栃木県 群馬県伊勢崎市・館林 埼玉県入間郡 東京都大島 岐阜県加茂郡 三重県南牟婁郡 奈良県吉野郡 和歌山県 *じゃんぽ 愛知県日間賀島 *そーれん 島根県簸川郡・隠岐島「そーれんが出る(出棺する)」 岡山市 徳島県 *たからどーぐ 沖縄県島尻郡 *たからむん 鹿児島県奄美大島・加計呂麻島 沖縄県首里 *たちがん(死んだ人を座らせて入れるように作った棺桶) 岡山県川上郡 *だみ 長野県更級郡・下水内郡 *だみばこ 秋田県仙北郡 *どがんおけ 島根県仁多郡 *どばこ 富山県西礪波郡・砺波 *ぬりふに 鹿児島県奄美大島・加計呂麻島 *のりふね 三重県志摩郡 *ぱく 鹿児島県喜界島 *はこ 静岡県磐田郡 *はやかん(屋根も付けない箱だけの簡素な棺桶) 島根県美濃郡・益田市 *はやもの 埼玉県入間郡 *やまおけ 島根県邑智郡 広島県高田郡 長崎県壱岐島 *ゆかおけ 大阪市 *ゆかごけ 大阪府大阪市・中河内郡 *ゆかんおけ 大阪市 奈良県宇智郡 *よーけ 香川県仲多度郡・三豊郡 *よし 三重県飯南郡

→「おけ(桶)」の子見出し、「人の死体を納める箱や桶」

かんがえる【考】 *あんがえる・あがえる 岩手県気仙郡「いづまであんげぁでいるんだ仕事をしろ」 *かんぐい 鹿児島県揖宿郡 *こっぴんかたげる(ちょっと考える) 兵庫県加古郡 *こびんをかたぐ(ちょっと考える) 岡山市 *こびんをかたむける(ちょっと考える) 岡山県苫田郡 *つもる 高知県香美郡「おらーつもっちょく」 *はかろう 新潟県佐渡「はかろうて渡せばよい」 香川県大川郡

かんかく【間隔】 *あうぇ 山形県 *あさい 三重県阿山郡 *あばさ 和歌山県有田郡 *あらき 山口県大島 愛媛県 *あわい 岩手県気仙郡 宮城県仙台市・加美郡 秋田県鹿角郡 山形県 福島県会津 茨城県稲敷郡 神奈川県「A地とB地のあわい」・津久井郡 新潟県佐渡・東蒲原郡 富山県高岡市・砺波 山梨県南巨摩郡 岐阜県飛騨 静岡県榛原郡 三重県伊賀 滋賀県彦根 京都府

方/言/の/窓

●移住と方言

方言の伝播にとって人の集団「移住」は重要な要因のひとつである。過去の日本国内の例を見ても、江戸時代の大名の移封にともなう集団移住が少なからず見られ、明治以降には、本州各地から北海道への大規模な移民が行われた。

このように集団移住が行われると、場合によっては、ある共通の特徴をもつ方言域に突然異なる体系の方言がもたらされるため、あたかも言語島のような姿を示すことがある。多くの場合それは、時の経過とともに周囲の方言に同化していくが、それでもなお移住前の方言の特徴を部分的に残している例が報告されている。

北海道における移民とその二世・三世たちの言語変容については、国立国語研究所による詳しい調査研究がある。

大阪市　岡山県苫田郡・児島郡　広島県東部　徳島県　香川県仲多度郡　沖縄県石垣島　*あわいこ宮城県遠田郡・仙台市　山形県　*あわいさ福井県敦賀郡　岐阜県　三重県　滋賀県彦根　京都市　大阪市　奈良県・南大和　和歌山県日高郡　*あわいっこ山形県　*あわさ福井県敦賀郡・坂井郡　岐阜県飛騨　*あわさい新潟県佐渡　富山県砺波　福井県　岐阜県飛騨　滋賀県蒲生郡　京都府　兵庫県加古郡　和歌山県伊都郡・有田郡　島根県出雲　岡山県　*あわしゃ石川県江沼郡　*あわしら滋賀県伊香郡　*うね・うねま・うねはば(田植えの時に張る綱と綱との間隔)岡山県川上郡　*うまぐわのこ・こ(苗を植える時の横の間隔)広島県山県郡　*おーらち(田畑に植える作物と作物との大きな間隔)青森県三戸郡　岩手県九戸郡・気仙郡　愛知県東加茂郡　高知県長岡郡　*おらじ(田畑に植える作物と作物との大きな間隔)青森県上北郡「おらじふぐ(苗植えの線を引く)」　*かいどー(田植えの時の縦の苗の間隔)広島県山県郡　*かべ(植えた稲の苗の間隔)群馬県勢多郡「かべが広い」　埼玉県北足立郡　*けた(田植えの時の苗を植える縦の間隔)広島県山県郡　*こあい(田植えの苗の左右の間隔)奈良県吉野郡　*こらち(田畑の作物と作物との狭い間隔)青森県三戸郡　岩手県九戸郡・気仙郡　愛知県東加茂郡　高知県長岡郡　*じあい山形県東田川郡・東置賜郡　神奈川県藤沢市「まだじえいがある」　*だち岡山県　岐阜県大野郡(畑に植える作物の間隔)　*だちあい(畑に植える作物の間隔)岐阜県飛騨　*だちー(時間にも空間にも用いる)岡山県「読んどるだちー眠むかった」「家と家のだちーが長え」　*とーりいき(人が通れるほどの間隔)静岡県榛原郡「せばい事務室でとーりいきもない」　*はざ福岡市　*ばば(田植えの苗と苗との間隔)島根県出雲・隠岐島「ばばをふく(引く)」　*はわい奈良県吉野郡　*はわいさ奈良県吉野郡　*まぐわのこ(苗を植える時の横の間隔)島根県邑智郡　*まち(田植えの苗と苗との間隔)岐阜県揖斐郡　奈良県吉野郡　山口県　*まんがご(苗を植える時の横の間隔)岡山県川上郡　*らち(畑に植える作物の間隔)青森県三戸郡　岩手県九戸郡・気仙郡　栃木県　埼玉県北葛飾郡「らちがあく」　新潟県佐渡「大らち・小らち」　富山県「らちの狭いのは仕事しにくい」　岐阜県揖斐郡　静岡県志太郡　山口県大島　*らちあい(畑に植える作物の間隔)青森県三戸郡　富山県東礪波郡

⇩あいだ(間)

がんきゅう【眼球】　*まなくだま山形県　*まなこだま栃木県　*まんなくだま山梨県東八代郡・北巨摩郡　*まんなしだま山梨県中巨摩郡　*まんのくだま山梨県　*みーつぃつぃ沖縄県石垣島　*みーてぃーんてぃ沖縄県小浜島　*みしじ沖縄県竹富島　*みっつぃん沖縄県波照間島　*めーくりだま栃木県足利市・鹿沼市　*めくりだま大分県大分市・速見郡　*めこたま徳島県　香川県　高知県安芸郡　*めこだま兵庫県赤穂郡・神戸市　香川県仲多度郡　*めごだま香川県小豆島　*めこたも・めこんだま香川県　*めだくだま群馬県勢多郡　長野県　*めだんだま長野県上田　*めっくりだま山梨県南巨摩郡　長野県佐久　静岡県　愛知県名古屋市　大分県東国東郡・速見郡　*めっつりだま岡山県備中北部　*めっぱち和歌山県東牟婁郡　*めとこだま和歌山県　*めぬくりたま山形県東置賜郡　*めのくたま山形県　*めのくりだま栃木県足利市　群馬県勢多郡　埼玉県川越　東京都八王子　神奈川県津久井郡　新潟県・西蒲原郡　静岡県北伊豆　三重県宇治山田市・度会郡　和歌山県東牟婁郡　*めのこだま新潟県「めのこだま飛び出す」　長野県下水内郡　奈良県吉野郡　和歌山県　島根県　広島県高田郡　山口県大島　香川県　愛媛県　*めのこだも香川県　*めんくだま宮崎県西臼杵郡　*めんくりだま静岡県　大分県　*めんぐりだま大分県　*めんくんたま熊本県芦北郡・天草郡　*めんこだま大分市　*めんこんたま熊本県球磨郡・芦北郡　*めんこんたん佐賀県　*めんつんたま鹿児島県　*めんのくだま長野県佐久　*めんぽだま千葉県安房郡

がんぐ【玩具】　⇩おもちゃ(玩具)

がんこ【頑固】　*いちがい新潟県「なかなかいちがいの男だ」「いちがい押す(自分の所信を押し通す)」「あの人はいちがいで困る」　富山県砺波　岐阜県「よっぽといちがいな人で、お膳を出いても箸もつけなれん」　鳥取県　島根県「お前のようにいちがいでも仕ようがなー」　岡山県児島郡　広島県高田郡　山口県玖珂郡「いちがいをいふ」・大島　愛媛県・大三島　高知県　*えご新潟県中頸城郡　*がし神奈川県津久井郡　山梨県南巨摩郡　*がしょーき東京都八王子　神奈川県　*がず島根県石見・隠岐島(子供をののしって言う語)「この、がず」　*かたいこ和歌山県西牟婁郡・東牟婁郡　*かたきこ和歌山県西牟婁郡・東牟婁郡　島根県　*かたきこもん島根県簸川郡・出雲市　*かたくら青森県上北郡・津軽　*かたくわ兵庫県赤穂郡「かたくわもん(頑固者)」　島根県「あの人のかたくわにも困ったもんじゃ」　山口県阿武郡　徳島県　香川県　*かたこ・かたへんこ滋賀県蒲生郡　*かたこっぽー長崎県対馬　*かたこと青森県　岩手県　宮城県登米郡・玉造郡　*かたこぶ新潟県佐渡　*かたこぶし・かたこぶれ新潟県佐渡　*かたじゃーしき島根県隠岐島「かたじゃーしきな人だ」　*かたしょ新潟県東蒲原郡　*かたじょー徳島県「かたじょーな」　*かたぞー新潟県佐渡　*かたっか兵庫県加古郡・淡路島　香川県高松　*かたっこ奈良県　*かたっつり新潟県三島郡　*かたっぱり秋田県山本郡・平鹿郡　福島県相馬郡「こえつぁ、うんとかたっぱりだな」　*かたつり秋田県平鹿郡　*かたぼっか千葉県夷隅郡「かたばっかもの」　*かたぼりっか栃木県　群馬県　埼

玉県大里郡 ＊かたばりっかー 群馬県勢多郡 ＊かたはんだ 長野県下水内郡 ＊かたぶっきょ・かたむぎちょ 岩手県気仙郡 ＊かたぶっきょー 岩手県九戸郡 ＊かたむりか・かたまりか・かたもりか 茨城県稲敷郡 ＊かたもっこ 新潟県「かたもっこでゆうずうがきかんやつだ」 ＊かたもっこー 新潟県佐渡 ＊がふぁし 沖縄県首里 ＊がり 新潟県中頸城郡「あいつはこんじょ(根性)がりだ」 ＊きかざる 岩手県気仙郡 鹿児島県肝属郡「ほんのきかざるが……」 ＊きかじ 富山県 ＊きかず 宮城県石巻「きかずわらす」・仙台市 山形県「うちの子はきかづで困った」 新潟県「ありゃなかなかのきかずだ」 ＊きかずがき 宮城県栗原郡・仙台市 ＊きかずぼー 茨城県 ＊きかずもん 新潟県上越 ＊きがっこ 秋田県由利郡 ＊きかっぽー 茨城県行方郡 ＊きかなす 山形県「あいつはきかなすだ」 ＊きかんこ 岩手県気仙郡 新潟県佐渡 三重県志摩郡 ＊きかんしょ 福井県 ＊きかんしょー・きかんしょーもん 福井県

＊きかんすつぼ 鹿児島県薩摩 ＊きかんぽ 秋田県仙北郡 山形県 ＊きかんぽー 山形県東田川郡

＊きこ 島根県出雲「きこなし(頑固な人)」「どげだえ、両方共きこなだけんの(がんこだからね)」 ＊ぎこ 茨城県猿島郡 ＊ぎご 栃木県「あの子供はぎごな子だ」 群馬県邑楽郡 埼玉県北葛飾郡 ＊きこー 島根県飯石郡・仁多郡「そげなきこーを張るな」

＊きっかじ 山形県西置賜郡 ＊こーじく 和歌山県伊都郡 島根県出雲・鹿足郡「こーじくな男だから困る」 岡山県苫田郡・川上郡「こーじくを言うな」

山口県 愛媛県松山 ＊こーちく 三重県志摩郡 奈良県宇陀郡 ＊こじく 鳥取県西伯郡 ＊こびれ 新潟県佐渡 ＊こぶ 新潟県佐渡「あの男はこぶだ」

＊ごんけ(能もない男が、仏の権化ででもあるかのような顔をして無責任の放言をする、の意から) 宮城県栗原郡 ＊しつい(片意地だ) 和歌山県西牟婁郡「あの子はしつい子だ」 ＊しつこい(片意地だ) 和歌山県 ＊じゃーしき・じょー 島根県隠岐島

＊じょーしき 兵庫県加古郡 島根県邇摩郡・邑智郡「じょーしきな子」 広島県庄原市・高田郡 山口県 愛媛県 福岡県「じょーしきする(我意を張る)」 長崎県 大分県中部 ＊じょーせき 長崎県南高来郡 ＊しわい(片意地だ) 山梨県「あのかーしわいで、いんめーばかよまっても泣きやあせのーわい(あの子は強情だから少しばかりしかっても泣かない)」 兵庫県加古郡 島根県 岡山県「あいつはしわい人間じゃ」 山口県 徳島県三好郡 香川県・高見島 愛媛県越智郡 ＊じんでこ 滋賀県甲賀郡 ＊ちむしぷさん(片意地だ) 沖縄県首里 ＊どーじわい(片意地だ) 香川県・仲多度郡・高松市

＊ねっこ 山形県東置賜郡・南置賜郡 ＊ねっちょ 山形県米沢市 新潟県南蒲原郡 ＊ねっちょー 栃木県日光市「ねっちょーして」 ＊ぱんかり 茨城県稲敷郡 ＊ふーてんが(かたくなで愚かなこと) 千葉県夷隅郡 ＊へご 新潟県佐渡 ＊へん 奈良県宇陀郡「あの人はぢきにへん出すさかいきーつけなあかん」

＊へんちき 大阪府泉北郡 和歌山県那賀郡・西牟婁郡 香川県 愛媛県新居郡・喜多郡

＊へんちきちん 奈良県・宇陀郡 香川県三豊郡 愛媛県新居郡・喜多郡 ＊へんてくらい 香川県

＊へんぽーらい 静岡県 ＊みとさま 茨城県真壁郡

↓いっこくもの(一刻者)・ごうじょう(強情)

□だ ＊いりいりじー 岩手県気仙郡 ＊かたぐるしー 新潟県佐渡 ＊かたくろしー 兵庫県加古郡

＊かっぱりがつよい 千葉県夷隅郡 ＊ごーつい 和歌山県東牟婁郡 ＊ごつい 長野県諏訪 岐阜県郡上郡「あの先生はごついできらいじゃ」 滋賀県彦根 大阪府泉北郡 兵庫県明石郡 香川県「あの先生ごついの」 ＊こわつけない 岐阜県飛騨「あの人はこわつけない」 ＊すねこい 岡山県

＊てしぶい 徳島県 ＊へらこい 愛媛県松山「あいつは、なかなかへらこい(がんばる)」 ＊やねこい 山口県防府市 愛媛県伊予郡「やねこいこと言うなや」・松山市「やねこい男ぢゃ」 ＊わるがたい 島根県隠岐島「わるがてー男」

□なさま ＊あほしげ 奈良県吉野郡 ＊いちがい 新潟県「なかなかいちがいの男だ」「いちがい押す(自分の所信を押し通す)」「あの人はいちがいで困る」 富山県砺波 岐阜県「よっぽといちがいな人で、お膳を出いても箸もつけなれん」 鳥取県

島根県「お前のようにいちがいでも仕ようがなー」 岡山県児島郡 広島県高田郡 山口県玖珂郡「いちがいをいふ」・大島 愛媛県・大三島

高知県 ＊えっこし 島根県八束郡 ＊えっぽり 島根県 ＊かく 島根県益田市・隠岐島「かくな男」

愛媛県周桑郡 ＊がしょーき 東京都八王子 神奈川県 ＊かたいちがい 新潟県東蒲原郡 富山県・砺波 岐阜県恵那郡・飛騨「あの人はかたいちがいじゃ」 ＊かたいちず 長崎県対馬 ＊かたいつがい 富山県下新川郡 ＊かたいっちょ 長野県下水内郡 ＊かたいっこー 奈良県 ＊かたじゃーしき 島根県隠岐島「かたじゃーしきな人だ」

＊かたしょ 新潟県東蒲原郡 ＊かたじょー 徳島県「かたじょーな」 ＊かたぞー 新潟県佐渡 ＊がまん 愛媛県 ＊がんまく・がんまくれ 神奈川県中郡 ＊きずく 茨城県那賀郡 ＊ぎっと 新潟県上越 長野県上田・佐久 静岡県「ぎっとをいふ」

愛知県東加茂郡 滋賀県彦根 ＊ぎっとー 長野県下伊那郡 静岡県志太郡 愛知県宝飯郡 愛媛県 ＊きっぽー 岡山県 ＊きっぽーさく 岡山県上房郡・吉備郡 ＊きつんぽ 静岡県 ＊きんと 島根県「あの人はなかなかきんとな人だ」 ＊ぎんどー 静岡県「あんまりぎんどーなことをいふ」・駿東郡 ＊こーじく 和歌山県伊都郡 島根県出雲・鹿足郡「こーじくな男だから困る」 岡山県苫田郡・川上郡「こーじくを言うな」 山口県 愛媛県松山 ＊こーちく 三重県志摩郡 奈良県宇陀郡 ＊こじく 鳥取県西伯郡 ＊じょーが 岐阜県飛騨「じょーがな子」 奈良県 ＊じょーがん 高知県長岡郡 ＊じょーごわ 兵庫県但馬 ＊どんこ

つ（鋭いさま。また、片意地で頑固なさま）長崎市 ＊**へびつ** 山形県西置賜郡 ＊**ほが** 島根県石見「ほがばかり言うて人の話を聞こうともせん」

□**者** ＊**あほかたっくわ**（頑固過ぎる人間）兵庫県加古郡 ＊**いーがいもん** 高知市 ＊**いごつ** 高知県・高知市「あの子はいごつでなかなか教育に骨が折れる」 ＊**いごっそー** 高知県「坂本竜馬は子供の時から少しいごっそーであった。水泳の稽古をするに暴風雨の日でも休まず行った」 ＊**いこっちょ** 兵庫県淡路島 ＊**いしごってー**（「ごってー」は雄牛の意。大の頑固者）長崎県壱岐島 ＊**いちがいこき** 新潟県・東蒲原郡 ＊**いちがいもの** 富山県砺波（律儀過ぎる者） 島根県邑智郡・邇摩郡

広島県比婆郡・高田郡 愛媛県大三島「ばかいちがいもん」 ＊**いっくつ** 高知県 ＊**えごっそ** 徳島・海部郡 ＊**えっこし** 島根県八束郡 ＊**えっぽり** 島根県 ＊**えらまつ** 愛知県知多郡 ＊**がいじん** 長崎市 ＊**がごーじ** 群馬県館林 ＊**かこじ** 島根県隠岐島 ＊**かたいちがい** 新潟県東蒲原郡 富山県・砺波 岐阜県恵那郡・飛驒「あの人はかたいちがいじゃ」 ＊**かたいちず** 長崎県対馬 ＊**かたいつがい** 富山県下新川郡 ＊**かたいっこー** 奈良県 ＊**かたいっちょ** 長野県下水内郡 ＊**かたぎっと** 新潟県中頸城郡 ＊**かたぎりぼっけ** 静岡県志太郡 ＊**かたくろしや** 兵庫県加古郡 ＊**かたまりぼっけ** 長野県佐久 ＊**かっちんぼ** 兵庫県加古郡・美囊郡 ＊**かっちんぼし** 兵庫県加古郡 ＊**がふぁさー** 沖縄県首里 ＊**がやま** 神奈川県中郡 ＊**でーくにがんさー・がんさー** 沖縄県首里 ＊**きこーじん** 島根県八束郡 ＊**きこーもん** 島根県仁多郡 ＊**きこじん** 島根県簸川郡・八束郡 ＊**きこはり** 島根県出雲 ＊**きっぽー** 岡山県 ＊**きっぽーさく** 岡山県上房郡・吉備郡 ＊**きつんぼ** 静岡県 ＊**きね** 長崎市 熊本県 ＊**きねさく** 熊本県飽託郡・下益城郡 ＊**きねずつ** 熊本県阿蘇郡 ＊**きねぞー・きねもくじゃー** 熊本県飽託郡 ＊**きねもん** 熊本県北部 ＊**きんと** 島根県「あの人はなかなかきんとな人だ」 ＊**ぎんどー** 静岡県「あんまりぎんどーなことをいふ」・駿東郡 ＊**けんじん** 奈良県

＊**ごつこつ** 三重県北牟婁郡 ＊**こっぽーもん** 長崎県対馬 ＊**ごんぞー** 和歌山県伊都郡 ＊**しょーわる** 富山県 ＊**せんこっ** 鹿児島県・鹿児島郡

＊**てぼやぶり**（「てぼ」は円筒形の竹ざる。他人と協調しない頑固者）長崎県対馬 ＊**ねじくまり** 静岡県 ＊**ねじけちぼ** 鹿児島県 ＊**ほが** 島根県石見「ほがばかり言うて人の話を聞こうともせん」

＊**ぼく** 愛知県知多郡 ＊**ぼたん**（時勢に遅れた頑固者）高知県「あれはぼたんで話にならん」・高知市 ＊**むぎっちょ** 青森県上北郡・三戸郡 岩手県気仙郡 ＊**もっこ** 新潟県佐渡 ＊**もっこー** 新潟県佐渡 ＊**もひゅー・もひゅらい** 熊本県 ＊**やぼ・やぼすけ** 高知県

かんしゃ【感謝】

□**の気持ちを表す言葉** ＊**あったい**（小児語）秋田県鹿角郡 ＊**ありがたやかたちけなや** 島根県簸川郡・隠岐島 ＊**あんとー** 長野県長野市・上水内郡 徳島県（幼児語） ＊**うふくい** 鹿児島県喜界島 ＊**うれしや** 山梨県南巨摩郡「うれしやよー（ありがとうよ）」 岐阜県郡上郡「お、うれしあ、もらってこんな（あ、ありがとう。もらって行きましょう）」 ＊**おーきに** 北海道松前郡 岩手県宮古市・気仙郡「こんなに遠いどごおーぎに」

山形県 茨城県 栃木県河内郡 千葉県夷隅郡 新潟県佐渡・東蒲原郡 石川県鳳至郡 福井県 山梨県 岐阜県 静岡県志太郡・島田市

愛知県 三重県 滋賀県 京都府 大阪府泉北郡 兵庫県 奈良県 和歌山県「おーきにやでー」 鳥取県 島根県隠岐島 広島県安芸郡

山口県豊浦郡・大島 徳島県 香川県・小豆島 高知県「毎度お土産を頂戴して、おーきに」 福岡県粕屋郡 長崎県 大分県大分郡・南海部郡 宮崎県 鹿児島県 ＊**おーきん** 福井県 山梨県 三重県 滋賀県野洲郡 大阪府泉北郡 佐賀県東松浦郡 宮崎県日南市 ＊**おーきんと** 奈良県南大和 ＊**おーけな** 徳島県美馬郡 ＊**おかたい** 長野県松本市 ＊**おかたしけ** 長野県上田「ほんとにおかたしけですなー」・上伊那郡 ＊**おかたじけ**（子供に対して言う）高知県長岡郡 ＊**おかたしけない** 長野県上田 ＊**おかたじけない** 新潟県佐渡「おかたじけのごじゃました」 広島県三原市 ＊**おかんだい**（女性語）山形県庄内 ＊**おかんぶえ** 秋田市 ＊**おきんね** 山梨県 ＊**おっきん** 宮崎県東臼杵郡 ＊**かたいげなござったぞ** 長崎県福江市 ＊**かたじけであす** 山形県東村山郡

＊**かぶん** 山形県「この間はかぶんよ」 滋賀県東浅井郡 ＊**かん** 三重県志摩郡 ＊**かんにん** 京都市「かんにんえ」 ＊**かんぶ** 秋田県仙北郡「かんぶにおざるんし」 ＊**かんぶん** 秋田県平鹿郡「沢山もらってかんぶんであります」・河辺郡 山形県東田川郡「あまれかんぶんだごんだわい（たいそうありがたいことでございます）」 ＊**かんぼ** 秋田県南秋田郡「銭をもらってかんぼ」 ＊**かんぽん** 秋田県山本郡「どうもかんぽん」 ＊**ごらった** 青森県三戸郡「『婆な、汁も飯もたくさんね、参ってござェえ』『おお、ごらった』」 ＊**これは** 福岡県 鹿児島県鹿児島郡 ＊**これはこれは** 熊本県天草郡 宮崎県東諸県郡 ＊**こりやこりや** 岐阜県郡上郡 ＊**ちかごろ** 長崎県・長崎市「近頃ありがとう」 ＊**でかいた・でけーた** 新潟県佐渡 ＊**でかしました** 新潟県佐渡 ＊**なんとも** 秋田県河辺郡

山形県東田川郡「んだば なんともよー」 福井県大野郡 ＊**れかしました** 新潟県佐渡「今朝借りた鍬、れかしましたや」 ＊**でかしなった** 福井県

↓「あいさつのことば（挨拶言葉）」の子見出し、「礼の挨拶（ありがとうございます）」

人の好意や親切などに対して□の気持ちを表す言葉 ＊**おかげさま** 東京都八丈島『あがいってきか

しぇろーか(私が教えてあげようか)』『おー、おかげさまで』」 *よーくされ 島根県邇摩郡・大原郡 *よーこさーりー 島根県仁多郡 *よーこさえ 島根県出雲「よーこさえ来てごさっしゃった」 *よーこされ 島根県飯石郡・大原郡 *よーこそ 鳥取県「よーこそなー」 島根県八束郡・能義郡「よーこそねー」 高知県・高知市「よーこそ言うたれ」 *よくされ 島根県簸川郡 *よこされ 島根県八束郡

→「あいさつ（挨拶）」の子見出し、「礼の挨拶（ありがとうございます）」

めんどうを掛けたり、もてなしを受けたりした時などに□の意を表す言葉 *おこぞーさ 山梨県 *おごぞーさ 山梨県 *ござは 兵庫県加古郡「ござはでごあいます」 *ごぞーさ 静岡県 *ごぞさ 富山県 *ごぞっさまな 石川県江沼郡 *ごぞっさん 福井県大野郡 *ぞーさ 富山県東礪波郡「ぞーさでござって、はや(お世話さまでした)」 石川県河北郡・鳳至郡 岐阜県大野郡「ぞーさじゃの(手間をかけるなあ)」 *どーさ 島根県石見「大変にどーさをかけました」

ものをもらった時などの□の言葉 *おかどのおいーのに(「交際先が多いのに」の意) 広島県高田郡 *おかどのーございますに 京都市 *やくたいもない 島根県「こがーにじょーに菓子を貰うてやくたーもなー」

→「あいさつ（挨拶）」の子見出し、「礼の挨拶（ありがとうございます）」

かんしゃく【癇癪】 *いきじょー 長崎県壱岐島「いきじょー持ち」「いきじょーが悪い」 *いじ 島根県「いたずらをすると、親父のいじが出るぞ」 沖縄県首里 *がり 広島県 *かんき 徳島県那賀郡「かんきがつる(腹が立つ)」 高知県「この子は此頃かんきが起ったとみえて泣いてこまる」 *かんきー 鳥取県岩美郡・気高郡 *かんしょ 山形県庄内・西田川郡 *かんしょー 愛知県一宮市付近 *がんぼー 島根県邑智郡 *かんむし 福井県大野郡 *ごけー 長崎県壱岐島「ごけーの種」「ごけーが湧く」 *しゃく 沖縄県首里 *ひゃーいがんない 沖縄県首里 *ほが 島根県石見「酒に酔うてほがー出ーて困る」 *ほがっぱち・ほがらぱち 島根県邑智郡「ほがらぱちをするとお前の損だ」 *ほげっとー 島根県鹿足郡 *むし 新潟県佐渡「むしにさわる」 島根県隠岐島「むしおこす(かんしゃくを起こす)」 岡山市「あの人ぁむしがたけしー(神経が過敏だ)」 *もんき 茨城県・北相馬郡 千葉県香取郡 *もんきゅー 茨城県 *もんきょー 広島県高田郡 *もんきん 千葉県海上郡

□を起こす *いらがでる(癇癪が起こる) 愛媛県越智郡 *かんてきいこす 大阪市「またかんてきいこしてよる」 *かんてきおこす 奈良県南大和 *かんてきをおこす 奈良県 *きちがう 長野県下伊那郡 静岡県榛原郡「きちがってあたけている」 *ほがをだす 島根県江津市・邇摩郡「酒に酔うてほがーだーて困る」

かんしゃくもち【癇癪持】 *いごっそ 愛媛県北宇和郡 高知県幡多郡 *いひゅーもん 熊本県天草郡 *かんかんもち 福井県大飯郡 *かんくらい 山形県 *かんたて 奈良県 *かんてき 愛知県名古屋市 滋賀県彦根 京都市 大阪府大阪市・泉北郡 兵庫県神戸市 奈良県「あのおっさん、かんてきやで」 香川県仲多度郡 *かんてきぼし 奈良県南大和 和歌山県伊都郡 *かんてきもの 京都府竹野郡 大阪市 *かんのむし 山形県米沢市 福井県坂井郡 *かんべ 熊本県天草郡 *きま 山形県東置賜郡「きまおこすな」 新潟県東蒲原郡「きまを沈めろ」 *きんつ 熊本県天草郡 *きんま 山形県「あいつはきんまな人だ」 新潟県 *きんまたかり 新潟県 *げってん 福岡県嘉穂郡「野菜屋さんはちょっとげってんやもんね」 *じかたもち・じもち(痔疾(じしつ)の起こった時は立腹しやすいところから) 茨城県 *すだんきょー 島根県隠岐島 *とんこ 奈良県山辺郡・生駒郡 *はがね・はがれ 大分県速見郡 *はんときつげ 宮崎県都城 *ひきつり 香川県伊吹島 *ひゃーいがんない 沖縄県首里 *やかんばち 岐阜県飛騨 *やんかもん 島根県出雲

かんしょ【甘藷】 *あさがおいも(赤色の甘藷) 島根県石見 山口県見島 *き 鹿児島県徳之島 *くらがー 沖縄県首里 *くりいも 島根県石見 *たーどーしんむ 沖縄県首里 *へーけいも 山口県吉敷郡 福岡県築上郡

→さつまいも（薩摩芋）

かんしょう【干渉】 *さいば 島根県出雲・隠岐島「さえばもつ」 *さいはい 青森県津軽「ひとりでやたらにさぇはぇふっていた」 島根県石見「さいはいをやく」 *さいばい 鳥取県東部「さいばいやく」 島根県「脇に座ってさいばえするな」 *さいはち・さいかち 愛媛県「いらんさいはちやくな」 *さいばん 島根県美濃郡・益田市 *さいま 岡山県・真庭郡・苫田郡「さいまー焼くな、女房のくせして」 山口県玖珂郡 *さいわい 新潟県中頸城郡「いらぬさいわいするな」 *さしくさび 岩手県気仙郡「さしくさびいらね」 宮城県 *さしくさみ 高知県長岡郡 *さっとー 宮城県栗原郡・仙台市「よけいなさったうするな」「君のさったうする場合ではない」 茨城県稲敷郡 *しゃーはち 熊本県玉名郡「しゃーはちきる(干渉する)」 *しゃーびゃー 佐賀県・藤津郡「しゃーびゃーすっ」 *しゃびゃ 島根県八束郡 *すばん 長崎県 *ねんざい 三重県度会郡

□する *あばう 山形県鶴岡市 *いらう 熊本県菊池郡「わるさんどんが、いらわいな(お前どもが干渉するな)」・下益城郡 *いろう 宮崎県西臼杵郡 *えーしっくらう(禁止・否定の表現に用いる) 長野県諏訪「相談に来たが、えーしっくらなんだ」 *おとがいたたく(無用な干渉をする) 新潟県中頸城郡 *かかる 新潟県東蒲原郡「かか

るな」 長崎県対馬 *かまかける 新潟県東蒲原郡 *かます 岩手県気仙郡 宮城県石巻 *かまをかける 島根県 *かんます 宮城県石巻「他家へ行ってかんます」 栃木県 *さいはじける 秋田県河辺郡「あいつは何へでもせぁふぁんじける」 山形県 新潟県中頸城郡 *さいまぎる 島根県出雲市・簸川郡 山口県「あの男は何にでもようさいまぎるのう」・玖珂郡 福岡県小倉市 福岡市 大分県大分郡・速見郡 *さいまぐる 和歌山県「人の仕事をさいまぐりに来るな」 福岡県粕屋郡・久留米市 *さいまげる 京都府・与謝郡 *さいまずる 和歌山県日高郡 *さえばる 島根県仁多郡 *さきまぐる 愛知県名古屋市 *ささいばる 島根県出雲市・八束郡「何かと言うとあの男がささえばってけしからん」 長崎県対馬 *さっかもう 茨城県・鹿島郡 *さっぱめる 宮城県「しゃでこのくせして(弟のくせして)さっぱめんな」 *さはいばる 島根県簸川郡・大原郡 *さやーまげる・さしまげる 京都府竹野郡「あんまりさゃーまげんようにしてほしい」 *ししかゆん 沖縄県首里 *しゃーはちくる 熊本県玉名郡 *しゃまぎる 熊本県玉名郡・下益城郡 *しやまる 島根県出雲 *せーかく 富山県砺波「あいつはどだけせーかいてやってもあかん」 石川県珠洲郡・鹿島郡 *せせがいまわす(うるさく干渉する)宮城県栗原郡・登米郡 *へちまこく 新潟県佐渡 *へちゃこく 山形県庄内 *へっかこぐ 山形県東田川 *もがる 長崎県対馬 *やぱはまる 青森県津軽「あいつが来てね、いらぬやぱはまて(口出しをして)せっかく決まりかけた相談をすっかりめちゃくちゃにしてしまいましたよ」 *やぱまる 青森県上北郡

□すること *あごたたき(他人の行為に干渉すること)岐阜県飛騨「いらんことにそんねぁあごたたきするもんでない」 *からこさぐ 岩手県九戸郡 *からこしゃく 青森県三戸郡・南部 秋田県鹿角郡「からこしゃくすな(するな)」 *くちいれ 新潟県佐渡「いらんくちいれするな」 奈良県南大和 *さしきり 高知県「出しゃばってさしきりするもんぢゃない」 *さしこ 三重県伊賀「さしこ、せんとき(おせっかい、するな)」 徳島県 *さちょこ 新潟県西頸城郡「さちょこえれる(干渉する)」 *しゃこ 島根県仁多郡 *しゃこもち 島根県出雲 *しゃしこ 徳島県・美馬郡 *しゃしゃ 岐阜県武儀郡 *しゃしゃく 栃木県「しゃしゃく言うな」 愛知県名古屋市 島根県飯石郡・隠岐島 香川県仲多度郡「しゃしゃくやく」 *しゃしゃこ 滋賀県愛知郡 島根県 徳島県 香川県 *しゃしゃこもち 島根県出雲 *しゃしゃま・しょしょま 鳥取県西伯郡「しゃしゃま焼く」 *しゃち 岐阜県飛騨・大垣市 *しゃちこ 徳島県・美馬郡 *じゃちこ 香川県綾歌郡 *じゃま 島根県簸川郡 *せんだい 福井県大野郡 *ひやもんずき(自分のためにならないことにも干渉すること)福岡市 *ほてんご 徳島県 *ほてんごー 高知県幡多郡

かんじょう【勘定】 *さんと 島根県出雲・隠岐島「こうじゃ親方、さんとねだぇ、なんだえなぁしまへんがな(これじゃ親方、計算にも何もなりませんよ)」 熊本県玉名郡「さんとに立つ(そろばんに乗る)」 *さんとぅい 沖縄県首里 *さんとー 新潟県佐渡「なかなかさんとうがよい」 鳥取市「さんとうに合はぬ(採算が取れない)」 島根県出雲・隠岐島 *さんとーずくめ・さんとずくめ(収支の計算)島根県 *さんにゅー 広島県高田郡 大分県直入郡 *さんにょ 富山県砺波 福井県敦賀郡 岐阜県飛騨「さんにょしてみたが、どっちみち損じゃ」 香川県 熊本県玉名郡 *さんにょー 山形県東置賜郡 岐阜県羽島郡 三重県度会郡 滋賀県彦根 京都市 大阪市 鳥取県気高郡・岩美郡 岡山県苫田郡 広島県高田郡 徳島県西部 愛媛県越智郡 福岡市 鹿児島県喜界島 *さんにょーずくめ(収支の計算)島根県益田市 *さんにょーめ 岡山県苫田郡「こんなに飼料が高うなっちゃ、養鶏もさんにょーめがあわんよーなった」 *さんみん 鹿児島県喜界島 沖縄県首里「さんみんぬ ならん(多過ぎて数えきれない)」・石垣島「さんみんしん(計算する)」 *さんよ 香川県「銭をもって来たきに、さんよしてつか(勘定をしてください)」 *さんよー 岡山県児島郡「さんよーがあわん」 香川県 ⇨しゅうし(収支)

かんじょう【感情】 *はらんべぁ 秋田県山本郡・南秋田郡 *はらんべー 新潟県佐渡「はらんべえがわるい」

かんしょく【間食】 ⇨おやつ(御八)

かんしん【感心】 *とくしん 和歌山市「あんな高い所へ連れて行かれてとくしんした(閉口した)」「あの頑固なぢいさんも初めてとくしんした(我を折った)」

□する *あきれる 島根県 熊本県玉名郡「あきれたな、子供が描いたようにはみえない」 *がーおる 千葉県君津郡「がーおった(でかした、でかした)」 *がおる 秋田県鹿角郡 茨城県猿島郡 滋賀県犬上郡

□だ *いな 鹿児島県鹿児島郡「いなもんじゃ」 *えぞか 鹿児島県種子島 *きたい(感心なさま)栃木県「子供なのにきたいに仕事をする」 *しおらしー 香川県大川郡 愛媛県周桑郡 *じゅんない 宮城県登米郡 *しょーらし 香川県 *しょーらしー 岡山県小田郡「あの人はしょーらしい人ぢゃ」 徳島県 香川県 *じんない 岩手県紫波郡・気仙郡 *ずない 岩手県江刺郡・気仙郡 宮城県栗原郡「ずないことした」 *ずんない 岩手県気仙郡・胆沢郡 宮城県栗原郡 *どてん(感心なさま)秋田県河辺郡「人を助けたとはどでんだ子だ」 *みょー(感心なさま)徳島県 香川県高松市「みょーやの」 高知

市「ありゃ、みょーみょー、坊や一人でたっちした」 *めめ(感心なさま) 鹿児島県種子島

かんそう【乾燥】 *さやぎ 島根県「さやぎがえー」 *ひ 島根県石見「この米はひがわるい」 *ひー 新潟県佐渡・中頸城郡 兵庫県加古郡「ひいがえい」 *ひやげ 島根県美濃郡・益田市「ゆ(繭)のひやげがすまんと何処いも行かれん」 *ふ 島根県 *ふやぎ 島根県石見・仁多郡「風があるけーふやぎがえー」
↓かわく(乾)

□する ⇩かわく(乾)

かんたん【簡単】 *おてのこさいさい(「手軽な食べ物」の意から) 新潟県中頸城郡「そのこと位おてのこさいさいだ」 *ざっく 大阪市「病気がざっくになおった」「ざっくに聞いてくれた(承諾してくれた)」 *どーごろねんぶつ 島根県益田市「とーごろねんぶつにやった仕事で、つまりゃーせん」
↓へいい(平易)・やさしい(易)・ようい(容易)

□だ *そくざもない 新潟県西頸城郡 *かっやすい 京都府 *かっりやすい 富山県・射水郡 *からすい 福井県 *からっすい 富山県砺波郡 *かりゃすい 富山県射水郡 福井県坂井郡 *かりやすい 新潟県岩船郡 富山県「これはかりやすいことだ」「こんなかりやすいことがわからんか」 福井県敦賀郡 *かるやっすい 富山県砺波 *きゃらすい 福井県 *けやしー 青森県津軽 *さもない 岩手県気仙郡「さもねぁごどでけんかする」 宮城県仙台市 秋田県平鹿郡「あの人はさもねぁことを心配してる」 山形県庄内 静岡県志太郡 *てまない(「手間がかからない」「手数を要しない」の意から) 青森県津軽「この算術なら、てまなェデァ。おれにも容易に解けるぜ」「てまなェぐ負けた」 *めやし 島根県「なんが面倒なことああましょね、めやしことでしが」「めやしね生れさっしゃあましたげねして(お生まれになったようですね)」 鹿児島県肝属郡

□に *あさっと 岩手県九戸郡「あさっとかんげーてやれるしごって(仕事では)ねぁ」 *あっさらく(「あっさりらく」の転) 兵庫県加古郡「そうあっさらく分からへん」 *あっさりざっと 長崎県壱岐島「あっさりざっと出来る事じゃなか」 *ざっぺらっ・ざっぱらっ 鹿児島県鹿児島郡 *ちょっこらさっと・ちょこらさっと 山形県 *ちょこらそこらと 青森県南津軽郡 *ちょっくらさっと 山形県村山・最上郡 *ちょっくらちょいと 山梨県南巨摩郡 *ちょっくらちょいに 静岡県榛原郡 *ちょっくらちょっと 神奈川県中郡 *ちょっくりちょっと 神奈川県中郡 *ちょっこらこいで 奈良県宇陀郡「ちょっこらこいではあいつは来よらん」 *ちょっこらちょっと 宮城県石巻「ちょっこらちょっと習ったてて、役に立すめっちゃ」 *ちょっこりちょっと 新潟県佐渡「ちょっこりちょっとの間に合わぬ」 *つぼっと 山形県庄内「髪をつぼっと結った」 *へっと 愛知県尾張「そんな事へっとに出来ぬ」

かんちょう【干潮】 *あわだち 東京都八丈島 *いにじお 山口県玖珂郡 *かえし 東京都八丈島 *がっさい 長崎県南高来郡 *がったり 熊本県 *から 熊本県玉名郡 *からしお 青森県南部 *からま 熊本県南部 *こわい 鹿児島県揖宿郡・肝属郡 *さげ 大分県北海部郡 *しおかれ 島根県八束郡・隠岐島 *しおがれ 鹿児島県 *しおさがい 鹿児島県鹿児島郡 *しおのひより 愛媛県温泉郡 *しおんこわい 鹿児島県揖宿郡 *しおんわり 熊本県天草郡 *しゅーぬひり 鹿児島県喜界島 *しょい(三月三日の干潮) 岩手県下閉伊郡 *しょーがれ 島根県隠岐島 *しょがれ 静岡県志太郡 *すひり 沖縄県国頭郡 *すぬちなーり 沖縄県与那国島 *すーびー 沖縄県宮古島 *すーぴさーり 沖縄県小浜島 *そこり 千葉県安房郡(大潮のころの干潮) 東京都八丈島 静岡県浜名郡(大潮のころの干潮) 愛知県・名古屋(大潮のころの干潮)・日間賀島(大潮のころの干潮) 三重県 和歌山県・西牟婁郡(大潮のころの干潮) *そこれ(大潮のころの干潮) 東京都利島 *そぬさーり 沖縄県与那国島 *つめしお 宮城県仙台市 *とでー 岡山県御津郡 *どい 岡山県御津郡 広島県走島 *なからにち 東京都八丈島 *ひー 鹿児島県揖宿郡 *ひーす 沖縄県首里市・那覇市 *ひーすー 鹿児島県南西諸島 *ぴーすー 沖縄県新城島 *ぴーつぃき 沖縄県小浜島 *ひおち 広島県倉橋島・江田島 山口県平郡島・玖珂郡 愛媛県大三島 *ひおて 大分県北海部郡 *ひがれ 宮崎県児湯郡 *ひしお 三重県志摩郡 長崎県南高来郡 熊本県 *ぴししき 沖縄県鳩間島 *ぴししきゃん 沖縄県波照間島 *ぴししゅー 沖縄県竹富島 *ぴしすー 沖縄県八重山 *ひしよ 東京都利島 *ひしょー 和歌山市「ひしょおどき」 *ひすこり 岡山県小田郡 香川県 *ひずまり 島根県隠岐島 香川県志々島 長崎県南高来郡 鹿児島県種子島 *ひずめ 香川県志々島 *ひそこ 和歌山市 山口県防府市 香川県(漁師の語) 高知県幡多郡 *ひぞこ 岡山県 広島県向島 徳島県 香川県 愛媛県温泉郡 長崎県対馬 *ひぞこのとろみ 香川県綾歌郡 *ひそこり 東京都八丈島 神奈川県 静岡県榛原郡・志太郡 和歌山県 *ひぞこり 岡山県邑久郡・児島郡 香川県与島・伊吹島 *ひだまり 鹿児島県種子島 *ひだり 岡山県邑久郡 山口県玖珂郡 *ひっしょ 香川県大川郡 *ひった 熊本県 *ひっちょ 長崎県西彼杵郡 *ひっちょー 熊本県天草郡 *ひっぽし 静岡県田方郡 *ぴどぅまい 鹿児島県喜界島 *ひどこ 香川県伊吹島 愛媛県二神島 *ひどろみ 愛媛県 *ぴねーり 沖縄県石垣島 *ひより 広島県安芸郡・豊田郡 *ひり 山口県玖珂郡・大島 *ひりしお 山口県笠戸島 長崎県南高来郡 *ひりしゅ 鹿児島県奄美大島 沖縄県 *ひりしゅー・ひりす 鹿児島県奄美大島 *ひるこか

し熊本県天草郡 ＊ひるしお 長崎県南高来郡 ＊ふぃーしゅ・ふぐりしゅ 沖縄県与那国島 ＊まはり 沖縄県首里 ＊まひゃーり 沖縄県中頭郡 ＊やんしゅ(月のない夜の干潮) 鹿児島県喜界島 ＊わいしょ 長崎県西彼杵郡 ＊わり 長崎県南高来郡 熊本県 ＊わる 長崎県南高来郡 ＊われ 熊本市 ＊われー 熊本県宇土郡

かんぬし【神主】 ＊いっとーめさん(一斗は四貫で、音が祠官(しかん)に通ずるところから) 兵庫県赤穂郡 ＊おし 山梨県南巨摩郡 長野県佐久 ＊おしゃけさん 宮城県仙台市 ＊おたいさん 香川県香川郡 ＊おたえさん 香川県仲多度郡 ＊おたゆーさん 青森県津軽郡 徳島県 香川県 愛媛県・周桑郡・喜多郡 ＊おたゆさん 香川県綾歌郡・三豊郡 ＊おほえんさん 宮城県石巻 ＊おやしゅー 鹿児島県宝島 ＊かんさま 富山県射水郡 ＊かんさん 島根県出雲 ＊かんぬしと 奈良県吉野郡 ＊さかさ 沖縄県鳩間島 ＊しーしょーさん 奈良県吉野郡 ＊しかさ(女の神主) 沖縄県八重山 ＊しかんさま 青森県上北郡 群馬県佐波郡 岐阜県飛驒 山口県大島 大分県大分市・東国東郡 ＊しかんさん 兵庫県赤穂郡 奈良県吉野郡 ＊ししょー 奈良県吉野郡 岡山県小田郡 ＊ししょーさま 群馬県勢多郡 長野県諏訪・上伊那郡 ＊ししょーさん 大分県・大分郡 ＊しじょーさん 島根県隠岐島 ＊じぶさま 福井県 ＊じゃーくし 佐賀県藤津郡 ＊じゃーくじ 佐賀県三養基郡 ＊じゃーくっさん 佐賀県藤津郡 ＊しゃーさん・じゃーさん 長崎県南高来郡 ＊じゃーどん 長崎県 ＊しゃーにん 熊本県 ＊しゃーにんさん 熊本県菊池郡・熊本市 ＊しゃーにんどん 熊本県 ＊しゃーりんどん 熊本県玉名郡 ＊しゃけ 鹿児島県肝属郡 ＊しゃけし 熊本県阿蘇郡 ＊じゃさん 長崎県 ＊しゃしょー 長野県諏訪 広島県・佐木島 ＊じゃどんさま 長崎県南松浦郡 ＊しゃにん 熊本県 ＊しゃにんさん 熊本県上益城郡 ＊しゃにんどん 熊本県阿蘇郡・天草郡 ＊しゃんにん 熊本県飽託郡 ＊じゅっぽさま 福井県坂井郡 ＊しょーげんさん(「荘厳さん」か) 長崎県西彼杵郡 ＊しんと 岩手県 宮城県玉造郡 ＊しんとー 岩手県上閉伊郡 宮城県玉造郡 埼玉県秩父郡 長野県佐久 ＊しんとーさま 岩手県気仙郡 埼玉県秩父郡 ＊しんとーさん 群馬県多野郡 ＊せーみょ・せみょーさん・せーみょーどん(「せんみょう(宣命)」の転か) 熊本県上益城郡・下益城郡 ＊せーみょー(「せんみょう(宣命)」の転か) 熊本県上益城郡・下益城郡 ＊せみょー・せーみょさん・せーみょどん(「せんみょう(宣命)」の転か) 熊本県上益城郡 ＊せみょ・せーみょーさん・せめどん(「せんみょう(宣命)」の転か) 熊本県下益城郡 ＊せみょーどん 熊本県下益城郡 ＊たーゆー 広島県芦品郡・高田郡・府中市 ＊たいう 島根県鹿足郡 ＊たいうさま 埼玉県秩父郡 ＊だいくい 長崎県壱岐島 ＊だいくーじ・だいぐーじ 佐賀県 ＊だいくじ 長崎県壱岐島 ＊だいぐじさん 高知県幡多郡 ＊だいぐち 福岡県築上郡 ＊たいさー 高知県 ＊たいさま 新潟県 ＊たいさん 高知県・幡多郡 ＊たいふ 青森県津軽 山形県飽海郡・鶴岡 ＊たいゆー 島根県 宮崎県西臼杵郡 ＊たいゆーさま 長野県上伊那郡 ＊たいゆさん 宮崎県延岡 ＊たいよー・だいよー・たいよーさん 島根県隠岐島 ＊たえさま 新潟県西頸城郡 鹿児島県揖宿郡 ＊たやあどん 長崎県五島 ＊たゆー 青森県・津軽・上北郡 福島県相馬郡・福島市 島根県 岡山県 広島県芦品郡 山口県「ありゃあどこのたゆーか、ここのたゆーはなかなかできるぞ」・大島 徳島県祖谷・美馬郡 香川県 愛媛県 高知県・高知市「たゆーは社務所に居ります」 大分県東国東郡 宮崎県東臼杵郡 ＊たゆーさ 山口県見島 ＊たゆーさー 山口県・玖珂郡 ＊たゆーさま 山形県西置賜郡 福島県 新潟県北蒲原郡 山口県阿武郡・大島 ＊たゆーさん 和歌山県東牟婁郡 島根県石見・那賀郡 岡山県苫田郡 広島県 山口県笠戸島・屋代島 徳島県 香川県 愛媛県 高知県・高知市「たゆーさんが祈りよる」 大分県大分郡・北海部郡 宮崎県東臼杵郡 ＊たゆさー 宮崎県西諸県郡 ＊たゆさま 青森県津軽 山形県東田川郡 ＊たゆさん 高知県幡多郡 ＊たゆどん・たゆのん 鹿児島県揖宿郡 ＊たよ 青森県津軽 山形県西田川郡 新潟県 鳥取県東伯郡 ＊たよー 島根県隠岐島 ＊たよーさん 島根県 ＊たよさま 青森県津軽 山形県 新潟県 ＊たよさん 新潟県 ＊たよはん 山形県庄内 ＊たりさま 福島県 ＊たんばさま 新潟県 ＊ちかー(女の神主) 沖縄県西表島 ＊つぃかー(女の神主) 沖縄県小浜島 ＊つぃかさ(女の神主) 沖縄県石垣島・新城島 ＊っがー(女の神主) 沖縄県与那国島 ＊であどん・てあどんさん 長崎県五島 ＊てぃじり 沖縄県石垣島・黒島 ＊てーどん 大分県東国東郡 ＊でーどん 長崎県・南高来郡 ＊でくし 鹿児島県肝属郡 ＊でくしどん 鹿児島県肝属郡 ＊でどん 宮崎県 ＊でやーさま 長崎県北松浦郡 ＊どんじょーさま 東京都大島 ＊ながそで 新潟県佐渡 長野県 三重県阿山郡 ＊ねーさま 新潟県中頸城郡 ＊はふい 沖縄県首里 ＊ひかさ 沖縄県竹富島 ＊べっと 青森県 ＊べっとー 青森県三戸郡 岩手県上閉伊郡 茨城県稲敷郡 ＊べっとーさま 青森県上北郡・南部 ＊ほい 鹿児島県 ＊ほいさー 鹿児島県鹿児島郡 ＊ほいさま 長野県北安曇郡 ＊ほいどん 熊本県球磨郡・芦北郡 宮崎県都城市 鹿児島県・種子島 ＊ほえんさま 秋田県 ＊ほーい 熊本県球磨郡 鹿児島県肝属郡 沖縄県那覇市 ＊ほーいん 宮城県加美郡 秋田県雄勝郡 山形県東村山郡 ＊ほーいんさま 岩手県気仙郡 山形県 神奈川県愛甲郡 長野県上伊那郡 ＊ほーいんさん 徳島県 ＊ほーげんさま 長野県上伊那郡 ＊ほーしゃ 鹿児島県肝属郡 ＊ほーっどん 熊本県球磨郡 ＊ほーり 東京都新島・利島 熊本県球磨郡 鹿児島県奄美大島 ＊ほーりさま 東京都利島 長野県 ＊ほーりどの 長野県北安曇郡・東筑摩

郡 ***ほーりどん** 長野県北安曇郡・南安曇郡　熊本県球磨郡 ***ほーりゅどん・ほーれどの** 長野県南安曇郡 ***ほげさま** 秋田県山本郡 ***ほしーや** 大分県玖珠郡 ***ほしゃ** 熊本県阿蘇郡 ***ぼしゃ** 大分県速見郡 ***ほしゃー** 大分県中東部 ***ぼしゃーどん** 大分県 ***ほしゃどん** 大分県 ***ほしょーどん** 大分県北海部郡 ***ぼっがなし・ぼっ** 鹿児島県奄美大島 ***ほっさん** 熊本県球磨郡 ***ほっどん** 熊本県　宮崎県 ***ほっどんさま** 宮崎県東諸県郡 ***ほねさま** 秋田県北部 ***ほり** 熊本県球磨郡 ***ほりさん** 宮崎県児湯郡 ***ほりどん** 熊本県球磨郡 ***ほんどん** 熊本県八代郡・芦北郡 ***みやじ** 長崎県対馬 ***みやしどん** 熊本県玉名郡 ***やまぶし** 新潟県佐渡 ***やまぶつさま** 福井県 ***やんぼし** 長崎県南高来郡 ***やんぼつさん** 長崎県南高来郡　熊本県天草郡 ***よこやさん** 島根県

がんばる【頑張】 ***いきずみへんばる** 島根県益田市「いきずみへんばってもできゃーせん」 ***いきずりへんばる** 島根県石見「坂道を車がいきずりへんばり上った」 ***いしばる**(強くがんばる) 神奈川県津久井郡「追い立てようとしてもいしばっていてどかねー」 ***がしゃばる** 長崎県壱岐島 ***がばる** 秋田県鹿角郡・河辺郡 ***がまん**(がんばること) 東京都八丈島「がまんしゃれよー」 ***きばっ** 佐賀県藤津郡 ***ぎばむ** 島根県出雲「少しぎばんで見い、きっと勝つけん」「政府もちたぎばんで仕事ね肩込んでもらわにゃ(政府も少しは精出して仕事に熱を入れてもらわなきゃ)」 ***きばゆり** 鹿児島県奄美大島 ***きばる** 秋田県鹿角郡　山梨県　長野県佐久　岐阜県不破郡「きばってやるんじゃわ(がんばってやるんだよ)」 三重県河芸郡「えらいきばっとるやないか」・員弁郡　滋賀県「おきばりやす(ご精が出ますね)」 京都市　鳥取県西伯郡　岡山県苫田郡　徳島県　高知県　長崎県「女子もこどむもきばる」 熊本県天草郡　大分県　鹿児島県阿久根市「(亡くなったあとだが)きばいやんしぇえ」・甑島・与論島「きばってぃたべーびゅい(働いていらっしゃいますね)」 ***きばるん** 沖縄県石垣島 ***きまる** 福岡県北九州市「きまりよんなすなあ(がんばっておられますね)」 ***ぎんばる** 山形県 ***くんぱゆん** 沖縄県首里 ***けっぱる**(「気張る」の転か) 北海道函館　青森県「今少しだけっぱって勉強せ」 岩手県「けっぱって追ひつく」 宮城県　秋田県「うんとけっぱれ」・河辺郡　栃木市 ***けぱる** 青森県　秋田県鹿角郡 ***ごいせーきる** 静岡県三島郡「ごいせいきってはたらく」 ***しこる** 東京都三宅島・御蔵島　三重県伊賀・北牟婁郡　奈良県　和歌山県西牟婁郡・東牟婁郡「仕事をしこってしてゐる」 香川県仲多度郡・三豊郡　高知県「何でもやり出したらしこる性分ぢゃった」「本を読みしこっちょる」 ***しちこたえる** 島根県出雲「しちこたえて仕事をしたらくたびれた」 ***すこだる**(なかなか降参しないでがんばる) 島根県出雲市 ***すねこばる**(なかなか降参しないでがんばる) 島根県仁多郡「すねこばって相撲を取っちょー」 ***せーぎる**(根気よくがんばる)長崎県対馬 ***せーばる**(根気よくがんばる)長崎県対馬 ***せーふる** 秋田県平鹿郡「仕事にせいふる」 ***せぎる**(根気よくがんばる)愛媛県 ***せばる**(自分の所有位置を譲るまいとがんばる)山口県豊浦郡 ***ちばゆい・ちばうい** 鹿児島県喜界島 ***ちばゆん** 沖縄県首里 ***ねきばる** 山形県「運動会でねぎばる」 ***のってでる**(現状から一歩踏み出してがんばる) 岐阜県飛騨 ***はかむ** 青森県津軽「しんけ、はかんでおても(力いっぱいがんばって織っても)」 ***はぎりかむ** 富山県砺波 ***はをかむ** 大分県 ***ふごむ・ふぐむ** 青森県津軽「トランプだといえば、ふごんでかかる」 ***へばりつく**(根気強く、がんばる) 栃木県 ***へばる** 新潟県佐渡　鳥取県・西伯郡　島根県「どがーにお前がへばっても駄目だ」 岡山県「裂けてもへばれ(産婦を声援する言葉)」 ***へんばる** 石川県羽咋郡　島根県 ***やっぱゆん** 沖縄県首里

かんぷく【感服】 ⇩かんしん(感心)

かんぶつ【乾物】 ⇩ひもの(干物)

かんぶつえ【灌仏会】 ***おえしき** 長野県諏訪 ***じゃーかむんどー** 沖縄県首里 ***はなのえ** 長野県諏訪 ***はなんぞさん** 島根県簸川郡 ***はなんどさん** 島根県簸川郡・出雲市 ***やしょーま** 長野市 ***やしょんま** 長野県

かんぼう【感冒】 ⇩かぜ(風邪)

がんらい【元来】 ***おーね** 山形県東置賜郡　福島県安達郡・岩瀬郡　群馬県邑楽郡　長野県　鳥取県東部「おおね　どうしたといふのだ」 島根県　広島県　山口県防府　徳島県「おおねが虫がすかん」 愛媛県・大三島　高知県幡多郡　大分県 ***おーねー** 長野県佐久「おーねーうそこくがわりー」 ***おね** 長野県更級郡・上田 ***かたから** 石川県能美郡　鳥取県西伯郡「危険な事わかたから手お出さん方がよい」 島根県「かたから騙す気じゃったじゃらーか」 徳島県美馬郡　福岡市 ***かたで** 宮城県登米郡　島根県「かたで行かにゃーよかったのに」 徳島県・美馬郡 ***かたに** 徳島県・美馬郡 ***かちゃしかる** 本県下益城郡 ***じたい** 山形県置賜　新潟県西頸城郡　大阪市 ***ぜーてー・ぜったい** 新潟県 ***ぜんて** 長野県下水内郡 ***だいいち** 島根県「だええちお前の方が悪りじ」 ***だいいちかい** 静岡県榛原郡 ***たかに・たかで** 徳島県美馬郡 ***よーから** 島根県大田市「あの子に働かせるのはよーから無理だ」 ***よーにから** 島根県美濃郡・益田市「あの子に歌わせるのはよーにから駄目だ」 ↓ほんらい(本来)・もともと(元元)

かんれき【還暦】 ***きのまた** 山形県東置賜郡・西置賜郡 ***きのまか** 秋田県鹿角郡「俺も来年はきのまかだ」 ***きのまっか** 岩手県気仙郡 ***じょーみょ** 静岡県駿河 ***たにこかし** 静岡県周智郡 ***にどぼこ** 長野県諏訪

き【木】 ＊**かなぎ**（材木となる木）奈良県吉野郡 ＊**きかや** 宮城県仙台市「きかやに風あたる」 長崎県壱岐島「きかやいたむるな」 ＊**さしぶ**（木。また、薪）福島県南会津郡 ＊**そか**（木こりの忌み言葉）青森県南津軽郡 ＊**だんぼ** 宮城県玉造郡 ＊**のき** 熊本県玉名郡・下益城郡 大分県日田郡 ＊**よーぎ**（木材として利用できる木）兵庫県淡路島「此の松は直いから用木になるだろ」
→じゅもく（樹木）

き【気】 ＊**きだん** 岐阜県郡上郡「あいつがことわってきたで、おれもやっときだんがおさまった」 ＊**けし** 和歌山県日高郡

□**が合う** ＊**あいくさい**（「くさい」は適合の意。気が合うこと）京都府竹野郡「Aさんがあんな人と気が合うとは。やはりあいくさいというもんかなあ」 ＊**あいくち**（気が合うこと）新潟県佐渡 岡山県苫田郡「あいくちがえー（うまが合う）」 香川県伊吹島 ＊**えーち**（互いに気が合うこと。文語）沖縄県首里 ＊**ちょんちょん**（人の気の合うこと）滋賀県蒲生郡「あの人とこの人とはちょんちょんや」 奈良県生駒郡 ＊**はがお** 鹿児島県肝属郡 ＊**へーがあう** 島根県隠岐島「あの男とはへーがあわん」

□**が荒い** ＊**あらつか**（気の荒いさま）岡山市「そんなあらつかな事をするもんぢゃない」 ＊**あらつこ**（気の荒いさま）石川県江沼郡 ＊**いばつい** 島根県鹿足郡・益田市「この村の人はいばつい」 ＊**がんじゃ**（気の荒いさま）富山県射水郡 長野県上伊那郡・東筑摩郡 ＊**がんじょ**（気の荒いさま）富山県射水郡 ＊**けちょーな** 岡山県苫田郡「けちょーな牛じゃ」 ＊**なまち**（気の荒いこと）沖縄県首里「なまちな むん（者）」 ＊**むくしょ**（気の荒いさま）富山県砺波 ＊**もくしょ**（気の荒いさま）富山県 ＊**もくしょー**（気の荒いさま）富山県婦負郡「もくしょうな」 ＊**もくしょかす・もくしょかすげ**（気の荒いさま）富山県砺波 ＊**やぎつい** 山口県豊浦郡

□**が利かない** ＊**おぼけない** 秋田県鹿角郡 ＊**けない・けーない** 山形県西部 ＊**しょま**（気が利かないさま。また、その人）富山県下新川郡 石川県江沼郡 ＊**しろしろ**（気が利かないさま）島根県隠岐島「何をしろしろしちょっか」 ＊**ずくなし**（気の利かないこと。また、その者）新潟県中蒲原郡 ＊**ととしか** 佐賀県 ＊**びがとれん** 鹿児島県 ＊**ふーとくない** 福岡市 ＊**ふごーごー**（気が利かないこと）福岡市 ＊**ほとくない** 佐賀県 ＊**まえがぬるい** 山口県 ＊**もーつく**（気が利かないこと）新潟県中越 ＊**やぶせたい** 千葉県安房郡 ＊**ゆー** 長崎県壱岐島 ＊**ゆーしんだいにない** 岡山県苫田郡 ＊**りくつわい** 山形県米沢市「りぐつわぃくて駄目だ」 ＊**わるわる・わっわり・わーわり**（気が利かないさま）島根県隠岐島

□**が利く** ＊**うまげ**（気が利いたさま）岡山県児島郡「あの女、うまげな格好じゃのう」 香川県「その着物、うまげななあ」 ＊**おりいる**（よく気が利く）宮城県石巻市・仙台市「お若いのにおりいったお人だこた」 ＊**こでがまわる** 山梨県 ＊**こだ**（細事によく気が利くこと）鹿児島県肝属郡 ＊**こだまし**（細事によく気が利くこと）宮崎県東諸県郡 鹿島県県肝属郡 ＊**こばがまわる** 神奈川県中郡 ＊**こばくれる** 岡山県岡山市・御津郡 ＊**こまし**（気の利いた感じ）岡山県児島郡 ＊**さっこーがきく** 島根県隠岐島「隣の娘はよくさっこーがきく」 ＊**さっさばけ**（気が利くこと）長崎県対馬「さっさばけのよい男」「あの人は気のきいたものでなかなかさっさばけがよい」 ＊**とずく** 千葉県香取郡「この子はとづく子だよ」 ＊**ひこつい**（気が利いている）愛知県西春日井郡・知多郡「ひこつい細工がしてある」 ＊**までー** 新潟県中頸城郡 ＊**らしー**（気が利いている）愛知県知多郡「わしがではまあらしいもん（気の利いた物）はようあげんさに」 ＊**りくつ** 富山県砺波 石川県江沼郡

□**がせく** ＊**いらちもむ** 和歌山県東牟婁郡 ＊**いらつ** 岐阜県養老郡 三重県松阪市・志摩郡 滋賀県彦根・蒲生郡 京都市 兵庫県加古郡・神戸市 和歌山市「そないいらってもあかん」 岡山市 徳島県・美馬郡 ＊**いらつく** 兵庫県神戸市 和歌山県新宮・東牟婁郡 ＊**きあせり**（気がせくこと）愛媛県周桑郡「あのおりはきあせりで、たまらざった」 ＊**きぜき**（気のせくさま）長崎県対馬 ＊**けそがしー**（気がせくさまだ）新潟県佐渡 ＊**けそつく** 新潟県佐渡 ＊**けつがむぞつく** 新潟県佐渡 ＊**じたじた**（足踏みをする意から）山形県米沢市 ＊**しりがうじょつく** 長崎県対馬 ＊**しりはうようよする** 長崎県対馬 ＊**せやずく** 島根県出雲「せやずかんでも分かっちょー」 ＊**せる** 栃木県 島根県「あんまりせっても間に合わん」 岡山県苫田郡 ＊**せれる** 岐阜県吉城郡 鳥取県八頭郡 島根県「机がせれるけん早に作れ」 岡山県苫田郡 ＊**やちやち・やちこち・やちゃこちゃ**（気がせくさま）新潟県佐渡「やちやち言うな」

□**が小さい** ＊**いんくつ**（気が小さいさま）長野県諏訪「いんくつな人間」 ＊**きもーけ**（気が小さいこと）香川県綾歌郡 ＊**こまこい** 大阪市「こまこいやっちゃ」 ＊**せせませ**（気が小さいさま）長崎県対馬「この子は外に出ず、内にばかり居ってせせませしとる」 ＊**ちむぐーさん** 沖縄県首里 ＊**べだらべだら・べだらくたら**（気が小さいさま）山形県米沢市

□**がつく** ＊**あしかける** 栃木県塩谷郡 ＊**うつる** 高知市「あの人は、あたしが呼ぶのにちっともうつらん」 鹿児島県肝属郡 ＊**うみゆゆん** 沖縄県

首里 ***うんじがある・うんじがゆく**(思いやりがあってよく気がつく)新潟県佐渡 ***がずく** 愛知県名古屋市 ***がんずく** 福島県東白川郡 埼玉県川越 新潟県佐渡 山梨県南巨摩郡「ぁんくらい言われたらがんづく筈」 長野県中部 広島県高田郡 熊本県玉名郡 ***きょりがはやい**(気がつくのが早い)山梨県南都留郡 ***きわたり**(よく気がつくこと)山形県米沢市 ***けぶるー** 大分県直入郡 ***ごくろしー**(小さなことにまでよく気がつく)長崎県壱岐島 ***こまめ**(小さいことにもよく気がつくさま)兵庫県明石郡 岡山市 広島県高田郡 ***すがまわる**(よく気がつく)東京都八王子 ***よみにいる**(細かいことによく気がつく)香川県仲多度郡「ほんまにあの子はよみにいっとる」

□**が詰まる** ***いぶせったい**(気が詰まるようだ)東京都南多摩郡 ***ぎしく**(気が詰まるような思いをするさま)徳島県「あの家はぎしくなきに、いきぬくい(あの家は謹厳で礼義が正しいから、訪問しにくい)」・阿波郡 ***つむ** 高知県「つんだ人は旅行でもして気をはらすとええ」

□**が強い** ***いたずら**(気の強いこと)新潟県中魚沼郡 ***きがはしる** 兵庫県加古郡 ***きしょー**(気の強いさま。また、その人)新潟県佐渡「ぁの女はなかなかきしょうだ」 ***ぎじょー**(気の強いさま。また、その人)島根県益田市 ***きつい**(いい意味で気が強い)青森県津軽「きついから夜でも一人で便所へ行く」 岩手県胆沢郡 秋田県鹿角郡「泣くなよ、おまへはきついから」 山形県米沢市 ***きっつい**(いい意味で気が強い)富山県砺波 ***はしらぐ** 島根県美濃郡・益田市「はしらいだ男じゃけー、少々のことにゃーへこたれん」

□**が遠くなる** ***きがこくーになる** 島根県石見 ***きょーとい**(ぼうっとして気が遠くなりそうだ)島根県邑智郡 ***きりきりまい**(頭などを打たれて目がくらみ、気が遠くなること)宮城県仙台市 ***きんこまえり・きんこまい**(頭を殴られたりして目がくらみ気が遠くなること)宮城県仙台市「余り癪にさはるからきんこまへりするほどしめつけてやった」 ***じらじらがつく** 島根県簸川郡・出雲市 ***とく**(疲労などで気の遠くなるさま)青森県上北郡「とくとなる」 ***とくとく**(疲労などで気の遠くなるさま)青森県上北郡 秋田県鹿角郡「とくとくとなる」 ***めまぐれ**(目がくらみ、気が遠くなること)青森県上北郡「湯へ長くはいってめまぐれした」・三戸郡 秋田県鹿角郡

□**が長い** ***きもなが**(気の長いこと)山梨県「ぁん人のよーのーきもながにゃあ誰でんまなれーのー(だれもなれない)」 長野県諏訪・上伊那郡 ***ちむながさん** 沖縄県首里 ***ちーにーさん** 沖縄県首里 ***べろり**(気の長いこと)新潟県新発田

□**が抜ける** ***あぱっと**(気の抜けたさま)山形県米沢市・東置賜郡 ***あぱりと**(気が抜けたさま)山形県米沢市 ***あふぇーゆん** 沖縄県首里 ***あへらん・あへん**(気が抜けたさま)宮城県仙台市 ***あべらっ・あんべら**(気が抜けたさま)青森県津軽 ***かぜひく** 宮城県石巻「この煙草かぜひえた」 大阪府泉北郡 奈良県 ***しにじらみのごとしとる**(気の抜けたさまでいる)福岡市 ***だる** 山口県長門「酒がだる」 ***べろっと**(気が抜けたさま)青森県三戸郡・南部 山形県東置賜郡・南置賜郡 福島県東白川郡「べろっとして見てんでねぇ 馬鹿みでぇに」 ***ぽけんずら**(気の抜けた様子)栃木県

□**が早い** ***いばつい** 島根県鹿足郡・益田市「ぁいつはいばつい奴じゃ」 ***きもみ**(気が早いこと。また、そのさま)島根県益田市 ***げんざらしー** 石川県金沢市 ***こーばいはやい** 山形県米沢市 ***さかさか**(気が早いさま)新潟県佐渡 ***ちーべーさん** 沖縄県首里 ***まてしばしがない** 青森県三戸郡 愛知県名古屋市 大阪市 高知市「あいたーあわてで(あいつは慌て者で)、ひとっつもまてしばしがない」

□**が引ける** ***おしょーし**(気が引けるさま)山形県 ***おしょーしさま**(気が引けるさま)岩手県気仙郡 ***おしょし**(気が引けるさま)長野県佐久 ***おしょしさま**(気が引けるさま)岩手県気仙郡 ***かたがすぼる** 福岡市 ***かたがすばる** 岡山県苫田郡「嫁いだ娘の肩がすばるけん、孫の宮参りご(孫の宮参りに着せる晴れ着)ははずんじゃらにゃあいけん」 ***きがわるい**(気が引けるさまだ)島根県「着物が自分だけ汚くてきがわりー」 ***こそうい** 大分県北海部郡 ***こそっぺ** 千葉県

方/言/の/窓

●河川と方言

　奈良県の吉野地方を源流として、隣県の和歌山市に流れ込む大きな川がある。一般にこの川を紀ノ川と呼ぶ。

　ところで、奈良県では一般にこの川を吉野川と呼ぶ。地図によっては、上流を吉野川、下流を紀ノ川としているものもある。

　和歌山では上流も含めて紀ノ川と呼ぶらしい。標準的な呼び方として紀ノ川が採られたのは、紀州に御三家があったからと、まことしやかに語られている。

　さて、河川は方言の境界として機能する場合が多いが、ときには方言の運び手ともなる。

　利根川はアクセントの区別の無い茨城方言と東京式アクセントの千葉方言の境界となっているが、一方、銚子を起点にして、利根川の流域には、西日本からの移住者が持ち込んだ種々の西日本の方言形が広がっている。

東葛飾郡 *こそばい 高知県「何も悪いことがなければ周囲がどーなろーとこそばい訳はない筈ぢゃ」 *こそぼったい 福島県大沼郡 *こそぼろたい 宮城県栗原郡・仙台市 *じゅけむのう 熊本県芦北郡・八代郡 *しょし(気が引けるさま) 兵庫県淡路島 *しょーし(気が引けるさま) 福島県 千葉県君津郡 新潟県岩船郡 長野県北安曇郡 兵庫県淡路島 島根県邇摩郡 愛媛県 高知県幡多郡 *はどる 和歌山県東牟婁郡

□が短い *いきがみじかい 愛知県知多郡 *いせきない 岐阜県郡上郡・飛騨 *いせけない 岐阜県飛騨 *きっぽ(気が短いこと) 岡山県児島郡 *きっぽー(気の短いこと) 岡山県川上郡・浅口郡 *せーか(気が短いさま) 島根県簸川郡 *せーき(気が短いさま) 島根県隠岐島「せーきな人だけん、よく物を忘れる」 *ぜんき(気の短いさま) 島根県石見「ぜんきな人じゃけー、何もかも忘れて居なーる」 *たっぱら(「たちはら(立腹)」の転か。気の短いこと) 茨城県新治郡 *たんぱら(「たちはら(立腹)」の転か。気の短いこと) 青森県 岩手県九戸郡・気仙郡「たんぱらおごす」 宮城県 秋田県 山形県 福島県「あのひたぁたんぱらなひとだ」 栃木県「ほんとにたんぱらでしゃーねー」 千葉県東葛飾郡 *ときわ(気が短いさま) 島根県益田市・美濃郡「あれはときわな人じゃけー気ぜわしー」 *まったりがない 山口県大島「子供は言ひ出したらまったりが無いんぢゃけどうしてもそれに負ける」 *まてしばしがない 青森県三戸郡 愛知県名古屋市 大阪市 高知市「あいたーあわてで(あいつは慌て者で)、ひとっつもまてしばしがない」

□がもめる *うんぜりくんぜり(気のもめるさま) 愛媛県大三島 *きもびしー(気のもめるさまだ) 長野県「きもびしい仕事だ」 *せーがもめる 富山県砺波 *せがもめる・しゃもめる 石川県 *もちゃめく・もちゃめかす 秋田県鹿角郡「うまくやってくれればよいがと、もちゃめかした」

□が弱い *きがあかん 兵庫県加古郡 *きむぐまさーん 沖縄県石垣島 *きもがこまい 島根県 岡山県児島郡 *きもがほそい 島根県 *たすい・たっすい 高知市「あの男はあんまりたすいきに(ので)女房に気儘をされる」 *だすい 福井県大野郡 愛媛県大三島・今治市 *だすらこい 愛媛県「今日は寒くて手が出ない。だすらこいことゆーな」 *ちむよーさん 沖縄県首里 *つらみじか(気が弱いさま) 新潟県佐渡「面短かで言い得ない」 *へこだすい 愛媛県・大三島 *へこたるい 高知県「そんなへこたるい事言うていくか。もっとしっかりせえ」 *へこちょろくさい 和歌山県日高郡 *またい 岡山県苫田郡・岡山市 徳島県 香川県 高知県・高知市「お前は男ぢゃないかよ、女の子に泣かされる様なまたい事でいくもんか」・高岡郡 大分県西国東郡 *まったい 高知市 *まてー(気が弱いさま) 大分県 *やわらしー 兵庫県加古郡

□に入らない *いけくらわん 香川県高見島 *くさい 石川県「くさい奴」「くさい家」「くさい物」・金沢市 *こすかぬ 石川県能美郡・石川郡 *こちきでない 秋田県平鹿郡「なんとあの人こちぎでねぁ」・鹿角郡 *こつきでない 秋田県仙北郡・雄勝郡「こつぎでねぁ男だ」 *ぞーぶろにあわん 長崎県北松浦郡 *ちがい(気に入らないこと) 香川県丸亀市「くれなんだんが(くれなかったのが)ちがいじゃ言うて泣くんじゃ」 *にぎんね 栃木県佐野市・那須郡 *ふにいらぬ 茨城県稲敷郡 *ましゃくにあわん 静岡県志太郡

□に入る *かまける 栃木県足利市 *かなゆん 沖縄県首里 *きぎる 栃木県 *きにあう 山形県「きんにゃわね嫁だけんど仕方ない」 *きにくー 富山県下新川郡「きにくたがじゃったわー」 *きにたる 香川県大川郡「きにたらん」 *きにはいる 岩手県九戸郡「きにもへぁっかへぁんねぁか見てきれんねー」 *ぎょー(気に入ること) 岡山県児島郡 *ちょくにいる・ちょくいーたぎりこむ 長崎県壱岐島

□に掛かる *きもと・きもた(気に掛かること) 大阪市「えらいきもとや」 *にんなる 福井県足羽郡・南条郡 *ねんなる 富山県砺波 *ふかめしー(気に掛かるさまだ) 愛媛県周桑郡 *むなむしがわるい 福岡市 *もきもき(気に掛かるさま) 山形県庄内「お前の仕事しるざまは、もきもきて見てらんねぞ」 *よだつ 岡山県児島郡「あっこー通りよったらよだつがー」

□に掛けない *きびらこい 鳥取県東部 *くいまらん 宮崎県都城 *じょさいない 山梨県南巨摩郡「あのかー(あの子は)何を言ってもじょさいない」 *じょさいなし(気に掛けないこと) 新潟県佐渡「さっぱり如才なしにしました(おかまいできませんでした)」 *のそら(深く気に掛けないさま) 長野県佐久 島根県仁多郡・能義郡「のそらにする」 *のぞら(深く気に掛けないさま) 島根県出雲 *ばいらく(小さなことなど気に掛けないさま) 長野県南部「彼はばいらくの人だから少しばかりのことは気にかけぬ」

□に掛ける *あぜる 高知県「あの話はつまらん事でそんなにあぜる程の事はない」 *かいにかける 島根県「そげーにかいにかけーな」 *きずむ 山形県「きずんで来なえ」 *きめか(気に掛けること) 茨城県久慈郡 *きめっこ(気に掛けること) 茨城県 *きやにかける 島根県八束郡「海があんまり荒れるのできゃなにかけた」 *じょさい(気に掛けること) 香川県「あの人いつまでもあのことをじょさいにしてきげんがわるい」

□に食わない *いかんもの(気に食わないもの) 石川県江沼郡 *けち(気に食わないさま) 岩手県「儲かるつもりだったが、けじなことした」 宮城県石巻「けずな奴」・仙台市「けちな目にあっ

た」 秋田県平鹿郡「けつだ者」 群馬県佐波郡 新潟県西頸城郡 石川県・金沢市 長野県更級郡 ***けつ**(気に食わないさま) 石川県 ***しかしかむなか** 長崎県壱岐島「しかしかむなか品ですが差上げます」 ***しかしかもなか** 長崎県北松浦郡「しかしかもなかことぃふな」 ***ちょくならぬ** 長崎県壱岐島「ちょくならんちち腹けーた(気に食わないと言って腹を立てた)」 ***どーじらんにくい**(卑語) 愛媛県大三島 ***どずらにくい**(卑語) 岐阜県郡上郡

▯に障る ***いやらしー** 長野県松本 ***きずかい**(気に障るさま) 長野県上伊那郡 ***きにふれる** 奈良県南葛城郡 ***しょぼろってー**(気に障るさま) 長野県諏訪・上伊那郡 ***ちむざわい**(気に障るさま) 沖縄県首里「ちむざわいしゅん(しゃくにさわる)」 ***とげとげ**(気に障るさま) 山梨県

▯にしない ***おんき**(気にしないさま) 奈良県宇陀郡「おんきに思とったのに、えらいこっちゃ」 ***こさにしない** 山梨県 ***ざーんねーん**(人の言うことを気にしない) 沖縄県首里「ざーんねーんっちゅ(人を気にしない人)」 ***のどがふとい**(細かいことを気にしない) 大阪府南河内郡 ***まつけない** 青森県三戸郡「何を着せても食べさせても、まつけなくてよい」

▯にする ***ことにする**(下に打ち消しの語を伴って使われることが多い) 高知県・高知市「あんな信用のない人の言うことは、ことにするに及ばん」 ***ましげにかける**(些細なことを気にする) 鳥取県西伯郡「あんなことをましげにかけて怒るやつがあるか」

▯を失う ***きうすなる**(「気失う」か、「気薄になる」か) 千葉県東葛飾郡 ***きうすになる**(「気失う」か、「気薄になる」か) 千葉県船橋 ***きすなる**(「気失う」か、「気薄になる」か) 茨城県北茨城郡 ***きど**(気を失うこと) 岩手県上閉伊郡 ***きどー**(気を失うこと) 岩手県気仙郡 ***きゅーすなる**(「気失う」か、「気薄になる」か) 群馬県北甘楽郡「おっこって、きゅーすなった」・佐波郡 ***しける** 岡山市 ***どぼける** 山口県阿武郡

▯を利かす ***でんこんくー**(レンコンには穴があって先が見通せるところから) 熊本県 ***ぼんなか**(気を利かすこと) 三重県阿山郡「ぼんなかをする」 ***めくちをあく** 山梨県 ***れんこんくー**(レンコンには穴があって先が見通せるところから) 福岡市 長崎県壱岐島

▯を遣う ***きあつかい**(気を遣うこと) 新潟県佐渡「お客さんが来るときあつかいだ」 島根県美濃郡・益田市「内にもかいさな(いくじない)奴がおって、きあつかいばっかしさせるてや」 ***きだん**(気を遣うこと) 京都府竹野郡「先輩の人達と一緒ではきだんがえらい」 ***こんきとる** 長崎県対馬「あの子供は癖の悪い者で親にこんきばかりとらしとる」 ***たかふぃしゃずぃけー**(客や隣人などにいろいろ気を遣うこと) 沖縄県首里

▯をつける ***あばう** 岐阜県郡上郡「んなら、あばって行ってきてくだーあれ(それでは気をつけて行って来て下さい)」 奈良県吉野郡 ***あばなう** 奈良県吉野郡「どうぞ道をあばのーて帰って下さい」 ***かんがえる** 岐阜県揖斐郡・郡上郡「そのはしご段、急なでかんがえて登んなれ」 ***きはる** 富山県 ***くくりゆん** 沖縄県首里「くくりてぃあっきよー(気をつけて歩けよ)」 ***こころえる** 福井県遠敷郡「こころえて見たってだんしぇ(見てやってください)」 ***こころずける** 愛媛県周桑郡「うちがいけなんだのが、よーくこころづけた」 ***だいじ**(気をつけること) 岩手県胆沢郡「とぬかくしば、でーずにしんだでや(とにかく火は用心するんだよ)」 ***ためらう**(健康や安全について、気をつける。送別の際の挨拶の語として用いられることが多い) 富山県砺波 長野県木曾 岐阜県「ためらって働かまいかよー」「夜道ぁ危いでためらって行け」「どなた様もおためらいなさりましょ」「ためられない(お大事に)」 ***てをひかえる**(出過ぎないよう気をつける) 新潟県佐渡 ***ひちねん**(気をつけること) 大分県 ***みしこーみしく**(危険のないように気をつけるさま) 沖縄県石垣島 ***よーじょー**(けがなどしないように気つけること) 群馬県吾妻郡「ようじょうして行って下され(山仕事に行く人に言う)」

▯をもむ ***いじがやける** 茨城県北相馬郡・真壁郡 栃木県 千葉県下総・東葛飾郡 ***いれこむ** 和歌山県日高郡 ***いれる** 東京都 兵庫県但馬 愛媛県 高知県土佐清水市 ***かがなく** 宮城県栗原郡 秋田県平鹿郡 山形県米沢市 ***からせめる**(あれこれ気をもむ) 青森県三戸郡 ***からもぐ** 青森県 秋田県鹿角郡「いくらからもえでもだめだ」 ***からもむ**(「から(骸)」は「体」の意) 青森県上北郡 秋田県仙北郡・雄勝郡 ***きもはらもやす** 徳島県 ***きもはらやく** 香川県木田郡 長崎県壱岐島「間に合うぃーるともーちきもはら焼いた」 ***きもみやく** 島根県八束郡 ***きもをやく** 新潟県上越「いらぬきもをやく」 島根県 岡山県児島郡 広島県 山口県 福岡県小倉市 ***せとやく** 富山県砺波「あんまり親にせとやかせるもんでない」 ***せやずく** 島根県出雲「せやずかんでも分かっちょー」 ***ぞーもむ** 三重県志摩郡 高知県「病人が出来てぞーもんだ」 ***ぞーをもむ** 高知市 ***はらをもむ** 滋賀県彦根 ***みなんとをたらさせる** 島根県出雲 ***みなんとをたらったらさせる** 島根県出雲市・大原郡 ***もがる** 長崎県対馬

きいと【生糸】

***いーちゅ** 沖縄県首里・那覇市 ***いーちゅー** 沖縄県中頭郡 ***いちゅ** 鹿児島県奄美大島・加計呂麻島 沖縄県小浜島・新城島 ***いっちゅ** 鹿児島県沖永良部島 ***いつ** 沖縄県八重山 ***いっつ** 沖縄県石垣島 ***いっつ** 沖縄県竹富島 ***いっとぅかなむぬ**(「いとかなめもの(糸要物)」の意) 沖縄県与那国島 ***いっとー** 沖縄県与那国島 ***し**

が 山形県鶴岡市・飽海郡 *しがいと 山形県飽海郡 *しゃーが 鹿児島県沖永良部島 *しらが 鹿児島県・奄美大島 沖縄県那覇市・首里 *しりゃが 鹿児島県奄美大島・加計呂麻島 *すが 山形県飽海郡 新潟県・岩船郡 静岡県志太郡 島根県隠岐島 岡山県苫田郡 香川県 *すがいと 秋田県 静岡県志太郡 島根県 *すらがいと 鹿児島県奄美大島 *まぬいちゅ 鹿児島県与論島 *まん 沖縄県小浜島・石垣島「まんかくん(繭をかける)」 *まんいとぅ 沖縄県島尻郡

きいろ【黄色】 *あお 新潟県 富山市 岐阜県飛驒 大阪府南河内郡 福岡県 *うきん 福岡県久留米市 *うこん 岩手県上閉伊郡 秋田県鹿角郡 岐阜県北飛驒 静岡県庵原郡 徳島県・美馬郡 香川県大川郡・小豆島 愛媛県周桑郡 *うこんいろ 富山県 *うこんこ 山形県 *おこん 岩手県上閉伊郡・気仙郡 秋田県仙北郡 岐阜県大野郡 島根県 岡山県邑久郡 愛媛県大三島 福岡県 *おこんいろ 富山県下新川郡 福井県坂井郡・今立郡 *おこんこ 岩手県気仙郡 宮城県・仙北「おこんこの下着を着ている」・仙台市 *おこんだま 岡山県邑久郡 *おじょっぽ 富山県下新川郡 *きぞめ 東京都八丈島「青けごうに、赤けごうに、きぞめごうに、黒けごうに(青いようで赤いようで黄色いようで黒いようで)」 *きないろ 京都府 和歌山県 愛媛県松山市「きないろは赤より奇麗い」 佐賀県東松浦郡・唐津市 長崎県南高来郡 *きゅうこん・きゅうこんいろ 兵庫県加古郡 *きわら 新潟県 *きんいる 沖縄県八重山 *きんきん(真っ黄色) 沖縄県石垣島「きんきんぬいる(黄色)」 *きんだんいる 沖縄県与那国島 *くがにいる 沖縄県与那国島 *くちなしいろ 岐阜県北飛驒 *こばんいろ 徳島県 *しーるー 沖縄県竹富島 *ちゃいろ 徳島県板野郡 *となかいる 沖縄県宮古島 *ばいいろ 香川県高松 *ふがいる 沖縄県国頭郡 *べーいろ 長崎県南高来郡 *まっき(混じりけのない黄色。真っ黄色) 栃木県上都賀郡 *みんぎ 東京都新島

きいろい【黄色】 *あおい 秋田県鹿角郡 栃木県河内郡 岐阜県飛驒 *おこぐろい(「うこん(鬱金)」の形容詞化) 富山県 *おこんこい(「うこん(鬱金)」の形容詞化) 岩手県気仙郡 宮城県仙台市 *おこんろい(「うこん(鬱金)」の形容詞化) 富山県・射水郡 *きー 岐阜県恵那郡 広島市 山口県祝島・阿武郡 *きーか 宮崎県西諸県郡 鹿児島県姶良郡「きいかはなあ(黄色い花は)なだねで(菜種で)」・揖宿郡 *きーこい 石川県河北郡 *きーない 岐阜県 静岡県「きいないグラジオラスは美しい」 愛知県東春日井郡 徳島県 福岡市 熊本県玉名郡 *きか 鹿児島県鹿児島郡・揖宿郡 *きが 鹿児島県揖宿郡 *きない 富山県砺波 石川県 岐阜県可児郡 愛知県 京都府 徳島県 愛媛県「きない花が咲いとる」 長崎県南高来郡 大分県 宮崎県東諸県郡・西臼杵郡 *きにゃー 熊本県鹿本郡 宮崎県西臼杵郡 *きらこい 富山県 *きりこい 石川県羽咋郡 *きるさーん 沖縄県石垣島 *きろこい 富山県砺波 石川県羽咋郡 *きんさーん 沖縄県石垣島 *きんない 岐阜県羽島郡・武儀郡 佐賀県藤津郡 長崎県南高来郡・西彼杵郡 熊本県八代郡 宮崎県西臼杵郡・延岡市 *みっこい 新潟県佐渡

きおくれ【気後】 *おもいやみ 山形県 *おもやみ 青森県 宮城県栗原郡「行こう、行こうと思いながら、おもやみしてまだいってない」・仙台市 秋田県平鹿郡・鹿角郡 山形県 *ばしけ 佐賀県

□**がするさまだ** *おくめん(気後れした様子) 山形県鶴岡 神奈川県愛甲郡・高座郡 新潟県佐渡「おくめんでだめだ」 長野県上伊那郡 *おもいおっかない 宮城県・仙台市「おもいおっかなくてねす。今迄手術のばしていしたけっとねす、して見れば何のこともがえんかった」 秋田市「あとハイヤーでもええがらと思うんども(あとはハイヤーで行ってもいいからと思うのだけれど)、やっぱりおもいおっかなくて行けねぇもんだねは」

□**する** *おくびれる 岩手県気仙郡 宮城県栗原郡 *おくぶれる 京都府竹野郡「人中でおくぶれて挨拶もろくにでけん」 *おくれる 新潟県佐渡「いざとなるとおくれて駄目だ」・東蒲原郡 *おせる 鳥取県伯耆 広島県比婆郡 高知県・高知市「偉い人の前に出たらおせていつものおしゃべりもだまちょった」 *おっくびれる 岩手県気仙郡 *おとめる 兵庫県佐用郡 *かがなく 宮城県栗原郡 山形県鶴岡市・飽海郡「これっぱしの怪我にかがなえでだめだ」 新潟県東蒲原郡 *きずむ 山形県米沢市 富山県東礪波郡「きずんで物言えん」 *すばる(子供などが、人に対して気後れする) 山梨県南巨摩郡 静岡県「まことにすばる子だ」 愛知県北設楽郡 *てがひける 新潟県佐渡 *へこむ 宮城県玉造郡 長野県東筑摩郡 *めぐさい 青森県津軽

きかい【奇怪】 *けち 山形県東田川郡 栃木県「けちな風をしている」「あの人はけちだ」 群馬県桐生市「それはけちだなあ」 埼玉県秩父郡 石川県 福井県 長野県更級郡・西筑摩郡 岐阜県「けちな話」 静岡県榛原郡「もとでをかけりゃーほいだきのことんあるだで(それだけのことはあるもので)、けちなもんさ」 島根県「そりゃあけちなことだ」 高知県 大分県宇佐郡 *けちくそ 栃木県 広島県比婆郡 *けちょげ 和歌山県日高郡 *けつ 富山県砺波 石川県 福井県 *しょんけた・しょー 青森県三戸郡 *しょんた 青森県三戸郡「体がしょんたになる(気分がすぐれない)」 秋田県仙北郡 *どっがまし(奇怪だ) 鹿児島県肝属郡 *ひょこなげ 岡山県浅口郡 *ひょん 青森県上北郡 長野県諏訪 *ひょんた 岩手県「ひょんただ」 *ひょんなしげ・ひょっかしげ 新潟県佐渡

→あやしい (怪)

きがかり【気掛】 *うみーやみー 沖縄県首里 *おもやみ 青森県「怪我人に会うのがおもやみでならぬ」 宮城県栗原郡 山形県「さうおもやみするな」 *きばさり 島根県邑智郡 *きもと・きもた 大阪市「えらいきもとや」 *く 山形県北村山郡「すごどくえなて(仕事が気掛かりで)べんきょーなどさんなえ」 秋田県横手「この事あくだ」「夜昼くして居る」 大分県「くになる」 鹿児島県 *くー 青森県津軽「くうする」 和歌山県 *くたば 新潟県中蒲原郡「俺には金がないけれど諦めてゐるから一向くたばにならん」 *くたま 新潟県「つぎはぎの着物でもくたまにしない」「鼻が垂れてもくたまにならない子らしい」 *くため 新潟県西蒲原郡「少しきずがあるけれどもくためにならん」 *くたもん 新潟県北蒲原郡「くたもんにならん」 *しょわ 大分県 *しわ 鹿児島県喜界島 沖縄県首里 *ちむがかい 沖縄県首里 *ちむふぃちゃぎ 沖縄県首里 *にかせ 群馬県多野郡「菓子が少し残っていると子供はにかしにして遊びにも出ない」 埼玉県秩父郡 *にんずいけー 沖縄県首里

↓しんぱい(心配)

□だ *あれぁない 青森県「となりぁ火事のじぎ、なんぼあれぁなぇしてえたがさ」 *かからしー 岩手県気仙郡 宮城県牡鹿郡 山形県東置賜郡・米沢市 福島県相馬 新潟県北蒲原郡・新発田 *ゆかしー 福島県「便りがないのでゆかしい」

きがる【気軽】 *きばさ 長野県東筑摩郡「きばさな人だ」 *すたこら 島根県隠岐島「すたこらえって(気軽く言って)かけ出えた」

↓きさく(気—)

□だ *さらくがよい 三重県志摩郡 *さらくがえー 愛知県知多郡

□なさま *えさわさ・えさらわさら・えさおさ(気軽であいきょうのあるさま) 愛媛県 *きんじゃそ(気軽でさっぱりしているさま) 秋田県鹿角郡「きんぢゃそだ人だ」 *あさら 京都府竹野郡「あさらな人」 *いなせ 千葉県東葛飾郡 長野県下水内郡 *ささくさ 新潟県佐渡 *さっくら 山形県「さっくらする」 *さっこー・さっこん 岡山県苫田郡「ぶつぶつくじばーくらずにさっこーにわしの言うことー聞けー」 *さっそく(気軽な性質のさま) 新潟県佐渡・中頸城郡 長野県下伊那郡「さっそくなお医者様で病人も気楽に見てもらえる」 徳島県「あの人はさっそくな人じゃ」 *ちー 長崎県対馬「ちー行って来らる」 *つい 香川県「今それ使わんのならつい貸してくれんじゃろうか」「この子もつい一緒に診察してもろたらすぐ治る思うてな」

きき【危機】 *かなはず 和歌山県日高郡 *かなわんとき・かなわずなこと 和歌山県日高郡・東牟婁郡「かなわんときほえたらいい」 *じしえっしょ 島根県八束郡 *ぜひいっしょ 島根県隠岐島「今頃がぜひいっしょだ」 *せ(病中の危機) 宮崎県東諸県郡 *せんと 島根県出雲「今日がせんとだ」

□一髪 *きっすはっす 長崎県壱岐島「きっすはっすで間に合うた」「きっすはっすのめに遇うた」 *けんぎわ 鳥取県東部

□一髪のところ *かなはず 新潟県 長野県東筑摩郡・諏訪 *かなっぱず 長野県東筑摩郡

ききょう【桔梗】 *あさがお 山形県最上郡・東田川郡 *ちゃわんばな 青森県津軽 *ぼんばな 岩手県九戸郡 栃木県 長野県 *むらさきばな 愛媛県 *よめとりばな 秋田県由利郡

ききん【飢饉】 *おーぶさく 山形県 *がき 神奈川県津久井郡 *がし 青森県南部 岩手県上閉伊郡・気仙郡 宮城県 山形県 福島県安達郡 神奈川県津久井郡 島根県 沖縄県 *がしん 青森県南部 山形県「今年は米がとれねでがすんだ」 福井県大飯郡 岐阜県吉城郡「がしんねであった人でなー」 三重県飯南郡・北牟婁郡 京都府 和歌山県 鳥取県 島根県 岡山県苫田郡 広島県 *がっしん 山形県東村山郡・南村山郡 島根県隠岐島 *きょーねんどし 長野県諏訪・佐久 *けかし 長崎県壱岐島 *けかち 北海道釧路 青森県津軽・三戸郡「ひでりにけかちなし(ことわざ)」 宮城県栗原郡・登米郡 秋田県 山形県庄内 新潟県佐渡 岩船郡 石川県鳳至郡・羽咋郡 福井県大飯郡 長野県北安曇郡 岐阜県郡上郡 静岡県磐田郡「けかちどし(凶作年)」 愛媛県東宇和郡 長崎県壱岐島 大分県北海部郡・玖珠郡 *けかつ 青森県 岩手県 山形県 長野県北安曇郡 熊本県玉名郡 *こんき 東京都利島「こんきとし(飢饉年)」 *こんきゅー 群馬県勢多郡 東京都八丈島 奈良県吉野郡 *こんきょー 新潟県中頸城郡 *はずれどし 群馬県勢多郡 長野県諏訪

きく【菊】 *かざふきばな(花を摘むと春の風が吹くということから) 新潟県岩船郡 *かすく 沖縄県石垣島 *こまぎく(小さなキク) 青森県三戸郡 宮城県仙台市 *まい 広島県 *まめぎく(小輪のキク) 山形県

きけん【危険】 *かなはず 和歌山県日高郡 *たお(危険の極致) 島根県石見 *てんごのかわ・てんごのかー 愛媛県松山「あの人はよーてんごのかわをする」 *ぬぐりしゃ 沖縄県石垣島「ぬぐりしゃしん(恐れる)」 *ひやい 新潟県 岐阜県 兵庫県淡路島 和歌山県「まあちよつとで抜かれるひやいなとこやつた」 徳島県「あの子は火弄びなどしてひやいなことをするものだ」

↓ぶっそう(物騒)

□だ *あっなか・あっね 鹿児島県鹿児島郡「あっねこち(すんでの事に)」 *あばい 群馬県多野郡 *あぶい(幼児語) 栃木県 *あぶか 福岡県久留米市 *あぶしない・あんぶしない 秋田県河辺郡 *あぶせー 群馬県勢多郡・佐波郡 *あぶねしか・あべしか 長崎県壱岐島 *あべー 長野県佐久 *あんなか 鹿児島県 *あんばか(小児語) 長崎市 *あんめー(小児語) 新潟県佐渡 *う

かーさん 沖縄県島尻郡 *うかーしゃん 沖縄県首里 *くーうぇー 沖縄県首里 *こわい 高知県「街路で子供が遊ぶのはこわい」・高知市「おまさんが知らしてくれざったら私はこわいこと恥をかくところぢゃった」 *てんぼくさい 愛媛県大三島 *とどかしー 山形県庄内 *ものあっね 鹿児島県鹿児島郡 *やぼい 香川県高松市

□なさま *あうん 高知県「あうんの軽業」「あうんじゃった」 *そそー(非常に危険なさま)徳島県「御近火でそそーなことであったな」 *でじ 鹿児島県肝属郡「おー、でじな事(こつ)ぢゃ」 *てんがらげ・てんがらけ 石川県鹿島郡 *てんぷ(むてっぽうで危険なさま)愛知県宝飯郡 三重県志摩 徳島県「○○はてんぷな奴じゃ」・美馬郡 愛媛県 *てんぷいき(むてっぽうで危険なさま)徳島県「てんぷいきな」 *てんぽ(むてっぽうで危険なさま)青森県 山形県 富山県砺波 石川県 福井県敦賀郡「てんぽなことをしてあとをどうする」・大飯郡 三重県阿山郡 滋賀県蒲生郡 京都府 愛媛県・大三島 *てんぽー(むてっぽうで危険なさま)青森県津軽 富山県婦負郡 福井県 愛媛県 高知県「おまさん、そんなてんぽーな事してたまるか」 *とやい 京都府北部「とやいな」 *やか 三重県志摩郡

きげん【機嫌】 *がげ 青森県津軽「あの人あ、どうがげまげだがさ、こんだこなぇな(あの人は、どういうふうにへそを曲げたのか(または、気分を壊したのか、邪推をしたのか)今度来なかったね)」 *うちつら(家の中での機嫌)宮城県仙台市「うちつら悪い」 *きがい 沖縄県八重山 *きこん 島根県邑智郡 長崎県対馬「どうでも彼のきこんに任せて仕事をさせて置かう」 *きなり 宮城県栗原郡「きなりが悪い」 *きんがい 沖縄県石垣島 *ぐんじん 鹿児島県喜界島 *けんせき (子供の機嫌)神奈川県「けんせきがわるい(泣き出しそうな表情だ)」 *こーき 徳島県「こーきをみる(機嫌をうかがう)」 *ちげー 沖縄県首里 *ちゅーせ(相手の機嫌)長崎市「ちゅーせとる」 *なぎ 新潟県中頸城郡 *はなどり 岡山県苫田郡「相手のはなどりが悪くて思うようにならぬ」

□が悪い *えぶすがきたむく(機嫌が悪いさま)高知県長岡郡「彼の児わ少も物言わん。えぶすが北向いたかの」 *おはなけ(機嫌の悪いさま)京都府竹野郡「あの人は今日はどうやらおはなけだ」 *きみこと(機嫌の悪いこと)山形県西置賜郡・東置賜郡 *きめこ(機嫌の悪いこと)福島県 *きめこと(機嫌の悪いこと)岩手県気仙郡 宮城県仙台「何だ、又何をきめことしてゐる」 山形県 *きめっこ(機嫌の悪いこと)福島県相馬郡・東白川郡 神奈川県三浦郡 新潟県東蒲原郡 *きめむし(機嫌の悪いこと)新潟県東蒲原郡 *さいのかみ(妻の機嫌の悪いこと)新潟県佐渡「さいのかみはじまった」 *せわしない・せやしない・しやせない 秋田県鹿角郡「此の児は風ひいて、せやしない」 *ぶすくさい 山形県 *ぶそっこい 静岡県「ぶそっこい人で話しにくい」 *ぶそったい 静岡県磐田郡

□を取る *いろなおし(相手が機嫌を直すように仕向けること)新潟県佐渡 *えんばいこく 山形県西置賜郡 *えんばえこく 山形県 *えんばえつかす・えばえつかす・えばえこく・えばえこかす 山形県 *えんぼえこかす 山形県北村山郡・西村山郡 *おくだりとり(機嫌を取ること)岩手県気仙郡 *おてっぱーい・おてぱい(気に入るように機嫌を取ること)宮城県仙台市 *おでっぱい(気に入るように機嫌を取ること)宮城県「えらそーな人だからっておでっぱいとっことがえん」 *おなえかす 島根県邑智郡「柿をやって子供をおなえかす」 *おまずこく 滋賀県東部 *おまゆー 滋賀県坂田郡・東浅井郡 *おめーすとる 福岡県筑後 熊本県玉名郡 大分県 *おめすこく 愛知県知多郡 *きをとる・きーとる 島根県隠岐島「(せんべいを買って)こいでいい、孫のきーとっけに」 *どっこどとる 宮城県登米郡 *のどのしたへはいる(猫なで声を出して相手の機嫌を取る)京都市 *のどをかく(猫なで声を出して相手の機嫌を取る)島根県邑智郡 *はやす 栃木県 千葉県印旛郡 *まいさある・まいさこく 新潟県 *まいすかく 愛媛県 *まいすこく 山形県「あの子は親にめーすこいでいる」 新潟県東蒲原郡 *まいすする 大分県 *まいすたれる 新潟県中部・東部 *まいすとる 福岡市 熊本県玉名郡・下益城郡 *まいすゆー 三重県志摩郡 佐賀県 長崎県壱岐島 *まえそこく 山形県東置賜郡 *みゃーいとる 長崎県南高来郡 *みゃーしかくる 熊本県玉名郡・下益城郡 *みゃすとる 熊本県南部 *みゃんずく 佐賀県藤津郡 *めーすをかやす 宮崎県西臼杵郡 *めしゅとい 鹿児島県 *めすたれる 新潟県中越 *めすとい 鹿児島県肝属郡 *めすとる 宮崎県延岡・東諸県郡 *めすゆー 鹿児島県鹿児島郡 *めそこく 山形県庄内「主人にめそこぐ」

きこう【気候】 *かんごろ 島根県出雲「かんごろが大分よんなった」 *かんや 熊本県菊池郡・玉名郡「かんやになった」 *かんやい 山口県「大分かんやえが良うなりましたのう」 福岡市「もう朝晩なあ寒合もよし」 熊本県菊池郡 *きのめつわり(木の芽の出るころの暖かく体のだるいような気候)奈良県「この頃はきのめつわりでしんどはんなー」 *くがつのおんなおどし(陰暦九月に時々ある寒い気候)冬の支度がせかれるようであるところから言う。 島根県益田市 *じゅんき 兵庫県加古郡「じゅんきが悪い(気候が不順だ)」 徳島県 *そーもく 島根県「今年はどうもそーもくが悪い年だ」 *どや(蒸し暑い気候)山梨県 *はだむち 沖縄県・首里 *ぱだむち 鹿児島県喜界島 *ぱだむつぃ 沖縄県石垣島 *はだもち 鹿児島県・肝属郡「よかはだ

もちな(よい時候ですな)」 ＊みなみ(急に暖かくなる気候) 山梨県 ＊よーず(雨もよいの暖かい気候) 奈良県

きこり【木樵】 ＊おが 岐阜県大野郡 佐賀県神埼郡・藤津郡 熊本県玉名郡 ＊おがさん 佐賀県藤津郡 ＊おがひき 高知県土佐郡 長崎市 ＊おかみ 三重県北部 ＊きーきり 香川県丸亀市・小豆島 ＊きかり 兵庫県但馬 ＊ききり 岩手県下閉伊郡・気仙郡 秋田県雄勝郡 山形県 長野県諏訪 香川県丸亀市・小豆島 高知県土佐郡 ＊きどり 秋田県由利郡 ＊けずり 栃木県 東京都西多摩郡・八王子 神奈川県津久井郡 ＊ごきんとー 群馬県吾妻郡 ＊こびき 山形県北村山郡 群馬県勢多郡 千葉県香取郡 神奈川県津久井郡 福井県 長野県諏訪 岐阜県吉城郡 静岡県磐田郡 岡山県小田郡 広島県高田郡 徳島県 香川県 熊本県天草郡 大分県 宮崎県都城市 ＊こびきさ 富山県砺波 ＊こびっ 鹿児島県揖宿郡 ＊こびつ・こいさー 鹿児島県姶良郡 ＊こんびき 山形県 ＊さきやま 神奈川県藤沢市 奈良県南部 宮崎県日南市 鹿児島県肝属郡 ＊しゃりき 千葉県東葛飾郡 ＊そーま 富山県下新川郡 山梨県甲府市・南巨摩郡 長野県 ＊そーり 東京都西多摩郡 ＊そま 群馬県多野郡 埼玉県秩父郡 山梨県 長野県上田 岐阜県飛驒 愛知県北設楽郡 三重県志摩郡 和歌山県那賀郡 徳島県那賀郡 高知県幡多郡 ＊そまし 新潟県中頸城郡 和歌山県日高郡 ＊そまど 奈良県吉野郡 愛媛県大三島 ＊そまはつり 和歌山県日高郡 ＊そまふ 奈良県吉野郡 ＊はつり 奈良県吉野郡 ＊もとやま 山形県西置賜郡 茨城県 千葉県印旛郡・山武郡 熊本県球磨郡 ＊もとやまし 熊本県球磨郡 ＊やまいき 和歌山県日高郡 山口県周防 ＊やまかせ 三重県北牟婁郡 ＊やまかせぎ 島根県隠岐島 ＊やまきり 三重県度会郡 香川県 ＊やまく 沖縄県首里 ＊やまこ 青森県上北郡 秋田県河辺郡 島根県 岡山県児島郡 山口県・大島 香川県 愛媛県二神島 ＊やまご 北海道小樽 青森県津軽・南部 秋田県 香川県仲多度郡 ＊やまさ 鹿児島県喜界島 ＊やまざ 宮城県本吉郡 ＊やまし 山形県 武蔵 神奈川県津久井郡 新潟県岩船郡 島根県 愛媛県 ＊やましぴとー 沖縄県竹富島 ＊やまど 福島県北部 三重県北牟婁郡・南牟婁郡 京都府 香川県 ＊やもーど 神奈川県津久井郡 山梨県 長野県上田

きさく【気―】 ＊うっさらくい 佐賀県 ＊きばさ 長野県東筑摩郡 ＊きんじゃそ 秋田県鹿角郡「きんぢゃそだひとだ」 ＊さくい 山形県米沢市 ＊ざくまくり 熊本県 ＊しゃーじん 新潟県佐渡

→きがる（気軽）

□なさま ＊さくさく 新潟県佐渡「あの人はさくさくしている」 ＊さっきゃく 香川県高松市 ＊さっくら 山形県 ＊さっこー・さっこん 岡山県苫田郡 ＊どんさく 兵庫県赤穂郡 岡山県苫田郡「ほんにあいつはどんさくな男じゃ」

□な人 ＊ざっとぅー 沖縄県首里

きし【岸】 ＊おきばた(川の岸) 大分県速見郡 ＊かーたけ(川の岸) 神奈川県愛甲郡「かーたけを、ぐるぐるまーってみたのよ」 山梨県南巨摩郡 ＊がけ 山口県 ＊かし 三重県北牟婁郡 和歌山県海草郡 ＊かせ 和歌山県東牟婁郡「かせへあまり行きなさるな」 ＊かて 和歌山県 ＊かわたけ(川の岸) 徳島県 ＊かわつる(川の岸) 鹿児島県肝属郡 ＊きしがき 香川県仲多度郡 ＊きしかけ 香川県 ＊きしがけ 香川県仲多度郡 ＊ぎしがけ 香川県三豊郡・伊吹島 ＊きしげ 奈良県宇陀郡・宇智郡 和歌山県伊都郡「向ふのきしげへ行って休まうか」 ＊きしな 京都府 ＊ぎしんこ・きしごと 香川県三豊郡 ＊きすばた 山形県山形市・東村山郡 ＊けし 山口県阿武郡 ＊げし 島根県 岡山県 広島県 愛媛県・越智郡 ＊げしっぱち 広島県双三郡 ＊げせね 愛媛県温泉郡 ＊せと 三重県北牟婁郡 ＊どは(崩れないように芝を植えた崖や岸) 熊本県玉名郡「どは打つ」 ＊どんだ(堀の岸) 佐賀県 ＊はまはだ 三重県志摩郡 ＊ふち 宮城県玉造郡 ＊へた 三重県志摩郡 ＊へち 静岡県磐田郡 ＊ぼた 岐阜県大垣市 ＊まま 秋田県平鹿郡 山形県米沢市 ＊まみ 山形県米沢市

→かいがん（海岸）

きじ【雉】 ＊あおくび 富山県 ＊きしのとい 鹿児島県・日置郡 ＊きじのとい 鹿児島県 ＊きじのとり 奈良県吉野郡 長崎県南高来郡 ＊きじのどり 山形県西置賜郡 ＊きじのとる 長崎県南高来郡「きじのとるも、だごばもろち(団子をもらって)、けらいーなっしもたげなたい」 ＊きじんとり 新潟県 ＊きじんどり 山梨県南巨摩郡 ＊きじんぼ 千葉県東葛飾郡「きじんぼに年貢をとられる(小児などの足の汚いのを見て言う)」 ＊きずのとり 石川県珠洲郡 ＊きっのとい 鹿児島県鹿児島郡 ＊きのとつ 長崎県五島 ＊けーんけーん(鳴き声から。幼児語) 静岡県磐田郡 ＊けんけん(鳴き声から) 神奈川県津久井郡 長野県下水内郡 静岡県志太郡(幼児語) 香川県西部 愛媛県周桑郡 ＊けんけんどり(鳴き声から。幼児語) 新潟県佐渡 ＊けんけんばた・けんけんばたばた(鳴き声から) 島根県益田市 ＊けんけんぼろぼろ(鳴き声から) 東京都八王子(幼児語) 神奈川県津久井郡 ＊さときじ 青森県津軽 岩手県 宮城県栗原郡 秋田県 ＊ながずーがんたー 沖縄県首里 ＊べっときじ(雄のキジ) 熊本県下益城郡

きしつ【気質】 ＊きずつ 香川県「あの人はきずつがえー」 愛媛県「あの人間のきずつあーえーもんじゃ」 ＊きだち 愛媛県周桑郡 ＊きなり 神奈川県津久井郡「ふんとにきなりのいいよめだ」 ＊きぶりき 神奈川県津久井郡「ふんとーにきぶりきのわりー女だ」 ＊きまえ 奈良県南大和「きまえがおー(気質が一致する)」 ＊ひとけ(その土地の人々の気質) 静岡県榛原郡

→きしょう（気性）・きだて（気立）・せいかく

（性格）

きしょう【気性】 ＊**かね** 山口県豊浦郡「あの人はかねが鋭い」 ＊**きがた** 兵庫県加古郡「あの娘はきがたがよい」 ＊**きぎん** 兵庫県加古郡「人のきぎんきぎんが違う」 ＊**きさき** 島根県益田市「きさきがひどい（怖いものを知らない）」 ＊**きだち** 愛媛県周桑郡 ＊**きっぷし** 宮城県仙台市「きっぷしつろい（気概のある）男でたのもしい」 山形県東置賜郡「きっぷしのいやな男」 福島県岩瀬郡 ＊**きっぷら** 山形県東置賜郡 ＊**きはい** 徳島県「あの人はきはいのええしとじゃ」 ＊**きばえ** 山形県西置賜郡・東置賜郡 ＊**きばす** 富山県砺波 ＊**きばせ** 千葉県君津郡「きばせがいい（気さくだ）」 ＊**まけ** 茨城県

→きしつ（気質）・きだて（気立）・せいかく（性格）

きず【傷】

①皮膚や筋肉のさけたところ。 ＊**あいた**（幼児語）島根県 山口県豊浦郡 ＊**いぎれ**（婦人の乳頭などの傷）奈良県南大和「ちちのいぎれ」 ＊**いた**（幼児語）島根県石見「坊や、いたはどんな」 山口県豊浦郡 ＊**いたいいたい**（幼児語）青森県三戸郡 ＊**いたいた**（幼児語）富山県 兵庫県加古郡 岡山県 徳島県 ＊**かきしゃぶり**（かきむしったためにできた傷）愛知県名古屋市「虫にさされて痒えいのでかいたら掻きしゃぶりができた」 ＊**かやこぎれ** 島根県出雲（茅で切った傷） 岡山県苫田郡（茅で切った傷・草刈りでできた手の傷） ＊**かやごぎれ**（茅で切った傷）島根県八束郡 ＊**きじむなーやーちゅー**（「やーちゅー」は「やいと（灸）」の意。皮膚にできる原因不明のやけどのような傷）沖縄県首里 ＊**さくい**（ひっかき傷）沖縄県首里 ＊**さばはぎ**（鼻緒で擦れた足の傷）沖縄県首里 ＊**ばらざくれ**（茨などでひっかいた傷。裂けて破れた傷）長野県「ばらざくれになって痛い」 ＊**ばらっつぁき**（茨などでひっかいた傷。裂けて破れた傷）栃木県足利市・安蘇郡 ＊**ぷー** 広島県 ＊**ぶがじ**（頭に受けた傷）沖縄県石垣島

→きりきず（切傷）・けが（怪我）

②物の一部にさけ目ができたり欠けたりした所。 ＊**がり**（板などにつく線状の傷）青森県南部「がりたでる」 ＊**ごーがき**（線を引いたようなひっかき傷）岡山市 ＊**しきよけ**（新築の家の床柱の人目につかない所に、大工がわざと付ける三か所の傷）高知県土佐郡 ＊**つめぎり**（爪で付ける傷）山形県西村山郡・北村山郡「板につめぎりのあとを一杯つける」 ＊**はり**（果物の傷）奈良県南大和

きずい【気随】 ＊**すえらぼくたら** 宮城県仙台市 ＊**ぞんき**（気随なこと）静岡県志太郡

→きまま（気儘）

きせつ【季節】 ＊**うりじん**（陰暦二月から三月ごろにかけての季節）沖縄県首里 ＊**くさだちくさがれ**（春秋の季節）熊本県玉名郡 ＊**くさたて**（春秋の季節）長崎県壱岐島 ＊**ころくがつ**（陰暦十月ごろの暖かい季節）山形県東置賜郡 ＊**じしとぅ・しとぅ** 鹿児島県喜界島「しとぅなさー（季節はずれ。または、時間外）」 ＊**しゅん**（狩猟の季節）福島県南会津郡 ＊**せつ** 山形県北村山郡「しぇずわれさげなおらねなだ（季節が悪いから治らないのだ）」 ＊**たねどき**（苗代にもみ種をまく季節）福島県石城郡「たねどきがきたからまた寒さがきた」 ＊**はだむち** 沖縄県・首里 ＊**ぱだむち** 鹿児島県喜界島 ＊**ぱだむつぃ** 沖縄県石垣島 ＊**はだもち** 鹿児島県・肝属郡「よかはだもちな（よい時候ですな）」 ＊**ぬくさり**（温暖の季節）長崎県対馬 ＊**わかうりじん・わかうりずん**（陰暦二月から三月ごろにかけての季節）沖縄県首里

きぜわしい【気忙】 ＊**あがろーしー** 山口県豊浦郡「農事前であがろーしい」 ＊**あせくらしー** 新潟県佐渡・東蒲原郡 富山県「ああ、あせくらしい人じゃ」 石川県 ＊**あせくるしー** 石川県江沼郡 ＊**あせくろしー・あせろしー** 愛媛県 ＊**あせっくらしー** 新潟県 ＊**あせない** 富山県「あせなそー（忙しそう）」・砺波 石川県「ひどいあせないことにおーてー（会って）」 ＊**あせらしー** 愛媛県周桑郡 ＊**いざとい** 岐阜県郡上郡 ＊**けそがしー** 新潟県佐渡 ＊**こぜからしー**（せきたてられるようで気ぜわしい）熊本県下益城郡 ＊**こぜわしー** 滋賀県彦根・蒲生郡 ＊**こぜわしない** 京都市 ＊**しがらさい**（せきたてられるようで気ぜわしい）鹿児島県喜界島 ＊**せからし**（せきたてられるようで気ぜわしい）和歌山県 鹿児島県鹿児島市・肝属郡 ＊**せからしー** 大阪市 兵庫県 岡山県苫田郡 山口県大島「船から下りるとすぐ汽車へ乗らねばならぬ。余りせからしいぢゃないか」 香川県三豊郡 愛媛県・周桑郡「まだ時間が来いでも生徒が来かけると、ぎょーはん（たいそう）せからしー」 福岡県・久留米市 長崎県北松浦郡 熊本県・八代郡「せからしゅー言いはんな（そうせかせか言いなさるな）」 宮崎県児湯郡 鹿児島県・種子島 ＊**せがらしー** 鹿児島県揖宿郡「（お祝い事で）せがらしかったいばなあ加勢どんせっくいやい（手伝いでもして下さい）」 ＊**せかんたらしー**（せきたてられるようで気ぜわしい）大阪市 ＊**せこらしー**（せきたてられるようで気ぜわしい）愛媛県新居郡 ＊**せせかましー** 山口県・大島 長崎県対馬「（激しく催促する人を）やなせせかましい奴じゃ」 ＊**せせっかしー** 東京都八王子 新潟県西頸城郡 長野県東筑摩郡「せせっかしい人だ」 ＊**せせっかちー** 長野県下伊那郡 ＊**せせっかましー** 徳島県 ＊**せせっこましー** 長野県下伊那郡 ＊**せたらしー** 愛媛県大三島・生名島 ＊**せたろしー** 愛媛県大三島 ＊**たたわしー** 徳島県「そんなにたたわしいに言うたって出来ん」 香川県「たたわしげにせんと（せずに）ちっと落ちついとれ」 ＊**ちむいちゅなさん** 沖縄県首里 ＊**やぜない** 島根県益田市（忙しい時に赤ん坊が泣いたりする時に言う） 山口県「子供が多いのでやぜない」 福岡県 大分県大分郡・北海部郡「そんなにやぜのう言うても出来ない」 ＊**やでない** 山口県 ＊**やでほい** 山口県大島

↓いそがしい（忙）・こころぜわしい（心忙）・せわしい（忙）・せわしない（忙）

□さま *きぜわ 島根県「きぜわな男じゃ」 *きぜん 山口県豊浦郡 *しらしら（ちょこまかと気ぜわしいさま）長野県上伊那郡 *しらじら（ちょこまかと気ぜわしいさま）島根県益田市・那賀郡「何時もしらじらゆーて働あとる」 *せかぱか 山形県米沢市 *やりもり 長崎県対馬「やりもり言う」

きそう【競】 *あらがーゆん 沖縄県首里 *かせろう 島根県鹿足郡・益田市「あいつは親にかせろーてどーもならん」 *がせろう 富山県 石川県石川郡・金沢市 *がそろう 富山県砺波「がそろて食うもんじゃけで、一ぺんになよんなって（なくなって）しもー」 *せらう 大阪市 島根県石見 岡山県苫田郡・児島郡 *せらがう 徳島県 高知県「子供同志がせらがうきに皆に同じ品をやろー」

↓きょうそう（競争）

きた【北】 *あい 富山県下新川郡 *あさい 広島県安芸郡「あさい風」 *いし 沖縄県石垣島 *うら 富山県「うらんかた（北の方）」 静岡県「うらの風（北風）」 *おか（南が海に面している土地であるところから）広島県倉橋島 *おき 山梨県南巨摩郡 *かみ 栃木県 愛知県尾張 宮崎県児湯郡 *にーぬふぁ 沖縄県首里 *にし 鹿児島県南西諸島 沖縄県首里・八重山 *にす 鹿児島県徳之島 沖縄県宮古島・石垣島・新城島・波照間島 *にち 沖縄県与那国島 *まかた 千葉県海上郡 *まにし 沖縄県首里

□の方 *うら 富山県 静岡県 *きたって 福島県会津若松市 新潟県東蒲原郡 *しも 青森県上北郡 埼玉県秩父郡 新潟県佐渡・西蒲原郡 *にしんた 沖縄県石垣島 *わかた 長野県佐久 *わて 山梨県南巨摩郡

きたい【期待】 *あてくそ 新潟県佐渡 *あてめ（当てにした賽（さい）の目の意から）秋田県鹿角郡「あてめが外れる」 *たながき 沖縄県石垣島・鳩間島 *たなんがき 沖縄県石垣島 *たらんがい 沖縄県石垣島 *たんなぎ 沖縄県石垣島

□する *あてめる（「あてめ」の動詞化）秋田県鹿角郡 *たなんがきるん・たなんがきん 沖縄県石垣島 *たんなきるん・たんなきん 沖縄県石垣島 *のそる（熱意を持って期待する）京都府竹野郡「懸賞に当選したらとのそっております」 *はずみかえる 島根県隠岐島 *はずみこむ 愛知県知多郡「明日ぁ運動会だではずみこんどる」 *はずむ 愛知県知多郡「はずんどる」 島根県「お父さんが帰るので子供等がはずんどる」 愛媛県大三島 *はずんこむ 島根県出雲 *むぬたんなぎしん 沖縄県石垣島

きたかぜ【北風】 *あい 青森県青森市・東津軽郡 新潟県蒲原・佐渡「あいのこわぶきやませのもと」 *あいかぜ 青森県東津軽郡・上北郡 福井県坂井郡 *あいぬかぜ 富山県婦負郡 *あいのかぜ 青森県西津軽郡 秋田県河辺郡 山形県 新潟県蒲原・佐渡「あいのかぜと雇人は日一ぱい」 富山県 鳥取県西伯郡 島根県那賀郡 徳島県 香川県 *あお（九月、あるいは秋に吹く北風） 島根県隠岐島 *あおきた（この風が吹くと海洋も空も青むところから）三重県北牟婁郡 島根県（九月、あるいは秋に吹く北風）・八束郡 山口県屋代島 愛媛県温泉郡 高知県安芸郡（九月、あるいは秋に吹く北風）・越智郡（九月、あるいは秋に吹く北風）・土佐郡（陰暦八月ごろに吹く晴天の北風） 長崎県西彼杵郡（九月、あるいは秋に吹く北風）・五島（九月、あるいは秋に吹く北風）・壱岐島（陰暦八月ごろに吹く晴天の北風） 大分県大分郡 宮崎県児湯郡（冬の北風）・東臼杵郡 鹿児島県肝属郡（九月、あるいは秋に吹く北風） *あおげたならい（秋晴れの日に連日吹く北風）東京都利島・大島 静岡県榛原郡 *あかんぼならい（土砂を巻き上げて吹く北風）武蔵 神奈川県三浦郡（北北東風） *あきぎた（秋の終わりごろに吹き荒れる北風）鹿児島県種子島 *あてぎた（秋の終わりごろに吹き荒れる北風）鹿児島県種子島 *あなじ 島根県那賀郡・邑智郡 *あなぜ 熊本県玉名郡 *あらにし（九月ごろ吹き荒れる北風）沖縄県石垣島 *あらし 広島県 *いしかち 沖縄県石垣島 *うぇーた 長崎県壱岐島 *うわてのかぜ 徳島県伊島 *えーた（少し西がかった北風）長崎県壱岐島 *おーがら・おーから・おーかわら・がら（強い北風）静岡県 *おきあげ 新潟県西頸城郡・中頸城郡 *おちきた（雨を伴う北の突風）島根県 *かぜ 滋賀県伊香郡・沖ノ島 *かみかぜ 熊本県天草郡 *かみわたし（陰暦十月ごろに吹く北風、または西北風）香川県粟島 *からかぜ 三重県伊勢・宇治山田市 *からっかぜ 千葉県東葛飾郡 *かりわたし（陰暦八月ごろに吹く北風）三重県志摩郡 *きたあなじ（冬の北風）島根県八東郡 *きたぐち 大分県速見郡・大分郡 *きたけ 京都府竹野郡 *きたごち 島根県那賀郡（初冬の北風）・邑智郡 大分県大分市・大分郡 *きたつぼ 三重県志摩郡 *きたっぽ 三重県志摩郡・北牟婁郡 *きたなみ 愛知県愛知郡 *くだいかぜ 鹿児島県 *くだり 愛媛県 *こち 広島県倉橋島・下蒲刈島・因島・能美島 大分県大分市・大分郡 *さにし（陰暦六月の中旬に三日ほど吹く強い北風）鹿児島県喜界島 *じあらし 愛媛県越智郡 宮崎県南那珂郡（雲の方向と違う秋の北風） *じかぜ 徳島県鳴門市 *じきた 高知県安芸郡 *じのかぜ 三重県志摩郡 *しぶ 岩手県気仙郡「しぶ吹ぐ」 *しぶきた 島根県八東郡（冬の北風） 広島県豊田郡（小雨を伴う初冬の北風） 愛媛県北宇和郡（春分ころの北風） *しも 山形県庄内 新潟県佐渡 *しもかぜ 青森県中津軽郡 山形県 新潟県 *しもがんぜ 青森県津軽 *しもきた 高知県土佐郡 *しもげ 青森県北津軽郡 新潟県佐渡（微風） *しゅぶごろ 熊本県上益城郡 *しゅもうさならい 千葉県東葛飾郡

*たかかぜ 新潟県佐渡(秋から冬の大風) 島根県隠岐島 *たかしもかぜ 新潟県西頸城郡 *だし 静岡県 *だしかぜ 群馬県多野郡 *だしのかぜ 静岡県浜名郡・庵原郡 *たばかぜたばかち 新潟県佐渡 *たまかぜ 青森県 新潟県佐渡 *なかにし 愛知県知多郡 *なぎかぜ(北から吹く柔らかい風) 島根県八束郡 *ならい 千葉県南部 東京都伊豆諸島 神奈川県藤沢市・中郡 静岡県榛原郡 三重県志摩郡(雨を伴った北風にもいう) 大分県大分市・大分郡 *ならいちけ(雨を伴った北風) 神奈川県葉山 *ならやー 千葉県安房郡 *にし 鹿児島県喜界島 沖縄県国頭郡・八重山 *にしかじ 沖縄県島尻郡・中頭郡・八重山 *にしかで 鹿児島県加計呂麻島 *にしかんじ 沖縄県小浜島 *にしはじ 鹿児島県沖永良部島 沖縄県黒島 *にしぶち 沖縄県首里 *にすかじ 鹿児島県徳之島 沖縄県宮古島・石垣島・波照間島 *にすかずぃ 沖縄県新城島 *にちかじ 沖縄県与那国島 *ねきた 愛媛県宇摩郡 *ねぎた(「子(ね)」の方角から来る風」の意) 島根県邇摩郡・美濃郡 山口県祝島・見島 香川県伊吹島 長崎県西彼杵郡・壱岐島 *のぼりかぜ 秋田県雄勝郡 *のろきた(北からの緩い風) 長野県上水内郡 *のんぼっかぜ 熊本県球磨郡 *はがち(雨を伴った北風) 三重県志摩郡 *はつにし(初めて吹く北風) 沖縄県首里 *ひかた 島根県鹿足郡 *べっとー 三重県度会郡 *ぼんぎた(盆前後の北風) 長崎県壱岐島 *まきた 大分市 *みーにし(「にし」は北風の意。秋ごろに吹き始める北風) 沖縄県首里 *やまえだ 島根県 *やまじ 島根県美濃郡 *やませ 秋田県南秋田郡 *やませかぜ 青森県西津軽郡 *よぎた(夜の北風) 兵庫県加古郡 岡山県児島郡(秋の夜の北風) 香川県(秋の夜の北風)・伊吹島(秋の夜の北風)・佐柳島(夕方、北から吹く風) *よりけ(夏の北風) 島根県八束郡 *わいた(少し西がかった北風) 兵庫県淡路島

きだて【気立】 *きずつ 香川県「あの人はきずつがええ」 愛媛県「あの人間のきずつあーえーもんじゃ」 *きなり 神奈川県津久井郡「ふんときなりのいいよめだ」 *きはい 徳島県「あの人はきはいのええしとじゃ」 *きばえ 山形県西置賜郡・東置賜郡 *こころ 新潟県佐渡「あの人はこころがよい」 *こころいき 大阪市「こころいきがわるい」 *しむち 沖縄県首里「やなしむち(意地悪)」

→きしつ(気質)・きしょう(気性)・せいかく(性格)

きたない【汚】 *あたうるさい 和歌山県日高郡「あんな格好してあたうるさい」 *あっぱい(幼児語) 福井県 *あっぺ(幼児語) 福島県石川郡 栃木県 福井県 *あっぺぁ(幼児語) 秋田県鹿角郡・北秋田郡 *あっぺー(幼児語) 茨城県 *あっぽち(幼児語) 茨城県北相馬郡 *あぽちー 福岡県企救郡・福岡市 *いぜくらし 島根県簸川郡 *いだきー 鳥取県東伯部 *いびしー 高知県 福岡県京都郡・築上郡 大分県 *いびしない 高知県幡多郡「まあ いびしないことねー」 *いびしょい 岐阜県揖斐郡 *いびせー 山口県玖珂郡 *いやしー(雨や泥などで足や衣服が汚れて汚い) 山口県「着物が雨でいやしうなった」 *いやらしー 大阪府 *いらめしー 福岡市 *うーさーん 沖縄県与那国島 *うざくらしー 富山県 石川県 *うざくらっしー 富山県砺波 *うざくらしー 富山県 石川県 *うざくらっしー 富山県砺波 *うざこい 石川県鹿島郡 三重県員弁郡 *うじゃらっこい 静岡県・田方郡 *うすこまずい 山形県 *うすさーん 沖縄県石垣島・新城島 *うぜらし(不潔で汚い) 長崎県北松浦郡 宮崎県東諸県郡 鹿児島県 *うぜらしー(不潔で汚い) 宮崎県延岡 *うぜらしか(不潔で汚い) 長崎県北松浦郡「この子はうぜらしかよ」 *うぜろし(不潔で汚い) 鹿児島県肝属郡 *うたちー 山口県大島 福岡県東部「うたちい人(腹黒い人)」 大分県 宮崎県東臼杵郡 *うたちげない 福岡県小倉市 *うたてー 青森県・上北郡 山形県南部 島根県石見 山口県玖珂郡 *うっさい 島根県邇摩郡 *うっとしー 徳島県「あの家はうっとしい」 *うとうとしー・うととしー 静岡県 *うとーとしー 静岡県駿東郡 *うらめしー 東京都利島 福岡県 熊本県阿蘇郡 大分県日田郡・玖珠郡 *うるさー 奈良県吉野郡 *うるさい 茨城県結城郡 東京都八丈島 三重県南牟婁郡 和歌山県 岡山県 香川県高松 *うんざい 静岡県 *えし・えしー 島根県美濃郡・益田市(幼児語)「土をほじくるとえしー」「えしえし早うすてんちゃい」 *えじくらしー 島根県出雲「子供にえじくらしー風をさせーな」 *えずい 新潟県佐渡「この餅は手垢がついてえずい」 *えずらしー 熊本県芦北郡 *えそわしー・えっさしー 長野県南高来郡 *えち・えっち(幼児語) 山形県 *えちえち(幼児語) 山形県飽海郡 *えっきー(幼児語) 山形県米沢市 *えっけれしー 静岡県 *えぶせー・えびせー 長野県佐久 *おぞい 千葉県安房 *おぞこい 香川県綾歌郡 *おぞぼったい 静岡県川根 *おたてー・おーたてー 京都府竹野郡 *おどけない 山口県大島 *おとましー 静岡県富士郡 *およけない 高知県「蠅取器の中に蠅がいっぱいたまっておよけない」 *おろさい 島根県大原郡 *きーやぜくろしか 鹿児島県種子島 *きたい 山形県東置賜郡 *こうっとーしー 徳島県那賀郡 *こったない 石川県能美郡 *こまじない 秋田県鹿角郡 *こまずい 宮城県栗原郡 *こむさい 高知県 *ごむさい 新潟県中頸城郡 長野県「ごむさい所」 *こめんどくさい 群馬県佐波郡 *ざくらしー 富山県・射水郡 *ざざかしー 福井県大飯郡 *ざっこい 富山県砺波 *ざまくい 香川県 *じーじー(幼児語) 岡山県真庭郡 *じじー(幼児語) 京都府竹野郡「あんよがじじーで洗ってきなさい」 島根県 岡山県苫田郡 広島県比婆郡「泥がついてじじくなった」 *しったこい 鹿児島県鹿児島郡 *しなたえ 山形県西置賜郡

＊じゃーきー 長崎県五島 ＊じゃーたんなか 長崎県五島 ＊じゃーわっか 佐賀県 長崎県東彼杵郡 ＊じゃまくい 香川県丸亀市 ＊しゃらきたない 山梨県 長野県 静岡県「なぜこうしゃらきたないのか」 ＊しゃらっきたない 長野県諏訪 ＊しょっぱい 新潟県新井市「あいつはしょっぱいかっこーしてる」 ＊すいたなさん 沖縄県首里 ＊すかたい 香川県「すかたい顔」「すかたいことするなよ」 ＊ずずない 栃木県那須郡 ＊ずだい 長野県更級郡 ＊ぜぜ(幼児語) 富山県下新川郡 ＊ぜぜー(幼児語) 島根県「まー、ぜぜー着物を着て」「泥わるさをすると手がぜじょーなる」 ＊だーうたてー 島根県那賀郡「なんと座敷の中がだーうたてー」 ＊たーえー(幼児語) 大分県大分郡 ＊だーぎしゃない・だーぎしゃなましー 島根県那賀郡「廊下がえらいだーぎしゃなー」 ＊たーない(幼児語) 和歌山県有田郡・東牟婁郡 ＊だだい 山形県東田川郡 ＊だったい 山形県北村山郡・最上郡 ＊だって 山形県米沢市 ＊だってー 岩手県江刺郡 山形県 ＊だってだて 宮城県栗原郡 ＊だてー 山形県 ＊たない(幼児語) 兵庫県淡路島 奈良県 徳島県 ＊だめない 三重県 ＊たなんない(幼児語) 静岡県 大阪府泉北郡 ＊だんない 奈良県南部 ＊ちゃーない(幼児語) 島根県「ちゃーねーけんやめなさい」 ＊ちゃない・ちゃい(幼児語) 兵庫県淡路島 ＊でぃなーん 沖縄県与那国島 ＊でで― 島根県石見(幼児語) 広島県 ＊でゃーたんなか 長崎県五島 ＊でゃあっか・でゃーきー 長崎県五島 ＊どーとしー 徳島県美馬郡 ＊にくい 東京都八丈島「にくうなる」 ＊にっしゃーん 沖縄県八重山 ＊ねたい 石川県江沼郡「ねたい道になったね」 ＊ねんねー 長野県諏訪 ＊ばい(幼児語) 大阪府泉北郡 奈良県 香川県「それはばいなあ」 ＊ばいー(幼児語) 岡山県児島郡「ばいーばいー」 徳島県美馬郡 ＊はごーぎさん 沖縄県首里 ＊ぱごーさい・ぱおーさい 鹿児島県喜界島 ＊はごーさん 沖縄県首里 ＊ばごさ 沖縄県国頭郡 ＊ばっぺ(幼児語) 青森県上北郡 ＊ばばい(幼児語) 福井県敦賀郡 長野県 岐阜県「はだしばけで歩くと足がばばうなる」 滋賀県 京都市 大阪府大阪市・泉北郡 兵庫県 奈良県・宇智郡 和歌山県 島根県鹿足郡「ばべーけー捨ててしまえ」 ＊ばばいー(幼児語) 岡山県児島郡 ＊ばばしー(幼児語) 広島県・高田郡 ＊ばばらしー(幼児語) 愛媛県 ＊ふーとくない 大分県宇佐郡 ＊ぶっさい 岐阜県飛騨 ＊べーたい・びーたい 新潟県佐渡 ＊べーや(幼児語) 長崎県五島 ＊べたい 新潟県佐渡 ＊べたない 新潟県佐渡 ＊べったぇー 宮城県牡鹿郡 ＊ぺっぺー(幼児語) 岩手県気仙郡「ぺっぺくなる(汚くなる)」 ＊べべー(幼児語) 島根県鹿足郡 岡山県児島郡 長崎県「そりゃべべか」 熊本県芦北郡・八代郡 ＊べべしー(幼児語) 大分県日田郡 ＊ほーたれぎしゃなー 島根県益田市 ＊ほーとくない 島根県石見「お前の手はほーとくなー」 広島県 山口県「ほーとくないから、はよう洗いなさい」 福岡県小倉市・企救郡 大分県東国東郡 ＊ほーとろきしゃない 広島県 ＊まずい 宮城県仙台市「便所まづくしておきんすなよ」 ＊まふんなか 長崎県五島 ＊まんずい 秋田県雄勝郡 山形県 ＊むごい 高知県 ＊むさくさい 山形県東村山郡 ＊むさらこい 岐阜県土岐郡 ＊むたらけー 京都府竹野郡「むたらけー家です」 ＊むっさらこい 岐阜県武儀郡 ＊むっさらしー 長野県松本市 ＊めつくない 広島県中部 ＊もっさらこい 岐阜県稲葉郡 愛知県名古屋市「もっさらこい鰻屋」 ＊やーがらへん 沖縄県波照間島 ＊やーらしー 岐阜県武儀郡 ＊やぎろしー 兵庫県佐用郡・赤穂郡 香川県「腫物(はれもの)がつぶれてやぎろしげになった」 愛媛県 ＊やくさい 石川県鹿島郡 ＊やぐさい 石川県鹿島郡・鳳至郡 ＊やぐらし 長崎県東彼杵郡 ＊やげろーしー 岡山県「隣が豚屋ぁ始めてやげろーしゅーてかなはん」 ＊やげろしー 兵庫県赤穂郡 香川県小豆島 愛媛県 ＊やじろーし 岡山県真庭郡 ＊やぜこない・やじこない・やじょこない 新潟県佐渡 ＊やったい 静岡県 ＊やなぎさい・やなぐいさん 鹿児島県喜界島 ＊やなぎさん 鹿児島県与論島 ＊やにこい 石川県 岐阜県山県郡・海津郡 愛知県中島郡 兵庫県加古郡 愛媛県 ＊やにしゃーん 沖縄県新城島 ＊やにしゃはん 沖縄県波照間島 ＊やにしゃん 沖縄県竹富島 ＊やにっしゃーん 沖縄県石垣島 ＊やにはーん 沖縄県小浜島 ＊やにやん 沖縄県黒島 ＊やねこい 石川県 愛媛県 ＊やばしー 福島県「やばしい処だなあ」 新潟県 富山県下新川郡 ＊やばしない 青森県南部 ＊やばちー 北海道 青森県「今、手ぁやばつしていただけませんよ」 岩手県 宮城県加美郡 秋田県仙北郡「やばちい人は病気になる」・鹿角郡 ＊やばちない 青森県南部 秋田県鹿角郡 ＊やばつい 青森県南部 岩手県気仙郡 ＊やばっちー 岩手県磐井郡 秋田県鹿角郡 ＊やらしー 長野県下伊那郡 三重県志摩郡 長崎県対馬 ＊やんこい 富山県砺波「やんこい！糞踏んだ」 ＊やんちゃくらしー 富山県砺波「肥まいた手洗うもせんと握り飯食べとる。やんちゃくらしー奴(やつ)や」 ＊やんやん 沖縄県鳩間島 ＊ゆんはごーさん 沖縄県首里 ＊よーさけない 山口県・阿武郡 ＊よーすけない 島根県鹿足郡「家のまわりがよーすけない」 ＊よーそけない 島根県石見 山口県 ＊よそばしー 佐賀県藤津郡 ＊よそわしー 兵庫県淡路島 佐賀県 長崎県「よそわしか」 熊本県 大分県津久見市 ＊よだきー 鳥取県 広島県比婆郡 宮崎県西臼杵郡 ＊よだけー 岡山県真庭郡・苫田郡 宮崎県西臼杵郡 ＊よだけない 高知県 ＊らめしー 大分県日田郡 ＊わっさん 沖縄県首里

↓きたならしい (汚)・けがらわしい (汚)

□こと ＊けけ(幼児語) 山形県東田川郡 ＊じじ(幼児語) 秋田県 鳥取県西伯郡 島根県出雲 山口県大島 ＊ばい(幼児語) 香川県「土いぢりやしたら、手がばいになるで」 ＊ばいばい(幼児語) 広島県 香川県 ＊ぶちりー 沖縄県首里 ＊べ

っぺ 長崎県壱岐島 *べべ 三重県度会郡 奈良県吉野郡 島根県「べべだから止め」 長崎県対馬(小児語)「べべになる(汚くなる)」 熊本県芦北郡(幼児語) 宮崎県西臼杵郡・西諸県郡 *ぺぺ 島根県邇摩郡・隠岐島 *べべちゃ 島根県出雲

□さま *いそー 徳島県美馬郡 高知市「あの人はいそーな声を出すから一緒に歌えん」 *いそーげ 高知市「いそーげな花が咲いた」 *いそげ 徳島県美馬郡 *うっつけ 島根県那賀郡「うっつけなことをするな」 *がい 香川県大川郡・木田郡「うちのやそなにぐゎいなんでなかった(汚いのではなかった)」 *がちゃがちゃ(湿ったものが堆積して汚いさま) 新潟県西蒲原郡 *ごだごだ(道が泥で汚いさま) 岩手県気仙郡「そどさでんな(外へ出るな)、ごだごだずがら」 *こぴしょ 千葉県印旛郡 *こびしょー 新潟県佐渡「家の中をこびしょうにしている」 *こびしょげ 新潟県佐渡「どうい(どうして)、こびしょげんとこにおるっちゃ(居るのか)」 *ごんじゃ・ごんちゃ 石川県能美郡 *さまく 広島県倉橋島 *ざまく 島根県 広島県比婆郡・高田郡 香川県 *じじ(幼児語) 秋田県 鳥取県西伯郡 島根県出雲「じじな遊びをするな」 山口県大島 *じゃげ・じゃーげ・じゃっげ 長崎県五島 *すでっこー(やたらに大きく汚いさま) 岡山市「すでっこーな餅」 *ぜぜ(幼児語) 島根県邇摩郡「ぜぜな遊びをするなよ」 *だいなし 新潟県刈羽郡 *たんがらす・たたんがたんがらす 千葉県市原郡「手がたんがらすだ」 *ぶたく(不潔で汚いさま) 静岡県榛原郡「ぶたくな小屋」 *ぶたこ(不潔で汚いさま) 福井県坂井郡 *ぶたご(不潔で汚いさま) 富山県砺波 石川県 徳島県海部郡 *ふんちゃ 石川県石川郡「ふんちゃな」 *へちくそ・へちっこ 高知県香美郡「雨にぬれてへちくそになった」 *もっさり 京都府 *わや 広島県沼隈郡 香川県「そなんとこへ坐ったらきれな着物がわやんなるで」 高知県 *わやい 香川県三豊郡「服やもうわやいや」 *わやくそ 高知県 *わんざん(「わざん」の転) 京都府

きたならしい【汚】 *いじましー 兵庫県加古郡「あの子はいつも鼻汁出していじましい」・神戸市「いじましい恰好するないや」 岡山県児島郡「毛虫がいじましーほどいるなあ」 香川県島嶼 *うざくらしー 富山県 石川県 *うざくらっしー 富山県砺波 *きさなくさー 愛媛県大三島 *きさんぽらちー 熊本県下益城郡 宮崎県西臼杵郡 *きたくたしー 神奈川県三浦郡 *きたなくらしー 富山県砺波 *きたなくろしー 滋賀県彦根 *きたなぶしー 愛媛県 *きたむさい 広島県向島 *きたんぽらっか 佐賀県 *きちゃなくらしー 新潟県上越 *きちゃなましー 島根県 *きちゃむさい 広島県 *きったんだしー 千葉県夷隅郡 *きっとーだしー 千葉県安房郡「きっとうだしいから片付けろ」 *こきたなしない 岩手県気仙郡 *こまじない 秋田県鹿角郡 *こまずい 宮城県栗原郡 *さーはごーさん(なんとなく汚らしい) 沖縄県首里 *ざくらしー 富山県・射水郡 *さっさね 鹿児島県揖宿郡 *ざっしもない 岐阜県郡上郡 *ざっせがない 島根県美濃郡「子供が散らかーてざっせがなー」 *しぼたれる(古くて汚らしい) 大阪市 *だちもない 宮崎県東諸県郡 *だっしもない 岐阜県武儀郡 大分県大野郡 *だっしゃまない・だっしゃむない・だっしゃもない・だっしょもない 岐阜県飛騨 *だっせがない 島根県益田市 *だっせもない 島根県石見 *ほーらつい 熊本県下益城郡 *まずい 宮城県仙台市「便所まづくしておきんすなよ」 *まんずい 秋田県雄勝郡 山形県 *やげな 新潟県佐渡「やげな人」 *やごな 愛媛県上浮穴郡 *やちがない 香川県小豆島・豊島 *やちゃない 山形県 *やっしゃない 福島県相馬郡 *やっちゃえない 千葉県印旛郡 *やっちゃない 山形県 千葉県印旛郡 *ゆんはごーさん 沖縄県首里 *よどけない 山口県大島 *らしがない 島根県 *らしもない 岐阜県本巣郡 愛知県尾張 *らしゃない 和歌山県 *らちかちもなか 佐賀県 *らちがない 島根県 *らちくちがない 岩手県九戸郡・平泉 *らちもない 茨城県稲敷郡 *らちゃくちゃない 千葉県市川市 *らちゃない 山形県東置賜郡 *らっこくない 山形県東村山郡 *らっしがない 島根県鹿足郡「座敷中らっしがなー」 岡山県 高知市「年をとりましてこの頃はいっこうらっしがございません」 *らっしこっしゃない 高知市 *らっしもない 岐阜県 愛知県葉栗郡・東春日井郡 岡山県苫田郡「らっしもないことをしとりますけんど、まあ上ってつかあさい(ください)」 大分県 *らっしゃーない 島根県石見 広島県芦品郡 *らっしゃがない 島根県仁多郡 *らっしゃこーせがない 島根県美濃郡・益田市 *らっしゃこっしゃがない 島根県仁多郡 *らっしゃない 奈良県吉野郡 島根県美濃郡・益田市 高知市 *らっしゃもない 岐阜県益田郡・郡上郡 *らっしょがない 島根県美濃郡・益田市 *らっしょむない 岐阜県大野郡 *らっしょもない 岐阜県郡上郡 *らっせがない 島根県石見 *らっせこーせがない 島根県美濃郡・益田市 *らっせもない 島根県石見 *らっちがない 宮城県登米郡 *らっちくちあない 岩手県東磐井郡 *らっちもない 宮城県栗原郡 *らっちゃない 山形県東置賜郡・西置賜郡 福島県相馬郡 千葉県印旛郡

↓きたない(汚)

□こと *びびんちょ 大阪市 *やんちゃ 北海道 富山県砺波・婦負郡 石川県 兵庫県神戸市 香川県三豊郡 愛媛県「やんちゃな家じゃ」

□さま *どろかいちゃんぽ 奈良県

きちょうめん【几帳面】 *げんじゅー 岡山県苫田郡「あの男は万事にげんじゅーなもんじゃけー心配はいらん」 *ごんろく(きちょうめんなこ

と)広島県賀茂郡
□なさま *かきかき 新潟県東蒲原郡 長崎県壱岐島「家賃な、かきかき納めてもらわにゃ」 *ぎじょ 島根県出雲 *きじょー 熊本県下益城郡 *ぎじょー 島根県出雲「物をぎじょーに片附ける」 *きたっと 秋田県鹿角郡 *ききち 京都市 *きっちく 山梨県 *ぎゅーぎゅー(きちょうめんで礼儀正しいさま)徳島県 *ぎゅーかく(きちょうめんで気詰まりなさま)鳥取県東部 島根県 岡山県・苫田郡「ぎゅーかくなもんじゃ」 *ぎゅーかん(きちょうめんで気詰まりなさま)島根県大田市 *ぎんじょ 島根県八束郡 *きんとー 広島県山県郡 福岡県小倉市 長崎市 *げんと 石川県能美郡 *こーじく 鳥取県東部「こうじくな人」 *こーじゅく 兵庫県佐用郡 愛媛県岡村島 *こつまどい 愛媛県・越智郡(あざけっても言う) *ちょーきゅー 埼玉県秩父郡「ちょーきゅーな人」 *りゅーかく(きちょうめんで気詰まりなさま)島根県石見「りゅーかくな先生」「りゅーかくで一寸よりつきにくい」 広島県山県郡「りゅーかくすぎる」 山口県豊浦郡

きちんと *あんばいよー 岐阜県郡上郡 三重県志摩郡・度会郡 滋賀県犬上郡「こいつにちょっとあんばいよーひとかんと(この娘にちょっと具合よくしておかないと)」 兵庫県「誰々にあんばいよーいかれてしもた(してやられた)」 徳島県板野郡「あんばいよー降るない(ちょうどよい具合に降るねえ)」 香川県「あんばいよーに」 *あんばいよーらと富山県砺波 *あんばいよく 徳島県 *あんばよ 和歌山県・伊都郡 *あんばよー 福井県遠敷郡・大飯郡「あんばよーしときなよ」 岐阜県「仕事もっとあんばよーせにゃだしかん(じょうずにしなくちゃだめだ)」 愛知県名古屋市「先方の娘さんの方へは私からあんばよう話します」 三重県北牟婁郡「ほっちらかさんとあんばよーしとけいー(きちんとしておきなさいね)」 滋賀県 京都府 兵庫県赤穂郡 奈良県宇陀郡 和歌山県 岡山県「あんばよー掃除する(きれいに掃除する)」 香川県 *あんびょ 和歌山県東牟婁郡 *あんびょー 三重県北牟婁郡 *あんびよー 福井県遠敷郡 *あんべよー 岐阜県養老郡 *かちっと 奈良県南大和 *ぎかた・ぎがた 山形県米沢「ぎがだに書く」 *きかっと 岩手県気仙郡 宮城県栗原郡・仙台市「いつもきかっとして愛嬌のない顔だ」 秋田県鹿角郡 山形県 *きかりと 山形県南置賜郡・米沢市「きかりと、角(かど)おたでる」 *ぎがりと・ぎがんと 山形県米沢市「帯ぎがんと結んで」 *きたっと 秋田県鹿角郡 *きつかちんと 青森県三戸郡「台所をもっときつかちんと片付けて置げでァ」 *こしゃんと 高知県 *こじゃんと 宮城県仙台市 島根県「こじゃんとした部屋に住んでおる」 香川県 高知市「着物をこじゃんとなさい」 *さんと 三重県南牟婁郡 *しきしだいに 島根県出雲「予防注射はあまり待たずにしきしだいにすんだ」 *しきゅーしだいに 島根県邑智郡「今日はしきゅーしだいに進行した」 *すったり 岩手県気仙郡「いつもすったりもってくる」 *たぇんと 山形県庄内 *ちゃかんと 山形県米沢市 富山県石川県江沼郡 *ちゃくと 長崎県壱岐島「準備はちゃくと出来ちしもーた」 *ちゃけんと 富山県 *ぴつかちんと・ぴっちかちっと 青森県三戸郡「お勝手をぴつかちんと片付けなさい」 *びつっと・びすっと 山形県「びつっと並べる」 *ぴっつと・ぴっつと 青森県三戸郡「お赤飯を重箱さぴっつと詰めた」 *びんと 青森県津軽・南部 宮城県栗原郡「びんとねっぱす(強くくっつける)」 秋田県鹿角郡「戸をびんと閉めれ」「びんと蓋する」 *ぴんと 青森県「家政はぴんとして居る」 大分県宇佐郡 *やんばよー 岐阜県稲葉郡・加茂郡

きつい
①感覚に受ける刺激が強い。*ちっとぅ(きつく。強く)沖縄県首里 *ちゅーじゅーく(たいそう強く。きつく)沖縄県首里
②激しい。厳しい。*いかつい 愛知県岡崎市 奈良県南大和 *ごーつい 和歌山県東牟婁郡 *ごつい 長野県諏訪 岐阜県郡上郡「あの先生はごついできらいじゃ」 滋賀県彦根 大阪府泉北郡 兵庫県明石郡 香川県「あの先生ごついの」 *しゃぎつい 和歌山県東牟婁郡「しゃぎついことするな」 *ちわしゃん(性格がきつい)沖縄県首里 *なっと(激しく)和歌山県東牟婁郡「なっとなぐりつける」 *はかん(女の性格のきついこと)静岡県「はかん女」 *むいき 三重県員弁郡 *りりしー 岡山県児島郡「ちょっとあの奥さんはりりしーでー」
③ゆとりがない。ゆるみがない。また、せまく

方/言/の/窓

●小説の方言訳

各地の方言の特徴を明らかにしようとする場合、共通語のテクストを方言に翻訳したもので比較する方法がしばしばとられる。

たとえば有名な小説の一節を、各地の方言に翻訳した例が過去に見られる。方言資料の一つのタイプとして貴重であり、一般の人に方言の特徴を理解してもらうのにも便利である。

次の例は夏目漱石『坊っちゃん』の冒頭の宮城方言訳である。

親譲りの無鉄砲（むでっぽ）で小供（わらす）の時（とぎ）から損ばりすてる。小学校（しょがっこ）に居（え）た時分学校（ずぶんがっこ）の二階（にげあー）から飛び降（お）ずで一週間（えっすーかん）ばり腰（こす）抜がすたごどある。なすてほんな無態（むでぁ）などすたんだと聞（ち）ぐ人（すと）あっかも知（ひえ）ねぁ。別（べず）に深（ふげ）ぁ訳もねぁ。新築（しんつく）の二階がら首出すてたら……。(加藤正信)

て窮屈だ。 *ぎゅーつく 静岡県志太郡「ぎゅーつくしめる」「ぎゅーつくいってやる(ぎゅうという目にあわせる)」 *ぎゅーなし 三重県志摩郡 *つまい 長野県諏訪・上伊那郡 徳島県・美馬郡 *つまごみ 山形県東田川郡「入れものが小さくてつまごみ」 *つもい 岐阜県「足袋が小さくてつもい」 愛知県 徳島県那賀郡

□さま *きっしく(衣服が小さくてきついさま) 和歌山県日高郡「此のシャツはきっしくぢゃ」 *きっちく(衣服が小さくてきついさま) 山梨県 *ごんごん(言い方のきついさま) 和歌山県「そんなにごんごん云ふな」 *ちゅーちゅー(衣服が小さくてきついさま) 山梨県

きっかり *きもきも 静岡県「寸法通りきもきも作る」 *すたっと 岩手県気仙郡「すたっときる(根本から、しっかり刈る)」・平泉

→ちょうど(丁度)

ぎっちょ ⇨ひだりきき(左利)

きっと【屹度】 *いこく 島根県那賀郡「明日はいこく戻って来る」 *いやでぃん(「嫌でも」の転) 沖縄県首里「やくすく やくとぅ いやでぃん ちゅーさ(約束だからきっと来るよ)」 *いよいよ 熊本市「いよいよぶーつきよるばい(きっと文句を言っているだろう)」 *うっぷん 兵庫県淡路島 高知県長岡郡 *かじてぃ 沖縄県首里「かじてぃちゅーんやー(必ず来るねぇ)」 *かんあい 石川県能美郡 *かんまえて 石川県河北郡・鳳至郡 *きっかり・きっちゃり 長野県東筑摩郡「今日はきっかり雨が降るぞ」 *きったす 山形県村山 *きっとめん 富山県 *けして 石川県河北郡 島根県出雲・隠岐島 *けしで 島根県出雲 *けっして 兵庫県淡路島「こりゃ決して彼奴の業に相違あるまい」 山口県都濃郡 *けんご 島根県鹿足郡・美濃郡 山口県「明日はけんご来るだろう」 *けんごと 島根県石見「けんごと来るにちがいない」 *じょーか 新潟県 *じょーき 青森県 島根県簸川郡・八束郡 *じょーしき 青森県 秋田県平鹿郡 山形県庄内 新潟県「あの人は来るというたらじょーしき来る」 島根県邇摩郡・大田市 岡山県 広島県芦品郡 山口県 *じょーしきや 新潟県西頸城郡 *しょーしょーと 沖縄県国頭郡 *じょーせき 長野県下水内郡 島根県石見「じょーせき雨になる」 岡山県 長崎県南高来郡 *じょーっこ 長野県東筑摩郡 *じょーでぁ 岩手県和賀郡 *じょーや 青森県南部 岩手県 宮城県栗原郡 秋田県雄勝郡「じょーや来るとおもった」・鹿角郡 山形県「ぢよおや、んまがんべ」 群馬県「じょーやどっかへ寄ってるだんべー」 埼玉県秩父郡 新潟県 長野県南佐久郡 *じょーやが 山形県米沢市「あすぁ、ぢよおやが、寒がんべ」 *じょーやで 山形県西置賜郡・南置賜郡 *じょしぎ 青森県 秋田県 *しょしゃ 山形県村山 *じょっしき 秋田県南秋田郡・平鹿郡 *じょや 秋田県鹿角郡「じょやあるごった」 山形県東置賜郡・西置賜郡 *じんじょ 秋田県「今日じんじょ雪になるだらう」「あれはずんじょえらくなるな」 *じんじょー 岩手県和賀郡 *ずせーねーん 沖縄県首里「ずせーねーんくとぅ(ありそうなこと)」「ずせーねーん ありが しゃるくとー あらんがやー(きっと彼がやったことではないかね)」 *せんがせん 鹿児島県 *そーそーと 沖縄県首里 *ぞーや 岩手県上閉伊郡「ぞーや明日来る」 *だーんでかんで 秋田県由利郡 *たちまち 岡山県邑久郡 *ちして・ちっして 沖縄県 *ちょーじょー 大分県「あの人はちょーじょーしくじるぞ」 *ちょじょー 大分県東国東郡 *どぎゃんこっでん 佐賀県藤津郡 *なーんで 栃木県「なーんで見ろ」 *なってかて 山形県西田川郡・山形市 *なでかで 岩手県西磐井郡 *なんたかた 青森県 *なんたかった 青森県三戸郡 *なんたかんた 青森県「こえだばあすまんでなんたかんたでがすす(これなら明日までにぜひやります)」「なんたかんた隣村へ行ってこい」 岩手県九戸郡 秋田県鹿角郡「なんたかんた出かしてみせる」 *なんだかんだちゅーても 新潟県佐渡 *なんたてかんたて(「なんといったってかんといったって」の転) 秋田県鹿角郡 *なんちがんじ 広島県賀茂郡 *なんでかで 宮城県石巻 *なんでかんで 岩手県気仙郡「なんでかんでやるぞ」 宮城県石巻「雨降っても風吹えてもなんでかんで出かげる」 秋田県 山形県 福島県 新潟県東蒲原郡 岐阜県可児郡 *のーしたでん 沖縄県石垣島 *まさか 栃木県那須郡「おっかー(おまえ)まさが毎年買ってっからわがっぺー(分かるだろう)」 *もーまん 三重県阿山郡 *りゃんりゃん 大分県日田郡「此糸はりやんりやん張て居る」

→かならず(必)

きつね【狐】 *いなり 北海道函館「いなりの皮」 山口県豊浦郡 大分県 *いなりさま 福島県東白川郡 大分県 *いなりさん 静岡県 熊本県 *いなりじょー 大分県 *おいなり・おいなりさん 静岡県 *おいなりさま 千葉県夷隅郡 *おこじょろー(小娘に化けたキツネ) 愛知県名古屋市 *おこんこ(幼児語) 長野県諏訪・佐久 岐阜県山県郡 *おこんこさま(幼児語) 長野県諏訪 岐阜県山県郡 *おこんこんさん(幼児語) 山梨県 *おさき(人につくとされるキツネ) 栃木県日光市 群馬県勢多郡・佐波郡 東京都西多摩郡 *おとーか 群馬県 埼玉県秩父郡・入間郡 長野県佐久 *おとーかん 長野県佐久 *おとか 茨城県稲敷郡 栃木県 群馬県山田郡・邑楽郡 埼玉県 *おとかさま 栃木県 *おどかし 千葉県安房 *おとかん 長野県更級郡 *おんこはじ(人につくキツネ) 青森県上北郡 *がいがめ 茨城県稲敷郡 *がご 熊本県芦北郡 *かせぎ(木の根っこにすむキツネの一種) 青森県三戸郡 *かんかんじょー 大分県大分郡 *かんした(年功を経たキツネ) 熊本県下益城郡 *きつ 新潟県三島郡 愛知県東春日井郡 *きつんぼ 愛知県北設楽郡 *きゃつ 愛知県知多郡 *きゃん 三重県度会郡 *きゃんきゃん 熊本県

鹿本郡 *きんこ 静岡県 *くだ（イタチくらいの大きさで人につくというキツネ）静岡県志太郡 *くだぎつね 静岡県周智郡 *くだしょー・さーくだしょー（イタチくらいの大きさで人につくというキツネ）静岡県周智郡・磐田郡 *げだ・げだー 島根県「あの人にはげだが憑いちょる」 *げだーご 島根県簸川郡 *げだご 島根県八束郡 *けつっぽ 和歌山県海草郡 *けって 大阪府中河内郡　兵庫県飾磨郡 *けってぽん 福井県大飯郡 *げど 愛媛県 *げどー 島根県「あの人にはげどーが憑いとる」 岡山県真庭郡・児島郡　広島県　山口県玖珂郡 *けんけ（幼児語）和歌山県日高郡 *けんけーん 奈良県 *けんけん（鳴き声から。幼児語）奈良県　鳥取県 *げんげん 秋田市 *けんけんさん 岐阜県養老郡　滋賀県彦根（幼児語）　京都市（幼児語）　大阪市　奈良県（幼児語） *こまいさん（稲荷の使いのキツネ）三重県志摩郡 *ころふけ（年を経たキツネやタヌキなど）長野県佐久 *こんこさま・こんくさま・こんこ（幼児語）長野県佐久 *こんこさん（幼児語）静岡県志太郡 *こんすけ（幼児語）香川県仲多度郡 *すっといん（「盗人犬」か）大分県東国東郡 *とーか（「稲荷（いなり）」の音読み）茨城県北相馬郡・稲敷郡　埼玉県秩父・北葛飾郡　千葉県 *とーが 茨城県稲敷郡　千葉県印旛郡 *とーかめ 茨城県稲敷郡・北相馬郡 *とーかん 千葉県・千葉郡 *どんげつ 兵庫県揖保郡 *のいん 熊本県上益城郡・球磨郡 *びやっこ 茨城県多賀郡 *ぽん 福井県大飯郡 *みさき 山梨県 *みさま 山梨県・北巨摩郡 *やこ 佐賀県　長崎県諫早市・南高来郡　熊本県　鹿児島県・肝属郡（人につくというキツネ）「やこつき（きつねつき）」 *やこんべ 熊本県宇土郡 *やっこさん（稲荷の使わしめのキツネ）島根県大原郡・仁多郡 *やってさん 島根県簸川郡・出雲市 *よもの（「夜に活躍するもの」の意。キツネやタヌキなどの類）福井県 *よもんさん 静岡県

□の嫁入り 日がさしていながら降る雨。 *しょーりあめ 新潟県西頸城郡 *ひょーりあめ 島根県 *ひよりあめ 岩手県上閉伊郡　千葉県安房郡　新潟県佐渡　三重県志摩郡　山口県　徳島県美馬郡　香川県綾歌郡・三豊郡　熊本県天草　宮崎県 *ひよりよせ・ひりょっりやめ 徳島県

きづまり【気詰】 *ぎしく 徳島県「あの家はぎしくなきに、いきぬくい（あの家は謹厳で礼義が正しいから、訪問しにくい）」・阿波郡 *きじゅつない 奈良県南部 *きずかい 山形県北村山郡・最上郡「あの人はきづがえ人だ」 *きずつない 岐阜県飛驒　三重県志摩郡　京都府京都市・竹野郡「偉い人のそばで働くのはきずつなゃーもんだ」　大阪市　兵庫県加古郡・神戸市　和歌山県　熊本県 *きずめたい 岩手県気仙郡・胆沢郡　宮城県石巻「あの一件以来、とかぐきずめてぁくてやんだ」・仙台市 *きずめったい 岩手県下閉伊郡　宮城県栗原郡 *きゅーくつい（思うように身動きできなかったり気詰まりであったりする感じだ）茨城県久慈郡　静岡県榛原郡　熊本県下益城郡「きゅうくつかろが」

↓きゅうくつ（窮屈）

□なこと *よーしゃ 島根県隠岐島・簸川郡・出雲市　広島県　山口県大島　愛媛県大三島「わしゃあしこい行くなぁどうもよーしゃな」 *よしゃ 島根県八束郡「よしゃな人居らんけん上って来い」「よしゃなしに食え」

□なさま *きぶっせー 神奈川県・津久井郡「あすこのうちーいくときぶっせーで」　長野県諏訪・上伊那郡 *ぎゅーかく（きちょうめんで気詰まりなさま）鳥取県東部　島根県　岡山県・苫田郡「ぎゅーかくなもんじゃ」 *ぎゅーかん（きちょうめんで気詰まりなさま）島根県大田市 *きんかい 鳥取市「きんかいな人だ」 *りゅーかく（きちょうめんで気詰まりなさま）島根県石見「りゅーかくな先生」「りゅーかくで一寸よりつきにくい」　広島県山県郡「りゅーかくすぎる」　山口県豊浦郡

きどる【気取】 *あじやる 新潟県東蒲原郡「あじやる男だ」 *うんぶゆん 沖縄県首里 *えせげる 愛媛県 *えらばる 京都府竹野郡「あの人たいへんえらばっていましたな」　徳島県海部郡　香川県 *えらぼる 三重県度会郡 *えらわる・えらそばる 滋賀県彦根 *かまいゆい 鹿児島県喜界島 *かまえる 香川県 *かまゆる 大分県「（晴れ着を着て外出するのを、他から）かまえておるのー」 *きためる 岩手県九戸郡 *けんたいぶる 新潟県岩船郡　富山県　岐阜県飛驒　愛知県名古屋市　三重県志摩郡　岡山県児島郡　長崎県壱岐島 *こーばえる 静岡県志太郡「そんなぇーこーばぇーてばっかいなぇーで、みんなうたーずに（歌おうよ）」「このかー、ふんとにこーばぇーた踊りかたーしるよー」・榛原郡「こーばえている」 *こっつます 山形県米沢市「あの人はこっつましてばかりいる」 *こる 京都府　和歌山県「あいつのこってるざま見てやれ」 *こんびらかす 秋田県雄勝郡「こんびらかす人だ」 *しこーどる 栃木県 *しこーばる 栃木県「しこーばると嫌われる」 *しこばる 栃木県「あの人はほんとにしこばってるね」 *しこる 栃木県「しこってんなー」　群馬県吾妻郡　埼玉県大里郡　神奈川県小田原 *しゃんつく 高知県「いっちょら着ーてしゃんついちゅー」 *しゅどる 栃木県安蘇郡 *じょこばる（おしゃれをして気どる）新潟県新井市 *しょる 栃木県塩谷郡 *すこぶる 新潟県西頸城郡 *そきぱる（不相応に気どる）青森県三戸郡 *だてこく 新潟県佐渡・三島郡　富山県・砺波郡　石川県鹿島郡・羽咋郡　福井県　岐阜県郡上郡　三重県伊賀　京都府　兵庫県加古郡　島根県隠岐島「だてけーた（着飾った）」　高知県 *だてこぐ 愛媛県・周桑郡「うちらなーにもだてこがいでえーがの」 *だてする 熊本県玉名郡・下益城郡 *だ

てよーこく 岡山市 *だてをこく 島根県「そんなにだてをこいても誰も惚れてはない」 高知県 大分市 *だてをする 大分県 *ひっかまえる 山形県米沢市「中々、ひっかまえだ人だ」 *もたせぶる(器量を誇ったりして気どる) 富山県婦負郡 福岡市 *よーすする 滋賀県湖東 大阪府大阪市「ゑらいようすして歩いてやはる」・泉北郡 和歌山市 徳島県那賀郡 愛媛県大三島 *りきむ 愛知県東春日井郡

きなが【気長】 *きもなが 山梨県「あん人のよーのーきもながにゃあ誰でんまなれーのー(だれもなれない)」 長野県諏訪・上伊那郡 *じやく(「持薬」の転か。気長にやるさま) 静岡県榛原郡「じやくにやる」

□な人 *おーたら 長野県

きなくさい【—臭】 *あじにくさい 香川県塩飽 *いちんじゃーしゃ 沖縄県国頭郡 *えーぐせー 長野県諏訪 *えもぐさい 長野県上伊那郡 *おびやりくさい 岐阜県恵那郡・加茂郡 *かーふぬぴしささん(「ぼろの火臭し」の意) 沖縄県竹富島 *かかびくさい 島根県 *かかぽくせ・かかぽぽくせ 島根県簸川郡 *かがみくさい 島根県出雲 *かがんくさい 島根県出雲 *かがんくしゃ 島根県八束郡 *かがんくせ 島根県出雲 *かぎくさい 岐阜県養老郡 *かくさい 滋賀県湖東 *かぐさい 滋賀県伊香郡 奈良県南大和 和歌山県 *かくべくさい 和歌山市 *かこーくさい 静岡県 *かこーびくささん 沖縄県中頭郡 *かこくさい 長野県下伊那郡 岐阜県稲葉郡 静岡県「なんだかかこくさいが大丈夫か」 愛知県名古屋市 三重県 奈良県吉野郡 島根県石見 *かごくさい 三重県 *かこっくさい 静岡県志太郡・安倍郡 *かっこーくさー 島根県益田市 *かっこくさい 奈良県山辺郡・宇陀郡 *かなくさい 香川県仲多度郡 *かぼくさい 岐阜県稲葉郡 *かもくさい 三重県阿山郡 *かんくさい 大阪府南河内郡 *かんこくさい 石川県 福井県大飯郡 三重県 滋賀県 京都府 大阪市 兵庫県 奈良県 島根県 香川県豊島・小豆島 *かんごくさい 大阪市 奈良県吉野郡・北葛城郡 島根県江津市 長崎市 *きーめくせ 鹿児島県肝属郡 *きくさい 京都市 *きじみくさい 島根県美濃郡・益田市 *きじめくさい 島根県石見 熊本県天草郡 *きじめぐさい 高知県安芸郡 *きぬぬっふぁはーん 沖縄県小浜島 *きぬぬむぃふささーん 沖縄県新城島 *きのべくさい 島根県隠岐島 *きのぼりくさい 兵庫県淡路島 山口県屋代島 愛媛県 *きのぼろくさい 愛媛県 *きのみくさい 島根県隠岐島 徳島県 *きびらぐさい 高知県香美郡 *きびれぐさい 高知県 *きぶねくさい 福岡県京都郡 *きみくさい 鹿児島県 *きみれぐさい・ちりめんくさい・きめりぐさい 高知県高岡郡 *きめくさい 熊本県芦北郡・八代郡 鹿児島県 *きもいーくせ 鹿児島市 *きもやけくさい 福岡市 *きりみくさい 島根県那賀郡 *きりめくさい 島根県石見 山口県・阿武郡 愛媛県 福岡県 大分県 宮崎県 *きりめぐさい 高知県・幡多郡 *きりめんくさい 島根県那賀郡 愛媛県 *きりめんぐさい 高知県 *きんかびくさい 三重県南牟婁郡 *きんぬむぃかざふささーん・きんぬむぃふささーん 沖縄県石垣島 *きんねくせ 大分県西国東郡 *きんびふささん 沖縄県宮古島 *きんめくさい 福岡県久留米市・三井郡 熊本県玉名郡 *けうるくさい 富山県射水郡 *けがらくさい 山梨県甲府市 *けがらっくさい 山梨県 *けなぐさい 福井県 和歌山県 *けなべくさい 和歌山県西牟婁郡 *けなべぐさい 和歌山県西牟婁郡 *けのぼりくさい 愛媛県 *けぶくさい 新潟県東蒲原郡 *けぶらくさい 高知県 *けぶらぐさい 高知市 *けぶらっこい 高知県 *けぶりくさい 高知県 *けむらくさい 高知県土佐郡 *けむらぐさい 高知県 *けむりくさい 島根県鹿足郡 *けんぶりくさい 千葉県 愛媛県 *けんやくくさい・けんやくさい 三重県志摩郡 *こーかだ 鹿児島県加計呂麻島 *こーびかだ・こーびかだしゅり・こーれへかだしゅり・こべかざさん 鹿児島県奄美大島 *こーびくささーん 鹿児島県奄美大島 *こーべーかばさん 沖縄県島尻郡 *こーべかざさん 沖縄県国頭郡 *こばけくさい(着物などが焦げてきな臭い) 岩手県気仙郡 *しなくさい 青森県 山形県村山・庄内 *じゃくさい 香川県広島 *しゅなくさい 青森県三戸郡 *すなぐさい 岩手県和賀郡 山形県飽海郡 *すぶいくさい・すもいくさい 鹿児島県 *そこつきくさい 島根県 広島県大崎上島 *そこにつきくしゃ(魚などが焼けすぎて臭い) 島根県八束郡 *ちりげくさい 愛媛県伊予郡 *なまぐさい 香川県仲多度郡 *ねやけくさい 山梨県 長野県下伊那郡 *ひなくさい 青森県 岩手県 宮城県北部 秋田県 山形県 福島県「なんだかひなくさいぞ」 新潟県中蒲原郡・岩船郡 香川県仲多度郡 *ひなたくさい 山形県南置賜郡 *ひなっくさい 栃木県 *ひなめがくさい 徳島県美馬郡 *ひなんくさい 山形県東部 *ひのこくさい 香川県仲多度郡 *ひのばりくさい 岡山県児島郡 *ひのぼりくさい 兵庫県淡路島 香川県 *ひのぼりむさい 兵庫県淡路島 *ひのみがくさい 徳島県・美馬郡 *ひのみくさい 広島県御調郡 香川県大川郡 *ひのもりくさい 香川県与島・高松市 *ひめみがくさい 香川県大川郡「つちばんがかやっとれへんか、ひめみがくさい」 *ふすぼりくさい 香川県 *ふすもりくさい 岡山市 *ほだくさい 島根県江津市 *ほたるくさい 島根県隠岐島 *ほっぽろくさい 香川県綾歌郡・坂出市 *ほやけくさい 島根県隠岐島 *ぽろくさい(毛や布が焦げるようにきな臭い) 島根県鹿足郡 香川県三豊郡 *もえくさい 岐阜県飛驒・山県郡 高知県高岡郡 *もえぐさい 長野県諏訪 *もやくさい 広島県沼隈郡 *やいくさい 山口県阿武郡 *やいもぐさい 滋賀県東部 *やえもんぐさい 滋賀県南部

＊やきぐさい 長野県上伊那郡・諏訪 ＊やぐくさい 福井県遠敷郡 ＊やくさい 岡山市 ＊やぐさい 福井県 長野県 滋賀県 京都府竹野郡「おやどうもやぐさゃーど」 兵庫県加古郡 和歌山県 ＊やぐたい 福井県大飯郡 ＊やけくさい 山形県最上郡 広島県倉橋島 ＊やけぼこくさい 香川県高見島 ＊やなびふささーん 沖縄県波照間島 ＊やんくさい 滋賀県東部 ＊わりくせぁ 岩手県気仙郡 ＊わるくさい 香川県三豊郡「何か焼けよらせんのか、わるくさいのう」 ＊んなにぬむいがだいつぁーん 沖縄県小浜島

きなこ【黄粉】 ＊こんこ 愛媛県喜多郡 ＊まーみなくー 沖縄県首里 ＊まみぬくー 沖縄県石垣島 ＊まみのこ 宮城県栗原郡 ＊まめご 宮城県栗原郡・仙台市 福島県相馬 ＊まめっこ 島根県隠岐島 ＊まめのこ 秋田県平鹿郡・鹿角郡 山形県「まめご餅」 島根県隠岐島 山口県 ＊まめんごな 群馬県多野郡

きね【杵】 ＊あいだち 沖縄県黒島 ＊あじみ 鹿児島県徳之島 ＊あじむ 鹿児島県沖永良部島 ＊あじん 鹿児島県奄美大島 沖縄県首里 ＊あずぃむ 沖縄県国頭郡 ＊あどぅむ 鹿児島県喜界島 ＊いちろく 千葉県夷隅郡（大きなきね） 東京都大島（麦の精白に用いる横きね） ＊いなしき 沖縄県鳩間島 ＊いなつぃき 沖縄県石垣島 ＊いなひき 沖縄県竹富島 ＊いなんつぃき 沖縄県小浜島 ＊いにしき 沖縄県波照間島 ＊うちぎ 山形県 ＊うちきね（T字形に柄を付けたきね）静岡県周智郡 ＊うちぎね（麦の精白に用いる横きね）東京都大島 ＊お 茨城県 千葉県上総 神奈川県 ＊おー 茨城県稲敷郡 千葉県 神奈川県 ＊おしものきね（麦をつく大きね） 山梨県南巨摩郡 ＊おてま 岐阜県海津郡 三重県員弁郡 ＊かきじち（T字形をしたきね）沖縄県首里 ＊かけや 香川県 ＊かちぎね（雑穀や豆類の実を打ち落とす時に用いるT字形の横きね）京都府竹野郡 ＊きき 山形県庄内 ＊きぎ 北海道渡島支庁 青森県 岩手県 宮城県 秋田県 山形県 福島県 茨城県 栃木県 埼玉県北足立郡 神奈川県中郡 山梨県北都留郡 静岡県 ＊きぎゃ 青森県三戸郡 ＊きげ 岩手県紫波郡・和賀郡 ＊きねずち 山形県米沢市 ＊きんぎ 青森県南部 岩手県下閉伊郡・気仙郡 ＊くぇーさー 沖縄県島尻郡 ＊こめなで（棒の先を丸めた古風なきね）三重県志摩郡 ＊じょーばん（柄の長いきね）千葉県夷隅郡 ＊しょいしょいぎね（片手でつくきね）熊本県玉名郡 ＊たつうち（稲の穂からのぎを除くのに用いる小さいきね）福島県岩瀬郡 ＊たてきね（棒きね）香川県大川郡 宮崎県西臼杵郡 ＊たんちょー（小さなきね）佐賀県 ＊つぁぎかばー（「しらげつち（精槌）」の意）沖縄県与那国島 ＊つきぎね 栃木県 ＊つつな 滋賀県滋賀郡 ＊てぎね 佐賀県唐津市 熊本県球磨郡 ＊どうすきぎ（土臼（つちうす）に使う米つきの大きなきね）青森県三戸郡 ＊どーずき（踏みうす用のきね）長野県東筑摩郡 ＊なでぎね 千葉県夷隅郡（中形のきね） 福岡県朝倉郡（米つき用のきね） 長崎県北松浦郡（柄の付いているきね）・壱岐島（柄の付いているきね）・五島（柄の付いているきね） 佐賀県 熊本県玉名郡（柄の付いているきね）・八代郡 鹿児島県（柄の付いているきね） ＊なでぎの（柄の付いているきね）愛媛県・大三島 ＊なんじょ 福岡県京都郡・企救郡 ＊なんじょー 山口県 福岡県遠賀郡 ＊にーつぃき 沖縄県新城島 ＊ほっこく 兵庫県 ＊もちつききぎ（柄の付いているきね）青森県三戸郡 ＊やまとぅあどぅむ（T字形のきね）鹿児島県喜界島 ＊やまとぅいなつぃき（T字形のきね）沖縄県石垣島 ＊よーざし（畦を固める時に用いる打ちきね）千葉県夷隅郡 ＊よこずち（畦を固める時に用いる打ちきね。また、穀物の皮をはぐのに用いるきね）島根県出雲 ＊よころずち（畦を固める時に用いる打ちきね。麦を植えるために土塊を砕くもの）山口県見島 ＊わったり（米つき用のきね）岐阜県北飛騨 ＊んなつき 沖縄県宮古島

柄がなく、中央のくびれた部分を手で握ってつく□ ＊きぎ 山形県庄内 ＊せんぼんぎね 山形県西置賜郡 ＊てぃあどぅむ 鹿児島県喜界島 ＊てきぎ 青森県 ＊てきね 山形県西置賜郡 静岡県周智郡 長崎県五島 ＊てぎね 栃木県安蘇郡 奈良県吉野郡 岡山県小田郡 徳島県那賀郡 ＊てぎの 高知県土佐郡 ＊てっきぎ 山形県最上郡 ＊てまぎね 熊本県下益城郡

もちつきに使う□ ＊さしぎね（もちつきに用いる、長さ一・五センチメートル、径十二、三センチメートルほどの棒状のきね）島根県飯石郡・簸川郡 ＊さす（もちつきに使うきねの一種）島根県 広島県山県郡（小さな横ぎね） ＊さるきぎ（米や餅（もち）をつく小さなきね）青森県三戸郡 ＊ちょろきん（餅（もち）をつく小さなきね）千葉県君津郡 ＊ちょろけん（餅（もち）をつく小さなきね）千葉県 神奈川県三浦郡 ＊やっとー（もちつき用の、横に取っ手を付けたきね）香川県塩飽諸島 ＊やっとこべー（もちつき用の、横に取っ手を付けたきね）京都府・竹野郡

きのう【昨日】 ＊きな 青森県「きなの晩げ方から腹をこわした」 秋田県仙北郡 ＊きにょーな 群馬県碓氷郡 ＊きにょな 岩手県 ＊きぬーな 群馬県碓氷郡 長野県佐久 ＊きぬな 新潟県・頸城 ＊きのーな 宮城県仙台市 山形県米沢市「きのーなえってきた」 福島県相馬郡・会津若松市 群馬県碓氷郡 新潟県 長野県（子供）「きのーなの朝」 ＊きのな 青森県南部 岩手県九戸郡・江刺郡 宮城県栗原郡 福島県「きのな行って今日帰った」 新潟県中魚沼郡 ＊きんな 青森県南部 岩手県中通・紫波郡 秋田県 山形県 福島県 群馬県 新潟県 長野県北部 ＊きんなした 岐阜県郡上郡 ＊きんにゃ 岩手県中通 秋田県 山形県村山 福島県会津 新潟県北蒲原郡 ＊きんにょな 岩手県江刺郡 福島市 長野県諏訪 ＊きんのな 新

潟県 *んぬー 沖縄県与那国島

きのこ【茸】 *いくり(マッタケによく似たキノコ)奈良県吉野郡 *うわ 広島県山県郡 *おかのすけ(表面紫紅、裏面白色の秋のキノコ)広島県比婆郡 *かっこ 岐阜県大野郡 *きーぬみん 沖縄県宮古島 *きくさびら(朽ち木に生えるキノコ)島根県益田市 *くさびら 福井県大飯郡 京都府舞鶴市 奈良県吉野郡 和歌山県日高郡 島根県石見 広島県福山市 大分県大分郡 *くまべら(シイタケに似た有毒のキノコ)高知県土佐郡 *こーずごけ(コウゾの木の切り株に生えるナメコのようなキノコ)富山県東礪波郡 *こけ 新潟県 富山県「こけ狩り」 石川県 福井県 長野県北安曇郡 岐阜県 *こけら 岐阜県稲葉郡 *こけらこ 岐阜県山県郡 *さくらたけ(雑木山に生えるキノコ)埼玉県秩父郡 *ざざんぼー 島根県大田市(田の杭などに生えるキノコにもいう)・飯石郡・大原郡(田の杭などに生えるキノコ) *ざったけ(キノコ類の総称)香川県小豆島 *さつまだけ(春から秋まで松の切り株に生ずるキノコ)青森県三戸郡 *さびら 三重県阿山郡 *さまつ(マツタケに似て大きく、食べられるが香気のないキノコ)島根県隠岐島 *さるのこしかけ(大形のキノコ)奈良県吉野郡 和歌山県日高郡 *しめじ 鹿児島県奄美大島 *しみじ 鹿児島県沖永良部島 *つるたけ(雑木林に生ずるキノコ。直径十五センチメートルぐらいで灰色)青森県三戸郡 *とびら 島根県美濃郡・益田市 *どぼー 島根県益田市・鹿足郡 *どんじん(紫色を帯びた赤茶色で、松山に多く自生する食用のキノコ)青森県三戸郡 *なーば(キノコ類の総称)沖縄県首里 *なーま(キノコ類の総称)沖縄県小浜島 *なば(キノコ類の総称)兵庫県姫路 島根県石見 岡山県備中北部 広島県 山口県 愛媛県 高知県 福岡県 佐賀県 長崎県 熊本県「なばがおりる(キノコが生える)」 大分県 宮崎県 鹿児島県 沖縄県 *なばー(キノコ類の総称)沖縄県与那国島 *なばん(キノコ類の総称)沖縄県石垣島 *はただけ 香川県男木島 *はったけ(キノコ類)静岡県・磐田郡 愛知県宝飯郡 香川県 *はつたけ(キノコ類)愛知県碧海郡・知多郡 *ばばごけ(汚い色のキノコ)岐阜県飛騨 *まえだけ(大木の前面にだけ生えるキノコ)群馬県多野郡 *まぐそだけ(どこにでも出るキノコ)神奈川県愛甲郡 *まったけ(キノコの総称)京都府 奈良県 徳島県板野郡 香川県 *まつだけ(キノコの総称)和歌山県那賀郡 *まんじ 鳥取県西伯郡 *みみ 新潟県佐渡 石川県 兵庫県但馬 *もたし 青森県上北郡 岩手県気仙郡 山形県飽海郡・西置賜郡 福島県 栃木県(腐った木に生えるキノコ) 新潟県佐渡(腐った木に生えるキノコ) *もたせ 新潟県 富山県婦負郡・砺波(木の根元に生えるキノコ)「けやきもたせ。はんのきもたせ」・西礪波郡(木の根元に生えるキノコ)・東礪波郡(栗、楢などの切り株に生えるキノコ) 岐阜県飛騨(栗、楢などの切り株に生えるキノコ・木の根元に生えるキノコ) *わかえ・すぎわかえ(深山の杉の朽ち木に生ずる白い丸いキノコ)山形県東置賜郡

きのどく【気毒】 *きむいたさ(動詞は「きむいたさしん」)沖縄県石垣島 *こぎどく 茨城県多賀郡 *ことかき 新潟県新発田市 *ごむしん 愛媛県北宇和郡・津島 *ざんまい 群馬県利根郡 *どん 岐阜県 滋賀県彦根 島根県能義郡「どんなこと」 *むしん 愛媛県 高知県土佐市・高知市「むしんな話を聞いて涙がこぼれた」 宮崎県 *むしんそ 愛媛県 *むしんそー 高知県「あのお婆さんもむしんそーにのーし」

□だ *いぎちない 鳥取県東部 大分県南海部郡 *いきつない 福井県 *いぎつない・いげつない 鳥取県西伯郡 *いげちない 富山市 福井県・大飯郡 京都府・中郡・与謝郡 鳥取県岩美郡・気高郡 愛媛県 大分県南海部郡 *いてきない 福岡県 長崎県壱岐島 *いとけない 島根県鹿足郡 香川県大川郡 *いとしぶい 富山県・砺波 *いとしぼい 新潟県佐渡 石川県 福井県坂井郡 *うい 岐阜県「それはそれはういことじゃ」 愛知県 三重県員弁郡 滋賀県 山口県豊浦郡「ういことな(かわいそうだ)」 *うだだい 千葉県山武郡 *うたてー 滋賀県彦根・甲賀郡 *うたでー 千葉県東北部・海上郡 *うだでー 千葉県匝瑳郡 *えげちない 福井県大飯郡 京都府 鳥取県西部 島根県能義郡 *えげつない 鳥取県西伯郡「御馳走食わずに往んだけん、えげつなかった」 島根県「なんとえげつねことでございましたね」 *えんげつない 奈良県南大和 *えんりゃあるい 和歌山県西牟婁郡「そがえなことしてもうたらえんりゃあるいよ」 *おことい 香川県 *おぞい 岐阜県飛騨「死にんさっておぞいことじゃなあ」 *おたてー 愛媛県大三島「なんぼかおたてからうぞいなうや(どれほどか悲しいだろうよねえ)」 *おとましー 静岡県「やれやれおとましい事であった」 愛知県東三河「そんな事しちゃおとましい」 滋賀県 *おやいねー 長野県東筑摩郡 *おやぎない 山梨県・北巨摩郡 *おやげない 群馬県 埼玉県秩父郡 千葉県上総 神奈川県津久井郡 新潟県 長野県・諏訪「おやげない人だ」 *かあいらしー 新潟県佐渡「親をなくしたそうだが、ほんとにかあいらしい」 滋賀県愛知郡(子供の死を悔やむ時に言う)「かあいらしいこと出来まして」 *かーわいー 岐阜県郡上郡「あの子死んだって。かーわえー」 *かわい 富山県下新川郡「おもやおもーほどーかわいでしょーげ」 *かわいー 岐阜県郡上郡・飛騨 岡山県「とうとうのうなりんさったそうで、かわいいことをされましたなあー」 *かわいらしー 新潟県佐渡 *きのどか 熊本県天草郡 *きのどっか 佐賀県藤津郡 熊本県天草郡 *きむいたさーん 沖縄県石垣島・鳩間島 *き

むいたはーん 沖縄県小浜島 ＊きむいつぁはん 沖縄県黒島 ＊げんなか 鹿児島県・鹿児島郡 ＊げんね 鹿児島県・肝属郡「げんね事じゃ」 ＊こわい 岐阜県 ＊しかたない 岩手県和賀郡 ＊しむいたさーん 沖縄県竹富島 ＊しむいたさん 沖縄県波照間島 ＊しゅーしー 山形県東田川郡 ＊しょーしー 静岡県榛原郡「しょーしいが頼まーや」 愛知県東三河 ＊しょーしない 静岡県榛原郡 長崎県対馬 ＊すめん 島根県出雲・隠岐島 山口県「君にはすめんけれど」 ＊せつない 新潟県佐渡「あそこのあねさせつねーもんだ」 ＊たえがたい 島根県邑智郡 広島県 山口県「何女の主人が死なれてたえがたいことである」 ＊ちむいちゃさん 沖縄県石垣島 ＊つらい 三重県「つらいことしました」 ＊どこーいえん 高知県「それはとこーいえん、さぞお困りでしょー」 ＊にがにがしー 千葉県安房郡・夷隅郡「若いのに死んでにがにがしい」 ＊はらがわるい 高知市「可哀相な話をきいてはらがわるーなった」 ＊ひまのかーあいた・ひまのかわあいた 三重県志摩郡「おじもひまのかわあいたってなー、えらいこっちゃなー」 ＊ひょーしもない 福岡市 ＊へーともない 岐阜県山県郡「へいともないことが出来た」・武儀郡 ＊みじょい 新潟県佐渡 ＊みじょけない 山形県 新潟県岩船郡 ＊みじょけね 山形県庄内 ＊みぞけない・みぞけね 山形県庄内・最上郡 ＊むさい 川県能美郡・石川郡 ＊むざい 福島県若松市・大沼郡 ＊むじさい 新潟県東蒲原郡「むじさいこと」 ＊むじょい 青森県 岩手県九戸郡・気仙郡 新潟県佐渡 ＊むじょけない・むんじょけない 青森県津軽 ＊むじょけね 山形県 ＊むずい 福島県岩瀬郡 宮崎県東諸県郡 ＊むずこい・むずこさい 山形県 ＊むずさい 山形県南置賜郡・最上郡 ＊むずすい・むぞしー・むぞせ・むどせ 山形県最上郡 ＊むずっこい 山形県西村山郡・飽海郡 ＊むずつれぁ 秋田県横手市 ＊むぜ 岩手県 ＊むぜー 岩手県上閉伊郡 福島県 ＊むそい 岩手県紫波郡 ＊むぞい 岩手県和賀郡・気仙郡 宮城県仙台市 秋田県 山形県新庄市・最上郡 福島県 新潟県東蒲原郡 熊本県玉名郡・下益城郡 ＊むぞーか 福岡県久留米市 佐賀県藤津郡 ＊むぞーさい 福島県 ＊むぞくさい 山形県東村山郡・西村山郡 ＊むぞけない 秋田県鹿角郡 ＊むぞこい 岩手県下閉伊郡 宮城県加美郡・仙台市 ＊むぞさい 秋田県雄勝郡 山形県新庄市・最上郡 福島県会津 ＊むぞさかない 秋田県横手市・雄勝郡 ＊むぞっこい 岩手県気仙郡 ＊むぞつらし 秋田県平鹿郡・雄勝郡「何てむぞつらし子供だろう」 ＊むぞなか 鹿児島県薩摩 ＊むぞなっか 鹿児島県 ＊むつこい・むつこさい・むんつこい・むんつこさい 山形県 ＊むつこしー 山形県最上郡 ＊むどさい 山形県新庄市・最上郡 ＊むんどさかない・むんどつらし 秋田県平鹿郡 ＊めじょけない 山形県飽海郡・庄内 新潟県岩船郡 ＊めじょさかい 青森県南部「めじょさかい話をきいて涙が出た」 ＊めぞけない 山形県庄内 ＊もじょい 青森県津軽 岩手県気仙郡 ＊もじょっこい 岩手県気仙郡 ＊もずい 岩手県江刺郡 ＊もずこい・もずこさい 山形県村山 ＊もぜー 岩手県胆沢郡「孫なくすたつぁもぜーことすますたなー(孫を亡くしたそうでお気の毒なことをしましたなあ)」 ＊もぞい 岩手県気仙郡・胆沢郡 宮城県 ＊もぞこい 宮城県石巻・仙台市 ＊もぞさい 新潟県東蒲原郡 ＊もぞさかい 宮城県栗原郡 ＊もつきさい・もつくさい・もつこさい 山形県北村山郡 ＊もったいない 長野県佐久 ＊もってな 岡山県真庭郡「聞きますりゃぁ御大病しなさったそうでもってなことでござんした」 ＊もんつこさい 山形県北村山郡・西村山郡 ＊やーけない 島根県江津市 ＊やけない 島根県石見「あの子は親に死なれてやけないのー」 大分県津久見市 ＊よーげはない 岩手県上閉伊郡 ＊よーない 新潟県佐渡「よーなかったのー」 富山県砺波 石川県 ＊わるい 静岡県浜松 ＊んぞぎさ 沖縄県国頭郡 ＊んどつらし 秋田県南秋田郡「この冬に足袋もはかないで、んどつらし児だ」

きば【牙】 ＊かけば 島根県石見「猪のかけばいひっかけられた」 愛媛県北宇和郡 高知県高岡郡 ＊かま(イノシシなどの牙) 島根県鹿足郡 高知県高岡郡 ＊きー 鹿児島県奄美大島・加計呂麻島 ＊やえば 長野県上田・佐久 ＊わんば 鹿児島県奄美大島

きばらし【気晴】 ＊いーちぬび 沖縄県首里 ＊いきやり 山梨県・南巨摩郡 ＊えさみ・えさん 新潟県西頸城郡 ＊きおーじょー(「気養生」か) 新潟県佐渡 ＊きのくすり 福岡市 ＊きのべ 島根県簸川郡・隠岐島「面白い歌を聞いてえーきのべした(おもしろかった)」 ＊きほーじ 新潟県佐渡 滋賀県彦根 京都府竹野郡「久しぶりに花見をさせてもらって、ええきほーじだった」 奈良県宇陀郡「きほうじに温泉へなっといこ」 香川県仲多度郡 愛媛県 ＊のんき 新潟県「のんきがない(休む暇がない)」・佐渡(物見遊山) ＊ほけだし 長崎県北松浦郡「久しぶりにほけだしした」・五島 ＊ゆさん 群馬県佐波郡 千葉県夷隅郡 香川県高見島

きび【黍】 ＊あわきび 北海道一部 新潟県一部 石川県一部 福岡県一部 ＊あわきみ 青森県一部 岩手県一部 ＊いきび 新潟県一部 ＊いせきび 熊本県玉名郡 ＊いなきび 北海道一部 青森県一部 宮城県一部 秋田県一部 山形県一部 新潟県一部 富山県一部 岐阜県一部 兵庫県一部 奈良県吉野郡 和歌山県一部 鳥取県一部 岡山県一部 愛媛県一部 高知県一部 佐賀県一部 ＊いなきみ 北海道一部 青森県一部 岩手県九戸郡 秋田県鹿角郡 鳥取県一部 ＊いなりきび 和歌山県一部 ＊いねきび 山形県 熊本県一部 ＊うるきび 岐阜県一部 ＊うるきみ 青森県一部

*かちきび 新潟県一部 *きみだんご 青森県一部 岩手県一部 *こーぼーきび 岐阜県飛驒 長崎県一部 *こきび 新潟県一部 富山県一部 石川県一部 長野県上伊那郡 岐阜県一部 静岡県磐田郡 兵庫県一部 奈良県吉野郡 鳥取県一部 島根県 山口県一部 徳島県 香川県 愛媛県松山 高知県 福岡県一部 長崎県一部 熊本県 大分県一部 鹿児島県 *こきみ 岩手県一部 鳥取県一部 島根県一部 *こぎみ 東京都八丈島 *こぎん 島根県出雲 *ごくもの 奈良県吉野郡 *こっきみ 岩手県一部 *こめきび 奈良県一部 *ずりきび 京都府 兵庫県一部 *だんごきび 山形県一部 新潟県一部 *だんごきみ 青森県一部 *ちょーきび 岩手県九戸郡 *ちょなきみ 秋田県一部 *ちんてぃー 沖縄県与那国島 *つるきび 京都府一部 *とーきび 北海道一部 長野県南佐久郡 岐阜県一部 三重県一部 滋賀県一部 京都府一部 大阪府一部 和歌山県一部 島根県一部 岡山市 *とーきん 島根県一部 *とーぬちみ 鹿児島県喜界島 *ときっ 鹿児島県 *ときび 三重県一部・志摩郡 京都府一部 大阪府一部 奈良県一部・宇智郡(高く伸びる黍) 和歌山県一部 徳島県一部 *とのきび 三重県一部 *なんばら 岡山県一部 *のみきび 長野県一部 *はぜきみ 青森県一部 *はなきび 高知県一部 *はらきび 兵庫県一部 *ばんばら 岡山県一部 広島県一部・沼隈郡 *ばんぱら 広島県 *ひえきみ 岩手県一部 *びき 島根県邑智郡 *ひなきび 秋田県一部 *ぶろ 滋賀県高島郡 *ほーききび 岐阜県一部 *ほーききみ 秋田県一部 *ほーきび 新潟県一部 兵庫県一部 *ほきび・ほっきび 新潟県一部 *ほもろこし 神奈川県津久井郡 *まーじん 沖縄県那覇市・首里 *みだれきび 奈良県一部 *もちーもの 群馬県多野郡 *もろこし 新潟県一部 石川県一部 京都府一部 兵庫県一部

きびしい【厳】 *いかつい 愛知県岡崎市 奈良県南大和 *いそーしー(厳かで厳しい) 長崎県対馬「昔殿様の江戸参観の時の御出立の壮んなことは、実にいそうしいものであった」 *いちゃいちゃーとぅ 沖縄県首里 *いらひじ 鹿児島県肝属郡「いらひじ人ぢゃ」 *いらひどい 大分県宇佐郡 *きぶい 愛知県東春日井郡 和歌山県新宮 島根県益田市・那賀郡 香川県三豊郡「あの先生きぶいな」 *きぶいー(下流) 大分県日田郡 *ぎりっと 山形県米沢市「ぎりっと叱っておぐ」 *せすい(取り引きの条件が厳しい) 奈良県宇陀郡「そんなせすいことかなんわ」 和歌山県伊都郡・那賀郡 *てはしこい・てばしこい・てぱしこい 和歌山県日高郡 *てびしー 三重県度会郡 *やねこい 山口県「やねこいおやじ」 *やりまかに 和歌山県有田郡「お父さんにやりまかに叱(しか)られた」 *りりしー 岡山県児島郡「ちょっとあの奥さんはりりしーでー」 □さま *しこたま(非常に厳しいさま) 島根県「しこたま叱られた」 *しょっきり 静岡県「しょっきり叱った」 *すこだま(非常に厳しいさま) 秋田県「すこだま叱ってやった」 *むいき 三重県員弁郡 *めっきり 福井県

きびす【踵】 ⇩かかと(踵)

きびん【機敏】 ⇩すばしこい

□だ *いすい 岐阜県益田郡 *きぱし 青森県上北郡 *きばしー 秋田県鹿角郡 *きばしこい 青森県 *きぱしない 青森県津軽 *こーばいがえー 島根県鹿足郡・益田市 *こーばいがきつい 兵庫県加古郡 岡山県苫田郡「さすが商売人じゃ、こーばいきついで」 *こーばいがつよい 岐阜県飛驒 *こーばいがはやい 岩手県九戸郡 山形県 茨城県稲敷郡 東京都大島・三宅島・御蔵島 新潟県佐渡 長野県東筑摩郡・諏訪 静岡県小笠郡「あいつ、こーばいが早くて要領がいい」 滋賀県彦根 広島県高田郡 *こーばいがよい 三重県員弁郡 滋賀県彦根 *こーばいはやい 新潟県中頸城郡「喧嘩はこーばい早い方が勝だ」 *こーべがはやい 神奈川県藤沢市 新潟県中頸城郡 長野県東筑摩郡「こーべがはやい人」・西筑摩郡 *こっぺぁぇやばやい 青森県三戸郡 *こっぺぁはやい 秋田県鹿角郡 *こばいがはやい 青森県津軽 島根県益田市・邑智郡 *こばいこぁはやい・こばいこぁよい 青森県南部 *こべあはやい 青森県「あの男はこべぁはやぇから、何のかのと言っているうちに相手をなぐった」 *こんべぁはやい 秋田県平鹿郡「あの子は賢くてこんべぁはえぁ」 *さいばしー 福井県遠敷郡 *しゃらかはやい 和歌山県那賀郡・東牟婁郡 *しゃらこい・しゃりこい 愛媛県 *せちからい 岐阜県益田郡 *てばしこ 熊本県芦北郡 *てばしこい 岐阜県飛驒 滋賀県彦根 大阪市 兵庫県淡路島 和歌山県 徳島県 *はしかい 山形県庄内 福島県中部 群馬県 新潟県佐渡・中魚沼郡 富山県 石川県 福井県 山梨県南巨摩郡 岐阜県郡上郡 滋賀県彦根 和歌山県 徳島県 愛媛県松山 *はじかい 富山県下新川郡・婦負郡 *はしかいー 島根県 山口県大島「はしかいい人(物事をてきぱき処理する人)」 *はしっか 埼玉県秩父郡 *はしっけー 茨城県稲敷郡 群馬県勢多郡 埼玉県秩父 長野県佐久 *はじっこい 長野県佐久

きぶん【気分】 *いこち 香川県「いこちがええ」・小豆島 *がげ 青森県津軽「あの人あ、どうがげまげだがさ」 *き 兵庫県養父郡「気がいい」 奈良県「きやいー」 *きあい 千葉県 山梨県南巨摩郡 長野県諏訪 愛知県名古屋市 島根県那賀郡・鹿足郡 岡山県岡山市・児島郡 広島県佐伯郡・高田郡 山口県 徳島県 香川県 愛媛県 *きがい 沖縄県八重山 *きさ 青森県津軽「家の子が未だ帰って来ないので、きさわりいなあ」 *きしえ 山形県新庄市・最上郡 *きしゃ 秋田県横手市「度々こうゆう事言って来て、きしゃわりなあ」・南秋田郡 山形県 福島県 鳥取県 島根県「き

しゃがわり」 *きしゃくそ 鳥取県西伯郡「きしゃくそがわるい」 島根県出雲「子供のくせにおせ(大人)ぶってきしゃくそがわりー」 *きしょく 神奈川県「あー、きしょくのいい風だ」 新潟県佐渡「かあちゃんも孫さんもきしょくはええか(元気ですか)」・中頸城郡 富山県砺波 山梨県南巨摩郡「旅行に行くなんちゅうきしょくじゃあないよ」 愛知県 三重県 滋賀県高島郡・彦根 京都府・京都市「きしょくの悪い人やな(嫌な人だね)」 大阪府大阪市・泉北郡 兵庫県養父郡・淡路島「晩げにあの池のはたを通るのはきしょくが悪い」 和歌山県 島根県 広島県高田郡 徳島県 香川県 佐賀県藤津郡 *きしょっかす 富山県砺波「きしょっかすのわるい」 *きぞ 鹿児島県肝属郡 *きたいくそ 石川県鳳至郡 *きなり 宮城県栗原郡「きなりが悪い」 *きはい 青森県南部 岩手県下閉伊郡・上閉伊郡 秋田県鹿角郡「あんまり込み合ってきはい悪くした」 徳島県「あの人のきはいをわるくする」 *きび 兵庫県加古郡「きびがうまい」 *きびくそ 島根県 *きびす 山口県大島「外は暗いけ一人で出るのはきびすがわるい」 愛媛県 高知市 *きびた 愛知県尾張 三重県志摩郡 島根県「肥壺があってきびたがわりー」 愛媛県 *きびたま・きびちょろ 島根県美濃郡・益田市 *きびたれ 京都府竹野郡「負けてばかり居たが最後の一戦で勝ってきびたれがええ」 *きびたん 島根県簸川郡 *きびつ 長野県上伊那郡「ころんできびつがいいわ」 *きびつさえ・きびっつら 静岡県榛原郡 *きびったま 島根県石見 *きびっと 山口県大島「大きなことを言ひよったがたたきつけられてきびっとがええ」 *きぶりき 神奈川県津久井郡「ふんとーにきぶりきのわりー女だ」 *きぶんす 愛媛県 *きへ 青森県上北郡 *きみたね 島根県邇摩郡・大原郡 *きや 富山県砺波 島根県隠岐島 *きゃー 富山県下新川郡 *きゃい 徳島県 香川県 *きゃいくそ 徳島県「きゃいくそがええ」 *きやいくそ 岡山県苫田郡 愛媛県 *きやえ・きやえくそ 山口県大島 *きやくそ 岡山県児島郡 広島県比婆郡 香川県三豊郡(下品な語) *ぎん 香川県「ぎんが悪い(気持ちが悪い)」 *きんちょく 和歌山県東牟婁郡「きんちょかえー」 *きんつ・きんぱ 鹿児島県肝属郡「きんつが悪い」 *きんび 青森県「きんびあいー(うれしい)」 *けたい 兵庫県淡路島「けたい悪い(しゃくにさわる)」 島根県石見 山口県 徳島県「あいつにだまされてけたいが悪い」 香川県三豊郡 愛媛県周桑郡 高知県 長崎県対馬 *けたいくそ 富山県砺波 石川県 三重県伊賀 和歌山市 島根県石見・隠岐島 広島県 山口県 香川県 *けたくそ 北海道 山形県東置賜郡・最上郡 新潟県佐渡・上越市 長野県佐久 三重県度会郡 滋賀県彦根 島根県八束郡 岡山県児島郡 香川県 *けちゃ 石川県 *けったい 高知県 *けったいくそ 千葉県香取郡 三重県度会郡 大阪市 和歌山市 広島県 *けったくそ 新潟県上越市 富山県 三重県伊賀「けったくそわるい(ばかばかしい)」 滋賀県彦根 大阪市 兵庫県・神戸市 奈良県 島根県出雲 *けったっくそ 三重県宇治山田市 *けてーくそ 長崎県対馬 *けてっくそ 東京都八王子 *けんくそ 石川県羽咋郡「けんくそわるい(残念だ)」 *げんくそ 新潟県佐渡 石川県珠洲郡「げんくそわるい(残念だ)」・能美郡 大阪府泉北郡 奈良県 和歌山市「げんくそわるい(いまいましい)」 *こばらきぶん(腹の立つのを抑えている気分) 宮崎県東諸県郡 *じくつ 広島県賀茂郡 *しょく 兵庫県淡路島 *ちげー 沖縄県首里 *はらんべあ 秋田県山本郡・南秋田郡 *はらんべー 新潟県佐渡「はらんべえがわるい」 *ひい 高知県「ひいが強い」・高知市・長岡郡 福岡市「ひいのつよい(気性が強い)」 *ふてき(すてばちな気分) 山形県米沢市 *りくつ 石川県金沢市 山口県大島「どうもりくつが悪い」 愛媛県今治市「りくつが悪い(病気になる)」・喜多郡

→きもち(気持)・ここち(心地)

きまぐれ【気紛】 *きむら 山形県米沢市 新潟県佐渡「あのしたぁきむらなしとらのう」・上越 滋賀県彦根 兵庫県神戸市 愛媛県・大三島 →むらき(斑気)

□なさま(人) *おはるけ 高知県安芸郡「おはるけにやったがよかった」 *ときわ 山口県大島

きまじめ【生真面目】 ⇩まじめ(真面目)

きまま【気儘】 *いけず 滋賀県 京都府 大阪市 兵庫県神戸市 大分県「いけずをゆー(無理を言ってむずかる)」 *きぎ 京都府竹野郡「奉納金は皆さんのきぎにお出し下さい」 島根県出雲「酒もきぎに飲んでごぜ」 岡山県川上郡「当屋はきぎに昼食を出す」 熊本県八代郡 *きげんほーげん 愛媛県今治市「きげんほーげんに暮す」・伊予郡 *きこのかー 高知県「もー、どーしょーとどーなろーと、きこのかあよ」 *きこんかい 大阪市「当分気根かいにかどへも出なはれ」 兵庫県神戸市 奈良県「其仕事はきこんかいにして下さい」 *きなり 宮城県仙台市「あとはきなりに片付けておきすぺ」 神奈川県津久井郡 山梨県 *きほーげ 愛媛県 *きほーじ 岡山市 愛媛県「きほうじにしなさったらいい」 *きほんい 島根県「あれのきほんいに任せた方がええ」 *きほんもー 島根県益田市・浜田市 *されきまま 山形県東村山郡・北村山郡 *せーしんで 長崎県壱岐島「どがし取ろうがせーしんでたい」 *ぞーざい 三重県度会郡 *ぬっか(気ままだ) 熊本県玉名郡「ぬっかこつ(かってなこと)」 *はなほーだい 島根県出雲「はなほーだえで仕事をするけん、出来ん」 *ひしょ 和歌山県伊都郡 *わや 長野県下伊那郡 静岡県「この児(こ)はわやで困る」 *わやく 茨城県・新治郡 福井県 岐阜県「あんまりわやくなことゆーと承知せんぞ」 愛知県「松坊が又わやくといいだした」 京都府 島根県石見 徳島県

→かって(勝手)・かってきまま(勝手気儘)・

きずい（気随）

□な人 *かってこき 三重県志摩郡 *かってぼし 和歌山県「あの子はかってぼしやよ」 *かってもの 三重県 京都市 大阪市 *かってんぼー 山梨県 *きしゅー 奈良県 *きしゅーさん 三重県伊賀 滋賀県彦根・蒲生郡 奈良県「この子はきしゅーさんや」 *きままこき 三重県志摩郡 *きままたれ 三重県名賀郡 *きままぼし 和歌山県 *くないさん 三重県度会郡・宇治山田市 徳島県 香川県大川郡 *じゅーもん 長崎県五島 *じんろく（「長男」の意から） 三重県阿山郡 *だいじょーかん（令制で国家の最高機関だったところから） 富山県砺波 三重県志摩郡 *だじょーかん 奈良県吉野郡 *やんちゃたれ 三重県阿山郡

きみ【君】

□の家 ⇩「いえ（家）」の子見出し、「あなたの家」

きみじか【気短】 *えらしじ 島根県隠岐島「あれはえらしじな人だ」 *きもきれ 長野県更級郡 *きもっきらし 東京都八王子市 山梨県 *きもっきり 長野県下水内郡・佐久 *きもっきれ 群馬県吾妻郡 山梨県 長野県 静岡県富士郡 *きもっくい 群馬県吾妻郡 *きんま（気短で怒りっぽいさま） 山形県「あいつはきんまな人だ」 新潟県 *きんまたかり（気短で怒りっぽいさま） 新潟県 →たんき（短気）

□な人 *かんてき（「癇的」か） 愛知県名古屋市 滋賀県彦根 京都市 大阪府大阪市・泉北郡 兵庫県神戸市 奈良県「あのおっさん、かんてきやで」 香川県仲多度郡 *かんてきぼし 奈良県南大和 和歌山県伊都郡 *かんてきもの 京都府竹野郡 大阪市

きみょう【奇妙】 *いそー 徳島県美馬郡 高知市「あの人はいそーな声を出すから一緒に歌えん」 *いそーげ 高知市「いそーげな花が咲いた」 *いそげ 徳島県美馬郡 *いなせ 愛媛県 *が 青森県津軽「雅だ」 *かいろー 鹿児島県喜界島 *けたい 石川県江沼郡・鳳至郡 福井県 岐阜県飛驒 三重県 京都府北部 大分県南海部郡 *けたよー 岐阜県飛驒 *けったい 埼玉県入間郡 富山県砺波 福井県北部 岐阜県益田郡 愛知県中島郡 三重県北部 滋賀県・彦根 京都府・京都市 大阪府 大阪市「けったいな肴や、食べられるかしらんて」・泉北郡 兵庫県神戸市・加古郡 奈良県 和歌山県 島根県鹿足郡 岡山県津山市 広島県高田郡 徳島県 香川県 高知県 *げったい 上方 *けて 石川県江沼郡 福井県 *しゅーだ・すーだ 鹿児島県喜界島「しゅーだ事むあぇーしゅる（妙なこともあるものだ）」 *しゅだ 宮崎県東諸県郡 鹿児島県・肝属郡「あや（彼は）しゅだ奴ぢゃな」 *しょー・しょんけた 青森県三戸郡 *じょーず 三重県富田「じょうずなもの（奇妙なもの）」 滋賀県栗太郡 *じょん 石川県能美郡「じょんな人」・江沼郡 *しょんた 青森県三戸郡「体がしょんたになる（気分がすぐれない）」 秋田県仙北郡 *じんぴ 愛媛県大三島 *すだ 宮崎県都城「すだわろ（妙な人）」 鹿児島県喜界島 *そくせ 鹿児島県肝属郡 *ちん・ちんてー 島根県出雲「これはちんてーなもんだな」 *ちんて 島根県出雲市・飯石郡 *てきめん 広島県 *ひょこなげ 岡山県浅口郡 *ひょっかしげ・ひょんなしげ 新潟県佐渡 *ひょん 青森県上北郡 長野県諏訪 *ひょんた 岩手県「ひょんただ」 *へた 福島県若松市 *へんちき 三重県度会郡・宇治山田市 山口県阿武郡・豊浦郡 香川県 大分県 *へんちく 茨城県稲敷郡 *へんちさんりん・へんみょーちきりん 島根県益田市・美濃郡「なんとへんみょーちきりんもあるもんじゃ」 *へんてこさいずち 茨城県新治郡 *へんてこてん 長野県佐久 *へんとこ 山形県米沢市 *へんぴょーらい・へんぽーらい 長野県東筑摩郡「へんぴょーらいなんで話にならぬ」 *みょーげ 香川県「みょうげに思う」 愛媛県 高知県 *みょーなげ 島根県隠岐島「みょーなげな風をするな」 *みょげ 香川県木田郡 *みょんけ 青森県三戸郡 秋田県鹿角郡 *みょんけぁ 秋田県河辺郡 →ふしぎ（不思議）・みょう（妙）

□だ *おっかい 和歌山県「おっかへな人」 *おましない 宮城県栗原郡 *きさしー 高知県土佐郡 *ちょんか・ちんか 佐賀県 *ちんちょか 長崎県東彼杵郡 *てんまい 和歌山県有田郡

きもち【気持】 *あじめ 鹿児島県屋久島「（雨にぬれて）あじめが悪るして」 *いこち 香川県「いこちがええ」・小豆島 *いなせ 福島県中部「（蛇などを見て）いなせが悪い」 *うしー（よい気持ち） 鹿児島県喜界島「ぱまじすだでぃうしーさ（浜で涼んで良い気持ちがした）」 *うすり（尊ぶ気持ち） 沖縄県首里 *おはらぎ（落ち着かない浮ついた気持ち） 岩手県気仙郡 *おまーく 福島県相馬郡「こう、気の毒なようなきまりわりいようなおまーくしんだ」 *かね 山口県豊浦郡「かねがまがった」「あの人はかねが鋭い」 *きがた 和歌山県「そんなきがたの悪いことするな（そんな人の気を悪くするようなことするな）」 *きぎ（その人その人の気持ち） 京都府竹野郡「奉納金は皆さんのきぎにお出し下さい」 島根県出雲「酒もきぎに飲んでごぜ」 岡山県川上郡 熊本県八代郡 *きさ 青森県津軽 *きさきさ（さっぱりした気持ち） 島根県出雲「水を浴びてきさきさした」 *きし 群馬県吾妻郡「きしがわるい」 *きしぇ 山形県新庄市・最上郡 *きしゃ 秋田県横手市・南秋田郡 山形県 福島県 鳥取県 島根県 *きしゃくそ 鳥取県西伯郡「きしゃくそがわるい」 島根県出雲 *きしょく 神奈川県「あー、きしょくのいい風だ」 新潟県佐渡・中頸城郡 富山県砺波 山梨県南巨摩郡 愛知県 三重県 滋賀県高島郡・彦根 京都府・京都市「きしょくの悪い人やな（嫌な人だね）」 大阪府大阪市・泉北郡 兵庫県養父郡・淡路島「晩げにあの池のはたを通るのは

きしょくが悪い」 和歌山県 島根県 広島県高田郡 徳島県 香川県 佐賀県藤津郡 *きしょっかす 富山県砺波「きしょっかすのわるい」 *きぞ 鹿児島県肝属郡 *きたいくそ 石川県鳳至郡 *きだん 岐阜県郡上郡「あいつがことわってきたで、おれもやっときだんがおさまった」 *きっさい 静岡県「牛の声はきっさいがわるい」 *きのうち 岡山県苫田郡「お恥しい物ですが、ほんのきのうちですけえ受けとってください」 香川県小豆島「きのうちが暗い」 *きはい 青森県南部 岩手県下閉伊郡・上閉伊郡 秋田県鹿角郡「あんまり込み合ってきはい悪くした」 徳島県「あの人のきはいをわるくする」 *きび 兵庫県加古郡「きびがうまい」 *きびくそ 島根県 *きびす 山口県大島「外は暗いけ一人で出るのはきびすがわるい」 愛媛県 高知市 *きびた 愛知県尾張 三重県志摩郡 島根県「肥壺があってきびたがわりー」 愛媛県 *きびたま・きびちょろ 島根県美濃郡・益田市 *きびたれ 京都府竹野郡「負けてばかり居たが最後の一戦で勝ってきびたれがええ」 *きびたん 島根県簸川郡 *きびつ 長野県上伊那郡「ころんできびつがいいわ」 *きびっさえ・きびっつら 静岡県榛原郡 *きびったま 島根県石見 *きびっと 山口県大島「大きなことを言ひよったがたたきつけられてきびっとがええ」 *きふつ 島根県石見「お前のきふつはさっぱり分らん」 *きへ 青森県上北郡 *きまえ 奈良県南大和「きまえがおー(気質が一致する)」 *きみたね 島根県邇摩郡・大原郡 *きむぐくる・ちむくくる 沖縄県石垣島 *ぎん 香川県「ぎんが悪い(気持ちが悪い)」 *きんちょく 和歌山県東牟婁郡「きんちょかえー」 *きんつ・きんぱ 鹿児島県肝属郡「きんつが悪い」 *きんび 青森県「きんびあいー(うれしい)」 *けたい 兵庫県淡路島「けたい悪い(しゃくにさわる)」 島根県石見 山口県 徳島県「あいつにだまされてけたいが悪い」 香川県三豊郡 愛媛県周桑郡 高知県 長崎県対馬 *けたいくそ 富山県砺波 石川県 三重県伊賀 和歌山市 島根県石見・隠岐島 広島県 山口県 香川県 *けたくそ 北海道 山形県東置賜郡・最上郡 新潟県佐渡・上越市 長野県佐久 三重県度会郡 滋賀県彦根 島根県八束郡 岡山県児島郡 香川県 *けちゃ 石川県 *けったい 高知県 *けったいくそ 千葉県香取郡 三重県度会郡 大阪市 和歌山市 広島県 *けったくそ 新潟県上越市 富山県 三重県伊賀「けったくそわるい(ばかばかしい)」 滋賀県彦根 大阪市 兵庫県・神戸市 奈良県 島根県出雲 *けったっくそ 三重県宇治山田市 *けてーくそ 長崎県対馬 *けてっくそ 東京都八王子 *けんくそ 石川県羽咋郡「けんくそわるい(残念だ)」 *げんくそ 新潟県佐渡 石川県珠洲郡「げんくそわるい(残念だ)」・能美郡 大阪府泉北郡 奈良県 和歌山市「げんくそわるい(いまいましい)」 *しょく 兵庫県淡路島 *そら(多く、「そらない」「そらしない」の形で用いる) 北海道 青森県「凶作で折角働いたそらなかった」 岩手県気仙郡 宮城県栗原郡「もっきり一杯じゃ飲んだそらねえ」 秋田県鹿角郡「心配があると、芝居見たって見たそらもない」 和歌山県 島根県石見「行くそらはせん」 長崎県対馬 *たまし 長崎県北松浦郡「じぇんとり道(もうける道)を牛で取ろっちゅたましや割合少なかったな」 *なさき 鹿児島県喜界島「なさきばっかいでんどー(心ばかりでございますが)」 *はばっき(得意な気持ち) 栃木県「みんなが見てるとはばっきになってやる」 群馬県勢多郡「あの人もはばっきがあるので弱る」 長野県佐久 *まかた(気持ちだけ) 山形県米沢市「りっぱな羽織でなぐども、まがださえ、あればええ」 新潟県佐渡 東京都八王子「お礼のまかたですが」 新潟県佐渡「式はまがたにしておく」 *よーそ 佐賀県「よーそんわるか」

→きぶん（気分）・こころもち（心持）

□がよい *あじましー 青森県津軽 新潟県東蒲原郡 *あずましー 北海道「あずましい御馳走であった」 青森県上北郡・津軽 新潟県東蒲原郡(打ち消しの語を伴って用いる)「あずましくねー(思うようにならない)」 *いそしー 熊本県球磨郡 *きさじ 島根県八束郡・隠岐島「掻いて貰ってきさじてえーわ」 *きさじー・くさじー 島根県隠岐島 *きさんじ・きさんじー 島根県出雲 *きびらしー 香川県仲多度郡・三豊郡 愛媛県 *きびらしげ(気持ちのよいさま) 香川県三豊郡「あんたとこのだいこ、きびらしげな」 *くさじ 島根県隠岐島「その木に上るなと言うに上ったら、ぼろけてくさじかった」 *くさんじー 島根県出雲・隠岐島 *こまげ(気持ちのよいさま) 島根県簸川郡・仁多郡「こまげに仕事をする」 *さいより・さっわり(さっぱりして気持ちのよいさま) 兵庫県加古郡「(糊のついた着物を着て)さいよりする」 *しょじょらし・そぞらし(すっぱりと気持ちよい) 鹿児島県肝属郡 *すこっちょい 大阪府・大阪市 *ちびらーしやん(きびきびしていて気持ちよい) 沖縄県首里 *なよされる(いい気持ちになる) 鳥取県東伯郡 *はれっと・はれはれ(せいせいして気持ちのよいさま) 宮城県仙台市 *ぱれっと(せいせいして気持ちのよいさま) 宮城県石巻「樹木を切ったえばぱれっとなった」・仙台市「ぱれっとした天気」 *ほーろいっぱい・ほーろきげん(酒に酔って気持ちのよいさま) 島根県益田市・美濃郡「ほーろいっぱいでうちいもどった」 *みやすい(見て気持ちがいい) 秋田県鹿角郡 新潟県佐渡「親子の仲のいいのはみやすいものだ」 *らく(気持ちのよいこと) 岐阜県大野郡 島根県那賀郡「(耳を耳かきでかいてもらって)何とらくなよのう」・鹿足郡 *らくない 岐阜県養老郡

□が悪い *いごくたのわるい(虫などに刺されて気持ちが悪い) 富山市近在 *いじかましー 香

川県伊吹島 ＊**いなよー**(気持ちの悪いさま) 山梨県 ＊**うたち・うたちー** 山口県大島「(雨でびしょぬれになって)やれうたち、やれうたち」 ＊**うたてー** 青森県 秋田県北秋田郡・仙北郡 山形県「蛇食うなんてうだでーごだなぁ」 福島県 新潟県佐渡 滋賀県 京都府 島根県那賀郡・石見 広島県比婆郡・安芸郡 徳島県「雨がふってうたていのう」 ＊**うららん・ぐららん** 鹿児島県喜界島「ぱなぬさーていうららん(鼻がつまって気持ち悪い)」 ＊**えごちゃわるい** 秋田県河辺郡 ＊**おーたてー・おたてー** 京都府竹野郡「まあみい、毛虫がおたてーほどたかっとる」 ＊**おっとましー** 大阪府泉北郡 ＊**おびらくい** 和歌山県西牟婁郡「この鰻おびらくい程大きい」 ＊**おもいなしがわるい**(思ったことと凶事が重なると気持ちが悪い) 山口県 ＊**きあいがわるい** 千葉県 山梨県南巨摩郡 長野県諏訪 愛知県名古屋市「今日はうちのおばあさまはお気合が悪いで寝(やす)んでみえる」 島根県那賀郡・鹿足郡 岡山県児島郡「今日はでしなから(出た時から)きあいが悪い」 広島県佐伯郡・高田郡 山口県・阿武郡 徳島県 ＊**きーがわりー** 群馬県勢多郡 ＊**きがわりー** 熊本県 ＊**きがわるい** 兵庫県加古郡 島根県鹿足郡 岡山県苫田郡 香川県 ＊**きゃーわるい** 富山県 ＊**きゃいがわるい** 香川県 ＊**きゃいくそ** 愛媛県 ＊**きゃいくそがわるい** 香川県三豊郡・小豆島 ＊**きやえくそがわるい** 山口県大島 ＊**きやわるい** 富山県砺波 ＊**きゃんわるい** 香川県三豊郡 ＊**きんくさい** 山形県西村山郡 ＊**くろー**(病気で気持ちが悪いさま) 埼玉県秩父郡「きょうはどうもくろーだ」 ＊**けやいくそがわるい** 香川県仲多度郡 ＊**ここだいわるい** 和歌山県東牟婁郡 ＊**ここらわるい** 大阪府泉北郡 奈良県南部 和歌山県東牟婁郡「さっきからここらわりなってきた」 ＊**こころわるい** 新潟県佐渡 大阪市「ああこころ悪る、汗で背中がびちゃびちゃや」 和歌山県 徳島県海部郡 ＊**さーはごーさん**(何となく気持ちが悪い) 沖縄県首里 ＊**だーうたてー** 島根県那賀郡 ＊**だったい** 岩手県東磐井郡 宮城県栗原郡・登米郡 山形県北村山郡・最上郡 ＊**だって** 山形県米沢市 ＊**だってー** 岩手県気仙郡 ＊**だてー** 山形県 ＊**はごーさん** 沖縄県首里 ＊**はらがわるい** 島根県石見「勝つことは勝ったがどーもはらがわりー」 ＊**はらくそがわり** 島根県出雲 ＊**はらんべあわるい** 岩手県上閉伊郡 ＊**ふげたがわるい** 福井県・大飯郡 滋賀県甲賀郡・蒲生郡 ＊**ふげたわるい** 福井県大飯郡 ＊**ほげたがわるい** 滋賀県蒲生郡 ＊**ほのにうてる**(山中などで不意に気持ちが悪くなる) 香川県三豊郡 ＊**もさくさ**(気持ちの悪いさま) 福井県大飯郡「一日中もさくさした」 ＊**やまけ**(山へ行って気持ちの悪くなること) 静岡県庵原郡 ＊**ゆあげ**(入浴して上気し、気持ちを悪くすること) 山形県村山 ＊**よそわしー** 愛媛県北宇和郡

きもったま【肝玉】 ＊**きばす** 富山県砺波「きばすのでかい人や」 ＊**きばせ** 千葉県君津郡「きばせがいい(気さくだ)」 ＊**じぐ** 岩手県上閉伊郡「じぐだめし」 秋田県秋田市・河辺郡 ＊**どーだま** 島根県大原郡「雷が落ちてどーだまがひっくり返った」 ＊**どしゃーぼね** 島根県仁多郡 ＊**どしゃぼね** 島根県「どしゃぼねがすわった人だ」 ＊**どしょー** 島根県隠岐島「あの男はなかなかどしょーがえー」 ＊**どしょーぼね** 三重県志摩郡・度会郡 島根県 長崎県壱岐島「どしょーぼねぬ据わっちょる」 熊本県玉名郡 ＊**どしょぼね** 和歌山市 島根県大田市 ＊**どしょぼね** 宮城県石巻「身体の小さなみかげによらねぁどしょぼねのすわった男だ」 ＊**どだま** 島根県邑智郡 ＊**のこ** 岐阜県土岐郡・不破郡「のこが太い(図太い)」 愛知県名古屋市・尾張 →たんりょく(胆力)・どきょう(度胸)

きもの【着物】 ＊**あかあか**(幼児語) 富山県西礪波郡 ＊**あっぱ**(幼児語) 山口県大島 ＊**あっぱい**(幼児語) 島根県鹿足郡 ＊**あっぴー**(幼児語) 高知県 ＊**あっぺ**(幼児語) 島根県浜田市 ＊**あっぺー**(幼児語) 島根県浜田市・那賀郡 ＊**あば**(幼児語) 島根県 山口県豊浦郡 ＊**あぼ**(幼児語) 島根県石見 ＊**あぼー**(幼児語) 島根県那賀郡 ＊**いしゅ** 鹿児島県奄美大島 ＊**いしょ** 岩手県気仙郡 宮城県 秋田県 山形県 福島県「泣くと赤ええしょ着せねぇぞ」 千葉県東葛飾郡 新潟県東蒲原郡「いーいしょ(晴れ着)」 長野県長野市・上水内郡 福岡県三井郡 宮崎県西諸県郡 鹿児島県 ＊**いしょー** 宮城県仙台市 福島県会津・石城郡 長野県佐久「早くいしょーを着ろ」 佐賀県 長崎市 鹿児島県肝属郡「着たいしょーいんめで(着た着物一枚で)」・薩摩・沖永良部島(外出着) ＊**いそ** 岩手県気仙郡 鹿児島県 ＊**おんぞ** 島根県隠岐島 徳島県美馬郡 ＊**かーかー**(幼児語、子供の着物) 秋田県平鹿郡 ＊**かか**(幼児語) 山形県「赤いかか」 ＊**がか**(幼児語) 秋田県河辺郡 ＊**かがり** 岩手県九戸郡 ＊**かっか**(幼児語) 山形県西村山郡・最上郡 福島県南会津郡 新潟県東蒲原郡 ＊**きーもの** 鳥取県西伯郡 島根県出雲・隠岐島 ＊**きかかり** 青森県上北郡 ＊**きかがり**(「着懸」か) 青森県南部 岩手県九戸郡 ＊**きかもん** 長崎県対馬「きくゎもんは大切に仕舞うておけばいつまでもよくもてる」 ＊**きずく** 青森県三戸郡 新潟県佐渡 ＊**きぞく** 青森県三戸郡 ＊**きそけ** 愛媛県宇和島 ＊**きっかかり** 青森県南部 ＊**きぬ** 岡山県児島郡 鹿児島県与論島 沖縄県小浜島・新城島 ＊**きぬー** 沖縄県国頭郡 ＊**きよもん** 新潟県中越 ＊**きらもの** 広島県 ＊**きりもの** 岩手県九戸郡 山形県庄内 石川県 福井県 岐阜県 愛知県 三重県 滋賀県 京都府 大阪府 兵庫県 奈良県「またきりもん汚しよって」 和歌山県「こちらのきりもの着なさい」 鳥取県 島根県石見・隠岐島 岡山県 広島県 山口県 徳島県 香川県 愛媛県 高知県 長崎県長

崎市・対馬　大分県　*きりものん 大阪府東成郡　*きるむん 岐阜県郡上郡　*きろー の 秋田県平鹿郡　*きろも（幼児語）島根県鹿足郡　*きろもの 岩手県中通　島根県出雲　広島県西能美島・江田島　山口県萩市・阿武郡　*きろもん 福井県大飯郡　京都府中郡　大阪府泉北郡　兵庫県養父郡　島根県鹿足郡・八束郡　*きん 鹿児島県奄美大島・徳之島・喜界島・沖永良部島　沖縄県　*きんかー 沖縄県石垣島　*きんきん（幼児語）沖縄県石垣島　*きんもの 兵庫県美囊郡　島根県隠岐島　*きんもろ 島根県隠岐島　*きんもん 石川県江沼郡　福井県　兵庫県　*けろも 新潟県佐渡　*こーこ 三重県志摩郡　*こーぞ 石川県能美郡　*そんぶつ 島根県隠岐島　*ちぬ 鹿児島県喜界島　*ちぬー 沖縄県国頭郡　*ちるかー・ちるむん・ちんちるかー 沖縄県首里　*ちん 鹿児島県喜界島　沖縄県首里　*つきーん 鹿児島県奄美大島・加計呂麻島　*とば 宮城県登米郡（職人の語）　長野県長野市・上水内郡　*なが 岩手県和賀郡　*なな 三重県度会郡　*ぬのずぶ（幼児語）岩手県気仙郡　*のの（幼児語）宮城県登米郡　福岡県田川郡　大分県日田郡　*ののこ（幼児語）岩手県「赤いののこ」・上閉伊郡　大阪府泉北郡（着物の一種）　*のんの（幼児語）岩手県　*のんのこ・のんのっこ（幼児語）岩手県気仙郡　*ば（小児語）富山県　石川県　*ばー（小児語）新潟県佐渡　富山県「そるやれど嫁入の時に、一枚でもよけ良いばぁ持っていきたいがやろ」　石川県　*ばーこ（小児語）富山県砺波　*ばーばー・ばばー（幼児語）新潟県西頸城郡　*ばい（小児語）新潟県佐渡　長野市　和歌山県日高郡・西牟婁郡　*ばっく（幼児語）島根県邇摩郡　*ばっぱ（幼児語）秋田県河辺郡　*ばっぴ（幼児語）島根県邑智郡　*ばっぷ（幼児語）島根県　*ばっぽ（幼児語）島根県那賀郡　*ばば（幼児語）秋田県河辺郡　兵庫県淡路島　奈良県・吉野郡　*ぽっぽ（幼児語）青森県　岩手県岩手郡・九戸郡　*ぽぽ（幼児語）青森県「赤いぽぽ」　*まきもの 新潟県佐渡「まきもの一つでかわるもんだ」　*みしゅ 鹿児島県奄美大島　*めめ 三重県志摩郡・度会郡　*めんめ 福島県相馬　*やーやー（幼児語）沖縄県首里　*わんぼー（「おんぼう」の転）長野県佐久　山口県周防　*んなに 沖縄県与那国島

↓いしょう（衣装）・いふく（衣服）・いるい（衣類）

外出用の□　*いっさでいべべ 千葉県　*うぶぎ（宮参り用）神奈川県津久井郡　*おかこい・かこいぎ・かこいきもの・かこいもの・かこりきもの 青森県三戸郡　*かこい 岩手県九戸郡　秋田県鹿角郡「お祭だから、かこひを出して着る」　*かつま・かつまぎ 島根県出雲　*さんでぎ 静岡県　*たばい 岐阜県郡上郡　*たばいぎ 愛知県日間賀島　*たばえのきもの・たわいのきもん 富山県砺波　*たもい 愛媛県宇和島・大三島　*ちょかぇぎ 青森県三戸郡　*ちょっかいぎ 青森県南部　*でたち 山形県東田川郡　*ふだんかつま 島根県出雲　*まちでたち 新潟県岩船郡

きゃく【客】　*あすびと 青森県　岩手県気仙郡　*あと 秋田県由利郡　*あとさん 新潟県東蒲原郡　*けないど（不時の来客）滋賀県愛知郡　*けんないど（不時の来客）福井県遠敷郡　*とーち（幼児語）富山県　*どっち（幼児語）富山県砺波　*ぼんぼさ 長野県下伊那郡

ぎゃく【逆】　*うら 岐阜県飛驒「贅沢しとるが、このうらが来にやえいが」　沖縄県首里　*さいさか 徳島県・美馬郡　*そで 和歌山県那賀郡　*そんこじ 山形県西置賜郡「そんこじの方を見ている」・米沢市「そんこぢな事言う」　*そんこんじ 山形県米沢市　*ちゃんぽん 福岡市「風で傘がちゃんぽんになった」

↓あべこべ・はんたい（反対）

□に　*さんかえり 宮城県登米郡　*たっこに 山形県「たっこに結ぶ」　*たつこに 山形県米沢市「たっこに置ぐ」　*なおかで・なおで 富山県砺波

きゃくざしき【客座敷】　*あーりっち・いりっち 沖縄県黒島　*いちばんざ 沖縄県黒島　*いちばんざー 沖縄県鳩間島　*いつぃばんざー 沖縄県石垣島・小浜島　*かんどぅねー（「上座」の意）沖縄県小浜島　*っとぅびらいくい・っとぅびらいだしき（「人と交際する座敷」の意）沖縄県与那国島

↓きゃくま（客間）

方/言/の/窓

●方言詩

世に方言で書かれた詩は多い。ふだんのことば、生活のことばで詩を書くと、共通語では表せない素直な感動や微妙な心情が表現できるからであろう。

有名な方言詩集の一つに津軽の方言詩人高木恭造氏の『方言詩集　まるめろ』（津軽書房）がある。その中の一編を紹介しよう。高木氏の朗読したレコードもある。

吹(フ)雪(ギ)

子供等(ワラハド)エ
早(グ)ぐド寝デまれ

ほらア！
あれア白い狼(オウガメ)ア吼えで
駆(ハ)ケで歩(ア)りてらンだド
まぎの隅(スマ)がら
死ンだ爺(ヂコ)ド嫗(ババ)　睨めでるド

子供等(ワラハド)エ
早(グ)ぐど寝でまれ

ぎゃくたい【虐待】 *ごくじょー 山形県庄内「ごくぢょーする」 *しぇんちょ・せんちょ 山形県東村山郡・北村山郡「せんちょされる(いじめられる)」 *しんだ 沖縄県首里 *せっちょ 茨城県猿島郡 長崎県五島 *せっちょー 新潟県岩船郡 *ぶてす 鹿児島県肝属郡「ぶてすくらわした」 *みじめ 千葉県東葛飾郡
→いじめる(虐)・いびる

□**する** *あてる 高知県高岡郡 *いじかめる 群馬県吾妻郡 山梨県 長野県 *おがえる 新潟県佐渡 *せーたげる 高知県 *せたぐる 大分県大分市・大分郡 *せたげる 徳島県海部郡 高知県長岡郡 *せちゃげる 新潟県佐渡 *ひねにする 香川県塩飽諸島 *めにあせる 岩手県気仙郡 秋田県鹿角郡 *めにあわせる 岩手県下閉伊郡

きゃくま【客間】 *あらく 熊本県球磨郡 *あらけ(次の間) 熊本県 *いりっち 沖縄県黒島 *うもて 鹿児島県奄美大島 *おえー 岐阜県大野郡 愛知県八名郡 *おーで 広島県 *おーでい 岡山県川上郡 *おかみ 宮城県本吉郡 *おき・おきのま 島根県鹿足郡 *おくのま 三重県一志郡 *おでい 愛知県 *おま 静岡県 京都府中西部 *おまい 富山県東礪波郡 岐阜県飛騨 *おまえ 福島県南会津郡 新潟県東蒲原郡 熊本県宇土郡・天草郡 *おまえさま 福井県大野郡・坂井郡 *おもて 岐阜県飛騨 京都府 兵庫県淡路島・但馬 和歌山県(奥座敷) 鳥取県 島根県 山口県都濃郡「どんどんおもてーあがって」 徳島県 高知県土佐郡 熊本県 宮崎県西臼杵郡・東諸県郡 鹿児島県 *かみざしき 山形県庄内 島根県 *かみで 島根県 *かみてー 山形県東置賜郡・東田川郡 *かみでー 島根県美濃郡・益田市 広島県高田郡 *かみでん 広島県賀茂郡 *かみのま 島根県 香川県大川郡 *かむで 広島県山県郡 *かむでー 島根県邑智郡(神棚や仏壇のある客間) 広島県佐伯郡・高田郡 *かんて 島根県能義郡 *かんま 島根県益田市・那賀郡 *きゃくでん 奈良県吉野郡 *くちのま(茶の間と奥の間の間などにある略式の客間) 三重県一志郡 *くちんでー(茶の間と奥の間の間などにある略式の客間) 静岡県榛原郡 *げんかん 鹿児島県種子島 *こざ 群馬県佐波郡 *ごんぜん 熊本県鹿本郡・球磨郡 *じー・りー 新潟県西部 *しょいん 千葉県東葛飾郡 *しょえん 鹿児島県肝属郡「しょえんの庭」 *じょーだん 山形県 *じょーだんのま 栃木県安蘇郡 *せーじ(台所の隣の客間) 奈良県吉野郡 *そとえん 富山県射水郡 *だい 愛知県南設楽郡 *っとぅびらいくい・っとぅびらいだしき(「人と交際する座敷」の意) 沖縄県与那国島 *で 山形県最上郡 新潟県刈羽郡・東頸城郡 富山県東礪波郡 岐阜県飛騨 三重県志摩郡 滋賀県滋賀郡 *てい 石川県 岐阜県可児郡 千葉県海上郡 *でい 岩手県 宮城県本吉郡 福島県 茨城県 栃木県 群馬県 埼玉県 千葉県 東京都大島・利島・新島 新潟県 富山県砺波 石川県 山梨県 長野県「しもでー(下座敷)」 岐阜県恵那郡 静岡県 愛知県 三重県 和歌山県 鳥取県気高郡・八頭郡 岡山県苫田郡 広島県 熊本県球磨郡 宮崎県西臼杵郡 *でいさ 新潟県南魚沼郡 長野県 *でいざ 新潟県 長野県佐久 *でいのま 長野県諏訪 *でいへ 愛知県東春日井郡 *でいや 富山県東礪波郡 *でいれ 石川県鳳至郡 *なかえ 鹿児島県肝属郡 *ひま 熊本県天草郡 *ほんざしき 岐阜県飛騨 *よーのま 高知県長岡郡 *よーま 岡山県真庭郡 *よせ・よせのま(簡単な客間) 三重県一志郡 *れい 三重県度会郡
→きゃくざしき(客座敷)

きゅう【灸】 *あかまんじゅー(灸の隠語) 鳥取県東部 *あかもち 愛媛県 *あち(幼児語) 島根県出雲・隠岐島 *あちあち(幼児語) 島根県出雲 *あちか(幼児語) 島根県能義郡 *あちゃ(幼児語) 島根県隠岐島 *あつ(幼児語) 島根県石見 *あっつ(幼児語) 長野県東筑摩郡「あっつすえるぞ」 滋賀県彦根 京都市 島根県美濃郡・益田 *いた(幼児語) 山口県玖珂郡 *いたいた(幼児語) 大阪府泉北郡 愛媛県 *えいと 島根県美濃郡 *えーし 千葉県海上郡 *えーと 福岡県八女郡・浮羽郡 熊本県天草郡 鹿児島県硫黄島 *えーひ 茨城県北相馬郡 群馬県利根郡・吾妻郡 千葉県東葛飾郡「えーひやく(灸をすえる)」 佐賀県 *えつ 熊本県 宮崎県 鹿児島県 *えつー 大分県日田郡「えつーをすえる」 *えと 熊本県芦北郡 宮崎県延岡市 鹿児島県・屋久島 *おふ 香川県木田郡 *じーじ(幼児語) 山口県豊浦郡 *ちぶ 沖縄県島尻郡 *ちゅーん(幼児語) 静岡県沼津市 *てん 岡山市「てんをおろす(灸を据える)」 長崎県北松浦郡 *てんもくやいと(大粒な灸) 岐阜県飛騨 *どぅっとぅ 沖縄県与那国島 *へーとー 長野県松本市 *へそがらみ(へその周囲に据える灸) 山口県豊浦郡 *もぐさ 高知県「今日は二日灸と云うてもぐさをするにえゝ日ぢゃ」 *もんさ 徳島県海部郡「もんさすえる」 *もんも(幼児語) 高知県・高知市「いうことを聞かんともんもをすえられるぞね」 *やーいひ 茨城県北相馬郡・稲敷郡 *やーじー 沖縄県小浜島 *やーちゅー 沖縄県中頭郡・首里 *やーつ 熊本県玉名郡 *やーつー 沖縄県中頭郡・首里・那覇 *やーと 島根県出雲・隠岐島 佐賀県唐津市 長崎県 熊本県玉名郡・天草郡 *やーとー 静岡県 鹿児島県種子島 *やーひ 茨城県稲敷郡 群馬県利根郡 千葉県上総 佐賀県・唐津市 熊本県球磨郡 *やい 茨城県真壁郡 *やいーひ 茨城県北相馬郡・稲敷郡 *やいし 千葉県香取郡 *やいと(「やきと(焼処)」の転) 茨城県真壁郡 東京都利島 新潟県西頸城郡 富山県・砺波「やいとする(灸をすえる)」 石川県江沼郡 福井県坂井郡 長野県西筑摩郡 岐阜県 静岡県 愛知県中島郡 三重県松阪・志摩郡 滋賀

県蒲生郡・彦根　京都府　大阪府大阪市・泉北郡　兵庫県　奈良県　和歌山県　鳥取県西伯郡　島根県石見　岡山県苫田郡　広島県　山口県　徳島県　香川県　愛媛県　高知県土佐郡　福岡県小倉市　熊本県　宮崎県延岡市 ＊**やいとー** 静岡県志太郡・島田市　島根県石見　岡山市　広島県　山口県阿武郡・見島　福岡県 ＊**やいひ** 福島県南部　茨城県　埼玉県南埼玉郡　千葉県 ＊**やいやき** 熊本県球磨郡 ＊**やしゅ** 秋田県南秋田郡 ＊**やち**(幼児語)島根県隠岐島 ＊**やちゅ** 鹿児島県奄美大島 ＊**やちゅー** 鹿児島県南西諸島　沖縄県島尻郡 ＊**やちょ** 鹿児島県徳之島　沖縄県国頭郡 ＊**やつ** 長崎県五島　熊本県　鹿児島県喜界島・奄美大島・加計呂麻島　沖縄県八重山 ＊**やっちょ** 沖縄県伊江島 ＊**やっちょー** 沖縄県竹富島 ＊**やっつ** 沖縄県石垣島 ＊**やっつぉー** 鹿児島県徳之島　沖縄県石垣島 ＊**やっと** 熊本市 ＊**やと** 長崎県平戸　熊本県 ＊**やとー** 熊本県玉名郡 ＊**やひ** 秋田県　茨城県真壁郡　群馬県佐波郡　東京都八丈島

□**を据える(こと)** ＊**きゅーたて** 山形県「きゅーたでする」 ＊**きゅーたてる・たてる** 山形県「ちょたでる(灸を据える)」 ＊**もぐさ** 高知県 ＊**もんさ** 徳島県海部郡 ＊**やいせたで・やいひたて** 山形県北村山郡 ＊**やとすえ** 熊本県玉名郡

きゅう【急】

□**だ** ＊**きじ・ぎじ**(傾斜が急だ)高知県「あの切抜の坂はきじすぎる。もっとなよーしたらえ」 ＊**きつい**(傾斜が急だ)秋田県仙北郡「この山坂はきつい」 奈良県吉野郡(流れが急だ)　和歌山県　島根県　徳島県(流れが急だ) ＊**きぶい**(傾斜が急だ)徳島県　香川県「この土手はきぶい」 愛媛県 ＊**さーしー**(傾斜が急だ)鹿児島県喜界島「さーしーどーるー(傾斜した所)」 ＊**さがい**(傾斜が急だ)鳥取県「径がさがいで」 岡山県苫田郡「この坂ぁ、さがいのー」 ＊**さがし**(傾斜が急だ)徳島県美馬郡 ＊**さかしー**(傾斜が急だ)山口県・阿武郡　香川県小豆島　福岡県朝倉郡 ＊**さがしー**(傾斜が急だ)千葉県安房郡　神奈川県津久井郡　山梨県南巨摩郡「あの山がさがしいと思ったいば三十度もあっとーが」 岐阜県　静岡県庵原郡「さがしいとこ(坂)」 滋賀県彦根　徳島県　愛媛県　高知県「ここはさがしいから南から回っていこう」 長崎県対馬 ＊**せぎわい・せぎわしー** 島根県出雲「朝はどの家もせぎわえ」 ＊**はばしー** 山口県阿武郡

□**なさま** ＊**あーだ** 山口県 ＊**あた** 鹿児島県喜界島(接頭語的に用いる)「あたふぃー(にわか降り)」「あたあっちー(急ぎ歩き。また、急に歩き出すこと)」 ＊**あたーだ** 鹿児島県喜界島「あたーだには思い出せない」 ＊**あたじゃ・あたっじゃ** 熊本県玉名郡 ＊**あたじゃー** 熊本県・下益城郡 ＊**あただ** 島根県「あただに死なっしゃった」 愛媛県今治市・越智郡　福岡県八女郡　長崎県長崎市・五島「此あただに暖うなった」 熊本県南部　大分県「あただの事でありました」 宮崎県東諸県郡・日向 ＊**あただい** 福岡県粕屋郡・福岡市 ＊**あたで** 熊本県南部「あたでうったってきた(急に準備して来た)」 宮崎県日南市「あたで死にやったもんぢゃかり」 ＊**あだで** 熊本県玉名郡　宮崎県日南市「あだできたっちゃむんじゃかりよ(急に来たものですからね)」 ＊**あたでー** 福岡県久留米市・浮羽郡　熊本県阿蘇郡 ＊**あたど** 愛媛県 ＊**あたらほたら**(急のことであるさま)福岡市「あたらほたらの間い合はん」 ＊**あった** 島根県大根島　岡山県阿哲郡　沖縄県・首里 ＊**あとだ** 島根県那賀郡　広島県比婆郡 ＊**あとだん** 島根県邑智郡 ＊**いちがい** 岩手県気仙郡「うまいからといっていちげぁに食べると腹をこわす」・胆沢郡　山形県「えぢがえに雪あふった」 栃木県　新潟県　山梨県南巨摩郡「いちがいに言われても思い出せーのーに」 ＊**いちげ** 愛媛県大三島 ＊**うんど** 徳島県 ＊**きたて**(勾配が急なさま)青森県津軽 ＊**きったち**(勾配が急なさま)福島県南会津郡 ＊**きったて**(勾配が急なさま)福島県南会津郡　新潟県岩船郡　京都市 ＊**きったりおとし**(勾配が急なさま)熊本県天草郡 ＊**きっておとし**(勾配が急なさま)長崎県西彼杵郡 ＊**きっとたて**(勾配が急なさま)奈良県南部 ＊**こくり** 山形県米沢市「こくりと歯かげた」 ＊**ごっかり** 和歌山県那賀郡・日高郡「ごっかり減る」 ＊**こっくり** 静岡県「こっくり死んだ」 ＊**ごっくり** 栃木県 ＊**ごっこら・ごっこり** 岩手県気仙郡 ＊**さが**(傾斜が急なさま)岐阜県飛騨「さがな畑地」 ＊**さつばつ** 岩手県気仙郡「あす出発とはさつばつなこと」 ＊**たまがりもん**(びっくりするほど急なさま)福岡県嘉穂郡「ほんなもうたまがりもんに死んでしまいなった」 ＊**たまげたよーに**(びっくりするほど急なさま)島根県石見

□**に** ＊**いたてに** 青森県津軽「えたでに来たから手不足だ」 岩手県九戸郡 ＊**いっき** 三重県名賀郡　兵庫県神戸市　鹿児島県肝属郡「いっきしぬ(即死する)」 ＊**いっく** 島根県石見「いっくに死ぬる」 ＊**いっさかさに** 島根県隠岐島「いっさかさに駈け出えた」 ＊**いったでに** 青森県南部 ＊**いったはった** 山形県「えったはったに悪くなった」 福島県石城郡　神奈川県津久井郡「いったはったにはいくまい」 ＊**いったまった** 岩手県気仙郡 ＊**いったんはったん** 岩手県平泉　宮城県登米郡 ＊**いってきに** 大阪市「いってきに水が増へてきた」 和歌山市「そないいってきにひたかてあかん(そんなに急に一時にしたってできはしない)」 ＊**いっとに・いっとね** 新潟県西頸城郡 ＊**うっと** 島根県隠岐島「うっと雨が降って来た」 ＊**おもさま** 島根県大田市「雀が籠からおもさま逃げた」 ＊**おんど** 秋田県由利郡「おんど悪くなった」・河辺郡 ＊**きたに** 徳島県 ＊**きゅーとに** 高知県土佐郡 ＊**ぐえっと** 山形県「ぐえっと用が出来たから」 ＊**ぐらり** 山形県「ぐらり曲ってにげた」「ぐ

らり変った」 ＊げっそり 山形県東置賜郡 ＊ごえっと 山形県北村山郡 ＊こっつら 山形県飽海郡 ＊こっぽり 三重県北牟婁郡「あのおとこぁこっぽりいった(死んだ)げ」 ＊ころんと 新潟県佐渡「あそこのじいさころんといった」・西頸城郡 ＊さっこぐり 岩手県気仙郡「さっこぐり入ってくる」 ＊しとこに 富山県下新川郡 ＊すとんと 島根県石見「昨日からすとんと寒くなった」 ＊たじま 栃木県那須郡 ＊ちゅーちゃん 沖縄県首里 ＊つんがけ 山梨県南巨摩郡「つんがけお客が来た」 高知県「つんがけそんな事いっても判らん」 ＊てんきに 神奈川県中郡 ＊どいら 岩手県気仙郡「どいら注(つ)ぐ」 宮城県栗原郡・玉造郡 山形県「どいらと友達が来た」 ＊どえら 山形県「どえら落とした」 ＊どーと 島根県隠岐島「雨がどーと降っ出えた」 ＊ばいり・ばえら・べあら・べあり・べーら・べらり 岩手県気仙郡「べぁら取っていった」「べあり持って行かれた」「べらりいなぐなる」 ＊はったい 鹿児島県阿久根市「終戦になってからこっちが、食もんがはったい違ごだい」 ＊はったり 鹿児島県 ＊ぽいらぽっと・ぽいり・ぽえらっと 岩手県気仙郡「ぽいらぽっと出てきておらたんまげた」 山形県西村山郡 ＊ぽえっと・ぽえら 山形県「ほだえぽえっとやっだて駄目っだなや(そんなに不意に言われてもだめだよ)」 ＊ぽえっと 山形県北村山郡「ちゅーしょでぽえっとすんだ(中風で急に死んだ)」 ＊ぽえら 岩手県気仙郡 山形県「脳溢血でぽえら死んだ」 ＊ぽえらさっと・ぽえらさっと 山形県西置賜郡 ＊ぽえらさと 山形県米沢市 ＊ぽえらと 岩手県上閉伊郡 ＊ぽくと 大分県速見郡 ＊ぽくと 長崎県対馬「病気がぽくと悪くなった」 大分県東国東郡・大分郡「人が木陰からぽくと出た」 ＊ぽくぽく 長崎県対馬「事がぽくぽく出てくる」 ＊ほちゃーと・ほちょかっと・ほちると 長野県北安曇郡 ＊ぽっと 岩手県 宮城県「そっつぶ(卒中)でぽっと死んだ」 秋田県平鹿郡・雄勝郡「彼はぽっとやって来た」 山形県「ぽっと云われても困る」 福島県 新潟県佐渡 ＊ぽっと 大分県「ぽっとそれが現れた時」 ＊ほっとがけに 富山県砺波 ＊ぽっぽり 岩手県気仙郡「ぽっぽりでで来た」 ＊まっくろけーして 長野県上水内郡「まっくろけーして出て行った」 ＊むいき 香川県仲多度郡・三豊郡「そうむいきに押すな」 ＊やがに 群馬県多野郡「やがに死んだ」 埼玉県秩父郡 ＊やのまに 京都府竹野郡「ああ転んだなと思ったら、やのまに起上って走りだした」

→いきなり（行成）・とつぜん（突然）

きゅうか【休暇】 ＊あきぎょー(秋の取り入れが終わってから嫁が実家に休暇に行くこと) 山形県 ＊あきじょ 山形県北村山郡・飽海郡 ＊せんたくび(奉公人に休暇を出す日) 神奈川県藤沢市 ＊どんたく 青森県三戸郡 福島県北部 神奈川県津久井郡 新潟県佐渡 三重県度会郡 滋賀県蒲生郡 大阪市 島根県石見 岡山県小田郡 広島県高田郡 香川県 高知県 福岡市 長崎県五島 熊本県下益城郡 鹿児島県 ＊ほまち(農繁期が終わった後の休暇) 千葉県市原市 ＊ゆりー 沖縄県・首里 ＊よくい 宮崎市 ＊よけび 熊本県 ＊よこい 福岡県粕屋郡 熊本県球磨郡(村の休み日)・玉名郡(祭日をも言う)

→きゅうじつ（休日）・やすみ（休）

きゅうぎょう【休業】 ＊うらつけ(祭礼や節句の翌日も休業すること) 新潟県岩船郡 富山県東礪波郡「祭りのうらつけじゃ」 徳島県 ＊おしめりしょーがつ(雨天の休業日) 埼玉県北葛飾郡 ＊かいこ(休業日) 石川県能美郡 ＊かみごと 福島県石城郡「なんでーきょーはかみごとであんめー(何です、今日は仕事が休みではないでしょうが)」 茨城県 栃木県 ＊ごどー 茨城県稲敷郡「朝酒はごどーのもとえ」 ＊しょーかどめ(「荘家止」か、また「商家止」か) 三重県度会郡 ＊とば 千葉県海上郡「とばをする」・夷隅郡 神奈川県三浦郡 ＊どんたく 宮城県登米郡 山形市周辺 茨城県稲敷郡 三重県度会郡・宇治山田市 島根県出雲・隠岐島「今日は家でドンタクだ」 ＊ひうり(奉仕作業のための一日の休業) 京都府葛野郡 ＊へーくろ 富山県砺波

→きゅうじつ（休日）

きゅうくつ【窮屈】 ＊ぎもっちなし 静岡県「寝たったら首がぎもっちなしだ」 ＊どぅーきくっつぁ(形容詞は「どぅーきくっつぁーん」。感動詞は「どぅーきくっつぁー」) 沖縄県石垣島

→きづまり（気詰）

□だ ＊あくばたい 青森県津軽「そんな所に座ってはあくばたい」 ＊あぐるしー 石川県 ＊いじー(身につけるものが肌になじまず窮屈だ) 宮城県栗原郡・玉造郡 ＊いじくらしー 青森県上北郡「カラーが小さくて首がいじくらしね」 ＊いずい(身につけるものが肌になじまず窮屈だ) 北海道 青森県上北郡 宮城県栗原郡・玉造郡 茨城県 ＊いたしー(着物などが窮屈だ) 広島県三次市 愛媛県大三島 ＊いたしくろしー(着物などが窮屈だ) 愛媛県大三島 ＊いちじらさん 沖縄県首里 ＊いばさーん 沖縄県石垣島・波照間島 ＊いばさい 鹿児島県喜界島 ＊いばさん 沖縄県宮古島・首里 ＊いばはーん 沖縄県小浜島 ＊いんずい・えんじー(身につけるものが肌になじまず窮屈だ) 岩手県気仙郡「着物が小さくていんずい」 ＊うずないー 島根県大原郡 岡山県苫田郡・小田郡 ＊えーつくて・えずきゃー・えずくてー・えつくてー(身につけるものが肌になじまず窮屈だ) 東京都八丈島 ＊えじ(身につけるものが肌になじまず窮屈だ) 青森県津軽 秋田県平鹿郡 ＊えじー 青森県 岩手県九戸郡 ＊えじくたい(身につけるものが肌になじまず窮屈だ) 宮城県栗原郡 ＊えず・えちこたい・えちょこたい(身につけるものが肌になじまず窮

屈だ）秋田県鹿角郡 *えずい（身につけるものが肌になじまず窮屈だ）青森県南部 岩手県紫波郡・気仙郡 宮城県「なんだかえずいや、寸法違ったんであんめか」 山形県 東京都八丈島・利島 神奈川県愛甲郡・津久井郡 新潟県佐渡 *えずっぽい（身につけるものが肌になじまず窮屈だ）福島県東白川郡 *えんずい（身につけるものが肌になじまず窮屈だ）山形県北村山郡 *おじない 島根県 *おじないー 島根県出雲 *おだこい・おだこしー（かさ張って窮屈だ）愛媛県「蒲団綿三貫匁も入れると随分おだこいものだ」 *かじくろしー 兵庫県 *ぎごちない 秋田県仙北郡「このものはせまくてぎごつねぁ」・河辺郡 *ぎごつけない 山形県東置賜郡・新庄市 *ぎごっちー 静岡県庵原郡 *ぎごっちない 栃木県芳賀郡 *きじめたい 岩手県 *きしんどい（窮屈で気が置ける）大阪市 徳島県「そんなきしんどいことはやめとかう」 *きずめたい 岩手県気仙郡・胆沢郡 宮城県石巻・仙台市 *きずめったい 岩手県下閉伊郡 宮城県栗原郡 *ぎっちまこい・ぎっつまこい 山形県「この靴、ぎっつまこくって、はけない」 *きぶい 群馬県吾妻郡 富山県東礪波郡「靴がきぶてはけん」 愛知県名古屋市 *きゅーくつい 茨城県久慈郡 静岡県榛原郡 熊本県下益城郡「きゅうくつかろが」 *きんく（窮屈であるさま）奈良県宇陀郡「あの人の前へ行ったらきんくでかなん（かなわない）」 *ぎんく・きんくつ（窮屈であるさま）兵庫県淡路島「あの家はぎんくな家じゃ」 *くーてぃなか 鹿児島県喜界島 *くちー 茨城県稲敷郡 群馬県碓氷郡 長野県佐久 *くつい 愛媛県（縛られてこわばった感じ） 熊本県玉名郡 鹿児島県 *くついか・くつーさい 鹿児島県 *くつぃさーん 沖縄県石垣島 *くつぃさん 沖縄県首里 *くっちー 茨城県稲敷郡 *くつらい 宮崎県都城 *くとぅーさい 鹿児島県喜界島 *げごわい・げごわない 三重県名賀郡「こんなげごわい靴いらんわ」 *けむしゃ（長上の面前で窮屈な思いをすること）熊本県 *こーじく（窮屈でやかましいさま）和歌山県海草郡・伊都郡「こうじくな思ひする」 広島県佐伯郡 愛媛県 *こーちく（窮屈でやかましいさま）三重県伊勢 *こわくるしー・こわくろーしー 福岡市 *ししくりいたしー・せせくりいたしー（何となく窮屈で不快だ）愛媛県大三島 *せちこい・せちこちない・せつなこい（狭くて窮屈だ）茨城県稲敷郡 *せつぐるしー 大分県宇佐郡 *せつくるしか 長崎市「洋服ばきっとせつくるしゅーてこまる（洋服を着ると窮屈で困る）」 *せつくろし・せつろし 香川県 *せつくろしー 兵庫県淡路島「せつくろしーなー、もっとそっちー寄ってもらえんか」 徳島県 香川県仲多度郡 愛媛県 *せつこしー・せつころしー・せつろこい・せつろこしー 愛媛県 *せつない 茨城県稲敷郡 千葉県・印旛郡 静岡県志太郡 福岡県 長崎県長崎市・伊王島 熊本県玉名郡「四畳半せつなか」 鹿児島県鹿児島郡・揖宿郡 *せつろい 和歌山県新宮 *せつろしー 滋賀県彦根 兵庫県淡路島 和歌山県「せつろしー家だ」 徳島県「四畳半一間で子育てしよるきん、せつろしー」 香川県 *せんちでやりつかう（非常に窮屈なことのたとえ）奈良県「せんちで槍つかうよう」 *そそくろしー（狭くて窮屈だ）高知県土佐郡 *つつこしー 愛媛県松山「此の部屋はつつこしい」 *つつしー（衣類が窮屈で短い）兵庫県淡路島 高知県幡多郡・高知市「着物がつつしいとみともない」 *つまい 長野県諏訪・上伊那郡 徳島県・美馬郡 *つまごみ 山形県東田川郡「入れものが小さくてつまごみ」 *つもい 岐阜県「足袋が小さくてつもい」 愛知県 徳島県那賀郡 *どぅーんぐりしゃーん 沖縄県石垣島 *どぅんぐりさん 沖縄県竹富島 *はばたい（衣服などが窮屈だ）埼玉県川越・入間郡 *ふずまい（窮屈な思いをすること）新潟県佐渡 *やぜくるしか 長崎市

きゅうけい【休憩】 *かたやすめ 兵庫県加古郡 島根県出雲 *くも 宮城県登米郡 *じきやすみ（食後の休憩）新潟県佐渡 香川県三豊郡 *たばくぬーり 鹿児島県奄美大島 *たばこあがり・たばこすき 新潟県佐渡 *たばこどき 新潟県佐渡 山口県長門 *たばこやすみ 山形県 *たんべ・たんべー（共同で作業をする時の休憩）兵庫県神戸市「もうたんべーにせんか」 *だんやすみ（仕事の一段落ごとに設ける休憩時間）香川県綾歌郡「村普請はだんやすみが長いきん、骨休みになる」 *なかたばこ（中間の休憩）島根県大原郡・隠岐島 *なかま 富山県・射水郡「なかまにする」 *にばんたばこ（昼食後二時間くらい経て、休憩すること）島根県邑智郡 *ひとのし 栃木県日光市・安蘇郡「ひとのしすべー」 *ひるからたばこ（午後の休憩）島根県美濃郡・益田市 *ゆくい 沖縄県首里・石垣島 *よかい 大分県東国東郡 *よく 鹿児島県肝属郡「よくなし（休みなし）」 *よくい 宮崎県 鹿児島県 *よくいー 福井県浮羽郡 大分県大分郡 *よけー 福岡県三潴郡・浮羽郡 熊本県宇土郡 *よこい 福岡市 熊本県 大分県 ↓きゅうそく（休息）・きゅうよう（休養）・やすみ（休）

□**する** *かしがる（昼食後などに休憩する）新潟県佐渡「少しかしがって下さい」 *かたがる 富山県砺波 新潟県佐渡 *どぅぐん 沖縄県与那国島 *どのーる 岩手県九戸郡「少しどのおってから行こう」 千葉県香取郡「疲れたからどのーる」 *どのる 岩手県江刺郡 福島県岩瀬郡 *やくーん 沖縄県黒島 *やごう 鳥取県東部 *ゆーくん 沖縄県鳩間島 *ゆーゆん 鹿児島県沖永良部島 *ゆくいん 沖縄県中頭郡 *ゆくー 佐賀県藤津郡 沖縄県 *ゆくーゆん 沖縄県首

里・那覇市 *ゆくーん 沖縄県宮古島 *ゆくゆい 鹿児島県喜界島 *ゆくゆん 鹿児島県喜界島・徳之島 沖縄県首里 *ゆこーん 沖縄県石垣島・小浜島 *ゆっくいん 沖縄県島尻郡 *よーほーん 沖縄県新城島 *よーん 沖縄県竹富島 *よがしん 沖縄県波照間島 *よく 鹿児島県 *よくー 佐賀県 大分県西国東郡 宮崎県日向 鹿児島県 *よこう 福岡県「ま、いっときー、まー、よこーちょくれー(もうしばらく、まあ休んで下さい)」 長崎県 熊本県 大分県「まーゆっくりよこいなりー」 宮崎県 鹿児島県薩摩・宝島

きゅうげき【急激】 ⇩いそぎ（急）・きゅう（急）

きゅうじつ【休日】 *あすひ 福島県会津「きょーは村さだめのあすひだー」 千葉県安房 *あすび 栃木県 *あすびし 山形県村山 新潟県中頸城郡 *あすびひ 埼玉県入間郡 富山県東礪波郡 岐阜県郡上郡 愛知県東春日井郡 *あすびび 山梨県南巨摩郡 長野県佐久 *おさなぶり(農家の公休日) 宮城県本吉郡 *おしょーがつ 山梨県 *かたやすみ 石川県江沼郡 京都府竹野郡「雨が降るしかたやすみにしようかい」 島根県 *かたやすめ 島根県出雲 *かみごと 福島県石城郡「なんでーきょーはかみごとであんめー(何です、今日は仕事が休みではないでしょうが)」 茨城県 栃木県 *きやすみ 奈良県南部 *きゅーすえび(「特に灸(きゅう)を据える日と定められた日」から。二月二日、五月二日とされる) 長崎県南高来郡 *こひやい 鹿児島県肝属郡 *さなぶり 宮城県栗原郡「次のさなぶりには仙台さ行って」・玉造郡 *しょーがつ 埼玉県川越 千葉県印旛郡「今日はしょうがつだ」・東葛飾郡 神奈川県 新潟県北蒲原郡 静岡県志太郡 *とき 宮崎県西諸県郡・東諸県郡 *ときび 宮崎県西臼杵郡・東諸県郡 *とつび 宮崎県西諸県郡 *どんたく 青森県三戸郡 福島県北部 神奈川県津久井郡 新潟県佐渡 三重県度会郡 滋賀県蒲生郡 大阪市 島根県石見 岡山県小田郡 広島県高田郡 香川県 高知県 福岡市 長崎県五島 熊本県下益城郡 鹿児島県 *ひいみ 静岡県磐田郡 *ひずくし 京都府 *ぼん 富山県砺波 石川県 *まつたて 宮城県加美郡 *ものび 茨城県鬼怒川辺 *もんび 兵庫県神戸市 奈良県 和歌山県・西牟婁郡・和歌山市 香川県「ひまなんはもんびやあんなときだけや」・三豊郡 *もんぴ 愛知県名古屋市 *やいこ 石川県能美郡 *やくび 栃木県安蘇郡 *やしこ 石川県 *ゆれーる 福島県南会津郡 *よくい 宮崎市 *よけび 熊本県 *よこい 福岡県粕屋郡 熊本県球磨郡(村の休み日)・玉名郡(祭日をも言う)

↓きゅうか（休暇）・きゅうぎょう（休業）・やすみ（休）

きゅうす【急須】 *きびしきちゅっかー・きびしゅちゅっか・きびしゅちゅっかー・ちゃーちゅっか・ちゃーちゅっかー・ちゅっか 沖縄県新城島 *しゅかー・すかー 鹿児島県喜界島 *しゅっかー 沖縄県竹富島 *じょか 熊本県宇土郡 *すーっか 沖縄県黒島 *すがー 沖縄県与那国島 *すっか 沖縄県鳩間島 *ぞっか 沖縄県波照間島 *ちゃか・ちゃちょか 鹿児島県 *ちゃこし 長野県南佐久郡 奈良県南大和 和歌山県那賀郡 徳島県・美馬郡 *ちゃじょか 熊本県球磨郡 宮崎県西諸県郡・都城 鹿児島県 *ちゃだし 新潟県佐渡 徳島県 長崎県南高来郡 *ちゃだん 佐賀県藤津郡 *ちゃつぼ 長崎県対馬 *ちゅーか 鹿児島県沖永良部島・与論島 沖縄県国頭郡・宮古島・伊江島・中頭郡 *ちゅーかー 沖縄県国頭郡・中頭郡・首里 *ちゅか 鹿児島県奄美大島・沖永良部島 *ちゅかー 鹿児島県島嶼部 *ちゅきゃ 鹿児島県与論島 *ちゅっかー 沖縄県八重山 *ちょか 長崎県 熊本県 宮崎県 鹿児島県 *ちょこ 長崎県南高来郡 *ろくべー(素焼きの大形のきゅうす) 滋賀県愛知郡 和歌山市

きゅうそく【休息】 *かたやすめ 兵庫県加古郡 島根県出雲 *しまいたばこ(その日の仕事を終える前の休息) 島根県 *しまいたぼこ(その日の仕事を終える前の休息) 島根県那賀郡・鹿足郡 *すどき 宮崎県 *ちょーはい(他所へ行って休息してくること) 岐阜県飛騨 *どーぐなおし(道普請や山林作業などで、休息すること) 岡山県苫田郡 *どんたく 宮城県登米郡 山形市周辺 茨城県稲敷郡 三重県度会郡・宇治山田市 島根県出雲・隠岐島「今日は家でドンタクだ」 *なかま 富山県・射水郡「なかまにする」 *はかあがり 岩手県上閉伊郡 *ほびおい(夕方前の休息) 島根県邑智郡 *やぶいり(特別な働きをした後の休息) 大阪市「藪入りにあしたは芝居でも見に行こか」 *ゆくい 沖縄県首里・石垣島 *よかい 大分県東国東郡 *よく 鹿児島県肝属郡「よくなし(休みなし)」 *よくい 宮崎県 鹿児島県 *よくいー 福井県浮羽郡 大分県大分郡 *よけー 福岡県三潴郡・浮羽郡 熊本県宇土郡 *よこい 福岡市 熊本県 大分県

↓きゅうけい（休憩）・きゅうよう（休養）・やすみ（休）

□する *いきいれる・いきする 兵庫県加古郡 *いきをいれる 島根県 *およる 東京都八丈島「およりやれ」 *こしにする・こしをいれる・こしをのす 島根県邑智郡「しばらく植えるとこしをいれる」 *ながまる 秋田県鹿角郡「少しながまって行け」

きゅうよう【休養】 *しょんくび 長野県佐久 *やこう(休養する) 島根県出雲・隠岐島「病気してやこっちょる」 岡山県苫田郡「年が年じゃけん、やこうとりんさいよ」

↓きゅうけい（休憩）・きゅうそく（休息）・やすみ（休）

きゅうり【胡瓜】 *あおうり 京都府 *あかい

たち（成熟して黄褐色になったキュウリ）奈良県 ＊いたちうり 愛知県海部郡 ＊いぼうり 長野県一部 ＊うい 鹿児島県与論島 沖縄県本島 ＊うり 青森県一部 岩手県九戸郡 秋田県一部 群馬県多野郡 埼玉県秩父郡 東京都一部 新潟県一部 山梨県 長野県一部 岐阜県一部 静岡県磐田郡 愛知県一部 奈良県吉野郡 和歌山県一部 広島県芦品郡 徳島県美馬郡 愛媛県一部 高知県一部 宮崎県一部 ＊うるい 岐阜県飛驒 ＊かけろきゅーり（曲がりくねったキュウリ）青森県三戸郡 ＊かこきゅーり 青森県上北郡 ＊からうり 岐阜県一部 ＊きゅーりばほー（大形のキュウリ）福岡市 ＊つけもんうり 宮崎県一部 ＊つびきゅーり（うらなりのキュウリ）新潟県 ＊へぼ（若いキュウリ）群馬県勢多郡 ＊みずうり 長野県佐久

きよう【器用】 ＊はつめ 新潟県東蒲原郡 富山県砺波 ＊はつめー 新潟県・東蒲原郡・中頸城郡 富山県砺波 兵庫県加古郡 広島県高田郡 香川県

□なさま ＊きはつ 香川県三豊郡 ＊こーしゃ 新潟県佐渡「仕事はこーしゃだ」 富山県砺波 岐阜県飛驒・郡上郡 三重県阿山郡・名賀郡 島根県「あの人は何をさせてもこーしゃな」 岡山県苫田郡 広島県比婆郡 香川県 ＊こーしゃー 新潟県佐渡 ＊こでがえるぐ（器用だ）島根県出雲市・能義郡「こでがえるがんけん、なかなか直らん」 ＊こてがきく（器用だ）愛知県名古屋市 島根県出雲「こでがきかん」 ＊こでがまわる（器用だ）島根県出雲市・簸川郡 ＊しこぶつ 石川県能美郡 ＊ていぐま 沖縄県首里 ＊てがいしょ（手先の器用さ）岐阜県益田郡・郡上郡「てがいしょがある（器用だ）」 ＊てがきく（器用だ）島根県「あの人は手がきいとる」 ＊てこごしー（手先が器用だ）新潟県佐渡「てこごしい人」 ＊てぜか・てぜかん 長崎県壱岐島「てずぇかな」 ＊てにあぶらがある（手先が器用だ）青森県津軽 ＊てぶくす・てぼこす（手先の器用さ）山形県南村山郡・東田川郡「俺はてぼこす悪くて、書けない」「あの人てぼこすが良い」 ＊てふし 長崎県壱岐島 ＊ぱからさ（形容詞は「ぱからさーん」）沖縄県石垣島「ぱからさーねーぬ（不器用だ）」 ＊へごま 青森県「へごまに働ぐ」 ＊ぼっちがきく（手先が器用だ）福島県会津「ぼっちがきく人だ」

□な人 ＊うつわもの（器用な婦人）富山県高岡市 ＊きれんしゃ 三重県名賀郡 ＊こーしゃ 新潟県佐渡 富山県砺波 岐阜県飛驒・郡上郡 三重県阿山郡・名賀郡 島根県 岡山県苫田郡 広島県比婆郡 香川県 ＊こーしゃー 新潟県佐渡 ＊こーしゃもん 三重県名賀郡 ＊ずくしゃ 山形県東田川郡 新潟県岩船郡 ＊たくみ・たくみさま 岐阜県飛驒「あんたはよっぽとたくみですなあ」 ＊てきき（手先の器用な人）山形県西置賜郡 富山県砺波 三重県名張市 香川県大川郡 宮崎県東諸県郡 ＊てごーしゃ（手先の器用な人）新潟県佐渡 ＊てごしゃ（手先の器用な人）三重県名賀郡 ＊てしゃ 山形県東置賜郡 岐阜県飛驒 島根県「あの人は何をさせてもてしゃだ」 長崎県対馬 ＊てしょ 島根県隠岐島 ＊てどさ 岩手県九戸郡・気仙郡 ＊てどしゃ 青森県三戸郡「裁縫も料理も上手であの人は何させてもてどしゃだ」 岩手県気仙郡 ＊どーぐまち（なんでもこなす器用な人）島根県出雲 ＊ひゃずごーしゃ 新潟県佐渡

きょう【今日】 ＊きょーいつ（今日あたり）長野県 ＊きょーび 長野県上伊那郡「きょーびの遠足は大当りだ」 鳥取県 大分県大分郡（商人の語） ＊きょーら 和歌山県東牟婁郡 香川県「きょうら、いかなんだやろ」 ＊きょーり 徳島県美馬郡 ＊しゅー 沖縄県与那国島

きょういく【教育】 ＊いーならーし（動詞は「いーならーしゅん」）沖縄県首里 ＊うしー 沖縄県首里「うしーがた（教育法）」 ＊しいれ 山形県西置賜郡「しいれする」 新潟県佐渡「あの娘はしいれがある」 香川県三豊郡 ＊しいれる（教育する）新潟県佐渡 山梨県南巨摩郡「子供はぬこい（小さい）をりっから厳格にしいれるがよい」 長野県西筑摩郡 三重県志摩郡 徳島県 香川県仲多度郡 ＊しみせ 香川県三豊郡「しみせしてをく」 ＊ならーし 沖縄県首里

きょうかい【境界】 ＊あいさ 千葉県山武郡 ＊あいめ 三重県南牟婁郡 ＊あじ（田畑山林などの境界）鹿児島県喜界島 ＊あず（田畑山林などの境界）東京都大島・御蔵島 ＊あぞ・あど（田畑山林などの境界）東京都大島 ＊さいしょー 和歌山県有田郡 ＊さいめ（土地の境界）三重県一志郡 奈良県 和歌山県 ＊さいめん（土地の境界）北海道「さいめん破り（境界侵犯）」 大阪府南河内郡 奈良県南大和「松平家と西家のさいめん」 和歌山県海草郡・西牟婁郡 香川県小豆島 ＊じさき（土地の境界）山形県北村山郡「づさぎあらそい（土地境界の争い）」 ＊せっきり 宮崎県延岡市 ＊せりきり・せきり 長崎県対馬 ＊だため 長崎県壱岐島「だためが分らん」 ＊はんざい（山林などの境界）三重県名賀郡 奈良県南大和・吉野郡 ＊はんざいこ（山林などの境界）奈良県吉野郡 ＊はんざいめ（山林などの境界）奈良県南大和

→さかい（境）

きょうかつ【恐喝】 ＊ぐずり（かってな理由をつけて恐喝すること。また、恐喝者）島根県 ＊けんつく 山口県阿武郡 ＊びしゃ 宮城県栗原郡 茨城県鹿島郡 ＊びじゃ・ぴしゃ 栃木県 ＊もがいくい 鹿児島県肝属郡

□する ＊おしょくわせる 秋田県河辺郡 ＊すくめる 島根県「行ってはいけんとすくめた」「一言も言われんように言いすくめた」 ＊どやしつける 静岡県志太郡 島根県 ＊どやす 茨城県行方郡・真壁郡 千葉県安房郡 静岡県志太郡 奈

良県吉野郡 *むなたぐらとる 福岡市

ぎょうぎょうしい【仰仰】 *おどつけない 石川県金沢市 *からからしー 新潟県佐渡「かすりきずではないか、あんまりからからしいぞ」 *ぎょーたたしー 新潟県西蒲原郡 *ぎょーただしー 新潟県 *さぎたましー 長崎県対馬 *さだけない 新潟県中頸城郡 *そーましー 愛知県名古屋市 *そがましー 宮崎県東諸県郡 *そがらし 鹿児島県 *そっがらし 鹿児島県鹿児島郡 *はばしー 大分県南海部郡

→おおげさ（大袈裟）

きょうさく【凶作】 *けかし 長崎県壱岐島 *けかち 北海道釧路 青森県津軽・三戸郡「ひでりにけかちなし（ことわざ）」 宮城県栗原郡・登米郡 秋田県 山形県庄内 新潟県佐渡・岩船郡 石川県鳳至郡・羽咋郡 福井県大飯郡 長野県北安曇郡 岐阜県郡上郡 静岡県磐田郡「けかちどし（凶作年）」 愛媛県東宇和郡 長崎県壱岐島 大分県北海部郡・玖珠郡 *けかつ 青森県 岩手県 山形県 長野県北安曇郡 熊本県玉名郡 *ちがい 東京都八王子「ちげーどし（不作の年）」 *ふどぅき 沖縄県石垣島・新城島 *ほーせん（凶作や災害） 長崎県南高来郡 *よなかはずれ 秋田県鹿角郡 →ふさく（不作）

□の年 *ちがいどし 東京都八王子 *はずれどし 群馬県勢多郡 長野県諏訪 *やーさどぅし 鹿児島県喜界島 *やくどし 三重県志摩郡 *よさどぅし 鹿児島県奄美大島

ぎょうしょう【行商】 *あーき 島根県大根島 *あきない 千葉県夷隅郡「ちょっとあきないに行って来る」 新潟県東蒲原郡 香川県「あきないする」 *しょいあきない 宮城県仙台市 山形県 新潟県中頸城郡 *しょいこあきない 青森県三戸郡 岩手県上閉伊郡 宮城県石巻 山形県 *であきない 熊本県玉名郡

ぎょうしょうにん【行商人】 *あきうど 大分県大分郡 *あきない 山形県 千葉県東葛飾郡 新潟県東蒲原郡 熊本県 *あきないどん・あきねどん 熊本県天草郡 *あきないにん 新潟県佐渡 佐賀県唐津市 熊本県阿蘇郡・天草郡 *あきにゃどん 熊本県菊池郡 *あぎねしょ 山形県飽海郡・東田川郡 *あきゅーど 熊本県 *あきんぞ 鳥取県西伯郡 *あきんど 北海道 青森県 岩手県上閉伊郡・気仙郡 千葉県房州 新潟県佐渡・東蒲原郡 山梨県南巨摩郡 長野県佐久 静岡県 三重県伊賀 兵庫県赤穂郡 鳥取県 島根県 岡山県真庭郡 広島県高田郡 香川県 愛媛県周桑郡 高知県幡多郡 熊本県 大分県 *いっかあきない 三重県上野市 *いっかだる 大分県北海部郡 *いっかめごいにゃー 佐賀県藤津郡 *いっかめごかつぎ 熊本県玉名郡 *いないうり 三重県志摩郡 長崎県西彼杵郡 熊本県天草郡 *うりこ 三重県名張市 *うりこはん 三重県名張市 *うりやさ 長野県上伊那郡・下伊那郡 *うりやさん 三重県阿山郡 *うりやはん 三重県名賀郡 *おいうり 香川県伊吹島 *おいねうり（荷を背負って歩くところから） 愛知県名古屋市 *かごしょい 青森県上北郡 *がごもち 広島県鷺島 *かずきあきない 新潟県東蒲原郡 *かずきうり 青森県上北郡・八戸郡 *かたぎ 広島県安芸郡 徳島県 愛媛県 *かたげあきない 新潟県東蒲原郡 熊本県阿蘇郡 大分県 *かたげうい 鹿児島県・肝属郡 *かたみあちねー 沖縄県首里 *かつぎ 青森県三戸郡 山形県米沢市 新潟県東蒲原郡 島根県石見 *かつぎや 新潟県東蒲原郡 *かれーあきねー（日用品を背負って農村を回る行商） 長崎県壱岐島 *かんずき 青森県南部 *こいえもの（野菜の行商人） 京都府 *こかた 三重県志摩郡 *ごきうりにん 香川県三豊郡 *こつま 三重県名張市 *こつまあきんど 奈良県南大和 徳島県 *ざいごせり 静岡県磐田郡 *ざるかたげ 大分県北海部郡 *ざるふり 岐阜県大垣市 三重県伊賀 奈良県 岡山県真庭郡（資本の小さい行商人）・邑久郡 徳島県 *ざるふりあきんど 鳥取県気高郡 *さんびゃくたべと（少ない資本で安価な品ばかりを扱う行商人） 新潟県西蒲原郡 *しっちょい 長野県南佐久郡・佐久 *しもぜおなご（南の地方から来る行商女） 宮崎県日向市 *しょいあきない 山形県東田川郡 *しょいあきんど 山形県 長野県南佐久郡 *しょいうりじー 東京都八丈島 *しょいこ 宮城県石巻 山形県 新潟県東蒲原郡 *しょいこあきない 秋田県仙北郡・鹿角郡 山形県 *しょいこあきんど 岩手県和賀郡 山形県 *しょいっこ・そえっこ 岩手県気仙郡 *しょいっこあきない 岩手県気仙郡 *しょいぽてー 長野県諏訪 *しょーばいにん 三重県志摩郡 *せおい 大阪市 *せおいうり 奈良県南大和 和歌山県那賀郡 *そえこ 青森県津軽 *たびあきねー 山形県庄内・西置賜郡 *たびあきんど 山形県 三重県志摩郡 大分県 *たびと（他国から来る行商人） 新潟県佐渡 *たべと（他国から来る行商人） 青森県 新潟県 *ちゃぽー（茶の行商） 長野県下伊那郡 *つずらおい（反物の行商人） 新潟県佐渡 *つっかけあきない 福岡市 熊本県阿蘇郡・鹿本郡 *つっかけあきゅーど 福岡県朝倉郡 *であきない 三重県上野市・志摩郡 熊本県 *であきないにん 大分県大分市・大野郡 *であきんど 三重県志摩郡 広島県高田郡 香川県丸亀市 熊本県 大分県直入郡 *でうりにん 大分県大野郡 *どーりしょーにん 三重県志摩郡 *とりうり 三重県上野市 *ながばこ（長い箱を背負っているところから、小間物の行商人） 長野県更級郡 愛知県北設楽郡 *にないうり 三重県志摩郡 *ひきうり 群馬県山田郡 *ひっちょい 静岡県小笠郡 *ひとしょえあきない 山形県東置賜郡 *ふごうりあきんど（資本の大きい行商人。資本の小さい行商人を「ざるふり」と言うのに対する） 岡山県真庭郡 *ふり 徳島県 *ふろしきしょい 長野県諏訪 *ぽて 栃木県上都賀郡・芳

賀郡　愛知県南設楽郡　*ぼてうり 愛媛県伊予三島市・松山「ぼてうりが売りに来る」　*ぼてー 山梨県　長野県諏訪「お祭にぼてーが来る」　*ぼてかき 山形県米沢市　*ぼてふり（椎茸（しいたけ）、麻などを買い集めに来る行商人）愛知県北設楽郡　*ぼてや・ぼてん 三重県志摩郡　*まごし（馬で物資を運ぶ馬方。また、転じて、その荷主や馬を使わない行商人）岩手県気仙郡　*めごいない 熊本県球磨郡・芦北郡　*めごいにゃ 熊本県天草郡　*めごいにゃー 熊本県　*めごいね 熊本県芦北郡　*ゆき 奈良県吉野郡　*ゆたんおい 広島県芦品郡　*らおしかえ（キセルのラウをすげ替える行商人）愛知県名古屋市　兵庫県加古郡　香川県　*らおしかえや（キセルのラウをすげ替える行商人）大阪市

薬の□　*おいちに（「おいちに、おいちに」と号令を合いの手に入れながら手風琴を弾いて売り歩いたところから）香川県　*ごんたんうり（「はんごんたんうり（反魂丹売）」の略）富山県砺波郡　*ごんたんや 岐阜県北飛驒　*とやま・とやまさん 青森県三戸郡　*ほんけ（「本家は讃岐の高松市」と歌って歩いたところから）青森県三戸郡

魚の□　*あさうり（鮮魚の行商人）島根県那賀郡・江津市　*あねこ（魚や野菜などを売り歩く行商の女）新潟県佐渡　*いおうい 鹿児島県硫黄島・鹿児島郡　*いおういさん 長崎県彼杵付近　*いおういどん 熊本県芦北郡　*いおうり 長崎県南高来郡・西彼杵郡　熊本県天草郡　*いおうりどん 熊本県　*いさば 青森県津軽・南部　岩手県　秋田県鹿角郡　千葉県海上郡　新潟県　山梨県西山梨郡・南巨摩郡　*いさばうり 岩手県磐井　山形県東田川郡　岐阜県飛驒　*いさばや 青森県　岩手県　宮城県仙台市・栗原郡　山形県　福島県　千葉県安房郡　愛知県北設楽郡　*いさわうり 富山県　*いただき（魚などの海産物を容器に入れ、頭に載せて売り歩く行商女）石川県羽咋郡　徳島県　香川県　愛媛県宇和島市　*いただきさん（魚などの海産物を容器に入れ、頭に載せて売り歩く行商女）香川県　*いゆうやー 沖縄県首里　*いゅうりや 鹿児島県奄美大島　*おくいき 和歌山県西牟婁郡・田辺市　*おたた（女）愛媛県・松山　*かずきこ（女）岩手県上閉伊郡　*かごもち 和歌山県西牟婁郡　*かたぎ 新潟県東蒲原郡　広島県下蒲刈島・安芸郡　山口県浮島　*かたね（女）石川県鳳至郡　*かつぎっこ（女）岩手県気仙郡　*かつね 新潟県西頸城郡　*こざ 愛知県名古屋市　*さいっと（女）千葉県安房郡　*さかなあきんぞ 鳥取県西伯郡　*さかなかたぎ 香川県広島　*さかなぼて 愛知県知多郡　*ざりふり・ざっふり 島根県隠岐島　*ざる 岡山県北木島　香川県小豆島（男）　*しが 山口県　筑前（女）　豊前（女）長崎県壱岐島　*しゃー（女）大分県豊後　*じょーがた 愛媛県佐木島　*すけご 新潟県　*せんば（鮮魚の行商人）滋賀県栗太郡・神崎郡　*てぐり 岡山県北木島　香川県（女）　*てんぐり 香川県　*ばらいかつぎ（「ばらい」は「びく」の意）島根県美濃郡・益田市　*ばらいねあ（「ばらにない」の転）長崎県西彼杵郡　*ぼーてふり（男）千葉県安房　*ぼーらっぷり（「ぼーら」は竹かごの意）静岡県・安倍郡・志太郡　*ぼて 栃木県上都賀郡・芳賀郡　千葉県夷隅郡　神奈川県江の島　静岡県焼津・浜名郡　和歌山県西牟婁郡・日高郡　島根県石見・鹿足郡（よそ者に限って言う）　鹿児島県肝属郡　*ぼてー 千葉県安房　東京都八丈島　神奈川県相模　静岡県　*ぼでー 茨城県　*ぼてーふり 千葉県安房郡　*ぼてかつぎ 新潟県東蒲原郡　*ぼてふり 栃木県上都賀郡・芳賀郡　千葉県・夷隅郡（男）　新潟県東蒲原郡　岐阜県加茂郡　滋賀県　島根県石見　*ゆおうっどん 熊本県天草郡　*りょーがた 広島県因島　愛媛県向島

きょうそう【競争】　*あいき 熊本県「あいきする」　*あほりっこー 静岡県　*あらがーい・あらがーえー・あらがー 沖縄県首里　*いきあい 香川県小豆島「浮いてむこうへいきやいせんか」　*いきはり 東京都三宅島「まだ子供だからおもしれくて。やっぱりいきはりだい」　*がっせき 大分県日田郡　*がんじょー 長野県東筑摩郡「どっちが早いかがんじょーしよう」　*きしでー 沖縄県石垣島「きしでーしん（競う）」　*ぎしやい 石川県鳳至郡　*ぎみあい 富山県砺波　石川県石川郡・金沢市　*ぎんみゃい 富山県・富山市　*くっちょー 大分県日田郡「走りくっちょー」　*しあいこ 島根県益田市　*しやこ 島根県出雲「勉強のしやこしょーや」　*しゅーぶ 沖縄県首里　*せーくらご 広島県倉橋島　*せりあい 東京都三宅島　*せりくら 長崎県　*せりこ 島根県隠岐島　*そえくりやい 高知県幡多郡　*はりひき 奈良県吉野郡　*やらう 秋田県雄勝郡　*やりげこ 青森県上北郡

→きそう（競）

□する　*あらがーゆん 沖縄県首里　*いきよう 島根県益田市　*ぎしむ 兵庫県加古郡「ぎしんみゃう」　香川県小豆島　*さかてんぼつく 岐阜県飛驒「いくらさかてんぼついても叶わん」　*しごく 香川県小豆島　*せぎゃう 香川県「みんなせぎゃいで勉強する」　*せる 兵庫県明石郡　奈良県　広島県比婆郡　*ぜる 長崎県諫早市　熊本県　*よせろう・いせろう 兵庫県加古郡

きょうそう【競走】　*いそっぐりゃ（「急ぎっくら」の転か）長崎県南高来郡　*いそっぐろー（「急ぎっくら」の転か）熊本県天草郡　*かーけくろー 千葉県海上郡　*かいどかいど（片足跳びでする競走）高知県幡多郡　*かきつぃきっくなー 沖縄県石垣島　*かけーやこ 島根県八束郡　*かけくさご 岩手県気仙郡　*かけくら 和歌山市　熊本市　*かけくらご 鹿児島県　*かけくらごー 島根県石見　山口県阿武郡　*かけくりゃー 熊本県芦北郡

*かけぐろ 長崎県彼杵 *かけぐろー 佐賀県 *かけごく・かけこぐら 大分県北海部郡 *かけごろ 佐賀県藤津郡 *かげころ 千葉県印旛郡「かげころやるべや」 *かけじょこ 青森県津軽「さあ駈けじょこしようが」 *かけっころ 茨城県北相馬郡・真壁郡 *かげっころ 千葉県印旛郡 *かけっりやい・かけやいこ 香川県 *かけやこ 島根県出雲「おらも娘んこうは組一番のかけやこの名人だったけんね」 *かけらかしこー 島根県能義郡 *かけりあい 香川県高松市 *かけりがえこ 山口県大島 *かけりがち 香川県 *かけりきょーそー 岡山県苫田郡 *かけりくらご 広島県能美島・倉橋島 大分県大分郡・玖珠郡 *かけりぐらごー 島根県石見 *かけりくりゃ・かけりぐりゃ 長崎県南高来郡 *かけりくれやえぼ 島根県隠岐島 *かけりこ 島根県 *かけりご 長崎県南高来郡 *かけりこー 島根県 広島県比婆郡 *かけりごー 山口県阿武郡 *かけりごく 岡山市 香川県 *かけりごっこ 島根県鹿足郡・隠岐島 岡山県 *かけりこば 香川県 *かけりっくら 群馬県勢多郡 *かけりっこ 群馬県 *かけりっこー 島根県邑智郡 *かけりばく 香川県 *かけりばけ 香川県・小豆島 *かけりぼく 香川県小豆島 *かけりやい 香川県 *かけりゃいこ 島根県石見 *かけりやいこ 鳥取市 島根県鹿足郡・益田市 *かけりやいごく 香川県 *かけりやえこ 岡山市 *かけりやえこー 岡山県小田郡 *かけりやこ 島根県八束郡 岡山県小田郡 *かけりんがつ 香川県小豆島 *かげるっこ 秋田県仙北郡 *かっけらかしこ 島根県大田市 *かっけりごー 山口県阿武郡 *くいごく(早食い競走) 香川県三豊郡 *ごっこ 福岡県企救郡 *しごくら(子供がお使いに行く時に競走すること) 大阪府泉北郡 *せーくらご 広島県倉橋島 *そえくりやい 高知県幡多郡 *だがはよ 熊本県玉名郡 *とばかしこ 島根県邑智郡 *とびぎょ 熊本県下益郡 *とびきょーそー 新潟県佐渡 *とびくらい 熊本県阿蘇郡・下益城郡「とびくりゃしゅい(かけっこしましょう)」 *とびぐらい 岐阜県恵那郡 *とびくらいご 熊本県阿蘇郡 *とびくらご 長崎県佐世保市 *とびごくら 新潟県中頸城郡 *とびっくら 群馬県碓氷郡 東京都八王子・三宅島・御蔵島 神奈川県足柄下郡・津久井郡 新潟県糸魚川市「とびっくらせんか」・中頸城郡 山梨県 長野県諏訪・佐久 静岡県志太郡・島田市 *とびっこ 群馬県 埼玉県秩父郡 東京都八王子・三宅島 神奈川県津久井郡 山梨県・南巨摩郡 長野県 静岡県 *とびっこー 静岡県島田市・磐田郡 *とびっこら 長野県佐久 *とびやっこ 岐阜県恵那郡 *どびやっこ 静岡県磐田郡 *とびやっこー 静岡県榛原郡 *とぶぐらい 長崎県南高来郡 *とぶごくらえ 富山県下新川郡 *とんこ 島根県 *とんこー 島根県出雲 *とんやこ 島根県仁多郡・能義郡 *はーえーしゅーぶ 沖縄県首里 *はいごく 香川県 *はけげこ 青森県南部 *はけじょこ 青森県津軽 *はしーくらご 鹿児島県揖宿郡 *はしーぐらご 鹿児島県 *はしーくらべ・はしーくれご 鹿児島県揖宿郡 *はしーごた 熊本県 *はしーばんこ 鹿児島県始良郡 *はしぐりやい 三重県南牟婁郡 *はしっじゃい・はしっらーい 香川県 *はしっりやい 三重県北牟婁郡 香川県 *はしらんこ 石川県能美郡 *はしり 滋賀県彦根 京都府 大阪府泉北郡 *はしりあい 富山県高岡市 香川県 *はしりあいこ 香川県 *はしりがいこ 岐阜県飛騨・郡上郡 *はしりがいち 岐阜県武儀郡・飛騨 *はしりがち 岐阜県北飛騨 和歌山県東牟婁郡・新宮 *はしりがつ 香川県小豆島 *はしりがっち 熊本県 *はしりかっちょ 新潟県西頸城郡 *はしりがっちょ 熊本県 *はしりがっちょー 新潟県佐渡 *はしりきょーそー 香川県高見島 *はしりぐた・はしりぐちゃ 熊本県天草郡 *はしりぐっちょ・はしりぐっちょー 福岡市 *はしりくら 山形県米沢市 熊本県 *はしりぐら 宮城県加美郡 三重県志摩郡 熊本県天草郡 *はしりくらご 熊本県 *はしりぐらこ 山形県東田川郡 *はしりくらべ 熊本県 *はしりくらぼ 熊本県八代郡・芦北郡 *はしりくらんご 熊本県 *はしりくらんぼ 熊本県下益城郡・八代郡 *はしりぐりゃ 熊本県天草郡 *はしりくりゃー 熊本県 *はしりぐりゃー 熊本県天草郡 *はしりぐろー 熊本県天草郡 *はしりくんにゃ 熊本県八代郡 *はしりこ 愛媛県 *はしりご 熊本県 *はしりごーく 岐阜県大垣市 *はしりごく 新潟県佐渡 福井県大野郡 岐阜県養老郡・飛騨 滋賀県犬上郡 京都府 大阪府大阪市・泉北郡 兵庫県加古郡・淡路島 和歌山県「あの山の際まではしりごくしないか」 徳島県 香川県 愛媛県 *はしりごくら 新潟県 滋賀県蒲生郡 京都市 和歌山県 長崎県南高来郡 熊本県 *はしりごくろ 長崎県対馬 *はしりごち 岐阜県飛騨 *はしりごちゃ 愛知県岡崎市 *はしりごっこ 新潟県佐渡 岐阜県飛騨 兵庫県加古郡 香川県 福岡県企救郡 *はしりごっちゃ 愛知県碧海郡 *はしりじゃっこ 秋田県山本郡 *はしりっか 山形県西置賜郡 *はしりっこら 山形県山形市・北村山郡 *はしりどく 香川県小豆島 *はしりなんご 新潟県北蒲原郡 *はしりばく 香川県豊島 *はしりばんこ・はしりびらこ 山形県西田川郡 *はしりびらんこ 山形県庄内 *はしりやい 富山県砺波 福井県遠敷郡 奈良県 徳島県 香川県高見島 愛媛県宇和島市 *はしりやいこ 岐阜県郡上郡 兵庫県但馬 鳥取県岩美郡 愛媛県松山 *はしりやこ 兵庫県但馬 *はしりゃっこ 石川県金沢市 佐賀県唐津市 *はしりやんこ 岐阜県郡上郡 *はすこら 山形県 *はすっくら 山形県北村山郡 *はすっこら 山形県 *はせあいこ・はせかいこ・はせくらいぼ・はせげこ・はせじょっこ 青森県南部 *はせくさご 岩手県気仙郡 宮城県栗原郡・石巻 *はせくら 宮城県・登米郡・玉造郡 *はせくら

いご 秋田県鹿角郡 *はせくらいぼ 青森県南部 *はせくらご 岩手県九戸郡・気仙郡 宮城県 *はせくらぼ 青森県南部 岩手県九戸郡 *はせくらんこ 岩手県上閉伊郡 *はせくれぼ 青森県 *はせじょーこ 岩手県九戸郡 *はせじょこ 青森県三戸郡 *はねくさご 岩手県気仙郡「あの人いづもはねくさごばりする」 *はねくは 山形県西置賜郡 *はねくら 山形県 福島県東白川郡 *はねくらご(「跳ねる」は駆けるの意) 岩手県気仙郡 *はねこんき 千葉県香取郡 *はねっくら 福島県東白川郡 東京都利島 *はねっこ 栃木県那須郡 *はねっこつら 栃木県那須郡・塩谷郡 *はねっこら 福島県相馬郡・東白川郡 *もくりばけ 香川県小豆島 *はやいがち 岐阜県養老郡 *はやいご 山口県 *はやいごー 山口県豊浦郡 *はやいごく 徳島県 香川県 *はやくらご・はやくりゃ 熊本県芦北郡 *はやくらび 熊本県阿蘇郡 *はやくらんべ 熊本県上益城郡 *はやくらんぼ 熊本県八代郡 *はやくり 千葉県夷隅郡 *はやごー 山口県玖珂郡 *はやごく 福井県敦賀郡 徳島県 *はやごくら 熊本県菊池郡 *はやごっちゃい 奈良県 *はやなんご 熊本県八代郡

きょうだい【兄弟】 *うっとぅすぃーじゃ・うとぅじゃんだ 沖縄県首里「とぅしぬ うっとぅすぃーじゃ(年上と年下)」 *おとだい 島根県大田市 *おとつい 和歌山県 *おとて 三重県志摩郡・度会郡 滋賀県 和歌山県西牟婁郡 *おとで 鳥取県西伯郡 島根県出雲 *おとてて 和歌山県東牟婁郡 *おとど(二人兄弟) 香川県高見島 *おととい 三重県伊賀 *おとどい 兵庫県 奈良県吉野郡 鳥取県気高郡・西伯郡 島根県 岡山県 広島県 徳島県 香川県 愛媛県「あすこしなー、おとどいしてよー働くけに」 高知市「おとどいとも顔は人ぢゃーけんど心はたかで鬼みたよーぢゃ」 *おとにー 兵庫県加古郡

□姉妹 *うつぃざぴとぅ 沖縄県波照間島 *うとぅじゃんだ 沖縄県首里 *うとぅだー・うとぅなだー 沖縄県与那国島 *うないうぃきー 沖縄県首里 *おーね 東京都八丈島 *きょーだいまり 岩手県南部

ぎょうてん【仰天】 ⇩びっくり

□する *そぶいかいる 東京都三宅島 *そぶれかやる 富山県砺波 *どってんかえす・どーてんかえす 山形県東置賜郡「火事を見てどーてんかえした」 *どってんかやす 岐阜県飛驒 *どってんぶちまける 青森県上北郡「鉄砲の音でどってんぶちまけた」 *どてがえす 山形県最上郡 *どてんかえす 山形県西置賜郡 *どでんまぐる 秋田県雄勝郡「どでんまぐったとは知らなかった」・河辺郡 *のーしまう 香川県塩飽諸島 *のけぞる 山形県鶴岡 *のけにそる 新潟県西頸城郡 *のっきりそる 新潟県佐渡

きょうどう【共同】 *あいか 岡山県岡山市「あぇかにする」・児島郡 *あいこ 神奈川県中郡「あいこで使う」 三重県名賀郡・阿山郡 滋賀県栗太郡 奈良県吉野郡「犬は狼と一緒に猪を捕ってあいこに食うていたのである」 広島県高田郡 香川県 *あいしゃこ 香川県三豊郡「あいしゃこにする」 *あいしょこ 香川県 *あいや 兵庫県赤穂郡 *あいやい・あいやいこ 兵庫県赤穂郡 徳島県 *あいやこ 大阪市「あいやこで使う」 兵庫県淡路島 奈良県北葛城郡「あいやこする」・宇陀郡 香川県「お玩具をあいやこに使う」「それ、うちもあいやこにさしてっか。あいやこにしたらええがいな」 *あやこ 三重県阿山郡 奈良県北葛城郡「これ一つしかないから、あんたと、あやこするわ」 *いっぽ 長野県佐久 *おし 福島県相馬郡・東白川郡「おしにする」「おしに使う」 *おしんこ 福島県相馬郡「おしんこする」「おしんこにする」 *おなか 宮城県仙台市「おなかに食べる(一皿のものを二人で食べる)」 山形県「兄さんとおながにして使え」 新潟県 大分県北海部郡 *ぐり 大分県宇佐郡 *ごんど 長野県上水内郡・長野市 *つじ 岡山県「つじ仕事」 広島県山県郡「つじのもの」・高田郡 香川県三豊郡 *なかま 千葉県安房郡 神奈川県三浦郡 新潟県「脱穀機をなかまに使う」 岐阜県飛驒 静岡県志太郡 愛知県北設楽郡 三重県 大阪府大阪市「なかまで使うたらええやないか」・泉北郡 兵庫県 島根県 徳島県・美馬郡 香川県「なかまにせんか」 高知県 長崎県対馬 大分県北海部郡 宮崎県東臼杵郡 *なかまこ 石川県鳳至郡 *なかまもち 新潟県佐渡 島根県大田市・隠岐島 *なかまもの 新潟県東蒲原郡 三重県名賀郡・志摩郡 島根県出雲・隠岐島 *ばらま 千葉県君津郡 *まぐみー・まぐにー 鹿児島県喜界島 *もみ 福島県石城郡 東京都南多摩郡「もみにやる」 静岡県賀茂郡「今日はもみで潜って採ろう」・

方/言/の/窓

●方言俳句

和歌にくらべて俗語が使われることの多い俳句、あるいは俳句がさらに俗化した川柳・狂句の世界では、十七文字の中に方言を詠み込むことが、江戸時代からすでに行われている。

ここでは、明治以降の例として、『薩摩狂句』(渋柿社)、『仙台弁句辞典』(仙台文化出版社)の二書からそのいくつかを紹介しよう。

木強漢刀ん尖端で髭を剃っ
持参金欠点は覚悟ん故をしっ
ＰＴＡ女房が行た方が議が通っ
(『薩摩狂句』より)

エズイごだヤロコの靴の右ひだり
畳の目背中サつけてカバネヤミ
見ろまずや今朝のタロヒの太いごと
(『仙台弁句辞典』より)

磐田郡 ＊やま 茨城県真壁郡　奈良県「やまでする」

きょうはく【脅迫】 ＊びしゃ 宮城県栗原郡 ＊びじゃ・ぴしゃ 栃木県 ＊まくめ 長野県東筑摩郡「まくめを食った」

□する ＊えがえがかける 山形県西村山郡

→おどす（脅）

きょうふ【恐怖】 ＊そびーる（恐怖する）島根県大原郡 ＊ぬぐりしゃ 沖縄県石垣島「ぬぐりしゃしん（恐れる）」 ＊わざわい 鹿児島市

→おそれる（恐）

きょうり【郷里】 ⇩こきょう（故郷）

きょうりょく【協力】 ＊ちむずりー 沖縄県首里「ちむずりーしゅん（協力する）」 ＊もちや 熊本県玉名郡 ＊よらえ 山形県「よらえしてたなげ（ため池を）ほんべな」 ＊より 広島県中部「よりにする」・高田郡 ＊よりあい 福島県南会津郡「よりえいにすべ（しょう）」 山梨県南巨摩郡「この事業は二人のよりやいいそ（です）」 島根県石見「よりあいでやろーで」 香川県三豊郡 ＊よろっ 鹿児島県

□する ＊うちゃーしゅん 沖縄県首里 ＊よりあう 新潟県佐渡「よりおうてこれをやってくれ」 長野県　岐阜県飛驒・恵那郡　広島県高田郡 ＊よろう 新潟県佐渡

きょえい【虚栄】 ＊おんけ 秋田県河辺郡・平鹿郡「おんけばり言ってゐる」「ずゐぶんおんけだやった」

→みえ（見栄）

□家 ＊ねんごたれ 愛媛県大三島 ＊ねんごまつ 香川県三豊郡

きょげん【虚言】 ⇩うそ（嘘）

ぎょじょう【漁場】 ＊あい（近海の漁場）三重県志摩 ＊あじろ 三重県　島根県石見　広島県　山口県・大島　香川県小豆島　愛媛県温泉郡　高知県　長崎県　熊本県天草郡　大分県北海部郡　宮崎県児湯郡　鹿児島県肝属郡 ＊あてもちば（金を納めて網を打つ漁場）長野県諏訪 ＊あど 石川県鳳至郡（「網処」か）　長野県諏訪（水面に張った氷に穴をあけて行う、氷引（こおりびき）漁業の漁場） ＊あんど 東京都新島　静岡県田方郡 ＊あんば 千葉県長生郡 ＊いおば（カツオ釣りなどで言う漁場）静岡県浜名郡 ＊いさば 千葉県香取郡　新潟県佐渡 ＊おべ（最初に見つけた人の占有とする漁場）千葉県安房郡　静岡県賀茂郡 ＊おぼえ（最初に見つけた人の占有とする漁場）千葉県安房郡　福井県海岸部　静岡県賀茂郡 ＊かかり（海底に船が沈んだりしているよい漁場）和歌山市 ＊かけば（その日の漁場。網を掛ける場所）静岡県浜名郡 ＊かまえ 宮城県本吉郡 ＊かわやくば（金を納めさせて土地の者に漁を許した漁場）長野県諏訪 ＊くびと（地引き網漁をする漁場の名称）新潟県佐渡 ＊しー 徳島県海部郡 ＊じょんば（「りょうば（漁場）」の転か。個人の占有する漁場）三重県志摩郡・鳥羽市「ここは私のじょんばだ」 ＊しろ 愛知県知多郡　山口県見島 ＊しろば 静岡県賀茂郡 ＊せし（砂礫地の漁場）三重県志摩郡 ＊せわき（地引き網漁をする漁場）新潟県佐渡 ＊そね 長崎県壱岐島・五島　鹿児島県甑島・屋久島 ＊その 岡山市 ＊たでば 青森県津軽 ＊たな 島根県江津市　広島県厳島 ＊たらば 山形県庄内（タラの捕れる漁場）　新潟県西蒲原郡（沖の漁場。特定の「たらば漁業権」を持つ人だけが漁をする）・西頸城郡（タラの捕れる漁場）・佐渡（沖の漁場。特定の「たらば漁業権」を持つ人だけが漁をする） ＊ねや（個人の占有漁場）福井県 ＊のーば・のば 長崎県西彼杵郡 ＊ば 京都府竹野郡　島根県隠岐島 ＊ばく 島根県大根島・隠岐島 ＊はしろ（地引き網漁をする漁場）新潟県佐渡 ＊ばっく 島根県益田市 ＊みつば（地引き網漁をする漁場）新潟県佐渡 ＊みよ（親から子へ相伝されるエビ漁の漁場）東京都神津島 ＊もば 香川県高松市 ＊やまて 三重県志摩 ＊よつば（地引き網漁をする漁場）新潟県佐渡 ＊より・よりば 千葉県夷隅郡

きょぜつ【拒絶】 ＊かーぶい（顔を横に振って否定、拒否の意を示すこと）沖縄県首里 ＊けんつき 長崎市 ＊ふじみそ・ふじめそ 島根県簸川郡・出雲市「女からふじみそを食わされた」 ＊べ 三重県志摩郡 ＊べー 栃木県　新潟県佐渡　静岡県志太郡「おのしゃーべーか（お前は断るのか）」 愛知県東春日井郡・名古屋市「銭出いて車ひくことべいだがや」 三重県度会郡・宇治山田市「べえや」 滋賀県神崎郡　沖縄県首里 ＊べーっかしょ（幼児語）滋賀県神崎郡　福岡市 ＊べかこ・べかこっこ・べかにゅー 滋賀県神崎郡

→ことわる（断）・こばむ（拒）

□する ＊さらいつける 富山県砺波「頼んに行ったれど一言でさらいつけられた」 ＊じゃじゃふる 長崎市 ＊しりくれる（相手の意向に反する時に相手に対してしりを向ける。相手の意向を拒否する）新潟県上越市 ＊だだばる（あくまでも嫌だと言う）島根県隠岐島 ＊ばちばろう（人の言うことを聞き入れないで、ひどく拒絶する）富山県西礪波郡

□すること ＊くふぁばにー（強くはねのけること）沖縄県首里 ＊はちぶ 青森県上北郡「他の児へ乳呑せるとうちの児がはぢびする」 新潟県「金借りに来たども、はちぶした」 長野県下水内郡 ＊べーろ（舌を出したりして拒絶すること）徳島県三好郡　長崎県「べえろする」 ＊べーろん（舌を出したりして拒絶すること）山梨県南巨摩郡 ＊へらろら（舌を出したりして拒絶すること）徳島県三好郡

□の意志を表す語 ＊あいろ（人にことを頼まれて、軽べつの意を含んで拒絶する時に言う語。小児語）青森県南部　宮城県石巻　福島県「『君行がないか』『えぁいろ』」 新潟県西蒲原郡 ＊あいろかす（人にことを頼まれて、軽べつの意を含んで拒絶する時に言う語。小児語）新潟県西蒲原郡 ＊あかべ・あかべー（舌を出して相手を

ばかにしたり拒否したりすること。また、その時に言う語。幼児語）香川県大川郡 ***あかんべー**（舌を出して相手をばかにしたり拒否したりすること。また、その時に言う語）新潟県佐渡

***あらー・あらどぅ** 鹿児島県喜界島 ***あらぬ** 沖縄県石垣島・竹富島・黒島 ***あらぬゆー** 沖縄県八重山 ***あらぬんゆー** 沖縄県黒島 ***あらん** 鹿児島県奄美大島・喜界島 沖縄県首里・国頭郡・宮古島 ***あんせー**（強く否定したり、拒否したりする時に言う語）東京都八丈島 ***いいーい**（目下に対し、否定や拒絶を表す語）沖縄県首里 ***いし**（拒否する時に言う語）沖縄県石垣島 ***うーうー**（目上の人に対して、否定または拒絶の意を表す語）沖縄県首里 ***うだ**（拒否する意を表す語）福岡市 ***うった**（拒否する意を表す語）北海道函館 ***えぁろ**（拒否の意を表す幼児語）岩手県気仙郡 ***えーった** 岐阜県武儀郡 ***おいた**（ものを頼まれた時などに拒否する語）岐阜県・郡上郡「『坊、えー子じゃね、使いに行ってくれんかい』『おいた』」 ***おし**（拒否、否定を表す語）沖縄県石垣島 ***けつ**（「しりを食らえ」の意。拒否を表す卑語）福井県・坂井郡

岐阜県北飛騨・郡上郡「いやーなこた けつよ」 ***けつー**（拒否を表す卑語）岐阜県吉城郡

大分県別府市 ***けつなな**（拒否を表す卑語）福井県 ***けつのあな**（拒否を表す卑語）岐阜県北飛騨 ***だー**（人に言われたことなどを拒否する時に言う語）青森県 ***だーりゃ**（人に言われたことなどを拒否する時に言う語）秋田県鹿角郡 ***だえろ**（人に言われたことなどを拒否する時に言う語）青森県「『はやく足を洗え』『だえろ』」 福島県 栃木県河内郡 ***だん**（拒否の意を表す語）秋田県北秋田郡 ***ちんべーるあかこーじ**（「べーる」は拒絶の意の感動詞、「あかこーじ」は食紅にする麹（こうじ）。下まぶたの裏を見せて拒絶の意を表すこと）沖縄県首里 ***べ** 三重県志摩郡「べや」 ***べー** 栃木県 新潟県佐渡

静岡県志太郡「べーをされた」 愛知県東春日井郡・名古屋市 三重県度会郡・宇治山田市「べえや」 滋賀県神崎郡 沖縄県首里 ***べーこんしょーらい** 香川県三豊郡 ***べーっかしょ**（幼児語）福岡市 ***べーらこ** 岐阜県加茂郡 ***べーる** 沖縄県首里・八重山 ***べーろ** 栃木県河内郡 岡山市 大分県 ***べーろん** 群馬県勢多郡 大分県南海部郡 ***へかこ** 徳島県 ***べかこ** 滋賀県蒲生郡・神崎郡 大阪市 奈良県「べかこなどするものじゃありませんよ。憎らしげに見えるから」 和歌山県 徳島県 香川県 愛媛県松山

***べかこー** 香川県・高松 ***べかこっこ** 滋賀県彦根・神崎郡 ***べかっこー** 香川県大川郡・丸亀市 ***べかこっこ** 滋賀県彦根・神崎郡 ***べっかっこー** 静岡県浜松市 ***べっかんこ** 和歌山県

***べかにゅー** 滋賀県神崎郡 ***ぺけ**（中国語「不可」の転か）山形市周辺 茨城県稲敷郡 群馬県勢多郡「あいつはぺけだ」・佐波郡 千葉県印旛郡「約束がぺけになった」 新潟県佐渡「ぺけくう（断られる）」 福井県敦賀郡 岐阜市 静岡県志太郡「いっぺんでぺけになった」 和歌山県

岡山県児島郡 山口県 ***べらこ** 香川県「Aさんがうちにべらこしたんで」 ***んーば** 沖縄県首里・黒島 ***んば** 沖縄県「んばやいびーん（いやです）」「んばしゅん（いやと言う。拒絶する）」 ***んぱ・んーぱ** 沖縄県首里 ***んぱー** 沖縄県石垣島

ぎょせん【漁船】

***いおぶね** 島根県益田市

***うたせ**（打瀬網を引く漁船）徳島県 ***うたせぶね**（打瀬網を引く漁船）愛媛県大三島 ***おーなふね**（マグロやカジキなどを遠海に出て釣る漁船） 千葉県夷隅郡 ***かっこ** 青森県南部（やや大きな漁船） 岩手県上閉伊郡（沿海漁に用いる小さい漁船）・気仙郡（沿海漁に用いる小さい漁船） ***かっこぶね**（沿海漁に用いる小さい漁船）岩手県気仙郡 宮城県亘理郡 ***かんこ** 新潟県佐渡（沿海漁に用いる小さい漁船） 富山県高岡市（沿海漁に用いる小さい漁船） 石川県鹿島郡（沿海漁に用いる小さい漁船） 京都府（沿海漁に用いる小さい漁船）・竹野郡（沿海漁に用いる小さい漁船） 島根県隠岐島（沿海漁に用いる小さい漁船） 徳島県板野郡 ***かんこぶね**（沿海漁に用いる小さい漁船）島根県邑智郡・飯石郡 ***さっぱ**（小型の漁船）愛知県知多郡 三重県北牟婁郡・度会郡 和歌山県東牟婁郡・西牟婁郡 ***さんがいぶね・さんがいち**（二、三人乗りの漁船）宮城県亘理郡 ***さんぱ**（小型の漁船）神奈川県津久井郡 ***しるしぶね**（大漁旗を掲げた漁船）香川県大川郡 ***ちゃか・ちゃかぶね**（発動機を取り付けた小型の漁船）静岡県浜名郡 ***ちゃかちゃか**（発動機を取り付けた小型の漁船）長崎県西彼杵郡 ***ちゃかちゃかぶね**（発動機を取り付けた小型の漁船）千葉県夷隅郡 ***ちゃっか**（発動機を取り付けた小型の漁船）新潟県蒲原・岩船郡 熊本県天草郡 ***ちゃっちゃせん**（発動機を取り付けた小型の漁船）和歌山市 ***ちょき**（小形の漁船の一種）長崎県壱岐島 ***ちょろ**（櫓（ろ）が一丁の漁船）静岡県浜名郡 ***ちょろけん**（櫓が一丁の漁船）静岡県浜名郡 徳島県・海部郡

***てんてんぶね**（小型の漁船。小魚を捕る小舟）千葉県夷隅郡 ***てんと** 青森県南部（大型の漁船）

新潟県佐渡（大型の漁船） 福井県坂井郡（大型の漁船） 三重県度会郡（小型の漁船。小魚を捕る小舟）・北牟婁郡（小型の漁船。小魚を捕る小舟）

長崎県壱岐島（小型の漁船。また、五間（いつま）の漁船） ***てんとー** 静岡県榛原郡（カツオ、サワラなどを釣る船） 長崎県北松浦郡（小型の漁船。小魚を捕る小舟） ***てんとぶね**（小型の漁船。小魚を捕る小舟）長崎県西彼杵郡・壱岐島 ***ととかかぶね**（夫婦で沖に出る漁船。または、海女と夫または息子が同船する船）三重県志摩郡 ***ひたきぶね**（発動機付きの夜間操業の漁船）大分県北海部郡 ***またらず**（中の間のない、四間（よま）の

漁船）長崎県壱岐島 *まるき（沿岸漁業に使用した四人乗りの小形漁船）新潟県蒲原 *もやーぶね（冬から春にかけてカレイ漁を主とする、五丁艪（ろ）に乗組員八人の漁船）京都府竹野郡 *りゅーこー 群馬県佐波郡

きょねん【去年】 *あととし 熊本県天草郡 *あとのとし 島根県隠岐島 *いじゃるとし 沖縄県国頭郡 *きゅんな 新潟県中魚沼郡 *きょねな 山形県村山 *きょねんな 青森県上北郡 宮城県登米郡 山形県「きよねんな、えつたどぎ（去年行った時）」 群馬県前橋市 新潟県 長野県 *きょんな 新潟県 長野県下水内郡 *きんな 新潟県中越 *くじ 沖縄県竹富島 *くじゅ 鹿児島県奄美大島・徳之島 沖縄県 *くず 鹿児島県奄美大島 沖縄県 *くずー 沖縄県黒島 *くつん 沖縄県波照間島 *くどぅ 鹿児島県南西諸島 沖縄県与那国島 *こぞ 鹿児島県奄美大島 *しゃーねん 福島市 *ちょねな 青森県南部 *としうち 熊本県球磨郡 *ねんにゃー 熊本県阿蘇郡 *ふじゅ 沖縄県国頭郡 *ふず 鹿児島県沖永良部島 *ふどぅ 鹿児島県喜界島・与論島 *よへどー（「よいどし（宵年）」の転）新潟県西蒲原郡

きょひ【拒否】 ⇩きょぜつ（拒絶）・こばむ（拒）

ぎょるい【魚類】 *あおもの（青色をした魚類の総称。サバ、アジなど）徳島県 鹿児島県肝属郡 *いさばもの 山形県 *いっぽんもの（フカなどのように、一尾だけで泳ぎ、群遊しない魚類）長崎県五島 *ちじめ 栃木県 *でんぶ（切り身の厚い、かまぼこ用の魚類）東京都八王子 *ひえくせもの（生臭物。主に魚類を言う）鹿児島県肝属郡 *まいご（アジやサバなどの魚類）愛媛県魚島
→さかな（魚）

きらう【嫌】 *あくばる 島根県隠岐島 徳島県三好郡「年寄をあくばる」 *いみる 香川県三豊郡 *けっくれる 長野県佐久 *けつくれる（しりを向ける。嫌う。背く）青森県津軽「妻にけつくれられて独りで暮している」 *けつける 青森県津軽・上北郡 *になう 岩手県気仙郡「になーれる（嫌われる）」 宮城県加美郡 *ふゆん 沖縄県首里 *ふる 沖縄県「夫（おと）ふり（妻が夫に満足しないこと）」 *みみきってきらう（心から嫌う）福岡市 *むしきらう（非常に嫌う）三重県宇治山田市
→いやがる（嫌）

□こと *さんきせぁ（甚だしく嫌うこと）岩手県気仙郡「さんきせぁにする（人を忌み嫌う）」 *さんきらい（甚だしく嫌うこと）岩手県気仙郡「あの人はおれをさんきれぁにしている」 埼玉県北足立郡 *どーずり（怠けること。働くことを嫌うこと）新潟県 長野県上高井郡 *どんじやり（怠けること。働くことを嫌うこと）山形県西置賜郡 *むんちらい（ある食物を嫌うこと）鹿児島県喜界島「彼は大病を患ってからむんちらいする様になった」

□われ者 *いばらむし 新潟県佐渡 *きられ（油虫のように他人に嫌われる人）徳島県 *げじげじ 山口県豊浦郡 *けむし 徳島県 *さぶけのかみ 栃木県安蘇郡「みんなにさぶけのかみされている」 *そーすかん（多くの人に嫌われる男）大阪市 *つまっぱずれ 東京都八王子 *にがしろー 熊本県 *へんべのこ 岐阜県大野郡・飛騨

きらく【気楽】 ⇩のんき（呑気）

きり【桐】 *あばのき 石川県鹿島郡 *きのき 鹿児島県 *けんのき 三重県伊賀

□の花 *ふくらんこ 青森県三戸郡

きり【錐】 *いー 宮崎県西諸県郡 鹿児島県 *いーらし 沖縄県石垣島・竹富島 *いーり 沖縄県石垣島 *いーる 沖縄県鳩間島 *いぎー 長崎県佐世保市 熊本県球磨郡・芦北郡 *いきり 熊本県芦北郡 *いぎり 長崎県 熊本県 *いず 沖縄県宮古島 *いり 宮崎県東諸県郡 鹿児島県 沖縄県首里・八重山 *きりもみ 青森県南部 岩手県紫波郡 栃木県 *もみ 福島県南会津郡 三重県北牟婁郡

きり【霧】 *あば 富山県氷見市 *いんぎり 沖縄県黒島 *かわほろ（厳寒の季節の早朝に、静かな川面に白く立ちこめる霧）岐阜県飛騨 *きりあし 岐阜県飛騨（立ちこめた霧の下部）「今日はきりあしがそろっとるで、天気になるろも」 奈良県吉野郡（雨後の谷間から昇る霧）「きりあしが立つと雨は止まぬ」 *しょーぎり（海からしぶきとなって吹き付ける霧）島根県邑智郡 *しる 沖縄県竹富島 *ちりべー 鹿児島県喜界島 *なーご 静岡県志太郡 *なご 福島県南会津郡「なごがつばいた（霧がかかった）」 神奈川県津久井郡 山梨県南巨摩郡 静岡県 愛知県宝飯郡・名古屋市「なごが一面に降っとる」 *のろ 佐賀県 *ほけ 京都府 *まんぼ 新潟県佐渡「まんぼがこい」 島根県八束郡・隠岐島 *まんぼー 新潟県佐渡 京都府竹野郡 島根県八束郡・隠岐島 *やまうむし（木々の芽を呼ぶ春先の霧や雨）島根県邑智郡「この頃毎日やまうむしが続く」 岡山県苫田郡 *やまおもし（木々の芽を呼ぶ春先の霧や雨）島根県出雲市
→かすみ（霞）

□が掛かる *きれる（「霧れる」か）岐阜県飛騨 *ちりうり（霧、かすみが立ちこめること）沖縄県首里 *つばく 福島県南会津郡「なご（霧）がつばいた」 *まつ（山頂に霧や雲が掛かる）島根県八束郡

ぎり【義理】 *えん 鹿児島県肝属郡「えんの妹（義妹）」 *おじぎ 長野県佐久 *ぎりしゅび（社交上の義理）宮城県石巻・仙台市「今年程義理首尾に金のかかる年はない」 *ぎりすべ（社交上の義理）岩手県上閉伊郡「貧乏でもぎりすべは欠かぬ」・気仙郡 宮城県栗原郡「ぎりしべの寄附」 *くがい 岩手県九戸郡「死にくがいがある」「祝儀くがいがある」 新潟県佐渡 富山県砺波「辛いけれどこれがくがいちゅうもんじゃ」 福井県大野郡（女性語）

岡山県川上郡 *くげー 沖縄県首里 *けーなり(義理の間柄であること) 長崎県壱岐島「けーなり親」「けーなり従兄弟」 *しゃーらく(くだらない義理) 島根県石見「こがーな仰山なものを持って来て、かいさな(返さねば)しゃーらくじゃ」 *しゃーらくたー(くだらない義理) 島根県益田市 *じんぎ 富山県砺波「しゃばのじんぎやけで仕方ない」 山梨県・南巨摩郡「甲家と乙家とはじんぎをしてゐる」 岐阜県北飛驒 島根県「世間のじんぎが広い」「じんぎに魚を買うた」 熊本県玉名郡(その費用も言う)

きりかぶ【切株】 *かかべ 青森県上北郡・三戸郡 *かかめ 青森県三戸郡 *かっかべ 岩手県九戸郡 *かっど 長崎県五島 *かっぷつ 埼玉県秩父郡 *がびっちゃ 三重県南牟婁郡 *かぶさ 山形県 *かぶし 千葉県山武郡 沖縄県石垣島 *かぶす 千葉県山武郡 *かぶた 青森県南部 富山県砺波 山梨県南巨摩郡 長野県 岐阜県飛驒 静岡県浜名郡 愛知県北設楽郡 三重県 兵庫県加古郡・多紀郡 奈良県 島根県 山口県玖珂郡 徳島県 愛媛県 高知県 *かぷた 秋田県鹿角郡 三重県北牟婁郡 島根県隠岐島 *かぶたい 岐阜県益田郡 *かぶたま 愛知県西春日井郡 *かぶたん 大分県大分郡・北海部郡 *かぶち 茨城県稲敷郡 千葉県山武郡・長生郡 岐阜県恵那郡・郡上郡 *かぶつ 山形県南置賜郡・米沢市 群馬県佐波郡 埼玉県秩父郡・北葛飾郡「稲のかぶつ」 千葉県山武郡 東京都八王子 神奈川県津久井郡・中郡 新潟県 山梨県南巨摩郡 長野県 岐阜県 静岡県志太郡・島田市 愛知県 香川県 *がぶつ 新潟県刈羽郡 *かぶつけ 富山県砺波 *かぶっしょ 山口県大島 *かぶった 奈良県宇陀郡 和歌山市 高知県安芸郡 *かぶったー 静岡県榛原郡 *かぶっちょ 和歌山県 *がふっちょ 和歌山県東牟婁郡 *かぶっと 高知県 *かぶっとー 広島県 *かぶて 福井県大飯郡 京都府北部 *かぶてこ 京都府竹野郡 *かぶてん 京都府 兵庫県但馬 *かぶと 新潟県刈羽郡 高知県 *かぶま 新潟県東蒲原郡 *かぶら 茨城県稲敷郡 熊本県球磨郡 *きっぱげ 岩手県九戸郡 *く・き 鹿児島県 *くいぞ・くいぞかぶつ 新潟県中頸城郡 *くえず 新潟県西蒲原郡 *ざざっかぶ 栃木県 *ししかぶ 長崎県壱岐島 *たっこ 山形県東置賜郡 福島県大沼郡 新潟県・東蒲原郡・中蒲原郡 *たんこ 栃木県塩谷郡「たんこにこしかける」 *だんころ 山形県米沢市 *どんころ 北海道 秋田市 *どんごろ 長野県北安曇郡 *ぼっか 千葉県 *ぼっこ 栃木県芳賀郡・塩谷郡 *ぼっこえ 山形県東村山郡 *もっくね 岩手県九戸郡

→かぶ(株)

木の□ *きたごろ 大分県速見郡 *きぼく 島根県石見・隠岐島「あの人と居るなーきぼくと一緒におるようでつまらん」 *きりかくい・きりがくい 山口県玖珂郡 *きりかぶた 岐阜県飛驒 島根県 *きりかぷた 島根県隠岐島 *きりかぶち 岐阜県飛驒・郡上郡 *きりっかぶつ 群馬県佐波郡 *こた 大分県大分郡 *ざざかぶ(不ぞろいに刈り残したもの) 山形県東置賜郡・米沢市 *すね 島根県石見 *たっか 福島県石城郡 茨城県久慈郡 *たっこ 福島県大沼郡 *つくさ・つっさ 鹿児島県肝属郡 *とーだい 島根県仁多郡 *とっこ 新潟県中頸城郡(桑の切り株) 長野県「桑のとっこ掘り」 *とっこー 長野県諏訪「木のとっこーを掘る」 *とっこつ 長野県東筑摩郡 *どゆ(大きな枝付きのもの) 岐阜県飛驒 *ねき 新潟県 *ねっか 千葉県山武郡・安房郡 *ねっかち 新潟県西蒲原郡 *ねっかぶ 青森県上北郡 岩手県九戸郡 静岡県磐田郡 *ねっかぶた 静岡県磐田郡 *ねっこかぶ 宮城県仙台市 *ねとかぶ 山口県大津郡 *ふつ 奈良県吉野郡 *ぼーくるー 島根県仁多郡 *ほーたかくい 島根県能義郡 *ほーたかぶ 島根県簸川郡・出雲市 *ぼく 茨城県真壁郡 東京都八王子 新潟県岩船郡 静岡県志太郡 島根県 山口県大島郡 徳島県 *ぼぐ 香川県 *ぼくた 静岡県志太郡 島根県隠岐島 山口県玖珂郡 *ほくたん 島根県大田市 *ぼくとー 山梨県 *ほた 長野県上伊那郡 三重県飯南郡(朽ちたもの) 島根県那賀郡(松などの大きなもの) 岡山県苫田郡「ほたを掘る」 広島県安芸郡 山口県 香川県 愛媛県大三島(割りきれないもの) 大分県 *ほたかくい 島根県石見「ほたかくいに引っかかってこけた」 *ほたかぶ 大分県東国東郡・北海部郡 *ぼたぐい 島根県隠岐島 *ほたこい 新潟県佐渡 *ぼっく 茨城県真壁郡・稲敷郡 *ほったかぶ 大分県別府市 *ぼて 山口県大島

きりきず【切傷】 *かいごぎれ(小さい切り傷) 島根県邑智郡 *かやごぎれ(小さい切り傷) 島根県八束郡 *きっぱ 福島県東白川郡・相馬「かみすりできっぱつける」 *きっぽ 山口県 *さくい(浅い切り傷) 沖縄県首里

→きず(傷)①

きりぎりす【螽蟖】 *あお(青色のキリギリス) 岐阜県飛驒 *あかんぞ(褐色のキリギリス) 千葉県房総 *あぶらむし 熊本県天草郡 *いっつ・いーっつ 静岡県磐田郡 *うやんま 沖縄県石垣島 *うり 茨城県 *うりいとど 群馬県 *おさん・おさい 愛知県碧海郡 *おたか 山口県大島 *おたけばんばー 山梨県南巨摩郡 *おぬし 千葉県山武郡 *おばー 長野県下水内郡 *おひち 徳島県 *おま 神奈川県津久井郡 *おまき 三重県三重郡 *おまん 千葉県山武郡 *おんめ 神奈川県中郡 奈良県南大和 *おんめはたおり 奈良県宇陀郡 *かたかた 和歌山県東牟婁郡・西牟婁郡 *がたぎ 三重県志摩 *がった 愛知県名古屋市 *かまごろ 岐阜県山県郡 *かれー(褐色のキリギリス) 岐阜県飛驒 *がんがん 新潟県中魚沼郡 *きーご 鳥取県西伯郡 *ぎーし 島根県出雲・大根島 *きーす 静岡県 *ぎーす(鳴き声から) 富山

県・射水郡　石川県鹿島郡　静岡県富士郡　三重県・南牟婁郡　京都市　大阪市　鳥取県・西伯郡　島根県　岡山県　広島県芦品郡　山口県大島　香川県三豊郡　愛媛県　***ぎーすちょん** 愛媛県周桑郡　***ぎーつ** 埼玉県大里郡　***きーっちょ** 東京都八王子　神奈川県津久井郡　山梨県　***きぎりす** 千葉県夷隅郡　***きす** 新潟県中頸城郡　長野県　京都府　***きず** 静岡県　***ぎす** 青森県　宮城県玉造郡　山形県　福島県伊達郡　群馬県佐波郡　神奈川県足柄下郡　新潟県中頸城郡　富山県　石川県江沼郡　福井県坂井郡　長野県　岐阜県　静岡県磐田郡・榛原郡　愛知県豊橋市・碧海郡　三重県松阪市・飯南郡　京都府・竹野郡　大阪市　鳥取県　島根県八束郡・隠岐島　広島県高田郡　香川県　愛媛県　福岡県久留米市・八女郡　熊本県玉名郡　***きすちょん** 長野県佐久　***きちきち** 三重県南牟婁郡　奈良県　高知県安芸郡　***ぎちぎち** 奈良県奈良市・生駒郡　***ぎつ** 青森県津軽　群馬県佐波郡　埼玉県秩父郡　***ぎっす** 静岡県周智郡・磐田郡　愛知県設楽　大阪市　***きっちょ** 山形県西村山郡　東京都八王子　神奈川県鎌倉　新潟県中頸城郡　長野県下水内郡　愛知県碧海郡　***ぎっちょ** 茨城県猿島郡　群馬県　千葉県夷隅郡　長野県　岐阜県本巣郡　静岡県周智郡　愛知県　兵庫県淡路島　***ぎっちょん** 新潟県佐渡　山梨県　愛知県額田郡　島根県出雲　***きっつ** 群馬県佐波郡　***ぎっつ** 群馬県北甘楽郡・山田郡　埼玉県入間郡・秩父郡　長野県佐久　***きっつぇん** 山形県西村山郡　***きなめ** 熊本県　***きねーら** 沖縄県八重山　***ぎめ**(下流) 大分県日田郡　***きりーぞー** 神奈川県津久井郡　***きりきす** 茨城県多賀郡　***きりぎす** 新潟県西頸城郡　和歌山県　香川県　***ぎりぎりっちょん** 埼玉県秩父郡　***きりご** 島根県能義郡・那賀郡　***きりす** 福島県東白川郡　神奈川県津久井郡　兵庫県但馬　奈良県・南葛城郡・吉野郡　高知県　***ぎりす** 岐阜県羽島郡・益田郡　愛知県名古屋市・葉栗郡「ぎりす捕る」　三重県　奈良県宇陀郡「ぎりす籠見たてな(みたいな)家立てて」・吉野郡　***きりすた・きりすたん** 新潟県東蒲原郡　***ぎりっちょ** 愛知県　***ぎれす** 富山県射水郡　奈良県宇陀郡　***きんぎら** 新潟県佐渡　***きんぎらす** 東京都大島　***ぐじまーかた** 沖縄県竹富島　***けーし・けーす** 石川県鹿島郡　***げっつ** 静岡県　***げれす** 富山県・射水郡　静岡県磐田郡　三重県　***げれっちょ** 静岡県磐田郡　***こーろぎ** 岩手県紫波郡　秋田県由利郡　***こめつき** 長野県上伊那郡　***しっぽんぞ**(雌) 千葉県　***じんきちがしょー** 長崎県壱岐島　***じんちょ** 福岡県　***ずい** 栃木県佐野市・安蘇郡　***すいっちょ** 東京都三宅島　鹿児島県　***ずいっちょ** 栃木県　長野県下水内郡　***すいっちょん** 岐阜県山県郡　静岡県磐田郡　***ずいっちょん** 山梨県南巨摩郡　***すっぽんぞ**(雌) 千葉県長生郡　***たなばたさん** 愛媛県新居郡・周桑郡　***ちゃんぎーす** 広島県芦品郡　***ちょん** 三重県名賀郡　***ちょんぎ** 愛媛県魚島　***ちょん・ぎー** 島根県益田市・那賀郡　***ちょんぎーす** 兵庫県佐用郡　島根県　岡山県　広島県高田郡　山口県大島　香川県　愛媛県・松山市　***ちょんぎす** 兵庫県但馬　島根県出雲市・能義郡　香川県　愛媛県周桑郡　***ちんぎーす** 島根県那賀郡　***とぎす** 千葉県上総　***とびっちょ** 静岡県安倍郡　***とんぎーす** 島根県益田市　***とんきち** 福岡県三池郡　***とんぎりす** 石川県羽咋郡　***なんばんぎす**(鳴かない大きなキリギリス) 山形県庄内　***にしかーき** 島根県隠岐島　***はたおりぎーす** 広島県高田郡　***はたおりぎす** 福岡県　***はたおりぎっちょ** 群馬県山田郡　岐阜県山県郡　愛知県碧海郡　***はたおりぎっちょん** 福岡市　***はたおりぎっちょんちょん** 福岡県粕屋郡　***はたとー** 香川県　***はたはた** 兵庫県赤穂郡　奈良県　和歌山県　***ばった** 長野県下水内郡　***はねんぼ** 東京都三宅島　***ひげなが** 山形県庄内　***もちつき** 山口県玖珂郡・豊浦郡

きりだし【切出】 ⇩こがたな(小刀)

きる【切】 ***うどます** 香川県「大きな西瓜をうどました」　***かっぱく** 栃木県上都賀郡「そこらかっぱいてみろ」　群馬県佐波郡　***きかく** 山形県　***きたぎる** 青森県「他人の山の木をきたぎった」　秋田県雄勝郡・仙北郡　山形県村山「鉈で木をきたぎる」　***きたげる** 青森県津軽　***きっかく** 山形県米沢市「蕪をきっかぐ」　長野県佐久　***きったぎる** 青森県　岩手県下閉伊郡・気仙郡「餅をきったぎる」　宮城県栗原郡・仙台市「あの竹をきったぎって来い」　秋田県鹿角郡　山形県　***きったぐる** 宮城県石巻「はさみが無えがら手できったぎった」　***きったなぎる** 青森県三戸郡　***きっなぐる** 青森県南部　***きんなぐる・きなぐる** 岩手県気仙郡　***くったぎる** 千葉県市原郡　***ししゅん・っしゅん** 沖縄県竹富島　***しすん** 沖縄県波照間島　***ずる** 静岡県安倍郡　***ちゃーする** 群馬県多野郡「赤ん坊が新聞をちゃーする」　***つぐ** 岩手県気仙郡(嬰児(えいじ)のへその緒を切る)　群馬県多野郡「うどんをつぐ」　三重県飯南郡「へそのをつぐ」　***つったぎる** 山形県　福島県大沼郡　***ぱいるん**(「刃入る」か) 沖縄県八重山　***はぎる** 茨城県　栃木県　群馬県・邑楽郡　埼玉県「爪をはぎる」　***ぱつ** 和歌山県西牟婁郡　***はやす** 岩手県気仙郡　新潟県北蒲原郡・西蒲原郡「爪をはやす」　***ひたんぎる** 秋田県平鹿郡「木をひたんぎる」　***ぶっきる**(卑語) 栃木県河内郡　群馬県佐波郡　***へーす** 神奈川県津久井郡「桑をへーす」　***ぼしきる**(卑語) 山口県

きる【着】 ***かっつぶる** 新潟県佐渡「着物をかっつぶれ」　***かつぼる・かつぶる**(ののしって言う語) 新潟県西頸城郡　***しすん** 沖縄県波照間島　***しゃっぱる** 長野県諏訪・東筑摩郡「羽織をしゃっぱる」　***しょーぞく** 大阪府泉北郡　***っつん** 沖縄県与那国島　***ほかがる** 岩手県上閉伊郡　***ほっかがる**(卑語) 宮城県登米郡

きれい【綺麗】 ***あで** 静岡県榛原郡「わりして

あでな茶(割合に結構な茶)」　*いとしげ 新潟県 *うっくい・うっけー 石川県羽咋郡 *うつしか・うっつか(小児語)熊本県玉名郡 *うっちー 新潟県佐渡　滋賀県高島郡 *うっちょか 佐賀県唐津市 *うっつ 長野県諏訪　兵庫県加古郡 *うっつい 山形県米沢市　新潟県佐渡「うっついあかべら(きれいな着物だ)」　長野県　静岡県　兵庫県朝来郡・多紀郡「うっついべべ(美服)」　和歌山県 *うっつぇ 山形県東置賜郡 *おっちょこさい 福井県大野郡 *おっぱー(幼児語)新潟県新井市「おっぱぁな、べべきているね」 *きれーっぽしー 静岡県榛原郡 *けーけ 香川県塩飽諸島 *けっけ 大分県大野郡「嬢はけっけなべべを着ちょるな」 *けっけー 岡山県浅口郡 *けっこー 静岡県志太郡・島田市「虹がけっこーだ」　広島県比婆郡「けっこーな花が咲いた」　愛媛県周桑郡「けっこーにおかたづけんよ」 *てーてー(幼児語)長崎県対馬「てーてー着物(晴れ着)」「てーてー膝(正座)」 *てんて 大分県南海部郡 *べじょーか 鹿児島県種子島 *ほほ(小児語)島根県隠岐島「ほほな着物」 *ぽぽ(小児語)島根県隠岐島 *ぼぼ 島根県隠岐島 *またげ 香川県伊吹島「またげにできたんや」「またげな花」 *みぐさい 静岡県「みぐさい花」 *みょーてー 静岡県「みょーてーものだ」 *めんぎー 広島県中部 *やいや 静岡県(幼児語)「やいやな花をあげましょう」・駿東郡
→うつくしい（美）

ぎろん【議論】 *あらがーい・あらがー 沖縄県首里 *おりのり 高知県長岡郡 *かけばく 青森県九戸郡「かけばくする」 *けんきゅー 新潟県西蒲原郡 *はっか 千葉県「はっかはる(私論を主張する)」「はっかする」 *はっかー 千葉県安房郡 *ひとくさり 岡山県児島郡 *ろっぱん 山形県米沢市・西置賜郡　群馬県利根郡 *ろんばん 埼玉県入間郡「ろんばんする」 *ろんぱん 山形県米沢市・西置賜郡　新潟県西蒲原郡　山梨県南巨摩郡　島根県　山口県
→ろんそう（論争）

□をする *あせる 宮城県栗原郡・仙台市「隣でまたあせてんのすかや」 *あわせる 宮城県栗原郡 *おしてまわる 千葉県・夷隅郡「ちっとばんことですぐおしてまわってる」 *だめつめる 島根県「隣にどなりこんで、だめつめた」 *ねちあう 兵庫県西宮市 *ねんばる 東京都三宅島 *もみあげる(議論を重ねる)富山県砺波「昨日の会議は例の問題でもみあげた」

ぎん【銀】 *すすかに(「白金」の意)沖縄県鳩間島 *なんじゃ 鹿児島県与論島・喜界島　沖縄県 *なんだ 沖縄県与那国島・鳩間島 *なんつぁ 沖縄県石垣島・新城島 *なんりょー(「鐐」は白銀の美しいものの意)沖縄県宮古島・八重山 *やんじん 沖縄県新城島 *やんでぃん 沖縄県与那国島

ぎんが【銀河】 ⇩あまのがわ（天川）

きんきん【近近】 ⇩そのうち（其内）

きんじつちゅう【近日中】 ⇩そのうち（其内）

きんじょ【近所】 *あたり 新潟県佐渡「遠くの親類よりあたりの他人」 *あたりほつら 京都府竹野郡「坊やはどこへ行ったかあたりほつらに居らん」 *あたりほとり 青森県津軽　岩手県気仙郡「あたりほとりの前(隣近所の手前)」　宮城県石巻「そこで喧嘩すされてわ、あだりほどり迷惑でがす」　秋田市　山形県「あだりほどり見でがら物を言え」 *あたん 石川県鳳至郡「おらもあたんのもんじゃさけ(わたしも近所の者だから)」 *うちじょ(家の近所)香川県伊吹島 *おじり(家の近所)徳島県美馬郡 *かいち 福井県　兵庫県明石郡「あの辺りのかいちに某の田園があったんか」 *かいね 和歌山県日高郡・東牟婁郡 *かたり 静岡県「このかたりにあるやうだ」 *かっぺき 三重県志摩郡　愛媛県伊予市 *きんじょといもい 鹿児島県肝属郡 *きんまわり 島根県美濃郡「あがーな欲どーはきんまわりにゃーなー」　岡山市 *こーじょ(この近所)香川県伊吹島 *じげ 兵庫県佐用郡・赤穂郡　広島県　香川県　愛媛県 *すずい 鹿児島県肝属郡 *そごらかごら(そこら近所)岩手県気仙郡「そごらかごらにだれもいない」 *そごらこごら(そこら近所)山形県米沢市 *そばたし 奈良県南大和 *そわはた 富山県砺波「臭てそわはたに居れん」 *ちかまーり 静岡県志太郡　大阪市　香川県木田郡「ちかまーりのことじゃきに(ことだから)すぐわかる」 *ちかまわり 滋賀県彦根　島根県「ちかまわりは俺が知らせて歩く」 *ちかみ 神奈川県中郡 *といもい 鹿児島県肝属郡 *ほーり 山口県大島「ほーりで言って貰ふ」　長崎県壱岐島「ほーりがよい」　大分県日田郡「そこぼーりを探してみよ」 *まーい 長野県上伊那郡「おらーまーいじゃー(わたしの家の近所では)」 *まーち 東京都三宅島「埼玉(小字)のまーち」 *まにや(家の近所)青森県南部 *まり 長野県上田「そんなまり(その辺)」　岐阜県飛驒(階級的な意味を表す)「おまいたのまり(あなたの辺では)」 *まわし 静岡県「此まーしを通る」 *まわり 栃木県　東京都利島「新島まーりっから」　山梨県南巨摩郡「ひとこ(懐)まーりい菓子やんどう持って来ちゃぁくれるだっけ」　島根県石見「邪魔になるけーまーりをのけ」　岡山市　山口県大島　香川県「机のまありへ置いといたのに」　沖縄県石垣島 *もーりやー・もりやー 佐賀県 *もより 群馬県多野郡　岡山県小田郡 *もり・もい 鹿児島県「かわんもり(川の辺りに)」 *やうち(中流以下)熊本県玉名郡 *やかだ 沖縄県石垣島 *やしくち 福岡県
→きんりん（近隣）・となり（隣）・となりきんじょ（隣近所）・ふきん（付近）

きんしょう【僅少】 ⇩すこし（少）

きんしん【近親】 *おだいもつ 青森県南部 ⇩しんぞく（親族）

きんせん【金銭】 岩手県 *おだいもの 青森県南部 *かくせさんも

ん（「角銭三文」か。わずかな金銭）岩手県気仙郡「かくせさんもんもない」 *きゃーした 京都府竹野郡「今日はきゃーしたがありませんので」 *ぜんつじ 熊本県南部 *ちんち（幼児語）兵庫県淡路島 奈良県南大和 和歌山市 香川県 *ちんちん（幼児語）香川県三豊郡 *はらいもん（支払いうべき金銭）香川県木田郡「節季がちこんなったけん、はらいもんはすまさないかんで」 *ひゃー（わずかな金銭）千葉県安房郡 新潟県佐渡 *ひゃく（「ひゃくもん（百文）」の略。わずかな金銭）栃木県黒磯市・那須郡「ひゃぐもなんねー仕事」 埼玉県北葛飾郡 新潟県 静岡県志太郡 *まるいもの 香川県三豊郡 *まるすけ 福井県 *まるもの 兵庫県加古郡 和歌山市 *ものけ 三重県・度会郡・宇治山田市 *るーてき・るーた 滋賀県神崎郡 *わか 青森県

↓かね（金）・ぜに（銭）

きんべん【勤勉】 *ごーせ 大阪府泉北郡「ごーせにやってますな」 兵庫県淡路島「ごーせな」 *ごせ 兵庫県淡路島 *し 島根県「ごーせな人間」 *ごせ 兵庫県淡路島 *しーらーさ（形容詞は「しーらーさーん」）沖縄県石垣島 *せーしょ 神奈川県鎌倉市「せいしょなひと」 *せーしょー 茨城県多賀郡 東京都八王子「せーしょー出して働く」 神奈川県「あの人はせーしょーによく仕事をする」「せーしょー人（よく働く人）」 静岡県「せいしょーの子を持って親は幸だ」 *せーはち 岩手県気仙郡 *せっこ 新潟県中越 長野県佐久「せっこいー（よく働く）」 *せっこー 群馬県吾妻郡・勢多郡「あの嫁さんはせっこーがいー」・多野郡「あの人はせっこーがいーから燃し木を拾いためた」 長野県「ごせっこーがであす（御勉強なさいますね）」 *はし 鹿児島県肝属郡 *はしはし 群馬県佐波郡・多野郡 埼玉県秩父郡「朝の仕事をはしはしやってしまえ」 千葉県東葛飾郡 長野県 静岡県榛原郡 兵庫県加古郡 広島県高田郡 *はしばし 新潟県中頸城郡 *ばしばし 山形県 新潟県西蒲原郡「ばしばししなえで困る」 *ぱしぱし 熊本県玉名郡「男はぱしぱししとらんといかん」 *はつめー 新潟県東蒲原郡 島根県「一家揃うてはつめーな」 *へぐま 青森県津軽「へぐまな人」 *まぜち 岐阜県飛驒「なかなかまぜちでよう働く」

↓まめ（忠実）

□だ *いそしー 和歌山県日高郡 徳島県・美馬郡 香川県三豊郡「あの人は仕事ばっかりしていそしい人やな」 愛媛県・宇和島 高知市「今日の船で来て早や母校と公園へいたとは、げにいそしいもんのー」 *きめぁえ 秋田県鹿角郡「あの人はきめぁえ」 *はげしー 茨城県稲敷郡 群馬県多野郡 新潟県佐渡 静岡県磐田郡 *まめしー 北海道松前郡「ほれ沖だらまめしはで（そら沖ならはりきるからね）」 山形県東置賜郡・米沢市 *まめったい 東京都大島 神奈川県愛甲郡 山梨県南巨摩郡 静岡県「まめったい人で朝早くからやる」 *まめっちー 栃木県日光市 *みかましー 静岡県志太郡 *みがましー 山梨県南巨摩郡 静岡県「あの人はみがましい」 愛知県北設楽郡 *みたましー 静岡県田方郡 *みだましー 静岡県北伊豆 *みやましー 長野県「みやましく働く」

きんまんか【金満家】 ⇩かねもち（金持）

きんりん【近隣】 *かっぺき 三重県志摩郡 愛媛県伊予市 *きんきん 沖縄県石垣島・与那国島 *やうち（中流以下の語）熊本県玉名郡

↓きんじょ（近所）

ぐあい【具合】 *あ 富山県砺波「あがわるい」 *あご 富山県 *あべつ・あんべつ 新潟県岩船郡「あべつわるい」 *あや 茨城県 *あわい 茨城県稲敷郡 千葉県「（飯が）いいあわいにたけた」・香取郡 岡山県岡山市「まあ、このおつゆのあわいのよさ」・御津郡「機械のあわえが悪い」 徳島県「そこのあわいがめんどい（そこの調子がむずかしい）」 *あんばい（名詞や、動詞の連用形の下に付けて用いる）宮城県石巻「乗りあんべぁわりねんや」 岡山市「かぜあむばぇ（風邪気分）」 *いりあい 岡山県児島郡 *えて 新潟県東蒲原郡 徳島県「きょーえてわるいがな」 高知県・高知市「本を読む時は左から光線が射す方がえてがよい」「妙にえてが悪うて書きにくい、机の向を変えよー」 *がいちょ 兵庫県加古郡 香川県三豊郡「ちょっとがいちょがわるいな」 *かなあい（「かねあい（兼合）」の転か）高知県長岡郡「少しのかなあいで機械が止まる」 *かない 高知県「手のかないがわるい」・高知市「この頃手がしびれてかないが悪うなった」 *かんくり 長崎県北松浦郡「これはかんくりのよか」 *きしょく 神奈川県「あー、きしょくのいい風だ」 新潟県佐渡「かあちゃんも孫さんもきしょくはええか（元気ですか）」・中頸城郡 富山県砺波 山梨県南巨摩郡「こがーにいしょがしい折（忙しい時）、旅行に行くなんちゅうきしょくじゃあないよ」 愛知県 三重県 滋賀県高島郡・彦根 京都府・京都市「きしょくの悪い人やな（嫌な人だね）」 大阪府大阪市・泉北郡 兵庫県養父郡・淡路島「晩げにあの池のはたを通るのはきしょくが悪い」 和歌山県 島根県 広島県高田郡 徳島県 香川県 佐賀県藤津郡 *きしょっかす 富山県砺波「きしょっかすのわるい」 *きんちょく 和歌山県東牟婁郡「きんちょか

えー」 ＊**ぐつ** 滋賀県南部「くつがわるい(気分が悪い)」 ＊**ぐつ**(「ぐつが悪い」「ぐつ悪い」の形で用いられることが多い) 福井県敦賀郡・遠敷郡 滋賀県彦根 京都府京都市・竹野郡「きのうの会議であれだけ口論したA君と銀行でばったり出会ってぐつがわるーてなー(きまりが悪くてなー)」 大阪市「今日貰(もろ)とかんとぐつが悪い」 兵庫県「この二三日からだのぐつが悪い」「何所かぐつの悪いところがあると見えて機械が廻はん」「朝のうちでないとぐつが悪い」 奈良県宇陀郡「校長はんに見られたらぐつわるい」・宇智郡 和歌山県「今日はぐつわりさか止める」 島根県益田市・邑智郡 岡山県 広島県 山口県玖珂郡 徳島県海部郡「ぐつがかるい(手元不如意である)」「ぐつがわるいつがどうで(病気だそうだがどうか)」 香川県小豆島 愛媛県 高知県「この洋服は裁縫がええけんうんとぐつがええ」「安うてもぐつの悪いのは厭ぢゃ」「今度の家は仲々ぐつがよー出来て居る」「この筒袖は妙にぐつが悪い」 大分県 ＊**ぐやーとー** 新潟県佐渡 ＊**ぐん** 岐阜県吉城郡「ぐんがわるい」・飛騨 ＊**ぐんつ** 岐阜県吉城郡 愛知県知多郡 奈良県宇陀郡・宇智郡 和歌山県日高郡・海草郡 ＊**こつあい** 長崎県対馬「是にはこつえーがある」 熊本県 ＊**じあい** 長野県下伊那郡 静岡県榛原郡「じあいが悪いと酒もまずい」 滋賀県蒲生郡 徳島県 ＊**しき** 新潟県中頸城郡「えまえうしきに(今言う様に)」 静岡県富士郡「くーこめぁはんたらも残やーえーしきだ(食べる米が半俵も残ればいいほうでした)」 ＊**しこ** 島根県 ＊**しこー** 島根県「どうもしこーが悪い」「えーしこーに(好都合に)船が着いた」 広島県 ＊**しころ** 佐賀県唐津市「よかしころ(好都合)」 ＊**しっこー** 島根県石見 ＊**しょく** 兵庫県淡路島 ＊**ずくつ** 島根県石見「今日はずくつが悪りー」 愛媛県周桑郡「これを持ってっとかなりくつが悪いことはないかな」 ＊**たなり** 沖縄県首里「いーたなり(着こなしがいいこと。着物などがよくうつること)」 ＊**たなれ** 沖縄県首里 ＊**ちゅーび** 長崎県壱岐島「機械のちゅーびが悪い」 ＊**ちゅび・ちび** 熊本県天草郡「ちゅびん良か」「ちびの良か」 ＊**ちょーぶ** 長崎県対馬「あすこの嫁はちょーぶ良くありついた」 ＊**なまかげん** 島根県出雲 ＊**なまぐあい**(あまりよくない時に言うことが多い) 島根県出雲「どこどなまぐあえでもわりかや(どこか身体の調子が悪いんじゃないの)」 愛媛県南宇和郡「なまぐあいが悪い」 ＊**のー** 徳島県「のーが悪い(病気になる)」 高知県「この万年筆はのーが悪い」「もっとのーよー(具合よく)直しておーせ」 ＊**のーてき** 千葉県夷隅郡 ＊**はんご** 福岡県小倉市「おなごの前でははんごがわりい」 ＊**はんごー** 島根県美濃郡・益田市「右手でやるとどうもはんごーがわりー」 山口県豊浦郡・大島 福岡県「今ちょっとはんごーの悪か(都合が悪い)」 長崎県対馬「甲と乙とを取合はせようとしても、きっちり合ひかねてどうもはんごーが悪い」 大分県 ＊**ひょーしのひょったん** 兵庫県加古郡 ＊**ほどえ** 宮崎県東諸県郡 ＊**ほどやい** 山形県東置賜郡 ＊**ほとらい** 岩手県盛岡市 ＊**ほどらい** 岩手県盛岡市 宮城県仙台市 ＊**よて** 新潟県佐渡「これではよてがわるい」 岐阜県飛驒「左はよてが悪い」 ＊**りくつ** 宮城県仙台市「も少しりくついゝ家借りすぺね(借りましょうよ)」 福島県相馬「あの人に、逢あな(会わないと)、りくつわりー」 愛知県尾張 島根県隠岐島「鍬のりくつが悪いもんだけん」

↓かげん(加減)・ちょうし(調子)・つごう(都合)

いい□に ＊**あいじょ** 徳島県「あいじょ言うといてつかはれ(よろしく言っておいて下さい)」 ＊**あいじょー** 徳島県「あいじょうに」 ＊**あじょー** 徳島県「あじょうに」 ＊**あじよー** 和歌山県 ＊**あじよく** 和歌山県 ＊**あっじょ** 兵庫県加古郡 香川県「あっじょと」「あっじょに」 ＊**あっじょこ** 香川県綾歌郡「あっじょこに」 ＊**あんじょ** 福井県敦賀郡 三重県伊賀「あんじょと」 滋賀県 大阪府大阪市・泉北郡 兵庫県淡路島・加古郡 奈良県「あんじょしといたるさかいに心配するなよ」 和歌山県 香川県 ＊**あんじょい** 和歌山県「あんじょいする」 ＊**あんじょー** 新潟県佐渡 富山県高岡市 福井県「あんじょー片付けといてよ」 岐阜県飛騨 三重県「あんじょーと」 滋賀県 京都府 大阪府 兵庫県 奈良県 和歌山県 徳島県「あんじょーに」 香川県 ＊**あんじよー** 三重県志摩郡 京都府宇治郡 奈良県吉野郡「用事もあんじよーすんだかぞ」 島根県石見「箱の組方をあんじよーにやってくれー」 岡山市「ここを直したら、あんじようなった」 ＊**あんじょーよく** 兵庫県赤穂郡 ＊**あんじょよー** 福井県大野郡 ＊**あんばい** 三重県名賀郡「あんばい礼言うといてえや、こんなにようけもうてな」 京都市 大阪府大阪市「あんばい云ふて物もあげたので喜んで帰(い)にやはりました」・泉北郡 兵庫県明石郡・神戸市 奈良県南大和「あんばいおせる(よくわかる様に教える)」 和歌山県和歌山市・那賀郡 徳島県海部郡「あんばいやれよ」 ＊**あんぱい** 奈良県吉野郡「あんぱい見いさ(よく御覧)」 ＊**あんばいげに** 京都府竹野郡・与謝郡 ＊**あんばいよー** 岐阜県郡上郡 三重県志摩郡・度会郡 滋賀県犬上郡「こいつにちょっとあんばいよーひとかんと(この娘にちょっと具合よくしておかないと)」 兵庫県「誰々にあんばいよーいかれてしもた(してやられた)」 徳島県板野郡「あんばいよー降るない(ちょうどよい具合に降るねえ)」 香川県「あんばいよーに」 ＊**あんばいよーらと** 富山県砺波 ＊**あんばいよく** 徳島県 ＊**あんばよ** 和歌山県・伊都郡 ＊**あんばよー** 福井県遠敷郡・大飯郡「あんばよーしときなよ」 岐阜県「仕事もっとあんばよーせにゃだしかん(じょうずにしなくちゃだめだ)」 愛知県名古屋市「先方の娘さんの方へは私からあんばよう話します」 三重県北牟婁郡「ほっちらかさんとあんばよーしとけいー(きちんとしておきなさいね)」 滋賀県 京都府 兵庫県赤穂郡 奈良県宇陀郡 和歌山県 岡山県「あんばよー掃除する(きれいに掃除する)」 香川県 ＊あんびょ 和歌山県東牟婁郡 ＊あんびょー 三重県北牟婁郡 ＊あんびよー 福井県遠敷郡 ＊あんべよー 岐阜県養老郡 ＊あんよー 三重県志摩郡 ＊えーげに 島根県石見「心配しとったらえーげにお前が来てくれた」 ＊えーさいくに 島根県 ＊てっこり・てーこり 新潟県岩船郡「てっこり入った」 ＊とっこり 新潟県岩船郡「とっこり入った」 ＊ほどゆ 熊本県玉名郡 ＊ほどよ 徳島県「ほどよ似合わん」 ＊ほどよー 熊本県「どうぞ程よう頼みます」 ＊ほどよーに・ほどえしゅーに 山口県大島「この木とこの木をほどようにひっつけて呉れ」 ＊やんばぐ 静岡県 ＊やんばよー 岐阜県稲葉郡・加茂郡 ＊やんべー・やんびゅー 新潟県佐渡「やんべー火を見ておけ」「やんびゅーしまっておけ」

□が悪い ＊うんぱくない・うんちゃくない 山形県「どうもこのポンプの具合がうんぱくない」 ＊えずい 宮城県玉造郡 ＊かいさわるい 香川県伊吹島 ＊がいすきゃわるい 和歌山県東牟婁郡 ＊がやわるい 和歌山県東牟婁郡 ＊かんじょーわるい 新潟県下越「丁度かんじょーわるえとこへ来た」 ＊かんじょわい 山形県米沢市 ＊かんじょわり 秋田県「人前で叱られてかんじょわり」 ＊かんじょわるい 山形県 新潟県東蒲原郡「あの時はかんじょ悪い思いをした」 ＊ぎごちない 茨城県真壁郡・水戸市 ＊げせん 岐阜県飛騨「この橇(そり)はげせんで外の橇を借りていかまいか」 ＊けたなりがわるい 千葉県市原郡「叱られてけたなりが悪い」 ＊しかっなか 鹿児島県 ＊つらわるい 岩手県上閉伊郡・気仙郡 秋田県由利郡「つらわりくてえ(行)がれねぇ」 山形県東田川郡 ＊はずわるい 山形県東置賜郡

くい【杭】 ＊いぐい 静岡県榛原郡 島根県隠岐島 ＊いなぐい(稲むらの中心になるもの) 山形県 ＊いんぎ 鹿児島県 ＊いんぐい 熊本県玉名郡 ＊うぐいす(壁の小舞に用いる竹の杭(くい)) 長野県下伊那郡 ＊うず 千葉県匝瑳郡・山武郡 ＊えぐい(土地の境界立てるもの) 島根県 ＊おき(船のために水路を知らせるもの) 沖縄県波照間島 ＊かがみぐい(灌漑(かんがい)用の堰(せき)の中央に立てるもの) 青森県三戸郡 ＊かくい 香川県木田郡 ＊かし(船をつなぐために海中に立てるもの) 和歌山県和歌山市・海草郡 岡山県岡山市・御津郡(網を留めるためのものもいう) ＊かしぎ(船をつなぐために海中に立てるもの) 岡山県児島郡 ＊かっくい 福島県安達郡 秋田県鹿角郡(短い杭(くい)や朽ち残った杭(くい)) 山形県東置賜郡(短い杭(くい)や朽ち残った杭(くい)) ＊からごえ・かろっこえ 山形県米沢市 ＊かるごえ 山形県東置賜郡・米沢市 ＊がんぎ(砂防用、または流勢をそぐために川または浅い海などに並べて立てたもの) 和歌山市 福岡県久留米市 ＊きながぶくどー 岩手県九戸郡 ＊くいぞ・くいぽ・くいっぽ・くぎぞ・くぎぞー・くぎぽー 長野県 ＊くいぞー 神奈川県中郡 長野県上伊那郡 静岡県 ＊くいたんぽー 神奈川県中郡 ＊くいてんぽー・くいんぽー 愛知県宝飯郡 ＊くいどー 静岡県 ＊くいぽ 福島県相馬郡 ＊くいんぼ 茨城県猿島郡 栃木県 群馬県佐波郡・館林 埼玉県川越 長野県北部 ＊くぎ 新潟県佐渡「そこへくぎうっとけ」・西頸城郡 長野県下伊那郡 三重県員弁郡 ＊くぎんぼ 栃木県南部 長野県 ＊くね 福島県東白川郡 千葉県市川市 ＊くねんぼ 福島県南部 ＊くんぜ 高知県長岡郡 ＊けーぐい(垣を結ぶために用いるもの) 長野県下伊那郡 ＊けんぼ 栃木県河内郡 ＊さいめ(土地の境界に立てるもの) 山口県豊浦郡 ＊さいめんぎ(土地の境界に立てるもの) 奈良県吉野郡 ＊しゃくぎ(海岸に波よけのために立てるもの) 新潟県佐渡 ＊しょーぐい(川船をつなぐもの) 富山県砺波 ＊たからぐい・たんがらぐい(三本を組み合わせて立て、稲を掛ける棒を載せるもの) 青森県三戸郡 ＊だんぎ 鹿児島県 ＊だんぐい 長崎県対馬 ＊ついけ 三重県志摩郡 ＊ついまちぐい(牛をつなぐもの) 島根県美濃郡 ＊つくし 山形県飽海郡・鶴岡 ＊つぐし(牛をつなぐもの) 鹿児島県肝属郡 ＊つっくい 山形県米沢市・西置賜郡 ＊つるまち(牛をつなぐもの) 岡山県 ＊とこぜき(船の櫓床(ろどこ)の小さい杭(くい)) 長崎県西彼杵郡 ＊どんぐ 福岡県浮羽郡 ＊はぐい 愛媛県越智郡(駄屋の中央に立てた牛をつなぐもの) 長野県下伊那郡(正月の門飾りの中心になるもの) 愛知県北設楽郡(正月の門飾りの中心になるもの) 岐阜県揖斐郡(薪(まき)を積み上げる時に両端に立てるもの) ＊びっそ(長いもの) 岐阜県北飛騨 ＊ぶき(堤防あるいは垣などに打ち付けるもの) 青森県津軽 ＊ふぐし 香川県 愛媛県・大三島 ＊ゆぐい 島根県邑智郡 高知県 宮崎県東諸県郡 高知県(水陸の境に立てたもの)・高知市(水陸の境に立てたもの) ＊らんぐい 岩手県気仙郡

くうふく【空腹】 ＊からっぱら 山梨県 ＊からはら 新潟県佐渡 ＊からぼし 新潟県佐渡「ひと(私)をからぼしにした」 ＊とぜん 宮城県栗原郡 静岡県 愛知県北設楽郡 ＊ねーふくなから 長崎県対馬「今日は遠い道を急いで帰って来て昼飯も食べずにねえふくなからになった」 ＊ひだるばら 和歌山市 ＊みたま 三重県度会郡・宇治山田市 ＊やーさばた 沖縄県石垣島 ＊やーさわた 沖縄県首里 ＊んなわた 沖縄県首里

□だ ＊かいだるい 三重県伊賀 ＊かいだり 三重県志摩郡 ＊けない 新潟県佐渡 ＊だーさん 沖縄県与那国島 ＊だいー 島根県邑智郡「腹がだいー」 ＊たやしない 群馬県多野郡 ＊たやっけない 茨城県猿島郡 ＊だるい 三重県阿山郡・名賀郡 ＊だるこい 兵庫県神戸市「肩がだるこい」 ＊はいだるい 石川県鳳至郡 ＊はらがほそい 島根県

「はらがほそーて仕事にならん」 広島県高田郡 *ひだいか 鹿児島県揖宿郡・口之永良部島 *ひだっか 鹿児島県 *ひなり・ひないか 鹿児島県揖宿郡 *ふらいか 鹿児島県屋久島 *やーさーん 沖縄県八重山 *やーさるある 沖縄県鳩間島 *やーさん 鹿児島県与論島 沖縄県 *やーしゃん 沖縄県首里・竹富島 *やーはーん 沖縄県小浜島 *やはん 沖縄県波照間島 *ゆーわさり・ゆわさむ 鹿児島県奄美大島 *ゆわい・ゆわきゃ・ゆわきゃー 東京都八丈島「そとんいきんのおて、ゆわくなっきゃ(外へ行かないからおなかがすかないよ)」 *ゆわさい 鹿児島県喜界島 *よーさむ 鹿児島県沖永良部島 *よーさん 鹿児島県徳之島 *よわい 東京都八丈島 *よわさーん 鹿児島県奄美大島

□なさま *せこせこ 岩手県気仙郡「腹へってせこせこず」 *へろへろ 愛媛県「腹がへろへろぢゃ」

□になる *すきる 群馬県多野郡「朝が早いので昼までにはかなりすきる」 *そーりゆん 沖縄県首里 *はらすきる・はらすいる 宮城県仙台市「なんぼか、はらすいさりしたべね」「まだはらすきいん」 *たえる(「絶える」か。気絶するほど空腹になる) 岩手県上閉伊郡 *てある(「絶える」か。気絶するほど空腹になる) 岩手県南部 *つんじーる(非常に空腹になる) 東京都大島「おれはつんじーてしまった」

□の状態 *がしぱら 山形県東置賜郡・西置賜郡 *しょっぎれ(空腹の極み) 鹿児島県肝属郡 *たくたく(空腹で足が動かないさま) 島根県「腹がへって足がたくたくして歩かれん」 *たくんたくん(空腹で足が動かないさま) 島根県邇摩郡 *たゆたゆ(空腹で力が抜けたさま) 岩手県気仙郡 *たよたよ(空腹で力が抜けたさま) 岩手県気仙郡 新潟県佐渡 徳島県 香川県大川郡 *ふぃちさがゆん(空腹で元気がなくなる) 沖縄県首里 *へたつく(空腹で体がふらふらする) 新潟県佐渡 *やーさくりしゃ(空腹で苦しむこと) 沖縄県首里「やーさくりしゃしゅん(飢え苦しむ)」 *やるせがない(空腹で力が抜けたような気持ちだ) 愛媛県大三島

□を感じる *えだれ(空腹の時に感じる胸の不快感) 山口県豊浦郡 *しばる 香川県仲多度郡 *しわしわ(胸部に受ける空腹の感じのさま) 長崎県壱岐島「やっ茶はまーだぢゃろーか(まだだろうか)胸ぬしわしわしち来たとぬ」 *しわつく(胸部に空腹を感じる) 長崎県壱岐島「胸ぬしわつきでーた」 *しわる 和歌山県東牟婁郡 *むしおこし(食物を少し食べたため、空腹感をいっそう強くすること) 兵庫県加古郡 *むしかぶる(妙に空腹を感じる) 奈良県 *むしゃかめる(妙に空腹を感じる) 茨城県稲敷郡

くがつ【九月】

□九日(の重陽の節句) *おくんち 群馬県多野郡 長野県佐久 *かきぜっく 福井県敦賀郡 *くにち 青森県上北郡・三戸郡 栃木県安蘇郡 香川県高見島 *くにちぜっく 香川県佐柳島 *くにちまつり 徳島県三好郡 香川県仲多度郡 *くりぐんち 和歌山県有田郡 福岡県京都郡 *くりぜっく 大阪市 和歌山県日高郡 島根県美濃郡・益田市 徳島県 香川県塩飽諸島・佐柳島 *くりのせっく 奈良県南大和 *くんち 島根県美濃郡・益田市 広島県比婆郡 長崎県 *とあけせっく 徳島県三好郡 *はつくにち 青森県三戸郡 *はつぐんち 東京都八王子 愛知県東加茂郡 広島県安芸郡 *ほーざーぜく 鹿児島県種子島

□十五日の月 *まめぜっく 和歌山県和歌山市・海草郡 *まめめーげつ 大阪府大阪市・泉北郡 和歌山県和歌山市・海草郡 愛媛県松山 長崎県東松浦郡

□十三日の月見 *まめぬすび 長崎県対馬

□十三日の夜 *こじゅごや 鹿児島県 *めーぐんち 岡山県川上郡 *めーげんち 広島県・芦品郡

くぎ【釘】 *いたずきくぎ(薄い板を打ち付けるのに用いる、極めて小さい釘) 山口県豊浦郡 *かなくき(鉄を打ち延ばして作った釘) 鹿児島県肝属郡 *きーふん(木製の釘) 沖縄県石垣島 *くでぃ 沖縄県与那国島 *くぬぎ 長崎県南高来郡 *ころろ(材木の合わせをつなぐための、両端の曲がった大きな釘) 大阪府南河内郡 *ずけ(船の建造に用いる釘) 新潟県佐渡 *ぬかくぎ(非常に小さい釘) 山形県東置賜郡・東田川郡 *めぐり(材木に綱を結びつけるために打ち込む、頭に輪のある大釘) 高知県土佐郡 *んがにん 沖縄県与那国島

方/言/の/窓

●漫画と方言

漫画の中に方言が現れるのはどういうような場合であろうか。

一つは、漫画に現実味を帯びさせるためであろう。漫画の中の会話は基本的に直接話法である。話し手のことばがそのまま描かれる。小説では「父のことをばかだとチエは叫んだ」とでもなるところが、漫画ではチエが大きな口を開けている横に「テツのボケ」と太い文字でふきだしに表現されることになる。こうでないと大阪は西成というポストモダンというかプレモダンというか、懐かしい世界にたくましく生きるじゃりン子チエが生き生きと描けないのである。(はるき悦巳『じゃりン子チエ』)

長谷川法世の『博多っ子純情』のような全編が方言で書かれた漫画もある。方言を知らないよそ者にも意外に理解できるところがおもしろい。

くくる【括】 *いくる 京都府久世郡 *きばる 山口県大島「手を切ったので包帯できばった」 長崎県五島 *きびー 宮崎県西諸県郡 鹿児島県 *きびつ 鹿児島県 *きびる 島根県石見「垣を縄できびる」 広島県 山口県「あんまりひどうきびると解く時困るでよ」 愛媛県 福岡県 長崎県 熊本県 大分県 宮崎県「この紐きびちみよ」 鹿児島県 *くいる 鹿児島県沖永良部島 *くくす 山形県米沢市「木さくくしつげろ」 山梨県 愛知県海部郡「犬をくくす」・名古屋市「今日裏筋の×屋い昼鳶(ひるとんぼ)が入ったが、捕まって巡査にくくされてった」「坊はそんなに横着せると、くくいて倉の中え入れちまうぞ」 *くくわえる 香川県「さとうきびの折れたんを、くくわえにいかんか」 *くびっ 鹿児島県大隅 *くびりつける 栃木県 *くびる 栃木県 山梨県南巨摩郡「粟を刈ってくびる」 長野県佐久 広島県高田郡 愛媛県 高知県幡多郡 福岡県 長崎県佐世保市・対馬 熊本県 大分県 宮崎県延岡市 鹿児島県 *くぶい 鹿児島県揖宿郡 *くぶる 高知県幡多郡 鹿児島県 *くんじゅん 沖縄県首里 *くんぶい・くんじゅい・くんじっきゅい 鹿児島県喜界島 *こびる 鹿児島県 *さまるん 沖縄県石垣島・鳩間島 *しがねる 新潟県佐渡「豆をしがねる」 *つべーる・すべーる 新潟県岩船郡 *てでる 徳島県・美馬郡 *てねる 島根県石見「竹をてねる」 広島県高田郡 山口県 愛媛県 *ふいるん 沖縄県竹富島 *ふくるん 沖縄県石垣島 *ふぶるん 沖縄県石垣島
→しばる(縛)・むすぶ(結)

くさ【草】 *くさっぱ 山形県米沢市 *くさぶき 兵庫県加古郡 *くさんば 埼玉県入間郡 *くさんぼ 福島県石川郡・西白河郡 *さ 沖縄県竹富島・鳩間島 *しさ 沖縄県竹富島

くさい【臭】 *ささん 沖縄県竹富島 *しささん 沖縄県竹富島 *すさーん 沖縄県鳩間島 *にういだかさん 沖縄県首里 *にさい(卑語) 香川県高松市 *はっぱーくさい・はっぱらくさい(非常に臭い) 島根県出雲「人糞をまいたのではっぱーくさい」 *ふささーん 沖縄県石垣島 *むさい・むっさい 福岡市

くさとり【草取】 *くさくび 山梨県北都留郡「きょーわくさくびしに行ってくるからー」 *ほっかき 群馬県勢多郡 *もじり 富山県 田の□ *たかき 山口県阿武郡 *はいどり(四、五回目になって四つんばいで両手で取るのを言う) 兵庫県加古郡 *ひろいぐさ 岡山県川上郡 畑の□ *かじょせ 長野県佐久 *くさそじり 島根県出雲 *くさっかじり 山梨県

くさはら【草原】 *こーげ 岡山県 徳島県那賀郡 愛媛県 *こーげっぱら 徳島県 *こーげわら 愛媛県周桑郡・喜多郡 *こーげんぼー 広島県佐伯郡・安佐郡(土手の草原)
→そうげん(草原)

くさむしり【草毟】 ⇩くさとり(草取)

くさむら【草叢】 *いげもら 熊本県下益城郡 *いばらぐろ(茨などの生えている草むら) 大阪府南河内郡 鳥取県気高郡 *うずそ 高知県高知市・長岡郡 *がさ 奈良県 *がさー 京都府葛野郡 *がさかぶ 茨城県稲敷郡 *かさくたわら 福井県遠敷郡 *がさっぱら 奈良県 *がさっぽ 栃木県芳賀郡 大阪府泉北郡 奈良県宇陀郡 *がさはら 奈良県 *がさやぶ 山形県南置賜郡・西置賜郡 福島県 栃木県 埼玉県秩父郡 新潟県東蒲原郡 *がさわら 京都市 *がさんばら 三重県阿山郡 奈良県宇陀郡「がさんばら分けて行った」 *がしゃわら 京都市 愛媛県東宇和郡 *かつろ 愛媛県北宇和郡 *かやんば 鹿児島県揖宿郡 *きさやら 山形県 *くさかぶ 福島県相馬郡 *くさご 島根県八束郡 *くさごぶろ 熊本県八代郡 *くさしろ 島根県簸川郡・出雲市「人手不足で水田をくさしろにした」 *くさっぱ 山形県 *くさっぱら 熊本県鹿本郡・宇土郡 *くさっぽ 栃木県芳賀郡 *くさなか 東京都八丈島 *くさばか 埼玉県秩父郡 新潟県佐渡 熊本県上益城郡 *くさばこ 熊本県上益城郡 *くさばっこ 東京都南多摩郡・八王子 神奈川県・津久井郡 *くさばら 愛知県豊橋・南設楽郡 熊本県 *くさぶか 熊本県 *くさぶく 兵庫県・美嚢郡 *くさぶけ 鳥取県気高郡 岡山県苫田郡 徳島県・美馬郡 *くさぶっか 千葉県夷隅郡 *くさぶら 熊本県下益城郡・八代郡 *くさぼか 長野県下伊那郡 *くさぼけ 愛媛県 *くさぼこ 埼玉県秩父郡 東京都南多摩郡 神奈川県 長野県下伊那郡 愛知県「あそこの草ぼこでぎりっちょ捕っとったら大きな蛇が出てきたぜい」 兵庫県多紀郡 長崎県壱岐島 *くさぼっか 千葉県安房郡 *くさぼっから 静岡県田方郡 *くさぼっけ 千葉県印旛郡 *くさぼっこ 岩手県気仙郡 埼玉県秩父郡 千葉県夷隅郡 神奈川県・中郡 *くさぼろ 大分県 *くさやばっこ 奈良県吉野郡 *くさやぶ 埼玉県北葛飾郡 新潟県中蒲原郡・佐渡 富山県 長野県佐久 熊本県 *くさやぼ 佐賀県藤津郡 熊本県 鹿児島県・宝島 *くさやま 広島県西能美島 *くさやら 秋田県雄勝郡 *くさわら 新潟県北魚沼郡・中蒲原郡 石川県能美郡 三重県志摩郡 島根県石見 熊本県 鹿児島県 *くさんなか 三重県志摩郡 *くさんば 群馬県佐波郡 *くさんぶく 静岡県磐田郡 *くさんぼか 静岡県榛原郡 *くさんぼこ 静岡県 愛知県東部 *くさんぼろ 静岡県浜名郡 *ぐぞり 高知県長岡郡「あの川縁にぐぞりがある」 *ぐるっしょ 奈良県 *ぐるっしょわら・うぐろっしょ・うくろっしょ・うぐるっしょ 奈良県吉野郡 *ぐろ 奈良県 島根県石見 岡山県苫田郡 広島県高田郡 徳島県 *ぐろた 兵庫県氷上郡・神戸市 *こえやま 徳島県美馬郡 *ごーっぱら 三重県上野市 *ごさっかぶ 茨城県猿島郡 *ごそ 三重県上野市・阿山郡 岡山県邑久郡 高知県幡多郡 *ごそっぱら・ごそわら・ごそんど 三重県上野市 *ごそはら 三重県員弁郡

奈良県吉野郡 *ごぞやぶ 徳島県海部郡 *ごぞんど 高知県 *ごそんばら 三重県上野市・名張市 *ごそんわら・ごそんだわら 三重県名賀郡 *ごっそ 高知県幡多郡 *ごぶろ 熊本県八代郡 *こまた 三重県桑名市 *ごろ 奈良県 *しぐろ(茨などの茂っている草むら) 愛媛県 *しばの 熊本県球磨郡 *しばら 長野県諏訪 *しぼら 熊本県八代郡 *ずるくど(つる草の類が一面にはびこっている草むら) 愛知県 *そーせーち 島根県邑智郡「あのそーせーちには百合が沢山咲あとる」 *そーたわち 香川県仲多度郡 *そーり 岡山県真庭郡 *ぞーり 岡山県備中北部 *そーれー 長野県北安曇郡 *の 宮崎県西臼杵郡 *のそー 静岡県賀茂郡 *のんばー 愛知県北設楽郡 *ばら(茨などの生えている草むら) 徳島県 *ばらうど(茨などの生えている草むら) 高知県 *ばらくそばら(茨などの生えている草むら) 奈良県吉野郡 *ばらぐろ(茨などの生えている草むら) 徳島県 香川県三豊郡 *ぶーせん 熊本県阿蘇郡 *ぶーろ 大分県北海部郡 *ぶーろやぶ 熊本県阿蘇郡 *ぶら・ぶらっか・ぶらっかぶ 栃木県 大分県大分郡 *ぼーてん 大分県 *ぼーれん 大分県大分郡 *ぼーろ 広島県比婆郡 大分市 *ぼさ 福島県石城郡 茨城県 栃木県芳賀郡 群馬県多野郡 埼玉県・秩父郡 千葉県 東京都八王子 神奈川県 山梨県・南巨摩郡 静岡県 愛知県北設楽郡 岡山県阿哲郡 熊本県阿蘇郡 *ぼさか 茨城県久慈郡 *ぼさかぶ 福島県浜通 茨城県新治郡 静岡県駿東郡 *ぼさっか 茨城県稲敷郡 栃木県 埼玉県入間郡 神奈川県三浦郡・鎌倉市 *ぼさっかち 静岡県・榛原郡・磐田郡 *ぼさっかぶ 埼玉県秩父郡・入間郡 千葉県印旛郡 東京都八王子 神奈川県津久井郡 *ぼさっかぶら 神奈川県中郡 静岡県富士郡 *ぼさっくれ 愛知県北設楽郡「ぼさっくりょー探せ」 *ぼさっこ 栃木県 埼玉県秩父郡 神奈川県三浦郡 *ぼさっと 埼玉県秩父郡 *ぼさっぽろ 静岡県小笠郡 *ぼさやぶ 茨城県 埼玉県北足立郡 千葉県印旛郡 *ぼさら 千葉県夷隅郡・君津郡 静岡県島田市「大井川のぼさらで遊ぼー」・小笠郡 *ぼしゃ 静岡県 *ぼそ 愛知県北設楽郡 大分県 *ぼそろ 静岡県磐田郡 *ほた 三重県名賀郡 *ぼた 静岡県小笠郡 *ぼっこ 群馬県佐波郡 *ぼっさ 群馬県吾妻郡 *ぼら 茨城県西茨城郡 栃木県 *ぼらっか 栃木県 大分県大分郡 *ぼろ 静岡県 愛知県北設楽郡・宝飯郡 大分県 *ぼろてん 大分県 *もや 三重県名賀郡 大分県北海部郡(つる草などの乱れかかっている草むら) *や 広島県比婆郡 *やげ 三重県阿山郡 *やず 新潟県岩船郡 岡山県 広島県 愛媛県 *やずか 静岡県安倍郡 *やち 新潟県 愛知県北設楽郡

くさる【腐】 *あまる 岡山県 *あめくさる 青森県三戸郡 *あめる 北海道・松前 青森県「けさたいた飯がもうあめてしまった」 岩手県 秋田県「あめらばあめてもかまはない、貯(と)って置け」 三重県 *いきりん・いきりるん 沖縄県石垣島 *いきる 奈良県南大和 和歌山県那賀郡 *いきれる 神奈川県藤沢市 新潟県西頸城郡 山梨県 *いどる 岐阜県飛驒 *うされる 新潟県東蒲原郡 *うざれる 福島県若松市・大沼郡 *うたう 岐阜県飛驒「この魚はちょっとうたっとる」 *うたる 山梨県 *うてる 神奈川県津久井郡 新潟県東蒲原郡 山梨県 島根県「魚がうてて駄目になった」 広島県比婆郡 *えどる 岐阜県飛驒「この飯はえどりかけとる」 *えどれる 新潟県岩船郡・中頸城郡「なすの苗がえどれかかってきた」 *おざれる 島根県大原郡・隠岐島 *きたる 長野県東筑摩郡「この肴はきたった」 *くたれる 富山県「あの稲はもうくたれとる」 *ござる 宮城県仙台市「この肴ござってす、ぷんと匂しすつぉ」 千葉県東葛飾郡 東京都八王子 神奈川県津久井郡 長野県下水内郡 島根県出雲「やえなぁー(しまった)、中がござっちょうがの、青かびがはえちょうがの」 山口県豊浦郡 *こだれる 岩手県胆沢郡 *しみる 三重県飯南郡「しみとる(腐ってる)」 *すやくる 愛知県北設楽郡 *とがめる 長野県上伊那郡 *にしゃくなる 秋田県南秋田郡「餅搗たても未だにしゃくなるとこだし」 *ねばる 山口県 福岡県 *ひっくさる・ひーっくさる・ひっくさら 東京都八丈島 *びじげる 大阪府泉北郡 *ほじゃれる 栃木県 *ほだける 岡山県苫田郡 *ほたる 徳島県「はやほたってしもた」 *ぽちゃれる 栃木県宇都宮市・小山市 *ほびる 島根県 *もせる 富山県射水郡・高岡市 長野県下伊那郡 岐阜県恵那郡 *よろこぶ(芋などが腐る) 岡山市「さつま芋がよろこびかけた」 *わらう 岡山県

→すえる (饐)

食物が□ *しーる 香川県 *しーるん 沖縄県石垣島 *にまゆい・にまりゆい 鹿児島県喜界島 *はがすえる・はがっせる(煮たものが腐る) 香川県大川郡 *ねぐさる 新潟県中越 岐阜県武儀郡 静岡県・榛原郡・小笠郡「飯がねぐさって食えん」 愛知県中島郡 三重県 奈良県 *ねまる 新潟県東蒲原郡 福岡県 佐賀県 長崎県 熊本県 大分県日田郡 宮崎県西諸県郡・西臼杵郡 鹿児島県

くし【櫛】 *うっつぃー 沖縄県与那国島 *さーき 鹿児島県徳之島 *さばき 鹿児島県奄美大島・加計呂麻島・与論島 沖縄県島尻郡 *さばきー 沖縄県国頭郡 *さばち 鹿児島県沖永良部島・喜界島 沖縄県 *さばっぐし 鹿児島県肝属郡 *すいとーし 島根県益田市 *すいとし(長い柄のある櫛) 愛媛県松山 *すじたて 和歌山県 *すじとーし 高知県 *すじやり 兵庫県赤穂郡 *とんぐし(シラミ取り用の、歯の細かい櫛) 山形県村山・西村山郡 *はんこ(鬢をときつける櫛) 愛媛県松山

くじく【挫】 *うっくじる 栃木県 埼玉県秩父郡 *おこちょる 茨城県稲敷郡 *おごちょる 茨城県東茨城郡・新治郡 *おっくじゅー 千葉県夷

隅郡 *おっくじょーる 神奈川県津久井郡 *おっくしょる 栃木県足利市 埼玉県秩父郡 *おっくじる 群馬県佐波郡 埼玉県秩父郡 長野県佐久 *おんごしょる 千葉県香取郡・海上郡 *おんごる 千葉県香取郡 *くじなかす・くんなかす 兵庫県加古郡「手をくんなかした」 *くじねる 兵庫県加古郡 *くじる 岐阜県飛驒「足をくじってまった」 *ぐらかす 新潟県中頸城郡 静岡県榛原郡「足をぐらかいた」 *くんにゃがす 兵庫県神戸市「乱暴なことをすると足をくんにゃがすぞ」 *こねくる 長崎県対馬 *ごねくる 山形県庄内 *こねる 山口県大島「足をこねる」 *しっちげる 栃木県安蘇郡 *しゃぐ 高知県幡多郡 *すいご(骨を挫く) 鹿児島県肝属郡 *すつがえる(関節を挫く) 山形県 *ひこげる 茨城県 *ひっこがえる 茨城県稲敷郡 *ひっちがえる 岩手県気仙郡「ねでいで首筋ひっつげぁる」 宮城県石巻・仙台市 秋田県雄勝郡「手をひっちげぁった」 山形県 栃木県 群馬県佐波郡 埼玉県秩父郡 東京都八王子 山梨県 長野県上水内郡・佐久 *ひっちげる 栃木県 *ひっちごう 新潟県岩船郡 *ふちげる 青森県上北郡 *ふつがえる(関節を挫く) 青森県津軽 山形県北村山郡 *ふつげる 青森県 *ふんがえす(足首を挫く) 山梨県南巨摩郡「そんな高下駄を履いて飛べば(走れば)ふんがいす」 *ふんぐりかえす・ふんぐらかえす(足首を挫く) 東京都三宅島 *ふんぐるかえす(足首を挫く) 群馬県多野郡 神奈川県 *ふんげす(足首を挫く) 栃木県安蘇郡

くしけずる【梳】 *かつく 山形県 *かっつぁく 山形県山形市・最上郡「よく髪をかっつぁぐ」 *さばく 佐賀県唐津市 長崎県長崎市・対馬 熊本県天草郡 *さばちゅい 鹿児島県喜界島 *さばちゅん 沖縄県首里 *すぃちくしれー(髪を梳ること) 沖縄県首里 *はだける 秋田県鹿角郡「あたまこはだける」

↓とかす (梳)

ぐしゃ【愚者】 *ぐーだら 鳥取県 *ぐーたらばん 新潟県西頸城郡 *じらくら 三重県度会郡 *たーくら 長野県北安曇郡・上伊那郡 *たーくらたー 新潟県中頸城郡 長野県北安曇郡「たぁくらたあだ」・佐久 *たくら 兵庫県淡路島 熊本県 *たっくらたー 新潟県中頸城郡 *たれかもの 宮城県仙台市 *だろく 宮崎県 *だろくけ 宮崎県東諸県郡 *だろす 宮崎県宮崎郡・東臼杵郡 *だろすく 宮崎県西都市 *だろっかー 宮崎県宮崎郡 *どころんけ 青森県上北郡 *どたんす 愛知県東春日井郡「あれはどたんすだ」 *どんかす 福井県 *どんぱ 富山県 *どんぼ 富山市 岐阜県本巣郡 (子供をののしる語) *どんぼー 岐阜県羽島郡 *どんぼーず・どんぼーす 神奈川県津久井郡 *どんぽつ 佐賀県 *どんわ 広島県江田島 *ばう 千葉県安房 *ばすぬけ 福岡県小倉市・企救郡 *へっぽこ 山口県萩市・阿武郡 *へぼ 福井県敦賀郡・三方郡 *へぼなす 岡山県児島郡 *ほいと 新潟県 熊本県阿蘇郡・八代郡 大分県東国東郡 *ほいとやろー 栃木県 *ほこまえ 香川県高松市 *ほっか 徳島県板野郡 *ほっかー 徳島県 *ほっかーだま 徳島県 *ほっくらい 香川県 *ほっこ 徳島県 香川県 *ぼっこ 徳島県板野郡 香川県高松市 *ほっこー 徳島県三好郡 *ほっこくらい 香川県仲多度郡・小豆島 *ほっこまい 香川県 *まめけ 京都府加佐郡 *やはー 京都府 *りょじんおどし(知恵があるように見える愚者) 福岡市

↓おろかもの (愚者)

くしゃみ【嚔】 *あきしょ 山形県 *あくしゃん 熊本県球磨郡 *あくしょ 岩手県気仙郡 宮城県 秋田県雄勝郡 山形県 福島県「あくしょする」 茨城県多賀郡 栃木県 新潟県東蒲原郡 *あくしょん 長崎県佐世保市 *あくしん 宮崎県東諸県郡 *あくせん 青森県 岩手県気仙郡 秋田県 山形県 佐賀県 長崎県 鹿児島県肝属郡 *あくっしゃん 熊本県鹿本郡 *あくへん 山形県飽海郡 *あっくしょー 福島県南会津郡 *かざさ 宮崎県西臼杵郡 *くしけ 沖縄県石垣島 *くすけ 沖縄県八重山 *くもやみ 香川県・小豆島 *さっくれ 岩手県九戸郡 *さぶぎ・さんぶぎ 岩手県気仙郡 *しゃくり 鳥取県西伯郡・気高郡 広島県高田郡 *しゃっくり 新潟県中越 福井県大飯郡 長崎県南高来郡 *しゃぶき 宮城県栗原郡 *しゃぶぎ 岩手県気仙郡 *ちきんしょー(発声音から) 静岡県川根 *はくしゃ 富山市 石川県 福井県 高知県 *はくしゃい 富山市近在 静岡県川根 *はくしゃみ 神奈川県中郡 長野県諏訪 香川県 *はくしゃん 新潟県 岡山県児島郡 香川県 熊本県天草郡 大分県北海部郡・大分市 *はくしん 奈良県南大和 *はくせ 静岡県志太郡 *はくせん 岩手県上閉伊郡 静岡県安倍郡 奈良県 和歌山県伊都郡 福岡市 鹿児島県揖宿郡 *はなしょむ 山形県東田川郡・飽海郡 *はなっし 沖縄県竹富島 *はなっつぃー 沖縄県与那国島 *はなひー 沖縄県島尻郡 *ぱなぴし 沖縄県八重山 *はなひり 鹿児島県奄美大島 *はなふぃる 沖縄県那覇市 *ぱなふし・ぱなぷし 沖縄県鳩間島 *ひゃくしょ 岐阜県本巣郡 *ひりり 熊本県阿蘇郡 *ふぁなぴち 鹿児島県与論島

□をする *はなしょむ 新潟県 *ぱなぴさん 沖縄県新城島 *ぱなぴすん 沖縄県波照間島 *はなひゅん 沖縄県首里 *はなひる 富山県砺波 沖縄県 *ぱなぷすん 沖縄県石垣島 *ひる 富山市近在「はなひる」 *ふぃゅん 沖縄県首里

くじょう【苦情】 *いーぐさ 長野県諏訪・上伊那郡「いーぐさをいう」 *いーごと 山口県豊浦郡 大分県大分郡「いーごとをゆー」「天気がゆーじ、いーごたねー(天気がよくて申し分なしです)」 *いりわり 岩手県気仙郡「そんないりわり言わずどっちかに決めろ」 *いんばく 岡山県児島郡 香川県仲多度郡・三豊郡 *くじ 新潟県佐渡 島根県

愛媛県　熊本県・玉名郡　大分県「くじをゆう」　*くじとぅ 鹿児島県喜界島「仕事は出来ない者がくぢとぅばかり言っている」　*くじゃく 長野県北安曇郡・東筑摩郡　香川県香川郡　*くぜ 兵庫県淡路島「子供だてらに、着物のくぜ言うんじゃ」

*くせち 岩手県九戸郡　*くぜつ 徳島県「くぜつ言うな」　香川県仲多度郡・粟島　*くちこごと 宮城県仙台市　*くでつ 千葉県夷隅郡　*ぐでん 香川県木田郡」　*くやく 香川県「くやくを言うな」　*くんにょー 高知県長岡郡「くんにょおくる」　*ごーぐち 沖縄県首里「むんぬ　ごーぐち(食事の不平)」

*こーざい 長野県諏訪・東筑摩郡　*こぐせ 和歌山市　*こしょ 山形県東置賜郡　*こしょー 岩手県気仙郡　宮城県仙台市「いつもかつもこしょーばかたって」　*しゃしゃく 島根県隠岐島　*しゃしゃこ 島根県隠岐島　香川県　*ちゃん(アイヌの決闘の道具から) 北海道「婚約にちゃんをつけて破談にした」　青森県上北郡「売買契約にちゃんつける」

*ねこーじゃ 岐阜県本巣郡「ねこーじゃ言う」

*ひんじょ 愛媛県　*ふてこつ 宮崎県宮崎郡　*へくじ 熊本県下益城郡　*みみこえ 島根県出雲「娘を近くにやるとみみこえ聞くことが多い」　*めんだー 島根県「娘を近くにやるとめんだーきく事が多い」

*もんだん 群馬県多野郡「もんだんをいう」　石川県金沢市　*やから 長崎県北松浦郡「よくやからいふ人よ」　熊本県球磨郡　*やだ 山形県東置賜郡・西置賜郡「やだかだる(無理難題を吹き掛ける)」　富山県下新川郡「やだまく(暴れる。管を巻く)」・砺波「やだこく」　福井県坂井郡　長野県「やだをこねる」　岐阜県　愛知県奥設楽　岡山県　広島県安芸郡「やだをいう」　山口県「この子のやだには閉口する」・豊浦郡　長崎市　熊本県天草郡「やだ言う(むずかる)」　*やだい 広島県「やだいをゆー」　*やだん 長崎県対馬「やだんはる」

→ふへい(不平)・もんく(文句)

□を言う　*いびつかたる 岩手県気仙郡　宮城県栗原郡・玉造郡　山形県　*くじーくる 島根県大原郡・仁多郡　愛媛県大三島　*くじかける 島根県簸川郡・出雲市「誰にくじかけようもない」

*くじくる 京都府竹野郡　兵庫県淡路島　鳥取県西伯郡　島根県「何某は仰山(ぎょうさん)くじくる」　徳島県　香川県　愛媛県　高知県　長崎県対馬　熊本県下益城郡　鹿児島県

*くじこねる・くじゅーこねる 新潟県佐渡

*くじゅーくる 島根県　岡山県苫田郡・岡山市　広島県芦品郡・高田郡　*くじゅくっ 鹿児島県　*くじょくる 島根県隠岐島　*くじをおこす・ぐじる 長崎県対馬「あのしれものめが、公事を起して又人をいぢめる」　*くじをくる 鳥取県　島根県邑智郡　岡山県　香川県　高知県・高知市　長崎県対馬　大分県大分郡・北海部郡

*くじをこねる・くじをこぬる 大分県大分郡

*くそぼゆる(人が怒って苦情を言う) 熊本県芦北郡・八代郡　*じぶーくる 広島県倉橋島・佐伯郡　*じぶをくる 広島県倉橋島　*じぼくる 埼玉県入間郡　*つけこむ(相手方に押しかけ苦情を言う) 宮城県仙台市「隣の木が邪魔になるからつけこんでやった」　山形県　*ねじる・にじる 高知県幡多郡　*ひぼこく 富山県砺波　*ひぼつける 富山県砺波　石川県　岐阜県飛騨「すぐひぼつけるでやらしい」　京都府竹野郡「よけーなことにひぼつけて話をむずかしくする人だ」　*ひもつける 富山県砺波　石川県鹿島郡・江沼郡

*へぼつける 新潟県西頸城郡　石川県珠洲郡・能美郡　*むんつかたる 山形県東村山郡・西村山郡

くじら【鯨】　*おーいお 静岡県浜名郡「おーいおがたたく(鯨が沖で暴れて小さい魚を磯の方に追いやる)」　*はもの 千葉県夷隅郡　*ふるざ 沖縄県鳩間島　*ふんざ 沖縄県小浜島　*もろとも(巨頭の鯨) 茨城県

□を言う漁民の語　*えびす 青森県三戸郡　岩手県気仙郡　茨城県　*えびすさま 岩手県気仙郡　山形県飛島　*おえびすさん 茨城県　新潟県佐渡　*おべすさん 新潟県佐渡

くず【屑】　*あい 埼玉県秩父郡「籾のあえ」「人間のあえ」　*がし 山形県　*がしこもず 山形県庄内　*がしもく(わらのような長いもの、あるいは多量のものに言う) 山形県西置賜郡　*がす 山形県　新潟県　*がすこもず 山形県東田川郡　*がすむく 新潟県東蒲原郡「ズボンの折目にがすむくがたまってひどい」　*がすもく 新潟県　*がすもっこ 新潟県　*がり 長崎県壱岐島「がりでむ良かけにおくれ」

*きてぃ・きてやー・きてやーま 沖縄県石垣島　*くで 神奈川県鎌倉市　静岡県「くでぉー、しまつしとーけ(わらくずを、かたづけておけ)」　高知県「唐芋のよりくでを買うてきや(薩摩芋(さつまいも)のえりくずを買っておいで)」　*くでら 長崎県北高来郡　*くでろ 長崎県・壱岐島　*くどろ 山口県「人間のくどろぢゃ」　*こじゃみ 静岡県志太郡「こじゃみのざっかーにがぇーてやれ(残りかすの魚は逃がしてやれ)」　*ごず 長野県諏訪・東筑摩郡　*こずみ 山梨県南巨摩郡「このビスケットはこずみになった上にありんどー(蟻)がたかったから食えぬ」　長野県上伊那郡「炭のこずみを集める」　静岡県志太郡「こずみゃーうっちゃるさ(くずものは捨てなさいよ)」　*ごつ 富山県　石川県鹿島郡・鳳至郡　*ごり 長崎県壱岐島「ごり炭」　*しびれ 山口県豊浦郡　*じゃみ 群馬県勢多郡　東京都八王子　静岡県「椎茸のじゃみ」　山口県防府市　*すぐたもぐた 宮城県登米郡　*とど・とどこ 鳥取県西伯郡　*どば 静岡県志太郡　*ほだれ 徳島県「あんなほだれが役に立つか」　*ぽっこ 山梨県　*ぽっこ 神奈川県・中郡　山梨県・南巨摩郡　岐阜県岐阜市・不破郡　静岡県　愛知県　三重県　滋賀県

*もく・もくた 山形県米沢市　*もっこ 福島県会津「この机もっこだな」　長野県伊那　*もっこく 京都府葛野郡

→ごみ（塵）

ぐずぐず ＊**いごいご** 兵庫県加古郡「もう年がよっていごいごしとるだけや」 鳥取県西伯郡 徳島県 ＊**うじうじ** 新潟県佐渡 岐阜県稲葉郡 大阪市 岡山県児島郡「うじうじせずに食べねえ」 広島県高田郡 大分県西国東郡 ＊**えごえご・いごまご・えごまご** 鳥取県西伯郡 ＊**えざらまざら・えざらわざら** 山形県庄内「いつまでもえざらわざらて居ねで、早く来えちゃ」 ＊**えじくじ** 山形県東置賜郡 ＊**えじこじ** 島根県出雲「えじこじすーと来ーかも知れん」「えじこじせず行け」 ＊**えじぼし** 島根県能義郡 ＊**えじもじ** 鳥取県西伯郡 島根県「えじもじしちょーと汽車におくれーじ」 ＊**えんじもんじ** 島根県 ＊**えんじりむんじり** 山形県南部 ＊**ぐずがず** 青森県三戸郡「ぐずがずする」 ＊**ぐずらがずら・ぐんずらがんずら** 秋田県鹿角郡 ＊**ぐずらぐずら** 岩手県気仙郡 宮城県栗原郡 山形県 神奈川県中郡「ぐずらぐずらする」 長野県上伊那郡 ＊**ぐずらしゃら** 山形県 ＊**ぐずらひずら** 山形県東置賜郡 ＊**ぐずらもずら** 岩手県気仙郡「いつまでぐずらもずらしているんだ」 宮城県栗原郡・石巻 秋田県 山形県 ＊**ぐんずりぐんずり・ぐんずりひっちり・くんぜりくんぜり** 愛媛県大三島 ＊**げすげず** 大分県 ＊**ごそごそ** 滋賀県彦根 福岡県企救郡 ＊**ごそりごそり** 福岡県企救郡 ＊**しぐらもぐら** 山形県西置賜郡・米沢市「しぐらもぐらて、何してる」 ＊**しょろしょろ** 静岡県「しょろしょろしてーんな（ぐずぐずしているな）」「しょろしょろ歩くとバスにひかれる」 ＊**しょろりんしょろりん** 静岡県「しょろりんしょろりん歩く」 ＊**ずぐもぐ** 山形県南置賜郡・米沢市「ずぐもぐいうな」 ＊**ずたずた** 長崎県壱岐島「ずたずたするな」 ＊**ずるずる** 福島県相馬郡「おれもずるずるしてらんねーや」 栃木県河内郡 香川県 高知県「ずるずるして仕事が出来ん」 ＊**ずれんずれん** 宮崎県 ＊**だんじゃむんじゃ** 沖縄県首里 ＊**どたくた**（苦情を言うさま。ぐずぐず）新潟県佐渡「どたくた言うな」 ＊**ねしょねしょ** 岐阜県可児郡 ＊**ねちりねちり・ねっちりねっちり** 島根県「ねちりねちりしちょーけん（しているので）遅れた」 ＊**ねちりもちり・ねっちりもっちり** 島根県出雲 ＊**ねっつらくっつら** 山形県 ＊**ねっつりねっつり** 長崎県壱岐島 ＊**ねつらねつら** 青森県南部 ＊**のんじくんじ**（嫌々ながら行うさま）新潟県蒲原郡 ＊**へこたこ**（あれこれ。ぐずぐず）新潟県佐渡「へこたこ言うな」 ＊**ぼそぼそ** 大阪市「何ぼそぼそしてるのや」 山口県周防 長崎県対馬「ぼそぼそすると振りすててゆくぞ」 ＊**まごしゃご・まーごしゃーご** 青森県三戸郡「勉強も出来ない毎日、まーごしゃーごして日を暮している」 ＊**むぞむぞ** 新潟県佐渡「むぞむぞしんな、はようせい」 ＊**もぞ** 滋賀県彦根 ＊**もそかそ** 秋田県河辺郡・雄勝郡 山形県 ＊**もそくそ** 秋田県河辺郡・雄勝郡 ＊**もそもそ** 岩手県気仙郡 秋田県平鹿郡「毛虫がもそもそど這って来た」・鹿角郡 山形県 新潟県佐渡 ＊**もそら** 長野県下伊那郡 ＊**もそらもそら・もそらかそら** 山形県「もそらもそらてとんと仕事はかいがね（はかどらない）」「もそらかそらて、おそい」 ＊**よもくそ** 香川県「よもくそゆーな」 ＊**よもよも** 岡山県児島郡「よもよもせずに早よけー（来い）」 香川県「そんなによもよも歩いとったら日が暮れてしまう」 愛媛県南宇和郡「よもよも言う」

↓のろのろ

□**言う** ＊**いどる** 富山県東礪波郡「用意ししょかんと（用意しておかないと）、またいどられっとこわいでえ」・砺波「いどるこ、くいかち（不平を言う者が結局得）」 石川県 岐阜県飛騨 ＊**えどつく** 富山県砺波 ＊**えどる** 富山県・砺波 ＊**えぼらえぼら**（ぐずぐず言うさま）宮城県石巻市「えぼらえぼら稼えでる」 ＊**ぐざつく** 新潟県佐渡 ＊**ぐだる** 京都府竹野郡「何とかかとかぐだる子だ」 ＊**ぐやめく** 青森県南部「家の親爺あぐやめぐへてよ」 岩手県 秋田県鹿角郡 ＊**ごたむく** 富山県 ＊**ごとごと**（埒もないことをぐずぐず言うさま）島根県「朝から晩までごとごと言う」 徳島県 ＊**ごとらごとら**（埒もないことをぐずぐず言うさま）山形県米沢市・北村山郡 ＊**じくねる** 岩手県胆沢郡 山形県 栃木県安蘇郡「そんなにじくねるんぢゃないぞ」 群馬県 埼玉県秩父郡・入間郡 千葉県東葛飾郡 東京都南多摩郡 神奈川県津久井郡 新潟県 ＊**しごねる** 新潟県 ＊**じこねる** 山形県東置賜郡 ＊**じごねる** 青森県南部 岩手県東磐井郡 宮城県仙台市 ＊**しぶくたれる** 島根県邇摩郡 ＊**じぶくる** 宮城県仙台市 群馬県佐波郡 東京都八王子「じぶくっている」 ＊**じゅーねる** 宮崎県西臼杵郡 ＊**ずくねる** 宮城県栗原郡 秋田県北秋田郡「何時までもずぐねる奴だ」 山形県 長野県北安曇郡 島根県美濃郡・益田市「子供が歯が痛あちゅーて一晩中ずくねた」 山口県・豊浦郡 ＊**ずごねる** 青森県三戸郡 岩手県気仙郡 宮城県石巻 山形県 ＊**ぞくねる** 長野県 ＊**へなへな**（ぐずぐず言うさま）栃木県 ＊**へねごね**（ぐずぐず言うさま）山口県大島「ろくったま聞きもせずに人のする事に対してへねごねいうな」 ＊**へらへら**（ぐずぐず言うさま）栃木県「へらへら言うんじゃねー」

□**しているさま** ＊**あちゃらへちゃら**（決断がつかず、ぐずぐずしているさま）山形県西置賜郡・村山 ＊**いんぐりまんぐり** 愛媛県 ＊**いんごりまんごり** 鳥取県東部 ＊**うなりくなり**（ものうそうにぐずぐずしているさま）福岡市 ＊**うなれごーなれ**（ものうそうにぐずぐずしているさま）長崎県対馬「彼は仕事をはきはきと励まずに、うなれごうなれ日を送っとる」 ＊**うならかなら・うんならかんなら・うんならくんなら**（ものうそうにぐずぐずしているさま）岩手県平泉「おめぁはぁ、うんならかんならてばりえで、なじょすっとごでしえぁ（お前は、ぐずぐずしてばかりいて、どうするつもりですか）」 ＊**えんごえんご**

(不格好でぐずぐずしているさま)岡山県児島郡「あん子たら、ののこ着てからえんごえんごしょうるが」 ***ぐやすや**(病気がちでぐずぐずしているさま)鳥取県東部「ぐやすやぐやすや言っとります」 ***じなじな**(病気が快方に向かわず、ぐずぐずしているさま)兵庫県加古郡「じなじなする」「じなじな病(慢性疾患)」 ***しゃたらしゃたら** 長野県佐久 ***ちんぐりまんぐり** 山口県大島「ちんぐりまんぐりしちょって、今になって鰯をもらいに来たって何があるか」 ***てれっと** 長崎県壱岐島「てれっと待っちゃ居られん」 熊本県玉名郡 ***のろっと**(動きが鈍く、ぐずぐずしているさま)千葉県印旛郡「のろっとしてゐる」 ***びりだら**(ぐずぐずしていてものごとがはかどらないさま)新潟県西蒲原郡 ***びりんだらん**(ぐずぐずしていてものごとがはかどらないさま)静岡県志太郡「ばかにびりんだらんしてーるなー」

□**する** ***いもをひく** 島根県「早うすればえーのに、何をいもーひーておるんか」 ***かがらく** 新潟県岩船郡 ***ぐずーたれる** 広島県高田郡 ***ぐすこく** 石川県 ***ぐずたく** 和歌山県新宮「長い間ぐずたく」 ***ぐやめく**(体が弱くぐずぐずする)青森県津軽「ふどがえり入院してから、えったぇぐやめでる(一度入院してから(退院後も)いつも元気がなくぶらぶらしている)」 ***しぶつく** 石川県能美郡 ***ねくだこく** 山形県西田川郡 ***ねくだける** 山形県庄内 ***ねつくつめぐ** 青森県津軽「さあさ、ねつくつめでえなぇで、さっさど仕事ねえぐだらえげ(仕事に行くなら行きなさいな)」 ***のーずる** 千葉県君津郡 ***のらつく** 石川県 ***のろける** 福島県会津若松市 ***ひーつくろう**(ためらってぐずぐずする)新潟県佐渡 ***ひちくる** 神奈川県津久井郡 ***まごめく・まごらめく** 青森県津軽「銀行の入口にいでまごらめぐ」 ***まやめく** 北海道　青森県津軽・上北郡 ***もごさらす** 新潟県下越 ***もちゃつく** 滋賀県愛知郡 ***やーくずれる** 島根県仁多郡「やーくずれて手紙をまだ書いちょらん」「掃除をせんけんやーくずれて汚え事だ」 ***やまう**(おっくうがってぐずぐずする)新潟県佐渡

□**すること** ***しこーもっこ** 千葉県香取郡 ***じじびき** 島根県出雲市・八束郡「何をいつまでもじじびきをすーか」 ***しちもち** 青森県津軽　島根県出雲「あの大工はしちもちしてさっぱり駄目だ」 ***しっこまっこ・しっくもっく** 愛媛県東宇和郡「いくらしっくもっくしてもはかどらない」 ***しっこもっこ** 岩手県九戸郡 ***しっちくもっちく** 群馬県佐波郡 ***しっつくもっつく** 群馬県館林 ***しっつもっつ** 宮城県栗原郡 ***しっつらもっつら・しつらもつら** 青森県津軽 ***しつむつ** 山形県最上郡・米沢市 ***しつもつ** 青森県　岩手県気仙郡「なにしつもつする、やれやれ」 ***しともつ** 青森県津軽 ***なごさんぼ** 長崎県北松浦郡「なごさんぼしょる(ぐずぐずしている)」 ***なまだら** 岩手県中通　秋田県鹿角郡「なまだらしないやうに早く行ってこい」 ***ひちくち** 神奈川県津久井郡「ひちくちする」

□**するさま** ***あじゃあじゃ・あじゃらあじゃら** 三重県度会郡 ***ぎなぎな** 愛媛県・大三島 ***きょろきょろ** 徳島県板野郡 ***ぎんなりぎんなり** 愛媛県大三島 ***ごてくさ** 京都府京都市・竹野郡「子供相手で出がけにごてくさしていたら、とーとー遅くなりました」　大阪市 ***ごもくそ** 北海道「何をごもくそしているんだ」　青森県三戸郡「ごもくそよむ(口の中でもごもご言う)」 ***しこーもっこ** 千葉県香取郡 ***しちかち** 島根県出雲 ***しちもち** 青森県津軽　島根県出雲「あの大工はしちもちしてさっぱり駄目だ」 ***しっけかっち** 島根県能義郡 ***しっこまっこ・しっくもっく** 愛媛県東宇和郡「いくらしっくもっくしてもはかどらない」 ***しっこもっこ** 岩手県九戸郡 ***しっちかっち・しっちりかっちり** 島根県出雲 ***しっちくもっちく** 群馬県佐波郡 ***しっちゃーかちゃー** 島根県仁多郡 ***しっつくもっつく** 群馬県館林 ***しっつもっつ** 宮城県栗原郡 ***しっつらもっつら・しつらもつら** 青森県津軽 ***しつむつ** 山形県最上郡・米沢市 ***しつもつ** 青森県　岩手県気仙郡「なにしつもつする、やれやれ」 ***しともつ** 青森県津軽 ***しねくね** 秋田県河辺郡 ***じねくね** 秋田県雄勝郡「じねくねしないで云ひなさい」 ***しゃーたらしゃーたら** 長野県佐久 ***すっこもっこ** 新潟県岩船郡 ***すねらくねら** 山形県東村山郡「仕事もしないですねらくねらて、なまけ者」 ***ずねらくねら・ずねくね** 秋田県鹿角郡 ***ちゃほや** 島根県出雲市・能義郡「ちゃほやしちょる間に人が訪ねて来た」 ***とたりぱたり・とったりぱったり・たたりぱったり** 島根県隠岐島「とたりぱたりして、何だり出来ざった(何もできなかった)」 ***とろとろ** 島根県石見・隠岐島「とろとろ歩くとすぐ昼になるで」 徳島県「とろとろせずにはよせー」 ***とろんとろん** 島根県大原郡・能義郡 ***にちくち・にちにち** 兵庫県加古郡「にちくちする」 ***にちゃ** 山形県米沢市「にぢゃなごど(あいまいなことを)ゆう」 ***にちゃくちゃ** 山形県東置賜郡 ***にちゃこちゃ** 新潟県佐渡「にちゃこちゃ言うな」 ***ねちくち** 青森県津軽　岩手県気仙郡「おらねちくつってのやんた」　秋田県鹿角郡　山形県「いつまでもねちくちするな」 ***ねちくちん** 秋田県平鹿郡「あの子の性質はねちくちんだ」 ***ねちこち** 和歌山市 ***ねちねち** 栃木県　島根県「ねちねちしとるけーなんぼーでも遅うなる」 ***ねちもち** 島根県 ***ねつくつ** 青森県　岩手県江刺郡　宮城県「えずまでもねつくつてねぁではっきり語れ」「いつまでねつくつしるんだ」　山形県「ねつくつしないで早く来い」 ***ねっちくっち** 岩手県気仙郡「いつもねっちくっちずがぎだ」　秋田県鹿角郡

＊ねっつくっつ 青森県三戸郡 ＊ねっつねっつ 青森県三戸郡「外出の時はねっつねっつするものでないよ」 岩手県平泉「えぐのがえがねぁのがねっつねっつてすかねぁ」 ＊ねつねつ 長崎県対馬「あの人は常にねつねつして決断のつかぬ人じゃ」

＊ねりめひねりめ 長崎県対馬「彼は何事をするにもねりめひねりめして一向極りが付かぬ」 ＊のへのへ 茨城県新治郡「のへのへと」 ＊べとべと 静岡県「何をべとべとしてる」 ＊ぽっかり 奈良県南大和 ＊ぽよぽよ 福岡県 ＊まやまや 青森県上北郡 ＊まんだらまんだら 埼玉県秩父郡「まんだらまんだら口をきく人だ」 ＊むたむた 岐阜県吉城郡「むたむたしとるとおいていく」 ＊むったらむったら 青森県三戸郡 ＊むっくらかっくら 青森県三戸郡 ＊もくふぁかくふぁ 山形県西置賜郡 ＊もくもく 山形県米沢市 ＊もくらかくら 山形県東置賜郡・北村山郡 ＊もくらちゃくら 山形県米沢市 ＊もくらもくら 山形県「もくらもくらして叱られた」 福島県北部 ＊もっくらかっくら 山形県 ＊もっくらもっくら・むっくらむっくら 青森県三戸郡 ＊もっしりくっしり 島根県隠岐島「もっしりくっしりして埒があかん」

＊もともと 島根県美濃郡・益田市「お前は何時ももともとするけー人より遅れる」 ＊もさもさ 東京都八王子「何をもさもさしている」 長野県佐久 ＊もざもざ 富山県・高岡市 福井県 ＊もじゃりもじゃり 富山市近在

くすぐったい【擽】 ＊あちぴょてー 山形県酒田市 ＊えちゃらっこい・えちょーこい 新潟県

＊かうさ（くすぐったいこと） 沖縄県石垣島 ＊かうさーん 沖縄県石垣島 ＊かうわん 沖縄県鳩間島

＊きゃーん 沖縄県与那国島 ＊ぐずぐず（くすぐったいさま） 香川県直島「ぐずぐずする」 ＊くすばい 三重県 和歌山県西牟婁郡 島根県鹿足郡 岡山県浅口郡 広島県高田郡 山口県大島 徳島県海部郡・出羽島 香川県 愛媛県 ＊くすばいー 広島県倉橋島・上蒲刈島・大崎上島・備後 岡山県小田郡 山口県阿武郡 ＊くすばしー 香川県塩飽諸島 ＊くすばっこい 長野県伊那 ＊くすばったい 長野県諏訪 ＊くすべたい 岐阜県恵那郡 ＊くすぼない 香川県小豆島 ＊くすみかたい 新潟県佐渡

＊くすわい 和歌山県日高郡 徳島県海部郡・出羽島 ＊くすわいー 広島県沼隈郡 鹿児島県種子島 ＊くずわかしー 岐阜県飛騨 ＊くそばい 大分県速見郡 ＊くそばやい 三重県志摩郡 ＊くそぼやい 三重県度会郡 ＊くつかたい 新潟県佐渡 ＊くつぐしー 広島県因島 ＊くっさい 香川県 ＊くっちょくたい 山形県西置賜郡 ＊くっつくたい 山形県米沢市・西置賜郡 ＊くつばい 鳥取県 広島県厳島

徳島県海部郡 ＊くつばいー 岐阜県 島根県邑智郡 岡山県真庭郡 広島県 愛媛県弓削島 ＊くつばかしー 岐阜県飛騨 鳥取県東部 ＊くつばかたい 新潟県佐渡 ＊くつばしー 新潟県西頸城郡 岐阜県北部「『くつばかいてやろか』『あーん、くつばしーわい』」 ＊くつばったい 長野県 ＊くつばゆい 兵庫県佐用郡 ＊くつぼったい・くつまったい 長野県諏訪 ＊くつわいー 岡山県真庭郡 鹿児島県種子島 ＊くつわしー 広島県上蒲苅島・下蒲刈島 ＊けぶたい 島根県邑智郡 愛媛県青島 ＊けむたい 島根県八束郡 ＊けんちゃ（くすぐったいさま） 島根県八束郡 ＊こーさん・こーさーん 沖縄県竹富島 ＊こーちょーばしー 新潟県岩船郡 ＊こーはーん 沖縄県小浜島 ＊ここっわり 鹿児島県鹿児島郡 ＊こしぐたい 山形県最上郡 ＊こしょばい 三重県志摩郡・飯南郡 大阪府泉北郡 奈良県南部

和歌山県・那賀郡 ＊こしょばいー 島根県仁多郡 ＊こしょぼい 奈良県南部 ＊こすさい 香川県

＊こすばい 山口県大島 徳島県美馬郡 海部郡・出羽島 香川県 ＊こすばいー 愛媛県大三島

＊こすばいか 熊本県天草郡 ＊こすびがたい 新潟県佐渡 ＊こすぶかたい 新潟県佐渡 ＊こすわい 徳島県海部郡・出羽島 香川県大川郡・木田郡 ＊こすわいか 鹿児島県 ＊こそがしー 富山県 石川県

島根県隠岐島（老人語） ＊こそくたい 秋田県雄勝郡「そこへ触るとこそくてぁからやめれ」 ＊こそぐりがいー 島根県益田市・美濃郡 ＊こそっぱい 群馬県佐波郡 東京都八王子 神奈川県津久井郡

山梨県南巨摩郡 長野県諏訪 愛知県名古屋市

＊こそっぽい 長野県諏訪・佐久 ＊こそはい 鹿児島県 ＊こそばい 新潟県佐渡 福井県 岐阜県恵那郡 愛知県名古屋市 三重県 滋賀県彦根・蒲生郡 京都市 大阪市 兵庫県加古郡・神戸市・淡路島 和歌山県 鳥取県西伯郡 島根県 岡山県児島郡 広島県高田郡 山口県周防 徳島県美馬郡・海部郡・出羽島 香川県 愛媛県 高知県「腋の下え坊やがお手手を触らしてこそばい」 福岡県小倉市 長崎市 熊本県玉名郡・天草郡 宮崎県都城 鹿児島県 ＊こそばいー 新潟県佐渡 岐阜県 愛知県西春日井郡 兵庫県但馬 島根県 広島県 愛媛県大三島 高知県 福岡市 長崎県南高来郡 熊本県 大分県 ＊こそばかしー 島根県八束郡・隠岐島 ＊こそばけー 岐阜県飛騨 ＊こそばしー 岐阜県飛騨 島根県 ＊こそばたい 山形県庄内 ＊こそばっこい 新潟県 ＊こそばやい 三重県志摩郡 ＊こそはり 鹿児島県 ＊こそべたい 岐阜県 愛知県「きーさまがこそぐるもん、あーこそべたつ」 三重県志摩郡 ＊こそべったい 愛知県愛知郡 ＊こそぼい 香川県西部 ＊こそまいか 長崎県西彼杵郡 ＊こそわい 三重県阿山郡 長崎市 ＊こそわいか 佐賀県三養基郡 ＊こちがし 岩手県上閉伊郡 ＊こちぐたい 宮城県登米郡 ＊こちゅくたい 山形県西置賜郡 ＊こちょーがしー 島根県隠岐島

＊こちょがしー 富山県 ＊こちょがたい 秋田県鹿角郡 ＊こちょがって 新潟県東蒲原郡 ＊ごちょくせ 山形県飽海郡 ＊こちょくたい 山形県 ＊こちょごて 山形県仙北郡・南村山郡 ＊こちょばいー（幼児語） 島根県邑智郡 ＊こちょばいか 佐賀県藤津郡

長崎県北松浦郡（下流の語）「腋の下に手を入るる

とこちょばいか」 熊本県玉名郡・天草郡 *こちょばかしー島根県仁多郡・隠岐島 *こちょばかたい新潟県佐渡 *こちょばしー新潟県上越 富山市近在 石川県 長野県 島根県出雲・隠岐島 長崎県五島 *こちょばたい山形県庄内 新潟県 *こちょばっこい新潟県 *こちょはったい新潟県西頸城郡 *こちょばって新潟県東蒲原郡 *こちょびたい・こちょぴたい山形県 *こちょぶたい山形県西村山郡・南村山郡 *こちょぽたい山形県南村山郡 *こちょまっかい新潟県東蒲原郡 *こちょまっこい新潟県中越 *こちょみたい岩手県和賀郡 *こちょわしー石川県羽咋郡 *こちょんかたい新潟県佐渡 *こつぁくたい秋田県雄勝郡 *こつおもたい岩手県江刺郡 *こつくたい山形県東置賜郡・西置賜郡 *こつぐたい岩手県東磐井郡 *こつけたい山形県東置賜郡 *こつごたい宮城県石巻 *こっさい香川県「首をそなんしていろたら(さわったら)こっさいが」 *こっちがしー岩手県遠野 *こっちょがしー岩手県気仙郡 *こっちょくたい山形県南置賜郡 *こっちょびたい山形県 *こっつぉくたい山形県最上郡 *こっつぎたい岩手県東磐井郡 *こっつぐたい山形県 *こっとくさい山形県南置賜郡 *こつばかい・こつばかたい新潟県佐渡 *こつまかたい新潟県佐渡 *ことがしー岐阜県飛騨 *ごとくたい山形県飽海郡 *ことばて山形県東田川郡 *しゃーこそばいー島根県仁多郡 *しりこそばい兵庫県・明石郡「しりこそばいから来られへん」 和歌山市 *しりこそばいー島根県 大分県大分郡 *しりこそばしー島根県 *しりこそばゆい愛媛県宇和島市 *ちゅくやし・ちゅくらしか・じゅくしか鹿児島県揖宿郡 *ちょこがしー富山県砺波 島根県隠岐島 *ちょこばいー長崎県対馬 熊本県下益城郡 大分県宇佐郡 宮崎県延岡市 *ちょこばかしー島根県隠岐島 *ちょこばし新潟県西頸城郡「ちょこばしなってたたれん」 *ちょこばしー富山市近在 *ちょこばゆい長崎県対馬 *はごーさん沖縄県首里 *はんちくたい岐阜県益田郡 *むぐたい群馬県利根郡・多野郡 *むぐったい栃木県 群馬県 埼玉県秩父郡・北葛飾郡「わきのしたをさわられっとむぐったい」 *むすぐったい福島県西白河郡 栃木県 東京都八丈島 静岡県志太郡・榛原郡 愛知県北設楽郡 *むずぐったい神奈川県津久井郡 *むぞくたい山形県東田川郡 *むつこぁしー・むつこーしー・むつこーしけ東京都八丈島 *もーらしー長野県上田 島根県益田市・那賀郡 *もぐったい群馬県 *もじょけ新潟県佐渡 *もじょこい北海道 *もそがい・もぞがりー山形県米沢市 *もそかゆい秋田県鹿角郡「背中がもそけぁくてこまる」 山形県 *もそかりー青森県三戸郡 *もそがりー山形県米沢市・西村山郡 *もそぐったい静岡県中部 *もそぐっちゃー静岡県川根 *もぞっぽい長野県上田・佐久 *もぞばいー熊本県下益城郡 *もそぽったい・もそもったい静岡県 *もちゃこい青森県 *もちょくさい青森県・津軽 *もちょくちゃい青森県・上北郡 *もちょくちょい青森県津軽 *もちょこい北海道函館・小樽 青森県南部 *もちょこしー青森県南部 *もちょこたい秋田県鹿角郡 *もちょこちゃい青森県津軽 *もちょこでぁ秋田県鹿角郡 *ももがゆい長野県佐久 *ももっかい長野県南佐久郡・佐久 *ももっかやい長野県南佐久郡 *ももっこい長野県南佐久郡 *ももったい山梨県「腋(わき)の下い手を入れればももったい」 長野県南佐久郡・佐久 *ももっちー山梨県 長野県諏訪

くすぐる【擽】 *くすこる三重県北牟婁郡 *くすばかす新潟県佐渡 長野県諏訪・上伊那郡 岐阜県 京都府与謝郡 岡山県津山市 徳島県 香川県佐柳島 愛媛県 *くすばす長野県 愛媛県 *くずばす新潟県西頸城郡 *くすぼる三重県松阪市 *ぐずるん沖縄県鳩間島 *くそばかす愛媛県 *くつがす山形県南部 福島県相馬 *くっさかす香川県木田郡 *くっちょがす山形県西置賜郡 *くっつがす山形県 *くっつばす長野県佐久 *くつばかす長野県 岐阜県郡上郡・飛騨 兵庫県 岡山市 *くつばす新潟県中頸城郡 長野県 *くつわかす鳥取県 岡山市 *こしょぐい熊本県天草郡 *こしょぐる千葉県山武郡 三重県志摩郡 和歌山県 大分県大分郡・北海部郡 *ごじょぐる長崎市 *こしょばす新潟県中頸城郡 *こしょぼる・こしゃばる大阪府泉北郡 *こすばかす徳島県・美馬郡 香川県大川郡・仲多度郡 *こすます新潟県中越 *こそがす富山県 石川県 *こそぐい鹿児島県 *こそくる鹿児島県 *こそぐる岐阜県海津郡 静岡県志太郡 愛知県 京都市 奈良県 和歌山県 島根県石見 広島県倉橋島 香川県 福岡県小倉 福岡市 長崎県長崎市・佐世保市 熊本県 大分県 *こそごる奈良県 *こそばいかす島根県美濃郡・益田市 *こそばかす新潟県佐渡 石川県羽咋郡・能美郡 福井県坂井郡・大飯郡 岐阜県山県郡 京都府竹野郡「こちょこちょとこそばかす」 兵庫県 島根県 徳島県美馬郡 香川県 愛媛県 *こそばす新潟県 兵庫県加古郡・淡路島 岡山県児島郡 香川県 愛媛県 高知県 *こそぶる滋賀県甲賀郡 *こそぼる滋賀県彦根・蒲生郡 京都府 大阪市 奈良県 *こちがす岩手県上閉伊郡 *こちょかす青森県上北郡 *こちょがす北海道・函館 青森県 岩手県 宮城県栗原郡 秋田県北秋田郡・鹿角郡 山形県 新潟県東蒲原郡 富山県砺波 *ごちょがす秋田県 *こちょくる千葉県 佐賀県 長崎県北高来郡 鹿児島県 *こちょぐる長崎県佐世保市 大分県大分郡 *こちょこる栃木市 *こちょばかす山形県山形市・飽海郡 新潟県中蒲原郡 富山県下新川郡 石川県羽咋郡・能美郡 島根県仁多郡 *こちょばす山形

県　新潟県　石川県鳳至郡 *こちょます 青森県津軽「こちょまさえるのもつらいものだ」 *こつぉがす 秋田県平鹿郡 *こつがす 山形県東置賜郡 *こっさかす 香川県 *こっちょがす 山形県東部 *こっちょくる・こっつぐる 山形県西置賜郡 *こっつがす 山形県西置賜郡 *こっとがす 山形県南置賜郡 *ことばす 長野県小県郡 *ことぼーす 山形県東田川郡 *こよばかす 石川県能美郡・羽咋郡 *ずぐる 東京都三宅島 *ちょこがす 富山県 *ちょこぐる 佐賀県唐津市　長崎県対馬　大分県「腋の下をちょこぐる」　宮崎県 *ちょこじる 熊本県下益城郡 *つくじー・つくじっ 鹿児島県 *つくじる 鹿児島県・肝属郡 *むぐす 群馬県　埼玉県秩父郡「人の足をむぐすなよう(くすぐらないでくれ)」・大里郡 *むずかす 長野県北佐久郡 *むすぐる 茨城県・多賀郡　栃木県　静岡県・榛原郡　愛知県北設楽郡 *もぐす 群馬県佐波郡 *もごかす・もごわす 新潟県中越・南魚沼郡 *もそぐる 静岡県志太郡・榛原郡 *もます 山梨県南巨摩郡 *ももかす 山梨県甲府近在　長野県佐久・南佐久郡 *ももす 山梨県・南巨摩郡「あんまりももすもんじゃあない」

□こと *ぐじぐじ 福島県相馬 *くつぐつ 宮城県仙台市 *ごじゃごじゃ 秋田県由利郡「私のとこごじゃごじゃするな」 *ごじょごじょ 長崎市 *ごちゃごちゃ 秋田県河辺郡　山形県酒田市 *こつごつ 宮城県石巻 *ごとごと 青森県津軽「ごどごどする」 *ちょこちょこ 島根県隠岐島「ちょこちょこする」　長崎県対馬 *へちょこちょ 島根県美濃郡・益田市

くずす【崩】 *こわす。 *いっくやす・いっくずす 長崎県対馬 *うちくやす 長崎県南高来郡・長崎市 *うっくやし 鹿児島県鹿児島郡 *うっくやす 佐賀県・神埼郡　鹿児島県 *くーしゅん 沖縄県首里「やーくーしゅん(家を壊す)」 *くずく 静岡県庵原郡　愛知県知多郡 *くどす 福島県大沼郡　島根県「山をくどす」　山口県玖珂郡・大島 *くます 長野県南部「箱をくましてたき物にする」「土手をくます」　静岡県志太郡・榛原郡「月給取りは、着るもんにくまされる(衣服に掛かり負けがする)」 *くやす 山口県阿武郡　愛媛県「土手をくやす」　福岡市　長崎県対馬「ぶちくやす」　大分県　宮崎県西臼杵郡　鹿児島県 *ぐやす 岡山市　愛媛県・大三島 *くよす 島根県美濃郡・益田市「石垣をくよしたら蛇が出た」 *ぐわす 和歌山県東牟婁郡 *げとかす 福岡県三瀦郡 *こじく 鳥取県西伯郡「この石を少しずつこじく(砕く)」「砂山をこじく(崩す)」 *こわかす 岐阜県郡上郡 *こわからかす 愛知県東春日井郡 *こわらかす 岐阜県郡上郡「馬車が道のいしかけ(石垣)をこわらかいた」　愛知県東春日井郡 *ずやかす 島根県邑智郡・大田市 *ずやす 島根県石見 *ずわす 山口県大島 *ぞらす(岩や積まれている土砂などを崩す) 千葉県夷隅郡　奈良県宇陀郡「そこらへ土をぞらせ」　和歌山県・西牟婁郡・東牟婁郡「人夫が道の土をぞらしてゐる」 *つっくやす 長崎県壱岐島　熊本県八代郡・天草郡 *つぶす 山梨県南巨摩郡　大阪府泉北郡　兵庫県明石郡　香川県 *とやす(積んであるものを崩す) 愛媛県上浮穴郡「とやしたらいかん」 *ばらかす 福井県足羽郡　福岡県三潴郡

*大きな単位から小さい単位の貨幣にかえる。 *きる(竿金(さおがね)、竹流し金などを必要なだけ切って使ったところから) 岩手県気仙郡　愛媛県南宇和郡 *くだく 青森県津軽　徳島県「千円札も一ぺんくだいたらたしないもんじゃ」 *ぶずぐす 山形県村山 *ぼかす 秋田県仙北郡「札をぼかした」 *ぼっかす 栃木県「お金をぼっかしてこー」

くすぶる【燻】 *いばる 岐阜県大野郡 *いわる 岐阜県飛騨・郡上郡「紙がいわっとる」 *きじる 山口県玖珂郡 *くいぼる 香川県仲多度郡 *くいる 徳島県　香川県　愛媛県 *くぎれる 島根県八東郡 *くぐる 島根県美濃郡・益田市 *くする 愛媛県　高知県「薪がよー干いちょらんきにくすってもえん」 *くゆる 徳島県 *くよる 鳥取県　島根県「なんど、くよっちょうへんかや(何かくすぶっちゃいないか)」　広島県比婆郡 *しぼる 島根県出雲「こたつの中で、何かしぼーぞ」 *しもう 島根県出雲 *しもる 島根県簸川郡・出雲市 *すつもい 鹿児島県姶良郡 *すぶる 熊本県玉名郡 *すぼる 岐阜県飛騨　島根県　愛媛県・西宇和郡　福岡市　長崎県佐世保市・長崎市　熊本県・玉名郡・下益城郡 *すもっ 鹿児島県薩摩 *すもる 鳥取県西伯郡　島根県「家の中がすもっちょる」　宮崎県日向　鹿児島県 *ふすぼる 埼玉県秩父郡　岐阜県郡上郡　滋賀県彦根　島根県石見「炬燵で何かふすぼってけぶい」　広島県高田郡　山口県　徳島県　愛媛県「この炭はふすぼって困る」　長崎県南高来郡・対馬 *ぶすめぐ 秋田県南秋田郡・仙北郡「この木は生だからぶすめぐ」 *ふすもい 鹿児島県大隅 *ふすもる 島根県鹿足郡　岡山市　宮崎県東諸県郡　鹿児島県 *ふつーる 富山県 *ほぎる 島根県益田市「火がほぎっとるが、どがーしたのか」

→いぶる（燻）

くすり【薬】 *くす 鳥取県気高郡・岩美郡(幼児語)　島根県石見(幼児語)「早うくすを飲まんと病気が治らん」　広島県佐伯郡・高田郡 *すい 鹿児島県喜界島「すい　ぬみゅい(飲む)」「すい　しゅい(栄養のある食物を食べる)」 *ちょーり 島根県出雲 *やくし(「やくしゅ(薬種)」の転か) 青森県津軽　島根県　岡山県苫田郡

くすりゆび【薬指】 *あねぞいっ 鹿児島県揖宿郡 *いしゃぼんじ・えさぼんち(幼児語) 青森県三戸郡 *ぜにさしゆび 奈良県南大和 *なーざうやび 沖縄県黒島 *なーなーぬうやび 沖縄県鳩間島 *なーなしいーび 沖縄県国頭郡 *なーなしういび 鹿児島県徳之島・沖永良部島 *なーねーぬうび 沖縄県小浜島 *なーねーんうび 沖縄県石垣島・新城島 *なーねんうびゃー 沖縄県竹富

島 *なしらず 鹿児島県奄美大島 *ななしゆび 奈良県吉野郡 *なみだうゆび（「名無き指」の意） 沖縄県与那国島 *なみゃーんうび（「名無き指」の意） 沖縄県西表島 *ならし 沖縄県首里 *ならしぃーび 沖縄県首里 *びんつけゆび（「べにつけゆび（紅付指）」の転か） 大分市 *べにさし 静岡県磐田郡 三重県桑名市 和歌山県日高郡 島根県美濃郡 香川県伊吹島 長崎県南高来郡 熊本県天草郡 鹿児島県大隅郡 *べにさしゆび 新潟県佐渡 岐阜県養老郡 静岡県 愛知県愛知郡・碧海郡 三重県員弁郡 京都府 大阪府 和歌山県・那賀郡

島根県那賀郡・鹿足郡 岡山市 広島県比婆郡・安芸郡 山口県 徳島県 香川県 愛媛県 高知県幡多郡 熊本県下益城郡 大分県 *べにつけ 三重県桑名市 *べにつけゆび 静岡県庵原郡 香川県小豆島・豊島 大分市 *べにゆび 香川県大川郡・綾歌郡 大分県 *べんえび 島根県隠岐島 *べんさし 新潟県佐渡 富山市近在 島根県美濃郡・益田市 福岡市 長崎県 熊本県玉名郡・天草郡 大分県 宮崎県 *べんさしゆび 新潟県佐渡・上越市 福井県三方郡・大飯郡 兵庫県赤穂郡 島根県美濃郡・益田市 長崎県北松浦郡・南高来郡 *べんつけえび 島根県隠岐島 *むめーゆび 新潟県中頸城郡 *んだしぐりさーるびー 沖縄県波照間島

くずれる【崩】 *いっくえる 長崎県対馬 *いっくゆる 熊本県八代郡・下益城郡 *いっくわえる 熊本県芦北郡 *うちくゆる 長崎市 *うっかんぐる 佐賀県 *うっくゆる 佐賀県 長崎県北松浦郡「ひどうするとうっくゆるぞ」・五島 熊本県下益城郡 鹿児島県 *おげる 香川県仲多度郡 *がける 岐阜県養老郡 *くいゆい 鹿児島県喜界島 *くーりゆん 沖縄県首里「いしがちぬくーりゆん（石垣が崩れる）」 *くえこむ 島根県石見「石垣がくえこーだ」 *くえる 群馬県「雨で土手がくえた」 埼玉県秩父郡 長野県佐久 静岡県田方郡・磐田郡「くんだ（崩れた）」 三重県志摩郡 兵庫県佐用郡・淡路島 奈良県「何時の間にか田圃の畔がくえた」・宇陀郡 和歌山県 島根県石見「家がくえた」 山口県「山がくえた」 徳島県三好郡・麻植郡 愛媛県・喜多郡・松山 高知県 福岡市 長崎県対馬 宮崎県西臼杵郡 *ぐえる 奈良県吉野郡 和歌山県新宮「あの山はぐえかけている」・東牟婁郡 岡山県岡山市「道がぐえる（わだちの跡などから割れる）」・浅口郡 香川県小豆島 愛媛県 *くじける 島根県出雲・隠岐島「山がくじけた」 *くずける 石川県 岐阜県飛驒 静岡県志太郡 愛知県岡崎市 兵庫県・養父郡 島根県「積んだ割木がくずけた」 *ぐすねる 島根県益田市「大風に屋根がよーに（すっかり）ぐすねた」 山口県阿武郡 *くずむ 千葉県夷隅郡 *くずる 徳島県 *くどける 広島県能美島 *くどてる 静岡県 *くとれる 岩手県下閉伊郡 *くどれる 山梨県南巨摩郡「山がくどれる」 島根県石見「地震に鳥居がくどれた」・隠岐島 広島県能美島 山口県大島 *くべる 三重県名賀郡 *くむ 千葉県印旛郡「崖がくんだ」・長生郡 東京都大森・大島 神奈川県 山梨県・南巨摩郡 長野県「積んだ薪がくんだ」 静岡県「ぼたんくんだので水が流れた」 愛知県知多郡 *くめる 静岡県志太郡 *くやける 埼玉県秩父郡 *くゆい 熊本県天草郡 鹿児島県 鹿児島郡 *くゆる 和歌山県日高郡「堤がくゆる」 長崎県佐世保市 熊本県・下益城郡 大分県 宮崎県西臼杵郡「向ん山がくゆる」 *ぐゆる 和歌山県日高郡 *くゆれる 島根県邑智郡「河岸の家がとうとうくゆれた」 *くわける 三重県志摩郡 *くわれる・ぐわれる 三重県志摩郡「土手がぐわれる」 *けくえる 鹿児島県硫黄島 *けくゅい 鹿児島県 *こーける 三重県名賀郡 *こける 岩手県気仙郡 山形県西置賜郡 神奈川県 富山県砺波 長野県佐久 岐阜県吉城郡「谷がこけた」 香川県 *こぼける 三重県名賀郡 *こわける 岐阜県郡上郡 *ざる（土砂などが崩れる） 香川県 *ざれる（土砂などが崩れる） 徳島県・美馬郡 香川県大川郡 *じゃれる（土砂などが崩れる） 新潟県佐渡「土堤がじゃれる」 *ずえこむ 島根県石見 *ずえる 京都府竹野郡 鳥取県 島根県石見 岡山県浅口郡 広島県「崖がずえる」 山口県大島 徳島県（山が崩れる） 香川県・小豆島（山が崩れる） 愛媛県・大三島 *ずそぐえる 大分県大分郡「やまがおーけなことずそぐえちなー（山が大きく崩れてね）」 *すざれこける（段々に崩れる） 高知県・高知市「砂山がすざれてこんなに低うなった」 *すずれる（段々に崩れる） 高知市 *ずる 新潟県佐渡・岩船郡 富山県砺波「山がずった」 島根県「山の土が大水にずった」 *ぞえる 香川県小豆島 *ぞーれる 島根県「わらがぞーれる」 山口県豊浦郡 *ぞくる 和歌山県日高郡 *ぞける 和歌山県日高郡「土がぞけた」 *ぞる 愛知県知多郡 *ぞれる 茨城県稲敷郡 千葉県香取郡 岐阜県飛驒「山がぞれて来て川がいかばる（川水があふれ出る）」 愛知県愛知郡・知多郡 大阪市 奈良県南大和 和歌山県「積んであった砂利が子供の重さでぞれた」 *ぞろける 茨城県稲敷郡 三重県志摩郡 *だれる 茨城県新治郡・真壁郡 *ちえる 徳島県「道路がちえる」 香川県 *つえがでる（山が崩れる） 島根県益田市「川土手につえがでた」 *つえがぬける（山が崩れる） 島根県石見「昨日大けなつえがぬけた」 広島県 *つえる 新潟県佐渡 山梨県南巨摩郡 島根県「土が崩れて家がつえた」 岡山県 広島県佐伯郡 山口県 徳島県（山が崩れる） 香川県 愛媛県 高知市「大水で土手がつえた」 *つくどれる 山梨県 *つくどーれる 山梨県西山梨郡 鹿児島県肝属郡 *つっくえる 佐賀県三養基郡 *つっくどれる・つっくどける 静岡県「土手がつっくどける」 *つっくむ 山梨県・南巨摩郡 *つっくゆい 鹿児島県 *つっくゆる 長崎県北松浦郡「あめでどこかつっくゆる様にな

った」 熊本県下益城郡 *つぶれる 山梨県南巨摩郡 大阪府 兵庫県明石郡 香川県 *つむれる 奈良県吉野郡 *つれる(大きく崩れる) 島根県隠岐島 *つんくゆる 熊本県下益城郡 *どいる(山や土砂などが崩れる) 香川県三豊郡 愛媛県 *どえる(山や土砂などが崩れる) 滋賀県 京都府竹野郡 徳島県 香川県 愛媛県 *どげる 香川県 *どさる 長野県下伊那郡 *どされる 和歌山県有田郡「砂がどされる」 香川県 *どっぜる 香川県大川郡・木田郡 *どっつぇる 香川県 *どべくる 愛媛県東宇和郡 *どべる 香川県小豆島「いけがきがどべってきた」 *どやる(山や土砂などが崩れる) 徳島県三好郡 *どれる 東京都大島 和歌山県那賀郡 *ながれる(畑が崩れる) 愛媛県大三島 *ぬける(山、土手、道などが崩れる) 栃木県 長野県 岐阜県大野郡 島根県石見「土手がぬけた」 広島県比婆郡「道がぬけたんじゃがの」 *ねける・にける(山、土手、道などが崩れる) 島根県出雲 *のける(山、土手、道などが崩れる) 新潟県中頸城郡「あの山のけた」・西頸城郡 長野県下高井郡 島根県隠岐島 *ひける(岩が崩れる) 静岡県川根 *ひっくえる 鹿児島県種子島 *ひっくゆる 熊本県下益城郡 *へだれる 徳島県 *ほげる 愛媛県周桑郡 *ろれる 和歌山県那賀郡「又ろれたよう」 *わずける 愛媛県大三島

くせ【癖】

*かけ 群馬県多野郡「指の爪を噛むのがかけになってやめられない」 *くせっとー 島根県石見「大酒ばっかし飲うでくせっとーのわりー(癖の悪い)」 *くせもん 新潟県 *じ 鹿児島県喜界島 *しちくせ(いつもの癖) 岩手県気仙郡 *だーぐせ 島根県美濃郡・益田市「あいつはだーぐせがわりー」 *つけ(その人の癖) 徳島県「笑わんのはあの人のつけじゃ」 *なぐせ 新潟県佐渡 *ならいぱたき 岩手県二戸郡 *ふんぎ 沖縄県石垣島 *やくせ 青森県 *やんみゃー 長崎県北松浦郡「お前の朝寝はやんみゃーなー」

悪い□ *しじくへ 青森県津軽 *じぐせ(抜けきらない悪い癖) 青森県南部 宮城県仙台市「虚病をつかふのはあいつの地癖だ」 *しちくせ 青森県南部 岩手県東磐井郡「しちくせがわるい」 宮城県栗原郡・仙台市 秋田県鹿角郡 *たり(「木に生ずる狂い」の意から) 広島県山県郡 山口県大島「あの人は物事を考えすぎて仕事のはかどらぬのがたりだ」 *ばか 岩手県気仙郡「ばかがおこる(悪い癖が出る)」

くだく【砕】

*あらごなす(大まかに砕く。土を大きな塊に砕く) 岩手県気仙郡 *いわす 大阪府泉北郡「いわしてたべる(猫が魚の骨を食べるように、ものを砕いて食べる)」 *かんしゃく 熊本県芦北郡・八代郡 *くなしゅん(田畑の土を細かく砕く) 沖縄県首里 *こぎる(田畑の土を細かく砕く) 山形県東置賜郡・東田川郡 神奈川県中郡 新潟県 岐阜県飛騨 山口県玖珂郡 *こじく 鳥取県西伯郡「この石を少しずつこじく(砕く)」「砂山をこじく(崩す)」 *こずく 栃木県 新潟県佐渡 島根県「石をこずいた」 *こなげる(土塊を細かく砕く) 京都府久世郡 *こなす(田畑の土を細かく砕く) 神奈川県中郡 新潟県東蒲原郡 鳥取県西伯郡 島根県 岡山県小田郡「田をこなす」 *こぶる(土くれを砕く) 京都府久世郡 *みざく 新潟県佐渡 奈良県宇陀郡 *みしゃぐ 山口県防府 徳島県 *みじゃく 長野県東筑摩郡「竹をみじゃく」 三重県 長崎県対馬「打ちみじゃく」 *みだく 山口県大島 愛媛県 *むざく 新潟県上越「にぼしのあたまむざいて猫にやる」 *むじゃく 新潟県東蒲原郡「ガラスをむじゃく」 長野県東筑摩郡 *めがす 島根県石見「誰かいガラスをめがーたのは」 山口県 愛媛県大三島 *めぐ 福井県 京都府中郡 大阪府大阪市・泉北郡 兵庫県「めーだる(壊してやる)」 鳥取県・西伯郡 島根県「箱をめぐ」 岡山県 広島県 山口県 徳島県・美馬郡 香川県 愛媛県・松山 *めぐす 宮崎県西臼杵郡 *めだく 岡山県児島郡 山口県屋代島・大島 徳島県海部郡 香川県直島 愛媛県伯方島・大三島

□こと *かじり(すき起こした土くれを鍬(くわ)で砕くこと) 滋賀県彦根 *こぎり(田植え前などに、打ち起こした田の土を細かに砕くこと) 福島県石城郡 長野県上伊那郡・下伊那郡 岐阜県北飛騨・郡上郡 *こぎれ(田植え前などに、打ち起こした田の土を細かに砕くこと) 長野県佐久 *こくせきり(田の土を小さく砕くこと) 岩手県気仙郡 *こなし(土くれを小さく砕くこと) 島根県 *たつぶし(田の土くれを砕くこと) 山形県西村山郡・南村山郡 *つちかじり(土を砕くこと) 新潟県佐渡 *ほぼき(乾田で土を細かに砕くこと) 福島県石城郡

細かく□ *こぐ 岡山県小田郡 広島県比婆郡・高田郡 *こなす 岩手県気仙郡 山形県米沢市・東田川郡 山梨県 長野県佐久 岐阜県飛騨「ほえ(小枝)をこなす」 和歌山県那賀郡 岡山県小田郡「豆をこなす」 *こまげる 新潟県佐渡「たきものをこまげてほしー」 長野県下伊那郡 静岡県榛原郡 愛知県設楽 *こまざく 新潟県佐渡 *しゃぐ 長崎県 *びしゃぐ 兵庫県淡路島 *びっしゃぐ 長崎県北松浦郡 *ぴっしゃぐ 長崎市 *べしゃぐ 兵庫県淡路島 *みじく 奈良県南大和 和歌山県・和歌山市 *みじくる 和歌山県

くだける【砕】

*こじける・こずける 島根県「茶碗がこじけた」 *こじゃれる 栃木県「ガラスがこじゃれた」 *じゃみる 山梨県南巨摩郡「窓ガラスがじゃみる」 *つぶれる 山梨県南巨摩郡 大阪府 兵庫県明石郡 香川県 *つむれる 奈良県吉野郡 *べしゃげる 兵庫県明石郡 *ぼろける(もろく砕ける) 奈良県 長崎県対馬 *みじく 滋賀県愛知郡 和歌山市「箱がみじいた」 *みじける 滋賀県愛知郡 *みしゃげる 山口県「焼物がみしゃげた」・阿武郡 *みじゃける 群馬県吾妻郡 長野

県佐久　長崎県対馬　*みだける 福井県大飯郡　山口県大島　愛媛県　*むしゃげる 滋賀県愛知郡　*むじゃける 長野県佐久　*めしゃげる 福井県大飯郡　兵庫県明石郡　*めだける 徳島県那賀郡・海部郡

きわめて細かく□こと　*こみじ 兵庫県淡路島　和歌山県「こみじに割ってしまう」　徳島県　香川県　愛媛県松山市　*こみじこえん 新潟県佐渡　*こみじこっぱ 兵庫県淡路島　奈良県南大和　和歌山県　徳島県　香川県　愛媛県東部　*こみじこっぱい 滋賀県蒲生郡　*こみじこっぱち 愛媛県松山市　*こみじゃ・こみんじゃ 和歌山県日高郡　*こめじこっぱ 香川県仲多度郡　*こめず 香川県仲多度郡　*こめんじ 兵庫県神戸市・加古郡　*こめんじゃ 福井県大飯郡　京都府竹野郡　兵庫県神戸市・加古郡　*こんざ 島根県隠岐島　*こんじ 香川県伊吹島「こんじにする」　*こんず 島根県石見「こんずにめげる(粉みじんに砕ける)」　岡山県阿哲郡・小田郡　香川県「こんずにする」　*こんずい 香川県　*こんずか 島根県美濃郡・益田市「谷に落ちて骨がこんずかになった」　*こんずこはい 徳島県　*こんぞ 岡山県阿哲郡

細かく□こと　*こっぱい 滋賀県蒲生郡　和歌山県西牟婁郡「こっぱいみじんになる」　*みじゃんこ 長野県佐久「台風でみじゃんこになった」　*みじんこっぱち 愛媛県松山「みじんこっぱちになった」

くださる【下】　*うたびみせーん 沖縄県首里「あみ　うたびみせーん((天から)雨を賜る)」　*おーす(多く命令形「おーせ」を使う) 高知県「ぴっとおーぜ(少し下さい)」・香美郡・高知市「おーせ、このお菓子を」「これを私におーせんか」　*おくれる 福井県遠敷郡　静岡県掛川市　三重県上野市　滋賀県犬上郡　兵庫県　香川県　*おしつける 福岡県久留米　長崎県壱岐島「此ぬ本な私いおしつけらりまっせー」　*おしゃる 山形県東置賜郡　*おせつける 長崎市「おあしをおせつけまっせ(お金を下さい)」　*くしゃーる・くしゃる 島根県美濃郡・益田市「菓子をくしゃった」　*くだる 山形県「お金くだるなら早くくだい」　*くだれる 岐阜県郡上郡　愛知県尾張「くだれた(下さった)」　*くなはる 岩手県西和賀郡・気仙郡　*くりゃーる 山口県「あの人はよく物をくりゃーる」　*くりやる 鹿児島県種子島　*くれなる 広島県　大分県大分郡・大野郡　*くれやる 新潟県佐渡　山口県　*くれらす 熊本県玉名郡・下益城郡・天草郡　*くれらる 熊本県天草郡　*くんなる 兵庫県　広島県倉橋島　*たぶ 東京都八丈島「その芋うあれにたべよ(私にくれよ)」　沖縄県「なま、うたびみしゃうらりーがしゃびーら(只今頂戴ができましょうか)」　*たもーる 東京都八丈島(目上に対して用いる)「これとこれいたもーれー(これとこれを下さい)」「おかげさまでーたまおろが(おかげさまでいただきますよ)」　*たもす 宮崎県都城「たもし(下さい)」　鹿児島県　*たもる 岩手県上閉伊郡　秋田県「これを私にたもるの」　東京都八丈島「こるぇーじっしぇんほどたもれ(これを十銭ばかり下さい)」　石川県能美郡　福井県大野郡　岐阜県郡上郡　三重県志摩郡・度会郡　滋賀県蒲生郡「たも(下さい)」・高島郡「たもんた」　京都府葛野郡(命令形だけが用いられる)「たもい(下さい)」　奈良県吉野郡　徳島県・麻植郡・美馬郡　香川県三豊郡「たもいな」　高知県長岡郡「たもりゃーもろーていこーか(下さるならもらって行きましょうか)」　宮崎県宮崎郡「たもり(下さい)」　*たもんす 鹿児島県「たもんさんか(下さいませんか)」　*たんもる 山形県北村山郡「おりゅづんさまよ、おーあめたんもれよ(御竜神様よ、大雨給われよ)」　新潟県岩船郡「たんもぉえ」　三重県志摩郡　*ちょーだる 福井県

くたびれる【草臥】　*あしがなごーなる(足がくたびれる) 島根県益田市・美濃郡　*おたつ 秋田県鹿角郡　*おたる・おったる 青森県津軽「君の仕事が多くて且つ繁雑でさぞおたるべなあ」　*おったつ 岩手県　秋田県鹿角郡　*がおる 岩手県気仙郡　宮城県　山形県庄内・米沢市　栃木県　新潟県東蒲原郡　*かがえる 島根県邑智郡　*かじなる 島根県那賀郡「十里も歩いてよーにかじなった」　*きゃーなえる 長崎県北松浦郡・南高来郡　*くたぶれかやす(非常にくたびれる) 島根県石見「土持ちをしてくたぶれかやーた」　*なえこむ 和歌山県　*なえる 群馬県多野郡　島根県「足がなえて歩けん」　徳島県　愛媛県　長崎県対馬(疲れて感覚を失う)　熊本県玉名郡・下益城郡　大分県　宮崎県「いっぺこっぺさるいたら、すったりなえた(いっぱい歩いたらすっかり疲れた)」　*ながーなる 島根県飯石郡・仁多郡・隠岐島「一日中山を歩いてな

方/言/の/窓

●方言劇

伝統的な方言劇としては琉劇（沖縄芝居）がある。シナリオも新旧とりまぜてかなりの数があるらしい。かつては那覇市内に常設館があり、イヤホンを使用しての同時通訳付きという気のいれようであった。現在ではイベントの際に上演される程度らしいが、伝統芸能として保存を図る必要があろう。

専門の劇団によって、チェーホフの戯曲「結婚申込」が津軽弁に翻訳されて上演されたことがある。出演者はすべて津軽の出身者。難解と言われる津軽弁もなんとなくわかり、実に優雅であった。

方言の衰退が意識され、方言の復権が叫ばれているが、方言の地位を高める手段のひとつとして、地元の劇団による方言劇の上演がもっと試みられて良いのではないだろうか。

がーなった」 *ながなる・ながんなる 島根県出雲 *なごーなる 島根県石見 *ぶがりるん 沖縄県石垣島・竹富島

↓つかれる（疲）

□た *ごちた 群馬県邑楽郡 *ごった 群馬県佐波郡

□ている *しったい 兵庫県加古郡 香川県大川郡 *しんだい 徳島県 *しんどい 山梨県 長野県飯田市付近・長野市 静岡県駿東郡 三重県伊賀 滋賀県蒲生郡 京都府 大阪府大阪市・泉北郡 兵庫県 奈良県 和歌山県日高郡・東牟婁郡 岡山県児島郡 広島県 徳島県 香川県「しんどーなる」「ちょっと走ったらしんどいしんどい」 愛媛県 高知県・高知市 長崎県・長崎市 熊本県芦北郡・八代郡 鹿児島県 *しんない 新潟県 長野県佐久 *しんのい 新潟県 *じんのえ 新潟県西頸城郡 *しんのー 長野県上田

□こと *おーじょーけつじょー（ひどくくたびれること）島根県美濃郡・益田市「貸した金を戻してくれんけー、おーじょーけつじょーする」「今日は一日中山仕事をして、おーじょーけつじょーした」 *しんど 大阪市 兵庫県「しんどが出たらいわ（疲れが出たらしいわ）」 奈良県 鳥取市 広島県豊田郡 香川県 愛媛県「あーしんどやのー」 熊本県芦北郡・八代郡「しんどばっかり（疲れることばかり）」 *しんの 長野県「しんのになる」「しんのだ」 *しんのー 長野県 *ぶがり・ぶがりしゃ 沖縄県石垣島

くだもの【果物】 *きーぬない 沖縄県首里 *きーぬなり 沖縄県石垣島 *きんなり 鹿児島県加計呂麻島 *ごっかー・ごっかんなー・ごっかんなーま（児童語）沖縄県石垣島 *すもうえ 静岡県 *ずもく 群馬県多野郡 神奈川県・中郡 長野県諏訪「づもくの木」 静岡県田方郡 *てんやもん 香川県与島 *なーいそ 鳥取県米子市 *なーそ 鳥取県西伯郡 島根県出雲「今年ゃ、どこともなーそが、よう出来たさなが（よくできたそうだが）、ちた安んなっただらね？」 *ないそ 鳥取県米子市 *ないむん 沖縄県首里 *ないもん 鹿児島県 *なっきもん 島根県隠岐島 *なりきだま 香川県 *なりきもの 島根県那賀郡・隠岐島 香川県 *なりくだもの 宮城県仙台市 山形県 栃木県 埼玉県北葛飾郡 千葉県山武郡 愛知県名古屋市 和歌山市 香川県小豆島 長崎県対馬・壱岐島 *なりこのみ 鹿児島県種子島 *なりさんぼく 奈良県吉野郡 *なりじもく 長野県北安曇郡 *なりずもく 東京都八王子 神奈川県津久井郡 長野県「多くなりずもくのある家だ」 *なりそ 鳥取県西伯郡 島根県 *なりそーもく 奈良県吉野郡 *なりむぬ 沖縄県石垣島 *なりもの 秋田県南秋田郡・仙北郡 山形県 新潟県佐渡 石川県加賀 静岡県志太郡「なりもんにゃーはぇー（灰）がええ」 滋賀県彦根 大阪市 兵庫県加古郡 島根県石見 山口県豊浦郡 長崎市 *なるもん 富山県砺波「今年はなるもんのあかん年や」 *もも 青森県三戸郡（児童語） 山形県米沢市・庄内 神奈川県久良岐郡 富山県東礪波郡（幼児語） 福井県大飯郡 岐阜県養老郡 静岡県・浜松市（児童語） 愛知県宝飯郡 三重県「ももや（果物屋）」・宇治山田市 滋賀県「椿（つばき）のもも」・彦根（児童語） 大阪府泉北郡 和歌山県「南天のもも」 鳥取県 山口県柳井市 香川県（幼児語） 愛媛県・松山 高知県 *もんも 福島県岩瀬郡 茨城県稲敷郡・北相馬郡 栃木県河内郡 埼玉県北足立郡 千葉県上総（幼児語） 島根県八束郡（幼児語） *りんごなし 岩手県気仙郡「りんごなしは好きでない」

↓かじつ（果実）・み（実）

未熟な青い□ *あおじ・あおっしゃ 高知市「梅のあおじは食べたら大事（おおごと）ぞね」 *あおじっくそ 長野県松本 *あおしっとー 島根県益田市 *あおしっぱ 島根県出雲 *あおしっぽー 島根県石見 *あおしんぼ・あおせんぼ 岐阜県郡上郡 *あおすっぱー 島根県 *あおっごろ 鹿児島県鹿児島郡 *がっつ・かっつ 熊本県天草郡

くだらない *いしくもない 長野県下伊那郡 *えしれん 熊本県玉名郡・下益城郡 宮崎県東諸県郡 鹿児島県「えしれんもん」・肝属郡「えしれんこつ言ふな」 *くーさった 和歌山県「くーさった事ばかりであかん」「くーさった風して尋ねて来た」 *くさーった 福井県敦賀郡 *くさった 新潟県佐渡「くさった根性」 富山県砺波「くさったしと（人）」 滋賀県彦根・高島郡「くさったこと」 京都市 和歌山県新宮 *さしらん・さしらんね 鹿児島県肝属郡 *さしらんなか 鹿児島県 *させらんなか 鹿児島県 *さっちもない 京都府 *じゃかもない・じゃかもね 石川県羽咋郡 *じゃからかいもない 茨城県 *じゃからもない 宮城県遠田郡 千葉県印旛郡 *しゃっちもない 京都府「しゃっちもなやー映画だった」 *じゃっちもない 京都府中郡 *しょーもつずもない 徳島県 *すじならん・すじらん 鹿児島県喜界島「すぢならん遊びするより庭でも掃け」 *せーどもねー 千葉県香取郡「そんなせいどもねーことはしんでねえよ（するんじゃないよ）」・海上郡 *だちもない 新潟県中越 山梨県南巨摩郡 *だっしもない・だっしゃない 和歌山市 *だっしょもない 大阪府泉北郡 和歌山県那賀郡・有田郡 *だったいもない・だってーもない 千葉県夷隅郡 *だっちもない 千葉県安房郡 新潟県佐渡・三島郡 山梨県南巨摩郡 長野県上伊那郡・佐久 大阪府中河内郡 兵庫県加古郡 *だっちょもない 兵庫県加古郡 *たつけない 新潟県中頸城郡 *たつけもない 新潟県西頸城郡 *だつまない 新潟県西頸城郡 *つーさらん・つーらん 熊本県玉名郡「なんとん（なんとも）つーらん」 *つーざらん 熊本県下益城郡「つーざらんこつばいわん（くだらないことを言うな）」 *つーたく

れん 熊本県下益城郡 *つくれぬ 大分県大分郡 *つくれん 福岡市 熊本県「きみが大事なところに、なんとんつくれん面ば出すけん、出来そこなうではにゃーか」「つくれんこつ(なんとも知れぬこと)」 *やくだらぬ 山口県大島 *やちがない 岡山市 高知市「そんなやちがない事をお前は本気で言いよるか」 *やちまない 岡山市「やちまなえ物ばかり山程買って」 *やちもない 島根県鹿足郡 岡山県「やちもなえことにしんしょ(財産)を使ひ果した」 広島県三次市・双三郡 山口県 香川県木田郡・小豆島 宮崎県 *やちもやくたーもない 島根県石見 *やっちもない 茨城県北相馬郡 静岡県安倍郡 兵庫県赤穂郡 島根県鹿足郡 岡山県 広島県豊田郡・高田郡 愛媛県大三島 *よーしれん 奈良県宇陀郡 *よしれん 奈良県宇陀郡 福岡市「よしれんこと(要らないこと)」 *よもしれん 愛媛県 *らじもない 山形県米沢市「らじもなえ話だ」 *らしゃない 和歌山県東牟婁郡 *らちかちもない 佐賀県 *らちくちもない 茨城県猿島郡 静岡県榛原郡 *らちこくたいもない 新潟県西頸城郡 *らっしゃない 和歌山県那賀郡・和歌山市

↓「とる(取)」の子見出し、「とるに足りない」・ばかばかしい(馬鹿)・ばからしい(馬鹿)

□こと *あかしゃーらく 島根県石見「あかしゃーらくすんな」 *おたくら 群馬県勢多郡「おっかおたくらをあげていんな(むだ話をしているな)」 新潟県「おたくらたたく(むだ話をする)」 長野県 *おたたら 静岡県浜松市 *おたらく 長野県 *くだらず 岩手県気仙郡「くだらずをいう男だ」 島根県「くだらずを言うな」 *しょっぺなし 群馬県勢多郡「そんなしょっぺなしはよせ」「あのしょっぺなしが」 長野県埴科郡 *ねな 長野県佐久 *ねなくら 長野県 *ねなっかす 長野県上田・佐久 *ねなっこと 長野県更級郡 *ねなっぱち 長野県小県郡 *ねんご 高知県 *ねんごー 山口県阿武郡「ねんごー言うな」 *はじけー 長野県佐久「はじけー言うな」 *もたもた 富山県高岡市

□冗談 *だら 埼玉県秩父郡「だらっ講釈をする」・入間郡 *だらくそ 島根県「だらくそばかり言って人を笑わせる」 *だらけ 長野県下水内郡 *だらべー 埼玉県秩父郡

□話 *じな 島根県大原郡 岡山県小田郡「じなーゆー(訳の分からぬことを言う)」 *じなくそ 鳥取県西伯郡 島根県出雲「よも、よも、そげなじなくそがえわれて、えことだ(よくも、まあ、そんなばか話が言われてよいことだ)」 岡山県 広島県 *じなばなし 島根県大原郡 *じにゃくそ 鳥取県西伯郡 *とわず 島根県隠岐島・出雲「そげなとわじえわんこね(そんなくだらない話しないで)、さ、飲めったら」 大分県中部「とわずおゆー(暴言を吐く)」

くち【口】 *あー(幼児語) 島根県美濃郡・益田市「あー張れ(口をあけなさい)」 *あぐち 静岡県榛原郡「傷があぐちをあいている」 長崎県壱岐島「薬飲ますけに あぐちぇーち おいで」 熊本県八代郡・下益城郡 鹿児島県 *かーどぅ(口を卑しめて言う語) 鹿児島県喜界島「かーどぅしんな(ぬかすな)」 *かばち 兵庫県赤穂郡 鳥取県鳥取市(ナマズのような大口)・西伯郡 島根県 岡山県(卑語)・浅口郡 広島県 山口県「親に対してあまりなことを言ふとかばちが裂ける」 香川県 *そめー 福島県南会津郡 *つまい 福島県南会津郡 *ぱいた(卑語) 鹿児島県喜界島 *はげた 東京都八丈島 *はす(口の卑称) 静岡県志太郡「はすん黄色えー」 *ほげた 大阪市 *ほてかばち 香川県香川郡

大きな□ *あっぱぐち(卑語) 山形県 新潟県岩船郡 *あば 宮城県仙台市 *あばくち 宮城県石巻・仙台市 山形県 *あばぐち 宮城県栗原郡 山形県東村山郡・山形市 *あべぐち 青森県 *あんば 宮城県栗原郡 *じゃばぐち 千葉県 *ばばぐち 島根県隠岐島

ぐち【愚痴】 *うんじゃみ 岐阜県恵那郡 *うんじょめ 岐阜県武儀郡・吉城郡 *うんじょーめ・うんじゃめ 岐阜県飛驒 *おろえごと 島根県仁多郡・能義郡 *ぐぜごっ 鹿児島県鹿児島郡 *ぐぜごつ 鹿児島県・肝属郡 *くぜこと 岩手県気仙郡「家さけあるたびにくぜこどかだらいんのもあまりいーもんでねぁ」 *くぜごと 宮城県石巻「来るたんびにくぜごとかだってえぐ」 佐賀県 *ぐぜこと 福岡市 *ぐだめき 北海道「ぐだめき聞きに来たのではない」 青森県津軽 *くためこつ 宮崎県東諸県郡 *くでごと 奈良県南大和 *くどき 青森県津軽「えねえれば(家に居れば)、じこばの、くどきがなえばまなえねかて(聞かなければならなくてね)」 *くぬー・くぬーまぬー 沖縄県首里 *くのー 高知県「又あの人は今日もくのーを言うて居た」 *くひゃく 香川県三豊郡 *しちぐち 山形県西村山郡・最上郡 *じんぐし 香川県「そんなじんぐしいうな」 *じんぐじ 香川県・仲多度郡 *へーずりばなし(「ほえずりばなし」の転) 群馬県多野郡「あのおかみさん、又へーずりばなししてる」 *へそぐちまく(つまらない愚痴) 富山県 *よまい 和歌山県日高郡「あの人は子供が死んでからよくよまい言ふ」 *よまごと 青森県南部

↓くりごと(繰言)

□をこぼす *えぼらめぐ 宮城県石巻「ねむてぁぐなってはえぼらめぐは」 *かがなく 岩手県気仙郡 宮城県栗原郡 山形県 福島県 新潟県東蒲原郡 *かぜーる 茨城県猿島郡 *かぜる 福島県相馬 *かまける 新潟県「くるとおもっておったのに、こんかってかまけておった」 長野県 *ぐざる 長野県東筑摩郡・下伊那郡 岐阜県飛驒「仕事がはかどらんのでぐざる」 静岡県榛原郡「ぐざりかーる」 愛知県西春日井郡 *ぐじめぐ 青森県津軽 *ぐずこねる 山形県西置賜郡

*ぐずねる 山形県最上郡 *ぐずまく 岩手県気仙郡 宮城県栗原郡・仙台市「またぐずまいてんのすか」 山形県東置賜郡・新庄市 栃木県 岐阜県飛驒 *ぐずめぐ 青森県 *ぐずめく 青森県 岩手県上閉伊郡 *ぐずよむ 宮城県仙台市「おらぐづよむひまに稼ぐべ」 *ぐずらめく 岩手県上閉伊郡 宮城県石巻 *くずる 岐阜県郡上郡「だーれにもこーひとがないじゃで、ちょっとせんせーにくずってみたんじゃ(だれにも訴える所がないものだからちょっと先生に愚痴をこぼしたのさ)」 *ぐずる 島根県 *ぐぜくる 青森県三戸郡 長野県下伊那郡 *ぐぜる 青森県三戸郡 岩手県九戸郡 長野県下伊那郡 長崎県南高来郡 熊本県下益城郡・天草郡 大分県東国東郡 *ぐだつく 山形県山形市・東村山郡 *くだめく(不平や愚痴を言う) 岩手県気仙郡 *ぐだめく(不平や愚痴を言う) 北海道 青森県「酔えばぐだめく親爺だ」・津軽「硝子を割ったのでぐだめでいた」 *くちょどく 新潟県中頸城郡 *くどく 青森県津軽「あにぇえぐなぇて、おやばばまぇんじぐどぐ(せがれが素行が悪くて困るといって、母親は毎日泣きごとを言う)」 山形県米沢・西置賜郡 茨城県新治郡 神奈川県津久井郡 新潟県 富山県砺波 山梨県南巨摩郡「賞金がいんめーどーちてくどく(賞金が少ないのだといって愚痴を言う)」 滋賀県彦根 *ぐどる・くどる 新潟県佐渡 *くやむ 徳島県「あの人はやっぱりくやみょん(あの人はいつも愚痴を言っている)」 香川県 *くろる(「くどく(口説)」の転か) 新潟県佐渡「なんべんもおなじことゆうてくろる」 *すばる 岡山県「息子が道楽ぅするんで親父がすばりぬく」 *すわる 岡山県吉備郡・上房郡・岡山市 *せせる 高知県 *なきしょたれる・ないしょたれる 千葉県夷隅郡 *ながす 千葉県山武郡 *ふちじん 沖縄県石垣島 *ほざく 新潟県中頸城郡 *ほなく 山梨県 *まかす 千葉県山武郡 *よまう 東京都大島「子を亡くしたので、あの人はよくよまふやうだ」 *よむ 岩手県気仙郡 *よもう 富山県・下新川郡 *わびゆん 沖縄県首里

□をこぼすこと *うじょーやみ 大分県北海部郡・大分郡 *うじょーよみ 愛知県名古屋市 *うぜやみ 大分県大野郡・北海部郡 *かがなき 宮城県栗原郡「かがなきばり(ばかり)する子だ」 *ぐじょめ 岐阜県飛驒「お前のぐじょめもききあぐんだ」 *しゃべこと 岩手県気仙郡

□をこぼすさま *うざうざ 富山県砺波 兵庫県神戸市 和歌山県日高郡「うざうざいふな」・東牟婁郡 *えぼらえぼら 宮城県石巻市「えぼらえぼら稼えでる」 *ぐじもじ・ぐんじもじ 青森県津軽「ぐんじもじぐんじもじて、しごどなんもさなぇで…」 *ぐずらもずら 山形県「寄合たんびにぐずらもずらいう」 福島県「何おぐずらもずら言ってるんだ」 *ぐるぐる 富山県砺波「ぐるぐるいう」 *ごでごで 島根県「ごでごで言ってかなわん」 *ことごと 島根県「朝から晩までごどごど言う」 徳島県 *ごとらごとら 山形県米沢市・北村山郡 *ごもごも 宮城県栗原郡「皆ごもごもってたども、はっぱ、ききめがねえ(皆ぶつぶつ言っていたが、さっぱり効果がない)」 *ずぐもぐ 山形県南置賜郡・米沢市「ずぐもぐいうな」 *ほろほろ 山口県豊浦郡 *まごまご・まずまず 富山県下新川郡 *わびーのーい・わびーはい 沖縄県首里「わびーのーいしゅん(愚痴ばかり言う)」

くちあらそい【口争】 ⇩くちげんか(口喧嘩)

くちげんか【口喧嘩】 *いーくゎーえー 沖縄県首里 *いーごと(家内の口げんか) 岡山県邑久郡・岡山市「うちわが悪うていーごとが絶えん」 熊本県天草郡 *いーしょ 岡山市「兄弟で言いしょをする」「言いしょが絶えぬ」 *くちぐとぅ 沖縄県首里 *くちずもー 島根県石見「よるとさわるとくちずもーする」 愛媛県・松山「くちずもーをとるものじゃない」 *くちもじり 岩手県九戸郡・岩手郡 *くちもみ 福島県相馬郡 *くちもめ 青森県「くじもめし(口論する)」 *くちもんど 徳島県 *くちもんどー 岐阜県郡上郡 *はっぴょーし 新潟県岩船郡 *ゆいしょ 富山県砺波

↓こうろん(口論)

くちごたえ【口答】 *うってがえし 山梨県南巨摩郡 長野県 *うってんしょ 長野県東筑摩郡 *うてがえし 神奈川県津久井郡 長野県諏訪・佐久 岐阜県恵那郡 *うてごたえ 岐阜県恵那郡 *うてんし 長野県下水内郡 *おーぐち 島根県 *かばち 鳥取県西伯郡 島根県鹿足郡 岡山県岡山市・児島郡 広島県 山口県 *からくち 北海道「親にからくちきく」 青森県 岩手県気仙郡 宮城県栗原郡 新潟県佐渡・東蒲原郡「からくち叩くな」 *ぐち 沖縄県首里「ぐちしゅん(悪口を言う。口答えをする)」 *くちかえし 山形県米沢市 *くちごーしゃ 愛媛県 *くちごーはい 愛媛県中部「くちごーはいするな」 *くちごわ 島根県隠岐島 *くちふぃんけー(「くちはむかい(口歯向)」の転か) 沖縄県首里 *くちへーじ 長崎県壱岐島 *くちへんじ 山梨県南巨摩郡「小言をえーばくちへんじする」 静岡県磐田郡 岡山県岡山市・児島郡 徳島県 香川県 愛媛県松山 高知県宿毛市 福岡市 *くちもがい 大分県中部「くちもがいする」 *こーしょー 和歌山県日高郡「こーしょーをいふ」 *こーじょー 愛媛県松山 *しっかえしごと・ちっかえしごと・つけしごと 山形県置賜 *ついがえし 埼玉県北葛飾郡 *つかえしごと 宮城県仙台市 *つっかえし 山形県西置賜郡「つっかえしする」 福島県東白川郡「親につっけーしいう奴あっか」・北会津郡 茨城県稲敷郡 栃木県 *つっかえしごと 宮城県仙台市 山形県東置賜郡・西置賜郡 *といぐち 山形県北村山郡「とえぐちおする」 *はごたえ 新潟県佐渡 富山県砺波 福井県坂井郡 広島県高田郡 *ふぃんけー 沖縄県

首里 *へざ 福井県足羽郡「へんかけぁす(口答えする)」 *へんか 岩手県気仙郡 山形県「へんかする」 福島県相馬郡・岩瀬郡 栃木県塩谷郡「誰にでもへんかかえすっきになってる」 島根県 広島県 長崎県壱岐島 *べんか 山形県米沢市 *へんかえ 山形県・北村山郡 *へんかえし 山形県最上郡 *へんけ 山形県最上郡 *へんけぁ 岩手県気仙郡 *へんと 岩手県上閉伊郡「へんとけぇぁーす(返す)」 山形県北村山郡「へんとする」 *へんとー 岩手県気仙郡 *へんとがえし 栃木県

□をする *いくりかやす 宮崎県東諸県郡 *おとがいたたく 滋賀県彦根 *おとがいつく 滋賀県 *かばちがたつ 島根県 *かばちつく 香川県大川郡「ねしょ(女)がかばちつくな」 *かばちのかわをきく 島根県美濃郡・益田市 *かばちをきく 島根県「何もせんこーかばちをきくな」 岡山県児島郡・小田郡 香川県 *かばちをたたく 島根県 岡山県児島郡・小田郡 *かばちをたてる 島根県 *かばちをたれる 兵庫県佐用郡「かばちたれな」・赤穂郡 島根県 広島県(長男に弟妹が口答えをする) *くじゃます 山形県東置賜郡 *くちあます 山形県 福島県東白川郡「年寄りに口あますど、ばぢぁだっつお(罰が当たるぞ)」・石城郡 栃木県「すぐそーいに口あますんだから」 新潟県東蒲原郡 *くちーきく 長野県佐久 島根県石見「くちーきーてばっかし」 *くちがおつく 島根県隠岐島 *くちきく 宮城県栗原郡 秋田県鹿角郡 新潟県中頸城郡「親の言うことにくちきくな」 徳島県 香川県 *くちたてる 愛媛県 *くちをきく 長野県諏訪 島根県石見 *くちをたつ 山形県東田川郡「親にくじをたずもんでねえ」 *だだこかす 山形県西田川郡 *つっかえす 山形県西置賜郡 *どっくちあます 福島県相馬郡 *はごむく 富山県 石川県 鳥取県西伯郡 *はごもく 富山県砺波 *はぶしがたっしゃだ(よく口答えをする) 愛媛県 大三島 *はりあう 広島県高田郡 山口県「年うえの人にはりあうものじゃない」 *はんごむく 石川県河北郡 *ほげたあく 奈良県宇陀郡「生意気な!ほげたあきやがる」・南葛城郡 *ほげたたたく 大阪府泉北郡 奈良県吉野郡 *ほけたをあく 大阪府泉北郡 *ゆくいかえす・ゆくいかやす 鹿児島県

くちばし【嘴】 *きな 沖縄県竹富島 *こつきばし・くつきばし 滋賀県高島郡 *ちょくばし 三重県 *つつっはし 長野県東筑摩郡・西筑摩郡 *つばくち 神奈川県中郡 *つら 富山県下新川郡 石川県鹿島郡・能美郡 *つんばし 大分県宇佐郡 *とぅりぬふつぃ・とぅるぬふつぃ 沖縄県石垣島 *ととばし 富山県 石川県 福井県大野郡・敦賀郡 岐阜県 *ととぱし・ととんばし・とんぱし 富山県 *ととっぱし 富山県 岐阜県飛驒 *とっとばし 石川県鹿島郡 *とろっぱし 富山県婦負郡 *ととっぱ 富山市近在 *ととっぺ 富山県 *はす 静岡県田方郡・志太郡 *はそ 山梨県・南巨摩郡 静岡県 *ばそ 静岡県磐田郡 *はぼ 福井県越前

くちひげ【口髭】 *あっぱ 島根県邇摩郡 *ういぴに 沖縄県竹富島 *うわひげ 沖縄県首里 *おーぴに 沖縄県石垣島・鳩間島 *くちげ 奈良県吉野郡 *はなひげ 熊本県下益城郡 *ぼぼひげ(薄毛でわずかに生えた口ひげ) 奈良県

↓ひげ(髭)

くちびる【唇】 *くちうら 兵庫県加古郡 *くちすぃぱ 沖縄県首里 *くちつば 大分県大野郡 *くちぱし 青森県津軽 *くちばた 新潟県中頸城郡 長野県上田・佐久 静岡県 *くちびた 静岡県磐田郡 *くちべた 静岡県 *くっつば 長崎県 *くつつば 長崎県対馬 *しば 鹿児島県奄美大島・与論島 沖縄県中頭郡・島尻郡 *しぱ 沖縄県新城島・波照間島 *すぃば 沖縄県首里(複合語を作る時にだけこの意になる)「すぃばいる(唇色)」 *すぃばー 沖縄県国頭郡 *すば 宮崎県 鹿児島県「すばべん(口紅)」 沖縄県宮古島・八重山 *つば 福岡県 長崎県 熊本県 大分県 宮崎県延岡 *つばびる 熊本県飽託郡・天草郡 *つべ 長崎県南高来郡 *ふつぃぬしば 沖縄県鳩間島 *ふつぃぬしぱ 沖縄県西表島 *ふつぃぬすば 沖縄県石垣島・竹富島・小浜島 *ふつぃぬぱた 沖縄県石垣島 *べろ 山口県浮島 高知県 *んば 沖縄県与那国島

くちぶえ【口笛】 *うす 新潟県 鹿児島県種子島 *うそ 富山県・富山市近在 山梨県南巨摩郡 長野県下伊那郡「夜うそを吹いてはいけない」 岐阜県恵那郡・飛驒 長崎県諫早・壱岐島 熊本県玉名郡 宮崎県都城・東諸県郡 鹿児島県・屋久島 *うそぶえ 岐阜県飛驒 *おしょべ 青森県三戸郡 *おそ 福島県 千葉県「おそふく」 *おそばえ 山形県西置賜郡 *おそぶえ 岩手県 秋田県 山形県置賜 *おそべ・おそび 青森県南部 *おそぺ・ほそぺ 岩手県九戸郡 *しーふき(「口吹き」の意) 沖縄県石垣島 *すーぶち 鹿児島県喜界島 *すぶき 鹿児島県喜界島・種子島 *ぶす 鹿児島県屋久島 *ほそ 秋田県河辺郡 山形県北村山郡 *ほそび 山形県東田川郡 *ほそぶえ 山形県南置賜郡・最上郡 *ほそんびぎ 秋田県河辺郡 *もぞ 神奈川県足柄上郡 *よそ 新潟県東蒲原郡

くつ【靴】 *いすくつ(わらぐつなどの旧来のくつに対して言う) 奈良県南大和 *かえり 青森県津軽 *かわばっかりのげた 徳島県美馬郡「おまいら、いいことよ、金具のついたべびう、着いて、ばっかりのげとうひゃあて(あなたは幸福です、洋服を着たり、靴を履いて)」 *きざ 沖縄県黒島 *きゃり 青森県津軽 *くーくー 兵庫県加古郡 *けーり 青森県津軽 山形県 *けり 北海道・函館 青森県・上北郡「ぶたけり(洋靴)」 岩手県気仙郡 秋田県 山形県 *けれ 青森県南部 *はんぬふやー 沖縄県与那国島 *びっこ 大阪府泉北郡 *ふや 沖

縄県首里・八重山 *んまさー(「ひづめ」の意) 沖縄県与那国島

くつがえす【覆】 ⇩ひっくりかえす(引繰返)

くつがえる【覆】 ⇩ひっくりかえる(引繰返)

くつした【靴下】 *くったっ 鹿児島県 *くったび 岩手県気仙郡 *くつたび 北海道 島根県

くつわ【轡】 *おもずら 青森県 秋田県 岐阜県飛騨 *おもて 宮崎県西諸県郡・西臼杵郡 *かねうちゃ 沖縄県宮古島 *くつご 千葉県夷隅郡 *したがね 千葉県印旛郡 *たてご 茨城県多賀郡 群馬県勢多郡 *はーみ・はんみ 長野県上伊那郡 *はがみ 長野県下水内郡 *はみ 山形県西村山郡 *ふつぃら 沖縄県石垣島

くどい ⇩しつこい

ぐどん【愚鈍】 *おばけ(愚鈍なこと) 茨城県新治郡 *ぐじーんぐじーん(愚鈍なさま) 熊本県 *げほー 宮城県栗原郡 *げほつぶり 秋田県雄勝郡「此のげほつぶり何も分るまい」 *ごんぎ 千葉県夷隅郡 *でもすけ 千葉県夷隅郡 *どんかえ 宮城県仙台市「どんかへなし(愚鈍な人)」 *ぬるま 茨城県稲敷郡 埼玉県入間郡 千葉県夷隅郡 兵庫県 島根県石見(仕事のはかどらない人をののしって言う語) *のっぺ(愚鈍なさま) 秋田県雄勝郡・南秋田郡 *のっぺらもの(愚鈍なさま) 岩手県東磐井郡 山形県村山 *のっぺり(愚鈍なさま) 岩手県東磐井郡 茨城県稲敷郡 *のんこ 愛知県名古屋市 香川県・高松 *のんべら(愚鈍なさま) 栃木県 *ぽかつん(愚鈍なこと) 愛知県尾張 *ぽかぽか(愚鈍なさま) 愛知県尾張
⇩おろか(愚)・まぬけ(間抜)
□だ *あまい 青森県津軽 山形県米沢市「あまえやづだ」 岡山市 福岡市 *あまくさい 青森県津軽「このわらしァあまくさえ奴だね」 *うすい 三重県名張市 大阪府泉北郡 奈良県 愛媛県 *うすぃさん 沖縄県首里 *きょろい 徳島県・阿波郡・美馬郡 香川県大川郡 *きょろくさい 徳島県「お前もきょろくさいやつじゃ」 *たえない 兵庫県神戸市 *たわいがない 大分県大分郡 *ちょろい 岐阜県加茂郡・恵那郡 静岡県小笠郡「ちょろい子だ、そっちへ行くんだよ、知らんか」 愛知県知多郡 兵庫県神戸市 和歌山県東牟婁郡 鳥取県 岡山県「わしがあんまりちょろいもんですけえ、人がちょーさいぼーにしてのー」 鹿児島県鹿児島郡 *ちょろくさい 長野県西筑摩郡 愛知県知多郡「ちょろくせいことだなあ」 大阪市 和歌山県東牟婁郡 鳥取県 岡山県阿哲郡 *ちょろこい 大阪市 香川県小豆島 *どぅんなさーん 沖縄県石垣島 *どぅんなさん 沖縄県首里 *とろい 神奈川県「あいつは少しとろい」 新潟県佐渡 山梨県 長野県 岐阜県岐阜市・恵那郡 静岡県榛原郡 愛知県 滋賀県彦根 和歌山市「あの児は少しとろいので又落第した」 島根県 岡山県苫田郡 山口県 徳島県 香川県 愛媛県 高知県 熊本県 *とろくさい 長野県西筑摩郡「とろくさい人だ」・下伊那郡 岐阜県 愛知県 三重県 滋賀県彦根 和歌山県和歌山市・新宮 島根県 香川県小豆島・佐柳島 愛媛県新居郡・周桑郡 高知県土佐郡・高知市「そんなとろくさい事をしなや」 *とろくそい 徳島県(卑語) 香川県 *とろこい 徳島県 香川県仲多度郡 高知県 *とろっくさい 静岡県榛原郡 *どんきくさい 大阪市 *どんくさい 三重県志摩郡 京都府竹野郡「どんくさぁー子だなあ」 大阪市 島根県出雲・隠岐島 徳島県 香川県「どんくさげなかっこうしとるな」 愛媛県 高知県「女のするばーもええせんか、どんくさい奴ねや」 *どんぐさい・どぐさい・ろぐさい 和歌山県
□な人 *あんこのそらふき 京都府竹野郡「あんこのそらふきみたいな人だ」 *あんぜー 長崎県対馬 *あんぜーたーらご(「たーらご」は海鼠(なまこ)) 長崎県対馬 *あんたらず(「頭の中身が足りない」の意) 宮城県 鳥取県「餡足らずの饅頭であんたらず」 *あんたらたん 三重県志摩郡・度会郡 *あんだらん 鹿児島県鹿児島郡 *おてれす 長崎県対馬 *かめこ 大阪府南河内郡 *ぐずま 大阪府泉北郡 香川県 福岡市 *ぐずろ 熊本県玉名郡・下益城郡 *ぐずろべ 新潟県佐渡 *ぐずろべー 茨城県稲敷郡 *ぐずんぼ 奈良県吉野郡 *くそどん 和歌山県 香川県「としょったらどうしたってくそどんになるわで」 *ぐつっぽ・くろっぺー 茨城県久慈郡 *ぐつろべ 茨城県稲敷郡 *さまがあかぬ 鳥取市 *とんつく 新潟県佐渡 長野県佐久 *どんつく 新潟県 山梨県 長野県下水内郡・佐久 静岡県小笠郡・志太郡「なんてーどんつくだ」 愛知県名古屋市 三重県度会郡・宇治山田市 滋賀県蒲生郡 奈良県 岡山県小田郡・阿哲郡 広島県倉橋島 香川県高松 愛媛県大三島 高知県土佐郡 *ぬるさく 山口県大島 *のっぺ 秋田県雄勝郡・南秋田郡 *のっぺらもの 岩手県東磐井郡 山形県村山「うちの子供はのっぺら者だ」 *のっぺり 岩手県東磐井郡 茨城県稲敷郡 *のんべら 栃木県 *ひだりまき 大阪市 *ひゃくねい 新潟県佐渡 *まこ(おとなしい、どちらかといえば愚鈍な者) 愛知県知多郡 *むんどぅみー 鹿児島県喜界島 *もざかれ 石川県江沼郡 *よだれくり(いつもよだれを垂らしているような愚鈍な者) 大阪市

くばる【配】 *きばる 富山県「郵便きばる」 石川県 岐阜県飛騨 *ぱうん 沖縄県石垣島 *はじゅん 沖縄県首里 *ひく 山形県南置賜郡「納税の切符ひいて来てくれ」・西置賜郡 福島県東白川郡 福島市 茨城県 *ます 青森県上北郡「餅まし(餅(もち)配り)」 岩手県気仙郡「餅をあだりほどりさ(隣近所に)まさねぁばなんねぁな」 宮城県石巻「お

赤飯をます」 秋田県鹿角郡「送り膳をます」 *まつる 宮城県登米郡 *まわす 宮城県栗原郡「引越しそばを近所にまわした」・仙台市 秋田県雄勝郡

くび【首】 *うなじ 福井県坂井郡 *がくび 秋田県雄勝郡・河辺郡 *かっくび 山形県「かっくび曲げて考える」 *がっくんび 秋田県 *がんきゅー 熊本県上益城郡 *がんくたま 秋田県南秋田郡 *がんくっ（人の首）長崎県五島 *がんくび 岩手県気仙郡・東磐井郡 秋田県北秋田郡 山形県 栃木県 長崎県北松浦郡（人の首） *がんくへ 山形県最上郡「がんくふぇぶんなぐれ」 *がんけ 秋田県鹿角郡 *がんこ 岩手県東磐井郡 宮城県 山形県 *がんこび 岩手県気仙郡 宮城県石巻（卑称） *がんごら 熊本県中部 *がんた 岩手県気仙郡・東磐井郡 宮城県栗原郡・登米郡 秋田県鹿角郡 山形県（西村山郡では魚の頭をいう） 長野県松本市・東筑摩郡 静岡県・磐田郡（死人の頭をいうこともある） 熊本県中部 *がんだ 宮城県名取郡 *がんぱ 熊本県中部 *がんぺー 山形県西置賜郡 *くびずる 福島県北部 山梨県南巨摩郡 *くびた 岩手県 宮城県玉造郡 秋田県仙北郡 山形県鶴岡・西田川郡 福島県相馬郡・福島市 島根県益田市・隠岐島 *くぴた 青森県 岩手県 宮城県 秋田県鹿角郡 *くびった 岩手県上閉伊郡 福島県東白川郡・石川郡 *くびっつな 群馬県勢多郡 埼玉県秩父郡 *くびっつね 千葉県山武郡 *くびっつり 東京都八王子（頭部） 静岡県 *くびっつる 福島県「あの男わくびっつるが長い」 茨城県 神奈川県津久井郡 *くひと 秋田県河辺郡 *くびと 山形県 高知県土佐郡 *くぴと 山形県 *くびとー 山形県東田川郡 *くびね 福島県耶麻郡 愛知県宝飯郡 鳥取県気高郡・岩美郡 *くんぴた 青森県 秋田県 *くんぴと 秋田県 *こーべつ 長野県上田・北安曇郡 *こっぺ 秋田県北秋田郡 *ごっぺ 秋田県南秋田郡 *こびんじゃく 島根県 *こべ 石川県鳳至郡 福井県遠敷郡・大飯郡 三重県志摩郡 *こべのはち 福井県 *こべんたま 福井県・大飯郡 *こんびんじゃく 島根県仁多郡 *こんべ 青森県 三重県 *こんぺ 山形県北村山郡「おれあえづにこんぺさげるわげわなえ」 *ぞーくび・ずーくび（首をののしって言う語）長崎県壱岐島「ずーくびひんぬくぞ」 *そっこべ 三重県北牟婁郡「そっこべ、ひきぬくじょ」 *ぬぶい 沖縄県小浜島 *ぬぶくぶ 鹿児島県奄美大島 *ねそ 京都府竹野郡・与謝郡「ねそかたげる（小首をかしげる）」 *のどぎー 熊本県「のどぎいば締むると青ばなをたれる」 *のぼい 沖縄県宮古島 *ふろ 高知県「ふろ吊り（首つり）」「ふろを刎（はね）る（自殺する）」

くふう【工夫】 *あん 島根県「色々考えたがあんがつかん」 愛媛県「まだあんがついていません」 *からくり 新潟県中頸城郡 *かんこー 山梨県南巨摩郡「よいかんこうができぬ」 長野県上伊那郡 岐阜県「かんかうする」 静岡県志太郡「よーっくかんこーしてみてくりょー」・磐田郡 愛知県 三重県志摩郡 *かんべん 神奈川県中郡「かんべんを借りる（相談に乗ってもらう）」 和歌山市 *くでん 香川県「何のくでんもなしにでけた」 *ぐん 青森県上北郡「ぐんする」 岩手県北部 秋田県鹿角郡 埼玉県秩父郡「ぐんがわりー」 千葉県東葛飾郡 島根県「あの人はぐんが高い」 広島県倉橋島「ぐんがえー」 鹿児島県肝属郡 *ぐんし 島根県邑智郡 *ぐんぺー 秋田県平鹿郡 *ぐんまい（「くめん（工面）」の転か）秋田県鹿角郡 *けんくり 岐阜県飛騨 *こーしゃ 東京都大島「自分でこーしゃをする」 神奈川県愛甲郡 静岡県磐田郡 *こんたん 福岡市「こんたんする」 *さんにょー（もののごとの工夫）富山県 *しこ 島根県出雲 *しこー 福島県東白川郡「こまんねぇうちにしこうしねぇくてだめだ」 島根県「しこーがつかん」 徳島県「どうしこーしても銭がたらん」 *せーらく（「せいりゃく（政略）」の転という）大阪市 *よっぽ 福島県東白川郡「はだかれんの見てで（たたかれるのを知っていて）、ぬげるよっぽねぇんだがんな（逃げる知恵がないのだからな）」

□**する** *ぎんみる・ぎみる 山口県「『今日の客は珍客ぢゃから料理をぎみいよ』『はい精出してぎみるつもりです』」 *けけだす 岩手県九戸郡・二戸郡 *けっけだす 青森県南部 *けっける 青森県南部 岩手県九戸郡 *たくむ 新潟県佐渡 岐阜県高山市・郡上郡「どれ、おれがんまいこと（じょうずに）たくんでやるね、まかせなれよ（まかせなさい）」

くぼち【凹地】 *えご（山の斜面のくぼ地）神奈川県・津久井郡 岐阜県揖斐郡 奈良県吉野郡 島根県大原郡 山口県豊浦郡 *えごた（山の斜面のくぼ地）神奈川県 *えごっとー（山の斜面のくぼ地）山口県 *おちこみ 和歌山県新宮 徳島県 *くぶたまり 鹿児島県徳之島 *くぼ 青森県三戸郡 新潟県岩船郡 山梨県南巨摩郡 熊本県玉名郡 大分県 *くぽ 青森県三戸郡 *ぐぼ 大分県大分市・大分郡 *くぼき 島根県那賀郡 *くぼけ 香川県香川郡 *くぼこ 山形県東置賜郡・東田川郡 *くぼそこ 大分県大分郡 *くぼた 茨城県新治郡 *くぼたび 山形県東村山郡・東田川郡 *くぼたま 山形県「くぼたまに水たまった」 *くぼたまり 島根県「あそこのくぼたまりえ行くと風が当らん」 熊本県下益城郡 大分県 *くぼたみ 山形県 *くぼたん 大分県大分市・北海部郡 *くぼつき 広島県高田郡 *くぼっこ 山形県東置賜郡・西村山郡 *くぼったま 山梨県南巨摩郡 長野県上伊那郡・佐久 *くぼったまり 神奈川県中郡 長野県下伊那郡 *くぼったみ 長野県 *くぼっため 長野県東筑摩郡・佐久 *くぼってー 長野県下水内郡 *くぼっと 栃木県足利市 群馬県桐生市 埼玉県川越 *くぼつら 大分市 *くぼと 山形県西置賜郡 *くぼみたま 山形県米沢市 *くぼみったま 栃木県 *ぐぼり 大分県大分市・大分郡 *くぼんと

栃木県 *くんだ 栃木県大田原市 *こもり 鹿児島県奄美大島 *ごんぼち 三重県志摩郡 *さこ 香川県三豊郡 *そこ 大分県 *たんぽ 大分県 *たんぽ 千葉県長生郡 島根県石見 *だんぽ 三重県度会郡 長崎県南松浦郡 *たんぽけ 佐賀県 *たんぽこ 島根県鹿足郡 *どっくぽ 山形県 栃木県 *どんぶり 三重県志摩 *ひくんだ 兵庫県加古郡 *ひくんど 栃木県 兵庫県加古郡 *ひこたび 山形県庄内 *ひこたみ 山形県最上郡 *ひこだめ 秋田県雄勝郡 *ひど 岩手県和賀郡 山形県 *ぴどーみ 沖縄県石垣島 *ひどこ 山形県西置賜郡 *ひどっこ 秋田県平鹿郡 *へこみ 大分県別府市・速見郡 *へこみったま 神奈川県津久井郡 *へこみっと 栃木県 *へこんど 栃木県 *へこんどー 神奈川県津久井郡 *へと・へっと 秋田県鹿角郡 *へどっこ 宮城県栗原郡「道路のへどっこ」 *ぽちこみ 和歌山県東牟婁郡 *ぽら 東京都利島「あそこはぽらだ」 *わだ 長崎県対馬 *わだくぽ 長崎県壱岐島 *わみ 長崎県対馬

くま【熊】 *くまのしし 秋田県雄勝郡・鹿角郡 山形県 福島県会津 新潟県北魚沼郡・東蒲原郡 *こしまき(毛皮を腰に巻くところからか) 福島県南会津郡 *しし 北海道函館 秋田県雄勝郡「おじし(雄のクマ)」 山形県 福島県耶麻郡・南会津郡 新潟県中蒲原郡 *なびれ 福島県南会津郡 *ほんぐま 静岡県富士郡 *めが(雌のクマ) 山形県西置賜郡・東田川郡 *めじし(雌のクマ。山言葉) 秋田県雄勝郡 *めろぐま(雌のクマ。山言葉) 富山県中新川郡 *やまのおやじ 北海道函館

くまで【熊手】 *いっぽで 三重県志摩郡 *かいどし 三重県志摩郡・度会郡 *がじぐわ 三重県名張市 *かながき 滋賀県蒲生郡 *かまがき 香川県 *かやかきぼー 長野県下伊那郡 *がんぎ 島根県邑智郡・八束郡 *がんざき 山口県上関島・大島 *がんざらえ 香川県男木島 *がんじき 兵庫県播磨 島根県簸川郡・大原郡 岡山県 香川県 愛媛県・弓削島 *がんじょき 香川県伊吹島 *がんずめ(形が鳥のガンの爪(つめ)に似ているところから) 三重県名賀郡 佐賀県藤津郡 長崎県南高来郡・西彼杵郡 *がんずり 広島県双三郡 *がんぜき 島根県鹿足郡 山口県玖珂郡・大島 香川県西部 大分市 *がんでき 山口県大島 *がんりき 愛媛県周桑郡 *こきばかき 香川県三豊郡 *こくばかき 鳥取県気高郡 島根県邑智郡 徳島県 香川県小豆島 *こくばさで 兵庫県 広島県(松葉かき) *こくばんで 広島県 *こくまさで 広島県高田郡 *ごくもかき 静岡県庵原郡 *こたさで 広島県下蒲刈島 *こっぱかき 島根県 *こっぱさで 熊本県天草郡 *こでかき 島根県出雲 *こなし 島根県那賀郡 *ごみかき 長野県上伊那郡 島根県益田市 *ごみさらい 長野県上伊那郡 *さぜかき 長野県 *さで 長野県上田 広島県倉橋島・江田島・高田郡 香川県小豆島 *さでかき 長野県東筑摩郡 京都府 島根県 香川県 *さでかきさらえ 京都府 *さではき 長野県佐久 *さでま 島根県隠岐島 *さらい 千葉県夷隅郡 三重県 大阪府泉北郡 奈良県 和歌山県 徳島県美馬郡 香川県豊島・高見島・佐柳島 *ざらかき 福島県浜通 *さんぼんずめ 島根県隠岐島 *すくずかき 愛媛県 *すくぞかき 山口県豊浦郡 *つめぐわ 島根県隠岐島 *てんび 愛媛県中島 *ばち 島根県隠岐島 *ばりん 島根県簸川郡・出雲市 *ばりんかき 鳥取県西伯郡 *ばりんばき 島根県八束郡 *ばれん 島根県簸川郡 *ばんじ(高砂の尉(じょう)と姥(うば)が手にするところからという) 岡山県・小田郡 広島県比婆郡 *ばんで 岡山県小田郡 *びびら 新潟県 *びぶら 石川県加賀 福井県 *びんびら 新潟県 *べぶら 富山県 石川県鹿島郡 福井県 *べるば 石川県金沢市 *まぐわ 三重県志摩郡 *まんが 群馬県利根郡 千葉県安房郡 静岡県下田市 三重県名賀郡・志摩郡 *もくさで 広島県高田郡 *よつぐわ 三重県志摩郡 *よつで 三重県志摩郡 *わらすぐり 三重県名賀郡

落ち葉などをかき集める□ *くまざらい 福島県岩瀬郡 長野県(竹製) *くまざれ 長野県上田・上伊那郡 *くまだらい 広島県倉橋島 *くまんざらい 新潟県中頸城郡 *こまかき 大分県別府市 *こまざま 岡山県 *こまさら 愛知県碧海郡 *こまざら 新潟県三島郡 岐阜県 愛知県名古屋市 島根県石見 岡山県北部 広島県三次市 香川県小豆島 *こまざらい 福島県岩瀬郡 新潟県佐渡 富山県富山市(竹製)・西礪波郡 滋賀県彦根 島根県大原郡 愛媛県西条市 *こまざらいかき 新潟県佐渡 *こまさらえ 秋田県河辺郡 三重県伊勢 *こまざらえ 秋田県(竹製) 山形県東田川郡・北村山郡 長野県南佐久郡 富山県射水郡 島根県(竹製) 徳島県 大分県中部 *ごまざり 長野県東筑摩郡 *こまざれ 香川県 *こまじゃら 岩手県九戸郡 鳥取県西伯郡(小型) 島根県簸川郡 *こまだらい 大分県中部 *こまでざらい 滋賀県伊香郡・東浅井郡 *こまんざらい 千葉県夷隅郡 新潟県中頸城郡(竹製) 山梨県・中巨摩郡・南巨摩郡 静岡県 *ごまんさらい 静岡県駿東郡 *こまんざれ 山梨県 長野県上田・佐久 *こもざらい 大分県大分郡 *まつごくさらい 栃木県安蘇郡 *まつばかき(柄の長いもの) 島根県那賀郡 長崎県対馬 熊本県天草郡 大分県 *まつばこさぎ(柄の長いもの) 熊本県天草郡 *もばかき 徳島県

ぐみ【茱萸】 *あさいどり 広島県山県郡 *あさえどり 島根県仁多郡 *あさどり・あさどー 鳥取県西伯郡 *いちご 広島県高田郡 *ぐいし 香川県仲多度郡 *ぐいのみ 香川県綾歌郡 *ぐいび 島根県邑智郡 岡山県浅口郡 香川県・小豆島・豊島(春結実するもの) *ぐいびー 岡山県邑久郡 *ぐいみ 島根県(春のもの) 香川県西部 *ぐーび 鹿児島県沖永良部島 沖縄県首里 *ぐーび 鹿

児島県種子島 *くーびきー 沖縄県鳩間島 *ぐんど 富山県砺波 *ぐんび 兵庫県佐用郡 *ごいび 島根県飯石郡 *ごいぶ 愛媛県・今治市 *こーび 沖縄県首里 *ごび・ごぶ(春のもの) 島根県 *ごよぶ 愛媛県越智郡 *しゃしゃび 徳島県 *しゃしゃぶ 香川県・木田郡 愛媛県 *しゃしゃぼ 愛媛県 高知県 *ずみ 山梨県 長野県東筑摩郡 三重県 *たわらぐみ 群馬県佐波郡 *とらぐみ(ぐみの一種で大形のもの) 鹿児島県 *はたけいちご 島根県美濃郡 *びーびー 岡山県御津郡・浅口郡 広島県 *びーびーのき 岡山県御津郡 *ぶいぶい 広島県佐伯郡 愛媛県大三島 *ふびり 沖縄県石垣島 *やふがに 沖縄県与那国島 *やまいちご 島根県

くめん【工面】 *かんがく 岩手県気仙郡「お祭りは近づいたし子供は多いし着物のかんがくしきれない」 *がんがく 岩手県気仙郡 宮城県「春着物のがんがくをした」 山形県「おままのがんがくしろ」 *かんくり 長野県佐久 静岡県榛原郡「何とかかんくりをしてみず(みよう)」「かんくり勘定」 *ぐん 青森県上北郡「ぐんする」 岩手県北部 秋田県鹿角郡 埼玉県秩父郡「ぐんがわりー」 千葉県東葛飾郡 島根県「あの人はぐんが高い」 広島県倉橋島「ぐんがえー」 鹿児島県肝属郡 *さいばい 島根県隠岐島「不景気で工場のさいばいがやり切れん」 *さくばい 島根県「不景気で店のさくばいがとてもやり切れん」 *さくまい 島根県出雲 山口県玖珂郡「さくまいがつかん(始末に負えない)」 *さっぱい 鳥取県東部 *さんごー 広島県比婆郡 *よっぽ 福島県東白川郡「はだかれんの見てで(たたかれるのを知っていて)、ぬげるよっぽねぇんだがんな(逃げる知恵がないのだからな)」 →さんだん(算段)

□する *からくる 三重県志摩郡「この莚、どっからからくって来たんぞい」 *さくぼう 島根県石見「上手にさくぼーていかんと経済がやりきれん」 *さくまう 愛知県「早速幕を三張さくまって来んならんなあ」 *さくまえる 愛知県 *しがりゆん 沖縄県首里

くも【雲】 *くまくも 福島県南会津郡

夏の□ *いわぐも(岩の形に似た夏の雲) 奈良県 熊本県 大分県 *いわたけぐも(岩の形に似た夏の雲) 熊本県天草郡 *いわたてぐも(岩の形に似た夏の雲) 長崎県南高来郡 熊本県鹿本郡・天草郡 大分県 *かずさにゅーどー(「上総方面に現れる入道雲」の意。南方に出る夏の雲) 茨城県新治郡 *がたぐも(夏の雨の前に現れる波状の雲) 長崎県西彼杵郡 *しなのたろー 長野県上伊那郡 *たんばぐも 鳥取県八頭郡 *たんばたろー 京都府中郡 兵庫県淡路島・但馬 *どて(土佐方面の空に盛り上がって見える夏の雲) 和歌山県日高郡 *ひこたろーぐも 福岡市 *ひこたろぐも 長崎県北松浦郡 *まいたけぐも(舞茸の重なり合うさまに似るところから、夏空に夕立の前兆として、もくもくわき起こる雲) 岐阜県飛驒 *ゆわぐも(岩の形に似た夏の雲) 熊本県阿蘇郡 *ゆわたてぐも(岩の形に似た夏の雲) 長崎県南高来郡

くも【蜘蛛】 *あんぱれー(特にハエトリグモ) 沖縄県石垣島 *うしわか 高知県 *えだこっ 長崎県五島 *きーぼ 石川県鹿島郡 *きぼ 富山県 石川県 *きも 石川県鹿島郡 *くーお 富山県 *くーばー 沖縄県首里 *くばがし 沖縄県国頭郡 *くぶ 鹿児島県奄美大島・加計呂麻島・徳之島 沖縄県・石垣島・西表島・新城島 *くぶー 鹿児島県喜界島 沖縄県与那国島 *くぶがしー 鹿児島県喜界島 *くぶんたに 沖縄県鳩間島 *くぼーま(小蜘蛛) 沖縄県石垣島 *くぼな 東京都八丈島 *くぼなめ 東京都八丈島 *ぐん 沖縄県黒島 *ぐんぼー 沖縄県小浜島 *けーぼ 石川県 *けぼ 富山県砺波 石川県 *こー 長崎県五島 *こーったら 沖縄県竹富島 *こーび 熊本県天草郡 *こーぶ 熊本県 鹿児島県口之永良部島 *こーぶろん 鹿児島県屋久島 *こつ 宮崎県西諸県郡 *こび 熊本県下益城郡 *こぶ 岩手県九戸郡「こぶのえがけ(巣掛け)」 島根県鹿足郡 福岡県筑後 佐賀県「こぶんえ」 長崎県・対馬・五島 熊本県 大分県大分郡 宮崎県 鹿児島県・宝島・種子島・甑島 *こぼ 石川県石川郡・河北郡 *ごも 大阪府泉北郡 兵庫県淡路島 徳島県海部郡・美馬郡 *こん 長崎県五島 *すふく 沖縄県波照間島 *てんこぶ 長崎県「てんこぶのまい(巣)」 熊本県天草郡 大分県 *てんごめ 東京都八丈島 *とんざるめ 東京都八丈島 *まぬしちゃー(「絹糸を紡ぐもの」の意) 鹿児島県喜界島 *まん 鹿児島県奄美大島 *めんめ(幼児語) 山形県南置賜郡 *やってこ 熊本県天草郡 *やつでこぶ 鹿児島県屋久島 *やねこぶ 熊本県天草郡 *やまこぶ 長崎県 熊本県芦北郡 *やんねんこぶ 鹿児島県硫黄島「やんねんこぶの巣」 *やんまー 長崎県西彼杵郡 *よるがに 大分県速見郡

□の巣 *あじ 埼玉県入間郡「蜘蛛のあじ」 東京都八王子・八丈島 神奈川県津久井郡 *あじくり 東京都八丈島 *あず 千葉県長生郡 *い(「糸」の意。「くものい」の形で用いられることが多い) 島根県石見「くものい」 山口県 徳島県麻植郡「ぐものい」 香川県大川郡「くもない」 長崎市 熊本県天草郡「こぶんい」 *いえ 徳島県阿波郡「ぐものいえ」 香川県三豊郡 長崎市 *いが 熊本県球磨郡「こぶのいが」 *いがい 熊本県芦北郡「こぶのいがい」 *いかぎ 青森県上北郡 *いがき(「い」は糸の意) 青森県南部「くぼのえがきさだぶりこあかかった」 岩手県「くぼのえがげ」 秋田県鹿角郡・仙北郡 島根県隠岐島 *いがり 茨城県稲敷郡・北相馬郡 熊本県球磨郡 *いがれ 宮崎県西臼杵郡「こぶのいがれ」 *いぎ 京都府竹野郡 兵庫県佐用郡・但馬 鳥取県東部・西伯郡 島根県石見・隠岐島 岡

山県苫田郡　広島県高田郡 *いげ 島根県 *いず 岩手県気仙郡　栃木県「くもいず」　群馬県佐波郡「くもいず」 *え 岐阜県山県郡　岡山県小田郡「くもえ」　広島県芦品郡「ぐもえ」　徳島県板野郡・阿波郡　香川県仲多度郡　高知県　福岡県山門郡「こぶのえ」　佐賀県唐津市「こぶんえ」　長崎県　「こぶのえ」・壱岐島「こぶのえ」・五島「こぶのえ」「こんのえ」「こっのえ」　熊本県「こぶなえ」　宮崎県「こぶのえ」「こっのえ」　鹿児島県・宝島「こぶのえ」 *えー 兵庫県淡路島「ぐものえー」 *えーず 福島県「くぼのえずはったー」 *えが 三重県志摩郡「ぐものえが」　熊本県球磨郡「こぶのえが」 *えがい 兵庫県加古郡「くぼのえがい」　熊本県芦北郡「こぶのえがい」 *えがら 岐阜県飛驒　熊本県天草郡 *えがり 熊本県南部 *えがれ 熊本県芦北郡 *えぎ 兵庫県佐用郡　鳥取県西伯郡　島根県　岡山県　「くもえぎ」　広島県比婆郡・庄原市　香川県伊吹島 *えげ 島根県大原郡 *えず(多く「くものえず」として用いられる) 岩手県気仙郡・胆沢郡「くぼのえず」　宮城県石巻・仙台市　福島県相馬郡「くものえずかかってる」・東白川郡「くぼのえず」　茨城県多賀郡　栃木県上都賀郡　群馬県勢多郡「くもえず」・前橋市 *えば 島根県　広島県　山口県豊浦郡　香川県広島　愛媛県　高知県長岡郡　長崎県　熊本県阿蘇郡　大分県 *えばら 千葉県安房郡 *えばり 香川県伊吹島　愛媛県周桑郡・喜多郡　福岡県久留米市・三井郡　熊本県阿蘇郡「くもえばり・こぶのえばり」　大分県 *えんば 神奈川県　山口県玖珂郡　福岡県鞍手郡　大分県大分市・別府市 *えんばり 三重県　山口県玖珂郡　福岡市　大分県南部 *えんぼー 福岡県粕屋郡 *おやじ・よーじ 富山県「くものおやじ」 *きぬいと 香川県大川郡 *くぼーぎ(屋内に張ったクモの巣) 沖縄県石垣島 *ぐものやね 徳島県 *くもはで 千葉県印旛郡 *くもめば 香川県　広島 *くもやじ 新潟県佐渡 *けん 和歌山県日高郡　鹿児島県鹿児島郡 *こつのやね 宮崎県西諸県郡 *こぶのやね 熊本県　鹿児島県肝属郡 *こぶやね 熊本県玉名郡 *こぶんやね 熊本県 *すがき 青森県津軽　岩手県盛岡市「くものすかき」 *すかり 茨城県稲敷郡 *すす 新潟県中頸城郡 *すんば 神奈川県三浦郡「くものすんば」 *せんばり 山口県大島 *てんごのあじ(「あじ」はクモの糸、クモの巣の意)・てごなーじ 東京都八丈島 *てんこぶやね 熊本県天草郡 *ねぎ 島根県簸川郡・八束郡「くもねぎ」 *ねず 栃木県河内郡「くぼねず」 *ねつ 福島県石城郡「ぐぼねつ」 *ねば 青森県三戸郡　島根県　山口県　愛媛県　大分県日田郡　宮崎県延岡・東臼杵郡 *ねばり 熊本県阿蘇郡「くもねばり」 *ねんばり 福岡県　熊本県阿蘇郡 *ひげ 香川県三豊郡「くものひげ」 *へ 香川県三豊郡 *へー 和歌山県東牟婁郡 *へぎ 岡山県御津郡「くもへぎ」 *へば 愛媛県 *へばり 三重県員弁郡「ぐものへばり」　愛媛県「くものへばりに蝶がかかった」 *へんば 三重県 *へんばり 三重県三重郡・阿山郡　山口県大島　愛媛県 *まい 長崎市 *まん 沖縄県石垣島・小浜島「まんかくん(クモが巣を作る)」 *めっぱ 山口県 *やじ 山形県・南部　新潟県「くもがやじかけたからとってくれ」・上越市　富山市近在 *やぜ 新潟県佐渡 *やつ 新潟県東蒲原郡「くぼのやつ」 *やに 新潟県中頸城郡 *やね 熊本県芦北郡・天草郡 *やんねんこぶのす 鹿児島県硫黄島 *ゆ 島根県鹿足郡「くものゆ」　徳島県　香川県香川郡

くもる【曇】 *きれる 岐阜県飛驒 *どみる 島根県美濃郡・益田市「空がどみて来た」 *なまける 愛知県知多郡「日和がなまける」 *なまる 愛知県知多郡 *ふふぁーむん・つふぁーむん 沖縄県石垣島 *もよう 神奈川県三浦郡「もよっている」 *もよーずく 群馬県多野郡「今日は朝からもよーずいている」　新潟県佐渡

ガラスなどが□、また、そのさま *しんぐぃゆん(目、ガラス、鏡などが濁る) 沖縄県首里 *ぬどぅるー 鹿児島県喜界島

空が□ *けばやく(空がちょっと晴れてすぐ曇る) 島根県隠岐島 *とろける 静岡県 *にぶい 愛知県東春日井郡 *にぶる 岐阜県可児郡

空が□ているさま *どっぺり 群馬県多野郡「空がどっぺり曇る」　埼玉県秩父郡 *どろっと 島根県出雲「空がどろっとして来た」

どんより□ているさま *おんぼり 京都府竹野郡「おんぼりした日」　島根県中部 *おんぼら 島根県 *どかん 新潟県佐渡「今日はどかんとした空だ」

くやむ【悔】 *いとなむ 福岡県浮羽郡　大分県「それくらいのことをいとなむに及ばぬ」 *のちぎ(後になって悔やむこと。後悔) 栃木県塩谷郡 *ぼつなむ 長崎県対馬「彼は子供を失うてしおとしてぼつなんでばかりおる」

→こうかい(後悔)

くら【倉】 *いたぎつ(母屋の後方にある、米を入れておく倉) 宮城県栗原郡 *いたくら(穀物などを貯蔵するための木造の倉) 山形県 *いたぐら(穀物などを貯蔵するための木造の倉) 山形県飽海郡　東京都八丈島　岐阜県北飛驒　和歌山県日高郡 *うちぐら(籾(もみ)を入れる倉) 島根県隠岐島 *きち(木造の倉) 秋田県平鹿郡 *きっち(木造の倉) 宮城県 *きっつ(木造の倉) 宮城県加美郡・仙台市　秋田県雄勝郡　山形県最上郡 *くらや 静岡県・榛原郡 *こいえ(母屋とは別棟になっている倉) 岐阜県揖斐郡 *せどぐら(家の内庭に建てた倉) 島根県石見 *せろ 秋田県平鹿郡・仙北郡 *つふぁ 沖縄県竹富島 *どーじ(みそやしょうゆの置いてある倉) 島根県隠岐島 *にわくら(台所の奥などにある倉) 大阪市 *ます(壁を板に

した倉）山形県 *みっか 群馬県邑楽郡

くらい【暗】 *くそっくらい（非常に暗い）神奈川県津久井郡 *くらきー 新潟県佐渡「くらきい所」 *くらってー 埼玉県秩父郡 *しゃぐらい 新潟県上越市 岐阜県飛騨「しゃぐらいうちから働く」 愛知県知多郡・名古屋市「この部屋はしゃぐらいでいかん」 *しゃぐらっくせー 埼玉県北葛飾郡 *ふふぁさーん・っふぁさーん 沖縄県石垣島 *ふふぁさん・っふぁさん 沖縄県竹富島・鳩間島

□所 *くらき 新潟県佐渡「くらきではこまる」 *くらさま 新潟県 *くらしん 沖縄県首里 *くらすび 青森県津軽 *くらすま 青森県上北郡 岩手県 山形県南置賜郡・庄内 新潟県 愛媛県・松山「くらすまで本をお読みな（暗い所で本を読むものでない）」 *くらすみ 青森県南部 岩手県気仙郡 秋田県鹿角郡 山形県東置賜郡 東京都三宅島・御蔵島 新潟県佐渡・西蒲原郡 島根県美濃郡・益田市「本はくらすみに置いてあるけー今あどうもならん」 愛媛県松山 福岡県三井郡 長崎県長崎市・対馬 熊本県下益城郡 大分県 *くらすん 鹿児島県・肝属郡 *くらつま 山形県東田川郡・飽海郡 *くらみ 群馬県多野郡 島根県美濃郡・益田市「このくらみに外へ出られるもんか」 *くらめ 島根県「くらめで仕事をする」 広島県高田郡

くらし【暮】 *おちゃ 高知県幡多郡「張り込んでお茶たべなはいよ（気を張ってお暮らしなさいよ）」 *くちかめぎ 宮崎県東諸県郡「くちかめぎだけはしている」 *くちしげ 青森県津軽「苦しいけれどこれもくじしげの種だから」 *くちすぎ 富山県 岐阜県郡上郡「あれもどーかこーかくちすぎだけわしていくわい」 兵庫県但馬 島根県「自分でくちすぎして行くよーになった」 *すぎみ 島根県那賀郡・大原郡「萩市はすぎみの好い（暮らしよい）所だ」
→せいかつ（生活）

くらす【暮】 *いのぐ（「しのぐ（凌）」の転か）高知県長岡郡 *しまう 兵庫県神崎郡「むさくさしまいよんにゃなー（どうにか暮らしていたよ）」 *すぐす 静岡県榛原郡「口をすぐす」 *たつ 三重県阿山郡「蚊さえ減ったら夏わ冬よりたちよいな」 大分県「どーやらこーやらしちたっちょる（どうかこうかして暮らしている）」 *たてこす 富山県・射水郡 *ふふぁーましん 沖縄県石垣島

くらべる【比】 *すける 島根県鹿足郡 山口県阿武郡・玖珂郡「これにすけるとよい」 *たくらべる 宮城県仙台市 *ひっする 沖縄県「ひうがなだとひっしたら（日向灘と比べましたら）」 *みる 富山県下新川郡「いまとみたら」 岐阜県吉城郡
→ひかく（比較）

□こと *くっちょー 大分県日田郡「走りくっちょー」 *ふぃっちょー 沖縄県首里「うぇーきんちゅとぅ ふぃんすーむんとぅ ふぃっちょーやならんさ（金持ちと貧乏人と比較はできないよ）」

くり【栗】 *おかぐい 鹿児島県薩摩郡 *がんがん（幼児語）岐阜県大野郡 *くりもも 山形県西置賜郡 *ひょーひょー 千葉県東葛飾郡

いがを取った□ *かんちぐり 岩手県九戸郡 *つぶんぐり 群馬県館林 *つぼぐり 栃木県塩谷郡

□のいが *いがぐし 群馬県多野郡 *いんがら 青森県三戸郡 富山県 *えがら・えんがら 富山県 *がんたち 愛知県碧海郡 *くりかちや 青森県上北郡 *くりかっちゃ（「かっちゃ」は「から（殻）」の転という）青森県三戸郡・南部

くりかえす【繰返】 *うらかやす（同じことを二度繰り返す）新潟県佐渡 *くいむどぅしゅん 沖縄県首里「くいむどぅちみぶしゃはなぬむかし（花の昔を繰り戻して見たいものだが）」 *すがやす 高知県「あの辺土（こじき）は今朝も来たが、すがやして又やって来たよ」・高知市「今度の原稿は前のをすがやして送りましょー」 *たたらふむ（同じことを繰り返す）大分県速見郡 *ひどる 茨城県猿島郡 *へっけしたっけし（繰り返し）栃木県安蘇郡 *むっくりかえす 茨城県真壁郡 *やくやく（繰り返し）兵庫県加古郡「やくやく言うといたのん忘れたか」 福岡県「やくやく言ひござったばい」

□こと *てっくりかえし 岐阜県養老郡 *とくそがえし 島根県飯石郡・邑智郡「何べんやってもとくそがえしで面白うなー」 *どっぺんがえし 山形県村山 *もったりまがしたり 青森県津軽 *らんきょーのかわむき 福岡市

□さま *いれたりかえーたり 新潟県佐渡 *うっくれかいくれ 山梨県南巨摩郡「うっくれかいくれ御祝をいただきましてどうもありがとう」 *とっけしたっけし 栃木県「品物をとっけしたっけし見る」 *ねっちりはっちり 島根県大原郡・仁多郡「ねっちりはっちり聞いたが結局分からん」 *ひちこねんだい 高知県宿毛市

くりごと【繰言】 *うじょーやみ 大分県北海部郡・大分郡 *うじょーよみ 愛知県名古屋市 *うぜやみ 大分県大野郡・北海部郡 *くじゃく 長野県北安曇郡・東筑摩郡 香川県香川郡 *ぐぜごっ 鹿児島県鹿児島郡 *ぐぜごつ 鹿児島県・肝属郡 *くぜこと 岩手県気仙郡「家さけあるたびにくぜこどかだらいんのもあまりいーもんでねぁ」 *くぜごと 宮城県石巻「来るたんびにくぜごとかだってえぐ」 佐賀県 *ぐぜこと 福岡市 *くでごと 奈良県南大和 *ごと 徳島県美馬郡 *ごど 新潟県中魚沼郡 *じじら（酒に酔って言う無理な事柄や繰り言）宮崎県都城 鹿児島県肝属郡「じじらを言うな（管を巻くな）」 *よまい 和歌山県日高郡「あの人は子供が死んでからよくよまい言ふ」 *よまごと 青森県南部 *よも 徳島県海部郡 *よもだ 愛媛県「よもだぎり言ひよる」「酒飲みはよもだ言ふけんいかん」
→ぐち（愚痴）

酒に酔って□を言う *くだめぐ 岩手県気仙郡

＊ぐだめく 青森県 ＊ぐだらめぐ 山形県東村山郡「酒飲むとくだらめぐ」 ＊じぼをくる 高知県

くる【来】 ＊あたむす（「むす」は親しんで言う語）長崎県対馬 ＊うさる（ののしりの語として用いられることが多い）千葉県夷隅郡 神奈川県中郡 山梨県・南巨摩郡 長野県 静岡県 ＊うする（ののしりの語として用いられることが多い）熊本県玉名郡 ＊うせずる（ののしりの語として用いられることが多い）岐阜県郡上郡 ＊うせる（ののしりの語として用いられることが多い）新潟県 山梨県 長野県東筑摩郡 岐阜県郡上郡「こっちーうしょ」 静岡県 愛知県 三重県 滋賀県 京都府久世郡 大阪府泉北郡 兵庫県赤穂郡 奈良県・南葛城郡 和歌山県「ようせた（よくのめのめと来やがった）」 岡山県 広島県佐伯郡・安佐郡 徳島県・美馬郡 香川県・高松市 愛媛県伊予郡 高知県 福岡県企救郡「うせてみい（来て見よ）」 長崎県 大分県宇佐郡 ＊おわする（元は尊敬語であったが、敬意をほとんど含まなくなった）鹿児島県種子島 ＊おわせる（元は尊敬語であったが、敬意をほとんど含まなくなった）三重県上野市 ＊き 鹿児島県大隅 ＊きー 静岡県 滋賀県彦根「きーな」 京都府 徳島県（女性語） ＊きしむ 沖縄県宮古島 ＊きてくる 福井県大飯郡「汽車がきて来た」「汽車が来てこん（来ない）」 ＊け 秋田県「僕の家にけ」 長崎県・五島 鹿児島県 ＊けー 岡山県浅口郡 長崎県・対馬 熊本県下益城郡 大分県 鹿児島県 ＊けーや 大分県西国東郡 ＊けーやい 長崎県対馬 ＊けーよ 奈良県吉野郡「水持ってけーよ」 ＊けや 熊本県「こっちゃんけや」 ＊けんか 和歌山県那賀郡 ＊こちょぼう（ののしって言う語）石川県鹿島郡「こちょぼな（来るな）」 ＊こつぼう（ののしって言う語）新潟県長岡市「こっちへこつぼい（来い）」・西頸城郡 ＊こつばる（ののしって言う語）長野県下水内郡 新潟県中頸城郡「こつばれ（来い）」 ＊こっぱる（ののしって言う語）山形県飛島「こっぱれ（来い）」 新潟県「こっぱい（来い）」 ＊こつぽう（ののしって言う語）新潟県「此方へこつぽへ」「こつぽい（来い）」・西蒲原郡 ＊こつぽえる（ののしって言う語）新潟県「どっからこつぽえた」 ＊ごぼう（卑語）富山県砺波 ＊こんじんばる（卑語）秋田県河辺郡「早くこんじんばれ」 ＊こんずばる（卑語）秋田県平鹿郡「あの乞食またこんずばった」 ＊される 三重県三重郡 ＊じぇる 鹿児島県種子島「『いぇ、居らるっかい』『おうよ、じぇたかえ（来たかい）』」 ＊じゃる 島根県隠岐島「こけじゃえ（ここへ来い）」「じゃった（おいでになった）」 ＊ちゅーん（話し手が話し相手の方へ向かって行く場合にも言う）沖縄県首里 ＊できる 東京都八丈島「持ってできてけるとよけどぅ（持って来てくれればいいけれど）」 ＊でる 滋賀県神崎郡「でてもろて（来ていただいて）すまんこってござぇーました」 ＊のめくる（卑しめて言う語）青森県津軽 秋田県鹿角郡 ＊のんめくる（卑しめて言う語）秋田県「よくのんめくる奴だ」 ＊はちくる 長崎県「はち来た」・南高来郡「はちこい」 熊本県玉名郡「はちこらい」 ＊はちちゅーん（軽く言う語）沖縄県首里 ＊はっちくる 長崎県 ＊ほける 奈良県南葛城郡 ＊わーす（元は尊敬語であったが、敬意をほとんど含まなくなった）京都府 ＊わーるん（元は尊敬語であったが、敬意をほとんど含まなくなった）沖縄県与那国島 ＊わさる（元は尊敬語であったが、敬意をほとんど含まなくなった）滋賀県彦根 ＊わす（元は尊敬語であったが、敬意をほとんど含まなくなった）東京都八丈島「お身もわすとよかろぁーに（お前も来ればよかったのに）」 福井県大野郡 滋賀県「でてわす（出て来る）」 京都府 奈良県 鹿児島県「わした（おいでになった）」・肝属郡（多く婦人に用いられる）「松さんがわして」 ＊わせる（元は尊敬語であったが、敬意をほとんど含まなくなった）山梨県南巨摩郡 静岡県「旦那（だんな）がわせられた（おいでになった）」 愛知県 滋賀県「わせん（来られない）」 京都府 奈良県（卑語） 鹿児島県肝属郡

□**の意を卑しめて言う語** ＊うせくる 奈良県吉野郡 ＊けざがる 秋田県 ＊けしる 滋賀県愛知郡 ＊けつかる 青森県上北郡 岩手県上閉伊郡「早くけづがれ」 山形県最上郡・西田川郡「来なければよいのにけづがった」 茨城県稲敷郡 新潟県佐渡・岩船郡「さっさとけつかれ」 富山市近在「けつかるかも知れん」 福井県・坂井郡 山梨県 三重県度会郡 和歌山県西牟婁郡 ＊こしはる 秋田県河辺郡 ＊こばる・こばさる 岐阜県郡上郡「こばいよれ（来やがれ）」「またトラックがこばったぞ」「こばいされ（来やがれ）」 ＊たおす 宮崎県東諸県郡

□**の尊敬語** ＊いじゃ（命令表現）静岡県 愛知県岡崎市 ＊いじゃいじゃ（命令表現）静岡県榛原郡 ＊いじゃく 長野県西筑摩郡「いじゃけ（共に行け）」 岐阜県恵那郡「いぢゃかっせ（おいでなさい）」 ＊いじゃる 新潟県 長野県「てってといじゃれ（急いで行けよ）」 静岡県榛原郡「一緒にいじゃってくりょーや」 ＊いめーん 沖縄県首里 ＊いめんせーん（かなり目上の者に対して使う）沖縄県首里 ＊うじゃる 山形県 ＊うもーゆい・うもーうい 鹿児島県喜界島 ＊えざる 青森県三戸郡 ＊おいだりやす 長野県上田 ＊おいだる 山形県米沢市・南置賜郡 ＊おいでます 奈良県南大和 島根県出雲 広島県庄原 長崎県壱岐島 ＊おいでやす 長野県佐久「およばれにおいでやしたか」 ＊おいでる 宮城県本吉郡 山形市 栃木県 富山県砺波「おいでんか（いらっしゃいませんか）」 福井県遠敷郡 長野県諏訪・上伊那郡 岐阜県 静岡県志太郡 愛知県 三重県 滋賀県彦根・蒲生郡 京都府 和歌山市 島根県大原郡 山口県・豊浦郡 徳島県美馬郡・海部郡・香川県 愛媛県周桑郡・喜多郡 高知県香美郡・高知市「早、おいでたかね（もういらっし

ゃったか)」 熊本県阿蘇郡 大分県「おいでちおくれなんしー(いらっしゃってください)」 ***おいる** 山形市 福岡県久留米 ***おーるん** 沖縄県石垣島「おーり(命令形。来い、居れ、行け)」 ***おさいじゃる** 鹿児島県肝属郡 ***おざらっしゃる** 岩手県胆沢郡「はい、んでまたおざらっしえ(はい、ではまたおいでください)」 ***おざる** 秋田県河辺郡(命令形のみ)・仙北郡 山形県最上郡「太鼓もっておざれ」 福島県若松市・大沼郡 岐阜県 ***おじゃす** 鹿児島県熊毛郡「こちらにいつおじゃした」 ***おじゃる** 秋田県 山形県最上郡 福島県若松市・大沼郡 東京都八丈島 岐阜県 愛知県知多郡 三重県志摩郡・度会郡 滋賀県 京都府 島根県能義郡・隠岐島 愛媛県大三島 宮崎県東諸県郡・都城 鹿児島県 ***おでーる** 青森県三戸郡 岩手県宮古市「およめさんがおでーるそーで」・気仙郡 秋田県鹿角郡 福島県相馬郡 ***おでやる** 長野県上高井郡 ***おなはる** 山形県「久しぶりでおなはたもの、何か御馳走せや」 ***おやる** 長野県上高井郡 ***おんざる** 秋田県 滋賀県 ***おやーる** 岐阜県郡上郡 ***おんざる** 秋田県雄勝郡 ***おんじゃる** 岐阜県北飛驒 ***おんなる** 宮城県仙台市「さあ早くおんなえ」 福島県相馬 ***がす** 宮城県南部「早くがえ(おいでなさい)」・仙台市「私と一所にがえ(いらっしゃい)」 ***がっしゃる** 福岡県「がっしゃれん」「がっしゃらん」「がっしゃい(おいでなさい)」 ***ごあはんす** 和歌山県西牟婁郡「此処へごあはんし」 ***ごあんす** 熊本県球磨郡 ***ごいす** 滋賀県滋賀郡「ごいさあ(おいでくだされ)」 和歌山県日高郡「此方へごいせ」・東牟婁郡 島根県石見「あの方は今日ごいす」 広島県豊田郡・比婆郡 ***ございす** 石川県鳳至郡 和歌山県東牟婁郡「貴女もございしょー(来なさいよ)」 ***ございます** 富山県東礪波郡「んなございますか(皆いらっしゃいますか)」 ***ござっさる** 山形県山形市・南村山郡「ござっさえ」 茨城県那珂郡「ござっしょー(来れ)」 ***ござっしゃる** 山形県「ござっしゃえ」 茨城県那珂郡「ござっしょー(来れ)」 新潟県三島郡 山梨県中巨摩郡・北巨摩郡 和歌山県東牟婁郡 島根県出雲「ござっしゃい(いらっしゃい)」「ござっしゃーました(ようこそいらっしゃいませ)」 ***ござはる** 山形県庄内「ござはえちゃ(おいでなさい)」 滋賀県坂田郡・東浅井郡・彦根 ***ござへんす** 石川県能美郡「ござへんた(来られた)」 ***ござらす** 島根県隠岐島「『こんちわあ』『や、ござらしたか』」 ***ござらっしゃる** 岩手県胆沢郡 茨城県久慈郡・那珂郡「ござらっしょ(おいでなさい)」 東京都大島 静岡県 愛知県東春日井郡「ござらっせ」 島根県八束郡・大原郡 ***ござります** 岩手県胆沢郡 茨城県稲敷郡 群馬県吾妻郡 千葉県君津郡「よーござりました(よくおいでになりました)」 奈良県吉野郡 ***こざる** 新潟県西頸城郡 ***ごさる** 宮城県仙北 山形県米沢「ごさんな(おいでなさるな)」 福島県相馬郡「あ よくごさってくれたこと(ああよく来てくださったこと)」 茨城県北茨城郡 石川県江沼郡 鹿児島県「こけごさい(ここに来なさい)」 ***ござる** 岩手県江刺郡「ござんなし(おいでなさい)」・胆沢郡 宮城県「明日は日曜だから是非お遊びにござえん」「あんだも一緒にござえばえさ」 山形県「叔母さがござた」 福島県「ござあい(おいでなさい)」 茨城県 群馬県吾妻郡 埼玉県秩父郡「そんな見たいなら見てござえ」 新潟県「お道早早ござれ(早くお帰りなさい)」 富山県 石川県加賀 福井県 山梨県 長野県「ござってお休み」 岐阜県「みんな悔みにござるでなあ」 静岡県「私の方へござい」 愛知県 三重県 滋賀県 京都府 大阪府泉北郡 奈良県吉野郡 鳥取県 島根県「ありゃあ久見からござりょったのう」「そげ言わずとござえの(来なさい)」 広島県比婆郡・高田郡 山口県 福岡県 佐賀県「まだござらん」 長崎県 熊本県芦北郡・八代郡「ござるならすぐお出でなはりまっせ(おられるならすぐおいでくださいませ)」 宮崎県東臼杵郡 ***ござんさる** 長崎県壱岐島 ***ござんす** 岩手県胆沢郡 福島県中通「ござんしょ(おいでなさい)」 石川県羽咋郡 三重県度会郡「ござんし」 島根県隠岐島 香川県「はようござんせ、まだありまっせ」 大分県北海部郡・大分郡 ***ごじぇます** 新潟県佐渡「はい、ようごじぇました(人を迎えた時の挨拶)」 ***ごじゃる** 和歌山県日高郡「ごじゃれ」 ***ごす** 和歌山県東牟婁郡「ごしょ」 広島県双三郡・高田郡「ごいた(来られた)」 ***ごぜんす** 石川県能美郡 ***ごだえます** 島根県簸川郡・大原郡「ごだえまし(来られます)」 ***ごだっしゃる** 島根県出雲 ***ごだらっしゃる** 静岡県「私の家へもごだらっしぇー」 ***ご**

方/言/の/窓

●テレビドラマと方言

テレビドラマをはじめ、映画・演劇などで、近年方言が登場する機会が増えている。自分の生まれ故郷がテレビドラマに登場し、俳優の口から方言が流れると、思わず故郷の風景に見入り、方言に聞き耳を立てる人も多いことだろう。

高い視聴率を誇るＮＨＫの朝の連続テレビ小説は、毎回日本各地を舞台にし、方言の使用が一つの目玉になっている。評判の高かった「おしん」の山形方言などは特に印象的だった。

ところがテレビドラマなどでは視聴者が全国に及ぶため、そこでの方言はどうしてもわかりやすい人工的方言にならざるを得ない。それを見た地元の人達は、自分たちのことばとは違うと主張する。ドラマの方言使用に賛否両論ある原因の一つがここにある。

だる 静岡県「御役人様がごだる」 島根県大原郡「ごだえけん(来られますから)」 山口県大島 ＊ごだんす 島根県隠岐島 ＊ごっさる 岡山県苫田郡「ごっされー(来い)」 ＊ごらす 新潟県三島郡「ごらした(来た)」 ＊ごんざる 秋田県由利郡「遊びにごんざれ」 山形県「早くごんざい」 ＊こんす 新潟県佐渡「こんし(来なさい)」 三重県志摩郡「こんせ」 京都府加佐郡 奈良県吉野郡「こんしょう(来なさい)」 香川県小豆島 徳島県 高知県 大分県大分郡・西国東郡(中流以下) ＊ごんす 福井県遠敷郡 滋賀県 京都府 大阪府泉北郡 兵庫県飾磨郡・明石郡 奈良県「またごんせん(またおいでなさい)」 和歌山県東牟婁郡・西牟婁郡「きーつけてにーはよごんしょー(気をつけてね、早く帰っていらっしゃいよ)」 岡山県備中 高知県高岡郡・幡多郡 ＊さんじます 新潟県佐渡「ようさんじました」 ＊めーん 沖縄県首里 ＊めんせーん 沖縄県首里「くまんかい めんしょーれー(こちらへいらっしゃい)」 ＊もーゆん 沖縄県首里 ＊んじゃ(命令表現) 新潟県東蒲原郡

くるしい【苦】 ＊あせない 岐阜県飛驒「子供が多いもんやであせない目にあう」 ＊あたしんどい(非常に苦しい。ばからしい) 兵庫県明石郡「あたしんどいこんな道よりないんかいな」・淡路島「あたしんどい、こんな事が一人で出来るかい」 ＊いきどーし 京都府 ＊いきどし・いきどしー・いきといー 京都府 ＊いそがしー 宮城県栗原郡 ＊いたしー 鳥取県西伯郡 島根県「働あたけー今いたしい」 岡山県阿哲郡 広島県比婆郡・高田郡 山口県阿武郡・玖珂郡 ＊うじない 島根県 ＊うずないー 島根県邑智郡「今日は身体がうずないー」 ＊うるさい 高知県・高知市「貧乏で子供をうるさい目にあわせました」 ＊えこい 愛媛県周桑郡 ＊えずらしー 高知県・高知市「いじめられてえずらしい思をした」 ＊えらい 岩手県胆沢郡「いやー、いや、えれかった」 石川県能美郡・石川郡 福井県・遠敷郡「えろーなかったら、ちっと持っておってくだんせんかー」 長野県 岐阜県 静岡県 愛知県「一日歩き通してああえらい」 三重県 滋賀県 京都府「うーん、えらて書く気んなれらへんだぁな」 大阪府「えろおまんな(たいへんですね)」 兵庫県 奈良県 和歌山県・新宮 鳥取県「えれもんでした(御苦労でした)」 島根県 岡山県 広島県 山口県 徳島県 香川県「えろーなる(疲れる)」 愛媛県・周桑郡・喜多郡 宮崎県日南市 ＊おうい 富山県 ＊おじないー 島根県出雲 ＊かなしー 愛知県 島根県隠岐島「一日働いてかなしい」 香川県広島 ＊かなしけ 東京都八丈島 ＊きしか 鹿児島県・鹿児島郡・揖宿郡 ＊きすい 島根県鹿足郡 宮崎県西諸県郡 鹿児島県・鹿児島郡・揖宿郡 ＊きずっない 奈良県南部 ＊きずつない 大阪市 高知市 ＊きち 熊本県玉名郡 宮崎県西諸県郡 鹿児島県 ＊きつい 山形県西置賜郡 石川県鹿島郡 奈良県 島根県 愛媛県 福岡県「あきつ(ああ疲れた)」 佐賀県「百姓はきつか」 長崎県「病気が重くてきつい」 熊本県 大分県 宮崎県西諸県郡・西臼杵郡 鹿児島県・揖宿郡・口之永良部島 ＊くすさん 沖縄県竹富島 ＊くちー 茨城県稲敷郡 群馬県碓氷郡 長野県佐久 ＊くつい 愛媛県(縛られてこわばった感じ) 熊本県玉名郡 鹿児島県 ＊くついか・くつーさい 鹿児島県 ＊くつぃさーん 沖縄県石垣島 ＊くつぃさん 沖縄県首里 ＊くっちー 茨城県稲敷郡 ＊くとぅーさい 鹿児島県喜界島 ＊こはい 群馬県群馬郡・山田郡 愛媛県西宇和郡 ＊こわい 青森県津軽 山形県「あんまり急いだばこゑー(疲れて苦しい)」 茨城県稲敷郡 群馬県群馬郡 東京都八丈島「こわくても(つらくても)」「こわきゃーていっても(つらいと言っても)」 新潟県「あの山登りの時ほどこわい事はなかった」「びんぼうしてさんざんこわいめにあった」 富山県砺波「こわいことに逢うて子供を育てて来た」「体がこわてのい」 石川県能美郡 福井県 山梨県南巨摩郡 岐阜県北部 静岡県「押されてこわかった」 和歌山県 島根県 広島県三次市 愛媛県 大分県大野郡「この仕事あこうゑー」 宮崎県都城 鹿児島県「びんぶをしてこえこつぢゃ」 ＊しょっぱい 新潟県佐渡「しょっぱいめにあう(苦しい目に遭う)」 ＊しんだい 徳島県 ＊しんどい 石川県能美郡 福井県 岐阜県本巣郡 三重県 滋賀県彦根 京都府宇治郡 大阪市 兵庫県多紀郡 奈良県 和歌山県 鳥取市 岡山県阿哲郡・児島郡 広島県 香川県 愛媛県温泉郡 鹿児島県 ＊しんどーい・しんどいー 島根県石見「あんまり働あたけーしんどいー」 ＊しんのい 新潟県中越 ＊せーせない 鹿児島県鹿児島郡 ＊せーつね 長野県西筑摩郡「さーぶいときせーつねな(寒い時は辛いなあ)」 ＊せーない 静岡県「押されてせーない」 ＊せこい 岡山県小田郡 徳島県「山登りはせこい」 香川県 愛媛県 高知県「今日中にはなかなかせこいのー」 ＊せしー 岡山県真庭郡 ＊せち 島根県出雲「せちてえけん」「今日はせち日だこと」 ＊せちー 島根県出雲 熊本県阿蘇郡 大分県 宮崎県 ＊せちない 三重県度会郡 ＊せつ 島根県出雲 ＊せつい 鳥取県西伯郡 島根県「山へ登って息がせつい」「生活がせつい」 岡山市「せついて息がつまる様な」 広島県「急な坂を登ったけー(ので)せつぃー」 大分県日田郡「あーせついー」・大分郡 宮崎県 ＊せつぐるしー 大分県大分郡 ＊せっちぇ 岡山市 ＊せつつい 広島県比婆郡 ＊せつどしー 兵庫県加古郡「少し走ると胸がせつどしー」 ＊せっない 鹿児島県 ＊せつない 青森県「せつない時の神だのみ」 岩手県 秋田県 山形県「せつねーめーした」 福島県 栃木県芳賀郡 群馬県吾妻郡 埼玉県秩父郡 東京都南多摩郡・利島 神奈川県中郡 新潟県「子供の病気がなおらんでせつなえ」 石川県鹿島郡 長野県 静岡県「風邪がせつない」 三重県志摩郡・員弁郡 島根県「どーも身体がせつない」 広島県高田

郡　山口県「あの時ほどせつないことはなかった」　徳島県　長崎県　熊本県玉名郡「黙ってこらえとった、せつなか」　鹿児島県　*せっね 鹿児島県　*せつらない 山形県庄内　*せつろし 和歌山県那賀郡

*せつろしー 和歌山県日高郡「咽喉がせつろしー」　兵庫県加古郡　広島県高田郡　*せんない 島根県「せんない仕事をして来た」　山口県「ご亭主は死ぬるし子供は病気、なんというせんないことぢゃらう」　*せんなー 広島県大崎上島　山口県　*たいそい 新潟県佐渡　石川県・金沢　高知県「今日はたいそいから行くのをやめよー」「いまーたいそいきにほんなこたえーせん」　*たいそーか 鹿児島県種子島　*つらましー 三重県志摩郡「毎日こーかんかん照っては、畑するのもつらましいわな」「また今年も田植が雨ふりで、つらましいな」　*てーそい・てーすい 新潟県佐渡「てぇそうて、行かれん」　*なんぎー 新潟県岩船郡　鹿児島県硫黄島　*のしー 高知県「あの男にゃのしいぜ」「草取りを一人でせんならん、ちくとのしいよ」　*へこずつない 高知県

*へつない 青森県「わたしだったら何が苦しーかにが苦しーといっても子どもを産む時ぐらいへじなぇことはないよ」　*ほない 青森県津軽　*むつかしー 熊本県　*もーらしー 島根県鹿足郡　*ものい 富山県・東礪波郡・砺波　石川県　*ものうい 富山県

*やにこい 広島県　*やねこい 島根県那賀郡　広島県

□こと *たいそ（疲れて苦しいこと）新潟県佐渡「きょうはてえそだったのう」　富山県砺波「たいそやれど（だけど）行ってきてくれ」　石川県輪島市「また来てくされ、てぁーそでも」　*たいそー（疲れて苦しいこと）新潟県佐渡「昔の者（もな）てゃーそーして不味（まーじ）もん食うてゃあかせぐ一方」・中頸城郡「荷が重くてたえそーだ」

富山県氷見市「こめかったたいそーすらんもんじゃけに（米をついた苦労を知らないもんだから）」

兵庫県加古郡「たいそおごと（非常に厄介な事）」

徳島県　*てーそー（疲れて苦しいこと）沖縄県首里「年取って歩くのがてーそーだ」　*いきいき（息切れして苦しいこと）静岡県田方郡

□さま *くげん 茨城県久慈郡・猿島郡　群馬県勢多郡　千葉県「くげんになった」　神奈川県

*しぇくしぇく（食べ過ぎて息をするのも苦しいさま）山形県米沢市　*のれそれ（「伸びたり反ったり」の意。満腹して苦しいさま）香川県「のれそれというぐらいたべた」　*せつせつ（胸が苦しいさま）鹿児島県鹿児島郡「せつせつない（胸が苦しくなる）」

肉体的に□ *じちない 島根県出雲　*じつない 島根県「今日はじつなえけん休む」「じつなて働く気がせん」　広島県高田郡　*じゅつない 大阪府

島根県邇摩郡・邑智郡　広島県高田郡　福岡県久留米市　長崎市「歯の痛（いと）ーして、じゅつなか」　熊本県玉名郡「頭ん痛とーてじゅつなか」「暑ーてじゅつなか」　*すずない 島根県隠岐島　*ずすない 東京都三宅島　島根県「今日はずすのーて働けん」　*ずっない 大阪府泉北郡　大分県　*ずつない 福島県東白川郡「何だか今日はずずねえ」　茨城県　神奈川県津久井郡　山梨県北都留郡　岐阜県郡上郡「どーもこの胃のへんがずつない」　愛知県名古屋市「ああづつなてえらい」・知多郡　大阪府泉北郡　兵庫県赤穂郡「沢山食べてずつないなあ」・加古郡「胸がずつない」　奈良県「頭が痛いのでづつないづつない」　広島県

島根県「今日はずつのーて働く気がせん」　広島県高田郡　香川県「ようけたべてしたらおなかがずつのうていかん」　高知市「おーの、頭が痛うてずつない」　大分県大分郡・北海部郡「あめにぬれてづつない」　*だるくるしー（体がだるくて苦しい）島根県出雲「今日はだるくるしてかなわん」

くるしむ【苦】 *あえる 山形県東置賜郡　鳥取県「あえた（しまった）」　島根県隠岐島「ひびやささらにあえっちょる」　香川県伊吹島　*あおくる 香川県伊吹島　*あわりしん 沖縄県石垣島　*かなしむ 愛知県西加茂郡　*くろーがる 群馬県勢多郡　*のーずる 千葉県君津郡　*のーつる 千葉県上総　*もとる 愛媛県周桑郡

非常に□ *じぐるー 栃木県　島根県隠岐島　*じぐるむ 新潟県　*じんぐるー 島根県邇摩郡　*とちぐるー 島根県邑智郡・隠岐島「腹が痛うてとちぐるーた」

くるぶし【踝】 *あしこぶ 岐阜県飛騨　*あしのうめぼし 兵庫県加古郡　香川県仲多度郡　*あしのこぶ 三重県志摩郡　兵庫県赤穂郡　*あままー 鹿児島県喜界島　*いしなんご 千葉県山武郡・長生郡　*いしなご 千葉県山武郡　*うしろすじ 徳島県美馬郡　*うめぶし 宮崎県西諸県郡　*うめぼし 京都市　大阪市　兵庫県赤穂郡・明石郡　奈良県　和歌山市　香川県高見島　熊本県玉名郡

*うめんさにぇ 鹿児島県揖宿郡　*かがと・かがっと 千葉県山武郡　*きーぶし 東京都八丈島　*きびし 栃木県芳賀郡　*きびす 福島県岩瀬郡・西白河郡「そときびす・うちきびす」　茨城県東茨城郡

栃木県　*きり 長野県上田　*ぐふし 沖縄県首里　*くほこぶし 山形県最上郡　*ぐり 岡山県児島郡

*ぐりぐり 愛知県碧海郡　広島県高田郡　*くりこぼし 愛知県愛知郡・碧海郡　*くるま 愛媛県大三島　*くるみ 栃木県足利市「うちぐるみ」　群馬県「そとぐるみ」　埼玉県秩父郡　神奈川県津久井郡

新潟県　山梨県南巨摩郡　長野県　静岡県磐田郡「うちぐるみ・そとぐるみ」　*ぐるめき 熊本県下益城郡　*くるり 福島県南部　群馬県勢多郡　千葉県夷隅郡　*ぐるり 広島県芦品郡・高田郡　*くろこぶし 岩手県江刺郡　宮城県　山形県南部　福島県大沼郡　*くろこぼし 青森県三戸郡・南部

静岡県　*くろこんぼし 秋田県　*くろっこぶし 静岡県磐田郡　*くろろぶし 岐阜県土岐郡　*けいぶし 東京都八丈島　*こぶ 島根県石見「外こぶ・内こぶ」　岡山県児島郡　広島県上蒲刈島・伯方島

山口県大島　愛媛県 *こぶし 愛知県北設楽郡　和歌山県日高郡　長崎県佐世保市　香川県三豊郡 *ごりぐり 愛知県愛知郡 *すわりこぶ 香川県大川郡 *たたみこぶ 香川県志々島 *つと 熊本県阿蘇郡 *つぶし 徳島県・美馬郡　愛媛県新居郡 *といこぶし 佐賀県藤津郡 *とーこのふし 島根県出雲 *とこのふし 島根県八束郡 *とりこのふし 島根県　岡山県苫田郡　広島県　山口県豊浦郡　徳島県　香川県島嶼・大川郡　愛媛県・大三島　高知県土佐郡 *とりこのぶし 高知県土佐郡・幡多郡 *とりこぶし・とりこぶ 奈良県吉野郡 *とりのこ 島根県飯石郡 *とりのこぼし 島根県八束郡 *とるこのふし・とーこのふし 鳥取県西伯郡 *はぎんがぶ 鹿児島県奄美大島・加計呂麻島 *はずぃぬあまむ(脛(はぎ)の寄居虫の意) 鹿児島県沖永良部島 *ぱんぬきざ 沖縄県新城島 *ぱんぬくらー(脛(はぎ)の円いものの意) 沖縄県竹富島 *ぱんぬさらーま(脛(はぎ)の小皿の意) 沖縄県石垣島 *ぷくさん 沖縄県波照間島 *ももざね 徳島県阿波郡　鹿児島県種子島・肝属郡 →「あしくび(足首)」の子見出し、「足首のくるぶし」

内側の□ *うちきびす 栃木県 *うちこぶ 広島県江田島 *くるみ 奈良県南大和 *ひゃくにちこぶ 島根県

外側の□ *せんにちこぶ 島根県石見 *そとぐるみ 群馬県多野郡　山梨県南巨摩郡　長野県南佐久郡・佐久　静岡県磐田郡 *そとこぶ 島根県石見　広島県江田島

くるま【車】 *がーがー 千葉県山武郡 *きち(じょうぶな車)香川県木田郡 *くーくー 兵庫県加古郡 *くっく(幼児語)三重県伊賀 *くるくる 滋賀県彦根　兵庫県加古郡　奈良県(幼児語) *ごーごー(幼児語)滋賀県彦根・蒲生郡 *ころ・ごろ(幼児語)鳥取県西伯郡 *しゃりき(小さい車)熊本県芦北郡・八代郡 *まいまい(幼児語)滋賀県彦根・蒲生郡　香川県　高知県

くれる【呉】 *あずける 宮城県栗原郡「(泣いている子に)ああやかましい、これでもあずけておけ」　秋田県鹿角郡　山形県　福島県・相馬郡「やがましから銭あずけてやれ」・東白川郡「乞食だら、ひゃくもあずけてやれ」　栃木県　新潟県「この間あずけた金もう使ったか」 *あつける 岩手県気仙郡「がぎめらさ金などあつけでなんねぁ」　宮城県栗原郡・石巻「飴こでも買ってあつけんすなよ」・仙台市「おぼこさ銭あつけんすなよ」「さんじんなったらこのお菓子、わらしだっつぁ(子供たちに)あつけていただきます」　新潟県「金遣いが荒いから嫁でもあつけたら直るだろう」 *あっぜる 千葉県夷隅郡 *あっつける 栃木県安蘇郡 *あてぃゆい 鹿児島県喜界島 *あんずける 岩手県気仙郡「がぎこさ金あんずけてなんねぁ」 *うっくれる 山梨県 *おーす(多く命令形「おーせ」を使う)高知県「ぴっとおーぜ(少し下さい)」・香美郡「ひとつやってみとーせ(みて下さい)」・高知市「早う来ておーせ」「おーせ、このお菓子を」「これを私におーせんか」 *おしつける 福岡県久留米　長崎県壱岐島「此ぬ本な私いおしつけらりまっせー」 *おせつける 長崎市「そーしておせつけまっせ」「おあしをおせつけまっせ(お金を下さい)」 *くだる 山形県「お金くだるなら早くください」 *くだれる 岐阜県郡上郡　愛知県尾張「くだれた(下さった)」 *たぶ 東京都八丈島「その芋うあれにたべよ(私にくれよ)」　沖縄県「なま、うたびみしゃうらりーがしゃびーら(只今頂戴ができましょうか)」 *たもーる 東京都八丈島(目上に対して用いる)「これとこれいたもーれー(これとこれを下さい)」「おかげさまでーたまおろが(おかげさまでいただきますよ)」 *たもす 宮崎県都城「たもし(下さい)」　鹿児島県 *たもる 岩手県上閉伊郡　秋田県「これを私にたもるの」　東京都八丈島「こるぇーじっしぇんほどたもれ(これを十銭ばかり下さい)」　石川県能美郡　福井県大野郡　岐阜県郡上郡　三重県志摩郡・度会郡　滋賀県蒲生郡「たも(下さい)」・高島郡「たもんた」　京都府葛野郡(命令形だけが用いられる)「たもい(下さい)」　奈良県吉野郡　徳島県・麻植郡・美馬郡　香川県三豊郡「たもいな」　高知県長岡郡「たもりゃーもろーていこーか(下さるならもらって行きましょうか)」　宮崎県宮崎郡「たもり(下さい)」 *たもんす 鹿児島県「たもんさんか(下さいませんか)」 *たんもる 山形県北村山郡「おりゅうづんさまよ、おーあめたんもれよ(御竜神様よ、大雨給われよ)」　新潟県岩船郡「たんもぉえ」　三重県志摩郡 *もす 岩手県気仙郡「おれさもす」 *やる 秋田県仙北郡「やってたんせー(店へ入った時の挨拶の言葉。下さいな)」　福島県「お菓子十銭やってくなしょ」「やってくんつぇ」　長野市「やっとくりやい(売ってくれ)」　岐阜県飛騨「わしにこいつをやっとくれんさい」　鳥取県東伯郡「これやってごしないなあ」　島根県「菓子をやんさった」　岡山県津山　広島県　山口県阿武郡「やれ」・玖珂郡・大島「この畑の茄子(なす)を少しおやんなされませ」　徳島県「おやりなして(下さい)」「やってつかさんせい(下さい)」　愛媛県「おらにもやんなれ」　福岡県　佐賀県・藤津郡　長崎県壱岐島「やらんせ」・北松浦郡　熊本県天草郡「やらっさん(下さらない)」　宮崎県日南市「なんぶぐらいでやっくだるか(いくらぐらいで下さいますか)」・東臼杵郡「やんない(下さい)」　鹿児島県肝属郡「そゆこっちやれ(それをこっちへよこせ)」・揖宿郡「焼酎(しょうちゅう)を一本やっくいやい」・屋久島

□の尊敬語 *つかさる 島根県鹿足郡 *つかはる 徳島県・名西郡「これ十円のんつかはるで」　香川県三豊郡 *つかわさる 鳥取県　島根県鹿足郡　広島県御調郡 *つかんす 鳥取県

他から自分に□ *いくす 青森県　新潟県　富山県「その墨をここへいくせ」　石川県　福井県 *いこす(先方からこちらに送ってくる。他か

ら自分にくれる。また、動詞の連用形に「て」を添えた形に付いてある動作をしてくれるの意を表す）新潟県佐渡　岐阜県　愛知県　三重県度会郡　京都府 ***いこせる** 愛知県知多郡 ***うくす** 三重県阿山郡 ***おくす** 新潟県三島郡 ***おこす** 新潟県中頸城郡　三重県「ほっておこすので（投げてよこすので）」 京都市　大阪府　和歌山県　鳥取県　島根県石見　岡山県　広島県　山口県島嶼　徳島県　香川県　愛媛県島嶼・周桑郡・喜多郡　高知県幡多郡・高知市 ***おごす** 広島県 ***くす** 新潟県西頸城郡　富山県下新川郡　石川県鳳至郡「やれこれとやってくせしま（なにかとやってくださいよ）」 福井県敦賀郡・大飯郡　滋賀県彦根・神崎郡　長崎市「すぐ菓子ば買うてきてくせ」 ***ごす** 山形県西田川郡・庄内「時計ごせ」 東京都御蔵島　新潟県下越　岐阜県恵那郡　鳥取県「その筆を僕にごせやい」

島根県「お土産ごさっしゃえまして、あーがとござえましてね」「戸をあけてごせ」 岡山県・真庭郡　広島県・山県郡「てがみゅう（手紙を）書いてごいた」 ***ごせる** 鳥取県「来てごせる」 島根県石見「九州から持ち帰ってごせた」「わしにもそりょうごせんさい」 ***ごっす** 鳥取県「ごっさい（下さい）」 島根県　広島県賀茂郡「ごっしゃれ（くれ）」 ***ごんす** 広島県高田郡「ごんせー」

ぐれる ***ぎれる** 山形県米沢市「あえづあ（あいつは）ぎれだ」 ***ぐてる** 島根県浜田市「どうもこの頃ぐてた」 ***ぐれもう**（ひどくぐれる）新潟県佐渡 ***こじれる** 山形県「世間からもまれてこぢれる」 奈良県南大和　島根県　香川県高見島 ***へぐれる** 兵庫県加古郡 ***ほぜくる** 徳島県 ***ほぜる** 徳島県美馬郡 ***ぼせる** 岩手県紫波郡

□**た者** ***ぐれ** 千葉県上総　福井県大飯郡　長野県佐久　徳島県　大分県大分郡・大野郡 ***ぐれさく** 大分県西国東郡 ***ぐれす・ぐれそ** 香川県 ***ぐれすけ** 大分県大分郡 ***ぐれっぽ** 大分市 ***ぐれまつ** 新潟県佐渡 ***ぐれもの** 長野県諏訪　大分県大分郡・大野郡 ***こん** 香川県高松

くろ【黒】

くろい【黒】 ***しゃぐろい** 静岡県榛原郡 ***うどぐろい**（すすけて黒い。どす黒い）島根県隠岐島「顔がうどぐろい」 ***うどぐろか**（すすけて黒い。どす黒い）長崎県南高来郡 ***おどぐろい**（すすけて黒い。どす黒い）島根県益田市 ***じじぐろい**（薄汚く黒い）大阪市　奈良県「じじぐろい顔して見られたものでない」・宇陀郡

くろう【苦労】 ***ういむじ** 高知県 ***ういもじ** 岐阜県飛騨「どうもういもじ知らずで」 ***うんじかんじ** 新潟県佐渡「あの人は　うんじかんじがないから、若いものの面倒など見いえるもんじゃーねえ」 ***おーきなこと** 長崎県壱岐島「洗るう炊えち食んがおーぎなこった」 ***おーくろー**（大変な苦労。尊敬語）島根県石見「先日はおーくろーを頼みましてなー」 ***おたいぎ**（他人の骨折りをねぎらう言葉として用いることが多い）新潟県岩船郡　島根県「今日は大層おたえぎでした」 ***くでん** 香川県「何のくでんもなしにでけた」 ***こーげぁ** 秋田県平鹿郡 ***こっちまー** 静岡県 ***じこく** 高知県「あなたはもーじこくをせえでも楽に暮したらええぢゃないか」・高知市「じこくでじこくで夜もねれません」 ***しんくるめ**（大変な苦労）富山県砺波「しんくるめに逢う」 ***しんつー** 山口県都濃郡「そねー（そんなに）しんつーせても（苦労しても）」 ***しんど** 大阪市「えらいしんどさしてすんまへんなぁ（ひどく苦労をさせてすみませんね）」 奈良県吉野郡　広島県比婆郡「あつーてしんどがんしたろー」 長崎県北松浦郡・長崎市　鹿児島県肝属郡「ごしんどなことじゃ」「ごしんどさま（労をねぎらう挨拶の語）」 ***しんどー** 長崎県長崎市・壱岐島「ごしんどうかけました」 熊本県天草郡　大分県大野郡「ごしんどーでございました」 鹿児島県沖永良部島 ***しんどーい・しんどいー** 島根県石見「あんまり働あたけーしんどいー」 ***しんの** 長野県更級郡・北安曇郡 ***しんのー** 山形県東置賜郡・米沢市「ごしんのーなさった物を頂戴して」 ***しんぱい** 鹿児島県上甑島「川内まで行って来てしんぱいやったどうがな」「しんぱいさま（御苦労様）」 ***せっちょ** 青森県南部　岩手県・紫波郡　秋田県鹿角郡「道が悪くてせっちょして来た」 ***せっちょー** 岩手県九戸郡・下閉伊郡 ***せわ** 新潟県佐渡「せわだが一つたのむ」 愛知県知多郡　奈良県吉野郡　三重県志摩郡　京都市　和歌山県　島根県 ***せわくそ** 愛知県知多郡 ***せんど** 岐阜県揖斐郡・養老郡　滋賀県・彦根「せんどさん（御苦労さん）」 ***たいそ** 新潟県佐渡「きょうはてえそだったのう」 富山県砺波「たいそやれど（だけど）行ってきてくれ」 石川県輪島市「また来てくされ、てぁーそでも」 ***たいそー** 新潟県佐渡「昔の者（もな）てゃーそーして不味（まーじ）もん食うてゃあかせぐ一方」・中頸城郡「荷が重くてたえそーだ」 富山県氷見市「こめかったたいそーすらんもんじゃけに（米をついた苦労を知らないもんだから）」 兵庫県加古郡「たいそおごと（非常に厄介な事）」 徳島県 ***てーそー** 沖縄県首里「年取って歩くのがてーそーだ」 ***へっちょ** 青森県南部　岩手県岩手郡 ***へっちょー** 岩手県九戸郡 ***へじなみ** 青森県津軽「他人に使われてへじなみしなければ、人の苦しさが分かるもんでない」 ***ほねおり** 大分県北海部郡・玖珠郡「ほねおりじゃ（心配だ）」 ***んにじーら**（「しーら」は災難、苦労の意。精神的な苦労）沖縄県首里

□**をする** ***あずる** 兵庫県神戸市・淡路島「あの児の腕白には母親もあずってゐる」 島根県　岡山県　広島県　山口県　徳島県　香川県　愛媛県　高知県・土佐郡 ***あたまがやねる** 高知県土佐郡・高知市「そんな面倒な事は頭がやねる」 ***うざにはく** 宮城県「毎日毎日うざにはいてよーやっと生きておりしてがすお」 ***うざねはく** 岩手県「うざねはえで山を越えた」 宮城県栗原

郡・牡鹿郡　秋田県鹿角郡　山形市　*うざねをはく 岩手県下閉伊郡　*うじゃねとる 青森県上北郡　*うじゃねはく 青森県上北郡・三戸郡「雪が降って、歩いて来るのにうじゃねはえだ」　秋田県鹿角郡・北秋田郡　*うちゃねはく・うちゃはく 秋田県鹿角郡　*うんざにはく 宮城県北部　*おざねはく 岩手県胆沢郡　*おじゃねーとる 岩手県九戸郡　*かんぼーたおす 徳島県「私もあの子にはかんぼうたおしました」　*くーみる 青森県　*ぐーみる 長崎市　熊本県玉名郡「子ん為ぐー見る」　*くみる 青森県「死んだげくみではだらえでも(死ぬほど苦労して働いても)、なんねもななえ」　*くをみる 青森県　大分県　*ごせやく 富山県砺波　*ごっちょきる 神奈川県藤沢市「ごっちょきって草を苅る」　*しまう 岡山県児島郡「うちじゃああの子だけに腹しもーとんじゃ」　*しんめこく 山形県庄内「やっとしんめこひでしめだ(捕らえた)」　*すたこく(骨が折れて苦労する) 愛知県「小さい半身像だが、肝心の顔が似んのですたこいとる」　*つみをつくる 北海道増毛郡・函館　青森県上北郡　秋田県鹿角郡「道が悪くて、なんぼかつみつくって御出やったか」　*ひずこく 長野県下伊那郡・上伊那郡「ひずばかこいて、ちっともはかがいかねーよ」　*ひずをよる 茨城県猿島郡　東京都八王子　神奈川県津久井郡　長野県諏訪「この仕事ではひづをよった」　*やねる 高知県土佐郡・高知市「そんな面倒なことは頭がやねる」

□をすること　*きもつくし 青森県津軽　*くがら 青森県津軽「かえっておやのくがらねなるばえだであ(かえって親の苦労の種がふえるばかりだ)」　*こっぱい 宮城県加美郡　千葉県香取郡「こっぱいめえさらった(苦労の多い目にあった)」　福井県大野郡　長野県諏訪　岐阜県「えらい大こっぱいじゃったなあ」　愛知県北設楽郡「長い事こっぱいした」　*こっぴ 茨城県猿島郡「こっぴたれる(困苦する)」　*せーうく 三重県志摩郡

□をするさま　*くげん 茨城県久慈郡・猿島郡　群馬県勢多郡　千葉県「くげんになった」　神奈川県　*こっぱい 宮城県加美郡　千葉県香取郡「こっぱいめえさらった(苦労の多い目にあった)」　福井県大野郡　長野県諏訪　岐阜県「えらい大こっぱいじゃったなあ」　愛知県北設楽郡「長い事こっぱいした」　*こっぴ 茨城県猿島郡「こっぴたれる(困苦する)」

ぐろう【愚弄】

*へちくり 千葉県上総

→ちょうろう(嘲弄)

□する　*えぞーかす 岡山県　広島県　*えぞかす・えぞわかす 岡山県　*えどーかす 広島県福山市　*おちょくる 大阪市　兵庫県　奈良県「あいつおちょくりよんね」　和歌山県　岡山県児島郡　徳島県　香川県　愛媛県　高知県安芸郡　*おっちょくる 新潟県東蒲原郡　*おっひやかす 茨城県稲敷郡　*おっぽかす 栃木県　群馬県館林　*おひゃらかす 山形県東部　福島県石城郡・東白川郡「ひと、馬鹿だと思っておひゃらがすな」　茨城県南部　栃木県　群馬県佐波郡　埼玉県秩父郡・入間郡　神奈川県津久井郡　新潟県東蒲原郡・西蒲原郡　山梨県　長野県　岐阜県可児郡・恵那郡　静岡県・島田市・磐田郡　愛知県　*おひやる 東京　山梨県　*おひょーる 福島県石城郡　*おひらかす 長野県諏訪　愛知県三河　*おへらかす 山形県東北部　*げんざみる・げんざめる 長崎県対馬「彼は何かいーかち(よいかと)おもーてえらそーに構えて常に人をげんざみて居る」　*こけにする 茨城県稲敷郡　埼玉県入間郡　東京都八王子　神奈川県　石川県　静岡県志太郡・島田市　*ちゃーふー 長崎県対馬「ちゃあふうにする」　*ちゃつる 鳥取県西伯郡　*ちゅーす 山形県東田川郡　*ちゅぐる 青森県津軽　*ちょーかす 和歌山県伊都郡　*ちょーがす 石川県能美郡　岐阜県飛騨　*ちょーくらかす 福岡県八女郡・福岡市　長崎県対馬　*ちょーくる 香川県仲多度郡　*ちょーぐる 山形県米沢市　*ちょーす 岩手県九戸郡　秋田県仙北郡　山形県　茨城県　千葉県安房郡　東京都大島　新潟県三島郡・刈羽郡　山梨県・南巨摩郡　*ちょーらかす 長野県上伊那郡　愛知県　三重県志摩郡　大阪府　兵庫県加古郡　島根県　山口県　*ちょーらがす 石川県珠洲郡　島根県　*ちょーろがす 山形県米沢市　岡山県　*ちょかす 山形県東村山郡　長野県東筑摩郡・上伊那郡　兵庫県淡路島　和歌山県　*ちょぎらかす 高知市「あの人は子供をちょぎらかして困る」　*ちょくい 鹿児島県揖宿郡　*ちょくずる 山形県東置賜郡　*ちょくらかす 青森県三戸郡　長崎県南高来郡　熊本県玉名郡・天草郡　鹿児島県　*ちょくる 青森県　岩手県上閉伊郡　山形県東村山郡・米沢市　福島県会津・北会津郡　新潟県三島郡・長岡市　岐阜県飛騨　香川県　鹿児島県　*ちょけらかす 三重県南牟婁郡　*ちょす 青森県津軽・上北郡　秋田県　山形県庄内・鶴岡　*ちょやかす 熊本県　*ちょらかす 福島県耶麻郡　三重県志摩郡　滋賀県　和歌山県　*ちょらがす 山形県東村山郡・飽海郡　*ちょろかす 宮城県栗原郡・加美郡・遠田郡　新潟県　滋賀県神崎郡　兵庫県淡路島　*ちょろがす 宮城県登米郡・玉造郡・石巻　秋田県平鹿郡　山形県　富山県砺波　広島県比婆郡　*ちょんぎらかす 高知県　*つばえる 広島県　*つばやかす 島根県　*つます 岩手県気仙郡　宮城県栗原郡　*つんまわす 宮城県仙台市　*とぼえる 山形県　*べこにする 高知県　*べこのかーにする 高知県「そんな事言うてべこのかーにするものでない」　*よせらかす 京都府竹野郡「あのさかの色のよくない鶏がよせらかされている」・与謝郡　*よぞーかす 岡山県阿哲郡・岡山市「あんまりよぞーかして泣かすと仕末におえん」 *よぞかす 岡山県苫田郡「こっちゃ本気な話じゃけえそねえよぞかしちゃあいけん」 *よぞわかす 岡山市 *わやくる 岡山県児島郡「あの奴はこの年よりをわやくりゃーがる」 香川県 高知県「あの人はわやくるきにいかん」

→「ばか(馬鹿)」の子見出し、「馬鹿にする」

くわ【桑】 *いたぐり(葉の薄く広いクワ)広島県安芸郡 *かーだけ 岩手県九戸郡 *かこ・かこくわ 青森県三戸郡 *かべ 東京都一部 *こんぎ 沖縄県石垣島 *たぐわ(田の土手に植えておくクワ) 群馬県勢多郡 *つけぐわ(自生のヤマグワに対して栽培したクワ) 青森県三戸郡 *とーぐわ(葉の大きなクワ) 広島県芦品郡 *どんどろぎ 愛媛県大三島 *むらさきかこのき 青森県三戸郡

□の実 ⇩くわのみ(桑実)

くわ【鍬】 *かだいかしら 青森県三戸郡 *からすき 和歌山県伊都郡・日高郡 *かんがら 岩手県気仙郡 長野県 *かんだい 青森県南部 *くわーがら 長野県上田 *くわがら 新潟県中頸城郡 長野県 *くわでやかしら 秋田県仙北郡 *くわんだい 青森県南部 *こい 鹿児島県沖永良部島 *こいち 鹿児島県与論島 *さくりぐわ 栃木県 *さくりっか 山梨県南巨摩郡 *じほり(大形の鍬) 徳島県美馬郡 *どぅちむん 鹿児島県奄美大島 *ぱい 沖縄県黒島・竹富島 *ぱがい 沖縄県与那国島 *ばち 兵庫県赤穂郡(唐ぐわ) 香川県豊島(土木用の大形のもの) *ばちくわ 岡山県児島郡 *ふぁーい 沖縄県新城島 *ぺー 沖縄県波照間島 *もーずえ 宮崎県東諸県郡 *もった 青森県南部 岩手県九戸郡

→とうぐわ(唐鍬)

小さい□ *ちょんが・ちょろんが 大阪府泉北郡 *ちょんちょん・ちょんちょんぐわ 静岡県志太郡 *ちょんなんが 和歌山県(小さい唐鍬)

三つ爪の□ *あひ(家鴨の足の形に見立てて) 山口県豊浦郡 *かぎぐわ 愛知県知多郡 *くまで 富山県西礪波郡 島根県仁多郡・石見 山口県大島 *くまんぐわ・くまんが 香川県仲多度郡 *こまざら 愛媛県大三島 *こまざらい・こまざらえ 香川県 *さんぼんあし 奈良県生駒郡 *さんぼんぐわ 栃木県 埼玉県北葛飾郡 *さんぼんこ 山形県西置賜郡 兵庫県赤穂郡 *さんぼんずめ 兵庫県赤穂郡 島根県隠岐島 香川県小豆島 *さんぼんまんが 栃木県 *たくわ 岡山県邑久郡 *ふろぐわ 岡山県小田郡 *まぐわ 栃木県 神奈川県中郡 *またぐわ 広島県芦品郡・高田郡 高知県土佐郡 *まのくわ 岐阜県飛驒 *まんが 大阪府泉北郡 *まんのー 栃木県 群馬県勢多郡 埼玉県北葛飾郡 神奈川県 岐阜県郡上郡 島根県那賀郡・邑智郡 *まんのーぐわ 島根県石見・隠岐島 *まんのが 長野県上伊那郡 *まんのんが(草取り用)兵庫県加古郡 *みつくまで 香川県・小豆島 *みつご 長野県佐久 三重県飯南郡 兵庫県赤穂郡 島根県簸川郡・出雲市 岡山県苫田郡 香川県綾歌郡・仲多度郡 *みっつぐわ 富山県西礪波郡 *みつめ 香川県仲多度郡 *みつんが 香川県大川郡・小豆島

くわだてる【企】 *ぐばる 岩手県気仙郡 宮城県登米郡 *たくなむ 新潟県佐渡 島根県石見 山口県大島 徳島県美馬郡 香川県高松市・高見島 高知県 *たくぬん 沖縄県首里 *たくばる 岩手県気仙郡 *たくむ 新潟県佐渡 岐阜県高山市・郡上郡「どれ、おれがんまいこと(じょうずに)たくんでやるね、まかせなれよ(まかせなさい)」 *はだてる 青森県三戸郡 新潟県佐渡 富山県・砺波 長野県下伊那郡 岐阜県吉城郡 三重県志摩郡 徳島県・三好郡 高知県 *はだつる 大分県東国東郡 *はなゆる 大分県東国東郡 *よだち(企てること) 大分県南海部郡

くわのみ【桑実】 *いちご 島根県鹿足郡 山口県玖珂郡 大分県大分郡 *うずら 静岡県周智郡・磐田郡 *うずらみ 静岡県磐田郡・浜名郡 *かご 岩手県南部 秋田県平鹿郡 山形県 新潟県東蒲原郡 *かばら 千葉県山武郡 *かみず 山梨県 長野県北安曇郡 *かめんちょー 神奈川県足柄下郡 *かめんど・かめんどー 神奈川県 *かんご 新潟県北蒲原郡 *かんつば 富山県砺波 *ぐはご 山形県 *くまめ 兵庫県美方郡 *ぐみ 長野県諏訪 *くろずみ 静岡県小笠郡 *くろんぼ 栃木県佐野市 島根県簸川郡・出雲市 大分市 *くわいちご 岩手県九戸郡 神奈川県足柄下郡・中郡 新潟県 長野県上伊那郡 岐阜県飛騨 静岡県 愛知県豊橋 三重県伊賀 京都府 兵庫県揖保郡 奈良県南大和 和歌山県日高郡 島根県 広島県 山口県 徳島県美馬郡 香川県綾歌郡 愛媛県弓削島 福岡県築上郡 大分県 *くわぐみ 茨城県那珂郡 栃木県 長野県 長崎県壱岐島 *くわぐり 徳島県 *くわご 宮城県仙台市 秋田県 山形県 福島県 栃木県塩谷郡・那須郡 新潟県新発田市・東蒲原郡 *くわさご 愛媛県今治市・周桑郡 *くわずみ 長野県 *くわっこ 福島県西白河郡 *くわつば・くわつばみ・くわつばん 富山県砺波 *くわどどめ 神奈川県 *くわどめ 神奈川県足柄上郡 *くわのみいちご 島根県大原郡 *くわのみず 岐阜県恵那郡 *くわのめど 静岡県駿東郡 *くわのもも 三重県志摩郡 *くわふぐり 徳島県 大分県大分郡 *くわみず 新潟県中頸城郡 富山市近在 長野県佐久 静岡県志太郡 *くわめず 長野県諏訪 *くわめど 神奈川県足柄下郡 長野県南佐久郡 静岡県駿東郡 *くわもも 島根県 愛媛県 *くわんこ 新潟県 *こはご 山形県西置賜郡 *さし 鹿児島県硫黄島 *しまめ 兵庫県美方郡 *しゃじ 鹿児島県口之永良部島 *ずなみ 長野県下伊那郡 静岡県磐田郡 *ずまみ 石川県鹿島郡 *ずみ 長野県 *つかんべ 石川県江沼郡 *つなび 岐阜県 *つなみ 長野県上伊那郡 岐阜県大垣市 *つなめ 岐阜市 *つばみ 富山県婦負郡・砺波

石川県鹿島郡・能美郡　福井県　*つばめ 富山県東礪波郡　石川県河北郡・能美郡　福井県　滋賀県坂田郡　*つばん 富山県砺波　*つまみ 石川県　岐阜県岐阜市・大垣市　愛知県尾張　*つまめ 石川県金沢　福井県・敦賀郡　岐阜市　*どっとめ 栃木県　*どどのみ 栃木県那須郡　*どどのめ 栃木県大田原市　*どどみ 栃木県　広島県走島　*どどめ 茨城県猿島郡　*どどめ 栃木県　群馬県　埼玉県　千葉県山武郡　東京都南多摩郡・八王子　神奈川県　長野県上田・佐久　*どどんめ 栃木県・上都賀郡　*どろみ 和歌山県伊都郡　*なーじ 沖縄県石垣島　*なにつぃ 沖縄県竹富島　*なねーじ(「七回実を結ぶ」意という) 沖縄県石垣島　*なろーさー・なーろーさー 鹿児島県喜界島　*なんついー 沖縄県与那国島　*なんでーしー 沖縄県首里　*ひなび 福井県大飯郡　京都府竹野郡・中郡　*ひなべ 兵庫県豊岡市・出石郡　*ひなみ 福井県遠敷郡　*ひなめ 兵庫県城崎郡　*ふなび 京都府　*ふなべ 兵庫県養父郡　*ふなみ 鳥取県気高郡　*ふなめ 京都府　兵庫県　*めぞ・めど・みぞ・みど・めず・みず 長野県

け【毛】　*けし 和歌山県日高郡　*けぶ 岩手県気仙郡　宮城県登米郡　*けぶく 福島県田村郡　*けぶっこ 岩手県気仙郡　*けぼんぼ 栃木県安蘇郡・上都賀郡「里芋にはけぼんぼがいっぱいある」　*けんけ(幼児語) 長野県東筑摩郡・下伊那郡　静岡県　*けんつ 長野県諏訪・東筑摩郡　*けんぷこ 岩手県気仙郡

けいき【景気】　*きやえ 島根県出雲　*きわい 香川県仲多度郡「きわいがええ」

□**がよくなる**　*いきつく 青森県津軽

□**をつける**　*にやかす 長野県上田「あの男、一人でにやかして居た」

げいぎ【芸妓】　⇩げいしゃ(芸者)

けいこ【稽古】　*けーこずつ(「けーこごと(稽古事)」の転か) 熊本県下益城郡　*てどならい(裁縫の稽古) 岩手県気仙郡　宮城県栗原郡　*ならし 愛知県知多郡　島根県「運動会のならしをする」　徳島県　高知県　鹿児島県

けいさつかん【警察官】　⇩じゅんさ(巡査)

けいさん【計算】　*さんじょー 奈良県　*さんと 島根県出雲・隠岐島「こうじゃ親方、さんとねだぇ、なんだえなぁしまへんがな(これじゃ親方、計算にも何もなりませんよ)」　熊本県玉名郡「さんとに立つ(そろばんに乗る)」　*さんとぅい 沖縄県首里　*さんとー 新潟県佐渡「なかなかさんとうがよい」　鳥取市「さんとうに合はぬ(採算が取れない)」　島根県出雲・隠岐島　*さんとーずくめ・さんとずくめ(収支の計算) 島根県　*さんにゅー 広島県高田郡　大分県直入郡　*さんにょ 富山県砺波　福井県敦賀郡　岐阜県飛騨「さんにょしてみたが、どっちみち損じゃ」　香川県　熊本県玉名郡　*さんにょー 山形県東置賜郡　岐阜県羽島郡　三重県度会郡　滋賀県彦根　京都市　大阪市　鳥取県気高郡・岩美郡　岡山県苫田郡　広島県高田郡　徳島県西部　愛媛県越智郡　福岡市　鹿児島県喜界島　*さんにょーずくめ(収支の計算) 島根県益田市　*さんにょーめ 岡山県苫田郡「こんなに飼料が高うなっちゃ、養鶏もさんにょーめがあわんよーなった」　*さんみん 鹿児島県喜界島　沖縄県首里「さんみんぬ　ならん(多過ぎて数えきれない)」・石垣島「さんみんしん(計算する)」　*さんよ 香川県　*さんよー 岡山県児島郡「さんよーがあわん」　香川県　*はんごー 島根県益田市　*よみ 福岡市「よみが合わん」

げいしゃ【芸者】　*おいらん 広島県高田郡　*おっぺ 福井県　*おっぺー 福井県　*だぶ 秋田県鹿角郡・北秋田郡　*だんぶ 秋田県鹿角郡　*でてひめ 大阪市　*ででひめ 香川県仲多度郡　*ねこ 新潟県佐渡　愛知県碧海郡　兵庫県但馬　奈良県吉野郡　鳥取県西伯郡　広島県　*ひめ 徳島県美馬郡　香川県　*まいこ 熊本県天草郡

けいそつ【軽率】　*あさがら 香川県伊吹島　*あぜはしる 富山県　*あらつか 岡山県岡山市「あらつかな数へ方をするから数が間違ふ」・小田郡　*うかそか 長崎県対馬「何の考へもなしにうかそかした事は言へぬ」　*うかつか 新潟県佐渡　*うかっとぅ・うかいとぅ 沖縄県首里　*うかっとぅさ(動詞は「うかっとぅしん」) 沖縄県石垣島　*うかっとぅし 沖縄県石垣島　*うちょーてん 新潟県佐渡「うちょうてんの仕事はするな」　*うちょーほー 沖縄県首里　*うっかず 秋田県雄勝郡　*うわずり 島根県「少しうわずりな所がある」　*おへー 岡山県児島郡「あがなおへーに金の計算やこーさしたらおえるかー」　*がさがさ(落ち着きがなくて軽率なさま。またその人) 栃木県　千葉県長生郡　和歌山県　島根県「がさがせず落付いとれ」　徳島県　香川県　*がざがざ(落ち着きがなくて軽率なさま。

またその人）徳島県　香川県高松市・仲多度郡　高知県　*かす 石川県能美郡　*かりやす 新潟県佐渡「かりやすなことを言うな」　*きんぱ・きんぱこ 青森県津軽　*きんぴら 鳥取県　福岡県粕屋郡　*こでやすげ 石川県珠洲郡　*さつあいなし 茨城県西茨城郡　栃木県芳賀郡　*さっさくさ 茨城県猿島郡　静岡県志太郡　*さっさくさー 静岡県「さっさくさーな人だ」・小笠郡「あの人は何をやってもさっさくさーだ」・磐田郡　*そさーくさ 島根県仁多郡　*そさくさ 島根県　*そそくさ 鳥取市「そそくさな人（軽率な人）」　島根県「どうもそそくさをして済みません」「この子はそそくさな子だ」　*そそっくさ 長野県下水内郡　*そっきょー 島根県鹿足郡「あの人はそっきょーな人じゃ」　山口県豊浦郡「そっきょー者」・大島　*ちゃっぱ 山形県東村山郡　新潟県西頸城郡（よけいなことを言う者）　*ちゃわ 石川県珠洲郡　*ちょーちょら 岐阜県飛驒郡　*ちょじょら 栃木県河内郡　*ちょちかー 千葉県海上郡　*ちょちょら 茨城県北相馬郡　栃木県　群馬県佐波郡　新潟県「ものを引受けるにちょちょらであってはならない」　*ちょちょらっけ・ちょちょらっか 栃木県　*ちょっぺ 栃木県芳賀郡　*ちょべこべ 埼玉県北足立郡　*ちょろから 山形県「ちょろからて、うるさい」　福島県「ちょろからしる（そわそわする）」　*どーけ 島根県隠岐島「あの人はどーけな人だ」　*どそど 兵庫県淡路島「宿替をして嚊を忘れて行たなどと、そんなとそどな事があるもんかい」　*どそんぞく 岡山市　*どそんど 高知県「そんなとそんどーな事をすると怪我をするぞよ」　*とっぴすっか 茨城県東茨城郡　大分県大野郡　*とばかす 福井県　*とばさく 香川県綾歌郡　*とばし 滋賀県　*とはず 山梨県　長野県下伊那郡「太郎はとはづな奴だ」　*とばす 群馬県碓氷郡　埼玉県秩父郡　*どばずき 鹿児島県肝属郡　*どばすけ 岡山県児島郡　徳島県　香川県　*とんぴん 福岡市　長崎市　*ぱく 岡山県児島郡　*ひくひく 岩手県気仙郡・平泉　宮城県仙台市「あいつはひくひくして、何事にもすぐ手を出す」　*ひぐひぐ 岩手県気仙郡　*びくびく 山形県西置賜郡・東田川郡　*ひょいきん 静岡県榛原郡　*ひょーきん 長崎県五島　*ひょーたんげ 広島県倉橋島　*ひょろきん 長崎県五島　*ほーやく 高知県　*ませなぎ 新潟県北蒲原郡　*わがさ 広島県比婆郡「わがさな子だ」　*わずり 島根県隠岐島

↓おっちょこちょい・かるはずみ（軽―）・そそっかしい

□だ　*あざこない 宮城県栗原郡　*かさぺない 秋田県「かさぺねぁ人だ」　*かそべない・かとべない 山形県東村山郡　*かそぺない 山形県庄内　*かちゃばない 山形県東村山郡　*かちゃぺない 青森県「落ち付かないかちゃぺね娘こだ」　秋田県山本郡　*かちょぺない 青森県　山形県東村山郡・庄内　*かっつぉべない 山形県東田川郡・鶴岡　*さくい（ものごとを引き受けるのに軽率だ）島根県大田市・仁多郡　*さくー（ものごとを引き受けるのに軽率だ）島根県八束郡・仁多郡　*さっつぁましー 栃木県宇都宮市・河内郡　*しょーばんさーん 沖縄県石垣島　*そこはいー 高知県長岡郡　*そそくさい 山形県米沢市　大阪市　兵庫県美嚢郡・神戸市　和歌山県伊都郡　*そそくさしー 島根県石見「内の子はそそくさしー」　*そそっぱい 島根県出雲市・隠岐島　*そそっぱしー 島根県出雲「随分そそっぱしぃ人も居れば居るもんだ」　*そそっぺかしー 和歌山県海草郡　*そそはい 徳島県「うちの子はどうもそそはいので困る」　香川県大川郡・仲多度郡　*そそはいー 徳島県　香川県大川郡・仲多度郡　*そっそらばやい 石川県江沼郡　*ちょーちょーしー 滋賀県蒲生郡　*ちょっぺ 栃木県芳賀郡

□な人　*あたまかつぎ 愛媛県　*うこつき 新潟県佐渡　*おちゃか 滋賀県彦根　*おへー 岡山県児島郡「あがなおへーに金の計算やこーさしたらおえるかー」　*かんぽこぜー 宮崎県西臼杵郡　*きょーそく 新潟県中頸城郡　*きょす 長崎県対馬　*きょそ 新潟県中頸城郡　山口県大島　*きょそきょそー 島根県石見　*きょつ・きょつま 富山県西礪波郡　*きょと 富山県砺波　*きょとさく 香川県大川郡　*きょとすけ 兵庫県赤穂郡　*きょろ 京都市　和歌山市　香川県高見島　*きょろさい 香川県伊吹島　*きょろさく 愛媛県　*きょろすけ 三重県名賀郡　*きょろたえ・きょろたえもん・きょろまつ 愛媛県松山市　*きょろたき 和歌山県日高郡　*きょろつき 新潟県上越　和歌山県　*きょんきょん 島根県鹿足郡「またきょんきょんが来た」　*きんぱ・きんぱこ 青森県津軽　*きんぴら 鳥取県　福岡県粕屋郡　*けそ 島根県石見　長崎県対馬　*けそけそ 島根県石見・隠岐島　*すかたん 奈良県　*すってんからくり 長崎県北松浦郡「あれはすってんからくりじゃもん」　*そか 兵庫県明石市　*ぞか 富山県砺波　*そそくさもん 島根県「そそくさもんで仕様がなえ」　*そそらく 千葉県市原郡　*そそらくもの 千葉県　*ちゃっぱ 山形県東村山郡　新潟県西頸城郡　*ちゃんぽらかす 滋賀県彦根　*ちゅーかん 大分県　*ちゅーら 大分県南海部郡　*ちょーすけ 滋賀県蒲生郡　*ちょーちょら 岐阜県飛驒　*ちょじょら 栃木県河内郡　*ちょちょくさ・ちょちょくさもん 島根県「ちょちょくさだけん忘れる」「ちょちょくさもんで仕方がなー」　*ちょちょら 茨城県北相馬郡　栃木県　群馬県佐波郡　新潟県　*ちょちょらっけ・ちょちょらっか 栃木県　*ちょっかいもん 島根県隠岐島　*ちょっぱいもん 島根県　*ちょらい 千葉県夷隅郡「このちょらいが」　*つりあがり 大分県西国東郡　*つりんぼ 大分県西国東郡　*とぐらひょー 宮崎県延岡市　*とっとこ 新潟県佐渡　*とっぱ 兵庫県加古郡　奈良県　徳

島県　長崎県対馬　熊本県玉名郡・芦北郡　大分県 *とっぱー 岡山県苫田郡・玉野市 *とっぱごろ 宮崎県西臼杵郡 *とっぱす 熊本県八代郡・下益城郡 *とっぱすけ 鳥取県東部 *とっぱのとびすけ 兵庫県加古郡 *とっぱんすけ 山口県大島 *とっぴょーす 大分県日田郡 *とっぴょす 佐賀県　宮崎県西臼杵郡・東諸県郡 *とっぽー 鳥取県 *とばかす 福井県 *とばさく 香川県綾歌郡 *とばし 滋賀県 *とはず 山梨県　長野県下伊那郡「太郎はとはづな奴だ」 *とばす 群馬県碓氷郡　埼玉県秩父郡 *どばずき 鹿児島県肝属郡 *とばすけ 岡山県児島郡　徳島県　香川県 *とんきょーさく 島根県鹿足郡　山口県 *とんきょーまち 島根県大原郡・能義郡 *とんきょまち 島根県能義郡 *とんきょろさ 和歌山県那賀郡 *とんきろ 宮崎県東臼杵郡 *とんこ 新潟県 *とんてき 青森県津軽　秋田県平鹿郡　山形県鶴岡　山梨県　長野県下伊那郡「とんてきで困る」 *とんてつ 新潟県佐渡「あのしたぁとんてつだ」 *とんとき 新潟県 *とんときもの 新潟県 *とんとけ 青森県「あのとんとげぁまあ、まんだ、べんと(弁当)わすえでえたね」 *とんとこ 新潟県佐渡 *とんば 茨城県稲敷郡　徳島県 *とんぱ 千葉県山武郡 *とんびくりん・とんびくれん 茨城県新治郡 *とんぴくりん 茨城県稲敷郡　山梨県中巨摩郡 *とんぴょーさく 山口県大島 *とんぴょくりん 茨城県稲敷郡　山梨県 *とんぴょくれん・とんぴょこれ・とんぴくれん・とんぴこりん 茨城県稲敷郡 *とんぴん 佐賀県　長崎県北松浦郡 *とんぴんかん 長崎県 *のぼせもの 福岡市　長崎県北松浦郡 *ぱく 岡山県児島郡 *はんじゃれ 新潟県佐渡 *ひょいきんぼー 静岡県榛原郡 *ひょーかん 大分県大分郡 *ひょーかんすけ 大分県西国東郡 *ひょーきんだま 岡山県児島郡 *ひょーきんもの 千葉県夷隅郡 *ひょーろく 岡山県苫田郡 *ひょーろくだま 大分県 *ひょこつき 新潟県佐渡　滋賀県彦根　大阪市 *ひょっとこなんきん 滋賀県彦根 *ひょろくだま 宮崎県東臼杵郡 *ひょんきん 静岡県磐田郡 *へそつき 長野県下水内郡

けいひ【経費】 *いりつく 香川県仲多度郡 *つぃかいふぁ 沖縄県石垣島

→ひよう（費用）

□が掛かる *でがはしる 島根県那賀郡「造作はしたがなんとでがはしること」 *かかりする 山形県北村山郡「じぇねもたんとはえっけど、かがりする(銭もたくさん入るけれど経費もずいぶん掛かる)」 *なりあがる 新潟県佐渡「佐渡からでは運賃になりあがってそろばんが持てん」 富山県砺波「給料もでかけれど身仕度になりあがる」

諸□ *ぞーひょ 愛媛県 *ぞーゆー 長崎県伊王島 *ぞーよ 山形県西置賜郡・北村山郡　新潟県　富山県砺波　岐阜県吉城郡・郡上郡　和歌山県「ぞーよがいり過ぎる」 島根県出雲　広島県高田郡　徳島県　香川県　高知県中村市「あのたてものはだいぶぞーよをいれちょる」 福岡県三井郡 *ぞーよー 新潟県佐渡「ぞうようがかってこまる」 富山県　岐阜県吉城郡　三重県志摩郡　滋賀県彦根　京都市　大阪市　島根県　広島県佐伯郡・高田郡　徳島県　香川県　愛媛県・松山「旅はぞーよーがかかる」 長崎県伊王島　大分県 *ぞゆ 鹿児島県 *ぞよ 山形県「何処さ行くってもぞよばりかかって困る」 奈良県南大和「ぞよだおれ」 熊本県芦北郡・八代郡 *ぞよー 香川県小豆島 *どーよー 島根県石見　大分県 *どよー 兵庫県加古郡 *ろーひょー 高知県長岡郡

けいれん【痙攣】 *かたかい(肩や背の痙攣) 島根県那賀郡 *かたがい(肩や背の痙攣) 島根県美濃郡・益田市 *きょーふ 山形県東置賜郡・西置賜郡 *くんだあがやー(「くんだ」は「ふくらはぎ」の意。ふくらはぎの痙攣) 沖縄県首里 *すばこ(手首の痛みや痙攣) 岐阜県飛騨「男のすばこは、女の末子に元結で結んで貰うと治る」・郡上郡 *ひきつり 山形県米沢市「ひきつりがくる」

□すること *からすがえり(足首やアキレス腱が痙攣すること) 新潟県佐渡 *からすかえり 新潟県 *からすなえり・からしなえ 愛知県名古屋市 *けんびき(まぶたや肩などの筋肉が痙攣すること) 島根県石見　山口県阿武郡・長門 *にんじー(まぶたが痙攣すること) 岐阜県飛騨「にんじーがかかる」 *にんじん 香川県三豊郡 *めちゅぶ(「目中風」か。まぶたが痙攣すること) 奈良県南大和

けが【怪我】 *あまえじ 青森県津軽 *あめんじ 青森県津軽 *あやまち 青森県　岩手県　宮城県玉造郡・遠田郡　秋田県　山形県　福島県　群馬県佐波郡　埼玉県秩父郡　新潟県　富山県　石川県　長野県　岐阜県　静岡県　愛知県　三重県　和歌山県日高郡　鳥取県西伯郡　島根県　岡山県　高知市　福岡県　佐賀県　長崎県南高来郡・伊王島 *いた(幼児語) 島根県石見「坊や、いたはどんな」 山口県豊浦郡 *いたいいたい(幼児語) 青森県三戸郡 *いたいた(幼児語) 富山県　兵庫県加古郡　岡山県　徳島県 *いたまち 富山県「いたまちする」・砺波 *おーいた 茨城県北相馬郡 *しずくない 富山県東礪波郡「しずくないさっさった(けがなさった)」 *しぞくない 長野県南佐久郡 *やーまち 静岡県庵原郡　島根県隠岐島　佐賀県　長崎県　宮崎県西臼杵郡 *やまず 秋田県平鹿郡・雄勝郡 *やまち 島根県隠岐島　佐賀県藤津郡　長崎県南高来郡　熊本県玉名郡・天草郡 *やまつ 長崎県南高来郡

→きず（傷）①

□をする *あいまつ(「あやまつ」の転) 新潟県中頸城郡「みちばたでころんであいまちた」 *ど

ぅーやましん(「胴痛ます」の意。名詞は「どぅーやまし」) 沖縄県石垣島 *どぅーやますん 沖縄県竹富島・鳩間島 *ぶつ 岐阜県東部 静岡県・小笠郡「つまづいて足をぶった」

けがらわしい【汚】 *あたけない 岡山県 *いらめしー 福岡市 *うやっかしー 茨城県猿島郡 *うやない 富山県東礪波郡 *うらめしー 東京都利島 福岡県 熊本県阿蘇郡 大分県日田郡・玖珠郡 *うんざい 静岡県 *えそわしー・えっさしー 長野県南高来郡 *ざまくい 香川県 *じゃまくい 香川県丸亀市 *しゃらきたない 山梨県 長野県 静岡県「なぜこうしゃらきたないのか」 *しゃらっきたない 長野県諏訪 *はごーぎさん 沖縄県首里 *ぱごーさい・ぱおーさい 鹿児島県喜界島 *はごーさん 沖縄県首里 *ぱごさ 沖縄県国頭郡 *よそばしー 佐賀県藤津郡 *よそわしー 兵庫県淡路島 佐賀県 長崎県「よそわしか」 熊本県 大分県津久見市 *らめしー 大分県日田郡
→きたない(汚)

けさ【今朝】 *きゅーしとぅむでぃ(「けさつとめて」の転) 沖縄県石垣島 *けさあさ 新潟県「けさあさ出かけていった」 *けさっぱら 茨城県猿島郡 栃木県安蘇郡 群馬県勢多郡 埼玉県北葛飾郡 *けさのあさげ 新潟県高田市 *けさま 宮城県登米郡 *けさり 三重県南牟婁郡 兵庫県淡路島 和歌山県西牟婁郡・東牟婁郡 徳島県三好郡・美馬郡

けしずみ【消炭】 *おきがら 山梨県 *おとしずみ 岐阜県郡上郡 *かなけし 大阪府泉北郡 *からけし 福井県坂井郡・三方郡 愛知県尾張 三重県名賀郡・志摩郡 大阪市 兵庫県加古郡 奈良県・宇陀郡 香川県 愛媛県 *からげし 香川県 *きえずみ 岐阜県 静岡県志太郡 熊本県玉名郡・下益城郡 *きやずみ 熊本県玉名郡 *きやすん 宮崎県都城市 鹿児島県・姶良郡 *きゃっずん 鹿児島県鹿児島郡 *けしこ 新潟県西蒲原郡・刈羽郡 富山県 石川県能美郡・江沼郡 *けしご 新潟県三島郡 富山県 石川県金沢市・江沼郡 *けしぼ 石川県河北郡 *けすみ 岐阜県海津郡 滋賀県彦根 熊本県 *げずん 富山県射水郡 *しん 沖縄県八重山 *すぃみ 沖縄県首里 *すばい 島根県邇摩郡 *はいずみ 新潟県佐渡 *ふみずみ 長野県佐久 *ほーた 千葉県君津郡 *ぼやずみ(「ぼや」は柴(しば)の意) 新潟県佐渡 長野県佐久

けしょう【化粧】 *おしまい 岐阜県海津郡 徳島県 *おしゃらく 茨城県 栃木県 千葉県 *おやつし 京都市 岡山市 *けしょい(「化粧」か) 山口県大島 *こっさえ 徳島県那賀郡 *しまい 徳島県 *じまん 徳島県美馬郡「自慢をする(化粧する)」 *しょらく 石川県鳳至郡 *だて 愛媛県松山「あの子はようだてをしとる」 熊本県玉名郡 *ねり(神事に出る者の顔の化粧) 三重県志摩郡 *ませ 徳島県海部郡「ませする」 *やつし 京都市

□をする *あたまをゆー 岩手県気仙郡 *えどる 新潟県佐渡 山梨県 長野県下伊那郡 愛媛県・大三島 *けはる(「けはい(化粧)」の動詞化) 長野県下伊那郡 *けばる 山梨県「お白粉をけばる」 長野県南部 *しなをつくる・しなっこつくる 岩手県気仙郡「あの人しなっこばり(ばかり)作っている」 *もよる 青森県南部

□をすること *おつくらい(女性が化粧をすること) 宮城県仙台市 *かたげしょー(紅を用いずおしろいだけで化粧をすること。葬式に参列する時にする) 青森県三戸郡 *けーけー(幼児語) 東京都

けす【消】 *きえす 徳島県那賀郡「火をきえす」 *きゃーす 兵庫県但馬 鹿児島県沖永良部島 *きやかす 鳥取県西伯郡 島根県「火鉢のおきをきやかせ」 鹿児島県 *きゃす 岐阜県郡上郡「ひをきゃさんよーにせーよ」 *きやす 山形県 新潟県長岡市 石川県 福井県 岐阜県「火に水をかけてきやす」 愛知県 三重県一志郡・員弁郡 滋賀県犬上郡 京都府与謝郡 大阪府泉北郡 兵庫県 鳥取県西伯郡 島根県那賀郡・鹿足郡 岡山県苫田郡・阿哲郡 広島県 山口県・大島 徳島県 福岡県 長崎県南高来郡・対馬 熊本県玉名郡 鹿児島県 *くんしゅん 沖縄県首里 *けしる 三重県三重郡 *けやかす 愛知県額田郡 島根県「電灯をけやかえておけ」 *けやけす 島根県隠岐島 *けやす 山形県 新潟県「電気けやせ」 富山県 石川県 福井県敦賀郡・大飯郡 山梨県南巨摩郡 長野県 静岡県 愛知県 三重県 滋賀県彦根・高島郡 京都府 大阪府 兵庫県加古郡・神戸市 奈良県 和歌山県 島根県「壁の落書きをけやす」 広島県比婆郡 宮崎県都城 *けらかす 島根県大原郡・隠岐島 *ちゃーしゅん 沖縄県首里

いろりの火を□ *すべる 山形県西置賜郡 *ふせる 静岡県磐田郡

火を□ *しめす 新潟県中越 *のべる 愛媛県大三島

げすい【下水】 *おちっちり 福島県東白川郡 *げし 島根県隠岐島 *げす 長野県諏訪 三重県志摩郡 島根県隠岐島 *じーたんぼ 熊本県天草郡 *ししなげ 三重県 奈良県・吉野郡 和歌山県那賀郡 香川県小豆島 *しず(「しみず(清水)」の転か) 愛媛県東宇和郡・南宇和郡「しずがたまった」 *したみず 静岡県榛原郡 *じたり 宮崎県東諸県郡 *しなげ 三重県志摩郡 *じゅったんぼ 熊本県玉名郡・天草郡 *じょーみず・じょみず・どめず 三重県志摩郡 *しょしょなぎ 鳥取県西伯郡 *しょしょなげ 奈良県宇智郡 鳥取県東伯郡 島根県八束郡 *じょたん 熊本県天草郡 *じょたんぼ 熊本県芦北郡 *すいど 福島県相馬郡 奈良県南大和 和歌山県 *すいどー 宮城県栗原郡 静岡県志太郡 *すいどん 長崎県対馬 *すいばん 長崎県対馬 *ぜーたね 熊本県玉名郡・天草郡 *ぜーだれ 佐賀県藤津郡 *ぜーたん 熊本県 *ぜ

ーだん熊本県下益城郡 *ぜーたんぼ熊本県 *ぜーたんぼり熊本県菊池郡 *ぜーな京都府 *ぜーなー京都府中郡 *ぜーなっ長崎県五島 *せき秋田県鹿角郡 *せぎ青森県 長野県 *せげ長野県 長野市・上水内郡 *せしなぎ神奈川県 新潟県岩船郡 三重県志摩郡 奈良県吉野郡 香川県綾歌郡 *せしなげ新潟県 三重県志摩郡・度会郡 香川県綾歌郡 *ぜぜだっ長崎県五島 *ぜぜたね熊本県玉名郡 *せせだみず山形県米沢市 *せせな宮城県北部 福島県耶麻郡 千葉県安房郡 新潟県岩船郡・三島郡 *せせなえ福井県 *せせなき山形県西田川郡 福岡県朝倉郡 *せせなぎ岩手県上閉伊郡 秋田県鹿角郡 山形県庄内 神奈川県津久井郡 新潟県 富山県富山市近在・高岡市 石川県鳳至郡・羽咋郡 福井県大飯郡 静岡県・志太郡 三重県 奈良県吉野郡 徳島県 *せせなけ秋田県鹿角郡 静岡県志太郡 *せせなげ山形県庄内・飽海郡 千葉県上総 神奈川県 新潟県 石川県能美郡 静岡県 三重県志摩郡・北牟婁郡 鳥取県東伯郡 *せせなじり山形県米沢市 *せせやなぎ石川県能美郡・鳳至郡 *せせらぎ三重県志摩郡 *ぜたな熊本県天草郡 *ぜたん熊本県 *せちがね新潟県佐渡 *せちなぎ奈良県吉野郡 *せちなげ三重県南牟婁郡 *せな山形県北村山郡 新潟県 *せなき山形県飽海郡・東田川郡 *せなぎ岩手県気仙郡 秋田県雄勝郡・仙北郡 山形県庄内 *せなじ新潟県 *せなじり山形県 *せんなげ新潟県中蒲原郡 *せんなじ新潟県 *ぞーみず三重県志摩郡 広島県豊田郡 *たなのした三重県阿山郡・名張市 *たまり青森県三戸郡 *ためじり新潟県・北蒲原郡 *ちさ島根県隠岐島 *どーず三重県度会郡 大分県大分郡 *どーずい三重県志摩郡 *どーみず三重県志摩郡 山口県大島 *とっぽ福井県坂井郡 *どぶ山梨県南巨摩郡 熊本県 *どぶす石川県金沢・鳳至郡 *どぶせき青森県弘前 *どぶたん熊本県阿蘇郡 *どべ福島県安積郡 島根県八束郡 愛媛県 大分県 *どべほり大分県北海部郡 *どぼす石川県金沢 *ながし三重県名賀郡 大分県 *ながしじり富山県高岡市 *ながしもと長野県佐久 *ながせ大分県大分郡 *はしり岡山市 大分県南海部郡 *はしりさき大分県大野郡 *はしりみず島根県石見 *ひげね青森県津軽 *ひねあど青森県北津軽郡・上北郡 *ひねと青森県西津軽郡・北津軽郡 *ひねど青森県津軽 *ひやぎり新潟県南蒲原郡 *へげ青森県上北郡 *へな新潟県 *へなみず山形県 *へへなぎ新潟県岩船郡 *ぽったれ兵庫県氷上郡 *みじぱり沖縄県新城島 *みじゅばら・みじゅぐら沖縄県石垣島 *みんつぃぐら沖縄県小浜島 *めじゃしれ青森県

□溝 *いみぞ岐阜県武儀郡・飛騨 静岡県 愛知県 *いみちょ愛知県碧海郡 *いみっちょ愛知県知多郡 *いみんじょ静岡県 *いみんぞ静岡県 *いめぞ岐阜県飛騨 静岡県 愛知県 島根県出雲 *いめんぞ静岡県 島根県大原郡 *いめんぞろ富山県高岡市 *いんぞ新潟県 新潟市・西蒲原郡 富山県砺波 石川県 福井県 *いんぞー富山県高岡市 *うめぞ愛知県葉栗郡 *えしり・いしる富山県東礪波郡 *えみぞ新潟県佐渡 石川県 島根県那賀郡・大原郡 *えめぞ新潟県佐渡 富山県 岐阜県飛騨 愛知県 島根県出雲 *えめんじょ島根県出雲市・大原郡 *えめんず島根県大原郡 *えめんぞ静岡県小笠郡 *えんじげ秋田県平鹿郡 *えんず石川県河北郡 *えんぞ富山県東礪波郡 石川県 *えんぞろ富山県射水郡 *ししなげ三重県 奈良県・吉野郡 和歌山県那賀郡 香川県小豆島 *しなげ三重県志摩郡 *しょしょなぎ鳥取県西伯郡 *しょしょなげ奈良県宇智郡 鳥取県東伯郡 島根県八束郡 *すいも京都府宇治郡 *すいもー滋賀県栗太郡・野洲郡 *すいもん滋賀県栗太郡・野洲郡・蒲生郡 京都府葛野郡・宇治郡 *ぜーたね熊本県玉名郡・天草郡 *ぜーだれ佐賀県藤津郡 *ぜーたん熊本県 *ぜーだん熊本県下益城郡 *ぜーたんぼ熊本県 *ぜーたんぼり熊本県菊池郡 *ぜーな京都府 *ぜーなー京都府中郡 *ぜーなっ長崎県五島 *せしなぎ神奈川県 新潟県岩船郡 三重県志摩郡 奈良県吉野郡 香川県綾歌郡 *せしなげ新潟県 三重県志摩郡・度会郡 香川県綾歌郡 *ぜぜだっ長崎県五島 *ぜぜたね熊本県玉名郡 *せせだみず山形県米沢市 *せせな宮城県北部 福島県耶麻郡 千葉県安房郡 新潟県岩船郡・三島郡 *せせなえ福井県 *せせなき山形県西田川郡 福岡県朝倉郡 *せせなぎ岩手県上閉伊郡 秋田県鹿角郡 山形県庄内 神奈川県津久井郡 新潟県 富山県富山市近在・高岡市 石川県鳳至郡・羽咋郡 福井県大飯郡 静岡県・志太郡 三重県 奈良県吉野郡 徳島県 *せせなけ秋田県鹿角郡 静岡県・志太郡 *せせなげ山形県庄内・飽海郡 千葉県上総 神奈川県 新潟県 石川県能美郡 静岡県 三重県志摩郡・北牟婁郡 鳥取県東伯郡 *せせなじり山形県米沢市 *せせやなぎ石川県能美郡・鳳至郡 *せせらぎ三重県志摩郡 *ぜたな熊本県天草郡 *ぜたん熊本県 *せちがね新潟県佐渡 *せちなぎ奈良県吉野郡 *せちなげ三重県南牟婁郡 *せな山形県北村山郡 新潟県 *せなき山形県飽海郡・東田川郡 *せなぎ岩手県気仙郡 秋田県雄勝郡・仙北郡 山形県庄内 *せなじ新潟県 *せなじり山形県 *せんなげ新潟県中蒲原郡 *せんなじ新潟県 *どすほ石川県・金沢 *どだぼり福岡県浮羽郡 *どぶしろ茨城県真壁郡 *どぶす石川県珠洲郡・河北郡 *どぶち石川県珠洲郡 *どぶったま長野県佐久 *どぼーみぞ島根県石見 *どぼけ福井県坂井郡 *どぼす

石川県 *どぼみぞ 島根県邑智郡 *どぼみど 島根県美濃郡・益田市 *なさ 島根県隠岐島 *ひじり(台所の洗い水を流す下水堀)福井県坂井郡 *へな 新潟県 *へなみず 山形県 *へへなぎ 新潟県岩船郡 *ほーりっこ 新潟県南蒲原郡 *みぞて(下水路)島根県益田市・那賀郡 *ゆみぞ 兵庫県赤穂郡 *よみぞ 奈良県宇陀郡

けずる【削】 *かく 新潟県岩船郡「牛蒡かく」 長野県佐久 *けっぺずる 岩手県「鉛筆そんなにけっぺずってわがんねぇ」 山形県「あの予算はけっぺづられた」 *けびる 山口県阿武郡 高知県幡多郡 *けぺずる 岩手県胆沢郡 山形県米沢市 *こーげる 新潟県三島郡 *こぎる 大分県「鉛筆をこぎる」 *こさぐ 高知県幡多郡 大分県玖珠郡「鰹魚をこさぐ」 *こさげる 高知県吾川郡 *こそぐ 滋賀県彦根 *しょぎる 島根県美濃郡・益田市「竹をしょぎろーと思うて指を切った」 *せくる(少しずつ削る)島根県隠岐島 *そぎる 島根県益田市・隠岐島 福岡県浮羽郡 長崎県壱岐島「鉛筆ばそぎっちおくれ」 熊本県玉名郡 *そじる 島根県出雲 *そずる 島根県「椿の皮をそずる」「一日中畑の草をそずった」 岡山県「そずりごぼう」 *ちゃつる 香川県高松・三豊郡 *とぐ 大分県 *ぴぬん 沖縄県石垣島 *ひんにゅい 鹿児島県喜界島 *ふぇーしゅん 沖縄県首里「かつー ふぇーしゅん(かつお節を削る)」 *へーずる 高知県長岡郡 *へずい 鹿児島県 *へずめる 和歌山県東牟婁郡 *へずる 山梨県 *へぞる 長野県佐久 *へつる 新潟県西蒲原郡 岐阜県飛驒・郡上郡 滋賀県彦根 大阪市 兵庫県加古郡 奈良県「ちょっとへつっといたらよいのんな」 和歌山県 鳥取県 島根県邑智郡・邇摩郡 岡山県苫田郡・阿哲郡 広島県比婆郡・高田郡 山口県長門 愛媛県 *へつろう・へずらー 茨城県 *へぼくる 大分県玖珠郡「人のものをへぼくる」 *ほそべる 群馬県多野郡「木をほそべる」
木を□ *きばぐる 岩手県気仙郡 *さべる 和歌山県西牟婁郡・東牟婁郡 *さむ 長崎県壱岐島 *さむる 長崎県北松浦郡・五島 鹿児島県種子島 *さめる 長崎県対馬 鹿児島県種子島 *はつる 埼玉県秩父郡 新潟県佐渡 富山県砺波 石川県 山梨県南巨摩郡 岐阜県飛驒・郡上郡 愛知県名古屋市 三重県 滋賀県彦根 大阪市 和歌山県「木の皮をはつる」 島根県 広島県高田郡 徳島県 香川県 愛媛県大三島 大分県

げた【下駄】 *あしぎゃ 沖縄県国頭郡 *あしざ 沖縄県石垣島・竹富島 *あしじゃ 鹿児島県奄美大島・沖永良部島 沖縄県・首里(こまげた) *あした 沖縄県小浜島・波照間島 *あしっちゃ 沖縄県黒島 *あしっつぁ 沖縄県鳩間島・新城島 *あちだ 沖縄県与那国島 *あっさ・あっしゃー 鹿児島県喜界島 *あっつあ 沖縄県宮古島 *あまげた(高げた)島根県美濃郡・益田市 愛媛県松山 高知県東部 大分県 *あまぼくり 高知県安芸郡・香美郡 *あんこ 京都府 *かか(幼児語)香川県 *かこい 島根県仁多郡・飯石郡 *かっか(幼児語)和歌山県海草郡 香川県 *かっくいかっくい(幼児語。げたの音も言う)沖縄県首里 *かっくり(幼児語)富山県 *かった(履いて歩く時の音から。幼児語)高知県安芸郡 *かったん(履いて歩く時の音から)熊本県阿蘇郡 *がったん(履いて歩く時の音から)福岡県久留米市・八女郡 熊本県 *かっぽ(幼児語)愛媛県 *からんこ 宮崎県延岡市 *かんか(幼児語)福井県 岐阜市 徳島県 *かんかん(幼児語)滋賀県彦根 鹿児島県肝属郡 *かんこ(幼児語)山形県米沢市 岐阜市 *げーげー 静岡県 *げげ(幼児語)京都府竹野郡 *げたっこー 山口県阿武郡 *げっこ 静岡県(幼児語) 愛媛県 *げんげ 静岡県「げんげはきな」 *げんげー 新潟県佐渡 静岡県 *げんげん 新潟県佐渡 *こっこ 福井県三方郡・大飯郡 香川県(足駄)・三豊郡 *こっぽり 福井県大飯郡 *ごめん 石川県鹿島郡 熊本県玉名郡 *ころ(幼児語)山口県豊浦郡「ころをはく」 *こんこ(幼児語)愛知県名古屋市 *ごんごん(歩く時の音から)福岡県筑紫郡 *こんぱ 千葉県山武郡 *さいばんげた 青森県南部 *さしげた 島根県鹿足郡・那賀郡 *さんずんば(雨天用の高げた)栃木県 *しかん 岐阜県稲葉郡 *すしげた(高げた)和歌山県海草郡 *ぞーりげた(平たい下駄で、草履のようになったもの)新潟県糸魚川市 *ぞりこ 福井県 *たちばーあしじゃ(「たちばー」は差し歯の意。高げた)沖縄県首里 *ちゃらちゃら(少女が正月に履く下駄)奈良県南部 *ちゃんちゃん 新潟県佐渡 *つまかけ 広島県高田郡 *でかんしょ(「でかんしょ節」を愛唱した旧制高校の学生が愛用したところから。朴歯の下駄)山形県山形市・西置賜郡 *でっかん

方/言/の/窓

●ドラマと方言指導

地方を舞台にしたテレビドラマや映画を見ていると、スタッフ紹介の字幕に「方言指導」という表示を見ることがある。しかし、「方言指導」が実際どのように行われているかについてはほとんど知られていない。

方言指導では、純粋方言に近いものを教えるのが理想かもしれない。しかし他地方出身の俳優にそれを望むことは難しく、たとえできたとしても、あまりに生々しい方言では、今度は視聴者がドラマの内容を理解できなくなってしまう。

方言の復権にともない、ドラマに方言が登場する機会は今後ますますふえるだろう。俳優に方言らしく台詞を操らせ、しかも生きた演技をさせるために、方言指導者にはますます専門職としての高い能力が求められている。

しょ（朴歯の下駄）山形県 *ぱくぱくげた（ぽっくりに似た子供用の下駄）新潟県佐渡 *ぱっか 北海道 *ばっか 宮城県登米郡 *びだき（低いもの）千葉県海上郡 *びだり 青森県津軽 *びっか 山形県東置賜郡 *ひらか 秋田県平鹿郡 山形県飽海郡 新潟県佐渡 熊本県阿蘇郡・天草郡 *ひらかー 青森県南部 *ひらこ 石川県羽咋郡 *ひらっき・ひしゃっき 岩手県気仙郡 *ぶくり 富山県東礪波郡 石川県 福井県坂井郡・大野郡 鳥取市 広島県高田郡 香川県 高知県 *へらか 新潟県佐渡 石川県鹿島郡 *へらこ 石川県鳳至郡・鹿島郡 *べんじゃりげた（平たく草履のようになった下駄）新潟県佐渡 *ぼーくり 徳島県美馬郡 *ぽくり 東京都利島・八丈島 新潟県長岡市 富山県砺波 和歌山県日高郡 広島県安芸郡 高知県 長崎県北松浦郡 熊本県 宮崎県西臼杵郡 *ぽくり 福井県今立郡 *ぽこ 大分県宇佐郡 *ぽこり 新潟県 *ぽこり 新潟県 *ぽっくり 富山県射水郡 広島県高田郡 福岡市 熊本県天草郡 宮崎県西諸県郡・西臼杵郡 *ぽっこ（幼児語）富山県 *ぽっこん 富山県射水郡 *ぽんぽん（小児の下駄）新潟県三島郡 *ぽんぽん（小児の下駄）新潟県刈羽郡 *ろっこー（旧制第六高等学校生が履いたところから。白い太緒の朴歯（ほおば）の高げた）岡山県苫田郡

畳表の付いた□ *うらつぃきあしざ 沖縄県石垣島 *ござうち 秋田県鹿角郡 *ござうちげた 宮城県栗原郡 *ござつき 鹿児島県種子島 *ござつきげた 新潟県佐渡 *ごめん 福岡市（竹の皮の表） 大分県日田郡・玖珠郡 *さずき 愛知県北設楽郡 *じた 沖縄県首里 *じょーりげた 静岡県榛原郡 *じょーりつき 静岡県 *ぞーりげた 静岡県富士郡・静岡市 徳島県 *ぞーりんぎた 沖縄県黒島 *たたみげた 静岡県川根 *どーじま 愛知県名古屋市・愛知郡 兵庫県但馬・淡路島 島根県 山口県佐波郡 徳島県 香川県三豊郡 愛媛県 大分県 *どじま 岩手県気仙郡 石川県珠洲郡 静岡県 愛媛県松山 熊本県下益城郡 *ばうち（畳表を台に付けた婦人用の下駄）岐阜県海津郡・飛騨 *ぱんつき 静岡県

歯の高い□ *あしげた 高知県安芸郡 *さいげた 三重県名張市 鹿児島県 *さしげた 岩手県気仙郡 長野県 岐阜県郡上郡 静岡県磐田郡 愛知県 三重県 京都府相楽郡・久世郡 大阪府三島郡 兵庫県 奈良県南大和 和歌山県 島根県 岡山県 広島県 山口県祝島 徳島県 香川県 愛媛県 高知県 福岡市 長崎県南高来郡・対馬・壱岐島 熊本県 大分県 宮崎県延岡 鹿児島県 *さした 岩手県下閉伊郡 *さしっぱ 栃木県塩谷郡 *さしは 静岡県安倍郡・榛原郡 岡山県苫田郡・岡山市 山口市 *さしば 群馬県 千葉県山武郡 長野県 静岡県周智郡 *さしぱ 千葉県山武郡 *さしはま 島根県鹿足郡・美濃郡 広島県 山口県 徳島県 香川県・木田郡 愛媛県 高知県土佐郡・幡多郡 *さしはまげた 愛媛県今治市 *さしぶくり 島根県石見 山口市 香川県三豊郡 *さしぼーくり・さしぽっくり 高知県長岡郡 *さしぼくり 島根県仁多郡・隠岐島 山口県佐波郡・山口市 高知県 熊本県球磨郡 *さしぽっくり 熊本県菊池郡・八代郡 *さしゃま 愛媛県大三島 *さっげた 鹿児島県鹿児島郡 *さっしはま・しゃしはま 香川県 *さんげた 和歌山県日高郡 *たかざし 三重県阿山郡・名賀郡 *たかたかげた 香川県三豊郡 *たかだし 三重県上野市 *たかは 静岡県東部 岡山市 *たかば 群馬県 埼玉県秩父郡・北葛飾郡 千葉県君津郡 神奈川県中郡 新潟県中頸城郡 山梨県南巨摩郡 長野県 静岡県中部 *たかぱ 宮城県仙台市 *たかはま 愛媛県 *たかぶくー 島根県出雲 *たかぶくり 岐阜県加茂郡・不破郡 愛知県 島根県仁多郡・隠岐島 香川県 熊本県南部 *たかぶくれ 香川県高松市 *たかぶくろ 香川県木田郡 *たかへらか 石川県鹿島郡 *たかぼー 新潟県西蒲原郡 *たかぼくり 島根県簸川郡・出雲市 高知県 熊本県 *たかぼこり 島根県出雲 *たかぼっくり 熊本県・下益城郡 *たかんば 群馬県桐生市 埼玉県 *たかんぼ 栃木県 *はまげた 三重県名張市・名賀郡 大阪府東成郡 奈良県 広島県高田郡 香川県 高知県高岡郡 大分県 *ふぐり 島根県邑智郡 *ぶくり 岐阜県 愛知県 鳥取県西伯郡 島根県 山口県 香川県 高知県 *ぶっくい 佐賀県 *ぼーくり 奈良県吉野郡 *ぼくい 佐賀県三養基郡 *ぼくー 島根県出雲 *ほくり 愛知県愛知郡 *ぼくり 青森県津軽 東京都利島 愛知県碧海郡 和歌山市 島根県出雲 山口県・佐波郡 高知県 佐賀県・三養基郡 熊本県下益城郡 *ぼっくり 三重県度会郡 和歌山県和歌山市・西牟婁郡 高知県安芸郡・長岡郡 熊本県・玉名郡 *ぽっくり 熊本県八代郡 *ぼっこ 福島県大沼郡 富山県

歯のない□ *ごんごん（小児語）京都府 *ぱーんぱーこ（児童語）富山市近在 *はまげた 新潟県佐渡・頸城 *ひらき・ひさぎ 岩手県気仙郡 *ひらげた 鹿児島県肝属郡 *ひらっか 静岡県 *ひらっこ 岡山県真庭郡 *ひらっこー 島根県鹿足郡・益田市

歯の低い□ *さしげた 奈良県吉野郡 *じかばき 大阪市 徳島県 *しきばき 島根県 *じきばき 島根県那賀郡 香川県 *ひきつけ 徳島県 愛媛県松山 *びったらげた 栃木県上都賀郡 *ぶく 京都府竹野郡 *ぶくり 岐阜県郡上郡 愛知県 *ぶっくりげた 鹿児島県 *ぶっくいげた 鹿児島県 *ぽくり 島根県出雲

けち

*いけほいと 青森県上北郡・三戸郡 岩手県気仙郡 秋田県鹿角郡 新潟県東蒲原郡 *いし

くじり 長崎県壱岐島 *いしびり 宮城県玉造郡 *いしぴり 岩手県東磐井郡 宮城県栗原郡・登米郡 *いしぺり 宮城県栗原郡 *いしまぐそ 山梨県南巨摩郡 *いしわだ 宮城県登米郡 *いたましがり 宮城県石巻・仙台市 山形県 福島県 *いびらー 沖縄県首里 *いみつごー 鹿児島県姶良郡 *いやしゃー 沖縄県首里 *いやしんぼ 千葉県東葛飾郡 *うふゆくー 沖縄県首里 *うふゆくどー 沖縄県石垣島 *うましっぽ 新潟県 *えぐいも 徳島県 *えらまつ 岐阜県海津郡 *おーんぼく 静岡県 *おかんちり 愛知県名古屋市 *おしびってー 大分県大分市・大分郡 *おじぼー 島根県 *おしゅんでんべー 岡山県邑久郡 *おしゅんぼ 熊本県玉名郡 *おしんぼ 岐阜県山県郡・郡上郡 愛知県愛知郡・額田郡 京都府北部 奈良県吉野郡 熊本県 *おしんぼー 千葉県君津郡・安房郡 愛知県宝飯郡 熊本県鹿本郡 *おしんぼく 岐阜県羽島郡 *おしんぼたれ 奈良県吉野郡 兵庫県氷上郡 *おしんぼち 岐阜県 愛知県碧海郡 *おちく 福井県 *おちび 愛知県名古屋市 *おにぎりしやん 熊本市 *おひんぼ 鹿児島県 *かかず 沖縄県宮古島 *かぎらん 沖縄県与那国島 *がし・がじ 福岡市 *かしきぼー 宮崎県東諸県郡 *がしん 香川県仲多度郡 *がしんだま 広島県芦品郡 *がしんたれ 奈良県・香川県丸亀市 *かしんぼ・かしゅぼ 宮崎県宮崎郡 *かすくりゃー 熊本県上益城郡・下益城郡 *かたくそ 福島県 *かたぐそ 山梨県南巨摩郡 *かたしゃ 島根県出雲 *かたすけ 青森県三戸郡 岩手県二戸郡 *かっちまり 山形県東置賜郡・東田川郡 *かっちり 香川県高松市 *かっちん 熊本県天草郡 *かっちんこ・かっちんぼ・かっちんぼし 兵庫県加古郡 *かにくい 三重県阿山郡・滋賀県甲賀郡 *かねんばん 熊本県上益城郡 *がめ 岡山県児島郡 *がめぜん 石川県珠洲郡 *がよくもの 広島県芦品郡 *からひね 山形県西田川郡 *からまて 岩手県気仙郡 *かんかんぼ 鹿児島県 *かんくー 島根県美濃郡 山口県玖珂郡 *がんくー 島根県鹿足郡 *かんじん 熊本県 *かんちん 鹿児島県・鹿児島郡 *かんね 長崎県五島 *きじくそ 福島県安達郡 *ぎす 広島県 *きび 静岡県 奈良県吉野郡 *きびた・きびっちろ(ののしって言う語) 静岡県 *ぎゃっきゃ 沖縄県竹富 *ぎりしらず 三重県志摩郡 *ぐまい 沖縄県国頭郡 *くれもんぎらい 三重県志摩郡 *くわーぎゃっきゃ 沖縄県竹富島 *ぐんじゅぐま 沖縄県国頭郡 *けずぐ 秋田県平鹿郡 *けちくそ 栃木県 島根県仁多郡・隠岐島 *けちけちもん 静岡県磐田郡 *けちたがり 新潟県東蒲原郡 *けつくじり 千葉県房総 *けつつまり 栃木県 *けつめと 茨城県多賀郡・真壁郡 *こーかつ 新潟県西蒲原郡 岡山県児島郡 *こーすたくりゅー 熊本県上益城郡 *こしごろ 宮崎県都城 鹿児島県 *こしっぽ 熊本県上益城郡 *こしぼ 熊本県阿蘇郡 *こしんぼ 兵庫県飾磨郡 熊本県宇土郡・上益城郡 *こす 長野県佐久 鳥取県気高郡 広島県豊田郡・双三郡 *こすい 熊本県阿蘇郡 *こすか 熊本県・八代郡・天草郡 *こすかつ 熊本県下益城郡・葦北郡 *こすかとり 福島県相馬郡 *こすけ 島根県隠岐島 *こすごろ 鹿児島県肝属郡 *こずころ 鹿児島県 *こすたかり 福島県相馬郡 *こすたくりゃ 熊本県下益城郡 *こすたくりん・こすたくれ・こすたくろ 熊本県 *こすっか 山梨県・中巨摩郡 *こすっかき 神奈川県中郡 長野県佐久 *こすったれ 山口県祝島 *こすっぱち 熊本県球磨郡・葦北郡 *こすっぽ 兵庫県赤穂郡 岡山県苫田郡 福岡県 熊本県 *こすっぽー 群馬県利根郡 鳥取県岩美郡 山口県玖珂郡 福岡県粕屋郡・福岡市 *こすと 福岡県築上郡・朝倉郡 *こすべ 香川県直島 *こすぼ 熊本県下益城郡 鹿児島県 *こすぽ 福島県相馬郡 *こすぼー 佐賀県三養基郡 熊本県阿蘇郡 *こすぽう 福島県相馬郡 鳥取県気高郡 *こすや 岡山市 *こすんぼ 静岡県磐田郡 三重県名賀郡 熊本県 大分県大分郡 *こずんぼ 静岡県富士郡 *こすんぼー 熊本県阿蘇郡 *こっけ 鹿児島県屋久島 *こびーし 大分県北海部郡 *こぶちん 滋賀県蒲生郡・神崎郡 *ごぶちん 滋賀県蒲生郡 *こぶや 岡山市 *こぶやん 兵庫県加古郡 *ごま 静岡県浜松市・磐田郡 *こもかぶり 富山県砺波 *こんじょうきたなし・こんじょかめ 岩手県上閉伊郡 *こんじょくな 香川県佐柳島 *さんしょだいふ 和歌山県日高郡 *さんしょだゆー 和歌山県 *しかんちー 千葉県安房郡 *しぎたれ 山形県米沢市 *しちぶちん 徳島県三好郡・美馬郡 *しちよく 秋田県鹿角郡「あまりしちょくたけるな」 島根県隠岐島 *しつ 大分県速見郡 *しったれ 三重県飯南郡 大分県大分市・大分郡 *しびたらけ 京都府葛野郡 *しびちん 三重県名賀郡・北牟婁郡 *しびったり 福島市 大分県大野郡 *しびったれ 山形県米沢市 *しびったん 大分県大分郡 *しびっつー・しび 大分県 *しびっつら 大分県大分市・大分郡 *しびり 徳島県 *しぶ 三重県名張市 京都市 大阪市 和歌山県 大分県速見郡 *しぶかき 新潟県佐渡 *しぶきち 和歌山県 *しぶきん 和歌山県 *しぶけ 和歌山県日高郡 *しぶたれ 三重県伊賀 広島県佐伯郡 *しぶたん 静岡県榛原郡 *しぶちん 福井県敦賀郡 愛知県名古屋市 三重県伊賀 滋賀県彦根・蒲生郡 京都府愛宕郡 大阪府 兵庫県 奈良県 和歌山県 徳島県 香川県小豆島・大川郡 愛媛県(欲の深い人) 大分県大分市・北海部郡 *しぶちんぼ 京都市 *しぶつー 大分県玖珠郡・速見郡 *しぶっかき 栃木県河内郡 群馬県勢多郡 埼玉県入間郡 *しぶった・しぶきち 和歌山県 *しぶっちょ 和歌山市 *しぶとれ・しぶと 大分県速見郡 *しぶや 愛知県中島郡 *しぶんけち 兵庫県神戸市 *しぶんち 大阪市 奈良県 *しぶんぼ 奈良県 *しま 福井県 *しまつじん 熊本県鹿本郡 *しまつぼー 長崎市

*しまつもの・しまつこき三重県志摩郡 *しまんたろー山口県豊浦郡 *しゃっかき群馬県佐波郡・多野郡 *しゃっかち群馬県勢多郡 *しゃっけつ栃木県 *しゃっつ群馬県多野郡 *しゃりんぼ三重県度会郡 *しょたくれ熊本県天草郡 *しょったれ茨城県稲敷郡 *しょんびれやろ山形県西置賜郡 *しわくそ栃木県　新潟県 *しわくりゃー熊本県上益城郡 *しわこつ熊本市 *しわじご熊本県天草郡 *しわすけ宮城県登米郡・玉造郡 *しわたかり新潟県北蒲原郡 *しわたれ三重県阿山郡 *しわっかけ神奈川県高座郡 *しわっかす長野県上田・佐久 *しわっかち埼玉県秩父郡 *しわっけつ神奈川県津久井郡 *しわったれ山形県最上郡 *しわっつー熊本県 *しわっと群馬県利根郡 *しわっとー神奈川県津久井郡 *しわっぴり宮城県仙台市 *しわびり・しわぴり宮城県石巻 *しわんけつ宮崎県西臼杵郡 *しわんこげつ宮崎県延岡 *しわんつー福岡県久留米市・三潴郡　大分県大分郡 *しょーたれ愛知県東三河 *しんが三重県志摩郡 *じんぐんじゅー(「銭五十文」のことで、それすらも惜しむ者の意)沖縄県首里 *しんびり京都府竹野郡 *しんぼ青森県津軽「つがるしゅあ(津軽人は)かへぐね(よく働くし)、しんぼだ(倹約家だ)」 *すいこ島根県美濃郡・益田市「あのすいこが寄附なんかするもんか」 *すこんぼー三重県名張市 *すりこぎ東京都大島 *せぐ熊本県菊池郡 *せちびん新潟県村上市 *せちべ愛媛県大三島 *せちべくい愛媛県大三島 *せちべくそ愛媛県大三島 *せちべん大阪市　兵庫県　和歌山県有田郡・日高郡　徳島県海部郡 *せちめん和歌山県御坊市 *せちんぼ大阪市 *せつびん青森県三戸郡 *せんこげつ宮崎県延岡市・東諸県郡 *たっぱ山形県村山 *ちーちー東京都利島　静岡県「あいつはちーちーだ」 *ちーっちー東京都大島・新島・神津島 *ちち栃木県下都賀郡 *ちっぴりむし山梨県中巨摩郡 *ちび岩手県和賀郡・上閉伊郡　福島県東白川郡　栃木県「ちびな人」　新潟県佐渡・西頸城郡　長野県下水内郡　三重県南牟婁郡　奈良県吉野郡　和歌山県新宮・東牟婁郡　岡山県備中北部　徳島県 *ちびくそ和歌山県新宮・東牟婁郡 *ちびくれ・きちびくれ奈良県吉野郡 *ちびくろ三重県南牟婁郡 *ちびくん栃木県佐野市・芳賀郡 *ちびずら・きびずら奈良県吉野郡 *ちびたれ茨城県新治郡　新潟県佐渡 *ちびちび茨城県多賀郡・猿島郡 *ちびっく・ちょびっく滋賀県蒲生郡 *ちびったれ栃木県 *ちびり高知県 *ちょーひち島根県邑智郡「あれはちょーひちだけー、とても寄附なんかせん」 *ちんか新潟県南蒲原郡 *ちんちく奈良県 *ちんちり奈良県 *ちんねくそ・ちんねー愛媛県大三島 *ちんびー静岡県 *ちんびり三重県 *ちんびりくそ三重県志摩郡 *ちんぴりむし山梨県東八代郡・北巨摩郡 *ちんぴんかん福岡市 *つぶ富山市「彼家はつぶだよ」 *つまし鹿児島県大隅 *つましか熊本県天草郡 *つましごろ鹿児島県 *つみきり・ちみきり徳島県 *どぅぐにん沖縄県与那国島 *とーっちぎゃっきゃ(「とぅかーじぃ」という木の枝で作った鉤(かぎ)の意)沖縄県竹富島 *どんごす福岡県久留米市・三潴郡 *なんばん岐阜県飛騨 *にぎー鹿児島県 *にぎーこぼし島根県出雲 *にぎーごろ鹿児島県肝属郡・揖宿郡 *にぎーめし鳥取県西伯郡 *にぎこぶ広島県 *にぎり鳥取県西伯郡　島根県　岡山県　広島県因島・高田郡　香川県　愛媛県・周桑郡　高知県　熊本県飽託 *にぎりこ香川県三豊郡 *にぎりこぶ広島県倉橋島 *にぎりごろ鹿児島県肝属郡 *にぎりだんご岡山市 *にぎりつぶし大分県東国東郡 *にぎりぼー熊本県天草郡 *にぎりめし新潟県佐渡 *にし(螺(にし)の肉が出にくいところから)石川県鹿島郡 *にしかし島根県隠岐島 *にじゃー沖縄県首里 *ねずぴり山形県 *ねちくそ新潟県新発田市・東蒲原郡 *ねちこび秋田県平鹿郡・雄勝郡 *ねちっぽ山形県　新潟県東蒲原郡 *ねちっぽたかり山形県西置賜郡 *ねちぼ新潟県東蒲原郡 *ねちんぽ新潟県新発田市 *ねちんぼー新潟県東蒲原郡 *ねっか山形県東田川郡・東置賜郡 *ねつか山形県南置賜郡 *ねつくそ新潟県西蒲原郡 *ねっこび秋田県平鹿郡 *ねつっぽ秋田県由利郡　山形県東田川郡・西田川郡 *ねつばいくそ新潟県西蒲原郡 *ねっぴ山形県東置賜郡・北村山郡 *ねつびかす・ねつびこき新潟県北蒲原郡 *ねっぴり山形県 *ねつぴり山形県北村山郡・最上郡 *ねつべ新潟県 *ねつべー新潟県西蒲原郡・南蒲原郡 *ねつべーくそ・ねつべーこき新潟県西蒲原郡 *ねつぼ新潟県東蒲原郡 *ねっぽ秋田県仙北郡　新潟県東蒲原郡 *ひきちび三重県南牟婁郡 *ひし新潟県中越 *ぴじ沖縄県八重山 *ぴじがーげー沖縄県石垣島 *ぴじぶら沖縄県黒島 *ぴじんとー沖縄県石垣島 *ぴずがーげー沖縄県八重山 *ひす新潟県中越・長岡市 *ひすかわ新潟県中越・長岡市 *ぴちがき沖縄県石垣島・西表島 *ひちぶ広島県高田郡 *ひちぶん香川県塩飽諸島 *ひちよく奈良県吉野郡　島根県美濃郡・益田市　大分県 *ひっつかみ東京都八王子 *ひっぱり島根県美濃郡・益田市「ひっぱりじゃけーとても寄附はせん」 *ひどっぽ山形県 *ひゃっかち群馬県勢多郡 *ぴりすけ・ぴり山形県 *ひんにぎり埼玉県入間郡 *ひんにゃん香川県大川郡 *ふすっぽー熊本県球磨郡 *へそくそ茨城県稲敷郡 *ほいと青森県　宮城県栗原郡・仙台市　秋田県 *ほいとくされ青森県津軽 *ほいとたかり秋田県鹿角郡 *ほいとたかれ青森県津軽 *ほいとやろ山形県庄内 *ほしんぼ熊本県玉名郡・八代郡 *まて青森県「あの人は何んでもまでだ」　岩手県　秋田県鹿角郡　福島県 *まてー岩手県気仙郡　宮城県栗原郡　新潟県東蒲原郡 *まちー山形県東置賜郡 *まてーや宮

城県仙台市「あの人なかなかまてーやだお。寄附してけんべかや(くれるだろうか)」 *まてかす 宮城県栗原郡 *まてくそ 青森県津軽 *まてこ 青森県西津軽郡・北津軽郡 岩手県九戸郡・岩手郡 *まてしゃ 青森県三戸郡 *まてすけ 青森県上北郡 岩手県 宮城県登米郡・玉造郡 秋田県鹿角郡 *まてっくそ 長野県佐久 *まてっぽ 福島県若松市・大沼郡 新潟県東蒲原郡 *まてほいと 秋田県鹿角郡 *みじく 京都府竹野郡 *むぬあたらしゃ 沖縄県首里 *むぬあったらさ 沖縄県石垣島 *もちびんぼー 岩手県九戸郡 *やーしんぼー 山梨県 *やしぽ・やしか・やしたかる 茨城県稲敷郡 *やしんぼ 千葉県東葛飾郡・安房郡 *やしんぼー 茨城県稲敷郡 千葉県東葛飾郡 *やっかだすけ 岩手県九戸郡 *ゆくー 沖縄県石垣島 *ゆくがかいむぬ 沖縄県宮古島 *ゆくじゃー 鹿児島県喜界島 *ゆくじん 沖縄県八重山 *ゆくじんむん 鹿児島県徳之島 *ゆくずぃん 沖縄県新城島 *ゆくたかり 岩手県九戸郡 *ゆくっさりー 鹿児島県喜界島 *ゆくとー 沖縄県小浜島 *ゆくどー 沖縄県八重山 *ゆくどーさ 沖縄県石垣島 *ゆぐなむぬ 沖縄県波照間島 *ゆくぬむぬ 沖縄県鳩間島 *ゆくふぁり 沖縄県西表島 *よく 新潟県三島郡 富山県射水郡「よくな」 島根県邑智郡「よくなじいさん」 宮崎県児湯郡「よくなもんじゃ」 *よくごろ 熊本県天草郡 *よくごろー 鹿児島県口永良部島 *よくしー 大分市 *よくしった 島根県出雲 *よくしったれ 島根県美濃郡 *よくしっとー 島根県邑智郡 *よくしっぱ 島根県 *よくしっぱち 島根県仁多郡 *よくしっぽ 島根県出雲・隠岐島 山口県屋代島・浮島 *よくしっぽー 島根県 広島県比婆郡 *よくしろ 香川県小豆島 熊本県八代郡 大分県大分郡 *よくしん 広島県走島 山口県大島 香川県直島 大分県北海部郡 *よくじん 熊本県天草郡 *よくじんこけ 石川県鹿島郡 *よくしんぼ 福井県 三重県 香川県広島・直島 長崎県彼杵 熊本県天草郡 鹿児島県屋久島 *よくじんぼ 石川県鹿島郡 *よくしんぼー 新潟県佐渡 三重県志摩郡 香川県 熊本県天草郡 大分県南海部郡 *よくしんぼーず 三重県志摩郡 *よくすけ 三重県志摩郡 島根県大田市・隠岐島 *よくすっと 島根県大田市 *よくすっぺ 島根県隠岐島 *よくすっぽ・よくすっぽー 島根県 *よくずら 愛媛県青島 大分県 *よくたかり 岩手県九戸郡 福島県相馬郡「あえつぁ、よくたかりだな」・東白川郡 *よくたら 鳥取県西伯郡 島根県 *よくたれ 新潟県佐渡 兵庫県赤穂郡 島根県邑智郡 山口県大島 香川県三豊郡・伊吹島 熊本県八代郡・天草郡 大分県直入郡 *よくたんば 熊本県芦北郡 *よくたんぽ 島根県八束郡 *よくちん 兵庫県淡路島 *よくつー 熊本県天草郡 大分県大分市・西国東郡 *よくっかき 山梨県南巨摩郡 *よくったれ 島根県鹿足郡 *よくっちょ 香川県小豆島 *よくっと 山口県大島 *よくっとーもん 島根県益田市 *よくっぱち 愛媛県中島 *よくつぶし 大分県西国東郡 *よくどー 島根県石見 山口県笠戸島・上関島 大分県大分郡 *よくどーがまち・よくどーがみ 山口県大島 *よくどーされ・よくどーたれ 島根県美濃郡・益田市 *よくどーもの 島根県石見 広島県倉橋島・比婆郡 *よくとし 高知県 *よくどれ 大分県速見郡 *よくばっち 熊本県天草郡 *よくひっぱり 島根県美濃郡・益田市 *よくぼ 熊本県阿蘇郡・天草郡 宮崎県西諸県郡 *よくぼー 佐賀県・藤津郡 *よくぼーし 三重県志摩郡 *よくぼーはげ 山口県向島・浮島 *よくぼし 三重県志摩郡 *よくぼり 徳島県美馬郡 *よくもん 鹿児島県宝島 *よくんどー 広島県大崎下島 *よくんぼ 愛媛県「おまいよくんぼぢゃな」 高知市 *よくんぼー 広島県江田島 *よくんぼす 愛媛県周桑郡 *よっくー 長崎県樺島 *よっごろ 鹿児島県・硫黄島 *よちごろ 鹿児島県

□だ *あたじわい(甚だしくけちだ) 千葉県安房郡 *いぎたない 山口県豊浦郡 神奈川県津久井郡 *いけしわい 岩手県東磐井郡 新潟県上越市 *いけちわい 新潟県上越 *いみしー 山形県米沢市(特に飲食について言う) 鹿児島県「いみしいひと」 *いやけない 香川県木田郡 *えぐい 滋賀県彦根 和歌山県 徳島県 愛媛県 *えごい 愛知県名古屋市 *えじ 鹿児島県・揖宿郡 *えじー 宮崎県西臼杵郡 *えすい 鹿児島県 *えずい 和歌山県有田郡・日高郡「あの人は大分えづい」 愛媛県 宮崎県・東諸県郡 鹿児島県鹿児島市・肝属郡 *えぞい 岐阜県本巣郡 *かしき 鹿児島県 *かしきー 大分県大分郡 宮崎県 *かしくい 宮崎県東諸県郡 *かしくいー 大分県「かしくいーこつーする」 *かしこい 佐賀県 大分県大分郡 *かたい 新潟県東蒲原郡「かたい事言うな」 *きびきび 静岡県「きびきびするな」 愛知県宝飯郡「きびきびゅー」 広島県高田郡 徳島県 愛媛県岡村島・大三島 *きぶい 茨城県・那珂郡 山梨県 岐阜県恵那郡 愛知県知多郡 三重県飯南郡 大阪市 奈良県吉野郡 和歌山県日高郡 山口県豊浦郡 徳島県 愛媛県 *こすい 福島県会津 茨城県稲敷郡 群馬県 千葉県山武郡 神奈川県 新潟県中頸城郡 富山県砺波 山梨県 長野県 静岡県田方郡 兵庫県佐用郡・神戸 鳥取県 島根県 岡山県 広島県高田郡 山口県 香川県 福岡県 熊本県 大分県 鹿児島県 *こずい 静岡県 *こすっぽい 茨城県稲敷郡 *こっすい 富山県婦負郡 *こぶい 滋賀県高島郡 兵庫県神戸市 鳥取県東部 島根県益田市・江津市「隣の爺はなかなかこぶい」 岡山県 広島県高田郡 山口県大島 香川県三豊郡・仲多度郡 *こみず 宮城県登米郡 *こみち 宮城県栗原郡「こみちな人」 *しっぱい 岩手県胆沢郡 秋田県鹿角郡 *しびきたない 福島県石城郡 *しぶ

きち 和歌山県 *しわっけない 新潟県佐渡 *しわっこい 新潟県佐渡　長野県上田・佐久 *すっぱい 秋田県平鹿郡・雄勝郡「すっぺぁ奴だ」 *ちみしー 愛媛県 *つこしー 新潟県 *つまし 鹿児島県 *てしぶい 徳島県 *ねーつい 新潟県 *ねち 秋田県河辺郡・雄勝郡「ねず人で義捐金なんか出さない」 山形県 *ねつい 岩手県気仙郡　秋田県「あの人はねつい人だ」 山形県鶴岡・西置賜郡　新潟県 *ねっち 山形県 *ねっちー 山形県 *ひちごすい 大分県 *ほーとくない 島根県益田市・美濃郡「一円や二円のほーとくなーことは言うな」 山口県豊浦郡「金払いがほーとくない」・大島「ほーとくなえ人じゃ」 *ほてきたない 香川県綾歌郡 *まずい 福岡県京都郡・企救郡 *むさい 秋田県角館 *やしー 青森県・津軽

けちんぼう【―坊】 ⇩けち

けつえき【血液】 ⇩ち（血）

けっか【結果】 *あげく（悪い結果）徳島県海部郡「無理しょったら、あげくがくる」 *せん（その人の行為から起こった結果）茨城県北相馬郡 *ぐりはま（「はまぐり（蛤）」の「はま」と「ぐり」を逆にした語。意外な結果）栃木県下都賀郡「何もかもぐりはまになった」 福岡市 *ぐれはま（意外な結果）愛知県名古屋市 *ただぐれ 新潟県岩船郡 *つまされ 長崎県対馬

けっきょく【結局】 *あげっさい 高知県長岡郡「怠惰するとあげっさいわ乞食する」 *おーずめ 広島県高田郡 *おっくい 岩手県気仙郡 *おんざ 滋賀県栗太郡 *おんざのはね 滋賀県蒲生郡 *おんだのはて 山口県玖珂郡「おんざのはてにゃあ泣くやうになる」 *がんがん 岡山県苫田郡 *けかせ 滋賀県犬上郡・彦根 *けくと 新潟県佐渡　愛媛県伊予郡「色々してみたがけくといかなかった」 *けっか 島根県 *けっく 愛媛県松山市「けっくその方がえー」 熊本県下益城郡 *ごくい 岡山県苫田郡・岡山市　山口県柳井市　徳島県「あの人はごくいはええ人じゃ」 *ごんごのまつり（結局は）島根県仁多郡・能義郡 *さっち 徳島県「彼奴はさっちうちへ来る」 香川県 *さっちもっち 島根県出雲 *さりいまゆー 長崎県壱岐島 *しまいのがみ 秋田県河辺郡 *しまいのだび 秋田県平鹿郡「しめぁのだびに泣いた」 *しみゃーんきゃー 新潟県佐渡 *しゃっちもっち 島根県能義郡・隠岐島「しゃっちもっち行きて貰うことにした」 *しょせんが 愛媛県東宇和郡「しょせんができやせん」 熊本県下益城郡 *しょせんこせん 岩手県平泉 *せんせき 大分県日田郡 *たかが・たか 和歌山市「たか、子供のするこっちゃ」 *ちーい 山口県「あの人が中に入ってちーい話が破れた」 *ちゅーに 山口県周防 *つい 埼玉県秩父郡「おじいさんもどうもついよろしくなかったようなお話で」 島根県石見　広島県・高田郡 *ついし 岩手県気仙郡「ついしそうなった」・胆沢郡　宮城県登米郡 *ついどわ 石川県石川郡 *ついのつまり 山形県米沢市 *つきにけり 京都府竹野郡「待って待って、つきにけり来んじみゃー（来ずじまい）」 鳥取市 *つずまり 大阪市「つずまりだめやった」 広島県高田郡　愛媛県・松山 *つずまるところ 新潟県佐渡　大阪市　広島県高田郡 *つっきにけり 滋賀県蒲生郡　大阪市 *つっきりきり 福井県大飯郡 *つっきんけり 滋賀県滋賀郡 *つっけにけり 福井県「それからつっけにけり来なんだ」 大阪市 *つまりざか 高知県長岡郡 *つまりにじゅーくんち（「十二月二十九日」の意）長崎県対馬「あのように奢りが過ぎては、つまりにじゅーくんちが来て苦しまねばならぬことになる」 *つむく 高知県「あれ程骨を折ったがつむく駄目ぢゃった」 *つむくー 高知県高岡郡 *どーしか（どんなことをしても結局は）山形県米沢市 *どーしこーし（どんなことをしても結局は）山形県米沢市「どおしこおしだめだ」・西置賜郡 *どーせがこーせが（どんなことをしても結局は）鹿児島県鹿児島郡 *どーせこーせ（どんなことをしても結局は）岩手県気仙郡「どうせこおせ行ぐんだがら、俺いぐぞ」 宮城県石巻「どうせこおせ呉れでやんだから」 山形県米沢市　福島県 *どーんじ（結局のところ）福島県東白川郡「どおんじ知ってだとおもった」 *どちがみち 高知県 *どっちせー（結局は）新潟県佐渡　兵庫県淡路島 *どっちぶり（結局は）島根県出雲「どっちぶり貸してはごさん（くれない）」 *どっちゃいせ（結局は）兵庫県加古郡・淡路島　奈良県宇陀郡「どっちゃいせお前は落第やぞ」 和歌山県「どっちゃいせ同じ事だよ」 香川県大川郡・高松市 *どっちんせ（結局は）兵庫県加古郡 *どんずめ 千葉県夷隅郡　徳島県　愛媛県松山 *なんさもない（結局は）岩手県気仙郡「なんさもねぁそれぁ親が悪いんだべ」「なんさもねぁ、三百あればよかんべ」 *にっぱて 埼玉県秩父郡 *よくせき 宮城県玉造郡・加美郡　山形県「よくせき俺が負けた」 福島県浜通「よくせき駄目になって了った」 *よくしょく 山形県東置賜郡
↓つまり（詰）

げっけい【月経】 *あかうま 愛知県東春日井郡　奈良県吉野郡　和歌山県日高郡 *あかごろも 埼玉県北葛飾郡 *あかんま 三重県伊賀　和歌山県日高郡 *あせひ 徳島県三好郡・那賀郡 *あらけ 鹿児島県宝島 *いんきょ 鹿児島県肝属郡 *えんこぼ 武蔵 *えんこぼー 千葉県安房　長野県佐久 *えんこんぼー 東京都南多摩郡 *えんちょさん 島根県能義郡 *おきゃく 広島県倉橋島・高田郡　徳島県三好郡　香川県 *おきゃくさん 宮城県栗原郡　東京都　滋賀県彦根　大阪府泉北郡　兵庫県淡路島・赤穂郡　和歌山県日高郡　島根県　香川県　熊本県　宮崎県延岡市 *おきゃくはん（花柳界）滋賀県蒲生郡 *おくもの 香川県綾歌郡 *おたや 長野県更級郡 *おつきさん 兵庫県赤穂郡 *おまる 香川県木田郡 *おやく 長野県 *おりもの 熊本県 *かいら 三重県宇治山田市 *かげ 広

島県走島　香川県佐柳島　*がすい・がす 新潟県佐渡　*かりや 長野県諏訪　愛知県渥美郡　三重県　*かんや 三重県志摩郡　*きりび 三重県志摩郡・度会郡　*くさり 三重県度会郡・宇治山田市　*くせ 青森県上北郡　岩手県気仙郡　*ぐだいもん 鹿児島県揖宿郡　*くだりもん 熊本県　*ぐわっすい 沖縄県八重山・石垣島　*けがれ 香川県高見島　鹿児島県種子島　*けす・けし 青森県三戸郡　*こいえ 東京都利島「こいえになった」　*こえ 島根県簸川郡・八束郡「こえにおる(月経中である)」　*ござうち 島根県鹿足郡　*こつき(花柳界で言う) 滋賀県蒲生郡　*こひ 島根県八束郡　*こや 静岡県駿河「こやになる」　愛知県北設楽郡・知多郡　*こんえ 香川県粟島・志々島　*しおとき 熊本県芦北郡　*じゅーぐにち 沖縄県国頭郡・首里　*じゅーごんち 愛媛県周桑郡　*しょーじん 熊本県下益城郡　*たいや 愛知県知多郡　*ちがった 島根県隠岐島　*ちっもん 鹿児島県揖宿郡　*ちょーきばん 富山県砺波　*つき 熊本県芦北郡　*つきぞい・つきのそい 鹿児島県沖永良部島　*つきのめぐり 三重県阿山郡　*てーき 兵庫県赤穂郡　*ておけばん 奈良県宇智郡　*ておけばんじょ 奈良県宇智郡　*てなし 鹿児島県種子島　*でもの 三重県阿山郡　*てんちょーせつ(日の丸を掲げる日であるところから) 埼玉県北葛飾郡　*てんのか 愛媛県越智郡　*どんたく 静岡県川根　*にーやか 新潟県佐渡　*にわ 鳥取県西伯郡　*はち 新潟県・頸城　長野県　*はちざえもん 宮城県　山形県　*はちべ 埼玉県秩父郡　新潟県上越市　長野県下水内郡　香川県小豆島　*はちべー 茨城県稲敷郡　群馬県　埼玉県秩父郡・北葛飾郡　香川県小豆島　*はなみずかえ 長崎県壱岐島　*ひ 新潟県佐渡　長野県諏訪　岐阜県加茂郡　三重県志摩郡　和歌山県日高郡　徳島県三好郡　香川県木田郡・高見島　*ひのまる 山形県東置賜郡　埼玉県北葛飾郡　新潟県佐渡　兵庫県赤穂郡　島根県大田市　広島県　香川県高見島　大分県　*ひかず 山口県豊浦郡　*ひどき 三重県志摩郡　*ひま(「火間」か) 東京都大島　愛媛県大三島「ひまんなる(月経が始まる)」　*ひまえ 新潟県佐渡　三重県北牟婁郡　和歌山県西牟婁郡　*ひまや 千葉県　山梨県　長野県　静岡県周智郡　三重県志摩郡・南牟婁郡　和歌山県日高郡　愛媛県　*びょーき 島根県石見　*ふじょー 新潟県佐渡　岐阜県北飛驒　兵庫県赤穂郡　岡山県御津郡　香川県木田郡・綾歌郡　*ぶん 長野県佐久「ぶんになる」　愛知県岡崎市　*ぶんや 岐阜県加茂郡　愛知県　*べち 新潟県佐渡　*べつ(月経中は炊事も別火で行ったところから) 新潟県佐渡　島根県　香川県三豊郡　愛媛県新居郡・周桑郡　*べっか 長野県諏訪　三重県伊勢　島根県出雲・隠岐島　愛媛県新居郡・周桑郡　*べったく 愛媛県周桑郡・新居郡　*べつなべ 愛媛県大三島　*べつび 新潟県佐渡　三重県　島根県隠岐島　愛媛県周桑郡　*へや 島根県那賀郡・江津市　*めぐり 山形県　福島県　栃木県　埼玉県北葛飾郡　東京都八王子　山梨県南巨摩郡　長野県諏訪・下伊那郡　京都市　島根県益田市　広島県芦品郡　徳島県美馬郡　大分県　*やく 新潟県佐渡　山梨県北都留郡　島根県石見・隠岐島　広島県　徳島県美馬郡　香川県三豊郡　熊本県　*やくのもの 岩手県上閉伊郡　*やくのもん 熊本県　*やくびょー 熊本県天草郡　*やけ 奈良県・宇陀　*やみ 広島県　*よける 香川県伊吹島　*よごれ 三重県志摩郡　*よごれもん 熊本県天草郡　*わがい 島根県江津市

けっこん【結婚】　*おかため 神奈川県藤沢市「おかためでおめでとうございます」　*かため 和歌山県日高郡「かための日」　*くれもらい(嫁や婿を、くれたりもらったりするところから) 奈良県吉野郡　*ささぎ 沖縄県宮古島　*しゅーよー(「収養」か) 広島県山県郡・江田島「しゅーよーする(結婚する)」・高田郡　愛媛県大三島「こんちゃ(今日は)しゅーよーでございまひて」　*しょたい 滋賀県彦根「しょたいする(結婚する)」　*みすぎ 新潟県中魚沼郡　↓えんぐみ(縁組)・えんだん(縁談)・こんれい(婚礼)

□する　*おつかる 岩手県気仙郡　*かためる 栃木県　*かたる 北海道「あの人とかたった」　青森県「私はあの人にかたりたくない」　岩手県九戸郡　秋田県鹿角郡「あの女は今は某とかたってる」　山梨県南巨摩郡「あのしゅのえーの息子あ隣村のおだいじんえーの娘とかたるげな」　長野県東筑摩郡「あの人とかたった」　静岡県磐田郡　*といよ 鹿児島県肝属郡　*はいるの(結婚すること) 三重県志摩郡　*よをもつ 神奈川県藤沢市「(娘が未婚のまま死んだ時)よをもたないで死なれてかわいそうなことだった」　*わりをつける(相手と結婚する) 群馬県吾妻郡

けっして【決】　*いかなこつやれ 長崎県壱岐島「いかなこつやれ俺が行くもんか」　*いかなこと 山形県米沢市　岐阜県飛驒　愛媛県　*いかなことやれ 山口県豊浦郡　*いかなこんたて 山形県米沢市・西置賜郡　*いかなしん 沖縄県首里　*いかにしたて 山形県西置賜郡　*いけんしこん 宮崎県西諸県郡　鹿児島県・硫黄島・鹿児島郡　*いけんしても・いげんしても 鹿児島県屋久島　*いけんでんこげんでん 鹿児島県　*いじょー 岩手県上閉伊郡　神奈川県　高知県「私にはいじょー何の話もない」「今日の問題はいじょーいかざった」　*いちご 山口県　*いちごに 山口県祝島　*いっかないっかな 熊本県下益城郡　*いっかなこと 山口県豊浦郡　愛媛県松山　*いっかにしん 沖縄県石垣島　*いっしょ・いっしゅ 青森県津軽「生きている間は私はえっしょそんなことはしない」「こだだきゃ、なことば、えっしゅつでえがなぇ(今度からは、お前を絶対連れて行かないよ)」　*いっせき 新潟県「病気以来私はいっせき酒飲まん」・佐渡　*いっせつ 群馬県佐波郡・多野郡「今日は仕事をいっせつしない」

東京都八丈島　長野県下伊那郡「あんな奴とはいっせつ話をするな」　兵庫県加古郡　鹿児島県　***いったい** 青森県南部「いったい言ふこと、きかない奴だ」　岩手県九戸郡　新潟県東蒲原郡・西蒲原郡　福岡県北九州市「いったい知らざった」　***いよいよ** 鹿児島県肝属郡「いよいよせぬか」　***えーたい** 新潟県中頸城郡「彼にえーたい金を貸すな」　***えーでー・えってー** 新潟県岩船郡　***えだえ** 宮城県栗原郡　秋田県鹿角郡　***えったー** 青森県三戸郡　***えっで** 山形県西田川郡　***えっでー** 山形県「えっでー人の物を盗るな」　***えで** 秋田県　***おーげん・おーぎむ** 鹿児島県喜界島「にゃーらー　おーぎむあっさ　くとー　しぇーらん(これからは決してそんなことはいたしません)」　***かったり・かったりかったり**(下に打ち消しの語を伴って) 島根県隠岐島「かったり知らん」　***かなに** 京都府　鳥取県西伯郡「君は近来かなに顔お見せんな」「今年は栗がかなにならん」　島根県「かなに便りをせん」　***かなね** 島根県出雲　***かならじかならじ** 島根県出雲「礼ねやなんかえ、かならじかならじ、かまってごさっしゃらんでも(礼になど決しておかまいなく)」　***かまえて** 東京都新島・神津島　***かんまーて** 鹿児島県種子島　***かんまえて** 富山県　***かんめつ** 鹿児島県　***けがにも**(下に打ち消しの語を伴って) 島根県石見・隠岐島「そがーなことはけがにもせん」　岡山県　広島県高田郡　***けがのばちにも**(下に打ち消しの語を伴って) 島根県石見「けがのばちにも知らざった」　***けんご** 山口県玖珂郡　***こりても** 新潟県佐渡「こりてもしてはならんぞ」　***こんげん**(下に打ち消しの語を伴う) 静岡県「こんげんそんな事はしない」　島根県「こんげん悪いことはせん」「これこんげんあの男とは飲まん」　岡山県苫田郡　***こんげんきり**(下に打ち消しの語を伴う) 静岡県島田市　***こんげんさい**(下に打ち消しの語を伴う) 静岡県小笠郡　***こんげんざい**(下に打ち消しの語を伴う) 静岡県伊豆「こんげんざい行かぬ」　***さらや** 青森県三戸郡「さらや構もな」　新潟県佐渡　***そーたい・そーで**(下に打ち消しの語を伴って) 新潟県岩船郡「こんどはそーでしない」　***たって** 群馬県勢多郡「たって行かない」　***なんとなんと** 山形県「なんぼ待ってでも、なんとなんとこなえ」　***ほか** 岐阜県恵那郡　***ほったしても**(多く、打ち消しの語を伴って意を強める) 青森県津軽　***ほっても**(多く、打ち消しの語を伴って意を強める) 青森県津軽「こうなれば、ほってもきがなえど(こうなったら、絶対きかんぞ)」　山形県新庄市・飽海郡　栃木県河内郡　富山県砺波「ほってもいわん」　石川県江沼郡　長野県諏訪・東筑摩郡　岐阜県飛騨　岡山県児島郡「おめーそがんゆーけど、そのことだきゃーほっても知らんでー」　広島県高田郡　徳島県　香川県仲多度郡　***ほてへも**(多く、打ち消しの語を伴って意を強める) 青森県津軽　***まんご** 富山県砺波　山口県玖珂郡　***まんごー** 富山県砺波　***むーつ** 鹿児島県　***もーと**(打ち消しを伴って用いる) 福島県相馬郡「こんなどこにゃもーと来ねー」・東白川郡　富山県　***もーとも**(打ち消しを伴って用いる) 新潟県西蒲原郡　富山県砺波

けつまつ【結末】　***おしあがり** 富山県砺波「そっでそのおしあがりはどうなったい」　***おしゃげ** 福井県大飯郡　和歌山県　島根県出雲市・簸川郡「おしゃげのはてに(結果として)負けてしまった」　***かたぎ** 新潟県「はやくかたぎをつける」「あの話かたぎつけましたか(解決しましたか)」　***しゃらく**(ものごとの結末) 長崎県壱岐島「しゃらくをつけにゃー」　***すら**(物事の結末) 鹿児島県喜界島　***ちゅー・ちょー** 富山県砺波　石川県「ちゅーつける」「ちょーがつく」　***つぃび** 沖縄県首里　***つばめ** 三重県津市　島根県那賀郡「あがーこがーつばめがつく」　***てんこつ** 滋賀県蒲生郡

げつまつ【月末】　***くれ** 静岡県島田市　***しきしー** 沖縄県石垣島・黒島　***しきしまい** 沖縄県鳩間島　***しきしみ** 沖縄県竹富島　***しきぬしー** 沖縄県石垣島・波照間島　***すえつ**(「すえつかた(末方)」の転) 新潟県佐渡・西蒲原郡「今月のすゑつに」　***せっき** 島根県邇摩郡　***ちちしー** 沖縄県中頭郡・国頭郡　***つぃきしー** 沖縄県石垣島　***つぃきぬしみ** 沖縄県小浜島　***つきじゃみ** 長崎県南高来郡　***つきじり** 岐阜県吉城郡　***ってぃぬしみ** 沖縄県与那国島

けなす【貶】　***いーくじゅん** 沖縄県首里　***いーすぃたらしゅん・いーすぃったらきゅん** 沖縄県首里　***いーやんじゅん** 沖縄県首里　***かっこなす** 山形県　福島県相馬郡「なんでもひとのごど、かっこなすんだろ」・東白川郡　***かっぺなす** 茨城県稲敷郡　栃木県「ひとのごと何でもかっぺなすんだから」　***くざす** 愛知県碧海郡　***ぐさす** 愛知県岡崎市　***くさする** 滋賀県彦根　***くさらかす** 長崎市　鹿児島県　***くさりをつける** 新潟県佐渡　***くっさらかす** 鹿児島県肝属郡「あい(彼)がくっさらけち来た」　***けこなす** 福井県大野郡　***げばす** 富山県　***げぼーなす** 埼玉県秩父郡　東京都八王子　神奈川県津久井郡「近頃はさつまいも等、げぼーなして食わねえ」　***こする** 長野県諏訪　***こなす** 宮城県仙台市　山形県　福島県　栃木県　千葉県　東京都南多摩郡・八王子・大島　神奈川県　新潟県「彼はこの文章をこなすけれども私は好きだ」　富山県　山梨県・南巨摩郡「蔭で人をこなす」　長野県　岐阜県　静岡県「あいつは直ぐ人のことをこなす」　愛知県「あいつにかかったら何をいっても一こなしでかなわんなあ」　三重県松阪市　奈良県南部　和歌山県「こなしこなし嫁つかふ」「だいど(だれか)にこなされたかいて(かして)嚔(くしゃみ)する」　岡山県　山口県豊浦郡　福岡県企救郡　大分県大分郡　***かっこなす** 山形県　福島県相馬郡「なんでもひとのごど、かっこなすんだろ」・東白川郡　***こなしつける** 山形県東村山郡　***しこなす** 山形県北村山郡　鳥取県西伯郡　***ちゃをかける**(他人の言行をけなす) 千葉県夷隅郡　***なぐる** 高知県　***へ**

こなす 山形県西置賜郡　長野県　岐阜県　愛知県　滋賀県 *へす 長崎県 *へっこなす 山形県西置賜郡

↓おとしめる（貶）・そしる（謗）

□こと *ぐじゃ（相手のことを、ひどくけなすこと）新潟県佐渡 *けちゃもん 香川県高松市 *こっぱい（ひどくけなすこと）奈良県

げひん【下品】 *げなく 広島県 *さんきゃく 滋賀県蒲生郡 *すくーで 高知県 *すくでー・すくたい 愛媛県 *やくさ 高知県幡多郡「そんぎゃなやくさなことい―よったら口のはたひねくるぞ」 *やくざ 滋賀県蒲生郡

↓げれつ（下劣）

□だ *あつかましー 兵庫県赤穂郡 *いやらしー 島根県隠岐島　香川県 *えげたい 秋田県鹿角郡「えげてぁ着物だ」 *おるい 山口県都濃郡 *おろい 福岡県小倉市　宮崎県西臼杵郡　鹿児島県・肝属郡 *おろいー 佐賀県・神埼郡　長崎県　熊本県南部　大分県　宮崎県西臼杵郡 *おろいげない 大分県東国東郡 *おろえー 福岡県企救郡・福岡市　熊本県 *おろよい 福岡県久留米市「此筆は其筆よりもおろよか」・福岡市　佐賀県東松浦郡　長崎県五島　熊本県　鹿児島県 *げさい 愛媛県周桑郡 *げさきー 大分県東部「げさきー男じゃ」 *げさくい 和歌山県日高郡　香川県小豆島　大分県東部 *げさっか 長崎県　熊本県 *げすい 岐阜県稲葉郡・高山市　三重県　京都市　大阪市　兵庫県加古郡　和歌山県北部　島根県 *こちゃけない 秋田県北秋田郡「こちゃけねぁ事ばかりする」 *ざくらしー 岐阜県大野郡 *しめったらしー 富山県 *すかたい 香川県「すかたい顔」「すかたいことするなよ」 *はごーさん 沖縄県首里 *やらしー 徳島県

□なこと *げさく 宮城県北部　山形県東置賜郡　富山県砺波　大阪市　兵庫県淡路島　島根県　岡山県児島郡　広島県　山口県・玖珂郡「つまみ食いのようなげさくせんな」 香川県西部「げさくな言葉」 愛媛県　高知県　福岡県北東部　長崎県長崎市・五島　熊本県　大分県　宮崎県延岡市　鹿児島県 *ごじゃ 兵庫県赤穂郡 香川県 *ごじゃはげ 香川県

□なさま *げさく 宮城県北部　山形県東置賜郡　富山県砺波　大阪市　兵庫県淡路島　島根県　岡山県児島郡「この柄（がら）はげさくなあ」 広島県　山口県・玖珂郡「つまみ食いのようなげさくせんな」 香川県西部「げさくな言葉」 愛媛県　高知県　福岡県北東部　長崎県長崎市・五島　熊本県　大分県　宮崎県延岡市　鹿児島県 *ざんとー 長崎県対馬「直ぐ足を出すやら粗相な語を使ふやら、どうもざんとうな人間ぢゃ」 *じゃけら（けばけばしく下品なさま）高知市「その柄はあんまりじゃけらでちっとも似合わん」 *しゃべ 島根県隠岐島「しゃべな話をする」 *ぼくしょ 香川県小豆島

けむい【煙】 *いぶい 青森県三戸郡・南部　福島県東白川郡　栃木県　群馬県　埼玉県　千葉県　東京都江戸川区・八王子　神奈川県足柄下郡・小田原　山梨県・郡内　長野県佐久　静岡県志太郡・磐田郡 *いぶせったい 静岡県 *いぶたい 青森県　岩手県上閉伊郡　宮城県石巻　秋田県　山形県　茨城県稲敷郡 *いぷたい 青森県　秋田県鹿角郡 *いんぷたい 秋田県北秋田郡「烟が立ってえんぷてぁ」 *きぶさん 沖縄県首里 *きゅさーん 沖縄県石垣島 *けたい（「けむたい」の転）山形県西村山郡 *けったか・けっぱか 鹿児島県 *けむっぺー 長野県上田 *ひぶさ 鹿児島県沖永良部島 *ゆぶい 青森県南部　千葉県海上郡・東葛飾郡 *ゆぶたい 岩手県上閉伊郡・気仙郡　秋田県鹿角郡 *ゆぷたい 青森県上北郡・三戸郡　岩手県上閉伊郡　宮城県石巻「ゆぷてぁくて泪こぼれる」 *ゆぶったい 千葉県東葛飾郡

けむし【毛虫】 *あおぐも 奈良県吉野郡 *あんじょむし 鹿児島県奄美大島 *いーら 岡山県津山市　長崎県南高来郡 *いげむし 佐賀県唐津市　鹿児島県種子島 *いなむし 大阪府泉北郡 *いばらむし 山形県飽海郡　新潟県佐渡 *いもむし 新潟県北蒲原郡 *いら 兵庫県佐用郡・赤穂郡　岡山県　山口県　愛媛県　高知県　佐賀県藤津郡　長崎県南高来郡　熊本県天草郡　宮崎県　鹿児島県 *いらむし 兵庫県氷上郡・加古郡　愛媛県 *いろじ 兵庫県加古郡 *いんじょー 鹿児島県喜界島 *うじ 新潟県東蒲原郡　奈良県吉野郡　山口県祝島 *えじゅま 京都府 *おこじ 山形県庄内　愛知県碧海郡・岡崎市 *おこじょ 富山県　石川県金沢市・河北郡 *おこじん 愛知県岡崎市 *おこず 山形県東田川郡 *おこぜ 愛知県　島根県鹿足郡・那賀郡　大分県 *おこで 大分県 *おばむし（苧麻（からむし）につく、斑点（はんてん）のある毛虫）熊本県球磨郡 *がーだか 青森県南部　岩手県九戸郡 *がいがい 群馬県勢多郡 *かいがら 山形県北村山郡 *かいがらむし 山形県 *かいがりむし 岩手県南部 *がいだか 青森県「とどこ（蚕）はてこな（蝶）になる。がいだか（毛虫）だふり（蜻蛉）になる。道理とめらしはあばになる」 岩手県 *かこげだが（背中に黄色の斑点（はんてん）のある毛虫）青森県上北郡 *かっこげだか（「げだか」は毛虫の意。黄色の斑点（はんてん）のある毛虫）青森県上北郡 *かぶれむし 三重県志摩郡 *かぶれもし 石川県鹿島郡 *がむし 秋田県秋田市・河辺郡 *かやむし 新潟県佐渡 *がりがり 山形県東村山郡 *きーふくりむし 沖縄県黒島 *きむし 兵庫県加古郡　奈良県生駒郡 *きゃっちゃむし 山形県最上郡 *くわむし 大分市 *げぁーだか 岩手県上閉伊郡・気仙郡 *げぁえだか・げぁぇじゃか 秋田県鹿角郡 *げぁだか 秋田県 *げぁんじゃか 秋田県鹿角郡 *げぁんだか 秋田県 *けうじ 山口県向島・大津島 *げーだか 青森県三戸郡・南部

＊けーも長野県東筑摩郡 ＊げーもんが群馬県勢多郡 ＊けーり長崎県壱岐島 ＊げがむし秋田県南秋田郡 ＊けがらむし山形県西田川郡 ＊げじ三重県名賀郡 ＊げじげじ三重県名賀郡　岡山県真庭郡 ＊げだか青森県津軽・上北郡「くまげだが(熊のように黒い毛に包まれた毛虫)」 ＊けたろー・けだろ・けだろばば福島県北部 ＊けっけむし山形県最上郡 ＊けばむし千葉県南部 ＊けばら山形県西部 ＊けばらむし山形県西部 ＊けほーじょー広島県高田郡 ＊けむしたろ群馬県勢多郡 ＊げやだか岩手県岩手郡・上閉伊郡 ＊けらむし岩手県和賀郡　秋田県　山形県最上郡 ＊けんくぞー宮崎県東臼杵郡 ＊けんけら和歌山県那賀郡 ＊けんけん和歌山県 ＊けんけんむし山梨県南巨摩郡 ＊げんだ青森県 ＊げんだか青森県津軽　秋田県山本郡 ＊げんどー青森県 ＊けんばら山形県東田川郡・飽海郡 ＊けんばらむし山形県東田川郡 ＊けんも群馬県山田郡　埼玉県大里郡 ＊けんもたる埼玉県大里郡 ＊こーじゅー(群生する小さな毛虫)京都府竹野郡 ＊こーじょ京都府 ＊ごじゅ大阪府三島郡 ＊こじょ富山県砺波 ＊ごんじゅー京都府南桑田郡　大阪府三島郡 ＊ごんちゅー京都府 ＊じーじー三重県志摩郡 ＊じじがいむ群馬県館林 ＊じじけ群馬県邑楽郡 ＊じじげもん群馬県邑楽郡 ＊しなんだろー・しなんだら・しなんだれ山梨県 ＊しなんたろ石川県加賀 ＊しなんたろー栃木県　神奈川県津久井郡　新潟県三島郡・刈羽郡　富山市近在 ＊じゃんじゃむし・しょーからむし山形県飽海郡 ＊しょがらむし秋田県河辺郡・由利郡　山形県酒田市・飽海郡 ＊しらがだゆー(主にクリの木につく毛虫)群馬県多野郡・勢多郡 ＊しらがたろー千葉県印旛郡 ＊すくらむし沖縄県波照間島 ＊すじむし大分市 ＊はげむし(人を刺す毛虫)鳥取県気高郡 ＊はげもし島根県出雲 ＊はんげんたろ埼玉県入間郡 ＊ぴぎむす沖縄県宮古島 ＊ひげうじ島根県石見 ＊ひげとーじ奈良県吉野郡 ＊ひげほいじょー愛媛県越智郡島嶼 ＊ひげほーじょー広島県 ＊ひげほにょ鹿児島県揖宿郡 ＊ひげむし三重県　兵庫県淡路島　奈良県南大和　島根県那賀郡・江津市　山口県笠戸島　徳島県　香川県　愛媛県　佐賀県唐津　長崎県南高来郡・対馬　熊本県下益城郡・天草郡　大分県　宮崎県延岡　鹿児島県揖宿郡・肝属郡 ＊ひげむしゃ奈良県吉野郡 ＊ひげむひっ長崎県五島 ＊ひげもし島根県隠岐島 ＊ひでむし三重県名張市 ＊ひゅーじ(コウゾや野生のカラムシにつく毛虫)高知県土佐郡 ＊ひんげむし三重県上野市 ＊ふげむし熊本県天草郡 ＊へげむし三重県上野市・阿山郡 ＊ほいじょ愛媛県大三島・伯方島・生名島 ＊ほーじ三重県阿山郡 ＊ほーじく群馬県多野郡 ＊ほーじょー京都市　広島県 ＊ほーじょーむし広島県倉橋島 ＊ほじょ宮崎県　鹿児島県 ＊ほぞ鹿児島県姶良郡・鹿児島郡 ＊まんもじ(幼児語)栃木県安蘇郡 ＊めんめ山形県東置賜郡　千葉県山武郡 ＊やこ鹿児島県宝島 ＊やまんぎ沖縄県石垣島 ＊んぎむむやーだぐ(「とげの生えた虫」の意)沖縄県与那国島

けむたい【煙】　⇩けむい(煙)

けむり【煙】　＊いぶ東京都八王子・三宅島 ＊いぶり山形県庄内　東京都八丈島 ＊きふ沖縄県新城島 ＊きぶーし沖縄県国頭郡 ＊きぶし鹿児島県加計呂麻島・奄美大島　沖縄県「きぶしかざ(煙臭いにおい)」 ＊きぶす沖縄県小浜島・波照間島・宮古島 ＊きぶんつぃ沖縄県与那国島 ＊きぼーし沖縄県鳩間島 ＊きゅーし沖縄県竹富島 ＊しもー島根県大根島 ＊しもり島根県簸川郡・出雲市 ＊しんぶし鹿児島県与論島 ＊すぼり・すもり島根県「何時までもすもりが出る」 ＊ひぶし鹿児島県喜界島「ひぶしまちゅい(煙が渦巻く)」・奄美大島 ＊ふすぼり島根県石見「炬燵の中のふすぼりを取ってのけー」 ＊ふすり島根県益田市 ＊ほけぶり長崎県対馬 ＊ゆぶり岩手県紫波郡・気仙郡

けもの【獣】　＊けーけー(幼児語)福島県岩瀬郡 ＊ぞぶくろ・ぞぶくる(特に犬を言うことがある)三重県度会郡 ＊ばーば(小児語)長野県南部 ＊やまのもの(動物、ムジナ。また、山の獣の総称。沖言葉)新潟県佐渡 ＊よつ新潟県中頸城郡　高知県長岡郡

けやき【欅】　＊いしげやき奈良県南大和 ＊いしげやく福岡県八女郡 ＊かいけ徳島県美馬郡・麻植郡　香川県　高知県長岡郡・土佐郡 ＊かえき新潟県西頸城郡 ＊かなぎ兵庫県 ＊けや福島県　茨城県　埼玉県秩父　兵庫県・神戸市　和歌山県　島根県石見　広島県 ＊けやのき和歌山県日高郡・西牟婁郡 ＊しらき奈良県吉野郡「しらきやま(広葉樹林)」 ＊しろき奈良県南大和 ＊すなずき山形県東置賜郡 ＊つき静岡県 ＊つきげやく福岡県築上郡 ＊つきのき長野県上伊那郡 ＊まき埼玉県秩父郡

げり【下痢】　＊いぎりすがくたい(隠語)熊本県下益城郡 ＊えと高知県幡多郡 ＊くすふぃりー沖縄県首里 ＊くだし沖縄県首里・八重山 ＊さかしれ(乳児の下痢)長崎県壱岐島「さかしれを始めた」 ＊さくれ鹿児島県加計呂麻島 ＊さざえつぶ広島県倉橋島 ＊しんむり静岡県 ＊たりかぶり熊本県玉名郡 ＊とびたれ千葉県君津郡 ＊とびだれ・どひたれ千葉県夷隅郡 ＊なつがえ(夏の土用のころの下痢)高知県長岡郡 ＊はらく三重県志摩郡　京都市　大阪府泉北郡「はらくする」　和歌山県日高郡　徳島県海部郡 ＊はらくだ奈良県北葛城郡 ＊はらさげ岡山市　香川県大川郡 ＊はらっぴり青森県三戸郡　岩手県上閉伊郡・気仙郡　福島県「君は、はらっぴりをして居るのか」　茨城県　西茨城郡　栃木県　群馬県勢多郡・桐生市　埼玉県・秩父郡 ＊はらとーし京都府竹野郡　広島県比婆郡 ＊はらとけ岩手県気仙郡 ＊はらとげくそ山形県南置賜郡・最上郡 ＊はらとげばっこ山形

県西置賜郡 *はらはしり 青森県三戸郡　秋田県平鹿郡　山形県西置賜郡・東田川郡 *はらびり 宮城県登米郡 *はらぴり 青森県南部　岩手県九戸郡・江刺郡　宮城県　秋田県平鹿郡　山形県東置賜郡・南置賜郡　福島県相馬郡 *ひいくだし 高知県 *びりくそ 山形県村山 *びりぐそ 熊本県下益城郡 *ふかだち（便所のある外へしばしば立つところから。上流の語）沖縄県首里 *ふくたい 兵庫県但馬

□をする *くわえる 高知県長岡郡 *こわる 愛媛県 *さがる 和歌山市「腹がさがる」　広島県倉橋島・高田郡　愛媛県 *さぐる 大分県南部 *さげる 山形県北村山郡　岡山県児島郡　香川県　大分県南部 *ざれる 徳島県美馬郡 *しびる 静岡県志太郡　高知県・幡多郡　福岡県 *しぴる 福岡県粕屋郡 *じびる 徳島県美馬郡・三好郡 *しぶる 香川県綾歌郡 *しんぶる 静岡県富士郡 *すべる 大分県西国東郡 *たりかぶる 熊本県・下益城郡 *たるかぶる 熊本県 *たれかぶる 福岡市　熊本県玉名郡 *つーじる 岐阜県飛驒 *どーす 徳島県 *どーる 大阪市「おなかが通る」　奈良県南大和 *とける 岩手県気仙郡　宮城県仙台市「夜あんまり氷水飲むな。とけっつぉ」 *はしる 岩手県気仙郡「腹ぁはしる」 *はらとける 宮城県仙台市「そたに氷水のむっとはらとけっつぉ」　山形県 *ひいがくだる・ひいがくだす・ひいをさげる・ひがくだる・ひをくだす・ひいをとーす 高知県「あれはよくひいをとーす物ぢゃから、夏の季候の悪い時には食べんがよい」「何ぞ中毒（あた）ったと見えて、今朝はひいがくだるよ」・高知市 *ひいがわるい 高知県 *ひける 和歌山県東牟婁郡

□をすること *あっぱたれ 新潟県西頸城郡 *うらあるき 宮城県仙台市

ける【蹴】 *かっぽる 福島県相馬郡「おと、うんとかっぽったもんで泣えた」・東白川郡 *けーたくい 鹿児島県 *けこくる 福岡県八女郡・浮羽郡 *けしゃげる 長野県東筑摩郡・諏訪 *けしやげる 長野県上田・上伊那郡 *けたくる 茨城県東茨城郡　長野県「てんまりをけたくってござる」　高知県　三重県阿山郡　島根県「犬をけたくる」　高知県　熊本県天草郡 *けたげる・けちゃげる 兵庫県淡路島 *けちつく 和歌山県那賀郡・海草郡 *けつ　広島県 *けっからかす 長野県諏訪・上伊那郡　岐阜県　静岡県・安倍郡・榛原郡　愛知県岡崎市 *けっけらがす 富山県 *けっこくる 栃木県　新潟県上越市 *けったくる 岩手県上閉伊郡・気仙郡「まっこに（馬に）けったぐらえだ」　宮城県石巻　千葉県香取郡　静岡県榛原郡「布団をけったくって起きあがる」　島根県　熊本県玉名郡 *けっちゃげる 香川県 *けっちゃる 広島県高田郡 *けっとばかす 兵庫県加古郡 *けっぱなす 富山県射水郡 *けっぽぐる・けっぷぐる 新潟県東蒲原郡「猫をげっぷぐって可愛想に」 *けっぷる 山形県東置賜郡 *げっぽる・げっぷる 山形県東置賜郡・西置賜郡 *けっぽる 山形県南置賜郡・西置賜郡　福島県「うんと、けっぽったら、あっちまでえった」「鞠をけっぽってる」　千葉県東葛飾郡　新潟県新発田・東蒲原郡 *けつらかす 京都府竹野郡「馬が飼料桶をけつらきゃーてかけて行った」　広島県・比婆郡　愛媛県新居郡・周桑郡 *けつらかやす 広島県比婆郡 *けつる 山口県「石をけつると下駄がいたむ」　愛媛県 *けとくる 香川県木田郡 *けなぐる 新潟県佐渡 *けなげる 茨城県稲敷郡 *けぶる 滋賀県甲賀郡 *けぼる 滋賀県蒲生郡 *けまくる 徳島県阿波郡　香川県綾歌郡 *けまぐる 京都府 *けむくりあげる 香川県高松市 *けもくる 香川県 *けやったーす 徳島県海部郡 *けんなぐる 岩手県気仙郡　宮城県石巻　栃木県　千葉県香取郡 *けんなげる 栃木県「そんな職人ならぱっとけんなげっちゃ」 *けんぼる 新潟県 *つものける・つもっける 青森県津軽「この馬はつもっけるから側に寄るな」 *ひゆい 鹿児島県喜界島 *ふぐくる 山形県東村山郡「人をふぐぐる」 *ぶぐぐる 新潟県新発田 *ふごぐる 山形県・西置賜郡 *ふじげる 青森県上北郡 *ふだくる 山形県・北村山郡「こたつの着物、ふだくて焼えだ（足でけって焼いた）」 *ふっごくる 新潟県南魚沼郡 *ふっこける 新潟県中越 *ふみたくる 岩手県南部 *ふむ 秋田県鹿角郡　山形県「馬にふまっだ（馬にけられた）」 *ふんがえす 岩手県上閉伊郡「馬にふんげぇあされた」 *ふんがらかす 新潟県三島郡　山梨県南巨摩郡「プロレスリングじゃあだたら（やたらに）ふんがらかす」 *ふんぐくる 青森県三戸郡「馬にふんぐぐられて負傷した」 *ふんごかす 新潟県中頸城郡「じゃまのものはふんごかすぞ」 *ふんごく 群馬県多野郡「寝ていて蒲団をふんごく」 *ふんごくる 山形県　栃木県　群馬県多野郡　埼玉県秩父郡「蒲団をふんごくって寝ている」　新潟県　長野県 *ふんごける 新潟県中越・長岡市 *ふんざくる 長野県諏訪郡・上伊那郡「夜、ふとんをふんざくる」 *ふんじげる 青森県 *ふんどばす 茨城県久慈郡　栃木県「夜中にふんどばすから寝冷えすんだ」　群馬県佐波郡 *ふんむぐる（荒々しく蹴る）新潟県東蒲原郡 *ほんごくる 新潟県中頸城郡

げれつ【下劣】 *がち 愛媛県宇摩郡 *すごーへー 山口県豊浦郡 *やくさ 高知県幡多郡「そんぎゃなやくさなこといーよったら口のはたひねくるぞ」 *やくざ 滋賀県蒲生郡

↓げひん（下品）

けわしい【険】 *きぶい 徳島県　香川県「この土手はきぶい」　愛媛県 *こわい 秋田県鹿角郡「七曲の坂はこはい坂だ」　福島県「この坂ずいぶんこわえなえ」 *たつどい・たつろい 和歌山県日高郡 *はげー 京都市 *まぶい 徳島県・名西郡 *むつかしー 沖縄県「伊賀越はむつかしー所」「むつかしーひら（坂）」 *やねこい 山口県大島

↓けんそ（険阻）

□こと *ここ 長野県北安曇郡 *せんしょー 東京都八丈島 *やわら 静岡県志太郡

□さま *きっそ 三重県志摩郡 *さが 岐阜県飛騨「さがな畑地」

土地が□ *さーしー 鹿児島県喜界島「さーしーどーるー(傾斜した所)」 *さがい 鳥取県「径がさがいで」 岡山県苫田郡「この坂ぁ、さがいのー」 *さがし 徳島県美馬郡 *さかしー 山口県・阿武郡 香川県小豆島 福岡県朝倉郡 *さがしー 千葉県安房郡 神奈川県津久井郡 山梨県南巨摩郡「あの山がさがしいと思ったいば三十度もあっとーが」 岐阜県 静岡県庵原郡「さがしいとこ(坂)」 滋賀県彦根 徳島県 愛媛県 高知県「ここはさがしいから南から回っていこう」 長崎県対馬

けんお【嫌悪】 *ふつぎれー 長崎県壱岐島「ふつぎれーしち(嫌がって)来もせん」

芋虫、毛虫、蛇などを見た時の□の感じ *うざっこい 神奈川県愛甲郡・津久井郡 石川県鹿島郡 *うざってー 東京都八王子 *うざらっけー 神奈川県津久井郡

□感を感じる *えずい 高知県香美郡「あんなえずい男はないのーし」・土佐郡 *えぞい 岐阜県飛騨・稲葉郡

□の甚だしいさま *どくどく 山形県東村山郡「どくどくきらわれた」「どくどく厭になった」・北村山郡「ほだなごどぐどぐやんだ(そんなこと、よくよく嫌だ)」 *ふるふる 福岡市「奴はふるふる好かん」 長崎県壱岐島

けんか【喧嘩】 *あい 沖縄県石垣島・竹富島・鳩間島 *おーえー 沖縄県首里 *からちあい(「かちあい(搗合)」の転か) 島根県 *くじ 島根県飯石郡 *ぐじ 高知県 *けんかい 福井県大野郡・敦賀郡 岐阜県稲葉郡 三重県志摩郡 徳島県海部郡 香川県伊吹島 高知県 *けんかとーじょー 長崎県壱岐島「けんかとーじょーきるな」 *せんぎ 富山市近在 静岡県周智郡 岡山県 山口県 *てっか 長野県諏訪・上伊那郡 *ひつらひっぱり・ひずらひっぱり・ひずりひっぱり 山形県米沢市「ひづらひっぱりしんな」 *ぽしあい 香川県高松市

□をする *あーゆい・あーうぃ 鹿児島県喜界島 *あうん 沖縄県石垣島・竹富島・鳩間島 *おーゆん 沖縄県首里 *からかう 福井県 山梨県中巨摩郡・東八代郡 *からこう 長野県諏訪 愛知県東春日井郡 滋賀県神崎郡 *からちあう(「かちあう(搗合)」の転か) 島根県出雲 *しっきゆい・しっちゆい 鹿児島県喜界島 *しんむしる(つかみ合いのけんかをする) 岩手県気仙郡「しんむすりあってけんかしている」 *とぅらゆい 鹿児島県喜界島「子供とぅらてぃ(戯れて)半日を浪費した」 *まぐりあう 秋田県平鹿郡「太郎と二郎とまぐりあった」 *むくしりあう 岩手県上閉伊郡・気仙郡

げんかん【玄関】 *あがりだん 千葉県東葛飾郡 *うえのくち 香川県・大川郡 *えんば 石川県河北郡 *おーと 新潟県 富山県 石川県珠洲郡・河北郡 三重県度会郡 *おーど 栃木県 東京都大島 長野県諏訪・佐久 *おーとぐち 富山市 岐阜県郡上郡・不破郡 *おーどぐち 栃木県 長野県諏訪 *おーどまぐち 長野県諏訪・佐久 *おーとんぼ 栃木県 *おと 山形県最上郡・飽海郡 三重県志摩郡 *おど 秋田市 東京都利島 *おとぐち 長野県佐久 岐阜県大垣市 愛知県 三重県 滋賀県甲賀郡 兵庫県神戸市 奈良県宇陀郡 *おとのくち 山形市 *がんぎ 新潟県上越市 *がんげ 福井県吉田郡・坂井郡 *くんくみ 鹿児島県喜界島 *さま 青森県津軽 *さまぐち 福島県会津・大沼郡 茨城県猿島郡 静岡県 *しきだい 石川県・金沢 高知県・長岡郡 *しやし 岐阜県飛騨 *じょーぐち 山形県最上 山梨県 *すさし 石川県石川郡 *だいどころ 高知県 *たのもー 鳥取県 *でい 大阪府泉北郡 *でいのくち 広島県比婆郡 *でいり 長野県 *でのぐち 山形県庄内 *とのくち 岩手県気仙郡(台所の入り口) 宮城県栗原郡・仙台市「とのくちさんずんでたことない(いつも家にこもっていること)」 秋田県 山形県(勝手口も言う) 新潟県(玄関から土間へ入る入り口) 三重県名賀郡「とのくちのと」 兵庫県淡路島 奈良県南葛城郡(垣内の入り口) 和歌山県海草郡 島根県美濃郡・益田市「とのくちに立たんで中にはいれ」 高知県 *とのぐち 鳥取県岩美郡・気高郡 徳島県 香川県 *とのじ 青森県上北郡・三戸郡「とのじ三寸出たごとぁなえ」 *とのず 青森県南部 *とりつぎ 長野県上田・佐久 *とんぐち 香川県 *はこだん 広島県高田郡 *はんどまえ 山形県最上 *ひらき 新潟県佐渡 *ひろしき 山口県大島 *ふみこみ(玄関や入り口の土間) 新潟県佐渡 *ふんごみ 新潟県東蒲原郡 和歌山県海草郡「ふんごみにわ(玄関の庭)」 鹿児島県肝属郡 *ふんごん 鹿児島県 *まえのえん 島根県隠岐島 *まえば 島根県大原郡・飯石郡 *みせ 和歌山県有田郡 島根県 広島県倉橋島・高田郡 徳島県

げんき【元気】 *いころ 愛媛県 高知県中村市 *いじ 広島県高田郡 沖縄県島尻郡「いじんでぃん(元気を出す)」・首里・石垣島「いじいでぃるん(元気を出す)」 *いじり 沖縄県首里 *えきぼぇ 山形県「えきぼぇえー」 *がせ 青森県津軽 岩手県気仙郡 宮城県 秋田県平鹿郡 山形県 新潟県 *がせー 宮城県登米郡 山形県米沢市「おぼこあがしぇあ無え」 神奈川県 新潟県東蒲原郡「がせいがない(発育不十分のため弱々しい)」・西頸城郡 長野県上伊那郡 静岡県「疲れ切って歩くがせいもない」 *がせこ 宮城県栗原郡・仙台市 *がせっこ・がぜっこ 岩手県気仙郡 *がっせ 新潟県西蒲原郡 *がへ 青森県津軽「がへの強い男」 *かんき 愛媛県今治市 *きこん 山形県 新潟県佐渡「きこんがよい」 熊本県芦北郡・八代郡「きこん負け」 鹿児島県肝属郡「きこんづぃ(根気強い)」 *きば

く島根県石見「もっときばくを出あてやれ」 山口県「あの人はきばくがある」「おまえもちっときばくを出せい」 福岡市「きばく出す」 *げな 宮崎県東臼杵郡「げなか(元気か)」 *こん 広島県・高田郡 *しょーね・しょね 奈良県南大和「しょーね入れる」 *ずく 青森県津軽・三戸郡「ずくがよくなる(元気づく)」 新潟県 山梨県・南巨摩郡 長野県「ずくのある人でたまげた」 岐阜県加茂郡 静岡県榛原郡「はー年でずくがかなわん」 熊本県玉名郡 *ずくたん 熊本県下益城郡 *せー 新潟県佐渡 静岡県志太郡 滋賀県彦根「せーがよい」 島根県「今日はえらえせーがえーなー」 *せーと 新潟県佐渡「せーとがよい」 *せーとー 新潟県佐渡 *ちくん 沖縄県首里「ちくんぶちくん(元気のある時とない時)」 *ひず 岐阜県「この子、どーもひずがないがどっか悪いんじゃろか」 *やいき 静岡県安倍郡 愛知県知多郡「やいきの良い」 三重県志摩郡 和歌山県「そのやいきでやれ」

□がよい *あらしー 熊本県芦北郡「あらしう」 *いさぎー 福岡県嘉穂郡 大分県「あの人はいさぎー」 宮崎県「いさぎー子」 *いさぎいー 長崎市 *いさぎよか 福岡市 長崎県南高来郡 *いさっか 熊本県「元気んいさっか」「こん児がいさっかよう」 *いさどい 富山県「これはなんちゅーいさどいお姿じゃ」 石川県珠洲郡・能美郡 福井県 岐阜県飛驒「あれはどこで会ってもいさどい男じゃ」 *きがえない 青森県津軽 *きぱし 青森県上北郡 *きばしー 秋田県鹿角郡 *きばしこい 青森県 *きぱしない 青森県津軽「まじまえこぁ(松前産の馬は)、小さぇたて(小さいけれども)、ながながきぱしなぇ」 *ずない 山形県東田川郡 長野県北安曇郡「づない子だ」 静岡県志太郡

□なさま *いきよい 和歌山県「いきよいに飛んで来た」 *かーい 和歌山県東牟婁郡 *かい 奈良県吉野郡 *がい 新潟県「しぇめて五年もがいだばよかったどもはー、にわかに死んしもたが(死んでしまいましたよ)」「がいなかばんだ」 富山県下新川郡 三重県志摩郡 京都府 兵庫県明石郡 奈良県吉野郡 和歌山県 鳥取県気高郡・岩美郡 島根県「せいは低いが、がいな人だ」 岡山県「あの男は一升飲んでけろっとしとる。がいなもんじゃ」 広島県 徳島県 香川県「あいつ、がいなんぞ」 愛媛県 *がえー 岡山県苫田郡・上道郡 *かんかん 石川県河北郡「そくさいでかんかんや」 *ぎゃ 長崎県五島「ぎゃにある(力の強い)」 *ぎゃー 埼玉県入間郡 新潟県佐渡 兵庫県但馬 岡山県備中北部 宮崎県西臼杵郡 *げー 山形県庄内「げーもんだ」 群馬県 新潟県 富山県「げーなやつ」 長野県 大分県玖珠郡

□を出す *きばっ 佐賀県藤津郡 *ぎばむ 島根県出雲「少しぎばんで見い、きっと勝つけん」「政府もちたぎばんで仕事ね肩込んでもらわにゃ(政府も少しは精出して仕事に熱を入れてもらわなきゃ)」 *きばゆり 鹿児島県奄美大島 *きばる 秋田県鹿角郡 山梨県 長野県佐久 岐阜県不破郡「きばってやるんじゃわ(がんばってやるんだよ)」 三重県河芸郡「えらいきばっとるやないか」・員弁郡 滋賀県「おきばりやす(ご精が出ますね)」 京都市 鳥取県西伯郡 岡山県苫田郡 徳島県 高知県 長崎県「女子もこどむもきばる」 熊本県天草郡 大分県 鹿児島県阿久根市「(亡くなったあとだが)きばいやんしぇえ」・甑島・与論島「きばってぃたべーびゅい(働いていらっしゃいますね)」 *ぎばる 島根県出雲「そげにぎばっても損になるばっかーだ」 長崎県対馬「あの人はよくぎばる人で人の一時間かかってする仕事を半時間で仕上げようとする」 熊本県下益城郡 鹿児島県種子島 *きばるん 沖縄県石垣島 *きまる 福岡県北九州市「きまりよんなすなあ(がんばっておられますね)」 *ぎんばる 山形県 *しょーだす 鳥取県気高郡 *ちばゆい・ちばうい 鹿児島県喜界島 *ちばゆん 沖縄県首里 *はずむ 岐阜県揖斐郡「娘衆がはずんでやっとったんじゃ」 三重県度会郡 滋賀県彦根 兵庫県淡路島 広島県高田郡 山口県「隣村のおみこしを負かしちゃるちうてえらいはづーぢょる」 愛媛県大三島 福岡県久留米市・三井郡 大分県中部 鹿児島県甑島 *はずんこむ 島根県出雲 *はねおやす 岐阜県飛驒「おいはねおいて仕事に向かわんか」 *やりこます 静岡県「テニスをやりこます」・田方郡 *やりこむ 三重県北牟婁郡「あさはよーからやりこんでこらい(朝早くから元気で行きましょうよ)」

けんこう【健康】

□そうなさま *かたかたしー(肉が締まって健

方/言/の/窓

●犯罪捜査と方言

不幸なことに、最近は誘拐事件を中心とする脅迫電話が続出し、その度に方言研究者が警察やマスコミに引っ張り出されている。

しかし、研究者による推定はあまり当たらないし、そもそも地域を特定せよという注文の無理な場合が多い。誰もが共通語を使用している現在、脅迫電話の中に現れる方言的特徴はきわめて少ない。よく利用される鼻濁音の有無にしても中年層以下では鼻濁音の衰退が著しいし、かつては、世代差がないと言われたアクセントでさえ、若い世代では共通語化が進んでいる。

専門家による分析よりも、むしろ地元の素人による直感的判断の方が頼りになるという言語研究者の指摘もある。最近警察が脅迫電話の公開を始めたのも、このためであろう。

康そうだ）新潟県佐渡 *かたかた（肉が締まって健康そうだ）岩手県気仙郡「かだかだとしたがきっこだ」 宮城県石巻・仙台市「すっかりかたかたとならして結構でござりす」 山形県「からだつきがかたかたして来た」 栃木県中部 *きこきこ（年老いても健康で活動的なさま）岩手県気仙郡「あの人もきこきこずど思っていだらば、まがまがど（足もとがおぼつかなく）なったな」 *きっこきっこ（年老いても健康で活動的なさま）岩手県気仙郡 *しゃんしゃん 新潟県佐渡 滋賀県彦根 奈良県南大和 *しょんしょん 滋賀県彦根 *すかっちょー 熊本県 *ほげほげ（ほおが桃色でふっくらして健康そうなさま）山形県南村山郡「ほげほげとしている」 *まめさげ 島根県出雲「まめさげな身体をしちょー」

□だ *いしこい 岩手県気仙郡「いしこいがぎだ（じょうぶな子供だ）」 福島県相馬郡 兵庫県加古郡 *いそしー 奈良県吉野郡 和歌山県新宮 愛媛県 *かたい 福井県「みなかてーんですか（皆丈夫なんですか）」 兵庫県加古郡 *まめしー 北海道 青森県・上北郡・津軽「まみしぐなえ（病気だ）」 宮城県栗原郡「まめしくなりした」 秋田県山本郡・鹿角郡「まめしくて御でァるどがんし（御達者でいらっしゃいますか）」 山形県東置賜郡 福島県中部 *まめったい 埼玉県北葛飾郡「この子はえらまめったい」 神奈川県愛甲郡 東京都利島・新島・大島 長野県長野市・上水内郡「あの人はまめったい人だ」 静岡県 *まめまめしー 山形県

げんこつ【拳骨】 *いんごつ 徳島県 *うんのー 群馬県勢多郡 *かなずき 山形県「かなづぎよす（げんこつで打つ）」 *からこび 岩手県江刺郡 宮城県遠田郡・仙台市「からこびくらせるぞ」 *からずき 山形県東村山郡 *からすこべ 宮城県仙台市 *かんくろ 宮崎県西臼杵郡 *かんけつ 熊本県天草郡 *かんこつ 奈良県南大和 熊本県 *がんつー 熊本県「ほけがんつう（煮えるような鉄拳）」 *ぎこぼし 徳島県 *きんこ 三重県度会郡 *きんこつ 福岡市 *きんにーし 島根県美濃郡・益田市「言うことを聞かんときんにーしを入れるぞ」 *きんにーす 島根県益田市 *きんにし 島根県美濃郡・益田市 *ぐんちょー 佐賀県 *けんけつ 熊本県天草郡 *げんけつ 長崎県南高来郡 *げんこったま 長野県上田 *げんこつだま 静岡県志太郡「げんこつだまーくれすか（げんこつを一発くれてやろうか）」 *けんこぶし 熊本県阿蘇郡 *げんこもつ 秋田県由利郡 *げんす 和歌山県東牟婁郡 *けんつー 千葉県君津郡 *げんつー 千葉県安房郡「げんつーくわせる（げんこつで殴る）」 大分県宇佐郡 *げんなめ 和歌山県新宮「悪いことするとげんなめをいれる」 *げんのこ 三重県南牟婁郡 *げんのみ 和歌山県東牟婁郡 *けんもく 長崎県壱岐島 *げんろったま 長野県佐久 *こきんかん・こきんこ 埼玉県秩父郡 *こきんがん 群馬県山田郡 埼玉県秩父郡・大里郡 新潟県中頸城郡「そんな表情するとこきんぐゎんだぞ」 *ごきんがん 群馬県山田郡 *こきんたま 埼玉県大里郡 *こけんばち 鳥取市「一つ捻り餅はこけんばちが便りかいな（古い童謡）」 *こっきん・こっきんばり 新潟県西頸城郡 *こっきんがん 群馬県勢多郡 新潟県西頸城郡 *こぶしもち 福島県「こぶしもちをくれるぞ」 *こぼしもち 福島県伊達郡 *ごんぎ 青森県津軽「だるまさんだるまさん、にらめじょっこしましょ。わられば、ごんぎとお」 *ごんくろ 宮崎県延岡市 *ごんげ 青森県津軽 *こんげつ 徳島県 *ごんけつ 青森県津軽 福島市 新潟県佐渡・刈羽郡 大阪府泉北郡 兵庫県加古郡・神戸市 岡山県児島郡「ごんけつをはめる（握りこぶしで頭をたたく）」 徳島県 香川県 長崎県南高来郡 *ごんげつ 和歌山県西牟婁郡・日高郡「うざうざ云ふとごんげつかますぞ」 *ごんごつ 大阪府泉北郡 *ごんにく 新潟県佐渡 *すこだま・しこだま・すこ 島根県「しこだま張っちゃーぞ」 *すっか・すか 島根県隠岐島 *ちく 山梨県 *ちゃんこ 長崎県 *てぃんつくん・ちんつくん（「手噤（つぐ）み」の意）沖縄県小浜島 *てぃーしくん 沖縄県鳩間島 *てぃーじくん 沖縄県首里 *てぃーつぃくん 沖縄県石垣島 *てぃーっくん 沖縄県竹富島 *てぃくぶし 沖縄県首里 *てぃとぅぐん 沖縄県与那国島 *てこぶし 東京都八丈島 熊本県 大分県 *てこぼし 徳島県美馬郡 長崎県壱岐島「てこぼしで打つ」 *てこんぶし 熊本県玉名郡・天草郡 *てこんぼし 熊本県飽託郡・天草郡 *でっずこー 山梨県南巨摩郡 *てんこぶし 熊本県 *てんぶし 熊本県球磨郡 *とっこ 鹿児島県 *とっこつ 長崎市 *にぎりって 東京都利島 *にし 島根県益田市「言うことを聞かんとにしをいれるぞ」 *にしこ 山口県「にしこをかまされた」「にしこを入れる」 *にしこつ 山口県防府市 *にんぎりこ 島根県浜田市 *にんぎりこぶし 山形県北村山郡・最上郡 *はりまげんこ 島根県八束郡 *ぼんこつ・ぼんこし 長崎市「ぼんこつかむしょう（かましてやるぞ）」 *ぽんこつ（軽く打つもの）静岡県志太郡 *やりこぶし 福島県若松市・大沼郡 新潟県東蒲原郡 *やりこぼし 福島県中部 *るっけん 三重県北牟婁郡

げんざい【現在】 *いまさー 山梨県南巨摩郡 滋賀県神崎郡 *いまし 三重県「いましわ、かいこわーかわん（今はもう蚕は飼わない）」 奈良県宇陀郡「いましの若い衆は……」 *なま 鹿児島県奄美大島・喜界島・沖永良部島 沖縄県「なまぬぴとぅ（現代人）」 *まなま 沖縄県鳩間島 *まぬま・まるま 沖縄県黒島 *まねー 沖縄県新城島 *まんま 新潟県佐渡 *みなま 沖縄県小浜島 →いま（今）

げんしょう【減少】

□する *かなぎる 徳島県「そんなにかなぎるとぁわん」 *かん（数量や目方が、前に量った時より減少すること。欠損。不足）和歌山県那賀郡

島根県　熊本県玉名郡　*けやぬいく（予定の数量より減少する）長崎県壱岐島　*しける（はれ物のむくみなどが減少する）新潟県中頸城郡　*ひきる（財産が減少する）青森県三戸郡　*へこむ　茨城県稲敷郡

けんそ【険阻】　*きっそ　三重県志摩郡　*ここ　長野県北安曇郡　*せんしょー　東京都八丈島　↓けわしい（険）

□だ　*たつろい・たつどい　和歌山県日高郡　*やねこい（道などが険しい）山口県大島

けんとう【見当】　*こーてー　新潟県佐渡「さっぱりこうてえが立たん」　*とげん　宮崎県東諸県郡「とげんを取る（見当をつける）」　*とじ　島根県大根島　*とわい　島根県出雲「とわいがない（果てしがない。または、見当がつかない）」　*みーさばぎ　沖縄県石垣島　*みかどめ　岩手県気仙郡「みがどめつげる（見当をつける。また、将来のことをあきらめる）」　宮城県石巻「さーどごらにあっかみがどめねぁでば」　福島県岩瀬郡　*めっき　愛知県奥設楽　*めつき（「目付」か）愛知県豊橋市「あの木をめつきにして行くまいか」　↓めあて（目当）・もくさん（目算）

□違い　*えんちょーじ（見当外れ）埼玉県秩父郡「えんちょーじの方をにらんでいる」　*えんちょほか（見当外れ）島根県出雲「お前、ピッチャー代われ、えんちょほかばっかぁ投げちょうがな」　*おもいぞこない　新潟県佐渡　*かめかい（見当外れ）香川県三豊郡　*すか　三重県阿山郡・名張市　京都市　大阪府大阪市・中河内郡　兵庫県明石郡　奈良県　和歌山県「すかやった」　山口県豊浦郡　*すかたん　福井県大飯郡　滋賀県蒲生郡　京都府「あわててすかたんした」　大阪市　兵庫県明石郡「昨日すかたんやってな」・神戸市「なぜ言う通りにせずに斯様なすかたんしたんか」　奈良県　*すかっちょ　奈良県　*すかんぽ　徳島県「あの人はすかんぽばかりいう」　*そっぺくど　宮城県遠田郡　*そんこつ（見当外れ）山形県東置賜郡　*ため　青森県南部　*どっけんはっけん　福井県南条郡　*とっけんひゃっけん　滋賀県彦根　*へち　島根県石見「お前はへちばっかし言う」　愛媛県　高知県　*へちかんす　高知県「へちかんすの路を教えられて大迷惑をした」　*へちゃ・へっち・へっちょ　愛媛県　*よこぞっぽー　茨城県新治郡

□をつけること　*こしだめ（当て推量）埼玉県秩父郡「こしだめで注文したら、こんなに余ってしまった」　静岡県榛原郡　*めいっぱい　福岡市　*めけん（目測。目分量）千葉県香取郡　*めげんち（目測。目分量）高知県長岡郡　*めけんとー（目測。目分量）栃木県　*めけんぶん（目測。目分量）宮崎県東諸県郡　*めこんばい（目測。目分量）広島県比婆郡　*めさくぶん（目測。目分量）新潟県佐渡　*めっこ（目算。概算。目測）和歌山県海草郡「めっこいれる（見当をつける）」　徳島県　香川県高松市「量るんでなしに、めっこんでいくんです」　愛媛県　*めっこー（目算。概算。目測）島根県那賀郡・邑智郡「めっこーで百匁ある」　愛媛県　*めのこざんよー（目算。概算。目測）徳島県　*めのこざんにょー（目算。概算。目測）京都市　福岡市（胸算用）　*めのこざんにょ（目算。概算。目測）大阪市　*めのこさんじょー（目算。概算。目測）奈良県　*めめこ・めめこざん（目算。概算。目測）岐阜県飛騨　*めろく（目算。概算。目測）愛知県知多郡

げんのしょうこ【現証拠】　ふうろそう科の多年草。路傍や山野に生える。茎は地をはう。夏、葉腋（ようえき）から花茎を出し、白ないし紅紫色の小さな五弁花を一～二個ずつ付ける。果実は熟すと下から五裂して種子をはじき飛ばす。　*あかはらぐさ（赤痢を「あかはら」というところから下痢止めに効果があるとして）鹿児島県甑島　*いしゃいらず　秋田県北秋田郡　山形県西田川郡　新潟県中越　和歌山県那賀郡　*いしゃころし　秋田県河辺郡・由利郡　埼玉県秩父郡　島根県美濃郡　岡山県都窪郡　愛媛県　*いしゃごろし　群馬県多野郡・佐波郡　山口県阿武郡　*いしゃたおし　香川県西部・豊島　*いしゃだおし　京都府何鹿郡　和歌山県那賀郡　岡山県岡山市・御津郡　徳島県　*いしゃなかし　愛媛県　*いしゃなかせ　富山県砺波　福井県大飯郡　静岡県・磐田郡　愛知県北設楽郡　愛媛県　*いたちぐさ　長野県上田　*いつつば　奈良県南大和　*うめずりそー　山口県玖珂郡　*うめずる　三重県志摩郡・鳥羽市　和歌山県　*うめずるそー　三重県　和歌山県　*おこしんさーぐさ・ごしんさんばな　長崎県壱岐島　*おみこし　島根県美濃郡　山口県都濃郡　*おみこしぐさ　山口県大津郡・阿武郡　愛媛県南宇和郡　*おみこしさん　秋田県雄勝郡　*おみこしばな　富山県　福井県今立郡　*おもこしぐさ　山口県阿武郡　*かぐらぐさ　青森県下北郡　静岡県磐田郡　*かのはし（花の後で生じる朔（さく）が蚊のくちばしに似ているところから）秋田県平鹿郡　*かみさまぐさ　山口県大津郡・阿武郡　*かみさんぐさ　愛媛県　*ぎゅーへんそー　島根県出雲　*ぎんなずる・げんなぐさ　富山県　*くすりのはな　兵庫県赤穂郡　*げんなんそー　長野県佐久　*げんのそー　山形県東置賜郡　*げんよりしょーこ　長野県下水内郡　*こーぼーぐさ　新潟県　*こーもりぐさ　山形県東田川郡　*こしくさ　新潟県中越　*ごろぜんぐさ　山形県東田川郡　*じびーぐさ　和歌山県西牟婁郡　*じびゃくぐさ　和歌山県海草郡・西牟婁郡　*じびょーぐさ　長野県北佐久郡　静岡県・富士郡　兵庫県赤穂郡　和歌山県西牟婁郡　*じびょーそー　和歌山県伊都郡・海草郡　*じんじとろろ（実の割れた形が御輿（みこし）に似ているところから）島根県能義郡　*せきりぐさ（赤痢に効くというところから）秋田県雄勝郡　新潟県　京都府竹野郡　宮崎県東諸県郡　鹿児島県加世田市・種子島　*せ

んにんたすけ 新潟県刈羽郡 *せんぶり 鹿児島県肝属郡 *たこのて 長崎県南高来郡 *たちまちぐさ(「薬効がたちまち現れる」の意から) 秋田県 *たばねぐさ 長野県北安曇郡 *ちょくばな 富山県砺波 *つるうめ 島根県邇摩郡 *どんぼぐさ 福井県 *にこしぐさ 広島県比婆郡 *ねこあし 青森県津軽 山形県 宮城県栗原郡・仙台市 福島県 静岡県周智郡・磐田郡 *ねこあしぐさ 山口県厚狭郡 *ねこぐさ 静岡県・志太郡 *ねこのあし 宮城県仙台市 静岡県 *はなげ 岐阜県飛驒 *はなげぐさ 岐阜県大野郡 *はらのくさ 鹿児島県川辺郡 *ひめずる 和歌山県伊都郡・東牟婁郡 *ふーろ 広島県福山市 *ふーろそー 奈良県南大和 *べにちょくそー 高知市 *べんべんぐさ 山形県飽海郡 *まんびゅーぐさ 新潟県直江津市 *みこしぐさ 山形県東田川郡 千葉県夷隅郡 新潟県 静岡県 兵庫県赤穂郡 和歌山県 島根県石見 岡山県小田郡 広島県比婆郡・高田郡 山口県 香川県仲多度郡 愛媛県・喜多郡・北宇和郡 福岡県田川郡・築上郡 大分県大分・宇佐郡 鹿児島県大口市 *みこしそー・みこつそー 山口県玖珂郡 *みこしばな 岐阜県吉城郡 奈良県南大和 *みこしゅぐさ 山口県熊毛郡・吉敷郡 *みつばぐさ 愛媛県・周桑郡 *みやこぐさ 山口県・厚狭郡 *めこしぐさ 千葉県夷隅郡 *よがのはし 秋田県 *りびょーぐさ(「痢病を治す草」の意) 長野県北佐久郡 静岡県富士郡 山口県厚狭郡 *りびょぐさ 島根県八束郡 *りべよくさ 富山県高岡市 *ろーそくぐさ 富山県 *ろーそくばな 山形県飽海郡 富山県砺波 *ろっぽーそー 岐阜県飛驒

げんまん【拳万】 *いっかん(幼児語) 岐阜県飛驒「いっかんする」 *かけぞく(子供の約束のげんまん) 岐阜県飛驒「きっとならかけぞくせまいか」 *がんぼ 富山県砺波「がんぼかける」 *けんま 香川県高松市 *こいびかけ(指切りげんまん) 鹿児島県肝属郡 *ちんぎり 東京都八王子 *ゆびかけ 群馬県多野郡 新潟県東蒲原郡 山梨県南巨摩郡 鹿児島県肝属郡 *ゆびごく・ゆびこくり 岐阜県飛驒 *ゆびちょき 神奈川県中郡 →ゆびきり(指切)

けんやく【倹約】 *あがねー 沖縄県首里 *おまかない・おまかね 宮城県仙台市「少し高いけんと、銘仙の方もすよりおまかないでがえんか(銘仙の方がモスリンよりお徳ではございませんか)」 *かつま 島根県隠岐島「姉がかつまで飯をたくさん炊かん」 *かんじゃく 宮崎県都城 鹿児島県沖永良部島 *かんじゃっ 鹿児島県鹿児島郡 *かんじょ 熊本県玉名郡 *かんじょー 熊本県下益城郡 大分県南海部郡・北海部郡 鹿児島県種子島 *かんしん 石川県河北郡「なけにゃーかんしんかんしん、あってもかんしんかんしんやけど(なければ倹約倹約、あっても倹約倹約だけど)」 *かんにゃく 千葉県香取郡・山武郡 *かんべん 富山県砺波 福井県足羽郡 島根県「あの人はかんべんな人だ」 山口県 愛媛県「かんべんしてうるちを入れて餅をつく」 高知県幡多郡 *かんりゃく 茨城県多賀郡 香川県 高知県「もっとかんりゃくをせんと暮しがたたん」「紙のかんりゃくで裏にも書きます」 *くめーき 沖縄県首里 *けんしょ 長野県佐久 *じまたい 山口県玖珂郡・大島「あの人は却々じまたえ(倹約家である)」 *しまつい 香川県小豆島 *しんぶ 鹿児島県 *しんぼー 新潟県佐渡・西頸城郡「しんぼーじん(節約家)」 島根県「しんぼーな」 *つめかみ 富山県 *ねへず・ひどっぽ 山形県 →つましい

□家 *かたや(非常に倹約な人。また、そういう家庭) 兵庫県加古郡 *かんじょーや 岡山県邑久郡 *くめーきやー 沖縄県首里 *しぶがき 香川県塩飽諸島 *しまつ 山口県防府市 *しまつじん 滋賀県彦根 京都市 奈良県 *しまつぼー 長崎市 *しまつもの 和歌山市 *しんしょもち 岩手県気仙郡 宮城県仙台市 山形県 福島県東白川郡 *しんぶじん 鹿児島県肝属郡 *しんぼ 青森県津軽「つがるしゅあ(津軽人は)かへぐね(よく働くし)、しんぼだ(倹約家だ)」 *しんぼーじん 新潟県西頸城郡 *ためっか 長野県佐久 *ねんねしー 兵庫県加古郡

□する *かだむ 島根県出雲「祝事をかだんことにしょー」 徳島県「一円や二円位かだんだとて金は出来ん」 *かぼう 山形県東置賜郡 *きしなう 静岡県小笠郡「銭をきしなう」 *きびる 岡山県児島郡 徳島県 香川県大川郡・綾歌郡 愛媛県・松山・大三島「お祝いに五円やってもよいんだが、二円きびって三円にしておこう」 *くばめーしゅん 沖縄県首里 *しっちめる 栃木県 *しまる 三重県名賀郡 *せぎる 香川県仲多度郡 *たしなむ 茨城県稲敷郡 岐阜県郡上郡「まーさと(砂糖)がちーとしかないでたしなんで使えよ」・恵那郡 高知県幡多郡 福岡市 長崎県対馬 *ひっちめる 栃木県 *まかなう 岩手県気仙郡「なんぼもねぁがらまがなってつかえ」 *ゆずむ 岩手県上閉伊郡「いくらかゆずんで貯金する」 *よじむ 青森県三戸郡 岩手県 *よしむる 熊本県玉名郡 *よどめる 岩手県気仙郡「よどめて使う」 *らんかんたたく 滋賀県野洲郡・栗太郡

□するさま *こみち 宮城県石巻「こみちにすて貯めたすんしょ(身上)だ」 秋田県河辺郡「つねにこみちだから小金をたぐはへた」 *こみつ 新潟県佐渡 *じま 宮城県 *じまた 新潟県佐渡 広島県比婆郡 *ずずま 秋田県平鹿郡 *ずめ 富山県砺波 *たまか 茨城県行方郡 群馬県佐波郡 埼玉県秩父郡 神奈川県中部 山梨県 島根県隠岐島「あの人はたまかな人だ」 *ちんまり 栃木県河内郡「あの家はちんまりしている」 三重県名張市 滋賀県彦根 *はくしゅー 滋賀県栗太郡 *まつめ 三重県志摩郡「まつめがええ」

こ

こ【子】 ⇩こども（子供）

こい【濃】 *かたさーん 沖縄県石垣島 *かたさん 沖縄県首里・竹富島 *ぐどい 富山県 *くんどり 富山県射水郡「くんどりとした(濃い)」 *こたっけ 栃木県南部 *こだっけ 栃木県西部 *こたっこい 茨城県猿島郡 群馬県邑楽郡 埼玉県南埼玉郡・川越 *こどい 福島県東白川郡「こどえ血が出た」 *こゆい 島根県出雲「片影のこゆい昼下りの町」 愛媛県周桑郡・喜多郡 長崎県佐世保市 熊本県南部 鹿児島県揖宿郡
→のうこう（濃厚）

こい【鯉】 *あまごい(黒いもの) 佐賀県藤津郡 *あらめ 長野県佐久 *かんぞー(六〜九センチメートルくらいのもの) 福井県 *ぐいぬいゆ 鹿児島県奄美大島・加計呂麻島 *くろごい(黒色のもの) 愛媛県周桑郡・松山 *こいのいお 岐阜県吉城郡 三重県宇治山田市 長崎県南高来郡 *こいのうお 岐阜県吉城郡 *こいふな 岩手県和賀郡 宮城県 秋田県 福島県相馬郡 *こん 三重県阿山郡 *さくらごい(淡紅色のもの) 岐阜県飛騨 *はやり(体長三十センチメートルほどのもの) 岡山市 *まごい 福島県東白川郡 愛知県犬山市

こうかい【後悔】 *あっくいなき 長野県佐久 *あとおもい 宮崎市 *あとぐやみ 熊本県八代郡 *あとげ 埼玉県北葛飾郡 *あとこーかい 宮崎県東諸県郡 *うじょーやみ 大分県大分郡 *きやめ 鹿児島県沖永良部島 *くいふぃち 沖縄県首里 *のちぎ 栃木県塩谷郡
→くやむ（悔）

□**する** *ちむやみゅい・ちむやにゅい 鹿児島県喜界島「そんな事をして後でちむやむなよ」 *ひらくる(失敗して後悔する) 熊本県阿蘇郡 *ひらける(失敗して後悔する) 福岡県浮羽郡 大分県日田郡「ひらけた」

こうかつ【狡猾】 *あんぱ 島根県大原郡 *かつすえー 大分県日田郡「かつすえーな」 *けっちやく 岡山市 香川県伊吹島 *こかつ 宮崎県東諸県郡 *ごま 群馬県吾妻郡 長野県佐久 愛知県南設楽郡 *じら 福井県敦賀郡 滋賀県「じらこく(ずるく構える)」 *じろ 秋田県平鹿郡 *すかちん 新潟県三島郡・刈羽郡 *すっちょ 香川県 *すっちょー 岡山県「すっちょーな」「すっちょうする」 *すばらく 和歌山県那賀郡 *すまたくぐり 岐阜県大野郡 *すらっこー 岡山県苫田郡「あいつはすらっこーなやっちゃ」・久米郡 *すらっちょー 岡山県小田郡 *すらんこー 岡山県浅口郡 *ずるか 福島県相馬「ずるかする」 *はす 長野県上田 *はすは 福井県坂井郡 *まにっか(形容詞は「まにっかさーん」) 沖縄県八重山 *まにっかむぬ 沖縄県鳩間島 *りくつぃ 沖縄県首里・石垣島・鳩間島「りくつぃなむぬ(こうかつな者)」 *りくち 沖縄県鳩間島 *わなすこぎ 福岡市
→ずるい（狡）・ずるがしこい（狡賢）・わるがしこい（悪賢）

□**な人** *うふきつぃに(甚だしくこうかつな者) 沖縄県石垣島 *えんばなねずり・えんばなねずみ 新潟県佐渡 *おげ 徳島県 愛媛県・喜多郡 佐賀県 *おげくそ 香川県三豊郡 *おげくらい 香川県 *おげすっぽ 香川県仲多度郡 *おげそ 香川県仲多度郡 *おげった 徳島県 *おげっちょ・おげっと 香川県三豊郡 *おげっとー 徳島県・阿波郡 *おげもん 長崎県伊王島 *おたくら 富山県・高岡市 *ごーひむん 鹿児島県沖永良部島 *しばてん 高知県 *じら 福井県敦賀郡 滋賀県「じらこく(ずるく構える)」 *じろ 秋田県平鹿郡 *しろだましむし・しろむし 鹿児島県奄美大島 *ずつなし 静岡県富士郡 *すりてん 静岡県 *すりのたいまつとぼし 福岡市 *ずるかす 山形県村山・最上郡 *ずるこき 山形県置賜・村山 *ずるすけ 宮城県石巻 秋田県山本郡 山形県 *ずるた 山梨県南巨摩郡 *ずるてん 三重県阿山郡 *ずるどろ 長崎県対馬「ずるどろのかは(とりわけずるい者)」 *ずるや 滋賀県蒲生郡 *ずろかす 山形県西村山郡・北村山郡「づろかす野郎」 *ずろすけ 山形県村山 *せーすぃずぃりむん 沖縄県首里 *やましり 沖縄県石垣島 *りくちゃー 沖縄県首里・石垣島 *りくつくぇーむん 沖縄県首里

こうかん【交換】 *かえかえ 京都府 兵庫県淡路島 徳島県「あの品とかいかいにもろてこい」 香川県 長崎県壱岐島 *かえがえ 徳島県 香川県 *かえき 長崎県壱岐島 熊本県玉名郡 *かえこと 富山県 福井県敦賀郡 愛知県尾張 三重県伊賀 滋賀県彦根 京都市「それとかえことしょーか」 大阪府大阪市・泉北郡 兵庫県 奈良県「饅頭と蜜柑とかえことしょ」 和歌山県 岡山県 岡山市・児島郡 山口県玖珂郡 徳島県 香川県 愛媛県・松山 *かえごと 山口県防府 *かえやこ 島根県 *かっかえ・かっきや 青森県津軽「りんごとみかんとかっきゃしょう」 *くみっこ 山梨県・南巨摩郡 *けーるー・けーいー 沖縄県首里 *けがえ 岩手県上閉伊郡 *すぶかえ 福岡市 *とけばっこ 山形県飽海郡 *とっきゃーばっこ 群馬県多野郡「色紙と風船をとっきゃーばっこする」 *とりかえ 山形県「とっかえする」 *ばく 鹿児島県喜界島「お前の馬は何処のばくー(博労)とばくしたか」 *ばくよー 沖縄県首里 *ばくりっこ・ばくみっこ 静岡県磐田郡 *ばくろ 青森県津軽 秋田県平鹿郡 山形県 福島県 群馬県山田郡 *ばくろー 茨城県稲敷郡「ばくろーぶつ」 栃木県 千葉県東葛飾郡 富山市近在 山梨県
→とりかえる（取替）

□**する** *かえくい 鹿児島県鹿児島郡 *くむ 秋田県平鹿郡「この木とその鎌とくめ」 新潟県南

蒲原郡「馬をくむ」　山梨県「木炭を持って町い行き、衣類とくんで来た」　長野県　愛知県北設楽郡 *しかえる 北海道函館　青森県津軽　秋田市　山形県 *しける 秋田県山本郡「太郎と次郎の席をしける」　山形県 *すりかえる 島根県 *ずりかえる 茨城県真壁郡・久慈郡 *ばくむ 長野県南部　静岡県磐田郡 *ばくる（「ばくろう（博労）」の動詞化）青森県　岩手県九戸郡・気仙郡「思い切ってばくったよ」　秋田県「それとこれとをばぐれ」　山形県　福島県東白川郡・岩瀬郡　新潟県東蒲原郡「牛をばぐろうかと思う」・中頸城郡　山梨県南巨摩郡　長野県　岐阜県飛騨　静岡県磐田郡　高知県土佐郡　長崎県対馬 *ばくろう 栃木県芳賀郡　千葉県東葛飾郡　新潟県東蒲原郡「ばぐろわない方が得だ」　山梨県北都留郡 *ぶつ 長野県佐久 *へーゆい 鹿児島県喜界島

こうがん【厚顔】 *だっきょずら 鹿児島県・肝属郡 *なまつけない（厚顔だ）新潟県東蒲原郡「少しなまつけないのは困る」 *へらたれ 和歌山県東牟婁郡 *まし 新潟県佐渡「此の子はましだ」 *らっきょー（辣韮（らっきょう）はむいてもむいても皮があるところから）新潟県佐渡 *らんきょーずら 大分県宇佐郡
↓あつかましい（厚）

こうがん【睾丸】 *うふふり（大睾丸）沖縄県石垣島 *おちん（幼児語）大阪府泉北郡 *おはぎ 長野県南佐久郡 *かえっぺ 山形県東置賜郡 *きんくり 静岡県庵原郡 *きんたれ 広島県安芸郡 *きんつー 島根県石見　広島県 *くーが 沖縄県首里 *くが 沖縄県石垣島 *けぁっぺ 青森県津軽　岩手県気仙郡 *けんけ（幼児語）山形県西置賜郡 *こーま 沖縄県鳩間島 *すずこ 山形県東置賜郡 *たぐ 鹿児島県喜界島 *たに 沖縄県八重山諸島 *だら 広島県・高田郡 *たんす 富山県下新川郡 *どべ 島根県隠岐島 *どべのこ 徳島県美馬郡　長崎県五島（大睾丸）　熊本県下益城郡（大睾丸） *どんげぁっぽ 宮城県石巻 *どんび（大睾丸）三重県志摩郡 *どんべん 長崎県北松浦郡　熊本県玉名郡 *ふい 沖縄県竹富島 *ふいぬくんが（「ふぐりの卵」の意）沖縄県竹富島 *ふぐい 佐賀県　鹿児島県与論島　沖縄県首里 *ぷぐい 沖縄県国頭郡 *ふぐり 岩手県上閉伊郡　宮城県石巻　秋田県鹿角郡　千葉県香取郡・安房郡　新潟県佐渡・岩船郡　鹿児島県奄美大島 *ふり 沖縄県石垣島・小浜島・黒島・西表島 *ふるだに 沖縄県新城島 *ふんぐり 岩手県　宮城県　山形県　新潟県　三重県　奈良県吉野郡・宇智郡　和歌山県東牟婁郡　徳島県 *ふんぐりたま 山形県西置賜郡 *へつぐり 新潟県南魚沼郡 *やっくゎん 沖縄県首里 *んぐい 沖縄県与那国島 *んぐいだに 沖縄県与那国島

こうご【交互】 ⇩かわりばんこ（代番）

こうごう【交合】 *えぺ 青森県津軽 *えんこ 鳥取県西伯郡 *ずーん 沖縄県新城島 *ちゃんこ 新潟県佐渡 *つび 徳島県美馬郡 *とぅじ 沖縄県新城島「とぅじすん（交接する）」 *ぴーしー（「ぴー」は女陰の意）沖縄県竹富島・鳩間島 *ひんこ 島根県石見 *ぺこ 静岡市 *べっちょ 福島県東白川郡 *へっぺ 北海道小樽市　青森県南部 *べべ 新潟県佐渡　石川県加賀　福井県坂井郡 *ぼぼ 三重県志摩郡　鳥取県西伯郡　岡山市　徳島県　福岡市　熊本県玉名郡　宮崎県（卑語）「ぼぼする」 *ぼんしー 山口県熊毛郡・祝島 *まぐ 奈良県吉野郡　沖縄県宮古島 *まんじょー 沖縄県石垣島「まんじょーしん（交合する）」 *めんこ 岡山県児島郡 *めんちょ 鳥取県西伯郡

□する *いちゃゆん・いちゃーゆん 沖縄県首里 *うかゆん（男の側から言う卑語）沖縄県首里 *かこむ 東京都八丈島 *くなぐむ 鹿児島県沖永良部島 *すけだまぐ 奈良県吉野郡 *つびまぐ 奈良県吉野郡 *とぅんきるん 沖縄県与那国島 *ねんずれる 秋田県由利郡 *はめる 栃木県 *ひーきるん・ひーぎるん 沖縄県与那国島 *ぴーしん 沖縄県新城島・波照間島 *ぴーすん（「ぴー」は女陰の意）沖縄県八重山 *ぴすん 沖縄県小浜島 *まぐ 愛媛県宇和島 *まぐん 沖縄県宮古島 *みーとーますん・みーとーまーすん 沖縄県小浜島 *みゃーらびきるん（「めかける」の意）沖縄県与那国島 *めぐす 千葉県君津郡

こうさい【交際】 *あいとー 岐阜県恵那郡 *おーぼー 滋賀県彦根 *おじぎ 長野県佐久 *じんぎ 富山県砺波「しゃばのじんぎやけで仕方ない」　山梨県・南巨摩郡「甲家と乙家とはじんぎをしてゐる」　岐阜県北飛騨　島根県「世間のじんぎが広い」「じんぎに魚を買うた」　熊本県玉名郡（その費用も言う） *たちあい 島根県鹿足郡・益田市「たちあいに費用がじょーにかかる」 *っちゅぐとぅ・っちゅびれー 沖縄県首里 *であい 長崎県対馬 *でいく 島根県益田市 *でいり 滋賀県彦根「でいりが多い」 *とぅいえー・とぅいふぃれー・とぅえーふぃれー 沖縄県首里 *とぅいけー・うとぅいけー 沖縄県首里 *とぅんじゃーやんじゃー（卑語）沖縄県首里 *ぴとぅくがい（主に物品のやり取りによる交際）沖縄県石垣島 *ぴとぅびらい 沖縄県石垣島・竹富島 *ふぃれー 沖縄県首里 *ぷすびらい 沖縄県鳩間島 *よりあい・よりやい 島根県石見「新任の巡査とよりあいをする」「親類同士でもよりやいをせんそーじゃ」
↓つきあい（付合）

□する *えーばうつ 福岡市 *からくる 福島県南会津郡 *ふぃらゆん 沖縄県首里 *まぜる 香川県伊吹島 *まつべる（親しく交際する）長野県下伊那郡 *よりあう 島根県石見「近所とよりあう」

こうし【子牛】 *うしなー・うしなーま・うしんたま 沖縄県石垣島 *うなめご 島根県鹿足郡

*うのーご 島根県美濃郡 *うめんこ 新潟県佐渡 *おなみご 島根県 *おなめご 香川県大川郡 *おんた(雄に言うか) 静岡県磐田郡 *かび 島根県浜田市 *かべ 島根県石見 広島県 山口県萩・阿武郡 *かめ 島根県鹿足郡 *ぐーてーま 沖縄県小浜島 *こうじ 山梨県 三重県南牟婁郡 兵庫県美方郡・但馬 奈良県宇陀郡 和歌山県新宮・東牟婁郡 島根県 *こうじっこ 静岡県 *こうじのこ 石川県鳳至郡 *こーじんべー 静岡県賀茂郡 *こーべた 山口県大島 *こぎゅー 大分県北海部郡 *こっこ 山形県東置賜郡 *こっこべこ 青森県三戸郡 岩手県九戸郡 *こっといご 岡山県真庭郡 *こど 岐阜県揖斐郡 *こにさい 島根県那賀郡(雄)・邑智郡 *こぶー 宮崎県西臼杵郡 *こべ 三重県阿山郡 京都府中郡 兵庫県 香川県豊島 大分県東国東郡 *こべこ 山形県東置賜郡・西村山郡 *こぼ 愛知県三河「こぼが鳴いとる」 和歌山県日高郡 *こぼー 東京都利島 長野県佐久 愛知県三河「かはいいこぼー」 *ごぼー 静岡県榛原郡・磐田郡 *ごぼおし 和歌山県日高郡 *ころ 栃木県 千葉県印旛郡 神奈川県津久井郡・中郡 *ごんご 鳥取県 *こんびょー 熊本県球磨郡 *こんべー 静岡県田方郡 *こんぼー 東京都三宅島(雄) 静岡県「こんぼうがないてるが可愛いいよ」・榛原郡 愛知県北設楽郡・豊橋市 *じご(その土地で生まれた子牛) 山口県豊浦郡 香川県 *じこた(その土地で飼育される子牛) 三重県名賀郡 *ずっこ 広島県比婆郡 *ちご 徳島県美馬郡 *ちごー 香川県大川郡 *ちっこんぼー 東京都三宅島 *ちょんこめ 東京都八丈島 *でんご 鳥取県 広島県比婆郡 *でんじ 愛知県海部郡 *とーぜー・とーぜーご 新潟県佐渡 *とーねうし 長野県上水内郡 *とらずうし(歯のまだ生え替わらない子牛) 香川県三豊郡 *にせーご(二歳の子牛) 島根県隠岐島 *ばいばい 大分県西国東郡 *ばいばいこ 大分市 *びー 大分県大分郡 *びーこ 新潟県佐渡 *ひーのこ 島根県隠岐島 *びーのこ 新潟県佐渡 *びーびー 熊本県天草郡 *びく 福井県大飯郡 *びっこ 石川県羽咋郡 *びんこ 熊本県芦北郡・天草郡 *びゃびゃんこ 熊本県阿蘇郡 *びゅびゅ 熊本県球磨郡 *びょー 熊本県球磨郡 鹿児島県肝属郡 *ひょーこ 島根県安来市 *ひょーのこ 島根県邇摩郡・安来市 *びょーびょーのこ 熊本県球磨郡 *ひょのこ 島根県大田市 *ふーたんくびー・ひゅーたんぐびー 佐賀県藤津郡 *べ 宮崎県西臼杵郡 *べー 静岡県駿東郡 大分県大分郡 *べーこ 岩手県岩手郡・盛岡市 福島県安積郡 千葉県夷隅郡 新潟県佐渡 兵庫県 岡山県英田郡 山口県玖珂郡 *べーこっこ 茨城県久慈郡 *べーち 広島県 *べーっち 岡山県備中 *べーのこ 新潟県佐渡 鳥取県西伯郡 島根県那賀郡・八束郡 山口県・阿武郡 徳島県麻植郡 愛媛県 大分県 *べーべ 鳥取県西伯郡(幼児語) 徳島県麻植郡 愛媛県 長崎県壱岐島 *べーべー 広島県・倉橋島 長崎県西彼杵郡 大分県大分郡・西国東郡 *べーべーこ 静岡県賀茂郡 *べーべのこ 鳥取県西伯郡(幼児語)・東伯郡 島根県出雲 大分県 *べーべんこ 島根県出雲 広島県比婆郡 大分県 *べーべんこー 島根県出雲 *べーべんた 島根県大原郡・仁多郡 *べーぼ 長野県上水内郡 *べーんべーん 静岡県駿東郡 *べけのこ 大分市 *べこ 新潟県佐渡・東蒲原郡 福井県大飯郡 長野県佐久 三重県 滋賀県野洲郡・栗太郡 京都府竹野郡 兵庫県 島根県石見・隠岐島 岡山県阿哲郡 広島県 徳島県・美馬郡・三好郡 香川県・大川郡・仲多度郡・小豆島 福岡県粕屋郡 *べこうじ 京都府 *べここ 岩手県気仙郡 宮城県石巻・仙台市 秋田県雄勝郡・南秋田郡 山形県 福島県 *べこのこっこ 宮城県石巻 *べこじ 三重県 京都府 *べこす 香川県 *べこた 三重県阿山郡 *べこっこ 岩手県気仙郡 宮城県仙台市 山形県米沢市 福島県「あのべこっこわ黒い」 *べこのこ 島根県那賀郡・邑智郡 徳島県 香川県小豆島 *べこのこっこ 青森県上北郡 岩手県気仙郡 *べち 島根県 岡山県阿哲郡 広島県・備後 *べちー 島根県那賀郡 *べちーこ・ぺちーこ 広島県 *べちこ 島根県邑智郡 広島県 *べちのこ 広島県・世羅郡 *べちんこ 島根県大田市 広島県 *べっこ 滋賀県甲賀郡 徳島県美馬郡 香川県 長崎県南高来郡 *べっこー(その年に生まれたばかりの子牛) 新潟県佐渡 *べったー 広島県 *べっち 島根県出雲 岡山県川上郡 広島県 *べっちのこ 広島県比婆郡・双三郡 *べっちょー 広島県比婆郡 *べっちんこ 島根県飯石郡 *べと 島根県鹿足郡 *べぶ 宮崎県西諸県郡 *べぶんこ 鹿児島県 *べべ 兵庫県淡路島 島根県石見 広島県比婆郡・沼隈郡 山口県阿武郡・豊浦郡 香川県・仲多度郡 福岡県 長崎県壱岐島・西彼杵郡・北松浦郡(下流)・五島 熊本県宇土郡・天草郡 大分県日田郡・玖珠郡 *べべー 島根県那賀郡 *べべこ 兵庫県多紀郡 島根県石見 徳島県 香川県・三豊郡 愛媛県 長崎県西彼杵郡 熊本県天草郡 *べべこー 島根県鹿足郡 *べべっこ 香川県・三豊郡 *べべのこ 兵庫県淡路島 島根県 徳島県・美馬郡 香川県・仲多度郡・三豊郡・塩飽諸島・高見島 愛媛県 長崎県壱岐島 熊本県 大分県 宮崎県西臼杵郡 *べべん 香川県綾歌郡 *べべんこ 島根県 香川県・大川郡・木田郡 佐賀県 長崎県・五島 熊本県 大分県 宮崎県延岡市・西臼杵郡 *べよ 香川県 *べらのこ 大分県大分郡 *べる・べろ 徳島県美馬郡 *べるこ 徳島県美馬郡 高知県長岡郡 *べろこ 徳島県美馬郡 愛媛県宇和島・大三島 *べんこ 島根県安濃郡・大田市 岡山県備中 広島県備後 長崎県壱岐島 *べんた 鳥取県西伯郡・日野郡 島根県出雲 広島県比婆郡 *べんたご 島根県能義郡・八束郡 *べんちょ 新潟県佐渡 香川県 *べんのこ 新潟県佐

渡 *べんべ 兵庫県美方郡 島根県簸川郡 *べんべのこ 島根県出雲 *べんべんこ 島根県八束郡 *ぼい 福岡県糸島郡 長崎県北松浦郡 大分県北海部郡 *ぼいのこ 愛媛県上浮穴郡・八幡浜市 大分県直入郡 *ぼいぼい 大分県大分市・大野郡 *ぼー 長野県上水内郡 静岡県引佐郡 *ほーご 山口県宇部市 *ほしご 山口県岩国市 *まるくち(歯が生えるまでの子牛) 香川県綾歌郡 *めーこ 山形県西田川郡(雌) 奈良県吉野郡 和歌山県新宮 *めーのこ 鳥取県西伯郡 島根県能義郡・隠岐島(幼児語) 山口県平郡島 徳島県名西郡 愛媛県宇和島 長崎県対馬 *めーめー(幼児語) 鳥取県気高郡 *めーめーのこ 長崎県対馬 *めごじ 奈良県吉野郡 *めめ 三重県北牟婁郡 *めめこ 三重県南牟婁郡(雌) 和歌山県東牟婁郡 香川県丸亀市 *めめのこ 三重県南牟婁郡 *めめん 香川県 *めんこ 新潟県佐渡 香川県大川郡 *めんご 岡山県川上郡 山口県玖珂郡 *めんめのこ 島根県大原郡 *もー 栃木県 *もーこ 島根県出雲・隠岐島 *もーのこ 鳥取県西伯郡 島根県隠岐島 *やべごうし 熊本県八代郡 *よーこ 岡山県真庭郡 *よーよー 岡山県(幼児語) 広島県沼隈郡 *よーよーのこ・よこ 岡山県 *よーよのこ 岡山県御津郡・小田郡(幼児語) *よぼ 島根県邇摩郡 *よよ 広島県神石郡 *んめんこ 新潟県佐渡

こうじ【小路】 *あわい(「家と家の間の細い道」の意から) 徳島県・海部郡 *あわいっこ 岩手県上閉伊郡 *あわや 徳島県海部郡 *いたちみち(非常に狭い小路) 愛媛県・大三島 *いぬみち 愛知県北設楽郡 *うまいれ(田畑の間の小路。耕作のための道) 東京都南多摩郡 神奈川県愛甲郡 長野県 *うまいれ(家屋の間の小路) 神奈川県愛甲郡 *うまいれこーじ(田畑の間の小路。耕作のための道) 長野県南佐久郡 *かりみち(山間の小路) 静岡県田方郡 *さくば(村で作った小路) 千葉県安房郡 *しばみつぃ・しぱりみつぃ 沖縄県石垣島 *しばみってぃ 沖縄県与那国島 *しょーな 静岡県 *せこ 茨城県東南部 岐阜県大垣市 愛知県北設楽郡・豊橋市 三重県 和歌山県東牟婁郡・新宮 愛媛県 *せこみち 茨城県 埼玉県秩父郡 愛知県愛知郡・碧海郡 *せばみつ 長崎県南高来郡 *ほそあい 京都府竹野郡「ほそあゃー風」 香川県 長崎県対馬 *ほそたや 和歌山市 *ほそや 兵庫県神戸市 和歌山市 岡山市 香川県大川郡 *めぐり 和歌山県日高郡

→ろじ(路地)

こうじつ【口実】 *いーぐさ 徳島県「いいぐさいうて、あっちいいく(口実を言って仕事を怠けてあっちへ行った)」 *いーだて 宮崎県東諸県郡 *かぐせ 静岡県榛原郡「かぐせをつけられる」「かぐせをつけて怠ける」 *かずけ 岩手県盛岡「かづけにする」 茨城県稲敷郡 栃木県 埼玉県秩父郡「お使いをかずけにきりもなく遊んできてしょうがねえやつだ」 山梨県南巨摩郡 長野県諏訪・佐久 *かぞけ 東京都八王子 *かつけ 岩手県上閉伊郡「あれのかつけにする」 秋田県鹿角郡 *かつけぐさ 岩手県気仙郡「よくあんなにかつけぐさあるものだ」 *かつけこー 新潟県佐渡「出張をかつけこうに温泉遊びをした」 *かんつけ 青森県三戸郡「彼人つまらないことを、かんつけに、理屈だてする」 *くちまーい(文語形は「くちみぐい(口巡)」) 沖縄県首里 *くとぅゆし 沖縄県首里 *こつげ 兵庫県加古郡 *だいこ 青森県南部 *つけめ(ものをねだる口実) 和歌山県 *なざき 沖縄県首里 *なぞらえ 新潟県北蒲原郡「自転車の修繕をなぞらえにして町へ遊びに行った」 島根県出雲・隠岐島 *ひずけ 愛媛県南部 *ゆいぐさ 和歌山市 *ゆーてのこと 静岡県榛原郡「ほりゃーゆーってのことさ(それは口実に過ぎないさ)」

→いいわけ(言訳)

ごうじょう【強情】 *いがく 香川県仲多度郡・三豊郡 *いごわ 香川県伊吹島 *いちがい 新潟県「なかなかいちがいの男だ」「いちがい押す(自分の所信を押し通す)」「あの人はいちがいで困る」 富山県砺波 岐阜県「よっぽといちがいな人で、お膳を出いても箸もつけなれん」 鳥取県 島根県「お前のようにいちがいでも仕ようがなー」 岡山県児島郡 広島県高田郡 山口県玖珂郡「いちがいをいふ」・大島 愛媛県・大三島 高知県 *いふ 愛媛県 *いふー 愛媛県西宇和郡「いふうを言うもんじゃねえよ」 *いぼいぼ 栃木県日光市・那須郡 *えーぬく・えーのく 千葉県長生郡 *おじやっかー 山梨県 *がい(「我意」か) 兵庫県淡路島「何でもない事をがいに怒りくさつて、癪な餓鬼じゃ」 奈良県吉野郡 島根県石見 徳島県那賀郡「おなごのがいなのわ、げんど(ほんとに)おとろしー」 香川県「がいな子」 愛媛県周桑郡「がいにしたらいかんぞ」 長崎県対馬「がいな事を言って強情を張る」 *がご 熊本県下益城郡 *がし 山梨県 *がしんげ 香川県三豊郡 *かたいちがい 新潟県東蒲原郡 富山県・砺波 岐阜県恵那郡・飛騨「あの人はかたいちがいじゃ」 *かたいちず 長崎県対馬 *かたいつがい 富山県下新川郡 *かたいっこー 奈良県 *かたいっちょ 長野県下水内郡 *かたじゃーしき 島根県隠岐島「かたじゃーしきな人だ」 *かたしょ 新潟県東蒲原郡 *かたじょー 徳島県「かたじょーな」 *かたぞー 新潟県佐渡 *がちまん(「まんがち」の転) 愛媛県宇和島市・南宇和郡「がちまんな人じゃ」「がちまんで一歩もひかん」 *がふぁし 沖縄県首里 *かまいじ 奈良県 *ぎーごーさ(「ぎーごー」は「義理硬」) 沖縄県石垣島 *きこ 島根県出雲「きこなし(頑固な人)」「どげだえ、両方共きこなだけんの(がんこだからね)」 *ぎこ 茨城県猿島郡 *ぎご 栃木県「あの子供はぎごな子だ」 群馬県邑楽郡 埼玉県北葛飾郡 *きこー 島根県飯石郡・仁多郡「そげなきこーを張るな」 *ぎゃー 長崎県北松浦郡「このおごしゃまー、ぎゃーなか上にゃじょうしきまで、なさるせん、どんて

もならんとばい」 *ぎゃい 香川県三豊郡 *きんま 山形県米沢市 新潟県「あいつは、きんまだ」 長野県下水内郡 *くそいじ 山形県西置賜郡 福島県大沼郡 新潟県中頸城郡 山梨県南巨摩郡「てまいの体あも知らでしてくそいじおはるもんじゃあない」 静岡県志太郡「くそいじょーはんな(強情を張るな)」 *げ 青森県津軽「鳴らすなでば、げねして鳴らす」 *げー 青森県津軽「来いってば、げぇねして来ない」 岡山県児島郡 長崎県壱岐島「げーなやつ(生意気なやつ)」 *げーん 青森県津軽 *こーじく 和歌山県伊都郡 島根県出雲・鹿足郡「こーじくな男だから困る」 岡山県苫田郡・川上郡「こーじくを言うな」 山口県 愛媛県松山 *こーだい 愛媛県周桑郡「こーだいな人で、傘を持て行けゆーのに持たずと行た」 *ごーたら 新潟県佐渡 山梨県「ごーたらをこねる」 愛媛県「ごーたらな」 *ごーたれ 長野県東筑摩郡・佐久 和歌山県 *ごーたれぼし 奈良県南部 *ごーたれやろー 長野県佐久 *こーちく 三重県志摩郡 奈良県宇陀郡 *ごーら 静岡県伊東 *こじく 鳥取県西伯郡 *ごねばり 山形県東置賜郡 *こぶ 新潟県佐渡「あの男はこぶだ」 *ごんけ(能もない男が、仏の権化ででもあるかのような顔をして無責任の放言をする、の意から(鹿角方言考)) 宮城県栗原郡 *こんじゃ 和歌山市 *ごんた 奈良県南大和「ごんたゆー」 *じっかー 山梨県南巨摩郡・西八代郡 *しっぱ 沖縄県首里 *じゃーしき・じょー 島根県隠岐島 *じゃっかー 山梨県南巨摩郡・西八代郡 *じょーが 岐阜県飛驒「じょーがな子」 奈良県 *じょーがん 高知県長岡郡 *じょーごわ 兵庫県但馬 *じょーしき 兵庫県加古郡 島根県邇摩郡・邑智郡「じょーしきな子」 広島県庄原市・高田郡 山口県 愛媛県 福岡県「じょーしきする(我意を張る)」 長崎県 大分県中部 *じょーせき 長崎県南高来郡 *じょーま 香川県香川郡 *ぞー 山形県「ぞーとおす(我意を通す)」 *どーにき 岐阜県益田郡・郡上郡「どーにきおこいて、ねてけっかる」 *どーねき 長野県下伊那郡 岐阜県飛驒「どーねきこいて動かん」・本巣郡 愛知県北設楽郡・名古屋市「あれはどーねきで人の言うことなんぞきく奴だない」 *どーねつ 富山県砺波 岐阜県大野郡 *ねっこ 山形県東置賜郡・南置賜郡 *ねっちょ 山形県米沢市 新潟県南蒲原郡 *ねっちょー 栃木県日光市「ねっちょーして」 *もかんぽ 岩手県和賀郡 *やばい 千葉県上総 *やばり 千葉県夷隅郡・安房郡

↓いじっぱり(意地張)・がんこ(頑固)

□だ *いしこい 兵庫県加古郡 *がーじゅーさん 沖縄県首里 *がまんだかい 富山県砺波 *こーたいない 愛媛県越智郡 *こーだいない 愛媛県今治市・周桑郡「そんなこーだいないことを云ふな」 *ごーたいない 愛媛県喜多郡・弓削島 *しおからい 岡山県 *しびつけない 岐阜県飛驒「この子はしびつけない子じゃ」 *しぶい 石川県 *しぶついー(「しぶとい」の転か) 大分県速見郡 *しぶっけない 三重県度会郡 *しぶらこい 三重県阿山郡 *しゃたい 奈良県宇陀郡 *じょーがこわい 福島県東白川郡 山梨県 愛媛県松山「あいつはなかなかじょうがこわい」 *しわい 山梨県「あのかーしわいで、いんめーばかよまっても泣きやあせのーわ(あの子は強情だから少しばかりしかっても泣かない)」 兵庫県加古郡 島根県 岡山県「あいつはしわい人間じゃ」 山口県 徳島県三好郡 香川県・高見島 愛媛県越智郡 *しんのぶい 長野県諏訪・上伊那郡 *しんのぶとい 長野県上伊那郡 *ずない 山梨県南都留郡 長野県 静岡県榛原郡「ずない小僧」 *てーごでおこしてもおきない 岩手県気仙郡 *てしぶい 徳島県 *どーじわい 香川県・仲多度郡・高松市 *どしぶい 福井県 *どずわい 香川県三豊郡 *ねしこい 山口県阿武郡 *ねちぎー 大分県別府市・大分郡 *ねつい 青森県三戸郡「この子はどうしてこんなにねついだか」 長野県下伊那郡・上伊那郡 *のぶい 山梨県・南巨摩郡 滋賀県甲賀郡 *のぶい 山梨県・南巨摩郡 長野県下伊那郡・上伊那郡 *のぶとい 宮城県仙台市 山梨県・南巨摩郡 長野県上伊那郡 *はっつろえ・はっつそえ 山形県最上郡「はっつろえ奴だ」 *やねこい 山口県防府市 愛媛県伊予郡「やねこいこと言うなや」・松山市「やねこい男ぢゃ」

□者 *いじかき 新潟県東蒲原郡 *いじたかり 山形県飽海郡 *いじたけ 山形県村山 *いちずいもん 大阪市 *いつずもん 長崎県対馬 *いっぷーふー 沖縄県首里 *いっぷーりゅ 宮城県仙台市「善人だたってあったに、いっぷーりゅでは人とあいせんぺ」 *いっぷーりゅー 山形県 福島県東白川郡 *いっぷくりゅー 愛媛県 熊本県玉名郡・天草郡 *いっぷくりゅーじん 宮崎県東諸県郡 *いっぷくりん 愛媛県 *いっぷり 香川県 愛媛県 *いびつ(「いいびつ」の転) 岩手県胆沢郡 山形県 愛知県名古屋市 *いびと 山梨県 *えせっぱり 宮城県仙台市 福島県 *えせはり 岩手県気仙郡 *えせぱり 宮城県石巻「右つえば左つうえせぱりだお」 *おこんじょー 栃木県足利市・下都賀郡 *おたいさま(強情な娘)・おたーさま 東京都大島「このおたいさまめ」 *がーじゅー 沖縄県首里 *かたいちがい 新潟県東蒲原郡 富山県・砺波 岐阜県恵那郡・飛驒「あの人はかたいちがいじゃ」 *かたいちず 長崎県対馬 *かたいつがい 富山県下新川郡 *かたいっこー 奈良県 *かたいっちょ 長野県下水内郡 *かちきぱり 宮城県南部「あの人は仲々かちきぱりだこと」・仙台市 *がった・がったこ(強情な子) 長野県北安曇郡 *がふぁさー 沖縄県首里 *がんだくれ(強情な子) 香川県伊吹島 *ぎーごーむぬ(「ぎーごー」は「義理硬」) 沖縄県石垣島 *きこっぱり 島根県出雲 *ぎごっぱり 埼玉県北葛飾郡 *げしぱり 青森

県南部 *ごーたら 新潟県佐渡 山梨県「ごーたらをこねる」 愛媛県「ごーたらな」 *ごーたれ 長野県東筑摩郡・佐久 和歌山県 *ごーたれぼし 奈良県南部 *ごーたれやろー 長野県佐久 *ごかたり・ごかすり 山形県北村山郡 *ごきたれ 栃木県 *こっぽーもん 長崎県対馬 *ごぼほり 岩手県和賀郡 *さこんさん(幕末に、松平左近頼該というわがまま者がいたことから(香川県方言辞典)。強情なわがまま者) 香川県高松市 *じーぐふぁー 沖縄県首里 *しゃたい(言うことを聞かない強情者) 三重県伊賀南部 *じょーこーいん 岡山県邑久郡 *じょーしき 兵庫県加古郡 *じょーしきもの 福岡県 大分県中部 *じょーっぱり 北海道函館 *じょーはられ(子供が強情なさま) 長崎県対馬 *じょーばり 山梨県 徳島県「あの子はじょーばりなきん(強情だから)いやらしい」 香川県「じょーばりいうな」 *じょーぱり 岩手県九戸郡 *じょーばりこい 徳島県 *じょっぱり 青森県「じょっぱりしてめごくないわらしだなー(ごうじょっぱりしてかわいくない子供だなあ)」 岩手県「じょっぱりな奴だ」 宮城県石巻(子供について言う) 秋田県鹿角郡・北秋田郡 新潟県佐渡 *じょぱり 青森県上北郡「じょぱりとつぱり(つっかい棒)は強い程良い」 *しんねり 愛知県西春日井郡 *すてっこもの 新潟県佐渡 *ぞーつっぱり 新潟県佐渡 *ぞーっぱり 新潟県 *ぞーてー・ぞーてーぼね 新潟県佐渡「ぞーてーが悪い」 *ぞっぱり 岩手県上閉伊郡・気仙郡 新潟県佐渡 *だーぶ 鹿児島県種子島 *どーしんぼー 福島県 *どろ 長野県東筑摩郡 *なんかち 栃木県 *なんかもの(手に負えない強情者) 新潟県佐渡「なんかもので困ります」 長野県東筑摩郡 *なんかんもの(手に負えない強情者) 岩手県気仙郡 山形県南置賜郡・米沢市 *ねだれもん 島根県 *へちり 愛知県西春日井郡 *ぼーちらー・ぼーちりむん 沖縄県首里 *もっこ(意地っぱりで強情な人) 新潟県佐渡「あのおっさんもっこでこまる」 *もっこー(意地っぱりで強情な人) 新潟県佐渡 *やだもの 長崎県伊王島 *やぶおし 岩手県気仙郡 *よちごろ 鹿児島県

こうずい【洪水】 *あれ 福井県坂井郡 山梨県南巨摩郡 長野県上水内郡・上伊那郡 兵庫県氷上郡 鳥取県 *あれかど 富山県東礪波郡 *あれこち 富山市 *あれしけ 島根県隠岐島 *あんばれみず 山形県北村山郡 *いかり 青森県津軽 鳥取県東伯郡 *うーかわ 熊本県天草郡 *うかわ 鹿児島県「うかわが出る(洪水になる)」・肝属郡 *うみず 鹿児島県 *おーかー・おーかーまし 長野県南佐久郡「千曲のおーかーましだ」 *おーかわ 長野県佐久 *おーぞら 奈良県南葛城郡・吉野郡 *おーだいふ 島根県鹿足郡 *おーどら 奈良県南葛城郡 *おーみずまーし(小川に言う) 福島県西白河郡 *おーみずまし 宮城県仙台市 *かーまし 福島県相馬郡 栃木県河内郡 長野県佐久 *かわ 新潟県・西頸城郡「かわがでる(洪水になる)」 鹿児島県肝属郡 *かわまし 長野県佐久 *ごーすれ 島根県隠岐島 *だいなん 長野県下伊那郡「だいなんがして堤防が崩れた」 *たいほみず 熊本県芦北郡 *つだ 山形県東田川郡 *でかわ 熊本県菊池郡 *でみず 山形県東置賜郡 千葉県印旛郡 宮崎県東諸県郡 *どんどんがわ(大洪水) 新潟県西頸城郡 *ばかみず 山形県東田川郡 *ぼたみず 熊本県阿蘇郡・八代郡 *みずあがり 山形県北部 宮崎県延岡 *みずあまし 山形県南部 *みずつき 山形県庄内 新潟県中頸城郡 長野県 三重県伊賀 奈良県北葛城郡 *みずで 東京都大島「国地(本土)で水出があったから、よりき(流木)があるかも知れぬ」 静岡県賀茂郡 *みずばし 山形県南村山郡・置賜 *みずまーし 岩手県九戸郡 福島県西白河郡 *みずまし 青森県南部 岩手県紫波郡 宮城県宮城郡・仙台市 山形県 *みずまわし 山形県東置賜郡・南置賜郡 *みずわき 山形県西田川郡 *みぞーっつき 長野県佐久 *やましお 鹿児島県揖宿郡・日置郡 *やまだし 東京都八丈島 *やまつなみ 山形県西村山郡・西田川郡

こうせつ【交接】 ⇨こうごう(交合)

こうぜん【公然】 *おはば(「おおはば(大幅)」の転か) 福島県石城郡「兵隊検査すんだもんだから、おはばでたばこ吸ってる」・東白川郡「まぁだおはばでねぇんだ」 茨城県新治郡・多賀郡 *おんか 茨城県中南部 栃木県「誰れもいないからおんかで遊べる」 群馬県勢多郡・佐波郡 埼玉県入間郡 千葉県香取郡・夷隅郡 東京都八王子 新潟県南部 長野県南部 *おんかん 新潟県中頸城郡「此のマークさえ持っていればおんかんで通られる」 *おんけん 山形県庄内 *おんこ 茨城県 *おんやら 茨城県新治郡 *てんどー 岩手県気仙郡 宮城県登米郡「てんどうに(公然と)」 *はば 長崎市

□と *おーかん 新潟県「彼奴はわーりこと(悪事)おーかんでしる(する)」 *おーずら 山形県米沢市 *おーほー 神奈川県津久井郡 *おーぼー 熊本県球磨郡 *おーほーはれ 神奈川県愛甲郡 *おーほーはれて 神奈川県津久井郡・中郡 *おてっぺに 石川県金沢市 *おてんか 滋賀県彦根・甲賀郡 *おてんき 滋賀県彦根 *おてんけ 島根県「子供のくせね、おてんけで煙草のんで」 *おとたこ 鹿児島県鹿児島郡 *おはれて 山形県米沢市・東置賜郡「おはれで嫁入り」 *おめはれて(「おもいはれて(思晴)」の転か) 秋田県河辺郡 *おんかはれて 千葉県夷隅郡 東京都南多摩 新潟県上越市 *おんげーはれて 東京都南多摩郡 *おんこはれて 新潟県西蒲原郡 *おんばはれて・おんぼはれて 福岡市「彼と彼女はおんぼはれて結婚ばした」 *ごてんけ 島根県八束郡 *でんど 兵庫県加古郡

こうたい【交代】 *えー 長野県長野市・上水

内郡 *かたみがわり 兵庫県淡路島 *かためかわり 兵庫県明石郡 *かわいえー(役目などの交代) 沖縄県首里 *かわりがい 愛媛県松山「かわりがいにしょー」 *かわりこ 香川県大川郡 *かわりごーて 愛媛県 *かわりごーり 広島県高田郡 *かわりごかい 愛媛県伊予郡 *かわりごっこ 茨城県新治郡・稲敷郡 *かわりばんげー 福島県東白川郡「かわりばんげぇにする」 *かわりばんて 山形県米沢市 長野県 岐阜県飛驒 大阪府泉北郡 岡山県児島郡「かわりばんてに」 *かわりばんてん 新潟県中頸城郡 岐阜県郡上郡 鳥取県東部 *かわりばんてんこ 鳥取県東部 *かわりべんこ 岐阜県郡上郡 *かわりべんた・かわりべん 大阪市「かわりべんたにさげて行こう」 *かわりべんべ 滋賀県東浅井郡・坂田郡 *かんくり 長野県佐久 *けてがて 岐阜県飛驒「けてがてにやる」 *ちゅいつぃがーるー(一人ずつ交代すること)・ちゅいなーかーるー 沖縄県首里 *ばいてんがわり 富山県 *ばてんがわり 山形県米沢市 *はながい 岐阜県「はながいに車をひく」 *はねがい 石川県鳳至郡・鹿島郡 高知県幡多郡「ぶらんこをはねがいにのろう」・土佐郡 *ばんて 新潟県中頸城郡 山梨県・南巨摩郡「ブランコにばんてに乗れよ」 長野県 *ばんてーがわり 群馬県勢多郡 *ばんてかーり 長野県諏訪 *ばんてがわり 山形県米沢市 長野県東筑摩郡「ばんてがわりに碁を打った」 *ばんてくら 長野県東筑摩郡 *ばんてこーち・はんてこち 長野県佐久 *ばんてっかーり 長野県諏訪 *ばんてっかえし・ばんてっけーり 山梨県 *ばんてっこ 静岡県小笠郡 *ばんてっこー 静岡県 *ばんてん 山梨県南巨摩郡「一本きりの筆どーでばんてんに書かで」 長野市 静岡県小笠郡 *ばんてんか 長野県佐久 *ばんてんかわし 長野県長野市・上水内郡 *ばんてんかわり 新潟県中頸城郡 長野県上伊那郡 *ばんてんがわり 新潟県中頸城郡 静岡県榛原郡 兵庫県但馬 *ばんでんかわり 山形県東田川郡「ばんでんかわりピンポンする」 *ばんてんこ 新潟県中頸城郡 山梨県東八代郡 静岡県小笠郡 鳥取県気高郡・岩美郡 *ばんてんこー 長野県佐久 *ばんてんごー 静岡県「ばんてんごーに球を投げる」 *ばんてんちがい・ばんてんちんがい 鳥取県気高郡・岩美郡 *ばんねんかわり 山形県東田川郡 *ぶってがわり・ぶーってがわり 山形県米沢市「ぶってがわりに(代わりばんこに)」

↓かわりばんこ(代番)・かわるがわる(代代)

こうでん【香典】 *くやみ 山形県 *くやん 鹿児島県 *こーだい 岩手県下閉伊郡 宮城県仙台市・栗原郡 秋田県鹿角郡 兵庫県加古郡 *こーぱな 沖縄県石垣島 *こだいこ 秋田県鹿角郡 *さりょー(近い親類が持って行く香典) 新潟県東蒲原郡 *ひで 鹿児島県・出水市・肝属郡 *ひれー 長崎県南高来郡 *みまい 新潟県東蒲原郡 *むらくやみ(集落の人が持参する香典) 山形県西村山郡 *むらこーでん 山梨県南巨摩郡

□返し *おちゃのこ 兵庫県・明石郡 岡山県御津郡 *ちゃのこ 鳥取市 岡山県御津郡 *ゆずりもの 群馬県利根郡

ごうとう【強盗】 *うったわし(「打ち倒し」か) 熊本県上益城郡 *おーぬすと 広島県高田郡 *おーのすと 島根県 *おし 山形県東置賜郡「おしが入った」 *おしいり 兵庫県赤穂郡 島根県簸川郡・大原郡 広島県比婆郡 山口県向島 徳島県 香川県屋島・粟島 愛媛県大三島・松山「あすこにはゆーべおしいりが入った」 長崎県南高来郡 長崎市 熊本県 大分県 *おしいれ 三重県伊賀 広島県安芸郡 *おしかけ 山形県 *おしがり 山形県東村山郡 *おしがりごーとー 山形市 *おしこみ 山形県東置賜郡 新潟県中頸城郡 長野県 岐阜県山県郡・大垣市 愛知県 三重県 島根県 広島県向島 山口県 香川県仲多度郡・三豊郡 福岡県小倉 *おしごみ 長野県下伊那郡 静岡県浜松近在 愛知県 山口県「おしごみが入った」・豊浦郡 *おしとり 奈良県大和高田 *おしどり 奈良県 岡山県邑久郡 *おしり 熊本県 *おっかけ 栃木県 *おどけこみ 和歌山県海草郡 *おどりこみ 富山県砺波・富山市近在 福井県坂井郡 京都府宇治郡 兵庫県淡路島 奈良県 和歌山県 *おんり 香川県大川郡 *ようち・よーち 島根県出雲市・能義郡 *よとー 福島県安達郡 茨城県稲敷郡・北相馬郡 栃木県 群馬県邑楽郡 千葉県安房郡・上総 新潟県三島郡 長野県上水内郡 *よとーぶち 茨城県稲敷郡 栃木県

↓とうぞく(盗賊)

こうばしい【香】 *かばさーん 沖縄県石垣島 *かばしー 島根県 山口県 佐賀県 熊本県 鹿児島県 *かばしゃん 沖縄県首里 *かんばらしか 熊本県芦北郡・八代郡(茶がこうばしい) *はばさい 鹿児島県喜界島「はばさんさー(香りの高い茶)」

こうび【交尾】 *かない 沖縄県石垣島 *しりつなぎ 島根県隠岐島 *すげ 兵庫県淡路島 *ずっかーり(動詞は「ずっかーるん」) 沖縄県石垣島 *つるみこ 山形県東置賜郡 *ひんこ 島根県石見 *へんこ 島根県隠岐島 *んつび 沖縄県竹富島

□する *うつす(鳥類が交尾する) 長野県諏訪・東筑摩郡「鶏がうつした」 *かかる(動物が交尾する) 東京都三宅島 島根県 *かないるん・かないん 沖縄県八重山 *からわれる 熊本県下益城郡 *かるわるる(動物が交尾する) 熊本県玉名郡 *さきる 静岡県志太郡「おそーみるとさきってしょんなぇー(雄を見ると情欲を起こして困る)」 *しゃくる 兵庫県淡路島 *ずっかーるん 沖縄県小浜島 *する(魚が交尾する) 岐阜県揖斐郡 熊本県下益城郡「うをんする」 *たかる 山梨県南巨摩郡 *たける 岩手県気仙郡 宮城県登米郡・石巻 山形県米沢市「犬あたげる」・南置賜郡 山梨県南河内郡 長野県東筑摩郡 *たなる(牛馬が交尾する) 鳥取県東部・

西伯郡 島根県出雲(人間に言うこともある)・隠岐島 *ちびりゅーん 鹿児島県奄美大島・加計呂麻島 *ちりむ 島根県出雲 *つぃるびゅん 鹿児島県奄美大島 *つぃるぶん 沖縄県首里 *つぐる 佐賀県 *っちびりゅーん 鹿児島県奄美大島 *つっぐる 鹿児島県 *つるぐ 福岡市 佐賀県 大分県日田郡 鹿児島県 *つるばる 埼玉県秩父郡 *つるぶ 茨城県稲敷郡 島根県那賀郡 *つるぼる 岐阜県飛驒 奈良県吉野郡 *つんきるん・つんきん 沖縄県与那国島 *とぅんじゅい 鹿児島県喜界島 *はねこきせる(鶏が交尾する)宮城県栗原郡 *はめる 栃木県 *へーふっかける(鳥類が交尾する)岩手県九戸郡 *よさる(動物が交尾する)岩手県九戸郡 秋田県鹿角郡 *んつぶん 沖縄県竹富島

こうふく【幸福】 *かいぎょー 島根県石見「あの人はかいぎょうな人じゃ」 *かふー 山形県東田川郡・西田川郡 *かほ 富山県射水郡・砺波 島根県 *かほー 岩手県九戸郡 島根県邑智郡・仁多郡 *ごよ 京都府竹野郡「ごよな暮らし」 *とくせー 群馬県 *まんぷ 青森県三戸郡
→さいわい(幸)・しあわせ(幸)

こうへい【公平】 *おーやけ 新潟県佐渡「あの人はなかなかおおやけの人だ」 *くーとー 沖縄県首里 *たいら 山形県米沢市 埼玉県秩父郡「あの人はてーらな人だ」 新潟県上越市「あのしとはいつもてえらでりこもんだ」 *ちょーへー 群馬県多野郡「ちょーへーに分ける」 *ちょーべーちょーべー 高知県長岡郡 *ひらへーとー 新潟県佐渡「ひらへえとうに分けい」 長崎県対馬 *まんび 高知県・高知市「莚の上に雑魚をまんびにひろげて干す」 *まんべ 三重県度会郡 兵庫県淡路島 香川県仲多度郡・三豊郡 愛媛県周桑郡 高知県 *まんべん 福島県東白川郡「むらでなく、まんべんに桑かけろよ」 広島県高田郡 徳島県 香川県 愛媛県松山「まんべんにお分けなさい」 *むりくいなし 兵庫県 *むりわけなし 愛知県知多郡「これで皆がむりわけなしだ」
→びょうどう(平等)

こうま【子馬】 *あーほ 岩手県南部 *うまこ 秋田県 山形県飽海郡 新潟県北蒲原郡 *うまっこ 福島県南会津郡 *うまんこ 大分県 鹿児島県肝属郡 *うまんころ 千葉県印旛郡 *うんまっこ 長野県上田 *おとなうま(四歳以上) 新潟県北魚沼郡・中頸城郡 *おの 新潟県 *おのこ 新潟県 *おろ 福岡県遠賀郡 鹿児島県 *おろんこ 熊本県天草郡 宮崎県延岡市 *ここまこ 青森県津軽 秋田県北秋田郡・鹿角郡 *ここんま 岩手県上閉伊郡 山形県最上郡 *こっこまっこ 岩手県気仙郡 宮城県栗原郡 *こっこんま 岩手県九戸郡 *こぼー 神奈川県三浦郡 *こま 静岡県田方郡 島根県鹿足郡 福岡県小倉 大分県大分郡・北海部郡 *こま・こまご(雄) 島根県 *こまこ 秋田県仙北郡 *ころうま 千葉県山武郡 *ころんま 千葉県印旛郡 神奈川県中郡 *こんどーね 長野県諏訪 *こんぼー 神奈川県足柄上郡 静岡県庵原郡 *じゃき 栃木県那須郡 *ぞーやく(雌) 愛知県南設楽郡 *だまんこ 大分県大分市・速見郡 *とーざい 山形県西置賜郡・新庄市 新潟県中頸城郡 静岡県 愛知県北設楽郡・南設楽郡 *とーざいこ 新潟県東蒲原郡 *とーざいっこ 静岡県富士郡 *とーぜー 長野県諏訪 *とーない 徳島県・美馬郡 *とーね 茨城県久慈郡 栃木県那須郡 群馬県吾妻郡 神奈川県津久井郡 新潟県 山梨県 長野県 静岡県駿東郡・庵原郡 大分県大分市・大分郡 *とーねこ 山形県米沢市 山梨県 *とーねご 佐賀県藤津郡 大分県北海部郡 *とーねっこ 福島県会津 群馬県北部 新潟県中部 山梨県 長野県 静岡県駿東郡 *とーねんぼー 群馬県前橋市 *とでっこ 新潟県東蒲原郡 *とねこ 新潟県上越市 *とねっこ 岩手県気仙郡 *どんこ 福島県浜通 茨城県久慈郡・多賀郡 栃木県那須郡 長野県南佐久郡・西筑摩郡 *どんこめ 栃木県那須郡 *はさっ(当歳以上) 鹿児島県肝属郡 *びーびー 大分市 *びっこ 長野県飯田市(一歳)・下伊那郡・伊那(雌。一、二歳) 岐阜県土岐郡・恵那郡 静岡県磐田郡(雌) 愛知県北設楽郡(雌)・南設楽郡 滋賀県高島郡 *ひょのこ 島根県大田市 *ひよのこ 島根県安濃郡 *ひん 大分県大分市・北海部郡 *ひんひん 大分県大分郡 *べあこ 岩手県和賀郡 *べーこ(雄) 山形県西田川郡 *べっこー 新潟県佐渡 *べべんこ 熊本県 *ほこ 佐賀県 *ほま 大分県大分市・大野郡 *ほろ 島根県鹿足郡・益田市 山口県 大分県北海部郡・大野郡 *ほろこ 山口県美祢郡 *ほろほろ 大分県大分郡・大野郡 *ほろんこ 佐賀県唐津市 長崎県南高来郡 *ぽんたうま(四歳以上) 宮崎県西臼杵郡 *まっこ 宮城県登米郡 秋田県平鹿郡 *まっこごっこ・まっこご・まこ 宮城県登米郡 *まんこ 石川県鹿島郡 *んまー 沖縄県石垣島 *んまぐゎー 沖縄県首里

こうもり【蝙蝠】 *かーとぅい 沖縄県宮古島 *かーとず・かーとじ 沖縄県宮古島 *かーぶやー 沖縄県首里 *かくいどり 静岡県志太郡 *かさーら(小さな蝙蝠) 沖縄県石垣島 *かさやてぃ 沖縄県与那国島 *かぷどぅり 沖縄県波照間島 *かぶやー 沖縄県与那国島 *かぶり 沖縄県八重山 *かぶれー 沖縄県鳩間島 *かもり 宮城県 秋田県平鹿郡・鹿角郡 *かもりかか 岩手県 *かもりかっか 岩手県 秋田県仙北郡 *かもりげぁっこ 秋田県平鹿郡 *かんむりかいこ・かんむりこ 山形県村山 *かんもー 島根県石見 *かんもこ 島根県大根島 *くぶやー 沖縄県与那国島 *こーぶい 沖縄県竹富島 *こーもりちょーちょー 静岡県富士郡 *こーもりちょっちょ 静岡県志太郡 *こぶり・こぶれ 熊本県芦北郡 *こぶろ 島根県那賀郡 *こもろ 三重県名賀郡 *こんもりこ 石川県 福井県坂井郡 *つこ 福島市 *とりこーぶり 静岡県

*ねずみかもり 秋田県鹿角郡 *ねずみこーもり 静岡県周智郡 *はぶり 沖縄県西表島・黒島 *みやみやこーびり 鹿児島県奄美大島 *よたか 岩手県気仙郡

こうもん【肛門】 *あかべ 石川県能美郡・江沼郡 *いきひり 岩手県気仙郡 *いきみ 岩手県盛岡市・気仙郡 秋田県鹿角郡 *いしき 神奈川県 長野県下水内郡 *いすけ 富山県下新川郡 *いばくろ 福岡県築上郡 *うらもん 三重県度会郡 *うんずいげつ 新潟県佐渡 *きく 秋田県鹿角郡 山形県西置賜郡 新潟県 *きくざ(形が菊の花に似ているところから) 富山市近在「川流はきくざを開くと駄目だ」 高知県長岡郡 *きくのもん 新潟県東蒲原郡 *ぎぼ 岩手県上閉伊郡 *くすべ 和歌山県日高郡 *くっか 鹿児島県奄美大島 *くもほじり 愛知県北設楽郡 *げす 富山県東礪波郡・射水郡 *げすのあな 富山県射水郡 *けっつのめど 山形県東置賜郡 *けつのごも(卑語) 兵庫県淡路島 *けっのす 鹿児島県 *けつのす(「す」は体の穴。卑語) 福岡市 *けっぽ 広島県生口島 *けつめと 茨城県多賀郡・真壁郡 千葉県印旛郡 *けつめど 岩手県気仙郡 宮城県栗原郡・登米郡 福島県 茨城県稲敷郡 栃木県足利市 群馬県 埼玉県入間郡 千葉県 東京都・八王子 神奈川県 *けつめんぽ 千葉県上総 *けつんめど 千葉県安房郡 *げぼ 宮城県牡鹿郡 *げんぞ 秋田県仙北郡 *こえだし 岡山県和気郡 *こーもんじり 山梨県南巨摩郡 *ごぞ 秋田県仙北郡 *ごもんけつ 三重県志摩郡 *しーご 島根県隠岐島 宮崎県西諸県郡 鹿児島県肝属郡 *しーごんす 宮崎県西臼杵郡 *しーのす 鹿児島県 *じーぼ 島根県 *しがめ 福島県南会津郡 *じご 長崎県西彼杵郡 熊本県八代郡 *じこんす 熊本県芦北郡・八代郡 *じごんす 熊本県天草郡 *してこ 長野県下水内郡 *しなな 長崎県北高来郡・壱岐島 *しびぬみー 沖縄県八重山 *しりご 島根県 鹿児島県種子島 *しりごだま 神奈川県中郡 *しりごのたま 静岡県志太郡 *しりっぽ 鹿児島県種子島 *しりねんど 和歌山県日高郡「しりねんどが出る(痔疾(じしつ)になる)」 *しりのがま 三重県南牟婁郡 *しりのす 福岡市 長崎県対馬 鹿児島県種子島・肝属郡 *しんごんす 鹿児島県鹿児島郡 *しんなな 三重県志摩 和歌山県東牟婁郡(幼児語) *しんのがま 奈良県吉野郡 *しんのけつ 三重県北牟婁郡 *しんのご(肛門の内側) 山形県西置賜郡 *しんのす 佐賀県藤津郡 熊本県 鹿児島県鹿児島郡 *しんのんど・しりゅーど・しりんど 高知県幡多郡 *ずい 三重県志摩 *すいこ 島根県美濃郡・益田市 *ずご 熊本県阿蘇郡・下益城郡 *すびぬみ 沖縄県竹富島 *ずべ・つべんす 長崎県五島 *ずぼ(卑語) 岩手県気仙郡 *ずんぼ 三重県度会郡 *だっこ 新潟県佐渡「だっこが悪うなった」 石川県珠洲郡 *だんこ 青森県三戸郡 岩手県紫波郡 秋田県 山形県西田川郡 *ちびぬまり 沖縄県西表島 *ちびぬみー 沖縄県石垣島 *ちぴぬみー 沖縄県西表島 *ちょー 新潟県佐渡 *つぃびぬみー 沖縄県首里・新城島 *つべ 香川県 *つべのす 徳島県 愛媛県 *つべんこ 香川県佐柳島 *でんじり 神奈川県津久井郡 *のこ 愛知県名古屋市「すっぽんがのこ引く(しりこ玉を抜く)」 *ぽいのす 長崎県長崎市・南高来郡 *んびぬみー 沖縄県与那国島

ごうよく【強欲】 ⇩よくばり(欲張)

こうら【甲羅】 *くーた 千葉県上総 *こーた 千葉県 東京都新島 *せごー 石川県金沢市 *せんごー 高知県・高知市「亀がせんごーを干している」 *つ 長崎県南高来郡 鹿児島県 *つー 佐賀県「亀のつー」 長崎県南高来郡 熊本県下益城郡 *ふー 鹿児島県喜界島「はみんふー(亀の甲ら)」

こうり【行李】 *かんご 長野県西筑摩郡 *くりばぐ・くりぶぐ 沖縄県石垣島 *じゃとこーり(竹製の粗末な行李。座頭が背負って歩いていたところから) 青森県三戸郡 *にごこーり(稲わらの芯(しん)で作った、弁当を入れるための小さな行李) 愛知県名古屋市 *りょーがけ(振り分けにして担ぐ旅行用の行李) 山口県

こうろん【口論】 *あらがーい・あらがー 沖縄県首里 *いーしょ 岡山市「兄弟で言いしょをする」「言いしょが絶えぬ」 *いがーはい・いがーい 沖縄県首里 *いりわい 沖縄県首里 *かばち 鳥取県西伯郡 島根県鹿足郡 岡山県岡山市・児島郡 広島県 山口県 *くじ 島根県飯石郡 *ぐじ 高知県 *くじくり 青森県津軽 秋田県鹿角郡 *くちぐとぅ 沖縄県首里 *くちずもー 島根県石見「よるとさわるとくちずもーする」 愛媛県・松山「くちずもーをとるものじゃない」 *くちもじり 岩手県九戸郡・岩手郡 *くちもみ 福島県相馬郡 *くちもめ 青森県「くじもめし(口論する)」 *くちもんど

方/言/の/窓

●育児語と方言

母親が幼児に向かって発することば(育児語。幼児語ともいう)にも地域差がある。

例えば、「船」を表す語を見ると、エイヤンコ(宮崎)、エンヤ(愛媛)、ヤンヤ(茨城)、ヨイヤ(長崎)などは船を漕ぐときのかけ声で、ギッコンギッコン(東京・兵庫)、ギッチラギッチラ(三重・長崎)、ギッチラコ(茨城・富山・福井・愛媛)などは櫓の音で表現している。

一方、ポッポ、ポンポンなど、蒸気船の進むときの音で表現する地域は全国に広く見られる。

標準語でブーブといえば自動車のことだが、香川や愛媛では船のことをいう。

プカプカ(群馬・石川)、プッカンプッカン(福岡)などは船が浮かんでいる様子で表現していておもしろい。

徳島県 *くちもんどー 岐阜県郡上郡 *くちらんぱん 新潟県東蒲原郡 *くちろん 岩手県下閉伊郡 *くちろんじ 山梨県南巨摩郡 *くちろんぱ 青森県三戸郡 *くちろんばん 新潟県中越 *くちろんぱん 山形県西置賜郡 新潟県「昨晩甲と乙がくちろんぱんして凄かった」 *こごと 滋賀県彦根「こごとをする」 *せっぱ 秋田県仙北郡 *せりあい 岡山県御津郡 長崎市 *せんさく 岐阜県大垣市 *つれこど 秋田県平鹿郡・雄勝郡 *むにいじっくなー・むにゆんくなー 沖縄県首里・石垣島 *むんどー 沖縄県石垣島 *むんどーふぃんどー 沖縄県首里 *ゆいしょ 富山県砺波 *ろっぱん 山形県米沢市・西置賜郡 群馬県利根郡 *ろんばん 埼玉県入間郡「ろんばんする」 *ろんぱん 山形県米沢市・西置賜郡 新潟県西蒲原郡 山梨県南巨摩郡 島根県 山口県

↓くちげんか（口喧嘩）・ろんそう（論争）

□する *あせる 宮城県石巻「人中であせらえて仲裁に困った」・栗原郡・仙台市「隣でまたあせてんのすかや」 *あわせる 宮城県栗原郡 *からちあう（「かちあう（搗合）」の転か）島根県邑智郡 *がらちあう 島根県八束郡 *きばる 新潟県 長野県佐久 *くじくゆい 鹿児島県喜界島 *こぶくる 岡山市「親子でこぶくりやう」 *さかばる 石川県河北郡 *はりあう 東京都八丈島

こえ【声】 *うとー 鹿児島県喜界島 *おと 青森県津軽 秋田市 埼玉県秩父郡 新潟県「二階で太郎のおとがする」 長野市 岐阜県 *こーせき 山形県東置賜郡 東京都八王子 奈良県「こうせきがよいのであの人の歌は引立つね」 *こわね 秋田市 *ね 新潟県佐渡「ねがでん（何も言い得ない）」「りょうする猫はねを出さん」

こえ【肥】 *ずぎ 秋田県鹿角郡・平鹿郡 *たんぼー 佐賀県

↓こやし（肥）・しもごえ（下肥）・たいひ（堆肥）・ひりょう（肥料）

こえおけ【肥桶】 *あげおけ 岐阜県飛騨 島根県出雲 *あとおけ（便所の中に埋めてある大きい肥おけ）島根県出雲 *おりつぼ 新潟県佐渡 *こえめご（「めご」は「目籠」か）宮崎県西臼杵郡 *こーだる 東京都大島 *こが 石川県珠洲郡 島根県 広島県比婆郡・高田郡 山口県長門 大分県大分郡・大野郡 *こがつぼ 島根県鹿足郡・邇摩郡 広島県高田郡 *ひおけ 三重県上野市

↓こえたご（肥桶）

こえたご【肥桶】 *えんこたんこ 新潟県 *おねおけ（背に負うもの）岐阜県飛騨 *かずきおけ 岩手県和賀郡 富山県西礪波郡 *かずきだる 富山県西礪波郡 *かたねおけ 新潟県佐渡・北蒲原郡 富山県 *かたのけ 富山県下新川郡 *くさらかし（大きいもの）島根県益田市 *げすおけ 青森県津軽 秋田県鹿角郡・北部 新潟県佐渡 *げすたる 青森県津軽・南部 *げすたんか 秋田県北部 *さんじゃく 千葉県夷隅郡 新潟県佐渡 *さんじゃくたが 新潟県佐渡 *さんじゃくもん 新潟県佐渡・西蒲原郡 富山市近在 *しょんべき 愛知県西春日井郡 *しょんべけ 愛知県愛知郡 *しょんべたんご 奈良県南大和 *しょんべんぶり 栃木県河内郡「しょんべんぶり片附けよ」・宇都宮市 *しょんぼけ 愛知県三河 *たーご 三重県志摩郡 *だーたご 鳥取県西伯郡 *たおけ 三重県名賀郡・阿山郡 京都府葛野郡 *だおけ 福井県大飯郡 *たが 島根県 *たがおけ 山形県西置賜郡 新潟県岩船郡 三重県志摩郡 *たご 山形県庄内 埼玉県北足立郡 千葉県印旛郡 長野県佐久 三重県志摩郡・北牟婁郡 滋賀県彦根 兵庫県淡路島 和歌山県日高郡 島根県 徳島県・美馬郡 香川県 愛媛県「たごを馬に乗せて来る」 大分県 *たごおけ 山形県西置賜郡 福井県敦賀郡 佐賀県・藤津郡 *たごけ 富山県高岡市・砺波 石川県 福井県 三重県 滋賀県甲賀郡・彦根 *だつおけ 福島県大沼郡 栃木県 *たぶりんこ 岐阜県飛騨 *だぼ 熊本県天草郡 *だら 福島県大沼郡 *だらおけ 宮城県石巻・仙台市 秋田県由利郡 山形県「だらおけかついで働く」 福島県・西白河郡 茨城県猿島郡・稲敷郡 東京都神津島・新島 山梨県・南巨摩郡 岐阜県郡上郡 *だりおけ 島根県出雲 *たる（背負う形のもの）岩手県上閉伊郡 *だるたご 山口県見島 *たろー（背負う形のもの）岩手県江刺郡 *だんか 秋田県鹿角郡 *だんかおけ 秋田県北秋田郡 *たんご 埼玉県北足立郡 千葉県・夷隅郡・印旛郡「たんごをかずぐ」 福井県大飯郡 岐阜県郡上郡 三重県 京都市 大阪府泉北郡 兵庫県 奈良県 和歌山市 香川県 長崎県伊王島 鹿児島県種子島 *たんこおけ 山形県西置賜郡 *だんぼ 山形県置賜 *たんぼーだー 佐賀県 *つのおけ（綱を通す取っ手を角に見たてて）静岡県磐田郡 *とーご 千葉県香取郡 *ふりおけ 山形県西村山郡・北村山郡 福島県（液肥） 茨城県真壁郡・稲敷郡 栃木県 千葉県九十九里浜 新潟県東蒲原郡 *ぶりおけ・ぶりんこ・ふりんこ 岐阜県飛騨 *ふるおけ 山形県西村山郡 *やしにゃーおけ 佐賀県藤津郡 *よつだる 茨城県・新治郡

↓こえおけ（肥桶）

こおり【氷】 *あぶらごーり（透き通った固い氷）長野県 *いたがね 長崎県壱岐島 *いて 京都府 *いてがね 福井県大飯郡 *かがみ 新潟県北魚沼郡「かがみゆき（氷結した雪）」 石川県鳳至郡「かがみが張る」 *かなくい 熊本県球磨郡 *かなくーり 長崎県壱岐島「かなくーりのごつ冷とーなっちょる」 *かなこーり 三重県北牟婁郡 奈良県吉野郡 岡山県 愛媛県 高知県幡多郡 *かなこり 三重県伊勢 *かねくり 石川県河北郡 宮崎市 *かねこー 島根県能義郡 *かねこーり 富山県 岐阜県飛騨 三重県 鳥取県八頭郡 広島県安芸郡 大分県宇佐郡・南海部郡 *かねこごり 三重県名賀郡 *かねこり 富山県・射水郡 石川県金

沢市・河北郡　岐阜県　三重県度会郡　*がねごり 岐阜県飛驒　*かねころ 富山県・射水郡　*かねっこーり 千葉県安房郡「かねっこーりがはる」・君津郡　長野県北安曇郡　*がりんぼ 石川県金沢市　*がれ 石川県羽咋郡　*かんくり 千葉県長生郡・夷隅郡　熊本県天草郡　*かんくる 熊本県天草郡　*かんこーり 千葉県夷隅郡・長生郡　静岡県　三重県阿山郡・上野市　大阪府泉北郡　兵庫県氷上郡・加古郡　広島県大崎下島　愛媛県周桑郡　高知県　熊本県上益城郡　宮崎県延岡　*かんこり 三重県阿山郡　京都府　奈良県南大和　香川県「かんこりがはっとる」　愛媛県周桑郡・喜多郡　*かんぱち・かんぽち 熊本県天草郡　*がんばり 富山県「がんばりはる」　*がんばる 富山市近在「がんばるが張っとる」　*げんろく 熊本県下益城郡　*こごり 三重県伊賀　滋賀県栗太郡　京都府　大阪府　奈良県　*こりこり 三重県志摩郡　*こんごり 三重県伊賀　京都府相楽郡　大阪府泉北郡　*ごんごり 滋賀県野洲郡　*ざい 山形県西置賜郡　新潟県西蒲原郡・刈羽郡　*しが 北海道小樽　青森県津軽　岩手県九戸郡・岩手郡　宮城県　秋田県　山形県庄内・米沢市　新潟県上越市　福井県坂井郡　*しがっこ 岩手県中通　*しかま 青森県津軽　*しがま 青森県津軽　秋田県鹿角郡・北秋田郡　*ししゃっこい 山形県東村山郡　*しみ 山形県庄内　新潟県佐渡「しみがはる」　石川県能美郡「しみがとける」・金沢　長野県飯田市「しみがゆるむ」・佐久　岐阜県飛驒・郡上郡　島根県「今朝はばけつにしみが張った」　*しも 鹿児島県種子島　*しもがね 熊本県八代郡「しもがねんはる」・芦北郡　鹿児島県・鹿児島郡（天然の氷）　*しもぐい 宮崎県都城　*しゃっこい 山形県　*じゃみ（ごく薄く張った氷）兵庫県淡路島　*しん 島根県隠岐島　*しんごーり・しんぐり 熊本県阿蘇郡　*すが 北海道函館　青森県南部・三戸郡「すがどげ」　岩手県　宮城県仙台市　秋田県　山形県　*すがのこーり（天然氷）山形県　*すがま 秋田県北秋田郡・鹿角郡　*ずず 山梨県　*たっぴ（一面に張った氷）茨城県猿島郡　*たっぺ（一面に張った氷）岩手県気仙郡　宮城県　山形県最上郡　福島県「たっぺすべり」・東白川郡　東京都大島　*たっぺー（一面に張った氷）宮城県仙台　茨城県猿島郡・多賀郡　静岡県安倍郡　*たっぺん（一面に張った氷）岩手県気仙郡　*つらら 高知県吾川郡　*はっこい 山形県　*ばん 新潟県佐渡

水面に張った□　*いて 京都府　*いてがね 福井県大飯郡　*ざーや・じゃや（川に張る氷）青森県三戸郡　*ざい 新潟県　*ざえ 山形県西置賜郡　新潟県　*ざや 新潟県　*ざり 山形県西置賜郡　*しが 北海道小樽　青森県十和田　宮城県仙台市　山形県　新潟県佐渡・岩船郡　*しがま 青森県津軽　*すが 北海道北奥羽　岩手県気仙郡　宮城県仙台市　山形県　*ぜ 山形県東田川郡

ぶっ欠き□　*かちわり 大阪市　奈良県　岡山県児島郡　香川県　*かちわれ 香川県

こおる【凍】　*いたいる 新潟県北魚沼郡　*いたえる 兵庫県但馬　*いてる 福島県相馬郡・東白川郡　茨城県　栃木県　埼玉県北足立郡・入間郡　千葉県東葛飾郡　東京都八王子　神奈川県津久井郡　福井県敦賀郡・大飯郡　山梨県　岐阜県山県郡・稲葉郡　愛知県尾張　滋賀県　大阪府大阪市・泉北郡　兵庫県　和歌山県　鳥取県八頭郡　徳島県　*かてる 滋賀県　*かんじる 新潟県　石川県能美郡　*こごなる 山口県阿武郡　*こごる 兵庫県加古郡　奈良県　島根県隠岐島　広島県「池の水がこごる」　香川県小豆島　愛媛県　*こじくる 福岡県粕屋郡　*こじける 岡山県苫田郡・御津郡　*こる 和歌山県日高郡「池の水がこった」　*しばえる 青森県津軽「今夜はずいぶんしばえでらでぁ」　*しばれる 北海道「がだがだすばっでなー（こちこちに凍りついてね）」　青森県津軽　岩手県紫波郡　石川県河北郡　*しびる 長野県更級郡「しびたやつー（凍ったものを）きれーにな」　徳島県海部郡　高知県「可愛想に乞食が道端でしび死んじょる」　*しみつく 山形県　新潟県佐渡　石川県輪島　*しみる 北海道函館　青森県「蜜柑ががんがとしみた」「ばけつの水がしみてしまひました」　岩手県「手がすみるやうだ」　宮城県　秋田県　山形県　福島県「飯がしみる」　栃木県　群馬県吾妻郡・佐波郡　新潟県「きゅうりが、れいぞうこでしみとる」　富山県　石川県　福井県遠敷郡　山梨県・南巨摩郡　長野県　岐阜県　静岡県榛原郡　奈良県吉野郡　鳥取県　島根県　岡山県苫田郡　広島県芦品郡・高田郡　山口県大島・防府市　香川県塩飽諸島　愛媛県「土地がしみた」

こおろぎ【蟋蟀】　*あぶらぎす 長野県下水内郡　*あぶらむし 熊本県天草郡　*あわぎめ 熊本県下益城郡　*あわきりぎめ 熊本県上益城郡・下益城郡　*いーご 山口県玖珂郡　*いご 長崎県南高来郡・壱岐島　熊本県　*いずっ・いちゅっ 鹿児島県揖宿郡　*いちず 鹿児島県種子島　*いとじ 京都府久世郡　*いとど（小さいもの）大阪市　*うしくそまわし 香川県女木島・香川郡　*おかま 香川県大川郡　*おかまぎす 愛知県碧海郡　*おかまぎりす 愛知県　*おかまぎりそ 愛知県愛知郡　*おかまご 香川県　*おかみさんぎめ・かまぎめ 熊本県宇土郡　*おころ 愛知県碧海郡　*おっちょちょ 滋賀県伊香郡　*おにこーろぎ（大きい種類のもの）栃木県大田原市・芳賀郡　*おみこっさかき 香川県　*かいっちょ 茨城県稲敷郡　*かささせすそさせ 群馬県勢多郡　*かずぃはら・かじぇはら 鹿児島県奄美大島　*がた 石川県鹿島郡　*かまご 三重県一志郡　香川県三豊郡　*かまごろ 神奈川県高座郡　岐阜県稲葉郡・山県郡　*かまさい 沖縄県石垣島　*かまじー 沖縄県八重山　*かまぜー（「かまどのそばにいるバッタ」の意）沖縄県首里　*かまどぎす・かまどきす 滋賀県犬上郡　*かまんご

三重県飯南郡 *かんた(「かんたん(邯鄲)」の転か) 長野県上田 *かんたろー 長野県上田・南佐久郡 *かんなご 長野県下伊那郡　静岡県　愛知県三河 *かんなっこ 静岡県榛原郡 *かんなっちょ 静岡県 *かんなっちょー・かんのこ・かんのっこ 静岡県 *かんなんご 愛知県宝飯郡・南設楽郡 *がんなんご 愛知県南設楽郡 *きーきー 三重県志摩郡 *きーきーまんだい 静岡県庵原郡 *ぎーす 滋賀県蒲生郡　京都府 *きーっちょ 東京都南多摩郡　山梨県北都留郡 *きす 長野県　兵庫県但馬 *ぎす 静岡県榛原郡　愛知県宝飯郡　京都府竹野郡 *きすちょんちょん 長野県佐久 *きっご 島根県隠岐島 *きつり 熊本県八代郡 *ぎなめ・きなめ 熊本県 *ぎなんどー 島根県鹿足郡 *ぎみ 宮崎県西諸県郡　鹿児島県 *ぎめ 長崎県佐世保市　熊本県　宮崎県　鹿児島県・種子島 *きゃーご 島根県仁多郡 *ぎゅりぎゅり 熊本県八代郡 *ぎらこ 三重県度会郡 *きり 新潟県南魚沼郡 *きりきり 三重県志摩郡　香川県三豊郡 *きりぎり 岐阜県郡上郡 *きりきりす 山梨県 *きりぎりす 岩手県紫波郡　秋田県平鹿郡・雄勝郡　山梨県南巨摩郡　長野県諏訪・上伊那郡　岐阜県武儀郡　三重県北牟婁郡 *きりきりむし 熊本県天草郡 *きりこ 鳥取県南部　島根県隠岐島 *きりご 兵庫県赤穂郡　鳥取県気高郡　島根県　岡山県　広島県比婆郡・芦品郡　愛媛県伯方島・岡村島 *きりす 和歌山県海草郡・那賀郡 *きりつず 山口県 *きりゅーず・きりゅーぞー 東京都八王子 *きりょご 三重県度会郡 *きろきろ(幼児語) 山口県豊浦郡 *きろんきろん 香川県 *きろんぼ 愛媛県宇摩郡・西宇和郡 *ぎろんぼ 香川県三豊郡・仲多度郡　愛媛県宇摩郡 *ぎろんぼー 徳島県美馬郡 *きんきらず 東京都大島 *ぎんぎろ 香川県 *ぎんぎろさん(幼児語) 兵庫県赤穂郡 *きんきろはん・ぎんぎろはん 香川県 *きんじろー 熊本県天草郡 *きんなめ 熊本県球磨郡 *ぐろ 香川県 *くろぎめ 熊本県下益城郡・球磨郡　宮崎県 *くろこーろぎ 富山県西礪波郡 *くろこーろん 富山県 *くろつ・くろつー 熊本県玉名郡 *くろつず 島根県石見　広島県　山口県豊浦郡　福岡県 *くろつつ 島根県美濃郡　鹿児島県大隅郡 *くろつと 滋賀県高島郡 *くろと 鳥取県岩美郡 *くろとち 京都府北部 *くろとと 福井県三方郡 *くろんぼ 徳島県　香川県　愛媛県新居郡 *けさーかかー 神奈川県津久井郡 *けさかっか 茨城県　栃木県 *けさがっか 栃木県安蘇郡・河内郡 *けさがはは 栃木県南西部　群馬県勢多郡・山田郡 *けさこっこ 栃木県中西部 *けさっはは 栃木市 *けさのかかー 東京都南多摩郡　神奈川県中部　山梨県北都留郡 *けさはっこ 栃木県河内郡 *けさはっは 栃木県安蘇郡 *けさはは 群馬県佐波郡 *けじろはち 岐阜県益田郡 *けずりはち 岐阜県飛驒 *けら・けらけら 兵庫県加古郡 *けろけろ 富山県 *こーろ 長野県佐久　奈良県南葛城郡 *こーろぎす・ほーろぎす 愛知県碧海郡 *こーろころ 千葉県山武郡 *こーろめ 茨城県新治郡 *こーろん 富山県下新川郡　石川県　三重県伊賀 *こーろんどん 静岡県安倍郡 *ころ 大阪府　奈良県高市郡 *ころころ 青森県津軽　群馬県・利根郡　千葉県夷隅郡　長野県 *ころん 富山県 *ころんころ 山形県東村山郡 *ころんころん 福島県信夫郡 *ころんぼ 香川県佐柳島　高知県・土佐郡 *さぶろぎめ 熊本県八代郡 *さぶろたぎめ 熊本県八代郡 *さんたぎめ 熊本県下益城郡 *ししきりご 岡山県邑久郡 *しゅーとんど 静岡県 *しゅーとんどん 静岡県志太郡・川根 *しゅーとんびん 静岡県 *しょーかんぺ 熊本県球磨郡 *しょーとんどー 静岡県志太郡 *しょごろ 熊本県八代郡・芦北郡 *じろー 新潟県中越 *ずいちょ 富山県 *せきかぜ・せきやかぜ 岐阜県恵那郡 *せっかせ 岐阜県恵那郡 *そーばっくり 長崎県対馬 *そばぎーす 島根県美濃郡 *そばきりご 岡山県真庭郡・苫田郡 *そばきりす・そばきり 新潟県中越 *そばぎりす 新潟県南魚沼郡 *ちみす 滋賀県 *ちょこちょこ 三重県志摩郡 *ちょんちょん 香川県大川郡 *ちんくら 富山県婦負郡 *ちんころ 栃木県芳賀郡　和歌山県 *ちんちくら 富山県 *ちんちろ 群馬県勢多郡　愛知県　三重県志摩郡(エンマコオロギ)　奈良県南大和　和歌山県日高郡・東牟婁郡　愛媛県　熊本県宇土郡・芦北郡　宮崎県 *ちんちろこ 和歌山県日高郡 *ちんちろもし 富山市 *ちんちろりん 愛知県豊橋市・渥美郡　香川県小豆島・三豊郡　熊本県 *つーつー 岐阜県飛驒 *つずりさし 岐阜県飛驒 *つずれさし 富山県　岐阜県飛驒・益田郡 *つつね 新潟県中部 *つぬしや 沖縄県宮古島 *つんずりさし 岐阜県飛驒・吉城郡 *つんずりさせ 岐阜県飛驒 *てーてーとーし 高知県 *ててかか 栃木県小山市・河内郡 *ててとし(鳴き声が、「ててとし、ははとし、しうとにくいにくい」と聞こえるところから(敦賀町方言集)) 福井県敦賀郡 *とち 京都府・何鹿郡 *とちげら 福井県大飯郡　京都府 *とっくり 愛知県葉栗郡 *とんど 静岡県小笠郡 *なでうま 滋賀県犬上郡 *ねこむし 岐阜県加茂郡 *はたけのごんじょ 佐賀県三養基郡 *はてふぁーむら 沖縄県竹富島 *ひじり 京都府 *ひゅーとんど 静岡県・榛原郡 *ひゅーどんどん 静岡県志太郡 *ひよろ 愛知県東春日井郡 *ひょろひょろ 静岡県榛原郡　香川県 *ひりー 香川県 *ひりひり 香川県仲多度郡 *ひりひりっこ 静岡県小田郡 *ほろ 愛知県名古屋市 *ほろほろ 愛知県碧海郡 *まめまわし 富山県 *むぎめし 奈良県宇陀郡 *よーかんぺ 熊本県球磨郡 *よきち 三重県度会郡

ごかく【互角】 *ごあい 群馬県佐波郡 *じょー 新潟県中頸城郡　静岡県「この角力はじょーだ」 *すねおし 岐阜県恵那郡 *たいたい 島根県出雲「たえた男とはすねおしだ」

えでやる」 徳島県「この山とあの山とはたいたいじゃ」「お前さんとたいたいのつきあいは出来ん」 香川県仲多度郡・伊吹島 福岡市 *たいよー 岩手県気仙郡 *つっぱい 新潟県中蒲原郡「昨日は君が払ったから今夜は僕が払ってつっぱいにしておこう」 *つっぷかっぷ 山形県米沢市 *つっぺ 愛媛県大三島 *つっぺー 兵庫県西宮 島根県石見 広島県 山口県大島 愛媛県 *つっぺーこっぺー 広島県比婆郡 *ぶつかつ 岐阜県恵那郡 *まったいご 福島県「まったえごになってさわぐな、いい年して」「俺とあの人とはまったいごだ」 *まったいごー 福島県岩瀬郡

→ごぶごぶ（五分五分）・はくちゅう（伯仲）

□だ *どちこちない 愛媛県松山 高知県 *どちこちゃない 高知県「どれもよく出来て居る。出来栄はどちこちゃないと思う」 *どっちこちない 島根県隠岐島 *どっちこっちない 愛媛県宇和島市 *どっちこっちゃーない 島根県益田市・邑智郡「甲も乙もどっちこっちゃーない」

こがたな【小刀】 *あだこ 山形県村山 *うえばっこ 山形県飽海郡 *うしぐ 沖縄県波照間島 *うしんぐ 沖縄県鳩間島 *うすば 秋田県北秋田郡 山形県酒田市 *うすばこ 山形県庄内 *うすばっこ 山形県飽海郡 *うちだし 熊本県球磨郡 *うっだし 熊本県菊池郡 *かたなんたま 沖縄県波照間島 *きぎり 新潟県岩船郡 *けずり 新潟県北蒲原郡 *こーがえ 山形県西置賜郡 *こーたな 新潟県・三島郡 *こーたら 新潟県中越 *こーたん 長野県下水内郡 *こがきん 香川県大川郡 *こがたないもし（「いもし」は槍（やり）の意）福島県南会津郡 *こがつな・こがんな 鹿児島県 *こぎり 大分県大分郡 *こでば 三重県志摩郡 兵庫県淡路島 *こんたら・こだから 岐阜県飛騨 *さきでば 三重県志摩郡 *さすが 岩手県上閉伊郡 山形県 千葉県下総 石川県能美郡 山梨県南巨摩郡 長野県 三重県名賀郡 滋賀県蒲生郡 兵庫県淡路島 奈良県・宇陀郡 和歌山市 島根県隠岐島 山口県 香川県 *さすがん 岩手県紫波郡 *さすな 石川県能美郡 *しーぐ 沖縄県 *しぇーぐ 沖縄県国頭郡 *しぐ 鹿児島県与論島 *しごー・しごってぃー 沖縄県与那国島 *しんぐ 沖縄県八重山 *しんごー 沖縄県竹富島 *しんごーま 沖縄県小浜島 *すぃーぐ 沖縄県首里 *すぃぐ 沖縄県 *すーぐ 沖縄県伊江島 *ずらし 長崎県南高来郡 *せーご 宮崎県西臼杵郡 *たちは 秋田県雄勝郡 *たでまぎり（刃の厚い小刀）青森県上北郡 *つまきり 富山県高岡市 石川県 岐阜県吉城郡 *でば 岩手県九戸郡 千葉県夷隅郡 静岡県 愛知県 三重県 広島県走島・高田郡 長崎県五島 *とば 埼玉県北足立郡 千葉県東葛飾郡 *なたこ 山形県東置賜郡・西置賜郡 *はーか（ポルトガル語 faca から）長崎県南高来郡 *はずさし 福岡県粕屋郡 *はなさし 福島県南会津郡 *はもの 三重県名張市・名賀郡 *ばらし 大分県宇佐郡 *ばらす 熊本県天草郡 *はんさし 山形県鶴岡 福岡県 *ほいちょこ 山形県村山 *ほーちょ・ほちょ 大阪府 *ほーちょー 大阪府 *まきり 北海道函館・小樽 青森県 岩手県九戸郡・下閉伊郡 秋田県山本郡・南秋田郡 山形県西田川郡 石川県羽咋郡 *まっきり（漁師が使うもの）新潟県蒲原

ごがつ【五月】

□五日（の節句）*かしばぜっく・かせばぜっく 静岡県志太郡 *かしわぜっく 静岡県庵原郡 *こいぜっく 群馬県前橋市 香川県高松市・高見島 *ごがごんち 東京都八丈島 *ごりょーえ 島根県石見 広島県比婆郡・安芸郡 *ごれー 広島県・芦品郡 *ごろえ 香川県佐柳島 *ごんち 長野県南佐久郡・諏訪 *ごんちぜっく 長野県諏訪 *ごんちのせっく 長野県南佐久郡 *ささまきせっく 石川県珠洲郡 *さのぼりせっく 鹿児島県屋久島 *せついり 島根県鹿足郡 *たほめせっく 青森県三戸郡 *のぼいいえ（五月五日の端午の節句の祝宴）鹿児島県肝属郡 *のぼいいや（五月五日の端午の節句の祝宴）熊本県天草郡

ごきぶり【蜚蠊】 *あま 和歌山県日高郡・西牟婁郡 大分県 *あまべ 山口県大島 *あまみー 鹿児島県喜界島 *あまみめ 東京都八丈島 *あまめ 三重県志摩郡・宇治山田市 奈良県吉野郡 和歌山県南部 長崎県 熊本県芦北郡・八代郡 大分県大分市・南海部郡 宮崎県日向・都城 鹿児島県 *あめ 和歌山県西牟婁郡 *いりこむし 岐阜県飛騨 *おーざか 静岡県小笠郡 *かきざね 和歌山県西牟婁郡・東牟婁郡 宮崎県延岡 *かきじやね 東京都八丈島 *かきだね 和歌山県西牟婁郡 *かきのたね 大分県大分市・東国東郡 *かきのつ・かきず 熊本県天草郡 *かねむし 愛媛県南宇和郡 *かぶとむし 島根県浜田市 *かまどむし 宮城県仙台市 *かまむし 新潟県佐渡 *かむし 沖縄県波照間島 *からすむし 東京都八丈島 *げじげじ 静岡県志太郡・島田市 *げんじき 静岡県志太郡 *げんたく 岐阜県飛騨 *こーきこぶり 大分県日田郡 *こーじむし 神奈川県津久井郡 *こーじんむし 東京都八王子 *ごかぶり 山口県大島 *ごきかぶり 島根県 長崎県上五島 *ごきぐらい 兵庫県淡路島 *ごきこぶり 大分市 *ごきしゃぶり 島根県隠岐島 *ごくこぶり 大分県大野郡 *ごぜ 徳島県海部郡 高知県・土佐郡・高知市 *ごぜむし 高知県「ごぜむし一升買います（ゴキブリよけの呪文）」 *ごっかぶい 佐賀県 *ごっかぶり 大阪市 兵庫県 奈良県 島根県邇摩郡 福岡県 *ごっかぶる 長崎県南高来郡 *ごっこぶり 大分県大分郡・大分市 *じろはち 愛媛県南宇和郡 高知県幡多郡 *せーはち 三重県鳥羽市・志摩郡 *せんばむし・せんばもし 富山県東礪波郡 *とーびーらー 沖縄県中頭郡・国頭郡 *とーびらー 沖縄県島尻郡 *ふぃーらー 沖縄県首里 *へーなち 千葉

県安房郡 *へーはち 千葉県 三重県 奈良県吉野郡 和歌山県 *ぽっかぶり 福井県敦賀郡 大阪市 兵庫県淡路島 奈良県 *やまた 沖縄県八重山 *やまとぅくむし(「くむし」は油虫) 沖縄県鳩間島 *やまとぅくむしゃ 沖縄県竹富島 *やんとぅぴゃー 沖縄県西表島 *わんかじり 千葉県夷隅郡 *わんくいむし 静岡県 *わんこぐり・わんくぐり 香川県丸亀市 *わんこぶり 香川県

こきょう【故郷】 *じげ 島根県那賀郡 *しま 鹿児島県喜界島 沖縄県首里・石垣島 *でど 群馬県勢多郡 *でどこ 岡山県苫田郡 徳島県 香川県三豊郡

こぐ【漕】 *おす 石川県輪島市 三重県志摩郡 高知県幡多郡 長崎県北松浦郡 鹿児島県甑島 *かっ 鹿児島県鹿児島郡 *こざく 山形県 *こす 宮城県仙台市「舟こす」 群馬県山田郡 *ねる(一人用の舟をこぐ) 宮城県亘理郡 *むしる(櫓をしきりにこぐ) 三重県志摩郡

こくばん【黒板】 *とはん 島根県石見 *とばん 岡山県苫田郡 *ぼるど(英語 board から) 石川県江沼郡

こくもつ【穀物】 *おかのもの・おかもん(米以外の穀物) 新潟県東蒲原郡 *おごく(米麦などの穀物) 奈良県吉野郡 *けしね 岩手県下閉伊郡 山形県最上郡 *こか(精白した穀類) 大分県北海部郡 *ごく(米麦などの穀物) 岩手県 秋田県鹿角郡 新潟県岩船郡 静岡県磐田郡 兵庫県加古郡 岡山県川上郡・岡山市 長崎市 *ごふのもん(米麦などの穀物) 東京都大島 *たなもの 青森県南部 *つが 鹿児島県喜界島 *とぅわ 鹿児島県喜界島 *ぼさつ 千葉県上総 大分県宇佐郡 *ますのもの 新潟県佐渡 *ますもの(「升(ます)で量るもの」の意) 石川県珠洲郡・鳳至郡 京都府竹野郡 高知県 熊本県球磨郡 *ゆー 沖縄県石垣島

こくるい【穀類】 ⇨こくもつ(穀物)

こけ【苔】 *あおさ 千葉県山武郡・君津郡 島根県隠岐島 *あおのろ 千葉県山武郡 *あか(水中のコケ) 静岡県磐田郡 *うげ 広島県賀茂郡 *うしつけ(冬季、磯(いそ)の岩に生える赤茶色のコケ) 静岡県榛原郡 *こーげ 愛媛県周桑郡 *こけしや 岐阜県益田郡 *こけぶつ 栃木県 *こけら 岩手県気仙郡 宮城県 秋田県平鹿郡・雄勝郡 山形県 神奈川県中郡 新潟県 富山県 石川県金沢市 山梨県南巨摩郡 長野県佐久 静岡県磐田郡 愛知県 三重県伊賀 大阪府南河内郡 兵庫県淡路島 香川県 *どけ 大分県南海部郡 *ぬーり 沖縄県首里「ぬーり ほーゆん(生え広がる)」 *ぬく 静岡県伊豆 *ぬま 東京都利島 *のろ(水中のコケもいう) 宮城県石巻 茨城県東南部・北相馬郡 栃木県 *むく 山梨県 *もく 富山県・砺波 石川県能美郡・江沼郡 静岡県 *もけ 京都府 兵庫県但馬

ごけ【後家】 ⇨かふ(寡婦)

こげくさい【焦臭】 *あまずれっくさい 長野県北安曇郡 *あまびれっくさい・あまぶれっくさい 長野県 *あまぶれくさい 長野県佐久 *いばりくさい・いわりくさい 岐阜県飛騨「炬燵へつぎ(布)が入ったとみえて いばりくさい」 *いぶくさい 山形県 新潟県東蒲原郡 長野県諏訪・佐久 *いぶっくさい 長野県佐久 *えーぐせー 長野県諏訪 *おびやりくさい 岐阜県恵那郡・加茂郡 *かこくさい 長野県下伊那郡 岐阜県稲葉郡 静岡県「なんだかかこくさいが大丈夫か」 愛知県名古屋市 三重県 奈良県吉野郡 島根県石見 *かかびくさい 島根県 *かかぼくせ・かかぼぼくせ 島根県簸川郡 *かがみくさい・かがんくさい 島根県出雲 *かがんくしゃ 島根県八束郡 *かがんくせ 島根県出雲 *かぎくさい 岐阜県養老郡 *かくべくさい 和歌山市 *かこーくさい 静岡県 *かこーびくささん 沖縄県中頭郡 *かこくさい 長野県下伊那郡 岐阜県稲葉郡 静岡県「なんだかかこくさいが大丈夫か」 愛知県名古屋市 三重県 奈良県吉野郡 島根県石見 *かごくさい 三重県 *かこっくさい 静岡県志太郡・安倍郡 *かっこーくさー 島根県益田市 *かっこくさい 奈良県山辺郡・宇陀郡 *かなくさい 香川県仲多度郡 *かもくさい 三重県阿山郡 *かんくさい 大阪府南河内郡 *かんこくさい 石川県 福井県大飯郡 三重県 滋賀県 京都府 大阪市 兵庫県 奈良県 島根県 香川県豊島・小豆島 *かんごくさい 大阪市 奈良県吉野郡・北葛城郡 島根県江津市 長崎市 *きーめくせ 鹿児島県肝属郡 *きくさい 京都市 *きじみくさい 島根県美濃郡・益田市 *きじめくさい 島根県石見 熊本県天草郡 *きじめぐさい 高知県安芸郡 *きぬっふぁはーん 沖縄県小浜島 *きぬぬむいふささーん 沖縄県新城島 *きのべくさい 島根県隠岐島 *きのぼりくさい 兵庫県淡路島 山口県屋代島 愛媛県 *きのぼろくさい 愛媛県 *きのみくさい 島根県隠岐島 徳島県 *きびらぐさい 高知県香美郡 *きびれぐさい 高知県 *きぶねくさい 福岡県京都郡 *きみくさい 鹿児島県 *きみれぐさい・ちりめんくさい・きめりぐさい 高知県高岡郡 *きめくさい 熊本県芦北郡・八代郡 鹿児島県 *きもいーくせ 鹿児島市 *きもやけくさい 福岡市 *きりみくさい 島根県那賀郡 *きりめくさい 島根県石見 山口県・阿武郡 愛媛県 福岡県 大分県 宮崎県 *きりめぐさい 高知県・幡多郡 *きりめんくさい 島根県那賀郡 愛媛県 *きりめんぐさい 高知県 *きんかびくさい 三重県南牟婁郡 *きんぬむいかざふささーん・きんぬむいふささーん 沖縄県石垣島 *きんねくせ 大分県西国東郡 *きんびふささん 沖縄県宮古島 *きんめくさい 福岡県久留米市・三井郡 熊本県玉名郡 *くぎりくさい・くぎれくさい 島根県出雲 *けうるくさい 富山県射水郡 *けがらくさい 山梨県甲府市 *けがらっくさい 山梨県 *けなぐさい 福井県 和歌山

県 *けなべくさい・けなべぐさい 和歌山県西牟婁郡 *けのぼりくさい 愛媛県 *けぶくさい 新潟県東蒲原郡 *けぶらくさい 高知県 *けぶらぐさい 高知市 *けぶらっこい 高知県 *けむりくさい 島根県鹿足郡 *けむらくさい 高知県土佐郡 *けむらぐさい・けぶりくさい 高知県 *けんぶりくさい 千葉県　愛媛県 *こーばしくさい 徳島県・美馬郡 *こがれくさい 佐賀県藤津郡　宮崎県西諸県郡　鹿児島県宝島 *こぎりくさい 島根県能義郡「飯がこぎりくさいぞ」　*こぎれくさい 島根県飯石郡・大田市 *こびくさい 岩手県和賀郡　山形県 *こびっくさい 静岡県榛原郡 *こへぼりくさい 香川県志々島 *しなくさい 青森県　山形県村山・庄内 *じゃくさい 香川県広島 *しゅなくさい 青森県三戸郡 *すなぐさい 岩手県和賀郡　山形県飽海郡 *そこつきくさい 島根県　広島県大崎上島 *そこにつきくしゃ(魚などが焼けすぎて臭い) 島根県八束郡 *ちりげくさい 愛媛県伊予郡 *ひなくさい 青森県　岩手県　宮城県北部　秋田県　山形県　福島県「なんだかひなくさいぞ」　新潟県中蒲原郡・岩船郡　香川県仲多度郡　*ひなたくさい 山形県南置賜郡 *ひなっくさい 栃木県 *ひなめがくさい 徳島県美馬郡 *ひなんくさい 山形県東部 *ひのこくさい 香川県仲多度郡 *ひのばりくさい 岡山県児島郡 *ひのぼりくさい 兵庫県淡路島　香川県 *ひのぼりむさい 兵庫県淡路島 *ひのみがくさい 徳島県・美馬郡　*ひのみくさい 広島県御調郡　香川県大川郡　*ひのもりくさい 香川県与島・高松市 *ひめみがくさい 香川県大川郡「つちばんがかやっとれへんか、ひめみがくさい」　*ふすびりくさい 岩手県気仙郡 *ふすぼりくさい 香川県大川郡・伊吹島　*ふすもりくさい 岡山市「飯が底へちいてふすもりくさぇ」　*ふつめくさい 鹿児島県揖宿郡 *やいくさい 山口県阿武郡 *やいもぐさい 滋賀県東部　*やえもんぐさい 滋賀県南部 *やきぐさい 長野県上伊那郡・諏訪 *やきつけくさい 山形県 *やぐくさい 福井県遠敷郡 *やくさい 岡山市 *やぐさい 福井県　長野県　滋賀県　京都府竹野郡「おやどうもやぐさゃーど」　兵庫県加古郡　和歌山県　*やぐたい 福井県大飯郡 *やけくさい(主として紙や布が焼けるにおいに言う) 山形県最上郡　広島県倉橋島 *やげずげくさい 山形県北東部 *やけぼこくさい 香川県高見島 *やなびふささーん 沖縄県波照間島 *やりむぬざはん 沖縄県黒島　*やんくさい 滋賀県東部 *よーさーはん 沖縄県黒島 *んなにぬむいがだいつぁーん 沖縄県小浜島

こげつく【焦付】 *いがりつく 長崎県北松浦郡・壱岐島 *いつく 山形県米沢市　新潟県東蒲原郡　徳島県　高知県「糊をたきかけて忘れてゐたら釜にいついて仕舞(しも)ーた」 *こがりつく 広島県比婆郡 *こがれつく 鳥取県西伯郡 *こびつく 青森県南部　山形県庄内　栃木県　新潟県中頸城郡　山梨県北巨摩郡　長野県・諏訪　静岡県小笠郡「御飯が釜にこびついた」・榛原郡「売掛がこびつく」　愛知県知多郡　三重県志摩郡・阿山郡　香川県仲多度郡 *こびっつく 埼玉県秩父郡　長野県佐久　静岡県・田方郡 *こびりつく 栃木県 *しじれる 島根県「鍋の物がしじれたけー水を早う入れー」　広島県比婆郡・高田郡 *にえしじれる 島根県

飯や料理がなべかまの底に□ *いばりつく 長崎県対馬 *いりつく 山梨県 *そこにつく 島根県那賀郡　香川県 *ほせつく 福井県・大野郡

こげる【焦】 *あまずれる 長野県北安曇郡・南安曇郡 *あまびれる 長野県 *あまぶれる 長野県 *くがりゆん 沖縄県首里 *くぎれる 島根県八束郡 *くぐる 島根県美濃郡・益田市 *くすげる 香川県大川郡 *ぐすける 富山県婦負郡 *くすぼる 香川県 *くすれる 徳島県　香川県　愛媛県　*くばる 岩手県気仙郡　山梨県南巨摩郡「よちよちありきの子供がひじろ(炉)いくばるこたあ、親がみていのーだよ」 静岡県志太郡「よくくばってなぇーずら(うまく燃えるように入れられていないのだろう)」　島根県「炬燵い着物がくばった」 広島県比婆郡　愛媛県　熊本県下益城郡 *こがるる 長崎県佐世保市・伊王島 *こがれる 三重県志摩郡　鳥取県西伯郡　長崎県佐世保市・伊王島 *こされる(餅(もち)などが、よい色に焦げる) 鹿児島県肝属郡 *こすれる 香川県小豆島 *こばける 岩手県　秋田県仙北郡 *こびる(飯などが焦げる) 青森県「めしこびだ」 岩手県下閉伊郡・気仙郡　秋田県鹿角郡　茨城県猿島郡　長野県東筑摩郡　三重県志摩郡 *こんばける 秋田県平鹿郡 *つんもいる 福島県安達郡 *ぴつぃきるん 沖縄県石垣島　*やじれる(糸や毛などがちりちりと焦げる) 新潟県中頸城郡

ここ【此所】 *くま 鹿児島県奄美大島・加計呂麻島　沖縄県 *くんが 沖縄県小浜島 *こ 岩手県気仙郡　秋田県平鹿郡　山形県「こさ来い」 愛媛県松山「こに本がある」 *ここなーて 埼玉県北葛飾郡 *ここなか 三重県度会郡 *ここなく 徳島県　高知県 *ここなて 埼玉県南埼玉郡　岐阜県山県郡・本巣郡　愛知県 *ここのく 徳島県 *ここんね 群馬県館林「ここんねにあるのわ、先生の本だんべか」 *ここんねい 群馬県勢多郡 *ここんねら 千葉県山武郡 *こなか 京都府・与謝郡 *こん 島根県石見「こんに本がある」 *ど 愛媛県 *ふま 鹿児島県与論島 *まー 鹿児島県沖永良部島　沖縄県波照間島 *もー 沖縄県新城島

ごご【午後】 *あしうい 沖縄県中頭郡 *ひっから 佐賀県藤津郡 *ひるから 山形県西置賜郡　石川県江沼郡　兵庫県但馬　香川県高松市　熊本県玉名郡 *ひるはんぼ 香川県 *ひるまかたんき・ひるなかたんき 沖縄県島尻郡 *ひるまから 山形県　新潟県　石川県河北郡 *ひるまっから 福島県「ひるまっから遊びさ行ぐからね」 埼玉県入

間郡　新潟県西頸城郡　*ぴろーまあとぅ 沖縄県石垣島・竹富島 *ぴろまあとぅ 沖縄県石垣島 *ひんまから 山形県南置賜郡　富山県砺波　石川県能美郡・江沼郡　鹿児島県奄美大島・沖永良部島 *ふぃるま 沖縄県首里 *ふーからのち 島根県簸川郡・出雲市 *ぷすまあとぅ 沖縄県鳩間島 *へーれから 富山県 *へっから 富山県 *へるから 富山県　福井県 *へるまっから 新潟県中頸城郡 *へんまから 富山県・砺波 *よわざ 徳島県香川県「よわざにゃいそがしかった」「昨日のよわざに帰ったんやがな」 *よわざはんぼ 香川県三豊郡 *よわだ・よあざ 香川県

こごえる【凍】 *いたいる 新潟県北魚沼郡 *いたえる 兵庫県但馬 *いてる 福島県相馬郡・東白川郡　茨城県　栃木県　埼玉県北足立郡・入間郡　千葉県東葛飾郡　東京都八王子　神奈川県津久井郡　福井県敦賀郡・大飯郡　山梨県　岐阜県山県郡・稲葉郡　愛知県尾張　滋賀県　大阪府大阪市・泉北郡　兵庫県　和歌山県　鳥取県八頭郡　徳島県 *うっちゅい（手足などが凍える）鹿児島県喜界島 *かがえる 青森県　秋田県雄勝郡「手がかげぁで文字を書かれない」・鹿角郡　栃木県　石川県河北郡　島根県鹿足郡　広島県倉橋島 *かがむ 栃木県 *かがやく 青森県上北郡・三戸郡　岩手県九戸郡 *かぎやる 岩手県岩手郡 *かぎる 長野県西筑摩郡 *かぎれる 群馬県吾妻郡 *かげる 青森県津軽　秋田県雄勝郡　山形県飽海郡　長野県 *かごむ 新潟県東蒲原郡　愛媛県周桑郡　長崎県壱岐島 *かじかげる 長野県諏訪 *かじける 福井県　京都府・京都市　兵庫県明石郡　和歌山県東牟婁郡　鳥取県西伯郡　島根県邑智郡　岡山県・岡山市・吉備郡　広島県　徳島県海部郡　愛媛県喜多郡　香川県・三豊郡・高松 福岡市 *かんがえる 岩手県　秋田県由利郡　栃木県河内郡・上都賀郡　富山県・下新川郡　石川県鳳至郡 *かんげぁる 岩手県上閉伊郡・気仙郡「ああ手ぁかんげぁる」 *かんげーる 長野県上水内郡 *かんげる 青森県津軽 *かんごーる 広島県向島 *こぐる（寒さに凍える）兵庫県加古郡 *こげる（寒さに凍える）宮城県登米郡・玉造郡　秋田県由利郡・秋田市　山形県「手がこげて針仕事ができない」　新潟県北蒲原郡・東蒲原郡「雀がこげて死んでいた」　静岡県富士郡 *ここなる 島根県 *こごる 高知県幡多郡 *こじえる 岐阜県山県郡 *こじくる 熊本県八代郡 *こじくる 熊本県天草郡 *こしくれる 徳島県海部郡 *ごじくれる・こじくれる 山口県阿武郡 *こしける 香川県香川郡・木田郡 *こしげる 香川県木田郡・香川郡 *こずける 鳥取県西伯郡「寒くてこずけた」 *こちける 鳥取県西伯郡　島根県隠岐島 *こぼえる（寒さに凍える）香川県綾歌郡 *すくれる 島根県石見「雪の中ですくれた」　山口県　香川県三豊郡「手がすくれる」　愛媛県・大三島「身体がすくれる」　長崎県・対馬 *つっかげる 長野県 *はじかがむ（手足が凍える）岐阜県山県郡 *まぎなる（手足が凍えて働けなくなる）静岡県志太郡 *まじこまる・まじかう 岡山県苫田郡 *まじこる 兵庫県佐用郡・赤穂郡　岡山県・苫田郡「手がまじこって仕事にならん」

□こと *かねこさん（手足が凍えること）島根県簸川郡・出雲市「かねこさんになる」 *からこしばれ（からっ風で身が切られるほど凍えること）青森県三戸郡「まるっきり雪ぁ降んねで、あのからこしばれで」 *てぼこ（手足が凍えること）山形県置賜

ここち【心地】 *あんばい（名詞や、動詞の連用形の下に付けて用いる）宮城県石巻「乗りあんべぁわりねんや」　岡山市「かぜあむばぇ（風邪気分）」 *うけ 福島県相馬郡「うけ悪くなる」 *しんち 沖縄県首里「みむとぅ　くらぐらとぅ　なるが　しんち（目元が暗くなるような心地）」 *そら（多く、「そらない」「そらしない」の形で用いる）北海道　青森県「凶作で折角働いたそらなかった」　岩手県気仙郡　宮城県栗原郡「もっきり一杯じゃ飲んだそらねえ」　秋田県鹿角郡「心配があると、芝居見たって見たそらもない」　福島県石城郡「生きたそらはせん」　長崎県対馬 *ちょちょろ・ちょんちょろ・ちょちょろも ち・ちょんちょろもち 香川県 *はらんべあ 秋田県山本郡・南秋田郡 *はらんべー 新潟県佐渡「はらんべえがわるい」

↓きぶん（気分）・こころもち（心持）

こごと【小言】 *いーごと 京都府竹野郡「お父さんがいーごとしとんなった」　岡山県岡山市「いいごと婆」・苫田郡「お父さん、もう太郎も高校生じゃけんそういつもいいごとばあしんさんな」 *いごと 兵庫県加古郡 *いんぷんかんぷん 岩手県胆沢郡 *うんじゃみ 岐阜県恵那郡 *うんじょーめ・うんじゃめ 岐阜県飛騨 *うんじょめ 岐阜県武儀郡・吉城郡 *かみこと 三重県　和歌山県新宮「かみことをいう」 *かみごと 三重県伊勢・宇治山田市　和歌山県西牟婁郡・東牟婁郡 *くじ 島根県「朝からくじばっかりくっとる」 *くじとぅ 鹿児島県喜界島「仕事は出来ない者がくぢとぅばかり言っている」 *くぜ 兵庫県淡路島「子供だてらに、着物のくぜ言うんじゃ」 *くせち 岩手県九戸郡 *くぜつ 徳島県「くぜつ言うな」　香川県仲多度郡・粟島 *ぐだめき 北海道「ぐだめき聞きに来たのではない」　青森県津軽 *くためこつ 宮崎県東諸県郡 *くちこごと 宮城県仙台市 *くでつ 千葉県夷隅郡 *ぐでん 香川県木田郡「ぐでんゆー（小言を言う）」 *ぐど 愛媛県大三島 *ぐと 徳島県「ぐとを言うな」 *くんじ 島根県隠岐島 *けんつく 山形県東置賜郡「けんつくかしぇる（叱責する）」「けんつくー（しかられる）」　群馬県吾妻郡（辱めるように怒りを含んで言う）　千葉県印旛郡「大道でけんつくかせられた（しかりののしられた）」・東葛飾郡 *こーしゃく 愛知県幡豆郡「こーしゃくを聞かさ

れた」・尾張　滋賀県彦根「こーしゃく言う」　*こーはい 愛媛県周桑郡・今治市 *こーばい 愛媛県今治市 *こぐざり 静岡県磐田郡　愛知県北設楽郡 *こぐし 和歌山県西牟婁郡 *こぐせ 和歌山県「こぐせばかり言ふ」　*こくれごと(理屈に合わない小言)島根県出雲 *ごた 山形県　群馬県吾妻郡　長野県「ごたをぬかす」　愛知県八名郡　愛媛県 *ごだ 兵庫県淡路島「年が寄るとかくごだが多おて困る」　*ごて 京都市 *こまいごと 奈良県 *こまごつ 熊本県天草郡 *こまごと 滋賀県坂田郡・東浅井郡　福岡市　大分県 *こみず 大阪市 *ごんぜ 長野市 *ごんぜつ 島根県出雲「親爺のごんぜつにはかなわん」　*ごんもく 岩手県九戸郡 *しっかい 福井県大飯郡「毎日しっかいばかり言うとる」 *にょーにょ 熊本県玉名郡 *ねこーじゃ 岐阜県本巣郡「ねこーじゃ言う」　*ひこつ 愛知県愛知郡「子供のくせにひこつを言う」　*ふてごっ 鹿児島県 *へざくち 岐阜県郡上郡 *ぽんつく 京都市　和歌山市 *やから 長崎県北松浦郡「よくやからいふ人よ」　熊本県球磨郡 *よーまー 岡山県小田郡 *よまいごと 岩手県気仙郡　宮城県「あんまりよめぁこと語りすなでば」　福島県「そだよまいごとずーな(そんな小言を言うな)」　*よまこと 宮城県加美郡

↓もんく(文句)

□を言う *あごたたく 石川県鹿島郡 *いきむ・ゆきむ 栃木県 *いじをやく 茨城県　長野県 *うすにあたりきねにあたる 福岡市 *おがく 愛媛県二神島 *かまける 長野県上田・東筑摩郡 *ぐずつく 新潟県佐渡　愛知県名古屋市　大分県宇佐郡 *ぐずめく 青森県津軽・南部 *ぐだーまく 島根県仁多郡 *くたためる 山形県「ばかな事をするからくただめづげだ(しかりつけた)」　三重県志摩郡「先生にくたためられる」「くたためたらなはざんや(小言を言ってやらなければいけないよ)」　*くだをまく 島根県鹿足郡・八東郡 *くちたたく 香川県高松市「くちたたかす(小言を言わせる)」　*ぐつめく 青森県津軽 *ぐどる・くどる 新潟県佐渡 *ぐやめく 青森県南部「家の親爺あぐやめぐへてよ」　岩手県　秋田県鹿角郡 *くらう 岩手県・九戸郡「くらーれる(しかられる)」　*くる 青森県「くられた」「くらえる」「くられる」　岩手県「くられる」「くらえる」　鹿児島県「くりちらす(しかり散らす)」 *くるー 山形県最上郡「父にくるわれる」　東京都利島　佐賀県・藤津郡　大分県・大野郡　宮崎県東諸県郡　鹿児島県 *くるお 東京都伊豆諸島「先生にくるわれろ」　*くるる 青森県 *くろ 鹿児島県鹿児島郡 *こせつく 兵庫県神戸市　和歌山県「また今日も朝からこせついて」　*ごもめく 青森県南部　秋田県鹿角郡 *さべくる 新潟県中頸城郡 *さべる 青森県津軽　新潟県「いやはや叔父にこったいことさべられて」　長野県更級郡 *しゃべる 岐阜県養老郡 *せかつく・ぜかつく 長崎県壱岐島 *せちぼしる 大分県宇佐郡 *ねくだまける 山形県庄内 *ひくじゅーくる 島根県美濃郡・益田市 *ふーぎる 長崎県北松浦郡「そぎゃんにふーぎるな」　*ぶつなる 山梨県 *ぶつくさる・ぶっしゃる 群馬県多野郡 *ぶつなむ 長崎県対馬 *ぶつめく 熊本県玉名郡 *ぶつやく 岐阜県 *ほざく 富山県　長野県佐久 *ほつく・ぼつく 京都府 *ぼてく 奈良県宇陀郡「そんかい(そんなに)ぼてかんでもええわい」・宇智郡 *ぼてやく 奈良県 *ほでやる 奈良県宇陀郡 *ほてる 奈良県磯城郡 *ほやく 京都府 *ぼやく 岐阜県養老郡　静岡県　滋賀県　京都府　大阪市　兵庫県神戸市　奈良県　和歌山県日高郡　香川県小豆島・伊吹島 *やばる・やぶいう 和歌山県東牟婁郡 *よまいこめる 山梨県 *よまう 新潟県中頸城郡　山梨県 *よまる 長野県諏訪 *よみたつる 熊本県玉名郡 *よみたてる 長野県下伊那郡 *よむ 岩手県気仙郡 *よもう 山梨県・南巨摩郡　長野県諏訪 *よんまう・よんもう 長野県諏訪

ここのつ【九】 *くぬ 沖縄県八重山 *くぬち 沖縄県鳩間島 *くぬつぃ 沖縄県竹富島・新城島 *ここね 新潟県

こころ【心】 *いちじむ 沖縄県首里 *かね 山口県豊浦郡「かねが早い」「かねがまがった」「あの人はかねが鋭い」　*きむ 鹿児島県沖永良部島「きむが良い」　沖縄県石垣島・波照間島・鳩間島 *きも 秋田県鹿角郡　岡山県児島郡　宮崎県 *しんてぃー 沖縄県首里・石垣島「やなしんてぃー(悪意)」　*せこんど(英語 second から。鼓動が時計の秒を刻むさまに通じるところからか)栃木県上都賀郡・芳賀郡 *ちむ 沖縄県首里「ちむくうぃゆん(情けをかける)」　*どしゃーぼね 島根県仁多郡「あの男はどしゃーぼねがしっかりしちょる」 *どしゃぼね 島根県 *どしょー 岐阜県飛騨「どしょーすえる」　*どしょーね 滋賀県彦根　香川県　愛媛県大三島 *どしょーぼね(卑語)山梨県南巨摩郡　岐阜県飛騨「どしょーぼねが腐っとる」　静岡県志太郡「どしょーぼねぉーたたきなおぇーて(たたき直して)やる」　島根県　香川県　愛媛県大三島 *どしょーぽね 岩手県上閉伊郡「どしょおぽね、はわるい」　新潟県中頸城郡 *どしょくね 愛媛県大三島 *どしょっぽね 北海道「どしょっぽねが曲ってる」　*どしょね 香川県木田郡 *どしょぼね 滋賀県彦根　島根県大田市　香川県 *どそっぽね 青森県三戸郡「どそっぽねぁわりー(悪い)」　*なさき 鹿児島県喜界島「なさきばっかいでんどー(心ばかりでございますが=物を贈る時の挨拶)」　*むね 新潟県佐渡「そのむねならそれでよい」

こころがけ【心掛】 *こころいき 大阪市「こころいきがわるい」　*こころく・こくろく 栃木県「こごろくなしで何もできやしねー」　*ちがき・ちむがき・ちむむち 沖縄県首里

こころぜわしい【心忙】 *あっかもっか 茨

城県真壁郡　千葉県君津郡 *あっぱかっぱ 福島県相馬郡 *あっぱすっぱ 茨城県多賀郡 *あっぱたっぱ 茨城県稲敷郡・北相馬郡　新潟県東蒲原郡 *あっぱとっぱ 茨城県那珂郡　千葉県海上郡・夷隅郡 *あぱかぱ 山形県西置賜郡 *あばとば 新潟県東蒲原郡 *あぱとぱ 山形県「まだ時間があるからあぱとぱするな」「あぱとぱて出で来た」福島県
→きぜわしい（気忙）・せわしい（忙）

こころぼそい【心細】 *いかーらさ（心細いこと。形容詞は「いかーらさーん」）沖縄県石垣島 *いたわしー 新潟県東蒲原郡 *うるさい 長崎県壱岐島　大分県大分郡・玖珠郡 *かたがせまい 島根県出雲 *きぼし 鹿児島県 *きぼせ・きぼすか 鹿児島県 *きぼそい 香川県 *くしょーさん 沖縄県首里 *こころほどがない 島根県出雲 *さぼとない 高知県・高知市「誰かしっかりした相談相手がないと一人ではさぼとのーて暮らされません」・長岡郡 *さもとない 高知県土佐郡 *しょーし 島根県邑智郡 *せーがわりー 三重県伊賀　島根県那賀郡・鹿足郡 *たちぽしねー 秋田県「子供に死なれて、たちぽしねぁ」 *たっぷし 山形県庄内・東田川郡 *たっぽし 山形県庄内 *たんちぷしねー・たじぷしねー 秋田県河辺郡 *たんちぽそい 秋田県平鹿郡「あの人行って了ってたんちぽそい」 *とぼしー 富山県西礪波郡　岐阜県大野郡「親に死なれてとぼしいこっちゃ」　島根県石見「山の中を通るととぼしー」　徳島県美馬郡　愛媛県 *とぼしない 岡山県「一人で居ったらとぼしのーなった」 *ひんずない 高知県 *ほーとくない 三重県松阪　和歌山県西牟婁郡　山口県 *ほとくない 和歌山県「こんだけぐらいではほとくない」 *やっせーねー 福島県相馬郡 *やらせない 島根県石見 *やるせあない 静岡県志太郡

こころもち【心持】 *きがた 和歌山県「そんなきがたの悪いことするな（そんな人の気を悪くするようなことするな）」 *きっぷし 宮城県仙台市「きっぷしつろい（気概のある）男でたのもしい」　山形県東置賜郡「きっぷしのいやな男」　福島県岩瀬郡 *きっぷら 山形県東置賜郡 *きのうち 岡山県苫田郡「お恥しい物ですが、ほんのきのうちですけえ受けとってください」　香川県小豆島「きのうちが暗い」 *こころ 新潟県佐渡　山梨県南巨摩郡「この方がこころいかいようだ（この方が少し大きいようだ）」　徳島県「この家はこころ北へふっとる（北に向いている）」　高知県高岡郡・高知市「この羽織の色はもーこころ濃かったらよかった」　長崎県壱岐島「こころ早過げた」 *こんじょーくれ 広島県倉橋島 *こんしょーたね 広島県高田郡 *こんじょくれ（ののしって言う語）愛媛県大三島 *こんじょたぶら 大分県宇佐郡 *こんじょぼし 和歌山県那賀郡・伊都郡 *しんち 沖縄県首里「みむとぅくらぐらとぅ　なるが　しんち（目元が暗くなるような心地）」 *ぞんりょ 宮城県仙台市「あの人のぞんりょ、さっぱりわかんねぇ」 *ちょちょろ・ちょんちょろ・ちょちょろもち・ちょんちょろもち 香川県
→きもち（気持）・ここち（心地）

ござ【茣蓙】 *うわしき（畳の上に敷き詰める大きいござ）富山県砺波　奈良県吉野郡 *おすべらかし 長野県佐久 *しきね（寝る時、下に敷くござ）岡山県児島郡　山口県豊浦郡 *そめごだ（種々の色に染めた藺（い）で、美しい紋様を織り出したござ）島根県美濃郡・益田市 *てしま（摂津国（大阪府）豊島郡から産出したところから。藺（い）で織ったござ）奈良県宇陀郡 *てじま 和歌山県 *てしまござ（藺（い）で織ったござ。夏の日覆いに農夫が背中に付ける小さいもの）福井県大飯郡　鹿児島県肝属郡 *とーし（ござの幅を一本で織ることができる長さの藺（い）で作った上等のござ）・とーしごだ 島根県美濃郡・益田市 *はぐり（敷きござ）福岡県久留米市 *ぱだむす 沖縄県石垣島 *へなし（へりのないござ）青森県南部 *まいごろござ（藺（い）で作った、丸形のござ）鹿児島県 *まくり 山形県　福島県北部　富山県高岡市・砺波　石川県　長野県北安曇郡　京都府　兵庫県但馬　島根県　山口県・豊浦郡　福岡県糸島郡 *めくり 島根県

こし【腰】 *えびら 島根県 *えびらごし 島根県出雲「稲刈りでえびらごしが痛んで来た」 *えぶら 島根県 *おぜ 岐阜県郡上郡 *くさー 沖縄県鳩間島 *くし 鹿児島県奄美大島　沖縄県首里 *こしぐるま・こしっぺた 群馬県前橋市 *こしったま 長野県 *こしねっこ 神奈川県中郡 *こしぽね 新潟県岩船郡 *こじり 島根県美濃郡「こじりをあげる（腰を上げる。立ち上がる）」 *しこら 沖縄県西表島 *つべ 愛媛県越智郡・周桑郡　高知県 *ぶさ 沖縄県竹富島 *ぶし 沖縄県国頭郡 *ぶしや 沖縄県石垣島・新城島 *へっつぼ 鹿児島県鹿児島郡

□を下ろす *いーん 沖縄県島尻郡 *いゆい 鹿児島県喜界島 *いゆり 鹿児島県奄美大島 *いゆん 鹿児島県喜界島・奄美大島　沖縄県首里 *いりゅん 鹿児島県徳之島 *いる 東京都八丈島「こけえいろ（ここへお座り）」「いてる（座っている）」 *でかん・でこん・でん（腰を下ろすこと。幼児語）山形県西置賜郡 *びーるん 沖縄県竹富島 *びゅーん 鹿児島県与論島 *ひょこる 岡山県 *びるん 沖縄県石垣島・鳩間島 *ぶーちる 千葉県千葉郡 *ぶしかる 群馬県勢多郡　千葉県香取郡 *ぶちーる 千葉県香取郡・安房郡 *ぶちかる 福島県会津　茨城県稲敷郡・北相馬郡　栃木県「おりこだからそこへぶちかってろ」　千葉県香取郡・東葛飾郡 *ぷちかる 茨城県真壁郡・稲敷郡 *ぶちゃかる・ぶっちゃがる 山形県東田川郡 *ぶったらがる 東京都八丈島「ぶったらがれ（座れ）」 *ぶっちーる 千葉県君津郡 *ぶっちかる 福島県東白川郡・岩瀬郡

茨城県真壁郡　栃木県 *ぶっちがる(腰をかけて座る) 福島県東白川郡 *ぷっちかる 茨城県稲敷郡

□を掛けること *かっか 徳島県 *こっか 徳島県(幼児語)「こっかする」 長崎県壱岐島 *さーりぱん 沖縄県鳩間島 *さーりびー 沖縄県竹富島 *さーりびり(下り居(座)りの意) 沖縄県石垣島

□を曲げる *くーなる 岐阜県郡上郡　愛知県知多郡 *くぐなる 岐阜県飛騨 *こーなる 新潟県三島郡・西蒲原郡　静岡県 *こーまがる 栃木県日光市・河内郡 *こーまる 宮城県仙台市　山形県東田川郡・飽海郡　栃木県河内郡 *こがまる 秋田県仙北郡 *こぐなる 静岡県志太郡「そんなーりこぐなってよー(そのままかがんでいなさい)」・榛原郡 *こぐまる 静岡県志太郡「じーっとこぐまってた」 *こごたまる 新潟県下越 *こごなる 群馬県群馬郡・勢多郡　東京都三宅島・御蔵島　新潟県 *こっこまる 岩手県九戸郡 *こまる 青森県　岩手県九戸郡・紫波郡　宮城県「こまらぇねぁくれぁ食った」 秋田県山本郡・平鹿郡「物を落してこまって取った」 山形県 *こんまる 岩手県上閉伊郡

こしまき【腰巻】 *おなごへこ・おなごんへこ 熊本県球磨郡 *おへこ 島根県石見 *おやっぽ 静岡県賀茂郡 *おんなのふんどし 東京都三宅島 *かいまき 新潟県東蒲原郡　島根県石見　愛媛県 *こしま・こんま 兵庫県加古郡 *こしまえ(「こしまえだれ(腰前垂)」の略か) 岐阜県加茂郡・土岐郡 *したのおび 東京都神津島・大島　長野県佐久 *したのび 東京都神津島・大島　山梨県南巨摩郡　長野県佐久 *しためだれ・ひためだれ 鹿児島県揖宿郡 *しめし 広島県高田郡 *すそいき 京都府久世郡　和歌山県日高郡 *すそよけ 長野県下伊那郡　鳥取県気高郡　香川県三豊郡　高知県　福岡県久留米市 *たずな 東京都新島 *つぃりまーし 鹿児島県奄美大島 *とーさぎ 千葉県　広島県 *なか 三重県志摩郡 *なかね 三重県志摩郡 *はだのおび 長野県佐久 *はもじ 福岡県　熊本県玉名郡　宮崎県都城 *ひごめ 愛媛県新居郡・西条市 *ひまき 三重県名張市 *ひもじ 新潟県佐渡 *ふんどーし 山梨県 *ふんどし 千葉県東葛飾郡　東京都伊豆七島　新潟県東蒲原郡・中頸城郡　静岡県庵原郡・磐田郡　愛知県　奈良県吉野郡　広島県山県郡 *へけ 熊本県阿蘇郡 *へこ 島根県石見　広島県　山口県　佐賀県唐津市　長崎県西彼杵郡・南高来郡　熊本県　大分県・宇佐郡　宮崎県児湯郡 *べっち 島根県益田市・那賀郡「べっちをかく」 *へんどし 富山市近在 *まき 愛知県知多郡　山口県 *まはし 鹿児島県奄美大島 *みみぬい・みんみ 富山県東礪波郡 *めだれ 鹿児島県

女性の□ *あん 沖縄県黒島 *いとり 新潟県中魚沼郡 *いまき 新潟県佐渡　福井県敦賀郡　愛知県尾張　三重県松阪市・北牟婁郡　滋賀県蒲生郡　京都府竹野郡　大阪市　兵庫県　奈良県　和歌山県　鳥取県気高郡・西伯郡　岡山県「いまき一つで」 広島県　山口県　香川県　愛媛県弓削島　長崎県樺島　大分県 *えとり 新潟県上越・中頸城郡　長野県下水内郡 *えまき 千葉県　石川県鹿島郡　長野県　島根県隠岐島 *おきゃふ 富山市近在　愛媛県周桑郡 *おゆぐ 広島県芦品郡 *おゆまき 滋賀県彦根 *きゃーふ 佐賀県・藤津郡　長崎県 *きゃく 鹿児島県 *きゃふ 宮城県仙台市　富山県・富山市　岡山県浅口郡　愛媛県　高知県高岡郡　宮崎県東諸県郡　鹿児島県 *きゃほ(卑語) 兵庫県淡路島 *したいぼ 石川県羽咋郡 *したしぼ 富山県射水郡 *したへぼ 富山県砺波 *したむん 鹿児島県肝属郡・島嶼部 *したもん 鹿児島県・種子島 *したんもん 鹿児島県肝属郡 *そそひき 岐阜県大野郡・益田郡 *ちゃっぽ 静岡県賀茂郡 *はだすい 新潟県佐渡　佐賀県 *はだせ・はだそい 新潟県佐渡　長崎県南高来郡・壱岐島 *はだそえ 山口県豊浦郡 *ひたんもん 宮崎県 *めんな 富山県砺波 *ゆぐ 宮城県仙台市　愛媛県周桑郡　熊本県 *ゆとり 長野県長野市・上水内郡 *ゆまき 青森県三戸郡　岩手県九戸郡・上閉伊郡　茨城県多賀郡　三重県志摩郡・阿山郡　広島県　山口県　香川県志々島　高知県土佐郡　長崎県 *よこ 宮崎県児湯郡 *よとり 富山県下新川郡 *よまき 青森県津軽・三戸郡　岩手県九戸郡　新潟県岩船郡

こじゅうと【小姑】 *うないしとぅ 沖縄県首里 *おにこせんびき 山形県 *おやすぃと・おやすぃとぬめどん 沖縄県宮古島 *しとぅはら 沖

方/言/の/窓

●地名の方言

たとえば伊勢の「松阪」は、地元ではマッサカ（あるいはマッツァカ）と呼ばれている。しかし、この地名を共通語を経由して、あるいは文字を通して間接的に受け入れた地域（人）はマツサカ、ないしマツザカと発音するといった実態がある。また、「名古屋」「富山」はそれぞれ地元ではナゴヤ、トヤマというアクセントで呼ばれている。しかし外からはふつうナゴヤ、トヤマと発音される。

「松阪」をマッサカ、「名古屋」をナゴヤ、「富山」をトヤマと呼ぶのは、それぞれの地に直接的なかかわりをもって、その地を身近にとらえている地域（人）であると言えるであろう。

地名の発音形式の分布領域を通して、一つの文化、社会の分布圏を画定する方法がありそうである。

縄県竹富島 *しとぅばら 沖縄県石垣島 *しとぅぱら 沖縄県鳩間島 *しとぅふぁー 沖縄県波照間島 *しゅーとめ 三重県阿山郡 *すとぅばら 沖縄県小浜島 *すとぅんた 沖縄県与那国島 *びや 沖縄県新城島

こじゅうと【小舅】 *おやすぃと・おやすぃとぬびき 沖縄県宮古島 *しとぅはら 沖縄県竹富島 *しとぅばら 沖縄県石垣島 *しとぅぱら 沖縄県鳩間島 *しとぅふぁー 沖縄県波照間島 *すとぅばら 沖縄県小浜島 *すとぅんた 沖縄県与那国島

こしょう【故障】 *いごもく 長崎県対馬 *ざとー 長野県松本 *すんし 茨城県新治郡 *つがこと 岩手県胆沢郡 *ゆーこと・ゆーとこ 静岡県志太郡「さぇーきんべつにゅーとかーなぇーよ(最近は、別に病気も故障もないよ)」

こずえ【梢】 *うら 青森県「柿のうら」 岩手県気仙郡 宮城県登米郡・玉造郡 秋田県鹿角郡 福島県東白川郡「あのうらにとまってる小せぇ鳥見ろ」 茨城県多賀郡・稲敷郡 栃木県安蘇郡 埼玉県入間郡 千葉県海上郡 東京都利島 新潟県 山梨県南巨摩郡 長野県 岐阜県飛驒 静岡県「木のうらに花ぁひとつさぇーてる」 愛知県名古屋市「先ばかり蔓のように伸びとるで、うらを止めるとよいわ」 島根県 広島県倉橋島 山口県 愛媛県 高知県幡多郡・安芸郡 大分県 鹿児島県肝属郡 *うらえだ 東京都利島 *うらき 島根県邑智郡 *うらこ 青森県津軽 *うらちょっぺ 茨城県稲敷郡 栃木県安蘇郡 長野県南佐久郡 *うらちょっぺー 千葉県安房郡 *うらっこ 岩手県気仙郡 宮城県栗原郡 秋田県仙北郡 *うらっちょ 静岡県志太郡「うらっちょんとんがってる」 *うらっぺ 秋田県秋田市・平鹿郡 茨城県稲敷郡 栃木県塩谷郡 埼玉県北葛飾郡「松のうらっぺ」 *うらっぽ 茨城県稲敷郡 埼玉県入間郡 東京都南多摩郡 新潟県 岐阜県郡上郡 静岡県志太郡・磐田郡 愛知県知多郡 島根県隠岐島 *うらっぽい 東京都南多摩郡 *うらっぽえ 山形県 *うらっぽー 岐阜県養老郡 静岡県周智郡 愛知県宝飯郡 *うらばし 岩手県気仙郡 秋田県鹿角郡 *うらぱし 青森県三戸郡・南部 *うらぺ 宮城県玉造郡 秋田県河辺郡 *うらべ 宮城県登米郡 秋田県 *うらぽえ 秋田県雄勝郡 山形県 *うらぼー 島根県益田市 *うらぼち 群馬県佐波郡 *うらんぽ 長野県上伊那郡 *うれ 新潟県中蒲原郡・東蒲原郡「うれから赤くなって来た」 静岡県周智郡 三重県 滋賀県高島郡 奈良県吉野郡 和歌山県 徳島県 香川県三豊郡・仲多度郡「この木はうれこけじゃ(この木は末の方が急に細くなっている)」 高知県 長崎県北松浦郡・壱岐島 鹿児島県種子島 *えぼ 兵庫県佐用郡・赤穂郡 鳥取県「木のえぼに登るな」・岩美郡・気高郡 岡山県 *おら 島根県隠岐島 広島県比婆郡 *からずぼー(葉や小枝のないこずえ) 東京都八王子 *きーぬしん 沖縄県首里 *きうら 山梨県南巨摩郡 *きのほ 和歌山県東牟婁郡 *ごしん・ごしんこ 青森県津軽 *しん 青森県津軽 宮城県栗原郡 秋田県鹿角郡 新潟県佐渡 富山県砺波 石川県鹿島郡・鳳至郡 沖縄県首里 *じん・じんとー 島根県石見 *しんえぼ 岡山県苫田郡 *しんこ 青森県津軽「杉のしんこに凧をひっかけた」 宮城県栗原郡 秋田県鹿角郡 島根県 *しんこつ 高知県 *しんた 島根県出雲 *じんた 島根県簸川郡・大田市 *しんちょー 岐阜県揖斐郡 *しんと 栃木県 *しんとー 岡山県小田郡 *しんとぼ 石川県能美郡 *しんとぽ 石川県江沼郡 *しんとんぼ 富山県・砺波 *しんぱこ 岩手県上閉伊郡 秋田県鹿角郡 *しんぴら 新潟県佐渡 *しんぶら 新潟県西蒲原郡・三島郡 *しんぷら 山形県東田川郡 新潟県佐渡 *しんぺ 岩手県東磐井郡 宮城県 山形県庄内 福島県 *しんぺー 山形県飽海郡 *しんぼ 新潟県 富山県・射水郡 石川県河北郡 島根県 *しんぽ 青森県上北郡 山形県 石川県珠洲郡 *しんぽい 福島県 *しんぽえ 岩手県気仙郡 山形県 福島県相馬郡 *しんぼく 島根県出雲 *しんぼくら 新潟県中頸城郡 *しんぽら 新潟県下越 *ずい 東京都八王子 富山県東礪波郡 *すえ 三重県飯南郡 *ずえ 秋田県平鹿郡・秋田市 群馬県佐波郡 埼玉県秩父郡「桑のずえ」 徳島県 *ずえー 東京都八王子 *すえき 奈良県吉野郡 *すえんぼ・すえんぼす 京都府 *すえんぽ 京都府与謝郡 *ずく 山口県熊毛郡 *すってん 鹿児島県肝属郡 *ずってんこー 山口県 *すれ 和歌山県西牟婁郡 *すれくち 和歌山県日高郡 *せめ 熊本県球磨郡 *ちょっぺ 鹿児島県肝属郡 *ちょっぺらさき 滋賀県滋賀郡 *ちょんぼ 奈良県吉野郡 *つじ 長崎県対馬 *てしん 滋賀県愛知郡 *てっちょーらく 東京都八王子 *てんぶら 長野県上伊那郡 *てんぷら 新潟県佐渡 長野県下伊那郡「柿がてんぷらに赤くなって居る」 *てんぶり 新潟県佐渡 *てんぽーら 山梨県南巨摩郡 *てんぼくら 新潟県上越市・中頸城郡 *てんぽら 長野県西筑摩郡 岐阜県恵那郡 *どーしん・どしんぼ 福井県遠敷郡 *とーしんぼ 富山県 *としんぼ 福井県足羽郡 *どっしん(松の木の頂上) 香川県小豆島 *どっしんぼ・とっぽしん 石川県河北郡 *とっぽち 愛媛県周桑郡・上浮穴郡 *とやそぺ 栃木県上都賀郡 *とんぶら 長野県東筑摩郡・西筑摩郡 *とんぷら 長野県東筑摩郡 *とんぼ 石川県 岐阜県飛驒 *とんぼうら 岐阜県恵那郡 *とんぼくら 新潟県西頸城郡 *とんぼさき 石川県 愛知県海部郡 *とんぼしん 石川県 福井県 *とんぼち 徳島県美馬郡 高知県香美郡「鳥が木のとんぼちでへんぼ(尻尾)を振りよる」・長岡郡 *とんぼどまり 静岡県志太郡 *はしっぽ 福島県東白川郡 *はじぽ・はじぽえ 山形県 *はっぽえ 山形県北村山郡 *びらびらさっ 長崎県五島 *びんた 鹿児島県屋久島 *ほ 栃木県安蘇郡「木のほ」 和歌山県東牟婁郡 *ほえ 茨城県多

賀郡 ＊ほー 奈良県吉野郡 ＊ほさき 群馬県多野郡「柿の木のほさき」 奈良県吉野郡 ＊ほち 徳島県美馬郡 高知県高岡郡・吾川郡 ＊ほぼ 和歌山県日高郡 ＊りん・りんぽち 高知県「杉のりんにひよが止って居る」 ＊りんこつ 高知県・長岡郡 ＊りんぽ 京都府竹野郡「とんぼがあのりんぽの先に止った」・与謝郡 ＊りんぼ 京都府与謝郡 ＊りんぽち 高知県長岡郡

こする【擦】 ＊きしる 奈良県南葛城郡 ＊くくる 山形県「足をくぐる」 富山県・射水郡 ＊こーげる 新潟県西蒲原郡 ＊こくる 宮城県栗原郡 秋田県鹿角郡 山形県「手をこぐる」 新潟県・長岡市「あんまりごうぎにこくんないや、せなかがぴりぴりしら」 富山県 福井県 長野県佐久 岐阜県 静岡県 ＊こさぐ 山口県豊浦郡「落葉をこさぐ」 熊本県下益城郡 大分県 ＊こさぐる 大分県日田郡「ものをこさぐりだす(かき出す)」 ＊こさげる 兵庫県加古郡 ＊こしぐる 秋田県由利郡「あんまりこしぐると又痛くなるぞ」 ＊こすからかす 岐阜県郡上郡 ＊こすぐる 山形県「背中をこすぐるな」 福島県東白川郡 新潟県東蒲原郡 ＊こそげる(こすりつける) 岐阜県可児郡 ＊すこくる 山形県 ＊すずる 島根県隠岐島 ＊すっこくる 山形県「木に頭をすっこぐる」 福島県相馬郡 ＊するく 長崎県対馬 ＊ちょつる(ちょっとこする) 岡山市「頭ぁちょつる」 ＊なぐる 青森県三戸郡 ＊なしくる 岡山県・小田郡 ＊なすくい 鹿児島県鹿児島郡 ＊なすくる 兵庫県加古郡 鳥取県 島根県出雲・隠岐島「汚れた手で着物をなすくってはいけん」 岡山県・小田郡 愛媛県周桑郡・喜多郡 高知県 ＊ぬすくる 兵庫県加古郡 ＊ねしくーる・ねしる・ねすくる 島根県出雲 ＊のしる 島根県大原郡・隠岐島

ごぜん【午前】 ＊すかま 鹿児島県奄美大島・徳之島 ＊ひーよーち・ふーよーち 島根県出雲 ＊ひーよち 島根県大原郡 ＊ひのまえ 秋田県雄勝郡 山形県 ＊ひのめ 山形県西田川郡 ＊ひよーち 島根県八束郡 ＊ひりーまー 山梨県南巨摩郡 ＊ひるまでじゅー 島根県石見 ＊ひるままえ 石川県珠洲郡・河北郡 ＊ぴろーまい・ぴろーまうつぃ・ぴろまうつぃ 沖縄県石垣島 ＊ぴろーまうち 沖縄県竹富島 ＊ひんのま 和歌山県那賀郡 ＊ひんのまえ 岩手県九戸郡 宮城県石巻・仙台市(午前十時ごろから正午まで)「この仕事ひんのまえにきめんべね(終わらそうね)」 山形県西置賜郡 福島県相馬郡・東白川郡 茨城県筑波郡・稲敷郡 ＊ひんままえ 石川県 ＊ぷすまうち 沖縄県鳩間島 ＊ふよーうち・ふよち 島根県八束郡 ＊へるままえ 富山県高岡市 ＊へんのまえ 栃木県芳賀郡 ＊へんままえ 富山県・砺波

□中 ＊あさごつ 鹿児島県肝属郡「この仕事にぁさごつかかった」 ＊ひなか 新潟県上越「ひなか、きてくんない」 ＊ひなから 新潟県佐渡「ひなからはたれえた」 ＊ひるわざ 徳島県「着物のつぎにひるわざかかった」

こたえる【答】 ＊いらう 高知県幡多郡 ＊いらえる 東京都新島「いれーねー(答えない)」 高知県 ＊いれーゆん 沖縄県首里

人の呼びかけに□時に発する語 ＊な 岩手県盛岡市 秋田県平鹿郡・雄勝郡「な、な、やります」 福島県北部 三重県三重郡 ＊なー 岩手県紫波郡・上閉伊郡 秋田県河辺郡 三重県志摩郡・北牟婁郡 福岡県三井郡「なーみんなしてしもーと(はい、みんなすんでしまいました)」 佐賀県佐賀郡 長崎県壱岐島 ＊なーい 佐賀県「『ごめんなさい』『なーい』」 長崎県壱岐島 ＊なーる 岩手県紫波郡 ＊ない 岩手県上閉伊郡 山形県「ない、後かたと立出て行く」 三重県志摩郡 滋賀県 福岡県「ない、ゆーとくどこぢゃございません(はい、言っておくどころではございません)」 佐賀県 長崎県 ＊ないっ 山形県庄内 ＊ね 山形県鶴岡市・西田川郡 ＊ねい 山形県庄内 群馬県勢多郡 三重県 長崎県南高来郡 熊本県玉名郡 大分県 ＊ねー 山形県 群馬県勢多郡 三重県志摩郡「『まーあがらんけ』『ねー(そうですね)』」 長崎県長崎市・南高来郡 熊本県 大分県大分郡 ＊ねっ 山形県鶴岡市・西田川郡 ＊はえみしと 岩手県下閉伊郡 ＊や 富山県「『何かあるか』『や、や』」 石川県金沢市 三重県志摩郡 滋賀県高島郡「『おばさん』『や』」 高知市(下層の男) 鹿児島県(目上に対して用いる) ＊やー 山形県米沢市 富山県 石川県 三重県志摩郡 奈良県吉野郡 和歌山県東牟婁郡「『おまえ、もー風呂いってにーやすまんしょ(ふろに入って休みなさいよ)』『やー』」 山口県(親に対して答えるのに言う)・周防 徳島県(対等関係または親しい間で言う) 香川県 高知県(男の語)「『八さん、今日は草を刈って貰い度いがのーし』『やーよございます(はい承知しました)』」 ＊やーや 富山県(目上に対して大人が用いる) 石川県金沢市(買い物に来た客に商店側で言う挨拶にも使う) ＊やーやー 富山県「やーやー、あるがとござるますー」 高知県 ＊やい(最もていねいな言い方) 東京都大島

ごたごた
①もめごと。 ＊ごだまぐ 青森県上北郡「家の中のごだまぐ」 ＊ごてごて 滋賀県蒲生郡 兵庫県神戸市 奈良県・南大和 鳥取県鳥取市・西伯郡 島根県「ごてごて話がもめてしょーがなー」 香川県「ごてごてする」 ＊しつごつ 新潟県「会の内部に少ししつごつがあって」 ＊すつごつ 新潟県西蒲原郡 ＊やさもいさ 和歌山県那賀郡「やさもいさゆうてる」 ＊やちゃもちゃ 新潟県西蒲原郡 ＊やっさくさ 和歌山県西牟婁郡・東牟婁郡「あそこでやっさくさやってゐる」 ＊やっさらもっさら 大阪府泉北郡
②乱雑な状態。混雑すること。 ＊うっこざっこ 山梨県 ＊うっござっこ 山梨県東八代郡・北巨摩郡 ＊ごたわた 山形県米沢市「ごだわだと煮る」

*そさくさ 島根県隠岐島「そさくさする」 *ひっちゃーごっちゃー 島根県美濃郡・益田市「嫁が来て家の中がひっちゃーごっちゃーして失礼した」 *ひっちゃこっちゃ 山口県玖珂郡 *へっちゃーごっちゃー 島根県「へっちゃーごっちゃーして何処へ何を仕舞うたか分からん」 *やま・やまちりぐとぅ 沖縄県首里「やまなゆん(乱雑になる。ごたごたする)」 *ゆさゆさ 沖縄県首里

□**しているさま** *だらしこ 愛知県知多郡 *もちゃくちゃ 青森県三戸郡 秋田県南秋田郡「もちゃくちゃしてゐて、まだ礼も言はないで」 *もっちゃと 青森県三戸郡「室中紙屑をもっちゃと散らかしていた」

□**する** *ごじゃらめぐ 宮城県石巻「ごじゃらめでばりえて(ばかりいて)さっぱり極んね」 *ごたまく 奈良県南大和 *ずずくまる 青森県上北郡「そんなづつくまた理屈言うな」 *もちゃくる 岩手県江刺郡 京都府竹野郡「あの事件の後がまだもちゃくっとるそうだ」 *もちゃぐる 岩手県九戸郡 愛知県東春日井郡

こたつ【炬燵】 *あんかん 山形県 福島県相馬 新潟県東蒲原郡 福井県大飯郡 *あんこ 三重県志摩郡 奈良県・南大和 愛媛県大三島 *おぼこ 愛知県海部郡 *しおけ・ひおけ 奈良県 *しきたつ(やぐらをしないで低くしたこたつ) 山形県西村山郡・北村山郡 *ひばこ 岐阜県大野郡 宮崎県都城 *ひばんご(置きごたつ) 広島県 *やぐら(「こたつやぐら」の転) 岡山県苫田郡「やぐらほんそほんそ(こたつがかわいいなあ。こたつにあたって唱える語)」 香川県 *やばれ 香川県 *わかやまこたつ(やぐらのあるこたつ) 奈良県宇智郡

こだま【谺】 *あまのしゃく 秋田県由利郡・平鹿郡 *あまんじゃく 福島県南会津郡 富山県 静岡県田方郡 *おぐめ 宮崎県西臼杵郡 *こびき 香川県 *ちゃちゃぼこ 新潟県北魚沼郡 *ひびき 香川県 沖縄県石垣島 *めめんじゃく 富山県下新川郡 *やまおとこ 青森県三戸郡 *やまおんばー 静岡県小笠郡 *やましめー 沖縄県石垣島 *やまなり 新潟県北蒲原郡 静岡県川根 *やまのこぞー 静岡県賀茂郡 *やまのばんばー 静岡県庵原郡 *やまひびき 鹿児島県・肝属郡 *やまひびく 沖縄県首里 *やまんば 栃木県真岡市・芳賀郡 *やまんばば 富山県西礪波郡 *やまんぼ 岐阜県加茂郡・恵那郡 *やんぱー 鹿児島県喜界島 *よぶこ 鳥取市

ごちそう【御馳走】 *いけもり(宴席のごちそう) 神奈川県藤沢市 広島県芦品郡 *うさい 沖縄県石垣島・竹富島 *うまいもの 山形県米沢市 *おきゃく 香川県「おきゃくする」 愛媛県松山「おきゃくに行く」 高知市「彼所で面白そーにおきゃくをしよる」 長崎市 熊本県 *おしょゆ 宮崎県東諸県郡「うちはおしょゆがあるから来てくなはれ」 鹿児島県 *おしょよ 熊本県八代郡 *おそゆ・おそゆん 鹿児島県鹿児島郡 *おとりもち 岩手県気仙郡 *おひれずき 新潟県佐渡 *おまかない 山形県東村山郡・西置賜郡 *かっちー(味覚上からの語で、ごちそうそのものには言わない) 鹿児島県喜界島「かっちー せーた(ごちそう様でした)」 *きやく 島根県 熊本県 *きやくごと 香川県高見島 *くわっきー・こっきー 沖縄県石垣島 *くわっちー 沖縄県首里 *げー 島根県「折角来てやんさったのに何もげーものーてすまんな」 *ごちかん 三重県度会郡 *しょーしょー・しょーよー 鹿児島県種子島 *しょーよ 宮崎県 *しょゆ 宮崎県東諸県郡 鹿児島県 *しょよ 熊本県芦北郡「しょよになる」 *そよ 鹿児島県肝属郡 *ひのといもち(大変なごちそう) 鹿児島県肝属郡「あすき(あそこへ)いたらひのといもちおた(遭った)」 *ぶえんき 鹿児島県肝属郡 *まーぬむぬ 沖縄県鳩間島 *んまさーりむぬ 沖縄石垣島 *んまさーるむぬ 沖縄県竹富島

→ちそう(馳走)

□**する** *てぃでーゆん 沖縄県首里 *といもちころし(十二分にごちそうすること) 鹿児島県肝属郡 *まかなう 長崎県対馬「一杯 舟子うまかなわいけんけ」

こちら【此方】 *くがた 沖縄県首里 *くま 鹿児島県奄美大島・加計呂麻島 沖縄県 *くまむてぃ(こっちの方) 沖縄県首里 *くんが 沖縄県小浜島 *こい 鹿児島県種子島 *こいろ 徳島県美馬郡 *こがー 奈良県吉野郡 *こげー 大分県東国東郡 *こっぺ 鹿児島県 *こんげ 福岡県朝倉郡・浮羽郡 熊本県下益城郡 大分県 宮崎県 *こんげー 大分県 *こんなけ 岡山県吉備郡 *こんね 大分県大分郡 *こんのけ 岡山県・吉備郡 *てのはな 奈良県高市郡 *ふま 鹿児島県与論島 *まー 鹿児島県沖永良部島 沖縄県波照間島

こづかい【小遣】 ⇨こづかいせん(小遣銭)

こづかいせん【小遣銭】 *うゎーばずぃけー 沖縄県首里 *たばこせん 岩手県気仙郡「おらいのたばこせんこ金っこ送ってよごした」 *ちけせん 長崎県壱岐島 *つかいぜに 愛知県名古屋市「これちいとばかしだがよう、正月のつかいぜににしやぁよ」・知多郡 *つかいせん 鹿児島県阿久根市 *つきゃーせん 熊本県 *つけぜん 鹿児島県鹿児島郡 *ほまち 福島県東白川郡 埼玉県入間郡 千葉県東葛飾郡 *ほまちこ 岩手県和賀郡 *ほまちっこ 岩手県気仙郡

こっけい【滑稽】 *うすなまこ 青森県南部 *おしゃらく 長野県佐久 *おちけ 島根県隠岐島 *おっかいこと 鹿児島県屋久島 *きさん 熊本県芦北郡 *きょく 石川県能美郡・江沼郡 *けったい 香川県 *こけない 愛知県豊橋市 *しくつぃ 沖縄県石垣島 *じゃら 滋賀県神崎郡 兵庫県淡路島「じゃらと(戯れに)」 岡山県 徳島県「じゃらすな」 香川県綾歌郡・小豆島 愛媛県 長崎県対馬 *じゃらー 香川県与島 *じゃらくそ 島根県邇

摩郡 *じゃらけ 三重県 *じゃらこ 兵庫県神戸市 *じゃらこと 富山県砺波「小遣いやろかなんかじゃらことにもいわん(冗談にも言わない)」 *じゃらわせ 栃木県那須郡 *すいたらしー(本人だけが悦に入っていて、相手から見るとこっけいなさまだ) 新潟県佐渡 *すくつぃ 沖縄県首里 *ちゃり 山形県西村山郡「ちゃりへれる(おどける。また、茶化す)」 茨城県稲敷郡 栃木県 新潟県佐渡・中頸城郡 岐阜県恵那郡飛驒「ちゃりばっかし言っとる」 愛知県碧海郡・岡崎市 京都府 大阪市「えらいちゃりやなあ」 兵庫県神戸市 奈良県南部 島根県 岡山県浅口郡 徳島県「うちの弟は、よくちゃりをする」 香川県 愛媛県喜多郡 高知県幡多郡「あのおんちゃんも、たいてちゃりんするのーし(あの小父さんも、ずいぶんおどけますね)」 大分県 *てーふぁ 沖縄県首里・石垣島 *とっぴょこりん 茨城県 *とっぴょこれ 栃木県上都賀郡「とっぴょこれ言ふな」・下都賀郡 *とんぴょくりん 山梨県・南巨摩郡「とんぴょくりんの講談で面白かった」 *とんぴょくりんどー 山梨県南巨摩郡「ありゃとんぴょくりんどーで、なにょうでもするよ」 *ばくよー 沖縄県石垣島 *はなはげ 和歌山県 *ひーげたら 鳥取県西伯郡 *ひっぱく 香川県三豊郡 *ひゅーげ 宮崎県西臼杵郡 *ひょーかん 京都府竹野郡 *ひょーきんだま 和歌山県和歌山市・西牟婁郡「へうきんだまいふ」 *ひょーげ 群馬県勢多郡 島根県「あいつはひょーげが上手じゃ」 徳島県美馬郡 香川県 高知県・高知市「あの人のひょーげは有名なものじゃ」 熊本県芦北郡 宮崎県西臼杵郡 *ひょーげごと 島根県 *ひょーげだま 香川県 *ひょーつり 和歌山県東牟婁郡・西牟婁郡 *ひょーり 長崎県壱岐島「ひょーりのようなことをするな」 *ひょーろく 新潟県佐渡「あいつはひょうろくゆうておかしかった」 山口県・玖珂郡 *ひょすきん 佐賀県 *ひょっかい 富山県砺波 *へーろく 石川県「へーろくな」 *へだへだ 島根県益田市「へだへだゆう」 *へってげ・へっぱく・へっぱくげ 香川県「あの人へっぱくげな人やな」 *へやっけ 香川県大川郡・仲多度郡 *ほーがーほーが(いかにもこっけいなさまで) 沖縄県石垣島

↓おかしい

□だ *あたうかしー 香川県伊吹島 *うかしゃん 沖縄県首里「うかしゃどぅ うふさる(こっけい至極だ)」 *だらい 愛媛県 *どーけもない 三重県度会郡 *なまつけない 新潟県「なまつけないもの(こっけい者)」 *にちゃこい 石川県能美郡

□な *ひょーつまげな 広島県比婆郡 *ひょっかいな 富山県東礪波郡 *ひょっかしげな 新潟県佐渡 *ひょんつくな 島根県邑智郡 *ひょんな 岡山県小田郡 *ひょんなげーな 山口県大島 *ひょんなげな 岡山県苫田郡・児島郡

□な人 *おたくら 長野県更級郡 *きょーくれ・きょくれ・きょくれもん 熊本県球磨郡 *しばけ 和歌山県日高郡 *すっぱくもの 熊本県阿蘇郡 *ちょくれ 熊本県球磨郡 *ですけんぼー 静岡県榛原郡 *とっぴもの 宮城県仙台市 *とんきゅーもの 熊本県芦北郡 *とんきょもの 福岡県久留米市・筑紫郡 *とんちき 三重県志摩郡 *はなはげ 和歌山県「あの子ははなはげや」 *はんけ 東京都八丈島 *ひとすべー 鹿児島県揖宿郡 *ひゅーぐれ 大分県日田郡 *ひょーくれ 熊本県球磨郡 大分県宇佐郡 *ひょーくろー 長崎県対馬 *ひょーたくれ 千葉県・夷隅郡「あの人が来るとひょーたくれなので急にふんいきが明るくなる」・君津郡 東京都南多摩郡・八王子 神奈川県津久井郡 鳥取県 香川県 熊本県球磨郡 *ひょったくれ 千葉県夷隅郡 *ひょっとこ 千葉県 香川県香川郡 *ひょっとこじー 島根県大田市 *ひょっとこじーさん 島根県出雲市 *べらさく 滋賀県蒲生郡 *やっぺ 千葉県印旛郡「あの人はやっぺだ」

こっそり *あめざめ 愛媛県宇和島 *ごしょごしょ 島根県出雲 *こそっと 青森県三戸郡 宮城県石巻 福島県東白川郡・福島市 香川県高松 *ごそっと 香川県 *こそもそ(人に隠れてこっそりするさま) 青森県上北郡・三戸郡 *こそらかそらと 青森県三戸郡 *こそらっと 青森県三戸郡 宮城県石巻 山形県 *こそらと 青森県上北郡 *こそろに 岩手県気仙郡「こそろにためた」「こそろに様子をさぐる」 *こちょこちょ 岩手県気仙郡「こちょこちょどよぐ来るもんだ」 *こちょら 青森県津軽「こちょらど来え」 *こっそらと 青森県 岩手県気仙郡 *こっちょらと 青森県津軽 *こぼっさー 島根県出雲 *こぼっすら 島根県 *こぼっそら 鳥取県西伯郡 島根県 *こぼっそり 島根県石見 *じこりと・じっこり(人に隠れてこっそりするさま) 高知県「小猫がいつの間にかじっこり私の寝屋へ這入ってゐた」 *しばりっと 香川県仲多度郡 *するいとぅ・するっとぅ 沖縄県首里「するいとぅ なれーがちゃん(こっそり教わりに来た)」 *すれっと 熊本県玉名郡 *ぞーっと 和歌山県 *そこそこ 岩手県気仙郡 宮城県栗原郡 秋田県鹿角郡 *そこっと 北海道 青森県三戸郡 岩手県気仙郡「あれもねぁがら(無いから)そこっともっていってやれ」 秋田県鹿角郡 福島県相馬郡・東白川郡 *そっくと 福島県東白川郡 *そっこそっこ 岩手県平泉「そっこそっこど」 秋田県鹿角郡 福島県「わかんない様にそっこそっこ行け」 *そっこと 青森県上北郡 岩手県気仙郡 宮城県「そっこと行ってまがってみてきた」 秋田県鹿角郡「人に見られては悪いから、そっこと持て行け」 福島県浜通・相馬 *そっこら 岩手県気仙郡 宮城県石巻 福島県東白川郡 *そっこらそっこら 岩手県平泉 *そっこらと 青森県津軽 *そっこり 岩手県 宮城県 福島県 *そつっこら 宮城県玉造郡 *そんこら・そんこり 山形県米沢市 *へろっと

青森県津軽「子供らに内緒でへろっといま出てきました」 ↓そっと・ひそか（密）

□と ***こそんと** 愛知県知多郡「こそんと立ち聞きした」 ***こびしょに** 岐阜県恵那郡 ***ないしょげに** 香川県

ごったがえす【—返】 ***おーらんごく**（「大乱国」か。取り込んでいてごった返しているありさま）愛媛県宇和島市「見られる通りおゝらんごくしとります」 ***ぐらっかえす** 茨城県稲敷郡・猿島郡 ***ぐらっかえする** 茨城県稲敷郡 ***すったごった**（人ごみでごった返すさま）福島県東白川郡「あそこでぇ、ご祝儀ですったごったしてるよ」 ***どってんがえし** 奈良県南大和 ***まぜこねる** 香川県 ***まぜをかえす** 岡山市 広島県高田郡 ↓こんざつ（混雑）

こっち【此方】 ⇩こちら（此方）

ごとく【五徳】 火鉢や炉の中に置きやかんなどをのせる台にする、足のついた鉄製の輪。 ***うわおき** 三重県名張市 ***おこじんさん** 福井県遠敷郡 ***かなおさん** 福井県敦賀郡 ***かなぐさん** 京都府 ***かなご** 岐阜県飛驒 三重県飯南郡 ***かなこさん・かなでさん** 福井県大飯郡 ***かなごさん** 福井県大飯郡 京都府 ***かなで**（大型のもの）三重県松阪 ***かなわ** 青森県 山形県 新潟県・岩船郡 福井県 岐阜県飛驒・郡上郡 京都府北桑田郡 島根県隠岐島 徳島県三好郡 福岡県京都郡 長崎県南高来郡 ***かの** 鹿児島県奄美大島 ***かのー** 大分県宇佐郡 鹿児島県加計呂麻島・徳之島 ***こーじん** 福井県大飯郡 ***こーじんさん** 京都府北桑田郡 ***さんそく** 熊本県玉名郡・下益城郡 ***さんとく** 栃木県 富山県 石川県能登 長野県諏訪 岐阜県飛驒 愛知県碧海郡 三重県 滋賀県 京都府（大形のもの） 大阪府大阪市・泉北郡 奈良県 島根県石見 ***さんどく** 島根県江津市 ***さんとこ** 富山県 ***さんぼあし** 青森県 ***さんぽーこーじん** 福井県遠敷郡 ***さんぼーさん** 京都府北桑田郡 ***さんぼんあし** 北海道函館 福島県 栃木県河内郡 新潟県

ことごとく【悉】 ***あらまし** 千葉県安房郡 ***ありあい** 岐阜県大垣市 愛知県知多郡 三重県度会郡 ***ありかまち** 兵庫県加古郡 ***ありこなんぱち・ありこのありだち** 福岡市 ***ありこまち** 京都府竹野郡「ありこまち食べてしまった」 兵庫県 鳥取市「金銭をありこまち使ふ」 ***ありまち** 岩手県気仙郡「ありまず次第（しでぁ）使う」 栃木県「あればありまち惜しみなく食べる」 富山県 香川県木田郡「それありまちいた（それをあるだけ下さい）」 長崎県北松浦郡・壱岐島 熊本県玉名郡 ***ありまちこまち** 富山県砺波「こるでありまちこまちや」 熊本県 ***あんまし・あんまり** 長崎県伊王島 ***いっかい** 島根県邑智郡「山の木をいっかい取った」 ***いっさんがい** 徳島県 ***いっさんまい** 新潟県佐渡 奈良県「いっさんまいお前にまかせたからしっかり頼むぜ」 島根県八束郡 愛媛県 長崎県対馬 ***いっそ** 山形県 福島県相馬郡・東白川郡 新潟県北魚沼郡 長野県上水内郡「いっそ真赤なのは違う」 島根県 山口県豊浦郡 ***いっそー** 岩手県胆沢郡「いっそーかせぐ」 宮城県仙台市 山形県「いっそー絹尽しの着物」 群馬県多野郡「かねいっそー（金属だけ）」 新潟県佐渡 宮崎県西臼杵郡 ***いっそこてー** 新潟県中越 ***いっそとめ** 熊本県天草郡 ***いっちょなし・いっちょんなし・いっちんなし** 熊本県芦北郡 ***いっつぉけー** 新潟県中魚沼郡 ***がーしてぃ** 沖縄県小浜島・竹富島 ***がーっさい** 三重県北牟婁郡 ***がしって・がして・がすて・ぐすて** 沖縄県石垣島 ***がしてぃ** 沖縄県新城島 ***かたしきに** 香川県仲多度郡「かたしきに集める」 ***かたなし** 富山県・富山市近在「かたなしに稲を刈って呉れ」 ***がちって・ぐすーゆ** 沖縄県与那国島 ***がっさい** 広島県高田郡 高知県「がっさい呉れ」 鹿児島県・屋久島・口之永良部島 ***からけつ** 三重県伊賀 奈良県 ***ぐしって** 沖縄県石垣島 ***ぐして** 沖縄県鳩間島 ***ぐすと** 鹿児島県加計呂麻島・奄美大島 ***ぐすとがな** 鹿児島県奄美大島 ***くりっと** 山形県東田川郡 千葉県 ***ぐりっと** 青森県津軽「ぐりっと読んでしまった」 秋田県雄勝郡「雪がぐりっと消えた」 ***ぐれーと** 青森県上北郡・南部 ***ぐれっと** 青森県「財産ぐれっとなくした」 ***けーら** 沖縄県八重山 ***けーれ** 沖縄県波照間島 ***こいこ** 滋賀県高島郡 ***こじっと** 三重県名賀郡 ***ごっかり** 奈良県 ***こっきし** 岐阜県可児郡・恵那郡 兵庫県加古郡 ***こっきら** 兵庫県加古郡・神戸市 ***こっきらこっと・こっきりこんと** 愛媛県 ***こっきらこと・こっきらしょと・こっきりしょと** 兵庫県加古郡 ***こっきり** 石川県珠洲郡 山梨県南巨摩郡 岐阜県可児郡 静岡県小笠郡 滋賀県 京都府竹野郡「こっきり（ねこそぎ）盗まれなさったそうです」 兵庫県 奈良県南大和 ***ごっきり** 福井県大野郡 岐阜県 三重県阿山郡・志摩郡 長崎県北松浦郡 ***こっきんころり・ごっくら** 長崎県北松浦郡 ***こっくり** 静岡県 島根県能義郡・隠岐島 ***ごっくり** 三重県志摩郡 長崎県北松浦郡 ***ごっしり** 三重県志摩 鳥取県 島根県 ***こってり** 滋賀県蒲生郡・神崎郡 ***こっぴら** 三重県鈴鹿郡 ***こっぺ・こっぺー** 新潟県佐渡 ***こっぺり** 岐阜市 愛知県西春日井郡・知多郡 三重県 滋賀県 ***ごっぺり** 岐阜県恵那郡 ***こっぽり** 福井県「こっぽりだまされた」 鳥取県西伯郡「この箱えこっぽりはまった」 広島県高田郡 徳島県「こっぽり掘っていく」 ***ごっぽり** 新潟県佐渡 京都府竹野郡 兵庫県但馬 徳島県 愛媛県 ***さっくと** 青森県津軽「残さずさっくと持って行け」 ***さらり** 千葉県香取郡 ***しったい** 鹿児島県 ***しったり** 秋田県雄勝郡「しったり汚してしまった」・河辺郡 徳島県海部郡 ***しってり** 秋田県河辺郡・雄勝郡「薪をし

ってりたいてしまった」 *すが 宮城県仙台市 *すすらすいと 福井県大飯郡 *すったい・ひったい 鹿児島県 *すったり 秋田県平鹿郡「すったり食った」 福岡県「すったりきつい(まったく体がだるい)」 熊本県 宮崎県延岡市 *すったりがっせー 福岡県久留米市 *すったれ 秋田県由利郡「すったれ無くなった」 *すっとこ 和歌山県那賀郡 *するってぃ 沖縄県竹富島 *ずれっと 三重県伊賀 *そーざん 新潟県佐渡 *そっぽり 三重県志摩郡 *そろこげ 徳島県「そろこげ芝居をみにいく」 *つんじょーつずか(始めから終わりまでことごとく) 長崎県対馬「そねえつんじょーつづか聞くもんじゃねえ」 *なみーなみ 沖縄県石垣島・与那国島 *ぶんと 鹿児島県肝属郡 *ますます 徳島県「先生でもますますは知らぬ」・美馬郡 *まつまつ 兵庫県淡路島 香川県仲多度郡

→すっかり・すべて(総)

こども【子供】 *あがみ・あがみって・あがみってぃ・あがみってぃー 沖縄県与那国島 *あっぱめ 東京都八丈島 *あぱ 島根県隠岐島 *あぼ 山形県 *あぽ(幼児) 島根県隠岐島 *あんぼ 富山県砺波 *いが 長崎県 *うず 長野県上田 *うたま 沖縄県波照間島 *うぼこ 山形県「うぼこ何人いた」 *えご 三重県度会郡・宇治山田市「此のえごは善児なり」 *おすわり 千葉県海上郡 *おとめ 茨城県 *おぼ 青森県三戸郡 東京都大島 *おぼいや 山梨県 *おぼー 福井県今立郡 *おぼこ 青森県「おぼこもづ(出産する)」 岩手県 宮城県 山形県 福島県石城郡 群馬県邑楽郡 新潟県東蒲原郡 山梨県 島根県 徳島県 *おぼさま・おぼちゃま(上流の子に) 青森県三戸郡 *おぼっこ 青森県南部 宮城県玉造郡 東京都大島 *おぼんさ 宮崎県児湯郡 *おんごん 佐賀県 *がい 千葉県安房(七、八歳の子供)・夷隅郡 *がいども 千葉県夷隅郡 *がご 石川県能美郡 山口県豊浦郡 *がっこ 岩手県 *がっそ 奈良県吉野郡 徳島県 *くいつぶし 島根県益田市 *くそごしっと(卑語) 広島県比婆郡 *けぞ(卑語) 福岡県田川郡・京都郡 *けんさい・けんさいろく 広島県倉橋島 *けんさく 広島県 *けんしゃー 京都府竹野郡「私一人ならえーけど、何しろ大ぜーけんしゃーを連れて行ったもんですから」 *こーろ 石川県能美郡 *ごく 愛知県西春日井郡 *ごごめ 奈良県宇智郡 *こしょ 滋賀県野洲郡・滋賀郡 *こじょ 滋賀県栗太郡 *こしょー(卑語) 滋賀県蒲生郡 *こっじゃれ 石川県・珠洲郡 *こっぴー・こんぴー 長野県諏訪 *こどびら 山形県飽海郡 *こどもびら 山形県庄内 *こどもべら 山形県山形市・東田川郡 *ことんびら 秋田県由利郡 *このびら 山形県酒田市・東田川郡 *このべら 山形県東田川郡 *こぼ 石川県江沼郡 福井県越前(ののしって言う) 長野県北安曇郡 岐阜県飛驒「うちのこぼはえい子じゃ」 滋賀県伊香郡 *こぼー 栃木県河内郡 愛知県名古屋市 高知県 *こぼて・こぼてのこ 岡山市 *こぼろ(多く男の子に言う) 石川県江沼郡 *ころ 奈良県吉野郡 *ころくろ 香川県香川郡 *ころびだ 山形県東田川郡・飽海郡 *ころびら 山形県東田川郡 *こわろ 富山県東礪波郡 石川県石川郡 *こんぼ 長野県北安曇郡 大分県大野郡 *こんぼこ 長野県 *さま(敬称) 熊本県玉名郡 *じゃさん 鹿児島県 *しゃん 熊本県 *じゃんこ 鹿児島県川辺郡 *しょん 長崎県北松浦郡 *じょん 熊本県天草郡 大分県日田郡 *しょんさま・しょんしょん 長崎県対馬 *じょんべ 秋田県河辺郡 *せがれ 和歌山県和歌山市「男のせがれ」「女のせがれ」・日高郡 *たん 石川県 *たんち 富山県砺波 石川県 *ちご 鹿児島県 *ちゃー・ちょー 滋賀県高島郡 *ちょびん 島根県隠岐島 香川県・小豆島 *ちょびんこ 香川県 *ちんべ 新潟県西頸城郡 *ちんぺ 秋田県鹿角郡 新潟県糸魚川市・中頸城郡(ののしって言う語) *つくわ 沖縄県首里 *つふぁ 沖縄県鳩間島 *でく 新潟県中頸城郡「あの人はでくが多い」 *てしばりさん 高知県 *でっつ 富山市 *でっくり(卑称) 香川県三豊郡 *でっこさー 島根県邇摩郡・邑智郡 *でっち 岐阜県郡上郡「おーっとこでっちゃ(男の子たちは)」・吉城郡 島根県石見 *てんま 三重県伊勢(男児) 徳島県・海部郡「てんまづれ(子供づれ)」 *どーす 東京都八丈島 *どーねんご 長野県佐久 *にゅーどー 奈良県吉野郡 *ねら 群馬県利根郡 宮崎県日向 *ばっこじゃ 山形県米沢市 *ばっこじょ 山形県南置賜郡 *ばっこだ・ばっちだ 山形県東田川郡 *ばっち 山形県東田川郡・飽海郡 *はなのめさがり(みこの言葉) 岩手県気仙郡 *ばやこ 青森県津軽 *はんじょー 沖縄県首里「はんじょーや いくたいが(子供は何人か)」 *ぴーかり 長崎県対馬 *びんす 高知県 *びんすのこ 高知県・長岡郡 *ふぁー 沖縄県八重山「ふぁーうし(子牛)」 *ふぁーなー(愛称) 沖縄県石垣島 *ふぁーま 沖縄県小浜島 *ふぁなー 沖縄県竹富島 *ぼいやー 山梨県 *ぼー 千葉県上総・長生郡 石川県能美郡 山梨県甲府市 愛知県名古屋市 三重県志摩郡 香川県三豊郡 *ぼーさ・ぼーま 富山県 *ぼーじょー 山梨県 *ぼこ 新潟県・佐渡 山梨県「あれはどこのぼこずら」 長野県 静岡県志太郡・安倍郡 *ぼさん 三重県伊賀 *ほせ 鳥取県西伯郡「ほせはぐわいが悪かった(子供は病気だった)」 *ぼっこ 岩手県上閉伊郡 秋田県「早目にぼっこがたさまま食べらせて」 *ぼった 滋賀県高島郡 *ぼぼ 山形県飽海郡 長野県松本・東筑摩郡 *ぼぼっこ 新潟県 *ぼん 石川県鳳至郡 福井県 岡山県英田郡 福岡県企救郡 大分県日田郡 宮崎県 鹿児島県 *ぼんさん(敬語) 福岡県企救郡 *ぼんち 富山県砺波 福井県 京都市 鳥取県西伯郡(良家の子供に) *ぽんち 石川県能美郡 *ぼんちゃん 鳥取県西伯郡(良家の子供に) 福岡県筑紫郡 *ぼんぼん 兵庫県神戸 *もり 岡山市 *やっころさ 和歌山県「あれは何処のやっころさな」 *やぼ 鹿児島県

*やぼん 長崎県壱岐島 *やや 福島県東白川郡・西白河郡 三重県志摩郡 京阪 愛媛県 高知県長岡郡 佐賀県 長崎県 熊本県玉名郡 *ややこ 福島県耶麻郡 京阪 奈良県南部 *ややっこ・ややめ 福島県東白川郡 *やらび 沖縄県八重山 *やらぴ 沖縄県宮古島 *やらびーふぁー 沖縄県石垣島 *やらびふぁーなー(幼児) 沖縄県石垣島 *やん 新潟県上越市「やんども(餓鬼ども)」 *わし 石川県(他家の小児)・河北郡(尊称) *わしー 石川県能美郡 *わしさま(尊称) 石川県河北郡 *わじょ 高知県吾川郡 *わらーい 沖縄県国頭郡 *わらーし 栃木県那須郡・塩谷郡 *わらし 北海道函館・小樽市 青森県 岩手県 宮城県 秋田県 山形県 福島県 栃木県上都賀郡・那須郡 新潟県東蒲原郡 *わらしこ 青森県南津軽郡 宮城県石巻 山形県 福島県相馬郡 *わらしっこ 福島県東白川郡 *わらしべ 山形県 *わらっし 福島県石川郡 *わらっぱ(「わらわ」の転) 青森県津軽 *わらばー(卑称) 沖縄県首里 *わらび 鹿児島県島嶼 沖縄県本島 *わらべ(「わらわべ」の転) 佐賀県藤津郡 長崎県南高来郡・伊王島 鹿児島県(幼童) *わらんちゃ 鹿児島県沖永良部島 *われー 鹿児島県徳之島 *わろ 富山県東礪波郡 石川県鳳至郡(幼児)・河北郡 *わんぱく 長野県佐久

□の卑称 *あっぱし 茨城県北相馬郡 *いしこべ 新潟県佐渡「いしこべども早うかえれ」 *うじやがき 青森県下北 *おまっしゃ 神奈川県中郡 *がいんどー 島根県美濃郡・益田市 *がきあど 青森県上北郡 *がきあどー 岩手県九戸郡 *がきうち 島根県簸川郡 *がきされ 新潟県東蒲原郡 愛媛県大三島 福岡市 *かぎしった 島根県出雲市 *がきたれ 島根県 *がきっとー 島根県石見 広島県双三郡・三次市 *がきつとぼし 和歌山県西牟婁郡・東牟婁郡 *がきつぶし 三重県度会郡・宇治山田市 和歌山県西牟婁郡・東牟婁郡 *がきつんぶり 新潟県佐渡 *がきでっち 島根県美濃郡・益田市 *がきとー・がきとーされ 長崎県対馬 *がきのす 愛媛県 *がきんど・がきんどー 岡山県苫田郡「おまえか。このがきんどうが」 *がげぁだ 秋田県仙北郡 *がざめ 愛媛県八幡浜市・南宇和郡 *がちゃばい 和歌山県那賀郡 *がっちょまえ 和歌山県伊都郡 *くさりがき 和歌山県 *けずーっぱ 大分県日田郡 *げだ・げだご 鳥取県西伯郡「よそのげだはなんぼーかわいがってやったっておんなじ事ださ」 *げどー 徳島県 福岡県企救郡 *こーっとー 奈良県吉野郡 *こし 富山県東礪波郡「こしどもがしょわしのて(うるさくて)」 岐阜県飛驒 *こしたね 島根県那賀郡・江津市 *こしたん 島根県鹿足郡 *こしったれ・こしと 島根県 *こしっと 滋賀県高島郡 和歌山県「こしっとは又何処かへ行った」 島根県 広島県比婆郡 徳島県海部郡・名東郡 *こしっと 和歌山県日高郡・那賀郡 *こしっとー 島根県邑智郡・能義郡 広島県 *こしっとら・こひっとらー 島根県邑智郡 *こしとめ 島根県簸川郡・出雲市 *こしばせ 島根県益田市「内にはこしばせがじょーにおって暮しが苦しい」 *こしびだね 島根県江津市 *こしびと 島根県邇摩郡 *こしぶと 岐阜県本巣郡 *こぜくろ・こでくろ 香川県木田郡 *こせった 和歌山県那賀郡 *こぞくり 島根県隠岐島 *こっぱ 千葉県市原郡「こっぱどん(子供達)」 岡山県阿哲郡 *こでき 岡山市 *こでっくら 香川県三豊郡 *こでんぐり 島根県石見「よけー(多く)こでんぐりが居るけーとても賑やかだ」 *こどくろ 徳島県 香川県「こどくろ、のいとれよ」 *こにっぱ 鹿児島県肝属郡 *こねっとー 山口県佐波郡 *こばんこ 愛媛県 *こび 岐阜県恵那郡 和歌山県東牟婁郡 *こび 鹿児島県鹿児島郡 *こびす 宮城県仙台市 *こびっこ 長野県佐久 *こびっちこ 長野県上田・小県郡 *こびっちゃ 兵庫県淡路島 徳島県 *こびっちゃく 新潟県佐渡 愛媛県 *こびっちゃこ 高知県安芸郡 *こびっちゃご(小さい子供) 岡山県苫田郡 *こびっちょ 岐阜県本巣郡 兵庫県淡路島 和歌山県西牟婁郡・東牟婁郡 徳島県 長崎県五島 大分県 *こびっちょー 奈良県南葛城郡 長崎県対馬 *こひと 島根県邇摩郡 広島県豊田郡 *こびんす 高知県「こびんすの知った事ぢゃない、お前達は黙っておゐで」 *こびんた 愛知県八名郡「こびんた(小僧たち)うるさい」 *こびんちゃ 山口県 香川県高松市 高知県 *こびんちゃく 広島県高田郡 山口県 香川県広島 *こびんちゃこ 香川県高松市 愛媛県 *こびんちょ・こべんちょ・こべんちょー 香川県 *こびんちょこ・こべっちょろ 香川県三豊郡 *こひんどー 島根県邑智郡 岡山県 *こべ 福岡県築上郡 *こべし 岡山県 *こべそ 徳島県 香川県仲多度郡 愛媛県周桑郡・新居郡 *こべっちゃ 島根県八束郡・大原郡 *こべっちゃく 新潟県佐渡 島根県大原郡 *こべっちゃら 島根県出雲 *こべっちょ 奈良県宇陀郡 香川県仲多度郡・三豊郡 *こべっちょー 奈良県南葛城郡 *こべんちゃく 島根県美濃郡・益田市 *こべんちゃこ 愛媛県 *こべんちゃら 島根県出雲市・大原郡 *こべんちゃろ 愛媛県周桑郡・新居郡 *こやっこ 新潟県佐渡 大阪府 *こやっとー 島根県鹿足郡・益田市 *こやと 島根県美濃郡・益田市 山口県阿武郡「こやとら(子供たち)」 *ざんぎりこーべ・ずんぐりこーべ 新潟県佐渡 *しーらご 岡山県苫田郡「ちーとおとなしゅーしとれ、このしーらごが」 *じじょっこ 宮城県登米郡 *しょんべたれ 島根県 *すてわらし 青森県津軽 *だぼーやろ(しかる時) 群馬県吾妻郡 *だぼーやろー 新潟県 *たりかぶり 熊本県玉名郡 *ちんぴら 滋賀県彦根(いたずら小僧) 京都市 *ちんぺら 奈良県 *ちんみょー 新潟県佐渡

*どーずり 滋賀県高島郡 *どくろ 徳島県 香川県 *どくろご 徳島県三好郡 *どこしぶと 岐阜県本巣郡 *どぶくろ 香川県佐柳島 *ねんぱ・ねんぱちご 鳥取県西伯郡 *はなだいしかぶい 鹿児島県 *はなたる 広島県倉橋島 *はなたれ 大阪府泉北郡　岡山県児島郡 *ひりかす 新潟県佐渡 *ふっぎー・ぶっぎじめ 東京都八丈島 *べーこ 新潟県佐渡 *へぼ 新潟県佐渡 *まっしゃ 新潟県佐渡「まっしゃども外へ出て遊べ」　三重県度会郡・宇治山田市 *よーなべか す 島根県仁多郡 *よーなべだんご 島根県石見 *よごれ 島根県石見「悪さをする子はどこのよごれか」　岡山県児島郡 *よなべかす 島根県出雲 *よなべだんご 島根県大原郡 *よなべのかす 島根県隠岐島 *わっぱ 新潟県佐渡「わっぱどもかえれ」　山梨県

ことわる【断】 *てらす（贈り物を断る）奈良県南大和「てらされる（当方の贈り物を人が受けてくれない）」 *はずす（約束を断る）宮城県玉造郡　長野県上伊那郡・佐久 *はぞす（約束を断る）岩手県気仙郡 *はっか（断ること）岩手県上閉伊郡「はっかくー（断られる）」 *もぎる（無理に断る）富山県砺波 *もしわける（訳を話して断る）秋田県鹿角郡「行けねぇってもしわげた」 *ゆわけする 宮城県栗原郡 *ゆわける 秋田県鹿角郡「ほしどもたどもゆわけられた（欲しいと思ったけれど断られた）」 →きょぜつ（拒絶）

こな【粉】 *おこんこ 高知県 *かつぃいに 沖縄県石垣島 *こーずき・こーずきー 三重県北牟婁郡 *ここ 青森県上北郡「そばのここ」　岐阜県本巣郡 *こずき 三重県南牟婁郡　奈良県吉野郡 *こっこ 秋田県平鹿郡　岐阜県益田郡 *こんこ 長野県東筑摩郡　岐阜県養老郡 *こんこー 静岡県小笠郡

米の□ *かいのご 石川県鹿島郡 *かしゃげご 愛知県知多郡 *かしやげのこ 岐阜県恵那郡 *このこめ 愛知県知多郡 *しろこ 千葉県東葛飾郡 *だんごこな 山形県西村山郡 *つきかえし 山形県庄内

この【此】 *こな 徳島県美馬郡「こなお茶ずけ」　高知県幡多郡「こな子」 *こなん 徳島県美馬郡 *こんな 奈良県南葛城郡「こんなやつ（この品物）」　島根県那賀郡・鹿足郡　山口県阿武郡　徳島県美馬郡　愛媛県周桑郡・喜多郡

このあいだ【此間】 *あっとに 和歌山県 *あとかた・あところ 島根県出雲・隠岐島 *あとごろ 鳥取県東伯郡「聞きますりゃあ長男さんにはあとごろ祝言をしんさったそうで」　島根県出雲・隠岐島 *あとにごろ 岡山県苫田郡 *いもとー 兵庫県多紀郡 *きにゅおとち 鹿児島県 *きにょーおとつい・きにょーやおとつい 島根県「このはなしゃーきにょーおとついの事だなえ」 *きぬって 宮崎県西諸県郡 *きのっち 鹿児島県薩摩 *きのーおとつい 島根県 *きのって 宮崎県西諸県郡・都城　鹿児島県「S町のかどんでっどんお、きのってもやまいもをほっせー、おかたもうだししゃったちお（S町の角の大工さんよ、このあいだもくだをまいて、奥さんも追出しなされたってね）」・硫黄島 *きょーじつ 熊本県玉名郡 *くねーだんすい 沖縄県首里 *こないさ 新潟県 *こないだり 兵庫県淡路島 *このじ 山形県東置賜郡・西置賜郡 *このじゅ 秋田県鹿角郡　山形県　奈良県南大和　香川県三豊郡　宮崎県東諸県郡 *このじゅー 山形県東置賜郡　新潟県佐渡　長野県下伊那郡・南部　岐阜県飛騨「このじゅーはごっつおになりまして」　島根県那賀郡・隠岐島　山口県　長崎県五島　熊本県玉名郡 *このじゅーうち 岐阜県郡上郡 *このじゅーな 新潟県佐渡　長野県東筑摩郡「このじゅーなから待って居った」 *このじゅち 新潟県佐渡 *このじょ 青森県津軽　山形県 *このじょー 北海道斜里沿岸 *このせん 島根県隠岐島 *このせんきょ 香川県 *このせんど 兵庫県城崎郡　島根県出雲　香川県仲多度郡 *このちゅー 山口県大島「このちゅう買うて来たんぢゃが、此着物掛は便利なもんぢゃ」 *このちゅーど 埼玉県秩父郡 *こんじー 茨城県稲敷郡 *こんじーち 新潟県佐渡　岡山県苫田郡 *こんじな 新潟県佐渡 *こんじゅー 千葉県　東京都三宅島　新潟県佐渡　愛知県宝飯郡　岡山県・小田郡 *こんじゅーな 新潟県佐渡 *こんじゅち 新潟県佐渡 *こんじゅな 新潟県佐渡 *こんじょすな 新潟県西頸城郡 *こんじょな 新潟県西蒲原郡　長野県北安曇郡「こんじょなは御馳走さまになりました」・東筑摩郡 *こんちゅー・こんちゅーち 島根県石見「父はこんちゅーちから病気で寝とる」 *さいぜん 新潟県西頸城郡 *さき 三重県尾鷲 *さきだって 岩手県気仙郡　新潟県佐渡　山梨県南巨摩郡　長野県上伊那郡・下伊那郡　島根県隠岐島 *さっかり 熊本県鹿本郡 *せーどな 秋田県北秋田郡・平鹿郡 *せーんど 福島県会津「せーんどがら頼んでおいだー」　岐阜県郡上郡 *せどな 青森県南部　岩手県和賀郡　宮城県登米郡　秋田県「せどな差上げた品は如何ですか」　山形県村山・北村山郡「しぇどなからえってる（この間から行っている）」 *せんかた（中流以上の語）島根県 *せんき 香川県大川郡「せんき、お寺へいった」 *せんぎ 栃木県「せんぎ行った頃はそれはなかった」 *せんきょー 兵庫県淡路島　和歌山県　島根県「せんきょー（先日）は色々とお世話になりました」　岡山県　山口県　徳島県　香川県　高知市　佐賀県　長崎県壱岐島　熊本県 *せんごな・せんぞな 長野県佐久 *せんころ 岩手県　宮城県仙台市　山形県　福島県東白川郡　栃木県　群馬県利根郡・佐波郡　埼玉県秩父郡・入間郡　千葉県印旛郡「せんころやっておいたもの」　新潟県佐渡　長野県諏訪・佐久　静岡県・島田市・榛原郡　滋賀県彦根　島根県　広島県　香川県　長崎県南高来郡 *せんちゅー 島根県鹿足郡・邇摩郡「せんちゅーは大けに」 *せん

ちゅーち 島根県美濃郡・益田市 ***せんど** 山形県「せんどぁ御馳走になって」 茨城県稲敷郡 新潟県佐渡 福井県「あそこのおかっさまわぁー、せんどから寝なさったってゆーことじゃけど」・大飯郡 山梨県南巨摩郡 岐阜県 静岡県小笠郡 三重県「せんどわおーきにありがとー」 滋賀県彦根・蒲生郡 京都府 大阪府 兵庫県・神戸市 奈良県 和歌山県 島根県 徳島県 香川県 愛媛県 ***せんどー** 兵庫県佐用郡 ***せんどがた** 兵庫県加古郡 ***せんどき** 長野県佐久 ***せんどころ** 山形県北村山郡・庄内「せんどころ来たけ」 島根県仁多郡「しぇんどごろ嫁ごさんもらわっしゃんしたそうでして、結構なことでござえました」・出雲 ***せんとな** 群馬県吾妻郡 新潟県 ***せんどな** 青森県南部 岩手県磐井郡・上閉伊郡 宮城県登米郡・仙台市「そこだら、せんどな行った事ありす」 秋田県雄勝郡 山形県 福島県会津 新潟県 長野県 ***せんどない** 愛媛県東部 ***せんどに** 山形県米沢市「しぇんどに知ってだ」 ***せんどま** 福井県 ***せんどら** 福井県敦賀郡 ***せんな** 山形県最上郡「せんな稲刈り上げた」 群馬県桐生市・佐波郡 ***せんなころ** 山形県庄内・米沢市 ***せんにころ** 福島県東白川郡 ***せんにち** 岩手県東磐井郡 ***せんろち** 新潟県佐渡「せんろちきてくれた」 ***ちこに・ちこん** 鹿児島県 ***てまえ** 新潟県佐渡「てめえに言っておいたのんに」 徳島県美馬郡 香川県「てまえにはえらいごっつおさんでござんした」 ***とーな** 長野県下伊那郡「とーな行った時はこういう風だった」「その話はとーなに聞いた」 ***とぅべーさ** 鹿児島県喜界島 ***とんない** 香川県三豊郡「とんないにもこんなんがあったなあ(以前にもこのようなことがあったなあ)」「とんないはさぶかった(こないだ内は寒かった)」 ***はな** 山口県豊浦郡 ***ひどな** 青森県津軽 ***ひどら** 青森県津軽 ***へどな** 青森県上北郡・三戸郡 秋田県河辺郡 ***へどら・へんこな** 青森県津軽 ***へんころ** 青森県三戸郡 ***へんどな** 青森県 ***へんどら** 青森県津軽 ***まえかど** 大阪市 島根県美濃郡・益田市 徳島県 高知県 鹿児島県肝属郡 ***まえじゅー** 広島県高田郡 ***まえど** 山形県 福島県会津 茨城県猿島郡 千葉県夷隅郡 新潟県東蒲原郡 富山県高岡市・砺波 石川県羽咋郡・河北郡 兵庫県加古郡 香川県綾歌郡・小豆島「まえどにはけっこうなもんをおおきに」 ***まえどうち** 兵庫県加古郡 ***まえない** 香川県 ***まえのかど** 島根県美濃郡・益田市

→さきごろ（先頃）・せんぱん（先般）

このごろ【此頃】 ***いませつ** 島根県簸川郡・出雲市「えませちの娘は背が高い」 ***きにゅおとち** 鹿児島県 ***きにょーおとつい・きにょーやおとつい** 島根県「このはなしゃーきにょーおとついの事だなえ」 ***きにゅって** 鹿児島県 ***きぬって** 宮崎県西諸県郡 ***きのーおとつい** 島根県 ***きのって** 宮崎県都城 鹿児島県 ***きのっち** 鹿児島県薩摩 ***きのって** 宮崎県西諸県郡・都城 鹿児島県・硫黄島 ***きゅーび** 新潟県中越 ***きょーびら** 三重県志摩郡 ***きょーり** 徳島県美馬郡 ***くぬうち** 沖縄県 ***くぬうつぃ** 沖縄県石垣島 ***くぬぐるんすい** 沖縄県首里 ***くぬじゅー** 沖縄県首里 ***くねーだんすい** 沖縄県首里 ***こーちゃ** 静岡県 ***こない** 滋賀県 香川県「こないにだれぞきたんな」 ***こないさ** 新潟県 ***こないだ** 宮城県宮城郡 秋田県 群馬県勢多郡 新潟県西頸城郡 山梨県 長野県 岐阜県飛騨 静岡県「こないだは天気が続く」 愛知県名古屋市 長崎県南高来郡 ***こぬまーり** 長崎県壱岐島 ***こねだ** 鹿児島県揖宿郡 ***このうち** 千葉県安房郡 山口県美祢郡「このうち にさんちまえから、かじぇおひーて」 ***このがた** 宮城県栗原郡 秋田県鹿角郡 ***こんだぎり・このきり** 群馬県多野郡 埼玉県秩父郡「このきり病気をしなくなった」 ***このじ** 山形県西置賜郡・米沢市 ***このじゃ** 岩手県和賀郡 ***このじゅ** 秋田県鹿角郡 山形県東田川郡・西置賜郡 ***このじゅー** 青森県上北郡・三戸郡 山形県東置賜郡・米沢市 愛知県碧海郡 奈良県吉野郡 ***このじょ** 山形県西田川郡 ***このじょー** 北海道斜里沿岸 ***このちゅーど** 埼玉県秩父郡「このちゅーど会わないが丈夫だそうだ」 ***このま** 奈良県南大和 ***このまえ** 福岡市 ***このまり** 長崎県北松浦郡「おりゃこのまりゃ、しょしょしょ、ぐうゃーがわるーしてー(わたしはこのごろちょっと具合が悪くて)」 ***こんじゅー** 静岡県 ***こんじょな** 新潟県古志郡 長野県北安曇郡 ***こんじら** 新潟県古志郡 ***こんだ** 福島県会津 ***こんだぎり・このきり** 群馬県多野郡 埼玉県秩父郡「このきり病気をしなくなった」 ***こんちゅー** 島根県石見 ***こんどり** 徳島県美馬郡 ***こんとんきー** 佐賀県 ***せどごろ・せなころ** 山形県西田川郡 ***ちか** 島根県隠岐島「ちかは物価が高くて何も買えん」 ***ちかごろとーだい・ちかとーだい** 愛媛県宇和島市・南宇和郡 ***ちかし** 香川県三豊郡・丸亀市「この家、ちかしに建てたんじゃな」 ***ちかしゅー** 徳島県「ちかしゅーあんまり見えんのー」・美馬郡 ***ちかだい** 高知県土佐郡 ***とーな** 長野県小県郡「とーなはそういうこともいいでしょう」 ***とっつけ** 山梨県

このよう【此様】 ***か** 京都府葛野郡 ***かー** 石川県石川郡「かーなでかいな、めんぱでもろてにゃ」 福井県遠敷郡「かあにする」 三重県南牟婁郡「かあなこと」 奈良県吉野郡「誰やなんちゅうてもかあな事すんな」 愛媛県大三島 ***かえつけ** 山形県 ***かん** 福井県「かんして」 沖縄県首里「かんなたるうぃーや しかたー ねーん(こうなった以上しかたがない)」・石垣島 ***きゃー** 岐阜県郡上郡「きゃーなことだちかん(こんなことだめだ)」 ***ぎゃー** 岐阜県郡上郡 鳥取県東部「ぎゃあなんだった」 ***げー** 熊本県芦北郡・八代郡「げぇせんか(こうしないか)」 ***けずけ** 山形県米沢市 ***ごあー** 島根県美濃郡 ***こい** 岩手県気仙郡「こいぐ(こんなふうに)やるんだぞ」 福島県東白川郡 三重県 香川

県「こいにして」 *こいがい 香川県仲多度郡・三豊郡・伊吹島 *こいや・こいやい 香川県「服をこいやいに作ってつか(作ってください)」・仲多度郡 *こえつけ 山形県「こえつけなこと、わけない」 *こえん 三重県志摩郡 *こーた 山形県「こーだえ持って来て困る」 福島県東白川郡「こおだ奴いんねぇ」 茨城県 群馬県多野郡「こーたに腫れた」 *こーと 静岡県「こーとにやれ」 *こーやー 新潟市「あんたがたこーやーが自分で買うのう」 *こーよー 愛媛県 *こが 山形県米沢市「こがなこと」 石川県能美郡 滋賀県東浅井郡 京都府 奈良県南部 和歌山県 鳥取県因幡「こがして」 島根県 高知県(ののしる意を持つことが多い)「こがにせいでも(しなくても)よかろーに、えらいひどい目にしたもんぢゃ」「こがな字を書いて読めるかや」 鹿児島県種子島 *こがー 山梨県南巨摩郡「こがーのようのよいもなあ二人と出て来ないぞ」 和歌山県西牟婁郡 鳥取県倉吉市「こがーにはやーしんなはらーとわ(こんなに早く死になさるとは)」 島根県「こがーないたずらはやめー」 岡山県備中 広島県「こがーに暑けりゃー」 高知県吾川郡 大分県北海部郡(漁業地)「こがーする」 鹿児島県種子島 *こがい 山形県「こがえ沢山茸が出てゐる」「こがえだものつまらぬ」 福井県大飯郡「こがえに大きなった」 静岡県磐田郡 三重県度会郡 兵庫県 奈良県南部 和歌山県「こがいのかつお見てからにないら(内海)へはいらえるもんかって」 岡山県 広島県「こがいにうるさいとこじゃー何一つ考えらりゃーへん」 山口県大島「われがあがえ言ふけえ(お前があんなふうに言うから)、おらこがえする」 愛媛県 高知県 福岡県京都郡・企救郡 *こがん 東京都八丈島「こがんなら(こんなになった)」 奈良県吉野郡「こがんして杖ょうついてからに」 岡山県備中 広島県比婆郡「こがんなってしもーたーや」 長崎県「こがんとこれにゃ来んにゃ(こんな所へは来るな)」「こがんうるさかとこっじゃーなんもかんがいられん」 熊本県玉名郡・天草郡 *こぎゃ 千葉県夷隅郡「こぎゃなの(このような)」 島根県八束郡 *こぎゃー 岐阜県郡上郡「こぎゃーなことしてはだちかん(こんなことをしてはだめ)」 鳥取県岩美郡・気高郡「こぎゃーな本」 広島県芦品郡 熊本県阿蘇郡 宮崎県西臼杵郡 *こぎゃーた 秋田県由利郡「こげぁたにある」 *こぎゃん 鳥取県西伯郡 島根県出雲・隠岐島 佐賀県「こぎゃんふーにやりよったよねー」「こぎゃんわるいことはしてならぬ」 長崎県「こぎゃんなさりゃっせ(このようになさいませ)」 熊本県「こぎゃんした柄(がら)はどげんですか」 鹿児島県肝属郡「こぎゃんこっがあいむんか(こんなことがあるものか)」 *こけ 和歌山県那賀郡「この子はまあこけま事して」 *こげ 秋田県南秋田郡「まずこげはしんでしまったでむけゃ(まあこのように死んでしまいましてね)」 山形県「こげに寒くては」「こげだけ(こんなであった)」 栃木県上都賀郡・那須郡 千葉県夷隅郡「こげなんきれをくんな」 東京都御蔵島 新潟県佐渡 愛知県 三重県志摩郡・度会郡 和歌山県 鳥取県西伯郡「こげして」・日野郡 島根県出雲・隠岐島「こげなことで(この程度で)どげなーか(どうですか)」 愛媛県 福岡県「こげ家が建ったならごみが来めえち言よら(こんなに家が建ったらほこりが来るまいと言っていたら)」 長崎県壱岐島 熊本県阿蘇郡 大分県「こげなん見たらビール飲みとうなるわ」 鹿児島県「こげなーか(このような)」・宝島「こげな本」 *こげー 山形県 千葉県夷隅郡「こげぇーにしてくんな」・君津郡 新潟県佐渡「こげえ人は知らん」 愛知県岡崎市・額田郡 和歌山県那賀郡 島根県仁多郡 岡山県児島郡 福岡市「こげーな物は駄目ばい」 長崎県南高来郡・対馬(田舎の語) 熊本県阿蘇郡 大分県(下流) 宮崎県西臼杵郡「こぐぇーなやかましとこでわなんにも考えられん」 *こげん 千葉県夷隅郡「こげんと(このように)」 新潟県佐渡 三重県志摩郡 島根県出雲「こげん事」 岡山県児島郡 福岡県 佐賀県・神埼郡 長崎県南高来郡・西彼杵郡 熊本県「こげん何でも高っか時」 鹿児島県「こげんこげん(かくかく)」「こげんな(こうですか)」・宝島 *こごん 東京都八丈島「風えこごん飲みごって腹ん中の悪け空気と入れけえると」 *こじぇげ・こじぇげだ 山形市「こぢぇげだなもの」 *こずげだ 山形県 *こた 山形県「こだな野郎」 福島県東白川郡 *こだい 宮城県石巻「こねえだ教(おせ)らったのわこだえがな」 新潟県下越「こだえに」 *こただ 青森県三戸郡「こただね貰って来た」 *こたら 青森県「こたらもの」 *こたんだ 秋田県平鹿郡「こたんだものなどいやだ」 *こっけ 山形県置賜「こっけな物すてろ」 新潟県中越「こっけにいい万年筆があるいてがか(あるものだろうか)」 *こつけ 山形県米沢市 *こつげ 新潟県三島郡

方/言/の/窓

●漢語と方言

漢語は、和語と比べて文章語的性格が強く、口頭語である方言とは、対極的である。しかし、実際には漢語が方言に受け入れられている事例が少なからず認められる。「梅雨」における「入梅」、「庭」における「前栽（せんざい）」、「数える」における「勘定する」などがそれである。『徒然草』の書名になった「つれづれ」に当たる漢語は「徒然（とぜん）」であるが、和語の「つれづれ」は方言には見られず、漢語の「徒然（とぜん）」は東北、東海、九州、四国の三辺境分布をなす。

「太陽」では、「日」以外の「天道・日輪・日天・今日・太陽」すべてが漢語である。「太陽」に対する畏敬崇拝の念が伴うため、それにふさわしいものとして漢語が特に選ばれていると考えられる。

*こっけー 新潟県中越 *こった 青森県南部 秋田県雄勝郡「こったもの」 新潟県中蒲原郡「こったもかかりますがんだの(こんなにかかるんですね)」 *こったら 北海道「こったらに多い」 青森県南部「こったらねいいの買って来た」 宮城県石巻「こったらばっこでわ、なんのたすけにもなんねぇでば」 *こっつぁ 新潟県東蒲原郡「こっつぁこわれた物は捨てちまえ」 *こっつら 新潟県中越「こっつらもん(このようなもの)」 *こっとー 島根県美濃郡(下品な語) *こな 新潟県上越 徳島県「こななことになった」 香川県「こななめんどいことは出来ん」 愛媛県「こななんすかん」 *こない 富山県 石川県鹿島郡 福井県大飯郡「こないいこなった(このように大きくなった)」 静岡県磐田郡 愛知県尾張 三重県松阪 滋賀県彦根・神崎郡 京都府 大阪府「こないしたらどうだっしゃろ」 兵庫県 奈良県南部「こないに結構なこと無いんじゃや」 和歌山県 鳥取県 広島県高田郡 徳島県「こないによーけ(たくさん)どうするんぞ」 香川県「こないなってしもたがな」 愛媛県「こないなこと」 *こなん 香川県「こなんことしょったらおくれてしまうぞ」 *こにゃー 兵庫県城崎郡 *こにゃえー 兵庫県養父郡 *こにゅん 鹿児島県 *こね 三重県 和歌山県那賀郡 *こねー 新潟県佐渡 富山県 島根県石見「こねーなことでどうなります」 岡山県 山口県「こねいにならんうちに早うなおさんから」・阿武郡・大島 長崎県対馬(田舎の語) *こねん 新潟県佐渡 三重県志摩郡「こねんって(このようにして)」 奈良県「こねん曲って来たらどうにもならん」・吉野郡・南葛城郡 長崎県壱岐島 *この 山形県庄内 *このい 京都府 鳥取県 岡山県苫田郡 徳島県美馬郡「このいなきたなげなくじゃーなんちゃかんがえれん(こんなうるさい所では何も考えられない)」 高知県「しのべざったきに(かたづけなかったので)このいに汚れた」 *このー 新潟県佐渡「このうに沢山はいらん」 *このがい 宮城県仙台市 *このん 新潟県佐渡「このんことしちゃならん」 *こべぁ 秋田県平鹿郡「こべぁに寒くては困る」 *こや 青森県上北郡 秋田県平鹿郡「悪いことをするとこやするぞ」 福井県大野郡「こやのもの」 岐阜県郡上郡 香川県「こやにして」 長崎県対馬 *これがー 広島県三次市・双三郡 *これがい 広島県賀茂郡 *こわい 和歌山県西牟婁郡 *こん 静岡県「こんに足をきずつけた」 三重県志摩郡・鈴鹿郡 京都府与謝郡 香川県 高知県香美郡 *こんが 新潟県佐渡・長岡市 和歌山県 徳島県美馬郡 香川県佐柳島「こんがな・こんがら」 *こんがい 山形県西置賜郡 新潟県 福岡県京都郡 *こんぎや 徳島県美馬郡「こんぎゃなこと」 香川県志々島「ああ、こんぎゃになった」 高知県 *こんぎゃー 広島県「もーこんぎゃーなこたーすな」 *こんげ 山形県 群馬県前橋市「こんげなほん」 新潟県「こんげもんでえーばなじょーもおもちなさえ(こんなもんでよければ、どうぞお持ちください)」 高知県・幡多郡「こんげになった」 宮崎県 *こんげー 山形県「こんげえ出来たと思はなかった」 新潟県中越「こんげいおもしゃい話きき行がんてがか」 *こんげん 千葉県夷隅郡「こんげんと(このように)」 新潟県西蒲原郡「こんげんしてはだめだ」 岐阜県恵那郡 長崎県対馬・南高来郡・長崎市 *こんた(「こんたな」「こんたに」の形のほか、単独で用単独で用いられることも多い) 岩手県上閉伊郡「こんたな物が欲しい」 秋田県「こんた事」 山形県西田川郡「こんだばり(これだけしか)」 *こんたえんだ 秋田県由利郡「こんたえんだものだ」 *こんたへーあ 岩手県上閉伊郡「こんたへぇぁな物何にする」 *こんたら 青森県「こんだらもの(つまらないこんなもの)」 *こんちゃ 新潟県東蒲原郡 *こんつ 山形県西置賜郡「こんづばり(こればかり)」 新潟県東蒲原郡「こんつなこと」 *こんつくた 秋田県「こんつくたものなんか沢山ある」 *こんつけ 新潟県東蒲原郡 *こんつら 福島県南部「こんつらもの棄ててしまえ」「こんつらこやかましいとこではなんにも考へらんね」 新潟県 石川県石川郡「こんつらなこと」 愛知県碧海郡 *こんつれ 山梨県南巨摩郡「大勢がかりでこんつれの事しらー出来のーか」 *こんて 茨城県久慈郡 *こんで 静岡県「こんでに申しました」 *こんてあ 宮城県石巻「こんてぁなざまでだめだ」 秋田県秋田市・河辺郡「こんてぁに待って居る」 *こんてん 新潟県佐渡 *こんとー 島根県石見「こんとーないたずらをしてお前は一体何年生か」 広島県双三郡・御調郡 *こんなた 静岡県「こんなたになった」・田方郡 *こんなん 静岡県庵原郡「こんなん本」 *こんね 石川県 福井市 長野県上伊那郡「こんねに拾ったい」 岐阜県郡上郡・飛騨「こんねたんと(こんなにたくさん)貰ってすまん」 三重県 *ごんね 福井県敦賀郡 *こんねー 山梨県 長野県諏訪・佐久 *こんねん 長野県上伊那郡 三重県伊賀

□な *あんじり 沖縄県石垣島「あんじりむぬ(こんなもの)」 *かつけた 山形県山形市・最上郡「かつけだものいらね」 *かつけな 山形県北村山郡・最上郡 *くぬぐとーる・くんぐとーる 沖縄県首里 *けぁずけぁた 秋田県平鹿郡「けぁずげぁたものは何の役にもたたぬ」 *けぁつけた 山形県 *けぁつけな・けぁつけたな・かえつけたな・かえつけな・かえちぇけな・かえちぇけたな・けつけたな・けつけな・けちけな 山形県「けあづげだなもの捨てろ」 *けーつけた 山形県西村山郡・庄内 *けつけた 山形県西田川郡・東田川郡 *けっけな 山形県西置賜郡 *けった 山形県庄内「けっだばし貰うても何にもならぬ」 *けつな 山形県東置賜郡 *これてー(このようなさま) 青森県三戸郡

→こんな

こばむ【拒】 *かーぶりをふる 神奈川県津久井郡 *かぶりふる 兵庫県赤穂郡 *かぶりをふる 滋賀県彦根 島根県那賀郡 香川県 愛媛県松山

「かぶりを振ってどうしても承知しない」 *かんぶりふる 秋田県雄勝郡「かんぶりふって食べてゐる」 *ゆわけする 宮城県栗原郡 *ゆわける 秋田県鹿角郡「ほしどもたどもゆわけられた（欲しいと思ったけれど断られた）」
→きょぜつ（拒絶）

ごはん【御飯】 *うばん 鹿児島県島嶼部 *うぶぇ 沖縄県黒島 *うぶん 沖縄県国頭郡・首里（ていねい語） *がんがん 兵庫県赤穂郡 *こご 群馬県吾妻郡 *ごこ 群馬県群馬郡 *ごご 福島県南会津郡 群馬県勢多郡・利根郡「まめごご」 *ごんこ 茨城県（幼児語）・稲敷郡 栃木県塩谷郡「赤いごんこにとかけて（子守歌）」・河内郡（幼児語） *ごんご 栃木県「ごんご食うべー」 群馬県勢多郡 東京都新島 新潟県上越市（幼児語） *ごんごん 兵庫県赤穂郡 *まま 青森県上北郡 山形県 福島県安達郡 栃木県 新潟県岩船郡 富山県・砺波 福井県・坂井郡 岐阜県本巣郡 愛知県知多郡（卑語） 三重県 滋賀県蒲生郡 大阪府泉北郡 兵庫県 奈良県（卑語）・吉野郡 和歌山県東牟婁郡 島根県鹿足郡・隠岐島（麦飯） 岡山県苫田郡 山口県・阿武郡 徳島県 福岡県 熊本県 *まんま 岩手県九戸郡 福島県 栃木県 群馬県 千葉県 新潟県 富山県 静岡県志太郡「まんまー食いたぇーかぇー」 広島県比婆郡・高田郡 高知県幡多郡 熊本県八代郡 *んぼん 沖縄県石垣島・小浜島「んぼんつぃつぃん（飯粒）」「んぼんぱつぃ（飯櫃）」「んぼんまかり（飯茶碗）」
→しょくじ（食事）・めし（飯）

こびる【媚】 *おんべーかく 福岡市 *おんべかつく 茨城県真壁郡 *おんべりこく・おんべりつく 新潟県佐渡 *こーべる 岐阜県飛騨 *こしべる 岐阜県飛騨 *こべる 熊本県宇土郡 *しなをやる（こびたふうをする） 群馬県館林 *しゃまる 島根県簸川郡 *びんすー 山口県玖珂郡 *へらくらる（へつらいこびるさま） 青森県三戸郡「今時分になって、よくもへらくらして来られたものだ」
→へつらう（諂）

こぶ【瘤】 *がーなー（ものに打ちつけてできるこぶ） 沖縄県首里 *かぶ 鹿児島県加計呂麻島 *ぐーふ 沖縄県首里「ぐーふぁー（こぶのある者）」 *こぶたんこ 神奈川県中郡 *こぶてん 京都府 *こぶろ 香川県伊吹島 *こんご 鹿児島県肝属郡「背中いこんごがでけた」 *こんたぶ 神奈川県津久井郡 愛媛県 *しにん 沖縄県竹富島 *しぬ 沖縄県鳩間島 *すったんこぶ 神奈川県津久井郡 *ちに・しに 沖縄県黒島 *だんぼ 岐阜県大野郡 *ちょころこ 兵庫県多紀郡 *つぃぬ 沖縄県石垣島 *でこ（打ってできたこぶ） 山口県豊浦郡 *でこべ（「でこうべ（出頭）」の転か） 富山県 *てっこぼ（頭を打ってできたこぶ） 長崎県対馬 *でんぼ 兵庫県神戸市 *でんぽ 京都府 *とっこつ（げんこつで打たれてできた頭のこぶ） 長崎市 *とっこぶ（体を打たれたりしてできるこぶ） 長崎県壱岐島 *にこぶ（常に物を担うため、肩にできるこぶ） 高知県長岡郡 *ぶっとぅー 沖縄県首里

ごぶごぶ【五分五分】 *あっぺあっこ 千葉県安房郡「（二人で半分ずつ分ける時）あっぺぁっこにすべえ」 *ごごーずり 群馬県多野郡 *ごんべー 静岡県「どちらにしてもごんべーだ」 *ごんべーごんべー 富山県婦負郡 岐阜県飛騨 *ごんべーたろべー 長野県佐久 静岡県榛原郡 *ごんべたろべー 山形県西村山郡 栃木県 新潟県中頸城郡「十円儲けたが十円落したから結局ごんべたろべーさ」 *ずい 島根県隠岐島「両方ともずいがある（言い分が両方五分五分である）」 *ずいこ 京都府与謝郡 *ずいっこ・ずいばい 長野市 *たいこ 滋賀県神崎郡 *たいご 青森県「君と僕とはたいごの権利がある」「沢庵をたいごに切れよ」「此の童の背ぁ兄とたいご位だ」 岩手県 宮城県栗原郡 秋田県鹿角郡 福島県浜通 滋賀県栗太郡・野洲郡 *たいごー 岩手県九戸郡 *たえんご 青森県津軽・三戸郡 *ためため（五分五分で勝負のないこと） 三重県度会郡 *てあえんご 秋田県鹿角郡 *でぁご 岩手県胆沢郡 秋田県雄勝郡「君と僕とでぁごんに分ける」 福島県浜通「子供とだえごに騒ぐな」 *てあごろ 岩手県和賀郡 秋田県南秋田郡「君と僕はてぁごろだ」 *であごん 秋田県雄勝郡 *てーあーご 岩手県上閉伊郡 *てご 青森県上北郡 *てんご 秋田県山本郡「これとてんごだ」 *にんにん（五分五分で勝負のないこと） 三重県度会郡
→ごかく（互角）

こぶし【拳】 *ぎこぼし（素手のこぶし） 徳島県 *せんご 奈良県吉野郡 *てぃくぶし 沖縄県首里 *てこぶし 東京都八丈島 熊本県 大分県 *てこぼし 徳島県美馬郡 長崎県壱岐島「てこぼしで打つ」 熊本県 *てこんぶし 熊本県玉名郡・天草郡 *てこんぼし 熊本県飽託郡・天草郡 *てんこぶし 熊本県 *てんぶし 熊本県球磨郡 *のーし 岐阜県武儀郡 *むね 香川県高松市

こぼす【零】 *あからかす 岐阜県 *いっこばす 熊本県 *いっこぼす 佐賀県 長崎県対馬 熊本県八代郡「こん水ぁ、いっこぼしたてちゃよかたい」 鹿児島県・鹿児島郡 *うっくんかーし 鹿児島県鹿児島郡 *かんまける 岩手県気仙郡 *ぐざる 長野県東筑摩郡・下伊那郡 岐阜県飛騨「仕事がはかどらんのでぐざる」 静岡県榛原郡「ぐざりかーる」 愛知県西春日井郡 *くずる 岐阜県郡上郡「だーれにもこーひとがないじゃで、ちょっとせんせーにくずってみたんじゃ（だれにも訴える所がないものだからちょっと先生に愚痴をこぼしたのさ）」 *ぐずる 島根県 *ぐぜくる 青森県三戸郡 長野県下伊那郡 *ぐぜる 青森県三戸郡 岩手県九戸郡 長野県下伊那郡 長崎県南高来郡 熊本県下益城郡・天草郡 大分県東国東郡 *くちょどく 新潟県中頸城郡 *くどく 青森県津軽「あにぁえぐなぇて、おやばばまぇんじくどく（せがれが素行が悪

くて困るといって、母親は毎日泣きごとを言う)」 山形県米沢・西置賜郡 茨城県新治郡 神奈川県津久井郡 新潟県 富山県砺波 山梨県南巨摩郡「賞金がいんめーどーちてくどく(賞金が少ないのだといって愚痴を言う)」 滋賀県彦根 *こぼらかす 岐阜県飛驒「水をこぼらかす」 *はえる 島根県「汁が多いから少しはえてござっしゃえ」 山口県豊浦郡 香川県 愛媛県伊予郡「米のとぎ汁をはえる」 *はく 香川県「(茶漬けを)ちょっとはいてから食べたらうまいぞ」 *ばちじゃす 熊本県下益城郡 *はゆる 福岡県朝倉郡 *ぶっこぼす 山梨県北巨摩郡 *ぶまける 岩手県気仙郡 *ぶんまく 山形県「桶の水をぶんまく」 *ぶんまける 岩手県気仙郡 宮城県石巻「ずらりぶんまげて了った」 山形県「桶の水をぶんまげる」 福島県「汚ねぇ水みんなぶんまけっちめぇ」 茨城県 栃木県 埼玉県北葛飾郡「ゆをぶんまける」 千葉県東葛飾郡 新潟県東蒲原郡(無意識にこぼす)「煮物をぶんまげた」「水筒につまずいて中の水をぶんまげた」 *まーてる 千葉県市原郡 *まかす 北海道 青森県「畳へインキまがした」 山形県 岡山県岡山市「汁ぅまかさんやうに気ぅつけんさえ」・児島郡 *まく 兵庫県淡路島 徳島県 香川県「あんまりがみがみいうけにお茶まいてしもたが」 高知県 *まける 青森県・三戸郡 岩手県「畳の上に水をまげた」 宮城県「桶(おけ)の水すっかとまけててくなえ」 秋田県 山形県「ばけつの水をまげる」 福島県 茨城県新治郡 栃木県「そこらへ捨てねで遠くへまげてこー」 千葉県印旛郡・東葛飾郡 新潟県「味噌汁を全部まげてしまった」 静岡県・田方郡 三重県 *むぐす 岩手県 宮城県 秋田県鹿角郡 山形県 福島県「ゆんべむぐしたな(昨夜寝小便を漏らしたな)」 栃木県 新潟県東蒲原郡 *もごす 宮城県石巻

汁などを□ *ひったれる・ふったれる 岩手県上閉伊郡 *ふたえる 青森県津軽 *ふたてる 青森県・上北郡「酒を一滴も残さずふたでた」 *ふたれる 青森県

水などを□ *いっかえす 鹿児島県種子島・肝属郡「水いっかえた」 *いっかやす 長崎県南高来郡・対馬 熊本県 大分県 鹿児島県 *うちかやす 大分県臼杵市「かんげらうちかやした」 *うったらかやす 和歌山市「奇麗に水をうったらかやひてしもた」 *うっちぇーしゅん 沖縄県首里 *うっちゃかえす 和歌山県海草郡・有田郡 *うっちゃらかす 和歌山県 *うてかえす 三重県伊賀 *かやす 富山県砺波 愛媛県松山 *かやらかす 島根県邑智郡 *ゆてぃゆん(容器から液体などをこぼす) 沖縄県首里

こぼれる【零】 *あまりすたる 島根県大原郡・隠岐島「盃から酒があまりすたった」 *あんでぃゆん 沖縄県首里 *いっかえる 鹿児島県 *いっかやる 宮崎市 *いっかる 長野県北安曇郡 *いっこぼるる 佐賀県 熊本県八代郡 *いっちゃかる 長崎県対馬 *うつれる 島根県石見「茶碗の水がうつれた」 *かやる 富山県砺波 和歌山県 愛媛県松山 *すずるる 佐賀県 長崎県五島 熊本県 *すずれる 長崎県対馬「すずれこぼれる(あふれこぼれる)」 熊本県八代郡 *ちえる 徳島県 香川県 *つえる 香川県大川郡 *ふたる 三重県度会郡 *ほーりゆん 沖縄県首里 *まかる 青森県 岩手県 宮城県栗原郡・石巻 秋田県 群馬県勢多郡 三重県度会郡・宇治山田市 *まける 兵庫県淡路島 岡山県岡山市・児島郡 徳島県 香川県 愛媛県 高知県

→あふれる(溢)

こま【独楽】 *おじょろごま(円すい形の木の独楽) 長野県下伊那郡 *きりきりま 奈良県吉野郡 *くーる 鹿児島県沖永良部島 *くーるー 沖縄県首里 *くまってぃ(「てぃ」は愛称) 沖縄県国頭郡 *こーろー 沖縄県与那国島 *ごーる 沖縄県八重山・石垣島 *こまつぶり 兵庫県但馬 *こり 鹿児島県奄美大島 *さくらごま(ひもでたたいて回す桜木製の独楽) 島根県那賀郡 *じくうる 沖縄県宮古島 *じぐり 青森県 秋田県北部 *じだんぼ(松、檜(ひのき)などで作った独楽) 群馬県多野郡 *じたんぼー(松、檜(ひのき)などで作った独楽) 群馬県桐生市 *しびきごま(鞭(むち)の先にひもを付け、それで打って回す独楽) 大分県 *しわきごま(心棒のない円すい形の独楽。棒に結び付けたひもでたたいて回す) 高知市 *ずぐーる 沖縄県宮古島 *ずぐり 青森県 秋田県 新潟県中頸城郡 *ずぐりこ 岩手県和賀郡 *すんぐり 新潟県西頸城郡 *ずんぐり 青森県 岩手県 秋田県仙北郡 山形県 福島県北部 群馬県多野郡 新潟県「口はずんぐり(口はどのようにも回るもの。信用できない)」 山梨県南巨摩郡 長野県下水内郡 *ずんぐりこ 岩手県岩手郡 *ずんぐりこま 青森県南部 *せっこんごま 鹿児島県 *つむくり 岩手県 *つんくり 富山県東礪波郡 *つんぐり 富山市 *でぐいま 鹿児島県揖宿郡 *とーずんぐり(木を削って作った独楽の一種) 新潟県佐渡 *とぐま(木製の笛付きの独楽) 山形県東村山郡 *とごま 山形県東村山郡・庄内(竹ごま) *どんぐり(木を削って作った原始的な独楽) 岩手県気仙郡 宮城県栗原郡 *とんぼ 鹿児島県鹿児島郡 *ばい(「ばいごま(貝独楽)」の略) 三重県志摩郡・南牟婁郡 滋賀県大津市・草津市 京都府 兵庫県明石郡 奈良県吉野郡 徳島県・海部郡 *ばいまー 奈良県吉野郡 *はらいごま(桜または桐(きり)の木で作る先の細くとがった独楽) 静岡県田方郡 *ひきごま(竹製の独楽) 鹿児島県 *ひっごま(竹製の独楽) 鹿児島県・揖宿郡 *びっちゅーごま(ひもなどでたたきながら回す独楽) 高知県幡多郡 *びんぱ 石川県鳳至郡 *ぷーるー 鹿児島県喜界島 *ぶずぶくれ(木製の独楽) 山形県東村山郡 *まーしゅ(円すい形の木の独楽) 東京都八丈島 *よりそーごま(ひもなどでたたきながら回す独楽) 福岡県

こまかい【細】 *けまい 広島県高田郡 *こーまい 島根県 *こたこた(事物の細かいさま) 山形県米沢市「こたこた並べる」 *こまい 青森県津軽 秋田県雄勝郡「紙をこめぁぐ切る」 山形県庄内 三重県名張市・員弁郡 兵庫県淡路島 島根県大原郡「柄が少しこまいですねー」・鹿足郡 岡山県真庭郡 広島県安芸郡 熊本県下益城郡 *こまか 長崎県西彼杵郡 熊本県天草郡 *こまこい 秋田県雄勝郡 石川県鹿島郡・羽咋郡 和歌山県 *こましー 広島県比婆郡 *こまたらし 鹿児島県 *こまんか 長崎県西彼杵郡 熊本県天草郡 鹿児島県揖宿郡 *こまんち・こまんちか 鹿児島県 *こみつ(細かいさま) 新潟県佐渡 *こみゃ 鳥取県西伯郡 *こめ 鹿児島県揖宿郡 *こんしー 滋賀県愛知郡 *こんちー 滋賀県愛知郡 大分県西国東郡 *こんちねー 大分県 *こんちょーが 佐賀県 *こんちょか 福岡県 佐賀県神埼郡 *こんまい 和歌山県日高郡 香川県 *こんまか 長崎県西彼杵郡 *しぎょー(細かいさま) 和歌山県西牟婁郡「しぎょうにする(細かくする)」 *しんぎょ(細かいさま) 和歌山県東牟婁郡 *たまか(細かいさま) 福島県大沼郡 *ちーさい 鳥取県「小さい物(細かいもの)」 *ちーまい 熊本県玉名郡 *ちぇい 福井県 *ちさこい 岩手県東磐井郡 *ちもこい 岐阜県養老郡 *ちゃい 福井県 京都府葛野郡 *ちょこまい 徳島県 *ちょんもに(細かく) 香川県 *ちんもに(細かく) 香川県「もちっとちんもに作ってつか」・三豊郡 *べーびしゃーん 沖縄県波照間島

ごまかす *あやかす 新潟県東蒲原郡 岐阜市 愛知県 山口県防府市 *あやす 岐阜市 *いぶす 長野県佐久 *いれくる 福岡市 大分県 *いろべる 徳島県美馬郡 *いんちく 福井県・坂井郡 *うむす 秋田県鹿角郡「うむして知らない顔をしてる」 山形県北村山郡・東田川郡 *おっぺす・おっぷす 福島県東白川郡 *おにゃかす・おにゃーかす 新潟県佐渡「そこは話をおにゃかした」 *おむす 山形県山形市・置賜 *おもす 岩手県気仙郡・胆沢郡 宮城県登米郡・玉造郡 山形県東置賜郡・西村山郡 鳥取県西伯郡 *かすめる 茨城県久慈郡 *がすめる 秋田県仙北郡 *かます 滋賀県彦根「かまされる」 奈良県 *くさせる 岩手県気仙郡「やっや、あいづに一ぺぁくさせらいだ」 *ぐらかす 岩手県上閉伊郡 茨城県稲敷郡 新潟県佐渡 *くらす 宮城県石巻「まんまと一杯くらせらえたをね」 茨城県稲敷郡 *ぐらす 茨城県久慈郡 新潟県佐渡「升目をぐらした」 静岡県 *くらわす 兵庫県但馬 徳島県「うまいことくらわしたな」 *ぐれさす 新潟県佐渡 *こかす 新潟県北蒲原郡 岐阜県吉城郡 *こけにする 栃木県河内郡 *こけらする 栃木県河内郡 *こだらかす・こざらかす(ちょっとごまかす) 岡山県苫田郡「おかん(お母さん)をこだらかして、百円もろうちゃった」 *ごまくらかす 長野県佐久 *ごまする 新潟県上越市「十あるはずなのに、七つしかないからごますったねか」 長野県諏訪・上伊那郡 *こまをする 茨城県新治郡 *ごもする 栃木県 *こみあう 静岡県榛原郡「おっとりしていればこみあわれる」 *こみやる 茨城県鹿島郡・筑波郡 群馬県北甘楽郡 千葉県柏市・東葛飾郡 神奈川県中郡「こみやられる(うまくしてやられる)」 山梨県 *さしくる 島根県 岡山県児島郡 香川県仲多度郡「この石さしくってきたんや」 高知県(他人の良い品物と自分の悪い品物とを取り替える) *しゃしくる 香川県仲多度郡 *すばくる 新潟県岩船郡 *そそる 千葉県山武郡 *たらかす 新潟県 岐阜県大垣市 滋賀県彦根・蒲生郡 *たらす 岐阜市 滋賀県蒲生郡 *ちやがーする 富山県高岡市 *ちゃかする 石川県金沢市 *ちゃちーかます 徳島県 *ちゃわかす 新潟県西頸城郡 *ちゃちゃくらかす(ごまかして人のものを横取りする) 山口県豊浦郡 *ちゃちゃくる 山口県大島 *ちゃまぐらかす 島根県石見 *ちょーかす 京都府竹野郡 *ちょーげる・ちょげる 愛媛県 *ちょーす 千葉県 新潟県北蒲原郡 *ちょーする 石川県金沢市 *ちょーらかす 岐阜県益田郡・岐阜市・武儀郡 静岡県志太郡 愛知県 *ちょかす 千葉県夷隅郡 *ちょからかす 愛知県知多郡 *ちょくらかす 山口県豊浦郡・長崎市 *ちょこらかす 千葉県 *ちょぼねる 新潟県中頸城郡 *ちょらがす 岐阜県飛驒 *ちょろかす 岐阜県 *ちょろちょろかす 静岡県庵原郡 *ちょんがらかす 愛知県丹羽郡・葉栗郡 *つくねる 東京都八王子 *ぬく 岐阜県羽島郡 *ぬぐん 沖縄県島尻郡・石垣島 *ばいかす 栃木県 群馬県佐波郡 奈良県吉野郡 *はずす 石川県 *ばやかす 秋田県河辺郡「あの事件をばやがしてしまった」 山形県「狐にばやかされた」 栃木県 群馬県桐生市 埼玉県北葛飾郡 新潟県「しとばっかばやかしている」 長野県長野市・埴科郡 和歌山県 *ばやす 富山県砺波 岐阜県山県郡 *ばよかす 山形県東村山郡・西村山郡 *へーかます 滋賀県 奈良県 *へこます 岡山県児島郡 *へずる 東京都八王子 *ほとくる 岐阜県飛驒 *まみっかしゅい 鹿児島県喜界島 *まみっくゎーしゅん・ままっくゎーしゅん・ばばっくゎーしゅん 沖縄県首里 *まみっふぁーしん 沖縄県石垣島 *むす 秋田県「鉛筆をむしたなー」 長野県東筑摩郡 *もぐる 島根県那賀郡「あいつは人をもぐるけー用心せー」 山口県・阿武郡 福岡市 長崎県壱岐島 熊本県玉名郡 大分県 *よじむ 青森県上北郡

□**こと** *こもごも 群馬県山田郡「こもごもする」 *しゃこい・じゃこい 長野県佐久 *だんけ(じゃんけんをごまかすこと) 青森県上北郡 *ちゃかまか・ちょこまか 長野県 *ちゃちゃ 徳島県・美馬郡 香川県「ちゃちする(だます)」 *つーつー 山口県阿武郡 *つーつーぐい 福岡市「つーっーぐいする(ごまかす)」 *てく(人をごまかすこと) 岡山県阿哲郡 山口県大島 *てくら(「手くら(暗)ますこと」の意。人をごまかすこと) 兵

庫県淡路島 *てぐら（人をごまかすこと）愛媛県大三島「てぐらーするんぢゃけん彼の言うこたああてんならん」 *てくろ（人をごまかすこと）島根県鹿足郡 愛媛県東宇和郡「てくろして勝った」 *てめ 福井県大飯郡 *てめー 徳島県「そんなてめえをするとあとで困るぞ」 長崎県壱岐島 *てれん 東京都八丈島 *てれんてくだ 千葉県香取郡（詐欺） *ばかし 静岡県志太郡「おちゃほどばかしのきくもんわなぇー」 *ぴんいく（主人の品物をごまかすこと）奈良県北葛城郡 *ほんまち 富山市近在「野師は上手にほんまちする」 *まぎら（人の目をごまかすこと）兵庫県淡路島 *まにあいぐち（出任せにいいかげんなことを言ってその場をごまかすこと）徳島県 *まにあわず（出任せにいいかげんなことを言ってその場をごまかすこと）栃木県 *まんぱち 新潟県下越 山梨県南巨摩郡「働いた以上にまんぱちで賃金を取るこたあ罪になる」 島根県出雲

□さま *ちゃんぱん 新潟県佐渡 *もかもか 栃木県栃木市・下都賀郡「もかもかする」

人の目を□ *ずらかす 岩手県九戸郡 新潟県佐渡「金をずらかした」 *ずらす 青森県津軽「にさんまぇ、じらして（紙幣二、三枚抜き取って）」 新潟県佐渡

人を□ *すってんとる 福岡市 *まーかす 高知県 *まーす 茨城県新治郡「まーされだ人に聞ぐどー誰もそーゆーよ」 高知県 *まいかす 和歌山県東牟婁郡 *まやかす 青森県上北郡 秋田県秋田市・平鹿郡「よいあんばいにまやがされた」 茨城県稲敷郡 千葉県夷隅郡 和歌山県東牟婁郡 *まやす 栃木県安蘇郡「狐にまやされる」 *まらかす 茨城県新治郡 *まわす（子供をごまかす）愛媛県大三島 *もやかす 徳島県

こまむすび【小間結】 *いぼ 群馬県勢多郡 千葉県香取郡 *いぼえ 埼玉県北足立郡 *いぼこ 宮城県仙台市 *いぼこむすび 岩手県気仙郡 宮城県仙台市 山形県 *いぼつき・いぼむすび 群馬県勢多郡 *からきびり 山口県玖珂郡 *からのすぶ 富山県砺波 *からむすび 新潟県佐渡 長崎県壱岐島 熊本県玉名郡 *くすむすび 兵庫県加古郡 *くそむすび 新潟県佐渡 兵庫県加古郡 和歌山県 *くそゆすび 岐阜県飛騨 *まーむすび・まーさまり 沖縄県石垣島 *まーむすびー 沖縄県首里 *まぶすび 高知県 *ままこむすび 青森県 宮城県栗原郡 秋田県鹿角郡 *ままっこむすび 岩手県気仙郡 *まむすび 群馬県多野郡 神奈川県津久井郡 大阪市 和歌山市 愛媛県・松山 *まるこむすび 青森県

こまりきる【困切】 *こいっやげる・こっりやげる 香川県三豊郡 *こいやげる 香川県高松「もうこいやげた」 香川県 *こえあげる 大阪市「とうとう声上げよった」 香川県 *こえをからす 新潟県中頸城郡 *こりやげる 香川県綾歌郡 *しあます 山形県 *ししゃます 宮城県栗原郡・石巻「とくとししゃますておりすを」 山形県「ししゃますほど、えっぱえある（いっぱいある）」 *しゃーます 千葉県安房郡「しゃーましたことがあったった」・君津郡 *しやうます 千葉県上総 *ひしゃます 宮城県宮城郡 →こまる（困）・こんきゃく（困却）

こまる【困】 *あえる 山形県東置賜郡 鳥取県「あえた（しまった）」 島根県隠岐島「ひびやささらにあえっちょる」 香川県伊吹島 *あおくる 香川県伊吹島 *あかまる 新潟県佐渡 *あくばる 島根県能義郡・隠岐島「あいつにはいつもあくばる」 *あずる 兵庫県神戸市・淡路島「あの児の腕白には母親もあずってゐる」 島根県 岡山県 広島県 山口県 徳島県 香川県 愛媛県 高知県・土佐郡 *あばーずる 山口県防府市 *あます 宮城県仙台市 福島県東白川郡 愛媛県 高知県「色々の難題をそこもここもから持込んで来てあましたもんぢゃ」 *いきあたる（はたと困る）富山県砺波「急にそんなことといわれても、いきあたってしもて返答ならん」 滋賀県彦根 *いそへよる（「船が磯（いそ）へ寄る」意から）滋賀県野洲郡・栗太郡 *いたまる 茨城県稲敷郡 *うたう 兵庫県神戸市 和歌山県伊都郡「あんなこと問われてうとた」 香川県仲多度郡 *うたゆん 沖縄県首里 *うるー 島根県石見「きずがなおらんので、よーにうるーた」 *うんじゃみる（ひどく困る）秋田県北秋田郡「雪がふってうんじゃみた」 *おえない 山形県「あれはおえなえ男だ」 福島県石城郡「おえねえお天気だなー」・東白川郡 茨城県 栃木県河内郡 群馬県邑楽郡 埼玉県入間郡「大怪我したって、ふんとにおいないことしたな」 千葉県 神奈川県 *おーえね 山形県置賜・村山「おーえね目にあった」 *がーおる 富山県砺波 *がおる 青森県三戸郡 秋田県平鹿郡・鹿角郡 山形県「借金返せなくてがおった」 福島県 茨城県稲敷郡 千葉県香取郡・印旛郡 新潟県 岐阜県飛騨 徳島県 *かなーねー 栃木県塩谷郡「暑くてかなーねー」 *かないません 三重県飯南郡「太郎さんがかないません（太郎さんが悪さをして困ります）」 *かないまへんわえー（婦人などが挨拶で言う）奈良県南大和 *かなわぬ 兵庫県但馬 *かなわん 富山県・射水郡 長野県上伊那郡 岐阜県養老郡・郡上郡「こんだけ寒うてはかなわん」 三重県上野市・名張市 兵庫県神戸市 和歌山市「行きとてかなわん」 岡山県津山市「こー降られた日にゃーかなわんぞよ」 徳島県那賀郡・海部郡 *かなん 三重県 滋賀県犬上郡「きっきょらんとかなんで（聞いてくれないと困るから）」 京都市 奈良県・宇陀郡 *がねる 青森県三戸郡 *がめる 青森県三戸郡 山形県村山「あとでがめるくせに今そんなえ威張るな」 鳥取県岩美郡・気高郡 島根県出雲 岡山県児島郡 *がれる 山形県酒田市・飽海郡 *かんぽーたおす 徳島県「私もあの子にはかんぼうたおしました」 *きく 茨城県 *きける 奈良県 島根県「子供がねちて（すねて）きける」 山口県阿武郡 *くそたれる 香川県仲多度

郡 *くたびれる・くたぶれる 長野県佐久「くたぶれた奴だ」「くたびれた天気だ」 *こくえる 香川県三豊郡 *ごじゃける 香川県高松市 *こたえる 新潟県佐渡 山梨県南巨摩郡「不幸続きぢゃーほんまにこたーる」 鳥取県西伯郡 島根県 徳島県「Aはこたえた奴じゃ」・美馬郡 香川県「子供つれとって雨に降られてほんまにこたえたんじゃがな」 *こめみる 秋田県仙北郡「ほんとーにこめみる」 *しーかたね(どうにも困る) 三重県志摩郡 *しかたない(どうにも困る) 岩手県和賀郡 宮城県栗原郡「やあすかたねえ(あら困った、どうしよう)」 秋田県横手市・鹿角郡 *しける 栃木県 兵庫県明石郡 岡山県久米郡・岡山市「とうどう向ふがしけて去んだ」 *しころつく(非常に困る) 富山県 *ししゃない(「しよう(仕様)ない」の転) 宮城県仙台市 石川県江沼郡 *ししょない 山形県 *しっしょない 福島県会津若松市 *しゅっくぇーしゅん・しゅくぇーしゅん 沖縄県首里 *そる 三重県志摩郡 *ちぇーばる 長崎県対馬 *てーとる 青森県 *てぐずむ 山形県東置賜郡 *てこずむ 新潟県北蒲原郡 *てとる 青森県上北郡 秋田県由利郡「あの弟子に行かれてとった」・河辺郡 *とんじまげる・とんじんまける 秋田県仙北郡「雪に降られてとんじまげた」「それをこはされてはとんじんまけだな」 *にがる 和歌山県・日高郡「どうもにがりましてござります」 徳島県・美馬郡 高知県香美郡 *はじかく 三重県志摩郡「恥かいたよ(弱ったね)」 *はとる 奈良県 *はどる 三重県三重郡 *はなこーしかめる(大変困る) 福岡県 *ひくる 熊本県 *ひける 熊本県阿蘇郡 *ひしまく 福岡市 *ひらくる 熊本県阿蘇郡 *ひらける 福岡県浮羽郡 大分県日田郡「ひらけた」 *ふてこまる(たいへん困る) 島根県八束郡 *へおたれる 和歌山県東牟婁郡 *へこたえる 京都府与謝郡 *へこたばる 島根県鹿足郡 *へこたれる 福井県敦賀郡 島根県仁多郡 岡山市 徳島県 *へこむ 茨城県稲敷郡 *へたばる 大分県 *へたりこむ 大分県南海部郡 *へたる 和歌山県 *もかぶる 滋賀県栗太郡 *やじまげる 岩手県和賀郡 秋田県平鹿郡・雄勝郡「こんなにされてやじまげだ」 *よろける 岡山県「きのうの暑さにゃあようによろけましたなあ」「あの酔いたんぼ(泥酔漢)には、ようによろけた」 *らんがいる 千葉県東葛飾郡「インクをこぼしてらんがいつちやつた」

↓こんきゃく(困却)・こんわく(困惑)

□たさま *あくしゃ 長崎県五島 熊本県玉名郡「あくしゃな奴」 *あくしゃー 熊本県「あくしゃあな日和いいち成ったなあ」「あくしゃあなもん」 *うい 愛知県北設楽郡 滋賀県「ういこっちゃ」 *えずい(困る状態だ) 鹿児島県種子島「柴一つも無かっとう、えずかったけりゃあん」 *がっかり 宮城県石巻「がっかりもおすた」 山形県西村山郡・北村山郡「がっかりもーす」 *きつい 群馬県多野郡「ししが犬を捕ってきちいむし(野猪が犬を捕って困る)」 福岡市 長崎市 *くーうぇー(困った状態だ) 沖縄県 *こはい(困った状態だ) 岐阜県郡上郡 *こわい(困った状態だ) 岐阜県飛驒「(奥さんに寝られたそうで)あーれこわいことやー(あれ困ったことですね)」 *つら(困った状態だ) 愛媛県周桑郡「あーつら、どーならい(失敗した時など)」 *つらい(困った状態だ) 静岡県 愛媛県周桑郡 *もっけ 秋田県「そんなことばかりしてもっけんだ子供だ」 島根県邑智郡 *もっけー 新潟県佐渡

□せる *あずらかす 山口県阿武郡 *いじくる 埼玉県秩父郡 *いじる 岩手県気仙郡 山形県鶴岡 茨城県稲敷郡 埼玉県秩父郡 長野県南佐久郡 島根県那賀郡 *いためる 茨城県稲敷郡 *かまう 福島県会津 茨城県稲敷郡 千葉県海上郡 山梨県「かまわれる」 長野県上田・佐久 愛知県名古屋市 *かもう 茨城県稲敷郡 山梨県 長野県西筑摩郡・佐久 広島県深安郡 山口県阿武郡 福岡県企救郡 *くすべる 兵庫県赤穂郡 *くたぶらかす 島根県出雲「ほんねくたぶらかしけんの(まったく困らすからね)」 *こずめる 香川県仲多度郡 *こたやかす(「こたえさせる」の意) 島根県出雲「よんべはこたやかえたけん(てこずりましたよ)、橋本の源さんが酔狂して来て」 *こみせる 山形県米沢市「人をこみしぇる」 *こめぐ 宮崎県東諸県郡 *しこたむっ 佐賀県藤津郡 *しこたむる 佐賀県 *しこためる 富山県 *てをつかす 島根県石見「あの子はよーにてをつかした」 徳島県 *ふすぶる 岩手県気仙郡 *ふすべる 岩手県気仙郡 徳島県 *ふすむる 宮崎県東諸県郡

□こと *あおなきおよぎ・あおなけおよぎ(すっかり困ること) 福岡市 *おーじょ 熊本県玉名郡 *おーじょー 長野県佐久 岐阜県武儀郡「おーじょうこく」 愛知県名古屋市 三重県北牟婁郡 京都市 島根県益田市「おーじょーをごねる」 香川県 福岡市「おーじょうきりかぁす」 *おーじょーけつじょー 島根県美濃郡・益田市「貸した金を戻してくれんけー、おーじょーけつじょーする」「今日は一日中山仕事をして、おーじょーけつじょーした」 *おじょ 青森県上北郡「山の嵐にあつておじよもした」 岩手県気仙郡 *めんど 秋田県鹿角郡「なんぼかめんどして来たんだが」 富山県氷見市「(妻が亡くなって)めんどなことに会うたわに」 *めんどー 石川県鳳至郡「(お父さんが亡くなって)なんちゅうめんどーなこっちゃらろうかぇ」 *てすりこんぼ(非常に困ること) 愛媛県津島 *てすりごんぼ(非常に困ること) 愛媛県新居郡「てすりごんぼする」 *とんじ(たいへん困ること) 秋田県平鹿郡「ほんとにとんじした」 *とんしゅ(たいへん困ること) 青森県津軽 *とんじゅ(たいへん困ること) 青森県津軽 *とんじん(たいへん困ること) 秋田県

「あれのわんぱくにはとんじんする」 *もちあつかい(始末に困ること) 群馬県「全くもちゃぁっけえなようだよ」 新潟県長岡市・中頸城郡

□さま *ごって(たいへん困るさま) 新潟県中魚沼郡「今日は降ってごってなも」 *ことずくない(たいへん困るさま) 山形県 *ことぞこない(たいへん困るさま) 山形県米沢市・東置賜郡「こどぞごなえ悪えごんだ」 *ことそこね(たいへん困るさま) 山形県東田川郡 *しこって 長野県「しこってな奴」 *しこってー 長野県「しこってーなこと(困ったこと、しかたないこと)」 *めんど 秋田県鹿角郡「なんぼかめんどして来たんだが」 富山県氷見市「(妻が亡くなって)めんどなことに会うたわに」 *めんどー 石川県鳳至郡「(お父さんが亡くなって)なんちゅうめんどーなこっちゃらろうかぇ」

ごみ【塵】 *あか 三重県名賀郡 *あくた 島根県 徳島県三好郡 熊本県 大分県 沖縄県首里 *あくたほこり 佐賀県藤津郡 *あけつ 岩手県上閉伊郡 山形県 新潟県・岩船郡 *あっけつ 山形県 *あった 鹿児島県喜界島 *がし 山形県 *がしこもず 山形県庄内 *がしもく(わらのような長いもの、あるいは多量のものに言う) 山形県西置賜郡 *がす 山形県 新潟県 *がすこもず 山形県東田川郡 *がすむく 新潟県東蒲原郡「ズボンの折目にがすむくがたまってひどい」 *がすもく 新潟県 *がすもっこ 新潟県 *ごいど 和歌山県日高郡 *ごーぞー 大分県北海部郡 *ごーもく 徳島県・美馬郡 宮崎県西諸県郡・西臼杵郡 *ごくず 静岡県 *ごそ 熊本県芦北郡・八代郡 *ごぞ 山形県西置賜郡・最上 *ごた 奈良県吉野郡 和歌山県日高郡 *ごつ 富山県氷見市 石川県鹿島郡 *ごった 奈良県吉野郡「ごったふて(ごみ捨て場)」 *ごったく 長野県上田・佐久 *ごっだく 山梨県南巨摩郡 *ごと 岩手県紫波郡 秋田県南秋田郡 *ごど 山形県最上 茨城県久慈郡・稲敷郡 *ごどー 茨城県久慈郡・稲敷郡 千葉県海上郡 山梨県 *ごみくた 岐阜県海津郡 静岡県志太郡 愛知県知多郡 三重県志摩郡・度会郡 兵庫県加古郡 和歌山県 *ごみくちゃ 兵庫県加古郡 *ごむくた 三重県阿山郡 *ごむっぞ 鹿児島県鹿児島郡 *ごもく 新潟県中頸城郡 富山県砺波 石川県河北郡・鹿島郡 山梨県南巨摩郡 長野県上伊那郡 滋賀県「ごもくする」 京都府 大阪府大阪市・泉北郡 兵庫県・神戸市 奈良県 和歌山県 島根県 徳島県 香川県 福岡市 長崎県 熊本県南部 大分県中部 宮崎県西諸県郡 *ごもくず 新潟県西蒲原郡 熊本県 *ごもくぞ 長崎県壱岐島 熊本県八代郡 鹿児島県肝属郡 *ごもくぞー 長崎県対馬 熊本県飽託郡 大分県日田郡 *ごもくた 秋田県鹿角郡 山形県村山 千葉県夷隅郡 東京都八王子 神奈川県津久井郡 新潟県佐渡・西蒲原郡 福井県大飯郡 愛知県尾張 三重県阿山郡・員弁郡 滋賀県蒲生郡 京都市 大阪府 奈良県大和高田市・吉野郡 和歌山県 鳥取県西伯郡 島根県 岡山県浅口郡 山口県大島 徳島県 香川県伊吹島・佐柳島 *ごもごも 三重県名賀郡 *ごもず 青森県南部 *ごもっ 長崎県五島 *ごもっぞ 鹿児島県・鹿児島郡 *ごんじょー 岩手県九戸郡 *ごんぞ 富山県中新川郡 静岡県榛原郡 *ごんぞーまんぞー(たくさんのごみ) 長崎県対馬 *ごんと 栃木県河内郡・那須郡 *ごんど 岩手県東磐井郡 宮城県「ごんどやき(ごみ焼き)」 秋田県 福島県東白川郡 茨城県稲敷郡 栃木県 千葉県東葛飾郡・市川市 長野県南部 *ごんどー 岩手県九戸郡 宮城県仙台市 愛知県宝飯郡 *ごんの 福島県南部 *ごんもく 宮城県・仙台市 福島県会津・相馬郡 富山県 *ごんもくた 山形県村山・東田川郡 岐阜県山県郡 *ごんもず 青森県南部 *すぼ 大分県 宮崎県 *ちびら 長崎県西彼杵郡 熊本県天草郡 *ちりすば 山口県玖珂郡 *ちりすべ 高知県 *はいどー 岩手県気仙郡 *ふくちち 沖縄県首里 *ぼく 愛媛県北宇和郡・南宇和郡・宇和島 *ぼくた 愛媛県 *ほこり 青森県 大阪府泉北郡 奈良県南大和「ほこりをする(ごみを散らす)」 香川県 佐賀県藤津郡 熊本県上益城郡 *ほこれ 熊本県球磨郡・天草郡 鹿児島県 *ぼさ 茨城県新治郡・久慈郡 栃木県那須郡「ぼさがたって歩きずらい」 *もそろ 香川県綾歌郡

↓くず(屑)・じんかい(塵芥)・ちり(塵)

□**捨て場** *あくば(山村の農家のごみ捨て場) 青森県上北郡 *あけつば 山形県東田川郡・西田川郡 新潟県岩船郡 *あっけつば 山形県 *けやま 千葉県千葉郡 *こえずか 福島県北部 長野県佐久 *こえつか 長野県南佐久郡 長崎県南高来郡 *こえっぱ 鹿児島県揖宿郡 *こえば 千葉県山武郡 山梨県 長野県諏訪 愛媛県・新居郡・喜多郡 *こずか・こずかもり 秋田県鹿角郡 *ごったふて 奈良県吉野郡 *ごびたんば 兵庫県赤穂郡 *ごみあげち 香川県香川郡 *ごみあげば 香川県仲多度郡 *ごみうしてば 長崎県南高来郡 *ごみうつるば 宮崎県西臼杵郡 *ごみたんぼ 香川県仲多度郡 *ごみなげ 宮城県仙台市 *ごもくば 滋賀県彦根 京都市 大阪市 島根県松江 香川県高松市 愛媛県 長崎県南高来郡 *ごもずば 青森県三戸郡 *こやま 青森県南津軽郡 *ごんずりば・ごんずいば 愛知県碧海郡 *しょしなげ 新潟県 *たてごえ 島根県簸川郡 *たまや 岐阜県武儀郡・本巣郡 島根県簸川郡・大原郡 *ため 宮城県登米郡・玉造郡 *ためば 島根県邇摩郡 *ちゅいだめ・ちーだめ 鹿児島県揖宿郡 *ちりすぃてぃ 沖縄県首里 *ちりったため 三重県名賀郡・名張市 *つくて・つくてば 長野県諏訪 *どーみょー 兵庫県赤穂郡 *どぶあな・どっぽあな 東京都八丈島 *はーあっだめ 鹿児島県揖宿郡 *はーきだめ 鹿児島県種子島 *はーっだめ 鹿

児島県 *はわきだめ 佐賀県藤津郡　長崎県南高来郡　熊本県南部　鹿児島県肝属郡 *ひよこしつぼ・ひよこしば(ごみを焼き捨てるところから)鹿児島県種子島 *ほきんど 和歌山県日高郡 *ほけんど 奈良県吉野郡 *ほけんどー 奈良県吉野郡 *ほっか 千葉県千葉郡 *ほりまや 愛知県宝飯郡 *ほるまや・ほーるまや・ほーろくまや 千葉県山武郡 *もくため 宮城県仙台市 *もくだめ 山形県 *もくどば 香川県木田郡 *もくなげば 山形県

こみあう【込合】 *せしこう 熊本県下益城郡・天草郡　宮崎県西臼杵郡 *せせこう 長崎県北松浦郡・長崎市 *つむ 三重県　京都市　大阪府大阪市・泉北郡　奈良県「此頃の電車のつむ事と来たら」 和歌山市　香川県 *ひのくるまがまう 滋賀県彦根

→こんざつ(混雑)

多くの人で□こと *ぐんじ 愛媛県南宇和郡「ぐんじなす」 *くんじゅ 三重県名賀郡「電車えらいくんじゅしてたで」・鈴鹿郡　大阪市　奈良県宇陀郡　和歌山県伊都郡 *くんじゅー 群馬県吾妻郡　京都府竹野郡　兵庫県佐用郡 *くんじょ 三重県伊賀 *くんず 岩手県気仙郡「くんずする」 *せりこ 兵庫県淡路島　香川県　愛媛県 *せりせり 長崎県対馬・壱岐島　大分県

人が□ *せぎわう 島根県出雲「せぎわっちょうませんけん、はや、おえでませや(人が多くありませんから、早くお越しなさいませよ)」 *せっきょ 鹿児島県 *せりあう 兵庫県淡路島　和歌山市　香川県

こむぎ【小麦】 *いなむぎ 鹿児島県奄美大島 *いにゃむぎ 鹿児島県与論島 *いにゃむに 鹿児島県喜界島 *うどんむぎ 山梨県一部　岐阜県一部 *かんばく 北海道一部 *こごみ 三重県阿山郡 *こなむぎ 東京都利島　宮崎県一部 *こばく 北海道一部　埼玉県　徳島県一部・板野郡　愛媛県一部 *ざれ 熊本県 *しょーゆむぎ(しょうゆの原料とするところから)山形県一部 *そー 山口県阿武郡 *だごむぎ 宮崎県一部　鹿児島県一部 *だら 山口県 *だんごむぎ 愛媛県一部 *ひやきむぎ 岐阜県一部 *ぼー 宮崎県一部 *まむぎ 岐阜県一部 *んなむじ 沖縄県首里 *んなむん 沖縄県八重山

こむぎこ【小麦粉】 *うどんこな 群馬県佐波郡 *ご(そばを作る時、つなぎに入れる小麦粉)福島県大沼郡 *まこー 奈良県山辺郡 *まんこ 長崎県対馬　大分県津久見市

こめ【米】 *うちまき(おはらいの時、米をまくところから)三重県伊賀　奈良県吉野郡 *うふあかぶざーまい 沖縄県石垣島 *うふしそーまい・うふっそーまい 沖縄県石垣島 *こんこ(幼児語)岡山県備中北部　長崎県壱岐島 *こんこん(幼児語)新潟県佐渡 *そそめ 新潟県岩船郡 *たぐさ(山言葉)福島県南会津郡 *つが 鹿児島県喜界島 *のめり(すし飯などに用いる米の一種)山形県庄内 *はちこく 徳島県那賀郡 *はんまい 大阪府泉北郡 *ぶっぽーさん 三重県伊賀 *ぼさつ 新潟県佐渡　岐阜県飛驒「ぼさつをそまつにすると、ひだるいめにあう」 愛知県尾張　島根県邑智郡　大分県大分郡・北海部郡 *まい 沖縄県八重山 *めー 沖縄県石垣島・波照間島 *めめ(幼児語)京都府竹野郡・与謝郡　兵庫県但馬 *めんめ(幼児語)長野県東筑摩郡　島根県出雲　山口県大島 *ゆー 沖縄県石垣島

□の飯 *あっとまんま(幼児語)岩手県気仙郡 *あとまま・あとまんま・あとめし・あとやん(幼児語)長崎県南高来郡 *あばいめし(幼児語)島根県石見 *おこまま 京都府加佐郡 *おちゃずけ 愛媛県 *そろめし 山梨県南巨摩郡 *はんまい 香川県 *よばれめし(人を招待する時だけ炊くところから)三重県志摩郡

神仏に供える□ *あらいあげ(洗ったもの)神奈川県藤沢市 *あらいいね(洗ったもの)香川県岩黒島 *あらいね(洗ったもの)香川県高見島・佐柳島 *あらいよね(洗ったもの)鳥取県気高郡　島根県那賀郡・鹿足郡 *あらやね(洗ったもの)三重県度会郡 *あれね(洗ったもの)宮崎県東諸県郡 *うしまし(「おすまし」の意か。「うぐゎん(祈願)」をする時に用いる洗い清めた米)沖縄県首里 *おくま(神社に参拝する時に供える米)長崎県対馬 *おさご 福島県　栃木県　群馬県佐波郡・多野郡　埼玉県北葛飾郡・秩父郡 *おさごめ 福島県南会津郡 *おさんご 秋田県鹿角郡　栃木県　東京都南多摩　神奈川県津久井郡・藤沢市　長野県佐久 *おさんごー 東京都八王子　神奈川県津久井郡 *おさんごまい 埼玉県秩父郡 *おはちごめ 熊本県玉名郡・下益城郡 *おはちまえ 島根県石見 *おはながら 和歌山県日高郡・東牟婁郡 *おばなし(神仏に参詣して、さい銭箱などに投げ入れる米)兵庫県淡路島 *おはね 宮城県栗原郡 *おはねぁ 宮城県石巻 *おはねーり 山梨県南巨摩郡 *おはねり 長野県佐久 *おはんねぁり・おへぁなり 岩手県気仙郡 *おぶく(紙に包んで神前に供える米)山口県大島 *おふま(神社に参拝する時に供える米)愛媛県南部　高知県・高知市「昔は神まいりにはおふまを持っていったが、今はおおかたお賽銭を上げる」 *おんぶく(紙に包んで神前に供える米)高知県・幡多郡 *おんぼろごめ(神仏に参詣し、さい銭箱に入れる米)岡山県小田郡 *さんぐ(神仏に参拝する時にまきちらす米)静岡県周智郡 *さんまい 香川県伊吹島 *はないね 静岡県・志太郡 *はなぐみ・んぱなぐみ(洗い清めたもの)沖縄県首里 *はなごめ 新潟県中頸城郡 *はなよね 東京都利島　静岡県周智郡 *みずまくら(仏に供える米)鳥取県西伯郡 *よね 岩手県気仙郡

精白した□ *いまずり(七月下旬から八月中旬

にかけて精白する米）新潟県中頸城郡 *けしね 青森県南部 岩手県上閉伊郡 *こーらい 岩手県上閉伊郡 *しさいまい 沖縄県石垣島・鳩間島 *しさぎめー・さぎめー 沖縄県石垣島 *ししゃいまい 沖縄県竹富島 *しらぎぐみ 鹿児島県奄美大島・加計呂麻島 沖縄県島尻郡・首里 *しらげ 青森県津軽 山形県東田川郡 新潟県佐渡 島根県美濃郡・益田市 長崎県壱岐島 *すらげめぁ・ひさげめぁ 岩手県気仙郡 *っしゃいまい 沖縄県石垣島

普通の□ *うりごめ 新潟県佐渡 *うる 新潟県上越市 *うるしね 愛知県愛知郡 *うろごめ 新潟県上越市・中頸城郡 *おろごめ 山形県西田川郡 *ただ（もち米に対して普通の米）岡山県児島郡・川上郡 広島県 *たたごめ（もち米に対して普通の米）兵庫県但馬 *ただこめ（もち米に対して普通の米）岡山県児島郡 *ただごめ（もち米に対して普通の米）富山県砺波 島根県石見 広島県・比婆郡・高田郡 香川県小豆島 大分県日田郡 *ただまい（もち米に対して普通の米）新潟県上越市 岐阜県高山市 京都府竹野郡 兵庫県 和歌山県東牟婁郡

飯に炊く□ *けしね 青森県上北郡 岩手県盛岡市 秋田県 福島県中部「けしね炊く」 茨城県・猿島郡 栃木県 千葉県上総 新潟県 長野県更級郡 岐阜県郡上郡 福岡県三潴郡・浮羽郡「けしね搗（つ）く」 大分県玖珠郡・日田郡 *けしねごめ 山形県東田川郡 福島県岩瀬郡 *けしねめー・けしでごめ 山形県東田川郡 *こか 香川県三豊郡 *さくぐみ 鹿児島県奄美大島 沖縄県島尻郡・首里 *さくまい 沖縄県鳩間島 *さくめー 沖縄県首里・石垣島 *さふまい 沖縄県石垣島・竹富島 *しゃく 愛媛県 *しゃくごめ 鹿児島県奄美大島 *しゃくのこめ 愛媛県 鹿児島県 *しゃくのよね 宮崎県児湯郡 *しゃくまい 大分県北海部郡 *しゃち 鹿児島県 *ちしね 茨城県那珂郡

こめかみ【顳顬】 *こびん 千葉県君津郡 岡山県 *こびんた 岡山市 *こびんちゃく 徳島県 *こびんちょ 千葉県夷隅郡 *ずぼ 新潟県「ずぼ押す（敵の急所を握る）」 *ひゃっかん 広島県比婆郡 *びんこ 山形県西置賜郡・西村山郡 三重県桑名市「それでびんこへ梅干をはると熱がとれるという」 *びんご・びんごし 愛媛県大三島 *びんたー（ののしって言う語）愛媛県大三島 *みんつぁ 沖縄県黒島 *みんつぃぶ 沖縄県石垣島 *みんとー 沖縄県石垣島 *みんぬすぶ 沖縄県竹富島 *よこっこびん 千葉県東葛飾郡 *よこっぴん 千葉県 *よこびん 鹿児島県肝属郡

こめだわら【米俵】 *いのこだわら（イノシシが多産であるところから縁起をかついで言う）新潟県佐渡

↓たわら（俵）

□の両口に当てる、わら製のふた *さばいし 青森県 *さばやし 山形県庄内 新潟県岩船郡 *さんざらばし 山形県 *さんざらばせ 新潟県中頸城郡 *さんだべーし 新潟県中頸城郡 *さんだらば 長野県佐久 *さんだらばし 山形県 *さんだらばせ 長野県下水内郡 *さんだらばち 山形県最上郡 *さんだらべーし 東京都八王子 *さんだらべし 長野県下水内郡 *さんだらぼーし 新潟県新井市 岐阜県加茂郡 静岡県・庵原郡 *さんだらぼし 山形県米沢市 *さんだらぼっち 秋田県 栃木県 *さんだらんぼち 秋田県河辺郡 *さんだるぼっちゃ 神奈川県江の島 *さんばーし 長野県南安曇郡 *さんばあて 長野県諏訪・上伊那郡 *さんばいし 青森県 山形県飛島 新潟県 岐阜県海津郡 愛知県 *さんばし 新潟県佐渡・北蒲原郡 *さんぱち 福井県敦賀郡・大飯郡 長野県上伊那郡 *さんはやし 青森県 山形県飽海郡 *さんばやし 青森県津軽 山形県庄内 *さんびゃーし 新潟県佐渡 *さんびゃし 新潟県佐渡 *さんぶし 新潟県佐渡 *さんぺーし 新潟県中越 *さんべし 青森県津軽 長野県下水内郡 *さんぼし 新潟県佐渡 *さんぼーし 新潟県佐渡 *たーらすぼ 島根県石見 *たーらっぱし 群馬県山田郡・佐波郡 *たーらっぺーし 埼玉県北葛飾郡 *たーらぺっし 栃木県足利市・佐野市 *たーらんばーし 埼玉県北足立郡 *たーらんぼー 静岡県・田方郡 *たらっぺし 栃木県足利市 埼玉県北葛飾郡 *たらばし 岩手県和賀郡 宮城県栗原郡 山形県 *たらばす 岩手県和賀郡 宮城県石巻・仙台市 山形県 *たらべぁし 岩手県遠野・気仙郡 *たらぼっち 茨城県真壁郡 栃木県 *たわらすぼ 島根県益田市・美濃郡 *たわらっぺーし 栃木県足利市 埼玉県北葛飾郡 *たわらばいし 岩手県遠野 *たわらばし 宮城県仙台市 *たわらぺーし 群馬県山田郡 *たわらぼーし 愛知県渥美郡 *たわらぼっち 茨城県真壁郡 栃木県 *たわらんば 長野県佐久 *たわらんばし 埼玉県北足立郡 静岡県小笠郡「たわらんばしを両側につける」・磐田郡 *たわらんばせ 長野県 *はんばいし 新潟県中頸城郡

こめや【米屋】 *くみまちや 沖縄県首里 *げんごや 山形県西置賜郡・米沢市 *こくものや 広島県芦品郡 *こくや 山形県 静岡県川根 *つきや 青森県津軽 秋田県雄勝郡 山形県南置賜郡・庄内 *てぎや・てんや 富山県砺波 *へぎや 富山県砺波 石川県 *へんや 富山県

ごめんください【御免下】 ⇩「あいさつのことば（挨拶言葉）」の子見出し、「断り、謝り、また、訪問、辞去の挨拶（ごめんください）」

ごめんなさい【御免―】 ⇩「あいさつのことば（挨拶言葉）」の子見出し、「謝罪・断りの挨拶の言葉（ごめんなさい）」

こもり【子守】 *あっぱ 新潟県北蒲原郡 *あ

ま 三重県志摩郡 *あんま 沖縄県石垣島 *いがもり 長崎県南高来郡・伊王島 *おとねもり 茨城県多賀郡 *おとのもり 福島県石城郡・浜通「おどのもりの歌が聞えた」 茨城県多賀郡 *おともり 茨城県結城郡・稲敷郡 栃木県 群馬県東部 *おともりっこ 群馬県伊勢崎市 *こーじょー 山梨県 *こすかし 熊本県菊池郡 宮崎市 *じょこ 新潟県北蒲原郡 *っくゎむやー 沖縄県首里「っくゎむやーうた(子守歌)」 *なな 京都府 *ま 福井県南条郡 *まー 山梨県甲府 三重県志摩郡 *まーじょー 山梨県 *まーやん 山梨県 *むやー 沖縄県首里 *もー 静岡県 広島県高田郡 *もーや 岐阜県山県郡 静岡県 香川県 *もーやー 静岡県 山口県玖珂郡 *もーやん 静岡県川根 岡山県 広島県 愛媛県宇和島市 大分県東国東郡 *もんも(幼児語) 徳島県

□女 *あだ 青森県津軽 *あたこ 青森県津軽 *あだこ 青森県津軽 秋田県鹿角郡・北秋田郡 *あちゃ 秋田県 石川県江沼郡・鳳至郡 *あちゃこ 秋田県 *あっちゃ(下流社会) 石川県鳳至郡 *あてじょ 山梨県 *あね 鳥取県西伯郡 島根県八束郡 熊本県 *あねこ 山形県 *あねや 宮城県石巻 *あねやん 熊本県阿蘇郡 *あねん 熊本県芦北郡・八代郡 *あのー(名前に付けて「……あのー」と呼ぶ) 東京都八丈島 *あま 三重県志摩郡 *あや 新潟県 *あやさ 新潟県上越市・中頸城郡 *あんしゃん 福岡市 *あんどー(名前に付けて「……あんどー」と呼ぶ) 東京都八丈島 *あんにゃ 福井県・坂井郡 *あんにゃん 福岡市 *あんね 山形県米沢市・東置賜郡 山梨県 熊本県 *あんねー 山梨県・西八代郡 *あんま 沖縄県石垣島 *あんやん 熊本県 *いんねー(子が名前に付けて「……いんねー」と呼ぶ) 東京都八丈島 *だー 福井県 京都府 *たーた 新潟県頸城 京都府中郡 *だだ 新潟県岩船郡 *ねー 島根県 *ねーしゃん 熊本県玉名郡・飽託郡 *ねーどん 熊本県菊池郡・球磨郡 *ねーねー 島根県 *ねーや 島根県 熊本県飽託郡・熊本市 *ねーやー 島根県美濃郡・益田市 *ねーやん 熊本県 *ねね 島根県 長崎県対馬 *ねねご 鳥取県西伯郡 島根県簸川郡 *ねねっこもり 神奈川県津久井郡 *ねねもり 富山県砺波 *ねねもる 富山県射水郡 *ねんこ 滋賀県栗太郡 *ねんね 山梨県 島根県 *びー 福岡県 大分県北海部郡 *びーさん 福岡市 *びーじょー 山梨県 *びーや 石川県羽咋郡 *びーやん 福岡市 *べー 富山県下新川郡 石川県鳳至郡・鹿島郡 *べーさ 富山県婦負郡 *べーや 富山県下新川郡・西礪波郡 石川県羽咋郡 *むらに 沖縄県石垣島 *もりあんちー 福岡県久留米市 *もりじょー 福岡県粕屋郡 *もりびー 福岡県 *もりべ 石川県 *もりめ 長崎県対馬

□をする *かたる 岩手県九戸郡 新潟県「御苦労でもこの子をかたって居て呉れ」 福井県遠敷郡 長野県 静岡県伊豆 *すかす 宮崎市 *つれる 新潟県佐渡「まあしっかりと大事につれるといいぜえ」 *つれんしる 長野県佐久 *てこご(子守をすること) 岩手県気仙郡「てこごする」 *むゆん 沖縄県首里「っくゎむゆん(子供の守りをする)」

こや【小屋】 *あんだれごや(むしろを下げた粗末な小屋) 長崎県五島 *いおり(かやぶき屋根の小屋) 愛知県日間賀島 *いっこっこや 栃木県芳賀郡 *こまや 神奈川県津久井郡 *たおや 静岡県・安倍郡 *なや 奈良県吉野郡 山口県 長崎県西彼杵郡 *はっぺや(バラック小屋) 東京都八王子 *はっぽー(バラック小屋。あばら家) 神奈川県津久井郡 *はっぽや(バラック小屋) 東京都南多摩郡 *やーぐゎー 沖縄県首里 *やかた(納屋、肥料小屋、掘っ建て小屋、あばら家など) 東京都八丈島

物置□ *あまや 青森県南部 福島県中部・会津 茨城県稲敷郡 栃木県 山梨県 *おかんまや 神奈川県藤沢市 *かまや 静岡県駿東郡 *きびや 鳥取県鳥取市・気高郡 愛媛県松山 *きや 栃木県足利市・佐野市 群馬県館林市 長野県佐久 兵庫県但馬 香川県小豆島 *けごや 山形県 長野県北部 *けみや 長野県北西部 *けもや 長野県更級郡・南安曇郡 *けんぐや 新潟県中頸城郡 *こま 京都府竹野郡 *ごま 三重県名張市 *こまや 宮城県志田郡 山形県(軒下に差し掛けたもの) 神奈川県津久井郡 *せどや 静岡県志太郡「せどやえーしまっとけ(物置小屋に入れておけ)」 *そーや 群馬県勢多郡 *ぞーや 徳島県美馬郡 *だや 広島県佐伯郡「だやがめげて(壊れて)」・高田郡 山口県「ありゃあかわいそうに、家も無うなって、だやに住んで

方/言/の/窓

●外来語と方言

南瓜（かぼちゃ）の古い呼び名ボ（ー）ブラは、ポルトガル語 abóbora に由来し、長椅子・涼み台などをさす方言バンコもやはりポルトガル語 banco に由来する。旗をさす方言フラフ・フラホはオランダ語 flag に由来し、汽車や工場などの汽笛をいう方言フルイト・フルル・フイトル・ヒートルなどは、オランダ語 fluit に由来し、マッチを指す方言ポスポル・ポスペルなどもまたオランダ語 phosphor に由来するものである。

ももひき・作業用ズボンをいう方言パッチ・バッチは朝鮮語 ba-ji に由来する。

カボチャの語源であるカンボジアに関連していえば、煙草を吸う時使うキセルもやはりカンボジア語 khsier に由来している。

おるげな」 *どーびや 東京都大島 *ながちょー・ながっちょー 山梨県 *ながや 岩手県気仙郡 栃木県 群馬県邑楽郡 新潟県佐渡・岩船郡 山梨県 長野県佐久 静岡県田方郡・志太郡 三重県度会郡 和歌山県有田郡・那賀郡 島根県 岡山県 香川県手島・高見島

こやし【肥】 *くゎい 沖縄県石垣島・与那国島 *け 鹿児島県奄美大島 *じき 青森県 岩手県「こった魚ぁじぎねもなんねえ(こんな魚は肥料にもならない)」 秋田県 *ふふぁい 沖縄県宮古島 *やしない 宮城県仙台市「やしないする(肥料を施す)」 岐阜県大垣市 佐賀県・藤津郡
→こえ(肥)

こゆび【小指】 *いーびんぐゎー 沖縄県首里 *いびうゆびってぃー(「小さい小指」の意) 沖縄県与那国島 *うしゃー 沖縄県竹富島 *うべーま 沖縄県石垣島・小浜島 *うべーめー 沖縄県新城島 *うやべーま 沖縄県鳩間島 *かかゆび 秋田県北部 *かんこゆび(酒の燗をみる時使うところから) 青森県 *かんさし(酒の燗をみる時使うところから) 大分県北海部郡 *かんざしゆび 大分市 *かんじょーゆび・かんじょゆび(酒の燗をみる時使うところから) 大分県大分市・大分郡 *かんしろー(酒の燗をみる時使うところから) 大分県直入郡 *かんしろーこ・かんしろこ 青森県三戸郡 *かんたらゆび(酒の燗をみる時使うところから) 秋田県鹿角郡 *かんたろゆび 大分県大分郡 *かんちび(酒の燗をみる時使うところから) 石川県 *かんゆび(酒の燗をみる時使うところから) 青森県津軽 *けいちび 福井県丹生郡 *こいちび 富山県中新川郡 石川県河北郡 福井県 *ここゆび 青森県南部 岩手県和賀郡 秋田県鹿角郡 *こちいび 石川県石川郡 *こちゃいび 石川県能美郡 福井県敦賀郡 *こてゆび 青森県南部 岩手県気仙郡 秋田県仙北郡 *こでんび 秋田県仙北郡 *こどもゆび 青森県北津軽郡 *こどよび・ことゆび 青森県津軽 *こどゆんび 秋田県山本郡 *こやいっ 宮崎県西諸県郡 *こやいび 福井県大飯郡 三重県志摩郡 大阪府 奈良県大和高田市 和歌山県和歌山市・西牟婁郡 岡山県 広島県芦品郡 鹿児島県 *こやいぶ・こやえぶ 富山県砺波 *こやえび 富山県 *こやゆび 福井県遠敷郡・大飯郡 三重県志摩郡・阿山郡 岡山県 広島県芦品郡 *こんちび 石川県・江沼郡 *さけわかしのかんたーゆび 大分県大野郡 *しこえび 埼玉県入間郡 島根県出雲 *しこゆび 神奈川県高座郡 島根県 *しのこいび 島根県石見 *しゃゆび 岡山県 *しりいび 石川県河北郡 *しりこいび 島根県 広島県比婆郡 *しりこのゆび 島根県美濃郡・益田市 *しりこべ 京都府竹野郡 兵庫県但馬 *しりこゆび 島根県 岡山県川上郡 *しりゆび 石川県鳳至郡 *しろいび・しろえび 石川県鹿島郡 *すりえぶ 富山県氷見市 *ちーび 静岡県 *ちょしこいび 千葉県安房郡 *ひこいび 神奈川県津久井郡 埼玉県川越 *ひこえび 埼玉県入間郡 *ひこゆび 茨城県猿島郡 東京都 山梨県 島根県出雲 *ひっこいび 静岡県駿東郡 *ひっこえび 埼玉県入間郡 *みんぐじれーま 沖縄県黒島 *みんふじりゃ 沖縄県西表島

こらえる【堪】 *おらえる 岩手県九戸郡 愛知県知多郡「倒れる木を肩でおらえる」 三重県志摩郡・度会郡 和歌山県日高郡 徳島県海部郡 香川県 *くねーゆん 沖縄県首里 *こたう 愛媛県周桑郡「こたわん」 *こたえる 青森県津軽 岩手県「小便こでぇある」 宮城県栗原郡 秋田県鹿角郡・平鹿郡「よくこでぁた」 山形県 福島県「こてぇらんにぇ」 群馬県勢多郡 東京都大島・八丈島「こてーきれんなか(ひどすぎてがまんできない)」 新潟県佐渡・東蒲原郡「足が痛かったがこだえて歩いた」 長野県 岐阜県「さぶーてさぶーてこたえられん(寒くてたまらん)」 三重県志摩郡 滋賀県彦根 兵庫県淡路島 和歌山県 鳥取県西伯郡 島根県「仕事がきつーてよーにこたえん」 岡山県 徳島県 香川県「そなんあつい湯ではこたえられんのう」 長崎県壱岐島・対馬「こう雨ばかり降ってはこたえん」 大分県「そげえやかましゅう言うちゃあこたえん」 鹿児島県鹿児島郡 *こでる 山形県西田川郡 *しわばる 広島県比婆郡「よくしわばる」 *つとめる 島根県隠岐島「まあこれでつとめるだわな」 *にーじる 千葉県山武郡 *にずぃゆん(「ねんず(念)」の転か) 沖縄県首里 *にっつん 沖縄県石垣島 *ぬびゆん 沖縄県首里「やーが ぬびれー(お前ががまんしなさい)」 *はぎりかむ 香川県丸亀市 *ぷれーゆい 鹿児島県喜界島 *ふれる 鹿児島県沖永良部島「癪に障ろうがふれて呉れよ」 *むしをのむ 新潟県佐渡
→がまん(我慢)

こりる【懲】 *いしごりせる(非常に懲りる) 愛知県知多郡 *うがんちゅむん 沖縄県石垣島 *うったわす 熊本県天草郡 *こっちゃーうつ 佐賀県 *ごりごりゆー(たいへん懲りる) 和歌山県日高郡「もうごりごりゆうた」 *こりみる 青森県上北郡 *これする 秋田県河辺郡「あの男にはこれした」 *しゃーができる 島根県隠岐島 *しょーずく 山梨県南巨摩郡「一度失敗したらしょーづくもんだよ」 長野県佐久 *しょーねがいる 島根県出雲 広島県高田郡 *しょーねがつく 愛知県知多郡 *しょーねにいる 香川県三豊郡 *しらつく 青森県津軽「ちと、しらじぐだげ、ぶっからめでぁ(少々こりるくらいに、なぐりなさいな)」 *そぁつく 青森県津軽 *わにる 長野県上田・佐久
□こと *ごっちゃり 熊本県天草郡「ごっちゃりする」 *こりことこんじょー(すっかり懲りること) 福岡市 *こりはてこんじょ(すっかり懲りること) 長崎県北松浦郡 *こりはてぬこんじょー(すっかり懲りること) 長崎県壱岐島 *じゅっぷが 秋田県「あの男にもじゅっぷがした」 *じゅんぶが 秋田県雄勝郡「あのよっぱらひに

はじゅんぶがした」 ＊むぬみー 鹿児島県喜界島 ＊わにんぼ 長野県上田

これ【此】 ＊かえつ 山形県北村山郡 ＊きゃー 富山県下新川郡 ＊きゃーれ 三重県志摩郡 ＊けぁち(「こやつ(此奴)」の転) 秋田県「けぁじ持って行け」 ＊けぁつ(「こいつ(此奴)」の転) 秋田県南部「けぁじ持って行け」 山形県東置賜郡 ＊このか 静岡県 ＊このな 山形県庄内

□ぐらい ＊かどー 沖縄県石垣島 ＊くっさ・沖縄県首里 ＊こいぎん 新潟県佐渡 ＊こがしこ 福岡県・粕屋郡 長崎県伊王島 ＊こがっこ(幼児語) 長崎市 ＊こしこ 福岡県 ＊このきし 千葉県東葛飾郡 ＊これかん 長野県上田・佐久 ＊これきみ 新潟県佐渡「これきみのことにへこたれてどうする」 ＊これきんこ 青森県三戸郡 ＊これくそ 山梨県北巨摩郡 ＊これっしゃ・これっしょ 長崎県壱岐島 ＊これぶつ 青森県南部 ＊これんき・こんき 青森県津軽 ＊こんぎん 新潟県佐渡 ＊こんけぁ 秋田県「こんけぁでは何だか足りないやうだ」 新潟県佐渡 静岡県志太郡 ＊こんじち 石川県羽咋郡 ＊こんじゃい・こんだい 石川県鳳至郡 ＊こんちゃー・こんちゃーま 沖縄県石垣島 ＊こんつな 長野県下水内郡 ＊こんど 石川県石川郡・能美郡 ＊こんれぁ 秋田県雄勝郡

□だけ ＊ぎやしこ 佐賀県 ＊くっさ 沖縄県首里 ＊けーばー(「こればかり」の転か) 広島県安佐郡 ＊こいぎん 新潟県佐渡 ＊これかん 長野県上田・佐久 ＊これきみ 新潟県佐渡 ＊これきんこ 青森県三戸郡 ＊これくそ 山梨県北巨摩郡 ＊これっしゃ・これっしょ 長崎県壱岐島 ＊これぶつ 青森県南部 ＊これんき・こんき 青森県津軽「これんきあればそえでもとんぶうじ、くねえがべでぁ(これだけあれば当分食えるでしょう)」「こんきおきぐなれば(これだけ大きくなれば)」 ＊こんぎん 新潟県佐渡 ＊こんけぁ 秋田県「こんけぁでは何だか足りないやうだ」 新潟県佐渡 静岡県志太郡 ＊こんじち 石川県羽咋郡 ＊こんじゃい・こんだい 石川県鳳至郡 ＊こんちゃー・こんちゃーま 沖縄県石垣島 ＊こんつな 長野県下水内郡 ＊こんど 石川県石川郡・能美郡 ＊こんれぁ 秋田県雄勝郡

□ばかり ＊けっだばし 山形県庄内「けっだばし貰っても何にもならぬ」 ＊こいぎん 新潟県佐渡 ＊こっちぺー 長野県佐久 ＊このびゃっこ 岩手県気仙郡 ＊このぶっこ 岩手県九戸郡 ＊このぶんこ 岩手県九戸郡 秋田県鹿角郡 ＊このべっこ 青森県上北郡 ＊このべゃっこ 青森県三戸郡 ＊これかん 長野県上田・佐久 ＊これきみ 新潟県佐渡 ＊これきんこ 青森県三戸郡 ＊これくそ 山梨県北巨摩郡 ＊これちんべ 栃木県 ＊これちんべー 群馬県 埼玉県秩父郡 ＊これっしゃ・これっしょ 長崎県壱岐島 ＊これっちんべ 栃木県上都賀郡 ＊これっちんべぁー 茨城県猿島郡 ＊これっちんべー 群馬県邑楽郡 埼玉県入間郡 東京都八王子 神奈川県津久井郡 ＊これはっちゃ 三重県名賀郡 滋賀県栗太郡 ＊これぶつ 青森県南部 ＊これんき・こんき 青森県津軽 ＊こんぎん 新潟県佐渡 ＊こんけぁ 秋田県「こんけぁでは何だか足りないやうだ」 新潟県佐渡 静岡県志太郡 ＊こんじち 石川県羽咋郡 ＊こんじゃい・こんだい 石川県鳳至郡 ＊こんちゃー・こんちゃーま 沖縄県石垣島 ＊こんつな 長野県下水内郡 ＊こんど 石川県石川郡・能美郡 ＊こんれぁ 秋田県雄勝郡

□ほど ＊かどー 沖縄県石垣島 ＊かんしゅか 沖縄県首里「ふぃんすーや かんしゅかくりしゃんでぃせー なまどぅ わかゆる(貧乏はこれほど苦しいのだということが、今になって分かった)」「かんしゅかわーき(これほどまで)」 ＊くっさ・くっぴ 沖縄県首里 ＊くぬたき 沖縄県首里「くぬたきに なとーんでー むる うまーんたん(これほどになっているとは、全然思わなかった)」 ＊こがしこ 福岡県・粕屋郡 長崎県伊王島 ＊こがっこ(幼児語) 長崎市 ＊こしこ 福岡県 ＊こんころ 秋田県雄勝郡 ＊ほーろ 京都府竹野郡「ほーろ寒いのに一日中立ち続けだった」 愛媛県大三島

ころ【頃】 ＊あたり 岩手県九戸郡「あのあだりであいでぁたんだものが(あのころならばあったものだよ)」 山形県北村山郡「あのあだりえがたけなー(あのころはよかったねー)」 ＊あつ 岐阜県飛驒 ＊あつら 新潟県西頸城郡 岐阜県飛驒 愛知県名古屋市 ＊あつり 新潟県西頸城郡 ＊うーい 沖縄県首里「ちゃーる うーいに(どんな時に)」 ＊うるみ 沖縄県首里「はなぬ さちゅる うるみ(花の咲くころ)」 ＊ぐぬち 鹿児島県喜界島「いーかんぐぬち(夕飯時)」 ＊こーばい 群馬県多野郡「電気のつくこーばいになると、おばんになりましたと言う」 ＊ちき・しき 東京都三宅島「いっぺーのもちきぁー(一杯飲む時は)」 ＊じき 青森県津軽・上北郡「あのじぎ(あの時)」 秋田県「小学校三年のじきだ」 ＊じっき 岩手県九戸郡 ＊じょー 京都府 鳥取県東部「朝暗いじょうに出かける」 徳島県 ＊だし 島根県大原郡「帰るだしになって病気になった」 広島県佐伯郡 ＊ちない 兵庫県神戸市・淡路島「其のちなえには幽霊が出たとか人魂が飛んだとか随分やかましかった」 ＊ちにゃー 京都府竹野郡「わたしが嫁にきたちにゃーには」 ＊なごろ 高知県「もうええなごろぢゃ」 ＊へん 岐阜県不破郡「多度さんの祭りの時じゃ、あのへんじゃなあ」 ＊まり 岩手県上閉伊郡「今日のまり(今日あたり)」・気仙郡 ＊まんぐる 沖縄県首里 ＊もと 静岡県 ＊や 岐阜県郡上郡「それつが終わるやになったら」 ＊やーつ 長野県西筑摩郡・諏訪 ＊やたり 岩手県宮古市 ＊やつ 長野県北部・西筑摩郡

→じぶん(時分)

ころがす【転】 ＊あらかす 長野県諏訪・上伊那郡 ＊あらす 長野県 ＊うとらす 香川県大川郡・

綾歌郡　*うどる 香川県三豊郡　*おきやす 青森県　*おっかえす 秋田県鹿角郡　茨城県稲敷郡　*おっけす 栃木県　*くどす・くどらかす 島根県隠岐島「石をくどしたのは誰か」　*こかす 山形県東置賜郡「丸太をこがす」　三重県志摩郡・員弁郡　和歌山市　岡山市　愛媛県大三島　長崎県東松浦郡　熊本県南部　大分県速見郡　*こっからかす 愛知県東春日井郡　和歌山県東牟婁郡　*ころがえす 富山県・射水郡　*ころばかす 静岡県志太郡「うしろからとびつぃーてころばかぇーた」　兵庫県加古郡　鳥取県岩美郡・気高郡　島根県「球をころばかす」　岡山県津山市　福岡市　鹿児島県　*ごろまかす 鹿児島県肝属郡　*ころみかす 新潟県　*ごろめかす 新潟県佐渡　*てっかやす 石川県鳳至郡　*でんがやす 静岡県榛原郡「土瓶をでんがやいた」　*でんがらかす 静岡県　愛知県「自転車をでんがらかす」　*でんがらがす 愛知県額田郡　*でんげす 栃木県　群馬県佐波郡　*どんがらかす 愛知県尾張「壺をどんがらがす」　*まーらすい 鹿児島県喜界島　*まくす 秋田県「臼(うす)をまぐして持って来い」　山形県西置賜郡　和歌山県東牟婁郡・那賀郡　*まくらかす 東京都八丈島　三重県北牟婁郡　京都府竹野郡「丸太を一本まくらかした」　和歌山県　鳥取県西伯郡　島根県「そこえこの石をまくらかえておけ」　広島県高田郡　鹿児島県揖宿郡　*まくる 山形県東田川郡　新潟県東蒲原郡「山の頂上から木をまくる」・中頸城郡　山梨県南巨摩郡　長野県東筑摩郡・長野市　岐阜県飛騨　三重県　滋賀県滋賀郡　京都府竹野郡　兵庫県神戸市　奈良県南葛城郡　鳥取県西伯郡　島根県　広島県比婆郡　徳島県　香川県大川郡　愛媛県　長崎県対馬　熊本県芦北郡・八代郡　*まける 三重県志摩郡　*まるける 三重県飯南郡　*まわす 滋賀県彦根　*もくらす 香川県木田郡　*もくる 鳥取県日野郡　島根県石見「崖から石をもくる」

ころがる【転】　*あらける 岩手県気仙郡　長野県諏訪　*あられる 宮城県牡鹿郡　*あれる 長野県上伊那郡「石が坂をあれていった」・下伊那郡　*うっくるぶん 沖縄県首里　*おごまくれる・おどまくれる(強く転がる) 島根県出雲「石につまずいておごまくれた」「石にけつまずえておどまくれた」　*ころばる 栃木県「道にころばるな」　埼玉県秩父郡　千葉県君津郡　東京都八王子　福井県今立郡　*ごろめく(ごろごろ転がる) 青森県津軽　*つんまーる 山梨県北都留郡　*てくずりかやる 富山県砺波　*でんごろめく・でんごろめる 新潟県佐渡　*ばいぶる 福井県遠敷郡　*ひょこる 岡山県　*ほらくる 大分県　宮崎県西臼杵郡　*ほらける 熊本県阿蘇郡　大分県　*ほろける 島根県石見「栗の実が穴の中いほろけこーだ(転がり込んだ)」　愛媛県伊予郡　*まくれる 秋田県「縁側からまぐれ落ちた」　山形県米沢市　新潟県東蒲原郡「崖(がけ)からまぐれ落ちた」　福井県大野郡・遠敷郡　山梨県南巨摩郡「山登りで足を踏み外せばまくりょーちるよ」　長野県諏訪・上伊那郡「まくれる程早く走る」　岐阜県郡上郡「踏み台からまくれておちた」　三重県「狸(たぬき)がまくれよった」　京都府「この上から石がまくれて来た」　奈良県「高いとこからまくれた」　和歌山県伊都郡・那賀郡　香川県木田郡・三豊郡　愛媛県　高知県土佐郡　長崎県対馬「くもん巣の中をー、〈略〉まくってまーって」　*まるぐ 愛媛県　*もくれる 鳥取県日野郡　香川県木田郡・高松市

→ころぶ(転)

㊁さま　*ごろらごろら 青森県三戸郡　山形県「ごろらごろらと寝ているなまけ者」「路にごろらごろらて邪魔になる石だ」　*どんころとんころ(ころころと転がるさま) 長崎県壱岐島「そしたら瓜の一つ　とんころとんころ流れち来たちゅーもん」

ころす【殺】　*いかす 島根県益田市「敵の大将をいかーた」　*いちころす 佐賀県　鹿児島県　*いわす 三重県伊賀　和歌山県　*うっつちころす(「殺す」を非常に強めて言う語) 島根県美濃郡・益田市　*きしゃめる 宮城県牡鹿郡　*きめる 岐阜県飛騨　*こなす 広島県高田郡　大分県西国東郡(漁民の語)　*しまう(けんかで相手を殺す) 和歌山県海草郡「しもてしもう」　*しめる 奈良県吉野郡　*なごならす(けんかして相手を殺す) 和歌山県海草郡　*なごなす(けんかして相手を殺す) 和歌山県那賀郡　*のめす 岩手県気仙郡　*ひねる 山梨県　*ぶっかえす(卑語) 岩手県上閉伊郡　*ぶつけぁす(卑語) 岩手県気仙郡　*やりつける 兵庫県淡路島

ころぶ【転】　*うたる 香川県高松市　*うっころぶ 佐賀県藤津郡　*うてかえる 三重県　*うどれる・うどごける 愛媛県周桑郡　*うどむ 香川県三豊郡「台風で納屋がうどむ」・綾歌郡　愛媛県「自転車でうどんだ」・周桑郡　*うとる(卑語) 香川県　*うんどーれる 島根県美濃郡「石につまずいて、うんどーれた」　*おきゃーる 青森県　岩手県中通・和賀郡　秋田県「走って来て、おけぁた」　*おつかえる 北海道「竿がおっけあった」・函館　青森県　岩手県紫波郡・上閉伊郡　宮城県栗原郡・登米郡　福島県東白川郡「風で木がおっけぇった」　栃木県　千葉県安房郡　*おっける 青森県上北郡　*かーる 静岡県「ひとってかーった(ひとりでに倒れた)」　愛知県東三河　*かいりん・かいりるん 沖縄県石垣島　*かいろ 東京都利島　*かえる 岩手県気仙郡　宮城県登米郡　秋田県　山形県庄内・東田川郡　茨城県北相馬郡　千葉県山武郡　新潟県岩船郡　大阪市　*かちころぶ(強く転ぶ) 新潟県佐渡　*かやる 富山県富山市近在・砺波　石川県　福井県坂井郡　岐阜県　静岡県志太郡　兵庫県赤穂郡　和歌山市　鳥取県　島根県「船がかやった」　岡山県「ゆんべの大風で、木小屋がかやった」　広島県比婆郡・高田郡　徳島県　香川県「かやったらいかんきん気い付けなよ」　愛媛県　高知

県「お婆さんが道でかやって膝をすりむいた」　長崎県対馬　大分県　鹿児島県揖宿郡　*かやれる 島根県石見「バケツの水がかやれた」　広島県佐伯郡・高田郡　*かよる 島根県那賀郡「かよっとるだけーなー」　*かろがう 岐阜県恵那郡　*きえる・きやーる 新潟県佐渡　*ぐぜる 京都府　*くどれる 島根県隠岐島　*けーりゆん 沖縄県首里　*げーる 千葉県印旛郡　*こかる 三重県北牟婁郡・南牟婁郡

和歌山市　*こくる 和歌山県日高郡　長崎県佐世保市・南高来郡　熊本県玉名郡　大分県　宮崎市　*こくれる 島根県出雲「彼の婆こくれた」　広島県比婆郡　香川県大川郡　*こける 新潟県佐渡・上越「たるみ(くぼみ)に足こけて、なあも歩けん」　福井県敦賀郡・大飯郡　山梨県南巨摩郡「馬まーし(馬と一緒に)こけるこたー危ない」　長野県下伊那郡・上伊那郡　岐阜県　静岡県・小笠郡「高下駄でこけて足をぶった」　愛知県知多郡　三重県滋賀県　京都府　大阪市「こけはった(転びなさった)」　兵庫県　奈良県　和歌山市　鳥取市・気高郡　島根県　岡山県　広島県　山口県徳島県　香川県　愛媛県　高知県幡多郡　福岡県小倉市・福岡市　長崎県「こけたりゃ馬のくそでもつかむ(転んでもただでは起きないの意)」　熊本県

大分県「こけたんか、それとんねたんか(転んだのか、それとも寝たのか)」　宮崎県西臼杵郡　*こてがう 岐阜県恵那郡・可児郡　*こてがる 岐阜県可児郡　*ころぐ 福井県　京都府　香川県「こなん風が吹いたら稲がころぐの」　*ころこぶ 福井県・坂井郡　大阪市　奈良県南大和　*ころばる 栃木県「道にころばるな」　埼玉県秩父郡　千葉県君津郡

東京都八王子　福井県今立郡　*ごろまる 新潟県西頸城郡「てんまりがごろまっていった」　*ころめる・ころめく 新潟県佐渡　*ごろめる 新潟県　*さでこける 広島県比婆郡「自転車にのってさでこけた」　愛媛県　熊本県「あら、とうとうさでこけた」　*さでころぶ 岡山県苫田郡　福岡県　*されつかる 長野県上田　*すってがる 山形県飛島「すってがった」　*すってながる 栃木県日光市　*そべる 新潟県中越　三重県志摩郡・度会郡　*ちかーる 山梨県　長野県　静岡県　*つくこける 熊本県玉名郡　*つっこくる 福岡市　熊本県芦北郡　*つまくる 青森県津軽　*でちながる・でしながる 栃木県　*でっころぶ 福島県　*でやる 愛媛県宇摩郡「よころにのんでもどしにでやってわやになった(余分に飲んで帰りに転んで困った)」　*でんがーる 静岡県「ひどい風ででんがーった」　*でんかえる 千葉県夷隅郡　*でんがえる 福島県石城郡　茨城県西茨城郡・稲敷郡　群馬県桐生市・佐波郡　愛知県　*でんがやる 岐阜県稲葉郡　*でんがる 岐阜県　静岡県「でんがった」　愛知県碧海郡　*でんぐる 福島県相馬郡　神奈川県津久井郡　新潟県佐渡　岐阜県可児郡　愛媛県周桑郡　*でんげる 茨城県真壁郡

栃木県　群馬県邑楽郡　*てんごける 静岡県　*でんごける 岡山県苫田郡　*てんころがる 岐阜県飛驒　*でんころがる 栃木県上都賀郡　*でんながる(勢いよく転ぶ。横転する) 栃木県「またでんながった」　*どぅげーゆん 沖縄県首里　*どがえる 香川県綾歌郡　*どだぐりける 栃木県安蘇郡・河内郡　*どってんがえる 香川県塩飽諸島　*どてかーる 静岡県　*どてかやる 愛媛県新居郡　*どてがやる 愛媛県周桑郡・新居郡　*どんかえる 愛知県名古屋市　*どんがえる 愛知県海部郡「木がどんがえる」　*どんげる 愛知県愛知郡・碧海郡　*どんでんがーる 静岡県榛原郡　*とんむぐれる 岩手県気仙郡　*のめくる(前に転ぶ) 北海道　青森県秋田県鹿角郡・南秋田郡「あの子はのめくった」　山形県　新潟県東蒲原郡　静岡県志太郡・榛原郡

島根県出雲・隠岐島「大けな石につまずいて前えのめくった」　*のめっかる 長野県東筑摩郡　*はたっころぶ(強く転ぶ) 長野県佐久　*はんとかす 鹿児島県　*はんとくい 宮崎県西諸県郡　鹿児島県　*はんとくっ 鹿児島県　*はんとける 鹿児島県肝属郡　*ひっこける 宮崎県延岡市　*ぶかえる 山形県東村山郡　*ぶちかえる 宮城県仙台　山形県北村山郡・最上郡　*ぶちかる 長野県　静岡県島田市　*ぶっかーる 山梨県　長野県諏訪・北佐久　静岡県・志太郡「ふいにぶっかーって泡ふいた」　*ぶっかえる 宮城県仙台(意識を失うことにも言う)　山形県「中風でぶっかえる」「嵐で木がぶっかえる」　栃木県　群馬県利根郡・桐生市　千葉県千葉郡　神奈川県　新潟県東蒲原郡　長野県佐久　*ぶっかる 長野県　静岡県　*ぶつかる 長野県北安曇郡　*ぶつけぁる 岩手県気仙郡　宮城県遠田郡　*ふっけーる 新潟県東蒲原郡　*ぶっけやぇる 千葉県夷隅郡　*ぶっける 栃木県　*ぶっとーける 島根県邑智郡「にわかに土間にぶっとーけた」　*ぶておけぁる 秋田県鹿角「今日坂でぶておけぁた」　*ぶんながる 栃木県　*へーゆい 鹿児島県喜界島　*へこしる 島根県邑智郡　*へこたる 岡山県児島郡　広島県佐伯郡　香川県三豊郡　*へごつく 石川県鹿島郡　*へこる 岐阜県可児郡・恵那郡　島根県邑智郡　岡山県小田郡・浅口郡　広島県山県郡　*へたる 福井県遠敷郡　三重県阿山郡　滋賀県蒲生郡　京都府京都市・宇治郡　大阪府泉北郡

奈良県　和歌山県日高郡　岡山県　広島県倉橋島・芦品郡　香川県　*へだる 三重県伊賀南部　*へたれる 香川県　*へっこる 島根県大田市「木の根に引っかかってへっこった」　*へどける・へどれる 島根県邇摩郡・大田市　*へとる 香川県　*べとる 香川県　*ぼかえる 山形県　*ぼきやぇる 青森県津軽　*ほげころぶ 新潟県　*ほたいこくる・ほたいころぶ 鹿児島県　*ほたえこける 島根県美濃郡・益田市「坂道ですべってほたえこけた」　*ほたえる 島根県石見　*ほたくりこける 愛媛県大三島　*ほたける 岡山県児島郡　*ほたっとかす・ほたっとくい 鹿児島県　*ほたりこくる 熊本県八代郡

宮崎県宮崎郡　*ほたんとくい 鹿児島県鹿児島郡　*ぼっかえる 山形県　千葉県安房郡　*ほっき

やーる 群馬県多野郡 *ぽっける 青森県津軽 *ぽっころがる 群馬県邑楽郡 *ほてがえる 三重県度会郡 *ほてる 香川県 *ぽてる 岡山県児島郡 *ぽてる 岡山県児島郡 *まくい(ころころ転ぶ)鹿児島県揖宿郡 *まくらかる 和歌山県東牟婁郡 *まくる 鹿児島県肝属郡 *まくれこむ 島根県「立つはずみに座頭がまくれこんだ」 香川県三豊郡・仲多度郡 *まくれまわる 岐阜県郡上郡 *まくれる 三重県伊賀・名賀郡 京都府葛野郡 和歌山県 鳥取県西部 島根県「木の根に引っかかってまくれた」 広島県 徳島県美馬郡 香川県 *まぐれる 兵庫県但馬 *まねくる 長野県佐久「まねくりおった」 *まらぶん・まるぶん 沖縄県石垣島 *まろぐ 香川県香川郡「そなん走りよったらまろぐのに」 愛媛県 *まろぶ 高知県幡多郡 *もくれる 奈良県吉野郡 広島県 →ころがる(転)・たおれる(倒)

□こと *あしまるび・あしまるびてぃーまるび(足を滑らして転ぶこと)沖縄県首里 *すってんごろさく(勢いよく転ぶこと)大分県日田郡 *すってんどん(勢いよく転ぶこと)富山県砺波 *すっぺたもち(横ざまに転ぶこと)埼玉県北葛飾郡「げた(下駄)がまがったんで、すっぺたもちにころんだ」 *つぃまくるび(つまずいて転ぶこと)沖縄県首里 *どぅーくるび(自分で転ぶこと)沖縄県首里 *どっさん 和歌山県那賀郡「どっさんする」

こわい【怖】 ⇩おそろしい(恐)

こわす【壊】 *いっくずす・いっくやす 長崎県対馬 *うっかんがす 佐賀県・藤津郡 *うっくーす 茨城県稲敷郡 *うっくじし 鹿児島県鹿児島郡 *うっくす 茨城県新治郡・稲敷郡 埼玉県南埼玉郡 *おがす 富山県高岡市 石川県羽咋郡・河北郡 *おっくす 茨城県 埼玉県北葛飾郡 千葉県東葛飾郡 *おっこーす 新潟県三島郡 長野県南佐久郡 *おっこす 群馬県群馬郡 長野県 *おっこわす 千葉県東葛飾郡 長野県佐久 *おっちゃす 茨城県・西茨城郡 栃木県河内郡「たにしをおっちゃして鯉にやる」 埼玉県川越 *かっつける 石川県鳳至郡 *くーしゅん 沖縄県首里「やーくーしゅん(家を壊す)」 *くしゃく 鹿児島県 *くじゃく 秋田県平鹿郡「けさちゃわんをくじゃだ」 *くず三重県上野市・阿山郡 *くずかす 大分市 *くずく 静岡県庵原郡 愛知県知多郡 *くずす 愛媛県松山「家をくずす」 大分県 *くずらかす 大分県 *くます 長野県南部「箱をくましてたき物にする」「土手をくます」 静岡県志太郡・榛原郡 *くやす 山口県阿武郡 愛媛県「土手をくやす」 福岡市 長崎県対馬「ぶちくやす」 大分県 宮崎県西臼杵郡 鹿児島県 *ぐやす 岡山市 愛媛県・大三島 *くよす 島根県美濃郡・益田市「石垣をくよしたら蛇が出た」 *ぐわす 和歌山県東牟婁郡 *げとかす 福岡県三潴郡 *ごーる 沖縄県国頭郡 *こがす 島根県大田市 香川県高松市 *こきくずす 福岡市 *こじゃす 茨城県新治郡 栃木県「形こじゃさねよーによーく持ってげ」 *こちゃす 茨城県稲敷郡 *こっくずす 福岡県久留米市・粕屋郡 *こばく 福井県敦賀郡 三重県名賀郡 *こばる 三重県名賀郡 *こぶつ 奈良県南大和 和歌山県「箱をこぶつ」「道をこぶって田にした」 *こぼす 島根県隠岐島「家をこぼす」 香川県丸亀市 愛媛県「自転車をこぼされた」 *こぼつ 和歌山県西牟婁郡 *こわかす 岐阜県郡上郡 *こわからかす 愛知県東春日井郡 *こわく 福井県敦賀郡 岐阜県山県郡 愛知県宝飯郡 *こわらかす 岐阜県郡上郡「馬車が道のいしかけ(石垣)をこわらかいた」 愛知県東春日井郡 *しまう 三重県北牟婁郡 滋賀県彦根 奈良県吉野郡 和歌山県新宮 徳島県「石をかんで歯をしもた」 高知市「道がしるいきに着物をしまあん様にコートを着ておいでよ」 熊本県上益城郡「いしょんなんもしまうもんなー(着物も何もだいなしになるものねえ)」 *しまる 青森県 和歌山県東牟婁郡 *しまわする 鹿児島県肝属郡「しまわすんな」 *しもう 和歌山県日高郡・東牟婁郡 *つぶす 山梨県南巨摩郡 大阪府泉北郡 兵庫県明石郡 香川県 *つぶる 香川県「箱をつぶる」 *はねめぐ 広島県比婆郡 *ばらかす 福井県足羽郡 福岡県三潴郡 *ひっこがす 佐賀県唐津市 長崎県彼杵 *ふかす 秋田県鹿角郡 *ぶかす 岩手県和賀郡 秋田県鹿角郡 *ふぐす 千葉県香取郡 新潟県岩船郡 *ぶくす 山形県「家をぶくす」 *ぶこす 秋田県「乱暴に弄ぶとぶこすよ」 *ぶじゅぐす 山形県西村山郡・最上郡「機械をぶじゅぐす」 *ぶずぐす・ぶずごす 山形県 *ぶちごす 山形県東置賜郡 *ふっかーす 静岡県北伊豆 *ぶっかーす 岩手県九戸郡 静岡県北伊豆 *ぶっかく 岩手県気仙郡 茨城県 千葉県東葛飾郡 *ぶっかす 岩手県気仙郡 栃木県 *ぶっくす 山形県村山 福島県 栃木県河内郡 埼玉県入間郡・北葛飾郡 千葉県印旛郡・夷隅郡 *ぶっくます 静岡県榛原郡 *ふっくやす 鹿児島県種子島 *ぶっこす 岩手県江刺郡・気仙郡 秋田県雄勝郡「筆入れをぶっこしてしまった」 山形県米沢市 福島県東白川郡 栃木県 埼玉県入間郡 千葉県房総 *ぶっちゃーす 千葉県香取郡 *ぶっちゃかす 東京都八丈島 *ぶっちゃす 茨城県 栃木県 千葉県香取郡 *ぶっちゃぶす 秋田県河辺郡 埼玉県北葛飾郡「かなづちでぶっちゃぶす」 *へちくずす(卑語)熊本県玉名郡 *ほごす 山形県「建物をほごす」 *ぽこす 秋田県「あの子は絵本をぽこした」 山形県 *ぽっかす 栃木県 群馬県山田郡 千葉県長生郡 *ぽっこす 岩手県気仙郡 宮城県登米郡・玉造郡 山形県米沢市・西置賜郡 福島県 茨城県猿島郡 栃木県足利市 群馬県佐波郡 埼玉県川越 千葉県市原郡・房総 新潟県 *ぽっこなす 岩手県気仙郡 *みしる 徳島県那賀郡 *めがす 島根県石見「誰かいガラスをめがーたのは」 山口県 愛媛県大三島 *めぐ 福井県 京都府中郡 大阪府大阪市・泉

北郡　兵庫県「めーだる（壊してやる）」　鳥取県・西伯郡　島根県「箱をめぐ」　岡山県　広島県　山口県　徳島県・美馬郡　香川県　愛媛県・松山

*めぐす 宮崎県西臼杵郡 *めげる 新潟県　福井県三方郡・大飯郡　京都府与謝郡　大阪市　兵庫県　奈良県　鳥取県鳥取市・西伯郡　島根県　岡山県　広島県　山口県　徳島県　香川県　愛媛県

高知県　長崎県対馬 *もじく 和歌山市 *もじくる 和歌山県「もじくんな」 *もじゃく 三重県度会郡 *もじる 和歌山県 *やんじゅん 沖縄県首里

*わらかす 富山県砺波　岐阜県郡上郡「茶碗わらかいた」・大垣市　滋賀県彦根　大分県

↓はかい（破壊）

□こと *かたぐり・がたくれ 茨城県稲敷郡

*ばんばらさん（めちゃめちゃに壊すこと） 香川県伊吹島 *むぬくんし 沖縄県首里 *もじもじ 和歌山県日高郡

こわめし【強飯】 *うむし 長野県諏訪　岐阜県飛驒　島根県石見「もち米をうむしにして餅を搗く」　岡山県苫田郡・岡山市 *うむしめし・おもしめし 島根県出雲 *おふかし 栃木県「おふかし食べんだがらちょうだい」 *おむし 徳島県　高知県

*おもし 島根県出雲・隠岐島 *かしき 愛媛県東宇和郡　鹿児島県奄美大島　沖縄県八重山 *かしきー 沖縄県国頭郡 *かしきみし 鹿児島県奄美大島 *かしちー 沖縄県中頭郡・那覇市・首里 *かしんきー 沖縄県与那国島 *かすき 沖縄県八重山

*かひき 沖縄県竹富島 *くしん 沖縄県与那国島

*こしきのめし 鹿児島県肝属郡 *こしっのめし 鹿児島県 *こわい 福島県大沼郡　愛知県名古屋市 *こわいー 岐阜市 *はしき 鹿児島県沖永良部島 *ふかし 北海道美唄市

青森県　岩手県　宮城県　秋田県　山形県　福島県　東京都三宅島　新潟県 *ふかしまま 山形県北村山郡 *ふかしめし 山梨県南巨摩郡 *むし 新潟県佐渡　滋賀県蒲生郡 *むしめし 奈良県吉野郡 *むしもの 兵庫県加古郡　香川県三豊郡

↓せきはん（赤飯）

こわれる【壊】 *いっくえる 長崎県対馬 *いっくゆる 熊本県八代郡・下益城郡 *いっくわえる 熊本県芦北郡 *うちくゆる 長崎市 *うちゃれる 三重県志摩郡 *うっかんぐる 佐賀県 *うっくゆる 佐賀県　長崎県北松浦郡「ひどうするとうっくゆるぞ」・五島　熊本県下益城郡　鹿児島県

*うっくれる 埼玉県南埼玉郡 *うっちゃける・うっちゃーける 埼玉県秩父郡「そんなことをしては障子がうっちゃける」「柿が熟して落ちてうっちゃあけた」 *うっつぁける 栃木県安蘇郡 *おえーる 山梨県中部 *おえる 山梨県　静岡県「おえると困るでせせくるな」 *おがる 石川県羽咋郡 *おがれる 富山県　石川県鹿島郡・羽咋郡 *おっこわれる・おっかれる 長野県長野市・上水内郡 *おっこーれる 群馬県群馬郡　長野県北佐久郡・南佐久郡 *おっちゃれる 栃木県 *がーたれる 静岡県・磐田郡 *がえる 鹿児島県肝属郡 *がゆる・がらになる 鹿児島県 *くーりゆん 沖縄県首里

*くずける 石川県　岐阜県飛驒　静岡県志太郡　愛知県岡崎市　兵庫県・養父郡　島根県 *くまれる 静岡県榛原郡 *くんでぃゆい 鹿児島県喜界島 *くんでぃゆん 沖縄県首里 *けくえる 鹿児島県硫黄島 *けくゅい 鹿児島県 *ござる 鳥取県「家の軒がござる」・西伯郡「長らく使ったが遂にござった」 *こじける・こずける 島根県「茶碗がこじけた」 *こじゃれる 栃木県「ガラスがこじゃれた」

*こばける 三重県名賀郡　京都府丹後 *こぼれる 奈良県南大和 *こわける 石川県河北郡・鳳至郡　福井県　長野県　岐阜県郡上郡　静岡県「桓根がこわける」　愛知県　三重県鈴鹿郡 *さくれる 島根県隠岐島 *さでめげる 広島県比婆郡 *ちーやるる 熊本県下益城郡 *ちゃーれる 茨城県稲敷郡・新治郡 *ちゃれる 千葉県印旛郡 *つっくえる 佐賀県三養基郡　鹿児島県肝属郡 *つっくゆい 鹿児島県 *つっくゆる 長崎県北松浦郡「あめでどこかつっくゆる様になった」　熊本県下益城郡

*つぶれる 山梨県南巨摩郡　大阪府「錠前がつぶれる」　兵庫県明石郡　香川県 *つむれる 奈良県吉野郡 *つんくゆる 熊本県下益城郡 *ぶかれる 秋田県「大風のため傘がぶかれた」 *ぶくまれる 静岡県「家がぶくまれた」 *ぶっくれる 山形県村山

福島県若松市・大沼郡　茨城県　栃木県　千葉県印旛郡　新潟県東蒲原郡「ミシンがぶっくれた」

*ぷっくれる 茨城県稲敷郡 *ぷっこーれる 山形県東田川郡 *ぶっこれる 宮城県仙台　秋田県雄勝郡　山形県鶴岡　長野県佐久 *ぷっちゃーれる 茨城県 *ぶっちゃれる 茨城県真壁郡 *ぷっちゃれる 茨城県稲敷郡 *べしゃげる 兵庫県明石郡

*ぼこれる 秋田県「机がぼこれた」　山形県 *ぼっかれる 栃木県宇都宮市・安蘇郡 *ぼっこる 福島県石川郡・西白河郡　栃木県足利市 *ぼっこれる 岩手県気仙郡「今度の話、ぼっこれてしまった」　宮城県仙台　山形県　福島県東白川郡　栃木県　群馬県桐生市・佐波郡　埼玉県川越　長野県佐久

*ぼっこわれる 宮城県石巻 *みげる 島根県出雲

*みじく 滋賀県愛知郡　和歌山市「箱がみじいた」

*みじける 滋賀県愛知郡 *みしゃげる 山口県「焼物がみしゃげた」・阿武郡 *みじゃける 群馬県吾妻郡　長野県佐久　長崎県対馬 *みだける 福井県大飯郡　山口県大島　愛媛県 *むしゃげる 滋賀県愛知郡 *むじゃける 長野県佐久 *めーる 滋賀県高島郡 *めぐ 鳥取県・気高郡 *めげー 鳥取県西伯郡 *めげる 新潟県　福井県三方郡・大飯郡　京都府与謝郡　大阪市　兵庫県　奈良県　鳥取県鳥取市・西伯郡　島根県「風で垣がめげた」　岡山県「娘の結婚話はめげてしもうた」　広島県「めげた米」　山口県　徳島県　香川県　愛媛県　高知県　長崎県対馬 *めしゃげる 福井県大飯郡　兵庫県明石郡 *めだく 岡山県児島郡 *めだける 徳島県那賀郡・海部郡 *もじける 和歌山県那賀

郡 *もじる 和歌山県 *やぶてる 広島県 山口県玖珂郡 *やぶりゆい 鹿児島県喜界島 *やんでぃゆん 沖縄県首里 *らじゃえる 宮城県加美郡「らじゃえた」
↓はかい（破壊）

こん【紺】 ⇩こんいろ（紺色）

こんいろ【紺色】 *あしじ 沖縄県島尻郡 *おりいろ 長野県 *くろ 栃木県河内郡「くろたび」 *くんじ 沖縄県・石垣島・鳩間島 *つふいる 沖縄県竹富島 *はないろ（「はなだいろ（縹色）」の略） 岩手県盛岡市 埼玉県川越市（藍色） 新潟県佐渡 富山県砺波（濃藍色） 静岡県志太郡「はないろの茄子」 岡山県津山市（縹色） *はなこん（赤みを帯びた紺色） 新潟県佐渡

こんいん【婚姻】 ⇩けっこん（結婚）・こんれい（婚礼）

こんがらかる *あやくー 栃木県 *あんつくざーるん・あんつぃくざーるん・あんつぁーるん 沖縄県石垣島 *くまらける 岩手県 *くまる 青森県「糸あくまった」 岩手県九戸郡 秋田県鹿角郡 *まさくれる 鹿児島県肝属郡 *むさぶれる 京都府北部 *むさぼれる 福井県大飯郡 *むすばける 富山県富山市近在・砺波 *むすばる 富山県砺波 岐阜県飛騨「糸がむすばる」・大垣市 *むすびれる 島根県石見・仁多郡 *むすぼる 岐阜県北飛騨 *もすぼれる 島根県大原郡・隠岐島 *もろくる 長崎県五島「もろくって」
↓もつれる（縺）

こんき【根気】 *えんず（「いじ（意地）」の転か） 秋田県南秋田郡 *がしょー 新潟県佐渡 *がへ 青森県南部「がへあない（根気がない）」 *きこん 山形県 新潟県佐渡「きこんがよい」 熊本県芦北郡・八代郡「きこん負け」 鹿児島県肝属郡「きこんづい（根気強い）」 *こし 岡山県児島郡 香川県 *せーこ 長野県諏訪 *せっこ 長野県 *せっこー 長野県「せっこーいー」「せっこーがいー（根気が良い）」 *ちくん 沖縄県首里「ちくんぶちくん（元気のある時とない時）」 *ねかばり 長崎県対馬「ねかばりの強い人ぢゃ」 *ねき 愛知県北設楽郡 *のーげ 愛媛県大三島「なひたまあ（なんとまあ）のーげのなー子よーのー」

□がない人 *ずくなし 新潟県佐渡・中頸城郡 山梨県 長野県更級郡・南佐久 *のっぽ 静岡県磐田郡 愛知県東加茂郡 滋賀県蒲生郡 *のっぽー 静岡県田方郡 広島県倉橋島・高田郡

□がよい *きこんずい 鹿児島県肝属郡 *こんがいー 徳島県那賀郡 *しおい 徳島県「夜がしおい（夜、何時間でも起きているさま）」 *しわい 岡山県阿哲郡・岡山市「仕事をしわおーやる（日が暮れても仕事をやめない時などに言う）」 山口県豊浦郡 徳島県 愛媛県（夕方遅くまで仕事をするのに言う） *せこんずい 鹿児島県肝属郡 *ねしこい 島根県石見 *ねじっこい 長野県下伊那郡 *ねずい 宮崎県東諸県郡 *ねつい 山形県山形市・南村山郡 兵庫県但馬 鳥取県西伯郡 熊本県玉名郡 鹿児島県肝属郡

□がよいさま *きこん 山形県「きこんする（根気強く勤める）」「きこんに稼ぐ」「よぐ、きこんと降る」 富山県砺波 和歌山県日高郡「きこんな子ぢゃ」 *こまめ 和歌山県 *こんき 岐阜県不破郡「こんきに見に帰（け）んならん」 岐阜県大垣市 静岡県「こんきな事だ」・榛原郡「こんきと医者通いをしている」 愛知県名古屋市「こんきとやる」「お前さんもようこんきにお参りやあすなも」 三重県志摩郡 滋賀県彦根 愛媛県 *こんぎりめ 滋賀県彦根 *しっしりこんがり 長崎県壱岐島「しっしりこんがり一日かかっちしちしもーた」 *じょーこん 岡山市 *じんばりまんじり 富山市近在

□よく *こんに 岡山市 愛媛県・周桑郡「こんにすすめる」 *ねらくぼんだい 島根県益田市「隣はねらくぼんだいに仕事をする」 *ねりょーぼんだい 島根県石見 *ねりょーもんだい 島根県美濃郡

こんきゃく【困却】 *ぎちかわ 滋賀県蒲生郡・神崎郡 *しゃっくり 新潟県西蒲原郡「しゃっくりしる」 *とじん（「徒然」か） 秋田県平鹿郡 *なぎ 大阪市「そのことでなぎしてまんのや」 *なんぎ 三重県名張市・阿山郡 京都市 大阪市「えらいなんぎなことがでけたんや」 兵庫県明石郡 和歌山市「あの人が来てくれんとはなんぎやな」
↓こまる（困）・こんわく（困惑）

□する *あくねしぼる 福岡市 *いだる 兵庫県淡路島 徳島県 *かいふる 秋田県鹿角郡「俺もあの時ぁかひふった」 *がおる 千葉県香取郡「がおった」 *てぐずむ 山形県東置賜郡 *てこずむ 新潟県北蒲原郡

こんげつ【今月】 *くぬしき 沖縄県八重山 *くぬしっき 沖縄県竹富島

こんざつ【混雑】 *あららんこららん（てんてこまい。大混雑） 香川県伊吹島 *いもこじ 愛知県尾張 *くんくるばーせー（人を押しのけたり突き倒したりの大混雑） 沖縄県首里 *ぐんじ 愛媛県南宇和郡「ぐんじなす」 *くんじゅ 三重県名賀郡「電車えらいくんじゅしてたで」・鈴鹿郡 大阪市 奈良県宇陀郡 和歌山県伊都郡 *くんじゅー 群馬県吾妻郡 京都府竹野郡 兵庫県佐用郡 *くんじょ 三重県伊賀 *くんず 岩手県気仙郡「くんずする」 *ごてくさ 東京都八王子 *ごんたく 群馬県吾妻郡 *どさくり 京都府竹野郡「あのどさくりの最中に大夕立となりまして」 *どさくれ 島根県出雲 *どそくさ 島根県隠岐島「どそくさする」 *どやかや 新潟県中越 *どやがや 新潟県長岡市・中魚沼郡 *どやくや 長野県諏訪・東筑摩郡 *どやぐや 青森県上北郡 *どんじからん 新潟県佐渡 *はいぐん（一説に豊臣軍が朝鮮との戦いで大敗、総崩れしたところからという） 島根県 *は

いごん 島根県「よんべは親子喧嘩ではえごんだった」 ***まじゃっくり** 沖縄県石垣島 ***まぜ** 岡山市「おーまぜ(大混雑)」

→ごったがえす(―返)・こみあう(込合)

□**する** ***おざわく** 島根県 ***ぐらっかえす** 茨城県稲敷郡・猿島郡 ***ぐらっかえする** 茨城県稲敷郡 ***ごーらんじる** 広島県佐伯郡 ***ごっちょーかえす** 神奈川県中郡 ***ごてつく** 愛知県知多郡 高知県幡多郡 ***ごてる** 岐阜県本巣郡 愛知県 兵庫県淡路島 徳島県 ***ごもつく** 茨城県新治郡 ***ごんてんかやす** 石川県鳳至郡 ***しょむ** 京都府北部 兵庫県西宮市・加古郡「茄子はあんまりしょんで植えたら虫がつく」 鳥取県東部「銭湯がしょむ」 岡山県「今日はバスがしょんでのー」 ***せぎわう** 島根県出雲「せぎわっちょうませんけん、はや、おえでませや(人が多くありませんから、早くお越しなさいませよ)」 ***せく**(非常に混雑する)富山県射水郡 長崎市 熊本県 鹿児島県・種子島 ***せぐ**(非常に混雑する)新潟県佐渡 島根県「汽車が今日はせぐなー」 広島県 山口県阿武郡・豊浦郡 福岡市 ***せこむ** 高知県「建物が小さいから遅うに行くとせこむか知れん」 ***せしこう** 熊本県下益城郡・天草郡 宮崎県西臼杵郡 ***せせこう** 長崎県北松浦郡・長崎市 ***せっ**(非常に混雑する)鹿児島県 ***せっきょ** 鹿児島県 ***せる** 富山県 兵庫県 岡山県「ぼっこー人がせって足が宙になった」 徳島県 香川県「バスがせってえらかったわ」・高松市・小豆島 愛媛県・周桑郡「いよいよせって通れざった」 ***せれる** 島根県大原郡・隠岐島 ***つかえる** 大阪市 奈良県 島根県 広島県高田郡 ***つむ** 三重県 京都市 大阪府大阪市・泉北郡 奈良県「此頃の電車のつむ事と来たら」 和歌山市 香川県 ***でんぐりがえる・でんぐりかえる**(非常に混雑する)和歌山県 ***どさつく・どさかえす** 新潟県佐渡 ***どさくる** 京都府与謝郡 鳥取県西伯郡 ***どさくれる** 鳥取県西伯郡 島根県「仕事が忙しくてどさくれた」 ***どさぶる** 京都府 ***どねる・どにえる** 島根県簸川郡・出雲市「隣の家は嫁入りでどにえる」 ***どばずく** 島根県大原郡「火事でどばずいた」 ***どんだくれる** 島根県簸川郡「火事のためにどんだくれた」 ***にえかやす** 山口県豊浦郡 ***にえくりかえる** 島根県邑智郡 ***ねーっけーす** 長野県佐久 ***まずる** 長崎県壱岐島 ***まぜをかえす** 岡山市 広島県高田郡 ***まぜこねる** 香川県 ***もちゃめく・もっちゃめく** 秋田県鹿角郡 ***らんがいる** 千葉県東葛飾郡

□**するさま** ***うおさお** 島根県邇摩郡 ***うわさわ** 島根県石見「道路で人がうわさわしとるが、何をしとるんだろう」 ***おわさわ** 島根県隠岐島 ***がかもか** 秋田県山本郡・南秋田郡「家移りの時がかもかした」 ***がしゃがしゃ** 徳島県 ***がじゃがじゃ** 新潟県西蒲原郡 富山県 ***ぐーさい** 佐賀県 ***ぐやいぐやい** 鹿児島県 ***ぐやぐや** 山形県新庄・米沢市 新潟県佐渡 長野県諏訪・東筑摩郡 静岡県志太郡「あり(蟻)んぐやぐやいる」 ***ぐらぐら** 和歌山県東牟婁郡 ***ぐんでがやる**(芋の子を洗うように混雑するさま)香川県三豊郡 ***ごてごて** 奈良県 ***ごもごも** 茨城県南部「ごもごもする」 ***ごやごや** 岩手県気仙郡「ごやごやど人集まって歩げながった」 宮城県石巻・仙台市「池の魚、ごやごやでがす」 山形県東部 福島県東白川郡 茨城県久慈郡・真壁郡 栃木県 長野県東筑摩郡 ***ごやわや** 山形県米沢市 ***さっさくさ・さっぱさてー** 長崎県対馬「火事で何もかもさっぱさてーなこっちゃ」 ***すったごった** 福島県東白川郡「あそこでぇ、ご祝儀ですったごったしてるよ」 ***どかすか** 島根県邑智郡 ***どさどさ** 長野県下水内郡 ***どさりくさり**(秩序がなく混雑するさま)島根県石見 ***どばどば** 島根県美濃郡・益田市「どうもどばどばして勉強が出来ん」 ***どわさわ** 島根県隠岐島「嫁入りで隣の家はどわさわする」 ***とわとわ** 島根県出雲 ***どわどわ** 島根県 ***ひちゃ** 奈良県北葛城郡 ***わんさもんさ** 東京都南多摩郡

こんな ***あんじり** 沖縄県石垣島「あんじりむぬ(こんなもの)」 ***か** 京都府葛野郡 ***かー** 石川県石川郡「かーなでかいな、めんぱでもろてにゃ」 福井県遠敷郡「かあにする」 三重県南牟婁郡「かあなこと」 奈良県吉野郡「誰やなんちゅうてもかあな事すんな」 愛媛県大三島 ***かえつけ** 山形県 ***かんねーる・かねーる・かねる** 沖縄県首里 ***かん** 福井県「かんして」 沖縄県首里「かんなたる うぃーやしかたー ねーん(こうなった以上しかたがない)」・石垣島 ***きゃー** 岐阜県郡上郡「きゃーなことだちかん(こんなことだめだ)」 ***ぎゃー** 岐阜県郡上郡 鳥取県東部「ぎゃあなんだった」 ***くぬぐとーる・くんぐとーる** 沖縄県首里 ***げー** 熊本県芦北郡・八代郡「げぇせんか(こうしないか)」 ***けずけ** 山形県米沢市 ***ごあー** 島根県美濃郡 ***こいがい** 香川県仲多度郡・三豊郡・伊吹島 ***こいや・こいやい** 香川県「服をこいやいに作ってつか(作ってください)」・仲多度郡 ***こえつけ** 山形県「こえつけなこと、わけない」 ***こえん** 三重県志摩郡 ***こーた** 山形県「こーだえ持って来て困る」 福島県東白川郡「こおだ奴いんねぇ」 茨城県 群馬県多野郡「こーたに腫れた」 ***こーと** 静岡県「こーとにやれ」 ***こが** 山形県米沢市「こがなこと」 石川県能美郡 滋賀県東浅井郡 京都府 奈良県南部 和歌山県 鳥取県因幡「こがして」 島根県 高知県(ののしる意を持つことが多い。下流)「こがにせいでも(しなくても)よかろーに、えらいひどい目にしたもんぢゃ」「こがな字を書いて読めるかや」 鹿児島県種子島 ***こがー** 山梨県南巨摩郡「こがーのようのよいもなあ二人と出て来ないぞ」 和歌山県西牟婁郡 鳥取県倉吉市「こがーにはやーしんなはらーとわ(こんなに早く死になさるとは)」

島根県「こがーないたずらはやめー」　岡山県備中

広島県「こがーに暑けー」　高知県吾川郡　大分県北海部郡(漁業地)「こがーする」　鹿児島県種子島　*こがい 山形県「こがえ沢山茸が出てゐる」「こがえだものつまらぬ」　福井県大飯郡「こがえに大きなった」　静岡県磐田郡　三重県度会郡　兵庫県

奈良県南部　和歌山県「こがいのかつお見てからにないら(内海)へはいらえるもんかって」　岡山県

広島県「こがいにうるさいとこじゃー何一つ考えらりゃーへん」　山口県大島「われがあがえ言ふけえ(お前があんなふうに言うから)、おらこがえする」　愛媛県　高知県　福岡県京都郡・企救郡　*こがん 東京都八丈島「こがんならら(こんなになった)」　奈良県吉野郡「こがんして杖ょうついてからに」　岡山県備中　広島県比婆郡「こがんなってしもーたーや」　長崎県「こがんとこれにゃ来んにゃ(こんな所へは来るな)」「こがんうるさかとこっじゃーなんもかんがいられん」　熊本県玉名郡・天草郡　*こぎゃ 千葉県夷隅郡「こぎゃなの(このような)」　島根県八束郡　*こぎゃー 岐阜県郡上郡「こぎゃーなことしてはだちかん(こんなことをしてはだめ)」　鳥取県岩美郡・気高郡「こぎゃーな本」　広島県芦品郡

熊本県阿蘇郡　宮崎県西臼杵郡　*こぎゃーた 秋田県由利郡「こげぁたにある」　*こぎゃん 鳥取県西伯郡　島根県出雲・隠岐島　佐賀県「こぎゃんふーにやりよったよねー」「こぎゃんわるいことはしてならぬ」　長崎県「こぎゃんなさりゃっせ(このようになさいませ)」　熊本県「こぎゃんした柄(がら)はどげんですか」　鹿児島県肝属郡「こぎゃんこっがあいむんか(こんなことがあるものか)」　*こけ 和歌山県那賀郡「この子はまあこけま事して」　*こげ 秋田県南秋田郡　山形県「こげに寒くては」「こげだけ(こんなであった)」　栃木県上都賀郡・那須郡　千葉県夷隅郡「こげなんきれをくんな」　東京都御蔵島　新潟県佐渡　愛知県　三重県志摩郡・度会郡　和歌山県　鳥取県西伯郡「こげして」・日野郡　島根県出雲・隠岐島　愛媛県　福岡県　長崎県壱岐島　熊本県阿蘇郡　大分県「こげなん見たらビール飲みとうなるわ」　鹿児島県「こげなーか(このような)」・宝島「こげな本」　*こげー 山形県　千葉県夷隅郡「こげぇーにしてくんな」・君津郡　新潟県佐渡「こげえ人は知らん」　愛知県岡崎市・額田郡　和歌山県那賀郡　島根県仁多郡　岡山県児島郡　福岡市「こげーな物は駄目ばい」　長崎県南高来郡・対馬(田舎の語)　熊本県阿蘇郡　大分県(下流)　宮崎県西臼杵郡「こぐぇーなやかましとこでわなんにも考えられん」　*こげん 千葉県夷隅郡　新潟県佐渡　三重県志摩郡　島根県出雲「こげん事」　岡山県児島郡　福岡県　佐賀県・神埼郡　長崎県南高来郡・西彼杵郡　熊本県「こげん何でも高っか時」　宮崎県都城　鹿児島県・宝島

*ここん 東京都八丈島「風えここん飲みごって腹ん中の悪け空気と入れけえると」　*こじぇげ・こじぇげだ 山形市「こぢぇげだなもの」　*こずげだ 山形県　*こた 山形県「こだな野郎」　福島県東白川郡

*こだい 宮城県石巻「こねえだ教(おせ)らったのわこだえがな」　新潟県下越「こだえに」　*こただ 青森県三戸郡「こただね貰って来た」　*こたら 青森県「こたらもの」　*こたんだ 秋田県平鹿郡　*こっけ 山形県置賜「こっけな物すてろ」　新潟県中越「こっけにいい万年筆がわあるいてがか(あるものだろうか)」　*こつけ 山形県米沢市　*こつげ 新潟県三島郡　*こっけー 新潟県中越　*こった 青森県南部　秋田県雄勝郡「こったもの」　新潟県中蒲原郡「こったもかかりますがんだの(こんなにかかるんですね)」

*こったら 北海道「こったらに多い」　青森県南部「こったらねいいの買って来た」　宮城県石巻「こったらばっこでわ、なんのたすけにもなんねぇでば」

*こっつあ 新潟県東蒲原郡「こっつぁこわれた物は捨てちまえ」　*こっつら 新潟県中越「こっつらもん(このようなもの)」　*こっとー(下品な語) 島根県美濃郡　*こな 新潟県上越　徳島県「こななことになった」　香川県「こななめんどいことは出来ん」

愛媛県「こななんすかん」　*こない 富山県　石川県鹿島郡　福井県大飯郡「こないいこなった(このように大きくなった)」　静岡県磐田郡　愛知県尾張　三重県松阪　滋賀県彦根・神崎郡　京都府

大阪府「こないしたらどうだっしゃろ」　兵庫県

奈良県南部「こないに結構なこと無いんじゃや」　和歌山県　鳥取県　広島県高田郡　徳島県「こないによーけ(たくさん)どうするんぞ」　香川県「こないなってしもたがな」　愛媛県「こないなこと」　*こなん 香川県「こなんことしょったらおくれてしまうぞ」　*こにゃー 兵庫県城崎郡　*こにゃえー 兵庫県養父郡　*こにゅん 鹿児島県　*こね 三重県　和歌山県那賀郡　*こねー 新潟県佐渡　富山県　島根県石見「こねーなことでどうなります」　岡山県

山口県「こねいにならんうちに早うなおさんから」・阿武郡・大島　長崎県対馬(田舎の語)　*こねん 新潟県佐渡　三重県志摩郡「こねんって(このようにして)」　奈良県「こねん曲って来たらどうにもならん」・吉野郡・南葛城郡　長崎県壱岐島

*この 山形県庄内　*このい 京都府　鳥取県　岡山県苫田郡　徳島県美馬郡「このいなきたなげなくじゃーなんちゃかんがえれん(こんなうるさい所では何も考えられない)」　高知県「しのべざったきに(かたづけなかったので)このいに汚れた」　*このー 新潟県佐渡「このうに沢山はいらん」　*このがい 宮城県仙台市　*このん 新潟県佐渡「このんことしちゃならん」　*こべぁ 秋田県平鹿郡「こべぁに寒くては困る」　*これがー 広島県三次市・双三郡　*これがい 広島県賀茂郡　*こわい 和歌山県西牟婁郡

*こん 静岡県「こんに足をきずつけた」　三重県志摩郡・鈴鹿郡　京都府与謝郡　香川県　高知県香美郡　*こんが 新潟県佐渡・長岡市　和歌山県　徳島県美馬郡　香川県佐柳島　*こんがい 山形県西置賜郡　新潟県　福岡県京都郡　*こんぎゃ 徳島県美馬郡「こんぎゃなこと」　香川県志々島「あ

あ、こんぎゃになった」 高知県 *こんぎゃー 広島県「もーこんぎゃーなこたーすな」 *こんげ 山形県 群馬県前橋市「こんげなほん」 新潟県「こんげもんでえーばなじょーもおもちなさえ(こんなもんでよければ、どうぞお持ちください)」 高知県・幡多郡「こんげになった」 宮崎県 *こんげー 山形県「こんげえ出来たと思はなかった」 新潟県中越「こんげいおもしゃい話きき行がんてがか」 *こんげん 千葉県夷隅郡 新潟県西蒲原郡 岐阜県恵那郡 長崎県対馬・南高来郡・長崎市 *こんた 岩手県上閉伊郡「こんたな物が欲しい」 秋田県「こんた事」 山形県西田川郡 *こんたえんだ 秋田県由利郡「こんたえんだものだ」 *こんたへーあ 岩手県上閉伊郡「こんたへぇぁな物何にする」 *こんたら 青森県「こんだらもの(つまらないこんなもの)」 *こんちゃ 新潟県東蒲原郡 *こんつ 山形県西置賜郡「こんづばり(これればかり)」 新潟県東蒲原郡「こんつなこと」 *こんつくた 秋田県「こんつくたものなんか沢山ある」 *こんつけ 新潟県東蒲原郡 *こんつら 福島県南部「こんつらもの棄ててしまえ」「こんつらこやかましいとこではなんにも考へらんね」 新潟県 石川県石川郡「こんつらなこと」 愛知県碧海郡 *こんつれ 山梨県南巨摩郡「大勢がかりでこんつれの事しらー出来のーか」 *こんて 茨城県久慈郡 *こんで 静岡県 *こんてあ 宮城県石巻「こんてぁなざまでだめだ」 秋田県秋田市・河辺郡「こんてぁに待って居る」 *こんてん 新潟県佐渡 *こんとー 島根県石見「こんとーないたずらをしてお前は一体何年生か」 広島県双三郡・御調郡 *こんなた 静岡県「こんなたになった」・田方郡 *こんなん 静岡県庵原郡「こんなん本」 *こんね 石川県・福井市 長野県上伊那郡「こんねに拾ったい」 岐阜県郡上郡・飛騨「こんねたんと(こんなにたくさん)貰ってすまん」 三重県 *ごんね 福井県敦賀郡 *こんねー 山梨県 長野県諏訪・佐久 *こんねん 長野県上伊那郡 三重県伊賀

↓「このよう(此様)」の子見出し、「このような」

□に *かんし 沖縄県首里「かんし なんじやんでー うまーんたん(こんなに難儀だとは思わなかった)」 *かんじ 沖縄県石垣島 *くぬぐとぅ・くんぐとぅ 沖縄県首里 *ほーろ 京都府竹野郡「ほーろ寒いのに一日中立ち続けだった」 愛媛県大三島「ほーろおかしい」

こんなん【困難】 *あずりさんまい(大困難) 山口県大島 *あん 沖縄県石垣島 *とちめん 滋賀県甲賀郡 *なぎ 大阪市「そのことでなぎしてまんのや」 *なんぎ 三重県名張市・阿山郡 京都市 大阪市「えらいなんぎなことがでけたんや」 兵庫県明石郡 和歌山市「あの人が来てくれんとはなんぎやな」 *めんずごんず(めちゃくちゃな困難) 岩手県平泉

↓なんぎ(難儀)

□だ *あわりやん 沖縄県鳩間島 *いたしー 島根県「いたしー仕事ばっかりが廻ってくる」 岡山県小田郡 広島県 山口県「この問題はいたしい」 愛媛県・大三島 *いたしくろしー 愛媛県大三島 *えらい 岩手県胆沢郡「いやー、いや、えれかった」 石川県能美郡・石川郡 福井県・遠敷郡「えろーなかったら、ちっと持っておってくだんせんかー」 長野県 岐阜県 静岡県 愛知県「一日歩き通してああえらい」 三重県 滋賀県 京都府「うーん、えらて書く気んなれらへんだぁな」 大阪府「えろおまんな(たいへんですね)」 兵庫県 奈良県 和歌山県・新宮 鳥取県「えれもんでした(御苦労でした)」 島根県 岡山県 広島県 山口県 徳島県 香川県「えろーなる(疲れる)」 愛媛県・周桑郡・喜多郡 宮崎県日南市 *きぶい 島根県浜田市「山え登るのはどうもきぶい」 *せーがない 静岡県安倍郡 *どぅーぐりしゃん 沖縄県首里 *めどくさい 青森県津軽 *めんどい 大阪府泉北郡 徳島県 香川県「この数学の問題はめんどいな」 愛媛県青島 高知県 *やいくるしー 山口県 *やいくろしー 兵庫県加古郡 *やおーいかん・やうーいかん 長崎県壱岐島「やっち見るとなかなかやうーいかん」 *やおいかん 福岡市 宮崎県西臼杵郡「やおいかざった」 *やおーない 島根県石見・仁多郡 佐賀県 *やおいこっちゃーない 山口県豊浦郡 *やぎろーしー 岡山県児島郡 *やぎろしー 香川県 *やごくろしー 兵庫県加古郡 *やにこい 福井県大飯郡「やにこい顔をしてゐる」 島根県石見 広島県 山口県 *やにっこい 島根県石見 *やねこい 島根県石見・隠岐島「やねこい問題が出た」 広島県 山口県・玖珂郡 愛媛県「それはなかなかやねこい、一寸やそっとにできゃせん」・大三島 *やねっこい 岡山県小田郡 *ややくろしー 愛媛県 *ゆるくない 北海道松前郡「きょーはふぃで(ふぶいて)ゆるくなぇくてあったべせぁ(たいへんだったでしょう)」 青森県「此暑気に病気でねているのもゆるぐなぇ」 岩手県気仙郡・下閉伊郡 宮城県 秋田県平鹿郡「其の工事をなすにはゆるくない」・鹿角郡 山形県西田川郡・米沢市

こんにちは【今日—】 ⇩「あいさつのことば(挨拶言葉)」の子見出し、「日中の挨拶(こんにちは)」

こんにゃく【蒟蒻】 *えどゆき 奈良県吉野郡 *すなおろし 香川県高見島 *てんないぐさ 岐阜県加茂郡 *てんぴら 岐阜県養老郡 *どくはらい 神奈川県津久井郡 *にゃく 京都府宇治郡 *べったら 栃木県河内郡 *へびのあねさま 山形県東田川郡

こんばん【今晩】 *えーよー 東京都八丈島 *きょーばん 兵庫県佐用郡 広島県尾道・芦品郡「ひさしぶりにはれたけー、きょーばんわ、ひとがじょーてー(人が出るだろう)」 香川県・豊島 *けーさ 香川県綾歌郡 *こいさ 三重県 和歌山県「こ

いさの月は明い」岡山県上房郡・小田郡　広島県　山口県大島　徳島県　香川県　愛媛県　高知県　大分県 *こいさり 和歌山県　山口県大島　徳島県美馬郡 *こいべ 石川県能美郡　長野県西筑摩郡　岐阜県大野郡　島根県　岡山県・小田郡・浅口郡　広島県　山口県長門・大島 *こいぺ 広島県双三郡 *こえーさ 岡山県阿哲郡・小田郡 *こえーべ 岡山県・苫田郡・邑久郡 *こゆーべ 岐阜県大野郡 *こゆべ 福岡県京都郡・小倉市 *こよさ(「よさ」は夜の意) 島根県大原郡　岡山県・上房郡　吉備郡　広島県安芸郡　徳島県・美馬郡　香川県三豊郡　愛媛県・喜多郡 *こよべ 島根県邑智郡　広島市　福岡県京都郡 *こんばんな 香川県三豊郡 *こんやさにゃー 佐賀県藤津郡 *こんやし 栃木県 *こんやしま 静岡県榛原郡 *ちゅーゆる 沖縄県首里 *どぅさい 沖縄県石垣島 *なーしる・なーしーる 鹿児島県沖永良部島 *なーしか 沖縄県中頭郡 *にーか 沖縄県本島 *にーが 沖縄県石垣島 *にか 沖縄県石垣島・波照間島・鳩間島 *にが 沖縄県与那国島 *にかぬゆー・にっか 沖縄県石垣島 *にはよー 沖縄県新城島 *ねー 沖縄県竹富島 *ねーか 沖縄県石垣島・首里 *ねーは 沖縄県黒島 *ばーげ 岩手県気仙郡 *ばげ 青森県津軽 *ばっげ 千葉県山武郡 *ばんげ 岩手県気仙郡 *ばんぎ 山形県東田川郡　宮城県玉造郡　山形県　福島県　栃木県　群馬県　埼玉県入間郡 *ばんげー 茨城県　埼玉県秩父郡　静岡県 *ゆーさり 宮崎県西臼杵郡 *ゆさい 鹿児島県喜界島 *ゆさり 宮崎県東諸県郡　鹿児島県喜界島・徳之島 *よーさ 島根県隠岐島　愛媛県　高知県 *よーさり・よーさる・よーさんがた・よーさんがたし 富山県射水郡 *よーに 鹿児島県奄美大島 *よーねー 鹿児島県喜界島 *よさ 高知県「お差支なくばよさお出で下さいませんか」 *よさり 山形県庄内　石川県羽咋郡・能美郡　三重県度会郡　長崎県壱岐島・北松浦郡 *よさる 富山県射水郡・砺波 *よされ・よま 山形県

こんばんは【今晩—】 ⇨「あいさつのことば（挨拶言葉）」の子見出し、「夜の挨拶（こんばんは）」

こんぶ【昆布】 *あおいた 兵庫県赤穂郡 *こっのは 鹿児島県鹿児島郡 *こぶかわ 秋田県鹿角郡 *はこぶ 熊本県天草郡 *ぼんめ(盆の飾り用) 岩手県気仙郡

こんや【今夜】 ⇨こんばん（今晩）

こんらん【混乱】 *うぞーまぞー 茨城県・猿島郡 *ぐゎさぐゎさ 沖縄県首里 *たんごく 和歌山県東牟婁郡 *どさくり 京都府竹野郡「あのどさくりの最中に大夕立となりまして」 *どさくれ 島根県出雲 *どそくさ 島根県隠岐島「どそくさする」 *どってんがえし(大混雑) 奈良県南大和 *どんやがんや(大混雑) 埼玉県秩父郡 *ひっちゃーごっちゃー 島根県美濃郡・益田市「嫁が来て家の中がひっちゃーごっちゃーして失礼した」 *ひっちゃこっちゃ 山口県玖珂郡 *へっちゃーごっちゃー 島根県「へっちゃーごっちゃーして何処へ何を仕舞うたか分からん」 *まじゃっくり 沖縄県石垣島 *まぜ 岡山市「おーまぜ(大混雑)」 *もーまい 青森県上北郡「忙しいのに病人あってもーめーしてしまった」・三戸郡　宮城県石巻　秋田県北秋田郡　山形県　埼玉県秩父郡 *もってたつ(大混乱) 福岡市 *もまい 山形県 *もんまい 愛媛県「もんまいかねる(あれもこれもで手が付けられなくなる)」 *やま 沖縄県首里「やまなゆん(乱雑になる。ごたごたする)」 *やまちりぐどぅ 沖縄県首里 *らっぴらんごく 静岡県榛原郡 *らんごーく 静岡県 *らんごく 静岡県志太郡「あのうちゃーらんごくだ」・榛原郡　愛知県北設楽郡　和歌山県西牟婁郡・東牟婁郡　島根県八束郡・隠岐島 *わやわや 富山県・高岡市　岐阜県　愛知県知多郡

↓みだれる（乱）

□する *あぜかえす 石川県鹿島郡 *どさつく・どさかえす 新潟県佐渡 *どさくる 京都府与謝郡　鳥取県西伯郡 *どさくれる 鳥取県西伯郡　島根県「仕事が忙しくてどさくれた」 *どさぶる 京都府 *ひのくるまがまう(大混乱する) 滋賀県彦根 *ぼつめく・ぼつめかす(大混乱する) 青森県津軽「ここねえで、ぼつめがすなでぁ(ここで騒ぐなよ)、じぇんこさごみしてるぁねそら(お膳(ぜん)にごみがかかってしまいますよ、ほれ、見なさいな)」「世の中ぼつめぐ(平穏無事ではない)」 *やいくる・やごくる(ごたごたと混乱する) 兵庫県加古郡

こんれい【婚礼】 *あいなーさーりよい(「花嫁を連れる祝い」の意。男性の方より言う語) 沖縄県石垣島 *うにびち 沖縄県首里 *おかたもらい 宮崎県都城 *おむかーさり 長野県諏訪 *おむかさり 宮城県仙台市　山形県 *こしゅーぎ 栃木県安蘇郡 *ごしゅーき 東京都八王子 *ごしゅーぎ 岩手県上閉伊郡　宮城県栗原郡　山形県　福島県「ごしゅうぎよばれ(結婚式への招待)」　栃木県　群馬県　山梨県南巨摩郡　長野県佐久　愛媛県周桑郡 *ごじゅーぎ 静岡県志太郡 *ごしゅぎ 長野県更級郡 *ごじゅんけ 熊本県芦北郡・八代郡　宮崎県延岡 *ごじょむけ 熊本県芦北郡　鹿児島県 *ごじょんけ 熊本県芦北郡　鹿児島県曾於郡 *ごすーぎ 山形県東置賜郡 *ごすぎ 山形県東置賜郡・西置賜郡 *ごずんけ 鹿児島県鹿児島郡 *ごぜむかい 鹿児島県 *ごぜんけ 鹿児島県・姶良郡・肝属郡 *ごぜんむかいのさかずき 鹿児島県種子島 *ごぞんけ 鹿児島県肝属郡 *さかずき 三重県志摩郡　島根県「今日隣でさかずきがあった」　香川県三豊郡 *ささぎ 沖縄県宮古島 *しゅーぎ 岩手県上閉伊郡　福島県　栃木県芳賀郡　埼玉県川越・入間郡　千葉県安房郡　福井県坂井郡　岐阜県郡上郡　静岡県志太郡　三重県志摩郡　佐賀県藤津郡　長崎県　熊本県　大分市 *しゅーこん 大分市 *しゅぎ 秋田市 *しょぎ 山形県東

田川郡 *どぅちかみ 鹿児島県奄美大島 *にーでぃち 沖縄県伊江島 *にーびき 鹿児島県沖永良部島 沖縄県島尻郡 *にーぴき 沖縄県黒島 *にーぴきよーい 沖縄県鳩間島 *にーびきよーえ 鹿児島県奄美大島 *にーびち 鹿児島県沖永良部島 沖縄県中頭郡・首里 *ぬびくゆうぇ 鹿児島県奄美大島 *ふるまい 青森県津軽 *むかーさい 長野県佐久 *むかーさり 長野県佐久・諏訪 *むかさり 宮城県登米郡・加美郡 山形県 福島県・北部「ゆうべむかさり見て来た」 長野県 *むかされ 長野県佐久 *むかはり 山形県東村山郡・西村山郡 *むこいり 三重県 *むことり 山形県 三重県志摩郡 *むさかり 宮城県栗原郡 *やーたち 鹿児島県奄美大島 沖縄県首里・那覇市 *よい 鹿児島県与論島 *よいいり 島根県鹿足郡「今夜よいいりがある」 *よめいわい(夫方へ引き移る儀式) 東京都新島 *よめじょいわい 長崎県五島 宮崎県 *よめじょさのおいわい 山口県見島 *よめじょす 長崎県五島 *よめじょもれ 宮崎市 *よめすまし 山口県祝島 *よめぶるめ 山形県飽海郡 *よめもらい 三重県志摩郡
→けっこん(結婚)

こんろ【焜炉】 *かいふろ(帆立貝の殻をなべにする貝焼きに使うところから) 秋田県仙北郡 *かまんでこ(土で作ったこんろ) 秋田県山本郡 *かやきだい(貝焼料理の時に用いるところから) 秋田市付近 *かんしゃくふろ 岡山県 *かんてき 新潟県佐渡 三重県伊賀 京都市 大阪市 兵庫県 奈良県 和歌山県 徳島県 香川県 愛媛県 高知県 *かんてら 香川県 *きゃふろ 秋田県仙北郡・雄勝郡 *くど 青森県津軽・南部 岩手県九戸郡 秋田県平鹿郡 *はやふろ 愛媛県 福岡県 *ふろ 島根県出雲 高知県 宮崎県日向 *ふろこ 秋田県平鹿郡 *ほろ 高知県幡多郡

こんわく【困惑】 *ころっと 愛知県中島郡「うちの子供にはころっとする」 *なぎ 大阪市 *なんぎ 三重県名張市・阿山郡 京都市 大阪市 兵庫県明石郡 和歌山市 *めーわく 宮崎県西臼杵郡
→こまる(困)・こんきゃく(困却)・とうわく(当惑)

□する *あどいる 香川県三豊郡 *うるー 島根県石見 *ごねる 青森県津軽「長男が病気だし女房は産気づいているし、わもなもごねてしまったでぁ(いやもう、おれもすっかりまいってしまいましたね)」 千葉県香取郡 香川県高松市 *せーがきれる 青森県 徳島県 *せがきれる 青森県 宮崎県東諸県郡 *せきれる 青森県上北郡 *せしこ 宮崎県東諸県郡 *せしこう 宮崎県宮崎郡 *とんじまげる・とんじまける 秋田県仙北郡 *ひきれる 青森県津軽

方/言/の/窓

●方言文字

そもそも音声言語の世界である方言では、文字が問題となることは少ない。ただ、数はそう多くないが、特定の異体字が限られた地域で用いられるとき、その特定の異体字を方言形に見たてて「方言文字」と呼ぶことがある。

鹿児島県では「鹿」を「[illegible]」「[illegible]」「[illegible]」のように書くことがあるという。

新潟県では「潟」を「泻」と書くことが多く、これは江戸時代から続く習慣らしい。

中国地方では「山の鞍部、峠」を意味する方言形タワ・タオに「垰」「嵶」「乢」などの独特の字が用いられている。

そのほか福井県鯖江市の「鯖」→「鯖」、山形県鶴岡市の「鶴」→「寉」など、いずれも地名に関係したものである点に注目したい。

ざい【材】 ⇨ざいもく（材木）

さいきん【最近】 ⇨このごろ（此頃）

さいご【最後】 ＊**あとのけつ** 香川県高見島「あとのけつまでのこったらざまたれるわいや（麦刈り仕事などが最後まで取り残されたら、みっともないことだ）」 ＊**いちばんどす** 岐阜県武儀郡 ＊**うわい** 鹿児島県喜界島「うわいふぁてぃ（終果）の金持ち（最高の金持ち）」「ぢぇーやうわい（おもしろいこと限りない）」 ＊**おーぐす** 沖縄県首里 ＊**おさえ** 富山県砺波 大阪市 ＊**おさえまつり** 岩手県気仙郡 ＊**おさめ** 山形県西村山郡・南置賜郡 新潟県「やっぱりおさめに善は栄え悪はほろびる」 岐阜県郡上郡「これがおさめじゃもしれん」 ＊**おつむり** 福島県東白川郡 ＊**おつもり** 福島県東白川郡 長野県上伊那郡 ＊**おとり** 岡山市 ＊**おんざ** 三重県阿山郡 滋賀県蒲生郡 大阪市 香川県小豆島 愛媛県津島（だめになる意を含む） ＊**おんざのはね** 滋賀県蒲生郡 ＊**おんじまり** 島根県出雲 ＊**おんずまり** 滋賀県彦根 京都府竹野郡「まあそんなわけで、おんずまりは、私らが尻ぬぐいせなならんでしょう」 奈良県 島根県 広島県高田郡 山口県 長崎県対馬 ＊**おんずめ** 岐阜県山県郡 広島県高田郡 山口県豊浦郡 徳島県 ＊**おんだのはて** 山口県玖珂郡「おんざのはてにゃあ泣くやうになる」 ＊**ぎょべ** 愛媛県宇摩郡 ＊**げげ** 鳥取県岩美郡 ＊**げんげ** 島根県簸川郡「席順はげんげだった」 ＊**さいごろべー** 島根県石見「出たらさいごろべー戻って来ん」 ＊**さえ** 高知県「この着物もこう色がさめちゃさえじゃ」・高知市「人もそれほど恥知らずになったらもーさえじゃのー」 ＊**しけ** 青森県津軽 秋田県 ＊**しけこ** 青森県三戸郡 ＊**しけんばち** 秋田県河辺郡 ＊**しけんぼ** 宮城県登米郡 ＊**しっかー** 茨城県北相馬郡 ＊**しっくけ** 千葉県東葛飾郡 ＊**しっけ** 岩手県気仙郡 栃木県「お前がしっけだがな」 ＊**じっけ** 栃木県安蘇郡 ＊**しって** 栃木県安蘇郡 ＊**しっぱらい** 山梨県南巨摩郡 ＊**しっぱれー** 福島県東白川郡「皆帰っちゃって、おれ一番しっぱれーだな」 長崎県対馬 ＊**しっぺ** 青森県上北郡 山形県米沢市 栃木県 群馬県邑楽郡 ＊**しっぽ** 新潟県佐渡 長野県佐久 ＊**しど** 青森県南津軽郡 ＊**しぱ・しぱこ** 秋田県鹿角郡 ＊**しぱれ** 青森県津軽 ＊**じょーおろし**（氏神祭の終了後、最後に残った人が錠を下ろして帰る習わしから）京都府竹野郡「あの家が錠おろしだろう（農作業の一番後れた家を言う）」 香川県三豊郡 ＊**しりっぺー** 長野県 ＊**しりっぽ** 東京都三宅島 ＊**しりべた** 和歌山市 ＊**すけ** 青森県 岩手県気仙郡 ＊**すけこ** 青森県三戸郡 岩手県二戸郡 ＊**すけのこび** 秋田県雄勝郡 ＊**すけんぽ** 宮城県北部「彼は大酒家だから宴会では何時もすけんぽだ」 ＊**すことん** 徳島県「こやつめ、すことんまで居ったか」 ＊**すっけ・すけっぱ** 青森県津軽 ＊**すっけんぼ・すっけんぽ** 宮城県仙台市「はせくらですっけんぽになった」 ＊**すっぱ** 青森県「あれ、すっぱで終った」 ＊**すっぱらい** 山形県村山 群馬県勢多郡 ＊**すっぱり** 青森県 ＊**すど** 青森県津軽・三戸郡 ＊**すとこ** 青森県三戸郡 ＊**すぺこ** 青森県三戸郡 秋田県鹿角郡 ＊**つまりにじゅーくんち**（「十二月二十九日」の意）長崎県対馬「あのように奢りが過ぎては、つまりにじゅーくんちが来て苦しまねばならぬことになる」 ＊**てんけつ** 埼玉県北葛飾郡 ＊**どけ** 香川県仲多度郡・三豊郡 ＊**どげ** 愛知県額田郡 香川県小豆島 愛媛県 ＊**どけす** 香川県仲多度郡・三豊郡 ＊**どけつ** 香川県大川郡 ＊**どげつ** 愛知県岡崎市 愛媛県 ＊**どごす** 福岡県久留米市・浮羽郡 奈良県宇陀郡 ＊**どす** 岐阜県武儀郡「いちばんどす（一番最後）」 島根県「誰が一番どすじゃったか」 福岡県久留米市・早良郡 ＊**どず** 青森県上北郡 ＊**どすけん・どすけんぽ** 宮城県石巻「五人の中のどすけんぽなった」 ＊**どつ** 島根県石見「どつで卒業した」 山口県豊浦郡・大島 愛媛県周桑郡 ＊**どっか** 島根県出雲 ＊**どっけ** 山形県東置賜郡・米沢市「どっけがら何番目だ」 福島県 ＊**とっけつ** 茨城県稲敷郡 新潟県西蒲原郡 ＊**どっけつ** 福井県 愛知県碧海郡 京都府竹野郡「あの競技ではどっけつになった」 島根県鹿足郡 広島県高田郡 山口県大島 長崎市 ＊**どっけんぽ** 宮城県 ＊**どっさり** 山梨県南巨摩郡 ＊**どっぱえ・どんぱえ** 青森県三戸郡「酒あ、どっぱえだ」 ＊**どっぽい** 長崎市 ＊**どろ** 岩手県気仙郡 宮城県仙台市「徒競争で、おら、どろんなったや」 ＊**どろっぺ** 山形県北村山郡・新庄市 ＊**どろぺ** 岩手県気仙郡 ＊**どん** 長野県諏訪・上伊那郡 島根県隠岐島 愛媛県周桑郡 ＊**どんがり** 岡山県上道郡・岡山市 ＊**どんきゃ** 島根県八束郡・大田市「二百米では太郎がどんきゃだった」 ＊**どんくそ** 島根県隠岐島 ＊**とんげ** 奈良県南大和 ＊**どんけ** 茨城県稲敷郡 ＊**どんげ** 愛媛県 ＊**どんげち** 大分県直入郡 ＊**とんけつ** 滋賀県甲賀郡 ＊**どんけつ** 茨城県稲敷郡 福井県 山梨県 長野県 愛知県西春日井郡 三重県松阪市・志摩郡 滋賀県彦根・蒲生郡 大阪市 兵庫県神戸市 鳥取県西伯郡 島根県 岡山県苫田郡・児島郡 広島県高田郡 香川県 愛媛県岩城島 福岡市 長崎県壱岐島 大分県 鹿児島県 ＊**どんげつ** 愛知県 兵庫県神戸市 和歌山市 鳥取県岩美郡・気高郡 島根県石見 山口県大島 香川県小豆島 愛媛県 ＊**どんげっつー** 大分県大分市・大分郡 ＊**どんこ** 愛知県西春日井郡 ＊**どんごじり** 熊本県 ＊**どんこす** 愛知県尾張 熊本県 ＊**どんごす** 福岡県 熊本県菊池郡・玉名郡 ＊**とんこつ** 福岡県 ＊**どんこつ** 福岡市 ＊**どんこべ** 熊本県 ＊**どんごべす** 熊本県菊池郡 ＊**どんじまい** 新潟県佐渡 香川県仲多度郡・三豊郡 ＊**どんずめ** 千葉県夷隅郡 徳島県 愛媛県松山 ＊**なめ**（酒屋仲間で言う）新潟県頸城「彼奴はぐずぐずして居るから仕事はいつもなめだ」

*びけ 千葉県東葛飾郡　島根県鹿足郡 *びっけ 千葉県東葛飾郡 埼玉県北葛飾郡 *びりっこけ 栃木県足利市 千葉県東葛飾郡 *ふっつけ 栃木県 *へー 香川県綾歌郡・丸亀市「へえになってしもたが」 *べー 静岡県　三重県阿山郡　香川県「べえになる」 *べそちゃ・べそちゃこ 滋賀県 *べた 和歌山県 *べたくそ 大阪市　和歌山県 *べたこ 京都府南桑田郡 *へちょ 香川県粟島 *べった 京都府乙訓郡　大阪府泉北郡　和歌山県和歌山市・海草郡「走りはべっただった」 *べったくそ 和歌山市 *べったこ 京都市 *べっちゃ 滋賀県・彦根　香川県 *べっちゃこ 滋賀県　京都市「走りではいつでもべっちゃこや」 *へっちょ 島根県仁多郡 *へっと 和歌山県那賀郡　香川県 *べっと 愛知県岡崎市 *べっとく 京都府 *へっとこ 香川県 *べっとこ 岡山県 *へっぽ 三重県度会郡 *へと 和歌山県東牟婁郡　徳島県(卑語)　香川県広島(幼児・女性の語) *へど 島根県仁多郡 *べと 愛知県愛知郡・碧海郡「競争してべとになった」　三重県志摩郡・阿山郡　香川県綾歌郡　長崎県対馬 *べとー 愛知県額田郡 *べとくそ 愛知県岡崎市　京都府　香川県大川郡(幼児・女性の語) *へとす(卑語) 徳島県 *へびのこ 新潟県中頸城郡 *べべっと 和歌山県那賀郡 *へぼ 福井県吉田郡・今立郡 *べりげす 栃木県 *ぼっつー 佐賀県 *ぼっつり 和歌山県東牟婁郡 *ぼって 三重県志摩郡 *まい 鹿児島県喜界島「まいみゆい(後を振り返る)」 *よーしまい 石川県「よーしまいに」 *よくよく 愛媛県周桑郡 *りずめ 岡山市「永い患ひじゃったがとうどうりずめが来た(死んだ)」

↓おわり(終)

一番□ *おと 島根県出雲　愛媛県周桑郡 *おとぎり 香川県三豊郡・高見島「もうこれでおとぎり千秋楽」 *げく(競走などの一番最後) 新潟県佐渡　富山県砺波　岐阜県飛驒 *げくそ(競走などの一番最後) 富山県砺波　岐阜県飛驒　徳島県阿波郡 *げくそー・げくと(競走などの一番最後) 岐阜県飛驒 *げくっべ(競走などの一番最後) 愛媛県 *しりこぶた・しりこんぶた 奈良県吉野郡 *ばんばらい 群馬県館林 *ひゅー・ひる 熊本県球磨郡

順番の□ *おいど 大阪「おいどから三番目や」 *おべっちゃ 京都府 *ひゅー・ひる 熊本県球磨郡 *へーくそ・へくそ 香川県 *べーくそ 京都府　香川県丸亀市・三豊郡 *へーくそまんきんたん 香川県仲多度郡 *べき 島根県出雲「今度のべきは誰か」 *へく 和歌山県東牟婁郡 *べく 和歌山県「走ってべくになった」 *べくそ 和歌山市　香川県 *べくっちょ・べっくり 和歌山県東牟婁郡 *べくっと 和歌山県 *べけ 島根県鹿足郡 *ぺけ 栃木県　島根県簸川郡 *へこ 三重県志摩郡 *べこ 三重県志摩郡・阿山郡 *べっかん 香川県仲多度郡 *べっく 香川県綾歌郡 *べっくそ 香川県三豊郡 *へっくり 京都府　和歌山県東牟婁郡 *べっこ 香川県大川郡・仲多度郡 *べべ 京都市 *べべた 京都市　大阪市「あの人べべたでやっとのこと卒業しやはったのや」 *べべたこ・べべちゃ・べべちゃこ 京都市 *べべちょ 滋賀県甲賀郡・蒲生郡 *ぽけ 栃木県足利市

席次の□ *ざじり 大分県速見郡・直入郡 *だじり 大分県直入郡 *どか 島根県出雲 *どんびり 群馬県勢多郡　埼玉県川越　長崎市　大分市 *ひょて・ひょべす 香川県三豊郡 *ひょべ 香川県三豊郡　大分県 *ひょんけつ 大分市

ざいさん【財産】 *おかま 新潟県中頸城郡 *うぇーき(たくさんの財産) 沖縄県首里 *かぶた 島根県益田市 *かまど 青森県「かまどごろっとなげでしまった(財産をことごとくなくしてしまった)」　岩手県中通・気仙郡　宮城県栗原郡「あの人はとうとうひとかまどつくった」　秋田県仙北・鹿角郡　新潟県佐渡・中頸城郡 *かまんど 青森県　秋田県南秋田郡「私の家にはあまりかまんどはない」 *くさりしんしょー(わずかな財産) 新潟県佐渡 *くされしんしょ(わずかな財産) 宮城県石巻　山形県西村山郡 *てもと 徳島県「あそこはてもとがわるい」 *どく 山梨県 *ぼー 新潟県中頸城郡 *むつぃ・やーかざい 沖縄県首里 *やかざい 島根県出雲 *やかんざい 島根県八束郡 *よがんき 香川県小豆島 *ろく 富山県富山市近在・砺波　山口県・豊浦郡

↓しさん(資産)

□家 ⇨かねもち(金持)

さいしょ【最初】 *あたまっぱち 長野県南部「何の事やらあたまっぱちから訳が分らぬ」 *あら 兵庫県加古郡・淡路島「あらで二三人倒したら、あとは何でもない」　島根県美濃郡・益田市「あらからやり直しだ」　岡山県苫田郡　徳島県　香川県　愛媛県・大三島 *あらっぱち 香川県三豊郡「あらっぱちから負けてしもたが」 *あらはじめ 香川県仲多度郡 *いちばんぐち 香川県丸亀市「いちばんぐちにわしがいくぞ」 *いちばんはなり 静岡県庵原郡 *いっちはつ 岐阜県大野郡・郡上郡「いっちはっに取ったやつがいっちえー」　愛知県尾張 *いってばち 香川県 *いっときはじめ 石川県羽咋郡 *いっとぐち 香川県三豊郡 *いっぱじめ 石川県能美郡 *うい 愛知県知多郡「ういからの馬鹿ぢゃねー」 *うちたて 奈良県吉野郡 *うったち 鹿児島県肝属郡　沖縄県首里 *うったて 徳島県「うったてが悪い」　香川県 *かかー 島根県出雲「どうも話のかかぁからおかしやね思っちょっただ」 *かかり 新潟県佐渡「仕事のかかりがよい」・東蒲原郡　長野県佐久　滋賀県彦根　京都府竹野郡「かかりから二軒目の家です」　大阪市「大正のかかり高麗橋の三越に初めて百貨店の食堂設けられたり」・明石郡　兵庫県加古郡「来月のかかりにはでける」　奈良県「かかりからあかんがな」　鳥取県倉吉市「村のかかりの家」　島根県「今月のかかりに入ってからは寒い」 岡山県児島郡 山口県豊浦郡 香川県 大分県大分市・大分郡 *かた 島根県出雲「かたの約束と違う」 *きっかけ 島根県 長崎県対馬 *きっかせ 島根県出雲・隠岐島 *さきまり 宮城県「さきまり勉強してあとであすぶ」 福島県「さきまりからよくない」 *しょ 岡山県「しょに行たぁ所たぁ違う(初めに行った所とは違う)」 *しょっきり 新潟県佐渡・中頸城郡 *しょっつき 山形県東置賜郡「しょっつきぁむずかしかった」・米沢市 静岡県中部「橋をわたってしょっつきの家」

*しょっつけ 和歌山県東牟婁郡 *しょっぱ 静岡県 *しょっぱし 香川県 *しょっぱじまり 宮城県石巻 *しょっぱじめ 栃木県 富山県婦負郡 三重県北牟婁郡 *しょっぱち 三重県志摩郡 和歌山県有田郡・東牟婁郡 島根県出雲 徳島県 香川県 高知県 *しょっぱちめ 福島県石城郡 *しょっぱつ 新潟県下越 岐阜県 滋賀県彦根 兵庫県淡路島 和歌山県那賀郡・伊都郡 島根県「しょっぱつから成功した」 香川県小豆島 *しょっぱね 新潟県中頸城郡 *しょっぺん 徳島県 *しょてっぱし 香川県三豊郡 *しょてっぱち 徳島県

香川県 *しょてっぱつ 新潟県 愛知県知多郡

*しょてっぱな 群馬県勢多郡 東京都八王子 神奈川県津久井郡 新潟県佐渡・中頸城郡「しょてっぱなからおどかすな」 和歌山県東牟婁郡 徳島県 *しょてっぱら 栃木県佐野市・安蘇郡 *しょてっぺん 栃木県 群馬県利根郡・佐波郡 埼玉県北葛飾郡 香川県高松市 *しょてっぽー 新潟県中越 *しょてばち 三重県南牟婁郡 *しょのうち・しょのじょー 岡山県苫田郡 *しょのつけ 和歌山県日高郡 *しょぱしめ 山形県 *しょぱつ 岐阜県郡上郡「しょぱつに水を二三ばいひっかぶってタオルでからだじゅーをこすからかすんよ(摩擦するのさ)」 *しょん 岡山県上房郡・吉備郡 *ずっとのあら 香川県綾歌郡 *ずっとのそもそも 愛媛県大三島 *すてっぺん 群馬県 埼玉県北葛飾郡

神奈川県津久井郡 *すてん 群馬県勢多郡「すてんに難しい問題にぶつかっちゃった」 埼玉県秩父郡 神奈川県中郡「すてんから(最初から)」 *そっぱじめ 岩手県九戸郡・気仙郡 *だいじょ(「義太夫節の時代浄瑠璃の第一段の最初の部分」の意から)島根県「だえじょに旗取りがあった」「だえじょね(最初に)」 *ちょき 愛知県 *ちょっぱち 和歌山県 *ちょっぱな 奈良県 和歌山県 *ちょっぺ 和歌山市 *つっかけ 青森県津軽 岩手県気仙郡

山形県「つっかけからそんな事をいうから悪い」 栃木県 *つったち 山口県阿武郡 *つら 福岡県嘉穂郡「つらかり(はじめから)」 *てっけん 山形県東置賜郡「てっけんから(初めから)」 福島県 *てっけんで 福島県会津「てっけんでから面白くない」

*てっぱち 山梨県 *てっぺ 和歌山県東牟婁郡

*てっぺん 福島県中部 栃木県 *てっぺんずけ 長野県東筑摩郡「てっぺんずけに失敗した」・上伊那郡 *てんがけ 埼玉県川越 新潟県中頸城郡 静岡県志太郡・島田市 *てんばじめ 長野市 *てんぱち 長野県上伊那郡 *てんぱな 新潟県上越市「いくとてんぱなしごとさせられた」 *てんぱり 千葉県市原郡「てんぱりから失敗した」 *てんぺ 岐阜県本巣郡「てんぺでわからん(最初からわからない)」

*とっつけ 山梨県中巨摩郡・西八代郡 *とっぱさき 長崎市 *とっぱち 和歌山県 *なるこまい 高知県長岡郡「此子が田を植えるわ今日がなるこまいぢゃ」 *のきずけ 高知県長岡郡 *のきつけ 宮崎県東諸県郡 *のずきがけ 島根県「のずきがけにやられた」 *のっかけ 奈良県南大和 島根県石見・隠岐島「のっかけに(いきなり)やられた」 *はじまら 千葉県安房郡 *はじまり 千葉県香取郡「はじまりから男つーわ少ねーもんだけっど」 島根県那賀郡 長崎県壱岐島 *はじまりだし・はじめだし 奈良県南大和 *はせがかり 高知県長岡郡「麻疹の熱ははせがかりがえらい」 *はつ 島根県隠岐島

*はつお 宮崎県都城「はつおみず(朝一番の水)」

*はな 青森県九戸郡 栃木県 埼玉県川越 新潟県中頸城郡「かわりばなにうまいことがあった」 長野県諏訪・佐久 静岡県・小笠郡 京都府 大阪府泉北郡 和歌山県 島根県「はなから失敗した」 岡山県苫田郡 広島県 徳島県 香川県 大分県 *はなっとー 広島県比婆郡 *はなっぱち・はなばち 和歌山県 *はなと 熊本県阿蘇郡

*はなら 香川県 *はなんくち・ふりだし 大分市

*ほこりはらい 香川県高松市・三豊郡 *まっくち 鹿児島県喜界島「私はまっくちからそう考えていた」 *まっぱしめ 山形県最上 *まっぱじめ 山形県置賜・村山 *まっぱち 島根県那賀郡・能義郡「まっぱちに失敗した」 *よーはじめ 石川県「よーはじめに」 *よーよーのはじめ 富山県西礪波郡

→はじめ (初)

□から *あたまに 沖縄県首里「あたまに人を侮っている」 *たまから 和歌山県東牟婁郡 *てんきり 神奈川県中郡 静岡県庵原郡 *てんぎり 群馬県勢多郡 *てんずき 長野県上水内郡・長野市 *てんずけ 栃木県 東京都大島 神奈川県愛甲郡 新潟県西蒲原郡・中頸城郡「誰でもてんづけ大将にはなれない」 長野県 *てんずら 静岡県「てんずら叱られた」・小笠郡・磐田郡 *てんつけ 茨城県猿島郡・真壁郡 栃木県「てんつけそんなことするな」 埼玉県北葛飾郡「てんつけきかれてもわからねー」 岐阜県恵那郡 岡山県苫田郡 高知県長岡郡「てんつけごひゃくえんいった」 *てんで 茨城県猿島郡・北相馬郡 静岡県島田市 *てんでっから 長野県佐久

さいそく【催促】 *さんだん 島根県 *せっかん 島根県簸川郡・能義郡「貸した金をせっかんしに行く」

□する *あせる 広島県安芸郡・高田郡 *いびくる 高知県幡多郡 *いびる 山形県鶴岡 岐阜県大垣市 *いみゆん 沖縄県首里「お八つをいみゆん」 *いみるん 沖縄県石垣島 *しょたげる

新潟県佐渡　石川県能美郡　*せーたくる・せりたくる 島根県出雲　*せーたげる 島根県大田市　*せがむ 香川県　熊本県　*せぎる(日を限って催促する) 徳島県　大分県北海部郡　*せたぐ 広島県賀茂郡　長崎県壱岐島「おしがあんまりせたぐけに本な忘れち来た」　*せたくる 島根県邑智郡「せたくって学校へ行かせた」　*せたぐる 大分県東国東郡　*せたげる 新潟県「早く帰るようにせたげる」　富山県砺波　石川県河北郡　島根県大田市　岡山県苫田郡　広島県高田郡　香川県伊吹島　愛媛県　*せちゃげる 新潟県佐渡　*せめる 秋田県北秋田郡「誂物をせめる」　新潟県佐渡　*せやぐ(うるさく催促する) 島根県出雲「あまりせやぐな」　*せる 島根県「酒をもっとせって飲ませて貰え」　*せわる(強く催促する) 広島県府中市・高田郡　兵庫県淡路島　徳島県「早う来る様にせわって来い」　*そくりかける 山口県豊浦郡　*はたる 岩手県　宮城県遠田郡・仙台市　山形県　福島県　栃木県「牛が食べ物をはたってる」　群馬県佐波郡・多野郡「はたって取って行く」　埼玉県秩父郡「貸した金をはたる」　*へごかける 秋田県南秋田郡・河辺郡「早く出来すやうにへごかげた」　*ぽこつく(強く催促する) 静岡県榛原郡　*ほぞくる 島根県隠岐島　*やのはしかくる(追っかけ追っかけ催促する) 長崎県壱岐島「やのはしかけち催促する」

□するさま(こと)　*いみじごーじ(しきりに激しく催促するさま) 沖縄県首里　*しちみん(しきりに催促すること) 沖縄県首里　*せやせやせや(うるさく催促するさま) 島根県出雲「今日は銭が無いけん、そげにせやせやせやゆーな」　*ほちゃほちゃ(しつこく催促するさま) 神奈川県津久井郡「ほちゃほちゃする(やいのやいのと言う)」

さいふ【財布】　*かいちゅー 広島県高田郡　山口県見島　大分県　*さんとく 青森県津軽　秋田県鹿角郡(大形のもの)　山形県東置賜郡　新潟県中頸城郡　長野県下水内郡　和歌山市　高知県幡多郡　福岡市　長崎県南高来郡・伊王島・壱岐島　熊本県　大分県日田郡　*じんきち 山梨県南巨摩郡(布の財布)　静岡県(布の財布)　長野県　*じんふくる 沖縄県石垣島　*じんぶくる 沖縄県首里　*ずずぶくろ・ずずこんぶくろ(布の財布) 長野県東筑摩郡　*ぜぜいれ 広島県佐伯郡　*ぜにだら 広島県山県郡・高田郡　*ぜんふーず・ぜんぶーぞー 熊本県球磨郡　*ぜんぶくろ 熊本県　*ぜんふぞ 熊本県　宮崎県西諸県郡　鹿児島県鹿児島郡　*たす 島根県石見　*たばこいれ 島根県　*たふ 島根県邑智郡　*てございふ(布製の腰につける財布) 新潟県岩船郡　*どーらん 青森県津軽　新潟県三島郡　大阪府泉北郡　兵庫県赤穂郡・加古郡　岡山市　広島県高田郡　香川県高松市・小豆島　*どっぺ・どっぺー 新潟県東蒲原郡　*どんぶり 富山県　*びっき 秋田県平鹿郡・雄勝郡　山形県庄内　*びっちん 沖縄県首里　*ふーぞー 熊本県球磨郡　*ふぞ 熊本県芦北郡　*よいちべー(「仮名手本忠臣蔵」で山崎街道の与市兵衛が縞(しま)の財布を所持していたところから) 長野県　岐阜県羽島郡　愛媛県周桑郡　*わにぐち 鳥取県岩美郡　島根県(皮製)　広島県高田郡　*わんぐち 富山県砺波　長崎県南高来郡
↓がまぐち(蝦蟇口)・ぜにいれ(銭入)

さいほう【裁縫】　*いしょこさえ・いしょぬい 山形県　*いぞーさ・いぞさ 愛知県北設楽郡　*いどさ 長野県下伊那郡　静岡県磐田郡　*きものこせ・きものこしぇ・きものぬい 山形県　*せだごし 岩手県和賀郡　*せんたく 岩手県　宮城県栗原郡・登米郡　富山県高岡市　石川県珠洲郡・江沼郡　島根県　広島県　山口県見島　愛媛県西宇和郡　佐賀県藤津郡　長崎県対馬　大分県(玖珠郡を除く)　*せんだく 岩手県九戸郡　新潟県佐渡　石川県　*たつに 鹿児島県　*つぎ 富山市近在　静岡県静岡市・志太郡「おばーさんわつぎょーしてーる」　三重県志摩郡　奈良県吉野郡　*つぎごと 新潟県　*つぎもの 山形県「母はつぎものしている」　新潟県　*つくもく・つくもくつくもく 宮城県仙台市「お母ちゃんつくもくつくもくしておべべ拵えてやっからね」　*てしごっ 熊本県玉名郡　*てしごと 山形県　*てもの 大分県直入郡　*にーはり 長崎県北松浦郡　*にーはる 長崎県南高来郡　*ぬいこと 群馬県前橋市　*ぬいしごと 三重県阿山郡　*ぬいっこと 栃木県　群馬県勢多郡・多野郡　埼玉県秩父郡　長野県佐久　*ぬいはしん 新潟県佐渡　*ぬいはり 宮城県栗原郡　山形県西村山郡　*ぬーはつ 長崎県五島　*ぬかた 鹿児島県鹿児島郡　*ぬっつけ 山形県最上郡　*ぬはい 鹿児島県　*はーで 島根県能義郡・八束郡　*はしん 青森県　岩手県上閉伊郡・気仙郡　秋田県　山形県「はしん仕事」　茨城県稲敷郡　栃木県　群馬県「おはしん」　新潟県　山梨県　長野県諏訪・佐久　静岡県　佐賀県藤津郡　*はしんこ 山形県置賜・南村山郡　*はっしん 青森県　*はつで 石川県能美郡　*はりごと 愛知県知多郡・額田郡　*はりつつき 島根県八束郡　*はりつまみ 島根県簸川郡・出雲市　*はりで 福井県　岐阜県飛騨　島根県出雲　*はりどり(裁縫する人にも言う) 岩手県九戸郡　*ほーさい 富山県砺波
↓はりしごと(針仕事)

ざいもく【材木】　*かく 青森県南部　*ざいぎ 島根県出雲　*ししろ 青森県南部　長野県北安曇郡　*しろき 長野県　愛知県北設楽郡「しろきし(材木商)」　*てんこ 岐阜県　*でんぽー 愛知県宝飯郡　*どん 長崎県北松浦郡・西彼杵郡　*べんこー 宮崎県西臼杵郡　*ぼた 新潟県東蒲原郡　*ほたご(六尺のもの) 山梨県

さいわい【幸】　*あまえじ(偶然の幸い) 青森県津軽　*あやまち(偶然の幸い) 鳥取県西伯郡「あえつが及第したのはあえまちだ(けがの功名)」　岡

山市 *おあたい 岐阜県郡上郡「銭がなけりゃなんとかやっているで。おわたいなもんじゃ」「ことしゃおわたいでかぜもふかんだでよかったな(今年は幸いに台風も来なくてよかったね)」 愛媛県 ***おあたいさま** 富山県砺波「おあたえさまで食うことだけは不自由(ふんじょ)せん」 ***めっぽ**(思いがけない幸い) 和歌山県伊都郡
→こうふく(幸福)・しあわせ(幸)

さえずる【囀】 ***くける**(目白などが高い声で囀る) 鹿児島県肝属郡 ***ぐざる** 長野県松本市 ***ぐずる** 東京都大島 ***くぜくる** 静岡県志太郡 ***くぜる** 福島県会津若松市 茨城県 東京都八王子 神奈川県鎌倉市・足柄下郡 山梨県東八代郡・北巨摩郡 長野県上田・東筑摩郡「馴れてよくくぜる」 静岡県 愛媛県 ***ぐぜる** 青森県「ひわこ大へんぐじゅぇできた」 栃木県 群馬県多野郡 神奈川県津久井郡・中郡 長野県東筑摩郡 静岡県田方郡 愛知県名古屋市 ***くでる** 茨城県那珂郡・稲敷郡 栃木県南部 埼玉県秩父郡「このめじろはとてもよくくでる」・入間郡 ***さえる** 熊本県芦北郡 ***さゆる** 長崎県壱岐島 熊本県 ***たかねなき**(小鳥が高い声で囀ること) 奈良県南大和 ***たかねはる**(小鳥が高い声で囀る) 静岡県志太郡・磐田郡 愛媛県大三島(メジロが鳴く) ***たかねふー**(小鳥が高い声で囀る) 千葉県夷隅郡 ***はる** 高知県高岡郡「ちっちとちゃっちゃがはりよる(頬白と鶯がさえずっている)」 ***ふきゆん** 沖縄県首里 ***ふく** 青森県三戸郡 秋田県鹿角郡 ***ふける** 青森県(交尾期にさえずる) 岐阜県加茂郡・恵那郡 愛知県名古屋市 滋賀県 長崎県対馬 ***ほける** 奈良県吉野郡

さえのかみ【塞神】 ***たおのかみさま** 島根県石見 ***たぐりかみさま**(咳を直すといわれる塞神) 香川県仲多度郡
→どうそしん(道祖神)

さお【竿】 ***さす** 和歌山県東牟婁郡 ***さらんぼ** 栃木県芳賀郡 ***さわた** 福岡県糸島郡
衣服などを掛ける□ ***かけざお** 山形県 新潟県佐渡 兵庫県赤穂郡 ***かけざわ** 愛媛県松山 ***かけざんご** 兵庫県赤穂郡 ***かけじょ** 青森県津軽 ***かけぞ** 長野県西筑摩郡 ***かけぞー** 山形県東田川郡 ***なーらし** 沖縄県石垣島・鳩間島 ***ななし** 鹿児島県喜界島 ***ならし** 和歌山県 徳島県美馬郡 香川県「きのうならしにかけといたのに、見えんのな」 高知県幡多郡 福岡県朝倉郡 佐賀県 長崎県北松浦郡・対馬・壱岐島・五島 熊本県玉名郡・八代郡 大分県 鹿児島県種子島・口之永良部島・沖永良部島 沖縄県中頭郡・首里・竹富島 ***ならせ** 奈良県吉野郡 大分県 ***みそぞ** 千葉県下総

さおとめ【早乙女】 ***うえお** 三重県上野市 ***きむすめ** 熊本県天草郡 ***たうえおなご** 島根県簸川郡 愛媛県周桑郡 ***たうえおんな** 三重県名張市・名賀郡 ***たうえさん** 島根県出雲 ***たうえはん** 三重県阿山郡 ***たうえんこ** 香川県

さか【坂】 ***がけこ** 岩手県九戸郡「少しがけこになっている(だらだら坂である)」 ***かたいら** 沖縄県小浜島 ***かたんてぃ** 沖縄県与那国島 ***がんぎ** 香川県与島 ***がんど** 福島県浜通 ***くだりっと** 長野県東筑摩郡 ***くだりっぱ** 栃木県安蘇郡・上都賀郡 ***さーったれ** 千葉県印旛郡 ***さーま** 沖縄県竹富島 ***さがい** 静岡県磐田郡 ***さかじ** 東京都八丈島 ***さがっこ** 千葉県長生郡 ***さがったれ** 千葉県印旛郡 ***さかっぴら** 秋田県鹿角郡 ***さかっぺ** 栃木県芳賀郡・那須郡 ***さかっぽ** 栃木県芳賀郡 ***さかでぃ** 沖縄県石垣島 ***さかひら** 岩手県和賀郡 ***さかぴら** 青森県上北郡 宮城県栗原郡 秋田県鹿角郡 ***さかぺら** 秋田県鹿角郡 ***さかま** 沖縄県宮古島・小浜島 ***さがり** 群馬県邑楽郡 沖縄県新城島 ***さこーら** 沖縄県小浜島 ***さんがり** 沖縄県波照間島 ***しら** 青森県 鹿児島県喜界島 ***たかたみつぃ** 沖縄県石垣島 ***たちー** 宮崎県西臼杵郡 ***たにざか** 香川県高見島 ***どろとろざか**(つま先上がりに上る坂) 長崎県対馬 ***なせ** 新潟県上越市 ***なぞえ・なしょい** 岩手県気仙郡 ***のせ** 長野県諏訪・上伊那郡 静岡県磐田郡 ***のぼい・のんぼい** 佐賀県藤津郡 ***のぼり** 宮崎県西臼杵郡 ***のんぼり** 大分県南海部郡 ***ぱんたみてぃ** 沖縄県与那国島 ***ひさ** 岩手県気仙郡 ***ぴさ** 沖縄県石垣島 ***ひゃー** 鹿児島県沖永良部島 ***ひら** 青森県上北郡・三戸郡 岩手県 秋田県「此の畑は少しひらになってる」 山形県北部 福島県耶麻郡・南会津郡 群馬県 東京都南多摩郡・三宅島・御蔵島 神奈川県津久井郡 新潟県 長野県 静岡県賀茂郡・駿東郡 島根県 広島県高田郡・安芸郡 大分県 宮崎県東諸県郡 鹿児島県肝属郡・南西諸島 沖縄県「どっとむつかしーひらぬまんで(誠に険しい坂の多い所)」 ***ぴら** 鹿児島県喜界島 沖縄県国頭郡 ***ひらー** 鹿児島県加計呂麻島 ***ひらこ** 岩手県岩手郡・和賀郡 ***ひらっ** 長野県北安曇郡 ***ひらま** 群馬県利根郡・勢多郡「ひらまの畑」 ***ひらまい** 福島県南会津郡 ***ひらまえ** 新潟県北蒲原郡 ***ひらまくい** 鹿児島県肝属郡 ***ひりゃ** 鹿児島県奄美大島 ***ふぃら** 沖縄県 ***ふゃー** 鹿児島県与論島 ***へら** 東京都三宅島 新潟県 富山県中新川郡・東礪波郡 石川県能美郡・河北郡 長野県下高井郡・下水内郡 岐阜県大野郡 静岡県磐田郡 滋賀県高島郡 大分県 ***へらっか** 新潟県中頸城郡 ***へらっこ** 新潟県西頸城郡 長野県北安曇郡 ***まっか** 青森県南部 岩手県九戸郡

さかい【境】 ***あいめ** 三重県南牟婁郡 ***くね** 新潟県佐渡 ***さかいもと** 新潟県佐渡 ***せかい** 兵庫県加古郡 和歌山県海草郡・伊都郡 ***せがい** 島根県石見「ここの土地の境に一つせがいをして置く」 ***はさがい** 愛媛県 ***はざかい** 徳島県
→きょうかい(境界)

さかき【榊】 ***あでさかき** 千葉県 ***あみぎ** 岡

山県 *いそさかき(サカキの一種) 鹿児島県薩摩 *かみさかき 埼玉県 静岡県 三重県 和歌山県 愛媛県 高知県香美郡 熊本県 大分県 宮崎県 鹿児島県 *かみさんしば 島根県鹿足郡 *かみしば 三重県 和歌山県 島根県石見 愛媛県 高知県 長崎県 鹿児島県 *かみば 島根県石見 *かんさかき 鹿児島市 *ごへのき 高知県幡多郡 *さかきしば 島根県出雲 愛媛県・上浮穴郡 福岡県築上郡 長崎県・西彼杵郡 熊本県球磨郡 *さかしば 京都府北部 愛媛県大洲市 高知県幡多郡 *しば 静岡県 島根県石見 *しゃしゃ 香川県大川郡 *しょーぎ 岐阜県北飛驒・吉城郡 *せんだら 鳥取県岩美郡・気高郡 *そよぎ 長野県上伊那郡 *はなしば 宮崎市 *はなのき 岐阜県美濃 *はゆす 鹿児島県大島郡 *ふついま 沖縄県首里 *ほんさかき 熊本県 宮崎県 *まさかき 東京都三宅島 *みやこさかき 長崎県 *みやまさかき 山口県・玖珂郡 高知県幡多郡 長崎県南松浦郡・五島 *やまさかき 鹿児島県奄美大島

さかさ【逆】 徳島県「さかばかり言う子じゃな」 *さか 兵庫県神戸市・美囊郡 香川県仲多度郡 沖縄県首里「じーぬさかなとーん(字が逆になっている)」 *さかさっくり 神奈川県中郡 *さかし 大阪市 兵庫県淡路島 鳥取県西伯郡「紙おさかしに貼った」 島根県 岡山県児島郡 広島県高田郡・安芸郡 山口県・阿武郡・玖珂郡 徳島県「着物をさかしに着た」 香川県 愛媛県「その魚はさかしに吊っとーき」 高知県「ひしゃげると思うたら思惑がちがふぞ、さかしにひしゃぎつぶすぞ」 佐賀県藤津郡 長崎県 大分県 *さかしー 島根県邑智郡 長崎県彼杵 *さかしこ 岐阜県武儀郡 *さかしな 新潟県新発田市・佐渡 富山県 石川県河北郡・金沢市 兵庫県養父郡 長崎県対馬 *さかしめ 大分県大分郡・東国東郡 *さかしん・さかしんぱち 宮崎県東諸県郡 *さかしんめ 鹿児島県「さかしんめい着ちょる」 *さかせ 愛媛県周桑郡・今治市 *さかせー 長崎県伊王島 *ひっくりかえしま 岐阜県飛驒 *ひっくりけーさ 山梨県 *ひっくりさま 大分県大分郡 *へんか 高知県 *へんぎ 高知県幡多郡 *へんこ 京都府南桑田郡 ↓あべこべ

さかさま【逆様】 ⇩あべこべ

さがす【探】 *あせー 鹿児島県 *あせくる 佐賀県藤津郡 長崎県対馬 熊本県 宮崎県日向 *あせる 佐賀県藤津郡 *かかぐる 岩手県気仙郡・胆沢郡 *かがやく 群馬県勢多郡「そこらをかがやきまわって何してるんだ」 *かじる 奈良県吉野郡 *かめーゆん 沖縄県首里 *こぐ 滋賀県阪田郡・東浅井郡「きのこをこぐ」 和歌山県東牟婁郡 *こたぐ 和歌山県日高郡「方々こたぐ」 *こたげる 奈良県吉野郡 *こらける 和歌山県伊都郡「本がないので本箱の中こらける」 *さーでる・さでる 高知県 *さかねる 長野県佐久 *さがねる 山形県東置賜郡・米沢市 茨城県真壁郡・北相馬郡 栃木県 群馬県佐波郡・邑楽郡 埼玉県秩父郡「そこいらをさがねても何もありゃしねえよ」「子どもがさがねるので何も置きやさんねえ」 千葉県東葛飾郡 新潟県 富山県・砺波 石川県江沼郡「なくしたボール、さがねで来い」 福井県 長野県 京都府 *さぐねる 埼玉県北葛飾郡「なくしものをさぐねる」 新潟県佐渡 *さなくる 高知県土佐郡 *さなぐる 三重県松阪 愛媛県 高知市「電灯が消えたが、置場所がきまって居るきに、さなぐっても取って来れる」 *さなげる 長野県「抽出をさなげて見ろ」 *さなずる 千葉県「ポケットを上からさなずる」 和歌山市「暗がりで見えんのでさなずって見た」 愛媛県 *さなへる 長野県更級郡 *さばく 愛知県北設楽郡・豊橋市「鶏が菜畑をさばく」 *さばぐん 沖縄県石垣島 *さらける 新潟県佐渡 奈良県吉野郡「一人の女が〈略〉見えなくなって村中がさらけたが居ない」 和歌山県伊都郡・西牟婁郡「戸棚の中をさらける」 *さらげる 長野県 *さんぜーする 埼玉県秩父郡 *さんぜーる 群馬県多野郡 埼玉県秩父郡「そんなにさんぜえっことをするんじゃあねえよ」 *すずる 長崎県伊王島 鹿児島県肝属郡 *せがす(動物など) 岩手県 宮城県登米郡 *せせがす 岩手県気仙郡 宮城県 *そだる 福井県大野郡 *たずねる 島根県「倉庫の中をたずねて見い、けんごに(きっと)あるけー」 愛媛県周桑郡・喜多郡「帽子のすきかけが捨(し)たったからたずねに行きよるけに」 *たねける 青森県津軽 *たねる 青森県「犬見えない、早くたねろ」 宮城県石巻・仙台 秋田県「物を無くしたらよくたねれ」 山形県「落し物をたねる」 福島県会津若松市 *たんにーん 沖縄県 *たんぬっ 佐賀県藤津郡 *たんねる 山形県南部 福井県 島根県石見「一杯(いっしょうけんめい)たんねて見たが居らだった」 広島県高田郡・走島 山口県笠戸島・屋代島 徳島県 香川県「なんぼたんねてもでてこん」 高知県 佐賀県佐賀郡「たんねてこーてくー(探して買って来よう)」 *たんめる 高知県・幡多郡「居所をたんめるけんど一向にわからん」 *みーく 長崎県壱岐島 *みしくる 長崎県伊王島 熊本県天草郡 大分県 鹿児島県・肝属郡 *みしける 熊本県天草郡 大分市 *みしゅくる 熊本県天草郡 *みすくる 佐賀県 鹿児島県 *みだす 福岡県 佐賀県三養基郡 *みっきるん・みっきん 沖縄県与那国島 *みつくる 長崎県伊王島 熊本県 *みつける 長野県東筑摩郡 福岡市 *めをさんかくにする 新潟県中頸城郡 *めける 岩手県和賀郡 長野県上田 *めしく・めっく 鹿児島県 *めしくる 長崎県沖之島 熊本県天草郡 鹿児島県 *めっかえる 静岡県・安倍郡 *めっきゃーる 静岡県 *めっけーる 山梨県西山梨郡 静岡県 *めっける 茨城県稲敷郡 栃木県 神奈川県中郡 山梨県「子供が家出をしとーでめっける」 長野県諏訪・佐久 鹿児島県 *めつける 山梨県南巨摩郡 ↓さぐる（探）

さかずき【杯】 ＊**おりべ** 京都府 ＊**さーしき** 沖縄県八重山 ＊**さかずきちゃわん** 熊本県芦北郡 ＊**さま** 沖縄県石垣島・小浜島 ＊**ちょしく** 和歌山県海草郡 ＊**ちんこ** 岐阜県飛驒 ＊**ちんころ** 岐阜県 ＊**はいまー** 沖縄県首里

さかだち【逆立】 ＊**さかつべ** 香川県仲多度郡 愛媛県宇和島市 ＊**さかつんぶり** 愛知県名古屋市「さかつんぶりこいとる」 島根県石見 ＊**さかつんべり** 島根県鹿足郡 ＊**さかてんぼ** 岐阜県飛驒 ＊**さかとんぼ**(児童語) 愛知県知多郡 島根県出雲・隠岐島 ＊**さかとんぽ** 島根県隠岐島 ＊**さかとんぼー** 島根県邑智郡 ＊**さかとんぼり** 大阪市 兵庫県 ＊**さかまた** 島根県「さかまたをたてる」 ＊**さちほこ**(幼児語) 愛知県知多郡 ＊**すぎだち** 滋賀県蒲生郡 ＊**すくろくだち** 鹿児島県肝属郡 ＊**たっちこ・たっちんこ** 兵庫県加古郡 ＊**だんちー** 山口県阿武郡 ＊**ちんぎり** 新潟県佐渡 ＊**つべだち** 愛媛県大三島 ＊**つべたて** 香川県三豊郡

□をする ＊**さかつべをたてる** 高知県「金棒の上でさかつべを立てちょる」 ＊**さかてんぼつく** 岐阜県飛驒「おりはさかてんぼつく事がうまい」 ＊**しぎをたてる** 高知県高岡郡 ＊**ししこくくる** 青森県上北郡 ＊**ししどりかく** 新潟県 ＊**しりほこだつ** 鹿児島県肝属郡 ＊**すぎをたてる** 高知県「今すぎをたてて見しょーか」 ＊**ほこだつ** 鹿児島県肝属郡 ＊**ほねのあしたてる** 石川県金沢市・江沼郡

さかな【肴】 ＊**あしらい** 高知県長岡郡「おあしらいがありませんから御酒がいきませんねえ」 ＊**あて** 三重県度会郡 大阪市 ＊**うさい** 沖縄県石垣島・竹富島 ＊**おしおけ** 鹿児島県 ＊**おつまり・おつもり・つまり** 長野県 ＊**しおけ** 熊本県玉名郡 鹿児島県 ＊**しばて** 岩手県 ＊**しゅーち** 沖縄県首里 ＊**しょーけ** 鹿児島市 ＊**ずー** 沖縄県石垣島・鳩間島 ＊**といざかな** 鹿児島県 ＊**とぅいさかな** 沖縄県首里 ＊**とりざかな** 滋賀県彦根 大阪市 ＊**とんじゃかな** 岩手県九戸郡

さかな【魚】 ＊**あいもの** 長崎県対馬 ＊**あか** 福島県伊達郡 ＊**あさらび** 和歌山県日高郡 ＊**あじ** 新潟県東蒲原郡 和歌山県有田郡・日高郡 ＊**あだぼ** 和歌山県日高郡 ＊**あっぺっこ・ばっぺ・ばっぺっこ** 岩手県気仙郡 ＊**あぼ**(幼児語) 奈良県宇智郡 ＊**あぽ**(幼児語) 島根県隠岐島 ＊**あんも**(幼児語) 福島県相馬郡 ＊**いお** 福島県岩瀬郡 群馬県吾妻郡 埼玉県入間郡 神奈川県津久井郡 富山県高岡市 石川県鹿島郡 福井県 山梨県 長野県北安曇郡・南佐久郡(川魚の総称) 岐阜県 静岡県 愛知県「いをとってこい」 三重県「よんべわ、てんぽに、よっけいおが釣れたてやんけ」 滋賀県彦根 大阪府泉北郡 兵庫県 奈良県吉野郡 和歌山県 鳥取県西部 島根県 岡山県 広島県 山口県 徳島県(漁師語) 香川県 愛媛県 高知県 福岡市 佐賀県藤津郡 長崎県対馬(大きな魚) 熊本県 大分県 宮崎県 鹿児島県 ＊**いおめ** 福井県南条郡 ＊**いご** 新潟県佐渡 ＊**いじゅ** 沖縄県竹富島 ＊**いず** 沖縄県八重山 ＊**いっぽ**(幼児語) 島根県隠岐島 ＊**いっぽたいたい** 島根県隠岐島 ＊**いぼ** 新潟県佐渡 富山県高岡市 三重県度会郡 高知県幡多郡 長崎県五島 鹿児島県姶良郡 ＊**いほんこ** 鹿児島県黒島 ＊**いゆ** 鹿児島県喜界島・奄美大島 沖縄県 ＊**いゆー** 鹿児島県沖永良部島 ＊**いよ**(小児語) 福島県会津 東京都大島・利島・八丈島 福井県・大飯郡 長野県南佐久郡 静岡県田方郡 京都府竹野郡 和歌山県 島根県鹿足郡 岡山県和気郡 広島県佐伯郡・比婆郡 山口県萩市・阿武郡 香川県 高知県・土佐郡 長崎県五島 沖縄県「いよーとやびら(魚を捕りましょう)」 ＊**いよー** 栃木県塩谷郡 埼玉県秩父郡 ＊**うご** 香川県仲多度郡 ＊**えお** 鳥取県西伯郡 島根県飯石郡 ＊**えっぽ・えぽ**(幼児語) 島根県隠岐島 ＊**おーび** 香川県香川郡 ＊**おび・おびー**(幼児語) 香川県 ＊**おびっこ** 香川県大川郡 ＊**おぼ** 新潟県北蒲原郡 ＊**およよ** 福島県相馬 ＊**かっか・がっか**(幼児語) 青森県三戸郡 ＊**かぶこ** 和歌山県那賀郡 ＊**かんが**(幼児語) 山形県村山 ＊**ごこ** 青森県南部 秋田県鹿角郡 ＊**ごちょー** 高知県幡多郡 ＊**こっこ**(幼児語) 岩手県気仙郡 ＊**ごっこ** 北海道 青森県 岩手県上閉伊郡 秋田県鹿角郡 ＊**さいぐり** 福島県南会津郡 ＊**ざざ**(幼児語) 山形県村山 ＊**ざよ** 福井県 ＊**じーじー** 熊本県玉名郡 ＊**じし** 長崎県対馬 ＊**じじ**(幼児語) 新潟県佐渡 山口県豊浦郡 愛媛県松山 福岡県 熊本県南部 大分県南海部郡・日田郡 宮崎県西臼杵郡・延岡市 ＊**じやこ** 福井県 ＊**じょじょ** 青森県津軽「此のわらし(子供)じょじょばし(ばかり)食って」 秋田県北秋田郡・仙北郡 ＊**じょじょこ** 秋田県山本郡 ＊**ぜぜ**(幼児語) 新潟県佐渡 ＊**たいたい**(幼児語) 鳥取県西伯郡 島根県 広島県 山口県大島 愛媛県今治市 高知市 大分県 ＊**たいべべ・べべ** 島根県大田市 ＊**ちーち**(幼児語) 茨城県稲敷郡・北相馬郡 栃木県「ちーち焼けたよ」 静岡県磐田郡・周智郡 ＊**ちーちー** 静岡県周智郡 ＊**ちーっち** 茨城県稲敷郡 ＊**ちじめ** 栃木県 ＊**ちち** 栃木県 長野県下伊那郡 ＊**ちっち** 茨城県真壁郡 栃木県塩谷郡・河内郡 奈良県南大和 ＊**ちっちめ** 栃木県 ＊**ちゅーち** 栃木県那須郡・河内郡 ＊**ちょんちょはね** 和歌山県日高郡 ＊**ちんち** 茨城県稲敷郡 静岡県周智郡・榛原郡 ＊**なま** 新潟県中頸城郡 高知県安芸郡 ＊**なまもの** 新潟県中頸城郡 ＊**び** 香川県 ＊**びー** 島根県石見 山口県豊浦郡 香川県 愛媛県 高知県安芸郡 ＊**びーこ** 愛媛県 ＊**びーび** 岡山県児島郡 香川県 ＊**びーびー**(幼児語) 島根県 広島県佐伯郡 山口市 香川県 ＊**ぴーぴー** 山口県阿武郡 ＊**びーびーたいたい** 島根県益田市 ＊**びーやん** 岡山県児島郡 ＊**ひお** 広島県賀茂郡 ＊**びっちょ・びっちょさかな** 宮崎県西臼杵郡 ＊**びび** 奈良県 島根県石見 香川県・大川郡 宮崎市 ＊**びんび** 高知県・徳島県 香川県大川郡 愛媛県周桑郡 高知県・

高知市「びんびのお菜で御飯を食べましょー」「鯉びんびがお池に沢山居ります」 *びんびー 香川県・大川郡 *ぶ 鹿児島県・肝属郡 *ぶいぶ 宮崎県東諸県郡 *ぶーぶ(幼児語) 石川県河北郡 *ぶぶ 島根県邑智郡　鹿児島県肝属郡 *ぶわ(幼児語) 新潟県・東蒲原郡 *べー 佐賀県 *ぽ(幼児語) 島根県隠岐島 *ぽー 長崎県南高来郡・長崎市(魚肉。児童語) *ぽー(幼児語) 島根県隠岐島 *ぽーじょ(幼児語) 長崎県　熊本県天草郡 *ぽーぽ 富山県西礪波郡　石川県 *ぽーぽー 石川県鹿島郡 *ぽーやん 長崎市 *ぽっぽ(児童語) 長崎県五島 *ぽっぽ 長崎県五島 *ぽと(小児語) 熊本県下益城郡

*ぽぽ 山形県西田川郡 *ぽや 新潟県 *ぽり 新潟県東蒲原郡 *まき 和歌山県日高郡 *むしやもち 沖縄県首里 *も 山形県南部 *やっや 石川県鳳至郡 *やや 石川県鳳至郡 *ゆ 鹿児島県喜界島・沖永良部島 *ゆお 山形県西村山郡　福井県大飯郡

静岡県・磐田郡　三重県志摩郡・度会郡　京都府　奈良県吉野郡　和歌山県　島根県那賀郡　広島県佐伯郡・安芸郡　香川県　高知県　長崎県五島　鹿児島県・揖宿郡 *ゆおー 静岡県 *ゆよ 高知県幡多郡 *よ 茨城県猿島郡　東京都大島・八丈島　福井県　静岡県志太郡 *よー 茨城県稲敷郡・北相馬郡「よーつりに行く」　群馬県利根郡・吾妻郡　埼玉県入間郡・秩父郡　千葉県　東京都江戸川区・旧市域　新潟県・刈羽郡　富山県　福井県坂井郡　長野県南佐久郡・北安曇郡　静岡県・志太郡　三重県北牟婁郡　兵庫県豊岡市　島根県　長崎県五島 *よよ(幼児語) 岩手県平泉

*よよー 静岡県賀茂郡 *わっかむぐり(木こりの忌み言葉) 青森県南津軽郡 *んしゃむち 沖縄県首里

→ぎょるい(魚類)

さかみち【坂道】 *えんや・えんやみち 愛媛県南宇和郡 *かけりさがり 岡山県児島郡 *きゅーっぱ 栃木県安蘇郡・上都賀郡 *さかっぴら 秋田県鹿角郡 *さかひら 岩手県和賀郡 *さかぴら 青森県上北郡　宮城県栗原郡　秋田県鹿角郡 *さかぺら 秋田県鹿角郡 *だいさか 島根県大原郡・隠岐島 *ふみたてみち 大分県大野郡

さかもり【酒盛】 *おきゃく 香川県　愛媛県松山　高知市　長崎市　熊本県 *おみきあげ 熊本県熊本市・上益城郡　宮崎県延岡市 *きゃく 島根県　熊本県 *きゃくごと 香川県高見島 *ごっつぉー 三重県名賀郡 *さかが 佐賀県藤津郡

*さかざ 三重県志摩郡 *さかば 滋賀県彦根　高知県 *さかよばれ 三重県志摩郡 *さけのみ 熊本県 *さけんざ 熊本県 *さけんぼ 熊本県熊本市・天草郡 *さこんば 熊本県菊池郡 *さんざい(どんちゃん騒ぎ) 京都市 *さんだい(どんちゃん騒ぎ) 長崎市 *しこり 島根県隠岐島 *しょちゅのみ 熊本県球磨郡 *のみかた 山形県西置賜郡　佐賀県唐津市　熊本県 *のみこ 山形県南置賜郡・庄内

*のみこー 熊本県球磨郡 *のみごと 熊本県天草郡 *のみたてこう 長野県上田・佐久 *のみやー 熊本県八代郡 *のんかた 鹿児島県姶良郡・揖宿郡 *ばいいち 島根県邑智郡 *ひかり 大分県速見郡 *もり 福井県丹生郡

さからう【逆】 *あらがう 新潟県佐渡　広島県走島・高田郡　山口県「目うへの人に、あらがふものぢゃーない」　徳島県海部郡 *いせらう 兵庫県加古郡 *がいしん 沖縄県石垣島 *かせろう 島根県鹿足郡・益田市「あいつは親にかせろーてどーもならん」

*がせろう 富山県　石川県石川郡・金沢市 *がそろう 富山県砺波「がそろて食うもんじゃけで、一ぺんになよんなって(なくなって)しもー」

*さかめいる 和歌山市 *じょーこわす(我を張り通して相手に逆らう) 岡山市「親にじょーこわす」

*せく 島根県八束郡 *そっける 長崎県対馬　栃木県安蘇郡「そっけった(驚いた)」 *ねじる 岐阜県北飛騨　滋賀県彦根 *はごむく 富山県　石川県　鳥取県西伯郡 *はごもく 富山県砺波 *はんごむく 石川県河北郡 *へらつく 栃木県栃木市・安蘇郡 *むどぅちゅん 沖縄県首里 *もがう 愛媛県　高知県　福岡県山門郡　熊本県　大分県大分市・大分郡「ひとにもがう(人に向かって言い張る)」

*もがる 新潟県上越市・中頸城郡　兵庫県淡路島　広島県高田郡　香川県　高知市「親にもがる子は不孝者ぞね」

*もぎる 三重県志摩郡・度会郡

長崎県北松浦郡 *もごう 愛媛県 *もじかう 高知県・高知市「あんまりもぢかうきにとーとーあんな目に逢わされた」 *もじこう 徳島県「そんなに一々もじこうな」 *もどく 和歌山県「人が何かいうと、じきもどきに来る」

さがる【下】 *しさーるん 沖縄県石垣島 *だかる 石川県鳳至郡 *だがる 石川県能登 *ふいしさーるん・ふいっさーるん 沖縄県石垣島

後ろへ□ *さる 岩手県気仙郡 *しーろく 愛媛県伊予郡 *じさる 栃木県佐野市・下都賀郡

*ししゃる 栃木県 *しちゃる 栃木県足利市・安蘇郡 *しっしゃる 栃木県 *しっちゃる 福島県相馬郡・東白川郡　栃木県 *しっつぁる 福島県相馬 *しゃーる 栃木県塩谷郡　千葉県東葛飾郡 *しゃる 岩手県気仙郡　宮城県　山形県「自動車が来たからしゃれ」　福島県　茨城県久慈郡・稲敷郡　栃木県　群馬県　埼玉県川越・入間郡「子供は後へしゃってろ」　東京都八丈島　新潟県岩船郡　長野県佐久 *じゃる 新潟県 *しろく 香川県　愛媛県「火が熱ければしろけ」

*しんどろく 山口県大島 *すざる 福井県大飯郡　島根県　山口県豊浦郡　愛媛県松山「一寸すざって下さい」　高知県　福岡市　長崎県対馬　熊本県　大分県日田郡　宮崎県東諸県郡 *すだる 三重県北牟婁郡　京都府竹野郡　和歌山県東牟婁郡　島根県石見　岡山県苫田郡

広島県高田郡　宮崎県都城 *せさる 新潟県佐渡 *ぜる 三重県伊賀 *ひざる 山口県豊浦郡

長崎県対馬 *ひしゃる 栃木県 *ひぞる 熊本

県下益城郡　大分県　*ひっさる 長野県諏訪・上伊那郡　岐阜県　滋賀県犬上郡　*ひっしゃる 栃木県　*ひっちゃる 神奈川県津久井郡　山梨県　*ひっつぁる 東京都南多摩郡　*ひんざる 岡山県阿哲郡　*ふっちゃる 新潟県北蒲原郡　*へっさる 岐阜県郡上郡

さかん【左官】　*うーるうちゃー 沖縄県八重山　*うーるふぁーしぴとぅ 沖縄県石垣島　*うるだいぐ 沖縄県与那国島　*かべぬり 岩手県気仙郡　*がべぬり 山形県最上郡　*かべのり 山形県東村山郡　*かべや 山形県　富山県　石川県　福井県坂井郡　長野県南佐久郡　*かんべぬり 秋田県　*てばや 香川県　*のりし・のりしと 山形県鶴岡市・西田川郡　*むちじぇーく 沖縄県沖縄本島　*むちじぇーくー 沖縄県国頭郡　*むちぜーく 沖縄県首里　*むちぬいぜーく・むちぬやー 沖縄県首里　*むちぬりひとぅ 沖縄県竹富島　*むちぬりぷす 沖縄県鳩間島　*むつぃざやふ 沖縄県宮古島　*むつぃぬるぴとぅ 沖縄県石垣島・波照間島　*むつぃふぁーしぴとぅ 沖縄県石垣島・新城島　*むつぃんざいく 沖縄県小浜島　*むてぃだいぐ 沖縄県与那国島

さき【先】　*さきら 京都市　和歌山県和歌山市・海草郡　高知県　*さきらっぽ 岐阜県稲葉郡　*さだぎ 沖縄県石垣島「さだぎなるん(先行する)」　*はな 土佐「はなのころ(以前)」　山口県豊浦郡　*まえさき 岐阜県吉城郡「こりゃまえさきに寝とらんと、また叱られると思って」　*めーぎり 岩手県気仙郡「めいぎり見いだ(先が見えた)」

↓せんたん（先端）

さきおととい【一昨昨日】　⇩「いっさくさく（一昨昨）」の子見出し、「一昨昨日」

さきおととし【一昨昨年】　⇩「いっさくさく（一昨昨）」の子見出し、「一昨昨年」

さきごろ【先頃】　*あとじ 鹿児島県肝属郡　*さき 三重県尾鷲　*さきだって 岩手県気仙郡　新潟県佐渡　山梨県南巨摩郡　長野県上伊那郡・下伊那郡　島根県隠岐島　*さっかり 熊本県鹿本郡　*せーどな 秋田県北秋田郡・平鹿郡　*せーんど 福島県会津「せーんどがら頼んでおいだー」　岐阜県郡上郡　*せどな 青森県南部　岩手県和賀郡　宮城県登米郡　秋田県「せどな差上げた品は如何ですか」　山形県村山・北村山郡「しぇどなからえってる(この間から行っている)」　*せんき 香川県大川郡「せんき、お寺へいった」　*せんぎ 栃木県「せんぎ行った頃はそれはなかった」　*せんきょー 兵庫県淡路島　和歌山県　島根県「せんきょーは色々とお世話になりました」　岡山県　山口県　徳島県　香川県　高知市　佐賀県　長崎県壱岐島　熊本県　*せんごな・せんぞな・せんどき 長野県佐久　*せんころ 岩手県　宮城県仙台市　山形県　福島県東白川郡　栃木県　群馬県利根郡・佐波郡　埼玉県秩父郡・入間郡　千葉県印旛郡「せんころやっておいたもの」　新潟県佐渡　長野県諏訪・佐久　静岡県・島田市・榛原郡　滋賀県彦根　島根県　広島県　香川県　長崎県南高来郡　*せんど 山形県「せんどあ御馳走になって」　茨城県稲敷郡　新潟県佐渡　福井県・大飯郡　山梨県南巨摩郡　岐阜県　静岡県小笠郡　三重県「せんどわおーきにありがとー」　滋賀県彦根・蒲生郡　京都府　大阪府　兵庫県・神戸市　奈良県　和歌山県　島根県　徳島県　香川県　愛媛県　*せんどー 兵庫県佐用郡　*せんどがた 兵庫県加古郡　*せんどころ 山形県北村山郡・庄内「せんどころ来たけ」　島根県仁多郡「しぇんどごろ嫁ごさんもらわっしゃんしたそうで」・出雲　*せんとな 群馬県吾妻郡　新潟県　*せんどな 青森県南部　岩手県磐井郡・上閉伊郡　宮城県登米郡・仙台市「そこだら、せんどな行った事ありす」　秋田県雄勝郡　山形県　福島県会津　新潟県　長野県　*せんどない 愛媛県東部　*せんどに 山形県米沢市「しぇんどに知ってだ」　*せんどま 福井県　*せんどら 福井県敦賀郡　*せんな 山形県最上郡「せんな稲刈り上げた」　群馬県桐生市・佐波郡　*せんなころ 山形県庄内・米沢市　*せんにころ 福島県東白川郡　*せんろち 新潟県佐渡「せんろちきてくれた」　*ちこに・ちこん 鹿児島県　*ひだて 秋田県仙北郡「君はひだてどこへ行った」　*ひどな・ひどら・へどら・へんこな・へんどら 青森県津軽　*へどな 青森県上北郡・三戸郡　秋田県河辺郡　*へんころ 青森県三戸郡　*へんどな 青森県　*まえかど 大阪市　島根県美濃郡・益田市「まえかどから風邪を引いとった」　徳島県「まいかど流行した」　高知県　鹿児島県肝属郡　*まえのかど 島根県美濃郡・益田市　*みぎ 群馬県佐波郡　神奈川県津久井郡　山梨県南都留郡・北都留郡

↓このあいだ（此間）・せんぱん（先般）

さきゅう【砂丘】　*うずも 茨城県　*かんま 新潟県中頸城郡　*すか 徳島県　*すが(砂が集まって高くなった所) 関東　*すかぱ 宮城県仙台市　*すなぐろ 岡山県邑久郡　*まま 新潟県中頸城郡　*もり 東京都新島

さく【裂】　*あーかしゅん 沖縄県首里　*かくさく 福井県　*かじく 福岡県企救郡　*かちゃく 青森県　*かっちゃく 茨城県新治郡・真壁郡　千葉県香取郡　*かっつぁく 福島県会津　栃木県　長野県上田・佐久　*きさく 三重県志摩郡　*さばく 秋田県仙北郡「竹を二つにさばけ」　山形県庄内「障子をさばくな」　群馬県利根郡　東京都八丈島・三宅島・御蔵島　新潟県　山梨県南巨摩郡　長野県　静岡県「きもんをぐぎでさばぇーた(着物をくぎで破いた)」　*しゃぎる 滋賀県甲賀郡　*しゃばく 山形県　新潟県中頸城郡　山梨県・南巨摩郡　長野県諏訪・佐久　静岡県　*ちゃーする 群馬県多野郡「赤ん坊が新聞をちゃーする」　*ちゃばく 群馬県勢多郡　*ばいさく・ほいさく 佐賀県　*ばいしゃぐ 佐賀県藤津郡　*ひきしゃく 熊本県天草郡　*ひっさく 岩手県気仙郡　鹿児島県揖宿郡　*ひっち

やく岩手県気仙郡　山形県米沢市　埼玉県秩父郡　東京都八王子　神奈川県津久井郡　新潟県佐渡・中頸城郡　熊本県天草郡　＊ひっつぁく茨城県稲敷郡　埼玉県秩父郡　東京都八王子・八丈島　＊ふきしゃぐ長崎県伊王島　＊ふちゃぐ岩手県和賀郡・気仙郡　＊ふっさく岩手県上閉伊郡　＊ふっちゃく岩手県九戸郡・気仙郡　山形県　＊ふっちゃぐ宮城県石巻　＊ふみじゃぐ秋田県平鹿郡「その本ふみじゃいて居る」　＊ふんばく熊本県阿蘇郡「布をふんばく」　＊わく香川県

→ひきさく（引裂）

さくがら【作柄】　＊おーどし岡山県真庭郡「おおどしがえー（豊年だ）」　＊さく（稲などの農作物の作柄）新潟県佐渡「今年はさくがよい」　山梨県　広島県佐伯郡　＊さくだち山梨県　＊さくなみ熊本県玉名郡　＊できあき富山県西礪波郡「こんだのできあき良けりゃ、買うてやるぞ」　＊よとし（その年の作柄）静岡県川根「よとしがわるい（凶年）」　＊よどし（その年の作柄）群馬県多野郡「よどしが良い」　＊よなか青森県上北郡「こどしよなが良い」・南部「世中ぁいいかわるいか」　岩手県上閉伊郡　秋田県鹿角郡「今年はよなかどうかな」　岐阜県飛驒　＊よなみ富山県砺波「よなみがよい（豊年だ）」　＊よのなか青森県「春雨が多いと世の中がよい（ことわざ）」　岐阜県飛驒　静岡県川根・志太郡　三重県名賀郡　＊よんなか三重県伊賀　滋賀県坂田郡・東浅井郡　兵庫県淡路島

さくじつ【昨日】　⇩きのう（昨日）

さくねん【昨年】　⇩きょねん（去年）

さくばん【昨晩】　⇩さくや（昨夜）

さくや【昨夜】　＊きなうゆない・きのーゆない沖縄県黒島　＊きのーのゆんべ山梨県　＊きんなのよま山形県最上郡　＊たな岩手県中通「たなは夜桜を見て来た」　＊やせん広島県　＊やぜん三重県　滋賀県彦根　京都府・京都市　大阪市　兵庫県神戸市　和歌山県　島根県　広島県比婆郡・芦品郡　山口市　徳島県　香川県　愛媛県「あーあの人ですか、やぜん逢いました」　高知市　熊本県玉名郡（更けたころ）・阿蘇郡　大分県大分郡・大分市　＊やぶん香川県　＊ゆーさり新潟県　＊ゆーさる新潟県三島郡　＊ゆーされ新潟県　愛媛県　＊ゆーべし栃木県安蘇郡　＊ゆーべしがた神奈川県愛甲郡　＊ゆーべつけー鹿児島県種子島　＊ゆーべっつぁり群馬県多野郡　＊ゆーべな岩手県気仙郡　宮城県登米郡・玉造郡　福島県　新潟県東蒲原郡・長岡市　長野県　＊ゆーや島根県石見　広島県江田島・倉橋島　山口県・大島　愛媛県大三島（中年以上の男が用いる上品な語）　福岡県小倉市・企救郡　大分県東国東郡　＊ゆねー沖縄県小浜島　＊ゆべな青森県　秋田県　山形県　＊ゆべら青森県　＊ゆぼーねー鹿児島県喜界島　＊ゆんべがた山口県　＊ゆんべがたし・よんべがたし岐阜県飛驒　＊ゆんべかち茨城県行方郡　＊ゆんべさくや宮城県加美郡　＊ゆんべし栃木県　＊ゆんべしがた栃木県　群馬県多野郡　埼玉県北葛飾郡　静岡県南部　＊ゆんべしな福島県　＊ゆんべしま静岡県　＊ゆんべな青森県南部　岩手県　宮城県栗原郡　秋田県由利郡　山形県　福島県「ゆんべな火事があった」　群馬県利根郡・佐波郡　新潟県　長野県　＊ゆんべり・よんべり和歌山県東牟婁郡　＊ゆんや島根県石見・隠岐島　岡山県　広島県　山口県「ゆんやは御馳走（ごちそう）になりました」・大島　香川県・綾歌郡・三豊郡　＊よいさ・よーさ愛媛県　＊よーべな群馬県利根郡　新潟県東蒲原郡・中頸城郡　＊よさり佐賀県　＊よされ青森県津軽　＊よべさけ鹿児島県鹿児島郡　＊よべな岩手県　秋田県　山形県東村山郡・東田川郡　新潟県　＊よべら・よんべら青森県津軽　＊よんべしま静岡県榛原郡　＊よんべな青森県南部　秋田県南秋田郡・河辺郡　山形県　福島県会津　群馬県群馬郡　新潟県　長野県　＊よんべのばん香川県

さくら【桜】

①植物。バラ科の落葉高木。　＊かば秋田県　新潟県北魚沼郡　＊からんちょのき長野県北佐久郡　＊かんば・かんばのき徳島県美馬郡・三好郡　＊かんぱき高知県　＊けや和歌山県日高郡　＊たらぼー岩手県九戸郡　＊みずうめ徳島県三好郡

②客のふりをした、大道商人の仲間。　＊あいし島根県簸川郡・出雲市　＊ひがしわり富山県砺波　＊みこばり・むこばり島根県出雲市

□の実　＊おっと山形県　＊さくらご宮城県・仙台市　秋田県　山形県　福島県　新潟県南蒲原郡　＊さくらめど長野県北佐久郡　＊さくらんご宮城県栗原郡　山形県　新潟県刈羽郡　＊さくらんぼんぼ千葉県夷隅郡　＊ふくだま（児童語）長野県東筑摩郡　＊ぼぼっか長野県東筑摩郡

さぐる【探】　＊あなずる（中流以下）長崎県北松浦郡　＊かんひく（ものの様子を探る）愛知県名古屋市「この縁談のことならあそこの家は心安いで、わしが行ってかんひいたますでえいわ」　＊さずる長崎県諫早市・伊王島　＊さんにゅい（手で探る）鹿児島県喜界島　＊すびく（相手の意中などをそれとなく探る）静岡県榛原郡「上手にすびいてみておくれ」　＊ずびく（相手の意中などをそれとなく探る）福島県岩瀬郡　＊せぐる福島県中部　千葉県香取郡　＊せせくる山形県庄内　岐阜県郡上郡　熊本県玉名郡　＊せせぐる栃木県　＊せせる岩手県上閉伊郡　兵庫県加古郡　山口県「あまりせせらん方がえい」　宮崎県宮崎市・東諸県郡　＊どーうつ・どーをうつ（相手の本心を探ってみる）新潟県佐渡　＊ななぐらさぐる（他人の真意を試み探る）長崎県対馬　＊むぐす（手で探る）埼玉県秩父郡「藷をむぐしていくつかとって来な」

→さがす（探）

さけ【酒】　＊あか（多く幼児語）鳥取県　島根県　岡山県阿哲郡・小田郡　広島県・山県郡　山口県豊浦郡・大島　大分県　＊あかか（幼児語ではない）滋賀県愛知郡　＊あかぶ（「ぶ」は湯水の意。多

く幼児語）福岡県久留米市 *あから（幼児語ではない）新潟県新井市 *あけ（多く幼児語）新潟県佐渡 *あっか（多く幼児語）島根県大原郡 岡山県苫田郡 広島県・比婆郡 *あっけ（多く幼児語）山形県西置賜郡 *あま（児童語）岐阜県飛驒 *あんま 高知県高岡郡 *いさみ 福島県南会津郡 *おか 京都府竹野郡 *おこん（女性語）京都府 愛媛県 *おっと（幼児語）山形県 福島県 茨城県 栃木県 群馬県 千葉県山武郡・印旛郡 東京都・八王子 神奈川県津久井郡 山梨県 長野県 岐阜県飛驒 静岡県 岡山県御津郡 高知県 *おっとー（幼児語）茨城県 栃木県 *おっとっと（幼児語）滋賀県坂田郡・東浅井郡 *おっぺー（幼児語）栃木県河内郡 *おと（幼児語）岐阜県吉城郡 *おとー・とと（幼児語）岐阜県飛驒 *おとっと（幼児語）岐阜県益田郡 静岡市 *おとと（幼児語）山形県東置賜郡 茨城県稲敷郡・新治郡 岐阜県・恵那郡 静岡県榛原郡 滋賀県蒲生郡 *おとんと（幼児語）愛媛県周桑郡 *かーか 兵庫県加古郡 *がけ（幼児語）青森県津軽 秋田県由利郡 *きす（「すき（好）」を逆さにした語）千葉県 長野県北部 三重県伊賀 大分県大分市・大分郡 *くこん（杯を三献ずつ三度さす三三九献の略。女性語）長崎市 *さい 沖縄県新城島 *さかしお（「酒」の訓「さけ」と音「しゅ」とを重ねたものの転）長崎市 *しょちゅ 鹿児島県屋久島 *せっちゅー 新潟県佐渡 *たんたん（幼児語）福岡県 熊本県 大分県西国東郡 *ちゃちゃ 新潟県佐渡 *ちゅーちゅー（幼児語）岐阜県益田郡 *どーどー（幼児語）岡山県苫田郡 *どーとこ（幼児語）広島県 *とーとのこ（幼児語）広島県御調郡・芦品郡 *とーとんごー（幼児語）広島県佐伯郡 *とっと（幼児語）岐阜県飛驒 香川県 高知県幡多郡 *とんと（幼児語）岐阜県吉城郡 和歌山県日高郡 愛媛県「おとーさんはとんとが好きぎゃ」 *とんとん（幼児語）広島県御調郡 愛媛県大三島 *なかわた（「腹の中から暖めるもの」の意か）長野県上田 *なだ 奈良県吉野郡 *ひだり 宮城県登米郡・玉造郡 福井県坂井郡 *ぶんぶ 静岡県庵原郡 *まき 三重県宇治山田市「まきやる（酒を飲む）」 *みず 三重県志摩 *よいよ（小児語）長野県下伊那郡 *よーよー（幼児語）新潟県佐渡

↓せいしゅ（清酒）

辛口の強い□ *おとこざけ 島根県 *おにころし 岐阜県飛驒 *おにごろし 新潟県東蒲原郡 *ひのくち 千葉県上総

さけ【鮭】 *あきあじ 北海道函館市・小樽市 青森県津軽 岩手県気仙郡 秋田県鹿角郡 島根県邇摩郡 *いお・ゆお 山形県 *うお・えよ・ゆー 新潟市 *お 青森県津軽 *さけねば 富山県 *さけねぼ 富山県富山市近在・下新川郡 *さけのいお 山形県 新潟県佐渡 石川県珠洲郡 *さけのいぼ 富山県高岡市 *さけのいよ 福島県会津・浜通 *さけのお 岩手県気仙郡 宮城県 福島県東白川郡・相馬 茨城県北部 *さけのゆお 山形県 *さけのよ 岩手県気仙郡 秋田県 山形県 新潟県佐渡 富山県・砺波 石川県加賀 *さけのよー 富山県・砺波 *さけんぼ 栃木県河内郡 *じかわ 新潟県 *はつな（その年になって初めて捕れたサケ）新潟県 *よ 秋田県河辺郡 *よー 秋田県平鹿郡 山形県最上郡・飽海郡 新潟県

□の卵 *つぼこ 北海道網走 *はらこ 宮城県仙台市 秋田県鹿角郡 *はららご 秋田県仙北郡・鹿角郡・秋田市 山形県東田川郡・西田川郡 新潟県 *よーのこ 新潟県・東蒲原郡（サケ以外にも言う）・西蒲原郡

さげすむ【蔑】 *ういなしん 沖縄県石垣島・竹富島 *さい 沖縄県与那国島 *どっすぶく（口汚く相手をののしり、さげすむ）新潟県上越市

↓あなどる（侮）・おとしめる（貶）

さけぶ【叫】 *あびーん 沖縄県那覇市・島尻郡 *あびゆい 鹿児島県喜界島「あびんな（黙れ）」 *あびゆん 沖縄県首里 *あべる 愛媛県伊予市 *いきる 大阪府三島郡 *うなる 滋賀県・彦根「うなりまわす（叫び散らす）」 大阪府北河内郡・中河内郡 *おがる 三重県阿山郡 滋賀県湖南・甲賀郡 大阪府泉南郡・泉北郡 兵庫県「何でもない事によおおがる親父じゃ」 奈良県吉野郡 和歌山県 岡山県 広島県福山市 香川県 愛媛県 *おたく 鳥取県西伯郡 島根県八束郡・大根島 岡山県上房郡・苫田郡「おたーてくれ（呼んできてくれ）」 *おたける 島根県隠岐島 岡山県苫田郡 *おとないたてる 山形県東置賜郡・西置賜郡 *おとなう 奈良県吉野郡 *おなる 岡山県 *おみく 奈良県吉野郡 *おむく 三重県北牟婁郡「用事のある人ぁ来たらな、あのー、おむいてくれよー」 *おめく 山形県最上郡「おめーで逃げていった」 新潟県佐渡・東蒲原郡「何をおめいているんだ」 長野県佐久 三重県 大阪市 奈良県 広島県高田郡 福岡市 佐賀県藤津郡 長崎県 熊本県「あーたはそんないやらしいことをなさるとおめくけん」 宮崎県西臼杵郡 *おめっ 鹿児島県北薩摩郡 *おらがる 高知県 *おらっ 鹿児島県・揖宿郡 *おらばかす 島根県邇摩郡 *おらぶ 山形県東置賜郡 大阪府摂津市 兵庫県淡路島 島根県 岡山県 広島県 山口県・屋代島・大島 徳島県美馬郡 香川県「おらんでいく（抗議しに行く）」 愛媛県 高知県 福岡県 佐賀県唐津市 長崎県・壱岐島「近所近辺わりわりおらび廻る」 熊本県玉名郡・阿蘇郡 大分県 宮崎県 鹿児島県・種子島・宝島 *おろっ 鹿児島県肝属郡 *がい 鹿児島県肝属郡「がいもどす（人からどなられてどなり返す）」 *ががる 三重県阿山郡 *がる 福島県 *さなる 山形県 山梨県南巨摩郡「なによーさなるだ」 *ししる 三重県南牟婁郡 和歌山県 *しなる 青森県上北郡「まだ隣のばばしなてる」 岩手県九戸郡 *じなる 青森県「あんまりじなると声がかれるよ」 山形県 福島県東白川郡「そおだ（そんな）お

っきこえでじなってなんだ」・西白河郡 栃木県「うちん中でじなってんじゃねー」 群馬県多野郡 *しゃーなる 山梨県南巨摩郡「隣りでまた喧嘩が始まっとーかしゃーなる」 *しゃぎる 岐阜県恵那郡 奈良県 *しゃける 岐阜県飛騨南部・益田郡 三重県度会郡 愛媛県南宇和郡 高知県・幡多郡 *しゃなる 山形県「しゃなる声が聞える」 新潟県 *しゃばる 新潟県佐渡「しゃばりたてる(続けざまに叫ぶ)」 *ずなしっつける・ずなす 神奈川県津久井郡 *ずなる 北海道 青森県 山形県 福島県北部 *たかる 新潟県東蒲原郡 *たきる 三重県阿山郡 *たぎる 高知県土佐郡 *たける 岐阜県郡上郡 静岡県志太郡(鳥が叫ぶ)「百舌(もず)んたけってる」 島根県「子どもが目をさますけー(覚ますから)あんまりたけるな」・鹿足郡 広島県佐伯郡・高田郡 山口県「こねえたけったらどんなつんぼうでも聞こえんこたあなかろうに」 徳島県 福岡県京都郡・企救郡 長崎県対馬 大分県大分郡・別府市 宮崎県西臼杵郡 *たっける 山口県下関 *つなる 青森県上北郡 *どぅげーるん 沖縄県石垣島・竹富島 *とえる 徳島県海部郡「とえられる(しかられる)」 *どぎる 大分県 *どやく 奈良県吉野郡 *どやぐ 三重県中部 大阪府南河内郡・泉北郡 奈良県「そうどやぎ廻らなくともええぜ」 和歌山県伊都郡「大きな声でどやぐ」 *どよむ 三重県 *とんびしる 和歌山県日高郡 *なる 山形県 神奈川県津久井郡・藤沢市「なったって聞えるくらいの所だ」 新潟県・頸城地方 静岡県田方郡 徳島県「なっていく」 高知県土佐郡「なってくる」 長崎県対馬「なりまある」 *ひーなる 神奈川県津久井郡 *ひーる 東京都八丈島「女の子のひいる声がきこえる」 山梨県 愛知県 *ひける 長崎県五島 *ひしる 三重県「泣きひしる」 大阪府泉南郡 和歌山県 高知県 *ひせくる・ひせごる・へせごる・へせる 高知県 *ひせる 愛媛県「ひせりあがる(悲鳴を上げる)」 高知県「ひせり声」 *ひなる 山梨県南巨摩郡 静岡県「あまり大声でひなるな」 *ひゃこる 島根県鹿足郡 山口県阿武郡 *へしる 三重県名賀郡 *ほえしる 広島県高田郡 *ほえる 東京都八丈島「風をにがすためにホーイホイホイとほえる」 大阪府河内 和歌山県 岡山県児島郡 徳島県海部郡 大分市 *ほごえる 徳島県海部郡 *ほなる 新潟県頸城 *ぼなる 山形県南置賜郡 新潟県東蒲原郡「ぼならなくとも聞える」 *ほめく 奈良県吉野郡 *ぼやく 京都府 *ほゆる 和歌山県西牟婁郡・日高郡「東西屋が辻々をほえて廻った」 *やげる 岡山県小田郡 *やなる 茨城県・久慈郡・稲敷郡 *やばる・やべる 兵庫県淡路島 *よばーる 静岡県榛原郡 *よばる 福井県若狭 静岡県榛原郡「ほんなに(そんなに)よばるなや」 三重県志摩 滋賀県湖北 *よぶ 三重県南牟婁郡 *よぼる 三重県 *わなる 新潟県佐渡 富山県下新川郡 石川県 山梨県 滋賀県 兵庫県加古郡 鳥取県東部

↓どなる（怒鳴）

大声で□ *いがる 兵庫県佐用郡 鳥取県・西伯郡 島根県 岡山県 広島県 山口県 徳島県・名西郡 香川県 愛媛県・周桑郡・大三島 高知県・土佐郡 *いげる 山口県玖珂郡 *えがー 島根県 広島県比婆郡 *えがる 鳥取県西伯郡 島根県 広島県比婆郡 *ごめく 島根県鹿足郡「牛がごめくと水が出ると言うとる」 *しまてぃーひゃーてぃー(あらん限りの声で叫ぶさま) 沖縄県首里 *てーはいかじはい(あらん限りの声で叫ぶさま) 沖縄県首里 *どならかす 島根県出雲・隠岐島 *どなりけーす・どなりまくどーけーす・どなりまくどーする 東京都八王子 *ほたえる 島根県隠岐島 *まめく 岡山県 *やめく 石川県河北郡 兵庫県城崎郡「寄合に出なはれよーってやめかんならん」 *わみく 島根県隠岐島 *わめる 兵庫県宍粟郡

□こと *おっとぼえ(大声で叫ぶこと) 島根県八束郡 *くろぼえ(大声で叫ぶこと) 長崎県壱岐島 *こえせぎ(大声で叫ぶこと) 島根県出雲「こえせぎで歌っちょー」 *ごんごん(やかましく叫ぶこと) 山口県防府 *ひのおらっ(大声で叫ぶこと) 鹿児島県 *ひのおらび(大声で叫ぶこと) 熊本県玉名郡 *よばっかー 静岡県榛原郡「よばっかーをする」 *わにおらび(むちゃに叫ぶこと) 長崎県壱岐島「わにおらびとるな」

さける【裂】

*えげる 長野県下伊那郡「腹がえげる程たべた」 *えむ 東京都南多摩郡 神奈川県「竹がえんだ」・中郡 静岡県掛川市「うだ(湿田)でさええんでひどくなって」 *さくれる 鳥取県西伯郡 *さばける 東京都三宅島・大島「障子がさばけたから張り替へたい」 新潟県「筆の先がさばけて書けない」 長野県「大食して腹がさばけさうだ」

方/言/の/窓

●方言をめぐる慣用句

○「京へ筑紫に坂東さ」
方向を表す助詞を、京都地方では「へ」、九州地方では「に」、関東地方では「さ」をそれぞれ用いるということ。江戸初期の文献に見られる。

○「物の名は所によりて変わるなり、難波の葦は伊勢の浜荻」
浪花で「あし」と呼ぶ草も、伊勢では「はまおぎ」というように、地方地方で物の呼び名や風俗・習慣が異なるということをたとえていう。「草の名も～」とも。「難波の鯔（ぼら）は伊勢の名吉」も同じ。

○「長崎バッテン江戸ベラボウ神戸兵庫のナンゾイヤついでに丹波のイモ訛り」
ことばの端々に出るその土地土地の方言の特徴を並べていったものである。

静岡県 *しっちゃける 新潟県佐渡　長野県佐久 *しっちゃばける 山梨県　静岡県 *はちわるる 新潟県上越市 *しゃばける 長崎県南高来郡 *はちわれる 三重県名賀郡「ひびやあかぎれではちわれた」 島根県「栗のいががはちわれる」 山口県阿武郡（果物など） 徳島県（果実など） 香川県三豊郡　愛媛県松山　長崎県対馬　大分県 *ひーわる 佐賀県 *ひっちゃける 茨城県久慈郡　新潟県佐渡 *ひっちゃばける 山梨県東八代郡・北巨摩郡 *ひっつぁばける 神奈川県愛甲郡 *ひわるる 佐賀県　鹿児島県 *ぶちゃげる 青森県「ころんだけぁ着物ぶちゃげた」 *ふちゃばける 山形県村山 *ぶっさーける 栃木県塩谷郡 *ぶっちゃげる・ふっつぁげる 新潟県東蒲原郡 *ふっつぁける 山形県米沢市 *ぶっつぁける 山形県西置賜郡　栃木県 *もちゃくる 宮城県加美郡

さける【避】 *すかす（体をかわして避ける） 香川県　愛媛県喜多郡・松山「すかして倒してやった」 *どぅきなゆん 沖縄県首里 *どける 秋田県山本郡「向ふから車が来たからどけれ」 福島県「どけろ（どいてくれ）」 千葉県東葛飾郡・君津郡　新潟県・東蒲原郡「どける拍子に足を挫いた」・三島郡　山梨県南巨摩郡「大名が通るをりやぁ百姓は道をどける」 愛知県知多郡「早どけら」 島根県石見「道のわきえどけた」 広島県双三郡 *へーる 岐阜県飛驒 *へる 岐阜県恵那郡・飛驒　奈良県宇陀郡「へっとらなあぶないぞ」・吉野郡 *へれる 愛媛県大三島 *よかえる 山形県北村山郡「馬がくるからよがえでえろ」 *よかせる 富山県

→よける（避）

さげる【下】 *こかす 岩手県東磐井郡「帯をこかす」 *さいん・しさーらしん 沖縄県石垣島

ささ【笹】 *いらさ 宮崎県都城 *こーざさ（葉の小さい笹） 山口県豊浦郡・厚狭郡 *こざさ（葉の小さい笹） 広島県比婆郡 *ささぼね（山にある笹） 兵庫県赤穂郡 *すす 奈良県吉野郡「すすわら（笹原）」 *すず 山梨県（山道にある大きいもの） 静岡県安倍郡　島根県「すずの子（笹の新芽）」 愛媛県（小さいもの）

さざえ【栄螺】 *おちょ 京都府中郡 *けんさざえ（とげのあるサザエ） 山口県 *じーじ・じんじ 島根県邇摩郡 *せーれー 長崎県壱岐島 *ちゅーちゅーさざえ（サザエの小さいもの） 長崎県対馬 *つのさざい（とげのあるサザエ） 香川県小豆島 *とっぽげー 長崎県南高来郡 *にがら 東京都利島 *にな 島根県益田市・那賀郡

ささくれ *さかさ 栃木県 *さかくれ 鳥取県西伯郡　岡山市 *さかさじ 山形県西置賜郡 *さかさじし 群馬県多野郡　埼玉県秩父郡　新潟県佐渡 *さかさずめ 宮城県栗原郡・仙台市　山形県　栃木県 *さかさむけ 静岡県榛原郡 *さかしし・さかしね 新潟県佐渡 *さかだち 群馬県勢多郡 *さかむくれ 岐阜県恵那郡・郡上郡 *さかもぎ 岐阜県飛驒 *さかもげ 兵庫県加古郡　島根県出雲　徳島県　香川県丸亀市・小豆島　愛媛県　高知県・幡多郡 *さかんき 沖縄県首里 *ささら 島根県隠岐島 *さんけ 鹿児島県沖永良部島 *しがばり 山形県庄内 *そそくれ 山形県　福島県会津・浜通

ささげ【大角豆】 アズキより大きめの種子がなるマメ科の植物。餡や赤飯などに用いる。 *あくしゃまめ（「あくしゃ」は「あくさい」の転で、迷惑の意。とれ過ぎて困る豆の意） 熊本県南部 *あずきささげ 新潟県一部 *いるまめ 北海道一部 *いんげんまめ 北海道一部　岩手県一部　長野県一部　静岡県一部　三重県一部　京都府一部 *うわ 岡山県邑久郡 *おかまめ・おにまめ 大分県一部 *きささぎ 長野県 *きささげ 大分県一部 *きふろー 長野県一部 *きまめ 福岡県一部 *きょこつ 愛媛県一部 *きりさご 鳥取県一部 *きんとん 栃木県一部　埼玉県一部　東京都一部 *きんとんあずき 栃木県 *くねまめ 長野県下水内郡 *ぐるりまめ 熊本県一部 *くろまめ 京都府一部 *こくとり 茨城県一部　栃木県一部 *こさしらず（「木陰でもできるもの」の意） 山梨県一部 *こっちゃーまめ 佐賀県一部 *さざとー 京都府一部 *ささん 富山県一部 *さなり 岡山県備前・御津郡 *さやまめ 北海道一部　京都府一部 *じぶり 和歌山県東牟婁郡 *しぶろ・じぶろ 和歌山県日高郡 *じゅーはちささげ 滋賀県一部 *じゅーはちまめ 三重県一部　滋賀県一部　大阪府一部 *じゅーろく 山梨県　岐阜県一部 *じゅーろくまめ 岐阜県　愛知県一部　滋賀県一部 *せーよーあずき 山梨県一部 *せつささげ・せつまめ 三重県一部 *せとうち 福岡県一部 *そらふき 島根県一部 *だぼー 長野県上田 *たわけまめ 岐阜県一部 *つゆまめ 広島県 *てありささげ 山形県一部 *てうちまめ 熊本県一部 *てなし 北海道一部　長野県一部 *てなしささげ 岩手県一部　福島県一部 *てなしまめ 奈良県一部 *てんこー 愛知県 *てんこーあずき 秋田県 *てんじょー・てんじょーまもり 埼玉県一部 *てんじょーあずき 埼玉県一部 *てんじょーなり 群馬県一部 *てんじょく 長野県更級郡 *とーぶろ 千葉県一部 *とーろくすん 長崎県　大分県一部 *とーろくまめ 京都府一部 *なかくろ 熊本県一部 *ながささげ 山形県一部　福島県一部　福岡県築上郡 *ながぶろ 千葉県安房郡 *ながふろー 島根県一部　香川県高松市　高知県一部　宮崎県一部 *ながぶろー 愛媛県松山 *ながまめ 富山県一部　鳥取県一部　島根県一部　山口県一部　佐賀県一部 *なつあずき 滋賀県一部　奈良県　鳥取県一部　島根県一部　広島県一部　大分県一部 *なまめ 沖縄県首里 *ならちゃあずき 秋田県一部 *なんきん 茨城県真壁郡 *なんどなり 岐阜県一部 *にどなりまめ 大分県一部 *にどまめ 京都府一部　兵庫県一部　鳥取県一部 *ひよたれ 山口県一部 *びんじょ 滋賀県神崎郡 *びんじょー 滋賀県一部 *ふ

ーろー 沖縄県首里・石垣島・竹富島 *ふーろーまみ 沖縄県八重山 *ふどー 香川県綾歌郡 *ぶどー香川県三豊郡 *ぶどーあずき 岡山県一部 *ふる 鹿児島県徳之島 *ふろ 愛媛県 *ふろー 長野県南佐久郡 島根県鹿足郡 徳島県一部 愛媛県・松山(さやのまま食べる時に言う) 高知県一部 大分県 宮崎県日向 沖縄県首里(白大角豆、赤大角豆、あや大角豆)・小浜島 *ぷろー 鹿児島県喜界島 *ふろーまみ 沖縄県新城島 *ふろまーみ 沖縄県与那国島 *ふろまみ・ほろまみ・ほろまむ 鹿児島県奄美大島 *ふろまめ 宮崎県東諸県郡(赤大角豆にも言う) 鹿児島県一部 *ぶんず 千葉県上総 *ぶんどー 愛媛県一部 *べにまめ 兵庫県一部 *ほどまめ 京都府一部 *ぽんまめ 島根県一部 *みささげ 山口県一部 *みずら 静岡県 *みぞ 山口県一部 *みたび 神奈川県 *みどり 山口県一部 *みとりあずき 岐阜県一部 三重県一部 大分県一部 *めずら 栃木県 群馬県館林 埼玉県一部

さじ【匙】 *かながい(金属製の匙) 兵庫県加古郡 *かなぎゃー(大きな匙) 京都府竹野郡 *けー沖縄県・首里 *こばし 徳島県美馬郡 *しぐみ(陶製の匙) 秋田県秋田市・雄勝郡 *しっかい 沖縄県石垣島・新城島 *しっかいなー(小形のもの) 沖縄県石垣島 *しっかいやーま 沖縄県黒島 *すぐみ・すくみっこ(陶製の匙) 秋田県 *すくみこ(陶製の匙) 秋田県仙北郡 *すこい 沖縄県波照間島 *すだみ 秋田県仙北郡 *せっかい(小さい匙) 新潟県魚沼 富山県砺波 三重県東部 *せっきゃー 京都府竹野郡(小さい匙) 兵庫県出石郡 *たんび(汁をすくう匙) 静岡県駿河 *たんぴ(汁をすくう匙) 静岡県 *てぼ・てぼじゃくし(汁をすくう木製の匙) 島根県出雲 *とんしー(陶製の匙) 佐賀県 *とんしゅー(陶製の匙) 佐賀県藤津郡 *とんす(陶製の匙) 秋田県仙北郡 *とんすい(中国語から。陶製の匙) 福岡県 佐賀県 長崎県 熊本県八代郡 *まめじゃくし(おかずを器に盛る木の匙) 新潟県佐渡

さしあげる【差上】 *あつらえる 岐阜県郡上郡「あっと(もっと)あつらえるのが、ほっとやけんど(当然ですけれど)」 *うしゃぎゅん・ぬちゃぎゅん 沖縄県首里 *おいしん 沖縄県石垣島 *さくらげる 青森県 *さしだかす 島根県隠岐島 *まーすい・まらすい 鹿児島県大隅 *まーせる 石川県鹿島郡 *まいせる 山口県大島 *ませる 富山県東礪波郡「これおまいさま(あなた様)にませる」 石川県鹿島郡 *まらする 鹿児島県甑島 *めーらする 宮崎県東諸県郡 *めっする 鹿児島県 *めらする 宮崎県東諸県郡 鹿児島県 *もーしあげる 宮城県仙台市「なに事ももーしあげえんで」 福島県浜通

さしき【挿木】 *きさし・きっつぁし 宮城県仙台市 *きっさし 宮城県仙台市「にゅーばいに無花果とバラのきっさしすっと、ねっこつきす」 山形県 *ねさし 岐阜県飛驒 *ねっつあし 青森県

ざしき【座敷】 *あらく 熊本県球磨郡 *あらけ(次の間) 熊本県 *いっけんのま 鹿児島県肝属郡 *いっけんびり・いっけんべり 熊本県球磨郡南部 *うぃー(表座敷) 鹿児島県喜界島 *うーいえ・うえのいえ 鹿児島県宝島 *うえ 奈良県宇智郡 *うもて 鹿児島県奄美大島 *えー 岡山市 *えんなか 熊本県天草郡 *おいうえ 福井県足羽郡 *おいえ 新潟県佐渡 石川県江沼郡 京都市 大阪市「おいゐのすま(座敷の隅)」 奈良県 香川県「おいえぐち」 *おいげ 香川県屋島 *おいべ 奈良県吉野郡 *おうえ 大阪府泉北郡 奈良県生駒郡 香川県綾歌郡・木田郡「やかましのに、おうえであそばんの(騒がしいから畳の上で遊んではいけない)」 *おえ 長野県南安曇郡 岐阜県益田郡 静岡県浜松 京都府「雨降りだで、今日はおえで遊べいや」 奈良県 鳥取県西伯郡 岡山県 広島県芦品郡 *おえー 広島県芦品郡 *おーえ 静岡県「おおえに上るにゃあ足を拭けよ」 愛知県宝飯郡・知多郡 長崎市 *おーで 広島県 *おーでい 岡山県川上郡 *おか 宮城県栗原郡 *おかのま 愛媛県 *おかみ 宮城県本吉郡 *おざえん 福岡県筑後 *おでい 愛知県 *おま 静岡県「おまにいるに(座敷にいますよ)」 京都府中西部 *おまい 熊本県球磨郡 *おまえ 佐賀県 長崎県西彼杵郡 *おめ 三重県伊勢 *おもて 岐阜県飛驒 京都府 兵庫県淡路島・但馬 和歌山県(奥座敷) 鳥取県 島根県 山口県都濃郡「どんどんおもてーあがって」 徳島県 高知県土佐郡 熊本県 宮崎県西臼杵郡・東諸県郡 鹿児島県 *おんえ 愛知県知多郡 *おんげ 香川県仲多度郡 *かみで 島根県 *かみてー山形県東置賜郡・東田川郡 *かみでー 島根県美濃郡・益田市 広島県高田郡 *かみでん 広島県賀茂郡 *かみのま 島根県 香川県大川郡 *かむで広島県山県郡 *かむでー 広島県佐伯郡・高田郡 *かんて 島根県能義郡 *かんま 島根県益田市・那賀郡 *ごい 茨城県 *ごんぜん 熊本県鹿本郡・球磨郡 *ざ 香川県 *ざー 香川県綾歌郡・三豊郡「大水がざあまできた」 沖縄県 *ざなか 鹿児島県・種子島 *じー・りー 新潟県西部 *だー 沖縄県与那国島 *だい 愛知県南設楽郡 *ちょーだい 東京都三宅島 岐阜県飛驒 兵庫県 *で 山形県最上郡 新潟県刈羽郡・東頸城郡 富山県東礪波郡 岐阜県飛驒 三重県志摩郡 滋賀県滋賀郡 *てい 石川県 岐阜県可児郡 千葉県海上郡 *でい 岩手県 宮城県本吉郡 福島県 茨城県 栃木県 群馬県 埼玉県 千葉県 東京都大島・利島・新島 新潟県 富山県砺波 石川県 山梨県 長野県「しもでー(下座敷)」 岐阜県恵那郡 静岡県 愛知県 三重県 和歌山県 鳥取県 気高郡・八頭郡 岡山県苫田郡 広島県 熊本県球磨郡 宮崎県西臼杵郡 *でいさ 新潟県南魚沼郡 長野県 *でいざ 新潟県 長野県佐久 *でいのま 長野県諏訪 *でいへ 愛知県東春日井郡 *で

いや富山県東礪波郡 *でいれ石川県鳳至郡 *でんじ群馬県館林 *どへ静岡県 *なんど福井県足羽郡・坂井郡　熊本県芦北郡・八代郡 *ひろま山形県鶴岡 *みーやま沖縄県黒島 *よこざ群馬県山田郡 *よま山口県大島郡　愛媛県・松山「よまをはしっちゃいかん」 *れい三重県度会郡 *わて島根県邑智郡 *わで(床の間のある所)長野県上田

さしさわり【差障】 *かかいさーらち沖縄県首里 *さざうぇあ・さぞうぇあ岩手県気仙郡「なんのさぞうぇあでこうなったんだろう」 *さささわり岩手県気仙郡　兵庫県神戸市 *さしつどい島根県石見「今日はさしつどいがあって、どがーしても行かれん」 *すんし茨城県新治郡 *つどい島根県「今日はつどいがあってどうしても行かれん」山口県大島
→さしつかえ(差支)・ししょう(支障)

さしず【指図】 *いーつぃきがた沖縄県首里 *げち鹿児島県種子島 *さいば島根県出雲 *さいはい長崎県壱岐島「さいはいする」 *ざいふり滋賀県彦根・蒲生郡 *さくばい島根県飯石郡・出雲市 *さくまい島根県出雲 *さしゃく新潟県中頸城郡　長野県上伊那郡・下伊那郡「お前のさしゃくは受けないぞ」　香川県仲多度郡「そなに人のさしゃくやくな(おせっかいするな)」 *さはい新潟県佐渡　滋賀県彦根　島根県出雲「要らぬさはいをする」　徳島県 *さやーはち京都府竹野郡「あの男にさゃーはちふらしておけば何とかなる」 *さんしゃく岡山県児島郡「さっきからそけえおってさんしゃくばあすなあ」 *てきん神奈川県藤沢市
□する *さいぼーふる長野県上伊那郡・下伊那郡 *さくばえる岩手県気仙郡 *さくまえる・さしつける山口県見島「料理はおやぢがねき(側)で見て居て、かう切れああ切れとさしつける」 *つかにぎる島根県益田市・那賀郡「あれも立派につかーにぎるようになった」

さしだす【差出】 *さしたかす島根県隠岐島「右の手をさしたかさっしゃるけに」 *さしつける富山県東礪波郡 *さしでくる長崎県壱岐島 *すける広島県佐伯郡・芦品郡 *つったす茨城県久慈郡・新治郡　長野県佐久 *ぬしきゆん・ねーゆん沖縄県首里「てぃー　ぬしきゆん(手を差し出す。けんかを仕掛ける)」 *のす岩手県九戸郡「そっからじぇんこ(お膳を)のしてけろ」 *のべる青森県津軽　新潟県佐渡「椀をのべだす」 *やんだす新潟県西頸城郡　長野県北安曇郡　岐阜県「こんなものはやんだせるようなものではありませんけど」
ものを人の所へ□ *ぬすける広島県三次市・双三郡 *のじける島根県出雲「のじけてごいたい(届けてください)」 *のずかす・のぞかす島根県出雲・隠岐島「ちょっと鍬をのずかえてごせ」 *のすける島根県「そこの槌をのすけてくれ」　広島県　山口県玖珂郡 *のずける島根県石見・隠岐島　広島県「その本をこっちーのずけてくれー」 *のぞける鳥取県西伯郡　島根県・隠岐島　岡山県苫田郡「今日は都合が悪いけん、近いうちにのぞけます」　山口県「あの人のところへ昨日あれうのぞけちょいた」 *のちかす・のつかす島根県出雲 *のっかえる島根県大田市 *のつかえる島根県「小刀をのつかえてくれ」 *のっかす島根県隠岐島 *のっける島根県美濃郡・益田市 *のつける島根県「局へ手紙をのつけてくれ」　広島県比婆郡 *のどける島根県鹿足郡　山口県阿武郡・大島

さしつかえ【差支】 *さしつどい島根県石見「今日はさしつどいがあって、どがーしても行かれん」 *つぃけー沖縄県首里 *つかえ徳島県「明日つかえないか」　長崎県対馬　鹿児島県鹿児島市「つかえわ　ごわんが」・肝属郡 *つっかかえ山形県米沢市「つっかがえあなくなった」 *つどい島根県「今日はつどいがあってどうしても行かれん」　山口県大島 *ぼく茨城県猿島郡　愛媛県　福岡市　大分県　宮崎県　鹿児島県肝属郡「ぼくぢゃった(だめでした)」 *ぼっ鹿児島県大隅 *まちがえ島根県「まちがえがあって行かれん」 *みあわせ栃木県
→さしさわり(差障)・ししょう(支障)
□がない *いるわん(下流)長崎県北松浦郡 *いろわん福岡県京都郡　長崎県北松浦郡(下流)　大分県「何をしてもいろわん」 *かん愛媛県松山「もうえー、かん、かん」 *かんべ香川県 *くらね栃木県「三人行かなくてもくらね」 *くろーない栃木県「雨が降ってもくらーねよ、流されないから」 *さーねー埼玉県秩父郡「『この菓子食ってもせわーねーかい』『ああ、さーねーとも』」 *じゃまない(「邪魔ない」か)富山県「五日の日ならじゃまない」　石川県能美郡 *じゃんない富山県東礪波郡　石川県能美郡 *ずさいない・ずさない岐阜県飛騨 *せやーない島根県 *せわーない島根県「米の一俵ぐらえ積んでもせわーなえ」　岡山県苫田郡・小田郡「一人山へ行かしてもせわーない」　山口県都濃郡 *せわない鳥取県西伯郡　島根県　宮崎県西臼杵郡 *だーない三重県一志郡「なんでもだーないわ(何でもかまいませんよ)」　鳥取県鳥取市・西伯郡 *だいしか滋賀県蒲生郡　香川県・小豆島「いうてもえかろか。だいしか」 *だいじか三重県志摩郡「だいじかれ(構わぬよ)」 *だいしない滋賀県蒲生郡 *だいじない新潟県中頸城郡・西頸城郡　岐阜県　京阪　大阪市　兵庫県西宮市　奈良県　和歌山県・伊都郡・日高郡　島根県出雲・隠岐島「だえじないけんこれを使え」　広島県高田郡　徳島県「この水つこてもだいじないで?(この水使ってもいいですか)」・三好郡　香川県　愛媛県「そりゃだいじない」 *だいじもない和歌山県那賀郡・伊都郡 *だいじょない兵庫県神戸市 *だいない新潟県「此の菓子食べてもだいいねか」　石川県能登　三重県志摩郡　大

阪市　岡山県　*だえぞなえ 島根県出雲　*だしか 香川県小豆島　*だしかい 石川県　滋賀県　*だしない 岐阜県大垣市・吉城郡　滋賀県神崎郡　*だじない 岐阜県飛騨　鳥取県西伯郡　徳島県　香川県　*だじゃない 岐阜県飛騨　*だずない 鳥取県西伯郡　*だちこ 三重県度会郡　*だんだい 兵庫県加古郡　*だんない 新潟県西頸城郡　富山県　石川県「おのこでもめーろでもだんないけっど(男の子でも女の子でもかまわないけれど)」　福井県「だんない。しゃーないさかいに(かまいません。仕方ありませんから)」　岐阜県　三重県「だんねーわれ(よろしいわ)」　滋賀県「だんなぇーちゅーわけやないけど(かまわないというわけではないけれど)」　京都府「来てもだんない」　大阪府大阪市「破ってもだんない。小供のこっちゃ」・泉北郡　兵庫県「もうおいてもだんないけ(もうやめても差し支えないか)」　奈良県・南部　和歌山県「そんなことせんかてだんないよ」　鳥取県西伯郡「だんにゃけん行って戻れ」　島根県能義郡・出雲　岡山県・苫田郡・浅口郡　広島県芦品郡・高田郡　徳島県　香川県「ちょっとぐらい欠けてもだんない」　*だんね 島根県能義郡　*でちねー・でんね 三重県度会郡　*でんねー 三重県志摩郡・度会郡　*とんじゃくない 山形県米沢市「おそぐども、とんじゃぐなえがらこえ(来い)」　*なっともない 島根県　*なんてもない 秋田県鹿角郡　*なんとだえなえ 島根県出雲「先生に叱られてもなんとだえなえ」　*なんともない 新潟県上越「あんたもいっしょに行ってもなんともない」　*はったない 島根県浜田市「先生の許しが出たからはったない」

さしみ【刺身】　*いけもり 青森県三戸郡　長崎県壱岐島(生け作りにした刺身)　*おだんだん(段々になっているところから) 静岡県志太郡　*おろし 大分県大分市・大野郡　*きりみ 京都府葛野郡　*けじょ・けじょよ 富山県　*ちくーみ・つくーみ 島根県出雲　*つくりみ 富山県東礪波郡・砺波　愛知県名古屋市　三重県志摩郡　滋賀県蒲生郡　京都市　大阪府　兵庫県　和歌山県　鳥取県　島根県　広島県走島　山口県大島　愛媛県　高知県　大分県大分市・大分郡　*つけぐい 香川県綾歌郡　*なま 東京都三宅島　山口県　高知県土佐郡　熊本県玉名郡　*なます 千葉県夷隅郡　山梨県南巨摩郡　和歌山県　*なまずくり 広島県比婆郡　*なまみ 福井県　香川県　愛媛県　長崎県対馬　*ぬた 大阪府　*のた 滋賀県甲賀郡　*びえん 熊本県天草郡　*ぶえん 島根県出雲「魚はぶえんがえっち(なんと言っても)うまい」　鹿児島県屋久島

さしむかい【差向】　*あいたい 島根県出雲「あえたえで飲まー」　*かけむかい 宮城県石巻・仙台市「かけむかいの喧嘩」　山形県　*たんかーいー 沖縄県首里

さす【刺】　*かっぱふむ(とげを刺す) 福島県石城郡　*くすぐ 山梨県南巨摩郡　長野県　静岡県・小笠郡「針をくすいだので痛い」　愛知県宝飯郡・奥設楽　*くすげる 山梨県南巨摩郡　長野県　岐阜県　静岡県「刺を足へくすげた」　愛知県　*くつげる 岐阜県羽島郡　*すげる 愛知県愛知郡　*する 広島県　*つくすぐ 山梨県南巨摩郡　*つっぶす 茨城県北相馬郡　千葉県印旛郡　*つっぷす 茨城県稲敷郡　*つっぽーす 茨城県　千葉県香取郡　*つっぽす 茨城県　千葉県　*つんぬくい 鹿児島県　*つんぬくす 千葉県長生郡　*ぬく 熊本県玉名郡　*ぬくる 鹿児島県　*ぬくん 沖縄県石垣島

虫が□　*かぶる 島根県　広島県賀茂郡　山口県　*かむ 東京都利島「蚊にかまれる」・八丈島「じーぶひどく虫めにかまれたら(ずいぶんひどく虫に刺された)」　京都府竹野郡　島根県出雲　鹿児島県奄美大島「むとぅちひでさ、むしんかまった(ずいぶんひどく虫に刺された)」　*ちぎる 岩手県九戸郡「ばち(蜂)にちぎられた」

さそう【誘】　*かしょう 茨城県猿島郡　栃木県足利市　群馬県「かしょってくれてもいけねーで」　埼玉県南埼玉郡・秩父郡　千葉県東葛飾郡「一郎君をかしょって行く」　神奈川県高座郡　*かそう 茨城県・猿島郡　栃木県安蘇郡・芳賀郡　埼玉県秩父郡　千葉県　神奈川県三浦郡　*かぞく 千葉県夷隅郡　*くいしゅい 鹿児島県喜界島　*ことかす 宮崎市　*さーるん 沖縄県石垣島「さーらりるん(連れられる)」　*さすのう 大分県「友達をさすのー」・南海部郡　*さする 鹿児島県　*さどう・さどる 岩手県気仙郡「学校さ行ぐ時さどってけらえや」　*そびく 新潟県佐渡　島根県石見　*だましかける 秋田県仙北郡「だましかけて川に行く」　*つげる 栃木県「芝居に行くんだらつげに行くから」　*とぐ 東京都八丈島「とぎずにいこがん(誘わずに行こう)」　*どびく 島根県石見　*よぼーる 福島県「早くよぼーってこー(早く誘って来い)」　*よぶ 岩手県気仙郡　愛知県東春日井郡　*よぼる 石川県鹿島郡「『ああ、わりゃあよぼっかい』『よぼろーわ』」・江沼郡

さっき【先】　*いぜん 鹿児島県阿久根市「(子供が)いじぇんから待っとっとじゃいがあ」・鹿児島郡　*いぜんさっ 鹿児島県鹿児島郡　*いま 岡山市「いまから貴方を待ちました」　*いんま 島根県那賀郡　岡山市　山口県大島　愛媛県周桑郡・喜多郡　高知県幡多郡　*くれま 島根県鹿足郡「あの人はくれまここにいましたのに」　*さいぜんがた 大分県　*さいぜんさき 大分県速見郡　*さいでんがた 大分県大分市・大分郡　*さわきん 滋賀県甲賀郡　*てまえ 香川県　*とー 島根県「たったとーにお前にやったばっかしじゃ」　広島県三次「とーのーそっとなしてつかあさい(さっきのを少し返してください)」　*ないがーってぃ 沖縄県与那国島
→せんこく(先刻)

さっそく【早速】　*さしつけ 鹿児島県肝属郡「さしつけあの内行け」　長崎県対馬　*さっきゃく

秋田県「さっきゃく出かけて行く」 *さっち 静岡県榛原郡「さっち困るわけじゃーない」 岡山県苫田郡 *さっちもち 石川県江沼郡 *すぐと 宮城県仙台市「すぐとまかんできす(参上します)」 秋田県山本郡・南秋田郡「言いつけられたらすぐと行け」 栃木県足利市 静岡県志太郡 三重県志摩郡 *たーつつき 鹿児島県口之永良部島 *ちょど 長野県埴科郡「ちょど行け」 *ちょとに 奈良県南大和「ちょとに判らん」 *どっそく 新潟県佐渡「あのしたぁとっそく行ってしもうた」 富山県東礪波郡「とっそくに行く」 岐阜県郡上郡「そーあわてたって、とっそくにやできんぞえ」 *やにわに 岐阜県本巣郡 山口県美祢郡「いま やにわに わたしゃー せんにゃ ならんそ(今さっそく私はしなけりゃなりませんの)」 *やんずけ 山梨県

→すぐ(直)

さっぱり

①全く。全然。 *いよいよ 広島県比婆郡・庄原市「いよいよ出来やへん」 *かいくつ 岐阜県益田郡 *かいくり 福井県吉田郡・丹生郡 *かいぐり・かいぐりさんぼ 岩手県気仙郡「けぁぐりさんぼそれからこなかった」 *がいくり 宮城県玉造郡 *がいぐり 宮城県登米郡 *かいくれ 山形県東置賜郡「かえくれもうからない」 富山県下新川郡・富山市近在「そんな事、かえくれ知らん」 長野県上伊那郡 岐阜県土岐郡 滋賀県 和歌山県「かいくれ行方がわからん」 *かいぐれ 三重県志摩郡 *がいくれ・がいくれさんぼー 宮城県仙台市「たまに遊びに出すと、がいくれ三宝帰ることを知らぬ」 *かいくれー 長野県諏訪 *ごーど 島根県簸川郡 *しだい 青森県南部 *じたい 青森県南部 新潟県中頸城郡 岐阜県飛騨「ずたい駄目じゃ」 *じだい 青森県南部「じだいおもしろくない」 岩手県九戸郡 秋田県秋田市「近頃はあの男がじでぁに来なくなった」・鹿角郡 群馬県山田郡 富山県 *じだいごだい 富山県 *しっき 長崎県壱岐島「あかり差し出くりゃも、しっき居らんとじゃもんなぁ」 *じで 青森県上北郡 *すーたい 新潟県西頸城郡 *すーと・すっと 香川県「すっとにでけなんだゆうんとはちがうんじゃ」「すーとに」 *すったい 佐賀県「すったいこぬ」 鹿児島県 *すったり 福岡市「すったり甘くない」 熊本県「すったりいかん」 *だいざ 長野県西筑摩郡 岐阜県「病気がだいざ治らない」 愛知県西春日井郡・名古屋市 *だいざかいざ 岐阜県飛騨 *ちゃんと 徳島県「ちゃんと忘れた」 香川県三豊郡「ここにもなー、おばーがちゃんとよーなかったんにゃって(こちらではおばあさんが全くよくなかったそうで)」 高知県幡多郡 *てんぼし・てんぼち・てんぽち・てんぼつ 島根県石見「嫁がどこえ行ったかてんぼし知らん」 *ねってぁし 秋田県平鹿郡「あれはねってぁしだ」 *ふーど 大分県南海部郡 *ぼーど 鳥取県 岡山県苫田郡 *ぼーどー 宮崎県西臼杵郡 *よいよ 広島県庄原市

②あっさりしているようす。さわやかなようす。 *きさいじん 兵庫県赤穂郡 *きさきさ 島根県出雲「水を浴びてきさきさした」 *きさんじ 滋賀県蒲生郡 兵庫県赤穂郡 奈良県「きさんじなお子さんですね、誰にでもすかれておとくですこと」 岡山県苫田郡「きさんじな人じゃけえ、みんなに好かりょう」 愛媛県 *きさんじげ 島根県出雲「きさんじげな物の言い方をする」 *きちょーめん 香川県伊吹島 *きっさり 新潟県佐渡 静岡県「きっさり皆払っちまえ」 京都府葛野郡 兵庫県加古郡 *きよく 山梨県 *ぎりっと 秋田県南秋田郡「こんどはぎりっとやめる」 *けしゃ(「きゃしゃ(華奢)」の転か) 香川県「けしゃにする」 *こきさんじ 岡山県苫田郡 *こそーぞー 福岡市「近頃金回りのよかとじゃろー(よいのだろう)、着物もこそーぞーとしとる」 *さっきゃく 香川県高松市 *さらさっぱ・さらさっぱち・さらさんぱち 新潟県西頸城郡 *さんざー 島根県出雲「夜が更けてさんざーする」 *さんざり 島根県出雲「村雨がさんざりと降って来た」 愛媛県南宇和郡 *さんやー 島根県八束郡 *すかんと 福井県「すかんとする」 *すっぱ 長崎県対馬「すっぱとした(さわやかな)」 *すっぱり 石川県 奈良県南大和 岡山市「すっぱりした人」 徳島県 香川県綾歌郡・仲多度郡「これですっぱりした」「すっぱりしとる(男ぶりのりゅうとしている)」 長崎県 *すんじり 兵庫県加古郡「すんじりする」 *すんずり 岐阜県養老郡「すんずりする」 *そーぞつ 福岡県三井郡「大掃除してそうぞつなった」 *そっぴり 山形県米沢市 *とぅーかーねーん 沖縄県首里「とぅーかーねーんむにーかた(打ち解けた話し方)」 *はっつり 静岡県榛原郡「口の中がはっつりしのー(しない)」 *わさわさ 新潟県佐渡「あの人はわさわさしたよい方だ」

さつまいも【薩摩芋】 *あかいも 大阪府一部 和歌山県一部 山口県大島 徳島県一部 *あかおらんだ 鹿児島県垂水市 *あかぐー 沖縄県首里・石垣島 *あかぼけ 岡山県邑久郡 *あがん 沖縄県波照間島 *あこーん 沖縄県小浜島 *あっこん 沖縄県石垣島 *あまいも 京都府一部 兵庫県一部 和歌山県一部 島根県一部 岡山県邑久郡 愛媛県一部 *あめりかいも 岡山県邑久郡 広島県江田島 香川県 愛媛県 *あんがん 沖縄県石垣島・波照間島 *いしぐーんむ 沖縄県首里 *いも 神奈川県中郡 香川県 佐賀県藤津郡 熊本県 *うむ 鹿児島県沖永良部島 *うらーんだー・うらーんだあっこん 沖縄県石垣島 *うるまいも 兵庫県一部 *うん 沖縄県鳩間島・黒島 *うんてぃー 沖縄県与那国島 *おかいいも 和歌山県日高郡 *おといも 香川県三豊郡 *おらんだいも 山口県玖珂郡 *かいも 長崎県一部・西彼杵郡 鹿児島県・口之永良部島・鹿児島郡 *からいむ 鹿児島県喜界島 沖縄県首里市・那覇市 *からいも 山梨県一部 岐阜県一部 滋賀県一部 兵庫県一部 鳥取県一部 島根県一部 広島県 山口

県　徳島県一部　香川県与島・仲多度郡　愛媛県　高知県　福岡県　佐賀県　長崎県　熊本県　大分県　宮崎県　鹿児島県　*からん 熊本県天草郡　*からんむ・かんだ 沖縄県首里　*かりやいも・かれも 熊本県球磨郡　*かわごえ（産地の埼玉県川越から）東京都八丈島　*かんかん 熊本県玉名郡・下益城郡　*かんこ 宮崎県西臼杵郡　鹿児島県一部　*かんじょ 熊本県芦北郡　*かんちょ 熊本県　*かんちょー 熊本県天草郡　*かんぼ 熊本県天草郡　宮崎県一部　*かんぽ 熊本県天草郡　宮崎県西諸県郡　*かんぽー 熊本県球磨郡・天草郡　*かんも 東京都一部・青ケ島・八丈島　富山県一部　長崎県一部　熊本県下益城郡・芦北郡　鹿児島県　*きゅーしゅーいも 徳島県　愛媛県　*げんき 香川県　長崎県壱岐島「白げんき」「赤げんき」　*げんきーいも 島根県江津市　*げんきいも 和歌山県　広島県芦品郡（白味を帯びたもの）・高田郡　山口県大島　香川県　愛媛県小呉島　長崎県壱岐島　*げんけいも 山口県見島　*げんこつ 島根県　*げんじいも 兵庫県加古郡（白いもの）　山口県吉敷郡　香川県　愛媛県一部　長崎県一部　*けんちいも 長崎県五島　*こーこいも・こーこーいも・こーこ・こーこも 長崎県対馬　*ごといも 山口県大島　*ごとーいも 島根県益田市　*さくらいも 山口県熊毛郡　香川県三豊郡　*さといも 広島県　山口県熊毛郡　香川県与島　*じーさんいも 広島県江田島　*じきー・じくーも・しっきー 東京都八丈島　*じきいも・ずいきいも 広島県一部　香川県　*しじゅーにち 東京都八丈島　*しまいも 兵庫県一部　香川県　*じゅーきいも 広島県佐伯郡・西能美島　長崎市　*じゅーきゅーいも 広島県佐伯郡　*じゅきいも 香川県　*じゅごんち 鹿児島県肝属郡　*すま 東京都三宅島　*たいわんいも 茨城県一部　愛媛県一部　*たついも 山口県大島　*ちゃがいも 和歌山県日高郡　*つるいも 岐阜県一部　和歌山県一部　高知県一部　*てるこ 東京都八丈島　*でんじいも 広島県大崎上島　*といも 山口県　香川県　愛媛県一部・宇摩郡・今治市　福岡県　佐賀県一部　長崎県一部・対馬・南高来郡　大分県　宮崎県延岡　鹿児島県大島郡　*どーいも 島根県一部・益田市　山口県　香川県　高知県一部　福岡県　佐賀県　長崎県一部　大分県・日田郡・宇佐郡　宮崎県一部　*どーじいも 愛媛県　*とーじんいも 岡山県一部　山口県一部　香川県佐柳島・伊吹島　*どーのいも 大分県一部　*とのいも 山口県大津郡・美祢郡　*どん 鹿児島県奄美大島　*ばけいも 徳島県一部　香川県一部　*はたいも 和歌山県一部　*はたけいも 香川県一部　*はちり・はちる 長崎県南高来郡　*はちりはん（「栗（くり）」を「九里」に掛け、それに近く美味だの意のしゃれ。焼き芋）香川県三豊郡　*はちん 長崎県一部　*はっちゃん 長崎県一部　鹿児島県　*はぬす 鹿児島県奄美大島・喜界島　*ぱぬす・ぱんしゅー・ぱんすー 鹿児島県喜界島　*ばばごろし 東京都八丈島　*はんし 鹿児島県奄美大島・徳之島　*はんしゅん・はんしん・はんちん 鹿児島県徳之島　*はんす（台湾のハーンツーから）鹿児島県黒島・奄美大島　沖縄県首里　*はんちんむ 沖縄県那覇市　*ひゅーがいも 徳島県・美馬郡　*ひろしまいも 岡山県一部　*ぼけ 香川県　*ぼけいも 香川県大川郡・仲多度郡　*ほそずる 東京都八丈島　*ほんいも 島根県隠岐島　*まいも 和歌山県日高郡　島根県美濃郡・益田市（薩摩から石見へ伝来した最初の品種）　岡山県邑久郡　香川県　*まつえ 兵庫県淡路島　*まるじゅ 長野県佐久　*まるじゅー 長野県南佐久郡　*むしいも・もしいも 香川県　*りーきーいも 島根県出雲　*りーきいも 島根県　広島県御調郡　*りきいも 広島県　香川県　*りきも 徳島県一部　*りゅーき 山口県熊毛郡　*りゅーきいも 和歌山市　鳥取県西伯郡　島根県石見　広島県芦品郡　山口県　香川県　愛媛県　*りゅーきも 徳島県美馬郡　*りゅーきゅいも 和歌山県日高郡　*りゅーきゅーいも 石川県鳳至郡　岐阜県一部　滋賀県一部　兵庫県一部　鳥取県一部　島根県・石見　岡山県　広島県高田郡　山口県　徳島県美馬郡・三好郡　香川県　愛媛県　高知県宿毛　福岡市　佐賀県一部　長崎県　大分市　*りゅーきゅーからいも 山口県都濃郡　*りゅーくいも・りょーげいも 愛媛県一部　*りゅーけいも 愛媛県周桑郡　*りゅきいも 島根県邑智郡　香川県・三豊郡　*りゅきゅいも 香川県・三豊郡　*るいきいも 鳥取県西伯郡　山口県都濃郡　*わつー 宮崎県西臼杵郡　*んむ 沖縄県首里　*んも 三重県志摩郡

→かんしょ（甘藷）

さと【里】　*であと 宮崎県東臼杵郡　鹿児島県肝属郡　*でしょ 京都府竹野郡「妻君のでしょはどこだったかなあ」　兵庫県加古郡　岡山県川上郡「嫁のでしょ」　*でしょー 兵庫県淡路島

さとい【聡】　*からい（利にさとい）新潟県佐渡「かれえ男だ。損はすまい」　*こすい（利にさとい）千葉県香取郡　新潟県佐渡　岐阜県加茂郡（善意で言う）　三重県伊賀　島根県鹿足郡　山口県豊浦郡・玖珂郡　徳島県　香川県　福岡市　*こすこい（利にさとい）徳島県海部郡　*こっすい（利にさとい）愛知県名古屋市　*すっとりばやー 熊本県鹿本郡　*ちょろい 愛媛県　*ちょろこい 山形県東置賜郡・西置賜郡　島根県石見　愛媛県「あれは早や先回りしてやってゐたぞ、ちょろこい奴だなー」　*ちょろごすい 愛媛県今治市　*ちょろこない 山形県米沢市・西置賜郡　*はどい 新潟県東蒲原郡　徳島県　香川県「あの人ははどいきんなあ」　*はどこい 徳島県

さといも【里芋】　*あおいも 長崎県一部　*あおから 秋田県一部　*あおからいも 宮城県栗原郡　秋田県　*あかいも 山口県玖珂郡　長崎県北松浦郡　*あかめいも 山口県厚狭郡　*あたいも 福島県北部　*あらいいも 長野県佐久　*あらいも 群馬

県一部　新潟県・東蒲原郡　山梨県　長野県　鳥取県西伯郡　島根県鹿足郡　広島県・高田郡　山口県玖珂郡　徳島県一部　香川県綾歌郡　福岡県

大分県一部　豊前　*いえのいも（家の近所に植えるところから）新潟県一部　岐阜県一部　山口県　長崎県一部　*いがいも山口県美祢郡　*いも埼玉県入間郡　東京都伊豆諸島　山梨県北都留郡　静岡県　三重県北牟婁郡　奈良県吉野郡　愛媛県新居郡　熊本県　宮崎県　鹿児島県　*いもがら秋田県　*いもこ山形県　新潟県　石川県鳳至郡・珠洲郡　*いものこ北海道函館　青森県　岩手県紫波郡・上閉伊郡　宮城県　秋田県・鹿角郡　山形県・酒田市　富山県西礪波郡　石川県　長野県佐久　島根県　山口県玖珂郡・豊浦郡　*いものこっこ青森県　*いもんこ石川県能美郡　佐賀県藤津郡　長崎県南高来郡　*うぐいも広島県高田郡　*うまいも岐阜県一部　奈良県一部　*うむ鹿児島県奄美大島・喜界島　*えいも愛媛県一部　*えがいも石川県一部　岐阜県飛驒　*えぐいも宮城県一部　新潟県　三重県一部・三重郡　京都府一部　大阪府一部・大阪市　奈良県南大和

和歌山県　鳥取県岩美郡・気高郡　島根県　岡山県・苫田郡・児島郡　山口県　香川県小豆島・豊島　愛媛県　福岡県一部　長崎県一部　*えごいも福島県一部　埼玉県秩父郡　新潟県一部・東蒲原郡　山梨県一部　長野県一部・北安曇郡　愛知県一部・八名郡　*えないも島根県一部　*えのいも広島県一部・比婆郡　山口県美祢郡　長崎県一部・五島　*えんご静岡県一部　*おーがらいも秋田県一部　*おーのはらいも香川県一部　*おかいも山形県西田川郡　*おかいもこ山形県飽海郡　*おやいも広島県双三郡・高田郡　山口県大津郡　香川県高見島・仲多度郡　*おやのいも山口県大津郡　*かいいも・かゆいも山口県都濃郡・大津郡　*かいも島根県鹿足郡　山口県　福岡県遠賀郡・鞍手郡　*かさいも石川県鳳至郡

*かしら宮城県一部　新潟県一部　滋賀県一部

京都府一部　島根県一部　*がしらいも山口県阿武郡　*かぶいも和歌山県一部　*かやまいも福島県一部　*からいも島根県一部　山口県一部　福岡県　長崎県一部　大分県一部　*からかさいも石川県一部・鹿島郡　*からとり宮城県仙台市　山形県　福島県相馬郡（赤幹の里芋）　*からとりいも宮城県　秋田県一部　山形県　*きぬかつぎ群馬県一部　*きりいも京都府一部　*くきいも（茎を食用とするところから）愛媛県一部　高知県一部

*くさいも高知県一部　*くりいも茨城県一部　山口県厚狭郡　*ぐれいも岩手県上閉伊郡　*くろいも新潟県佐渡　*くわいも山口県玖珂郡　*けいも群馬県多野郡　埼玉県秩父郡　山梨県一部　静岡県一部・島田市　宮崎県一部・宮崎郡　*げしいも広島県芦品郡　*げすいも広島県双三郡　*げんきいも岡山県上房郡　*こいも京都府　大阪市

奈良県宇智郡　島根県鹿足郡　岡山県川上郡　広島県・高田郡　山口県厚狭郡　香川県　*こーこいも群馬県一部　*こぞーいも神奈川県川崎市

*こだね愛媛県一部　*ことりいも山形県一部・東田川郡　*こんぐいも山口県阿武郡　*さいも新潟県一部　山口県一部　愛媛県一部　*ささいも山口県阿武郡・厚狭郡　*さつまいも奈良県吉野郡　大分県一部　*さむーじ・しさむーじ沖縄県石垣島　*じーきいも島根県出雲　岡山県　*じいも岐阜県　愛知県　三重県一部　和歌山県一部

徳島県　香川県　*じけいも・しだいも富山県一部　*じまいも秋田県一部　高知県一部　*しゃくいも愛媛県　*しゅーいも新潟県一部　*じょーしゅーいも長野県　*しろいも山形県一部・東田川郡　新潟県一部　山梨県一部　京都府一部　長崎県一部　*ずいき山口県厚狭郡　*ずいきいも山形県　新潟県一部　富山県一部・東礪波郡　石川県一部　福井県一部　長野県諏訪・佐久　岐阜県飛驒　滋賀県一部　京都府　大阪府一部　兵庫県一部・但馬　奈良県　和歌山県一部　鳥取県・気高郡・西伯郡　島根県邇摩郡・大原郡　岡山県真庭郡・苫田郡　広島県　徳島県一部・那賀郡　香川県綾歌郡　*ずーきいも島根県隠岐島　*ずぎ青森県　*ずきいも青森県津軽　富山県砺波　*すぎんいも徳島県那賀郡　*ずゆきいも奈良県　*たーむじ沖縄県中頭郡　*たーん沖縄県宮古島　*たーんむ沖縄県国頭郡　*たいも富山県一部・砺波　福井県一部・敦賀郡　岐阜県一部・吉城郡・稲葉郡　滋賀県・彦根・蒲生郡　京都府一部　大阪府・泉北郡　兵庫県一部　奈良県宇智郡　和歌山県　岡山県一部　山口県吉敷郡　香川県　愛媛県・周桑郡　高知県「たいものころばしは土佐風味でおいしい」　*ただいも群馬県一部・勢多郡　埼玉県一部・秩父郡　新潟県一部　山梨県一部　長野県　岐阜県　静岡県一部　愛知県一部・知多郡

三重県　滋賀県一部　奈良県・吉野郡　愛媛県

高知県一部・幡多郡　福岡県一部　大分県　宮崎県一部・児湯郡　*たついも岐阜県一部　愛知県一部　*だついも岐阜県飛驒　*たらいも新潟県一部　*たんぼいも福井県一部　*ちーいも香川県三豊郡　*ちぼいも富山県一部　*ちょんちょん鹿児島県屋久島　*ちょんぼ鹿児島県一部・屋久島

*つぃんぬく沖縄県首里　*つおいも・つぼいも奈良県　*つくいも山口県都濃郡　*つちいも栃木県一部　岐阜県一部　三重県一部　滋賀県一部　大阪府豊能郡　和歌山県一部　福岡県一部　大分県一部　*つねいも滋賀県一部　*つべいも鹿児島県肝属郡　*つむご長崎県一部　*つるご長崎県五島　*つるつる山口県一部　*つるつるいも山形県西村山郡　山口県美祢郡　*つるなしいも長野県一部　*つるのこいも山口県美祢郡　*つんのこ石川県一部　熊本県八代郡（青茎里芋）　大分県一部

*てんじくいも兵庫県一部　大分県　*といも香川県高松　大分県一部　宮崎県一部　*どいも大分県一部　*どーいも新潟県一部　山口県玖珂郡

長崎県一部　大分県一部 *どーのいも 岐阜県益田郡・稲葉郡　滋賀県彦根　兵庫県加古郡 *とーん 沖縄県小浜島 *どたれいも 埼玉県一部 *とのいも 三重県松阪・度会郡 *どろいも 栃木県一部　石川県金沢市　三重県一部　滋賀県一部　京都府一部　大阪府一部　兵庫県一部　奈良県　徳島県一部　福岡県一部 *なついも 愛媛県一部　大分県一部 *なんきん 鹿児島県垂水市 *なんきんいも 静岡県一部　福岡県一部　長崎県南高来郡　宮崎県一部 *にがいも 石川県河北郡 *にがしき 鹿児島県肝属郡 *ねぐいも 香川県三豊郡 *ねばいも 富山県東礪波郡　岐阜県飛騨 *ねばし 岐阜県飛騨 *ねんねいも 愛知県一部 *はいも 青森県三戸郡　岩手県一部　山形県東置賜郡・西村山郡　福島県会津　群馬県一部　新潟県佐渡　長野県 *はええも 山形県東村山郡 *ばかいも 岩手県一部　埼玉県一部　千葉県一部 *はしいも 青森県一部　秋田県一部 *はすいも 青森県一部・津軽　福島県一部　神奈川県中郡　新潟県上越　広島県一部　山口県玖珂郡・美祢郡　鹿児島県肝属郡 *はすがら 神奈川県中郡 *はたいも 宮城県　山形県東置賜郡　福島県　新潟県中越　岐阜県一部　三重県桑名郡 *はたけいも 山形県一部　福島県一部　群馬県一部　新潟県刈羽郡　福井県一部　滋賀県一部　鹿児島県宝島 *はちいも 大分県一部 *ぱてーうむ 鹿児島県喜界島 *はないも 福島県北部 *ばらいも 徳島県一部・那賀郡・海部郡 *ばんどりいも 岐阜県飛騨 *ひよっこいも 群馬県勢多郡 *ふぁえも 山形県西置賜郡 *ぶんご 高知県一部 *へーじいも 愛媛県一部 *ほいも 山梨県一部　長野県下伊那郡　奈良県吉野郡 *ほーいも 和歌山県一部 *ぼーこいも 愛媛県 *ほーこーいも 愛媛県一部 *ぼーどいも 長崎県対馬 *ぼーどー・ぼーどーいも 長崎県壱岐島 *ほんいも 和歌山県日高郡 *まいも 富山県一部　岐阜県一部　三重県　奈良県　和歌山県一部　徳島県　愛媛県　大分県一部　宮崎県 *まるいも 長野県上田・佐久 *むーじ 沖縄県八重山 *むーず 沖縄県石垣島 *むーだー 沖縄県与那国島 *むじ 鹿児島県与論島　沖縄県竹富島 *むじぬむ 沖縄県宮古島 *むんつぃ 沖縄県小浜島 *めあか 和歌山県日高郡　徳島県一部　愛媛県一部 *めあかいも 愛媛県 *めめんこいも 岐阜県飛騨 *めやか 愛媛県一部 *やすいも 山梨県一部 *やつがしら 茨城県一部　千葉県一部　新潟県一部　山梨県一部　長野県一部 *やはたいも・やわたいも 新潟県佐渡 *やまいも 山口県吉敷郡 *やまんいも 長崎県南高来郡 *ゆーめしいも 京都府一部 *ゆぐいも 香川県綾歌郡 *よごいも 富山県一部・西礪波郡 *よどいも 宮崎県一部 *りゅーきゅーいも 和歌山県日高郡 *ろくがついも 富山県一部 *わさいも 大分県一部 *わせいも 鹿児島県

さとう【砂糖】 *げしろ 岐阜県養老郡 *じゃりじゃり（結晶の粗い砂糖）徳島県 *しろした（赤い粘り気のある下等な砂糖）大阪市 *たまぐろ（やや苦味のある下等な砂糖）岡山市 *ちゅーじろ（白砂糖より少し赤味を帯びてさらさらしている砂糖）群馬県多野郡 *ぱん（精製していない砂糖）徳島県 *めーめー（児童語）長崎県対馬 *やんでぃざーたー（でき損ないの砂糖）沖縄県首里 *わじろ（中白の砂糖）長野県佐久

さなぎ【蛹】 *あまのしゃく（チョウなどのさなぎ）山形県中部 *あまのじゃく（チョウなどのさなぎ）東京都八王子　神奈川県津久井郡 *あまんじゃく（チョウなどのさなぎ）茨城県稲敷郡　栃木県　群馬県山田郡　静岡県志太郡 *あまんしゃぐめ（チョウなどのさなぎ）長崎県壱岐島 *いもむし 鹿児島県種子島 *うじ 岐阜県飛騨 *おこめこんだかしょ（チョウのさなぎ）熊本県玉名郡 *おなぎ 熊本県天草郡 *かいごのむし 大分市 *きょーむし 愛媛県 *こくそ 岐阜県飛騨 *さなだ 大分県大分市・大分郡 *しーにゃ 静岡県安倍郡 *しじばば 熊本県天草郡 *ししゃ 兵庫県多紀郡・養父郡 *しびっつ 福島県石城郡 *しもかみどーち（子供がつまんで戯れにこう言って問いかけると身をくねらせるところから）新潟県西蒲原郡 *しゅしゃ 京都府北部 *じゅじゅむし 大分県直入郡 *じょー 新潟県佐渡・西頸城郡 *じんど 三重県名賀郡 *ずー 長野県南佐久郡・佐久 *すさ 京都府 *ずしゃ 高知県「蚕のづしゃで鯉を釣る」 *すた 京都府　兵庫県北部 *ちょーじろ 新潟県南蒲原郡・中蒲原郡 *ちょんごろ 新潟県北蒲原郡 *でんでんむし 山口県 *どーじ 静岡県・磐田郡 *どーやーまー（「唐は何処（どこ）」の意という）沖縄県首里 *どきょ 長野県北部 *どきょー 新潟県頸城地方　長野県 *どち 岐阜県恵那郡　愛知県　三重県飯南郡　京都府 *どっち 岐阜県養老郡　静岡県富士郡　愛知県　三重県宇治山田市 *とんごろ 新潟県北蒲原郡 *にしーびっかり 茨城県稲敷郡 *にしーびっくり 茨城県南部 *にしーびっしゃ 茨城県久慈郡 *にしーむけーひがしーむけ 広島県倉橋島 *にしかひがしか 鹿児島県肝属郡 *にししがし（チョウやガのさなぎ）青森県津軽 *にしどーち 三重県度会郡 *にしどち 愛知県愛知郡 *にしどっこ 群馬県山田郡 *にしどっち 奈良県南大和　和歌山県日高郡（食用や薬にもする）・和歌山市（チョウやガのさなぎ） *にしはどっこ 栃木県芳賀郡 *にしひがし 青森県津軽　山形県村山 *にしびっかり 茨城県 *にしむき 大分県大分郡 *にしむく 大分県速見郡 *にしむけ 山形県庄内　山口県大島　大分県 *にしむけひがしむけ 福岡県久留米市　大分県 *にしゃ 神奈川県中郡　山梨県甲府　静岡県榛原郡・川根 *にしゃー 静岡県 *にしゃーどっち 茨城県稲敷郡　神奈川県津久井郡　山梨県南巨摩郡　静岡県志太郡 *にしゃど 徳島県那賀郡 *にしゃどーち 三重県 *にしゃどし 千葉県長生郡 *にしゃどち 三重県度会郡・南牟婁郡　徳島県美馬郡　高知県

＊にしやどち(チョウヤガのさなぎ)千葉県長生郡 ＊にしゃどっこ 茨城県猿島郡 栃木県 千葉県東葛飾郡 ＊にしやどっち 茨城県水戸市・真壁郡 栃木県 埼玉県北足立郡・秩父郡・入間郡(チョウヤガのさなぎ) 千葉県東葛飾郡 静岡県 三重県松阪市・南牟婁郡 徳島県美馬郡 高知県 大分県速見郡 ＊にしゆけ 大分県大野郡 ＊にしん・にしんちょろりん・にしんちろりん(ガのさなぎ)千葉県印旛郡 ＊にっちんどちん 茨城県北相馬郡 ＊ぬしこ 岩手県気仙郡 宮城県登米郡 ＊ぬしゃどっち 埼玉県秩父郡 ＊ひーる 京都府 ＊ひーろこ 岩手県九戸郡 ＊ひがしむけにしむけ 大分県 ＊びく 新潟県北蒲原郡 ＊びす 新潟県中部 ＊ひび 長野県南部 岐阜県 静岡県磐田郡 ＊びび 兵庫県美方郡 岡山県北部「蚕のびび」「蜂のびび」 ＊ひびす 福島県浜通・会津 ＊ひびつ 福島県 ＊ひびっつ 福島県南部 ＊ひふり 石川県能美郡 ＊ひゅーり 福井県敦賀郡 ＊ひょーり 福井県 滋賀県東北部 ＊ひょーる 富山県西礪波郡 ＊ひょーろ 富山県 石川県鳳至郡・江沼郡 ＊ひょーろー 福井県 ＊ひょり 石川県金沢市 ＊ひより 石川県河北郡 福井県足羽郡 京都府 ＊ひよろ 石川県河北郡 ＊ひる 秋田県雄勝郡 山形県 ＊ひろ 秋田県鹿角郡 ＊ひろこ 青森県三戸郡 ＊へーる・へーろ 新潟県西頸城郡 ＊へびす・へべす 福島県会津 ＊へびっちょ 長野県下水内郡 ＊へろ 山形県東田川郡 ＊むつ 愛知県海部郡 ＊むつご 長野県東筑摩郡 岐阜県 愛知県葉栗郡 島根県石見 山口県 徳島県 ＊もつご 島根県出雲 ＊やなぎ 大分市

さば【鯖】 ＊あお 山形県 ＊かぶたか 愛媛県宇和島 ＊こぶくら(小サバから大サバになる間のサバ)大分県北海部郡 ＊ごまさば 福島県石城郡 愛知県豊橋市 ＊さいり 広島県安芸郡 ＊さばご 和歌山県 ＊ちちさば(大きいサバ)青森県上北郡 ＊のどさば(大きいサバ)宮城県・仙台 ＊ばんじょー 新潟県佐渡 ＊ほそくち 宮崎市 ＊まいご 愛媛県魚島 ＊まさば 宮城県 福島県石城郡 千葉県安房郡 福井県坂井郡 大阪府泉南郡 兵庫県播磨

さびしい【寂】 ＊あいそむない 石川県河北郡 ＊あいそもない 富山県東礪波郡「在所に居ったが、あいそも無いわか」 ＊あいそんない 富山県上新川郡・砺波「あいそんない町や」 ＊あじきない 熊本県天草郡 ＊おとなしー 宮崎県西臼杵郡 ＊きつねくさい 岐阜県大垣市 ＊きぼし・きぼすか・きぼせ 鹿児島県 ＊きぼそい 香川県 ＊きむしかーん 沖縄県鳩間島 ＊くくてぃるさん 沖縄県首里 ＊こそけー 山口県阿武郡 ＊こそっぽい 新潟県西頸城郡「林の中に入ったらこそっぽかった」 ＊こわい 岐阜県 ＊さばしー 島根県美濃郡・鹿足郡 ＊さびしない 青森県三戸郡 岩手県和賀郡 新潟県佐渡 福井県 三重県上野市 滋賀県 ＊さぶしない 秋田県山本郡「木が茂ってさぶしねぁところだ」 新潟県佐渡 福井県 三重県阿山郡・南牟婁郡「山道はさぶしなうて」 滋賀県 奈良県吉野郡「婆さんが亡くなってさぶしのーなったのう」 高知県幡多郡 ＊さべしなえ 山口県大島 ＊さみしない 秋田県横手市 新潟県佐渡 福井県南条郡 ＊さむしない 秋田県鹿角郡 新潟県佐渡 ＊しかさーん 沖縄県石垣島・新城島 ＊しかさん 沖縄県竹富島 ＊しかはーん 沖縄県黒島 ＊しからーさーん 沖縄県石垣島 ＊しからーさん 沖縄県首里 ＊しからーしー 沖縄県島尻郡 ＊しからさん 沖縄県与那国島 ＊しからはーん 沖縄県小浜島・波照間島 ＊しんどい 山口県玖珂郡 ＊すげない 青森県「一人だとすげなぇ」 岩手県気仙郡・胆沢郡 宮城県「お膳がすげない」 山形県「歯が欠けたら口のあたりすげなえ」 福島県北部・中部 新潟県佐渡 ＊すげんない 佐賀県藤津郡 ＊すばらこい 愛媛県今治市・伯方島「(金を借りに行って断わられたような時)ああ、すばらこい」 ＊すんげがない 岡山県苫田郡 愛媛県 ＊せーがわり 三重県伊賀 島根県那賀郡・鹿足郡 ＊たじぶしねー・たんちぷしねー 秋田県河辺郡 ＊たちぽしねー 秋田県「子供に死なれて、たちぽしねぁ」 ＊たっぷし 山形県庄内・東田川郡 ＊たっぽし 山形県庄内 ＊たんちぽそい 秋田県平鹿郡「あの人行って了ってたんちぽそい」 ＊はりあいがわるい 群馬県利根郡

→さみしい(淋)

□さま ＊さんすい 宮城県栗原郡・登米郡「さんすゐなり」 徳島県那賀郡 ＊さんせぁ 宮城県石巻「ひと頃の成金も今でぁさんせぁなりすてる」 ＊しろっと(人の気配がしなくなって寂しいさま)和歌山市「いつの間にやら皆帰ってしもて、座敷はしろっとしてゐた」 ＊しんき 山口県「主人はあんまりしんきなからちうてどこかへ出かけました」 ＊ぴんから(しんとして寂しいさま)山形県米沢市「ぴんからどして、人もえなえ(居ない)」 ＊ぴんと 山形県米沢市「あの家あ、ぴんとはなれで、淋しい」 茨城県稲敷郡

ざぶとん【座布団】 ＊いどりぶとん(「いどり」は座る意)長崎県対馬 ＊こぶとん 栃木県 ＊さぶとぎ 福井県 ＊しきね 長野県上伊那郡 ＊しきぶとん 福島県安積郡 ＊つまぶとん 愛媛県周桑郡 ＊ふとぎ 群馬県山田郡

さます【冷】 ＊さまかす 静岡県志太郡「ちーっとさまかぇーとけ(少しの間冷ましておけ)」 鹿児島県 ＊さまからかす 愛知県碧海郡 ＊さまらかす 愛知県

さまたげ【妨】 ＊かい 兵庫県加古郡「人のかいにならんようにせい」・淡路島 和歌山市 徳島県 香川県 長崎県対馬「おもひがかいになる」 ＊けあ 秋田県平鹿郡「けあになる子だ」 ＊さぞうえあ・さぞうぇあ 岩手県気仙郡「なんのさぞうぇあでこうなったんだろう」 ＊ささわり 岩手県気仙郡 兵庫県神戸市 ＊さぶけ 栃木県「犬三匹も飼っちゃさぶけだ」

→じゃま(邪魔)

さみしい【淋】 ＊こっそけない 山口県見島

＊どぅじんなさい 鹿児島県喜界島 ＊どぅでぃなさむ 鹿児島県沖永良部島 ＊どぅでぃなさん 鹿児島県与論島 ＊どぅでぃんなさーん 鹿児島県奄美大島 ＊どぅでぃんなさん 鹿児島県奄美大島・加計呂麻島 ＊どーぜんない 高知県 佐賀県藤津郡 長崎県 ＊としねぁ 秋田県河辺郡 ＊とずてー 山形県東田川郡 ＊とぜねぁ 秋田県仙北郡・平鹿郡「一人ぼっちでとぜねぁ」 ＊どぜねー 大分県 ＊とぜんない 青森県三戸郡 秋田市 長崎県 熊本県「ちゃんの居らんけん(父さんがいないので)、こんにゃはとぜんなか」 宮崎県 鹿児島県 ＊どんじねぁ 秋田県河辺郡・由利郡「誰も居なくてとんじねぁな」 ＊へんもない 福井県 岐阜県揖斐郡

→さびしい（寂）

さむい【寒】 ＊いーか 長崎市 ＊かなしー 山形県米沢市「今日はかなしいな」 愛媛県今治市・大島 ＊さっけ 秋田県山本郡「今日は雪が降ってさっけ」 ＊ししらさび(なんとなく寒い) 青森県津軽 ＊ししらさぶい(なんとなく寒い) 愛媛県・大三島 ＊ししらさむい(なんとなく寒い) 島根県石見 広島県高田郡 山口県阿武郡・大島 愛媛県松山 大分県玖珠郡 ＊ししらさむみー(なんとなく寒い) 大分県速見郡 ＊ししりさむい(なんとなく寒い) 島根県石見 ＊しゃっこい 長野県下伊那郡「今日はしゃっこいえー」 ＊しょしょらさむい(なんとなく寒い) 島根県「しょしょらさむい朝だ」 ＊すずしー(非常に寒い) 石川県鳳至郡 ＊せせらびえー(体がぞくぞくして寒い) 長崎県対馬 ＊そそらさむい(なんとなく寒い) 山形県庄内 ＊そそろっつぁむい(なんとなく寒い) 埼玉県秩父郡「そろっつぁむくってかぜをひきそうだ」 ＊つがらしか(身に染みて寒い) 長崎県大村市「今日ん風ゃぁつがらしかにゃあ」 ＊ばーびー(幼児語) 新潟県佐渡 ＊ばぶい 新潟県佐渡 長野県西筑摩郡 ＊びーさーん 沖縄県波照間島 ＊ひーさん 鹿児島県加計呂麻島・沖永良部島 沖縄県首里市・那覇市 ＊ぴーさん 鹿児島県沖永良部島・与論島 沖縄県竹富島 ＊ぴーしゃーん 沖縄県石垣島・新城島 ＊ぴーやーん 沖縄県鳩間島 ＊ぴーやん 沖縄県黒島 ＊ひえー 長崎県対馬 ＊ひゃー 岡山県児島郡 ＊ひゃーらさぶい(ひやりと寒い) 静岡県榛原郡 ＊ひやい 広島県比婆郡「だんだんひやくなる」 徳島県三好郡 愛媛県 高知県「暑いもひやいも彼岸限り」 佐賀県 長崎県南高来郡 熊本県芦北郡・八代郡 鹿児島県 ＊ひやこい 和歌山県 ＊ひやっこい 愛知県南設楽郡 ＊びゅるさい 鹿児島県喜界島「びゅるか てぃんき でーる(お寒い天気です)」 ＊ぴんぐらはーん 沖縄県小浜島 ＊ぴんぐるさーん 沖縄県石垣島・新城島 ＊ふぃーさん 鹿児島県喜界島 沖縄県首里 ＊ふぃさん(文語形) 沖縄県与那国島

→ひえこむ（冷込）・ひえる（冷）

さようなら ⇩「あいさつのことば（挨拶言葉）」の子見出し、「別れる時の挨拶（さようなら）」

さら【皿】 ＊おーさはち(大皿) 島根県 ＊おかいしき 長野県佐久 ＊おかさ 福島県東白川郡 新潟県佐渡 富山県 福井県敦賀郡 岐阜県飛騨 奈良県 ＊おかさら 富山県砺波 ＊おかさん 山形県最上郡 富山県砺波 ＊おかさんこ 山形県最上郡「おがさんこさ汲んだ程(少量のたとえ)」 ＊おわち 東京都利島 ＊かいしき 福島県 茨城県多賀郡 新潟県 長野県 ＊かさ 新潟県佐渡 滋賀県伊香郡 兵庫県淡路島 奈良県 島根県邑智郡 ＊かさこ 青森県津軽 岩手県上閉伊郡 ＊かさっこ 岩手県上閉伊郡 ＊かさねばち(大皿) 長野県佐久 ＊かねこ 石川県能美郡 ＊かぶとざら(深皿) 新潟県佐渡 ＊かみこ 茨城県 ＊きせ 岐阜県飛騨 広島県賀茂郡 ＊くーひら(平たい皿) 沖縄県石垣島 ＊さかんばち(大皿) 熊本県玉名郡 ＊すーらい(中皿) 沖縄県石垣島 ＊すーりー(中皿) 沖縄県首里 ＊すなはち(大皿) 山形県庄内 岡山県苫田郡 ＊せーざら(やや深めの、総菜用の皿) 沖縄県首里 ＊ちゃわんばち 福岡市 ＊ちゃんぱじ 秋田県河辺郡 ＊ちゃんばち 秋田県山本郡・南秋田郡 ＊ちゃんばばち 石川県鳳至郡 ＊ちゅーじょく(深皿) 徳島県美馬郡 ＊てんころ 新潟県・佐渡 ＊はーち(大皿) 沖縄県首里 ＊はち 東京都利島 ＊ひびざら(おかずをまとめて入れておく大皿) 栃木県芳賀郡 ＊ふなばち(大皿) 岡山県苫田郡 ＊まーいっさら 鹿児島県喜界島 ＊よめのさら(極めて小形の皿) 山口県・豊浦郡

さらいげつ【再来月】 ＊まーみーしき(「もう三月」の意) 沖縄県八重山 ＊まーみしき 沖縄県黒島 ＊みーつぃき・みしき 沖縄県石垣島 ＊めーみつぃき 沖縄県石垣島

さらいねん【再来年】 ＊さきのさき 兵庫県

方/言/の/窓

●方言の敬語

一般に東日本の方言は西日本の方言にくらべて敬語体系がかなり単純である。特に、福島県の南部や栃木県、茨城県は「無敬語地帯」と称されるほどである。しかし、もちろんこの地でも敬意表現が無いわけではない。

一方、敬語体系の比較的発達している地域でも、それぞれに標準語とは異なった地域独自の敬語意識があり、敬語使用をしているという実態がある。

北陸や関西の人々は、身内の者を他人に話す場合にも敬語を用いる。また、標準語では、たとえば「いらっしゃる」のような尊敬語動詞を使う方が「来られる」より敬意が高いとされるのであるが、この地域では逆の傾向がある。方言には相手については使えないが、第三者については使える敬語がある。標準語にはこんなものはない。

神戸市 *さでしん・さりゃしん 長崎県南高来郡 *さらいしん 千葉県夷隅郡 愛媛県 長崎県南高来郡・伊王島 熊本県玉名郡 大分県 *さらいねんな 新潟県三島郡 *さらぇんな 山形県東置賜郡 *されせん 鹿児島県肝属郡 *じゃーじゃしん(「らいらいしゅん(来来春)」の転) 佐賀県藤津郡 *なーやーん・なーんちゅ 沖縄県首里 *なんちゅ 鹿児島県喜界島 *まーみーちん(「もう三年」の意) 沖縄県石垣島 *まーみーってぃ 沖縄県黒島 *まーみーてぃ 沖縄県鳩間島・波照間島 *またあくるとし・またあくるどし・またあけのとし 香川県 *まんてぃ 沖縄県与那国島 *みゃんちゅ 鹿児島県与論島 *めーみーてぃ 沖縄県八重山 *やんちゅ 鹿児島県喜界島

さる【去】 *いさる 岩手県気仙郡「あぶねぁがらいさっていろ」 *いしゃーる 茨城県稲敷郡 *いしやる 茨城県 栃木県 *うさーる(多く卑語) 山梨県南巨摩郡 *うさる(多く卑語) 東京都大島 神奈川県・津久井郡・中郡 新潟県佐渡 山梨県・南巨摩郡 長野県中部 *うする(多く卑語) 佐賀県 長崎県壱岐島 熊本県玉名郡 *うせずる(多く卑語) 岐阜県郡上郡 *うせる(多く卑語) 埼玉県秩父郡「野郎、どこへうせた」 神奈川県津久井郡 新潟県・刈羽郡 富山県砺波 山梨県 長野県西部 岐阜県岐阜市・郡上郡 静岡県・志太郡 愛知県 三重県 滋賀県彦根・蒲生郡 和歌山県東牟婁郡 岡山県吉備郡 徳島県・美馬郡 香川県 愛媛県越智郡・伊予郡 高知県 佐賀県 長崎県北松浦郡・五島 大分県日田郡 *うっせる(多く卑語) 新潟県三島郡 *うっぱしる 栃木県足利市(そそくさと去る)・日光市(そそくさと去る) 埼玉県秩父郡(また、そそくさと去る)「長いこと泊ってたようだが、隣のお客もうっぱしったようだ」 山梨県南巨摩郡 *おっぱしる 栃木県那須郡・安蘇郡 群馬県佐波郡 山梨県(また、そそくさと去る) *おっぺしる 栃木県佐野市 *かす(その場を去る) 福島県相馬郡「邪魔だからそこかせ」・東白川郡 栃木県 *しゃける 秋田県雄勝郡「しゃけれ」 *ずる 長野県南安曇郡・東筑摩郡(ののしって言う)「早くずれ」 *にぐる 大分県東国東郡 *にげる 島根県出雲「食ったら、そこ逃げーだがー(食べたらそこを退いてちょうだい)」 岡山県苫田郡 *はう 茨城県久慈郡「はーてしまった」 *ぱうい・ぱゆい・ぱゆり 鹿児島県喜界島 *はしる 群馬県多野郡「隣の客もはしった」 埼玉県秩父郡 長野県北安曇郡・東筑摩郡 佐賀県「なぜあの人ははしったろう」 *はっちく 長崎県南高来郡 熊本県八代郡 宮崎県宮崎郡 鹿児島県・大隅「はっちた(行ってしまった)」 *はっちょじゃる(敬意を含む) 鹿児島県肝属郡 *はっていく 長崎県北松浦郡(下等)・長崎市 熊本県・菊池郡 大分県日田郡 *はってく 福岡県 佐賀県「宅の下女は昨日はってかうとした」 長崎県・南高来郡 熊本県 鹿児島県 *はるん 沖縄県竹富島 *ぱるん 沖縄県八重山 *まくる 新潟県「まぐれ(命令)」 *んじゃる 沖縄県首里「んじゃる三月」

さる【猿】

①哺乳類サル科の動物。 *あかっつら 福島県西会津郡 *あかつら 新潟県北魚沼郡 長野県上水内郡 *あんこ(沖言葉) 岩手県気仙郡 *いが 三重県度会郡 *いっけん 千葉県山武郡・夷隅郡 静岡県 *えんた 山梨県南巨摩郡 奈良県吉野郡 *おんじ(山言葉) 神奈川県足柄上郡 *おんつぁん(沖言葉) 宮城県亘理郡 *きっき(幼児語) 新潟県中頸城郡 大阪府泉北郡 奈良県 *きわたり 群馬県利根郡 *さっどん 鹿児島県 *さるっぺ 福井県坂井郡 *さるまけ 福島県南会津郡 *さるめ 茨城県新治郡 *さるもっくん・もっくん 熊本県 *さるんこ 福井県坂井郡・吉田郡 *さるんぼ 栃木県足利市 群馬県佐波郡 *さるんぼー 埼玉県入間郡 東京都八王子 *さんべ 福井県坂井郡 *とで・ばえ(山言葉) 福島県南会津郡 *まし 青森県 岩手県九戸郡 秋田県鹿角郡 山形県庄内 新潟県北魚沼郡 和歌山県日高郡(漁師の忌み言葉) *まんし 秋田県由利郡 *やまのかみ 新潟県佐渡 *やまのひと 福島県中部 宮崎県児湯郡(沖言葉) *ゆーむー 沖縄県首里 *よーぼー 岩手県気仙郡 *よも 熊本県球磨郡 宮崎県都城 鹿児島県(山での忌み言葉) 沖縄県宮古島 *よもざい 鹿児島県揖宿郡 *よもざる 鹿児島県

②雨戸の上下に取り付けて、鴨居・敷居の穴に差し込み、戸締りをするもの。 *こざる 岡山県 愛媛県

□を言う忌み言葉 *あんにゃ 新潟県中蒲原郡 *えて 岩手県上閉伊郡 群馬県 埼玉県北足立郡 千葉県印旛郡・山武郡 東京都南多摩郡 神奈川県津久井郡 新潟県北魚沼郡・中頸城郡 山梨県南巨摩郡 長野県 静岡県 愛知県・南設楽郡・碧海郡 三重県 滋賀県高島郡・蒲生郡(花柳界) 兵庫県神戸市 奈良県・吉野郡 和歌山県・西牟婁郡 岡山県御津郡 *えてー・えてぼー 神奈川県津久井郡 *えてーこー 長野県佐久 *えてきち 奈良県 *えてこー 千葉県夷隅郡 長野県上水内郡・上田 兵庫県 愛媛県 高知県 *えてこー 群馬県吾妻郡 埼玉県秩父郡 千葉県山武郡 神奈川県津久井郡 長野県上水内郡 静岡県川根・志太郡 三重県北牟婁郡 滋賀県蒲生郡(花柳界) 奈良県 徳島県那賀郡 *えてぼし 奈良県南大和・吉野郡 *えてもの 千葉県山武郡 静岡県・掛川 愛知県碧海郡 三重県 *えてんこー 静岡県富士郡 *えてんぼ 長野県南佐久郡 静岡県富士郡 *えびす 岩手県上閉伊郡 *おっさん 石川県能美郡 *おんつぁま 福島県耶麻郡 *かのえ 徳島県那賀郡 *きむら 徳島県 高知県 *きむらのきへー 愛媛県大三島 *きむらもん 新潟県佐渡 *きゃつ 福島県耶麻郡 *やえぼー(主として忌み言葉) 千葉県印旛郡 *やえん(主として

忌み言葉）青森県東津軽郡 岩手県 宮城県登米郡・仙台 秋田県雄勝郡・鹿角 福島県 茨城県・北相馬郡 群馬県吾妻郡 埼玉県秩父郡 千葉県外房 東京都西多摩郡・南多摩郡 新潟県 山梨県南巨摩郡 岐阜県大野郡 三重県度会郡 大阪府南河内郡 奈良県 和歌山県 岡山市 広島県山県郡 福岡県京都郡 熊本県 宮崎県南那珂郡 *やえんこ（主として忌み言葉）富山県中新川郡・砺波 長野県上田市 岐阜県恵那郡・飛騨 *やえんぼ（主として忌み言葉）栃木県河内郡 群馬県碓氷郡・勢多郡 富山県・砺波 福井県大野郡 長野県 *やえんぼー（主として忌み言葉）茨城県・多賀郡 栃木県河内郡 群馬県利根郡 埼玉県秩父郡 東京都八王子 神奈川県津久井郡 富山県 石川県能美郡 山梨県 長野県諏訪・上伊那郡 静岡県磐田郡 愛知県宝飯郡 *やえんぽー（主として忌み言葉）群馬県山田郡 *やえんぼし（主として忌み言葉）静岡県富士郡 *やげん（主として忌み言葉）長野県上田市・佐久 *やけんぼ（主として忌み言葉）長野県東筑摩郡 *やげんぼ（主として忌み言葉）長野県佐久 *やまねこ 埼玉県秩父郡 *やまのあに 秋田県・雄勝郡 山形県最上郡・庄内（昔話で用いる） 新潟県 *やまのあにー 群馬県利根郡 山梨県南巨摩郡 静岡県磐田郡 *やまのあんこ 秋田県平鹿郡・南秋田郡 *やまのあんちゃ 山形県庄内 *やまのあんつぁ・やまのあんつぁま 新潟県東蒲原郡 *やまのあんにゃ 新潟県 福井県敦賀郡 *やまのおじ 宮城県登米郡 山形県米沢市・南置賜郡 *やまのおじー 山梨県南巨摩郡 *やまのおち 山形県米沢市 *やまのおっさ 静岡県磐田郡 *やまのおっさん 秋田県由利郡 長野県上水内郡・佐久 香川県与島 *やまのおとこ 秋田県由利郡 *やまのおんさま 福島県会津 *やまのおんちゃ 福島県南会津郡 *やまのおんちゃま 岩手県上閉伊郡 *やまのおんつぁ 岩手県気仙郡 山形県 *やまのおんつぁむ 福島県 *やまのおんつぁん 岩手県気仙郡 宮城県石巻・仙台市 栃木県塩谷郡 *やまのじーさ 岐阜県揖斐郡 *やまのわかいし 奈良県吉野郡 和歌山県有田郡 *やまのわかいしゅ 神奈川県足柄上郡 三重県北牟婁郡 *やまんおっさん 長野県佐久 *よて 三重県度会郡 *わかいしゅ 愛知県北設楽郡 奈良県吉野郡 徳島県那賀郡

ざる【笊】 *あふび 沖縄県石垣島 *いかき 長野県 岐阜県安八郡・恵那郡 愛知県 滋賀県 京都府 大阪府大阪市・南河内郡 兵庫県 奈良県・吉野郡 和歌山県 岡山県 徳島県・三好郡 香川県 愛媛県 *いかけ 岐阜県 愛知県碧海郡・岡崎市 三重県名張市 京都府与謝郡 兵庫県淡路島 *いぎ 愛媛県宇摩郡 *いぐり 広島県 *いざーる 山梨県甲府・南巨摩郡 長野県諏訪 *いざる（「飯ざる」の意）新潟県中頸城郡 山梨県・南巨摩郡 長野県 岐阜県恵那郡 静岡県 *いざろ 山梨県西山梨郡・北都留郡 長野県上水内郡・佐久 静岡県・駿東郡 *いじゃーる 山梨県 長野県諏訪・上田 *いじゃーろ 長野県上田 *いじゃる 山梨県中巨摩郡・南巨摩郡 長野県 静岡県 *いじゃろ 山梨県 長野県 静岡県・田方郡 *いっかき 滋賀県甲賀郡 奈良県・南大和 和歌山県 *いっかけ 三重県名張市 京都府相楽郡 奈良県宇陀郡・南大和 和歌山県 *いとーり 静岡県島田市 *いどこ 京都府 兵庫県氷上郡 *いとり 静岡県庵原郡・志太郡 *いびら 沖縄県伊江島 *いびらき 鹿児島県加計呂麻島 *いびらく・えべらく 鹿児島県奄美大島 *うすき 高知県幡多郡 *えかき 群馬県佐波郡 *えがき・ゆがき 静岡県志太郡 *えびら 宮崎県西臼杵郡 *えぶり 熊本県球磨郡 *えぼ 島根県美濃郡 鹿児島県 *かご 愛知県碧海郡 兵庫県淡路島 *かんご 岐阜県郡上郡 *こえどり 熊本県鹿本郡 *こっぺーざる 千葉県上総 *さいきかご 香川県 *さえきかご 香川県本島 *さどーし 長野県上田・佐久 *さどし 長野県上田 *ざらかご 岡山県浅口郡 *しあく 和歌山県西牟婁郡・東牟婁郡 *したみ 広島県高田郡 愛媛県松山「したみに上げる（ざるに取って水を切る）」 *しため 京都府 広島県豊田郡 *しゃーぎ（塵取りのような形をしたもの）群馬県利根郡 *しゅけ 鹿児島県 *しょーき 三重県富田 *しょーぎ 栃木県 群馬県佐波郡・館林 武蔵 埼玉県入間郡・秩父郡 長野県南佐久郡 *しょーけ 福井県 岐阜県 三重県 滋賀県 京都府何鹿郡 奈良県 愛媛県宇和島 福岡県「町の真中ば、しょうけども下げて行きよろうが」 佐賀県 長崎県 熊本県 大分県 宮崎県 *しょーげ 三重県阿山郡 熊本県下益城郡 *しょーけー 青森県三戸郡 *しょーけざる 三重県阿山郡 *じょーれん・ぞーれん 香川県 *しょけ 福井県足羽郡・遠敷郡 三重県伊賀 奈良県 福岡県 熊本県 宮崎県「こめじょけ（米を洗うざる）」 鹿児島県「こえじょけ（肥料を入れてまくざる）」 *しょげ 鹿児島県・揖宿郡 *しんぐり 奈良県大和高田 *すまふご・すまぽこ（大笊）茨城県鹿島郡 *すまほこ 茨城県行方郡 *たんこ 香川県 *ちりとり 島根県邑智郡 *ちる 沖縄県小浜島 *つーし 武蔵 *てぃい 沖縄県宮古島 *てぃーる 沖縄県 *てぃり 鹿児島県奄美大島 沖縄県石垣島・黒島 *てぃる 鹿児島県南西諸島 沖縄県伊江島・新城島 *てぃるー 鹿児島県奄美大島 沖縄県与那国島 *てご 鹿児島県 *てぼ 山口県 香川県 長崎県 熊本県 *てぼかご 島根県隠岐島 *てる 鹿児島県奄美大島 *てんげー 広島県安芸郡 *てんご 鹿児島県揖宿郡 *どっぺ・どっぺふご 岐阜県大垣市 *なえかご 鳥取県気高郡 *はまがい 奈良県吉野郡 *ひたみ 広島県 山口県玖珂郡 *ひため 広島県御調郡 *びらぐ 沖縄県石垣島・波照間島 *ふぐ 茨城県稲敷郡 *ふご 岩手県気仙郡

山形県　岐阜県飛驒　愛知県碧海郡　岡山県　*ふごこ 山形県　*ふござる 山形県西置賜郡・西田川郡(みそこし)　*ふんぐり 香川県・小豆島　*ほご 宮崎県児湯郡　*ぼこー 群馬県吾妻郡　*ぼっつり 和歌山県西牟婁郡　*ほて 長野県北佐久郡　*ぼて 新潟県・中頸城郡(特に小さいもの)　長野県小県郡　山口県　*ぼでー 千葉県香取郡　*ほでこ・ぼてこ 新潟県　*ほぼろ 広島県双三郡　愛媛県　*まいらせ 滋賀県甲賀郡　*までぃる 沖縄県竹富島　*まるかご 徳島県美馬郡　*みかご 石川県能美郡　*みそこし 山梨県(小さいもの)　滋賀県蒲生郡　香川県(直径二十五センチ㍍、深さ十センチ㍍くらいのもの)　*みそこしいかき・みそこしかご 香川県　*めーご 愛媛県松山　*めかご 茨城県　埼玉県秩父郡　山梨県　長野県　静岡県志太郡　愛媛県周桑郡　*めご 岡山県児島郡　広島県高田郡　山口県　徳島県　香川県　長崎県北松浦郡　熊本県　*やす 静岡県　*ゆかき 岐阜県益田郡　*ゆかけ 岐阜県加茂郡　静岡県　*ゆすぎ 和歌山県東牟婁郡　*ゆとーり 静岡県

大形の□　*おにーじゃろ・おにじゃろ 長野県佐久　*こめあらいいかき 徳島県　*こめいかき 香川県三豊郡　*ばいろ 高知県幡多郡　*ぽっぽ 長野県佐久

小形の□　*こじょーけ 長野県上田　福岡市　*こじょけ 長野県佐久　*こぞーき 広島県比婆郡　*こまじょーけ 熊本県天草郡　*こまぞーけ 佐賀県藤津郡　*こんどーし・こんどし 山梨県　*さらみがい 千葉県夷隅郡　*しとみ 愛媛県周桑郡　*たにぼ・たんば 滋賀県甲賀郡　*てっぽーざる 神奈川県・中郡

竹で編んだ□　*こんぼー 神奈川県津久井郡　山梨県　*こんぼーす 山梨県　*さーき 島根県隠岐島・出雲　*せーまぐ 鹿児島県沖永良部島　*そーき 兵庫県佐用郡　鳥取県西伯郡　島根県　岡山県「どじょーぞーき」　広島県高田郡・比婆郡　鹿児島県奄美大島・喜界島　沖縄県伊江島・宮古島・首里　*そーけ 富山県砺波・婦負郡　石川県河北郡　福井県　滋賀県蒲生郡・神崎郡　京都府　兵庫県　鳥取市　島根県石見　広島県山県郡・高田郡　山口県　高知県「米あげぞーけ」「籾ぞーけ」　佐賀県「こまぞーけ」「いっと(一斗)ぞーけ」　長崎県　熊本県天草郡　鹿児島県屋久島・口之永良部島　*そーび・どーび 鹿児島県喜界島「いっとぅどーび(一斗入りざる)」　*そけ 兵庫県美囊郡　鹿児島県「あらぞけ」　*たかみざる 新潟県佐渡　*てずき 三重県南牟婁郡　奈良県吉野郡　和歌山県新宮・東牟婁郡　広島県備後　*てつき 京都府　兵庫県但馬　奈良県吉野郡　*てっつき 京都府北部　兵庫県但馬　*てってき 京都府中郡　*てのつつき 兵庫県但馬　*ばーき 鹿児島県奄美大島　沖縄県　*ばーぎ 沖縄県与那国島　*ひゃーぎ 鹿児島県沖永良部島　*まざみ・まざめ 東京都三宅島

ざれる【戯】　*ちゃける 三重県伊勢　*ちゃらかす 岐阜県郡上郡　*はちかかる 富山県・砺波
→じゃれる（戯）

さわ【沢】　*こざわ 新潟県北魚沼郡　*こび 千葉県夷隅郡　*しったれ 三重県伊賀　*すど(山間の、水が流れる小さな沢) 山形県南村山郡　*だん 富山県中新川郡　*とーふ 東京都八丈島　*ひぞ・ひぞっこ・ひとっこ 福島県会津　*ひど 秋田県雄勝郡　山形県　福島県耶麻郡　新潟県北魚沼郡・岩船郡　*ひどめ 山形県飽海郡　*ほんさわ 新潟県北魚沼郡　*めぞ 富山県中新川郡　*や・やじっか・やっかーら 千葉県印旛郡　*やーら・やわら 茨城県新治郡　*やち 青森県津軽　新潟県佐渡　長野県佐久　*やまんざー 静岡県庵原郡

さわがしい【騒】　*うざーし 鹿児島県姶良郡　*おこといー 島根県邑智郡「家族が沢山おっておこといー」　*かからしー 岩手県気仙郡　新潟県北蒲原郡　*かからしねぁ 宮城県石巻「家中でラッパ吹えてかがらすねぁ」　*かまびしー 徳島県「子供が学校から戻るとかまびしいな」・美馬郡　*かまぶしー 徳島県美馬郡　*けだしましー 山形県東置賜郡　*ささがしー 愛知県北設楽郡　*さしない 青森県津軽「よがさしなえ(蚊がうるさい)」　*さたがしー 静岡県　*さたかましー 高知県・安芸郡　*さっこーしーない 新潟県中魚沼郡　*さっこしない 新潟県中越・中魚沼郡　*さわこがしー 高知県土佐郡　*さわだかしー 石川県羽咋郡　*しゃーしー 大分県西国東郡・速見郡　*しょわしー 山形県飽海郡　大分県　*しょわしない 秋田県河辺郡「しょわしねぇ子供だ」　山形県南村山郡・飽海郡　富山県砺波　石川県江沼郡　*すばらおしー・すばろーしー 広島県比婆郡　*すばらしねぁ 秋田県南秋田郡「隣の家ではすばらしねぁ音する」・河辺郡　*すぱらすい 青森県南部「少しすぱらすいからおとなしくしろ」　*すばろしー 広島県比婆郡・高田郡　*せあしね 鹿児島県　*せせかましー 高知県高岡郡　大分県　*せぜかましー 愛媛県周桑郡「こななせぜかましい所じゃ何じゃ考えられん」　*せせっかしー 栃木県　*せせらしー 島根県　*せせろーしー 島根県石見　*せせろしー 大分県大分郡　宮崎県西臼杵郡　*せつらしー 宮崎県西臼杵郡　*せつろしー 滋賀県蒲生郡　*せばしない・ひわしない 秋田県山本郡「お前は常にせばしね」「ひわすねぁ児だな」　*せわしー 青森県上北郡　岩手県　山形県　福島県　岐阜県飛驒「せわしうて眠れん」　大分県宇佐郡　宮崎県西臼杵郡「こぎゃー、せわしいとこぢゃなんにも考えられん」　*せわしたない 岐阜県飛驒　*せわしない 青森県南部　宮城県栗原郡　秋田県「余りせわしねぁぐ催促する」　山形県　福島県　富山県　石川県江沼郡・珠洲郡　島根県「せわしないぞ。静かにせー」　*せわらし 島根県隠岐島「こげぁな、せわらしとこでゃ、なんだぇ、考えられせのぁ(こんなうるさいとこじゃ何一つ考えられないな)」　熊本県玉名郡　大分県大分郡　*せわらし

ー島根県隠岐島　鹿児島県　*そーがしー 愛知県宝飯郡　*そーがましー 島根県　広島県高田郡　香川県塩飽諸島　愛媛県「そーがましい、はよお止め」　高知県「そんなにそーがましゅーてはのぼせる」　福岡市　長崎県対馬　熊本県下益城郡　*ぞーがましー 徳島県　*そーくらがましー 愛媛県　*そーつらがましー・そつらがましー 愛媛県宇和島市　*そーどーがましー 島根県出雲「外は車でそーどーがましー」　*そーましー 長野県西筑摩郡　岐阜県「なんとそーましい人たちじゃろ」　静岡県　愛知県　*そがましー 熊本県芦北郡・八代郡　*そがらし 鹿児島県「そがらしゅし(騒がしくて)のさんが(たまらんよ)」　*そぐらがましー 愛媛県南宇和郡　高知県幡多郡　*そぐらましー 愛媛県北宇和郡　*そぼろしー 山梨県南巨摩郡「何といふそぼろしい子づら」　*そぼろったい 長野県佐久　*そんぐらがましー・そんぐらましー 高知県幡多郡　*だんごーしか・らんごーしか・らんごしか 長崎県壱岐島　*どし 大分県北海部郡　*はーたたしー 島根県出雲市「子供が大勢遊びに来てはーたたして困る」　*まだかしー 長崎県対馬　*やぜない 山口県　福岡県粕屋郡・福岡市　*やたかーしー 山梨県南巨摩郡「女衆のよりやいはやたかーしい」　*やたかしー 山梨県　*やだかしー 長野県松本市　*やでない 山口県　*らんがーしー 山梨県南巨摩郡「子供が多勢ままばっとーでらんがーしい」　*らんがしー 山形県東置賜郡　山梨県南巨摩郡

→うるさい(煩)・そうぞうしい(騒騒)・やかましい(喧)

子供などが□　*さがさがしー 山形県南部　*しからーさい・しがらさい 鹿児島県喜界島　*しからしー 熊本県八代郡・芦北郡　鹿児島県喜界島　*せがーしー・せがーっなか・せがーっね 鹿児島県鹿児島郡　宮崎県　鹿児島県　*せからし 熊本県下益城郡　宮崎県　鹿児島県　*せがらし 熊本県天草郡　鹿児島県　*せからしー 福岡県　佐賀県　長崎県・北松浦郡「人ばかり来いせからしい」　熊本県・下益城郡　大分県　宮崎県東諸県郡・西臼杵郡「せからしい！おとなしうせい」　鹿児島県　*せからわし 福岡県田川郡　*せっからしない 宮城県栗原郡

□さま　*がいがい 長崎県壱岐島　*がらがら 栃木県　*きつねこをかしゃぱにつつんだよー 山形県　*ごやごや・ごやわや・ざわごわ 山形県米沢市「ごやごやさわぐ」　*ざわらごわら 山形県西置賜郡・米沢市　*ぞーぞー 愛媛県喜多郡「ぞーぞーする(騒々しい)」　長崎県対馬「あの家は何かせはしさうで家の中がぞうぞうしてをる」　*どーさ 島根県石見「子供がじょーに(たくさん)おってどーさで仕方がなー」　*わーこわーこ・わいとーわいと 神奈川県愛甲郡　*わさわさ 沖縄県首里「わらびんちゃーが　わさわさしょーん(子供たちががやがや騒いでいる)」

さわぐ【騒】　*あーるん 沖縄県石垣島・竹富島・鳩間島　*あくれる 富山県砺波(子供にいう)　石川県江沼郡　岐阜県飛驒・郡上郡(子供にいう)　*あざける 石川県江沼郡　*あずる 兵庫県但馬　*あだがる 山形県　*あたける 新潟県　*あだける 山形県　千葉県　新潟県佐渡・東蒲原郡　石川県　*いきる 福井県大飯郡　島根県石見「そこでいきるな。やかましゅーてどうもならん」　広島県　*いきれる 山形県西置賜郡　*いさる 新潟県西頸城郡　石川県　*うける 高知県　*うげる 高知県・高知市「祝賀会で大勢の人が歌うやら踊るやらうげちょる」　*うっちゃがる 富山県東礪波郡「うっちゃがって歩く(はしゃぎ回る)」　*うどみかやる 高知市　*うどみはちかやる 高知県　*うどむ 香川県仲多度郡「あそこは昨夜婚礼で夜どうしうどんどった」　高知県「大臣の時に帰県したら皆がうどーで歓迎した」　*おごる 東京都八丈島　新潟県佐渡　富山県「鼠がおごっとる」　石川県　島根県　岡山県　広島県双三郡　愛媛県大三島　大分県「之は喧嘩ぢや無え、おごりにしよるのじぢや」　宮崎県東諸県郡　*おざつ 島根県鹿足郡　*おだつく・わだつく 島根県仁多郡「あまりおだつくな」　*おどむ 島根県出雲「松江の町ん中はおどんじょらぞね」　*おびえる・おべーる 島根県仁多郡　*がさる 石川県能美郡・江沼郡「もうがさりませんから」　和歌山県日高郡・西牟婁郡　*かすける・かすげる 石川県能美郡　*きっつぁわぐ 山形県最上郡・新庄市　*ぐれる 東京都大島　*さーたれる 静岡県「あんまりさーたれるな」・安倍郡　*ざーたれる・しゃーたれる 和歌山県西牟婁郡「海がざあたれて来た」・東牟婁郡　*さごう 山口県阿武郡　*ささぐ 山形県村山「余りささぎな」　*さでくるー 熊本県下益城郡　宮崎県西臼杵郡　*さわつく 新潟県佐渡「足が痛いちゅうてさーついて」　*じぐらめる 福島県相馬郡　*しこる 山形県東田川郡　三重県北牟婁郡「やつらーだいぶしこっとったじょー(えらい元気だったよー)」　奈良県吉野郡　和歌山県「犬がしこる」　島根県隠岐島　*しゃぎる 滋賀県彦根・蒲生郡　*ずく 島根県石見　愛媛県周桑郡「なんかゆーたらじきずきまーる」　*ずぼたく 新潟県中越・南魚沼郡　*そーぐる 山口県「そうぐるから仕事が出来ない」　*ぞーくる 宮崎県西臼杵郡　*そーずく 島根県石見「どかにそーずくがもっと静にせー」　愛媛県上浮穴郡　高知県幡多郡　*つぼたく 新潟県中越　*どなる 島根県「家の中でどなるのは誰か」　*とばくれる 青森県三戸郡　*のぞる 滋賀県甲賀郡　*はしゃげる・はちゃける・はっちゃける 山形県　*はたえる 三重県阿山郡　*はたらく 青森県下北郡「はだらぎまはる」　秋田県鹿角郡「(安静を要する病人が)はたらいてこまる」　愛知県東春日井郡　*はっちゃげる・はっちゃれる 山形県米沢市　*ひちぐるー 大分県南海部郡　*ひっぐる 石川県鹿島郡　*ひっちぐるー 広島県双三郡　*ほーたえる 山口県阿武郡　*ほーたゆる 長崎県南高来郡　*ほたえる 福井県敦賀郡・大飯郡　三重県

滋賀県彦根・蒲生郡　京都府　大阪府　兵庫県　奈良県　和歌山県　鳥取県　島根県「あんまりほたえるな」　岡山県苫田郡　山口県「あまりほたえるとけがをするぞよ」　徳島県「犬がほたえる」　香川県　愛媛県　高知県　福岡県企救郡　長崎県南高来郡　＊ほだえる　奈良県吉野郡　香川県綾歌郡・仲多度郡　＊ぼたえる　京都府　＊ほたける　岐阜県飛騨　＊ほだける　山口県　＊ほたこえる　高知県　＊ほたゆる　和歌山県日高郡　長崎市　大分県　宮崎市　＊ほだゆる　福岡県京都郡　＊ほたれる　香川県佐柳島　＊ぽつめかす・ぽつめく　青森県津軽「ここねえで、ぽつめがすなでぁ(ここで騒ぐなよ)」　＊ほである(遊びほうける)　岩手県下閉伊郡　＊まぜかえす・まぜかやす　岡山県　＊まぜくりかえす　山口県「子供がまぜくりかえす」　＊まぜくりかやる　香川県　＊まぜくる　徳島県　＊まぜる　岡山県・浅口郡　山口県　＊ままる　岩手県九戸郡「ままるな」　＊もざく　奈良県宇陀郡　和歌山県日高郡　＊もだく　和歌山県日高郡　＊もやかす　長崎県北松浦郡　＊やがく　新潟県中部　＊わく　奈良県吉野郡　＊わやつく　愛知県西春日井郡・名古屋市

子供が遊びに夢中になって□　＊おざかる・おだかる　兵庫県佐用郡　＊ほーける　宮城県南部「ほうけまわるなよ」・仙台市　新潟県北蒲原郡　岡山県児島郡　＊ほきる　岩手県気仙郡　＊ほくい　鹿児島県鹿児島郡　＊ほけつく　長崎県天草郡　＊ほける　宮城県「朝から晩までほけまわってる」　秋田県仙北郡　福島県中部　岐阜県飛騨　島根県仁多郡　＊ほこまる　福島県相馬郡「ほこまって痛くした」　＊ほこる　北海道　青森県南部　秋田県雄勝郡・鹿角郡　山形県　福島県「やがましがら、ほこんな」　新潟県東蒲原郡　山口県豊浦郡・大島　徳島県　鹿児島県肝属郡　＊ぼごる　青森県　＊わるかう　岐阜県郡上郡「あんまりわるかうもんじゃで」　＊わるかる　岐阜県大野郡・郡上郡「こりゃ、そー、わるかんな、どやかましー」

子供が調子づいて□　＊いちびる　滋賀県　京都府・京都市　大阪府大阪市・泉北郡　兵庫県「いちびってばっかり居ると用事が片付きませんよ」　奈良県　徳島県海部郡　香川県高松市・小豆島・伊吹島「そなんいちびったらいかん」　愛媛県伊予市　大分市　＊いちょびる　滋賀県　＊いちょべる　滋賀県彦根　＊はさく・はさぐ　岩手県気仙郡　＊はしらぐ　青森県　秋田県　山形県東田川郡　新潟県岩船郡・東蒲原郡　鳥取県　＊ばしらぐ　青森県上北郡

子供がふざけて□　＊あまる　佐賀県　長崎県　熊本県　宮崎県日向　鹿児島県　沖縄県　＊がさつく　岩手県気仙郡「あまりがさつくな」　＊がすつく　富山県砺波　＊つえる　高知県幡多郡　＊つばいろ　島根県松江　＊つばう　愛媛県周桑郡・喜多郡「つばいやいこしとったと思ったら、もー泣きよる」　＊つばえー　島根県西伯郡　＊つばえる　中国　鳥取県　島根県「家の中でつばえるな」　岡山県阿哲郡・小田郡　広島県　山口県「あぁやかましいあんまりつばえるなよう」　四国　徳島県・名西郡　香川県綾歌郡・小豆島　愛媛県「今日は雨天だが教室ではつばえることはならんぞ」　高知県幡多郡　＊つばける　奈良県　島根県簸川郡　＊とばえる　山形県　＊とばこえる　高知県　＊とばゆる　宮崎県西臼杵郡　＊ほたく　新潟県　岐阜県飛騨　奈良県　＊ほだく　新潟県岩船郡・西頸城郡　山梨県南巨摩郡　岐阜県飛騨　＊ぽたく　新潟県南魚沼郡　奈良県　＊ほんだく　秋田県雄勝郡「子供がほんだぐ」

調子に乗って□　＊きさえる　石川県能美郡　＊きざえる　石川県能美郡・江沼郡「此の子は人があるときざえる」　＊さいあがる　香川県「子どもらがさいあがって」　愛媛県　＊さいがる　愛媛県　＊しやしける　新潟県西頸城郡　＊しゃじける　群馬県　埼玉県秩父郡　新潟県上越市　＊しゃちくるー　新潟県佐渡「しゃちくるうて、いろいろなしごとをしとる」　＊しゃちける　新潟県「そんなにしゃちけて、泣くくせに、やめれ」　＊じゃばける　宮城県　千葉県夷隅郡　＊ちょーしばる　徳島県海部郡　＊とんこずく　長崎県南高来郡

さわる【触】

＊あたる　青森県　千葉県夷隅郡「あたると熱いよ」　新潟県　富山県砺波　奈良県南大和「きにあたる(気に障る)」　島根県「それへあたるとあぶない」　山口県　福岡市「あたらんどき(さわるな)」　＊いじがう　千葉県長生郡　＊いじかる　千葉県君津郡　＊いらう　石川県江沼郡　福井県　岐阜県大野郡　愛知県額田郡　三重県　滋賀県彦根・蒲生郡　京都府　大阪府　兵庫県　奈良県・南大和　和歌山県　島根県「その機械をいらうじゃーなーぞ」　岡山県苫田郡「そんなもんいらいなさんな」・阿哲郡　広島県　山口県豊浦郡　徳島県・海部郡　香川県　高知県幡多郡　＊いらむ　兵庫県赤穂郡　＊いろう　東京都八丈島　富山県砺波　石川県　岐阜県　三重県志摩郡・度会郡　京都府竹野郡　兵庫県但馬　奈良県南大和　鳥取県　島根県石見　岡山県　広島県備後　山口県・阿武郡　徳島県　香川県「それいろうたらいかん」　愛媛県　高知県・高知市　長崎県対馬　＊いろわかす　島根県石見　＊うったつける　鹿児島県肝属郡「母の膝に子供の頭をうったつける」　＊かかい　鹿児島県　＊かかる　新潟県東蒲原郡「それにかかると痛い」　佐賀県　熊本県　宮崎県東諸県郡　鹿児島県　＊かさる　群馬県伊勢崎市「お習字しているのにかさるから書けやしない」　＊かざる　栃木県足利市・佐野市「この物にかざると着物が汚れる」　群馬県佐波郡　＊かしゅー　長崎県壱岐島　＊かしょう　山梨県南巨摩郡　長崎県対馬「そんなことには成可くかしょわぬがよい」　＊かつかる　新潟県佐渡・西蒲原郡　富山県　＊かっつぁる　茨城県稲敷郡　＊かまう　鳥取県西伯郡　島根県　＊かもう　広島県　＊かもる　青森県三戸郡　秋田県鹿角郡「それさかもるな」　＊こたる　三重県度会郡　＊ことう　三重県度会郡「ことた」

*さえる 兵庫県加古郡「それに手をさえるな」和歌山県西牟婁郡　徳島県　*さばー 鳥取県西伯郡　*さばる 鳥取県・西伯郡　島根県「机にさばると墨がつくで」　岡山県　*さまう 三重県志摩郡　*しやばる 島根県　*せせく 広島県芦品郡　*せぜく 高知県幡多郡　*せせぐる 栃木県　千葉県安房郡　*せせる 石川県羽咋郡　島根県「机の上の本をせせるな」　広島県倉橋島・高田郡　徳島県美馬郡　高知県土佐郡　*せだやかす 島根県隠岐島「余り子供をせだやかすな」　*せるくる 広島県佐伯郡　*ちっかかい 鹿児島県　*ちっこくい 鹿児島県鹿児島郡　*ちょーる 東京都八丈島「熱いか冷たいかちょーってみる」　*ついかでぃるん 沖縄県石垣島　*つかえる 富山県砺波　岐阜県揖斐郡　兵庫県養父郡　*つっつぉある 東京都八丈島　*なぶくる 岐阜県　愛知県知多郡　*なぶる 石川県鹿島郡・羽咋郡　福井県足羽郡　岐阜県　三重県北牟婁郡・度会郡　滋賀県蒲生郡・彦根　兵庫県神戸市　奈良県吉野郡　和歌山県日高郡・東牟婁郡　*ほたっ 鹿児島県　*ほたる 熊本県上益城郡　*まがる 山口県大島「花瓶に袖(そで)がまがって横倒しに倒れた」　香川県　愛媛県「これにまがったらきかんぞ」　*もだく 奈良県吉野郡　*やつける 岐阜県飛騨「つめたい足をやつけるな」　*よろう 新潟県東蒲原郡「電気器具によろうな」・中越　*わらす 栃木県那須郡

さん【桟】　*こざま 群馬県勢多郡　*さま 茨城県稲敷郡　千葉県夷隅郡・君津郡　富山県東礪波郡　岐阜県飛騨　*さまぐち・さめーげ 千葉県夷隅郡　*さまのこ 富山県高岡市・砺波　*さまんこ 熊本県玉名郡

戸や障子の□　*くぎこ 新潟県佐渡　*くみこ・くんこ 島根県　*こんこ 島根県出雲　*さな 愛知県知多郡　島根県石見　広島県芦品郡　山口県玖珂郡　*さなき 島根県那賀郡

さんがつ【三月】

□三日の節句　*いそあそび(三月三日に磯へ出かけて遊ぶ年中行事)山口県見島　鹿児島県屋久島　*うじゅー(幼児語)沖縄県首里　*おひなかざり 山形県東置賜郡・最上郡　*おひめさま 長崎県対馬　*さかさにち 青森県上北郡　*さがさにち 岩手県気仙郡　*さがさんち 東京都八丈島　*さにじ 沖縄県石垣島　*さにち 沖縄県竹富島　*さにつぃ 沖縄県新城島・波照間島　*さんがさんにち 青森県三戸郡　*さんがつぃあすぃび(三月三日に娘たちが歌や鼓で遊ぶ行事)沖縄県首里　*さんがつぃさんにち 沖縄県首里　*さんがつはじめ(女児が生まれて初めての三月三日の節句)兵庫県加古郡　*ぬちゃーしー(陰暦三月三日にごちそうを持ち寄って開く宴会)沖縄県首里　*はな 岡山県苫田郡　*はなみ(陰暦三月三日に家中で山へ遊びに行くこと)香川県仲多度郡　*ひーなさん 熊本県玉名郡　*ひしのせっく(ひし餅(もち)を食べるならわしから)奈良県南大和　*ひなじょ 鹿児島県肝属郡　*ひなじょゆえ 鹿児島県・肝属郡　*みっか 長野県佐久

ざんじ【暫時】　*あまーってぃ 沖縄県与那国島　*ちっとんとり 三重県　*ちょくと 山梨県北巨摩郡　*ときのま 山梨県南巨摩郡　徳島県「五百枚ぐらひあったがときのまに売れてしもた」　*ときんま 鹿児島県種子島　*とっきりま 山梨県　*ひとぅっかー(「一束の間」の意)沖縄県竹富島　*ひとしば 東京都八王子　新潟県佐渡　熊本県玉名郡　*ひとじょーば 茨城県　*ひとせ 新潟県佐渡　山口県　*ひとせり 和歌山県日高郡「もうひとせりやらう」　*ふとせつ 島根県「ふとせつは良かったがとーとー死んだ」　*まつがあいだ 富山県

↓しばらく(暫)

さんだん【算段】　*かんくり 長野県佐久　静岡県榛原郡「何とかかんくりをしてみず(みよう)」「かんくり勘定」　*けんくり 岐阜県飛騨　*さんごー 広島県比婆郡　*さんたく 山形県「逃げるさんたぐした」　広島県高田郡　*さんだく 山形県西置賜郡　三重県阿山郡

↓くめん(工面)

さんちょう【山頂】　*あたま 山梨県南都留郡　長野県下高井郡　*あて 長野県飯田市・下伊那郡　静岡県磐田郡　*うな 千葉県　*うね 栃木県真岡市・安蘇郡　新潟県北魚沼郡　京都府葛野郡　奈良県吉野郡　和歌山県「あのうねに路がない」　鳥取県八頭郡・西伯郡　島根県邑智郡・隠岐島　岡山県　広島県　徳島県　愛媛県　*お 京都府　兵庫県朝来郡　島根県益田市・鹿足郡　香川県木田郡　*おー 鳥取県岩美郡・気高郡「やまのおー」　香川県小豆島　熊本県天草郡　*おーね 栃木県　滋賀県野洲郡・栗太郡　*おーばね 宮崎県西臼杵郡　*おだち 宮崎県東臼杵郡・西臼杵郡　*おだて 香川県木田郡　*おどー 熊本県球磨郡　宮崎県西臼杵郡　*おね 栃木県真岡市・安蘇郡　群馬県多野郡　東京都西多摩郡・八王子　神奈川県　山梨県　長野県　三重県阿山郡・名賀郡　滋賀県　鳥取県西伯郡　熊本県　宮崎県　*おの 熊本県芦北郡　*おのせ 香川県三豊郡　*おはい・おばい 香川県木田郡　*おばっちょ 和歌山県新宮「あの山おばっちょに登った」　*おばな 長野県西筑摩郡　山口県豊浦郡　福岡県粕屋郡　大分県別府市　*おばね 静岡県　熊本県　大分県　宮崎県西臼杵郡　*おばん・おばんこね 熊本県天草郡　*おぼね 富山県中新川郡・東礪波郡　石川県能美郡　岐阜県吉城郡　*こー 三重県志摩郡　*こつ 徳島県　香川県　*さんずく 兵庫県氷上郡　*ずこ・やまのずこ 三重県志摩郡　*ずっこ 三重県度会郡・宇治山田市　*ずっこー 広島県佐伯郡　高知県　*ぜっちょ 長崎県南高来郡　*ぜっちょー 三重県志摩郡　*そーね 広島県高田郡　*そね 福島県　茨城県北部・多賀郡　東京都八王子　神奈川県愛甲郡(丘のような小さな山の峰)・津久井郡　静岡県賀茂郡

島根県那賀郡「大ぞね。小ぞね。中ぞね」岡山県　広島県　長崎県彼杵　熊本県　*そねっぱぎ東京都八王子　*そねっぺん福島県南部　*だい兵庫県佐用郡　*だいら岡山県邑久郡　*たお宮崎県西臼杵郡　*だま京都府　兵庫県・多紀郡　*たわ鳥取県八頭郡　*だわ岐阜県揖斐郡　*ちょーむね三重県上野市　*ちょっそら長崎県南高来郡　*つざ島根県邑智郡　*つじ和歌山県日高郡　島根県岡山県　広島県江田島・能美島　山口県　香川県　熊本県阿蘇郡　大分県　宮崎県西彼杵郡　*つじっこ広島県山県郡　*つじっこー島根県石見　*つじんきょー広島県能美島　*つじんこ島根県　*つむじ新潟県佐渡　*つむね青森県三戸郡　*つるね新潟県　山梨県　長野県飯田　静岡県　愛知県香川県小豆島　*つんね新潟県　長野県下水内郡　*てー鹿児島県奄美大島　*てっか・てっかち・てんかつ島根県隠岐島　*てっかい群馬県吾妻郡　*てっき群馬県吾妻郡　長野県　*てっきょ新潟県中頸城郡　*てっきん長野県諏訪　*てっちょ秋田県雄勝郡　福島県南会津郡　*てっちょー茨城県多賀郡　群馬県勢多郡　神奈川県津久井郡　*てっちょーらく東京都八王子　*てっちょこ群馬県利根郡　*てっつー群馬県吾妻郡　*てっつじ佐賀県唐津市　*てっつぶり秋田県雄勝郡　*てっぴね長野県　*てれんこす高知県安芸郡　*てんかち島根県仁多郡・隠岐島　*てんかつじ岐阜県大野郡　*てんかつち兵庫県淡路島　*てんきょー・てんぎょー愛媛県　*てんきょーじ広島県　*てんけ青森県上北郡・三戸郡　*てんけつ鳥取県東部　岡山県苫田郡　*てんげつ愛媛県大三島　*てんこ富山県東礪波郡　静岡県　島根県　広島県比婆郡山口県島嶼部　徳島県島嶼部　香川県　愛媛県島嶼部　*てんご富山県中新川郡　兵庫県淡路島岡山県島嶼部　徳島県　高知県幡多郡　*てんこー島根県大原郡・仁多郡　広島県比婆郡・甲奴郡　*てんごー島根県鹿足郡・邑智郡　徳島県麻植郡　*てんごーら岡山県邑久郡・岡山市　*てんこす高知県幡多郡　*てんこち広島県比婆郡　*てんこちょ静岡県遠江　*てんこつ島根県　岡山県苫田郡　広島県　徳島県・三好郡　香川県　愛媛県中島　*てんごつ岡山県真庭郡　*てんこつじ香川県　大分県東国東郡　*てんこつら大分県大分郡　*てんこぶら徳島県　*てんこぼち大分県速見郡　*てんこむね富山県東礪波郡「てんこむねへ上がると気持ちがよい」　*てんじゅー長野県南佐久郡　*てんじょ千葉県夷隅郡　*てんつじ岡山県倉敷市・玉島市・寄島　山口県大津島　徳島県　香川県　福岡県　大分県速見郡・大分郡　*てんつず徳島県麻植郡　*てんびね長野県更級郡・佐久　*てんぷら・てんぷり新潟県佐渡　*てんみどり長崎県壱岐島　*てんみね山形県米沢市・西置賜郡　群馬県吾妻郡　新潟県中頸城郡　長野県　*てんみよ静岡県賀茂郡　*とー徳島県　愛媛県・大三島　高知県・幡多郡　熊本県玉名郡　*とーげ栃木県　新潟県佐渡　三重県志摩郡　奈良県吉野郡　熊本県天草郡　*とげ熊本県天草郡　*とっけん長崎県北松浦郡・佐世保市　*とっこす熊本県上益城郡　*とっさき福岡市　*とっつぁき茨城県真壁郡　*とっぱさき島根県隠岐島　*とっぴね長野県北安曇郡・東筑摩郡　*とっぴん長野市　*とつぶ・とつぷ・とんつぶり東京都八丈島　*とっぽけん大分県南海部郡　*とみね長野県南佐久郡　静岡県庵原郡　*とんがり徳島県美馬郡　*とんきょー岡山県邑久郡　広島県安芸郡　*とんぎょー・とんびょー佐賀県藤津郡　*とんぎょーす高知県　*とんけ青森県三戸郡　香川県小豆島　*とんげ三重県志摩郡　*とんけん大分県北海部郡　*とんこ香川県男木島・女木島　*どんご・どんこつ徳島県海部郡　*とんこつ香川県豊島・男木島・女木島　*とんこつじ香川県　*とんさき香川県香川郡　*とんつじ岡山県邑久郡　香川県小豆島　*とんつず香川県豊島　*とんつら愛媛県周桑郡　*とんぴぬ長野県東筑摩郡　*とんびね・とんみね長野県佐久　*のんこ香川県三豊郡　*はげ徳島県　*ひらき香川県高見島　*びんた鹿児島県肝属郡「丘のびんた」　*ぼんでん新潟県北魚沼郡　*まーつぃじ沖縄県石垣島　*まっつぃじ沖縄県首里・石垣島　*まっつじ島根県石見「向ぅの山のまっつじに雪が積っとる」　山口県　*みせん岡山県真庭郡　*むねんこ岐阜県加茂郡　*やまのお鳥取県八頭郡　*やまのこー三重県鳥羽市・志摩郡　*やまのつじ岡山県児島郡　*やまのてっけ大阪府南河内郡　*やまのてっけつ岩手県気仙郡　*やまのてんだい兵庫県揖保郡　*やまんだい兵庫県赤穂郡　*やまんたか富山県射水郡

↓いただき（頂）・「ちょうじょう（頂上）」の子見出し、「山の頂上」・「てっぺん（天辺）」の子見出し、「山のてっぺん」・みね（峰）

ざんねん【残念】

*あはーげ・はーげ兵庫県但馬　*あほーげ京都府与謝郡「今日は大きなやつを釣りはずしてあほーげなことをしました」・中郡　兵庫県但馬　*あほげ香川県「あなんおおきんなって死んだりしてほんまにあほげなやろな」　*ぐー（下等）大分県大野郡「こんなぐーなこたーねー」　*ごーはら神奈川県津久井郡「ごーはらだ」　*ざんしん新潟県佐渡　富山県・砺波　石川県能美郡・鳳至郡　*しょーし富山県・射水郡　*ちぬどぅく沖縄県首里　*つらつら香川県三豊郡「つらつらこちらへ来たのです」　*なまじけら新潟県粟島　*ぶきょー長崎県・対馬「ぶきょうな（とり返しのつかぬような）やり損ひをした」　*ぶきょーせんばん長崎県対馬　*わけなし徳島県・美馬郡「あらしもた、わけなしじゃ」

↓おしい（惜）・もったいない（勿体無）

□だ　*あほーらしー京都府中郡　*あほらしー福井県大飯郡　京都府竹野郡「試験にすべってあほらしーことぃな」　*いかめー兵庫県　*いたしー青森県　*いたましー岩手県　宮城県「いたま

しがる(物惜しみする)」 秋田県 山形県「大切な洋服を汚していたましー(もったいない)」 福島県 新潟県東蒲原郡・下越 *いたらしー 岩手県上閉伊郡・気仙郡 *いたわしー 北海道美唄市・松前郡 青森県 岩手県上閉伊郡 宮城県栗原郡 秋田県・鹿角郡「いたわしい人をなくした」 山形県 新潟県 *いちゃさん 沖縄県首里 *いとわしー 島根県邑智郡 *いめいましー 群馬県吾妻郡 *いめゃーましー 栃木県河内郡 *おそい 滋賀県甲賀郡 *おとましー 岐阜県揖斐郡 *おのこりおい・おのこりおしー 新潟県佐渡「おのこりをしうござりませう」 *きつい 福岡県久留米市「やりそこのーてきつかった」 佐賀県「私は行きそこなって、きちいことをした」・東松浦郡「ほんなこて、ま、きつかったなー、一人息子」 長崎市 *きばくさい(「きまよい(気迷)くさい」の転) 岩手県胆沢郡 *げんなか 鹿児島県・鹿児島郡 *げんね 鹿児島県・肝属郡「げんね事じゃ」 *ごーたいない 山口県大島「あの負けんしょう(負けず嫌い)を剣道でたたき伏せてやったところがごうたえながることか」 *さーおら 新潟県中部 *つらい 三重県伊賀 *つらつら(詠嘆的表現) 香川県「ああ、つらつらどうしよかしらん」 *てきない 青森県三戸郡 *なさけない 福井県・足羽郡 広島県比婆郡 *のこいー 鹿児島県肝属郡 *のこっりょい 富山県 兵庫県加古郡 *のこりいー 青森県南部 *のこりえー 京都府竹野郡「ゆっくりしていただけなくて、のこりえーことでした」 *のこりおい 青森県上北郡・三戸郡「死に目に逢わないで、のごりおい」 新潟県 *のこりおーい(人の死を悼む語として用いられることが多い) 富山県砺波「のこりおーいことでございます」 *のこりゅー 富山県氷見市「のこりゅーこってござるましたやらー(名残惜しいことでございましたね)」 *のこりよい 新潟県 富山県 三重県員弁郡 *のこりょーい 岩手県気仙郡 *のこれ 秋田県南秋田郡・仙北郡「これでやめるのはのごれな」 *のこれー 青森県津軽「あどがら、のごれぇぐなるぁ」 *のころい 青森県 岩手県気仙郡「のごろいごどしまった」 *はがい 山形県「あいつに負けてはがい」 石川県江沼郡・能美郡 福井県南条郡 三重県南牟婁郡 和歌山市 *はがいー 新潟県佐渡 奈良県 島根県邑智郡・鹿足郡 山口県・阿武郡 福岡県粕屋郡・福岡市 熊本県玉名郡・下益城郡 大分県 *はがいしー 石川県金沢市 *はがいたらしー 香川県大川郡・小豆島 *ばかくさい 青森県 *はがやしー 富山県・西礪波郡「負けてしもうてはがやしー」 *はがわいか 鹿児島県種子島 *はげらしー 大分県大分郡・大野郡 *もげない 島根県邑智郡・邇摩郡「弟をなくしたこたー(ことは)もげない」 *わたぐりしゃん(非常に残念だ) 沖縄県首里

さんば【産婆】 *あこばば 島根県出雲 *あとあげばば(「あと」は後を継ぐ者、子孫の意) 大分県速見郡 *あらいあげばー 山口県阿武郡 *あらいかが・あろいばばさ・あらいばんば 山形県北村山郡 *あらいて 島根県鹿足郡 *あらいばー 島根県邑智郡 *あらいばば 島根県 *あらいばばさ 山形県西村山郡 *あらちばーさん 山梨県東山梨郡 *うしろかか 宮城県仙台 *うぼ 鹿児島県甑島 *うませ 岡山県 *おさんばば 山形県最上郡・南置賜郡 *おばば 山形県東置賜郡・南置賜郡 *おぼこなし 山形県 *おんば 栃木県安蘇郡 福井県 *かなさしあじ 鹿児島県沖永良部島 *こーじーばば 福岡県久留米市 *こーじばば 熊本県下益城郡 *こーしゃ 東京都三宅島・御蔵島 島根県隠岐島 *こーしゃばーさん 島根県隠岐島 *こーしやばば 三重県志摩郡 島根県大原郡・隠岐島 *こーしゃばー 東京都三宅島・御蔵島 *こーずいばば 福岡県 *こーぜいばんば 長崎県南松浦郡 *こーぜうば・こぜば・こぜんば 長崎県北松浦郡 *こーぜばば 熊本県玉名郡 *こーぞえばば 長崎県南松浦郡・福江島 *こーぞえばんば・こぜうば・こぜんば・ごぜんば 長崎県五島 *こーでーばー 鹿児島県肝属郡 *こーでんぼー・こぜー 長崎県壱岐島 鹿児島県甑島(男) *こーとりばーさん 高知県幡多郡 *こーましばーさん 島根県 *こーませばーさん 島根県邇摩郡・大田市 *こーみゃーち・こーみゃーて・こーみゃーてー・こーめーて 東京都八丈島 *こしだき(出産の時、産婦の腰を後ろから抱くところから。産婆の手伝い) 島根県那賀郡 *こしだきばば 青森県三戸郡 *こずい 大分県日田郡 *こずいばさん・こぞいばさん 熊本県天草郡 *こずえーうば 長崎県壱岐島 *こずぇでん 鹿児島県肝属郡 *こずえばば 福岡県粕屋郡 熊本県八代郡 宮崎県西臼杵郡 鹿児島県・肝属郡 *こずりばば 福岡市 *こぜーばば・こぞえ 長崎県対馬 *ごぜーばば 鹿児島県甑島 *こぜばー・ごてばーさん 長崎県南高来郡 *こぜばーさん 熊本県 宮崎県延岡 *こせばば 長崎市 *ごぜばば・ごぜんぼー 佐賀県 長崎県 *こぜばさん 長崎県長崎市・西彼杵郡 *こぜんばー 長崎県西彼杵郡 *こぜんぼ 佐賀県藤津郡 長崎県 鹿児島県 *こぜんぼー 佐賀県・神崎郡 鹿児島県甑島 *こぞえばば 熊本県肥後 鹿児島県肝属郡 *ことり 福島県 大分県大分市・大野郡 鹿児島県黒島 *ことりばー 山口県見島 大分県 *ことりばーさま 福島県南部「早くことりばーさま呼べ」 *ことりばーさん 栃木県 群馬県多野郡 山梨県甲府市 愛媛県東宇和郡 高知県幡多郡 *ことりばば 茨城県稲敷郡 千葉県山武郡 大分県 *ことりばばー 愛知県北設楽郡 *こなさえばさま 青森県三戸郡 *こなさせ 青森県三戸郡・南部 岩手県江刺郡・上閉伊郡 宮城県 秋田県鹿角郡 山形県 千葉県山武郡 *こなさせあっぱ 秋田県鹿角郡 *こなさせかか 山形県北村山郡 *こなさせがか 岩手県気仙郡 宮城県

仙台市 *こなさせかかさ 山形県西村山郡 *こなさせばさま 青森県三戸郡 岩手県上閉伊郡 山形県東村山郡 *こなさせばば 青森県 秋田県平鹿郡・鹿角郡 山形県 新潟県岩船郡 *こなさせばんちゃ 山形県南村山郡 *こなさせばんば 山形県 *こぼしや 鹿児島県屋久島 *こませばば 宮崎県 *こやす 岡山県阿哲郡 *っくゎなしみやー 沖縄県首里 *てがくばば・てんにゃく 青森県 *てやくばば 青森県南部 *てんがくばば 青森県津軽 *てんにゃくばば 青森県上北郡 *てんやく 東京都大島 *とっちゃげばば 岩手県気仙郡 山形県東田川郡・飽海郡 *となえばば 岐阜県海津郡 愛知県西春日井郡 *とやげぱぱ・とやげばばー 愛知県碧海郡 *とやげばばさ 愛知県愛知郡・碧海郡 *とらえばーさん 新潟県佐渡 *とりあげおや 栃木県安蘇郡 群馬県多野郡 埼玉県秩父郡 愛知県北設楽郡 大阪府泉南郡 香川県三豊郡 宮崎県児湯郡 *とりたてばば 島根県那賀郡 *ばー 大分県大分市・大分郡 *ばーばー 山形県南置賜郡 *ばーやん 大分県大分郡・速見郡 *ばば 大分県宇佐郡 *ばばさ 富山県 石川県河北郡 *ばやん 愛媛県南部 *はらとり・はらとりばさま 岩手県上閉伊郡 *ばんば 山形県西田川郡 *ひきあげのうば 島根県邇摩郡・大田市 *ひきあげばー 島根県鹿足郡・邑智郡 広島県 山口県大島 愛媛県宇和島市・東宇和郡 *ひきあげばーさん 島根県石見 岡山県阿哲郡 広島県・高田郡 高知県幡多郡 *ひきあげばば 島根県鹿足郡 *ひろいばば 岐阜県郡上郡 *へそばーさん 大分県速見郡 *ぼこませ 長野県諏訪 *まいがが・まえがか 宮城県仙台市 *まえばば 宮城県登米郡 *もみばば 大分県大分郡 *やぼいさどん(「やぼ」は子供の意) 鹿児島県川辺郡 *ややとりばーさん 愛媛県南部

さんぱつや【散髪屋】 ⇩とこや(床屋)

さんま【秋刀魚】 *かど 三重県 *さーべら 茨城県 *さーぺら 茨城県新治郡 *さーり・さいり 愛知県尾張 *さいら 三重県 大阪市 兵庫県 奈良県 和歌山県 岡山県苫田郡 徳島県 香川県 *さいれ 三重県南牟婁郡 奈良県吉野郡 和歌山県 徳島県海部郡 *さいろ 三重県 和歌山県東牟婁郡 徳島県海部郡 *さざ 長崎県壱岐島 *さだ 島根県浜田市 *さやり 上方 *さよら 京都府宮津市 和歌山県那賀郡 *さより 石川県江沼郡 岐阜県 愛知県中島郡 京阪 和歌山県 島根県隠岐島 徳島県 *すあーり 愛知県海部郡 *ばんじょ・ばんじょー 新潟県佐渡 *まるかど 三重県名賀郡

さんりょう【山稜】 ⇩おね(尾根)

さんりん【山林】 ⇩はやし(林)

さんろく【山麓】 ⇩ふもと(麓)

じ【字】 ⇩もじ(文字)

しあさって【明明後日】 ⇩「みょうごにち(明後日)」の子見出し、「明後日の次の日」「明後日の次の次の日」

しあわせ【幸】 *かた(人間の運命を左右する倶生神(くしょうじん)は肩に宿っているという俗説から) 富山県砺波「かたわるい(不幸せだ)」 滋賀県彦根 京都府「かたの悪い(回り合わせの悪い)」 大阪市 愛媛県松山 長崎県対馬 *しにえ 山梨県 *しゅーぶ 山形県東田川郡 *しょーぶ 秋田県雄勝郡「ええものを頂いてしょうぶっけたね」・鹿角郡「これが、こはれないでしょーぶした」 新潟県中頸城郡「くじを引いて簞笥を当ててしょーぶした(大もうけした)」 石川県金沢市・河北郡 広島県倉橋島 愛媛県津和地島・二神島・津島市 *しょんぶ 秋田県河辺郡 *ふー(思いがけない幸せ) 沖縄県宮古島・首里・石垣島・竹富島 *ふりあたり(偶然に得る幸せ) 和歌山県東牟婁郡 長崎県対馬

→こうふく(幸福)・さいわい(幸)

しい【椎】 *いがじー(シイの一種) 熊本県玉名郡 *いた(シイの一種) 鹿児島県薩摩 *いたじー 和歌山県西牟婁郡 鹿児島県垂水市 *こじのき 熊本県芦北郡 *しーじゃー・しーじゃーだむん 沖縄県首里 *しーに 沖縄県竹富島・石垣島 *しっこのき(「しっこ」が尿の意の「しい」に通じるところから) 東京都三宅島 *しでのき 新潟県岩船郡 *しば 鹿児島県加計呂麻島 *たまのき 静岡県 *たわらじー(果実の小さいもの) 静岡県

□の実 *かなつき(シイの実の黒く熟したもの) 高知県鵜来島・幡多郡 *こじ 熊本県八代郡・芦北郡 宮崎県日向 鹿児島県 *こじー 宮崎

県日向 *こじゅ 鹿児島県 *しーのくろ・しのーくろ 東京都八丈島 *しだみ 岩手県気仙郡

しいたけ【椎茸】 *かんこ 島根県益田市 *きのこ 鹿児島県・屋久島 *ちぬく 沖縄県 *にらぶさ 山形県庄内 *にらむさ 山形県西田川郡 *ひるたけ 栃木県 *みのぐろ 滋賀県蒲生郡

じいん【寺院】 ⇩てら（寺）

しお【塩】 *おけし 香川県綾歌郡・仲多度郡 *おしろむん 鹿児島県肝属郡 *おみのはな 栃木県 *かじかざわ 長野県諏訪 *からい（塩。また、しょうゆ）三重県伊賀 *かり（「カリ塩」の転。山言葉）山形県西置賜郡 *しおつぶら（山言葉）福島県南会津郡 *ふなまち 山形県東村山郡・南村山郡「この漬物ふなまづききすぎた」 *まーしゅ 沖縄県首里・竹富島 *まーす 沖縄県八重山 *まーすー沖縄県鳩間島・与那国島 *ましお 香川県綾歌郡 *ましゅ 鹿児島県南西諸島 沖縄県国頭郡 *ます 鹿児島県喜界島 沖縄県波照間島

しお【潮】 *いた 徳島県 *うぶす 沖縄県鳩間島 *かわしょ 島根県大田市 *すー 沖縄県石垣島 *ふーしゅ 沖縄県竹富島 *ふーす・ぶーすー 沖縄県石垣島 *ぶーす 沖縄県波照間島

しおからい【塩辛】 *おちょからい（幼児語）山形県北村山郡 *おっぱい 茨城県・稲敷郡 *きつい 山梨県 *くどい 富山県砺波 石川県金沢市 福井県 *さくらーん 沖縄県鳩間島 *さくらさーん 沖縄県石垣島 *しおくどい 富山県 石川県金沢 *しおじょっぱい 山形県 *しおはい 高知県 鹿児島県 *しおはいー 京都府与謝郡 島根県 広島県双三郡 愛媛県松山「此の煎餅はしおはいー」 高知市 *しおはゆい（「しはゆし」と「しほからし」の混成した語か）長崎県対馬 *しおへか 鹿児島県揖宿郡 *しおほい 兵庫県加古郡 和歌山市 *ししっからい 静岡県 *ししょくどい 富山県砺波 *しゅーじゅーさん 沖縄県首里 *しょーはい 島根県八束郡 *しょーはいー 島根県 *じょくどい 富山県射水郡 *しょっぱやい 山梨県 *しょっぱらい・しょっぱりやー 東京都三宅島 静岡県 *しょっぺない 長野県上田 *しょはい・しょはいー・そはいー・そーはいー・そはい 島根県出雲 *しょへぁ 秋田県河辺郡 *しわくどい 福井県今立郡 *そーはい 島根県仁多郡 *そたい 島根県大原郡 *にがじょっぱい（大変塩辛い）青森県三戸郡

しおづけ【塩漬】 ↓つけもの（漬物）

大根の□ *きりずけ 岩手県気仙郡（輪切りにした大根の塩漬け） 和歌山市（大根を葉と共に刻んで塩漬けにしたもの） *みずずけ（浅漬けよりは長く保存し、たくあんよりは先に食べる）新潟県佐渡 *みずつけ（浅漬けよりは長く保存し、たくあんよりは先に食べる）北海道 青森県上北郡

魚や肉などの□ *いわしのすし（イワシの塩漬け）島根県隠岐島 *かたまい 茨城県稲敷郡（塩漬けのマグロ） 栃木県東部（魚の身を裂いて塩漬けにしたもの） *かたんめ（魚の身を裂いて塩漬けにしたもの）栃木県 *からしゅ（魚介類を塩漬けにしたもの。塩辛）沖縄県首里 *きずし（塩漬けの魚。背割りにしたサバを塩漬けにしたもの。しめサバ）島根県石見 *しび（マグロの塩漬け）山形県東置賜郡・西置賜郡 *しぶ（マグロの塩漬け）石川県 *しゅーつぃき・しゅーじし（塩漬けの肉。主として豚肉の塩漬け）沖縄県首里 *しょー（魚や肉などの塩漬け）千葉県印旛郡 *だぶ（塩漬けの魚。主にマグロ、カツオの塩漬けに言う）岩手県江刺郡・東磐井郡 宮城県北部 秋田県鹿角郡 *たるます（塩漬けのマス）山形県西置賜郡 *だんぶ（塩漬けの魚。主にマグロ、カツオの塩漬けに言う）秋田県鹿角郡 *てしょ（魚の塩漬け）東京都大島「今日のむろはてしょにするか」 *なしむん（魚介類の塩漬け）沖縄県首里 *にし（ニシンの臓物を塩漬けにしたもの）鹿児島県喜界島 *はらしゅー（魚の臓物を塩漬けにしたもの）新潟県 *はらんぼ（カツオの腹の肉の塩漬け）高知市「はらんぼは食べるには美味いが焼く時に家中煙りわたるのが堪らん」 *ぼーだら（塩漬けのタラ）長野県佐久 *まいざけ（カツオの塩漬け）宮城県仙台市 *みぎり（魚の塩漬け肉）山梨県甲府市（マグロの肉）・西山梨郡

しおひがり【潮干狩】 *いそばた 三重県志摩郡 *いそひ 神奈川県中郡 *いそもの 三重県志摩郡「いそものしにいく」 香川県 *いそものとり 東京都八丈島 *かいかき 香川県 *かいがらとり・かいがらひろい 香川県 *かいほり 香川県 *しおふきほり・しおふきとり 香川県 *そえ 岩手県九戸郡 *ひーしょ 香川県高見島

しおれる【萎】 *うなじさげる 静岡県 *かおる 福島県北会津郡 *がおる 北海道 岩手県 宮城県 秋田県平鹿郡「病気でがおった」・鹿角郡 山形県「植木は日照りでがおった」 福島県 栃木県 新潟県岩船郡・東蒲原郡 *さじく（花がしおれる）青森県津軽 *さびれる 島根県「朝顔の花がさびれてしもーた」 *しおをつける（めいる）高知市「お前はえらいしおをつけちょるがどーぞしたか」 *しどる・すどる 岩手県気仙郡 *しとれる 岩手県上閉伊郡 *しなくくる 大分県日田郡 *しなくれる 群馬県勢多郡 東京都八王子 神奈川県津久井郡 新潟県 山梨県南巨摩郡「植木い、水をくれのーどーで（くれないので）しなくれるらよ」 長野県 静岡県志太郡「なすんしなくれちゃった（茄子がしなびてしまった）」・小笠郡 *しなける 岩手県東磐井郡 *しなだるる 熊本県玉名郡 *しなだれる 青森県三戸郡 香川県仲多度郡 *しなばえる 島根県隠岐島 *しなびえる 島根県大原郡「朝顔の花がしなびえた」 *しなびくれる 長野県下伊那郡 *しなひける 青森県上北郡「老人のしなひけた

腹」 *しなびける 岩手県東磐井郡 宮城県 *しなびける 青森県上北郡 岩手県気仙郡「にわの花こしなびけだ」 宮城県石巻「瘤もきんなよりよっぽどすなびけた」 *しなぶける 秋田県秋田市・山本郡「野菜を日にあてればしなぶける」 富山県砺波 *しなぶれる 新潟県 富山県砺波 石川県鹿島郡 *しなぼれる 三重県志摩郡 *しなれる・しなびれる 島根県出雲 *しばなえる 島根県隠岐島 *しぶないる 東京都三宅島 *しぶれかやる(しょげ返る) 富山県砺波 *しぼないる 愛媛県 *しぼなえる 愛媛県 *しぼなゆる 大分県 *しゃびる 京都府中郡・竹野郡 *しゃべる・しらべる 京都府竹野郡「コスモスの花がもうしゃべかけた」 *しゅーたんたれる 山口県大島 *しょのーける 新潟県西頸城郡 *しょぼなむ 愛媛県新居浜市 *しわがる 熊本県玉名郡・下益城郡 *しわがるる 福岡県 熊本県玉名郡 *しんびゅい(縮む) 鹿児島県喜界島 *ずくまる(草木が雪や霜でしおれる) 山形県庄内 *すだる(花などがしおれる) 岐阜県飛騨 *すだれる(花などがしおれる) 新潟県西頸城郡 富山市近在「朝顔は直ぐ日出るとすだれる」 岐阜県飛騨 京都府竹野郡「この花ももうすだれた」 *すどーる 埼玉県秩父郡 *すとれる 宮城県栗原郡 *すばる(野菜や植物などがしおれる) 広島県賀茂郡 香川県「この芋はすばってしもとるが」 愛媛県 高知県土佐郡 *すばれる(野菜や植物などがしおれる) 香川県島嶼 愛媛県・大三島 *すぼる(野菜や植物などがしおれる) 滋賀県彦根 広島県三次 香川県香川郡・仲多度郡 愛媛県今治市 *すぼれる(野菜や植物などがしおれる) 広島県沼隈郡「花がすぼれる」・比婆郡「生(なま)物がすぼれる」 *はだれる(草類が日を経て固くなってしおれる) 島根県邑智郡 *はばえる(暑さのためなどで葉がしおれる) 長野県下伊那郡 岐阜県東南部 京都府竹野郡「はばえた桑は飼料として上物でない」 *ひしなびる・ひすなびる 高知市「この大根はちっとひしなび過ぎた」 *ひしなべる 福井県遠敷郡「花がひしなべる」・大飯郡 *ひしばびる 岡山県北部 *へしなべる 福井県大飯郡 *べそれる(植物の葉がしおれる) 山口県長門 *べたる(生気が抜けて、しおれたようになる) 高知県「若い者が家の内でそんなにべたるよーじゃいかんぞ」 *べらいする 佐賀県 *よれる(暑さで植物などが弱る) 群馬県佐波郡「稲がすっかりよれてしまった」 静岡県榛原郡「お茶はよれずにからだがよれた(茶もみ歌)」「日によれる(暑気を受ける)」 兵庫県加古郡 山口県「炎天のため野菜がよれた」「作物がよれるようじゃ」 愛媛県大三島「水欲しいんぢゃろーぞい、よれとるわい」

→しなびる (萎)・しぼむ (萎)

しか【鹿】 *おーじか(カモシカに対する語) 山梨県大菩薩 *かしし 長崎県五島 *かじし 徳島県麻植郡・那賀郡(雄) 香川県塩飽諸島 高知県幡多郡 *かなんぼ 山梨県 *かの 岩手県上閉伊郡 宮城県登米郡 奈良県 *かのー 群馬県吾妻郡 *かのし 山梨県南巨摩郡 *かのしか 大分県速見郡 *かのしし 宮城県仙台市 秋田県鹿角郡「かのしし二つとった」 山形県最上郡 福島県南会津郡 石川県能美郡 三重県伊賀 奈良県・宇陀郡「この頃はかのししも居らんように成った」 徳島県 香川県・小豆島 高知県 福岡県粕屋郡 長崎市 熊本県 大分県速見郡 宮崎県・東諸県郡 鹿児島県・肝属郡・種子島 *かのしん 熊本県球磨郡 *かわしし 島根県邑智郡 *かわじし(川へ逃げ込むところから) 島根県 岡山県 広島県山県郡 *かんぞ 長野県西筑摩郡 *かんちょ 熊本県 宮崎県西臼杵郡・東諸県郡 *かんちょー 熊本県阿蘇郡・八代郡 宮崎県西臼杵郡 *かんにょー 熊本県球磨郡 *かんよー 徳島県美馬郡 *こーぬしし 沖縄県首里 *こっこ(幼児語) 奈良市 *このしし 鹿児島県奄美大島 *しかんぼ 栃木県 *しかんぼー 山梨県 *しし 岩手県九戸郡・上閉伊郡 埼玉県秩父郡 石川県能美郡・鹿島郡 京都府北部 兵庫県美方郡・佐用郡 奈良県 和歌山県西牟婁郡(雄) 島根県・那賀郡 広島県山県郡・賀茂郡・高田郡 徳島県那賀郡・海部郡 香川県小豆島 愛媛県周桑郡 長崎県対馬 熊本県 鹿児島県肝属郡 *ほんじか 山梨県南巨摩郡 静岡県富士郡 *まじか(カモシカに対する語) 山梨県大菩薩峠 *やまおっとせ 北海道函館

しかえし【仕返】 *あくとー(陰でする仕返し) 島根県石見「あいつは気をつけんと、後であくとーをする」 *あた 神奈川県高座郡 福井県敦賀郡 長野県諏訪 奈良県北葛城郡 島根県八束郡・隠岐島 *あたー 島根県邇摩郡 *あたくそ 石川県河北郡 *あたりがけ 鳥取県西伯郡 岡山県岡山市「猫をいじめるとあたりがけをする」「鶏のあたりがけで片輪の子が生まれた」・海岸部 *あたん 福井県敦賀郡 岐阜県 愛知県 三重県 滋賀県彦根 京都市「鼠があたんしょった」 大阪市 兵庫県「彼奴ったら今頃になってあたんすんねんぞ」 奈良県宇陀郡 和歌山県 島根県石見・隠岐島 山口県 *あたんがえし・あたんばち 島根県邑智郡 *あった 島根県出雲 *あったー 島根県大原郡・仁多郡 *あったん 岐阜県益田郡・吉城郡 *あっと 島根県大田市 *あっとー 島根県邑智郡・邇摩郡 愛媛県 *あて 長野県下水内郡「あてなす(怨を報いる)」 *あてがえし 新潟県 *あてぐれ(意地の悪い仕返し) 岡山県苫田郡 *あてなし・あてのーし 新潟県中魚沼郡 *あら 新潟県佐渡 *あんたんがえし 岐阜県飛騨 *いー 山口県豊浦郡 *うらもどし 島根県隠岐島「うらもどしせえにゃ承知出来ん」 *おんしょーかえし 新潟県佐渡 *おんしょがえし 愛知県知多郡 *おんでがえし 京都府竹野郡 *おんでん 徳島県 *おんてきがやし 静岡県磐田郡 *おんでんがえし 静岡県志太郡「おんでんがえしょーしてやるで、おぼえーとけ」 徳島県 香川県大川郡 愛媛県中部 *おんねが

ーし 山梨県南巨摩郡「四十七士は殿様のおんねがーしをした」 *おんねんがやし 福井県 *きつねあたり・きつねあったん 岐阜県大野郡 *けーてーなし(「けーてー」は「かた(形)」の転で「代わり」の意) 山形県東田川郡 *けし 青森県津軽「えじがかじが、あれごと、けしとってやるぁ(いつかきっと、あいつを、かたきとってやるぞ)」 茨城県稲敷郡 *けりむげ 青森県上北郡 *ねたばらし 島根県隠岐島 *ねんたがえし 鳥取県西伯郡 島根県出雲 *へんぽーがえし 山形県 *へんぽがえし 宮城県登米郡・玉造郡 山形県「へんぽがえしした」 宮崎県延岡市 *むくとー(中・下流の語) 長崎県北松浦郡 *もくとー 福岡市「もくとうとる(仕返しする)」 *やがえし 埼玉県秩父郡 *やんがえし 福島県 新潟県東蒲原郡 *よいかえし 岩手県気仙郡「先だっては押しかけられて、さんざん飲まれたから、そのうちによいけぁしすべえ」

□をする *あたえなす 新潟県西蒲原郡 *あたかやす・あたかやしする 富山県砺波 *あったんかえす 岐阜県吉城郡 *あったんかやす 岐阜県飛騨 *あてなす 長野県下水内郡 *うらとぅゆい 鹿児島県喜界島 *おんしょーとる 愛知県名古屋市「(相手をたたき返して)やーいやろ、おんしょうとったった」・尾張 *かいがりをとる 岡山県苫田郡 *のす 島根県隠岐島「あたん(陰の仕返し)をのす」

しかく【四角】 *かく 鳥取県西伯郡「この柱はかくなぜ」 愛媛県喜多郡・周桑郡「まっかく(真四角)」 沖縄県首里 *かくい 鳥取県西伯郡 島根県鹿足郡 徳島県 香川県大川郡 愛媛県「それはかくい」

しかくい【四角】 ⇩しかく(四角)

しかくけい【四角形】 ⇩しかく(四角)

しがつ【四月】 *うりじん 鹿児島県奄美大島 *うるずぃん 沖縄県石垣島

しがみつく【―付】 *かなぐりつく 岡山県児島郡 山口県大島 香川県仲多度郡 愛媛県周桑郡・喜多郡「お母さんに泣きながらかなぐりつきました」 *しがまえる 和歌山県伊都郡・日高郡 *しがむ 静岡県小笠郡「そうしがむとじゃまになる」

→すがりつく(縋付)

しかる【叱】 *あつかむ 愛媛県松山「そんなことすりゃあつかみつけられるぞ」 *あばえる・あばれる 長崎県対馬「あばれざったもんなあ(しかられなかったものねえ)」 *あびゆん 沖縄県国頭郡・伊江島 *あまゆん 鹿児島県沖永良部島 *いーくしゅん 鹿児島県徳之島 *いーくるしゅん 鹿児島県与論島 *いがむ(ひどくしかる) 秋田県「昨日お父さんにえがまれた」 *いかる 山口県佐合島 *いがる 長崎県彼杵 *いきむ・ゆきむ 栃木県 *いさる 富山県氷見郡・砺波 石川県 *いじめーる 長野県佐久 *いじめる 岩手県 福島県安達郡 茨城県北相馬郡 栃木県 東京都八丈島 長野県北佐久郡 滋賀県神崎郡 *いじをだす 島根県安濃郡 *いじゅん 沖縄県竹富島 *いずん 沖縄県八重山 *いぼくる 新潟県刈羽郡 *いゆん 沖縄県与那国島 *いわす(軽い尊敬語) 熊本県玉名郡 *うげる 愛知県 *うざる 愛知県名古屋市「そんな事をするとうざられるぞ」・葉栗郡 *うだーしゅん(大声でしかる) 沖縄県首里 *うどます 広島県豊田郡「うどまされる(しかられる)」 *うどまする 宮崎県宮崎郡 *うなる(大声でしかる) 岡山県児島郡「早う帰らにゃあ、お父ちゃんがうなりょうるどぅ」 *えむる 大分県西国東郡・宇佐郡 *おがる 兵庫県淡路島 高知県幡多郡 *おげる 徳島県美馬郡 *おごく 徳島県「あの人おごったらむつかしいぞ」 香川県「そんな事しよったら、おごかれるぞ」 愛媛県宇摩郡・新居郡 *おごっきゃげる 香川県丸亀市「あいつをおごっきゃげて(しかりつけて)やった事じゃ」 *おごる 徳島県 *おだす 千葉県 *おどかす 栃木県河内郡 *おどしつける 新潟県東蒲原郡・三島郡 *おどす 山形県 福島県「子供だものおどすな」 茨城県結城郡・稲敷郡 栃木県「おどしのめす(大いにしかる)」 群馬県 埼玉県秩父 新潟県 石川県鳳至郡 山梨県南巨摩郡「よその柿を取ればおどされるだいそ」 長野県小県郡 *おどつける・おのつける 新潟県東蒲原郡 *おほく 香川県 *おめる 新潟県「おめられた」 *おろしつける 茨城県新治郡 *おんく 岡山県児島郡 徳島県美馬郡・三好郡「ほんなことしよったら、おんかれるぞ」 香川県「よーおんかれよったやないか」 *おんごく 香川県「おんごかれる」 *がーする 香川県三豊郡 *がーる 鹿児島市「いっきっがあるんもんごあした(すぐしかられるものでございました)」 *がい 宮崎県西諸県郡 鹿児島県「がいとばす(しかりとばす)」 *かかる 岩手県上閉伊郡・気

方/言/の/窓

●方言と隠語

方言と隠語というのはなぜか結び付けて考えられやすいテーマである。しかし、方言というものを単に地域的な言語の変種というふうに考えた場合これらの間に何らかの関連が予想できるだろうか。

一方で、方言を社会的な属性の違いによる言語の差異とする捉え方もある。そう考えると、確かに隠語的なものと結び付く可能性が高くなる。例えば廓社会と隠語は関係が捉えやすい。

地域言語としての方言も実は背後に地域社会という社会的な性格を担っている。その社会の性格が例えば共通語社会（＝中央）に較べて、ある部分では開放的な場合、中央では隠語と考えられるような語形が日常語の中に紛れ込んでいることがある。これが方言と隠語のイメージを結び付けるらしい。

仙郡　宮城県「道端で男の子にかかられたやあ」「あいつ又友達さ(友達に)かかってんのすか」　秋田県鹿角郡「学校に遅刻すれば先生にかかられる」　山形県　福島県東白川郡「俺さ(おれに)ばかりかかってわかんねえ」　埼玉県秩父郡「あんまりひどいことをいうからついかかってしまった」　岐阜県飛驒「でかい者にかかっていくと泣かんならん」　和歌山市　愛媛県松山「余りひどい、親の家へかかっていこう」　**＊かたる** 新潟県東蒲原郡　**＊がっ** 鹿児島県・硫黄島　**＊かっこなす** 茨城県久慈郡・稲敷郡　**＊がばる** 秋田県鹿角郡「いたづらしてがばられた」　**＊かむ** 三重県度会郡　**＊がゆん** 沖縄県首里市・那覇市　**＊かる** 長崎県五島　**＊がる** 福島県会津「そうがりつけると小供が泣くから止しなさい」　新潟県中越　福岡県(受け身形でのみ言う)「がられる(しかられる)」　佐賀県「親からがられよったとこ覚えとっか(親からしかられたところを覚えていますよ)」　長崎県　宮崎県「がらった(しかられた)」「がらるい(しかられる)」　鹿児島県「がらえた(しかられた)」　**＊がんといわす**(ひどくしかる) 兵庫県加古郡　**＊きじゃす** 福島県会津　**＊きずく** 山形県置賜　茨城県稲敷郡　**＊きちがう・きちがる** 京都府　**＊きみるん** 鹿児島県奄美大島　**＊きむる** 長崎県北松浦郡「わるい事をするときむるぞ」・五島　熊本県下益城郡　宮崎県東諸県郡　鹿児島県屋久島　**＊きめぐ** 秋田県山本郡　**＊きめる** 岡山県浅口郡　高知県幡多郡　長崎県北松浦郡　**＊ぐざる** 長野県「おとっさまにぐざられた」　愛知県　**＊くじくる** 島根県　山口県都濃郡　香川県高松　愛媛県周桑郡・喜多郡　**＊くじゅーくる** 島根県石見「言うことを聞かんけー、子供にくじゅーくってやった」　広島県　**＊くじょーくる** 島根県　山口県「あの山の木を切ったらひどうくじょうくられた」・豊浦郡　**＊くじをくる** 島根県石見　広島県　山口県「あの人はようくじをくるでの」　**＊ぐずめく** 青森県津軽・南部　**＊ぐずる** 石川県金沢市　長野県東筑摩郡「ぐずる男だ」　熊本県芦北郡・八代郡「ぐずられた(注意を受けた)」　**＊ぐぜくる** 青森県上北郡・長野県下伊那郡　**＊くせる** 群馬県多野郡「くせられるぞ」「鶏を追って困るから犬をくせろ」　埼玉県秩父郡　**＊くぜる** 大分県日田市　**＊ぐぜる** 長野県　佐賀県　大分県　**＊くたためる** 山形県「ばかな事をするからくただめづげだ(しかりつけた)」　三重県志摩郡「先生にくたためられる」「くたためたらなはざんや(小言を言ってやらなければいけないよ)」　**＊ぐだめく** 青森県　**＊ぐつめく** 青森県津軽　**＊くなしゅい** 鹿児島県喜界島「くなしっきゅい(しかりつける)」　**＊くびやく** 滋賀県犬上郡　**＊くやむ** 京都府　**＊くらう** 岩手県・九戸郡「くらーれる(しかられる)」　**＊くる** 青森県「くられた」「くらえる」「くられる」　岩手県「くられる」「くらえる」　鹿児島県「くりちらす(しかり散らす)」　**＊くるー** 山形県最上郡「父にくるわれる」　東京都利島　佐賀県・藤津郡　大分県・大野郡　宮崎県東諸県郡　鹿児島県　**＊くるお** 東京都伊豆諸島「先生にくるわれろ」　**＊くるる** 青森県　**＊くろ** 鹿児島県鹿児島郡　**＊げじまわす** 福島県南部　**＊けめる** 長野県下伊那郡・上伊那郡　**＊こかす** 群馬県勢多郡　**＊こきあげる** 愛知県知多郡　**＊こきおどす** 群馬県勢多郡　**＊こきおろす** 茨城県新治郡　**＊こきのめす** 茨城県久慈郡・稲敷郡　栃木県　**＊ごける** 秋田県平鹿郡・雄勝郡「母は子供をごげぁる」　山形県飽海郡・庄内　**＊ごさいやく** 秋田県鹿角郡　山形県庄内　**＊ごさいやける** 秋田県鹿角郡　**＊ごさく** 秋田県由利郡「あの人はすぐごさぐ人だ」　山形県米沢市　**＊ごさける** 山形県飽海郡　**＊こしく** 山形県庄内　**＊ごしゃく** 岩手県紫波郡・和賀郡　宮城県　秋田県「彼にひどくごしゃがえだ」「何ぼかわりことして(どれほど悪いことをして)ごしゃがれてもあんたえ(家)のおどさんもごしゃぐこともできねがったべし(腹を立てることもできなかったでしょう)」　山形県　**＊ごしゃける** 岩手県紫波郡　秋田県「あれに負けてごしゃげる」　山形県　新潟県東蒲原郡「それ ばかりのことでごしゃげるに及ばぬ」　**＊ごしゃっぱらける** 山形県　**＊ごしゃぱらける** 秋田県南秋田郡「あまりごしゃぱらげで叩いた」　**＊ごしゃやける** 山形県　**＊ごしゃる** 山形県西田川郡　**＊ごしょっぱらやける** 宮城県栗原郡　**＊ごしょやく** 青森県上北郡　**＊こすく** 山形県鶴岡　茨城県　**＊こずく** 茨城県鹿島郡・稲敷郡　**＊ごすぱらやける** 宮城県栗原郡　**＊ごせあやける** 岩手県気仙郡　秋田県鹿角郡　山形県米沢市　**＊ごせーする** 山形県東置賜郡・南置賜郡　福島県耶麻郡　**＊ごせーやく** 岩手県西磐井郡・九戸郡　**＊ごせーやける** 岩手県西磐井郡　栃木県　**＊ごせーをやく** 岩手県紫波郡　**＊ごせがやける** 宮城県仙台市　山形市　福島県岩瀬郡　**＊ごせする** 福島県会津若松市　**＊ごせっぱらがやける** 岩手県下閉伊郡　宮城県仙台市　**＊ごせっぱらやく** 山形県米沢市　福島県東白川郡　**＊ごせっぱらやける** 岩手県上閉伊郡・気仙郡　宮城県石巻　山形県　福島県相馬郡・東白川郡「ごせっぱらやけっど(腹が立つぞ)、今日は」　栃木県　**＊ごせはらやく** 宮城県仙台市　**＊ごせばらやく** 宮城県栗原郡　**＊ごせぱらやく** 宮城県登米郡　福島県　**＊ごせばらやける** 宮城県仙台市　**＊ごせぱらやける** 宮城県仙台市「おらごせぱらやけてごせぱらやけてしゃがえん(しかたがない)」　山形県北村山郡・西置賜郡　福島県相馬　**＊ごせやく** 青森県南部　岩手県「ごせやがれる」　宮城県「何ごせやいてんのっしゃまず」　秋田県鹿角郡　山形県　福島県「人ばかにしてごせやけんな」　栃木県塩谷郡　新潟県　**＊ごせやける** 岩手県気仙郡　宮城県石巻「ごぜやげでごぜやげで仕方ねぁ」・仙台市　山形県　福島県相馬　栃木県　新潟県・岩船郡・東蒲原郡　**＊ごせらやく** 新潟県中越　**＊ごせをやく** 岩手県東磐井郡　山形県庄内　福島県岩瀬郡　新潟県南魚沼郡　**＊ごっしゃく** 宮城県「ごっしゃがれる」　山形県米沢市　**＊ごっしゃける** 山形県北村山郡・西置賜郡　**＊こなす** 福島県岩瀬郡　**＊さーぐ** 東京都利島「先生にさーがれろ」 *さべくる 新潟県中頸城郡 *さべる 青森県津軽 新潟県「いやはや叔父にこったいことさべられて」 長野県更級郡 *さわぐ 東京都神津島・利島・大島 新潟県佐渡 *しがむ 島根県江津市「あんまりしがむとひねくれる」 *しかりたおす(激しくしかる) 静岡県志太郡 *じくる 秋田県仙北郡「そんなにじぐるな」 *しつぃきゆん 沖縄県首里 *しでる 高知県・幡多郡 *しばく 岡山県児島郡 徳島県「しばきたてる」 *しめる 茨城県稲敷郡 栃木県 *しゃべる 岐阜県養老郡 *じゃみる(大声でしかる) 山形県 *じんごーをいる 島根県石見「あれほどじんごーをいって置いたのに、まだ言うことを聞かん」 *じんごみつける 山形県南置賜郡 *ずく 島根県石見 広島県山県郡「ずきゃーがった」 徳島県三好郡・美馬郡 愛媛県 高知県「づかれるとづかれる程心の歪む子もある」「こんどの先生はげにづく先生ぢゃ」 *ずなす・ずなしっつける 神奈川県津久井郡 *せがむ 岡山県浅口郡 広島県芦品郡 *せちこう 奈良県吉野郡「せちかーるで(しかられるぞ)」 *せちごう 奈良県南大和 *そあぐ・そーぐ 東京都八丈島 *たかる 山形県村山 *たけつける 新潟県岩船郡 *たける 山形県東田川郡・西田川郡 新潟県・岩船郡 三重県志摩郡「たけられた」 山口県阿武郡 *たこーつる(多く、受け身の形で使われる) 兵庫県明石郡 *たこつる(多く、受け身の形で使われる) 大阪府泉北郡 兵庫県明石郡 奈良県 和歌山県 香川県「たこっられた」 愛媛県・周桑郡・喜多郡「数学の時間にひどいめにたこつられた」 *だだをゆー 長野県北安曇郡 *ちじめる 福島県浜通・北部「ちじめられる(しかられる)」 *ちょーたく 新潟県三島郡 *とじめる 滋賀県彦根 *どへざぬく 岐阜県郡上郡 *どべざぬく 岐阜県飛騨「今日はどべざぬかいた」 *どんずく(ひどくしかる) 山形県東置賜郡・西置賜郡 高知県幡多郡 *なる 山形県 神奈川県津久井郡・藤沢市「なったって聞えるくらいの所だ」 新潟県・頸城地方 静岡県田方郡 徳島県「なっていく」 高知県土佐郡「なってくる」 長崎県対馬「なりまぁる」 *ぬらーいん 沖縄県国頭郡 *ぬらーゆん 沖縄県那覇市 *ぬらいん 沖縄県中頭郡 *ぬらゆん 沖縄県首里 *ねぎる 鹿児島県種子島 *ののしる 三重県阿山郡 *のろしつける 茨城県・多賀郡 *のろしわける 茨城県那珂郡 *のろす 福島県南部・東白川郡 *ばじばる(大声でしかる) 青森県上北郡 *ばずばる(大声でしかる) 青森県津軽・上北郡 *ばちばる(大声でしかる) 青森県津軽 *ばめく 富山県 *はんくるー 鹿児島県 *ひかりこさげる(激しくしかる) 香川県・仲多度郡 *ひずめる(責め苦しめる。しかり懲らしめる) 宮城県仙台市 *ひっちかる(ひどくしかる) 東京都八王子 静岡県「先生にひっちかられた」・小笠郡・磐田郡 *びゃーく 香川県伊吹島 *びやく 滋賀県 香川県伊吹島 *ふいとばす 千葉県夷隅郡「あの人にふいとばされてよこっとびにとんできた」 *ふきつける 長崎県対馬 *ぶちなやむ 千葉県夷隅郡 *ぶっちめる 栃木県 *ぶっとめる 山梨県 *ぶてぃゆい・ふでぃゆん 鹿児島県喜界島「ぶてぃっかゆい(しかり散らす)」 *ほえとばかす 和歌山県西牟婁郡 *ほえる 和歌山県 *ほこる 新潟県東蒲原郡 長崎県五島 *ほつく 京都府 *ほやく 京都府 *ぼやく 岐阜県養老郡 静岡県 滋賀県 京都府 大阪市 兵庫県神戸市 奈良県 和歌山県日高郡 香川県小豆島・伊吹島 *まう 島根県鹿足郡・益田市 *まぜる 香川県高松「まぜらるる」 *まめく 富山県下新川郡 *むたくん 沖縄県与那国島 *めなます 栃木県 島根県邑智郡「ひどいことめなまーた」 *やぐる 宮崎県児湯郡 *やける 佐賀県 宮崎県宮崎郡「やけられた(しかられた)」 *やしむ 群馬県北甘楽郡「ちゃんにやしまれて(父にしかられて)」 長野県「やしみつける」 *やしもう 長野県南佐久郡 *やすむ 長野県佐久・南佐久郡 *やっちゃる 島根県 *やってやる 島根県美濃郡・益田市 *やめく 富山県 石川県 岐阜県大野郡 *やめっける・やめくっける 富山県砺波 *やれむくる・やれぶくる 茨城県 *ゆーん 沖縄県波照間島 *りきむ 福島県「何りきんでんだい」 茨城県稲敷郡 埼玉県秩父郡「りきまれる(しかられる)」 千葉県印旛郡・東葛飾郡 新潟県東蒲原郡「いらいらしているからりきみやすい」 山梨県 長野県上伊那郡・佐久 岐阜県 岡山県児島郡 *わいかれる 長野県西筑摩郡 *わなる 山梨県 *わめく 富山県「あの子供にわめいてやった」 石川県鹿島郡 兵庫県加古郡 *わりく 山形県「わりかえる・わりける(しかられる)」 *わりゆー 三重県志摩郡 *わるー 三重県志摩「わるわれる(しかられる)」 *わるゆー 三重県志摩郡「わるいたった(しかってやった)」 愛媛県周桑郡「あんまれ遅うもんたんで(戻ったので)わるゆーてやりました」・松山 *わろう 三重県志摩郡「朝から晩まで仕事でわろわれんならんでつらましいがな」

↓せっかん(折檻)

子供を□時に言う語 *あっぷ 岩手県気仙郡 茨城県東部 栃木県 新潟県東蒲原郡 *うゎーぬかみ(「豚の係」の意か。汚らしい者。また、汚いものに触れる子供をしかる時などに言う語) 沖縄県首里 *くらってるの 千葉県夷隅郡 *しりくらえ(子供が憎たらしいことを言った時にしかる語) 新潟県西頸城郡 *すそっ 山形県西村山郡 *どぅかしれー 沖縄県首里 *めっこー 新潟県佐渡

□こと *あっぷ(子供をしかること。子供に対して言う) 茨城県久慈郡・水戸市 栃木県「父ちゃんにあっぷされっつぉ」 千葉県東葛飾郡「そんなことをするとあっぷだよ」 新潟県東蒲原郡 *いーごと 京都府竹野郡「お父さんがいーごとしとんなった」 岡山県岡山市「いいごと婆」・苫田郡「お父さん、もう太郎も高校生じゃけんそういつもいいごとばあしんさんな」 *いご

と 兵庫県加古郡 ***おーめ**（ひどくしかること） 新潟県「おーめにあわす」 ***かみこと** 三重県 ***かみごと** 三重県伊勢・宇治山田市 和歌山県西牟婁郡・東牟婁郡 ***ぎょーぎ** 島根県「ぎょーぎする（こらしめる）」 岡山県川上郡 ***げじ** 島根県鹿足郡・那賀郡 ***ごくじょー** 山形県庄内「ごくぢょーする」 ***しなん** 島根県「子供をしなんして行儀よくさせる」 ***せっかん** 新潟県上越市・中頸城郡 大阪市 島根県 ***せんか** 青森県 ***なの** 青森県三戸郡 ***ばぶ**（子供に対して、しかること） 長崎県対馬「ばぶする」 ***へんか** 青森県・津軽 ***めなます** 栃木県「云うことをきかねとめなますくれっつお」 島根県邑智郡「めなますをくわす」「めなますくらわされるで（怒られるぞ）」 ***やいやい**（子供をしかること。幼児語） 兵庫県加古郡

じかん【時間】 ***いと** 東京都大島「よいいと（長時間）待っているがまだ来ない」 山梨県南巨摩郡 長野県「少しのいと」 静岡県島田市 ***えと** 長野県 ***じね** 栃木県「じねがかかる」 ***じねん** 栃木県河内郡 ***しゅんとき**（時刻） 山梨県南巨摩郡 奈良県南大和 ***なか** 鳥取県東部 岡山県小田郡「ちーとんなか（少しの間）」 ***なかー** 島根県石見 岡山県苫田郡・小田郡 広島県比婆郡「なかーじゅー（間中）」 ***なかい** 鳥取県「寝てゐるなかひに行って来い」 島根県「見とるなかいに沈んだ」 広島県三次「ひさんなかい（久しい間）」・高田郡「待っとるなかいに」 ***なかえ** 山口県大島「ちょっとのなかえ」 ***まえぁ** 岩手県上閉伊郡 ***まやい** 島根県「雨が止んだまやえに帰らー」「まやえなしに本を読んだ」「まやえどもあァましたら、聞いちゃつてごしなはえんせ」 山口県周防「私はそんなまやいがありません」 ***まわいこ** 岩手県九戸郡「苗代もすんで今まわえーこだ」 ***まわいっこ** 岩手県気仙郡 ***まんあい** 兵庫県加古郡 ***まんや** 岡山市 ***や** 熊本県玉名郡

しきい【敷居】 ***かばち** 島根県出雲 ***かまち** 長野県上伊那郡 ***げしき** 熊本県下益城郡 ***さい** 青森県三戸郡「さいを枕に寝るな」 ***さいき** 岩手県気仙郡 ***さいみち** 青森県三戸郡 岩手県九戸郡 秋田県鹿角郡 ***さみち** 青森県中津軽郡 ***しきいり** 島根県美濃郡・益田市 ***しきえん** 山形県北村山郡 鳥取県西伯郡 島根県八束郡 ***しきかめ** 長崎県南高来郡 ***しきり** 山形県米沢市 ***したじき** 熊本県菊池郡 ***どぎ** 青森県・上北郡・津軽（家屋の入り口にある敷居） 秋田県鹿角郡（家屋の入り口にある敷居） ***どざくり** 宮崎県西臼杵郡 ***とみち** 山形県西置賜郡・東田川郡 静岡県磐田郡 ***とんぼー**（玄関入り口の敷居） 山梨県南巨摩郡 ***ぬき** 石川県羽咋郡・鳳至郡 ***ぬめり**（家屋の敷居） 大分県 ***まごえ**（民家の土間への入り口の敷居） 宮崎県

しきみ【樒】 モクレン科の常緑小高木。各地の山林に生え、墓地などにも植えられる。全体に香気があり、枝を仏前にそなえ、葉から抹香（まっこう）や線香をつくる。材は数珠（じゅず）などとする。 ***あおき** 山形県 ***あししば** 鹿児島県肝属郡 ***ありそー** 島根県隠岐島 ***いっぽんばな** 大分県大分郡 ***おこーのき** 山梨県南巨摩郡 ***こーき** 大分県大野郡 ***こーしば** 高知県幡多郡 ***こーき** 大分県大野郡 ***こーしば** 静岡県 島根県那賀郡・鹿足郡 山口県 愛媛県 高知県安芸郡 ***こーっぱ** 東京都八王子 ***こーのき** 茨城県・多賀郡 埼玉県 千葉県 東京都・大島・八丈島 神奈川県 新潟県中越 山梨県 静岡県 三重県 奈良県吉野郡 和歌山県 岡山県 徳島県 愛媛県 高知県 長崎県対馬 熊本県 大分県 鹿児島県屋久島 ***こーのきはな** 和歌山県 ***こーのはな** 神奈川県 静岡県 三重県 奈良県 和歌山県 愛媛県 ***こーのは** 神奈川県藤沢市 ***こーば** 茨城県東茨城郡 ***こーはな** 神奈川県 静岡県 三重県 奈良県吉野郡 和歌山県 ***こーばな** 東京都神津島・三宅島・御蔵島 静岡県 ***こーんはな** 長崎県対馬 ***このはな** 和歌山県東牟婁郡 ***こはな** 三重県南牟婁郡 和歌山県東牟婁郡 ***こめのき** 青森県三戸郡 ***さかしば** 宮崎県西諸県郡 ***しば** 山口県向島・玖珂郡 ***しゃしゃき** 鳥取県 ***ねこあし** 山形県酒田市・東田川郡 ***はかしば** 山口県美祢郡・大津郡 ***はかのき** 島根県美濃郡・益田市 ***はな** 千葉県夷隅郡 静岡県 三重県志摩郡・宇治山田市 兵庫県淡路島・神戸市 山口県向島 徳島県 愛媛県 ***はなえだ** 岡山県・苫田郡 愛媛県八幡浜市・南宇和郡 高知県幡多郡 ***はなしば** 三重県度会郡 島根県石見 広島県 山口県 徳島県 香川県三豊郡 愛媛県 高知県・高知市 福岡県 佐賀県 長崎県 熊本県 大分県速見郡・北海部郡 宮崎県 ***はなのき** 茨城県多賀郡 千葉県安房郡・夷隅郡 岐阜県飛驒 静岡県磐田郡 滋賀県 兵庫県 和歌山県西牟婁郡 鳥取県気高郡 島根県 岡山県小田郡 広島県 山口県 愛媛県 高知県幡多郡 福岡県 佐賀県 長崎県 熊本県玉名郡・下益城郡 福岡県 大分県大分郡 宮崎県 鹿児島県姶良郡 ***はなのみ** 福島県石城郡 ***はなみのき** 長崎県 ***はなむらさき** 山口県阿武郡 ***ひきしば** 鹿児島県 ***ほとけしば** 大分県南海部郡 ***ほとけばな** 徳島県 ***ぼんばな** 東京都大島 ***まっこ** 静岡県賀茂郡 奈良県吉野郡 徳島県那賀郡 高知県幡多郡 鹿児島県肝属郡 ***まっこー** 千葉県 静岡県 熊本県 鹿児島県 ***まっこーぎ** 鹿児島県奄美大島 ***まっこーのき** 静岡県・伊豆 愛媛県・上浮穴郡 宮崎県 鹿児島県 ***まっこーばな** 静岡市 ***まっこぎ** 三重県度会郡 ***まっこのき** 和歌山県・北部 広島県 鹿児島県・肝属郡 ***もろば** 山口県屋代島 ***やまくさ**（しきみ（樒）。または、みやましきみ（深山樒）） 宮崎県西臼杵郡 ***よしび** 熊本県菊池郡・鹿本郡 ***よしぶ** 大分県大分郡 ***よねば** 大分県大分郡

しきり【頻】

□に *あいなしに 愛知県知多郡 *かったし 徳島県「うちの子はかったし新しい着物を着てしまう」 *ごっこと 岐阜県飛驒「ごっこと雪が降る」 *こんに 愛媛県・松山「こんにしゃくりをして苦しそうじゃ」 *さっさ 福岡県 *しぐらに 宮城県登米郡 新潟県佐渡 *しげなつ 大分県北海部郡「しげなつ物を求める」 *しじらこに 島根県飯石郡・仁多郡 *じじらこに 島根県八束郡 *しじらに 島根県八束郡・仁多郡 *じじらに 島根県出雲「じじらに菓子を食う」 *しったり 徳島県海部郡「あの子はしったりうちへついとる」「しったりいよるんじょこれ(いつも言っているのですよ、あなた)」 *じったり 秋田県仙北郡「じったりいたづらする人だ」 *しゃっちー 長崎県壱岐島 *しゃりきり 宮城県栗原郡「しゃりきり引張る」 *じょさいに 愛知県知多郡 *ずずらに 鳥取県西伯郡 島根県出雲「ずずらに菓子を食う」「ずずらに御苦労になりました」 *ずったり 秋田県仙北郡・平鹿郡 *すっと 香川県「すっとに」 *せーぎり 三重県南牟婁郡 和歌山県新宮 *せきせき 三重県宇治山田市 島根県益田市「せきせき催促するが戻さん」 広島県・高田郡 香川県 大分県「せきせきに来る」 *せちら 埼玉県入間郡「今日はせちらに寒い」 *せわしのに 香川県 *たこじ 岡山県「たこじに風が吹く」・阿哲郡・和気郡 *たっけ 山形県米沢市・南置賜郡「川ぁたっけに流れる」「たっけに来る」 *ちゅーに 山口県大島 *つきらず 岩手県気仙郡「けさからつきらず腹が痛む」「つきらず遊びに来る」 *つめきり 岡山県・苫田郡「まあ、おまえは今朝からつめきり戸棚をあけようるがな。ようそねえに、食べたいこっちゃ」 *どーと・だーいと・でーと 兵庫県加古郡「だぁいとみんながわしの事ばっかい言うねん」「でーとお前がそうせえ言うからや」 *のっきて 長野県下水内郡 *はしもに 千葉県夷隅郡 *ひったと 山梨県 長野県下伊那郡「ひったと催促される」 *ひんず 山口県大島「ひんずに」 *へらへっと 兵庫県多可郡 *ほぐれ 長崎県南高来郡 *むて・もて 富山県 *やたぎり・やたぎりやたぎり 岩手県気仙郡「やたぎり来る」「やだぎりやだぎり来っから俺まげた」 *やたけ 和歌山県日高郡・東牟婁郡「今日はやたけに雨降る」 *やたけた 大阪市「やたけたに食べよる」 和歌山県日高郡・西牟婁郡 *やたて 和歌山県那賀郡 *やたらもたら 富山県 *やっさか 宮城県石巻・仙台市 *やっさと 千葉県香取郡 *やっささに 福島県 *やっさら 岩手県江刺郡・平泉 宮城県「やっさら行ったが相談がまとまらぬ」 福島県 *やっさらくっさら 岩手県平泉 *やっさり 福島県浜通・相馬郡「えろえろやっさりもらって大変だごど」 *やっされ 福岡県粕屋郡 *やっひし 茨城県稲敷郡 *やっぴし 福島県・岩瀬郡 茨城県・新治郡 山梨県南巨摩郡「今年はやっぴし雨が降る」 *やっぴて 東京都南多摩郡 *やっぺし 福島県郡山市・中部 茨城県稲敷郡 *やにくに 広島県 *やにくも 山口県 *やにむに・やにもに 長野県東筑摩郡「やにむに雨が降って来た」 *やりきり 岩手県江刺郡 宮城県栗原郡・玉造郡 *やりぎり 岩手県気仙郡 宮城県登米郡・玉造郡 *やりきりさっぽー 宮城県遠田郡 *やんご 愛媛県伊予郡 *やんし 山口県大島 愛媛県 *やんだ 和歌山県西牟婁郡「やんだに行ったり来たりする」 愛媛県伊予郡「やんだすすめられてとうとうすることにした」

しくじる *いただく(「小言を頂く」意から) 東京都 *うってくさらかす 福岡市 *がっぱいはたく 新潟県佐渡 *かっぱたく 静岡県「ちょっと口出してかっぱたいた」 *くさる 岩手県気仙郡 島根県鹿足郡・益田市 *こくる 高知県土佐郡 *じぐす 秋田県平鹿郡「清書じぐした」 *しくる 岩手県 秋田県北秋田郡・鹿角郡「今日の試験はしくた」 山形県西置賜郡・米沢市 長野県上伊那郡 愛知県東春日井郡 山口県大島 *しくれる 岩手県気仙郡 秋田県鹿角郡 *しょぼくる 島根県石見「試験にしょぼくって馬鹿を見た」 *しょぼくれる 島根県石見 *そかす 新潟県・刈羽郡 *そがす 新潟県刈羽郡 *そくなる 岩手県気仙郡「そぐなった(失敗した)」 秋田県雄勝郡「あの人は品行が善くないから末がそくなることがあるだろう」 *そくねる 岩手県気仙郡「そくねたことをした(失敗した)」 宮城県「今度の試験はよくよくそくねた」 秋田県 山形県 福島県「ごはんたえたっけ、そぐねでしまった」 千葉県東葛飾郡 新潟県南魚沼郡 広島県高田郡 *そくる 山形県東置賜郡 福島県「そくった」 愛媛県 *そこねる 山形県「骨折り過ぎてそこねた」 福島県東白川郡 新潟県中頸城郡 *そべくる 青森県上北郡・三戸郡「甘酒を作ったらどうもそべくった」 宮城県遠田郡 島根県石見 *そぺくる 青森県三戸郡 *そぼくる 島根県 長崎県壱岐島「言ひそぼくる」 熊本県 大分県「麻疹が出そぼくると困る」 *そぼくれる 島根県「大事な子がそぼくれて放蕩者になった」 *つかむ 熊本県下益城郡 *つくす 青森県津軽「そう、つぐさなぇで、みんなどごさ、かがなが(そんなに紙を粗末にしないで、一枚きちんと書きなさいな)」 山形県庄内 *でそくる 福島県北部「でそくった」 *てびる 愛媛県睦月島 *てべる 徳島県 *どぅいやんじゅん(病気の治療を誤るとか、人を評価しそこなうなどの場合に言う) 沖縄県首里 *はがむ 静岡県・田方郡 *はたく 群馬県吾妻郡・佐波郡 新潟県東蒲原郡 静岡県「ほんなこんじゃーはなっからはたくにきまってる」 愛知県南設楽郡 *ばっかしゅい・ばっきゆい 鹿児島県喜界島「あいや、ばっかちゃ(あっ、しくじった)」 *ばらす 石川県「ありゃーばらした」「ばらいた」 *ひこずる 青森県津軽 *ふとがる 島根県隠岐島 *もげる 愛媛県越智郡 →しそこなう(仕損)・しそんじる(仕損)・や

りそこなう（遺損）

しげる【茂】　＊**えだうつ**（枝が茂る）富山県砺波 ＊**くくえる** 高知県長岡郡 ＊**こもる**（樹木の枝葉が茂る）三重県員弁郡　奈良県南大和　香川県 ＊**さこう** 山形県北村山郡・最上郡「さごい過ぎて困る」 ＊**さごる** 山形県「枝ぁさごっても、実はなんね」 ＊**しぎ** 宮崎県東諸県郡 ＊**しぎょい** 三重県多気郡　山口県大島 ＊**しげよい** 和歌山県 ＊**じゃじゃはる**（枝が茂る）和歌山県東牟婁郡「あの木やじゃじゃはって来た」 ＊**ふさけーゆん・ふちゃーゆん・ふちくぬん** 沖縄県首里 ＊**ぶてーゆん・むてーゆん** 沖縄県首里 ＊**やばる** 三重県　奈良県吉野郡　和歌山県西牟婁郡 ＊**はごえる**（植物の葉がよく茂る）兵庫県加古郡 ＊**ほこる** 青森県三戸郡　栃木県　新潟県東蒲原郡　富山県砺波　福井県坂井郡　徳島県　香川県　愛媛県　高知県・高知市「畠の菜が昨日の雨でよーほこってきた」 熊本県玉名郡　宮崎県　鹿児島県・姶良郡・肝属郡 ＊**ぼごる**（発育が過ぎる）青森県津軽

じこく【時刻】　⇨じかん（時間）

しごと【仕事】　＊**さいく** 愛知県名古屋市 ＊**さんべー** 長崎県対馬「嫌なさんべえぢゃ」 ＊**しご** 山口県「おまえちったあうちのしごをせい」 ＊**しこー** 広島県芦品郡 ＊**しだま**（「しざま（為様）」の転か）鹿児島県喜界島「しだまっちー（仕事を嫌がって怠ける者）」 ＊**しゃーごく** 高知県 ＊**しゃーだ** 山梨県南巨摩郡 ＊**しょく** 愛媛県島嶼「ちいたあ（少しは）しょくせー、しょくをー」 ＊**てま** 山梨県南巨摩郡 ＊**とぅいしくち** 沖縄県首里 ＊**のーたい** 愛媛県伊予三島市・新居浜市 ＊**ほどく・ほどっ** 長崎県五島 ＊**わざ** 沖縄県首里「わざうしなゆん（失業する）」

しごとぎ【仕事着】　＊**あいぎ** 三重県名張市 ＊**いご** 島根県邑智郡 ＊**いごき** 島根県鹿足郡・那賀郡　山口県阿武郡 ＊**うわっぱり** 和歌山県　大分県 ＊**うわばり** 大分県大分郡・東国東郡 ＊**えわつぱり** 新潟県中頸城郡・西頸城郡 ＊**えわぱり** 秋田県河辺郡 ＊**おぞいきもん** 新潟県佐渡 ＊**かせぎいしょ** 岩手県気仙郡　山形県西置賜郡・南置賜郡 ＊**かせぎせだご** 岩手県和賀郡 ＊**かちきじばん** 長野県上田・佐久 ＊**こいの** 長野県諏訪 ＊**こぎの** 愛知県北設楽郡　大分県大野郡 ＊**こした** 栃木県上都賀郡・那須郡 ＊**こしぶとん** 栃木県 ＊**さしもの** 山梨県南巨摩郡　長野県上水内郡 ＊**しかまきぬ** 沖縄県新城島 ＊**しかまきんなに** 沖縄県与那国島 ＊**しかましぬ** 沖縄県波照間島 ＊**しぐとぅしぎん** 鹿児島県奄美大島 ＊**しごっぎむん** 鹿児島県揖宿郡 ＊**しごとぎもん** 三重県志摩郡　大分県大分郡 ＊**しごとじばん**（男性用）静岡県庵原郡 ＊**しじきりゃー** 沖縄県竹富島 ＊**じばん** 新潟県佐渡 ＊**じばんきもの**（女性用）青森県三戸郡 ＊**じぼん** 新潟県佐渡 ＊**しりきりばんてん** 愛知県知多郡・額田郡 ＊**しりきれ** 香川県三豊郡（綿入れ） 長崎県西彼杵郡 ＊**しりきれじばん**（女漁師の作業衣）香川県三豊郡 ＊**しりきればんて** 島根県八束郡 ＊**すかまきぬ** 沖縄県新城島 ＊**すでぃっきら** 沖縄県黒島 ＊**すでぃむたってぃー** 沖縄県与那国島 ＊**そといきぎ** 三重県名張市 ＊**そとぎ** 三重県名賀郡 ＊**たいきぎもの** 三重県名張市 ＊**たなし** 鹿児島県・揖宿郡・甑島 ＊**たんぼぎもん** 富山県射水郡 ＊**ちじれ** 岩手県九戸郡 ＊**ちょーばぎ** 静岡県磐田郡 ＊**つぃびきさー** 沖縄県小浜島 ＊**つずれ** 青森県南部　東京都利島 ＊**つねぎ** 愛知県日間賀島　三重県志摩郡　大分県 ＊**でたち** 秋田県由利郡　山形県東田川郡・西田川郡　新潟県 ＊**でだち** 秋田県仙北郡　新潟県北蒲原郡 ＊**でたちべ** 石川県能美郡 ＊**てっぽ** 三重県 ＊**てっぽそで** 三重県志摩郡 ＊**どーね** 新潟県佐渡 ＊**ながとば** 愛知県北設楽郡 ＊**のこぎぬ** 大分市 ＊**のこぎん** 大分県大分郡・大野郡 ＊**のんなし** 鹿児島県黒島 ＊**はざぎ** 徳島県美馬郡 ＊**はたけぎ** 三重県志摩郡　大分県大分郡 ＊**はっぴ** 三重県上野市・名張市　兵庫県美方郡　鳥取県気高郡 ＊**はっぷい** 三重県飯南郡 ＊**はまいぎもん** 佐賀県藤津郡 ＊**はりかけ** 大分県東国東郡 ＊**はるまぎ** 鹿児島県沖永良部島 ＊**はんそで** 静岡県川根 ＊**はんちゃ** 福井県敦賀郡（女物） 兵庫県美方郡　奈良県吉野郡 ＊**はんて・はんてん** 三重県阿山郡 ＊**ひっぱり** 福井県大飯郡・遠敷郡　三重県上野市・名賀郡　大阪市　奈良県吉野郡　広島県江田島・高田郡　山口県大島　香川県木田郡・高松市 ＊**ひとえでっこー** 島根県那賀郡 ＊**ふしんぎもの** 熊本県球磨郡 ＊**ぼっこ** 愛知県豊橋市　奈良県南大和（綿入れ） ＊**まんてる** 三重県上野市 ＊**もじり** 島根県鹿足郡 ＊**もっぱ** 三重県志摩郡 ＊**やまいき** 島根県石見・仁多郡 ＊**やまいききもの** 山口県浮島 ＊**やまいきぎもん** 長崎県西彼杵郡 ＊**やまいきもの** 島根県那賀郡 ＊**やまぎ** 栃木県　群馬県利根郡・多野郡　埼玉県秩父郡　東京都西多摩郡・八王子（山の作業着）・八丈島　神奈川県津久井郡　新潟県北魚沼郡・中頸城郡　富山県東礪波郡　長野県諏訪　静岡県富士郡　兵庫県佐用郡・美方郡　奈良県吉野郡　島根県　香川県佐柳島（女性の仕事着） 愛媛県宇和島市　宮崎県西臼杵郡 ＊**やまきもの** 新潟県東蒲原郡 ＊**やまぎもの** 新潟県　富山県中新川郡 ＊**やまきもん** 山形県最上郡　新潟県東蒲原郡　富山県中新川郡 ＊**やまぎもん** 新潟県　富山県中新川郡　鹿児島県黒島 ＊**やまじばん** 福島県南会津郡　長野県佐久 ＊**やますがた** 長崎県五島 ＊**やまっき** 栃木県（半そでの作業者） 群馬県多野郡 ＊**やまっきもの** 福島県南会津郡 ＊**やまでたち** 新潟県岩船郡 ＊**やまみちか** 岩手県九戸郡 ＊**やまゆき** 島根県益田市 ＊**やんざ** 愛媛県西宇和郡・今治市 ＊**やんだ** 兵庫県赤穂郡 ＊**よたぎもの** 新潟県佐渡 ＊**わっぽろ** 青森県三戸郡　岩手県・九戸郡 ＊**わはり** 島根県 ＊**わんばりいしょ** 宮城県仙台市

しさ【示唆】　⇨そそのかす（唆）

しさん【資産】　＊**かばね** 福島県石城郡「そのかばねしてたった五拾銭の寄付ってごどあんめえ」

茨城県稲敷郡 *かぶしき 青森県三戸郡「あの家は親代々たいしたかぶしきだ」 *かぶた 島根県益田市 *ぶに 兵庫県淡路島 *むつぃ 沖縄県首里 *やかばね 福島県石城郡 *ろく 富山県富山市近在・砺波 山口県・豊浦郡
→ざいさん（財産）
□家 *うどこ 宮崎県東諸県郡 *おーやけ 青森県 新潟県北蒲原郡 富山県砺波 石川県能美郡 福井県 奈良県吉野郡 *おやけ 青森県 秋田県 石川県河北郡 福井県 奈良県南部「おやけさん」 沖縄県宮古島 *おやっさん 富山市近在 *かぶ（昔からの資産家）愛媛県 *かぶしき 青森県三戸郡「あの家は親代々たいしたかぶしきだ」
→かねもち（金持）

しし【嗣子】 ⇨あとつぎ（跡継）

しじみ【蜆】 *あおしじみ 島根県 *からこしじみ 千葉県香取郡 *かわがい・かわぎゃ・かわほーじょ 長崎県南高来郡 *こまかもの 愛知県名古屋市・碧海郡 *こまもの 長崎県西彼杵郡 *こまん 兵庫県美方郡 *ししめげ・すすめげ 鹿児島県 *すずみぎゃー・すずめげゃー 広島県芦品郡 *すずめ 福島県相馬郡 *すずめかい 山形県 福島県 新潟県佐渡 富山県・砺波 石川県 岐阜県北飛騨 三重県度会郡 兵庫県北部 島根県・石見 岡山県 広島県 山口県 香川県 高知県 福岡県粕屋郡・福岡市 佐賀県 熊本県 大分県 *すずめぎゃ 熊本県玉名郡 *すずめぎゃー 京都府竹野郡 広島県芦品郡 長崎県南高来郡 熊本県 *すずめぐえ 宮崎県東諸県郡 *すずめげ 長崎県南高来郡 宮崎県 鹿児島県 *すずんぎゃ 熊本県宇土郡・八代郡 *すんめがい 石川県能美郡 *つずめがい 石川県河北郡 *ほりかい 岡山県邑久郡 *みぞぎゃー 佐賀県藤津郡 *みぞげ 熊本県芦北郡・八代郡

しじゅう【始終】 *いちまき 大阪市 熊本県玉名郡 宮崎県東諸県郡「一巻を繰りたつる」 *いっきかも 三重県北牟婁郡 *いっしょー 千葉県山武郡 熊本県天草郡 *いつずき 広島県三次市「彼奴はいつづきやって来る」 *いっときあい 群馬県多野郡「あの親はいっときあいに子をしかってる」 *いっぱた 山形県庄内 新潟県岩船郡 *いっぴて 福島県「いっぴて家にばかりいるでないよ」 *いっぴてぁい 福島県北部 *えずりぎ 秋田県河辺郡「えずりぎ世話になって」 *おっとーし 長野県下伊那郡 *おっぱり 長野県下伊那郡「おっぱりあの人はうそをつく」 島根県美濃郡・益田市 山口県阿武郡 *おっぱりさいさい 島根県美濃郡・益田市 *かたくじら 沖縄県首里「くーさいにから（小さい時から）かたくじら」 *ごっとい 佐賀県 *ごっとり 長崎県 熊本県天草郡 *こんずめ 兵庫県赤穂郡「あいつはこんずめ働く」 島根県 香川県「あんたはこんずめ食べよんじゃな」 *こんずめよー 島根県 *こんずめんず 島根県出雲 *しとくいに・しとゆきに 富山県砺波「しとくいに遊んに来とる」 *じゃーや 静岡県「じゃーや（いつでも）言ふ事だ」 *じゅーやく 山口県阿武郡 *じょーや 千葉県香取郡 東京都南多摩郡・八王子 神奈川県 新潟県佐渡・中頸城郡 石川県羽咋郡 山梨県南巨摩郡「このかー（子は）、じょーや寝小便をひる」 長野県「じょうや出歩く」 岐阜県 静岡県「あの人はあんなことじょうややる」 愛知県北設楽郡 三重県鳥羽市・志摩郡 京都府竹野郡 兵庫県美方郡 和歌山県 鳥取県東部 *じょーやさんげ 長野県佐久 *じょーやさんてー 長野県諏訪 *じょーやじょーや 長野県上田 岐阜県本巣郡 香川県 *じょーやのごんで 山形県最上郡 *じらっと 青森県津軽「じらっとえさばれきて（しょっちゅう家にばっかり来て）」 *ずやくえ・ずやくれ 山形県北村山郡「づやぐえ言う」「づやぐれくてばりえる（始終食ってばかりいる）」 *ずやくと 山形県村山「づやぐど眠る」 *ずるーと 青森県三戸郡「あの人が私の家にずるーと来ます」 *ずるっと 茨城県 *せわえてせわえて・せわやえてせわやえて 島根県出雲「せわえてせわえて医者が行かれた」 *せわに 島根県隠岐島「バスがせわに通る」 *せわやて 鳥取県倉吉市・東伯郡「せわやて何でもしよったけど」 *せんじゅ・せんじゅー・せんじゅかも 富山県砺波 *せんじゅーかも 富山県・砺波 *ぜんてー 山梨県 *だいから 石川県 *だら 埼玉県北葛飾郡「だら泣いてる」 *だらーに 群馬県勢多郡「今日はだらーに人が来た」 *だらっぴょーし 栃木県足利市・佐野市 *だらに 栃木県南部 群馬県勢多郡・佐波郡 *とろ 群馬県碓氷郡「とろに」 *とろく 茨城県 新潟県岩船郡 *とろくいちめん 青森県津軽 *ねっちょ 山形県庄内 *ねっぴり 山形県村山 *のべつけ 茨城県稲敷郡 栃木県芳賀郡「のべつけいたづらばかりしている」 *のべつずけ 茨城県稲敷郡 *のろしと 栃木県上都賀郡「のろしときろきろしてる」 *のろっと 青森県「のろっと寝でる」 *ぴたり 山口県阿武郡 *ぴったり 高知市「娘が産前ぢゃきに実家の母がぴったり行て居る」 *ぴったり 新潟県佐渡「あれからぴったり病気をしている」 島根県鹿足郡・益田市「こがーなこたーぴったり見る」 山口県阿武郡 長崎県壱岐島「一年中ぴったり病気しちょった」 *ぶっつめ 兵庫県佐用郡・赤穂郡 *ふんだり 富山県下新川郡 *ふんだん 奈良県 熊本県下益城郡 *べたら 神奈川県津久井郡 *べっしゃり 石川県河北郡 *べっしり 島根県「べっしり菓子をせがむ」 *ぺっしり 島根県隠岐島 *べったー 島根県出雲「毎度べったー、せがれがまかあ出まして（毎度、たびたび、息子がお伺いして）」 *べったーべったー 島根県出雲 *べったーやったー 島根県八束郡 *べったい 鳥取県米子市 *べったいべったい 島根県飯石郡・隠岐島 *べったし 島根県「あれはべったし遅れて来る」 *べったしべったし 島根県出雲・隠岐島 *べったべった 島根県大原郡 *べったり 千葉県君津郡・山武郡　福井県敦賀郡　三重県松阪市　滋賀県彦根「べったりねてらる」　京都府　大阪市「べったりうちに居やはります」　兵庫県明石郡「べったり寝たきりか」・神戸市　奈良県「あの人はべったり家に立ち寄りますよ」　鳥取県西伯郡・日野郡　島根県「べったり夫婦喧嘩をする」　岡山県児島郡「べったり仕事ばーしょーる」　徳島県　香川県・綾歌郡・仲多度郡「あの人にべったりつきどうしじゃった」　*ぺったり 島根県益田市・隠岐島「ぺったり菓子を食う」　香川県高松市　*べったりべったり 島根県出雲「べったりべったりお世話んなーましてね」・隠岐島　*べっちり 島根県隠岐島　*まいこ 長野県下伊那郡　静岡県磐田郡「まいこお世話になりました」　愛知県東加茂郡　*まいこまいこ 岐阜県稲葉郡　愛知県北設楽郡　*まんけーら 沖縄県石垣島　*やり・やりん 三重県志摩郡　↓いつも（何時）・しょっちゅう

じじょ【次女】　*あばさん 新潟県佐渡　*あんさっこ 山形県最上郡　*おらおばー 千葉県印旛郡　*こさまさん・こさん 兵庫県淡路島　*こび 三重県南牟婁郡　*こびんさん 香川県　*しんやもち 岡山県児島郡　*ちっちゃこねーさん 山形県最上郡　*なか 東京都八丈島　*なかっさい 山梨県南巨摩郡　*にばんおば・にばんむすめ 山形県西村山郡・東田川郡　*にばんご 山形県　*にばんせ 長野県上伊那郡　*にばんせー 山梨県　長野県下伊那郡　*にばんそー 熊本県　*にばんぱえ 山形県東村山郡　*ばっち 山形県西田川郡　*ぺ 山形県飽海郡　*んな 山形県東田川郡

ししょう【支障】　*かい 兵庫県加古郡「人のかいにならんようにせい」・淡路島　和歌山市　徳島県　香川県　長崎県対馬「おもひがかいになる」　*けあ 秋田県平鹿郡「けあになる子だ」　*さざうぇあ・さぞうぇあ 岩手県気仙郡「なんのさざうぇあだが時計ぁ遅れる」「なんのさぞうぇあでこうなったんだろう」　*ささわり 岩手県気仙郡　兵庫県神戸市　*つぃけー 沖縄県首里　*つかえ 徳島県「明日つかえないか」　長崎県対馬　鹿児島県鹿児島市「つかえわ　ごわんが」・肝属郡　*つっかかえ 山形県米沢市「つっかがえあなくなった」　↓さしさわり（差障）・さしつかえ（差支）

□**が起こる**　*きゆん 沖縄県首里「ぬーとぅんきらん（何ともかちあわない）」　*とちる 徳島県「仕事がとちってこまる」　高知市「虫干し最中に大勢の珍客があってとちってこまった」　*どまずく 福島県東白川郡「どまづかねえようによっくよめ」　新潟県岩船郡　*どまつく 岐阜県郡上郡

じしん【地震】　*がたがた 三重県上野市　*じしんびき 山形県東田川郡「づすんびきする」　*じない 長野県更級郡　*どろめき 熊本県八代郡　*ない 千葉県　富山県射水郡・東礪波郡　山梨県北巨摩郡　島根県鹿足郡　広島県　山口県　徳島県・美馬郡　香川県三豊郡　愛媛県弓削島・上浮穴郡　高知県幡多郡　熊本県　宮崎県西臼杵郡　鹿児島県徳之島・喜界島　沖縄県「ないゆるん」　*なえ 秋田県雄勝郡・鹿角郡　富山県東礪波郡　山口県　熊本県　大分県「なえがはいる」　宮崎県　鹿児島県・種子島・屋久島・肝属郡（小さい地震）　*なや 広島県因島　高知県　熊本県宇土郡・上益城郡　大分県東国東郡　*にー 沖縄県波照間島　*ね 鹿児島県奄美大島　*ねー 鹿児島県屋久島・奄美大島・与論島・喜界島　沖縄県「ねーぬゆたる」　*ねーい 鹿児島県加計呂麻島　*ひない 熊本県球磨郡　*ゆい 佐賀県藤津郡「ゆいのすっ（地震がする）」　熊本県球磨郡　*ゆすり 熊本県阿蘇郡　*ゆり 東京都八丈島　長崎県　*ゆる 長崎県南高来郡　*りくれ 東京都八丈島

しずか【静】　*おーのか 島根県石見　*おーのっこ 新潟県西頸城郡　*おっちり 滋賀県神崎郡　*おっとり 山梨県　*おとなしー 島根県石見「部屋の中がおとなしー」「風が止んでおとなしゅーなった」　*こっそり 新潟県佐渡「子供等が出かけてこっそりした」　新潟県西頸城郡　石川県江沼郡　*じっちり 岐阜県大垣市　和歌山県「そないばたばた走らずにちっとじっちりしてゐなはれよ」　*しんびゅ 鹿児島県肝属郡「しんびゅな」　*しんびょー 岐阜県「しんびょーな人」　*しんぺ 青森県津軽「もとすんぺねやれ（もっと静かにやれ）」　*ずんね 長野県松本「ずんねに走れ」　岐阜県飛騨　*たまか 福島県会津　*ちんまり 岩手県気仙郡　富山県　*つんまり 富山県砺波「つんまりとしとれ」　*なるい 群馬県吾妻郡　山梨県　岡山市「この犬ぁなりー」

□**に**　*こそこそ 島根県益田市　*こそっここそっこ 島根県隠岐島「山からこそっここそっこ歩いて下りた」　*こそっと 青森県三戸郡　宮城県石巻　福島県東白川郡・福島市　香川県高松　*こそらかそらと 青森県三戸郡　*こそらっと 青森県三戸郡「赤ん坊をこそらっと寝かした」　宮城県石巻「こそらっと行って見てきた」　山形県「こそらっと語っていた」　*こそらと 青森県上北郡　*こそりこそり 島根県邇摩郡・鹿足郡「山の中をこそりこそり歩いて行った」　*ごそりごそり 島根県仁多郡・飯石郡　*こそろに 岩手県気仙郡「こそろにためた」「こそろに様子をさぐる」　*こっちょらと 青森県　岩手県気仙郡　*こっそらと 青森県津軽　*しずかこえ 岩手県九戸郡　*しずげこね 青森県上北郡　*しんと 長崎市　*すんと 青森県津軽「すんとへ（静粛にせよ）」　*せーっこり・せっこり 伊豆　*そーそと 新潟県・西蒲原郡「そうそと磨け」　富山県砺波　岐阜県　愛知県名古屋市　*そーらと 長崎県東彼杵郡・長崎市　*そーりっと 島根県美濃郡・益田市「どこへ行くやらそーりっと後をつけて見た」　*そくそく 岐阜県飛騨　和歌山県西牟婁郡　*そこそこ 岩手県気仙郡「おしょしふうで（恥ずかしそうに）そこそこ歩いでる」　宮城県栗原郡　秋田県鹿角郡　*そっこそっこ 岩手県平泉「そっこそっこど」

秋田県鹿角郡 福島県「わかんない様にそっこそっこ行け」 *そっこら 岩手県気仙郡 宮城県石巻 福島県東白川郡 *そっこらそっこら 岩手県平泉「そっこらそっこらど」 *そっこり 岩手県 宮城県 福島県 *そっそと 和歌山県那賀郡 *そっつっこら 宮城県玉造郡 *そんこら・そんこり 山形県米沢市 *ちっと 大分県北海部郡 *ちょろちょろ 和歌山県西牟婁郡・東牟婁郡 *つそらと 青森県津軽「坊やが寝てるから、つそらとしなさい」 *どくと 青森県三戸郡「だかさったら(だっこしたなら)もう少しとくとしてろよ」 *とっくと 青森県「とっくどして居ろ」 岩手県九戸郡 *とっくり 青森県南部 岩手県九戸郡「せわしい(うるさい)からとっくりしろ」 *ひすかに 岐阜県飛驒「ひすかに行け」 *やーやーとぅ 沖縄県首里「やーやーとぅなゆん(静まる)」 *やらーなー 沖縄県石垣島

しずく【滴】(木から落ちる滴) 埼玉県北葛飾郡 *あもて 滋賀県甲賀郡 *きあめ 香川県三豊郡 *しず 香川県 *すず 千葉県夷隅郡 *すずき 鹿児島県 *だり 滋賀県蒲生郡 *つい 愛媛県新居郡・周桑郡 *つゆ 愛媛県周桑郡 *ふりさめ 新潟県佐渡「親のふりさめ子にかかり(親の因果が子に報い)」 ↓すいてき(水滴)

雨の□ *あまざり・あまざれ 愛知県碧海郡 *あましずく 福島市 新潟県中越 *あましだり 岩手県気仙郡 *あましだれ 岩手県気仙郡 山形県 *あまだり 三重県志摩郡 沖縄県石垣島 *あまだれぼち 山形県西置賜郡 *あまどろ 三重県志摩郡 *あまんだれ 栃木県塩谷郡 新潟県三島郡 奈良県宇陀郡 *あめたり 京都府竹野郡 兵庫県但馬 *あめたりしずく 兵庫県但馬 *あめだれ 三重県度会郡 *あめんだれ 長野県上田 *あもーたれ 広島県佐伯郡

しずむ【沈】 *いさる 長崎県対馬 熊本県玉名郡 *うずむ 長野県上田・佐久 *うまる(水に沈む) 三重県度会郡 *うもる(水に沈む) 愛媛県 *ぐみる 静岡県「あの児は水にぐみる」 *こずむ 長野県諏訪 愛知県東春日井郡「木がこずむ」 *こどむ 宮城県登米郡 静岡県 *さずむ(水に沈む) 東京都八丈島 新潟県佐渡 愛知県知多郡 *じじもる 山口県大島 香川県 愛媛県周桑郡・青島 大分県南海部郡 *しずもむ 愛媛県中島 *しずもる 香川県 愛媛県 高知県・土佐郡 *しっちゅい 鹿児島県喜界島 *しもる 千葉県夷隅郡「お湯にはいって肩までしもる」・君津郡 東京都大島・三宅島 広島県走島・向島・賀茂島 山口県佐合島・大島 香川県小豆島・伊吹島 愛媛県 高知県・高知市「船がしもった」 長崎県対馬 大分県 *しもろ 静岡県 *しゅもる 山口県大島 *しんもる 静岡県 *すくむ 岐阜県恵那郡 *すぐむ 愛知県碧海郡 *すごむ 愛知県「水の中へすごむ」 *すべむ 栃木県芳賀郡 *すぼむ 香川県 *ずぼる 京都府久世郡 *すもる 千葉県夷隅郡 和歌山県東牟婁郡 香川県 鹿児島県口之永良部島 *ずもる 和歌山県東牟婁郡 *すんごむ 愛知県知多郡 *つつめる 栃木県栃木市・小山市 *どごる 三重県志摩郡 *のまる 栃木県 千葉県香取郡・山武郡 大分県宇佐郡・速見郡 *むぐる 静岡県・安倍郡

しずめる【沈】 *うずめる 長野県佐久 *うんのめる 茨城県北相馬郡・稲敷郡 *おんのめす 茨城県真壁郡 *おんのめる 茨城県北相馬郡・新治郡 *しずみにかける 岐阜県大垣市 *すぶかす・ずぶかす・ずんぶがす・ずんぽがす 山形県米沢市 *ずぽかす 山形県置賜「川んながにづぽがす」 *つんもぐす 新潟県中頸城郡「水の中へつんもぐすぞ」 *はめる 三重県南牟婁郡 *ほます 香川県三豊郡「海にほましてしまえ」 *もぐす 新潟県東蒲原郡「頭を水の中へもぐす」

しぜん【自然】 *てんしょーらい 鳥取県東部 *てんせき 長野県佐久

□に *おのず 島根県益田市・八束郡「年が経つとおのず大けになる」 *おのっと 熊本県玉名郡 *しとだいに 和歌山県伊都郡・海草郡 *しとりだいに 奈良県南大和 *しとりして 山形県北村山郡 *じねーん 岐阜県郡上郡「気を楽にして養生さえせりゃじねーんになおるでな」 島根県石見 *じねん 青森県南部 岩手県気仙郡 山形県 新潟県「じねん往生(老衰死)」 富山県砺波 岐阜県飛驒 奈良県南大和 島根県「この傷はじねんになおる」 広島県三次・高田郡 香川県 愛媛県 熊本県 *じねんほっとく 島根県出雲 *じょねん 長野県更級郡「かたつけりゃじょねんにひとあんきして(かたづければおのずと一安心して)」 *とんでら 福井県遠敷郡 *なんくる 沖縄県首里「なんくる みーゆん(自然に生える)」・石垣島 *ぬしがて 京都府 *ぬしがでー 長崎県対馬「ぬしがでえ落ちた」 *のしがで・のしがれ 兵庫県加古郡「そんなことぐらいのしがでにできるようになる」 *のしゃげ 兵庫県神崎郡 *ひとだいに 和歌山県 *ひとりがいに 兵庫県加古郡 *ひとりがてに 滋賀県彦根 *ひとりがでに 滋賀県神崎郡 兵庫県 *ひとりこで・ひとりで 山形県米沢市「ひとりこで、そうなった」 *ひとりこに 新潟県「水はひとりこに低い方へ流れる」 *ひとりだいに 奈良県南大和 和歌山県 *ひとりっこに 新潟県中頸城郡 *ひんず 高知県「ひんづと」「そんなに気をもまずにひんづに出来る迄待つがええ」 *ふとりして 秋田県南秋田郡 *めめずに・めめぞに 愛媛県伊予市「めめずに生えた」 *われから 島根県隠岐島「蛆はわれからわく」「紐がわれから解けた」 ↓ひとりでに

しそ【紫蘇】 *あかな 沖縄県本島・宮古島 *あかなば 沖縄県本島・国頭郡 *あかなばー 沖縄県本島 *あはなば 沖縄県国頭郡 *からもん 富山県一部 *しーな 富山県 石川県 *しな 富山県一部 *しのは 岩手県九戸郡 福岡県一部 *ひの

は青森県一部

しそく【子息】 ⇨むすこ（息子）

しそこなう【仕損】 *しこくる 高知県長岡郡 *しはずす 鹿児島県「しはぢた（し損なった）」 *そぶらかす 長崎県対馬「やりそぶらかし」 *そぶる 島根県「書きそぶった」 愛媛県 *はぐす 岩手県気仙郡 宮城県栗原郡「チャンスをはぐした」・仙台市 山形県南置賜郡・米沢市「雑魚を、釣りはぐす」「逃げはぐした」 茨城県久慈郡 *はぐらかす 宮城県仙台市 *はぐらす 新潟県佐渡 *はばける 山形県「全部は食いはばけた」「忙しくて、仕事をしはばけた」

→しくじる・しそんじる（仕損）・やりそこなう（遺損）

しそんじる【仕損】 *おいる 茨城県稲敷郡 *こじらかす 秋田県鹿角郡 茨城県北相馬郡 千葉県東葛飾郡 *しくてる 青森県三戸郡 *しくなる 長野県東筑摩郡 *しくねる 栃木県 長野県下伊那郡「また、まちがってしくねた」 *しまかす 福岡県小倉市 *しまわかす 島根県「とうとうしまわかーた」 *しもわかす 島根県石見 *しゅくねる 栃木県 *ずぐねらがす 秋田県平鹿郡「書方を、ずぐねらがす」 *そかす 新潟県・刈羽郡 *そがす 新潟県刈羽郡 *そくなる 岩手県気仙郡「そぐなった（失敗した）」 秋田県雄勝郡「あの人は品行が善くないから末がそくなることがあるだらう」 *そくねる 岩手県気仙郡「そくねたことをした（失敗した）」 宮城県「今度の試験はよくよくそくねた」 秋田県 山形県 福島県「ごはんたえたっけ、そぐねでしまった」 千葉県東葛飾郡 新潟県南魚沼郡 広島県高田郡 *そくる 山形県東置賜郡 福島県「そくった」 愛媛県 *そこねる 山形県「骨折り過ぎてそこねた」 福島県東白川郡 新潟県中頸城郡 *そざす 青森県上北郡 岩手県気仙郡 宮城県仙台市「書きそざしたから、いま一枚紙くなえ」 秋田県鹿角郡 山形県 *そじゃす・そじゃらす 青森県 *そだす 山形県「かきそだしてもったいない」 *てこずく 茨城県稲敷郡 *てこずる 山形県 茨城県稲敷郡 *とっぱくる 茨城県久慈郡 *とっぱぐる 福島県 茨城県・稲敷郡 *とっぱずす 山形県米沢市 茨城県稲敷郡 千葉県夷隅郡 新潟県中頸城郡 *とっぱずらかす 秋田県平鹿郡・雄勝郡 *とっぱずれる 茨城県稲敷郡 *とっぱどす 茨城県北相馬郡 千葉県「とっぱどしたからかんにんしてくれ」 *とっぱどする 岩手県気仙郡 *ばっかしゅい・ばっきゆい 鹿児島県喜界島「あいや、ばっかちゃ（あっ、しくじった）」 *へまこく 滋賀県彦根 *やんじゅん 沖縄県首里 *らんがいる 茨城県 千葉県東葛飾郡

→しくじる・しそこなう（仕損）・やりそこなう（遺損）

した【下】 *うら 石川県 福井県遠敷郡 三重県南牟婁郡 奈良県吉野郡 *しき 静岡県磐田郡「足のしき」「机のしき」 *しぎ 東京都八丈島「しぎのしぇばけじゃしきー（下の狭い座敷）」 *したかっつ 山形県「したかっつさ落ちて行った」 *ねせ 愛媛県周桑郡 *ひたつら 岐阜県郡上郡「杉の木のひたつらに集まって下さい」

□の方 *したーら・しとーま・しとーら 沖縄県石垣島 *したうら 愛知県知多郡 *したぎれ 奈良県吉野郡 *したぜ 大分県玖珠郡 *したっぱら 岩手県気仙郡「A君、もっとしたっぱらさ手をかけろ」 *したて 香川県東部「したての棚」 *したで 群馬県多野郡「したでの家へ行く」 *したぶら 島根県 徳島県 *したら 徳島県 *しちゃーら 沖縄県首里 *しっぱ 秋田県 *しっぷり 山梨県 *しっぽり 群馬県桐生市 *しぱ 秋田県鹿角郡「しぱの方（川下）」 *しんぱた・しんぱら 青森県三戸郡 *つさら 鹿児島県喜界島「はでぃっさら（風下）」 *ひたじょ 香川県伊吹島 *ひたびら 島根県美濃郡・益田市「ひたびらに回って調べて見い」 *ひたぶら 徳島県美馬郡

した【舌】 *あご 静岡県 *あぶ 東京都利島 *こんにゃ 奈良県吉野郡 和歌山県「長いこんにゃ出してる」 *こんにゃく 奈良県吉野郡 *ざ 沖縄県黒島 *したっぺら 新潟県佐渡 愛知県岡崎市 *したっぺろ 千葉県長生郡 *したね 奈良県吉野郡 *したびら 岐阜市 愛知県 *したびろ 三重県南牟婁郡（幼児語） 奈良県吉野郡 *したべら 新潟県佐渡・上越 富山県下新川郡 石川県鹿島郡 岐阜県岐阜市・吉城郡 静岡県 愛知県 島根県隠岐島 *したべろ 新潟県佐渡 静岡県 島根県隠岐島 熊本県宇土郡 *したら 三重県南牟婁郡 宮崎県西臼杵郡 *したんさき 福岡県久留米市 熊本県 *しば 沖縄県 *すぃば 沖縄県首里「すぃば ねーゆん（舌を出す。ばかにする）」 *すば 鹿児島県奄美大島・沖永良部島・喜界島 *つば 石川県舳倉島 山口県豊浦郡 *でろ・ぜろ 京都府竹野郡「酔ってから云うことだでろがまわらん」 *なめつり 福島県南会津郡 *ひくびろ 広島県芦品郡 *ひたびろ 和歌山県東牟婁郡 広島県・芦品郡 *ひたべら・へたべら 岐阜県郡上郡 *ひたべろ 島根県益田市 広島県 山口県大島 愛媛県喜多郡・周桑郡 *べー 香川県大川郡 *べーら 静岡県 *へた 石川県 福井県 山梨県南巨摩郡 兵庫県 岡山県和気郡 大分県南海部郡・宇佐郡 *べぼ 長崎県五島 *へら 群馬県 新潟県 石川県能美郡・江沼郡 福井県・坂井郡・南条郡 長野県 岐阜県 静岡県磐田郡 愛知県北設楽郡 *べら 新潟県 石川県能美郡 長野県上田 岐阜県武儀郡 静岡県 徳島県海部郡 愛媛県新居郡 高知県 宮崎県西臼杵郡 *るり 愛知県名古屋市「るりがまわらん」 *れろ 岩手県気仙郡 *ろれ 岐阜県大垣市 愛知県一宮

しだ【羊歯】 *いぬかざり 奈良県南大和 *くのんば 東京都御蔵島 *くもんば 東京都三宅島・御蔵島 *こーみ 長野県下水内郡 *こごみ（シダ類の総称） 宮城県伊具郡 *こもんば 東京都三宅島

＊さかな 奈良県南大和 ＊しずら 島根県鹿足郡・益田市 ＊しだんば 島根県石見 ＊しょーびき 栃木県上都賀郡 ＊なべわり（シダの一種）岡山市 ＊ねば 島根県隠岐島 ＊ふなが 和歌山県西牟婁郡 ＊ふなご 滋賀県蒲生郡 ＊ふゆしやず 山形県最上郡 ＊へーぶのござ（シダの一種）富山県富山市近在・砺波 ＊へーうのござ（シダの一種）富山市近在 ＊へご 香川県三豊郡　佐賀県　長崎県南松浦郡　鹿児島県 ＊へびいちご 栃木県 ＊へびのだいはち 新潟県佐渡 ＊へびぐさ 栃木県上都賀郡 ＊ほだくさ 青森県上北郡 ＊もろぶき 島根県鹿足郡・美濃郡 ＊もろむき 島根県石見　福岡市 ＊もろもき 島根県　山口県　長崎市 ＊もろもく 長崎県対馬 ＊わらび（シダの総称）鹿児島県奄美大島

したく【支度】 ＊おーれー 鹿児島県喜界島 ＊かまえ 香川県 ＊かまく 大分県臼杵市「かまくしてぼちぼち行てこう」 ＊こしらえ 滋賀県彦根　和歌山県「帰るこしらえしてゐる」・日高郡　岡山県児島郡　香川県 ＊こっしゃえ・こっさえ・ごっさえ 香川県「おばさん、もうこっしゃいでけたんなあ」 ＊さらく 和歌山市 ＊さんたく 山形県「逃げるさんたぐした」　広島県高田郡 ＊さんだく 山形県西置賜郡　三重県阿山郡 ＊しけ 鹿児島県「しけをすい」 ＊しこ 和歌山県西牟婁郡・東牟婁郡　熊本県玉名郡・天草郡　宮崎県西臼杵郡「夕飯のしこがあっりょるけ」 ＊しこー 福島県東白川郡　京都府　和歌山県西牟婁郡・新宮「旅行のしこうする」　鳥取県　徳島県　長崎県壱岐島　熊本県下益城郡　大分県大分郡　沖縄県 ＊しこーい 沖縄県首里 ＊しこまえ 熊本県八代郡・芦北郡 ＊しこめー 茨城県稲敷郡 ＊しっこー 沖縄県竹富島 ＊しまい 新潟県岩船郡 ＊しまつ 秋田市「まんまのしまつぃもしねーばいげねーししぇ」　東京都八丈島 ＊すぃめー 沖縄県首里 ＊すがい 沖縄県首里「すがいまぬがぃ（「すがい」の強意）」 ＊はなえ 島根県石見 ＊まやし 岐阜県恵那郡・飛驒 ＊まわし 岐阜県「まわしをしやぁしたか」「夕飯のまわし」　愛知県「はよ、まわしせんと間に合わん」　滋賀県野洲郡 ＊まわり 三重県「おなりのまわりもせんなーんでなー（炊事の支度もしなければならないのでね）」　奈良県「まわりが出来ましたか」「早よまーりせなおそなる」 ＊らし 大阪府南河内郡「仕事に行くらし」「あそぶらし」 ↓じゅんび（準備）・ようい（用意）

□をする ＊かったつ 岩手県 ＊しぬくゆん・しにゅくゆん 沖縄県首里 ＊しまう 佐賀県佐賀郡「こそーいこそーいしもーてどこさんいこっしよっか（こそこそ支度してどこへ行くのですか）」　長崎県対馬「弁当をしもーとぅくれんや」 ＊しゃえる 佐賀県 ＊しゃゆる 佐賀県「早くしゃえないと汽車の間にあわない」 ＊たてる 山形市「汁をたてる」 ＊はまる 佐賀県　鹿児島県鹿児島郡 ＊もよう 岩手県「楽屋で役者がもよー」　東京都三宅島「三時に来てーもよってー（船の準備をして）」 ＊もよる 青森県上北郡「仕事始まるから早くもよれ」「もよって山へ行く」　秋田県鹿角郡 ＊やわう 岐阜県

したたる【滴】 ＊あまだるん 沖縄県石垣島 ＊しかぶる 長崎市 ＊しずる（液体が滴り落ちる）山形県米沢市 ＊しずれる（液体が滴り落ちる）岩手県気仙郡「いづのまにかすずれでなぐなってしまった」 ＊たくる 東京都八王子　神奈川県中郡 ＊だらめく（水などが滴り落ちる）青森県津軽　岩手県気仙郡 ＊たれくる 福島県相馬 ＊つよずく 山形県

しちがつ【七月】 ＊ほとけずき（陰暦七月）香川県仲多度郡・佐柳島

□七日 ＊たなばたぜっく（陰暦七月七日）和歌山県日高郡　徳島県美馬郡 ＊ななかび 広島県 ＊なにかび 島根県出雲 ＊なぬかび 青森県三戸郡　秋田県鹿角郡 ＊なぬかぼん 青森県三戸郡　京都府丹波　奈良県南大和　香川県小豆島 ＊なのかび 岩手県気仙郡　山梨県甲府　長野県南佐久郡　静岡県　島根県　岡山県和気郡　広島県 ＊なのかぼん 青森県上北郡　島根県隠岐島 ＊なんかび 島根県 ＊ぼんはじめ 奈良県南大和

しっけ【湿気】 ＊うるい 沖縄県石垣島 ＊うるおい 徳島県 ＊ねぎ 青森県三戸郡「ねぎがきれたから栗が乾いた」 ＊やちけ 新潟県岩船郡 ↓じめじめ・しめっぽい（湿―）

□を帯びる ＊しけうける 新潟県西頸城郡 ＊しきうける 新潟県西頸城郡 ＊しけーくー 静岡県榛原郡 ＊うとる（湿気を含む）徳島県 ＊したれる 島根県 ＊しとっぽい（湿気を含んでいる）群馬県佐波郡　神奈川県津久井郡 ＊しとる 神奈川県津久井郡　新潟県佐渡　山梨県南巨摩郡　静岡県志太郡「そのしわーしとってだめだに（その塩は湿っていてだめですよ）」　和歌山市「夜露に

方/言/の/窓

●酒と方言

高知城に登ったら、享和元（一八〇一）年の落書に「禁酒したれど酒屋見れば足がしとふぁと歩まれぬかな」とあった。「しとふぁと」という表現もさることながら、現代と変わらぬ庶民感情が面白い。

熊本県では「晩酌」を「キッケ」または「ダリヤミ」という。「キッケ」は「気付け薬」の「気付け」、「ダリヤミ」は「けだるさを止める」の意であろう。「晩酌」などという生温いものではなく、労働の疲れをいやすにふさわしい表現である。

八丈島で、酒を飲むと方言が減少し共通語が増えるという話を聞いた。酒を飲むと議論になる。むずかしい話は共通語でなければできないからということであった。確かに方言の語彙だけでは現代社会を生きることはできない。

打たれて着物がしとってきた」 島根県飯石郡・能義郡 広島県高田郡 山口県玖珂郡 徳島県「この綿はしとってしもた」 高知県 長崎県諫早市 熊本県玉名郡「雨ん降にゃ煙草んしとってうもなか」 *じとる 高知県 *しとれる 島根県隠岐島 *しみけーゆん 沖縄県首里 *なまける 鳥取県西伯郡 岡山市「海苔がなまける」 *なまげる 島根県美濃郡「あられがなまげた」

しつこい *あくどい 青森県三戸郡 *いげちない・いぎちない 山口県豊浦郡 *いどくらしー 石川県金沢市 *いどこましー 石川県鹿島郡 *うっさい 新潟県頸城 *えげつない 大阪市「こんなえげつないもん食はれへん」 *えずい 高知県香美郡「あんなえずい男はないのーし」・土佐郡 *えぞい 岐阜県飛騨・稲葉郡 *えぞくろしー 滋賀県彦根・蒲生郡 *えりこい 滋賀県彦根「えりこう云う」・蒲生郡 *おくだ 山形県庄内 *かかりっくさい 新潟県 *きぶすさい(言うことがくどい) 茨城県真壁郡 *くじくらしー 石川県金沢市 *くじっぽい 新潟県 *くどくどし(極めてくどい) 京都府北部 *くどくどしー(極めてくどい) 新潟県佐渡 *くどくらし(極めてくどい) 青森県津軽 秋田県仙北郡 *くどっぽい(味がしつこい) 静岡県「くどっぽい魚だこと」 *こーねつくさい(理屈を並べてくどい) 愛媛県大三島 長崎県対馬「彼は何か物知りかの如くに、こうねつくせえことを言うとる」 *じくどい 新潟県佐渡 富山県婦負郡 *しちこたらし 島根県出雲 *しちこたらしー 島根県簸川郡 *しつこたらし 鳥取県西伯郡 *しつこたらしー 島根県「しつこたらしい事を言うな」 *しつたらこい 和歌山県西牟婁郡 *しつらこい 滋賀県彦根 *しつらっこい 愛知県宝飯郡 *しびらこい・しびらくい 和歌山県西牟婁郡・東牟婁郡 *しぶくどい・しびくどい・しみくどい・しみくろい 新潟県佐渡「あのしとはなんかいも言いかえしてしみくろい」 *しやたらくい 和歌山県西牟婁郡・東牟婁郡「あんまりしやたらくい泣くな」 *しやたらくさい 和歌山県西牟婁郡 *じゅーこい 島根県石見「じゅーこいことを言うな」「お前のように繰り返して言うのはじゅーこい」 *じりくどい 富山県「あの人はなんちうじりくどい人じゃ」・高岡市 *しれっぽい 長野県下伊那郡「しれっぽいことばかりする」 *しわー 広島県賀茂郡 愛媛県大三島 *しわい 静岡県田方郡 三重県南牟婁郡 和歌山県 山口県大島「しわえ事を言ふ」 徳島県 香川県・三豊郡・小豆島 愛媛県 高知県・高知市「あんなに断ったのにまだ頼みに来る、しわい人ぢゃよ」 *しわくたい 愛媛県今治市 *しわごい 東京都八王子「あの不良はしわごい」 *しわたらこい 和歌山県西牟婁郡 *しわつけない 徳島県三好郡 高知県高知市「しわつけない事言いな、いんまもゆーたぢゃないかよ」・長岡郡 鹿児島県種子島 *すたらけ 秋田県河辺郡「すたらけ奴だ」 *ずれたい 山形県庄内「ずれたい子」 *せたこい 愛知県名古屋市「何たらせたこい蚊だろう」 *せれっこい 岐阜県飛騨 *てれくさい 岡山県小田郡 *どーずれない 兵庫県美嚢郡 *どけーぬたっか 長崎県壱岐島 *どけだかい 熊本県下益城郡 *どけだっか・どけだき・どけだきー 熊本県玉名郡「から芋はどけだっか」 *ねきんない 山形県東村山郡 *ねじきー 大分県大野郡 *ねしこい 島根県石見「ねしこいやっでいつまでも恨みを忘れん」 山口県「ねしこい人」「あの人はねしこいから半年や一年じゃあらちはあくまいでの」 *ねそい 兵庫県加古郡 高知県幡多郡 *ねちこい 岩手県気仙郡 山形県東置賜郡・西置賜郡 愛知県名古屋市「昨日のお汁粉はずいぶんねちこいものだった」・知多郡 京都市 大阪市 兵庫県明石郡・淡路島 和歌山市 島根県石見 山口県豊浦郡 愛媛県・大三島 福岡県京都郡・企救郡 *ねちっこい 岐阜県可児郡 島根県石見 *ねちゃこい 兵庫県明石郡 *ねつい 岩手県胆沢郡 宮城県仙台市 福島県 茨城県・筑波郡・稲敷郡 群馬県多野郡「あの男はねついので嫌がられる」 新潟県佐渡「あのしたぁねついしと」・中頸城郡 山梨県 長野県上伊那郡 岐阜県飛騨 三重県名賀郡「そんなにねついこと言うなよ」 滋賀県 京都市 大阪市 兵庫県神戸市 明石郡 和歌山県 島根県「あの男はねついけん困る」 岡山県苫田郡・小田郡 広島県 徳島県「ねついやつじゃ」 香川県三豊郡・小豆島 愛媛県 高知県幡多郡 長崎県対馬 大分県大分郡 *ねっこい 福島県浜通 滋賀県高島郡 大阪市 兵庫県神戸市 高知県高岡郡 *ねっつい 富山県 *ねっっこい 茨城県久慈郡 長野県諏訪 *ねつぴらこい 山形県南置賜郡 *ねつらこい 和歌山県東牟婁郡「此の味やねつらこい」 *ねへずくさい 山形県最上郡「あの人はねへずくさいな」 *ねへらしか 佐賀県 *のぶい 山梨県・南巨摩郡 長野県下伊那郡・上伊那郡 *のぶとい 宮城県仙台市 山梨県・南巨摩郡 長野県上伊那郡 *ばばちー 広島県 *ひちくどい 新潟県西頸城郡 三重県度会郡 島根県石見「ひちくどい人間は大嫌いだ」 香川県佐柳島 熊本県鹿本郡・下益城郡 *ひちっくどい 静岡県志太郡 *ひちくじー 大分県大分郡 *ひつこたらしー 大阪市 島根県邇摩郡 *ひっつらこい 三重県三重郡 *ひつらこい 滋賀県彦根 和歌山市 *むつこい(味が濃厚だ。しつこい) 山形県米沢市 山口県大島 徳島県 香川県小豆島 愛媛県「この肴はむつこい」 高知県「支那料理はあまりむつこいから私は好かん」・高知市 *むつごい(味が濃厚だ。しつこい) 山形県「この煮物はあまりむずごえ」 新潟県佐渡 徳島県 香川県 *むらこい 高知県

→くどい・しつよう(執拗)・しゅうねんぶかい(執念深)

□さま *あほしげ 奈良県吉野郡 *いちがい 香川県伊吹島 *いや 山口県豊浦郡「いやにやる」 *くどまんど・くどーまんどー 島根県「酒を飲

むと、くどーまんどー言う」「も、えっと聞いたが、そげんくどまんどえわでも、よからがや」 *こーじく 島根県出雲市・石見 *こーじゅく 島根県邑智郡 *しちこーて 島根県能義郡・隠岐島「しちこーてな事を言うな」 *じゅーこー 島根県鹿足郡「じゅーこーゆー」 山口県 *にちくち 鳥取県東部 *ねちくそ 島根県能義郡 *ねちくち 鳥取県東部 *ねちらねちら(ねちねちとしつこいさま) 山形県「手ぁねちらねちらて気持わるい」 *ねつくつ 青森県津軽 *ねっこり 京都府竹野郡「ねっこりした人だ」 *ねつらねつら(ねちねちとしつこいさま) 宮城県仙台市「いっまでもねつらねつら同じことを言ってる」 山形県 *ねぴらねぴら・ねぴらかぴら(ねちねちとしつこいさま) 山形県米沢市 *ねんちく 兵庫県加古郡「ねんちくな人」

しっさく【失策】 ⇩しっぱい(失敗)

じっし【実子】 *えむすこ(養子に対する語) 岩手県気仙郡 *しょーんぐゎ 沖縄県首里 *ほんこ 大阪市 香川県綾歌郡 *まこ 熊本県天草郡

しっち【湿地】 *あまいけ(「天池」か) 新潟県北魚沼郡 *うたり 長野県諏訪郡・佐久 静岡県西部 *うたりま 静岡県安倍郡 *うたれ 静岡県西部 *おーじ 奈良県吉野郡 *おんじ 三重県伊賀 島根県 岡山県児島郡 広島県 *おぎ・おく 静岡県沼津市 *ぐしゃ 長野県諏訪・上伊那郡 *ぐじゃっこ 栃木県 *ぐしゃま・ぐしゃったま 静岡県田方郡 *ぐしゃめき 福島県南会津郡 *ぐせった 長野県上伊那郡・飯田市 *ぐせったり 長野県上伊那郡 *ぐっしゃたみ 長野県上伊那郡 *しかじか 千葉県夷隅郡 *じかじか 千葉県長生郡 *しかじかめ 千葉県上総 *しきじ 島根県隠岐島 *じくた 長野県上水内郡 *じくたみ 長野県 *じくため 長野県下高井郡 *しくたれ 宮崎県西臼杵郡 *じくたんぼ 石川県能美郡 *じくったま 長野県南部 *じくったみ 長野県 *じくっため 長野県南部 *しくったれ 静岡県・榛原郡 *じくて 長野県飯田市付近・下伊那郡 *しけ 三重県阿山郡 *しけじ 静岡県磐田郡 三重県上野市・名張市 島根県「しけじに甘藷はよーなー(よくない)」 岡山県真庭郡 広島県向島・高田郡 *しけち 群馬県碓氷郡 長野県諏訪・上伊那郡 三重県上野市・阿山郡 *しけつ 鹿児島県 *しけったち 三重県上野市 *しけっぽ 栃木県 *しけと 三重県名賀郡 *しけま 静岡県富士郡 *しけるち 三重県名賀郡 *したりじ 鹿児島県奄美大島 *したりじー 沖縄県石垣島・波照間島 *しちけ 島根県邑智郡・邇摩郡「この畑はしちけで作物が出来ん」 *しつぃどぅくる 沖縄県首里 *しっけ 兵庫県赤穂郡 *しっけじ 香川県 *しっけば 千葉県安房郡 *しっけま 静岡県富士郡・志太郡「あそかーしっけまだっき(あそこは湿地だっけ)」 *しったまり 鹿児島県奄美大島 *しったれ 三重県伊賀 *じったんぼ 長崎県西彼杵郡 熊本県上益城郡・阿蘇郡 宮崎県延岡 *しっちどころ 愛媛県周桑郡 *しとぅろーんつぃ 沖縄県小浜島 *しどろ 岩手県上閉伊郡 長野県南佐久・上伊那郡 *しのと 島根県邑智郡・鹿足郡 広島県安芸郡 山口県笠戸島 *じびしょ 新潟県佐渡 *しびたれ 島根県邇摩郡 *しびったり 新潟県中越 *しびったれ 三重県名賀郡・名張市 *しぶたれ 三重県阿山郡・一志郡(山の湿地) 島根県石見 *しぶたり 島根県那賀郡 *しぶたみ 青森県三戸郡 *じべく 島根県美濃郡「自動車がじべくの中い落ちこーだ」 *しみじー 沖縄県石垣島 *しみったればしょ 千葉県印旛郡 *しめじ 三重県志摩郡 *じめち 三重県伊賀 *しゃーたれ 島根県仁多郡 *しゅーけ 愛媛県大三島 *しゅーたれ 三重県阿山郡 *じゅーたれ 島根県鹿足郡・邇摩郡 *しゅーら 島根県鹿足郡 *じゅっかる 長崎県南高来郡 *しゅっきどち 山口県向島 *しゅったれ 三重県上野市・名張市 *じゅったん 長崎県南高来郡 *じゅったんぼ 熊本県天草郡 *じゅるけ・じゅるけち 長崎県南高来郡 *しりくたー 鳥取県八頭郡 *じりくぼ 大分県大分郡 *じりくみ 島根県隠岐島 大分県大分郡・大野郡 *じりけ 大分県 *しるくてー 愛知県知多郡 *じるくま 岡山県真庭郡 *じるくみ 大分県大分郡 *しるけんど 奈良県南大和 *じるそー 高知県高岡郡 *しるたれ 三重県阿山郡・名賀郡 島根県江津市 徳島県美馬郡 *じるたんぼ 高知県幡多郡 *じるち 島根県鹿足郡 愛媛県西宇和郡 *しるったれ 静岡県志太郡 *しわくみ 山口県豊浦郡 *ずいどち 山口県見島 *ずくだら・ずくだれ 山形県「づくだれさほぎるきさだ(湿地に生える草だ)」 *すわ 新潟県佐渡 *そーた 島根県那賀郡 広島県 *だぶ 神奈川県・中郡 広島県倉橋島 山口県豊浦郡 *だべた 広島県 *つったいでぃー 沖縄県与那国島 *どっぷいわら 鹿児島県揖宿郡 *どぶけ 三重県上野市 *どべた 山口県 *なめら 三重県志摩郡 広島県上蒲刈島 *にた 栃木県安蘇郡・河内郡 宮崎県西臼杵郡 鹿児島県種子島 *ぬた 東京都西多摩郡(山間の湿地) 長崎県 *ぬたうち 神奈川県津久井郡 *ぬたば(山間の湿地) 愛知県北設楽郡 *のた 長野県上伊那郡 *はーみしたり 沖縄県新城島 *はだい 静岡県駿東郡 *はるた 山口県 *びしょびしょ 三重県志摩郡 鳥取県八頭郡 *ひたりじー 沖縄県鳩間島 *ひちけじ 島根県石見 *ひどろ 山形県 新潟県中頸城郡 長野県上田・佐久 *ひどろって 長野県上田 *ふかた 大分県大分市・東国東郡 *ふけ 東京都八王子 静岡県田方郡 和歌山県日高郡(泥の深い沼沢地) 大分県大分郡 *ふけた 大分県大分市・大分郡 *ほれけんどー 広島県 *みーしたり 沖縄県新城島 *みじしたり 沖縄県石垣島 *みずたれ 島根県隠岐島 *みずつき 三重県志摩郡 *みずっちゃら 静岡県磐田郡 *むた 佐賀県 長崎県西彼杵郡・南高来郡 大分県大分郡 宮崎県西諸県郡 鹿児島県肝属郡(山間の湿地)・喜界島 *や 茨城県 千

葉県長生郡 *やじたいら 福島県信夫郡 *やじっこ 栃木県大田原市・那須郡 *やじやら 山形県 *やち 北海道函館 青森県 岩手県 秋田県 山形県 福島県 茨城県久慈郡 群馬県 新潟県「ここはやちださけ、きをつけろ」 長野県 *やちか 千葉県印旛郡 *やちくたみ 秋田県雄勝郡 *やちたぶ 山形県西置賜郡 *やちったれ 群馬県吾妻郡 長野県佐久 *やちっぺ 茨城県真壁郡 *やちっぽ 福島県南部・東白川郡 茨城県久慈郡 *やちぴた 山形県西置賜郡 *やちわら 山形県 新潟県岩船郡 *やと(山間の湿地) 神奈川県津久井郡 *やぶらかところ 熊本県天草郡 *ゆったんぽ 佐賀県藤津郡 *ゆったんぼー 佐賀県 *ゆぶ 新潟県佐渡 *よしやじ 山形県西置賜郡・東田川郡 *よしやち 新潟県下越

しっと【嫉妬】 *うわなりくゎなり 沖縄県首里市・那覇市 *おーない 沖縄県竹富島 *おーなる 沖縄県鳩間島 *わーない 鹿児島県沖永良部島・喜界島 沖縄県宮古島 *きんまん・きんまんぞー 群馬県多野郡「きんまんやく」「きんまんぞーやく」 *くゎなり 沖縄県首里市 *しょなむ 熊本県飽託郡 *しょのみ 熊本県天草郡 *そねくみ 兵庫県但馬 *たい 沖縄県石垣島・小浜島 *ちんちん 神奈川県高座郡 *にっふぁー 沖縄県鳩間島 *ねそ 岐阜県吉城郡「あいつはあのことをねそにこめた」 *ひんねし 京都府相楽郡 *ひんねみ 三重県上野市 *ふーちゃー 熊本県 *へんしょ 三重県志摩郡「へんしょする」 和歌山県那賀郡「へんしょやいて怒る」・日高郡 *へんにし 兵庫県神戸市 *へんにち 福井県遠敷郡 岐阜県不破郡 *へんねし(嫉妬すること) 福井県 三重県伊賀 滋賀県彦根・蒲生郡 京都府「あの子はまたへんねし起してる」 大阪市 兵庫県・神戸市 奈良県 *へんねじ 兵庫県明石郡 *へんねち 愛知県名古屋市 *ほーけやき(多く老人に対して言う) 島根県出雲市「おばばがまたほーけやきをした」 *まんき 秋田県 山形県鶴岡 *みくみ 沖縄県波照間島 *やかんぽ 群馬県 *やかんぽー 群馬県山田郡 *やっかんぽ 群馬県館林「やっかんぽやく(ねたむ)」 埼玉県北葛飾郡 *やっかんぽー 千葉県香取郡 *わーなり 鹿児島県奄美大島・加計呂麻島・徳之島 沖縄県新城島・黒島 *わーなりー 沖縄県石垣島 *わない 鹿児島県喜界島
↓ねたみ(妬)・ねたむ(妬)

□する *かすをなげる 新潟県佐渡「この子は弟が生まれたのでかすを投げてこまる」 *おけそくあぶる 富山県砺波 *こせる 広島県高田郡 *しぇけー 鳥取県西伯郡 *せく 長崎県対馬 *せける 鳥取県 島根県「せけて喧嘩をした」 *せばる 島根県那賀郡「隣の嫁はよーせばる」 山口県大島「弟を負うちゃると兄の分がせばって負うてくれと言うてじらしてどーもならん」 *にもむ 富山県 *ねたがる 青森県南部 *ふすぶる 大分県宇佐郡 *ふすべる 島根県石見「嫁をふすびゃーげた」 *ほーろくをやく 広島県倉橋島 *やきもちたたく 青森県・津軽 *やばかる 高知県

じっと *きつけて(凝視するさま) 山形県米沢市「きつけてこっち見った人ぁ居た」 *ちょー 島根県美濃郡・益田市「今あば(着物)を着せてあげるけー、ちょーしとれ」 *ちょーど 岩手県気仙郡「いま写すからちょーどしていろ」 山形県 島根県・出雲 山口県豊浦郡 *ちょど 岩手県上閉伊郡「ちょどしていろ」 宮城県「とげ抜えてけっからちょどすてさえ」 山形県 *ちょん 岩手県「ちょんてろよ」 山形県東村山郡・北村山郡 島根県出雲 *ちょんど 山形県東村山郡・北村山郡 *ちんと 富山県・砺波 石川県「ちんとしとる」 *とくと 青森県三戸郡「だかさったら(だっこしたなら)もう少しとくとしてろよ」 *とっくと 青森県「とっくどして居ろ」 岩手県九戸郡 *とっくり 青森県南部 岩手県九戸郡「せわしい(うるさい)からとっくりしろ」 *よいと 長野県北安曇郡 *よーい 鹿児島県喜界島「よーいむてぃ(そっと持て)」 *よーいと 長野県「よーいと来い」 *よーら 東京都八丈島「動かずんよーらで居てあると治ろが早くおじゃるだろう」 福岡県八女郡 佐賀県東松浦郡「百姓がよーらしちょって(じっとしていて)聞くひまんあるもんか」 *よーらっと 熊本県 *よーらと 長崎県伊王島 *よーり 鹿児島県喜界島 *よーりっと 島根県石見「よーりっと降ろさにゃー子供が泣く」 *よよーと 群馬県吾妻郡「そっじゃあよようとしてくれ(静かにおはたらき)」 *よらっと・よろっと 長崎県壱岐島

じつに【実】 *いかな 石川県珠洲郡「いかなおかあして(おかしくて)」 福井県 島根県石見・隠岐島「いかな悪りー子ちゅーたら」 *いかに 和歌山県日高郡「我らいかにわるいよ」 山口県阿武郡 *いげに 島根県石見「いげにそがーなこともあったのー」 *いらー 沖縄県黒島 *えーげに 島根県石見「えーげにこの碁が腕ずくなら勝てるにのー」 *ぎゃんだ 青森県 *げーに 岐阜県大垣市 *げに 島根県石見「げに菊の花がさーとる」 広島県佐伯郡「いよいよまーげに気の毒な事でがんしたのー」・比婆郡 愛媛県 高知県・高知市「げに面白い」「げに御無沙汰をしました」 *げにとこやー・げにとこやっさー 島根県美濃郡・益田市「げにとこやー、大きな蜂の巣がある」 *げにまこと 高知市「げにまこと今日の講演は良かった」 *げにまっこと 高知県「げにまっことすまんねー」 *げんと 島根県益田市・浜田市 山口県 愛媛県 *げんど 徳島県那賀郡 *げんとー 山梨県南巨摩郡「この薬はげんとーきく」 *げんとこやっさー 島根県益田市 *げんに 島根県益田市 愛媛県島嶼 *げんにげんに 島根県益田市「げんにげんに大けな鯉じゃ」 *こころ 島根県鹿足郡「仕事をこころよーするんじゃけーのー」 *じつかど 青森県津軽 *しょーしん・しょーじ 長野県佐久「しょーしんくたびれた(疲れ果てた)」「しょーじにおかしい」 *しょー

じん 群馬県群馬郡 埼玉県入間郡 島根県那賀郡 *じんど 島根県出雲 *ずーんと 福岡県 *ずど 岡山県 *ずどぼっこー 岡山県小田郡 *ずんと 山形県米沢市・西村山郡「づんとえー気で」 栃木県河内郡 長野県東筑摩郡 島根県邑智郡 香川県三豊郡・小豆島 愛媛県 *ずんど 兵庫県佐用郡 岡山県小田郡 広島県高田郡 香川県・三豊郡・小豆島 愛媛県 *ずんどか 広島県賀茂郡「ずんどかきたなげな所（とこ）」 *そんみ 青森県「そんみまねふとだな（実にだめな人だね）」 *そんみだ 青森県津軽 *ちょーに 青森県南津軽郡 *どーだ 茨城県「どーださむい」 *ふに 茨城県稲敷郡 千葉県香取郡 静岡県「ふにふにまあまあ」 *ふんに 群馬県吾妻郡「ふんにそうだ」 *ふんぬ 沖縄県首里 *ほに 青森県三戸郡・南部 岩手県胆沢郡・気仙郡 宮城県宮城郡・栗原郡 山形県「好かねちゃー、ほに」 福島県東白川郡 新潟県佐渡・西頸城郡 長野県上伊那郡「ほにそうだ」 愛知県宝飯郡「ほにほに困ったやつだ」 三重県度会郡 兵庫県淡路島 和歌山県 愛媛県今治市・周桑郡「ほにやー」 高知県・高知市 *ほん 岩手県胆沢郡 岐阜県郡上郡「ほん乱暴じゃったな」 愛知県渥美郡「ほん少ない」 三重県「ほんさー（なるほどね）」 滋賀県犬上郡「結構や、ほん」 大阪市 兵庫県加古郡 奈良県南大和 和歌山県 島根県 岡山県 山口県「あの人はほん好かん」 徳島県海部郡 香川県 愛媛県周桑郡 *ほんな 和歌山県 鹿児島県大隅 *ほんに 青森県上北郡・三戸郡 岩手県下閉伊郡・気仙郡「ほんにさ、今日はじいさんの当り日（命日）だった」 山形県 福島県 千葉県夷隅郡 新潟県 富山県下新川郡・砺波 石川県河北郡 長野県「ほんにやれ」 岐阜県「ほんねほんねいとしいことじゃ」 静岡県志太郡 愛知県名古屋市・知多郡 三重県 滋賀県 大阪市 兵庫県 和歌山県日高郡 鳥取県「ほんにおめでたいこってすなあ」 島根県「ほんにほんにあきれかえることじゃ」 岡山県 広島県 山口県・阿武郡 香川県「ほんになあ、ようでけとる」 徳島県那賀郡 長崎県 高知県土佐郡 福岡県 佐賀県・佐賀郡 長崎県 熊本県 大分県 宮崎県 鹿児島県 *まーことに 富山県東礪波郡「まーことにこわいことおうたもんじゃい」 *まーし 沖縄県黒島 *まーん 沖縄県竹富島 *まいでん 沖縄県石垣島「まいでん ふこーらさ ゆー（まことにありがとうございます）」 *まくてー 佐賀県 熊本県玉名郡 *まこつ 宮崎県日南市「今わまこつ昔とすっとだいぶんちごつ来たむんなー」・東臼杵郡 *まこつい 宮崎県東臼杵郡 *まこて 長崎県南高来郡「まこてきにょーけうのごたってもう三年にもなっとじゃろかい（本当に昨日のようだが、もう三年になりますかね）」 熊本県芦北郡・八代郡 宮崎県西臼杵郡 鹿児島県 *まこてー 熊本県天草郡 *まごでー 鹿児島県阿久根市「まごでー、芋ばっかいじゃっ」 *まこと 宮城県仙台市「今日お目にかゝるのもまこと十年ぶりだ」 石川県珠洲郡 岐阜県飛驒「まこと厳しいぞ」 島根県美濃郡・益田市 広島県能美島「まこと暑うなりましたのう」 山口県阿武郡「まことそーか」 愛媛県 *まことー 和歌山県東牟婁郡 *まことに 石川県鳳至郡 三重県一志郡「雨あ降ったんで、まことにきえたわよ（疲れたよ）」 長崎県対馬 熊本県天草郡 *まことにほんまに・まことにほにほに 和歌山県東牟婁郡「この子はまことにほんまに悪い子だ」 *まっこと 岐阜県大野郡・郡上郡 奈良県南部 和歌山県伊都郡・日高郡 徳島県三好郡「まっことあつい」 高知県・長岡郡・高知市 *よーと 熊本市「もよーと、やっぱおんなはらんとなー（もう本当に、やはりいらっしゃらないとねえ）」 *よーに 鳥取県倉吉市「えー、よーにきゃー、くつろいだいなー（えー、本当にね、ほっとしましたよ）」 *よーね 島根県「ひさね見んだけん、ようね、おびえたがね（久しくみないものだから、全く驚きましたよ）」 *よに 島根県石見 →まことに（誠）

しっぱい【失敗】

*あまえじ 青森県津軽 *あやまい・あやまいぐどぅ 沖縄県首里 *いきおち 兵庫県加古郡 *おーげばし（大失敗） 岐阜県飛驒 *がっかり（失策をするさま） 新潟県岩船郡 *かぱんじ 秋田県山本郡「かぱんじして水をかけた」 *きっちゃき 沖縄県首里 *きびしーつかみ（大失敗） 熊本県下益城郡 *けっさく 滋賀県彦根 *けど（「欠度」か） 新潟県佐渡 岡山県岡山市・川上郡 愛媛県東宇和郡・伊予郡「あの家は昨年商売でけどついて」 *げび 鳥取県「げびを出いた（失敗する。馬脚をあらわす）」 岡山市「げびょつける（失敗する）」 *げぴ 岡山県浅口郡 *げまん 静岡県榛原郡 *げんすけ（大失策） 京都府「えらいげんすけやった（大変なしくじりだった）」 大阪市 奈良県 *さた（大失敗） 青森県津軽「わらしばがっこしこんでさだやったでぁ（子供を上の学校へ入れて大失敗をした）」 *しずくない 富山県東礪波郡 *しぞくない 長野県佐久 *しぞこない 新潟県中魚沼郡・西頸城郡 島根県隠岐島 *しでくない 新潟県西頸城郡 *しゃっぽ（フランス語 chapeau から） 島根県「大けなシャッポじゃった」「人に分からんと思うとったのに、分かってシャッポした」 *しゃっぽー（フランス語 chapeau から） 島根県 *しゃっぽん（フランス語 chapeau から） 京都市 島根県江津市・大田市 *しょぼくれ 島根県「紙の切りしょぼくれが沢山ある」「今日の仕事はしょぼくればっかししとる」 *すか 三重県阿山郡・名張市 京都市 大阪府大阪市・中河内郡 兵庫県明石郡 奈良県 和歌山県「すかやった」 山口県豊浦郡 *すかたん 福井県大飯郡 滋賀県蒲生郡 京都府「あわてててすかたんした」 大阪市 兵庫県明石郡「昨日すかたんやってな」・神戸市「なぜ言う通りにせずに斯様なすかたんしたか」 奈良県 *すかっちょ 奈良県 *すかんぽ 徳島県 *すじゃ・しじゃ 島根県出雲 *ちゃっちゃくちゃら（大失策） 福岡市

***つまずき**(特に子供を死なせてしまうこと) 鹿児島県肝属郡 ***つまらない**(失敗だ) 岩手県胆沢郡 ***つまらぬ** 滋賀県神崎郡　福岡県企救郡 ***つまらん** 滋賀県蒲生郡・犬上郡 ***はたき** 静岡県磐田郡「あれははたきだった」　三重県南勢 ***ばっさり**(失敗や失望のさま。また、そのこと) 三重県度会郡「ばっさりする(失敗する)」　高知県「今日の会はとーから楽しゅーでいたのに(楽しみにしていたのに)風邪引で出られん、げにばっさりかやったよ(しくじったよ)」「ありゃ、ばっさり、入場券を忘れた」 ***ばったい**(失敗や失望のさま。また、そのこと) 島根県大田市・隠岐島 ***ばったり**(失敗や失望のさま。また、そのこと) 島根県隠岐島「そんなことを言ってばったりしまった」　高知市 ***ぱったり**(失敗や失望のさま。また、そのこと) 高知県幡多郡「ぱったりいたねやー(すっかりしくじったねえ)」 ***ひまのかーあいた**(失策した) 三重県度会郡 ***ぶま** 青森県　福島県「またぶまやったなあ」　岐阜県大垣市 ***へちゃまくれ** 福岡市 ***べったり** 新潟県 ***ぼく** 茨城県猿島郡　愛媛県　福岡市　大分県　宮崎県　鹿児島県肝属郡 ***ぼっ** 鹿児島県大隅 ***ぼったい**(失敗や失望のさま。また、そのこと) 島根県邇摩郡・大原郡「追いつこうとしたがとうとうぼったいだった」 ***ぼったり**(失敗や失望のさま。また、そのこと) 島根県邇摩郡 ***ぼと** 奈良県宇陀郡「えらいぼとやった」

→あやまち(過)・かしつ(過失)

□**する** ***あごくー** 秋田市「勝つ気で行ったらあごくた」 ***あぶられる** 岐阜県武儀郡 ***あふれる** 長野県諏訪 ***あぶれる** 栃木県河内郡　長野県諏訪 ***あべくー**(「あべこべを食う」の意) 新潟県佐渡 ***あんぶれる** 秋田県平鹿郡 ***おしまく** 三重県南牟婁郡 ***おっちょぐねる** 岩手県気仙郡 ***おやす** 栃木県　静岡県 ***かいふる** 秋田県鹿角郡「俺もあの時ぁかひふった」 ***くー** 和歌山県西牟婁郡「くうた」 ***くさる** 岩手県気仙郡　島根県鹿足郡・益田市 ***くじる** 徳島県「言いくじる」 ***くらう** 茨城県真壁郡「くらった」 ***けつまがる** 青森県「くゎえしゃ(会社)で、けつまがぇおごして、くびねなた(首になった)」　香川県伊吹島 ***けどつく** 愛媛県伊予郡 ***げばす** 長野県下伊那郡　岐阜県「おりゃきんぴょちょっと使い過ぎてさっぱし稲をげばいてしまったわい(おれは金肥をちょっと使い過ぎて稲作をまるっきり失敗したのさ)」 ***げんすけくー** 愛媛県温泉郡 ***ござる** 鳥取県東部 ***こしがいる** 島根県隠岐島 ***こじゃす** 宮城県栗原郡　秋田県平鹿郡・河辺郡 ***ごっぺかえす** 北海道　青森県津軽・上北郡　岩手県気仙郡 ***ごっぺきゃす** 青森県津軽 ***ごてる** 香川県 ***こびれる・こぶえる・こぶれー・すこぶれー** 鳥取県 ***こんじゃす** 秋田県「清書をこんじゃしてしまった」 ***さすらえる** 和歌山県海草郡 ***さんばける** 島根県仁多郡・能義郡 ***しーやんじゅん** 沖縄県首里 ***しくてる** 青森県三戸郡 ***しくなる** 長野県東筑摩郡 ***しくねる** 栃木県　長野県下伊那郡「また、まちがってしくねた」 ***しくる** 岩手県　秋田県北秋田郡・鹿角郡「今日の試験はしくた」　山形県西置賜郡・米沢市　長野県上伊那郡　愛知県東春日井郡　山口県大島 ***しくれる** 岩手県気仙郡　秋田県鹿角郡 ***しける** 島根県飯石郡・大田市 ***しまう** 滋賀県彦根　徳島県　香川県高松市　高知県「よー落着いてせんとしまうぞよ」　山口県都濃郡「はー、しまえましたぇ(失敗しましたよ)」 ***しまかす** 福岡県小倉市 ***しまる** 青森県南部 ***しまわかす** 島根県「とうとうしまわかーた」 ***しもう** 愛媛県松山「あしゃしもーたかい(僕はしくじったよ)」 ***しもつるる** 長崎県壱岐島 ***しもわかす** 島根県石見 ***しゃっぽをぬぐ** 島根県「大けなシャッポをぬいだ」 ***しゅくねる** 栃木県 ***しょぼくる** 島根県石見「試験にしょぼくって馬鹿を見た」 ***しょぼくれる** 島根県石見 ***ずぐねらがす** 秋田県平鹿郡「書方を、ずぐねらがす」 ***すぐる** 青森県三戸郡　岩手県気仙郡 ***すぼをかるー・すぼをくー**(「かるう」は担う意。失敗に終る) 島根県石見「せっかく益田まで行ったが、あてがはずれてすぼをかるーだ」 ***そくなる** 岩手県気仙郡「そぐなった(失敗した)」　秋田県雄勝郡「あの人は品行が善くないから末がそくなることがあるだらう」 ***そくねる** 宮城県「今度の試験はよくよくそくねた」　秋田県　山形県　福島県「ごはんたえたっけ、そぐねでしまった」　千葉県東葛飾郡　新潟県南魚沼郡　広島県高田郡 ***そくる** 山形県東置賜郡　福島県「そくった」　愛媛県 ***そこねる** 山形県「骨折り過ぎてそこねた」　福島県東白川郡　新潟県中頸城郡 ***そざす** 青森県上北郡　岩手県気仙郡　宮城県仙台市　秋田県鹿角郡　山形県 ***そじゃす・そじゃらす** 青森県 ***そだす** 山形県 ***そべくる** 青森県上北郡・三戸郡「甘酒を作ったらどうもそべくった」　宮城県遠田郡　島根県石見 ***そぺくる** 青森県三戸郡 ***そぼくる** 島根県　長崎県壱岐島「言ひそぼくる」　熊本県　大分県「麻疹が出そぼくると困る」 ***そぼくれる** 島根県「大事な子がそぼくれて放蕩者になった」 ***たきわる** 熊本県・天草郡 ***たごわる** 和歌山県日高郡 ***たんごわる** 和歌山県日高郡 ***つかむ** 熊本県下益城郡 ***つけさがす** 徳島県美馬郡　愛媛県松山「何も出来いでつけさがした」 ***つまくる** 青森県津軽 ***てこずく** 茨城県稲敷郡 ***てこずる** 山形県　茨城県稲敷郡 ***でそくる** 福島県北部「でそくった」 ***てびる** 愛媛県睦月島 ***てべる** 徳島県 ***とぅいやんじゅん**(病気の治療を誤るとか、人を評価しそこなうなどの場合に言う) 沖縄県首里 ***とちれる** 島根県石見 ***とっぱくる** 茨城県久慈郡 ***とっぱぐる** 福島県　茨城県・稲敷郡 ***とっぱずす** 山形県米沢

市　茨城県稲敷郡　千葉県夷隅郡　新潟県中頸城郡 *とっぱずらかす 秋田県平鹿郡・雄勝郡 *とっぱずれる 茨城県稲敷郡 *とっぱどす 茨城県北相馬郡　千葉県「とっぱどしたからかんにんしてくれ」 *とっぱどする 岩手県気仙郡 *とぱじらかす 秋田県平鹿郡「とぱじらかして硝子をわ(割)る」 *とぱじらする 秋田県仙北郡「とぱじらしてこはしたから御免な」 *とぱずかす 秋田県山本郡・平鹿郡 *ないはんしゅん 沖縄県首里「しぐとぅぬないはんしゅん(仕事が不成功に終わる)」 *なかる 長野県佐久 *のめす 新潟県新発田 *のめずる 茨城県猿島郡 *はがむ 静岡県・田方郡 *はぐる 福島県「今度の試験うんとはぐった」　茨城県稲敷郡・真壁郡　千葉県市原郡「持方はぐって落しちゃった」 *ぱぐる 福島県北部・中部 *はごる 茨城県稲敷郡 *はたく 群馬県吾妻郡・佐波郡　新潟県東蒲原郡　静岡県「ほんなこんじゃーはなっからはたくにきまってる」　愛知県南設楽郡 *ばぼをつける 鳥取市 *ばらす 石川県「ありゃーばらした」「ばらいた」 *ひいしまう 和歌山県「あの人もひーしもたらしい」 *ひこずる 青森県津軽 *ひる 山口県阿武郡 *ぶっぱどす 千葉県山武郡 *へろこく 静岡県磐田郡 *ぼーうつ 島根県大原郡 *ぼーおらかす 愛知県尾張 *ぼーおらす 富山県富山市近在・砺波　岐阜県飛騨「とうとうぼーおらいた」 *ぼーおる 滋賀県愛知郡・蒲生郡　京都府竹野郡　大阪市　兵庫県神戸市　奈良県「商売もぼーおる仕末で困ったもんや」・宇陀郡　島根県出雲 *ぼーがおれる 奈良県吉野郡 *ぼーをおる 島根県出雲・隠岐島「大酒を飲んでぼーをおった」 *ほける 岐阜県羽島郡 *ほたりしまう 長崎県南高来郡「ほたりしもた」 *まいこむ 徳島県　高知県 *まう 徳島県　香川県中部 *もげる 愛媛県越智郡 *やいくやす(「やりくやす」の転) 鹿児島県肝属郡 *やいくる 佐賀県 *やじゃまげる 秋田県由利郡「汽車におくれてやじゃまげだ」 *やっそぶる 島根県隠岐島「ああやっそぶった」 *やりこくる 高知県・高知市「入学試験にやりこくらん様にうんと勉強しよる」 *やりこぶる 高知県 *やりそくる 愛媛県大三島 *やりそぶく 島根県出雲 *やりそぶる 島根県 *やりちらかす 福岡市 *らんがいる 茨城県　千葉県東葛飾郡 *らんやる 和歌山県伊都郡「らんやった(失敗した)」

しっぽ【尻尾】 *えんぼ 徳島県美馬郡・三好郡 *おーじり 愛媛県松山市「猿のおーじりが長い」 *おーば 香川県大川郡 *おじり 愛媛県周桑郡・喜多郡 *おっば 青森県 *おっぱ 青森県　岩手県紫波郡　秋田県　山形県　新潟県佐渡　富山県 *おっぺ 岩手県気仙郡　山形県最上・庄内 *おっぺだ 岩手県上閉伊郡 *おば 東京都三宅島　富山県砺波　徳島県　香川県　高知県「犬のおば」 *おぱ 青森県津軽・上北郡　秋田県鹿角郡 *おぱこ・おっぱこ 秋田県鹿角郡 *おばす(卑称) 富山県砺波 *おばた 徳島県　香川県　愛媛県 *おばち 石川県「赤鱓(あかえい)のおばちが長さが一間半ほどある」　福井県坂井郡　三重県伊賀　島根県石見「蜂のおばちにゃー剣がある」・隠岐島　広島県　山口県玖珂郡・大島　徳島県　香川県　愛媛県　高知県　熊本県八代郡・芦北郡　大分県 *おばちん 徳島県 *おばっ 富山県 *おばった 高知県「牛がおばったで犬を打った」 *おばっち 高知県 *おべ・おべた 徳島県三好郡 *おぼ 富山県　徳島県三好郡 *おぼっこ・えぼこ・えぼっこ 岩手県気仙郡　石川県鳳至郡　岐阜県「雀のおんぼ」　静岡県磐田郡　愛知県　三重県　徳島県美馬郡・三好郡 *おわ 富山県下新川郡 *おんじり 愛媛県 *おんど 三重県志摩郡 *おんば 徳島県 *おんばち 広島県安芸郡・高田郡 *おんべ 富山県　徳島県三好郡 *おんぼ 富山県 *おんぽ 京都府竹野郡「ねこのおんぽ」 *かえん 山梨県甲府「鼠のかえんほどの耳」 *げすのおば 富山県砺波 *げすのば 富山県砺波 *げすんぼ 石川県河北郡 *げんぼ 富山県 *げんのば・げんのべ 富山県射水郡 *ごっぽ 宮城県牡鹿郡 *さーお 島根県仁多郡 *さーぼ 島根県大原郡・仁多郡 *さーぽ 島根県仁多郡 *しーお 佐賀県三養基郡 *しーご 鳥取県西伯郡　島根県仁多郡 *しーぼ 鳥取県西伯郡　島根県出雲　鹿児島県 *しつっぽ 山梨県 *しっぷり 山梨県 *しっぽこ 新潟県西蒲原郡 *しど 東京都八丈島「さつまのしどでも、けとぉーじゃなし(薩摩芋(さつまいも)のしっぽでも、くれた訳でもあるまいし)」 *しぱ 青森県津軽　秋田県平鹿郡・鹿角郡 *しぱこ 秋田県鹿角郡 *しゃーお 島根県仁多郡 *しゃーぼ 島根県仁多郡・大原郡 *じゅー 沖縄県 *しりお 島根県　岡山県小田郡　広島県・比婆郡　香川県　長崎県南高来郡　熊本県　宮崎県 *しりご 鳥取県西伯郡　島根県 *しりっぼ 香川県 *しりっぽ 岩手県九戸郡・気仙郡　山形市　福島県　茨城県　栃木県　千葉県　新潟県中頸城郡　富山県　福井県　山梨県　長野県北安曇郡　静岡県　愛知県碧海郡・岡崎市　京都府北部　島根県　愛媛県喜多郡　長崎県南高来郡　熊本県芦北郡　宮崎県 *しりのおば 富山県西礪波郡 *しりのば 富山県氷見市 *しりばち 熊本県八代郡 *しりほ 島根県石見 *しりぼ 宮城県栗原郡・玉造郡　鳥取県西伯郡　島根県出雲　山口県阿武郡　香川県　熊本県芦北郡　宮崎県　鹿児島県種子島 *しりぽ 岩手県江刺郡　宮城県　山形県東置賜郡・米沢市　福島県　茨城県稲敷郡　千葉県海上郡 *しれっぱ 富山県西礪波郡 *しれっぽ 富山市近在 *しろっぽえ 山形県村山 *しろぱえ 山形県北村山郡 *しろぽ 新潟県下越 *しろぽえ 山形県 *しんのば 富山県婦負郡 *しんのばち 富山県氷見市 *ずー 鹿児島県喜界島　沖縄県 *どぅー 鹿児島県喜界島　沖縄県与那国島 *へんぼ 徳島県　高知県香美郡・長岡郡 *へんぼー 高知県

→お（尾）

しつぼう【失望】　*おねしもーした（「御念仏申した」の転か）岩手県気仙郡　*がめ 島根県隠岐島「がめが来て」　*くっしょ 香川県大川郡・木田郡「あいつは子が死んだんでがいにくっしょしとる」　*げっそり（失望するさま）秋田県「失敗してげっそりした」　茨城県新治郡　富山県砺波　長野県佐久　岐阜県恵那郡・北飛騨　三重県　滋賀県彦根　広島県佐伯郡・高田郡　徳島県　愛媛県周桑郡・喜多郡　*げったり 三重県志摩郡　滋賀県蒲生郡　香川県　*げっちゃり 島根県邇摩郡・大原郡　*けでん（「怪顚」か）滋賀県彦根「けでんする（失望する）」・犬上郡「けでんした（意に反することがあった）」　*げんなり 長野県下水内郡　大阪市　兵庫県神戸市・淡路島　和歌山市　島根県　岡山県苫田郡　徳島県　*つぃるだい（「筋がだれる」意。失望すること）沖縄県首里「つぃるだいしゅん」　*ばっさり（失敗や失望のさま。また、そのこと）三重県度会郡「ばっさりする（失敗する）」　高知県「今日の会はとーから楽しゅーでいたのに（楽しみにしていたのに）風邪引で出られん、げにばっさりかやったよ（しくじったよ）」「ありゃ、ばっさり、入場券を忘れた」　*ばったい（失敗や失望のさま。また、そのこと）島根県大田市・隠岐島　*ばったり（失敗や失望のさま。また、そのこと）島根県隠岐島「そんなことを言ってばったりしまった」　高知市　*ぱったり 高知県幡多郡「ぱったりいたねやー（すっかりしくじったねえ）」　*はばん 滋賀県彦根「はばんとする」　*はんがり 岐阜県飛騨　*ぼったい（失敗や失望のさま。また、そのこと）島根県邇摩郡・大原郡「追いつこうとしたがとうとうぼったいだった」　*ぼったり（失敗や失望のさま。また、そのこと）島根県邇摩郡

→がっかり・ぜつぼう（絶望）

しつよう【執拗】　*かたはんだ 長野県下水内郡　*かたみち 山口県豊浦郡「かたみちとーされ」　*がばっちょ（執拗なさま）千葉県山武郡　*こーじく 島根県出雲市・石見　*こーじゅく 島根県邑智郡　*こーねつ（執拗なさま）和歌山市　鳥取市　徳島県　*しつこ（「しつこい」の語幹）島根県「しつこなこと言うな」　*じゅーこー（執拗なさま）島根県鹿足郡「じゅーこーじゅー」　山口県　*しゅーたー（執拗なさま。また、その人）愛媛県大三島　*でんき（執拗または頑固な態度）山口県都濃郡・大島「でんきをはる」　*どーねき 岐阜県恵那郡　*どーねつ 石川県鹿島郡　*ねじかじ 茨城県猿島郡　*ねちくそ（執拗なさま）島根県能義郡　*ひつかけ（執拗なこと）山口県豊浦郡　*ひっこ・ひっこー（「しつこい」の語幹）香川県　*ひっこない（「しつこい」の語幹）兵庫県加古郡

→しつこい

□だ　*いげちない・いぎちない 山口県豊浦郡　*いどくらしー 石川県金沢市　*いやましー 長崎県五島「あまり度度いやましく言われぬ」　*えげつない 大阪市「こんなえげつないもん食はれへん」　*えぞくろしー 滋賀県彦根・蒲生郡　*えりこい 滋賀県彦根「えりこう云う」・蒲生郡　*しちこたらし 島根県出雲「あげん、しちこたらしげね、いいもんだねわや（そんなにくどくどしく、言うもんじゃないよ）」　*しちこたらしー 島根県簸川郡　*しつこたらし 鳥取県西伯郡　*しつこたらしー 島根県「しつこたらしい事を言うな」　*しつたらこい 和歌山県西牟婁郡　*しつらこい 滋賀県彦根　*しつらっこい 愛知県宝飯郡　*しぶい 石川県　*じゃらびつこい 徳島県美馬郡　*じゅーこい 島根県石見「じゅーこいことを言うな」「お前のように繰り返して言うのはじゅーこい」　*しゅーとくない 山口県豊浦郡「しゅうとくない奴（しかっても打っても物をねだるこじき）」　*じりくどい 富山県「あの人はなんちうじりくどい人じゃ」・高岡市　*せたこい 愛知県名古屋市「何たらせたこい蚊だろう」　*ばばちー 広島県　*ひっこたらしー 大阪市　島根県邇摩郡　*ひっつらこい 三重県三重郡　*ひつらこい 滋賀県彦根　和歌山市　*へらこい 愛媛県松山「あいつは、なかなかへらこい（がんばる）」

しつれい【失礼】　*おそそ 鹿児島県鹿児島郡　*おそそー 島根県石見「大変おそそーをしました」　*おりょーがえ 静岡県駿東郡「おりょうがえを申しがした（別れる時の挨拶の言葉）」　*ぞっけ（失礼なさま）長崎県対馬「此奴ぞっけな奴ぢゃなあ」　*ぞんざい 新潟県　静岡県志太郡　島根県「あの男はぞんざいなたちの男だ」　長崎県対馬「此奴あ、ぞんぜえな奴ぢゃなあ」　*はばかり 山形県鶴岡市・西田川郡「はばかりでがんすども（失礼ですが）」　*ぶじほ 山形県東白川郡　*ぶじょほ 青森県上北郡　山形県・北村山郡「お客の前でぶじょほなごとすんな」　*ぶちほ 富山県砺波　*ぶちょーほー 秋田市　山形県「ぶちょーほーな事をいって悪かった」・米沢市「ぶちょーほーな（失礼しましたの意の挨拶の言葉）」　富山県砺波　*ぶちょほ 宮城県栗原郡　秋田県鹿角　*ふつぃごー 沖縄県首里・石垣島　*ふつごー 高知県宿毛市・高知市「人の足を踏んで知らんふりをしているふつごーな人じゃ」

→ぶれい（無礼）

□だ　*じもない・じもね 鹿児島県「じもね奴ぢゃ」　*ずれたい 秋田県鹿角郡「ずれたいまねすな」　*ばかにした（自己に関する物事についてけんそんする時に言う）栃木県那須郡「どーぞほんのおばがにしたもんで」　山梨県北都留郡「こりゃばかにしたおぼぎのだけんな（産着だけれど）おじさんこれ着せておくんなせー」

しなびる【萎】　*かっちびる 静岡県榛原郡「餅がかっちびている」　*さなびる 新潟県岩船郡　*しーなくれる（「しいなのようになる」の意から）静岡県志太郡「ごむふーせんがしいなくれた」　*しーなぶける 新潟県中魚沼郡　*しくなびる 愛知県岡崎市「花がしくなびた」　*しなう 和歌山県日高郡

***しなくる** 大分県日田郡 ***しなくれる** 群馬県勢多郡 東京都八王子 神奈川県津久井郡 新潟県 山梨県南巨摩郡「植木い、水をくれのーどーで(くれないので)しなくれるらよ」 長野県 静岡県志太郡「なすんしなくれちゃった(茄子がしなびてしまった)」・小笠郡 ***すだる** 岐阜県飛騨 ***すだれる** 新潟県西頸城郡 富山市近在「朝顔は直ぐ日出るとすだれる」 岐阜県飛騨 京都府竹野郡「この花ももうすだれた」 ***すっつなびる**(卑語)宮城県石巻「あんまってば、すっつなびた大根だなぁ」「すっつなびた婆こだ」 ***すばびる** 岡山市「蜜柑がすばびてこまふなった」 ***すばる** 広島県賀茂郡 香川県「この芋はすばってしもとるが」 愛媛県 高知県土佐郡 ***すばれる** 香川県島嶼 愛媛県・大三島 ***すびる** 山形県南置賜郡・米沢市 新潟県佐渡 長野県南部 岡山県苫田郡「ふうせんがすびてしもうた」 ***すぼる** 滋賀県彦根 広島県三次 香川県香川郡・仲多度郡 愛媛県今治市 ***すぼれる** 広島県沼隈郡「花がすぼれる」・比婆郡「生(なま)物がすぼれる」 ***すわびる** 岡山県苫田郡・岡山市 ***ひしなびる・ひすなびる** 高知市「この大根はちっとひしなび過ぎた」 ***ひしなべる** 福井県遠敷郡「花がひしなべる」・大飯郡 ***ひしばびる** 岡山県北部 ***ひすばる** 茨城県猿島郡 埼玉県川越・入間郡「まんじゅーがあったがひすばって食えねー」 千葉県千葉郡・東葛飾郡 新潟県上越市 長野県佐久 徳島県那賀郡 愛媛県 ***びすぱる** 茨城県 ***ぴすぱる** 茨城県北相馬郡 ***ひすびる** 東京都八王子「骨と皮ばかりにひすびる」 神奈川県津久井郡 長野県 ***ひすぼる** 兵庫県加古郡 島根県石見 広島県高田郡 ***びたたゆん** 沖縄県首里 ***ひっしゃびる** 兵庫県淡路島 ***ふすなる** 愛媛県「かぼちゃがふすなった」 ***へしなべる** 福井県大飯郡 ***へしぼる** 和歌山県「この林檎はこんなにへしぼっている」 ***へしぼれる** 和歌山市 ***へすばる** 徳島県 香川県大川郡 ***へすぼる** 兵庫県加古郡 和歌山県伊都郡 ***へそばる** 徳島県 ***ほせる** 岩手県気仙郡 兵庫県淡路島
↓しおれる(萎)

じなん【次男】 ***あんさっこ** 山形県最 ***いんきょ** 和歌山県西牟婁郡・東牟婁郡 ***かごしょい**(かごを背負って婿に行くものと決まっているところから)岩手県気仙郡 ***かじ** 山形県庄内 ***じっぺ** 山形県庄内 ***じゃで** 山形県東置賜郡・東村山郡 ***じょー** 東京都八丈島「じょーじ(次男の伯叔父)」 ***じろー** 奈良県吉野郡 ***しんやもち**(分家となるところから)岡山県児島郡 ***ちーぼー** 山梨県甲府市 ***ちゃこ**(次男。また、次男以下の子を呼ぶ愛称)青森県津軽「おいの家のちゃこずるくて」 ***ちゃま** 新潟県中頸城郡 ***なかご** 愛知県北設楽郡 ***なかっさい** 山梨県南巨摩郡 ***なかぼん** 大阪市 奈良県南葛城郡 ***にばんおじ** 山形県 ***にばんそ・にばんそー・にばんぞー** 熊本県 ***にばんたろ** 宮崎県西諸県郡 ***にばんたろー** 熊本県芦北郡 ***にばんちょー** 佐賀県 ***にばんばえ** 長崎県対馬 熊本県 ***にばんぼーず** 熊本県玉名郡 ***にばんめ** 熊本県 ***ばっち** 山形県西田川郡 ***ひやめし** 島根県 広島県 熊本県 ***ひやめしくい** 広島県 ***ひやめしくりゃー** 熊本県阿蘇郡 ***みが** 鹿児島県沖永良部島 ***もしかあんにゃ**(「あんにゃ」は、兄、長兄のこと。「もし長兄が亡くなったらあんにゃになる者」の意)新潟県 ***よっこもの**(「よっこ」は余分の意。二男、または三男)長野県佐久

しぬ【死】 ***いかる** 山梨県 ***いきつく** 岩手県気仙郡 新潟県東蒲原郡 兵庫県淡路島 島根県石見「水にうべ(溺れ)てもがーたが、とうとういきついた」 ***いける** 新潟県中頸城郡 ***いしをいただく**(「枕石を頂く」の意で)愛知県北設楽郡 ***いたむ** 岩手県宮古市「ここらで人がいだんだーのあー(死んだのは)」 島根県邇摩郡・邑智郡「子供さんがいたみなさったげで(悔やみの言葉)」 ***いたる** 長野県上田「えたった」 ***いなくなる** 山形県飽海郡 ***うたう** 香川県伊吹島 福岡市 ***うちしぬ** 宮崎県西臼杵郡「病気の息子がとうとううちしんで」 ***うっちぐ** 山梨県 長野県佐久 ***うっちぬ** 長野県佐久 ***うてる** 三重県宇治山田市 島根県出雲(魚が死ぬ) ***うとる** 香川県仲多度郡 ***おさまる** 高知県 ***おじゃもす・おじょもす**(卑語)山形県北村山郡 ***おそれざんさいく**(恐山は霊山で地獄極楽があると伝えられているところから。隠語)青森県三戸郡 ***おちいる** 島根県石見 岡山県真庭郡・川上郡「丁度その時刻におち入っていて、枕元に饅頭がそなえてあった」 ***おちる** 山梨県 長野県佐久 島根県美濃郡・隠岐島「膿み蚕(こ)になって蚕がおちる(忌み言葉)」 ***おとげぁる** 秋田県平鹿郡 ***かくれる** 東京都八丈島「まあおかくれになりぁやって、お気の毒でおじゃうが」 新潟県佐渡「爺ちゃんかくれたちいますか」 ***かばねる** 愛知県西加茂郡・額田郡 ***かぶれる** 新潟県東蒲原郡 ***がめる** 鳥取県西伯郡 ***きしむ** 鹿児島県 ***くたす** 岩手県気仙郡(卑語)・東磐井郡 ***くつろぐ** 愛媛県 ***ぐんのびる** 山形県置賜 ***けーまう**(ののしって言う語)大分県北東部 ***けびえる**(嬰児の死亡に言う)鹿児島県 ***ごさはいがつく** 高知県「物持じゃと云って威張って居ったが、今度すっかりごさはいがついた」 ***ごさはやつく** 高知県高知市・長岡郡「雀の児わ今朝見ればごさはやついて(死んで)居る」 ***ござる** 千葉県夷隅郡 東京都八王子 神奈川県津久井郡 長野県下水内郡(戯言として用いる) 鳥取県「あいつがござーかけちょる」 島根県(卑語)「この蛇はござった」 ***こじゅめをうたう** 高知県長岡郡「籠の雀もこじゅめをうたった」 ***ごてる・こてる** 愛媛県 ***ことにならん・ことくそにならん** 島根県「病気がこう長びいてはことくそにならん」 ***ごなす**(卑しめて言う語)愛媛県喜多郡 ***ごぬる**(卑しめて言う語)長崎県北松浦郡・壱岐島・五島 熊本県 大分県宇佐郡・速見郡 ***ごねい**(卑しめて言う語)鹿児島県鹿児島

郡 *ごねずる(卑しめて言う語)岐阜県飛騨 *ごねむく(卑しめて言う語)石川県 *ごねる(卑しめて言う語)秋田県平鹿郡「あの老人はごねた」 福島県岩瀬郡 茨城県久慈郡・稲敷郡 栃木県 群馬県利根郡・桐生市 千葉県君津郡 新潟県 石川県加賀 長野県北安曇郡・東筑摩郡 静岡県富士郡 愛知県東春日井郡 兵庫県赤穂郡・神戸市「ごねてもたそやないか(死んでしまったそうではないか)」 和歌山県・西牟婁郡 鳥取県西伯郡 島根県「この蛇はごねた」 岡山県 広島県 徳島県 香川県綾歌郡(獣類に言う) 愛媛県 高知県幡多郡 福岡県 長崎県佐世保市・南高来郡・壱岐島 熊本県玉名郡・下益城郡 鹿児島県 *こわばる(卑しめて言う語)奈良県南大和 *さきのよへみゃーる 島根県出雲 *しにゅーこく(「死ぬ」の意を強めて言う語)新潟県佐渡 *しばかぶる 岐阜県飛騨「あの病人はしばかぶらにゃなおらん」 *しまう 愛知県名古屋市 和歌山県東牟婁郡「○○さん、もうしもたんぢゃと」 *しまっていく 岐阜県「あの人もとうとうしまっていった」 *しもう 広島県比婆郡 *しもーていく 新潟県佐渡 *しゃじのる・じゃじのる(山言葉)山形県西置賜郡 *しんずる 奈良県吉野郡 *すぎる 秋田県仙北郡・平鹿郡 東京都八丈島 新潟県中蒲原郡「だんなさまがおすぎになりましたそうでおさんざんでございます」 長崎県南高来郡・長崎市 *すぐる 長崎県壱岐島「到頭おすげましたそうで」 *たぎる 鹿児島市 *たこねる 和歌山県「とうとうたこねた」 *ちおしん(尊敬語)鹿児島県鹿児島郡 *ちんちんなる(幼児語)香川県伊吹島 *つかれっきる 山口県都濃郡「とーとーつかれっきりまして」 *つまる 茨城県久慈郡 *とうぶ 鹿児島県沖永良部島「くるしさぬあまり、とぅびぶしゃあしが(死にたいと思うけれど)」 *とーざになる 高知県 *とこばえる(卑語)高知県長岡郡 *とこばる(卑語)愛媛県・新居郡 高知県長岡郡 *とでぁくなる 秋田県雄勝郡「隣のおぢいさんは昨日とでぁくなたそうだ」 *どてがやる 愛媛県新居郡・周桑郡 *どびる 岡山県 *なくれる 福島県東白川郡 栃木県「あのじいちゃんはなくれちゃった」 *ぬつぃきしるん(文語形は「ぬつぃきしん」)沖縄県石垣島 *のたる 三重県三重郡 *のめる 長野県上田・佐久 *はしる 長野市 島根県邑智郡(馬に言う) 山口県豊浦郡(牛馬に言う) 長崎県北松浦郡・壱岐島 *はっじく 鹿児島県枕崎市「よじょい、かねもさんぢー、はっぢかいもしたおー(養生もかなわずにいってしまいました)」 *はっちく 宮崎県日向 *はっちょじゃる 鹿児島県肝属郡「○○さんははっちょぢゃったちもさなあ」 *はっていく 鹿児島県屋久島「たちまちはってえかったがわあ(急に死んでしまわれましたよ)」 *はってく 長崎県南高来郡「こどんもまーだーよいあつまらんうち、とちゅーんはってかれやしたたないー(子供もまだ寄り集まらないうちに、途中で亡くなられましてね)」 熊本県天草郡 *ばてる 静岡県庵原郡「とーとーばてちゃった」 岡山県児島郡 *はねくりかやる 山口県豊浦郡 *びだまる 茨城県久慈郡 *ひんねぶる 長崎県対馬 *ふんのびる 長野県上田・佐久 香川県綾歌郡「あいつふんのびてしもて」 *へたばる 岐阜県羽島郡 島根県「叩いたら蛇がとーとーへたばった」 香川県・木田郡・三豊郡 *ほくる 香川県佐柳島 *ほたいしん 鹿児島県・鹿児島郡(のたれ死ぬ) *ほたる 香川県三豊郡 *ほてかえる(卑語)香川県三豊郡 *ほてかやる(卑語)徳島県美馬郡 *ほてくさる・ほてやがる(卑語)香川県 *ほてこむ(卑語)香川県 *ほてばる(卑語)徳島県那賀郡 *ほてやかす(卑語)島根県江津市「ほてやかしゃーがれ(死んでしまえ)」 *ほてる(卑語)静岡県 島根県簸川郡 岡山県「この糞爺奴はやくほてゃーがれ」 広島県走島 徳島県 香川県 愛媛県伊予三島・新居浜市 *ぽてる(卑語)岡山県児島郡 香川県櫃石島 *ほんのる 香川県高松市 *まーしゅん 沖縄県首里 *まーらしん 沖縄県石垣島・新城島 *まいこむ 香川県仲多度郡 *まいていく 三重県志摩郡 *まいる(「あの世へ参る」の意から)富山県砺波「まいらはったそな(亡くなられたそうな)」 岐阜県郡上郡 三重県上野市 京都府竹野郡 奈良県吉野郡 山口県周防 香川県小豆島 熊本県八代郡・阿蘇郡 大分県臼杵市「爺さんもまいったそうななあ」 *まう 香川県綾歌郡「鯉の子が二匹ももうてしもうた」 *まなくひっくる 岩手県気仙郡 *まぶたさがる 奈良県宇智郡 *まるぶ 福島県大沼郡「まるんだ」 東京都八丈島「うーじがまるっで(おじいさんが亡くなって)」「弟さんもまるびーてーだってーじゃー(亡くなったそうですね)」「まるばら(死んだ)」 *まろぶ 東京都八丈島 *みーうとぅしゅい 鹿児島県喜界島 *むかしになる・んかしになる 島根県隠岐島 *めーおとす 岩手県上閉伊郡・気仙郡 宮城県仙台市 山形県 福島県東白川郡・西白河郡 新潟県中蒲原郡・上越市 長野県佐久 *めーむく 兵庫県加古郡 *めーもく 富山県・砺波 *めおとす 青森県・上北郡 宮城県石巻・仙台市 秋田県鹿角郡 山形県 新潟県東蒲原郡 *めらもく 富山県 *めをおとす 青森県三戸郡 宮城県 福島県 福井県 宮崎市 鹿児島県肝属郡 *めをきる・めーきる 新潟県佐渡 *もぐる 三重県志摩郡 *やくたばる 岩手県九戸郡 *ゆーない(「よーなかった」の形で)熊本県天草郡 *よーない(「よーなかった」の形で)奈良県吉野郡 *んぬん・んにるん 沖縄県与那国島

□こと *いたみ 島根県邇摩郡 *うなめ 高知県中村市 *おーじょーけつじょー 島根県美濃郡・益田市 *おさきまいり(悔やみの挨拶に使う語)山口県美祢郡「御主人がとーとーおさきまぇりせられたちゅーて」 大分県南海部郡「おじいさんがおさきまいりをしましたって言うが、お

力おとしでありましょう」　*おまいり 山形県「たった今おまえりした」　新潟県佐渡　香川県高松市・三豊郡　*ことき― 島根県八束郡　*しまい 岐阜県揖斐郡「ぞんがいはやくしまいでございまして(意外に早くおなくなりになりまして)」　愛知県名古屋市　滋賀県彦根　*じゃらんぽん 静岡県志太郡「あぇーつもとーとーじゃらんぽんか(彼もついに死んでしまったか)」　*じゃんぽ(児童語)新潟県　*じゃんぽん(児童語)新潟県西蒲原郡　*じんどん(小児語)新潟県西蒲原郡　*ちーもも(響く音から。幼児語)富山県　*ちんもんもん(響く音から。幼児語)奈良県　宮崎県延岡市「ちんもんもんになる」　*にしむき 島根県邑智郡「長年わずろーたが、とーとーにしむきになった」　*ひろしまいき(広島県の宮島では、死者が出るとすぐに対岸の広島へ送る風習があるところから、人が死ぬこと。「死ぬ」という語を忌んで言う)島根県出雲「広島行をする」　長崎県壱岐島「とーとーひろしまいきさした」　*まーり・まーい・もーい(敬って言う語)鹿児島県喜界島「まーいしゅい(亡くなる)」　*まいり 三重県度会郡　島根県美濃郡・益田市「お婆さんがまいりょーしんさったそうで」　*みーうとぅい(定められた命が落ちる意)沖縄県首里　*みーくーてぃー(「目を閉じる」の意。幼児語)沖縄県首里　*みやこいり 長崎県対馬

じぬし【地主】　*えーかんしゅ 奈良県吉野郡　*あげまいとり 大分県　*おーや 長野県諏訪　静岡県磐田郡　*おーやけ 青森県津軽　*おやかた 秋田県河辺郡　岐阜県加茂郡　愛知県北設楽郡　島根県　香川県三豊郡　熊本県　大分県中東部　*おやかたさん 島根県　*おやかたどん 熊本県鹿本郡　*おやかっさん 島根県益田市　*おやけ 新潟県岩船郡・東蒲原郡　*おやさく(小作に対して言う)石川県羽咋郡　*おんまいとり(「恩米取」か)熊本県北部　大分県北海部郡・大分郡　*かじしくい 高知県土佐郡・高知市　*かじしとり・かじしもち 高知市　*ぎんし 熊本県飽託郡　*じおや 長野県　静岡県磐田郡　大分県　*じと 愛媛県周桑郡　*じとー 山形県村山　島根県　広島県山県郡　香川県　愛媛県上浮穴郡　*じどー 山口県玖珂郡　*じもち 熊本県球磨郡　*じもと 大分県速見郡　*じゃーじん 熊本県鹿本郡・阿蘇郡　*じょーや 長野県　静岡県　愛知県東三河　*じょや 長野県南佐久郡　*たかおや 大分県大分郡　*たかもち 富山県高岡市　京都府　*たじゅー 鹿児島県種子島　*たず 兵庫県淡路島　*たぬし 大分県速見郡　*たのし 奈良県吉野郡　島根県邑智郡　*だんな 山形県西置賜郡・西村山郡　熊本県球磨郡・天草郡　宮崎県西臼杵郡　*だんなん 新潟県西頸城郡　熊本県阿蘇郡・天草郡　*ちしゅ 兵庫県加古郡　奈良県吉野郡　*とくぬし 大分県北海部郡　*とくしゃ 大分県大分市・大分郡　*とくまいえ 熊本県天草郡　*とくまいとり 熊本県　大分県大分郡　*とくめとり 熊本県芦北郡　*との 熊本県球磨郡　*よまいとり 熊本県　大分県大分郡・北海部郡　*よまとり 熊本県菊池郡　*りわけとり 熊本県球磨郡

しばい【芝居】　*おどっ 長崎県五島　*きょげんしばい 鹿児島県肝属郡　*にんぎょー 熊本県上益城郡

しばしば【屢】　⇨たびたび(度度)

しはらい【支払】　*はらいもん 香川県木田郡「節季がちこんなったけん、はらいもんはすまさないかんで」　*まかない 新潟県佐渡「これだけでは今月のまかないはむずかしい」　愛知県西加茂郡「まかないがつかぬ」

しばらく【暫】　*あたーさま 沖縄県石垣島　*あたーしま 沖縄県石垣島　*あたーちま 沖縄県黒島　*あたーっちま 沖縄県鳩間島　*あたーま 沖縄県宮古島「あたーまくー(ちょっと来い)」・石垣島　*あたしまーま 沖縄県小浜島　*あたちめー 沖縄県新城島　*あったー 沖縄県竹富島　*あったま 沖縄県波照間島　*あまーってぃ 沖縄県与那国島　*いちゅた・いちゅーた 沖縄県首里　*いつこっぱ 石川県江沼郡　*いまだし(当分の間)島根県石見「いまだし戻って来ん」「風呂の空(す)くなー、いまだしじゃーなー」　*おんど(久しい間)秋田県仙北郡「やあ、おんど来なかったな」・河辺郡　*しとはな(一時。ひとしきり)鹿児島県肝属郡　*しんば 高知県土佐郡　*たーさま 島根県邇摩郡・鹿足郡「たーさま待ってくれー、じきに戻って来るけー」　*たださま・たぶさま・たらさま 島根県鹿足郡「たださま待ってくれ。すぐ戻ってくるけー」　*ちーとがなかい・ちとがなかい 鳥取県西伯郡　島根県「ちーとがなかい待ってくれ」　*ちーときま 岡山県　*ちーとない 愛知県東春日井郡　*ちーとのま 岐阜県揖斐郡　大阪市　徳島県美馬郡　*ちーとま 京都府　大阪市　兵庫県　*ちーれのあいだ・ちーないだ 三重県阿山郡　*ちぇっとのこま 山形県村山・最上　*ちっときない 香川県　*ちっときま 香川県・小豆島　*ちっとくま 徳島県　香川県大川郡　*ちっとこのま・ちっとこも 香川県　*ちっとこま 徳島県　香川県　*ちっとない 愛知県東春日井郡「ちっとないに大きくなりゃーした」　滋賀県彦根　香川県　愛媛県　*ちっとま 福井県　京都府与謝郡・何鹿郡　大阪府大阪市・泉北郡　兵庫県加古郡・明石郡　和歌山県・那賀郡　*ちょきっとない 香川県三豊郡　*ちょことのま 愛媛県周桑郡・喜多郡　*ちょこのま 香川県伊吹島　*ちょころま 広島県庄原市　*ちょっこしがなかい・ちょっこーがなかい 島根県「ちょっこーがなかえに大怪我をした」　*ちょっこりひょんと 新潟県佐渡　*ちょっとき 山形県鶴岡市　*ちょっときま 青森県南部・三戸郡　岩手県遠野　*ちょっとくま 香川県大川郡　*ちょっとこば 徳島県　香川県「ちょっとこばするとじきに終わえていくきに(すぐ終わって行くから)行っきょってつか(行ってください)」　*ちょっとこま 青森県　秋田県鹿角郡

香川県 *ちょっとない 香川県三豊郡 *ちょっとなかい・ちーとなかい・ちとなかい 島根県 *ちょっとのあい 徳島県 *ちょっとのこま 山形県北村山郡 *ちょっとま 岩手県上閉伊郡 *ちょっとときま 青森県津軽 秋田県鹿角郡 *ちょとまが 青森県津軽 *ちょろこのなかい 島根県邇摩郡 *ちょろのなかー 島根県益田市 *ちんとま 福島県浜通 *ひったい 秋田県仙北郡「ひったい待って下さい」 *ひといき(ひとしきり) 富山県砺波 *ひとくら 新潟県佐渡 *ひとこっぱ(ひとしきり) 神奈川県 東京都大島「日のある中、ひとこっぱ踏張ろうじゃないか」 *ひとたぼげぁ 秋田県平鹿郡「ひとたぼげぁかかった」 *ひとっこぼ(ひとしきり) 神奈川県津久井郡 *ひとっぱり(ひとしきり) 静岡県 *ひとはな(一時。ひとしきり) 島根県「あの家もひとはなは良かったもんだ」 長崎県 *ひとまど(「ひとまず(一先)」の転という) 新潟県佐渡 *ふとはな(一時。ひとしきり) 島根県 *まつがあいだ 富山県 *やっさと 福島県相馬郡 ↓ざんじ(暫時)・とうぶん(当分) ⇩ひさしぶり(久振)

しばらくぶり【暫振】

しばる【縛】 *いーつくる 福岡県久留米市・三井郡 *いーつける 島根県 香川県 *いくる 京都府久世郡 *いつくる 熊本県玉名郡・下益城郡 *いっける 千葉県香取郡 長野県長野市・上水内郡 *いつける 新潟県 長野県小県郡・長野市 愛知県尾張・知多郡 *いっつえる 千葉県夷隅郡 *いっつける 埼玉県入間郡 新潟県東蒲原郡・中頸城郡 岡山県苫田郡「腰にかばんをいっつけて学校へ通うたもんじゃ」 *いつっける・えつっける 新潟県中頸城郡 *えつける 新潟県中越・長岡市 長野県佐久 島根県隠岐島 *かながく 新潟県・東蒲原郡 *からがく 北海道(荷造りする意もある) 青森県「えじみでも、かみ、ぎりっとからがえで」 岩手県上閉伊郡・気仙郡 宮城県「ちょっこりからがえてくなえ」 秋田県山本郡「糸でからがく」・鹿角郡 山形県 新潟県「後へからがいた髪が素敵でした」「木をほしょんねえようにからがく」 *からむ 青森県三戸郡 新潟県佐渡 *きばる 山口県大島「手を切ったので包帯できばった」 長崎県五島 *きびー 宮崎県西諸県郡 鹿児島県 *きびつ 鹿児島県 *きびる 島根県石見「垣を縄できびる」 広島県 山口県「あんまりひどうきびると解く時困るでよ」 愛媛県 福岡県 長崎県 熊本県 大分県 宮崎県「この紐きびちみよ」 鹿児島県 *くくす 山形県米沢市「木さくくしつげろ」 山梨県 愛知県海部郡「犬をくくす」・名古屋市「今日裏筋の×屋い昼鳶(ひるとんぼ)が入ったが、捕まって巡査にくくされてった」「坊はそんなに横着せると、くくいて倉の中え入れちまうぞ」 *くくわえる(「くくる(括)」と「ゆわえる(結)」の混交した語か) 香川県「さとうきびの折れたんを、くくわえにいかんか」 *くっかいる・くっかえる 香川県 *くんじゅん 沖縄県首里 *こぞる 広島県高田郡 *さまるん 沖縄県石垣島・鳩間島 *しまく 群馬県多野郡「金を沢山借りると利息にしまかれる」 *つなぐ 青森県津軽「あんまり、えぐなぇぐかがれば、つなぐぁぇ(悪いことをすると、縛りつけるぞ)」 *てねる 広島県佐伯郡 *どぅでぃゆん 沖縄県首里 *ばざみるん(文語形は「ばざみん」) 沖縄県石垣島 *ひっくびる 大分県大分市・大分郡 *ふぐくす 茨城県久慈郡 *ふんばる 奈良県 *まらぐん 沖縄県石垣島 *まるく 秋田県鹿角郡 東京都南多摩郡 神奈川県・愛甲郡「二人の手ぬぐいじゃーまーだまるききれねーだって」・津久井郡 *まるける 神奈川県愛甲郡 山梨県 *ゆいつくる 大分県大分郡 *ゆいつける 新潟県佐渡 長野県下伊那郡 香川県 *ゆすける 宮城県仙台市 *ゆつける 青森県 岩手県気仙郡 宮城県 秋田県 山形県 *ゆっちばる 福島県東白川郡 *ゆっつける 岩手県気仙郡 山形県 福島県東白川郡 茨城県鹿島郡・多賀郡 栃木県 *ゆつっける 山梨県 *ゆっつばぐ 山形県米沢市 *ゆっつばる 岩手県気仙郡 *ゆっつべる 山形県東田川郡 *ゆつばる・ゆつばえる・ゆすばえる 山形県 ↓くくる(括)・むすぶ(結)

しびれる【痺】 *しびなえる 京都府竹野郡「ながく座っていたので足がしびなえた」 *しびりがいる 広島県倉橋島・高田郡 *しびれがいる 広島県佐伯郡 *すくるる 鹿児島県 *ふぃらくぬん 沖縄県首里「ふぃしゃふぃらくぬん(足がしびれる)」 足が□ *ぴるくみゅい・しるくにゅい 鹿児島県喜界島 *ぺーらつぃくむん(つま先がすくむの意。長座して足がしびれる) 沖縄県石垣島

しぶい【渋】 *しーか 鹿児島県種子島 *しっか・しっぱか 鹿児島県

しぶしぶ【渋渋】 *しっぷかっぷ 新潟県中蒲原郡「不平があったらしっぷかっぷしてゐないで男子らしく言へ」・西蒲原郡 *しっぷりかっぷり 千葉県夷隅郡 *しぶかぶ 新潟県「しぶかぶする」・西蒲原郡「しぶかぶばかりしてうんといわぬ」 *しぶなこぶな 徳島県・海部郡 *しぶらかぶら・しふらかぶら・しっぷらかっぷら 島根県邇摩郡 *しぶりかぶり 千葉県 *しぶりこぶり 山口県 *ずるずる 栃木県 *つらずら 愛媛県伊予三島市 *つらつら 愛媛県周桑郡「頭が重いのでつらつらながら学校に行く」 *なまーなま(ぶしぶするさま) 徳島県「ただ、なまあなまするきんじゃ(いやいやするからだよ)」 *にぶにぶ・にぶしぶ・にぶやみ 新潟県佐渡 *やだやだ 秋田県仙北郡「やだやだと仕事する」 山形県 新潟県糸魚川市 ↓いやいや(嫌嫌)

じぶん【時分】 *ぐぬち 鹿児島県喜界島「いーかんぐぬち(夕飯時)」 *じしとぅ・しとぅ 鹿児島県喜界島 *せつ 福岡市「かいりよったせつがやっぱーありますばい(帰っていた時分もやはりありますよ)」 *ちない 兵庫県神戸市・淡路島「其のちなえ

には幽霊が出たとか人魂が飛んだとか随分やかましかった」 *ちにゃー 京都府竹野郡「わたしが嫁にきたちにゃーには」 *もと 静岡県
→ころ（頃）

じべた【地―】 *あだ・あだべた 兵庫県加古郡 *じーだ 佐賀県 鹿児島県 *じーだな 佐賀県神埼郡 *じずあ 宮崎県西臼杵郡 *じた 岐阜県揖斐郡 和歌山市 熊本県天草郡 *じだ 岐阜県南部 愛知県「これ梅坊はだしでじだい降りるだないぜい」 長崎県南高来郡・壱岐島 熊本県上益城郡・天草郡 宮崎県都城 鹿児島県 *じたっぱら 熊本県天草郡 *じだんばら 熊本県玉名郡・天草郡 *じだんま 熊本県玉名郡 *じでー 福岡県久留米市 *じど 群馬県多野郡 *じど・じどっこ 千葉県夷隅郡 *どーじ 長崎県 *どし 東京都八王子 *どじ 群馬県利根郡・佐波郡 埼玉県入間郡「どぢの下の方はそらーあついそうだ」 千葉県夷隅郡・安房郡 島根県那賀郡「どじい坐りこんだ」 愛媛県大三島 宮崎県西臼杵郡 *どじっこ 千葉県夷隅郡 *どじべ 島根県邑智郡・隠岐島 *とじべた 群馬県佐波郡 *どじべた 栃木県 群馬県山田郡 千葉県夷隅郡 東京都八王子 島根県 愛媛県大三島 *どじんべら 宮崎県西臼杵郡 *どちべた 栃木県 長野県佐久 愛知県奥設楽・東春日井郡「どべたに坐った」 島根県 岡山県小田郡・御津郡 山口県豊浦郡 香川県大川郡・仲多度郡 愛媛県周桑郡・喜多郡 *どろ 熊本県天草郡 *どろぱた 徳島県 *どろべた 島根県石見 岡山県小田郡 広島県 山口県 徳島県 香川県大川郡・仲多度郡 愛媛県・喜多郡 宮崎県東臼杵郡 *どろべったー 広島県比婆郡 *もと 島根県石見「もとにおりると足がよごれる」 広島県・比婆郡「もとにじかに坐ってはいけんでえ」・高田郡 山口県・阿武郡・大島 *もとじ 山口県阿武郡
→じめん（地面）

しぼむ【萎】 *さじく 青森県津軽 *しーなくれる（「しいなのようになる」の意から） 静岡県志太郡「ごむふーせんがしいなくれた」 *しーなぶける（「しいなのようになる」の意から） 新潟県中魚沼郡 *しおたれる 兵庫県但馬 *しがれる 青森県津軽 長崎県壱岐島 *しなくくる 大分県日田郡 *しなくれる 群馬県勢多郡 東京都八王子 神奈川県津久井郡 新潟県 山梨県南巨摩郡「植木い、水をくれのーどーで（くれないので）しなくれるらよ」 長野県 静岡県志太郡「なすんしなくれちゃった（茄子がしなびてしまった）」・小笠郡 *しばなえる 島根県隠岐島 *しぶないる 東京都三宅島 *しぼないる 愛媛県 *しぼなえる 愛媛県 *しぼなゆる 大分県 *しゃびる 京都府中郡・竹野郡 *しゃべる・しらべる 京都府竹野郡「コスモスの花がもうしゃべかけた」 *しょぼなむ 愛媛県新居浜市 *しわがる 熊本県玉名郡・下益城郡 *しわがるる 福岡県 熊本県玉名郡 *しわびる 岐阜県飛騨 *すがる 富山県「菊の花がすがった」 *すがれる 新潟県西頸城郡 山梨県南巨摩郡「花がはい（もう）すがれる」 岐阜県飛騨・郡上郡 静岡県志太郡「ひとばんですっかりすがれちゃった」 *すでる（花がしぼむ） 青森県上北郡「胡瓜の花しででもう実になる」 静岡県 *そがれる 山形県東置賜郡 *そごむ 新潟県三島郡 *つくまるん・ついくまるん 沖縄県石垣島 *びたたゆん（植物や人間などの生気が衰えてしぼむ） 沖縄県首里
→しおれる（萎）

しまう【仕舞】 ①物を片付ける。納める。 *かこう（大切にしまう） 秋田県鹿角郡 島根県石見「千代紙をかこーちおく」 *きりする 島根県八束郡・隠岐島「宴会のあとを一通りきりした」 *したむ 香川県西部 *しどめる 兵庫県淡路島 *しなべる 静岡県「机の上をよくしなべておけ」 *しのぶ 長崎県壱岐島「家のまわりをしのぶ」 *しのぶる 長崎県北松浦郡 熊本県天草郡 宮崎市 *しのべる 香川県 愛媛県 高知県「簞笥へしのべる」 長崎県対馬・壱岐島 熊本県天草郡 *します（大事にしまう） 香川県綾歌郡・丸亀市「なんでもだいじにしましとかな、わしはすかんのじゃ」 *すべくる 岩手県気仙郡 *すべる 岩手県気仙郡 宮城県「店の品をすべる」「葬式をすべてやる」「『さきたの道具すべてくれしたか』『は、お蔵さ皆すべーてござりす』」 山形県西置賜郡 *つえる 香川県大川郡「ひこずりさがして何ということじゃ。つえとけ」 *つまえる 兵庫県淡路島 徳島県 香川県「そっちいつまえとけ」 *どける 広島県「どけとく」 *とらーげる 岡山県浅口郡 広島県能美島・鷺島 *とらげる 島根県隠岐島「芋をとらげる」 岡山県 広島県向島 *とりあげる 岡山県 香川県小豆島 *なおす 東京都三宅島・御蔵島「これをなほしておけ」 新潟県佐

方/言/の/窓

●学区と方言

公立の小・中学校の場合、それぞれの学校への通学区域が決まっている。これを「学区」と呼んでいる。ところが「学区」は東日本での言い方であり、西日本では「校区・校下」ということが多い。

ところで、ある地域のすべての集落を訪ねるといったように、極めて微視的に方言の分布を見たとき、ある方言形の領域が小学校の通学区域と一致することがある。これまで報告された事例では、子どもの遊びなど、子どもの世界と関連のある事物（「おたまじゃくし」「肩車」「めんこ」「お手玉」「じゃんけん」など）の名称に比較的その種の分布を示すことが多いようである。

方言分布領域の形成に影響を与えうる社会的要因の一つとして注意したい。

渡　三重県北牟婁郡　滋賀県彦根　京都市　大阪府大阪市「香をたかぬなら香炉や卓をなをして置くがよく」・中河内郡　兵庫県「ひけらかすよって欲しがるのんや、ちゃんと蔵(なを)しておいで」　奈良県「早よなおしとけ」　和歌山県　山口県　香川県　愛媛県　長崎県南高来郡・対馬　熊本県阿蘇郡　大分県　鹿児島県・肝属郡(大事にしまい込む)　*なつべる京都府・竹野郡「たしかあの服はたんすになつべておいたはずだ」　兵庫県　*などべる京都府与謝郡　*なわす山口県阿武郡・大島「なわす時によう考へてなわさんと今度使ふ時にさっぱりどこにあるか判らん」　福岡県　佐賀県「着物を簞笥になわす」　長崎県南高来郡・壱岐島　熊本県玉名郡・八代郡　*のける大阪市　山口県大島「大事にのけてしまうた」　愛媛県　*ひきあげる広島県双三郡・芦品郡　*ひちゃーげる島根県邑智郡「大雨に着物を内へひちゃーげる」　広島県双三郡・芦品郡　*ひちゃげる島根県鹿足郡・邑智郡　岡山県備中北部　*まつべる京都府竹野郡　兵庫県但馬　*まつめる長野県佐久　京都府　*まてる福島県浜通「この本をまでてくれ」　茨城県稲敷郡　栃木県　千葉県「物置にまでとけ」　*まとべる京都府

→かたづける(片付)

②やり終える。終わりにする。　*しゃゆる(済ませる)佐賀県「麦収納は早くしゃえた」

③補助動詞。終了の意を表す。　*すむ新潟県佐渡「落してすんだ」　徳島県美馬郡・三好郡「食うてすんだ」　香川県「生徒はみんな行てすんどるが」「もうそなな本売ってすんだらええのう」　*はなす岐阜県飛驒「枝を切ってはなす」

しまつ【始末】　*あごたえ富山県「あごたえうてん(始末に負えない)」　*かたぎ新潟県「はやくかたぎをつける」「あの話かたぎつけましたか(解決しましたか)」　*がんがく岩手県胆沢郡・気仙郡(卑語)　宮城県登米郡・玉造郡　山形県　新潟県岩船郡「自分のがんがく」　*きら(ものごとの始末)島根県出雲「仕事のきらがつかん」「一きら一きらをつけてから次え進め」　*こんたん岐阜市　*さくばい島根県「不景気で店のさくばいがとてもやり切れん」　*さくまい島根県出雲　山口県玖珂郡「さくまいがつかん(始末に負えない)」　*さっぱい鳥取県東部　*さらく和歌山市　*しが島根県石見　*しがら山形県米沢市「しがらに困る」　*しこ島根県出雲　愛媛県大三島　*しご鳥取県「しごにつかん(手に負えない)」　島根県「あれに任せてもしごができん」　岡山県苫田郡・岡山市　広島県三次郡　山口県「今年はぼうぶら(カボチャ)がよけえ出来てしごがつかんほどある」　*しごー広島県高田郡「しごーする(始末をつける)」　*しだてこだて山形県南置賜郡・米沢市「しだでこだでになんなえほどある(しようのないほどある)」　*しとばい岩手県二戸郡「しとばいがつかない」　*しまい三重県上野市「しまいする(整理する)」　広島県豊田郡「舟のしまい」　香川県　*しまいごと香川県小豆島　*しゃぎり島根県石見「どっちーでも早うしゃぎりをつけー」　*しやり島根県浜田市「しやりがつかん(途方に暮れる)」　山口県大島「しやりに困る」　*しょーやく新潟県中頸城郡　岐阜県本巣郡「しょうやくする」　滋賀県彦根　兵庫県淡路島　岡山県　*しょご・しょーご山形県　*しょごもっけ山形県庄内　*しょやく・せやく兵庫県加古郡　*しんご岐阜県郡上郡「しんごが悪い」　和歌山県那賀郡　*じんじく長崎県壱岐島「昨日引越したばっかりでまだじんじくがつかん」　大分県南海部郡「じんじくよー(静かにきまりよく)」　*しんまい(「しまい(仕舞)」または「しんまく(慎莫)」の転か。始末すること)静岡県「自分のしんまいも出来んでいる」　*しんまく(始末をすること)岩手県気仙郡「しんまくなんねあ(困る)」　宮城県仙台市　東京都南多摩郡　静岡県榛原郡「身じんまく」　大分県日田郡　*じんまく(始末をすること)宮城県仙台市　大分県日田郡「じんまくする人」　*せご島根県簸川郡・出雲市　*そーやく新潟県中頸城郡　長野県諏訪　*ついび沖縄県首里　*てぐち長野県諏訪・佐久　*てしこ長野県諏訪・上伊那郡　*ばっかい新潟県岩船郡「ばっけぇならぬ(数などが多くて処置できない)」　富山県「ばっかいできぬ(手に余る)」「こんなもんのばっかいしとりゃ仕事もでっけん」　石川県鹿島郡　*はわ山口県阿武郡「はわがつかん(始末ができない)」　*またい富山県・下新川郡・砺波「あとのまたいは誰ゃするがい(だれがするのか)」　*またじ(始末すること)新潟県「こんなに、子供を連れて来てはまたじならん(手に負えない)」「ああ酔ってはまたじが悪い」「またじをしねえでなにしてる」　石川県金沢・鹿島郡　長野県南安曇郡　岐阜県　*わけ石川県江沼郡「わけつける(始末する)」　島根県出雲市・大原郡

□する　*あとめる福井県大飯郡　*あどめる福井県遠敷郡・大飯郡　鳥取県東部　長崎県対馬　*くりめる高知県幡多郡　*くるめる高知県・高知市「お菓子は戸棚にくるめておきよ」・幡多郡　*しみじげる(きちんと始末する)青森県津軽「しみじげる人」　*とろく鳥取市　*なおす新潟県佐渡「人が来るからそこらをなおしておけ」　三重県南牟婁郡　大阪府　兵庫県明石郡　奈良県　和歌山県　山口県玖珂郡　香川県「終りましたらそのままにして結構です。私がなおしますから」　高知県幡多郡　福岡市　大分県　鹿児島県　*なわす山口県大島　福岡市　*のーしゅい鹿児島県喜界島　*のーす静岡県「それをあちへのーせ」　*またせる岐阜県飛驒　*よじむる和歌山県日高郡　*よじめる神奈川県中郡　和歌山県「そこらよじめて御飯にしようか」「蚕を一つによじめてしまふ」　*よじる和歌山県西牟婁郡　福岡県朝倉郡　*よちめる和歌山県東牟婁郡　徳島県美馬郡　高知県「道具をよちめちょきよ」　*よつむ和歌山県「そこの本よつめとけ」

*よつめる 和歌山県東牟婁郡　長崎県対馬(集める) *わふつける 石川県江沼郡

しまり【締】 *あもり(多く、人の容貌(ようぼう)や風采(ふうさい)について言う) 愛知県名古屋市「○○は口にあもりがないので、物事に感心してくると涎(よだれ)がたれる」 *くかり 長崎県壱岐島「小便袋ぬくかりの無うなった」 *しゃずか 鳥取県気高郡「しゃずかがねー(締まりがない。取り扱いが大ざっぱだ)」 *しょーど(多く「しょーどがない」の形で用いる) 茨城県　群馬県勢多郡「あいつはしょうどがねえことばかりしている」 愛知県名古屋市　香川県仲多度郡「うちの人いつかえるやらしょうどがない」 *つか 長野県佐久「つかもない」 *つがり 島根県石見「何ぼう聞いてもつがりもなーことばかりじゃ」 岡山県 *つがれ 広島県佐伯郡・高田郡 *とっちまり 埼玉県北葛飾郡「ちらかしっぱなしで、ほんとに、とっちまりがねー」 *とっとりべつ 青森県南部「とっとりべつぁない(要領を得ない。まりがない)」

□がない *おさどをふむ(投げやりで締まりがない) 島根県隠岐島 *おざれる 島根県飯石郡・大原郡 *がさくらじ 秋田県平鹿郡「がさくらじ子だな」 *がんじゃない(「がんぜない(頑是無)」の転か) 青森県津軽「あの人はぐゎんじゃなぇから、少しもあてにならない」 *くくりがない 香川県　大分県 *くだらない・くんだらない 秋田県平鹿郡・雄勝郡「あの人は酒をのむとくだらねぁ」 *こしどもない 山形県米沢市 *さきらがない 島根県飯石郡・大原郡「散らしてさきらがない」 *ざっしもない 岐阜県郡上郡 *ざっせがない 島根県美濃郡「子供が散らかーてざっせがなー」 *しだらがない(行いや状態に締まりがない) 岩手県気仙郡　埼玉県北葛飾郡「若いもんのくせにしだらがねー」 神奈川県津久井郡　静岡県志太郡　島根県益田市「たった今騒あどったがはー寝て、しだらがなー」 *しだらない(行いや状態に締まりがない) 岩手県気仙郡　宮城県石巻「あの女はすだらねぁ恰好すてる」 山形県　新潟県　山梨県　長野県佐久「しだらないやつ」 *じちがない 静岡県賀茂郡 *じちくちもない 静岡県榛原郡 *じちくれがない 愛媛県南宇和郡 *じちない 東京都八王子　神奈川県津久井郡 *じちもない 静岡県 *じっちゃーない 山梨県 *しどがない 青森県津軽　山形県米沢市 *しととぺぁない 青森県三戸郡 *しどはじない 山形県東置賜郡 *しどもない 山形県南部「しどもない家だ」 *しどらじもない 山形県米沢市 *しみじげない 青森県津軽 *しゃきらがない 島根県「納屋の中はしゃきらがない」 *しゃきらもない 新潟県刈羽郡　島根県 *じゃちゃんなか 長崎県五島 *じゅんだらくい 愛媛県大三島 *ずいない 和歌山県西牟婁郡 *ずっさらし 鹿児島県 *ずつない 神奈川県 *ずるい 福島県耶麻郡　新潟県佐渡　山梨県　滋賀県神崎郡　和歌山市「けふも又学校休んでずるい男やな」 香川県 *ずるこい・ずるずるしー 新潟県佐渡 *そっぺない・しょっぺない 長野県佐久 *たすい 香川県 *だすい 長野県東筑摩郡「だすい仕事のやり方だ」「だすい人物だ」 兵庫県淡路島　岡山県児島郡　徳島県　香川県「帯がだすい」「バンドがだすい」 愛媛県　高知市「栓のさしかたがだすい」 *だずい 長野県東筑摩郡 *だすくたい 兵庫県淡路島　香川県三豊郡 *たすこい 高知県 *だすこい 徳島県　香川県三豊郡　愛媛県 *だたいない 福井県大野郡 *だだくさい 茨城県稲敷郡 *だだくさない 新潟県三島郡 *だだくちゃね 山形県 *だだちない 山形県庄内 *だだちゃない 山形県庄内 *だだつない 山形県西置賜郡・飽海郡 *だだつね 山形県東田川郡・西田川郡 *だだはぇない 福島県 *だちもない 宮崎県東諸県郡 *だっしもない 岐阜県武儀郡　大分県大野郡 *だっしゃまない・だっしゃむない・だっしゃもない・だっしょもない 岐阜県飛騨 *だっせがない 島根県益田市 *だっせもない 島根県石見 *だぶい(緩くて締まりがない) 兵庫県加古郡「この下駄は鼻緒がだぶい」 *だめがない(心に締まりがない) 秋田県「あまりだめぁなくて財産をなくした」 *だらい 愛媛県 *だらしー 新潟県佐渡　島根県「だらしー風をして歩く」 大分県 *だらっかい 静岡県 *たりー 岡山市「目がたりー(眠くてまぶたが重い)」 *たるい 茨城県稲敷郡　長野県諏訪・上伊那郡「たるい人間だ」 岐阜県飛騨　兵庫県加古郡・神戸市　高知県「男の様子でそんなたるぃ(意気地のない)事を言うていくかや」 *だるい 新潟県佐渡　愛媛県 *だるこい 兵庫県神戸市「だるこい奴ちゃ」 *たれー 埼玉県秩父郡 *ちやぐすい 岡山県苫田郡 *つずくりがねー 鳥取県西伯郡 *とったもだらない 青森県三戸郡 *とぶっけ 栃木県河内郡・那須郡 *なまばらくさい 宮城県仙台市 *ぶぐちねーやーい 茨城県北相馬郡 *ふじまらない 青森県・津軽 *へんだらだすい・へんだらすい(強意) 兵庫県淡路島「良いとも悪いとも薩張り分らんでないか、へんだらすい男じゃのお」 *ほーずがない 岡山県上房郡・吉備郡 *ほじない 青森県三戸郡 *ほずあない 青森県南部　秋田県仙北郡 *ほつあない 青森県南部 *ほんじあない 青森県津軽 *ほんつけあない 青森県津軽「ほんつけぁない人だよ。本心はどのへんなのか」 *ふーずがない 大分県玖珠郡 *やちがない 香川県小豆島・豊島 *やちゃかちゃない 秋田県鹿角郡 *やちゃくちゃない 山形県 *やちゃくやなし 茨城県稲敷郡 *やちゃやない 山形県 *やっしゃない 福島県相馬郡 *やっちゃえない 千葉県印旛郡 *やっちゃない 山形県　千葉県印旛郡 *ゆるい 宮城県登米郡・仙台市「あの男ゆるいから、おかた(女房)に気儘されんのっしゃ」 山形県「ゆるえつら(馬鹿顔)」 大分県大分郡 *らしがない 島根県 *らしもない 岐阜県本巣郡 愛知県尾張 *らしゃない 和歌山県 *らちかちもなか 佐賀県 *らちがない 島根県 *らちくちがない 岩手県九戸郡・平泉 *らちもない 茨城県稲敷郡 *らちゃくちゃない 山形県東置賜郡 *らっこくない 山形県東村山郡 *らっしがない 島根県鹿足郡「座敷中らっしがなー」 岡山県 高知市「年をとりましてこの頃はいっこうらっしがございません」 *らっしこっしゃない 高知市 *らっしもない 岐阜県 愛知県葉栗郡・東春日井郡 岡山県苫田郡「らっしもないことをしとりますけんど、まあ上ってつかあさい(ください)」 大分県 *らっしゃーない 島根県石見 広島県芦品郡 *らっしゃがない 島根県仁多郡 *らっしゃこっしゃがない 島根県美濃郡・益田市 *らっしゃこーせがない 島根県仁多郡 *らっしゃない 奈良県吉野郡 島根県美濃郡・益田市 高知市 *らっしゃもない 岐阜県益田郡・郡上郡 *らっしょがない 島根県美濃郡・益田市 *らっしょむない 岐阜県大野郡 *らっしょもない 岐阜県郡上郡 *らっせがない 島根県石見 *らっせこーせがない 島根県美濃郡・益田市 *らっせもない 島根県石見 *らっちがない 宮城県登米郡 *らっちくちあない 宮城県栗原郡 *らっちもない 岩手県東磐井郡 *らっちゃない 山形県東置賜郡・西置賜郡 福島県相馬郡 千葉県印旛郡
→だらしない

□がないさま *あじゃあじゃ・あじゃくじゃ 富山市近在 *うがんけ 鹿児島県肝属郡 *がりやく(「がいりゃく(概略)」の転か) 新潟県西蒲原郡「女や小供ばかりで、何事もぐわりやくになる」 *ざまく 兵庫県淡路島 島根県石見・隠岐島 広島県「ざまくな風しとる」 徳島県「彼奴のみなりはいつもざまくな」 香川県 *ざんまく 山形県米沢市 *ずっぺらぼー(投げやりで締まりがないさま) 新潟県佐渡 *ずんべらぼー(投げやりで締まりがないさま) 新潟県佐渡 長野県佐久 *だぶろく(ものごとの締まりのないさま) 新潟県西蒲原郡「ああだぶろくでは仕方がなえ」 *だまく 島根県石見 *だら 福井県「だらこく(怠ける)」 *だらー・だるー 沖縄県首里 *だらーくゎらー・だるーくゎるー 沖縄県首里 *だらすけ 福井県 *だるもの 沖縄県宮古島 *たれか 岩手県胆沢郡 *つんべら 和歌山県西部 *てれっと 大分県大分市・大分郡 *どじゃらく 宮城県石巻・仙台市 *どちゃらく 宮城県仙台市 山形県東村山郡「どちゃらぐにしておかないで、きちんときめろ」 *なんめんだらく 長崎県北松浦郡「あの人の仕事はなんめんだらくばい」・対馬「あの男は万事なんめんだらくな事で世を渡る」 *ぬっぺらぼー 新潟県佐渡 *のて(行為に締まりのないさま) 長野県更級郡・埴科郡 *のっぺ 秋田県雄勝郡・南秋田郡 *のっぺらぼー 秋田県平鹿郡 茨城県多賀郡 長野県諏訪 *のっぺらぽー 山形県東置賜郡 和歌山市 *のっぺらもの 岩手県東磐井郡 山形県村山「うちの子供はのっぺら者だ」 *のっぺり 岩手県東磐井郡 茨城県稲敷郡 *のんべら 栃木県 *ばさらくさら 岩手県平泉 宮城県石巻 *ばはーりと 山形県米沢市 *ばはりと・ばはっと 山形県米沢市・南置賜郡「ばはりとしてしまりがない」 *ばんぼ 山形県庄内 *べろべろ・へろへろ・ぺろぺろ 茨城県稲敷郡 *らんば 島根県隠岐島「かばんをらんばにして遊び出た」

□のない人 *うず 宮崎県東諸県郡 *がさ 富山県東礪波郡 *がざ 富山市近在 *しっからか 熊本県天草郡 *しびずけなし 岩手県気仙郡 秋田県北秋田郡 *しびつけなし 秋田県鹿角郡 *じょーだんべー 兵庫県加古郡 *すったいな 徳島県 *だだらだいはち 滋賀県彦根 *つぃびふぎばーき 沖縄県首里 *つまふみ 山口県豊浦郡 *べさり 岩手県気仙郡 *めろず 山形県 *もちゃっぽなし 新潟県東蒲原郡 *もちゃぽえなし 岩手県九戸郡 *やりたいぼし 兵庫県加古郡 *ゆーきゃーなし 長崎県北松浦郡「あの人はゆーきゃーなし」 熊本県・下益城郡 *ゆーだく 茨城県稲敷郡 *ゆけなし 熊本県 *ゆるすけ 宮城県石巻・仙台市「ゆるすけだから人に馬鹿にされてばかりいる」 福島県若松市・大沼郡

じまん【自慢】 *いんげん 福井県大飯郡「いんげんこく」 京都府 兵庫県但馬 *おーふ 兵庫県但馬・加古郡 徳島県 香川県三豊郡 *おぎら 宮崎県都城・東諸県郡(大言する人も言う) 鹿児島県 *おはば(「おおはば(大幅)」の転か) 栃木県「あれっぱかりのことたいそおはばにして」 *がち 石川県「ぐゎちこく(自慢する)」 *ぎら 鹿児島県「ぎらをかやす(自慢を言う)」 *ぎろ 広島県佐伯郡「ぎろする(自慢する)」 *こーでー 鹿児島県喜界島 *ごや 青森県「ごやこぐなでぁこのわらし(自慢するなよ、この子供め)」・津軽 *ごんけ 岩手県「ごんけ吐ぐ」 宮城県 *しゅーく 愛媛県西宇和郡 *たいへーらく 山梨県 島根県「あいつはいつもたいへーらくこいとる」 *たいらく 福井県敦賀郡「たいらくこき」 大分県速見郡 *たへーらく 長崎県対馬「たへえらくいふ」 *たへらく 大分県 *たんか 滋賀県高島郡 広島県・高田郡 *たんから 群馬県山田郡 *でぃくー 鹿児島県喜界島「でぃくーしんな」 *でんせー 山口県大島 *ねんご 香川県「はやこの子ねんごするようになったの」 愛媛県 *ねんごー(自慢すること) 山口県 徳島県美馬郡・三好郡 香川県高松市 高知県 大分県北海部郡・南海部郡 *ねんごのかー 高知県土佐清水市「子びんす(子供)のくせにねんごのかーゆーな」・幡多郡 *ねんごのかわ 香川県伊吹島 *はなあぶら 高知県「あれが先生のはなあぶらです」・高知市 *はば 栃木県「財産をはばにする」 群馬県

勢多郡「あんなばかげたことをはばにしている」 岡山県苫田郡 *ほよー 熊本県 *まんつぁん 宮城県仙台市「子供の居た前で賞めんすな。まんつぁんになったらおーごとだてば」 *みそたくり 岩手県江刺郡 *れんせー 山口県大島「あんなことをれんせえでする」・防府「れんせいげに言ふ」

□**する** *いさる 石川県金沢市・石川郡 福井県 岐阜県恵那郡・飛驒 福岡県 *いざる 岐阜県益田郡 *いんげめく 新潟県刈羽郡 *いんげんめく 新潟県中魚沼郡 *いんげんめる 新潟県 *えんげんぶる 山形県東置賜郡 *おげる 香川県・木田郡 *かく 徳島県「ほんな、どねんごーかくないや(そんなに自慢を言うな)」 *かさにかぶる 栃木県那須郡 *がちまく 石川県能美郡 *きしまかす 島根県石見「そがーにきしまかーて、敗けたらどがーする」 *げらをうつ 鹿児島県肝属郡 *ごえきる 青森県上北郡「あの人は酔へば娘のことごえきる」 *ごわいきる・ごあいきる 青森県津軽「馬二頭かっているなどと大したごあえきっていたけれどみなうそだ」・三戸郡「ごわいばかりきる奴だぁ」 *こわだをはる 山口県玖珂郡 *しこぶる 熊本県天草郡 *じまける 愛知県北設楽郡 *じままげる 秋田県平鹿郡「あの男じままげでる」 *じまんめく 福岡市 *ずこぶる 石川県珠洲郡 *たぎる 静岡県安倍郡「紐がたぎる」 *たくしきる 茨城県稲敷郡 *たくをきる 茨城県 *できむ 岐阜県吉城郡 *どねんごーかく 徳島県「ほんな、どねんごーかくないや(そんなに自慢を言うな)」 *ぬけらかす 長野県佐久 *ねんこばる 徳島県 *ねんこぶる 愛媛県 *ばこまく 石川県能美郡 *はなおがす(「おがす」は大きくするの意) 岩手県紫波郡 *はなおやかす 愛知県名古屋市「鼻をおやかいとるが一ぺん挫(くじ)いてやろか」 *ふーめく 長崎県壱岐島 *ふける 愛媛県東宇和郡 高知県長岡郡 *ぶざこく 新潟県佐渡 *ほしなめる 三重県伊勢 *ほしめる 新潟県佐渡 奈良県吉野郡 *ほしらめる 三重県志摩郡 *ほたる 富山県砺波 *ほちゃぐ 神奈川県津久井郡 *ほやる 徳島県那賀郡 *ぼらまげる 秋田県平鹿郡・雄勝郡 *みそあける 茨城県西茨城郡 *みそをあげる 岩手県東磐井郡 茨城県稲敷郡 *みそをたく 茨城県稲敷郡 *みそをゆー 東京都南多摩郡 *りきむ 富山県砺波 岐阜県飛驒

しみ【染】 *かた 島根県「ズボンにかたがつえた」 *かたかた 奈良県宇陀郡「着物にかたかたついてる」 *しにあざ 長野県南部 *しにあだ 島根県益田 *しみっくそ 東京都八王子 *ふみ 沖縄県石垣島 *ほそび 栃木県 *よん 鹿児島県

じみ【地味】 *かんこ 高知県長岡郡 *きぶい(じみだ) 兵庫県加古郡 *こーふ(じみなさま) 愛媛県 *ごつい(じみだ) 岐阜県稲葉郡 三重県度会郡 *こふ(じみなさま) 香川県「このオーバ、あんたにはちょっとこふなな」 *こふー(じみなさま) 島根県 *しと(じみなさま) 島根県出雲「しとな着物を着ている」「今度の会はしとにしょー」 *じょーじ(じみなさま) 高知県「じょーじな暮し」

しみず【清水】 *いっぱいしみず(山道などにわき出る小さな清水) 長野県上伊那郡・下伊那郡 *いでぃみん 沖縄県与那国島 *じぇみっ 鹿児島県揖宿郡 *しじこ 青森県津軽 *しず(「しみず(清水)」の転か) 秋田県平鹿郡 *しゅーじ・しーじゅ・すいじ 三重県志摩郡 *しゅーず 岡山県川上郡 *しょーず 富山県射水郡 *しょーっつぁん 熊本県玉名郡 *そず 鹿児島県肝属郡 *でーすい 兵庫県加古郡 *でーみつ・でみじ 長崎県南高来郡 *でしみず 千葉県 *です・でし 千葉県夷隅郡 *ですい 山形県 群馬県山田郡・佐波郡 長野県 香川県 *でみ 山口県大島 愛媛県大三島 鹿児島県肝属郡 *でみず 山形県西村山郡・西置賜郡 富山県東礪波郡 静岡県磐田郡 香川県香川郡・綾歌郡 愛媛県 長崎県南高来郡 熊本県 宮崎県西臼杵郡 鹿児島県肝属郡 *でみっ 鹿児島県・揖宿郡 *でみつ 宮崎県西諸県郡

↓いずみ(泉)

しみる【染】 *くいる 愛媛県松山「やいとがくいる」 *しもう 青森県津軽 岩手県・気仙郡 宮城県石巻・仙台市「この肴まだ塩しもわねから、しもってから焼かえ」 秋田県「歯に水がすもう」 山形県 *しもる 青森県「切傷に薬つけたらしもってまね(いけない)」 秋田県鹿角郡「畳にこぼした油を紙にしもらせて拭き取る」 *じゃみる 千葉県香取郡・海上郡 *しょむ 山形県米沢市 *すーぬん 沖縄県首里 *そまる 奈良県南大和

↓そまる(染)

しめ【注連】 ⇩しめなわ(注連縄)

しめかざり【注連飾】 ⇩しめなわ(注連縄)

じめじめ *うるさい(じめじめするさまの形容) 三重県伊勢 *ざかざか 沖縄県石垣島 *したした(じめじめするさま) 新潟県西蒲原郡 島根県隠岐島 *じたじた(じめじめするさま) 新潟県西蒲原郡 鳥取県東部 島根県 沖縄県首里 *しびかびしびかび(じめじめするさま) 新潟県佐渡 *しぷたいかーたい 沖縄県首里 *しぶったりしや(じめじめしていること) 沖縄県石垣島「しぶったりしゃー(湿っぽいなあ)」 *しぼしぼ(じめじめするさま) 香川県仲多度郡 *じやじや 島根県「田がじやじやして牛が入れられん」 岡山県児島郡 *しょたしょた(じめじめするさま) 富山県砺波 *じょたじょた(じめじめするさま) 新潟県佐渡・西蒲原郡 *じわじわ 奈良県吉野郡 *ずぼずぼ 宮城県仙台市「いつまで降るんだかまづ、ずぼずぼって気持ちのわるいこた」 *めんじめんじ 島根県簸川郡

↓しっけ(湿気)

しめっぽい【湿—】 *うざっぺ 栃木県安蘇郡 *うざっぺー 神奈川県津久井郡 長野県佐久

*うざっぽい 栃木県佐野市・安蘇郡　東京都八王子　神奈川県津久井郡「あの道はつよ(露)が落ちなけりゃうざっぽくて通れねー」　*えめぽい 山形県西村山郡　*ざかざか(湿っぽいさま)沖縄県石垣島　*ざっぺー 栃木県安蘇郡「今朝は朝露でざっぺーな」　*しけっぽい 長野県　*しけぽい 山形県西置賜郡　*したした(湿っぽいさま)新潟県西蒲原郡　島根県隠岐島　*じたじた(湿っぽいさま)新潟県西蒲原郡　鳥取県東部　島根県　沖縄県首里　*したたるい 三重県志摩郡・北牟婁郡　和歌山県東牟婁郡　*したっぽい 新潟県佐渡・中頸城郡　*したらくい 愛媛県大三島　*したらこい 高知県　*したらっぽい 新潟県上越市　*したりこい 香川県仲多度郡・三豊郡　*したるい 富山県高岡市　石川県鳳至郡　島根県隠岐島　*したるこい 富山市近在　*しったるい・しったるこい 富山県砺波「梅雨時は家ん中までしったるこーなる」　*しとくろい 山口県大島　*しとっぽい 群馬県佐波郡　神奈川県津久井郡　*しぶったりしゃ 沖縄県石垣島「しぶったりしゃー(湿っぽいなあ)」　*しぶったりしゃーん・すぶったりしゃーん 沖縄県石垣島　*しめったい 山形県　*しめぼったい 岩手県気仙郡　*しめりくさけ 東京都八丈島　*しめりっこい 青森県三戸郡　*しめりぽい 千葉県香取郡　*しめりぼったい 静岡県「此の着物はしめりぼったい」　*しめりやすか 鹿児島県種子島　*しゃこい 山形県東村山郡　*しゃっこい 山形県　*しゅたるさい・すたるさい 鹿児島県喜界島「梅雨時は家の中までしゅたるさ(湿っぽくて)、気持が悪い」　*じゅるい 愛知県　三重県伊賀　京都府北部　和歌山県東牟婁郡　*しょたしょた(湿っぽいさま)富山県砺波　*じょたじょた(湿っぽいさま)新潟県佐渡・西蒲原郡　*しょっこい 和歌山県那賀郡・日高郡　*しるい 京都府北部　*じるい 山梨県南巨摩郡　愛知県南設楽郡　三重県伊賀　京都府　兵庫県明石郡　岡山県津山・児島郡　大分県　*じるくたい 愛媛県　*しろーしー 福岡県　*しろしー 愛媛県西宇和郡　*じわじわ(湿っぽいさま)奈良県吉野郡　*すけたい 山形県西村山郡　*すしゃっぽい 山形県北村山郡　*ずどずど(湿っぽく感じられるさま)青森県三戸郡「入梅は室の中ぁずどずどしていやだでぁ」　*だったい 山形県西村山郡・北村山郡　*だってー 宮城県玉造郡　山形県西置賜郡・東置賜郡　*ひしゃこい 山形県東村山郡　*ひたたるい 和歌山県東牟婁郡　*やばちー 青森県津軽　岩手県江刺郡・気仙郡　宮城県　秋田県「雨にたかれてやばちな」　山形県「この衣裳あ、やばちい」　*やばちょい 山形県東置賜郡　*やばつい 宮城県石巻「梅雨時はやばつぐなって困る」　山形県　*やばっちー 山形県置賜　*やぽつ 山形県飽海郡　*やんばつ 秋田県平鹿郡「ここは何時も乾はかないでやんばつ」

↓しっけ（湿気）

しめなわ【注連縄】 *おーばり 鹿児島県喜界島　*おかざり 長野県佐久　*おしめ 群馬県佐波郡　長野県下伊那郡・佐久　愛知県知多郡　広島県芦品郡　香川県　愛媛県　*おしめー 広島県安芸郡　*おしめかざり 長野県佐久　*おしめさん 香川県高見島　*おしんめ 長野県上田・佐久　*おしんめー 山梨県　*おわん(正月のしめ飾りの一種。供物を盛り込んであるもの)長野県東筑摩郡　*おわんこ(正月のしめ飾りの一種。供物を盛り込んであるもの)長野県南安曇郡　*かざり 香川県小豆島　*かざりなわ 大阪府南河内郡　*ごき(正月のしめ飾りの一種。供物を盛り込むようにしてある)長野県北安曇郡　*ごぼ(正月の門口のしめ縄)兵庫県神戸市　*ごんぼ(正月の門口のしめ縄)大阪市　兵庫県神戸市　*さげどしな(入口などに張る、所々にわらを下げた正月用のしめ縄)青森県三戸郡　*ささみんな 鹿児島県喜界島　*さばやこ 京都府　*しっくめなわ 福島県南会津郡　*しめはく 青森県三戸郡　*ちびなーじな 沖縄県石垣島　*としな(正月に用いるしめ縄)青森県三戸郡「かけとしな」「さげとしな」・南部　岩手県九戸郡・上閉伊郡　秋田県　福島県浜通　*としなわ(正月に用いるしめ縄)秋田県

しめりけ【湿気】 ⇩しっけ（湿気）

しめる【閉】 ⇩とじる（閉）

しめる【湿】 *じくつく 奈良県　*しきうける 新潟県西頸城郡　*しけうける 新潟県西頸城郡　*しけーくー 静岡県榛原郡　*したるん 沖縄県石垣島　*したれる 島根県　*しちける 島根県邑智郡・邇摩郡　*しとる 神奈川県津久井郡　新潟県佐渡　山梨県南巨摩郡　静岡県志太郡「そのしわーしとってだめだに(その塩は湿っていてだめですよ)」　和歌山市「夜露に打たれて着物がしとってきた」　島根県飯石郡・能義郡　広島県高田郡　山口県玖珂郡　徳島県「この綿はしとってしもた」　高知県　長崎県諫早市　熊本県玉名郡「雨ん降にゃ煙草んしとってうもなか」　*じとる 高知県　*しとれる 島根県隠岐島　*しびける 香川県綾歌郡　*しぷたゆん 沖縄県首里　*しぶったるん 沖縄県石垣島　*しみけーゆん 沖縄県首里　*びたれる 島根県美濃郡・益田市「塩がびたれて来た」「海い行って着物がびたれた」　*ひちける 島根県邑智郡「畳が大分ひちけたけー外に干せ」　*びちゃつく 奈良県　*やむ 香川県　愛媛県伊予三島市

しめる【締】 *くー 宮城県仙台市　山形県置賜・米沢市　*くーえる 山形県東田川郡・米沢市　*くーゆい・くーうい 鹿児島県喜界島　*くーゆん 沖縄県首里　*くえる 北海道　青森県上北郡　岩手県　宮城県石巻・仙台市　秋田県　山形県　福島県　東京都八丈島　新潟県　*くっぺる 青森県津軽　*くへる 宮城県　山形県　新潟県・西蒲原郡　*くべる 青森県津軽　新潟県・中魚沼郡　*くぺる 青森県　*ける 岩手県和賀郡　*ひっくえる 東京都八丈島　*ぶっちめる 群馬県勢多郡　*ぶっつめる 千葉県千葉郡　*ふんじめる 東京都新島

「胴巻をふんじめてかかれ(ふんどしを締めてかかれ)」

じめん【地面】 *ざべた 三重県名張市 *じーだ 佐賀県 鹿児島県 *じーだな 佐賀県神埼郡 *じかい 大分県南海部郡 *じきべた 兵庫県赤穂郡 *じずあ 宮崎県西臼杵郡 *じずか 静岡県・磐田郡 *した 青森県津軽 新潟県佐渡 徳島県 高知県 *じた 岐阜県揖斐郡 和歌山市 熊本県天草郡 *じだ 岐阜県南部 愛知県「これ梅坊はだしでじだい降りるだないぜい」 長崎県南高来郡・壱岐島 熊本県上益城郡・天草郡 宮崎県都城 鹿児島県「うぶぢだ(大地)叩いて泣いて哀しむ」 *したこ 青森県津軽 *じたっぱら 熊本県天草郡 *じだんばら 熊本県玉名郡・天草郡 *じだんま 熊本県玉名郡 *しち 沖縄県「しちばけーて(地面を換えて)」 *しった 千葉県東葛飾郡 *じでー 福岡県久留米市 *しど 群馬県多野郡 *じど・じどっこ 千葉県夷隅郡 *じふく 群馬県多野郡 *じへ 和歌山県日高郡 *ずば 広島県豊田郡 *せまち 熊本県天草郡 *つちっぱら 茨城県稲敷郡 *つちっぴら 茨城県 千葉県東葛飾郡 新潟県佐渡 *つちっぺら 福島県南部・浜通 *つちのま 岩手県気仙郡「つちのまさ転んだ」 山形県 *つちば 山形県西置賜郡 *つちびた 長野県諏訪 *つちびった 千葉県東葛飾郡 *つちびら 山形県東田川郡 *つちべ 三重県志摩郡 島根県隠岐島 *つちべた 山形県庄内 石川県江沼郡 長野県上伊那郡 岐阜県郡上郡 三重県度会郡・宇治山田市 兵庫県 広島県高田郡 山口県玖珂郡 徳島県 香川県 愛媛県喜多郡・周桑郡 *つちべら 山形県西田川郡 *つちま 山形県 *つちみざ 新潟県佐渡 長野県 *つちみだ 長野県北部 *つちんだ・つちだ 岐阜県飛騨 *つつべ 新潟県刈羽郡 *でんど・でんどやら 山形県最上郡「子供があばれてでんどさひっくりかえった」 *どーじ 長崎県 *どし 東京都八王子 *どじ 群馬県利根郡・佐波郡 埼玉県入間郡「どぢの下の方はそらーあついそうだ」 千葉県夷隅郡・安房郡 島根県那賀郡「どじい坐りこんだ」 愛媛県大三島 宮崎県西臼杵郡 *どじっこ 千葉県夷隅郡 *どじべ 島根県邑智郡・隠岐島 *どじべた 群馬県佐波郡 *どじべた 栃木県 群馬県山田郡 千葉県夷隅郡 東京都八王子 島根県 愛媛県大三島 *どじんべら 宮崎県西臼杵郡 *どち 千葉県夷隅郡 *どべた 栃木県 長野県佐久 愛知県奥設楽・東春日井郡「どべたに坐った」 島根県 岡山県小田郡・御津郡 山口県豊浦郡 香川県大川郡・仲多度郡 愛媛県周桑郡・喜多郡 *どろ 熊本県天草郡 *どろぱた 徳島県 *どろべた 島根県石見 岡山県小田郡 広島県 山口県 徳島県 香川県大川郡・仲多度郡 愛媛県・喜多郡 宮崎県東臼杵郡 *どろべったー 広島県比婆郡 *べた 島根県 岡山県児島郡 *べと 福井県 *べとんじゃ 新潟県西蒲原郡 *みざ 東京都八丈島 新潟県佐渡 *みじゃ 東京都八丈島 新潟県佐渡 *もと 島根県石見「もとにおりると足がよごれる」 広島県・比婆郡「もとにじかに坐ってはいけんでえ」・高田郡 山口県・阿武郡・大島 *もとじ 山口県阿武郡

→じべた(地―)

しも【霜】 *しが 北海道小樽 *しみ 山口県笠戸島 *しもがね 長崎県西彼杵郡 *しもぐり 宮崎市 *べた 京都府南桑田郡

→しもばしら(霜柱)

しもごえ【下肥】 *かいごえ 島根県美濃郡・益田市 *げす 青森県 秋田県 山形県中部 茨城県稲敷郡 栃木県 千葉県印旛郡 東京都八王子 神奈川県津久井郡・中郡 新潟県佐渡・中頸城郡 富山市近在 山梨県 長野県 岐阜県飛騨 静岡県伊豆 愛知県宝飯郡 兵庫県加古郡 島根県隠岐島 *げすごえ 青森県三戸郡 山形県中部 兵庫県加古郡 島根県隠岐島・邑智郡 *げそ 岐阜県飛騨 *じき 青森県 岩手県 秋田県鹿角郡 *しょーぐい・そーぐい 鹿児島県喜界島 *しりこえ 島根県隠岐島 *しるごえ 京都府竹野郡 *だーごい 鳥取県西伯郡 *たーごえ 岡山市 *だーごえ 鳥取県 *だーら 石川県鹿島郡・河北郡 *だーる 兵庫県赤穂郡 *たたんぼー 佐賀県 *たまり 鳥取県気高郡 広島県比婆郡 *ため 栃木県足利市 群馬県勢多郡 埼玉県秩父郡 千葉県山武郡・印旛郡 長野県佐久 *だら 青森県津軽 岩手県 宮城県 秋田県由利郡 山形県 福島県 茨城県稲敷郡 栃木県 東京都大島・新島 新潟県 富山県 石川県鳳至郡・鹿島郡 福井県坂井郡 山梨県 熊本県下益城郡・天草郡 *だらごえ 島根県鹿足郡・益田市 長崎県壱岐島 *だらこやす 山形県南村山郡 *だらじる 富山県砺波・西礪波郡 *だりごえ 島根県出雲 *だる 三重県南牟婁郡 兵庫県淡路島 和歌山県・東牟婁郡・西牟婁郡 鳥取県・東伯郡 岡山県川上郡 広島県高田郡 山口県見島・長門 徳島県 香川県 愛媛県 高知県 大分県 *たるごえ 香川県 *だるごえ 京都府竹野郡 兵庫県赤穂郡 奈良県吉野郡 鳥取県・気高郡 島根県 徳島県 香川県 *だれ 香川県佐柳島 *ちょーぐぇー 沖縄県首里

→こえ(肥)

しもばしら【霜柱】 *いでばしら 兵庫県赤穂郡 *うったたつ 静岡県磐田郡 愛知県北設楽郡 *うったら 静岡県 *おったつ 長野県下伊那郡 *おったて 長野県・下伊那郡 *おりき 茨城県西茨城郡・真壁郡 栃木県 *おりぎ 栃木県塩谷郡 *おりけ 茨城県「おりけが立つ」 千葉県東葛飾郡 *おりっけ・おりっき 栃木県南東部 *おれき 栃木県 *こーりばしら 福島県西白河郡 栃木県 *さっぺー 静岡県富士郡 *ざらんごーり 静岡県小笠郡 *しが 新潟県西蒲原郡 *しがばっしゃ 山形県東置賜郡 *しみ 山口県笠戸島 *しもあし 大分県西国東郡 *しもごーり 栃木県小山市・那須郡 *しもざ 神奈川県津久井郡 *しもざえ 三重県

名賀郡 *しもざや 奈良県吉野郡 *しもだい 三重県上野市 奈良県南大和 *しもだけ 徳島県美馬郡 *しもたっぺ 神奈川県足柄下郡 *しもはりがね 三重県上野市 *しや 静岡県駿河 *しゃっぺー 静岡県・富士郡・庵原郡 *じゃり 三重県一志郡 *じゃりん 三重県名張市 *じり 三重県名張市 *すがばっしゃ 岩手県気仙郡 *せんねっぽ 神奈川県小田原市 *せんぼんごーり 静岡県榛原郡 *たかしも 山形県西置賜郡・東田川郡 *たちごーり 栃木県 静岡県 愛知県碧海郡 山口県玖珂郡 *たちっぺ 栃木県足利市・栃木市 *たつ 愛知県北設楽郡 *たっぴょー 神奈川県・中郡 *たっぺ 茨城県猿島郡 栃木県「たっぺがはった」 群馬県 埼玉県 千葉県 東京都郡部 神奈川県 山梨県北都留郡 静岡県安倍郡 *たっぺー 群馬県邑楽郡 *つちごーり 栃木県 *のったちごーり 栃木県栃木市・小山市 *べー 静岡県駿河 *ゆきばしら 栃木県小山市

→しも（霜）

しもやけ【霜焼】 *いけやけ（手足などの霜焼け） 岐阜県 *かんやけ・かんばれ 山口県・玖珂郡 *しばれ 青森県 *しみっぱれ・しんぱれ 岩手県上閉伊郡 *しみぱれ 青森県・三戸郡（顔に言う） 岩手県紫波郡 秋田県雄勝郡・鹿角郡 *しもばえ 鹿児島県鹿児島郡 *しもばれ 秋田県 山形県庄内 大阪市 兵庫県加古郡 奈良県南大和 徳島県 佐賀県三養基郡 長崎県 熊本県 大分県 鹿児島県 *しもぶくれ 岡山県 香川県 *しんばれ 青森県津軽 石川県 岐阜県飛驒・益田郡 *ゆきあけ（手足などの霜焼け） 山口県豊浦郡 *ゆきやき（手足などの霜焼け） 富山県 *ゆきやけ（手足などの霜焼け） 青森県上北郡 岩手県上閉伊郡・気仙郡 宮城県仙台 秋田県 山形県 福島県耶麻郡 新潟県 富山県 長野県佐久 島根県 広島県比婆郡 山口県 愛媛県・周桑郡 *よきがけ（手足などの霜焼け） 新潟県三島郡

ジャガいも【―芋】 *あかいも 宮城県一部 山形県一部 福島県 長野県佐久 岐阜県揖斐郡・恵那郡 京都府 奈良県 *あきいも（ジャガいもの一種） 山形県西置賜郡 新潟県佐渡 長野県 *あっぷらいも（「あっぷら」は、オランダ語 aardappel の略から） 茨城県多賀郡 *あふら 宮城県牡鹿郡 秋田県河辺郡・雄勝郡 *あふらいも 宮城県牡鹿郡 山形県東村山郡・北村山郡 *あぷらいも 宮城県牡鹿郡 *あぷらいも・あぷら 宮城県一部 *あほいも 和歌山県日高郡 *あめりかいも 山口県大島 *あれいろー 島根県鹿足郡 *あれろーろー 島根県石見 *あれろ 熊本県阿蘇郡・下益城郡 *あれろーいも 島根県鹿足郡 *あんずいも 香川県綾歌郡 *あんぷら 秋田県南秋田郡 *いしいも 石川県江沼郡 鳥取県一部 *いじんいも 熊本県天草郡 *いじんがいも 長崎県西彼杵郡 *いじんがらいも 長崎県樺島 熊本県天草郡 *うめいも 和歌山県一部 *えちごいも 岐阜県揖斐郡 *おけさいも 長野県下伊那郡 *おだいしいも 香川県島嶼 愛媛県 *おたすけいも 群馬県一部 *おとこいも 長野県東筑摩郡 *おほど 徳島県美馬郡 *おらんだ 静岡県一部 長崎県一部 *おらんだいも 滋賀県伊香郡 兵庫県一部 長崎県西彼杵郡 熊本県天草郡 大分県一部 *おらんだがらいも 長崎県西彼杵郡 *かしいも 熊本県・阿蘇郡 大分県一部 *がじゃいも 徳島県 *かついも 石川県能美郡 *かつきいも 石川県江沼郡 *かねいしいも 富山県西礪波郡 *かぶいも 宮城県一部 *かぶたいも・かぶだいも 長野県 *からいも 岩手県気仙郡 宮城県登米郡・玉造郡 山形県 千葉県夷隅郡 京都府竹野郡 福岡県一部 大分県一部 *かんかんいも 香川県 *かんたいも 長野県南安曇郡 *かんといも 愛媛県伯方島 *かんとーいも 愛媛県 *かんとんいも 北海道函館 *かんぱらいも・かんぺらいも 栃木県一部・那須郡 *かんぷら 青森県三戸郡 宮城県一部 福島県 茨城県一部 栃木県 新潟県一部 *かんぶらいも 福島県安達郡 新潟県東蒲原郡 *かんぷらいも 山形県東置賜郡 福島県 茨城県多賀郡 栃木県 新潟県東蒲原郡 *かんぽーいも 新潟県 *かんぽこいも 新潟県 *きしいも 山形県米沢市 福島県一部 *きしぇも 山形県 *きはくやいも 大阪府一部 *ぎゅーきゅ 熊本県球磨郡 *きゅーしゅーいも 山形県東置賜郡 福島県北部 *ぎょーじゃいも 大阪府一部 *きりいも 新潟県一部 島根県石見 広島県 *きれだいも 兵庫県一部 *きんか岡山県東部 広島県江田島 山口県 *きんかいも 山形県西置賜郡 兵庫県一部 鳥取県 島根県 岡山県 広島県 山口県 香川県 高知県 大分県一部 *きんかんいも 香川県 *きんだいま 奈良県南葛城郡 *きんたまいも 滋賀県 兵庫県淡路島 *きんも 鳥取県一部 *くどいも 徳島県 *くまのいも 鳥取県一部 *げんきいも・げんきちいも 長野県下伊那郡 *こーしいも 長野県下伊那郡・上伊那郡 岐阜県 愛知県北設楽郡 三重県一部 徳島県一部 *こーじいも 静岡県一部 愛知県一部 三重県 *ごーしいも 徳島県 香川県大川郡 *こーしゅいも 三重県一志郡 京都府 大分県大分郡 *こーしゅーいも 福島県一部 新潟県 長野県下伊那郡 岐阜県恵那郡 静岡県磐田郡 愛知県北設楽郡 三重県一部 大分県大分郡 *こーじゅーいも 静岡県磐田郡 *ごーしゅーいも 兵庫県淡路島・沼島 徳島県 *こーしょいも 新潟県三島郡 *こーしょーいも 新潟県越後 大分県大分郡 *ごーしょーいも 秋田県鹿角郡 *こーしんぼ 愛知県知多郡 *こーばいも 岐阜県郡上郡 *こーぼいも 福井県 岐阜県・郡上郡 愛知県一部 三重県名賀郡・阿山郡 鳥取県 島根県 岡山県一部・神島 広島県一部・上蒲刈島・走島 愛媛県・大三島・伯方島 大分県一部・東国東郡・大分郡 *こーぼーいも（「弘法大師から授かった芋」の意） 福井県大野郡 長野県下伊那郡

岐阜県飛驒　鳥取市　島根県仁多郡　岡山県神島・小田郡　広島県　愛媛県大三島　大分県姫島　＊ごがついも 福井県今立郡　静岡県一部　＊こけいも 山口県一部　＊こしいも 三重県一部　滋賀県一部　＊ごしいも 秋田県河辺郡　兵庫県淡路島　徳島県　香川県　＊こしも 奈良県　＊ごしも 徳島県美馬郡　＊こじゅーいも 香川県一部　＊ごしょいも 北海道函館市　青森県　岩手県一部　宮城県　秋田県　山形県　栃木県塩谷郡・那須郡　新潟県中越　富山県　岐阜県一部　愛知県一部　徳島県　愛媛県一部　＊ごしょーいも 北海道小樽市　宮城県仙台市　＊ごせも 秋田県平鹿郡・河辺郡　＊ごといも 青森県一部　秋田県　山形県村山　茨城県稲敷郡　新潟県　＊ごどーしゅ 三重県名賀郡　＊こばいも 三重県一部　＊こぼいも 福井県吉田郡・大野郡　三重県伊賀・阿山郡　＊こぽいも 福井県大野郡　＊ごぼいも 福井県一部　＊ごぼーいも 新潟県中越　＊こぼさん 島根県簸川郡　＊ころいも 奈良県高市郡　＊ごろいも 新潟県西頸城郡　長野県　＊ころげいも 広島県賀茂郡　＊ごろざいも 新潟県西頸城郡　長野県北安曇郡　＊ごろざえもん 新潟県　＊ごろさくいも 長野県中部・北安曇郡　＊ごろぜいも 長野県北安曇郡　＊ごろたいも 新潟県西頸城郡　長野県　＊ころぼいも 島根県仁多郡　＊こんじくいも 奈良県一部　＊こんしんいも 大分県一部　＊こんぽいも 愛知県奥設楽　＊さっぽろいも 福井県一部　＊さるいも 三重県名賀郡　＊さるきいも 兵庫県淡路島　＊さるきん 兵庫県一部・淡路島　＊さんえんいも(ジャガいもの一種) 埼玉県北葛飾郡　＊さんごじいも 奈良県山辺郡　＊さんだいも 富山県　＊さんちゅーいも 奈良県山辺郡　＊さんどいも(一年に三度収穫するところからか) 群馬県多野郡　埼玉県　新潟県上越　京都府竹野郡・与謝郡　兵庫県淡路島・養父郡　島根県鹿足郡　岡山県苫田郡・小田郡　広島県深安郡・芦品郡　徳島県　香川県伊吹島　＊さんとくいも 群馬県一部　埼玉県大里郡・秩父郡　＊しーだいも 新潟県佐渡　＊しこくいも 山形県西村山郡　新潟県　＊じごくどーしん 新潟県　＊しここいも 島根県隠岐島　＊しどいも 京都府一部　＊しないも 滋賀県一部　鳥取県一部　＊しなのいも 鳥取県一部　島根県八束郡　岡山県真庭郡　大分県中部　＊しべいも 島根県簸川郡　＊じゃいも 富山県　石川県　徳島県美馬郡　熊本県天草郡　宮崎県西臼杵郡　＊じゃがた 静岡県磐田郡　＊じゃがたいも 長野県西筑摩郡　三重県阿山郡　兵庫県赤穂郡　＊じゃがだいも 奈良県吉野郡　＊じゃがら 栃木県　＊じゃからいも 新潟県　＊じゃがらいも 新潟県中魚沼郡　富山県　石川県能美郡　＊しゃっぽらいも 福井県大野郡　＊じゃばらいも 長野県下水内郡　＊しゃらいも 長野県東筑摩郡　＊じゃんがー 静岡県小笠郡　＊じゃんがら 栃木県　新潟県上越市　富山県西礪波郡　＊じゃんがらいも 福島県西白河郡　栃木県　新潟県一部・上越市　富山県　＊しゅんじゅーいも 大分県一部　＊しょーのじゅー 宮崎県西臼杵郡　＊しょーろいも 千葉県夷隅郡　兵庫県淡路島　和歌山県和歌山市(小さいもの)・田辺市・日高郡　香川県　愛媛県　＊しょろいも 千葉県夷隅郡　大阪府一部　＊じょろいも 千葉県夷隅郡　＊しろいも 青森県上北郡(秋に成熟するもの)　山梨県　長野県　岐阜県北飛驒　大阪府一部　＊しんしーいも 群馬県多野郡　＊しんしいも 群馬県・多野郡　埼玉県秩父郡　大分県　＊しんしゅいも 大分市　＊しんしゅーいも 埼玉県秩父郡　新潟県一部　岐阜県吉城郡　大分県一部・大分郡　＊しんしんいも 埼玉県一部　大分県一部・大分市　＊すないも 福島県　滋賀県一部　鳥取県一部　島根県八束郡　＊せーだ 東京都八王子　神奈川県一部・津久井郡　山梨県一部　＊せーだいいも 山梨県・南都留郡　＊せーだいも 東京都南多摩郡・八王子　神奈川県　新潟県佐渡　山梨県　長野県東筑摩郡・諏訪郡　＊ぜーだいも 山梨県中巨摩郡　＊せーだゆー 東京都南多摩郡　神奈川県・津久井郡　＊せーだんぽー 東京都八王子　＊せーぽいも 福井県南条郡　＊せーよーいも 兵庫県美方郡　＊せーらいも 新潟県佐渡　＊ぜんこーじいも 滋賀県　＊ぜんこじいも 京都府北桑田郡　＊せんだいいも 岐阜県一部　＊せんだいも 新潟県西頸城郡　岐阜県飛驒・益田郡・郡上郡　＊せんだゆーいも 岐阜県飛驒　＊ぜんだゆーいも 岐阜県一部　北飛驒　＊だいしいも 京都府　島根県隠岐島　香川県島嶼　＊たけしま 徳島県美馬郡　高知県一部　＊だらずいも 島根県那賀郡　＊たんぱいも 新潟県　＊ちょーせいも 福島県中部　＊ちょーせんいも 三重県　奈良県　＊ちょーせんむも 三重県名賀郡　＊ちょーせんも 三重県　＊ちょーろく 香川県綾歌郡　＊ちょろいも 千葉県君津郡　福岡県一部　大分県大分郡　＊つるいも 埼玉県入間郡　＊てんからいも 富山県一部　＊てんころ 富山県・一部　＊てんころいも 富山県砺波　＊てんじくいも 京都府相楽郡　奈良県　＊どいも 福島県一部　＊とーいも 千葉県夷隅郡　徳島県　長崎県西彼杵郡　＊とくいも 埼玉県秩父郡　愛媛県大島　＊どくいも 愛媛県大島　＊なしいも 石川県鳳至郡・江沼郡　福井県一部　＊なついも 岩手県和賀郡　宮城県　山形県　福島県会津　埼玉県　千葉県一部　新潟県　富山県一部　石川県　福井県　山梨県一部　長野県　岐阜県　島根県那賀郡・邑智郡　岡山県一部　広島県山県郡　＊なりいも 青森県三戸郡　岩手県上閉伊郡・気仙郡　＊にどいも 新潟県北蒲原郡　＊にどいも(一年に二回収穫できるところから) 北海道一部・函館　青森県　岩手県　宮城県　秋田県　山形県　福島県　栃木県一部　埼玉県一部　神奈川県横浜市・平塚市　新潟県　富山県一部・西礪波郡　石川県・珠洲郡　福井県　山梨県一部　長野県　岐阜県　静岡県一部　三重県一部・阿山郡　滋賀県伊香郡　京都府　大阪府一部・泉北郡　兵庫県　奈良県・宇陀郡　和歌山県伊都郡・日高郡　鳥取県・岩美郡

島根県石見・隠岐島 岡山県 広島県 山口県一部 徳島県 香川県 愛媛県 熊本県一部・阿蘇郡 大分県一部・東国東郡 宮崎県一部 *にどいろ 奈良県吉野郡 *にどがらいも 熊本県芦北郡・天草郡 *にどこ 大分県一部 *にどとりいも 山梨県一部 *にどべりいも 長野県一部 *にんどいも 秋田県 山形県 *ばかいも 茨城県稲敷郡 長野県更級郡・下水内郡 *はしいも 新潟県一部 *はしも 新潟県中魚沼郡 *はしょーいも 京都府 *はちこくいも 新潟県 *はっしょいも 京都府 兵庫県・城崎郡・豊岡市 香川県小豆島 *はっしょーいも 岐阜県一部 京都府一部 兵庫県但馬 香川県一部・直島・小豆島 愛媛県伯方島 *はやといも 京都府一部 *ばらいも 和歌山県東牟婁郡 徳島県那賀郡 *はんげいも 埼玉県秩父郡 *びくにいも・おびいも 広島県百島 *ひゃくいも 京都府綴喜郡 *ひゃくにちいも 奈良県吉野郡 *ひゅーがいも 奈良県・吉野郡 *ひょーがいも 奈良県吉野郡 *ひろいも 長野県一部 *ふど 徳島県 *ふどいも 徳島県阿波郡・美馬郡 *へーろくいも 千葉県 *ほーねんいも 新潟県 *ほっかいどーいも 鳥取県一部 *ほど 岩手県一部・岩手郡 徳島県美馬郡 *ほといも 徳島県三好郡 *ほどいも 岩手県一部 徳島県美馬郡・三好郡 愛媛県一部 *まるいも 長野県中部・東筑摩郡 *まんじゅーいも 岐阜県一部 *やごろいも 山形県西村山郡 *やすといも 千葉県一部 *やたらいも 静岡県周智郡 三重県三重郡・鈴鹿郡 *ゆきいも 静岡県一部 *りゅーきゅーいも 熊本県八代郡・球磨郡 大分県日田市 *れんこいも 大分県一部 *ろくがついも 富山県 長野県諏訪・上伊那郡 滋賀県一部 *ろくしょいも 香川県大川郡 *ろっがついも 富山県 *わせいも 新潟県一部・中頸城郡 山梨県一部 岐阜県恵那郡

しゃがむ【蹲】 *えんたこく 鳥取県西伯郡 *おじくなる 島根県出雲 *おじょこぼす 山形県南村山郡 *かじむ 兵庫県淡路島 高知県 *かじゅむ 兵庫県淡路島 *くじゅむ 兵庫県淡路島 徳島県「じっと草の上にくじゅんどる」「家の中にくじゅんどる」 香川県大川郡 *こんじょくなる 静岡県志太郡 *しきばる 長野県長野市・上水内郡 *しこる 岐阜県飛驒 三重県宇治山田市 和歌山県日高郡・西牟婁郡 *しずくなる 奈良県宇陀郡 *しびんだてぃびりすん(「しり突き立て座る」の意) 沖縄県鳩間島 *しゃがなる 新潟県上越市 *しゃがまる 山形県 長野県北安曇郡 *しゃがる 山形県西村山郡 *しゃごなる・せごなる 新潟県佐渡 *しゃごまる 山形県南村山郡・最上郡 *しゃじかまる(「しじかまる」の転) 秋田県鹿角郡「そこさしゃじかまって何してるか」 *しゃじこまる 山形県鶴岡市・西田川郡 *しゃずこまる 山形県最上郡 *しょーずくなる 愛知県愛知郡・碧海郡 三重県 *しょくなる 三重県度会郡 *しょぐなる 静岡県「茶の木のそばにしょぐなっていた」 *しょごむ 三重県度会郡 *しょずくなる 愛知県碧海郡・岡崎市 三重県 *しょずくぼる 三重県一志郡 *しょんじくなる 静岡県磐田郡 *しょんじょくなる 静岡県・志太郡「けつぉーふいてやるでまーっとしょんじょくなってよー(しりをふいてやるからまだまだしゃがんでいなさい)」 *しょんじょこなる 静岡県志太郡・安倍郡 *しょんじょこまる 静岡県志太郡 *しょんずくなる 静岡県「しょんずくなってこんな事しちゃいけんな」 *しりがむ 山形県東村山郡 *すくなむ 長野県佐久 *ずくなむ 山梨県甲府 *ずくなる 長野県上田市・佐久 和歌山県伊都郡「ずくなりこむ(座り込んでしまう)」 *ずくねる 茨城県稲敷郡「頭とがしてやっからづくねろ」 *すくばる 愛媛県周桑郡・松山 長崎県対馬「彼は悪事を働き逃げ出したが、後から声を懸けられ俄かに其場にすくばって了うた」 大分県 *ずくばる 千葉県印旛郡「づくばってる」 *すくまる 長野県佐久 *ずくまる 山梨県 *すくもる 和歌山県「藁の後へすくもってよ」 *ちきなむ 香川県丸亀 *ちくじょむ・ちくじょーむ・ちくじゅむ・ちゅくずむ・ちょこじょむ 新潟県佐渡 *ちくなる 島根県仁多郡 *ちぐなる 島根県出雲「そこにちぐなって何をしちょーか」 *ちぐばむ 島根県仁多郡 *ちくばる 島根県能義郡 *ちぐまる 島根県出雲 *ちじくたばる・ちじくばる 青森県・津軽 *ちじくなる 岐阜県土岐郡・飛驒 *ちじこなる 新潟県佐渡 *ちちくばる 青森県 *ちちこばる 秋田市「後の方は見えないから前の方はちちこばって下さい」 *ちちょこばる 秋田県鹿角郡 *ちゃがまる 岩手県気仙郡 愛媛県 *ちゃんこまる・ちゃんちゃんこまる 岩手県気仙郡 *ちゃんざがまる 岩手県上閉伊郡 *ちゅちゅくぼる 滋賀県蒲生郡 *ちょーずくなる 愛知県愛知郡 *ちょくじょむ 新潟県新発田市・佐渡 *ちょくなむ 兵庫県多紀郡 *ちょくなる 長野県下水内郡 *ちょぐなる 新潟県上越市 *ちょくぼる 奈良県宇陀郡 *ちょこちょこなる 滋賀県甲賀郡 *ちょじょこなる 新潟県南魚沼郡 *ちょじょなる 新潟県上越市 *ちょぞくなる・ちょぞなる 新潟県佐渡 *ちょちょくなう 愛知県西春日井郡 *ちょちょくなる 新潟県上越市 静岡県 *ちょちょこなる 群馬県利根郡 *ちょちょこばる 滋賀県彦根 京都市 *ちょちょこぼる 大阪市 *ちょちょこまる 群馬県勢多郡 新潟県佐渡 *ちょつくぼる 大阪市 奈良県 *ちょっつくぼる 大阪市「立ったなりでせんと、ちょっつくぼって手を洗いなはらんか、ぬれますがな」 *ちょぼる 新潟県南魚沼郡 *ちょんじょくなる 新潟県中頸城郡 静岡県・志太郡 *ちょんじょこなる 静岡県・田方郡 *ちょんつぐまーする 島根県能義郡 *ちんちこぼす 秋田県平鹿郡「太郎はちんちこぼすた」 *つーばる 千葉県安房郡 *つきなむ 香川県丸亀 *つくしがる 青森県津軽「まぇねぇだふとぁ、もと、つくしがれでぁ(前にいる人は、もっと、しゃがんでくれよ)」 *つくなう 岐阜県稲葉

郡　愛知県海部郡・名古屋市「今日は四ツ目垣を結うので、一日中つくないづめの仕事だ」　*つぐなう 島根県出雲　*つくながる 長野県下水内郡　*つくなむ 新潟県佐渡　長野県佐久　兵庫県・明石郡　島根県石見「そこにつくなんどると邪魔になる」　岡山県　広島県佐伯郡・高田郡　山口県　徳島県「じっとつくなんで順番をまっとる」　香川県　愛媛県・新居郡　高知県・高知市「前の人が立てると後の人はなんちゃー見えんきに、つくのーでつかされ」　大分県南海部郡　*つぐなむ 神奈川県津久井郡　静岡県田方郡　*つくなりこむ 島根県鹿足郡「そねーにつくなりこんじゃー着物が汚れる」　*つくなる 新潟県中頸城郡・西頸城郡　長野県　岐阜県　静岡県榛原郡　愛知県知多郡　広島県比婆郡・高田郡　高知県吾川郡・高岡郡　*つぐなる 新潟県上越市・中頸城郡　島根県　*つくねる 神奈川県中郡　長野県北安曇郡　*つくのむ 島根県鹿足郡・邇摩郡　*つくのる 広島県比婆郡　*つくばう 福井県大飯郡　兵庫県赤穂郡　奈良県　岡山県苫田郡　熊本県芦北郡・八代郡　大分県大分郡　宮崎県児湯郡　*つくばむ 鳥取県日野郡　島根県益田市　岡山県　愛媛県　福岡市　*つくばる 宮城県仙台市「つくば山つくばってさえ、でっかいに、立ったらお空をつんぬくべっちゃ」　山形県「そこにつくばれ」　茨城県新治郡　埼玉県秩父郡　新潟県佐渡　長野県下伊那郡　静岡県志太郡　三重県松阪・志摩郡　兵庫県加古郡　島根県石見　香川県佐柳島　愛媛県　*つくべーる 長野県佐久　*つくぼむ 島根県大田市　広島県　長崎県対馬　*つくぼる 三重県　京都市　大阪府　兵庫県　奈良県　島根県「そこへつくぼって何をしちょるか」　*つくまむ 徳島県・海部郡　愛媛県今治市　*つくまる 群馬県佐波郡　*つぐまる 島根県　*つくむ 群馬県勢多郡　*つぐむ 栃木県　群馬県　埼玉県北葛飾郡「まえのものはつぐむんだ」　東京都八王子　静岡県田方郡　*つくもる 大阪府泉北郡　和歌山県「長い間つくもってゐたんで腰が痛い」　*つくらむ 神奈川県中郡　*つずくなる 岐阜県養老郡　*つずくまる・つんつこまる 山形県　*つずこばる 秋田県仙北郡「其処さつづこばれば着物のすそよごれるよ」　*つずこまる 秋田県平鹿郡　山形県　*つつきぼる 三重県富田　*つつくなむ 滋賀県愛知郡　*つっくなる 岐阜県不破郡　*つつくばる 青森県上北郡　秋田県鹿角郡「見付けられないやうにつゝぐばる」・仙北郡　*つつくぼる 滋賀県愛知郡・蒲生郡　*つっこなむ 滋賀県彦根　*つっこまる 青森県南部　岩手県江刺郡　山形県最上郡　*つっつくなる 岐阜県大垣市　*つっつくばる 秋田県鹿角郡　*つっぱずく 石川県鳳至郡　*つるぼう 石川県河北郡　*つんずくまる 秋田県平鹿郡　*とばじむ 静岡県富士郡　*とばむ 静岡県「井戸端にとばむ」　*はいつくばる 埼玉県秩父郡　*ひくなる 和歌山県　*ひてーる 山形県最上「ここにひてーでろ」　*ふくだむ 福岡県　長崎県壱岐島　*ふくらむ 福岡県粕屋郡・福岡市「ふくろーどる」　*へこくる 島根県簸川郡・八東郡　*へこたー 鳥取県西伯郡　島根県出雲　*へこたる 鳥取県西伯郡　島根県出雲・隠岐島　*へこたれる・ふぇこたれー 鳥取県西伯郡　*へたばる 兵庫県明石郡　鳥取県気高郡　島根県　*へたる 兵庫県城崎郡「うらもへたっちまう(わたしもしゃがみこんでしまう)」・明石郡　*へっつぐばる 岩手県気仙郡

↓かがむ(屈)・うずくまる(蹲)

しゃく【癪】

□に障る　*かんにかまう 滋賀県蒲生郡　*きがわるい 静岡県志太郡「そんなぇーことーされて、わしゃーきがわるいよー」　島根県「心配事があって行ったのに、笑ってばかりいてきがわりかった」　*きもれる 千葉県東葛飾郡　*きゃわるい 青森県津軽　香川県仲多度郡・三豊郡　*こきがわるい 山梨県南巨摩郡　静岡県「ぐづぐづ言はれてこきがわるい」　*ごきさわる 熊本県玉名郡　*こきったれがわるい 静岡県榛原郡　*こきんわるい 静岡県志太郡　*じんずがかえる 鹿児島県肝属郡　*せかれる 香川県・小豆島　*せわやける 山形県西村山郡・西田川郡　*ぞーがわく 福岡県　佐賀県　長崎県北高来郡　*ぞーがわるい 愛媛県　高知県「あれ程たのーであるにして呉れん、ぞーがわるい」　*ぞーくそがわるい 愛媛県宇和島市・北宇和郡　高知市「恩を仇で返されて、ぞーくそがわるい」　*ぞーくそんわりー 高知県幡多郡　*ぞーのきってきりわく 福岡市　*ぞーのきりわく 福岡市　長崎県北松浦郡「人から軽蔑されて、ぞーのきりわく」　*ぞーばらがわく 長崎県対馬「思ひも無いことを言はれて、ほんにぞうばらがわいた」　*ぞーんきちきりわく 福岡県　熊本県　*ぞーんきりわく 熊本県・下益城郡　*ぞがわく 宮崎市　*ぞっぱらがわく 宮崎県東諸県郡　*はがい 和歌山県　島根県出雲　香川県「まあはがい、そなんことぃわへんのに」　*はがいー 山口県　福岡県　*はがいたらしー 徳島県　*はがたらかし・はがたらしー 和歌山市「たいがいはがたらしい人やぞいし(ずいぶんしゃくに障る人だぜ)」　*はげらしー 宮崎県延岡市　*はごえ 山形県　*はごこえ 山形県南村山郡　*はごさん 鹿児島県奄美大島・加計呂麻島　*はんごえ 山形県東村山郡　*ふがわるい 京都府竹野郡「うっかり汽車を乗り越した。ふがわるてむかむかした」　兵庫県但馬　*むしにさわる 新潟県佐渡　*むしゃやける 富山県砺波

↓いまいましい(忌忌)

□に障ること　*かんしゃく 京都市　和歌山県「ちょっとも人のいふ通りにしてない、かんしゃくや。かんしゃくな奴っちゃ」　*しゃっつら 静岡県榛原郡「しゃっつらな手紙」　*ちむざわい 沖縄県首里「ちむざわいしゅん(しゃくにさわる)」

しゃくし【杓子】　*おきゃー 静岡県田方郡　*おっけばんがえ 富山県射水郡　*おてほ 岐阜県

稲葉郡 *おなおし 鹿児島県 *おへご 岐阜県大垣市 *おもどし 鹿児島県・鹿児島郡 *かいがら(古くは貝に柄を付けて用いたところから) 山梨県 長野県諏訪「木の貝殻を買ふ」・佐久 *かくみ(猟師の忌み言葉) 青森県南津軽郡・西津軽郡 *かくり(猟師の忌み言葉) 青森県南津軽郡 *さいしんびら 沖縄県黒島 *さしびらー 沖縄県与那国島 *さなげー 沖縄県国頭郡 *さんしんびら 沖縄県八重山 *さんまがり(山言葉) 福島県南会津郡 *しゃしゃびら 沖縄県波照間島 *しゃっぺ 長野県下水内郡 *ひっしゃくし 佐賀県藤津郡 *ふて 秋田県北秋田郡 *まがり 山形県西置賜郡 新潟県北魚沼郡(山言葉) *みやじま 奈良県吉野郡
→しゃもじ (杓文字)

汁用の□ *あっかい(「汁匙(あくかい)」の意) 沖縄県石垣島・竹富島「あっかいなー(小さいしゃくし)」 *くぼじゃくし(団子汁をすくうしゃくし) 大分県北海部郡 *しるあげ 福島県大沼郡 *しるまがり 新潟県北魚沼郡 *すーがい 沖縄県鳩間島・新城島 *すーはい 沖縄県新城島 *するがい 沖縄県石垣島 *なびげ 沖縄県伊江島 *なびげー 沖縄県中頭郡・国頭郡・首里 *ぴない 沖縄県黒島 *ふやーに・どぅふやーに・ふやーにってぃー 沖縄県与那国島 *ぺー 沖縄県小浜島・波照間島 *ぺーら 沖縄県小浜島 *ぺーん 沖縄県竹富島 *まんのじゃくし 島根県鹿足郡

飯を盛る□ ⇩しゃもじ (杓文字)

しゃざい【謝罪】 *おそしょー・おしょしょー・おしょしゅー 山梨県「おそしょーする(わびる)」 *ごえさん 和歌山県那賀郡 *ことわり 三重県志摩郡 大阪市 島根県松江 広島県双三郡・高田郡 徳島県「ことわりいいない(謝りなさい)」 香川県「ことわりする」 愛媛県松山 高知県 大分県南海部郡 鹿児島県 *しょーしょー 青森県津軽 *しょしゅー・しょしょよー 山梨県 *しょしょ 青森県南部 秋田県南秋田郡「あの婿しょしょして戻ったさうだ」・河辺郡 *しょしょー 青森県「しょしょうする」 *そしょ 青森県津軽 *そそ 青森県上北郡「そそする」・津軽「となりさ、二しょかて(酒を二升買って)そそしてきたでぁ」 *そそー 徳島県「早うそそう言いに行け」 *めーわく 新潟県東蒲原郡 徳島県 *わき 鹿児島県喜界島「わきしゅい(謝る)」 沖縄県首里 *わけ 高知市 *わっさ 沖縄県首里「わっさ しゅん(謝る)」
→わびる (詫)

シャツ *しだひきゃー 沖縄県石垣島 *つぃーぱきゃー 沖縄県石垣島 *てっぽそで 鹿児島県 *ぽたんかけ 鹿児島県

しゃっきん【借金】 *うっか 沖縄県首里「うっかばれー(借金払い)」 *さがり 青森県津軽「さがりそる(借金を背負う)」 山形県 富山県高岡市「さがりがつく」 *さっせん 鹿児島県 *しー 沖縄県首里「しーばれー(借金を返すこと)」 *しらみ 山口県阿武郡
→ふさい (負債)

しゃっくり【噦】 *あくしょ 岩手県東磐井郡 *いくり 山口県阿武郡 *ぎーちゃー 鹿児島県沖永良部島 *きくり 岩手県稗貫郡 山口県阿武郡 *ぎくり 広島県高田郡 大分県大分市・大分郡 *ぎち 山口県玖珂郡 鹿児島県徳之島 *ぎちー 鹿児島県加計呂麻島・喜界島 *きっくり 宮城県北部 長野県諏訪・上伊那郡 *ぎっくり 島根県邑智郡 広島県比婆郡・高田郡 愛媛県 長崎県北松浦郡(中流以下)・南高来郡 大分県 *きっくん 長野県諏訪 *ぎっくん 長崎市 *ぎっちり 山口県大島 愛媛県 *きっつり 愛媛県温泉郡・上浮穴郡 *ぎゃっくり 静岡県 大分市 *げくり 青森県上北郡 *けっくり 岩手県気仙郡 山形県 福島県 茨城県・新治郡 栃木県 埼玉県北葛飾郡 千葉県山武郡 島根県那賀郡 *げっくり 山形県東村山郡・北村山郡 千葉県 東京都大島 愛媛県 長崎県南高来郡 *けっこん 山形県米沢市 *げっこん 長崎県南高来郡 *げっちり 山口県大島 *げっつり 千葉県安房郡 愛媛県 *げっぽ 和歌山県那賀郡 *さくばい 沖縄県石垣島・鳩間島 *さくらぶ 沖縄県黒島 *さくらべ 鹿児島県奄美大島 *さっこーび 沖縄県首里 *さっふぇー 沖縄県竹富島 *そーらびー 沖縄県新城島 *ひくり 山口県阿武郡 大分県大分郡・玖珠郡 *ぴっくいしゃっくい 佐賀県三養基郡 *ひょくり 島根県那賀郡 *ひょっくり 京都府 島根県邑智郡 大分市 *へくり 島根県鹿足郡

しゃぶる *こぶる 熊本県 *さしる 青森県上北郡 *さじる 岩手県気仙郡「あめっこさじっていろ」 *さずる 青森県三戸郡・南部 千葉県香取郡 *しびるん 沖縄県石垣島 *しぶる 長崎県壱岐島「飴をしぶる」 *しゃぶく 山梨県 *しわぶる 鳥取県西伯郡 島根県 長崎市 *しんびゅい・しんじゅい 鹿児島県喜界島 *すあぶっ 鹿児島県 *すあぶる 滋賀県滋賀郡 愛媛県松山 *すぃぷゆん 沖縄県首里 *すさぶる 富山県下新川郡 滋賀県滋賀郡 兵庫県淡路島 *すっさぶる 富山県砺波 *すなびる 秋田県由利郡「母の乳をすなびる」 *すなぶる・すんなぶる 新潟県「このこはゆびすなぶってこまる」 *すばくる 徳島県 香川県 *すばぶる 新潟県新井市・中頸城郡 岡山県小田郡 広島県芦品郡 香川県「キャンデーをすばぶる」 愛媛県 *すばぷる 香川県高松市 *すぱぶる 広島県高田郡 *ずばぶる 福岡県粕屋郡 *すわがる 島根県邑智郡 *すわぶい 鹿児島県鹿児島郡 *すわぶる 新潟県 島根県 岡山県苫田郡「そーいっまでも、魚の骨ばーすわぶりんさるな」 山口県大島 香川県三豊郡 愛媛県 福岡県 長崎県対馬「子供が乳をすわぶる」 熊本県 大分県 鹿児島県肝属郡
→なめる (嘗)

□さま *けたらけたら 山形県米沢市「けたらけ

たらどなめる」 *けたりけたり・けたけた 山形県米沢市 *けとらけとら 山形県東田川郡

しゃべる【喋】 *いななく 栃木県西部 *おたーまーくる 広島県芦品郡 *かたる 岩手県胆沢郡「いっそそんなことばりかたってる(いつもそんなことばかり言っている)」・気仙郡「うんだがらやめろってかだったべ」 宮城県「其の事は先方へかたればよく判る」「先生さあんだ(お前が)かたれ」 山形県「話かだることあるから来い」 新潟県東蒲原郡「少しかたって行きませんか」 岐阜県飛騨 長崎県南高来郡「飲み飲みやらやら(ゆっくり)かたろだなあし」 熊本県球磨郡 鹿児島県「おかたりやはんか」 *くじょる 秋田県平鹿郡「なんとあの姉はくじょる人だ」 *くぜくる 静岡県志太郡 *くぜる 宮城県仙台市 秋田県雄勝郡「余りくぜらないでじっとしておれ」 山梨県甲府市 長野県上田・佐久 静岡県志太郡「なにょーくぜるか(何をしゃべるか)」 *ぐぜる 神奈川県津久井郡 熊本県下益城郡「ぐぜっとる」 *くでる 埼玉県秩父郡「よくくでるなー、さっさと仕事を片ずけちゃ」 東京都八王子 *こーかる 福岡市 *こーべる 岩手県九戸郡 神奈川県 新潟県佐渡 *こだる 岡山県 *こべくる 青森県三戸郡 岐阜県郡上郡「いらんことこべくんな」 *こべる 京都府中郡 香川県三豊郡「あんたっちゃ、いかさまようこべるな。ぺちゃぺちゃこべるな」 長崎県五島 *さえずる 神奈川県津久井郡 新潟県中頸城郡 *さずる 富山県下新川郡 *さやずる 島根県簸川郡 *さよじる 秋田県平鹿郡「彼の人は随分さよじる人だ」 *たくせる 千葉県香取郡 *たたる 愛媛県南宇和郡「あいつがたたったけん皆に知れてしもうた」 高知県幡多郡 *たちくる 高知県幡多郡 *ちゃちる 高知県「おんばもそーけも猫もしゃくしも、めんめにちゃちりよる(みんながめいめいにしゃべっている)」 *ちゃんぽんふく 福岡県 *つばぬる 長崎県壱岐島「なかなか良うつばぬる娘ぢゃった」 *はじける 新潟県岩船郡 山口県豊浦郡 *ひこる 山形県庄内「あの人は本当にひこる人だ」 *べちくる 和歌山県和歌山市・海草郡 *へちゃる 宮城県南部 *へらずー 千葉県夷隅郡・安房郡「へらずえながら食う」 *へらずく 千葉県夷隅郡 *へらつく 岩手県 宮城県「だれかへらずえた者あるに違ねぇ」「よくへらつくおなごだなや」 山形県 福島県 茨城県稲敷郡 栃木県栃木市・安蘇郡 *べらつく 岩手県九戸郡 埼玉県北葛飾郡 新潟県佐渡 *ぺらつく 山形県米沢市・南置賜郡 *へらめぐ 岩手県気仙郡 *べる 大阪府泉北郡「べりあがってんな(言っているか)」 奈良県宇智郡 和歌山県・伊都郡 *むにゆむん 沖縄県石垣島 *ゆぬん 沖縄県首里 *ゆみゅん 鹿児島県与論島 *ゆむい・ゆみゅい・ゆにゅい・ゆぬい 鹿児島県喜界島

→はなす(話)

じゃま【邪魔】 *あくばたい(じゃまだ) 青森県津軽「そんな所に座ってはあくばたい」「暑くて外套があぐばたぇくなった」 *あやばぐ 青森県津軽「こら、わらはど、あんまりあやばぐへば、くつがえるど。なぇでもおらしらなぇ(これこれ、子供ら、あんまり犬にいたずらをすれば、かみつかれるよ。泣いてもおれぁ知らんぞ)」 *あやめーくさめー 沖縄県首里 *いけっこじゃま(じゃまなさま) 埼玉県北葛飾郡「いけっこじゃまな木だ」 *えじー(じゃまだ) 青森県上北郡 宮城県登米郡 *えんずー(じゃまだ) 岩手県上閉伊郡「お前の肘がえんずーからとれ(どけろ)」 *おーらましー(じゃまだ) 新潟県佐渡「あまりさわいじゃおおらましい」 *かい 兵庫県加古郡「人のかいにならんようにせい」・淡路島 和歌山市 徳島県 香川県 長崎県対馬「おもひがかいになる」 *く 岩手県上閉伊郡・気仙郡「がきがくになる」 宮城県石巻 秋田県「隣の大木をくにする」 山形県「蚊がくえなて眠らんなえ」「へなこおがたさけ(女児が成長したから)、こんどくえならね(今後は足手まといにならない)」 三重県志摩郡 *くたま 秋田県雄勝郡「くたまになるからあっちへ行っていなさい」 山形県南部「くたまにする(じゃま者扱いする)」「くたまへする」 新潟県東蒲原郡「そこなら積んでもくたまにならない」「子供が騒いでもくたまにならない」 *けあ 秋田県平鹿郡「けあになる子だ」 *さいばり 徳島県美馬郡 *さし 青森県津軽 山形県「さしが入って縁談がこわれた」 新潟県佐渡 *さぶけ 栃木県「犬三匹も飼っちゃさぶけだ」 *ざんまい 山形県 *しちく(じゃまなさま) 岩手県東磐井郡 *しっちゃま(じゃまなさま) 岩手県気仙郡「しっちゃまだ、そご去れ去れ」 *じょさい 香川県仲多度郡「じょさいになるからここで失礼します」 *はっさー 島根県益田市「はっさーをせんこー(せずに)外へ出て遊んでくれ」 *ひまざえ 滋賀県彦根 *まがり 愛媛県松山「まがりになるけんおのき(じゃまになるからどい

方/言/の/窓

●方角と方言

方角を表すとき、カミとかシモなどと言うが、一体どちらの方向を指しているのか迷うことがある。地域によって指す方角に違いがあるようだが、内陸部では川の上流がカミ、海岸部では京都に近い方をカミと言っているようである。

地名にも「上……」「下……」と対になっているところが多いが、「上……」という地名は、日本海側では南西に、瀬戸内海地方では東に位置している。

ところで、沖縄の八重山に西表島と書いてイリオモテジマと読む島がある。沖縄では、東を太陽が昇る方向という意味でアガリ、西を太陽の入る方向の意味でイリという。南や南風はフェー、北や北風はニシという。西表島をニシオモテジマと読むと北表島ということになってしまうのである。

てください」 *よにく 茨城県 千葉県印旛郡「よにくすんなよ」 *よによ 茨城県稲敷郡 *わざ 徳島県海部郡「また子供がわざした」 *わなぎ 鹿児島県肝属郡「わなぎなんな(じゃまになるな)」 *わやく(「おうわく(枉惑)」の転) 長崎県北松浦郡(下流の語)「人にわやくされてでけじあった(できなかった)」・五島 大分県南海部郡

→さまたげ(妨)・ぼうがい(妨害)

□をする *あぼう 山形県鶴岡市 *あやかす 三重県名賀郡 大阪市「えらいあやかしまして(訪問の帰りがけの挨拶)」 奈良県「一度あやかしに出ませう」 *こじくる 岐阜県本巣郡 *こせくる 愛媛県 *こぜくる 愛媛県 *こせる 宮城県登米郡 愛媛県 *こぜる 愛媛県新居郡 *ささくる 長崎県壱岐島「あいなかばささくられちこまる」 *さしにはいる(横合からじゃまする) 山形県東置賜郡 *さしへる(横合からじゃまする) 青森県津軽 *さそへへれる(横合からじゃまする) 山形県西村山郡 *ししかゆん 沖縄県首里 *じやまくー・じゃまこく 島根県出雲「な、あんちゃんが試験勉強しちょうけん、お前やち、そこで、あげん、騒えで邪魔こくだねがな」 *じゃまくる 山口県大島「人が遊んでゐると来ちゃじゃまくる」 香川県大川郡 熊本県下益城郡 *じゃまたげる 山形県 *じゃまはる 宮城県玉造郡 *じゃまをくる 山口市 *じゃめる 愛媛県松山「うちの兄さんはじゃめていかん」 *すをさす 新潟県佐渡 *ぼーをいれる(他人が横からじゃまをする) 島根県出雲 *まじゃっくるん(差し出口などしてじゃまをする) 沖縄県石垣島 *まぜくりかえす(差し出口などしてじゃまをする) 岡山県津山市 *ませくる(差し出口などしてじゃまをする) 兵庫県神戸市 *まぜくる(差し出口などしてじゃまをする) 兵庫県神戸市 和歌山県 香川県 高知県東部「人のお話をまぜくるもんぢゃない」 長崎県佐世保市・長崎市 熊本県・玉名郡・下益城郡 *まぜこっ(差し出口などしてじゃまをする) 熊本県玉名郡 *ませはる(「馬柵(ませ)張る」か。人のじゃまをする) 岩手県気仙郡 *まぜる(差し出口などしてじゃまをする) 高知県東部「人のお話をまぜるもんぢゃない」 *までくる(差し出口などしてじゃまをする) 兵庫県神戸市 山口県「折角の話を彼がまでくって破れた」 *わやくる 福井県大飯郡 香川県

しゃみせん【三味線】 *さんし 沖縄県波照間島 *さんしん 沖縄県「さんしんぴきゃー(三味線の名手)」 *さんしんなー 沖縄県石垣島 *さんてぃー・さんちー 沖縄県与那国島 *しゃんぎり 京都府竹野郡 *つる 兵庫県淡路島 *つれずれ 大分県宇佐郡 *てんとぅー 沖縄県首里 *でんとぅんてん 沖縄県石垣島 *ぴんびん 福岡県久留米市 *ぺんぺこ(幼児語) 長野県東筑摩郡

しゃもじ【杓文字】 *いーがい 宮崎県西臼杵郡 沖縄県宮古島 *いーぎや 宮崎県西臼杵郡 *いーげー・めしいーげー 宮崎県西臼杵郡 *いーじぇー(上品な言い方) 沖縄県首里 *いーもりじゃくし 山梨県東山梨郡 *いぎゃ 長崎県五島 熊本県八代郡 *いびら(「いいべら」の転。飯用しゃもじ) 鹿児島県喜界島・沖永良部島・与論島 沖縄県八重山 *うのくび(「鵜の首」か。しゃもじの一種) 奈良県吉野郡 *おくもじ 奈良県南大和 *おもどし 鹿児島県・鹿児島郡 *きな 沖縄県宮古島 *さっぺら 福島県南会津郡 *しゃっかい 秋田県北秋田郡 *はんがい 富山県 石川県 岐阜県山県郡・武儀郡 *ひら 山形県飛島 *ひらじゃくし 三重県名賀郡 *へら 北海道小樽市 青森県津軽 岩手県 宮城県石巻・仙台市 秋田県 山形県米沢市・西置賜郡 福島県「へらで飯をわけた」 東京都御蔵島・八丈島 新潟県 *まましゃくし 熊本県鹿本郡 *まましゃもじ 熊本県菊池郡・八代郡 *ままへら 新潟県北魚沼郡 *みしがい 沖縄県石垣島 *みしげ 鹿児島県島嶼 *みしげー 鹿児島県喜界島・徳之島 沖縄県本島 *みしへ 鹿児島県奄美大島 *めしいーがい 宮崎県西臼杵郡 *めしがい 熊本県球磨郡 *めしぎゃ 熊本県天草郡 *めしぎゃー 熊本県 *めしげ 熊本県八代郡・芦北郡 宮崎県 鹿児島県 *めししゃくし 静岡県川根 三重県阿山郡・名賀郡 *めしじゃくし 島根県 長崎県南高来郡 熊本県 *めししゃもじ 熊本市 *めしつぎ 大分県大分市・直入郡 *めしとり 大分市 *めしべら 山形県東置賜郡 *めじゃくし 熊本県 *めっしゃくし 佐賀県藤津郡 熊本県 *めっじゃんこ 熊本県阿蘇郡・玉名郡 *もりこ 岐阜県本巣郡

→しゃくし(杓子)

しゃれ【洒落】 *おつ 新潟県西頸城郡 広島市「おつーこく(しゃれる)」 *おどけ 青森県三戸郡「おどけは、ほんとになる」 岩手県上閉伊郡「おどげでしたから堪忍しろ」・気仙郡「おどげかだる」 宮城県栗原郡・仙台市 山形県 福島県 新潟県 岐阜県北飛騨 兵庫県神戸市 奈良県 和歌山県 *ぐざ 新潟県佐渡「何をぐざたたく」 *くちあい 大阪府「なんやくちあいか(なんだ駄じゃれか)」 徳島県 *くっちゃい 香川県丸亀市

じゃれつく【戯付】 *あまえる 奈良県吉野郡 島根県鹿足郡 広島県・高田郡 山口県祝島 香川県・小豆島 *あまたれる 香川県・丸亀市・綾歌郡 *からまる(犬猫がじゃれつく) 青森県「あの子はよく後妻にからまる」 岩手県気仙郡 宮城県北部 秋田県鹿角郡 新潟県東蒲原郡「猫が足元にからまってくすぐったい」 山梨県南巨摩郡 長野県佐久 静岡県小笠郡 *たーぶれる 静岡県志太郡「たーぶれてるいたーええが(じゃれついているうちはいいが)いまにかみつかれるに」 *つえる(甘えてじゃれつく) 高知県幡多郡 *つばいろ(甘えてじゃれつく) 島根県松江 *つばう(甘えてじゃれつく) 愛媛県周桑郡・喜多郡「つばいやいこしとったと思ったら、もー泣きよる」 *つ

ばえー(甘えてじゃれつく)島根県西伯郡 *つばえる(甘えてじゃれつく)鳥取県 島根県「家の中でつばえるな」 岡山県阿哲郡・小田郡 広島県 山口県「ああやかましいあんまりつばえるなよう」 徳島県・名西郡 香川県綾歌郡・小豆島 愛媛県「今日は雨天だが教室ではつばえることはならんぞ」 高知県幡多郡 *つばける(甘えてじゃれつく)奈良県 島根県簸川郡 *とばえる(甘えてじゃれつく)山形県 *とばこえる(甘えてじゃれつく)高知県 *とばゆる(甘えてじゃれつく)宮崎県西臼杵郡

↓じゃれる(戯)

じゃれる【戯】 *あじゃれる 島根県「あんまー家の中であじゃれーと、おこられーじ」 *あだへだ 島根県隠岐島 *おこびる 長野県小県郡・下伊那郡 愛知県北設楽郡 *さばる 香川県小豆島 *じゃじゃける 島根県 *じゃらける 青森県津軽・三戸郡 岩手県上閉伊郡 宮城県仙台市 山形県 福島県相馬郡・東白川郡 茨城県稲敷郡 新潟県 富山県砺波 福井県 長野県下伊那郡 滋賀県 兵庫県 鳥取県気高郡 島根県「あんまりじゃらけちょーと、誰かが怪我をすーぞ」 香川県 愛媛県松山 長崎県対馬 *だじゃれる 島根県大原郡・飯石郡 *ちょーる 静岡県「あの犬のちょーるのをごらん」 *ちょーれる 長野県「猫がちょーれる」 *ちょこかける 福島県東白川郡 *ちょこばえる 香川県 *もぐれる 香川県 *もぶれる 島根県鹿足郡 岡山県児島郡 香川県

↓ざれる(戯)・じゃれつく(戯付)

犬や猫が□ *あいす 青森県津軽 *けちゃずく(猫がじゃれる)島根県大原郡「三毛があのやにけちゃずいとる」 *じゃらける 秋田市 新潟県佐渡 京都府竹野郡 *さくれる 静岡県・榛原郡 *すばえる 島根県隠岐島 山口県 *すばゆい 宮崎県都城 *すばゆる 宮崎市 *そばえつく 島根県 *そばえる 岩手県上閉伊郡 宮城県仙台市 神奈川県津久井郡 新潟県中頸城郡 富山県下新川郡 岐阜県飛騨 三重県志摩郡 大阪市 奈良県吉野郡 島根県「犬がそばえて仕方がねー」 山口県阿武郡 *たまとる 富山県砺波 京都府竹野郡「ようたまとる猫はねずみもよう取るそうだ」 島根県隠岐島 岡山県岡山市・児島郡 福岡市 長崎市「みけねこんこがふとかねずみばたまとりよる(三毛猫の子が大きなねずみをもてあそんでいる)」 *だまとる 石川県能美郡 *たまをとる 広島県高田郡 山口県大島 鹿児島県鹿児島市・肝属郡 *ばえつく 新潟県佐渡 香川県 *ばえる 兵庫県佐用郡・加古郡 香川県大川郡

じゃんけん *あーだー 栃木県河内郡 *あーぽん 栃木県芳賀郡 *あいき 栃木県塩谷郡・芳賀郡 *あいきん 山形県西村山郡 *あいけん 神奈川県高座郡・足柄下郡 福井県 岐阜県飛騨 香川県香川郡 長崎県南高来郡 *あいこ 兵庫県神戸市「あいこで決めたらええのに」 和歌山県那賀郡 香川県綾歌郡 *あいこで 和歌山県伊都郡・東牟婁郡 *あいこまき 奈良県吉野郡 *あいこんね 長野県諏訪 *あいしゅ 香川県香川郡・綾歌郡 *あいしゅーちー 香川県綾歌郡 *あいしょーけん・あいしょっけん・あいしょんけん・あいしょん・あいしょーき・あいし・あいしょ・あいしっち・あいちん 栃木県 *あいとっせっ 静岡県榛原郡 *あいやん 香川県大川郡 *あばんけべんしょ・あばんけべんしょー 大分県大分郡 *いーせん・いーわん 香川県仲多度郡 *いーろーしょ 山形県飽海郡 *いーろしょ 山形県庄内 *いーろそ 山形県飽海郡 *いしかみ 香川県 大分県大分郡 *いしけん 宮城県「んだらいしけんしてきめんべ」 山形県西置賜郡 三重県名賀郡 *いしけんど 山形県置賜 *いしとあみ 熊本県天草郡 *いしばさみ 岐阜県加茂郡 *いっけん 愛知県知多郡 香川県綾歌郡 *いっけんしょ 愛知県知多郡 *いっちゃ 栃木県下都賀郡 *いわきん 福井県足羽郡 *いんじゃん 大阪市 兵庫県淡路島 *いんじゃんほい 香川県木田郡 *いんらんぽ 岐阜県可児郡 *いんりゃんほい 大阪市 *いんりゃんぽい 愛知県名古屋市 *うっちょんぱー 鹿児島県屋久島 *えーしゅ 香川県綾歌郡 *えーとん 熊本県菊池郡 *えすけ 岩手県紫波郡 *えっこん(児童語)和歌山県 *えっちっかっち 栃木県下都賀郡 *えんけん 香川県綾歌郡 大分県東部 *えんこんぱす 和歌山県那賀郡 *おいもんげっけ 香川県仲多度郡 *おーこーりきえっせ(じゃんけんをする時の掛け声。男の子)新潟県上越市 *おーこーりきへん(じゃんけんをする時の掛け声。女の子)新潟県上越市 *おっち 栃木県足利市・上都賀郡 *おっちっき・おっちゃんぽい 栃木県足利市 *おっちゃ 群馬県 *おっちゃっち 栃木県安蘇郡 群馬県 *おっちん 栃木県足利市(じゃんけん。また、その掛け声) 三重県名張市 *かーみなりせんこぽーたもち(多人数でじゃんけんをする時、調子をつけて唱える言葉)静岡県志太郡 *かっこ 岩手県九戸郡 *かっち 岡山県 *かったもん 愛媛県温泉郡 *かっちん 三重県名張市 *かみいしちょき(じゃんけんをする時の掛け声)三重県阿山郡 *かんりんぼ・がんりんぼ 島根県大根島 *き 島根県八束郡 *きーき 山形県西置賜郡 *きっかっきゅ 群馬県佐波郡 *きっき 青森県 岩手県 秋田県 山形県 福島県東白川郡 島根県出雲・隠岐島 *きっきょー 島根県隠岐島 *きったい 福島県北会津郡 *きっつ・きー 青森県南部 *きっち 青森県三戸郡 福島県会津若松市 *きゅーきゅー 青森県三戸郡 *きゅっきゅ 青森県南部 *きょっきょえ 新潟県中頸城郡 *きんちゃんほい 三重県志摩郡 *きんでま 山形県置賜 *ぐすぐすちょんぎ 栃木県那須郡 *けーやん 愛媛県大島 *けっけ 島根県邑智郡 香川県「けっけのほい、あいこでほい」 *けっちん 香川県仲多度郡 *けん 青森県津軽「け

んして勝った人にあげよう」 福島県東白川郡 栃木県 島根県鹿足郡 長崎県彼杵 熊本県・天草郡 *けんけ 青森県津軽 山形県西田川郡 長野県佐久 *けんけん 青森県津軽 岩手県泉北郡 神奈川県足柄下郡 熊本県菊池郡・鹿本郡 *けんけんさ 熊本県阿蘇郡・鹿本郡 *けんこいし・けんこい 新潟県東蒲原郡 *けんこん 香川県三豊郡 *けんしゃん 熊本県菊池郡 *けんじゃん・けんりゃん 京都市 *げんじゃん 熊本県下益城郡 *けんしん 大分県 *けんち 長野県南佐久郡 *けんちゃん 熊本県上益城郡・下益城郡 *けんちょい 長崎県南高来郡 *けんちん 香川県仲多度郡 *けんぶっぺー 栃木県芳賀郡 *けんま・げんま・けんまん 香川県仲多度郡・三豊郡 *けんまーほい・けんまのほい 香川県三豊郡 *けんや 山口県長門 香川県仲多度郡 *けんやのほい・けんやん・けんやんほい 香川県仲多度郡 *けんりゃんぽ 新潟県上越市 *けんわん 熊本県芦北郡 *さいけん 栃木県下都賀郡 *さえんさえのさえん(じゃんけんをする時の掛け声) 山形県庄内 *さっけん 香川県直島 *さんさんのし 長野県諏訪 *しーけん 福井県 *しーしー・しーの 広島県佐伯郡 *しーやん 香川県「しーやんほい」 愛媛県大三島 *じーやん 香川県 愛媛県温泉郡 *しーよーえんけん(女児の語) 香川県丸亀市 *じーわん 香川県香川郡 *しからかしーしー 新潟県中越 *しけんぼ 奈良県吉野郡 *じっか 栃木県塩谷郡 *しっけ 広島県能美島 香川県「しっけのほい」 *しっけん 神奈川県 広島県能美島・倉橋島 香川県高見島 愛媛県大三島・睦月島 *しっし 東京都西多摩郡(児童語) 長野県「しっしをやる」 *しっしっし・しっしのし 長野県諏訪 *しっしのほい 岡山県苫田郡 *じっしゃ 栃木県塩谷郡・那須郡 *じっしん 三重県名賀郡 大阪府泉北郡 奈良県吉野郡 *じっしんぱ 三重県名張市 *じっしんほい 大阪市 *じっちち 栃木県芳賀郡 *じっちゃ・じっちゃっぽ・じっちゃっぽい 栃木県那須郡 *じっちん 香川県直島 *じゃーるー 香川県豊島 *じゃじゃぽい・じゃすけっぽい・じゃすけー・じゃすか・じゃすとっぴー・じゃっかほい 栃木県那須郡 *じゃっか 栃木県塩谷郡・那須郡 *じゃっかっち 栃木県大田原市・下都賀郡 *しゃっこん・しょっこ・しゃっこぺ・しゃいしゃい 長野県諏訪 *じゃっちん 香川県 *じゃらめがほす 鹿児島県種子島 *じゃんきちゃこいせ・じゃんきたほし・じゃん 鹿児島県鹿児島郡 *じゃんけんじかぼかどてんのほい 兵庫県但馬 *じゃんけんしょい 熊本県天草郡 *じゃんけんちちもつ 静岡県庵原郡 *じゃんけんちょす 長崎県壱岐島 *しゃんしゃんほい 香川県小豆島 *しゅー 香川県綾歌郡 *しゅーけん 兵庫県佐用郡・赤穂郡 *しゅしゅ・しゅっしゅ 青森県 *しゅしゅけん・しゅっしゅっしゅ 岐阜県大垣市 *しゅっけん 岐阜県稲葉郡 兵庫県赤穂郡 *しゅっけんど 岐阜県揖斐郡 *しょっけん 香川県木田郡・大川郡 *しょっしょ 島根県那賀郡 *しょらいしょい 大分県北海部郡 *しんけん 山口県大島 *じんじんさい 大分県別府市 *しんでんぼ 京都府竹野郡 *じんまんぎす 岡山県邑久郡 *すいけん 神奈川県 *すっきん 香川県木田郡 *するせんちょす(じゃんけんをする時の掛け声) 長崎県壱岐島 *たいけん 栃木県安蘇郡「たいけんして勝負をきめやう」 *たいけんちー 栃木県安蘇郡 *だんけん(じゃんけん。石拳(いしけん)) 新潟県佐渡 広島県因島 山口県笠戸島 福岡県沿岸 熊本県阿蘇郡 大分県 *ちーちー 栃木県 *ちーちっぱ 三重県志摩郡 *ちーぱー 栃木県河内郡 *ちーやん 愛媛県周桑郡・喜多郡 *ちーら 栃木県河内郡 *ちーらーせ 埼玉県秩父郡 *ちーり 静岡県伊東市 徳島県「ちーりで決める」 *ちーりー 埼玉県入間郡 山梨県 *ちーりーさい 埼玉県入間郡 *ちーりこさい 群馬県利根郡 *ちーりん 長野県佐久 鹿児島県揖宿郡 *ちーりんさい・ちーりんさん 長野県諏訪 *ちきさ 静岡県磐田郡 *ちきたん 長野県佐久 *ちく 山梨県南巨摩郡 *ちすと・ちしと・ちすとん・ちすとっぴー・ちすとっぺー・ちすとんぱい 栃木県足利市 *ちすとんぺー 栃木県 *ちちっぱ 三重県志摩郡 *ちっか 栃木県 群馬県勢多郡・佐波郡 長野県佐久 *ちっかっきゅ 群馬県佐波郡 *ちっかっせ 群馬県勢多郡 *ちっかっちー 栃木県安蘇郡 *ちっかっぽ 栃木県塩谷郡 群馬県 *ちっかん 栃木県足利市 群馬県勢多郡 長野県佐久 *ちっけ・ちっけった 栃木県塩谷郡 *ちっけん 栃木県足利市 岐阜県益田郡 愛知県尾張 *ちっけんわい 栃木県足利市 群馬県館林 *ちっこちっこっぱ 京都府竹野郡 *ちっこっえー 長野県諏訪 *ちっこっぱ 京都府竹野郡 *ちっこっぺ・ちっこんえー・ちっこんぺ 長野県諏訪 *ちっせ 栃木県河内郡 *ちっち 山形県東田川郡 栃木県「ちっちしてきめっぺ(決めよう)」 埼玉県秩父郡 新潟県中頸城郡 長野県(男の子) 岐阜県郡上郡 静岡県磐田郡 愛知県北設楽郡 愛媛県南宇和郡 高知県幡多郡 *ちっちき 山梨県 *ちっちく 山梨県南巨摩郡 *ちっちくそい 山梨県 *ちっちこ 富山県 *ちっちっち 栃木県 群馬県多野郡 *ちっちっぱ 栃木県真岡市・那須郡 三重県志摩郡 高知県幡多郡 *ちっちっぱー 埼玉県秩父郡 *ちっちっぽ 群馬県多野郡 長野県上田・小県郡 岐阜県益田郡 *ちっちっぽい 長野県上水内郡・上田(男の子) *ちっちのぱ・ちっちのぱー 三重県志摩郡 *ちっちのほい 愛知県北設楽郡 岡山県苫田郡 *ちっちぽ 香川県木田郡・香川郡 *ちっちぽい 長野県埴科郡 *ちっちゃ 栃木県那須郡 群馬県佐波郡 *ちっちょー 新潟県中越 *ちっちんば 三重県志摩郡 *ちっと 静岡県庵原郡 *ちっとっせ 栃木県河内郡 *ちっとほい 静岡県庵原郡 *ちゃーしー・ちゃーしん・ちゃーしっち 栃木県佐野市 *ちゃーちゃーぽい 長野県上水

内郡 *ちゃーらーらー・ちゃらら・ちゃらり栃木県河内郡 *ちゃいやん香川県大川郡 *ちゃちゃ栃木県河内郡・那須郡 *ちゃっこっぺ・ちゃっこのえい・ちゃっこんぺ長野県諏訪 *ちゃっちゃっちゃっ栃木県下都賀郡・河内郡 *ちゃらすけほい(じゃんけんをする時の掛け声)埼玉県秩父郡 *ちゃん熊本県鹿本郡 *ちゃんちゃんほい三重県志摩郡 *ちゃんわいけん熊本県鹿本郡 *ちゅーちゅ・ちゅっちゅ秋田県雄勝郡 *ちゅーりゅー埼玉県秩父郡・入間郡 *ちゅーりゅーさい埼玉県入間郡 *ちゅーりゅーせ埼玉県秩父郡 *ちょい東京都八丈島　富山県(女の子) *ちょいげん長崎県西彼杵郡 *ちょいけんし・ちょいけんほい長野県諏訪　愛知県知多郡 *ちょいちょ香川県大川郡・木田郡 *ちょいちょい香川県大川郡・木田郡　大分県北海部郡・大野郡 *ちょいやん香川県大川郡 *ちょーち栃木県佐野市 *ちょーなえ新潟県中蒲原郡 *ちょーりん香川県木田郡 *ちょっきん香川県木田郡 *ちょっけん愛知県知多郡　香川県大川郡・木田郡 *ちょっこい香川県大川郡 *ちょっこえい長野県諏訪 *ちょんき徳島県 *ちょんけのけ・ちょんけん長崎県南高来郡 *ちょんこ徳島県 *ちょんこんきー和歌山県那賀郡 *ちらら栃木県河内郡 *ちりけん岐阜県土岐郡 *ちんかいほい徳島県板野郡 *ちんかいほー新潟県東頸城郡 *ちんけ長野県佐久 *ちんけん岡山県川上郡　愛媛県 *ちんげん香川県仲多度郡 *ちんじっけ三重県志摩郡 *ちんじっさい大分県西国東郡 *ちんどるちんどるはんどる栃木県河内郡 *ちんないや栃木県下都賀郡 *ちんまー香川県三豊郡 *ちんり徳島県海部郡「ちんりでほい(掛け声)」 *ちんりっさい大分県西国東郡 *ちんりん長野県佐久 *ちんりんけ三重県志摩郡 *ちんりんさい長野県佐久 *ちんりんもー和歌山市 *ついけん熊本県菊池郡 *つっつ・つっつっせ・つーっさい静岡県磐田郡 *でっこ・でっこっわい栃木県足利市 *でるけん鳥取県気高郡「でるけんほい　おっぴんちょい」 *どーちゃ・どーちゃのちゃん栃木県佐野市 *どっこい岐阜県恵那郡 *どんげん新潟県佐渡 *どんちゃん兵庫県佐用郡 *なんちゃんぴ三重県志摩郡 *にーしゃ兵庫県加古郡 *にーしゃん兵庫県淡路島 *にーやんしょーや三重県志摩郡 *にっさん長野県佐久 *はっさみ岐阜県海津郡 *はのはっせ(じゃんけんの掛け声。幼児語)埼玉県秩父郡 *ひーらとげん栃木県足利市 *びんやい岐阜県安八郡 *ぶーさ(指を出し合って勝負するじゃんけん。虫拳(むしけん))沖縄県鳩間島 *ぶーさー(指を出し合って勝負するじゃんけん。虫拳(むしけん))沖縄県首里・鳩間島 *ぶだごろしー栃木県足利市・日光市 *へー熊本県天草郡 *へーけん熊本県玉名郡 *へんけん大分県大分郡 *ぽ栃木県河内郡・那須郡 *ぽい栃木県那須郡 *ほいせん・ほいやん香川県大川郡 *ほいほい愛媛県周桑郡 *ほーらい新潟県西蒲原郡 *ほーらいき(じゃんけんをする時の掛け声)山形県東村山郡 *ほーらいやー(じゃんけんをする時の掛け声)新潟県西蒲原郡 *ほっけん島根県鹿足郡 *やーかーちっち栃木県河内郡 *やっか・やっかっちゃっかん・やんかん栃木県 *やっかっきー栃木県那須郡 *やっき・やきっき・やっきっき島根県 *やんかっち栃木県矢板市・上都賀郡 *やんかんちん栃木県　埼玉県北葛飾郡 *やんけんちょす(じゃんけんの掛け声)長崎県壱岐島 *やんち長野県南佐久郡・佐久 *やんや・やいや長野県佐久 *よいけんす新潟県東蒲原郡 *よっせ・よっち・よっちん長野県佐久 *よんち長野県佐久 *よんよえすー新潟県東蒲原郡大分県 *らいしん京都府葛野郡 *らっしゃんぽい三重県志摩郡 *らんけん(じゃんけん。石拳(いしけん))広島県　愛媛県　熊本県阿蘇郡　大分県 *りーやん・りーやんほい香川県 *りっきん香川県香川郡 *りっけん・りっけんほい愛媛県大三島 *りっしん三重県名張市　大阪市　広島県賀茂郡 *りっしんぱ三重県名賀郡 *りっしんほいらん奈良県 *りまん・りまー・りま・りまりし岡山県神島・北木島 *りゃんけんこ群馬県碓氷郡 *りゅーわん香川県木田郡・高松市 *りんじゃん大阪市 *りんまん兵庫県赤穂郡 *りんやん香川県木田郡 *わいけん・わんけん熊本県 *わすけん・わんけんぽん熊本県芦北郡 *わっけのさ熊本市 *わっけん熊本県阿蘇郡・飽託郡 *わっさのさ熊本県飽託郡・球磨郡 *わっけんさ熊本県上益城郡 *わんけんわっさ熊本県球磨郡

しゅうい【周囲】

*あたりほつら京都府竹野郡「坊やはどこへ行ったかあたりほつらに居らん」 *あたりほとり青森県津軽　岩手県気仙郡「あたりほとりの前(隣近所の手前)」　宮城県石巻「そこで喧嘩すされてわ、あだりほどり迷惑でがす」　秋田市　山形県「あだりほどり見でがら物を言え」 *うーるく茨城県稲敷郡・新治郡 *おーて島根県　徳島県(家の周囲)　愛媛県(家の周囲) *おーめぐり島根県「おーめぐりに縄を張る」 *おして愛媛県越智郡 *がー静岡県榛原郡 *がーぐり青森県三戸郡　岩手県九戸郡「があぐりに置くな」 *かいぐり青森県三戸郡 *がいぐり青森県南部　岩手県紫波郡　秋田県鹿角郡 *かいぐるっと・きゃいぐるっと愛知県名古屋市「綿を入れたら、きゃいぐるっとを縫っといてちょうよ」 *かいまわり山形県米沢市 *がわ新潟県岩船郡　島根県 *がわた長野県上伊那郡 *がわはた富山県砺波 *がわり青森県 *ぎゃぐり岩手県岩手郡・気仙郡 *ぎんば(畑の周辺)島根県飯石郡・仁多郡 *ぐりら新潟県佐渡 *ぐりりぐっと福岡県浅倉郡 *ぐるがい岩手県胆沢郡・気仙郡 *ぐるさ京都府与謝郡 *ぐるた長野県 *ぐるめん岩手県気仙郡 *ぐるら長野県上伊那郡・下伊那郡　京都府 *ぐる

りもっかい（周囲全部）山形県　福島県石城郡　茨城県稲敷郡　**＊ぐるわ** 岩手県気仙郡　栃木県「果物のぐるわがくさってんだんべ」　群馬県吾妻郡・多野郡　埼玉県秩父郡　新潟県「家のぐるわを掃いて下さい」　長野県上伊那郡　岐阜県飛驒　京都府与謝郡「ぐるわのもんが承知せん」・竹野郡「桶のぐるわ」ぐりりぐっと（周囲全部。そこにもここにも）福岡県浅倉郡　**＊ぐるんどー** 静岡県榛原郡「ぐるんどーをよっく見よ」　**＊ぐるんどーし** 静岡県川根　**＊ぐれら** 新潟県西頸城郡　**＊げぁぐり** 岩手県気仙郡　**＊げぁぐるりん** 岩手県気仙郡　**＊げぁんぐり** 秋田県平鹿郡「畑のげぁんぐりに黍植えた」　**＊げぇあーぐり** 岩手県上閉伊郡　**＊げぐり** 青森県上北郡「家のげぐりの草をむしる」　秋田県鹿角郡　**＊じゅーぐらりん** 長崎県壱岐島「家のじゅうぐらりんに木を植ゆる」　**＊じゅーくり** 秋田県河辺郡　**＊じゅーぐるりん** 長崎県対馬　**＊じゅーんぐり** 秋田県河辺郡　**＊じゅぐりぐぅっと** 熊本県天草郡　**＊しらーくしゃー** 沖縄県首里　**＊はたまり** 兵庫県加古郡「はたまりじゅう（周囲全体）」　**＊はたまわり** 兵庫県加古郡　**＊へつら** 新潟県中頸城郡　福井県大野郡　**＊へつり** 新潟県中頸城郡　**＊まーさ** 島根県出雲「あの大根はまーさがふてこと（大きいことよ）」　**＊まわさ** 新潟県佐渡「まわさが一尺ある」　**＊まわし** 島根県隠岐島「この木のまわしは何尺あるか」　**＊まわりまんぼー**（四方八方。周囲すべて）山口県　**＊まんぐら** 沖縄県首里　**＊まんぐるさん** 兵庫県但馬　**＊まんぐるり** 京都府竹野郡「日本はまんぐるり海です」　兵庫県但馬・神戸市　**＊まんぐるわ** 京都府竹野郡　**＊まんぼー**（四方八方。周囲すべて）山口県「四方万方皆かたき」・豊浦郡　**＊まんぼーさんぼー**（四方八方。周囲すべて）山口県豊浦郡　**＊みぐい** 沖縄県首里　**＊めぐし**（ほとり）静岡県　**＊めぐら** 新潟県「そこらのめぐらさがせ」　富山県砺波　石川県　広島県山県郡　徳島県「このめぐらにゃ人の物を盗るような者はない」・美馬郡　高知県土佐郡　**＊めぐらた・めぐらたし** 富山県　**＊めぐり** 新潟県佐渡　**＊もーり** 東京都八丈島　新潟県南魚沼郡　広島県沼隈郡　愛媛県

↓しゅうへん（周辺）

じゅういちがつ【十一月】　**＊なーしっき** 沖縄県竹富島

しゅうかく【収穫】　**＊いり** 千葉県山武郡　**＊おーぼし**（大きな収穫）徳島県「おおぼし　しとめた（くじなどで一等を引き当てた）」　**＊こくどり** 群馬県多野郡「太白の方が赤薩摩よりこくどりが多い」　**＊しょも** 島根県石見「しょもがすんだ」　**＊じり** 島根県邑智郡・隠岐島　**＊つくり** 富山県砺波「去年はつくりがよかった」　**＊まで** 栃木県

秋の□　**＊あき** 群馬県勢多郡　富山県西礪波郡「あきする」　長野県諏訪・上伊那郡「やっとのことであきがすんだ」　岐阜県飛驒　静岡県志太郡　愛知県　京都府竹野郡　大阪府泉北郡　高知県「大豆のあきはもーすみましたか」　**＊あきあげ** 山形県　福島県　岐阜県北飛驒　島根県　**＊あし** 沖縄県波照間島　**＊あち** 沖縄県首里・石垣島・竹富島・鳩間島　**＊あきまたい** 栃木県那須郡　**＊あきまて** 福島県石城郡　**＊あきまで** 栃木県　**＊はき** 沖縄県石垣島

じゅうがつ【十月】　**＊ころくがつ**（陰暦十月）　**＊ころくげつ**（陰暦十月）岐阜県飛驒　**＊じゅーなずき**（陰暦十月）熊本県玉名郡

しゅうさい【秀才】　**＊すぐらー・すぐりむん** 沖縄県首里　**＊でぃきやー** 沖縄県首里　**＊できぶつ** 山形県東田川郡　新潟県佐渡　三重県志摩郡　**＊でけて** 鹿児島県肝属郡　**＊でけぶつ** 熊本県下益城郡　**＊でけもん** 奈良県宇陀郡　**＊とぅびむん** 鹿児島県喜界島

しゅうし【収支】　**＊てんき** 岡山市「てんきが合う」　**＊てんけ** 島根県出雲「てんけがどげしても合わん」

↓かんじょう（勘定）

しゅうじつ【終日】　**＊いちにちさっけー** 千葉県山武郡　**＊いちにちさんがら**（「一日さながら」の転）群馬県吾妻郡　**＊いちにちさんげ・いちんちさんげー** 千葉県夷隅郡　**＊いちにちしがぶく** 富山県婦負郡　**＊いちにちひーて** 山形県飽海郡　**＊いちにちひがうら・いちにちしがうら** 富山県　**＊いちにちひがくら** 富山県砺波　**＊いちにちひがな・いちにちがいだ** 富山県砺波　**＊いちんちがのー** 島根県隠岐島　**＊いちんちがひょーざら** 静岡県島田市　**＊いちんちさんがら** 長野県佐久　**＊いちんちしんがら** 長野県南佐久郡　**＊いちんちょーさんがら** 埼玉県秩父郡「いちんちょーさんがら柿の皮むきでは指が痛くてほーはねえ」　**＊いちんちひがさら** 静岡県田方郡・賀茂郡　**＊いちんちひょーらく・いちんちがひょーらく** 静岡県　**＊おさかばち** 徳島県美馬郡　**＊しがうら** 富山県　**＊しして** 山形県「きんなししてあすんだ（昨日は終日遊んだ）」　長野県佐久　**＊してー** 長野県南佐久郡　**＊しっして** 山形県東村山郡・北村山郡　**＊してー** 島根県那賀郡・邇摩郡　岡山県邑久郡　**＊しなか** 山形県東村山郡・南村山郡　**＊ひーして** 山形県北村山郡・最上郡　千葉県香取郡　三重県四日市市　**＊ぴーじゅ** 沖縄県鳩間島　**＊ひいっぱい** 岩手県胆沢郡　岐阜県郡上郡　**＊ひーて** 千葉県印旛郡　新潟県佐渡　長野県上伊那郡　愛知県　三重県志摩郡・度会郡　山口県阿武郡　香川県伊吹島　愛媛県　**＊ひーてぃー** 大分県東国東郡　**＊ひーてー** 長野県　静岡県小笠郡「ひいてぃ草を刈る」　愛知県北設楽郡　鹿児島県種子島・屋久島　**＊ひーてーじゅー** 長野県諏訪・上伊那郡　**＊ひーてじゅー** 香川県伊吹島　長崎県彼杵　**＊ひーとい** 長野県上伊那郡　静岡県　愛知県豊橋市・北設楽郡　三重県志摩郡　愛媛県　**＊ひがうらじゅー** 富山市近在　**＊ひがくら** 富山県砺波　**＊ひかさら** 静岡県富士郡　**＊ひがさら・ひがさらいちんち** 山梨県　愛媛県　**＊ひがな** 岡山県浅口郡　**＊ひがなじゅー** 愛媛県　長崎県五島　**＊ひがなひ**

ーじゅー 三重県 *ひがなひしじゅ 長崎県五島 *ひがなひしち 宮崎県東諸県郡・宮崎郡 *ひがなひして 新潟県佐渡 *ひがなひじゅー 島根県 長崎県北松浦郡 *ひがなひなか 三重県志摩郡 *ひがなひにち・ひがなひんのち 新潟県佐渡 *ひがなほとき 長崎県対馬「ひがなほとき使いまわされた」 *ひがらひーとい 静岡県榛原郡 *ひがらひじゅー 神奈川県津久井郡 *ひしち 熊本県阿蘇郡 宮崎県 鹿児島県肝属郡 *ひしちー(農村の中流以下) 大分県直入郡 *ひしつぃ 大分県玖珠郡 *ひしつぃー(下流) 大分県大野郡「ひしつぃー働いた」 *ひしって 山形県最上郡 *ひして 岩手県気仙郡 宮城県栗原郡 山形県 福島県会津若松市 茨城県猿島郡 栃木県 群馬県 千葉県印旛郡・長生郡 新潟県佐渡 長野県 岐阜県飛騨「ひして働いたが、あと半日はかかる」 香川県「今日ひしてゆっくり遊んできな」 愛媛県西条市・松山市 福岡県 長崎県対馬・長崎市 熊本県 鹿児島県肝属郡 *ひしてぃー 大分県 鹿児島県加計呂麻島 *ひしていちにち 群馬県邑楽郡 *ひしていちんち 埼玉県入間郡 *ひしてうち 山形県西置賜郡・最上郡 *ひしてー 宮城県 福島県「ひしてえ仕事した」 茨城県東南部・北相馬郡 群馬県 千葉県香取郡 新潟県佐渡 長野県 *ひしてがえだ 富山県 *ひしてじゅー 香川県「ひしてじゅーかかってやっとすんだ」 愛媛県周桑郡 佐賀県唐津市 熊本県 *ひしとい 徳島県 *ひしといじゅー 愛媛県 *ひじゅー 熊本県飽託郡 大分県 *ぴじゅー 鹿児島県喜界島 *ひじゅーひんがら 大分市 *ひずくし 宮崎県西臼杵郡 *ひすつぃー 福岡県浮羽郡 *ひすついじゅー 熊本県阿蘇郡 *ひっち 宮崎県西臼杵郡 *ひっちー 福岡県築上郡 大分県南海部郡 鹿児島県喜界島 沖縄県島尻郡 *ぴっちゅいなーく 鹿児島県与論島 *ひっつぃー 大分県大分郡 *ひって(漁師の語) 香川県仲多度郡 *ひってぃー 大分県 *ひってー 静岡県・田方郡 *ひっとい 静岡県 *ぴっとぅいいちにち 沖縄県竹富島 *ぴてぃんぬぴゅーじゅー 沖縄県石垣島 *ひてー 島根県邑智郡 *ひてーじゅー 島根県石見 広島県 山口県向島・祝島・浮島 愛媛県大島 *ぴとぅいいつぃにつぃ 沖縄県石垣島 *ひとえ・ひとえじゅー 山口県大島「今日はひとえじゅー田の中に居ったら足がほとびて皮が柔うなった」 *ひとひなか 新潟県佐渡 岐阜県飛騨 *ひなか 新潟県下越 三重県志摩郡 広島県高田郡 *ひなごーら 鹿児島県沖永良部島 *ひのひーし 長崎市 *ひのひして 新潟県佐渡 長崎市「ひのひしてかせぐ」 熊本県玉名郡 *ひのひひて 長崎市 *ひのよして 宮崎県西諸県郡 *ひひて 岩手県 宮城県 山形県米沢市 福島県安達郡 栃木県 岐阜県飛騨 和歌山県有田郡 長崎市 熊本県球磨郡 *ひひてー 群馬県 埼玉県南埼玉郡・秩父郡 長野県上田 宮崎県西臼杵郡 *ひひてーじゅー 群馬県吾妻郡 *ひひとい(「ひひとひ」の転) 長崎市 *ひふて 島根県大田市 *ひやひんなか 和歌山県東牟婁郡 *ひょーくら 静岡県田方郡 *ひょーらく 静岡県「一日ひょーらくかけまわった」・安倍郡・田方郡 *ひんがじゅー 大分県南海部郡 *ひんがひじゅー・ひんがひにち 大分県大分市・大分郡 *ひんがら 長野県上伊那郡 *ひんからひーて・ひんがらひーて 長野県北安曇郡 *ひんがらひーてー 長野県 *ひんからひじゅー 山梨県中巨摩郡 *ひんがらひじゅー 山梨県 *ひんごて 島根県江津市 *ひんどし(「ひるどおし(昼通)」の転か) 高知県 *ひんなか 三重県上野市・名張市 和歌山県西牟婁郡 *ひんなかさんねん 和歌山県西牟婁郡「ひんなかさんねんかかった」 *ふいじゅー 沖縄県首里 *ふぃっちー 沖縄県首里「ふぃっちーや くーとぅぐーとぅ ぬくばーゆん(日一日と暖かくなる)」 *ふぃっちーゆっちー 沖縄県首里・那覇市 *ふぃるじゅー 沖縄県首里 *ふがなじゅー 島根県隠岐島 *ふてー 島根県 *ふてーふなか 島根県飯石郡 *へして 茨城県猿島郡 栃木県 新潟県中頸城郡 富山県下新川郡 石川県能登 長野県北安曇郡 岐阜県大野郡 *へしてー 静岡県 *へしてーじゅー 群馬県勢多郡 *ほとき 長崎県対馬 *よっぴて 長野県上田

→「いちにち(一日)」の子見出し、「一日中」

じゅうじゅん【柔順・従順】 *あまちゃく 島根県石見「この子はあまちゃくなえー子じゃ」 *いーさま 徳島県海部郡 *いーじょー 岡山県児島郡「お母ちゃんはいつでもお父ちゃんのいいじょーじゃからいけん」 *いーなれ 島根県石見「いいなれな子供」 広島県佐伯郡 *おーおー 京都府竹野郡「おーおーな子」 兵庫県但馬 *おらおら 島根県出雲「おらおらとした人」 *じゅんさい 和歌山県那賀郡・日高郡 *しんびゅー 鹿児島県 *しんびゅーか 佐賀県 *なんご 愛知県知多郡「なんごなもの言ひ」 *なんごー 愛知県額田郡・宝飯郡 *またー(牛馬について言う) 愛媛県大三島 *またい 富山県 三重県松阪市 大阪市 兵庫県神戸市・淡路島 和歌山県 岡山県備中「あの児あまた過ぎる(おとなし過ぎる)」 山口県下関市(牛馬について言う) 徳島県「うちの子はまたいので、いつもよその児に泣かされている」 香川県「この牛はまたいけに突いたりせんぜ」 高知県幡多郡 福岡県京都郡・企救郡 大分県(家畜類について言うことが多い) *まて 山形県東田川郡 新潟県刈羽郡 石川県金沢市 *ゆいなり 滋賀県彦根 *ゆいなれ 奈良県宇陀郡「ゆいなれな子供やな」 *ゆごとき 秋田県雄勝郡

→すなお(素直)

じゅうしょく【住職】 *いんぎょはん 和歌山県 *いんぎん 香川県大川郡・高松市 *いんげ 和歌山県那賀郡・伊都郡 岡山県 山口県玖珂郡 徳島県 *いんげさま 群馬県佐波郡 *いんげはん 徳島県 *いんげん 和歌山県那賀郡・伊都郡 岡山県 徳島県 愛媛県(格式のある寺の僧の敬

称）*いんじゅ 香川県木田郡 *いんじゅさん 奈良県 香川県 *おいんげ 山口県 *おじゅーさん 奈良県宇陀郡 *おじゅすさま 石川県江沼郡 *おじゅっさま・おじょっさま 富山県射水郡 *おじゅっさん 奈良県宇陀郡 徳島県 熊本県玉名郡 *ごいげ 石川県金沢 *ごいんげ 兵庫県但馬 広島県佐伯郡・芦品郡 愛媛県 熊本県上益城郡 *ごいんさま 岐阜県郡上郡 *ごいんさん 福井県・坂井郡 滋賀県彦根 大阪市 兵庫県赤穂郡 *ごいんじゅ 岐阜県武儀郡・郡上郡 滋賀県彦根 *ごいんじゅー 岐阜県海津郡・郡上郡 *ごいんじょ 新潟県中頸城郡 富山県砺波 *ごいんじょはん 富山県砺波 *ごえさん 和歌山市 *ごえはん 富山県砺波 *ごげんさん 福井県 *ごじゅっさん 岐阜県大垣市 *ごしょーさん 島根県邑智郡 *ごぜん 群馬県佐波郡 千葉県上総 神奈川県愛甲郡 長崎県 *ごろえんさま・ごろえんじょ 岐阜県北飛騨 *ごんげはん 富山県砺波 *ごんげんさま 富山県 *ざーすぃ 沖縄県首里 *じゅっさま 富山県上新川郡 *じゅっさん 熊本県上益城郡・芦北郡 *ちょーろ 和歌山県西牟婁郡・東牟婁郡 *ちょーろー 沖縄県首里 *ちょろ 和歌山県東牟婁郡 *ほえさん 新潟県西蒲原郡 *ほーいんさま・ほんいんさん 香川県大川郡 *ほぎさま 福島県会津
→そうりょ（僧侶）

真言宗の寺の□ *いんげ 香川県大川郡・香川郡（比較的格式の高い寺についていう）*いんげん 岡山市 香川県大川郡・香川郡 *ごいんさん 広島県芦品郡 *ふーじょーさん 新潟県佐渡

真宗の寺の□ *いんげ 島根県 *ごいんげ 島根県 広島県芦品郡・高田郡 大分県 *ごいんげさま 石川県江沼郡 *ごいんげさん 広島県芦品郡 *ごいんじょさま 新潟県 *ごんげはん 富山県高岡市 *ごいんさん 島根県美濃郡・益田市 大分市 *だんなん 新潟県上越

禅宗の寺の□ *ほーじょー 新潟県佐渡 山口県 *ほーじょーさん 新潟県佐渡・中頸城郡 静岡県志太郡 島根県 岡山県備中 *ほーじょさま 石川県江沼郡

日蓮宗の寺の□ *あじゃらさん 島根県出雲 *おしょーにん 岡山市 *おしょにんさま 石川県江沼郡 *しょーにんさん 新潟県佐渡

じゅうじろ【十字路】 *かじまやー（「風に舞うもの」また、「風に回るもの」の意か）沖縄県首里 *しほーつじ 宮崎県西臼杵郡 *じもしのかど 鹿児島県 *じゅーもんじ 青森県 岩手県気仙郡 宮城県登米郡・玉造郡 山形県東置賜郡・西置賜郡 千葉県印旛郡 宮崎県日向 鹿児島県屋久島 *じゅーもんじあい 青森県南部 *じゅもし・じゅもしかど 鹿児島県肝属郡 *じょーもんじ 新潟県中頸城郡 *まんだなみつぃ・まんだらみつぃ 沖縄県石垣島 *まんだらみち 沖縄県竹富島・鳩間島 *ゆつぃあじまー 沖縄県首里 *よつかいど 香川県 *よつかいどー 新潟県佐渡 山口県 香川県 *よつくち 新潟県 *よっつもじ 山梨県 兵庫県加古郡 香川県 *よつすじ 山形県西置賜郡 愛知県碧海郡 *よっと 香川県 *よっど 愛媛県周桑郡 *よつまた 千葉県君津郡・山武郡 *よつみち 香川県 *よつむじ 長野県佐久 *よつもがい 千葉県上総 *よつもじ 山梨県南巨摩郡 愛知県碧海郡 *よつもんじ 福島県北部「交番はぁづくの（あそこの）よつもんじにあつからね」
→つじ（辻）

しゅうぜん【修繕】 ⇩しゅうり（修理）

しゅうせんぎょう【周旋業】 *くにし 島根県出雲 *くにゅー 大阪市 奈良県 和歌山県 広島県賀茂郡 徳島県 香川県 *くにゅーし 愛知県名古屋市 兵庫県淡路島 奈良県 徳島県 香川県 *くにゅし 香川県高松市 *くみんし 島根県仁多郡 *ごて 和歌山県 *てんぐ（自慢することが多いところから）石川県鹿島郡 *てんご（自慢することが多いところから）富山県砺波
→しゅうせんや（周旋屋）

しゅうせんや【周旋屋】 *さんびゃく 山形県最上郡 *せしり（物事を周旋する職業。また、その人）秋田県鹿角郡 *にぶし 香川県 *ばくよー 沖縄県首里 *ばくろ 岩手県和賀郡 東京都八丈島 奈良県南大和
→しゅうせんぎょう（周旋業）

じゅうたい【渋滞】 *おどもり 大阪市 *くばさ 沖縄県石垣島 *ゆどぅみ・ゆどぅん 沖縄県石垣島
→とどこおる（滞）

□する *おそだまる 高知県 *くずむ 岩手県気仙郡 宮城県石巻

しゅうと【舅】 *うぃきがしとぅ 沖縄県首里 *おしゅーとおとっつぁん 宮城県仙台市 *おしゅーとおやじ 山形県 *しごとじーさ 長野県下水内郡 *しとぅうや 沖縄県石垣島・波照間島 *しとぅばらうや（「小じゅうとの親」の意）沖縄県新城島 *しゅーつじょ 熊本県上益城郡 *しゅーとおやじ 宮城県仙台市 熊本県球磨郡 *しゅーとじーさん 滋賀県彦根 *しゅーとじっさ 長野県諏訪 *しゅーとじょ 長崎市 熊本県天草郡 *しゅーとどっつぁま 熊本県阿蘇郡 *しゅーとどっつぁん 鳥取県東伯郡 熊本県 *しゅとじょ・しゅとぞ・すとじょ 鹿児島県揖宿郡 *しょとおま 山形県飽海郡 *すたさ・すぃたさ 沖縄県宮古島 *すとぅうや 沖縄県小浜島・与那国島 *すとぅうやんた（舅（しゅうと）姑（しゅうとめ）たち）沖縄県与那国島 *すとんおっちゃん 鹿児島県鹿児島郡

しゅうとめ【姑】 *うぃなうすと 沖縄県国頭郡 *うぃなぐしとぅ 沖縄県・首里 *おしゅーとおかさん 宮城県仙台市 *おしゅーとかか 山形県 *おば 三重県志摩郡 *おやがか・おやがーさん 新潟県佐渡 *しごとばさ 長野県下水内郡 *しと

ぅうや 沖縄県石垣島・波照間島 *しとぅばらうや(「小じゅうとの親」の意) 沖縄県新城島 *しゅーとかか 宮城県仙台市 *しゅーとがか 新潟県佐渡 熊本県球磨郡・芦北郡 *しゅーとかかさん 熊本県球磨郡・天草郡 *しゅーとかくさま 熊本県阿蘇郡 *しゅーとかくさん 長崎県南高来郡 熊本県 *しゅーとがくさん 鳥取県東伯郡 熊本県 *しゅーとじょ 長崎市 熊本県天草郡 *しゅーとばー 広島県比婆郡 *しゅーとばーさん 滋賀県彦根 *しゅとがくさん 熊本県 *しゅとがさま 長崎県南高来郡 *しゅとじょ 鹿児島県・揖宿郡 *しゅとぞ・すとじょ 鹿児島県揖宿郡 *しょーとばさ 新潟県西頸城郡 *しょとばんば 山形県飽海郡 *すとぅうや 沖縄県小浜島・与那国島 *すとぅうやんた(舅(しゅうと)姑(しゅうとめ)たち) 沖縄県与那国島 *すとま・すたさ 沖縄県宮古島 *すとんおっかはん 鹿児島県鹿児島郡 *はやしと 奈良県宇陀郡

じゅうなん【柔軟】 *しおしお 新潟県佐渡「このしおいかはしおしおしてうまい」 *しなこい 山形県 新潟県下越 京都市 大阪市 奈良県 *しなっこい 福島県東白川郡「この章魚はしなっこえ」 新潟県「この木の枝はしなっこい(生気があって柔らかい)」 静岡県志太郡「しなっこいたけんええよ(しなしなした竹がよいね)」 *しなやこい 富山県砺波「しなやこい皮の方が高い」「しなやこい身体しとる」 *しゅなこい 和歌山県那賀郡・有田郡

じゅうにがつ【十二月】 *おとずき 鳥取県気高郡 *かなしっき 沖縄県竹富島 *くろめ(年末。十二月) 新潟県佐渡 *つめ 青森県津軽「おえのわらはどぁ、みんなつめおまれでさね(うちの子供らは、みんな、十二月生まれですよ)」

しゅうにゅう【収入】 *いりめ 熊本県玉名郡 *いりめー 沖縄県首里 *えとく 長崎県対馬 *でかた 山形県米沢市「あのうぢあ(家は)でがだあある」 *どれかず 群馬県多野郡「とれかずが少ない」 埼玉県秩父郡 *どれめ 長崎県対馬「あの人はとれめが良い」

しゅうねんぶかい【執念深】 *あくどい 島根県飯石郡 *いやにやる 山口県豊浦郡 *おくねんぶかい(猫や動物などについて言う) 愛媛県大三島 *しやたらくい 和歌山県西牟婁郡・東牟婁郡「あんまりしやたらくい泣くな」 *しやたらくさい 和歌山県西牟婁郡 *しゅーねつい 福岡県久留米市 *しょーがひどい・しょーがひじー 大分県大分市・大分郡 *しょーねずいー 大分市 *しわー 広島県賀茂郡 愛媛県大三島 *しわい 静岡県田方郡 三重県南牟婁郡 和歌山県 山口県大島「しわえ事を言ふ」 徳島県 香川県・三豊郡・小豆島 愛媛県 高知県・高知市「あんなに断ったのにまだ頼みに来る、しわい人ぢゃよ」 *しわくたい 愛媛県今治市 *しわごい 東京都八王子「あの不良はしわごい」 *しわたらこい 和歌山県西牟婁郡 *しわつけない 徳島県三好郡 高知県高知市「しわつけない事言いな、いんまもゆーたぢゃないかよ」・長岡郡 鹿児島県種子島 *どしぶい 福井県 *ねちょふかい 青森県・津軽 岩手県中通 宮城県加美郡 秋田県北秋田郡・南秋田郡「ねちょふけぁ人だ」 *ねちょぶかい 岩手県上閉伊郡 宮城県石巻 *ねちょふけ 青森県上北郡 *ねっしょぶかい 大分県 *ねっちょーぶかい 山形県東田川郡 *ねっちょふかい 青森県上北郡 秋田県 *ねっちょぶかい 青森県三戸郡・南部 岩手県 宮城県 *ねっちょぶっけぁ 岩手県気仙郡 *ねねしー 島根県「いつまでもねねして困る」 *ねばい 新潟県佐渡 和歌山県東牟婁郡「あの人はほんとにねばい人よ」 香川県高松市 大分県 *ねわい 徳島県美馬郡 *ねんがらしー 茨城県猿島郡 ↓しつこい

□さま *いや 山口県豊浦郡「いやにやる」 *ぎょーにく 新潟県刈羽郡 *どくしょー 富山県砺波 *にちくち 鳥取県東部 *ねしょー(執念) 秋田県由利郡 *ねちくち 鳥取県東部 *ねちょ 青森県津軽 秋田県河辺郡 *ねつくつ 青森県津軽 *ねっしょー 大分県大分郡 *ねっちょ 秋田県仙北郡 山形県「あんまりねっちょだな」「ねっちょつる(執念深く言い張る)」 *ねっちょー 山形県南置賜郡「ねっちょーに言う」・米沢市 静岡県田方郡 佐賀県 *ねんちょ 熊本県天草郡

じゅうのう【十能】 炭火を盛って運ぶ器。金属製の容器に木の柄を付けたもの。 *おーきとり 熊本県飽託郡 *おきかき 秋田県鹿角郡 新潟県東蒲原郡 熊本県 *おきすき・おくすけ 長崎県南高来郡 *おきすくい 新潟県東蒲原郡 愛媛県 高知県 福岡県 佐賀県 熊本県 大分県 *おきとり 熊本県球磨郡 *おくずくい 高知県長岡郡 *おっかき 福井県大飯郡 滋賀県 京都府 大阪市 長崎県 熊本県飽託郡 *おっかけ 滋賀県栗太郡 京都府 *かまさらいきなー(「きなー」はくちばしの意) 沖縄県与那国島 *かんじゃ 滋賀県伊香郡 *かんじゃく 福井県大飯郡 *さんの(火鉢に使う、小さい十能) 奈良県吉野郡 *しゃーな(火をすくう、小さい十能) 滋賀県伊香郡 *しゃな(火をすくう、小さい十能) 福井県・三方郡 滋賀県 *すかき 岩手県和賀郡 *すくく(オランダ語 schop から) 沖縄県波照間島 *せんば 新潟県 富山県 石川県 福井県 長野県西筑摩郡 岐阜県 滋賀県 京都府 兵庫県・出石郡(小さいもの) 鳥取県 岡山県 広島県 愛媛県 高知県 *せんぱ 富山県西礪波郡 *せんばん 新潟県岩船郡・東蒲原郡 石川県河北郡 大分県大野郡・北海部郡 *せんべ 石川県珠洲郡 *せんぼ 兵庫県佐用郡 *ちーとぅいきなー(「火取り匙子」の意) 沖縄県与那国島 *ひーしちゃー 沖縄県・首里 *ぴーしゅくいむぬ 沖縄県鳩間島 *ぴーすくい・ぴーすくやー 沖縄県石垣島 *ぴーすくいむ

ぬ 沖縄県黒島 *ひいれ 高知県安芸郡 *ひかき 青森県 岩手県 宮城県仙台市 秋田県鹿角郡 山形県西田川郡・鶴岡 山梨県 兵庫県但馬・赤穂郡 和歌山県東牟婁郡 鳥取県 岡山県岡山市・児島郡 広島県 徳島県美馬郡 香川県仲多度郡・三豊郡 愛媛県周桑郡・新居郡 高知県土佐郡 福岡市 長崎県 熊本県上益城郡・八代郡 宮崎県 鹿児島県・肝属郡 *ひすき 新潟県佐渡

宮崎県西諸県郡 鹿児島県 *ひすく 鹿児島県・揖宿郡 *ひすくい 埼玉県秩父郡 高知県幡多郡 佐賀県 長崎県南高来郡 熊本県 大分県

鹿児島県・奄美大島・加計呂麻島 *ひすけ 鹿児島県姶良郡 *ひすつ 鹿児島県 *ひっかき 岩手県中通 *ひとり 熊本県上益城郡 大分県中南部

*ひやすくい 熊本県天草郡 *ふぃーしちゃー 沖縄県首里 *へすき 新潟県佐渡 *へすく 鹿児島県大隅

じゅうばこ【重箱】 *おはち 栃木県 *さげ 山形県西田川郡・飽海郡 *さんじゅー 岩手県上閉伊郡 *じきりょー(瀬戸物) 高知県長岡郡 *じきろ(木製) 青森県三戸郡 *じゅーばち 福島県 茨城県多賀郡・真壁郡 長野県東筑摩郡 愛媛県越智郡 *じゅーらい 新潟県佐渡 *じゅこ 秋田県山本郡 *じゅっこ 秋田県南秋田郡・雄勝郡 *じょーばち 長野県北安曇郡 *たじ 富山市近在 *はち 栃木県日光市・河内郡 千葉県印旛郡

じゅうぶん【十分】 *あっぱり 愛媛県宇和島市 *いささか 長野県南部「これしきの事はいささか出来る」 *うすでこ 新潟県三島郡 *うすでこー 新潟県中部 *うっぷたっぷ 長崎県対馬「何某の家は暮し向きがよく何でもうっぷたっぷしたもんぢゃ」・壱岐島「うっぷたっぷ飲む食うしちもどった」

*うねぎり 静岡県「うねぎり働く」 *うねんきり 群馬県佐波郡 *うまらい 愛媛県南宇和郡「うまらく書けた」 *うまらしか・うまろいか 長崎県五島 *うまろーしー 大分県北海部郡 *うむさま 鹿児島県喜界島「うむさま魚を獲って来た」 *うんざら 福島県北会津郡 栃木県上都賀郡「うんざら持って来た」 *うんじだけ 秋田県鹿角郡 *うんずか 徳島県三好郡 *うんすけ 大阪府泉北郡 和歌山県「今日はうんすけ稲を刈った」 岡山県児島郡 徳島県 愛媛県 高知県 *うんずだけ 秋田県秋田郡 *うんとこ 奈良県吉野郡 福岡県 *うんとこせっと 滋賀県彦根「うんとこせっと買うた」 *うんとこどっこい 京都府竹野郡 *えーかちー・えーかーちー・えーかてー 島根県 *えかち 島根県大原郡「今日はえかちなほど飲んだ」 *えかちー 島根県簸川郡「今日はえかちーほど頭をたたえてやった」・出雲市 *おごろく 三重県名賀郡 *おごろけ 三重県名賀郡・阿山郡 *おさんざ 長野県上水内郡・長野市 *おしもさんも 島根県隠岐島 *おたらく 岐阜県羽島郡 *おちつき(腹いっぱい) 熊本県芦北郡・八代郡「おてつき飯くた」 鹿児島県

*おめさか 新潟県西頸城郡 *おめしか 神奈川県逗子市・三浦郡 *おもいさま 愛媛県 *おもいしこ 広島県倉橋島 *おもいしも 愛媛県今治市 *おもいすがい 秋田県鹿角郡 *おもえしま 山形県

*おもさが 青森県津軽 *おもさま 山形県 新潟県中頸城郡 岐阜県揖斐郡 三重県志摩郡 島根県出雲 熊本県菊池郡・芦北郡 *おもさも 茨城県稲敷郡・筑波郡 栃木県「おもさもやった方がいい」 島根県出雲・隠岐島 *おもさん 熊本県「わきゃあ時おもさん勉強しとかんと、しゃやが年とってかるふじゅかばい」 *おもさんも 島根県隠岐島

*おもしか 島根県八束郡 *おもしき 長野県上伊那郡 *おもしこ 広島県倉橋島 *おもしたま 山形県「栗おもしたま拾った」 *おもしな 愛媛県越智郡 *おもすこたま 山形県南村山郡 *おんぷそんぷ 島根県隠岐島「おんぷそんぷ火を焚いてあたれ」

*おんぼり 石川県金沢市 福井市 *おんもさが 青森県津軽 *おんもさま 茨城県北相馬郡 千葉県海上郡 新潟県中頸城郡 *おんもさも 福島県岩瀬郡 茨城県稲敷郡 *おんもさんも 茨城県筑波郡・稲敷郡 *おんもすま 山形県「今日はおんもすま働いた」 *ぎしっと 岩手県気仙郡「ぎすっとつまっている」 山形県山形市・東村山郡 鹿児島県 *ぎしと 鹿児島県 *ぎちっと 山形県 *きっこん 新潟県岩船郡 *ぎっし 鹿児島県肝属郡「人がぎっし来ちょる」 *きっしり・ぎっしー 鹿児島県

*ぎっしり 千葉県夷隅郡 和歌山県有田郡 *ぎっちり 福島県相馬郡「ぎっちり買ってなー」 茨城県西茨城郡・真壁郡 和歌山県 *ぐっさり 新潟県 長崎県北松浦郡「ぐっさり薪を荷ふて帰らう」

熊本県「どうら見せち見い、ぐっさり持っとっどが」 *ぐっすい 佐賀県「車が薪をぐっすい積んで行きをる」 *ぐっすら 兵庫県神戸市 和歌山県 *ぐっすり 東京都大島「あの船は秋刀魚をぐっすり積んでゐる」 京都府 大阪府泉北郡 兵庫県播磨「今日は昼飯をぐっすり食べた」 和歌山県西牟婁郡 大分県日田郡 *こだくさん 新潟県佐渡 三重県志摩郡 島根県「鰯がこだくさんにとれた」 *こっちり 富山県砺波「こっちりと煮つめる」 *こっぽ 青森県上北郡・三戸郡「彼人は何時の間にかこっぽど金こ溜めて居たもんだ」 *こっぽし 福井県 *こっぽり 山形県庄内 富山県砺波 福井県 *ごっぽり 福井県遠敷郡 *こっぽる 富山県砺波「こっぽると持ってけ」 *こみっちら・こみっちり 山形県東置賜郡・西置賜郡 *さっざ 新潟県長岡市 *ざっち 和歌山県東牟婁郡 *さっちら 長野県上田・佐久「もうさっちらだ」 *さっつぁ 新潟県・中越

長野県佐久 *さんざ 埼玉県秩父郡 新潟県「石をさんざ持って来い」 長野県「腹さんざ餅を食った」「もうさんざです」 *さんじ 和歌山県東牟婁郡 *しぇっぱい・しぇっぴゃー 熊本県天草郡

*しぇぺ 山形県庄内「しぇぺ貰った」 新潟県 長崎県五島 *しかしか 新潟県佐渡「しかしか飯を食う」 島根県「しかしか働け」 長崎県対馬 *しかほか 新潟県佐渡「ごはんをしかほか食べている」 *し

つかしっか島根県出雲 *じゅーぶんじゅーたく京都府竹野郡「じゅーぶんじゅーたくな暮ししとんなる」 *しょーだいて岐阜県郡上郡「しょーだいてはたらけよ」 *しょーぶ東京都八丈島「しょーぶ持ってきた」 *じょーぶ岐阜県飛騨「じょーぶにあがっとくれ(客に食物を勧める挨拶の言葉)」 兵庫県淡路島 *じょーもん新潟県中越 *しんごろかしく香川県 *しんだらし・しんだし鹿児島県鹿児島郡 *しんだんごく埼玉県秩父郡「しんだんごく煮れば、骨でも食える」 *せーぎり三重県志摩郡 *せーさい山梨県南巨摩郡「酒だきゃあるでせーさいのんでってくれでや」「はいせーさいになった」 静岡県富士郡 三重県三重郡 *せーだい滋賀県彦根「せーだい食べてしな」 京都市 大阪府「せーだいつことくれやす(せいぜい使って下さい)」 奈良県 *せーだいと大阪府泉北郡 *せえっぺー新潟県佐渡「せえっぺえ食え」 *せーで福井県 *せーほだい・せーほでー山形県最上「梨がせーほでーなっち」 *せーらいて大阪府泉北郡 兵庫県加古郡 *せーらと・しーらと新潟県佐渡「せーらと働いてくれ」 *せだして香川県小豆島 *せっかく新潟県佐渡 島根県「せっかく用心しなさい」 *せっきり岩手県和賀郡 *せっぱい和歌山県西牟婁郡・東牟婁郡 島根県江津市「魚が網にせっぱいはいった」 高知県 *せっぺー岩手県上閉伊郡 秋田県「せっぺぁ食べた」 *せって長野県上伊那郡 *せんぎり福島県浜通 三重県志摩郡「せんぎり見た」「せんぎり食うた」 *そっぷん大分県北海部郡 *ぞんば・じょんぼ香川県三豊郡 *ぞんぼ京都府竹野郡「腹がへったし、餅なっとぞんぼ食ってみたい」 香川県 *たーる熊本県本渡市 *たい宮崎県えびの市 *たっぷらしー宮崎県東諸県郡 *たっぺつ島根県美濃郡・益田市 愛媛県「たっぺつに食べさせておる」 *だまって岩手県気仙郡「だまって三里ある」 *たる新潟県北魚沼郡 福井県大飯郡 岡山県真庭郡 徳島県 香川県「それでもうたったじゃろ」 愛媛県・松山 佐賀県三養基郡 熊本県天草郡 鹿児島県阿久根市「一万見どげばたろー」 *たるばー・たるば(「たるばかり」の転)香川県仲多度郡・三豊郡「たるば食べた」 *たろば愛媛県南宇和郡「たろばもろうた」 *たんまり和歌山県東牟婁郡「たんまり休む事も出来ません」 *たんめ三重県南牟婁郡 *たんめら長野県上伊那郡 *ちゅふぁーら沖縄県石垣島 *ちゅふわーら沖縄県首里 *ちょーじょー沖縄県首里 *つっぱり秋田県南秋田郡「つっぱりごっつおーなって」 *でしっと山形県米沢市「でしっと入れろ」 *てんこつ奈良県「てんこつ話した」 *とーせー群馬県吾妻郡 *とくせー群馬県「あの山にとくせいあらあ」「田舎は食物がとくせいだ」 *どこどれ三重県北牟婁郡「そんだけしたらどこどれ」 *とっくせー長野県南佐久郡 *とっしら高知県土佐郡 *どっしら茨城県行方郡 *とっしり高知県長岡郡 *どっしり山形県西置賜郡 福島県 群馬県吾妻郡 埼玉県北足立郡・入間郡 千葉県香取郡 長野県西筑摩郡 静岡県・志太郡「お(欲)しけりゃーどっしりもってけ」 愛知県尾張 和歌山県那賀郡 高知県 *どっすり宮城県名取郡 *どったり青森県南部 島根県隠岐島「柿がどったりなった」 *どっちり茨城県西茨城郡 新潟県 福井県 滋賀県 奈良県「あんなに八釜敷(やかましく)ては、とっちり寝られやひん」 *どっちり秋田県南秋田郡・雄勝郡「どっちり持って来い」 滋賀県神崎郡 *どっつり新潟県 *とっぷり山形県米沢市「とつぷりと分(わが)つた」 *ねっこーら山梨県南巨摩郡 *ねっこらさ山梨県東八代郡・北巨摩郡 *のたふく静岡県・磐田郡 *はっぺし山形県東田川郡 *はっぺす山形県庄内「桶にはっぺす水がある」 *はよー・はよ香川県高松市・香川郡「あんたとこまで五キロははよあるな」 *はらさけ高知県「今日こそはらさけ言ってやった」 *はらびき(腹いっぱい)岡山県・阿哲郡 *ふっき岩手県九戸郡・下閉伊郡 群馬県伊勢崎市「酒だけはふっきにあるから」 *ふてっぱら広島県双三郡 *へーたら長野県諏訪 *へーくらへーとー岡山県浅口郡 *へーと岐阜県郡上郡「しごとがへーとできたな」 *へーとん長崎県南高来郡「へーとん虫の食うた」 *へた香川県三豊郡「寒いのに窓へた開けて」 *へたくさ群馬県碓氷郡 *へたくた香川県仲多度郡「へたくた食べた」 *へたこた・へたこと香川県三豊郡 *へっぱい青森県 岩手県九戸郡 秋田県河辺郡 新潟県 徳島県海部郡「草あへっぱい生えとらい」 *へとこと香川県仲多度郡 *へとろ徳島県那賀郡・海部郡「雷ゃーへとろに鳴るし」 *へとろいき徳島県三好郡 *ほーっと・ほっと長野県佐久「ほっと食べる」 *ほーと京都府 *ほーど三重県飯南郡 滋賀県高島郡・蒲生郡 奈良県吉野郡 和歌山県 広島県賀茂郡 香川県高松「ほうどは食べんけれど三合位はいく」 *ほーほど島根県邑智郡・邇摩郡・隠岐島「お祭りではーほど人が通る」 *ほたほた香川県伊吹島 *ほてっぱら・ほてっきり静岡県島田市 *ほてぎり静岡県 *ほてほーず富山県砺波 *ほどよ徳島県「ほどよ知りあへん」 *ほねぎり広島県佐伯郡 *ほんろく愛媛県 *まだい岐阜県吉城郡 *まて岐阜県大野郡 *まもー山口県柳井市「まもうに出来ん」・周防「私ではとてももーには出来ません」 *みっしり山形県米沢市・南置賜郡 茨城県稲敷郡 栃木県河内郡 群馬県邑楽郡 埼玉県川越市 千葉県「みっしり呑め」・東葛飾郡 和歌山県 *みっちと宮城県玉造郡 *みっちら福島県「あとでまちげーねーよーにみっちら聞でおけ」 栃木県 *みって沖縄県石垣島・竹富島 *みんじり静岡県「みんじり勉強する」・駿東郡・島田市「みんじり仕込んでやる」 *むっつり・むっつら・むんずり新潟県「むっつり食ってむっつり働け」 *めんざり島根県隠岐島 *ゆらーっと熊本県下益城郡 *ゆるっと宮城県栗原郡「ゆるっと一日はかかりますぺ（たっぷり一日はかかるでしょう）」 秋田県鹿角郡「ゆるっと一石ある（一石に余るほどある）」 *よっばら 茨城県稲敷郡 *よっぱら 福島県「俺わ飯よっぱら食べた」「よっぱらさわえで、よっぱらくった」 茨城県 栃木県「よっぱら寝う」 群馬県館林 埼玉県北葛飾郡 千葉県東葛飾郡 新潟県「もうよっぱら遊ばして貰たでの」「よっぱら待った」 富山県下新川郡 石川県鳳至郡 岐阜県揖斐郡 *よっぱらさっぱら 青森県上北郡「よっぱらさっぱら食べたり遊んだりした」 岩手県上閉伊郡・気仙郡「よっぱらさっぱらご馳走になりぁした」 *よっぱらすっぱら 茨城県多賀郡 *よっぽー 福島県安達郡・耶麻郡 *よではら 茨城県稲敷郡 千葉県海上郡 *よによに 島根県出雲「よによに聞いとけよ」 *よんの 京都府与謝郡 *よんのー 京都府・竹野郡「まだよんのー治って居らんので足がふらつくようだ」・与謝郡 *よんのと 三重県飯南郡「よんのと見る」「よんのと調べる」・度会郡 *らく 香川県「肉百匁あったらくじゃ」 *りっき（「れっき（歴）」の転か） 栃木県 *ろくだしー・よくたしー 青森県上北郡 *ろくたましー 新潟県佐渡 *ろくだましー 高知県幡多郡 *ろくとしー 高知県

しゅうへん【周辺】 *いまーり 神奈川県「家のいまーりで遊べ」 *おかはま 宮城県栗原郡 *がー 静岡県榛原郡「がーだけ残っている」 *がわ 新潟県岩船郡 島根県「弓ががわに当った」 *がわり 青森県「火鉢のがわり」 *こし 岩手県九戸郡 新潟県佐渡 岐阜県「家のこしにばかりいる」 三重県志摩郡「母親のこしにごみを捨てるな」 *ふーがまて 長崎県壱岐島 *わきひら 長崎県対馬「わきひらの人の見掛けもあることであるけ、さう雑と済めて置かれぬ」

→しゅうい（周囲）

しゅうや【終夜】 *こぴてー 栃木県塩谷郡 *ゆーあきどぅーし 沖縄県首里「ゆーあきどぅーしぬしぐとぅ（徹夜の仕事）」「ゆーあきどぅーしーしゅむつぃ ゆだん（徹夜で本を読んだ）」・石垣島・鳩間島 *ゆーあぎどぅーし 沖縄県石垣島 *ゆーぬさーだ 沖縄県石垣島 *ゆながた 沖縄県島尻郡・首里 *ゆながたさながた 沖縄県首里 *ゆながと 鹿児島県奄美大島 *ゆながとぅ 鹿児島県徳之島 *ゆなとぅ 鹿児島県与論島 *よーまよっぴと・よーまよっぺて 新潟県佐渡 *よーよふて 岩手県上閉伊郡 *よがうら 富山県 *よかうらじゅー 富山市近在 *よがうらよっぴり・よがうらよっぴり 富山県 *よがかっぺ 石川県能美郡 *よがさなよっぴと 高知県 *よがさのよっぺど 山口県豊浦郡 *よがさら 愛媛県 *よがさらよんずし 愛媛県宇和島 *よがなして・よがなよし・よがなよして 徳島県「よがなよし話をした」 *よがなよー 兵庫県淡路島 *よがなよーさ 岡山県御津郡 *よがなよーじゅー 三重県志摩郡 島根県隠岐島 *よがなよしてー 宮崎県東諸県郡 *よがなよしとい 徳島県・美馬郡 *よがなよじゅー 三重県志摩郡 島根県隠岐島 *よがなよしゅーらく 島根県那賀郡 *よがなよしらく 和歌山県東牟婁郡「此の間はよがなよしらく働いたよ」 島根県邑智郡 広島県上蒲刈島 *よがなよっぴて 群馬県山田郡・館林 千葉県 新潟県佐渡 和歌山県西牟婁郡 *よがなよっぴてー 島根県大原郡・仁多郡 広島県 山口県 *よがなよっぴでー 広島県高田郡 *よがなよっぴと 和歌山県 高知県 *よがなよっぴとい 香川県小豆島 *よがなよっぷて 愛媛県大三島 *よがなよっぺて・よがなよっぺり 新潟県佐渡 *よがなよっぽて 広島県上蒲刈島 *よがなよなか 三重県志摩郡 *よがなよのふって 熊本県天草郡 *よがなよひして 宮崎県 *よがなよびって 島根県簸川郡 *よがなよぶって 鳥取県西伯郡 島根県能義郡 *よがねよしらく 島根県安来市 *よがのよしち 宮崎県南那珂郡 *よがのよしらく 愛媛県・大三島 *よがのよっぺと・よがのよっぺり 新潟県佐渡 *よがのよっぽて 愛媛県大三島 *よがのよぶて 島根県隠岐島 *よがよし 富山県砺波「犬がよがよし鳴いとった」 *よがよっぴと 新潟県佐渡 *よがよっぴる 富山市近在 *よがよっぺ 富山県砺波 石川県能美郡 *よがよっぺり 富山県 *よがよぶとい 山口県浮島 *よがらよじゅー 新潟県西頸城郡 *よがらよしらく 高知県長岡郡 *よからよっぴて 群馬県吾妻郡 *よがらよっぴて 神奈川県津久井郡 *よがらよっぴてー 東京都八王子 *よからよっぴどい 長野県下伊那郡 *よしち 宮崎県東諸県郡・宮崎市 *よしつい 宮崎県東諸県郡 *よしてー 長野県北安曇郡 宮崎県東諸県郡 鹿児島県種子島 *よしむらく 島根県益田市「子供がよしむらく泣あて困った」 *よしゅーらく 島根県石見 *よずえ 徳島県美馬郡 *よずくなし 島根県隠岐島 *よずめ 青森県南部 宮崎県「よづめひいづめ」 鹿児島県姶良郡 *よっぴし 福島県大沼郡 *よっぴて 山形県米沢市 *よっぴとい 宮城県仙台市 東京都利島・神津島・大島 山梨県南巨摩郡 長野県下伊那郡 静岡県・志太郡・榛原郡 鳥取県岩美郡 *よっぴとえ 山口県祝島 *よっぴとじんす 高知県長岡郡 *よっぴら 新潟県東蒲原郡 *よっぴり 新潟県 *よっぴり 新潟県東蒲原郡・西蒲原郡 *よっぺ・よっぺり 新潟県佐渡「よっぺはたらいた」 *よっぺーと 奈良県吉野郡 *よっぺーとい 鳥取県岩美郡 *よっぺし 山口県 *よっぺてー 島根県美濃郡・益田市 *よっぺとい 山口県阿武郡 *よっぺとえ 奈良県 *よっぽて 島根県江津市 広島県江田島 *よっぽてー 島根県石見 岡山県・上房郡 広島県・比婆郡 山口県・阿武郡 *よっぽでー 広島県世羅郡・高田郡 *よっぽとい 鳥取県気高郡 山口県阿武郡 *よとろく 和歌山県東牟婁郡 *よながよして 香川県大川郡 *よながよじゅー 長崎県佐世保市 *よながよっぴと 新潟県佐渡 *よのーって 鹿児島県揖宿郡 *よのして・よ

のひて・よのふて・よのふって・よのんふて熊本県天草郡 ＊よのみ石川県 ＊よのよーして鹿児島県肝属郡 ＊よのよーふて熊本県飽託郡・八代郡 ＊よのよしち鹿児島県大隅 ＊よのよして福岡県久留米市 長崎県佐世保市 熊本県・玉名郡 宮崎県西諸県郡 鹿児島県 ＊よのよっしら・よのよひて鹿児島県 ＊よのよひとよ佐賀県「よのよひてぇ眠られなかった」 ＊よのよふて長崎県西彼杵郡 熊本県 ＊よぴーとい静岡県周智郡 ＊よひて熊本県球磨郡 ＊よぴて山形県米沢市 ＊よびとい東京都大島 ＊よふて熊本県球磨郡 ＊よぶてー山口県・笠戸島 ＊よるよっぴり富山県高岡市 ＊よるよっぴる新潟県西蒲原郡・中魚沼郡 ＊よんがなよいせ香川県伊吹島 ＊よんがなよし愛媛県 ＊よんがなよしとい徳島県 ＊よんがなよしらく・よんがなよっぽてー・よんがなよっぽとい山口県大島 ＊よんがなよどーし・よんがよどーし・よんがんよどーし大分県 ＊よんがねーて大分県国東郡 ＊よんがねよして・よんがねよっぴ・よんがのよしらく愛媛県 ＊よんがら・よんがらよどーし香川県 ＊よんがらよーして香川県木田郡 ＊よんがらよじゅー新潟県西頸城郡 山梨県 ＊よんがらよじゅー東京都三宅島 ＊よんがらよっぴて山梨県 長野県 ＊よんがらよんじゅー新潟県西頸城郡 ＊よんにょふてー熊本県上益城郡・下益城郡 ＊よんのして熊本県天草郡 ＊よんのよして熊本県下益城郡 ＊よんのよしらく大分県大分郡 ＊よんのよどーし大分県大分市・大分郡 ＊よんのよひて熊本県阿蘇郡 ＊よんべちゅー愛媛県新居郡

↓「ひとばん（一晩）」の子見出し、「一晩中」・よどおし（夜通）

じゅうよう【重要】 ⇩たいせつ（大切）

しゅうり【修理】 ＊くすくり山形県米沢市 ＊こそくり神奈川県藤沢市 静岡県志太郡「ちーっとこそくりょーしてーるだに」 鹿児島県 ＊こっさく島根県益田市「家の回りのこっさくをする」 ＊さぇく岡山市「足袋ぅさぇこーする」 ＊しふく栃木県 新潟県佐渡「こんな大きなやかたを持っているとしふくになりあがって（費用がかさんで）こまる」 岐阜県飛騨 宮崎県東諸県郡 ＊しぶく・しぶー鹿児島県喜界島 ＊しゅーふ沖縄県首里 ＊しゅふー・ちゅふー沖縄県宮古島 ＊ぞーさく新潟県佐渡「古屋のぞうさく金ばかりくう」 ＊そくらい奈良県吉野郡「しょうぞくのそくらい（衣服の繕い）」 ＊そくろい島根県石見「垣のそくろいをするのに一日中かかった」 ＊はさん山形県東置賜郡・西村山郡 ＊はそー山形県東田川郡 ＊はそん山形県置賜・村山「桶をはそんする」 福島県 茨城県新治郡・猿島郡 栃木県「着物の破れをはそんする」 群馬県「足袋ばそん」 埼玉県南埼玉郡・秩父郡 新潟県中頸城郡 福井県坂井郡 山梨県 長野県 岐阜県 静岡県志太郡 三重県阿山郡 奈良県 ＊もり栃木県芳賀郡

□する ＊いがける新潟県北蒲原郡 ＊いびる山梨県北巨摩郡「あんな壁をいびって、どをすると思った」 ＊からくる青森県津軽 宮城県仙台市「破れ衣をからくる」 新潟県岩船郡 ＊からぐる群馬県佐波郡 ＊くしくる青森県三戸郡 秋田県鹿角郡 ＊くしぐる新潟県東蒲原郡「屋根をくしぐってもらった」「ズボンのかぎざきをくしぐる」 ＊くすくる青森県南部 秋田県鹿角郡 山形県「鍋をくすくる」「足袋をすくる」 福島県 茨城県・水戸市・鹿島郡 群馬県佐波郡 千葉県長生郡・夷隅郡 東京都八王子 新潟県「いや本当のくすくり（間に合わせ）普請で（けんそんして言う）」「くすくり細工（一時的な繕い）」・西蒲原郡・中頸城郡 ＊くすぐる青森県南部 岩手県気仙郡 宮城県仙台市 山形県米沢市 福島県「屋根くすぐる」 千葉県夷隅郡 ＊くずぐる新潟県東蒲原郡 ＊くそぐる山形県庄内「着物の綻びをくそぐる」 ＊くつくる秋田県「靴をくつくる」 ＊こしゃる岩手県気仙郡 ＊こすくる山形県米沢市 ＊こそくる神奈川県中郡 長野県下水内郡 静岡県「かぎざきょーこそくっといてくりょー」「鍋の穴をこそくっておく」 熊本県八代郡・芦北郡 鹿児島県 ＊こそぐる宮城県仙台市「足袋の底こそぐる」 宮崎県東諸県郡 ＊こぶる奈良県吉野郡 ＊しつける高知県土佐郡 ＊しつらう新潟県佐渡 ＊しつろう高知県「壁をしつろわんといけん」 ＊せせる岡山市「家をせせる」 ＊そく鹿児島県肝属郡 ＊そくー岐阜県飛騨 京都府竹野郡「障子の破れをそくー」 山口県大島「鍋などそくふ」 徳島県 愛媛県 高知県土佐清水市 長崎県 ＊そくる岐阜県吉城郡 ＊そくろう三重県員弁郡 和歌山県西牟婁

方/言/の/窓

●食べ物名の地域差

我々の毎日の生活にとって必要不可欠な食べ物、その食べ物の名前に地域差が多いことは、地方を旅行した時に感じることである。

ここでは、そのような地域差の中で、関東と関西の相違例を挙げてみよう。／の上が関東、下が関西の言い方である。

おでん／関東だき
うな丼／まむし（丼）
肉まん／ぶたまん
さつまあげ／てんぷら

このほか、近代になって使われるようになった食べ物の名前にも、次のような東西対立が見られる。

ヒレカツ／ヘレカツ
メンチカツ／ミンチカツ
コーヒー／コーヒ
アイスコーヒー／冷コー・コールコーヒ

これ以外の例も探してみよう。

郡・東牟婁郡「足袋をそくろう」 島根県「破れ紙箱を糊でそくろーた」 広島県高田郡 愛媛県 ***そこう** 長野県下伊那郡「障子をそこう」 ***そそくー** 長野県 愛知県 ***そそくる** 青森県三戸郡 長野県「足袋をそそくる」 愛知県 三重県志摩郡 京都府竹野郡「仕事着の破れをそそくってきました」 愛媛県・松山「お祖母さんは雑布や何かをそそくって日を暮らしとります」 福岡県福岡市・久留米市 佐賀県藤津郡 長崎県南高来郡・対馬「障子をそそくる」 熊本県 大分県南海部郡・玖珠郡 ***なぶる** 福井県「家をなぶる」 ***よす** 奈良県吉野郡

しゅうりょう【終了】 ***おさっぱ・おしっぱ** 長野県上伊那郡・下伊那郡「話はこれでおさっぱだ」「餅がいつの間にかおさっぱになってしまった」 ***きまり** 宮城県栗原郡「二死満塁で次のバッターが三振してきまりやあ」・仙台市「きまりのとこでやめておけ」 新潟県佐渡 ***ばんばん**(幼児語) 新潟県佐渡 ***ぱんぱん**(幼児語) 茨城県・稲敷郡 →おわり(終)

じゅうりょう【重量】 ⇩おもさ(重)

じゅうるい【獣類】 ⇩けもの(獣)

しゅえん【酒宴】 ⇩さかもり(酒盛)

じゅくす【熟】 ***いびる** 兵庫県多紀郡 ***さなびる** 新潟県岩船郡 ***じくるむ** 茨城県真壁郡 ***ずくむ** 東京都八王子 ***みよる** 山形県東田川郡 **果実が□** ***あかむ・あこむ** 和歌山県東牟婁郡「裏の柿あこむの待って売ろか」 ***あからむ** 山形県(栗の実が成熟して皮が褐色になる)・南村山郡(麦が色づく) 栃木県 埼玉県入間郡 神奈川県中郡 新潟県佐渡(稲が実って穂が黄色になる) 富山県 静岡県志太郡 愛知県豊橋市・額田郡 兵庫県但馬 ***あかるむ** 山形県最上郡 栃木県 千葉県 東京都八王子 神奈川県津久井郡 新潟県中頸城郡(稲が実って穂が黄色になる) ***あころぶ** 京都府 兵庫県加古郡(稲や麦などが熟す) ***あころむ** 三重県鈴鹿郡・度会郡 和歌山県東部 ***いろむ** 富山県「桃がいろむ」 長野県 岐阜県「粟がいろんだ」 愛知県 ***えがらむ**(栗の実が熟す) 山形県北村山郡 ***えびる** 島根県 ***えむ** 宮城県登米郡・玉造郡 山形県 福島県相馬郡「せどの栗えんだ」・東白川郡 茨城県西茨城郡・北相馬郡 栃木県 群馬県佐波郡 埼玉県北葛飾郡・秩父郡「日向山のあけびはもうえんだべよ」 千葉県 東京都八王子 神奈川県津久井郡・高座郡 新潟県東蒲原郡「柿がいむだ」 山梨県・南巨摩郡 長野県上伊那郡・佐久 岐阜県 静岡県志太郡 愛知県 京都府竹野郡 ***きねる**(柿が熟す) 島根県美濃郡・益田市 広島県比婆郡 ***じくれる** 山形県庄内 福島県相馬郡「柿、真赤にじぐれた」 ***じゅくれる** 青森県津軽「もう裏の柿もじゅぐれる頃だ」 山形県庄内 ***しわる** 山形県庄内 ***すねる** 長野県諏訪・東筑摩郡「すねた南瓜だ」 岐阜県恵那郡 ***すわる** 山形県・米沢市「果物あ、すわる」 ***たなる** 和歌山県「この柿はほんとうによくたなっています」 ***つわる** 新潟県佐渡 富山県砺波・東礪波郡 滋賀県 ***できる** 宮城県登米郡・玉造郡 茨城県 ***てる** 石川県 徳島県 香川県「このすいかようてっとるからうまいな」 ***でる** 岩手県気仙郡「この桃はまだでねぇ」 ***とまる** 群馬県勢多郡 ***ひかる** 和歌山県新宮「畑のトマトも大分ひかって来た」 島根県・隠岐島「あそこにふかった花がある」

しゅし【種子】 ***むぬだに** 沖縄県石垣島 ***むんちゃに**(農作物の種) 沖縄県首里

しゅじん【主人】 ①あるじ。 ***おーやけ** 熊本県上益城郡 ***おいっさま** 岐阜県飛驒 ***おっさん** 京都府 ***おっとー** 埼玉県秩父郡 ***おてっさー** 鹿児島県姶良郡・鹿児島郡 ***おと** 青森県 秋田県雄勝郡・河辺郡 和歌山市 ***おとー** 広島県比婆郡 ***おとさま**(年老いた主人) 長崎県 ***おとっさん** 千葉県市原郡 ***おとと** 新潟県西蒲原郡(中流の上)・長岡市 富山県砺波(中流) ***おとな・おつな** 熊本県 ***おやかた** 秋田県河辺郡 山形県東田川郡 熊本県上益城郡 ***おやけ** 宮崎県西臼杵郡 ***きおもて** 埼玉県北葛飾郡 ***ごっさま**(「ごしょさま(御所様)」の転という。大家で言う) 石川県江沼郡 ***ごっつあま**(中流以下) 石川県江沼郡 ***ごて**(「ごていしゅ(御亭主)」の略) 青森県南部 新潟県東蒲原郡 石川県珠洲郡 ***ごてー** 岩手県九戸郡 宮城県仙台市 鳥取県東部 ***ごておどさま** 青森県三戸郡 ***しんしょーまわし** 長野県上伊那郡 ***しんしょもち**(一家の戸主) 山形県「おら、十八んどぎ、すんしょもづえなた(おれは十八歳の時一家の戸主になった)」 岐阜県郡上郡 三重県志摩郡 ***だだ**(中年の戸主) 岩手県九戸郡 ***だだま**(よその主人または農家の主人) 山形県庄内 ***たてさま** 福島県北部 ***たろじ**(「たあるじ(田主)」の転) 長野県諏訪 ***だんけ**(だんな) 岩手県気仙郡 宮城県栗原郡・石巻 山形県最上郡 ***だんけさま**(だんな) 宮城県仙北・栗原郡 ***だんどり**(だんな) 岩手県気仙郡 ***ちゃー**(中年の戸主) 岩手県九戸郡 ***ちゃちゃさま** 福島県北部 ***つぁ**(下流) 新潟県西蒲原郡 ***つぁーつぁ** 新潟県西蒲原郡(中流以下)・長岡市 ***つぁま** 新潟県西蒲原郡(中流の上)・長岡市 ***てっつぁん**(下流の語) 島根県隠岐島 ***てて** 秋田県河辺郡 島根県隠岐島(下流の語) ***ててら** 三重県志摩郡 ***どーと**(下流) 富山県砺波 ***とった**(中流。卑称。他称) 富山県砺波 ***とったま**(中流。最卑称) 富山県砺波 ***とっちゃ**(中年の戸主) 岩手県九戸郡 ***とっつぁ** 新潟県西蒲原郡・長岡市 富山県砺波(中流。卑称。三人称) ***とっつぁー** 茨城県稲敷郡 ***とっつぁま** 茨城県稲敷郡 新潟県西蒲原郡(中流) 富山県射水郡 ***とと** 岩手県九戸郡(中年の戸主)・上閉伊郡(下流) 山口県見島 鹿児島県揖宿郡(小児語) ***どと** 青森県津

軽　秋田県北秋田郡 ***ととー** 東京都大島 ***ととさ**(中流。三人称) 富山県砺波 ***とのじょ** 大分県別府市 ***ひひ** 島根県益田市「こっちのひひは今日はどこへ」 ***ぶと** 沖縄県宮古島「ぶともつ」 ***べさし** 熊本県阿蘇郡 ***べんさし** 熊本県阿蘇郡・上益城郡 ***べんざし** 大分県直入郡 ***やーぬかしら** 鹿児島県与論島 ***やーぬぬし** 沖縄県島尻郡 ***やーぬやー** 沖縄県沖永良部島 ***やがしら** 滋賀県高島郡 ***われ** 島根県隠岐島「わりゃおちんかえ(主人は家にいるか)」

②他人を使用している者。 ***おしゅーさー** 島根県益田市 ***おしゅーさま** 岡山市 ***おしゅーさん** 京都府竹野郡　島根県邇摩郡

じゅず【数珠】 ***ぐるわ**(寺にある大きな数珠) 静岡県安倍郡 ***すじずず** 香川県佐柳島 ***ずる** 和歌山県那賀郡

しゅっすい【出水】 ⇩こうずい(洪水)

ジュバン【襦袢】 ***おひよ** 京都市 ***こて** 鹿児島県 ***こんなし** 新潟県西頸城郡 ***しだひきゃー** 沖縄県石垣島 ***しりきれ** 福岡県浮羽郡 ***じんべ** 三重県度会郡 ***てさし**(水田の仕事の時に着る腕の細いジュバンのようなもの) 茨城県稲敷郡 ***どんざ** 山形県南置賜郡　長崎市 ***どんじ** 秋田県南秋田郡 ***はたずけ** 茨城県 ***はんぎ** 高知県土佐郡 ***はんこ** 福島県東白川郡　茨城県　高知県土佐郡 ***ばんこ・ばんご** 香川県木田郡

しゅふ【主婦】 ***あちゃ** 青森県　秋田県平鹿郡・雄勝郡 ***あにま** 石川県河北郡 ***あね** 青森県上北郡(若い主婦)　秋田県南秋田郡(農家の主婦)　山形県東田川郡(若い主婦)　新潟県西蒲原郡(中流の下以下の家庭の若妻)　岐阜県飛騨　京都府　島根県隠岐島(若い主婦) ***あねー** 東京都八丈島(名前に付けて「……あねー」と呼ぶ)　岐阜県飛騨 ***あねーさま** 岩手県九戸郡(若い主婦)　東京都八丈島 ***あねーさん** 山梨県　福岡県企救郡 ***あねこ**(若妻) 山形県 ***あねご**(下流の若妻の軽い敬称) 新潟県西蒲原郡 ***あねさ** 青森県南部(若い主婦)　岩手県気仙郡(実権を持たぬ若い主婦)　山形県(若い主婦)　新潟県(中流の上の若い嫁)　富山県砺波(中流以下の中年の主婦)　石川県能美郡　長野県南部　岐阜県飛騨(中流以下の中年の主婦) ***あねさま** 岩手県気仙郡(若い主婦)　山形県(若妻)・米沢市・西村山郡(地主の奥様)　千葉県東葛飾郡(まだ子供のいない若妻)　新潟県西蒲原郡(上流の若主人または嫡子の妻)　富山県砺波(中流以上に言う)　石川県(大家の妻)　長野県東筑摩郡・下伊那郡　岐阜県飛騨 ***あねさん** 岩手県和賀郡・気仙郡(若い主婦)　秋田県北秋田郡(若い主婦)　山形県庄内(若い主婦)　群馬県勢多郡・吾妻郡　千葉県山武郡(若い主婦)　石川県加賀・鳳至郡　長野県上伊那郡　三重県志摩郡　熊本県球磨郡(上流の主婦)　鹿児島県曾於郡(呼びかける時に言う) ***あねつぁ**(若い主婦) 秋田県南部 ***あねはん** 山形県　愛媛県周桑郡 ***あねま** 山形県西田川郡・飽海郡　富山県砺波(中流以下の中年の主婦)　岐阜県飛騨 ***あねやん**(中流の若い主婦) 新潟県中頸城郡 ***あや** 青森県上北郡(中老の主婦)　新潟県三島郡(年取った主婦)・西蒲原郡(中流家庭の主婦) ***あやー** 北海道松前郡(五十歳前後の婦人)「木田のあやー(呼び掛け)」 ***あんこ**(若妻) 東京都大島 ***あんな** 沖縄県宮古島 ***あんにゃ** 石川県能美郡 ***あんにゃさま**(二人称。また商家の妻を言う) 石川県江沼郡 ***あんにゃま** 石川県江沼郡・石川郡(三十歳以下くらいの主婦) ***あんね**(若い主婦) 岐阜県飛騨 ***あんねー** 東京都大島(だんな家の主婦に対する敬称)　岐阜県飛騨(若い主婦) ***あんねーさま**(若妻の敬称) 東京都大島 ***あんねーさん** 山梨県(若妻)・中巨摩郡 ***いね** 石川県石川郡 ***いのし** 新潟県西蒲原郡 ***えーのしかか** 新潟県 ***えぬし** 青森県三戸郡　岩手県九戸郡 ***えぬしかか** 山形県西置賜郡 ***えや** 三重県志摩 ***おあねさん** 岩手県気仙郡(商家・上流の主婦の敬称)　宮城県仙台(商家の主婦を雇い人や店の者が言う)　千葉県東葛飾郡(大家の若妻)　石川県金沢　愛媛県新居郡 ***おいさま** 富山県東礪波郡 ***おーしょー** 大分県大野郡 ***おーば** 富山市 ***おーへらとり・ひらとり** 山形県 ***おか** 青森県津軽　岩手県気仙郡　秋田県 ***おかー** 長野県諏訪(中流以上の人の妻)　広島県比婆郡 ***おかーさま** 島根県鹿足郡 ***おかか** 新潟県「ここのおかかは何処へ行った」　富山県砺波(中流語)　石川県　岐阜県本巣郡(下流語)　熊本県天草郡 ***おかさ** 岐阜県稲葉郡 ***おかさま** 青森県上北郡(上流)・三戸郡(士族)　福島県会津(敬称)　島根県鹿足郡(下流) ***おかた** 青森県　岩手県　宮城県「車屋のおかた」　秋田県仙北郡・鹿角郡「おかた貰った」　山形県「おがだの家元」　福島県　茨城県稲敷郡・多賀郡　栃木県芳賀郡　群馬県多野郡　新潟県佐渡・東蒲原郡　富山市　山梨県　長野県　静岡県　島根県隠岐島　山口県「おかたは、どう思ふか」　熊本県天草郡　大分県速見郡・北海部郡　宮崎県　鹿児島県「誰様は何様のおかたじゃげな」 ***おかたこ** 宮城県栗原郡 ***おかたっこ** 岩手県気仙郡 ***おかちゃ**(中流以下) 青森県上北郡 ***おかつ** 島根県出雲 ***おかっあま** 富山県　福井県足羽郡　岐阜県加茂郡 ***おかっあん** 富山県射水郡 ***おかっさ** 山口県大島 ***おかっさー** 島根県益田市 ***おかっさーん** 長崎県 ***おかっさま** 福島市　富山県砺波　石川県　福井県　長野県　岐阜県　島根県石見　山口県　大分県北海部郡・大分郡　鹿児島県肝属郡 ***おかっさん** 新潟県　石川県　福井県　山梨県　静岡県富士郡・志太郡　島根県石見　熊本県鹿本郡・下益城郡　大分県 ***おかっすさん** 静岡市 ***おかったま** 長崎県南高来郡 ***おかったん** 大分県大野郡 ***おかっちゃん** 鹿児島県 ***おかっつぁー** 山口県玖珂郡　鹿児島県 ***おかっつぁま** 福島市　新潟県長岡市　富山県富山市近在・砺波　福井県　長野県佐久　岐阜県

愛知県名古屋市　長崎県北松浦郡・長崎市　熊本県天草郡 *おかっつぁまー 福島県会津　長野県佐久　長崎県南高来郡 *おかっつぁん 富山県富山市近在・砺波　石川県　岐阜県大垣市　兵庫県但馬　鳥取県西伯郡・日野郡　島根県　福岡県久留米市　長崎市　熊本県　大分県大分郡・北海部郡　鹿児島県 *おかっつはん 富山県下新川郡 *おしなはん 徳島県 *おしのはん 兵庫県淡路島 *おしゅーさん・おしょーさん 熊本県球磨郡 *おしんぞ 兵庫県淡路島　徳島県美馬郡 *おしんぞー 徳島県美馬郡 *おしんぞはん 富山県射水郡 *おしんど 兵庫県淡路島 *おたた・おたっつぁん 徳島県美馬郡 *おっか 山形県　新潟県東蒲原郡 *おっかー 山形県　埼玉県秩父郡　長野県佐久　静岡県磐田郡 *おっかさん 熊本県球磨郡 *おっかた 鹿児島県鹿児島郡 *おっかはん 富山県射水郡・砺波(上流の年輩の主婦) *おっかま 新潟県東蒲原郡・下越 *おねき 鹿児島市 *おねぎ 愛知県額田郡 *おねさん(商家の主婦) 長野県上田 *おば 青森県三戸郡　茨城県新治郡「たいそー早いなよ、おば(おばあさん)」　新潟県東蒲原郡(卑語)　岐阜県揖斐郡　三重県志摩郡・度会郡　和歌山県「ええおばやなあ(ずいぶん年のいった女だね)」　香川県高見島「よそのおばがこれくれた」 *おばー 群馬県利根郡　静岡県富士郡　滋賀県彦根　兵庫県佐用郡　島根県 *おばいさ 富山県砺波 *おばき 徳島県美馬郡 *おばさ・おばっさ 長野県上田・佐久　岐阜県北飛騨 *おばさま 山形県南部　石川県鹿島郡(分家の主婦)　長野県東筑摩郡・西筑摩郡 *おぱさん 新潟県佐渡 *おばはん 福井県　奈良県(敬称)　和歌山県　鳥取県西伯郡(隣家の主婦) *おばやん 鳥取県西伯郡 *おばん 福井県西部　山梨県南巨摩郡　三重県尾鷲　大阪府　兵庫県淡路島　奈良県　和歌山県海草郡　島根県美濃郡・益田市　岡山県苫田郡　広島県高田郡　香川県　高知県室戸市　大分県南海部郡 *おばんし 神奈川県津久井郡 *おぶさー・おぼさー(最下層の主婦) 島根県石見 *おぶさん(中流の主婦) 島根県石見 *おぼさん 鳥取市　島根県 *おぼん 島根県美濃郡・益田市 *おわさん 奈良県吉野郡 *おわねさん(敬称) 宮城県石巻 *かまだゆー 山口県豊浦郡 *かまのかみ 山形県東置賜郡 *かみ 大分県大分郡・大分市 *ごし 愛知県知多郡 *ごしさま 愛知県葉栗郡 *ごしなはん 徳島県・美馬郡 *ごしんさい 島根県那賀郡 *ごしんさん 島根県　福岡県企救郡 *ごしんぞ 愛知県知多郡・碧海郡 *ごしんぞー 愛知県碧海郡・尾張　鳥取県西伯郡　宮崎県西臼杵郡「おまいもごしんぞーになごー寝られちぃよっぽず困んなはったろー」 *ごしんぞーさま 長野県諏訪 *ごしんぞさん 島根県出雲市・那賀郡 *ごしんぞはん 奈良県 *ごしんちゃん 島根県八束郡・簸川郡 *ごしんつぁん 山形県鶴岡　島根県 *ごせんど 山梨県 *ごてかか 青森県三戸郡 *こやした 宮城県登米郡 *しこのじょー 奈良県吉野郡 *じゃーさ 石川県能美郡 *じゃーま 石川県能美郡・石川郡 *じゃじゃ 青森県上北郡(中流の語)　秋田県 *じゃや 秋田県南秋田郡・河辺郡 *じょー 三重県南牟婁郡　奈良県吉野郡 *じょーさん 千葉県上総　香川県高松市 *じょーはん 香川県木田郡・高松市 *しんしょもち 福島県東白川郡 *しんぞー 福井県　大分県大分郡 *だーさ 山口県阿武郡 *だささま 岐阜県飛騨 *だんながみ 宮城県登米郡 *てしゅかか 青森県上北郡 *ないぎ 和歌山県日高郡 *ないぎさん 三重県名張市　和歌山市 *なべざのまもり 京都府竹野郡 *ねー(中年以下の若い主婦) 岐阜県飛騨 *ねーさま 岐阜県吉城郡・飛騨 *ねーさん 京都市 *ねーま(壮年・中年の主婦) 岐阜県吉城郡 *ねぎ・ねぎさん 宮崎県南那珂郡 *ねさま 岐阜県北飛騨 *はさ(下流) 新潟県西蒲原郡 *はじゃしと 三重県志摩郡 *へらとり 青森県三戸郡　宮城県登米郡　山形県 *やー 三重県志摩郡 *やーや 石川県能美郡・石川郡 *やじゅこ 沖縄県首里 *やじょー 宮崎県西臼杵郡「やじょーどの」 *ややら 三重県志摩郡・度会郡 *よめ 佐賀県神埼郡 *よめかか(若い主婦) 岩手県九戸郡 *よめご 愛知県額田郡　福岡県　佐賀県神埼郡・藤津郡　長崎県東彼杵郡　熊本県 *よめごじょ 熊本県天草郡 *よめさん 奈良県吉野郡(若い主婦)　香川県 *よめじょー 福岡県粕屋郡 *よめはん 三重県名張市・名賀郡　大阪市(若い主婦)　香川県 *わおー 大分県大野郡(下流の語)「ここのわおーは親切な」 *わおーじょー 大分県大分郡・大野郡 *わおじょー 大分県大野郡(下流の語)・直入郡

じゅもく【樹木】 *きかや 宮城県仙台市「きかやに風あたる」　長崎県壱岐島「きかやいたむるな」 *のぎ 山形県

→き（木）

しゅりょう【狩猟】 *かりば 福島県南会津郡「かりばに出る(狩猟に赴く)」　栃木県安蘇郡 *ししやま 和歌山県東牟婁郡・日高郡 *じゅ・じゅごつ 鹿児島県肝属郡 *やまぜっしょー 香川県塩飽諸島

じゅんさ【巡査】 *かんく 群馬県　静岡県 *けーさつ・けーさっつぁま 福島県東白川郡 *けーさつさま 福島市 *けんび 島根県邑智郡 *じゅんかい 三重県度会郡 *じんけさま 福島県東白川郡 *じんだはん 富山県砺波 *じんてこ 長野県佐久 *せんせ 和歌山県海草郡・那賀郡 *せんせー 和歌山県有田郡 *だのさん 新潟県佐渡 *だんさん 新潟県佐渡　島根県 *だんな 宮崎県西臼杵郡 *だんなさま 青森県津軽　石川県河北郡 *だんなさん 宮城県栗原郡 *だんなはん 富山県砺波　福井県 *だんなん 福井県 *だんぽ 宮城県玉造郡 *だんぽ 宮城県栗原郡・登米郡 *だんぽさま 宮城県本吉郡 *てこ・てこんぽー 神奈川県津久井郡 *ぽーかん 千葉県安房郡 *ほーぽー

鳥取県 *ほーぽーさん 鳥取県 *ほーぽさん 和歌山県西牟婁郡 *ほぼー 静岡県賀茂郡 高知県長岡郡 *ほぼーさん 高知市「そんなに泣きよるとほぼーさんに連れて行かれるぞよ」 *ほぼさん 三重県度会郡 高知県 *ほぼし 和歌山県日高郡 *りゃんこ 兵庫県神戸市

しゅんじゅん【逡巡】 *うちーやっちー 沖縄県首里 *けそけそ 京都府「けそけそする」 *しりこざり 岩手県気仙郡 秋田県鹿角郡「しりこざりして前へ出ない」 *しりこじゃり 岩手県気仙郡 秋田県雄勝郡 *しりじゃり 岩手県気仙郡 *すりざり 宮城県石巻 ↓ためらう（躊）

□する *しびらひく 新潟県中頸城郡 *ずんずりばっちょう 山梨県東八代郡・北巨摩郡 *へこたれる 新潟県佐渡

じゅんじょ【順序】 *じんろ 島根県簸川郡・隠岐島「仕事のじんろをきめる」 ↓じゅんばん（順番）

じゅんちょう【順調】 *うわい 群馬県吾妻郡 *じゅんじゅく 高知県高岡郡 *じんあい 島根県出雲 ↓はかどる（捗）

じゅんばん【順番】 *じゅんぐりばん 新潟県佐渡 *どー 島根県大原郡「今度はうちのとーだ」 *どー 島根県邇摩郡「今度はあんたのどーだ」 *ばんがいちんがい 兵庫県養父郡 *ばんがえ 福島県相馬郡「ばんげえにする」・東白川郡 岐阜県飛騨 鳥取県岩美郡 *ばんがえたがえ 宮城県玉造郡 *ばんがえたんがえ 岩手県平泉「ばんげぁたんげぁに」 宮城県登米郡 福島県相馬郡 *ばんかく 山梨県 *ばんがりたんがり 茨城県新治郡 *ばんげーこたんげーこ 福島県東白川郡 *ばんげーっこ 福島県相馬郡・東白川郡「二人でばんげぇっこにさげて行ぐべな」 *ばんげたんげ 宮城県栗原郡 *ばんじょ 福井県坂井郡 *ばんちょ 長野県佐久郡 *ばんちょー 山形県西置賜郡 福島県岩瀬郡「ばんちゃうが回はる」 山梨県 *ばんて 埼玉県入間郡「こんだおれのばんてか」 島根県「わしのばんてがなかなか回って来ん」 *ばんまえ 岩手県上閉伊郡 宮城県「とまりばんめーで(泊まり番だったので)とまっていたから」 秋田県南秋田郡・平鹿郡 山形県 福島県相馬郡「今日、おれのばんめぇだ」・石川郡 *ばんめ 宮城県仙台市 *べー 長崎県対馬「今度はお前のべえじゃ」 *まーる・まーるー 沖縄県首里「わーまーる(私の番)」 *まーるー 沖縄県石垣島 *まわり 愛媛県 *まわりがい・まわりがいつ・まわりやいこ 愛媛県 *まわりがいこ 愛媛県宇和島 *まわりばんこ 山形県米沢市 栃木県 ↓じゅんじょ（順序）

じゅんび【準備】 *いんじく・いんじゅく 愛媛県大三島 *うったっかた 鹿児島県鹿児島郡 *かまえ 香川県 *かんがく 岩手県気仙郡「お祭りは近づいたし子供は多いし着物のかんがくしきれない」 *がんがく 岩手県気仙郡 宮城県「春着物のがんがくをした」 山形県「おままのがんがくしろ」 *こしらえ 滋賀県彦根 和歌山県「帰るこしらえしてゐる」・日高郡 岡山県児島郡 香川県 *こっさえ・ごっさえ・こっしゃえ 香川県「おばさん、もうこっしゃいでけたんなあ」 *さくまい 三重県伊賀「さくまいがええ」「さくまいの悪いしと(人)」 *さんたく 山形県「逃げるさんたぐした」 広島県高田郡 *さんだく 山形県西置賜郡 三重県阿山郡 *しがく 宮城県仙台市「しがくのよきあしき」 秋田県河辺郡 兵庫県加西郡 長崎県対馬「しがくする」 *しかけ 福島県石城郡 新潟県佐渡「仕事のしかけがよい」 島根県隠岐島 *しけ 鹿児島県「しけをすい」 *しこ 和歌山県西牟婁郡・東牟婁郡 熊本県玉名郡・天草郡 宮崎県西臼杵郡「夕飯のしこがあっりょるけ」 *しこー 福島県東白川郡 京都府 和歌山県西牟婁郡・新宮「旅行のしこうする」 鳥取県 徳島県 長崎県壱岐島「弁当はここにしこーしちょるけ」 熊本県下益城郡 大分県大分郡「しこーしちょいちぇおくれ(用意しておいておくれ)」 沖縄県 *しこーい 沖縄県首里 *しこまえ 熊本県八代郡・芦北郡 *しこめー 茨城県稲敷郡 *じさん 富山県砺波「こんなこともあろわいと思て去年からじさんしといた」 *したばぇ 青森県津軽 *したんばい 岩手県九戸郡「田植のしたんばい出来たか」・気仙郡「あとから行くからしたんべぁしていう」 *したんばく 岩手県九戸郡 *しっこー 沖縄県竹富島 *しはい 高知県土佐郡・高知市「よくしはいがたっていたきに(から)あとは楽にできた」 *しまい 新潟県岩船郡 *しんがく 秋田県河辺郡 *すぃめー 沖縄県首里 *すがい 沖縄県首里「すがいまぬがい(「すがい」の強意)」 *てぃぐみ 沖縄県首里 *まかせ 島根県「なかなかまかせが出来ん」 *またじ 新潟県岩船郡 *まやし 岐阜県恵那郡・飛騨 *まわし 岐阜県「まわしをしやぁしたか」「夕飯のまわし」 愛知県「はよ、まわしせんと間に合わん」 滋賀県野洲郡 *まわり 三重県「おなりのまわりもせんなーんでなー(炊事の支度もしなければならないのでね)」 奈良県「まわりが出来ましたか」「早よまーりせなおそなる」 *やわい 富山県砺波 福井県大野郡 岐阜県「飯のやわいが出来た」 ↓したく（支度）・ようい（用意）

□をする *かまえる 香川県・三豊郡 高知県「今私が迎えにいくきにちゃんとかまえて待ちよりなーれ」 長崎県対馬 *こさえる 島根県美濃郡・益田市「繭をこさえる」 *しこ 鹿児島県・肝属郡 *しこう 高知県長岡郡「めんをしこー(御飯をこしらえる)」 鹿児島県屋久島「早よ昼んめしをしこーろう」 *しこーゆい 鹿児島県喜界島 *しこーゆん 沖縄県首里 *しこーるん 沖縄県石垣島 *たてる 山形県山形市「汁をたてる」 *つばえる 山形県「十万円つばえるのに苦労した」「橇を

つばえる」 *つべーる 山形県東田川郡 *はなえる 島根県石見「御馳走をはなえる」 *まだう 東京都八丈島「はーく まだって(早く準備して)」 *やわう 岐阜県

しょいこ【背負子】 *あしだか(脚の長いしょいこ)島根県美濃郡 *いんが 静岡県安倍郡・小笠郡 愛知県宝飯郡・幡豆郡 *うぇ 熊本県天草郡 *うま 山形県南村山郡 *うまはしご 山形県飽海郡 *おい 岐阜県飛驒 熊本県 *おいかぎ 島根県邑智郡・大原郡 *おいこ 兵庫県赤穂郡 奈良県吉野郡 和歌山県日高郡 島根県 岡山県 広島県 山口県豊浦郡・大島 徳島県 香川県 愛媛県 高知県土佐郡 *おいだい 京都府北桑田郡 兵庫県赤穂郡 鳥取県八頭郡 徳島県三好郡 香川県 *おいのこ 島根県石見 *おぇーこ 広島県芦品郡 *おだばしご(はしごの形をしたしょいこ)栃木県芳賀郡 *かずきばしご 富山県西礪波郡 *からい 熊本県球磨郡 *からえご・かりやちげ・かれーばしご(木枠で作ったしょいこ)熊本県天草郡 *かり 鹿児島県肝属郡 *かりー 熊本県球磨郡 大分県速見郡 *かりこ(木枠で作ったしょいこ)香川県塩飽 鹿児島県沖永良部島 *かるーめご(木枠で作ったしょいこ)宮崎県西臼杵郡 *かるい 島根県 香川県高見島・佐柳島(男が用いる) 大分県 *かるぎ(長い足が付いている木枠で作ったしょいこ)島根県那賀郡 *かるこ(木枠で作ったしょいこ)新潟県上越市 三重県一志郡 *かれ 鹿児島県肝属郡 *かれこ(木枠で作ったしょいこ)宮崎県西臼杵郡・西諸県郡 鹿児島県沖永良部島 *かれの 鹿児島県肝属郡 *きおいこ 島根県 広島県芦品郡・高田郡 *きかるい 宮崎県西臼杵郡 *しけー 長崎県対馬 *しながち 石川県珠洲郡・鳳至郡 *せいた 栃木県 群馬県邑楽郡 埼玉県秩父郡 千葉県君津郡 富山県 石川県能美郡・河北郡 福井県大飯郡 長野県 岐阜県加茂郡・飛驒 静岡県磐田郡 島根県鹿足郡・那賀郡 大分県大分郡 *せーだい 栃木県南部 *せーで 栃木県安蘇郡 *せおい 島根県隠岐島 *せた 福井県大野郡 滋賀県高島郡・甲賀郡 *せだい 栃木県南部 *せった 富山県高岡市 *せったら 奈良県吉野郡 *せなかあて 福岡県丹生郡 *せながち 石川県珠洲郡・鳳至郡 *せなかつ(わら製)富山県下新川郡 *せなこ 石川県鳳至郡 *せなご 石川県珠洲郡・鳳至郡 *せなごーじ 新潟県岩船郡 *せなこーち 新潟県佐渡(わら製) 広島県比婆郡 *せなこじ 新潟県中頸城郡(わら製) *せなごち 石川県珠洲郡・鳳至郡 *せのこち(わらまたは檜皮製)岐阜県飛驒 *そらぐち 新潟県佐渡 *だつ 熊本県球磨郡 *ちげ・ちげーがりや 熊本県天草郡 *どーじんがるい(股になった木にひもを付けたしょいこ)宮崎県東臼杵郡 *といさん 鹿児島県屋久島 *においばしご 島根県能義郡 *にかれ 鹿児島県屋久島 *にこ 島根県邇摩郡・鹿足郡(長い足のあるしょいこ) 岡山県苫田郡 広島県賀茂郡 山口県阿武郡 *にこー・にっこ(薪などを背負うもの)山口県阿武郡 *にだい 岡山県苫田郡 *にっこー 島根県益田市 山口県阿武郡 *はしご 愛知県北設楽郡 *ばとー(わらで編んだしょいこ)福井県大野郡 *ひっちょい 静岡県志太郡 *へながち 石川県珠洲郡 *やしうま 新潟県東蒲原郡 *やしぇうま 山形県 *やじぇろま 山形県東田川郡 *やせうま 北海道 青森県三戸郡 岩手県気仙郡 秋田県由利郡 山形県 福島県南会津郡・相馬郡 神奈川県 新潟県 山梨県 静岡県・田方郡 *やせうんま 静岡県 *やせんばしご 神奈川県足柄上郡 *やへんま 山形県北村山郡 *わく・わこ 静岡県榛原郡 *わのみ(藁製のしょいこ)岐阜県加茂郡

じょいん【女陰】 *あなばち(処女の性器)愛知県知多郡 兵庫県淡路島 長崎県壱岐島 熊本県玉名郡・下益城郡 *あべちょ(女の子の性器) 山形県西田川郡 *あぺちょ(女の子の性器)山形県鶴岡市・飽海郡 *いしあきび 山形県東置賜郡・西置賜郡 *えぺ 青森県津軽 *えんのつぼ 和歌山県日高郡 *おかい・おがいす 高知市 *おかいこ 岩手県上閉伊郡 *おかいちょ 山形県東置賜郡・南置賜郡 埼玉県北葛飾郡(幼児語) *おかいちょー 広島県芦品郡 *おかま 栃木県 群馬県館林 *おかんこ 栃木県 佐賀県唐津 *おすそ 鹿児島県鹿児島郡 *おそ・おしょし・おしょ 兵庫県明石郡 *おそそ 宮城県登米郡 栃木県 埼玉県北葛飾郡 富山県・砺波 福井県坂井郡 愛知県一宮 三重県名張市・志摩郡 滋賀県蒲生郡 京都府 大阪府泉北郡 和歌山県 鳥取県岩美郡・西伯郡 岡山県岡山市・小田郡 広島県芦品郡・比婆郡 山口県阿武郡 香川県 長崎県壱岐島 *おたべ 三重県志摩郡 *おちゃこ 福井県敦賀郡 愛知県碧海郡 兵庫県明石郡・淡路島 徳島県 *おちゃんこ 群馬県吾妻郡 *おちゃんぺ 福井県今立郡 *おちゃんぽ 徳島県 *おちょ 奈良県南大和 *おちょこ 静岡県川根 *おちょま 富山県砺波 石川県金沢(少女の性器) *おはこ 鹿児島県・鹿児島郡 *おべんこ(主に小児語)宮城県登米郡 *おべんちょ 長野県上伊那郡 愛知県碧海郡 *おまんちょー 山梨県 *おめ 兵庫県明石郡 *おめこ 愛知県知多郡 三重県志摩・名張市 京都府 和歌山県日高郡 鳥取県気高郡 岡山県苫田郡 広島県 徳島県 愛媛県新居郡 *おめっちょー 広島県芦品郡 *おめんちょー 広島県佐伯郡 *がいー・がにー(「男根がはさみとられたもの」の意で)鹿児島県喜界島 *かいこ 山形市 新潟県北蒲原郡 *かいっこ 岩手県気仙郡 *かいぽぽ・かいもち 富山県射水郡 *かんこ 栃木県 香川県手島 *かんのんさま 新潟県佐渡 *かんのんさん 静岡県志太郡 *ぎーら 沖縄県石垣島 *きざく 沖縄県黒島 *ぎら 沖縄県竹富島・西表島・鳩間島 *ぐっちゅ 沖縄県西表島 *くまあな(山言葉)福島県南会津 *けぁっこ 宮城県石巻 *けーこ 岩手

県九戸郡 *けがまし 宮城県登米郡 *けけ（少女の陰部）青森県三戸郡 *こんぼ 三重県志摩郡 *さね 栃木県 新潟県佐渡・中頸城郡 山梨県 高知県 熊本県下益城郡 *さんこち 静岡県志太郡 *しじ 静岡県田方郡 三重県度会郡 愛媛県今治市 *じじ・じじこ（小児のもの）岩手県上閉伊郡 *しじこ・しちこ 山形県東田川郡 *しり 新潟県佐渡 広島県比婆郡 *すそ 福島県東白川郡 新潟県佐渡・中頸城郡 山梨県西山梨郡 *ぜんたいがい 宮城県登米郡 *そそ 新潟県佐渡・中頸城郡 長野県佐久 三重県志摩郡 兵庫県淡路島 徳島県 *そそこ 三重県志摩郡 *そそっこ 千葉県安房郡 *たんかい 山形県西置賜郡 *だんべ 北海道小樽 青森県津軽 *たんべー 北海道小樽 *ちび 東京都三宅島 福井県大野郡 島根県那賀郡 広島県江田島 *ちびっこ 東京都三宅島 *ちゃこ 石川県鳳至郡 兵庫県明石郡・淡路島 *ちゃべ 石川県鳳至郡 *ちゃんこ 山形県米沢市 新潟県佐渡・中頸城郡 石川県金沢 *ちゃんちゃ 石川県加賀 *ちゃんべ 富山県射水郡 *ちゃんぺ 富山県東礪波郡 石川県加賀 福井県坂井郡 島根県隠岐島 *ちゃんべー 富山市 *ちょこ 三重県志摩郡・北牟婁郡 *ちょっぽ 長崎県西彼杵郡 *ちょんこ 三重県志摩郡 *ちょんちょ 千葉県上総・長生郡 島根県大田市（幼児のもの）*ちょんちょこ 千葉県長生郡 *ちょんべ 佐賀県藤津郡 *ちょんぺ 島根県隠岐島 *ちんちん 熊本県玉名郡 *つっぺ 長崎県壱岐島 *つび 東京都八王子・三宅島 神奈川県中郡 福井県大野郡 山梨県南巨摩郡 岐阜県郡上郡 静岡県志太郡 愛知県北設楽郡・碧海郡 三重県志摩郡 奈良県吉野郡 和歌山県日高郡 鳥取県八頭郡 島根県 岡山県神島・北木島 広島県 香川県佐柳島 愛媛県大島 長崎県壱岐島 大分県西臼杵郡 鹿児島県宝島 *つべ 三重県志摩郡 *つんび・つんびー 静岡県浜松（少女のもの）・志太郡 *にょらいさま 新潟県中頸城郡 *ぬくもり 長崎県壱岐島 *ばっぺ 山形県鶴岡市・西田川郡 *はめはめ 三重県志摩郡 *ひ 鹿児島県南西諸島 沖縄県与那国島 *び 鹿児島県沖永良部島 *びー 東京都御蔵島 鹿児島県沖永良部島 *ぴー 沖縄県八重山 *ひーな 熊本県球磨郡 *ひっくゎ 鹿児島県奄美大島・沖永良部島 *ひな 熊本県下益城郡・天草郡 *ひばす 高知県土佐郡 *ひわれ 島根県石見・隠岐島 *ふぃー 鹿児島県奄美大島 *ふたわれ 島根県隠岐島 *ふね 栃木県 島根県石見 *ぶんぶ 新潟県中頸城郡 *へこ 秋田県平鹿郡 *べた 秋田県南秋田郡・平鹿郡 山形県西置賜郡 *べたこ 山形県 *べだっこ 岩手県気仙郡 *べちゃ 新潟県佐渡 *ぺちょこ 山形県 *ぺった 山形県西置賜郡 *べっちゃり 新潟県佐渡 *べっちょ 宮城県石巻 山形県 福島県東白川郡 埼玉県北葛飾郡 東京都八王子 神奈川県津久井郡 山梨県南巨摩郡 *べっちょー 宮城県仙台 山形県米沢市 島根県美濃郡・益田市（幼児のもの）*へっぺ 北海道函館市 *ぺっぺ 山形県 *へのこ 秋田県鹿角郡 *へへ 宮城県登米郡 山形県 *べべ 青森県津軽 岩手県上閉伊郡 宮城県登米郡 秋田県鹿角郡（幼児語） 山形県東置賜郡・東田川郡 福島県岩瀬郡 茨城県 栃木県 東京都八王子 神奈川県津久井郡 新潟県佐渡・中頸城郡 富山県・砺波 山梨県 長野県 岐阜県大野郡・吉城郡 静岡県 愛知県 三重県志摩郡 奈良県吉野郡 島根県 山口県平群島 徳島県美馬郡 宮崎県西臼杵郡 鹿児島県肝属郡 *ぺぺ 山形県西置賜郡 *べべこ 島根県隠岐島 *べべっちょ 群馬県吾妻郡 *べんちょー 島根県美濃郡・益田市 *べんべ 島根県隠岐島 *ぼ 兵庫県明石市 *ほー 沖縄県首里 *ぼーぼ 熊本県球磨郡 *ほーまー 沖縄県与那国島 *ぼず 佐賀県唐津市 *ぼちょ 鹿児島県揖宿郡 *ぼぼ 宮城県登米郡 山形県米沢市・東置賜郡 茨城県 埼玉県北葛飾郡 東京都八王子 神奈川県津久井郡 山梨県南巨摩郡 長野県 静岡県志太郡・榛原郡 愛知県尾張 三重県志摩郡 滋賀県蒲生郡（卑語） 大阪府泉北郡 兵庫県淡路島 岡山県 広島県安芸郡 山口県・大津島・笠戸島 徳島県・美馬郡 香川県伊吹島・高見島 愛媛県大三島・伯方島・今治市 福岡市 佐賀県藤津郡 長崎県長崎市・西彼杵郡 熊本県阿蘇郡・下益城郡 大分県 宮崎県 鹿児島県肝属郡 *ぼぼじょ 熊本県熊本郡・下益城郡 *ぼんしー 山口県熊毛郡・祝島 *ぼんす 三重県志摩郡 *ぼんべ 島根県隠岐島 *まえ 山形県東置賜郡 岡山市 *まっちょ 山形県西田川郡 *まめ 島根県隠岐島 *まんじゅ 熊本県球磨郡 鹿児島県 沖縄県石垣島 *まんじゅー 熊本県天草郡 宮崎県日向 *みーとーま 沖縄県小浜島 *むすめ 埼玉県北葛飾郡 *めーでんじ 埼玉県北葛飾郡 *めめ 徳島県那賀郡 *めめこ 島根県邇摩郡 福岡県小倉市 *めめさん 福岡市 *めめじょ 熊本県 宮崎県西臼杵郡 *めんこ 島根県鹿足郡・益田市 岡山県児島郡 *めんちゃ・おめんちゃ・おめちゃ 鳥取県岩美郡 *めんちょ 鳥取県西伯郡 島根県 *めんちょー 宮崎県南那珂郡 *やち 神奈川県藤沢市

じょう【情】 ⇩かんじょう（感情）・こころ（心）・にんじょう（人情）

しょうが【生薑】 *はじかみ 山梨県一部 滋賀県・彦根 奈良県一部 兵庫県神戸市 岡山県一部 香川県高松 大分県一部 *はじがみ 香川県高松 *はじかめ 大阪市 *はちかめ 京都府葛野郡

しょうがい【生涯】 *ぬつぃじゅー 沖縄県石垣島 *まっせ 新潟県佐渡 長野県下伊那郡「まっせ貧乏をする訳でもあるまい」

しょうがつ【正月】 *しょーがっつぁま 群馬県多野郡 *しょーぐゎんずき 鹿児島県徳之島 *しょがっどん 鹿児島県肝属郡 *せっちょーがつ 岩手県気仙郡「せっちょうがつから病人が出て」

*そがっどん 鹿児島県鹿児島郡 *みーとぅし 沖縄県石垣島 *みーどぅし 沖縄県首里

□一日 *ちんこしょーがつ 石川県羽咋郡 *ならびのついたち 鹿児島県屋久島

□三日 *かかーしょーがつ 広島県比婆郡

□四日 *かみのとしこし 奈良県南大和

□六日 *かみのとしこし 新潟県佐渡 三重県北牟婁郡 *むいかどし（正月七日を七日正月と称し、その前日の正月六日を年越しとして祝ったところから）長野県・佐久（蟹（かに）を串に刺して入口に挿す） 徳島県三好郡 *むいかとしこし（正月七日を七日正月と称し、その前日の正月六日を年越しとして祝ったところから）神奈川県津久井郡 *むいかどしとり（正月七日を七日正月と称し、その前日の正月六日を年越しとして祝ったところから）長野県諏訪 *むかどし（正月七日を七日正月と称し、その前日の正月六日を年越しとして祝ったところから）鹿児島県肝属郡

□七日 *たなおろし 長崎県対馬 *なずなのせっく 愛媛県温泉郡 *ななかび 広島県比婆郡 *なぬかび 徳島県美馬郡 香川県木田郡・三豊郡 *なのかび 島根県益田市・邇摩郡 広島県安芸郡 *なんかぶ 富山県東礪波郡 *ほねしょーがつ 大阪府南河内郡

□十日 *てばたきしょーがつ 千葉県印旛郡

□十一日 この日、小作人が地主へ礼に行く。 *かけさだめ 島根県簸川郡・出雲市 *たうちしょーがつ 島根県仁多郡 *たおち 島根県八束郡 *たがかり 島根県簸川郡

□十四日 *かゆしょーがつ（この日、果樹にかゆを供えて祭るところから）徳島県那賀郡 *こどし 新潟県・三島郡 *もちぜっく（餅を食べて祝う）奈良県吉野郡

□十四日の朝 *ほーけんぎょー 福岡市

□十四日の夜 *こどし 山形県西置賜郡 新潟県岩船郡

□十五日 *あがりしょーがつ 徳島県 *あずきしょーがつ 京都府綾部市 *おくりしょーがつ 和歌山県日高郡 徳島県三好郡 長崎県対馬 *おんなのしょーがつ（女性の休息日となる）宮城県仙台市 福島県会津 *かえりしょーがつ・かえししょーがつ（または、一月二〇日）長崎県対馬 *こどし 新潟県 熊本県球磨郡 *ことし 新潟県佐渡 *さぎっちょ 和歌山県和歌山市・海草郡 *さつき 山形県西置賜郡 新潟県東蒲原郡 富山県砺波 石川県鹿島郡 *しまいのしょーがつ 香川県佐柳島 *たなおり 徳島県 *ならびしょーがつ 福岡県遠賀川筋 *にばんしょーがつ 岐阜県飛驒 *ばちす 徳島県美馬郡 *ふたとし 新潟県佐渡 *もち 島根県那賀郡 広島県・比婆郡・安芸郡 *もちん 愛知県知多郡 *もどりしょーがつ 長崎県対馬 *わかしょーがつ 長野県南安曇郡 鹿児島県屋久島

□十六日 *だいさいじつ 山形県米沢市 *のーがみのとしとり 青森県三戸郡

□二十日 *おんなしょーがつ 岡山県苫田郡 *しらしょーがつ 福井県丹生郡 *てばたきしょーがつ 千葉県印旛郡 *なますしょーがつ（なますを皿に山盛りにして食べる）岡山県真庭郡 *はかしょーがつ（この日墓地の掃除をする）島根県那賀郡

□三十日 *いわしのとしとり（三個の団子を刺した「鬼の目」という枝を家の入り口に飾って年取りをする。古くはイワシを刺したところからの称）長野県佐久 *ひてーしょーがつ 岡山県児島郡

□三十一日 *おーとし 石川県

じょうき【蒸気】 ⇩ゆげ（湯気）

しょうご【正午】 *あさばんうい 沖縄県国頭郡 *あさばんうーい 沖縄県首里 *しるま 北海道美唄市 山形県北村山郡 *ちゃ 長野県南佐久郡 *ちゃんうり 鹿児島県奄美大島 *ちゅーじき 香川県小豆島 *ちゅーはん 青森県上北郡 新潟市「ちゅーはんから（午後から）学校」 *にっちゅ・ねっちゅ 鹿児島県揖宿郡 *にっちゅー 長野県諏訪・佐久 *にっちゅっ（小児語）鹿児島県揖宿郡 *ひー 鹿児島市 *ひーり 新潟県西頸城郡 岐阜県郡上郡 *ひえなか 長崎県対馬「ひえなかまじ済むて（昼までに済むと）弁当あいらんばな」 *ぴすま 沖縄県黒島 *ひやがい 佐賀県藤津郡 *ひやがり 福井県南条郡 *ひらがり 石川県江沼郡 福井県 *ひりあがり 福井県坂井郡 *ひる 三重県北牟婁郡 鳥取県気高郡 愛媛県周桑郡 *ひるなか 愛知県碧海郡 *ひるま 山形県 福島県東白川郡・相馬「ひるまだ、おまんまにしねえか」 茨城県稲敷郡 千葉県印旛郡 石川県 広島県安芸郡 福岡市 沖縄県島尻郡 *ひるまなか 群馬県勢多郡 *ぴろーま 沖縄県石垣島・竹富島 *ぴろま 沖縄県石垣島 *ひんどき 新潟県西頸城郡 *ひんなか 三重県度会郡 *ひんま 千葉県印旛郡 鹿児島県徳之島・沖永良部島・奄美大島 *ぷすま 沖縄県鳩間島 *ふゅーま 鹿児島県与論島 *へらがる 富山市近在「もうへらがるだ」 *へるま 富山県射水郡 *へんま 富山県砺波 *まーぴすま 沖縄県小浜島 *まーぴすめー 沖縄県新城島 *まーぴるま 沖縄県波照間島 *まーぴろーま 沖縄県石垣島 *ましんま・まふぃんま 鹿児島県喜界島 *まっつまー 沖縄県与那国島 *まっぴる 静岡県庵原郡 *まひー 熊本県天草郡 鹿児島県揖宿郡 *まひる 鹿児島県種子島・屋久島 *まひるま 沖縄県国頭郡 *まひんま 鹿児島県奄美大島・加計呂麻島・喜界島 *まふぃる 沖縄県首里市・那覇市 *めし 香川県豊島「もうめしじゃろがいの」

しょうじ【障子】 *あかい 沖縄県 *あかいさんばしり・あかいさんばしる 沖縄県首里 *あかり 沖縄県石垣島 *あっかい 沖縄県伊江島 *さま 山形県「さまはりがみ（障子紙）」「十月にさま張らぬ

人に金貸すな」 ＊しょーじまど 山形県北村山郡 ＊すでぃ 沖縄県与那国島 ＊そーじやどぅ 沖縄県黒島 ＊はーり 沖縄県新城島 ＊まど 山形県
→としょうじ（戸障子）

しょうじき【正直】 ＊こくめ 奈良県宇陀郡 ＊こくめー 愛知県知多郡「こくめーな人」 奈良県 和歌山県西牟婁郡 広島県 ＊さっこー・さっこん 岡山県苫田郡「ぶつぶつくじばーくらずにさっこーにわしの言うことー聞けー」 ＊じってー 静岡県志太郡 和歌山市「じっていな人やけど知恵が足らん」 島根県石見 ＊しょーと 島根県出雲「しょーとな人」 ＊じんじょ 秋田県平鹿郡 ＊ちょく 香川県 ＊どく 鹿児島県 ＊ほんしき 島根県「ほんとにほんしきな子じゃ」 山口県・豊浦郡 ＊まーじむ・まじむ 沖縄県首里 ＊まくとぅ 沖縄県首里「まくとぅなむん（律儀者）」 ＊まごー 岩手県上閉伊郡 ＊まってー 富山県 ＊まっぽー 山形県東田川郡 兵庫県淡路島 ＊まて 山形県西田川郡・米沢市 新潟県佐渡・西頸城郡 富山県・富山市近在・東礪波郡 山梨県・北巨摩郡・南巨摩郡「あんなまてな男は少い」 長野県 岐阜県武儀郡 ＊まてー 宮城県仙台市 山形県米沢市 新潟県佐渡・東蒲原郡 長野県北安曇郡・下伊那郡 長崎県対馬・壱岐島 ＊ろく 島根県邑智郡「ろくな人」
→そっちょく（率直）

□な人 ＊いーがいもん 高知県幡多郡 ＊いちがいもの 高知県幡多郡 ＊きんきち 福岡県京都郡 ＊けっこーじん 山形県 群馬県邑楽郡 富山県砺波 石川県金沢市・珠洲郡 大阪市 兵庫県加古郡・淡路島「結構人も阿呆の内」 和歌山県「あの人はけっこうじんやさか」 山口県 徳島県「あんなけっこーじんはない」 福岡市 長崎県壱岐島 ＊しょーとーもん・じょーとーもん（まじめで正直な人）長崎県対馬 ＊にょほーもの 福岡県 ＊ひとはうちぬき 福岡市 ＊ふーがじん 熊本県天草郡 ＊ほとけ 香川県三豊郡 ＊ほとけさま 新潟県佐渡 長崎県対馬 ＊ほとけさん 新潟県佐渡 ＊まーじむ・まじむ 沖縄県首里 ＊まっとーじん 熊本県天草郡 ＊まっとーばー 沖縄県首里 ＊まんしょー 大分県大分郡

しょうじょ【少女】 ＊あーま（女性語） 東京都新島 ＊あうねー 岐阜県飛驒 ＊あにやん 新潟県佐渡 ＊あね 青森県津軽（敬称） 秋田市（敬称） 山形県 新潟県・佐渡 岐阜県飛驒 三重県名張市・度会郡 島根県隠岐島 長崎県五島 ＊あねー 秋田県平鹿郡 山梨県 岐阜県飛驒 ＊あねーさま 岩手県九戸郡 ＊あねき 和歌山県伊都郡 ＊あねこ 青森県 岩手県（下輩の若い女） 宮城県（やや卑称） 秋田県（中流以下の娘） 山形県 福島県福島市・相馬郡（卑語） 新潟県佐渡（三十代以下の女をやや侮る語）・東蒲原郡 ＊あねご 徳島県 ＊あねさ 岩手県九戸郡・気仙郡（親しんで呼ぶ） 福島県東白川郡 新潟県西蒲原郡・中頸城郡 ＊あねさま 青森県南津軽郡・三戸郡（中流以上の娘の称） 栃木県塩谷郡 千葉県東葛飾郡 新潟県東蒲原郡 石川県珠洲郡 ＊あねさん 三重県志摩郡 島根県安濃郡・邇摩郡・隠岐島（敬称） 熊本県球磨郡 ＊あねそん（軽い敬称） 新潟市 ＊あねちゃ 青森県南部 秋田県北秋田郡 山形県東田川郡 ＊あねちゃん 宮城県石巻 ＊あねっこ 岩手県 長野県上田・佐久 ＊あねどん 熊本県球磨郡 ＊あねはん 徳島県 ＊あねま 新潟県新潟市（軽い敬称）・東蒲原郡 富山県下新川郡 石川県河北郡 岐阜県郡上郡（中流） ＊あねら・あねんこ 三重県志摩郡 ＊あま 山形県西田川郡 東京都大島・利島 石川県能美郡 福井県大野郡 長野県上田・諏訪 愛知県名古屋市（下流の子を言う） 三重県志摩・南牟婁郡（自分の女児を呼ぶ称） 滋賀県伊香郡（中流以下の子を言う） 奈良県 和歌山県 高知県（下流の語） 大分県大分郡 ＊あまー 三重県志摩郡 ＊あまこ 山形県西田川郡 神奈川県足柄上郡 三重県志摩郡 高知県安芸郡 ＊あまっこ 群馬県利根郡 千葉県安房郡 東京都八王子・大島 神奈川県三浦郡・津久井郡 長野県上田・佐久 静岡県 ＊あまっち 長野県上田 ＊あまっちゃく 長野県長野市・上水内郡 ＊あまっちょ 栃木県 埼玉県秩父郡 千葉県安房郡 東京都八王子・大島 神奈川県横浜市・津久井郡 長野県 静岡県田方郡 愛知県名古屋市 和歌山県 高知県吾川郡 ＊あまっちょー（親しんで言う） 静岡県 ＊あまつぶれ 山形県庄内 ＊あまのこ 三重県南牟婁郡 和歌山県海草郡・日高郡 ＊あまのせがれ 和歌山県那賀郡・有田郡「あまのせがれの癖にえらさうにするな」 ＊あまのへた 和歌山県伊都郡 ＊あんぐわー 沖縄県首里 ＊あんにゃ 富山県高岡市 石川県江沼郡・河北郡（一人称。下流の語） 福井県 ＊あんにゃま 石川県 ＊あんね 新潟県中越 富山市近在（主に中流以下） 山梨県 鹿児島県屋久島（名前に付けて「……あんね」と呼ぶ） ＊あんねー 埼玉県秩父郡（やや軽んじて言う） 富山県高岡市（多く下品な言い方） 三重県志摩郡 ＊あんねーじょ 山梨県 ＊あんねさん（敬称） 熊本県天草郡 ＊あんま 石川県河北郡・鹿島郡 ＊あんまー 静岡県 ＊うぃなぐわらび 沖縄県首里 ＊うなーらび 鹿児島県喜界島 ＊おーばこ（中流上の幼女） 富山市近在 ＊おさま 高知県 ＊おしゃんぺら 岐阜県吉城郡 ＊おじょ 千葉県安房郡 ＊おじょー 滋賀県彦根 鳥取市 香川県大川郡 ＊おなごわらし 北海道松前郡 岩手県上閉伊郡・気仙郡 山形県 ＊おば 島根県隠岐島 ＊おばこ 秋田県仙北郡・平鹿郡 新潟県東蒲原郡 ＊おばさ 新潟県東蒲原郡 ＊おも 三重県伊賀・阿山郡 ＊おんば 三重県志摩郡 ＊おんばこ 愛媛県大三島 ＊こじょ 三重県 京都府竹野郡 愛媛県 ＊こじょー 岐阜県養老郡 愛媛県周桑郡 ＊こじょさん 三重県伊勢・伊賀 兵庫県但馬 島根県出雲 ＊こじょん 愛媛県松山市 ＊こび 福井県遠敷郡 岐阜県 三重県南牟婁郡 ＊こびー 長野県下伊那郡 滋賀県高島郡 ＊こびっち

ょ長野県南部 *こびんちゃく香川県与島 *こべ石川県鳳至郡 *こぼ長野県諏訪 *こぼー栃木県河内郡　高知市「こぼーさん」 *こめろ石川県能美郡　大阪市「このこめろめが」　兵庫県西宮市　大分県宇佐郡 *こめろー茨城県多賀郡 *こめんちゃ石川県能美郡 *さま高知県 *さまさま徳島県美馬郡 *しじみ・しじめ（成人女性の陰部をハマグリと言うのに対し、少女のそれをシジミ貝と言うところから）島根県美濃郡・益田市 *しびたーれ・しびたい鳥取県西伯郡 *しびたれ鳥取県西伯郡　島根県簸川郡 *しびたれあま奈良県吉野郡 *しゃば富山県 *じゃべ山形県庄内　新潟県 *しゃべこ山形県庄内 *じゃんべ秋田県南秋田郡・由利郡　山形県飽海郡 *じょ山形県東田川郡 *じょー秋田県平鹿郡　山形県最上郡　福井県今立郡　岐阜県郡上郡　兵庫県氷上郡　愛媛県周桑郡・松山「じょうや、ここへおいで」 *じょーさん千葉県上総　大分県速見郡 *じょーじょー新潟県中越・長岡市 *じょーじょー新潟県三島郡 *じょこ青森県三戸郡（寺の娘）　秋田県平鹿郡　新潟県佐渡　滋賀県蒲生郡・犬上郡　京都府竹野郡　大分県西国東郡 *じょこさん鳥取県西伯郡　島根県出雲 *じょっこ秋田県　山形県 *じょっこさま千葉県長生郡 *じょっちゃん大分県大分郡 *じょっちょ秋田県河辺郡 *じょっぺ山形県東田川郡 *しょっべー福島県会津 *じょぺ山形県庄内 *じょべーさん鳥取市 *じょん滋賀県神崎郡　京都府竹野郡　兵庫県但馬　愛媛県・伊予郡　熊本県天草郡 *じょんこ兵庫県但馬・城崎郡　島根県隠岐島　愛媛県 *じょんこさん・じょんさん兵庫県但馬 *じょんべ秋田県河辺郡 *じょんべー鳥取県気高郡・岩美郡 *たー石川県 *たんぼ・たぼさ・たーこ・たんこ石川県鹿島郡 *たーさま石川県河北郡 *たーた富山県「たーた、はい来られ」　石川県 *たーぼ富山県　石川県 *たーぼー富山県砺波 *たーま富山県砺波　石川県金沢市 *たた・たんち石川県 *ねー長野県下水内郡　静岡県磐田郡　奈良県吉野郡 *ま福井県南条郡 *まー滋賀県滋賀郡・高島郡 *みやらび沖縄県首里・石垣島 *めーるび・みやるび沖縄県石垣島 *めーらび鹿児島県喜界島　沖縄県八重山 *めし滋賀県坂田郡・東浅井郡 *めしら長崎県壱岐島 *めす山口県（ののしって言う）　福岡県粕屋郡 *めならえ東京都八丈島 *めならべ東京都八丈島 *めらし青森県　岩手県　秋田県　山形県 *めらしこ青森県津軽　山形県南村山郡・米沢市 *めらび鹿児島県奄美大島 *んじょ山形県東田川郡 *んね（名前に付けて「……んね」と呼ぶ）鹿児島県屋久島

→おとめ（乙女）・おんなのこ（女子）

しょうしょく【少食】 *えぼそい新潟県佐渡 *くちぎれー福岡市 *こぐい新潟県佐渡

しょうしん【小心】 *いんじゅー島根県石見「いんじゅーもん」 *おすば愛知県知多郡 *おすんば静岡県 *おすんばー静岡県小笠郡・磐田郡 *きときと香川県仲多度郡「そなんきときとしとってもしようがない」 *きむぐまさーん沖縄県石垣島 *きもがこまい島根県　岡山県児島郡 *きもがほそい島根県 *きもがわり島根県出雲 *こじゅー岩手県九戸郡　山形県米沢市・東置賜郡「こじゅーな奴」 *こちゅー新潟県佐渡 *こちょ新潟県佐渡・岩船郡「気がこちょ（小さい）」 *こみち宮城県石巻「こみちにすて貯めたすんしょ（身上）だ」　秋田県河辺郡「つねにこみちだから小金をたぐはへた」 *こみつ新潟県佐渡「こみつの男だ」 *すばり山梨県南巨摩郡「この子は他へ行くとすばりで困る」　静岡県磐田郡 *すわり山梨県南巨摩郡「このかー（子は）えー（家）じゃあ元気がよいどーがよそい行けばすわりで困る」　長野県下伊那郡 *すんばー静岡県磐田郡 *だくな新潟県 *ちどこき新潟県岩船郡 *ちょぴちょぴ山形県米沢市 *ちんちんぎも島根県大田市 *ひけしか佐賀県三養基郡 *ひけらしか熊本県玉名郡 *へちごへー新潟県岩船郡

→おくびょう（臆病）

しょうしんもの【小心者】 *おくびょーくされ宮城県登米郡 *おくびょーたかり宮城県栗原郡・仙台市　山形県　新潟県東蒲原郡 *おくびょーたれ和歌山県日高郡　愛媛県　大分県 *おくびょーたろー・おくびょーたん大分県 *おくびょたかり福島県相馬郡・東白川郡 *おくびょったかり栃木県　千葉県東葛飾郡 *おくぼとーれ大分県大分郡 *おじけ和歌山県那賀郡・西牟婁郡 *おじけもん島根県出雲市 *がしんたれ大阪府大阪市・泉北郡 *がしんだれ京都府宇治郡 *きごま愛媛県大三島 *きむぐまーむぬ沖縄県西表島 *きもこま大分県別府市 *きもほそ島根県「この子はきもほそで困る」　大分県大分市・別府市 *きもぼそ島根県出雲 *きもわるし鳥取県西伯郡 *けつぼそ島根県大田市 *けつぽそ青森県上北郡 *せせんのきんたま熊本県天草郡 *ちむぐーむん沖縄県首里

→「おくびょう（臆病）」の子見出し、「臆病な人」・おくびょうもの（臆病者）

じょうず【上手】 *いっぽんやり宮城県仙台市 *うまいちょー・うまいちょこ香川県大川郡「うまいちょうしまいだ（しなさいよ）」 *えーがい香川県「ええがいに書けよるぞ」 *えーしこー・えしこ島根県「えしこに作った」 *えしこー島根県仁多郡 *えらきち長崎県対馬 *こーへー島根県美濃郡・益田市「こーへーに輪を回す」 *こっぺー山梨県南巨摩郡　岡山県 *さっきやく香川県仲多度郡 *じょ秋田県平鹿郡「あの人は手工じょだ」 *じょー秋田県雄勝郡 *じょーずぐ静岡県 *じょーん静岡県「おまはん、じょーんだのー」　高知県安芸郡 *じょん岩手県気仙郡　宮城県「随分字がぢょんたね」　秋田県平鹿郡・雄勝郡　山形県「細工のじょんだ人だった」　福島市　石川県能美

郡「じょんな人」 *まげ 島根県 *りんま 福井県足羽郡 *れんま 徳島県海部郡「舟こがしたられんまじゃ」

→うまい（旨）②

□だ *うまくさい 和歌山県海草郡・那賀郡 *うまらい 愛媛県南宇和郡「うまらく書けた」 *うまらしか 長崎県五島「うまらしか金儲けたい(うまい金儲けであるよ)」 *うまろいか 長崎県五島 *うまろーしー 大分県北海部郡 *へらこい 徳島県 *もろい 和歌山県那賀郡「あの人着物縫うのにもろい」

□に *あいじょ 徳島県「あいじょ言うといてつかはれ(よろしく言っておいて下さい)」 *あいじょー・あじょー 徳島県「あいじょうに」 *あじよー・あじよく 和歌山県 *あっじょ 兵庫県加古郡 香川県「あっじょと」「あっじょに」 *あっじょこ 香川県綾歌郡「あっじょこに」 *あんじょ 福井県敦賀郡 三重県伊賀「あんじょと」 滋賀県 大阪府大阪市・泉北郡 兵庫県淡路島・加古郡 奈良県「あんじょしといたるさかいに心配するなよ」 和歌山県 香川県 *あんじょい 和歌山県「あんじょいする」 *あんじょー 新潟県佐渡 富山県高岡市 福井県「あんじょー片付けといてよ」 岐阜県飛騨 三重県「あんじょーと」 滋賀県 京都府 大阪府 兵庫県 奈良県 和歌山県 徳島県「あんじょーに」 香川県 *あんじよー 三重県志摩郡 京都府宇治郡 奈良県吉野郡「用事もあんじよーすんだかぞ」 島根県石見「箱の組方をあんじよーにやってくれー」 岡山市「ここを直したら、あんじようなった」 *あんじょーよく 兵庫県赤穂郡 *あんじょよー 福井県大野郡 *あんばい 三重県名賀郡「あんばい礼言うといてえや、こんなにようけもうてな」 京都市 大阪府大阪市「あんばい云ふて物もあげたので喜んで帰(い)にやはりました」・泉北郡 兵庫県明石郡・神戸市 奈良県南大和「あんばいおせる(よくわかる様に教える)」 和歌山県和歌山市・那賀郡 徳島県海部郡「あんばいやれよ」 *あんぱい 奈良県吉野郡「あんぱい見いさ(よく御覧)」 *あんばいよー 岐阜県郡上郡 三重県志摩郡・度会郡 滋賀県犬上郡「こいつにちょっとあんばいよーひとかんと(この娘にちょっと具合よくしておかないと)」 兵庫県「誰々にあんばいよーいかれてしもた(してやられた)」 徳島県板野郡「あんばいよー降るない(ちょうどよい具合に降るねえ)」 香川県「あんばいよーに」 *あんばいよーらと 富山県砺波 *あんばいよく 徳島県 *あんばよ 和歌山県・伊都郡 *あんばよー 福井県遠敷郡・大飯郡「あんばよーしときなよ」 岐阜県「仕事もっとあんばよーせにゃだしかん(じょうずにしなくちゃだめだ)」 愛知県名古屋市「先方の娘さんの方へは私からあんばよう話します」 三重県北牟婁郡「ほっちらかさんとあんばよーしとけいー(きちんとしておきなさいね)」 滋賀県 京都府 兵庫県赤穂郡 奈良県宇陀郡 和歌山県 岡山県「あんばよー掃除する(きれいに掃除する)」 香川県 *あんびょ 和歌山県東牟婁郡 *あんびょー 三重県北牟婁郡 *あんびよー 福井県遠敷郡 *あんべよー 岐阜県養老郡 *あんよー 三重県志摩郡 *いよって 佐賀県東松浦郡「盆踊りもおだまいよってやりゃえんじゃりょったないどん(私がうまくすればよいのですが)」 *おべべに(幼児語)愛媛県周桑郡「おべべにおすはりなさいよ」 *ねっこっと 石川県鹿島郡 *やんばぐ 静岡県 *やんばよー 岐阜県稲葉郡・加茂郡 *やんべー・やんびゅー 新潟県佐渡「やんべー火を見ておけ」「やんびゅーしまっておけ」

じょうぜつ【饒舌】 *ちゃべこべ 茨城県 岡山県和気郡 *つーぞ 福岡県三井郡「つーぞまく(おしゃべりする)」 熊本県玉名郡 *ばいばい・ばーばー・ばやばや 長崎県壱岐島 *はぼ 福井県「はぼをたたく(大言する)」 *べんちゃら 岩手県気仙郡 山形県 富山県富山市「べんちゃらな奴だね。やかましい」・砺波 高知県 長崎県南高来郡 熊本県・玉名郡 大分県大分市・大分郡

→おしゃべり（御喋）

□な人 *あごむき 富山市近在 *あぼしゃー・あぼし 沖縄県首里 *あひゃー 沖縄県与那国島 *うだいー 山口県笠戸島 *かたいばっ 鹿児島県肝属郡 *ぐたまつ・ぐんだろ・ぐたへー 徳島県 *ぐだまつ 徳島県 香川県大川郡 *ぐだやま 香川県大川郡 *ぐだろー 徳島県 香川県大川郡 *こーじょーかん 長崎県対馬 *ちゃわんかご 島根県簸川郡・出雲市 *つばきん(「つば」は唇の意) 長崎県南高来郡 *つばくら 群馬県勢多郡・前橋市 山梨県南巨摩郡 *つばくろ 大分県大分郡 *つばじゅー(「つば」は唇の意) 長崎県西彼杵郡 *つばすけ(「つば」は唇の意) 徳島県美馬郡 *つばたたき(「つば」は唇の意) 熊本県菊池郡・玉名郡 *つばつるぎ(「つば」は唇の意。女性) 長崎県壱岐島 *つばめ 静岡県川根 熊本県 *とろじかたり 青森県北津軽郡 *とわずがたり 島根県鹿足郡 *べんたち 愛媛県・大三島 *べんたつ 愛媛県・大三島 高知県 *べんちゃら 岩手県気仙郡 山形県 富山県富山市「べんちゃらな奴だね。やかましい」・砺波 高知県 長崎県南高来郡 熊本県・玉名郡 大分県大分市・大分郡 *やかましや 三重県名賀郡 *ゆんたかー 沖縄県島尻郡 *ゆんたくー 沖縄県首里

じょうだん【冗談】 *あいぞ 愛媛県南宇和郡・中島「あいぞかれ(冗談言うな、とっ拍子もないことを言うな)」 *あじゃら 宮城県栗原郡・仙台市 兵庫県淡路島 *あばくち 岐阜県飛騨「あばくちきく」 *あばけ 山形県米沢市「あばげにゆった(言った)」 長野県東筑摩郡 愛知県宝飯郡 *あばけっこ 長野県佐久 *いーくさ 島根県出雲「いい

くさえっては(言っては)こげして朝間からお茶飲んじょうましわ」 *いーぐさ 徳島県「いいぐさ言うな」 *いたらんこと 福岡県粕屋郡 *うだうだ 滋賀県蒲生郡 奈良県南大和 *うだつき 兵庫県加古郡 *うっぱんぽー 熊本県八代郡 *おだ 栃木県 愛知県名古屋市 岡山県苫田郡「まあ、おだばあいんさる(冗談ばかりおっしゃる)」 *おたくら 群馬県勢多郡 新潟県 長野県 *おたたら 静岡県浜松市 *おたらく 長野県 *おたれこ・たれこ 長野県佐久 *おちけ 島根県隠岐島 *おどけ 青森県三戸郡「おどけは、ほんとになる」 岩手県上閉伊郡「おどげでしたから堪忍しろ」・気仙郡「おどげかだる」 宮城県栗原郡・仙台市 山形県 福島県 新潟県 岐阜県北飛驒 兵庫県神戸市 奈良県 和歌山県 *おひゃら 岐阜県恵那郡 *おひゃらく 長野県中部 *かすくち 群馬県邑楽郡「かすくちをはたく」 山梨県南巨摩郡「かすくちをきく」 *かすっくち 山梨県・南巨摩郡 *きがらく 新潟県佐渡 *ぎっと 新潟県刈羽郡 *ぐだ 新潟県西頸城郡 *ぐなし 群馬県利根郡 *くやく 香川県木田郡 *こか 三重県志摩郡「こかを言う」 *ごじゃ 兵庫県佐用郡「ごじゃばっかりゆーてじゃ」・加古郡 岡山県苫田郡 香川県 *ごじゃごじゃ 岡山県上房郡・吉備郡 *ごじゃっぺ 栃木県河内郡 *ごじゃはげ 香川県 *ごんぼ 静岡県磐田郡 愛知県北設楽郡「ごんぼ言う」 *ごんぼー 静岡県磐田郡 *されごと 広島県高田郡 *じな 島根県大原郡 岡山県小田郡 *じなくそ 鳥取県西伯郡 島根県出雲「よも、よも、そげなじなくそがえわれて、えことだ(よくも、まあ、そんなばか話が言われてよいことだ)」 岡山県 広島県 *じなばなし 島根県大原郡 *じにゃくそ 鳥取県西伯郡 *しゃが 兵庫県淡路島 徳島県「しゃが言うたってあかん」 *じゃけ 石川県鹿島郡 *じゃけら 岐阜県「じゃけら言ってばっかおって」 愛知県名古屋市・知多郡 *じゃら 滋賀県神崎郡 兵庫県淡路島「じゃらと(戯れに)」 岡山県 徳島県「じゃらすな」 香川県綾歌郡・小豆島 愛媛県 長崎県対馬 *じゃらー 香川県与島 *じゃらくそ 島根県邇摩郡 *じゃらけ 三重県 *じゃらこ 兵庫県神戸市 *じゃらこと 富山県砺波「小遣いやろかなんかじゃらことにもいわん(冗談にも言わない)」 *じゃらじゃら 奈良県「じゃらじゃらゆー(冗談を言う)」 香川県 愛媛県周桑郡 *じゃらわせ 栃木県那須郡 *じゃれ 広島県比婆郡 *じゃれごと 岐阜県大野郡 *じゃんぽ 山口県大島 *じょけ 愛媛県西宇和郡 *じょんから 青森県津軽 新潟県佐渡 *じんから 青森県津軽 *ぞーたん 島根県大田市 山口県豊浦郡「ぞーたんいふな」 愛媛県 長崎県・壱岐島 熊本県 *ぞーだん 島根県邇摩郡 長崎県南高来郡 *ぞった 三重県志摩郡 *たーこと 群馬県 *たーまー 広島県芦品郡 *だぼ 千葉県東葛飾郡「だぼこく」 長野県上田・佐久「だぼいうな」 *ちぇんご 鹿児島県 *ちゃら 茨城県稲敷郡 群馬県邑楽郡 埼玉県秩父郡 神奈川県津久井郡 山梨県・南巨摩郡「あの男はちゃらばかり言ってゐる」 静岡県田方郡 岡山県「あいつはちゃらばあ言うておえん」 *てーふぁ 沖縄県首里・石垣島 *てちんご 鹿児島県 *てらこ 香川県 *てんぐぐち 京都府 *てんご 京都「そんなてんごゆわんといてんか」 奈良県 徳島県 香川県 *てんごー 鳥取県 島根県石見 香川県 宮崎県西臼杵郡 *てんごぐち 奈良県南大和 *とーこと 徳島県「とーこと言うな」 宮崎県西臼杵郡 *どーら 島根県隠岐島「どーらするな」 *どごと 富山県東礪波郡「とごとばっか言うてだら(ばか)なやつじゃ」 *とっぴょこりん 茨城県 *とっぴょこれ 栃木県上都賀郡「とっぴょこれ言ふな」・下都賀郡 *どべら 新潟県佐渡 *とんぱく 兵庫県淡路島「何某はよくとんぱくを言ふ」 *とんぴょくりん 山梨県・南巨摩郡 *とんぴょくりんどー 山梨県南巨摩郡 *なま 島根県鹿足郡 *なまこ 青森県 *なまじゃれ 石川県珠洲郡 *なまっこ 青森県南部 *はざぐれ 宮崎県西諸県郡・西臼杵郡 *ぱなんぎむに 沖縄県石垣島 *はらぐい 鹿児島県 *はらぐり 熊本県芦北郡 宮崎県宮崎市「はらぐりする(遊ぶ)」・東諸県郡 鹿児島県鹿児島市・肝属郡 *はらぐれ 鹿児島県・大隅「はらぐれをすっ」 *ひゃっけ 香川県三豊郡「ひゃっけ言いますな」 *ひょーきん 大阪府泉北郡 *ひょーきんだま 滋賀県蒲生郡 *ひょーげ 徳島県阿波郡 *ひょーしゃく 石川県鹿島郡 *ひょーはく 岩手県気仙郡 奈良県 *ひょーひゃく 群馬県勢多郡 富山県「ひょーひゃくゆー」 石川県 福井県敦賀郡 長野県 滋賀県 京都府竹野郡 奈良県 和歌山県那賀郡・日高郡 鳥取県東部 岡山県上房郡 徳島県「人の言うことはひょーひゃくに聞くな」 香川県 愛媛県・大三島 長崎県対馬 *ひょーやく 新潟県糸魚川市 富山県下新川郡 石川県 奈良県 岡山県・吉備郡 広島県 徳島県那賀郡 香川県伊吹島 高知県長岡郡 *ひょーろく 新潟県佐渡「あいつはひょうろくゆうておかしかった」 山口県・玖珂郡 *へーろく 石川県「へーろくな」 *へらずぐち・へらぐち・へらじ・へらって 新潟県佐渡 *ほーけー 山口県大島・防府市 *ぽじゃ 岡山県吉備郡 *ほっぱ 高知県幡多郡 *ほててんご 徳島県美馬郡 香川県木田郡 *ほでてんご 大阪市 *ほててんごのかわ 香川県 *みがらく 新潟県佐渡 *やくた 岩手県上閉伊郡 *やくたい 岩手県気仙郡 *やくと 青森県 岩手県 秋田県「そりゃやくとだ」 山形県 岐阜県飛驒 *やこと 秋田県平鹿郡 *ゆいぐさ 和歌山県東牟婁郡 *よーまー 広島県 *よーまつ 広島県中部・比婆郡「よーまつこき」 *わえさ 青森県津軽 *わっさ・わっつぁ 岩手県気仙郡 *わや 岐阜県恵那郡 *わやき 熊本県菊池郡 *わやく 石川県 愛知県南設楽郡 三重県伊勢「わやくしなはる」 島根県石見 岡山県苫田郡「刃ものをふりまわして遊びょうるが、わやくじゃすまんで」 山口県「そんなわやくをいうな」 福岡県小倉市・久留米市 熊本県下益城郡 大分県南海部郡「へー、わやくよ」 宮崎県 鹿児島県・喜界島・肝属郡（ひょうきんなこと） *わらく 鹿児島県鹿児島郡 *われさ 青森県

しょうにん【商人】 *あきんどにん 新潟県佐渡 *おかんもん 長崎県西彼杵郡 *おっかけ 島根県仁多郡・能義郡 *たにんさま 栃木県 *もーと 高知県高岡郡

しょうばい【商売】 *しょーほー 富山県砺波 愛知県名古屋市「職人では金ができぬが商法は羨しい」 京都市 和歌山市「御しょーほーは何ですか」 愛媛県松山 *しょーほーぎ 山梨県 *てたき 島根県石見

じょうひん【上品】 *うだしー 三重県名賀郡「うだしい顔」「うだしい人」 *こーふ 愛媛県 *こふ 香川県「このオーバ、あんたにはちょっとこふなな」 *こふー 島根県 *だいつー 岐阜県郡上郡 *べんこー 愛知県奥設楽 *ゆーちょー 愛媛県越智郡

じょうぶ【上部】 *うえつら 三重県南牟婁郡 香川県綾歌郡 *うわ 長野県上伊那郡 岡山市 *わっぱ 千葉県東葛飾郡
→うえ（上）

じょうぶ【丈夫】 *かーい 和歌山県東牟婁郡 *がーつ・がた 新潟県刈羽郡 *かい 奈良県吉野郡 *がい 新潟県「しぇめて五年もがいだばよかったどもはー、にわかに死んしもたが（死んでしまいましたよ）」「がいなかばんだ」 富山県下新川郡 三重県志摩郡 京都府 兵庫県明石郡 奈良県吉野郡 和歌山県 鳥取県気高郡・岩美郡 島根県「せいは低いが、がいな人だ」 岡山県「あの男は一升飲んでけろっとしとる。がいなもんじゃ」 広島県 徳島県「主人が死んでも、がいにかかれば出来るもんじゃ」 香川県「あいつ、がいなんぞ」 愛媛県 *がえー 岡山県苫田郡・上道郡 *がくど 山形県「俺家の子供はがぐどで困る」「がぐどにつくる」 *がくどー 山形県米沢市 *かたかた 岩手県気仙郡「かだかだとしたがきっこだ」 宮城県石巻・仙台市「すっかりかたかたとならして結構でござりす」 山形県「からだつきがかたかたして来た」 栃木県中部 *がっちょー 新潟県 *がっちょーぶ 静岡県 *がっと 新潟県「ここ、もっとがっとね、しばりなえ」「がっとにしばる」 *かっとー 沖縄県石垣島 *かとー 沖縄県首里 *がとー 山形県「随分がどーな作りだ」「がどーにこしゃた（作った）」 栃木県 群馬県佐波郡 新潟県岩船郡・西蒲原郡 *がとーき 神奈川県 *かんぎょー 香川県高松市 *がんこ 石川県 静岡県「この子はがんこである」・榛原郡 *がんこー 山梨県南巨摩郡「体ががんこーどーでよい」 *がんごー 静岡県 *ぎゃ 長崎県五島「ぎゃにある（力の強い）」 *ぎゃー 埼玉県入間郡 新潟県佐渡 兵庫県但馬 岡山県備中北部 宮崎県西臼杵郡 *げー 山形県庄内「げーもんだ」 群馬県 新潟県 富山県「げーなやつ」 長野県 大分県玖珠郡 *げーっちょ 新潟県中頸城郡 *ごーせー 山形県東置賜郡・西田川郡 *ごーてき 三重県名張市 *ごせ 秋田県雄勝郡「ごせだ体で善い」 *じみ 岩手県胆沢郡・気仙郡「足ぁじみだ」「じみな布」 宮城県「いつ見てもおぢみなこと」 福島県「えつも（いつも）じみで良えなえ」 *じみじみ 宮城県仙台市「なんつぢみぢみとしさったおぼこでがすぺ」 *じゅーたく 大分県日田郡「ぢゅーたくな子供」 *じょーぶく 奈良県南大和 *じょーぶんじょーぶん 宮城県仙台市「ぢょーぶんぢょーぶんしたおぼこであらさった」 *ぬんごーさ 沖縄県石垣島 *ばんざく 岩手県気仙郡「ばんざくな細工」「ばんざくなわらし」 *ぶたご 岡山県浅口郡 *まめさげ 島根県出雲「まめさげな身体をしちょー」 *まんご 栃木県栃木市・安蘇郡「まんごだ」 *みしみし 茨城県稲敷郡 *みっちり・みっしり 茨城県稲敷郡 *みっちと・みっつと 宮城県石巻「みっつとした男の人だ」
→たっしゃ（達者）

□だ *いしこい 岩手県気仙郡「いしこいがぎだ（じょうぶな子供だ）」 福島県相馬郡 兵庫県加古郡 *がっちょい 富山県・富山市近在 *がんじゅけ 鹿児島県・肝属郡「あたいげんた、がんじゅけむんぢゃで（私の家は頑丈なものだから）」 *がんじょい 富山県「がんじょい女だ」 *きしか 鹿児島県・肝属郡 *きち 秋田県鹿角郡 鹿児島県 *きつい 秋田県鹿角郡「きつくて居ます（達者でいます）」 岐阜県「風邪一つひかんが、きつい人じゃ」 *きっつい 富山県砺波 *ごつい 福井県「ごつい風でいかい松の木が二本もこけた」 長野県佐久 滋賀県蒲生郡・高島郡 京都府 大阪市 島根県石見・隠岐島「ごつい男」 岡山県備中 広島県比婆郡・高田郡 山口県 徳

方/言/の/窓

●魚の名前の地域差

渋沢敬三『日本魚名集覧』などを参考にいくつかの魚の方言の分布を見ると、それぞれの方言形が日本沿岸で一定の分布域をもっていることがよくわかる。

例えば、漁民にとっては怖い魚である「さめ（鮫）」は、東北地方の沿岸でモウカ、北陸から山陰の日本海沿岸ではワニ、九州の西の沿岸と瀬戸内海沿岸でノオソ、九州の東から四国・近畿の太平洋沿岸でフカ、そして東海から関東・東北の太平洋沿岸でサメと呼ばれる。

「因幡の白うさぎ」の絵本で、うさぎがワニ（鰐）の背を渡る絵を見たことがあるが、あの話に登場するワニは「さめ」でなくてはならないのである。

魚名の方言は他の事象と同様に地を這うように伝播していくだけではなく、漁民を介する海上伝播の可能性も考えられる。

島県「彼奴はごつい男じゃ」 香川県・高松市 *ごつい 石川県珠洲郡 *さかしー 福岡県築上郡 長崎県「さかしゅしゃえあれば、よかよう」 熊本県下益城郡「さかしゅうなる(じょうぶになる)」 大分県 宮崎県都城 鹿児島県薩摩 *さかしか 福岡県久留米市・粕屋郡 長崎県南高来郡・壱岐島「さかしか者のくせに働かぬ」 熊本県玉名郡・天草郡 鹿児島県 *さかひか 長崎県五島 *しおらしー 香川県大川郡 *しぼか 長崎県壱岐島「からだがしぼか」 *じょーびー・じゅーびー 大分県大分郡 *じょーぶい 富山県砺波 静岡県榛原郡 愛知県「じょうぶい人だ」 滋賀県彦根 京都府葛野郡 大阪市 *じょーぶんか 熊本県天草郡 *じわつい 石川県石川郡「とーのしゅーはじわついやった(昔の人はじょうぶなものでした)」 *ずない(体が丈夫だ。元気がよい) 山形県東田川郡 長野県北安曇郡「づない子だ」 静岡県志太郡 *ためによい 愛知県名古屋市 兵庫県加古郡 *ためがよい 京都府 徳島県 *ためやいー 奈良県吉野郡 *てしくい(体が丈夫だ) 富山県砺波 *てしこい(体が丈夫だ) 富山県砺波 石川県 愛媛県 *でしこい 石川県能美郡 愛媛県 *てしぶい 徳島県 *どきつい 岐阜県飛騨「何とどきつい人じゃ」

しょうべん【小便】 *いしび・いしぺ 沖縄県小浜島「いしぺーすん(小便する)」 *いばり 島根県益田市 広島県佐伯郡・高田郡 徳島県 香川県 *いびったれ 静岡県榛原郡 *おこーよ・おこよ(女性語) 香川県 *おこよー 香川県(女性語) 大分県中部 *こーよ(女性語) 香川県丸亀市 *こーよー 香川県仲多度郡(女性語) 愛媛県・松山「先生こーよーに行きたい」 *ここ 高知県安芸郡「ここばる(放尿する)」 *こよ(女性語) 山形県東置賜郡 *こよー 群馬県吾妻郡 長野県諏訪・佐久 滋賀県蒲生郡・犬上郡 広島県高田郡・芦品郡 山口県豊浦郡 香川県(女性語) 大分県中部 *さいだれ 福島県南会津郡「さいだれをかる(小便する)」 *じーじ 千葉県印旛郡 *しーばい 沖縄県首里 *しーぱっぱ(幼児語) 和歌山県東牟婁郡 *じじ 長野県北部 島根県「じじをばる(小便をする)」 *じじー 山梨県・南巨摩郡 島根県大原郡・仁多郡「じじーこく(小便をする)」 *じじこ 島根県隠岐島 *じじゅー 島根県邇摩郡「じじゅーする」 *しばい 鹿児島県喜界島 沖縄県国頭郡 *しばり 鹿児島県奄美大島・徳之島・喜界島 沖縄県八重山 *しぱり 沖縄県八重山 *しばる 鹿児島県加計呂麻島 沖縄県鳩間島 *しびん・せべん 鹿児島県 *しべん 宮崎県東諸県郡・都城 鹿児島県・加計呂麻島 *じゃー(音から。幼児語) 新潟県佐渡 *じゃーじゃー(音から。幼児語) 東京都 *じゃんじゃん 熊本県天草郡 *しゅいえ 沖縄県国頭郡 *しゅばい 沖縄県竹富島 *じょっちょ(幼児語) 山形県東置賜郡 *じょんじょん(幼児語) 新潟県佐渡 *しょんべき 愛知県丹羽郡 *じんじ 栃木県河内郡 群馬県多野郡 *すばり 沖縄県石垣島 *すぱり 沖縄県新城島・波照間島 *せべん 鹿児島県 *たんたん(幼児語) 熊本県阿蘇郡 *ちょいちょい 広島県高田郡 *ちょちょ 秋田県平鹿郡 山形県東田川郡(子供の) *ちょっちょ(幼児語) 山形県 *ちょんちょん(幼児語) 富山県砺波 島根県美濃郡・益田市 *とーと(幼児語。また、幼児に排尿させる時の語) 長野県佐久 *とーとー(幼児語。また、幼児に排尿させる時の語) 長野県長野市・上水内郡 静岡県榛原郡 *ととこい(幼児語。また、幼児に排尿させる時の語) 群馬県多野郡 埼玉県秩父郡 *ばり 茨城県「はりをつく」 栃木県 新潟県 富山県砺波 石川県鹿島郡 福井県坂井郡 兵庫県淡路島 島根県 広島県 山口県 徳島県 高知県 大分県宇佐郡・速見郡 *ばりばり(児童語) 広島県山県郡 *ばれ 兵庫県淡路島 *びや 新潟県佐渡 *ゆすばい 沖縄県首里・那覇市 *ゆすぱい 沖縄県宮古島 *よっばり・よっぱり・よばり 東京都八丈島 *よんばり 東京都八丈島 *んべ(幼児語) 山形県庄内

□をする *あかくる 長崎県壱岐島 *うしうーわん(露骨に言うことを避けた一種の隠し言葉) 沖縄県首里 *だべそをぬく 岡山県苫田郡「ちょっと、だべそを抜いてくるワイ」 *ながれる 岐阜県飛騨 *はじく 新潟県北魚沼郡 *はねる 三重県志摩郡「しょんべはねる」 *ばる 福井県坂井郡 島根県 広島県「しょんべんばる」 山口県「小便をばる」 香川県「しょんべんばってくるわ」 愛媛県 高知県・高知市 福岡県田川郡・企救郡 大分県宇佐郡・速見郡 宮崎県日向 *ばれる 愛知県西春日井郡「小便ばれる」 愛媛県 *はろ 東京都利島「しーとをはろ」 *ひんなぐる 岩手県気仙郡 *まる 岐阜県 愛知県「小便をまる」 三重県志摩郡 島根県 福岡県 長崎県 熊本県 大分県南海部郡・日田郡

しょうめつ【消滅】 ⇩なくなる(無)

しょうめん【正面】 *あいむかい 栃木県 群馬県多野郡「あいむかいに座る」 新潟県佐渡・東蒲原郡「私の家と彼の家はあいむかいだ」 広島県高田郡 *たむかい 新潟県 *たんかー 沖縄県首里・石垣島 *たんこー 鹿児島県喜界島 *まーうむてぃ・まーむてぃ 沖縄県石垣島 *まちゅー 島根県美濃郡・益田市「風がまちゅーから吹いて来た」「沖の船がまちゅーに見える」 *まってん 神奈川県高座郡 *まってんすぐ 三重県度会郡 *まっぽら 香川県仲多度郡 *まふ 宮崎県東諸県郡 *まふくら 鹿児島県鹿児島郡 *まほ 島根県大原郡 *まほき 熊本県玉名郡 *まほこ 徳島県「西日をまほこに受ける」・美馬郡 愛媛県・周桑郡「西風がまほこにあたるけん冷たいわい」 高知県 *まほる 島根県大原郡・能義郡 *むけん 富山県 山梨県 *もけんつけ 富山県砺波 →まむかい(真向)

しょうゆ【醤油】 ＊**あかみず** 富山県 ＊**あっぱい・あぱえ**(幼児語。「ああ、しょっぱい」の転) 山形県米沢市 ＊**えんそ** 島根県飯石郡・隠岐島 ＊**おすまし** 愛媛県 鹿児島県 ＊**おつゆ** 香川県 ＊**からい** 三重県伊賀 ＊**しぇー・せ** 福井県大飯郡 ＊**しょんしょん** 福岡県久留米市・八女郡 ＊**すまし** 山形県庄内「すますもぢ(しょうゆ餅)」 福井県 奈良県(花柳界の語) 香川県三豊郡 愛媛県・今治市・周桑郡 鹿児島県 ＊**たまり** 宮城県仙台市 山形県 福島県 千葉県山武郡 新潟県中頸城郡 長野県 岐阜県飛騨・大垣市 静岡県 愛知県名古屋市・尾張 三重県 京都府 大阪市 奈良県 ＊**たんまり** 山形県北村山郡

じょうりゅう【上流】 ＊**いっつまり** 秋田県由利郡 ＊**うーがっち** 福島県南会津郡 ＊**うら・うらっぽー・うれ** 静岡県周智郡 ＊**おき** 東京都西多摩郡 ＊**おく** 石川県能美郡 静岡県榛原郡「奥へ行って来る」 奈良県吉野郡 ＊**おっぴらき** 福島県南会津郡 ＊**かした** 鹿児島県鹿児島郡・肝属郡 ＊**かしら** 石川県珠洲郡「ダムのちょっとかしらやと」 島根県「橋のかしらに乞食が住んどる」 岡山県真庭郡 ＊**かっしゃ** 宮城県栗原郡「当地で言うなら荒町はかっしゃである」 山形県最上郡・北村山郡「かっしゃがらながってきたんだ(上の方から流れて来たのだ)」 ＊**かっち** 北海道 青森県 岩手県 宮城県栗原郡 秋田県 山形県 福島県耶麻郡 新潟県岩船郡・北蒲原郡 ＊**かっちさわ** 新潟県岩船郡 ＊**かっつ** 岩手県・和賀郡 ＊**かまち** 福島県中通「かまちを止めて水が少しも来ぬ」 茨城県稲敷郡・久慈郡 ＊**かまて** 富山県砺波 ＊**かみかた** 岐阜県飛騨 ＊**かわち** 山形県飽海郡 ＊**こーち** 新潟県北魚沼郡 ＊**さわがっち** 福島県南会津郡 新潟県北蒲原郡 ＊**つめ** 新潟県中頸城郡 ＊**みずかみ・みずもと** 山形県飽海郡 →かわかみ(川上)

しょうりょう【少量】 ＊**なからーま** 沖縄県石垣島 ＊**はがすみ** 富山市近在 ＊**ぶん** 岩手県気仙郡「けちだな、このぶんしかくれないのか」 ＊**ぶんこ** 岩手県「あのぶんこ」「あのぶんこばりもってきていばっている」「たったこのぶんこでは、貰っても何にもならない」「おれにもぶんこでええからくれろや」 ＊**ゆびくそ** 広島県倉橋島 →すこし(少)・わずか(僅)

ごく□ ＊**ちっとこば・ちっとこばー・ちょっとこば・ちょっとばい** 徳島県「ちっとこばぁ上げるのもいかんし」 ＊**ちびくさ** 和歌山県日高郡 ＊**ちびくそ** 新潟県佐渡 和歌山県・那賀郡 島根県石見「砂糖をちびくそ呉れた」 ＊**ちびくそはんない** 和歌山県東牟婁郡 ＊**ちびりくそ** 島根県石見「腹が痛うてやれん。仁丹をちびりくそ呉れ」 ＊**はなくそ** 富山県富山市近在・砺波 滋賀県彦根 京都市 和歌山県 島根県 愛媛県松山「それはお薬ぢゃものはなくそ程飲めばえー」 ＊**はなくそばー** 高知県 ＊**はりみず** 山形県最上郡「はりみず位でいいからけろ(呉れ)」 ＊**ほめくそ** 島根県邇摩郡「ほめくそほど」 ＊**めぐすり** 新潟県佐渡「めぐすりほど」 滋賀県彦根 長崎県壱岐島「めぐすりのしこばかり」 ＊**めぐすりっこ** 東京都大島 ＊**めげ** 山口県「めげほどもらった」 ＊**よめくそ** 長崎県壱岐島

しょくえん【食塩】 ⇩しお(塩)

しょくじ【食事】 ＊**おさんど** 新潟県上越市 京都府葛野郡 ＊**くいごと** 三重県志摩郡 ＊**くいのみ** 新潟県佐渡「選挙はくいのみにかかる」 ＊**しき** 島根県隠岐島「しきだきゃしまってあそべ」 ＊**じき** 新潟県佐渡「じきがほそい」「じきどきには行くな」 ＊**じぶん** 三重県志摩郡 ＊**せち** 島根県石見「少し待て、せちども食ったらお供しょー」 ＊**たもいかた** 鹿児島県鹿児島郡 ＊**ちゅーしち** 沖縄県首里 ＊**ちょーせき** 奈良県宇陀郡「三度のちょーせきもいただかれん」 和歌山県 島根県石見・隠岐島「ちょーせきたびごとに忙しい目にあう」 ＊**とりこみ** 愛知県名古屋市「今とりこみ最中でございます」 香川県綾歌郡 ＊**はみ** 新潟県佐渡「はみが荒い(大食いだ)」 島根県那賀郡・飯石郡「牛のはみがよい」 徳島県「彼処ははみがあらいけに(食事が悪いので)奉公人が辛棒せん」 ＊**まま** 青森県上北郡 山形県 福島県安達郡 栃木県 新潟県岩船郡 富山県・砺波 福井県・坂井郡 岐阜県本巣郡 愛知県知多郡(卑語) 三重県 滋賀県蒲生郡 大阪府泉北郡 兵庫県 奈良県(卑語)・吉野郡 和歌山県東牟婁郡 島根県鹿足郡・隠岐島(麦飯) 岡山県苫田郡 山口県・阿武郡 徳島県 福岡県 熊本県 ＊**まんま** 岩手県九戸郡 福島県 栃木県 群馬県 千葉県 新潟県 富山県 静岡県志太郡「まんまー食いたぇーかぇー」 広島県比婆郡・高田郡 高知県幡多郡 熊本県八代郡 ＊**むぬ** 沖縄県首里「むぬぬあとぅ(食後)」 ＊**むん** 鹿児島県喜界島(八時ごろの朝食を特に言う場合もある) 沖縄県島尻郡・首里「むんぬあとぅ」 ＊**やすぃみ** 沖縄県首里 →ごはん(御飯)・めし(飯)

しょくたく【食卓】 ＊**しっぷくだい** 富山県・東礪波郡(来客用) 岐阜県飛騨 兵庫県美方郡 島根県鹿足郡 熊本県玉名郡 ＊**しっぽくだい** 富山県砺波 岐阜県飛騨・大垣市 三重県飯南郡 兵庫県但馬 佐賀県 長崎県 ＊**しゅっぷくだい** 岐阜県大野郡 ＊**しょく**(「しょく」は「卓」の唐宋音) 埼玉県秩父郡 島根県鹿足郡 ＊**はいだい** 島根県鹿足郡 ＊**はんだい** 岩手県上閉伊郡 新潟県佐渡 富山県砺波 岐阜県飛騨 三重県松阪 滋賀県彦根 鳥取県西伯郡 島根県那賀郡・鹿足郡 広島県高田郡 愛媛県

しょくにん【職人】 ＊**かせんど** 富山県砺波 ＊**さいく** 東京都八丈島 沖縄県小浜島・波照間島 ＊**さいぐ** 沖縄県西表島 ＊**さいふ** 沖縄県石垣島・竹富島・新城島 ＊**さやふ** 沖縄県宮古島 ＊**しぇーく** 鹿児島県奄美大島・与論島 ＊**しぇーぐ** 沖

縄県波照間島 *しぇーくー 鹿児島県奄美大島 沖縄県国頭郡 *しゃーく 東京都八丈島 *せーく 沖縄県首里 *せーくしゃー 鹿児島県喜界島 *せっにん 鹿児島県 *にんく 山梨県 *ばっつぉー 長野県南佐久郡

しょくひん【食品】 ⇩しょくもつ（食物）

しょくもつ【食物】 *うま（幼児語） 長野県下水内郡 *うまうま（幼児語） 茨城県久慈郡 東京都 京都市 徳島県 福岡県久留米市・八女郡 *うんま（幼児語） 静岡県周智郡 *おんまえ（幼児語） 福島県 *かんむん 鹿児島県奄美大島 *き 沖縄県石垣島 *くいけ 島根県那賀郡「何か犬のくいけはなーか」 *くもつ 愛知県北設楽郡 *げよー 和歌山県日高郡「いもを作ってげようの足しにする」 *たべしょく 新潟県佐渡 *たもいもん 鹿児島県・鹿児島郡 *はみ（主として牛馬について言うが、人間に用いることもある） 新潟県佐渡「はみが荒い（大食いだ）」 島根県那賀郡・飯石郡「牛のははみがよい」 徳島県「彼処ははみがあらいけに（食事が悪いので）奉公人が辛棒せん」 *ぱんまい 沖縄県石垣島 *はんみや 長崎県福江島 *はんめー 沖縄県首里 *ばんめー 鹿児島県喜界島 →たべもの（食物）

しょくよく【食欲】 *くいよく 新潟県佐渡「さっぱりくいよくが出ない」 *くちあんばい 山形県 *しょくどり 滋賀県彦根 *むんぬゆく 沖縄県首里

じょさんぷ【助産婦】 ⇩さんば（産婆）

じょせい【女性】 ⇩おんな（女）

しょせき【書籍】 ⇩ほん（本）

しょたい【所帯】 *かぎ 長野県上伊那郡・下伊那郡「二十五かぎ（二十五世帯）」 *かまど 北海道「かまどを持つ」 青森県 岩手県上閉伊郡・気仙郡 宮城県「あたらしいかまど（新所帯）」 秋田県鹿角郡 山形県 新潟県「棟数は二つだが、かまどは三つだ」 香川県三豊郡 長崎県壱岐島「一かまど二かまど」 熊本県球磨郡・玉名郡 *かまんど 秋田県南秋田郡 *かもい 徳島県 *せじょー 長崎県諫早市・伊王島 *とさい・とせー 東京都八丈島「とせーをもつ」

しょっき【織機】 ⇩はた（機）

しょっちゅう *いちめんに 青森県津軽「この子はまた、えじめんね泣いてばかりいてさ」 *いっぷいに・いっぷに 岐阜県郡上郡「そーいっぷに、お勝手にばっか、かかっとれん」 *しとくいに・しとゆきに 富山県砺波「しとくいに遊んに来とる」 *しらっと 山口県豊浦郡 *じらっと 青森県津軽「じらっとえさばれきて（しょっちゅう家にばっかり来て）」 *せんじゅ・せんじゅー・せんじゅかも 富山県砺波 *せんじゅーかも 富山県・砺波 *だらっぴょーし 栃木県足利市・佐野市 *つきらずきり 岡山県・苫田郡「けさからつきらず腹が痛む」 *つめきり 岩手県気仙郡「まあ、おまえは今朝からつめきり戸棚をあけようるがな」 *とちっぺつ 新潟県東蒲原郡 *とろっぴ 福島県中部・南部 栃木県「とろっぴに訪れる」 埼玉県南埼玉郡 *とろっぴし 千葉県東葛飾郡 神奈川県中郡・足柄上郡 *とろっぴょ 茨城県稲敷郡 長野県東筑摩郡 *とろっひょー 群馬県群馬郡 *とろっびょー・とろぺー 茨城県稲敷郡 *とろっぴょー 栃木県 群馬県利根郡・勢多郡 埼玉県秩父郡・入間郡 東京都八王子 神奈川県津久井郡 長野県北部 *とろっひょーし 山梨県 *とろっびょーし 茨城県南部 *とろっぴょーし 岩手県気仙郡 栃木県足利市・佐野市 千葉県東葛飾郡 神奈川県中郡・足柄上郡 長野県下伊那郡・上伊那郡 *とろっぴょーど 神奈川県足柄上郡 *とろっぺ 福島県 栃木県北部 新潟県中頸城郡 *とろっぺー 福島県東部 栃木県河内郡 *とろっぺし 岩手県気仙郡 秋田県平鹿郡・雄勝郡「とろっぺし口を動かしている」 山形県村山 栃木県南部 神奈川県中郡・足柄上郡 新潟県 *とろっぺつ 青森県三戸郡 岩手県江刺郡・気仙郡 秋田県北秋田郡・秋田市 山形県置賜・庄内 栃木県下都賀郡 新潟県 *とろびゅー 群馬県吾妻郡 *とろひょー 茨城県南西部 *とろぺし 岩手県気仙郡 宮城県北部 秋田県雄勝郡・鹿角郡 山形県西田川郡 新潟県中越 *とろべす 岩手県和賀郡 *とろべつ 青森県八戸市 宮城県仙台市 *とろぺつ 岩手県上閉伊郡 宮城県北部 秋田県河辺郡・鹿角郡 山形県 新潟県東蒲原郡 *みっかせんぜに 栃木県「あの人みっかせんぜにやって来る」 →しじゅう（始終）

しょっぱい【塩】 ⇩しおからい（塩辛）

しょもつ【書物】 ⇩ほん（本）

しらが【白髪】 ⇩はくはつ（白髪）

しらかば【白樺】 *あかしかんば（皮を燃やして照明用としたところから） 青森県 秋田県 *あわぼーき 長野県南安曇郡 *かば 新潟県北蒲原郡 *かばのき 長野県 *かび 陸奥 羽後 *かんば 新潟県中頸城郡 長野県 *かんばぞーし 長野県下高井郡 *かんび 岩手県盛岡市 羽後 *がんぴ 北海道 青森県上北郡 岩手県胆沢郡・和賀郡 *さつら 福島県耶麻郡 *しゃつら 栃木県北部 *しらた 岩手県 *しらだ 岩手県盛岡市・岩手郡 秋田県 *しらはだ 岩手県稗貫郡・気仙郡 *しらはり 長野県 *しろき 山梨県富士北麓 *しろざくら 岩手県水沢 栃木県日光・下都賀郡 *しろっこ 福島県南会津郡 *たつら 秋田県雄勝郡 山形県酒田市 *てらし 宮城県柴田郡 山形県米沢市 *ひかば 岩手県和賀郡 新潟県北魚沼郡 *ひかんば 石川県能美郡 *ひよろ 新潟県北魚沼郡 *ぶたのき 山梨県八ケ岳 *へろのき 群馬県利根郡 *まかんば 青森県下北郡 *やまあかし・やまてらし 宮城県 *やまきり 静岡県遠江

じらす【焦】 *いびる 埼玉県北葛飾郡 新潟県上越 高知県幡多郡 *じらかす 新潟県佐渡

長野県諏訪・佐久 *ねらかす 富山県　岐阜県飛騨　愛知県知多郡　山口県

しらばくれる *ぐにかえる 奈良県宇陀郡「又、あんがきゃぐにかえってるので、どもしゃない」 *けそーくー 群馬県吾妻郡 *けそくらす・けそはらう 長野県下水内郡 *けそくれる・しゃくれる 長野県佐久「しゃくれるな」 *しらくれる 三重県度会郡 *しらける 島根県邇摩郡・隠岐島 *しらたくれる 京都府竹野郡「しらたくれて、知らぬ存ぜぬで通してしまった」 *じらをゆー 愛知県宝飯郡 *ちばける 長崎県対馬 *とろだす 富山県西礪波郡「とろださんと、はよ決めっしゃいま(決めなさいよ)」 *ぱっくれる 群馬県
→とぼける(恍)

しらみ【虱】 *かんろく 兵庫県神戸市 *きかじ 奈良県・宇智郡 *きさじ 新潟県佐渡 *ぎざん(幼虫) 沖縄県石垣島 *ごら 鹿児島県 *さん・しさん 沖縄県八重山 *ししゃん 沖縄県竹富島 *すさん 沖縄県石垣島・鳩間島 *すしゃみ 山形県 *すだに 栃木県 *すみどーらかれー 長崎県壱岐島 *っつぁーん 沖縄県与那国島 *ぷっちん 宮崎県 *まめ(幼児語) 新潟県佐渡 *まんみ(幼児語) 秋田県仙北郡・平鹿郡 *みじらん 沖縄県黒島 *めめ(幼児語) 秋田県山本郡・河辺郡　山形県西村山郡・北村山郡 *めんめ 岩手県上閉伊郡　長野県 *ろっぽんあし 静岡県庵原郡

しり【尻】 *あかべ 石川県能美郡 *あって 鹿児島県喜界島 *いきみ 岩手県盛岡市・気仙郡　宮城県仙台市　秋田県鹿角郡　山形県庄内・東田川郡　新潟県東蒲原郡 *いしき 兵庫県淡路島　岡山県小田郡　広島県向島・比婆郡・高田郡 *いしち 沖縄県首里 *いすけ 富山県下新川郡 *いっすく 富山県砺波 *いど 島根県石見　岡山県浅口郡　広島県　山口県豊浦郡　香川県　愛媛県　大分県 *いどけつ 広島県三次市 *いどげつ 島根県 *いどげつんごー 島根県鹿足郡 *いどす 香川県 *いどのけつ 広島県比婆郡 *いどんけつ 島根県出雲 *うんぽん 三重県志摩郡 *えーど 岡山市 *えっか 島根県那賀郡 *えどんば・えどんぽ 島根県 *おいぞ 岐阜県可児郡 *おいど 埼玉県入間郡　富山県　石川県　福井県大飯郡　岐阜県　三重県　滋賀県　京都府　大阪府大阪市・泉北郡　兵庫県　奈良県　和歌山県　鳥取県　島根県飯石郡・出雲市　岡山県　広島県高田郡　徳島市　香川県愛媛県　大分県宇佐郡・速見郡 *おいはぎ 香川県 *おかま 茨城県稲敷郡　長野県佐久　愛知県幡豆郡　三重県志摩郡　岡山県苫田郡　香川県綾歌郡 *おかまげっつ(女性の大きなしり) 山形県村山 *おちべた 富山県砺波 *おとけつ 島根県簸川郡・出雲市 *おんどべ 石川県金沢市・河北郡 *かっぽー 広島県江田島 *ぎんが 三重県度会郡 *けけ(幼児語) 山形県西置賜郡 *げしょ 石川県 *げす 山形県新庄市・村山　福島県　新潟県東蒲原郡　富山県・砺波　石川県 *げず 石川県石川郡 *げすべ 富山県・砺波 *げすべた 富山県砺波　石川県鹿島郡・河北郡 *けちたんぽ 山形県鶴岡市 *けちべた 福井県 *けちぺた 宮城県登米郡 *けついど 島根県美濃郡・益田市 *けつがぶと 和歌山県日高郡 *けつこぶた 岐阜県加茂郡 *げっす 山形県北村山郡「げっすつく(座るの卑語)」 *けったぶ 青森県 *けっつたんぽ 山形県東田川郡 *けっつのたぷたぷ 岩手県上閉伊郡 *けっつのふたぶ 山形県 *けつのほったぶ 山形県西置賜郡 *けっぴた 茨城県新治郡・稲敷郡 *けつぴた 茨城県稲敷郡 *けつべら 大分市 *けつぽーたん 静岡県志太郡 *けつほた 宮城県栗原郡 *けつぼた 三重県阿山郡 *けつめど 埼玉県大里郡 *けつんごー 島根県鹿足郡 *げべ・げべたん(幼児語) 富山県砺波 *けんけん(小児語) 新潟県佐渡「けんけんぷっぷ(そんなことはいやだよ。屁(へ)でも吸えの意)」 *こえたご 島根県美濃郡・益田市 *こぶた 愛媛県 *さーご・さーごだま 島根県仁多郡 *さへつぽ 愛知県東春日井郡 *しーがめ 島根県出雲 *しーご 島根県出雲 *しーごだま・しりごだま(しりの最下部) 島根県出雲 *しーたびら 鹿児島県 *しーたんぽ 島根県八束郡・大田市 *しーのとんご 鹿児島県肝属郡 *しーべ 鳥取県西伯郡　島根県簸川郡 *しーべた 島根県出雲　熊本県天草郡 *しーべち 島根県出雲 *じご 長崎県南高来郡　熊本県 *したびら 鹿児島県 *しちべ 富山県砺波　鳥取県西伯郡　島根県出雲 *しちべー 富山県砺波　島根県能義郡 *しちべた 富山県　石川県 *しちべだま 島根県八束郡・仁多郡 *しちべんだま 島根県仁多郡 *しっご 島根県隠岐島 *しったびら 宮崎県都城　鹿児島県鹿児島郡 *しったぶ 山梨県南巨摩郡 *しったぶら 長崎県対馬　熊本県八代郡・芦北郡 *しっべ 鳥取県西伯郡　島根県隠岐島 *しつべ・しりべ 鳥取県西伯郡 *しっぺ 山形県西置賜郡・南置賜郡 *しっべた 富山県下新川郡　佐賀県藤津郡 *しっぺた 山形県西置賜郡　福島県　栃木県安蘇郡・河内郡　群馬県吾妻郡・桐生市　埼玉県入間郡　千葉県上総　東京都八王子　新潟県　長野県　愛知県 *しっぺだ 新潟県下越 *しっぽた・しりっぽた 東京都利島 *しび 沖縄県石垣島 *しびた 千葉県香取郡 *しり(女の臀部(でんぶ)) 島根県那賀郡・鹿足郡 *しりかばち 兵庫県加古郡　香川県 *しりかぶ 京都府竹野郡 *しりかぶと 山口県阿武郡　高知県　福岡市　宮崎県宮崎市・児湯郡 *しりかぶら 山口県萩市 *しりげた 愛媛県温泉郡 *しりこ 愛知県・知多郡 *しりご 島根県 *しりこだま 島根県邇摩郡 *しりごだま 島根県出雲 *しりこびた 愛知県西加茂郡・名古屋市 *しりこぶた 愛知県　三重県宇治山田市・志摩郡　兵庫県　奈良県　和歌山県　徳島県　香川県大川郡　愛媛県 *しりごぶた 香川県大川郡 *しりこぶら 島根県 *しりこべた 愛知県碧海郡・岡崎市　京都市　奈良県宇陀郡　愛媛県松山 *しり

こぼた岡山県苫田郡 ＊しりこんぶた奈良県吉野郡 ＊しりたぶ岩手県胆沢郡　宮城県登米郡　島根県鹿足郡・隠岐島 ＊しりだぶそ高知県長岡郡 ＊しりたぶら島根県　長崎県対馬　熊本県八代郡 ＊しりったぶ山形県米沢市 ＊しりっぽた東京都利島 ＊しりのたぷたぷ岩手県気仙郡 ＊しりのほーたぶ福島県相馬 ＊しりのほーたん静岡県志太郡 ＊しりのほったぶ山形県 ＊しりびら大分県大分郡 ＊しりふつべ島根県隠岐島 ＊しりべ鳥取県西伯郡 ＊しりべち島根県大原郡 ＊しりぼた三重県阿山郡　鳥取県　山口県玖珂郡・大島 ＊しるっぱ島根県隠岐島 ＊しんこ香川県・小豆島 ＊しんご鹿児島県種子島 ＊しんごー山梨県南巨摩郡 ＊しんのす熊本県玉名郡 ＊しんべたー東京都八丈島 ＊ずご熊本県芦北郡・八代郡 ＊すす新潟県 ＊すっけた岩手県上閉伊郡 ＊すっぺた山形県東置賜郡 ＊すび沖縄県竹富島 ＊ずべ大分県東国東郡 ＊すぼ和歌山県・海草郡 ＊すんのこ富山県 ＊ずんぼ三重県度会郡 ＊だんじり・たんぽ島根県八束郡 ＊たんべ島根県出雲 ＊たんぺ島根県 ＊たんぽ島根県八束郡 ＊ちび沖縄県 ＊ちびたじ沖縄県宮古島 ＊ちぴたら沖縄県西表島 ＊ちびったり沖縄県八重山 ＊つぃび沖縄県首里 ＊つっきょ福井県大飯郡 ＊つべ島根県邑智郡　広島県佐木島　山口県　徳島県　香川県　愛媛県　高知県　沖縄県 ＊つべかぶた島根県邑智郡 ＊つべこぶた徳島県　香川県仲多度郡 ＊つべっと高知県 ＊つべんこ香川県佐柳島 ＊でこ石川県鹿島郡 ＊でんぼ神奈川県 ＊どっちり新潟県西頸城郡 ＊どんけつ和歌山県　大分県 ＊どんこ(児童語)広島県比婆郡 ＊どんじ青森県津軽・上北郡 ＊どんじり三重県北牟婁郡(大きなしり)　奈良県(卑称) ＊のす福岡市　長崎県壱岐島 ＊ひたびら鹿児島県 ＊ひちべ鳥取県東伯郡　岡山県 ＊ひちべた富山県高岡市　石川県能美郡 ＊ひちぺた石川県能美郡 ＊ひゆ・ひる熊本県球磨郡 ＊ひゅー熊本県球磨郡・八代郡 ＊ふつべ島根県 ＊へちべた石川県河北郡・羽咋郡 ＊へつべ・へっぺ新潟県佐渡 ＊まい鹿児島県南西諸島「まいたぶら(尻べた)」　沖縄県国頭郡 ＊まに沖縄県国頭郡 ＊まり鹿児島県南西諸島 ＊ももじり(とがったような形のもの)新潟県佐渡　長崎県壱岐島 ＊やぽ石川県能美郡 ＊んびー・んびっくら沖縄県与那国島

しりからげ【尻紮】 ＊おいどかけ京都府 ＊おちょぼからげ・おちょぼじり長崎県対馬 ＊おとこじり大分県東国東郡 ＊おとこばしょり山形県西置賜郡　埼玉県北足立郡　千葉県上総　静岡県小笠郡 ＊からげ兵庫県神戸市 ＊げすつまげ(「げす」は「しり」の意)富山県射水郡 ＊けつからげ岩手県気仙郡「どろはねっからけつからげしろ」 ＊こしからげ香川県高松市 ＊さんしょっぱさみ岩手県上閉伊郡 ＊さんのずみからげ大分県大分郡 ＊じーさんからげ広島県高田郡 ＊じーじーまくり千葉県長生郡 ＊じごかるげ(「じご」は「しり」の意)熊本県天草郡 ＊しったくり宮城県栗原郡　新潟県東蒲原郡 ＊しっぱ(児童語)長野県東筑摩郡「しっぱしてしー(小便)する」 ＊しっぱさげ静岡県磐田郡　愛知県北設楽郡 ＊しっぱさみ長野県 ＊しにつまげ・しりつばけ三重県上野市 ＊しぱさみ青森県「しぱさみ取る」　秋田県鹿角郡 ＊しりあじ三重県名張市 ＊しりかつぼり三重県志摩郡 ＊しりかりあげ大分県北海部郡 ＊しりくりあげ新潟県中頸城郡 ＊しりたくり新潟県西蒲原郡　山梨県南巨摩郡 ＊しりたぐり秋田県 ＊しりったくり山梨県南巨摩郡 ＊しりつば(男に言う)島根県隠岐島「雨のためにしりつばして出た」 ＊しりつばぎ三重県阿山郡 ＊しりっぱみ・しりぱさみ新潟県佐渡 ＊しりつぼり三重県上野市・志摩郡 ＊しりつまぎ三重県伊賀 ＊しりつまげ富山県高岡市・砺波　三重県伊賀　奈良県 ＊しりつまみ・しりばさみ岐阜県飛騨 ＊しりひったくり山形県 ＊しりふたぐり山形県米沢市 ＊しりもくり岡山市 ＊しんどからげ大分県東国東郡 ＊すそおり大分市 ＊すそっぱおり三重県上野市 ＊すったぐらげ秋田県平鹿郡 ＊すっぱさみ青森県三戸郡 ＊ずっぱさみ岩手県気仙郡 ＊すぱさみ青森県 ＊せんどからげ大分県南海部郡 ＊たくらげ秋田県雄勝郡 ＊たぐらんげ秋田県平鹿郡 ＊ちっぱさみ岩手県九戸郡・気仙郡 ＊ちびからい・ちびからぎ沖縄県石垣島 ＊ちんちんばしょーり東京都八王子　神奈川県津久井郡 ＊ちんちんばしょり千葉県夷隅郡 ＊つばさみ岩手県上閉伊郡・気仙郡 ＊つぱさみ青森県南部「つぱさみ取る」　岩手県下閉伊郡・上閉伊郡 ＊つぶり鹿児島県種子島 ＊つぶりあげ宮崎県北諸県郡 ＊でっちじり長崎県対馬 ＊とんぼからげ愛媛県 ＊ねじからげ島根県石見　岡山県川上郡 ＊ねじばしょー・ねじばしょり愛知県東加茂郡 ＊ねじばせ徳島県 ＊はしたぐり新潟県北蒲原郡 ＊ひっぱしょーり埼玉県秩父郡　山梨県東八代郡 ＊ひっぱしょり岩手県気仙郡・東磐井郡　山梨県　長野県佐久 ＊ひっぱそり岩手県気仙郡 ＊ぶらいとぅり沖縄県石垣島「ぶらいとぅりしん(しりっぱしょりする)」 ＊ふんごみ三重県志摩郡 ＊まっくりからげ兵庫県加古郡 ＊わいじり大分県大分郡

しりぞく【退】 ＊いさる・さる岩手県気仙郡「あぶねぁがらいさっていろ」 ＊いしゃーる茨城県稲敷郡 ＊いしゃる茨城県　栃木県 ＊かす福島県相馬郡「邪魔だからそこかせ」・東白川郡　栃木県 ＊さがる青森県三戸郡「がっこぁさがったら(学校のが帰って来たら)むがぇにやるしけね(迎えにやりますから)」　山形県東田川郡「おみやからさがってくっとき」　新潟県佐渡　三重県度会郡　奈良県吉野郡 ＊さがるん沖縄県石垣島・与那国島 ＊さける奈良県吉野郡「さけてくれーらよ(どいてくれ)」 ＊しーてぃゆずん(「背の方へ寄る」の意)沖縄県新城島 ＊しーろく愛媛県伊予郡 ＊じさる栃木県佐野市・下都賀郡 ＊しじくん沖縄県竹富島

*しじぐん 沖縄県石垣島 *ししゃる・しっしゃる・ひしゃる・ひっしゃる 栃木県 *しずくん 沖縄県鳩間島・黒島 *しちゃる 栃木県足利市・安蘇郡 *しっちゃる 福島県相馬郡・東白川郡 栃木県 *しっつぁる 福島県相馬 *しゃーる 栃木県塩谷郡 千葉県東葛飾郡 *しゃくる 長野県上田 *しゃる 岩手県気仙郡 宮城県 山形県「自動車が来たからしゃれ」 福島県 茨城県久慈郡・稲敷郡 栃木県 群馬県 埼玉県川越・入間郡「子供は後へしゃってろ」 東京都八丈島 新潟県岩船郡 長野県佐久 *じゃる 新潟県 *しょげる 栃木県 *しろく(「しりぞく」の転) 香川県 愛媛県「火が熱ければしろけ」 *しんどろく 山口県大島 *すぃじちゅん 沖縄県首里 *すざる 福井県大飯郡 島根県 山口県豊浦郡 愛媛県松山「一寸すざって下さい」 高知県 福岡市 長崎県対馬 熊本県 大分県日田郡 宮崎県東諸県郡 *すずく(「しぞく(退)」の転) 鹿児島県沖永良部島 *すだる 三重県北牟婁郡 京都府竹野郡 和歌山県東牟婁郡 島根県石見 岡山県苫田郡 広島県高田郡 宮崎県都城 *ずる 長野県南安曇郡・東筑摩郡(ののしって言う)「早くずれ」 *せさる 新潟県佐渡 *ぜる 三重県伊賀 *ちゃがる(主として命令形で用いられる) 茨城県猿島郡 栃木県「そこをちゃがれ」 千葉県 *ちゃんがる 栃木県上都賀郡 千葉県「ちゃんがってる」 *ちらす 三重県宇治山田市 *どぅちゅん・ぬちゅん 沖縄県首里 *にぐる 大分県東国東郡 *にげる 島根県出雲「食ったら、そこ逃げーだがー(食べたらそこを退いてちょうだい)」 岡山県苫田郡 *ひざる 山口県豊浦郡 長崎県対馬 *ひぞる 熊本県下益城郡 大分県 *ひっさる 長野県諏訪・上伊那郡 岐阜県 滋賀県犬上郡 *ひっちゃる 神奈川県津久井郡 山梨県 *ひっつぁる 東京都南多摩郡 *ひんざる 岡山県阿哲郡 *ふけぁさる 秋田県雄勝郡「邪魔になる、ふげぁされ」 *ふずがる(命令形の形で用いる) 青森県「ふずがれ(退け。行け)」 *ふっちゃる 新潟県北蒲原郡 *へっさる 岐阜県郡上郡 *まだぎるん・まだしきるん(文語形は「まだぎん・まだしきん」) 沖縄県石垣島 *よる 石川県珠洲郡・鳳至郡 長野県佐久「そっちーよれ(向こうへ行け)」 *んどぅぐん 沖縄県与那国島

しりっぱしょり【尻端折】 ⇩しりからげ(尻紮)

しりょう【飼料】 牛馬の□ *うーまもん 富山県砺波 *うしのぬか 島根県邇摩郡・邑智郡 *うしのもの 島根県 香川県 *うしもん 滋賀県高島郡 *うまのかい 岐阜県 *うまのもの 山形県 新潟県中頸城郡 富山県 長野県 *うまもの 秋田県平鹿郡 長野県 *かい 岐阜県飛驒(主に煮たもの) 大阪府泉北郡 島根県隠岐島 山口県豊浦郡「牛にかいをやる」 香川県綾歌郡・仲多度郡 *ごいそ・ごいら 長野県 *ごいそー・ごーいそ 長野県南安曇郡 *ごーそ 長野県東筑摩郡・西筑摩郡 *ざのはみ 大分県西国東郡 *しうもの 島根県鹿足郡 *しょーきょ 広島県佐伯郡 *しょーもん 山口県見島「しょうもんだらひ(かいば桶)」 *ぞーず 島根県 *だぐわせ 島根県仁多郡 *だのはみ 大分県南海部郡・西国東郡 宮崎県西臼杵郡 *だのもの・だのもん・だるもん 大分県 *だらいもの 島根県 *だりもん 大分県大分郡 *つぼ・つぼた 新潟県佐渡「つぼを切る」 *どーず 奈良県南大和 *とな 青森県 岩手県九戸郡「となため(まぐさを入れる器)」 福島県会津 *にか 島根県出雲・隠岐島 *にぐさ 島根県隠岐島 *にぐり 島根県美濃郡・益田市 *にぐれ(わらともみ殻を煮てぬかを混ぜたもの) 広島県山県郡 *ぬか 新潟県佐渡「牛にぬかをくれて来い」 島根県邑智郡・隠岐島 大分県南海部郡 *ぬこー 大分県南海部郡 *ねぶり 大分県東国東郡 *はご 三重県志摩郡 徳島県・美馬郡 香川県「牛のはごやっとけよ」 愛媛県 *はみ 岩手県九戸郡 宮城県亘理郡 秋田県鹿角郡 福島県南部 兵庫県神戸市 山口県豊浦郡 徳島県美馬郡 愛媛県 高知県 福岡県 長崎県 熊本県下益城郡・天草郡 大分県 宮崎県 鹿児島県種子島・肝属郡 沖縄県首里・石垣島 *はむ 長崎県南高来郡 *はめ 愛媛県上浮穴郡 大分県 *はん 長崎県五島 鹿児島県 *まぜ 滋賀県甲賀郡 高知県 *まのくらい 秋田県鹿角郡・仙北郡 *まのもの 茨城県・新治郡・真壁郡 *まのもん 千葉県印旛郡 新潟県中頸城郡・西頸城郡 *まるもん 千葉県印旛郡 *まんもの 千葉県千葉郡 *やだ 岩手県「やだぶね(まぐさおけ)」 福島県会津 *んまもの 秋田県雄勝郡・河辺郡
↓かいば(飼葉)

しる【汁】 *おこー 長野県佐久 *おしたじ 長野県下伊那郡 島根県出雲 *おすけ 鹿児島県・川辺郡 *おちけ 島根県出雲 *おっ 香川県 *おっけ 鹿児島県 *おつけ(「飯に付け添えるもの」の意) 岩手県 宮城県 秋田県 山形県 福島県安達郡・東白川郡「しょっぺえおつけだ」 茨城県 栃木県 群馬県佐波郡 埼玉県大里郡 千葉県 新潟県 富山県 石川県 福井県 山梨県 長野県佐久 岐阜県 愛知県豊橋市・東春日井郡 京都府 大阪市 兵庫県 奈良県北葛城郡 和歌山県 鳥取県気高郡 島根県 広島県沼隈郡・賀茂郡 山口県 徳島県 香川県 高知県幡多郡 福岡県 佐賀県 長崎県伊王島 熊本県玉名郡・天草郡 大分県東国東郡・宇佐郡 *かえなめ(木こりの忌み言葉) 青森県南津軽郡 *さいっちり 福島県南会津郡「さいっちりわん(汁碗)」 *ざざ(幼児語) 山形県北村山郡「ざざかげでままくー(汁かけて飯食う)」 *したじ 青森県津軽・上北郡 山形県 福島県 千葉県海上郡 福井県坂井郡 長野県諏訪・上伊那郡 岐阜県郡上郡 三重県志摩郡

鳥取県西伯郡　島根県出雲・鹿足郡　*したんじ　青森県津軽　*じゅじゅ（幼児語）長崎市「じゅじゅまま（汁に飯を入れたもの）」　*すー　沖縄県八重山　*ちおこ　秋田県平鹿郡「雉のちおこうまがった」　*ひたじ　島根県八束郡　山口県大島　*ひたっ　鹿児島県　*わしる　青森県上北郡・南部　*わしるこ　青森県上北郡「芋汁のわしるこがうまい」

→すいもの（吸物）

しる【知】　*うちる・うっちる　山梨県「うっちらん（知らない）」　*おびーる　東京都八丈島「おびーなか（知らない）」　*おべる　青森県「しかぇだけ、にがぇだけ、おべで（酸いも苦いも知っていながら。百も承知で）」　岩手県気仙郡　宮城県栗原郡　秋田県鹿角郡「おべた人は手を挙げて」　山形県　*おぼえる　青森県津軽　宮城県栗原郡　山形県庄内　東京都八丈島　*こじる　山形県「へーたっで（屁をたれて）、こづらねふり（知らない振り）してえる」　*っつん　沖縄県石垣島

しるもの【汁物】　⇩しる（汁）

じれったい【焦】　*あずましー　岩手県和賀郡　*いじましー　新潟県東蒲原郡　大阪市　岡山県「下手な手つきを傍で見てゐるといじましー」　*おかったるい　東京都　*かいだるい　福井県遠敷郡　徳島県　香川県大川郡　愛媛県「あななことしよってどうならい（どうするものか）。かいだるい」　*かいなだるい　岩手県気仙郡　*かちゃくちゃない・かっちゃくちゃい　青森県津軽「かちゃくちゃなえ総会（相談がまとまらない総会）」　*かんだるい　新潟県佐渡　*きどい　徳島県「そんなに少し宛入れるのきどいな」　香川県「こなん細かいこと、いちいちせないかんの、きどい話やなあ」　*きどくさい・きどたらしー・きどとーしー　徳島県　*きもびしー　長野県「きもびしい仕事だ」　*きもやけたい　静岡県　*ぐぃー　広島県江田島　*しぶちー　愛媛県　*しゃーだるい・はいだるい・ひやだるい　石川県珠洲郡・鳳至郡「あの人ははいだるい人だ」　*じらくたい　三重県阿山郡　*しんきくさい（思うようにはかどらず、じれったい）新潟県佐渡　富山県砺波「しんきくさいことしとる」　福井県敦賀郡・大飯郡　三重県伊賀　滋賀県蒲生郡・犬上郡　京都府　大阪府大阪市・泉北郡　兵庫県「もつれた糸を解くなんてしんきくさいことが出来るもんか」　奈良県大和高田　広島県大崎上島・高田郡　徳島県「赤ちゃんから貰うて育てるなしんきくさい」　愛媛県　*しんけくさい（思うようにはかどらず、じれったい）三重県上野市　*しんだい　徳島県「なかなか咲かんので菊作るんもしんだいな」　*しんどい　大阪市「あの人の話はしんどい」　徳島県　*すねてー　群馬県勢多郡　*せっない　鹿児島県揖宿郡　*せんない　岡山県苫田郡「ちーさい子を扱うのはせんないじゃ」　*てぃーはごーさん（「はごーさん」は「くすぐったい、むずむずする」の意）沖縄県首里　*てがかいー　青森県津軽　*にくたらしー　熊本県天草郡「にくたらしか」　*ぱーかうさーん　沖縄県石垣島　*ぱーかわーん　沖縄県鳩間島　*はーぐゎん・はーんわん　沖縄県与那国島　*ぱーこーはん　沖縄県小浜島　*はがいしー　石川県　*はがいたらしー　兵庫県神戸・淡路島　愛媛県　*はがいない　石川県金沢市　和歌山県西牟婁郡　*はがいましー　香川県　*はがいらしー　島根県石見　香川県　*はがまし　香川県高松市　*はがやしー　富山県・西礪波郡「手が遅うてはがやしー」　石川県　*はがやしくらしー　富山県砺波　*はぎしー　石川県　福井県・敦賀郡　岐阜県飛驒　*はぎらん　宮崎市　*はぎりしか・はげらしか・まぐらしか　熊本県天草郡　*はぐたらしー　愛媛県　*はげしくたい　岐阜県飛驒　滋賀県彦根　*はげらしー　大分県大分郡・大野郡　*はんがいしー　富山県高岡市　*ぱんごさん　沖縄県竹富島　*はんしくたい・はんちくたい　岐阜県飛驒　*まだいー　島根県出雲　*まだらしー　群馬県利根郡　広島県　*まだりくしゃ　島根県八束郡　*まだるい　群馬県利根郡　石川県　広島県佐伯郡・高田郡　香川県　福岡市　*まどーしー　広島県　*まどくろーしー　広島県比婆郡　*まどろい　愛知県北設楽郡　兵庫県神戸市　和歌山県　山口県・豊浦郡　熊本県　*まどろーしー　島根県石見　広島県比婆郡・高田郡　*まどろくさい　和歌山県　*まどろしー　長野県佐久　滋賀県彦根　兵庫県加古郡・神戸市　奈良県吉野郡　島根県　広島県　熊本県・天草郡　*まどろっくさい　埼玉県秩父郡　*めかいだるい　奈良県吉野郡　*めだいー　徳島県　*めだるい　茨城県久慈郡　新潟県西頸城郡　滋賀県彦根　大阪市　岡山県苫田郡「あれのやることぁめだるうて見ちゃおれん」・児島郡　*めだるこい・めっちゃらこい　新潟県東蒲原郡　*めんだるい　新潟県西頸城郡　*めんどくさい　三重県南牟婁郡　兵庫県神戸市　和歌山県

→いらいら（苛苛）・じれる（焦）・はがゆい（歯痒）・まだるっこい（間怠―）・もどかしい

じれる【焦】　*いじれる　東京都八丈島　山梨県「あの子は疳が強いづらにいんめーのこと（少しのこと）でもいじれる」　長野県「病人がいじれて困る」　*いらう　三重県伊勢　*いれこむ　和歌山県日高郡　*いれる　東京都　兵庫県但馬　愛媛県　高知県土佐清水市　*しきにつく　鳥取県西伯郡　*じゃらける　秋田県雄勝郡　*だだこく　山形県庄内

→じれったい（焦）

しろ【白】　⇩はくしょく（白色）

しろ【城】　*ぐすぃく　沖縄県首里　*ぐすく　沖縄県

しろい【白】　⇩しろっぽい（白―）・はくしょく（白色）

□こと　*しすさ・しそー・っすさ・っそー（形容詞は「しすさーん」「っすさーん」）沖縄県石垣島

しろうと【素人】　*ころど　岩手県上閉伊郡　*ずく　沖縄県首里　*つぼ　山梨県南巨摩郡「つぼから買い集めた卵だから真の地卵だ」　*にちゅ　鹿児

島県 *にちゅー 山梨県南巨摩郡 *やまかた 愛媛県大三島

しろかき【代掻】 *しかどり 福島県大沼郡 *しろ 群馬県勢多郡「粗じろ」 島根県簸川郡・出雲市「しろする」 *たかき 岩手県九戸郡 岐阜県郡上郡 *つるのすごもり 島根県

水田の□ *あらくり 山形県西田川郡 福島県石城郡 埼玉県北葛飾郡 新潟県東蒲原郡 石川県珠洲郡 *あらくりかき 新潟県東蒲原郡
*あらくれ 岩手県気仙郡 宮城県栗原郡 山形県 福島県石城郡 栃木県河内郡 埼玉県北葛飾郡 新潟県 岐阜県飛驒 *あらくれがえし 島根県鹿足郡 *あらくれかき 秋田県鹿角郡 福島県石城郡 新潟県東蒲原郡 岐阜県飛驒
*たこぎり 神奈川県藤沢市

しろっぽい【白―】 *しらばしこい・しらばっしー 長野県北安曇郡 *しらばしっこい 長野県諏訪・下水内郡 *しらばっこい 長野県南部 *しらふい 兵庫県加古郡 *しろばしっこい 静岡県富士郡

しわ【皺】 *さかったり 沖縄県石垣島 *しじゃ・ぴじゃ 鹿児島県喜界島 *しわくた 岐阜県稲葉郡 *しわくだ 大阪府南河内郡 *しわくわ 島根県鹿足郡 *しわたれ 奈良県南大和 *ちじら（反物などにできたしわ） 新潟県「ちじらがよる」 *てぃざ 沖縄県伊江島 *ぴざ 沖縄県国頭郡 *ひだ 岩手県上閉伊郡・気仙郡「年をとって顔にひだが寄った」 *ぴだ 沖縄県石垣島 *まぐい 沖縄県首里
*わじゃみ 沖縄県首里

□が寄る *いったくれる（着物の着方がへたでしわが寄る） 長崎県南高来郡 *さかったるん 沖縄県石垣島 *しかむ 滋賀県彦根 岡山市「唐紙が乾えたらすこうししかんだ」 徳島県「病気になってあの人の顔は何時もしかんでいる」 香川県 愛媛県・周桑郡 *わじゃぬん（顔などにしわが寄る） 沖縄県首里「みーぬ　つぃびぬ　わじゃぬん（目じりにしわが寄る）」

□だらけ *くたくた 山形県東置賜郡 *しわくちゃまめし 奈良県宇陀郡「本をしわくちゃまめしにしよった」 *しわぐつ 和歌山県和歌山市・西牟婁郡 *しわこくてー 長崎県対馬「しわこくてえなる（しわくちゃになる）」 *しわこべ 兵庫県加古郡 *しわごんちゃく 福岡市 *しわもぐれ 広島県高田郡 *しわもぶれ 広島県倉橋島・庄原市 *だらくさ 新潟県佐渡

□だらけになるさま *もめくしゃ 茨城県稲敷郡 *もめくんじゃら 山形県米沢市 *もめくちゃら 山梨県南巨摩郡 *ももくさ 島根県簸川郡・大田市「せっかくの着物をももくさにした」
*ももくしゃ 鳥取県東部 島根県 *ももくた 島根県 *ももくちゃ 鳥取県東部・西伯郡 島根県

□の寄ったさま *しわかわ・しわこわ 山形県米沢市 *まーぐーふぃーぐー・まぐいかー・まぐいふぃぐい・まぐやーふぃぐやー 沖縄県首里

じんあい【塵埃】 *ごくず 静岡県 *はいどー 岩手県気仙郡 *まくた 愛媛県新居郡
→ちり（塵）・ほこり（埃）

じんかい【塵芥】 *あか 三重県名賀郡 *あくた 島根県 徳島県三好郡 熊本県 大分県 沖縄県首里 *あくたほこり 佐賀県藤津郡 *あけつ 岩手県上閉伊郡 山形県 新潟県・岩船郡 *あっけつ 山形県 *あった・あったしった 鹿児島県喜界島 *がし 山形県 *がしこもず 山形県庄内 *がしもく 山形県西置賜郡（わらのような長いもの、あるいは多量のものに言う） *がす（「かす（滓）」の転か） 山形県 新潟県 *がすこもず 山形県東田川郡 *がすむく 新潟県東蒲原郡「ズボンの折目にがすむくがたまってひどい」 *がすもく・がすもっこ 新潟県 *ご 三重県三重郡 *ごいど 和歌山県日高郡 *ごーぞー 大分県北海部郡 *ごーもく 徳島県・美馬郡 宮崎県西諸県郡・西臼杵郡 *ごそ 熊本県芦北郡・八代郡 *ごぞ 山形県西置賜郡・最上 *ごつ 富山県氷見市 石川県鹿島郡 *ごと 岩手県紫波郡 秋田県南秋田郡 *ごど 山形県最上 茨城県久慈郡・稲敷郡 *ごどー 茨城県久慈郡・稲敷郡 千葉県海上郡 山梨県 *ごみくた 岐阜県海津郡 静岡県志太郡 愛知県知多郡 三重県志摩郡・度会郡 兵庫県加古郡 和歌山県
*ごみくちゃ 兵庫県加古郡 *ごむくた 三重県阿山郡 *ごむっぞ 鹿児島県鹿児島郡 *ごもく 新潟県中頸城郡 富山県砺波 石川県河北郡・鹿島郡 山梨県南巨摩郡 長野県上伊那郡 滋賀県「ごもくする」 京都府 大阪府大阪市・泉北郡 兵庫県・神戸市 奈良県 和歌山県 島根県 徳島県 香川県 福岡市 長崎県 熊本県南部 大分県中部 宮崎県西諸県郡 *ごもくず 新潟県西蒲原郡 熊本県 *ごもくぞ 長崎県壱岐島 熊本県八代郡 鹿児島県肝属郡 *ごもくぞー 長崎県対馬 熊本県飽託郡 大分県日田郡 *ごもくた 秋田県鹿角郡 山形県村山 千葉県夷隅郡 東京都八王子 神奈川県津久井郡 新潟県佐渡・西蒲原郡 福井県大飯郡 愛知県尾張 三重県阿山郡・員弁郡 滋賀県蒲生郡 京都市 大阪府 奈良県大和高田市・吉野郡 和歌山県 鳥取県西伯郡 島根県 岡山県浅口郡 山口県大島 徳島県 香川県伊吹島・佐柳島 *ごもごも 三重県名賀郡
*ごもず・ごんもず 青森県南部 *ごもっ 長崎県五島 *ごもっぞ 鹿児島県・鹿児島郡 *ごんじょー 岩手県九戸郡 *ごんぞ 富山県中新川郡 静岡県榛原郡 *ごんぞーまんぞー（たくさんのごみ） 長崎県対馬 *ごんと 栃木県河内郡・那須郡 *ごんど 岩手県東磐井郡 宮城県「ごんどやき（ごみ焼き）」 秋田県 福島県東白川郡 茨城県稲敷郡 栃木県 千葉県東葛飾郡・市川市 長野県南部 愛知県宝飯郡
*ごんどー 岩手県九戸郡 宮城県仙台市 *ごんの 福島県南部 *ごんもく 宮城

県・仙台市　福島県会津・相馬郡　富山県 *ごんもくた 山形県村山・東田川郡　岐阜県山県郡 *すっど 鹿児島県 *すぼ 大分県　宮崎県 *ちりすば 山口県玖珂郡 *ちりすべ 高知県 *にご 奈良県吉野郡　香川県・志々島(屋外に集めた塵もの) *ふさ 沖縄県石垣島「ふさしてぃ(ごみため)」 *ぼく 愛媛県北宇和郡・南宇和郡・宇和島 *ぼくた 愛媛県

→ごみ(塵)・ちり(塵)

川に流れる□ *もく 宮城県仙台市　山形県東置賜郡　島根県美濃郡・益田市 *もくぞ 香川県大川郡・綾歌郡 *もくた 宮城県仙台市 *もくだ 山形県

しんかん【神官】 ⇩かんぬし(神主)

しんきろう【蜃気楼】 *かんわたり 沖縄県石垣島 *なごのわたり 三重県伊勢

しんしつ【寝室】 *いりのま・でぃのいり(若夫婦または親から離れた子供たちの寝所) 福島県石城郡 *うちおえ(主人の寝室) 岡山県 *うちま 新潟県南魚沼郡 *うつぃまー 鹿児島県沖永良部島 *おいえ 滋賀県高島郡 *おかみ(主人夫婦の寝室) 宮城県栗原郡 *おくんへり・おっくんへり(居間の裏手にある部屋で、若夫婦の寝室) 熊本県球磨郡 *おちのま 島根県鹿足郡・大原郡 *おでい(舅、姑の寝室) 愛知県日間賀島 *おもて(家の一番奥の、神棚や仏壇があり日常は夫婦の寝室になる部屋) 島根県隠岐島・八束郡 *かずき(主として女の寝所) 岐阜県飛騨 *くちゃ 沖縄県「くちゃなかい、にんとーやびーん(部屋に寝ております)」・首里(若夫婦の寝室) *くつぁーま 沖縄県小浜島 *こざしき 長野県佐久 *さいくば 熊本県上益城郡 *ざしき 栃木県 *ざしち 沖縄県首里 *さや(出産のために土間に特設した産婦の寝所) 島根県隠岐島 *ちゅーもん(たんすや寝具などを置く寝所) 秋田市付近 *ちょーだ 岐阜県飛騨　三重県志摩郡 *ちょーだい 岐阜県　兵庫県　山口県大島 *ちょーで 新潟県刈羽郡 *ちょーば 徳島県美馬郡 *ちょんだ 富山県東礪波郡　三重県鳥羽市・志摩郡 *ちょんだい 富山市近在 *でい(舅、姑の寝室) 静岡県賀茂郡 *でどざしき(奥の客用座敷に対して、若夫婦の寝室) 岩手県気仙郡 *でべや(若夫婦の寝室) 山形県庄内 *でんべや 山形県庄内 *なかえ(家族の寝所) 熊本県玉名郡 *なかま 新潟県魚沼 *なんど 岩手県九戸郡　山形県　福島県石城郡　茨城県・北相馬郡　千葉県・印旛郡　新潟県佐渡(また、親の寝室。老人夫婦の寝室)・岩船郡　富山県　石川県河北郡・鹿島郡(親の寝室。老人夫婦の寝室)　山梨県　長野県諏訪　岐阜県山県郡・郡上郡　愛知県　三重県　滋賀県滋賀郡・彦根　兵庫県　奈良県大和高田　和歌山県有田郡　島根県石見　広島県高田郡　香川県・伊吹島　熊本県天草郡 *なんどべや 新潟県岩船郡 *なんどん 鹿児島県奄美大島 *にざしち 沖縄県首里 *にだー 沖縄県与那国島 *にびくとん 沖縄県鳩間島 *ねざ 香川県三豊郡　愛媛県 *ねだ 愛媛県 *ねど 埼玉県秩父郡 *ねどこ 秋田県鹿角郡　山形県西置賜郡・南置賜郡　新潟県中越　長野県諏訪　三重県 *ねとこり 新潟県佐渡 *ねどころ 新潟県佐渡　三重県　奈良県南大和 *ねば 香川県伊吹島 *のんど(親の寝室。老人夫婦の寝室) 千葉県安房郡 *めんじょ 岩手県気仙郡 *よーか・よかや(若者などのために母屋の外の建物に作った寝室) 岐阜県飛騨

→ねま(寝間)

しんじつ【真実】 *あたりまえ 岡山市 *あっりょ 香川県三豊郡 *ありよ 愛媛県周桑郡「ありよの事を言はうかん」 *ありよー 岐阜県大垣市・郡上郡「ありよーの話じゃが、今ちょっとも銭ゃないんじゃでな」　滋賀県彦根　鳥取市「ありよーはかうかうだ」　長崎市「ありよー、そーゆーわけにゃ行きまっせん」 *うんま 奈良県吉野郡 *げんざい 岩手県気仙郡　鹿児島県肝属郡 *じっし 長崎県壱岐島「じっしな話」「じっしな親子です」 *じっしょー 高知県土佐郡 *しょ 長野県下伊那郡「しょにする(真に受ける)」　島根県仁多郡「なんぼ話いてもしょねせん」 *しょー 静岡県「あの人はしょーによい人だ」　徳島県三好郡「しょー行くか」　愛媛県「しょーかしらん(本当かしら)」　高知県「しょー似ている」・高岡郡　長崎市「そんげんことば、しょーにしてたまるもんの」　大分県　鹿児島県喜界島 *じょー 長野県・下伊那郡「その話はじょーでございますか」　岐阜県飛騨・郡上郡　滋賀県彦根 *しょーまこと・しょーまっこと 徳島県三好郡「しょーまっこと阿呆じゃ」 *しょーまつ 滋賀県彦根 *しょーみ 青森県津軽「私の言ふことはしょうみです」　秋田県平鹿郡・由利郡「しょーみ一円価ある」・河辺郡(実際) *じょぎ・じょんぎ 青森県津軽「あの人は何でもじょぎならぬ」 *しょまつ 群馬県邑楽郡 *しょみ 秋田県南秋田郡・河辺郡 *しょみしょまつ 富山市近在 *しょんみ 青森県 *しらしんけん 兵庫県淡路島 *しんけん 新潟県刈羽郡　岡山県「しんけんに(実に)」 *しんじょー 岐阜県郡上郡 *じんとー 沖縄県首里「じんとーやみ(本当か)」 *そ 島根県石見　愛媛県大三島 *そー 鹿児島県喜界島 *ふんぬ 沖縄県首里 *ふんぼ 滋賀県 *ほ 青森県上北郡「ほにす(本当にする)」　香川県小豆島「ほつかれ(本当か)」 *ほま 広島県豊田郡 *ほん 青森県　宮城県仙台市「人のいうことほんにしない」　山形県「ほんのごんだ(本当のことだ)」　福島県相馬郡・東白川郡　新潟県「ほんだれ(本当だ)」　石川県鳳至郡・羽咋郡　福井県大飯郡「ほんのてぶらで戻って来た」　和歌山県　鳥取県西伯郡　島根県「ほんか嘘かはっきり言え」　福岡市「冗談じゃなか、ほんなことじゃが」　長崎県福江市　鹿児島県「ほんのこっじゃろかい」・揖宿郡 *ほんけ 徳島県「ほんけ行くなあ」 *ほんこ 茨城県　千葉県夷隅郡「ほんこにいい顔色をしている」　神奈川県中郡「ほんこ痛かった」　山梨県・南

巨摩郡　島根県邑智郡「ほんこ少しですが上げましょう」　岡山県小田郡　広島県山県郡　*ほんしこ 栃木県芳賀郡「ほんしここうだ」　*ほんぼ 岩手県上閉伊郡　三重県志摩郡　滋賀県「ほんぼに(なるほど)」　*ほんぽ 青森県三戸郡　福岡県浮羽郡・朝倉郡　熊本県玉名郡「ほんぽな」　*ほんぽー 佐賀県　長崎県壱岐島　大分県日田郡「ほんぽーを言はねばならぬ」　*ほんま 埼玉県入間郡　富山県高岡市・砺波　石川県石川郡　福井県　山梨県南巨摩郡「ほんまに苦しかっとーわ」　岐阜県　愛知県海部郡「ありゃほんまか」　三重県　滋賀県　京都府愛宕郡・京都市　大阪府大阪市・泉北郡　兵庫県　奈良県山辺郡・南大和　和歌山県　島根石見　岡山県　広島県「ほんま何をしても上手な人じゃ」　山口県　徳島県　香川県「ほんまのことういていた」　愛媛県　高知県　宮崎県　沖縄県西表島　*ほんまく 山梨県南巨摩郡

↓ほんとう(本当)

じんじゃ【神社】　*うがん 沖縄県首里・鳩間島・新城島・与那国島　*うがんじゅ 沖縄県首里　*うたき 沖縄県首里・宮古島　*うわー(「おがみ(拝)」の転という) 沖縄県波照間島　*うんがん 沖縄県小浜島　*おと 青森県上北郡　*おどさま 山形県　*おもり 長野県佐久　*おん 沖縄県石垣島・竹富島　*おんめはん 兵庫県淡路島　香川県　*がんがんさん(幼児語) 福岡県久留米市・八女郡　*かんさまんかた 鹿児島県揖宿郡　*ごーさん 香川県木田郡　*ごしんさん(下流の語) 福岡県山門郡　*しゃ 富山県・西礪波郡　*ちょー 東京都八丈島「ちょーまつり(神社の祭り)」　静岡県賀茂郡　*てら 鹿児島県奄美大島　*どーさま 新潟県　福井県　*どーさん 福井県・丹生郡・大野郡　*どさま 福井県　*みやさま 岐阜県北飛騨　奈良県吉野郡　*みやさん 三重県志摩郡　*みやはん 奈良県高市郡　*もり 岐阜県　静岡県川根　愛知県北設楽郡　香川県小豆島　*もりがみ 奈良県吉野郡　*わー 沖縄県波照間島

しんじょ【寝所】　⇩しんしつ(寝室)

しんしょく【神職】　⇩かんぬし(神主)

じんじんばしょり【爺端折】　⇩しりからげ(尻紮)

しんせき【親戚】　*あいあけ 大阪府泉南郡　*あいだがら 高知市「あいだがらの娘」　*いきうち 大分市　*いけうち 福岡県企救郡　大分県南部　*いけしゅー 新潟県東蒲原郡　*いけなか 山形県　*いっか 香川県　熊本県　*いっかうち 香川県　*いっかけんぞく 島根県　*いっかなか 秋田県由利郡　*いっき・いっきたるき 東京都新島　*いつきまつき 東京都神津島　*いっきょ 石川県　福井県　*いっけ 山形県　千葉県夷隅郡　東京都利島　神奈川県・津久井郡　新潟県　富山県　石川県　福井県　長野県　岐阜県　愛知県宝飯郡・八名郡　三重県　滋賀県　京都府　大阪府　兵庫県　奈良県・吉野郡　和歌山県　鳥取県・西伯郡　島根県　岡山県　広島県　山口県大島　徳島県　香川県　高知県土佐郡　長崎県西彼杵郡　熊本県南部　大分県　宮崎県　*いっけうち 栃木県　兵庫県加古郡　福岡県　熊本県　大分県南部　宮崎県西臼杵郡　*いっけし 徳島県美馬郡　高知県幡多郡　*いっけじゅー 長崎県西彼杵郡　*いっけしょ 新潟県　*いっけなか 山形県　長崎県西彼杵郡　*いっけまつい 富山県砺波　*いっけん 徳島県美馬郡　高知県幡多郡　*いっけんうち 熊本県玉名郡　*いっけんまけ 山形県最上郡　*いんなか 茨城県新治郡　*いんびち 沖縄県首里　*うぇーか 沖縄県首里「うぇーかしゅん(親戚づきあいをする)」　*うちどー 茨城県・行方郡　*うんぱだん(尊敬語) 沖縄県首里　*えのなが 山形県　*えんなか 宮城県伊具郡・仙台市「えんなかどーし」　*えんぴき 栃木県　*えんぴきつづき 山梨県　*えんびきつて 長崎県対馬　*おば 香川県佐柳島　*なかま 茨城県・稲敷郡　栃木県　群馬県利根郡・邑楽郡　埼玉県北足立郡　千葉県　*もつれ 島根県「あの人は隣のもつれだ」　*やうち 新潟市　石川県　福井県　長野県佐久　三重県志摩郡・度会郡　島根県「やうちの折合いがわるい」　長崎県西彼杵郡・五島　熊本県　鹿児島県・硫黄島・屋久島・口之永良部島　*やぶち 福井県　島根県仁多郡・隠岐島　*ゆいしょ 茨城県多賀郡　長野県松本　*るい 新潟県佐渡　兵庫県但馬　鳥取県　岡山県児島郡　高知県「私のるいの者が来ました」　*るいか 新潟県佐渡　高知県・土佐郡　*るいけ 新潟県佐渡　富山県　*るいぞく 新潟県佐渡　高知県・高知市「ごるいぞくのお人でございますか」　*るいちゅー 愛媛県

↓しんぞく(親族)・しんるい(親類)・みうち(身内)

しんせつ【親切】　*きもいり・くくるいり 沖縄県首里　*こいせつい 兵庫県加古郡　*こえらし 宮崎県東諸県郡　鹿児島県肝属郡「こえらし事もえ言わん奴じゃ(無愛想なやつだ)」　*こやらしー 熊本県南部　*こんし 香川県丸亀「みなさんがこんしをはこんでな」　*しゅずん 沖縄県石垣島　*しんて 富山県・高岡市「しんてな」　*しんてー 青森県津軽「あこのおがさま、まあでしんたぇだふとだね(とても親切な方ですよ)」　*しんびやか 島根県能義郡「しんびやかな」　*しんびょ 島根県出雲「しんびょな」　*しんびょー 島根県「隣の男はしんびょーな男だ」　*じんべー 徳島県美馬郡　*せわじえ 島根県「うちの子はせわじょておれしい」　*たねん 島根県益田市・邇摩郡「友人が来るとたねんにする」　*たんねん 島根県「たんねんな人柄で感心する」　*とくとく 新潟県佐渡　*なんご 愛知県西部　広島県高田郡「なんごにものを言う」　*ねんごろ 石川県鹿島郡「忙しいのに、早やねんごろにありがとうございます」　*まてー 青森県津軽　*めんど 秋田県鹿角郡　山形県東置賜郡・米沢市　*めんどー 山形県西置賜郡・東田川郡「めんどーする」　茨城県多賀郡「めんどーがえぇ」

→おもいやり（思遣）

しんぞう【心臓】 ***きも** 栃木県塩谷郡 ***ふくまーみ** 沖縄県首里 ***まると** 山梨県南巨摩郡

しんぞく【親族】 ***いっとうち** 兵庫県加古郡 香川県三豊郡・仲多度郡 奈良県吉野郡 ***いっとー** 長野県上伊那郡・下伊那郡 佐賀県東松浦郡 熊本県玉名郡 香川県三豊郡・仲多度郡 ***いっとーうち** 広島県山県郡 ***しん** 岩手県気仙郡「けんかばかりしているようでも、そこはしんだもの」 ***めーこおいこ** 岩手県上閉伊郡「あれは俺のめーこおいこのような者だ」 ***めーごおいご・めごおいご** 岩手県気仙郡 ***やうち** 新潟市 石川県 福井県 長野県佐久 三重県志摩郡・度会郡 島根県「やうちの折合いがわるい」 長崎県西彼杵郡・五島 熊本県 鹿児島県・硫黄島・屋久島・口之永良部島 ***やぶち** 福井県 島根県仁多郡・隠岐島

→しんせき（親戚）・しんるい（親類）・みうち（身内）

じんそく【迅速】 ***きびきさん** 福岡市

→すばやい（素早）

□**なさま** ***じゃっちゃっと** 和歌山県 ***じゃっちゃん** 大分県北海部郡 ***ただかみたかに** 新潟県東蒲原郡 ***たったかみたか**（「立ったか見たか」か） 茨城県稲敷郡 ***ちーやっと** 愛知県宝飯郡 ***ちゃーっと** 東京都大島「明朝はちゃあっと来い」 静岡県「ちゃーっとお出でなさい」 ***ちゃーと** 静岡県「ちゃーと来い」 愛知県知多郡 ***ちゃちゃと** 青森県 宮城県登米郡 秋田県鹿角郡 山形県 新潟県北蒲原郡 富山県下新川郡 ***ちゃつ** 宮崎県南那珂郡「ちゃつやっくり（すぐやってくれ）」 ***ちゃっこと** 新潟県中魚沼郡・刈羽郡 青森県三戸郡 ***ちゃっちゃっと** 宮城県栗原郡 富山県砺波 鳥取県気高郡・岩美郡 ***ちゃっちゃと** 青森県津軽 岩手県気仙郡「はやくちゃっちゃとやってしまい」 宮城県遠田郡・石巻 秋田県 山形県 新潟県 静岡県 奈良県南大和 和歌山県伊都郡 ***ちゃっと** 北海道函館「ちゃっとこい（速く来い）」 青森県・南部 秋田県 山形県鶴岡市・東田川郡 新潟県 富山県 石川県 福井県 山梨県 長野県 岐阜県 静岡県「ちゃっと行って来よう」 愛知県 三重県 京都府何鹿郡 大阪市 奈良県 和歌山県「ちゃっとしなはれ」 ***ちゃと** 青森県津軽「ちゃとこなが（早く来いよ）」・上北郡 山形県飽海郡 奈良県宇陀郡 島根県隠岐島「ちゃと持って来い」 ***ちゃとちゃと** 島根県隠岐島 ***ちゃんちゃと** 秋田県鹿角郡 ***ちゃんちゃんと** 岩手県気仙郡 秋田県鹿角郡 ***ちゃんと** 秋田県鹿角郡 新潟県佐渡「まっと早う来うと思（も）うたが、ちゃんと来なんで不調法だった」 石川県金沢市 京都府 ***ちゅーろくてん** 大分県玖珠郡・西国東郡

しんたい【身体】 ***しし** 高知県土佐郡「ししない（体の内）」 ***だい** 香川県三豊郡「犬神が子供連れで病人のだいを借りていた」 ***どぅーたい** 沖縄県石垣島・鳩間島 ***どーたい** 新潟県佐渡 ***みほね** 東京都八丈島「みほねが病める（重労働などで体のしんが痛む）」 山梨県南巨摩郡

→からだ（体）

しんちょう【身長】 ***がせー** 東京都八王子「がせいがない」 ***から** 岐阜県飛騨 島根県 愛媛県 ***からせ・からへ** 青森県津軽「まだ幅はないが、からせは一人前だ」 ***すぃーふどぅ** 沖縄県首里 ***せぎりょ** 岩手県気仙郡「せぎりょいい（背が高い）」 ***なりせ・なりせー** 新潟県佐渡「なりせがある」 ***ふど** 沖縄県 ***ふどぅ** 沖縄県首里「ふどぅぬふぃくさん（背が低い）」 ***ほど** 佐賀県「あれはほどが高い」・三養基郡「ほどんふとか（身長が高い）」 熊本県玉名郡 鹿児島県 ***みごろ** 島根県出雲・隠岐島 ***よ** 島根県隠岐島「よが長い（身長が高い）」

→せ（背）②

じんとり【陣取】 ***がわとり** 富山県西礪波郡 ***くにとり** 青森県三戸郡 山形県 岐阜県飛騨 静岡県志太郡 奈良県南大和 香川県高松市 ***くもっとい・くもとい** 鹿児島県鹿児島郡 ***しがり** 広島県芦品郡 ***しろとり** 岐阜県飛騨 ***せっかんもどり** 静岡県志太郡 ***たーすけ** 神奈川県津久井郡 ***とりこ** 長野県下伊那郡

□**遊び** ***はじきちもり**（おはじきを使った陣取り遊び） 山形県西置賜郡 ***けんけんじんとり**（片足跳びで行う陣取り遊び） 島根県益田市 ***げんじ**（片足跳びで行う陣取り遊び） 三重県志摩郡

しんぱい【心配】 ***あじこと** 青森県・上北郡「あじことばかりするから早く老ける」 岩手県 宮城県登米郡・玉造郡 山形県 福島県 新潟県 富山県 ***あたまやみ** 山形県南部 ***あちこと・あつこと** 青森県南部・津軽 岩手県 宮城県・石巻・仙台市「あつことであつことでたっても居てもいられえん」 山形県 新潟県中越 ***あでごと** 山形県東田川郡 ***あんじ** 群馬県勢多郡「あんじゃーねー（心配ない）」 埼玉県秩父郡 富山県射水郡 長野県上伊那郡 岐阜県「子供もこんね大きうなったで、もうあんじないこといな（心配ないことだね）」 静岡県榛原郡 愛知県東加茂郡・知多郡 兵庫県加古郡「水が強いさけ（十分あるから）あんじがない」 ***あんじごと** 青森県 岩手県紫波郡 秋田県 山形県 新潟県岩船郡・東蒲原郡「ずいぶん遅がったな、あんちこどしてだぞ」 岐阜県飛騨 三重県阿山郡・名賀郡 京都府 ***あんぜ** 兵庫県加古郡 ***あんだい** 兵庫県淡路島「一ぺんも読んだ事あ無いよって、人前ではあんだいで読まれへん」 徳島県「あんだいがる」 香川県 高知県長岡郡 ***あんや** 岐阜県恵那郡 ***うみーやみー** 沖縄県首里 ***おもやみ** 青森県「怪我人に会うのがおもやみで

ならぬ」　宮城県栗原郡　山形県「さうおもやみするな」　*きあつかい 新潟県佐渡「お客さんが来るときあつかいだ」　島根県美濃郡・益田市「内にもかいさな(いくじない)奴がおって、きあつかいばっかしさせるてや」　*きったく 長野県東筑摩郡「よくきったくをいふ人だ」　*きのどく 岩手県気仙郡「どうもきのどぐかげですみません」　宮城県栗原郡「あまり気の毒して病気になった」　秋田県鹿角郡「きのどくさないで下され(ご心配下さるな、おかまいなく)」　*きやみ 福島県西白河郡「きやみする」　*く 山形県北村山郡「すごどくえなて(仕事が気掛かりで)べんきょーなどさんなえ」　秋田県横手「この事あくだ」　大分県「くになる」　鹿児島県　*くー 青森県津軽「くうする」　和歌山県　*くったく 山形県東置賜郡・米沢市「そがえに、くったぐしんな」　富山県富山市近在「何そんなにくったくすることある」・砺波　*くにゅー 高知県長岡郡　*しあん 徳島県美馬郡　*しょわ 大分県　*しわ 鹿児島県喜界島　沖縄県首里　*ちむふぃちゃぎ 沖縄県首里　*つかえ 鹿児島県屋久島「そいのぶんはつかえ無かろ」　*どんじゃく 大阪市「とんじゃくせんと、やってしまひなはれ」　*にんずぃけー 沖縄県首里　*ほねおり 大分県北海部郡・玖珠郡「ほねおりじゃ(心配だ)」　*もっこく 静岡県志太郡「もっこくしる」・安倍郡　*ものごい 福井県

↓きがかり（気掛）

□する　*あばう 新潟県岩船郡　*かいにかける 島根県「そげーにかいにかけーな」　*かまける 新潟県西頸城郡　長野県上田　*きもがやける 島根県　*きもはら 香川県木田郡　長崎県壱岐島「間に合うぃーるともーちきもはら焼いた」　*きもはらもやす 徳島県　*きもみやく 島根県八束郡　*きもをいる 広島県芦品郡・高田郡　*きもをやく 新潟県上越「いらぬきもをやく」　島根県　岡山県児島郡　広島県　山口県　福岡県小倉市　*きゃなにかける 島根県八束郡「海があんまり荒れるのできゃなにかけた」　*くをみる 青森県津軽・南部　*げんぎもむ 香川県伊吹島　*げんきをもむ 広島県倉橋島・高田郡　*こんきとる 長崎県対馬「あの子供は癖の悪い者で親にこんきばかりとらしとる」　*じんごーをいる 島根県美濃郡・益田市　*しんぱう 高知県長岡郡・高知市「もーあのことはしんぱうことはない」　*せわやく 島根県　佐賀県藤津郡「たよいのこーぢもせわやかーぢまっといござい」　熊本県芦北郡・八代郡　宮崎県日向　鹿児島県肝属郡・鹿児島郡　*せんきやむ 宮城県石巻　秋田県雄勝郡「少しの事にもせんきやむ」　*ぞーもむ 三重県志摩郡　高知県「病人が出来てぞーもんだ」　*ぞーをもむ 高知市　*ねーにする・ねーになる・ねになる 富山県砺波　*ふぃちゃぎゆん 沖縄県首里　*むくのむ(「もくろむ」の転か) 島根県美濃郡・益田市　*むしがやめる 千葉県安房郡　*やむ 徳島県海部郡　*やめる 宮城県登米郡・玉造郡　埼玉県秩父郡

□だ　*あんじらしー 島根県出雲・隠岐島「子供が川へ行きたけんあんじらしてならん」　*うい 愛知県北設楽郡　滋賀県「ういこっちゃ」　*うだだい 千葉県山武郡　*うたてー 滋賀県彦根・甲賀郡　*うたでー 千葉県東北部・海上郡　*うだでー 千葉県匝瑳郡　*おたてー 愛媛県大三島　*おとましー 静岡県榛原郡　三重県　滋賀県滋賀郡・高島郡　*こわい 岐阜県　*ぶあんない 岐阜県飛驒「お前一人やるのは何となくぶあんない」　*むさい・もさい 石川県能美郡・石川郡　*ものごい 福井県　*ゆかしー 福島県「便りがないのでゆかしい」

しんぴん【新品】

*あば 熊本県「あば洋服」「あば手拭い」　宮崎県　*あばうち 熊本県芦北郡・八代郡　*あばおろし 熊本県芦北郡・八代郡　宮崎県東諸県郡　*あらき 静岡県磐田郡　*あらしこ 愛知県宝飯郡　*あらす 茨城県　長野県上伊那郡「あらすをおろした」・下伊那郡　静岡県榛原郡「このシャッポーはあらすだ」　愛知県名古屋市・知多郡　*いっちょー 香川県仲多度郡　*さらみーむん・みーむん 沖縄県首里　*さらもん 新潟県佐渡　奈良県　長崎県長崎市・伊王島・対馬　*しょーたま 高知県「これはまだしょーたまじゃーが、いつ買いましたか」　*ちゃきちゃき 広島県高田郡　*ばんさら 香川県伊吹島　*まっさら(「さら(新)」を強めたもの) 新潟県西頸城郡　岐阜県飛驒　滋賀県彦根　京都市　大阪市　兵庫県・神戸市　奈良県「まっさらのくせにこんなにいがんどる。やっぱり安物やなあ」・南大和　和歌山県　岡山県児島郡・小田郡　山口県　徳島県　香川県「まっさらの服着て何処行くんや」・高松　愛媛県松山　*まんざら 高知県土佐郡　*みーむぬ 沖縄県石垣

方/言/の/窓

●成長魚名とその地域差

成長とともに呼び名の変わる成長魚。一般には出世魚と呼ばれ、代表格はブリ、ボラ、スズキである。また、「とどのつまり」ということばは、ボラの特大（五〇センチ以上）のものをトドというところに由来する。

成長段階別の呼び名には地域差が見られる。例えばブリの成長段階を幼魚―若魚―壮魚（特大をブリ）の三段階とした場合、幼魚では関東・東海などにワカシ・ワカナ（ゴ）、北陸・近畿にツバス・ツバイソが分布、若魚では東北・関東・東海にイナダ、北陸にフクラギ、近畿・中国・九州にハマチが分布、さらに壮魚では東北にアオ、関東・東海にワラサ、北陸にイナダ、近畿・中国にメジロが分布している。ハマチは関東になかったことばだが、魚の養殖が西で発達したため共通語になった。

島

しんぷ【新婦】 ⇩はなよめ（花嫁）

しんぼう【辛抱】 *しんぼーかんぼ 徳島県 *にずぃーくねー 沖縄県首里 *ふしょー 新潟県佐渡「ふしょうする」 岐阜県本巣郡 静岡県志太郡「これでふしょーしてくりょー」 愛知県名古屋市 ↓がまん（我慢）・たえる（耐・堪）

□**する** *いきずむ・いきむ 兵庫県神戸市「いきんどったけど、あの折くらい辛いことはなかった」 *かんぼーたおす 徳島県「私もあの子にはかんぼうたおしました」 *こばる 福井県大飯郡 京都府竹野郡 兵庫県但馬・加古郡「泣きとうてもこばっとれ」 *ごばる 京都府 *こぼる 京都府与謝郡 *しびらえる 三重県度会郡 *ゆしぬん 沖縄県首里

しんまい【新米】 *にごめ 鹿児島県 *みーまい 沖縄県石垣島

しんもつ【進物】 ⇩おくりもの（贈物）

しんるい【親類】 *あいあけ 大阪府泉南郡 *いーどーなか 茨城県 *いえおち 島根県隠岐島 *いえどーし 岩手県九戸郡「あの人はおれのえーどーしだ」 *いきうち 大分市 *いけうち 福岡県企救郡 大分県南部 *いけしゅー 新潟県東蒲原郡 *いけなか 山形県 *いちまき 宮城県伊具郡 東京都八王子 神奈川県 山梨県・南巨摩郡 徳島県 香川県三豊郡・仲多度郡 愛媛県 高知県高岡郡 *いちまく 栃木県 *いちまけ 栃木県南部 群馬県邑楽郡 埼玉県秩父郡 *いちり 佐賀県藤津郡 長崎県諫早市 *いちりー・いちりーい 佐賀県 *いちるい 山形県置賜 山梨県南巨摩郡 徳島県 愛媛県 熊本県球磨郡 *いちれ 長崎県諫早市・西彼杵郡 *いちろい 山形県 熊本県球磨郡 *いっか 香川県 熊本県 *いっかうち 香川県 *いっかけんぞく 島根県 *いっかなか 秋田県由利郡 *いっかぶ 島根県出雲 *いっき・いっきたるき 東京都新島 *いっきまつき 東京都神津島 *いっきょ 石川県 福井県 *いっけ 山形県 千葉県夷隅郡 東京都利島 神奈川県・津久井郡 新潟県 富山県 石川県 福井県 長野県 岐阜県 愛知県宝飯郡・八名郡 三重県 滋賀県 京都府 大阪府 兵庫県 奈良県・吉野郡 和歌山県 鳥取県・西伯郡 島根県 岡山県 広島県 山口県大島 徳島県 香川県 高知県土佐郡 長崎県西彼杵郡 熊本県南部 大分県 宮崎県 *いっけうち 栃木県 兵庫県加古郡 福岡県 熊本県 大分県南部 宮崎県西臼杵郡 *いっけし 徳島県美馬郡 高知県幡多郡 *いっけじゅー 長崎県西彼杵郡 *いっけしょ 新潟県 *いっけなか 山形県 長崎県西彼杵郡 *いっけまつい・まっつい 富山県砺波「おらちゃ（私の家の）まっついの者じゃ」 *いっけん 徳島県美馬郡 高知県幡多郡 *いっけんうち 熊本県玉名郡 *いっけんまけ 山形県最上郡 *いっせき 神奈川県三浦郡 *いつるい 宮崎県西臼杵郡 *いときじょ・いとくじょ・いとこじょ 熊本県 *いとこ 青森県 岩手県 秋田県鹿角郡 山形県 福島県会津 千葉県 新潟県 香川県 長崎県 熊本県 大分県北海部郡 鹿児島県 *いとこはとこ 岩手県気仙郡「遠くのいとこはとこより近くの他人」・平泉 新潟県「金を溜めるとえとこはとこの末まで寄ってくる」 *いんなか 茨城県新治郡 *うぇーか 沖縄県首里「うぇーかしゅん（親戚づきあいをする）」 *うから 大分県大分郡 *うちうち 長野県上伊那郡 徳島県 *うちごろ 徳島県 *うちなか 宮城県石巻・仙台市「これねす、わだっしゃどこのうちなかの娘でござりすてば」 *うちま 兵庫県淡路島 徳島県・美馬郡 香川県・三豊郡 大分市 *うちまー（血族） 鹿児島県喜界島「何某のうちまーは揃いも揃って正直だ」 *うちわ 新潟県東蒲原郡・中頸城郡 長野県更級郡・下水内郡 広島県高田郡 山口県阿武郡（姻戚を含まない）・玖珂郡 *うちんなか 山形県東置賜郡・最上郡（親類仲） *うつぃざぴとぅ 沖縄県波照間島 *うつわ 長野県下水内郡 *うとぅざ・うとぅざまり 沖縄県石垣島・鳩間島 *うとぅじゃ 沖縄県竹富島 *うとぅなだー 沖縄県宮古島・竹富島 *うやく 沖縄県与那国島 *えどし 岩手県気仙郡 *えのうち・えのなが 山形県 *えんか 神奈川県中部 福岡市 熊本県 *えんかうち 神奈川県愛甲郡 *えんつり（「つり」は血筋の意） 宮城県石巻 *えんなか 宮城県伊具郡・仙台市「えんなかどーし」 *えんやい 大分県北海部郡 *えんるい 新潟県東蒲原郡 熊本県上益城郡 *おやく 青森県 山形県 千葉県市原郡 神奈川県足柄下郡・三浦郡 静岡県 三重県度会郡 鳥取県東伯郡 島根県隠岐島 *おやくさま 青森県 *おやくまき 青森県 山形県 *おやこ 青森県 岩手県下閉伊郡・上閉伊郡 秋田県 山形県 福島県南会津郡 群馬県 埼玉県入間郡「おらんちにゃ東京におやこがある」 千葉県東葛飾郡 東京都新島・神津島・八丈島 神奈川県津久井郡 新潟県 石川県 福井県今立郡 山梨県 長野県 静岡県 愛知県岡崎市・知多郡 三重県 滋賀県 京都府加佐郡 鳥取県西伯郡 島根県 広島県 香川県小豆島 福岡市 長崎県壱岐島 熊本県八代郡 沖縄県宮古島 *おやこし 福岡県粕屋郡 *おやごし 福岡市 *おやこまき 青森県上北郡 山形県 *おやと 愛知県知多郡 *おやほ 東京都大島 *かっぴち 沖縄県首里 *かない 東京都三宅島 鹿児島県上甑島「かなえじゅうの人どんば」 *かび 島根県出雲市 *かぶ 福井県遠敷郡 三重県一志郡 京都府船井郡・北桑田郡 島根県出雲 徳島県那賀郡 *かぶうち 福井県遠敷郡 三重県一志郡 兵庫県佐用郡・赤穂郡 岡山県 徳島県 愛媛県 *かぶた 島根県簸川郡 *かまど 青森県上北郡 *きょでむら 鹿児島県揖宿郡 *くるわ 長野県上田「ひとくるわ」・佐久「くるわぢゅう来る」 *けなー 鹿児島県種子島 *ざい

しょ 静岡県志太郡 *じんぎさき 愛媛県・大三島 *すいじむてぃ 沖縄県首里 *すじ 兵庫県赤穂郡 *だむり・だむりー・だむれ・みだむりー 宮崎県西臼杵郡 *たむれ 熊本県阿蘇郡 *ちかた 山口県見島 *ちのきれ 長崎県五島 *ちのみち 山形県 長野県諏訪・上伊那郡「あの人のちのみちだよ」 *ちみち 青森県 福島市 栃木県塩谷郡 群馬県吾妻郡「ちみちの人（血のつながっている人）」 新潟県中頸城郡 山梨県南巨摩郡 長野県 静岡県榛原郡「ちみちにだけ明かせ」 *てまわり 秋田県 *なかま 茨城県・稲敷郡 栃木県 群馬県利根郡・邑楽郡 埼玉県北足立郡 千葉県 *はらうじ 沖縄県首里 *ぱらおず 沖縄県宮古島 *はるうつい 鹿児島県加計呂麻島 *ぱろーじ 鹿児島県喜界島 *はろじ 鹿児島県沖永良部島 *ひっぱり 茨城県稲敷郡 栃木県「おうちとあそこは何だかしんね、きっともいくらかひっぱりになってるって話だ」 新潟県中頸城郡 山梨県南巨摩郡 広島県高田郡 *ひっぱりあい 高知県長岡郡 *ひっぱりまき 新潟県中頸城郡 *ひっぽ 香川県三豊郡「あの子はひっぽがええけに出世するわ」 *ひっぽー 新潟県佐渡 岡山市 *ひっぽーさき 岡山市 *まがら 沖縄県首里 *まつい 新潟県佐渡 富山県高岡市・砺波 石川県珠洲郡・鳳至郡 福井県大野郡 岐阜県北飛騨・大野郡「親子まつい」「親類まつい」 *まつき 東京都新島 *みかわ・みよて 新潟県佐渡 *みのはんじ 秋田県平鹿郡 *むんちゅー 沖縄県首里「むんちゅーばか（一門の共同の墓）」・竹富島 *やうち 新潟市 石川県 福井県 長野県佐久 三重県志摩郡・度会郡 島根県「やうちの折合いがわるい」 長崎県西彼杵郡・五島 熊本県 鹿児島県・硫黄島・屋久島・口之永良部島 *やぶち 福井県 島根県仁多郡・隠岐島 *よしみ 新潟県高田市 兵庫県加古郡 *よりあいかぶ 岡山県真庭郡 *るい 新潟県佐渡 兵庫県但馬 鳥取県 岡山県児島郡 高知県「私のるいの者が来ました」 *るいか 新潟県佐渡 高知県・土佐郡 *るいけ 新潟県佐渡 富山県 *るいぞく 新潟県佐渡 高知県・高知市「ごるいぞくのお人でございますか」 *るいちゅー 愛媛県 *わのうち 島根県
↓しんせき（親戚）・しんぞく（親族）・みうち（身内）

しんろう【新郎】 ⇩はなむこ（花婿）

す

す【州】 *しか 宮城県登米郡 *すか 宮城県亘理郡 福島県相馬郡 岡山県御津郡 高知県長岡郡 *すかば 宮城県登米郡・仙台市 *すなそわい 岡山県御津郡 *なかぜ（川の中にある州） 山梨県南巨摩郡 静岡県磐田郡 *ぱまゆねー（「浜寄土」の意） 沖縄県波照間島 *ゆーに 沖縄県石垣島 *ゆに 沖縄県竹富島・鳩間島 *ゆねー 沖縄県小浜島 *よさき（川じりの州） 島根県隠岐島

す【巣】 *あせり 岡山県児島郡 *とや 香川県仲多度郡・綾歌郡 *ろー 静岡県磐田郡

す【酢】 *あな（夜買いに行く時だけ言う） 佐賀県藤津郡 *あま 鹿児島県姶良郡 *あまざき 沖縄県首里・石垣島 *あまみ 鹿児島県 *あまむ 鹿児島県宝島 沖縄県 *あまり 滋賀県蒲生郡（花柳界の語） 奈良県 広島県・走島 愛媛県宇摩郡 長崎県五島・壱岐島 宮崎県日向 *あまん 宮崎県日向 鹿児島県 沖縄県 *さげ（「さけ」の有声化か） 鹿児島県揖宿郡 *たれ 千葉県東葛飾郡 *ぱーり 沖縄県黒島 *ぱいり 沖縄県石垣島・小浜島 *はいりー 沖縄県与那国島 *ぱいる 沖縄県鳩間島 *ふぇーい 沖縄県首里 *ぺい 鹿児島県与論島 沖縄県国頭郡 *ぺーい 鹿児島県喜界島 *ぺーり 鹿児島県喜界島 沖縄県新城島 *ぺーる 沖縄県竹富島・波照間島 *もぶり 広島県倉橋島

すあし【素足】 *あかずね 富山県 *からぱん・からぴしゃ 沖縄県石垣島 *からふぃしゃ 沖縄県首里 *すっぱだし 群馬県吾妻郡 *ちぼこあし 山形県西置賜郡 *つばーし 埼玉県秩父郡 *つぶあし 埼玉県秩父郡 東京都八王子 神奈川県津久井郡 新潟県佐渡 長野県「この寒いにつぶあして居る」 *つぶこあし 山形県東田川郡 *つぶらあし 長野県佐久 *つぼあし 群馬県多野郡 埼玉

県秩父郡　山梨県　長野県　岐阜県飛騨「つぼぁしで田へ入る」 ＊どーあし 香川県 ＊はんだ 岩手県九戸郡・下閉伊郡
↓はだし（裸足）

すいか【西瓜】 ＊あかうい 沖縄県島尻郡 ＊くわんとぅうい（「広東瓜」か）沖縄県首里 ＊さいうり 大阪市 ＊すぃーくわうい 沖縄県首里 ＊そーめんうり 新潟県佐渡 ＊みずなし 山口県一部 ＊やまとーら 沖縄県小浜島 ＊やまとーり 沖縄県石垣島・黒島 ＊やまとーる 沖縄県宮古島

すいかん【酔漢】 ⇩よっぱらい（酔払）

すいじ【炊事】 ＊あらいまし 山梨県南巨摩郡 長野県佐久 ＊あらいまわし 岐阜県岐阜市・飛騨「茶碗や丼のあらいまわしをせならん」 愛知県知多郡 ＊うなり 島根県鹿足郡「うなりする」 ＊おさんど 新潟県上越市 京都府葛野郡 ＊おしかけ 長野県上水内郡・諏訪「おしかけの支度をする」 ＊おてんぞー 神奈川県愛甲郡・中郡 ＊おてんど 神奈川県中郡 ＊おなじ 和歌山県伊都郡 ＊おなな 滋賀県東浅井郡・坂田郡 ＊おなり 三重県 滋賀県 奈良県「おなり婆さん雇はんならん」 鳥取県日野郡「おなりする」 島根県 ＊おばんし 栃木県西部 群馬県山田郡・多野郡 神奈川県津久井郡 長野県佐久 静岡県伊豆 ＊かきまわし 茨城県 ＊かぎまわし・かぎまし 栃木県 ＊かしき 秋田県鹿角郡「かしきに行く」 茨城県北相馬郡「朝のかしき」 千葉県東葛飾郡 神奈川県藤沢市・中郡 岐阜県飛騨 静岡県「ちいとかしきをやっておくれや」 愛知県知多郡 和歌山県 島根県隠岐島 香川県伊吹島・佐柳島 愛媛県周桑郡 ＊かしぎ 青森県上北郡・三戸郡 岩手県上閉伊郡・気仙郡「俺、山さいぐがら、かしぎしておけや」 長野県上伊那郡 愛媛県周桑郡 ＊かじき 高知県 ＊くいごと 鳥取県八頭郡 ＊くいものごしらえ 島根県 ＊くいもんごしらえ 新潟県佐渡 ＊くーこと 岩手県気仙郡「一日中くうごどばりしている様だ」 鳥取県 ＊くーもんごしらえ 島根県隠岐島 ＊くえしごと 岩手県気仙郡 ＊けんじ 新潟県佐渡 ＊ごったく 千葉県夷隅郡 ＊じょーしき 鹿児島県喜界島 ＊しょーてー 宮崎県西臼杵郡 ＊しょたい 島根県八束郡 徳島県 香川県「しょたいする（炊事する）」 愛媛県 長崎県壱岐島 熊本県玉名郡 大分県 ＊しょちゃ 熊本県玉名郡 ＊しょて 宮崎県西臼杵郡・西諸県郡 ＊しょてーまわり 長崎県壱岐島 ＊せせり 栃木県日光市 ＊ぞーし 山形県東田川郡 茨城県 千葉県香取郡 長野県上伊那郡 静岡県「ぞーしば（流し場）」 愛知県愛知郡 京都府竹野郡「ぞーしはいつもおかあさんがしてくれます」 香川県 愛媛県 ＊ぞーしち 沖縄県首里 ＊ぞーしばん 静岡県 ＊たきいびり 長崎県壱岐島 ＊たなまい 富山県東礪波郡「たなまいすまいてから行く」 ＊たなもと 兵庫県加古郡・明石郡 奈良県南部「たなもとする」 ＊たのもと 和歌山県「早うたのもとしてしまへよ」 ＊つかみだて 茨城県鹿島郡 ＊てんじょ・てんじょー 岩手県気仙郡 ＊てんぞ（元来は「禅寺で衆僧の食事をつかさどる役」の意）岩手県気仙郡 ＊てんぞー 岩手県気仙郡「てんぞうする（自分かってに煮炊きをして食べる）」 宮城県栗原郡 ＊どーし 山口県大島 ＊なーべじゃ 石川県能美郡「なーべじゃをする」 ＊なっしょ 鳥取県 ＊ばーじ 島根県隠岐島 ＊ひまなし 佐賀県「私はひまなししてゐるから忙しい」 ＊ぼーじ 東京都八丈島「ぼーじする」 島根県隠岐島 ＊ほせり 静岡県賀茂郡 ＊ほせる 静岡県「夕飯のほせるをせる」 ＊まかない（山言葉）秋田県雄勝郡「まかねえしる（する）」 ＊ままざめや 秋田県仙北郡 ＊ままじまい 山形県 ＊みしざめー 山形県庄内 ＊みしじゃまい 青森県津軽 ＊めしくいざんまい 秋田県鹿角郡 ＊めしざめ 山形県西田川郡 ＊やご 新潟県北魚沼郡

□する ＊かるめる 福島県南会津郡 ＊ばしす（「ばし」は「ぼーじ（庖仕）」の転か）秋田県鹿角郡

□婦 ＊おばんし 栃木県西部 群馬県南東部 埼玉県秩父郡 東京都旧市域・八王子 神奈川県津久井郡・藤沢市 山梨県 長野県佐久 ＊おばんしおんな 神奈川県 ＊おばんしゅ 山梨県甲府市・南巨摩郡 ＊おばんしゅー 山梨県南都留郡 ＊ままたき 青森県上北郡 愛媛県・松山 ＊めしたきなー 青森県三戸郡

□をする人 ＊おてんぞーばん・おてんどばん 神奈川県愛甲郡・中郡 ＊おてんどー 神奈川県中郡・足柄上郡 ＊かしき 東京都三宅島・御蔵島 富山県東礪波郡 山梨県南巨摩郡 岐阜県飛騨「かしきに頼まれる」 静岡県志太郡・磐田郡 三重県北牟婁郡 ＊かしぎ 青森県津軽・上北郡 岩手県上閉伊郡 ＊かしきす 香川県男木島 ＊なべ・なんべ 青森県津軽 ＊にやきと 青森県三戸郡 ＊ぼーじ 東京都八丈島

すいじば【炊事場】 ＊いどや 岐阜県飛騨 ＊おかまや 山梨県 ＊かしぎば 岩手県気仙郡 福島県石城郡 ＊かまごや 長崎県諫早市 ＊かまじょ 香川県三豊郡 ＊かまど 新潟県・東蒲原郡 滋賀県愛知郡・彦根 ＊かまとこ 香川県 ＊かまどこ 香川県与島 ＊かまどころ 長崎県西彼杵郡 ＊かまなや 熊本県天草郡 ＊かまば 宮城県栗原郡 千葉県長生郡 広島県大崎下島 山口県見島 徳島県三好郡 香川県 高知県幡多郡 ＊かまべや 兵庫県加古郡 ＊かまや 埼玉県入間郡 東京都三宅島 山梨県 愛知県北設楽郡 兵庫県淡路島 徳島県 香川県 愛媛県 高知県・土佐郡 長崎県北松浦郡・南高来郡 熊本県 大分県 宮崎県西臼杵郡 鹿児島県宝島・黒島 ＊かまやど 兵庫県淡路島 ＊こーまい 石川県羽咋郡・河北郡 ＊こま 青森県三戸郡 山梨県 ＊こまい 新潟県岩船郡 ＊さいば・さいなば 福島県南会津郡 ＊したのいえ 鹿児島県宝島 ＊せーじ 長野県上田 三重県志摩郡 奈良県吉野郡 ＊せじば 香川県 ＊せんじ 三重県 ＊せんどこ 三重県度会郡・宇治山田市 ＊たな

ず千葉県安房 *たなぶと 滋賀県高島郡 *たなぼと 三重県度会郡 *たなまえ 宮城県本吉郡・栗原郡 秋田県鹿角郡 富山県・西礪波郡 *たなもと 新潟県佐渡 富山県西礪波郡 山梨県・南巨摩郡 長野県更級郡 三重県 京都府愛宕郡 兵庫県 岡山県 山口県玖珂郡 長崎県・対馬 大分県宇佐郡・速見郡 *たなんした 長崎県西彼杵郡 *たなんと 島根県出雲・隠岐島 *たぬもと 長崎県壱岐島 *たのまえ 富山県 *たのもと 静岡県 兵庫県 和歌山県新宮 岡山県津山 長崎県・北松浦郡(中流以下) 大分県宇佐郡・南海部郡 *たもと 静岡県 *たるもと(土間の奥にある板敷の台所) 東京都新島 *ないしょ 宮城県栗原郡 静岡県 徳島県 大分県 *ないしょー 愛媛県今治市・周桑郡 *ないしょーま 愛媛県東宇和郡・周桑郡 *はしい 鹿児島県肝属郡・揖宿郡 *はしり 三重県伊賀 滋賀県滋賀郡 兵庫県佐用郡・神戸市 広島県江田島・比婆郡 熊本県球磨郡 *はしりば 愛媛県 *はしりまえ 福島県相馬郡 *はしりもと 京都府 兵庫県神戸 *ぼーじば 東京都八丈島 *みじすきどろ 鹿児島県奄美大島 *みじゃ 岩手県和賀郡 *みずけどこい 鹿児島県 *みずつけところ 熊本県芦北郡 *みずや 宮城県仙台市 新潟県 岐阜県飛驒 *みっつけーどころ 熊本県芦北郡・八代郡 *みんざ 山形県最上郡 *みんじゃ 青森県津軽 新潟県佐渡・西頸城郡 富山県砺波 *みんじょー 新潟県 *めんじゃ 富山県下新川郡 *やーま 沖縄県小浜島

→だいどころ(台所)

すいしゃ【水車】 *からうす 大分県日田郡 *からすば 福井県吉田郡 *さこんじょー 島根県鹿足郡 *さこんたろ 鹿児島県種子島 *しゃくんたん 島根県鹿足郡 *しゃこぐるま 奈良県宇陀郡 *しゃこんた 島根県鹿足郡・益田市 *しゃこんたー 島根県益田市 *しゃこんたん 島根県石見 *しょーず 奈良県宇陀郡・吉野郡 *ぜんぐり 大分県速見郡 *そーず 三重県南牟婁郡 奈良県吉野郡 和歌山県日高郡 島根県 広島県 愛媛県 高知県高岡郡「そうづごや(水車小屋)」 *そんじ 島根県仁多郡 *つきば 島根県八束郡 *つきや 青森県三戸郡 岩手県気仙郡 岐阜県飛驒 島根県 岡山県真庭郡・苫田郡 *はたぎ 島根県仁多郡 *まいまい 岡山県苫田郡 *みずや 長野県西筑摩郡 岐阜県恵那郡

□小屋 *かちば 岐阜県大野郡 *がったり 福井県丹生郡 *かっちゃ 富山県 *からうすや 岐阜県郡上郡 *くるまや 新潟県佐渡・中頸城郡 長野県 岐阜市 静岡県 *しょーず 和歌山県「しょうずに米を入れて行かうか」 *つきば 島根県八束郡 *つきや 青森県三戸郡 岩手県気仙郡 岐阜県飛驒 島根県 岡山県真庭郡・苫田郡 *みずがす 岐阜県飛驒 *やがら 青森県南部

すいじゃく【衰弱】 *ぎなっと 山形県置賜 *ごーやくがん・ごーやくからだ 新潟県佐渡

→おとろえる(衰)

□する *おがれる 富山県砺波 *かおる 福島県北会津郡 *がおる 北海道 岩手県 宮城県 秋田県平鹿郡・鹿角郡 山形県 福島県 栃木県 新潟県岩船郡・東蒲原郡 *かせる 大分県日田郡 *がぜる 岩手県気仙郡 *がせへる・がへる 青森県三戸郡「あの老人はとてもがへて見える」 *がぞれる・がじょれる・かどれる 岩手県気仙郡 *がめる 神奈川県中郡 新潟県東蒲原郡 兵庫県佐用郡(顔がやせる) 鳥取県西伯郡 岡山県 *がれる 茨城県 栃木県 埼玉県北足立郡・北葛飾郡 千葉県 *がんしゅい 鹿児島県喜界島 *ぎなる 滋賀県愛知郡 *ごねりこむ 島根県石見 *ごねる 千葉県香取郡 島根県 香川県高松市 鹿児島県種子島 *しくる 長崎県北松浦郡 *しける 広島県 山口県豊浦郡 香川県塩飽諸島 *ぼんのくぼがすく 長崎県対馬 *なえくる 島根県「病気で子供がなえくった」 *なえる 京都府熊野郡 島根県 福岡市 長崎県南高来郡 熊本県 *なゆる 熊本県玉名郡 *ひいがかれる 長崎県諏訪 *ひっこなす 群馬県多野郡「長く寝ていてひっこなされた」 *よろけー 鳥取県西伯郡 *よろける 秋田県北秋田郡「年とってよろける」 鳥取県西伯郡 島根県

すいせん【水仙】 *きんだい 千葉県上総 *ぎんだい 千葉県安房郡 *ぎんで 鹿児島県・鹿児島郡 *ぎんでか 鹿児島県・肝属郡 *ぎんでかん 鹿児島県 *ぎんでばな 鹿児島県鹿児島市・出水郡 *きんどんばな 鹿児島県川辺郡 *とーびる 鹿児島県奄美大島 *とっぴん 沖縄県石垣島

すいてき【水滴】 *つんぼこ 和歌山県西牟婁郡

→しずく(滴)

すいでん【水田】 *うたり 東京都南多摩郡 *くな 岡山県真庭郡 *すいだ 香川県大川郡 *たなば 新潟県北蒲原郡 *たなぼ 山形県西置賜郡 茨城県・久慈郡 新潟県・岩船郡・北蒲原郡 *たのんぼ 栃木県河内郡 *なめしだ 山形県最上郡 *なめった 静岡県 *はだ 静岡県 *ひどろ 宮城県登米郡 新潟県中越・中頸城郡

→た(田)

ずいぶん【随分】 *あだに 愛知県「あだに大きい」「これ田舎のかきもちだが、あだに食べられる」「この娘の帯もしめてみるとあだにえい柄だった」 *あらい 山形県庄内 *あんまりか 愛知県宝飯郡「あんまりか好い」「あんまりかうまい」 *いーかん 長野県 静岡県志太郡 *いーくれ 宮城県仙台市「いーくれ使ったんでがえんか(使ったのでしょうか)」 *いーころ 大分県南海部郡 *いっかん 長野県諏訪「いっかん金がたまる」 *いっくれー 青森県上北郡 *えーがほど 石川県河北郡 *えーかん 埼玉県秩父郡「今年の芋もえーかん採れた」 新潟県中頸城郡 山梨県 長野県東筑摩郡・佐久 静岡県「へぁー時間がえーかん(相当)たってー」「ええかんあら(かなりあるよ)」 *えーこい・えーこち 鹿児島県 *えーころ 茨城県久慈郡 島根県石見「家を出てからえーころになる」「石がえーころあった」 岡山県苫田郡「わしもあのときゃええころ酔うとったで(かなり酔っていた)」 *えーしこ 福岡市「魚がええしこ獲れた」 佐賀県 長崎県対馬「えーしこも舟山へも通うちょうる」 熊本県八代郡 鹿児島県 *えこっ 鹿児島県 *えっからかん 長野県東筑摩郡 *えっかん 長野県 *えっころ 山形県「掛直もえっころ有るんだ」 愛知県名古屋市「日中はえっころ暑うなった」 三重県度会郡 鳥取県西伯郡「あの店はえっころもうけて居る」・日野郡 島根県「えっころ人が集まった」「お前の方がえっころ悪い」「この品はえっころすーかね(担当高価かね)」 愛媛県 高知県「これはえっころ佳い品ぢゃのーし」 *えら 栃木県南西部 群馬県邑楽郡「えら、むしにくわれた」 埼玉県北葛飾郡 奈良県吉野郡 *えらい 山形県西村山郡・最上郡「えらえ雪降ったな」 埼玉県秩父郡・大里郡 千葉県香取郡・山武郡 新潟県・佐渡 石川県珠洲郡 福井県丹生郡 山梨県北都留郡・南巨摩郡 長野県「えらいよく出来た」 岐阜県 愛知県 三重県 滋賀県「えらいすまんな」 京都市 大阪府 兵庫県南部「えらいおざっくでおます(たいへんお粗末でした。主人の終宴の挨拶)」 奈良県 和歌山県 鳥取県西部 島根県 岡山県 広島県 山口県阿武郡 徳島県 香川県 高知県 福岡県北九州市 熊本県 大分県別府市・大分郡 宮崎県 *えろない 兵庫県加古郡「頭えろないに打った」 *かいさ 島根県鹿足郡・益田市「かいさ御無沙汰した」 *けんがく 愛媛県 *けんぎやく 愛媛県伊予郡「今日はけんぎゃく寒い」 *こーて 山形県鶴岡市 *ごーと 島根県美濃郡・益田市「病気がごーとよーなった」 *ごっと 島根県益田市・邑智郡「ごっとの昔」「病気がごっとよくなった」 岡山県 *ごっとー 島根県鹿足郡 *こぴぁしねぁ(「ぴぁしねぁ」は「拍子ない」か。「早く」に添えて用いる) 秋田県平鹿郡「こぴぁしねぁ早く来た」 *こんまぐ 神奈川県江の島「こんまぐあぐでぇね(ずいぶんひどいね)」 *しかなか 新潟県・西蒲原郡 *せんばん(よくない場合に用いる) 高知県・高知市「今日の試験は、せんばん出来が悪かった」「あの娘の器量はせんばんぢゃのーし」 *ぞんじ 愛媛県伊予郡・喜多郡「これにはぞんじ骨が折れた」 *たいーて 佐賀県佐賀郡「おどんも(わたしたちも)ほって(それで)たいーてしょったばってんが(たいそう働いていましたが)」 *たいがい 和歌山県「たいがいよまい(愚痴)云うてる」 広島県佐伯郡「たえがえ あつー(暑い)ありまひょー」 山口県屋代島 徳島県海部郡「今日はたいがいさむい」 香川県三豊郡 愛媛県北宇和郡・周桑郡「あんたも、姉はんになごー ねられて、たいがい お困りじゃったろのもし」 高知県幡多郡 福岡県北九州市「若い時からたいがい使うた身体でござすばい」・嘉穂郡「私をたいがー可愛がっちょるき」 大分県「てーげー面白かった」 *たいぎゃ 熊本県菊池郡「たいぎゃにゃひでぇこつば(ことを)したぞ」・玉名郡 *たいげ 大分県大分郡 大分市 *たいちゃ 高知県高知市「お前さんにゃたいちゃ御世話になったがのーし」・幡多郡 *たいて 高知県「人も四十年逢はんとたいて変るもんぢゃよ」 福岡県築上郡「たいておとろしかったろー(とっても恐ろしかったでしょう)」 佐賀県東松浦郡 長崎県南高来郡 *たいてー 高知県幡多郡「たいていおまえらにも(ひとかたならず、あなたたちにも)あのーしんぱいひてひろーてのー(心配をしてもらってねえ)」 大分県大分郡 *たがい 静岡県 *たんげ 青森県津軽「こんだ、からだこぁ、たんがぇ、きつぐ(大儀に)なったね」 *てーげ 長崎県南高来郡「てーげにゃひどーむしーくわれた」 大分県大分市・大分郡 宮崎県日南市 *てがい 和歌山県西牟婁郡「てがいにある」・日高郡「お土産てがいにもらった」 *てげ 鹿児島県揖宿郡「てげ宜がろだい」・鹿児島郡 *てんばー 高知県 *なんと 青森県津軽 *なんぼか 青森県津軽「おめだのおどさ、なんぼがえふとだがさねす(あなたの家のお父さんは本当にいい人ですね)」 茨城県新治郡「いやー、なんぼがつがれだど(いやずいぶん疲れたよ)」 高知県 福岡県北九州市「なんぼか涙も出ることがあっとろうなあ(ずいぶん涙の出るつらいこともあっただろうねえ)」 *ばんげ 鹿児島県下甑島 *まーんで 長野県佐久「まあんで、まあんで困っちまう」 *まるって・まーで 青森県八戸市「まるって雪が降った」 *まるで 青森県八戸市「まるでよかろう」「嫁の結納さば、まるで鶴あ、つでいるあなあ(ずいぶん鶴が付いているわねえ)」 *まんでい 鹿児島県沖永良部島 *よいかん 静岡県榛原郡「よいかん面倒をみてやった」 *よかしこ 福岡県三池郡・早良郡 鹿児島県 *よごろ 岐阜県飛驒「あいつはよごろおかしい奴じゃ」 *よずころ 岐阜県海津郡 *よっくれぁ 秋田県鹿角郡「私はよっくれぁ行ってから戻って来た」 *よっくれー 青森県上北郡 *よっこし 新潟県佐渡 *よっこと 山形県西田川郡 岐阜県飛驒 香川県三豊郡「あの人よっことおはじき持っとんで」「よっことになる(増える)」 *よっこど 岐阜県大野郡 *よっこり 新潟県佐渡 *よっころ 岩手県気仙郡「今頃はよっころ大きくなったべえ」 新潟県佐渡 石川県江沼郡 福井県大野郡 岐阜県 静岡県「よっころいい」 愛知県丹羽郡・知多郡 島根県邑智郡「この方がよっころえー」 広島県比婆郡 徳島県 愛媛県大三島 高知県幡多郡 福岡県企救郡 *よのころ 京都府
→かなり(可成)

すいほう【水泡】 *たまんぶく 千葉県海上郡 *もんがら 愛媛県伊予郡
→あわ(泡)

すいもの【吸物】 *おしたじ 千葉県東葛飾郡 *おすい 宮城県栗原郡 *し

たし・おしたし 千葉県夷隅郡 *したじ 青森県津軽 山形県西村山郡・北村山郡 埼玉県秩父郡 千葉県東葛飾郡 新潟県中頸城郡 長野県下水内郡・佐久 島根県 *したじも 静岡県庵原郡 *ちり 山口県豊浦郡 *ひたじ 新潟県中頸城郡 島根県石見 広島県高田郡 山口県 *わしる 青森県上北郡・南部 *わしるこ 青森県上北郡「芋汁のわしるこがうまい」
↓しる（汁）

すう【吸】 *しびるん 沖縄県石垣島 *しぶる 長崎県壱岐島「飴をしぶる」 *しわぶる 鳥取県西伯郡 島根県 長崎市 *しんびゅい・しんじゅい 鹿児島県喜界島 *すあぶっ 鹿児島県 *すあぶる 滋賀県滋賀郡 愛媛県松山 *すさぶる 富山県下新川郡 滋賀県滋賀郡 兵庫県淡路島 *すっさぶる 富山県砺波 *すなびる 秋田県由利郡「母の乳をすなびる」 *すなぶる・すんなぶる 新潟県「このこはゆびすなぶってこまる」 *すばくる 徳島県 香川県 *すばぶる 新潟県新井市・中頸城郡 岡山県小田郡 広島県芦品郡 香川県「キャンデーをすばぶる」 愛媛県 *すばぷる 香川県高松市 *すぱぶる 広島県高田郡 *ずばぶる 福岡県粕屋郡 *すわがる 島根県邑智郡 *すわぶい 鹿児島県鹿児島郡 *すわぶる 新潟県 島根県 岡山県苫田郡「そーいつまでも、魚の骨ばーすわぶりんさるな」 山口県大島 香川県三豊郡 愛媛県 福岡県 長崎県対馬「子供が乳をすわぶる」 熊本県 大分県 鹿児島県肝属郡

ずうずうしい【図図】 *いげつない 長崎県対馬「何某はいげつない男で出したものを遠慮なくよく食ふ」 *えげつない 長野県佐久 京都市 大阪府泉北郡 香川県高松市 *おもこましー（「面剛（おもこわ）し」の変化した語か（随筆名古屋言葉辞典））愛知県名古屋市「おもこましいにも程がある」 *しゃらつねー 長野県上田・佐久 *ずくがよい 青森県三戸郡 *すじこい 香川県綾歌郡・仲多度郡 *ずぶい 千葉県香取郡・海上郡 神奈川県津久井郡 山梨県 *すんどい 青森県津軽 *つさっぱじない・つさっぱじー 岩手県気仙郡 *つらっぱじけない 宮城県仙台市「つらっぱぢけない人」 *つらっぱしない 千葉県 武蔵 新潟県中頸城郡 山梨県南巨摩郡 長野県下水内郡 *つらっぱじない 群馬県館林 千葉県東葛飾郡 東京都南多摩郡 山梨県南巨摩郡「あがーに（あんなに）恥をかいていなぎら（いながら）人前にひん出るなんちゅうはつらっぱじないもんだ」 *つらっぱちない 神奈川県津久井郡 *つらはじない 山口県豊浦郡 *つらぱじない 岩手県九戸郡 山形県東置賜郡 *つらぱちない 茨城県北茨城郡 *てれくさい 岡山県小田郡 *どーぶとい 神奈川県津久井郡 *どふて 秋田県河辺郡 *どぶとい 三重県北牟婁郡 滋賀県蒲生郡 大阪市 徳島県美馬郡 香川県高松市・高見島 *どんぶて 秋田県 *どんぶとい 秋田県雄勝郡「どんぶどえ事をすれば信用を失ふ」 *なまさん 沖縄県首里 *ぬぶい 秋田県鹿角郡 *のぶい 秋田県鹿角郡 東京都八王子 山梨県 長野県 *のぶそい 香川県三豊郡 *のぶちー 大分県大分郡「のぶちー こつー ゆー（暴言を吐く）」 *のぶとい 青森県 岩手県気仙郡 宮城県栗原郡・仙台市 福井県大飯郡 山梨県南巨摩郡「あがーにのぶとい子はよにゃあない」 長野県 三重県 滋賀県彦根・蒲生郡 京都市 大阪府大阪市・泉北郡 兵庫県神戸市・淡路島 奈良県 和歌山県 鳥取県 岡山県 山口県 徳島県 香川県 愛媛県「叱ってものぶといやつで知らん顔する」 高知県 大分県大分郡 *ふてれっけー 神奈川県江の島「われなあぐでえふてれっけぇね（お前はたいへん太い野郎だ）」 *ふとい 栃木県 長野県佐久 熊本県 *ふとらっけー 神奈川県足柄下郡 *へらこい 大阪府泉北郡 和歌山県「あの人へらこいことする」 *へらこない 三重県志摩崎島（食べ物をもらう際に少しも遠慮しない意）・志摩郡 *へらっこい 和歌山県 *まずらこい 三重県志摩郡 *ろぶどい 岩手県気仙郡「あのやろう、ろぶどいやろうだ」 宮城県加美郡
↓あつかましい（厚）・ずぶとい（図太）

□人 *だいつー 熊本県下益城郡 *なまじし・なまじしゃー 沖縄県首里 *なまずぃらー・なまずぃりむん 沖縄県首里 *なまりむん・なまらー・なまてー 沖縄県首里 *のぞしれ 香川県高松市 *のどしらす 香川県香川郡 *のどしれ 香川県木田郡・香川郡 *のどすえ 香川県与島 *のどすれ 香川県三豊郡 *のどっせ 香川県東部 *のどはげ 香川県三豊郡・男木島

すえ【末】 *うちっぽ 山梨県南巨摩郡 *うら 青森県津軽「話しァもどがら、木ぁうらがら（話は初めから聞かなければ分からないし、薪を割るには末から割らなければ具合よく割れない）」・三戸郡「竿のうらで香をたくもの（キセルのなぞ）」 岩手県気仙郡 宮城県栗原郡 秋田県鹿角郡「此の筆はうらが切れて書かれない」 栃木県安蘇郡 群馬県佐波郡 埼玉県秩父郡・入間郡 千葉県下総 神奈川県中郡 新潟県東蒲原郡・中頸城郡 山梨県南巨摩郡 岐阜県飛驒 静岡県 山口県豊浦郡 高知県幡多郡・高知市「余り長すぎるから髪のうらを少し切った」 大分県 *うらくち 大分県 *うらこ 青森県津軽 *うらちょっぺ 栃木県安蘇郡 長野県佐久 *うらちょっぽん 静岡県 *うらっこ 岩手県気仙郡「鉛筆のうらっこ長くけじんな」 *うらっちょ 静岡県磐田郡 *うらっちょー 東京都南多摩郡 *うらっちょんぼ 群馬県群馬郡 *うらっぺ 岩手県気仙郡 埼玉県北葛飾郡「きりのうらっぺ」 *うらっぼ 岐阜県山県郡 *うらっぽ 埼玉県入間郡 東京都南多摩郡 神奈川県中郡 新潟県 山梨県 岐阜県山県郡 静岡県 愛知県 島根県隠岐島 *うらっぽえ 山形県 *うらっぽー 岐阜県養老郡 静岡県田方郡・榛原郡 *うらばし 岩手県気仙郡 *うらぱし 青森県津軽・三戸郡 秋田県

鹿角郡 *うらぱち 青森県津軽 *うらぽえ 山形県 *うれ 岐阜県飛驒 三重県度会郡 奈良県吉野郡 *うれつぽ 和歌山県新宮 *おら 広島県比婆郡 *おらぽ 鳥取県西伯郡 島根県 *おらぽー 島根県仁多郡 *しっぱ 秋田県 *しっぷり 山梨県 *しっぽり 群馬県桐生市 *しぱ 秋田県鹿角郡「しぱの方(川下)」 *すいっぱ 福島県大沼郡 *すえぱ 山形県東置賜郡 *すしぇど 山形県米沢市「先月のすしぇど」
↓まったん(末端)

すえっこ【末子】 *うらなり 青森県三戸郡 *おとみ 新潟県中頸城郡 *おとみっこ 新潟県上越市・中頸城郡 *かごっぱたき 群馬県勢多郡 *かごばらい 福島県石城郡 *きむしり 兵庫県加古郡 *ごっち 三重県志摩郡 *ごろのほーぜー(戯れて言う語) 香川県塩飽島 *じぁーな 沖縄県宮古島 *しーたれ 鹿児島県・肝属郡 *しーだろ 鹿児島県揖宿郡 *しったれ 宮崎県 鹿児島県 *しもやけこ 岩手県二戸郡 *すったいご 熊本県球磨郡 *すったり・すったれご 熊本県 *すったれ 熊本県 *たわらぶるい 岡山県川上郡 香川県小豆島 *どべご 熊本県天草郡 *ばかばっち 山形県西置賜郡 *ばかばっつ(さげすんで言う語) 山形県 *ばしこ・ばしっこ 千葉県夷隅郡 *はちなぜ 長野県南佐久郡 *はちなで 新潟県西頸城郡 *ばっこ 秋田県仙北郡 *ばっち(「ばっし」の転) 岩手県 宮城県 秋田県平鹿郡 山形県 福島県 茨城県 栃木県 千葉県東葛飾郡・香取郡 新潟県岩船郡・東蒲原郡 *ぱっち 新潟県西頸城郡 *ばっちこ 岩手県気仙郡 宮城県 秋田県仙北郡 山形県 福島県 *ばっつめ 山形県北村山郡 *ばばっち 山形県米沢市 *ばやこ 青森県津軽 *びーびたれ 岡山県児島郡 *びりかす 広島県豊田郡 *びりこ 大分市 *びりっこ 三重県志摩郡 *ひりみて 高知県長岡郡 *まっしゃ(親を「本社」にたとえて) 神奈川県津久井郡 *よご 青森県津軽 *よて 青森県 岩手県紫波郡 福島県浜通 *よてこ 青森県 岩手県九戸郡・盛岡市 福島県石城郡 茨城県 *よてご 宮城県仙台市 福島県浜通 *よてっこ 福島県東白川郡 茨城県久慈郡・多賀郡
↓まっし(末子)

すえる【饐】 *あめくさる 青森県三戸郡 *あめる 北海道・松前 青森県「けさたいた飯がもうあめてしまった」 岩手県 秋田県「あめらばあめてもかまはない、貯(と)って置け」 三重県 *えどる・いどる 岐阜県飛驒「この飯はえどりかけとる」 *えどれる 新潟県岩船郡・中頸城郡「なすの苗がえどれかかってきた」 *おめく 大分市 *すしぇる 山形県 *にたまゆん・ふみちゅん 沖縄県首里 *ねがーる 静岡県 *ねかる 長野県下伊那郡 *ねがる 長野県下伊那郡 静岡県磐田郡・榛原郡「ねがりっ臭い」 愛知県奥設楽 *ほめく 広島県比婆郡 大分県 *まいる 茨城県新治郡
↓くさる(腐)

すかしべ【透屁】 *すいがんぺ 山形県西村山郡・北村山郡 *すいこべ 島根県石見 *すいこんべー 新潟県中頸城郡 *すいっぺ 東京都八王子 *すいべ 島根県邑智郡・邇摩郡 *すいやりべ 岐阜県飛驒「すいやりべは臭い」 *すいらべ・すいなべ 長野県東筑摩郡 *すえっぴ 山梨県南巨摩郡 *すえらっぺ 山形県最上郡 *すえらべ・すえらんぺ 山形県米沢市 *すか・すこ 島根県「すこをこく」「すこをふる」 *すかべ 大阪府泉北郡 兵庫県神戸市 奈良県 島根県 広島県比婆郡・高田郡 *すかんぺ 秋田県山本郡 山形県南置賜郡・北村山郡 島根県大田市 *すこっぺ 奈良県吉野郡 *すこべ 島根県隠岐島 岡山県児島郡 愛媛県 *すすっぺ 鹿児島県鹿児島郡 *すっかんぺ 山形県西村山郡・米沢市 *すっぺ 群馬県多野郡 山梨県 *すわべ 山口県豊浦郡 *つしべ 鹿児島県
↓へ(屁)

すがた【姿】 *おーやー(幼児語) 沖縄県石垣島 *おつ 千葉県市原郡「あの女の子はおつが悪い」「みんなの前で話をするのはおつが悪い」 岡山県御津郡「おつの悪い風をしとる」 *かたぎ 青森県上北郡「かたぎわるぐす」 岩手県上閉伊郡 秋田県由利郡・鹿角郡「貧乏かたぎ(貧乏らしいなり、貧相)」 新潟県東蒲原郡 *かたち 新潟県東蒲原郡「かたちの美しい人だ」 沖縄県首里 *かっこーだま 山口県大島 *かっこぶし 新潟県佐渡「あのしとは、かっこぶしわりい」 *かばね 宮城県仙台市「そんなかばねをして」 福島県相馬「ほのかばねして何処さ行がれる」 *がんつき 島根県 *ぎょーさえ 新潟県西蒲原郡「見られたぎやうさえでなえ」 *しかまえ 青森県三戸郡 *すかげ 群馬県多野郡「寒くなったので蛇のすかげも見えない」 *そーけ 岩手県気仙郡 *そーご 岐阜県飛驒 *つくらい 岩手県気仙郡「手つぐれぁおもしろい(手のかっこうがおもしろい)」 *つまはずれ 大阪市 *なりふじ 沖縄県首里 *ひんこー 千葉県夷隅郡 新潟県佐渡「ひんこうわるい(かっこう悪い)」 京都府 *ひんこつ 島根県隠岐島 *ふーりや(卑語) 熊本県玉名郡 *ふり 新潟県 熊本県玉名郡「なりふり」 *やから 新潟県東蒲原郡「背やからがよく似ている」
↓ようし(容姿)

すがりつく【縋付】 *おさまる 長野県上伊那郡 *かきつく 静岡県榛原郡 高知県「もっとよくかきつかんと落ちても知らんぞね」 *かぐりつく 徳島県「木の根にかぐりつく」「やせ腕にかぐりつく(乏しい経済力にすがりつく)」 *かっつく 静岡県榛原郡「どん尻にかっついてでも当選すればよい」 *がっつく 静岡県志太郡 *さばー 鳥取県西伯郡 *さばる 兵庫県佐用郡・赤穂郡「おかあの肩に、ようさばっとらにゃ、川ん中へ落ちるぞ」 鳥取県西伯郡「狐がさばる」・日野郡 島根県「袂にさばっちょれ」 岡山県児島郡 広島県 山口県豊浦郡 香川県小豆島「はえをパンにさばらすな」 愛

媛県「そうさばるなてや(そんなにぶら下がるなったら)」 ***さぱる** 広島県 ***しゃばる** 島根県八束郡・隠岐島 ***たぐさる** 山形県置賜「そんなにたぐさってうるさいなあ」 ***たぐずく** 山形県 ***たぐつく** 岩手県上閉伊郡 秋田県「落ちないように固くたぐずげ」 山形県 福島県北部 新潟県岩船郡 ***たごつく** 岩手県 秋田県秋田市・仙北郡「蔓にもたごつく」 山形県「おれの袖さたごつくな」 ***たじかる** 青森県津軽 ***たずかまる** 青森県上北郡「をれの背へたづがまるな」 ***たずく** 秋田県仙北郡 山形県「蔓さたづいて岩を登る」 ***たずくまる** 秋田県平鹿郡 ***たずまる** 青森県津軽 ***たもずかる** 北海道 青森県・津軽「あのわらしわいさあ(我に)りんごくれってたもづがって離れぬ」・上北郡 秋田県鹿角郡「杖さたもづかって歩行く」・山本郡 ***たもつく** 山形県 ***たんくさる** 山形県米沢市 ***つらまーる** 神奈川県津久井郡 ***つらまる** 栃木県塩谷郡 神奈川県愛甲郡「しっかりつらまってな」 山梨県 岐阜県恵那郡 静岡県志太郡「いーっかぇーのんつらまった(とても大きいのがつかまった)」 ***とらまる** 東京都八丈島「あが手んとらもーておじゃれ」 岐阜県大垣市

↓しがみつく(—付)

すき【隙】 ***あい**(時間的にも空間的にも言う) 山形県 新潟県佐渡・東蒲原郡 富山県砺波 福井県遠敷郡・大飯郡 岐阜県飛驒「鐘が鳴るかよ撞木が鳴るか、鐘と撞木のあいが鳴る」 三重県松阪市 滋賀県彦根 京都府「あいに挟まった」 大阪府泉北郡 兵庫県但馬 岡山県児島郡 広島県 徳島県 香川県 愛媛県松山「あいを置いて植える」 沖縄県石垣島「うんぬあいのー、どぅしーだー(その間何をしていたか)」 ***あいさ** 栃木県 群馬県桐生市・佐波郡 東京都南多摩郡 新潟県「ねずみが、とだなのあいさへもちょうひっぱっていったこて」 富山県下新川郡 山梨県 長野県「木のあえさ」 岐阜県「一日あいさおく」 静岡県「敷居と畳んあいさにつっかさってる」 愛知県 三重県 滋賀県彦根 和歌山県日高郡 島根県「あの時から大分あいさがあるで、詳しいことははっきり分からん」 岡山県 徳島県美馬郡 香川県 熊本県球磨郡 ***あいさくさ** 富山県下新川郡 ***あいさこいさ** 静岡県島田市 ***あいさこーさ** 静岡県「山のあいさこーさに家がある」 ***あいさま** 岐阜県 ***あいさん** 静岡県磐田郡 ***あぇーさ** 静岡県志太郡 ***えー** 沖縄県首里 ***すっのめ** 長崎県五島 ***てぎわ** 島根県隠岐島「夫が留守をしたてぎわに親元え行きた」

↓すきま(透間)・ゆだん(油断)

すき【鋤】 ***いずき**(田で使用するもの) 長崎県壱岐島 ***うずんびーら**(水田の耕作に用いる、木製のもの) 沖縄県首里 ***おーずき**(金属の刃に木の柄をはめ込んだ大形のもの) 滋賀県彦根 ***おこし** 鹿児島県 ***おたんぺー**(木の株などを掘る頑丈なもの) 長野県上水内郡 ***かたがー** 徳島県三好郡・美馬郡 ***かまじゃくし** 武蔵 ***がんべ**(全部金属製のもの) 滋賀県彦根 ***きりたて**(上かき用のほとんど垂直なもの)・**きったてずき** 愛媛県大三島 ***こがら** 大分県南海部郡 ***しゃくれ** 群馬県館林 ***しゃくし** 茨城県猿島郡 埼玉県北葛飾郡 ***すきくわ** 千葉県君津郡 ***すなはき**(木製の柄の長いもの) 山形県米沢市 ***つきぐわ** 静岡県庵原郡 ***てこべら**(木製のもの) 岐阜県飛驒 ***てんがらすき**(人力で引っぱるもの) 兵庫県加古郡 ***てんば**(除雪用の木製のもの) 福井県大飯郡 兵庫県美方郡 ***のーくり**(湾曲した柄の付いた溝かき用のもの) 愛媛県大三島 ***はぐち**(全部金属製のもの) 香川県木田郡・香川郡 ***ばこー**(田畑を耕すもの) 栃木県 ***はねこえすけ**(雪をかき分けるもの) 富山県 ***はびろ** 徳島県美馬郡 ***ふくすい**(手鋤) 大分県大分郡 ***ふずき** 福井県 ***ふんずき** 福井県今立郡(稲架木(はさぎ)を立てる穴をあける時に使う) 山梨県南巨摩郡 ***ふんつき**(直線形のもの) 兵庫県淡路島 ***へら** 群馬県邑楽郡 ***ほずくい**(手で使うもの) 大分県大分郡 ***ほり** 滋賀県坂田郡・東浅井郡 ***ほんずき**(麦畑の溝を削り上げるのに使うもの) 京都府竹野郡

すぎ【杉】 ***あおば** 富山県砺波 ***こーき**(樹齢三十年以上) 奈良県吉野郡 ***しろき** 静岡県磐田郡 愛知県北設楽郡 ***なばえ**(植えてから三十年まで) 奈良県吉野郡 ***やぶくぐり** 熊本県 ***やぶとーし** 大分県竹田市

すきかって【好勝手】 ***てごみ** 栃木県「てごみに取っておあがんなんしょ」 群馬県多野郡「砂糖をしまっておくとてごみに出して食べる」 ***てごめ** 群馬県吾妻郡 島根県出雲「てごめに取る」 ***はからい** 島根県八束郡「何しょとはからえだ」 ***はかれ** 島根県能義郡「どーしょーとはかれだ。お前の世話にはならん」 ***ばかれ** 沖縄県首里

すききらい【好嫌】 ***あいえんきえん** 福岡市 ***うきすき** 鳥取県米子市・西伯郡 ***おきしき** 島根県出雲 ***おきすき** 鳥取県西伯郡 島根県出雲「昔かぁ、花火は尺玉が、え、仕掛けが、えてっていいだども(いいというけれども)、みんな、それぞれおきすきがあってね」 ***おへー**(食べ物に好き嫌いのあること) 京都府竹野郡「この子はおへーでお芋なんか食べません」 ***こーざい** 愛知県知多郡 ***さりきらい** 徳島県 長崎県対馬「あん男はさりきれーなしでよく食べる」 ***さんきせぁ** 岩手県気仙郡 ***さんきらい** 岩手県気仙郡 宮城県仙台市 ***さんけらい** 富山県東礪波郡 ***しゃりきらい** 兵庫県淡路島 徳島県 ***しゃれきらい** 福島県相馬郡「そおだ、しゃれきれえしてっと食わせねえぞ」・東白川郡 ***しゃれっきらい** 福島県東白川郡 群馬県館林「しゃれっきらいを言って」 ***まずきらい**(食物の好き嫌い) 宮城県栗原郡 秋田県鹿角郡 ***まずくらい** 青森県三戸郡 岩手県気仙郡 ***むぬぐし**(食物の好き嫌い) 沖縄県首里 ***むんちらい**(食物の好き嫌い) 鹿児島県喜界島「彼は大病を患ってからむんちらいする様になった」 ***む**

んぬいりふい（「いりふい」は不平不満の意。食べ物の好き嫌い）・むんぬごーぐち 沖縄県首里

すぎな【杉菜】 *いっぽんまつ 香川県 *いとな 山口県都濃郡・美祢郡　香川県 *うすのさと 青森県津軽 *うどん 兵庫県赤穂郡 *うまのさとー 秋田県北秋田郡 *うまのそーめん 山形県西田川郡 *おとこつくずくし 山形県鶴岡 *しーなぐさ 長野県北佐久郡 *しえな 岩手県九戸郡 *じごくぐさ 島根県八束郡　山口県 *じごくのかぎっつるし（根が非常に深く伸びて地獄まで届くというところから）栃木県 *じごくのかま 山口県阿武郡 *じごくのじずぇかき 鹿児島県肝属郡 *じっこべ 山形県東田川郡 *しなぐさ 青森県三戸郡　岩手県九戸郡 *すいな 長野県 *すいなぐさ 長野県上田・南佐久郡 *すぎくさ 東京都三宅島　静岡県　和歌山県東牟婁郡・新宮　熊本県球磨郡 *すぎこぐさ 秋田県 *すぎなえぐさ 三重県宇治山田市　和歌山県東牟婁郡 *すぎなぐさ 秋田県　山形県東村山郡・飽海郡　長野県佐久　静岡県磐田郡 *すぎなっこ 山形県東田川郡 *すぎねぐさ 山形県飽海郡 *すぎのもりも 新潟県直江津市 *ずきぼしぐさ 熊本県玉名郡 *そーめん 奈良県宇智郡　和歌山県有田郡 *そーめんぐさ 山形県飽海郡 *そーめんこ 秋田県雄勝郡 *そめんぐさ 鹿児島県薩摩郡 *ちょーな・ちょーなぐさ・ちょーなんぐさ 香川県 *つきぐさ 香川県 *つぎくさ 山形県西村山郡・米沢市　千葉県山武郡　静岡県志太郡 *つぎぐさ 山形県　福島県石城郡　山口県佐波郡　香川県 *つぎつぎ 山形県西置賜郡　新潟県加茂市・岩船郡　三重県阿山郡　香川県綾歌郡・仲多度郡 *つぎつぎぐさ（茎に節があるところから）新潟県直江津市　山梨県西山梨郡　静岡県　奈良県　和歌山県有田郡・日高郡　岡山県邑久郡　香川県 *つぎつぎぼーし 香川県仲多度郡 *つぎな 山形県最上郡　栃木県　新潟県中魚沼郡　長野県佐久「おつぎ誰れの子、つぎなの子、つぎつんだか、どこつんだ、ここつんだ」 *つぎなぐさ 新潟県中蒲原郡 *つぎのめ 福島県石城郡 *つぎほ 埼玉県入間郡　神奈川県津久井郡 *つぎめぐさ 静岡県富士郡 *つくし 山形県西置賜郡 *つくしのおば 香川県 *つくしのおばさん 奈良県 *つげんぼ 高知県長岡郡 *つなぎ（茎の節目の所を切って、また、つないで遊ぶところから）山口県都濃郡 *つなぎぐさ 山形県西村山郡・酒田市 *つみつみ（節のどこを摘み取ったか当てる遊びに使うところから）山形県東田川郡 *つめき 長野県佐久 *つんがらべ 岐阜県揖斐郡 *つんがらぼ・つくがらぼ 山形県西置賜郡 *つんげのこ 群馬県邑楽郡「どーこでついたか、つんげのこ」 *つんげんぐさ 山形県北村山郡 *つんなぎぐさ 新潟県直江津市 *てんてんぐさ 山形県西村山郡 *とーな 香川県香川郡　愛媛県・周桑郡　大分市 *とけーぐさ（こすると時計のねじを巻くような音がするところから）長野県北佐久郡・佐久 *どこついだ 山形県東置賜郡　鳥取県気高郡　岡山県赤磐郡 *どこどこつぎた・どこどこさいた 岐阜県飛驒 *とねこんくさ 山形県最上郡 *はかま 香川県三豊郡 *ひがんぐさ 島根県美濃郡 *ひがんぼーし 山口県阿武郡 *ひがんぼーず 山口県吉敷郡　鹿児島県種子島 *ひなえ 山口県玖珂郡 *ぼーし 山口県大島 *ほーしこ 山口県大島　香川県西部 *ほーしこぐさ 香川県三豊郡 *ほーしこのおばー 香川県木田郡・高松市 *ほーしこのおばはん・ほーしこのき 香川県・綾歌郡 *ほーしこのおや 香川県木田郡 *ほーしや 山口県大島 *ほーたるのくさ 香川県木田郡 *ほーたろぐさ 静岡県 *ほたるぐさ 山形県　新潟県直江津市　長野県上水内郡　香川県　愛媛県周桑郡　大分県直入郡 *ほたるそー 山形県飽海郡 *ほねそぎぐさ 山口県都濃郡 *ぽんぽんぐさ 新潟県刈羽郡 *まつぐさ 鹿児島県肝属郡 *まつな 京都府竹野郡　鹿児島県肝属郡 *まつなぐさ 香川県大川郡　高知県高岡郡 *まつのとー 福岡県大牟田市　熊本県玉名郡 *まつばぐさ 広島県豊田郡　宮崎県西諸県郡　鹿児島県 *まつばんぐさ 鹿児島県日置郡・姶良郡 *まつふき 島根県隠岐島 *まつぶき 島根県隠岐島 *みずな 香川県

すきま【透間】 *あーき 沖縄県首里 *あいこ 秋田県「家と家とのあゑぁこに居た」　香川県三豊郡 *あうぇ 山形県 *あきっしょ・あきっと 長野県「あきっしょもないほど花が散った」 *あさい 三重県阿山郡 *あざらき 新潟県佐渡 *あばさ 和歌山県有田郡 *あわい 岩手県気仙郡　宮城県仙台市・加美郡　秋田県鹿角郡　山形県　福島県会津　茨城県稲敷郡　神奈川県「A地とB地のあわい」・津久井郡　新潟県佐渡・東蒲原郡「石垣のあわいに小鳥が巣をかけた」　富山県高岡市・砺波　山梨県南巨摩郡　岐阜県飛驒　静岡県榛原郡「戸のあわいから風が来る」「仕事のあわいに手紙を書く」　三重県伊賀　滋賀県彦根　京都府　大阪市　岡山県苫田郡「あわい風（すきま風）」・児島郡　広島県東部　徳島県　香川県仲多度郡　沖縄県石垣島 *あわいこ 宮城県遠田郡・仙台市「戸棚と壁のあわいこに書附おとしてしまったや」　山形県 *あわいさ 福井県敦賀郡　岐阜県「しおりわ本のあわいさに入れといた」　三重県　滋賀県彦根　京都市　大阪市「大勢の人のあはいさからやっと花嫁さんを見た」　奈良県「歯のあわいさに骨がはさまった」・南大和　和歌山県日高郡 *あわいっこ 山形県 *あわさ 福井県敦賀郡・坂井郡　岐阜県飛驒 *あわさい 新潟県佐渡　富山県砺波　福井県　岐阜県飛驒　滋賀県蒲生郡　京都府　兵庫県加古郡　和歌山県伊都郡・有田郡　島根県出雲　岡山県 *あわさせめ 島根県隠岐島「畳のあわさせめへ小刀が落ちこんだ」 *あわしゃ 石川県江沼郡 *あわしら 滋賀県伊香郡 *きまぇ・きまぇこ 青森県津軽「どんなきまぇからも風がはいってくる」 *きめ 宮城県栗原郡　秋田県「いだのきまぇこ」

鹿角郡「障子のきめ」 広島県高田郡 ***すいど** 奈良県宇陀郡「すいどからのぞく」 ***すきあわせ** 山形県飽海郡 ***すきめ** 大阪府泉北郡 奈良県南大和 ***すきら** 静岡県 ***すけら** 静岡県・田方郡 ***せき** 福島県東白川郡「かけるせきでねぇ(腰掛けるところがない。忙しくて腰掛けてはいられない)」 栃木県「座わるせきがない」「怒るせきあっか」 群馬県勢多郡「おれの云うせきがねえ」 埼玉県北葛飾郡「かんがえるせきわねー」 千葉県夷隅郡 山梨県 長野県佐久「文句言うせきもない」 ***せっとー** 鹿児島県種子島 ***せど** 愛媛県東宇和郡 ***せんぎ** 長野県「行くどころのせんぎじゃーねー」「そんな所へ行くせんぎじゃねー」 ***せんげ** 長野県佐久 ***たてずめ** 島根県石見・隠岐島「障子のたてずめが悪い」 ***たばさ** 沖縄県首里 ***なかさい** 福井県大飯郡 ***はざ** 島根県美濃郡・益田市 香川県大川郡「簞笥(たんす)と壁のはざに落ちた」 愛媛県喜多郡 長崎県南高来郡・壱岐島(野菜などの株間)・対馬 鹿児島県 ***はざこ** 島根県隠岐島 ***はざみ・はざめ** 島根県 ***はざら** 鳥取県西伯郡 島根県 ***はだ** 島根県仁多郡 ***はわい** 奈良県吉野郡 ***はわいさ** 奈良県吉野郡 ***ひあわい・ひやわいさ** 奈良県宇陀郡「ひやわいに落ちてやひんか(落ちてやしないか)」 ***ひとあえ** 山形県南置賜郡・米沢市 ***ひとこあわい** 岩手県気仙郡「石と石とのひとこあはいにはさまれた」 ***ひらわえ** 山形県西村山郡 ***まどぅ** 沖縄県首里 ***めだ** 島根県八束郡 ***めど** 島根県隠岐島「板のめどがあいた」 愛媛県東宇和郡
→すき(隙)

すきやき【鋤焼】 ***いりやき** 長崎県北松浦郡・壱岐島 ***じぶ** 三重県北牟婁郡 ***じゅんじゅん** 滋賀県伊香郡・彦根 ***じわ** 山形県東置賜郡・西置賜郡 ***すき** 奈良県南大和 ***たきぐい** 奈良県南大和 ***ちりちりー**(ちりちりと音を立てるところから) 沖縄県首里・石垣島 ***ひきずり** 岐阜県 愛知県「牛のひきずり」 ***ひきずりなべ** 長野県西筑摩郡 岐阜県飛騨 ***ひきとーし** 長崎県壱岐島 ***ひこずり** 岐阜県岐阜市・恵那郡 ***ひこつり** 愛知県知多郡 ***へか** 島根県 広島県高田郡 ***へかなべ**(「へか」はすき焼きの意) 島根県 広島県比婆郡・高田郡 ***へかやき**(「へか」は鋤(すき)の意) 島根県

すく【梳】 ⇩くしけずる(梳)

すく【鋤】 ⇩たがやす(耕)

すぐ【直】 ***いっぱえし** 島根県出雲市・簸川郡「会がすんだらえっぱえしに戻った」 ***いっぺし** 島根県八束郡 ***うちつけに** 新潟県佐渡 ***えっぺ** 島根県八束郡「広島はもうえっぺだね」・大原郡 ***えっぺし** 島根県八束郡 ***きさん** 佐賀県「きさんなもんなたー(存外早いもんだなあ)」 ***きさんじ** 高知県「医者の匙を投げて居た肺炎が一服の健肺湯できさんじ全快した」 ***きりきり** 新潟県佐渡 和歌山県日高郡「つこたらまたよしきりきりじきにもどすよ(使ったらまたさっそくすぐに返すよ)」 島根県「きりきりと仕事をする」 福岡市 ***さっそく** 新潟県佐渡「もうさっそく十二時だ」 山梨県北巨摩郡 ***じきさ・じきそ** 和歌山県日高郡 ***じきさま** 富山県 ***じきのま** 石川県鹿島郡「じきのまに松の木とこ行っては」 山口県大島「船がじきのまに沈んだ」 ***じっき** 愛知県東春日井郡 ***すぐだもん** 熊本県「一ちょ買うてやらんとすぐだもん、雀ぶくのごとふくるるこつが」 ***ずんは** 宮城県仙台市「ずんはとまいれ」 ***すんま** 宮城県栗原郡 秋田県 福島県会津「すんま来た」・大沼郡 新潟県 ***そーま** 秋田県鹿角郡 ***そま** 宮城県登米郡 秋田県鹿角郡 山形県「先生はそま来るよ」 新潟県新発田市 ***それまま** 山形県東村山郡「その薬でそれままなおる」 ***それまんま** 山形県米沢市 ***そんのま** 岩手県気仙郡 ***そんま** 岩手県「春の雪はそんまなくなる」 宮城県登米郡・仙台市「わたしの家、学校のそんま向いっしゃ」 秋田県「そんま帰るから留守をしてくれ」 山形県 福島県浜通・北部「そんま来たのにわ驚いた」 新潟県「こんげん靴やだい、こったいでっかいんだ、そんますっぽけるがんね」 ***そんまえ** 山形県最上郡「そんまえでかす(仕上げる)」 ***そんまが** 秋田県仙北郡「お金そんまが(すぐに)持って行く」 ***そんまな** 岩手県胆沢郡 宮城県「そんまなおあんなして(おあがりになって)頂きす」 ***そんまに** 熊本県玉名郡 ***そんまま** 山形県西村山郡 ***そんまん** 熊本県玉名郡 ***たーつき** 鹿児島県肝属郡 ***たーとき** 神奈川県三浦郡 ***ただいま・ただいめ** 鹿児島県揖宿郡 ***ただいまんこめ** 鹿児島県肝属郡 ***ただいめー** 山形県庄内 ***だつじ** 群馬県吾妻郡 ***たったいき** 宮崎県東諸県郡 ***たっつけー** 熊本県芦北郡・八代郡「たっつけぇかけてきた」 ***たっても** 新潟県佐渡「今たっても行け」 ***たっとー** 茨城県久慈郡・稲敷郡 ***たっとき** 栃木県「馬鈴薯はたっときに煮てはだめだぞ」 群馬県館林「たっときに仕上げる」 ***たっとすれー** 佐賀県 ***たでーま** 沖縄県石垣島・波照間島・首里「たでーまぬ　しくち(急ぎの仕事)」 ***たどー** 岩手県気仙郡「たどうに言われても困る」 ***たとーえ** 岩手県気仙郡 ***だんで** 沖縄県石垣島 ***たんてき** 千葉県安房郡 ***ちゃーき** 沖縄県首里 ***つい** 福井県大飯郡 岐阜市 滋賀県彦根 大阪市「もうつい来やはります」 島根県石見 広島県賀茂郡「つい近けりゃーなー」 ***ついで** 静岡県「それはやめてついでに行って来い」 愛知県 岡山県真庭郡「ほなら、ついで風呂ぇいるぞ」 ***とーちき** 大分県西国東郡 ***とーてき** 栃木県「自動車でとーてきにやられた」 群馬県館林「とーてきに死ぬ」 東京都南多摩郡 神奈川県津久井郡 大分県「とーてきー家が亡びた」・南海部郡 ***とっそく** 新潟県佐渡「あしたぁとっそく行ってしもうた」 富山県東礪波郡「とっそくに行く」 岐阜県郡上郡「そーあわてたって、とっそくにやできんぞえ」 ***とったばった** 群馬県多野郡「とったばったに仕事を片付ける」 ***にわか** 富山県砺波「にわかに来ん」 ***ふんま** 新潟県

東蒲原郡・西蒲原郡 ***めこすりなます** 長崎県壱岐島「そぬ位えぬもん書くちちゃめこすりなます(それくらいのものを書くのは訳はない)」 →さっそく(早速)・すぐさま(直様)・すぐに(直)・そくざ(即座)

すぐさま【直様】 ***いっときひととき** 島根県美濃郡・益田市 ***いなやと**(「するやいなや」から) 岩手県気仙郡「五分しかないと言われ、いなやと停車場へ急いだ」 ***うちつけに** 新潟県佐渡 ***すぐつけ** 山形県東置賜郡・米沢市「すぐづげに、え(行)った」 島根県「飯を食ってすぐつけ菓子を食う」 ***すぐなり** 島根県隠岐島 ***たちなま** 沖縄県首里「たちなま みーらん なたん(たちまち見えなくなった)」 ***なにっくら** 沖縄県石垣島「わきゆん しかなーって なにっくら みんたー うちゃんゆー(理由を聞かずにすぐさま顔を打った)」 ***なまんついん** 沖縄県石垣島 ***ひととき** 島根県隠岐島「ふとき行きて来い」 ***またたくちょーし** 島根県美濃郡・益田市「またたくちょーしに食うてしもーた」 ***またたくなかえ** 島根県出雲 ***またたくなか** 島根県隠岐島 ***みてんはち** 静岡県「あいつはえーものをみてんはちに食う」 ***やがて** 石川県鳳至郡「やがて行かんしのー(早く行きなさいよ)」・鹿島郡「やがて行った(とうに行った)」 →すぐ(直)・すみやか(速)

すくない【少】 ***いきらさーん** 鹿児島県奄美大島 沖縄県石垣島 ***いきらさん** 鹿児島県加計呂麻島 沖縄県 ***いさーさい・いそーさい** 鹿児島県喜界島 ***いしかーん** 沖縄県鳩間島 ***いしかはん** 沖縄県黒島 ***いしゃーさん** 沖縄県竹富島 ***いしゃかはーん** 沖縄県小浜島 ***いしゃがはーん** 沖縄県波照間島 ***いびさーん** 沖縄県与那国島 ***いひゃっさーん** 沖縄県新城島 ***いらさん** 鹿児島県与論島 ***かいなー** 島根県美濃郡・益田市「今度の婿はいかにもかいなー」 ***かいない** 北海道「交渉がかいないからいけない」 岩手県 宮城県仙台市「あんまり少しばんで食ったけーねかった」 山形県「米の搗ぎ方あ、かえなえがら、色あ黒え」「教えがだあ、かえなえがら、なおらなえ」 茨城県「洗いがかいない」 新潟県佐渡 富山県砺波 静岡県田方郡 兵庫県加古郡「その箱では小さすぎる。ちょっとかいない」 岡山県岡山市・児島郡「あの奴じゃもう少しかいないところがあるように思うけどなあ」 徳島県「あの人は町長にはちっとかいない」 香川県「あの人にまかしといたんではかいのてのう」 高知県 ***かすい** 島根県益田市「かすい儲じゃ」 山口県豊浦郡 ***けけしー** 島根県浜田市「林檎はこの辺ではけけしー」 ***こすい** 神奈川県「茶碗にこすく(少なめに)一杯盛ってくれ」 東京都八丈島 山梨県南巨摩郡「あの酒屋ははかりがこすい」 鹿児島県 ***さがん** 沖縄県与那国島 ***すけこい** 栃木県芳賀郡 ***たいなか** 長崎県福江市 ***たじなー** 広島県北部 山口県長門「たじなー物をくだされて」 ***たしない** 新潟県佐渡・中頸城郡「たしない水をやたらに捨てるな」 福井県敦賀郡・大飯郡「たしない中を工面したんやで」 長野県東筑摩郡 岐阜県「銭がたしないで(足りないので)何にもよー買わん」 愛知県「不景気で仕事がたしない」「近ごろは孫太郎虫もめりっとたしななりましてなも」「これはたしない品だ」 三重県「こんなぐらいの飯じゃーたしないげ」 大阪市「着物にするには寸尺が一寸たしない」 兵庫県淡路島 和歌山県新宮「今日の米はたしない」 鳥取市 島根県「今年は収穫がたしない」 徳島県 香川県佐柳島 愛媛県・周桑郡・松山 高知県「たしない品ではあるが、あなたの御所望とあれば喜んでお分けいたしましょう」「長生きをすると友達が年増しにたしのーなって心細い」 鹿児島県「たしなか品」 ***たじない** 広島県高田郡 山口県「この野菜はたねがまことにたじないということじゃ」・大島「水がたじなえ」 愛媛県 福岡県京都郡・企救郡 長崎県 熊本県八代郡・芦北郡 ***たしなけ** 東京都八丈島 ***たじにゃー** 熊本県下益城郡 ***たしね** 鹿児島県 ***たじねー** 長崎県対馬「たじねー品をたくさんありがとう」「何もかもたじねーこっちゃ」 ***たせない** 新潟県上越市「たせない水をやたらにびしゃるな」・西頸城郡 ***ちょろい** 兵庫県但馬・加古郡 奈良県 ***ちょろこい** 三重県 ***はがなさん** 沖縄県首里 ***ひゃっさーん** 沖縄県新城島 ***ぼそい** 広島県 山口県「少々ぼそい気がする」 ***ほそしか** 長崎県壱岐島「ほそしかもんじゃなか」 ***みじかい** 香川県大川郡 →すこし(少)

すぐに【直】 ***いーき** 静岡県「いーきに使に行け」 ***いけと** 福岡県京都郡 ***いっき** 栃木県 東京都八丈島 神奈川県足柄下郡 石川県江沼郡・鳳至郡 山梨県南巨摩郡「えーさかいって(家へ帰って)いっきに寝た」 岐阜県恵那郡 静岡県・田方郡 愛知県尾張 大阪府 奈良県 島根県 香川県 愛媛県 高知県「子供はいっきにふとる」 大分県日田郡「もーいっきー行くべし」 宮崎県西諸県郡・東諸県郡 鹿児島県「いっき持って来っかあ」 ***いっきのこめ** 鹿児島県姶良郡 ***いっきん** 宮崎県東諸県郡 ***いっきんこんめ** 鹿児島県 ***いっけと** 福岡県宗像郡・粕屋郡 ***いなおり** 島根県「用事がすんで、いなおり御馳走になった」 ***いんなら** 京都府 ***かー** 広島県 ***かい** 奈良県宇陀郡「かい来る」 ***けー** 島根県出雲「けー出来る」 ***こーわら** 山形県最上郡 ***さんと** 青森県津軽「さんと戻って来るよ」 ***ずいと** 富山県 岐阜県稲葉郡 福岡県田川郡 ***ずいら** 宮城県「ずえら帰っていった」 ***すぐあしに** 新潟県佐渡「すぐあしに風呂にひゃあって下され」 ***すぐと** 宮城県仙台市「すぐとまかんできす(参上します)」 秋田県山本郡・南秋田郡「言いつけられたらすぐと行け」 栃木県足利市 静岡県志太郡 三重県志摩郡 ***ずっと** 大分県大分郡 ***すとげん** 山形県東村山郡 ***すんがけ** 長野県「朝起きるとすんがけ人が来た」「家へ帰らず、学校からすんかけお祭に行け」 ***すんつけ** 富

山県砺波 *すんで 岐阜県郡上郡 *すんと 愛知県知多郡 *そーで 京都府 鳥取県「そうで来る」 岡山県「そーで行くから待っとれえ」 徳島県・美馬郡 香川県 *たーちき・たーちきんめ 鹿児島県 *たじま 栃木県那須郡 *たったすれ 佐賀県 *たっち 群馬県吾妻郡 *たっちき(「太刀切る間に」の意から) 鹿児島県 *たっつけ 鹿児島県 *ちょいとに 高知県幡多郡 *ちょっこい 鹿児島県 *ちょっこら 福島県耶麻郡 新潟県糸魚川市「ちょっこらまにあわない」・中頸城郡 *ちょっこり 新潟県中頸城郡「其仕事は急いでもちょっこり出来ないぞ」・西頸城郡「ちょっこりごん(容易なこと)」 愛媛県新居郡 *ちょっぺら 茨城県稲敷郡 *ちょど 長野県埴科郡「ちょど行け」 *ちょとに 奈良県南大和「ちょとに判らん」 *ちょろがみそ 山口県大島「この位の本ならちょろがみそに読んでしまう」 *つーっつ・つっと・つっつ 熊本県玉名郡 *つーっと 福岡県八女郡 熊本県玉名郡 *ひっさん 滋賀県伊香郡 *ふたぎな 沖縄県石垣島 *ふてーな 沖縄県竹富島 *へっと 鹿児島県 *べらり 岩手県気仙郡「べらりいなぐなる」 *もいっき 鹿児島県 *やがしま 福井県大飯郡 *やがに 群馬県多野郡「やがに死んだ」 埼玉県秩父郡 *やぎりがえしに 山形県米沢市「やぎりがえしによごした」 *やじりかえしに 宮城県登米郡・玉造郡

↓すぐ(直)・ただちに(直)

すぐれる【優】 *かちゅん 沖縄県首里 *ぐーと 山形県西村山郡「ぐーどした(結構な)」 *ごーてき 東京都「がうてきにうまい」 *ごつい 滋賀県彦根・高島郡「ごついもの(偉人)」 京都府何鹿郡 兵庫県淡路島 *ぬける 三重県飯南郡「あの子はぬけてゐる」 *ませる 三重県名賀郡「ませている」 *もぬける 福岡市 *りくつえー 山形県米沢市「あのおぼこ(子供)あ、少しりぐづええ」

↓まさる(勝)

すこし【少】 *あっきや 新潟県三島郡 *いっそ 山梨県甲府「まかいやすか(負けてくれますか)、いっそ」 *いっつぉけー 新潟県中魚沼郡 *いふぃ 沖縄県首里 *いべーび・いめーみ・いべーえびん 沖縄県黒島 *いめちょぼ 兵庫県但馬 *いめんちょ 滋賀県高島郡 *いめんちょー 福井県遠敷郡 *いんか 福島県浜通「砂糖をいんかくいよ(少し下さい)」 *いんてーん 沖縄県首里 *いんめー 山梨県「いんめーがいと(少しの間)」「いんめーくりょう(くれ)」 *えーんか 茨城県多賀郡 *えんか 福島県浜通「えんかくんねえ(少しおくれ)」 *えんつか 福島県浜通 *かた 東京都大島「漁はほんのかただけだ」 神奈川県三浦郡・横須賀市「かたばっかしかなかった(ほんのわずかしかなかった)」 *きと 秋田県河辺郡「おれにきと呉れ」 *くーてーん(量に関して言う)・くーてーんぐゎー 沖縄県首里「くーてーんなー(少しずつ)」 *けくとばし 新潟県佐渡「けくとばし呉れ」 *こばり 山形県北村山郡 *してぁこ 秋田県平鹿郡 *してべこ 青森県津軽 *すーすー 沖縄県首里「すーすーや うぃーとーん(少しは酔っている)」 *すっとう 沖縄県首里・石垣島 *すてべこ 青森県津軽 *すんみし 静岡県「酒をすんみしのまぬか」 *そーっと 島根県邇摩郡「砂糖をそーっとやんさい」 *そーと 山口県阿武郡・豊浦郡 香川県 *そって 福岡県 *そっと 兵庫県淡路島 島根県「そったー土産の一つ位持って来い」「そっとばかりな(ほんの少しの)」 岡山県 広島県三次市・高田郡 山口県 徳島県美馬郡 長崎県壱岐島 *そっとこば 香川県 *そと 兵庫県淡路島「本をそとばあ(少しばかり)読んだとて、あんまりえらそおに云うない」 香川県三豊郡 *だいしょ 島根県 香川県木田郡・高見島「働らきよったら、だいしょ食べられるけど、働けなんだら、食えんわ」 福岡県北九州市 *だいしょー 兵庫県佐用郡・淡路島「俺でもだいしょお読めるぞ」 島根県石見 岡山県「まんだ米は、だいしょー残っとる」・児島郡「最近でーしょー勉強ができだした」 広島県「わしもだいしょー摘みやんした」 山口県「今度の事件はだいしょー聞いちょる」 徳島県 香川県「だいしょう役に立つわ」 高知県 大分県 *ちーくし 岡山県 *ちーくと 山形県「ちいくと呉ろ」 *ちーくり 岡山県 *ちーたて 島根県仁多郡 *ちーちっと 山口県大島「樋が乾いていたと見えて、水を入れるとちーちっとずつ水が漏る」 *ちーとげ 島根県隠岐島「ちーとげな物でござんすが食べてごさっしゃえ」 *ちーとだし 島根県仁多郡「ちーとだし私にもごさっしゃえ」 *ちーとべ 兵庫県赤穂郡 *ちーとべくそ 山口県大島 *ちかっと 佐賀県「ちかっとおみやげ やろーと」 熊本県・八代郡 *ちくし 山口県「あの男はちくし足らんの」 *ちくと 岩手県江刺郡・胆沢郡 宮城県「ちくとばり(ばかり)もら

方/言/の/窓

●方言土産

旅行者にとって、それぞれの土地にふさわしい記念品を土産に持って帰りたい気持ちは、古今東西、誰にでもある。

絵葉書、珍しい食品、地酒の類、その土地独特の織物や焼物、土鈴、雪国ならその風俗をかたどった人形、南の国なら黒潮に洗われて育った珊瑚や美しい貝殻など、さまざまな品物が土産物屋の店頭を飾っている。

そうした中で、その土地ならではの品として、方言土産がある。以前は方言絵葉書、番付を染めた方言手拭、方言のれんの三品が主流を占めていた。しかし最近は、絵葉書を買う人が減り手拭を使う人が少なくなったためか、方言キーホルダー、方言茶碗などが幅をきかせている。本書には故徳川宗賢氏が収集した方言土産の写真を「都道府県別方言概説」の欄に掲載している。

いすと(もらいますと)」 秋田県鹿角郡 山形県「こんじゃ、あんまりちくとすぎんな」 福島県・浜通「ちくとでいいからなえ(いいからね)」 茨城県猿島郡 群馬県 新潟県佐渡「ちくたあ上手になったさ」 愛媛県 高知県・高知市「あの人はちくとたらん様な」 *ちちっと 山口県阿武郡・大島 *ちちんた 福岡県企救郡 *ちっくし 島根県石見「ちっくし腹がにがる」 岡山県 広島県高田郡 *ちっくと 高知県 *ちっくら 愛知県豊橋市 *ちっくり 東京都八丈島「この本よちっくり借り申しいたす」 新潟県中魚沼郡 石川県鹿島郡 岐阜県大野郡 岡山県 徳島県 愛媛県 高知県幡多郡 *ちっこ 熊本県天草郡 *ちっこし 山形県庄内「ちっこしばり(少しばかり)」 石川県珠洲郡「おれに胡麻ちっこしくだっしゃ(ください)」・石川郡 *ちっこと 山形県飽海郡「ちっことばし(すこしばかり)」 *ちっこり 石川県鹿島郡 鳥取県西伯郡 *ちっちら 静岡県「ちっちら食べんとはらを悪くする」 *ちっとかり・ちっとかる 富山市近在「ちっとかり呉れ」 *ちっとべー 東京都八王子 長野県上田 *ちっとべーさ 山口県玖珂郡 *ちっとんべー 茨城県新治郡 栃木県安蘇郡 群馬県群馬郡 埼玉県 東京都八王子 *ちっぺ 長野県佐久 *ちっぽし 愛媛県周桑郡・喜多郡 *ちば 香川県 *ちびっこ 長野県上田 *ちびっと 福井県南条郡 長野県諏訪 岐阜県郡上郡 愛知県宝飯郡 三重県「ちびっとでいいからくれ」 京都市 大阪市 兵庫県 奈良県 島根県石見 広島県高田郡 山口県 徳島県 香川県 高知県 熊本県天草郡(幼児語) 大分県 *ちびと 福岡県京都郡 *ちびんと 三重県度会郡 *ちぽかー 茨城県西茨城郡 *ちょいっと 滋賀県犬上郡 *ちょいと 三重県志摩郡「ちょいとも(少しも)」 *ちょきと 福岡県京都郡 *ちょきんと・ちょきっと 福岡県企救郡 *ちょくと 福岡県「ちょくとやりまっせう」 *ちょこらんと 長野県諏訪・東筑摩郡「ちょこらんと隅にすわって居た」 *ちょっぽし 愛媛県伊予郡・喜多郡 *ちょびん 石川県江沼郡 *ちょびんこ 石川県 *ちょべんこ 石川県鹿島郡 *ちょろっと 岐阜県大野郡 兵庫県加古郡 島根県石見「ちょろっと寝たと思うたら夜が明けとった」 広島県高田郡 大分県速見郡 福岡県嘉穂郡「仏さまには水だけちょろっとあげとるだけだな」 *ちんがり 静岡県 *ちんくと 山形県西置賜郡 *ちんと 青森県南部 岩手県九戸郡・上閉伊郡 宮城県 秋田県鹿角郡・北秋田郡「御飯食べたくないからちんと下さい」 山形県 福島県 茨城県筑波郡・稲敷郡 栃木県 *ちんど 東京都三宅島 *ちんめー 長野県上伊那郡 *つい 滋賀県神崎郡 *てべーこ・てべーんこ 岩手県九戸郡 *どーか 沖縄県宮古島「波があたれば、どーかえぬぐんだ(少しは動くんだよ)」 *とばいこ 宮城県栗原郡・玉造郡 *とばた 山形県北村山郡 *とばっこ 岩手県気仙郡・東磐井郡 宮城県牡鹿郡 *とばり 宮城県加美郡 山形県「とばりけろ(少しくれ)」 *とびゃっこ 宮城県牡鹿郡 *とべあえこ 岩手県東磐井郡 *とべぁこ 岩手県上閉伊郡 宮城県登米郡・石巻「火をとべぁこけでけさえ」 *とべあっこ 岩手県気仙郡 宮城県石巻「とべあっこばり分けて頂きす」 *とべあんこ 岩手県上閉伊郡 *どべら 香川県三豊郡「どべらもない」 *とべり 山形県北村山郡・最上郡 *なーさ 静岡県 *なからーま 沖縄県石垣島 *なま 岐阜県郡上郡 兵庫県「お客さんがなまあった」「なま余計要る」 広島県安佐郡・上蒲刈島 *なり 鹿児島県喜界島 *ばーこ 宮城県 *ばいこ 岩手県盛岡・岩手郡 *はがすみ 富山市近在 *ばこばり 岩手県気仙郡「ばこばり持ってきたって焼け石に水だ」 *ばっこ 岩手県気仙郡 秋田県山本郡・由利郡「砂糖ばっこくれ」 山形県南村山郡 *ばっこばい 宮城県牡鹿郡 *ばっこばり 岩手県気仙郡 宮城県玉造郡 *ばんこ 岩手県気仙郡 *はんびら 長野県「はんびらもない」 *びっくと 高知県 *ひっと 三重県伊賀 *びっと 高知県「よけは要らんがびっと欲しい」 *ぴっと 三重県 滋賀県滋賀郡・甲賀郡 高知県 *びっとこ・ぴっとこ 高知県「びっとこばー貰うのは厭じゃ、まっと沢山おおせや」 *ひとかし・ひとかり・しとかし 富山県 *ひとたま・ひとたまり 長崎県南高来郡 *ひめくそ 高知県「これお、ひめくそくれー」 *びゃーこ 岩手県海岸地区・中通 *びやっこ 宮城県栗原郡・登米郡 *ひやっさーん 沖縄県新城島 *ぶん 岩手県気仙郡「けちだな、このぶんしかくれないのか」 *ぶんこ 岩手県「あのぶんこ」「あのぶんこばりもってきていばっている」「たったこのぶんこでは、貰っても何にもならない」「おれにもぶんこでええからくれろや」 *べあっこ 岩手県「べぁっこけろや」 *ぺあっこ・べあんこ 岩手県上閉伊郡 *べあっこし 秋田県平鹿郡「べぁっこしでいいからお湯をくれ」 *べあっこばり 宮城県石巻 *へっと 石川県石川郡 静岡県 滋賀県浅井郡 香川県 *べっと 山形県飛島「べっとばり」 *ぺっと 三重県阿山郡・名賀郡 滋賀県甲賀郡 *へっぱり 山形県東村山郡 *べべくそ 福井県大飯郡「べべくそでもよい」 *ほーろ 兵庫県佐用郡「ほうろ寒い」 島根県石見「ほーろ覚えている」「お前よりわしがほーろ年が多い」 山口県「この桃はほーろ酸味がある」・阿武郡「ほうろ赤い」・玖珂郡 *ぼったり 千葉県 *ぼっちり 茨城県稲敷郡 千葉県海上郡 静岡県富士郡 高知県幡多郡 *ぽっちり 茨城県稲敷郡 埼玉県北葛飾郡「かめにぽっちりいれる」 千葉県「ぽっちり盛てくる」 東京都「ぽっちりしかありません」 愛媛県伊予郡・喜多郡 *ほっと 島根県大田市「大根の種がほっとしかない」「大豆ならほっとばかしある」 *ほっとげ 島根県大田市・簸川郡「ほっとげな物ですが食べてござっしゃえ」 *ほと 兵庫県淡路島「ほとばあ(少しばかり)」 *ほほら 秋田県雄勝郡「ほほら苦い」 *ぽぽら・ぽぽらんと 新潟県佐渡 *ほんかしこ 岩手県九戸郡 *みじょごと 福井県南条郡＊みじん石川県鳳至郡「みじんに(わずかに)」熊本県「おれにみじんでよかけん食はせんか」＊みじんこ石川県能美郡・河北郡＊みじんたま長崎県対馬＊めーめー沖縄県新城島＊めちょほど三重県飯南郡＊もっきさんき島根県隠岐島＊ゆびくそ広島県倉橋島＊ゆめかんぐり新潟県佐渡＊ゆめくそ新潟県佐渡＊ゆめほど岐阜県養老郡＊んめーま沖縄県鳩間島＊んめーん沖縄県石垣島

→しょうりょう(少量)・ちょっと(一寸)・わずか(僅)

□も＊いっこーも群馬県利根郡＊いっこちゃ岡山県児島郡＊いっこと新潟県長岡市＊いっことん鹿児島県＊いっこも(「いっこー(一向)も」か)長野県　兵庫県神戸市「水道の水いっこも出えへん」　和歌山県　島根県那賀郡　岡山県児島郡「いっこもええことがねえ」　広島県江田島・能美島　徳島県「彼はいっこもよりつかん」　大分県北海部郡＊いっこんも広島県江田島・能美島＊いっさら山梨県・北巨摩郡・南巨摩郡「柿をもぎに行ったらいっさらなってなかった」　長野県東筑摩郡・南佐久郡＊いっすん(否定形と共に用いる)鹿児島県・肝属郡「いっすんきかん(断じて承知しない)」　＊いっすんも京都府葛野郡＊いっそ(否定の意の語を伴って用いる)福島県会津　新潟県中魚沼郡　山梨県　長野県「いっそだめだ」　静岡県・浜松　愛知県北設楽郡　島根県　広島県「いっそ知らない」　山口県阿武郡「いっそ見えん」　福岡県遠賀郡　大分県玖珠郡＊いっそー山口県「いっそうわからん」　＊いっそのこと宮城県栗原郡「いっそのこと出来ねえ奴だ」　＊いっそも島根県石見「いっそも知らざったとはおかしい」　＊いっそら山梨県　長野県北安曇郡・東筑摩郡＊いっちゃも・いっちゃん・いっちゃじゃい鹿児島県鹿児島郡＊いっちょーも熊本県天草郡＊いっちょでん・いっちん熊本県＊いっちょも和歌山県日高郡　香川県　福岡県北九州市・遠賀郡　長崎県長崎市「いっちょもいごことなか(行きたくない)」・西彼杵郡　熊本県天草郡・下益城郡＊いっちょん佐賀県・藤津郡　長崎県南高来郡「いっちょん花んさかん」　熊本県　鹿児島県＊いびーたってぃん沖縄県与那国島＊いよいよ広島県比婆郡・庄原市「いよいよ出来やへん」＊かざに島根県「その事はかざに知らざった」＊かたから福島県相馬　富山県西礪波郡　石川県　岐阜県飛騨「酒だけはかたから飲めん」　静岡県「かたから仕方がない」　兵庫県淡路島　鳥取市「かたから相手にせぬ」　島根県「かたから言うことを聞かん」　山口県玖珂郡　徳島県　香川県仲多度郡「あいつの絵はかたからなっとらん」・高松市　愛媛県「かたから話にせん」　福岡市＊かたかり宮崎県日南市「かたかり役せん(少しも役に立たない)」　＊かたくそ岐阜県飛騨＊かたじ和歌山県伊都郡＊かたじゃー広島県芦品郡＊かただい岡山県真庭郡「耳がかただぇー聞こえんのじゃ」・苫田郡　山口県大島　愛媛県＊かたっから岐阜県飛騨＊かたで(下に打ち消しの意の語を伴うことが多い)秋田県河辺郡　山形県南部「上手に書かんにゃくてかだで面白くない」　福島県会津　茨城県猿島郡　新潟県佐渡　富山県砺波「酒はかたであかん」　石川県　岐阜県益田郡　三重県「かたで仕方がない」　滋賀県彦根　兵庫県淡路島「何遍催促したとてかたで動くことせんので弱っとるのじゃ」　奈良県南大和　和歌山県那賀郡　鳥取市「かたで相手にせぬ」　島根県「かたで話にならん」　山口県大島　徳島県「かたで字になっとらん」　香川県仲多度郡　愛媛県＊かたでも和歌山県那賀郡「かたでもない」　＊かたに新潟県東蒲原郡「かたに顔を見せぬ」　富山県　長野県下水内郡　岐阜県飛騨　島根県益田市・隠岐島　愛媛県＊かだに島根県「かだに船が来んようになった」　＊がたに島根県簸川郡・隠岐島＊かたね岐阜県飛騨＊かたよい佐賀県・藤津郡＊かたんで秋田県河辺郡・平鹿郡「かだんで見えなかった」　＊かったくれ京都府中郡・竹野郡＊かったて三重県名賀郡「かったて問題にならん」　＊かったで福井県大飯郡　京都府西北部＊かったに京都府「近頃かったにもうかりまへん」　＊がったに島根県隠岐島＊かなに京都府　鳥取県西伯郡「君は近来かなに顔お見せんな」　島根県「かなに便りをせん」「今年は栗がかなにならん」　＊かなね島根県出雲＊けけ東京都八丈島＊けんご山口県玖珂郡＊こくもく広島県芦品郡＊ごびん愛知県名古屋市「まして○○が関係があるなどごびんも知らんし」　＊さっぱ岩手県気仙郡「さっぱわがんねぇ」　＊さっぱと青森県上北郡「近頃さっぱど漁がない」　岩手県九戸郡　秋田県鹿角郡「さっぱとわからない」　＊さっぱりこっぱり島根県出雲市・簸川郡「さっぱりこっぱり役に立たん」　＊さながら福島県会津＊さぱかぱと・しぱかぱと秋田県鹿角郡＊さらっきり山梨県＊しゃっけ高知県長岡郡「そんな事はしゃっけ知らんきにのー」　＊ずんぼほどだり島根県出雲市「この薬飲んでも、ずんぼほどだり効かん」　＊すんみ静岡県「すんみ知らん人じゃーない」　＊すんみし(下に打ち消しの語を伴う)静岡県志太郡「すんみし他人でもなぇー」　＊せんたも和歌山県那賀郡「お銭せんたもない」　＊そっとだえ島根県出雲市「今にそっとだえ便りがなえ」　＊そっとだり島根県出雲市・大田市＊そっとも島根県「地震がいったのをそっとも知らざった」　徳島県「雨がそっともない」　＊たいに島根県隠岐島「たいに知らん」　＊だいに岐阜県郡上郡「からだがいかいなばっかでだいにやくにたたん(体が大きいばかりで一向に役に立たない)」　京都府竹野郡「だゃーにごぶさたばっかりしとりまして」・与謝郡＊ちーとだー・ちょっこーだり島根県出雲 *ちーとだい・ちっとだい島根県出雲・隠岐島 *ちーとだり(下に打ち消しの語が来る)島根県出雲・隠岐島「ちーとだり動かん」 *ちっとだいり島根県邑智郡・大原郡 *ちっとだし島根県大田市「ちっとだし遊びに来ん」 *ちっとだり・ちとだり島根県・出雲 *ちとだーね島根県八束郡 *ちょこー大分県臼杵市「もうちょこー行ったたならん」 *ちょんぼーだい島根県出雲 *てんこで福井県遠敷郡・大飯郡「てんこで知らなんだ」 *てんぼし・てんぼち・てんぽち・てんぼつ島根県石見「嫁がどこえ行ったかてんぼし知らん」 *とーたい岐阜県恵那郡「とうたい集まらない」・加茂郡「とーたい埒(らち)明かぬ」 *どっちり山形県西田川郡・東田川郡 *どべら香川県三豊郡「どべらもない」 *なーんじゃ徳島県美馬郡 愛媛県周桑郡 *なーんちゃ徳島県阿波郡 愛媛県周桑郡・喜多郡 *なにけも(下に打ち消しを伴う)静岡県「なにけも欲しかない」 *なんじゃ徳島県那賀郡・美馬郡 鹿児島県揖宿郡 *なんちゃ徳島県美馬郡・海部郡 香川県「なんちゃおもしろないな」 愛媛県 高知県幡多郡「あの なんちゃ ないけんどよぶ つもりぢゃけん」 *ばったり鹿児島県「ばったりならぬ(どうにも動けない)」 *はっぱ岩手県気仙郡「この問題はっぱわかんねぁ」 宮城県栗原郡「はっぱ来ねえ」 *はんねんばら長野県佐久 *びれ高知県土佐郡 *ふーど大分県南海部郡 *ベーびたん沖縄県波照間島 *へっと香川県仲多度郡「それはへっといらん」 *ぽーど鳥取県 岡山県苫田郡 *ぽーどー宮崎県西臼杵郡 *ほっとだり島根県大田市・簸川郡「雲はほっとだり見えん」 *ほっとも島根県「家はほっとも見えん」 *むいき岐阜県飛驒 *むーじ山形県東置賜郡・南置賜郡「この村には田がむーじない」 *むーず岐阜県大野郡 *むさっとぅ沖縄県首里「むさっとぅ しらん(少しも知らない)」 *むじ(打ち消しの語を伴って用いる)青森県上北郡「あれはこの事情をむじ知らない」 山形県「薬はむぢきかない」 愛知県宝飯郡・名古屋市 福岡市「むじのうごきもせん」 *むじきり岩手県気仙郡「おれはむずきり酒は飲めない」 宮城県登米郡 山形県 *むじくた愛知県宝飯郡 *むじっとぅ沖縄県石垣島 *むじっきり岩手県気仙郡 *むず岐阜県大野郡・郡上郡 滋賀県愛知郡・彦根「むずともしない」 兵庫県加古郡「むず知らん事ないやろ」 香川県三豊郡 愛媛県・宇和島 長崎県壱岐島「むずも違わぬ」 大分県大分郡 *むずこくてー長野県東筑摩郡 *むすっとぅ沖縄県鳩間島 *むちきり山形県南置賜郡 *むつ鹿児島県・肝属郡 *むっつり山形県米沢市「むっつり読めない」 新潟県西蒲原郡 *むっとぅ沖縄県首里「むっとぅ 見いらん(全然見えない)」・石垣島 *むっとき(否定語を伴って用いる)新潟県佐渡 *むぬ鹿児島県喜界島「むぬじぇーねーん(さっぱり興味がない)」 *むる沖縄県首里 *むんず岐阜県郡上郡 *めーっちゃん沖縄県竹富島 *めーまーんだ沖縄県小浜島 *もじ島根県東部 *ゆめさけ(後に打ち消しの表現を伴う)山梨県 *ゆめすけ山梨県・南巨摩郡「おいしの来とーをば(あなたの来ているのを)ゆめすけ知らなつどーに(知らなかったので)」 *よいよ広島県庄原市 *よりき新潟県東蒲原郡「よりき油断がならない」 *んめーまーつぁん沖縄県鳩間島 *んめーんざーん沖縄県石垣島

↓ぜんぜん(全然)

ほんの□ *いきらぐゎー・いんてーんぐゎー沖縄県首里 *えめんかち新潟県西蒲原郡 *おはつ山形県東置賜郡「おはつほど(わずかばかり)」 *おはつお岡山県苫田郡「予算がのうて、今年はお初穂しか出ん」 *きんやり東京都南多摩郡 *きんより群馬県多野郡 *けぶらい徳島県海部郡 *こころ新潟県佐渡 山梨県南巨摩郡「この方がこころいかいようだ(この方が少し大きいようだ)」 徳島県「この家はこころ北へふっとる(北に向いている)」 高知県高岡郡・高知市「この羽織の色はもーこころ濃かったらよかった」 長崎県壱岐島「こころ早過げた」 *ごふーさま山梨県南巨摩郡「ごふーさまほどぐらいづら無いどう」 *さーで兵庫県北但馬「さーで二三軒隣です」 *さっと青森県「さっとけへじゃ(ほんの少し下さいよ)」 岩手県「さっとばり持ってきていばっている」 宮城県栗原郡「さっとけれ(少しくれ)」 *さっとが・さっとびゃこ秋田県平鹿郡「砂糖をさっとが下さい」 *しりんがふれ東京都大島「あの菓子をしりんがふれ程くれないか」 *そこかくし京都府竹野郡「椎の実をそこかくしほど拾ってきました」 *そっとげ島根県「そっとげな物ですが食ってごしなはえ」 *ちょこっと宮城県仙台「ちょこっとした土産」 和歌山県 *ちょこんと岩手県気仙郡 福島県耶麻郡 新潟県「ちょこんとその本みせんか」「ごはんちょこんとくんない」 *ちょぼっと福井県 愛知県名古屋市 滋賀県 三重県伊賀 京都市 大阪市 兵庫県 和歌山県 島根県 *ちょぽっと・ちょぼっりと山形県米沢市 *ちょぼと山口県阿武郡 福岡市 *ちょんびし島根県石見 *ちょんびり宮城県仙台市 富山県 鳥取県東部 高知県幡多郡 *ちょんぼー島根県出雲 *ちょんぼし鳥取県 島根県簸川郡・隠岐島 *ちょんぼり茨城県多賀郡 東京都八丈島 山梨県 岐阜県 愛知県碧海郡 鳥取県 島根県 岡山県吉備郡・浅口郡 *ちんきりばー徳島県那賀郡 *ちんびし島根県石見 *ちんびり兵庫県 山口県阿武郡 *ちんぴり山梨県 *ちんびりくしゃり山口県阿武郡 *ちんびりくそ三重県南牟婁郡 和歌山県東牟婁郡 *なま兵庫県加古郡・神戸市「飯を食って置けばパンより腹がなま減る」 *はなちょんびり 富山県砺波 *びっちぇーん・びっちぇーんぐゎー 沖縄県首里 *びれ 奈良県吉野郡「びれくそ(少しばかり)」 高知県「びればー(少しばかり)何になるか」・香美郡 *まね 京都府竹野郡「まねほどもうけるって(もうけるだけでも)家内じゅうかかりきりでした」 *まねくそ 福井県大飯郡「まねくそほどよりない」 滋賀県彦根 和歌山県「まねくそほど持っている」 *まめくそ 福井県大飯郡 大阪府中河内郡 *みーぬふしゅ 沖縄県石垣島 *みそっちょんたちぐそ 熊本県下益城郡 *みみくそほど 島根県 *みみのあかほど 富山県砺波 *みみんちょ 福井県遠敷郡 *めくさ 愛知県知多郡 *めくそ 山形県 新潟県佐渡 愛知県渥美郡「めくそあげる」・知多郡 島根県「めくそほど分けてくれた」 岡山県児島郡 広島県高田郡 山口県 高知県「ほんのめくそおーせ(下さい)」 *めくそば 香川県三豊郡 愛媛県 *めくちょ 高知県幡多郡 *めみのあかほど 富山市 *めめかす 新潟県佐渡 *めめかっちょ 富山県下新川郡 *めめがっつお 富山県 *めめがんち 奈良県大和高田 *めめかんちょ 新潟県中頸城郡・西頸城郡 富山県 *めめかんつぶ(幼児語) 富山県 *めめくさ 福井県遠敷郡 *めめくそ 山形県 福島県中部「めめくそばっかりだ」・相馬郡 新潟県 福井県遠敷郡・大飯郡 愛知県知多郡 大阪府大阪市・中河内郡 奈良県南大和 鳥取県西伯郡 島根県出雲 岡山県児島郡 香川県 *めめこのあか 和歌山県東牟婁郡 *めめごのあか・めのこのあか 和歌山県新宮 *めめころ 山形県東村山郡 *めめたれ 秋田県山本郡 *めめちゃんこ 新潟県上越 長野県上田(幼児語)・佐久 *めめちょこ・めめちょぼ 愛媛県 *めめちんご 奈良県南大和 鳥取県西伯郡 *めめっかす・めめっかち 新潟県西頸城郡 *めめっくそ 新潟県中頸城郡 *めめっこちー 新潟県刈羽郡 *めめっこはんこ・めめはんこ 長野県上田・佐久 *めめっちょ 新潟県上越 富山県下新川郡 島根県出雲 岡山県児島郡 *めめつぶ 京都府久世郡 愛媛県 *めめんかす 滋賀県 *めめんかっちょ 富山県 *めめんちょ 富山県 福井県遠敷郡 滋賀県高島郡 *めめんちょー・めめんちょこ 福井県

すし【鮨】 *おすも 奈良県宇陀郡 *おすもじ 京都市 大阪市(酢を加えた飯に、魚肉、卵、野菜などの具をまぜた鮨) 香川県 高知県(酢を加えた飯に、魚肉、卵、野菜などの具をまぜた鮨) *おたま(米のすしに対して、形が悪いところから。麦の鮨)愛媛県南宇和郡 *しょーじんずし(大根や人参などの野菜と葡萄(ぶどう)などの果物を入れた鮨)青森県上北郡・三戸郡 *すまき 奈良県吉野郡 *すもじ(酢を加えた飯に、魚肉、卵、野菜などの具をまぜた鮨)愛媛県大三島 *つきだし(型抜きした鮨)島根県出雲 *ならせずし(魚介類を発酵させ酢を使わずに自然の酸味で食べる鮨。なれ鮨)奈良県吉野郡 *なれずし(サバで作った鮨)和歌山県 *はやずし 富山県富山市近在(主にのり巻き)・砺波 *ひきわりずし(精白して、四つ割にひいた麦を米に混ぜて作った鮨)香川県三豊郡 *ほーはずし(朴の葉に包んだ鮨)奈良県吉野郡 *ほーばずし・ほーばめし(朴の葉に包んだ鮨)岐阜県郡上郡 *まげずし 岡山県 *めしずし(生薑(しょうが)、胡麻(ごま)などを混ぜた酢飯を重箱に詰めて固め、小さい立方体に切った鮨)高知県土佐郡 *めのはずし(刻んだ若布(わかめ)を混ぜて作った鮨)島根県 *もぶり 広島県安芸郡 *やすけ 大阪市

すす【煤】 *いん 島根県出雲 *えん 島根県八束郡・大原郡 *かがり 兵庫県淡路島 奈良県吉野郡 和歌山市 島根県「ランプのほやが、かがりで黒うなって暗あ」 広島県高田郡 徳島県 香川県 愛媛県 福岡県久留米市 *すひ 長崎県五島 *ぴーぴー・ふぃんぐ 沖縄県与那国島 *へすび 静岡県

なべかまの底についた□ *つそび 福島県耶麻郡 *なべっかね・なべっこく・なべっつる 栃木県 *なべのへわ 島根県隠岐島 *なべへた・なべへだ 島根県 *ぴんぐ 沖縄県石垣島 *ふぃんぐ 沖縄県与那国島 *ふぇちょべ 青森県津軽 *へぐら 佐賀県 長崎県「へぐらかく」 *へぐり 山口県「釜の尻あへぐりでどうもならん」・阿武郡・豊浦郡 *へぐろ 佐賀県 長崎県南高来郡・壱岐島 熊本県下益城郡 宮崎県 鹿児島県・肝属郡・種子島 *へしぴ 青森県三戸郡 *へすび 青森県南部・三戸郡 宮城県仙台 神奈川県津久井郡 静岡県 *へそび 青森県南部 宮城県栗原郡・石巻 秋田県鹿角郡 山形県 福島県 新潟県岩船郡・東蒲原郡 *へそんび 秋田県平鹿郡 *へそんべ 秋田県山本郡・南秋田郡 *へちょび 青森県上北郡 *へちょべ 青森県 *へわ 京都府熊野郡・中郡 兵庫県 鳥取県西伯郡 島根県

すすき【薄】 *いちもんがや 香川県三豊郡 *いなびに 沖縄県石垣島 *いわすげ 長崎県対馬 *うまくさ 東京都八丈島 *えふきがや 熊本県球磨郡 *おとこがや 山口県大津郡 熊本県阿蘇郡 *おばな 鹿児島県出水郡 *おばなかるかや・おんがや 山口県厚狭郡 *かや 岩手県二戸郡 秋田県・鹿角郡 山形県 埼玉県秩父郡 富山県砺波 三重県名張市・阿山郡 兵庫県淡路島 奈良県南大和 鳥取県西伯郡・気高郡 島根県 岡山県児島郡 広島県 香川県 愛媛県「かやで手を切る」 熊本県上益城郡 宮崎県東諸県郡 鹿児島県 *かやぎ 三重県志摩郡 *かやこ 鳥取県西伯郡 *かやご 三重県志摩郡 兵庫県赤穂郡 鳥取県西伯郡 島根県 *かやぼ 三重県志摩郡 和歌山県東牟婁郡「あの河岸にはかやぼが一杯生えてゐる」

*かやんぼ 奈良県南大和　香川県東部　高知県香美郡 *かんとーし 愛媛県岡村島・大三島 *ぎしき 鹿児島県奄美大島 *ぎすき 沖縄県宮古島 *ぎゃー 鹿児島県徳之島 *ぎゃーもと 鹿児島県与論島 *ぐしき 沖縄県国頭郡・島尻郡 *ぐしち 沖縄県中頭郡・那覇市・首里 *げーん 沖縄県首里・那覇市 *しの 山口県大島 *しまがや 愛媛県宇和島市 *すすっがや 鹿児島県出水市（出穂後の称）・川内市 *ちがや 山口県厚狭郡 *てきりがや 香川県中部 *ときわ 山口県見島 *ふきくさ 岡山県英田郡 *まーや 長野県下水内郡 *まぐさ 東京都三宅島・御蔵島 *やがや 千葉県印旛郡・長生郡　新潟県中頸城郡 *やねがや 宮崎県西臼杵郡

すすはき【煤掃】 ⇨すすはらい（煤払）

すすはらい【煤払】 *おすすさげ 長崎県壱岐島 *ごみだし 岡山県津山市 *すしとい 鹿児島県揖宿郡 *すすかい 三重県志摩郡 *すすとり 埼玉県入間郡　佐賀県馬渡島 *すすなで 栃木県 *たなっぱき 神奈川県津久井郡

すずめ【雀】 *いじわる 千葉県夷隅郡 *いたくら 三重県南牟婁郡　奈良県吉野郡　和歌山県日高郡　徳島県・美馬郡　高知県高岡郡 *いたくらすずめ 奈良県吉野郡 *いたくろ 和歌山県海草郡 *いったくら（幼児語）・いったくろ 三重県南牟婁郡 *いんどぅやー・いんどぅんがー 鹿児島県喜界島 *おはぐろ 千葉県安房郡 *かーらやーぬぐぐゎー（「瓦屋の小鳥」の意）沖縄県西表島 *かーらやーぬとぅらーま 沖縄県鳩間島 *かーらやーぬとぅーらま 沖縄県小浜島 *がーらとぅいなー 沖縄県竹富島 *くそすずめ 富山県砺波 *くちぐろ 富山県 *くらー 沖縄県 *さとすずめ 秋田県仙北郡 *しーなき 茨城県稲敷郡 *じじくろ・じじっくろ・じっちくら 千葉県香取郡 *じじぐろ 千葉県匝瑳郡 *しなしとぅる 沖縄県石垣島 *しばすずめ（芝原を好むところから）千葉県香取郡 *じゃっちくら 茨城県南東部　千葉県香取郡 *しゅいた 長崎県五島 *じんくろ 千葉県 *すずねめ 茨城県多賀郡・久慈郡 *ちーち 長野県東筑摩郡 *ちじくろ（鳴き声から）千葉県夷隅郡 *ちじぐろ（鳴き声から）千葉県香取郡・海上郡 *ちじり（鳴き声から）千葉県香取郡・匝瑳郡 *ちちめ・ちっち 三重県南牟婁郡 *ちょんちょ 長野県下水内郡　三重県伊勢 *ちょんちょん 島根県石見 *ちょんま 富山県高岡市 *ちんちめ 福島県南部　栃木県「ちんちめ取ってやろうな」 *ちんちん 茨城県稲敷郡　埼玉県秩父郡　長崎県北松浦郡 *ちんちんこ 千葉県安房郡 *ちんちんめ 栃木県芳賀郡 *つず 東京都八丈島 *どーすずめ（寺の堂に多くいるところから）千葉県匝瑳郡 *にわすず 茨城県結城郡 *にわすずめ 千葉県千葉郡・香取郡　島根県八束郡 *ぬきば（軒端近くで見られるところから）茨城県稲敷郡　千葉県 *ぬぎば（軒端近くで見られるところから）千葉県印旛郡 *のきすずめ（軒端近くで見られるところから）愛媛県宇摩郡 *のきば（軒端近くで見られるところから）千葉県 *のきばのおばさん（軒端近くで見られるところから）富山県射水郡・婦負郡 *のすずめ 千葉県海上郡 *のっき（軒端近くで見られるところから）長崎県北松浦郡 *ぱどぅ・ぱどぅい 沖縄県宮古島 *はどぅやー 沖縄県与那国島 *ばばすずめ 富山県・砺波 *ばんちく 富山県 *ばんちくすずめ 富山県砺波・西礪波郡 *ばんちゃ 富山県 *ばんちょこ 富山県西礪波郡 *ばんどりすずめ 富山県 *ふくら・ふぐら 千葉県印旛郡 *ふなどぅり 沖縄県黒島 *ふねーどぅる 沖縄県石垣島 *へそくろ 茨城県結城郡　千葉県夷隅郡 *へそっくろ 千葉県夷隅郡 *ほーじろ 栃木県 *ますこ 千葉県夷隅郡 *ますず 茨城県鹿島郡・行方郡 *ますずめ 千葉県印旛郡　神奈川県川崎市・高座郡　石川県河北郡 *みしどぅま 沖縄県新城島 *みしゅどぅり 沖縄県波照間島 *みしゅとぅんなー 沖縄県石垣島 *ゆむどぅい 鹿児島県沖永良部島・与論島　沖縄県首里 *ゆむどぅーや 沖縄県国頭郡 *ゆむんどぅり・ゆむんどぅら 鹿児島県奄美大島 *よもんどり 鹿児島県

すずり【硯】 *いけ 神奈川県　三重県度会郡　兵庫県飾磨郡　福岡県三瀦郡・山門郡　長崎県壱岐島　熊本県　大分県 *いけうみ 大分市 *いわ・いわいし 奈良県大和高田市 *うみ 愛知県東春日井郡・名古屋市　岡山県 *すずいーし 鹿児島県種子島 *すずいし 滋賀県栗太郡　熊本県天草郡　鹿児島県「すずいしばこ（すずり箱）」 *すずいひ 長崎県五島 *すずいり 石川県石川郡　福井県足羽郡 *すすいれ 石川県鹿島郡 *すずいれ 新潟県三島郡・刈羽郡　石川県　福井県敦賀郡　島根県安濃郡・大田市　徳島県板野郡　香川県 *すずりいけ 熊本県　大分県大分郡 *すずりけ 熊本県 *すずりし 熊本県芦北郡・天草郡 *すずるけ 熊本市 *どこ 奈良県山辺郡 *ゆわ 奈良県南葛城郡

すする【啜】 *かする 徳島県「お粥でもかすっとれ」　長崎県対馬「茶漬け飯をがすがすかする」 *さしる 青森県上北郡 *さじる 岩手県気仙郡「あめっこさじっていろ」 *さずる 青森県三戸郡・南部　千葉県香取郡

すそ【裾】 *しそばた・しそっぱた・ふそばた・ふそっぱた 千葉県印旛郡 *すそぐみ 香川県 *すぼき 香川県小豆島 *そーすそ 京都府 *つま 広島県

着物の□ *かたまえ 富山県砺波 *ひこ 新潟県佐渡 *めーすば 沖縄県首里

すだれ【簾】 *かぎす 島根県邇摩郡 *かけす 島根県石見「日が当たるけー（当たるから）かけすを下ろせ」 *しじ 島根県簸川郡・八束郡 *す 宮城県栗原郡　秋田県鹿角郡　香川県小豆島 *すじ 島根県隠岐島 *てず 岐阜県海津郡　愛知県 *みじゃら 新潟県岩船郡

すたれる【廃】 *ほたる 奈良県吉野郡 *やび

るん 沖縄県石垣島

ずつう【頭痛】 *あかまじぬやまん 沖縄県波照間島 *あかまじぬやん 沖縄県石垣島 *あたまはしり(「走り」は痛むことの意) 香川県 *あたまやみ 岩手県和賀郡 *あたまやめ 三重県志摩郡 *がまじぬやみ・がまじやみ 沖縄県鳩間島 *すぶるやみ 沖縄県竹富島 *つぃぶるやん 沖縄県首里 *どーずき 新潟県佐渡 *なずき 宮城県仙台市 *なずきやみ 岩手県上閉伊郡・気仙郡 宮城県 山形県米沢市・庄内 *はまじやみ 沖縄県竹富島 *びんたやみ 鹿児島県宝島 *ほめきー・ほもきー(熱があって頭がずきずき痛い) 島根県隠岐島

すっかり *あーしに 愛媛県伊予市 *あーじに 愛媛県大三島 *あっさと 島根県大原郡「あっさとよがあけてかーでましたてて(すっかり夜が明けてから出ましたと言っても)」 *あっじょ 兵庫県加古郡 *ありあい 岐阜県大垣市 愛知県知多郡 三重県度会郡 *あんじょ 兵庫県加古郡 奈良県南大和 香川県小豆島・豊島「こないだのしけで、ごまをあんじょとやられてしもたわいな」 *あんじょー 香川県 *あんばい 三重県名張市「あんばい癒った」 大阪府 奈良県南大和「あんばい欺された」 *あんばいげに 京都府竹野郡・与謝郡 *いっさんがい 徳島県 *いっさんまい 新潟県佐渡 奈良県「いっさんまいお前にまかせたからしっかり頼むぜ」 島根県八束郡 愛媛県 長崎県対馬 *いっそーじーちー・いっそーなーでぃー 沖縄県首里 *いっちょなし・いっちょんなし・いっちんなし 熊本県芦北郡 *うつくしー 石川県珠洲郡「鼠がうつくしい食ていかんさかい(すっかり食っていけないから)」 *うつくしゅー・うつくしょー 岐阜県飛騨「店へ出いとったらうつくしゅー売れてしまった」 *うつくしー 岐阜県郡上郡 *うっつくしゅー 愛知県名古屋市 *うっつくしょ 愛知県知多郡 *うっつくしょー 岐阜県山県郡・郡上郡「柿か。こないだのかぜが(暴風が)うっつくしょーもってってまったんやで(きれいに落としてしまったんだよ)」 愛知県名古屋市「Kさんとこはこんどの火事でうっつくしょう焼けてしまった」 *かいしき 山形県「かえしぎ世話している」「かえしぎ持って往った」 長野県佐久・上伊那郡「かいしきだめだった」 *がいよ(「ぐあい(具合)よく」の転) 兵庫県加古郡「この草履がいよ破れてもた」 *からけつ 三重県伊賀 奈良県 *からっと 山形県「弁当からっとくった」 *がらっと 青森県津軽・上北郡「がらっとあいでる(開いている)」 岩手県気仙郡 宮城県石巻・仙台市「がらっとお持ちなえ」 秋田県仙北郡 山形県 *からり 栃木県「からり忘れた」 *がらり 宮城県登米郡・玉造郡 山形県「がらり無くなった」「えだだげがらりねげらっだ(居ただけ全部逃げられた)」 千葉県 新潟県東蒲原郡 *きたっと 岩手県気仙郡 秋田県鹿角郡「薬一服で下痢がきたっと止まった」 *ぎたっと 青森県上北郡「駆けてた馬ぎだっと止まった」 *きったと 岩手県気仙郡 *きらっと 山形県南部「腹のえだみあきらっとなぐなった」 *ぎらっと 山形県「手指がぎらっともげた」「あえずあぎらっと来なぐなった」 *きらりと 山形県東置賜郡・米沢市 *ぎらりと 山形県南部「病気あきらりとよぐなった」 *ぎりぎり 岩手県胆沢郡「ぎりぎりおもしぇくねーから(すっかりおもしろくないので)」 *きろきろ 新潟県刈羽郡「きろきろ忘れた」 *くろっと 山形県酒田市 *けそっと 山形県北村山郡「けそっと来なくなった」・米沢市 *けそりと 山形県米沢市「けそりとなおった」 *けっこ・げっこん 愛知県知多郡「けっこに売り切れた」 *けっこー 長野県南部「けっこーすみました」 静岡県「けっこーわすれた」「おらーけっこーによっぱらっちゃった」 香川県 *げっそり 京都府 *けろけろ 新潟県三島郡 *けろっと 青森県南部・津軽 *げろっと 青森県津軽 *けんご 広島県高田郡 *こいと 宮崎県西諸県郡 *ごいと 鳥取県東部「ごいと取り除ける」 大分県玖珠郡・日田郡 宮崎県西諸県郡 *ごえっと 秋田県仙北郡「ごえっと一度にみんな持って行け」 *ごーいと 鳥取県東部 *こくい 静岡県 島根県石見「あった物をこくい持って行った」 *ごくい 島根県石見 *こじっと 三重県名賀郡 *ごっかり 奈良県 *こっきし 岐阜県可児郡・恵那郡 兵庫県加古郡 *こっきら 兵庫県加古郡・神戸市 *こっきらこっと・こっきりこんと 愛媛県 *こっきりしょと・こっきらこと・こっきらしょと 兵庫県加古郡 *こっきり 石川県珠洲郡 山梨県南巨摩郡 岐阜県可児郡 静岡県小笠郡 滋賀県 京都府竹野郡「こっきり(ねこそぎ)盗まれなさったそうです」 兵庫県 奈良県南大和 *ごっきり 福井県大野郡 岐阜県 三重県阿山郡・志摩郡 長崎県北松浦郡 *こっきんころり 長崎県北松浦郡 *ごっくら 長崎県北松浦郡 *こっくり 静岡県 島根県能義郡・隠岐島 *ごっくり 三重県志摩郡 長崎県北松浦郡 *ごっしり 三重県志摩 鳥取県 島根県 *こっぴら 三重県鈴鹿郡 *こっぺー・こっぺ 新潟県佐渡 *こっぺり 岐阜市 愛知県西春日井郡・知多郡 三重県 滋賀県 *ごっぺり 岐阜県恵那郡 *こっぽり 福井県「こっぽりだまされた」 鳥取県西伯郡「この箱えこっぽりはまった」 広島県高田郡 徳島県「こっぽり掘っていく」 *ごっぽり 新潟県佐渡 京都府竹野郡 兵庫県但馬 徳島県 愛媛県 *ごぼんと 新潟県佐渡 *こりっと 茨城県行方郡 *ころころ 山形県「ころころ忘れて来た」 *ころっと 岩手県気仙郡 宮城県「こっち側から見っとらころっと別な眺だ」 山形県「元も子もころっと損した」 福島県東白川郡「一晩のうちにころっと焼けぢゃって」 茨城県稲敷郡 栃木県 岐阜県「ころっと儲けた」 静岡県 愛知県 三重県 滋賀県 京都市 大阪市 兵庫県 奈良県・宇陀郡「ころっと食べてしもた」 和歌山市 山口県阿武郡 徳島県 福岡県北九州市 佐賀県 *ごろっと 青森県南部「かまど(財産)ごろっとなげでしまった」 山形県東置賜郡 三重県志摩郡 奈良県 山口県豊浦郡 長崎県 大分県 鹿児島県口之永良部島 *ごろまくり 福岡市 *ころり 滋賀県彦根 *ころりと 山形県「ころりと来なくなった」 *ごろりまっきゃ 長崎県北松浦郡 *ごろりやっさ 長崎県壱岐島 *こんげ 愛知県 *こんげん 岐阜県可児郡・加茂郡 愛知県 島根県鹿足郡・那賀郡「何もかもこんげん無うなった」 福岡県京都郡・企救郡 大分県大分郡・北海部郡「畑の作物はこんげん荒された」 *こんげんころり 大分県大分郡 *こんげんさい 島根県「これでこんげんさい懲りた」 *さっぱり 香川県 *さらさっぱ・さらさっぱち・さらさんばち 新潟県西頸城郡 *しかっと 山形県西村山郡・東田川郡 *しかと 青森県「しかど造る」 *しったい 鹿児島県 *しったり 秋田県雄勝郡「しったり汚してしまった」・河辺郡 徳島県海部郡「しったり汚れた」 *しってり 秋田県河辺郡・雄勝郡「薪をしってりたいてしまった」 *しぺっと 秋田県平鹿郡 *じょーぶ 山梨県・南巨摩郡「じょーぶくたびちれゃっとうやれ」 長野県佐久 *じょくり 青森県南部 *しんしょ 香川県 *ずが 宮城県仙台市 *すこたん 和歌山県日高郡 高知県 *すことん 高知県「要らん物はすことん手伝の人に遣りました」 *ずっき 新潟県西頸城郡 *すっきら 山梨県南巨摩郡「すっきら出いてこれだけしかーない」 長崎県北松浦郡「すっきらでけた」 *すっきり 新潟県西頸城郡 京都市 奈良県「すっきり無くした」 *ずっくり 福井県 *すっこり・すっころこん 和歌山県「すっころこんと取られた」 *すっこりこん 和歌山県那賀郡 *すっこん・すっとん・すっぽん 高知県「すっこん読うだかよ」「すっとんで代価はいくらですか」 *すったい・ひったい 鹿児島県 *すったり 秋田県平鹿郡「すったり食った」 福岡県「すったりきつい(まったく体がだるい)」 熊本県 宮崎県延岡市「いっぺこっぺさるいたら、すったりなえた(いっぱい歩いたら、すっかり疲れた)」 *すったりがっせー 福岡県久留米市 *すったれ 秋田県由利郡「すったれ無くなった」 *すっぱ 島根県隠岐島「すっぱ柿を盗られた」 *ずっぱり・ずっぱ 青森県津軽 *すっぱい 島根県隠岐島 佐賀県 長崎県対馬「すっぱい長話をして、もう、すっぱい時間の潰いたなあ」 宮崎県都城 鹿児島県「問題はすっぱいでけた」 *すっぱり 福島市 茨城県 千葉県海上郡 新潟県佐渡・西頸城郡 岐阜市 静岡県「家も倉もすっぱり焼けた」 三重県度会郡 奈良県 島根県隠岐島「酒をすっぱり飲んだ」 岡山県 山口県玖珂郡 徳島県 長崎県「すっぱり忘れていた」 熊本県玉名郡 *すっぺー 茨城県稲敷郡 *すっぺくりん 秋田県鹿角郡「火事ですっぺくりんと焼けた」 *すっぺら 岐阜県恵那郡 *ずっぺら 兵庫県美嚢郡 *すっぺらぽん 福井県 *すっぺり 秋田県北秋田郡 山形県「あの肴はすっぺりくった」 富山県 福井県大飯郡 長野県佐久 岐阜県 愛知県 三重県度会郡 滋賀県彦根 熊本県 *すっぺりか 富山県高岡市「すっぺりかと」 *すっぺりこっぺり 滋賀県彦根 *すっぺんぽん 福井県 *すっぽらぽん 滋賀県彦根 *すっぽり 新潟県佐渡「すっぽり濡れてしまった」 富山県 滋賀県彦根 島根県仁多郡・隠岐島 *すぱーっと 熊本県下益城郡 *すぱっと 山形県「すぱっと入った」「たばこすぱっとやめだ」 和歌山県新宮「すぱっと取れて了った」 宮崎県東諸県郡 *すぱっとら 鹿児島県沖永良部島「木の枝を払ったのですぱっとらなった」 *すべーん 福井県「すべーんと」 *すべっと 滋賀県彦根 *すぺっと 青森県津軽「たくさんできた吹出物がすぺっとなた(すっかりよくなった)」 *すべんと 福井県・南条郡 *ずらっと 宮城県仙台市「なんだいまづ、づらっと持ってったのすか」 *ずらり 岩手県東磐井郡 宮城県遠田郡・仙台市「ずらり忘れた」 *ずれっと 三重県伊賀 *そーざん 新潟県佐渡 *そーぞつ 福岡県三井郡 *そーたー 鹿児島県種子島・屋久島 *そーたい 岩手県九戸郡 新潟県佐渡「そうたい忘れてしまった」 大分県 *そーって 長野県北安曇郡 熊本県阿蘇郡 *そーで 岩手県気仙郡「それはそうで(丸のまま)みつけた」 島根県簸川郡・大田市「持ってた銭をそーでやった」 *そろっと 山形県米沢市「そろっと貯金した」 *ぞろっと 兵庫県加古郡「親から財産をぞろっと貰う」 佐賀県 鹿児島県種子島 *ぞろり 山口県豊浦郡「ぞろりやられた」 *だいどぼっこり 京都府竹野郡「あの火事でだゃーどぼっこり焼いちまった」 *たっくさ 山形県庄内 *たまから 大阪市 香川県「たまからでけへんわ」 *ちゃんと 福岡市「近頃ちゃんと御無沙汰しました」 佐賀県「ちゃんとうち忘れた」 *つるっと 山形県「つるっと　くて　すまた(残らず皆、食べてしまった)」 *つるり 山形県「一升酒つるり飲んだ」 *つるりと・つるんと 山形県米沢市 *つれっと 岐阜県加茂郡 *てっくり 長野県上田・佐久 *てらっと 秋田県河辺郡 *でらっと 秋田県「でらっと忘れて読めない」 *てらり 秋田県河辺郡・雄勝郡「彼は三十前からてらり禿げた」 *でらり 秋田県 *てれっと 岐阜県土岐郡 *てれっこ・てれこけ 岐阜県羽島郡・恵那郡 *てろっと 岩手県和賀郡 秋田県「お鉢一ってろっと食べた」 *でろっと 秋田県 *とっぷり 滋賀県彦根 *どろり・どろすけ 高知県香美郡「荷物をどろすけ盗まれた」 *どろっと 兵庫県加古郡 *にぇっかい 鹿児島県揖宿郡 *にぇっから 鹿児島県 *ぬーんくぃーん 沖縄県首里「ぬーんくぃーん にちょーん(なにもかも似ている)」 *ねかくい 島根県那賀郡・江津市「ねかくい計画が駄目になった」 *ねかこい 島根県・那賀郡 *ねくいかくい 島根県浜田市 *ねくいこくい 島根県石見 山口県阿武郡「ねくいこくい焼けた」 *ねこんざい(「ねこそぎ(根刮)」と「こんりんざい(金輪際)」とが合わさってできた語) 静岡県志太郡 滋賀県高島郡 広島県高田郡 愛媛県・大三島 高知県・高知市「昨夜の風で松の木がねこんざい倒れた」 *ねこんじ 愛媛県 *ねごんず 滋賀県 *ねごんぞ 福井県遠敷郡 滋賀県 岡山県阿哲郡 *ねっかい 宮崎県都城 鹿児島県 *ねっから 宮崎県西臼杵郡 鹿児島県・口之永良部島 *ねっからはっから 宮城県仙台市 茨城県新治郡 *ねっきり 長野県諏訪 *ねっくいこっくい 山口県阿武郡 *ねとー 福井県坂井郡「ねとーしもーた(なんにもならなかった)」 *ねんど 岐阜県郡上郡 *ねんどー 高知県 *はったり 岐阜県大野郡「はったり忘れた」・飛騨 *びっしょり 和歌山県有田郡・東牟婁郡 *ぶっさらい 静岡県「ぶっさらい持って来た」 *ぼったり 徳島県海部郡「ぼったり濡れてしもた」 高知県高岡郡「ぼったり売った」 *ほろほろ 岩手県気仙郡「ほろほろ、目に会った(すっかりひどい目に遭った)」 *ぽんちき 徳島県那賀郡 *ぽんと 高知県幡多郡 *ぽんと 島根県松江「ぽんと忘れてをった」 徳島県・美馬郡 香川県仲多度郡・三豊郡 高知県 *まってり 山形県米沢市「まってり、一日かがった」 *まとまと 岩手県気仙郡「まとまと忘れていた」 *まるがまる 兵庫県加古郡 *まるきり 大阪府南河内郡「まるきり見せますから」 山口県 *まるっきり 長野県東筑摩郡 山口県 *まんなり 兵庫県加古郡 *むっと 沖縄県「むじんでーまーみんでーや(麦や大豆などは)、むっとくさりてねーんなとーん(すっかり腐ってしまいました)」 *やよーね 島根県出雲「やよーね無んなった」 *ゆーつ 熊本県下益城郡 *ゆーと 熊本県芦北郡 宮崎県西臼杵郡 *ゆーゆ 長崎県南高来郡 *よーと 島根県隠岐島「よーと損をした」 熊本県芦北郡・八代郡「ようとようなった(すっかりよくなった)」 *よーとに 愛媛県 *よーに 鳥取県西伯郡「其処にある品お、よーに捨てて置け」 島根県「みずがよーにひーてから」「よーに無い様になった」「よーに日が暮れた」 岡山県「よーにわすれしもーてすまんことでした」 広島県高田郡 *よーん 島根県大原郡・仁多郡「よーん日が暮れた」 *よんの 京都府与謝郡 *よんのー 京都府・竹野郡「まだよんのー治って居らんので足がふらつくようだ」「あれだけ注意しといたのによんのー失敗してしまった」・与謝郡 *よんのと 三重県飯南郡・度会郡 *わっから 山形県鶴岡

↓いっさいがっさい(一切合切)・ことごとく(悉)

すっぱい【酸】 *いーか・いーかっか(幼児語) 長崎市 *ぎすい 香川県「ぎすい味がしとる」 *しー 佐賀県三養基郡 鹿児島県始良郡 *しーか 佐賀県三養基郡・藤津郡 長崎県南高来郡・伊王島 熊本県天草郡 鹿児島県揖宿郡 *しか 鹿児島県鹿児島郡・揖宿郡 *しっけ 秋田県山本郡「此の蜜柑は酢のやうにしっけな」 *しばいー 島根県簸川郡・出雲市 *すい 岐阜県飛騨 大阪市 奈良県吉野郡「このみかん、すいよって、ほかそ」 和歌山県那賀郡 香川県 愛媛県「この梅はすい」 高知市 鹿児島県 *すいー 新潟県佐渡「この梅はすいい」 京都府竹野郡 大阪府泉北郡 兵庫県養父郡 島根県 広島県 山口県 徳島県 高知県 熊本県下益城郡 大分県 宮崎県西臼杵郡 *すぃーさん 沖縄県首里 *すいか 長崎県西彼杵郡・壱岐島 *すいっぽい 新潟県佐渡 *すーい 和歌山県・日高郡 *すーさーん 沖縄県石垣島 *すかい 青森県 岩手県 宮城県「葡萄ジャム作ったけんと、砂糖すくなかったいか、すかくなりした」 秋田県「酒が腐敗するとしけぁぐなる」 山形県 福島県 千葉県夷隅郡 *すかっぽい 新潟県佐渡 *すけ 青森県上北郡 *すっかい 青森県「此のみがんすっかえなあ」 岩手県 宮城県石巻「口すっけぁぐなるくれぁ云っても、わがんね(分からない)ごってわ仕方ねぁ」 山形県 福島県「おお、すっけえこの梅」 茨城県多賀郡 栃木県塩谷郡・河内郡 千葉県 新潟県「このすしゃ、ずいぶんすっくゎい」 *すっすい 富山県砺波 *すゆい 新潟県佐渡 島根県石見「梅の実はすゆーて食われん」 長崎県壱岐島 *すゆか 鹿児島県揖宿郡 *すよい 島根県隠岐島 *つぃーさーん 沖縄県波照間島 *びっすい 鹿児島県肝属郡 *びっすいー 熊本県下益城郡 *びっすいか 長崎県南高来郡 熊本県玉名郡・天草郡

すっぽん【鼈】 *いしこー・いしこんつ 岡山県邑久郡 *かめ 広島県大崎上島 大分県中部 宮崎県西諸県郡・東諸県郡 鹿児島県肝属郡 *がめ 富山県 石川県 福岡県 長崎県西彼杵郡 熊本県 大分県 *がめずほ 富山県射水郡 *かわかめ 鹿児島県揖宿郡 *かわたろー 奈良県吉野郡 *くずがめ・くどがめ・くーるがめ・ふーずがめ 大分県大分郡 *くず 宮崎県西諸県郡 *くそがめ 山口県屋代島 *くそんど 三重県伊賀 *こーずがめ 大分県大分市・大分郡 *さーこーだんがめ 岡山県邑久郡 *しょんべんがめ 富山県射水郡 *ぜにがめ 福岡県久留米市 *たがめ 鹿児島県種子島 *だんがめ 京都府中郡 兵庫県佐用郡・赤穂郡 岡山県苫田郡・浅口郡 *どーつん 愛知県 *どじろー 岐阜県郡上郡 *どち 愛知県名古屋市・東春日井郡 *どち 岐阜県本巣郡・大垣市 愛知県中島郡 滋賀県彦根 *とちがめ 大分市 *どちがめ 岐阜県恵那郡 *どっち 岐阜県武儀郡・海津郡 愛知県東春日井郡 三重県 *とりがめ 愛知県宝飯郡 島根県石見 *どろがめ 長野県佐久 香川県小豆島 大分県大分市・大分郡 *どんがめ 三重県志摩郡 奈良県 島根県石見 岡山県 広島県走島・高田郡 山口県屋代島 香川県 愛媛県伊予郡・大三島 大分県 *とんがん 徳島県 *どんがん 徳島県 香川県 *のしかめ 愛知県南設楽郡 *ほんがめ 島根県石見 山口県 大分県 *まかめ 広島県安芸郡 *まる 京都府愛宕郡 大阪市 奈良県山辺郡 大分市 *やおがめ 島根県出雲市・簸川郡 *よろったー 広島県比婆郡

すでに【既】 *いつ 長野県諏訪 *いつー 長野

県上伊那郡「そんなこたいっーに知ってる」 *いつか愛知県豊橋市 *いつかー愛知県碧海郡・岡崎市 *いっち青森県津軽・三戸郡 岩手県 秋田県秋田市・仙北郡「いっちに汽車は出てしまった」 *いっちえ青森県津軽 *いっつ(「に」を伴うことが多い)北海道「もういっつから居りません」 青森県 岩手県上閉伊郡 秋田県 山形県 新潟県佐渡 富山県砺波 長野県下水内郡 *いっつか青森県上北郡 岐阜県飛騨・郡上郡 静岡県小笠郡 愛知県 *いっつのこと富山県 *いっつのむかし岐阜県北飛騨 鹿児島県鹿児島郡 *いっつんに新潟県岩船郡 *いつのこつ富山県・砺波 熊本県「そらいつのこつ見た」 鹿児島県鹿児島郡 *いつのこと富山県射水郡 *いつのむかし富山県砺波 熊本県 鹿児島県鹿児島郡 *えっつに岩手県上閉伊郡 秋田県 山形県庄内 *すってん三重県志摩郡 *すってんこつこつ大分県西国東郡 *すっと香川県「すっとに」 *ずっと香川県仲多度郡・三豊郡「ずっとの役に立たず」 *ちゃーんと福岡市 *ちゃんと滋賀県彦根 京都府宇治郡 大阪市「夕べゆーてて、もーちゃんと忘れるとこやった」 兵庫県城崎郡「へぁー、ちゃんと九時だ」 奈良県 *と島根県簸川郡 *どー島根県 沖縄県石垣島・竹富島 *どーなに新潟県佐渡 *とく・とくと島根県益田市・美濃郡「とく着物を汚した」 *とっくのこまえ山形県北村山郡・最上郡 *とっくのこまに山形県「その事はとっくのこまに終っている」 *な鹿児島県奄美大島 沖縄県国頭郡 *なー鹿児島県沖永良部島 沖縄県「やまーなーかすみぬかゝてーうやびらに(山はもはや霞(かすみ)がかかってはいませんか)」・首里 *なーや・にゃーや沖縄県首里 *にゃ沖縄県伊江島 *にゃー鹿児島県奄美大島・与論島・徳之島・喜界島 沖縄県首里 *は青森県津軽 *はー青森県「はぁ灯火がついた」 岩手県上閉伊郡 福島県 栃木県 群馬県 埼玉県入間郡・北葛飾郡 千葉県 新潟市 静岡県 島根県 岡山県上道郡・児島郡「あの花瓶はー割っとらー」 広島県 山口県・島嶼 *はい東京都三宅島 新潟県 山梨県南巨摩郡 長野県上伊那郡「はい、帰るころだよ」 岐阜県 静岡県志太郡 山口県大島 長崎県対馬 *はやまー・はやーまー島根県隠岐島「はやーまー松江から来たか」 *はやのま富山県 *はよー岡山県苫田郡 *はら東京都八丈島 *ひゃ静岡県 鳥取県西伯郡 島根県八束郡 *ふぇー大分県 *へ鳥取県西伯郡 島根県出雲 *へー神奈川県 山梨県 長野県 愛知県知多郡 島根県出雲 愛媛県周桑郡・喜多郡 大分県 *まーはい岐阜県山県郡 愛知県 *まーはや兵庫県但馬 *もーから大分県「もーから知っちょる」 *もーかる大分県大分郡 *もーは宮城県仙台市 三重県度会郡 *もーはー宮城県栗原郡 千葉県香取郡 静岡県 山口県 *もーはい岐阜県山県郡・武儀郡 愛知県 滋賀県犬上郡 兵庫県但馬 鳥取県 島根県出雲 *もーひゃ鳥取県西伯郡 *もーへ鳥取県 *もーへー岐阜県不破郡 京都府 島根県出雲 *もーわ三重県多気郡 *もは山形県村山 福島県 *もふえ宮崎県東諸県郡 *もへ鹿児島県 *らいかい山梨県南巨摩郡「らいかい遠くいひん逃げた」

→もう

すてる【捨】 *いしつい熊本県天草郡 *いっすい鹿児島県 *いっする鹿児島県肝属郡「いっするごつ降った」 *うしすてる長崎県 *うしする長崎県伊王島 *うしつっ佐賀県藤津郡 *うしつる福岡県山門郡 佐賀県・藤津郡「あのみかんな、しーかけん(酸いので)、うしちゅー」 長崎県 熊本県・下益城郡(強意。また、右手で捨てる) 大分県 宮崎県西臼杵郡 鹿児島県甑島 *うしてる長崎県南高来郡 熊本県芦北郡 宮崎県西臼杵郡 鹿児島県宝島 *うすつる長崎県南高来郡・長崎市 大分県 *うすてる長崎市 *うたる秋田県由利郡 山形県庄内「ごみをうだねでくれ(捨てないでくれ)」 新潟県 *うちゃーる群馬県多野郡 埼玉県秩父郡「ごみをうちゃーって来るからね」 山梨県南巨摩郡 *うちゃる群馬県佐波郡 新潟県岩船郡 *うっすい宮崎県西諸県郡 鹿児島県・鹿児島郡 *うっすっ鹿児島県 *うっする長崎市 大分県速見郡 宮崎県児湯郡・宮崎郡 鹿児島県・肝属郡 *うつする長崎県伊王島 宮崎県東諸県郡 *うっせる長崎市 宮崎県児湯郡 鹿児島県 *うっちゃーる東京都南多摩郡 神奈川県津久井郡 山梨県南巨摩郡 *うっちゃらかす岐阜県稲葉郡 *うっちゃる福島県東白川郡「そおだもの、うっちゃっちめえ」 茨城県 栃木県河内郡・足利市 群馬県「このみかんは、すっぱいから、うっちゃっちまうべーね」 埼玉県入間郡 千葉県 東京都・利島 神奈川県津久井郡 富山県射水郡 山梨県 長野県下水内郡 静岡県榛原郡 *うびちゃる長野県上伊那郡・下伊那郡 *うひつる大分県・大分郡 *うぶちゃーる山梨県南巨摩郡 *おっちゃる茨城県稲敷郡 *おびちゃる長野県北安曇郡 *おぶちゃる群馬県勢多郡 山梨県・南巨摩郡 長野県北安曇郡・上田 *がってぃるん・かてぃるん・かてぃん沖縄県与那国島 *さですつる熊本県下益城郡 大分県日田郡 *さでひてる愛媛県大三島 *さらばーなげる岩手県東磐井郡 *そーくる愛媛県東宇和郡 *たーんする(幼児語)香川県 *たやくらかす愛媛県大三島 *たやす愛媛県大三島 高知県室戸市「そんなものたやしちょけ」 *とばす愛媛県「とばしとーき(ほっておけ)」「これをとばして来てん」 *なげる青森県 岩手県 宮城県「皮はなげて身ばり食え」 秋田県 山形県 福島県 *ばく福島県北部「いらないものばくぞ」 *はんなぎゆい・ぱんなぎゆい・はんねーゆい鹿児島県喜界島 *はんなぎゆん沖縄県首里 *びしゃる新潟県中頸城郡・西頸城郡 *びちゃーる長野県上伊那郡 *びちゃる

新潟県　長野県　愛知県北設楽郡 *びちゅーる 長野県諏訪 *びっちゃる 新潟県佐渡「あのみかんは、すいいから、びっちゃろー」 *ひっぽかす 山形県西村山郡　新潟県佐渡　静岡県志太郡 *ひっぽらかす 新潟県佐渡　静岡県志太郡「どーぐぉー ひっぽらかすじゃーなぇーぞ(道具をほうりっぱなしにするではないぞ)」 *ふぃつ 大分県北海部郡 *ふぃつる 大分県南海部郡 *ふぃてる 大分県南海部郡・大分郡 *ふかす 和歌山県那賀郡 *ふがす 和歌山県海草郡 *ぶしゃる 新潟県新井市 *ぶたる 新潟県 *ぶちゃーる 群馬県　山梨県　長野県諏訪・南佐久郡 *ふちゃる 静岡県　愛知県愛知郡・碧海郡 *ぶちゃる 群馬県多野郡　新潟県　長野県　愛知県愛知郡 *ふっちゃる 千葉県山武郡・印旛郡　東京都三宅島・御蔵島　愛知県岡崎市 *ぶっちゃる 茨城県多賀郡　栃木県佐野市　東京都八丈島　愛知県北設楽郡・東春日井郡 *べちゃる 群馬県吾妻郡　新潟県　長野県 *ぽいあげる 岡山県児島郡 *ほーかす 石川県　島根県邑智郡　香川県 *ほーからかす 福岡市 *ほーかる 新潟県佐渡　石川県　岐阜県飛驒　岡山県邑久郡 *ほーくる 岐阜県武儀郡・益田郡　広島県高田郡 *ほーたらかす 山口県　福岡市 *ほーたる 山口県大島「木をかついで来たが、重いのでほーたった」　高知県中村市　福岡県 *ほーらかす 石川県江沼郡・石川郡　島根県美濃郡・益田市「木切れをほーらかす」 *ほーる 大阪府泉北郡　徳島県「ほんなかっさい、ほーれ(そんなきたないもの、捨てろ)」　香川県 *ほかす 山形県南村山郡・最上郡　群馬県佐波郡　新潟県　石川県河北郡・羽咋郡　福井県大飯郡　山梨県　長野県　岐阜県不破郡　愛知県宝飯郡　三重県　滋賀県「ほかさい(捨てなさい)」　京都府　大阪府大阪市「ごもく(塵)をほかしといてくれ」・泉北郡　兵庫県　奈良県　和歌山県　徳島県　香川県　高知県幡多郡　福岡県粕屋郡・福岡市 *ほからかす 福岡県　大分県日田郡 *ほかる 新潟県佐渡　富山県砺波　山梨県　岐阜県　静岡県志太郡　愛知県　愛媛県　福岡県糸島郡　大分県速見郡 *ほぎなげる 新潟県 *ほくる 岐阜県飛驒　愛媛県 *ほげぶちゃる 新潟県西蒲原郡・中頸城郡 *ほげべちゃる 新潟県刈羽郡・中頸城郡 *ほこる 新潟県佐渡　福井県大野郡　滋賀県犬上郡 *ほしつる 福岡県筑後・久留米 *ほしる 香川県 *ほたーっすい 鹿児島県鹿児島郡 *ほたくる 愛媛県 *ほたる 山口県美祢郡「きれーん、ほたってしもーたそえの(すっかり捨ててしまったんですよ)」　福岡県小倉市　大分県速見郡 *ほっかる 富山県砺波「ごみほっかったかい」 *ほったる 三重県　奈良県吉野郡　和歌山県東牟婁郡 *ほっちゃる 富山県　石川県金沢市・江沼郡 *ほっぽる 栃木県 *ほてかる 岐阜県 *ほる 石川県金沢市　三重県志摩郡・宇治山田市　滋賀県彦根　京都府相楽郡・京都市　大阪府大阪市・中河内郡　兵庫県加古郡・神戸市　奈良県　和歌山県　香川県高松市　愛媛県「魚が腐ったからほるぞ」 *まくる 長野県下伊那郡(失敗した養蚕を捨てる)　奈良県吉野郡　島根県那賀郡・邑智郡「あんまり荷が重いけー、そこへまくっておいた」　愛媛県新居郡・周桑郡 *まける 山形県最上郡　栃木県安蘇郡・那須郡　三重県南牟婁郡

すな【砂】 *あらすな 千葉県印旛郡 *いさざ 茨城県稲敷郡 *いしのー 沖縄県小浜島 *いしょーん 沖縄県波照間島 *いな 千葉県山武郡 *いなう 沖縄県新城島 *いなご 千葉県山武郡・長生郡(浜の砂) *いのー 沖縄県石垣島・小浜島・黒島 *いのーん 沖縄県鳩間島 *いんの 沖縄県竹富島 *きぬまなご(ごく細かい砂) 愛知県東加茂郡・西加茂郡 *こなすか 三重県志摩郡 *こめすな(ごく細かい砂) 愛知県知多郡 *じゃり 群馬県勢多郡・佐波郡 *すなご 愛媛県周桑郡 *ふくべ(極めて細かい砂) 香川県 *まいじんいのー(「いのー」は砂の意。大粒の砂) 沖縄県石垣島 *まいだまり(「舞溜」か。粉のように細かい砂) 愛媛県松山 *まなご 群馬県伊勢崎市・多野郡　千葉県　三重県度会郡　高知県幡多郡 *まなごずな 愛知県東加茂郡・西加茂郡 *むなぐ・むーなぐ 沖縄県宮古島 *ゆな 岩手県下閉伊郡・気仙郡 *ゆに 沖縄県首里

すなお【素直】 *いーさま 徳島県海部郡 *いーじょー 岡山県児島郡「お母ちゃんはいつでもお父ちゃんのいいじょーじゃからいけん」 *いーなれ 島根県石見「いいなれな子供」　広島県佐伯郡 *おーおー 京都府竹野郡「おーおーな子」　兵庫県但馬 *おのすな 山形県庄内 *おろか 富山県砺波「おろかにいのかん(動かない)」　石川県「おろかな子」 *おんと 新潟県西頸城郡「あいつはおんとなやろうだ」　岐阜県養老郡　島根県簸川郡・大原郡　香川県三豊郡　愛媛県 *きさいじん 兵庫県赤穂郡 *きさんじ 滋賀県蒲生郡　兵庫県赤穂郡　奈良県「きさんじなお子さんですね、誰にでもすかれておとくですこと」　岡山県苫田郡「きさんじな人じゃけえ、みんなに好かりょう」　愛媛県 *きさんじげ 島根県出雲「きさんじげな物の言い方をする」 *こきさんじ 岡山県苫田郡 *じみ 岐阜県郡上郡「子どもがじみでないで(ろくでもないので)はりやいない」 *しんてー 青森県津軽「ふとさつかえだら(人に仕えたら)、どんでもんんて(なんでもはいはいと言って)しんたぇねかがれよ(正直にすなおに仕えなさいね)」 *しんびゅーか 佐賀県 *じんべん 滋賀県彦根「じんべんな」 *どんさく 兵庫県赤穂郡　岡山県苫田郡「ほんにあいつはとんさくな男じゃ」 *ないげない 山口県豊浦郡 *ほんしき 島根県「ほんとにほんしきな子じゃ」　山口県・豊浦郡 *まるい 長野県下伊那郡・佐久　静岡県志太郡　奈良県「あんなまるい人を欺くなんてつみだ」「まるい人やで」 *まるこい 滋賀県・愛知郡「まるこい人」 *ゆいなり 滋賀県彦根 *ゆいなれ 奈良県宇陀郡

「ゆいなれな子供やな」
→じゅうじゅん（柔順）

すね【臑】 *えだ 徳島県麻植郡 香川県大川郡 （卑語） 長崎県対馬 *えだわす 富山市近在 *からしに 沖縄県本島・宮古島 *からすに 鹿児島県奄美大島 沖縄県石垣島 *こーけずね 長崎県対馬 *すくろはぎ 島根県美濃郡・益田市 *すっつね 岩手県和賀郡 *すねかばち 島根県隠岐島 *すねかぶと 愛媛県 *すねから 青森県 岩手県九戸郡・気仙郡 秋田県北秋田郡・鹿角郡「短い着物着てすねから出して歩行く」 福島県中部 *すねがら 岩手県「脛がらつん出す」 *すねきち 香川県 *すねきっちゃん 香川県仲多度郡 *すねこ 和歌山県（童語） 島根県 愛媛県今治市 *すねこざら 島根県簸川郡 *すねこだま 島根県出雲 *すねこばち 愛媛県 *すねこぶら 鳥取県気高郡 *すねだま 香川県木田郡 *すねっから 宮城県栗原郡 *すねっこ 島根県出雲 *すねっこぞー 長野県諏訪郡 *すねっこばーじ 島根県大原郡 *すねっこばち 島根県仁多郡・能義郡 *すねっころ 埼玉県秩父郡 *すねっぱぎ 山形県米沢市・西置賜郡 福島県「木より落ちてすねっぱぎ皮むいだ」 茨城県新治郡・真壁郡 千葉県印旛郡 東京都八王子 神奈川県津久井郡 山梨県南巨摩郡 *すねっぱね 福島県中部・南部 *すねっぽー 群馬県吾妻郡 *すねっぽろ 千葉県東葛飾郡 *すねぱぎ 宮城県登米郡 山形県 *すねぼん 京都府 *すねんた 宮崎県東諸県郡 *すねんぼー 静岡県 *ふくろはぎ 福島県相馬郡 *ふくろっぱぎ 群馬県佐波郡 埼玉県秩父郡 *ほだ（卑語） 兵庫県淡路島 *ほだかし 大分県大分郡 *ほだっぽ 長野県佐久 *ほだっぽー 長野県南佐久郡 *むねずた 愛知県碧海郡 *よやい 高知県高岡郡 *よら 島根県「この子はよらが長い」

すねる【拗】 *いこじる（「依怙地」の動詞化か） 群馬県吾妻郡 長野県 *いせる・いせはる 岩手県気仙郡 *いぶる 栃木県 *いぼきる 長野県北安曇郡・東筑摩郡 *いぼくる 群馬県佐波郡・多野郡 新潟県 長野県 *いぼっつる 新潟県中頸城郡 *いぼつる 新潟県 長野県「いぼつって出て来ない」 *いぼる 群馬県 新潟県長岡市 兵庫県加古郡 *いぼをつる 新潟県中頸城郡・西頸城郡 長野県 *いぽをつる 長野県長野市・上水内郡 *いもをひく 島根県 *いんぐりかく 宮城県本吉郡 *いんぶりかく 長野県南部・下伊那郡 静岡県磐田郡 愛知県北設楽郡 *いんぶりつる 新潟県佐渡 *えこじれる 静岡県榛原郡 *えせくせる 岩手県気仙郡 茨城県那珂郡 *えせくれる 静岡県榛原郡・磐田郡 愛知県知多郡 三重県松阪 *えせる 青森県 岩手県 宮城県栗原郡・石巻「えせてはぁ口もききえんお」 秋田県「えしぇてなんにも仕事しない」 静岡県磐田郡 愛知県知多郡 *えぜる 熊本県玉名郡 *えへる 青森県「あまりえへるなぢぁ」・津軽 秋田県雄勝郡・河辺郡 *えもふる 島根県大原郡「えもふって出て来ん」 *えりこばる 愛媛県周桑郡・喜多郡「云ふ通りにしてやらんとえりこばってふくれるんじゃがね」 *おこふる 島根県出雲「あげんおこふーもんだねじ」 *おちんぶりをかく 山梨県南巨摩郡 *かじくる 岩手県二戸郡・気仙郡 *かまる 高知県幡多郡 *がまる 愛媛県 *かんごがころげる 愛媛県大三島 *ぎねる 宮城県仙台市「このわらしは、またぎねるか」 *ぐーつる 千葉県長生郡 *くすぬかる 群馬県多野郡 *くすねる 神奈川県 *ぐすねる 島根県益田市 *ぐずねる 神奈川県平塚市 *ぐずる 群馬県多野郡 京都府 *くなしん 沖縄県石垣島 *ぐれる 青森県津軽「つっとへばぐれで、まなぇふとだねぁれぁ（ちょっと気にさわることがあればすぐ怒って、だめな人ですよ、あいつは）」 高知県幡多郡 *こいせる 宮城県栗原郡 *こじくる 新潟県佐渡 高知県土佐郡 *こくれる 島根県邑智郡・能義郡 広島県比婆郡 *ごじぐる 秋田県雄勝郡 *こしくれる 愛媛県宇和島 *こじくれる 山梨県 *こじける 青森県上北郡 岩手県気仙郡 秋田県山本郡・仙北郡 山形県東田川郡 岡山県阿哲郡 *こじる 岩手県下閉伊郡 新潟県佐渡 *こせる 宮城県栗原郡 愛媛県 *こぜる 岐阜県高山市・郡上郡「あのおじーがまたこぜっせる」 *こちける 秋田県河辺郡 *こっちねる 山形県東田川郡 *こっつねる 山形県米沢市 *こねる 茨城県稲敷郡 埼玉県入間郡「奴が来ちゃまたこねるだんべ」 新潟県佐渡 岐阜市 愛知県西春日井郡・中島郡 京都市 山口県豊浦郡 徳島県 香川県 高知県土佐郡 福岡県企救郡 *こねくらせる 島根県「無茶を言ってこねくらせた」 *こねくる 岩手県気仙郡 長崎県対馬 熊本県 *こねっかえす 埼玉県秩父郡「出放題をならべてこねっけーす」・川越 *こねばる 秋田県仙北郡 *こねる 茨城県稲敷郡 埼玉県入間郡「奴が来ちゃまたこねるだんべ」 新潟県佐渡 岐阜市 愛知県西春日井郡・中島郡 京都市 山口県豊浦郡 徳島県 香川県 高知県土佐郡 福岡県企救郡 *こんじける 秋田県「叱られるとこんじける」 *こんつける 秋田県南秋田郡・平鹿郡「叱るとこんつける」 *じくをゆー・じくゆー 千葉県東葛飾郡 *じくねる 岩手県胆沢郡 山形県 栃木県安蘇郡「そんなにじくねるんぢゃないぞ」 群馬県 埼玉県秩父郡・入間郡 千葉県東葛飾郡 東京都南多摩郡 神奈川県津久井郡 新潟県 *しごねる 新潟県 *じこねる 山形県東置賜郡 *じごねる 青森県南部 岩手県東磐井郡 宮城県仙台市 *じぶーくる 広島県倉橋島・佐伯郡 *しぶくたれる 島根県邇摩郡 *じぶくる 宮城県仙台市 群馬県佐波郡 東京都八王子「じぶくっている」 *じぶをくる 広島県倉橋島・高田郡 *じぼくる 群馬県勢多郡 *じゃばる 静岡県田方郡 *じゅーねる 宮崎県西臼杵郡 *しゅんびる 高知県幡多郡 *しれる 山口県防府市 *ずく 島根県石見「菓子が欲しいとずいた」 徳島県・三好郡・美

馬郡 ＊**ずくねる** 宮城県栗原郡 秋田県北秋田郡「何時までもずぐねる奴だ」 山形県 長野県北安曇郡 島根県美濃郡・益田市「子供が歯が痛あちゅーて一晩中ずくねた」 山口県・豊浦郡(反抗する) ＊**ずごねる** 青森県三戸郡 岩手県気仙郡 宮城県石巻 山形県 ＊**すてくれる** 青森県三戸郡 ＊**すねくりかえる** 大分県宇佐郡 ＊**すねくる** 岐阜県恵那郡 島根県 徳島県那賀郡 長崎県対馬 ＊**すねくれる** 島根県「あの子はすねくれて気持が悪い」 ＊**すねこくれる** 山形県 ＊**すねこばる** 島根県出雲 香川県三豊郡 愛媛県 ＊**すねまがる** 千葉県印旛郡 ＊**すんびる** 高知県幡多郡 ＊**ぞくねる** 長野県 ＊**そんぶる** 東京都大島「さわがれて(しかられて)そんぶった」 ＊**ちくわる** 千葉県東葛飾郡 ＊**ちんぶりかえる** 静岡県清水市 ＊**ちんぶりをかく** 山梨県 静岡県「あいつまたちんぶりをかいてそっぽ向いてる」 ＊**ちんぷりをかく** 静岡県 ＊**つる** 岐阜県飛驒「何んでもない事にすぐつる人じゃ」 ＊**つんまぶる** 長崎県対馬 高知県幡多郡 ＊**どーくれる** 広島県高田郡 愛媛県 ＊**どーじれる** 島根県 広島県高田郡 山口県豊浦郡 愛媛県・大三島 福岡県小倉市 ＊**どーずくれる** 島根県邑智郡 ＊**どーずる** 長野県上高井郡 ＊**どーずれる** 島根県 ＊**どーずれさがる** 島根県簸川郡・出雲市 ＊**どくるる** 和歌山県 ＊**どくれる** 兵庫県淡路島 和歌山県 岡山県児島郡 山口県豊浦郡 徳島県 香川県「あの子はちょっとおごいたら(しかると)すぐどくれる」「どくれやすい」 愛媛県大三島 高知県・高知市「この子は一寸のことでどくれるので先生も骨が折れる」 ＊**どぐれる** 愛媛県 ＊**どじくねる** 静岡県 ＊**どじくる** 山梨県 岡山県児島郡 ＊**どしる** 山梨県中巨摩郡 ＊**どじる** 山梨県「この子は風邪でんま(でも)ひーとーどーか(引いたのか)腹がへっとーどーか(すいているのか)、どじるよ」 ＊**どじれる** 愛媛県 ＊**どだくれる** 香川県男木島 ＊**ねせくれる** 愛媛県 ＊**ねせる** 香川県 ＊**ねだれる** 広島県芦品郡・佐伯郡 ＊**ねっちょーる** 静岡県安倍郡 ＊**ねるる** 熊本県玉名郡 ＊**はぐるる** 長崎県・北松浦郡 ＊**ひむんつける** 秋田県平鹿郡 ＊**びんずる** 高知県「子供の様にびんづるから世話が焼ける」・高知市・幡多郡 ＊**ふちゃくりかやす** 宮崎県東諸県郡 ＊**ふてかる** 長野県東筑摩郡 ＊**ぶりつる** 福井県 島根県出雲 ＊**ぶりをつる** 島根県 広島県高田郡 山口県阿武郡 ＊**ぷりをつる** 山口県 ＊**ぶりをやく** 長野県諏訪 ＊**へちまく** 青森県津軽 ＊**へちる** 愛知県名古屋市 三重県員弁郡 ＊**へぬる** 熊本県 ＊**へねる** 鳥取県西伯郡・日野郡 島根県仁多郡・隠岐島 岡山県苫田郡 ＊**ぼらをつる** 山口県玖珂郡・豊浦郡 ＊**ぼりつる** 島根県出雲 ＊**まがゆい・まがうい** 鹿児島県喜界島 ＊**まがる** 千葉県君津郡 ＊**むす** 富山県 ＊**むちけたかる** 山形県南置賜郡 ＊**むちける** 岩手県気仙郡 秋田県鹿角郡 山形県 ＊**むつける** 北海道 青森県 岩手県 宮城県 山形県 ＊**むんちける** 秋田県由利郡・平鹿郡 ＊**むんつける** 青森県 秋田県 山形県 ＊**もがる** 三重県一志郡 ＊**やだる** 福井県

↓ひねくれる(拈)・むずかる(憤)

すばしこい

＊**いすい** 岐阜県益田郡 ＊**いらしこい** 滋賀県高島郡 ＊**かしけー** 栃木県 ＊**かしっけー** 福島県 福島市 埼玉県秩父郡 ＊**かすけ** 岩手県気仙郡 ＊**かどい** 山形県東田川郡「かどい子だ」 新潟県佐渡・岩船郡 静岡県 ＊**きぱし** 青森県上北郡 ＊**きばしー** 秋田県鹿角郡 ＊**きばしこい** 青森県 ＊**きぱしない** 青森県津軽「まじまえこぁ(松前産の馬は)、小さぇたて(小さいけれども)、ながながきぱしなぇ」 ＊**ぐるさい**(ものの動く速度に言う) 鹿児島県喜界島 ＊**ぐるさん** 沖縄県首里「やまとぅぐるく(日本人らしくすばしこく)」 ＊**こーばいがえー** 島根県鹿足郡・益田市 ＊**こーばいがきつい** 兵庫県加古郡 岡山県苫田郡「さすが商売人じゃ、こーばいきついで」 ＊**こーばいがつよい** 岐阜県飛驒 ＊**こーばいがはやい** 岩手県九戸郡 山形県 茨城県稲敷郡 東京都大島・三宅島・御蔵島 新潟県佐渡 長野県東筑摩郡・諏訪 静岡県小笠郡「あいつ、こーばいが早くて要領がいい」 滋賀県彦根 広島県高田郡 ＊**こーばいがよい** 三重県員弁郡 滋賀県彦根 ＊**こーばいはやい** 新潟県中頸城郡「喧嘩はこーばい早い方が勝だ」 ＊**こーべがはやい** 神奈川県藤沢市 新潟県中頸城郡 長野県東筑摩郡「こーべがはやい人」・西筑摩郡 ＊**こすい** 千葉県香取郡 新潟県佐渡 岐阜県加茂郡(善意で言う) 三重県伊賀 島根県鹿足郡 山口県豊浦郡・玖珂郡 徳島県「彼奴はこすいきん(すばしっこいから)用心せないかん」 香川県 福岡市 ＊**こすこい** 徳島県海部郡 ＊**こっすい** 愛知県名古屋市 ＊**こっぱしこい** 富山県 ＊**こっぺぁえやばやい** 青森県三戸郡 ＊**こっぺぁはやい** 秋田県鹿角郡 ＊**こばいがはやい** 青森県津軽 島根県益田市・邑智郡 ＊**こばい**

方/言/の/窓

●方言と語源 I

一見語源不明の方言でも、その地理的分布を見ることによって、おのずから源が見えてくることがある。青森県で「とんぼ」をダンブリと言うが、トンボに隣接して新潟県にドンボ、秋田県にドンブ・ダンボ・ダンブなどが見られるから、少なくともダンブの部分はトンボと関係の深いことがわかる。山形県庄内地方では「捨てる」ことをウタル(ウダル)と言うが、これも周辺の分布を見るとウチヤルの変化したものであることが分かる。

一方、語の本質的な意味が方言によって明らかになる場合がある。コケは地方により「苔」「垢」「(頭の)ふけ」「きのこ」などの意味で使われている。したがって、コケは本来「物体の表面に生じた異物」を指すものと考えられる。

こぁよい・こばいこぁはやい 青森県南部 *こばしかい 島根県益田市 *こべあはやい 青森県「あの男はこべあはやぇから、何のかのと言っているうちに相手をなぐった」 *こんべぁはやい 秋田県平鹿郡「あの子は賢くてこんべぁはえぁ」 *さいそし・ささこし 三重県志摩郡 *ささらばしけー・ささらばしこい 新潟県佐渡 *さじー 大分県 宮崎県延岡 *さつい 三重県名賀郡 奈良県 *さどい 徳島県・美馬郡 香川県「この猫ものすごさどいきん、ねずみをようけつかまえるんで」 愛媛県 高知県 熊本県下益城郡 大分県大分市・大分郡 *さどこい 徳島県 愛媛県 *さらこい 愛媛県 *しっぱい 秋田県鹿角郡「あの人は物にしっぺぁ人だ」 *じびしか 鹿児島県 *すがきく 千葉県・市原郡 新潟県佐渡 広島県高田郡 *すこい 山形県米沢市「すこえやづだ」 新潟県佐渡 三重県 徳島県 香川県香川郡 愛媛県 *すごい 徳島県 *すじー 大分県玖珠郡 *すすこい 岐阜県飛驒 *すすどい 千葉県 神奈川県横浜市 新潟県佐渡 福井県大飯郡「彼はすすどい男だ」 山梨県 岐阜県飛驒 大阪市 奈良県南大和 島根県隠岐島「すすどいけん網にかからん」 徳島県 香川県・木田郡・仲多度郡 高知県「すすどい人で二、三人前の仕事をやってのける」「善良ですすどい人と一所に仕事を仕度い」 長崎県対馬 熊本県 *すで 鹿児島県 *すどい 島根県石見「鮎はすどいけー網にかからん」 山口県豊浦郡 鹿児島県 *せちからい 岐阜県益田郡 *ちょろい 愛媛県 *ちょろこい 山形県東置賜郡・西置賜郡 島根県石見 愛媛県「あれは早や先回りしてやってゐたぞ、ちょろこい奴だなー」 *ちょろごすい 愛媛県今治市 *ちょろこない 山形県米沢市・西置賜郡 *てくそにあわん 島根県出雲 *てばしこ 熊本県芦北郡 *てばしこい 岐阜県飛驒 滋賀県彦根 大阪市 兵庫県淡路島 和歌山県 徳島県 *はくい 山梨県西山梨郡 長野県北安曇郡 *はげしー 千葉県長生郡 新潟県佐渡 山梨県・南巨摩郡「あいらだば(彼らなら)はげしいで試合に勝つら」 長野県上伊那郡 *はげしっこい 山梨県 *はしかー 山口県玖珂郡 *はしかい 栃木県河内郡・芳賀郡 新潟県佐渡・西頸城郡 富山県砺波 石川県珠洲郡・江沼郡 福井県・大飯郡 岐阜県郡上郡 三重県名賀郡 滋賀県彦根 京都府中郡 兵庫県加古郡・神戸市 奈良県「この魚とてもはしかいんで取れやひん」 和歌山県・東牟婁郡 鳥取県東部 島根県 徳島県 愛媛県・松山 *はじかい 福岡市 *はしかいー 島根県 *はじこい 香川県木田郡 *はしっか 埼玉県秩父郡 *はしっけー 長野県佐久 埼玉県秩父郡 *はじっけー・はじっこい 長野県佐久 *はすい 長野県南安曇郡・上伊那郡 *はばしー 新潟県佐渡 石川県鹿島郡・羽咋郡 兵庫県赤穂郡「はばしい人(手早い人。また、よく働く人)」・淡路島 徳島県 香川県小豆島 愛媛県 *ばばしー 徳島県海部郡 *はばしこい 兵庫県赤穂郡 香川県「はばしこく(さっさと)」・豊島 *はばしっこい 東京都三宅島 *はんだぇこがきく 青森県三戸郡 *みがましー 愛知県北設楽郡 *わわしー 福井県敦賀郡

→きびん(機敏)・すばやい(素早)

すばやい【素早】 *かがっぱやい(卑語) 山形県米沢市 *からい 新潟県佐渡「かれえ男だ。損はすまい」 *ぐるさい(ものの動く速度に言う) 鹿児島県喜界島 *ぐるさん 沖縄県首里「やまとぅぐるく(日本人らしくすばしこく)」 *ごーくっと 茨城県 *ごーくと 岩手県中通・気仙郡 宮城県栗原郡・名取郡 *ごーぐと 山形県東村山郡「ごーぐとあべ(行こう)」 *ごーごっと 岩手県上閉伊郡・気仙郡「ごーごっとやってしまい」 *こーこと 愛媛県温泉郡 *ごーごと 岩手県西磐井郡「ごーごとでっしぁがれ(行ってしまえ)」 福島県東白川郡 福岡県福岡市・筑紫郡 *ごくと 岩手県上閉伊郡「ごくとしろ」・気仙郡 宮城県登米郡 *ごぐと 山形県北村山郡 *こっくと 福島県安積郡 *ごっくと 宮城県栗原郡 山形県西置賜郡 *こっこと 新潟県佐渡「用事がすんだらごっこと行った」 愛媛県 福岡市 *ごっこと 福島県東白川郡 栃木県那須郡 新潟県中越「ごっこと歩け」・長岡市 *ごっごと 福島県相馬郡 *ごんくと 山形県東村山郡 *ごんごっ 鹿児島県「ごんごつせぬか」 *ごんごん 福岡県企救郡 *ごんごんと 新潟県長岡市 *さっぴらい・さっぴらこい 山形県米沢市「さっぴらこえやづだ(奴だ)」 *じゃっちゃっと 和歌山県 *じゃっちゃん 大分県北海部郡 *しゃらかはやい 和歌山県那賀郡・東牟婁郡 *しゃりこい・しゃらこい 愛媛県 *しゅっと 高知市「約束した寄付金はしゅっと出しなさい」 *すこばやい 岡山市 大分県南海部郡 *すじー 大分県玖珠郡 *すすどい 千葉県 神奈川県横浜市 新潟県佐渡 福井県大飯郡「彼はすすどい男だ」 山梨県 岐阜県飛驒 大阪市 奈良県南大和 島根県隠岐島「すすどいけん網にかからん」 徳島県 香川県・木田郡・仲多度郡 高知県「すすどい人で二、三人前の仕事をやってのける」「善良ですすどい人と一所に仕事を仕度い」 長崎県対馬 熊本県 *すっぴらこい 山形県米沢市 *すで 鹿児島県 *すどい 島根県石見「鮎はすどいけー網にかからん」 山口県豊浦郡 鹿児島県 *すばこい 愛媛県 *すばしこげに・すばよに・すばしこー・すばしこに 香川県 *ちーやっと 愛知県宝飯郡 *ちゃーっと 東京都大島「明朝はちゃあっと来い」 静岡県「ちゃーっとお出でなさい」 *ちゃーと 静岡県「ちゃーと来い」 愛知県知多郡 *ちゃちゃと 青森県 宮城県登米郡 秋田県鹿角郡 山形県 新潟県北蒲原郡 富山県下新川郡 *ちゃつ 宮崎県南那珂郡「ちゃつやっくり(すぐやってくれ)」「ちゃつやらにゃあ(すぐしなければ)」 *ちゃっこと 新潟県中魚沼郡・刈羽郡 青森県三戸郡 *ちゃっちゃっと 宮城県栗原郡 富山県砺波 鳥取県気高郡・岩美郡 *ちゃっちゃと 青

森県津軽　岩手県気仙郡「はやくちゃっちゃとやってしまい」　宮城県遠田郡・石巻　秋田県　山形県　新潟県　静岡県　奈良県南大和　和歌山県伊都郡　*ちゃっと 北海道函館「ちゃっとこい(速く来い)」　青森県・南部　秋田県　山形県鶴岡市・東田川郡　新潟県　富山県　石川県　福井県　山梨県　長野県　岐阜県　静岡県「ちゃっと行って来よう」　愛知県　三重県　京都府何鹿郡　大阪市　奈良県　和歌山県「ちゃっとしなはれ」　*ちゃと 青森県津軽「ちゃとこなが(早く来いよ)」・上北郡　山形県飽海郡　奈良県宇陀郡　島根県隠岐島「ちゃと持って来い」　*ちゃとちゃと 島根県隠岐島　*ちゃりこい 山口県　*ちゃんちゃと 秋田県鹿角郡　*ちゃんちゃんと 岩手県気仙郡　秋田県鹿角郡　*ちゃんと 秋田県鹿角郡　新潟県佐渡「まっと早う来うと思(も)うたが、ちゃんと来なんで不調法だった」　石川県金沢市　京都府　*ちょっこりちょんと 新潟県佐渡　*てばしこ 熊本県芦北郡　*てばしこい 岐阜県飛驒　滋賀県彦根　大阪市　兵庫県淡路島　和歌山県　徳島県　*ひしゃっと 岩手県気仙郡　*ひらっと 岩手県上閉伊郡　*びらっと 岩手県上閉伊郡・気仙郡「俺ぁ来たらびらっと立ってしまった」　*ひらり 群馬県多野郡　*ぴらり・びらり 岩手県気仙郡「びらりいねぁぐなった」・東磐井郡　宮城県「びらりかっさらって逃げた」　山形県東村山郡
↓じんそく(迅速)・すばしこい・びんしょう(敏捷)

□さま　*きそきそ 島根県大田市・隠岐島「きそきそと歩け」　*こぎりみて・こぎりめて 島根県出雲「こぎりみて片付け」　*ごらごら 東京都八丈島「ごらごらこー(早く来い)」　*しかしか(手際がよくて、すばやいさま) 岩手県気仙郡「仕事ぁしかしかど終った」　宮城県仙台市　新潟県佐渡　静岡県　広島県高田郡「しかしか歩け」　愛媛県　*しゃかしゃか 香川県「なにしょんな、しゃかしゃかせんと」　愛媛県　*しゃごしゃご 徳島県　高知県幡多郡　*しゃりこ 愛媛県周桑郡　*しゃんしゃ 島根県「しゃんしゃと歩け」　*しゃんしゃん 新潟県佐渡「しゃんしゃん働いている」　滋賀県蒲生郡　兵庫県淡路島「もっとしゃんしゃん歩いてくれんか」　奈良県南大和　島根県「しゃんしゃんした人」　山口県阿武郡・見島　徳島県・美馬郡　香川県「しゃんしゃん仕事せんか」「さぶい(寒い)のにしゃんしゃんもどって寝りゃええのに」　愛媛県「感心にしゃんしゃんやっとるかい」　高知県「しゃんしゃんせよ」　*どしぱし (はきはきとすばやいさま。てきぱき) 青森県上北郡「あの女の子はとしぱしど台所仕事をする」　*ひらから 青森県南部「ひらからとやってしまへ」　岩手県上閉伊郡　*びらから 岩手県気仙郡「びらからどにげていった」　*ぴらから 宮城県仙台市　*ひらからっ 青森県三戸郡「三里許りのところぁ、ひらからっと自転車で廻れ」　*もーろい・もーろく・もーろくせっぽ 長野県南佐久郡　*りゅーりゅー 長崎県対馬「精を出しりゅうりゅうやれ」

ずぶとい【図太】　*いけのぶとい 岩手県上閉伊郡　*しゃらっぷてー 長野県佐久　*しんのぶい 長野県諏訪・上伊那郡　*しんのぶとい 長野県上伊那郡　*ずずい 鹿児島県肝属郡　*ずない 長野県　*ずぶい 千葉県香取郡・海上郡　神奈川県津久井郡　山梨県　*だらぶとい・だらでかい 富山県射水郡　*てこい 兵庫県加古郡　*てしぶい 徳島県　*どーぶとい 神奈川県津久井郡　*どふて 秋田県河辺郡　*どぶとい 三重県北牟婁郡　滋賀県蒲生郡　大阪市　徳島県美馬郡　香川県高松市・高見島　*どんぶて 秋田県　*どんぶとい 秋田県雄勝郡「どんぶどえ事をすれば信用を失ふ」　*なまふって 鹿児島県揖宿郡　*ぬぶい 秋田県鹿角郡　*のぶい 秋田県鹿角郡　東京都八王子　山梨県　長野県　*のぶそい 香川県三豊郡　*のぶちー 大分県大分郡「のぶちー　こつー　ゆー(暴言を吐く)」　*のぶとい 青森県　岩手県気仙郡　宮城県栗原郡・仙台市　福井県大飯郡　山梨県南巨摩郡「あがーにのぶとい子はよにゃあない」　長野県　三重県　滋賀県彦根・蒲生郡　京都市　大阪府大阪市・泉北郡　兵庫県神戸市・淡路島　奈良県　和歌山県　鳥取県　岡山県　山口県　徳島県　香川県　愛媛県「叱ってものぶといやつで知らん顔する」　高知県　大分県大分郡　*はばくたい 三重県松阪市　*はばたい 三重県松阪市・北牟婁郡　*ろぶどい 岩手県気仙郡「あのやろう、ろぶどいやろうだ」　宮城県加美郡
↓あつかましい(厚)・ずうずうしい(図図)

□さま　*どーねき 岐阜県大垣市　愛知県宝飯郡　京都府竹野郡　*どんみゃく 山形県西田川郡　*のっぽ 三重県南牟婁郡　*のて 兵庫県赤穂郡　*のふー 広島県高田郡　*のふーぞー 兵庫県赤穂郡　岡山県苫田郡　*のふーど 山口県　*のふぞー 和歌山県海草郡・西牟婁郡「のふぞうな子供だ」　*のふどー 三重県北牟婁郡「あいっつぁーよっぽどのふどーなやろ(あいつはよほどずぶとい野郎だよ)」　*のほーず 石川県鹿島郡　京都府久世郡　香川県・仲多度郡　*のほず 石川県金沢市　*のほぞー 和歌山県海草郡

□人　*おーずらこき 愛媛県　*すぼか 京都府竹野郡　*どーたれ 島根県飯石郡

すべすべ【滑滑】　*きめきめ 長崎県壱岐島「まっ白うしきめきめしちょる」　*じりんじりん 島根県八束郡　*すぺすぺ 長崎県壱岐島　*ずべずべ 富山県高岡市　長崎県壱岐島　*すべらか 島根県　*するいするい 鹿児島県　*ずるくんずるくん・ずるくいずるくい 鹿児島県鹿児島郡　*つべつべ 富山県　*なぶさ・なぶっつぁさ 沖縄県石垣島　*なんぶなんぶ 鹿児島県喜界島　*ぬぺーぬぺー 佐賀県　*ぬるぬる 島根県「手に油がついてぬるぬるすべる」　*ぬるんぬるん 島根県　*のりんのりん

島根県八束郡 *のろのろ 島根県飯石郡・出雲市
→なめらか (滑―)
□している *なふかはん 沖縄県波照間島 *なぶさーん 沖縄県石垣島 *なぶさん 沖縄県竹富島 *なぶっつぁさーん 沖縄県石垣島 *なぶらっさん 沖縄県鳩間島 *なめる 宮城県石巻 岐阜県飛驒 *なんどぅるさん 沖縄県首里 *ぬめくる 島根県美濃郡・益田市 鹿児島県 *ぬめる 山梨県南巨摩郡 宮崎市 *べべらしー 長崎県壱岐島

すべっこい【滑―】 *すべらかい 岐阜県飛驒「お前の手はすべらかい」 *すべらこい 岐阜県郡上郡 三重県志摩郡 *すべらしか 長崎県佐世保市 *ずべらしか 長崎県壱岐島「こぬ板張ぁずべらしうよーふきこーぢゃる」 *すべらっこい 新潟県佐渡 長野県 静岡県「この石はすべらっこい」・志太郡「ろーかー(廊下は)すべらっこい」 *すべりっこい 東京都江戸川区・三宅島 *なふかはん 沖縄県波照間島 *なぶさーん 沖縄県石垣島 *なぶさん 沖縄県竹富島 *なぶっつぁさーん 沖縄県石垣島 *なぶらっさん 沖縄県鳩間島 *なめこい 岩手県気仙郡「あそこは水ごけでなめこい」 福島県相馬郡 茨城県稲敷郡 *なめっこい 福島県「この紙わなめっこいなあ」 茨城県猿島郡・真壁郡 栃木県安蘇郡・上都賀郡 千葉県東葛飾郡 新潟県中頸城郡 *なめらこい 宮城県仙台市「なめらこいうもれぎのお盆」 *なめらしか 長崎県壱岐島 *なめらっこい 神奈川県中郡 新潟県佐渡 *なんぶさい 鹿児島県喜界島 *ぬめっこい 福島県会津「買ったばかりの靴だ、ぬめっけえごむだ」 群馬県 *ぬめらしー 長崎県壱岐島・対馬 *ぬめらっこい 山梨県南巨摩郡 *のべこい 青森県三戸郡・南部 秋田県鹿角郡 *のめこい・のべっこい 秋田県鹿角郡 *のめっけ 栃木県安蘇郡 *のめっこい 秋田県鹿角郡 栃木県 群馬県 埼玉県入間郡・大里郡 東京都八王子 神奈川県津久井郡 山梨県北都留郡・南巨摩郡 *のめっしー 山梨県
→なめらか (滑―)
□さま *きょろきょろ 群馬県多野郡「里芋がきょろきょろねばる」 *ずるいするい 鹿児島県 *ずるくんずるくん・ずるくいずるくい 鹿児島県鹿児島郡 *ちゅるいちゅるい 鹿児島県揖宿郡「ちゅるいちゅるいする(すべすべする)」 *なぶさ・なぶっつぁさ 沖縄県石垣島 *じらじら・じるじる(水分などを含んで、滑っこいさま) 青森県津軽

すべて【総】 *ありかじ 沖縄県石垣島 *いちゅー 岩手県胆沢郡 *いちゅーがっさい 岩手県胆沢郡 *いっかい 島根県邑智郡「山の木をいっかい取った」 *いっしく 岡山市 *いっぱし 茨城県猿島郡・真壁郡 栃木県 宮崎県東諸県郡 *うつくしー 石川県珠洲郡「鼠がうつくしい食ていかんさかい(すっかり食っていけないから)」 *うつくしゅー・うつくしょー 岐阜県飛驒「店へ出いとったらうつくしゅー売れてしまった」 *うっつくしー 岐阜県郡上郡 *うっつくしゅー 愛知県名古屋市 *うっつくしょ 愛知県知多郡 *うっつくしょー 岐阜県山県郡・郡上郡「柿か。こないだのかぜが(暴風が)うっつくしょーもってってまったんやで(きれいに落としてしまったんだよ)」 愛知県名古屋市「Kさんとこはこんどの火事でうっつくしょう焼けてしまった」 *おもいでや 石川県江沼郡 *がーしてい 沖縄県小浜島・竹富島 *がーっさい 三重県北牟婁郡 *がしって・がして 沖縄県石垣島 *がしてぃ 沖縄県新城島 *がすて・ぐすて 沖縄県石垣島 *がちって・ぐすーゆ 沖縄県与那国島 *がっさい 広島県高田郡 高知県「がっさい呉れ」 鹿児島県・屋久島・口之永良部島 *ぐすと 鹿児島県加計呂麻島・奄美大島 *ぐすとがな 鹿児島県奄美大島 *くりっと 山形県東田川郡 千葉県 *ぐりっと 青森県津軽「ぐりっと読んでしまった」 秋田県雄勝郡「雪がぐりっと消えた」 *ぐれーと 青森県上北郡・南部 *ぐれっと 青森県「財産ぐれっとなくした」「その桃ん、ぐれっと笊こまで持って来い」 *けっこ・げっこん 愛知県知多郡「けっこに売り切れた」 *けっこー 長野県南部「けっこーすみました」 静岡県「けっこーわすれた」「おらーけっこーによっぱらっちゃった」 香川県 *こってり 滋賀県蒲生郡・神崎郡 *ごっと 鳥取県 島根県「まー、ごっとによろしに言ってごすあはえねー(くださいね)」「ごっとでなんぼうでしかねえ」 *こっとり 新潟県佐渡「荷物をこっとり負うて来た」 滋賀県彦根・神崎郡 長崎県壱岐島 大分県南海部郡 *ごっとり 島根県 広島県高田郡 長崎県壱岐島 *ごと 島根県隠岐島「牛が河原の草をごと食った」 *しぺっと 秋田県平鹿郡 *すーよー 沖縄県・首里 *ずべし 滋賀県彦根 熊本県芦北郡・八代郡「ずべしでけた(できた)」 *すべっと 滋賀県彦根 *すぺっと 青森県津軽「たくさんできた吹出物がすぺっとなた(すっかりよくなった)」 *すべんと 福井県・南条郡 *ずるっ 鹿児島県 *ずるめき 茨城県稲敷郡 *そーたー 鹿児島県種子島・屋久島 *そーたい 岩手県九戸郡 新潟県佐渡「そうたい忘れてしまった」 熊本県阿蘇郡 大分県 *そーって 長野県北安曇郡 *そーで 岩手県気仙郡 島根県簸川郡・大田市「持ってた銭をそーでやった」 *そーべつ 山梨県南巨摩郡「そーべつ焼けてひっちまった」 長野県北安曇郡 岐阜県飛驒 静岡県志太郡 滋賀県彦根 島根県石見・隠岐島 *そーよ 福岡市 長崎県南高来郡「どしどむ(同士共)ときめたこちも、そーよなーにんならんごてなってしもた」・長崎市 熊本県玉名郡 *そーよー 福岡市 長崎県長崎市・伊王島 熊本県 大分県下毛郡 *ぞっき 千葉県印旛郡「(上繭、くず繭、玉繭などひっくるめて)ぞっき何貫」 神奈川県愛甲郡「ぞっきとられてしまった」 *そっぽり 三重県志摩郡 *そよ 熊本県芦北郡 *ちょっくりがっさい 福岡市 *どっさり 島根県隠岐島 *なにかも 岐阜県本

巣郡「なにかも持ってゆく」 *なにわ(「何は」から) 島根県出雲「町え出てなにわのもんを買った」「あの人はなにわのことでも知っちょー」 *にぇっかい 鹿児島県揖宿郡 *にぇっから 鹿児島県 *ねっかい 宮崎県都城 鹿児島県 *ねっから 宮崎県西臼杵郡 鹿児島県・口之永良部島 *ねっからはっから 宮城県仙台市 茨城県新治郡 *ねっきり 長野県諏訪 *ぶんと 鹿児島県肝属郡 *べろたぐり 山形県南村山郡・最上郡「べろだぐれもっかえった(倒れた)」 *まじり 沖縄県首里 *まるだし 長崎市 *みなかえだ 富山県下新川郡「米がみなかえだ不合格になった」 *みながな 山形県「みながなけろ(全部くれ)」 *みながら 山形県 *みなで 島根県隠岐島 *みんななぎ 東京都八丈島
→ことごとく(悉)・ぜんぶ(全部)・みな(皆)

すべりだい【滑台】 *ずるずるめんこ 群馬県多野郡

すべる【滑】 *おんのめる 栃木県北部 *こける 東京都八王子 *さでくる 鳥取県西伯郡 島根県出雲 *すぃんでぃゆん 沖縄県首里 *すっつるべる 千葉県君津郡 *すなべる 岩手県 山形県「この雪道はすなべる」 新潟県西蒲原郡・長岡市 *すなめずる 宮城県登米郡 山形県米沢市 *ずばくる 愛媛県大三島 *すべくい 熊本県天草郡 *すべくー 鳥取県西伯郡 *すべくる 秋田県鹿角郡「此の坂をしべくる」 栃木県 群馬県佐波郡 埼玉県秩父郡 東京都三宅島 新潟県佐渡・中頸城郡 岐阜県武儀郡 静岡県志太郡「すべくらなぇーよーにしょー」 愛知県 三重県志摩郡 和歌山県 鳥取県 島根県「土地がしみてすべくる」 山口県 阿武郡・大島 香川県 愛媛県・松山「坂ですべくってこけた」 高知県 長崎県対馬 熊本県下益城郡「すべくりこけた」 大分県南海部郡「氷の上をすべくる」 宮崎県延岡 *ずべくる 東京都三宅島 *すべらくる 青森県上北郡「すべらくて転んだ」 *ずめい 鹿児島県「ずめいとくい(滑り倒れる)」 *ずめくる 栃木県佐野市・安蘇郡 埼玉県秩父郡 熊本県玉名郡 鹿児島県 *すめずる 山形県米沢市 *すめる 山形県米沢市 群馬県吾妻郡 *ずめる 栃木県安蘇郡 群馬県 埼玉県秩父郡 石川県鳳至郡 福岡県久留米市・粕屋郡 佐賀県 熊本県玉名郡・八代郡 大分県 鹿児島県 *すりくりはずす 熊本県下益城郡 *ずる 山形県米沢市・最上郡「透写しの紙あづった」 新潟県「坂をずって降りた」「『おまんとこのねんねあいぶかね』『ううん、こないさやっと這てずるようんなったばっかだがんね』」 石川県能美郡「ずっておりる(雪斜面を滑り降りる)」 福井県大飯郡 岐阜県郡上郡 京都市 島根県那賀郡・鹿足郡 岡山県阿哲郡 *ずるべる 東京都八丈島 *すんなべる 茨城県新治郡 千葉県香取郡・印旛郡 新潟県「はしごだんのてつこから、すんなべっておったがだい」 *すんなめずる 山形県東置賜郡 福島県若松市・大沼郡 *すんなめる 宮城県石巻「すんなめってころんだ」 茨城県稲敷郡 *つんなべる 茨城県真壁郡・稲敷郡 千葉県香取郡 *つんなめる 茨城県行方郡・稲敷郡 栃木県 *つんのめくる 栃木県「雪の上はつんのめくるからな、危いぞ」 埼玉県大里郡 *とべる 徳島県三好郡 高知県「とべった」 *どべる 徳島県三好郡 長崎県北松浦郡「静かに行かぬとどべるぞ」・伊王島 *どる 奈良県南大和 *なぶっちるん 沖縄県石垣島 *なめる(ぬるぬると滑る) 宮城県石巻 岐阜県飛騨 *なんぶちゅい・なんぶみちゅい 鹿児島県喜界島 *ぬめくる(ぬるぬると滑る) 島根県美濃郡・益田市 鹿児島県 *ぬめる(ぬるぬると滑る) 山梨県南巨摩郡 宮崎市 *ぬる 秋田県鹿角郡「スキーでぬるにはよい山だ」 *のたくる 山梨県南巨摩郡「滑り台をのたくる」 *のめくる 栃木県 群馬県 埼玉県秩父郡 長野県佐久 *のめる 栃木県 群馬県 埼玉県秩父郡 山梨県 *のる 新潟県中蒲原郡「のりおりる」 石川県能美郡「しば(柴)しいて のる」 岐阜県飛騨「あすこのはば(岨)はひどいのるであぶない」 *はしる 岩手県気仙郡「はしり転ぶ」「氷はしり」 *ひーる 岡山市「石が水面をぴょんぴょんとひーって行く」 *ひっつべる・ひっつべくる 東京都八王子 *ふんずらべる(足が滑る) 新潟県西蒲原郡 *へーる 高知県土佐郡・吾川郡

ずぼら *おーたら 長野県佐久 *おーったら 長野県上田・佐久 *ずやり 長野県南部「あの男はずやりな奴だ」 愛知県 *のそら 長野県佐久 島根県仁多郡・能義郡「のそらにする」 *のぞら 島根県出雲「あの男はのぞらな」「のぞらにする」 *ぶら 鹿児島県喜界島
→だらしない

□な人 *ずぼ 兵庫県加古郡 *ふんだんだらすけ 新潟県佐渡

すみ【炭】 *いもじ 大分県宇佐郡 *おき 埼玉県北足立郡 大分県速見郡 *おきがら 山梨県 *すばい 島根県邇摩郡 *たーん 沖縄県与那国島 *たん 沖縄県 *たんじみ 鹿児島県徳之島 *とこずみ 群馬県多野郡 埼玉県秩父郡 *ぼて(大きい炭) 新潟県佐渡
→もくたん(木炭)

すみ【隅】 *あぜ・あぜっこ 栃木県 *かずま 新潟県「座敷のかずま」 *かたくろ 岐阜県益田郡 *かどぅ 沖縄県石垣島 *かどま 長野県上伊那郡 *ぐーろ 愛知県知多郡 *くろ 岐阜県「道のくろにあった」 静岡県「くろの方によっていれば大丈夫」 愛知県 三重県三重郡・員弁郡 滋賀県彦根 熊本県玉名郡 大分県 *ぐろ 岐阜県 愛知県 大分県大分郡・南海部郡 *こば 群馬県吾妻郡・勢多郡「かんなでこばを落す」 千葉県市原郡 神奈川県「豆腐のこば」「あのこばの家が煙草屋だ」 新潟県佐渡 山梨県・南巨摩郡 長野県佐久 静岡県 愛知県東加茂郡 徳島県「こばから引くりかやす(端から裏返す)」 香川県「こばを痛めんよに気

をつけなよ」 愛媛県宇摩郡 高知県長岡郡・土佐郡「おかやん、傘のこば破った」 *こばっちょー 静岡県榛原郡 *すま 青森県南部 岩手県上閉伊郡 宮城県登米郡・玉造郡 秋田県秋田市・河辺郡 山形県 福島県 茨城県 群馬県 埼玉県 千葉県東葛飾郡 東京都八王子 神奈川県津久井郡 新潟県「そのすまに着物を置いてある」 富山県砺波 石川県 福井県 山梨県 長野県 岐阜県 静岡県「おまぇーわすまにすっこんでいよー」 愛知県 三重県 滋賀県 京都府 大阪府泉北郡・大阪市 兵庫県加古郡・神戸市 奈良県 和歌山県 鳥取県西伯郡「部屋のすまに置いたら鼠にかまれた」 島根県 岡山県苫田郡・浅口郡 広島県 山口県・阿武郡 徳島県・海部郡 香川県「あしこの家はすまからすままでさっぱりしとるわで」 愛媛県 高知県幡多郡 福岡県小倉市 大分県 鹿児島県・肝属郡 *すまくざ 富山県砺波 *すまくじ 新潟県中頸城郡 *すまくじら 青森県上北郡・三戸郡 新潟県西頸城郡 富山県・砺波 石川県加賀 *すまくた 福井県遠敷郡・大飯郡 *すまくだ 大阪市 *すまくら 石川県河北郡 大阪府泉北郡 *すまこ 岩手県上閉伊郡 宮城県「すまこの方さつんまと置えてけさえ」 秋田県 山形県 福島県相馬郡・伊達郡 茨城県稲敷郡 千葉県香取郡 新潟県西蒲原郡 愛知県碧海郡 徳島県 愛媛県 *すまご 和歌山県西牟婁郡 *すまごと 香川県・三豊郡 *すまこま 新潟県 *すまず 高知県 *すまっか 長野県上田 *すまっくじ 新潟県三島郡・刈羽郡 *すまっこ 岩手県下閉伊郡・気仙郡 秋田県秋田市・仙北郡 山形県米沢市・南置賜郡 福島県 茨城県 栃木県 群馬県 埼玉県 千葉県 東京都八王子 神奈川県津久井郡 新潟県 福井県・坂井郡・大飯郡 山梨県 長野県 岐阜県 静岡県「おしろぇーのすみっこにあらー(押入れの隅の方にあるよ)」 愛知県設楽 三重県志摩郡・度会郡 京都府 奈良県 和歌山県 島根県出雲 香川県・高松市 *すまっこー 静岡県 *すまて 岐阜県不破郡「田の東の方のすまてから刈った」 *すまど 高知県 *すまんこ 山形県 京都市 大阪市 兵庫県加古郡 奈良県高市郡 和歌山県 徳島県・美馬郡 香川県 愛媛県周桑郡 *すまんご 和歌山県日高郡 香川県・大川郡 *すまんごた 香川県木田郡 *すまんだ 京都府竹野郡・熊野郡「すまんだの方に置いたはずだ」 大阪市 兵庫県・養父郡・加古郡 香川県 *すまんど 京都府与謝郡 香川県 高知県「今猫が肴を取って厨のすまんどえ逃込んぢょる」・幡多郡 *すまんぼー 新潟県中越 *すみくた 福井県大飯郡 大阪市 和歌山県 *すみくだ 滋賀県蒲生郡 京都市 大阪市 奈良県南部 *すみくら 長崎県長崎市・西彼杵郡 *すみこだま 新潟県刈羽郡 *すみごと 香川県 *すみっくら 新潟県三島郡 宮崎県延岡 *すみっちょ 和歌山市 *すみんた 兵庫県美嚢郡 *すみんだ 香川県 *すみんど 京都府 *すんくじら 鹿児島県・鹿児島郡・肝属郡 *すんま 秋田県南秋田郡・鹿角郡 山形県東村山郡「座敷のすんま」 畿内 *すんまこ 山形県 *せせこ 高知県「そんなせせこへ植えてもええ太らんきに(成長できないから)駄目じゃ」 *せり 長野県下伊那郡 *つま 茨城県稲敷郡 埼玉県秩父郡「かせいで(精出して)西っつまでも掃いてこお」 千葉県香取郡 島根県「東んつまを掃除せ」 愛媛県 *ねき 愛知県知多郡 和歌山県日高郡「田のねきによる」 山口県「その棒は門のねきへ立てちょけ」 徳島県 *へりっこ 栃木県 *やず 島根県簸川郡 *ゆーこー・ゆーこーま・ゆーく・ゆーくぬみー 沖縄県石垣島 *よせ 福島県「よせの方に居る人はだん(だれ)ぢや」 栃木県 *よせっこ 栃木県「よせっこの方へよせておけ」 ↓かど(角)・すみずみ(隅隅)・はし(端)

すみ【墨】 *すりすみ(すって使うところから、炭と区別して)島根県那賀郡 *するすみ(すって使うところから、炭と区別して)島根県石見「文字に書くなら好いするすみで(田植え歌)」 *ますみ 群馬県多野郡

すみずみ【隅隅】 *ほとりばし 島根県益田市「ほとりばしまで丁寧に作れ」 *みーみかーみ 沖縄県石垣島 ↓すみ(隅)

すみやか【速】 *きさん 佐賀県「きさんなもんなたー(存外早いもんだなあ)」 *きさんじ 高知県「医者の匙を投げて居た肺炎が一服の健肺湯できさんじ全快した」 *すばしー 愛媛県新居郡 *そくざもない 新潟県西頸城郡 *はげしー 大分県西国東郡・大分郡「はげしゅー」 ↓すぐさま(直様)

□に *いけと 福岡県京都郡 *いっけと 福岡県宗像郡・粕屋郡 *いっときに 新潟県西蒲原郡 石川県鹿島郡 大阪府泉北郡 香川県 *さどに 香川県 *どっこて 秋田県南秋田郡「どっこて走れ」 *どっとん・どっとんどっとん 大分県「どっとん走って来い」 *はやかに 新潟県 *はよかに 新潟県西蒲原郡

すみやき【炭焼】 *すみたき 新潟県佐渡 *やまかせ 三重県北牟婁郡 *やまかせぎ 島根県隠岐島 *やまし 熊本県球磨郡 *やましょーばい 愛知県北設楽郡

すみれ【菫】 *あごかきばな 新潟県刈羽郡 *あめふりばな 秋田県北秋田郡 *あめふりばなこ 秋田県仙北郡 *うしがーまんきー 鹿児島県喜界島 *うしのこっこ 鹿児島県 *うしんぴき 熊本県球磨郡 *うまかぎ 熊本県天草郡 *うまかちかち 宮崎県南那珂郡 *うまのかちかち 福岡県三潴郡 *うまのこっち 鹿児島市 *うまんかっかっ 鹿児島県鹿児島郡 *うまんがったんがったん・うまんごっとんごっとん 熊本県玉名郡 *うまんこ 鹿児島県出水郡 *うんまんこっこ 鹿児島県 *えごまんま 福島県石城郡 *おかつばな 岐阜県恵那郡

*おそめばな 長野県下水内郡 *おそめんばな 新潟県中魚沼郡 *おちょーばんば 高知県土佐 *おちょぼ 静岡県安倍郡 *おまんびくしゃく 埼玉県入間郡 *かぎつけばな 青森県三戸郡 *かきっと 埼玉県秩父郡 *かぎとりばな 香川県三豊郡 *かきばな・かぎはな・かぎばな 新潟県佐渡 *かぎひきばな 秋田県 *かぎひきばなこ 岩手県西磐井郡 *かけこーばな 群馬県多野郡 *かげっぴき 山形県米沢市 *かけばな 新潟県佐渡　長崎県大村市・西彼杵郡 *かげはな 新潟県佐渡 *かげびき 宮城県登米郡 *かげぴこ 秋田県秋田市 *かげんばな 新潟県佐渡 *かっちょばな 熊本県球磨郡 *かもめのはな 青森県三戸郡 *がんがんばな 新潟県佐渡

*かんこばな 福島県　新潟県岩船郡 *かんこばなこ 秋田県鹿角郡 *かんなぐさ 大分県大分郡

*かんまーきり 神奈川県津久井郡 *ぎぎんま 熊本県八代郡 *きくばな 大分県 *きぐばな・きつねばな 大分県大分郡 *くくとりぐさ 鹿児島県奄美大島 *くびきり(子供が、花をからませて勝ち負けを決めるところから) 長野県佐久　岐阜県恵那郡 *くびきりばな(子供が、花をからませて勝ち負けを決めるところから) 福井県大野郡　岐阜県恵那郡　三重県志摩郡　奈良県吉野郡 *くびつりそー(子供が、花をからませて勝ち負けを決めるところから) 徳島県名東郡 *げけうま 熊本県

*げげんうま・げけんばな 熊本県菊池郡 *けし 青森県三戸郡 *けっけらけん 東京都大島 *けんかぐさ(二人でかぎをひっかけ合って遊ぶところから) 東京都西多摩郡 *けんかばな(二人でかぎをひっかけ合って遊ぶところから) 鹿児島県種子島 *けんかぼー(二人でかぎをひっかけ合って遊ぶところから) 山口県吉敷郡 *げんじへーけ 岩手県上閉伊郡 *けんつけぐさ 鹿児島県揖宿郡 *げんぺーぐさ 岩手県上閉伊郡 *こけこーろのはな 香川県仲多度郡 *こけっかっか 香川県木田郡・香川郡 *こまかけ 長崎県南高来郡 *こまかけばな 愛知県北設楽郡　長崎県南高来郡　熊本県阿蘇郡　宮崎県東臼杵郡 *こまぐさ 鹿児島県垂水市 *こまつけばな 熊本県阿蘇郡 *こまひきぐさ 石川県鹿島郡　関西一部 *こめたわら 長野県下水内郡 *こめばなあわばな 長野県北佐久郡 *さるこばな 島根県那賀郡 *じーがかつかうばがかつか(子供たちがこれで遊ぶ時に唱える言葉から) 長野県北松浦郡 *じーがち・ばばがち・ばーがち(子供たちがこれで遊ぶ時に唱える言葉から) 東京都八丈島 *じーとばー 山口県佐波郡 *じーばー 山口県 *じーばば 和歌山県日高郡・東牟婁郡

*しかけばな 秋田県平鹿郡 *じじーばばー・じんじばんば 静岡県磐田郡 *ししんびき・ししんぴき・せせんびき・せせんぴき・ししんぷき 熊本県球磨郡 *しょーやぐさ 山口県吉敷郡 *じろーたろー 岐阜県恵那郡　愛知県　三重県一志郡・志摩郡 *じろーたろーくびひき 和歌山県日高郡 *じろーばな 島根県鹿足郡・邑智郡 *じろたろ 愛知県知多郡　三重県員弁郡 *じろたろぐさ 大分県北海部郡 *じろっこたろっこ 栃木県河内郡 *じろばなたろばな 岐阜県加茂郡・恵那郡

*じろぼくろぼ 奈良県 *しろぼたろぼ 三重県名賀郡 *じろんたろー 愛知県北設楽郡 *じろんぽーたろんぽー(児童語) 愛知県宝飯郡 *じんじゃっこ 神奈川県愛甲郡 *じんじんばな 東京都八丈島 *すずめかたんこ 秋田県由利郡 *すもーとり 広島県能美島　山口県　高知県安芸郡　大分県大分郡 *すもーとりぐさ 山形県東村山郡・新庄　栃木県　千葉県長生郡　長野県諏訪　静岡県・磐田郡　大阪府泉北郡　奈良県吉野郡　和歌山県日高郡・田辺市　広島県江田島・能美島　山口県　香川県三豊郡　福岡県嘉穂郡　宮崎県延岡市 *すもーとりばな 茨城県北相馬郡　群馬県山田郡・佐波郡　千葉県　東京都南多摩郡・八王子　神奈川県　新潟県中越　富山県砺波　山梨県　長野県諏訪・佐久　静岡県志太郡　兵庫県淡路島　島根県　岡山県　広島県比婆郡・高田郡　山口県豊浦郡　長崎県西彼杵郡　大分県 *すもーばな 千葉県　岡山県御津郡 *すもといぐさ 熊本県球磨郡

*すもといばな 佐賀県藤津郡　熊本県球磨郡　鹿児島県揖宿郡 *すもとーばな 島根県 *すもとっぱな 熊本県球磨郡 *すもとり 富山県東礪波郡　石川県河北郡　長野県上伊那郡　広島県佐伯郡・能美島　山口県　高知県安芸郡　福岡県築上郡 *すもとりぐさ 山形県西置賜郡　新潟県・北蒲原郡　岐阜県恵那郡　三重県松阪　和歌山県　島根県簸川郡・能義郡　広島県　山口県　香川県　佐賀県唐津市　長崎県西彼杵郡　熊本県　大分県　宮崎県東諸県郡・西臼杵郡　鹿児島県川内市

*すもとりげんげ 愛知県名古屋市　山口県都濃郡 *すもとりにんぎょー 山口県佐波郡 *すもとりばな 青森県南部　山形県東置賜郡・最上郡　福島県　茨城県稲敷郡　群馬県碓氷郡・伊勢崎市　千葉県印旛郡　東京都三宅島・御蔵島　新潟県・西頸城郡　富山県・東礪波郡　福井県　岐阜県　静岡県富士郡　愛知県葉栗郡　三重県　京都府竹野郡(小児語)　和歌山県　島根県　広島県向島・芦品郡・高田郡　山口県　徳島県・美馬郡　香川県直島・綾歌郡・塩飽諸島　愛媛県　高知市　長崎県　熊本県　大分県　宮崎県児湯郡　鹿児島県甑島 *すもとるぐさ 富山県西礪波郡　熊本県天草郡 *すもとるばな 富山県射水郡　熊本県芦北郡・天草郡 *すもんとり 奈良県南大和 *すもんとりぐさ 奈良県南大和 *すもんとりばな 三重県員弁郡　兵庫県 *せきとりそー 愛知県名古屋市 *そーみなぎ 鹿児島県与論島 *そーめんばな 新潟県中魚沼郡　鹿児島県奄美大島 *たちばなこ 青森市 *たろーぼー 三重県飯南郡 *たろぼな 岐阜県恵那郡 *たろんぼーじろんぼー 愛知県八名郡・宝飯都 *たろんぽーじろんぽー(幼児語) 愛知県宝飯郡 *ちーちーばな 東京都八丈島 *ちょーちょーかんばん 新潟県佐渡 *ちょーちょー

ばな 北海道札幌市 *ちょんかけ 熊本県球磨郡 *ちんちんこまどり・ちんじゃっこ・ちんきらかっこ 神奈川県愛甲郡 *ちんちのこま 神奈川県中郡 静岡県駿東郡 *ちんちんこま 神奈川県愛甲郡・津久井郡 *ちんちんすみれ・ちんちんこまこま 神奈川県中郡 *ちんちんのこま 神奈川県 静岡県・駿東郡 *ちんちんばな 神奈川県津久井郡 *ちんちんもっこ 神奈川県足柄上郡 *つぼたま 山梨県南巨摩郡 *つぼばな 神奈川県三浦郡 *つめりばな 長野県更級郡 *てんまんかっか 鹿児島県川辺郡 *どどうまかちかち 福岡県 長崎県長崎市・対馬 *とりぐさ 鹿児島県奄美大島 *とんとんかちかち・とんかち・とんかちばな 熊本県玉名郡 *どんのこま・どんどばな 熊本県天草郡 *とんとんばな 長崎県西彼杵郡 *とんのんま 長崎県西彼杵郡・東彼杵郡 熊本県天草郡 *はなかぎ 熊本県天草郡 *はねうま 香川県大川郡 *ひーかち 広島県安芸郡 *ひーごのおしり 鳥取県東伯郡 *ひっかけ(花と茎の曲がった部分をひっかけて遊ぶところから) 新潟県西蒲原郡 *ひっかけばな 長野県上伊那郡 *びっちょ 埼玉県入間郡 *びびんこ・びびんちょ 熊本県球磨郡 *ひんかしばな 鹿児島県川辺郡 *ひんかっ 鹿児島県曾於郡 *ひんかっか 鹿児島県揖宿郡 *ひんかっこね 鹿児島県鹿児島市・日置郡 *ひんかっこねっ 鹿児島市 *ひんかっちょ 鹿児島県川辺郡・肝属郡 *へびばなこ 秋田県仙北郡 *べろべろかんじょー 神奈川県足柄下郡・足柄上郡 *ほけきょばな 神奈川県三浦郡 *ほけちょーばな 宮崎県西臼杵郡 *ほけちょくさ 秋田県南秋田郡 *ほけちょばな 山形県飽海郡 *ほちろ 和歌山県有田郡 *ほほぎっちょはな 岩手県気仙郡 *まんかー 鹿児島県喜界島 *みみひき 宮崎県西臼杵郡 *もととり 大阪府泉北郡 *やまけし 青森県青森市・南部 *ゆーれーばな 山口県佐波郡

すもう【相撲】 *いっちょー・いっちょこい(幼児語) 埼玉県秩父郡 *やっち(幼児語) 広島県高田郡「やっちをとる」 *やっちゃ(幼児語) 島根県那賀郡・大原郡 *やっちょ(幼児語) 島根県簸川郡・出雲市

すりこぎ【擂粉木】 *うらこわし 茨城県稲敷郡 *うらまわし 茨城県多賀郡 *うらまわしぼー 茨城県 *おめぐり 長野県上田・佐久 愛知県東春日井郡 香川県大川郡・木田郡 *おめぐりさん 香川県大川郡・木田郡 *おめぐりぼー 茨城県多賀郡 新潟県 *きね 島根県簸川郡 *しりんぐじ 沖縄県石垣島 *しるんぐち 沖縄県鳩間島 *すりぎ 山形県庄内 三重県阿山郡・名賀郡 岡山県苫田郡 香川県小豆島 *すりきね 富山県東礪波郡 *すりこぎぼー 山形県米沢市 福島県東白川郡 *すりこんぼ 福島県 *すりこんぼー 福島県安達郡 静岡県志太郡 *すりぼー 静岡県 山口県見島 香川県三豊郡 *すりめんぼ 岩手県気仙郡 *すりめんぼー 岩手県九戸郡 *すりんぼ 栃木県安蘇郡 *すりんぼー 群馬県勢多郡・邑楽郡 埼玉県北葛飾郡 *するくい・するくに 鹿児島県喜界島 *するこぎぼー 福島県東白川郡 *するこん 長崎県北松浦郡 *ずんぼ 島根県出雲 *だいぱーぬしりんぐじ 沖縄県石垣島 *だいばーぬむとぅ 沖縄県小浜島 *だいばぬぶっとぅー 沖縄県与那国島 *でーふぁーぬする 沖縄県竹富島 *できぎ 熊本県阿蘇郡 *てすり 島根県隠岐島 *てすりごんぼ 福井県大野郡 *てっこんぼー 長野県南佐久郡・佐久 *てんぎ 愛媛県越智郡 *でんき 三重県松阪 島根県那賀郡・邑智郡 香川県木田郡・小豆島 熊本県阿蘇郡 *でんぎ 三重県 兵庫県美方郡 和歌山県 岡山県 広島県 山口県 香川県 愛媛県周桑郡 福岡県粕屋郡 長崎県壱岐島 熊本県菊池郡・鹿本郡 *でんぎね 東京都八丈島 *でんぎり 香川県綾歌郡 *ねんぼー 千葉県東葛飾郡 静岡県 *ぼー 新潟県三島郡 *ましぎ 青森県 長野県佐久 *まひぎ 富山県東礪波郡 *まわしぎ 岩手県西磐井郡 宮城県栗原郡・仙台市 長野県 *まわり 愛媛県大三島 *みそすり 長野県諏訪 島根県大田市 *みそすりぼー 新潟県西蒲原郡 *めぐり 北海道函館 秋田県山本郡・河辺郡 山形県飛島 山梨県甲府 長野県 岐阜県加茂郡・山県郡 静岡県 鳥取県西伯郡 島根県 広島県 山口県阿武郡 *めぐりこぎ 秋田県平鹿郡・雄勝郡 *めくりぼー 千葉県上総 *めぐりぼー 茨城県稲敷郡 千葉県山武郡 新潟県 *めんぐりぼー 新潟県東蒲原郡 *めんぼー 岩手県気仙郡 島根県隠岐島 *りゅーぎ 福岡県浮羽郡・八女郡 佐賀県 *りょーぎ 福岡県八女郡 *れーぎ 福井県遠敷郡 三重県志摩郡 大阪府泉北郡 兵庫県淡路島 愛媛県新居郡 *れんが 三重県名賀郡 *れんぎ 宮城県仙台市 三重県 大阪市 兵庫県神戸市「れんぎではらきるかいしょなし」・淡路島 奈良県 和歌山県 島根県 岡山県苫田郡・児島郡 広島県大崎上島・高田郡 山口県 徳島県 香川県 愛媛県 高知県 福岡県小倉・福岡市 熊本県阿蘇郡・宇土郡 大分県 *れんぎね 東京都八丈島 *れんぎぼー 島根県石見 *れんぎょ 三重県名張市 *れんげ 三重県伊賀 滋賀県 京都府 大阪府 兵庫県 奈良県 和歌山県 島根県石見 山口県 福岡県小倉 熊本県天草郡 大分県東国東郡・大分郡 *れんげぼー 島根県

すりばち【擂鉢】 *あてばち 千葉県山武郡 *いしばち 石川県珠洲郡 *いしょばち 岩手県和賀郡 秋田県南秋田郡 *いせばち 千葉県上総 大分県北海部郡 *えせんばち 秋田県 *えへはじ 秋田県河辺郡 *おたばち 石川県能美郡 *かーらけ 岩手県 宮城県栗原郡 三重県志摩郡 *かーらけばち 岩手県気仙郡 *かがし 香川県三豊郡 *かがす 島根県隠岐島 香川県三豊郡 愛媛県・喜多郡 *かがち 島根県 山口県見島・豊浦郡 香川県三豊郡・仲多度郡 *かがつ 鳥取県西

伯郡　島根県　広島県　山口県・大島　徳島県美馬郡　香川県　愛媛県　大分県　宮崎市　*かなはち 新潟県刈羽郡　*かなばち 山形県西置賜郡　新潟県　*からけ 岩手県紫波郡・和賀郡　宮城県　*からけばち 岩手県江刺郡　宮城県　*からちもの 島根県邇摩郡　*からつ 島根県石見　*からばち 宮城県加美郡　山形県　*かわらぎ 岩手県上閉伊郡　*かわらばち 山形県最上郡　福島県　*こねばち 愛媛県北宇和郡　*さはち 長野県　*さわち 富山県婦負郡・東礪波郡　*しなはち・しのはち 静岡県　*しのばち 茨城県　静岡県富士郡　*しらか 茨城県北相馬郡　*しらげ 茨城県稲敷郡　栃木県佐野市・大田原市　*しらじ 茨城県　栃木県　群馬県　埼玉県秩父郡・北葛飾郡　千葉県　神奈川県　長野県北佐久郡・南佐久郡　*しらち 静岡県　*しらび 長野県下伊那郡　*すなはち 栃木県　茨城県多賀郡　長野県西筑摩郡　静岡県　*すのはち 静岡県　*すりくりばち 大分県大分郡　*すりこばち 福井県　岐阜県　三重県上野市　和歌山県　島根県益田市　大分県大分郡　*せんかい・せんがい・せんぎゃー・せぎゃー 静岡県駿東郡　*だいぱ 沖縄県宮古島・黒島　*だいばー 沖縄県小浜島・与那国島　*だいぱー 沖縄県石垣島・鳩間島・新城島　*でーば 沖縄県波照間島　*でーふぁー 沖縄県首里・竹富島　*どんこつ 広島県豊田郡　*ないぱ 沖縄県宮古島　*なすばち 茨城県西茨城郡　*ひらじ 長野県南佐久郡　*べんはち 島根県　*みそばち 新潟県三島郡　*めかがち 山口県豊浦郡

する【為】　*いたす(よくない事柄に言う) 三重県宇治山田市「物を掠め取り致す」　*うっちる 山梨県　静岡県田方郡　*きっする 鹿児島県揖宿郡「おれにわやぐきっすいか、うなあ(おれにいたずらをするのか、お前は)」　*きらす 茨城県「こっぺいきらす(出過ぎる)」「なまいきーきらす(出過ぎる)」　栃木県芳賀郡　千葉県印旛郡「やんちゃをきらす(気ままをする)」　*きる 栃木県芳賀郡　長野県上田「へらをきる(弁舌を弄する)」　長崎県壱岐島「喧嘩きる」「酔狂きる」　*きるん 沖縄県与那国島　*くらす 静岡県「彼奴をいぢめてくらす」　*くらわす(卑語) 徳島県「金縁眼鏡で形くらわしとる(気どっている)」　*くる 新潟県高田郡「邪魔をくる(邪魔をする)」　長崎県壱岐島「とっぱすくる(ほらを吹く)」「すっぽーくる(偉そうな顔をして大きなことを言う)」　*こかす(下流の語) 山梨県　*こがす 千葉県印旛郡「昼寝をこがした」　*こやす 鳥取県西伯郡「やんちゃこやす」　*さでくりかえす・さでくりかやす(卑語) 福岡市　*しくさる 和歌山県「しくさんな(するな)」　*しやぐ 新潟県西蒲原郡　*しろぐ 長野県下伊那郡　愛知県知多郡　三重県三重郡　*はたす(ののしって言う語) 長崎県壱岐島　*ひろぐ 島根県出雲「じゃまをひろぐな」　岡山県「そねえな事をひれーでみい(そんなことをしてみろ)、たたきのめしてやる」　徳島県　*ぶつ(卑語) 山形県南村山郡「今日は一か八かぶってみろ」　*ほてる(卑語) 香川県豊島「こらっ、ぐずぐずせんとしゃんしゃんほてんかい」

□の意の尊敬語　*あすさる・あっさる 長崎県北松浦郡「ごえんりょあっさるなよ」「御土産にあすさりゃーすなら、さしゃぎゃしょかい」　*さっさる 新潟県西頸城郡「どうさっさる」　福井県　*さっしゃる 栃木県河内郡　千葉県安房郡「さっしぇー」　神奈川県中郡　新潟県中越「さっしゃい」　富山県砺波　石川県「さっしゃらんか」　福井県足羽郡　山梨県「さっしゃー」　静岡県「早くさっしゃい」・田方郡　三重県阿山郡　岡山県苫田郡　香川県小豆島・伊吹島　福岡県粕屋郡・福岡市　熊本県下益城郡「どうさっしゃる」　*さっする 岐阜県不破郡「それはどうさっするの、向うの人は」　*さっせる 長野県東筑摩郡「あのことはどーさっせる」　岐阜県不破郡「きちんとさっせる」　愛知県東春日井郡　三重県三重郡「さっせるな」　*しゃしゃる 香川県大川郡　*しゃっしゃる 新潟県糸魚川市「どうしゃっしゃる」　*なんす 長野県西筑摩郡「かうなんしょ」　大分県日田郡(中流以下)「これをなんし」　*みさる 秋田県河辺郡・秋田市「あなた行きみさったの」　山形県米沢市・南置賜郡「なにみさる」　*みせーん・んせーん(「しみせーん」より目上に用いる) 沖縄県首里「ゆみんせーん(お読みになる)」　*めす 千葉県長柄郡「食ひめされ」・長生郡「あがりめさろ」　福岡県山門郡・三池郡「しめす(しなさる)」　大分県西国東郡「いーめすな(言いなさるな)」「きめせ(来なさい)」　鹿児島県「きめし(おいでなさい)」「めしもせ(おしなさい)」

ずるい【狡】　*いけざかし 青森県　岩手県岩手郡・気仙郡　*うとい 静岡県　*えらい 和歌山県日高郡　*おーどーか 佐賀県　*おーどか 佐賀県　長崎県「をーどか事するな」　熊本県玉名郡　*おげくらい 香川県　*おげったい 香川県仲多度郡　*おげらい 香川県三豊郡　*おぞい 山形県庄内　茨城県南部　埼玉県秩父郡　東京都八王子　神奈川県　新潟県佐渡・中頸城郡　山梨県「はいっから(早くから)あがーにおぞいどーで、いかくなったらどがーになるら」　長野県　鳥取県　*おでー 静岡県　*おどか 熊本県　*おどくさい 愛媛県生名島　*かしきー 大分県「かしきー奴」　*かしくいー 大分県日田郡　*かしけー 千葉県　*かしこい 宮城県栗原郡「かしこいことや」　福島県会津　高知県幡多郡　*かすけ 岩手県気仙郡「あのがき、いい方さばり(いい方にばかり)まわってかすけ」　*かつけ 岩手県上閉伊郡　*かどい 神奈川県津久井郡　山梨県南巨摩郡「あのしゃーかなりかどいで同じに仕事しとーぢゃあ損をする」　静岡県田方郡　*ぎすい 香川県仲多度郡　*きぶい 広島県　*ぐすい 岐阜県愛知県知多郡　*こーばいがえー 島根県那賀郡・邑智郡　*こーばいがはやい 長野県上伊那郡　*こーばいがよい 千葉県夷隅郡　富山県砺波「こーばいのよい奴で、損なことはもうせん」 *ごーばいはやい 山形県米沢市 *ごまい 群馬県吾妻郡 埼玉県入間郡 長野県上水内郡・上伊那郡 *さいたらさーん 沖縄県石垣島 *さいばし 福井県 *しすらこい 茨城県行方郡 *しぶとい 三重県名賀郡 広島県高田郡 *じもない・じもね 鹿児島県「じもね奴ぢゃ」 *しゃがらい 徳島県 *しゃらこすい 長野県佐久 *しゃらっこすい 長野県上田 *じょさいがない 大阪市 *じょさいない 青森県津軽 *しらじらしー 滋賀県彦根 *じらたい 滋賀県 京都府北部 兵庫県西宮 *ずーくて 島根県大原郡・簸川郡 *すけー 長野県諏訪 静岡県 京都府竹野郡 兵庫県 *ずけー 群馬県勢多郡 *すこい 山形県米沢市 福島県耶麻郡 茨城県稲敷郡 埼玉県川越市 千葉県東葛飾郡 福井県 山梨県南巨摩郡 岐阜県飛驒 静岡県 愛知県 三重県 滋賀県 京都府 大阪市 兵庫県 奈良県「すこいやり方ばかりしとる」 和歌山県 島根県那賀郡・邇摩郡 徳島県 香川県 愛媛県 高知県 *すごい 群馬県勢多郡 大阪府泉北郡 徳島県 *ずこい 栃木県 群馬県勢多郡・桐生市 大阪府大阪市・泉北郡 *すごすか 熊本県玉名郡 *すこたい 京都府 鳥取県 *すことい 香川県 *すこべー 滋賀県栗太郡・野洲郡 *すこまずい 京都府竹野郡「すこまずい男だ」 *ずすい 千葉県香取郡 *すすこい 岐阜県飛驒 *すすどい 茨城県北相馬郡 千葉県東葛飾郡 東京都三宅島・御蔵島 神奈川県津久井郡・中郡 新潟県中頸城郡 山梨県南巨摩郡 岐阜県飛驒 静岡県「すすでー事をするな」・榛原郡 三重県志摩郡 島根県隠岐島 徳島県 香川県木田郡・仲多度郡 高知県「ちょいちょい悪いことをする、すすどい子ぞよ」 熊本県玉名郡「あやつぁすすどかけん」 *すすらこい 千葉県香取郡 *すっからこい 福島市 *すっこい 山形県 福島県東白川郡・耶麻郡 茨城県多賀郡 愛知県碧海郡 三重県 兵庫県加古郡・神戸市 和歌山県 香川県 *ずっこい 栃木県大田原市・河内郡 群馬県山田郡・佐波郡 大阪市 *すっすちょい 長崎県 *すったっか 熊本県玉名郡 *すったらこい・すったい 兵庫県 *すっちょい 香川県綾歌郡・三豊郡 長崎県北松浦郡「あの人はすっちょか」 熊本県 *すっちょーい 佐賀県 熊本県下益城郡 *すっぱい 秋田県鹿角郡「あいつぁ中々すっぱえやつだ」 山形県村山郡 佐賀県 長崎県北松浦郡「あの男はすっぱかばい」 *すっぱこい・すっぱこすい 茨城県稲敷郡 *ずでっこい 島根県邑智郡「あいつはずでっこい奴だ」 *すどい 島根県石見 広島県 山口県「あの男はすどいから油断しちゃあなりませんぞう」・大島 愛媛県 佐賀県 *すぱい 山形県村山郡 *すひんか 佐賀県 *ずぶい 神奈川県津久井郡 和歌山県日高郡 *ずぶとい 茨城県稲敷郡 静岡県 *ずぶとっこい 静岡県「ずぶとっこい奴」 *すらこい 愛媛県弓削島 *ずるくたい 三重県伊賀 島根県 香川県小豆島「あいつずるくたいど」 *するこい・すんこい 香川県仲多度郡「あとから割り込んですんこい」 *ずるこい 山形県 香川県 *すれこい 三重県 *すれっこい 三重県志摩郡 *ずれっこい 石川県鳳至郡・河北郡 岐阜県飛驒 *ぜーな 愛媛県西宇和郡・八幡浜市「ぜーな人」 *せこい 栃木市 神奈川県中郡 *せすい 岐阜県山県郡 *せちがしこい 大分県宇佐郡 *せっこい 神奈川県中郡 *ぞかな 石川県石川郡 *ちおぜー 栃木県足利市・佐野市 *ちかがしこい 徳島県 *ちゃくい 山梨県 愛媛県 *ちゃこい・ちゃっこい・ちゃけー 長野県佐久 *ちゃちゃがらい(年齢に似合わずこうかつだ) 奈良県「あの子供はちゃちゃがらい娘や。一寸の間に誤魔化しやがった」 *ちゃらこい 島根県邑智郡 *ちゃりこい 島根県石見・隠岐島「ちゃりこい子供がよけーおる」 *ちゃりっこい 島根県石見「ちゃりっこい奴で信用がならん」 *つれっこい 岐阜県大野郡 *てなわず 福井県坂井郡 *てなわん 石川県江沼郡 *てにあわん 富山県高岡市・砺波 島根県 岡山県「あいつはてにあわんもんじゃ」 *てのくそにあわん 島根県仁多郡 *とーべらこい 香川県高松 *どじらたい(卑語) 滋賀県彦根 *どすこい 滋賀県彦根 奈良県吉野郡 香川県大川郡 *どっべらこい 香川県 綾歌郡・仲多度郡 *どべらこい 香川県 愛媛県北宇和郡 *どべらっこい 香川県綾歌郡・仲多度郡 *どんべらこい 香川県木田郡・三豊郡 *なまずるい 北海道 青森県上北郡・三戸郡 *にすい 滋賀県甲賀郡 京都府竹野郡「にすいこと云われた」 *にんちゃくさい 島根県大田市 *のぶい 長野県諏訪「のぶい鳥で逃げない」「のぶくて云ふことを聞かない」 *のぶとい 鳥取県 岡山県苫田郡 *はくい 長野県諏訪 *はしかい 山形県庄内 新潟県 富山県東礪波郡 兵庫県淡路島 広島県高田郡 香川県仲多度郡・綾歌郡 *はしかいー 島根県 愛媛県大三島 *はじかい 岐阜県飛驒 香川県綾歌郡・仲多度郡 *はしこい 新潟県 *はしっけー 埼玉県秩父 *はじっけー 長野県上田・佐久 *はしっこい 長野県諏訪 *はすい 長野県 *はすっこい 長野県下伊那郡 *ひきたれながい 広島県高田郡 *ひすい 長野県小県郡・西筑摩郡「ひすいことをしやあがる」 三重県名賀郡「ひすい奴や」 高知市 *ひすらこい 宮城県仙台市 *ひすらこすい・ひすらごすい 高知市 *ふずらつけない 北海道函館 *へこい 高知県 *へってー 徳島県三好郡 *へてこい 香川県木田郡・香川郡 *へらこい 三重県志摩郡 岡山県児島郡・川上郡 徳島県 香川県「あら、まー、へらこー」 愛媛県 高知県 *へらっこい 香川県綾歌郡・仲多度郡 *まずい 福岡県小倉「まずい人」・企救郡 *まずいー 広島県 *みつれない 青森県三戸郡 愛媛県東宇和郡 *むさい 長野県諏訪「かるたの時にむせーことをする」 *やぐい 滋賀県彦根 *やねこい 愛媛県温泉郡 *やばい 福井県坂井郡 *ゆどぅさい 鹿児島県喜界島「お互いにゆどぅさん考えを

持っていては、村の仕事は進まない」 *よぞい 岐阜県本巣郡 滋賀県坂田郡・東浅井郡
↓こうかつ(狡猾)・ずるがしこい(狡賢)・わるがしこい(悪賢)
□こと *うんたまさ(形容詞は「うんたまさーん」) 沖縄県石垣島 *きつね 三重県北牟婁郡「あいっつぁーだいぶきつねじゃなー」 *じら 福井県敦賀郡 滋賀県「じらこく(ずるく構える)」 *じろ 秋田県平鹿郡 *ずあい 三重県「ずあいな奴だ」「ずあいかわくな(するな)」 *すこたん 静岡県榛原郡 *すばらく 和歌山県那賀郡 *ずぼら 香川県香川郡 *すれこんじょー 島根県鹿足郡「おんしのようなすれこんじょーはこの村から出て行け」 *ずれっこ 青森県三戸郡「ずれっこする」 富山県砺波 福井県 岐阜県吉城郡・飛驒 *すれっこー・すれごー 広島県高田郡 *ずれっこー 岐阜県飛驒・郡上郡 *どずれっこー 岐阜県郡上郡「あんだけどずれっこーなこわしらんな」 *ぬけそ 和歌山県和歌山市・有田郡「又ぬけそした」 *ふてぐさり 島根県隠岐島 *やまぐ 沖縄県首里「あにひゃーやまぐやわい(あいつめ、こうかつだわい)」・波照間島 *やまぐむぬ 沖縄県波照間島 *やまこ 滋賀県彦根 大阪府泉北郡 高知県 *やまご 沖縄県宮古島 *やまっこ 奈良県吉野郡
□さま *がま 石川県河北郡・金沢市 *ぐす 石川県 *じら 福井県敦賀郡 滋賀県「じらこく(ずるく構える)」 *しらっくら 静岡県志太郡・榛原郡「しらっくらした手合」 *じろ 秋田県平鹿郡 *ずあい 三重県「ずあいな奴だ」「ずあいかわくな(するな)」 *ずいらく 石川県能美郡 *ずれっこ 富山県砺波 福井県 岐阜県吉城郡・飛驒 *すれっこー・すれごー 広島県高田郡 *ずれっこー 岐阜県飛驒・郡上郡 *どへって 香川県大川郡「どへってな」 *のふーどー 広島県芦品郡 *べーすこ 愛媛県新居郡・西条市 *ほぞ 石川県珠洲郡
□人 *うんたまー・うんたまぎりっきゃー・うんたまぎるー 沖縄県石垣島 *おーどーもん 和歌山県 山口県玖珂郡・大島 福岡県粕屋郡・福岡市 長崎県壱岐島 鹿児島県種子島・口之永良部島 *おーどもん 山口県玖珂郡 福岡県 長崎県 熊本県玉名郡 鹿児島県屋久島 *おげくらい 香川県 *おどか 長崎県五島 *おどむん・おろもん 鹿児島県 *おどもの 宮崎県 *こつま 兵庫県神戸市「あんなこつまがあるかいや」 *じら 福井県敦賀郡 滋賀県「じらこく(ずるく構える)」 *じろ 秋田県平鹿郡 *ずくなし・ずくがり 静岡県磐田郡 *すこーべ 山梨県南巨摩郡 兵庫県赤穂郡 *すこたん 静岡県榛原郡 *すこや 滋賀県蒲生郡 *すこんぼー 静岡県川根 *すっこべ 三重県志摩郡 *ずつなし 静岡県富士郡 *すばくら(悪賢くずるいひと) 三重県志摩郡 和歌山県那賀郡 *すばくらもの(悪賢くずるいひと) 三重県志摩郡 和歌山県日高郡・西牟婁郡 *ずぼら 香川県香川郡 *ちゅーらいさん 群馬県北甘楽郡 *へこぜに 熊本県 *まいす(徳義心のないずるいひと) 高知県高岡郡・高知市 *まみばくろー 青森県三戸郡 *やまぐ 沖縄県首里「あにひゃーやまぐやわい(あいつめ、こうかつだわい)」・波照間島 *やまぐむぬ 沖縄県波照間島 *やまこ 滋賀県彦根 大阪府泉北郡 高知県 *やまご 沖縄県宮古島 *やまっこ 奈良県吉野郡 *やままや 沖縄県新城島

ずるがしこい【狡賢】 *えじ 鹿児島県揖宿郡 *えじー 宮崎県西臼杵郡 *えすい 鹿児島県 *えずい 和歌山県有田郡・日高郡「あの人は大分えづい」 愛媛県 宮崎県・東諸県郡 鹿児島県鹿児島市・肝属郡 *えぞい 岐阜県本巣郡 *ささらばしけー・ささらばしこい 新潟県佐渡 *ちおぜー 栃木県足利市・佐野市
↓こうかつ(狡猾)・ずるい(狡)・わるがしこい(悪賢)

するめ【鰑】 *いか 秋田県鹿角郡 群馬県館林 長崎県五島 *かりいちゃ 沖縄県首里 *さりいか 沖縄県石垣島・竹富島 *しーか 新潟県中頸城郡 富山県 石川県鳳至郡 *どぅびいか・どぅびいが 沖縄県石垣島 *どぅびいちゃー 沖縄県首里 *はいいか 鹿児島県 *ひいか 新潟県 富山県 岐阜県飛驒

すわる【座】 *いーん 沖縄県島尻郡 *いざる 高知県「子供の時から奇麗にいざる癖がついているから、あぐらはよーかかん」 *いちかる 茨城県新治郡・猿島郡 栃木県 *いっちかる 栃木県「そこへいっちかれ」 *いとる 大分県「いとりこんでおよかいませ(座ってお休みなさい)」 *いどる 福岡県三井郡・福岡市 長崎県対馬・壱岐島 *いゆい

方/言/の/窓

●方言と語源 II

「ソツがない」ということばがある。ではソツとはなにか。ソツには普通他の用法がないので意味がわかりにくい。

ところが方言辞典を引くと、「(砕けたりこぼれたりして)米がソツになる」(仙台)や、「この小豆一杯分には、ちょっともソツのなか(傷んだ豆や未熟な豆などが入っていない)」(長崎)の例が挙がっていて、ソツが「無駄」とか「余計なもの」といった意味で使われていることがわかる。これらによって「ソツがない」がよく理解できると思うがどうであろうか。

『伊勢物語』一四段の「夜も明けばきつにはめなでくたかけのまだきに鳴きてせなをやりつる」のキツが、東北地方の「水槽・用水桶」を意味する方言によって解釈できたというのは、有名な話である。

鹿児島県喜界島 *いゆり 鹿児島県奄美大島 *いゆん 鹿児島県喜界島・奄美大島 沖縄県首里

*いりゅん 鹿児島県徳之島 *いる 東京都八丈島「こけえいろ(ここへお座り)」「いてる(座っている)」

*かしこまる(丁寧語) 兵庫県淡路島 *かしこむ 香川県高見島 *こしをおる 岡山県児島郡 *ししゃる 山形県東村山郡 *したえる 山形県「立って居ねでしたえてまけー(座って飯を食べろ)」 *しだく 山形県東置賜郡・西置賜郡 *してる 山形県最上郡 *しゃくれる 京都府 *しゃまく 山形県南村山郡 *しょずむ 三重県志摩郡「しょずもになー(座ろうねー)」 *しょつける 栃木県塩谷郡「皆座敷にしょつける」 *すくざる 高知県幡多郡 *すさる 山形県東村山郡・最上郡 *すじやまく 山形県東部 *すたえる 山形県東置賜郡・西村山郡 *すたぐ 山形県西置賜郡 *すばい 鹿児島県鹿児島郡

*ちかる 茨城県猿島郡 栃木県「そこへちかれ」

*ちっかる 千葉県東葛飾郡 *ちょごむ 山梨県

*ちょぼる 新潟県南魚沼郡 *つーばる 千葉県安房 *つくざる 高知県「つくじゃりこむ(座り込む)」

*つくなむ 長野県佐久 高知県幡多郡 *つくばう 新潟県 富山県下新川郡・砺波 石川県鳳至郡 岐阜県恵那郡 *つくばる 山形県米沢市「そごにつぐばれ」 福島県 群馬県群馬郡 埼玉県秩父郡 新潟県 長野県諏訪・北安曇郡 岐阜県 京都府 島根県石見「庭につくばる」 *つくべーる 群馬県利根郡 長野県 *つくべる 長野県北安曇郡・諏訪 *つくむ 群馬県利根郡・多野郡 *つぼまる 新潟県中越 *でっちかる・でしかる 福島県

*でんまる 新潟県 *どいする(小児語)・どいせる 岐阜県郡上郡 *どーくれる 広島県 *どっさーる(ののしって言う語) 静岡県榛原郡 *どっすわる 熊本県天草郡 *どんじる 島根県能義郡(幼児語)「どんじちょれ(座っておれ)」 *なおる 山形県

新潟県佐渡「そこになおって下さい」 山梨県南巨摩郡 岐阜県養老郡 *にじる 兵庫県淡路島

*ねしかる 茨城県久慈郡・多賀郡 *ねまる 北海道 青森県 岩手県 宮城県 秋田県 山形県 新潟県 富山県 石川県 福井県 岐阜県 奈良県 島根県 *はいつくばる 埼玉県秩父郡 *びーるん 沖縄県竹富島 *ひざまく・しじゃまく 山形県「座布団にちゃんとひじゃまけ」 *ひざまずく 東京都八丈島 島根県隠岐島 広島県高田郡 熊本県球磨郡 宮崎県西臼杵郡 *ひざまずこ 東京都利島 *ひざまつく 島根県隠岐島 *びしかる 千葉県香取郡 *ぴしかる 茨城県稲敷郡 *びすかる・びつかる 新潟県東蒲原郡 *ひだまく 山形県東置賜郡 *ひたる 岡山県児島郡 *ぴちかる・ぴつかる 茨城県稲敷郡 *びゅーん 鹿児島県与論島 *ひょこる 岡山県 *ひょちょがる 茨城県 *びるん 沖縄県石垣島・鳩間島 *ぶーちる 千葉県千葉郡

*ぶしかる 群馬県勢多郡 千葉県香取郡 *ぶちーる 千葉県香取郡・安房郡 *ぶちかる 福島県会津 茨城県稲敷郡・北相馬郡 栃木県「おりこだからそこへぶちかってろ」 千葉県香取郡・東葛飾郡 *ぷちかる 茨城県真壁郡・稲敷郡 *ぶちゃかる・ぶっちゃがる 山形県東田川郡 *ぶったらがる 東京都八丈島「ぶったらがれ(座れ)」 *ぶっちーる 千葉県君津郡 *ぶっちかる 福島県東白川郡・岩瀬郡 茨城県真壁郡 栃木県 *ぶっちがる(腰をかけて座る) 福島県東白川郡 *ぷっちかる 茨城県稲敷郡 *へこくる 島根県簸川郡・八束郡

*へこたー 島根県出雲 *へこたる 兵庫県赤穂郡(卑語) 島根県出雲 岡山県備中 *へこねまる(卑語) 新潟県佐渡「そんな所にへこねまるな」 *へこる 福井県大飯郡 京都府 岡山県「おいそこへへこれ(同輩以下に)」 *へたばる 兵庫県西宮市・明石郡 島根県「道のまん中へへたばりこーで動かん」 広島県双三郡・高田郡 香川県(男子の卑語) 長崎県対馬 *へたる 京都府「やっと決勝点に着いたと思ったとたんにへたってしまった」 兵庫県「いつ迄も立っとらんとへたらんかい」 岡山県 広島県 徳島県 香川県 *へたれる 岡山県児島郡「へたれこむ」 *へちかる 長崎県対馬 *へっつぐばる 岩手県気仙郡 *むかう 三重県「むかわんかい(まあお座りください)」「むことる(座っている)」

*わまる 福井県大野郡

行儀よく□こと *おじゃん 岩手県気仙郡 *おしゃんこ・おしゃんこら 栃木県 *おちゃん 長野県佐久 愛知県尾張 京都府竹野郡 兵庫県但馬 *おちゃんこ 栃木県 静岡県志太郡 岐阜県恵那郡 *おちょきん 福井県 *おちょん 奈良県高市郡 *おちん 福井県 滋賀県 京都府竹野郡「おちんして食べましょう」 大阪市 奈良県 鳥取県気高郡・岩美郡 徳島県海部郡 香川県 *おちんち 愛媛県南宇和郡 *おっちょん 奈良県南部 *おっちん 三重県阿山郡 奈良県宇陀郡 和歌山県海草郡・日高郡 香川県仲多度郡・小豆島 高知県 *きんきん 鹿児島県肝属郡「きんきんせんか(きちんとお座り)」 *きんきんじょー 鹿児島県種子島 *じぇん・じぇんこ・じゃえんこ 山形県「じぇんする」 *じゃこーと 山形県最上郡 *じゃん 山形県西村山郡「ぢゃんする」 *しゃんこ 山梨県南巨摩郡 静岡県 *じゃんこ 岩手県気仙郡 山形県村山・最上郡 *ちーやんこ 島根県出雲 *ちゃん 静岡県磐田郡「ちゃんせる」 愛知県名古屋市「美っちゃんは今日はお客様にきたので、ちゃんしてえらいこと」 島根県 愛媛県松山「ちゃんおし(座りなさい)」 *ちゃんこ 山形県村山・最上 長野県上伊那郡・下伊那郡 静岡県 鳥取県西伯郡

島根県 岡山県川上郡 *ちょい 長崎県北松浦郡 *ちょっき 奈良県吉野郡 *ちょっこん 三重県阿山郡 *ちん 京都府 大阪市 兵庫県淡路島 奈良県 和歌山県 山口県豊浦郡「ちんする」「ちんとする」 徳島県 香川県 大分県 大分市・別府市 *ちんこ 兵庫県淡路島 徳島県 *ちんちこ 愛媛県南宇和郡 *ちんちん 富山

県下新川郡　島根県隠岐島 *ちんちんこ・よっちん 香川県仲多度郡

□こと *あぐら 栃木県今市市・河内郡 *あっちん(幼児語) 滋賀県彦根　京都市 *あんこ 香川県 *いど 長崎県対馬 *いん 茨城県北相馬郡 *いんと・いんな 栃木県 *えーちゃんこ 島根県 *えけぁぇ(児童語) 青森県三戸郡 *えっこ 愛知県名古屋市　兵庫県淡路島　香川県三豊郡　長崎県対馬　大分県西国東郡・大分郡 *えっち 香川県三豊郡 *えっちょ 香川県三豊郡・綾歌郡 *えっちん 兵庫県加古郡 *えんた(幼児語) 長野県北安曇郡・佐久　鳥取県東部 *えんち 長野県北安曇郡 *えんちゃ 栃木県 *えんちょ 長野県東筑摩郡・諏訪 *えんと 福島県相馬　茨城県北相馬郡・真壁郡　栃木県　群馬県多野郡　長野県　島根県邑智郡「ここへえんとをしょー」 *えんとー・えっと・えっとー 島根県石見 *えんとさ 群馬県山田郡 *おいと・おいんこ・おいんと(幼児語) 栃木県「おいとする」 *おっく(幼児語) 山梨県北巨摩郡 *おつくばい 富山県砺波 *おつくべ 群馬県勢多郡　長野県 *おつんべ 長野県諏訪 *おとんど 高知県 *ぜんこ 山形県東村山郡・南村山郡「ぜんこする」 *とど 三重県　滋賀県蒲生郡 *とん(幼児語) 島根県 *とんじ 高知市「とんぢして御ままを食べましょーね」 *とんち 徳島県三好郡 *とんち(幼児語) 徳島県三好郡 *とんとん 島根県鹿足郡「お前はえー子じゃけー、そこいとんとんせー」 *ねま(幼児語) 新潟県 *ねまねま 山形県庄内 *ねんま 富山県砺波「ねんまする」 *びー 沖縄県竹富島 *びったー(幼児語) 沖縄県石垣島 *びり 沖縄県八重山 *やえ(幼児語) 滋賀県愛知郡　和歌山県 *やっち 島根県那賀郡「やっちして見い」 *やっちん(幼児語) 三重県北牟婁郡「やっちんせー」 愛媛県周桑郡 *やっとー 島根県石見 *やっとん 愛媛県周桑郡

せ

せ【背】

①背中。 *うなじ 島根県石見　山口県豊浦郡(背の上部) *おぜ・おじ 岐阜県郡上郡「あのばばさもおぜまげてよちよちあるいてござったわい」 *おて 京都府「あの山のおて」 *おで 奈良県宇陀郡「おで出してみっとみない」 *くさむみ 沖縄県宮古島 *くし 鹿児島県島嶼　沖縄県 *くしながに 沖縄県首里 *くす 沖縄県八重山 *くすなは 沖縄県黒島 *くつぃなみ 沖縄県小浜島 *せなんごー 島根県美濃郡・益田市 *せびら 島根県益田市 *どーせんご 愛媛県温泉郡 *どしや 石川県鳳至郡 *どしょ 富山県高岡市・砺波 *どしょー 富山県婦負郡 *どしょなか 富山県　石川県能美郡 *なかずー 熊本県球磨郡 *ふし 鹿児島県喜界島　沖縄県国頭郡 *ふしんなー 鹿児島県与論島 *へだか 東京都八丈島

↓せなか(背中)

②背丈。 *すぃーふどぅ 沖縄県首里

↓しんちょう(身長)

□の高い人 *いっけんもん 島根県出雲 *いぬのくそ 岡山県 *おーでんぼ(児童語) 青森県津軽 *おっき 青森県　岩手県気仙郡 *かんぴょんたん 千葉県 *くもほがし(「ほがし」は穴をあけること) 熊本県下益城郡 *ずくにゅー 長崎市 *たかしょく(ふるまいの時に名に付けて呼ぶ語) 青森県三戸郡 *たかすっぽ 鹿児島県 *たかそー・たかそーなー・たかそーにー・たかはじー 沖縄県首里 *たかっぽ 宮崎県延岡市 *たかぽ 山形県村山「あいつはたかぽだ」 *たけたかすっぽ 鹿児島県肝属郡 *たけたんちょー 長崎県諫早市 *でかぶつ 栃木県 *とーろげざお(「灯籠木竿」か)・とろざお 岩手県気仙郡 *どすけ 大阪府泉北郡 *ながらりぶと 新潟県佐渡 *のーそー 島根県美濃郡・益田市 *のっけ 岩手県上閉伊郡 *のっふぇ 秋田県鹿角郡 *のっぽす 長崎市 *のっぽり 福井県大飯郡 *のっぽんぽ・のっぽんぽん 奈良県 *のとぼーず 新潟県西蒲原郡 *のふぇ 宮城県栗原郡　秋田県鹿角郡 *のへ 岩手県気仙郡　宮城県石巻・仙台市　秋田県 *のんぎょー(際だって背の高いことに言う) 長崎県壱岐島 *のんぎよす 佐賀県　熊本県 *のんぼさぎ 長崎県北松浦郡 *ばかろく 新潟県佐渡 *びや・びやびや 島根県益田市「あの人はなんとびやじゃのー」 *ひょひつんぼ 長崎県五島 *べろ 新潟県 *ほしもんざお 富山県砺波

□の低い人 *いっくり 島根県隠岐島 *いんちょー 沖縄県首里 *おそまき 徳島県那賀郡 *かぼちゃ 岐阜県大垣市　大阪府大阪市・泉北郡　奈良県南葛城郡 *こちゃぽん 長崎県北松浦郡 *こちんびり 新潟県佐渡 *こびとじま 富山県高岡市 *さんじゃく(背の低い人を卑しめていう語) 山梨県東八代郡・北巨摩郡 *じっかい 佐賀県 *じっくい 鹿児島県・肝属郡 *せーじっくり 千葉県安房郡 *せーずっく 長野県佐久 *せーちく 長野県下伊那郡 *せーちこ 岡山県　島根県出雲・隠岐島 *せーちっくり 山梨県南巨摩郡 *せちこ 京都府　島根県 *せっちゃぽ 栃木県 *せっちんこ 愛知県知多郡 *たぐり・たごり 秋田県 *だぼこ 秋田県北秋田郡 *だんぐり(背の低い人をののしって言う語) 秋田県南秋田郡・河辺郡 *ちーさご(異常に背の低い人) 群馬県館林 *ちく 神奈川県津久井郡　長野県下水内郡　愛知県名古屋市　島根県石見　山口県阿武郡 *ちくた 静岡県「彼の人はちくただ」 *ちくだま 神奈川県津久井郡 *ちくま 大分県速見郡 *ちくりん 島根県鹿足郡 *ちくりんかい 島根県益田市 *ちくりんそー 島根県

那賀郡 *ちくんぼー 島根県美濃郡「あのちくんぼーは誰か」・益田市 *ちこ 鳥取県東部 *ちこた 千葉県香取郡 *ちじくだ 宮崎県東諸県郡 *ちちゃんぺ 山形県東田川郡 *ちっく 長野県東筑摩郡「彼の児はちっくだ」 *ちっくつる 長崎県五島 *ちっくり 千葉県香取郡 新潟県 富山県 山梨県 静岡県「ちっくりな人」 和歌山県「ちっくりけっと(小さいくせに)、一人前の事をつとめる」 島根県石見・隠岐島 山口県 愛媛県 長崎県壱岐島 大分県西国東郡 *ちっくりさん 島根県浜田市 *ちっこ 新潟県佐渡 岐阜県飛驒 三重県名賀郡 和歌山市 鹿児島県(小男) *ちっこび 三重県北牟婁郡 *ちっこぺ 京都市 和歌山市 *ちっこぺー・ちこっぺ 岩手県気仙郡「このちこっぺやろう」 *ちっぴー 島根県邑智郡「ちっぴーでは間に合わん」 *ちっぺ 青森県南部 滋賀県彦根 京都市 大阪市 和歌山市 *ちびす 高知県 *ちぼ 福岡市 *ちましろ 島根県隠岐島 *ちゃけ 青森県上北郡「おけどちゃけ(大男と小男)」 *ちゃこ・ちゃっこ 宮城県仙台市 *ちゃぼ 茨城県稲敷郡 群馬県佐波郡 新潟県佐渡 島根県 *ちゃま 長崎県壱岐島 *ちゃみー 鹿児島県喜界島 *ちゃんこ 宮城県栗原郡・石巻 *ちゃんぽ 青森県津軽 *ちょっこと 和歌山県 *ちょぼくれ 長野県佐久 *ちんかび 鹿児島県鹿児島郡 *ちんぐり 東京都大島 島根県飯石郡・石見 *ちんぐりまー 岡山市 *ちんけ 秋田県鹿角郡 *ちんげ 栃木県足利市 *ちんこ 茨城県 新潟県中頸城郡 富山県下新川郡 石川県河北郡・江沼郡 福井県 静岡県 三重県 滋賀県蒲生郡 京都府 大阪市 島根県益田市・美濃郡 岡山県小田郡(小男) 広島県倉橋島 愛媛県大三島(小男) 鹿児島県 *ちんこたん 奈良県北葛城郡 *ちんこべ・ちんちゃこべ 富山県砺波 *ちんちく 岩手県気仙郡 *ちんちゃこ・ちんちゃ(異常に背の低い人) 青森県三戸郡 *ちんびさい 鹿児島県 *ちんぴら 岐阜県羽島郡 兵庫県神戸市 *ちんぺら 大阪府泉北郡 *ちんま 三重県伊勢 *つちっこぞー 神奈川県津久井郡 *でかん 佐賀県 *どーちんこ 愛媛県松山「ありゃとーちんこぢゃ」 *なんきん 山梨県 *びーつく 茨城県稲敷郡 栃木県 *びっちく 福島県東白川郡・若松市 *びゅーつく 栃木県 *まめじょー 青森県三戸郡 *まめぞー 山形県 *まらんこー・まらふこー 沖縄県石垣島

ぜい【税】 ⇩ぜいきん(税金)

せいかく【性格】 *きがた 兵庫県加古郡「あの娘はきがたがよい」 *きぎん 兵庫県加古郡「人のきぎんきぎんが違う」 *しんて 栃木県「あの人はしんてがえー(よい)」 *とぅくい 鹿児島県喜界島「しゅーだとぅくいぢゃ(変な性格の人だ)」 ↓きしつ(気質)・きしょう(気性)・きだて(気立)・せいしつ(性質)・ひとがら(人柄)

せいかつ【生活】 *いのちき 大分県「三〇にもなってまだいのちきもできん」 *くちかめぎ 宮崎県東諸県郡「くちかめぎだけはしている」 *くちしげ 青森県津軽「苦しいけれどこれもくじしげの種だから」 *くちすぎ 富山県 岐阜県郡上郡「あれもどーかこーかくちすぎだけわしていくわい」 兵庫県但馬 島根県「自分でくちすぎして行くよーになった」 *たちずく 沖縄県首里 *たつぃずく 沖縄県石垣島 *たては 神奈川県津久井郡 *てま 島根県美濃郡・益田市「米さえありゃーてまに事をかかん」 *としぇ 福岡県三井郡「いまんもんほが、としぇがじょーすって(今の者の方が暮らし方がじょうずですよ)」 *とせー 山口県「いつになったら楽なせいになるやら、どだい見当がつかんのう」 ↓くらし(暮)

せいき【性器】 ⇩いんけい(陰茎)・いんのう(陰嚢)・いんぶ(陰部)・じょいん(女陰)

せいきゅう【性急】 *かんながらにひのついたよー 山形県東置賜郡・南置賜郡 *さっきゃく 香川県香川郡 愛媛県「さっきゃく者」 *さっそく 青森県上北郡「あの人はさっそくだ人だ」 徳島県「さっそくのようにすな(するな)」 *さっそくさー 静岡県榛原郡「さっそくさーにゃー出来ん」 *せーか 島根県簸川郡 *せーき 島根県隠岐島「せーきな人だけん、よく物を忘れる」 *せーわ・せーわん 富山県砺波 *やち 富山県「やちな女」 *やつかつ 青森県上北郡 ↓せっかち

□だ *いざとい 岐阜県郡上郡 *きぶい 島根県浜田市 *せせかましー 山口県大島 長崎県対馬「(激しく催促する人を)やなせせかましい奴じゃ」 *せせっかしー 東京都八王子 新潟県西頸城郡 長野県東筑摩郡「せせっかしい人だ」 *せせっかちー 長野県下伊那郡 *せせっかましー 徳島県 *せせっこましー 長野県下伊那郡

ぜいきん【税金】 *うんじょー 和歌山市「あんまりもうかると、うんじょーとりにこられるぜ」 山口県 福岡市 *おさめ 和歌山県日高郡 *おさめきん・おさめがね 新潟県東蒲原郡 *おさめもの 新潟県東蒲原郡 香川県男木島 *かいせー 静岡県 *かかりぎん 富山県射水郡 京都府竹野郡 *かかりもの 愛知県知多郡 兵庫県加古郡 鳥取県気高郡 島根県 熊本県玉名郡 *かけごと 香川県 *かけぜん 富山県砺波 *かけもん 新潟県佐渡「役場へかけもんかけに出かけた」 *かまど 富山県砺波「かまどをかける(戸数割を出す)」 *きっぷ 新潟県佐渡 *ぎん 香川県小豆島 *ぎんの 富山県 *ごじゅーのー 岐阜県大野郡 *ごじょーのー 岐阜県郡上郡 *じょーの 青森県上北郡 岩手県紫波郡・気仙郡 *じょーのー 山形県北村山郡「ぢょーのーの取り立て」 福島県石城郡 大分県 沖縄県首里・石垣島・竹富島 *じょーのーきん 鹿

児島県喜界島 *だしか 千葉県東葛飾郡 静岡県 *だしぞく 山形県村山 *だしっこ 神奈川県三浦郡 *だしもの 和歌山県東牟婁郡 島根県「近頃だしもんが多くて困る」 熊本県天草郡 *たちぎん 大分県北海部郡・津久見市 *だっちぇん 富山県西礪波郡 *たてせん 島根県隠岐島 *たてもの 島根県出雲・隠岐島 *つなぎ 青森県三戸郡 岩手県上閉伊郡 秋田県仙北郡 新潟県佐渡 岐阜県益田郡 静岡県磐田郡 *つなんぎ 秋田県平鹿郡 *でもの 愛知県愛知郡・知多郡 *なっしょー 和歌山県西牟婁郡 *のーき 島根県簸川郡・隠岐島 *のーきん 島根県益田市 *はいふ 富山県 *やきせん 山形県村山「やきせん納めねどだめだ」 *やくぎん 新潟県 *やくばだし 島根県簸川郡 *やくばだち 島根県飯石郡・出雲市 *やくばだて 島根県出雲

→そぜい（租税）

せいこう【成功】 *でぃかし 沖縄県首里

□する *しゅずんとぅぎるん（文語形は「しゅずんとぅぎん」）沖縄県石垣島 *しょーぶ 秋田県鹿角郡 福島県南会津郡「しょうぶした」 *たっちゃがる 香川県大川郡 *でぃかしゅん 沖縄県首里 *でぃがしん 沖縄県石垣島 *とっつく 栃木県「事業にとっつく」 東京都三宅島「次男でよくあそこまでとっついた」 *のだつ 東京都南多摩郡 神奈川県津久井郡

せいこう【性交】 ⇨こうごう（交合）

せいざ【正座】 *あぐら 栃木県今市市・河内郡 *あっとー 島根県鹿足郡・益田郡・益田市 *あばいかし（幼児語）島根県美濃郡・益田市「あばいかしをせんといけんで」 *おかしま 長野県上伊那郡・下伊那郡 *おかっこ（幼児語）香川県 *おかっこまり（「おかしこまり」の転か。幼児語）香川県三豊郡・小豆島「おかっこまりせさんせ」 *おぎょーぎ 広島県江田島・下蒲刈島・高田郡 *おしざ 長崎県壱岐島 *おじゃん（幼児語）岩手県気仙郡 *おしゃんこ・おしゃんこら（幼児語）栃木県 *おじんじょー 愛媛県 *おちゃん（幼児語）長野県佐久 愛知県尾張 京都府竹野郡 兵庫県但馬 *おちゃんこ（幼児語）栃木県 静岡県志太郡 岐阜県恵那郡 *おちょきん（幼児語）福井県 *おちょもん（説教、法会などの儀式で聴聞する時の座り方から。幼児語）滋賀県愛知郡 *おちょん（幼児語）滋賀県 奈良県高市郡 *おちん（幼児語）福井県 京都府竹野郡「おちんして食べましょう」 大阪市 奈良県 鳥取県気高郡・岩美郡 徳島県海部郡 香川県 *おちんち（幼児語）愛媛県南宇和郡 *おつかみ（幼児語）愛媛県伊予郡 *おっくばい（幼児語）岐阜県郡上郡 *おつくばい 新潟県佐渡 富山県砺波 石川県鹿島郡 福井県 *おつくべ 群馬県多野郡 長野県上伊那郡・佐久 *おつくわい 富山県砺波 *おつくわり 愛媛県 *おつくんばい 福井県坂井郡 *おつこぜ 新潟県佐渡 *おつこんべ 福井県坂井郡・大野郡 *おっちょん（幼児語）奈良県南部 *おっちん（幼児語）三重県阿山郡 奈良県宇陀郡 和歌山県海草郡・日高郡 香川県仲多度郡・小豆島 高知県 *おっつくびゃー 京都府竹野郡 *おつんべー 長野県諏訪 *かっこ（幼児語）兵庫県淡路島 香川県 *くだりむき（給仕人などの出入りする口に相対しているところから）広島県山県郡 *ごっつぉ 奈良県南大和 *じぇん・じぇんこ・じゃえんこ（幼児語）山形県「じぇんする」 *しとぅみんっとぅい（「努め座り」の意）沖縄県与那国島 *じゃこーと（幼児語）山形県最上郡 *じゃん（幼児語）山形県西村山郡「ぢゃんする」 *しゃんこ（幼児語）山梨県南巨摩郡 静岡県 *じゃんこ（幼児語）岩手県気仙郡 山形県村山・最上郡 *ちーやんこ（幼児語）島根県出雲 *ちゃかりん 千葉県香取郡「ちゃかりんしといで」・海上郡 *ちゃっかり 千葉県香取郡「ちゃっかりぶしかっているわ（座っているわ）」 *ちゃん（幼児語）静岡県磐田郡「ちゃんせる」 愛知県名古屋市「美っちゃんは今日はお客様にきたので、ちゃんしてえらいこと」 島根県 愛媛県松山「ちゃんおし（座りなさい）」 *ちゃんこ（幼児語）山形県村山・最上 長野県上伊那郡・下伊那郡 静岡県 鳥取県西伯郡 島根県 岡山県川上郡 *ちょい（幼児語）長崎県北松浦郡 *ちょっき（幼児語）奈良県吉野郡 *ちょっこん（幼児語）三重県阿山郡 *ちん（幼児語）京都府 大阪市 兵庫県淡路島 奈良県 和歌山県 山口県豊浦郡「ちんする」「ちんとする」 徳島県 香川県 大分県大分市・別府市 *ちんこ（幼児語）兵庫県淡路島 徳島県 *ちんちこ（幼児語）愛媛県南宇和郡 *ちんちん（幼児語）富山県下新川郡 島根県隠岐島 *ちんちんこ・よっちん（幼児語）香川県仲多度郡 *ちんとむかい 三重県志摩郡 *てすくりびり 沖縄県波照間島 *ひざ 長崎県西彼杵郡・壱岐島「ひざする」 *ひざたて 長崎県対馬 *ひさまんき 沖縄県島尻郡 *ぴさまんき 沖縄県国頭郡 *ぴんつぃきびり 沖縄県小浜島 *ふぃさまんち 沖縄県中頭郡 *ふぃさまんちー 沖縄県首里市・那覇市 *ふぃしゃまんち 沖縄県首里 *べこちゃん（幼児語）島根県簸川郡 *ぺんぎびー 沖縄県竹富島 *ぺんすくみびり 沖縄県鳩間島 *ぺんつぃきびり（「つま先付け座り」の意）沖縄県石垣島・小浜島 *んぶつぃがんまいんっとぅい（「んぶつぃ」はひざ、「んっとぅい」は座ることの意）沖縄県与那国島

□する *あんじょーすわる 三重県上野市 *あんばいすわる 三重県阿山郡・名張市 *あんばよーすわる 三重県名張市 *おちゃんこまる 愛知県東加茂郡 *かしかまる 山口県玖珂郡・大島 高知県 *かしくまる 埼玉県秩父郡 *かしこねまる（幼児語）島根県出雲「お客さんの前ではかしこねまれ」 *かしこまる 長野県 三重県志摩郡 島根県「足が痛あけー、かしこまられん」 山口県大島 香川県 *かしまる 長野県南部 島根県鹿足郡 *かまる 山口県玖珂郡 *けっ

こにへざする 香川県三豊郡 *しじゃまく・ひざまく 山形県「座布団にちゃんとひじゃまけ」 *しゃまく 山形県南村山郡 *つくぞう 新潟県佐渡 *つくなむ 高知県 *つくばう 新潟県佐渡 富山県砺波 *つくばる 新潟県 岐阜県 *つくべーる 長野県諏訪「行儀よくつくべーる」 *つくぼする 三重県上野市 *つくわる 岐阜県飛驒 *つとめる 鹿児島県肝属郡 *なおる 山形県 新潟県佐渡「そこになおって下さい」 山梨県南巨摩郡 岐阜県養老郡 *ひざたてる 秋田県鹿角郡 長崎県壱岐島「ひざたてちすわる」 *ひざっこつく 岩手県気仙郡 *ひざまずく 東京都八丈島 島根県隠岐島 広島県高田郡 熊本県球磨郡 宮崎県西臼杵郡 *ひざまずこ 東京都利島 *ひざまつく 島根県隠岐島 *ひざをおる 岩手県九戸郡 *ひだまく 山形県東置賜郡 *ふじゃおる・ふじゃこおる 青森県上北郡

せいさい【制裁】 *ぎょーぎ 島根県「ぎょーぎする(こらしめる)」 岡山県川上郡 *げじ 福島県岩瀬郡 島根県江津市「隣の若い者がげじを受けた」 *ほんぽ 鹿児島県沖永良部島

□を加える *おぎゃつける 新潟県佐渡 *こしらえる 新潟県佐渡 *せちがう 和歌山県西牟婁郡 *せちげーる 新潟県佐渡 *たこーつる 兵庫県明石郡 *たこつる(多く、受け身の形で使われる) 大阪府泉北郡 兵庫県明石郡 奈良県 和歌山県 香川県「たこっられた」 愛媛県・周桑郡・喜多郡「数学の時間にひどいめにたこつられた」 *つくる 山形県庄内 *のーしゃげる・のしゃーげる・のっしゃげる 香川県 *のしあげる 岡山県児島郡 山口県 香川県「ぐずぐずぬかすとのしあげるぞ」 *のしもくる 香川県大川郡 *のしゃける 秋田県河辺郡 *のしゃげる 兵庫県淡路島

せいしつ【性質】 *いじ 岡山県児島郡「いじのえー」 長崎県壱岐島 *かかり 山形県西置賜郡「ああゆうかがりの人」 *きはだ 徳島県 *こころ 新潟県佐渡「あの人はこころがよい(お人よしだ)」 *こにんげ 島根県「こにんげがよい(お人よしだ)」 *こにんげん 島根県邑智郡 *じ 岡山県児島郡「あのおっつぁんのじはええんじゃけど、くせがわりんじゃろうなあ」 *しね 島根県石見「しねがわりーけー(根性が悪いから)相手になるな」 広島県 岡山県・小田郡「あの子はしねがわるい」 山口県豊浦郡・大島「あの男は一寸見ると丁寧な様だがしねが悪いぞ」 大分県速見郡 *しねごろ 大分県玖珠郡・宇佐郡 *しむち 沖縄県首里「やなしむち(意地悪)」 *しょーあい 山形県 徳島県 *しょーたい・しょーたいぼね・ぞーてー・ぞーてーぼね 新潟県佐渡「ぞーてーが悪い」 *しょーたれ・しょだれ 三重県阿山郡 *しょっぽね 宮城県石巻「見かけによらぬしょっぽねのわりやつだ」 秋田県南秋田郡 *しょぼね 青森県下北郡 *しょぽね 青森県上北郡 *しんて 栃木県「あの人はしんてがえー(よい)」 *ずい(「きずい(気随)」の略)・ずいた 長野県上伊那郡・下伊那郡 島根県(おっくうがるかどうかの気質)「ずいのえー者でないと滅多に雇われん」 *ずくしょ 熊本県玉名郡 *ずくしょー 熊本県「ずく性の悪りい(あくまで腹黒い)」 *ずくしょーね 熊本県下益城郡 *すれ 千葉県長生郡「すれがわりい」 新潟県西蒲原郡 *そ 島根県石見「この南瓜の種はそがえー」 *たて 静岡県 島根県 徳島県美馬郡「あれはあの人のたてじゃ、気にしなさんな」 *たてー 静岡県 *まり 沖縄県石垣島
↓せいかく(性格)・たち(質)

せいしゅ【清酒】 *いさぎ 福島県南会津郡 *えさけ(「濁り酒」に対して) 秋田県鹿角郡 *からさけ 宮城県仙台市 *かんざけ 鹿児島県肝属郡 *すみざけ 青森県三戸郡 秋田県雄勝郡 岐阜県吉城郡 滋賀県蒲生郡 *すみだけ・すむざけ 長崎県南高来郡 *そみざき 東京都八丈島 *ひのきいた(ヒノキの樽(たる)に入っているところから。大工用語) 宮城県登米郡 *ひもち 青森県三戸郡 熊本県下益城郡
↓さけ(酒)

せいじゅく【成熟】 ⇩じゅくす(熟)

せいぜん【整然】 *かったっと 熊本県玉名郡 *かったり 島根県鹿足郡 福岡県企救郡 長崎県対馬 熊本県阿蘇郡 *きつかちんと 青森県三戸郡「台所をもっときつかちんと片付けて置げでァ」 *さんと 三重県南牟婁郡 *すかっと 宮城県石巻「えず(いつ)行って見てもすかっとすてる」 山形県 *すっかと 山形県「道具をすっかとしておく」 *ちやかんと 山形県米沢市 富山県 石川県江沼郡 *ちゃくと 長崎県壱岐島「準備はちゃくと出来ちしもーた」 *ちゃけんと 富山県 *ちょきんと 山形県米沢市 富山県 *てんと 愛知県南知多郡「てんと建てる」 和歌山県 *ぴつかちんと・ぴっちかちっと 青森県三戸郡「お勝手をぴつかちんと片付けなさい」
↓きちんと

ぜいたく【贅沢】 *いずぇー 長崎県壱岐島「いずぇーな生活」 *いぜ 滋賀県滋賀郡 *いせー 福岡市「いしぇーなもんれしたもんなー」 *えーお・えよ 和歌山県「えよな生活をしてゐる」 *えーゆ 熊本県芦北郡・八代郡 *えーよ 奈良県・宇陀郡 香川県 愛媛県 *えーよー 石川県江沼郡 岐阜県飛驒 静岡県志太郡「えーよーゆーな」・榛原郡 京都市 大阪市 兵庫県加古郡 和歌山県「えーよーなくらししてるぞい」 岡山県苫田郡 福岡市 *えっちょー 岐阜県飛驒 *えゆー 大分県北海部郡 *えよー 岐阜県郡上郡 愛知県名古屋市・知多郡 京都市 奈良県南大和 和歌山県 徳島県 香川県伊吹島 *おーふ 宮城県仙台市「おーふに食べる」 山形県北村山郡 新潟県 静岡県志太郡 *おーふー 宮城県玉造郡・仙台市 山形県村山 *おーぶく 岩手県東磐井郡 *おーまか 山形県南置賜郡・東村山郡「あそこの主婦(かかあ)

おおまがださけ、お茶菓子三品位出す」 福島県東白川郡 茨城県 *おかめる（主に食べ物について言う）富山市在「おかめで今時の者はぞろ（雑炊）なんか食べん」 *おんか 新潟県佐渡「あこのかかさんはおんかだ」 富山県 愛知県宝飯郡「おんかに暮らす」 愛媛県今治市・大三島 *おんばく 秋田県山本郡・南秋田郡 *しゃれくさい 石川県河北郡 *すきざっけー 新潟県岩船郡 *すきじょー 新潟県中頸城郡 *せーさえ 和歌山県 *たいぎ 青森県三戸郡 *だいき 岩手県気仙郡 宮城県「だいきでは困る」・石巻「こちらのおばんつぁんでぁぎであらさる」 山形県東置賜郡・西置賜郡 *たっぺつ 島根県美濃郡・益田市「あんまれ（あんまり）たっぺつをすると家計が持てまーで」 愛媛県 *でんぷ 長野県上伊那郡 *はいから 山形県東置賜郡・西村山郡

せいだす【精出】 *あがく 新潟県東蒲原郡 岐阜県飛驒 *あがちゅん 沖縄県首里 *がまだす（「がまんだす（我慢出）」の転か）福岡県 佐賀県 長崎県南高来郡・長崎市 熊本県「えらい早よからがまだしなはりますなあ」 大分県日田郡・南海部郡 *がむだす 長崎県南高来郡 熊本県八代郡 *きばっ 佐賀県藤津郡 *ぎばむ 島根県出雲「少しぎばんで見い、きっと勝つけん」 *きばゆり 鹿児島県奄美大島 *きばる 秋田県鹿角郡 山梨県 長野県佐久 岐阜県不破郡「きばってやるんじゃわ（がんばってやるんだよ）」 三重県河芸郡「えらいきばっとるやないか」・員弁郡 滋賀県「おきばりやす（ご精が出ますね）」 京都市 鳥取県西伯郡 岡山県苫田郡 徳島県 高知県 長崎県「女子もこどむもきばる」 熊本県天草郡 大分県 鹿児島県阿久根市「（亡くなったあとだが）きばいやんしぇえ」・甑島・与論島「きばってぃたべーびゅい（働いていらっしゃいますね）」 *ぎばる 島根県出雲「そげにぎばってても損になるばっかーだ」 長崎県対馬「あの人はよくぎばる人で人の一時間かかってする仕事を半時間で仕上げようとする」 熊本県下益城郡 鹿児島県種子島 *きばるん 沖縄県石垣島 *きまる 福岡県北九州市「きまりよんなすなあ（がんばっておられますね）」 *ぎんばる 山形県 *しこる 東京都三宅島・御蔵島「（酒宴中、他を忘れて話し込んでいる二人に対して）おい、しこるな」 三重県伊賀・北牟婁郡 奈良県 和歌山県西牟婁郡・東牟婁郡「仕事をしこってしてゐる」 香川県仲多度郡・三豊郡 高知県「本を読みしこっちょる」 *しゅむ 高知県 *しょむ 熊本県芦北郡・八代郡「仕事にしょまん（仕事に精出さない）」 *しんとこく 新潟県刈羽郡「しんとこいてさっしゃい（精出してせよ）」 *ちぼうい・ちばゆい 鹿児島県喜界島 *ちばゆん 沖縄県首里 *のっぱる 山形県東置賜郡 *ぱみすきゆい・ぱみっきゆい 鹿児島県喜界島 *はめつくる 熊本県芦北郡・八代郡 宮崎県都城 鹿児島県「あん奴はめつくる奴ぢゃ」 *はめつける 熊本県芦北郡 宮崎県 鹿児島県肝属郡「まはめっけやんせよ」・屋久島・揖宿郡 *まめくる・まめる（仕事に精出す）長崎県対馬 *むくる（仕事に精出す）徳島県阿波郡 高知県・高知市「今日は日曜ぢゃきにむくらん」

せいてん【晴天】 *あおぐも 岐阜県飛驒「あすはきっと青雲よ」 *おてり 三重県安芸郡 *おのんき 静岡県 *きびよい 岐阜県揖斐郡 *すいてんばれ 埼玉県北葛飾郡 *そら 新潟県佐渡「今日はそらだ」「そらになった」 *そらみず（「空見ず」か）島根県「今日の遠足はそらみずだ」 *でかいてんき 栃木県 *ひゆり 熊本県玉名郡 *ひょーり 千葉県安房郡 三重県北牟婁郡 *ひより 新潟県東蒲原郡・刈羽郡 三重県志摩 滋賀県蒲生郡 兵庫県但馬 広島県芦品郡「今日はひよりじゃけーふとんを干そう」 徳島県 香川県 高知県高知市「久し振りでおひよりになったきに今晩は人が出るろー」・幡多郡 福岡県北九州市 大分県速見郡 宮崎県・児湯郡 *まびより（天候の安定した晴天）愛媛県宇和島市 *りょーび 三重県志摩郡

せいと【生徒】 *がくしょー 沖縄県首里 *すいみならやー 沖縄県首里 *ならいこ 兵庫県淡路島

せいとん【整頓】 ⇨せいり（整理）

せいめい【生命】 *いのちかずら 宮崎県東諸県郡「いのちかずらが切れる」 *しょら 山口県玖珂郡「しょらが切れる（命がなくなる）」 *しょろ 島根県石見「あんまり痛しゅーて、しょろが切れそうな」 *ぬちずぃる 沖縄県首里「ぬちずぃる よーゆん（非常な心配事などで命が縮まる）」 →いのち（命）

せいり【整理】 *きまり 宮城県仙台市「机の引出しきまりいくなってすか」 新潟県佐渡 *しが 島根県石見 *しこ 島根県出雲 愛媛県大三島 *しご 鳥取県「しごにつかん（手に負えない）」 島根県「あれに任せてもしごができん」 岡山県苫田郡・岡山市 広島県三次郡 山口県「今年はぼうぶら（カボチャ）がよけえ出来てしごがつかんほどある」 *しごー 広島県高田郡「しごーする（始末をつける）」 *しじゅみかち 沖縄県首里 *しとばい 岩手県二戸郡「しとばいがつかない」 *しまい 三重県上野市「しまいする（整理する）」 広島県豊田郡「舟のしまい」 香川県 *しまいごと 香川県小豆島 *しゃけ 徳島県美馬郡「しゃけする（整理する）」 *しょーご・しょご 山形県 *しょーやく 新潟県中頸城郡 岐阜県本巣郡「しょうやくする」 滋賀県彦根 兵庫県淡路島 岡山県 *しょーりゃく 徳島県「家で着物のしょーりゃくをする」 *しょごもっけ 山形県庄内 *しょやく・せやく 兵庫県加古郡 *しわけ 島根県「一杯散らかーてあるけー、しわけがつかん（整理がつかない）」 *しんご 岐阜県郡上郡「しんごが悪い」 和歌山県那賀郡 *じんじく 長崎県壱岐島「昨日引越したばっかりでまだじんじくがつかん」 大分県南海部郡 *せご 島根県簸川郡・出雲市 *そーやく 新潟県中頸城郡 長野

県諏訪 *ちゃんちゃん 栃木県　島根県隠岐島「そこえちゃんちゃんしちょけ」 *てしこ 長野県諏訪・上伊那郡 *とりおき 高知県「今日は土蔵のとりおきをしょー」 *とりわけ 香川県綾歌郡「蔵の中のものとりわけせないかん」 *ななめ 新潟県佐渡「下駄をななめしておけ」

□する *あやをする・あやをつける 岡山県苫田郡「その話、わしが出ていって、あやをつけちゃる」 *かたずめる 高知県・高知市「戸棚をかたづめたら大分あいた」 *きちょーめんにする 三重県志摩郡 *ざくまう 愛媛県 *さくまえる 広島県因島　愛媛県「うちのもさくまえといてんや」 *しじゅみゆん 沖縄県首里 *そだくる 宮崎県東諸県郡 *ただっておく 岐阜県吉城郡 *つずめる 島根県「この仕事はこれ位でつずめたがえ」 徳島県　愛媛県・松山「帳面をつずめにゃならん」 *つまえる 兵庫県淡路島　徳島県　香川県　高知県 *といあつめる 鹿児島県肝属郡 *といやすむい 鹿児島県 *とりおく 高知県「ちっととりおかんかよ足の踏場がないぢゃないか」 *とりよう 島根県美濃郡・益田市「わしのずす(留守)に家の中をよーとりよーとけ」 *とりよく 香川県志々島　高知県 *とりわける 香川県 *とんのける 岩手県気仙郡「はぐとんのげでおげや」 *なおす 新潟県佐渡「人が来るからそこらをなおしておけ」 三重県南牟婁郡　大阪府　兵庫県明石郡　奈良県　和歌山県　山口県玖珂郡　香川県「終りましたらそのままにして結構です。私がなおしますから」 高知県幡多郡　福岡市　大分県　鹿児島県 *なつべる 京都府・竹野郡「たしかあの服はたんすになつべておいたはずだ」 兵庫県 *なとべる 京都府与謝郡 *なわす 山口県大島　福岡市 *のーしゅい 鹿児島県喜界島 *のーす 静岡県「それをあちへのーせ」 *またせる 岐阜県飛驒 *まつべる 京都府竹野郡　兵庫県但馬 *まつめる 長野県佐久　京都府 *まとべる 京都府 *みまつべかす 大阪市「いつも良うみまつべかしてある」

□すること *あとじまい 岩手県気仙郡 *あんじゃ 三重県上野市「あんじゃする」 *あんばい 三重県伊賀「あんばいする」 *おんじゅ 新潟県佐渡 *かいしゃく 新潟県佐渡　滋賀県彦根「かいしゃくする」 *せーとー 徳島県「子供の遊んだあとをせいとうする」 *とっりやけ 香川県三豊郡 *とっりやげ 香川県三豊郡・小豆島 *とらげ 岡山県苫田郡 *とらげごと 島根県出雲「半日かかってとらげごとをした」 *とりあけ 徳島県「とりあけする」 香川県三豊郡 *とりあげ 香川県木田郡「この室(へや)、掃くけん、とりあげしていたよ」 *とりやげ 香川県小豆島 *どんりやげ 香川県高松市・小豆島

□整頓する *あらくる 和歌山県日高郡・西牟婁郡 *あらける 神奈川県中郡　三重県「おれげのくらをあらけとったらの(私のうちの倉を整理していたらね)」 兵庫県淡路島「道をあらけにゃ車が通られん」 奈良県吉野郡「墓をあらける」 和歌山県「そこらをあらける」 愛媛県・南部　高知県 *あらげる 和歌山県東牟婁郡 *とらーげる 広島県大崎上島 *とらける・とりあける 愛媛県 *とらげる 島根県「部屋をとらげてから休め」 岡山県小田郡　愛媛県 *とりあげる 広島県高田郡　香川県小豆島 *とりける(「とりのける(取除)」の転か) 青森県　秋田県・鹿角郡「座敷をとりけれ」 *とりやーげる 広島県佐伯郡三島 *とりやげる 香川県広島・佐柳島　愛媛県大三島 *とろける 青森県「客があるから座敷をとろけろ」 *よじむる 和歌山県日高郡 *よじめる 神奈川県中郡　和歌山県「そこらよじめて御飯にしようか」 *よじる 和歌山県西牟婁郡　福岡県朝倉郡 *よちめる 和歌山県東牟婁郡　徳島県美馬郡　高知県「道具をよちめちょきよ」 *よつむ 和歌山県「そこの本よつめとけ」 *よつめる 和歌山県東牟婁郡　長崎県対馬(集める)

せおう【背負】 *いなう 岐阜県　静岡県　愛知県　三重県　滋賀県高島郡　京都府　大阪府大阪市・泉北郡　兵庫県加古郡・神戸市　奈良県大和高田市・宇陀郡　和歌山県　鳥取県　島根県大原郡・安濃郡　愛媛県温泉郡・周桑郡　福岡県　佐賀県・藤津郡　長崎県北松浦郡　熊本県　鹿児島県硫黄島 *いの 奈良県南大和　鹿児島県 *いのう 三重県志摩郡　大阪府南河内郡　熊本県下益城郡・宇土郡　鹿児島県 *うなう 香川県三豊郡　愛媛県 *うのう 愛媛県新居郡 *えなう 鳥取県西伯郡　島根県 *かさないるん 沖縄県石垣島 *かさないん 沖縄県八重山 *かしょう 埼玉県秩父郡 *かずく 千葉県山武郡　新潟県北蒲原郡　富山県「ひとかずぃかずぇてってでもー(一荷、背負って行っても)」 石川県鳳至郡・能美郡　岐阜県大垣市・飛驒　島根県江津市「籠い一杯荷をかずいて戻って来た」 *かつく 鹿児島県奄美大島 *からう 山口県見島「見島の牛は馬よりも荷は少く、からう事は下手で」 福岡市　佐賀県　長崎県「米俵をからう」 熊本県 *かる 長崎県五島「焚付ばかるっ来たわや」 熊本県南部　宮崎県西諸県郡　鹿児島県「握飯よ握ってかるで行きおったなー」 *かるー 三重県飯南郡「男なら十二貫、女なら十貫かるうのを以て一人前とする」 島根県石見「木をかるう」 山口県「かきゃーかるーちょったでの(柿は背負っていたんですよ)」 香川県塩飽諸島「その荷はかべる(頭に載せて運ぶ)よりかるうた方が楽じゃ」 愛媛県　高知県　福岡県　佐賀県　長崎県南高来郡・西彼杵郡　熊本県阿蘇郡・天草郡「かるわん(背負わない)」 大分県「人間が一俵かるいよったんだと(背負っていたということだ)」 宮崎県　鹿児島県 *かるお 長崎県南高来郡 *かろ 鹿児島県鹿児島郡 *かろう 奈良県吉野郡　福岡県三池郡　長崎県南高来郡　熊本県下益城郡　宮崎県西臼杵郡「御飯をとぇえち(炊いて)かろわせたり」 鹿児島

県揖宿郡(幼児語) *しょがねる 愛知県東春日井郡・西春日井郡 *しょこなう 愛知県 和歌山県東牟婁郡 *しょこねる 愛知県 *しょっかける 秋田市「折詰を手拭でぎっちりしばってしょっかけて鼻歌まじりで行った」 *しょなう 静岡県磐田郡 *しょなえる 愛知県海部郡「子をしょなえる」 *しょる 秋田県北秋田郡 *せたう 奈良県 *せたぐ 島根県那賀郡「重い荷をせたいで、二里も歩いた」 *せたげる 富山県砺波 島根県隠岐島 *せたらう 大阪市 和歌山県 *せたりおう 香川県伊吹島 *せたろう 大阪府南河内郡・大阪市 奈良県 和歌山県 香川県仲多度郡 *せたろおう・せったろおう 和歌山県日高郡 *せったらおう 滋賀県彦根 奈良県南大和 和歌山県和歌山市・那賀郡 *せったりおう 香川県大川郡 *せったろう 京都市 大阪府東成郡・泉北郡 奈良県南葛城郡 和歌山県 長崎県対馬 *そる 秋田県北秋田郡・鹿角郡「荷物をそる」 *にーなう 岐阜県郡上郡 長崎県西彼杵郡 *にどる 山形県最上郡「荷ん縄でにどって、背負(しょ)って来た」 *ねなう 島根県大原郡 *はさないるん(文語形は「はさないん」) 沖縄県新城島 *ぶ 山形県飽海郡 *ぶー 岩手県和賀郡 秋田県「子供をぶって行って来た」 栃木県 埼玉県北葛飾郡 千葉県 新潟県「重いからぶいたくない」 *ぼんぼーる 石川県 *めなう 奈良県吉野郡 *んなろ 福井県足羽郡
→おう(負)

子供を□ *おいねる 三重県桑名郡 滋賀県犬上郡 *おたす 兵庫県「おたせおたせばっかり言ってちっとも歩かん子やな」 *おばる 長野県埴科郡 *おぶ 岐阜県郡上郡「こーおんでおかってする(子供をおんぶして勝手仕事をする)」 *おぶさる 長野県埴科郡 *おぼる 青森県「おぼて川わたしてやった」 *からう 福岡県三池郡 熊本県玉名郡・下益城郡「からわれる(おんぶしてもらう)」 *かる 鹿児島県肝属郡 *かろう・ひっかろう 熊本県下益城郡「かろうち(おんぶして)」 *だく 兵庫県明石郡 *んばる 山形県米沢市
→「おんぶ(負)」の子見出し、「おんぶする」

□こと *うふぁ 沖縄県首里 *がーぐ(幼児語。動詞は「がーぐしるん・がーぐしん(背負う)」「がーぐしみるん・がーぐしみん(背負わせる)」) 沖縄県石垣島・鳩間島・竹富島 *かさない 沖縄県石垣島・鳩間島 *かっかい(幼児語) 鹿児島県鹿児島郡 *がっくい(動詞は「がっくいしん」) 沖縄県竹富島 *ねーね 京都府竹野郡 *ねねー 島根県美濃郡・益田市 *ねんね 鳥取県西伯郡 島根県仁多郡 *ばっぱ 岩手県気仙郡「ばっぱする」 宮城県栗原郡 秋田県鹿角郡・山本郡 *ぱっぱ 三重県上野市 大阪府泉北郡 奈良県・南大和 和歌山県 岡山県児島郡 徳島県 香川県「ぱっぱする」 *ぶ 福井県 *ぶー 茨城県猿島郡 *ぶーわ 長野県東筑摩郡 *ふん 茨城県猿島郡 *ぼ 滋賀県「子をぼす」 *ぼう 滋賀県蒲生郡「ぼーする」 *ぼーぼー・ぼーせー 新潟県佐渡 *ぼつぼ 富山県砺波 *ぼんぼ 富山県「ぼんぼする」 石川県 岐阜県大野郡 静岡県賀茂郡 *ぼんぼー 富山県婦負郡 *よいよい 長野県上伊那郡「子供をよいよいする」 静岡市 *よんよん(幼児語) 福岡県久留米市

荷物を□ *おいねる 岐阜県「ぎょーさん、よーおいねてきたわー」 愛知県中島郡 三重県北部 滋賀県南部 京都府 奈良県宇陀郡・吉野郡 *おねる 岐阜県「あつめてなおねていったんやな」 *とねる 福島県大沼郡

せがむ

*いする 島根県「子供が親をいすって、靴を買わせた」 *しわぶる 鳥取県西伯郡「親おしわぶって金お貰う」 *すばぶる 岡山県阿哲郡 *せばる 島根県「子供に物をせばるのは可哀そーだ」 *せめる 岩手県 新潟県佐渡「せめられてかったわね」 富山県砺波 広島県高田郡 山口県阿武郡 *たたぶる 岡山県・御津郡 *ねたばる 富山市「金をねたばっていった」 *ねだるる 福岡県企救郡 *ねだれる 島根県石見「ねだれてくれるな。見と一もなー」 広島県佐伯郡・高田郡 *やだる 福井県
→せびる・ねだる(強請)

せき【咳】

*いき 鹿児島県・肝属郡・種子島 *いきぎり 鹿児島県奄美大島 *いきひき 鹿児島県宝島 *いく 鹿児島県揖宿郡 *いさく・いさぐ 沖縄県宮古島 *いっ 鹿児島県大隅 *がい 島根県安濃郡 熊本県下益城郡 *ぐぃーずくい 沖縄県首里 *くいたれー 鹿児島県喜界島 *くぃひくらい 沖縄県竹富島 *けしょけしょ 群馬県多野郡 *げちょ(幼児語) 山形県西村山郡 *けっけ(幼児語) 島根県簸川郡・出雲市 *げっけ(幼児語) 茨城県新治郡 *けんけ(幼児語) 新潟県粟島「けんけする(咳をする)」 *げんげ(幼児語) 山梨県南巨摩郡 長野県下伊那郡 *けんけん(幼児語) 群馬県前橋市 *こいつくらい 沖縄県石垣島 *こーずき 熊本県玉名郡・天草郡 *こーずく 熊本県天草郡 *こしゃびき 山形県西村山郡 *こずき 岡山県邑久郡 広島県安芸郡 佐賀県藤津郡 長崎県南高来郡 熊本県 大分県「こずきをする」 *こずく 熊本県 *こせ 神奈川県津久井郡 *こたぐり 香川県三豊郡 *こつ 島根県 *こつこつ 新潟県佐渡 島根県石見(幼児語)「こつこつがつく」 岡山市 *こつめき 島根県石見 *こつり 島根県石見 山口県阿武郡 *こわずくりや 熊本県玉名郡 *こわずくろい 熊本県芦北郡 *さーく 沖縄県鳩間島 *さーぐ 沖縄県石垣島 *さーふ 沖縄県竹富島 *さっくぃー 沖縄県首里 *さぶき 青森県 岩手県上閉伊郡 秋田県鹿角郡 群馬県利根郡 *さぶぎ 岩手県気仙郡 秋田県雄勝郡 *さんぶき 青森県中津軽郡・南津軽郡 *さんぶぎ 岩手県気仙郡 *しさーく 沖縄県鳩間島 *しばぶき 徳島県 *しゃーぶき 山梨県南巨摩郡 *しゃびき 山形県 島根県隠岐島 *しやびき 千葉県東葛飾郡 *しゃぴき 島根県隠岐島 *しゃぶき 岩手県紫波郡 山形

県　佐賀県 *しやぶき 岩手県気仙郡・東磐井郡　宮城県玉造郡・仙台市　福島県岩瀬郡 *しゃぶぎ 岩手県上閉伊郡・気仙郡　宮城県登米郡　秋田県平鹿郡・雄勝郡 *しやぶぎ 岩手県和賀郡 *しゃぷき 島根県隠岐島 *しゃべき・しゃんぶき 山形県 *しゃむき 佐賀県 *しわぶき 山形県山形市・東田川郡　長崎県南高来郡　大分県大分郡 *しわむき 長崎市 *すわむき 大分県大分郡 *すわめき 島根県石見「すわめきが出てしょーがなー」 *せー 三重県　鹿児島県喜界島 *せきばらい 熊本県上益城郡 *せきめん 岐阜県飛驒「せきめんしる」 *そー 沖縄県新城島 *たぐり 島根県石見「たぐりがつく（咳が出だした）」 広島県「たぐりがとまる」「たぐり風邪」 高知県　大分県大分市・大分郡「たぐりを出す」 *たごり 愛媛県周桑郡・松山「たごりがついた」 高知県 *たんこし 福島県浜通

→せきばらい（咳払）

□が出る *しきろ 東京都利島 *しゃぷきがつく 島根県隠岐島 *すわめきがつく 島根県美濃郡・益田市 *せく 兵庫県淡路島　和歌山県　島根県石見・隠岐島　大分県大分郡・南海部郡 *せぐ 香川県 *せっ 鹿児島県鹿児島郡 *たんがせく 島根県隠岐島「たんがせーて苦しい」 *つく 島根県「咳がついてしょーがない」

□をする *いきゅひく 鹿児島県肝属郡 *いきゅひっ 鹿児島県 *いきをひく 鹿児島県・種子島 *いくひっ 鹿児島県鹿児島郡・揖宿郡 *いぐひっ 鹿児島県揖宿郡 *いぼる 埼玉県大里郡 *こじく 香川県 *こずく 岡山県　広島県安芸郡　徳島県　香川県「ようこずくやっちゃ」　愛媛県　福岡県　佐賀県　長崎県　熊本県　大分県 *こたぐる 香川県 *こつめく 島根県石見「午前中こつめーた」 *こつる 島根県石見「一日中こつる」　広島県佐伯郡・山県郡　山口県・豊浦郡・大島　大分県大分市・東国東郡 *しきろ 東京都利島 *しやぶる 山梨県西山梨郡 *しわぶく 島根県邇摩郡・隠岐島　長崎県南高来郡 *すわぶく 大分県大分郡 *すわむく 山口県阿武郡　大分県大分郡 *すわめく 島根県美濃郡・益田市　山口県阿武郡 *せきがつく 島根県「どげしょーもせきがついてしょーがなえ」 *せく 兵庫県淡路島　和歌山県　島根県石見・隠岐島　大分県大分郡・南海部郡 *せぐ 香川県 *せぐる 兵庫県淡路島　香川県大川郡　高知県 *せっ 鹿児島県鹿児島郡 *たくる・たんぎる 徳島県 *たぐる 兵庫県　和歌山県　島根県美濃郡・邑智郡　岡山県川上郡「こんこんたぐる」・小田郡　広島県　山口県玖珂郡　徳島県　香川県　愛媛県　福岡県　大分県南部 *たごく 福井県三方郡・遠敷郡　京都府　兵庫県豊岡市 *たごる 兵庫県加古郡・神戸市　和歌山県日高郡・西牟婁郡　徳島県・美馬郡　愛媛県　高知県「昨夜はたごって寝られざったが、今日はだいぶたごらんようになった」　大分県中部 *たんごる 和歌山県那賀郡・西牟婁郡 *つかかす・つかす 島根県「咳をつかかす」 *のざく 栃木県　群馬県館林 *ふたく 滋賀県伊香郡

せき【堰】 *あしだ 長崎県南高来郡 *いかり 長崎県南高来郡　熊本県玉名郡 *いぐち 三重県阿山郡 *うなぎみず（田んぼの用水路に設けられた堰） 山梨県北巨摩郡 *おいで（大きな堰） 高知県幡多郡 *ざく 山梨県北都留郡 *せかい 兵庫県加古郡 *せがき 長崎県南高来郡 *せきど 新潟県岩船郡 *せなこ（小さい堰） 山形県村山・最上郡 *せん 福井県 *たな 長崎県南高来郡 *どー 宮城県　山形県南村山郡・東置賜郡　福島県浜通　富山市近在 *どど 岩手県岩手郡　秋田県鹿角郡　山形県 *とどのき・とどみき・とどめき 青森県三戸郡 *どどめき 岩手県上閉伊郡・気仙郡　秋田県　山形県　新潟県佐渡 *どどろ 徳島県 *どどんびき・どんどろびき 長野県東筑摩郡 *どみぎ・とめぎ 山形県西村山郡 *とめ（川水を分流するための堰） 青森県津軽 *どめ（川水を分流するための堰） 宮城県・仙台市「どめかける」 富山県砺波「どめかける」 *とめこ（川水を分流するための堰） 青森県三戸郡 *どんど 富山県砺波・西礪波郡　石川県金沢市・河北郡　長野県下伊那郡　岐阜県　愛知県名古屋市　三重県阿山郡　滋賀県甲賀郡　奈良県　鳥取県鳥取市・西伯郡　島根県出雲（水の落ち込む淵） 高知県・高知市 *どんどこ 富山県砺波　石川県江沼郡　岐阜県飛驒・郡上郡 *どんどば 長野県下伊那郡　岐阜県飛驒 *どんどむき 山形県村山 *どんどめき 秋田県平鹿郡　山形県東置賜郡 *どんどら 愛媛県周桑郡 *どんどろ 長野県上田　愛媛県周桑郡（流れ落ちてたまった所） *どんどん 神奈川県中郡　岐阜県　愛知県東加茂郡（水の落ち込む淵） 京都府・竹野郡　大阪府泉北郡　奈良県　徳島県　熊本県玉名郡 *どんどんびき 山形県北村山郡 *ぶんぎ（用水を分岐するために設けた堰） 岡山市「ぶんぎいた（せき止める板）」 香川県綾歌郡

せきたん【石炭】 *いし 福岡県粕屋郡　熊本県玉名郡 *いしがら 大分県速見郡・大分郡 *いしずい 佐賀県三養基郡 *いしずみ 山口県・玖珂郡　福岡県　佐賀県藤津郡　長崎県南高来郡　熊本県・八代郡　大分県大分市・速見郡 *いしずめ 熊本県鹿本郡 *いしたん 沖縄県石垣島 *いすだん 沖縄県竹富島 *いっずみ 熊本県下益城郡 *いわき 九州 *いわずみ 山形県村山市 *うに 三重県伊賀 *うるしいし 新潟県 *かなぎ 滋賀県 *ごいだ 兵庫県加古郡 *ごえた 兵庫県赤穂郡 *ごえだ 兵庫県氷上郡・揖保郡　鳥取県　島根県江津市　岡山県岡山市・吉備郡　香川県大川郡・三豊郡　愛媛県　鹿児島県 *ごえら 大阪府泉北郡　奈良県北葛城郡 *ごえらし 三重県志摩郡 *ごへーざ 兵庫県佐用郡　大分県 *ごへーた 島根県鹿足郡　岡山県　広島県安芸郡 *ごへーだ（北九州で、五平太という者が初めて掘り出したからという）

京都府中郡　兵庫県　鳥取県西伯郡　島根県　岡山県　広島県　山口県　徳島県　香川県綾歌郡　愛媛県　熊本県八代郡　大分県　*こへだ　和歌山県海草郡・那賀郡　香川県　*ごへた　大阪市　香川県　*ごへだ　兵庫県淡路島　奈良県生駒郡　和歌山県　鳥取県西伯郡　島根県飯石郡　徳島県　香川県　愛媛県　高知県　長崎県　熊本県　大分県　鹿児島県肝属郡　*ごへだいし　鹿児島県揖宿郡　*ごへたご・こへんだ　香川県　*ごへら　京都府相楽郡　大阪府　兵庫県朝来郡　奈良県南大和　和歌山県伊都郡　香川県香川郡　大分県大分市・大分郡　*すみ　山口県　熊本県天草郡　*たん　新潟県中頸城郡　*たんこ　山形県「たんこ山」　*なまいし　福岡県　佐賀県三養基郡　熊本県玉名郡・宇土郡　*なまずみ　佐賀県　*ぼくたん　三重県阿山郡　*もえいし　福岡市　*もくたん　三重県名賀郡・阿山郡

せきちゅう【脊柱】　⇩せぼね（背骨）

せきばらい【咳払】　*くぃーずくい　沖縄県首里　*くいたれー　鹿児島県喜界島　*くぃひくらい　沖縄県竹富島　*こいつくらい・こーつぃくらい・こーつくらい　沖縄県石垣島　*こーしくらい　沖縄県鳩間島　*こせばらい　神奈川県津久井郡　*こわずくりや　熊本県玉名郡　*こわずくろい　熊本県芦北郡
→せき（咳）

せきはん【赤飯】　*あーうばん　鹿児島県徳之島　*あかいまま　山形県　*あかいまんま　山形県南部　長野県下伊那郡　*あかまい・あかみし　沖縄県宮古島　*あかまま　新潟県佐渡（幼児語）　福井県敦賀郡・大飯郡　岡山県苫田郡　熊本県阿蘇郡・八代郡　*あかまんま　千葉県　*あかめー　沖縄県島尻郡　*あかんぼん　沖縄県石垣島　*あげまま　山形県庄内　*あずきごりょー　奈良県吉野郡　*あずきまま　富山県東礪波郡　愛媛県　*あずきまんま　愛媛県　*うむし　岐阜県飛騨　*うむしめし　熊本県上益城郡　*おけまま　熊本県球磨郡　*おもしめし　熊本県球磨郡　*かしき　愛媛県東宇和郡　鹿児島県奄美大島　沖縄県八重山　*かしきー　沖縄県国頭郡　*かしきみし　鹿児島県奄美大島　*かしちー　沖縄県中頭郡・那覇市・首里　*かしんきー・くしん　沖縄県与那国島　*かすき　沖縄県八重山　*かひき　沖縄県竹富島　*こわい　石川県羽咋郡　愛知県知多郡　佐賀県藤津郡　熊本県玉名郡・天草郡　*こわいー　長野県佐久　*こわご　香川県高松　*ちゃのこ　千葉県夷隅郡・安房郡「ちゃのこたいた」　*はーまいぬいー　沖縄県竹富島　*はーまみし　鹿児島県奄美大島　*はしき　鹿児島県沖永良部島　沖縄県新城島・黒島　*ふすめみおばに　沖縄県首里　*まめごご　群馬県利根郡　*まめじょまま・まめまま・まめめし　熊本県球磨郡　*まめのごぜん・まめのごはん　香川県大川郡　*まめのまま　徳島県　*むしめし　熊本県天草郡　*もしもん　香川県綾歌郡
→こわめし（強飯）

せきゆ【石油】　*あかしあぶら　熊本県　*いしあぶら　大分市　*かなあぶら　新潟県　*くすず　長野県下水内郡　*くそーじ　山形県西置賜郡　*くそーず　新潟県　*くそず　新潟県中頸城郡　長野県下水内郡　*しきたんあば　沖縄県竹富島・新城島　*しきたんにゅー　沖縄県石垣島　*しきたんゆー　沖縄県竹富島・鳩間島　*しちたんゆー　沖縄県首里　*せきたん　福井県　岐阜県　愛知県　三重県　滋賀県彦根　京都府　大阪府　兵庫県飾磨郡　奈良県　和歌山県　鳥取県　島根県　岡山県　広島県　山口県　徳島県　香川県　愛媛県　高知県長岡郡・幡多郡　福岡県　佐賀県藤津郡　長崎県　熊本県　大分県　宮崎県　鹿児島県揖宿郡　*せきたんあぶら　山形県東置賜郡・東村山郡　福島県　茨城県多賀郡　石川県江沼郡　岐阜県　三重県　和歌山県新宮市　鳥取県　島根県　岡山県　山口県見島　香川県小豆島　長崎県　熊本県　鹿児島県　*せきたんさん　島根県　香川県小豆島　大分県大分郡　*せきたんすい　大分県速見郡　*せきたんゆ　京都府相楽郡　和歌山市　島根県鹿足郡　香川県仲多度郡・伊吹島　愛媛県松山　沖縄県石垣島　*せぎゅあぶら　岩手県上閉伊郡　*とぼしあぶら　熊本県上益城郡　*ともしあぶら　香川県仲多度郡　*らんぷ　栃木県　*らんぷあぶら　福島県　栃木県

□缶　*せきたんがら　中国　島根県　*せきたんがん　熊本県下益城郡　*せきたんだす　愛媛県・周桑郡・喜多郡　*せきたんだる　愛媛県周桑郡　*せったんかん　鹿児島県鹿児島郡　*せったんばこ　鹿児島県　*だす　愛媛県・喜多郡　*だつ　鳥取県気高郡　*どーこ　神奈川県津久井郡・中郡　*らんぷかん　山形県庄内

せきれい【鶺鴒】　*あおじ　島根県那賀郡　*あたふなぎゃ・あぶしふなぎゃ・こーふなぎゃ・たーふなぎゃ　鹿児島県奄美大島　*あんだふなやー（「あんだ」は畔（あぜ）の意）　鹿児島県喜界島　*いしくない　新潟県中頸城郡　長野県　*いじくない　長野県下水内郡　*いしくなき　京都府加佐郡　*いしくなぎ　山梨県南巨摩郡　長野県　*いしくなげ　新潟県中魚沼郡・中頸城郡　*いしごっこ・いそごっこ　東京都八丈島　*いせどり（伊勢神宮の使いの鳥という俗信から）　静岡県志太郡　奈良県吉野郡　*いせのさんため　滋賀県蒲生郡　*いそすずめ　愛媛県伯方島・上浮穴郡　*いですずめ　香川県綾歌郡・三豊郡　*いわたたき　神奈川県横浜市　*うしこなげ　長野県北安曇郡　*えきり　東京都八丈島　*えっちくなぎ　新潟県西頸城郡　*おいせどり　静岡県志太郡　愛媛県　*おーふり　奈良県生駒郡・宇陀郡　*おーふりおまつ・おふりまつ　奈良県宇陀郡　*おさん　神奈川県三浦郡　岐阜県飛騨　*おさんしりふり・おさんしりふれ　岐阜県飛騨　*おしえどり（男女の交わりを教える鳥の意の「こいおしえどり（恋教鳥）」の略）　大分県大分郡・速見郡

*おしょーでん・おしょでん 栃木県安蘇郡・上都賀郡 *おしょれん 栃木県安蘇郡 *おそーでん 群馬県吾妻郡 *おたけ 奈良県南大和 *おちん 神奈川県久良岐郡 *おっちきちん 千葉県君津郡 *おっぱたたき 山形県酒田市 *おっぱちょき 山形県西村山郡 *おっぽふり 神奈川県三浦郡 *おてんどさんのみずくみ 三重県名張市 *おねびき 大阪府泉北郡 *おばじょ・おばじょのしりたたき・おんばこ 大分県北海部郡 *おばふり・おばふりめ 東京都八丈島 *おひさんのみずくみ 三重県上野市 *おふり 群馬県利根郡 富山県東礪波郡 奈良県北部 *おふりおまつ 和歌山県海草郡・日高郡 *おふりどり 愛知県碧海郡 奈良県吉野郡 *おまつ 和歌山県海草郡・日高郡 *おまんけつふり 新潟県刈羽郡 *おまんしりふり 奈良県北葛城郡 *おみち 愛媛県東宇和郡 *おみつ 愛媛県宇和島市 *おみよ 神奈川県三浦郡 *かーとり 岩手県上閉伊郡 *かーどり 長野県諏訪 *かーらすずめ 岩手県九戸郡 島根県 *かーらちっち・かなちっち 岩手県九戸郡 *かーらぴんぴん 栃木県芳賀郡 *かいかむり 奈良市 *かいらすずめ 青森県南部 *かなすずめ 秋田県鹿角郡 *かなやのしりふり 奈良県磯城郡 *かばちちーん 香川県木田郡 *かわじょーとー 岡山県備中北部 *かわしょびん 新潟県上越市 *かわすずめ 青森県三戸郡 新潟県東蒲原郡 富山県西礪波郡 島根県隠岐島 香川県綾歌郡 大分県大分市・大分郡 *かわちょっぴん 新潟県新井市 *かわばしり 香川県綾歌郡 *かわらしくなぎ 新潟県岩船郡 *かわらしこなき 山形県西田川郡 *かわらじょーとー 岡山県上房郡・小田郡 *かわらすずめ 青森県南部 兵庫県佐用郡・赤穂郡 島根県 *かわらちちん 三重県富田 *かわらちょんぴん 兵庫県氷上郡 *かわらひよ・かわらひわ 島根県鹿足郡 *かんのんどり・かんのんひょー 群馬県多野郡 *ぎーふなー 沖縄県竹富島 *くそちんこ 三重県南牟妻郡 *くんかいどり（古来、男女の道を教える鳥とされるところから）高知県幡多郡 *けつふり 神奈川県三浦郡 奈良県南葛城郡 *けつふりおかめ 埼玉県入間郡 *ごしんさま 愛知県宝飯郡 *ことり 三重県志摩郡 *こめっき・こめつき 神奈川県鎌倉郡 *さんこーち 新潟県上越市 *さんまいのほねへらい 富山県 *しーたたき 佐賀県 鹿児島県 *しーたたっ・しーたたっのたろんべ・しったたっのたろんべ 鹿児島県鹿児島郡 *じーふなー（「地をたたく者」の意）沖縄県石垣島 *じーふなやー 沖縄県新城島 *じーふねーま 沖縄県小浜島 *しおくみ 三重県度会郡 *しぎり 福島県東白川郡 *しくなぎ・しくなげ 新潟県 *しくなきどんり 秋田県由利郡 *しくらげとり 青森県津軽 *ししゅんびき 奈良県宇陀郡 *ししんびき 奈良県・宇陀郡 *しっく 山形県東田川郡「白しっく」 *しったたい 鹿児島県 *しったたき 群馬県利根郡・多野郡 熊本県 宮崎市 鹿児島県 *しっぽちゃんちゃん 新潟県中越 *しっぽぶらぶら 長野県下水内郡 *しっぽふり 奈良県高市郡 *じふなぎゃ 鹿児島県奄美大島 *しふなぎゃー（「しりをくなぐ者」の意）沖縄県宮古島 *じゅーふいたー 沖縄県中頭郡 *しょーびん 京都府北部 鳥取県気高郡 *しょんべんどり 京都府竹野郡 *しりたたき 愛媛県喜多郡 熊本県阿蘇郡 大分県 *しりつけどり 京都市 *しりふり 富山県 岐阜県海津郡・飛驒 奈良県宇陀郡・南大和 大分県大野郡 *しりふりおまつ 和歌山県 *しりふりおまん 滋賀県神崎郡 奈良県北葛城郡 *しりふりどり 神奈川県津久井郡 三重県志摩郡 *しりふりどんどん 三重県志摩郡 *しりゆり 奈良県磯城郡・南葛城郡 *じんじんとり 福島県石城郡 *しんめんどり 岐阜県加茂郡 *ずーふないどぅい 沖縄県宮古島 *ずーふなやー 沖縄県石垣島 *ずーみたみーたー 沖縄県・那覇市・首里 *ずぐやーどぅり 沖縄県波照間島 *すくらげどりこ（「すくらげる」は背負った荷物をずり上げるために腰を動かす意。尾を上下するさまが似ているところから）青森県津軽 *せきずい・せきれん 和歌山県那賀郡 *せきせき 大阪府泉北郡 *せきどり 和歌山県日高郡 *せきり 栃木県河内郡 長野県上田 *せきりん 岐阜県北飛驒 *たーくなぎ 鹿児島県徳之島 *たーくなぎゃー 鹿児島県与論島 *たーくなじゃ 鹿児島県沖永良部島 *たーふなぎゃー 鹿児島県喜界島 *だいじんぐーさまのとり 福島県石城郡 *ちきちん 愛知県海部郡 *ちきりん 京都府北桑田郡 *ちくちん 千葉県安房郡 *ちし 山梨県 *ちち・ちんちろ 熊本県八代郡 *ちちりん・ちちれん・ちちんぴよどり 長野県南佐久郡 *ちちん 群馬県利根郡 神奈川県 長野県 静岡県田方郡 香川県東部 愛媛県越智郡 *ちちんかいらい・ちちんはまちのとり・はまちんちろ 三重県志摩郡 *ちちんから 群馬県利根郡 岐阜県武儀郡 *ちちんこま 静岡県賀茂郡 *ちちんどり 山梨県東八代郡 静岡県田方郡・賀茂郡 *ちちんぴ 神奈川県足柄下郡 *ちちんびょー 埼玉県秩父郡 *ちっちどり 香川県丸亀市・綾歌郡 *ちっちん 千葉県安房郡 大分県大分郡 *ちどり 静岡県磐田郡（セグロセキレイ） 和歌山県日高郡 *ちゃちゃ 神奈川県 *ちゃわんどり 奈良県磯城郡 *ちゅんちゅんがら 三重県南牟婁郡 *ちゅんちゅんどり 静岡県田方郡 *ちょーまんどり 千葉県夷隅郡 *ちんちくどり 高知県幡多郡 *ちんちくりん 福井県大飯郡 *ちんちくろ 和歌山県西牟婁郡 *ちんちくろー 大分県南海部郡 *ちんちろこ 広島県 *ちんちろばい 広島県鷺島 *ちんちろりん 千葉県夷隅郡 広島県倉橋島 愛媛県今治市 *ちんちん 青森県津軽・三戸郡 山梨県南都留郡 長野県 静岡県 愛媛県 *ちんちんかーら 岩手県九戸郡 *ちんちんどり 青森県 岩手県気仙郡 岐阜県飛驒 静岡県富士郡 香川県 愛媛県東宇和郡 *ちんどり 岐阜県飛驒 奈良県吉野郡 和歌山

県日高郡 *つつん 長野県諏訪 *つつんどり・つんつん 山梨県 *てきてき 神奈川県津久井郡 *にわくなぶり 新潟県佐渡 *ねんねん・ねんねんこ 奈良県吉野郡 *ねんねんこもり 東京都南多摩郡 *はまちくりん・はまちん 滋賀県滋賀郡 *はまどり 兵庫県赤穂郡 *ひーかち 香川県直島 *ひくなぎ 秋田県雄勝郡 *ひこなぎ 秋田県雄勝郡　山形県東田川郡 *ひこなぎり 山形県西田川郡・庄内 *ぴこぴこどり 長崎県対馬 *びじぴん 和歌山県東牟婁郡 *びちびちん 和歌山県新宮 *ひっこなぎ 山形県東田川郡 *ひったたんのたろじゅ 鹿児島県 *ひったったー 静岡県志太郡 *ぴょこぴょこどり 香川県三豊郡 *ひんかち 島根県鹿足郡　宮崎県東諸県郡・宮崎郡 *ひんかつ 宮崎県東諸県郡 *ひんくた 千葉県印旛郡 *ひんこつ 宮崎県延岡 *ひんこどり 岡山県備中北部 *びんびく・ぴんぴく 神奈川県津久井郡 *ぶーふにゃー 沖縄県西表島 *ふながーとぅい・ふながーびっつぁー 沖縄県島尻郡 *へこつきとり 静岡県庵原郡 *へつこきとり 静岡県川根 *ほいっぽ 長野県東筑摩郡 *ほとけのめしたき 大分県大分郡 *みずくみ 三重県阿山郡　奈良県添上郡 *みずくみどり 三重県伊賀　奈良県添上郡 *みずとり 奈良県磯城郡 *みなくちどりこ 秋田県仙北郡 *むぎまいどり 千葉県夷隅郡・安房郡 *むぎまきどり 福島県石城郡　茨城県　千葉県　神奈川県　静岡県駿東郡 *もんかち 宮崎県日向 *やまちん 三重県志摩郡 *んにつひはとぅ(「稲を箕(み)で揺り分けるさまをする鳩(はと)」の意) 沖縄県与那国島

せく【急】 *せる 栃木県　島根県　岡山県苫田郡 *せれる 岐阜県吉城郡　鳥取県八頭郡　島根県　岡山県苫田郡 *たのく・たごく 京都府北部

↓あせる(焦)

気が□ *いらちもむ 和歌山県東牟婁郡 *いらつ 岐阜県養老郡　三重県松阪市・志摩郡　滋賀県彦根・蒲生郡　京都市　兵庫県加古郡・神戸市　和歌山市　岡山市　徳島県・美馬郡 *いらつく 兵庫県神戸市　和歌山県新宮・東牟婁郡 *けそつく・けつがむぞつく 新潟県佐渡 *けばしい 長野県北安曇郡 *けわしい 山形県東置賜郡　長野県北安曇郡　島根県出雲・隠岐島　香川県　福岡市　宮崎県日向市 *しりがうじょつく・しりはうようよする 長崎県対馬 *しりがぐらつく 福岡市 *せやずく 島根県出雲

せたい【世帯】 ⇩しょたい(所帯)

せたけ【背丈】 ⇩しんちょう(身長)・せ(背)②

せっかく【折角】 *えっさ 島根県石見「えっさとはるばる来たのに、一文にもならん」 *かたんで 秋田県仙北郡 *しこしこ 兵庫県淡路島「人がしこしこ採って来たものを、すぐに棄ててしもたりして無茶すない」 *ほのって 島根県八束郡 *やーや・やーやー 島根県出雲「やーや来たのに会われんかった」 *やーやと・よーよ 島根県隠岐島 *やっさら 福島県北部「やっさら福島へ出て来たんだ」 *やっとこ 島根県「やっとこ来たのに留守ではつまらん」 *やっとこさ 島根県石見・隠岐島 *やっやと 山梨県南巨摩郡 *やわが 山形県西村山郡・最上郡「やわがしてやると厭(いや)だなんていう」

↓わざわざ(態態)

せっかち *いったくらぜ 富山県下新川郡 *いら 島根県石見　岡山県苫田郡　愛媛県大三島　高知県 *いらいら 香川県豊島「あいつ若い時からいらいらじゃったわいの」　愛媛県大三島 *いらこし 高知県 *いられ 滋賀県彦根　愛媛県宇和島　高知県「あの児はいられ者で困る」 *きぜき 長崎県対馬 *きもみ 島根県益田市 *くわちゅー(「火急」か) 沖縄県首里「くゎちゅーな　むん(せっかちな者)」 *さっきゃく 香川県香川郡　愛媛県「さっきゃく者」 *さっそく 青森県上北郡「あの人はさっそくだ人だ」　徳島県「さっそくのようにすな(するな)」 *さっそくさー 静岡県榛原郡「さっそくさーにゃー出来ん」 *せきたん 富山県砺波 *せわしなや 香川県小豆島「この子は、せわしなやでこまる」 *ぜんき 島根県石見「ぜんきな人じゃけー、何もかも忘れて居なーる」 *とっき 青森県上北郡「あすこのおどさま、なもかもとっきだ」・三戸郡　岩手県「とっきな人」　宮城県「とっきなたず(たち＝性質)で、眼鏡かけたまま顔洗ったりする」　秋田県鹿角郡・仙北郡「あの子はとっきでいけない」　山形県　新潟県岩船郡 *とっきとっき 岩手県気仙郡「いづみでも(いつ会っても)とっきとっきず奴だ」・平泉 *とっき 青森県三戸郡

↓せいきゅう(性急)

□な人 *がちがちもの 千葉県 *せか 和歌山県 *せかせかもん 島根県「せかせかもんで、ちっともじっとしておらん」 *せきぞー 茨城県 *せきぞろ 茨城県稲敷郡 *せやき 新潟県西頸城郡 *とき 秋田県平鹿郡 *とっきもの 宮城県栗原郡・仙台市　山形県庄内

せっかん【折檻】 *げじ 福島県岩瀬郡　島根県江津市「隣の若い者がげじを受けた」 *しご 島根県那賀郡・鹿足郡 *しつぃき 沖縄県石垣島 *しゅーぶ 新潟県長岡市 *しゅーみー・すーみー 鹿児島県喜界島「しゅーみーしゅい(折檻(せっかん)する。いじめる)」 *しょーき 新潟県中越 *しょーぶ 山形県庄内　新潟県下越 *しょぶ 新潟県南蒲原郡 *せーど 岩手県上閉伊郡「せーどにする」・気仙郡「せいどする」 *せーとー 宮城県仙台市 *せっちょ 山形県東田川郡「せっちょしる」 *せっちょー 宮城県登米郡　新潟県西頸城郡 *ひしめ 長野県上伊那郡 *ひつけ 徳島県美馬郡 *りゅーり 新潟県佐渡「りゅうりつける」 *りょーじ 島根県出雲「言うことを聞かんけんりょーじした」

↓しかる(叱)

□する *いしくる 青森県上北郡 *いじくる 岩手県九戸郡　栃木県上都賀郡・安蘇郡　埼玉県

秩父郡　新潟県佐渡 *いじらう 新潟県佐渡 *いじる 岩手県　宮城県栗原郡　栃木県　埼玉県秩父郡・川越　千葉県海上郡・印旛郡　新潟県佐渡・東蒲原郡　石川県　三重県志摩郡　滋賀県彦根　奈良県　島根県石見　徳島県美馬郡　香川県 *きゅーめにあわせる（「きゅーめ」は糾明か）愛知県知多郡 *こなげる 山口県豊浦郡 *さいなむ 岩手県盛岡市・気仙郡 *さなむ 秋田県鹿角郡・北秋田郡「そんなにさなむな」 *しでる 高知県・幡多郡 *じょーる 長野県北安曇郡・東筑摩郡「児をじょーる」 *せちがう 和歌山県西牟婁郡 *せちげーる 新潟県佐渡 *せわやく 新潟県西頸城郡 *どーずく 山梨県・南巨摩郡 *ふちゃらむ 青森県津軽「隣の細君はよく子供をふちゃらむ人だ」 *りょーおる 愛知県名古屋市 *りょーる 新潟県佐渡「りょうってやるぞ」

せっく【節句】 *おいみ 沖縄県首里・国頭郡 *おじみ 鹿児島県奄美大島・加計呂麻島 *おりせっく 長崎県対馬 *しくにゅち 鹿児島県奄美大島 *しちび 沖縄県中頭郡・島尻郡・伊江島 *しっぴ・すっぃび 沖縄県宮古島 *せっ 鹿児島県 *へち 新潟県岩船郡

三月三日の□　⇨「さんがつ（三月）」の子見出し、「三月三日の節句」

五月五日の端午の□　⇨「ごがつ（五月）」の子見出し、「五月五日（の節句）」

九月九日の重陽の□　⇨「くがつ（九月）」の子見出し、「九月九日（の重陽の節句）」

ぜっこう【絶交】 *かんど 三重県志摩郡「かんどする」 *かんどー 三重県志摩郡　広島県・大崎上島　徳島県美馬郡・三好郡　香川県広島・瀬居島　愛媛県青島 *かんなべ・かんなべからい 熊本県 *かんなべかぶり・かんなべからわす 熊本県天草郡 *かんなべかるわせ 熊本県上益城郡 *かんなめ 熊本市 *ぎせつ 宮崎県都城市 *ぎぜつ 山形県米沢市 *きんきり 大分県南海部郡 *けもん 広島県走島 *こるわり 大分県北海部郡 *せなーあわせ・せなかあわせ 大分県 *だんごのくっきり 岩手県気仙郡 *ちっけばなれ 鹿児島県揖宿郡「ちっけばなれをすい（絶交する）」 *ちょかめし 宮崎県都城 *つきあいはずし 奈良県吉野郡 *なかちがい 香川県丸亀市　大分県 *なかちぎやー 佐賀県藤津郡 *なかわれ 島根県邑智郡・大原郡 *はちぶ 茨城県北相馬郡　栃木県　群馬県　埼玉県　千葉県東葛飾郡　東京都大島　神奈川県津久井郡　新潟県佐渡　富山県砺波　福井県・大野郡　山梨県南巨摩郡「いじわるの子だからはちぶしよう」　長野県「はちぶする」　岐阜県大垣市・養老郡　静岡県　愛知県尾張・知多郡　三重県北牟婁郡　大阪府泉北郡　島根県美濃郡・益田市　岡山県備中北部　徳島県三好郡 *はぶけ 三重県志摩郡 *みちぎり 長崎県対馬 *やーてん 東京都八丈島「やーてんになる（絶交の状態になる）」「やーてんする」 *やかん 鹿児島県出水郡「村からやかんにした」 *やかんめし 宮崎県児湯郡・東諸県郡 *わんき 佐賀県藤津郡 *わんぎり 熊本県天草郡

□する *かさきせる 和歌山県伊都郡 *くみをはずす 大分市 *とりあわん 大分県大分市・大分郡 *はっしる 徳島県美馬郡

せったい【接待】 *あいこ 秋田県南秋田郡「あえこする」 *おとりもち 長野県諏訪・佐久 *どいもっ 鹿児島県 *どーもち 島根県出雲 *とりかつ 新潟県東蒲原郡 *とりもち 新潟県東蒲原郡「とりもつの上手な人」　島根県「大切なお客だからとりもちせー」

↓もてなし（持成）

□する *あいさらう 福岡市 *あいしらう 山形県「俺があいしらって酒を呑ませる」　山梨県・北巨摩郡・南巨摩郡　静岡県榛原郡「よい加減にあいしらって帰せ」　愛知県豊橋市「お客をあいしらう」　愛媛県松山「よーお客さんをあいしらうものじゃ」 *あいしろう 埼玉県秩父郡　新潟県東蒲原郡　愛媛県・越智郡 *あしらう 島根県 *といもっ（客を接待する）鹿児島県 *とぅいむちゅん（客を接待する）沖縄県首里 *とりもつ（客を接待する）岩手県気仙郡　静岡県志太郡「おきゃこーとりもたにゃーだめじゃん」　大分県

□役 *あいきょー 島根県 *あいさつにん 島根県隠岐島「あいさつにんが飲まんと、酒が飲めん」 *とーもちにん・とーもちやく 島根県出雲 *もてなしぎゃく 島根県美濃郡・益田市「もてなしぎゃくから飲まんとはずまん」

せつだん【切断】

□する *はったぎる 岩手県気仙郡「その木はったぎれ」 *ぶぎる 秋田県南秋田郡・仙北郡

せっちん【雪隠】 *どー 静岡県富士郡 *ばばざ（「ばば」は糞の意）新潟県東蒲原郡　岐阜県飛騨 *ばばつぼ 大阪府泉北郡 *ばんばや 福島県相馬郡 *まんち 岡山県備中北部

↓べんじょ（便所）

せつぶん【節分】 *おーとし 東京都利島　山梨県南巨摩郡　静岡県川根　三重県志摩郡　兵庫県多紀郡　島根県美濃郡・益田市　香川県佐柳島「おーとしより今年（ことし）」 *おーどし 島根県　長崎県壱岐島 *おにのまめ 静岡県島田市「今日はおにのまめだよ」 *かみさまのとしとり 奈良県吉野郡 *かみのとしこし 岐阜県揖斐郡 *せつがーい 鹿児島県鹿児島郡 *せっがわい 鹿児島県 *せつぼん 鹿児島県揖宿郡 *とーとり 群馬県利根郡 *とーへー 福岡県豊前 *としこし 京都府竹野郡　大阪府大阪市・泉北郡　奈良県南大和 *としごし 広島県 *としとり 福島県西白河郡　群馬県佐波郡　東京都八丈島　山梨県・南巨摩郡　鳥取県　長崎県対馬 *としのよ 山口県見島・大島　愛媛県周桑郡・喜多郡（節分の夜）

□の豆まき *あらくさ 三重県志摩郡 *まめば

やし 宮城県仙台市「成田さんのまめばやし」

□の豆まきの豆 *おーとしまめ 三重県志摩郡 *たくさ 青森県三戸郡 *としとりまめ 静岡県富士郡 徳島県三好郡

ぜつぼう【絶望】 *たがーなげる 島根県大原郡・仁多郡「このことにはおれもたがーなげた」 *たごーなげる・たごなげる 島根県大原郡「あのことにはおれもたごなげた」 *たごをなげる 高知市「何べん試験を受けてもとれん、もーたごをなげた」 *ぶて 熊本県下益城郡 *ぷて 熊本県 →しつぼう（失望）

せつやく【節約】 ⇨けんやく（倹約）

せなか【背中】 *いっしなが 沖縄県波照間島 *うなじ 島根県石見 山口県豊浦郡（背の上部） *くし 鹿児島県島嶼 沖縄県 *くしながに・ながに 沖縄県首里 *くす 沖縄県八重山 *くすなは 沖縄県黒島 *くつぃなみ 沖縄県小浜島 *こーぼー 佐賀県神埼郡・三養基郡 *ごた・ごちゃ 熊本県 *ごたい 高知県幡多郡 佐賀県 熊本県 *ごちゃー 佐賀県 熊本県 *ごて 熊本県芦北郡・八代郡 *こんご 鹿児島県「こんごにからう（背中に負う）」 *さぜな 福島県南会津郡 *しつのず 三重県伊賀 *せーごー 広島県高田郡・賀茂郡 *せごー 富山県 石川県 岐阜県飛驒 鳥取県西伯郡 島根県 愛媛県 *ぜごー 新潟県 *せごーたね 島根県邑智郡 *せごた 鳥取県西伯郡 島根県 *せなんごー 島根県美濃郡・益田市 *せびら 島根県益田市 沖縄県宮古島 *せんご 群馬県佐波郡 富山県東礪波郡 三重県志摩郡 愛媛県 *せんごー 高知県 *てなんかけ 大分県宇佐郡 *どーなか 香川県高見島 *どしゃ 石川県鳳至郡 *どしょ 富山県高岡市・砺波 石川県 *どしょー 富山県婦負郡 *どしょなか 富山県 石川県能美郡 *なーに 沖縄県八重山 *へき 熊本県 宮崎県西臼杵郡 *へだか 東京都八丈島 *ふし 鹿児島県喜界島 沖縄県国頭郡 *ふしんなー 鹿児島県与論島 →せ（背）

ぜに【銭】 *じっち（児童語）福島県 *ぜぜ 山形県南村山郡・西置賜郡 神奈川県 三重県志摩郡 滋賀県彦根 京都市 大阪府泉北郡 奈良県 島根県邇摩郡・隠岐島 香川県大川郡・伊吹島 *ぜぜこ 香川県大川郡 *ぜんこ 北海道 青森県上北郡 岩手県 宮城県 秋田県 *ぜんぜ 山形県西置賜郡 栃木県塩谷郡 長野県下水内郡・西筑摩郡 島根県 徳島県 香川県大川郡 *ぜんぜー 山形県西置賜郡 *ぜんぜん・でんでん 島根県石見「何をしよーにもぜんぜんがなー（ない）」 長崎県壱岐島 *てんぐ 奈良県吉野郡 *でんで 奈良県南大和 山口県大島 *びっき 群馬県吾妻郡（婚礼行列を待ち伏せして強請するもの） 埼玉県秩父郡（神参りの人に子供がねだるもの）「おじさんびっきをくんない」 *みず・みぞ・めど（穴があるところから）新潟県佐渡 →かね（金）・きんせん（金銭）

ぜにいれ【銭入】 *おーかめぐち（大きな口の皮製の銭入れ）和歌山県 *ぜにつつ（竹製の銭入れ）大阪府泉北郡 *ぜんずつ（竹製の銭入れ）長崎県壱岐島 *たけぽっぽ 島根県邇摩郡・大田市 *だら（袋の銭入れ）青森県津軽 宮城県 島根県 広島県双三郡・高田郡 高知県長岡郡 長崎県 *だらいれ（袋の銭入れ）青森県南部 *だらこ（袋の銭入れ）青森県津軽 *だらん（袋の銭入れ）秋田県鹿角郡 →がまぐち（蟇口）・さいふ（財布）

ぜひ【是非】 *えこ 長野県佐久「えこいけなければ」 *かぎって 福岡市「かぎって、あなたい用のあるち（あなたに用があると）言よんなすけん（言われますので）」 *げし 徳島県「げし分らな困る」 高知県・長岡郡「げし行かねばならぬなら」 *じーふじ 沖縄県首里 *じっぴ・じーふぃ 沖縄県首里 *ずしたて 山形県村山「俺ぁ、人が何と云っても、ずしたて行く」 *ぜっぴ 島根県石見 広島県 *ぜっぴー 広島県芦品郡 *ぜっぺ 兵庫県 島根県那賀郡 *ぜひぜんなく 東京都八丈島「ぜひぜんなく一つがまんしてねぎあてゃーものだ（是非一つ御奮発を願いたいものだ）」 *ぜんなうぇー 長崎県彼杵 *せんなく 長崎県 *ぜんなく（「善いにせよ悪いにせよ」の意から）岡山県阿哲郡 佐賀県 長崎県北松浦郡 *でっぴ 島根県美濃郡・益田市「でっぴ来いでも（来）よかった」 広島県深安郡・双三郡 *でっぺ 島根県美濃郡・益田市 *どぎゃんこってん 佐賀県藤津郡 *なーしろ 東京都三宅島 *なにしろ 長野県佐久 *のーしーまい 沖縄県宮古島 *れっぺ 島根県石見「貸さんと言うのにれっぺ持っていった」

ぜひとも【是非共】 *あんじょーにも・あんちょーにも 山梨県 *かぎって 福岡市「かぎって、

方/言/の/窓

●民衆語源（民間語源）

民衆の間で誤った語源意識が生まれて、そのために語形を合理的なわかりやすい語形に変えることをいう。

先端が広がっているということで「シャベル」をシャビロに変えたり、土を掘るからシャボルといったりする類がこれである。

糸魚川地方では「ものもらい」を表すメッパから、目が突っ張るということでメッパリという語が生まれ、メボイトからは「痛い」という意識でメボイタという語も生まれた。

青森・山形ではヤノアサッテのヤを八と解釈して、その次の日をココノサッテとかキ（ク）ササッテという。キサを汽車と誤解して、汽車の次は電車アサッテだという人もいるそうだ。そのうちリニアサッテなどが生みだされるかもしれない。

あなたい用のあるち(あなたに用があると)言よんなすけん(言われますので)」 *さーえもめ 鹿児島県屋久島 *さいも 鹿児島県 *さいもい 鹿児島県 *さちーに 岡山県吉備郡 *さちきり 愛媛県岡村島・怒和島 *さちくぐり 岩手県気仙郡 *さちくり・さちこく 愛媛県大三島 *さちこくり 岩手県気仙郡　愛媛県大三島 *さちむち 岩手県九戸郡・気仙郡 *さちもち 石川県江沼郡　島根県簸川郡「さちもち持って行きた」 *さっくぐり 岩手県気仙郡 *さつこごり 岩手県気仙郡 *さっち 兵庫県佐用郡「さっちほしいとゆー」・淡路島「さっち往んで来んならん用事がある」　鳥取県　島根県「行かんと言ったがさっち行けと言われた」　岡山県　広島県高田郡　徳島県　香川県「さっち行けいうんならいかんこともない」　愛媛県「さっちくれーとおいるけん、とーどー出してしもーた(無理にくれと言われたからとうとう出してしまった)」　高知県　福岡県「さっち来なざすばい(きっとおいでになりますよ)」 *さっちー 島根県仁多郡　香川県 *さっちーもっちー 島根県八束郡 *さっちこっち 大分県大分郡　宮崎県日向 *さっちに 愛媛県周桑郡・喜多郡「さっちに来いゆーけん、行こ思とるんじゃ」 *さっちみち 福岡県小倉市 *さっちみっち 福岡市「さっちみっち合格してみせるけん」 *さっちむっち 岩手県気仙郡「それさっちむっちやらせらいだ」　福岡県嘉穂郡・早良郡 *さっちむり 香川県仲多度郡・三豊郡「子供がさっちむり行かんか言うきに行たんやがな」　愛媛県大三島 *さっちもっち 島根県出雲 *さりむり 青森県上北郡　福岡県 *さりもり 青森県　岩手県九戸郡・気仙郡　新潟県佐渡　福岡市 *さるむり 岩手県気仙郡 *しゃーち 宮崎県東諸県郡 *しゃーもくらもにゃー 新潟県佐渡 *しゃいがむいが 鹿児島県 *しゃいがもいが・しゃいも・しゃいもい 鹿児島県 *しゃいもり・しゃっもり・しゃっり 島根県隠岐島「しゃっり連れて行きた」 *しゃちきり 山口県阿武郡・豊浦郡 *しゃちみち 福岡県小倉市 *しゃちむっち 福岡市 *しゃちむに 香川県仲多度郡 *しゃっち 東京都八丈島　山梨県南巨摩郡　鳥取県　島根県「あれほど止めたが、しゃっち帰った」　岡山県・小田郡　広島県高田郡　山口県豊浦郡　徳島県　阿波郡・美馬郡　香川県仲多度郡・三豊郡　愛媛県「しゃっち人に出て来いといふ」　高知県・高岡郡「しゃっちやらにゃーならん」　福岡県　長崎県　大分県　宮崎県延岡　鹿児島県 *しゃっちー 長崎県彼杵　壱岐島 *しゃっちきり 広島県高田郡　山口県阿武郡 *しゃっちぎり 広島県比婆郡 *しゃっちこっち 大分県大分郡　宮崎県日向 *しゃっちに 石川県羽咋郡　愛媛県 *しゃっちむっち 大分県 *しゃっちむり 香川県三豊郡　愛媛県 *しゃっちむりに 愛媛県今治市・周桑郡 *しゃっちもっち 山梨県南巨摩郡「しゃっちもっちそんなことをいわでも(言わなくても)いい」　島根県　大分県東国東郡 *しゃっちり 鹿児島県 *しゃっつち 長崎市 *しゃって 愛媛県　高知県　高知市・幡多郡　大分県 *しゃってに 愛媛県 *しゃってむて 大分県大分郡 *しゃってむり 大分市 *しゃっても 新潟県中頸城郡　京都府「祭には待っとりますさかいにしゃっても来とくんなはれ」　兵庫県養父郡 *しゃでーも 新潟県中頸城郡 *しゃり 山梨県南巨摩郡「しゃり行かないばならのーこたあないら(無理に行かねばならないことはあるまい)」　徳島県　愛媛県　高知県幡多郡　大分県北海部郡 *しゃりがむり 岩手県中通　大分県北海部郡　宮崎県日向 *しゃりこくり 岩手県気仙郡　宮城県 *しゃりむく 新潟県佐渡 *しゃりむち・しゃりむに 大分県大分郡 *しゃりむり 岩手県　宮城県登米郡　秋田県平鹿郡「否と云ふのをしゃりむり承知させた」・河辺郡　山形県東村山郡　福島県「しゃりむり持って行かっちゃ」　山梨県　島根県　福岡県　長崎県「しゃりむり来ておくれ」　熊本県　大分県 *しゃりもり 島根県　熊本県芦北郡　大分県大分郡 *しゃんむり 島根県　熊本県 *しゃんもり 島根県「行くなといったのにしゃんもり行きてしまった」 *だーんでかんで 秋田県由利郡 *ちっとぅむ 鹿児島県喜界島「ちっとぅむ来いといふ」 *ちゃっち 島根県邇摩郡・大田市「行かんのをちゃっち連れて行った」 *ちゃっちに 石川県鹿島郡 *ちゃっても 京都府 *つしとも 山形県 *どがーしても 広島県高田郡 *どがーでも 島根県邑智郡　広島県 *どかでも 石川県江沼郡 *どがんしてでん 熊本県天草郡 *どぎゃーでも 鳥取県岩美郡 *どげでも 鳥取県西伯郡「どげでも連れて行く」 *なーんで 栃木県「なーんで見ろ」 *なじょーにも 茨城県 *なじょーも 新潟県「なじょーも好きな程飲んでがっしゃい」 *なじょも 新潟県 *なっちょ 長野県上水内郡 *なっちょも 長野県北部「なっちょも明日は雨が降ればいい」 *なってかて 山形県西田川郡・山形市 *なでかで 岩手県西磐井郡 *なにはおけ 島根県那賀郡「なにゃーおけお前はどがーでも行って来にゃーならん」 *なんじじょーにも 東京都大島 *なんたかた 青森県 *なんたかった 青森県三戸郡 *なんたかんた 青森県「こえだばあすまんでなんたかんたでがすす(これなら明日までにぜひやります)」「なんたかんた隣村へ行ってこい」　岩手県九戸郡　秋田県鹿角郡「なんたかんた出かしてみせる」 *なんだかんだちゅーても 新潟県佐渡 *なんたてかんたて(「なんといったてかんといったって」の転)秋田県鹿角郡 *なんちがんじ 広島県賀茂郡 *なんちょー 長野県佐久 *なんちょーにも 山梨県・南巨摩郡 *なんちょも 長野県佐久 *なんでかで 宮城県石巻 *なんでかんで 岩手県気仙郡「なんでかんでやるぞ」　宮城県石巻「雨降っても風吹えてもなんでかんで出かげる」　秋田県　山形県　福島県　新潟県東蒲原郡　岐阜県可児郡 *のーしたでん 沖縄県石垣島 *やでぃん 沖縄県石垣島・黒島 *やでまか 新潟県西蒲原郡 *やでもか・やでもっか 新

潟県東蒲原郡「やでもか行く用事でもない」　*んやっち 大分県東国東郡

せびる　*いじくる 石川県河北郡　*いじる 新潟県佐渡・東蒲原郡　福井県大飯郡　岐阜県　愛知県名古屋市　滋賀県犬上郡・神崎郡　大阪市　兵庫県加古郡「ちんいじる(おやつをねだる)」　愛媛県　高知県「子供にいじられてとーとーこれを買わされた」　*いびくる 高知県幡多郡　*いびる 山形県鶴岡　岐阜県大垣市　*いみゆん 沖縄県首里「お八つをいみゆん」　*いみるん 沖縄県石垣島　*ぐざる 神奈川県津久井郡「あんまりぐざりゃーくれてやらあ」　岐阜県　*ぐずる 岐阜県郡上郡「そーくずるともーつれてこんぞよ」　*ぐする 島根県邑智郡　*ぐずる 神奈川県津久井郡　富山県富山市「物を人にぐずる」・砺波　福井県坂井郡　山梨県南巨摩郡　岐阜県吉城郡　静岡県「そーぐずってはいけない」　愛知県　三重県阿山郡　滋賀県彦根・高島郡　京都府　大阪府泉北郡　兵庫県・淡路島　奈良県南大和　和歌山県「金をぐずりに来た」　鳥取県西伯郡　島根県「この子はすぐぐずって始末が悪い」　岡山県　広島県高田郡　香川県佐柳島　高知県土佐郡　*こぎだす 和歌山市「まるでこぎだいたようで気の毒やな」　*せめる 岩手県　新潟県佐渡「せめられてかったわね」　富山県砺波　広島県高田郡　山口県阿武郡　*はたる 青森県　岩手県九戸郡・紫波郡　宮城県仙台市　秋田県平鹿郡・仙北郡　山形県「菓子をはだる」　群馬県多野郡　埼玉県秩父郡　*ほぞくる 島根県隠岐島

→せがむ・ねだる(強請)

せぼね【背骨】　*あんこ 奈良県「あんこが出ている」・南大和　*うーほね 山形県東田川郡　長崎県南高来郡　*うーぼね 長崎県南高来郡　*おーぼえ 新潟県佐渡　*おーほね 山形県　群馬県多野郡　富山県　長野県諏訪・佐久　京都府竹野郡　島根県石見　広島県比婆郡　山口県大島　*おーぼね 新潟県　富山市　長野県上伊那郡・下伊那郡　岐阜県飛騨　島根県大原郡・仁多郡　*おーぼほ 新潟県東蒲原郡　*くしぶに 沖縄県島尻郡・首里・八重山　*くすぶに 沖縄県石垣島・小浜島　*くるまぼね 富山県砺波　*しち 奈良県南大和　和歌山県日高郡　*せんごっぽね 群馬県　*どーしょーぼね 福岡市　*どーぼね 新潟県佐渡　山梨県南巨摩郡　静岡県磐田郡　兵庫県　*どしょーぼね 千葉県安房郡　岐阜県飛騨「どしょうぼねの折れるほどなぐる」　三重県志摩郡　*どしょっぽね 長野県諏訪　岐阜県北飛騨　*どしょぼね 千葉県　富山県　三重県員弁郡　香川県高松　*なーに 沖縄県八重山　*なーふに 沖縄県竹富島　*ながにぶに 沖縄県首里　*ながぶに 沖縄県与那国島　*ふし 鹿児島県喜界島　*ふしぶに 鹿児島県沖永良部島・与論島

せまい【狭】　*いばさーん 沖縄県石垣島・波照間島　*いばさい 鹿児島県喜界島　*いばさん 沖縄県宮古島・首里　*いばはーん 沖縄県小浜島　*ぎっちまこい・ぎっつまこい 山形県「この靴、ぎっつまこくって、はけない」　*こまい 広島市「こまい座敷」　*しぇんまこい 山形県北村山郡　*しばーるある 沖縄県鳩間島　*しばさーん 沖縄県石垣島　*しばさん 沖縄県首里　*しばはーん 沖縄県小浜島　*しばはん 沖縄県黒島　*しばん 沖縄県与那国島　*しぴさーん 沖縄県新城島　*しゅばさん 沖縄県竹富島　*せーばっけ・せーばっけー・せーまっけー 千葉県夷隅郡　*せせくらぜまー 島根県美濃郡・益田市「せせくらぜまー家に住んどる」　*せせくりせばー 愛媛県大三島　*せせりせばー 島根県石見　愛媛県大三島　*せばくたい 岐阜県岐阜市・益田郡　*せばこい 岩手県気仙郡　秋田県仙北郡・平鹿郡「あのせばこいとこへみんな行った」　山形県　福島県「しぇばこい道は悪いな」　*せばこつない 福岡市　*せばしけない 三重県度会郡　*せばしっろね 鹿児島県　*せばしない 高知県長岡郡　*せばしね 宮崎県都城・鹿児島県　*せばせつない 福岡市　*せばたっけ 千葉県夷隅郡　*せばつかない 島根県益田市「こがーなせばつかなー所によー住んどる」　愛媛県大三島　*せばっけー 千葉県夷隅郡　*せばっしろなか 鹿児島県　*せばったい 静岡県「せばったい座敷だ」「せばったい場所だ」　*せばっちー 福島県東白川郡「せばっちくて窮屈だな」　*せばっちない 福島県南部「この家はせばっちない(この家は狭いね)」　*せばっろし 鹿児島県　*せばましー 愛媛県伊予郡　*せばらったい 静岡県島田市「混雑でせばらったい」　*せまけ 宮城県石巻「せまけどごさえずげぁにきたがらえむずりなんねぁ(狭い所へ皆一時に来たので身動きができない)」　*せまこい 青森県　岩手県気仙郡　宮城県加美郡・石巻　山形県　福島市　茨城県稲敷郡　*せまっけ 千葉県山武郡　*せまっこい 岩手県気仙郡　茨城県鹿島郡　新潟県西頸城郡・中頸城郡　長野県佐久　*せまったい 静岡県島田市　*せまったない 群馬県山田郡　*せまっちー 福島県東白川郡　群馬県桐生市　*せまつない 青森県三戸郡　*せめっけー 東京都江戸川区　*せんまったい 静岡県「せんまったい座敷だ」　*つまい 徳島県三好郡　*ひっぱこい 山形県最上「部屋がひっぱこえ」　*べーびしゃーん 沖縄県波照間島　*へんばこい 山形県北村山郡・最上郡　*ほそい 高知県

→せまくるしい(狭苦)

せまくるしい【狭苦】　*いちじらさん(空間的、精神的に狭苦しい) 沖縄県首里　*いばやーしーちぇー(「しーちぇー」は押し合うことの意) 沖縄県首里　*せしこい 愛媛県周桑郡　*せせかましー 香川県仲多度郡　愛媛県・松山「こんなにせせかましい所はない、はいりゃせんがな」　長崎県対馬　*せせくらしー・せせろーしー 島根県石見　*せせつましー 和歌山県「あそこの道せせつましいさか(狭いので)」　*せちくろしー 大阪市　*せちこい 茨城県稲敷郡　*せちこちない 茨城県稲敷郡　*せつぐるしー 大分県宇佐郡　*せつくる

しか 長崎市「洋服ばきっとせつくるしゅーてこまる」 *せつくろし 香川県 *せつくろしー 兵庫県淡路島「せつくろしーなー、もっとそっちー寄ってもらえんか」 徳島県 香川県仲多度郡 愛媛県 *せつこしー 愛媛県 *せつころしー 愛媛県 *せつない 茨城県稲敷郡 千葉県・印旛郡 静岡県志太郡 福岡県 長崎県長崎市・伊王島 熊本県玉名郡「四畳半せつなか」 鹿児島県鹿児島郡・揖宿郡 *せつなこい 茨城県稲敷郡 *せつろい 和歌山県新宮 *せつろこい 愛媛県 *せつろこしー 愛媛県 *せつろし 香川県 *せつろしー 滋賀県彦根 兵庫県淡路島 和歌山県「せつろしー家だ」 徳島県「四畳半一間で子育てしよるきん、せつろしー」 香川県 *つつこしー 愛媛県松山「此の部屋はっつこしい」

→せまい（狭）

せみ【蟬】 *あさ 鹿児島県沖永良部島 *あささ 鹿児島県奄美大島・黒島 *あささー 鹿児島県喜界島 沖縄県国頭郡・那覇市・首里（羽が白い） *あさしゃ 鹿児島県奄美大島 *いせび 宮崎県東諸県郡 *がーす 沖縄県宮古島 *かたびら（セミの一種） 静岡県小笠郡 *がや（大きなセミ） 茨城県多賀郡 *かやぜみ（セミの一種） 千葉県安房郡 *がんがん 京都府 *きーや 鹿児島県奄美大島 *ぎしぎし 石川県能美郡 *きたかたごいし（セミの一種） 茨城県稲敷郡 *ぎりぎり 千葉県千葉郡 *くつかーしめ・くつこーしめ・くつこわしめ 東京都八丈島 *けっけ 石川県羽咋郡 *さーんさーん 沖縄県八重山 *さんさー 沖縄県与那国島 *さんさなー 沖縄県中頭郡 *さんさん 沖縄県黒島 *じ 新潟県岩船郡 *じーじ 新潟県中魚沼郡 島根県「じーじのすがら（セミの脱いだ皮）」 *じーじー 三重県志摩郡 兵庫県美方郡 *じーじゃー 沖縄県首里 *じっち 新潟県中魚沼郡 *しぶ 石川県河北郡 *しゃーんしゃーん 沖縄県波照間島 *しゃいしやい 香川県・三豊郡 *じゃき 長野県下伊那郡 静岡県周智郡（小さいセミ） *じゃんがら 石川県河北郡 *しゃんしゃなー 沖縄県那覇 *しゃんしやん 沖縄県国頭郡 *しょーしょー 長崎県西彼杵郡 *じり 栃木県河内郡・芳賀郡 *じりみき 茨城県久慈郡 *じりめ 栃木県 *しんし（セミの一種） 島根県隠岐島 *じんじ 栃木県 島根県隠岐島 *じんじん 栃木県宇都宮市・河内郡 *じんじんせび（セミの一種） 香川県小豆島 *じんめ・じんじり 栃木県河内郡 *ずくっしょ 宮崎県東諸県郡 *すくとーし 東京都八丈島 *せうせう 長崎県西彼杵郡 *せーせ 三重県志摩郡 長崎県北松浦郡・五島 熊本県玉名郡・天草郡 *せーせー 三重県志摩郡 長崎県壱岐島（幼児語）・五島 大分県大分郡 *せっせ 三重県志摩郡 徳島県（幼児語） 香川県仲多度郡（幼児語） 長崎県五島 *せっせつ 長崎県五島 *せびせび 大阪府 香川県 *せみせみ 大阪府中河内郡 *せんせん 三重県志摩郡 *そばまき（セミの一種。蕎麦をまく時期に鳴く） 山形県東置賜郡 *ちーじ 島根県隠岐島 *ちーせみ（小形のセミ） 大阪府泉北郡 *ちちこ（小さいもの） 香川県小豆島 *ちーんせみ（小形のセミ） 鹿児島県種子島 *なちゃー 鹿児島県喜界島 *ぺんどぅり（鳴き声から） 沖縄県小浜島 *まつせみ（小さいセミ） 香川県大川郡 *まつむし（小さいセミ） 香川県大川郡 *みんみん 奈良県吉野郡（大きいセミ）・香川県木田郡（小さいセミ。灰色の羽のもの） *めんこ 富山県婦負郡 *めんめ 石川県羽咋郡（幼児語）・河北郡（小さいセミ） 島根県出雲（幼児語） *めんめん（幼児語） 富山県・婦負郡 石川県鹿島郡 島根県出雲

□の幼虫 *せみのうま 香川県 *せみのだんご 愛媛県大三島 *あかぜみ 山形県北村山郡 *いもむし 奈良県南葛城郡 *うま 埼玉県秩父郡 *こま 埼玉県秩父郡 *ごろだい 香川県 *すくも・すくぼ（まだ地中にいるの幼虫） 和歌山県 *ぜみかが 山形県北村山郡 *ぜみ 山形県庄内 *せみばば 秋田県平鹿郡 *つちぼ 宮崎県東諸県郡 *つぼむし・つっぽむし 鹿児島県肝属郡 *てんぼ 長野県 *どんぐり（セミの幼虫で地中にいるもの） 愛知県知多郡 *にゅーどー 愛媛県 *にゅーどーむし 高知県 *のけだ 山口県豊浦郡 *のた 長野県諏訪 *はいっこぞー 静岡県富士郡 *はいぼこ 長野県諏訪 *はらんだ 香川県伊吹島 *べここ 青森県三戸郡 *もぞ 新潟県 *もぞもぞ 新潟県 *もちご 島根県大田市 *もつくりこ 香川県小豆島 *わんざ 新潟県中越・長岡市 *わんぞ 新潟県中越・長岡市 *わんにやこ 群馬県多野郡

せり【芹】 *かわぜり 熊本県芦北郡 *かわぐさ 鹿児島県鹿児島郡 *とーだー 鹿児島県喜界島 *にほんぜり 群馬県勢多郡 *ほんぜり 群馬県勢多郡 長野県北佐久 *みずぜり 島根県美濃郡

せわ【世話】 *あんもて 長野県佐久 *おーれー 鹿児島県喜界島「おーれーさー（祭礼の時の料理人）」 *おせせ（お世話。おせっかい） 千葉県香取郡 *かいほー 長崎県五島「あがん牛のかいほーばせれ」 *くかえし 青森県津軽「いつまでも兄のくかえしねなっている」「あと始末はみんな私のくかえしねなる」 *さいがく（周旋） 山形県東置賜郡・米沢市「嫁のさえがぐした」 *さはい（指図） 新潟県佐渡 滋賀県彦根 島根県出雲「要らぬさはいをする」 徳島県 *さんべー・さんべーこんべー 長崎県対馬「さんべえする」 *しゃーなご 島根県江津市「あの人はしゃーなごをよくする」 *しんじつぃ 沖縄県首里 *せーべー 鹿児島県喜界島「子供のせーべーで朝の間は野良へ出られん」 *ばっかい 新潟県岩船郡「ばっけぇならぬ（数などが多くて処置できない）」 富山県「ばっかいできぬ（手に余る）」「こんなもんのばっかいしとりゃ仕事もでっけん」 石川県鹿島郡 *みーかんげー 沖縄県首里 *むちなし 沖縄県首里「とぅしゅいぬ　むちなし（年寄りの世話）」

いらぬ□　*いけじゅーく 埼玉県「いけじゅーくやく」　*いらぬさいきょー 島根県八束郡・大原郡「いらぬさいきょーをやく」　*いらんこーぜー 新潟県佐渡　*いらんさいこー 島根県邇摩郡　*いらんさいこずち 愛媛県大三島　*いらんさいじょー 島根県鹿足郡　*いらんさいちん 島根県石見　*いらんさいはち 愛媛県大三島　*いらんせんしょ 静岡県志太郡　*いらんちゃこ 島根県石見　*いらんはっさー 島根県益田市・美濃郡「いらんはっさーをせんこー、早う出て行け」　*えもぜわ 島根県八束郡「えもぜわやくな」　*おじはっちゃ 宮城県仙台市　*おじゅーく 群馬県吾妻郡　埼玉県秩父郡　*おじゅーこ 長野県　*おじゅーはっちゃ 宮城県仙台市「あの男のおじゅうはっちゃにも困る」　*おじょーこ 長野県上田　*おじょーこー・おじょこ 長野県長野市・上水内郡　*おせえったら 山梨県　*かす 山形県西置賜郡　福島県「かすする」　新潟県東蒲原郡・中頸城郡　長野県下水内郡　岐阜県「かすこくな」　静岡県　*からせわ 秋田県鹿角郡　*こっさく 島根県益田市・邑智郡「人のこっさくはえーけー自分の仕事をせー」　*さいちん 島根県石見「なんでもなー、要らんさいちんやくな」　*さいば 島根県出雲・隠岐島「さえばもつ」　*さいはい 青森県津軽「ひとりでやたらにさぇはぇふっていた」　島根県石見「さいはいをやく」　*さいばい 鳥取県東部「さいばいやく」　島根県「脇に座ってさいばえするな」　*さいはち・さいかち 愛媛県「いらんさいはちやくな」　*さいばん 島根県美濃郡・益田市　*さいま 岡山県・真庭郡・苫田郡「さいまー焼くな、女房のくせして」　山口県玖珂郡　*さいろく 島根県八束郡「さいろくする」　*さいわい 新潟県中頸城郡「いらぬさいわいするな」　*じーく 茨城県猿島郡　*じくー 群馬県邑楽郡　*しなし 山形県東置賜郡・西置賜郡　*しゃーはち 熊本県玉名郡　*しゃーびゃー 佐賀県・藤津郡「しゃーびゃーすっ」　*しゃーろく・せーろく 島根県隠岐島「せーろくなことをすんな」　*しゃびゃ 島根県八束郡　*じゅーく 群馬県山田郡　*じゅーくー 群馬県「じゅーくーするじゃない」　埼玉県秩父郡・北葛飾郡「他人のことに余計なじゅーくー言うな」　*じゅく・じく 埼玉県大里郡　*せーべー 長崎県彼杵　沖縄県首里　*せーべーぐとぅ 沖縄県首里　*ちゃこ（無用の世話）島根県「ちゃこをやく（いらぬ世話をする、干渉する）」　*ちゃちゃ（無用の世話）富山県「ちゃちゃやく」・下新川郡　*とちぜーろく・とち 島根県隠岐島「とちをすんな」　*わざ 島根県隠岐島「わざすんな」

いらぬ□を焼く人　*おてんば 山口県阿武郡　*さしこ 三重県伊賀　徳島県　*さちょこ 新潟県西頸城郡　*しゃこ 島根県仁多郡　*しゃこもち 島根県出雲　*しゃしこ 徳島県・美馬郡　*しゃしゃ 岐阜県武儀郡　*しゃしゃく 栃木県　愛知県名古屋市　島根県飯石郡・隠岐島　香川県仲多度郡　*しゃしゃこ 滋賀県愛知郡　島根県　徳島県　香川県　*しゃしゃこもち 島根県出雲　*しゃしゃま・しょしょま 鳥取県西伯郡　*しゃち 岐阜県飛驒・大垣市　*しゃちこ 徳島県・美馬郡　*じゃちこ 香川県綾歌郡　*ちゃこやき 島根県邑智郡　*てんば 和歌山県　山口県　*てんばこき 和歌山県新宮「あの方はほんとにてんばこきです」　*てんばち 三重県志摩郡「てんばちする」　*ひらべー 山口県阿武郡

□をする　*あじがう 岩手県気仙郡「あじげぁころした（死ぬまで養った）」　秋田県山本郡・南秋田郡「長い間親をあじがった」　*あずかる 青森県「馬を二匹あじがる」　秋田県鹿角郡「誰もあずかる人が無くて気の毒だ」「鶏をあずがる」　新潟県東蒲原郡　*あつかう 宮城県仙台市「嫁にあつかれる」　秋田市「（亡くなった婆さんを）ほんとによぐあちかいみさったもの」　長崎県対馬「子もあつかーねならんばな」　*うすかまう 青森県南部　*おじゃす 秋田県鹿角郡　*おぱふる 青森県津軽　*かける 新潟県佐渡「親をかける」　*かたこしぬく 福岡市　*かぼう 山形県米沢市「あの人をかぼわね」　*からぼう 岩手県九戸郡　*かんげーゆん 沖縄県首里　*がんまく 新潟県中頸城郡　*きもいー 鹿児島県　*きもいる 岐阜県「たいへんきもいってくれた」　熊本県下益城郡　*くすむ（師範学校に楠松（くすまつ）という世話好きの人がいたところから起こったという学生言葉）愛媛県伊予郡「これから貧乏くぢをしょーぢゃないか。わしがくすんでやるから」　*しとねる 長野県上伊那郡・下伊那郡　岐阜県　愛知県　*せわる（「せわする」の転）山形県米沢市　*はなえる 島根県鹿足郡「仕事をはなえてやってくれ」　*ひとねる 長野県東筑摩郡　岐阜県「この子をきっとひとねる」　静岡県磐田郡　愛知県豊橋市　*ふとねる 岐阜県飛驒　愛知県知多郡　*まめくる（肝煎する）長崎県壱岐島　*みーかんげーゆん・みーかんげーしゅん 沖縄県首里　*みたてる 島根県江津市「子供をよーみたてる」　*みつぎみる 新潟県岩船郡　*わんだゆん（特に、年寄りのめんどうを見る）沖縄県首里「わんだーりゆん（世話になる）」

□を焼く　*きもせをやく 長崎県対馬　*きもをやく 島根県石見「あれのためにゃー随分きもをやーた」　*ごーやく 愛媛県　*ごせやく 新潟県　*さいりょーをやく 広島県倉橋島　*せーかく 富山県砺波「あいつはどだけせーかいてやってもあかん」　石川県珠洲郡・鹿島郡　*せとやく 富山県砺波「あんまり親にせとやかせるもんでない」　*ぞーやく 高知県幡多郡「たかでぞーやかしたばあの（だけの）ことよなあ」「そんげぞーやかすな」　*ちゃわやく 富山県下新川郡　*てかざす・てかんざす 岩手県気仙郡　*へかやく 山形県庄内　*まつべる 新潟県中頸城郡　*まつめる

新潟県中頸城郡　長野県佐久「長女が弟妹をまつめてくれて助かる」　*まてがる 長崎県対馬

せわしい【忙】　*あつこまし 兵庫県加古郡　*いちゅなさん 沖縄県首里　*じきがない 富山県砺波　石川県金沢市・石川郡　*じきゃない 富山県砺波「待っとってもじきゃないけで先に行く」　*せつくろしー 滋賀県　*せつろしー 福井県敦賀郡　滋賀県　京都府京都市・葛野郡　*ちむいちゅなさん 沖縄県首里　*ひわすない 秋田県山本郡「ひわすねぁ児だな」　*やかない 静岡県・富士郡　→いそがしい（忙）・きぜわしい（気忙）・せわしない（忙）

せわしない【忙】　*あせない 富山県・砺波　石川県「ひどいあせないことにおーてー（会って）」　*からせわしー 山形県東置賜郡・最上郡　*からへわしぇ 山形県新庄市・最上郡「からへわしぇ小僧っ子」　*けたたましー 富山県富山市近在・砺波「今日〆切やったもんじゃけで、けたたましい思いして届けてきた」　*せーぞない 長野県上伊那郡・下伊那郡　*せーどない 神奈川県　長野県東筑摩郡「せーどない児だ」・上伊那郡　*もーらしー 島根県「自動車の出時間がもーらしゅーてゆっくり酒を飲んでおられん」　→いそがしい（忙）・きぜわしい（気忙）・こころぜわしい（心忙）・せわしい（忙）

ぜん【膳】　*おしき（食事の際に使う膳） 秋田県鹿角郡　富山市近在　岐阜県吉城郡　島根県飯石郡・隠岐島　広島県高田郡　宮崎県西臼杵郡　鹿児島県　*おしきぜん・しきぜん（食事の際に使う膳） 島根県出雲　*かしわで 長野県佐久　*じょーぎぜん（日常使用する膳） 新潟県佐渡

せんげつ【先月】　*あとげつ 宮城県仙台市　山形県東置賜郡・東村山郡　千葉県印旛郡　東京都八王子　神奈川県津久井郡　富山県砺波　長野県上田・諏訪　三重県志摩郡　京都市　大阪市　兵庫県　鳥取県岩美郡・気高郡　島根県　山口県玖珂郡　香川県　高知県　長崎県南高来郡　宮崎県　鹿児島県　*あとつき 秋田県由利郡　和歌山県海草郡・和歌山市　*あとのつき 千葉県印旛郡　和歌山市　島根県邑智郡・邇摩郡　愛媛県周桑郡　*いきたりつぃき 沖縄県小浜島・新城島　*いくだつぃき・いくたしき 沖縄県石垣島　*いじゃーんつき 鹿児島県徳之島・沖永良部島　*いじゃーんてぃき 鹿児島県奄美大島　*いじゃるちき 鹿児島県与論島　*いじゃるつぃき 鹿児島県徳之島　*いじゃるつち 沖縄県国頭郡　*いじゃんてぃき 鹿児島県加計呂麻島　*いたるってぃ（「越えた月」の意） 沖縄県与那国島　*ぐーたしき 沖縄県鳩間島　*くたつぃち 沖縄県首里　*くぃたつぃち 沖縄県那覇市　*たとあつき 東京都八丈島　*はったるしつき 沖縄県竹富島　*ぱりったりしき 沖縄県黒島　*んぐたるしき 沖縄県石垣島・波照間島

せんこく【先刻】　*いぜん 鹿児島県阿久根市「（子供が）いじぇんから待っとっとじゃいがあ」・鹿児島郡　*いぜんさっ 鹿児島県鹿児島郡　*いま 岡山市「いまから貴方を待ちました」　*いまがた 岩手県東磐井郡　山形県「えまがだ来たばかりだ」　大分県別府市　*いまがたし 富山県砺波　*いまさいぜん 大分県別府市　*いまもと 静岡県　*いまんた 岐阜県飛驒・郡上郡「ほんいまんた行きないた」　*いまんだし 岐阜県飛驒「いまんだしまでここにおった」　*いんま 島根県那賀郡　岡山市　山口県大島「あの男は気が狂うてゐるのぢゃないか。いんまからあこへ立って、人のやる事をきぼりきぼり（ぼんやりと）見よるが」　愛媛県周桑郡・喜多郡　高知県幡多郡　*いんまがたし 島根県石見　*きさ 沖縄県　*きっさ 沖縄県首里　*くれま 島根県鹿足郡「あの人はくれまここにいましたのに」　*けさ 新潟県中部　*けす 長崎県　*けっさ 沖縄県八重山　*さーきに 愛媛県　*さーきん 群馬県佐波郡　*さーちん 鹿児島県喜界島　*さーっきに 滋賀県彦根　*さーま 石川県江沼郡　*さいじめん 静岡県　*さいぜんがた 大分県　*さいぜんさき 大分県速見郡　*さいでんがた 大分県大分市・大分郡　*さかんた 石川県鹿島郡　*さきかた 岩手県気仙郡　*さきがた 宮城県仙台市　富山県高岡市　石川県江沼郡　岐阜県　香川県仲多度郡「さきがたまでおった」　*さきがたし 石川県能美郡・石川郡　*さきさ 山形県　*さぎし 千葉県印旛郡　*さきた 青森県　岩手県　宮城県「もーは、さきた行ってめーりした」　秋田県　山形県　*さきだって 山形県西田川郡　*さきな 福島県相馬　埼玉県入間郡「さきな歌うたってゐたな誰だ」　新潟県　富山県下新川郡　*さきながた 新潟県佐渡・三島郡　*さきながたし 新潟県西蒲原郡・佐渡　*さきなし 茨城県稲敷郡　*さきに 三重県志摩郡　兵庫県養父郡・淡路島　香川県・高松市・三豊郡　*さきにがた 京都府竹野郡「さきにがた出かけました」　*さきね 神奈川県津久井郡　山梨県北巨摩郡　*さきめ 石川県江沼郡　*さきん 埼玉県秩父郡「さきん帰ったべーだよん」　香川県　*さきんうちに 香川県仲多度郡　*さきんがた 広島県双三郡　香川県「さきんがた見えよった」　*さぎんし 千葉県印旛郡　*さきんた 福井県足羽郡　*さきんな 群馬県利根郡・勢多郡　*さきんに 香川県高松市・香川郡　*さけん 香川県　*さっかり 熊本県　*さっきかた 岩手県気仙郡「さっきかだきたばかりだ」　*さっきがた 岐阜県飛驒　*さっきし・さっきしがた 埼玉県北葛飾郡　*さっきた 青森県南部　岩手県「さっきだきたばりだ」　宮城県栗原郡・玉造郡　山形県　*さっきな 青森県南部　岩手県九戸郡・上閉伊郡　宮城県石巻「さっきなは留守すてすみえんでござりすたねんす」・仙台市　山形県　福島県　群馬県碓氷郡・佐波郡　新潟県中越　長野県下水内郡・佐久　*さっきながた 長野県佐久　*さっきに 愛知県名古屋市「花の先生はもうさっきにから見えております」　三重県松阪　滋賀県蒲生郡　和歌山県日高郡・西牟婁郡「さっけに書いて置きました」　香川県　愛

媛県新居郡 *さっきね 岐阜県飛騨 *さっきん 福井県大飯郡 三重県阿山郡 京都府 兵庫県加古郡 奈良県 香川県 *さっきんがた 香川県 *さっきんだし 岐阜県飛騨 *さっきんに 香川県三豊郡 *さわきん 滋賀県甲賀郡 *じっきいま 千葉県夷隅郡 *しょーて 和歌山県日高郡 *しょて 三重県志摩郡 長崎県馬渡島 *せんから 熊本県天草 *ぜんから 福岡県 *せんかる 長崎県南高来郡「この人はせんかる通った人の弟さんだ」 熊本県天草郡 *せんに 長崎県五島 宮崎市 鹿児島県 *せんね 大分県 *せんねかた 福岡県 *せんねがた 大分県 *せんねんがた 大分市 *てまえ 香川県 *とー 島根県「たったとーにお前にやったばっかしじゃ」 広島県三次「とーのーそっとなしてつかあさい(さっきのを少し返してください)」 *なーまさき 鹿児島県奄美大島 *ないがーってぃ 沖縄県与那国島 *なまーてぃ 沖縄県竹富島 *なまがた 鹿児島県奄美大島 沖縄県首里 *なまさき 沖縄県島尻郡・石垣島 *なまさち 沖縄県首里 *なましき 沖縄県石垣島 *なまんがた 鹿児島県奄美大島 *ひっさ 鹿児島県沖永良部島・喜界島 *まなしき・まなしし 沖縄県波照間島 *まなすき 沖縄県波照間島 *まなったばり 沖縄県石垣島 *まねばれってぃ 沖縄県新城島 *みなまーってぃ 沖縄県小浜島
↓いましがた（今方）・さっき（先）

せんじつ【先日】 ⇩このあいだ（此間）

せんすい【潜水】 *かずき 三重県志摩郡 *かつぎ 静岡県「今日もかつぎに行きました」 徳島県 *かんじぎ 岩手県九戸郡 *しーじん 岡山県小田郡 *しーり 岡山市 *すぃーみ(「河童(かっぱ)」を「水虎(すいこ)」と言うところからか) 沖縄県首里 *すいくり(「河童(かっぱ)」を「水虎(すいこ)」と言うところからか) 岐阜県吉城郡 *すいこ(「河童(かっぱ)」を「水虎(すいこ)」と言うところからか) 島根県 *すいこみ(「河童(かっぱ)」を「水虎(すいこ)」と言うところからか) 島根県益田市 *すいじ・すいじんこ 愛媛県 *すいじん 島根県石見 山口県阿武郡 愛媛県・大三島 *すいじんこー 島根県石見「すいじんこーする」 *すいのこ(「河童(かっぱ)」を「水虎(すいこ)」と言うところからか) 山口県大島 愛媛県 高知県香美郡「ほめきーき(暑苦しいから)すいのこにいきよる」 *ずいぶり・ずいぼり(「河童(かっぱ)」を「水虎(すいこ)」と言うところからか) 香川県中部 *すいり 三重県志摩郡 京都市 大阪府 奈良県吉野郡・宇智郡 和歌山県 島根県那賀郡 岡山県御津郡 広島県佐伯郡・高田郡 山口県豊浦郡「すいりにぬける」・大島 徳島県「するりにいる」 愛媛県・松山 *ずいり 徳島県 *すいりゅー 岡山県苫田郡「すいりゅーをこむ(水中に潜って泳ぐ)」 *すいりん 島根県石見 広島県比婆郡 徳島県 愛媛県 *すいれ 奈良県吉野郡 *すいろ 三重県北牟婁郡 和歌山県東牟婁郡「すいろにはいる」・新宮 愛媛県伊予市 *ずいろ 徳島県 香川県仲多度郡・三豊郡「ずいろんかむ(水中に潜る)」 愛媛県 *すくり(「河童(かっぱ)」を「水虎(すいこ)」と言うところからか) 香川県大川郡 *ずぶくぐり 岩手県気仙郡 秋田県鹿角郡 山形県 *ずぼくぐり・ずんぼくぐり 山形県西置賜郡 *ずぼくんぐり 山形県東置賜郡 *すり・すみいり 島根県隠岐島 *すんこ(「河童(かっぱ)」を「水虎(すいこ)」と言うところからか) 島根県隠岐島 *ずんぶくぐり 福島県相馬郡「水あそびに行って、ずんぶくぐりした」・東白川郡 *ずんぶぐり 群馬県佐波郡 *ずんぶくり・ずんぶっくぐり・ずんぶんくぐり 栃木県 *ずんぼんくぐり 栃木県日光市・芳賀郡 *つんぶりこ 島根県那賀郡 *つんむぐり 群馬県多野郡 *つんもぐり 群馬県山田郡 *ほむ 愛媛県魚島
↓もぐる（潜）

□する *あまいる 和歌山県東牟婁郡 *あまにいる 和歌山県 *あまへはいる・あまずる 和歌山市 *あまりいる 和歌山県・西牟婁郡「も一ぺあまりいろか」・日高郡 *かずく 三重県志摩郡 *かつぎる 鳥取県東伯郡 *かつぐ 長崎県対馬 *しゅむ 愛媛県 *すいこにいる 島根県出雲 *すいこねる 島根県出雲 *ずいにいる 香川県綾歌郡・三豊郡 *ずぶこく 山形県米沢市 *すみゅい・すにゅい 鹿児島県喜界島 *すむ 島根県石見 山口県見島「十七八尋の海底に分銅といきづなを用ひてすむ海士は八人ばかり居る」 愛媛県 高知県「川の中ですんだと思うたら、早あんなところに顔をだした」 福岡県久留米市・八女郡 佐賀県 長崎県 熊本県 大分県北海部郡 大分郡・宮崎県延岡市 鹿児島県肝属郡・屋久島 *ずん 鹿児島県 *ずんぼんくぐる 栃木県鹿沼市・芳賀郡 *ずんむぐる 福島県東白川郡 *ぬける 徳島県海部郡

せんせい【先生】 *しゅーだ(先生、役人、医者などの上流の人を言う) 沖縄県石垣島 *しゅーたー(先生、役人、医者などの上流の人を言う) 鹿児島県喜界島

ぜんぜん【全然】 *あっじょ(すっかり。大変) 兵庫県加古郡 *あら(「あらから」「あらに」の形で、否定の語を伴って用いる) 兵庫県加古郡「あらにでけへん」 愛媛県 *あんじょ(すっかり。大変) 兵庫県加古郡 奈良県南大和 香川県小豆島・豊島「こないだのしけで、ごまをあんじょとやられてしもたわいな」 *あんじょー(すっかり。大変) 香川県 *いちむじ 岐阜県恵那郡 *かい 福井県 奈良県吉野郡 *がい 三重県志摩 *かいくつ(打ち消しの語を伴って用いる) 岐阜県益田郡 *かいくり(打ち消しの語を伴って用いる) 福井県吉田郡・丹生郡 *がいくり(打ち消しの語を伴って用いる) 宮城県玉造郡 *かいぐり(打ち消しの語を伴って用いる) 岩手県気仙郡 *がいぐり(打ち消しの語を伴って用いる) 宮城県登米郡 *かいぐりさんぼ(打ち消しの語を伴って用いる)

岩手県気仙郡「けぁぐりさんぼそれからこなかった」 ＊**かいくれ**(打ち消しの語を伴って用いる)山形県東置賜郡「かえくれもうからない」 富山県下新川郡・富山市近在「そんな事、かえくれ知らん」 長野県上伊那郡 岐阜県土岐郡 滋賀県 和歌山県「かいくれ行方がわからん」 ＊**かいぐれ**(打ち消しの語を伴って用いる)三重県志摩郡 ＊**がいくれ**(打ち消しの語を伴って用いる)宮城県仙台市 ＊**かいくれー**(打ち消しの語を伴って用いる)長野県諏訪 ＊**がいくれさんぼー**(打ち消しの語を伴って用いる)宮城県仙台市「たまに遊びに出すと、がいくれ三宝帰ることを知らぬ」 ＊**かいしき**(打ち消しの語を伴って強く否定する意を表す)千葉県香取郡 長野県下伊那郡「行ったきりかいしき手紙もよこさぬ」 島根県 香川県三豊郡「今日の試験はかいしきでけなんだ」 ＊**かいすき**(打ち消しの語を伴って強く否定する意を表す)島根県出雲「かいすきない」 ＊**かいたらかいもち**(まるで。からきし)長野県 ＊**かたから**(下に打ち消しの意の語を伴うことが多い)福島県相馬 富山県西礪波郡 石川県 岐阜県飛驒「酒だけはかたから飲めん」 静岡県「かたから仕方がない」 兵庫県淡路島 鳥取市「かたから相手にせぬ」 島根県「かたから言うことを聞かん」 山口県玖珂郡 徳島県 香川県仲多度郡「あいつの絵はかたからなっとらん」・高松市 愛媛県「かたから話にせん」 福岡市 ＊**かたかり**(下に打ち消しの意の語を伴うことが多い)宮崎県日南市 ＊**かたくそ**(下に打ち消しの意の語を伴うことが多い)岐阜県飛驒 ＊**かたじ**(下に打ち消しの意の語を伴うことが多い)和歌山県伊都郡 ＊**かたじゃー**(下に打ち消しの意の語を伴うことが多い)広島県芦品郡 ＊**かただい**(下に打ち消しの意の語を伴うことが多い)岡山県真庭郡「耳がかただぇー聞こえんのじゃ」・苫田郡 山口県大島 愛媛県 ＊**かたっから**(下に打ち消しの意の語を伴うことが多い)岐阜県飛驒 ＊**かたで**(下に打ち消しの意の語を伴うことが多い)秋田県河辺郡 山形県南部「上手に書かんにゃくてかだで面白くない」 福島県会津 茨城県猿島郡 新潟県佐渡 富山県砺波「酒はかたであかん」 石川県 岐阜県益田郡 三重県「かたで仕方がない」 滋賀県彦根 兵庫県淡路島「何遍催促したとてかたで動くことせんので弱っとるのじゃ」 奈良県南大和 和歌山県那賀郡 鳥取市「かたで相手にせぬ」 島根県「かたで話にならん」 山口県大島 徳島県「かたで字になっとらん」 香川県仲多度郡 愛媛県 ＊**かたでも**(下に打ち消しの意の語を伴うことが多い)和歌山県那賀郡「かたでもない」 ＊**かたに**(下に打ち消しの意の語を伴うことが多い)新潟県東蒲原郡「かたに顔を見せぬ」 富山県 長野県下水内郡 岐阜県飛驒 島根県益田市・隠岐島 愛媛県 ＊**かだに**(下に打ち消しの意の語を伴うことが多い)島根県「かだに船が来んようになった」 ＊**がたに**(下に打ち消しの意の語を伴うことが多い)島根県簸川郡・隠岐島 ＊**かたね**(下に打ち消しの意の語を伴うことが多い)岐阜県飛驒 ＊**かたよい**(下に打ち消しの意の語を伴うことが多い)佐賀県・藤津郡 ＊**かたんで**(下に打ち消しの意の語を伴うことが多い)秋田県河辺郡・平鹿郡「かだんで見えなかった」 ＊**かったくれ**(下に打ち消しの意の語を伴うことが多い)京都府中郡・竹野郡 ＊**かったて**(下に打ち消しの意の語を伴うことが多い)三重県名賀郡「かったて問題にならん」 ＊**かったで**(下に打ち消しの意の語を伴うことが多い)福井県大飯郡 京都府西北部 ＊**かったに**(下に打ち消しの意の語を伴うことが多い)京都府「近頃かったにもうかりまへん」 ＊**がったに**(下に打ち消しの意の語を伴うことが多い)島根県隠岐島 ＊**がで** 熊本県玉名郡 ＊**からきって**(否定的な表現や語を伴って、強く否定する意を表す)群馬県吾妻郡 千葉県夷隅郡 ＊**からきり**(否定的な表現や語を伴って、強く否定する意を表す)岩手県気仙郡 山形県 ＊**からぎり**(否定的な表現や語を伴って、強く否定する意を表す)長野県 ＊**からしき**(否定的な表現や語を伴って、強く否定する意を表す)長野県佐久 島根県「釣に行ったがからしき駄目」 ＊**からっき**(否定的な表現や語を伴って、強く否定する意を表す)茨城県猿島郡 ＊**からっきら**(否定的な表現や語を伴って、強く否定する意を表す)福島県東白川郡 ＊**からっきり**(否定的な表現や語を伴って、強く否定する意を表す)山形県「からっきり駄目だ」 福島県 茨城県猿島郡・稲敷郡 栃木県 埼玉県秩父郡・川越 山梨県「水がからっきり出来ぬ」 静岡県・富士郡 ＊**がんかる** 熊本県玉名郡 ＊**ぐなつ**(たいそう。大いに)鹿児島県肝属郡 ＊**けーむ**(打ち消しの意の語を伴って)神奈川県中郡・愛甲郡「けーむだめだ」 ＊**けーも**(打ち消しの意の語を伴って)神奈川県足柄上郡 ＊**けけ** 東京都八丈島 ＊**ごーど**(さっぱり)島根県簸川郡 ＊**こきさり** 三重県一志郡 ＊**こきれもきれ** 島根県美濃郡「出た切りこきれもきれ戻って来ん」 ＊**こくれもくれ** 山口県阿武郡 ＊**ごっくり** 島根県鹿足郡・益田市「そがーな事があるたーごっくり知らだった」 ＊**さらけつ** 愛媛県大三島「さらけつ三文もなー」 ＊**すーたい**(打ち消しの語を伴って)新潟県西頸城郡 ＊**すったい**(打ち消しの語を伴って)佐賀県「すったいこぬ」 鹿児島県 ＊**すったり**(打ち消しの語を伴って)福岡市「すったり甘くない」 熊本県「すったりいかん」 ＊**すっと・すーと**(さっぱり)香川県「すっとにでけなんだゆうんとはちがうんじゃ」「すーとに」 ＊**すっとこ** 和歌山県 ＊**すっとこざえもん** 和歌山県那賀郡 ＊**ずど** 岡山県真庭郡「ずどきれいに無うなってしもうたあ」 ＊**ずぶ** 山形県新庄・米沢市「ずぶゆわんにゃえ」「ずぶ知らなえ」 茨城県 東京都八王子 新潟県中頸城郡・西頸城郡 石川県 長野県「ずぶだめだ」「ずぶまずい」「あれはずぶ下等な物で見る甲斐がない」 静岡県「ずぶ小さい」・田方郡・志太郡「ずぶ少なぇー」

山口県豊浦郡「ずぶ分からぬ」　香川県　*ずぶきって千葉県夷隅郡「ずぶきって米が取れない」　*ずぶきり宮城県「ずぶきり知らなんだ」「最後までやらせてみさえや、あの成績ではづぶきり駄目と思うけんとまづ」　*ずぶたい新潟県「あの話はずぶたえ駄目だった」　静岡県　岡山県浅口郡　福岡県企救郡　*ずふと新潟県西頸城郡　*ずべ茨城県久慈郡　*ずんど兵庫県淡路島「ああさうさう山田君でしたなあ、ずんど忘れてました」　岡山県　徳島県　*ずんどよーに岡山県川上郡「ずんどよーに忘れとったがな」　*たいぎり（打ち消しの語を伴って用いる）山形県米沢市「たえぎりわがんなぇ」　新潟県東蒲原郡　*だいぎり（打ち消しの語を伴って用いる）山形県　神奈川県江の島　新潟県　島根県邑智郡「今日はだいぎり暑い」　広島県三次　山口県阿武郡　*だいご（打ち消しの語を伴って用いる）山口県阿武郡　*だいざ岐阜市　*だいっきり（打ち消しの語を伴って用いる）秋田県「だえっきり音沙汰無い」　山形県「今年はだえっきり雪がふらない」　*だいなし（下に打ち消し、または否定的な表現を伴って）富山県「そんな事だいなし面白くない」　長野県西筑摩郡「だいなしだめだ」　岐阜市　愛知県知多郡　*たえて（打ち消しの語を伴って用いる）新潟県佐渡「そんなことはたえてしません」　長野県諏訪・上伊那郡　*たかで栃木県塩谷郡・上都賀郡「たかで駄目だ」　徳島県　愛媛県　高知市　*たまで福井県　滋賀県　京都府竹野郡　徳島県「たまで話にならぬ」　香川県　愛媛県　高知県「たまでなっちょらん」・幡多郡　*たまに徳島県　*ちーとだー・ちょっこーだり（打ち消しの語を伴って用いる）島根県出雲　*ちーとだい・ちっとだい（打ち消しの語を伴って用いる）島根県出雲・隠岐島　*ちーとだり（打ち消しの語を伴って用いる）島根県出雲・隠岐島「ちーとだり動かん」　*ちーに（打ち消しの語を伴って用いる）島根県出雲「どこへ逃げたかちーに居らん」　佐賀県　熊本県下益城郡　*ちーん（打ち消しの語を伴って用いる）佐賀県　熊本県　*ちっとだいり（打ち消しの語を伴って用いる）島根県邑智郡・大原郡　*ちっとだし（打ち消しの語を伴って用いる）島根県大田市「ちっとだし遊びに来ん」　*ちっとだり・ちとだり（打ち消しの語を伴って用いる）島根県　*ちとだーね（打ち消しの語を伴って用いる）島根県八束郡　*ちゅーかい・ちゅーかいこく（全然。根っから）山口県大島「ちゅーかえ話にならん」　*ちゅーに（打ち消しの語を伴って用いる）島根県石見　広島県広島市・高田郡　山口県　*ちょんぼーだい（下に打ち消しの語が来る）島根県出雲　*ちん（打ち消しの語を伴って用いる）熊本県芦北郡・八代郡　*つい（打ち消しの語を伴って用いる）宮崎県東諸県郡「ついにもね（未曾有）」　*つぃーに（打ち消しの語を伴って用いる）沖縄県首里　*つぃーん（打ち消しの語を伴って用いる）福岡県久留米市・三井郡　*ついし（打ち消しの語を伴って用いる）山形県米沢市　*でーぎり・でんぎり（打ち消しの語を伴って用いる）山形県　*でーんぎん（打ち消しの語を伴って用いる）山形県飽海郡　*でーんげーり（打ち消しの語を伴って用いる）山形県東田川郡　*てんに（否定の表現を伴って用いる）兵庫県加古郡「そんな事はてんにわかれん（全く分からない）」　*どーたい岐阜県恵那郡「とうたい集まらない」・加茂郡「とーたい埒（らち）明かぬ」　*びたいに島根県仁多郡「そんなことはびたいに知らん」　*ぶだい島根県仁多郡　*ぶだいに島根県飯石郡・仁多郡　*ぼじゃーに・ぼじゃね島根県八束郡　*ぼだい鳥取県・西伯郡　島根県「今年はぼだい柿がならん」　*ぼだいくそ鳥取県西伯郡　*ぼだいに鳥取県西伯郡　島根県「この入れ物には水がぼでーに入っちょらん」　*ほりきり奈良県吉野郡「そりゃあなあ、ほりきり悪かった」　*まりと・まりっと新潟県佐渡「まりと見えはしない」　*まるーっと大分県南海部郡　*まるたき・まるったき高知県「此の答はまるたき合ーちょらん」　*まるって岩手県気仙郡　*まるっと岩手県気仙郡　宮城県「そんではまるっとお話ちがいすべっちゃ」　山形県米沢市「まるっと知らなえ」　福島県「まるっとだめだった」　長崎県西彼杵郡　*まると新潟県佐渡　富山県砺波　石川県　*まるまるっと宮城県仙台市　*むーじ（打ち消しの語を伴って用いる）山形県東置賜郡・南置賜郡「この村には田がむーじない」　*むーず（打ち消しの語を伴って用いる）岐阜県大野郡　*むく東京都大島「むく酒は飲めない」　新潟県佐渡「あの子はむく出来が悪い」　和歌山市「むく知らんことや」　高知県高岡郡・高知市

大分県西国東郡　*むくすけ（否定表現を伴って用いる）和歌山県日高郡　*むくたい（否定表現を伴って用いる）東京都大島　福井県大飯郡　長野県下伊那郡「それはむくたい駄目な事だ」　和歌山県日高郡・東牟婁郡　高知県「むくたい知らん訳でもなかった」　*むくと大分県西国東郡　*むくに高知県　*むじ（打ち消しの語を伴って用いる）青森県上北郡「あれはこの事情をむじ知らない」　山形県「薬はむぢきかない」　愛知県宝飯郡・名古屋市

福岡市「むじのうごきもせん」　*むじきり（打ち消しの語を伴って用いる）岩手県気仙郡「おれはむずきり酒は飲めない」　宮城県登米郡　山形県　*むじくた（打ち消しの語を伴って用いる）愛知県宝飯郡　*むじっきり（打ち消しの語を伴って用いる）岩手県気仙郡　*むじっとぅ（打ち消しの語を伴って用いる）沖縄県石垣島　*むず（打ち消しの語を伴って用いる）岐阜県大野郡・郡上郡　滋賀県愛知郡・彦根「むずともしない」　兵庫県加古郡「むず知らん事ないやろ」　香川県三豊郡　愛媛県　宇和島　長崎県壱岐島「むずも違わぬ」　大分県大分郡　*むずこくてー（打ち消しの語を伴って用いる）長野県東筑摩郡　*むすっとぅ（打ち消しの語を伴って用いる）沖縄県鳩間島　*むたい（否定表現を伴って用いる）長野県上伊那郡「むてーだめ」　*む

たいき（否定表現を伴って用いる）岐阜県恵那郡 *むちきり（打ち消しの語を伴って用いる）山形県南置賜郡 *むつ（打ち消しの語を伴って用いる）鹿児島県・肝属郡 *むっか 青森県津軽 *むっきと 新潟県佐渡 *むっきに 新潟県佐渡 *むっく 山梨県・南巨摩郡「むっくわからのー人だ」 長野県下伊那郡　京都府北部 *むっくし 山形県米沢市「むっくし言わんにゃえ（一言も言わない）」 長野県「むっくし駄目だ」 *むっくすっく 埼玉県南埼玉郡・秩父郡「むっくすっく口をきかねえ子だ」 *むっくすって 埼玉県秩父郡 *むっくに 和歌山県東牟婁郡「むっくに知らん」 山口県大島「むっくに仕事がはかどらん」 *むっけー 鹿児島県種子島「むっけー釣れんざった」 *むぬ 鹿児島県喜界島 *むりっと 青森県上北郡「むりっとこなくなった」 *むる 沖縄県首里 *むんず（打ち消しの語を伴って用いる）岐阜県郡上郡 *もくたい（否定表現を伴って用いる）兵庫県神戸市「もくたい歩かれへん」 香川県 *もじ（打ち消しの語を伴って用いる）島根県東部 *もどすきゃーなー（残りなく）島根県益田市「もどすきゃーなー取られてはー何も無ぁよーになった」

↓「すこし（少）」の子見出し、「すこしも」・まったく（全）

せんぞ【先祖】 *うやぴとぅ 沖縄県石垣島 *おこじ 沖縄県宮古島 *ぱーぽず・ぱー 沖縄県宮古島 *ふぁーふじ 沖縄県首里

→そせん（祖先）

せんたく【洗濯】 *あらいこ 岩手県九戸郡 *あれーしくち（「しくち」は仕事の意）沖縄県首里 *あれーっこと 埼玉県秩父郡 *いしょあれ 鹿児島県 *かわいき 島根県大原郡 *せんたくあらい 岩手県気仙郡　宮城県 *つつき 島根県鹿足郡 *ばーらい 富山県・射水郡 *ゆすぎせんたく 群馬県前橋市

せんたん【先端】 *うちっぽ 山梨県南巨摩郡 *うら 青森県津軽「話しァもどがら、木ぁうらがら（話は初めから聞かなければ分からないし、薪を割るには末から割らなければ具合よく割れない）」・三戸郡「竿のうらで香をたくもの（キセルのなぞ）」 岩手県気仙郡　宮城県栗原郡　秋田県鹿角郡「此の筆はうらが切れて書かれない」 栃木県安蘇郡　群馬県佐波郡　埼玉県秩父郡・入間郡　千葉県下総　神奈川県中郡　新潟県東蒲原郡・中頸城郡　山梨県南巨摩郡　岐阜県飛騨　静岡県　山口県豊浦郡　高知県幡多郡・高知市「余り長すぎるから髪のうらを少し切った」 大分県 *うらくち 大分県 *うらこ 青森県津軽 *うらさき 大分県 *うらちょっぺ 栃木県安蘇郡　長野県佐久 *うらちょっぽん 静岡県 *うらっこ 岩手県気仙郡「鉛筆のうらっこ長くけじんな」 *うらっちょ 静岡県磐田郡 *うらっちょー 東京都南多摩郡 *うらっちょんぼ 群馬県群馬郡 *うらっぺ 岩手県気仙郡　埼玉県北葛飾郡「きりのうらっぺ」 *うらっぼ 岐阜県山県郡 *うらっぽ 埼玉県入間郡　東京都南多摩郡　神奈川県中郡　新潟県　山梨県　岐阜県山県郡　静岡県　愛知県　島根県隠岐島 *うらっぽえ 山形県 *うらっぽー 岐阜県養老郡　静岡県田方郡・榛原郡 *うらばし 岩手県気仙郡 *うらぱし 青森県津軽・三戸郡　秋田県鹿角郡 *うらぱち 青森県津軽 *うらぽえ 山形県 *うれ 岐阜県飛騨　三重県度会郡　奈良県吉野郡 *うれつぼ 和歌山県新宮 *おばな 福岡県粕屋郡「木のをばな」・福岡市 *おら 広島県比婆郡 *おらさき 島根県隠岐島 *おらぼ 鳥取県西伯郡　島根県 *おらぼー 島根県仁多郡 *きっぱし 京都府葛野郡　長崎県対馬 *きっぽ 岩手県気仙郡・胆沢郡 *しょつき 静岡県 *ちょんざき 和歌山市 *つのぎっちょ 群馬県勢多郡 *つのっと 埼玉県川越・入間郡 *つのんぎょー 群馬県 *つのんべ 栃木県足利市・安蘇郡 *つんぶり・つんぷら 新潟県佐渡「竿のつんぶり」 *とーげ 山梨県 *とっさき 愛媛県「木のとっさきにもーず（百舌）がとまっとる」 福岡県粕屋郡 *どっさき 島根県石見「帯が尻のどっさきいさがっとる」 *とっさっ・とっさつ 長崎県五島 *とっしんこ 愛媛県喜多郡 *とっつぁき 長野県佐久　島根県隠岐島 *とっぱさき 福岡県久留米市　佐賀県　長崎県　熊本県阿蘇郡 *どっぱさき 長崎県南高来郡 *とっぱし 島根県隠岐島　岡山市　愛媛県 *とっぱじ 長野県佐久 *とっぱす 高知県幡多郡 *とっぺこ 岩手県九戸郡 *とっぺんさき 熊本県玉名郡・下益城郡 *とや・とやっぺ 栃木県 *とんさき 新潟県佐渡　愛媛県 *とんざき 島根県隠岐島 *とんずき 茨城県稲敷郡 *はしっちょ 静岡県磐田郡　三重県上野市　奈良県吉野郡 *はじっぱた 埼玉県入間郡 *はしっぺ・はっぺ 宮城県仙北 *はじっぺ 岩手県気仙郡 *はじっぺた 栃木県 *はしっぺら 三重県上野市・名賀郡 *はしっぼ 三重県鈴鹿郡 *はしっぽ 岐阜県養老郡・郡上郡　静岡県磐田郡　三重県員弁郡・三重郡　京都府与謝郡 *はじっぽ 福島県「先づはじっぽから始まった」 静岡県志太郡 *はしびた 茨城県稲敷郡 *はしぺ 宮城県仙台市「ものさしのはしぺ」 *はじぺ 宮城県登米郡 *はじぽ・はじぽえ 山形県東置賜郡 *はっさき 長崎県対馬「浜んはっさき」 *はって 宮城県登米郡 *はっぱ 千葉県香取郡 *はっぽえ 山形県北村山郡 *はな 栃木県　群馬県「あんな崖のはなに立って何をしているんだんべえ」 岐阜県飛騨　滋賀県彦根　島根県　徳島県「木のはな」 香川県　長崎県壱岐島　大分県　沖縄県首里 *はなた 岐阜県飛騨　愛知県額田郡　島根県 *はなっこ 富山県　島根県大田市「竿（さお）のはなっこに蜻蛉（とんぼ）がおる」 *はなっちょ・はなっぱち 和歌山県 *はなっと 島根県大田市 *はなっとー 島根県美濃郡・益田市　広島県比婆郡 *はなっぽ 岐阜県吉城郡 *はなんこ 島根県浜田市 *ほっぽ 東京都八丈島 *ほぽ 奈良県吉野郡　和歌山県「稲のほぽが目に入って痛い」

↓さき（先）

木の幹や枝の□ *うらさき 広島県倉橋島 *きうら 山梨県南巨摩郡 *ごしん・ごしんこ 青森県津軽 *しん 青森県津軽 宮城県栗原郡 秋田県鹿角郡 新潟県佐渡 富山県砺波 石川県鹿島郡・鳳至郡 沖縄県首里 *じん 島根県石見 *しんえぼ 岡山県苫田郡 *しんこ 青森県津軽「杉のしんこに凧をひっかけた」 宮城県栗原郡 秋田県鹿角郡 島根県 *しんこつ 高知県 *しんた 島根県出雲 *じんた 島根県簸川郡・大田市 *しんちょー 岐阜県揖斐郡 *しんと 栃木県 *しんとー 岡山県小田郡 *じんとー 島根県石見 *しんとぼ 石川県能美郡 *しんとぽ 石川県江沼郡 *しんとんぼ 富山県・砺波 *しんぱこ 岩手県上閉伊郡 秋田県鹿角郡 *しんぴら 新潟県佐渡 *しんぶら 新潟県西蒲原郡・三島郡 *しんぷら 山形県東田川郡 新潟県佐渡 *しんぺ 岩手県東磐井郡 宮城県 山形県庄内 福島県 *しんぺー 山形県飽海郡 *しんぼ 新潟県 富山県・射水郡 石川県河北郡 島根県 *しんぽ 青森県上北郡 山形県 石川県珠洲郡 *しんぽい 福島県 *しんぽえ 岩手県気仙郡 山形県 福島県相馬郡 *しんぼく 島根県出雲 *しんぼくら 新潟県中頸城郡 *しんぽら 新潟県下越 *はしっぽ 福島県東白川郡 *はじぽ・はじぽえ 山形県 *はっぽえ 山形県北村山郡 *ほ 栃木県安蘇郡「木のほ」 和歌山県東牟婁郡 *ほー 奈良県吉野郡 *ほさき 群馬県多野郡「柿の木のほさき」 奈良県吉野郡

ものの□ *さきっとー 広島県高田郡 *さきっぱし 山形県新庄・西置賜郡 *さきっぺ 岩手県気仙郡 *さきっぽえ 山形県 福島県相馬郡「鉛筆のさきっぽえ」 *さきぺ 宮城県石巻・仙台市「旗竿のさきぺさとんぼとまってす」 *さきぺこ 宮城県石巻「鉛筆のさきぺこもげてしまった」 *さきぽえ 山形県 *さきんとー 愛媛県周桑郡「山のさきんとー（山頂）」 *しん 青森県津軽「塔のしん」 *しんこ 青森県津軽 *じんとー 山口県玖珂郡 *しんとぼ 石川県石川郡「木のしんとぼ」 *しんとんぼ 富山県砺波 *しんぶら 新潟県西蒲原郡 *しんぼ 青森県三戸郡 *しんぽ 青森県三戸郡 石川県金沢市 *しんぼー 石川県鹿島郡 *しんぽこじんべ 青森県三戸郡 *すったれ 長崎県対馬 *つぎ 島根県邑智郡 *つざんこー・つじんこー 島根県邑智郡「旗竿のつざんこーに蜻蛉がとまった」 *つじ 島根県那賀郡・鹿足郡 *とんがれ 長野県下伊那郡

せんちょう【船長】 *しんどぅー 沖縄県首里 *せんど 新潟県佐渡 *せんどー 岩手県九戸郡 岡山県小田郡 愛媛県・大三島

↓せんどう（船頭）

せんどう【船頭】 *あまふなとー 長崎県壱岐島 *おもて 新潟県佐渡 *くにむちゃ 沖縄県国頭郡 *しどぅ 沖縄県石垣島 *たいし 山形県庄内 *とぅーじ 沖縄県黒島 *とぅんつぃ 沖縄県小浜島 *ともとり 石川県能美郡 和歌山県・西牟婁郡 *ふなかかー（卑語） 沖縄県八重山 *ふなかく 沖縄県石垣島・鳩間島 *ふなと 沖縄県首里 *ふなとー 長崎県西彼杵郡 沖縄県首里（幹部船員） *ぷなとー（帆前船の船頭と乗組員） 鹿児島県喜界島

↓せんちょう（船長）

せんぱん【先般】 *あとかた・あところ 島根県出雲・隠岐島 *あところ 鳥取県東伯郡「聞きますりゃあ長男さんにはあところ祝言をしんさったそうで」 島根県出雲・隠岐島 *あとにごろ 岡山県苫田郡 *こんど 岐阜県飛騨 *せんきり 宮城県登米郡・玉造郡 島根県簸川郡 *はやいころ 山形県 *はやく 山梨県 *はよ 奈良県「はよに行った時は何ともない様だったのに急変したのですな」 広島県高田郡 香川県大川郡 長崎県南松浦郡「はよんごた なかごたるなー」 *はよー 岐阜県不破郡「今はもう兎狩りってあらへんでな、はよーは何回かあったでな」 奈良県南大和 *まえのきり 島根県出雲「まえのきりにも寄附した」 *まえのたて 島根県美濃郡・益田市

↓このあいだ（此間）・さきごろ（先頃）

ぜんぶ【全部】 *あーたき 島根県出雲「あーたきおまえにやらー」 *あーたきこたき 島根県飯石郡 *あいしこ 鹿児島県・鹿児島郡 *あいたけね 鹿児島県肝属郡 *あっころ（「あるころ」の転） 山形県西村山郡・北村山郡「あっころ持ってこえ」 *あっしこ 鹿児島県 *あっじゃっ 長崎県五島 *あったありぎり 福岡市 *あったあれぎり 福岡市 *あったげ 岩手県気仙郡 *あったげさんめ 山形県飽海郡 *あったざけ 奈良県宇智郡 *あらかじめ 宮城県牡鹿郡 *ありあい 愛知県西春日井郡 岡山県岡山市「これでもうありあひ」・小田郡 *ありあったけ 岩手県気仙郡 *ありぎり 千葉県山武郡 富山県砺波 *ありこくたい 三重県 *ありさけさっぺ 青森県上北郡 *ありし 徳島県「ありしにもってこい」 香川県大川郡 *ありしこ 和歌山県「有りゃありしこ使ふ」 山口県大島 *ありたけさっぱい 宮城県栗原郡 秋田県鹿角郡「ありたけさっぱい出してしまった」 山形県中部 *ありたけさんぼー・ありたけほーだい 新潟県佐渡 *ありだけばっち 富山県 *ありべがかり 高知県長岡郡「君にありべがかり渡す」 *あるうっさ・あるうっぴ 沖縄県首里 *あるかしるか 沖縄県首里 *あるきり 富山県砺波 *あるしか 鹿児島県喜界島 *あるしこ 福岡市「あるしこ欲しか」 熊本県・天草 *あるじゅーかんちゅー 岩手県気仙郡 *あるたきしんしょ 愛媛県宇和島 *あるたけじょーのー（これで勘弁してもらう意も含まれる） 新潟県佐渡 *あるぶっつ 青森県三戸郡 *あれしこ 福岡市「あれしこ百円ばい」 *あろーずる・あろーぞん 富山県砺波「あろーぞん薬呑んでみたれどあかん」 *いちゅー 岩手県胆沢郡 *いちゅーがっさい 岩

手県胆沢郡 ***いっさく** 新潟県佐渡 ***いっさんがい** 徳島県 ***いっさんまい** 新潟県佐渡　奈良県「いっさんまいお前にまかせたからしっかり頼むぜ」　島根県八束郡　愛媛県　長崎県対馬 ***いっせき** 新潟県佐渡・三島郡　岐阜県武儀郡・郡上郡「いっせきでこれだけしかない」　長崎県南高来郡 ***いっせく** 長崎県南高来郡 ***かいしき** 山形県「かえしぎ世話している」「かえしぎ持って往った」　長野県佐久・上伊那郡「かいしきだめだった」 ***かきこさげ** 鳥取県西伯郡 ***かたっぱし** 山口県豊浦郡 ***かたっぺし** 静岡県志太郡「かたっぺしくずきゃーがった(手当たり次第ぶち壊してしまった)」 ***かたっぺしから** 和歌山市 ***からけつ** 三重県伊賀　奈良県 ***からっと** 山形県「弁当からっとくった」 ***がらっと** 青森県津軽・上北郡「がらっとあいでる(開いている)」　岩手県気仙郡　宮城県石巻・仙台市「がらっとお持ちなえ」　秋田県仙北郡　山形県 ***からっぱたき** 埼玉県入間郡 ***がらり** 宮城県登米郡・玉造郡　山形県「がらり無くなった」「えだだげがらりねげらっだ(居たただけ全部逃げられた)」　千葉県　新潟県東蒲原郡 ***からり** 栃木県「からり忘れた」 ***ぐしって** 沖縄県石垣島 ***ぐして** 沖縄県鳩間島 ***くりくり** 青森県津軽「りんごもなしも、これで、くりくりーどなぐなた(すっかりなくなった)」　長野県南部 ***ぐりっと** 山形県東田川郡　千葉県 ***ぐりっと** 青森県津軽「ぐりっと読んでしまった」　秋田県雄勝郡「雪がぐりっと消えた」 ***ぐれーと** 青森県上北郡・南部 ***ぐれっと** 青森県「財産ぐれっとなくした」「その桃ん、ぐれっと笊こまで持って来い」 ***けーら** 沖縄県八重山 ***けーれ** 沖縄県波照間島 ***ごえっと** 秋田県仙北郡「ごえっと一度にみんな持って行け」 ***こくい** 静岡県　島根県石見「あった物をこくい持って行った」 ***ごくい** 島根県石見 ***こそっと** 滋賀県彦根「あそこの身代をこそっともらった」・蒲生郡 ***ごぞまくり** 熊本県下益城郡 ***こそろもそろ** 愛媛県　福岡県北九州市 ***こぞろもぞろ** 愛媛県西宇和郡・南宇和郡 ***こたき**(「これだけ(此丈)」の転か) 島根県八束郡「これをこたきお前にやる」 ***ごっと** 鳥取県　島根県「まー、ごっとによろしに言ってごすあはえねー(くださいね)」「ごっとでなんぼうでしかねえ」 ***こっとり** 新潟県佐渡「荷物をこっとり負うて来た」　滋賀県彦根・神崎郡　長崎県壱岐島　大分県南海部郡 ***ごっとり** 島根県　広島県高田郡　長崎県壱岐島 ***こっぱい** 岐阜県飛驒「家内(やうち)こっぱいでかける」 ***ごと** 島根県隠岐島「牛が河原の草をごと食った」 ***ごりこさぎ** 長崎県壱岐島 ***さっぱと** 北海道「さっぱと無くなった」　岩手県気仙郡「一晩のうちさっぱどやられた」　宮城県　秋田県鹿角郡「泥棒に入られてさっぱと取られた」　山形県米沢市 ***さぱかぱと・しぱかぱと** 秋田県鹿角郡 ***しかっと** 山形県西村山郡・東田川郡 ***しかと** 青森県「しかど造る」 ***しっとり** 島根県大田市 ***じゅくと・じゅっくと** 青森県津軽「おまえだじで、じゅっくど、こまこばえでしな(あんたとこでは、全部、男の子供さんばかりですか)」 ***じょくり** 青森県南部 ***すーよー** 沖縄県・首里 ***ずえどーし・ずえどし** 山形県東村山郡「家中づえどすあけて(ぶち抜きにして)式すんべなー」 ***すかっと** 山形県最上郡「すかっと食った」 ***すかんと** 福井県 ***すこたん** 和歌山県日高郡　高知県 ***すことん** 高知県「要らん物はすことん手伝の人に遣りました」 ***ずっき** 新潟県西頸城郡 ***すっきら** 山梨県南巨摩郡「すっきら出いてこれだけしかーない」　長崎県北松浦郡「すっきらでけた」 ***すっきり** 新潟県西頸城郡　京都市　奈良県「すっきり無くした」 ***すっこり・すっころこん** 和歌山県「すっころこんと取られた」 ***すっこりこん** 和歌山県那賀郡 ***すっこん・すっとん・すっぽん** 高知県「すっこん読うだかよ」「すっとんで代価はいくらですか」 ***すっとこ** 和歌山県那賀郡 ***ずっとり** 新潟県佐渡「ずっとり残る」 ***すっとん** 高知県「ねこにさかなお、すっとんとられた」「すっぱ柿を盗られた」 ***すっぱ** 島根県隠岐島　佐賀県　長崎県対馬「すっぱい長話をして、もう、すっぱい時間の潰いたなあ」 ***すっぱい** 島根県隠岐島　鹿児島県「問題はすっぱいでけた」 ***すっぱり** 福島市　宮崎県都城　茨城県　千葉県海上郡　新潟県佐渡・西頸城郡　岐阜市　静岡県「家も倉もすっぱり焼けた」　三重県度会郡　奈良県　島根県隠岐島「酒をすっぱり飲んだ」　岡山県　山口県玖珂郡　徳島県　長崎県「すっぱり忘れていた」　熊本県玉名郡 ***すっぺー** 茨城県稲敷郡 ***すっぺくりん** 秋田県鹿角郡「火事ですっぺくりんと焼けた」 ***すっぺら** 岐阜県恵那郡 ***ずっぺら** 兵庫県美囊郡 ***すっぺらぽん** 福井県 ***すっぺり** 秋田県北秋田郡　山形県「あの肴はすっぺりくった」　富山県　福井県大飯郡　長野県佐久　岐阜県　愛知県　三重県度会郡　滋賀県彦根　熊本県 ***すっぺりか** 富山県高岡市「すっぺりかと」 ***すっぺりこっぺり** 滋賀県彦根 ***すっぺんぽん** 福井県 ***すっぽらぽん** 滋賀県彦根 ***すっぽり** 新潟県佐渡「すっぽり濡れてしまった」　富山県　滋賀県彦根　島根県仁多郡・隠岐島 ***すっぽん** 高知県「これをすっぽんおまさんにあげます」 ***すぱすぱっ・すぱっ** 鹿児島県鹿児島郡 ***ずべし** 滋賀県彦根　熊本県芦北郡・八代郡「ずべしでけた(できた)」 ***ずぼっと** 山形県東田川郡「づぼっと水に沈んだ」 ***ずらすけ** 高知県幡多郡・高岡郡「いお(魚)が、ずらすけ死んでしもーた」 ***ぜんぐるみ** 新潟県中越 ***そーたー**(全部をひっくるめるさま) 鹿児島県種子島・屋久島 ***そーたい**(全部をひっくるめるさま) 岩手県九戸郡　新潟県佐渡「そうたい忘れてしまった」　熊本県阿蘇郡　大分県 ***そーって**(全部をひっくるめるさま) 長野県北安曇郡 ***そーで**(全部をひっくるめるさま) 岩手県気仙郡「それはそうで(丸のまま)みつけた」　島根県簸川郡・大田市「持ってた銭をそーでやった」 ***そーよ** 福岡市「お前がしゃべりすごいた尻ァ悉皆(さうよ)俺さぃ廻って来る」 長崎県南高来郡「どしどむ(同士共)ときめたこちも、そーよなーにんならんごてなってしもた」・長崎市 熊本県玉名郡 ***そーよー** 福岡市 長崎県長崎市・伊王島 熊本県 大分県下毛郡 ***ぞっくと・ぞくっと・そくっと・じょくと** 岩手県気仙郡「貸りた金を揃えてじょくど出した」 ***ぞっくら** 岩手県気仙郡 宮城県玉造郡 新潟県佐渡 福井県今立郡 長野県北安曇郡 ***ぞっくり** 岩手県気仙郡 宮城県玉造郡・仙台市 長野県北安曇郡 岐阜県吉城郡 ***そよ** 熊本県芦北郡「あたがえは(貴方の家は)そよとめ(共)によかでな」 ***だいんげーり** 山形県最上「だえんげーり食たは」 ***でってー・でって** 山形県西田川郡 ***でらっと** 秋田県「でらっと忘れて読めない」 ***てらっと** 秋田県河辺郡 ***でらり** 秋田県 ***てらり** 秋田県河辺郡・雄勝郡「彼は三十前からてらり禿げた」 ***てれっこ・てれこけ** 岐阜県土岐郡 ***てれっと** 岐阜県羽島郡・恵那郡 ***てろっと** 岩手県和賀郡 秋田県「お鉢一つてろっと食べた」 ***でろっと** 秋田県 ***とっきって** 栃木県「家事はあの娘がとっきってやる」 ***どっさり** 島根県隠岐島 ***とろぺつ** 山形県東置賜郡・西置賜郡 ***なーにも** 長崎県壱岐島「机ぬ上ぬもなーなーにも持っち来ちおくれ(机の上のものはみんな持って来てくれ)」 ***なんにも** 東京都三宅島「なんにも牛までひっぱって騒ぎをしたっちゅうじゃー(なにもかも牛まで引っ張って行く騒ぎをしたということですね)」 ***ねこんざい**(「ねこそぎ(根刮)」と「こんりんざい(金輪際)」とが合わさってできた語) 静岡県志太郡 滋賀県高島郡 広島県高田郡 愛媛県・大三島 高知県・高知市「昨夜の風で松の木がねこんざい倒れた」 ***ねこんじ** 愛媛県 ***ねごんず** 滋賀県 ***ねごんぞ** 福井県遠敷郡 滋賀県 岡山県阿哲郡 ***ねつぶし** 鹿児島県肝属郡「山ん上まじねつぶし伐いつびた」 ***ねぼじり** 島根県出雲「ねぼじり食った」 ***ねんごろ** 高知県 ***びったり** 島根県那賀郡・浜田市「着物がびったり濡れてしもーた」 高知県 ***ぴらすけ** 高知県土佐郡 ***ひんにゃ** 鹿児島県喜界島 ***ぶーる** 沖縄県与那国島 ***べったり** 奈良県 ***べったりこんと** 千葉県夷隅郡 ***べらい** 長崎県南高来郡「どしと やくそくしたこっでん べらい つーえ なってしもた(友達と約束したこともみんなむだになってしまった)」 ***べらっと** 岩手県気仙郡「べらっとやげた」 長崎県北松浦郡・長崎市 ***ぺらっと** 長崎県長崎市・壱岐島「ぺらっととられて仕舞うた」 ***べらり** 長崎県北松浦郡 ***ぺらり** 長崎市 ***ぺろっと** 山形県米沢市 ***べろっと** 青森県三戸郡 宮城県玉造郡・石巻 秋田県河辺郡 山形県 福島県 ***べろり** 岩手県平泉 宮城県「一寸の間にべろりやられた(ちょっとの間にすっかり残らず盗まれた)」「べろり焼け(丸焼け)」 秋田県 山形県 福島県・東白川郡 ***ぺろり** 山形県 福島市 ***べろん** 山形県米沢市 ***ぽーすと** 長崎県壱岐島 ***ぽーど** 岡山県 宮崎県西臼杵郡・東諸県郡(児童語) ***ぽったり** 徳島県海部郡「ぽったり濡れてしもた」 高知県高岡郡「ぽったり売った」 ***ぽど** 宮崎県児湯郡「ぽどのんでしもうた」 ***ぽんちき** 徳島県那賀郡 ***ぽんと** 高知県幡多郡 ***ぽんと** 島根県松江「ぽんと忘れてをった」 徳島県「あの邸ぽんとで何反あろな」・美馬郡 香川県仲多度郡・三豊郡 高知県 ***まーた** 島根県出雲「まーたで三千人おる」 ***まいで** 香川県木田郡・高松市 ***まいでき** 香川県香川郡 ***まったきー・まんたきー** 沖縄県首里 ***まっと** 富山県 ***までー** 青森県津軽「こんにゃ、おじげ、までえねくてしまたねろ(今夜の食事には、吸い物はすっかり食べてしまいましたよ)」 愛知県北設楽郡 ***まりた** 香川県三豊郡・伊吹島 ***まるがまる** 兵庫県加古郡 ***まるた** 島根県 山口県「まるた貰ってきた」 徳島県「まるたでお前にやる」 香川県 愛媛県 ***まるたき・まるったき** 高知県「こりゃまるたき売っちゃーる」 ***まるだし** 長崎市 ***まるたま** 愛媛県 ***まるった** 高知県 ***まるっと** 宮城県石巻「まるっと買ったたてしれたもんだ」 山形県「まるっと一年、入院した」 福島県会津 山口県大島「まるっと貯金する」 高知県 長崎県西彼杵郡・壱岐島 大分県 ***まるで** 香川県「ここにあるだけ、まるで持っていけ」 ***まると** 富山県・砺波 石川県江沼郡 愛媛県 ***まるど** 香川県 ***まるもく** 香川県 ***まろもく** 愛媛県南宇和郡 ***まんて・まんでがん・まんでき** 香川県「そなんまんでがんいうてしもたらいかんが」 ***まんで** 福島県東白川郡「まんでくっちゃった」 徳島県板野郡 香川県「そんだけがまんでか」 ***まんなり** 兵庫県加古郡 ***みなかえだ** 富山県下新川郡「米がみなかえだ不合格になった」 ***みながな** 山形県「みながなけろ(全部くれ)」 ***みながら** 山形県 ***みなで** 島根県隠岐島 ***みんなぎ** 東京都八

方/言/の/窓

●東国方言 I

『万葉集』巻一四・巻二〇に「東歌・防人歌」があり、当時の東国方言を知ることができる。

平安時代初期成立の『東大寺諷誦文稿』に、「此当国方言、毛人方言、飛騨方言、東国方言」とあり、これらの地方の方言が異なっていたという認識のあったことが知られる。『源氏物語』には、「さる東(あづま)方の遥かなる世界に埋もれて年経ければにや、声などほとほとうちゆがみぬべく、物うちいふ、少しだみたるやうにて」(東屋)や「『何人ぞ』と問はせ給へば、声うちゆがみたる者、『常陸の前司殿の……』」(宿木)など、東国育ちの人の方言が「声うちゆがみ」「だみたる」と表現されている。『拾遺和歌集』にも「あづまにて養はれたる人の子は舌だみてこそ物は言ひけれ」(四一三)と詠まれている。

丈島 *むーる 鹿児島県沖永良部島・与論島 沖縄県首里「むるみーとーん(全部生えた)」・新城島 *むるってぃ 沖縄県黒島 *もっつり 新潟県岩船郡 *よーと 島根県隠岐島「よーと損をした」 熊本県芦北郡・八代郡「ようとようなった(すっかりよくなった)」 *よーとに 愛媛県 *よーに 鳥取県西伯郡「其処にある品お、よーに捨てて置け」 島根県「みずがよーにひーてから」「よーに無い様になった」「よーに日が暮れた」 岡山県「よーにわすれしもーてすまんことでした」 広島県高田郡 *よーん 島根県大原郡・仁多郡「よーん日が暮れた」
→すべて（総）

ぜんぶ【膳部】 ⇩ぜん（膳）

せんぷう【旋風】 ⇩つむじかぜ（旋風）

せんべい【煎餅】 *おすごり(塩味の煎餅) 山形県南村山郡 *おそごれ(塩味の煎餅) 山形市 *おべりやす 長崎県対馬 *かっこ 青森県南部 *くみやき 青森県上北郡 *こーれん 秋田県 山形県米沢市(米の粉で作り膨らました煎餅) 茨城県・稲敷郡(米の粉で作り膨らました煎餅)・新治郡(米の粉で作り膨らました煎餅) 千葉県香取郡 *しんびこし 沖縄県波照間島 *いさごせんべー(卵の入った軽い煎餅) 宮城県仙台市

ぜんまい【薇】 *おとこぜんまい(ゼンマイの一種。苦味があるので食用としない) 栃木県 *おにわろ 鹿児島県出水郡 *おんなぜんまい 栃木県 *さるのこしかけ 大分県直入郡 *ぜんご 千葉県山武郡 *ぜんごわらび 千葉県印旛郡 *ぜんざわらび 長野県下伊那郡 *ぜんのき 鹿児島県姶良郡 *ぜんまいわらび 福井県今立郡 *ちどめ 岡山県邑久郡 *でんだ 長野県下伊那郡 愛知県北設楽郡 *とりっこば(若葉が鳥の毛のようなものに覆われているところから。ゼンマイの一種) 東京都大島 *れんだ 愛知県東加茂郡

そう【然】 *あが 島根県邇摩郡・大田市 *あがー 島根県石見「あがーいわんこーつれてまいってやんさいえー(そう言わないで連れて参って下さいよ)」 広島県佐伯郡「うんうんあがーでもいぬりゃーの、えーかげんなる(うんうんそれでも帰ればね、いいかげんになる)」・山県郡「わしがあがぁおもぅての(私がそう思ってね)」 *あがん 広島県比婆郡「はーあがんなってんのー(はあ、そんなになられますかねえ)」 *あげ 福岡県築上郡「あげゆあんたな(そう言いますね、あなた)」 *あげー 大分県南海部郡「あげーゆーしもありよった(そんなふうに言う人もありました)」 *あげん 島根県出雲「あげんづいわりしいとえんまね虫がわくけん(そんなに口卑しいと、今に虫がわくから)」 熊本県天草郡「暮しよかも悪かもなあい、時々のあげん態(てぇ)で結構にどうろこうろやって行くとじぇえ」 鹿児島県上甑島「あげん早う出んでも」 *あさ 沖縄県石垣島 *あねーる・あねる・あんねーたる・あんねーる 沖縄県首里「あんねーるむん すぃてぃり(そんなもの捨てろ)」 *あん 沖縄県石垣島「あんざい(そうしよう)」 *そい 福島県東白川郡「そえぐすっと(そのようにすると)危ねぇぞ」 三重県度会郡 愛媛県 大分県大分郡・速見郡 長崎県壱岐島「そえな化物もおらんごっなった」 *そいぇー 長崎県壱岐島 *そえん 三重県志摩郡 *そー 広島県神石郡「そーな話を孫にします」 *そや 香川県「そやなん学校へもっていくなよ」 *そやー 岐阜県郡上郡 *そやん 長崎県彼杵 熊本県下益城郡 *そよー 広島県能美島 *そん 岐阜県郡上郡「そんに(そんなに)」 三重県志摩郡 香川県直島

□すると *したえば 山形県東置賜郡・南置賜郡 *したきゃ 青森県上北郡 *したけ 秋田県山本郡 *したけぁ 青森県三戸郡 宮城県石巻 秋田県秋田市・鹿角郡 *したっけ 宮城県栗原郡 *したば 秋田県「吹いた、したば消えた」 山形県東置賜郡・庄内 *したばしゃ 秋田県雄勝郡 *したら 青森県 秋田県「したらかうしなさい」 長崎県五島 宮崎県西臼杵郡 *したらば・したれば 岩手県気仙郡「したれば、こうなったのや」 *したんば 秋田県河辺郡・由利郡 *すたばしぇ 秋田県山本郡 *へたへた 兵庫県加古郡 *ほっとと・ほいと 福井県坂井郡

そう【僧】 ⇩そうりょ（僧侶）・じゅうしょく（住職）

そうぎ【葬儀】 ⇩そうしき（葬式）・そうそう（葬送）

ぞうきん【雑巾】 *あしぬぐい 熊本県球磨郡 *いたふき(特に板の間をふくぞうきん) 青森県 岩手県九戸郡 新潟県佐渡 *いたふきん(特に板の間をふくぞうきん) 岩手県気仙郡 *おしめし 富山県 *ざふき 鹿児島県肝属郡 *ざふっ 鹿児島県・揖宿郡 *したふき 青森県 岩手県九戸郡・和賀郡 秋田県 山形県置賜 *しぶき 石川県江沼郡 *じぶき 富山県 石川県 *じふきん 宮城県北部 福井県 *じぶきん 石川県江沼郡 *じょーぶき 富山県東礪波郡 *すすい 沖縄県首里・与那国島 *すする・っする 沖縄県八重山 *たたみっずーり 沖縄県黒島 *たたみっすり・たたみしすり 沖縄県石垣島 *っすり 沖縄県石垣島・新城島 *ふいきん 新潟県佐渡 山梨県 島根県石見 宮崎県西臼杵郡 *ふきもん 島根県美濃郡・益田市 *ふきん 高知県 長崎県南高来郡 *ふたしき 秋田県仙北郡・雄勝郡 *ふたふき 秋田県平鹿郡 *ふっきん 京都府愛宕郡 *ふっけん 富山県射水郡 *もとふき・もとぶきん(板の間や縁などをふくぞうきん) 島根県 *もとぶき(板の間や縁などをふくぞうきん) 島根県出雲市・大原郡

そうげん【草原】 *かが 青森県三戸郡 *かの

がたい 岩手県 *くさかりば 静岡県川根 *くさっぽか 静岡県榛原郡 *くさぽー 福島県耶麻郡 *くさぽけ 香川県三豊郡 *さんち 千葉県夷隅郡 *たい 青森県 *たいっこ 青森県三戸郡 *だいら 三重県南牟婁郡 *だんぱら 広島県 *てぁこ 青森県 *ひろ 三重県志摩郡
→くさはら（草原）

そうこ【倉庫】 ⇨くら（倉）

そうご【相互】 ⇨たがい（互）

そうじ【掃除】 *こえとり 京都府山城 *こそーごそー 福岡市「こそーごそーする」 *しご 島根県 山口県「下駄のしごをした」「海へもって行って味噌桶のしごをする」 *そつ 鹿児島県 *てしご 島根県「てしごをしておけば長もてがする」 *ほーちかち（ほうきで掃くこと）沖縄県首里
□する *あらくる 和歌山県日高郡・西牟婁郡 *あらける 神奈川県中郡 三重県「おれげのくらをあらけとったらの（私のうちの倉を整理していたらね）」 兵庫県淡路島「道をあらけにゃ車が通られん」 奈良県吉野郡「墓をあらける」 和歌山県「そこらをあらける」 愛媛県・南部 高知県 *あらげる 和歌山県東牟婁郡 *しあける 高知県土佐郡 *しらける 島根県隠岐島「井戸をしらける」 *しわける 高知県長岡郡「ざしきゅー（座敷を）しあけてや」 *ぽーぎぬみーいりるん（庭を掃く）沖縄県石垣島

そうしき【葬式】 *あぶかん（油揚げの料理が出て、鐘が鳴るところから）埼玉県北葛飾郡 *あぶらげ（葬式で油揚げの料理が出るところから）岐阜県恵那郡「あぶらげじゃ（死人がある）」 *うーくい 沖縄県首里 *うくり 三重県員弁郡 *うれー 広島県高田郡 *おくい 熊本県球磨郡 鹿児島県 *おくり 福島県石城郡 東京都八丈島 石川県鳳至郡 山梨県南巨摩郡 長野県下伊那郡 静岡県磐田郡 三重県志摩郡 島根県 岡山県 広島県比婆郡 山口県見島 徳島県・三好郡 香川県 長崎県壱岐島 熊本県 宮崎県日向 鹿児島県肝属郡 *おしまい（葬座）長野県上伊那郡 *おそーれ 大分市 *おそーれー 長野県諏訪 大分県大分市・北海部郡 *おそーれん 岩手県気仙郡 *おそり 大分市 *おそれ 宮城県仙台市 熊本県八代郡 *おそれん 山形県最上郡・新庄市 新潟県 *おちだんべ 岐阜県飛驒「おちだんべが行く」 *おとぎ 香川県西部「おとぎに行く（会葬する）」 *おのべ 岩手県気仙郡 *おふり 東京都大島・八丈島 *おんぼ 宮崎県都城 鹿児島県肝属郡・鹿児島郡 *かえんかえん（幼児語）山形県南置賜郡 *かみかぶり（紙製の三角の烏帽子（えぼし）をかぶったところから）山形県「かみかぶりに行く」 *からだみ 新潟県岩船郡 岐阜県飛驒 *がん 山形県東田川郡 *かんかん 宮崎市 *がんこ 青森県三戸郡 *がんこー（「龕行」か）岩手県盛岡市 *くにがえ 愛媛県温泉郡 *くろち 東京都八王子 *けぁえんこ 山形県南置賜郡 *ごふこー 長野県佐久 *こめのめし 栃木県 *ざーぼー 茨城県 *ざざぽ 福島県北部 *ざざんぽ 福島県安積郡・伊達郡 *ざざんぽー 福島県安達郡 茨城県久慈郡 *ざざんぼー 福島県岩瀬郡 *ざらえんぽ 山形県 *ざらふ 山形市 *ざらぶ・ざらぼ 山形県 *ざらぼん 岩手県気仙郡 山形県 *ざらんばい 福島県石川郡 *ざらんぱい 福島県南部・岩瀬郡 *ざらんぶ 山形県東村山郡・南村山郡 *ざらんべ 福島県中部 *ざらんぼ 山形県 福島県 *ざらんぽ 山形県村山 福島県伊達郡・西白河郡 *ざらんぼー 福島県石川郡 *ざらんぼん 山形県 福島県北部 *ざらんぽん 岩手県気仙郡 山形県 *ざらんぼんぼ 福島県南部「ざらんぼんぼが出るころだろう」 *ざれんぼ 山形県最上郡 *ざんぼ 山形県東田川郡 栃木県塩谷郡 *じーぼこ 茨城県稲敷郡 *しえん 静岡県賀茂郡 *しきょ 岐阜県吉城郡・飛驒「しきょたぶさ（葬儀に婦人の結う髪）」 *しきょー 岐阜県 三重県員弁郡 滋賀県伊香郡・彦根 *しにころげ 香川県大川郡 *しにゅーど 岡山県苫田郡 *しば 島根県出雲 *しまい 滋賀県彦根 *しゃーぼー 茨城県行方郡 *じゃーぼ 茨城県 栃木県「おらげの方じゃまたじゃーぼだ」 *じゃーぼー 茨城県 *じゃがれんぼん 島根県出雲市・簸川郡（幼児語） *じやく 滋賀県彦根 *じゃじゃんぼ 福島県 茨城県 静岡県志太郡 *じゃぼ 栃木県 新潟県下越 *じゃぼー 茨城県新治郡 栃木県 三重県鳥羽 *じゃらぼ 山形県東田川郡 *じゃらぼん 山形県置賜 *じゃらんじゃらん 岩手県気仙郡 *じゃらんぼ 青森県三戸郡（小児語） 福島県 *じゃらんぽ 山形県 福島県 *じゃらんぼー 千葉県香取郡 *じゃらんぼん 山形県西置賜郡・南村山郡 群馬県 *じゃらんぽん 静岡県志太郡 *じゃりんどん 新潟県 *じゃんじゃんぼん・じゃんじんぼー・じゃんじんぼん 茨城県稲敷郡 *じゃんび 三重県志摩郡 *じゃんぼ 福島県会津 茨城県真壁郡・稲敷郡 栃木県 千葉県山武郡・海上郡 新潟県岩船郡（小児語） 静岡県庵原郡 *じゃんぽ 茨城県 *じゃんぼー 茨城県 *じゃんぽー 千葉県海上郡 *じゃんぼこ 福島県浜通 茨城県稲敷郡 千葉県印旛郡 *じゃんぼん（葬儀などに用いる鐃鈸（にょうはち）の音から）茨城県 栃木県「今日のじゃんぼんは大きかった」 群馬県 埼玉県北葛飾郡 千葉県 山梨県 長野県 *じゃんぽん 秋田県平鹿郡（児童語） 福島県浜通・石城郡 栃木県 長野県北佐久郡 静岡県志太郡 *じんがん 長野県諏訪 *しんそー・しんしょー 静岡県川根 *しんだぼー 茨城県鹿島郡・行方郡 *しんだもの 三重県志摩郡 *しんだもん 愛知県知多郡「今日は誰某のしんだもんに行かんならん」 *しんだんぎょー 岩手県気仙郡 *しんだんじ 静岡県賀茂郡 *じんぼん 新潟県刈羽郡 *しんも 島根県那賀郡 *しんもー（「しんもうじゃ（新亡者）」の略）京都府 島根県 広島県比婆郡 長崎県対馬 *しんもこ 岐阜県 *そー 京都府竹野郡「ぁんたも、そーにたたれますか(あなたも、葬式に参列なさいますか)」 *そーらい 新潟県 *そーり 大分県大分市・大分郡 鹿児島県奄美大島 *そーりー 熊本県阿蘇郡 大分県 鹿児島県喜界島 *そーるい 新潟県三島郡 *そーれ 青森県南部 山形県東田川郡 三重県多気郡 和歌山県 島根県隠岐島 佐賀県藤津郡 長崎県五島 熊本県 *そーれーん 熊本市 *そーれん 山形県 千葉県山武郡・印旛郡 新潟県 福井県 長野県西筑摩郡 岐阜県 愛知県「何処のそーれんだーも」 三重県 滋賀県 京都府 大阪府 兵庫県 奈良県 和歌山県 鳥取県 島根県 岡山県 広島県 山口県 徳島県 香川県 愛媛県 高知県「そーれんの帰り」 長崎県 熊本県玉名郡・天草郡 大分県 *そそぎ 山形県北村山郡 *それ 山形県鶴岡市・東田川郡 熊本県 *そろー 石川県珠洲郡 *だーんぶ(幼児語) 静岡県富士郡 *だし 秋田県由利郡 *たたきだし 長野県上水内郡・更級郡 *たちば 島根県石見・隠岐島 *だび 沖縄県首里・八重山 *だみ 青森県「今日あこのだみあるんだ見に行こう」 岩手県盛岡市・和賀郡 秋田県 山形県 福島県浜通・会津 千葉県君津郡 新潟県岩船郡 *だみおくり 岩手県和賀郡 *だみこ 青森県三戸郡 宮城県栗原郡 秋田県鹿角郡 *だみだし 岩手県和賀郡 秋田県 山形県 *ちゃがらん 島根県八束郡 *ちゃんちゃん 静岡県志太郡「これからちゃんちゃんや行く」 *ちゃんぽーん 茨城県筑波郡・稲敷郡 *ちんかん(幼児語) 三重県名張市 *ちんかんぱい(幼児語) 三重県 *ちんかんぽー 三重県度会郡 *ちんかんぽん 鳥取県西伯郡 *ちんけん 三重県志摩郡 *ちんじゃーぽ・ちんだーぽー 茨城県 *ちんちゃぽー 茨城県行方郡 *ちんとんがん・ちんどんがん 宮崎県 *ちんどんじゃらん 静岡県志太郡 *ちんどんじゃん(幼児語) 島根県八束郡 *ちんどんばー 島根県出雲市・簸川郡(幼児語) *ちんぽんじゃらん 長野県諏訪・上伊那郡 *ちんぽんじゃらん 岐阜県飛騨 *ちんもん(響く音から。幼児語) 島根県石見 *でそー 新潟県東蒲原郡 *てんてん 三重県志摩郡 *とーぎ 香川県伊吹島 *とぎ 愛媛県 *とめたち 山形県東村山郡・南村山郡「とめたちに行く」 *とりおき 新潟県東蒲原郡・中頸城郡 岐阜県大野郡 三重県桑名市 滋賀県彦根 兵庫県淡路島 徳島県 高知県「お祖母様のおとりおきは何日になさいますか」 長崎県壱岐島 大分県大分市・別府市 *どんかんとんかん(小児語) 長崎県壱岐島 *のおくり 青森県三戸郡 山形県西部 新潟県岩船郡・東蒲原郡 長野県 愛知県北設楽郡・知多郡 三重県阿山郡・名賀郡 島根県石見・隠岐島 高知県長岡郡 長崎県対馬 *のこり 青森県南部「のごりする」 秋田県鹿角郡 *のこりこ 青森県三戸郡 *のどむらい 山形県庄内 *のべ 宮城県仙台市 愛知県日間賀島 奈良県・吉野郡 山口県 徳島県 愛媛県 熊本県阿蘇郡・天草郡 宮崎県東諸県郡 *のべたち 熊本県玉名郡 *のべまいり 広島県向島 *ばいばい(幼児語) 福島県安積郡・郡山市 *はまいれ(漁村での用語) 大分県 *ぴすうくり 沖縄県黒島 *ぴとぅうくり 沖縄県石垣島 *びんちゃん 群馬県邑楽郡・館林(真言宗系) *ふこー 福島県東白川郡「今日はあすこのふこーだ」「ふこおに行ってこお」 *ぶしゅぎ 三重県志摩郡 *ぷすうくり 沖縄県石垣島 *ふゅー 茨城県 *ぼーこん 千葉県山武郡 *ほーむり 大分県速見郡 鹿児島県徳之島 *ほねかぶり 長崎県対馬 *みおくり 新潟県佐渡 長野県諏訪 香川県三豊郡・仲多度郡 *みたて 山口県「親のみたてをした」 熊本県阿蘇郡 大分県大分市・大分郡 *むじょーこー 熊本県阿蘇郡

→そうそう(葬送)

ぞうすい【雑炊】 *あさぎ 長崎市 *いりめし(しょうゆがゆ) 愛知県知多郡 *いれみそ 新潟県佐渡 *いれめし(野菜などを混ぜて、味を付けたかゆ) 長野県下水内郡 愛知県名古屋市 三重県度会郡・宇治山田市 島根県出雲 *うちいれ 兵庫県豊岡市 *おいれ 愛媛県・周桑郡・喜多郡 *おかび 島根県鹿足郡 *おぞろ 石川県鹿島郡 *おちゃ 山形県 三重県度会郡 *おみ 三重県伊賀 大阪市 兵庫県加古郡 奈良県 *おみー 兵庫県 島根県邑智郡 香川県三豊郡 福岡県 大分県 *おみーみ・おみさん 香川県木田郡 *おみーさん 兵庫県赤穂郡 徳島県 香川県 *おみそ 岡山県小田郡 *おみそー 岡山県小田郡・吉備郡 *おみそーず・おみそず 山形県米沢市・南置賜郡 *おみみ 香川県高松・木田郡 *おみみさん 香川県大川郡・高松市・綾歌郡 *おろすい 香川県綾歌郡 *おわさき 佐賀県藤津郡 *かきまぜ 熊本県芦北郡 *ぐめし 佐賀県三養基郡 *ごもくめし 佐賀県三養基郡 *ざぶ 長野県北安曇郡 *さんぺ 青森県三戸郡 *じやじや 石川県金沢市 *じゃっぱ 青森県津軽 *ずーし 長崎県南高来郡 *ずーしー 長崎県北高来郡 *ずし 長崎県五島 熊本県天草郡 宮崎県 鹿児島県 *ぞーに 三重県志摩郡 *ぞに 秋田県雄勝郡 *ぞろ(みそなどで味を付け、野菜を加えた雑炊) 新潟県 富山県 石川県江沼郡 福井県坂井郡 *ぞんぞ(みそなどで味を付け、野菜を加えた雑炊) 愛媛県大洲市 *ぞんべ 石川県江沼郡 *たっこみ 香川県大川郡 *ときずし 熊本県球磨郡 *どろどろ 三重県志摩郡 *にじめし・にしめし 愛媛県周桑郡・今治市 *ふたたき(「二度炊いたもの」の意) 熊本県玉名郡・鹿本郡 *ぼーすい 徳島県美馬郡 *まぜくり 熊本県芦北郡 *みーさん 大分市 *みすず 新潟県南魚沼郡 *みずまし 長野県佐久 *みそ(雑穀または芋などを入れたもの) 三重県志摩郡 *みそがい 香川県小豆島 長崎県壱岐島(みそ味) *みそず 山形県 新潟県 富山県 石川県羽咋郡 *みそぞ(みそ味) 岐阜県飛騨 *みそど 山形県庄内 *みそみそじ 富山県西礪波郡 *やふぁらずーすぃー 沖縄県首里

そうせいじ【双生児】 *たーちゅー 沖縄県

首里 *ふたーじぇー・ふたーじぇーふぁー 沖縄県石垣島 *ふたーじゃ 沖縄県新城島 *ふたーじゃー 沖縄県波照間島 *ふたーちぇーふぁー 沖縄県小浜島 *ふたーつぁ・ふたーっつぁ 沖縄県竹富島 *ふたーったふぁー 沖縄県黒島 *ふたーらー 沖縄県西表島 *ふたつご 山形県米沢市 *ふたなり 東京都八王子市 *ふたなりご(男ばかりの、または女ばかりの双生児) 新潟県佐渡 *ふたりっこ 山梨県南巨摩郡 *わっざっこ 山梨県南巨摩郡

そうそう【葬送】 *おのべ 岩手県気仙郡 *かどおくり 埼玉県北葛飾郡 熊本県玉名郡 *そー 京都府竹野郡 *そーれ 佐賀県藤津郡 熊本県 *そーれー 静岡県富士郡 熊本県 *そーれん 静岡県富士郡 高知県安芸郡「そーれんの供をする」 *ちりやき 静岡県志太郡 *ちんけん 三重県志摩郡 *とりおくり 島根県隠岐島 *のおくり 青森県三戸郡 山形県西部 新潟県岩船郡・東蒲原郡 長野県 愛知県北設楽郡・知多郡 三重県阿山郡・名賀郡 島根県石見・隠岐島 高知県長岡郡 長崎県対馬 *のこり 青森県南部「のごりする」 秋田県鹿角郡 *のこりこ 青森県三戸郡 *のべ 宮城県仙台市 愛知県日間賀島 奈良県・吉野郡 山口県 徳島県 愛媛県 熊本県阿蘇郡・天草郡 宮崎県東諸県郡 *のべたち 熊本県玉名郡 *のべまいり 広島県向島 *のみまい 長野県諏訪 *ひよけ 長崎県五島 *みたて 島根県 熊本県阿蘇郡 鹿児島県 *みたてまいり 岐阜県大野郡

→そうしき(葬式)

そうぞうしい【騒騒】 *あぐらしー 新潟県 富山県砺波 石川県鹿島郡・金沢市 *あぐるしー 新潟県佐渡 富山県 石川県河北郡 岐阜県飛騨 *あぐろしー 新潟県佐渡 *あせくらしー 新潟県東蒲原郡 富山県富山市「彼地(あっち)へ行っとれ、あせくらしい」・砺波 石川県鹿島郡・羽咋郡 *あぜくるしー 熊本県球磨郡 *あせずがし 青森県 *あせっくらしー 新潟県 *あせない 石川県羽咋郡 *あぞくろしー 滋賀県彦根市 *あつかましー 京都府竹野郡「子供が居るとあつかましてゆっくり昼寝もでけん」 兵庫県佐用郡・赤穂郡 岡山市「おあつかましう御座いました」 徳島県・海部郡 香川県高松市・塩飽諸島 愛媛県「えーあつかましー、もー止みょー」 高知県「えらいあつかましい子で、少しもじっとしては居りません」 *あへじがし 青森県津軽「立ったり座ったりして、あへじがし」 *うっとしー 千葉県東葛飾郡・船橋 長野県下伊那郡 *ぎゃーらしー 長崎県五島 *きゃぐらしー 長崎県壱岐島 *きゅーらしー(下流) 大分県日田郡 *ぎゅーらしー 佐賀県 長崎県北松浦郡「ぎゅうらしう」・壱岐島 大分県「ぎゅーらしいことおゆーな」 *ぎょーらしー 福岡市「蚤(のみ)の食ふたくらいに、ぎょーらしかぞ」 大分県 *こしぱらし・こしばらしない 青森県上北郡 *こすぱらしない・こつぱらしない 北海道函館 *こちぱらしー 北海道 *さぎたましー 長崎県対馬 *さわこがしー 高知県土佐郡 *しはらしー 青森県南部 *しばらしー 秋田県鹿角郡「しばらしくて寝られない」 *しぱらしー 青森県上北郡・南部 *しぱらしない・こしぱらしない 青森県三戸郡・南部 *しぱらない 青森県三戸郡 *せーぞない 長野県上伊那郡・下伊那郡 *せーどない 神奈川県 長野県東筑摩郡「せーどない児だ」・上伊那郡 *せーまじったい・せまじったい 山梨県 *そーがしー 愛知県宝飯郡 *そーがましー 島根県 広島県高田郡 香川県塩飽諸島 愛媛県「そーがましい、はよお止め」 高知県「そんなにそーがましゅーてはのぼせる」 福岡市 長崎県対馬 熊本県下益城郡 *ぞーがましー 徳島県 *そーくらがましー 愛媛県 *そーつらがましー・そつらがましー 愛媛県宇和島市 *そーましー 長野県西筑摩郡 岐阜県「なんとそーましい人たちじゃろ」 静岡県 愛知県 *そがましー 熊本県芦北郡・八代郡 *そがらし 鹿児島県「そがらしゅし(騒がしくて)のさんが(たまらんよ)」 *そぐらがましー 愛媛県南宇和郡 *そぐらましー 愛媛県北宇和郡 *そどがない 島根県隠岐島「そどがねーけん外へ出え遊べ」 *そんぐらがましー 高知県幡多郡 *そんぐらましー 高知県幡多郡 *てやかまし 香川県大川郡 *どくぜからし 長崎県南高来郡 *ものかみあわん 新潟県中頸城郡「子供が泣くのでものかみあわん」 *ものかみがあわない 新潟県西蒲原郡 *やぎろしー 広島県倉橋島・比婆郡 徳島県「子供が泣いてやぎろしい」 香川県伊吹島 愛媛県 高知県幡多郡 *やぐらしか 佐賀県・藤津郡「こぎゃんやぐらしかとこでないなんいっちょでんかんがえられん(こんなうるさい所では何一つ考えられない)」 長崎県 *やげりおしー 広島県高田郡 *やげろーしー 岡山県阿哲郡 広島県倉橋島・高田郡 *やげろしー 島根県石見 *やごらしー 長崎県壱岐島・対馬 宮崎県西臼杵郡 *やじかましー・やじくろしー 兵庫県加古郡 *やじらしか・やじらっしゃよ 長崎県五島 *やじろし 鹿児島県姶良郡 *やぜかましー 愛媛県新居浜市・周桑郡 *やぜくらしか・やぜくるしか 長崎県長崎市・西彼杵郡 *やせくろしー 鹿児島県 *やぜくろしか 鹿児島県・屋久島 *やぜらしか 長崎県北松浦郡(中流以下)「ああ、やぜらしかよ」・壱岐島 熊本県天草郡 鹿児島県 *やぜろーしー 山口県 *やぜろしー 宮崎県 鹿児島県 *やたかーしー 山梨県南巨摩郡「女衆のよりやいはやたかーしい」 *やたかしー 山梨県 *やだかしー 長野県松本市 *やでろーしー 広島県高田郡 *らんがーしー 山梨県南巨摩郡「子供が多勢まばっとーでらんがーしい」 *らんがしー 山形県東置賜郡 山梨県南巨摩郡 *らんごーしか・だんごーしか 長崎県壱岐島 *らんごしか 長崎県壱岐島

→うるさい(煩)・さわがしい(騒)・やかましい(喧)

そうそふ【曾祖父】 *あずぃ 沖縄県西表島

＊いんきょじーさん 熊本県球磨郡 ＊ういぶや 沖縄県波照間島 ＊うおーち 沖縄県小浜島 ＊うふあじー 鹿児島県喜界島 ＊うふうしゅまい(士族) 沖縄県石垣島 ＊うふうしゅめー 沖縄県首里 ＊うぶうすまい(士族) 沖縄県西表島 ＊うふうふすー(士族) 鹿児島県与論島 ＊うぶうべー 沖縄県新城島 ＊うぶじ 沖縄県黒島 ＊うふたんめー 沖縄県那覇市・中頭郡(士族)・首里(士族) ＊うふんめー 沖縄県中頭郡 ＊うぼーぶじ 沖縄県鳩間島 ＊うみあさ 沖縄県与那国島 ＊うやふぁー・うわふぁー 鹿児島県喜界島 ＊おーおじ 大分県大分郡 ＊おーおじーさん 千葉県山武郡 ＊おーおじさん 香川県大川郡 ＊おーきーおじーさん 静岡県庵原郡 ＊おーきじやん 新潟県佐渡 ＊おーじーさん 長野県上田 愛知県碧海郡 大分県 ＊おーじーじ 秋田県平鹿郡 山形県東田川郡 富山県射水郡 ＊おーじーやん 長野県佐久 ＊おーじさま 秋田県仙北郡 ＊おーじじ 愛知県愛知郡・碧海郡 ＊おーじっさ 長野県諏訪 ＊おーち 沖縄県小浜島 ＊おーのの 千葉県山武郡 ＊おじじ 山形県東置賜郡 長崎県佐世保市 熊本県天草郡 ＊おっきおじさん 秋田市 ＊おっじょ 香川県大川郡 ＊おっぴ 宮城県栗原郡・牡鹿郡 ＊おっぴー 宮城県登米郡・玉造郡・牡鹿郡 ＊おっぴーさん 宮城県玉造郡 ＊おっぴさん 岩手県気仙郡 宮城県石巻・仙台市 ＊おびさん・おぴさん 宮城県栗原郡 ＊おひゃくさん 福井県大飯郡 ＊おんさん 京都府 ＊がばんま 沖縄県宮古島 ＊じー 熊本県球磨郡 ＊じーさん 熊本県八代郡 ＊じーじゃん 長野県佐久 ＊じさん 熊本県球磨郡・天草郡 ＊じじ 三重県志摩郡 ＊じじさん 熊本県天草郡 ＊しゅー 沖縄県宮古島 ＊としょーりじっさ 長野県諏訪 ＊としよじーやー 千葉県香取郡 ＊としよりじーさん 大分県大野郡 ＊とっしーじー 鹿児島県種子島 ＊のーの 千葉県君津郡 ＊のーのー 千葉県山武郡 ＊のーのーじーさん・ののーじさん・ののじーさん 千葉県山武郡 ＊のの・ののさん 千葉県君津郡 ＊ののー 神奈川県横浜市 ＊ぱーしゅー 沖縄県宮古島 ＊ひおんじょ 鹿児島県揖宿郡 ＊ひこおや 山形県東田川郡 ＊ひこじー 静岡県榛原郡 ＊ひこじーさ 新潟県中頸城郡 静岡県小笠郡 ＊ひこじーさん 群馬県館林 静岡県志太郡 ＊ひこじじ 三重県志摩郡 ＊ひこじっさん 愛知県知多郡 ＊ひじょ・ひじょさん 鹿児島県肝属郡 ＊ひっこじさま 岩手県上閉伊郡 ＊ひねおじーさん 埼玉県入間郡 静岡県沼津市・富士郡 ＊ひねじーさん 群馬県佐波郡 神奈川県津久井郡 静岡県田方郡 ＊ひねのじーさん 静岡県沼津市 ＊ひまごじー 京都府葛野郡 ＊ひゃくじー 三重県志摩郡 ＊ひょー 千葉県市原郡 ＊ふーあぶじ 沖縄県竹富島 ＊ふーじ 沖縄県石垣島 ＊ふーふっしゅ 鹿児島県奄美大島 ＊ふーふっしゅー 鹿児島県徳之島 ＊ふーふっす 鹿児島県奄美大島 ＊ふりーじーさん 熊本県阿蘇郡 ＊ふるいおじーはん 愛媛県周桑郡 ＊ふるじじー 東京都利島 ＊まごつさ・まごつーや 山形県西田川郡 ＊またうぷずぃ 沖縄県宮古島 ＊またじーさん 熊本県天草郡

そうそぼ【曾祖母】

＊あーは 沖縄県西表島 ＊いんきょばーさん 熊本県球磨郡 ＊ういぱー 沖縄県波照間島 ＊うおーぱ 沖縄県小浜島 ＊うぶあっぱ 沖縄県新城島 ＊うぶぱー 沖縄県黒島 ＊うふはーめー 沖縄県首里 ＊うふはんね 鹿児島県加計呂麻島 ＊うふんみ(士族の曾祖母) 沖縄県石垣島 ＊うぶんみ 沖縄県西表島 ＊うふんめー 沖縄県那覇市・中頭郡(士族の曾祖母)・首里(士族の曾祖母) ＊うぼーぱ 沖縄県鳩間島 ＊うみあぶ 沖縄県与那国島 ＊うやふぁー・うわふぁー 鹿児島県喜界島 ＊おーおば 大分県大分郡 ＊おーきばー 新潟県佐渡 ＊おーばー 東京都大島 ＊おーばーさん 新潟県佐渡 愛知県碧海郡 広島県比婆郡 香川県大川郡 大分県 ＊おーばーば 富山県射水郡 ＊おーはーぱー 沖縄県那覇 ＊おーばーやん 長野県上田 ＊おーばちゃ 秋田県平鹿郡 ＊おーばば 千葉県山武郡 愛知県愛知郡・碧海郡 ＊おーばばさ 長野県諏訪 ＊おーばぶ 山形県東田川郡 ＊おーはんしー(士族語) 沖縄県那覇 ＊おーふぁ 沖縄県小浜島 ＊おっぴ 宮城県栗原郡「おっぴばんつぁん(曾祖母)」・牡鹿郡 ＊おっぴー 宮城県登米郡・玉造郡・牡鹿郡 ＊おっぴーさん 宮城県玉造郡 ＊おっぴさん 岩手県気仙郡 宮城県石巻・仙台市 ＊おばば 山形県東置賜郡 長崎県佐世保市 熊本県天草郡 ＊おびさん・おぴさん 宮城県栗原郡 ＊おひゃくさん 福井県大飯郡 ＊こまおばーさん 愛媛県 ＊としょーりばばさ 長野県諏訪 ＊としよりばーさん 大分県大野郡 ＊としよりばばさん 熊本県上益城郡 ＊とっしーばば 鹿児島県種子島 ＊のーの 千葉県君津郡・山武郡 ＊のーのー 千葉県山武郡 ＊のーのばば・のーのーばーさん・ののーばさん・ののばーさん 千葉県山武郡 ＊のの 千葉県君津郡 ＊ののさん 千葉県君津郡・山武郡 ＊ぱー 京都府 ＊ぱー 沖縄県宮古島・石垣島・黒島・波照間島 ＊ぱーんま 沖縄県宮古島 ＊ばさん 熊本県球磨郡・天草郡 ＊ばば 青森県三戸郡 ＊ばばー 熊本県球磨郡 ＊ばばさん・ばやん 熊本県天草郡 ＊ばばしゃん 熊本県上益城郡 ＊ひおんばさん 秋田県雄勝郡 ＊ひこおや 山形県東田川郡 ＊ひこばー 静岡県榛原郡 ＊ひこばーさん 静岡県志太郡 愛知県知多郡 ＊ひこばば 三重県志摩郡 ＊ひっこばさま 岩手県上閉伊郡 ＊ひねおばーさん 埼玉県入間郡 ＊ひねばー 神奈川県津久井郡 ＊ひねばーさん 群馬県佐波郡 神奈川県津久井郡 ＊ひゃくばー 三重県志摩郡 ＊ひゅーばえ 山口県大島 ＊ひゅーんぼさん・ひーんぼさん・ひゅーんぼやん・ひーんぼやん 佐賀県藤津郡 ＊ひょー 千葉県市原郡 ＊ふーあっぱ 沖縄県竹富島 ＊ふりーばばさん 熊本県阿蘇郡 ＊ふるばばー 東京都利島 ＊ほっぱ 沖縄県新城島 ＊またぱー 沖縄県宮古島 ＊またばーさん 熊本県天草郡 ＊わかばば 青森県三戸郡 ＊んまー 沖縄県宮古島

そうそん【曾孫】 ＊**しゃしゃらまご** 愛媛県 ＊**しゃしゃりまご** 和歌山県西牟婁郡 ＊**ずんずりご** 山形県東置賜郡 ＊**ひこまご** 千葉県山武郡 新潟県中頸城郡 長野県南佐久郡・上伊那郡 熊本県玉名郡 ＊**まーま** 沖縄県西表島 ＊**またまー** 沖縄県八重山 ＊**またまーが** 鹿児島県沖永良部島・徳之島 沖縄県国頭郡 ＊**またまが** 鹿児島県南西諸島 ＊**またまがー** 鹿児島県喜界島 ＊**またまぐ** 沖縄県与那国島 ＊**またまご** 鹿児島県種子島 ＊**またんまが** 沖縄県

そうだん【相談】 ＊**ぎんみ** 鹿児島県 沖縄県宮古島・石垣島 ＊**じんみ** 鹿児島県喜界島 沖縄県首里 ＊**たいだん**(相談事) 埼玉県北葛飾郡「たいだんを守らなけりゃいけねえ」 ＊**ひょーじょーもんじょー** 長崎県壱岐島「ひょーじょーもんじょーばっかりで日は暮れた」 ＊**ひょーりょー** 島根県益田市「今ひょーりょーしょったところじゃ」 ＊**むぬそーだん** 沖縄県首里

□**する** ＊**いーあーしゅん** 沖縄県首里 ＊**だんこあせる**(「談こ合せる」か) 岩手県気仙郡 ＊**つぶやく** 高知県土佐郡「つぶやいて」

ぞうちょう【増長】 ＊**おんぶく** 青森県津軽「あれぁ この頃、つと おんぶぐしてきたんたであ」 ＊**ぽーあがい** 沖縄県首里 ＊**めーあがい・めーがい** 沖縄県首里 ＊**ゆーちょ** 香川県「ゆーちょにする」

↓つけあがる（付上）

□**する** ＊**あごえる・あんごえる** 香川県 ＊**あめーゆん** 沖縄県首里 ＊**えらいきになる** 富山県 長野県下伊那郡 愛知県知多郡 ＊**おーほーにする** 香川県仲多度郡 ＊**おかめる** 富山県富山市近在・婦負郡 ＊**さいあがる** 岡山県児島郡 香川県 ＊**ずっりやがる** 香川県三豊郡「ちょっとほめたらずっりゃがって」 ＊**ずにあがる** 新潟県西頸城郡 ＊**ずのぼる** 山形県西田川郡 茨城県真壁郡 ＊**ずのる** 山口県豊浦郡 ＊**ずりあがる** 香川県・三豊郡「甘口いうとずりあがる」 ＊**つけのぼす** 長野県「いい気になってつけのぼすな」 ＊**つけのぼる・つけのさばる** 新潟県佐渡 ＊**つっつかくる** 群馬県吾妻郡 ＊**つのる** 山梨県南巨摩郡「最近金があるともってつのるづら」 広島県高田郡 山口県「こらえておきゃあしだいにつのりゃあがる」 香川県 ＊**つばえる** 香川県大川郡 徳島県 ＊**のしあがる** 大阪市 ＊**のじあがる・のっじゃがる** 熊本県玉名郡 ＊**のぼる** 香川県 佐賀県「あれをのぼせた処が、すぐのぼりて、大へん御馳走したよ」 ＊**ほたえる** 三重県阿山郡・度会郡 ＊**ほたゆる** 大分県 ＊**ほてつけあがる・ほてつばえる** 徳島県 ＊**ほてまわる** 島根県八束郡「勝ったと思ってほてまわるな」 ＊**まいあがる** 香川県仲多度郡・三豊郡 高知県 ＊**まいやがる** 香川県高松市 ＊**めーあがゆん・めーがゆん** 沖縄県首里 ＊**わきあがる** 大分県 ＊**わきゃがる** 大分県玖珠郡

ぞうふ【臓腑】 ＊**ことところ** 茨城県 ＊**じこ** 福岡県 佐賀県 ＊**じご** 福岡県久留米市・三井郡 佐賀県 熊本県玉名郡 ＊**ぞーばた** 福岡市 ＊**ぞーわた** 茨城県稲敷郡 新潟県佐渡 長崎県伊王島・対馬・壱岐島 ＊**ぞわた** 徳島県海部郡 香川県 鹿児島県 ＊**つわた** 山口県大島

↓ぞうもつ（臓物）・ちょう（腸）・はらわた（腸）

そうほう【双方】 ⇩りょうほう（両方）

ぞうもつ【臓物】 ＊**がた** 新潟県 ＊**ぐわーた** 新潟県三島郡 ＊**ぐわた** 山形県東置賜郡・西置賜郡 新潟県 ＊**こわだ**(狩猟用語) 岩手県気仙郡 ＊**ごわた** 宮崎県児湯郡 ＊**なか**(牛の臓物) 兵庫県加古郡 ＊**はらも**(牛や豚の臓物) 神奈川県津久井郡

↓ぞうふ（臓腑）・ちょう（腸）・はらわた（腸）

ぞうり【草履】 ＊**あか** 岐阜県飛驒 ＊**あば** 京都府加佐郡 ＊**うらなし** 福岡市(竹皮草履) 熊本県菊池郡 ＊**おにむし** 大阪府泉北郡 ＊**げげ**(「下々の者の履くもの」の意。粗末なもの) 佐賀県 ＊**げんげ** 新潟県 ＊**げんちょー** 広島県賀茂郡・豊田郡 ＊**こんご** 広島県比婆郡(児童語)・高田郡 ＊**こんごー** 徳島県三好郡 ＊**さっぱん** 沖縄県波照間島 ＊**さば** 鹿児島県南西諸島 沖縄県 ＊**さぱ** 沖縄県小浜島・新城島 ＊**さばー** 沖縄県与那国島 ＊**すっぺん**(草履の一種) 新潟県西頸城郡 ＊**すりきり** 山梨県 ＊**ちょんちょん**(幼児語) 岩手県気仙郡 ＊**はきの** 和歌山県日高郡 ＊**はこ**(げた、草履など。幼児語) 三重県伊賀 ＊**はっこ** 和歌山県(げた、草履など。幼児語) 島根県那賀郡(げた、草履など。幼児語) 宮崎県西臼杵郡 ＊**はっぽ・ぱっぽ**(幼児語) 兵庫県淡路島 ＊**はなおぞーり**(鼻緒の位置が「まんぐつ(馬靴)」と同じの「まんぐつぞーり」に対して言う) 山形県東村山郡・南村山郡 ＊**ふじくら** 京都市 ＊**わずり**(「わらぞうり(藁草履)」の転か) 岐阜県大野郡・郡上郡 ＊**わらじ** 岐阜県土岐郡 ＊**わらず** 島根県那賀郡・邇摩郡 ＊**わらばきもの**(草履、わらじなどの総称) 和歌山県日高郡 ＊**わらんじゅ** 三重県伊賀南部

かかとに当たる部分のない短小な□ ＊**あしだか** 青森県・津軽 岩手県気仙郡 秋田県鹿角郡 山形県 福島県会津若松市・大沼郡 新潟県東蒲原郡 ＊**あしだかぞーり** 山形県北村山郡・米沢市 ＊**あしなき** 熊本県天草郡 ＊**あしなこ** 島根県 宮崎県 ＊**あしなこばき** 島根県鹿足郡 ＊**あしなは** 鹿児島県 ＊**あしのこ** 広島県 ＊**あしんだか** 秋田県 ＊**おなごぞーり** 香川県 ＊**こんご** 福井県大飯郡 ＊**しりきれぞーり** 長野県諏訪 ＊**ぼっこじょーり** 山形県西村山郡・北村山郡 ＊**やまこ** 福井県大飯郡 ＊**やまじょい** 鹿児島県肝属郡 ＊**やまじょり** 青森県三戸郡 鹿児島県肝属郡

そうりょ【僧侶】 ＊**あとーさま** 新潟県岩船郡 ＊**あとーと**(幼児語) 長崎県対馬 ＊**あとさま** 山形県西置賜郡・南村山郡 新潟県岩船郡 長崎県五

島 *あとさん 秋田県由利郡 新潟県東蒲原郡 *あとつぁま(幼児語) 山形県 *あとと 山形県東置賜郡(幼児語) 長崎県五島 *いんぎぼーず(卑称)香川県木田郡 *いんぎょはん 和歌山県 *いんぎん 香川県大川郡・高松市 *いんげ 和歌山県那賀郡・伊都郡 岡山県 山口県玖珂郡 徳島県 *いんげさま 群馬県佐波郡 *いんげはん 徳島県 *いんげん 和歌山県那賀郡・伊都郡 岡山県 徳島県 愛媛県(格式のある寺の僧の敬称としても言う) *いんじゅ 香川県木田郡 *いんじゅさん 奈良県 香川県 *おいんげ 山口県 *おじっさま 石川県河北郡 *おじゅーさん 大分市 *おじゅっさん 兵庫県淡路島 徳島県 香川県 熊本県 *おしょーにんさま 群馬県佐波郡 *おしょーにんさん 香川県三豊郡 *おしょけ 千葉県夷隅郡・安房郡「お前の頭は おしょけみてえだなぁ」 静岡県志太郡 *おすさん 三重県志摩郡 *おっさま 岩手県気仙郡 宮城県本吉郡 山形県 福島県伊達郡 新潟県 長野県 岐阜県中央部 静岡県浜松 愛知県 *おっさん(「おしょうさん(和尚―)」の転か)宮城県栗原郡 秋田県平鹿郡・雄勝郡 茨城県多賀郡 栃木県足利郡 東京都八王子 神奈川県津久井郡 福井県 山梨県 長野県北部 静岡県中央部「おっさんっちゃおさきょー般若湯ってゆってるだー」 愛知県碧海郡 三重県 滋賀県彦根 京都市 大阪府大阪市・泉北郡 兵庫県 奈良県「もうおっさん参らはったか」 和歌山県 鳥取県西伯郡 岡山県苫田郡 広島県双三郡・比婆郡 愛媛県 熊本県球磨郡 大分県 *おっしゃま 群馬県勢多郡 長野県上田 *おっしゃん 長野県 *おてんじょさん 長崎県南高来郡 *おぼ 長野県更級郡・佐久 *おぼー 長野県南佐久郡 *かっくえ(山言葉) 山形県西置賜郡 *かみなが 奈良県 *かんさん 島根県出雲 *けずり(「毛剃」か。猟師などの山言葉)福島県南会津郡・大沼郡 *けなし(木こりの忌み言葉) 青森県南津軽郡 *ごいげ 石川県金沢 *ごいんげ 兵庫県但馬 広島県佐伯郡・芦品郡 愛媛県 熊本県上益城郡 *ごいんさま 福井県 岐阜県揖斐郡 *ごいんさん 群馬県佐波郡 福井県 広島県芦品郡 *ごいんじゅ 岐阜県武儀郡・郡上郡 滋賀県彦根 *ごいんじゅー 岐阜県海津郡・郡上郡 *ごいんじょ 新潟県中頸城郡 富山県砺波 *ごいんじょはん 富山県砺波 *ごげんさん 福井県 *ごじゅっさん 徳島県 愛媛県 *ごぜん 群馬県佐波郡 千葉県上総 神奈川県愛甲郡 長崎県 *ごぼさま 新潟県中頸城郡 富山県東礪波郡 *ごぼさん 新潟県上越 *ごぼっち 千葉県勝浦市 *ごぼはん 富山県砺波 *ごんげはん 富山県砺波 *ごんげんさま 富山県 *ざーすぃ 沖縄県首里「ざーすぃぬめー(和尚様)」 *じゅっさん 熊本県上益城郡・芦北郡 *しょーねんさん 島根県隠岐島 *すっけさー 鹿児島県鹿児島郡 *すどーしん 千葉県東葛飾郡 *すぼ 愛媛県伊予郡 *ずぼ 神奈川県中郡 富山県下新川郡 石川県河北郡(ののしりの語) 三重県志摩郡 *せっちょう・しっちょう 鹿児島県喜界島 *ぜんちしき 福井県 *だんなん 新潟県上越 *ちょーろー 沖縄県首里 *どーしっぽー・どしぼ 茨城県稲敷郡 *どーしん 新潟県北魚沼郡 山梨県南巨摩郡(ののしって言う) *どーしんぼー 山形県東置賜郡 茨城県稲敷郡 *どーぼ(「同朋」か) 茨城県稲敷郡 *どしっぽー(卑語) 茨城県北相馬郡 *どぼず 三重県三重郡・志摩郡 奈良県(卑語) 和歌山県那賀郡 *ながそで 新潟県佐渡「長袖のたたりは恐ろしい」 *ながそでさん 滋賀県彦根 *にょーにょー・にょーにょーさん・にょにょさん・にょんさん(幼児語) 新潟県佐渡 *のーのー 東京都大島 *のーのーさん 新潟県佐渡 *のの 千葉県(老僧)・上総(老貧僧) *ののー 茨城県 千葉県 *ののさま 秋田県北部 茨城県稲敷郡 新潟県下越 *ののさん 新潟県上越市 *ののちゃん 新潟県西頸城郡 *のらのらさん 新潟県佐渡 *のんさま 茨城県稲敷郡 千葉県海上郡・香取郡 *のんの 福島県南部・浜通 *のんのーさん 山梨県南巨摩郡 *のんのさま 秋田県北秋田郡 *のんのさん 秋田県 *はいちぼーず 石川県江沼郡 *ひき 三重県志摩郡 *ぼいどん 鹿児島県揖宿郡 *ほーいんさま・ほいんさま 群馬県佐波郡 *ほーいんさん 愛媛県 *ぼーえん 千葉県夷隅郡 *ぼーぼー(卑称) 新潟県佐渡 *ぼーんち 兵庫県淡路島 *ほぎさま 福島県会津 *ほげさま 茨城県北相馬郡 *ぼしどん 鹿児島県揖宿郡 *ぼっがなし・ぼっ 鹿児島県奄美大島 *ぼっちゃ・ぼっちゃさん 山形県庄内 *ぼっつぁん 熊本県天草郡 *ぼん(ののしって言う)石川県河北郡 *ほんげんさん(「ほっけ(法華)さん」、または「ほういん(法印)さん」の転か) 三重県伊賀 *ぼんちゃん 京都市 *ぼんぼん 三重県志摩郡 兵庫県氷上郡 広島県 *ぼんぼんさん 京都府 *ぼんやん 熊本県鹿本郡

→じゅうしょく(住職)

そうりょう【総領】 *かしたご 鹿児島県肝属部 *かしらご 島根県 *しんしょもち 愛知県北設楽郡 *そら 奈良県吉野郡 *たろー 栃木県河内郡 東京都八丈島 奈良県吉野郡

→ちょうなん(長男)

そくざ【即座】 *めうちかやし 宮崎県東諸県郡

→すぐ(直)・そっこく(即刻)

□に *いながら 愛知県知多郡 愛媛県 高知県「学校からいながらやってきました」 *ばそく 長野県「打たれるとばそく死んでしまったそうだ」 *やくと 秋田県平鹿郡「やぐどに行け」 *やっとやないに・やっとやないうちに 岩手県気仙郡

そくじ【即時】 ⇨すぐ(直)

そこ【其処】 *うま 鹿児島県島嶼部 沖縄県八重山 *そ 青森県南津軽郡「そさ(そこへ)へでおけ(入れておけ)」 岩手県気仙郡「そさ行ぐ」 秋田

県平鹿郡　山形県「そさある」　愛媛県『何処にぁるかい』『そにある』』　*そこなーて 埼玉県北葛飾郡　*そこなく 徳島県・美馬郡　高知県　*そこなて 愛知県海部郡「そこなてが悪い」　*それこ 愛媛県周桑郡　*そんなく 徳島県美馬郡　*なー 沖縄県波照間島　*ふま 沖縄県国頭郡　*ま 鹿児島県奄美大島　*まー 鹿児島県沖永良部島　*もー 沖縄県新城島　*んま 沖縄県首里

そこ【底】　*げす 新潟県東蒲原郡　*しき 茨城県　東京都　山梨県・南巨摩郡「桶のしきに穴があいた」　静岡県　奈良県南大和(酒造おけの底)　鳥取県・西伯郡　島根県　岡山県苫田郡　山口県阿武郡　*しきた 長野県南部　*した 青森県津軽・上北郡　宮城県栗原郡・仙台市「足袋の下」　秋田県鹿角郡　*したっか 長野県佐久　*しち 鹿児島県喜界島　*しった 青森県南部「桶のしった抜げた」　山形県　栃木県　群馬県　埼玉県秩父郡・入間郡　千葉県東葛飾郡　新潟県　山梨県　長野県　岐阜県大野郡　*しったっこ 埼玉県北足立郡・入間郡　*しったっこー 埼玉県入間郡　*しんた 東京都三宅島　岐阜県　*しんたぶら 岐阜県益田郡　*ざ 新潟県岩船郡「ざになった(底になった)」　*そこた 岐阜県恵那郡　*ついび 沖縄県首里　*ひった 群馬県群馬郡　*へった 群馬県伊勢崎市・佐波郡

そこつ【粗忽】　⇩そそっかしい

そこら【其処】　*そいら・そーら 千葉県市原郡　*そいらたまーし 千葉県夷隅郡「そいらたまーしさがしてみな」　*そこなーて 埼玉県北葛飾郡　*そこなく 徳島県・美馬郡　高知県　*そこなて 愛知県海部郡「そこなてが悪い」

□辺り　*そーらまし 千葉県君津郡　*そーらんまーし 千葉県夷隅郡・君津郡　*そーらんまし 千葉県市原郡　*そけね 長野県下水内郡　*そこたり・そこたい・そこたし 和歌山県　*そこった 富山県婦負郡　*そこない 香川県「そこないの百姓町人ども」　*そこね 長野県上田・佐久　*そこらまーり 山梨県南巨摩郡「そこらまーりょーともだちのとこい(そこら辺りの友達の所へ)」　*そこんにき 千葉県山武郡　長崎県西彼杵郡　*そこんにっ 鹿児島県鹿児島郡　*そこんね 群馬県勢多郡　*そこんもと 鹿児島県「そこんもとずい(そこの辺まで)」　*そっかり 長崎県壱岐島

そさい【蔬菜】　⇩やさい（野菜）

そしる【謗】　*くざす 愛知県碧海郡　*ぐさす 愛知県岡崎市　*くさする 滋賀県彦根　*くさらかす 長崎市　鹿児島県　*くっさらかす 鹿児島県肝属郡「あい(彼)がくっさらけち来た」　*げなす 宮城県栗原郡　富山県射水郡　静岡県榛原郡　三重県志摩郡　京都府　兵庫県・淡路島　島根県邑智郡「げなしげなし嫁を使う」　山口県玖珂郡　香川県長崎県南高来郡　熊本県　大分県宇佐郡　*へなす 栃木県　新潟県　長野県　香川県三豊郡　*べなす 福島県岩瀬郡　*まじく 福島県浜通「そんなにまじくな」　茨城県久慈郡　↓けなす（貶）

そぜい【租税】　*いりよー 岐阜県益田郡　*うんじょー 和歌山市「あんまりもうかると、うんじょーとりにこられるぜ」　山口県　福岡市　*かねー 沖縄県首里　*こくだい 富山県　*ごじゅーのー 岐阜県大野郡　*ごじょーのー 岐阜県郡上郡　*じょーのー 青森県上北郡　岩手県紫波郡・気仙郡　*じょーのー 山形県北村山郡「ぢょーのーの取り立て」　福島県石城郡　大分県　沖縄県首里・石垣島・竹富島　*じょーのーきん 鹿児島県喜界島　*たてせん 島根県隠岐島　*たてもの 島根県出雲・隠岐島　*つなぎ 青森県三戸郡　岩手県上閉伊郡　秋田県仙北郡　新潟県佐渡　岐阜県益田郡　静岡県磐田郡　*つなんぎ 秋田県平鹿郡　*でもの 愛知県愛知郡・知多郡　*どーよー 島根県石見「この頃は仲々どーよーがいかい(高い)」　*なっしょー 和歌山県西牟婁郡　*ねんごー 静岡県　↓ぜいきん（税金）

そせん【祖先】　*うやぱーふじ 沖縄県石垣島　*うやふぁーふじ(「ふぁーふじ」は祖父母) 沖縄県首里　*うやふじ 鹿児島県喜界島　沖縄県首里　*うわふじ 鹿児島県喜界島　*おまいさま 茨城県　↓せんぞ（先祖）

そそっかしい　*あぐらしー 新潟県　富山県砺波　石川県鹿島郡・金沢市　*あぐるしー 新潟県佐渡　富山県　石川県河北郡　岐阜県飛驒　*あぐろしー 新潟県佐渡　*あじゃら 福島県南部「あじゃらに仕事にかかるな」　*あじゃらけ・あんじゃらけ 秋田県雄勝郡　*あせずがし 青森県　*あつかましー 兵庫県淡路島　*いきすぎ 長野県上田・佐久　*うちょーほー 沖縄県首里　*かっつぉそ 山形県北村山郡　*かっつぉそー 山形県東置賜郡・北村山郡「かっつぉそーな人」　*けたたましー 福岡市　*さまちちゃさん 沖縄県首里　*ざんとー 長崎県対馬「直ぐ足を出すやら粗相な語を使ふやら、どうもざんとうな人間ぢゃ」　*そこはいー 高知県長岡郡　*そさーくさ 島根県仁多郡　*そさくさ 島根県　*そそー 山梨県南巨摩郡「うらがえーの嫁はそそーどーで皿もなにも落いて割ってひっちもー(しもう)」　徳島県「私のそそーからこんなことになってしもた」　*そそーそーまくり 東京都八王子　*そそーそーらくじ 神奈川県津久井郡　*そそーっぱじ・そそーそーっぱじ 東京都八王子　*そそーっぱち 神奈川県津久井郡　*そそかましー 兵庫県但馬　愛媛県大三島　長崎県対馬　*そそくさ 鳥取市「そそくさな人(軽率な人)」　島根県「どうもそそくさをして済みません」「この子はそそくさな子だ」　*そそくさい 山形県米沢市　大阪市　兵庫県美嚢郡・神戸市　和歌山県伊都郡　*そそくさしー・そそくろしー 島根県石見「内の子はそそくさしー」「ゆんや(昨夜)のお客はそそくろしーお客じゃ」　*そそくらしー 島根県隠岐島　*そそこーしー 鹿児島県種子島　*そそこし 三重県度会郡　鹿児島県　*そそっくさ 長野県下水内郡　*そそっぱい 島根県出雲市・隠岐島 *そそっぱしー 島根県出雲「随分そそっぱしぃ人も居れば居るもんだ」 *そそっぺかしー 和歌山県海草郡 *そそっぱち 新潟県西頸城郡 静岡県 *そそっぽ 茨城県稲敷郡 *そそっぽー 茨城県稲敷郡 *そそはい 徳島県「うちの子はどうもそそはいので困る」 香川県大川郡・仲多度郡 *そそはいー 徳島県 香川県大川郡・仲多度郡 *そそら 茨城県新治郡・稲敷郡 栃木県「そそらだから怪我をする」 *そそらっか 栃木県 *そそらっぺー 茨城県稲敷郡 埼玉県秩父郡 *そそらはぜ 長崎県対馬「彼はそそらはぜでいつも忙しそうにしとる」 *そっそらばやい 石川県江沼郡 *ぞっぱい 石川県河北郡・金沢市 *そっぺあー・そそらそっぺあー 埼玉県北足立郡 *そろっぱい 静岡県「そろっぱい人だ」「そろっぺー事をするな」 *ぞろっぱい 茨城県猿島郡 *ぞろっぽい 山梨県 *ぞろまく 香川県 *ぞんぜ 山形県庄内 *ちょちょくさい 島根県「うちの子はちょちょくさい子だ」 *どかしかで 秋田県秋田市・雄勝郡「あれはどかしかで人であるから物をおき忘れる」 *どかすかで 秋田県秋田市・平鹿郡「あれはどかすかで奴だ」 *どかつかで 秋田県河辺郡「なんとどかつかで人だこと」 *どっき 青森県上北郡・三戸郡 岩手県「とっきな人」 宮城県「とっきなたず(たち=性質)で、眼鏡かけたまま顔洗ったりする」 秋田県鹿角郡・仙北郡「あの子はとっきでいけない」 山形県 新潟県岩船郡 *とっきとっき 岩手県気仙郡「いづみでも(いつ会っても)とっきとっきず奴だ」・平泉 *とっつき 青森県三戸郡 *はくさ・はぐさ 石川県 *はんば 石川県金沢市 *ひょいきん 静岡県榛原郡 *ひょーきん 長崎県五島 *ひょろきん 長崎県五島 *もちゃぺなし 青森県「もちゃぺなしだからあの万年筆すぐ人にやってしまった」 ↓おっちょこちょい・けいそつ(軽率)

□さま *かさつ 山形県東田川郡 *かっつぉそ 山形県北村山郡 *かっつぉそー 山形県東置賜郡・北村山郡「かっつぉそーな人」 *きょーこつ 富山県(女性語) 島根県邑智郡「きょーこつなことを言うな」 *さっさくさ 茨城県猿島郡 静岡県志太郡 *さっさくさー 静岡県「さっさくさーな人だ」・小笠郡「あの人は何をやってもさっさくさーだ」・磐田郡 *しくつぃ 沖縄県石垣島「しくつぃなむぬ(そこつ者)」 *すくつぃ 沖縄県首里 *そーそらく 千葉県長生郡・夷隅郡「お前はそーそらくだ」 *そさーくさ 島根県仁多郡 *そさくさ 島根県 *そそくさ 鳥取市 島根県 *そそっかー 埼玉県秩父郡 静岡県榛原郡「そそっかーな仕事」 *そそっくさ 長野県下水内郡 *そそっぽ 茨城県稲敷郡 *そそっぽー 茨城県稲敷郡 *ちょちょくさ 島根県「ちょちょくさして大事なことを忘れた」 *ちょちょくそ 島根県邑智郡「一日中ちょちょくそする」 *つかつか 岐阜県飛驒 *てたくた 岩手県気仙郡 宮城県石巻「てたくたて間違えねよに届けてけさえ」 *てたぱた 岩手県気仙郡 *どかつかと 秋田県山本郡「どかつかとやれば損をする」

□人 *あいかり 和歌山県東牟婁郡 *あっつえなし 福島県石城郡「おめえは あっつえなしだから茶碗をこわしたりなんぞするんだ」 *いちゃつき 長野県松本 *うかっとぅー 沖縄県首里 *うっかー 沖縄県那覇・首里 *うふしょーむん・うふしょー 沖縄県首里 *けそ 島根県石見 長崎県対馬 *けそけそ 島根県石見・隠岐島 *さびなさ 鹿児島県喜界島 *しちゃしょーぬがー 沖縄県首里 *すっちょこちょい 長野県佐久 *せせへー(「へー」は「平」など人名になぞらえて言うか) 長野県松本市 *そそーっぱじ・そそーっぱじ 東京都八王子 *そそーっぱち 神奈川県津久井郡 *そそくり 高知県 *そそくら 千葉県市原郡 *そそっぱち 新潟県西頸城郡 静岡県 *そそっかー 山梨県南巨摩郡 *そそらく 千葉県市原郡 *そそらくもの 千葉県 *そそり 高知県 *ちゃっくやー 沖縄県首里 *ちゃわ 石川県能美郡 *ちゃわつき 新潟県佐渡・中頸城郡 *どかちかもの 秋田市 *どかひかもの 秋田県雄勝郡 *どっき 青森県上北郡「あすこのおどさま、なもかもとっきだ」・三戸郡 岩手県 宮城県 秋田県鹿角郡・仙北郡「あの子はとっきでいけない」 山形県 新潟県岩船郡 *とっきとっき 岩手県気仙郡・平泉 *とっきもの 宮城県栗原郡・仙台市 山形県庄内 *とっつき 青森県三戸郡 *ととくそ 新潟県佐渡「あいつぁ、ととくそだ」 *ととぴろ 秋田県平鹿郡 *とばろく 石川県金沢市・鹿島郡 *とべ 新潟県西頸城郡 *とぺかぺ 青森県津軽 *とんこ 新潟県 *とんてき 青森県津軽 秋田県平鹿郡 山形県鶴岡 山梨県 長野県下伊那郡「とんてきで困る」 *とんてつ 新潟県佐渡「あのしたぁとんてつだ」 *とんとき 新潟県 *とんときもの 新潟県 *とんとけ 青森県「あのとんとげぁまあ、まんだ、べんと(弁当)わすえでえたね」 *とんとこ 新潟県佐渡 *どんぱち 青森県津軽・三戸郡 *ぱだながー 沖縄県西表島 *ぱだぬばー・ぱだぬべー 沖縄県石垣島 *はちゃくちゃもの 富山県砺波 石川県河北郡・金沢市 *はんじゃれ 新潟県佐渡 *ひょいきんぼー 静岡県榛原郡 *ひょーかん 大分県大分郡 *ひょーかんすけ 大分県西国東郡 *ひょーきんだま 岡山県児島郡 *ひょーきんもの 千葉県夷隅郡 *ひょんきん 静岡県磐田郡 *わがさもん 広島県比婆郡

そそのかす【唆】 *おだかす・おだやかす 島根県美濃郡・益田市 *おだてる 新潟県 大分県 *けちょかける 宮城県栗原郡 *けつかく 大阪市 *けっちょかける 宮城県玉造郡 *けっちょりかける 岩手県胆沢郡 *ささらする 岩手県気仙郡 *さやす 香川県伊吹島 *すったてる 岩手県気仙郡 山形県東置賜郡 *すやす 富山市「良い加減のこというて人すやいとる」 *せしかける 長野県諏

訪・東筑摩郡「犬をせしかける」 *せせぐる 岩手県気仙郡「いづも金せせぐってばりいる」 *せっかける 埼玉県秩父郡 新潟県 長野県諏訪 *せつく 香川県小豆島・佐柳島 *せっこーかける 山梨県北部 *せっこかける 新潟県上越市・中頸城郡 *そそくる 長崎県対馬「何某はまてえ(まったき)人間であったが、彼がそそくり出して善からぬ道を踏ました」 *そやかす 静岡県安倍郡 兵庫県加古郡 *ぞやかす 静岡県 *そやしたてる 新潟県佐渡 山口県豊浦郡 *そやす 新潟県佐渡 岐阜県郡上郡 広島県比婆郡 *ぞやす 静岡県 *たぬかしゅん 沖縄県首里 *ちょっかける 千葉県 *つつく 鹿児島県口之永良部島 *つつこ 鹿児島県屋久島 *つったてる 山形県米沢市「人をつったでる」 茨城県稲敷郡 *どじく 青森県津軽 *のだてる 岐阜県飛騨「のだてて旗をあげさせる」 *ぱーしん 沖縄県石垣島 *はっちゃげる・はっちゃける 静岡県駿東郡 *ふきたつる 大分県大分郡 *ふったける 栃木県 群馬県桐生市・館林 埼玉県入間郡 *ふったてる 埼玉県秩父郡 *ほしまかす 長崎市 *ほしめかす 佐賀県 長崎県長崎市・対馬 *ほしめる 長崎県対馬 *ほっめかす 長崎県五島 *めげる 高知県長岡郡 *やしかける 青森県(子供が氷滑りの時に次々と押し出して行くことにも言う)「犬をやしかける」 秋田県北秋田郡・鹿角郡

そだつ【育】 *おがる 北海道 青森県「男は二十五の鶏うたえまでおがる(男子は二十五歳の最後の日の十二時まで成長する)」 岩手県「柿の木がおがった」 宮城県 秋田県河辺郡 山形県「おがり申した(成人しました)」 福島県北部・若松市 新潟県東蒲原郡 *しとなる 長野県南部 岐阜県 愛知県「去年植えた桜の苗だがようしとなったなあ」 *しとねる 長野県南部 岐阜県 *となる 三重県志摩郡 *ひとなる 長野県上伊那郡 岐阜県飛騨 静岡県磐田郡 愛知県三河 三重県志摩郡 *ぷでーゆい・ぷでぃーゆい 鹿児島県喜界島 *ふとなる 岐阜県東飛騨 愛知県知多郡 奈良県南大和 佐賀県東松浦郡 *ほてる 徳島県海部郡

そだてる【育】 *おーす 佐賀県藤津郡 長崎県壱岐島「病気ばをすもんぢゃなか」 *おす 熊本県玉名郡「子おすうちゃ銭ぁ溜らん」 *おやし・おやかし 鹿児島県鹿児島郡 *おがす 北海道函館 青森県南部「あったにおがしてなし、かわいそーなことしましたでぁ」 岩手県 宮城県「乳たりないから、おがすだけでも骨でござりすてば」 秋田県平鹿郡・鹿角郡「おがされた恩は忘れてはならぬ」 山形県「茄子苗、上手におがしたなー」 *おやす 鹿児島県 *おんがす 秋田県平鹿郡「此の木をおんがす」 *しとねる 長野県上伊那郡・下伊那郡 岐阜県 愛知県 *たてる 長野県佐久「狼が子をたてる」 *ひとねる 長野県東筑摩郡 岐阜県「この子をきっとひとねる」 静岡県磐田郡 愛知県豊橋市 *ふとねる 岐阜県飛騨 愛知県知多郡
→よういく(養育)

そちら【其方】 *そがー 島根県石見「そがーえ行った」 *それげー 大分県下毛郡 *そんげ 宮崎県西臼杵郡 *そんげー 大分県 *そんのけ・そんなけ 岡山県吉備郡
□の方 *そっちけあ 岩手県気仙郡 *そっちべた 新潟県佐渡・上越市「おめたうち、そっちべただな」 *そっちべら 奈良県 *そっちむかい 茨城県・稲敷郡 *そっちゃべた 岐阜県養老郡 *そっちょむかい 埼玉県北葛飾郡 *そっちわき 香川県綾歌郡・仲多度郡

そっこく【即刻】 *おそーはよー 長崎県対馬 *おそはよー 山口県大島「おそはよー逃げた」
→そくざ(即座)

そっち【其方】 ⇩そちら(其方)

そっちょく【率直】 *うっつけに(率直なさま) 島根県美濃郡・益田市「うっつけになぐった」 *きさいじん(率直なさま) 兵庫県赤穂郡 *きさんじ(率直なさま) 滋賀県蒲生郡 兵庫県赤穂郡 奈良県「きさんじなお子さんですね、誰にでもすかれておとくですこと」 岡山県苫田郡「きさんじな人じゃけえ、みんなに好かりょう」 愛媛県 *きさんじげ(率直なさま) 島根県出雲「きさんじげな物の言い方をする」 *こきさんじ(率直なさま) 岡山県苫田郡
→ありのまま(有儘)・しょうじき(正直)

そっと *こそこそ 島根県益田市 *こそっこそっこ 島根県隠岐島「山からこそっこそっこ歩いて下りた」 *こそっと 青森県三戸郡 宮城県石巻 福島県東白川郡・福島市 香川県高松 *こそらかそらと 青森県三戸郡 *こそらっと 青森県三戸郡「赤ん坊をこそらっと寝かした」 宮城県石巻「こそらっと行って見てきた」 山形県「こそらっと語っていた」 *こそらと 青森県上北郡 *こそりこそり 島根県邇摩郡・鹿足郡「山の中をこそりこそり歩いて行った」 *ごそりごそり 島根県仁多郡・飯石郡 *こそろに 岩手県気仙郡「こそろにためた」「こそろに様子をさぐる」 *こっそらと 青森県 岩手県気仙郡 *こっちょらと 青森県津軽 *じっこり・じこりと 高知県「小猫がいつの間にかじっこり私の寝屋へ這入ってゐた」 *しばりっと 香川県仲多度郡 *じわーっと 長崎県五島 大分県北海部郡「じわーっと歩く」 *じわじわ 香川県「じわじわ動かさなタイヤがすべるぞ」 *じわっと 香川県 長崎県伊王島 大分県大分郡・北海部郡 *じわりっと 徳島県 香川県「じわりっとおけよ」 *じんわり 香川県大川郡 *するいとぅ 沖縄県首里「するいとぅ なれーがちゃん(こっそり教わりに来た)」 *するっとぅ 沖縄県首里 *すれっと 熊本県玉名郡 *そーそと 新潟県・西蒲原郡「そうそと磨け」・中頸城郡「そーそと歩け」 富山県砺波 岐阜県 愛知県名古屋市 *そーっくり 新潟県佐渡 *そーらと 長崎県東彼杵郡・長崎市 *そーりっと 島根県美濃郡・益田市「どこへ行くやらそーりっと後をつけて見た」 *そこっと 北海道 青森県三戸郡

岩手県気仙郡「あれもねぁがら(無いから)そこっともっていってやれ」 秋田県鹿角郡 福島県相馬郡・東白川郡 *そっくと 福島県東白川郡 *そっくら 福島県東白川郡・福島市 岐阜県恵那郡 *そっくり 福島県東白川郡・福島市「こはれねえ様そっくり持って来う」 茨城県稲敷郡 千葉県香取郡・海上郡 新潟県佐渡 岐阜県飛驒「もっとそっくり歩け」・恵那郡 *そっこと 青森県上北郡 岩手県気仙郡 宮城県「そっこと行ってまがってみてきた」「あんださそっことかたって置く事がす(お前にこっそり言っておくことがある)」 秋田県鹿角郡「人に見られては悪いから、そっこと持て行け」 福島県浜通・相馬 *そっこら 岩手県気仙郡 宮城県石巻 福島県東白川郡 *そっこらと 青森県津軽 *そっこり 岩手県 宮城県 福島県 *そっそと 和歌山県那賀郡 *そつっこら 宮城県玉造郡 *そんこり・そんこら 山形県米沢市 *のさっと 青森県三戸郡「三郎の背中に化物がのさっとおぶさった」 *もっきさんき 島根県隠岐島
→こっそり

そで【袖】 *おたも(女性語) 滋賀県蒲生郡 *たむとぅすでぃ 沖縄県首里 *たもそで 長崎県 熊本県 *たもそど 熊本県 *たもつそで 熊本県 *たもとそで 熊本県

そと【外】 *あだ 岡山県 広島県 *かど 石川県江沼郡 福井県 三重県志摩郡 京都府 大阪市「かどへも出なはれ」 兵庫県・淡路島 奈良県宇陀郡 和歌山県日高郡 広島県高田郡 徳島県 香川県 *そで 青森県三戸郡・南部 岩手県九戸郡 秋田県鹿角郡 新潟県佐渡・西頸城郡 岐阜県「そでへ行って遊べ」 *そもと 三重県志摩郡 *それ 新潟県佐渡「それへ出て遊べ」 *でさ 岐阜県揖斐郡 *とーがい 岩手県気仙郡 *とがい 岩手県「とげぁさ出はれ(外に出ろ)」 *とかた 岩手県気仙郡 山形県庄内「とかたで遊べ」 新潟県 *とで 神奈川県三浦郡・久良岐郡 *とは 岩手県気仙郡 秋田県 福島県東白川郡 茨城県 栃木県芳賀郡 *とば 徳島県美馬郡 *とわ 茨城県 栃木県「とわへ出ろ」 *ふか 沖縄県・石垣島・首里 *ほか 島根県美濃郡「今夜はぬくいけーほかい寝るで(こたつの外で寝る)」 *ほきゃー 山口県阿武郡 *ほで 岩手県九戸郡 *よろめ 秋田県山本郡 *わき 岡山県児島郡

そなえもち【供餅】 *かみさんもち 三重県名張市 *かみもち(正月の供え餅) 静岡県賀茂郡 *くわびらもち(二つ重ねて上に橙(だいだい)を置いた供え餅) 鹿児島県黒島 *まもち 三重県志摩郡 *みいわい(家族の数だけ飾る小形の正月の供え餅) 東京都八丈島
→かがみもち(鏡餅)

そなえる【供】 *かざる 岐阜県郡上郡 *しきるん 沖縄県石垣島 *おます(神仏などにものを供える) 福井県大飯郡 三重県伊賀 大阪府南河内郡「うづき八日、だっごを作ってお月様におます」 奈良県吉野郡・宇陀郡「おましたり、たばったり(お供えしたり、ちょうだいしたり)」 *おまする(神仏などにものを供える) 和歌山県伊都郡・那賀郡 *おませる(神仏などにものを供える) 長野県下伊那郡 *しんげる(神仏に供える) 三重県度会郡 *しんぜる(神仏に供える) 群馬県 埼玉県秩父郡 新潟県佐渡 山梨県北都留郡・南巨摩郡 長野県 静岡県 三重県 滋賀県彦根 *しんでる(神仏に供える) 高知県・高知市「お賽銭をしんでる」 *すえる(神仏に供える) 新潟県佐渡「仏様にすえる」 富山県 愛知県尾張 滋賀県彦根 岡山県「ごちそーしてすえたるんじゃ」 長崎県対馬 *すっせる(神仏に供える) 富山県射水郡・砺波 *せぜる(神仏に供物を供える) 新潟県岩船郡 *せんぜる(神仏に供える) 群馬県佐波郡 山梨県北都留郡「なまものー(青物を)せんぜる」 長野県佐久 静岡県 三重県阿山郡 *ひんぜる(神仏に供える) 群馬県吾妻郡・利根郡 埼玉県秩父郡 *ほかう(神仏にものを供える) 熊本県球磨郡「山の神へほかう」 大分県直入郡・日田市 *ほこう(神仏にものを供える) 山口県豊浦郡「蔭膳(かげぜん)をほこう」 *まつる(神仏にものを供える) 徳島県 宮崎県南那珂郡「お茶をまつる(お茶を供える)」

そねむ【嫉】 ⇨ねたむ(妬)

その【其】 *うぬ 鹿児島県喜界島 沖縄県八重山・首里「うぬうぃー(その上)」「うぬっちゅ(その人)」「うぬふか(その他)」 *うん・うんにー 鹿児島県喜界島 *そな 高知県幡多郡「そなひと(その人)」 *そんな 島根県那賀郡「そんな鎌は誰のか」・鹿足郡

そのうち【其内】 *くぬうち 沖縄県・首里 *こない 香川県 *こないだ 茨城県多賀郡「こないだにおめにかかりやんしょ」 富山県砺波 静岡県庵原郡「こねゃーだのうちに行ってこずやあ(近々行きましょう)」 *そのいと 長野県 静岡県「そのいとに分る」・小笠郡 *そのやき 富山県砺波 *ちっとがうち 栃木県「ちっとがうちに来るよ」
→まもなく(間無)・やがて(軈)

□に *いーんま 長崎市 *いんま 香川県小豆島 愛媛県周桑郡・喜多郡「いんま行こわい」 福岡県 佐賀県「今はこん、いんまくる」 長崎県 熊本県 宮崎県・東諸県郡 鹿児島県 *いんめ 山形県 *おーかた 香川県「もうおおかたまいります」 *さーで 兵庫県北但馬 *にゃんま 鹿児島県喜界島「燕が飛び回るが、にゃんま雨が降るだろう」 *みすみす 島根県那賀郡 *やんと 長野県埴科郡

そのまま【其儘】 *いきなりべったり 広島県 *いきなりぺったり 長崎県北松浦郡(中流以下)「いきなりぺったり処きらはず」 *いなおり 島根県「用事がすんで、いなおり御馳走になった」 *いながな 高知県 *いながら 兵庫県明石市 徳島県海部郡「会長はいながらでえ(前の通りでよい)」 香

川県「藪をいながら垣にしてある」　高知県「生でいながら食べたら滋養になる」　**＊いなり** 徳島県　高知県幡多郡　**＊いびら** 山梨県　**＊ころっと** 岩手県気仙郡「ころっと着る」　**＊ごろっと・ごろり** 宮城県仙台市「男やもめでもありすめし、暑くなったたて、ごろり袷なだ着るもんでがえん」　**＊ころりと** 山形県米沢市「着物をころりと着ている」　**＊ずーり** 広島県・高田郡　熊本県天草郡　**＊そのいちら** 長野県南佐久郡　静岡県「飯を食ってそのいちら出て行った」　**＊そのいちり** 長野県南佐久郡　**＊そのなーり・そんなーり** 岐阜県郡上郡「朝起きてきものもきかえずに、そんなーりいってしまった」　**＊そのなり** 岐阜県郡上郡　大分県南海部郡「ほーいちぇもー、そのなりおったしゅがおわりますわい(そしてもう、そのまま嫁としていついた人が多くありますよ)」　**＊それなり** 大分県「それなりする(そのままにする)」　**＊そんなら** 石川県河北郡　**＊そんなり** 新潟県佐渡「そんなりにしておいた」　石川県　静岡県志太郡「そんなりかぇーってこなぇー」　滋賀県彦根　大阪府泉北郡　兵庫県加古郡　香川県「そんなりで来たらええのに」　**＊まーた** 島根県出雲「鰤を一匹まーたで買った」　**＊まった** 島根県隠岐島　**＊まるた** 島根県「この梨まるたで食う方が甘い」　岡山県児島郡「りんごやとまとはまるたでかじりゃー一番えんじゃ」　徳島県　香川県「桃のまるたが欲しい」　**＊まんぎ** 山形県米沢市・南置賜郡「この衣裳ァ古くなったがまんぎどしている」「(病気で体は不自由だが)まだ、まんぎどしている」　**＊まんぎり** 山形県　**＊まんなり** 島根県隠岐島「まんなって」　**＊やんなり** 静岡県田方郡

そのよう【其様】　**＊あが** 島根県邇摩郡・大田市　**＊あがー** 島根県石見「あがーいわんこーつれてまいってやんさいえー(そう言わないで連れて参って下さいよ)」　広島県佐伯郡「うんうんあがーでもいぬりゃーの、えーかげんなる(うんうんそれでも帰ればね、いいかげんになる)」・山県郡「わしがあがぁおもぅての(私がそう思ってね)」　**＊あがん** 広島県比婆郡「はーはーあがんなってんのー(はあ、そんなになられますかねえ)」　**＊あげ** 福岡県築上郡「あげゆあんたな(そう言いますね、あなた)」　**＊あげー** 大分県南海部郡「あげーゆーしもありよった(そんなふうに言う人もありました)」　**＊あげん** 島根県出雲「あげんづいわりしいとえんまね虫がわくけん(そんなに口卑しいと、今に虫がわくから)」　熊本県天草郡「暮しよかも悪かもなあい、時々のあげん態(てぇ)で結構にどうろこうろやって行くとじぇえ」　鹿児島県上甑島「あげん早う出んでも」　**＊あねーる・あねる** 沖縄県首里　**＊あん** 沖縄県石垣島「あんざい(そうしよう)」　**＊あんじん・あんじ** 沖縄県石垣島　**＊あんねーたる・あんねーる** 沖縄県首里「あんねーるむん　すぃてぃり(そんなもの捨てろ)」　**＊うぬまー** 沖縄県首里「うぬまーにっし(そのようにして)」　**＊さ** 石川県江沼郡　福井県遠敷郡「さにゅーてみてくだんせんかいの」・大飯郡「さなこと(そんなこと)せんとけ」　京都府葛野郡　**＊さー** 富山県下新川郡「うん、さーよ」　石川県能美郡　福井県遠敷郡　三重県南牟婁郡「さあなことをしては悪い」　奈良県南大和「誰れでも彼れでもさあに言ふたぜ」「さーなー(そうさなー)」　愛媛県大三島　**＊さえずげ・さえずげだ** 山形県・米沢市「さえずがえなごど(それしきのこと)」　**＊さえっけ・さえっちけ** 山形県西置賜郡　**＊さずげ** 山形県東置賜郡　**＊さん** 石川県石川郡　**＊しゃー** 岐阜県郡上郡「しゃーなことあらすかよ(そんなことがあるもんか)」　**＊しゃずげ** 秋田県雄勝郡「しゃずげぁたもの」・平鹿郡「しゃじぎたものはいらない」　**＊しゃんた** 秋田県平鹿郡　**＊すげん** 福岡市　**＊すた・すただ** 秋田県由利郡　**＊すっけー** 新潟県南魚沼郡　**＊せぁつき** 秋田県雄勝郡　**＊せーずげ** 山形県東田川郡「せーづげな野郎」「せーづげな物」　**＊せーった** 山形県庄内　**＊せずげ・せずげだ** 山形県「せづぎだなもの」「せぢぎだもの」「せつけだ事ぬかさねで」　**＊せだ** 山形県庄内「せだもの、いらねでば」・西田川郡　**＊せった** 山形県庄内　**＊そあん** 鹿児島県種子島「そあんこたあ全然無かったとやから」　**＊そい** 福島県東白川郡「そえぐすっと(そのようにすると)危ねぇぞ」　三重県度会郡　愛媛県　大分県大分郡・速見郡　長崎県壱岐島「そえな化物もおらんごっなった」　**＊そいぇー** 長崎県壱岐島　**＊そいなた** 鹿児島県揖宿郡「俺だそいなた話さ聞いちょいば」　**＊そえつけ** 山形県米沢市　**＊そえん** 三重県志摩郡　**＊そー** 広島県神石郡「そーな話を孫にします」　**＊そーうだ** 山形県東田川郡「そーうだ事しんな」　**＊そーが** 奈良県吉野郡　**＊そーた** 福島県東白川郡　茨城県新治郡「いまわそーたごとやりゃーせんよねー」「そーたん(そんなに)」　栃木県那須郡「ぜんぜん、そーだごとねー」　群馬県多野郡　**＊そが** 山形県米沢市　石川県「そが

方/言/の/窓

●東国方言Ⅱ

鎌倉時代になっても、東国方言は、平安時代と同じように京の都人に卑しめられる。『今昔物語集』でも「横なばりたる声」とあり、『平家物語』では東国育ちの木曾義仲を「立居の振舞の無骨さ、物いふ詞(ことば)つづきのかたくななる事かぎりなし」と評している。しかし、東国勢力である武士が力をもつにつれ、都の公家の態度も変化してくる。足利尊氏が室町幕府を京都に開いた頃には、「公家の人々いつしか云も習はぬ坂東声をつかひ、著もならはぬ折烏帽子に額」(『太平記』)と、武士のことばや身なりまでまねる様が描かれるようになる。坂東声が京の町を肩で風を切って歩き始めるのである。このようにして、卑しめられていた東国方言は、京のことばと肩を並べるほどの地位を徐々に獲得してきた。

なこと」 滋賀県東浅井郡 京都府 和歌山県日高郡「みなそがゆて(皆そう言って)」・東牟婁郡 鳥取県「そがするちゅーとー(そうするというと)」 島根県石見 岡山県児島郡 広島県 山口県屋代島 愛媛県大三島・伯方島 高知県「そがに言わずと、今日は休んで明日一番汽車で立ちなさい」 長崎県五島 ***そがー** 山梨県・南巨摩郡「人の悪口をそがーに言うもんじゃあない」 奈良県吉野郡 和歌山県日高郡 鳥取市「そがーして(そして)」 島根県石見 岡山県「そがーな事があるものか」 広島県「はえはえ、そがー言ーときましょー」 山口県 高知県 鹿児島県種子島 ***そがーん** 岡山県阿哲郡「そがーんところでとどくもんか、屋根へ上って叩け」 ***そがい** 山形県「そがえにもってこなくてもええ」 静岡県「そがいな事はしてならん」 三重県志摩郡・度会郡 京都府 兵庫県佐用郡・加古郡 和歌山県「そがいに言ひなさんなよ」 鳥取県「そがいな事があるか」 島根県鹿足郡 岡山県苫田郡・津山市 広島県「けっしてそがいなこたーいたしまへん」 山口県「そがえにえっと(たくさん)貰うて戻って、隣にゃ茄子苗が無いやうになりゃせんか」 愛媛県 高知県「そがいな人とは知らざった」 福岡県京都郡・企救郡 大分県大分郡(下流) ***そがいー** 岡山県苫田郡 ***そがえー** 広島県向島 山口県前島 福岡県企救郡 大分県日田郡「そがゐーなこつ言ふな」 ***そがなえ** 島根県大田市 ***そがん** 東京都八丈島「そがんしてつってでても(そうして連れて行っても)」「そがんどぉんて、のあ(それだからねえ)」 岡山県備中「そがんこと言うてもおえん」 広島県賀茂郡 長崎県「そがんしたぎり(そうした時には)」・五島「お前んそがん言うとが一番変なかばい」 熊本県 鹿児島県種子島・口之永良部島 ***そぎゃ** 島根県八束郡「そぎゃなことをして困ったものだ」 熊本県下益城郡「そぎゃ言うたてちゃ(そう言っても)」 ***そぎゃー** 千葉県夷隅郡 岐阜県郡上郡 鳥取県岩美郡・気高郡 岡山県苫田郡 広島県走島・甲奴郡 ***そぎゃん** 千葉県夷隅郡 島根県出雲 岡山県阿哲郡 佐賀県「誰がそぎゃんいうたか」 長崎県 熊本県「だってんかっでん(だれでも彼でも)そぎゃん言ーましたったい」 宮崎県西臼杵郡「『わりわもーあぎゃんことぁするな』『決してそぎゃん事はせん』」 ***そげ** 山形県「そげだ事も気ちけねーもなねーもんでのー(そういうことも気をつけなければいけないものですね)」 千葉県夷隅郡「こげにやればそげにいかないよ」 東京都三宅島「そげなくるしーおみーしただじょー(そのような苦しい思いをしたものだよ)」・御蔵島 富山県東礪波郡「昔ゃ皆そげやったやねえか」 愛知県 三重県「そげなことゆうならのーやられ(そんなこと言うなら、君やってみよ)」 和歌山県 鳥取県日野郡 島根県出雲・隠岐島「そげいたけてあつちゃたいぎだが(そう言っても暑くてはだるいからね)」 広島県上蒲刈島・大崎下島 香川県仲多度郡 愛媛県周桑郡・伊予郡 福岡県「そげなことしてはいかん」 長崎県対馬「そげ思おばな」 熊本県下益城郡 大分県「そげなな知らん(そんなのは知らない)」 宮崎県日南市「んだまー、そげなこつがいろかー(これはまあ、そんなことがいるもんですか)」・東臼杵郡 鹿児島県「そげしたこって(そういうことだよ)」 ***そげー** 山形県庄内 千葉県夷隅郡・君津郡 新潟県佐渡 愛知県愛知郡・岡崎市 和歌山県那賀郡 鳥取県因幡 島根県出雲・隠岐島「そげーだけん、こげーした方がえーと思う」 広島県甲奴郡 福岡県築上郡「そげーなこたなかったー」・遠賀郡 長崎県壱岐島「そげーにたいそうあるもんか」 熊本県阿蘇郡 大分県 宮崎県西臼杵郡 ***そげーん** 千葉県夷隅郡 福岡県 ***そげなや** 島根県出雲・隠岐島 ***そげなん** 大分県宇佐郡「そげなんな」 ***そげん** 千葉県東葛飾郡・夷隅郡 新潟県佐渡 三重県志摩郡 島根県出雲「そげんなれなれしに言うな」 福岡県・三井郡「そげんいしょでんなんでんじぇーたきなったもん(そんなに衣装でもなんでもぜいたくになりましたもの)」・福岡市 佐賀県神埼郡 長崎県「そげんさー(そんなだ)」 熊本県「そげんこつ(そんなこと)」 大分県 宮崎県西臼杵郡・都城「そげんすっと(そうすると)」 鹿児島県「そげんしもそで(そのようにしますから)」 ***そごんどー** 東京都八丈島「そごんどー事やずに(そんなこと言わずに)」 ***そしたら** 青森県津軽「そしたらおなごさ、なげるじぇんこぁあったら(そんな女に、捨てる銭があったら)」 ***そずげ** 山形県村山 ***そた** 秋田県仙北郡 福島県 ***そだ** 山形県「そだなことがあるものか」 ***そだー** 岡山県 ***そただ** 青森県三戸郡「そただね騒ぐな」 秋田県仙北郡「いくらやすいと言ってもそただにいらない」・雄勝郡「そただもの云ふ事きくな」 ***そたら** 青森県上北郡 ***そたんだ・そっくた** 秋田県雄勝郡 ***そっき・そっぎ** 新潟県 ***そっけ** 新潟県中越「そっけにおもしやいけい、おら今日のうさり見いいごう」 ***そつけ** 山形県米沢市「そつけなこと俺ら知しゃね」 ***そっげ** 山形県東置賜郡「そっげなもの投げろ」 新潟県「そっげのことわからんてがか、ようそれで五年になられたなあ」 ***そっけー** 新潟県中越 ***そった** 青森県南部 岩手県九戸郡・和賀郡 秋田県平鹿郡 ***そっただ** 青森県三戸郡「そっただ目にあわされてまあー」 秋田県仙北郡 ***そったら** 北海道 青森県三戸郡 宮城県仙台市 新潟県上越市「そりゃ、そったらもんなんだ」 ***そっつら** 新潟県中頸城郡 ***そっとー** 島根県美濃郡「そっとーなことをしやーがって」 ***そてあた** 秋田県由利郡 ***そな** 山形県村山「そなだ事いやだ」 兵庫県淡路島 香川県「そななんするんたいそな(そのようなことをするのは気が進まない)」 愛媛県周桑郡「そなな理屈にあはんことがあろかい」 高知県 ***そなー** 愛知県尾張 岡山県阿哲郡 ***そない**(多く「そないな」「そないに」の形で用いられるが、「そない」の形で、副詞、連体詞として用いられることもある) 新潟県西頸城郡「そないにいっぱいやらんわね」 富山県西部 石川県金沢市 福井県大飯郡 長野県下伊那郡「そないな事してはあかん」・長野市 愛知県 三重県南部「そない言わいでもよいんじゃがな」 滋賀県彦根・神崎郡

上方「そないなこと言わんと」 京都府 大阪府 兵庫県 和歌山県「そないんご大層ご無用になさっておくれなさい」 鳥取県東部 徳島県 香川県「そないびっくりせんでええのに」 愛媛県 高知県

*そなん 香川県「そなんがいなけがでもないんやて(それほどひどいけがでもないということだ)」 *そにゃー 兵庫県但馬 岡山県阿哲郡「そにゃあな事を言ふてもわしゃ知らんがな」 *そにゃえー 兵庫県養父郡 *そにゅん 鹿児島県 *そね 京都府宇治郡 香川県高松市 *そねー 新潟県佐渡 福井県大飯郡 島根県石見(上品な語)「そねー言われてもわしは知らん」 岡山県「そねーなことでおえりゃーせんがな」 広島県甲奴郡 山口県「そねーことがあるもんじゃろーかえ」「ありゃーまー、もーはーそねーに大きうなったかのー」・大島 長崎県対馬

*そねん 新潟県佐渡 三重県志摩郡 奈良県「そねんしたらきっと儲るなあ」 鹿児島県屋久島 *そのい 京都府 鳥取県東部 山口県祝島 *そのー 新潟県佐渡 徳島県海部郡 *そのん 新潟県佐渡「そのんこと言うな」 *そや 香川県「そやなん学校へもっていくなよ」 *そやー 岐阜県郡上郡 *そやん 長崎県彼杵 熊本県下益城郡 *そよー 広島県能美島 *それー 鹿児島県上甑島「それー、もう、しよったでえ」 *それがい 広島県倉橋島・安芸郡

山口県・祝島 *それてー 青森県三戸郡 *そん 岐阜県郡上郡「そんに(そんなに)」 三重県志摩郡

香川県直島 *そんが 新潟県・西頸城郡「そんがやさかい、いかれんちゃ」 徳島県美馬郡 香川県「そんがたこと(そんなこと)」 *そんがえ 山形県南部 *そんがら 香川県佐柳島 *そんがん 新潟県中蒲原郡「そんがんの集めて売りに行きますがんだ(そのようなのを集めて売りに行くのです)」・西蒲原郡「そんがんしておくな」 *そんぎゃ 香川県佐柳島 *そんぎゃー 新潟県佐渡 香川県仲多度郡

*そんぎゃえ 山形県庄内 *そんぎゃん 香川県志々島 *そんぎん 新潟県佐渡「そんぎんくれえ(そのくらい)」 *そんけ 福島県西白河郡 *そんげ 山形県置賜 福島県石川郡 新潟県「はえ、そんげなはなしやめねしょーてば(もうそんな話はやめにしようよ)」 福井県大飯郡 和歌山県海草郡 高知県幡多郡「そんげ言ったちいかん」 宮崎県「こらーそんげおれいっくだるほどんむんじゃねわ(これはそんなにお礼を言ってくださるほどのものではないよ)」

*そんけぁ・そんけぁそんけぁ 秋田県河辺郡「そんけぁにいらない」 *そんげぁそんげぁ 秋田県由利郡「そんげぁそんげぁ貰って」 *そんげー 山形県庄内「そんげえお菓子かねもんだ(食べるものではない)」 *そんげん 新潟県西蒲原郡「そんげん顔して怒って」 長崎県「そんげんしなすな(そうしなさるな)」・対馬 *そんた(多く「そんたな」「そんたに」の形で用いられるが、「そんた」だけで副詞や連体詞として用いられることもある) 岩手県・気仙郡「そんてぁなごどして、おしょぐねぁべが」 宮城県北部「そんたなもの」・石巻 秋田県「そんたに困って居るか」「そんたもの投げてしまへ」 *そんたへーあ 岩手県上閉伊郡 *そんたら 青森県津軽「そんだら話、ききたぇぐなぇ」 秋田県鹿角郡「そんたらやつ」 石川県能美郡 *そんちくた 秋田県南秋田郡「そんちくたもの(そんな物)」 *そんつ 新潟県中頸城郡「そんつな」 *そんつぇ 新潟県中魚沼郡 *そんつら 福島県中部「そんつらことでどうする」・会津 新潟県「そんつら本なんだてがた」

*そんて 茨城県多賀郡 新潟県佐渡「そんてんこと(そんなこと)」 *そんと 広島県厳島 山口県玖珂郡 *そんとー 島根県石見「そんとーな物を呉れた」 山口県豊浦郡「そんとーの物はいらん」 *そんなえ 和歌山県海草郡・那賀郡 *そんなた 山梨県 *そんなな 千葉県夷隅郡「そんなな」 *そんね 埼玉県入間郡 石川県鳳至郡 福井県越前 長野県下水内郡 岐阜県郡上郡「そんねたんとおねたってあよべりゃせん(そんなにたくさん背負ったとて歩けやしない)」・山県郡 愛知県渥美郡 三重県

*そんねー 神奈川県高座郡 山梨県・中巨摩郡

静岡県「そんねーに言ふな」 *そんねん 三重県伊賀 *はえずげ・はえずげだ 山形県北村山郡

*はえっけ 山形県西置賜郡 *はじぇげ・はじぇけだ 山形県「はじぇけだな事知らない」 *へげ 山形県東置賜郡・北村山郡「へげなまずいもの」 *へずげ・へずげだ 山形県北村山郡 *へっげ 山形県北村山郡・西置賜郡 *ほーだえ・ほがえ 山形県

*ほげ 山形県「ほげいただいて(そんなにたくさん頂いて)」 三重県度会郡・志摩郡 *ほげぁ 秋田県平鹿郡「ほげぁたおの(そんなもの)」 *ほげー 山形県 *ほげだ 山形県「ほげだな」 *ほげん 鹿児島県鹿児島郡 *ほじぇげ・ほじぇげだ 山形市 *ほだ 山形県「ほだな事」 *ほだえ 山形県「ほだえ一杯いらね」 *ほったら 青森県三戸郡「ほったら悪い紙持ってきて」 *ほな 徳島県美馬郡 香川県 *ほない 滋賀県彦根 兵庫県明石郡・淡路島 徳島県海部郡「ほないゆーたて」 *ほなん 香川県「ほなんがいげに言わんでもええが」 *ほんがえ 山形県東置賜郡・西置賜郡 *ほんぎゃー 高知県中村市「ほんぎゃーたべすぎるな」 *ほんげ 山形県東置賜郡

□な *うぬぐとーる・うんぐとーる 沖縄県首里「うぬぐとーる くとー まーにん ねーん(そんなことはどこにもない)」 *うんねーる 沖縄県首里 *した(「そんな」の転) 秋田県平鹿郡・雄勝郡「したに泣くな」「したごどするな」 *しただ 秋田県平鹿郡・雄勝郡「腹がすいてもしただに食べてはいけない」 *しった 岩手県九戸郡 *しゃんた 秋田県平鹿郡 *すた・すただ 秋田県由利郡 *せーった 山形県庄内 *せだ 山形県庄内「せだもの、いらねでば」・西田川郡 *せった 山形県庄内 *そいなた 鹿児島県揖宿郡「俺だそいな

た話さ聞いちょいば」 ***そーうだ** 山形県東田川郡「そーうだ事しんな」 ***そーた** 福島県東白川郡 茨城県新治郡「いまわそーたごとやりゃーせんよねー」「そーたん(そんなに)」 栃木県那須郡「ぜんぜん、そーだごとねー」 群馬県多野郡 ***そしたら** 青森県津軽「そしたらおなごさ、なげるじぇんこぁあったら(そんな女に、捨てる銭があったら)」 ***そた** 秋田県仙北郡 福島県 ***そだ** 山形県「そだなことがあるものか」 ***そただ** 青森県三戸郡「そただね騒ぐな」 秋田県仙北郡「いくらやすいと言ってもそただにいらない」・雄勝郡「そただもの云ふ事きくな」 ***そたら** 青森県上北郡 ***そたんだ・そっくた** 秋田県雄勝郡 ***そった** 青森県南部 岩手県九戸郡・和賀郡 秋田県平鹿郡 ***そっただ** 青森県三戸郡「そっただ目にあわされてまあー」 秋田県仙北郡 ***そったら** 北海道 青森県三戸郡 宮城県仙台市 新潟県上越市「そりゃ、そったらもんなんだ」 ***そっつら** 新潟県中頸城郡 ***そてあた** 秋田県由利郡 ***そんた**(多く「そんたな」「そんたに」の形で用いられるが、「そんた」だけで副詞や連体詞として用いられることもある) 岩手県・気仙郡「そんてぁなごどして、おしょぐねぁべが」 宮城県北部「そんたなもの」・石巻 秋田県「そんたに困って居るか」「そんたもの投げてしまへ」 ***そんたへーあ** 岩手県上閉伊郡 ***そんたら** 青森県津軽「そんだら話、ききたぇぐなぇ」 秋田県鹿角郡「そんたらやつ」 石川県能美郡 ***そんちくた** 秋田県南秋田郡「そんちくたもの(そんな物)」 ***そんつ** 新潟県中頸城郡「そんつな」 ***そんつぇ** 新潟県中魚沼郡 ***そんつら** 福島県中部「そんつらことでどうする」・会津 新潟県「そんつら本なんだてがた」 ***そんて** 茨城県多賀郡 新潟県佐渡「そんてんこと(そんなこと)」 ***そんと** 広島県厳島 山口県玖珂郡 ***そんなた** 山梨県 ***へっずげな・へずげな・へっげな** 山形県「へっずげなもの」 ***ほだ** 山形県「ほだな事」 ***ほったら** 青森県三戸郡「ほったら悪い紙持ってきて」

そば【側】 ***あたり** 新潟県佐渡「遠くの親類よりあたりの他人」 ***あたん** 石川県鳳至郡「おらもあたんのもんじゃさけ(わたしも近所の者だから)」 ***かたこー・かてこー** 新潟県佐渡「かてこうへ寄れ」 ***かたこび** 岩手県江刺郡・気仙郡 宮城県栗原郡・石巻「修繕するかだこびから、ふっつぁぐごってぁほんとにこまる」 秋田県鹿角郡 ***かたこびん** 岩手県胆沢郡 ***かたこんび** 青森県津軽 秋田県鹿角郡・山本郡 ***かたつら** 宮城県石巻 ***かて** 千葉県東葛飾郡 大阪府泉北郡 奈良県吉野郡 ***がて** 和歌山県東牟婁郡 ***がわき** 愛媛県 ***がわはた** 富山県砺波「危なて、がわはたにおれん」 ***ぎさ** 徳島県那賀郡 ***ぐるり** 新潟県佐渡「ぐるりの人がだまってはいない」 長崎県南高来郡 ***ぐるる** 長崎県南高来郡 ***ぐれり** 新潟県佐渡「煙草はいろりのぐれりに置いた」 ***くろ** 茨城県稲敷郡 新潟県佐渡「道のくろ」「田のくろ」 岐阜県 愛知県西春日井郡 ***ぐろ** 岐阜県飛騨 ***ぐろり** 岐阜県飛騨 ***こし** 岩手県九戸郡 新潟県佐渡 岐阜県「家のこしにごみを捨てるな」 三重県志摩郡「母親のこしにばかりいる」 ***こば** 静岡県志太郡「のしゃー こばぇーよってよー(お前はわきにのいていろ)」 鳥取県東部 岡山県 高知県長岡郡「えびら(蚕を入れるかご)のこばにあるろう」 ***こま**(家の側面) 奈良県添上郡 ***さ** 岐阜県揖斐郡 ***すばふぃら** 沖縄県首里 ***そこだりきんじょ** 青森県津軽 ***そばきじょ** 宮城県栗原郡 秋田県鹿角郡「そばきじょに居て御無沙汰ばりしてます」 ***そばきんじょ** 青森県津軽

富山県砺波「叱(やめか)れるかと思(も)て、そばきんじょにおらん」 ***そばない** 香川県 ***そわえ**(「そばえ(傍)」の転か) 三重県志摩郡 ***にき** 長野県下伊那郡 三重県員弁郡 兵庫県神戸市・淡路島 鳥取県西伯郡 島根県大田市「あんまりにきに寄ると危いぞ」 岡山県 山口県大島「牛が家のにきまで来た」 香川県 愛媛県 高知県 福岡県

佐賀県「机のにきにおいた」 長崎県 熊本県 大分県宇佐郡 宮崎県東諸県郡 鹿児島県 ***にさ** 高知県幡多郡 ***ぬき** 兵庫県多紀郡 ***ぬらこ** 岡山県真庭郡 ***ね** 岩手県九戸郡「馬のね」「家のね」「人のね」 秋田県平鹿郡 山形県・西置賜郡「障子のねにある」 島根県益田市・隠岐島「そのねにあらーが」 山口県「橋のねに立札がある」 大分県「いろりのねを離れん」 ***ねぃー** 鹿児島県喜界島「ぱやぬねぃー(柱のすぐそば)」 ***ねぃっきー** 鹿児島県喜界島 ***ねー** 兵庫県加古郡「発動機のねえ寄ったらあぶない」 ***ねき** 新潟県佐渡 富山県 福井県 山梨県南巨摩郡 長野県佐久 岐阜県 静岡県・志太郡 愛知県 三重県 滋賀県神崎郡・栗太郡 京都府 大阪府「あんまりねきへ寄りなさるな、あぶないでっせ」 兵庫県 奈良県 和歌山市 鳥取県 島根県 岡山県 広島県 山口県阿武郡・見島 徳島県 香川県「わしがおるねきで」 高知県

愛媛県「あしこの柿の木のねきにある」 福岡県「山のねきの家の前を左へ行くと川がある」

長崎県対馬 熊本県 大分県 宮崎県 鹿児島県 ***ねぎ** 愛知県名古屋市「寒ぶなると火鉢のねぎが一番えい」 京都府 山口県阿武郡 ***ねきし** 岐阜県本巣郡 愛知県東春日井郡 ***ねきぱら** 青森県南部「梅のねきぱらに福寿草がある」 ***ねけ** 大分県日田郡 ***ねさ** 群馬県吾妻郡 大分県南海部郡 ***ねた** 香川県綾歌郡 ***ねだ** 福井県 ***ねっき** 宮崎県西臼杵郡 ***ねっこ** 北海道 岩手県九戸郡「おれのねっこに寝ろ」 福島県相馬郡「山のねっこ」 千葉県香取郡 新潟県「柱のねっこに帽子がある」 福井県大野郡 山梨県南巨摩郡 長野県下水内郡・佐久 岐阜県飛騨 静岡県 滋賀県彦根 長崎県壱岐島 ***ねっこー** 福島県会津「家のねっこーに置いた」 ***ねっつー** 佐賀県「火のねっつーには行かないように」 ***ねと** 島根県「松のねとへ鞄を忘れて来た」 ***ねんど** 岐阜県飛騨 広島県 ***はた** 三

重県志摩郡・度会郡　滋賀県蒲生郡「はたへ寄る」・彦根　島根県出雲　徳島県　香川県「学校のはたのうどんや」　愛媛県松山　沖縄県首里 *ぱた 鹿児島県喜界島 *はたこー 新潟県佐渡 *はたら 静岡県 *ばは 新潟県佐渡 *ひり 鳥取県西伯郡 *ふち 愛知県西春日井郡　徳島県　香川県「ふちから思うほどこの仕事はえろないぞのう」　高知市「どんなにふちで面白そうに騒ぎよってもあの人一人はちっともうげん」 *へーり 山口県大島「口のへーりに飯粒がついちょる」 *へし 新潟県佐渡 *へち 東京都大島　新潟県佐渡　福井県大野郡　長野県上伊那郡・下伊那郡　静岡県　三重県　滋賀県　兵庫県　奈良県吉野郡　和歌山県　岡山県児島郡　香川県　愛媛県 *べち 新潟県佐渡「うちべち」 *へちくた 三重県志摩郡 *べつ 兵庫県美嚢郡 *へっち 愛媛県 *へっちょ 愛媛県 *へっちょこ 愛媛県新居郡・伊予郡 *べて 島根県隠岐島「こっちべて来い」 *へり 愛知県葉栗郡　鳥取県西伯郡「君のへりに居ると危険だから帰る」　岡山県苫田郡　山口県豊浦郡・玖珂郡　香川県　愛媛県今治市　高知県 *べり 愛知県葉栗郡 *へりー 山口県美祢郡 *へりこ 三重県度会郡 *ほた 三重県度会郡 *ぽた 愛知県海部郡「ぽたに居る」 *ほて 新潟県佐渡「いろりのほてにある」・中越　富山県　石川県鹿島郡・江沼郡　長野県北安曇郡　岐阜県飛驒　京都府「お寺のほてのお家です」　兵庫県　鳥取県東部　島根県隠岐島 *ぽて 三重県度会郡 *ほてこ・ほてき 富山県 *ほてっぱら 新潟県西蒲原郡「もっとほてっぱらを探して見れ」 *ほてら 京都府中郡　兵庫県美方郡 *めー（あるもののそば）沖縄県首里「めー　なしゅん（そばに置く）」「学校ぬめー（学校のある所）」 *やかだ 沖縄県石垣島 *よせ 福島県東白川郡「本のよせにおけ」　茨城県稲敷郡 *わきかっつ 山形県北村山郡・最上郡 *わきっちょ 栃木県 *わきっちょー 新潟県中越 *わきっぱち 広島県双三郡 *わきっぱら 青森県南部 *わきぱら 青森県「その石こもっとわきぱらさやれぢゃ」　岩手県気仙郡

↓わき（脇）

そば【蕎麦】 *くべ 福井県大野郡 *くろむぎ 岐阜県一部 *そばはっと 青森県三戸部　南部 *そばむぎ 岐阜県一部 *まくそ 福井県大野郡

うどん、□などのめん類 *おじゅーじゅー（幼児語）静岡県田方郡 *おず（幼児語）神奈川県中郡 *おずーずー（幼児語）神奈川県津久井郡 *おずる（幼児語）神奈川県津久井郡　静岡県 *おずんず（幼児語）東京都八王子　長野県上伊那郡・下伊那郡 *おぞ（幼児語）栃木県 *おぞーぞー（幼児語）静岡県志太郡 *おぞこ・おんぞ（幼児語）栃木県芳賀郡 *おぞろ（幼児語）東京都南多摩郡　静岡県賀茂郡 *おつる（幼児語）長野県 *ずる（幼児語）三重県伊賀　岡山県　山口県豊浦郡 *ずるこ（幼児語）青森県三戸郡 *ずるずる（幼児語）静岡県 *ぞべ 富山県下新川郡　福井県大野郡　岐阜県養老郡・本巣郡 *そべそべ（幼児語）富山県 *てんやもん 三重県志摩郡「今晩は、てんやもんですましとけのー（今晩は（ご飯を炊かないで）うどんかそばで夕飯をすませることにしよう）」

大みそかに食べる□ ⇩としこしそば（年越蕎麦）

そふ【祖父】 *あうち 沖縄県小浜島 *あさ 沖縄県与那国島 *あじー 鹿児島県喜界島 *あぶ 沖縄県与那国島 *あぶじ 沖縄県石垣島・竹富島・鳩間島 *いーやー・いーやん 香川県 *いかい 茨城県稲敷郡 *いやー 大分県臼杵市 *いやん（幼児語）兵庫県淡路島 *うぃきがふぁーふじ 沖縄県首里 *うぉーさま 東京都八丈島 *うじ 沖縄県西表島 *うしゅまい 沖縄県石垣島 *うしゅめー 沖縄県首里 *うすまい 沖縄県西表島 *うぶざ 沖縄県黒島 *うべー 沖縄県新城島 *おい 和歌山県日高郡 *おいさ 新潟県上越 *おいさん（上流）新潟県上越 *おいちゃん（児童語）和歌山県那賀郡 *おいやん 大阪府三島郡 *おーさま 東京都八丈島 *おーじ 東京都八丈島　沖縄県首里 *おーじどの 東京都八丈島 *おこいや 沖縄県宮古島 *おじー 埼玉県川越市・入間郡　長野県　岐阜県加茂郡　静岡県榛原郡　滋賀県彦根（幼児語）　京都府何鹿郡　奈良県吉野郡　和歌山県那賀郡・東牟婁郡　鳥取県気高郡　岡山県吉備郡　大分県南東部 *おじさま 青森県三戸郡（上流）　新潟県西蒲原郡（上流）　和歌山県　熊本県菊池郡 *おじさん 新潟県佐渡（上流） *おじじ 青森県上北郡　新潟県西蒲原郡（中流の上）・三島郡　富山県東礪波郡　石川県金沢　福井県　島根県出雲・大根島（上層農家）　長崎県佐世保市　熊本県天草郡　大分県大分郡 *おじちゃ（中流商家）青森県三戸郡 *おじっつぁー 長野県佐久 *おじっつぁん 島根県出雲 *おじやん 栃木県　群馬県邑楽郡　新潟県佐渡（中流）　大阪府（敬称）　和歌山県　香川県　長崎県壱岐島 *おじんじ 栃木県芳賀郡・塩谷郡 *おじんちゃ 岩手県中通　福島県会津 *おじんつぁ 福島県耶麻郡 *おじんつぁま 栃木県 *おじんつぁん 宮城県石巻　茨城県　栃木県 *おちんつぉん 山形県米沢市 *おっじゃん 大阪府三島郡　兵庫県加古郡・淡路島（小児語） *おとと 石川県金沢市 *おぽず 沖縄県宮古島 *おやじーさん 新潟県佐渡　長崎県対馬 *おんじー 長野県上田　奈良県 *おんじゃん 大阪府中河内郡　兵庫県加古郡 *おんじょ 鹿児島県 *おんの 富山県東礪波郡 *じ 秋田県鹿角郡・雄勝郡　新潟県東蒲原郡　三重県志摩郡　鹿児島県揖宿郡 *じー 千葉県　新潟県上越市　三重県志摩郡・度会郡　高知県幡多郡　熊本県　大分県　宮崎県西臼杵郡 *じーこ 三重県南牟婁郡 *じーこつ 大分県直入郡 *じーさ 福島県会津　三重県南牟婁郡　山口県豊浦郡　大分県大野郡 *じーさま 福島県東白川郡　山口県　熊本県天草郡 *じーさん 千葉県

長生郡　新潟県佐渡　福岡県　佐賀県藤津郡　熊本県　*じーじ 富山県射水郡　石川県　愛知県名古屋市　*じーじー 大分市　*じーじょー 宮崎県西臼杵郡　*じーじん 鳥取県気高郡　大分市　*じーちゃん 熊本県　大分県大分郡　*じーま 岐阜県飛驒　三重県南牟婁郡　山口県　*じーや 新潟県東蒲原郡　*じーやー 静岡県志太郡　*じーやん 新潟県佐渡　和歌山県　島根県出雲　佐賀県藤津郡　長崎県壱岐島　熊本県　大分県　*じえさま 千葉県安房　*じこ 青森県津軽　秋田県仙北　*じさ 青森県津軽　新潟県　京都府　*じさま 福島県東白川郡　新潟県三島郡　奈良県吉野郡　徳島県　香川県香川郡　熊本県天草郡　鹿児島県　*じさん 三重県度会郡　熊本県　大分県大分市・大野郡　鹿児島県揖宿郡　*じし 岩手県岩手郡　*じじ 山形県　三重県度会郡・南牟婁郡　島根県出雲　山口県　福岡県　熊本県球磨郡・天草郡　大分県　宮崎県西諸県郡　*じじー 長野県諏訪　*じじくそ 三重県度会郡　*じじさ 山形県　*じじさま 福岡県　*じじさん 広島県高田郡　熊本県　*じじちゃん 大分市　*じじはん 秋田県由利郡　*じじゃ 山形県庄内　*じじや 山形県飛島　*じじやん 熊本県　*じじん 熊本県天草郡　*じちちゃん 宮城県石巻　*じちゃ 青森県三戸郡　*じっこ 山形県庄内　*じっさ 長野県諏訪・佐久　*じっさま 長野県諏訪　愛知県　*じっさん 福岡県八女郡　*じっじ 秋田県仙北郡　*じっち 宮城県石巻　福島県東白川郡　茨城県　栃木県　*じっちちゃん・じっちゃん 栃木県　*じっつぁ 長野県佐久　*じっつぁん 福岡県久留米市・三井郡　*じな 青森県三戸郡　岩手県岩手郡　秋田県鹿角郡　*じや 新潟県中魚沼郡　*じゃーじゃ 鹿児島県沖永良部島　*じゃま 新潟県　*じやん 熊本県天草郡　*じやん 奈良県　香川県　大分県大野郡・大分郡　*しゅー 沖縄県宮古島　*じょ 鹿児島県肝属郡　*じょさん 鹿児島県・肝属郡　*じんじ 秋田県鹿角郡・雄勝郡　新潟県西頸城郡　高知県長岡郡・幡多郡　長崎県五島　*じんじくり 高知県幡多郡　*じんじさん 高知県長岡郡　*じんじん 福岡県山門郡　*じんち 栃木県　*じんつぁ 岩手県気仙郡　宮城県登米郡　*じんつぁま 栃木県　*じんま 高知県香美郡・幡多郡　*じんまくり 高知県幡多郡　*じんまさん 高知県　*ずさ 岩手県和賀郡　*ずっこ 岩手県気仙郡　*ずっつ 秋田県平鹿郡　*ずんさん 茨城県新治郡　*ずんちゃ 秋田県平鹿郡　*ちゃちゃ 北海道　*ちゃんちゃん 香川県豊島　*ちんじ 栃木県塩谷郡　*ちんじょ 鹿児島県　*てて 青森県三戸郡　*としよりじーつぁま 茨城県北相馬郡　*のーの・のーのさん 千葉県山武郡　*のの 福井県　*ばさ 福井県大野郡　*ぶや 沖縄県波照間島　*まーずあ 沖縄県宮古島　*まごじー 静岡県　京都府葛野郡　*まごじーさ 新潟県中頸城郡　*まごじーさん 群馬県邑楽郡　新潟県佐渡　静岡県安倍郡・志太郡　*まごじこ 青森県津軽「まごじこに似て、えらい酒呑(さけの)みになるだろーよ」　*まごじさま 青森県上北郡　新潟県東蒲原郡　*まごじじー 東京都利島・三宅島・御蔵島　*まごじっさん 愛知県知多郡　*まごずんず 山形県東田川郡　*まごつさま 山形県最上郡　*まさん 宮崎県東諸県郡　*まま 青森県(中流)　岩手県九戸郡　福井県南条郡　三重県南牟婁郡　*ままさ・ままちゃ 青森県南部　*んめー 沖縄県本島　*んめーぬふーめー 沖縄県那覇

そふぼ【祖父母】　*うやふぁー・うわふぁー(祖父母、曾祖父、曾祖母の総称) 鹿児島県喜界島　*ののさん 千葉県山武郡　*はく 岩手県九戸郡　*ひゃく 島根県隠岐島　*ふぁーふじ 沖縄県首里　*まごおや 山形県最上郡・東田川郡

そぼ【祖母】　*あーぱ 沖縄県石垣島　*あーふぁ 沖縄県小浜島　*あじ 鹿児島県沖永良部島　*あっぱ 沖縄県八重山　*あねぃー 鹿児島県喜界島　*あねぃんかー(祖父母の姉妹) 鹿児島県喜界島　*あば(小児語) 青森県　*あばつぁ 山形県山形市・村山　*あぽ(品のない語) 鹿児島県肝属郡　*あむ(下流の語) 鹿児島県奄美大島　*あや 鹿児島県奄美大島　*あんまー 鹿児島県喜界島　*うぃなぐふぁーふじ 沖縄県首里　*うば 長崎県五島　鹿児島県　*うぼやん 佐賀県　*おば 栃木県　和歌山県西部　*おばー 埼玉県川越・入間郡　山梨県　長野県西筑摩郡　岐阜県加茂郡・稲葉郡　静岡県榛原郡　愛知県尾張　京都府何鹿郡　大阪府東成郡　和歌山県西牟婁郡・東牟婁郡　鳥取県気高郡(卑語)　岡山県吉備郡　山口県防府　大分県南部　*おばーやん 長野県佐久　*おばーん 岡山県吉備郡　香川県木田郡・高松市　長崎県壱岐島　熊本県天草郡　*おばさん 新潟県佐渡(財産家の祖母)　和歌山県伊都郡　香川県大川郡・綾歌郡　*おばっさん 鹿児島県鹿児島郡　*おばば 新潟県西蒲原郡(中流の上)　富山県東礪波郡　石川県金沢市　福井県　島根県(中流)・大根島(上流農家)　長崎県佐世保市　熊本県天草郡　大分県大分郡　*おばぱ 島根県出雲　*おばばさま 長野県佐久　愛知県名古屋市(上流・敬称)　*おばばさん(上流) 島根県　*おばばん 広島県佐伯郡・高田郡　長崎県壱岐島　*おばぶさ 長野県北佐久郡・南佐久郡　*おばやん 栃木県　群馬県館林　山梨県　三重県度会郡　*おばん 山形県東置賜郡・南置賜郡　京都府　大阪府　兵庫県加古郡・淡路島　奈良県(卑語)　岡山県苫田郡　香川県男木島・小豆島　*おばんさー 山形県東置賜郡・西置賜郡　*おばんさま 山形県南部　*おばんさん 福島県会津　茨城県東茨城郡・西茨城郡　*おばんそん 山形県米沢市　*おばんちゃ 山形県東置賜郡・西村山郡　福島県会津　*おばんちゃん 福島市　*おばんつぁ 山形県中部　*おばんつぁま 山形県南部　*おばんつぁん 宮城県　*おばんば 栃木県東部　*おやばーさん 長崎県対馬　*おわー 大阪府東成郡　*おんば 青森県三戸郡　*おんぼーさん 佐賀県　*しほ 鹿児島県　*じゃーま 石川県金沢市　*じゃま 富山県砺

波 *じゃんじゃ 石川県能美郡 *のの 千葉県山武郡 *ば 新潟県東蒲原郡 *ばー 岩手県中通 秋田県雄勝郡 茨城県稲敷郡(卑称) 千葉県印旛郡 新潟県 三重県志摩郡・度会郡 香川県・小豆島・佐柳島 愛媛県周桑郡(幼児語) 高知県・幡多郡 大分県 宮崎県西臼杵郡 *ばーき 宮崎県西臼杵郡 *ばーさ 茨城県稲敷郡 新潟県東蒲原郡 静岡県浜松市 三重県南牟婁郡 *ばーさー 栃木県河内郡 *ばーちま 長野県佐久 *ばーば 新潟県長岡市 富山県 愛知県名古屋市(幼児語)・中島郡 鳥取県西伯郡 島根県(幼児語) *ばーばー 新潟県佐渡 長野県上田(卑称) 島根県美濃郡・益田市 大分県大分郡 *ぱーぱー 沖縄県 *ばーばん 和歌山県和歌山市・海草郡(児童語) 大分県大分郡 *ばーま 岐阜県大野郡 三重県南牟婁郡 山口市(敬称) *ばーまー 山口県防府市 *はーめー 沖縄県 *ばーや 福島県会津 新潟県東蒲原郡 *ばーやー 静岡県志太郡 *ばーやん 新潟県佐渡 長野県佐久 三重県北牟婁郡 島根県(下流) 広島県 愛媛県周桑郡(幼児語) 高知県幡多郡 福岡県山門郡(主として幼児が用いる) 熊本県 大分県 *ばき 宮崎県南那珂郡 *ばさ 青森県津軽 岩手県中通 秋田県北部 新潟県中部(下流) 京都府・与謝郡 *ばさま 青森県津軽 岩手県中通・気仙郡 秋田県北部 山形県 福島県 栃木県 東京都八丈島 新潟県 三重県南牟婁郡 兵庫県淡路島(卑称) 高知県幡多郡(敬称) 熊本県天草郡 *ばさん 三重県度会郡・宇治山田市 兵庫県養父郡・加古郡 香川県三豊郡 熊本県 大分県大分郡・大野郡 *ばしゅー 岩手県岩手郡 *ばっこ 岩手県上閉伊郡(親しみの呼称)・気仙郡 *ばっさま 栃木県河内郡 *ばっちゃ 北海道「家のばっちゃ」 青森県三戸郡(下流) 岩手県 *ばっつぁ 秋田県平鹿郡 *ばっば 東京都八丈島 新潟県長岡市 静岡県 鳥取県米子市 熊本県玉名郡 *ばっぱ 岩手県和賀郡・上閉伊郡 福島県 茨城県 栃木県「ばっぱにもらった」 新潟県長岡市・中魚沼郡 *ばっぱさん 福島県 *ばっぱちゃん 栃木県 *ばっぱやん 福島県北部 栃木県 *ぱっぱん 長崎県壱岐島 *ばば 宮城県遠田郡 山形県 新潟県東蒲原郡 長野県佐久 三重県 奈良県吉野郡 島根県(下流) 広島県・高田郡 山口県 香川県高見島・伊吹島 高知県幡多郡 熊本県 大分県 宮崎県西臼杵郡・西諸県郡 鹿児島県(下流)・肝属郡 *ばばー 茨城県稲敷郡(卑称) 新潟県東蒲原郡 長野県諏訪・佐久 奈良県吉野郡 島根県石見(下流) 熊本県球磨郡 *ばばーん(下流) 大分県日田郡 *ばばさ 青森県南部 岩手県九戸郡 富山県砺波 長野県 岐阜県本巣郡 *ばばさま 山形県米沢市 新潟県佐渡(上流) 富山県砺波 岐阜県北飛騨 愛知県名古屋市 *ばばさん 新潟県佐渡(上流家庭) 長野県佐久 愛知県知多郡 島根県(中流) 広島県高田郡 福岡県 佐賀県藤津郡(上流) 熊本県 大分県 宮崎県西臼杵郡 *ばばしゃん 熊本県 *ばばちゃ 山形県 *ばばはん 香川県西部 福岡県 *ばばま 岐阜県飛騨 *ばばやん 長崎県北松浦郡(下流) 熊本県 *ばはん(丁寧語) 兵庫県淡路島 *ばばん 広島県倉橋島 香川県・小豆島 熊本県芦北郡・天草郡 大分県 *ばめ 新潟県東蒲原郡 *ばやん 新潟県佐渡 長野県佐久 熊本県 大分県大野郡 *ばん 三重県度会郡 滋賀県高島郡 熊本県宇土郡・芦北郡 大分県北海部郡 *ばんさ 山形県西置賜郡・西村山郡 栃木県河内郡(幼児語) *ばんさん 大分県大分郡 *はんしー 沖縄県那覇(士族)・首里 *はんじゃなし(士族) 沖縄県首里 *はんじゃなしーめー(上流) 沖縄県 *はんじゃんしーめー(貴族の祖母) 沖縄県首里 *ばんちゃ 山形県村山 *ばんば 栃木県 新潟県西頸城郡 福井県坂井郡・丹生郡 高知県・幡多郡 長崎県北松浦郡(下流)・五島 *ばんばー 長野県上田(ののしって言う) 静岡県浜松市 *ばんばさん 栃木県那須郡「あそこのばんばさんが死んだ」 高知県 長崎県五島 *ばんばん(主として幼児が用いる) 福岡県山門郡 *ばんま 東京都八丈島 *ばんまー 東京都八丈島 *ふぁーめー 沖縄県那覇 *ほっぱ 沖縄県石垣島 *まごばー 静岡県 *まごばーさん 東京都新島・利島 新潟県佐渡 静岡県志太郡 愛知県知多郡 *まごばば 青森県津軽 *まごばばー 東京都利島 *まごばぶ 山形県東田川郡 *むま 沖縄県宮古島 *んま 沖縄県宮古島 *んまー 沖縄県宮古島 *んみ 沖縄県八重山 *んみー 沖縄県石垣島・西表島 *んめー 沖縄県・首里

そほうか【素封家】 *おーもん 新潟県佐渡 兵庫県淡路島 徳島県 *おーやけ 青森県 新潟県北蒲原郡 富山県砺波 石川県能美郡 福井県 奈良県吉野郡 *おかぶ 新潟県佐渡 長野県下伊那郡 愛知県名古屋市 *おかほがら 香川県三豊郡 *おやけ 青森県 秋田県 石川県河北郡 福井県 奈良県南部「おやけさん」 沖縄県宮古島 *かぶ 新潟県佐渡 *かぶがら 山形県 *ごーか 京都府 愛媛県松山
↓かねもち(金持)

そまる【染】 *しもう 宮城県登米郡・玉造郡 *そみる 和歌山県那賀郡
↓しみる(染)

そら【空】 *おてんとーさま 岡山県御津郡 *おてんとさま 東京都三宅島 愛媛県周桑郡・松山 *おてんとさん 香川県 *かさ 長野県 *くも 兵庫県養父郡・加古郡「くもいっぱい」 *ちーろくてん 島根県出雲市「山のちーろくてんに小屋がある」 *ちゅー 島根県石見・隠岐島 福岡県企救郡・粕屋郡 長崎市 熊本県玉名郡「ちゅーに持上げた」 *ちゅーかい 島根県石見「子供をちゅーかいに差し上げる」 *ちゅーろくてん 福岡県企救郡 *ていんとー 鹿児島県喜界島・沖永良部島 *てぃんとーさま・うてぃんとー 鹿児島県喜界島 *てぃんぬなかした・てぃぬながした・てぃぬながきた

沖縄県石垣島 *てんじく 宮城県栗原郡・登米郡 山形県 福島県岩瀬郡・石城郡 埼玉県北足立郡・入間郡 千葉県九十九里浜・香取郡（小児語） 東京都八王子 神奈川県津久井郡・中郡 新潟県佐渡・長岡市 富山県婦負郡 石川県 福井県大野郡・足羽郡 山梨県 長野県 岐阜県恵那郡・安八郡 静岡県 愛知県宝飯郡 広島県高田郡 福岡県 佐賀県 長崎県南高来郡 宮崎県西臼杵郡 *てんじくさん（小児語） 新潟県佐渡 *てんじくだま 新潟県三島郡 *てんじつ 長崎県五島 *てんじゅく 青森県津軽 岩手県九戸郡・江刺郡 宮城県玉造郡 福島県中部 神奈川県藤沢市 福井県南条郡・敦賀郡 長野県佐久 長崎県南高来郡 熊本県玉名郡 *てんじゅくさん 新潟県佐渡 *てんじょ 秋田県鹿角郡 千葉県印旛郡・市原郡 新潟県 *てんじょー 宮城県栗原郡 福島県 茨城県 栃木県 群馬県佐波郡 千葉県 *てんじょく 宮城県栗原郡 栃木県宇都宮市・河内郡 新潟県 富山県・下新川郡 長野県「てんじょくから雨が降って来た」 佐賀県藤津郡 *てんじょくだま 栃木県今市市・安蘇郡 新潟県中頸城郡 *てんじょこ 山形県東村山郡 新潟県東頸城郡 *てんじょこだま 栃木県 *てんずき 岐阜県山県郡・武儀郡 *てんずきさま 愛知県葉栗郡 *てんずく 富山県射水郡 岐阜県 京都府 *てんぞく 富山県 *てんちく 茨城県真壁郡 *てんつく 岐阜県武儀郡 *てんと 香川県香川郡・仲多度郡 愛媛県周桑郡 鹿児島県徳之島・沖永良部島 *てんとー 愛媛県周桑郡 *てんとさん 秋田県雄勝郡 香川県香川郡・綾歌郡 *てんとはん・おてんとはん 愛媛県周桑郡 *てんにー 東京都八丈島 *てんねー 東京都八丈島「てんねいに舞いあがる」・三宅島 *てんねん 東京都三宅島

そらまめ【空豆】 *あえーまめ 岡山県児島郡 *あおまめ 新潟県東蒲原郡 奈良県 和歌山県 *いぐちまめ 山口県吉敷郡・厚狭郡 *いしまめ 広島県一部 *いずまめ 和歌山県 *いっすんまめ 大阪府一部 *いりまめ 大分県一部 *えんど 広島市 *えんどー 島根県鹿足郡 広島県 山口県 *えんどーまめ 山口県玖珂郡 *おーえんどー 島根県鹿足郡 広島県安芸郡・高田郡 山口県一部 *おーま 山口県一部 *おたふくまめ 青森県一部 宮城県一部 福島県一部 茨城県 栃木県一部 埼玉県一部 千葉県一部 神奈川県一部 新潟県東蒲原郡 石川県 福井県一部 長野県諏訪 岐阜県飛騨 静岡県一部 京都府 大阪府一部 和歌山県一部 島根県邑智郡・隠岐島 山口県 香川県（特に大きい種類） 高知県一部 長崎県一部 熊本県玉名郡・天草郡 *おとこまめ 山口県阿武郡 *おやだおし 富山県・射水郡 *おやまめ 香川県綾歌郡・仲多度郡 *かいこまめ（豆のさやが蚕に似ているところから） 愛知県一部 京都府一部 *かしまめ 静岡県庵原郡 鹿児島県甑島 *がしまめ 静岡県 宮崎県一部 *かたまめ 山形県庄内 栃木県一部 群馬県一部 新潟県一部 三重県一部 大阪府一部 *かっちんまめ 香川県三豊郡 *からまめ 熊本県一部 *がんくい・がんくら 山口県一部 *がんくいまめ 山口県玖珂郡 *がんくらまめ 山口県吉敷郡 *がんた 静岡県 *がんたまめ 静岡県志太郡 *がんまー・がんま 静岡県 *がんまめ 茨城県一部・北相馬郡・稲敷郡 千葉県一部・東葛飾郡 静岡県 *きくのりまめ 山口県一部 *きたまめ 宮崎県一部 *けーっちまめ 山形県庄内 *けちまめ 青森県一部 山形県飽海郡 *けっちまめ 秋田市 山形県庄内 *けつまめ（豆の形がしりに似ているところから） 北海道一部 秋田県 山形県一部 石川県一部 *けつわり 新潟県 *けつわりまめ 新潟県糸魚川市 *げまめ 新潟県一部 *こいまめ 広島県大崎下島・大崎上島 *こーや 愛媛県 *こーやまめ 広島県賀茂郡 愛媛県 高知県一部 *ごがつまめ 神奈川県一部 山梨県一部 静岡県一部 *こやまめ 広島県 山口県屋代島・浮島・大島 愛媛県 高知県幡多郡 *ごんがつまめ 静岡県田方郡 *さぬきまめ 福島県一部 新潟県 *さねきまめ 新潟県三島郡 *さのきまめ 新潟県西蒲原郡 *さるまめ 広島県倉橋島・賀茂郡 *さんがつだいず 和歌山県一部 *さんがつまめ 埼玉県一部 鳥取県西伯郡 *さんず 奈良県 愛媛県一部 *さんどー 京都府一部 愛媛県一部 *しがつまめ 静岡県一部 三重県一部 徳島県一部 長崎県西彼杵郡・南高来郡 熊本県一部・天草郡 鹿児島県 *しんが 高知県一部 *しんがつまめ 静岡県 三重県南牟婁郡 *しんごーまめ 静岡県一部 *しんまめ 香川県 *すそまめ 愛知県一部 *そーず 愛媛県一部 高知県一部 *そそまめ 石川県鹿島郡 愛知県中島郡・葉栗郡 *そら 山口県都濃郡 *そらず 兵庫県淡路島 広島県 山口県 徳島県 香川県 愛媛県 *そらだいず 岡山市 香川県三豊郡 高知県一部 *だいず 広島県高田郡 香川県 *だいずまめ 香川県三豊郡 *だんごまめ 秋田県一部 *つけまめ 石川県一部 *てっぽーまめ 千葉県 *てんざや 神奈川県一部 *てんじく 島根県一部・石見 岡山県小田郡 山口県 *てんじくまめ 岐阜県一部 静岡県志太郡 島根県一部・石見 岡山県一部 山口県 *てんじまめ 青森県一部 *てんじゅく 島根県一部 *てんじんまめ 静岡県一部 山口県 *てんずく 山口県 *てんずくまめ 岡山県一部 山口県阿武郡 *とーだいず 島根県一部・隠岐島 *とーのまめ 福岡県 *とーまーみ 沖縄県 *とーまーみ 鹿児島県南西諸島 沖縄県 *とーまめ 東京都八丈島 神奈川県・中郡 新潟県佐渡 岐阜県 愛知県 三重県一部・志摩郡 和歌山県日高郡 山口県 香川県粟島 福岡県 佐賀県 長崎県 大分県 宮崎県延岡市 鹿児島県・徳之島・沖永良部島 *とーまんみ 沖縄県国頭郡 *とーやし 高知県一部 *ときまめ・とつまめ 宮崎県一部 *とまめ 岐阜県 愛知県 三重県 大阪府一部

和歌山県　長崎県五島　宮崎県一部　鹿児島県一部　*とらまめ 山口県厚狭郡　*とりまめ 熊本県　*とるまめ 熊本県　*どんがらまめ 香川県綾歌郡　*とんまめ 大阪府一部　福岡県三潴郡・朝倉郡　佐賀県　長崎県南高来郡　熊本県天草郡　大分県一部　*なたまめ 長崎県西彼杵郡　*なつまめ 山梨県南巨摩郡　静岡県　愛知県北設楽郡　三重県一部　兵庫県一部　奈良県一部　和歌山県一部　鳥取県一部　島根県　岡山県・苫田郡　広島県　徳島県海部郡　愛媛県一部　福岡県　佐賀県一部　長崎県　熊本県　大分県　宮崎県　*にんぎょーまめ 鹿児島県一部　*のら 高知県一部　*ばかまめ 鹿児島県薩摩　*ばくまめ 静岡県一部　*はじきまめ 三重県一部　大阪府一部　大分県一部　*はじまめ 兵庫県一部　*はずまめ 香川県高見島　*ははりまめ 宮崎県一部　*はるまめ 熊本県天草郡　*ひきわりまめ 茨城県一部　*ひごまめ 鹿児島県一部　*ひだりまめ 青森県一部　*ひばり 香川県仲多度郡　*ぴんじまみ 沖縄県八重山　*ふぃんでぃまーみ 沖縄県与那国島　*ふーまみ 鹿児島県沖永良部島・奄美大島　*ふーまめ 鹿児島県奄美大島　*ふぇーまめ 島根県簸川郡・出雲市　*ふゆまめ 千葉県香取郡　島根県一部　*へーまめ 愛知県北設楽郡　島根県一部　*へこ 広島県一部　*へこきまめ 愛知県一部　*へったれまめ 千葉県印旛郡　静岡県田方郡　*へっひりまめ 千葉県海上郡　*へっぴりまめ 山梨県東八代郡・北巨摩郡　*へっぴりまめ 千葉県　山梨県西山梨郡・中巨摩郡　静岡県　*へっぷりまめ 静岡県川根　*へまめ 愛知県　島根県簸川郡　*べろやきまめ 茨城県新治郡　*ほーすばり 広島県賀茂郡　*ほーそばり 広島県・一部　*ぼーまめ 東京都八丈島　*ほてーまめ 鹿児島県種子島　*ほらいまめ 鹿児島県一部　*またまめ 宮崎県一部　*まめ 群馬県多野郡　奈良県　広島県走島　熊本県　*まめじょ 長崎県一部　*やけっぱたまめ(「やけど豆」の意) 茨城県西茨城郡　*やまだまめ 東京都八丈島　*ゆかーりまめ 茨城県稲敷郡・北相馬郡　*ゆがーりまめ 茨城県稲敷郡　*ゆきやりまめ 山梨県一部　*ゆきわり 山形県庄内　茨城県東南部　千葉県香取郡　長野県一部　*ゆきわりまめ 茨城県稲敷郡・北相馬郡　千葉県香取郡・海上郡　山梨県南巨摩郡　*ゆきわれ 山梨県・甲府　*ゆきわれまめ 山梨県　*よじけまめ 群馬県一部　*らっかまめ 宮城県一部　*わきわりまめ 茨城県　千葉県一部　山梨県

そり【橇】 *きうま(山から木材を運搬する橇) 東京都西多摩郡　神奈川県津久井郡　山梨県南巨摩郡　静岡県富士郡・磐田郡　滋賀県高島郡　和歌山県日高郡　島根県石見「きうまにでる(木馬の仕事に出る)」　*きじんま(山から木材を運搬する橇)熊本県玉名郡　*きっかけぞり(山から薪を搬出する大型の橇)山形県西置賜郡　*きゅーま(山から木材を運搬する橇)奈良県吉野郡　*きんま(山から木材を運搬する橇)岩手県気仙郡　富山県中新川郡　石川県能美郡　長野県上伊那郡　岐阜県飛驒　静岡県榛原郡・志太郡　愛知県北設楽郡　三重県北牟婁郡　京都府竹野郡　大阪府南河内郡　奈良県吉野郡　島根県　広島県山県郡　徳島県　愛媛県　高知県土佐郡　*しゅら(重い木や石を運ぶため雪上を滑らせる大きな橇)新潟県北魚沼郡　*ずーる 富山県射水郡　*すり 新潟県中魚沼郡　*ずり 富山県　石川県　福井県　*ずる 富山県射水郡・砺波　*たまびき(木材を運搬する橇)北海道　*てぞれ 岐阜県郡上郡　*どーずりそり(人力で動かす橇)新潟県中頸城郡　*どそり(木材などを運搬するため地上を滑らせる橇)新潟県佐渡　*どぞり(木材などを運搬するため地上を滑らせる橇)山形県　*どびき(伐採した木材を山から運び出すための大きな橇)新潟県佐渡

それ【其】 *うー 沖縄県与那国島　*うり 沖縄県首里・八重山　*そ 島根県石見　*そのな 山形県庄内「そのな持て来てくんねか」　*はえず 山形県米沢市「はえずぁわり(悪い)」「はえずでなえ(それでない)」　*へれ 三重県度会郡

それぞれ【夫夫】 *がちがち・かりがり 佐賀県東松浦郡　*ごったつ 島根県隠岐島「人ごったつに噂をしている」　*てんでこで 岩手県平泉「てんでこでにけぇんべ(各自別々に帰ろう)」　*てんでこでん 岩手県気仙郡　*てんでっこ 長野県諏訪　静岡県志太郡　*てんでっこー 静岡県・榛原郡「道具はてんでっこーに持って行け」　*てんでんこ 宮城県「今度からてんでんこになった」「てんでんこにしまっておくべ、間違うから」　福島県東白川郡・相馬　*むきむき 山梨県
↓おのおの（各）・かくじ（各自）めいめい（銘銘）

そろそろ *きっぱずけ 岐阜県飛驒　*ごしんごしん 大分県日田郡　*こそこそ 埼玉県北葛飾郡「こそこそ出かけよう」「こそこそ夏物のしたくだ」　千葉県東葛飾郡　*しばしば 高知県　*しわこ 徳島県　*しわしわ 兵庫県淡路島「まあ、さう急がんとしわしわ行こではないか」　徳島県　愛媛県伊予郡　高知県「しわしわ歩け」　*じわじわ 東京都八王子　神奈川県津久井郡　岐阜県飛驒　大阪市　徳島県　香川県　愛媛県周桑郡　長崎県対馬「じわじわ片づきたなあ」　大分県南海部郡「じわじわ行く」　宮崎県　*じわっと 岐阜県揖斐郡　*しわりしわり 群馬県多野郡「しわりしわりと煮る」　兵庫県淡路島　徳島県・美馬郡　*じわりじわり 徳島県　宮崎県西臼杵郡「じわりじわり歩いて」　*じわりっと 徳島県　*しわりんこしわりんこ 徳島県・美馬郡　*そーそと 新潟県・西蒲原郡「そーそと磨け」・中頸城郡「そーそと歩け」　富山県砺波　岐阜県　愛知県名古屋市　*そーっくり 新潟県佐渡　*そーらと 長崎県東彼杵郡・長崎市　*そーりっと 島根県美濃郡・益田市「どこへ行くやらそーりっと後をつけて見た」　*そくそく 千葉県　新潟県佐渡「あぶねえさけえに、そくそく(ゆっくりと)いけよ」

岐阜県 *そっくら 福島県東白川郡・福島市 岐阜県恵那郡 *そっくり 福島県東白川郡・福島市「こはれねえ様そっくり持って来う」 茨城県稲敷郡 千葉県香取郡・海上郡 新潟県佐渡 岐阜県飛騨「もっとそっくり歩け」・恵那郡 *そっそと 和歌山県那賀郡 *ちょりちょり・ちょろちょろ 富山県 *ねばねばと（そろそろと） 岐阜県飛騨 *ほっついほっつい 鹿児島県 *ほつほつ 新潟県佐渡 鹿児島県 *ぼとぼと 岡山県岡山市「ぼとぼと歩く」・児島郡「ぼとぼと運べゃーえー」 香川県三豊郡「もーさぶいけにぼとぼといねよ（帰れよ）」 *よいと 長野県北安曇郡 *よーい 鹿児島県喜界島「よーいむてぃ（そっと持て）」 *よーいと 長野県「よーいと来い」 *よーら 東京都八丈島 福岡県八女郡 佐賀県東松浦郡 *よーらっと 熊本県 *よーらと 長崎県伊王島 *よーり 鹿児島県喜界島 *よーりっと 島根県石見「よーりっと降ろさにゃー子供が泣く」 *よよーと 群馬県吾妻郡「そっじゃあようとしてくれ（静かにおはたらき）」 *よらっと・よろっと 長崎県壱岐島 *れーんれーん 新潟県中越

→ゆっくり

そろばん【算盤】 *がってん 京都府中郡

そん【損】 *くされ 神奈川県津久井郡「えれーくされだ」 *さがり 青森県南部 岩手県上閉伊郡「さがりだす」 *めげ 山口県「大きなめげをした」 *わりいき 大阪市 *わるいき 京都市 兵庫県加古郡 奈良県北葛城郡 和歌山市「料理屋へ誘はれて、えらいわるいきやった」

→そんしつ（損失）

□をする *いたまる 茨城県稲敷郡 *うどぅきゆん 沖縄県首里 *きける 島根県美濃郡・益田市 *きれこむ 京都市 大阪市 和歌山市 香川県・三豊郡 *こける 静岡県小笠郡「あの商品いんちきものでこけた」 *すっこむ 山梨県南巨摩郡「馴れの一事業さ手を出しとーですっこんだ」 *そつる 愛媛県今治市 *そとをぶつ 宮城県登米郡 *そんこく 新潟県佐渡「だまされてそんこいた」 長野県佐久 静岡県磐田郡 *そんひく 京都府葛野郡 *そんべこく 長野県佐久 *たおれる 山梨県 *ばちかぶる 長崎県西彼杵郡 *へこむ 茨城県稲敷郡 *へらをかつぐ 青森県 *まいかみゅい（「しりをつかむ」の意） 鹿児島県喜界島 *みをくー・みーくー 新潟県佐渡

そんがい【損害】 ⇩そん（損）

そんけい【尊敬】 ⇩うやまう（敬）

ぞんざい *あらまし 島根県石見・隠岐島「あらましごとで、大した金にもならん」 広島県高田郡 山口県豊浦郡・大島 福岡県北九州市「これは親しい仲のあらましな物言いです」・小倉市 *うざ 三重県多気郡「うざな字を書いて」 *おいさがし 高知市「何をするにもおいさがしはいかん」 *おーど 富山県「物をおーどに使う」 石川県金沢市 *おーどー 富山県 *おーどばす 富山県砺波 *かかりあい 岐阜県飛騨「あの人の仕事はかかりあいでだちかん」 *ぐれがれと 青森県三戸郡「仕事あぐれがれど早くても、後が見られない（後始末が悪い）」 *けたらくげ・けだらっけ 香川県仲多度郡 *けたらぐげ 香川県 *ささくさ 新潟県佐渡 *ざさくさ 宮城県仙台市「今からそったざさくさ仕事のくせついたらおーことでがす（そんな粗略な仕事の癖がついたら大変です）」 *さささこさ 山形県東置賜郡 *さざござ 秋田県北秋田郡「さざござに裂いた」 *ざっぱ 茨城県久慈郡 新潟県佐渡 三重県 和歌山市 島根県「ざっぱな男はしょーがない」 山口県豊浦郡 徳島県 愛媛県宇和島市 高知県 *ざっぴゃ 島根県八束郡 *ざっぺ 島根県八束郡・能義郡「ざっぺな仕事をする」 *ざまく 鳥取県西伯郡「あの人は細工がざまくで仕方がない」 島根県「ざまくな仕事をする男だ」 岡山県小田郡 広島県高田郡 徳島県 *ざまくそ 島根県簸川郡「あの女はざまくそだ」 *じもの 鹿児島県・肝属郡「じものする（ぞんざいに物品を取り扱う）」 *じるくた 島根県美濃郡・益田市「眠る眠る編んだけー、じるくたな編方になった」 *そーば 宮城県仙台市「そうばふしん（粗末な間に合わせ普請）」 千葉県「仕事がそーばだ」 *そーばっか 千葉県 *そささ 島根県隠岐島 *ぞさい 福島県大沼郡「ぞさいにする（粗末にする）」 茨城県稲敷郡 *ぞざい 茨城県稲敷郡・西茨城郡 *そさくさ 鳥取県西伯郡 島根県「何をさせてもそさくさな」「そさくさにしてはならん」 *そそくさ 岐阜県益田郡 鳥取市 *そそら 愛知県名古屋市「うちの下の娘に縫わせると、仕事がそそらだで袷せなどは着られんものを作るがなも」 和歌山県東牟婁郡 *そぞら 富山県砺波「人のいうことをそぞらに聞いとるけでこんなことになったがや」 *そそらっかー 群馬県群馬郡 *そそらっぺー 埼玉県秩父郡 *そっさく 長崎県北松浦郡・壱岐島「そっさくな物言ひをする」 *ぞら 東京都八丈島「ぞらにする」 *ただくさ 岐阜県武儀郡・本巣郡 三重県志摩郡 福岡県粕屋郡 *だだくさ 新潟県・長岡市 富山県高岡市・砺波 石川県 長野県下伊那郡 岐阜県「あの人わ仕事わ速いがだだくさゃ」 愛知県「今度来たおなご衆は水をだだくさに使うが悪いことだ」 三重県志摩郡・北牟婁郡 滋賀県 京都府竹野郡「やっとまとまったお話を、あの人にだだくさにしられちまった」 大阪市 奈良県宇陀郡「あこの嫁はん大分だだくさや」 和歌山県・東牟婁郡 鳥取県・西伯郡 高知県・高知市「此の手紙はあんまりだだくさな字になったきに書き直そー」 福岡県 長崎県対馬「何も彼もだだくさになっとる」 *だだぐさ 新潟県 *だだくし 岐阜県可児郡・加茂郡 *だだくそ 鳥取県・西伯郡 *だだけ 滋賀県 *だだした 岐阜県益田郡 *だまく 島根県石見「たいぎたいぎ編んだけーだまくな編み方になった」 岡山県小田郡 *だらくさ 新潟県佐渡 *どーらく 奈良県南大和 *なりあい 新潟県佐渡 長野県上伊那郡「身体がだるいでなりえーに仕事をする」 三重県 滋賀県甲賀郡 ＊**なりき** 静岡県「あの人はなりきだ」「なりきなやり方で汚い」 ＊**なりやー** 新潟県佐渡「なりゃあにしておいたらさびた」 ＊**なるき** 静岡県志太郡 ＊**なんか** 香川県「そなんなんかなことで役に立つか」 ＊**のさ** 高知県幡多郡 ＊**のさく** 愛媛県「のさくなことをしたから品を傷めた」 ＊**のじろ** 島根県益田市「のじろにする」 ＊**ので** 静岡県「のでに書いてはいけない」・田方郡 ＊**のふー** 島根県隠岐島 ＊**のふーじ** 島根県飯石郡・仁多郡 ＊**のふーず** 兵庫県淡路島 島根県 ＊**のふーぞ** 島根県 岡山県児島郡 徳島県 ＊**のふーぞー** 島根県那賀郡・邑智郡 岡山県苫田郡 ＊**のふーど** 岡山県児島郡 愛媛県 ＊**のふーどー** 島根県 山口県玖珂郡 ＊**のふじ** 島根県出雲 ＊**のふず** 島根県 愛媛県 ＊**のふぞ** 愛媛県喜多郡 ＊**のふぞー** 徳島県 愛媛県「そんなのふぞーな拭き方をしちゃいかん」 ＊**のぶそー** 愛媛県周桑郡「のぶそーにしとくけん失(うさ)んのよ(なくなるのよ)」 ＊**のぶぞー** 徳島県 高知県安芸郡 ＊**のふんぞ** 徳島県 ＊**はんざまく**(「ざまく」は粗雑なさまの意) 島根県出雲「はんざまくな書き方をする」 ＊**ほーやく** 愛媛県北宇和郡・南宇和郡 高知県・幡多郡「ほーやくもん(粗雑な者)」 ＊**ほーやり** 愛媛県 ＊**まいそのかわ** 愛媛県・松山「まいそのかわ、おしな(ぞんざいなことをするな)」 ＊**やまかん** 石川県羽咋郡「やまかんな(ずさんな)」 ＊**よーさい** 茨城県多賀郡 ＊**らっぱ** 新潟県佐渡「そう紙をらっぱにするな」 ↓「いいかげん(好加減)」の子見出し、「ものごとをいいかげんにすること」

そんしつ【損失】 ＊**こぼし** 岡山県児島郡 ＊**すんかぶい** 沖縄県首里 ＊**すんかぶり** 沖縄県石垣島 ＊**そんたらべく** 島根県大原郡 ＊**そんたるべく** 島根県出雲「腐ったけん、そんたるべくだ」 ＊**そんちくりん** 滋賀県彦根 ＊**そんべく** 島根県簸川郡 ＊**はらいた** 奈良県「無法な税金で異議申請をしたが兎に角納めよと云うのだ。えらいはらいたや」 ＊**わりいき** 大阪市 ＊**わるいき** 京都市 兵庫県加古郡 奈良県北葛城郡 和歌山市「料理屋へ誘はれて、えらいわるいきやった」 ↓そん（損）

そんとく【損得】 ＊**うんぷそんぷ** 広島県比婆郡 ＊**めおい** 徳島県「十円や二十円にめおいはない(十円や二十円の差は大した問題ではないからどう決めてもよい)」

□**がないこと** ＊**いってかいれ**(差し引き損得なし) 岐阜県飛騨 ＊**いってこい**(差し引き損得なし) 山梨県南巨摩郡「残業して百円かせいどーが、百円酒を飲んでひっちまっとーでいってこいだ」 ＊**いっぱい・いっぱいいっぱい** 香川県「一日でいっぱいいっぱいの仕事があるきんな」 ＊**がんがらかん・がんがらがん** 福岡市 ＊**がんがん** 香川県仲多度郡「ぐゎんぐゎんでもうけもないかわりそんもなかった」 宮崎県東諸県郡 ＊**しやおい**(差し引きして損得のないこと。また、同じ価値のあること。同等) 島根県簸川郡・出雲市「この品物とあの品物とはしやおいだ」 ＊**ぞん** 宮城県「ぞんにする」 ＊**ぞんけん・ぞんけ** 岩手県気仙郡 ＊**そんべ** 宮城県北部「今度の出張は漸くそんべなしだ」 ＊**ぞんべ** 宮城県栗原郡 ＊**つきつき**(相殺して損得のないこと。また、そのさま) 岡山県苫田郡 ＊**つくつく**(相殺して損得のないこと。また、そのさま) 兵庫県淡路島「屹度女房とつくつくでやった事にちがひ無い」 ＊**つくつっぺー**(相殺して損得のないこと。また、そのさま) 広島県高田郡 ＊**てうちざんにょー** 福岡市 ＊**てうちぱれ** 宮崎県東諸県郡 ＊**てうっぱりゃー** 熊本県下益城郡

□**なし** ＊**いねいね** 徳島県 愛媛県 ＊**ずい** 京都府久世郡「ずいにしよう」 ＊**ずいー** 兵庫県淡路島 ＊**ずいがべいか** 福岡市 ＊**ずいこずいこ** 東京都南多摩 ＊**ずいこばいこ** 新潟県中頸城郡「お前が一つ食ったから俺も一つ食ったぞ、それでずいこばいこだ」 ＊**ずいずい** 兵庫県神戸市 ＊**ずいっこ** 群馬県邑楽郡 ＊**ねっこ**(幼児語) 埼玉県北葛飾郡 ＊**ぽさ** 福岡市

そんな ＊**あが** 島根県邇摩郡・大田市 ＊**あがー** 島根県石見「あがーいわんこーつれてまいってやんさいえー(そう言わないで連れて参って下さいよ)」 広島県佐伯郡「うんうんあがーでもいぬりゃーの、えーかげんなる(うんうんそれでも帰ればね、いいかげんになる)」・山県郡「わしがあがぁおもぅての(私がそう思ってね)」 ＊**あがん** 広島県比婆郡「はーあがんなってんのー(はあ、そんなになられますかねえ)」 ＊**あげ** 福岡県築上郡「あげゆあんたな(そう言いますね、あなた)」 ＊**あげー** 大分県南海部郡「あげーゆーしもありよった(そんなふうに言う人もありました)」 ＊**あげん** 島根県出雲「あげんづいわりしいとえんまね虫がわくけん(そんなに口卑しいと、今に虫がわくから)」 熊本県天草郡「暮しよかも悪かもなあい、時々のあげん態(てぇ)で結構にどうろこうろやって行くとじぇえ」 鹿児島県上甑島「あげん早う出んでも」 ＊**あねーる・あねる** 沖縄県首里 ＊**あん** 沖縄県石垣島「あんざい(そうしよう)」 ＊**あんねーたる・あんねーる** 沖縄県首里「あんねーるむん すぃてぃり(そんなもの捨てろ)」 ＊**うぬぐとーる・うんぐとーる** 沖縄県首里「うぬぐとーるくとーまーにんねーん(そんなことはどこにもない)」 ＊**うんねーる** 沖縄県首里 ＊**えっげな・えずげな・えずけた・えずけたな・えじげだな** 山形県「えつげな面白くないさけ帰るべえ(そんなおもしろくないから帰りましょう)」「えっげな事」 ＊**した** 秋田県平鹿郡・雄勝郡「したに泣くな」「したごどするな」 ＊**しただ** 秋田県平鹿郡・雄勝郡「腹がすいてもしただに食べてはいけない」 ＊**しった** 岩手県九戸郡 ＊**そのじゃまな**(「じゃま」は「ざま(様)」の転か) 岩手県和賀郡 ＊**はっけな** 山形県米沢市「はっけな事やんだ」 ＊**へげな** 山形県米沢市「へげなこと、おら、知しゃね(知らないよ)」

た【田】 ＊**いね** 京都府葛野郡 ＊**おき** 長野県 岐阜県羽島郡「おきへ出る」 三重県 岡山県小田郡「おきへ仕事に行く」 愛媛県周桑郡 ＊**おさだ** 山形県最上郡 ＊**かただ** 富山県射水郡 ＊**しろ** 山形県飽海郡 岐阜県飛驒「しろ鋤く」 ＊**たーぶっくゎ** 沖縄県首里 ＊**たい** 新潟県佐渡 広島県 愛媛県宇摩郡 ＊**たつぼ** 新潟県中魚沼郡 ＊**たどもで** 山形県南置賜郡 ＊**たなば** 新潟県北蒲原郡 ＊**たなぼ** 山形県西置賜郡 茨城県・久慈郡 新潟県・岩船郡・北蒲原郡 ＊**たのなか** 熊本県菊池郡 ＊**たのんぼ** 栃木県河内郡 ＊**たばら** 東京都八丈島 ＊**たばる** 長崎県対馬 ＊**たもて** 青森県 宮城県栗原郡 秋田県 山形県東置賜郡・庄内 ＊**たもと** 山形県庄内・東田川郡「たもどで働いている」 ＊**たもんで** 青森県津軽 ＊**だら** 熊本県芦北郡 ＊**たらもて** 山形県東田川郡 ＊**たわら** 大分県大分郡「うちのーたわらがーあー三反五畝ばかし持っちょんのじゃ」 ＊**たんなか** 埼玉県入間郡・北葛飾郡 新潟県北蒲原郡 島根県簸川郡・八束郡 佐賀県「たんなかの交換分合の話があるけんがー」 長崎県 熊本県 ＊**ちゃーばり・ちゃーばる** 熊本県下益城郡 ＊**てー** 島根県隠岐島 ＊**でんだい** 兵庫県淡路島 香川県大川郡「でんだいなか(田の中)」 ＊**どーも** 愛知県 ＊**どーもて** 山形県東田川郡 ＊**どーもん** 静岡県・磐田郡 ＊**とも** 愛知県 三重県伊勢・員弁郡 ＊**ともて** 秋田県平鹿郡・雄勝郡 山形県 福島県会津 新潟県東蒲原郡 ＊**とんぼ** 愛知県名古屋市 ＊**とんも** 愛知県 ＊**のあか** 福島県石城郡 ＊**のら** 千葉県香取郡 長野県諏訪・北佐久郡 愛媛県宇摩郡 ＊**やーら** 神奈川県鎌倉市 ＊**やま** 新潟県西蒲原郡 ＊**やまだ** 三重県志摩郡 ＊**ゆしるだー**(「なしるだー(苗代田)」に対する語) 沖縄県石垣島 →すいでん（水田）・たはた（田畑）・でんち（田地）

たい【鯛】 ＊**おばな** 長崎県壱岐島 ＊**おひら** 京都市 ＊**こでんいお**(「小ダイの魚」か。小さなタイ) 宮崎市 ＊**ざざ**(タイの小さいもの) 三重県度会郡 ＊**しのは**(小さなタイ) 静岡県 ＊**しばこだい**(小さいタイ) 高知県 ＊**たいのいお** 岐阜県飛驒 広島県双三郡 長崎県・南高来郡 ＊**たいのまご**(三〜五センチ㍍のタイ) 和歌山県 ＊**ちょー** 長崎県五島 ＊**ちんだい**(小さなタイ) 熊本県玉名郡 ＊**ちん** 熊本県下益城郡 ＊**てのいお** 宮崎県東諸県郡・都城 鹿児島県 ＊**にんか**(二歳のタイ) 香川県仲多度郡 ＊**のぼりいお**(二、三月ごろ捕れるタイ) 長崎県五島 ＊**ばじろ**(小さなタイ) 山口県豊浦郡 ＊**はりきり**(二十センチ㍍くらいのタイ) 和歌山市 ＊**もぶし**(小さなタイ) 島根県隠岐島 ＊**やき**(小さなタイ) 三重県志摩 ＊**れんこ・れんこだい** 奈良県

たいかく【体格】 ＊**いかばり** 香川県三豊郡 ＊**かかい** 山形県 ＊**がかい** 岩手県九戸郡 山形県「あの人ぁがかえぁええ」 群馬県群馬郡・勢多郡 新潟県中頸城郡 富山県砺波 ＊**がけ** 栃木県安蘇郡 ＊**かせ** 岡山県児島郡 ＊**かばね** 岩手県 宮城県「昨日大掃除でうんと働いたっけ、今日かばねいてーやー」 秋田県鹿角郡 山形県 福島県「うーかばね(大きな身体)」 新潟県佐渡 ＊**から** 岩手県気仙郡「黒から。瘠せから」 新潟県佐渡 富山県砺波 滋賀県彦根「いかい(大きい)から」 京都市「大きなからしててなんや」 大阪市「からにも似合はん」 兵庫県 奈良県南大和「からの割には」 和歌山県和歌山市・日高郡 島根県 岡山県川上郡「着物は、からがよければ十六七歳から本身になる」 香川県 愛媛県 高知県 熊本県球磨郡・芦北郡 沖縄県首里 ＊**かんばね** 秋田県由利郡 山形県南村山郡 ＊**ぎた・ぎたい** 山口県豊浦郡「ぎたがよい」 ＊**たきふどぅ** 沖縄県首里 ＊**どぅーたい** 沖縄県石垣島・鳩間島 ＊**どーたい** 新潟県佐渡 ＊**ひょー** 山口県豊浦郡「ひょーが大きい」 ＊**ほた** 富山市近在「ほたがある(体が大きい)」 ＊**むくろ** 新潟県佐渡 ＊**もがら**(「みがら(身柄)」の転か。やや卑しんで言う語) 秋田県鹿角郡 ＊**わかぜ** 山形県東田川郡「良いわかぜだ」 →からだ（体）

だいく【大工】 ＊**きーぜーく** 沖縄県首里 ＊**さいく** 東京都八丈島 沖縄県小浜島・波照間島 ＊**さいぐ** 沖縄県西表島 ＊**さいふ** 沖縄県石垣島・竹富島・新城島 ＊**さやふ** 沖縄県宮古島 ＊**しぇーく** 鹿児島県奄美大島・与論島 ＊**しぇーぐ** 沖縄県波照間島 ＊**しぇーくー** 鹿児島県奄美大島 沖縄県国頭郡 ＊**しゃーく** 東京都八丈島 ＊**じゃっどん** 長崎県五島 ＊**せーく** 沖縄県首里 ＊**せーくしゃー** 鹿児島県喜界島 ＊**せっにん** 鹿児島県 ＊**だーくご** 山形県飛島 ＊**ばっじょ** 千葉県市原郡・君津郡 静岡県 ＊**ばっじょー** 静岡県 ＊**ばっちょ** 群馬県利根郡 千葉県山武郡 長野県佐久 ＊**ばっちょー** 千葉県山武郡 新潟県・中魚沼郡 長野県 ＊**ばん** 長野県佐久 ＊**ばんしょ** 長野県諏訪 ＊**ばんじょ** 山形県東置賜郡・西置賜郡 群馬県前橋市 千葉県夷隅郡・長生郡 静岡県・志太郡 ＊**ばんしょー** 千葉県上総 神奈川県 山梨県 ＊**ばんじょー**(古くは大和や飛驒から京都に勤番した大工の称で、「番上の工匠」の意) 福島県会津 茨城県東南部 群馬県多野郡 埼玉県秩父郡 千葉県上総 神奈川県津久井郡 新潟県佐渡 山梨県 長野県諏訪 静岡県庵原郡・磐田郡 愛知県北設楽郡 島根県美濃郡・益田市 ＊**むなだいく** 香川県高見島

へたな□ ＊**あかままだいく** 福井県敦賀郡 ＊**がっちゃだいく・がっさーだいく** 岩手県気仙郡 ＊**かべたたき** 岐阜県飛驒 ＊**かべたたきだいく** 岐阜県飛驒 滋賀県彦根 ＊**かまぎだいく**(「薪にしか使えないようなものを作る大工」の意) 山口県大島 ＊**かます** 秋田県 ＊**きがまだいく** 岡山市 ＊**すねきりだいく** 長崎県対馬 ＊**せっちんだ**

いく 群馬県勢多郡　長野県　静岡県磐田郡 ＊せんちだいく 岐阜県飛騨　島根県 ＊せんちんだいく 山形県西置賜郡 ＊たーばーぜーく（「田場」という名の名工がいたところから、皮肉の意を込めて）沖縄県首里 ＊ちょーずばだいく（不器用な大工）東京都大島 ＊てきりまらだし（下手な大工をののしって言う語）奈良県 ＊なっとだいく 青森県三戸郡　岩手県紫波郡 ＊なとでく 青森県上北郡 ＊なべっぷただいく 栃木県足利市・河内郡 ＊なべふただいく 島根県 ＊ふご 三重県志摩郡 ＊ふごだいく 奈良県生駒郡　高知県長岡郡 ＊ぼちだいく 岐阜県本巣郡 ＊ぼっこしでーく 福島県相馬 ＊まっがっじやーく 熊本県玉名郡 ＊まめだいく 青森県三戸郡　京都府竹野郡 ＊みんじゃだいく 秋田県平鹿郡

たいくつ【退屈】 ＊あいそ 香川県佐柳島 ＊しんき 和歌山市　島根県石見「話相手が居らんのでしんきで困る」　広島県　高知県 ＊たいぎ 岐阜県恵那郡 ＊どーぜん 山形県 ＊とぜ 山形県庄内 ＊とぜん 岩手県気仙郡　宮城県石巻「独りでとぜんだから遊びさおんなえ」・仙台市　秋田県平鹿郡「今日は留守居でとぜんだ」　山形県 ＊とんぜん 山形県最上郡 ＊のっそつ 大阪市「長いこと待たされてのっそつした」 ＊のっつくつ 福井県遠敷郡 ＊ぬんだいそったい 鹿児島県肝属郡 ＊ほっこい 三重県伊賀 ＊ほっこり 三重県阿山郡　滋賀県彦根　京都府

□だ ＊あくばたい 石川県鹿島郡・金沢市 ＊いとけない 兵庫県淡路島 ＊くちしむぬ 沖縄県鳩間島 ＊こらしー 長崎県対馬 ＊こわい 島根県隠岐島 ＊しからーしー 沖縄県島尻郡 ＊しょーことなーい 新潟県中頸城郡・西頸城郡 ＊しんきー 山口県大島 ＊しんきくさい 和歌山市 ＊しんだい 徳島県「この頃は日が長うてしんだいな」 ＊しんどい 福井県遠敷郡・南条郡　徳島県 ＊しんどーい・しんどいー 島根県石見「一日中家の中におるとしんどいー」 ＊だやい 富山県射水郡 ＊どぜたえ 山形県東田川郡 ＊どぜてー 山形県 ＊とぜない 福岡県粕屋郡・京都郡 ＊とぜんねー 福岡県三井郡

たいげん【大言】 ＊おんけ 秋田県河辺郡・平鹿郡「おんけばり言ってゐる」「ずゐぶんおんけだやった」 ＊おんばく 秋田県南秋田郡・平鹿郡「おんばぐたげる（ほら吹く）」 愛媛県周桑郡・今治市 ＊ずば 富山県砺波「ずばこく」 ＊てっぽ 新潟県　香川県 ＊でっぽ 長野県佐久「でっぽゆふな」 ＊てっぽー 山形県東田川郡　新潟県　徳島県　香川県 ＊でっぽー 東京都八王子　神奈川県　新潟県南魚沼郡・中頸城郡　長野県佐久

→ほら（法螺）

たいこ【太鼓】 ＊かんこ（小さい太鼓。また、ブリキ製の太鼓）島根県出雲 ＊たいどー 山梨県 ＊つぃんだみ 沖縄県小浜島 ＊でんで・でんでこ（幼児語）長野県東筑摩郡 ＊でんでん 三重県志摩郡　奈良県 ＊ど 鳥取県西伯郡「どがなる」　島根県出雲 ＊どー（「胴」か、または擬音からか）鳥取県東伯郡　島根県　長崎県壱岐島 ＊どんどこ・どこどこ 長野県東筑摩郡 ＊どら 熊本県菊池郡・芦北郡 ＊どろ 山口県大島 ＊ぱーらんくー（片側だけを張った胴の短い太鼓）沖縄県首里 ＊ばらんく（半面だけ革張りの太鼓）沖縄県石垣島 ＊ぶち 大阪府南河内郡　兵庫県淡路島　岡山市　広島県高田郡　山口県豊浦郡　徳島県

たいこう【対抗】 ＊ぎみあい 富山県砺波　石川県石川郡・金沢市 ＊ぎんみゃい 富山県・富山市

□する ＊たいしん 沖縄県石垣島 ＊はびきあう 長崎県対馬「彼が何某の向うを張ってみようとしても、もとより力があわぬのであるけ（あるから）、とてもはびきあわれず」

だいこん【大根】 ＊あおくび 青森県津軽 ＊あまな 長野県佐久 ＊おだい（「おだいこん（御大根）」の略）京都市（女性語）　大阪府　和歌山県日高郡 ＊がいこ 和歌山県西牟婁郡 ＊さいこん 岐阜県大野郡 ＊すずしろ 静岡県一部　岡山県一部　大分県一部 ＊だいくに 沖縄県石垣島・竹富島・鳩間島 ＊だいだい 山形県西置賜郡 ＊たゆー 京都府 ＊でーくに 鹿児島県与論島　沖縄県 ＊でーぐに 沖縄県石垣島 ＊でーくねー 鹿児島県喜界島 ＊でくにー・でんくに 鹿児島県奄美大島 ＊どーこね 鹿児島県大島郡 ＊とこね 鹿児島県名瀬市 ＊ねね（幼児語）山梨県南巨摩郡 ＊ふろふき 山形市（大根の一種）福岡市 ＊まな 三重県南牟婁郡 ＊らいふく（「らふく」の転）富山県一部

切り干し□ ＊いでぼし 兵庫県加古郡 ＊おせんぞ 長野県佐久 ＊かきぼし 愛媛県 ＊かくぼし 静岡県庵原郡 ＊かんころ 島根県益田市　福岡県

方/言/の/窓

●東歌・防人歌

古代日本の政治・文化の中心は畿内にあり、そこで使われていたことばが標準的な日本語であった。長野・静岡以東の国々は東国と呼ばれ、そこで使われたことばを東国語という。『万葉集』の巻一四に東歌、巻二〇に防人歌が収録されており、上代の東国語の実態を知るうえで重要な資料となっている。

例えば、動詞の命令形は、中央語の「〜ヨ」に対して「都気呂（付けろ）」「世呂（為ろ）」など「〜ロ」が使われている。

否定についても、中央語のズに対応して「逢はなふ」「寝なふ」など、ナフが用いられた。

また、動詞の連体形が「行こ先」「降ろ雪」のようにオ段音に、形容詞の連体形が「愛（かな）しけ児ら」「長けこの夜」のように「〜ケ」の形になる。

西部　佐賀県・藤津郡(輪切りにして蒸して干したもの) *かんぴょー 山口県阿武郡・大島 *きょーぼし 富山県 *きよぼし 富山県砺波 *こまぎー・ごまぎーでこん 鹿児島県肝属郡 *さきだれ 三重県阿山郡 *せんきり 福井県坂井郡　山口県阿武郡 *せんぎり 富山県砺波　山梨県南巨摩郡　岐阜県飛驒　静岡県磐田郡　三重県　大阪市　兵庫県神戸市　奈良県宇陀郡　和歌山県東牟婁郡　島根県　岡山県御津郡　広島県高田郡　山口県阿武郡・豊浦郡　高知県土佐郡　大分県 *ひきだいこん 岩手県気仙郡 *ほしかぶ 新潟県下越　島根県簸川郡・出雲市　広島県高田郡

千切りにした□ *おせんぞ 長野県 *しょろっぽん・しょろっぽ 新潟県佐渡 *せんぞ 長野県諏訪・上伊那郡 *せんぞー 山梨県 *せんぞだいこん 長野県長野市・上水内郡 *ひきだいこん 山形県西置賜郡 *ひきな 青森県三戸郡　岩手県　宮城県　山形県最上郡

だいじ【大事】 *だいじー 静岡県「だゃーじくしろよ」・榛原郡「だいじく使う」 *ぼく 熊本県下益城郡　宮崎県「こけち打ちわっどんすっとぼくば(転んで打ち割りでもしたらたいへんだ)」

→たいせつ(大切)

□にする *おもろく 三重県阿山郡 *かぼう 岩手県気仙郡 *じやう 和歌山市「まぁおからだをおじやいなひて」「病人やよって皆でじよてやってくれ」 *ぞんぞねぁる・ぞんぞねぁもーす 岩手県気仙郡 *まぜる 岡山県児島郡「おめーはこんめー(小さい)子をよーまぜるのー」　香川県「あの家はお客をまぜる家じゃ」「あの子ばかりまぜる」

たいしょく【大食】 *いっとぐい 島根県出雲　広島県比婆郡 *おーっぺし 茨城県新治郡　長野県 *おーばし(「大箸」か) 新潟県中頸城郡 *おーばしこき 長野県更級郡・埴科郡 *おーばた 島根県大原郡 *おーばみ 新潟県佐渡　島根県出雲市・能義郡 *おーぺし 茨城県稲敷郡　千葉県香取郡 *ぞーもん 長崎県北松浦郡「此の子はぞーもんとる」 *はっぺし 茨城県那珂郡・多賀郡 *はっぺら 茨城県那珂郡

→おおぐい(大食)

たいしょくかん【大食漢】 *あばらー 沖縄県首里 *うーまくらい 山形県東田川郡 *うぐれ 鹿児島県 *おーがてとり 鳥取県西伯郡　岡山県 *おーじき 新潟県佐渡「あのしたぁおおじきだ」 *おーぞーとり 長崎県対馬 *おーばし(「大箸」か) 新潟県中頸城郡　長野県 *おーばしこき 長野県更級郡・埴科郡 *おーまくらい 青森県　岩手県気仙郡　宮城県石巻・仙台市　秋田県仙北郡・鹿角郡　山形県庄内　群馬県　埼玉県秩父郡　東京都八王子　神奈川県藤沢市・中郡　新潟県上越市　山梨県　長野県 *おーまぐり 群馬県多野郡 *おーまくれ 長野県佐久 *おーまぐれ 青森県三戸郡　宮城県石巻 *おーめしまぐらる 青森県三戸郡 *おーものぐらい 島根県出雲 *おしょくにん 宮城県仙台市 *おまくらい 山形県村山 *おまくらいこき 新潟県 *おまくれ 山形県 *おんまくらい 山形県東部 *かまずが 宮城県登米郡 *くいがしら 山梨県 *くいすけ 三重県北牟婁郡　京都市　兵庫県加古郡　和歌山県・東牟婁郡 *くいちろ 富山県砺波 *くいちろー 鳥取県東部 *くいちろりん 愛媛県喜多郡 *くらいぬけ(「抜け」は人並みはずれている意) 福島県　群馬県佐波郡　東京都神津島　山梨県中巨摩郡　岐阜県養老郡　静岡県志太郡　三重県南牟婁郡　大阪府泉北郡　和歌山県新宮「随分にあの人はくらひぬけだわ」 *くらいのけ 福島県　新潟県中頸城郡 *じんぺー 岩手県気仙郡 *だおけ 島根県 *だばら 福岡市　熊本県・下益城郡 *だらずばら 島根県簸川郡・出雲市 *たろ 新潟県岩船郡 *たんご 福井県敦賀郡・三方郡 *でんぼーぐち 神奈川県藤沢市 *はんどばら 島根県隠岐島 *ふごく 三重県志摩郡・度会郡 *まくらい 宮城県登米郡　福島県相馬郡「こえつぁ、まくれーだな」　新潟県中頸城郡 *まくらえこき 新潟県 *まくらえこみ 新潟県頸北 *まぐらかえし 秋田県仙北郡 *やーまかれー 沖縄県石垣島

→おおぐい(大食)

だいず【大豆】 *あおずけまめ 北海道一部 *あおまめ 新潟県東蒲原郡 *あかまらーまみ 沖縄県石垣島 *あからまめ 山形県一部 *あきず 香川県仲多度郡 *あきまめ 静岡県一部　三重県　京都府　兵庫県　岡山県　広島県一部　香川県 *あさまめ 富山県一部 *あぜまめ 新潟県一部　富山県一部　石川県一部　山梨県一部　長野県佐久　岐阜県一部　静岡県志太郡　愛知県　三重県　滋賀県一部　京都府一部　大阪府一部　兵庫県　奈良県　和歌山県　岡山県　広島県高田郡　山口県一部　香川県　愛媛県松山　福岡県一部　佐賀県一部　熊本県一部 *いじきまめ 京都府一部 *うちまみ 沖縄県新城島 *うつぃまみ 沖縄県新城島 *うふしざー 沖縄県竹富島 *うぶしざーまみ 沖縄県新城島 *うぶちざーまみ 沖縄県黒島 *うふつぃざーまみ・うぶつぃだーまみ・ぶつぃだーまみ 沖縄県石垣 *うふつぃじゃー 沖縄県首里 *えだまめ 和歌山県 *おーまめ 青森県一部　福島県一部　新潟県一部 *おくまめ 山梨県一部　静岡県一部　愛知県一部 *かまらーまみ 沖縄県新城島 *きなこまめ 富山県一部・西礪波郡　長野県佐久　香川県　大分県一部 *くろいらもの 山口県一部 *こーぞーまめ 京都府一部 *ごがつまめ 福井県一部 *こちまめ 大阪府一部 *こまめ 新潟県一部　岐阜県一部　三重県一部　大阪府泉北郡　和歌山県一部 *ごまめ 埼玉県一部　新潟県一部　奈良県 *さとーまめ 山形県一部 *さんしょーまめ 岡山県一部 *じまめ 岐阜県一部　和歌山県一部 *じゃーずまめ 熊本県 *じゃぜまめ

和歌山県日高郡 *じゃぜんまめ(枝豆) 香川県木田郡 *じゃっちゃ 長崎県五島 *じゃん 長崎県一部・五島 *しろまめ 新潟県一部・佐渡 富山県一部・西礪波郡 石川県一部 福井県一部 岐阜県一部 三重県 滋賀県 大阪府一部 兵庫県一部 奈良県一部 山口県一部 佐賀県一部 *せーたろー 島根県一部 *せんこ 高知県一部 *そらず 岡山県御津郡 *だいじょー 広島県豊田郡「だいじょう飯」 *だいずまめ 北海道 千葉県印旛郡 奈良県吉野郡 熊本県 宮崎県児湯郡 鹿児島県始良郡 *だいどまめ 山形県西置賜郡 *ただまめ 岐阜県一部・加茂郡 愛知県一部 三重県 滋賀県一部 *たのくろまめ 茨城県稲敷郡 東京都一部 *たまめ 静岡県一部 滋賀県一部 *たるまめ 京都府一部 *たんぼまめ 石川県一部 *ちゃまめ 富山県一部 滋賀県一部 *ちょっちゃん 長崎県五島 *でずまめ 宮崎県児湯郡 *てっぽーまめ 岐阜県一部 *でつまめ 鹿児島県姶良郡 *どーかまめ 大阪府一部 *どーふまーみ 沖縄県中頭郡・首里 *どーふまみ 鹿児島県喜界島・与論島 沖縄県島尻郡・八重山 *どーふまみー 鹿児島県喜界島 *どーふまめ 北海道一部 香川県 長崎県一部 大分県一部 宮崎県一部 *どーぷまんみ 沖縄県国頭郡 *とまと 三重県志摩郡 *なつまめ 千葉県一部 静岡県一部 愛知県一部 三重県志摩郡 *なつめ 山梨県南巨摩郡 *にぞなり 奈良県宇智郡 *にまめ 島根県出雲市 *はたまめ(田の畔(あぜ)によく植えられるところから) 岐阜県一部 滋賀県一部 *ぶんまみー 鹿児島県喜界島 *ぼんじろ・ぼんしゅろ 山梨県一部 *ほんまめ 三重県一部 *まーうちまみ 沖縄県竹富島 *まーみ 鹿児島県与論島 沖縄県首里 *まだいず 岡山県一部 *まみ 新潟県佐渡 *まめ 秋田県 群馬県多野郡 神奈川県津久井郡 富山県東礪波郡 *まるまめ 岐阜県一部 香川県小豆島 *みずくぐり 滋賀県一部 *みそまめ 北海道一部 青森県一部 宮城県一部 秋田県一部 山形県一部 福島県 群馬県一部 東京都一部 神奈川県一部 富山県一部 石川県一部 福井県一部 山梨県一部 長野県一部 岐阜県一部 静岡県川根 三重県一部 滋賀県一部 京都府一部 兵庫県一部 奈良県 岡山市 香川県一部 大分県一部 *みとまめ 石川県一部 *やけしらず 山梨県一部 *やままめ 山形県一部

たいせつ【大切】 *いたみった 秋田県鹿角郡 *いためた 秋田県平鹿郡「此のいためた品を拝借して」 *ちそーほんそー 山口県豊浦郡 *なんとも 埼玉県秩父郡「なんともに大切にする」「なんともの一人息子」

→だいじ(大事)

□にする *おーぼる 徳島県 香川県香川郡「子をあんまりおうぼるけん、役に立たんようになる」 *だいじにかける 富山県砺波 大阪府泉北郡 *たしなむ(ものを大切にする。節約する) 茨城県稲敷郡 岐阜県郡上郡「まーさと(砂糖)がちーとしかないでたしなんで使えよ」・恵那郡 高知県幡多郡 福岡市「玩具をたしなむ」 長崎県対馬「たしなんで食べる」 *ちょんちょめかす(人を大切にする。ちやほやする) 青森県津軽 *ほけをしかける(ものを大切にする。いとおしむ) 徳島県 *ほけしかける(ものを大切にする。いとおしむ) 香川県 *ほけしをかける(ものを大切にする。いとおしむ) 徳島県板野郡 *めげがる・めがる 岩手県九戸郡 *めごがる 青森県 岩手県九戸郡・気仙郡 秋田県由利郡「父さんは吾々を非常にめごがる」 山形県 福島県 新潟県 *めんけがる 秋田県南秋田郡・由利郡 *めんごがる 山形県 福島県東白川郡

たいそう【大層】 *わーぜー・あーぜー 鹿児島県揖宿郡 *あざい 鹿児島県種子島「わーん田ぁなー あざいな れきがたじゃよ(あなたの田はね、たいそうなでき方だよ)」・肝属郡「あざい立派じゃ」 *あっぜー 鹿児島県揖宿郡「あっぜー若ごなったが」 *あほー 山梨県「あほう甘い」 長野県・東筑摩郡「あほーに働いた」 岐阜県飛騨・郡上郡「あほうにおーめしよくやるけんど(大飯を食うけれど)」 静岡県志太郡・安倍郡「あほうに大きい」 *あまり 宮城県仙台市「あまりおいしく頂きしてござりす」 山形県・米沢市「あまりよかんべい」 *あらい 山形県庄内 *あんま 新潟県西蒲原郡 静岡県「あんまきれいだ」 *あんまり 宮城県仙台市 山形県 福島県相馬郡・東白川郡 新潟県岩船郡 *いかい 秋田県「えきゃかせだ(働いた)人だったて」 山形県米沢市「えがえくお世話になって」 福島県東白川郡 埼玉県北足立郡「いかいせわになった」 新潟県「えけぇ遅い」 長野県「いこ食べるな」 岐阜県可児郡「いかうお寒うございます」 愛知県豊橋市・名古屋市「いことろいことこくな」 三重県員弁郡「いこもうけたそうやな」 兵庫県淡路島 奈良県 和歌山県日高郡 岡山県苫田郡 愛媛県周桑郡・越智郡 福岡県 長崎県「いけー腹が立たう」 熊本県 *いさぎー 熊本県「この大根はいさぎーようでけたですな」 宮崎県西臼杵郡「わりゃーいさぎーむしぃくわれたもんぢゃのー」 *いじー 福岡県三井郡 熊本県 *いずい 島根県石見「いずい悪いが、今金のもち合せがない」「いずいこりゃー堅あ土じゃのう」 山口県阿武郡 *いすか 栃木県足利市・都賀 群馬県 埼玉県秩父郡・大里郡 長野県南佐久郡 静岡県「いすかにちごー」 *いずれ 高知県中村市「いづれえー靴こーたねや」・幡多郡 *いっさぎよか 福岡市「いっさぎよか元気のよい」 *いっぺー 沖縄県首里 *うーつころ・うんつころ・うんつこら 山形県「うーつころごしゃがれる(たくさんしかられる)」 *うすこら 岩手県岩手郡 *うっころ・うんつころ・うすころ 山形県「うづころ茸取れた」 *うすでこ 新潟県三島郡 *うすでこー 新潟県中部 *うつころ 山形県北村山郡 *うんちゃころ 山形県東村山郡・最上

郡「うんちゃころくたびれた」 *うんつくらい 宮城県石巻(卑語)・仙台市 *うんとくらい 宮城県仙台市「柿うんとくらいしょって、まず、どこさ運ぶんだか」 *えんないやー・えーよーに 佐賀県 *えじー 佐賀県 長崎県五島・北松浦郡(下等) 熊本県菊池郡・下益城郡 大分市 *えず 和歌山県那賀郡「えず遺憾に思ふ」・日高郡「えづ甘いな」 *えずい 和歌山県日高郡「えづい面白い話だった」 山口県阿武郡 *えずー 福岡県 佐賀県・神埼郡 *えすか 長野県上田・佐久「えすかにでかい」 *えら 栃木県南西部 群馬県邑楽郡「えら、むしにくわれた」 埼玉県北葛飾郡 奈良県吉野郡 *えらい 山形県西村山郡・最上郡「えらえ雪降ったな」 埼玉県秩父郡・大里郡 千葉県香取郡・山武郡 新潟県・佐渡 石川県珠洲郡 福井県丹生郡 山梨県北都留郡・南巨摩郡 長野県「えらいよく出来た」 岐阜県 愛知県 三重県 滋賀県「えらいすまんな」 京都市 大阪府 兵庫県南部「えらいおざっくでおます(たいへんお粗末でした。主人の終宴の挨拶)」 奈良県 和歌山県 鳥取県西部 島根県 岡山県 広島県 山口県阿武郡 徳島県 香川県 高知県 福岡県北九州市 熊本県 大分県別府市・大分郡 宮崎県 *えらいこと 岐阜県稲葉郡 三重県員弁郡 奈良県・吉野郡 島根県石見「えらいこと集まらんのー」 *えらいしこ 熊本県下益城郡 *えれこつ 宮崎県西臼杵郡「ほんやらえやら、えれこつもろーちぃありがとござりました」・東臼杵郡 *えろない 兵庫県加古郡「頭えろないに打った」 *えんつころ 山形県西村山郡 *えんにょー 島根県邑智郡 岡山県邑久郡 *えんよー 岡山県英田郡 *おーきなこと 和歌山県日高郡 愛媛県宇和島市 大分県 *おーさな 滋賀県彦根 *おーでー 長崎県南高来郡「おーでー 早死にでしたなーい」 *おーらい 和歌山県「おーらいなこしらへしてる(大がかりな支度をしている)」・那賀郡 兵庫県淡路島 *おきなこと 和歌山県那賀郡「おきなこと戴きました」・日高郡 *おっきゃん 島根県八束郡「おっきゃんお世話になりました」 *おっこー 長野県諏訪 愛媛県 *おっこと 岐阜県加茂郡 *おとましー 長野県南部「これはおとましい立派なものだ」「それはおとましい惨いことである」 *おもしに 三重県南牟婁郡 *がーい 愛媛県周桑郡 *がい 青森県三戸郡 岩手県盛岡市・上閉伊郡「がいなことはない(たいしたことはない)」 宮城県登米郡「がいにがいに」 山形県「あえづ、がえにあらえ(彼は並外れて強い)」 新潟県佐渡「がいをったれせう(お困りでしょう)」・東蒲原郡「そうがいに云うな」 富山県「病がだんだんがいになる」 静岡県「がいに生意気なことを云うな」 愛知県名古屋市「ことしゃ田んぼががいにようできて」 三重県「うれきゃ、がいなもんじゃにゃー(ほほう、たいしたもんだね)」 兵庫県但馬・淡路島 奈良県吉野郡 和歌山県「今夜はがいに暗いなあ」 鳥取県西伯郡 島根県「あんね、去年みたえね、がえね足らんやなことしても(たいそう不足するようなことをしても)」 岡山県苫田郡「がいに儲けてきんさったそうな」・児島郡 広島県 徳島県 香川県「あんたの答とうちの答えとがいにちがうのう」 愛媛県大三島・宇和島市「おっとろしゃ、和霊大祭のつきやい(闘牛)は、がいな人気じゃったぞよ」 高知県 大分県南海部郡・速見郡(「がいと」の形で) *がいぎ 三重県度会郡 *がいほー 愛媛県今治市「がいほーに」 *がう 長野県北安曇郡 *がぇー・ぎゃー 静岡県志太郡「がぇーにいばりゃーがる」「ぎゃーにお世話だー」 *がさ 京都府竹野郡「がさゃーこと儲けたそうな」 島根県石見「山い行くとがさに栗が落ちとる」「これはがさに大きい」 *かさだか 新潟県西頸城郡 富山県 *がしょー 群馬県山田郡 *がっかり 山形県「がっかりちがう」 *がっさい・がっしゃー 京都府竹野郡「がっしゃーおもしれーどいや」 *かっさり 山形県米沢市・東置賜郡「雪がかっさり消えた」 *がっさり 山形県米沢市「がっさり色あおぢだ」 富山県砺波 石川県金沢市「がっさり減った」・河北郡 *がなけ 静岡県 *がば 鹿児島県喜界島「にゃーがばでー(もうたくさんです)」 *がはく 宮城県仙台市 兵庫県淡路島 愛媛県伊予郡「筆一本が三〇銭って、なんとがはく高いじゃないか」 *がぶ 愛媛県魚島 *がぼ 愛媛県新居浜市 *がほー 島根県石見「今年はがほーに柿がなった」 *がらに 静岡県志太郡「がらにだばーけんな(あんまりふざけるな)」 *がわく 香川県・仲多度郡 *ぎゃい 香川県・丸亀市「この道はぎゃいにまわらんないかんきんな」 *ぐなつ 鹿児島県肝属郡 *ぐはぐ 茨城県猿島郡 群馬県吾妻郡・勢多郡 埼玉県北足立郡 千葉県東葛飾郡 *げ 青森県上北郡「げだ」 秋田県鹿角郡「あんまりげに」 *げぁ 青森県三戸郡「どうしたが、帰りぁげぁね遅い」 岩手県九戸郡「げえぁだ」 秋田県「あんまりげぁに喰ったのだよ」 *げぁえ・げあぇん 秋田県鹿角郡 *げぁん・げぁんげぁ 秋田県 *げー 青森県「げぇだ大き凧だなぁ」 山形県東田川郡「こどしあだりだば、げーねげしくで(今年などは、ずいぶんにぎやかにして)」・庄内 栃木県 群馬県吾妻郡 長野市 岐阜県大垣市 和歌山県東牟婁郡 愛媛県 *げーろ 大阪府南河内郡 *けしからん 山口県阿武郡 高知市「げに、けしからん御無沙汰をしました」 佐賀県東松浦郡 大分県北海部郡「けしからん良い天気」 *けしもからん 高知市(強調形)「まーけしもからん、わけの解らん云分じゃ」 *けっこと 福島県東白川郡「けっこど遅くなった」 *ごい 長野県上高井郡 *こー 大分県西国東郡 *ごー 三重県志摩郡「ごーおもひろい(おもしろい)」 福岡県・築上郡「ごーな(たくさん)つくーるもんなねー」 長崎県対馬「ごうに(たくさんに)」 *ごーえー 長野県北安曇郡 *ごーせ 島根県安濃郡・大田市「ごーせな雨が降り出いた」 *ごーせー 山梨県 長野県北安曇郡 *ごーそー 長野県上田・佐久 *ごーてー 埼玉県秩父郡 *こーと

ーげ 島根県大原郡「医者に診せるのもこーとーげなもんだけん見せん」・仁多郡 *こーとげ 兵庫県佐用郡　島根県 *ごーほ 福岡県久留米市・三瀦郡 *ごし 島根県 *ごせ 島根県安濃郡 *ごつ 島根県石見　広島県安芸　香川県 *ごつー 島根県石見「ごつーに人出がした」　香川県 *こっくと 福島県安積郡 *ごつげ 香川県「ごつげにえらそうにいう」 *こったい 新潟県「こったいいい万年筆だのう」 *こったいこと 新潟県長岡市「こつたいことおつかない夢見たれや」 *ごって 島根県益田市「ごってさびしいのう」・隠岐島「ごってくらわす(ひどくなぐりつける)」 *ごってー 新潟県中越 *ごっぽ 島根県安濃郡 *ごっぽー 島根県石見「ごっぽーすてきに」「この絵はごっぽーえーのー」　山口県(中流以下)　福岡県小倉市「ごっぽー雨が降る」・企救郡　大分県宇佐郡「ごっぽーな」 *こどかに 島根県美濃郡・益田市「炭を炬燵にこどかにくべた」「見つかって巡査にこどかに叱られた」 *ことごとく 宮城県栗原郡「あの人は酒をことごとく好きだ」 *ごほー 大分県「豆がごほー出来ちょる」 *こまい 高知県幡多郡「こまいいたかっとー(たいへん痛かったよ)」 *こんてー(「根底」か) 長野県小県郡「こんてー好きだ」 *しかーとぅ 沖縄県与那国島 *しかいとぅ 沖縄県 *しかっとぅ 沖縄県小浜島 *しかとぅ 沖縄県石垣島 *しけーとぅ 沖縄県波照間島 *しっぱらく 島根県益田市「飯をしっぱらく食うて寝た」 *じほと 岩手県九戸郡 *しみしんじゅー 東京都大島「しみしんじゅう太い子だ」 *じょんぼー 香川県仲多度郡・三豊郡「じょんぼうつよい」 *じんど 島根県出雲「じんど難儀でこたえられにゃもう一ぺん注射してあげえけん(どうしても辛くてがまんできなかったら、もう一度注射してあげるから)」 *ずーんと 福岡県 *ずぎれ 群馬県吾妻郡 *すてきめっぽー 栃木県佐野市・塩谷郡 *ずでない 山形県庄内「づでなえ重いようだ」 *すてんこ 香川県高松市 *すてんぽ 福井県「すてんぽに大きい」 *すてんぽー 福井県 *ずど 岡山県「あいつ、ずど好かん」 *ずどぼっこー 岡山県小田郡 *すばら 長野県上田「すばらに」・佐久 *すばらー 静岡県 *ずほと 岩手県中通・和賀郡「ずほど寒くなりました」 *すらば 長野県佐久「すらばに」 *ずんと 山形県米沢市・西村山郡「づんとえー気で」　栃木県河内郡　長野県東筑摩郡　島根県邑智郡　香川県三豊郡・小豆島　愛媛県 *ずんど 兵庫県佐用郡　岡山県小田郡　広島県高田郡「づんどえー(非常にいい)」　香川県・三豊郡・小豆島　愛媛県「ありゃずんどの馬鹿ぢゃきん(だから)」 *ずんどか 広島県賀茂郡「ずんどかきたなげな所(とこ)」 *ずんぼ・ずんぼー 香川県仲多度郡・三豊郡 *そーおーにゃ 熊本県菊池郡「あーたがえん猫は相応にゃあまるばい(あなたの家の猫はたいそうじゃれるねえ)」 *そーに 和歌山県「そーに威張ってる」　島根県那賀郡「一口叱ったら、そーに青筋を立ててねらみつけた」　山口県「赤痢がそーにはやっちょるげな」　熊本県 *そーにゃ 熊本県天草郡 *そーりゃ 大分県大分郡 *ぞーぶ 長野県南佐久郡 *ぞんば 香川県三豊郡 *だーてぃ 沖縄県竹富島 *たいーて 佐賀県佐賀郡「おどんも(わたしたちも)ほって(それで)たいーてしょったばってんが(たいそう働いていましたが)」 *たいがい 和歌山県「たいがいよまい(愚痴)云うてる」　広島県佐伯郡「たえがえあつー(暑い)ありまひょー」　山口県屋代島　徳島県海部郡「今日はたいがいさむい」　香川県三豊郡　愛媛県北宇和郡・周桑郡「あんたも、姉はんになごー　ねられて、たいがい　お困りじゃったろのもし」　高知県幡多郡　福岡県北九州市「若い時からたいがい使うた身体でござすばい」・嘉穂郡「私をたいがー可愛がっちょるき」　大分県「てーげー面白かった」 *たいぎゃ 熊本県菊池郡「たいぎゃにゃひでぇこつば(ことを)したぞ」・玉名郡 *たいげ 大分県大分郡・大分市 *たいさい 富山県・婦負郡 *たいした 北海道美唄市「てぁすた　暗ぐ　なっつまったす」・松前郡　青森県南津軽郡「あきー(秋は)　たいした　紅葉して　えんだてねし(いいそうですね)」　岩手県気仙郡　宮城県栗原郡「大したきれいだ」　秋田県南秋田郡・秋田市　福島県相馬郡　新潟県岩船郡「こやしもまたその代りたいしたしねばねえもの(肥料もまたその代わりたくさんやらなければなりませんしねえ)」　島根県大原郡 *たいちゃ 高知県高知市「お前さんにゃたいちゃ御世話になったがのーし」・幡多郡 *たいて 高知県「人も四十年逢はんとたいて変るもんぢゃよ」　福岡県築上郡「たいておとろしかったろー(とっても恐ろしかったでしょう)」　佐賀県東松浦郡　長崎県南高来郡 *たいてー 高知県幡多郡「たいていおまえらにも(ひとかたならず、あなたたちにも)あのーしんぱいひてひろーてのー(心配をしてもらってねえ)」　大分県大分郡 *たいな 福島県河沼郡「たいなまじだいら様ど、その懇意になって(たいへん松平様と、その、懇意になって)」 *だいに 岩手県和賀郡　山形県鶴岡市　岐阜県郡上郡　静岡県「だいに骨が折れる」　京都府　岡山県 *だいの 長崎県対馬「私はあれがだいの好きぢゃ」 *たいほー 島根県益田市・邑智郡「たいほーに立派な家だ」 *だいめー 大分県宇佐郡・西国東郡 *たいめん 大分県西国東郡 *だいめん 島根県石見「だいめん水が出て、岸を越えそうな」　大分県西国東郡・宇佐郡 *たかで・たかー 高知県「たかーひどい目に逢わされた」「ゆんべらたかで御馳走なっち、おーきに」 *たがい 静岡県 *だっせ 島根県石見「きょうはだっせに人が出た」 *だぼー 静岡県・志太郡 *たわいない 富山県婦負郡・砺波「たわいない立派な御膳持っとる」 *たわいもない 富山県・砺波「たわいもないでかい家や」 *たんげ 青森県津軽「こんだ、からだこぁ、たんがぇ、きつぐ(大儀に)なったね」 *たんさま 山口県「たんさま御無沙汰を致しました」「たんさま待ったけえどお出がなかったのう」 *だんだん 新潟県中頸城郡　富山県砺波「だんだんお世話になりました」 石川県石川郡「だんだんはやお力落しでございますのー」 島根県出雲・隠岐島「だんだん有難うごだえしてね」 高知県高岡郡「だんだんごねんがいりました(種々結構なものを頂戴しまして有難うございます)」 福岡市「だんだんにごねんのいりましてから(たいそうごていねいなことで)」 長崎県壱岐島「先日からーだんだんお世話様えなりました」 熊本県・下益城郡 大分県大分郡・直入郡 宮崎県西臼杵郡 沖縄県「だんだんぬ うとぅいむつぃ(たいそうなおもてなし)」 *ちゅーに 島根県石見「ちゅーに怒っとるけー、手も足も出されん」 山口県豊浦郡・阿武郡「ちうに六ケしくて」「ちうに長い」 *つーゆー 佐賀県「つーゆー急ぐな(あまり急ぐな)」 *つほど 岩手県中通「つほど寒くなりましたね」 *つよー 島根県那賀郡「つよーええ物ではないが」・鹿足郡 *てーげ 長崎県南高来郡「てーげにゃひどーむしーくわれた」 大分県大分市・大分郡 宮崎県日南市 *てーどー 愛媛県今治市 *でか 長野県佐久 *てがい 和歌山県西牟婁郡「てがいにある」・日高郡「お土産てがいにもらった」 *でかでかに 長野県佐久 *てげ 鹿児島県揖宿郡「てげ宜がろだい」・鹿児島郡 *てこ(形容詞「でかい」の連用形「でかく」の転) 岡山県和気郡 *でこ(形容詞「でかい」の連用形「でかく」の転) 新潟県「でこ都合がわるければやめやう」 長野県「でこでかい(たいそう大きい)」「でこしゃべる」 *でこー(形容詞「でかい」の連用形「でかく」の転) 新潟県 *でしこい 三重県志摩郡 *でっこー 新潟県中越 *でほーだい 岩手県 宮城県「でほうでえ賞品貰った」 長野県「でほーでーに寒い」 *でほーで 宮城県仙台市「でほーで儲けたったけね」 *でほだい 岩手県気仙郡「でほでぁ立派ななりをして」 宮城県石巻 *てろ 和歌山県日高郡 *どぅーどぅ 沖縄県首里「どぅーどぅ みずぃらしーむん(非常に珍しいもの)」・石垣島 *どぅっとぅ 沖縄県首里・石垣島 *どーだいこーだい 島根県出雲 *どーで

愛知県「どーでいい」 *どーと 島根県隠岐島 *とーない 大阪市「とおない御無沙汰してしまいまして」 兵庫県「とーない大きくなった」 和歌山県和歌山市「とーない寒い」・日高郡 香川県小豆島 *とーね 兵庫県加古郡「この頃はとおね暑い」 *どくらしー 島根県隠岐島「風がどくらし吹いた」「魚をどくらし捕った」 佐賀県「どくらしう」 熊本県八代郡「どくらしゅう」 *どしきょー 島根県大田市 *どすきょー・どすきょーもない 島根県邑智郡・邇摩郡「どすきょー子供を痛めた」「どすきょー網に魚がはいった」 *どすごえ 京都府 *どだい 石川県珠洲郡「どだいでかい蛇」「どだい上手なもんやった」 兵庫県加古郡「どだい分からんこと言うな」 奈良県南大和「どだい勉強せぬ」 島根県石見「出て行ったぎりどだい戻って来ん」 広島県佐伯郡「いま、ありゃしめーなー、どだい(今はありはしませんよ、まるで)」 高知県「どだいふとい」 大分県「其話はどでー聞かれぬ」「どだいわりー(悪い)」 *どだいくたい 岐阜県飛驒 *どだいごく 和歌山県和歌山市・有田郡 *どだいこだい 島根県石見「どだいこだいあいつの考えが違うとる」「どだいこだい物にならん」 岡山県 愛媛県大三島 大分県 *どだいこと 岐阜県郡上郡「どだいことだちかん(てんでだめさ)」 *どだいしく 和歌山県有田郡「どだいしくお話にならぬ」 *どだいもく 三重県北牟婁郡 和歌山県有田郡 *どちけむない 大分県宇佐郡 *どっきょー 島根県益田市「どっきょー雨が降った」・邑智郡 *とつけむない 福岡市「あたきがお玉のとこい行くことば、とつけむない嫌ふとるとぢゃもんなぁ」「近頃ぁとつけむない御無沙汰しとりました」 熊本県玉名郡「とつけむなか」 大分県西国東郡・日田郡 *とつけもない 福岡市 *どっせ 島根県那賀郡「闇に牛い衝き当って、どっせなーひっくりかえった(たいそうびっくりした)」 *どっだい 三重県北牟婁郡「きょーだいとも、かほはひとみたいでも、こころぁどっだいおにみたいなもんじゃ」 *どでゃーもっこ・どでーさんぼー 新潟県佐渡 *どほーに 島根県鹿足郡「蕨をとほーに掘りよりました」 山口県阿武郡 長崎市「とほーに、さむーなったのー」 *どぼっこ 広島県 *とほんね 鹿児島県 *どんぷ 島根県美濃郡・益田市「よーず(凧)の糸が切れて、とんぷに遠くい行った」 *どんぶ 島根県石見 *なま 山梨県「なまに」 *なんさま 熊本県天草郡 *のふぞ 三重県度会郡 *ばかげ 新潟県「ばかげにうまく出来た」「ばかげにあッついねかの」 *ひょいきん 静岡県榛原郡 *ひょーきん 静岡県安倍郡「ひょーきんにたくさんある」・志太郡「ひょーきんにあるなー」 *ふつご 島根県出雲 *ふつごー 島根県出雲・隠岐島「今日はふつごーに寒い」 *へーくらへーとー 岡山県浅口郡 *へーたら 長野県諏訪 *へーと 岐阜県郡上郡「しごとがへーとできたな」 *へーとん 長崎県南高来郡「へーとん虫の食うた」 *へた 香川県三豊郡「寒いのに窓へた開けて」 *へたくさ 群馬県碓氷郡 *へたくた 香川県仲多度郡「へたくた食べた」 *へたこた・へたこと 香川県三豊郡 *へとこと 香川県仲多度郡 *へとろ 徳島県那賀郡・海部郡「雷ゃーへとろに鳴るし」 *へとろいき 徳島県三好郡 *ほーがい 山梨県甲府市 長野県諏訪・佐久 大分県東国東郡・速見郡 *ほーたら 山梨県南巨摩郡「酒をほーたら飲んだ」 愛媛県大三島 *ほーたり 愛媛県大三島「ほーたりあつい」 *ほーら 大分県「雪が降ってほーらさみー」 *ほが 島根県石見「この花はほがにきれーじゃ」 山口県玖珂郡「ほがな」 *ぼがー 島根県出雲「ぼがーに物がある」「ぼがーに酒を呑む」 *ほぎゃ 青森県上北郡 *ほてら 高知県幡多郡 *ほどこし(児童語) 高知県宿毛市 *ほんどら 香川県三豊郡・広島「ほんどら工合わるい」 *ほんどり 香川県「ほんどり遊んでしもた」「雨がほんどり降っりょる」 *まーことに 富山県東礪波郡「まーことにこわいことおうたもんじゃい」 *まくてー 佐賀県 熊本県玉名郡 *まこつ 宮崎

県日南市「今わまこつ昔とすっとだいぶんちごつ来たむんなー」・東臼杵郡 *まこつい 宮崎県東臼杵郡 *まこて 長崎県南高来郡「まこてきにょーけうのごたってもう三年にもなっとじゃろかい(本当に昨日のようだが、もう三年になりますかね)」 熊本県芦北郡・八代郡 宮崎県西臼杵郡 鹿児島県 *まこてー 熊本県天草郡 *まごでー 鹿児島県阿久根市「まごでー、芋ばっかいじゃっ」 *まこと 宮城県仙台市 石川県珠洲郡「まこと痛かったらあ少々の熱いのは辛抱する」 岐阜県飛騨「まこと厳しいぞ」 島根県美濃郡・益田市 広島県能美島「まこと暑うなりましたのう」 山口県阿武郡 愛媛県 *まことー 和歌山県東牟婁郡 *まことに 石川県鳳至郡 三重県一志郡「雨あ降ったんで、まことにきえたわよ(疲れたよ)」 長崎県対馬 熊本県天草郡 *まことにほんまに・まことにほにほに 和歌山県東牟婁郡「この子はまことにほんまに悪い子だ」 *まっこと 岐阜県大野郡・郡上郡「まっこと知らんわけでもない」 奈良県南部 和歌山県伊都郡・日高郡 徳島県三好郡「まっことあつい」 高知県・長岡郡・高知市 *むごい 山口県「むごいお気の毒なことぢゃ」 *むさくに 和歌山県東牟婁郡 *むさらく 三重県南牟婁郡 和歌山県南部「むさらく寒い」 *むそー 三重県志摩郡・北牟婁郡 和歌山県日高郡・西牟婁郡 *むそらく 和歌山県新宮 *むつーり 和歌山県東牟婁郡 *むっさや 和歌山県西牟婁郡 *むっさり 高知県土佐市 *むっしり 和歌山県日高郡「アメリカでむっしり儲けてきた」 *むっすら 高知県高岡郡「むっすら怒る」 *むっそ 三重県度会郡・南牟婁郡 *むっそー 三重県「むっそー疲れた」 和歌山県東牟婁郡・西牟婁郡 *めっそ 島根県八束郡 徳島県 香川県木田郡「めっそ体裁がわるい」 愛媛県 高知県幡多郡「めっそに涼しい」 *めっそー 山梨県南巨摩郡 長野県北安曇郡 静岡県「めっそーよい天気だ」 京都府北部 大阪市 和歌山市 島根県 岡山県苫田郡 徳島県美馬郡 愛媛県松山 高知県 大分県宇佐郡 *もーぞー 群馬県多野郡「仕事は考えなしにもーぞーしても駄目だ」 長野県 *もごい 島根県邑智郡「もごい御苦労をかけます」 *やがに 埼玉県秩父郡 *やさし 石川県鹿島郡 三重県員弁郡 *やさしー 静岡県「やさしいきれいだ」 *やっさし 三重県員弁郡「やっさし安いもんか」 *やな 長崎県対馬「やな久すかったん(だいぶ久しぶりだったが)」「やな立派な足じゃ」 *やにーこい 和歌山県東牟婁郡 *やにくさい 和歌山県「やにくさい持って来た」 *やにくそくさい 和歌山県東牟婁郡 *やにこい 和歌山県「雨やにこい降って来た」「やにこう寒い」 *やにこくさい 和歌山県西牟婁郡 *やにしゅい 和歌山県東牟婁郡「何とやにしゅい仕事やな」 *やね 和歌山県「やねやの(たいそうですね)」「やねやの(たいそうのもの)」 *やねーこい・やねこい・やねまい 和歌山県東牟婁郡 *やむど 兵庫県淡路島 *やんくそたさい 和歌山県東牟婁郡 *やんげん 熊本県球磨郡 *やんご 愛媛県周桑郡・伊予郡 *やんざ 兵庫県淡路島「こんな事はやんざに有る事ではない」 愛媛県 *やんし 香川県 愛媛県・周桑郡 山口県大島 香川県 愛媛県 *やんしん 香川県仲多度郡 *やんずか 長崎県対馬 *やんた 高知県 *やんだ 兵庫県淡路島 和歌山県「やんだにする」 徳島県「この木はやんだ大きうにならん」 香川県 愛媛県 高知県「間違いがやんだあるのー」 *やんだむしょー 和歌山県 *ゆかい 沖縄県首里「ゆかいはたらち(相当な働き)」 *よんのー 千葉県安房郡 *らっかい 神奈川県・横浜市 静岡県「らっかい持って来た」 愛媛県 *らっきゃー 静岡県「雨がらっきゃー降る」 *ろーじき 鳥取県日野郡 島根県「ろーじきなこと貰った」 *ろーちき 島根県「ろーちき人が集まった」 *ろーつき 島根県安濃郡 *ろーつぎろーつぎ・ろーもろーつき・ろもろーつき 島根県出雲 *わざい・わーざい 鹿児島県種子島「わざい強かった」「わーざいふてーもん(大きなもの)じゃった」 *わざわい 鹿児島県種子島 *わぜ 鹿児島県 *わぜー 鹿児島県屋久島・姶良郡・徳之島 *わぜーが 鹿児島県揖宿郡「よぞー わぜーが したたいばなー(養生をずいぶんしたのですけれどもね)」 *わっぜー 鹿児島県肝属郡・揖宿郡 *わっぜーか 鹿児島県姶良郡 *わらわえ・わらわ 鹿児島県屋久島「わらわえ えー事 してくやったが(くださったが)」「わらわ はめつけじゃーけあねー(たいそう精が出ますね)」

たいだ【怠惰】

↓たいへん(大変)・とても(迚)

*おーへー 栃木県 *おへ 山形県北村山郡 *おへもん 長崎県五島 *けーたれ 千葉県長生郡 *ざまく 島根県那賀郡 *じちなし 東京都大島 *じら 石川県江沼郡 *ずすなし 東京都三宅島・御蔵島 *ずつなし 千葉県安房郡 東京都島嶼 神奈川県 静岡県賀茂郡・田方郡 *ずつなしもの 東京都新島・大島 *ずとれ 宮崎県「あん息子はづとれぢゃ」 *すら 長崎市「すらやる(なまける)」 *ずんた 兵庫県明石郡「ずんたかましとりまして(おうちゃくして居りまして)、すんまへん」「昨日はずんたしとりまして」 *そら 愛媛県怒和島 *だじゃく 宮城県栗原郡「あいつぁだじゃくだ」 秋田県鹿角郡 *だらず 島根県石見「掃除の時だらずをする」「炬燵にあたってばっかしおってだらずをこくな」「だらず風をするな」 岡山県苫田郡 *だらずげ 島根県石見「だらずげな風をするな」 *だんだ 香川県高松市 *どーくさり・どくさり 新潟県佐渡 *どーずり 新潟県 長野県上高井郡 *どんじゃり 山形県西置賜郡 *なまか 岐阜県飛騨 愛媛県 *なまかー 静岡県・磐田郡 愛媛県周桑郡 *なまかわ 岐阜県「なまかわする」「暑いとからだがなまかわじゃ」 愛知県「お前はなまかわでいかん」 三重県志摩郡・員弁郡 滋賀県彦根 愛媛県 *なまくた 千葉県長柄郡 *なまくら 栃木県那須郡 富山県「なまくらこく」 石川県 岐阜県北

飛驒　長野県上高井郡　愛知県東春日井郡・碧海郡　三重県　兵庫県神戸市　奈良県　和歌山県有田郡「なまくらする(無精する)」　香川県　高知県幡多郡　長崎県佐世保市　大分県速見郡　*なまくれ 徳島県　*なまくろ 香川県綾歌郡　*なまっくら 新潟県上越　*なりあい 新潟県佐渡　長野県上伊那郡「身体がだるいでなりえーに仕事をする」　三重県　滋賀県甲賀郡　*なりゃー 新潟県佐渡「なりゃあにしておいたらさびた」　*にえたらくー 鳥取市　*にえたらかーず(煮えたら食おう) 静岡県榛原郡　*のべ 長野県諏訪「のべで働かない」・東筑摩郡　*のべくら・のべすけ 長野県東筑摩郡　*のべさく 長野県東筑摩郡・諏訪　*のべっかす 長野県諏訪　*のみすこき 新潟県北蒲原郡　*のみま 広島県高田郡　*のめし 群馬県　新潟県「のめしこく」「てまへこのごろいっこうのめしんなってぞうきんがけしないな」　長野県下水内郡　*のめしこき 福島県石川郡・西白河郡　新潟県　*ひーじりほー 千葉県安房郡　*ひきたれ 岡山県川上郡・小田郡　広島県比婆郡　愛媛県　*ひきたれもの 広島県三次市・双三郡　*ふくずるもん 新潟県三島郡　*ふゆ 熊本県玉名郡　鹿児島県「ふゆをする(無精をする)」　沖縄県石垣島「ふゆさ(怠惰なこと)」　*ふゆー 大分県「ふゆーな人(無精者)」　沖縄県首里・石垣島　*ふよー 山口県「ふよーな者は使いにくうてしょうがない」「ふよーする(怠ける)」

↓なまける（怠）・ぶしょう（無精）

□だ　*ずくがない 山梨県　長野県諏訪　新潟県佐渡　*ずくない 新潟県上越市　*ずるい 岩手県胆沢郡「ずるいやつ(なまけ者)」　山形県米沢市　東京都八王子　新潟県佐渡　山梨県南巨摩郡　長野県佐久　京都府　兵庫県加古郡　島根県「あの職人はずるい」「あいつはずりーけん仕事は頼まれん」　岡山市　広島県高田郡　山口県豊浦郡　*ずるくたい 三重県伊賀　*ずるっこい 長野県佐久　*だすい・だずい 長野県南安曇郡　*だすこい 愛媛県周桑郡　*ちものくさい 広島県賀茂郡　*どーぐにならぬ 新潟県南蒲原郡　*なまずけない 滋賀県　*ひよなか 長崎市　*ふいか 熊本県玉名郡　*ふゆーか 佐賀県　*ふゆか 熊本県　*ふゆさーん 沖縄県石垣島

□な人　*うっぽそー 長崎県北松浦郡　*おーへー 栃木県　*おへ 山形県北村山郡　*おへもん 長崎県五島　*けーたれもの 千葉県　*しどら 富山県　*ずとれ 宮崎県「あん息子はづとれぢゃ」　*ずらこき 福島県相馬郡　大分市　*ずらもの 福島県相馬郡　*ずりん 宮崎県東諸県郡　*ずりんぼ 大分県大分郡　*するっぱ 宮崎県西諸県郡　鹿児島県　*ずるんぼ 宮崎市　*すろっぱ 鹿児島県曾於郡　*そらっつかい 静岡県庵原郡　*ちものくさ 三重県志摩郡　*ちもんくさし 三重県南牟婁郡　*ちゃらんぷらん 静岡県　*ちゅーはんもん 大分市　*なまくた 千葉県長柄郡　*なまくら 栃木県那須郡　富山県「なまくらこく」　石川県　岐阜県北飛驒　長野県上高井郡　愛知県東春日井郡・碧海郡　三重県　兵庫県神戸市　奈良県　和歌山県有田郡「なまくらする(無精する)」　香川県　高知県幡多郡　長崎県佐世保市　大分県速見郡　*なまくれ 徳島県　*なまくろ 香川県綾歌郡　*なまっくら 新潟県上越　*ぬくだれ(怠惰な女性。無精な女) 大分県宇佐郡　*のさくさ 茨城県猿島郡　*のたくた 宮城県仙台市　*ひーじりほー 千葉県安房郡　*ひきたれ 岡山県川上郡・小田郡　広島県比婆郡　愛媛県　*ひきたれもの 広島県三次市・双三郡　*ふくずるもん 新潟県三島郡　*ぶらつき 秋田県山本郡・平鹿郡　*ぶらぞー 福岡県粕屋郡　*ぶらぱげ・ぶらぱけ 宮城県仙台市　山形県西置賜郡　*ぶらぱげもの 宮城県仙台市　*ぶらぼー 大分県　*ぶらんぼー 宮崎県西臼杵郡　*ぼんくら 石川県江沼郡　*やくざ 石川県江沼郡　三重県志摩郡　大阪府泉北郡　*やくだもん 三重県上野市　兵庫県赤穂郡　*やふむぬ 沖縄県竹富島　*よこずち 宮崎県日向

↓なまけもの（怠者）

だいたい【大体】　*あら 兵庫県加古郡「そいであら分かった」　*あらあら 山形県東村山郡「あらあらきまっているのだべ」　沖縄県首里　*いーからかん 長野県小県郡　*いーかん 長野県東筑摩郡　*いーくる 沖縄県「いーくるなとーん(大よそできている)」「いーくるあさ(たいていの所にある)」　*いっかん 長野県東筑摩郡　*うーず 山形県東田川郡　*えーかん 新潟県三島郡　長野県東筑摩郡　*えーくれ 岡山県児島郡「えーくれ混ぜて入れとってえ」　*えーころはちべー(目算。見当) 山口県　*えくはえ・えくはえかげん 山形県最上郡・西置賜郡「えくはえ来る頃だ」　*えっからかん・えっかん 長野県東筑摩郡　*えっくりてんげ 山形県飽海郡　*えんけん 栃木県(見た目。目測をも言う)「杉や檜もえんけん(目測)で売る」　神奈川県藤沢市　新潟県上越市(見た目。目測をも言う)　*おーあらまし 新潟県上越市　島根県「おーあらまし出来た」　*おーいき 山口県玖珂郡「稲の穂がおーいき出揃った」　*おーげき 島根県邑智郡「おーげきこれで一仕事すんだ」　*おーず 山形県「おおづぁ、わがる(分かる)」「おおづで、ええ(よい)」　山梨県南巨摩郡「まあおーずこんなもんだ」　*おーずっこ 島根県邑智郡　*おーだたい 鳥取県東部「おおだたい間違ってをる」　島根県出雲　香川県仲多度郡　愛媛県・大三島　高知県長岡郡　*おーだったい 島根県邑智郡「おーだったえ仕事がすんだ」　*おーちごー 岩手県九戸郡　*おーね 山形県東置賜郡　福島県安達郡・岩瀬郡　群馬県邑楽郡　長野県　鳥取県東部「おおね　どうしたといふのだ」　島根県　広島県　山口県防府　徳島県「おおねが虫がすかん」　愛媛県・大三島　高知県幡多郡　大分県　*おーねー 長野県佐久「おーねーうそこくがわりー」　*おーへん 栃木県安蘇郡「長さはおーへんこの

位だ」 群馬県佐波郡 *おーぼ 兵庫県加古郡 *おーぼー 徳島県「おーぼーは判っとる」 *おーまか 島根県「そげなおーまかを言っては分らん」「おーまか仕事が片付いた」 *おっつまり 福島県北会津郡「おっつまり計れ」 *おっつもり 岩手県気仙郡 茨城県真壁郡 *おっとり 新潟県・西蒲原郡 京都府竹野郡 大阪府大阪市・泉北郡 兵庫県淡路島「年頃というたら、おっとり三十かのお」 奈良県南大和 和歌山県伊都郡・那賀郡 島根県 岡山県 *おね 長野県更級郡・上田 *おぶ 高知県土佐郡 *おも 高知市「仕立物のおもはすみましたが、未だくけるところが残って居ます」 *こたいがい 新潟県「こたいがいに」 新潟県佐渡「こてーげーのことでは泣かん子だ」 *こたぇーげ 新潟県下越 *こったいがい・こで 山形県米沢市「仕事もこれでこったえがえだ」 *こでら 山形県米沢市「こでら一升もある」 新潟県東蒲原郡・中頸城郡 *ざっとこせ 香川県小豆島「ざっとこせでけた」 *ざっぺらっ・ざっぱらっ 鹿児島県鹿児島郡 *ざんじ 島根県鹿足郡「ざんじ片付けた」 *そーべつ 静岡県志太郡 島根県石見・隠岐島「そーべつにこの頃の天気は悪い」 *たーいぎゃぶん 長崎県西彼杵郡 *たいこー 兵庫県淡路島「一攫でたいこおなんぼ位攫めると思う」 徳島県 *ちょーろ・ちょろ 岐阜県飛驒 *とぼー 愛媛県西宇和郡 *なから 岩手県気仙郡「なから一里はある」 秋田県鹿角郡 茨城県猿島郡 栃木県 群馬県「なからできたと思ったらこわされた」 埼玉県秩父郡 新潟県中頸城郡 長野県 *なまら 神奈川県愛甲郡「あと一月ぐれーはなまらあんべーよ」 新潟県「なまら五合」・三島郡 香川県仲多度郡「なまら十日ほどしてから」 愛媛県「なまらわかった」 *のっそ 愛媛県北宇和郡 高知市「この小魚はのっそでなんぼぞよ」 *ぶっかじり 千葉県香取郡 *よー 島根県隠岐島「よー一里はある」 ↓あらまし・おおよそ（凡）・およそ（凡）・たいりゃく（大略）

だいたん【大胆】 *うーばんがい 長崎県上五島 *うふきむ 沖縄県石垣島 *おーど 石川県 岐阜県飛驒 島根県 香川県三豊郡・小豆島 愛媛県 *おーどー 京都府竹野郡「お前はもう決してぁんなおーどーせんがええで」 島根県 岡山県苫田郡・児島郡 広島県芦品郡・高田郡 愛媛県松山「『あんな高い処から跳び込だの』『本当におーどーぢゃ』」・宇和島市 佐賀県 大分県中部 *おーはく 島根県石見「あの男はおーはくな所がある」 *おーばん 京都府竹野郡「まあ、あんなことをおーばんで言うとんなる」 長崎県五島「おーばんげな」 *おーばんがい 長崎県北松浦郡・五島 *おーむし 千葉県夷隅郡「お前は少しおーむしすぎる」 *おどー 高知県幡多郡 *おどばす 愛媛県 *おばく 秋田県鹿角郡「おばくだ野郎だ(おうちゃくな野郎だ)」 *おばん 長崎県五島 *おんばく 石川県鳳至郡 福岡市 *がつ・かわ 石川県珠洲郡 *かわばち 山口県玖珂郡 *げんき 兵庫県赤穂郡「げんきもん(大胆な人)」 *ごまぎも 鳥取県因幡 *すてぎも 鳥取県東伯郡 *すぼっこ 香川県伊吹島 *ずんばく 鳥取県東部 *のふー 広島県高田郡 *のふーぞー 兵庫県赤穂郡 岡山県苫田郡 *のふーど 山口県 *のふぞー 和歌山県海草郡・西牟婁郡「のふぞうな子供だ」 *のふどー 三重県北牟婁郡「あいっつぁーよっぽどのふどーなやろ(あいつはよほどずぶとい野郎だよ)」 *むくしょ・もくしょかす・もくしょかすげ 富山県砺波 *もくしょ 富山県 *もくしょー 富山県婦負郡「もくしょうな」 □だ *あんぽくさー 愛媛県大三島 *おぶとい 徳島県阿波郡 *おもいなしー 岩手県気仙郡「おもいなしぃ奴だ」 *きがふとい 新潟県佐渡 *きもがいー 島根県「きもがえーけん、それぐらいなこたー何とも思っちょらん」 *きもがたい 島根県隠岐島「きもがたい人だけん何処えでも行く」 *きもふとい 大分県北海部郡 *きもぶとい 大分県 *ずない 長野県 *すねこい 岐阜県不破郡 兵庫県淡路島 *どえんけ 岐阜県土岐郡 *はばい 三重県度会郡 和歌山県新宮 *はばくたい 三重県松阪市 *はばたい 三重県松阪市・北牟婁郡 *ふとい 千葉県 三重県宇治山田市 *むしがよい 福井県 □な人 *いじゃー 沖縄県首里 *おーだましー（心が大きく大胆な人）・おーだましもん 新潟県佐渡 *おーばんがい 長崎県五島 *おんばくもの 福岡市 *きもすけ 山口県長門 *ぎょーもん 長崎県五島 *ごーけ 岩手県九戸郡 *すぼっけもの 鹿児島県・鹿児島郡 *てっこーめろり（無思慮で大胆な者） 新潟県岩船郡 *ばかふとむん（無思慮で大胆な者） 鹿児島県肝属郡

だいどころ【台所】 *あがっと 三重県名賀郡 *あざーだな 鹿児島県種子島 *あれしめどこい 鹿児島県 *あれむんどこ 鹿児島県肝属郡 *あれもんどこい 鹿児島県肝属郡 *あれやしめどこい 鹿児島県 *いしば 熊本県八代郡 *いたば 岩手県気仙郡 石川県江沼郡 三重県上野市・名張市 広島県 山口県 *いたま 三重県名張市 *いたんま 熊本県下益城郡 *いどこ 秋田県北秋田郡・仙北郡 群馬県吾妻郡 *いまがしどぅぐる（「飯設けする所」の意） 沖縄県与那国島 *いわて 愛知県西加茂郡 *うしむとぅー 沖縄県首里 *うすむとぅ 鹿児島県与論島 *うち 徳島県美馬郡 *うちにゃー・うちねー 宮崎県西臼杵郡 *うっちゃ 京都府葛野郡 *おいえ 兵庫県加古郡 *おえ 石川県 京都府 *おーえ 静岡県 *おかそ 愛知県名古屋市「おかそで御飯をたべる」 *おかそば 愛知県海部郡 *おかまや 山梨県 *おくのま 香川県大川郡 *おしいり 岐阜県稲葉郡 *おすえ 山形県鶴岡市 *おだい（「御台所」の転） 茨城県東南部 千葉県 *おだや 茨城県稲敷郡・行方郡 千葉県 *おちま 三重県名張市 *おてま 東京都八丈島 *おでや 千葉県山武郡 *おなりば 三重県伊賀 *おま 福井県大

飯郡・遠敷郡 *おまい 福島県会津 *おまえ 福島県大沼郡 *かこや 香川県三豊郡 *かってどこ 三重県宇治山田市・度会郡 *かってば 長野県諏訪 静岡県川根 広島県芦品郡・高田郡 *かってんま 千葉県 *かまごや 長崎県諫早市 *かまじょ 香川県三豊郡 *かまど 新潟県・東蒲原郡 滋賀県愛知郡・彦根 *かまとこ 香川県 *かまどこ 香川県与島 *かまどころ 長崎県西彼杵郡 *かまなや 熊本県天草郡 *かまのくち 和歌山県東牟婁郡「かまのくちでさわぐな」 *かまば 宮城県栗原郡 千葉県長生郡 広島県大崎下島 山口県見島 徳島県三好郡 香川県 高知県幡多郡 *かまべや 兵庫県加古郡 *かまもと 大阪府泉北郡 和歌山県 *かまや 埼玉県入間郡 東京都三宅島 山梨県 愛知県北設楽郡 兵庫県淡路島 徳島県 香川県 愛媛県 高知県・土佐郡 長崎県北松浦郡・南高来郡 熊本県 大分県 宮崎県西臼杵郡 鹿児島県宝島・黒島 *かまやど 兵庫県淡路島 *かまんもと 熊本県下益城郡 *かみど 三重県伊賀 *きたおい(土間に接した北の間の意か) 愛知県宝飯郡 *きたざ 愛知県 香川県・大川郡 *きただ 愛知県 *きたま 愛知県知多郡 *くど 香川県小豆島 *くまいぐち 福島県耶麻郡 *けどもと 東京都大島 静岡県 *こーまい 石川県羽咋郡・河北郡 *こざ 埼玉県 東京都 神奈川県 香川県三豊郡・仲多度郡 *こしもと 長野県 *ごぜんば 富山県 *こっくば(「こっく」は英語の cook からか。または「こく(穀)」からか(八丈島三ツ根村方言集)) 東京都八丈島 *こま 青森県三戸郡 山梨県 *こまい 新潟県岩船郡 *ごんぜん 熊本県飽託郡 *ざしき 岐阜県郡上郡 *さまぐち 千葉県長生郡 *しぐら 東京都八丈島 *しころ 大分県 *したくば 徳島県三好郡 *したんど 福島県相馬郡 *しむ 鹿児島県喜界島 沖縄県首里 *しもい 岩手県南部・上閉伊郡 *しもむき 奈良県吉野郡 *しょたいば 徳島県 香川県 愛媛県 佐賀県唐津市 熊本県 大分県中部 *しょちゃーば 熊本県玉名郡 *しょちゃどころ 熊本県北部 *しょちゃば 熊本県 *しりどほ・しりゅふど 鹿児島県奄美大島 *すぃくぶー・すくぶー 沖縄県首里 *すいばん 新潟県南魚沼郡 *すえ 鹿児島県 *すがき 東京都八丈島 *せーじ 長野県上田 三重県志摩郡 奈良県吉野郡 *せーな 福島県会津 茨城県久慈郡 *せじば 香川県 *せせな 福島県中部・会津 新潟県 *せんじ 三重県 *せんじどこ 三重県度会郡・宇治山田市 *ぜんぶ 山形県東置賜郡・米沢市 *そのんくち 鹿児島県揖宿郡 *たうら 沖縄県新城島 *たきば 岩手県気仙郡 千葉県夷隅郡・安房郡 広島県佐伯郡・比婆郡 愛媛県南宇和郡 *たなず 千葉県安房 *たなぶと 滋賀県高島郡 *たなぼと 三重県度会郡 *たなまえ 宮城県本吉郡・栗原郡 秋田県鹿角郡 富山県・西礪波郡 *たなもと 新潟県佐渡 富山県西礪波郡 山梨県・南巨摩郡 長野県更級郡 三重県 京都府愛宕郡 兵庫県 岡山県 山口県玖珂郡 長崎県・対馬 大分県宇佐郡・速見郡 *たなんした 長崎県西彼杵郡 *たなんと 島根県出雲・隠岐島 *たぬもと 長崎県壱岐島 *たのまえ 富山県 *たのもと 静岡県 兵庫県 和歌山県新宮 岡山県津山 長崎県・北松浦郡(中流以下) 大分県宇佐郡・南海部郡 *たもと 静岡県 *たるもと(土間の奥にある板敷の台所) 東京都新島 *たんぐゎ・とんぐゎ 沖縄県中頭郡 *たんぐゎんやー 沖縄県島尻郡 *ちゃにんじゃ 熊本県天草郡 *ちゃのま 新潟県佐渡 富山県 香川県 高知県 *ちゅーま 愛知県知多郡 *ちょーだい 兵庫県 *っさ 鹿児島県喜界島 *でい 三重県三重郡 滋賀県蒲生郡 *でぃーじゅ 沖縄県国頭郡 *でーじゅ 沖縄県首里 *どいつ 群馬県碓氷郡 *とぅんが 沖縄県国頭郡・伊江島 *とぅんぐゎ 沖縄県国頭郡・首里 *とーゔば 沖縄県宮古島 *とーぐら 鹿児島県南西諸島 *とーら 沖縄県八重山 *とぐら 鹿児島県徳之島 *どごら 鹿児島県奄美大島 *どじ 宮崎県西臼杵郡 *どま 山梨県 *とんが 鹿児島県喜界島 *ないしょ 宮城県栗原郡 静岡県 徳島県 大分県 *ないしょー 愛媛県今治市・周桑郡 *ないしょーま 愛媛県東宇和郡・周桑郡 *なかい 島根県隠岐島 *なかえ 島根県石見・隠岐島 広島県高田郡 熊本県阿蘇郡 宮崎県児湯郡 *なかざ 沖縄県八重山 *ながし 山形県 福島県東白川郡 新潟県 富山県 長野県佐久 静岡県志太郡 三重県志摩郡 島根県隠岐島 愛媛県周桑郡・喜多郡 鹿児島県揖宿郡 *ながしば 熊本県菊池郡 *ながしまえ 福島県相馬郡 石川県 *ながしもと 福島県東白川郡 山梨県・南巨摩郡 長野県諏訪 奈良県吉野郡 熊本県 *なかま 新潟県西頸城郡 長野県北安曇郡 愛知県東春日井郡 京都府 香川県佐柳島 *なかや 香川県 *なじ 沖縄県波照間島 *なっしょ 熊本県下益城郡 *なっちょどこり 熊本県飽託郡 *なべざ 鳥取県岩美郡・気高郡 高知県幡多郡 *なべどころ 東京都三宅島 *なべや 徳島県三好郡 *にな 岐阜県郡上郡 *にやば 茨城県 *にわ 福島県 新潟県東蒲原郡 岐阜県大野郡・飛驒 愛媛県周桑郡・喜多郡 *にわのざ 大分県大野郡 *にわまわり 滋賀県彦根市 大阪市 *はしい 鹿児島県肝属郡・揖宿郡 *はしり 三重県伊賀 滋賀県滋賀郡 兵庫県佐用郡・神戸市 広島県江田島・比婆郡 熊本県球磨郡 *はしりば 愛媛県 *はしりまえ 福島県相馬郡 *はしりもと 京都府 兵庫県神戸 *ばば 島根県邇摩郡 *はんずじま・はんじゅじゅま 宮崎県西諸県郡 *はんば 山梨県南巨摩郡 *ひどこま 山口県大島 *ひらぎ 秋田県鹿角郡 *ひろしき 三重県 *ぼーじば 東京都八丈島 *ほせり 茨城県稲敷郡・北相馬郡 千葉県印旛郡 *ほそいり 茨城県稲敷郡 *まかねーどころ・まかねじょ 長崎県西彼杵郡 *ままくいば 香川県伊吹島 *ままくーどころ 熊本県阿蘇郡 *みじすきどろ 鹿児島県奄美大島 *みじゃ

岩手県和賀郡 *みずたな長野県更級郡 *みずや宮城県仙台市 新潟県 岐阜県飛騨 *みっつけーどころ熊本県芦北郡・八代郡 *みんざ山形県最上郡 *みんじゃ青森県津軽 新潟県佐渡・西頸城郡 富山県砺波 *みんじょー新潟県 *むぬにーやー沖縄県宮古島 *めしくいどころ熊本県鹿本郡 *めしくいば香川県 大分県北海部郡 *めしば静岡県 *めんじゃ富山県下新川郡 *ゆどの鹿児島県肝属郡 *ゆどん・いどん鹿児島県・肝属郡 *よこざ茨城県新治郡・稲敷郡 長野県伊那「よこざで飯を食べる」 *よこだ山口県玖珂郡 *よま岐阜県飛騨 香川県・伊吹島 高知県土佐郡 *りょーば島根県仁多郡 *わかた長野県佐久 *わて島根県

↓かって（勝手）①・すいじば（炊事場）・「ちょうり（調理）」の子見出し、「調理場」

□仕事 *あげまき新潟県佐渡 *あらいおけ静岡県志太郡「あらぇーおきょーしてーる」 *あれあつめ鹿児島県肝属郡 *あれやっめ鹿児島県鹿児島郡 *うなり島根県鹿足郡「うなりする」 *おなじ和歌山県伊都郡 *おなな滋賀県東浅井郡・坂田郡 *おなり三重県 滋賀県 奈良県「おなり婆さん雇はんならん」 鳥取県日野郡「おなりする」 島根県 *じょーしき鹿児島県喜界島 *しょーてー宮崎県西臼杵郡 *しょたい島根県八束郡 徳島県 香川県「しょたいする（炊事する）」 愛媛県 長崎県壱岐島 熊本県玉名郡 大分県 *しょちゃ熊本県玉名郡 *しょて宮崎県西臼杵郡・西諸県郡 *しょてーまわり長崎県壱岐島 *ぞーし山形県東田川郡 茨城県 千葉県香取郡 長野県上伊那郡 静岡県「ぞーしば（流し場）」 愛知県愛知郡 京都府竹野郡「ぞーしはいつもおかあさんがしてくれます」 香川県 愛媛県 *ぞーしち沖縄県首里 *ぞーしばん静岡県 *たなまい富山県東礪波郡「たなまいすまいてから行く」 *たなもと兵庫県加古郡・明石郡 奈良県南部「たなもとする」 *たのもと和歌山県「早うたのもとしてしまへよ」 *どーし山口県大島 *ながしまえ富山県砺波 *みずし大阪市

だいなし【台無】 *ささっぽさ群馬県館林「身代をささっぽさにした」 *ささふーさ宮崎県東諸県郡 *ささほーき高知県長岡郡 *ささほーさ山形県米沢市 群馬県邑楽郡 新潟県佐渡 長野県諏訪 静岡県「うちんなかーささほーさだに（家の中はたいへん乱雑ですよ）」 愛媛県「家は焼ける、子供は死ぬる、商業では失敗する、もーささほーさだ」 長崎県壱岐島「ささほーさぬ目えおーた（さんざんな目にあった）」 *ささほさ宮城県仙台市 山形県 福島県浜通 *ささらさいほー茨城県稲敷郡 *ささらぼーさ島根県隠岐島 *ささらほーさら福島県東白川郡 栃木県 群馬県勢多郡 埼玉県秩父郡・入間郡「うんともうけたってが（ということだが）たちまちささらほーさらにしちゃったそうだ」 山梨県 長野県 静岡県榛原郡「あそこも旦那が亡くなってからはささらほーさらだ」 岡山県御津郡 広島県高田郡 山口県豊浦郡 愛媛県周桑郡 *ささらほさら新潟県上越市 *ささらもさら島根県邑智郡 広島県高田郡 *さっさほーき福岡市 *さっさほーさ・さっささほさ山形県米沢市「さっさほさな目に合った」 *だりこっぱい新潟県 *だるこっぺー新潟県三島郡 *ちゃーふー新潟県西頸城郡 *なくさ新潟県西蒲原郡 *なしわへしわ長崎県対馬「寄合相談がなしわへしわになった」 *へちこ高知県「コートなしで俄雨に逢ていっちょーらいをへちこにした」 *へちゃくちゃ高知県・高知市 *らり山形県東置賜郡・西置賜郡 高知県「らりになる（だめになる）」 *らりくちゃ高知県 *らりさっかい山形県西置賜郡 *らりらんごく愛知県宝飯郡 *わい香川県「わいじゃ、忘れたんや」 *わえ大阪府泉北郡 和歌山県 *わえくそ大阪府泉北郡 和歌山県「そんなにしたらわえくそだ」 *わや北海道「わやにしてしまった」 青森県上北郡・津軽「家の中わやだ」 山形市 新潟県中頸城郡 福井県敦賀郡 岐阜県「そやーなやぼな事ゆーと、せっかくの話もわやじゃ」 愛知県「新しい服にこんなに泥をつけてわやだな」 三重県 滋賀県蒲生郡 大阪市「さっぱりわやや（全然だめだ）」 兵庫県 奈良県 和歌山県 鳥取県 島根県「雨になってみなわやになった」 岡山県「大掃除でわやにしとる処（ところ）じゃ」 広島県倉橋島・高田郡 山口県 徳島県「今迄（いままで）の辛抱がわやになった」 香川県 愛媛県 高知県・高知市「下手に鏝（こて）をかけると髪がわやになる」 福岡県「わやになった」 長崎県 熊本県玉名郡 大分県 *わやく（「おうわく（枉惑）」の転）富山県砺波 石川県金沢市 *わやくさ滋賀県神崎郡 *わやくそ福井県南条郡・大飯郡 岐阜県養老郡 滋賀県神崎郡 大阪府泉北郡 兵庫県 和歌山県 鳥取県 広島県高田郡 香川県 愛媛県 高知県 *わやくた福井県大飯郡 滋賀県彦根・神崎郡 兵庫県明石郡・神戸市 和歌山県 香川県三豊郡 高知県・高知市「犬が三疋（びき）で畠（はたけ）をわやくたにした」 *わやくちゃ富山県砺波 愛知県知多郡 滋賀県 京都市 大阪府大阪市「わやくちゃや」・泉北郡 兵庫県 奈良県「此本誰（だれ）かわやくちゃにしたか」 和歌山県「子供が御飯をつかんでわやくちゃにした」 鳥取県 島根県 岡山県児島郡 広島県高田郡 徳島県 香川県 愛媛県松山 高知県・高知市 福岡市 *わやてこ和歌山市 徳島県・美馬郡 *わやんど香川県三豊郡

たいひ【堆肥】 *あけつごえ新潟県 *あらごえ香川県・小豆島 愛媛県 *かじぐぇー沖縄県首里 *かるごえ（「軽肥」か「刈肥」か）愛媛県大洲市・上浮穴郡 *きりごえ愛媛県 *くまし三重県名賀郡・阿山郡 兵庫県加古郡「くまし小屋」 奈

良県 岡山県苫田郡 *くもし 岡山市 *くもしごえ 三重県伊賀 広島県深安郡・福山市 *けー 栃木県塩谷郡 *げす 静岡県 *こえ 岩手県気仙郡 埼玉県秩父郡 奈良県吉野郡 *こごえ 静岡県田方郡 愛媛県宇和島市 *こまごい 香川県 *ざごい 群馬県勢多郡 *しきくさ 岐阜県飛騨「しきくさを入れた後、鍬でうつ」 *しょーばん・しょばん 鹿児島県肝属郡 *すしくさ 奈良県吉野郡 *すしごえ 奈良県南大和 *だいど 石川県羽咋郡 *たてごえ 島根県能義郡 香川県仲多度郡 愛媛県 *たとみごえ 広島県高田郡 *ちりぐゎい 沖縄県石垣島 *つくて 埼玉県入間郡 東京都八王子 神奈川県 *つくりごえ 熊本県玉名郡 *つちげーだ(牛馬の糞(ふん)を積み上げたもの) 岡山市 *つちごえ 岡山市 愛媛県 *つぶて 山梨県中巨摩郡・北巨摩郡 *つみげ 栃木県安蘇郡 *つんごえ 島根県出雲市 鹿児島県 *でごえ 茨城県 *どい・どーい 神奈川県三浦郡 *どさ 山口県豊浦郡 *どひー 神奈川県足柄下郡・三浦郡 *ねかしごえ 静岡県川根 *ねせこ 島根県石見 *ねせごえ 山形県東置賜郡・北村山郡 新潟県中頸城郡 島根県 *ばらけ 兵庫県淡路島「ばらけふる(堆肥を施す)」 *ひど 香川県大川郡 *ふりごえ 香川県大川郡 *ぼろ 京都府 *まくり 神奈川県津久井郡 *むしごえ 新潟県佐渡 *めかし 石川県珠洲郡 *もしごえ・もしごやし 富山県砺波 *わらぐろ 岡山県御津郡

→こえ(肥)

たいふう【台風】 *いしおこし・うかぜうじんまき(強烈な台風) 鹿児島県肝属郡 *うーかじ 沖縄県首里・石垣島 *うかぜ 鹿児島県肝属郡 *うかぜしまっ(強烈な台風) 宮崎県西諸県郡 *うぶかじ 沖縄県与那国島 *おちかぜ 三重県度会郡

たいへん【大変】 *あぜー 鹿児島県鹿児島郡 *あっじょ 兵庫県加古郡 *あっぜ 鹿児島県姶良郡 *あほー 山梨県「あほう甘い」 長野県・東筑摩郡「あほーに働いた」 岐阜県飛騨・郡上郡「あほうにおーめしよくやるけんど(大飯を食うけれど)」 静岡県志太郡・安倍郡「あほうに大きい」 *あらい 山形県庄内 *あんごー 岡山県児島郡 *あんじょ 兵庫県加古郡 奈良県南大和 香川県小豆島・豊島「こないだのしけで、ごまをあんじょとやられてしもたわいな」 *あんじょー 香川県 *いかいこ・いきゃしこ 長崎県南高来郡 *いかいこつ 長崎県壱岐島・対馬 熊本県「池ん魚ばいきやあこつおっとられた」 *いかいこと 山形県 福島県会津 埼玉県秩父郡「いかいことお世話になりました」・入間郡 千葉県香取郡 新潟県 福井県 岐阜県 愛知県 三重県伊勢・南牟婁郡 兵庫県淡路島 奈良県・宇陀郡 和歌山県「桃をいかいこと呉れた」 岡山県 山口県豊浦郡 福岡県企救郡 *いかさま 徳島県「あの人はいかさまみょーな人じゃ」「いかさまむつかしいことになった」 香川県「お前はいかさま馬鹿だ」「はよもどれ言うとったのにいかさま遅いのう」 *いきゃーしこ 熊本県 *いけーしこ 福岡県三井郡・三潴郡 *いちくーうぇーくとぅ 沖縄県首里 *いっきょな 島根県能義郡「いっきょな者」 *えら 栃木県南西部 群馬県邑楽郡「えら、むしにくわれた」 埼玉県北葛飾郡 奈良県吉野郡 *えらい 山形県西村山郡・最上郡「えらえ雪降ったな」 埼玉県秩父郡・大里郡 千葉県香取郡・山武郡 新潟県・佐渡 石川県珠洲郡 福井県丹生郡 山梨県北都留郡・南巨摩郡 長野県「えらいよく出来た」 岐阜県 愛知県 三重県 滋賀県「えらいすまんな」 京都市 大阪府 兵庫県南部「えらいおざっくでおます(たいへんお粗末でした。主人の終宴の挨拶)」 奈良県 和歌山県 鳥取県西部 島根県 岡山県 広島県 山口県阿武郡 徳島県 香川県 高知県 福岡県北九州市 熊本県 大分県別府市・大分郡 宮崎県 *えろない 兵庫県加古郡「頭えろないに打った」 *おーいに 岐阜県揖斐郡 *おーか 秋田県仙北郡 群馬県勢多郡「おうかさみいんで手がかじかんでしまう」 *おーき 山形県 和歌山県「おーきありがと」 *おーきに 岩手県気仙郡 山形県 福島県 栃木県上都賀郡・河内郡「それはおほきにさうだ」 千葉県夷隅郡「おーきに困る」 新潟県東蒲原郡「おーきに御無沙汰しました」 富山県砺波「おーきにお世話になりました」 長野県上伊那郡 滋賀県彦根「おーきにはばかりさん」 京都市 兵庫県城崎郡 奈良県吉野郡「いやおーきにどうも」 和歌山県 鳥取県岩美郡・気高郡 島根県「おーきにござんねんにおもいなさやんすことでごやんしょー」 香川県 愛媛県周桑郡・喜多郡「お友達はそれをきいておーきに笑ひました」 高知県幡多郡 長崎市 *おーきん 三重県鈴鹿郡 *おーく 群馬県佐波郡 *おーけ 香川県三豊郡 *おーけに 上方 島根県石見「おーけにそうじゃった」 山口県 香川県 *おーせんぎ 長野県諏訪「暮しぬくのも大せんぎだ」 *おーそれた 新潟県佐渡 岐阜県郡上郡 *おーばち 千葉県夷隅郡「おーばちに腹へったね」 *おーらい 和歌山県「おーらいなこしらへしてる(大がかりな支度をしている)」・那賀郡 兵庫県淡路島 *おきね 青森県津軽 *おっけに 京都府 大阪府 *おまく 香川県伊吹島 *がーい 愛媛県周桑郡 *がい 青森県三戸郡 岩手県盛岡市「あまりがいだ」・上閉伊郡「がいなことはない(たいしたことはない)」 宮城県登米郡「がいにがいに」 山形県「あえづ、がえにあらえ(彼は並外れて強い)」 新潟県佐渡「がいをったれせう(お困りでしょう)」・東蒲原郡「そうがいに云うな」 富山県「病がだんだんがいになる」 静岡県「がいに生意気なことを云うな」 愛知県名古屋市「ことしゃ田んぼががいにようできて」 三重県「うれきゃ、がいなもんじゃにゃー(ほほう、たいしたもんだね)」 兵庫県但馬・淡路島 奈良県吉野郡 和歌山県「今夜はがいに暗いなあ」 鳥取県西伯郡 島根県「あんね、去年みたえ

ね、がえね足らんやなことしても(たいそう不足するようなことをしても)」 岡山県苫田郡「がいに儲けてきんさったそうな」・児島郡 広島県 徳島県「がいに走れ(しっかり走れ)」 香川県「あんたの答とうちの答えとがいにちがうのう」 愛媛県大三島・宇和島市「おっとろしゃ、和霊大祭のつきやい(闘牛)は、がいな人気じゃったぞよ」 高知県 大分県南海部郡・速見郡(「がいと」の形で) ***がいほー** 愛媛県今治市「がいほーに」 ***がう** 長野県北安曇郡 ***がぇー・ぎゃー** 静岡県志太郡「がぇーにいばりゃーがる」「ぎゃーにお世話だー」 ***がしょーき** 群馬県山田郡・佐波郡 埼玉県大里郡 千葉県東葛飾郡「がしょうきに寒い」 ***がしょーぎ** 千葉県「がしょーぎに働く」 ***がじょーぎ** 千葉県 ***がしょき** 千葉県印旛郡 ***がしょぎ** 千葉県夷隅郡・長生郡 ***かす** 福井県 ***ぎゃい** 香川県・丸亀市「この道はぎゃいにまわらんないかんきんな」 ***げ** 青森県上北郡「げだ」 秋田県鹿角郡「あんまりげに」 ***げぁ** 青森県三戸郡「どうしたが、帰りぁげぁね遅い」 岩手県九戸郡「げえぁだ」 秋田県「あんまりげぁに喰ったのだよ」 ***げぁえ・げあぇん** 秋田県鹿角郡 ***げぁん・げぁんげぁ** 秋田県 ***げー** 青森県「げぇだ大き凧だなぁ」 山形県東田川郡「こどしあだりだば、げーねげしくで(今年などは、ずいぶんにぎやかにして)」・庄内 栃木県 群馬県吾妻郡 長野市 岐阜県大垣市 和歌山県東牟婁郡 愛媛県 ***けっこと** 福島県東白川郡「けっこど遅くなった」 ***ごーえ** 長野県下水内郡 ***ごーぎ** 群馬県吾妻郡 東京都利島 新潟県中越「ごーぎでっこになったのう(大きくなったなあ)」 福井県 山梨県 長野県下水内郡 愛知県八名郡「ごーぎな事をした」 三重県飯南郡「ごーぎにたたかれた」 滋賀県蒲生郡 島根県 広島県 山口県阿武郡・玖珂郡「稲がごーぎによう出来た」 愛媛県今治市 長崎県・東彼杵郡 宮崎県日向 ***ごーきー** 長崎県 ***ごーげ** 山形県庄内 島根県安濃郡 広島県佐伯郡 山口県阿武郡・防府「ごーげな」 香川県小豆島 愛媛県周桑郡・今治市「今日はごーげに寒い日だ」 ***ごーげー** 香川県・小豆島 ***こーだい** 秋田県雄勝郡「こーでぁ広い沼だ」 山形県「こおだえに立派だ」「こーだえなちがい」 新潟県中頸城郡 徳島県 愛媛県 ***こーでいっぺー** 山形県西田川郡 ***こーでたくさん** 山形県飽海郡 ***こくー** 島根県石見 山口県 ***ごげ** 島根県安濃郡「ごげに」 ***こと** 岩手県紫波郡「ことなことした」

宮城県石巻 ***こときー** 島根県美濃郡「これはこときーだのー」 ***こまい** 高知県幡多郡「こまいいたかっとー(たいへん痛かったよ)」 ***こんてー**(「根底」か) 長野県小県郡「こんてー好きだ」 ***さた** 青森県「わがぇからそうからだえぐなぇばさだだねし(若いうちからそんなに体が悪くては困ったものですね)」 ***じゃしき** 島根県美濃郡「今朝はじゃしき雪が降った」 ***ずご・すこ** 香川県「ずごある」「ずごおおきい」「すこあらい(ひどく乱暴だ)」 ***すごーぎもなく** 群馬県吾妻郡「すごうぎもなくたべた」 ***ずっくり** 福井県 ***すっと・ずっと** 香川県「すっとに」「彼はすっとの馬鹿だ」「すっとのろうらくもん(道楽者)での」「ずっとの」 ***すぽっこ** 岡山県苫田郡 ***すぽっこー** 奈良県南大和 岡山県 広島県・沼隈郡 ***せー** 広島県「おじさん、せーごむしんに(お願いに)きたんじゃがのー」 ***せっぱい** 秋田県鹿角郡「その衣物はおまへにせっぱい似合ふ」 高知県幡多郡 ***せぺぁ** 秋田県平鹿郡「せぺぁ世話になった」 ***たいした** 北海道美唄市「てぁすた 暗ぐ

なっつまったす」・松前郡 青森県南津軽郡「あきー(秋は) たいした 紅葉して えんだてねし(いいそうですね)」 岩手県気仙郡 宮城県栗原郡「大したきれいだ」 秋田県南秋田郡・秋田市 福島県相馬郡 新潟県岩船郡「こやしもまたその代りたいしたしねばねえもの(肥料もまたその代わりたくさんやらなければなりませんしねえ)」 島根県大原郡 ***たいも** 千葉県・上総 ***たんさま** 山口県「たんさま御無沙汰を致しました」「たんさま待ったけえどお出がなかったのう」 ***つほど** 岩手県中通「つほど寒くなりましたね」 ***でーぞろ** 和歌山市 ***てーどー** 愛媛県今治市 ***てーら** 兵庫県加古郡 ***てこ** 岡山県和気郡 ***でこ** 新潟県「でこ都合がわるければやめやう」 長野県「でこでかい(たいそう大きい)」「でこしゃべる」 ***でこー**(形容詞「でかい」の連用形「でかく」の転) 新潟県 ***でっこー** 新潟県中越 ***てんぷ** 三重県 大分県 ***てんぽ** 福井県「てんぽなものお、おもらいせんして、おーきにごせんした(たいへんによいものを、いただきまして、ありがとうございました)」「おまえは、てんぽにおーくもろたな」

岐阜県揖斐郡 三重県「てんぽな雲ゆきやれ、そうこうしとると雷がなってくるぞ」 島根県隠岐島「お祭でてんぽ人が通る」「てんぽに魚が獲れた」

方/言/の/窓

●『源氏物語』時代の方言

『拾遺和歌集』に「あづまにて養はれたる人の子は舌だみてこそ物は言ひけれ」(四一三)という歌が載っている。都を遠く離れた東の国で成長した子どもは、舌が正常に動かない、なまりがひどいという歌である。

『源氏物語』の「東屋」の巻には、登場人物の常陸介のことばについて「さる東(あづま)方の遥なる世界に埋もれて年経ければにや、声などほとほとうちゆがみぬべく、物うちいふ、少しだみたるやうにて」とある。一方、「玉鬘」の巻では、肥後の大夫の監について「手などきたなげなう書きて〈中略〉をかしく書きたりと思ひたる言葉ぞいとだみたりける」とあって、九州のことばにもなまりのあることが指摘されている。

千年前の都の人たちは、方言をかなり見下していたらしい。

*でんぽ 石川県江沼郡「でんぽなでかいもんや」 *てんぽー 福井県 三重県 滋賀県 *でんぽー 三重県度会郡・宇治山田市 *どきしょー 島根県江津市「どきしょー遅いなー」 *どくしょ 大阪市 和歌山県「どくしょになぐられた」 福井県 *とくしょー 和歌山県日高郡 *どくしょー 福井県「どくしょうなこと(大変なこと)」 大阪市「どくしょうな目にあふた」 兵庫県神戸「どくしょーやられた」 和歌山県伊都郡 島根県邑智郡・那賀郡「どくしょー腹を立てた」 徳島県「大雨のあとに大日でりとはどくしょーなことじゃ」 *どんな 岩手県気仙郡「どんなごどになってしまった」 宮城県仙台市「とんな災難」 山形県「きょーわ とんな ごちそーに なりもーして ふぁー」「とんなしゃわせで(たいへん好都合です)」「とんなことになって、お気の毒だ」 福島県「とんなことをしましたね」 茨城県西茨城郡 *なんだもかんだもない 岩手県気仙郡・平泉 *なんだもない 岩手県気仙郡「なんだもねぁいっぺぁだった」 宮城県仙台市「なんだもねぁー面白かった」 福島県相馬「なんだもねぇー大き鯉」 *なんぶ・なんぼ 島根県美濃郡・益田市「浜い出て見い、なんぶな人が」「お前の留守に子供がなんぶに騒いだ」 *ばっと 山形県鶴岡市「ばっとした(とてつもない)」 *ばら 石川県「そんなことをしたら大(だい)ばらや」 *ばらんばんちく 石川県能美郡 *ぴーし 山口県阿武郡「ぴーしな」 *ひっぱ 青森県 *ひどい 長崎県北松浦郡「このおこうこうはひでー結構にござりゃすな」 *ひどいこと 徳島県「今日らひどいこと片付いたな」 *ひどっこと 奈良県南葛城郡 *ひのたま 広島県 *へいわ 青森県三戸郡 *へっぱ 青森県「へっぱ良い人だ」 *ぼく 熊本県下益城郡 宮崎県「こけち打ちわっどんすっとぼくば(転んで打ち割りでもしたらたいへんだ)」 *ほて 香川県・小豆島 *まーんで 長野県佐久「まあんで、まあんで困っちまう」 *まさか 栃木県「駆け足がまさか早い」 群馬県 埼玉県「まさか良いにおいだ」 千葉県東葛飾郡「あそこの嫁はまさかたいしたもんだ」 神奈川県・津久井郡 長野県佐久 *まっさか 栃木県「まっさか字が上手だ」 群馬県佐波郡 千葉県東葛飾郡 *まるって・まーで 青森県八戸市「まるって雪が降った」 *まるで 青森県八戸市「まるでよかろう」「嫁の結納さば、まるで鶴あ、つでいるあなあ(ずいぶん鶴が付いているわねえ)」 *まんでい 鹿児島県沖永良部島 *むさい・むっしゃい 和歌山県新宮 *むっさい 三重県度会郡 *むって(実に) 岩手県気仙郡 *むてん 岐阜県 *むでん 岐阜県吉城郡「むでんね、しぇわしーではやいくわいのー(たいそう忙しいのでもう帰りますよ)」・飛驒 *むてんくてん 岐阜県飛驒・益田郡 *むほーなこと 大分県西国東郡 *めしつぽ 和歌山県海草郡 *めせき 香川県・小豆島 *めっぽーかい 山形県 福井県 静岡県「魚がめっぽーかいゐる」・小笠郡「めっぽーかい大きな魚だ」 三重県阿山郡 滋賀県蒲生郡 島根県出雲市 山口県「めっぽーかい高価のようだ」 徳島県 *めっぽーすっぽ 山形県 *めっぽーやたら 奈良県南大和 *めっぽーやはち 長崎県北松浦郡「めっぽーやはちにするな」 *めっぽすっぽ 奈良県南大和 *めっぽやたら 長崎県南松浦郡 *めんせき 香川県・小豆島「めんせきいっぱいおった」 *めんせに 香川県小豆島 *もっつら・もるつれ 新潟県中越 *ものげー・もんがい 岡山県児島郡 *もんげー 岡山県児島郡 香川県本島 *やち・やっちゃ 岐阜県飛驒「そうやちに威張るな」 *やんだくはえ 山形県最上郡 *やんだころ 山形県「やんだころお世話になった」 *よに 大分県宇佐郡 鹿児島県曾於郡「よによか」 *よにこく 静岡県「よにこくうれしい」 *らっせ 島根県石見「今日はらっせに人が出た」 *ろくしょー 和歌山県那賀郡 *わっわり 島根県隠岐島 *わりぐ 福島県東白川郡「わりぐ痛え」 *わるぞぜに 長野県長野市・上水内郡「わるぞぜに大きな木だ」

↓たいそう(大層)

□だ *あらい 山形県東部 福島県相馬「あらく上手に出来たと思ったら中学生に書えて貰ったんだと」・東白川郡 徳島県三好郡 *いさぎ(感動詞のように用いる) 熊本県玉名郡「いさぎ、いさぎ、犬と猫ん喧嘩しよる」・菊池郡「わあいさぎ、こらいさぎいこて、しにゃあちくれた(やあひどい。これはひどいことにしてくれた)」 宮崎県西臼杵郡「そりゃいさぎ」 *いぶせー 長野県佐久 広島県世羅郡 *いびせー 長野県佐久 広島県山県郡・高田郡「いぶせぇこと」 *えぐい 和歌山県「これはえぐう大きい」 *えぐたらしー 兵庫県美嚢郡 *えらい 栃木県 千葉県・山武郡 神奈川県愛甲郡・津久井郡 富山県下新川郡 山梨県 長野県 岐阜県 静岡県中部 愛知県「えらい坂」 三重県「えらいこっちゃったなー(凶事の時の挨拶)」 滋賀県彦根 大阪府大阪市「えらい人で(たいそうな人出で)弱りました」・泉北郡 兵庫県神戸市 奈良県・南大和 和歌山県北部 島根県 広島県 徳島県 香川県 *おとましー 静岡県「そんなに借金ばかりじゃおとましいだらう」 *がめつい・がみつい 兵庫県赤穂郡 *かんまった 島根県簸川郡「かんまった、あれ見い」 *きしゃまった 宮城県本吉郡 *ごいらい 京都府与謝郡 *ごえらい 和歌山県海草郡 *ごーつい 島根県那賀郡「ごーつ肥えた大女房だ」 香川県三豊郡・小豆島・高見島 *ごつい(終止形で副詞的に用いることもある) 福井県遠敷郡「ごつい銭もーけさんした(たいした金をもうけなさった)」 大阪府北河内郡・中河内郡「ごついこと(たくさん)」 兵庫県 鳥取県「ごつう寒い」 島根県石見「ごつー綱を引っ張ると切れるで」 岡山市 広島県 香川県「下駄もごつちびるもんじゃな」 *ごっつい 新潟県佐渡「おめえとこのごっつぉ(御馳走)は、ごっついねか」 兵庫県 鳥取県岩美郡・気高郡 徳島県「ごっついあるわ(ずいぶんたくさんあるわ)」 香川県 *ことほし 鹿児島県 *ことろしー 宮崎県 鹿児島県 *じがない 島根県 *すぼっこい 岡山県岡山市「すぼっこーすると(乱暴に扱うと)めげて了ふぞ」・小田郡 *そーぞし・そーどし 三重県志摩郡 *たたこたない 富山市 岐阜県飛驒「忙しうてたたこたない」 *たたことない 富山市 *ただことない・ただことせん 徳島県「それなこと言いよったらただことない」 *ただこともない 石川県江沼郡 *できる 岡山県津山市「草取りが、できよりますなー(草取りですか。大変ですねえ)」 *てんぽない 岐阜県大垣市 *どしこい 奈良県宇陀郡 *どすこい 福井県大野郡 奈良県宇陀郡 *とちけむない 大分県宇佐郡 *とつけむない 福岡市「あたきがお玉のとこい行くことば、とつけむない嫌ふとるとぢゃもんなぁ」「近頃ぁとつけむない御無沙汰しとりました」 熊本県玉名郡「とつけむなか」 大分県西国東郡・日田郡 *とつけもない(副詞的に用いることもある) 福岡市 *なさけあない 岩手県気仙郡「財布忘れたたしみんなはもう出発の時間だと言うし、なさげあねあと馳せ戻って」 *ぴびしー 山口県阿武郡 *へーともない 岐阜県「へーともないこっちゃ」 愛知県葉栗郡 滋賀県 *へともない 岐阜県飛驒「お客様の前でへともないことといってくれるなよ」 *ゆるくない 北海道松前郡「きょーはふぃで(ふぶいて)ゆるくなぇくてあったべせぁ(たいへんだったでしょう)」 青森県「此暑気に病気でねているのもゆるぐなぇ」 岩手県気仙郡・下閉伊郡 宮城県 秋田県平鹿郡「其の工事をなすにはゆるくない」・鹿角郡 山形県西田川郡・米沢市 *わきゃない・わけんない 富山県砺波「わきゃないことする」 *わけむない 石川県石川郡 *わけもこくちゃもない 石川県鹿島郡・江沼郡 *わけもない 富山県砺波 石川県能美郡

だいべん【大便】 ⇩ふん(糞)

たいよう【太陽】 *うふぃ 沖縄県国頭郡 *おーでらし 福島県南会津郡 *おっさま 岩手県気仙郡 宮城県本吉郡 *おっさん 熊本県中部 *おっしさま 宮城県栗原郡 *おてんきさま 岩手県気仙郡 *おひ 高知市「今日はおひがあたらん」 *おひーさー 鹿児島県鹿児島郡 *おひーさま 岐阜県西部 和歌山県日高郡 岡山県 広島県倉橋島 山口県周防 愛媛県新居郡・周桑郡 高知県長岡郡・高知市 大分県 *おひーさん 福井県敦賀郡 岐阜県不破郡・海津郡 愛知県東加茂郡(幼児語) 三重県北牟婁郡 京都府愛宕 大阪府大阪市・泉北郡 兵庫県 奈良県北葛城郡 和歌山県 島根県石見 広島県 香川県 愛媛県 高知県 *おひさー 宮崎県西諸県郡 鹿児島県鹿児島郡 *おひさん 福井県敦賀郡 愛知県愛知郡・碧海郡 三重県 上方 島根県 香川県 高知県幡多郡 長崎県南高来郡 熊本県玉名郡 宮崎県延岡市 *おひどん 鹿児島県硫黄島 *おひはん 山形県鶴岡市 *おふさん 島根県 *しーさま 石川県河北郡 *じーさま 石川県鳳至郡 *すーさま 富山県射水郡 *だいにちさま 長野県諏訪市 *てんじゅさん 香川県大川郡 *にちりん 愛知県岡崎市 滋賀県蒲生郡 島根県石見 香川県三豊郡 *にちりんさま 群馬県前橋市 新潟県 愛知県西春日井郡 奈良県吉野郡 島根県石見 山口県周防 大分県 *にちりんさん 愛知県愛知郡・碧海郡 三重県上野市 滋賀県彦根 京都府 大阪府泉北郡 島根県 広島県大崎下島 山口県屋代島 徳島県 香川県・木田郡・仲多度郡 熊本県 *にちれんさま 大分県 *にちれんさん 愛知県愛知郡・碧海郡 三重県阿山郡 *にってん 和歌山県日高郡 徳島県三好郡 *にってんさま 群馬県多野郡 埼玉県川越 千葉県印旛郡 岡山市「起きたいきのうに、にってん様をがむ」 愛媛県・新居郡 高知県 熊本県球磨郡 大分県 *にってんさん 宮城県仙台市「にってんさんにかけて(誓う時の言葉)」 新潟県佐渡 三重県伊賀 京都府 兵庫県 島根県邑智郡・隠岐島「にってんさんのおんさる間(出ている間)に仕事をやってしまおう」 香川県 愛媛県周桑郡・新居郡 *にってんじさま 静岡県富士郡 *にょらいさま 石川県江沼郡 *のらいさま 富山県砺波 岐阜県飛驒 *のらいはん 富山県 *びあしさん 三重県名賀郡 *ひーさま 富山県 岐阜県吉城郡 熊本県天草郡 *ひーさん 富山県 熊本県天草郡 *ひーはん 富山県射水郡 *ひごーさま 東京都大島 *ひさま 東京都利島 岐阜県吉城郡 長崎県南高来郡 熊本県天草郡 鹿児島県揖宿郡 *ひさん 熊本県 *ひどん・ひのん 鹿児島県揖宿郡 *ひもっさま 静岡県 *ひもと 静岡県庵原郡 *ひやし 三重県伊賀 *ひるまのほときさま 新潟県新発田 *へーさま 富山県砺波・射水郡 石川県河北郡 岐阜県飛驒
→おひさま(御日様)

□を敬って言う語 *あなた 岩手県上閉伊郡 新潟県佐渡 三重県志摩郡 島根県・隠岐島 *あなたさま 新潟県佐渡 三重県志摩郡 島根県出雲市・簸川郡・隠岐島 香川県・大川郡 *あなたさん 島根県 *あなたはん 香川県大川郡 *おこにっさま 兵庫県赤穂郡 *おこんにちさま 長野県諏訪 *こんにちさま 山形県 群馬県館林・邑楽郡 埼玉県川越市・北葛飾郡 新潟県 富山県上新川郡 山梨県西山梨郡 長野県諏訪・上伊那郡 岐阜県 愛知県東春日井郡・西春日井郡 島根県江津市 高知県土佐郡 *こんにちさん 新潟県刈羽郡 長野県下水内郡 愛知県愛知郡・碧海郡 兵庫県赤穂郡 島根県江津市「こんにちさんが高う上んさった」 *こんにったん 兵庫県加古郡 *こんにっちゃん 島根県出雲 *こんにっつぁま 岐阜県山県郡・可児郡 *こんにっつぁん 兵庫県加古郡 島根県出雲 広島県佐木島

たいら【平】 *いったい 秋田県鹿角郡 *とー

沖縄県首里　*なれ 兵庫県加古郡　愛媛県大三島　熊本県玉名郡　*なれつ 大阪市「大も小もなれつで五十銭にしときなはれ」　兵庫県神戸市　*へーとー島根県石見「飴を竹の皮にへーとーに延べる」　*まとー 鹿児島県喜界島　*まんろく 滋賀県愛知郡　島根県「茶碗をまんろくに据えにゃーこぼれる」　山口県　*ろく 岐阜県飛騨「ろくなはた(畑)」　島根県「水準器で畑のろくを計る」「山の上はろくになっとる」　長崎市　*ろっく 三重県　奈良県「ろっくな道やよって楽や」

→ひらたい（平）・へいたん（平坦）

□なさま　*ぞろっと 島根県隠岐島「あの道をもっとぞろっとさせればえー」　*とー 沖縄県首里　*のんべり 香川県　*びった 岩手県気仙郡　*びったら 山形県北村山郡　茨城県久慈郡　*ぴったら・ぴっちょ 山形県「あの人、鼻ぴっちょだ」　*びっちょ 山形県米沢市　*べたっと 岩手県気仙郡「それはべたっとしていだった(していた)」　*べちょらど 青森県上北郡　*ろく 岐阜県飛騨「ろくなはた(畑)」　島根県「水準器で畑のろくを計る」「山の上はろくになっとる」　長崎市　*ろっく 三重県　奈良県「ろっくな道やよって楽や」

たいりゃく【大略】　*おーけん 神奈川県中郡　新潟県「おーけんで話をきめる」・中頸城郡　富山県砺波「秤にかけんでもおーけんでよい」　山梨県南巨摩郡「おーけんに目方を計った」　長野県「おーけんに出来りゃいい」　岐阜県飛騨　静岡県榛原郡「おーけんで買う」　愛知県名古屋市　大阪市　*おーげん 兵庫県神戸市　岡山県苫田郡　*おーけんず 長野県佐久　*おーげんとー 新潟県岩船郡　兵庫県神戸市　岡山県苫田郡　*おーたいこ 兵庫県淡路島　*おーたいず 新潟県「おーたえず、そんなもんだろう」　長野県　三重県名賀郡　京都府竹野郡　*おーちかみち 島根県簸川郡　*おーてーず・おーうてーぞ 長野県　*ちゅーくらい 長野県上田

→あらまし・おおよそ（凡）・およそ（凡）・だいたい（大体）

たいりょう【大量】　*おーのか 山口県　*おーむさ(主として食物の量について言う)愛知県名古屋市　*ばたらんき(幼児語)山形県

→たくさん（沢山）

たうえ【田植】　*あらーけ 大分県大分郡　*いにうぃー 鹿児島県喜界島　*うえかかり 大分県　*うえつけ 兵庫県　大分県大分郡・大分市　*ごがつ 青森県津軽「ごがつあがりに(田植え後に)湯治に行こう」　島根県邑智郡　香川県仲多度郡　*さつき 秋田県　山形県　福島県　千葉県山武郡・長生郡　新潟県「さつきする」　富山県・砺波　石川県　*さっつい 千葉県長生郡　*しっけ 新潟県中頸城郡　*しつけ 福島県石城郡「仕付け時」　長野県「仕付けじまい(田植えじまい)」　奈良県吉野郡　広島県高田郡　徳島県「しつけがすんだ」　愛媛県　高知県土佐郡　*たうえがかり 大分県大分郡　*たねおとし 大分市　*たんぼ 静岡県志太郡「きっとたんぼずら(きっとたんぼ仕事をしているんだろう)」　*ねずけ 大分県大分郡・北海部郡　*ねやーえ・ねーえ 東京都八丈島　*はったうえ 大分県大分市・大分郡　*まいいび(「稲植え」の意)沖縄県八重山　*まいんび 沖縄県竹富島　*めーいび 沖縄県波照間島　*んにうぃー 沖縄県島尻郡・中頭郡

□始め　*あらーけ 大分市　*うえぞめ 島根県　香川県綾歌郡　熊本県天草郡　*うえはじめ 大分県　*おさなびらき 長野県上伊那郡　*おさばいおろし 徳島県美馬郡・那賀郡　*おさびらき 長野県　*おねおろし 大分市　*かいのー(「開農」か)茨城県・多賀郡(田植え始めの日)　*さいき 兵庫県淡路島　*さいけ 香川県　高知県土佐郡　*さいけん 香川県仲多度郡　*さつきぞめ 熊本県天草郡　*さな 大分県速見郡　*さひらき 新潟県　*さびらき 秋田県平鹿郡　茨城県　新潟県西頸城郡　福井県大野郡・大飯郡　長野県　岐阜県美濃郡・可児郡　愛知県南設楽郡・渥美郡　京都府綾部市　大阪府南河内郡　兵庫県加古郡　和歌山県　島根県石見　山口県見島　徳島県　*さぶらき 福井県　島根県八束郡・大原郡　*さぶらけ 奈良県宇陀郡　*さんばいおろし 愛媛県　*さんばいまち 島根県石見　*さんばいまつり 島根県　*じごくいり(「地獄入り」か)大分県大分市・大分郡　*そーとくさま 大分県大分市・西国東郡　*そーとこ 大分県大分市・北海部郡　*たうえがかり 大分県大分郡　*つぼおとし 大分県北海部郡　*つらしらべ 佐賀県唐津市　*どろいり 大分市　*ねおろし 大分県別府市　*のべだて 大分県直入郡　*わさうえ 和歌山県日高郡　鳥取県気高郡　島根県　岡山県苫田郡・岡山市　広島県高田郡・安芸郡　山口県　佐賀県藤津郡　大分県　*わさだーえ 鳥取県岩美郡　*わせうえ 島根県　大分県大分郡　宮崎県東諸県郡

だえき【唾液】　*あっぺ 山形県西村山郡　*あぺ 山形県飽海郡　*あまちゃ 千葉県山武郡・安房　岡山県邑久郡　*あまっちょ・あまちょこ 千葉県山武郡　*きたき 福島県　茨城県　栃木県　*きたけ 茨城県　栃木県　千葉県東葛飾郡・印旛郡　*きだけ・きたけー 千葉県東葛飾郡　*きたび 栃木県河内郡　*くたき 福島県浜通　茨城県稲敷郡　千葉県印旛郡　*くだき 茨城県新治郡・鹿島郡　*くたけ 福島県浜通「ところきらわずくたけおはくな」　茨城県稲敷郡　千葉県北部　*くだけ 茨城県・那珂郡　千葉県東北部　*くちしる(口の中にたまったもの)沖縄県首里「くちしるじーじー(よだれをたらたら)」　*げろ 山形県　*こすこーつ 岩手県胆沢郡　*こっぺあめ 山形県庄内「こっぺあめ、なめさせる(手につばをつける)」　*ごとっぺー 福島県南部「ごとっぺーをなめさせるぞ」　*しじ 沖縄県竹富島　*したき 岩手県南部　宮城県　秋田県平鹿郡・雄勝郡　山形県　福島県　栃木県　千葉

県印旛郡 *しだき 山形県東置賜郡 *したけ 宮城県栗原郡　山形県　栃木県塩谷郡　千葉県印旛郡・千葉郡 *しだけ 山形県 *しったき 岩手県気仙郡　山形県 *しったけ 山形県 *しぶちょ 和歌山県日高郡 *しゃぎ 新潟県下越 *しらけ 山形県西田川郡 *しん(「しんえき(津液)」の転) 沖縄県黒島・波照間島 *しんち 沖縄県鳩間島 *しんちゃ 福岡県浮羽郡「しんちゃねぶらせる(人を辱める)」 *すたき 宮城県加美郡・石巻　秋田県平鹿郡　山形県 *ずたき 宮城県仙台市 *すたけ 山形県 *すだに 福島県 *ずつ 山口県 *すったき・すったけ 山形県 *たっぺ 青森県三戸郡　宮城県仙台市・遠田郡　山形県 *だば 熊本県宇土郡 *たん 熊本県 *たんきっ 長崎県南松浦郡・五島 *たんぱ 岩手県紫波郡　宮城県栗原郡 *たんぱき 岩手県気仙郡 *たんぺ 岩手県　宮城県　秋田県「顔にたんぺしかけられた」　山形県　福島県 *だんべ 岩手県江刺郡 *たんぺー 岩手県九戸郡 *たんぺん 岩手県気仙郡　宮城県仙台市 *ちじ 鹿児島県与論島 *ちたき 栃木県 *ちたけ 栃木県塩谷郡「ちたけつける」 *ちち 沖縄県石垣島・新城島 *ちびちゃ 三重県志摩郡 *ちゃべ 和歌山県那賀郡 *ちやんぱ 和歌山県有田郡 *ちゅじゅ 熊本県天草郡 *ちゅっ 宮崎県西諸県郡　鹿児島県揖宿郡 *ちらき・ちらけ 山形県東田川郡 *ちんち 沖縄県小浜島 *つ 埼玉県秩父郡「うまげでつが出そうだ」　山梨県南巨摩郡　鳥取県西伯郡　島根県 *つぃつい 沖縄県石垣島・新城島 *つぃんぺー 沖縄県首里 *つー 群馬県多野郡「つーする(つばする)」　和歌山県日高郡(幼児語)・東牟婁郡 *つーず 鹿児島県屋久島 *つーつ 愛媛県松山(幼児語)　熊本県天草郡 *つくば 長崎県南高来郡 *つじ 熊本県天草郡 *つず 島根県石見　山口県　福岡県田川郡　佐賀県　長崎県　熊本県　大分県　宮崎県　鹿児島県 *つち 長崎県南高来郡 *つっ 鹿児島県 *つつ 長崎県南高来郡　熊本県天草郡　宮崎県西諸県郡　鹿児島県 *っつぃじ 鹿児島県奄美大島 *っつぉい 鹿児島県宝島 *ってぃでぃー 鹿児島県奄美大島 *つど 島根県石見　山口県笠戸島・大島　大分県東国東郡 *つばいんってぃー 沖縄県与那国島 *つるべ 福岡県三池郡 *つわぶき 島根県美濃郡・益田市 *とし 秋田県河辺郡 *どろ 鹿児島県 *なっぺ 岩手県気仙郡　宮城県登米郡　秋田県由利郡 *なめ 山形県飽海郡 *ねっぺ 岩手県気仙郡・東磐井郡　宮城県 *ひたき 山形県東置賜郡　茨城県多賀郡 *びろ 青森県　秋田県 *ふたけ 茨城県稲敷郡・北相馬郡　千葉県香取郡・海上郡 *ふつぃじり(口の中にたまったもの) 沖縄県石垣島「ふつぃじりきしるん(口汁切れる＝急によだれが出る)」 *へっぺ 山形県東置賜郡 *べら 秋田県平鹿郡 *へろ 秋田県仙北郡 *べろ 青森県三戸郡・南部　岩手県上閉伊郡　秋田県 *わしる 岩手県上閉伊郡

たえず【絶】 *いちじょー 新潟県佐渡 *いちのー・いちぬー 新潟県佐渡 *いちんかーも 石川県河北郡 *いっしょー 千葉県山武郡　熊本県天草郡 *いっちぇん 大分県北海部郡・大野郡 *いっつもかっつも 岩手県気仙郡　宮城県登米郡・名取郡　山形県　愛媛県松山 *いっつもかも 岐阜県郡上郡 *いってんが 大分県西国東郡 *いってんかってん 大分県中部 *いつてんかつてん 長崎県対馬 *いってんかってん 長崎県五島 *いつでんかつでん 大分市 *いつもかっちも 島根県 *いつもかつも 青森県南部　岩手県気仙郡「いずもかずも御面倒おかけしてすみません」　宮城県栗原郡・仙台市　秋田県　山形県　奈良県　島根県　広島県高田郡　山口県柳井市　徳島県「いつもかつもやすみなしじゃ」・美馬郡　香川県　愛媛県　高知県　長崎県五島・対馬　鹿児島県鹿児島郡 *いつもかも 富山県・砺波　石川県鹿島郡・金沢市　岐阜県　三重県北牟婁郡 *いつもかんも 徳島県南部 *かまーず・かまず 山形県置賜「あの人は私をかまーづ馬鹿にする」 *せわえてせわえて・せわやえてせわやえて 島根県出雲「せわえてせわえて医者が行かれた」 *せわに 島根県隠岐島「バスがせわに通る」 *せわやて 鳥取県倉吉市・東伯郡「せわやて何でもしよったけど」 *だら 埼玉県北葛飾郡「だら泣いてる」 *だらーに 群馬県勢多郡「今日はだらーに人が来た」 *だらに 栃木県南部　群馬県勢多郡・佐波郡 *ちじね 島根県八束郡「ちじね菓子を食う」 *つーきゃーなー 島根県鹿足郡・邇摩郡「この頃はつーきゃーなー雨が降って困ったもんだ」 *つめて 島根県「つめて通うと、どうも体裁が悪い」　香川県「つめてそなんしょったらいかん」　長崎市「そー、つめて、しごとば、せんちゃよかたな(そんなに間断なく仕事しなくてもよい)」 *どちっぺつ 新潟県東蒲原郡 *とろっひ 茨城県真壁郡 *とろっぴ 福島県中部・南部　栃木県「とろっぴに訪れる」　埼玉県南埼玉郡 *とろっぴし 千葉県東葛飾郡　神奈川県中郡・足柄上郡 *とろっぴょ 茨城県稲敷郡　長野県東筑摩郡 *とろっひょー 群馬県群馬郡 *とろっびょー 茨城県稲敷郡 *とろっぴょー 栃木県　群馬県利根郡・勢多郡　埼玉県秩父郡・入間郡　東京都八王子　神奈川県津久井郡　長野県北部 *とろっひょーし 山梨県 *とろっびょーし 茨城県南部 *とろっぴょーし 岩手県気仙郡　栃木県足利市・佐野市　千葉県東葛飾郡　神奈川県中郡・足柄上郡　長野県下伊那郡・上伊那郡 *とろっぴょーど 神奈川県足柄上郡 *とろっぺ 福島県　栃木県北部　新潟県中頸城郡 *とろっぺー 福島県東部　栃木県河内郡 *とろっぺし 岩手県気仙郡　秋田県平鹿郡・雄勝郡「とろっぺし口を動かしている」　山形県村山　栃木県南部　神奈川県中郡・足柄上郡　新潟県 *とろっぺつ 青森県三戸郡　岩手県江刺郡・気仙郡　秋田県北秋田郡・秋田市　山形県置賜・庄内　栃木県下都賀郡　新潟県 *とろびゅー 群馬県吾妻郡 *とろひょー 茨城県南西部

*とろぺー 茨城県稲敷郡 *とろぺし 岩手県気仙郡 宮城県北部 秋田県雄勝郡・鹿角郡 山形県西田川郡 新潟県中越 *とろべす 岩手県和賀郡 *とろべつ 青森県八戸市 宮城県仙台市 *とろぺつ 岩手県上閉伊郡 宮城県北部 秋田県河辺郡・鹿角郡 山形県 新潟県東蒲原郡 *のーのしょー・のーのしゅー 徳島県 *のーのやく 香川県西部「のーのやくに本ばっかり読んみょる」 *のーべ 山形県村山 *のーべに・のべくたに 三重県南牟婁郡 *のーやく 香川県 *のっぺなしに 島根県隠岐島「のっぺなしに菓子を食うな」 *のっぺに 宮城県 福島県東白川郡 滋賀県蒲生郡 *ののしゃ 香川県木田郡 *ののやく 香川県西部 *のべ 山形県東村山郡 福島県大沼郡 千葉県香取郡 新潟県佐渡 *のべつけ 茨城県稲敷郡 栃木県芳賀郡「のべつけいたづらばかりしている」 *のべつずけ 茨城県稲敷郡 *のべとこ 新潟県西頸城郡 *のぺとろく 秋田県河辺郡「のぺとろぐ失敗してゐる」 *のべに 山形県南置賜郡・米沢市「のべにえって御馳走になってくる」 新潟県佐渡 和歌山県 *のべのっとこ・のっとこ・のべのとろね 新潟県佐渡 *のべののとくと 和歌山県日高郡 *のべののところ 和歌山県 *のべののへとに 和歌山県西牟婁郡 *のんべ 山形県 *のんぺ 山形県東村山郡 *のんべに 山形県「のんべに御笑止(おしょーし)な(いつもありがとう)」 *むったり 北海道「むったりあの家に行っている」 青森県 *むったりと・むったと・むったと 青森県 *むっつり 秋田県「むっつりお世話になって」 山形県米沢市「むっつり悪い事している」 *むつり 山形県米沢市 →いつも(何時)・「つね(常)」の子見出し、「つねに」

たえる【耐・堪】 *いじかむ 千葉県山武郡 *こっぱる 石川県河北郡 *こばる 福井県大飯郡 京都府竹野郡 兵庫県但馬・加古郡「泣きとうてもこばっとれ」 *ごばる 京都府 *こぼる 京都府与謝郡 *しとめる 大分県 *にーじる 千葉県山武郡 *にずぃゆん(「ねんず(念)」の転か) 沖縄県首里 *にゅーじる 千葉県 *ひとめる 大分県大分郡「近頃は蚊が多うでひとめん(がまんできない)」 *ぷれーゆい 鹿児島県喜界島 *ふれる 鹿児島県沖永良部島「癪に障ろうがふれて呉れよ」 →しんぼう(辛抱)

たおす【倒】 *うっけやす 栃木県佐野市 *うっとかす 鹿児島県 *うどます 徳島県「うどますぞ、わりゃ」 香川県 *うとらす 香川県大川郡・綾歌郡 *うどる 香川県三豊郡 *おっくらかえす 新潟県東蒲原郡 *おっくりかえす 茨城県新治郡 新潟県東蒲原郡 *おっくるかえす 茨城県稲敷郡 千葉県香取郡・東葛飾郡 *かーす 静岡県 *かえす 茨城県稲敷郡 *かっくりかえす 千葉県夷隅郡 *かっくるかえす 千葉県香取郡 *かっくるがえす 千葉県香取郡・安房郡 *かやかす 島根県出雲 *かやす 石川県 岐阜県「自転車をかやす」 静岡県 愛知県南設楽郡「うまが　にを　かやすなー」 三重県伊勢 兵庫県加古郡 奈良県吉野郡 和歌山市 島根県「大けな箱をみんなしてかやした」 岡山市 広島県比婆郡 山口県阿武郡・玖珂郡 徳島県「インキをかやす」 香川県「火鉢をかやす」 愛媛県 高知県 長崎県南高来郡 大分県「人をかやす」 鹿児島県鹿児島郡 *かやらかす 岐阜県大垣市 *けーくりかやす 大分県 *こかす 山形県東村山郡 福井県 長野県上伊那郡 静岡県 愛知県知多郡 三重県 滋賀県彦根・蒲生郡 京都府 大阪府大阪市・泉北郡 兵庫県 奈良県・南葛城郡・吉野郡 和歌山市 鳥取県西伯郡 岡山県児島郡 広島県比婆郡・高田郡 山口県阿武郡 徳島県 香川県 愛媛県・松山「おまい弱いけんじきこかされるぞ」 高知県 福岡市 佐賀県藤津郡 長崎県南高来郡 大分県速見郡・北海部郡 *こけらす 香川県高松市 *こっからかす 愛知県東春日井郡 和歌山県東牟婁郡 *ごるす 佐賀県 *ころばかす 静岡県志太郡「うしろからとびつぃーてころばかぇーた」 兵庫県加古郡 鳥取県岩美郡・気高郡 島根県「球をころばかす」 岡山県津山市 福岡市 鹿児島県 *ごろまかす 鹿児島県肝属郡 *ころみかす 新潟県 *ごろめかす 新潟県佐渡 *こわかす 岐阜県郡上郡 *こわからかす 愛知県東春日井郡 *こわらかす 岐阜県郡上郡「馬車が道のいしかけ(石垣)をこわかいた」 愛知県東春日井郡 *さでこかす 広島県比婆郡 愛媛県 *しんつける 長野県下水内郡 *たおらかす 鹿児島県南部 *だやかす 鹿児島県揖宿郡 *てっかやす 石川県鳳至郡 *でんがやす 静岡県榛原郡「土瓶をでんがやいた」 *でんがらかす 静岡県 愛知県「自転車をでんがらかす」 *でんがらがす 愛知県額田郡 *でんげす 栃木県 群馬県佐波郡 *でんなげる 栃木県上都賀郡・宇都宮市 *とかす(「こかす」の転か) 鹿児島県 *どんがらかす 愛知県尾張「壺をどんがらがす」 *ねさす 富山市「甲が乙にねさせられた」 *のめす 岩手県気仙郡 宮城県登米郡・玉造郡 秋田県北秋田郡「あいつをのめしてやれ」 福島県安達郡・会津 栃木県塩谷郡 埼玉県秩父郡 新潟県 山梨県 長野県上田・佐久 香川県三豊郡 *はやす 鳥取県西伯郡 *ひっかえす 大分県 *ぶけぁす 秋田県雄勝郡「裏の木をぶけぁしてしまった」 *ぶちかやす 大分県日田郡 *ぶちゃかす 滋賀県神崎郡 *ぶちゃかやす 香川県小豆島 *ぶつ 山形県南村山郡「今年ァ、虫ついて、胡瓜ァぶだっだぇ」 愛知県名古屋市 *ぶっかーす 静岡県 *ぶっかえす 岩手県気仙郡 栃木県 山梨県南巨摩郡「決っとー話をぶっかいす」 *ぶっからかす 静岡県志太郡 *ぶっけやーす 千葉県安房郡 *へーしゅい 鹿児島県喜界島 *もかえす 秋田県平鹿郡・由利郡「屑箱を犬がもけぁしてゐた」 山形県・東置賜郡 *もっかえす 山形県「樹をもっかえす」 *もっからがえす 山形県村山 *もっくらがえす 山形県最上

たおれる【倒】　*うたる 香川県高松市 *うっくるける 栃木県日光市・安蘇郡 *うっくわるっ 佐賀県藤津郡 *うっける 栃木県佐野市・安蘇郡 *うったわるる 佐賀県藤津郡　熊本県天草郡 *うっとくる・うっとくい 鹿児島県 *うっとける 鹿児島県肝属郡 *うてかえる 三重県 *うどむ 香川県三豊郡「台風で納屋がうどむ」・綾歌郡　愛媛県「自転車でうどんだ」・周桑郡 *うとる(卑語) 香川県 *うどれる・うどける 愛媛県周桑郡 *おきゃーる 青森県　岩手県中通・和賀郡　秋田県「走って来て、おけぁた」 *おっかえる 北海道「竿がおっけあった」・函館　青森県　岩手県紫波郡・上閉伊郡　宮城県栗原郡・登米郡　福島県東白川郡「風で木がおっけぇった」　栃木県　千葉県安房郡 *おっくりかえる 埼玉県秩父郡 *おっくるかえる 福島県東白川郡　茨城県　千葉県香取郡 *おっける 青森県上北郡 *おっちゃーれる 栃木県 *おっとかす 鹿児島県 *かーる 静岡県「ひとってかーった(ひとりでに倒れた)」 愛知県東三河 *かいりん・かいりるん 沖縄県石垣島 *かいろ 東京都利島 *かえる 岩手県気仙郡　宮城県登米郡　秋田県　山形県庄内・東田川郡　茨城県北相馬郡　千葉県山武郡　新潟県岩船郡　大阪市 *かつくらがえる 山形県「暴風で小屋がかっくらがえった」 *かっくりかえる 千葉県東総 *かっくるかえる 千葉県海上郡・山武郡 *かやる 富山県富山市近在・砺波　石川県　福井県坂井郡　岐阜県　静岡県志太郡　兵庫県赤穂郡　和歌山市　鳥取県　島根県「船がかやった」 岡山県「ゆんべの大風で、木小屋がかやった」 広島県比婆郡・高田郡　徳島県　香川県「かやったらいかんきん気い付けなよ」 愛媛県　高知県「お婆さんが道でかやって膝をすりむいた」 長崎県対馬　大分県　鹿児島県揖宿郡 *かやれる 島根県石見「バケツの水がかやれた」 広島県佐伯郡・高田郡 *かよる 島根県那賀郡「かよっとるだけーなー」 *きえる 新潟県佐渡 *きやーる 新潟県佐渡 *ぐすねる 島根県益田市「大風に屋根がよーに(すっかり)ぐすねた」 山口県阿武郡 *くどける 広島県能美島 *くどてる 静岡県 *くとれる 岩手県下閉伊郡 *くどれる 山梨県南巨摩郡「山がくどれる」 島根県石見「地震に鳥居がくどれた」・隠岐島　広島県能美島　山口県大島 *けーくりかやる 長崎県壱岐島　大分県北海部郡 *けーりゆん 沖縄県首里 *げーる 千葉県印旛郡 *こかえる 秋田県河辺郡 *こがえる 群馬県山田郡 *こかる 三重県北牟婁郡・南牟婁郡　和歌山市 *こくる 和歌山県日高郡　長崎県佐世保市・南高来郡　熊本県玉名郡　大分県　宮崎市 *こける 新潟県佐渡・上越「たるみ(くぼみ)に足こけて、なあも歩けん」 福井県敦賀郡・大飯郡　山梨県南巨摩郡「馬まーし(馬と一緒に)こけるこたー危ない」 長野県下伊那郡・上伊那郡　岐阜県　静岡県・小笠郡「高下駄でこけて足をぶった」 愛知県知多郡　三重県　滋賀県　京都府　大阪市「こけはった(転びなさった)」 兵庫県　奈良県　和歌山市　鳥取県鳥取市・気高郡　島根県　岡山県　広島県　山口県　徳島県　香川県　愛媛県　高知県幡多郡　福岡県小倉市・福岡市　長崎県「こけたりゃ馬のくそでもつかむ(転んでもただでは起きないの意)」 熊本県　大分県「こけたんか、それとんねたんか(転んだのか、それとも寝たのか)」 宮崎県西臼杵郡 *こてがう 岐阜県恵那郡・可児郡 *こてがる 岐阜県可児郡 *ころぐ 福井県　京都府　香川県「こなん風が吹いたら稲がころぐの」 *こんげーる 福島県相馬郡・東白川郡 *さでこける 広島県比婆郡「自転車にのってさでこけた」 愛媛県　熊本県「あら、とうとうさでこけた」 *さでころぶ 岡山県苫田郡　福岡県 *しょける 静岡県・磐田郡 *しょろける 静岡県 *しんどれる 滋賀県伊香郡 *そべる 新潟県中越　三重県志摩郡・度会郡 *たくれる 岡山県 *ちかーる 山梨県　長野県　静岡県 *ちゃれる 栃木県芳賀郡 *つぶれる 石川県石川郡「豆らもほんのひでぉーことんなってつぶれてわの(倒れてはね)」 *てくる 岐阜県恵那郡 *てっくる 岐阜県加茂郡・恵那郡 *でんがーる 静岡県「ひどい風ででんがーった」 *でんかえる 千葉県夷隅郡 *でんがえる 福島県石城郡　茨城県西茨城郡・稲敷郡　群馬県桐生市・佐波郡　愛知県 *でんがやる 岐阜県稲葉郡 *でんがる 岐阜県　静岡県「でんがった」 愛知県碧海郡 *でんぐる 福島県相馬郡　神奈川県津久井郡　新潟県佐渡　岐阜県可児郡　愛媛県周桑郡 *でんげる 茨城県真壁郡　栃木県　群馬県邑楽郡 *てんごける 静岡県 *でんごける 岡山県苫田郡 *てんころがる 岐阜県飛驒 *でんころがる 栃木県上都賀郡 *どぅげーゆん 沖縄県首里 *どがえる 香川県綾歌郡 *とかす(「こかす」の転か) 鹿児島県 *とくい 鹿児島県 *とったりをうつ 高知県「とったりを打った」 *どってんがえる 香川県塩飽諸島 *どてかーる 静岡県 *どてかやる 愛媛県新居郡 *どてがやる 愛媛県周桑郡・新居郡 *どとーれる 新潟県佐渡 *とらかる・とらがる 奈良県吉野郡 *どんかえる 愛知県名古屋市 *どんがえる 愛知県海部郡「木がどんがえる」 *どんげる 愛知県愛知郡・碧海郡 *どんでんがーる 静岡県榛原郡 *にげる 京都市 *ねる 新潟県佐渡　富山県 *のさばる 三重県志摩郡 *のたくる 群馬県佐波郡 *のたる 群馬県群馬郡　和歌山市 *ばーたらうつ 長崎県五島 *はっけぁる 岩手県気仙郡 *ばったやす 長崎県対馬 *はなをつく 愛知県海部郡「そんでまえーはなつぇてまったげな(それで前へ倒れてしまったそうです)」 *はねかやる 広島県比婆郡　徳島県　高知県 *はねくりかやる 島根県石見「木履の歯が抜けてはねくりかやーた」 愛媛県宇和島市 *はねくりやる 徳島県 *はねこける 島根県「石にけつまずいてはねこけた」 広島県比婆郡 *はねころぶ 島根県隠岐島 *はねまくれる 島根県 *はねもくる 鳥取県日野郡 *はりけぁる 岩手県上閉伊郡「はりけぁった」・気仙郡 ***はんとくい** 宮崎県西諸県郡 鹿児島県 ***はんとくっ・はんとかす** 鹿児島県肝属郡 ***ひたる** 香川県・伊吹島 ***ぶちかえる** 宮城県仙台 山形県北村山郡・最上郡 ***ぶちかる** 長野県 静岡県島田市 ***ぶっかーる** 山梨県 長野県諏訪・北佐久 静岡県・志太郡「ふいにぶっかーって泡ふいた」 ***ぶっかえる** 宮城県仙台(意識を失うことにも言う) 山形県「中風でぶっかえる」「嵐で木がぶっかえる」 栃木県 群馬県利根郡・桐生市 千葉県千葉郡 神奈川県 新潟県東蒲原郡 長野県佐久 ***ぶっかる** 長野県 静岡県 ***ぶつかる** 長野県北安曇郡 ***ぶっくりかえる** 茨城県真壁郡 千葉県夷隅郡 ***ぶっくるかえる**(転ぶ)千葉県千葉郡 ***ぶつけぁる** 岩手県気仙郡 宮城県遠田郡 ***ふっけーる** 新潟県東蒲原郡 ***ぶっけやぇる** 千葉県夷隅郡 ***ぶっける** 栃木県 ***ぶっとーける** 島根県邑智郡「にわかに土間にぶっとーけた」 ***ぶておけぁる** 秋田県鹿角「今日坂でぶておけぁた」 ***ぶんだくれる** 山形県南置賜郡 ***ぶんながる** 栃木県 ***ぶんもどる** 東京都八丈島 ***へーゆい** 鹿児島県喜界島 ***へくだむ** 福岡市 熊本県阿蘇郡 大分県日田郡「大風で屋がへくだんだ」 ***へこしる** 島根県邑智郡 ***へこたる** 岡山県児島郡 広島県佐伯郡 香川県三豊郡 ***へこる** 岐阜県可児郡・恵那郡 島根県邑智郡「草臥(くたび)れて山の中にへこった」 岡山県小田郡・浅口郡 広島県山県郡 ***へたる** 福井県遠敷郡 三重県阿山郡 滋賀県蒲生郡 京都府京都市・宇治郡 大阪府泉北郡 奈良県 和歌山県日高郡 岡山県 広島県倉橋島・芦品郡 香川県 ***へだる** 三重県伊賀南部 ***へたれる** 香川県 ***へっこる** 島根県大田市「木の根に引っかかってへっこった」 ***へどける・へどれる** 島根県邇摩郡・大田市 ***へとる** 香川県 ***べとる** 香川県 ***ほーたまくれる**(卑語)島根県飯石郡・大原郡「大風に家がほーたまくれた」 ***ぼかえる** 山形県「暴風で木ぼかえた」 ***ぼきゃぇる** 青森県津軽 ***ほたいこくる** 鹿児島県 ***ほたいころぶ** 鹿児島県 ***ほたっとかす・ほたっとくい** 鹿児島県 ***ほたりこくる** 熊本県八代郡

宮崎県宮崎郡 ***ほたる** 香川県三豊郡 ***ほたんとくい** 鹿児島県鹿児島郡 ***ぼっかえる** 山形県 千葉県安房郡 ***ほっきゃーる** 群馬県多野郡 ***ぼっける** 青森県津軽 ***ほっとかす** 鹿児島県 ***ほてがえる** 三重県度会郡 ***ほてる** 香川県 ***ぼてる** 岡山県児島郡 香川県 ***ぽてる** 岡山県児島郡 ***ほらくる** 大分県 宮崎県西臼杵郡 ***ほらける** 熊本県阿蘇郡 大分県 ***ほろける** 島根県石見「栗の実が穴の中いほろけこーだ(転がり込んだ)」 愛媛県伊予郡 ***まくい** 鹿児島県揖宿郡 ***まくらかる** 和歌山県東牟婁郡 ***まくる** 鹿児島県肝属郡「(腹痛で)何とん仕方がのし(なくて)只(ただ)まくっちょった」 ***まくれまわる** 岐阜県郡上郡 ***まくれる** 三重県伊賀・名賀郡 京都府葛野郡 和歌山県 鳥取県西部 島根県「木の根に引っかかってまくれた」

広島県 徳島県美馬郡 香川県 ***まぐれる** 兵庫県但馬 ***まらぶん・まるぶん** 沖縄県石垣島 ***まられる** 和歌山県西牟婁郡 ***まるぐ** 香川県「こめかみにあたってまるんでの」「まるいでのう」 ***まるげる** 兵庫県但馬 島根県石見「雪が下駄の歯についてまるげた」 山口県・阿武郡・大島「大風でトマトがみんなまるげてしもうた」 香川県「まるげおちる(転げ落ちる)」 ***まろぐ** 香川県香川郡「そなん走りよったらまろぐのに」 愛媛県 ***まろぶ** 高知県幡多郡 ***むかえる** 山形県村山「あの木は大風に逢へばすぐむかえるだろう」 ***めめる** 長野県下伊那郡 ***もかえる** 山形県北村山郡 ***もくれる** 奈良県吉野郡 広島県 ***もっかえる** 山形県「樹あ、もっかえた」 ***やこう** 鳥取県西伯郡

→ころぶ(転)・てんとう(転倒)

たかい【高】 ***たっこに** 和歌山県 ***ちゅーろくてん** 大分県「ちゅーろくてんに子供を負う」

□**高い** ***たかいわさん**(付近の山の名から)群馬県多野郡「たかいわさん、たかいわさん、高いぞね、高いぞね」 ***たかたか** 長野県佐久 香川県 ***びびんこ**(幼児語)鹿児島県肝属郡

□**所** ***あて** 長野県下伊那郡 静岡県「山のあて」 ***あま** 静岡県「あの子はあまから落ちた」 ***うわぜ** 大分県玖珠郡・日田郡 ***おわぜ** 大分県日田郡「おわじぇん方に橋がある」 ***そら** 石川県江沼郡 岐阜県「口のそらは鼻だ」「空はもっとそらの方にある」 三重県 京都府与謝郡「本が机のそらにある」 兵庫県養父郡 奈良県南大和 鳥取県倉吉市「山のそらのアンテナ」 島根県「釘はもちっとそらに打て」 岡山県苫田郡・阿哲郡 広島県「山のあのそらまで登る」「本箱のそらにある物をとってくれぇ」 徳島県三好郡 高知県宿毛市 長崎県「えのそら(屋根)」「やまんそら(峰)」 大分県北海部郡・南海部郡 鹿児島県「木のそら(樹上)」 ***そらっぱち** 和歌山県新宮「そらっぱちへ登る」 ***たーてぃ** 沖縄県竹富島 ***たか** 岐阜県飛騨 香川県豊島 ***たかじー** 沖縄県鳩間島 ***たかった** 沖縄県石垣島・小浜島 ***たかつら** 宮城県栗原郡 ***たかで**(高原)福島県南会津郡 ***たかでぃ** 沖縄県石垣島 ***たかでっつ** 長野県佐久 ***たかど**(岡の上)青森県三戸郡 ***たかま** 青森県三戸郡 岐阜県飛騨・大野郡 奈良県・南葛城郡 ***たかまる** 熊本県玉名郡 ***たっかてや** 沖縄県黒島 ***だっけ**(帯や品物を高所にくくり置く場合に言う)滋賀県伊香郡 ***たでぃ** 沖縄県新城島 ***てっき** 長野県佐久「てっきのぼる」 ***てんこー・てんこら** 新潟県佐渡 ***てんじく** 宮城県栗原郡 ***てんじょ** 岩手県上閉伊郡 宮城県登米郡 秋田県鹿角郡 山形県 福島県 茨城県稲敷郡 千葉県市原郡・夷隅郡「その棚もっとてんじょにやれ」 新潟県西頸城郡 愛媛県 ***てんじょー** 宮城県栗原郡「ますこし、てんじょうさ上げれ(もうちょっと上へあげ

ろ）」 福島県 茨城県 新潟県佐渡「棚のてんじょうにのせておいた」 *てんじょく 新潟県西頸城郡 *てんじょくら 千葉県夷隅郡 *はなわ（高地の中段から必ず埴（はに）が出るところから、はには（埴廻）の意（常陸方言）） 茨城県・稲敷郡 *みね 長野県佐久「屋のみね（屋根の上）」 *ゆわて 静岡県磐田郡 *わぜ 大分県日田郡「川のわじぇん方」 *わて 島根県仁多郡 *わで 山梨県 長野県「村のわで」「わで村」 静岡県磐田郡 *わてかた 島根県仁多郡・能義郡 *わでかた 静岡県磐田郡 *わね 山梨県南都留郡・北都留郡

たがい【互】 *あえべごんべ 富山市近在「あえべごんべにその仕事やれ」 *かたいかたい 鹿児島県屋久島 *かったいごーし 鹿児島県口之永良部島 *たいご 宮城県仙南「たいごに譲りあって居っては致し方がない」 *ばんがえ 宮城県北部

お□に *おたいに 岐阜県飛騨「おたいに有難う」 *ずいら 新潟県刈羽郡

たがいちがい【互違】 *いんだんばんげー・いんだんばんごー・いんだんちげー 埼玉県秩父郡 *ぐいち（「ぐ」は、さいころの五の目、「いち」は一の目）大阪府大阪市「白と黒とがくいちの模様」・泉北郡 *ぐのめ 静岡県榛原郡「この材料じゃー、ぐのめで駄目だ」 *しりっかせ 栃木県栃木市・安蘇郡「しりっかせに寝る」 *てれこ 三重県名賀郡「駅へむかえにいってってれこになった」 滋賀県 大阪市「この蓋はあれとてれこになっているさかいどっちも合わん」 兵庫県加古郡「何もかもてれこてれこでうまくいかん」 奈良県宇陀郡 岡山県児島郡「あんた、いつ来たん（来たのか）。おとうちゃんとてれこになったなあ」 香川県綾歌郡「豆と麦とてれこに植える」 *どんがへんが 兵庫県神戸市 *はねがい 愛媛県 *はねちがい 岐阜県大野郡「髪ははねちがいに結う」 *へだへだ・へでへで 山形県東田川郡 *やっちがい 宮城県仙台市「薪ばやっちがいにおくとよく燃えすと、ほら」 山梨県南巨摩郡「木の葉はやっちがいについてーるが多い」

□にすること *うったがい・うったがいばったがい 宮城県仙台市「お隣でいっつもうったがいにおぼこでる（男児女児交互に生まれる）」 *うってがえ 山形県 *うってげー 東京都南多摩郡

たかげた【高下駄】 ⇨「げた（下駄）」の子見出し、「歯の高い下駄」

たがやす【耕】 *かいしん 沖縄県石垣島 *かやす 長崎県対馬「畑けいかやしー行て」 *きる 東京都八丈島「今日はいもーしょーきりーいこんて（里芋畑を開墾した）」 石川県能登島「田のあぜとんで上がってはあ、又はいっては田んぼきったもんさ」 *くなしゅん・けーしゅん 沖縄県首里 *けずる 静岡県（表面を浅く耕す） 長崎県西彼杵郡 *こなす 神奈川県中郡 新潟県東蒲原郡 鳥取県西伯郡 島根県 岡山県小田郡「田をこなす」 *はらう 東京都八丈島 *はる 徳島県 香川県大川郡 高知県「大分はるところがあるじゃないか」 *ぱる 長崎県対馬 *ぶつ 岩手県気仙郡 長野県佐久「畑をぶつ」 *ほる 長崎県五島 *めげる 香川県大川郡 *やらう 和歌山県東牟婁郡「畠をやらう」・新宮

田畑を□ *うちゅい 鹿児島県喜界島 *うちゅん 沖縄県首里 *うつ 新潟県佐渡「たあうちに出る」 富山県 石川県鹿島郡 長野県佐久 岐阜県飛騨 静岡県志太郡 三重県名賀郡・志摩郡 岡山県苫田郡 徳島県 宮崎県南那珂郡 鹿児島県阿久根市・種子島 *うっくいかやす 鹿児島県 *うなー 茨城県稲敷郡 栃木県河内郡 埼玉県川越・入間郡 神奈川県中郡 山梨県 静岡県 *うなう 山形県北村山郡「きょー、はだげうなてきた」・西置賜郡 福島県相馬郡「みんな手でうなうんだべ」 茨城県 栃木県塩谷郡「田ーうないおえたげ、はあ」 群馬県利根郡・佐波郡 埼玉県秩父郡・入間郡 千葉県 東京都南多摩郡 神奈川県中郡 新潟県東蒲原郡・中頸城郡 山梨県・南巨摩郡 長野県・佐久（鍬で耕す） 岐阜県稲葉郡 静岡県志太郡・（鍬で耕す）・磐田郡 *うなお 東京都利島 *うなる 新潟県東蒲原郡 *うのう 茨城県稲敷郡 栃木県 山梨県中巨摩郡・南巨摩郡 *うむす 山梨県南巨摩郡「むぐら（もぐら）が土をうむす」 *おなー 静岡県賀茂郡 *かじく 兵庫県「畠をかじいて野菜の種を蒔く」 香川県 福岡県企救郡 *かっくす 埼玉県北足立郡 *からむ 岩手県上閉伊郡・気仙郡 *さくる 茨城県稲敷郡 長野県松本市 岐阜県武儀郡・郡上郡 静岡県 *よむ 鹿児島県「田をよむ」・川内市・肝属郡 *よんまぜる 鹿児島県川内市

田畑を□こと *うずん 沖縄県首里 *からみ 岩手県上閉伊郡 *たーうない 福島県相馬郡 *たうしき 岩手県九戸郡 *たうち 青森県三戸郡 岩手県九戸郡 秋田県鹿角郡 新潟県 富山県砺波 岐阜県吉城郡・飛騨 *たうない 新潟県中頸城郡 *たぶち 山形県 新潟県上越市 長野県佐久 *たぶつ 山形県最上 *だんぶつ 宮城県栗原郡 *ぱこー 長野県佐久 *ぱこーかけ 栃木県 *はたうない 新潟県中頸城郡 *はたけぶち 新潟県上越市 *はたけんなえ 山形県東北部 *はたさくり 長野県上伊那郡 *ほりいれ 山梨県

たき【滝】 *うってぃみん 沖縄県与那国島 *うてぃみじ 沖縄県島尻郡・八重山 *おとし 神奈川県津久井郡 *かま 徳島県那賀郡 *こーたき 高知県香美郡 *さーら 沖縄県八重山・石垣島 *さーり・さーりみじ 沖縄県新城島 *ざーりみじ 沖縄県黒島 *ざざめき 秋田県由利郡 *しさーら（「下がれるもの」の意）沖縄県石垣島 *せん 群馬県吾妻郡 *たてぃがーら 沖縄県鳩間島 *たな 神奈川県津久井郡 *たび 徳島県祖谷 高知県 *たる 長野県飯田市付近 岐阜県揖斐郡 静岡県 *たろ

長野県南安曇郡　静岡県 *どい（小さい滝）山梨県 *とぅどぅるち 沖縄県国頭郡 *とぅびみずぃ 沖縄県宮古島 *どどろ 高知県・高岡郡・幡多郡（小さい滝） 宮崎県西臼杵郡 *どんど 長野県上伊那郡・飯田市付近　兵庫県明石郡　高知県 *どんどこ（小さい滝）長野県諏訪・佐久 *どんどこさん 岐阜県養老郡 *どんどん 長野県上伊那郡・飯田市付近　広島県芦品郡　長崎県南高来郡 *めずおち 島根県隠岐島
→たきつぼ（滝壺）

たきぎ【薪】　*あかし 新潟県上越市　富山県　石川県河北郡　福井県丹生郡　岐阜県飛驒　静岡県　三重県志摩郡・度会郡　滋賀県高島郡　京都府竹野郡 *かいぎ 富山県 *かがりまつ 島根県八束郡 *かくい（丸太の薪）福井県足羽郡 *かけぎ 島根県那賀郡　香川県仲多度郡 *かち 和歌山県西牟婁郡　高知県安芸郡 *かまぎ 島根県石見 *かまだき 茨城県北部・多賀郡　熊本県天草郡 *かや 千葉県 *きんめぎ 福岡市 *くべき 岡山県阿哲郡・小田郡　広島県沼隈郡 *くべもん 熊本県上益城郡 *ごえら 大阪府南河内郡 *ごーもく 宮崎県西諸県郡 *こっか 香川県香川郡・木田郡 *ごみ 東京都八丈島「爺は山めぁごみしょいに出たらってーが」 *ごもく 香川県　宮崎県西諸県郡 *こりき 和歌山市　島根県隠岐島（太いもの） 山口県大島　徳島県・美馬郡　高知県（太いもの） 長崎県壱岐島（薪用の丸太） *さしぶ 福島県南会津郡 *せんば 三重県度会郡　広島県佐伯郡・山県郡 *せんばぎ 岐阜県飛驒 *そぎれ 埼玉県秩父郡 *だいそく 島根県・那賀郡（太くて長いもの） 広島県安佐郡　香川県（太くて長いもの） *たきつけぎ 香川県木田郡 *たばき・たばぎ 島根県隠岐島 *ちょっきり 新潟県北蒲原郡 *なんべら・なんびゃーら 熊本県芦北郡 *ばんば 大阪府中河内郡 *びちこ 新潟県北蒲原郡
→まき（薪）

小枝の□　*かなぎ 三重県伊勢 *こすば 新潟県佐渡 *こべら 鹿児島県肝属郡 *こまぎ 新潟県佐渡　兵庫県淡路島　島根県石見　徳島県　香川県「こまぎたく」 *こまぼえ（「ぼえ」は柴の意）新潟県佐渡 *しばき 奈良県南大和　徳島県 *しばっき 栃木県大田原市・那須郡 *しばっこ 三重県伊賀 *ばっさら 東京都大島・利島　山梨県 *ほーさ 高知県 *ほーそ 愛媛県南宇和郡　高知県 *ほーそー 高知県 *ほさ 高知県安芸郡 *ぼさ 山梨県・南巨摩郡　徳島県 *ぼじ・ぼじゃ 島根県邑智郡 *ぼそ 宮崎県東諸県郡 *ぼや 栃木県　群馬県　埼玉県秩父郡　山梨県　長野県「ぼやを焚く」　岐阜県益田郡 *ぼやさっけ 長野県北安曇郡 *ぼよ 新潟県 *まきしば 愛媛県喜多郡 *むしつけ 東京都八丈島 *むやむぬ 沖縄県与那国島 *もしっつけ 山梨県 *もや 茨城県　群馬県　千葉県長生郡　東京都八王子・大島　神奈川県足柄下郡・津久井郡　山梨県　長野県伊那・下伊那郡　岐阜県　静岡県　愛知県　奈良県宇智郡　和歌山県那賀郡　島根県　高知県高岡郡 *もやぎ 栃木県　島根県出雲 *もやっき 栃木県 *やりがり 新潟県佐渡

たきつぼ【滝壺】　*おかま 神奈川県津久井郡　徳島県海部郡 *おちこみ 埼玉県秩父郡 *かま 長野県飯田市付近　静岡県周智郡・榛原郡　奈良県吉野郡　徳島県那賀郡　高知県長岡郡・香美郡 *ざざめき 秋田県由利郡 *ずぼ 新潟県北魚沼郡 *たきした 東京都西多摩郡 *たきしぶち 新潟県北魚沼郡 *たび 徳島県祖谷 *どどろ 宮崎県東諸県郡 *どぶ 新潟県中頸城郡　富山県中新川郡 *どんす 長野県東筑摩郡 *どんど 香川県 *どんどん（小さい滝つぼ）長野県飯田市付近 *ふち 鳥取県八頭郡
→たき（滝）

たきび【焚火】　*あたりび 山梨県南巨摩郡　静岡県磐田郡　奈良県南大和 *とんと 兵庫県明石郡「とんとすんね　藁二三把貰うぜ」 *とんど 大阪府豊能郡・泉北郡　兵庫県明石郡・神戸市　奈良県 *どんど 京都府・京都市　岡山県児島郡　広島県芦品郡 *にょんにょ（幼児語）島根県能義郡 *のの 島根県邑智郡・邇摩郡（幼児語） *ののー 島根県邑智郡 *のび 新潟県中頸城郡 *のんの 島根県 *ひーさま 石川県能美郡 *ほーけんぎょー 福岡県粕屋郡 *むしやき 新潟県佐渡 *もしび 静岡県駿東郡 *やぎっぺ 栃木県北部 *やまび 鹿児島県肝属郡「やまびをたく」

たく【炊】　*にる 東京都三宅島「ゆむしにるじゃー行け（夕飯を炊くのなら行きなさい）」・利島・八丈島　長野県佐久「飯をにる」　静岡県安倍郡
飯を□　*かしく 秋田県雄勝郡　奈良県吉野郡（山仕事での言葉） *かしぐ 青森県津軽 *かす 岐阜県海津郡　大阪市 *まかしん 沖縄県石垣島

だく【抱】　*うずむ 愛媛県「ちょっとここまでうずんで来てん」　高知県幡多郡・高知市（むぞうさに抱きかかえる） *うだく 東京都御蔵島　富山県・砺波「うだきゃぽんぽせ（抱けば負え）」　石川県　静岡県川根・榛原郡「おっ母ちゃんにうだかされ」　和歌山県日高郡　徳島県三好郡　愛媛県　高知市「赤ん坊をうだいて来ておーせ」　福岡県　佐賀県唐津市・藤津郡　長崎県　熊本県「うでーち（抱いて）」　大分県　宮崎県 *うでちくる 宮崎県西臼杵郡 *うんだく 長崎県西彼杵郡　熊本県天草郡　宮崎県宮崎郡 *おだく 富山県「その子をおだひて来られ」　石川県　兵庫県淡路島　和歌山県日高郡 *おたす（子供を抱く）兵庫県明石郡 *かこむ 東京都八丈島 *だかーる 山梨県南巨摩郡 *だかえる 茨城県真壁郡・稲敷郡　千葉県香取郡・海上郡・東北部　新潟県佐渡　岐阜県飛驒　愛知県　三重県北部　大阪市　兵庫県赤穂郡　奈良県・宇陀郡「人形はんだかえて」　和歌山県

*だかまえる(「抱く」と「つかまえる」が一語化したもの) 福井県遠敷郡 岐阜県養老郡 三重県阿山郡 滋賀県彦根 京都市 大阪市 奈良県南大和 *だかる 東京都三宅島

たくあん【沢庵】 *おくも 奈良県南大和 *おしずけ 愛媛県周桑郡 *こぬかずけ 青森県・上北郡・津軽 岩手県紫波郡 福島県北部・浜通 *このかずけ 青森県津軽・南部 岩手県九戸郡 宮城県栗原郡 秋田県鹿角郡 *このかんずけ 秋田県南秋田郡 *つけだいこん 鹿児島県阿久根市 *とこずけ 山口県 *やまとぅつぃきむぬ 沖縄県石垣島

たくさん【沢山】 *あーくけー 沖縄県小浜島 *あいたて 京都府 *あたくさ 長野県佐久「あたくさ買い込んだ」 *あたごつ・あてごつ・あとごつ・あとこつ・ごつ 島根県那賀郡「あたごつ松茸が採れたのう」 *あたふた 茨城県猿島郡 栃木県安蘇郡「あたふた食べんじゃねー」 埼玉県南埼玉郡「あたふた費やす」 *あっぱい(幼児語) 山形県 *あっぱてんねしこ 鹿児島県鹿児島郡 *あてこともない 茨城県稲敷郡 群馬県 千葉県香取郡 静岡県藤枝・安倍郡 愛知県北設楽郡 *あなっくれー 沖縄県小浜島 *あばかん(「処理できない」の意から) 島根県松江市 福岡県「亜米利加のロンドンやら巴里のイギリスやらてにゃ夥多(あばかん)出来(でけ)とるげなが」 熊本県「食いなっせ、あばかんあるでか」 *あぶともない 新潟県中越 *あほげに 滋賀県蒲生郡 *あまたこまた 新潟県佐渡 *あまって 岩手県下閉伊郡 *あんごそ 奈良県宇陀郡「そねんあんごそに取らんでもええ」 *あんどもない 長野県佐久 *いーかん 長野県 静岡県志太郡 *いーくれ 宮城県仙台市「いーくれ使ったんでがえんか(使ったのでしょうか)」 *いーころ 大分県南海部郡 *いかい 北海道「ほんの一寸の間いげゃあ魚獲った」 山形県米沢市「えがえ人あえだ」 新潟県・佐渡 福井県大飯郡 長野県諏訪 大阪府大阪市・中河内郡 兵庫県淡路島 岡山県「あゆをいかい釣ったのー」 広島県高田郡 福岡県小倉市・福岡市 長崎県対馬 大分県下毛郡 *いかいこ・いきゃしこ 長崎県南高来郡 *いかいこつ 長崎県壱岐島・対馬 熊本県「池ん魚ばいきやあこつおっとられた」 *いかいこと 山形県 福島県会津 埼玉県秩父郡「いかいことお世話になりました」・入間郡 千葉県香取郡 新潟県 福井県 岐阜県 愛知県 三重県伊勢・南牟婁郡 兵庫県淡路島 奈良県・宇陀郡 和歌山県「桃をいかいこと呉れた」 岡山県 山口県豊浦郡 福岡県企救郡 *いきゃーしこ 熊本県 *いけーしこ 福岡県三井郡・三潴郡 *いじりいっか 広島県高田郡 *いずいー 福岡県久留米市「いずいー食ふばいのー」 *いすか(「に」を伴って) 群馬県伊勢崎市「魚がいすかに居た」 *いずれ 高知県中村市・幡多郡 *いちゃーさん 沖縄県島尻郡 *いっか・いっかもっか 島根県石見 *いっかっさん 沖縄県伊江島 *いっかど 三重県南牟婁郡 奈良県 和歌山県東牟婁郡 *いっかん 長野県諏訪「いっかん金がたまる」 *いっくれー 青森県上北郡 *いっけ 新潟県佐渡「こんないっけあったちゃ」 *いっころ 愛媛県「いっころある」 *いっしょいっぱい 山口県玖珂郡 *いっせ 新潟県中頸城郡「やまものとりいって、いっせにとってきた」 *いっちり 茨城県稲敷郡 *いっと 鳥取県西伯郡 島根県隠岐島「漁船がいっとちらって(連なって)戻りよった」・石見 *いもり 長野県東筑摩郡 *いやちころ(「嫌というほど」の意) 山形県東置賜郡「いやちころお菓子貰った」 *いやっちゅーころ(「嫌というほど」の意) 山形県 *いり 茨城県鹿島郡「まだあランポのいりねゃあ時ゃあ石油のいりねゃあ時やろ」 *うーか 佐賀県 長崎県五島・壱岐島 熊本県玉名郡 *うーかもん 長崎県五島・北松浦郡「うーかもんここにある」 *うーつころ・うっころ・うんつころ・うんつこら・うすころ 山形県「うづころ茸取れた」 *うかむん 鹿児島県・肝属郡 *うかもん 長崎県五島 鹿児島県 *うこくもない 島根県邑智郡 *うしきたま・うしくたま・うったま 山形県飽海郡 *うしこたま・うしたま 山形県西田川郡 *うじゃほど 愛知県名古屋市「お玉杓子がうじゃほどおる」 滋賀県彦根・神崎郡 *うじゅまん 高知県長岡郡 *うすくたま 山形県東田川郡・西田川郡「あの家にはうすくたま金がある」 *うすこいたま・うすたま 山形県東田川郡 *うすこたま・うすこてま 山形県 *うすこら 岩手県岩手郡 *うつかもん 長崎県五島 *うつころ 山形県北村山郡 *うって 北海道南部「うってある」 青森県津軽「そばをうって食て来た」 秋田県河辺郡・由利郡「栗うって拾って来た」 山形県西田川郡 *うっと 青森県津軽 秋田県由利郡「うっと、たべれ」 山形県東田川郡・飽海郡 *うふうふーとぅ 沖縄県首里 *うほーく 沖縄県首里「うほーくぬっちゅ(たくさんの人)」 *うむさま 鹿児島県喜界島「うむさま魚を獲って来た」 *うらっありひ・うらありひ 沖縄県黒島 *うんきたま 山形県東田川郡 *うんじだけ 秋田県鹿角郡 *うんずか 徳島県三好郡 *うんすけ 大阪府泉北郡 和歌山県「今日はうんすけ稲を刈った」 岡山県児島郡 徳島県 愛媛県 高知県 *うんすこたま 山形県西村山郡・西田川郡 *うんずだけ 秋田県秋田郡 *うんたま 山形県飽海郡 新潟県東蒲原郡「サイダーをうんたま飲んだ」 *うんちゃころ 山形県東村山郡・最上郡 *うんつくらい 宮城県石巻(卑語)・仙台市 *うんつこたま 山形県 *うんて(「うんと」の転) 秋田県「うんて水がました」 *うんとくらい 宮城県仙台市「柿うんとくらいしょって、まず、どこさ運んだか」 *うんめろ 神奈川県三浦郡「魚がうんめろとれたなー」 *えーがほど 石川県河北郡 *えーかん 埼玉県秩父郡「今年の芋もえーかん採れた」 新潟県中頸城郡 山梨県 長野県東筑摩郡・佐久 静岡県「ええかんあら(かなりあるよ)」 *えーこい・**えーこち** 鹿児島県　***えーころ** 茨城県久慈郡　島根県石見「石がえーころあった」　岡山県苫田郡　***えーしこ** 福岡市「魚がええしこ獲れた」　佐賀県　長崎県対馬「えーしこもう舟山へも通うちょうる」　熊本県八代郡　鹿児島県　***えーと** 広島県高田郡　山口県大津島　***えーら** 群馬県館林　***えけ** 青森県南津軽郡　山形県最上「えげす(たくさんです)」　***えこっ** 鹿児島県　***えじー** 大分市　***えずい** 和歌山県那賀郡・日高郡「えづ取れた」　***えすい** 熊本県八代郡　***えずいこと** 福岡県遠賀郡　***えすか**(「に」を伴って)長野県南佐久郡「えすかにある」

熊本県下益城郡　***えすかしこ** 熊本県玉名郡　***えずきゃー・えつきゃー** 東京都八丈島　***えっからかん** 長野県東筑摩郡　***えっかん** 長野県　***えっころ** 山形県「掛直もえっころ有るんだ」　愛知県名古屋市　三重県度会郡　鳥取県西伯郡・日野郡

島根県「えっころ人が集まった」　愛媛県　高知県　***えっと** 京都府　兵庫県淡路島　鳥取県「たいしてえっともないけど」「菓子ならえっとごせ(下さい)」　島根県「魚がえっと獲れた」　岡山県　広島県「今たー店がえっとがんしたでー(今よりは店がたくさんありましたよ)」　山口県・上関島・屋代島・前島・浮島・大島「えっと水を呑むなよ。腹が冷えるけ」　香川県三豊郡　愛媛県「まーえっと呉れてありがとうございました」　熊本県芦北郡　大分県西国東郡・北海部郡　***えっとこと** 鳥取県西伯郡　島根県出雲「花をえっとこと取ってごせ」　広島県倉橋島　***えっとことー** 広島県高田郡　***えっとなこと** 島根県出雲「お城まつりにはえっとなことぼんぼりがちくだらぞね(たくさんぼんぼりがともるでしょうよ)」　***えっぱ** 広島県豊田郡　***えと** 奈良県南大和　和歌山県伊都郡　***えどへおくるほど** 島根県益田市「えどいおくるほど集めたのー」　***えら** 茨城県　栃木県　群馬県多野郡・山田郡　埼玉県「ずいぶんえらあるなあ」　千葉県　東京都南多摩郡・八丈島「えらんなる(増える)」　神奈川県津久井郡　***えらい** 茨城県稲敷郡　栃木県下都賀郡「えらい貰った」　東京都大島・三宅島・御蔵島

長野県上伊那郡　岐阜県恵那郡　静岡県田方郡　兵庫県神戸市　奈良県　岡山県西部　香川県　愛媛県越智郡・周桑郡　熊本県阿蘇郡　***えらいこと** 岐阜県稲葉郡　三重県員弁郡　奈良県・吉野郡

島根県石見「えらいこと集まらんのー」　***えらいしこ** 熊本県下益城郡　***えらさら** 神奈川県　***えらさんげー** 埼玉県秩父郡　***えれこつ** 宮崎県西臼杵郡「ほんやらえやら、えれこつもろーちぃありがとござりました」・東臼杵郡　***えんぜー** 石川県舳倉島　***えんつころ** 山形県西村山郡　***えんなえー** 長崎県彼杵　***えんにょー** 島根県邑智郡　岡山県・吉備郡　山口県豊浦郡　***おいもん** 高知県

***おーか** 青森県三戸郡　岩手県和賀郡　群馬県桐生市　岐阜県吉城郡「宮川村には石器時代の遺物がおーかある」　熊本県玉名郡　***おーきなこと** 和歌山県日高郡　愛媛県宇和島市　大分県　***おーきょ** 兵庫県淡路島「もお、余りおおきよは有ろまい」

***おーざ** 茨城県新治郡・稲敷郡　***おーざっぱ** 茨城県稲敷郡　***おーず** 群馬県山田郡　***おーぞ** 栃木県足利市・佐野市「おーぞもらっていくべー」　群馬県　***おーどさ** 島根県隠岐島「魚をおーどさやった」　***おーねーに** 茨城県久慈郡　***おーまく** 兵庫県加古郡・淡路島　香川県小豆島　***おーもり** 千葉県安房郡　***おーらい** 和歌山県・那賀郡　兵庫県淡路島　***おきなこと** 和歌山県那賀郡「おきなこと戴きました」・日高郡「おきなこと雀が飛んで来た」

***おくたま** 山形県東田川郡　***おさんざ** 長野県上水内郡・長野市　***おじしこ** 鹿児島県　***おしもさんも** 島根県隠岐島　***おすこたま** 山形県最上郡　***おせっこい** 山梨県　***おっこー** 長野県諏訪　愛媛県　***おっこと** 岐阜県加茂郡　***おっぱい**(幼児語)山形県　滋賀県長浜市　和歌山県　福岡県

***おばかん** 福岡県粕屋郡　***おめーに** 神奈川県鎌倉市・高座郡　***おめーり** 神奈川県　***おめーろ** 神奈川県逗子市・鎌倉市　***おめさか** 新潟県西頸城郡　***おめしか** 神奈川県逗子市・三浦郡　***おめに** 新潟県西頸城郡　***おめろ** 神奈川県藤沢市「おめろ食う」　***おもい** 岐阜県大野郡　***おもいさま** 愛媛県　***おもいしこ** 広島県倉橋島　***おもいしも** 愛媛県今治市　***おもいすがい** 秋田県鹿角郡　***おもいり** 岩手県気仙郡　山形県　栃木県河内郡　神奈川県　福井県大飯郡　長野県下水内郡　岐阜県大野郡「おもいり御馳走してやれ」　愛知県宝飯郡

***おもいれ** 千葉県夷隅郡　東京都　長野県　兵庫県淡路島　奈良県宇陀郡　***おもえしま** 山形県

***おもーり** 茨城県　***おもさが** 青森県津軽　***おもさま** 山形県　新潟県中頸城郡　岐阜県揖斐郡　三重県志摩郡　島根県出雲　熊本県菊池郡・芦北郡　***おもさも** 茨城県稲敷郡・筑波郡　栃木県　島根県出雲・隠岐島　***おもさん** 熊本県「わきゃあ時おもさん勉強しとかんと、しゃやが年とってかるふじゅかばい」　***おもさんも** 島根県隠岐島　***おもしか** 島根県八束郡　***おもしき** 長野県上伊那郡

***おもしこ** 広島県倉橋島　***おもしたま** 山形県「栗おもしたま拾った」　***おもしな** 愛媛県越智郡　***おもすこたま** 山形県南村山郡　***おもやく** 香川県小豆島　***おもり** 福井県大野郡　長野県東筑摩郡・上伊那郡「おもり御飯を食べてみてー」　***おもわく** 徳島県・海部郡　香川県小豆島　***おらい** 愛知県丹羽郡　***おりく** 青森県南津軽郡　***おんない** 和歌山県那賀郡　***おんぷそんぷ** 島根県隠岐島「おんぷそんぷ火を焚いてあたれ」　***おんまく** 兵庫県加古郡・神戸市　広島県・沼隈郡　香川県　愛媛県

***おんまくさ** 兵庫県赤穂郡　***おんまくそ** 兵庫県神戸市・加古郡　***おんめろ** 神奈川県逗子市・三浦郡　***おんもいと** 茨城県久慈郡　***おんもさが** 青森県津軽　***おんもさま** 茨城県北相馬郡　千葉県海上郡　新潟県中頸城郡　***おんもさも** 福島県岩瀬郡　茨城県稲敷郡　***おんもさんも** 茨城県筑波郡・稲敷郡　***おんもすま** 山形県「今日はおんもす

ま働いた」 *おんもど千葉県夷隅郡 *おんもり青森県南部 茨城県北相馬郡 千葉県「遠慮しねえでおんもり持って行け」 新潟県中頸城郡 長野県 *おんもれ和歌山県西牟婁郡 *かーと岐阜県飛騨「餅やいたにかーと食ってたもれ」 *がーと神奈川県 愛知県八名郡「がーとに戴いてね」 大分県速見郡 *がい青森県三戸郡 宮城県牡鹿郡 福島県 茨城県久慈郡・稲敷郡「がいだっぺい」 東京都利島・大島 新潟県 富山県中新川郡・下新川郡 山梨県「まあこがあにがいに呉れとう」 愛知県知多郡「客ががいにあった」 三重県南部「がいなもんや」 和歌山県 鳥取県西伯郡 島根県「がいに(魚を)取りょったもんのう」 岡山県 徳島県 香川県「補償金ちよとどころか、がいにくれるわ」 愛媛県「がいにひとん集まっち居るけん、ぢきわからや(たくさん人々が集まっておりますから、すぐにわかりますよ)」 大分県「あんまりがいと食べた」 *がいなこと愛知県知多郡「魚ががいなこと釣れた」 三重県志摩郡・南牟婁郡 和歌山県 *がう長野県北安曇郡 *がえー山梨県南都留郡 *かさ徳島県海部郡「魚がかさとれた」 *がさ京都府竹野郡 島根県石見「山い行くとがさに栗が落ちとる」 *がしょーき茨城県稲敷郡 栃木県 埼玉県川越・入間郡 *がしょーぎ群馬県邑楽郡 千葉県長生郡 *がしょーけ茨城県 千葉県香取郡・海上郡 *がしょーげ千葉県 *がしょぎ千葉県山武郡 *がしょぎん千葉県長生郡 *かしょっき千葉県上総 *がた大分県東国東郡 *かたくねー栃木県河内郡 *がっと神奈川県中郡「がっとある」 *がっぱ新潟県北蒲原郡・東蒲原郡「芋ががっぱある」「手を切って血ががっぱ出た」 *かっぱり山形県西置賜郡 *がっぱり山形県 新潟県佐渡 *がと大分県西国東郡 *かとー栃木県佐野市 静岡県志太郡 *がとー神奈川県三浦郡 新潟県 山梨県「賃金をがとーくれた」 長野県 静岡県志太郡 愛知県南設楽郡 大分県 *がとーなこと大分県「がとーなこと人が居る」 *がば鹿児島県喜界島 *がはり山形県米沢市「がはり食った」 *がばり岐阜県飛騨 *がはん岐阜県不破郡 *がぶ・がぼ長崎県南高来郡 *がらがら新潟県佐渡「柿ががらがらなっている」 *からんがらん・かしやんがしゃん長野県佐久 *がらんがらん長野県長野市・上水内郡 *きさんじ島根県美濃郡・益田市「蜜柑がきさんじなった」 *ぎしっと岩手県気仙郡「ぎすっとつまっている」 山形県山形市・東村山郡 鹿児島県 *ぎしと鹿児島県 *ぎちいっぱい高知県宿毛市「ぎちいっぱいめしおつぎなんすな」 *ぎちっと山形県 *きっこん新潟県岩船郡 *ぎっし鹿児島県肝属郡「人がぎっし来ちょる」 *きっしり・ぎっしー鹿児島県 *ぎっしり千葉県夷隅郡 和歌山県有田郡 *ぎっちり福島県相馬郡「ぎっちり買ってなー」 茨城県西茨城郡・真壁郡 和歌山県 *きびがい愛媛県松山 *きびらしー広島県豊田郡 *ぎゃー長崎県壱岐島「きゃーぎゃーに(これはこれはたくさんに)」 *ぎゃんぎゃん京都府愛宕郡・京都市 *ぎゅーっと千葉県夷隅郡 *ぎゅーと千葉県夷隅郡 群馬県勢多郡 静岡県 *ぎょー富山県「ぎょうな」 兵庫県播磨 鳥取県東部 島根県邇摩郡・大田市「近頃りょうはぎょうにない」 岡山県・真庭郡 徳島県 高知県土佐郡「ぎょーにおみやげもろーた」 長崎県対馬 大分県 *ぎょーさ岐阜県吉城郡「あぇつおぎょーさとってきて(あれをたくさん取って来て)」 *ぎょーさなこと島根県隠岐島「ぎょーさなこと魚がはいった」 *ぎょーさん大分県北海部郡 *ぎょーさん山形県西置賜郡 新潟県「魚がぎょうさんいる」 石川県金沢・江沼郡 福井県「海水浴のお客がぎょーさん来とらっしゃるんや」 長野県東部「おかしをぎょーさんかって来た」 岐阜県「灰はぎょーさん入れたるに」 静岡県 愛知県「ぎょーさん欲しい」 三重県 滋賀県「ぎょーさんありよったはけなー(たくさんありましたからねえ)」 京都府 大阪府 兵庫県「ぎょーさん貰うてすんまへん」・淡路島 奈良県「ぎょーさん持って帰ったな」 和歌山県那賀郡 鳥取県西伯郡「この池には鯉がぎょーさん居るな」 島根県 岡山県 広島県 山口県下関 徳島県 香川県 愛媛県 高知県「ほんだぎょーさんあらー」 長崎県壱岐島 大分県北海部郡 宮崎県延岡・宮崎市 *ぎょーさんげ(中流の婦人の語)愛知県名古屋市 *ぎょーさんこと新潟県佐渡 岡山県津山「もったいない、こねーにぎょーさんことくさらかして」 *ぎょーさんなこと新潟県佐渡「どうい、ぎょうさんなことのもんだ」 高知県幡多郡「ぎょーさんなこと(みやげ物を)おこしてもろてぇ」 *ぎょーさんもない島根県石見 *ぎょーはん兵庫県赤穂郡 愛媛県周桑郡

方/言/の/窓

●日蓮と方言

鎌倉時代、関東地方出身の僧である仙覚は『万葉集』の注釈を行った(一二六九年)。

そして二〇巻の防人歌を注し終わって「防人等ガ歌ノ詞、ミナコレ夷詞ドモナリ……東歌、ナラビニ此巻防人等ノ歌ノ詞、ソノ聞キハ卑シケレドモ、自ラミナ悉曇ノ習ヒニソムカズ(音韻変化の結果である)」として、自らの東日本の方言を卑下し、また弁解している。

ちょうど同じ年、同じく関東地方出身の日蓮は、京都で勉強している弟子に対して「定めてことばつき音なんども京なめり(訛り)になりたるらん……言えば、但いなかことばにてあるべし」として、なにも都のことばの真似などしなくてもいいと厳しくたしなめている。

方言に対する態度が正反対なのは、まことにおもしろい。

*ぎょーんさ・ぎょんさ 岐阜県飛騨 *ぎょさん 石川県江沼郡 福井県今立郡 岐阜県吉城郡・大野郡 兵庫県加古郡 広島県沼隈郡 *くさぐさ 新潟県佐渡「なんずかんずくさぐさいただきました」 *ぐさと 福岡県朝倉郡・粕屋郡 *くさぶと 岐阜県恵那郡 *くじゃらまんほど（非常にたくさん。卑語）愛媛県周桑郡 *ぐすさく 熊本県 *ぐすと 福岡県 *ぐんざ 福井県大野郡 *けぁー 茨城県 栃木県那須郡 *げー 福島県「そおだにわけてげぇだ、少し残しておごれ」 茨城県多賀郡 栃木県 群馬県利根郡 千葉県香取郡・長生郡 新潟県・中魚沼郡「げーにかせぐなも」・南魚沼郡 山梨県 *げーん 長崎県 *けちょに 和歌山県日高郡 *げほーもない 長野県上伊那郡 *げやー 茨城県猿島郡 栃木県芳賀郡 *けろ 鹿児島県屋久島「魚をけろ釣った」 *げんごく 栃木県中部 *ごい 長野県上高井郡 *こいたま 長野県上田・上高井郡 *こいたまなし 長野県長野市・上水内郡 *ごいと 岩手県九戸郡 鳥取県東部 鹿児島県 *こえたま 長野県下水内郡 *こー 大分県西国東郡 *ごー 三重県志摩郡 福岡県・築上郡「ごーな（たくさん）つくーるもんなねー」 長崎県対馬「ごうに（たくさんに）」 *ごーいと 兵庫県加古郡 熊本県 鹿児島県・硫黄島 *ごーえー 長野県北安曇郡 *ごーさん 福井県足羽郡・大野郡 三重県志摩郡 *ごーせ 長野県下水内郡 島根県大田市「ごーせな人出だ」 *ごーせー 長野県北安曇郡 *こーだい 秋田県雄勝郡「梨がこーでぁなった」 山形県「積んだ材木はこーだえなものだ」「こーだえ、雪ぁたまった」 *ごーほ 福岡県・久留米市 大分県下毛郡 *ごーほー（「豪放」か）佐賀県「ごーほーに」 大分県宇佐郡 *こぎたま 長野県北安曇郡・東筑摩郡 *こげいたん 群馬県吾妻郡「こげいたん持って行きなぁろ（行きなさい）」 *こげーたま 埼玉県秩父郡「こげーたま、うち食ってやった」 長野県諏訪 *こげたま（「こげ」は「こがい」の転）長野県北安曇郡 *こげつく 長野県佐久 *ごごくたま 山形県東置賜郡・村山 *こじきたま 福島県会津 *こじくたま 山形県西置賜郡 *こしこたま 山形県東置賜郡 *こしたもっこ 新潟県西蒲原郡 *こじみたま 福島県中部・会津「こじみたま儲けやがった」 *こじゃんと 高知県須崎市・中村市 *こずかこずか 山形県米沢市「こずかこずかと盛れ」 *こだくさん 新潟県佐渡 三重県志摩郡 島根県「鰯がこだくさんにとれた」 *ごつじょー（非常にたくさんなさま）島根県美濃郡・益田市「栗ならごつじょーにある」 *こっそき 福岡県遠賀郡 *ごっそら 岩手県気仙郡「こんどくる時ごっそらどももってこや」 *ごっそり 栃木県芳賀郡 新潟県佐渡 三重県阿山郡 山口県阿武郡 *こったいこと 新潟県三島郡 *こったく 新潟県中越 *こったま 新潟県 *ごっちゃり 岩手県気仙郡 *ごっちょら・ごっちょり 秋田県鹿角郡 *こっつくたま 山形県 *ごっと 島根県邑智郡「栗がごっとなった」 *ごっとり 山形県米沢市「ごっどり貰った」 *こっぱいたま・こっぱえすすま・こっぺしたま 山形県「こっぱえすま食う」 *こっぱえしたま 山形県南部 *こっぽ 青森県上北郡・三戸郡「彼人は何時の間にかこっぽど金こ溜めて居たもんだ」 *ごっぽ 山口県下関市 福岡県 *ごっぽー 島根県石見 山口県豊浦郡「ごっぽー米があった」 福岡県企救郡 *こっぽし 福井県 *こっぽり 山形県庄内 富山県砺波 福井県 *ごっぽり 福井県遠敷郡 *こっぽる 富山県砺波「こっぽると持ってけ」 *こてこて 茨城県稲敷郡 東京都 新潟県佐渡 *ごてごて 茨城県久慈郡 *こてっしり・こてっすり 山形県 *こてっちり 栃木県 *こてっぱら 山梨県 *こでつり 宮城県仙台市 *こどかに 島根県美濃郡・益田市「炭を炬燵にこどかにくべた」 *ごどり 山形県米沢市「ごどりともらった」 *こふだん 岩手県気仙郡 *ごよーなこと 徳島県海部郡 *こらっかい 静岡県・田方郡 *ごろいと 鹿児島県 *ごろくさ（児童語）岐阜県大野郡「あそこには子供がごろくさおる」 *ごんご 島根県鹿足郡「ごんごに人が集った」 山口県玖珂郡「ごんごな」 *こんず 山形県南村山郡 *こんずくたま 山形県東村山郡・西村山郡 *こんずくりたま 山形県西村山郡 *ごんと 静岡県田方郡 *ざーく 静岡県 *ざく 静岡県・志太郡「銭がざくある」 *ざくざく 山形県南村山郡・北村山郡 *ざっくと 青森県津軽 *さっざ 新潟県長岡市 *ざった 栃木県「米がざったにこぼれてる」 *ざっち 和歌山県東牟婁郡 *さっちら 長野県上田・佐久 *さっつぁ 新潟県・中越 長野県佐久 *ざらく 茨城県・鹿島郡 *ざらけ 山口県厚狭郡「そねーなものはざらけある」 *ざまーない（農民）大分県玖珠郡 *さまじー 大分県北海部郡 *ざまむねー 熊本県阿蘇郡 大分県「ざまむねーある」 *さわやま 兵庫県出石郡 *さんざ 埼玉県秩父郡 新潟県「石をさんざ持って来い」 長野県 *さんじ 和歌山県東牟婁郡 *じーね 島根県能義郡「じーね魚が釣れた」 *しぇっぱい・しぇっぴゃー 熊本県天草郡 *しぇぺ 山形県庄内「しぇぺ貰った」 新潟県 長崎県五島 *しかっぱち 島根県益田市「車に草をしかっぱち積んで戻った」 *しかほか 新潟県佐渡「ごはんをしかほか食べている」 *しこくたま・しごくったま 山形県米沢市 *しこする 和歌山県東牟婁郡 *しこたか 愛媛県温泉郡 大分県宇佐郡 *しこだけ 島根県益田市 *しこたっぺ 栃木県日光市「仕事はしこたっぺやれ」 *しこだも 茨城県稲敷郡 *しこたら 高知県幡多郡 *しこたん 山口県豊浦郡 愛媛県 *しこっぱち 島根県鹿足郡・邇摩郡 山口県阿武郡 *しこっぱら 山口県大島「めでたい祝宴だったのでしこっぱらよばれた」 長崎県壱岐島 *しこてー 埼玉県北足立郡 *しこてこ 茨城県 千葉県東葛飾郡 島根県益田市 熊本県天草郡 *しこでこ 島根県益田市 長崎県対馬 *しこてつ 島根県簸川郡・出雲市 *しこてっぱら 千葉県東葛飾郡 *しこてま・しこでま 山形県

最上郡 *しころく 大分県玖珠郡 *したたか 岩手県九戸郡 秋田県鹿角郡「山へ行って茸したたか採って来た」 山形県 茨城県稲敷郡 栃木県河内郡 新潟県佐渡・新井市「したたかのまされた」 長野県上田・佐久 静岡県富士郡 三重県飯南郡 島根県出雲 福岡市 大分県大野郡・下毛郡 *しただか 宮城県仙台市 秋田県秋田市・平鹿郡 千葉県海上郡 鹿児島県宝島・喜界島「蜜柑がしただかなっている」 *したたき 千葉県海上郡 *したたく 千葉県長生郡 *したったか 静岡県志太郡 *じっか 栃木県 静岡県 *しっかー 千葉県長生郡 *しっかし 福島県 *しっから 千葉県夷隅郡 *しっかり 福島県 茨城県 栃木県「しっかりいただきました」 群馬県邑楽郡 埼玉県北葛飾郡 千葉県 東京都御蔵島・八丈島 神奈川県 新潟県三島郡・刈羽郡 静岡県 鳥取県西伯郡 岡山県小田郡 徳島県三好郡 香川県 愛媛県 高知県 *しっかりだら 東京都八丈島 *しっけみ 香川県 *しっこり 新潟県佐渡 愛媛県 高知県 *しったか 静岡県富士郡 *しったらか 茨城県稲敷郡 *しったらが 茨城県稲敷郡 千葉県印旛郡 *しっとつ 新潟県中越 *じっぱい 岩手県九戸郡 *じっぱし 秋田県山本郡 *じっぱと 秋田県鹿角郡 *しっぱらく 島根県益田市「飯をしっぱらく食うて寝た」 *しっぱり 山形県米沢市 *じっぱり 北海道松前郡 岩手県「どうか、じっぱり食べて下さい」・九戸郡 秋田県 *してゆて 埼玉県北足立郡 *しとかた 静岡県賀茂郡 *じゃーに 京都府竹野郡・熊野郡 兵庫県但馬 鳥取県 島根県 *じゃーにじゃーに・じゃーねじゃーね・じゃんじゃね 島根県出雲 *じゃーね 岐阜県飛騨 島根県出雲 広島県比婆郡 *じゃーねこと 島根県仁多郡 *じゃーねじゃんじゃん 島根県大原郡 *しやきらもない 島根県邑智郡「大根がしゃきらもなー今年はできた」 *しゃけらもない 広島県佐伯郡・高田郡 *じゃに・じゃんこと 鳥取県西伯郡 島根県 *じゃね 鳥取県西伯郡 島根県出雲「じゃね褒美を貰った」 *じゃねこと・じゃねことじやねこと 島根県能義郡「じゃねことじゃねことお土産ごさっしゃえまして、あーがとござえましてね」 *じゃん 鳥取県西伯郡 島根県出雲「松茸がじゃんある」 *じゃんじゃーに 島根県仁多郡 *じゃんじゃん 静岡県志太郡 鳥取県西伯郡 島根県 *じゃんじゃんこと 島根県能義郡 *じゃんとこ 島根県美濃郡・益田市「じゃんとこ貝殻がある」 *じゅさん 和歌山県東牟婁郡 *じょーいか 新潟県中越 *じょーけ 香川県三豊郡 *じょーさん 石川県鳳至郡 福井県 岐阜県武儀郡・恵那郡 三重県南牟婁郡・北牟婁郡「こんなにじょーさんもーてもよいんかなー(もらってもいいのかな)」 京都府 大阪府・泉北郡 兵庫県 奈良県南大和 和歌山県 広島県上蒲刈島・下蒲刈島 徳島県美馬郡・海部郡 香川県・三豊郡 *じょーさんぎょさん 兵庫県加古郡 *じょーさんこと 香川県三豊郡 *じょーしゃ 徳島県三好郡 *しょーに 愛媛県 *じょーに 岐阜県飛騨「じょーにまいれ(食物を勧める時の言葉)」 京都府竹野郡「雪がじょーに降りました」・中郡 大阪府泉北郡 兵庫県 鳥取県 島根県 岡山県吉備郡 広島県 山口県「これよりじょーにゃあ入りませんでえ」 徳島県 香川県「じょうにいう(あれこれとたくさんしゃべる)」 愛媛県 高知県香美郡・長岡郡 大分県 *じょーにか 香川県伊吹島 *じょーにこと 香川県三豊郡 *じょーにじょーに 島根県石見 *しょーぶ 東京都八丈島「しょーぶ持ってきた」 *じょーぶ 岐阜県飛騨「じょーぶにあがっとくれ(客に食物を勧める挨拶の言葉)」 兵庫県淡路島 *じょさん 奈良県南大和 *じょん 富山県下新川郡・砺波 *じょんじょん 滋賀県滋賀郡・高島郡 島根県美濃郡・益田市「竹ならじょんじょんある」 *じょんぼ 香川県三豊郡 *しらごて(非常にたくさんなさま) 島根県安来市 *じんじ 鹿児島県 *ずいに 岐阜県恵那郡 *ずぃんばい 沖縄県首里 *すぎやま(この地方には昔から杉の木が多かったところから) 富山県下新川郡 *すくたら 神奈川県津久井郡 *ずご・すご 香川県「ずごある」 *すこえたま 山形県 *すこたま 岩手県気仙郡 宮城県栗原郡 秋田県平鹿郡 山形県 *すこてま 山形県最上郡 *ずし 鹿児島県鹿児島郡 *すすたか 新潟県 *すっこたま 岩手県気仙郡 *ずっぱ 青森県津軽「おり(折)さづっぱどつめる」・三戸郡「きたねぇ物ばりずっぱどはいっていだ」 岩手県九戸郡 *ずっぱい 熊本県天草郡 *すっぱり 岩手県気仙郡「おら家には麦なら すっぱりある」「どうぞすっぱり食べらっせ」 *ずっぱり 北海道 青森県南部「づっぱり採ってこ」 岩手県 秋田県「御飯がずっぱり残った」 山形県西田川郡 鹿児島県種子島 *すててこ 島根県美濃郡・益田市「運動会にはすててこに人が集まった」 *すてごわい 三重県志摩郡 *すてこわい・すずどんと・ずでんと 茨城県稲敷郡 *ずない 宮城県仙台市 新潟県 *ずばっ 鹿児島県 *ずばつ 宮崎県西諸県郡・東諸県郡 鹿児島県肝属郡「づばつ呉りゃいお」 *すばら 長野県上田「すばらに」・佐久 *すばらー 静岡県 *ずめ 福岡県小倉市 *ずめこめ 福岡県小倉市・企救郡 *すらっかい 静岡県 *すらば 長野県佐久「すらばに」 *ずん 鹿児島県鹿児島郡 *すんがり 茨城県久慈郡 *ずんと 茨城県行方郡・稲敷郡 千葉県印旛郡(中流以下)「ずんと食べろ」 宮崎県西臼杵郡 *ずんばい 宮崎県「ずんべー」 鹿児島県「水をずんばい汲む」「魚を船にずんばいとる」 沖縄県首里 *ずんばり 宮崎県東諸県郡 *せーぎり 三重県志摩郡 *せーさい 山梨県南巨摩郡「酒だきゃあるでせーさいのんでってくれでや」「はいせーさいになった」 静岡県富士郡 三重県三重郡 *せえっぺー 新潟県佐渡「せえっぺえ食え」 *せっかく 宮城県仙台市「『たんとおわんなせ』『せっかく頂いておりした』」 *せっきり 岩手県和賀郡 *せっど 岐阜県揖斐郡

*せっぱい 和歌山県西牟婁郡・東牟婁郡　島根県江津市「魚が網にせっぱいはいった」　高知県　*せっぺー 岩手県上閉伊郡　秋田県「せっぺぁ食べた」　*せほで・せーふーでー 山形県東田川郡　*せんが 三重県南牟婁郡　香川県大川郡　*せんがん 香川県仲多度郡「くやく(冗談)のせんがんも言うてかえった」　*せんぎり 福島県浜通　三重県志摩郡「せんぎり見た」「せんぎり食うた」　*せんど 和歌山県「せんど食べた」　*ぞーのくそほど 長崎県対馬　*ぞーんくそ 熊本県下益城郡　*そけ 山口県豊浦郡「そけ注ぐな」「そけ入るな」　*ぞん 鹿児島県　*ぞんぶん 香川県小豆島　*ぞんぼ・ずんぼ・じょぼ 香川県　*ぞんぼん 東京都三宅島「ぞんぼんある」　*だーで 三重県志摩郡　*たーへん 静岡県　*たーみん 沖縄県新城島　*たいした 北海道美唄市・松前郡　青森県南津軽郡　岩手県気仙郡　宮城県栗原郡　秋田県南秋田郡・秋田市　福島県相馬郡　新潟県岩船郡「こやしもまたその代りたいしたしねばねえもの(肥料もまたその代わりたくさんやらなければなりませんしねえ)」　島根県大原郡　*たいちぇー 鹿児島県種子島　*だいぶさ 石川県河北郡　*たいへん 茨城県鹿島郡　京都府　大分県大分郡　*だいめー 大分県宇佐郡・西国東郡　*たいめん 大分県西国東郡　*だいめん 島根県石見「人がだいめん出盛った」　大分県西国東郡・宇佐郡　*たかーにん 沖縄県石垣島・鳩間島　*ただくさ 三重県安濃郡・津市　*たっくさ 山形県庄内　*だてーん 沖縄県中頭郡・首里　*だらく 三重県志摩郡　*だんさく 長野県南部・上伊那郡　*たんたん(幼児語) 奈良県　*たんちー 岡山市　*たんとか 秋田県雄勝郡「もうたんとかいただきました」　*だんねーこわ 大分県西国東郡　*たんぶり 富山市　*たんまり 和歌山県東牟婁郡　*たんめ 三重県南牟婁郡　*たんめら 長野県上伊那郡　*ちっとにげなし 長崎県壱岐島「ちっとにげなし、虫い食われちしもーた」　*ちょーたみ 鹿児島県喜界島「くりふぁーちょーたみむらた(蜜柑(みかん)をたくさんもらった)」　*つがうない 青森県南部「つがうねいもらってなす」　*つこーに 島根県仁多郡「魚がつこーに捕れた」　*でーこ 東京都新島「でーこくへ(食べろ)」　*でーご 千葉県印旛郡　*てーだか 沖縄県首里　*でーっつり 山形県東置賜郡・東田川郡　*でーつり 山形県西置賜郡　*でかいこと 富山県砺波「そんなでかいこと持てん」　石川県　福井県　*でかいと 富山県「でかいと持てこられた」　石川県能美郡　*でかと 石川県能美郡「でかとの人」「でかと有る」　*でぐしけない 三重県志摩郡　*てこ 広島県沼隈郡　*でこ 茨城県稲敷郡　*でこー(形容詞「でかい」の連用形「でかく」の転) 神奈川県「でこー食え」　新潟県南魚沼郡　山梨県・北都留郡　*てこしこ 長崎県北松浦郡　*でこでこ 長野県佐久　*でこと 石川県能美郡　*でこりっと 山形県米沢市　*でしこら・でしこり 山形県西置賜郡　*でちっと 山形県米沢市「でちっと詰めろ」　*でっこ 千葉県千葉郡　*でっこー 神奈川県津久井郡　*でっこり 秋田県仙北郡「でっこり儲けた」　山形県南置賜郡・東田川郡　*でっさり 山形県西村山郡・南村山郡　*てっしら 高知県幡多郡・土佐郡　*でっしら 山形県西置賜郡・西村山郡　高知県長岡郡　佐賀県　*てっしらー 佐賀県　*てっしり 岩手県東磐井郡　高知県・幡多郡　*でっしり 山形県　福島県　兵庫県飾磨郡　高知県・長岡郡　*でっすり 宮城県栗原郡・登米郡　山形県　*でったり・でっすら・でっつら 山形県　*でっちら 山形県　福島県北部・東白川郡　*てっちり 岩手県東磐井郡　宮城県仙台市　山形県米沢市「てっちりと盛った」　*でっちり 岩手県気仙郡「やまのものでっちりもってきた」　宮城県　山形県　福島県　茨城県久慈郡　*てっつり 宮城県仙台市　*でっつり 宮城県　山形県　*てっと 広島県山県郡　*でっぷり 山形県東田川郡・飽海郡　*てへんと 岐阜県養老郡　*でほーだい 岩手県　宮城県「でほうでえ賞品貰った」　長野県「でほーでーに寒い」　*でほーで 宮城県仙台市「でほーで儲けたっけね」　*でほだい 岩手県気仙郡　宮城県石巻　*でやいこ 茨城県稲敷郡　*でやいごー 千葉県印旛郡　*てんぐれまんぐれ(山ほどたくさん) 千葉県夷隅郡　*てんぷ 三重県　大分県　*でんぶ 栃木県　山梨県　*でんぷ 長野県上伊那郡　*てんぽ 福井県　岐阜県揖斐郡　三重県　島根県隠岐島「お祭でてんぽ人が通る」「てんぽに魚が獲れた」　*でんぽ 石川県江沼郡　*てんぽー 福井県　三重県　滋賀県　*でんぽー 三重県度会郡・宇治山田市　*どいだけ 大分県津久見市　*どいと 岩手県気仙郡「どいと金出す」　*どえっと 山形県「どえっと投げて」　*どえらこい・どえらーこい・どってらこい・どてらこい 三重県志摩郡　*とーせー 群馬県吾妻郡　*どーと・どーっと 島根県隠岐島「どーと魚がとれた」　*どーど 新潟県　*どーどー 滋賀県彦根「どーどーやってくる」　*どーらい・どてらい 京都府「柿をどーりゃーことぼってきなった(柿をたくさんもいで来なさった)」　*どーんと 滋賀県彦根「どーんとある」　島根県隠岐島「魚がどーんと獲れた」　*どかん 茨城県新治郡「どかんと」　*どくしょー 島根県那賀郡・邑智郡「山に栗がどくしょー落ちとる」　岡山県　*とくせー 群馬県「あの山にとくせいあらあ」「田舎は食物がとくせいだ」　*どくらしー(副詞的に用いられることが多い) 島根県隠岐島「魚をどくらし捕った」　佐賀県「どくらしう」　熊本県八代郡「どくらしゅう」　*どさ 長野県東筑摩郡「どさ荷がついた」・佐久　*どさどさ 山形県米沢市　福島県東白川郡「一ぺんに、どさどさ木くべる」　新潟県「金をどさどさと使ふ」・佐渡　*どさまく 長野県東筑摩郡　愛知県宝飯郡「どさまくもらった」　*どす 愛知県岡崎市「どすと」　*どすん 岐阜県大垣市「どすんと」　*とっくせー 長野県南佐久郡　*どっくどっく 鹿児島県鹿児島郡　*どっこい 鳥取県東伯郡「どっこい有る」　*とっこり 新潟県佐渡「一杯

めしちゅう物うとっこり盛った」　*どっさどっさ鹿児島県　*どっしら高知県土佐郡　*どっしら茨城県行方郡　*どっしり高知県長岡郡　*どっしり山形県西置賜郡　福島県　群馬県吾妻郡　埼玉県北足立郡・入間郡　千葉県香取郡　長野県西筑摩郡　静岡県・志太郡「お(欲)しけりゃーどっしりもってけ」　愛知県尾張　和歌山県那賀郡　高知県　*どっすり宮城県名取郡　*どったり青森県南部　島根県隠岐島「柿がどったりなった」　*どっちり茨城県西茨城郡　新潟県　福井県　滋賀県　奈良県　*どっちり秋田県南秋田郡・雄勝郡「どっちり持って来い」　滋賀県神崎郡　*どっつり新潟県　*どっと三重県三重郡　島根県隠岐島「菓子をどっともらった」　香川県　*とっぴもない愛知県豊橋　*とても山梨県東八代郡「とてもある(たくさんある)」　大分県　*とてん・とーてん大分県「さかなーとーてんよーきーおる(魚がたくさんいる)」　*どへ岐阜県本巣郡　*どへん岐阜県・本巣郡「どへんとくれた」・恵那郡　*とろい・とろくさい高知県「内にはとろくあるから、ええばーとっておいでなさい」「そんなへごな物はとろくさいあっても役に立たん」　*とろく高知県　*とろくさんぱち高知県長岡郡　*とわんほど(非常にたくさん)島根県簸川郡・大原郡　*どんたかさ鹿児島県・肝属郡　*どんと静岡県榛原郡「どんとない」　*どんと千葉県夷隅郡「どんとあってえ」・市原郡「山にはきのこがどんとある」　長野県諏訪・東筑摩郡　岐阜県本巣郡「どんとくれた」　静岡県「どんとお待ちなさい」・小笠郡　三重県志摩郡　滋賀県彦根・犬上郡　和歌山県那賀郡　島根県隠岐島「どんと飯を食った」　*どんぼ香川県観音寺市「どんぼあげらい」　*なぐた静岡県「夏烏賊はなぐただった」　*なにまんか・なほどか新潟県西頸城郡　*なま山梨県「なまに」　*なんまん千葉県安房郡　*のーのー福島県北部「竹藪に筍がのーのー出た」　*のーほど千葉県香取郡・海上郡　*のたし茨城県那珂郡　*のちょー山梨県「のちゃうある」　*のつ長野県更級郡　*のっこ青森県三戸郡　*のっこら青森県津軽「たんぼに稲がのっこらど残っていますね」　*のっこり青森県南部　岩手県和賀郡・気仙郡　宮城県　秋田県鹿角郡　山形県西田川郡　*のっさり秋田県平鹿郡・鹿角郡　*のっしら福島県東白川郡　*のっしり山形県「のっしりど金ためだそおだ」　福島県　*のっそら青森県津軽　*のっそり青森県南部　岩手県　宮城県　山形県西村山郡・北村山郡　*のっちり岩手県海岸地区・気仙郡　秋田県　*のっつり青森県南部　*のふぞ三重県度会郡　*のほーだま長野県西筑摩郡　*のんにょー佐賀県　*ばくたい鳥取県西伯郡　島根県「ばくたえ土産を貰った」　*ばくだい秋田県「ばくでぁ刈たんしな(稲をたくさん刈りましたね)」　山形県飽海郡　鳥取県西伯郡　*ばさら島根県浜田市「小石がこの辺にばさらにある」　*はったえ島根県仁多郡「はったえ柿がなった」　*ばったり山口県阿武郡　*はっぱえ山形県東田川郡　*ひたたか山口県豊浦郡　*ひたむでに栃木県那須郡「ずいぶんひたむでにひいでんがら(車に積んで行くから)」　*ひっかり福島県東白川郡(主に子供が使う)　千葉県香取郡　静岡県田方郡　*びっしゃっ長崎県五島　*ひっとつ山形県「倉にひっとづあった」　新潟県西蒲原郡「この籠にひっとつ持ってきた」　*ぴてぃーじ沖縄県石垣島　*ひどい岐阜県益田郡　*ひとたか大分県大分郡　*ひとつ新潟県佐渡　*ひとはら・ひとぺら石川県河北郡　*ひゃっか三重県南牟婁郡　*ひやんがら和歌山県東牟婁郡　*ひらだたき三重県志摩郡　*ふげや秋田県仙北郡　*ふだ岩手県磐井郡・胆沢郡　宮城県　山形県　福島県・東白川郡「今日のおかずはふだだ」　茨城県・真壁郡　栃木県　千葉県香取郡　*ふだー茨城県稲敷郡　*ふだふだ宮城県石巻・仙台「書生さんのお給仕する時わね、何でもふだふだとわけてあげさえよ」　山形県　福島県相馬郡　*ふだらく茨城県真壁郡・稲敷郡　*ふだん岩手県気仙郡「ふだんに持ってこい」　秋田県雄勝郡　山形県　福島県若松市・大沼郡　茨城県　栃木県　埼玉県北葛飾郡　千葉県香取郡「風呂の水をふだん汲んだな」　新潟県東蒲原郡　岐阜県郡上郡　*ふっき岩手県九戸郡・下閉伊郡　群馬県伊勢崎市「酒だけはふっきにあるから」　*ふっさり高知県「ふっさり積んで来た」　*ふっとつ新潟県　*ふて島根県八束郡　*ふてーこつ大分県北海部郡　*ふてーしこ熊本県下益城郡　*ふてこつ熊本県芦北郡　宮崎県都城市　鹿児島県「押しむっげん(押麦でも)ふてこっ混ずれば」　*ふど鹿児島県・揖宿郡「まちっとふど呉れぇ」　*ふといこと広島県佐伯郡　山口県　高知県幡多郡　大分県南海部郡「花かふてーこと咲てお る」　*ふとー大分県　*ふとくろ大分県東国東郡・速見郡　*ふとしこ大分県　*ふとろく大分県東国東郡・大分郡「ふとろくめしゅーくーた(たくさん飯を食った)」　*ふんだ北海道　東京都南多摩郡　神奈川県愛甲郡・津久井郡「ふんだな湯」　山梨県・北都留郡・南巨摩郡　滋賀県大津市　徳島県「こんなにふんだにいらぬ」・美馬郡　*ふんど徳島県三好郡　*へーくらへーとー岡山県浅口郡　*へーたら長野県諏訪　*へーと岐阜県郡上郡「しごとがへーとできたな」　*へーとん長崎県南高来郡「へーとん虫の食うた」　*へーほで・へほで山形県最上郡「へーほで貰って」　*へーほど山形県北村山郡・最上郡　*へぐされ千葉県香取郡・海上郡　*へた香川県三豊郡「寒いのに窓へた開けて」　*へたくさ群馬県碓氷郡　*へたくた香川県仲多度郡「へたくた食べた」　*へたこた・へたこと香川県三豊郡　*べったい宮崎県都城　*べったり千葉県山武郡　福井県大野郡・今立郡　山梨県南巨摩郡「栗がべったり落てーる」　島根県益田市「うまかったのでべったり食うた」　高知県「魚がべったりとれた」　*べったりべったり島根県出雲・隠岐島

*へっぽい 青森県　岩手県九戸郡　秋田県河辺郡　新潟県　徳島県海部郡「草あへっぽい生えとらい」　*へとこと 香川県仲多度郡 *へとろ 徳島県那賀郡・海部郡 *へとろいき 徳島県三好郡 *へへらへーとー 岡山市 *へらへーと 島根県 *へらへーとー 群馬県碓氷郡　岡山県児島郡 *へらへっと 兵庫県「へらへっと食ふから腹痛になったんや」　*へらへと 島根県出雲 *へんなこと 京都府竹野郡「まあこないだ(この間)はへんなこと桃をいただきまして」　*ぼーがい 山梨県甲府市　長野県諏訪・佐久　大分県東国東郡・速見郡 *ぼーけ・ぼっけん・ぼっか 島根県隠岐島 *ほーず 山梨県南巨摩郡「ほーずに飯を食いば腹をおやす(こわす)」　岐阜県飛騨「言いたいことをほーず言う」　兵庫県淡路島 *ほーたら 山梨県南巨摩郡「酒をほーたら飲んだ」　愛媛県大三島 *ほーたり 愛媛県大三島 *ほーちぇきもねー 大分県東国東郡 *ほーっと・ほっと 長野県佐久「ほっと食べる」　*ほーと 京都府 *ほーど 三重県飯南郡「ほうどで困る」　滋賀県高島郡・蒲生郡　奈良県吉野郡　和歌山県　広島県賀茂郡　香川県高松「ほうどは食べんけれど三合位はいく」　*ぼーど 岡山県　宮崎県西臼杵郡・東諸県郡(児童語) *ほーほど 島根県邑智郡・邇摩郡・隠岐島「お祭りでほーほど人が通る」　*ほーら 大分県 *ほが 島根県石見　山口県玖珂郡「ほがな」　*ぼがー 島根県出雲「ぼがーに物がある」「ぼがーに酒を呑む」　*ほぎゃ 青森県上北郡　*ぼっかい 鳥取県東伯郡　島根県簸川郡 *ぼっけー 広島県百島 *ぼっこ 香川県小豆島 *ぼっこ 大阪府泉北郡　奈良県南葛城郡　鳥取県　香川県・小豆島　愛媛県 *ぼっこー 兵庫県宍粟郡　鳥取県東伯郡　島根県美濃郡・益田市　岡山県　広島県　愛媛県 *ほっぽー 長崎県東松浦郡 *ほでくさん 高知県安芸郡 *ほでしこ 兵庫県淡路島　*ほてら 高知県幡多郡 *ぼど 宮崎県児湯郡「ぼどのんでしもうた」　*ぼのげー 岡山県児島郡 *まーくっさ・まーくさ 沖縄県首里「まーくっさぬちゅ(たくさんの人)」　*まーしく 沖縄県与那国島 *まいな 兵庫県淡路島　和歌山県「まいな食べえ」　高知県高岡郡「こりゃまいな魚がおるぞ」　*まえな 和歌山県 *まっこでい 東京都三宅島 *まっさんばら 和歌山県西牟婁郡 *まんが 三重県南牟婁郡　*みっしり 山形県米沢市・南置賜郡　茨城県稲敷郡　栃木県河内郡　群馬県邑楽郡　埼玉県川越市　千葉県「みっしり呑め」・東葛飾郡　和歌山県　*みっちと 宮城県玉造郡 *みっちら 福島県　栃木県 *みって 沖縄県石垣島・竹富島 *むーくり 香川県三豊郡 *むさら 長野県佐久 *むさらく 和歌山県東牟婁郡「魚はむさらく有った」　*むさらこ 三重県志摩郡 *むせっかい 長野県佐久 *むせっけ 長野県上田 *むそー 和歌山県日高郡・西牟婁郡 *むっさや 和歌山県西牟婁郡 *むっさり 高知県土佐市 *むっしり 和歌山県日高郡 *むっすら 高知県高岡郡「むっすら怒る」　*むっそー(「めっそう(滅相)」の転か) 三重県志摩郡 *むっつり・むっつら・むんずり 新潟県「むっつり食ってむっつり働け」　*むむ 沖縄県首里 *めくどもない 静岡県田方郡 *めせき・めんせき 香川県・小豆島 *めた 神奈川県津久井郡 *めためた 山梨県 *めっそ 高知県幡多郡 *めっそー 長野県北安曇郡　静岡県伊豆　高知県高岡郡・安芸郡 *めった 山梨県「めったない(たくさんない)」　静岡県田方郡「めったに居る」　*めんせに 香川県小豆島 *もーちゃん 島根県石見「もーちゃん魚が網いはいった」　*もーに 岩手県東磐井郡　福島県会津・大沼郡　茨城県鹿島郡・稲敷郡　栃木県「ごはんもーにたきすぎて」　群馬県　新潟県　長野県下水内郡 *もくさくちもなか 長崎県壱岐島「もくさくちもなかしてお菓子を貰うた」　*もぐさもない 熊本県下益城郡　*もっこり 岩手県和賀郡　秋田県「お菓子をもっこり上げるよ」　山形県東田川郡 *もらり 秋田県平鹿郡「お土産をもらりもらった」　*もんと 山形県

*やーさ 沖縄県竹富島 *やーた 愛知県名古屋市「今年は柿がやーた生った」　*やーっと(多く女が用いる) 兵庫県加古郡 *やーと 福井県大飯郡　岐阜県本巣郡「やあと飲んで」　三重県阿山郡　京都府　大阪府摂津　兵庫県多紀郡 *やーや 島根県隠岐島「砂糖をやーや貰(もら)った」　*やた 愛知県「やた有る」　*やたら 栃木県「やたら食べてください」　*やっこもっこ 岩手県気仙郡「冬、着物やっこもっこ着る」　*やっこら 徳島県「やっこら水もってきたぞ」　*やっと 栃木県　福井県「やっと貰ろた」　長野県上高井郡　滋賀県神崎郡「やっとこひらいといて(たくさん作っておいて)」　京都府　兵庫県「柿(かき)がやっと落ちる」　島根県出雲　岡山県・和気郡　広島県比婆郡　大分県北海部郡　*やっとー(中流以下の語) 大分県直入郡 *やまくた 大分県北海部郡 *やりこー 愛媛県 *やりに 山口県見島 *やれに・やーれ 山口県「こねえな物はどこにでもやれにあるでの」「やーれにころがっちょる」　*やんがのくそほど 香川県小豆島「やんがのくそほど持っとってから」　*やんま 秋田県平鹿郡「子供がやんま居る」　*ゆかい 沖縄県首里「じんぬ　ゆかい　あさ(金が相当あるよ)」　*よいかん 静岡県榛原郡 *よいよ 高知県「いぬがよいよおる」　*よーき 福岡県築上郡「よーきにいみーるちゅたわー(たくさんに増えると言いますね)」　大分県「よーきできた」　*よーきー 大分県大分郡 *よーきゅー 大分県日田郡 *よーきょー 島根県大原郡・隠岐島 *よーく 三重県伊勢 *よーけ 富山県砺波　福井県　岐阜県「人がよーけおるなー」　愛知県名古屋市「こけしがよーけ飾ったるでしょう」　三重県　滋賀県「わしらほど苦労したもんも、よーけおらんがー」　京都府　大阪府「そないよおけ取りないな」　兵庫県　奈良県　和歌山県　島根県　岡山県苫田郡・児島郡「よーけ勉強せーよ」　広島県　山口県　徳島県　香川県　愛媛県　高知県　長崎県　*よーけー 群馬県群馬郡　三重県名賀郡　滋賀

県湖南　兵庫県但馬　和歌山県　広島県高田郡　香川県 *よーけこと 岡山県苫田郡「よーけこともろうた」　香川県 *よーさん 愛知県知多郡　三重県志摩郡・度会郡　大阪府泉北郡　兵庫県神戸市・淡路島　和歌山県　愛媛県大島・津島・日振島・今治市 *よか 三重県志摩郡 *よがえ 青森県津軽 *よかしこ 福岡県三池郡・早良郡　鹿児島県 *よきー 大分県速見郡・玖珠郡 *よけ 青森県　栃木県那須郡　石川県河北郡「あんなこともまた、よけなかったねー(あまりなかったね)」　岐阜県大垣市　三重県志摩郡　兵庫県加古郡　和歌山県「よけない(たくさんはない)」　鳥取県西伯郡「僕によけごせやい(よこせよ)」　島根県　広島県佐伯郡　徳島県海部郡　香川県「あることはあるけど、よけないで」　愛媛県　高知県 *よけー 秋田県「貴女の家では私の家より人がよげー居る」「よげぁ持って来い」　山形県米沢市　茨城県真壁郡　新潟県佐渡「そんなによけーきて、あついらろー」　富山県砺波　石川県鳳至郡　岐阜県郡上郡「『どっちがたんとあるやろか』『そりゃこっちのほーが、よけーじゃな』」　愛知県　大阪市「よけい見たので芝居はもうたんのうした」　奈良県吉野郡　和歌山県　島根県隠岐島・邑智郡　岡山県真庭郡・上房郡　広島県　山口県・都濃郡　徳島県那賀郡　香川県　高知県　長崎市 *よげく 島根県八束郡「花をよげく貰った」 *よけこと 島根県出雲　愛媛県宇摩郡 *よけよけ 和歌山県東牟婁郡 *よげよげ 島根県八束郡　長崎県壱岐島「菓子ばよげよげつくれた」 *よごろ 岐阜県飛騨 *よしゅー 香川県佐柳島 *よずころ 岐阜県海津郡 *よっか 三重県志摩郡「阿津里の川、よっかおるやんな(たくさんいるだろうが)」 *よっかし 長崎県壱岐島「よっかし買ふた」 *よっき 大分県 *よっきゃーなー(非常にたくさん)島根県石見「鯉が池によっきゃーなー居る」「魚がよっきゃーなー網いはいった」 *よっきゃーいな(非常にたくさん)島根県 *よっくれぁ 秋田県鹿角郡 *よっくれー 青森県上北郡 *よっけ 東京都利島「よっけに食えよ」　三重県志摩郡　高知県香美郡・吾川郡 *よっけー 岐阜県土岐郡　高知県吾川郡 *よっけきっきゃーなー・よっけこーきゃーなー(非常にたくさん)島根県那賀郡「人がよっけきっきゃーなー集まっとる」 *よっこし・よっこり 新潟県佐渡 *よっこと 山形県西田川郡　岐阜県飛騨　香川県三豊郡「あの人よっことおはじき持っとんで」「よっことになる(増える)」 *よっこど 岐阜県大野郡 *よっころ 岩手県気仙郡　新潟県佐渡　石川県江沼郡　福井県大野郡　岐阜県　静岡県　愛知県丹羽郡・知多郡　島根県邑智郡　広島県比婆郡　徳島県　愛媛県大三島　高知県幡多郡　福岡県企救郡 *よっばら 茨城県稲敷郡 *よっぱら 福島県「俺わ飯よっぱら食べた」「よっぱらさわえで、よっぱらくった」　茨城県　栃木県　群馬県館林　埼玉県北葛飾郡　千葉県東葛飾郡　新潟県「もうよっぱら遊ばして貰たでの」　富山県下新川郡　石川県鳳至郡　岐阜県揖斐郡 *よっぱらさっぱら 青森県上北郡「よっぱらさっぱら食べたり遊んだりした」　岩手県上閉伊郡・気仙郡「よっぱらさっぱらご馳走になりぁした」 *よっぱらすっぱら 茨城県多賀郡 *よっぽー 福島県安達郡・耶麻郡 *よではら 茨城県稲敷郡　千葉県海上郡 *よのか 宮城県栗原郡 *よのころ 京都府 *より 東京都大島「あの山へ行けばその花ならよりだ」 *よれ 三重県志摩郡「はぜに、かぼず(どもくろはぜ)もよれおるんな」 *よんきゅー 大分県玖珠郡 *よんどく 茨城県稲敷郡 *よんに 長崎県五島 *よんにゅ 長崎県南高来郡・五島　熊本県天草郡「よんにゅ取って来んば」・芦北郡　宮崎県東臼杵郡 *よんにゅー 福岡県浮羽郡　佐賀県神埼郡・藤津郡　長崎県「よんにゅーおくれ」「すーぐん、なかまばよんにゅーつれちきた」　熊本県阿蘇郡・天草郡　大分県 *よんにょ 宮崎県西臼杵郡「よんにょは挽かんどん」・東諸県郡 *よんにょー 長崎県東彼杵郡　熊本県下益城郡 *よんぬく 茨城県多賀郡・稲敷郡 *よんね 青森県三戸郡「着物をよんね買ったこと」 *よんの 千葉県夷隅郡　岐阜県海津郡 *よんのー 千葉県安房郡「暑いから食物はよんのう作るな」 *よんのく 福島県浜通・石城郡　茨城県 *よんのこつ 長崎県南高来郡 *りゅーと 岐阜県可児郡 *りんとぶっすり 徳島県三好郡 *ろーじき 鳥取県日野郡　島根県「ろーじきなこと貰った」 *ろーちき 島根県「ろーちき人が集まった」 *ろーつき 島根県安濃郡 *ろーつぎろーつぎ・ろーもろーつき・ろもろーつき 島根県出雲 *わざいしこ・わっざえしこ・わぜしこ 鹿児島県 *わざわい 鹿児島市 *わざわいか・わざわいしこ・わぜひこ 鹿児島県屋久島「わざわいか魚をとった」 *わっぜー 鹿児島県肝属郡 *わっぜしこ 宮崎県西諸県郡　鹿児島県 *わっぱり 岩手県盛岡 *わる 鹿児島県奄美大島 *んもすま 山形県東村山郡・南村山郡

→おおい（多）・たいりょう（大量）・たすう（多数）

たくみ【巧】　⇩じょうず（上手）

たくらむ【企】　⇩くわだてる（企）

たくわえ【蓄】 *たいばい 兵庫県加古郡「たいばいがえぇ」 *たばえ 新潟県中頸城郡　岐阜県高山「たばえがえぇ」 *たぼたぼ(幼児語)京都市「たぼたぼしときや」 *たまい 鹿児島県 *たもい 愛媛県 *とらげ 島根県隠岐島

→ちょきん（貯金）

たくわえる【蓄】 *あどめる 京都府加佐郡 *たくぼう 香川県「せい出して銭たくぼうときなよ」 *かくまう 新潟県佐渡 *たしなむ(大事にして蓄える)島根県「しっかりたしなんでおくと後で役に立つ」「いっぺんに食べんこー(食べないで)たしなんで食え」　佐賀県東松浦郡　長崎県壱岐島　鹿児島県肝属郡「世間にねむん(ないもの)じゃ、たしぬじょけ」 *とらーげる 岡山県浅口郡　広島県

能美島・鷺島 *とらげる 島根県隠岐島「芋をとらげる」 岡山県 広島県向島 *とりあげる 岡山県 香川県小豆島 *まつべる 京都府 *よせる 石川県鳳至郡「よせとく」

内緒で金品を□こと *しんがー 島根県石見「隣の婆さんはしんがーを大分溜めとる」 *しんがーぜに 島根県石見 *しんがい 新潟県 富山県 石川県鹿島郡・金沢市 福井県・坂井郡 長野県北安曇郡 岐阜県 奈良県宇陀郡「しんがいしたの出せよ」 島根県石見 山口県阿武郡 *しんがいぜに 富山県 福井県 奈良県南大和 島根県鹿足郡 *しんがいぜん 新潟県 富山県射水郡・砺波 福井県 *しんがいもーけ・しんがーもーけ 島根県石見 *しんがいもん 新潟県西蒲原郡 *しんぎゃーせん 新潟県佐渡 *しんげ 長野県下水内郡・北安曇郡 *しんげぜん 長野県下水内郡 *まつぼり 福井県大野郡 鳥取県西伯郡 島根県八束郡 岡山県 広島県神石郡・比婆郡 香川県三豊郡「農作物からまつぼりする」 *まつぼりもーけ 岡山県苫田郡

たけ【竹】 *ささら 島根県隠岐島 *すずくだけ(地竹の一種。釣りざおとする) 青森県三戸郡 *でー 鹿児島県奄美大島・喜界島

細い□ *こばしだけ 山梨県 *しのべ 滋賀県彦根 *すすんぼ 奈良県 *めそ 神奈川県藤沢市

たけうま【竹馬】 *あさぎぼ 青森県東津軽郡 *あしかけ 青森県津軽 *あしこ・あしか 青森県 *あしさげ・あっさげ 熊本県 *あしだ 岐阜県加茂郡 静岡県 愛知県東加茂郡 *あしだか 山形県東置賜郡 島根県益田市 *あしだっぽ 長野県佐久 *あしなが 京都府宇治郡 *あしぼー 青森県東津軽郡 *あしぼく 愛知県碧海郡 *あしゃしゃ 鹿児島県奄美大島 *あしらっぽ 長野県佐久 *あみんだ 静岡県川根 *あるき 島根県那賀郡 徳島県 高知県長岡郡 *いちげた 長野県佐久 *いやえんぼ 千葉県上総 *かかし 神奈川県足柄下郡 *かぎっぽ 長野県佐久 *がつき 長野県佐久 *かったり 高知県幡多郡 *がっちき 長野県佐久 *からあし・からし 静岡県安倍郡 *がらんじょー 青森県津軽 *がらんちょ 青森県 *がらんちょー 青森県・津軽 *きーぱん(木の足の意) 沖縄県石垣島 *きーびしゃー(木の足の意) 沖縄県首里 *げげんま 熊本県八代郡 *さーあし 福島県会津若松市 *さいあし・さいばし・さいわし 大分市 *さがあし 熊本県宇土郡・上益城郡 *さがいし 岐阜県山県郡 *さかし 佐賀県藤津郡 長崎県南高来郡 *さがし 長野県南安曇郡 岐阜県 長崎県西彼杵郡 熊本県 *さぎあし 秋田県 山形県東田川郡 茨城県猿島郡 埼玉県北葛飾郡 千葉県東葛飾郡 新潟県下越 長野県東筑摩郡 静岡県安倍郡・志太郡 福岡県久留米市・山門郡 佐賀県・三養基郡 長崎県長崎市・西彼杵郡 熊本県 大分県 鹿児島県屋久島 *さぎだし 熊本県宇土郡 *さぎゃし 熊本県八代郡 *さげーし 佐賀県 *さごあし 長崎県南高来郡 *さんあし 長野県北安曇郡 *さんがーし 長野県 *さんがいち 兵庫県城崎郡・美方郡 *さんがえし 福島県会津「さんがえしに乗って遊ぶ」 長野県 兵庫県豊岡郡・城崎郡 鳥取市 *さんがし 神奈川県小田原・足柄上郡 長野県 静岡県静岡市・安倍郡 兵庫県城崎郡 熊本県 大分市 鹿児島県屋久島 *さんがち 鳥取県 *さんがつ 兵庫県美方郡 *さんぎ 鹿児島県喜界島 *さんぎあし 福島県会津 兵庫県出石 福岡県嘉穂郡・企救郡 佐賀県 大分県日田市 鹿児島県揖宿郡 *さんぎし 熊本県芦北郡・八代郡 宮崎県西諸県郡 鹿児島県鹿児島市・鹿児島郡・喜界島 *さんぎす 鹿児島県 *さんぎゃし 福島県大沼郡 熊本県球磨郡・芦北郡 *さんぎょーあし 福岡県 *さんぎょーし 福岡県粕屋郡・福岡市 *さんげあし 長野県東筑摩郡 *さんげー 熊本県球磨郡 *さんげーし 千葉県東葛飾郡 長野県 兵庫県赤穂郡 *さんげーしょ 長野県南安曇郡 *さんげーち 長野県上伊那郡 *さんげし 千葉県東葛飾郡 長野県 福岡県田川郡 熊本県球磨郡・芦北郡 宮崎県西諸県郡・都城 鹿児島県・鹿児島郡 *さんげんあし 熊本県阿蘇郡 大分県大分市・別府市 *さんし 長野県南安曇郡 *さんやし 千葉県印旛郡 長野県 静岡県志太郡 福岡県企救郡 *さんよし 兵庫県赤穂郡 *しゃがし 岐阜県飛驒 熊本県 *しゃぎあし 群馬県邑楽郡 長崎県北高来郡・南高来郡 熊本県芦北郡 *しゃぎし 長崎県南高来郡 熊本県天草郡 *しゃごあし 熊本県天草 *じょこじょご 秋田県鹿角郡 *たかあし 青森県 岩手県九戸郡 宮城県栗原郡・加美郡 秋田県雄勝郡・鹿角郡 山形県 福島県中部・浜通 茨城県 栃木県 群馬県利根郡 埼玉県 千葉県千葉郡 東京都南多摩郡・八王子 神奈川県・津久井郡・中郡 新潟県西蒲原郡 富山県下新川郡 山梨県甲府市・南巨摩郡 長野県 岐阜県大垣市 静岡県 愛知県海部郡・愛知郡 兵庫県赤穂郡 奈良県南葛城郡 鳥取県西伯郡 島根県 岡山県・苫田郡 香川県小豆島 愛媛県 佐賀県唐津市 *たかあしだ 岩手県九戸郡・上閉伊郡 山形県庄内 *たかあしだまた 新潟県 *たかうま 埼玉県秩父郡 長野県北部 鳥取県西伯郡 大分市 *たかき・たかち 長野県西筑摩郡 *たかし 青森県 山形県東村山郡・西置賜郡 福島県東白川郡 茨城県新治郡・真壁郡 埼玉県南埼玉郡 山梨県西八代郡・南巨摩郡 長野県 岐阜県 静岡県 愛知県西春日井郡 兵庫県赤穂郡 鳥取県西伯郡 島根県 *たがし 長崎県南高来郡 *たかしっぽ・たかしんぼ 長野県南佐久郡 *たかせ 島根県簸川郡 *たかせん 福井県 *たかたか 徳島県海部郡 *たがちょ 山形県 *たがちょー 山形県最上郡・村山 *たがちょこ 山形県西村山郡 *たかっちょ 長野県西筑摩郡 *たかはし 山形県西置賜郡・飽海郡 福島県 茨城県 栃木県芳賀郡 埼玉県秩父郡 長野県上

田　鳥取県西伯郡　島根県　愛媛県周桑郡・喜多郡 **＊たかばし・たかんばし** 静岡県磐田郡 **＊たかまた** 新潟県北蒲原郡 **＊たかんば** 静岡県磐田郡 **＊たかんぼ** 徳島市　香川県大川郡 **＊たかんま** 岩手県上閉伊郡・気仙郡　埼玉県秩父郡　新潟県三島郡　熊本県八代郡 **＊だけさんし** 長野県南安曇郡 **＊たけはし** 香川県小豆島 **＊ちっかうま** 香川県大川郡 **＊てがんま** 兵庫県淡路島 **＊てきてき** 岐阜県揖斐郡 **＊どっか** 茨城県稲敷郡　千葉県東葛飾郡 **＊どんか・どずか** 茨城県稲敷郡 **＊ねこあし** 岩手県九戸郡 **＊はしらっぽ** 長野県佐久 **＊びんぐし** 静岡県・周智郡・磐田郡 **＊ぼーあし** 千葉県安房郡 **＊ほだんぼー** 東京都大島 **＊やぎんぼー** 岐阜県揖斐郡 **＊やっかた** 栃木県河内郡 **＊やっちょん** 島根県江津市 **＊ゆきあし** 茨城県北相馬郡　千葉県印旛郡・東葛飾郡　静岡県安倍郡・賀茂郡　奈良県　香川県　大分県 **＊ゆきあしだ** 栃木県 **＊ゆきうま** 大分県大分市・大分郡 **＊ゆきげた** 徳島県那賀郡 **＊ゆきぼく** 愛知県碧海郡

たけかご【竹籠】 **＊あっぽ** 山形県西村山郡 **＊いとーり** 静岡県島田市 **＊いとり** 静岡県庵原郡・志太郡 **＊かたみ** 福井県坂井郡　奈良県宇陀郡「かたみに一杯桑つんだ」 **＊がんごじ** 長野県西筑摩郡 **＊たかげ** 長崎県南松浦郡・下県郡 **＊てご** 熊本県球磨郡　鹿児島市 **＊はーら** 沖縄県首里 **＊びっくりかり** 広島県山県郡 **＊ぼーら** 静岡県　愛知県北設楽郡 **＊ほぼろ** 島根県石見（口の小さいもの）「小豆ほぼろ」　広島県（丸いもの） **＊ほぼろかご** 愛媛県今治市・大島 **＊ほぼろかんご**（極大のもの）愛媛県大三島 **＊めご** 岡山県児島郡　山口県豊浦郡　香川県　福岡県築上郡・福岡市　熊本県下益城郡　宮崎県都城 **＊ゆとーり** 静岡県

↓かご（籠）

魚などを入れる□　**＊いきお**（魚などを生かしておくための大きな竹かご）神奈川県江ノ島 **＊いきょー**（魚などを生かしておくための大きな竹かご）静岡県 **＊いきょーかご**（魚などを生かしておくための大きな竹かご）静岡県下田 **＊いっきょーかご**（魚などを生かしておくための大きな竹かご）静岡県浜松市 **＊えふご**（釣った魚を入れるための腰に付ける小さな竹かご）三重県阿山郡 **＊きゅーたえ**（釣った魚などを入れる竹かご）千葉県 **＊きゅーて**（釣った魚などを入れる竹かご）千葉県夷隅郡 **＊きゅーてー**（釣った魚などを入れる竹かご）千葉県長生郡 **＊きゅーてやえ・ちゅーて・ちゅーてー・ちゅーてやえ・ちゅーたい**（釣った魚などを入れる竹かご）千葉県夷隅郡

たけのこ【竹子】 **＊かーぽ** 山口県厚狭郡 **＊かっこ** 愛知県中島郡　島根県石見 **＊かっこー** 京都府　島根県石見（幼児語） **＊かっぽ** 山口県　愛媛県（皮も言う）・大三島（幼児語） **＊かっぽー** 京都府竹野郡（小児語）　岡山県・上道郡　広島県・深安郡・沼隈郡　山口県 **＊がらんぽ** 鹿児島県徳之島 **＊きゃーぽ** 長崎県南高来郡 **＊けーぽ** 福岡県久留米市（雌竹の竹の子）　長崎県南高来郡 **＊けーぽー** 長崎県一部 **＊けぽ** 宮崎県 **＊こっこ** 神奈川県高座郡 **＊ささのこ**（篠竹の竹の子）福井県大野郡 **＊しーめ・しのめ** 宮崎県西臼杵郡 **＊しゅんすぃー** 沖縄県首里 **＊たいぬふき** 沖縄県竹富島・新城島 **＊たから** 島根県出雲 **＊たきぬふき** 沖縄県石垣島・小浜島・黒島・鳩間島 **＊たきぬべー** 沖縄県波照間島 **＊たきぬぱー** 沖縄県与那国島 **＊たこーな** 東京都一部・八丈島 **＊たっこ** 千葉県印旛郡 **＊だはな** 鹿児島県大島郡 **＊たんこ** 千葉県市原郡・安房郡　石川県　鳥取県西伯郡　長崎県南高来郡 **＊なば** 沖縄県国頭郡 **＊ねぶちこ**（竹の根から出た小さい竹の子）愛媛県周桑郡・喜多郡 **＊のきす** 千葉県上総 **＊のこ** 埼玉県一部 **＊ひゃーぽ** 熊本県 **＊ひゃーも** 熊本県玉名郡 **＊ひゃぽ** 熊本県菊池郡 **＊へーぽ** 福岡県一部・浮羽郡・八女郡（雌竹の竹の子）　熊本県菊池郡　宮崎県一部 **＊べぶんこ** 鹿児島県肝属郡 **＊へぼ** 福岡県朝倉郡　宮崎県児湯郡

たこ【凧】 **＊あげばた** 長崎県南高来郡 **＊あよー**（竹を削って骨にした、長方形の凧）沖縄県石垣島・竹富島 **＊いーか** 滋賀県栗太郡　京都府　奈良県 **＊いーかんぼ** 岡山県児島郡 **＊いか** 新潟県　富山県・砺波　石川県金沢・江沼郡　福井県坂井郡　岐阜県飛騨　三重県津市　滋賀県彦根・蒲生郡　京都府　大阪府大阪市・中河内郡　兵庫県　奈良県・宇陀郡・吉野郡　和歌山県那賀郡　鳥取県　島根県鹿足郡　岡山県　徳島県　香川県　愛媛県　福岡県久留米市・三井郡　大分県大分郡・西国東郡 **＊いかご** 山形県北村山郡　新潟県中頸城郡 **＊いかこてんばた** 山形県北村山郡 **＊いかさま** 山形県北村山郡 **＊いかす** 大分県大分郡 **＊いかち** 京都府葛野郡 **＊いかなぼり** 大分県大野郡 **＊いかのぼり** 岐阜県益田郡・北飛騨　兵庫県美方郡　鳥取県西伯郡・気高郡　香川県　大分県 **＊いかばた** 長崎県南高来郡 **＊いかよーず** 大分市 **＊いかんぶり** 香川県小豆島 **＊いかんべはん** 香川県三豊郡 **＊いかんぼ** 岐阜県・北飛騨 **＊いかんぼり** 岡山県浅口郡　香川県・豊島・小豆島 **＊いた** 三重県名張市 **＊いもほいだこ**（畑の中に首を突っ込む凧）鹿児島県肝属郡 **＊うずぬあや**（市松模様を現した凧）沖縄県石垣島 **＊えどいか**（武者絵を描いた長方形の凧）香川県高松市 **＊おーよ**（幼児語）高知県 **＊おらんだ** 熊本県八代郡 **＊かかずら** 大分市 **＊がく** 大分県北海部郡 **＊かさやってぃー**（小さなコウモリの意）沖縄県与那国島 **＊かっこ** 岩手県九戸郡 **＊かびとぅい** 沖縄県宮古島 **＊かぶやー**（竹の骨を碁盤の目のように組み合わせた凧）沖縄県石垣島 **＊かぶやなー**（竹の骨を碁盤の目のように組み合わせた凧）沖縄県竹富島 **＊かりた**（長方形の凧）大分県南海部郡 **＊かわらけ** 兵庫県美方郡 **＊かわらけ・かわらけてんばた**（凧の一種）宮城県仙台市 **＊かんと**（英語 kite より）三重県北牟婁郡 **＊けん**

ぼそ・けんもそ・むそ 長崎県南高来郡 *ごーむし(六角形の凧)新潟県 *こーもり・こぶれ・こむぎ・こもる 長崎県南高来郡 *こーらい(楕円形をした凧)高知県長岡郡 *こばた 山形県 *こんばた 山形県村山 *ごんぼいか(正月にあげる凧の一種)香川県三豊郡 *さんぼん(大きな凧の一種)熊本県玉名郡 *じーぴきだー(春、雲、風などの字の形に似せて作った凧)沖縄県石垣島 *しょーじいか(障子の形をした凧)奈良県南大和 *ずだこ(四角い凧)山形県最上郡 *すぬふくだー(「角凧」の意)沖縄県竹富島 *せっきょいか(凧の一種)香川県三豊郡 *せみいか(蟬の形にこしらえた凧)香川県 *せみだこ(蟬の形にこしらえた凧)群馬県館林 *たか 群馬県吾妻郡 新潟県 長野県・南佐久郡 徳島県 香川県 長崎県壱岐島 熊本県天草郡 鹿児島県種子島 *たかずら・たかずる 大分県大分市・大分郡 *たかずろ 大分県大分郡 *たかばた 福岡県 長崎県 *たかぶね 三重県志摩郡 *たかんとぅびゃー・たかうとぅびゃー 沖縄県与那国島 *たこのぼり 兵庫県淡路島 *たこばた 青森県南部 三重県度会郡 福岡県鞍手郡 *たこぼーず 大分県北海部郡 *たつ 熊本県 *たんぼ(尾のない凧)島根県簸川郡・大田市 *ちょーさき 香川県三豊郡 *ちょき 島根県益田市 *つぬむやー 沖縄県小浜島 *てごばた 山形県 *てのばた 青森県南部 岩手県九戸郡 宮城県仙台市 *てんがた 和歌山県東牟婁郡 *てんぐばた 山形県南置賜郡 和歌山県西牟婁郡 *てんぐりばた 三重県南牟婁郡 *てんごーばた 岩手県九戸郡 *てんこばた 奈良県吉野郡 *てんごばた 青森県三戸郡(大きな凧) 山形県東置賜郡 三重県南牟婁郡 *てんじゅく 岩手県気仙郡 *てんばた 岩手県 宮城県 山形県 福島県「今日わうんとてんばたあがつた」 *でんばた 宮城県加美郡 *どーじん 長崎県・南高来郡 *どーじんばた 長崎県西彼杵郡・南高来郡 *どーばた 佐賀県 長崎県 熊本県天草郡 *どーばち 佐賀県 *どっ 鹿児島県 *とび 大分県大野郡 *どんび 島根県浜田市 *ながさき(長崎の名物になっているところから)佐賀県藤津郡 大分市 *なんばん(凧の一種)福岡県筑後 *にんぎょいか(人形の形に作った凧)香川県大川郡 *にんぎょだこ(人形の形に作った凧)鹿児島県肝属郡 *のぼり 福井県敦賀郡 三重県南牟婁郡 兵庫県神戸市 徳島県 大分県 *ぱーやー(ディゴの枯れた葉に糸目を付けて揚げる凧)沖縄県石垣島 *ばーん 静岡県 *ぱいんしぁーま(「小さい鳶(とび)」の意)沖縄県小浜島 *はこ 大分県速見郡 *はた 青森県南部「はだあげ」 秋田県鹿角郡・北秋田郡 三重県伊勢 長崎県 熊本県天草郡 *ばた(ひし形の凧)島根県那賀郡 *はっかく(正方形の紙二枚を組み合わせて八角形に作った凧)香川県 *はっかぐ(正方形の紙二枚を組み合わせて八角形に作った凧)沖縄県石垣島 *はっかくいか(正方形の紙二枚を組み合わせて八角形に作った凧)香川県 *はったか 熊本県天草郡 *はつたか 熊本県芦北郡 *はつだか・はつでこ 熊本県八代郡(とんび凧)・芦北郡 *はぶやーま(竹の骨を碁盤の目のように組み合わせた凧)沖縄県黒島 *ばらもん(絵を描いた凧)長崎県・五島 熊本県球磨郡・天草郡 *ばらもんだこ(絵を描いた凧)長崎県壱岐島 *はんね(凧の一種)長崎県壱岐島 *ぴきだー(凧の一種)沖縄県石垣島 *ぴきたま(凧の一種)沖縄県新城島 *ぴきだま(凧の一種)沖縄県八重山 *ぴきんだま(凧の一種)沖縄県小浜島 *ぴくだー(凧の一種)沖縄県竹富島 *ぴとぅぴきだー(人の形をした凧)沖縄県石垣島 *ひゅー(風に鳴る音からか)長崎市 *びょーんびょーん(凧の一種)沖縄県石垣島 *ぶーぶーだく(四角い大きな凧。紙ひもが付いていて、それがぶーぶーと鳴るところから)沖縄県首里 *ふーりゅー 福岡県三潴郡 *ふーりょ 福岡県三池郡 *ふーりょー 福岡県八女郡 *ぶか 静岡県 *ふろしき・ふろしきいか(凧の一種。横竹を解くとふろしきのように畳める)香川県高松市 *ふろしきだこ(凧の一種。横竹を解くとふろしきのように畳める)高知県長岡郡 *ふわふわ(ひし形の凧)香川県大川郡 *ぶんぶん 大分県南海部郡 *べか(長方形の凧)静岡県小笠郡 *ほーたこ・ぼーたこ(幼児語)長野県東筑摩郡 *ぼんぼいか(四角な凧)香川県仲多度郡 *まったくー(紙の凧の一種)沖縄県首里 *まいちゃふくだー(「女褌凧」の意。下方が狭く、すり鉢形をした凧)沖縄県竹富島 *ますいか(長方形の凧)新潟県・西蒲原郡 香川県 *まろぶた 大分県南海部郡 *みみいか(凧の一種)香川県大川郡 *めんぼー(方形の紙の対角に骨を入れた凧)山口県豊浦郡 *やっこ(「やっこだこ(奴凧)」の略)大分県大分市・北海部郡 *やっこさん・やっこのぼり 大分市 *やっこてんばた 宮城県仙台市 *やっことーばた 佐賀県藤津郡 *よーかんべ 岡山県北木島 広島県走島 *よーかんべー 愛媛県今治市・大島 大分県大分市・大分郡 *よーず 島根県石見 広島県 山口県 愛媛県「よーずたたす(凧をとばす)」 大分県大分郡 *よーちゅー 長崎県佐世保市 *よーちょ 長崎県五島 *よーちょー 長崎県北松浦郡 *よかんべ 大分県大分市・大分郡 *よかんぺ 和歌山県日高郡 *よかんべーか 香川県三豊郡

たこ【胼胝】 *くじ 沖縄県石垣島・鳩間島 *すぃーうぃー(動詞は「すぃーうぃーゆん」)沖縄県首里 *たたみこぶ(畳にすれてできる足の甲などの胼胝)香川県高松市 *たたみだこ(畳にすれてできる足の甲などの胼胝)山形県 *つかみだこ(手のひらにできる胼胝)山形県西置賜郡

たこ【蛸】 *いちばんだこ(五貫五百匁(約二一キログラム)ある最も大きなタコ)新潟県佐渡 *いわたこ(タコの大きなもの)長崎県壱岐島 *おばなだこ(磯の岩場に来る、二キログラム以下のタコ)新潟県佐渡 *かんき 香川県伊吹島 *ぎ

らしー(小さいタコの一種)鹿児島県喜界島 *くまだこ(磯の砂地に来る小さなタコ)新潟県佐渡 *てぐまた 和歌山県西牟婁郡 *とー 鹿児島県喜界島 *まだこ(雌のタコで、三キログラム以上になるもの)新潟県西頸城郡・佐渡 *みみだこ(耳のようなひれのある小さいタコ)山口県豊浦郡 *にゅーどー 千葉県夷隅郡

□の墨 *くろべ 兵庫県神戸市 *まだ 鹿児島県喜界島

だし【山車】 *おまつり 岩手県気仙郡 *かきだんじり 兵庫県淡路島 *げーやま 新潟県佐渡 *こんてりこ 岐阜県恵那郡 *ごんでん 岩手県和賀郡 *しゃぎり(祭礼の時に出る山車)新潟県岩船郡 広島県高田郡 *しゃんぎりやま(祭礼の時に出る山車)石川県鹿島郡 *だいわ 新潟県北蒲原郡 *たな 新潟県佐渡 *だんじり 長野県西筑摩郡 三重県 大阪府 兵庫県 奈良県北葛城郡 和歌山県・東牟婁郡・那賀郡 岡山県和気郡 広島県 徳島県・那賀郡・美馬郡 香川県 愛媛県・周桑郡・松山「今日はお祭でだんぢりが出た」 大分県大分市・東国東郡 宮崎県延岡・東臼杵郡 *つけまつり(祭りの時の山車)青森県三戸郡 *はなだい 高知県・高知市・長岡郡 *はやし 長野県下伊那郡 *はやしざ 山形県西村山郡 *ひきだんじり 兵庫県淡路島 *ひきやま 新潟県佐渡 山口県屋代島 *ぶたい 長野県東筑摩郡「ぶたいを祭に引出した」 島根県石見 *まんどー 群馬県利根郡 *やーたい 香川県三豊郡 *やたい 岩手県上閉伊郡 福島市 群馬県勢多郡・邑楽郡 埼玉県秩父郡 神奈川県津久井郡 長野県諏訪・佐久 岐阜県北飛驒・飛驒 静岡県川根・志太郡 愛知県北設楽郡 鳥取県西伯郡 島根県邑智郡 広島県 愛媛県大三島 *やちゃー 佐賀県藤津郡 *やま 岩手県和賀郡 宮城県仙台市・登米郡 福島県北部 新潟県佐渡 富山県 福井県坂井郡・敦賀郡 岐阜県大垣市 島根県 山口県・笠戸島・祝島・浮島 佐賀県唐津市 大分県 *やまぐるま 愛知県知多郡 愛媛県中島 *やまひき 大分県大分郡・大分市 *やまやれ 大分県東国東郡 ↓だんじり(壇尻)・やたい(屋台)

御輿(みこし)を担ぐ時や□を引く時の掛け声 *さーさー 沖縄県石垣島 *ちょーさ 島根県出雲 徳島県 *ちょーさい 鳥取県東伯郡 徳島県 *ちょーさまんこ 石川県鳳至郡 *ちょーさや 新潟県佐渡 島根県石見 *ちょーやっさ・ちょーさだ 島根県隠岐島 *やっさいやっさい 鳥取県 *やっさちょーさ 愛媛県松山 *やっさほえさ 島根県出雲市 *やっしょほえしょ 島根県大原郡・能義郡 *やっしょやっしょ 島根県出雲・隠岐島 *やっちょーだんじり・やっちょーやっちょー・やっちょーよいさ 島根県益田市 *よいさちょいやさ 島根県益田市

だしぬけ【出抜】 *きょーとい 奈良県吉野郡 *きょたい 奈良県吉野郡 *きょとい 奈良県吉野郡 徳島県 *きょとー 徳島県・板野郡 *さしちけ・さしちけつ 鹿児島県鹿児島郡 *さしつけ 佐賀県「さしつけないどん(突然ですが)」 宮崎県東諸県郡「さしつけに話す」 鹿児島県肝属郡「さしつけち(だしぬけで)御座い申すが」 *つっかけ 茨城県久慈郡 新潟県佐渡 大阪市「つっかけにやって来たってあかへんがな」 徳島県 *てんぼこだし 埼玉県北足立郡 *でんぼこだし 神奈川県高座郡 *とたん 三重県阿山郡 *どんぷ 群馬県多野郡「とんぷに山へ行っても茸のあるところは判らない」 島根県美濃郡・益田市「とんぷにかけって(走って)大怪我をした」 *どんぶ 島根県石見 *とんほ 和歌山県日高郡 *とんぼ 和歌山県「とんぼに言っても分らんよ」 岡山市「田舎でぁとんぼにお客があると困る」 愛媛県 *とんぽ 長野県佐久 和歌山県 岡山県児島郡・川上郡 広島県・高田郡 愛媛県・大三島 *ぼいり・ぼえらっと・ぼいらぼっと 岩手県気仙郡「ぼいらぼっと出てきておらたんまげた」 山形県西村山郡 *ぼえっと 山形県「ほだえぼえっとやっだて駄目っだなや(そんなに不意に言われてもだめだよ)」 *ぽえっと 山形県北村山郡「ちゅーしょでぽえっとすんだ(中風で急に死んだ)」 *ぼえら 岩手県気仙郡 山形県「脳溢血でぼえら死んだ」 *ぽえら 山形県 *ぼえらさっと 山形県西置賜郡 *ぽえらさっと 山形県西置賜郡 *ぼえらさと 山形県米沢市 *ぼえらと 岩手県上閉伊郡 *ぽくぽく 長崎県対馬「事がぽくぽく出てくる」 ↓とつぜん(突然)・ふい(不意)

□に *いくりかくりものー 長崎県対馬「何の事もねえのにいきなり飛出して来て、いくりかくりものう打かかりて来た」 *だたいが 山梨県南巨摩郡「道に休んでいたいば(休んでいたら)だたいが山崩れがあった」 *だるみに 愛知県北設楽郡 *つんがけ 山梨県南巨摩郡「四辻まで行ったいばつんがけに自動車がきた」「つんがけお客が来た」 高知県「つんがけそんな事いっても判らん」 *にょっくら 高知県香美郡 *にょっこり 長野県諏訪・東筑摩郡「にょっこりと入道がでた」

だす【出】 *たてる(出発させる)岩手県気仙郡 山形県「息子を東京さたてでやった」 *でかす 岩手県気仙郡「あと一尺でかせ」「百円ずつでかす」 山梨県南巨摩郡「あの曲芸師だいば帽子の中から卵や時計をでかす」 *とだす 徳島県美馬郡・那賀郡 *ひっとだす 佐賀県「膝小僧をひっとだして坐ってゐる」 *やらいだす(卑語)秋田県仙北郡

たすう【多数】 *たいぜー 岩手県南部 宮城県仙台市 山形県 *てーぜん 岩手県気仙郡「なんとてぁぜんだべ」 *てーじぇ 山形県 ↓たくさん(沢山)

たすき【襷】 *あじまき・あじゃまき 沖縄県石垣島 *きびぶぶ(葎(むぐら)の実を木綿糸に通したものを束にしたたすき)東京都新島 *ごがつだすき(田植え用に作ったたすき)島根県鹿足郡・益田市 *せめだすき(ひもが背中で十文字に

なるように掛けるたすき）島根県鹿足郡 *たちこ 秋田県 *たまだすけ（丸絎にして内に綿を入れたたすき）高知県長岡郡 *たんこ 山形県置賜 *ゆだすき（「ゆうだすき」の転。神官のかけるたすき）島根県鹿足郡

たずねる【訪】 ⇩ほうもん（訪問）

たずねる【尋】 *さかねる 長野県佐久 *さがねる 山形県東置賜郡・米沢市 茨城県真壁郡・北相馬郡 栃木県 群馬県佐波郡・邑楽郡 埼玉県秩父郡「そこいらをさがねても何もありゃしねえよ」「子どもがさがねるので何も置きやさんねえ」千葉県東葛飾郡 新潟県 富山県・砺波 石川県江沼郡「なくしたボール、さがねで来い」 福井県 長野県 京都府 *さぐねる 埼玉県北葛飾郡「なくしものをさぐねる」 新潟県佐渡 *とぅみいん 沖縄県宮古島 *とぅみゆん 鹿児島県奄美大島 *とぅみるん 沖縄県小浜島・石垣島「ぬくぶざ、とぅみるん（花婿を探し求める）」 *とぅみん 沖縄県・八重山「ぬくぶざ、とぅみん（花婿を探し求める）」 *とぅめーゆい 鹿児島県喜界島「とぅめーやーしゅい（隈なく探す）」 *とぅめーゆん 沖縄県那覇市・首里 *とぅめゆん 鹿児島県与論島・徳之島 *とめる 静岡県磐田郡「とめて行く（猟をする時、獣の足跡をたずねて行く）」 島根県「戸棚の中をとめて見い。きっとある」 岡山県・苫田郡 広島県比婆郡「鉛筆をとめる」 徳島県美馬郡 愛媛県 高知県・高知市「見えんきにとめる間待ってつかーれ」

たそがれ【黄昏】 *あかくら 島根県出雲「このあかくらになって何処え行くか」 *あかくろもと 宮崎県東諸県郡 *あがっふぁん・あがふふぁん 沖縄県石垣島 *あこーくろ 熊本県球磨郡 *あこーくろー 沖縄県首里 *あこくれ 熊本県 *あこくろ 熊本県「あこくろまでかかった」 宮崎県東諸県郡 *あこぐろ 宮崎県宮崎郡 *あこくろもと 鹿児島県揖宿郡 *あこくろんもと 鹿児島県肝属郡 *うすうす 富山県砺波 熊本県阿蘇郡 *うそうそ 愛知県名古屋市 福岡市 *おてまぐれ 長崎県対馬 *くらがり 富山県氷見市「あさーくらがりからおっけて（起きて）」 滋賀県彦根「くらがりからくらがりえきばる（早朝から晩まで働く）」 *くらくなりしま 岩手県気仙郡「くらくなりしままでかせぐ」 *くらくなりもと 山梨県南巨摩郡 長野県 *くらみ 長崎市「一のくらみ、二のくらみ、三のくらみ（暗くなっていく順に言う）」 *くらみあい 高知県高知市「くらみあいに人の家を訪問するは失礼だ」・幡多郡 宮崎県西臼杵郡 *くらめがた 宮崎県西臼杵郡 *くろーなりがた 岐阜県飛騨 *くろなりかた 大阪市 *くろなりがた 奈良県 *くろなりがちゃー 熊本県阿蘇郡・上益城郡 *そぼそぼぐれ・そぼそぼ 新潟県佐渡 *たちあい 石川県 *たちあいもと 富山県砺波 石川県珠洲郡 *たっちえ 石川県能美郡 *たっちゃい 石川県江沼郡 *たっちゃいもと 富山県 *だれぞがお 愛媛県周桑郡・東宇和郡 *だれそれがお 香川県三豊郡 *だれだがお 愛知県東加茂郡 *みぞみあい 島根県益田市 *めそかす 長野県下伊那郡 *めそかそどき 長野県南佐久郡 *めそめそ 長野県 静岡県庵原郡 愛知県北設楽郡 *めそめそぐれ 静岡県庵原郡 *めそめそじぶん 長野県諏訪 愛知県北設楽郡 *めそめそどき 長野県 *ゆーまじみ 和歌山県・西牟婁郡 *ゆーまじめ 兵庫県赤穂郡 山口県玖珂郡 香川県木田郡・岩黒島 *ゆーまじょみ 和歌山県 *ゆーまずみ 静岡県 三重県志摩郡 *よいまずめ 静岡県田方郡 *よーまずみ 千葉県夷隅郡 *よーまずめ 静岡県 →ゆうがた（夕方）・ゆうぐれ（夕暮）

ただ【只】 ①代金が不要なこと。無料。 *いたんだ 沖縄県石垣島 *いちゃんだ 沖縄県首里 *さこ 愛知県名古屋市 *ただこ 島根県出雲「ただこで貰った」 *ただぼ 千葉県市原郡「今日の映画はただぼだ」 *ちゅー 鳥取県「ちゅうで遣（や）る」 広島県高田郡「ちゅーでもろうた」 *ほーらく 岩手県気仙郡 秋田県鹿角郡「ほふらく芝居」 新潟県佐渡 富山県砺波 大阪市「今日のごちそうはほうらくや」 山口県 香川県 愛媛県大三島 熊本県・玉名郡 *ほーらつ 山口県豊浦郡

②つい。単に。思わず。ちょっと。 *かー 奈良県吉野郡 和歌山県 島根県 広島県 *かーもー 和歌山県日高郡 *かい 三重県阿山郡 滋賀県南部 奈良県宇陀郡 *かいもー 三重県阿山郡 滋賀県蒲生郡 *きや 鳥取県倉吉市 島根県八束郡「きゃー忘れた」 *きゃー 鳥取県倉吉市 *け 島根県 *けー 鳥取県日野郡 島根県 沖縄県 *たんだら（たった）静岡県「たんだらの一度も来ない」

ただいま ⇩「あいさつのことば（挨拶言葉）」の子見出し、「外出から帰った時の挨拶（ただいま）」

たたく【叩】 *いなしる 富山県東礪波郡「おらぁちゃ づぼがー かいさを いなしる（私どもの男の子が人をたたく）」 *おなえる 高知県長岡郡「弱いもんをおなえるな、先生に申し上げるぞ」・香美郡 *かちまわす 兵庫県美嚢郡 愛媛県 *かちます 兵庫県 *かちゃぶる（たたき倒す）三重県富田 *からこびくらせる 宮城県栗原郡（頭をたたく）・仙台市（頭をたたく）・遠田郡（握りこぶしでたたく） *からこびんくらせる（頭をたたく）宮城県栗原郡 *からすこべくらせる（頭をたたく）宮城県仙台市 *からこべくさせる（頭をたたく）岩手県気仙郡 *くさせる 岩手県気仙郡 *くらーす 埼玉県川越 静岡県志太郡 山口県阿武郡 *くらかす 島根県隠岐島・山口県阿武郡 *くらがす 福井県大飯郡 京都府・竹野郡「猫をくらがす」 兵庫県 島根県 山口県見島 *くらしつける（「くらわしつける」の転）宮城県 秋田県河辺郡・雄勝郡「そんなことをするとくらしつけるぞ」 山形県 福島県石川郡・西白河郡 新潟県「こんだ前の

たま(猫の名)がきたらくらしつけてくっら」 *くらしゃげる 長野県佐久 *くらしん 沖縄県石垣島 *くらす 秋田県「あまりきかないとくらしてやる」 新潟県 福井県足羽郡 静岡県志太郡「あのこんくらした、あーん、あーん」 愛知県知多郡 三重県阿山郡 大阪府中河内郡 奈良県南大和「一撃をくらすぞ」 岡山県児島郡 徳島県海部郡 香川県「ごじゃごじゃいよったらくらっそ」 高知県幡多郡 福岡市 佐賀県藤津郡 *くらすい 熊本県天草郡 *くらすける 山形県 福島県「生意気の奴、くらすけろ」 新潟県「そんなことするとくらすけるぞ」 *くらする 福岡県 佐賀県 長崎市 熊本県玉名郡・天草郡 鹿児島県 *くらせる 青森県 宮城県石巻 山形県東置賜郡・庄内 福島県石川郡 茨城県稲敷郡 栃木県 長野県 静岡県「子供が犬を棒でくらせる」 愛知県知多郡 岡山県苫田郡 福岡県「おもふさんくらせた」 佐賀県 *くらっける 長野県上水内郡 *くらつける 秋田県「彼奴をくらっつけてやる」 山形県 福島県 新潟県佐渡 富山県砺波 岐阜県吉城郡 *くらっつける 新潟県佐渡 岐阜県益田郡 *くられる 青森県津軽「くられられる」 *くらわかす 島根県「頭をくらわかしてやった」 *くりゃーつける 新潟県佐渡 *くるる 福岡県 大分県宇佐郡 *くれーつくる 大分県玖珠郡「石をくれーつくる」・日田郡「汝をくれーつくる」 *くれつくる 福岡県三井郡 *こきすえる 岐阜県恵那郡・郡上郡「われ、くそ、こきすえてくれるね」 *こきせる 岐阜県北飛騨 *こく 長野県「人が犬をこく」 岐阜県飛騨・郡上郡 静岡県 愛知県東加茂郡・東春日井郡 高知県「頭をこくのはいかん」 *こくすえる 富山県砺波 *こしゃげる・こしゃつける 新潟県佐渡 *こずむ 鳥取県西伯郡 島根県能義郡 *こちます 兵庫県淡路島 *こぶる 高知県 *こます 島根県邇摩郡 岡山県浅口郡 *こませる 島根県出雲市・仁多郡「あまり騒ぐからこませた」 *さわる 和歌山県日高郡 *したぐん 沖縄県石垣島 *しばく 福井県 滋賀県 京都市 兵庫県多紀郡 島根県 広島県 山口県 徳島県 香川県三豊郡・香川郡 愛媛県 高知県 長崎県・対馬 大分県東国東郡・西国東郡 *しばっきゃげる 徳島県 *しぱつける 山形県村山 *しぶく 徳島県 香川県伊吹島 *しまく 長崎県壱岐島 大分県西国東郡 *しゃいつける 新潟県中頸城郡 *しゃきたーす・しゃきたす 愛媛県伊予市 *しゃぎつける 新潟県 *しやぎつける 新潟県 *しやく 愛媛県・越智郡 *しやぐ 新潟県 *しゃつける 新潟県佐渡・中頸城郡 *しゃっつける 新潟県中頸城郡 *しゃんつける 新潟県佐渡 *しわく 島根県 岡山県苫田郡 広島県山県郡 徳島県 愛媛県 高知県「余り分らん言を云うとしわくぞと云いさましわいた」・高知市 *しわぐ 山形県庄内 新潟県 鳥取県西伯郡 島根県出雲 岡山県阿哲郡 広島県比婆郡 *じわぐ 山口県阿武郡 *ずーずく 大分県 *すばく 徳島県美馬郡 *すわぎつける 新潟県新発田 *すわく 島根県石見「生意気言うとすわーてやるぞ」 愛媛県周桑郡 *すわぐ 島根県益田市・那賀郡 山口県阿武郡 *ずわぐ 山口県豊浦郡 *そしきる 和歌山県東牟婁郡・新宮 *そしまわす・そしこむ 三重県南牟婁郡 *そす 三重県南牟婁郡・北牟婁郡 和歌山県東牟婁郡「返事もなければそすぞ」・新宮 *たたくせる(「たたきふせる(叩伏)」の転か) 富山市「何某をたたくせる」 *たたっくじゅー(「たたきくじく(叩挫)」の転か) 千葉県上総・安房郡 *たたっくじょう(「たたきくじく(叩挫)」の転か) 千葉県安房 *たたっくらしん 沖縄県石垣島 *ただみつける 岩手県気仙郡 *だやかす 島根県大田市 *だやく 島根県「太鼓をだやく」 広島県比婆郡 *だやす 広島県比婆郡 *たらがす 兵庫県多可郡 *てびかす・てびく・てびす 島根県美濃郡・益田市「頭をてびかそーか」 *でやく 広島県 *でやくらかしゃげる(卑語) 愛媛県大三島 *てやす 香川県仲多度郡 *でやす 岡山県小田郡 広島県双三郡・芦品郡 香川県 愛媛県 福岡県 宮崎県・延岡 *てやっしゃげる 香川県仲多度郡・三豊郡(「てやす」を激しく言う語) *でやっしゃげる 香川県 *どいやす 長野県上伊那郡 *どーぐらーせる 埼玉県秩父郡「この野郎、どーぐらーせるぞ」 *どーぐらかす 島根県「生意気言うからどーぐらかえた」 *どーぐらす 栃木県足利市 群馬県勢多郡・桐生市 *どーぐらつかす 島根県仁多郡 *どーぐらわす 島根県邇摩郡 愛媛県今治市・周桑郡 *どーくらわせる 島根県 *どーぐらわせる 島根県出雲 *どーずきあげる 香川県綾歌郡 *どーずきまわす 愛媛県松山・大三島 *どーすく 岐阜県恵那郡 *どーずく 栃木県 群馬県 埼玉県秩父郡「あんな野郎どーずいてやれい」 東京都八王

方/言/の/窓

●キリシタンの見た日本語

天正五(一五七七)年に来朝したポルトガル生まれのイエズス会宣教師J・ロドリゲスの『日本大文典』(一六〇四―一〇八)に当時の日本語が記されている。

関東の方言については、「三河から日本の涯にいたるまでの東の地方では、一般に物言ひが荒く、鋭くて、多くの音節を呑み込んで発音しない」とあり、母音の無声化や促音(つまる音)の多さを背景とする東日本方言の特色が述べられている。現代でも、西日本から東京に初めて来た人は怒られているようで怖く感じることがあるというが、その荒さが記されている。

その他、「直説法の未来には盛に助辞べイを使ふ」は、いわゆる「関東べい」を指し、「移動のへの代りにサを用ゐる」とあるのは、移動方向を表す格助詞のサである。

子　神奈川県津久井郡・中郡　新潟県　福井県　山梨県　長野県　岐阜県　静岡県　愛知県　京都府与謝郡　鳥取県　島根県　岡山県　広島県　山口県　徳島県　香川県「ぐずぐずぬかすとどうずくぞ」　愛媛県　大分県　*どーずっきゃげる 徳島県　香川県綾歌郡　*どーぞく 香川県　*どーちく 島根県出雲　*どーつく 埼玉県北葛飾郡　長野県北佐久郡　島根県隠岐島　香川県綾歌郡　*どーにやす 鳥取県日野郡　*どーびしぐ 高知県　*どくらかす 神奈川県逗子　*どくらす 和歌山県伊都郡「あの子どくらしてやった」　徳島県美馬郡　香川県大川郡　*どぐらす 群馬県佐波郡　和歌山県那賀郡

*どぐらわす 愛媛県今治市・周桑郡「どら猫をどぐらわす」「彼が生意気を言ったからどぐらわしてやった」　*どぐわっしゃげる 香川県大川郡　*どさす 鳥取県　*どしきる 和歌山県東牟婁郡「どしきったる」　*どじく 島根県隠岐島「生意気なけんあいつどじーて来い」　*どす 三重県志摩郡・南牟婁郡

*どずきます 香川県小豆島「どずきますぞ(強意)」

*どずきゃーげる 岡山市　*とずく 愛媛県東宇和郡　*どすく 大阪府泉北郡　*どずく 栃木県　神奈川県横浜市　新潟県　福井県　長野県東筑摩郡　岐阜県「あの糞猫、ばいたでどずいてやれよ」　静岡県志太郡　愛知県尾張　三重県　滋賀県彦根・神崎郡　京都府宇治郡　大阪府大阪市・泉北郡　兵庫県　岡山県　徳島県　香川県　大分県速見郡

*どずっきゃげる 香川県　*どつく 宮城県仙台市　福井県遠敷郡・大飯郡　三重県　滋賀県　上方「どついてやりなはれ(ぶっておやり)」　京都府　大阪府　兵庫県　奈良県南大和　徳島県名東郡　香川県大川郡　*どにやす 岐阜県恵那郡　鳥取県　岡山県・上道郡・吉備郡　*とばす 三重県志摩郡「とばされる」　*どばす 岡山県児島郡　香川県伊吹島　*どやかす 東京都大島　和歌山県　島根県出雲・隠岐島　*どやきゃーげる 島根県益田市

*どやく 鳥取県・伯耆東部　島根県「どやくと泣くで」　岡山県浅口郡　広島県　愛媛県　*どやくらかす 和歌山県東牟婁郡　愛媛県　福岡県　宮崎県児湯郡　*どやされる 兵庫県加古郡　*どやしあげる 島根県石見「どやしゃーげるぞ」　福岡市

*どやしつける 埼玉県秩父郡「ぼやぼやしていたんでどやしつけられた」　新潟県新発田　富山県砺波　長野県下水内郡　奈良県南大和　和歌山県「そんな事するとどやしつけるぞ」　島根県「頭をどやしつけた」　*どやしゃげる 島根県隠岐島　*どやす 北海道　茨城県　栃木県足利市　群馬県利根郡・群馬郡　埼玉県「棒てんぎ(丸太ん棒)でどやすぞ」　千葉県・海上郡　東京都八王子　神奈川県津久井郡　新潟県　富山県　石川県　福井県南条郡・敦賀　山梨県・北都留郡　長野県　岐阜県静岡県「まきざっぽーでどやしてやった」　愛知県名古屋市・知多郡「ぐづぐづしてゐるとどやすぞ」

三重県　滋賀県　京都府　大阪府「どやしたろか」　兵庫県　奈良県　和歌山県　鳥取県岩美郡・西伯郡　島根県　岡山県　広島県　山口県「八さあはきのうのお祭でけんかしてひどうどやされたげな」　徳島県　香川県　愛媛県　高知県幡多郡　福岡県　長崎県対馬　熊本県　大分県　宮崎県　鹿児島県　*どやっしゃげる 香川県小豆島

*どるく 奈良県南大和　*どんぐらす 群馬県桐生市　*どんぐらわす 愛媛県今治市・周桑郡　*どんぐわす 徳島県・美馬郡・名西郡　*どんにやかす 和歌山県有田郡・西牟婁郡「人をどんにやかす」

*ばする 石川県　*はたく 青森県津軽　岩手県宮城県「はだがれるといけない、行くな」　山形県福島県　茨城県・稲敷郡　栃木県　群馬県　埼玉県入間郡　東京都八丈島　神奈川県湘南　新潟県

長野県　静岡県田方郡・志太郡　三重県志摩郡

奈良県　広島県比婆郡・高田郡　徳島県・海部郡　香川県綾歌郡・仲多度郡・小豆島　愛媛県

*はちる 島根県仁多郡　広島県比婆郡　*はつる 新潟県佐渡「頭をはつる」　石川県金沢市・江沼郡　福井県　長野県東筑摩郡　鳥取県日野郡　岡山県　広島県　愛媛県　長崎県対馬「びんたをはつる」　熊本県「貴様はつらるるどう」「はつりかやす」

大分県西国東郡　*はなずりかます(顔面をたたく)香川県伊吹島　*ぴきすんぐるん 沖縄県石垣島

*ひやく 山形県庄内　*びんぶらがす 島根県益田市「頭をびんぶらがーてやった」　*ふからむ 秋田県鹿角郡　*ぶからむ 青森県津軽・上北郡　秋田県鹿角郡　*ぶけなす 島根県鹿足郡「大口をきいたらぶけなされた」

*ぷたずげる 山形県西村山郡・北村山郡　*ふたつける 岩手県紫波郡　*ぷたらぎずげる 山形県村山　*ぶっからむ 青森県津軽　岩手県気仙郡　秋田県平鹿郡・鹿角郡　*ぶっことす 茨城県稲敷郡　栃木県　*ぶっさく 島根県「くっそーぶっさーちゃるぞ」　広島県　*ぶっさくる 広島県高田郡　*ぶっさらう 山梨県　静岡県・小笠郡「そんなことをしたらぶっさらうぞ」

*ぶっさらがす 島根県美濃郡・益田市　*ぶっさる 静岡県「ぶっさってやりたり」

*ぶらなぐる 栃木県　*へる 福井県敦賀郡　*ほてくらわす(ののしって言う語)愛媛県周桑郡　*まくらーす 長野県上田　*まくらかす 山梨県　*まくらせる 長野県　*むしらかす(人を叩く)長崎県対馬　*よす 山形県「おればよすんだもの」「よされるか」

*ろずく 和歌山県「そんなにろずくなよ」

↓なぐる（殴）・ぶったたく（打叩）

□こと　*ごーん(幼児語)岩手県気仙郡　*ちゃい(幼児語)三重県伊賀　*ちゃん(幼児語)香川県丸亀市「ちゃんする」　*てんてん(幼児語)京都府　*はちかん 香川県伊吹島

ほお(横っ面)を□(ののしって言う語)　*ほーげたふみおる 高知県　*ほげたけやぶる 高知県

*ほーげたかばちねじあげる 島根県　*ほーがまちいれかえる 愛媛県周桑郡　*ほーだまーはる 鳥取県気高郡　*ほーたんくらつける・ほたんぱすくらつける 富山県砺波　*ほーびんちゃ

くをまわす 山口県豊浦郡・防府

ただちに【直】 *いきなり 静岡県田方郡 和歌山県 *いながら 愛知県知多郡 愛媛県 高知県「学校からいながらやってきました」 *かー 広島県 *かい 奈良県宇陀郡「かい来る」 *けー 島根県出雲「けー出来る」 *けんご 島根県那賀郡「けんご戻ったのー(もう戻ったのか)」 広島県山県郡・高田郡 *けんごー 島根県邑智郡 *ごいっさん 島根県石見「あいつならごいっさんに負かいてやる」 *こっけくらり 高知県安芸郡「うちえ帰るとこっけくらり米を搗いて、それから夕飯を炊いた」 *さしつけ 鹿児島県肝属郡「さしつけあの内行け」 長崎県対馬 *さじばじ 岩手県気仙郡「さじばじやってしまねぁばわがんねぁ(直ちにしなければいけない)」 *ざんじ 埼玉県北葛飾郡「ざんじ湯がわく」 *ざんじき 長崎市「がけから、うっちゃいて、ざんじき、しんでしもた」 *じきさ・じきそ 和歌山県日高郡 *じきさま 富山県 *じきのま 石川県鹿島郡「じきのまに松の木とこ行っては」 山口県大島「船がじきのまに沈んだ」 *じっき 愛知県東春日井郡 *しゃっけ 岡山県邑久郡 *ずいと 富山県 岐阜県稲葉郡 福岡県田川郡 *すぐあしに 新潟県佐渡「すぐあしに風呂にひゃあって下され」 *すぐだもん 熊本県「一ちょ買うてやらんとすぐだもん、雀ぶくのごとふくるるこつが」 *すぐと 宮城県仙台市「すぐとまかんできす(参上します)」 秋田県山本郡・南秋田郡「言いつけられたらすぐと行け」 栃木県足利市 静岡県志太郡 三重県志摩郡 *すだー 鹿児島県種子島 *すんがけ 長野県 *すんつけ 富山県砺波 *そっここ(「そっこく(即刻)」の転か) 長崎県壱岐島「そっここもどっち来た」 *たーちき・たーちきんめ(「太刀切る間に」の意から) 鹿児島県 *ただいま 鹿児島県揖宿郡 *ただいまんこめ 鹿児島県肝属郡 *ただいめ 鹿児島県揖宿郡 *ただいめー 山形県庄内 *たっち(「太刀切る間に」の意から) 群馬県吾妻郡 *たっちき(「太刀切る間に」の意から) 鹿児島県 *たっつけ(「太刀切る間に」の意から) 鹿児島県 *たでーま 沖縄県石垣島・波照間島・首里 *ちきさ・ちきそ 和歌山県日高郡 *ちゃーき 沖縄県首里 *ちょいとに 高知県幡多郡 *ちょっかに 高知県幡多郡 *でっこ(直接に) 岩手県気仙郡 *ひしゃっと 岩手県気仙郡 *ひらっと 岩手県上閉伊郡 *びらっと 岩手県上閉伊郡・気仙郡「俺ぁ来たらびらっと立ってしまった」 *ひらり 群馬県多野郡 *ぴらり・びらり 岩手県気仙郡「びらりいねぁぐなった」・東磐井郡 宮城県「びらりかっさらって逃げた」 山形県東村山郡 *めのちりはらわぬうち 愛知県西春日井郡 *めのちりはらわぬま 愛知県名古屋市 *めのめきざん 福岡市「めのめきざんにすらごと言う」 *やがて 石川県鳳至郡・鹿島郡 *やにわに 岐阜県本巣郡 山口県美祢郡「いま やにわに わたしゃー せんにゃ ならんそ(今さっそく私はしなけりゃなりませんの)」 *やりやり(直接) 長崎県「学校からやりやり遊びにおいで」

→すぐに(直)

だだっこ【駄駄子】 *あくだーふぁー 沖縄県石垣島 *あばいくさり 新潟県西頸城郡 *あばえこ 新潟県西蒲原郡 *あばえこき 三重県南牟婁郡 *あばえた 和歌山県「この子はあばえたで困る」 *あまーっこ 山梨県南巨摩郡 *あまいたこ 香川県大川郡 *あまいぼ 長崎県 *あまえ 滋賀県彦根 鳥取県気高郡 島根県 高知県 *あまえかんじょ 鹿児島県肝属郡 *あまえがんす 島根県美濃郡・益田市(軽べつ語)「あまえがんす、とびがんす。せんち(便所)の陰へかくれて、又出て笑うた」 *あまえご 千葉県 東京都八丈島 岐阜県飛驒 島根県 広島県比婆郡 *あまえごず 島根県隠岐島 *あまえごろ 鹿児島県鹿児島郡・肝属郡 *あまえさんしー・あまえさんしろー 島根県美濃郡・益田市 *あまえそ 三重県名賀郡 *あまえた 三重県 大阪市 奈良県宇陀郡 徳島県 香川県 愛媛県松山 *あまえたり 三重県名賀郡 *あまえたれ 福井県敦賀郡 山梨県 島根県美濃郡・益田市 香川県 愛媛県松山 *あまえちょ 三重県阿山郡 *あまえべす 福井県大飯郡 *あまえぼ 鹿児島県鹿児島郡 *あまえみそ 三重県名賀郡 *あまてご 島根県邑智郡 *あまりじゃこ 大分県大分市・別府市 *あまんじゃく 富山県下新川郡 島根県美濃郡・益田市 広島県高田郡 *あまんじゃこ 兵庫県佐用郡・神戸市「この児はあまんじゃこで困る」 *あめご 栃木県日光市 *いけず 兵庫県神戸市 *おげた 香川県 *ごね 愛媛県大三島 *ごねすけ 山形県米沢市 *ごねつき 山形県東村山郡・北村山郡 *ごねはち・ごねさく 愛媛県大三島 *ごんぞー 奈良県南葛城郡 香川県 *ごんた 三重県名賀郡 奈良県 和歌山県和歌山市・海草郡 香川県 *ごんやん 香川県三豊郡 *にわり 山口県大島 *ねち 島根県「うちの子はねちで困る」 *ねちみゃく 島根県益田市・美濃郡 *びれこ 宮城県仙台市 *やんがこき・やんがれ 三重県志摩郡 *やんがん 和歌山県新宮 高知県 *やんがんじ 群馬県碓氷郡 *やんかんじー 栃木県足利市 *やんばらもん 鹿児島県

たたみ【畳】 *あつじょー 群馬県勢多郡 長野県南部 *あつどこ 山形県 新潟県 *あつべり 茨城県稲敷郡 栃木県 *いーだたん(琉球表の畳) 沖縄県首里 *うえ 奈良県宇智郡 *とこ 福島県安達郡・中通 埼玉県秩父郡「とこや(畳屋)」 新潟県佐渡「しんどこ(新しい畳)」「とこがえ(畳替え)」 福井県 山梨県 長野県伊那・佐久 静岡県磐田郡 滋賀県彦根 *ひこ 神奈川県高座郡 *ひっとおもて(粗い表の畳) 香川県塩飽諸島 *むしろ 長崎県壱岐島 熊本県 *やろーだたみ(へりのない畳) 静岡県志太郡 *やろだたみ(へりのない畳) 岩手県気仙郡

たたみおもて【畳表】 *しちとー(琉球産の灯心草などで織った畳表の一種) 青森県上北郡

＊めったうち（粗雑な畳表）島根県美濃郡・益田市 ＊ゆーきょー 栃木県河内郡 ＊りゅーびん（床の間に用いる極上の畳表）香川県

たたむ【畳】 ＊たくぶん 沖縄県首里 ＊ぶりっかーみるん（文語形は「ぶりっかーみん」）沖縄県石垣島

たち【質】 ＊かかり 山形県西置賜郡「ああゆうかがりの人」 ＊しょー 新潟県佐渡「いいしょうだ（のんきだ。または、人がよい）」 長崎県対馬「おら、叫（おら）ぶしょうじゃけ（大声を出す癖があるから）」 ＊しょーあい 山形県 徳島県 ＊たて 静岡県 島根県 徳島県美馬郡「あれはあの人のたてじゃ、気にしなさんな」 ＊たてー 静岡県
→せいしつ（性質）

たつ【立】 ＊たちる 滋賀県神崎郡 兵庫県加古郡「そこにたちっとれ」・淡路島 ＊たてる 富山県射水郡 砺波「たてって歩く」 石川県・江沼郡「たてらせる（立たせる）」 三重県名賀郡 兵庫県 和歌山県日高郡 島根県「たてったまんま飯を食う」 岡山県津山市・苫田郡 広島県 徳島県 香川県 愛媛県 高知県 ＊つっぱる（つま先で立つ） 大分県 ＊つめくりだつ（つま先で立つ） 埼玉県入間郡「すべるからつめくりだって歩く」

たっしゃ【達者】 ＊じみ 岩手県胆沢郡・気仙郡「足ぁじみだ」 宮城県「いつ見てもおぢみなこと」 福島県「えつも（いつも）じみで良えなえ」 ＊じみじみ 宮城県仙台市「なんつぢみぢみとしさったおぼこでがすぺ」 ＊ずみ 宮城県北部「私もよく薬ばかり飲んで居たが、近頃はずみになった」 ＊たすら 岩手県九戸郡
→じょうぶ（丈夫）
□だ ＊あっちゅん 沖縄県首里 ＊かたい 福井県「みなかてーんですか（皆丈夫なんですか）」 兵庫県加古郡 ＊きしか 鹿児島県・肝属郡「くっばっかいきしかーじで（口ばかり達者で）」 ＊きち 秋田県鹿角郡 鹿児島県 ＊きつい 秋田県鹿角郡「きつくて居ます（達者でいます）」 岐阜県「風邪一つひかんが、きつい人じゃ」 ＊きっつい 富山県砺波 ＊じょーびー・じゅーびー 大分県大分郡 ＊じょーぶい 富山県砺波 静岡県榛原郡 愛知県「じょうぶい人だ」 滋賀県彦根 京都府葛野郡 大阪市 ＊じょーぶんか 熊本県天草郡 ＊まめしー 北海道 青森県・上北郡・津軽「まみしぐなえ（病気だ）」 宮城県栗原郡「まめしくなりした」 秋田県山本郡・鹿角郡「まめしくて御でァるどがんし（御達者でいらっしゃいますか）」 山形県東置賜郡 福島県中部 ＊まめったい 埼玉県北葛飾郡「この子はえらまめったい」 神奈川県愛甲郡 東京都利島・新島・大島 長野県長野市・上水内郡「あの人はまめったい人だ」 静岡県 ＊まめまめしー 山形県
□なこと（なさま） ＊かーい 和歌山県東牟婁郡 ＊かい 奈良県吉野郡 ＊がい 新潟県「しぇめて五年もがいだばよかったどもはー、にわかに死んしもたが（死んでしまいましたよ）」「がいなかばんだ」 富山県下新川郡 三重県志摩郡 京都府 兵庫県明石郡 奈良県吉野郡 和歌山県 鳥取県気高郡・岩美郡 島根県「せいは低いが、がいな人だ」 岡山県「あの男は一升飲んでけろっとしとる。がいなもんじゃ」 広島県 徳島県「主人が死んでも、がいにかかれば出来るもんじゃ」 香川県「あいつ、がいなんぞ」 愛媛県 ＊がえー 岡山県苫田郡・上道郡 ＊ぎゃ 長崎県五島「ぎゃにある（力の強い）」 ＊ぎゃー 埼玉県入間郡 新潟県佐渡 兵庫県但馬 岡山県備中北部 宮崎県西臼杵郡 ＊げー 山形県庄内「げーもんだ」 群馬県 新潟県 富山県「げーなやつ」 長野県 大分県玖珠郡 ＊しゃんしゃん 新潟県佐渡 滋賀県彦根 奈良県南大和 ＊しょんしょん 滋賀県彦根 ＊たまか 高知県 ＊もんてつ 新潟県佐渡

たつまき【竜巻】 ＊あーんかん 沖縄県鳩間島 ＊あまいのー 沖縄県宮古島 ＊いーぬー・いーるー 鹿児島県喜界島 ＊いなうかじ 沖縄県石垣島 ＊いのー 沖縄県八重山 ＊いのーかじ 沖縄県石垣島・竹富島・鳩間島 ＊いのーはじ・いないはじ・いない 沖縄県黒島 ＊えーのー 島根県益田市 山口県見島 ＊えのら 香川県伊吹島 ＊かまき 長崎県壱岐島 ＊たつのごんぼ 新潟県西頸城郡「たつのごんぼたったぞ」 ＊たつのしおまき 新潟県佐渡 ＊たつのみずとり 鹿児島県種子島 ＊たつ 千葉県印旛郡 東京都伊豆諸島 静岡県焼津市 和歌山県 島根県美濃郡・那賀郡 愛媛県周桑郡 ＊たつあがり 鹿児島県奄美大島 ＊たっちゃがい 鹿児島市 ＊たつめ 東京都八丈島 ＊ちじまい 香川県伊吹島 ＊ちじまき 長崎県壱岐島 熊本県 ＊ちじまきかぜ 熊本県飽託郡・上益城郡 ＊ちじゅまき 熊本県 ＊ちゅじゅまき 熊本県 宮崎県 鹿児島県種子島 ＊ちゅじゅまっ 宮崎県 ＊ちゅっまっ・すっまっ 鹿児島県揖宿郡 ＊ちりまき 長崎県南高来郡・壱岐島 熊本県 大分県大分郡 ＊ちりまきかぜ 福岡市 長崎県南高来郡 熊本県 ＊ちりまんかぜ 熊本県八代郡・球磨郡 ＊つかまき 愛媛県周桑郡 ＊つじ 東京都八丈島 ＊つじかぜ 富山県砺波 岐阜県 三重県名賀郡 徳島県・美馬郡 香川県 愛媛県周桑郡 大分県大分市・大分郡 ＊つしまき 鹿児島県・肝属郡 ＊つじまき 島根県石見 福岡市 佐賀県藤津郡 長崎県南高来郡 熊本県 大分県 鹿児島県種子島 ＊つじまきかぜ 佐賀県三養基郡 長崎県南高来郡 熊本県阿蘇郡・玉名郡 ＊つちまいかぜ 大分市 ＊つちまき 大分県大分郡 ＊つりかぜ 香川県大川郡 愛媛県周桑郡 ＊まーまーかぜ 岡山県小田郡 ＊まいかぜ 新潟県佐渡 三重県北部 京都府 大阪府大阪市・泉北郡 奈良県 山口県 徳島県 香川県綾歌郡・仲多度郡 愛媛県 長崎県南高来郡 熊本県天草郡 大分県 ＊まいまいかぜ 富山県東礪波郡 愛知県中部 三重県北部 兵庫県氷上郡 奈良県宇陀郡・宇

智郡 和歌山県新宮 島根県益田市 広島県 山口県 香川県 愛媛県 *まいまいかで 島根県益田市 広島県走島・安芸郡 山口県大島 *みゃーみゃーかぜ 広島県芦品郡 *みゃかぜ 長崎県南高来郡 熊本県球磨郡 *りゅーたつ 鹿児島県奄美大島・加計呂麻島 *りゅーたつぃ 鹿児島県徳之島 *るー 沖縄県 *るーさがい 沖縄県島尻郡 *るーぬさがい 沖縄県国頭郡 *んぬー 沖縄県与那国島

たて【縦】 *たてし 鳥取県西伯郡 島根県「本をたてしに入れて置け」 広島県比婆郡 *たてせ・たてせー 島根県隠岐島 *ない 鹿児島県喜界島「ないわく(縦横)」 *なぎ 鹿児島県喜界島「なぎしゃくぬたらん(長さが足りない)」 沖縄県首里

たてる【建】

家などを□ *くぬみゅい・くぬにゅい 鹿児島県喜界島「しんや くぬみゅい(新しい家を建築する)」 *まける(「もうける(設)」の転) 山形県最上郡・庄内「一匹の雀(すずめ)こ、巣こまげて卵こ生(な)した」

家を□こと *たてまえ 兵庫県加古郡 *やーずくい・やーつくい 沖縄県首里 *やーつぃくり 沖縄県石垣島

たな【棚】 *ずし 岐阜県土岐郡 静岡県榛原郡(台所の作り付けの戸棚) 愛知県(高い棚)「ずしん中」 *でくし 秋田市

天井からつり下げた□ *ちゃーだな 島根県仁多郡 *ちゅーだな 島根県邇摩郡

炉の上に天井からつるした□ *あま 石川県鳳至郡 福井県 長野県下伊那郡 岐阜県 島根県邑智郡 徳島県那賀郡 長崎県対馬 *あまざら 新潟県佐渡 *あまだ 島根県邑智郡 長崎県壱岐島 *あまだな 新潟県佐渡 長野県西筑摩郡 山口県玖珂郡 *かーまだ 島根県仁多郡・能義郡 *しだら 青森県津軽 *ひあま 富山県西礪波郡・東礪波郡 石川県鹿島郡 長野県北安曇郡 岐阜県 *ひがま 岐阜県郡上郡 *ひだか 新潟県中頸城郡 *ひだな 岩手県気仙郡 宮城県仙台市 秋田県・鹿角郡 山形県 群馬県多野郡 新潟県岩船郡・中頸城郡 石川県鳳至郡(魚を乾燥させる) 長野県 *ひやまる 富山県砺波

たなごころ【掌】 *さら 東京都八丈島「てのさら」 *たぶ・たんぼー・たっぽー・たぼー・たぼ 東京都八丈島「たんぼーへたもーれ」 *ちぇんはら 鹿児島県揖宿郡 *てぃーぬばた 沖縄県宮古島・鳩間島・黒島 *てぃーぬばだ 沖縄県石垣島・小浜島 *てぃーぬわた 鹿児島県与論島 沖縄県国頭郡・首里 *てぃーびら 沖縄県竹富島 *てぃーんわたー 沖縄県島尻郡 *てぃびざ 沖縄県宮古島 *てぃびら 沖縄県宮古島・竹富島 *ていんわた 鹿児島県奄美大島 *てーのはら 富山県東礪波郡 *てっぴら 福島県東白川郡 茨城県 栃木県 千葉県印旛郡 静岡県榛原郡「てっぴらほどの土地」 *てのはら 岩手県九戸郡 島根県石見 広島県 山口県大島 愛媛県周桑郡 高知県土佐郡・幡多郡 長崎県南高来郡・対馬 熊本県玉名郡 大分県 宮崎県延岡 鹿児島県

→てのひら(手平)

たなばた【七夕】 *いんかい 熊本県玉名郡 *たなばたぜっく 和歌山県日高郡 徳島県美馬郡 *たなばたぼん(七月七日の七夕を盆の始まりとして言う語) 香川県仲多度郡 *たなまつり 奈良県吉野郡 *なながび 広島県 *なにかび 島根県出雲 *なぬかび 青森県三戸郡 秋田県鹿角郡 *なぬかぼん 青森県三戸郡 京都府丹波 奈良県南大和 香川県小豆島 *なのかび 岩手県気仙郡 山梨県甲府 長野県南佐久郡 静岡県 島根県 岡山県和気郡 広島県 *なのかぼん 青森県上北郡 島根県隠岐島 *なんかび 島根県 *ねんぷた 秋田県鹿角郡

たに【谷】 *あしたに(極めて険しく入りにくい谷) 奈良県吉野郡 *いりあい 山形県 *うと(「うつ(空)」の転。谷。また、狭い谷) 長野県北安曇郡 岐阜県飛騨 *うど(谷。また、狭い谷) 静岡県庵原郡 *うとー(谷。また、狭い谷) 長野県北安曇郡 *うどー(谷。また、狭い谷) 長崎県対馬 *うとーろ(谷。また、狭い谷) 長野県北安曇郡 *えき 島根県 広島県 山口県阿武郡 *えきなか 島根県鹿足郡 *えご 島根県(浅い谷)・石見 *こざわ 新潟県北魚沼郡 *こし(谷の険阻な所) 東京都八丈島・大島・利島 *さー 秋田県雄勝郡 福島県東白川郡 沖縄県石垣島 *さーっこ 福島県東白川郡 *さがい 沖縄県島尻郡・首里 *さく 千葉県下総 鹿児島県奄美大島・加計呂麻島・徳之島 沖縄県国頭郡・首里 *さくー 鹿児島県奄美大島 *さくり 鹿児島県奄美大島 *さこ 岐阜県(水のない谷もいう)・飛騨(小さな谷) 大阪府南河内郡(水のない谷) 奈良県吉野郡(小さな谷)・南大和(水のない谷) 鳥取県八頭郡 島根県八束郡(小さな谷) 岡山県真庭郡(小さな谷)・苫田郡(水のない谷もいう) 徳島県・美馬郡(小さな谷) 愛媛県 高知県 長崎県南高来郡・五島(小さな谷) 熊本県・球磨郡(小さな谷) 大分県(小さな谷)・北海部郡 宮崎県西都市・西臼杵郡(水のない谷もいう) 鹿児島県肝属郡 *さこあい 徳島県 *さこや 奈良県吉野郡 *さこめ 岐阜県飛騨 *さこー 香川県大川郡 *さふー 沖縄県国頭郡 *さわ 青森県津軽 岩手県和賀郡 秋田県 山形県米沢市 福島県相馬 東京都御蔵島・三宅島 新潟県佐渡・中頸城郡 長野県 静岡県駿東郡 *さわあい 山形県米沢市 *さわっぽら 千葉県安房郡 東京都八王子 神奈川県・津久井郡 *さわまえ 山形県東置賜郡 *しどかい 山形県南村山郡 *すく 沖縄県本島 *すど 山形県村山 *すわ 新潟県佐渡 *せこ 和歌山県・日高郡 愛媛県 高知県 鹿児島県 *そこ 大分県大分郡・北海部郡 *だいそこ 千葉県安房郡 *たう 沖

縄県鳩間島 *たお 静岡県 *だお・だおみ 新潟県西蒲原郡 *たに(水のある谷) 秋田県由利郡 群馬県吾妻郡 石川県能美郡 三重県飯南郡 大阪府南河内郡 奈良県吉野郡 大分県速見郡 宮崎県西臼杵郡 *たにくぼ 大分県 *たにご 徳島県那賀郡 高知県土佐郡 大分県 鹿児島県 *たにごー 島根県邇摩郡 高知県 *たにごーす 高知県 *たにっぽこ 和歌山県日高郡 *たにや(やや狭くて浅い谷) 熊本県玉名郡 *たにやつ 山形県西村山郡 *たにんご 島根県大原郡・仁多郡「たにんごみち(谷間の道)」 *たにんごー 島根県「たにんごーにまっさかさまに落ちた」 広島県・高田郡 *たねご 高知県幡多郡 *たぼ 島根県隠岐島 *たゆみ(山と山との間の小さい谷のような所) 香川県大川郡 *たわ 奈良県南大和(水のない谷) 島根県隠岐島 *だん 富山県中新川郡 *たんご(小さい谷) 島根県簸川郡 *たんにゃ(水のある谷) 石川県能美郡 *どー 沖縄県石垣島 *どー(山と山との間の谷あいで水のない所) 三重県飯南郡 *どたね 高知県幡多郡 *どんざー 群馬県勢多郡 *どんざわ 長野県長野市・上水内郡 *なぎ 静岡県 *ばーり 沖縄県与那国島 *ばだ 沖縄県宮古島 *ばり 沖縄県石垣島 *ひこたび 山形県飽海郡 *ひこたみ 山形県東田川郡 *ひど 秋田県雄勝郡 山形県 福島県耶麻郡 新潟県北魚沼郡・岩船郡 *ひとっこ・ひぞ・ひぞっこ 福島県会津 *ひどめ 山形県飽海郡 *ふぁたびし 沖縄県波照間島 *ふかとん 沖縄県新城島 *へこたみ 常陸 *へこったみ 千葉県印旛郡 *ほき 大分県大分市・大分郡 鹿児島県 *ほく 長崎県長崎市・南高来郡 *ほこら 兵庫県家島 *ほっ 鹿児島県 *ほら 秋田県雄勝郡 東京都八丈島 神奈川県津久井郡 山梨県南巨摩郡 長野県 岐阜県飛驒 静岡県 愛知県北設楽郡 三重県一志郡 滋賀県彦根 *ほんさわ 新潟県北魚沼郡 *また 沖縄県国頭郡 *めぞ 富山県中新川郡・東礪波郡(小さな谷) *やーら 神奈川県鎌倉市 *やげ 山形県北村山郡・庄内 *やつ 茨城県北相馬郡 千葉県 東京都西多摩郡 静岡県小笠郡 *やっこ 千葉県夷隅郡 *やと 東京都八王子 神奈川県高座郡 *やまだう 沖縄県新城島 *やまとーん 沖縄県竹富島 *やまぬとー(「山のたわ」の意) 沖縄県石垣島 *やますく 沖縄県・那覇市 *やまずく 沖縄県宮古島 *やまそこ 大分県大分郡・北海部郡 *やまだん 沖縄県新城島 *やまばし 沖縄県宮古島

たにし【田螺】 *あんぴたー 沖縄県西表島 *いえかるい 大分県 *かいつぶら 長野県北安曇郡・東筑摩郡 *かさめ 神奈川県中郡 *がんだ・がんだつぼ・がんたつぼ 長野県西筑摩郡 *かんぴた 沖縄県小浜島 *こーち 神奈川県足柄下郡・平塚市 *ずほ 山梨県甲府 *たーしたみ(「田の蝸牛」の意) 沖縄県黒島・波照間島 *たーしだみ 沖縄県黒島・竹富島 *たーみな 沖縄県国頭郡・鳩間島 *たーんな 沖縄県首里・石垣島・新城島 *たーんみや 沖縄県 *たいな 熊本県鹿本郡 *たがい 高知市 *たごーな 大分県速見郡 *たしだみ 沖縄県黒島 *たちんぶ 青森県津軽 *たっかり 神奈川県都筑郡 *たっつぶ 青森県南部 岩手県 新潟県西頸城郡 山梨県西山梨郡 *たっつぷ 山梨県南都留郡・北都留郡 *たっつぼ 山梨県 *たつぶ 青森県・上北郡 岩手県岩手郡 千葉県 神奈川県鎌倉郡・都筑郡 *たつぼ 岩手県九戸郡・二戸郡 茨城県 千葉県 神奈川県 山梨県 岐阜県飛驒 静岡県 愛知県・知多郡 三重県度会郡 和歌山県東牟婁郡 *たつぼー 千葉県印旛郡 *たつんぼ 静岡県磐田郡 愛知県北設楽郡 和歌山県東牟婁郡 *たつんぼー 静岡県 *たにな 鹿児島県日置郡 *たねつぼ 熊本県下益城郡 *たのつぼ 長野県上伊那郡 *たば 静岡県 *たばい 愛知県宝飯郡 徳島県 *たひな 熊本県芦北郡 *たびな 熊本県 宮崎県 鹿児島県 *たみな 長崎県 熊本県天草郡 宮崎県 鹿児島県 *たんつぼ 富山県 *たんなー 沖縄県与那国島 *たんにゃ 鹿児島県喜界島 *たんぼっくら 神奈川県久良岐郡 *たんみな 熊本県天草郡 *ちぶ 山形県西置賜郡・西田川郡 *つぐ 滋賀県野洲郡・栗太郡 *つば 山形県新庄市 新潟県西頸城郡 *つぶ 青森県津軽 岩手県 宮城県 秋田県 山形県 福島県 群馬県勢多郡 千葉県印旛郡 神奈川県横浜市 新潟県 石川県 福井県敦賀郡 山梨県 長野県 滋賀県 *つぷかい 青森県三戸郡 *つぶどん 群馬県勢多郡 *つぶめ 滋賀県長浜市・坂田郡 *つぶら 長野県北安曇郡 *つぼ 新潟県 山梨県 長野県 岐阜県 静岡県 愛知県 三重県三重郡 香川県 *つぼっこ 静岡県磐田郡 *つぼどん 愛知県 三重県員弁郡 *つむ 長野県 *つんぶ 秋田県南秋田郡 *にし 熊本県天草郡 *びな 熊本県 宮崎県西諸県郡 *みな 宮崎県宮崎市・東諸県郡

たぬき【狸】 *おたの 香川県高松市・仲多度郡 *おっさん 大分市 *くさい(肉に臭みがあるところから) 青森県 岩手県 *こけ 富山県下新川郡 *だんざ 鹿児島県 *とんちぼ 新潟県佐渡 *とんちぼー(忌み言葉) 新潟県佐渡 *はちむじ(老ダヌキ) 岐阜県飛驒 *はちむじな 富山県東礪波郡 *はちもんじ 奈良県吉野郡 *ばんぶく・ばんぷく(「万福」か。または、「ぶんぶくちゃがま(分福茶釜)」の転か) 長野県北安曇郡 *ひちむじな 富山県東礪波郡 *ぼーず 大分県大分市・大分郡 *ぼんさん 大分県速見郡 *ほんむじな 山形県西置賜郡 *まみ 福島県南会津郡 山口県豊浦郡 *まみだのき 徳島県那賀郡 *まみむじな 栃木県栃木市・安蘇郡 *まめだ 大阪府大阪市(小さいタヌキ)・泉北郡(小さいタヌキ) 兵庫県(小さいタヌキ) 奈良県(小さいタヌキ) 徳島県 香川県男木島 *むじな 山形県村山・最上(野生のもの) 栃木県 群馬県邑楽郡 富山県高岡市 静岡県磐田郡 三重県宇治山田市 *よもの(「夜に活躍するも

の」の意）福井県

たね【種】 ⇩しゅし（種子）

たねまき【種蒔】 ＊**さにうるし** 沖縄県国頭郡 ＊**さにまち** 沖縄県「さにまちじんぐぬ、てーいりぬ、とどかんどんあれー（種まき前後の、手入れが、届きませんと）」 ＊**たなおろし** 群馬県勢多郡 長崎県壱岐島 ＊**たにうるし** 鹿児島県奄美大島 沖縄県首里 ＊**たねうるし** 鹿児島県奄美大島 ＊**たねおとし** 東京都八王子 滋賀県彦根 ＊**たねおろし** 群馬県多野郡 ＊**たねひねり** 東京都八王子 ＊**ねつけ** 熊本県玉名郡 ＊**もみまき** 静岡県庵原郡

たのしい【楽】 ＊**うむつぁーん** 沖縄県与那国島 ＊**うむっさーん** 沖縄県八重山 ＊**うむっさはん** 沖縄県波照間島 ＊**うむっさん** 沖縄県鳩間島・黒島 ＊**うむっしゃん** 沖縄県竹富島 ＊**おもしょい** 熊本県玉名郡

□**さま** ＊**おもいで** 石川県 福井県「おもいでなかった（たいへん楽だった）」「おもいでぢゃったか」 ＊**しょーかん** 鹿児島県種子島

たのみ【頼】 ＊**あいなだのみ・あいだのみ**（当てにならない頼み）新潟県佐渡 ＊**かて** 新潟県佐渡「彼なんかかてにせん」「こんなものかてにならん」 ＊**ごみしん** 新潟県佐渡「ごみしん申します（お願い申します）」 ＊**ごむしん** 新潟県中頸城郡 山梨県南巨摩郡「ごむしんだけんど一寸行って来てくれ」 長野県佐久 静岡県「ごむしんする」 広島県佐伯郡・高田郡 ＊**ごもしん** 広島県比婆郡・高田郡 ＊**むしん** 秋田県南秋田郡「むしんに来たで（頼みに来たよ）」 福岡県築上郡

↓いらい（依頼）

□**にする** ＊**あしめる** 富山県 石川県「それはあしめーち来たんじゃが、よわったのー（それは当てにして来たんだが困ったな）」 岐阜県飛騨 ＊**かいなう** 岐阜県飛騨「人をかいのっとると仕事が遅うなる」 ＊**かぎなう** 石川県金沢市 ＊**かぎのう** 東京都大島「自分の道具は持って来ず他人にかぎのってばかりゐる」「かぎのふ人があるからいいさ」 ＊**こーにかる** 新潟県佐渡「親をこうにかってかってしんでえだ（身がってだ）」 ＊**たるがきゆん** 沖縄県首里

タバコ【煙草】 ＊**いよ** 三重県安濃郡 ＊**きすり** 岩手県和賀郡 ＊**こっぱ**（小児語）愛媛県大三島 ＊**せすり** 岩手県気仙郡 ＊**せせり** 岩手県上閉伊郡・気仙郡 ＊**せせる** 岩手県気仙郡 宮城県 ＊**どーらん** 岩手県和賀郡 ＊**ぱーくー**（小児語）沖縄県首里

たはた【田畑】 ＊**あか**（「あがた（県）」の転か）福島県石城郡 茨城県 千葉県東部 ＊**おき** 長野県 岐阜県羽島郡「おきへ出る」 三重県 岡山県小田郡「おきへ仕事に行く」 愛媛県周桑郡 ＊**じだ** 熊本県八代郡 ＊**せけん** 大分県北海部郡 ＊**たい** 奈良県大和高田 ＊**たちょー** 高知県「豊年ぢゃきに（豊年なので）たちょーを見ると心地がええ」 ＊**とーも** 愛知県 ＊**とーもん** 愛知県東加茂郡 ＊**とも** 岐阜県海津郡（農場） 愛知県 ＊**ともて** 福島県会津・大沼郡 新潟県東蒲原郡 ＊**とんも** 愛知県岡崎市 ＊**の** 徳島県・美馬郡 長崎県五島 大分県大野郡「のに出ちょる」 ＊**のえ** 岡山県・小田郡 ＊**のー** 富山県東礪波郡（緩い傾斜のあるもの） 滋賀県 大阪市 徳島県 愛媛県 ＊**のーえ** 岡山県小田郡 ＊**のおも** 愛知県八名郡 ＊**のでん** 長野県佐久 ＊**のばら** 千葉県安房郡「のばらへ行くのはいやだ」 ＊**のへ** 岡山県 ＊**のやま** 鹿児島県肝属郡「のやまんしごつ（農事）」 ＊**のらやま** 静岡県富士郡 ＊**べた** 岡山県児島郡 ＊**べと** 新潟県長岡市「この家は、べと附でなうては売らんのです」 長野県「べとをうる（田地を売る）」 ＊**やま** 青森県南部 山形県西田川郡「やまに行く」 栃木県北部「やま仕事」 群馬県 東京都利島・大島・八丈島 神奈川県高座郡 新潟県 長野県 静岡県・志太郡 島根県 山口県阿武郡 徳島県（焼き畑） 香川県佐柳島・伊吹島 愛媛県宇和島

↓た（田）・はたけ（畑）

新しく切り開いた□ ＊**あらお** 千葉県安房郡 ＊**あらき** 青森県 秋田県鹿角郡 静岡県榛原郡「あらきの茶原」 鹿児島県種子島 ＊**あらきおこし** 岩手県九戸郡 ＊**あらきばたけ** 青森県三戸郡 ＊**あらく** 岩手県気仙郡 宮城県登米郡 福島県南会津郡 茨城県稲敷郡 栃木県 群馬県碓氷郡・多野郡「あらくをあける（開墾する）」 埼玉県秩父郡「あそこのあらくへは小豆でも蒔くべえ」 千葉県印旛郡 東京都三宅島「あらくを掘るときにゃもやった（共同でやった）もんだしさ」 神奈川県「あらくをおこす」 長野県埴科郡 静岡県田方郡 ＊**あらぐ** 千葉県印旛郡「あらぐきり（開墾）」 ＊**あらこ** 岩手県気仙郡 茨城県稲敷郡 東京都三宅島 長野県 ＊**あらじ・あらじり** 愛媛県 ＊**あらしの** 鹿児島県肝属郡「あらしのをしあぐる（開墾する）」 ＊**あらしょ** 広島県安芸郡 ＊**あらち** 宮城県栗原郡 ＊**あらっ** 鹿児島県肝属郡 ＊**あらとこ** 新潟県岩船郡 長野県上田・佐久 ＊**しがい** 三重県伊賀 ＊**しんかい** 群馬県碓氷郡 千葉県印旛郡 新潟県佐渡 愛知県北設楽郡 長崎県南高来郡 大分県大分市・北海部郡 ＊**しんがい** 三重県阿山郡 大阪府南河内郡 島根県石見 広島県高田郡 大分県大分市・北海部郡 ＊**しんびらく** 長崎県南高来郡

たばねる【束】 ＊**くすつける** 島根県美濃郡・益田市 ＊**けねる** 岡山県 ＊**こる**（小枝などを束ねる）栃木県 ＊**しがう** 長野県下伊那郡「刈った稲をしがう」 ＊**しがねる** 新潟県佐渡「豆をしがねる」 ＊**しかゆん**（縛り束ねる）沖縄県首里 ＊**しかるん**（縛り束ねる）沖縄県石垣島・竹富島 ＊**すげーる** 神奈川県高座郡 ＊**そくー** 岐阜県大野郡 兵庫県加古郡 奈良県南大和 島根県「繭をそくー」「一人や二人では面倒臭あ。さーそくうて来い」 岡山県 広島県比婆郡・高田郡 愛媛県大三島 ＊**そくえる** 島根県出雲市・仁多郡「木をそくえて積む」

*そくる 岩手県上閉伊郡　島根県「藁をそくって片付けた」　*そげる 徳島県「わらでそげる」　*そだける 大阪府泉北郡　*たねる（荷物を背負えるように束ねる）長野県　岐阜県「そんないかいな荷はじょーずにたねんとおびのくいぞよ（背負いにくいぞ）」　*たばす 三重県名賀郡　*てがる 宮崎県西臼杵郡　*てでる 徳島県・美馬郡　*てねる 島根県石見「竹をてねる」　広島県高田郡　山口県　愛媛県　*どーねる 島根県益田市「薪をどーねて持って帰った」　*はんでる（稲など振り分けに束ねる）東京都八王子　*ぶっからむ（草などを束ねる）岩手県気仙郡　*ほでる（刈り草を木の柱などに束ねる）奈良県吉野郡　*まーるく 茨城県新治郡・稲敷郡　*まいくい 鹿児島県鹿児島郡　*まいくっ 鹿児島県　*まくる 島根県石見「薪をあそこへまくっておいた」　高知県土佐郡　*またいる 茨城県久慈郡　*まっくる・まいくる 鹿児島県　*まてる 茨城県稲敷郡　栃木県　埼玉県北葛飾郡「わらをまてる」　千葉県東葛飾郡・君津郡　*まやかす 鹿児島県　*まらぐん 沖縄県石垣島　*まらける 鹿児島県肝属郡　*まるー 千葉県夷隅郡　*まるく 青森県　岩手県気仙郡　宮城県「薪をまるぐがら縄けさえ（下さい）」　秋田県「その枝をまるげ」　山形県　福島県安達郡　茨城県・真壁郡・稲敷郡　栃木県「雨降んねうちにまるっちゃあべ」　群馬県勢多郡　埼玉県「わらをまるく」　千葉県東葛飾郡・長生郡　東京都南多摩郡　神奈川県　長野県佐久　*まるける 山形県「薪をまるげる」　埼玉県南埼玉郡　東京都伊豆諸島　神奈川県愛甲郡　新潟県「柴をまるける」　山梨県・南巨摩郡「粟をまるける」　長野県　静岡県・安倍郡・榛原郡　徳島県美馬郡　香川県伊吹島　愛媛県　*まろく 青森県津軽「稲まろぐ」　山形県「豆はこう引けよ、ソレ　こうしてまろげ」　*まろける 新潟県　*わがねる（むぞうさに束ねる）新潟県佐渡「髪をわがねる」

たび【足袋】　*あわびたび（足袋の一種で、縁が底に出ているもの。底はぼろを厚くつづり合わせて作る）岩手県気仙郡　*たした（幼児語）香川県仲多度郡　*たっぽ・たっぽ（幼児語）栃木県　*たんこ（幼児語）三重県　*つまがい 千葉県夷隅郡　*つまかけ 千葉県上総　*つまご（足袋の一種）岡山県苫田郡　*びーび 大阪市　*ぺっそじょーり 新潟県西頸城郡

ゴム底の□　*くつたび 新潟県佐渡　愛知県南設楽郡　香川県伊吹島　*ごむそこたび・ごむそこ 長野県佐久

つま先の分かれていない□　*たっぽーたび・たっぽーたーび 岩手県九戸郡　*ぼっこ（指なしの足袋）北海道　*めろ・めろこ（指の股（また）のない、布製の足袋の一種）青森県津軽

わらじを履く時につける□　*うちょーけ 岐阜県恵那郡　*こーがき 島根県石見　*こーがきたび 島根県石見　*こーかけ 秋田県仙北郡　山形県庄内　富山県東礪波郡　長野県諏訪・佐久　岐阜県加茂郡・飛驒・郡上郡　京都府愛宕郡　奈良県吉野郡　島根県　徳島県　高知県幡多郡　*こーかけたび 岐阜県飛驒　*こーがけたび 島根県出雲　*こかけ 新潟県西蒲原郡　*さしたび（わらじ用の、底のない足袋）山口県見島　*なつごーかけ（夏にわらじを履く時に用いるひも付きで底のない足袋）愛知県南設楽郡　*はんぐつ（わらじの際に履く足袋で、かかとのないもの）山梨県南巨摩郡　*ふんごみ 岐阜県恵那郡　*みずかけたび 熊本県玉名郡　*わらじかけ 青森県上北郡・三戸郡　岩手県九戸郡　宮城県仙台市　山形県　栃木県塩谷郡　新潟県佐渡　山梨県南巨摩郡　*わらじがけ 山形県西置賜郡　神奈川県津久井郡　山梨県　愛媛県松山　*わらずがけ 宮城県本吉郡　山形県　*わらんじかけ 三重県志摩郡　*わらんつかけ 青森県津軽

たび【旅】　*あーき 島根県仁多郡・能義郡　*あっち 沖縄県首里「あっちはじみ（幼児などの歩きはじめ）」　*あるき 島根県邇摩郡　岡山県苫田郡　*ものまいり 茨城県　*じょーげ 三重県志摩郡　*よせいき 熊本県玉名郡　*よそ 愛媛県周桑郡・喜多郡「よそする」　*よそいき 長崎県西彼杵郡「よそいきゃー、のぶにろ、のばんにろ、まだわからん（旅行は、延びるか延びないかまだ分かりません）」　熊本県玉名郡　*ろぎん 島根県隠岐島

たびたび【度度】　*いくのー 岡山県小田郡　*いじらく・えじらぐ 秋田県鹿角郡「えじらぐありがとう」　*いずらく 秋田県北秋田郡「いずらく言うても聞かぬ子だ」　*いすわり 岡山県児島郡　*いちらく 青森県南部　*いっかた 秋田県「えっかだ喧嘩する」「えっかた人ばり悪くいふ（人の悪口を言う）」　*いっせき 福岡県小倉市　*いって 神奈川県藤沢市　*えーたい 山形県米沢市　島根県出雲「こなし（お前）がとこは、えち、えきても、えーたえ留守だのー、あげね、えそがしだの？」　広島県　*えーたいこーたい 島根県出雲　*えーて 宮崎県東臼杵郡　*えったえ 青森県津軽「魚はえったぇ来る人から買えば安いよ」　*えってー 青森県津軽　*えて 新潟県佐渡「えて行こうとはしない」　*おっつけおっつけ 岩手県気仙郡「おっつげおっつげ食ったらあぎでしまった」　*おっつけたらすけ 岩手県気仙郡　*おっつけたらつけ 宮城県石巻　*かじかじ 沖縄県首里「かじかじ　ぐみんどーかきてぃ（たびたび御めんどうをかけて）」　*かずけーり・かずけり・かつけーり 島根県隠岐島「かずけーり見た」「かずけーり行きたいが、ぜにょごさの（銭をくれない）」　*かったし 徳島県　*こざいさい 岩手県九戸郡　宮城県登米郡　*ころっと 熊本県下益城郡　*こんき（度々するさま）愛知県「こんきに」「こんきと」　三重県志摩郡「こんきに」　*こんずめ 香川県「あの人こんずめ怒られよるな」　*さんてー 山梨県　*さんま 岐阜県武儀郡・郡上郡「あのブローカーわさんま来る」　愛知県丹羽郡・葉栗郡　*さんまさんま 岐阜県　*さんまに 岐阜県恵那郡　*しじ

なーね(「すずなりに」の転)島根県八束郡「しじなーね御苦労様になーました」 *したらーしたらー沖縄県石垣島 *じっと愛知県知多郡「じっと来るで困る」 三重県度会郡 *じゃーしき香川県大川郡 *しゃーしゃ熊本県天草郡 *しゃーしゃー長野県西筑摩郡 *じゃく山口県豊浦郡「じゃく来る」 *じゃーや静岡県 *じゃくに島根県美濃郡「風呂を焚くのには、じゃくに木をくべにゃーならん」 *じゅーやく山口県阿武郡 *しゅくずめ香川県 *じょーき徳島県・美馬郡 香川県 *じょーきー香川県高松市・香川郡 *じょーく三重県志摩郡 香川県仲多度郡・三豊郡 愛媛県 高知県「私は此着物が好きでぢょーく着ている」 *じょーし愛媛県伊予郡 *じょーじー茨城県稲敷郡 *じょーしき新潟県佐渡 石川県 福井県 岐阜県飛騨「じょーしきごっつお(ごちそう)になる」 愛知県宝飯郡・尾張 滋賀県神崎郡 兵庫県加西郡・加古郡 島根県邇摩郡・大田市「あれはじょーしき来る」 徳島県 香川県 愛媛県 *じょーじき兵庫県加古郡 *じょーじべったり島根県「じょーじべったりまかいでまして」 *じょーじゅ奈良県南大和 香川県 長崎市 *じょーじゅー山形県米沢市「そういう間違いはじょーじゅーある」 福島県東南部 新潟県佐渡 石川県江沼郡 山梨県 岐阜県海津郡 愛知県名古屋市 三重県志摩郡 京都府 和歌山市 鳥取県「じょうじゅうしくじる」 島根県益田市・邇摩郡 岡山県 広島県芦品郡・高田郡 山口県 徳島県 香川県 *じょーじゅさんぷ宮崎県東諸県郡 *じょーじょ富山県砺波 石川県 長野県上田 長崎市 熊本県玉名郡 *じょーじょー茨城県新治郡・北相馬郡 栃木県 群馬県利根郡・群馬郡 埼玉県入間郡 千葉県香取郡・夷隅郡 東京都南多摩郡・八王子 神奈川県中郡・津久井郡 新潟県中部 石川県 長野県南佐久郡 愛知県西加茂郡 三重県志摩郡 京都府 岡山県児島郡 熊本県芦北郡・八代郡 鹿児島県種子島 *しょーしょーごっと富山県下新川郡 *じょーじょーざんがい群馬県群馬郡 *じょーすけ富山県下新川郡 *じょーずべったり島根県隠岐島 *じょーずめ広島県高田郡 山口県玖珂郡 香川県仲多度郡・三豊郡 *しょーずんばり和歌山県 *じょーずんばり和歌山県日高郡 *じょーせき山梨県 岐阜県揖斐郡 香川県 *じょーたい山形県 石川県能美郡・石川郡 島根県邇摩郡「そのことはじょーたい忘れるな」 *じょーたらびょーし新潟県佐渡 *じょーだらぼこ新潟県中部 *じょーたり奈良県磯城郡 *じょーだり愛知県碧海郡 奈良県 *じょーたれ奈良県吉野郡 *じょーだれ奈良県 *じょーたん岐阜県飛騨「じょーたん厄介になってすまん」 静岡県 *じょーだん島根県隠岐島 *じょーっこ長野県東筑摩郡 *じょーて山形県北村山郡 石川県能美郡 *じょーとく香川県・三豊郡「じょうとく忘れもんしよる」 *しょーばい山形県南置賜郡・西置賜郡 新潟県中頸城郡 岐阜県 *しょーぱい岐阜県山県郡 *しょーびょー長野県佐久 *しょーべ新潟県中頸城郡 長野県佐久 *しょーべー埼玉県秩父郡 *じょーや千葉県香取郡 東京都南多摩郡・八王子 神奈川県 新潟県佐渡・中頸城郡 石川県羽咋郡 山梨県南巨摩郡 長野県 岐阜県 静岡県 愛知県北設楽郡 三重県鳥羽市・志摩郡 京都府竹野郡 兵庫県美方郡 和歌山県 鳥取県東部 *じょーやさんげ長野県佐久 *じょーやさんてー長野県諏訪 *じょーやじょーや長野県上田 岐阜県本巣郡 香川県 *じょーやのごんで山形県最上郡 *じょこ香川県三豊郡 *じょさいに愛知県知多郡 *しょじ山口県祝島 *じょじ茨城県北相馬郡 *じょしき香川県与島 *じょじゅ鹿児島県 *じょじょ富山県高岡市 長野県佐久 *じょず鹿児島県鹿児島郡 *じょっく三重県志摩郡「じょっくこげんしている」 *じょでぁ秋田県平鹿郡「じょでぁに貰って面目ない」 *ずずらに島根県出雲「ずずらにまかい出まして」 *すっと香川県「すっとに」 *ずべた鳥取県東部 *ずやくと山形県村山 *ずやくれ・ずやくえ山形県北村山郡 *ずらっと青森県「我だきゃ此の頃ずらっと山ばり見てらぢゃ」「あの人はずらっと家に来ている」 大分県宇佐郡 *ずるっと・ずるーに茨城県久慈郡 *ずるめき茨城県稲敷郡 *せーせー島根県気高郡 *せーだいて愛知県知多郡「せーだいて私を雇ってくれる」 *せきせき三重県宇治山田市 島根県益田市「せきせき催促するが戻さん」 広島県・高田郡 香川県 大分県「せきせきに来る」 *せせん山口県豊浦郡「せせん心配であった」「せせんよく降ります」 *せっかく宮城県仙台市「せっかくあがりしてまずおせつなござりますぺ(度々おじゃましてうるさいでしょう)」 福島県 *せんど三重県阿山郡「せんどたことられてー、かなんして(度々高く買わされて閉口だよ)」・志摩郡「せんど来とる」 滋賀県彦根「せんどかよった揚句」 京都府 大阪市「せんど言うといたのに」 奈良県 *ぞーじ宮崎県西臼杵郡 *たーった(中流以下)長崎県北松浦郡「たあーった使ふてしまうた」 *たいたい島根県那賀郡「たいたい有難う」 *ただーの・ただうの・ただむの島根県大田市 *ただおの島根県邑智郡「ただおの有難う」 *たださま島根県益田市「たださま有難うごだんした」 *ただまな島根県石見 *ただも島根県出雲 *ただもと島根県出雲市・簸川郡 *ただもね島根県大原郡 *ただもの島根県「ただものあーがとさんでごだえしてね」 大分県南海部郡「ただもの御世話になります」 *ただもん島根県 *ただもんと島根県簸川郡 *たった宮崎県東諸県郡 鹿児島県肝属郡 沖縄県首里「たった くーよー(たびたび来い)」 *たったと愛知県西春日井郡 *たったも栃木県塩谷郡「そんなにたったもして何するんだ」 島根県出雲 *たったもんね鹿児島県 *たぶさま島根県益田市「たぶさまありがとうござんした」 *だら埼玉県北葛飾郡「だら泣いてる」　***だらーに** 群馬県勢多郡「今日はだらーに人が来た」　***だらに** 栃木県南部　群馬県勢多郡・佐波郡　***たんだ** 島根県美濃郡・益田市「たんだ行くが一度も会えん」　***たんび** 島根県出雲　***たんびごって** 島根県石見　***たんびゅー** 島根県石見「歩くたんびゅーに足が痛い」　広島県岡山県「そうたんびゅー使われてはこまる」　広島県安佐郡・高田郡　***たんびゅーたんびゅー** 島根県邑智郡　***たんびょー** 島根県益田市・邑智郡「息をするたんびょーに胸が痛む」　***たんびょーごって** 島根県益田市　***たんびょーらく** 島根県邑智郡　***たんびょね** 島根県能義郡「甘かったのでたんびょね食った」　***たんべたんべに** 富山県砺波　福井県　***たんべん** 熊本県玉名郡　***ちかちか** 山形県米沢市・南置賜郡「ちかちかど小用に行く」　***ちょー** 佐賀県　***ちょかぇちょかぇ** 青森県三戸郡「あの人は家へちょかぇちょかぇど来ます」　***ちょこひこ** 山形県庄内　***ちょこやこ** 秋田県河辺郡　***ちょろちょろ** 熊本県八代郡　***ちょろりごーり** 長崎県壱岐島　***つきよりさしより** 長崎県壱岐島　***つけつけ** 愛媛県宇和島市「なんぼ好物でもつけつけ口にしていると鼻について来る」　***つっかりさっかり** 福島県相馬　***つめて** 島根県・那賀郡「つめてありがとうございます(挨拶)」　岡山県　広島県　香川県　***つんめて** 兵庫県佐用郡・赤穂郡「つんめて来て困る」　***とぅーし** 沖縄県宮古島　***とーし** 岩手県気仙郡「とうし、ハイヤーで歩く」　山形県「とーし来て御馳走になって」　福島県「とおし悪戯(いたずら)ばありしてえる」　茨城県新治郡「おいはぎっちのとーしでやしたよ(追いはぎというものがしょっちゅう出ましたよ)」・稲敷郡　栃木県「あの人はとーし来る」　群馬県吾妻郡・勢多郡　千葉県香取郡　東京都八王子　神奈川県津久井郡　新潟県上越「ばあちゃ、とうしとなりんちにいっている」　岐阜　山梨県　長野県「とーし大きい声を出す」　県　静岡県　愛知県　三重県志摩郡　奈良県吉野郡「このうね道を越えて〈略〉とおし米麦・塩などを買いに出掛けた」　鳥取県倉吉市「とーにゃとーしありゅりましたー(昔には度々ありましたよ)」　島根県出雲「あんまぁとーしのことだもんだけんねそげんえ顔ばっかぁもしちょられんとまえね(あまり度々のことですからそう毎度いい顔ばかりもしておられませんよ)」　福岡県久留米市・八女郡　熊本県玉名郡・八代郡　大分県大分郡・大分市　***とーしー** 熊本県玉名郡・天草郡　大分県「とーしい食べよるけえ食べとねえやろ」　***とーして** 茨城県稲敷郡　栃木県　***とーしとーし** 新潟県中頸城郡　岐阜県郡上郡　愛知県北設楽郡「とうしとうしいやな事をいふ」　***とーしに** 岩手県胆沢郡　宮城県仙台市「今年はとほしに風を引いてゐる」　茨城県稲敷郡　埼玉県秩父郡　富山県「とーしに来とる」　愛知県東加茂郡　三重県志摩郡　和歌山県東牟婁郡　鳥取県西伯郡「お前わとーしに叱られるなあ」　島根県「とーしに便所に通う」　香川県　***とーす** 福井県吉田郡・坂井郡　***どーど** 山形県庄内「どーどお世話になりまして」　***とこしょ** 静岡県磐田郡　***とこしょー** 長野県下伊那郡　静岡県　愛知県宝飯郡　***とちっぺつ** 新潟県東蒲原郡　***とっしに** 島根県大田市「とっしに遊びに来る」　***どど** 山形県庄内　神奈川県高座郡　***とろ** 群馬県碓氷郡「とろに」　***とろく** 茨城県　新潟県岩船郡　***とろくいちめん** 青森県津軽　***とろっひ** 茨城県真壁郡　***とろっぴ** 福島県中部・南部　栃木県「とろっぴに訪れる」　埼玉県南埼玉郡　***とろっぴし** 千葉県東葛飾郡　神奈川県中郡・足柄上郡　***とろっぴょ** 茨城県稲敷郡　長野県東筑摩郡　***とろっひょー** 群馬県群馬郡　***とろっびょー** 茨城県稲敷郡　***とろっぴょー** 栃木県　群馬県利根郡・勢多郡　埼玉県秩父郡・入間郡　東京都八王子　神奈川県津久井郡　長野県北部　***とろっひょーし** 山梨県　***とろっびょーし** 茨城県南部　***とろっぴょーし** 岩手県気仙郡　栃木県足利市・佐野市　千葉県東葛飾郡　神奈川県中郡・足柄上郡　長野県下伊那郡・上伊那郡　***とろっぴょーど** 神奈川県足柄上郡　***とろっぺ** 福島県　栃木県北部　新潟県中頸城郡　***とろっぺー** 福島県東部　栃木県河内郡　***とろっぺし** 岩手県気仙郡　秋田県平鹿郡・雄勝郡　山形県村山　栃木県南部　神奈川県中郡・足柄上郡　新潟県　***とろっぺつ** 青森県三戸郡　岩手県江刺郡・気仙郡　秋田県北秋田郡・秋田市　山形県置賜・庄内　栃木県下都賀郡　新潟県　***とろびゅー** 群馬県吾妻郡　***とろひょー** 茨城県南西部　***とろぺー** 茨城県稲敷郡　***とろぺし** 岩手県気仙郡　宮城県北部　秋田県雄勝郡・鹿角郡　山形県西田川郡　新潟県中越　***とろべす** 岩手県和賀郡　***とろべつ** 青森県八戸市　宮城県仙台市　***とろぺつ** 岩手県上閉伊郡　宮城県北部　秋田県河辺郡・鹿角郡　山形県　新潟県東蒲原郡　***とんずくず** 青森県三戸郡「餓鬼どぁ、とんずくず喧嘩している」　***ながこと** 石川県江沼郡　***なんどんかんどん** 鹿児島県・鹿児島郡　***ねんぶりさんぼり** 島根県出雲　***のーべ** 山形県村山　***のーべに・のべくたに** 三重県南牟婁郡　***のっぱって** 山形県東田川郡　新潟県岩船郡・東蒲原郡　***のっぱて** 山形県庄内「のっぱて行って御馳走になっての」　***のっぴて** 山形県北村山郡　***のっぺ** 岩手県海岸地区　宮城県仙北　山形県　福島県　栃木県　新潟県東蒲原郡　滋賀県犬上郡　***のつべー** 福島県　***のっぺー** 福島県石川郡・西白河郡　茨城県　栃木県　新潟県東蒲原郡　山梨県　***のっぺし** 秋田県雄勝郡　福島県大沼郡　***のっぺなしに** 島根県隠岐島　***のっぺに** 宮城県　福島県東白川郡　滋賀県蒲生郡　***のっぺのっぺ** 福島県東白川郡「のっぺのっぺそおだごとする」　茨城県多賀郡　***のっぺり** 秋田県　***のっぺろく** 山形県西田川郡　***のっぺん** 山形県　***のべ** 山形県東村山郡　福島県大沼郡　千葉県香取郡　新潟県佐渡　***のべつけ** 茨城県稲敷郡　栃木県芳賀郡　***のべつずけ** 茨城県稲敷郡　***のべ**

とこ 新潟県西頸城郡 *のぺとろく 秋田県河辺郡「のぺとろぐ失敗してゐる」 *のべに 山形県南置賜郡・米沢市「のべにえって御馳走になってくる」 新潟県佐渡 和歌山県 *のべのっとこ・のっとこ・のべのとろね 新潟県佐渡 *のべののとくと 和歌山県日高郡 *のべのところ 和歌山県 *のべののへとに 和歌山県西牟婁郡 *のろしと 栃木県上都賀郡 *のんべ 山形県 *のんぺ 山形県東村山郡 *のんべに 山形県 *ばいちょばいちょ 埼玉県北葛飾郡「ばいちょばいちょ、結構な物をいただきます」 *はたれっ(「はたらい(働)て」の転か) 鹿児島県 *はだれっ 鹿児島県揖宿郡「はだれっ来る」 *ばったり 三重県度会郡 島根県「ばったり戸棚を探す」 *ばんたび 神奈川県津久井郡 *はんで 山梨県 *はんでー 山梨県南巨摩郡 *はんではんで 山梨県 *はんでめためた 山梨県 *びしり 山口県阿武郡 *びたり 山口県阿武郡 *びっしと 宮城県仙台市 秋田県鹿角郡 *びっしら 岩手県気仙郡 宮城県仙台市 新潟県佐渡 兵庫県淡路島「どんな用が有るのか知らんがびっしら来ておる」 和歌山県 *びっしり 北海道「びっしりあの家に居た」 岩手県 宮城県 秋田県鹿角郡 山形県 富山県 三重県南牟婁郡 滋賀県彦根 和歌山県 島根県 山口県阿武郡 高知県・高知市 *びっすり 宮城県加美郡・石巻 山形県 *ひっせー 静岡県・小笠郡 *ひったり 高知市「娘が産前ぢゃきに実家の母がひったり行て居る」 *びったり 新潟県佐渡「あれからびったり病気をしている」 島根県鹿足郡・益田市「こがーなこたーびったり見る」 山口県阿武郡 長崎県壱岐島「一年中びったり病気しちょった」 *びっちら 岩手県気仙郡 宮城県登米郡・玉造郡 *びっちり 岩手県上閉伊郡・気仙郡 宮城県仙台市 *びっつと 宮城県石巻 *びっつびっつ 宮城県遠田郡 *びっつら 宮城県石巻・仙台市 *びっつらびっつら 宮城県遠田郡 *びっつり 岩手県上閉伊郡 宮城県加美郡・石巻 山形県 *ひょいひょい 栃木県「雨の時はひょえひょえやって来る」 岡山県児島郡 徳島県 香川県「めったに誰も来んけどもひょいひょい友人が来る」 *ひょーいひょい 富山県砺波「むっつりしとれどひょーいひょいと面白いこと言う」 *びょーど 茨城県北相馬郡・稲敷郡 栃木県 群馬県群馬郡 千葉県 *ひんず 山口県大島「ひんずに」 *ふらに 島根県隠岐島 *へーじ 島根県出雲 *べたら 神奈川県津久井郡 *べっしゃり 石川県河北郡 *べっしり 島根県「べっしり菓子をせがむ」 *ぺっしり 島根県隠岐島 *べったー 島根県出雲「毎度べったー、せがれがまかあ出まして(毎度、たびたび、息子がお伺いして)」 *べったーべったー 島根県出雲 *べったーやったー 島根県八束郡 *べったい 鳥取県米子市 *べったいべったい 島根県飯石郡・隠岐島 *べったし 島根県「あれはべったし遅れて来る」 *べったしべったし 島根県出雲・隠岐島 *べったべった 島根県大原郡 *べったり 千葉県君津郡・山武郡 福井県敦賀郡 三重県松阪市 滋賀県彦根「べったりねてらる」 京都府 大阪市「べったりうちに居やはります」 兵庫県明石郡「べったり寝たきりか」・神戸市 奈良県「あの人はべったり家に立ち寄りますよ」 鳥取県西伯郡・日野郡 島根県「べったり夫婦喧嘩をする」 岡山県児島郡「べったり仕事ばーしょーる」 徳島県 香川県・綾歌郡・仲多度郡「あの人にべったりつきどうしじゃった」 *ぺったり 島根県益田市・隠岐島「ぺったり菓子を食う」 香川県高松市 *べったり 島根県出雲「べったりべったりお世話んなーましてね」・隠岐島 *べっちり 島根県隠岐島 *へんで 山梨県 *まいっぱー 茨城県新治郡・猿島郡 *まんけーら 沖縄県石垣島 *みっかせんぜに 栃木県「あの人みっかせんぜにやって来る」 *やーり 愛媛県北宇和郡「やーりに来る」 大分県 *やーりー 大分県大野郡・大分郡「やーりーこげんこつがある(こんなことがある)」 *やきれこきれに (度々に) 宮城県登米郡 *やくに 香川県伊吹島 *やっさか 宮城県石巻・仙台市 *やっさに 福島県 *やっさら 岩手県江刺郡・平泉 宮城県「やっさら行ったが相談がまとまらぬ」 福島県 *やっさらくっさら 岩手県平泉 *やっさり 福島県浜通・相馬郡「えろえろやっさりもらって大変だごど」 *やっされ 福岡県粕屋郡 *やっひし 茨城県稲敷郡 *やっぴし 福島県・岩瀬郡 茨城県・新治郡 山梨県南巨摩郡「今年はやっぴし雨が降る」 *やっぴて 東京都南多摩郡 *やっぺし 福島県郡山市・中部 茨城県稲敷郡 *やりー 大分県直入郡「やりー金を貸せ貸せ言ふ」 *やんご 愛媛県伊予郡 *やんし 山口県大島 愛媛県 *やんだ 和歌山県西牟婁郡「やんだに行ったり来たりする」 愛媛県伊予郡「やんだすすめられてとうとうすることにした」 *よーじ 兵庫県淡路島

たぶらかす【誑】 *いばりかす 大分県南海部郡・大分郡 *いらうかす 大分県大分市・大分郡 *いらばかす・いらびかす・いらぶかす 大分県 *いらべかす 大分県北海部郡 *えぞーかす・よぞかす 岡山県 *こばかにする 宮城県石巻 福島県東白川郡 *どまかす 鳥取県「狐がどまかす」 島根県「嘘を言ってどまかえた」 *ばいかす 栃木県 群馬県佐波郡 奈良県吉野郡 *ばやかす 秋田県河辺郡「あの事件をばやがしてしまった」 山形県「狐にばやかされた」 栃木県 群馬県桐生市 埼玉県北葛飾郡 新潟県「しとばっかばやかしている」 長野県長野市・埴科郡 和歌山県 *ばやす 富山県砺波 岐阜県山県郡 *ばよかす 山形県東村山郡・西村山郡 *まーかす 高知県 *まーす 茨城県新治郡「まーされだ人に聞ぐどー誰もそーゆーよ」 高知県 *まいかす 和歌山県東牟婁郡 *まやかす 青森県上北郡 秋田県秋田市・平鹿郡「よいあんばいにまやがされた」 茨城県稲敷郡 千葉県夷隅郡 和歌山県東牟婁郡 *まやす 栃木県安蘇郡「狐にまやされる」 *まらかす 茨城県新治郡

*もやかす 徳島県
→あざむく（欺）・だます（騙）

たぶん【多分】 *いかさむ 長崎県壱岐島「いかさむ来るぢゃらう」 *うっつけ 山口県豊浦郡「うっつけ彼奴に相違ない」 *おーか・おーく 群馬県勢多郡「人がおーか喜ばねえんだよねえ」 広島県高田郡 高知市「今日はあの方は、おおく御留守でございますろー」 *きまって・きまってみなはえ 島根県出雲「この字はきまって浜田のおっつあんの字だ」 *げー 山梨県 *じょーき 青森県 島根県簸川郡・八束郡 *じょーしき 青森県 秋田県平鹿郡 山形県庄内 新潟県「あの人は来るというたらじょーしき来る」 島根県邇摩郡・大田市 岡山県 広島県芦品郡 山口県 *じょーしきや 新潟県西頸城郡 *じょーせき 長野県下水内郡 島根県石見「じょーせき雨になる」 岡山県 長崎県南高来郡 *じょーっこ 長野県東筑摩郡 *じょしぎ 青森県 秋田県 *しょしゃ 山形県村山 *じょっしき 秋田県南秋田郡・平鹿郡 *しんじょ 愛知県名古屋市「庄助が無尽をあてたというが、近ごろ遊んで毎日呑んでばかりいるから、しんじょ本当だろう」 *ずせーねーん 沖縄県首里「ずせーねーんくとぅ（ありそうなこと）」「ずせーねーん ありが しゃるくとー あらんがやー（きっと彼がやったことではないかね）」 *だいぎり 三重県名賀郡「こんやの会わだいぎり女やった」・阿山郡「此の道はだいぎり石である」 *なっても 山形県最上郡・東田川郡 *なんでん（「なんでも」の転か）鹿児島県・鹿児島郡 *なんでんか 鹿児島県姶良郡・鹿児島郡 *ぬーしん 沖縄県黒島 *ぬーばしん 沖縄県黒島 *のーしん 沖縄県石垣島 *べーじん 鹿児島県宝島 *まっかえ 新潟県「まっくゎえ、できあがってると、おもーた」
→おそらく（恐）

たべもの【食物】 *あんも（幼児語）福島県相馬郡 *うけ 香川県・小豆島 *くちくいもの 新潟県佐渡 *むぬ 沖縄県首里「むぬぬあとぅ（食後）」 *むん 鹿児島県喜界島（八時ごろの朝食を特に言う場合もある） 沖縄県島尻郡・首里「むんぬあとぅ」
→しょくもつ（食物）

たべる【食】 *うしゃがゆん（食べるの尊敬語）沖縄県首里 *おーん 沖縄県黒島 *かぬん 沖縄県首里 *かみゅん 鹿児島県奄美大島 *かむ 青森県三戸郡「かまさぇ（お食べなさい）」 東京都利島・八丈島「かしょかみたそーわ（菓子が食いたいなあ）」 三重県志摩郡 島根県隠岐島 長崎県対馬 熊本県天草郡 宮崎県宮崎郡 鹿児島県 *かむい 鹿児島県喜界島 *かむん 沖縄県本島 *かも 東京都青ケ島「豆腐をかもわ」 *くおる 京都府相楽郡 *けーん 沖縄県国頭郡・伊江島 *したためる 宮城県仙台市「晩飯をしたためて参った」 *たもい 鹿児島県・屋久島 *たもーる 宮崎県西臼杵郡「たもうりめせ（お上がりなさい）」 *たもらう 鹿児島県種子島 *たもる 鹿児島県「たもいやはんか（召し上がりませんか）」・屋久島「晩にあ飯をたもったあとは又」 *たもんす 鹿児島県「たもんそ（食べましょう）」 *たんまーう 香川県香川郡・高松市「たんまーへー」 *たんまう 香川県大川郡「たんまい（食べなさい）」 *つかわさる（「食べる」の謙譲語）高知県・高知市「『もー少しおあがりなされませんか』『もー充分つかーされました』」 *つつく 岩手県気仙郡 *つふぁうん 沖縄県鳩間島 *つむ 福島県南会津郡 *どーばる（卑語）島根県美濃郡・益田郡 *なむる 熊本県天草郡 *なめる 静岡県富士郡「紙魚（しみ）がなめる」 長崎県壱岐島「刺身をなめる」 熊本県天草郡「煮しめをなめる」 *はむ 山形県西置賜郡（山言葉） 新潟県東蒲原郡 *ふぁうん 沖縄県新城島 *ふぉーん 沖縄県小浜島 *ふぉん 沖縄県波照間島 *ほいじる 広島県 *ほーしる 広島県双三郡 *ほーじる 広島県倉橋島 *ほーん 沖縄県石垣島・竹富島 *まいる 青森県三戸郡（尊敬語）「汁も飯も沢山に参ってござぇえ」 東京都三宅島（尊敬語）「まいらっしゃれ」 新潟県佐渡（尊敬語） 石川県河北郡（目下の者に言う語）・金沢市（目下の者に言う語）「まいれ（食べなさい）」 長野県西筑摩郡（尊敬語） 静岡県（尊敬語）「御飯をまいれ」 奈良県吉野郡（尊敬語）「まいってたもれや」 高知県（尊敬語） *まくらう（食べるの卑語）青森県津軽「今年の雀（すずめ）は稲ばっかりまぐらて（食いやがって）」 岩手県上閉伊郡 宮城県石巻 秋田県「飯をまぐらへ」 山形県 福島県会津・浜通 新潟県「まくらえこむ」 山梨県・南巨摩郡 長野県 *まくる 岩手県気仙郡 新潟県北蒲原郡 *みせーん（「食べる」の意の尊敬語。平民の年長者に対して用いる）沖縄県首里 *めす（「食べる」の意の尊敬語）福岡県三池郡「めさんか（召し上がりませんか）」 *やらかす 島根県「昼弁当をやらかーとるで」 岡山県児島郡 香川県伊吹島（たくさん食べる）

たべん【多弁】 *あだぐちたたき 新潟県佐渡 *あわぶつかみだす（多弁なさまに言う）新潟県佐渡「あわぶつかみだして」 *しちゃらんぱちゃらん・しちまんはちまん（多弁なさま）長崎県対馬「彼はしちまんはちまんしゃべってばっかりしとる」 *しゃがない（多弁だ）岡山県苫田郡 *つべこべ（多弁。また、そのさま）茨城県新治郡 新潟県佐渡 滋賀県蒲生郡 *つべつべ（多弁。また、そのさま）新潟県佐渡 *つぺつぺ・つっぺーつっぺー・つぺりつぺり（多弁。また、そのさま）鳥取県西伯郡 *ぱちぱち（多弁なさま）長崎県壱岐島 *へらへら（多弁なさま。多弁なこと）岩手県気仙郡「ゆぐへらへらどかだるもんだ（よくぺらぺらとしゃべるものだ）」 宮城県 山形県「へらへらする（ぺらぺらしゃべる）」 福島県 *へらへらて（多弁なさま。多弁なこと）岩手県平泉 *へろべろ（多弁なさま）新潟県佐渡 *むにゆんさ（多弁なこと）沖縄県石垣島

↓おしゃべり（御喋）

□な人 *おまめ 大分県大野郡 *くちはち 島根県隠岐島 *くちはっちょー 熊本県鹿本郡 *くちはな 岡山県真庭郡 *くちはり 愛媛県温泉郡 *くちはんじゃく 大分市 *くっしゃべり 茨城県稲敷郡 *くっちゃべり 岩手県九戸郡 茨城県稲敷郡 神奈川県三浦郡・足柄下郡 *すずめ 三重県阿山郡 兵庫県赤穂郡 島根県大原郡・隠岐島 大分県中部 *すずめのおまつ 三重県名張市 奈良県 *すずめのこ 島根県隠岐島（子供について言う） 大分県中部 *ちゃーちゃー 島根県「そう大した悪い女ではないがちゃーちゃーじゃ」 大分県大分郡 *ちゃーちゃーもん 兵庫県城崎郡 *ちゃんちゃら 熊本県天草郡 *ちゃんちゃん 島根県仁多郡 *ちゃんば 高知県（女性）・幡多郡 *ちゃんべら 長崎県南高来郡 *ちゃんめら 佐賀県藤津郡 熊本県天草郡 *ちゃんらめ 熊本県天草郡 *ひばり 千葉県・長生郡 大分県大分郡 *ひばる 和歌山県（口やかましい女） 島根県美濃郡・益田市 *へらへら 岩手県気仙郡「ゆぐへらへらどかだるもんだ（よくぺらぺらとしゃべるものだ）」 宮城県 山形県「へらへらする（ぺらぺらしゃべる）」 福島県 *へらへらて 岩手県平泉 *べんしゃ 島根県隠岐島 熊本県 *まつかさ 香川県綾歌郡・仲多度郡「まつかさおとこ」 *まめがら 大分県 *まめぐち 愛媛県伯方島 *まめじょー 青森県三戸郡 岩手県九戸郡 *まめぞ 新潟県中頸城郡 長野県上田 *まめぞー 山形県北村山郡 栃木県 群馬県吾妻郡 長野県「あの人はまめぞーだ」 愛媛県松山 大分県大野郡 *まめぞーかたり 富山県砺波 *まんだぐち 熊本県天草郡 *まんだくり 愛媛県大三島 *まんだらぐち 熊本県天草郡 *めやがし 青森県津軽 *もざき（「もがき」の転）兵庫県加古郡 *ものごっかわし 鹿児島県揖宿郡 *ものごつゆぼ 鹿児島県 *よけしゃべり 青森県津軽・上北郡 *ろくじゅー 大分市

たぼう【多忙】 *おこと（多忙なさま）島根県大田市「おことございましょー（仕事が忙しゅうございましょう）」 *たばかい 沖縄県首里 *てもずら 新潟県三島郡 *どさりくさり・どさーくさー（多忙なさま）島根県「どさーくさーして何も手につかん」

↓いそがしい（忙）・てんてこまい

極めて□なさま *ちんちらめー（極めて多忙なこと）長崎県壱岐島 *ちんちろまー（極めて多忙なこと）熊本県「夫婦でちんちろまーをしたです」 *ちんちろまい（極めて多忙なこと）福岡市 熊本県玉名郡・下益城郡 *どがちゃか 奈良県 *どがちゃが 滋賀県蒲生郡 大阪市「いそがしふて店もうちらもどがちゃがや」 奈良県 *めとんぼまわす 山口県 大分県日田郡 *めとんぼらまわす 大分県速見郡

□だ *いじゃーしー 島根県那賀郡 *いじらしー・いじろーしー 島根県浜田市「どうもこの頃はいじろーしゅーてならん」 *おことい（御多忙だ）兵庫県淡路島 島根県那賀郡 山口県 徳島県「今晩はおこといでしょう（挨拶の言葉）」 香川県「おこといのによう来てくれた」 *おこといー（御多忙だ）島根県石見 岡山県小田郡「おこといい事でせう」 広島県 山口県大島「おこといいのに良う御苦労して下されました」 大分県 *おことおい（御多忙だ）岡山市「お嫁入り前でおことおーござんしょ」 広島県中部 山口県「いつもあなたにゃーおことおほ、ござりますのう」 長崎県壱岐島「こらおことおかてえ、もうお訪ねおくれまして、おおきに」 *おことおいー（御多忙だ）島根県鹿足郡 *おことおーい（御多忙だ）大阪市「お事多い中をわざわざお越し下さいまして」 *ことおい（御多忙だ。祝い事の近づいたことを言う）鳥取県西伯郡 *ことおいー・こといー（御多忙だ）広島県比婆郡 *しろーしー 山口県「今日はしろうしいから駄目だ」 *はんたさん・ぱんたさーん 沖縄県竹富島 *ぱんたるある 沖縄県鳩間島 *めっぱをかえす 東京都八王子

たま【玉】 *たまっくり 埼玉県秩父郡「毛糸のたまっくり」 *でぼ 富山県 *ばうんばうつ（丸い玉）新潟県 *ぼーんたー・ぼーんとぅー（丸い玉）沖縄県首里 *ぼぼら 秋田県鹿角郡 *ぼんこ 福島県相馬郡・東白川郡 *ぼんさん（旗ざおの先に付ける金の玉）大阪市 *ぼんつ（盛り上がったもの）新潟県西蒲原郡 *ぼんぼ 青森県南部 山形県 福井県 *ぼんぼこ 岩手県紫波郡 山形県・米沢市（房） *ぼんぼちこ 茨城県新治郡 *ぼんぼつ 岩

方/言/の/窓

●藩領と方言

方言差はどのように発生し、保たれるのであろうか。

異言語が境を接する場合と違って、一本の線を境に、あらゆる言語状況ががらりと変わる例は、方言差の場合、ほとんど考えられない。ひとつひとつの方言特徴ごとに、独自の境界を形成するのが普通だからである。

方言地図を見ても、方言の分布模様はそれぞれ独特である。

一方、山脈や大河などの自然境界、あるいは県市町村界などの人文社会的な境界に、方言の境界線がまとまる場合がないわけではない。江戸時代の藩領の境界に方言境界の集まることは、よく言われもし、当時の生活に鑑みて、極めて自然なことである。

なお、調査の結果、辺境地域の藩界に、特にこの傾向の強いことが明らかになっている。

手県上閉伊郡 *ぽんぽら 島根県簸川郡 *ぽんぽらさん 大阪市 *ぽんぽん 新潟県西蒲原郡(盛り上がったもの) 福井県敦賀郡 *めめ 岐阜県武儀郡

ガラス□ *たまころ 山形県 *たまっころ 長野県佐久 *たまっちろ 群馬県多野郡 *らむねっちん(小さいガラス) 広島県高田郡

たま【偶】 *あいま 岩手県上閉伊郡・気仙郡 新潟県西蒲原郡 石川県能美郡 岐阜県「あいまにやってくる」 静岡県志太郡「あぇーまにゃーおいー(たまにはおいでなさい)」 愛知県額田郡「あいまに来る」 三重県阿山郡「おけのふろいってんの、あえまやわな(昔式の桶風呂を使っている家はまれですわよ)」・三重郡 滋賀県彦根「あいまにやって来る」 京都府京都市・加佐郡 香川県仲多度郡 *とんぽ 岡山県小田郡 *まんが 島根県石見「この頃はまんがに雨が降る」 山口県「まんがに来ます」・玖珂郡 徳島県「まんがに日が当たる」・美馬郡 香川県「まんがのこと」「まんがな話じゃ」 愛媛県 高知県土佐郡 *まんがまきー 佐賀県 *まんがまれ 岩手県気仙郡「そんなごどまんがまれだ」 長崎市 *まんがまれか 長崎県対馬 *まんがまれき 長崎県壱岐島 *まんがら 香川県仲多度郡 *やーま 静岡県安倍郡

→ときたま (時偶)

□に *あい 岩手県和賀郡 宮城県玉造郡 福井県敦賀郡 香川県高松市・三豊郡 高知県長岡郡「ほーたぶらもあいにゃーはられるのよのー(ほおも時には張られますよねえ)」 長崎県北松浦郡「あいにゃちったおったばってかー(中には少しはいたけれども)」・伊王島・対馬 大分県南海部郡「あいはまた大けな祝言をしちぇなー(中にはまた大きな祝言をしてねえ)」 *あいあい 三重県志摩郡 *あいさ 東京都大島「家にばかり居ないで、あいさに外へ出て遊べ」 神奈川県愛甲郡 富山県砺波 静岡県島田市 三重県阿山郡 滋賀県彦根「あいさに見える」 京都市 大阪市 兵庫県「あいさに雨でも降るとええのに」 奈良県・吉野郡「そんな(米の)飯のあいしゃぐらい(たまにぐらいしか)しては(炊いては)、食えんぐらいじゃったんじゃよ」 和歌山市 広島県江田島・倉橋島 愛媛県 高知県 長崎県壱岐島 *あいさあいさ 富山県 *あいさこいさ 和歌山県東牟婁郡「あの人は、あいさこいさにどうにもならぬことをする」 *あいし 高知県幡多郡 *あめこめ 青森県津軽 秋田県山本郡「あの人はあめこめに来る」 山形県飽海郡 *あやーさ 京都府竹野郡 *あわい(「に」を伴って) 青森県南部 岩手県 宮城県 秋田県雄勝郡 山形県「あわえに来ることもある」 福島県「あわぇにゃ酒ものみでぇわえ」 新潟県東蒲原郡 静岡県「冬でもあわいに暖い日もある」 *あわいこまい・あわいこめ・あわいこわい 山形県 *あわいとわい 山形県西村山郡 *たまひま 静岡県伊豆 *てんがーまんがー 島根県美濃郡・益田市「あれも此頃てんがーまんがー内え来る」 *てんがに 島根県邑智郡・大田市 *てんがまんが 島根県邇摩郡・邑智郡 *てんぬき 埼玉県入間郡「てんぬきある(まれにある)」 *てんね 埼玉県川越市 三重県「てんねに」 *てんねー 岡山県浅口郡 広島県鷺島 *てんねん 埼玉県入間郡「てんねん来るやうだ」 島根県益田市・邑智郡「てんねんに内い来ることがある」 *ときあい 静岡県榛原郡「ときあいにゃー静岡へ行く」 *ときな 新潟県佐渡「ときなに寄ればよいのに」 兵庫県佐用郡 島根県「今日はときなに雨が降る」 香川県 長崎県 *ときなー 島根県隠岐島 *ときなわい 熊本県芦北郡「映画もときなうぇありますばい」 *ときなん 香川県大川郡「ときなんにおる」 *ときのまんぎり・ときのまんげー 福岡市 *ときま 新潟県佐渡 香川県 *ときまい 山形県鶴岡市 香川県小豆島 *とろ 群馬県利根郡「とろに」 *とろっぴ 栃木県安蘇郡 *とろっぴょー 群馬県吾妻郡 *とろぴゅー 群馬県利根郡 *ぶっとーして 栃木県「ぶっとーしてやってくる」 *まいけー 鹿児島県揖宿郡「時計など昔はまいけーあったとよ」 *まいけに 鹿児島県種子島 *まねいけー 鹿児島県屋久島・揖宿郡 *まねけ 宮崎県 *まねけん 鹿児島県薩摩 *まりけー 鹿児島県喜界島「まりけーにぇーあすびんにゃくー(たまには遊びに来い)」 *まりっけーら・まりっけーらなー・まりっけーん・まりっけーんなー 沖縄県石垣島 *まるけーてぃ 沖縄県首里 *まるけに 熊本県南部 *まるけん 鹿児島県 *まれか 大分県 *まれかーに 鹿児島県種子島 *まれかに 長崎県壱岐島 *まれきー 長崎県壱岐島 *まれけ 鹿児島県揖宿郡「まれけ来るばっかい」 *まれけー 鹿児島県・揖宿郡 *まれけーえ 大分県日田郡「まれけーえできた」 *まれけーに 鹿児島県 *まれけに 大分県大分郡「やっぱまれけにゃよかろーなー」 宮崎県東諸県郡 *まれけん 鹿児島県・肝属郡「まれけんな遊びあたいげんへんにも来やはんか(たまには遊びに私の家の辺りにも来ませんか)」・枕崎市「むんのめっじがまれけんあろかい(麦の御飯がまれにあったろうか)」 *まれさー 鹿児島県宝島

たまご【卵】 *あめご(鶏などの卵) 山形県東置賜郡 *かい 沖縄県新城島 *かいぐー 沖縄県与那国島 *かいこ 高知県・長岡郡 *かいご 鹿児島県与論島 *くーが 鹿児島県徳之島 沖縄県「かーみーくーが(亀の卵)」「いゆぬくーが(魚の卵)」「くーがぐる(卵の殻)」・首里(鶏の卵) *くーがー 沖縄県国頭郡 *くーわー 沖縄県黒島 *くが 鹿児島県奄美大島 沖縄県島尻郡・石垣島 *くがー 鹿児島県加計呂麻島・奄美大島 *くぐわー 沖縄県那覇市 *くんが 沖縄県竹富島 *けー 沖縄県波照間島 *こが 鹿児島県肝属郡「こがやき(卵焼)」 *たま 京都府北桑田郡 大阪府泉北郡 奈良県南葛城郡 山口県「たまをいっき(一個)つかさい」

*たんこ 栃木県塩谷郡 *どぅなか・どぅぬか 沖縄県宮古島 *どぅなが 沖縄県石垣島 *どぅのー 沖縄県西表島 *どぅるぬけー 沖縄県石垣島 *どぅんぬっふぁ 沖縄県黒島 *どぅんぬふふぁ 沖縄県石垣島 *ふが 鹿児島県与論島・沖永良部島 *ふがー・ふわー 鹿児島県喜界島

だます【騙】 *あっばかす 鳥取県米子市 *あばかす 鳥取県西伯郡 島根県 *あやかす 新潟県東蒲原郡 岐阜市 愛知県 山口県防府市 *あやす 岐阜市 *いばりかす 大分県南海部郡・大分郡 *いらうかす 大分県大分市・大分郡 *いらばかす 大分県 *いらびかす・いらぶかす 大分県 *いらべかす 大分県北海部郡 *いれくる 福岡市 大分県 *うどまかす 宮崎県東諸県郡「うどまかされた(詐欺にひっかかった)」 *うどます 宮崎県宮崎郡 *うりたます 茨城県 *えぞーかす・よぞかす 岡山県 *えらかす 長崎県「えらかされち捨てた」 *おぐる 熊本県下益城郡 *おげる 山口県豊浦郡 徳島県 香川県 *おだじる 山形県長井周辺 *おっぱめる 栃木県 群馬県勢多郡 *おをふる 兵庫県加古郡 *かいしかしん 沖縄県石垣島 *かかりゆー 富山県東礪波郡「またそんなかかりゆーていやちゃ」 *かける 島根県「あいつにかけられた」 香川県 大分県別府市 *くさせる 岩手県気仙郡「やっや、あいづに一ぺぁくさせらいだ」 *くさます 香川県 *ぐらかす 岩手県上閉伊郡 茨城県稲敷郡 新潟県佐渡 *くらす 宮城県石巻「まんまと一杯くらせらえたをね」 茨城県稲敷郡 *ぐらす 茨城県久慈郡 新潟県佐渡 静岡県 *くらわす 兵庫県但馬 徳島県「うまいことくらわしたな」 *ぐれさす 新潟県佐渡 *こばかにする 宮城県石巻 福島県東白川郡 *ごもつく 栃木県中南部 *ごんぼぬく 岐阜県飛騨 *しっかすん 沖縄県竹富島 *すこまーす 徳島県美馬郡 *すっかける 香川県三豊郡「うまいことすっかけられたが」 *だーぬく 島根県石見「嘘の皮を言ってだーぬく」 *たかる 富山県東礪波郡 *だきつかす 岐阜県郡上郡 *たく 富山県砺波 石川県加賀 滋賀県愛知郡 *ただかす 新潟県佐渡 *たぬきつかう 山形県東置賜郡・西置賜郡 *たばかす 鹿児島県種子島 *たばく 高知県 *たばくる 高知県中村市 *だまかっしゃげる 香川県木田郡 *だまくらす 香川県 *だまくわす 愛媛県大三島 *だまくわせる 新潟県佐渡 *だましかける 宮城県仙台市 *だましこかける 岩手県気仙郡 宮城県「甘言を以て人をだましこかける悪い人だ」 *だましこかせる 秋田県平鹿郡「あれにうまぐだますこかせだ」 *たらかす 新潟県 岐阜県大垣市 滋賀県彦根・蒲生郡 *たらす 岐阜市 滋賀県蒲生郡 *ちゃくーする 島根県益田市・邇摩郡 *ちゃくする 島根県隠岐島 *ちゃぐる 島根県石見「あんまり娘をちゃぐると罪になるで」 *ちゃこする 島根県隠岐島「油断しちょる間にちゃこすられた」 *ちゃする 島根県邇摩郡・隠岐島 長崎県対馬 *ちょーかす 京都府竹野郡 *ちょーす 千葉県 新潟県北蒲原郡 *ちょーする 石川県金沢市 *ちょーらかす 岐阜県益田郡・岐阜市・武儀郡 静岡県志太郡 愛知県 *ちょかす 千葉県夷隅郡 *ちょからかす 愛知県知多郡 *ちょくらかす 山口県豊浦郡 長崎市 *ちょこす 千葉県夷隅郡 *ちょこする 島根県隠岐島 *ちょこらかす 千葉県 *ちょちょくる 島根県隠岐島 *ちょらがす 岐阜県飛騨 *ちょろかす 岐阜県 *ちょろちょろかす 静岡県庵原郡 *ちょんがらかす 愛知県丹羽郡・葉栗郡 *つる 滋賀県彦根 *てれんげる 高知県中村市 *どまかす 鳥取県「狐がどまかす」 島根県「嘘を言ってどまかえた」 *とんかける 香川県仲多度郡 *なでる 岐阜県飛騨 *なばかす・なまかす 長崎県壱岐島 *ぬかす 東京都八丈島 *ぬく 岐阜県羽島郡 *ぬぐん 沖縄県島尻郡・石垣島 *ぬじゅん 沖縄県首里 *ばいかす 栃木県 群馬県佐波郡 奈良県吉野郡 *はかせる 栃木県安蘇郡「そんな事で人をはかせるな」 *はちにかける 愛知県葉栗郡・名古屋市 *ばやかす 秋田県河辺郡「あの事件をばやがしてしまった」 山形県「狐にばやかされた」 栃木県 群馬県桐生市 埼玉県北葛飾郡 新潟県「しとばっかばやかしている」 長野県長野市・埴科郡 和歌山県 *ばやす 富山県砺波 岐阜県山県郡 *ばよかす 山形県東村山郡・西村山郡 *ひきちをくわす 岡山県苫田郡 *ぼかす 大分市 *まーかす 高知県 *まーす 茨城県新治郡「まーされだ人に聞ぐどー誰もそーゆーよ」 高知県 *まいかす 和歌山県東牟婁郡 *まやかす 青森県上北郡 秋田県秋田市・平鹿郡「よいあんばいにまやがされた」 茨城県稲敷郡 千葉県夷隅郡 和歌山県東牟婁郡 *まやす 栃木県安蘇郡「狐にまやされる」 *まらかす 茨城県新治郡 *もぐる 島根県那賀郡「あいつは人をもぐるけー用心せー」 山口県・阿武郡 福岡市 長崎県壱岐島 熊本県玉名郡 大分県 *もやかす 徳島県

→あざむく(欺)・たぶらかす(誑)

□こと *あやかし 愛知県名古屋市 *いやく 新潟県佐渡「あいつにいやくしられた」 *おてんつら・おてんつる(うそを言って人をだますこと) 島根県那賀郡 *すか 山梨県南巨摩郡「すかをくれる(だます)」 岐阜県加茂郡・本巣郡 静岡県榛原郡 島根県石見・隠岐島 岡山県浅口郡 山口県豊浦郡「すかをくふ(だまされる)」 *すかたん 兵庫県神戸市 島根県石見・隠岐島 熊本県玉名郡「すかたんくわする」 *すかみたん 福岡市「すかみたんくわせる」 *すこたん 秋田県雄勝郡「すこたん食はせられた」 兵庫県神戸市 *ぞー・そっこ 長野県東筑摩郡「ぞーにかかった」 *だんどー 埼玉県秩父郡 *ちゃち 徳島県・美馬郡 香川県「ちゃちする(だます)」 *ちょろま 島根県隠岐島「みえすいたちょろまをすんな」 *つーつー 山口県阿武郡 *つーつーぐい 福岡市「つーつーぐいする(ごまかす)」 *てれん

東京都八丈島 *てれんてくだ 千葉県香取郡(詐欺) *てんくら(うそを言って人をだますこと) 島根県石見 山口県豊浦郡 大分県 *てんぐらまんぐら(うそを言って人をだますこと) 東京都南多摩郡 *てんくろ(うそを言って人をだますこと) 徳島県 愛媛県南宇和郡「てんくろ言うな」 高知県 長崎県北松浦郡・南松浦郡 *てんぐろ(うそを言って人をだますこと) 長崎県五島 *てんすら(うそを言って人をだますこと) 山口県阿武郡・豊浦郡 *ふいとこせー 東京都南多摩郡「ふいとこせーを呉れられた」 *ぼー(たくらんで人をだますこと) 沖縄県首里 *まんぱち 新潟県下越 山梨県南巨摩郡「働いた以上にまんぱちで賃金を取るこたあ罪になる」 島根県出雲 *よしべ 岐阜県飛驒「よしべにかかる」 和歌山県日高郡 徳島市「よしべにかける」 香川県

□人 *かけろく(卑語) 徳島県 *だましもん 新潟県佐渡 *ちらてん(よく人をだます者) 高知県「あれはちらてんじゃから、うかつにとり合われん」 *つちゅだましゃー・つちゅぬじゃー・っちゅぬじむん 沖縄県首里 *にんじんだまし(朝鮮人参にはにせものが多かったところから。たくみに人をだます人) 滋賀県蒲生郡 *まいきり(口先じょうずに他人をだます人) 高知県「まいきりがまいきろー(だまし取ろう)として却って自分の物をまいきられた」・土佐郡 *まやくそ 香川県香川郡

たまねぎ【玉葱】 *たまねぶか 富山県砺波 *ねぎだま 山梨県一部 愛知県一部 *まるねぎ 山口県一部

たまらない【堪】 *かなーねー 栃木県塩谷郡「暑くてかなーねー」 *かないません 三重県飯南郡「太郎さんがかないません(太郎さんが悪さをして困ります)」 *かないまへんわえー(婦人などが挨拶で言う) 奈良県南大和 *かなわぬ 兵庫県但馬 *かなわん 富山県・射水郡 長野県上伊那郡 岐阜県養老郡・郡上郡「こんだけ寒うてはかなわん」 三重県上野市・名張市 兵庫県神戸市 和歌山市「行きとてかなわん」 岡山県津山市「こー降られた日にゃーかなわんぞよ」 徳島県那賀郡・海部郡 *かなん 三重県 滋賀県犬上郡「きっきょらんとかなんで(聞いてくれないと困るから)」 京都市 奈良県・宇陀郡 *がわない 新潟県東蒲原郡 *こなれない 茨城県北相馬郡・稲敷郡 千葉県東葛飾郡 *こなんない 千葉県印旛郡 *こなんなやえー 千葉県印旛郡「この仕事は自分にはこなんなやえー」 *こわい 富山県砺波 静岡県榛原郡「暑くてこわい」 *じゃぜん(たまらないこと) 愛媛県東宇和郡 *たちきれん 富山県・射水郡・砺波 *つずかん 鹿児島県肝属郡「今日は暑うてつづかん」 *どぅどぅかん 鹿児島県喜界島 *ぬさーん 熊本県下益城郡 宮崎県都城 鹿児島県喜界島 *もちぇん・もてくれん 大分県大野郡 *もてたものじゃない 広島県安芸郡 *もてたもんじゃーなー 島根県石見「このあばら小屋じゃーとてももてたもんじゃーなー」 *もてれん 大分県西国東郡 *もてん 岡山県児島郡 広島県佐伯郡・高田郡 香川県「歯が痛んでもてんもんじゃけん来たんです」 福岡市 佐賀県唐津市 長崎県対馬 熊本県・下益城郡 大分県 *やれん 島根県「この菓子は甘くてやれんのー」 山口県都濃郡・美祢郡 香川県「やれんがな、暑うて」 *やーせあない 岩手県気仙郡「いぎだくて(行きたくて)やあせあねあ」 *やしぇない 岩手県紫波郡 山形県南置賜郡 *やしゃね 山形県西置賜郡 *やせがない 新潟県佐渡「やせがのうて取ったんだ」 *やせこせない 山形県東置賜郡 *やせはない 岩手県「やせあねあどもどうにもなんねあ」 *やへぁない・やへごへぁない 青森県三戸郡 *やりせもこりせもない・やせもこせもない・やっせもこっせもない・やせこせもない 新潟県佐渡 *やるせあない 静岡県志太郡 *やるせがない 新潟県佐渡「食いとうてやるせがない」 山口県「可愛(かわい)くてやるせがない」・豊浦郡 *やるせんない 新潟県佐渡 静岡県志太郡

だまる【黙】 *くんねぶる 山梨県 *こだまる 島根県出雲「年寄うはこだまっちょうことだが(年寄りは黙っていることですよ)」 *すこだまる 三重県伊賀 *すこだんまる 京都府竹野郡 *ずだまる 山形県「づだまってばりいる」 福島県大沼郡 *すなーしん 沖縄県宮古島 *だまがーる 岩手県下閉伊郡 *だまきる 徳島県 香川県 *だまくじる 高知県「いらんことゆうてだまくじれ」 *だまくる 愛媛県・大三島 *だましかる 岐阜県山県郡 愛知県名古屋市「だましかっとる(内緒にしておく)」 *たれー(黙れ) 広島県大崎上島 *だんじゃまゆん 沖縄県首里 *どぅるばいん 沖縄県首里市・那覇市 *どぅらばるん 沖縄県石垣島 *まっとぅん 沖縄県与那国島

だめ【駄目】 *さえ 高知県「この着物もこう色がさめちゃさえじゃ」・高知市「人もそれほど恥知らずになったらもーさえじゃのー」 *さっぱりげんすけ(香川県三豊郡大野原の開拓に累代身命をささげた「平田屋源助」から) 山口県大島「たったこないだ精出して植ゑたトマトが大風で揉まれてみな枯れあがった。さっぱりげんすけじゃ」 香川県三豊郡 長崎県壱岐島 *しじゃ 島根県出雲 *じゃく 千葉県長生郡 *すか 三重県阿山郡・名張市 京都市 大阪府大阪市・中河内郡 兵庫県明石郡 奈良県 和歌山県「すかやった」 山口県豊浦郡 *すかたん 福井県大飯郡 滋賀県蒲生郡 京都府大阪市 兵庫県明石郡・神戸市 奈良県 *すかっちょ 奈良県 *すかんぽ 徳島県 *すじ・すじくた 高知県「自分の身の修らんもんが人を教育する云うたちすぢぢゃ」 *すじゃ 福井県大飯郡 島根県出雲「約束がすじゃになった」 *すだ 宮崎県東諸県郡 *そん 島根県益田市「そんじゃのー、雨が降るけ

ー」 *だめなかー・だめのかすっちょ 静岡県榛原郡「そんなこんなでだめなかーな」 *だめのかー 静岡県「勉強してもだめのかーだ」 *だめのがん 栃木県上都賀郡「そんなことしたって、だめのがんだよ」 *どんざ(動物について言う) 香川県香川郡 *ぶす 和歌山県新宮市「此度の試験はぶすだった」・東牟婁郡「そんなことはぶすや」 広島県・高田郡 徳島県 愛媛県・大三島「蛇はまめくじら(なめくじ)にゃぶすじゃ」 *ぶすかわ 徳島県「あいつはまんでぶすかわじゃ(あいつはまるで役に立たぬ者だ)」 *ぶて 熊本県下益城郡 *ぷて 熊本県 *ほこぺん 香川県伊吹島 *ぽっ 鹿児島県・鹿児島郡 *ほててんご 徳島県海部郡 *わちゃ 鳥取県東部

□だ *あかすか(反語表現) 岐阜県可児郡 愛知県一宮市・東春日井郡 *あかせん 岐阜県養老郡 *あかな 兵庫県神戸市 和歌山県「あかないしょ(駄目ではないか)」 *あかぬ 三重県伊勢 *あかひん 奈良県 *あかへん 岐阜県養老郡 三重県伊賀 滋賀県南部 大阪市 兵庫県神戸市 奈良県 長崎県南高来郡 *あかん(「らち(埒)があかぬ」の「あかぬ」の転) 新潟県上越 富山県 福井県 長野県下伊那郡 岐阜県 静岡県 愛知県 三重県「あの男ぁーいよいよあかんにゃー」 滋賀県南部 京都府「もーあんなことをしたらあかんど」 大阪府「頼んで見てもあかんやろか」 兵庫県 奈良県 和歌山県 岡山県苫田郡 徳島県 香川県 愛媛県今治市・周桑郡 高知県 *あきません 愛知県中島郡・東春日井郡 三重県伊勢 兵庫県神戸市 和歌山県 *あきまへん 滋賀県蒲生郡 京都府 兵庫県佐用郡・神戸市「近頃さっぱりあきまへんわ」 愛媛県周桑郡 *あきゃせん 岐阜県稲葉郡 愛知県東春日井郡 滋賀県彦根 兵庫県神戸市 和歌山県有田郡・牟婁 *あきゃひん 京都府竹野郡 *あきゃへん 大阪府泉北郡 *あくかー・あくかいよ(反語表現) 和歌山県 *あくかえ(反語表現) 大阪府泉北郡 和歌山県 *あくかよ(反語表現) 奈良県南葛城郡 *あくきゃーな(反語表現) 京都府竹野郡 *あくもんで(反語表現) 和歌山県「そんな事をしてもあくもんで」 *あけせん 福井県足羽郡 愛知県東春日井郡 *あけへな 和歌山県北部 *あけへん 大阪市 兵庫県赤穂郡・神戸市 和歌山県北部 徳島県 *あこーちー・あこーに(反語表現) 奈良県吉野郡 *あこかー(反語表現。困った時に発する語) 長崎県南高来郡 *あこかい(反語表現) 滋賀県彦根 *あすけん・あっけん(反語表現) 愛知県東春日井郡 *あっかえ(反語表現)・あっかん 大阪府泉北郡 *いかな・いかな・いかなー 香川県三豊郡 *いかない 福島県耶麻郡 栃木県 群馬県吾妻郡・多野郡 香川県 愛媛県周桑郡 高知県 *いかんあんたな 大分県 *いくかよ 高知市 *いくもんか 高知県「まっと きを つけちょらいでいくもんか(もっと気をつけていなくてはいけないじゃありませんか)」 *いけせん 茨木県水戸市 三重県度会郡 *いけらん 大分県南海部郡 *いけりゃーせん 鳥取県・岩美郡・気高郡 *いけん(「いけぬ」の転) 山形市 新潟県佐渡 福井県遠敷郡 山梨県南巨摩郡 長野県上伊那郡 岐阜県恵那郡 静岡県榛原郡 三重県 滋賀県蒲生郡 兵庫県・但馬 奈良県 鳥取県 島根県 岡山県 広島県安芸郡・豊田郡 山口県 香川県三豊郡 愛媛県 高知県鵜来島・幡多郡・高岡郡 福岡県小倉市 長崎県対馬・南高来郡 大分県 鹿児島県種子島 *いけんやんせん 茨城県猿島郡 *いっか 香川県「そんなことしたらいっか」 *いっけ 香川県志々島 *おえない 埼玉県北葛飾郡 千葉県 *おえん 静岡県遠江「そんなことしちゃおえんよ」 岡山市 香川県直島 *さえん(動詞「さえる」に打ち消しの助動詞の付いたもの) 島根県邑智郡「われらー、六時までに起きんにゃーさえんでー」 *ししゃない(「しよう(仕様)ない」の転) 宮城県仙台市 石川県江沼郡 *ししょあない・ししょーない 山形県米沢市 *ししょない 山形県 *しっしょない 福島県会津若松市 *だしかん 岐阜県飛騨・郡上郡 *だちあかん 新潟県西蒲原郡 富山県高岡市 岐阜県稲葉郡 *だちがあかん 香川県「何年してもだちがあかん仕事しかようせん」 *だちかん 新潟県佐渡「年が寄ったもんだすけん、だちかんけん」 富山県「だちかなんだ」「だちきません」 福井県 岐阜県「こらっ、だちかん」「だちかまい(だめだろう)」 愛知県 *だちくちあかん・らちくちあかん 新潟県佐渡 *だちこちはあかん 島根県石見 *だちゃあかん 岐阜県飛騨 宮崎県西臼杵郡・西諸県郡 *だちゃかん 新潟県西頸城郡 富山県・砺波 石川県 福井県 岐阜県 愛知県東春日井郡 *だっちゃかん 富山県 石川県 *だっちゃかんない 富山県東礪波郡 *だやかん 福井県 *つまらない・つまんない 山形県米沢市 *つまらぬ 山口県大島 大分県宇佐郡 *つまらの 島根県 *つまらん 島根県 広島県高田郡 山口県都濃郡 愛媛県 長崎県南高来郡 大分県「一生懸命働いてもつまらんじゃったんじゃ」 *でけない 秋田県雄勝郡「それなんかでげねぁ」 *でけん 長崎県対馬「爺が亡うなってでけんばい」 熊本県玉名郡「そらーでけんな」 *はざわせん・はだん 三重県志摩郡「はざわせんわれ(いけません)」 *はざわん 三重県志摩郡・度会郡 *はざん 三重県「はざんかった(不漁だった)」 *まいない・まない・まにやない 青森県津軽「今年は凶作で何も買われないのでまいねぁ」 *まいへん 青森県「それだばまいへん」 *もじかない 山形県庄内・鶴岡 *もじゃない 山形県酒田市・西田川郡 *もんじゃない 山形県庄内 新潟県岩船郡 長野県佐久 *もんちゃない 山形県庄内 *やくせぬ 石川県 *やくせん 富山県砺波 岐

阜県飛騨　熊本県芦北郡　宮崎県西臼杵郡（つまらない）　鹿児島県 *やざかない 秋田県　山形県「無駄づかいしてはやざがね」 *やちかない 秋田県平鹿郡・山本郡 *やちゃかない 秋田県鹿角郡・河辺郡　山形県「この時計はやじゃがねぐなった」　新潟県東蒲原郡 *やちゃかん 富山県砺波　石川県石川郡 *やっせん 鹿児島県 *やっちゃかない 福島県若松市・大沼郡　新潟県東蒲原郡 *よんどころない 高知市「あの娘は器量がよんどころない」 *らちあかん 新潟県佐渡「茶碗めかけしてらちあかん」　富山県　石川県石川郡　福井県　岐阜県山県郡 *らちがあかん 広島県高田郡　愛媛県周桑郡・喜多郡 *らちかれせん・らちゃかせん・らちゃかりゃーせん 新潟県佐渡 *らちかん 新潟県佐渡「鍬が無うてらちかんだが」　富山県　岐阜県高山市 *らちくちのあかん 熊本県 *らちこちがあかん 島根県邇摩郡・出雲市 *らちこちがつかん 島根県簸川郡・出雲市 *らちみちあかん 広島県 *らちみちがあかん 島根県「何をさせてもあの子はらちみちがあかん」 *らちゃあかん 新潟県佐渡　富山県　高知県高岡郡 *らちゃかない 秋田県鹿角郡　山形県 *らちゃかん 新潟県佐渡　富山県砺波　石川県鳳至郡・能美郡　福井県　岐阜県郡上郡　三重県津市 *らっちゃあかん 富山県砺波 *らっちゃかない 福島県大沼郡 *らっちゃかん 新潟県佐渡　富山県　滋賀県蒲生郡 *わかない 青森県南部「おらの着物ささわればわがね」　岩手県胆沢郡「おんべーにはーおらわかねだ（重い荷物はおれは困るよ）」・紫波郡　秋田県鹿角郡「そんなことするとわがねぁ」 *わからない 北海道小樽市・函館　青森県津軽　岩手県岩手郡・上閉伊郡　宮城県　秋田県「そんたことせばわからない（そんなことをしてはいけませんよ）」　山形県「重くて一人でわからない」　福島県「わからないやつだ（役に立たない人だ）」 *わからん 熊本県芦北郡 *わがりえん 宮城県石巻「あどがら行ったてわがりえんと」 *わかんない 北海道・松前郡「わすれればわかんなぇー（忘れると困るよ）」　岩手県　宮城県「ええずわ他さ貸てわがんねぁぞ（いいのをよそに貸してはいけない）」　山形県「もーわがんねはー（助からないよ）」　福島県相馬郡・東白川郡「俺さばかりかかったってわかんねぇ」 *わかんめっちゃー・わっかんね 山形県米沢市 *わっちゃくさい（さっぱりだめだ）和歌山県那賀郡

□にする *うぃーくんしゅん 沖縄県首里 *おがす 富山県高岡市　石川県羽咋郡・河北郡 *おやす 東京都八王子　神奈川県津久井郡　山梨県・南巨摩郡　静岡県 *かっこざす 宮城県栗原郡 *かまかえす 山形県飛島 *こじらかす 秋田県鹿角郡　茨城県北相馬郡　千葉県東葛飾郡 *だめしる 山形県東置賜郡

□になる *いきつく 新潟県東蒲原郡　愛知県名古屋市　兵庫県淡路島 *いきっつく 山梨県南巨摩郡 *いげる 新潟県 *いてしまう 岡山市「着物がいてしまう」 *いてまう（傷んでだめになる）兵庫県加古郡 *うちゃがる 福井県遠敷郡「めーつかゃーめあうちゃがるしのー（目を使えば目はだめになるしねえ）」 *えげる 新潟県　三重県志摩　和歌山県日高郡・西牟婁郡 *えちゃさける（すべてだめになる）新潟県西頸城郡 *がえる 鹿児島県肝属郡「ちょっ、ぐゎえた（いまいましい、だめだった）」 *がゆる 鹿児島県 *くさる 岩手県気仙郡　島根県鹿足郡・益田市 *ござる 宮城県仙台市「この肴ござってす、ぷんと匂しすつぉ」　千葉県東葛飾郡　東京都八王子　神奈川県津久井郡　長野県下水内郡　島根県出雲「やえなぁー（しまった）、中がござっちょうがの、青かびがはえちょうがの」　山口県豊浦郡 *さんばける 島根県仁多郡・能義郡 *しじやくー 島根県出雲「試験にしじゃくった」 *しじゃくる 島根県大原郡・簸川郡 *すじゃーかむ・すじゃーくる・すじゃくる・すじゃをかむ 島根県鹿足郡「試験にすじゃーかんだ」 *すじゃくー 島根県簸川郡・出雲市 *なかる 長野県佐久 *のだる 高知県土佐「それくらいのことでのだるか」 *ぶかれる 秋田県「大風のため傘がぶかれた」 *ぶっくれる 山形県村山　福島県若松市・大沼郡　茨城県　栃木県　千葉県印旛郡　新潟県東蒲原郡「ミシンがぶっくれた」 *ぷっくれる 茨城県稲敷郡 *ぶっこーれる 山形県東田川郡 *ぶっこれる 宮城県仙台　秋田県雄勝郡　山形県鶴岡　長野県佐久 *ぺける 島根県出雲市「折角あてにして来たがぺけた」 *ほがをつかむ 島根県出雲「あてにして行きたが留守でほがつかんだ」 *ぼこれる 秋田県「机がぼこれた」　山形県 *ぼっかれる 栃木県宇都宮市・安蘇郡 *ぼっこる 福島県石川郡・西白河郡　栃木県足利市 *ぼっこれる 岩手県気仙郡「今度の話、ぼっこれてしまった」　宮城県仙台　山形県　福島県東白川郡　栃木県　群馬県桐生市・佐波郡　埼玉県川越　長野県佐久 *ぼっこわれる 宮城県石巻 *みなになる 島根県石見「着物が泥によごれてみなになった」 *んなにする 石川県能美郡 *んなになる 石川県金沢市

ためいけ【溜池】 *あずだめ・あんだめ（宅地、田畑などの土の流れ去るのをためるため、その下方に掘った小さなため池）長崎県壱岐島 *いで 宮崎県東諸県郡 *じゃぼ 島根県那賀郡 *すけいけ（水はけ口のない場所に掘っておくため池）青森県三戸郡 *せき 宮城県仙台市　千葉県夷隅郡 *そえずつみ（主なため池の水がなくなった時の用意に、別に設けたため池）島根県鹿足郡 *たな 新潟県南魚沼郡・新井市 *たない 新潟県・佐渡　長野県北安曇郡　静岡県志太郡　大分県宇佐郡 *たないけ 石川県鹿島郡　長野県更級郡 *た

なえ 大分県 ＊たなえど 千葉県長生郡 ＊たなき 岩手県紫波郡 秋田県雄勝郡・仙北郡 ＊たなけ 山形県 岐阜県飛驒 ＊たなや 新潟県中部 ＊たなんぼ 新潟県 ＊たぬけ 山形県飽海郡 ＊たね 新潟県上越市・西頸城郡 ＊たねー 大分県宇佐郡・西国東郡 ＊たねけ 新潟県佐渡 長野県下水内郡 ＊たねやえど 千葉県夷隅郡 ＊たのげ 山形県東田川郡・飽海郡 ＊だぶ 山口県「だぶへ行って真菰を取って来んかい」・大島 ＊だぼ 島根県石見 ＊だぼかえ 山形県西置賜郡 ＊だぼぼ・だぼれ 島根県 ＊だぼり 島根県簸川郡「だぼりの中え落ちて下駄を泥だらけにした」 ＊たむけ 山口県大島 ＊ため 山形県 新潟県佐渡 岐阜県養老郡 滋賀県彦根・蒲生郡 ＊たんなけ 山形県西置賜郡 岐阜県飛驒 ＊だんぶ 長崎県五島 宮崎県 ＊たんぼ 三重県 滋賀県蒲生郡 奈良県・南葛城郡 島根県 広島県 山口県阿武郡 香川県 福岡県久留米市 長崎県 熊本県 大分県 ＊たんぽ 福井県南条郡 滋賀県甲賀郡 奈良県南葛城郡 島根県 山口県大島 香川県小豆島 愛媛県 佐賀県唐津市 熊本県玉名郡 大分県津久見市 宮崎県・東諸県郡 ＊たんぽー 山口県長門 ＊たんぽこ 新潟県岩船郡 ＊たんぽち 三重県・度会郡 ＊つつい・つつぎ 長野県南佐久郡 ＊つつみ 青森県 岩手県 宮城県栗原郡 秋田県鹿角郡 山形県 福島県相馬郡・石城郡 新潟県佐渡 富山県射水郡・砺波 石川県 福井県 長野県・南佐久郡 岐阜県 静岡県 愛知県北設楽郡 京都府中郡 島根県 岡山県真庭郡・苫田郡 広島県 山口県玖珂郡 香川県三豊郡 福岡県 佐賀県唐津市・藤津郡 長崎県南高来郡 熊本県 大分県 ＊ど 新潟県西蒲原郡 ＊どー 新潟県刈羽郡 富山市近在 ＊どぶ 新潟県西頸城郡(泉水) 富山県 福井県大野郡 長野県上伊那郡・佐久 静岡県小笠郡 ＊どぷら 長野県長野市・上水内郡 ＊どぼす・どんぶる 富山県砺波 ＊どぼり 宮崎県東臼杵郡 ＊どんぶ 福井県大野郡 岐阜県郡上郡 ＊どんぶー 福井県 ＊どんぼ 岐阜県郡上郡 ＊どんぼち 愛知県知多郡 ＊へぎ 山形県最上郡 ＊ほーり(人工のため池) 富山県砺波 熊本県玉名郡 ＊ほっぱ(田の間のため池) 茨城県稲敷郡 ＊ほり(人工のため池) 熊本県 ＊ほりけ(人工のため池) 岡山県邑久郡 ＊みみず 岐阜県恵那郡

ためらう【躊】 ＊あいのる 福島県石城郡 ＊あがえる・あんがえる 岩手県気仙郡「いづまであんげぁでいるんだ仕事をしろ」 ＊あまじちゅん・あまじゅん 沖縄県首里 ＊うけーゆん 沖縄県首里 ＊おーやまへのぼる 島根県出雲 ＊かがそう 長崎県対馬 ＊しぱたふむ 青森県津軽 ＊しびらひく 新潟県中頸城郡 ＊ずんずりばっちょう 山梨県東八代郡・北巨摩郡 ＊たじる 愛媛県岡村島 ＊だじる 徳島県「今日はさすがあの人もちっとだじった」 ＊たれる 新潟県佐渡 ＊てもどりかく 新潟県中頸城郡 ＊まやめく 北海道 青森県津軽・上北郡 ＊むどぅるちゅん 沖縄県首里 ＊もじく 新潟県 ＊もじくる 新潟県東蒲原郡 ＊やさらえる 島根県江津市「往のーかどうしょーかと暫くやさらえた」 ＊やたえる 青森県津軽「あまりに安値で、勘定に合わないもんで、やだぇでらでぁ(見合わせていますよ)」 岩手県二戸郡 ＊よどむ 徳島県「なんにちも、よどんだきんのー」 ＊わにる 山梨県北都留郡
→しゅんじゅん(逡巡)・ちゅうちょ(躊躇)

②こと ＊うけーいうみー 沖縄県首里 ＊うけーいふぃけーい(大いにためらうこと) 沖縄県首里 ＊うんじゃみ 岐阜県郡上郡「そううんじゃみしとらずね、皆が思うこた、はっきり言わまいかよ」 ＊しーびき 鹿児島県肝属郡 ＊しびく 長野県下水内郡「しびくひく(躊躇(ちゅうちょ)する)」 ＊しんびき 岐阜県吉城郡・飛驒「気がすすまんので行くのにしんびきする」 ＊ちちゅー 新潟県佐渡 静岡県榛原郡 ＊ちちゅーやー 島根県石見「行こうか行くまーかちちゅーやーする」 ＊どがへが 新潟県西頸城郡「どがへがする」 ＊どのー 埼玉県秩父郡「どのーして考える」
→ちゅうちょ(躊躇)

③さま ＊あまじちかー 沖縄県首里 ＊うじうじ 新潟県佐渡 岐阜県稲葉郡 大阪市 岡山県児島郡「うじうじせずに食べねえ」 広島県高田郡 大分県西国東郡 ＊えじくじ(落ち着かなくてためらうさま) 山形県東置賜郡 ＊えじこじ(落ち着かなくてためらうさま) 島根県出雲「えじこじせず行け」 ＊えじぼし(落ち着かなくてためらうさま) 島根県能義郡 ＊えじもじ(落ち着かなくてためらうさま) 鳥取県西伯郡 島根県「えじもじしちょーと汽車におくれーじ」 ＊えっちっかっち(ぐずぐずとためらうさま) 島根県仁多郡・能義郡 ＊えんじもんじ(落ち着かなくてためらうさま) 島根県 ＊えんじりむんじり(落ち着かなくてためらうさま) 山形県南部 ＊おびおび(恐れたためらうさま) 島根県隠岐島 山口県阿武郡 ＊ぐずがず 青森県三戸郡「ぐずがずする」 ＊ぐずぐずべったり 山梨県北巨摩郡 ＊ぐずぐずぺったり 山梨県東八代郡 ＊ぐずらがずら・ぐんずらがんずら 秋田県鹿角郡 ＊ぐずらぐずら 岩手県気仙郡 宮城県栗原郡 山形県 神奈川県中郡「ぐずらぐずらする」 長野県上伊那郡 ＊ぐずらししゃら 山形県 ＊ぐずらひずら 山形県東置賜郡 ＊ぐずらもずら 岩手県気仙郡「いつまでぐずらもずらしているんだ」 宮城県栗原郡・石巻 秋田県 山形県 ＊ぐんずりぐんずり・ぐんずりひっちり・くんぜりくんぜり 愛媛県大三島 ＊しんだり 滋賀県伊香郡 ＊つぐらまぐら 宮城県石巻「つぐらまぐらてゐる中に日暮て了ふ」 ＊ひーつくーつ(ぐずぐずためらうさま) 新潟県佐渡 ＊へがもが 島根県美濃郡・益田市「へがもがせんとすぐさまやれ」 ＊まぐまぐ 山形県村山・北村山郡 ＊まごまご 広島県佐伯郡 ＊まじまじ 山梨県中巨摩郡・北巨摩郡 ＊もともと 島根県美濃郡・益田

市「お前は何時ももともとするけー人より遅れる」 *もんずりもんずり 群馬県多野郡「恥ずかしくてもんずりもんずりしている」

たもあみ【攩網】 魚などをすくう柄のついた小形の網。 *あみたであみ 香川県 *おーとも（大きなたも網）愛媛県周桑郡 *かいすき（小さいたも網）新潟県佐渡 *かかし 三重県度会郡 *すで 宮崎県児湯郡 *たび 長崎県西彼杵郡 熊本県玉名郡 *たぶ 福岡県 佐賀県 長崎県 熊本県下益城郡 宮崎県 鹿児島県 *たぼ 鹿児島県沖永良部島 *たま 島根県 岡山県小田郡 鹿児島県沖永良部島 *たも 山形県庄内 埼玉県秩父郡 滋賀県蒲生郡 島根県隠岐島 *だんごすくい 神奈川県津久井郡 *てたま 広島県芦品郡 *てだま 岡山県岡山市・小田郡 広島県芦品郡 *てだも 新潟県西頸城郡 *ぽんた（アイヌ語から。小さいたも網）北海道

たもと【袂】 *おたも（女性語）滋賀県蒲生郡 *かもや 千葉県夷隅郡 *たむとぅすでぃ 沖縄県首里 *たもそで 長崎県 熊本県 *たもそど・たもつそで・たもとそで 熊本県 *たんたん 大分県西国東郡 *つくら 長崎県南高来郡 宮崎県西臼杵郡 *つめこ 徳島県・麻植郡 *つんつ（児童語）徳島県 *ながそで 群馬県前橋市 香川県瀬居島・佐柳島 熊本県玉名郡

着物の□ *たも 熊本県宇土郡 *たもこ 新潟県北魚沼郡 *たもころ・たもところ・たんもころ 富山県 *たもとこ 石川県珠洲郡 *たもとろ 石川県珠洲郡 広島県安芸郡・佐伯郡 *たんち 徳島県三好郡 *たんぼ 山梨県南巨摩郡 *たんぽ 山形県 福島県「たんぽ長い着物着た」 群馬県吾妻郡（小児語）・勢多郡 新潟県 山梨県 長野県 京都府竹野郡（小児語） 鳥取県（小児語） *たんぽー 長野県長野市・上水内郡 *たんぽこ 新潟県北魚沼郡 *たんも 神奈川県鎌倉市・横浜市 長野県北安曇郡（小児語）・上伊那郡（小児語） 愛知県碧海郡

たやすい【容易】 *あまっちょろい 滋賀県彦根 *あまみやすい 島根県石見「あまみやすいことで山へ登られるもんか」 *あやすい 岐阜市 愛知県「此の方があやすい」 滋賀県神崎郡 *いみじー 高知県長岡郡「是程の大工事はいみじいことでは出来ん」 *おんでもない（「当然のことで、恩に着ることではない」の意から）山形県東置賜郡 *かかやすい 岡山県・小田郡 *かがやすい 京都府北部 *かっやすい 京都府 *かっりやすい 富山県・射水郡 *かない 奈良県南大和 *かなるい 滋賀県蒲生郡 京都市 *からすい・きゃらすい 福井県 *からっすい・かるやっすい 富山県砺波 *かりやすい 富山県射水郡 福井県坂井郡 *かりやすい 新潟県岩船郡 富山県「こんなかりやすいことがわからんか」 福井県敦賀郡 *きゃない 青森県 *きゃね 青森県上北郡 *けぁない 青森県 岩手県九戸郡 *けぁねぁ 秋田県鹿角郡「この本は読むにけぁねぁ」・河辺郡 *けじらもない 神奈川県中郡 *けもない 群馬県多野郡「弾丸にあたると兎はけもねーで死ぬ」 長野県東筑摩郡・上伊那郡 *さいどーもない・しゃいどーもない 千葉県香取郡 *さいどもない 岡山県児島郡 *さくい 静岡県 *さっそくい 愛知県北設楽郡 *しゃいでんなか 佐賀県「このくらいのことはしゃいでんなか」 *しゃいともない・しゃくだいもない・しょっともない 茨城県稲敷郡 *しゃいねー 群馬県群馬郡 *しゃいもない 茨城県稲敷郡 群馬県吾妻郡 千葉県香取郡 京都府北部 *しゃいやねー・しゃやねー・たやーねー 群馬県勢多郡 *しゃいやむね 群馬県吾妻郡 *ずるい 高知県香美郡「なかなか田役もずるーないわのー」・長岡郡 *そーな 滋賀県蒲生郡 *たえーない 埼玉県北葛飾郡 山梨県 *たわいない 秋田県鹿角郡「あそこへ行って来るくらいはたわいない」 茨城県稲敷郡・猿島郡 栃木県 千葉県海上郡 新潟県・中頸城郡 静岡県志太郡 *たわいもない 栃木県河内郡 *ちゃーない 青森県津軽「それくらゐのことはちゃーないことだ」 *ちゃがすい・ちゃらすい 福井県 *ちゃらくさい 福井県 徳島県 *ちょろくさい 京都府竹野郡「そんなことちょろくさゃー俺が引きうけてやる」 奈良県南葛城郡 *ちょろこい 山形県西置賜郡 富山県砺波「ちょろこいことではでっけん」 愛知県名古屋市「十万円という金がちょろこいことででできるもんか」 三重県志摩郡「ちょろこいこたーとれんわさー（たやすくはとれっこないですよ）」 大阪市 兵庫県但馬・明石郡 香川県 *ちょろこない 山形県西置賜郡・米沢市 *てもろい 京都府竹野郡「てもろーまけてしまった」 和歌山県有田郡・日高郡「そんなこと位てもろいこっちゃ」 *てんがらやすい 岡山県苫田郡「そねえなことをいうて、てんがらやすうこのことができるんか」 *てんぐるやすい 岡山市「ほんてんぐるやすー産れた」 *てんごろやすい 徳島県・三好郡 *てんだらやすい 徳島県美馬郡 *てんでこやすい 高知県幡多郡 *てんでやすい・てんでらやすい・てんどらやすい・てんどりやすい 愛媛県 *てんてれやすい 福岡市 *てんどやすい 愛媛県越智郡「てんどやすい事よ」 *どぅーやっさん 沖縄県首里 *とっぺもない・とっぺやない 新潟県西頸城郡 *なまみやすい 島根県美濃郡・益田市「なまみやすい事では帰って来ん」 *なまやすい 島根県出雲 *なやすい 新潟県佐渡 京都府 兵庫県「そんななやすいこと、わいでも出来る」 和歌山県東牟婁郡 徳島県 香川県仲多度郡 愛媛県 *なるい 富山県砺波 長野県「漢文よりか代数の方がなりー気がする」 *はもろい 滋賀県甲賀郡 *みたごさる（「みた如（ごと）たる」の転）熊本県玉名郡「みたごさる仕事たい」 *みやーす 沖縄県宮古島 *みやしー 島根県隠岐島 岡山県阿哲郡・児島郡 *みやすい 鳥取県西伯郡 島根県「この木を折る位はみやすいもんだ」 広島県「こんだーいたしいか思うたら（今度は難しい

かと思ったら)こがーな見易い問題で、だいべんまんがえー(だいぶ運がよい)」 山口県 愛媛県 鹿児島県屋久島・種子島 *めやし 島根県「なんが面倒なことああましょね、めやしことでしが」 鹿児島県肝属郡 *もやし 鹿児島県・揖宿郡 *もやすい 福井県大飯郡 三重県松阪市 和歌山県那賀郡 島根県邑智郡「そりゃーもやすい事だ」 広島県・安芸郡・高田郡 長崎県南高来郡・壱岐島「もやすー雨ぬあかっちよかった」 熊本県玉名郡・芦北郡 鹿児島県種子島 *やーしー 岡山県児島郡 *やおい 山口県「今日中に仕上げるのはやおうないぞ」 宮崎県西臼杵郡 *やし・やすか 鹿児島県 *やしー 岡山県児島郡「これぐれーな計算じゃったらやしーが」 大分県 *やすい 埼玉県川越 兵庫県養父郡 広島県比婆郡 徳島県 *やすぃってーん 沖縄県首里 *やすーに 島根県隠岐島「やすーにんまれる(安産する)」 *やすけ 宮城県石巻 *やすこい 宮城県石巻 山形県「そんなことやすこいことだ」 福島県中部・北部 *やすっこい 神奈川県足柄下郡・足柄上郡 *やっかいない 香川県 *やっすい 岐阜県吉城郡「やっすい事いなー(おやすいことですよ)」 *やわい 三重県阿山郡 *んやすい 島根県隠岐島
→ようい(容易)

たより【便】 *あてぃ 沖縄県首里「ぬーあてぃん ねーん(なんの音さたもない)」 *おと 青森県津軽・上北郡 群馬県多野郡 埼玉県秩父郡 新潟県佐渡「東京からさっぱりおとがない」・東蒲原郡 兵庫県加古郡 島根県 山口県大島 徳島県 香川県大川郡・伊吹島 愛媛県 高知県 *さた 青森県上北郡「さだがない」 山形県「さだしてけろ」 群馬県館林 長野県佐久 静岡県志太郡 滋賀県彦根 佐賀県東松浦郡「けががしたてちさたんきたもんじゃあるけ(けがをしたという知らせが来たものですから)」 沖縄県首里 *そ 鹿児島県肝属郡「あいかい 何のそもねが(彼からは何の音信もないが)」 *そー 鳥取県「生れたそう(知らせ)」 島根県「そうする」 高知県「東京から、ごそーがございましたか」 *びぎ 新潟県岩船郡「かたびぎ(片便り)」 *びんぎ 岩手県和賀郡 秋田県平鹿郡 新潟県佐渡 山梨県南巨摩郡「橋がひん流されとーどーで川向うさびんぎすることが出来のー」 静岡県榛原郡「びんぎはまだ来のーか」 大阪市 *びんげー 青森県三戸郡

たよりない【頼無】 *あやとない 高知県「あれはあやとない男じゃからあてにはせられんぞよ」 *かいなー 島根県美濃郡・益田市「今度の婿はいかにもかいなー」 *かいない 北海道「交渉がかいないからいけない」 岩手県 宮城県仙台市「あんまり少しばんで食ったけーねかった」 山形県「教えがだあ、かえなえがら、なおらなえ」 茨城県「洗いがかいない」 新潟県佐渡 富山県砺波 静岡県田方郡 兵庫県加古郡「その箱では小さすぎる。ちょっとかいない」 岡山県岡山市・児島郡「あの奴じゃもう少しかいないところがあるように思うけどなあ」 徳島県「あの人は町長にはちっとかいない」 香川県「あの人にまかしといたんではかいないのてのう」 高知県 *さぼとない 高知県・高知市「誰かしっかりした相談相手がないと一人ではさぼとのーて暮らされません」・長岡郡 *さもとない 高知県土佐郡 *じんけぁねぁ 岩手県気仙郡 *せーがわりー 三重県伊賀 島根県那賀郡・鹿足郡 *たよっけない 群馬県山田郡 *ちゃぐすい 岡山県苫田郡 *ちょろい 兵庫県加古郡 岡山県苫田郡 宮崎県東諸県郡 *ちょろくさい 京都府竹野郡「おい君ちょろくさゃー、もう一杯やれ」 兵庫県加古郡「男のくせにそれがでけんなんて、ちょろくさいこと言うな」 和歌山県日高郡 *ちょろこい 兵庫県加古郡 *つがりがない 島根県石見 *とかしない 兵庫県赤穂郡「あと取り息子が幼くてとかしない」 *とろい 岡山県苫田郡 *とろくさい 岐阜県郡上郡「男のくせにそやーなとろくさいこっちゃだちかん」 三重県 *にすい 岐阜県本巣郡 *ぶらさん 沖縄県首里「わかさぬ ぶらさん(若いので頼りない)」 *ほーとくない 三重県松阪 和歌山県西牟婁郡 山口県 *ほとくない 和歌山県「こんだけぐらいではほとくない」

たよる【頼】 *うじげる 青森県「補助金にばかりうじげている」 *うつける 北海道茅部 *うっちゃかゆん・かかゆん 沖縄県首里 *おかかる 青森県津軽 *おんぶさる・ぶっつぁる 栃木県 *かかる 山形県 富山県砺波「あの人は子供は頭から皆死んで今五番目の子にかかったっさる」 岐阜県大垣市 静岡県志太郡「末っ子にかかるつもりずら」 兵庫県淡路島 和歌山市 香川県「あの子にかかっとるんじゃ」 *まぶる 長崎県壱岐島「息子一人をまぶる」 *やかなう(人手に頼る) 徳島県 香川県綾歌郡・三豊郡「人の手をやかなわんと(頼らずに)自分でせい」 愛媛県・周桑郡

たらい【盥】 *えーぱ 沖縄県伊江島 *げーしん 鹿児島県口永良部島 *げし 熊本県天草郡 鹿児島県・揖宿郡 *げしー 熊本県天草郡 *けすい 鹿児島県 *こがい(小さなたらい) 福岡県小倉市 *しもだらい 熊本県芦北郡 *せんたくたんご 鹿児島県屋久島 *ちょーずばち 新潟県佐渡 *はぎり 青森県南部(大たらい) 秋田県南秋田郡(大たらい)・河辺郡(大たらい) 山形県(大たらい)・庄内・置賜 福井県足羽郡・大野郡 *はち 福島県北部「顔洗いばち」 *はっぞー 山梨県南巨摩郡 *はんぎー(大たらい) 佐賀県 *はんぎり 宮城県登米郡・玉造郡 山形県・米沢市・飽海郡(大たらい)・鶴岡(大たらい) 福島県 茨城県(大たらい)・多賀郡(大たらい)・真壁郡(大たらい) 新潟県(また、大たらい) 石川県江沼郡・能美郡・鹿島郡(大たらい) 山梨県南巨摩郡(大たらい) 長野県佐久 滋賀県蒲生郡 *はんぎれ 新潟県・中越 *はんじり 沖縄県首里・石垣島 *ぱんじり 沖縄県国頭郡 *はんぞ 山形県 新潟県佐渡・三

島郡　富山県砺波　石川県・江沼郡　山梨県・南巨摩郡 ＊はんぞー 新潟県　山梨県・北巨摩郡　岡山市(小形のもの) ＊めんち・めんつ 岩手県上閉伊郡 ＊めんぼー 長崎県対馬

洗面、手洗い用の小さい□ ＊せんだらい 三重県志摩郡 ＊たんぞ 愛知県 ＊ちょーずばち 岩手県紫波郡　秋田県鹿角郡 ＊てざらい 奈良県高市郡 ＊てだらい 愛知県岡崎　上方　奈良県宇智郡 ＊てだらいばち 岐阜県不破郡 ＊てらだえ 三重県阿山郡

だらしない ＊いきだれない 長野県南部「誠にいきだれない人で雑巾をかけぬ」 ＊いけじちねー 東京都八王子　神奈川県津久井郡 ＊おぞい 岐阜県飛驒「なんとおぞい子じゃ」 ＊がんじゃない(「がんぜない(頑是無)」の転か) 青森県津軽「あの人はぐゎんじゃなぇから、少しもあてにならない」 ＊くくりがない 香川県　大分県 ＊こしどもない・しどらじもない 山形県米沢市 ＊こびしょがない 宮城県登米郡 ＊こびしょない 岩手県気仙郡 ＊ざっしもない 岐阜県郡上郡 ＊ざっせがない 島根県美濃郡「子供が散らかーてざっせがなー」 ＊ざまくい 香川県・高松市・丸亀市 ＊さまだるい・しゃまだるい 愛媛県 ＊しだらがない 岩手県気仙郡　埼玉県北葛飾郡「若いもんのくせにしだらがねー」　神奈川県津久井郡　静岡県志太郡　島根県益田市「たった今騒あどったがはー寝て、しだらがなー」 ＊しだらない 岩手県気仙郡　宮城県石巻「あの女はすだらねぁ恰好すてる」　山形県　新潟県　山梨県　長野県佐久「しだらないやつ」 ＊じちがない 静岡県賀茂郡 ＊じちくちもない 静岡県榛原郡 ＊じちくれがない 愛媛県南宇和郡 ＊じちない 東京都八王子　神奈川県津久井郡 ＊じちもない 静岡県 ＊しっくいない 長野県下伊那郡 ＊じっちゃーない 山梨県 ＊しどがない 青森県津軽　山形県米沢市　上方 ＊しととぺぁない 青森県三戸郡 ＊しどはじない 山形県東置賜郡 ＊しどもない 山形県南部「しどもない家だ」 ＊しびたれない・しぴたれない 秋田県鹿角郡「しびたれない女(そばに寄ると悪臭のするような女)」 ＊しみじげない 青森県津軽 ＊しみたれくさい 岐阜県本巣郡 ＊しょったらしー・ぶしょったらしー 東京都三宅島 ＊じりくたい 島根県出雲　愛媛県 ＊じるたい 愛媛県 ＊ずいない 和歌山県西牟婁郡 ＊ずくたれくさい・ゆくたれくさい 山形県西置賜郡・米沢市 ＊すだい 和歌山県那賀郡 ＊ずつない 神奈川県 ＊ずるい 福島県耶麻郡　新潟県佐渡　山梨県　滋賀県神崎郡　和歌山市「けふも又学校休んでずるい男やな」　香川県 ＊ずるこい・ずるずるしー 新潟県佐渡 ＊ぞーらき・ぞーらきー 熊本県玉名郡「仕事んぞーらきー奴ァ困る」 ＊ぞーらっか 長崎県北松浦郡　熊本県玉名郡 ＊ぞっさらし 鹿児島県 ＊たいらくない 秋田県仙北郡 ＊だたいない 福井県大野郡 ＊だだくさい 茨城県稲敷郡 ＊だだくさない 新潟県三島郡 ＊だだくちゃね・やちゃくちゃない・やちゃない 山形県 ＊だだちない・だだちゃない 山形県庄内 ＊だだつない 山形県西置賜郡・飽海郡 ＊だだつね 山形県東田川郡・西田川郡 ＊だだはぇない 福島県 ＊たたわえない 山形県西置賜郡 ＊だちもない 宮崎県東諸県郡 ＊だっしもない 岐阜県武儀郡　大分県大野郡 ＊だっしゃまない・だっしゃむない・だっしゃもない・だっしょもない 岐阜県飛驒 ＊だっせがない 島根県益田市 ＊だっせもない 島根県石見 ＊だめがない 秋田県「あまりだめぁなくて財産をなくした」 ＊だめない 三重県 ＊だらしー 新潟県佐渡　島根県「だらしー風をして歩く」　大分県 ＊だらっかい 静岡県 ＊たわいがない 大分県大分郡 ＊たわいない 秋田県中部 ＊ちりごねー 愛媛県 ＊てーたらくがない 長崎県対馬 ＊てーない 山口県・玖珂郡「てーなー格好している」 ＊てーらくもない 島根県益田市「てーらくもなー風をするな」 ＊どーらくしー 島根県美濃郡・益田市「帯が垂れていかにもどーらくしー」 ＊とかいない 神奈川県足柄下郡 ＊どどらない 岩手県気仙郡 ＊とどりあない・とどりくさない 青森県津軽「よれば(酔えば)なんもとどりゃなえぐなる」 ＊とどりがない 山形県庄内 ＊とどりくそない 青森県 ＊とどろくそない 青森県南部・上北郡 ＊とどろない 岩手県気仙郡　宮城県栗原郡　山形県東村山郡 ＊とぶっけ 栃木県河内郡・那須郡 ＊とんどりない 秋田県「あの女はとんどりねぁ」 ＊びしょーったい 静岡県「この児はびしょーったい」 ＊びしょーったない 群馬県群馬郡 ＊びしょーない 群馬県多野郡　埼玉県秩父郡 ＊びしょがない 宮城県登米郡・玉造郡 ＊びしょたい 山形県「あの人はびしょたえ人だ」 ＊びしょったい 長野県諏訪・下伊那郡 ＊びしょったない 群馬県　埼玉県川越　長野県長野市・上水内郡 ＊びしょない 岩手県気仙郡　山形県「いつもここはびしょない所だ」 ＊ぶしったない 栃木県 ＊ぶしょったい 静岡県志太郡・島田市 ＊ぶしょない 香川県伊吹島 ＊へろけぁまる 青森県三戸郡 ＊ほーだいない 新潟県下越 ＊ほーらつあない 岐阜県飛驒 ＊ほーらつい 熊本県芦北郡・八代郡 ＊ほらつい 宮崎県西臼杵郡 ＊もじゃくたねー 山形県西田川郡 ＊もちゃくちゃねー 山形県東田川郡 ＊やくたいもない 岐阜県岐阜市・郡上郡「この本棚ちょっとみーよ。やくたいもないことして、もっときちんとしとけよ」　愛知県名古屋市 ＊やくてもない 和歌山県那賀郡・有田郡 ＊やちがない 香川県小豆島・豊島 ＊やちゃかちゃない 秋田県鹿角郡 ＊やちゃくやなし 茨城県稲敷郡 ＊やっしゃない 福島県相馬郡 ＊やっちゃえない 千葉県印旛郡 ＊やっちゃない 山形県　千葉県印旛郡 ＊ゆだらこい・ゆだらっこい 青森県津軽 ＊ゆだるこい 青森県 ＊ゆるい 宮城県登米郡・仙台市「あの男ゆるいから、おかた(女房)に気儘されんのっしゃ」　山形県「ゆるえつら(馬鹿顔)」　大分県大分郡 ＊らしがない・らちがない 島根県 ＊らしもない 岐阜県本巣郡　愛知県尾張 ＊らし

やない和歌山県 *らちかちもなか佐賀県 *らちくちがない岩手県九戸郡・平泉 *らちもない茨城県稲敷郡 *らちゃくちゃない千葉県市川市 *らちゃない山形県東置賜郡 *らっこくない山形県東村山郡 *らっしがない島根県鹿足郡「座敷中らっしがなー」 岡山県 高知市「年をとりましてこの頃はいっこうらっしがございません」 *らっしこっしゃない高知市 *らっしもない岐阜県 愛知県葉栗郡・東春日井郡 岡山県苫田郡「らっしもないことをしとりますけんど、まあ上ってつかぁさい(ください)」 大分県 *らっしゃーない島根県石見 広島県芦品郡 *らっしゃがない・らっしやこっしゃがない島根県仁多郡 *らっしゃこーせがない・らっしょがない・らっせこーせがない島根県美濃郡・益田市 *らっしゃない奈良県吉野郡 島根県美濃郡・益田市 高知市 *らっしゃもない岐阜県益田郡・郡上郡 *らっしょむない岐阜県大野郡 *らっしょもない岐阜県郡上郡 *らっせがない・らっせもない島根県石見 *らっちがない宮城県登米郡 *らっちくちあない宮城県栗原郡 *らっちもない岩手県東磐井郡 *らっちゃない山形県東置賜郡・西置賜郡 福島県相馬郡 千葉県印旛郡

→「しまり(締)」の子見出し、「締まりがない」・ずぼら

□こと *おんぞろ岡山県児島郡 *ぐさ三重県度会郡 *ぐざ新潟県佐渡 三重県「ぐざな人」「ぐざで困る」 *げすのけ新潟県東蒲原郡 *さつあいなし茨城県西茨城郡 栃木県芳賀郡 *しおたれ(不潔でだらしないこと)新潟県佐渡 島根県隠岐島「しおたれ姿で大阪へ出た」 *しくたれ(性質や服装などのだらしないこと)山口県豊浦郡 *じくだれ・じくだれもの(性質や服装などのだらしないこと)島根県出雲 *しだらなし茨城県稲敷郡 群馬県吾妻郡 千葉県 長野県諏訪 *じだれ福島県相馬郡 *しゃだらなし福井県・大飯郡 滋賀県彦根 *じゅーじゃく(「柔弱」か)香川県 *しょーたれ(不潔でだらしないこと)群馬県桐生市・館林「しょーたれ屋(不潔な店)」 新潟県 愛知県「しょーたれな着方」 岡山県・児島郡 徳島県・名西郡 香川県 *しょーたれかけ(不潔でだらしないこと)香川県伊吹島 *しょーたれがんす(不潔でだらしないこと)徳島県 *しょーどなし千葉県君津郡 大阪市 *しょたれ(不潔でだらしないこと)新潟県三島郡 富山県砺波 *しょだれ(不潔でだらしないこと)秋田県鹿角郡 *しょったれ(不潔でだらしないこと)茨城県稲敷郡 新潟県 *ずくた(性質や服装などのだらしないこと)山梨県 *ずくたれ(性質や服装などのだらしないこと)高知県 佐賀県 *ずくたれ(性質や服装などのだらしないこと)岐阜県飛騨「づくたれをんな」・吉城郡 *ずたきち(身なりのだらしないこと)長崎県壱岐島「ずたきちのごたる」 *ずたら山形県北村山郡 *ずろー静岡県 徳島県 香川県三豊郡「ずろーな」 *ぞろー香川県三豊郡「ぞろーな」 *だだいさなし広島県 *だたいなし福井県南条郡 *だだいなし福島県北会津郡 *だだくさなし広島県倉橋島 *ただくなし新潟県佐渡 *てれ大分県大分郡 *でれすけ山形県 千葉県夷隅郡 *どーらく兵庫県神戸市「どーらくな恰構(かっこう)」 奈良県南大和 島根県石見 山口県防府 徳島県 *どじょーたれ香川県木田郡 *どだいなし大分県大分市・大分郡 *どないなし大分市 *なりょー・なりよー長野県佐久 *ぬけ大分市 *ひーじりぼー千葉県安房郡 *ひきたれ岡山県川上郡・小田郡 広島県比婆郡 愛媛県 *ひきたれもの広島県三次市・双三郡 *びたれ山形県 *びとさがり山形県東村山郡・北村山郡「帯もしめないびどさがり」 *ふくずるもん新潟県三島郡 *ぶら鹿児島県喜界島 *へーだらく島根県隠岐島 *べだら山形県村山 *へだらく京都府・与謝郡 島根県隠岐島 *ぼさ島根県那賀郡・邑智郡「ぼさになる」 山口県・豊浦郡 *ぼそ大分県 *ぼそくれ大分県大分郡 *わけなし(締まりがなく、だらしないこと)大分県大分郡

□さま *あじゃらっか長崎県五島 *ありまち(始末や整理のだらしないさま)香川県・高松市・仲多度郡「そうありまちにしてはいかん」 *あんじゃあんじゃ・あんだあんだ(仕事に締まりがなくだらしないさま)島根県出雲「あんじゃあんじゃ仕事をすーな」 *いきなり新潟県佐渡 山梨県・南巨摩郡 長野県上伊那郡「仕事がいきなりだ」・佐久 静岡県田方郡・磐田郡 三重県志摩郡・名張市 滋賀県蒲生郡 和歌山県「いきなりな人やよって約束した事も何も忘れてしまふんやなかろかの」 島根県美濃郡・益田市「いきなりで出て来た」 岡山県岡山市「子供をいきなりにしては為がわるい」・御津郡 熊本県阿蘇郡 *いけなり鳥取県東部 *うずやれ(仕事に締まりがなくだらしないさま)山形県北村山郡 *おーたいず愛知県名古屋市 *おろがったり熊本県天草郡 *きすきす(服装のだらしないさま)茨城県真壁郡・水戸市 *ぐしぐし・ぐしら・ぐしらぐしら・ぐっしら青森県津軽「あのわらしぁ、えじみでも、おびしなりぁぐしぐして(あの娘はいつ見ても、帯の締め方がだらしなくて)」 *ざまく兵庫県淡路島 島根県石見・隠岐島 広島県「ざまくな風しとる」 徳島県「彼奴のみなりはいつもざまくな」 香川県 *ざんまく山形県米沢市 *しおたれげ新潟県佐渡 *しょーたるげ富山市近在「しょーたるげなかっこ(姿)しとる、貧乏しとるか」 *しょーたれげ新潟県佐渡 香川県木田郡・仲多度郡 *しょたしょた(着物が体に合わず、だらしないさま)富山県砺波 *じょたじょた(着物が体に合わず、だら

しないさま)香川県高松市・仲多度郡 *しょま(着物の着方のだらしないさま)富山県東礪波郡 *じるくた 島根県美濃郡・益田市「眠る眠る編んだけー、じるくたな編方になった」 *ずんだえ 鹿児島県鹿児島郡 *ずんだだれ 鹿児島県 *すんだら 滋賀県彦根 *ずんだら 三重県名賀郡 滋賀県蒲生郡 兵庫県明石郡 *ずんだらべー 京都府竹野郡 *ずんだれ 長崎県北松浦郡 鹿児島県 *ぞーらい(着物の着方などがむぞうさでだらしないさま)和歌山県日高郡 徳島県三好郡 愛媛県 *そーらく 岐阜県吉城郡「仕事がそーらくな」 *ぞーらく 宮崎県延岡 *ぞべぞべ 滋賀県彦根・神崎郡 *ぞろ・ぞろーげ・ぞろげ・ぞろまく(着物の着方のだらしないさま)香川県「ぞろにしとる」「ぞろげなかっこしとる」 *ぞろー(着物の着方のだらしないさま)徳島県「ぞろーな話じゃ」 香川県 *たうやなし 秋田県仙北郡 *たえぁなし 秋田県北秋田郡 *たえなし・たやなし 新潟県佐渡 *ただくさ(整頓せずにだらしないさま)岐阜県武儀郡・本巣郡 三重県志摩郡 福岡県粕屋郡 *だだくさ(整頓せずにだらしないさま)新潟県・長岡市 富山県高岡市・砺波 石川県 長野県下伊那郡 岐阜県「あの人わ仕事わ速いがだだくさじゃ」 愛知県「今度来たおなご衆は水をだだくさに使うが悪いことだ」 三重県志摩郡・北牟婁郡 滋賀県 京都府竹野郡「やっとまとまったお話を、あの人にだだくさにしられちまった」 大阪市 奈良県宇陀郡「あこの嫁はん大分だだくさや」 和歌山県・東牟婁郡 鳥取県・西伯郡 高知県・高知市「此の手紙はあんまりだだくさな字になったきに書き直そー」 福岡県 長崎県対馬「何も彼もだだくさになっとる」 *だだぐさ(整頓せずにだらしないさま)新潟県 *だだくし(整頓せずにだらしないさま)岐阜県可児郡・加茂郡 *だだくそ(整頓せずにだらしないさま)鳥取県・西伯郡 *だだけ(整頓せずにだらしないさま)滋賀県 *だだした(整頓せずにだらしないさま)岐阜県益田郡 *だっせ 島根県石見「だっせな風をするな」 *だへぁなし 宮城県石巻 *だべー 静岡県「だべーな人だ」 *たへーなし 福島県西白河郡 *だまく 島根県石見 *だめだら 青森県三戸郡 *だら 福井県「だらこく(怠ける)」 *だらー・だらーくわらー・だるー・だるーくわるー 沖縄県首里 *だらくさ(整頓せずにだらしないさま)新潟県佐渡 *だらすけ 福井県 *だるもの 沖縄県宮古島 *たれか 岩手県胆沢郡 *たわいなし 福島県若松市・大沼郡 新潟県佐渡 *てれっと 大分県大分市・大分郡 *でれでれ 奈良県南大和「でれでれした人や」 *どじゃらく 宮城県石巻・仙台市 *どちゃらく 宮城県仙台市 山形県東村山郡「どちゃらぐにしておかないで、きちんときめろ」 *ひょーだら 静岡県 *びりんだらん 静岡県志太郡 *びろさら(着物の着方のだらしないさま)山形県 *びろしゃら(着物の着方のだらしないさま)山形市 *へちょ 香川県綾歌郡 *べったらくったら 岩手県平泉 *よとされ 栃木県栃木市・安蘇郡「仕事もしないでまったくよとされだ」 *わや・わやくた・わやくちゃ 高知県・高知市「あの人はわやな人ぢゃきに約束はちっとも当てにならん」

□人 *いきなりもの 静岡県田方郡 *うず 宮崎県東諸県郡 *ぐさ 三重県度会郡 *ぐざ 新潟県佐渡 三重県「ぐざで困る」 *ざまくもの 愛媛県今治市・大三島(女について言う) *ざまとれ 大分県宇佐郡 *じくなし 大分県宇佐郡 *しだらなし 茨城県稲敷郡 群馬県吾妻郡 千葉県 長野県諏訪 *じだれ 福島県相馬郡 *しゃだらなし 福井県・大飯郡 滋賀県彦根 *しょーたれ(不潔でだらしない人)新潟県 長野県下水内郡 愛知県宝飯郡 和歌山県東牟婁郡 徳島県 香川県 高知県 長崎県対馬 *しょーたれかけ(不潔でだらしない人)香川県伊吹島 *しょーたれこき(不潔でだらしない人)新潟県 高知県「そんなに髪を乱し汚れた着物をひこずっていると、しょーたれこきの標本ぞよ」 *しょーどなし 千葉県君津郡 大阪市 *しょーねなし 新潟県西頸城郡 長野県下伊那郡 岐阜県北飛驒「道楽ばっかりして、このしょーねなし奴」 島根県石見 高知県 大分県速見郡・大分郡 *しょたくれ(不潔でだらしない人)群馬県山田郡 *しょったれ(不潔でだらしない人)山形県西置賜郡 新潟県 *しょったれこき(不潔でだらしない人)新潟県 *しょま(身なりのだらしない者)富山県東礪波郡 *すぃくたやー 沖縄県首里 *すくどー・すくどーされ(身なりのだらしない者)高知県「すくどーされの女房を持った亭主は六十年の不作ぢゃ」 *すくどされ(身なりのだらしない者)愛媛県南宇和郡 *ずくなし 埼玉県秩父郡 岐阜県益田郡 *すそふみ 山口県豊浦郡 *ずたら 山形県北村山郡 *ずんだだえ 鹿児島県鹿児島郡 *ずんだだれ 鹿児島県 *すんだら 滋賀県彦根 *ずんだら 三重県名賀郡 滋賀県蒲生郡 兵庫県明石郡 *ずんだらべー 京都府竹野郡 *ずんだれ 長崎県北松浦郡 鹿児島県 *たうやなし 秋田県仙北郡 *たえぁなし 秋田県北秋田郡 *たえなし・たやなし 新潟県佐渡 *だだくさいも 鳥取県西伯郡 *だだらだいはち 滋賀県彦根 *だへぁなし 宮城県石巻 *だべー 静岡県 *たへーなし 福島県西白河郡 *だれさ(身なりのだらしない者)千葉県 *たわいなし 福島県若松市・大沼郡 新潟県佐渡 *なりょーもの 長野県上田・佐久 *ぬばちりむん 沖縄県首里 *のっぽ 静岡県磐田郡 愛知県東加茂郡 滋賀県蒲生郡 *のっぽー 静岡県田方郡 広島県倉橋島・高田郡 *ひーじりほー 千葉県安房郡 *ひきたれ 岡山県川上郡・小田郡 広島県比婆郡 愛媛県 *ひきた

れもの 広島県三次市・双三郡 ***びしょ** 岩手県上閉伊郡 ***びしょーずき** 新潟県佐渡 ***びしょたれ** 山形県北村山郡 ***びしょなし** 岩手県上閉伊郡・気仙郡 宮城県栗原郡 山形県西田川郡 ***びたれ** 山形県 ***びっしょーなし** 群馬県勢多郡 ***ふくずるもん** 新潟県三島郡 ***ぶしょーたれ** 滋賀県彦根 愛媛県大三島 ***ぶしょたがり** 秋田県鹿角郡 ***ぶしょたがれ** 秋田県由利郡 ***ぶしょったれ** 栃木県「風呂ぎらいのぶしょったれ」 ***ふだら** 茨城県行方郡 ***ふんだんだらすけ** 新潟県佐渡 ***へざらもん・へだらもん** 三重県 ***へだらくもん** 京都府竹野郡 ***ほーだいなし・ほーべーなし** 新潟県佐渡 ***もちゃっぽなし** 新潟県東蒲原郡 ***もちゃぽえなし** 岩手県九戸郡

たりない【足】 ⇩「たりる（足）」の子見出し、「足りない」

たりょう【多量】 ⇩たくさん（沢山）

たりる【足】 ***あだつ** 徳島県 ***ぎだやむ** 福島県石城郡「こんなに腹へったんでは、むすびしとづぐれえでは、ぎだやまめえ(握り飯一つぐらいでは腹の虫が治まるまい)」 ***たーる** 熊本県本渡市 ***たい** 宮崎県えびの市 ***たっしー** 鹿児島県鹿児島郡 ***たっしる** 鹿児島県肝属郡 ***たる** 新潟県北魚沼郡 福井県大飯郡 岡山県真庭郡 徳島県 香川県「それでもうたったたじゃろ」 愛媛県・松山 佐賀県三養基郡 熊本県天草郡 鹿児島県阿久根市「一万見どげばたろー」 ***つきる** 岡山市「なんぼうあってもつきれぁせん」

□ない ***かいなー** 島根県美濃郡・益田市「今度の婿はいかにもかいなー」 ***かいない** 北海道「交渉がかいないからいけない」 岩手県 宮城県仙台市「あんまり少しばんで食ったけーねかった」 山形県「教えがだあ、かえなえがら、なおらなえ」 茨城県「洗いがかいない」 新潟県佐渡 富山県砺波 静岡県田方郡 兵庫県加古郡「その箱では小さすぎる。ちょっとかいない」 岡山県岡山市・児島郡 徳島県「あの人は町長にはちっとかいない」 香川県「あの人にまかしといたんではかいのてのう」 高知県 ***かんちょろい** 愛媛県 ***かんどろい** 愛媛県南宇和郡・今治市 ***けーなたりねー** 長野県佐久 ***こたらない** 三重県志摩郡「こたらぬ」 ***たじなー** 広島県北部 山口県長門「たじなー物をくだされて」 ***たしない** 新潟県佐渡・中頸城郡「たしない水をやたらに捨てるな」 福井県敦賀郡・大飯郡「たしない中を工面したんやで」 長野県東筑摩郡 岐阜県「銭がたしないで(足りないので)何にもよー買わん」 三重県「こんなぐらいの飯じゃーたしないげ」 大阪市「着物にするには寸尺が一寸たしない」 兵庫県淡路島 和歌山県新宮「今日の米はたしない」 鳥取市 島根県「今年は収穫がたしない」 徳島県 香川県佐柳島 愛媛県・周桑郡・松山 高知県 鹿児島県 ***たじない** 広島県高田郡 山口県「この野菜はたねがまことにたじないということじゃ」・大島「水がたじなえ」 愛媛県 福岡県京都郡・企救郡 長崎県 熊本県八代郡・芦北郡 ***たしなけ** 東京都八丈島 ***たじにゃー** 熊本県下益城郡 ***たしね** 鹿児島県 ***たじねー** 長崎県対馬「何もかもたじねーこっちゃ」 ***たせない** 新潟県上越市「たせない水をやたらにびしゃるな」・西頸城郡 ***たりけない** 岩手県気仙郡 ***とろい** 神奈川県「一貫目には少しとろいなあ」 ***はがなさん** 沖縄県首里

だるい【怠】 ***あたかいだり** 三重県北牟婁郡 ***あんまさい** 鹿児島県喜界島「はげあんまさ(ああ疲れた)」 ***あんましゃん** 沖縄県首里 ***かなつらい** 千葉県香取郡「今日はからだあかなつらいや」 ***ぐやい** 富山県射水郡 ***こはい** 三重県南牟婁郡 ***こばい** 和歌山県東牟婁郡「今日はこばい日です」 ***こわい** 岩手県和賀郡 宮城県石巻・仙台市「病気つーわけでもござりいんけっと、何だか身体こえーくてねす」 秋田県「病気したば、こゑぁぐて困る」 山形県 茨城県 千葉県印旛郡 新潟県下越 岐阜県北飛騨 三重県南牟婁郡 奈良県吉野郡 和歌山県 鳥取県 島根県石見・隠岐島 山口県大島 ***だやしー** 福岡県久留米市 ***だらしー** 新潟県佐渡 島根県「一日中歩いて足も肩もだらしー」 山口県「昼休みをするとあとがだらしうて仕事がならん」 愛媛県「大分歩いたので足がだらしー」 高知県幡多郡 福岡県 長崎県 熊本県玉名郡 大分県 ***だらしない** 島根県 ***だらしわりー** 島根県益田市 ***なまけってー** 山梨県 ***ほだるうぃー** 宮崎県西臼杵郡 ***ものい** 石川県金沢市 ***よだりー** 愛知県額田郡 ***よだるい** 岐阜県稲葉郡 愛知県「今日は暑くてよだるい」

体が□ ***おったるい** 山梨県北都留郡・南都留郡 ***かいだらい** 和歌山県東牟婁郡・西牟婁郡

方/言/の/窓

●『片言』の指摘

『片言』（安原貞室、一六五〇）に近世初頭の京都の方言・俗語が集められている。

そこには「応仁の乱れより都の風俗おほくことあらたまりてあしう成行侍しとかやいひ伝へし」とあり、応仁の乱（一四六七—一七七）以後の風俗言葉の乱れが京都の人々に意識されていたことがわかる。

「指をいび」というのはよくないという形式で、「唇をくちびろ」「牛房（ごぼう）をごんぼ、ごんぼう」「蜓（とんばう）をとんぼ」「土竜（うぐろもち）をうごろもち。但是は不苦歟」「おととひをおとつひ」などのほか、「物のいかめしくおほきなることを。でこ。でつかい。にくじなどといふこと。いとさもしう聞こゆ。いはずとも有べきことにや」などの詳しい指摘もある。

*かいだり 三重県「からだかいだりしさ(だるいしね)」 和歌山県 *かいだりー 三重県 *かいだるい 茨城県行方郡 静岡県「今日は大変にかいだるい日だ」 愛知県東三河 三重県 大阪府泉北郡 兵庫県淡路島 奈良県「重たい石を長い間提げたんで、腕がかいだるいわ」 和歌山県「あんまり歩いたので、足がかいだるい」 *かなるい 埼玉県北葛飾郡 岐阜県 *かんだり 東京都三宅島「かんだりやめ(疲労して鈍痛があること)にやめる」 和歌山県勝浦「走ったのでかんだり」・新宮 *かんたりー 静岡県富士郡 *かんだりー 東京都三宅島・御蔵島 静岡県 *かんだるい 東京都大島「どうもお前はかんだるさうだがかなしいな(病気なのか)」・三宅島・御蔵島 山梨県・北都留郡・南都留郡 静岡県 三重県度会郡 和歌山県西牟婁郡・東牟婁郡 *くつい(幼児語)愛媛県松山「あーくつい、くつい(幼児が寝起きに疲れたように手足を伸ばす時に親がなでながら言う語)」 *けぁぇたりー・けぁぇたるい 茨城県稲敷郡 *けーだらしー・けーだりー 大分県 *けーたりー 千葉県香取郡・君津郡 *けーだるい 東京都八丈島 *けーったるい 東京都八王子 神奈川県津久井郡 *けーなるい 長野県東筑摩郡 *けだりー 長野県佐久 三重県志摩郡 *けだるい 岐阜県武儀郡 静岡県島田市「今日はけだるい日だ」 愛知県名古屋市 三重県志摩郡 *けったりー 栃木県 群馬県佐波郡 千葉県夷隅郡 山梨県中巨摩郡・南巨摩郡 *げったりー 長野県佐久 *けったるい 茨城県猿島郡・稲敷郡 群馬県佐波郡・邑楽郡 東京都・南多摩郡 山梨県 *けなりー 埼玉県秩父郡 *けんたりゅー 栃木県河内郡 *けんたるい 栃木県 *けんだるい 愛知県額田郡 *ごしたい 新潟県中頸城郡 長野県 *しったい 兵庫県加古郡 香川県大川郡 *しゃーだるい・ひやだるい 石川県珠洲郡・鳳至郡 *しんだい 徳島県 *しんどい 山梨県 長野県飯田市付近・長野市 静岡県駿東郡 三重県伊賀 滋賀県蒲生郡 京都府 大阪府大阪市・泉北郡 兵庫県 奈良県 和歌山県日高郡・東牟婁郡 岡山県児島郡 広島県 徳島県 香川県「しんどーなる」 愛媛県 高知県・高知市 長崎県・長崎市 熊本県芦北郡・八代郡 鹿児島県 *しんない 新潟県 長野県佐久 *しんのい 新潟県 *じんのえ 新潟県西頸城郡 *しんのー 長野県上田 *すねがだいー(足がだるい)島根県那賀郡「一日中歩いてすねがだいー」 *せつい 岡山県真庭郡 広島県東部 *たいぎー 広島県能美島・安芸郡 山口県大島 香川県「『蝉取りにいこうや』『たいぎい』」 愛媛県 *たいぎぐろしー 広島県・高田郡 愛媛県 *だいぐやしー・だいぐろしー 愛媛県越智郡 *だいぐるしー 島根県「一日田の草を取ったもんだけん、今夜はだいぐるしい」 広島県・安芸郡 香川県伊吹島 *たいそい 新潟県佐渡 石川県・金沢 高知県「今日はたいそいから行くのをやめよー」 *たいそーか 鹿児島県種子島 *たいましー 長崎市 *だいましー 兵庫県淡路島 徳島県・美馬郡 香川県塩飽 *だえくらし 島根県八束郡 長崎県北松浦郡 *だっこい 新潟県佐渡 *たやましー 佐賀県・藤津郡 長崎県北高来郡 *だやましー 福岡県浮羽郡 *てーすい・てーそい 新潟県佐渡「てぇそうて、行かれん」 *てったるい(手がだるい)福島県東白川郡「えつまでもってたもんだから(持ちつづけていたものだから)、てったるぐなった」 *なぎー 長野県上水内郡「ああ なぎかった」 *にがる(手足や腰がだるい)島根県邑智郡 *はいだるい 石川県 *みーだるさん(目が疲れてだるい)沖縄県首里

たるき【垂木】 *きし 沖縄県竹富島 *きち 沖縄県首里・鳩間島 *きつぃ 沖縄県鳩間島 *さすぼ 群馬県多野郡 長野県佐久 *さすっぽ・さすんぼー 長野県佐久 *たれきぼー 埼玉県秩父郡 *どーぜんぼけ(かやぶき屋根の細長い丸太の垂る木)山形県西置賜郡・南置賜郡 *どだるき(土蔵の垂る木)山形県西置賜郡

たわし【束子】 *あらいどー 石川県江沼郡 *あらいどら 石川県鹿島郡 兵庫県加古郡 *あらえどろ 富山市近在 *うらら 山口県萩市 *くらし 群馬県勢多郡 *けずら 奈良県高市郡 *けぞら 奈良県宇陀郡・吉野郡 *けどら 奈良県 *こすたーら 群馬県利根郡 *さーら 沖縄県首里「つぃなざーら(綱で作ったたわし)」 *したら 北海道函館 青森県 岩手県気仙郡 *しったら 岩手県気仙郡 *すくとーし 東京都八丈島 *すたーら 群馬県吾妻郡・佐波郡 *すたし 栃木県安蘇郡 *すたら 北海道小樽市 栃木県安蘇郡 *すり 島根県鹿足郡 高知県幡多郡 *とぎたーら 岩手県九戸郡 *とぎたら 青森県南部 岩手県 秋田県鹿角郡 *とぎたわら 岩手県下閉伊郡 *とぎちゃら 青森県南部 *とぎな 岩手県上閉伊郡・気仙郡 福島県南部 *とぎなー 岩手県上閉伊郡・気仙郡 *とぎなお・とげなわ 広島県島嶼 *とぎなわ 岩手県気仙郡 宮城県栗原郡・登米郡 山形県 新潟県 鳥取県西伯郡 島根県 広島県高田郡 *にわす 山形県東置賜郡 *ばねん 沖縄県鳩間島 *ばれん 沖縄県石垣島・竹富島

わら、かるかやのひげ根、笹、竹などで作った □ *きりわら(シュロ製)大阪市 奈良県 *ささーら 大分県大分郡・大野郡 沖縄県首里 *ささら 山形県庄内・北村山郡 滋賀県蒲生郡 大分県大分郡 *さわら 熊本県玉名郡 *そーだ 兵庫県揖保郡 島根県 大分県大分市・大分郡 *そーら 島根県 岡山県邑久郡 広島県 山口県 愛媛県 福岡県 佐賀県唐津市・藤津郡 長崎県 熊本県天草郡 大分県 宮崎県 鹿児島県種子島 *そーらー 島根県 宮崎県延岡 *そら 山口県 熊本県天草郡 宮崎県都城

鹿児島県・肝属郡 *たけざわら(竹製) 熊本県下益城郡 *どーら 岐阜県大野郡 岡山市 広島県上蒲刈島・大崎上島 愛媛県弓削島・岡村島 *どーら 三重県南牟婁郡 奈良県吉野郡 和歌山県西牟婁郡・東牟婁郡 *どーらい 兵庫県養父郡 *とら 岐阜県吉城郡・飛驒 *ろーらー 大分県西国東郡

わら製の□ *おからみ 長野県上田・佐久 *きりなわ 福井県敦賀郡 *きりわら 新潟県佐渡 富山市近在 石川県金沢市 福井県敦賀郡 三重県名張市 上方 香川県小豆島 *すんだら 香川県三豊郡 *なおざら・なおだら・なわぞり 香川県大川郡 *なおずり 香川県 *なおどら 香川県豊島 *なごし・などし・なわどーし 愛媛県周桑郡 *なずら 奈良県宇智郡 *などら 三重県松阪・北牟婁郡 徳島県海部郡 愛媛県周桑郡 *なわいどろ・なわどろい 富山県砺波 *なわざし 香川県綾歌郡 *なわずり 兵庫県淡路島 徳島県 香川県広島 *なわぞら 兵庫県淡路島 香川県小豆島 *なわぞろ 三重県伊賀 *なわだし 香川県高松市 *なわだら 徳島県 香川県木田郡・伊吹島 *なわだわし 栃木県 *なわどし 高知県・高知市 *なわどら 兵庫県加古郡 奈良県北葛城郡 *なわどろ 福井県足羽郡 三重県 滋賀県蒲生郡・甲賀郡 *もくら 茨城県新治郡 *もたら 栃木県芳賀郡 *もだら 岩手県和賀郡 宮城県 山形県 福島県 茨城県猿島郡・新治郡 栃木県 愛媛県 *もだわら 山形県米沢・東置賜郡 栃木県 *もったーら 茨城県稲敷郡 千葉県香取郡 *もったら 茨城県 千葉県 *もどら 愛媛県 *もんだら 岩手県気仙郡 秋田県 山形県 *わらざーら 沖縄県首里

たわら【俵】 *かまぎ 島根県邑智郡 佐賀県藤津郡 *すご 青森県津軽 岩手県上閉伊郡・気仙郡 宮城県「肴すご」 福島県中部・浜通「炭すごから炭出せ」 神奈川県津久井郡 徳島県 香川県仲多度郡 佐賀県東松浦郡 *たて(むしろで作った大形の俵) 青森県津軽 *どひゅー 熊本県玉名郡 *どひょー 熊本県鹿本郡 *ふ 鹿児島県 *ふぃーふぁー(わらむしろで作った穀物用のあき俵) 沖縄県首里

→こめだわら(米俵)

だんがい【断崖】 *あたきさ 沖縄県石垣島 *あたきし(「急切」の意) 沖縄県石垣島・鳩間島 *あたきんしゅ 沖縄県竹富島 *いわたき 熊本県芦北郡・八代郡 *いわばけ(「ばけ」は傾斜地の意) 茨城県 *がえんがら 千葉県夷隅郡 *かくら・かぐら 青森県三戸郡 *がくら 新潟県東蒲原郡 *がけくら 奈良県吉野郡 和歌山県東牟婁郡 *かけご 三重県一志郡 *がけす 岐阜県飛驒 *がけっくら 新潟県北魚沼郡 *がけっちょ 静岡県賀茂郡 愛知県北設楽郡 三重県 大阪府泉北郡 奈良県 和歌山県 *がけっちょー 広島県三次市・双三郡 *がけっと 埼玉県秩父郡 岐阜県郡上郡 愛知県東三河 島根県飯石郡・大原郡 広島県高田郡 *がけっぱた・がけぱた 山形県 *がけっぷし 山形県西村山郡 *がけっぽ 青森県西津軽郡 福島県石城郡 栃木県 *がけつら 愛知県八名郡 *がけと 愛知県南知多郡 京都府北部 *がけばた 愛知県豊橋市 *がけはな 愛知県北設楽郡 *がけはば 富山県東礪波郡 *がけぷし 山形県西村山郡・南村山郡 *がけぷす・がけぶつ・がけぷつ 山形県 *がけら 福井県敦賀郡・坂井郡 兵庫県出石郡 *がけらっば・がけらっぱ 千葉県千葉郡 *がけわら 山形県東村山郡・西田川郡 *がけんちょ 三重県阿山郡 *がけんと 京都府北部 *がけんとー 茨城県久慈郡 *がけんどー 静岡県小笠郡・安倍郡 *がけんぼち 静岡県引佐郡 *がんきょー 鳥取県八頭郡 岡山県苫田郡 *がんくつわら 山形県西田川郡 *がんくは・がんくへ 山形県最上郡 *がんくら 岩手県和賀郡 秋田県 山形県 福島県南会津郡 新潟県「すごいがんくらで目がくらむ」 岐阜県大野郡 兵庫県美方郡 奈良県吉野郡 *がんくれ 山形県村山 *がんけくら 秋田県雄勝郡 *がんけら 岩手県和賀郡 兵庫県但馬 *きたて 青森県津軽 *きったち 福島県南会津郡 *きったて 福島県南会津郡 新潟県岩船郡 京都市 *きったりおとし 熊本県天草郡 *きっておとし 長崎県西彼杵郡 *きっとたて 奈良県南部 *きんとぅ 沖縄県鳩間島 *くら 岩手県和賀郡 山形県東田川郡・飽海郡 新潟県岩船郡 長野県北安曇郡 岐阜県揖斐郡 奈良県吉野郡 鳥取県八頭郡・西伯郡 *くらっぱち 奈良県吉野郡 *さー 沖縄県小浜島 *ざき 大分県北海部郡 *ざっかけ 山形県北村山郡 福島県相馬 *さっこけ 千葉県山武郡 *ざっこけ 福島県石城郡 *ざんかけ 岩手県下閉伊郡 宮城県登米郡 山形県 *すっとんおとし 宮崎県東諸県郡 *ぜんめびら 山形県庄内 *たき 島根県 岡山県川上郡「十丈もあるたきの底に落込んでいると」 山口県阿武郡(海岸の絶壁) 徳島県 高知県 長崎県対馬「ひと落てんたき(きり立ったがけ)」・壱岐島 熊本県 *だき 徳島県那賀郡「羚羊(にく)はだきの上にいるものだ」 愛媛県 高知県幡多郡 長崎県北松浦郡 大分県 *たきまっこ 高知県土佐郡 *たきまっこー 島根県那賀郡・江津市 高知県「足を踏み外してたきまっこーえ落ちたらしまいぜよ」 *たきんごー 島根県石見 *だけ 兵庫県美嚢郡・家島 島根県鹿足郡・邇摩郡・隠岐島 岡山県邑久郡 山口県玖珂郡 徳島県阿波郡・美馬郡 香川県 愛媛県 大分県大分郡 *たけっぽつ 岡山県邑久郡 *だけら 兵庫県淡路島 *でばしゃり 栃木県 *どんだ 長崎県北高来郡 熊本県宇土郡・天草郡 *どんだき 徳島県 *はぶ 岩手県九戸郡 秋田県仙北郡・鹿角郡 *はぶかげ 秋田県仙北郡 *はぷかけ・はんぶ 秋田県鹿角郡 *はべ 奈良県宇智郡 *はんぷかげ 秋田県 *ふち・ふちばんた 沖縄県首里 *ぶち

奈良県吉野郡 *まつたき高知県幡多郡 *まぶ宮城県 新潟県「まぶからおちるなよ」 奈良県宇智郡
→がけ（崖）

たんき【短気】 *あったーくんどぅー沖縄県与那国島 *いったんぎも新潟県中魚沼郡 *いっぷーりゅー・いっぷくりゅー・いっぷくりん愛媛県 *いっぷし・いっぷしもん新潟県佐渡 *いっぷつむん鹿児島県 *いっぷり新潟県佐渡 三重県 香川県仲多度郡 愛媛県 *いっぷりかき・いっぷりかわき愛媛県 *いっぷりもの三重県伊賀 和歌山市 *えらはり島根県隠岐島「あの子はえらはりだ」 *かんき徳島県那賀郡「かんきがつる（腹が立つ）」 高知県「この子は此頃かんきが起ったとみえて泣いてこまる」 *かんきー鳥取県岩美郡・気高郡 *きじ秋田県鹿角郡・河辺郡 *きずい奈良県 長崎県対馬 *きずいきまま奈良県 *きち・きちがい新潟県佐渡「きちげえおこす」 *きっとーし福島県中部 *きばしこい長崎県対馬「あの人はきばしけえ性質の人で、人とよく争ふ」 *きま山形県東置賜郡「きまおこすな」 新潟県東蒲原郡「きまを沈めろ」 *きもがみじかい長野県下伊那郡・佐久 岡山県児島郡 *きもみしか宮崎県西諸県郡 *きもみじか山梨県南巨摩郡 長野県 静岡県富士郡 *きんかち長野県東筑摩郡 *きんじ秋田県「きんぢだ奴」 *きんま山形県「あいつはきんまな人だ」 新潟県 *きんまたかり新潟県 *くわちゅー（「火急」か）沖縄県首里「くゎちゅーな むん（せっかちな者）」 *くんじょーさ（形容詞は「くんじょーさーん」、感動詞は「くんじょーさー」）沖縄県石垣島 *こつ長野県更級郡 *さつきゃく香川県香川郡 愛媛県「さっきゃく者」 *すたんか島根県隠岐島「すたんかすると、お前の損だ」 *たってき島根県「たってきなことを言う」 *たっぱら茨城県新治郡 *たんか富山県砺波「たんくゎじ（短気者）」 石川県金沢市 島根県「たんかおこすとお前の損だ」「たんかもん（短気者）」 *たんぱら（「たちはら（立腹）」の転か）青森県 岩手県九戸郡・気仙郡「たんぱらおごす」 宮城県 秋田県 山形県 福島県「あのひたぁたんぱらなひとだ」 栃木県「ほんとにたんぱらでしゃーねー」 千葉県東葛飾郡 *ときわ島根県益田市・美濃郡「あれはときわな人じゃけー気ぜわしー」 *のーてんき山梨県 *ばか岩手県気仙郡「ばかがおこる（悪い癖が出る）」 *はんか宮城県「はんかおこす」 *はんかたかり（主に男児に言う）山形県最上郡 *ぶんき山形県西置賜郡 *ほが島根県石見「酒に酔うてほがー出ーて困る」 *ほがっぱち・ほがらぱち島根県邑智郡「ほがらぱちをするとお前の損だ」 *ほげっとー島根県鹿足郡 *ぽっか千葉県山武郡 *ほっきゅー熊本県下益城郡 *ぽっこ千葉県安房郡 神奈川県 愛媛県睦月島 *ぽっこー島根県美濃郡・益田市 *ぽっこーこき広島県・安芸郡 *むかっぱら山形県山形市・新庄 *むかぱら山形県「むかぱらな奴」 *むきばら山梨県南巨摩郡「くちいしゃかい（口論）すればむきばらになる」 *むくばら京都府竹野郡「むくばらたてて怒っていた」 *むし新潟県佐渡「むしにさわる」 島根県隠岐島「むしおこす（かんしゃくを起こす）」 岡山市「あの人ぁむしがたけしー（神経が過敏だ）」 *もっかばら・もっかぱら茨城県稲敷郡 *もっき岩手県下閉伊郡・気仙郡「もっきおごす（短気を起こす）」 *もっきばら宮城県仙北 *もっきぱら宮城県「もっきぱらたつ」 *もっこ富山県砺波 *もっこばら栃木県 *もっころばし岩手県気仙郡「もっころばしおごした」 *もんき茨城県・北相馬郡 千葉県香取郡 *もんきー茨城県稲敷郡 *もんきゅー茨城県 *もんきょー広島県高田郡 *もんきん千葉県海上郡 *やから香川県・小豆島 *やかん千葉県房総
→きみじか（気短）

□な人 *いきすぎもの富山市近在「いきすぎもんで直ぐ怒る」 *いきみじか静岡県磐田郡 愛知県知多郡 *いたずら新潟県中魚沼郡 *いっすんじょー長崎県壱岐島 *いもむし熊本県下益城郡 *いら島根県石見 岡山県苫田郡 山口県周防 *おーしら・おしらさま青森県三戸郡 *おこーじゃも島根県八束郡 *がまもん長崎県南高来郡 *かんむし福井県大野郡 *きーまーらー沖縄県与那国島 *きみしき宮崎県 *きもきれ長野県更級郡 *きもっきらし東京都八王子市 山梨県 *きもっきり長野県下水内郡・佐久 *きもっきれ群馬県吾妻郡 *きもっくい群馬県 長野県 静岡県富士郡 山梨県吾妻郡 *きもとれ宮崎県宮崎郡 *きもみしか宮崎県西諸県郡 *きもみじか山梨県南巨摩郡 長野県 静岡県富士郡 *きんかんべ石川県能美郡 *きんぱ・きんぱこ青森県津軽 *きんぴら新潟県佐渡 奈良県 *くんじゅわ鹿児島県喜界島 *じゃじゃうま北海道 新潟県佐渡 *だんしん・だんしんむん鹿児島県 *とっきゃー長崎県北松浦郡 *はらきりもん・はんきーもん鹿児島県種子島 *はんかもの宮城県 *びんしゃ・ぴんしゃ・ぴんしゃん・ぴんぴん奈良県 *ぶんき山形県西置賜郡 *へんたれ奈良県 *ぽっか千葉県山武郡 *ほっきゅー熊本県下益城郡 *ぽっこ千葉県安房郡 神奈川県 愛媛県睦月島 *ぽっこー島根県美濃郡・益田市 *ぽっこーこき広島県・安芸郡 *みこいちばい島根県出雲「みこいちばいだけんあんまり近よーな」 *みこえっぱい島根県能義郡 *むっと宮崎県西諸県郡 *むっとばら宮崎県東諸県郡 *もえあがり徳島県 高知県 *もっこ富山県砺波

たんご【端午】
五月五日の□の節句 *かしばぜっく・かせばぜっく静岡県志太郡 *かしわぜっく静岡県庵原郡 *ごがごんち東京都八丈島 *ごりょーえ島

根県石見　広島県比婆郡・安芸郡　*ごれー 広島県・芦品郡　*ごろえ 香川県佐柳島　*ごんち 長野県南佐久郡・諏訪　*ごんちぜっく 長野県諏訪　*ごんちのせっく 長野県南佐久郡　*ささまきせっく 石川県珠洲郡　*せついり 島根県鹿足郡

五月五日の□の節句の祝宴　*のぼいいえ 鹿児島県肝属郡　*のぼいいや 熊本県天草郡

だんご【団子】　*あっぽ 栃木県　福井県　*あも 長崎県壱岐島　*いし 三重県員弁郡　*いしいし（「おいしいもの」の意）大阪市　兵庫県加西郡　*いしし 岐阜県養老郡　*おえんぼ 栃木県安蘇郡　*おだんす 岩手県上閉伊郡　長野県諏訪　*おまる 山形県　群馬県山田郡（十五夜の団子）　埼玉県秩父郡　*おまるこ 愛媛県宇和島市　*がんご 島根県出雲市　*けーらん 青森県三戸郡　秋田県鹿角郡　長崎県北松浦郡・壱岐島　*せんだんご（わらび粉の団子）島根県鹿足郡・益田市　*だんじー（幼児語）佐賀県　*だんす 青森県北津軽郡　岩手県気仙郡　秋田県　富山県・砺波　山梨県南巨摩郡　*だんすもち 三重県北牟婁郡　*だんだ（幼児語）広島県比婆郡　*だんだん（幼児語）新潟県佐渡　兵庫県加古郡　広島県比婆郡　*ちゃのこ 栃木県　神奈川県相模　新潟県・東蒲原郡（正月や節句の来客に出すもの）　滋賀県・蒲生郡（彼岸の餅（もち）団子）　岡山市　*つくねもの 滋賀県甲賀郡・蒲生郡　*つみり 長野県上伊那郡　*ばっぱ（幼児語）岐阜県吉城郡　滋賀県滋賀郡・神崎郡　兵庫県朝来郡　*ぱっぱ（幼児語）滋賀県　*ばっぽ（幼児語）愛媛県温泉郡　*ばっぽ（幼児語）兵庫県　岡山県苫田郡・児島郡　愛媛県　高知県・幡多郡　大分県　*ばっぽー（幼児語）岡山県　*ぱっぽー（幼児語）愛媛県　高知県　*ばび（幼児語）島根県八束郡　*ばぶ（幼児語）鳥取県気高郡・岩美郡　島根県　岡山県阿哲郡・岡山市「ばぶ搗き」　*ばぼ（幼児語）兵庫県美嚢郡　鳥取県・気高郡　島根県能義郡　*ばんぶー（幼児語）島根県鹿足郡　*ひむろ 大阪府泉北郡　*べざいもの・べぜぁあもの 岩手県上閉伊郡　*べんざいもの 青森県南部　*ぼち 岐阜県養老郡・本巣郡（大きく粗末なもの）　愛知県葉栗郡　*まめのこばめ（きな粉をまぶして丸めた団子）島根県隠岐島　*まるけもの 滋賀県彦根　*みたらし 愛知県名古屋市　*むっつぃなー（「小さい餅（もち）」の意）沖縄県石垣島　*やせうま 新潟県佐渡　兵庫県加古郡（指でひねり押さえたもの）　*やせごま 新潟県佐渡

焼き□　*あんぶ・あんぼ 新潟県刈羽郡　*やきつけ・やけつけ 石川県鹿島郡　*やきべた 石川県金沢市

だんこん【男根】　⇩いんけい（陰茎）

だんし【男子】　*こっちー（児童語）沖縄県西表島・波照間島　*とん 新潟県西蒲原郡　高知県（中流の男の子）　*とんと 長崎県五島　*とんとん 新潟県佐渡　*のん（下流の男の子）高知県　*ほべさん 鳥取市　*やんこ 三重県志摩郡　→おとこ（男）・おとこのこ（男子）・だんじ（男児）・だんせい（男性）

だんじ【男児】　*こーに 沖縄県八重山　*こーにゃー（愛称）沖縄県波照間島　*こーねー 沖縄県竹富島　*こーねーま 沖縄県石垣島・黒島　*こっこー 沖縄県西表島　*さんぱ 石川県鹿島郡　*たろー 石川県能美郡　*どーねん 滋賀県高島郡　*ぬんど 三重県志摩　*ばたさー・ばださー（「大腹」の意。卑しめて言う語）沖縄県与那国島　*びぎどぅんふぁー 沖縄県石垣島・新城島　*びぎんどぅんふぁー・びきゅーぬふぁー・びこーぬふぁー 沖縄県小浜島　*びこーぬっふぁ 沖縄県鳩間島　*びどぅんたま 沖縄県波照間島　*びどーふぁなー 沖縄県竹富島　*びふなー 沖縄県石垣島　*もんちゃん（男児の愛称）熊本県八代郡・芦北郡　*もんちんちゃん 熊本県芦北郡　*やんぼし 鹿児島県肝属郡　→おとこのこ（男子）・だんし（男子）

だんじり【壇尻】　*すすき（祭り壇尻。屋台）奈良県南大和　*ぼんでん（祭礼の時に引いて回る飾り物。壇尻）島根県那賀郡　→だし（山車）

たんす【簞笥】　*きんびつ（衣類たんす）宮城県仙台市　富山県　*きんべつ（衣類たんす）富山県下新川郡「昔はきんべつだけでも嫁に歩いたが今はそんな者がない」　*たんじ 石川県鳳至郡　*ちょーだんす（帳簿を入れるたんす）兵庫県神戸市　*みつおり・みつよりたんす（引き出し四つのものの二個の上に上置き一個が組み合わさったたんす）香川県三豊郡　*みつよせ・みっちょせ（引き出し四つのもの二個の上に上置き一個が組み合わさったたんす）香川県

だんせい【男性】　*びき 沖縄県宮古島「びきのうま（牡馬）」　*びぎ 沖縄県石垣島「びぎどぅり（雄鶏）」　*びきむぬ 沖縄県鳩間島　*びぎむぬ 沖縄県石垣島・竹富島　*へのこやろ 宮城県石巻　→おとこ（男）・だんし（男子）

だんだん【段段】　*いよまし 岩手県気仙郡「俺もいよましやんだぐなってきた」　*じーこじーこ 島根県美濃郡・益田市「はじめは遠慮しとったが、しまいにはじーこじーこ寄って来た」　*じこじこ 高知県「じこじこ他人の領分に侵入して来だいた」「急ぐことはないからじこじこやります」　*しのじの 山形県庄内「借金をしのじのと返した」　*じりじり 香川県丸亀市「じりじりにでもなおってくれたらな」　*じりり 鳥取県東部「じりりと（しだいに）天気になる」　*じんじん 奈良県南大和　和歌山県海草郡・那賀郡「じんじん晴れて来る」　*ずんだん 静岡県磐田郡　*そくそく 富山県砺波「嫁にきて三年にもなったらそくそくとわがままいうようになった」　*そこそこ・そこぞこ 滋賀県蒲生郡　*たーだ 長崎県南高来郡　*たーった 長崎県壱岐島「たーった腹ぬ痛うなった」　*ただもにー・たーったもねー・たったもんにー 長崎県対馬「ただもにー火は太る一方じゃ」 *ただも 島根県出雲「ただも寒くなった」 *ただもと 島根県出雲市・簸川郡 *ただもね 島根県大原郡 *ただもの 島根県出雲「ただもの寒んなーましてね」 福岡県企救郡 *ただもん 島根県 長崎県壱岐島「病人なただもん悪うなるばっかり」 *ただもんと 島根県簸川郡 *たった 愛媛県「病人はたった弱るばあぢゃわい（弱るばかりだよ）」 沖縄県首里「たった まし なゆん（だんだんよくなる）」 *たったさま 広島県比婆郡「たったさま快方に向った」 *たったも 島根県仁多郡「たったも寒んなーました」 *たっと 広島県比婆郡・三次市「ひていひていにたっとたっとみてるから、構をなんなや（一日一日に次第次第になくなるからほうっておけ）」 *たんだ 島根県美濃郡・益田市「たんだ寒うなりました」 *だんだも 島根県大原郡・仁多郡 *ちょろちょろ 三重県阿山郡 *ついしこいし・つーしこーし・つーしらこーしら 岩手県気仙郡「ついしこいしそうなった」 *でんでん 島根県石見「でんでんさばしゅー（淋しく）なる」 *へしへし 埼玉県秩父郡 *ほっついほっつい 鹿児島県 *ほっほつ 新潟県佐渡 鹿児島県 *やたらやたら 埼玉県入間郡

□に *かつがつ 新潟県佐渡 石川県鳳至郡 *すえばって 青森県津軽 *たんだ 富山県砺波 島根県美濃郡・益田市「たんだ寒うなりました」 *だんだに 山形県東田川郡 *だんだも 島根県大田市・仁多郡 *だんでに・だんで 山形県東置賜郡 *ちょっこり 三重県阿山郡

だんねん【断念】 *けつわり 滋賀県南部 京都府竹野郡 奈良県 *ざまい 山形県 *ざんま 山形市 福島県石城郡 *さんまい 宮城県仙台市 *ざんまい 岩手県気仙郡・東磐井郡 宮城県登米郡・仙台市 山形県 福島県・岩瀬郡 茨城県那珂郡 栃木県塩谷郡・河内郡 東京都八丈島 新潟県東蒲原郡 *ぼて 岡山市

→あきらめる（諦）

□する *いもひく 香川県仲多度郡 *こしつく 山形県 *こしをつく 島根県邑智郡 *こしをぬかす・こしをわる 島根県石見 *たやくらかす 愛媛県大三島 *たやす 愛媛県大三島 高知県室戸市 *ねまる 富山県砺波 *わるごえあげる 香川県仲多度郡 *わるごえをあげる 岡山市

たんぼ【田圃】 ⇩た（田）

たんぽぽ【蒲公英】 *うさぎぐさ 香川県東部 *うさぎのちち 秋田県北秋田郡 *うまごやし 熊本県天草郡 *おかんかん・おかんかんばん・おかんかんぞー・おかんかんかん・かんかん・かんかんばな 新潟県佐渡 *おんぽ 群馬県佐波郡 *かこもこ 青森県 *かちかち 富山県下新川郡 *がっこーし 新潟県中魚沼郡 *かっぽっぽ 滋賀県高島郡 *かんぞー 新潟県佐渡 *がんぼ 長野県上伊那郡・下伊那郡 静岡県引佐郡 *かんぽー 長野県下伊那郡 *かんぼーじ 山梨県中巨摩郡 *かんぽーじ 山梨県中巨摩郡・西八代郡 *がんぽーし 山梨県 長野県南部 *がんぽーじ 神奈川県津久井郡 山梨県 長野県 静岡県 *がんぽじ 神奈川県津久井郡 長野県上伊那郡・下水内郡 *くじな 新潟県古志郡 山梨県北巨摩郡 長野県 岐阜県 *ぐしな 宮城県仙台市 山形県米沢市 *ぐじな 青森県上北郡 山形県 福島県会津 神奈川県愛甲郡・中郡 新潟県刈羽郡 長野県下伊那郡 三重県志摩郡 *くずな 山形県一部 *くちくちな・ぐちぐちな 新潟県佐渡 *ぐちな 宮城県仙台市 三重県志摩郡 *くまくま 青森県津軽 秋田県山本郡 新潟県中越 *くまこ 秋田県 *ぐんちなばな 山形県北村山郡 *げげしょ 新潟県 *こーちゃ 新潟県刈羽郡 *ごご 秋田県南秋田郡 *ごごじょー 新潟県西蒲原郡・刈羽郡 *ごやじ 新潟県佐渡 *ごろーじ 新潟県佐渡 *こんれんばな・こんねんどー・こんでん・こんこーじばな 新潟県佐渡 *じゃんぽん・じゃんどんばな 新潟県西頸城郡 *じりんどばな・じりんどー 新潟県佐渡 *ずくつくべ 山形県東田川郡 *たたんぼご・たーたんぼ 静岡県 *たーたんぽ 静岡県 *たたんぽぽ 群馬県山田郡 *たびらこ 岐阜県加茂郡 大分県速見郡 *たぶらこ 滋賀県高島郡 *たぽんつつ 島根県隠岐島 *たんたんぼ 静岡県 *たんたんぼー 静岡県志太郡 *たんたんぽぽ 静岡県安倍郡 *たんぷき 富山県 *たんぼこ 京都府 *たんぽこ 新潟県佐渡 京都府 和歌山県日高郡 島根県大田市 香川県 *たんぽこな 香川県小豆島 *たんぽこりん・たんぽんぽん 新潟県佐渡 *たんぼな 香川県 *たんぽな 京都府 和歌山県日高郡・東牟婁郡 島根県隠岐島 香川県小豆島 *ちちぐさ（花茎を折ると白い汁が出るところから） 長野県佐久 山口県 香川県東部 *ちゃーぽんぽん 新潟県佐渡 *ちゃちゃっぽ 群馬県勢多郡・佐波郡 静岡県富士郡 *ちゃちゃっぽこ 群馬県吾妻郡 *ちゃぽぽ 山形県北村山郡 *ちゃんちゃんぽ 山梨県 *ちゃんちゃんぽっぽ・ちゃんちゃんぽごぽご 山形県南村山郡 *ちゃんちゃんぽん・ちゃんちゃんぽんぽ・ちゃんちゃんぽんぽん 新潟県佐渡 *ちゃんぽこ 新潟県佐渡 岐阜県 香川県 *ちゃんぽぽ 山形県西村山郡・最上郡 新潟県佐渡 富山県東礪波郡 香川県 *ちゃんぽん 香川県大川郡 *ちゃんぽんぽ 山形県西村山郡 新潟県佐渡 *ちゃんぽんぽん・つんぶーばな 新潟県佐渡 *つんぽがら 群馬県佐波郡 *つんぽぐさ 福井県 大分県 *つんぼばな 新潟県佐渡 大分県 *でてこっけ・てとこっけ・でっこっけ 青森県南部 *てっぽっぽばな 山形県東置賜郡・西置賜郡 *ででっこっこ 青森県三戸郡 *ててっぽ 岩手県上閉伊郡 宮城県栗原郡 *ででっぽ 宮城県仙台市 *ててっぽっぽ 岩手県上閉伊郡 *ててっぽぽ 岩手県江刺郡 山形県東置賜郡・東田川郡 *ででぽぽ 秋田県鹿角郡 *てんまるかくし 新潟県上越市 *とぶたまり 大分県大野郡 *とんぽぐ

さ埼玉県北足立郡 *どんぽのちち 茨城県 三重県一志郡 *どんぽのちち 三重県名賀郡 *にがな 千葉県 長野県佐久 三重県鳥羽市・志摩郡 *びびばな 秋田県雄勝郡 *ぴんぴばな 千葉県夷隅郡 *ふいぶい 三重県志摩郡 *ふくな 沖縄県石垣島・鳩間島 *ふくななー 沖縄県竹富島 *ふくなん 沖縄県石垣島 *ふじな 大分県大分郡 *ぽこじゃ 新潟県中越 *ぽっこ 秋田県 *ぽぽじゃ・ぽんぽんちゃ・ぽんぽこちゃがま・ぽんぽこちゃん・ぽぽちゃ 新潟県佐渡 *ぽぽらんけ 山形県鶴岡市・東田川郡 *ぽんぽんぐさ 大分市 *まんがまんが 千葉県・千葉郡 *まんご 愛知県額田郡・宝飯郡 *みみつんぽ 大分市 *もちばな 山形県東田川郡・飽海郡

たんりょく【胆力】 *きろー・ちろー 鹿児島県喜界島 *どーじ 島根県石見「夜道を帰るとはどーじのえー男だ」「どーじがわりー(おくびょうだ)」 岡山県苫田郡 広島県 山口県「どうぢがすはって居る」 愛媛県・越智郡 *どーぼね 島根県石見「お前はなかなかどーぼねがえー」 *どんじぐ 秋田県仙北郡 *はらき 富山県・砺波 石川県 *はらっぽて 静岡県榛原郡「はらっぽてのいかい(大きい)人」 *へこ 岐阜県可児郡 →きもったま(肝玉)・どきょう(度胸)

ち

ち【血】 *あいた 島根県出雲「あえたが出る」 *あかか 富山県砺波 *あかち(幼児語) 長野県 岐阜県郡上郡 愛媛県宇和島 *あかべー(幼児語) 岡山県苫田郡 *あかぼー 岡山県備中北部 *あかま・あかも(幼児語) 山形県 *あかまま(幼児語) 茨城県 *あかまんま(幼児語) 茨城県 栃木県 千葉県 *あかめんめ(幼児語) 富山県西礪波郡 *あかんじ 栃木県安蘇郡・上都賀郡 *あかんじー 群馬県多野郡 埼玉県秩父郡 *あっけやまんま 栃木県塩谷郡 *ないがり 福島県南会津郡 *なじ 福島県大沼郡 新潟県岩船郡(魚の血) *なま 神奈川県中郡 *なんじ 秋田県仙北郡 *ぬり 青森県津軽「あだまがら、ぬりぁはしたつけぁな(頭から血が走ったんだとよ)」 茨城県八溝山麓 *ねーがね 福島県南会津郡 *のり 福島県南会津郡 長野県佐久 *べん(幼児語) 山口県豊浦郡 熊本県玉名郡 *べんべ(幼児語) 富山県砺波 *べんべん(幼児語) 島根県鹿足郡 岡山市 広島県 福岡県 長崎県北松浦郡 *まか・まかまか(幼児語) 青森県三戸郡 *まっか(幼児語) 青森県南部 山形県西置賜郡 長野県東筑摩郡 *まっかまっか(幼児語) 山形県西置賜郡 *やご・やぐる・やぐろ 福島県会津

ちいさい【小】 *いちゃい・いっちゃい 富山県 *いなさい・いなさん 鹿児島県喜界島 *いなさり 鹿児島県奄美大島 *いべはん 沖縄県黒島 *いみんこい 石川県鹿島郡 *いんぐい 東京都大島「いんぐい家だな」 *いんこい 富山県高岡市・砺波 三重県志摩郡 *いんちゃい 富山県 石川県 *うめこい 三重県志摩郡 *えっちゃい 青森県津軽 石川県能美郡 *えっちゃこい 山形県西田川郡 *えんこい 石川県河北郡 *きしゃこい 岩手県和賀郡・気仙郡 *きちゃこい 秋田県仙北郡 *きっちゃこい 秋田県雄勝郡 *きまい 広島県走島 *ぎんまか・きんまか 長崎県五島 *くーさーん 沖縄県石垣島 *くーてーん・くーてーんぐゎー 沖縄県首里 *くーさん 沖縄県首里 *ぐなーはん・ぐまーはん 沖縄県国頭郡 *ぐまーん 沖縄県鳩間島 *ぐまさーん 沖縄県石垣島 *ぐまさん 沖縄県 *ぐまはーん 沖縄県小浜島 *ぐまはん 沖縄県黒島 *ぐまん 沖縄県与那国島 *ぐめーさーん 沖縄県新城島 *けーまい 広島県高田郡 *けまー 島根県石見 山口県玖珂郡 *けまい 島根県鹿足郡・邑智郡「けまい犬の子がおる」 広島県 徳島県海部郡 愛媛県「けまいやつがどーじゃい(ののしる語)」 *けまっちょい 徳島県海部郡 *けんちょか 佐賀県 *けんまか 長崎県・五島 *こーっつい 静岡県志太郡 *こーまー 岡山県阿哲郡 広島県能美島 *こーまい 島根県「こーまい島だ」 岡山市 *こーまいか(幼児語) 熊本県玉名郡 *こーめ 島根県大原郡・隠岐島「こーめ石を拾え」 *こじっちゃい 山形県東部 *こじっつぇー 群馬県吾妻郡 *こすい 静岡県「こすい犬がをります」「この子はこすいね」 *こちゃっこい 青森県三戸郡 *こつい 静岡県「こつい豆が一杯落ちてる」 *こっつい 静岡県島田市 *こっつけない 静岡県榛原郡 *こない(「こまい(細)」の転か) 島根県那賀郡・邇摩郡「こない竹が沢山はえとる」 *こびー 広島県御調郡・芦品郡 *こびっちー 群馬県佐波郡 埼玉県秩父郡 *こびっちゃい 群馬県山田郡・桐生市 東京都八王子市 神奈川県 *こびんちゃい 滋賀県坂田郡・東浅井郡 *こべんちゃい 石川県江沼郡 *こまー 島根県「こまー亀がおる」 岡山県真庭郡「こまー子にゃー」 広島県 *こまーか 佐賀県唐津市 *こまーんか 長崎県南高来郡「こまーんかみち(小路)」 *こまい 北海道松前郡「あーびこまぇしてだめだでぁ(あわびが小さくてだめだけれど)」 岩手県盛岡市・紫波郡 宮城県登米郡・玉造郡 長

野県佐久 滋賀県神崎郡 兵庫県播磨・淡路島 和歌山県 鳥取県日野郡 島根県・隠岐島「こまい子供の食うやつだが、どれがよからあのう」 岡山県 広島県「これにゃーこまいのがきてだりましたげなのー(お宅では小さいのが生まれたそうですね)」 山口県「こまいことに気をつけい」 徳島県 香川県 愛媛県「このお大根はこまいなあ」 高知県「こまい仔猫」 福岡県「おりがこめーとき(おれが小さい時)」 佐賀県神埼郡 長崎県対馬 熊本県阿蘇郡・芦北郡 大分県南海部郡 宮崎県「鍋をこめーやつ一つ買うち来ちぇ」 鹿児島県宝島 *こまいー 大分県日田郡「こまえー犬」 *こまか 佐賀県佐賀郡「おのんがこまかとっからみっぎのー(私たちが小さい時から見ればねえ)」・東松浦郡 長崎県「太かけんこまかちばくれれ(大きいから小さいのをくれ)」 熊本県 鹿児島県揖宿郡 *こまかい 三重県志摩郡「わしのじーやがこまかかったときんな」「苗がこまかい(植えるのに若い)」「靴下がこまかい」 *こまこい 宮城県登米郡 三重県志摩郡 大阪市 香川県仲多度郡 熊本県阿蘇郡 *こましー 広島県佐伯郡 *こまちこい 高知県幡多郡 *こまっこい 東京都南多摩郡 長野県諏訪 *こまんか 佐賀県藤津郡 長崎県「こまんかまっ(松)の樹ば植らした」 熊本県天草郡 宮崎県西諸県郡 鹿児島県鹿児島郡・揖宿郡 *こみー 広島県備後 *こみっちゃい 岐阜県養老郡 *こみゃ 島根県八束郡 *こみんか 長崎県佐世保市 鹿児島県鹿児島郡 *こみんちゃい 滋賀県彦根 *こめ 島根県出雲「こめ足をしてちょー」 宮崎県 鹿児島県・枕崎市「こめうちからだがようぇね(小さいころ体が弱くてね)」・姶良郡 *こめんけ 宮崎県西諸県郡 *こんしー 滋賀県愛知郡 *こんちー 滋賀県愛知郡 大分県西国東郡 *こんちねー 大分県 *こんちょーが 佐賀県 *こんちょか 福岡県 佐賀県神埼郡 *こんねー(「こんまい(細)」の転か) 大分県「こんねー鳥を捕へた」・玖珠郡・東国東郡 *こんびー 静岡県島田市「われよりこんびくても(お前より小さくても)」 山口県・島嶼 *こんびきさい 岐阜県吉城郡 静岡県「こんびきさい猫だ」 *こんびきない 岐阜県吉城郡 *こんぴきにゃー 熊本県下益城郡 *こんべー・こんぼーい 静岡県 *こんまい 長野県上伊那郡 大阪府三島郡・大阪市 兵庫県加古郡 和歌山県日高郡 岡山県 徳島県 香川県 愛媛県「こんまい男ぢゃなあ」 高知県「せーわ低いこんまいもんぢゃけんどのー」 大分県 宮崎県 *こんまか 長崎県西彼杵郡 *こんまけ 三重県志摩郡 *こんまけー 大分県 *こんまちころい 高知県幡多郡 *こんまやー 宮崎県西臼杵郡 *こんまるこい・こんみらこい 高知県幡多郡 *こんみちころい 高知県土佐清水市 *しちゃい 秋田県鹿角郡「しちゃ子だな」 *しゃぼい 山口県豊浦郡 *しょんぼくない 岡山県吉備郡 *せっちゃ 千葉県夷隅郡 *たんころい 石川県鹿島郡 *ちいーんびー 静岡県田方郡 *ちーか 長崎市(児童語) 鹿児島県種子島 *ちーくい 静岡県・志太郡 *ちーこい 岐阜県本巣郡 愛知県愛知郡・碧海郡 *ちーちゃこい 福島県 千葉県夷隅郡 *ちーちゃっかい 千葉県夷隅郡 *ちーちゃっこい 千葉県 東京都 *ちーっきー 静岡県 *ちーっくい 静岡県・北伊豆 *ちーっくさい・ちっくたい 静岡県志太郡「ちーっくさいくせにいばんな(いばるな)」 *ちーっけー 東京都御蔵島 *ちーっこい 静岡県「ちーっこい犬だ」 *ちーびー・ちーびきさい 静岡県磐田郡 *ちっぽけやぇー・ちーぽっけ・ちーぽっけー・ちんぽっけ・ちんぽちゃっこい 千葉県夷隅郡 *ちっぽっけー 千葉県夷隅郡「家の猫はちっぽっけー」・長生郡 *ちーまい 島根県石見 岡山県苫田郡 愛媛県越智郡 熊本県玉名郡 *ちーまっけー 千葉県安房郡 *ちーんぐい 東京都利島 *ちーんごい 東京都三宅島 *ちーんびー 静岡県・田方郡 *ちーんぷい 静岡県 *ちーんぷくさい 静岡県志太郡 *ちくい 静岡県・志太郡 *ちくさい 新潟県中頸城郡 長野県 *ちこい 岐阜県本巣郡 和歌山県 *ちこまい 香川県三豊郡 *ちさこい 北海道小樽 岩手県気仙郡・東磐井郡 宮城県 秋田県平鹿郡「つせぁこえ石だ」・鹿角郡 山形県山形市・東村山郡 *ちちーか・ちちーしか・ちちか 鹿児島県種子島 *ちちゃこい 青森県津軽・三戸郡 岩手県気仙郡 宮城県 山形県 *ちちゃっこい 青森県三戸郡 秋田県「何というちちゃっこい家でせう」 千葉県東葛飾郡 *ちちゃっぺ 山形県東田川郡 *ちちゃぺー 山形県西置賜郡 *ちっか 鹿児島県種子島 *ちっくい 神奈川県三浦郡 新潟県佐渡 山梨県 長野県 静岡県「ちっくい梨」 *ちっくさい 群馬県吾妻郡 長野県諏訪 静岡県志太郡 *ちっくしー 長野県上田 *ちーっくさい・ちっくたい 静岡県志太郡「ちーっくさいくせにいばんな(いばるな)」 *ちっくない 新潟県中頸城郡 長野県 静岡県・志太郡 *ちっくらけー 福島県会津 *ちっけ 福島県会津・中通 *ちっこい 山形県鶴岡 福島県 栃木県 群馬県勢多郡・桐生市 東京都大島・三宅島 新潟県佐渡・新井市 富山県東礪波郡 福井県 岐阜県 静岡県・磐田郡 愛知県碧海郡 三重県 滋賀県 京都府 大阪府 兵庫県・印南郡・神戸市 和歌山県 岡山県小田郡 徳島県(小児) 香川県 愛媛県 *ちっこーい 三重県北牟婁郡 *ちっこめー 長崎県対馬 *ちっちくさい 群馬県佐波郡 埼玉県大里郡 千葉県東葛飾郡 *ちっちゃかい 神奈川県 *ちっちゃこい 北海道 岩手県気仙郡 宮城県仙台 秋田県平鹿郡 山形県 福島県 神奈川県中郡・横須賀市 三重県志摩郡 *ちっちゃっこい 千葉県夷隅郡 *ちっぴー 島根県邑智郡「ちっぴーでは間に合わん」 *ちっぽい 滋賀県彦根・蒲生郡 京都府 大阪市 *ちっぽくさい 千葉県夷隅郡 東京都八王子 神奈川県中郡 *ちっぽけない 茨城県稲敷郡 長野県下水内郡 静岡県「ちっぽけない島がゐました」 *ちっぽしー 福岡市 *ちっ

ぽっけー千葉県夷隅郡「家の猫はちっぽっけー」・長生郡 *ちない 福井県大野郡 *ちびー 山梨県

*ちびくさい 長野県下伊那郡 岐阜県益田郡 *ちびこい 京都府久世郡 大阪市 奈良県吉野郡 和歌山県東牟婁郡 *ちびっちぇー 東京都八王子 *ちびんか 熊本県天草郡 *ちびんこい 福井県 *ちべかい 三重県志摩郡 *ちぽこい 三重県度会郡・宇治山田市 兵庫県多紀郡 *ちまい 兵庫県淡路島・赤穂郡 島根県石見「ちまい貝ばっかり捕れた」 岡山県苫田郡 愛媛県 高知市 *ちまかい 三重県度会郡・志摩郡 *ちまこい 三重県志摩郡 *ちまちこい 高知県 *ちみー 三重県志摩郡

*ちみこい 岐阜県養老郡 *ちめこい 奈良県吉野郡 *ちめっくい 長野県東筑摩郡「ちめっくい虫だ」

*ちめっこい 長野県上伊那郡 *ちもい 三重県度会郡 島根県邇摩郡・鹿足郡「ちもい花が咲ぁとる」 *ちもこい 岐阜県養老郡 滋賀県神崎郡

*ちゃーこい 茨城県多賀郡 *ちゃけー 千葉県夷隅郡 *ちゃこい 青森県三戸郡 宮城県仙台市 山形県米沢市 福島県北部 栃木県 *ちゃちゃち 新潟県佐渡 *ちゃっけ 岩手県江刺郡 宮城県石巻

千葉県夷隅郡「ちゃっけね(小さいね)」 *ちゃっこい 青森県 岩手県九戸郡・気仙郡「ちゃっこくてめんこい」 宮城県 山形県 福島県「ばかにちゃっこえ鋏だなえ」 茨城県 千葉県 新潟県佐渡

*ちゃっちー 栃木県今市市・那須郡 *ちゃっぽい 愛知県碧海郡 *ちゃんこい 北海道 福島県伊達郡 長野県佐久 *ちょこまい 徳島県・阿波郡

香川県三豊郡 愛媛県 *ちょつい 京都府宇治郡 *ちょっけ 北海道利尻島「何だちょっけ魚でないか」 *ちょっこい 岩手県九戸郡 三重県志摩郡 *ちょっこめー 長崎県対馬 *ちょっぽい 滋賀県蒲生郡 *ちょびっちゃい 神奈川県中郡 *ちょぽこい 三重県度会郡 *ちょまかい 三重県度会郡・志摩郡 *ちょめー 島根県那賀郡・邇摩郡

*ちょんこい 石川県鳳至郡・鹿島郡 長野県上伊那郡 *ちょんびきさい 岐阜県恵那郡 *ちょんびくさい 長野県下伊那郡 *ちょんまい 滋賀県彦根・犬上郡 兵庫県淡路島 島根県石見 徳島県

香川県 愛媛県 高知県・土佐郡 *ちょんまくろい 高知県 *ちょんまちこい 徳島県・海部郡

*ちょんもに 香川県 *ちんか 福岡県久留米市・福岡市 熊本県・玉名郡(児童語)・下益城郡 宮崎県 鹿児島県「あんやつやちんかやつじゃ」 *ちんかい 栃木県 静岡県 *ちんかか 鹿児島県・鹿児島郡 *ちんくい 長野県佐久 *ちんけ 鹿児島県「あんやつやちんけもんじゃ」 *ちんけー 宮崎県

*ちんこ 新潟県新発田・北魚沼郡 福井県足羽郡・南条郡 鹿児島県 *ちんこい 福島県「ちんこい子供だね」 茨城県久慈郡 栃木県「ちんこい方のあん(兄)ちゃん」 新潟県 富山県 石川県 福井県 長野県佐久 岐阜県大野郡 静岡県 三重県志摩郡 滋賀県彦根・高島郡 大阪市 奈良県

岡山県児島郡 徳島県 愛媛県松山 鹿児島県

*ちんごい 東京都三宅島 *ちんこまい・ちんこまんか 佐賀県唐津市 *ちんこめ 鹿児島県 *ちんじきさい 岐阜県益田郡 *ちんじくさい 静岡県浜松市 *ちんたい 福井県坂井郡 *ちんちくさい 茨城県新治郡 *ちんちゃい 福島県 茨城県多賀郡

千葉県海上郡 富山県・砺波 石川県羽咋郡・河北郡 奈良県 *ちんちゃこい 福島県 千葉県長生郡 *ちんちゃっこい 茨城県猿島郡 *ちんちりさい 茨城県新治郡 *ちんぴ 静岡県 *ちんびー 山梨県 静岡県 山口県 *ちんぴー 山梨県南巨摩郡 *ちんびきさい 岐阜県 静岡県 愛知県

*ちんびきたい・ちんびきない 岐阜県 *ちんびくさい 岐阜県 静岡県 三重県三重郡 *ちんびくたい 岐阜県 静岡県志太郡・島田市 *ちんぶい 静岡県・安倍郡 *ちんぶくさい 静岡県志太郡

愛知県丹羽郡・愛知郡 *ちんぶくたい 静岡県・島田市 *ちんぺー 静岡県・磐田郡 *ちんぺけたい 静岡県 *ちんぽくさい 千葉県上総・夷隅郡 *ちんぽくたい 静岡県志太郡 *ちんまい 長野県 三重県志摩郡 滋賀県彦根 兵庫県 島根県邑智郡・大田市 岡山県児島郡 徳島県美馬郡・海部郡 香川県 愛媛県 高知県 大分県 *ちんまかい 三重県度会郡 *ちんまちころい 高知県

*ちんまるこい・ちんめりこい・ちんめらこい 新潟県佐渡 *ちんみー 三重県志摩郡 *ちんめくさい 長野県南部・諏訪 *ちんめっくい 長野県東筑摩郡・上伊那郡 *ちんめっくさい 長野県南部・諏訪 *ちんもい 滋賀県 兵庫県神戸市 *ちんもに 香川県「もちっとちんもに作ってつか」・三豊郡 *とばこい 山形県最上「とばこえ鉛筆」 *どべこい 山形県村山「その卵はどべこえ」 *ぬこい 山梨県「この饅頭はぬこい」 *ぬっけー 山梨県西八代郡 *ねーこけ 東京都八丈島「ねーこけ鞄」

*ねっこけ 東京都八丈島「ねっこけ時から」「ねっこかった」 *のこい 山梨県 長野県諏訪 *のっこい 新潟県 *のっこちー 新潟県「背がーのっこちくて」 *びやっこい 宮城県栗原郡 *ひんちょこまい 徳島県美馬郡 *べぁてぁ・べぁったこい 秋田県平鹿郡・雄勝郡 *べーびしゃーん 沖縄県波照間島 *へし 兵庫県明石郡 *へっこい 奈良県北葛城郡 *べっこい 宮城県栗原郡 三重県阿山郡 滋賀県甲賀郡 *ぺっこい 三重県阿山郡 *べっこー 京都府 *べったい 秋田県 山形県飽海郡・飛島 *へんこい 奈良県南葛城郡 *ほすか 佐賀県藤津郡 *ほせ 鳥取県西伯郡 島根県出雲「わぁわぁがほせときゃ(私たちが小さい時分は)」 *ほぜ 徳島県三好郡 *ほそい 兵庫県佐用郡「ほそい銭」 鳥取県鳥取市・西伯郡 山口県・都濃郡 愛媛県「子供がまだ細い」 高知県・高知市「ほそいいとさん」 佐賀県 長崎市「おんどがほそかとき(私が小さい時)」 *ぽそい 広島県芦品郡・高田郡 *ほっそい 高知市 *ほっちょか 長崎県北松浦郡「あの牛はほっちょか」 *ぽんちゃっけー 千葉県夷隅郡

*ぽんぽくさい 千葉県長生郡 *めちゃこい 岩手

県気仙郡　宮城県「なんつめちゃこえ時計こなんだえや」　山形県 *めちゃっけ 千葉県東葛飾郡「めちゃっけ猫だなあ」 *めっくい 富山県　長野県諏訪・東筑摩郡 *めっくさい 長野県諏訪 *めっこい 新潟県佐渡　富山市近在 *めっちゃい 山形県　福島県中通 *めっちゃこい 岩手県気仙郡　山形県 *めめっくい 長野県東筑摩郡 *めめっこい 富山市近在 *めめっちゃい 三重県志摩郡 *めんこい 福島県会津　富山県　石川県 *めんちゃい 山形県米沢市 *めんちゃこい 岩手県気仙郡　山形県米沢市　福島県 *やさし 三重県志摩郡 *やっちょか 長崎県北松浦郡「あの人はやっちょか」

□こと *ぐまーぐま(極めて小さいこと。極小) 沖縄県石垣島 *ぐまさ 沖縄県石垣島「ぐまさー(小さいことよ)」 *こくぞ・こくぞー 長野県佐久 *こまごと 奈良県南大和 *こまんちころ 兵庫県加古郡 *こめ(「こまい(細)」と同語源か) 三重県伊賀 *せんびれ 神奈川県津久井郡「せんびれくわ(葉の小さい桑)」 *ちょっこべ(非常に小さいこと) 三重県南牟婁郡 *ちんびき 愛知県東加茂郡「あいつちんびきだと思う」 *ちんぷくれー 茨城県真壁郡 *ちんぽこりん 茨城県行方郡 *とばいこ 宮城県玉造郡 *とべあんこ 岩手県上閉伊郡 *ひとひっつみ 岩手県気仙郡「あるにはあるが、ひとひっつみばりだ(ばかりだ)」「ひとひっつみばりの体のくせに」 *めめら(ごく小さいこと) 静岡県「針のめどはめめらだ」

□さま *いとしげ 新潟県佐渡 *こーみゃ 島根県隠岐島「こーみゃな花が咲いちょる」 *じっぴこ 岩手県九戸郡 *してびた 青森県津軽 *ちーっく 静岡県 *ちっくり 千葉県香取郡 *ちっくりけ 長野県東筑摩郡「此柿はちっくりけだ」 *ちっけ 島根県隠岐島 *ちっこけ(小児) 和歌山県「ちっこけな」 *ちっちゃく 富山県西礪波郡「ちっちゃくな」 *ちっこけ(小児) 和歌山県「ちっこけな」 *ちっぽっけ 千葉県夷隅郡「ちっぽっけな虫」 *ちっぽろけ 神奈川県三浦郡 *ちべた・ちぺた・ちぺこ 青森県津軽「ちべたな栗」 *ちゃぴんと 新潟県西蒲原郡「ちゃぴんとした髭たてて居る」「この酒はちゃぴんとして居る」 *ちゃぽ 兵庫県佐用郡「あの人はちゃぽだ」「あの花はちゃぽだ」 *ちょっきり・ちょきっと 長崎県壱岐島 *ちょこっと 山形県米沢市「ちょこっとした人だ」 長崎市 *ちょっこら 岡山市「ちょっこらした(こじんまりした)」 *ちょっこり 兵庫県加古郡　長崎県壱岐島 *ちょびんちゃこ 香川県高松市 *ちょろりと 山形県米沢市「あの人ぁ、ちょろりとしてる」 *ちょんけ 福島県岩瀬郡 *ちんこと 新潟県西蒲原郡「雪だるまがとけてちんことになった」「ちんことの犬だ」 *ちんちく 群馬県利根郡 *ちんちくれ 愛媛県周桑郡・伊予郡 *ちんちゃこ 千葉県長生郡 *ちんぺけ 静岡県 *ちんぽけ 山形県米沢市「ちんぽけに、帯むすんだ」 福島県南部　茨城県多賀郡 *てーけ 島根県隠岐島「てーけな餅」 *ねっこけ 東京都八丈島 *びゃっこ 岩手県気仙郡 *べあっこ 岩手県上閉伊郡・気仙郡 *ぺあっこ・べあんこ 岩手県上閉伊郡 *めくされ・めっちゃれ・めちゃれ 青森県三戸郡

□もの *くーてー・くーてーぬー・くーてーまー・ぐまー・ぐまむん 沖縄県首里 *こなれ 三重県志摩郡 *ごまめ 福井県遠敷郡 *こまんちころ 兵庫県加古郡 *こもすけ 徳島県阿波郡 *ちご 奈良県南大和「茄子のちご」 *ちんこい・ちっこい 徳島県 *ちびっちん・ちっちん 栃木県「三輪車でちっちんがあるよ」 *ちっぴー 島根県邑智郡「ちっぴーでは間に合わん」 *ちっぺ 青森県南部　滋賀県彦根　京都市　大阪市　和歌山市 *ちゃんぴん 三重県志摩郡 *ちょこ 鳥取県西伯郡　高知県幡多郡 *ちょこまめ 長崎県壱岐島 *ちょこまん 長崎県対馬・壱岐島 *ちんころ 兵庫県加古郡　愛媛県南宇和郡「いたどりのちんころ」 *ちんちゃび 鹿児島県鹿児島郡 *ちんぴら 岐阜県羽島郡　兵庫県神戸市 *ちんみょー 新潟県佐渡 *つぶれ(魚) 長野県東筑摩郡「あの鑑につぶれがある」 *つぶれっこ(赤子) 長野県佐久 *つぶろ 愛媛県今治市「茸のつぶろ」 *つぼこ 山形県 *ほぜ 徳島県阿波郡 *まめちょこ 山形県 *まめっち 千葉県・上総 *まめっちょ 栃木県安蘇郡「あの子はまめっちょだ」 *めちゃこ 山形県村山・米沢市 *めちゃちゃー 岡山市 *めっこ 富山県東礪波郡 *めっちゃこ 山形県北村山郡　山口県防府

非常に□ *かあいそー 高知県 *かんしょー 愛媛県周桑郡 *がんしろー 大分県北海部郡 *かんすい 石川県金沢市 *しりこゆび 岡山県川上郡 *ちくしげ・ちくしょげ・ちっくしげ 和歌山県日高郡 *ちんちんべあっこ 岩手県気仙郡 *めめこ 三重県南牟婁郡 *めめっこ 富山県東礪波郡

ちえ【知恵】 *がく(相応の知恵) 青森県三戸郡 *かんべん 神奈川県中郡「かんべんを借りる(相談に乗ってもらう)」 和歌山市 *けーろく 茨城県多賀郡「けーろくが回らぬ」 *しょー 沖縄県首里「しょーぬねーん(思慮がない。また、小児などが賢くない)」 *ずぃんぶん 沖縄県首里 *ならいだし(にわか仕込みの知恵) 長崎県対馬「ならいだしのぬくぬく(習いおぼえたばかりのさま)」 *よっぽ 福島県東白川郡「はだかれんの見てで(たたかれるのを知っていて)、ぬげるよっぽねぇんだがんな(逃げる知恵がないのだからな)」

ちかい【近】 *いしかーん 沖縄県鳩間島 *いしかるある 沖縄県鳩間島 *いひかさん 沖縄県竹富島 *いんつぃかさーん 沖縄県石垣島 *いんつぃかはーん 沖縄県小浜島 *かーさ 鹿児島県与論島 *ちかくい 三重県度会郡

□所 *そーまそこ 新潟県中頸城郡「そーまそこにある」 *そんまそこ 秋田市　新潟県「そんま

そこへいぐがっけ、ついてくんないや」 *そんまんそこ 福岡県浮羽郡・福岡市 *ちかまーり 静岡県志太郡 大阪市 香川県木田郡「ちかまーりのことじゃきに(ことだから)すぐわかる」 *ちかまわり 滋賀県彦根 島根県「ちかまわりは俺が知らせて歩く」 *ちかみ 神奈川県中郡 *めんば 香川県三豊郡 *んまそこ 新潟県三島郡

ちかく【近】 ⇨きんじょ(近所)

ちかごろ【近頃】 ⇨このごろ(此頃)

ちかぢか【近近】 ⇨そのうち(其内)

ちから【力】 *がい 広島県能美島 *がせ 青森県津軽 岩手県気仙郡 宮城県 秋田県平鹿郡 山形県 新潟県 *がせー 宮城県登米郡 山形県米沢市「おぼこあがしぇあ無え」 神奈川県 新潟県東蒲原郡・西頸城郡 長野県上伊那郡 静岡県「疲れ切って歩くがせいもない」 *がせこ 宮城県栗原郡・仙台市 *がせっこ・がぜっこ 岩手県気仙郡 *がっせ 新潟県西蒲原郡 *がへ 青森県津軽「がへの強い男」 *しこ 島根県出雲「しこえっぱい(全力を挙げて)働く」 広島県 山口県大島「しこいっぱい槌を振上げて抗を打込んだ」 *しこい 広島県甲奴郡 *しこー 広島県山県郡 *ずく 長野県東筑摩郡「ずくが無いからこの石は揚げられん」 *はり 山口県豊浦郡「はりがあわぬ(力が及ばない)」 *ぶん・ぶ 新潟県佐渡「子供はぶがないもんだ。それは無理だ」 *ほこ 新潟県佐渡「あの人はほこがのうなった」 長野県下伊那郡「一歳や二歳ではほこがないで病気には叶はぬ」 静岡県榛原郡 *みのぐ 宮城県牡鹿郡 *みのこ 岩手県気仙郡 宮城県 *むちでー 沖縄県首里 *りき 大阪府大阪市・泉北郡「りきねる(精力を要する)」 島根県 熊本県「りきのいつとる(力がこもっている)」

□**のある人** *ちからー・やから・やからむん 沖縄県首里

□**の強い人** *うーりき 熊本県玉名郡 *うわとり(「闘鶏の強い鳥」の意から) 長崎県対馬 *すっぱ 新潟県佐渡「すっぱの人」 *ちゅーばー 山口県豊浦郡「ちゅーばーやく」 *にまいあばら 兵庫県加古郡

ちくわ【竹輪】 *あなじじ 熊本県 *かまぼこ 徳島県 *くずし(かまぼこ、はんぺん、ちくわなど、魚肉をひいて固めた食品の総称。練り製品) 岡山市 愛媛県周桑郡 *くずしもの(かまぼこ、はんぺん、ちくわなど、魚肉をひいて固めた食品の総称。練り製品) 兵庫県加古郡 徳島県 香川県三豊郡 *のやき(焼きちくわ) 鳥取県西伯郡 島根県出雲・隠岐島

ちこく【遅刻】

□**する** *うしにのる 愛媛県大三島「うしーのって来るけん遅いわい」 *うしのる 宮崎県東諸県郡 *こくれる 長野県諏訪

ちそう【馳走】 *おかね 千葉県香取郡 *おがね 千葉県海上郡 *かね 千葉県香取郡 *だしかぶり 熊本県天草郡 *ひっきり 熊本県天草郡 *よばれし 香川県・小豆島

→ごちそう(御馳走)

□**する** *ひっきる 熊本県天草郡 *よばる 岐阜県揖斐「こんどまたよばってくだれ(今度またごちそうしてください)」 京都府葛野郡 *よぶ 静岡県榛原郡「水を一杯よんどくれ」 香川県小豆島「お茶いっぱいよんでおくれ(頂きたい)」

ちち【父】 *あーや 沖縄県小浜島・鳩間島 *あーやん 神奈川県江ノ島 *あさ(多く他に対して言うが、まれには自称としても用いる) 沖縄県宮古島 *あじゃ 鹿児島県徳之島 *あじゃー 鹿児島県喜界島 *あだ 山形県 *あち 沖縄県国頭郡 *あちゃ 青森県西津軽郡 秋田県平鹿郡 鹿児島県沖永良部島 *あっちゃ 岩手県上閉伊郡(下流家庭)・気仙郡 沖縄県石垣島 *あっちゃん(幼児語) 滋賀県彦根 *あっつぁー 栃木県宇都宮市・河内郡 *あて(「高貴」の意から。上流の語) 熊本県球磨郡 *あてー(中流以下の語) 熊本県球磨郡 *あな(農家の子供が父を呼ぶのに言う) 秋田県鹿角郡 *あに 三重県志摩郡 *あま 山形県西置賜郡 *あや 青森県 岩手県九戸郡 山形県飽海郡 沖縄県石垣島・新城島 *あんち・いー・いーべ 三重県志摩郡 *いーざ・いーじゃ 沖縄県竹富島 *いざ 沖縄県黒島 *いや 沖縄県宮古島・西表島・波照間島・与那国島 *いやー 沖縄県西表島 *うま 山形県庄内・飽海郡 *うや 沖縄県宮古島 *おごこ 石川県鳳至郡 *おじん 富山県 *おてー 岐阜県養老郡 *おてーさん 滋賀県 鳥取県鳥取市・気高郡 *おてやん 高知県 *おや 宮城県仙台市 沖縄県宮古島 *おやじのす 高知県幡多郡 *おやっどん・おやっちゃー・おやっ・おやっきん 鹿児島県鹿児島郡 *おやはん 兵庫県加古郡 *おやん 鹿児島県 *おやんちゃん・おやんどん 高知県 *ここ 岐阜県飛騨 *さー 山形県置賜 三重県南牟婁郡 *ざっ(下流) 新潟県東蒲原郡 *さま 三重県南牟婁郡 *じー 千葉県夷隅郡(老父) 東京都八丈島(敬称) *じじ・じな 岩手県岩手郡 *しゅー 沖縄県 *じゅー 鹿児島県奄美大島 *しゅーたー 沖縄県島尻郡 *じょん 鹿児島県 *じんつぁ 栃木県 *じんま 高知県 *ず 岩手県和賀郡 *すー 沖縄県那覇市 *たー 福井県大野郡 *だー 岐阜県揖斐郡 *たーさん 愛知県 *だーさん(中流以上) 熊本県鹿本郡・宇土郡 *たーたー(小児語) 沖縄県首里 *だーだー(児童語) 茨城県新治郡 *たーりーぐゎー(士族語。卑しんで言う語) 沖縄県首里 *だーん 新潟県佐渡 *だた 青森県 *だだ 青森県 岩手県折爪山麓・九戸郡 宮城県登米郡 秋田県北秋田郡 山形県庄内「だだ、やまさえぐが(お父さん山へ行きますか)」 新潟県 *たださ 青森県南部 *だださん 熊本県下益城郡 *だだちゃ 山形県 *だだっつぁ 山形県米沢市 *だだはん(主として上流家庭) 山形県庄内 *だっ(下流) 新潟県東蒲原郡 *だつぁま 新潟県下越 *たった 島根県簸川郡 *だった 青森県 *たっちゃ 島根

県八東郡・大根島 *だっちゃ 青森県 *だっつぁ(下層で使う)新潟県 *たっつぁん(中流以上)兵庫県淡路島 *たん 滋賀県甲賀郡・栗太郡 広島県安芸郡(中流) 高知県幡多郡 *ちぇ・ちぇちぇ・ちぇちょ・ちしょ 鹿児島県 *ちぇじょ 鹿児島県揖宿郡 *ちぇっちぇー 鹿児島県屋久島 *ちじょ 鹿児島県揖宿郡 *ちちさま 大分県北海部郡 *ちちょ 鹿児島県 *てー 石川県能美郡 三重県 滋賀県神崎郡・高島郡 *てーさん 鳥取県気高郡 *でーさん 青森県三戸郡 熊本県 *でーしゃん(下流の語) 熊本県鹿本郡 *てしょー 長崎県壱岐島 *てちゃ(幼児語) 島根県隠岐島 *てちゃさん 島根県八東郡 *てちょ 鹿児島県「わんがたのてちょ(お宅のお父さん)もほんにいつまらんこどやったやっちやっかおう(お気の毒なことをしたというではありませんか)」 *てっけー 鹿児島県種子島 *てっこ 東京都大島 *てっちゃ 鹿児島県屋久島 *てっつぁん(中・下流の語) 島根県隠岐島 *てて 青森県 岩手県 秋田県 山形県 福島県中部 茨城県 東京都八丈島 新潟県中越「ててちがい(異父子)」 石川県金沢(婦人が自分の父を他に対して言う場合) 岐阜県山県郡 愛知県名古屋市(女性が多く用いる)「てての申しまするには」 三重県・度会郡 和歌山市 島根県隠岐島(下流の語) 徳島県三好郡・美馬郡 宮崎県西臼杵郡・西諸県郡 鹿児島県種子島 *でで 秋田県仙北郡 長崎県南松浦郡 *ててー 三重県志摩郡 鳥取県 *ててーさん 鳥取県東部・気高郡 *てておや 栃木県 富山県砺波 三重県志摩郡 滋賀県彦根 兵庫県赤穂郡 和歌山県 徳島県美馬郡 *ててご 埼玉県北葛飾郡 和歌山県(他人の父を呼ぶ敬語) *ててさん 鳥取県中部 愛媛県大洲(上流の語) *でてさん 熊本県八代郡 *ででさん 青森県三戸郡 熊本県(上流の語) *てと・てどん 鹿児島県揖宿郡 *てひー 長崎県壱岐島 *なっつぁん 島根県隠岐島 *なんな 静岡県 *にー 三重県志摩郡 *のの 徳島県美馬郡 宮崎県西臼杵郡(老父) *はっこ 石川県鳳至郡 *はほー 鹿児島県曾於郡 *びしょ 鹿児島県 *ぶぶ(幼児語) 山形県西置賜郡 *べっとー 佐賀県 *べんざい 大分県大野郡 *ほろけ 青森県南津軽郡 *むま 鹿児島県 *やーじき(卑語) 茨城県 *ろーさん 香川県大川郡 *ろーそ 香川県 *ろーそー 岡山県小田郡「うちのろーそー」 山口県・豊浦郡 香川県 *ろっさん 香川県「うちのろっさんに相談してみよう」

→おとうさん(御父様)・ちちおや(父親)

ちち【乳】

①乳、乳汁、母乳。 *あっぱ(幼児語) 島根県益田市 *あっぱい 島根県簸川郡・大原郡 *あも 富山県下新川郡 *あんま 富山県 石川県鳳至郡 山梨県 兵庫県佐用郡・赤穂郡 島根県大根島 愛媛県 *あんまい 石川県鳳至郡 *おぼ 栃木県西部 *かーか 富山県西礪波郡 *しー 沖縄県竹富島・鳩間島 *ち 青森県上北郡 千葉県香取郡 東京都八丈島 静岡県 長崎県南高来郡 熊本県玉名郡・下益城郡 *ちー 京都府愛宕郡 徳島県(幼児語) 長崎県南高来郡 沖縄県石垣島・首里・与那国島 *ちーや 群馬県多野郡 *ちこ 岩手県気仙郡 宮城県 新潟県(幼児語) 島根県 *ちちこ 宮城県仙台市「つつこたんね(足りない)」 山形県 島根県(幼児語) *ちちこー 高知県 *ちちっこ 岩手県気仙郡 高知県 *ちちっこー 高知県 *ちちも 富山県西礪波郡 *ちちんも 富山県(幼児語)・砺波 *ちっこ 岩手県上閉伊郡 茨城県 千葉県 東京都大島・三宅島・御蔵島 長野県南部・東筑摩郡 *ちっち 青森県三戸郡 岩手県上閉伊郡 宮城県仙台市 熊本県玉名郡(幼児語) *ちっちこ 宮城県栗原郡・仙台市 *ちばな(出始めの乳) 奈良県南大和 *ちぼ 山梨県南巨摩郡 *ちんぼ 茨城県 栃木県 *つぁー 沖縄県西表島 *ついー 沖縄県石垣島・新城島・波照間島

② ⇩ちぶさ(乳房)

ちちおや【父親】

*うぃきがうや 沖縄県首里 *うや 沖縄県宮古島 *えっちゃ 秋田県平鹿郡 *えで 青森県津軽 秋田県(下流の語) *おや 宮城県仙台市 沖縄県宮古島 *おやはん 兵庫県加古郡 *びげー 沖縄県石垣島・新城島 *ぶげー 沖縄県小浜島

→おとうさん(御父様)・ちち(父)

□を呼ぶ時の語 *おてー 岐阜県養老郡 *おてーさん 滋賀県 鳥取県鳥取市・気高郡 *おてやん 高知県 *ちぇ 鹿児島県 *ちぇじょ 鹿児島県揖宿郡 *ちぇちぇ 鹿児島県 *ちぇちょ 鹿児島県 *ちぇっちぇー 鹿児島県屋久島 *ちしょ 鹿児島県 *ちじょ 鹿児島県揖宿郡 *ちちょ 鹿児島県 *てー 石川県能美郡 三重県 滋賀県神崎郡・高島郡 *てーさん 鳥取県気高郡 *でーさん 青森県三戸郡 熊本県 *でーしゃん(下流の語) 熊本県鹿本郡 *てしょー 長崎県壱岐島 *てちゃ(幼児語) 島根県隠岐島 *てちゃさん 島根県八東郡 *てちょ 鹿児島県「わんがたのてちょ(お宅のお父さん)もほんにいつまらんこどやったやっちやっかおう(お気の毒なことをしたというではありませんか)」 *てっけー 鹿児島県種子島 *てっこ 東京都大島 *てっちゃ 鹿児島県屋久島 *てっつぁん(中・下流の語) 島根県隠岐島 *てて 青森県 岩手県 秋田県 山形県 福島県中部 茨城県 東京都八丈島 新潟県中越「ててちがい(異父子)」 石川県金沢(婦人が自分の父を他に対して言う場合) 岐阜県山県郡 愛知県名古屋市(女性が多く用いる)「てての申しまするには」 三重県・度会郡 和歌山市 島根県隠岐島(下流の語) 徳島県三好郡・美馬郡 宮崎県西臼杵郡・西諸県郡 鹿児島県種子島 *でで 秋田県仙北郡 長崎県南松浦郡 *ててー 三重県志摩郡 鳥取県 *ててーさん 鳥取県東部・気高郡 *てておや 栃木県 富山県砺波 三重県志摩郡 滋賀県彦根 兵庫県赤

穂郡　和歌山県　徳島県美馬郡　*ててご 埼玉県北葛飾郡　和歌山県(他人の父を呼ぶ敬語)　*ててさん 鳥取県中部　愛媛県大洲(上流の語)　*でてさん 熊本県八代郡　*ででさん 青森県三戸郡　熊本県(上流の語)　*てと・てどん 鹿児島県揖宿郡　*てひー 長崎県壱岐島

ちぢこまる【縮】 *かじく 長崎県対馬　*かじくなる(寒さにちぢこまる) 新潟県佐渡　愛知県知多郡　*かじくる(寒さにちぢこまる) 大分県　*かしける 宮城県仙台市　山形県東置賜郡　愛媛県「此の苗もかしけてさっぱり太らん」　*かじける 青森県津軽　新潟県東蒲原郡「洗ったらかじけてしまった」　富山県砺波　山梨県　島根県美濃郡　*かじける(寒さにちぢこまる) 福島県東白川郡「この野郎、寒えもんで、かじけでる」　富山県砺波　長野県下水内郡　岐阜県北飛驒・郡上郡「かじけてまって、なんにもよーせん」　滋賀県蒲生郡　兵庫県神戸市　鳥取県西伯郡　島根県出雲　岡山市　徳島県　香川県佐柳島　*がじける 新潟県西蒲原郡　*かすける(寒さにちぢこまる) 宮城県石巻・仙台市「かすけてひっこんでした」　*かちける・かつける 青森県「かつけだ野郎だ」　*かんじかなる・かんじくなる(寒さにちぢこまる) 静岡県志太郡　*かんつける 青森県津軽「びんぼへば、ふとまでかんつける(貧乏になれば、人の心まで小さくいじけてくる)」　*こじくれる 山口県大島　*こじける(寒さにちぢこまる) 山口県大島　長崎県対馬　宮崎県延岡市　*こつける 長崎県対馬「やせこつける」「色がはげこつける」　*しぐだまる 青森県上北郡　*じじまう 高知県長岡郡　*しちりんちゅん 沖縄県首里　*しゃがたむ 新潟県中越　*しゃくだまる 新潟県中越・長岡市　*しゃごだまる 新潟県下越　*しゃじかまる 秋田県鹿角郡「着物が雨に湿(ぬ)れてしゃじかまる」　*じゅーつくる 長崎県壱岐島「いそぎんちゃくは人が触るとぢきじゅーつくる」　*すくたまる 新潟県中頸城郡　*すくだまる 青森県「叱られてしぐだまる」　岩手県　宮城県　秋田県平鹿郡「猫が隅にすぐだまって居た」・鹿角郡　山形県　福島県　新潟県・中部　*すぐたまる 秋田県雄勝郡「寒くてすぐたまて居た」　*すくだむ 神奈川県横須賀市　*すくったまる 新潟県上越市・西頸城郡　*ずくどまる 茨城県稲敷郡「ずくどまってねぇで真中へ出ろ」　*すくらまる 山形県東田川郡・飽海郡　新潟県　*すすこだまる・すすこまる 山形県北村山郡

↓ちぢまる（縮）

寒さで□さま *こもこも(幼児語) 島根県八束郡・能義郡「こもこもする」　*ふぃーさがたが・ふぃーさぐふぁい・ふぃーさくりしゃ・ふぃーさまがい 沖縄県首里

ちぢまる【縮】 *かじかむ 新潟県三島郡　静岡県田方郡　*かじむ 高知県「この織物は一度洗うと大分かじむきに、其積りで少し長ー買わねばいかん」　*がじゅむ 長崎県対馬「寒さの烈しいのにがじゅんでおる」　*しゃくだまる 新潟県中越・長岡市　*しゃごだまる 新潟県下越　*ちじくだまる 新潟県三島郡　*ちじくなる 岐阜県飛驒「朝顔の花がちじくなる」「うちではあらび、学校ではちじくなる」　愛知県碧海郡　*ちじこなる 新潟県佐渡　富山県砺波「人の中へ出りゃちじこなっとるくせに」　岡山県津山市　*ちじなる 富山県砺波　*ちゅじゅんまがつ 鹿児島県

↓ちぢこまる（縮）・ちぢむ（縮）

ちぢむ【縮】 *かじかむ 新潟県三島郡　静岡県田方郡　*かじむ 高知県「この織物は一度洗うと大分かじむきに、其積りで少し長ー買わねばいかん」　*がじゅむ 長崎県対馬「寒さの烈しいのにがじゅんでおる」　*しかむ 滋賀県彦根　岡山市「唐紙が乾えたらすこうししかんだ」　徳島県「病気になってあの人の顔は何時もしかんでいる」　香川県　愛媛県・周桑郡　*しゃじかまる 秋田県鹿角郡「着物が雨に湿(ぬ)れてしゃじかまる」　*ちじかむ 愛知県碧海郡　*ちじくる 和歌山県西牟婁郡　高知県　*ちじける 岡山県御津郡・吉備郡　*ちべる 石川県河北郡　*にっかむ 岩手県九戸郡　*へしぐだまる 秋田県平鹿郡「あまり恐ろしいのでへしぐだまって何も言えなかった」・鹿角郡

↓ちぢまる（縮）

乾いて□ *ひすばる 茨城県猿島郡　埼玉県川越・入間郡「まんじゅーがあったがひすばって食えねー」　千葉県千葉郡・東葛飾郡　新潟県上越市　長野県佐久　徳島県那賀郡　愛媛県　*びすばる 茨城県　*ぴすぱる 茨城県北相馬郡　*ひすびる 東京都八王子「骨と皮ばかりにひすびる」　神奈川県津久井郡　長野県　*ひすぼる 兵庫県加古郡　島根県石見　広島県高田郡　*へしぼる 和歌山県「この林檎はこんなにへしぼってい

方/言/の/窓

●『雑兵物語』のことば

『雑兵物語』は江戸初期（一六八三年以前の成立）に著された兵法・軍学書である。東国出身の足軽どうしの会話形式で戦陣の心得を述べたもので、江戸初期東国語の資料として重要なものである。

現在の東部方言の特徴につながるものの例をいくつか挙げてみよう。

・竪（たて）にさしたらば、笠にさわってわるかんべい。

・打飼（うちかひ）の底に入（いれ）て置（おい）た梅干をとんだして、ちょと見ろ。

・胸の通りに玉があれば、鉄炮がためられないもんだ。

意志・推量の助動詞「べい」、一段活用動詞命令形の「見ろ」、断定の助動詞「だ」など東国語的特徴が強く認められる。

本書はその平易な内容によって江戸時代多くの読者を得たようである。

る」 *へしぼれる 和歌山市 *へすばる 徳島県 香川県大川郡 *へすぼる 兵庫県加古郡 和歌山県伊都郡 *へそばる 徳島県

ちのう【知能】 ⇩ちえ（知恵）

ちぶさ【乳房】 *あんま（中流以下） 富山県下新川郡 *あんも 富山県下新川郡 *おっちんぼ 栃木県日光市 *さしじ（吸うほどによく出る乳房） 静岡県志太郡 *さしじ（椀を伏せたような、形よくしまった乳房） 青森県上北郡・三戸郡 岩手県気仙郡 *さしじち 新潟県佐渡 奈良県 *たまじ（丸みのある垂れていない乳房） 鹿児島県喜界島 *ち 青森県上北郡 東京都八丈島 静岡県北伊豆 長崎県南高来郡 *ちー 石川県鳳至郡 徳島県 長崎県南高来郡 沖縄県首里 *ちーぐゎー（小さい乳房） 沖縄県首里 *ちーぶくろ 鹿児島県奄美大島 *ちーぶっく 沖縄県中頭郡 *ちーぶっくゎ 沖縄県首里 *ちこ 岩手県気仙郡 島根県（幼児語） *ちちくび 山形県米沢市 *ちちこ 山形県 島根県（幼児語） *ちちぶ 青森県南部 *ちっこ 茨城県稲敷郡 千葉県長生郡 東京都大島・三宅島・御蔵島 *ちっち 岩手県上閉伊郡 *ちっちこ 宮城県栗原郡 *ちまめ 鳥取県気高郡 *ちょぼ 長崎県壱岐島 *ちんこ 栃木県河内郡 *ちんぼ 茨城県猿島郡・真壁郡「あちんぼ」 栃木県 *ちんも（幼児語） 石川県鹿島郡

ちゃ【茶】 *うじ 滋賀県犬上郡 奈良県 *おただ 香川県「おただひとつおあがんな」 *おぶ 滋賀県彦根 兵庫県加古郡 *おぶー 香川県 愛媛県周桑郡 *きつねっぱ 静岡県志太郡 *ちゃーちゃ 長野県東筑摩郡 静岡県 *ちゃこ 島根県仁多郡・能義郡 *ちゃちゃ 京阪「ちゃちゃ一ぷく」 滋賀県彦根 *ちゃちゃ（幼児語） 東京都八王子 神奈川県津久井郡 福井県 長野県東筑摩郡 静岡県磐田郡 滋賀県長浜・蒲生郡 兵庫県神戸市 和歌山県 鳥取県・気高郡 島根県石見 岡山県児島 徳島県 香川県 *ちゃっちゃ 岐阜県飛騨 島根県石見 長崎市 *ちゃっちゃー 広島県 岡山県（幼児語） 島根県石見（幼児語） *ちゃば 島根県石見「ちゃばを買いに行く」 *ちゃんちゃ 三重県伊賀 *でばな 奈良県山辺郡 *ばかしっぱ 静岡県志太郡 *ぶ 島根県出雲 *ぶー 京都府 兵庫県加古郡 和歌山県日高郡 福岡県久留米市・八女郡 *ぶーちゃん 福岡県八女郡 *ぶーぶー 福井県 *ぶぶ 滋賀県犬上郡 京都府 大阪府・泉北郡 奈良県 岡山市 香川県丸亀市・三豊郡 福岡県三池郡 *ぶんぶ 岐阜県本巣郡 滋賀県 島根県 *やまちゃ 熊本県阿蘇郡

ちゃづけ【茶漬】 *いかけめし 島根県八束郡 *おちゃじめ 岐阜県山県郡・武儀郡 *おぶずけ 京都市 大阪市 *おゆずけ 富山県東礪波郡 *さつまめし（生の魚肉を飯にのせた茶漬け） 福岡市 熊本県玉名郡 *ちゃずいもん（刺身の茶漬け） 岡山県苫田郡 *ちゃのこ 徳島県 *はずけ 長野県佐久 *ぶぶずけ 京都市 大阪市 兵庫県 奈良県 和歌山県和歌山市・海草郡 広島県高田郡

ちゃのま【茶間】 *あざ・あざんま・あだ 長崎県西彼杵郡 *いのま 千葉県夷隅郡 *いど 東京都三宅島 *いどこ 岩手県和賀郡 山梨県・北巨摩郡・南巨摩郡 長野県 *いどころ 青森県津軽 *いるとこ 長野県佐久 *うち 富山県砺波 徳島県美馬郡 *わてのま 島根県飯石郡・大田市 *おちま 島根県鹿足郡・邑智郡 *おま 新潟県佐渡 *おまい 福島県会津 *おまえ 秋田県河辺郡 山形県東田川郡 新潟県岩船郡・東蒲原郡 長崎県西彼杵郡 熊本県 *おもて 熊本県 *かぎざ 高知県土佐清水市 *かって 熊本県 *かってんま 熊本県天草郡 *きたおうえ 愛知県豊橋市 *こざ 香川県三豊郡 *したいどこ 長野県諏訪 *じゃどこい 熊本県球磨郡 *じょい 青森県 秋田県平鹿郡・鹿角郡 *じょーい 岩手県紫波郡 秋田県鹿角郡 *じょーだん 群馬県勢多郡 *すえんま 鹿児島県大隅 *せじのま 長野県更級郡 *ぞい 岩手県下閉伊郡 *ぞーい 岩手県上閉伊郡 *だいどこ 秋田県秋田市・河辺郡 石川県七尾市 長野県上伊那郡 愛知県知多郡 三重県飯南郡 熊本県 *だいどこい 熊本県球磨郡 *だいどころ 青森県津軽 和歌山県日高郡 熊本県芦北郡 *ちゃいんざ 宮崎県西諸県郡 *ちゃにんざ・ちゃにんじゃ 熊本県天草郡 *ちゃねざ 熊本県上益城郡・下益城郡 *ちゃねだ 長崎県西彼杵郡 *ちゃねんざ 熊本県宇土郡 *ちゃのいざ 熊本県球磨郡 *ちゃのざ 熊本県下益城郡 *ちゃのみざ 熊本県八代郡 *ちゃまこ 秋田県鹿角郡 *ちょーだい 東京都八丈島 岐阜県 *ちょんで 三重県志摩郡 *で 青森県上北郡 *でい 青森県南部 新潟県西蒲原郡 岐阜県高山市 香川県高見島 宮崎県西臼杵郡 *でこ 青森県南部 *ないしょ 岩手県気仙郡 茨城県多賀郡 静岡県志太郡 徳島県 愛媛県大三島 *ないしょー 茨城県久慈郡 *なかい 島根県隠岐島 熊本県球磨郡 *なかえ 静岡県賀茂郡 島根県隠岐島 熊本県球磨郡 *なかめー 沖縄県首里 *なかや 香川県・小豆島 *なきゃー 静岡県 *なんど 千葉県安房郡 *ねーしょ 鹿児島県奄美大島 *ゆのま 長野市 *よこざ 栃木県 新潟県 長野県東筑摩郡（主人の居間） 愛媛県北宇和郡・大三島 長崎県 *よこだ 山口県祝島・大島 *よま 愛媛県 熊本県天草郡

台所兼□ *うて 島根県大原郡 *わて 島根県飯石郡・大田市

ちゃわん【茶碗】 *あやーん 長崎県五島 *いしごき 福岡県小倉市 長崎市 *いしごけ 愛知県宝飯郡 *きじ 島根県鹿足郡 *ごーき 山形県西置賜郡 *ごき 東京都八丈島 三重県志摩郡 香川県塩飽諸島 *ごきじゃわん 島根県 *ごす 岩手県気仙郡 *ごっ 鹿児島県 *じょーぎ 東京都八丈島 *じょーげ・じょげばん 東京都大島 *ちゃくみ 岡山県小田郡 *ちゃわんかーつ 福島県南会津郡 *てむく 島根県 広島県 山口県阿武郡 *ても

く島根県　広島県高田郡 *てもこ(上も下も同じ大きさの深い茶わん)島根県出雲市 *てもん 山口県阿武郡 *てんく 島根県那賀郡　広島県 *てんむく 島根県鹿足郡 *てんもく 東京都利島　石川県河北郡・能美郡　岐阜県　滋賀県伊香郡　島根県　広島県甲奴郡・高田郡　長崎県対馬　大分県直入郡・玖珠郡　宮崎県西臼杵郡 *ななじゃわん 山形県東置賜郡 *ななちゃ 東京都八丈島 *ななつじゃわん(大きいもの)新潟県 *ならじゃ 山形県米沢市 *ならじゃじゃわん 山形県米沢市 *ならちゃ 山形県　東京都八丈島　長野県東筑摩郡

島根県出雲　福岡県企救郡　佐賀県・藤津郡

大分県西国東郡・速見郡　鹿児島県・肝属郡 *ならちゃじゃわん 島根県出雲 *ならちゃわん 山形県　鹿児島県肝属郡 *ならつや 島根県出雲 *はんき 山形県北村山郡(椀)　徳島県・麻植郡 *はんきゅーおわん・はんきわん 山形県北村山郡(椀) *もっつぉ 山形県西置賜郡・東田川郡 *わんごす 岩手県気仙郡

欠け□ *ごき 徳島県美馬郡　香川県仲多度郡　長崎県北松浦郡　宮崎県 *ひっかけじゃーん 鹿児島県 *みなくちじゃわん 新潟県中頸城郡

御飯□ *おやわん 群馬県多野郡 *ちゃじきじゃわん 新潟県佐渡 *ちゃずけじゃわん 兵庫県加古郡 *ちゃずけちゃわん 群馬県勢多郡(汁なども盛る)「ちゃずけちゃわんに五杯も食った」 新潟県佐渡 *ちゃのみじゃわん 新潟県佐渡

常用の□ *ぎょーぎじゃわん 徳島県　大分県大分市・別府市 *じゃーぎじゃわん・じょーげじゃわん・じょーじゃわん 島根県 *じょーぎじゃわん 大分県 *じょーぎじょーぎじゃわん 長崎市 *ちゃずけじゃわん 大分県大分郡・速見郡

茶飲み□ *おちゃくみ・ちゃくみじゃわん 島根県　香川県三豊郡 *しんちゃじゃわん 島根県簸川郡・隠岐島 *せんちゃ 佐賀県藤津郡

*ちゃくみ 島根県　広島県 *ちゃくんじゃわ(大きくて深いもの)島根県隠岐島 *ちゃくんじゃわん(大きくて深いもの)島根県 *ちゃじゃわん 島根県出雲　鹿児島県肝属郡 *ちゃのみ 山口県防府市 *ちゃんちゃぶる 鹿児島県沖永良部島 *りんなり 岐阜県揖斐郡

ちゅうい【注意】 *ごんぞ 新潟県中頸城郡

→ようじん(用心)

□する *かんがえる 岐阜県揖斐郡・郡上郡「そのはしご段、急なでかんがえて登んなれ」 *きばる 富山県 *きずく 長野県「きづいてやれ」 *くくりゆん 沖縄県首里「くくりてぃあっきよー(気をつけて歩けよ)」 *ぐざる(しつこく注意する)長野県「おとっさまにぐざられた」 愛知県 *ぐずる(しつこく注意する)石川県金沢市　長野県東筑摩郡「ぐずる男だ」　熊本県芦北郡・八代郡「ぐずられた(注意を受けた)」 *ぐぜくる(しつこく注意する)長野県下伊那郡 *くぜる(しつこく注意する)大分県日田市 *ぐぜる(しつこく注意する)長野県　佐賀県　大分県 *さよーのおをひく(ひそかに注意する)高知市「あれはちっとたらんきに(少し抜けているから)、さよーのおをひかんと人前で恥をかく」 *ふでぃゆん(しつこく注意する)鹿児島県喜界島 *まえをちがえる 岡山県苫田郡「ありゃー手に合わん人間じゃけー、まえをちがえてかからにゃひどいめにあうで」

□を促す時に発する語 *あいな 三重県北牟婁郡「あいな、あのひと見よ」 *そ 香川県「持っとれ、そ」 *そい 島根県石見・隠岐島「そい、これをお前にやる」 *そいしょ 島根県石見・隠岐島「そいしょ、やるから早う取れ」 *そー 静岡県志太郡「そー、またよごす」 香川県「これやるぞ、そお」 *とーとー 沖縄県首里 *やれこれ 群馬県多野郡「いぶせいぞ(あぶないぞ)やれこれ」 *んじ・んでぃ 沖縄県石垣島

□を払う *きもずく 島根県出雲「きもずいて木に登れ」 *くめーきゆん 沖縄県首里

ちゅうおう【中央】 *でんどーなか 神奈川県津久井郡 *どーなか 岩手県上閉伊郡「どーなかに門のある家」・気仙郡　山形県東田川郡・米沢市　新潟県中頸城郡　島根県 *となか 山梨県南巨摩郡　岐阜県飛驒「道のとなかに車を置いとる」

島根県石見・隠岐島 *どなか 静岡県磐田郡　島根県能義郡・八束郡 *どんなか 岩手県気仙郡「俺どご、どんながさ入れろ」　宮城県登米郡　山形県西置賜郡・南置賜郡「どんながを結う」「どんなが切った」　新潟県西蒲原郡　島根県隠岐島

*なかさい 島根県益田市 *なかさや 島根県益田市 *なかしゃーじ 鳥取県西伯郡「背のなかしゃーじが痛い」 *なかじん 沖縄県首里 *ばなか 岩手県気仙郡　宮城県登米郡　山形県東田川郡

→まんなか(真中)

ちゅうかん【中間】 *あいさ 長野県上田　鳥取県 *あいさか 岡山県苫田郡「(商談の時)じゃああいさかをとって八五〇〇円じゃあどねえならな」「あいさかを抜く(取り引きの中に入って不当な利益を得ること)」 *あいざかい 広島県安芸郡「あいざかい布団(夏冬中間の布団)」 *あいなか 島根県美濃郡・益田市「学校へ行くあいなかで出逢った」 香川県香川郡「島と島とのあいなかに船が見えるじゃろ」 愛媛県　長崎県壱岐島　鹿児島県鹿児島郡

*いぇーなか 沖縄県「しゅいとなーはとぬいぇーなかいある泊村(首里と那覇との間にある泊村)」 *たなかなー 鹿児島県喜界島「棚と壁のたなー」 *ちーろくてん 島根県出雲市「山のちーろくてんに小屋がある」 *なかさ 新潟県「本のなかさへはさめておいた」 *なかさい 新潟県佐渡　富山県　福井県大飯郡　岐阜県飛驒「話のなかさいへ入る」 *なかずみ 静岡県榛原郡「なかずみをうつ(中を取る)」 *なかせ 山形県東田川郡・飽海郡　新潟県佐渡 *なかだい 徳島県・美馬郡 *なか

たびら 新潟県佐渡「なかたびら止めたのに又飲み出した」 ***なかたんだら** 富山県砺波「あの山のなかたんだらにんみえる(見える)」 ***なかっせ** 山梨県 ***はだえ** 島根県美濃郡・益田市「球がこびらのはだえに落ちた」
→あいだ(間)

ちゅうげん【中元】 ***ぼんが** 愛知県知多郡 ***ぼんく** 東京都八王子 ***ぼんせーぼ** 富山県高岡市 京都府竹野郡 山口県大島 香川県仲多度郡・三豊郡 ***みたま** 静岡県庵原郡

ちゅうさい【仲裁】 ***あつかい** 福岡市 ***きもいーて** 鹿児島県肝属郡 ***きもいり** 千葉県印旛郡 ***きもいれ** 長野県佐久 ***さいきゅー** 広島県倉橋島「さいきゅーをやく」 ***さいきょ** 愛媛県大三島「さいきょやく」 ***さいきょー** 高知県長岡郡 ***さいぼー** 長野県東筑摩郡「さいぼーをする」・諏訪 ***さくばい** 宮城県仙台市「さくばい人」 ***さげぼー** 長野県佐久 ***しゃいっこ** 山形県置賜 ***じゅくだん** 新潟県西蒲原郡 ***せーぼー** 長野県南安曇郡 ***どーもち** 島根県出雲「喧嘩のとーもちをした」 ***とりもち** 島根県
□する ***さえる**(喧嘩などを仲裁する) 青森県津軽 岩手県「けんかはじまったので今せあできた」 宮城県登米郡・玉造郡 三重県松阪市 ***さかえる**(喧嘩を仲裁する) 長崎県壱岐島「早うさかえんか」・対馬 ***さかゆる**(喧嘩を仲裁する) 長崎県壱岐島 ***どっさいる** 福島県 ***とっさえる** 新潟県佐渡 ***とっせーる** 神奈川県津久井郡 ***とっつぁえる** 茨城県・稲敷郡 栃木県「とっつぁいてもだめなんだよ」 千葉県東葛飾郡 ***どっつぁえる** 福島県 ***とっつぁる** 栃木県那須郡 ***とっつぇる** 福島県東白川郡「けんかしてっから、とっつぇでやれ」 ***とりさえる** 新潟県佐渡 山梨県 ***なかとぅゆい** 鹿児島県喜界島 ***わかしゅん** 沖縄県首里「おーえー わかしゅん(けんかを仲裁する)」
□する人 ***さいと** 岩手県気仙郡 ***さえにん** 宮城県仙台市 ***したさべり** 岐阜県大野郡

ちゅうしょく【昼食】 ***あさうぶん**(ていねい語) 沖縄県首里 ***あさばん** 鹿児島県奄美大島 ***あさめし** 静岡県榛原郡 三重県志摩 香川県 ***あし** 沖縄県国頭郡・宮古島 ***あしー** 鹿児島県喜界島 沖縄県中頭郡・黒島・鳩間島 ***あす** 鹿児島県沖永良部島 ***あすぃー**(農村用語) 沖縄県首里 ***あっしー** 鹿児島県徳之島 ***おいはん** 長崎市 ***おこびる** 香川県 ***おちゃ** 千葉県夷隅郡 ***おちゃずけ** 茨城県水戸 栃木県 群馬県勢多郡 長野県佐久 ***おちょはん** 新潟県上越市 ***きっぱん** 香川県綾歌郡 ***こじはん** 愛知県西加茂郡 ***こじゃ** 愛媛県大三島 ***ごせはん** 愛知県碧海郡 ***ごぜん** 岡山市(午前十時ごろ) 徳島県美馬郡「ごぜん時分」 香川県綾歌郡(午前十時ごろ) ***こぶりー・こぶるい** 熊本県阿蘇郡 ***しるま** 山形県北村山郡「今しるましたところだ」 ***しん**(大工の用いる語) 奈良県南大和 ***ちーはん** 島根県出雲 ***ちはん** 鹿児島県 ***ちゃがし・ちがせ・ちいがせ** 東京都三宅島 ***ちゃず** 長野県佐久 ***ちゃずけ** 群馬県館林 長野県 ***ちゅあん** 新潟県佐渡 ***ちゅーはん** 青森県上北郡 山形県 新潟県佐渡 石川県 島根県隠岐島「ちゅーはんしましょうや」 ***ちゅーぽん** 鹿児島県黒島 ***ちゅはん** 鹿児島県肝属郡 ***ちょーはん** 新潟県・上越市「ちょうはんのしたくしれや」・西頸城郡 ***つはん** 鹿児島県 ***つまどぅぎ・つまどぅきー・つまどぅぐい** 沖縄県与那国島 ***ぬすぴ** 沖縄県新城島 ***ひあがり** 福岡県浮羽郡 熊本県 ***ひーあがい** 熊本県球磨郡 ***ぴーぬむぬ** 沖縄県小浜島 ***ひーり** 新潟県西頸城郡 岐阜県揖斐郡・郡上郡 ***ひーれ** 富山県西礪波郡 ***ぴすまむぬ** 沖縄県波照間島 ***ひやがい** 佐賀県 熊本県芦北郡 ***ひやがいめし** 佐賀県藤津郡 ***ひやがり** 熊本県玉名郡 ***ひやめし** 静岡県 福岡県 大分県日田郡 ***ひょーら** 東京都八丈島 ***ひょーろー** 東京都八丈島「ひょーろーしまっしとー(用意してくれ)」 ***ひらが** 熊本県上益城郡 ***ひらがり** 熊本県 ***ひり** 岩手県紫波郡 富山県東礪波郡 石川県江沼郡・能美郡 福井県吉田郡・大野郡 ***ひりあがり** 石川県能美郡 熊本県八代郡 ***ひりー** 山梨県・南巨摩郡 広島県比婆郡 ***ひりおり・ひりゅーり** 石川県江沼郡 ***ひりま** 富山県 奈良県宇陀郡 ***ひりやーがい** 佐賀県 ***ひりやがり** 石川県河北郡 ***ひるあがり** 秋田県雄勝郡 石川県 熊本県玉名郡・菊池郡 ***ひるい** 東京都利島「ひるい くいに いえい くろに(昼飯を食べに家に来るよ)」 石川県河北郡 広島県比婆郡 ***ひるいあがり** 北海道美唄市「ひるいぁがり するんだー(昼御飯にするよ)」 ***ひるおり** 石川県河北郡・珠洲郡 ***ひるま** 山形県 富山県砺波・東礪波郡 石川県羽咋郡・鹿島郡 高知県 沖縄県首里 ***ひるまま** 秋田県仙北郡「ひるままを早く食へ」 石川県河北郡 山口県 熊本県 大分県 ***ひれ** 富山県砺波 ***ひろーむぬ** 沖縄県竹富島 ***ぴろーむぬ** 沖縄県八重山 ***ひんなか** 神奈川県三浦郡 ***ひんなん** 新潟県・西頸城郡 ***ひんまじき・ひんまばん** 鹿児島県奄美大島 ***へい** 長野県下水内郡 ***へーれ** 富山県 ***へり** 石川県河北郡・鹿島郡 ***へんま** 富山県砺波 石川県鹿島郡 ***めーしぇー・めーすべ** 沖縄県竹富島 ***ゆーざけ・よーざけ** 愛知県碧海郡 ***ゆーじゃ** 静岡県志太郡

ちゅうしん【中心】 ***しんくり** 静岡県榛原郡 ***しんこ** 東京都三宅島(円形物の中央) 静岡県磐田郡 島根県隠岐島 香川県大川郡・綾歌郡 愛媛県・喜多郡「頭のしんこが痛い」 ***しんこー** 東京都三宅島 ***しんと** 栃木県 ***しんど** 和歌山県日高郡「この飯にしんどがある」 ***しんとー** 群馬県多野郡 埼玉県秩父郡 神奈川県愛甲郡・中郡 新潟県佐渡 長野県 静岡県「りんごのしんとー食べるな」 ***しんどー** 和歌山県有田郡 ***しんぼろ**

大阪府泉北郡 *だんず 新潟県岩船郡「臼のだんづ」

□部 *しんくり 静岡県榛原郡 *しんこ 東京都三宅島(円形物の中央) 静岡県磐田郡 島根県隠岐島 香川県大川郡・綾歌郡 愛媛県・喜多郡「頭のしんこが痛い」 *しんこー 東京都三宅島 *しんと 栃木県 *しんど 和歌山県日高郡「この飯にしんどがある」 *しんとー 群馬県多野郡 埼玉県秩父郡 神奈川県愛甲郡・中郡 新潟県佐渡 長野県 静岡県「りんごのしんとー食べるな」 *しんどー 和歌山県有田郡 *しんぼろ 大阪府泉北郡 *そこしん 鹿児島県肝属郡「びんたん(頭の)そこしんがいて(痛い)」 *ほてなか 島根県美濃郡「益田(益田市)のほてなかに居って知らんのか」

ちゅうちょ【躊躇】 *うんじょやみ 滋賀県愛知郡 *おたらい 長野県 *おもいやみ 山形県 *おもやみ 青森県 宮城県栗原郡「行こう、行こうと思いながら、おもやみしてまだいってない」・仙台市 秋田県平鹿郡・鹿角郡 山形県 *しこーもっこ 千葉県香取郡 *しちもち 青森県津軽 島根県出雲「あの大工はしちもちしてさっぱり駄目だ」 *しっくもっく・しっこまっこ 愛媛県東宇和郡「いくらしっくもっくしてもはかどらない」 *しっこもっこ 岩手県九戸郡 *しっちくもっちく 群馬県佐波郡 *しっつくもっつく 群馬県館林 *しっつもっつ 宮城県栗原郡 *しっつらもっつら・しつらもつら 青森県津軽 *しつむつ 山形県最上郡・米沢市 *しつもつ 青森県 岩手県気仙郡「なにしつもつする、やれやれ」 *しともつ 青森県津軽 *ちちゅー 新潟県佐渡 静岡県榛原郡「こう寒くちゃー茶が(茶のできが)ちちゅーする」 *ちちゅーやー 島根県石見「行こうか行くまーかちちゅーやーする」 *にあず 山形県西村山郡 *にーか 宮城県栗原郡「にーかする」 *にき 群馬県多野郡

→ためらう(躊)

□する *あご たえる 岩手県胆沢郡 *かがそう 長崎県対馬 *けちまじく 広島県高田郡 *じっちばる 茨城県稲敷郡 *しびらえる 岩手県胆沢郡 *てもどりかく 新潟県中頸城郡 *どーずる 群馬県多野郡 *にぶる 島根県「金を出すのをにぶる」 *ぶらつく 新潟県佐渡 *へどりまう 長崎県・北松浦郡 *へばる 愛媛県「へばってどーしても行かん」 *よだつ 岡山県阿哲郡・小田郡(ぐずぐずする) *よどむ 徳島県「なんにちも、よどんだきんのー」

□するさま *えじくじ 山形県東置賜郡 *えじこじ 島根県出雲「えじこじすーと来ーかも知れん」「えじこじせず行け」 *えじぼし 島根県能義郡 *えじもじ 鳥取県西伯郡 島根県「えじもじしちょーと汽車におくれーじ」 *えんじもんじ 島根県 *えんじりむんじり 山形県南部 *しこーもっこ 千葉県香取郡 *しちもち 青森県津軽 島根県出雲「あの大工はしちもちしてさっぱり駄目だ」 *しっくもっく・しっこまっこ 愛媛県東宇和郡「いくらしっくもっくしてもはかどらない」 *しっこもっこ 岩手県九戸郡 *しっちくもっちく 群馬県佐波郡 *しっつくもっつく 群馬県館林 *しっつもっつ 宮城県栗原郡 *しっつらもっつら・しつらもつら 青森県津軽 *しつむつ 山形県最上郡・米沢市 *しつもつ 青森県 岩手県気仙郡「なにしつもつする、やれやれ」 *しともつ 青森県津軽 *すねこね 茨城県稲敷郡 *すねもね 秋田県平鹿郡「何時まですねもねする」 *ぶらぶら 新潟県佐渡 *へどもと 茨城県東茨城郡 *まぐまぐ 山形県村山・北村山郡 *まごまご 広島県佐伯郡

ちゅうと【中途】 *とちーなか 島根県出雲市・八束郡 *とちなか 島根県出雲 *とちゅーなか 山形県西村山郡・北村山郡「仕事のとぢゅーながで休む」 福島県会津 新潟県佐渡「とちゅーなかまでいってもどってきた」・中頸城郡 富山県砺波 岐阜県飛騨「とちゅーなかで止める」 福岡市 *とちゅなか 山形県 富山県砺波 *とちょなか 山形県西田川郡・飽海郡 *とつーなか 福島県会津 *となか 岩手県気仙郡「となかにする(仕事を途中でやめる)」 島根県八束郡 *どなか 岩手県気仙郡「学校をどながにする」 *なかだい 徳島県・美馬郡 *なかたびら 新潟県佐渡「なかたびら止めたのに又飲み出した」 *なかたんだら 富山県砺波「あの山のなかたんだらにんみえる(見える)」 *なからなまじ 青森県三戸郡「なからなまず東京あたりさ来て変なものになったよ」 岩手県「なからなまじ知ったふりをするな」 宮城県 秋田県鹿角郡 山形県米沢市「ながらなまじな事ゆう」 新潟県東蒲原郡 *なからなましー 岩手県盛岡市 *なからなまじっか 新潟県東蒲原郡 *なからなまんじ 秋田県雄勝郡・平鹿郡「学校をながらなまんずに止めた人だ」 *なからはんぶん 宮城県仙台市 *なからみち 沖縄県首里 *ばなか 岩手県上閉伊郡・気仙郡「学校をばながにする」 *みちなから 沖縄県首里

→とちゅう(途中)

ちゅうとはんぱ【中途半端】 *しくさし 岡山県苫田郡「なんもかも、しくさしにしくさって」 香川県大川郡・三豊郡 *しわんたわん 岡山県苫田郡「ながいじょー、しわんたわんしとりんさるが、柳に雪折れなしで、まだ生きとりんさるがなー」 *ちゅーかん 山形県米沢市 *ちゅーっとら 神奈川県中郡 *ちゅーなか 新潟県佐渡 *ちゅーにんはぐれ 長野県下伊那郡 *ちゅーねはん 和歌山市「今になったらちっとちゅーねはんになる」 *ちゅーはん 三重県名賀郡 兵庫県加古郡 徳島県「ちゅーはんでは弱るなあ」 高知県 *つつきさがし(仕事などをあちこち手をつけて中途半端にしておくこと) 岐阜県山県郡・武儀郡 *どちはん 岐阜県飛騨 *どちはんじゃく 鳥取県西伯郡 島根県「どちはんじゃくな事をするなら止めたがえー」 *どちゅーなか 新潟県佐渡 岡山県苫田郡 *ど

っちはんじゃく 鳥取県「昼食には遅し、夕食には早し、どっちはんじゃくだ」 *どっちゃーない 島根県石見「どっちゃーなー物を貰うた」 *なかたげー 沖縄県首里 *なからはんじゃく 青森県津軽「勤めに出るほどの能力もないし、さりとて、家で仕事もやれないしさ、ながらはんじゃぐだ者になってしまいましたよ」 宮城県登米郡・仙台市 新潟県下越 島根県石見「なからはんじゃくにして責任がすむと思うか」 *なからはんちゃく 青森県上北郡・三戸郡 山形県 *なからはんと 宮城県仙台市「なからはんとで止っこって、はしめんすな(中途で止めるなら始めるな)」 *なからはんぱ 宮城県仙台市 福島県東白川郡 *なまじげ 新潟県中頸城郡「なまじげのこといふな」 *なまどれ 島根県簸川郡・大原郡「なまどれじゃ駄目だ」 *なまにんじゃく 島根県隠岐島 *なまはんこげ 石川県鹿島郡・羽咋郡 *なまはんじっか 埼玉県北葛飾郡「なまはんじっかの事をきく男じゃねー」 *なまはんじゃく 群馬県佐波郡 新潟県佐渡 静岡県「なまはんじゃくな事をするな」 京都市 大阪市 和歌山市 島根県 広島県高田郡 山口県 香川県 *なまはんだけ 石川県羽咋郡 *なまはんちゃく 富山県砺波 島根県隠岐島 *なまはんちゃくれ 岐阜県稲葉郡 *なまはんちゃらく 山形県 *なまらなかず 青森県南部「なまらなかず覚えたって」 *なまらはんか 新潟県東蒲原郡 *なまらはんじゃく 山形県 福島県東白川郡 新潟県 福井県敦賀市・大飯郡 三重県志摩郡 福岡市 *なまらはんちゃく 山形県西置賜郡 *なまらはんぱ 福島県東白川郡 新潟県東蒲原郡 *なまりはんじゃく 滋賀県彦根・神崎郡 *にちゅー 群馬県伊勢崎市 *にちゅーはん 群馬県伊勢崎市・勢多郡 *はしはんぱ 埼玉県北葛飾郡 *はぷかけ(仕事などがやりかけで、中途半端であること)青森県津軽 *はんじゃく 島根県大田市「はんじゃくな事ばっかしても困る」・益田市 *はんちく 広島県高田郡 *はんちゃ 鳥取県西伯郡 島根県八束郡・隠岐島「仕事をはんちゃにしてどこかえあそびに行きた」 *はんちゃく 山形県「なまらはんちゃくに覚える」 富山県 *はんちゃくれ 岐阜県益田郡 *はんちゃぼ 石川県 *はんと 宮城県仙台市「仕事半途にして帰った」 島根県益田市・大原郡 *はんとげ 山口県阿武郡 *はんぷかげ(仕事などがやりかけで、中途半端であること)青森県津軽「仕事はんぷかげねばれして(仕事を中途半端にばかりして)、満足ねでがした物ぁ、一つもなえ(満足に仕上げたものは一つもない)」 ↓「いいかげん(好加減)」の子見出し、「いいかげんなさま」・どっちつかず(何方不付)・はんぱ(半端)

ちゅうぼう【厨房】 ⇩だいどころ(台所)

ちょう【腸】 *いーわた 沖縄県首里 *うーわた 鹿児島県喜界島 *うぞーばだ(「渦巻くわた」の意)沖縄県石垣島 *うふわた(大腸)鹿児島県喜界島 沖縄県首里 *えなわ(「穢之輪」、または「穢縄」か)岐阜県海津郡 *さなだわた 鹿児島県奄美大島 *しゃくしろ 山形県北村山郡 *ずずいわた 鹿児島県 *だんこ 青森県上北郡 *ななじゅーごひろ・ひちじゅーごひろ 鹿児島県種子島 *ばったーま 沖縄県竹富島 *はら 新潟県佐渡 *ひゃくしょわた 岩手県気仙郡 *ひゃくたぐり 奈良県 *ひゃくひろ(長いところから)岩手県上閉伊郡 秋田県平鹿郡 茨城県稲敷郡 栃木県 群馬県勢多郡・多野郡 埼玉県南埼玉郡・秩父郡 千葉県・夷隅郡 東京都八王子 神奈川県津久井郡・中郡 新潟県 富山県砺波 山梨県 長野県諏訪 愛知県碧海郡 滋賀県彦根 京都市 和歌山市 島根県「ふゃくふろがちぎれる思いをした」 岡山県邑久郡 広島県比婆郡・芦品郡 徳島県 香川県仲多度郡 愛媛県 長崎県南高来郡 *ひゃくひろわた 秋田県由利郡 新潟県岩船郡 *ひやっぴろ 島根県石見 *ふーわた(大腸)鹿児島県徳之島 *べと 石川県鳳至郡 *まがりわた 鹿児島県喜界島 *まぐりわた 鹿児島県奄美大島・加計呂麻島 *まんくりわら 鹿児島県奄美大島 ↓ぞうふ(臓腑)・ぞうもつ(臓物)・はらわた(腸)

ちょう【蝶】 *あまちょちょ・あまっちょー 山梨県 *あまびら 長野県長野市・上水内郡 *あやはべる(「はべる」はチョウの意。美しいチョウ)沖縄県首里 *おこり 秋田県南秋田郡 *かーぶり 静岡県安倍郡 *かかべ 青森県 岩手県岩手郡・紫波郡 *かっかべ 岩手県九戸郡・下閉伊郡 *かっぽ 三重県度会郡 滋賀県伊香郡 *かっぽー 滋賀県滋賀郡 *かびらー 沖縄県竹富島 *かんぼー 静岡県安倍郡 *きょま 山形県南置賜郡 *げす 山形県飽海郡 *けとな 秋田県仙北郡 *しょんぱ 山形県北村山郡 *たけろ 青森県上北郡 *たべら 茨城県・久慈郡 *ちちゅけ 熊本県芦北郡 *ちっぱ(チョウやガの類)秋田県仙北郡 *ちゅーちゅーとんばやー 佐賀県 *ちゅーちゅまんご 熊本県天草郡 *ちゅくまんじょ 鹿児島県 *ちゅちゅまんげ 熊本県球磨郡 *ちゅちゅまんご 熊本県天草郡 宮崎県 *ちゅちゅまんじょ 鹿児島県 *ちゅちゅめろ 宮崎県東諸県郡・都城 *ちゅちんまんご 宮崎県児湯郡 *ちょいこ・ちょいこん 静岡県磐田郡 *ちょーかい 広島県佐伯郡 *ちょーくばえいっこ 栃木県佐野市・矢板市 *ちょーこ 長野県下伊那郡 静岡県磐田郡 京都府 兵庫県 鳥取県西伯郡 岡山県 徳島県 香川県 *ちょーちょーばこ 群馬県利根郡・勢多郡 *ちょーちょーばっこ 群馬県勢多郡 埼玉県入間郡・北足立郡 千葉県東葛飾郡 東京都八王子 静岡県富士郡 *ちょーちょーばんこ 神奈川県津久井郡 *ちょーちょーべこ 群馬県山田郡 *ちょーちょーべっこ 群馬県 埼玉県秩父 *ちょーちょーまー 鹿児島県種子島 *ちょーちょーまんげ 福岡県 *ちょーちょーまんご 佐賀県唐津市 熊本県天草郡 大分県宇佐郡 宮崎県延岡市 *ちょーちょーまん

ち 熊本県天草郡 *ちょーちょこ 愛媛県新居郡 *ちょーちょばこ 群馬県碓永郡・勢多郡 *ちょーちょばっこ 茨城県北相馬郡 群馬県勢多郡 埼玉県川越・入間郡 千葉県印旛郡・東葛飾郡 神奈川県横浜市・高座郡 *ちょーちょはん 香川県綾歌郡 *ちょーちょばんこ 神奈川県津久井郡 *ちょーちょべ・ちょーちょべー 栃木県 *ちょーちょべこ 兵庫県佐用郡 *ちょーちょべっこ 栃木県 埼玉県川越 千葉県印旛郡 *ちょーちょま 栃木県上都賀郡 *ちょーちょんべー 埼玉県秩父 *ちょーちょんまい 静岡県 *ちょーちょんみゃー 静岡県田方郡 *ちょーとり・ちょとり 島根県隠岐島 *ちょーま 青森県上北郡 岩手県江刺郡 宮城県 山形県 福島県 茨城県 栃木県 神奈川県横浜市・三浦郡 *ちょーまん 宮城県栗原郡 山形県東置賜郡・最上郡 栃木県下都賀郡 千葉県 *ちょーまんぼ 栃木県 *ちょーまんぽー 栃木県河内郡 *ちょこ 福井県大飯郡 京都府与謝郡 兵庫県 *ちょご 京都府 *ちょこはん 徳島県三好郡 *ちょこべこ 兵庫県佐用郡 *ちょちょこ 大分県 *ちょちょっぱ 茨城県 *ちょちょばい 茨城県猿島郡 *ちょちょばこ 群馬県吾妻郡・佐波郡 *ちょちょばっこ 埼玉県北足立郡 *ちょちょはん 香川県仲多度郡・三豊郡 *ちょちょび 滋賀県伊香郡・滋賀郡 *ちょちょべぁっこ 埼玉県北足立郡 *ちょちょべー 栃木県 *ちょちょべーこ 群馬県山田郡 *ちょちょべこ 栃木県 群馬県佐波郡 *ちょちょべっこ 群馬県 埼玉県 *ちょちょべっこー・ちょちょべっと 群馬県佐波郡 *ちょちょべん 群馬県山田郡 *ちょちょぼ 大分県大野郡・東国東郡 *ちょちょま 栃木県 群馬県勢多郡 神奈川県三浦郡 長野県下水内郡 岡山県 広島県 山口県大島・豊浦郡 愛媛県 *ちょちょまん 栃木市 *ちょちょまんご 熊本県阿蘇郡・天草郡 宮崎県児湯郡 *ちょちょまんじょ 宮崎県南那珂郡 *ちょちょめ 栃木県真岡市・安蘇郡 宮崎県日向 *ちょちょら 島根県隠岐島 *ちょちょろま 広島県走島 *ちょちょんば 長野県上高井郡 *ちょちょんべー 埼玉県北葛飾郡 *ちょちょんま 長野県下水内郡 *ちょちょんみやい 静岡県賀茂郡 *ちょっちょび 石川県能美郡 *ちょっぱ 秋田県河辺郡 山形県 茨城県真壁郡・西茨城郡 栃木県芳賀郡・河内郡 *ちょっぱめ 栃木県 *ちょっぽ 栃木県 岡山県 広島県比婆郡 *ちょのまんぼー 栃木県芳賀郡 *ちょべなっこ 秋田県仙北郡 *ちょま 秋田県由利郡 山形県 栃木県上都賀郡 *ちょまい 岐阜県飛騨 *ちょまこ 岩手県胆沢郡 秋田県雄勝郡 *ちょんこ 大分市 *ちょんぱ 山形県東村山郡・北村山郡 *ちょんま 山形県 茨城県稲敷郡・新治郡 栃木県 *ちょんまー 山形県北村山郡 *ちょんまめ 栃木県那須郡 *つつ 鹿児島県 *てかな・てかなこ 秋田県鹿角郡 *てがら 青森県南部 *てぐら 青森県南部 岩手県九戸郡 *てぐらこ(小さいもの) 青森県三戸郡 *てこな(「てかな(手滕)」の転か) 青森県津軽 *てびらこ 岩手県 *てびらっこ 岩手県気仙郡・胆沢郡 *てぶら・てびら 岩手県上閉伊郡 *てらこ 青森県 秋田県鹿角郡 *てんがら 青森県南部 岩手県 *てんがらこ・てんごろっこ 岩手県九戸郡 *とんぼ 広島県佐伯郡 *ぱーびる 沖縄県黒島 *はーべーる 沖縄県中頭郡 *はびー 鹿児島県宝島 *はびらー・ぱびらー 鹿児島県喜界島 *はびる 鹿児島県沖永良部島 沖縄県首里(文語)・石垣島・小浜島・与那国島 *ぱびる 沖縄県石垣島・鳩間島 *ぱぴる 沖縄県石垣島・波照間島 *はぶぃら 鹿児島県奄美大島・徳之島 *はぶら 鹿児島県奄美大島 *はべーる 沖縄県那覇市 *はべる 沖縄県国頭郡・首里 *はべろー 宮崎県西臼杵郡 *ひーるめ・へーるめ 東京都八丈島 *ぴゃーびる 沖縄県新城島 *ひゅーり 奈良県吉野郡 *びんちょー 熊本県球磨郡 *ぶっちゅー 宮崎県西臼杵郡 *へべらっちょー 茨城県西茨城郡 *べらこ 秋田県 茨城県 *べらっこ 秋田県河辺郡 茨城県久慈郡・稲敷郡 *ぺらっこ 茨城県久慈郡 *べらっちょ 栃木県芳賀郡 *めっちょー 滋賀県蒲生郡

ちょうし【長子】 ⇩ちょうじょ(長女)・ちょうなん(長男)

ちょうし【銚子】 *おしょーけぼん 鹿児島県 *からから 宮崎県東諸県郡・都城 鹿児島県 沖縄県那覇市 *からからー 沖縄県首里「みたんからからー よーんちぐふぃん(満たない銚子といっぱい入らない小瓶、つまり少々足りない人間)」 *からっから 沖縄県石垣島 *かんつっ 鹿児島県 *かんつぼ 岐阜県海津郡 静岡県・磐田郡 愛知県北設楽郡 *かんびん 新潟県中頸城郡 静岡県志太郡(ガラス製) 愛知県中島郡 島根県(ガラス製) 佐賀県藤津郡 長崎県南高来郡 熊本県 大分県大分市・大分郡 鹿児島県喜界島 沖縄県石垣島・竹富島・鳩間島 *かんぴん 大阪府泉北郡 兵庫県加古郡 奈良県北葛城郡・宇智郡 島根県 広島県倉橋島・芦品郡(ガラス製)・高田郡 香川県大川郡・綾歌郡(ガラス製) 愛媛県周桑郡・喜多郡 高知県・幡多郡 大分県 *きったて 岩手県気仙郡 *さかすず 山形県東田川郡 島根県那賀郡 *さきちゅっかー 沖縄県石垣島 *さけすず 山形県 *たんぼ 山形県西置賜郡 *たんぽ 青森県・津軽 岩手県気仙郡 宮城県 秋田県河辺郡 山形県米沢市・西置賜郡 福井県 *ちょーしなべ 熊本県玉名郡 *ちょこ 東京都大島 *てしょ・おてしょ 奈良県南大和 *はいすけ 鹿児島県肝属郡 *ぱやすきー 鹿児島県喜界島 *はやすけ 大分県 宮崎県宮崎郡 鹿児島県 *はやつき 鹿児島県 *ゆせん 青森県津軽 宮城県加美郡 秋田県 *ゆせんこ 秋田県平鹿郡 *よへん 青森県津軽 →とくり(徳利)

ちょうし【調子】 *あや 茨城県 *あわい 茨城

県稲敷郡　千葉県・香取郡　岡山県岡山市・御津郡「機械のあわえが悪い」　徳島県「そこのあわいがめんどい（そこの調子がむずかしい）」　＊**おつ** 滋賀県蒲生郡　岡山県「歌をうたうてもおつが悪い」「話におつぅ（抑揚）つける」　＊**ぐあいくそ** 島根県「今日はどうも自転車のぐわいくそがわりー」　＊**くつ** 滋賀県南部「くつがわるい（気分が悪い）」　＊**ぐつ**（「ぐつが悪い」「ぐつ悪い」の形で用いられることが多い）福井県敦賀郡・遠敷郡　滋賀県彦根　京都府京都市・竹野郡　大阪市　兵庫県「この二三日からだのぐつが悪い」「何所かぐつの悪いところがあると見えて機械が廻はん」　奈良県宇陀郡・宇智郡　和歌山県「今日はぐつわりさか止める」　島根県益田市・邑智郡　岡山県　広島県　山口県玖珂郡　徳島県海部郡「ぐつがわるいつがどうで（病気だそうだがどうか）」　香川県小豆島　愛媛県　高知県「この洋服は裁縫がええけんうんとぐつがええ」「安うてもぐつの悪いのは厭ぢゃ」「今度の家は仲々ぐつがよー出来て居る」「この筒袖は妙にぐつが悪い」　大分県　＊**ぐんつ** 岐阜県吉城郡　愛知県知多郡　奈良県宇陀郡・宇智郡　和歌山県日高郡・海草郡　＊**こーな** 鹿児島県種子島　＊**ずくつ** 島根県石見「今日はずくつが悪りー」　＊**そぐい** 広島県倉橋島　山口県「そぐいがわるい（調子がうまくできない）」　＊**ちゅーび** 長崎県壱岐島「機械のちゅーびが悪い」　＊**ちゅび・ちび** 熊本県天草郡「ちゅびん良か」「ちびの良か」　＊**ちょーぶ** 長崎県対馬「あすこの嫁はちょーぶ良くありついた」　＊**てえっつ** 山形県米沢市　＊**てつ** 新潟県佐渡「昨日のてつには行かんぞ」　愛媛県　＊**てっつ** 宮城県登米郡　山形県「あのてっつでやられる」　＊**てっつー** 福島県東白川郡　茨城県稲敷郡　＊**はずみ** 島根県「勉強せんのではずんが悪い」　＊**ばつ** 長野県東筑摩郡　＊**はんご** 福岡県小倉市　＊**はんごー** 島根県美濃郡・益田市「右手でやるとどうもはんごーがわりー」　山口県豊浦郡・大島　福岡県　長崎県対馬「甲と乙とを取合はせようとしても、きっちり合ひかねてどうもはんごーが悪い」　大分県　＊**ひょーしのひょったん** 兵庫県加古郡　＊**ひょーり** 広島県神石郡　山口県「ひょーりよく」　＊**びんがえ** 山形県米沢市「びんがえぁ悪え」　＊**ほこ** 新潟県佐渡「こねぇだ、ほこわるうなったぞ」　＊**りくつ** 宮城県仙台市「も少しりくついゝ家借りすぺね（借りましょうよ）」　福島県相馬　愛知県尾張　島根県隠岐島「鍬のりくつが悪いもんだけん」　愛媛県周桑郡「これを持ってっとかなりくつが悪いことはないかな」

↓ぐあい（具合）

体の□　＊**きげん** 山梨県南巨摩郡　静岡県磐田郡「腹のきげんが悪い」　徳島県「兄ゃー、きげんわるーて寝よるけんど」　＊**きゅーがん** 山形県東置賜郡「きゅーがんがわるえ（体の調子が悪い）」・米沢市　＊**きんつ・きんぱ** 鹿児島県肝属郡「きんつが悪い」　＊**じあい** 長野県下伊那郡　静岡県榛原郡「じあいが悪いと酒もまずい」　滋賀県蒲生郡　徳島県　＊**なまかげん**（あまりよくない時に言うことが多い）島根県出雲　＊**なまぐあい**（あまりよくない時に言うことが多い）島根県出雲「どこどなまぐあえでもわりかや（どこか身体の調子が悪いんじゃないの）」　愛媛県南宇和郡「なまぐあいが悪い」

すぐ□に乗る者　＊**さいあがり** 岡山県児島郡　香川県　＊**てんげつ** 香川県・小豆島　＊**てんげんつ**（仏語「天眼通」からか）香川県　＊**てんじんさー** 長崎県壱岐島　＊**まいあがり** 香川県　愛媛県　高知県　＊**まいあがりのたこのくそ** 香川県小豆島　＊**まいやがり** 香川県

□に乗る　＊**あがたける** 山形県「あがたげんな」　＊**いきにのる** 長崎県対馬「人にそやし立てられて居ってもそれとは悟らず、いきにのりて話をして自慢して居る」　＊**いきる** 京都市　＊**いきれる** 長野県下伊那郡　＊**いちゃける** 岐阜県加茂郡　＊**いちゃつく** 富山県砺波　長野県上田　岐阜県本巣郡　長崎県天草郡　＊**うつけあがる** 秋田県鹿角郡　＊**うつける** 秋田県鹿角郡　山形県「そがえにうづけるな」　＊**うんずく** 秋田県雄勝郡「随分うんずぐ子供等だ」　＊**うんずける** 青森県津軽　＊**えちょーばる** 高知県長岡郡　＊**おちょーぎにのる** 宮城県仙台市　＊**かさにのる** 岡山県苫田郡　＊**さいあがる** 岡山県児島郡　香川県　＊**ぞーにのる** 島根県簸川郡・大原郡「黙って居ればぞーにのって我ままばかり言う」　＊**そりあがる** 長崎県対馬「そりあがるな」「そりあがり者」　＊**そりにあがる・ぞりにあがる** 徳島県　＊**ちょっこにのる** 兵庫県淡路島「阿呆めが、ちょっこにのって躍りよった」　香川県　＊**ちょんこずく・ちょんまずく** 長野県　＊**てだる** 岡山県児島郡　＊**てんこずく** 富山県・砺波　＊**どぜーまわる** 山梨県　＊**のぼくれる** 石川県鹿島郡　＊**のりあがる** 愛媛県　長崎県対馬　＊**のりかける** 香川県大川郡　＊**のりがたつ** 香川県大川郡　＊**べーさらずく** 新潟県佐渡「この子は、べえさらずいとる」「べいさらずいてやったはいいが後になって後悔した」　＊**へのる** 岡山県児島郡　＊**ほーずにのる** 新潟県佐渡　＊**ほくそつく** 石川県鹿島郡　＊**まいあがる** 香川県仲多度郡・三豊郡　高知県　＊**まいやがる** 香川県高松市　＊**めーあがゆん・めーがゆん** 沖縄県首里

ちょうじょ【長女】

＊**あね** 青森県　秋田県（河辺郡では年少時の称）　山形県最上郡（弟妹が呼ぶ称）　新潟県・東蒲原郡・上越　島根県隠岐島　熊本県　＊**あねき** 三重県志摩郡　＊**あねこ** 青森県津軽　宮城県栗原郡（父母から長女を指して言う）　秋田県鹿角郡（農家の父母から長女を指して言う）　山形県東田川郡　＊**あねさ**（中流）新潟県上越　＊**あねさん** 新潟県上越（上流）　島根県隠岐島　熊本県飽託郡・八代郡　＊**あねちゃ**（中流）新潟県上越　＊**あねちゃま** 新潟県東蒲原郡　＊**あねちゃん** 新潟県上越（上流）　熊本県天草郡　＊**あねび** 岐

阜県揖斐郡 *あねま 新潟県東蒲原郡 *あねむすめ 岐阜県北飛騨・郡上郡 熊本県 *あねやん 新潟県佐渡 *あんね 新潟県上越 富山県射水郡 熊本県天草郡 *あんねー 静岡県川根 *いせき 埼玉県 千葉県上総 東京都・伊豆諸島 神奈川県 山梨県東八代郡 静岡県 *いせきむすめ(長女) 神奈川県三浦郡 *いとさん 三重県多気郡「母は長女でいとさん、叔母は次女でこじょさん」 香川県 *うーご(長子) 大分県 *おーご(長子) 静岡県 島根県「私のおーごはにょーばんこ(女の子)です」 広島県 大分県 *おんないせき 神奈川県高座郡 *かしたご(長子) 鹿児島県肝属部 *かしたむいめ 鹿児島県揖宿郡 *かしら 熊本県玉名郡 *かしらご(長子) 島根県 *かしらむすめ 熊本県 *かしらもすめ 島根県出雲 *じょー 千葉県東葛飾郡 *すよ(長子) 鹿児島県「すよむすめ(長女)」 *そら(長子) 奈良県吉野郡 *ちゃくすめどむ 沖縄県宮古島 *ちょー(呼びかける語) 石川県能美郡 *にょこ 東京都八丈島 *ねーま 富山県射水郡 *ねーやん 三重県志摩 *ねねよ 三重県志摩郡 *ふぁや 鹿児島県沖永良部島

ちょうしょう【嘲笑】 *あざむちわれー 沖縄県首里 *うくじり 沖縄県石垣島 *かすわらい 富山県 *けつけつわらい 岩手県気仙郡 宮城県石巻 秋田県雄勝郡 *はなわらい 島根県邑智郡・仁多郡 *わーんく 鹿児島県喜界島「ぷりふーし あんさん ちゅに わーんく しらった(ばかなまねして、たくさんの人にからかわれた)」 *わやく(「おうわく(枉惑)」の転) 山口県 鹿児島県喜界島 →あざわらう(嘲笑)・ちょうろう(嘲弄)

□**する** *あぜる 香川県 *えつらかす 長崎県対馬 *えらかす 福岡県 佐賀県 長崎県 熊本県八代郡 *かかしらう 長野県上伊那郡 *かかしろう 新潟県中頸城郡 山梨県 長野県上田・佐久 *かしらう 山口県大島 *かしろう 山口県玖珂郡 *げわす 富山県砺波 *しらかす 長崎県対馬・壱岐島 熊本県天草郡 *しろかす 長崎県五島 *はさくる 熊本県下益城郡 *はやかす 新潟県佐渡 *はやす 青森県 宮城県栗原郡・仙台市 秋田県鹿角郡 福島県相馬郡・東白川郡 茨城県稲敷郡 新潟県佐渡 静岡県志太郡 香川県 *ぼやかす 山口県 鹿児島県 *ぼやす 京都府竹野郡 山口県・豊浦郡 愛媛県 *ぼやく 山口県 *ぼやくる 大分県 *わやく 山口県大島 *わやくる 岡山県児島郡 香川県 高知県 *われーくじゅん 沖縄県首里

ちょうじょう【頂上】 *うねんちょっこ 広島県賀茂郡 *かっぷ 長崎県南高来郡「山んかっぷ」 *ごでん 青森県津軽「山のごでん」 *さき 香川県 *しじ 沖縄県黒島・竹富島 *しゃっこー 新潟県西蒲原郡「頭のしゃっこー」 *しん 愛媛県周桑郡・喜多郡 *しんこー 岡山県川上郡 *しんこさき 富山県 *しんぼー 岡山県 *ずく 京都府 山口県 宮崎県 *ずくてん 福井県遠敷郡・大飯郡 京都府 山口県防府 *ずこ 三重県志摩郡 *ずっけん 鹿児島県 *ずっこ 三重県度会郡・宇治山田市 *ずっこー 広島県佐伯郡 高知県 *すってん 埼玉県秩父郡 鹿児島県肝属郡 *ずってん 山口県阿武郡 *すってんこ 岐阜県可児郡・恵那郡 和歌山県 *ずってんご 山口県大島 *ずってんこー 島根県石見「山のずってんこーに月が出た」 山口県・玖珂郡 *すってんじょー 埼玉県秩父郡 *すってんでん 神奈川県中郡 *すってんぺん(山の尾根) 新潟県岩船郡 *すってんぼ 三重県度会郡 *すっとんげ・ずっとんげ 三重県志摩郡 *すてっき 長野県上田 *すてっこ 三重県度会郡 *すてんこ 岐阜県羽島郡・加茂郡 和歌山県 *ずてんこ 島根県邇摩郡 *ずでんこ 島根県益田市 *ずてんこー 島根県石見 山口県阿武郡 *ずでんごー 島根県 *すてんこつ 岐阜県稲葉郡 *すてんじょ・ずてんじょ 三重県志摩郡 *ずてんちょー 山口県阿武郡 *すとっけん 熊本県 *すとっぺん 静岡県・志太郡「すぎのきのすとっぺんにとまってる」 *ずとんげ 三重県志摩郡 *ずぶ 山口県玖珂郡 *たかてこ 島根県隠岐島 *たかてん 長崎県対馬 *たかてんこ 島根県隠岐島「山のたかてんこに登った」 *たかてんご 岡山県真庭郡 *たかてんじょー 新潟県佐渡 *たかめっか 島根県隠岐島 *たかめっこー 島根県邇摩郡・仁多郡「山のたかめっこーに松が三本生えとる」 *だけ 島根県鹿足郡「石垣のだけの方の草が取られん」 *ちじ 鹿児島県沖永良部島 *ちょーけん(山頂) 長崎市 *ちょっけん 和歌山県那賀郡 *ちょっぴ 静岡県富士郡 *ちょっぺ 三重県(山頂の意でも言う) 滋賀県 奈良県 和歌山県伊都郡 和歌山市(先端) *ちょっぺす(山頂) 宮崎県西臼杵郡 *ちょっぺのさき(山頂) 三重県上野市 *ちょっぺらさき 滋賀県滋賀郡 *ちょっぺん 静岡県榛原郡「火の見やぐらのちょっぺん」 大阪府泉北郡 長崎県(山頂の意でも言う) 宮崎県 鹿児島県(山頂の意でも言う) *ちょんけん 長崎県北高来郡 *ちょんぼ 岐阜県加茂郡 *つぃじ 沖縄県首里・石垣島・新城島 *つざ 岡山県 *つじ 島根県 岡山県 山口県阿武郡 香川県 大分県宇佐郡 沖縄県八重山 *つじんこ・つじんこー 島根県石見 *つず 香川県豊島 *つってん 山口県阿武郡 *つってんこー 島根県鹿足郡・邑智郡 *つってんごー 島根県那賀郡 *つで 香川県綾歌郡 *つでんこ 島根県邑智郡 *つてんこー 島根県益田市・邑智郡 *つでんこー 島根県石見 *つんだ 京都府与謝郡 *つんぶり・つんぶら・つんこ 新潟県佐渡 *つんぼり 岐阜県大野郡「まるつんぼり(山の名)のつんぼりに月が出た」 *てぃじ 沖縄県石垣島 *てーない 山梨県南巨摩郡 *てーべー 三重県南牟婁郡 *てすんこ・てんそこ 和歌山県日高郡 *でっちょー 福井県大飯郡 岡山県津山市 *てっぴ 群馬県吾妻郡 山梨県 長野県南佐久郡・

佐久 *でっぴょー千葉県東葛飾郡 *てっぴらりん千葉県印旛郡・香取郡 *てっぴん山梨県 長野県諏訪 *てっぷくら静岡県川根・大井川上流 *てっぺぐら千葉県印旛郡 *てっぺこ兵庫県赤穂郡 *てっぺち岩手県江刺郡 秋田県鹿角郡 *てっぺつ宮城県玉造郡 新潟県 香川県 *てっぺら青森県 *てっぺろりん千葉県印旛郡 *てっぺんじょー栃木県「木のてっぺんじょー」 東京都八王子 *てべっちょ奈良県・南大和 *てへん山口県阿武郡 *てへんつ岐阜県可児郡 *てんくま長崎県対馬 *てんじょくたま新潟県上越市 *てんじょくだま新潟県西頸城郡 *てんじょこで千葉県夷隅郡 *てんずく兵庫県氷上郡 島根県邇摩郡 *てんずり岐阜県郡上郡 *てんだい兵庫県 *てんちょこだい千葉県夷隅郡 *てんどこだい兵庫県赤穂郡 *てんば長野県下伊那郡 三重県志摩郡 奈良県宇陀郡「てんばまで七尺」 鳥取県西伯郡 島根県隠岐島 徳島県 *てんぴ兵庫県飾磨郡 和歌山県日高郡・西牟婁郡 *てんぴょー岐阜県不破郡 *てんぴら千葉県東部 長野県下伊那郡「木のてんぴら」 大分県・大分郡 *てんぴん長野県上伊那郡「山のてんぴんに登る」 *てんべ岐阜県郡上郡 *てんぺこ岩手県和賀郡 *てんぺち群馬県佐波郡 *てんぺちこ東京都江戸川区 *てんぺつ岐阜県 鳥取県西伯郡 *とっさき福岡市 *どっだい千葉県夷隅郡 *とっつぁき茨城県真壁郡 *とっぱさき島根県隠岐島 *とっぴね長野県北安曇郡・東筑摩郡 *とっぴん長野市 *とっぺ奈良県山辺郡 香川県小豆島 *とっぺー滋賀県阪田郡・東浅井郡 岡山県浅口郡 香川県小豆島 *とっぺす熊本県芦北郡 *とっぺん静岡県志太郡「山のとっぺんからー富士山がめーる」 三重県北牟婁郡 愛媛県 佐賀県 長崎県 熊本県 大分県 宮崎県西臼杵郡 鹿児島県種子島 *とっぺんさき長崎県五島 *どてっぺ滋賀県蒲生郡 奈良県 *どてんこー島根県美濃郡・益田市「頭のどてんこーをやされた（殴られた）」 *どてんじょ愛媛県松山「その山のどてんじょにある」 *どてんじょー京都府竹野郡 *とべっちょ・どべっちょ奈良県 *とみね長野県南佐久郡 静岡県庵原郡 *とんさき香川県香川郡 *とんぴぬ長野県東筑摩郡 *とんびね長野県佐久 *とんぺす佐賀県 *とんぺん大分県 宮崎県 *とんみね長野県佐久 *にっけん佐賀県 *にっけんちょー広島県豊田郡 *のてっぺん栃木県 *のんこ香川県三豊郡 *みせん岡山県真庭郡

↓いただき（頂）・てっぺん（天辺）

山の□ *うれ岐阜県吉城郡 静岡県安倍郡 *かっち新潟県岩船郡「かっち山（奥山）」 *くもすき（雲の上にある山の頂上）山梨県南巨摩郡 静岡県磐田郡 奈良県吉野郡 *こし東京都八丈島「山のこし」 *ちゃんぼ岐阜県恵那郡 *ちょんこつ岐阜県可児郡・恵那郡 *ちょんぼ岐阜県加茂郡・可児郡 *ちょんぼり福井県南条郡 静岡県安倍郡 *とんぷら大分県大分郡 *とんぼ富山県・砺波 石川県能美郡・河北郡 岐阜県飛騨 *とんぼくれ岐阜県武儀郡 *とんぼさき三重県志摩郡 *とんぼすえ三重県上野市 *とんぼち徳島県三好郡 高知県 *とんぽら・とっぽーげ山梨県南都留郡 *とんぼり和歌山県東牟婁郡 *のろ（山や坂道の頂上）岡山県 *やまとーげ新潟県佐渡 *やまのつじ岡山県児島郡 *やまのてっけ大阪府南河内郡 *やまのてっけつ岩手県気仙郡 *やまのてんだい兵庫県揖保郡 *やまんたか富山県射水郡 *やまんだい兵庫県赤穂郡 *つんぼらさき島根県隠岐島

↓さんちょう（山頂）・みね（峰）

ちょうしょく【朝食】 *あーせ長野県西筑摩郡 *あさあがり熊本県八代郡・玉名郡 *あさい青森県三戸郡・南部 岩手県 東京都利島 新潟県中頸城郡 富山県 石川県 福井県大野郡・大飯郡 長野県下水内郡 岐阜県飛騨 京都府 奈良県吉野郡 和歌山県伊都郡 広島県比婆郡 *あさいがり富山県 *あさがり熊本県 *あさき沖縄県石垣島 *あさけ東京都八丈島 *あさげ（早朝五時ごろの食事）島根県鹿足郡 *あさざ香川県香川郡 *あさじき青森県 *あさじゃ静岡県 三重県志摩郡 香川県香川郡・綾歌郡 愛媛県 *あさひ和歌山県伊都郡 *あさぼん沖縄県石垣島・鳩間島 *あさま島根県石見 *あさむぬ沖縄県宮古島・波照間島・石垣島・竹富島 *あさもの東京都利島・八丈島 *あさやー京都府竹野郡 *あさんちゃ香川県与島 *あさんぼーん沖縄県小浜島 *あすい・あし鹿児島県奄美大島 *あすー鹿児島県奄美大島・加計呂麻島 *おちゃのこ千葉県東葛飾郡 山梨県 静岡県・磐田郡 徳島県・那賀郡 香川県「はよおちゃのこ食べまいよ」 愛媛県新居郡 *き沖縄県新城島 *ごっときめし熊本県上益城郡 *すぃかまむん沖縄県国頭郡 *ちゃこ鳥取県西伯郡 *ちゃのき熊本県宇土郡 *ちゃのこ千葉県東葛飾郡 新潟県 山梨県西山梨郡・南巨摩郡 岐阜県 静岡県・小笠郡「ちゃのこを済ましてから行く」 愛知県 兵庫県 鳥取県西伯郡 島根県能義郡 岡山県真庭郡 徳島県 香川県 佐賀県三養基郡 熊本県 鹿児島県・揖宿郡 *ひりー沖縄県与那国島

↓あさめし（朝飯）

ちょうてん【頂点】 *ずぼ兵庫県多紀郡 *たお（ものごとの頂点）島根県石見「はー病気もたおを越した」 *つぼ奈良県宇陀郡「この頃は暑いつぼやな」 *ぽんぽち埼玉県北葛飾郡「日の短いぽんぽちだ」「忙しいぽんぽちだ」

↓てっぺん（天辺）

ちょうど【丁度】 *かきかき・かっきかっき岩手県気仙郡「いづもあの人、かきかきどばり持ってくる」 *かっきら静岡県田方郡 *がっきら静岡県 *がっきり静岡県・榛原郡「がっきり一時間経った」 *かっきりかん 福岡市 *かっくい・がっくい 佐賀県「これには蓋ががっくいはまります」 *かっくり 長崎県北松浦郡 熊本県下益城郡 *かっくわ 大分県日田郡 *がっちゅい 鹿児島県揖宿郡「ちょっがっちゅいぢゃった」 *かっちり 山形県「それでかっちりだ」「きものの寸法あ、かっちり同じだ」 千葉県安房郡 徳島県 宮崎県東諸県郡 *がつっ 鹿児島県 *がっつい 宮崎県 鹿児島県「がっつい合うた」 *がっついがっつい 鹿児島県鹿児島郡 *がっつぃり 鹿児島県奄美大島 沖縄県石垣島 *かっつり 長崎県北松浦郡「勘定がかっつり合ふた」・五島 熊本県 *がっつり 長崎県 熊本県玉名郡「がっつり拾円あった」・八代郡 宮崎県西臼杵郡 鹿児島県 *がっつりがんのめ 宮崎県東諸県郡 *がってぃり 鹿児島県奄美大島・加計呂麻島 *がっとぅい 鹿児島県喜界島 *がつり 宮崎県西臼杵郡 *きっぱと 秋田県鹿角郡 *きっぱり 秋田県鹿角郡「きっぱり五百ある」 *きぱっと 宮城県栗原郡 秋田県鹿角郡「きぱっとはまった」 *こっきり 富山市近在「こっきり一月だ」 *こっつり 徳島県海部郡 *じき 鹿児島県・喜界島 *じち 鹿児島県喜界島「じちうやににちゅい(全く親に似てる)」 *しっぱと 青森県津軽「えっくわぇで、しっぱどあったね(一回でちょうど合ったよ)」 *しょーんぐ 沖縄県竹富島 *すーどぅ 沖縄県与那国島 *ずーんど 福岡県三潴郡 *ずだりばったり 岩手県気仙郡・平泉 *すったり 岩手県気仙郡「いつもすったりもってくる」 *すっぱり 茨城県 *ずっぷり 徳島県「五万円ずっぷりじゃ」「この頃は五時ずっぷりに日がくれる」 *ずど 岡山市 *そーっおんどぅ(女性語) 沖縄県黒島 *ちょーどっこ 長野県上水内郡・佐久 *つっきら 静岡県 *つっきり 静岡県「勘定はつっきり合っている」 島根県石見 徳島県 *でだち 和歌山市 *でちっと(偶然に人と出会う、または衝突などするさま) 秋田県鹿角郡 *てっちり(偶然に人と出会う、または衝突などするさま) 山梨県南巨摩郡「思ってーとーことがてっちり当った」 *でっちり(偶然に人と出会う、または衝突などするさま) 秋田県鹿角郡「思ひがけない所ででっちり行遇った」 *とっかり 長崎県壱岐島「とっかり出合ふた」 *とっぷり 山形県 茨城県西茨城郡 新潟県佐渡「入れ物にとっぷり入った」 *ぬっと 和歌山県日高郡 *ぽっちり 高知県・高知市「ぽっちりえゝ所へ来てくれた、今おまさん所へいくところぢゃった」 *ぽっつり 徳島県「百円ぽっつり」 *ましょー 山梨県南巨摩郡「矢がましょーに当った」 *まちょー 静岡県・田方郡 *むく 岐阜県郡上郡
→きっかり

ちょうなん【長男】 *あーはん(妻帯していない長男) 富山市近在 *あいな 青森県南部(中流以上。また、成人してもまだ相続せぬ長男の意で言うことがある) 岩手県九戸郡・気仙郡 秋田県鹿角郡・北秋田郡 *あいなこ 岩手県気仙郡 *あいなさま(敬称) 岩手県九戸郡 *あいなさん 岩手県気仙郡 *あいま(中流以上での称) 青森県南部 *あえま(中流以上の長子) 青森県南部 *あだ 岩手県九戸郡 *あに 青森県津軽(敬称) 秋田県鹿角郡(農家の父母が呼ぶ) 山形県東田川郡(長子の男に限って用いる。結婚して三十歳くらいまでの男) 新潟県東蒲原郡・西蒲原郡(下流。戸主または嫡子) 岐阜県郡上郡(親から呼ぶ) 三重県上野市 奈良県吉野郡 *あにき 岐阜県郡上郡(親から呼ぶ) 島根県隠岐島 *あにこ(長子で男の子) 山形県東田川郡 *あにご(下流。戸主または嫡子。軽い敬称) 新潟県西蒲原郡 *あにさん 奈良県吉野郡 *あにべー 三重県志摩郡 *あにぼんさん 大阪市 *あにゃ(粗末な呼び方) 山形県東田川郡 *あにょ 三重県志摩郡 *あぼ 長崎県南高来郡 熊本県天草郡 *あま(壮年になった長男) 岐阜県飛驒 *あや 山形県庄内 *あんか 富山県砺波 *あんくさま(敬称) 青森県上北郡 *あんくさん 青森県南部 *あんこ 青森県「お宅のあんこですか、大きくなりましたね」 岩手県気仙郡(父母が呼ぶ) 秋田県 富山県上新川郡(長男の幼年の頃)・射水郡 *あんこさ・あんこさま 岩手県九戸郡 *あんさ 青森県(敬称。上流の長男) 石川県(親などから言う) *あんさま 青森県(敬称。上流の長男) 新潟県岩船郡(若い長男の敬称)・西蒲原郡(上流の戸主または嫡子) 岐阜県飛驒(尊称) *あんさん(他家の長男の敬称) 島根県隠岐島 *あんちゃ 秋田県北秋田郡 *あんちゃこ 青森県上北郡(子供時代の長男の敬称) 新潟県西蒲原郡(軽い敬称) *あんちゃめ(上・中流。幼い長男の意で言うことがある) 秋田県 *あんちゃん 愛知県知多郡 *あんちょ 青森県(愛称)・津軽(下流) *あんつぁ 新潟県東蒲原郡 *あんどん 富山県砺波 *あんにゃ 群馬県勢多郡 新潟県(中流の下の戸主または嫡子を言うことがある) 富山県下新川郡(他家の幼年の長男) 石川県 *あんにゃこ(軽い敬称) 新潟県北蒲原郡 *あんにゃさ 山形県置賜 福島県中通 新潟県(中流の戸主または嫡子) *あんにゃさま(上流の少年の嫡子) 新潟県西蒲原郡 *あんにゃま 新潟県北蒲原郡(軽い敬称)・西蒲原郡(中流の上の戸主または嫡子) *あんのー 新潟県佐渡 *あんぺ(卑称) 青森県津軽 *あんぺー(特に下流のものを言うことがある) 青森県津軽 *あんぼ 富山県(特に長男の幼少時) 岐阜県飛驒 *あんま 岐阜県北飛驒 *あんや(親が呼ぶ場合および他家の長男を呼ぶ場合に言う) 島根県隠岐島 *いえこ 大分県大分郡 *いえつぎ 大分県大分市・大分郡 *いえとり 島根県石見 広島県江田島・高田郡 山口県大島 大分県 *いえとりご 島根県石見 *いちまぎこ 広島県 *いぬし 青森県下北郡 *いはいもち(「葬列で位牌を持つ人」の意から) 宮城県仙台市 *うーご・大分県(長子)・宇佐郡 *うちとい 佐賀県藤津郡 *うちとり 千葉県夷隅郡「お前はうちとりだから家業をや

りなさい」　大分県大分郡・大野郡　*うちもち 三重県名賀郡・志摩郡　奈良県吉野郡　*うっとり 大分県大野郡　*うやわんだい（「親養い」の意）鹿児島県喜界島　*えっこ 富山県東礪波郡　*えとり 青森県三戸郡　岩手県気仙郡　広島県比婆郡　長崎県西彼杵郡　熊本県　*えとりむすこ 長崎県西彼杵郡　*おーご 静岡県・田方郡　島根県（長子）　広島県（長子）　大分県（長子）　*おーせな 神奈川県愛甲郡　*おーぜな 埼玉県秩父郡　東京都八王子　神奈川県津久井郡　*おぼやん 高知県　*おやかた 青森県津軽　宮城県仙台市　徳島県　長崎県西彼杵郡・南高来郡　熊本県阿蘇郡・玉名郡　*おやかたむすこ 長崎県西彼杵郡　*おやけご 宮崎県西臼杵郡　*おんご 大分県宇佐郡　*おんにー 静岡県安倍郡　*かかーご 島根県　*かかりご（親が老後「かかる（世話になる）子供」の意）山形県　埼玉県秩父郡　新潟県　富山県富山市近在・砺波　山梨県南巨摩郡　大阪市　和歌山市　島根県　岡山県児島郡　広島県比婆郡・高田郡　徳島県　香川県　愛媛県　長崎県壱岐島　熊本県玉名郡・球磨郡　大分県　宮崎県西臼杵郡　*かかりごー 香川県　*かかりっこ 新潟県　静岡県志太郡　*かかりむすこ・かかりもん 岡山県児島郡　*かしたご（長子）鹿児島県肝属郡　*かしたむすこ 鹿児島県揖宿郡　*かしら 新潟県東蒲原郡　熊本県　*かしらご（長子）島根県　*かしらむすこ 熊本県　宮崎県延岡　*かとくむすこ 宮城県仙台市　*ごて（「ごていしゅ（御亭主）」の略）青森県　*じんてこ 茨城県稲敷郡　*すよ（長子）鹿児島県「すよむすこ（長男）」　*せがれ 千葉県東葛飾郡　*せな 福島県東白川郡　茨城県北相馬郡　埼玉県北葛飾郡　千葉県　*せなー 茨城県稲敷郡　千葉県安房郡・香取郡　*せなご 群馬県山田郡　*せなさま 千葉県香取郡　*せなさん 千葉県香取郡・安房郡　*そーろく 島根県鹿足郡　*そら（長子）奈良県吉野郡　*たいしょー 奈良県　*たろー 栃木県河内郡　東京都八丈島　奈良県吉野郡　*にーやん 三重県志摩郡　*にだい 群馬県勢多郡　新潟県佐渡　*にで 山形県東田川郡　*にでーご 新潟県佐渡　*ばい 熊本県天草郡　*はえぬけ 広島県高田郡　香川県小豆島　*ふみ 鹿児島県沖永良部島　*ぼー 山形県庄内　岐阜県恵那郡（相続人）　*ぼーやい 奈良県吉野郡　*ぼっち（相続人）岐阜県恵那郡　*ぼってー 山形県庄内　*ほとけまぶり（祖先の祭祀（さいし）に仕えるところから）岩手県気仙郡　*ほんこ 徳島県　*ぼんじ（農家の未婚の長男）青森県三戸郡　*ほんや 和歌山県　*ほんやどの・ほんやどん・ほんにゃどん・ほんやどり 和歌山県西牟婁郡　*やっこ 東京都八丈島　*ゆわえもち 山口県見島　*やろー 東京都八丈島　*わし（尊称）石川県鹿島郡
↓そうりょう（総領）

ちょうめん【帳面】
弔問客の名、供養の品目を記す□　*えこーちょー 新潟県佐渡　*くやみちょー 香川県三豊郡　*のーちょー 新潟県佐渡　*のちょ 青森県上北郡　*のちょー 新潟県佐渡　*のべちょー 宮城県仙台市　*みつきちょー・みつき 鹿児島県肝属郡

ちょうようのせっく【重陽節句】　⇩「くがつ（九月）」の子見出し、「九月九日（の重陽の節句）」

ちょうり【調理】　⇩りょうり（料理）
□場　*いたば（料理屋などの調理場）岐阜県飛騨「いたば職人」　大阪市　兵庫県神戸市　鳥取県岩美郡・気高郡　山口県　徳島県　*たなず 千葉県安房　*たなぶと 滋賀県高島郡　*たなぼと 三重県度会郡　*たなまえ 宮城県本吉郡・栗原郡　秋田県鹿角郡　富山県・西礪波郡　*たなもと 新潟県佐渡　富山県西礪波郡　山梨県・南巨摩郡　長野県更級郡　三重県　京都府愛宕郡　兵庫県　岡山県　山口県玖珂郡　長崎県・対馬　大分県宇佐郡・速見郡　*たなんした 長崎県西彼杵郡　*たなんと 島根県出雲・隠岐島　*たぬもと 長崎県壱岐島　*たのまえ 富山県　*たのもと 静岡県　兵庫県　和歌山県新宮　岡山県津山　長崎県・北松浦郡（中流以下）　大分県宇佐郡・南海部郡　*たもと 静岡県　*たるもと（土間の奥にある板敷の台所）東京都新島
↓だいどころ（台所）

ちょうりゅう【潮流】　⇩しお（潮）

ちょうるい【鳥類】　⇩とり（鳥）

ちょうろう【嘲弄】　*ふげ 岩手県紫波郡　*ひげ 岩手県気仙郡
↓あざける（嘲）・ぐろう（愚弄）・ちょうしょう（嘲笑）
□する　*あいつらかす 長崎県西彼杵郡　*あえくる 鳥取県因幡　島根県隠岐島　徳島県「人をあえくるもんでない」　福岡県　大分県大分市・大分郡　*あえる 鳥取県「あえちょる」　岡山県苫田郡　*あじゃかす 三重県志摩郡　*あやくる 愛知県豊橋市「しきりにあやくっとる」・東加茂郡　兵庫県淡路島　和歌山県　岡山県苫田郡　徳島県・美馬郡　*あらがう 岩手県　広島県走島　*いやがらかす 愛知県名古屋市　*いらばかす 高知県幡多郡　大分県　鹿児島県　*いらまかす 岡山県　広島県芦品郡　*うわえまげる 山形県東置賜郡・西置賜郡　*えーぐ 福岡県京都郡　*えぜく 宮崎県東諸県郡　*おだてる 広島県高田郡　愛媛県・越智郡　*およくる 愛知県知多郡　*かかしらう 長野県上伊那郡　*かかしろう 新潟県中頸城郡　山梨県　長野県上田・佐久　*かかりあう 新潟県佐渡　*けさます 滋賀県犬上郡　*けそらかす 岐阜県山県郡　*けらかす 香川県小豆島　*こがらす 鹿児島県種子島　*さしくる 島根県隠岐島　*ざぼくる 石川県河北郡　*せせくる 山形県西置賜郡　群馬県吾妻郡　岐阜県飛騨　静岡県榛原郡　島根県隠岐島　*せせる 山形県米沢市　群馬県多野郡「犬をせせる」

新潟県佐渡・中頸城郡　富山県砺波　長野県北部・中部　岐阜県　静岡県・榛原郡　島根県隠岐島　香川県綾歌郡　*せぜる 群馬県吾妻郡　*せつる 宮城県仙台市　*せびらかす 島根県　岡山県児島郡　福岡県小倉市　佐賀県　長崎県佐世保市　熊本県玉名郡・天草郡　*せびる 新潟県中頸城郡　*せぶらかす 島根県「せぶらかされる」　広島県　香川県小豆島　愛媛県　佐賀県　長崎県伊王島　熊本県　*せぶる 広島県倉橋島・江田島　*せらす 奈良県　*せる 山形県飽海郡　*だじる 長野県下伊那郡　*ちゃしゃこもつ・ちゃちゃこもつ 島根県簸川郡　*ちょいなぶる 三重県伊賀　*ちょこなう 奈良県　*ちょこなぶる 三重県阿山郡　奈良県吉野郡　*ちょちょくらかす 和歌山県　熊本県　*ちょちょくる 新潟県刈羽郡　岐阜県飛騨「そう人をちょちょくらない」　和歌山県海草郡・西牟婁郡　島根県隠岐島　広島県高田郡　*ちょちょぐる 岩手県気仙郡　宮城県登米郡　*でこのぼーにする 香川県　*とりあう 山口県浮島・大島　*ひょーす 山口県大島　*へけなす 徳島県・美馬郡　*へけらかす・へげらかす 香川県　*ほぞくる 長崎県対馬　*やーがらかす 鳥取県西伯郡　*やごす 長野県下伊那郡「あまり人をやごすものじゃないぞ」

ちょきん【貯金】 *たまし 鹿児島県肝属郡　*ぶんのこ 鹿児島県肝属郡
→たくわえ（蓄）

ちょこ【猪口】 ⇨さかずき（杯）

ちょちく【貯蓄】 ⇨たくわえ（蓄）

ちょっと【一寸】 *いちゅた・いちゅーた 沖縄県首里　*かー 奈良県吉野郡　和歌山県「かあ遊んでゐる」　島根県　広島県「かー取逃した」　*かい 三重県阿山郡　滋賀県南部「かい御無沙汰しました」　奈良県宇陀郡「かい二、三日前のことだったと思うね」　*きと 秋田県河辺郡「おれにきと呉れ」　*きゃ 鳥取県倉吉市「きゃそこだがな」　*きゃー 鳥取県倉吉市　島根県八束郡「きゃー忘れた」　*くーてーん・くーてーんぐゎー（量に関して言う）　沖縄県首里「くーてーんなー（少しずつ）」　*け 島根県　*けー 鳥取県日野郡　島根県　沖縄県　*しっとえ 山形県最上「お前しっとえこい」　*してぁこ 秋田県平鹿郡　*してべこ 青森県津軽　*しとや 山形県庄内　*しゅてぁこ 秋田県雄勝郡　*すてべこ 青森県津軽　*ちー 長崎県対馬「ちー行って来られる」　*ちーくと 山形県「ちいくと呉ろ」　*ちーくり・ちーくし 岡山県　*ちかっと 佐賀県「ちかっとおみやげ　やろーと」　熊本県・八代郡　*ちくし 山口県「あの男はちくし足らんの」　*ちくと 岩手県江刺郡・胆沢郡　宮城県　「ちくとばり（ばかり）もらいすと（もらいますと）」　秋田県鹿角郡　山形県「こんじゃ、あんまりちくとすぎんな」　福島県・浜通「ちくとでいいからなえ（いいからね）」　茨城県猿島郡　群馬県　新潟県佐渡「ちくたあ上手になったさ」　愛媛県　高知県・高知市「あの人はちくとたらん様な」　*ちっくし 島根県石見「ちっくし腹がにがる」　岡山県　広島県高田郡　*ちっくと 高知県　*ちっくら 愛知県豊橋市　*ちっくり 東京都八丈島「この本よちっくり借り申しいたす」　新潟県中魚沼郡　石川県鹿島郡　岐阜県大野郡　岡山県　徳島県　愛媛県　高知県幡多郡　*ちっこ 熊本県天草郡　*ちっこし 山形県庄内「ちっこしばり（少しばかり）」　石川県珠洲郡「おれに胡麻ちっこしくだっしゃ（ください）」・石川郡　*ちっこと 山形県飽海郡「ちっことばし（すこしばかり）」　*ちっこり 石川県鹿島郡　鳥取県西伯郡　*ちっとこ 秋田県秋田市「おれぁさちっとこたんえ」・南秋田郡「ちっとこだが、たべて下さい」　*ちっとこし 山形県東田川郡・飽海郡　*ちとこ 秋田県河辺郡「御飯あとちとこくれ」　*ちびっと 福井県南条郡　長野県諏訪　岐阜県郡上郡　愛知県宝飯郡　三重県「ちびっとでいいからくれ」　京都市　大阪市　兵庫県　奈良県　島根県石見　広島県高田郡　山口県　徳島県　香川県　高知県　熊本県天草郡（幼児語）　大分県　*ちびと 福岡県京都郡　*ちびんと 三重県度会郡　*ちゃっかり 宮城県栗原郡・名取郡　*ちゃっこり 山形県西田川郡　*ちょいら 山形県最上郡　栃木県「何でもちょいら作って食べる」　*ちょくし 島根県鹿足郡・邇摩郡　*ちょくり 山梨県東八代郡・北巨摩郡　岡山県備中北部　広島県賀茂郡　*ちょこ 石川県「ちょこぐあいのわるい人あって」　*ちょこし 富山県　石川県加賀「ちょこし大火があった」　島根県　*ちょこっり 石川県能美郡　*ちょこらそこらと 青森県南津軽郡　*ちょこり 富山県　石川県河北郡・鳳至郡　福井県足羽郡　島根県邑智郡　長崎県五島　*ちょっかいと 鹿児島県阿久根市「おらあ、ちょっかいど相談に来たっじょう」　*ちょっくし 広島県　*ちょっくらさっと 山

方/言/の/窓

●『物類称呼』の方言

江戸時代の各地の方言は、『物類称呼』（越谷吾山、一七七五）によって知ることができる。

例えば、「もぐら」は、「うごろもち　京にてうごろもち　東武にてむぐらもち　西国にてもぐら　中国にてむぐろもち　四国にてをごらもち　遠江にていぐらもち　大和及伊賀伊勢にてをごろもち　越後にて土竜（どりゅう）といふ」とある。

また、「眉」は、「関西にてまゆげといふ　東国にてまみあいといふ　奥州にてこうのけといふ　常陸及上総にてやまといふ」とある。

現代の「もぐら」の方言分布や「まゆげ」の方言分布と比較してみるとあまり変わっていないことが注目される。現代の方言分布の大枠は、江戸時代半ばにほぼ出来上がっていたのである。

形県村山・最上郡 ***ちょっくらちょいと** 山梨県南巨摩郡 ***ちょっくらちょいに** 静岡県榛原郡 ***ちょっくらちょっと** 神奈川県中郡 ***ちょっくり** 群馬県利根郡 埼玉県秩父郡「ちょっくり一走りだ」 千葉県香取郡 神奈川県中郡 東京都八丈島「ちょっくり行ってくろわ」 新潟県佐渡・中頸城郡 石川県鹿島郡 福井県足羽郡 山梨県「ちょっくりてんだってくれで(ちょっと手伝って下さい)」 長野県北安曇郡 静岡県 鳥取県 岡山県上房郡・小田郡 広島県 愛媛県大三島 ***ちょっくりちょっと** 神奈川県中郡 ***ちょっくる** 富山県射水郡「蚊さえちょっくるなら夏(なっつ)ぁ楽ぢゃ」 ***ちょっこ** 富山県氷見市・砺波 石川県珠洲郡 岐阜県飛騨 ***ちょっこい** 鳥取県米子市 鹿児島県 ***ちょっこー** 富山県東礪波郡 鳥取県西伯郡 島根県 ***ちょっこし** 北海道 新潟県「ちょっこしばかだけん、たべてくんない」 富山県「ちょっこしも」 石川県「ちょっこし大病になった」 福井県 岐阜県飛騨・郡上郡「ほんのちょっこし残っとる」 兵庫県美方郡 鳥取県西伯郡 島根県「ちょっこしがなかえ待ってござ」 広島県高田郡 愛媛県 ***ちょっこっと** 広島県高田郡 ***ちょっこと** 島根県石見 ***ちょっこら** 岩手県気仙郡 宮城県 秋田県 山形県 福島県 栃木県 新潟県 富山県 兵庫県西宮市 島根県邇摩郡・隠岐島 ***ちょっこらこいで** 奈良県宇陀郡「ちょっこらこいではあいつは来よらん」 ***ちょっこらさっと・ちょこらさっと** 山形県 ***ちょっこらちょっと** 宮城県石巻「ちょっこらちょっと習ったてて、役に立すめっちゃ」 ***ちょっこり** 北海道松前郡「そこまで、まーちょっこりいってくるーどもーてー」 宮城県登米郡・遠田郡 秋田市 山形県 福島県東白川郡・岩瀬郡 新潟県 富山県「ちょっこりとも(ちっとも)」 石川県 福井県坂井郡 長野県東筑摩郡・上伊那郡 岐阜県飛騨 静岡県小笠郡「母がちょっこり顔を出した」 滋賀県蒲生郡 大阪府泉北郡 兵庫県加古郡「ご飯をちょっこりたべる」 和歌山県 鳥取県 島根県「ほんのちょっこりしたものしか無ぁ」 岡山県上房郡 広島県高田郡 徳島県 高知県 ***ちょっこりちょっと** 新潟県佐渡「ちょっこりちょっとの間に合わぬ」 ***ちょっこりひょんと** 新潟県佐渡 ***ちょっこる** 富山県下新川郡「ちょっこるつさいがと(少し小さいのと)」・砺波「ちょっこるともわからん」 ***ちょっこん** 富山県東礪波郡・射水郡 石川県能美郡 愛媛県周桑郡・伊予市 ***ちょっとこ** 徳島県 香川県 ***ちょとぎ** 岩手県上閉伊郡 ***ちょろっと** 岐阜県大野郡 兵庫県加古郡 島根県石見「ちょろっと寝たと思うたら夜が明けとった」 広島県高田郡 大分県速見郡 福岡県嘉穂郡「仏さまには水だけちょろっとあげとるだけだな」 ***ちんくと** 山形県西置賜郡 ***ちんと** 青森県南部 岩手県九戸郡・上閉伊郡 宮城県 秋田県鹿角郡・北秋田郡「御飯食べたくないからちんと下さい」 山形県 福島県 茨城県筑波郡・稲敷郡 栃木県 ***ちんど** 東京都三宅島 ***つい**(気軽なさま) 香川県「今それ使わんのならつい貸してくれんじゃろうか」「この子もつい一緒に診察してもろたらすぐ治る思うてな」 ***てっかり** 山形県東田川郡「てっかりさわったら泣いた」 ***なま** 岐阜県郡上郡 兵庫県「お客さんがなまあった」「なま余計要る」 広島県安佐郡・上蒲刈島 ***ひったい** 秋田県仙北郡「ひったい待って下さい」 ***ぴっちぇーん・ぴっちぇーんぐゎー** 沖縄県首里 ***ひとくら** 和歌山県「ひとくらやってみよう」 ***ふとえぁ** 秋田県南秋田郡・河辺郡「ふとえぁ待ってくれ」 ***へっと** 石川県石川郡 静岡県 滋賀県浅井郡 香川県 ***べっと** 山形県飛島「べっとばり」 ***ぺっと** 三重県阿山郡・名賀郡 滋賀県甲賀郡 ***へっぱり** 山形県東村山郡 ***もっきさんき** 島根県隠岐島

↓すこし(少)

□の間 ***うしゅぬま**(「潮の干満の流れがやむ間」の意。文語) 沖縄県首里 ***いつこっぱ** 石川県江沼郡 ***いっときな** 青森県上北郡 秋田県鹿角郡 ***いっときのこま** 山形県 ***いっときのこめ** 鹿児島県肝属郡 ***いっときのこんめ** 山形県飽海郡 ***いっときひととき** 島根県美濃郡・益田市 ***いっときま** 北海道函館 青森県南部 岩手県 宮城県石巻 ***いっとこま** 青森県 岩手県紫波郡 秋田県 ***いっとこな・いとこな** 秋田県鹿角郡 ***いっとまが** 青森県津軽 ***いとこま** 青森県津軽 秋田県北秋田郡・鹿角郡 ***しんば** 高知県土佐郡 ***すこしま** 大阪府泉北郡 ***すてぁこ** 岩手県和賀郡 秋田県仙北郡 ***たってきのま** 埼玉県秩父郡「たってきのまに出来上った」 ***たんとくのま** 富山県砺波「たんとくのまに溜る」 ***ちょいのま** 島根県那賀郡「なんのこりゃーほんのちょいのまでございますけー」 ***ちょんのま** 長野県諏訪 岡山県小田郡 ***ちょろこのま** 島根県 広島県高田郡 ***ちょろのま** 香川県 ***ちょろま** 岡山市「菓子うちょろまに食うてしまった」 ***ちろこのま** 島根県仁多郡 ***ひてぁこ** 秋田県平鹿郡・雄勝郡 ***ひとあい** 秋田県「ひとあい待ちたども(しばらく待っていたけれども)とうとう来ない」 山形県 ***ひとかた**(寝ることに言う) 奈良県宇陀郡「ひとかた寝たら身体がらくだ」 ***ひとくち**(寝ることに言う) 和歌山県西牟婁郡「ひとくち寝る」 香川県小豆島 広島県豊田郡 ***ひとひょーし** 新潟県岩船郡「ひとひょーしで運がよかった」 ***ひとわえ・ひとあわえ** 山形県「しとわえ休んでからする」 ***ふとはなえ** 島根県隠岐島「さあ仕事をふとはなえにやろー」

もう□ ***ましとべっか** 鹿児島県下甑島 ***まったかし・まったかり** 和歌山県 ***まほっと** 島根県邑智郡 ***もーひとば** 香川県高見島 ***もーほっと** 島根県大田市「もーほっと勉強せにゃ駄目だ」 ***もへっと** 香川県小豆島 ***もほっと** 島根

県大田市・仁多郡「もほっと歩けば町え着く」 *あらける 静岡県榛原郡「机の上をあらけるな」 *えっさがす 富山県砺波 *かっちらす(ばらばらに散らかす) 新潟県中頸城郡 *かっちらかす(ばらばらに散らかす) 栃木県埼玉県北葛飾郡「ごみをかっちらかす」 千葉県印旛郡 鹿児島県 *かっけらす(ばらばらに散らかす) 新潟県中頸城郡 *きさがす 徳島県海部郡 愛媛県北宇和郡「そがい(そんなに)きさがすない」 *けあらかす 高知県香美郡「こんにけあらかしてかける所がない(こんなに乱雑にして腰を掛ける所がない)」 *さんぐりぎゃーする(かき回して散らかす) 京都府竹野郡「机の中をさんぐりぎゃーしてさがしたが見当らなんだ」 *さんじらかす 群馬県多野郡 山梨県南巨摩郡「子供があるえーぢゃあさんじらかすもむりゃーない」 静岡県田方郡 和歌山県日高郡 島根県隠岐島 *しーす 島根県隠岐島「家の中を一杯しーした」 *しーらかす 島根県隠岐島「しーらかえて困った」 *しげらかす(乱雑に散らかす) 長崎県 *しげりかす(乱雑に散らかす) 熊本県水俣市「庭をしげりかした」 *しぜーらかしゅん 沖縄県首里 *しっちゃらかす 栃木県 *しっちらかす 栃木県塩谷郡 千葉県東葛飾郡 長野県佐久 *しっちらける 千葉県東葛飾郡 *しょーたれかやす・しょーたれかわく(だらしなく散らかす) 徳島県 *たらがす 千葉県安房郡「たらがさねえ様に遊べ」 *たらげる 千葉県安房郡「座敷中たらげる」 静岡県安倍郡 *ちらけさがす 滋賀県彦根 *ちらけちゃがす 京都市 *ちらばかす 愛知県知多郡 広島県御調郡 香川県小豆島 高知県 *ちらばらかす 大分県宇佐郡 *ちらばらす 高知県 *つしゃかす 山形県最上郡 *ばっちゃがす 富山県 *はっちらがす 青森県三戸郡 岩手県気仙郡 *ばっちらげる 静岡県榛原郡 *ばらく 京都府竹野郡 島根県鹿足郡 広島県 山口県大島「棟上げの餅をばらく」 *ばらす 鳥取県西伯郡 島根県隠岐島 *ひきさがす 和歌山市 愛媛県宇和島・松山 高知市「ひきさがして坐る所もない」 *ひきちらかす(めちゃめちゃに散らかす) 和歌山市 *ひこずりさがす 香川県大川郡 *ひこずる 徳島県 *ひっぱりさがす 香川県 *ひっぱる 香川県大川郡「ひっぱっとる」 *ひらげる 岐阜県郡上郡「こー ひらげとらずに ちーと かたずけたらどーじゃ」 静岡県川根 *ひろく 広島県百島 *ひろげさがす 香川県 *ふちらかす 山形県 *ふっちらかす 山形県東田川郡 *ぶっちらかす 岩手県気仙郡「そごら中ぶっちらがしておぐ」 秋田県平鹿郡 山形県 栃木県(まき散らすの意も) *ふっぽかす 秋田県仙北郡「何でもふっぽがして置く」 *ふらだげる・ふるだげる 青森県「おやおや、古着屋のように、ものふるだげで、何しているのさ」 *ほいちらかす 佐賀県藤津郡 *ぽーっつぁーしん 沖縄県石垣島 *ほーゆん 沖縄県首里 *ほーる 東京都利島「でい(寝室)一杯誰が紙をほーったか」 *ぽーるん 沖縄県石垣島 *ほげる 東京都大島「掃除に困るからそんなにほげるな」・八丈島 新潟県東蒲原郡 *ほりさがす 和歌山県「いっぱいほりさがしてる」 *むざくる 新潟県佐渡 *もさくる 山口県豊浦郡 *もさぐる 島根県隠岐島 山口県豊浦郡 *もざくる 岩手県上閉伊郡・気仙郡 新潟県佐渡 島根県八束郡「家をもざくりかえす(家の構造をさまざまに作り替えて造作する)」・出雲 *もしゃぐる 山口県都濃郡 *やばす 新潟県西頸城郡「ぼろを部屋にやばす」 長野県北安曇郡「やばしてある(取り散らかしてある)」

→とりちらかす(取散)

ちらかる【散】 *さぼれる 島根県那賀郡・邑智郡 *しげる 長崎県長崎市・対馬 熊本県 *しぜーりゆん 沖縄県首里 *たらがる 千葉県安房郡 *ばっちらがる 静岡県榛原郡 *ほーりゆん 沖縄県首里 *みだかる・みざかる・みじゃかる 新潟県佐渡 *めだれる 富山県下新川郡 *もちゃくる・もっちゃくる 青森県三戸郡 *がたくさ 福井県南条郡 *がたぐた 新潟県佐渡「うちのなかがたぐたしとる」

□ているさま *かちほーりー 沖縄県首里 *ちっちた 栃木県芳賀郡・那須郡 *ののびき 千葉県市原郡「家の中がののびきで足のふんごんば(踏込場)もない」 *はそんば 新潟県佐渡「はそんばのくずれんようだなあ」

ちり【塵】 *あくた 島根県 徳島県三好郡 熊本県 大分県 沖縄県首里 *あった 鹿児島県喜界島 *あくたほこり 佐賀県藤津郡 *ごち 岡山県上房郡 *ごばい 秋田県仙北郡 東京都大島 *ごんずい 愛知県碧海郡 *ごんべあ 秋田県雄勝郡 *すばい 岐阜県大野郡「すばいが立つ」 *ちびら 長崎県西彼杵郡 熊本県天草郡 *ぼたり 奈良県 *もく・もくた 山形県米沢市

→ごみ(塵)・じんあい(塵埃)・じんかい(塵芥)

たもとの底にたまった□ *たもこぐさ 和歌山県 *たもとくさ 和歌山県 愛媛県松山 熊本県玉名郡 *たもともぐさ 長崎県対馬

ちりとり【塵取】 *えびぞーけ 島根県鹿足郡 *えぼ 福島県会津 新潟県東蒲原郡 *かたくち 秋田県鹿角郡 *かなみ 島根県(金属製)・八束郡 *ごそとり 熊本県芦北郡・八代郡 *ごみとりみ 新潟県佐渡 静岡県庵原郡・志太郡 *さきなし 山口県阿武郡 *さくなし 長崎県南高来郡 *さでみ(肥料やごみなどをかき入れる一種のちり取り) 福島県大沼郡 *せみ 島根県那賀郡 *たかみ 奈良県吉野郡 *たろみ 奈良県南大和 *ちーとーぞーき 島根県出雲市・大原郡 *ちみとり 和歌山県日高郡 *ちりぞーけ 島根県仁多郡 *ちりとりぞーき 島根県 *ちりとりそーけ 島根県邇摩郡 *つちみ 三重県南牟婁郡 *てだかみ(「手高箕」か) 奈良県吉野郡 *み 島根県大原郡・簸川郡 *みかい 岐阜県飛

騨 ***みみそーけ** 山口県阿武郡 ***めっきや** 秋田県仙北郡

竹などで編んだ□ ***いぼ** 新潟県岩船郡・東蒲原郡 ***いぼざる** 新潟県東蒲原郡 ***さっきりそーけ** 島根県邑智郡 ***さっきりぞーけ・さっきり** 島根県邑智郡 ***ざりぞーき**(「そーき」はざるの意) 島根県八束郡 ***じょれん** 千葉県安房郡「じょれん持って来てごみとりし」 ***しんどり** 島根県出雲 ***ちりかき** 長崎県壱岐島 ***てぞーけ** 山口県阿武郡 ***てみ** 島根県 ***どろもそみぞき**(「もそみ」は「もそぶ(運ぶ意)」の名詞形。「ぞき」は「そーけ(笊笥)」の転) 島根県八束郡 ***はなきり** 島根県出雲 ***ほーぎ** 長崎県北松浦郡 ***ほげ** 長崎県

ちる【散】 ***おちる** 千葉県山武郡 ***さんず** 青森県「花がさんじた」 ***すでる**(花が散る) 長野県下伊那郡「この桜はもうすでて来た」 愛知県北設楽郡 ***たつ** 富山県「花がたった」 ***ちえる** 徳島県 香川県 ***ちれる** 岩手県気仙郡「散れた(散った)」 ***つえる** 香川県大川郡「稲の穂がつえとる」「雨がつえた」 ***みだかる・みざかる・みじゃかる** 新潟県佐渡 ***めだれる** 富山県下新川郡

つい 意図しないでそうなってしまうさま。 ***あとー** 沖縄県小浜島 ***かー** 奈良県吉野郡 和歌山県「かあ遊んでゐる」 島根県 広島県「かー取逃した」 ***かーもー** 和歌山県日高郡「かーもー声を出した」 ***かい** 三重県阿山郡 滋賀県南部「かい御無沙汰しました」 奈良県宇陀郡「かい二、三日前のことだったと思うね」 ***かいもー** 三重県阿山郡「行こうと思うていたがかいもーいかなんだ」 滋賀県蒲生郡 ***きや** 鳥取県倉吉市「きゃそこだがな」 ***きゃー** 鳥取県倉吉市 島根県八束郡「きゃー忘れた」 ***け** 島根県 ***けー** 鳥取県日野郡 島根県 沖縄県 ***ずらり** 山形県東田川郡「づらり返さないでしまった」 ***ただ** 広島県・高田郡 高知県『なぜ弟をいぢめりゃー(いじめるのか)』『ただ』」 ***ちゃーんと** 福岡市 ***ちゃんと** 新潟県佐渡「ちゃんと風呂敷おいたよ(置き忘れたよ)」 福岡県「鳥がちゃんと逃げた」 長崎県対馬「今日はちゃんとやり損うた」 ***ついにゃー** 新潟県佐渡 ***ほっと** 富山県 ***ぽっと** 福島県 群馬県「ぽっとぶつかったんだからかんべんしてくれやあ」 埼玉県北足立郡 ***ほっとがけに** 富山県下新川郡・砺波「ほっとがけに逢って誰か分らん」 ***ほん** 岐阜県郡上郡「ほんそこんとこ」 静岡県富士郡 三重県名賀郡「ほんさっき」 滋賀県彦根・神崎郡「ほんこの間」 兵庫県神戸市 奈良県宇陀郡 和歌山県日高郡 島根県石見 徳島県「ほんかすり傷で」 愛媛県松山 福岡県北九州市・遠賀郡

つい【対】 ***ぐー** 鹿児島県沖永良部島 沖縄県首里 ***ぐーとぅみーとぅ** 沖縄県首里 ***しんげぁ** 岩手県気仙郡 ***りゃんこ**(「りゃん」は中国語から) 茨城県猿島郡

□のものがそろわないこと ***かたいし** 愛媛県・松山「履物がかたいし見えん」 ***かたし** 大阪市 兵庫県淡路島 岡山県児島郡「お前わしの下駄のかたし知らんけえ」 山口県 徳島県 香川県 愛媛県 ***かたした** 青森県津軽 山形県最上郡・東村山郡 ***かたはぐ** 新潟県佐渡 ***かたぱすぎゃ・かたふたきゃす** 青森県津軽 ***かたぴた・かたびった** 新潟県東蒲原郡 ***かだべらがだーし** 岩手県九戸郡 ***かたぽしげぁ** 青森県上北郡 ***かためがわり** 島根県隠岐島「下駄をかためがわりにはく」 ***すずめちんば** 新潟県上越市 ***どちぎゃばちぎゃ** 青森県津軽 ***どちはん** 愛知県知多郡「どちはんのことをしたもんだ」 ***ぴんこ** 茨城県 ***びんちょ** 茨城県 千葉県「下駄がびんちょだ」 ***びんちょー** 千葉県印旛郡

□のものがそろわないさま ***かたしがたし** 岩手県紫波郡・胆沢郡 京都府竹野郡 大阪府泉北郡 兵庫県加古郡 和歌山県日高郡・和歌山市 香川県 ***かたちがたち** 秋田県鹿角郡 ***かたやっぽがたし** 京都府竹野郡 ***かたりがたり** 山形県北村山郡「あわてて、下駄と草履をかだりがだりはいて来た」 ***じっこしゃっこ**(履き物について言う) 新潟県中頸城郡 ***びこたこ** 青森県「お前びこたこに足駄はいてる」 宮城県登米郡・玉造郡 山形県 福島県「子供わびこたこの下駄でも喜んで居る」 ***びこたっこ** 山形県西村山郡・西田川郡 ***びっくしゃっく** 埼玉県秩父郡 ***びっけー** 東京都八王子 神奈川県津久井郡 ***びっこかた** 岩手県気仙郡 ***びっこしゃっこ** 群馬県多野郡 埼玉県秩父郡「下駄がびっこしゃっこだ」 長野県佐久 ***びっこたい** 長野県上田 ***びっこたこ** 宮城県栗原郡 ***びっこたっこ** 青森県三戸郡 岩手県九戸郡・平泉 宮城県栗原郡・登米郡 山形県「この箸あびっこたっこだ」 栃木県 ***びっこちゃっこ** 神奈川県相模原市 長野県長野市・上水内郡 ***びっこちょ** 静岡県志太郡「ばかにびっこちょだなあ」 ***びっ**

こちょっけ 神奈川県津久井郡 ***びっこてん** 長野県上田 ***びっこひょっこ** 神奈川県中郡 ***びっちゃ・びっちゃこ** 千葉県長生郡 ***びろびっこ** 新潟県三島郡 ***ぴんこ** 茨城県 ***べっこしゃっこ**(履き物について言う) 新潟県中頸城郡

ついしょう【追従】 ***えんばえ・えんまえ** 山形県南村山郡 ***おちゃまいす** 新潟県中頸城郡・西頸城郡 ***おちゃまいそ** 新潟県西頸城郡 ***おちんご** 群馬県渋川・沼田「このごろわ、おちんごたれるものがおおくなった」 ***おてっぱーい・おてぱい** 宮城県仙台市 ***おでっぱい** 宮城県「えらそーな人だからっておでっぱいとっことがえん」 ***おてれす** 愛知県名古屋市「おてれす吉が又親方にうまくすりこんどるわさ」 ***おへつ** 山梨県東八代郡・北巨摩郡 静岡県 兵庫県但馬・淡路島 和歌山県和歌山市・那賀郡「おへっする」 岡山県 広島県 山口県豊浦郡 徳島県 香川県 愛媛県「おへっこく」 ***おべつ** 岐阜県養老郡・本巣郡 ***おへら** 島根県美濃郡・益田市「お前のおへらは聞きとーもなー」 山口県豊浦郡 徳島県 ***おべら** 愛媛県大三島 ***おまえむけ** 島根県出雲市・大原郡「あの男はおまえむけを云う」 ***おわんべ** 愛知県尾張「おわんべたらす(おせじを使う)」 ***ついこー** 鳥取市 広島県 ***でんしつ・でんしち** 島根県出雲「でんしっこく(へつらう)」「でんしちこく」 ***へつ** 和歌山県東牟婁郡 鳥取県気高郡「へつをこく」 山口県長門 香川県 ***べんざい** 愛媛県 ***べんざこき** 京都府 ***まいすのかわ** 愛媛県宇和島市「おまいすのかわ言う」 →おせじ(御世辞)・おべっか・へつらう(諂)

□**すること** ***おけーはく** 茨城県中部 山梨県南巨摩郡 ***おげーはく** 宮城県栗原郡 ***おけーひゃく** 福島県石城郡 ***おけはく** 千葉県夷隅郡 ***おけやく** 千葉県東葛飾郡「馬鹿におけやくを使うじゃねえか」 ***おちゃもーし** 福島県南部 ***けーはく** 青森県 岩手県 宮城県仙台市 秋田県由利郡・鹿角郡 福島県 茨城県・真壁郡 栃木県塩谷郡「あんな者にけーはくすることねー」 千葉県市原郡・長生郡 ***けはく** 青森県 秋田県鹿角郡

ついていく【付行】 **後を慕って**□ ***うわえる** 新潟県佐渡 兵庫県淡路島 ***おばえる** 岐阜県吉城郡「(子供が親を)あとおばえして泣く」 ***おわーる** 山梨県南巨摩郡 山口県阿武郡 ***おわいる** 東京都三宅島 石川県鳳至郡 岐阜県安八郡 兵庫県淡路島 奈良県宇陀郡 徳島県那賀郡 香川県 ***おわえる** 埼玉県南埼玉郡 新潟県佐渡 長野県・下伊那郡 岐阜県北部 静岡県志太郡 愛知県名古屋市・知多郡 三重県南部 京都府竹野郡「犬がうちの猫をおわえて行った」 大阪府大阪市・中河内郡 兵庫県南部・淡路島 奈良県宇陀郡 和歌山県 島根県 岡山県 広島県高田郡 山口県玖珂郡 徳島県 香川県 愛媛県高知市 長崎県対馬

ついに【終】 ***おんごのつめ** 島根県邇摩郡・八束郡「嫁はおんごのつめ家を出た」 ***おんごのはてに** 島根県「おんごのはてにとうとう落ちぶれた」 ***かーら** 茨城県新治郡・稲敷郡 ***がーら** 茨城県水戸市・稲敷郡 ***がーり** 千葉県印旛郡 ***がらっと** 福島県相馬「がらっと箒ぼっこしちまった」 ***がらり** 群馬県佐波郡 ***がれーに** 神奈川県足柄下郡・高座郡 ***けっくに** 長崎県壱岐島「けっくに出来た」 ***けっこー** 愛知県宝飯郡「犬がけっこう死んでしまった」 ***ごろいと** 鹿児島県・肝属郡「ごろいと死んだ」 ***ころっと** 愛知県「ころっと死なきあーた」「ころっと負けた」 ***ずど** 岡山市「えらそうに威張りようったがずど繿縷(ぼろ)を出した」 熊本県下益城郡 ***ずんと** 香川県 宮崎県西臼杵郡 ***ずんど** 香川県 愛媛県周桑郡「ずんど負けてしもた」 ***ずんどよー** 広島県高田郡 ***ちーい** 山口県「あの人が中に入ってちーい話が破れた」 ***ちゃっと** 和歌山県有田郡「あの人ちゃっと死んだ」・日高郡「ちゃっと猫死んだ」 福岡県小倉市 ***ちゅーに** 山口県周防 ***ちょーちょー** 福岡県遠賀郡 ***つい** 埼玉県秩父郡「おじいさんもどうもついよろしくなかったようなお話で」 島根県石見 広島県・高田郡 ***ついし** 岩手県気仙郡「ついしそうなった」・胆沢郡 宮城県登米郡 ***ついしこいし・つーしこーし・つーしらこーしら** 岩手県気仙郡「ついこいしそうなった」 ***ついどわ** 石川県石川郡 ***つきにけり** 京都府竹野郡「待って待って、つきにけり来んじみゃー(来ずじまい)」 鳥取市 ***つっきにけり** 滋賀県蒲生郡 大阪市 ***つっきりきり** 福井県大飯郡 ***つっきんけり** 滋賀県滋賀郡 ***つっけにけり** 福井県「それからつっけにけり来なんだ」 大阪市 ***とーてき** 群馬県邑楽郡 ***とーどこーと** 宮城県登米郡 ***とーどこーど** 岩手県上閉伊郡 ***まんまと** 三重県伊賀 和歌山県 ***やんやに** 静岡県

つえ【杖】 ***ぐーさに** 沖縄県国頭郡 ***ぐーさん** 沖縄県中頭郡・与那国島 ***ぐーしゃん** 沖縄県那覇市・首里 ***ぐさねぃ** 鹿児島県喜界島 ***ぐさん**(材料とする「ぐさんちく(五三竹＝布袋竹)」の略か) 鹿児島県奄美大島 沖縄県島尻郡・八重山 ***ぐしゃに** 鹿児島県沖永良部島・喜界島 沖縄県国頭郡 ***ぐしゃぬ** 鹿児島県与論島 ***ぐしゃみ** 鹿児島県奄美大島 ***ぐしゃん** 鹿児島県徳之島・奄美大島 沖縄県国頭郡・宮古島 ***こぜぼー**(上部がまたになったもの) 滋賀県高島郡 ***せんぼー** 宮崎県 ***ちーぼ** 石川県羽咋郡 ***ちぇーぼ** 石川県金沢・江沼郡 ***ちえばい** 福井県 ***ちえぼ** 山形県西置賜郡 ***ちぇんば** 島根県簸川郡・大原郡 ***ちぇんばー** 島根県仁多郡 ***ちょぼ** 石川県鳳至郡・珠洲郡 ***ちんば** 島根県飯石郡・出雲市 ***ちんばい** 福井県坂井郡・丹生郡 ***つえつきぼ** 山形県西置賜郡 ***つえっぽ** 長野県佐久 ***つえばい** 福井県 ***つえぼ** 山形県 福島県 千葉県夷隅郡 富

山県　石川県 *つえぽー 山形県米沢市・西置賜郡　千葉県夷隅郡　静岡県 *つえんば 島根県出雲「つえんばついて山え登る」 *つぇんぷ 山形県北村山郡　東京都利島・青ケ島 *つぇんぽ・つぇんぽ・つれん・つれんぽ・つれんぽ 山形県 *つえんぽ 茨城県猿島郡・真壁郡　栃木県　群馬県山田郡・佐波郡　千葉県夷隅郡　新潟県長岡市　静岡県　三重県員弁郡　奈良県南大和 *つえんぽー 栃木県　群馬県邑楽郡　埼玉県川越市・入間郡　千葉県印旛郡「つえんぼーをつく」 東京都八王子

神奈川県津久井郡　新潟県佐渡　静岡県榛原郡

*つきぽー・つくぽ・つくぽー 東京都利島 *つきんぽ 東京都青ケ島 *つべ 新潟県中蒲原郡 *つよのぽ 石川県 *つよっぽ 長野県南佐久郡 *つよぽー 東京都三宅島　山梨県 *つよんぽ 長野県下水内郡 *つよんぽー 新潟県 *つれぽ・つんぽ 山形県北村山郡 *てーぽ・てぽ 石川県 *ぶくと 岩手県紫波郡　山形県最上郡 *ぽーなー（「小さい棒」の意） 沖縄県石垣島

*ぽきと 岩手県中通 *ぽくと 青森県南部　岩手県中通・気仙郡　秋田県平鹿郡　山形県村山　宮崎県都城 *ぽくとー 山形県 *われ 石川県河北郡

上部が股になっている□ *きんま 長野県飯田市 *にかけ 山形県西置賜郡・南置賜郡　新潟県中蒲原郡・北蒲原郡 *にかけくしき・にかけぽー 新潟県北魚沼郡 *にじぇん・にじぇんかぶ 山形県西村山郡「にじぇんかげる（休む時などに荷を荷づえで支える）」 *にずよ 長野県北安曇郡 *にんずいぽー 福島県耶麻郡 *にんぜん・にんぜんぽー 山形県東村山郡 *にんぽー 秋田県雄勝郡　石川県能美郡　山梨県南巨摩郡　長野県　静岡県　奈良県吉野郡 *ねずいぽ 富山県中新川郡・砺波 *ねずえ 新潟県中頸城郡　岐阜県飛驒 *ねずんぽ 長野県飯田市付近 *ねんじょ 富山県東礪波郡 *ねんじょー 石川県河北郡 *ねんじょーぽー 富山県婦負郡

つかえる【支】　⇩とどこおる（滞）

つかまえる【捕】 *おさえる 岩手県上閉伊郡・気仙郡　秋田県「猫が鼠をおさぁえた」 山形県「盗人をおさえる」 千葉県君津郡　新潟県東蒲原郡・中頸城郡 *おさまえる 山形県東置賜郡　福島県　茨城県多賀郡　栃木県「魚をおさまえた」

埼玉県入間郡「どんぶ一匹おさめーてくれ」 神奈川県横須賀・中郡　新潟県東蒲原郡・中頸城郡

*おさめる 青森県上北郡　秋田県「鯉をおしゃめた」 栃木県　長野県 *おしゃる 岩手県気仙郡「鳥っこおしゃだ」 秋田県 *おせる 千葉県長生郡

*おっかめる（「おっつかまえる」の転） 岩手県気仙郡　宮城県仙台市 *かむい・かみゅい・かにゅい 鹿児島県喜界島 *きめる（魚などを手で捕らえる） 岐阜県 *しかめる 山形県 *しゃつかまえる 長野県上田・佐久 *しゃっかめる 長野県下水内郡・南佐久郡 *しゃつかめる 長野県東筑摩郡・佐久 *しゃっつかまえる 長野県北佐久郡 *しゃっつかめる 長野県佐久・上伊那郡 *しゃっつらめる 山梨県 *じゃまえる 福井県北東部 *しょずむ 長野県諏訪・東筑摩郡「雀が鷹にしょずまれた」

*しょつかまーる 長野県諏訪 *しょつかめる・しょっかめる 長野県東筑摩郡「盗人をしょっかめた」・佐久 *しょっつかまえる 長野県下伊那郡

*しょっつかめる 長野県 *たじかる 青森県津軽

*たずかまる 青森県上北郡 *たずく 秋田県仙北郡　山形県 *たずくまる 秋田県平鹿郡 *たずまる 青森県津軽 *たもずかる 北海道　青森県・津軽・上北郡　秋田県鹿角郡・山本郡 *たもつく 山形県 *ちゃかまえる 兵庫県淡路島　徳島県美馬郡　愛媛県 *ちゃまえる 石川県能美郡　兵庫県淡路島　愛媛県 *ちゃまかす 石川県能美郡

*つかます 茨城県稲敷郡　富山県砺波　岐阜県大垣市・本巣郡　静岡県「魚をつかます」・志太郡

愛知県西春日井郡 *つしまえる 香川県高松市

*つまける 香川県綾歌郡「つまけにいかんか」

*つらまう 静岡県小笠郡・榛原郡 *つらまえる 茨城県新治郡・稲敷郡　栃木県　群馬県吾妻郡・勢多郡　神奈川県中郡　岐阜県大垣市・山県郡　静岡県　愛知県南設楽郡・西春日井郡　島根県石見「犬をえーやらやっとつらまえた」 愛媛県　高知県中村市　福岡県企救郡　大分県南海部郡 *つらます 富山県砺波　石川県　静岡県「つらまさる（捕らえられる）」 愛知県豊橋市 *つらむ 愛知県岡崎市・額田郡 *つらめーる 群馬県吾妻郡　神奈川県愛甲郡「さあ、つらめーたぞ」 山梨県 *つらめる 茨城県筑波郡　千葉県印旛郡・東葛飾郡　長野県上伊那郡　岐阜県加茂郡　愛知県岡崎市　三重県志摩郡 *つんまいる 静岡県 *つんまう 静岡県・榛原郡 *つんまえる 静岡県小笠郡 *とくまえる 福島県岩瀬郡 *とこまえる 香川県 *とっちやえる 青森県南部「あれとっちゃへる時あ気つけろ、かぢられるぞ」 *とっちゃる 青森県三戸郡

*とっつぇーる 東京都八王子 *とっつかます・とっつらます 静岡県志太郡・榛原郡 *とっつかむ 茨城県稲敷郡 *とまえる 広島県高田郡　徳島県・名西郡　香川県・大川郡 *とらます 富山県砺波　岐阜県養老郡　愛知県南設楽郡・豊橋市　三重県員弁郡 *とらむ 岐阜県恵那郡　愛知県宝飯郡・知多郡 *とらめる 長野県長野市・佐久　岐阜県美濃　愛知県岡崎市・額田郡 *とりまえる 岡山市　広島県　香川県　愛媛県新居郡 *とろまえる 島根県石見「猫をどがーしてもとろまえられん」 山口県阿武郡　大分県南海部郡 *どんまう 静岡県・磐田郡 *どんまえる 静岡県小笠郡・浜松　徳島県海部郡　香川県「おい、はたたとんまえにいこうぜ」 *ぬっとかます 富山県射水郡 *ひきめる 岐阜県益田郡 *ひしぐ 山梨県南巨摩郡「そがーにきつくひしぐどーで鳥がうっちんだ（死んだ）」

*ひっちゃかまえる 愛媛県伊予郡 *ひっとこまえる 徳島県美馬郡

↓とらえる（捕）

つかむ【摑】 *おさえる 山形県米沢市「物おおさえる」 千葉県山武郡 *おせる 千葉県山武郡 *おっかめる（「おっつかまえる」の転）岩手県気仙郡 宮城県仙台市 *かつぃみゆん 沖縄県首里 *かむい・かみゅい・かにゅい 鹿児島県喜界島 *しょずかむ 長野県諏訪 *しょずむ（「ずむ」は「つむ（摘）」の転か）長野県諏訪・上伊那郡 静岡県志太郡「しょずみだしちゃえ（つかみ出してしまえ）」・小笠郡 三重県名賀郡「ざこをしょずむ」 熊本県玉名郡「いたずらするとしょずんで倉へ入れるぞ」 *ちゃじめる 石川県鳳至郡 *つたばる 島根県隠岐島「大きな木につたばって命が助かった」 *つまむ・つもむ 三重県上野市 *つらむ 茨城県新治郡・筑波郡 *にがむ 栃木県佐野市・安蘇郡 富山県「手ににがんだ」 石川県 福井県 岐阜県海津郡 滋賀県甲賀郡

つかれる【疲】 *あふる 三重県志摩郡 *いげる 新潟県 *いれこむ 和歌山県中部 *うざにはく 宮城県「毎日毎日うざにはいてよーやっと生きておりしてがすお」 *うざねはく 岩手県 宮城県栗原郡・牡鹿郡 秋田県鹿角郡 山形市 *うざねをはく 岩手県下閉伊郡 *うじゃねとる 青森県上北郡 *うじゃねはく 青森県上北郡・三戸郡「雪が降って、歩いて来るのにうじゃねはえだ」 秋田県鹿角郡・北秋田郡 *うだゆい 鹿児島県喜界島 *うだる 静岡県田方郡 *うちゃねはく・うちゃはく 秋田県鹿角郡 *うるー 島根県石見 *うんざにはく 宮城県北部 *えげる 新潟県 三重県志摩 和歌山県日高郡・西牟婁郡 *えらい 岩手県胆沢郡「いやー、いや、えれかった」 石川県能美郡・石川郡 福井県・遠敷郡「えろーなかったら、ちっと持っておってくだんせんかー」 長野県 岐阜県 静岡県 愛知県「一日歩き通してああえらい」 三重県 滋賀県 京都府「うーん、えらて書く気んなれらへんだぁな」 大阪府 兵庫県 奈良県 和歌山県・新宮 鳥取県 島根県 岡山県 広島県 山口県 徳島県 香川県「えろーなる（疲れる）」 愛媛県・周桑郡・喜多郡 宮崎県日南市 *おざねはく 岩手県胆沢郡 *おじゃねーとる 岩手県九戸郡 *おたつ 秋田県鹿角郡 *おたる・おったる 青森県津軽「君の仕事が多くて且つ繁雑でさぞおたるべなあ」 *おったつ 岩手県 秋田県鹿角郡 *がおる 岩手県気仙郡 宮城県 山形県庄内・米沢市 栃木県 新潟県東蒲原郡 *かがえる 島根県邑智郡 *かちくなる 東京都利島 *がめる 神奈川県 新潟県東蒲原郡「今日は忙しくてがめった」 鳥取県東部「がめちゃった」 島根県 岡山県児島郡 広島県備後 *がれる 千葉県香取郡 *きえる 三重県一志郡「お帰り、きえたやろ」 *きくる 福岡県 *きける 三重県 奈良県「こみ入った話で俺はきけた」 和歌山県「今日は遠路歩いてきけたよ」 島根県石見「橙の木が寒にきけた」 長崎県北松浦郡（中流以下）「病気をしてきけた」 *くすれる（へとへとに疲れる）愛媛県 *くちゃれる 広島県比婆郡 *くわる 徳島県 *げたげたがくる（ぐったりと疲れる）香川県大川郡 *こくえる 香川県三豊郡 *こたう 愛媛県松山 高知県 *こたえる 香川県三豊郡 愛媛県温泉郡 *こたゆる 和歌山県日高郡 *こっちょーきる 静岡県 *こはい 青森県 岩手県 宮城県玉造郡・加美郡 福島県石川郡・西白河郡 茨城県新治郡 千葉県 三重県南牟婁郡 *こまる 茨城県真壁郡 *こわい 北海道函館市・小樽市 青森県 岩手県 宮城県 秋田県 山形県 福島県 茨城県 栃木県 群馬県 千葉県 東京都八丈島 新潟県 長野県北西部 奈良県吉野郡 島根県那賀郡 広島県三次市・双三郡 山口県 愛媛県 *こわきゃ 東京都八丈島 *こわる 徳島県美馬郡 *すくむ（手足などが疲れる）島根県「一日中歩き回って足がすくんだ」 香川県伊吹島 高知県「子供を抱いていて腕がすくんだ」 *すくるる 熊本県 大分県 *すくれる 島根県隠岐島 徳島県美馬郡 高知県 熊本県「足がすくれた」 宮崎県東諸県郡 *だえる 鹿児島県揖宿郡 *たおれる 青森県南部 *だゆん 沖縄県首里 *だりゆい 鹿児島県喜界島 *だる 島根県「あんまり歩いて足がだった」 岡山市付近 山口県長門「腕がだる」・玖珂郡 福岡県田川郡・福岡市 熊本県南部 大分県 鹿児島県 *だるい 鹿児島県 *だるる 宮崎市 熊本県芦北郡 鹿児島県 *だるん 沖縄県鳩間島 *だれる 高知県「丈夫になりましてなんぼ働いてもだれんようになりました」 長崎県五島 熊本県・南部 宮崎県延岡市・都城 鹿児島県「おだれやっしつろ（お疲れでしたろう）」 *つだる 岩手県 *とるる 福岡県朝倉郡「今日はとれた」 *なえこむ 和歌山県 *なえる 群馬県多野郡 島根県「足がなえて歩けん」 徳島県 愛媛県 長崎県対馬（疲れて感覚を失う） 熊本県玉名郡・下益城郡 大分県 宮崎県「いっぺこっぺさるいたら、すったりなえた（いっぱい歩いたらすっかり疲れた）」 *のえる 香川県木田郡「そなん食べたらのえるわ」 *のーれる 長野県下水内郡 *ぴじける・ぴちける・ひっちける・おっぴじける 東京都八丈島 *びるる・びれこむ・ひれこむ 和歌山県日高郡「病気してもうひれこんでしまふ」 *ひんだれる 鹿児島県 *ぶがりるん 沖縄県石垣島・竹富島 *ぶたりるん 沖縄県石垣島 *ぼたりるん 沖縄県波照間島 *ほっとする 兵庫県神戸市 和歌山県伊都郡 徳島県 鹿児島県 *やりつける 香川県三豊郡・伊吹島 *よてる 山口県玖珂郡 *よぼる 神奈川県小田原市 *よわる・いわる 新潟県佐渡「よわってしもうていけなぁ」 *らる 大分県臼杵市

↓くたびれる（草臥）・ひろう（疲労）

体が□ている *こんきー 長野県飯田市付近・下伊那郡 静岡県浜松 愛知県宝飯郡・豊橋 *だいー 島根県邑智郡「腹がだいー」 *だやしー 福岡県久留米市 *だらしー 新潟県佐渡 島根県「一日中歩いて足も肩もだらしー」 山口県「昼休みをするとあとがだらしうて仕事がならん」

愛媛県「大分歩いたので足がだらしー」 高知県幡多郡 福岡県 長崎県 熊本県玉名郡 大分県 *だらしない 島根県 *だらしわりー 島根県益田市 *だるい 三重県阿山郡・名賀郡 *だるこい 兵庫県神戸市「肩がだるこい」 *ひずいー 大分県西国東郡 *ひどい 福岡県小倉市

□こと *うざねっこ 岩手県下閉伊郡 *うじやね 新潟県 *ごっちょ 山梨県 *ごっちょー 神奈川県津久井郡・藤沢市 東京都大島 山梨県 静岡県田方郡 *しんど 大阪市 兵庫県「しんどが出たらいわ(疲れが出たらしいわ)」 奈良県 鳥取市 広島県豊田郡 香川県 愛媛県「あーしんどやのー」 熊本県芦北郡・八代郡「しんどばっかり(疲れることばかり)」 *しんの 長野県 *しんのー 長野県 *せーひんからひん(非常に疲れること) 長崎県対馬「今日は暑いのに朝早くから働いてせえひんからひんになった」

□さま *あっかり 富山県砺波「あっかりした」 *あっくり 富山県砺波 石川県 岐阜県飛驒「あんな事させられてあっくりこいた」 *あっこり 岐阜県飛驒 *うんざり 兵庫県神戸市 和歌山県 岡山県児島郡 福岡市 *ごっちょ 山梨県 *ごっちょー 神奈川県津久井郡・藤沢市 東京都大島 山梨県 静岡県田方郡 *ころころ 富山県高岡市・砺波「十里も歩いたらころころになった」 *ころっと 岐阜県養老郡「ころっとする」 大阪府南河内郡 *しんど 大阪市 兵庫県 奈良県 鳥取市 広島県豊田郡 香川県 愛媛県 熊本県芦北郡・八代郡 *しんの 長野県「しんのになる」「しんのだ」 *しんのー 長野県 *せこせこ 岩手県気仙郡「腹へってせこせこず」 *とぼなとぼな 愛媛県南宇和郡 *とぼらとぼら 宮城県栗原郡 *のっつそっつ(へとへとに疲れるさま) 静岡県富士郡 *のつのつ(へとへとに疲れるさま) 和歌山市「のつのつになる」 *ばったり 島根県「一日中掃除をしてばったりした」 *ほーぞ 和歌山県那賀郡「ほーぞした」 *ほーど 和歌山県西牟婁郡「ほーどした」

つき【月】 地球に一番近い天体で、地球のただ一つの衛星。お月様。 *あたさん(小児語) 島根県八束郡 *あっとーさん(小児語) 島根県鹿足郡 *あっとさま(小児語) 岩手県気仙郡 秋田県北秋田郡・南秋田郡 *あっとさん(小児語) 和歌山県日高郡 高知県幡多郡 *あと(小児語) 和歌山市 *あとーさー(小児語) 山口県 *あとーさま(小児語) 島根県石見 山口県・祝島・大島 長崎県対馬 *あとーさん(小児語) 広島県江田島 山口県豊浦郡 *あとーはー(小児語) 山口県屋代島 *あとさ(小児語) 宮崎県児湯郡 *あとさま(小児語) 山形県西置賜郡・南村山郡 新潟県東蒲原郡 長崎市 *あとさん(小児語) 秋田県秋田市・由利郡 三重県宇治山田市 奈良県宇陀郡 和歌山県 長崎県壱岐島 大分県大分郡・大野郡 *あとつぁま・あとっつぁま(小児語) 山形県 *あとと(小児語) 秋田県由利郡 山形県 *あとはん(小児語) 和歌山県日高郡 *うつぃち(文語) 沖縄県首里 *うちちゅー・うちちゅーめー(幼児語) 沖縄県首里 *おかげさん 熊本県球磨郡 *おかわり(「太陽に代わって照らすもの」の意か) 島根県石見 *おつきよさん 長野県佐久 *おとーとーさま(小児語) 新潟県中越 *がちりん 三重県三重郡 滋賀県蒲生郡 *がちりんさま 愛知県愛知郡 *がちりんなん 愛知県碧海郡 *かってんさま 岩手県九戸郡 *がってんさま 香川県三豊郡・小豆島 大分県 *かってんさん 香川県小豆郡 *がってんさん 新潟県佐渡 京都府竹野郡 兵庫県赤穂郡 香川県 *こでらし(太陽の「おおでらし」に対して) 福島県会津 *ちっどん 鹿児島県 *つぃきぬゆー 沖縄県石垣島 *つぃくぃぬゆー 沖縄県石垣島 *つきのいさま 長崎県西彼杵郡 熊本県天草郡 *つきのえさま・つきねんさま・つきのねんさま 熊本県天草郡 *つくいぬゆー 沖縄県石垣島・小浜島 *とーだいさま(小児語) 青森県三戸郡 *とーであさま(小児語) 岩手県九戸郡 *とーとー(小児語) 鹿児島県喜界島 沖縄県首里 *とーとーがなしーめー(小児語) 沖縄県首里 *とーとーさま・とーとーさん(小児語) 新潟県佐渡 *とーとーめー(小児語) 沖縄県島尻郡・首里 *とーとさま(小児語) 青森県三戸郡 *とだいさま(小児語) 岩手県紫波郡・上閉伊郡 *とてさま(小児語) 岩手県胆沢郡 宮城県仙台市 *ととさま(小児語) 青森県南部 岩手県和賀郡 秋田県北秋田郡・鹿角郡 *ととさん(小児語) 秋田県鹿角郡 *にっぽんあんど 岡山県邑久郡 *にょーにょーさん 新潟県佐渡 *にょにょさま 新潟県東蒲原郡 *にょんにょさん 島根県大原郡・能義郡 *にょんにょんさん 島根県平田市 広島県高田郡 *もったいさん 愛媛県周桑郡・今治市

↓おつきさま(御月様)

□の最終日 *こもり 徳島県 香川県・高松市・仲多度郡 *つきたて 長崎県壱岐島 *つぐむい 沖縄県首里 *つごも 岐阜県飛驒 愛知県 三重県志摩郡・阿山郡 山口県阿武郡・見島 長崎県南高来郡 *つごもり 新潟県西頸城郡 福井県敦賀郡 岐阜県 愛知県碧海郡 三重県志摩郡 奈良県 島根県石見 山口県 愛媛県今治市 福岡県 *つもぐり 石川県羽咋郡 島根県 長崎県対馬 *つもこ 三重県阿山郡・度会郡 *つもご 岐阜県 愛知県 三重県 大阪府・泉北郡 和歌山県西牟婁郡 岡山県岡山市・吉備郡 山口県 長崎県南高来郡 *つもこり 三重県志摩郡 *つもごり 山形県 新潟県佐渡 福井県 三重県 滋賀県蒲生郡 京都府 大阪府大阪市・泉北郡 兵庫県・佐用郡・神戸市 奈良県・南葛城郡 和歌山県新宮・西牟婁郡 鳥取県日野郡 島根県 岡山県 広島県 愛媛県 *つもも 岐阜県飛驒 *つももり 奈良県

つぎ【次】 *さしつぎ 鹿児島県肝属郡「さしつ

ぎの弟」「さしつぎの妹」

この□ *__このあと__ 福島県相馬郡「このあと、かーべや、しょーねー（この次買おうや、仕方がない）」 *__こんだし__ 福井県 *__こんだり__ 兵庫県淡路島 岡山市 *__こんどかい__ 兵庫県加古郡 香川県「こんどかい来る時に本を持って来てつかよ」 *__こんどくめ__ 香川県小豆島 *__こんどめ__ 福井県敦賀郡 岐阜県郡上郡 滋賀県蒲生郡 大阪市「こんどめはぁんたの番や」 *__こんどかいめ__ 兵庫県加古郡・神戸市 奈良県南大和 *__こんどら__ 香川県 *__こんどり__ 岡山県児島郡 徳島県美馬郡 愛媛県北宇和郡「こんどりゃいくら差があるだろうか」

□から次へ *__いんずりつぎ__ 岐阜県飛驒 *__かったかし__ 香川県綾歌郡 *__かったし__ 岐阜県飛驒「お膳のものをかったし食ってまう」 徳島県海部郡 高知県「この本箱の本はかったし読うでしもーた」 *__かっとし__ 熊本県天草郡 宮崎県 *__かっとしゅ__ 熊本県八代郡・芦北郡「かっとしうでけた」 宮崎県東諸県郡「かっとしゅ仕事をかたづける」 鹿児島県・肝属郡「どこん家もかっとしゅ病人ばっかいじゃ」 *__かっとす__ 鹿児島県鹿児島郡 *__けたけた__ 京都府葛野郡 *__でんずきでんずき・でんずけでんずけ__ 高知県「でんずきでんずきこどもができた」 *__とっかけひっかけ__ 滋賀県彦根 大阪市「とっかけひっかけ注文がある」 奈良県「とっかけひっかけ仕事が有って眼が廻りそうだ」 *__やりやり__ 長崎県・壱岐島「やりやりーしちしもーた（次々としてしまった）」

つぎ【継】 ⇩つぎあて（継当）・つぎはぎ（継接）

□を当てること *__かこー__ 東京都八丈島「かこうする」 *__かますつぎ__ 島根県出雲 *__したつぎ__ 青森県上北郡・三戸郡 *__つぎこ__ 兵庫県加古郡「つぎこの足袋」 香川県 *__つぎし__ 青森県三戸郡 岐阜県郡上郡「つぎしでもしょーか」 *__つぎっこ__ 栃木県 *__つぎっこはぎっこ__ 千葉県長生郡 *__つぎぼっこー__ 山梨県南巨摩郡「つぎぼっこーの着物を着てよりーる（居る）」 *__ぼろせんたく__ 岡山県川上郡

つきあい【付合】 *__たちあい__ 島根県鹿足郡・益田市「たちあいに費用がじょーにかかる」 *__どぅいえー・どぅいふぃれー・どぅえーふぃれー__ 沖縄県首里 *__どぅいけー・うどぅいけー__ 沖縄県首里 *__どぅんじゃーやんじゃー__（卑語）沖縄県首里 *__ふぃれー__ 沖縄県首里 *__よりあい__ 島根県石見「新任の巡査とよりあいをする」 *__よりやい__ 島根県石見「親類同士でもよりやいをせんそーじゃ」 →こうさい（交際）

つきあう【付合】 *__ふぃらゆん__ 沖縄県首里 *__よりあう__ 島根県石見「近所とよりあう」

つきあたり【突当】 *__いかたり__ 兵庫県加古郡 *__いきあたり__ 愛知県三河 *__かどめ__ 青森県上北郡 *__つっかかり__ 宮城県栗原郡 埼玉県北葛飾郡「新道をまっすぐ行ってつっかかりの家だ」 *__つっかけ__ 岩手県上閉伊郡・気仙郡 福島県東白川郡 栃木県 *__つんだし__ 山形県米沢市「何町のつんだしの店」 *__どんつき__ 滋賀県彦根 京都市 *__ぶっとまり__ 福島県相馬郡「道のえちばんぶっとまり」・東白川郡（山の最奥） *__ぶっとめ__ 宮城県栗原郡 山形県西置賜郡・東田川郡（沢や谷などの最奥） 新潟県北魚沼郡（沢に言う）・岩船郡

つきあたる【突当】 *__うったくる__ 佐賀県藤津郡 *__こちあう__ 愛媛県「曲がり角で自転車と自転車がこちあいました」 高知県 *__こちあたる__ 島根県「頭が柱にこちあたった」 広島県倉橋島・高田郡 徳島県 愛媛県 *__こちがう__ 岐阜県飛驒 *__こっつく__ 広島県 *__こてあう__ 滋賀県甲賀郡 *__どしゃがる__ 島根県隠岐島「車が両方からどしゃがった」 *__どしゃげる__ 香川県小豆島・佐柳島 *__どっしゃげる__ 島根県那賀郡「船が岩にどっしゃげた」 香川県小豆島・伊吹島 *__とばげる__ 三重県志摩郡 *__どばっしゃげる__ 徳島県海部郡 香川県 *__どばっしゃげる__ 徳島県海部郡 *__どんつく__ 滋賀県彦根 *__のっきる__ 岩手県気仙郡「のっきらいる（ぶつかられる）」 *__ぼっしゃげる__ 愛媛県東宇和郡 *__やりつける__ 三重県志摩郡 *__やりつく__ 愛知県知多郡

□こと *__がからぎ・がからこ・がきらこ・がきらき__ 青森県「僕の頭と太郎の頭とがからぎした」 *__どんつく__ 滋賀県彦根

つぎあて【継当】 *__しきし__（形が似ているところから）宮城県仙台市「しきしをあてた着物」 山形県 三重県志摩郡 大阪市 愛媛県・松山 *__しきしつぎ__ 山形県 *__すけ__ 高知県「襦袢の袖がぬけかけちょるから、肘の当る所えすけをすけるがよいぞね」

つきずえ【月末】 ⇩げつまつ（月末）

つぎはぎ【継接】 *__くーしーかーしー__ 沖縄県首里 *__つぎこ__ 兵庫県加古郡「つぎこの足袋」 香川県「つぎこの袋（木綿布をはぎ合わせた穀類袋）」 *__つぎし__ 青森県三戸郡 岐阜県郡上郡「つぎしでもしょーか」 *__つぎっこ__ 栃木県 *__つぎっこはぎっこ__ 千葉県長生郡 *__つぎぼっこー__ 山梨県南巨摩郡「つぎぼっこーの着物を着てよりーる（居る）」 *__やぶれつぎ__（古着の継ぎはぎ）島根県大原郡・能義郡

つきみそう【月見草】 *__こーとりばな__ 香川県塩飽諸島 *__ごけばな__ 青森県津軽 岡山市 *__さがんずきばな__ 青森県津軽 *__そーれんぐさ__ 香川県 *__そーれんばな__ 岡山県岡山市・御津郡 香川県小豆島 *__ひとつばな__ 岡山市 *__やしゃこらばな__ 愛知県碧海郡 *__ゆーげしょー__ 千葉県・長生郡 *__ゆーはんばな__ 静岡県磐田郡 *__ゆーれーぐさ__ 島根県益田市 *__ゆーれーばな__ 奈良県南葛城郡 島根県益田市 *__ゆーれんばな__ 香川県仲多度郡 愛媛県 *__よどーばな__ 東京都八王子 *__よばいばな__ 島根県仁多郡

つく【付】 *つかる 宮城県栗原郡・仙台市「袴に泥がつかった」 山形県米沢市・西置賜郡 福島県「墨がつかる」 新潟県佐渡 *のさる 広島県比婆郡 *のさわる 長崎県南高来郡 *ふさわる 三重県志摩郡「ふさわっとる(付いている)」 *ふつく・ふっつく 山形県米沢市

つくえ【机】 *いば 千葉県山武郡・匝瑳郡 *いばん 山形県東置賜郡・西村山郡 *えば 千葉県山武郡 *ごき 青森県南部 *しくだい 沖縄県鳩間島 *しこーく 長崎県南高来郡 *しゅく 鹿児島県与論島 沖縄県 *しゅくだい 沖縄県八重山・宮古島 *しゅくで 鹿児島県奄美大島・加計呂麻島 *しゅくでー 鹿児島県喜界島 *しょ 鹿児島県大隅 *しょーく 栃木県佐野市・大田原市 長崎県南高来郡 *しょき 鹿児島県 *しょく(「しょく」は「卓」の唐宋音) 福島県中部 茨城県猿島郡 栃木県上都賀郡・芳賀郡 埼玉県秩父郡 千葉県山武郡・東葛飾郡 神奈川県 新潟県佐渡 山梨県 長野県諏訪 岐阜県武儀郡 静岡県・田方郡 愛知県名古屋市・東春日井郡 三重県南牟婁郡 和歌山県伊都郡 岡山県 広島県 愛媛県 長崎県対馬・壱岐島 大分県 宮崎県西臼杵郡・東諸県郡 鹿児島県 *しょくい 長野県北部 *しょくえ 茨城県新治郡 新潟県佐渡 *しょくけー 滋賀県犬上郡 *しょくだい 広島県芦品郡 *しょっ 鹿児島県 *すく 沖縄県本島 *すくー 沖縄県国頭郡 *すくだい 沖縄県黒島 *すぐだい 沖縄県与那国島 *すくで 鹿児島県喜界島 *すくでー 鹿児島県喜界島 *そく 鹿児島県揖宿郡 *ばん 福島県浜通「これを俺のばんの中に入れて呉れ」 *ばんなか 茨城県真壁郡 *ぶんこ 山形県最上郡(学童用机)・東置賜郡 福島県 山口県 *ぼんこ 神奈川県愛甲郡

つくし【土筆】 *いーなぐさ 長野県佐久 *いぬのちんぼ・いぬのちんこ・いのちんこ 長野県佐久 *いのちんぼ 長野県上田・佐久 *うしのふで 熊本県上益城郡 *おいしゃさんのちょんぼ 新潟県中頸城郡 *おしゃしゃ 香川県 *おぼーず・おぼーずい 山梨県 *がぼんぼ 島根県大田市 *かみなりのへそ 長野県上田・佐久 *かもぐさ(「かも」は男根の意。形が似ているところから) 秋田県北秋田郡 *かれぼーず 静岡県富士郡 *がんのかも 秋田県北秋田郡 *ききんぼー 新潟県中魚沼郡 *きちきちぶーし 大分県南海部郡 *ぎっちのこ 山形県東田川郡 *きつねのちょーちん 青森県三戸郡 *きつねのちんぼ 静岡県富士郡 *きつねのろーそく 青森県三戸郡 山形県 富山県下新川郡 福井県 *きつねんふで 長崎県南高来郡 *ぎぼ 島根県隠岐島 *ぎぼし 広島県能美島・因島 *くちなわのよめご 長崎県南高来郡 *ぐっつべ 山形県酒田市・飽海郡 *けつべ 山形県飽海郡 *けぶし 広島県安芸郡 *げんのまら 新潟県佐渡 *ざぼんぼ 島根県安濃郡 *じきじきぼーず 岐阜県飛驒 *じくじくし 山形県飽海郡 *じくじくしょ 山形県西田川郡 *じくじくぼー 岐阜県吉城郡・飛驒 *じくじくぼーず 岐阜県吉城郡・大野郡 *じくじくぽっぽ・じくじくぼぼ 岐阜県吉城郡 *じくしぼーし 岐阜県吉城郡・飛驒 *じくび・じくべ 秋田県 *じごくのそこのかぎっつるし 栃木県 *じこべ 山形県東田川郡 *じじんぼー 新潟県中魚沼郡 *じっくび 山形県最上郡 *じっくべ 秋田市 *じっこべ 山形県村山 *じねんごー 山口県阿武郡 *しぶくさのとー 徳島県 *じんこべ 山形県西田川郡 *じんちこ 秋田県鹿角郡 *すいすいとんぼ 三重県飯南郡 *すいな 長野県南佐久郡 *ずーつくべ 山形県新庄市 *ずーつくめ 山形県東田川郡 *すがなのぽんぽん 新潟県長岡市 *ずきずきぼーぼ 岐阜県大野郡 *ずきつっぽ 新潟県 *すぎな 千葉県安房郡 新潟県佐渡 山梨県北巨摩郡 兵庫県淡路島 山口県豊浦郡 長崎県南高来郡 *すぎなのこ 島根県大原郡 山口県都濃郡 *すぎなのと 山形県北村山郡 *すぎなのとー 島根県八束郡 *すぎなのはな 山形県西村山郡 *すぎなぼーず 島根県鹿足郡 *すぎのとー 長崎県南高来郡 *ずきぼ 岐阜県不破郡 *ずきぼし 熊本県玉名郡 *ずきぼんさん 熊本県玉名郡・八代郡 *ずく 愛知県海部郡・西春日井郡 *ずくさん 岐阜県羽島郡 *ずくずく 青森県津軽 岐阜県 *ずくずくし 新潟県佐渡 愛知県 大阪府東成郡 *ずくずくぼーし 岐阜県 愛知県葉栗郡 *ずくび 岩手県和賀郡 *ずくべ 秋田県 *ずくほ 岐阜県養老郡 *ずくぼ 山形県東田川郡・西田川郡 岐阜県岐阜市・大垣市 佐賀県唐津市 長崎県彼杵 大分県大分市・大分郡 *ずくぼー 岐阜県養老郡 福岡県 佐賀県 *ずくぼーさん 福岡県築上郡 *ずくぼし 長野県諏訪 岐阜県恵那郡 愛知県岡崎市・額田郡 熊本県 *ずくんべ 秋田県 *ずくんぼ 岐阜県岐阜市・本巣郡 静岡県・磐田郡 愛知県岡崎市・額田郡 *ずくんぼーし 長野県諏訪 愛知県宝飯郡 *ずくんぼし 愛知県豊橋市 *ずこべ 山形県庄内 *ずごぼ 山形県鶴岡市 *ずごんぼ 山形県飽海郡 *ずすぼーし 静岡県 *ずっくび 山形県最上郡 *ずっくべ 秋田県秋田市・由利郡 山形県最上郡 *ずっくるべ 山形県最上郡 *ずっこべ 山形県東田川郡・西田川郡 *ずっこべー 山形県飽海郡 *ずっこぼ・ずっこんべ・ずっこんぼ 山形県東田川郡 *ずっつべー 山形県飽海郡 *ずんずくし 静岡県「ずんずくしゃーにはぇーにええ(土筆(つくし)は二杯にするとよろしい)」「づんづくしが出て春らしい」 *ずんずくぼー 静岡県庵原郡 *ずんぼこ 新潟県佐渡 *たけぼんぽん 京都府竹野郡 *たぼーず・たーぼーず 広島県大崎上島 *ちーちくぼー 静岡県安倍郡 *ちくちくぼし 熊本県八代郡 *ちちこぼし 広島県佐木島・因島 *ちゃんちゃんぼー 島根県隠岐島 *ちゅくちゅくぼし 滋賀県滋賀郡 *ついだらぼーし 島根県簸川郡 *つぎつぎ 新潟県岩船郡 香川県仲多度郡 *つぎつぎぼーし 島根県那賀郡

高知県 *つぎな 長野県佐久 *つぎなんぼー・つぎなんぽ 栃木県「どっからついたつぎなんぽ」 *つきのこ 福島県「つくしつきの子すぎなの子」 *つきばな・つぎき 大分市 *つきぼーず・つきほし・つきぼし・つきぼっさん・つきぼんさん 熊本県 *つぎほっどっこ 群馬県山田郡 *つぎまつ 山形県西村山郡 *つく 山形県南村山郡 *つくしろ 宮崎県西諸県郡 *つくずくし 山形県 富山県東礪波郡 静岡県 熊本県 大分市 *つくずくぼー 熊本県天草郡 *つくつく 三重県名張市 大阪府泉北郡 奈良県 香川県 *つくつくし 青森県津軽 新潟県佐渡 岐阜県山県郡 三重県志摩郡 京都府愛宕郡・京都市 大阪市 熊本県天草郡・八代郡 *つくつくぼー 岐阜県飛驒 山口県豊浦郡 大分県大分市・大分郡 *つくつくぼーさん 福岡県築上郡 *つくつくほーし 島根県 広島県上蒲刈島 香川県直島・豊島・小豆島 *つくつくぼーし 福井県敦賀郡・大飯郡 岐阜県 愛知県知多郡 三重県 滋賀県蒲生郡(児童語) 京都府与謝郡 大阪府泉北郡・豊能郡 兵庫県氷上郡・佐用郡 奈良県南部 和歌山県 島根県隠岐島・簸川郡(子供) 広島県江田島・能美島・安芸郡 山口県 徳島県板野郡 香川県・小豆島・豊島 大分県 *つくつくぼーす 大分県 *つくつくぼーず 岐阜県大野郡・益田郡 大分県 *つくつくぼーり 山口県豊浦郡 *つくつくぼーん 徳島県美馬郡 *つくつくぼし 滋賀県蒲生郡 山口県 *つくつくぼん 京都市 *つくつくぼんさん 兵庫県赤穂郡 *つくつんぼ 石川県珠洲郡 *つくねんぼ 大分県大野郡 *つくべ 山形県東田川郡・飽海郡 *つくべこ 山形県西田川郡 *つくぼ 山形県最上郡 熊本県阿蘇郡 *つくぼー 滋賀県高島郡 大分県日田郡 *つくぼーし 長野県下伊那郡 熊本県 大分市 *つくぼーず 大分県東国東郡 宮崎県南那珂郡 *つくぼし 滋賀県高島郡 熊本県天草郡 *つくぼせ 岐阜県恵那郡 *つくぼん 京都市 *つくんしょ 栃木県河内郡 *つげのこ 茨城県・猿島郡 *つっこべ 山形県北部 *つべのご 秋田県仙北郡 *つぽぽ 山形県東田川郡 *つんぎのこ 栃木県 群馬県山田郡・邑楽郡 埼玉県北葛飾郡 *つんずくし 静岡県 *つんつくぼーさん 福岡県築上郡 *つんつくぼーし 岐阜県恵那郡 *つんぼこ 山形県北村山郡 *どーしんご 岡山県北木島 *とーな 愛媛県 熊本県阿蘇郡 大分県 *とーなのこ 大分市 *どこついだ 山形県東置賜郡 鳥取県気高郡 岡山県赤磐郡 *どこどこつぎた・どこどこさいた 岐阜県飛驒 *とっかんぼーず 島根県鹿足郡 *ねこのかもこ 秋田県北秋田郡 *ねこのすっこ 岩手県和賀郡 *ひーかんぼ 広島県 *ひーがんぼー 愛媛県 *ひーかんぼーず 広島県鷺島・御調郡 *ひがんだんぼ 山口県阿武郡 *ひがんぼ 島根県邇摩郡 広島県山県郡・高田郡 *ひがんぼー 島根県江津市・邇摩郡 広島県高田郡 山口県吉敷郡 *ひがんぼーさ 山口県 *ひがんぼーず 島根県 広島県 山口県 熊本県阿蘇郡 宮崎県日向 鹿児島県種子島 *ひがんぼし 愛媛県 高知県幡多郡 *ひだんぼーず 島根県鹿足郡 *ふーし 大分県南部 *ぶーし 大分県中部 *ふで 山形県北村山郡 *ふでくさ 鹿児島県曾於郡 *ふでぐさ 大分県直入郡 *ふでのじく 島根県隠岐島 *ふでのほ 島根県簸川郡 *ふでばな 長野県佐久 *へーかんぼ 愛媛県東宇和郡 *へーびのまくら 長野県南佐久郡・佐久 *ぺっぺこ・ぺっぺのこ 山形県北村山郡 *へびのまくら 山口県玖珂郡 *ほーし 兵庫県但馬 鳥取県 島根県 岡山県 広島県備後 山口県玖珂郡・熊毛郡・大島 香川県与島 *ぼーし 島根県仁多郡 山口県玖珂郡・大島 *ほーしこ 兵庫県播磨・淡路島 島根県大田市 広島県安芸郡 山口県大島 徳島県 香川県 愛媛県「今日はよめ菜やほーしこをとりにいこー」 大分県大分市・大分郡 *ほーしのこ 広島県倉橋島 *ほーしほーし 島根県出雲 *ぼーじぼーじ 島根県簸川郡 *ほーしゃ 島根県鹿足郡 広島県倉橋島 山口県周防 *ぼーしゃ 山口県大島 *ほーしゃくしゃ 山口県熊毛郡 *ほーしょー 広島県走島 *ほーしんこ 広島県倉橋島 *ほーず 三重県志摩郡 *ぼーず 秋田県 千葉県夷隅郡 新潟県中頸城郡 石川県河北郡 島根県隠岐島 広島県江田島・西能美島 佐賀県藤津郡 熊本県球磨郡 *ぼーずぎっちょー・ぼず 熊本県天草郡 *ほーせ 京都府竹野郡 *ほーそ 島根県出雲 *ほーつくし 香川県高松市 *ほし 島根県出雲 広島県御調郡 *ぼし 島根県大原郡 *ほしこ 兵庫県佐用郡 島根県大田市 香川県 愛媛県弓削島 *ほしこさん 島根県安濃郡・大田市 *ほしこぼん 兵庫県淡路島 *ほしでんご・ほしのこ 島根県安濃郡・大田市 *ほしのと 熊本県下益城郡 *ぼしぼし・ぼしぼじ 島根県簸川郡 *ぼじぼじ 島根県簸川郡 *ほそ 島根県出雲 *ほそほそ 島根県簸川郡 *ほっさん 島根県松江市・安来市 *ほっちょ 静岡県磐田郡 *ほとけんぼー 茨城県稲敷郡 *ぼんこ 新潟県中越 *ぼんさん 島根県隠岐島 佐賀県藤津郡 *まつのと 長崎県南高来郡 *まつな 京都府竹野郡 長崎県南高来郡 *まつなぐさ 長崎県南高来郡 熊本県阿蘇郡 *まっばぐさんこ 宮崎県西諸県郡 *まっばっさ 鹿児島県揖宿郡 *まつぶきのぼーず 島根県隠岐島 *めーひっぱる 長崎県南高来郡 *めめずのまくら 長野県諏訪 *もともと 富山県 *もろむき 大分県・北海部郡 *やんぼしさん 熊本県芦北郡 *よろぼし 静岡県磐田郡

つぐない【償】 *いりあわせ 愛知県中島郡 大阪府大阪市・泉北郡 奈良県南大和 *ばくまい・ほんまい 富山県 *ばんばい 富山県高岡市・砺波 *まよい 奈良県山辺郡 *まんまい 富山県「まんまいする」 *わまい（「わきまえ」の転）富山県婦負郡

↓つぐなう（償）・ばいしょう（賠償）・べんしょう（弁償）

つぐなう【償】 *あがなう 島根県出雲 *あまえる 千葉県東葛飾郡「人の物をこわしてしまって、あまえてくれ」 *あめる 千葉県船橋 *おじなゆん 沖縄県国頭郡 *こたう 愛媛県北宇和郡「ぜにかねじゃ、もーこたわん(金銭じゃもう償いきれない)」 *さそう 宮崎県西諸県郡 *はくん 鹿児島県喜界島 沖縄県島尻郡・石垣島 *はぐん 沖縄県与那国島 *ぱくん 沖縄県石垣島 *はちゅん 沖縄県 *ばまえる 富山県 *まえる 和歌山市 *ままえる 新潟県佐渡・西頸城郡「あの子のこわしたおもちゃのかわりはままえるぞ」 *まめる 愛知県知多郡 *まんまえる 新潟県・中頸城郡「隣のガラスをこわしたからまんまえてやらんければならん」 *もどす 三重県志摩郡 *やくめる 長野県東筑摩郡 *やねふける 富山県砺波 *わーまえる 富山県砺波 *わくばえる 青森県津軽 *わくめる 新潟県中頸城郡 長野県東筑摩郡・西筑摩郡 *わぐめる 新潟県中頸城郡 *わっちゃめーゆい 鹿児島県喜界島 *わまえる 石川県鹿島郡 *わんちゃめーいん 沖縄県国頭郡 *わんちゃめーゆん 沖縄県那覇市・伊江島・首里 *わんまえる 新潟県中蒲原郡 富山市近在
↓つぐない（償）・ばいしょう（賠償）・べんしょう（弁償）

つくねいも【仏掌薯】 *あぐいも 新潟県一部 *あほいも 新潟県一部 *あらいも 徳島県一部 *あんけついも 奈良県一部 *いせいも 福島県一部 岐阜県一部 愛知県 三重県 *いちねんいも 千葉県一部 東京都一部 京都府一部 鳥取県 *いちょーいも 青森県一部 茨城県一部 東京都一部 福井県一部 岐阜県一部 静岡県一部 三重県一部 滋賀県 京都府一部 鳥取県 島根県一部 岡山県 *いもじるいも 静岡県一部 *うしのくそ 神奈川県津久井郡 *うしのした 神奈川県津久井郡 *うしのしたいも 神奈川県一部 山梨県一部 *うずいも・うでいも 島根県一部 *うたたいも 大阪府一部 *うちわいも(うちわのような形をしているところから) 新潟県一部 *えどいも 岐阜県一部 *おーぎいも 栃木県一部 埼玉県一部 新潟県一部 鳥取県 *おーしゅーいも 島根県一部 岡山県一部 *かきいも 青森県一部 *かごいも 山口県豊浦郡 *かつね 長崎県一部 *かなくずいも 宮城県登米郡 *かなくそいも(鉱滓(こうさい)のようにごつごつした形をしているところから) 青森県上北郡・三戸郡 岩手県気仙郡・胆沢郡 秋田県鹿角郡 *きねいも 埼玉県一部 *きりいも 宮城県一部 福島県一部 新潟県一部 福井県 静岡県磐田郡 京都府北部 兵庫県一部 鳥取県 広島県比婆郡 *きんちゃくいも 和歌山県一部 *ぐりいも 宮城県一部 *くるいも 京都府一部 *ぐれいも 宮城県一部 *げんのいも 三重県一部 滋賀県一部 *こしょいも 鹿児島県奄美大島 *こぶしいも 青森県一部 宮城県一部 山形県 *じいも 富山県西礪波郡 *しょーがいも 山口県玖珂郡・都濃郡 *しろいも 京都府一部 *ずくねんじょー 福島県一部 *ずるずるいも 山口県都濃郡 *ぜにいも 大分県一部 *せんすいも 静岡県一部 *だこいも 千葉県一部 *たまいも 宮崎県一部 *だらいも 石川県 *たらずいも 鳥取県 *だんごいも 山形県一部 *つくいいも 佐賀県一部 *つくいも 群馬県一部 埼玉県一部 東京都南多摩郡 新潟県一部 長野県一部 和歌山県日高郡 鳥取県一部 山口県 愛媛県一部 大分県一部 *つくいやまいも 鹿児島県 *つくても 東京都八丈島 *つくのいも 山口県豊浦郡 *つくりいも 福島県一部 石川県 鳥取県 愛媛県一部 高知県一部 長崎県一部 大分県一部 宮崎県一部 *ていも(手の形をしているところから) 群馬県一部 埼玉県一部 千葉県印旛郡・山武郡 新潟県一部 富山県砺波 山梨県一部 長野県上伊那郡・佐久 高知県一部 福岡県一部 宮崎県一部 *でいも 徳島県 *てーいも 静岡県志太郡 *てこいも 東京都一部 愛知県碧海郡 滋賀県一部 京都府一部 兵庫県 *でこいも 宮城県一部 *でっこいも 宮城県栗原郡・登米郡 *てのひらいも 山形県一部・西置賜郡(平たいもの) 岐阜県一部 静岡県一部 *てんねこいも 新潟県一部 *どーいも 千葉県一部 東京都一部 *どーかんいも 長野県東筑摩郡 *どーらくいも 富山県一部 *とくいも 山口県阿武郡 *とこいも 山口県美祢郡 *ところいも 千葉県一部 *とっくいりいも 山口県玖珂郡 *とっくりいも 北海道一部 鳥取県一部 山形県西置賜郡・東置賜郡 *とろ 埼玉県一部 *どろいも 栃木県一部 京都府一部 徳島県一部 *ながいも 山口県 *にぎりいも 秋田県一部 茨城県一部 *にまるいも 富山県一部 *ねいも 東京都一部 山梨県一部 *ねばりいも 北海道一部 *ねまりいも 北海道一部 青森県一部 秋田県鹿角郡 山形県西置賜郡 新潟県一部 *ねりいも 青森県一部 *ねんじいも 大分県一部 *のいも 山口県大津郡 *ばかいも 山形県西田川郡 福島県 新潟県・刈羽郡 静岡県志太郡 *はじかみいも 新潟県一部 *はたけいも 長崎県一部 *はたしいも 宮城県仙台市 *はだよし 秋田県鹿角郡 山形県東置賜郡・西置賜郡(平たいもの) *はだよしいも 青森県南部 *ばつこいも 福島県一部 *ばらいも 徳島県一部 *ひらいも 秋田県一部 岡山県一部 *びわいも 大分県一部 *ぶっしょいも 福島県 東京都一部 神奈川県一部 富山県一部 山口県一部 高知県一部 大分県一部 *ぶっしょーいも 山口県吉敷郡・大津郡 *ふんどいも 長野県下水内郡 *ふんどーいも 長野県更級郡 *へらいも 青森県三戸郡 岩手県上閉伊郡 宮城県一部 山形県一部 *ほぎいも 島根県一部 *ほとけいも 岩手県一部 *ほんいも 愛知県 *まいも 徳島県一部 *まるいも 石川県一部 *めあか 徳島県一部 *やまといも 山形県 福島県 茨城県真壁郡 群馬県一部 東京都一部 岐阜県一郡 静岡県

一部　京都府一部　*やわたいも 山形県鶴岡　*らくだいも 宮城県一部　新潟県一部　富山県一部　石川県一部　山梨県一部　岐阜県一部　愛知県一部　*れんぎいも 愛媛県一部

つくる【作】　*こへる 山形県　*こらいる 広島県双三郡　*さす 山形県最上郡・東田川郡「棺ばさす」「箱さす」　愛知県知多郡「小屋さす」　*しかう 高知県高岡郡　*しつける 高知県土佐郡　*しなす 高知県・高知市「小魚で蒲鉾をしなした」　*だす 山形県「あつらえだ物いづまでだす」　*でかす 青森県津軽「おまえだじで、稲、よぐでがしねし(立派に作りますね)」　山形県米沢市　栃木県下都賀郡・安蘇郡「寝床をでかす」　群馬県邑楽郡　山梨県南巨摩郡　長野県上伊那郡　岐阜県　愛知県「お前朝から道具を揃えてやっとるが何をでかすんだ」　島根県石見　*ふく 福島県東白川郡「花ふく(造花を作る)」　群馬県佐波郡「時をふく(時をつくる)」　*まかしん 沖縄県石垣島　*まける 山形県最上郡・庄内「一匹の雀(すずめ)こ、巣こまげて卵こ生(な)した」　*まるべる 山形県最上郡「蓑ばまるべる」　*まるめる 山形県北村山郡　*まろべる 山形県南村山郡

つくろう【繕】　*いこばう 静岡県浜名郡　*からがく 岩手県九戸郡・気仙郡　山形県　*きおう 静岡県浜名郡　*くしくる 青森県三戸郡　秋田県鹿角郡　*くしぐる 新潟県東蒲原郡「ズボンのかぎざきをくしぐる」　*くすくる 青森県南部　秋田県鹿角郡　山形県「足袋をくすくる」　福島県　茨城県・水戸市・鹿島郡　群馬県佐波郡　千葉県長生郡・夷隅郡　東京都八王子　新潟県「くすくり細工(一時的な繕い)」・西蒲原郡・中頸城郡　*くすぐる 青森県南部　岩手県気仙郡　宮城県仙台市　山形県米沢市　福島県「屋根くすぐる」　千葉県夷隅郡　*くずぐる 新潟県東蒲原郡　*くつくる 秋田県「靴をくつくる」　*くりぐる 山形県庄内「束をくりぐる」　*こすくる 山形県米沢市　*こそくる 神奈川県中郡　長野県下水内郡　静岡県「かぎざきょーこそくっといてくりょー」「鍋の穴をこそくっておく」　熊本県八代郡・芦北郡　鹿児島県　*こそぐる 宮城県仙台市「足袋の底こそぐる」　宮崎県東諸県郡　*そく 鹿児島県肝属郡　*そくー 岐阜県飛騨　京都府竹野郡「障子の破れをそくー」　山口県大島「鍋などそくふ」　徳島県　愛媛県　高知県土佐清水市　長崎県　*そくる 岐阜県吉城郡　*そくろう 三重県員弁郡　和歌山県西牟婁郡・東牟婁郡「足袋をそくろう」　島根県「破れ紙箱を糊でそくろーた」　広島県高田郡　愛媛県　*そこう 長野県下伊那郡「障子をそこう」　*つくじる 神奈川県津久井郡「ぼろをつくじる」　*とじくる 神奈川県中郡　新潟県中頸城郡　山梨県南巨摩郡「着物がほころびとーでとじくる」　長野県佐久　静岡県志太郡・磐田郡　*とっちべる 岩手県気仙郡　*とつべる 山形県西田川郡　*とっぺる 宮城県石巻　*とっぽめる 青森県三戸郡

衣類を□　*しとねる 岩手県九戸郡　*つずくる 新潟県佐渡・上越市　大阪市　奈良県北葛城郡　広島県高田郡　徳島県　*つずしる 長崎県壱岐島　大分県大分郡

着物のほころびを糸で一時的に□　*まつー 兵庫県加古郡　*もつー 香川県「糸でちょっともつうとこか」　愛媛県

破れを□　*そそくー 長野県　愛知県　*そそくる 青森県三戸郡　長野県「足袋をそそくる」　愛知県　三重県志摩郡　京都府竹野郡「仕事着の破れをそそくってきました」　愛媛県・松山「お祖母さんは雑布や何かをそそくって日を暮らしとります」　福岡県福岡市・久留米市　佐賀県藤津郡　長崎県南高来郡・対馬「障子をそそくる」　熊本県　大分県南海部郡・玖珠郡　*ふする 佐賀県藤津郡　長崎県西彼杵郡　*ふせる 福岡県三井郡　長崎県対馬　鹿児島県屋久島

つげ【黄楊】　*あなぐつのき 福井県大飯郡　*いんつけ 福岡県　*かしらはら 奈良県宇陀郡　*けずら 滋賀県高島郡　*たうえぎ 岡山県　*とりとまらず 奈良県南大和　*ねずかたぎ 島根県江津市　*ねずみぎ 島根県石見　*ねずみつぐろ・ねずみつぶろ 島根県那賀郡　*ねずみつつぎ 島根県那賀郡　*ねぶみぎ 島根県那賀郡　*ひーらぎ 島根県美濃郡・益田市　*びんが 岐阜県美濃　*ほんつげ 福岡県八女郡　*やどめ 岐阜県美濃　*よめがさら 鳥取県因幡　島根県出雲　岡山県美作

つけあがる【付上】　*あめーゆん 沖縄県首里　*おなえる(子供などが、甘えてつけあがる) 愛媛県喜多郡　*きなる 山口県玖珂郡・大島　*ずぐびあがる 青森県三戸郡　山形県　*ずにあがる 新潟県西頸城郡　*ずっりやがる 香川県三豊郡「ち

方/言/の/窓

●近世俳諧と方言

ふらんどや桜の花をもちながら
（小林一茶『文政句帖』）

「ふらんど」は「ブランコ」の意の信濃の方言である。ブランコはポルトガル語起源ともいわれるが、ブラサンコ、ブラタン、ブラリンコなどの各地の方言形を見ると、ブラブラという擬態語とも関係がありそうだ。

涼しさを我宿にしてねまる也
（松尾芭蕉『奥の細道』）

山形県尾花沢での句。この「ねまる」は、「くつろいで座る」「安座する」の意で、東北（岩手・宮城・山形など）、北陸（新潟・富山・石川など）、山陰（島根県出雲地方）に分布が見られる。

ところで、江戸時代の俳人、越谷吾山が方言集『物類称呼』を著したことも、近世俳諧と方言とのかかわりの深さを示唆するものといえよう。

ょっとほめたらずっりゃがって」 *ずりあがる 香川県・三豊郡「甘口いうとずりあがる」 *たかになる 鹿児島県肝属郡 *ちょーしあがる(甘えてつけあがる) 高知県 *つくねあがる 富山県砺波 *つけのぼす 長野県「いい気になってつけのぼすな」 *つけのぼる・つけのさばる 新潟県佐渡 *のってぁがる 秋田県雄勝郡「のってぁがって困った奴だ」 *のぼる 香川県 佐賀県「あれをのぼせた処が、すぐのぼりて、大へん御馳走したよ」 *のんでぁがる 秋田県平鹿郡「余りのんでぁがるな」 *ほたえる 三重県阿山郡・度会郡 *ほたゆる 大分県
→ぞうちょう（増長）
□こと *ばいぞ 島根県簸川郡「ばいぞする」 *ぼーあがい 沖縄県首里

つげぐち【告口】 *おしえくち 宮城県仙台市 山形県東置賜郡・西置賜郡 *おしえこと 岩手県気仙郡 宮城県仙台市 山形県 *おせくち 宮城県仙台市 *おつげっぽ 岐阜県山県郡 *おろえぐち・おるえぐち 島根県出雲「先生におろえぐちをする」 *くちまつ 愛媛県 *こー(「口」か) 沖縄県首里「こー しゅん(告げ口する)」 *こーじん 沖縄県首里 *さしぐち 栃木県 *そえぐち 島根県八東郡 *ちそー 岩手県上閉伊郡「ちそーもーし(告げ口する者)」 *ちょーふく 沖縄県石垣島 *ちょべぎあげ 愛媛県宇和島市 *つぃちゃぎもーしゃぎ 沖縄県首里 *つげ 島根県美濃郡・益田市「先生につげをする」 *みみこすり 島根県出雲・隠岐島「先生にみみこすりした」 *めあさげ 岩手県二戸郡 *やわき 島根県隠岐島
□する *うまねる 茨城県多賀郡 *うろいる 島根県隠岐島 *おけそくあげる 富山県 *おけそくあぶる 富山県東礪波郡 *おせる 岩手県気仙郡 山形県「先生さおせる」 福島県東白川郡 *おへる 山形県東北部 *おろえる 島根県 *しょいあげる 島根県飯石郡 *しょーいあげる 島根県仁多郡 *しょーゆをあげる 島根県邑智郡 *そしる 静岡県磐田郡 *たしたる 和歌山県有田郡・新宮 *たす 岩手県気仙郡「警察さたす」 *たっす 宮城県仙台市「先生さたすぞ」 宮城県 *ちゃしゃこもつ・ちゃちゃこもつ 島根県簸川郡「あの男がちゃしゃこもって破談になった」 *とぅーしゅん 沖縄県首里 *とぅどぅきゆい 鹿児島県喜界島 *とずくる 福岡市 *とつくる 長崎市 *とつける・とっつける 東京都三宅島 *はやす 山形県 福島県岩瀬郡 島根県隠岐島 *ひよる 新潟県西蒲原郡 *まぬる 大分県南海部郡 宮崎県東諸県郡 鹿児島県肝属郡 *まねーる 長野県南佐久郡 *まねこむ 宮崎県東諸県郡 *まねる(見聞きしたことをそっくり人に言う意) 岩手県気仙郡「弱虫だからまた先生さまねるんだべえ、やーい」 福島県南部 茨城県・久慈郡 栃木県「父ちゃんにまねてやっかんな(やるからな)」 新潟県 長野県 *みやすあげる 青森県 *めやすあげる 青森県 秋田県鹿角郡 *めやすこく 青森県三戸郡
□すること *いぬ 奈良県 島根県邇摩郡「いぬをする」 *いんころ 富山県 *えの 島根県 *えん 富山県「えんする」 *えんころ 富山県射水郡・砺波 *なかごと(人が悪口雑言を言っていると当人に告げ口すること) 奈良県 *まで 茨城県久慈郡 *まねくち 新潟県中越・南魚沼郡 長野県「まねくちする」 *まねっこ 福島県東白川郡「まねっこする」 *まねっこと(「見聞きしたことをそっくり人に言うこと」の意) 福島県相馬郡・東白川郡
□をする人 *くっちゃ(よく告げ口をする人) 岩手県九戸郡 *さべりぐち 富山県砺波 *しょーいあげ 島根県出雲 *ちそーもーし 岩手県上閉伊郡 *ちゃっぺ 岩手県九戸郡 *ちゃび・ちゃびら 新潟県西頸城郡 *ちゃべ 富山県 *ちゃべちゃべ 富山県射水郡 *ひゅーきんだけ 島根県益田市 *めやすあげ 秋田県鹿角郡 *めやすたなき・めやすたなく 岩手県紫波郡 *めやすばこ 岩手県紫波郡

つけもの【漬物】 *あせ 宮城県栗原郡 *あせこ 岩手県岩手郡 *あっさり(花柳界で言う) 滋賀県蒲生郡 *いしかべり(おもしに石を載せるところから) 広島県神石郡 *おくも 奈良県吉野郡 *おくもじ 富山県砺波 福井県坂井郡 三重県伊賀 兵庫県神戸市 和歌山県那賀郡 島根県邑智郡 広島県 *おこもじ 広島県高田郡 *おしおけ 奈良県吉野郡 *がご 山形県飛島 *がっけ 山形県庄内 *かっこ(幼児語) 岐阜県飛騨 島根県仁多郡・能義郡 *がっこ 宮城県栗原郡 秋田県 *かんこ 福井県坂井郡・丹生郡 *くき 滋賀県蒲生郡・甲賀郡 長崎市 *くきたち 島根県邑智郡 *くもじ 京都府 岡山県阿哲郡 香川県・小豆島 長崎市 *くもり 大阪府中河内 *けんけ(幼児語) 島根県邑智郡 *こーのもんつけ 熊本県球磨郡 *こーりもん 熊本県下益城郡 *こーるー(小児語) 沖縄県首里 *こーるむん 沖縄県首里・那覇市 *こーるもん 長崎県南高来郡 *こーろ 奈良県南葛城郡 *こころもん 奈良県 *こみせん 奈良県南大和 *こもじ 福岡県浮羽郡 *こりもん 熊本県 *こるもん 長崎県南高来郡 熊本県 *こるもんずけ 熊本県天草郡 *ころもん 福井県遠敷郡・大飯郡 三重県阿山郡 京都府 大阪府・泉北郡 奈良県吉野郡・南葛城郡 香川県高松・木田郡 愛媛県 *ごろもん 大阪府三島郡 *ざんが(幼児語) 島根県仁多郡 *しおけ 神奈川県藤沢市 熊本県八代郡 *しきむぬ 沖縄県八重山 *しょーけ・しょーけもの 広島県比婆郡 *すおけ 静岡県川根 和歌山県日高郡 *つけな 青森県上北部 広島県芦品郡・高田郡 *ぽっぽ(幼児語) 茨城県西茨城郡・行方郡
→しおづけ（塩漬）・ぬかづけ（糠漬）
十分漬け込まない□ *あっさり(上品な言い方) 奈良県 *なまらずけ 山形県西置賜郡

つける【浸】 ⇩ひたす（浸）

つごう【都合】 *あ 富山県砺波「あがわるい」 *あご 富山県 *あべつ・あんべつ 新潟県岩船郡「あべつわるい」 *あんばい 島根県「お前のあんべーさえつきゃー出かけよう」 *えて 新潟県東蒲原郡 徳島県「きょーえてわるいがな」 高知県・高知市「本を読む時は左から光線が射す方がえてがよい」「妙にえてが悪うて書きにくい、机の向を変えよー」 *がいちょ 兵庫県加古郡 香川県三豊郡「ちょっとがいちょがわるいな」 *かかい 鹿児島県「かかいのわり場所で仕方がね」 *かかり 新潟県東蒲原郡「これは大変かかりがいい」 *かっこ 石川県河北郡「かっこわるい（都合悪い）」・鳳至郡 島根県出雲「それはこっちとしては、一寸かっこがわるい」 *かっこー 島根県仁多郡 *かんじょ 宮城県仙台市「あんだほのかんじょ、なじょでござりすや（いかがですか）」 山形県東田川郡 新潟県東蒲原郡「大変かんじょ良い」 *かんじょー 山形県米沢市「おまえの方のかんじょうはなじょだ（どうだ）」 *ぐあい 徳島県海部郡「ぐわいせん（都合が悪い）」 *ぐあいしき 富山県射水郡・砺波「こんなぐぁいしきになる」 和歌山県「どうも初めてでぐあいしきが悪い」 *くつ 滋賀県南部 *ぐつ 福井県敦賀郡・遠敷郡 滋賀県彦根 京都府京都市・竹野郡 大阪市「今日貰（もろ）とかんとぐつが悪い」 兵庫県「朝のうちでないとぐつが悪い」 奈良県宇陀郡「校長はんに見られたらぐつわるい」・宇智郡 和歌山県「今日はぐつわりさか止める」 島根県益田市・邑智郡 岡山県 広島県 山口県玖珂郡 徳島県海部郡 香川県小豆島 愛媛県 高知県「今度の家は仲々ぐつがよー出来て居る」「この筒袖は妙にぐつが悪い」 大分県 *ぐん 岐阜県吉城郡「ぐんがわるい」・飛騨 *ぐんつ 岐阜県吉城郡 愛知県知多郡 奈良県宇陀郡・宇智郡 和歌山県日高郡・海草郡 *さんにょ 富山県砺波「さんにょよい」 石川県加賀「さんにょがわるい」 *しこ 島根県 *しこー 島根県「どうもしこーが悪い」「えーしこーに（好都合に）船が着いた」 広島県 *しころ 佐賀県唐津市「よかしころ（好都合）」 *しっこー 島根県石見 *ずくつ 島根県石見「今日はずくつが悪りー」 愛媛県周桑郡「これを持ってっとかなりくつが悪いことはないかな」 *たなり 沖縄県首里 *たなれ 沖縄県首里 *つ 神奈川県津久井郡「バスのつがよくって、とても早く八王子へ行ってこれた」 新潟県西頸城郡 静岡県磐田郡 *つもり 岐阜県飛騨「つもりが悪い」 *てがっこ 島根県簸川郡・出雲市「来るならお前のてがっこで来い」 *てしゅび 宮城県仙台市「御手首尾次第御来会下さい」 *てめ 岡山県小田郡「てめがいー（都合、かってがいい）」 *てより 富山県砺波 *はんご 福岡県小倉市「おなごの前でははんごがわりい」 *はんごー 島根県美濃郡・益田市 山口県豊浦郡・大島 福岡県「今ちょっとはんごーの悪か（都合が悪い）」 長崎県対馬 大分県 *ひょーし 山形県「ひょーしわり」「ひょーしえー」 福島県西白河郡 新潟県「あの男もひょーしが悪い」 岐阜県高山 兵庫県淡路島 香川県伊吹島 *ま 新潟県佐渡「何とかまをつけて行きます」 *もとーり 愛知県名古屋市「うちのもとおりで今度娘夫婦と一緒になることになりました」 *よて 新潟県佐渡「これではよてがわるい」 岐阜県飛騨「左はよてが悪い」 *らち 滋賀県彦根 *りくつ 宮城県仙台市「も少しりくついゝ家借りすぺね（借りましょうよ）」 福島県相馬「あの人に、逢あな（会わないと）、りくつわりー」 愛知県尾張 島根県隠岐島「鍬のりくつが悪いもんだけん」

→ぐあい（具合）

□**がよい** *うまくさい 岐阜県恵那郡 愛媛県（都合がよいらしい）・周桑郡 *うまらい 愛媛県南宇和郡 *うまらしか 長崎県五島「うまらしか金儲けたい（うまい金儲けであるよ）」 *うまろいか 長崎県五島 *うまろーしー 大分県北海部郡 *けなりよい 宮城県仙台市 *こんまい 石川県石川郡 *てんまい 徳島県「そんなてんまいこといくか」 香川県 愛媛県 高知県幡多郡 *てんまたい 香川県

□**が悪い** *あごばるい 富山市近在 *かいさわるい 香川県伊吹島 *がいすきゃわるい 和歌山県東牟婁郡 *さんにょわるい 富山県砺波 *ぼくい 愛媛県北条市

□**よく** *あいじょ 徳島県 *あいじょー 徳島県 *あじょー 徳島県 *あじよー 和歌山県 *あじよく 和歌山県 *あっじょ 兵庫県加古郡 香川県 *あっじょこ 香川県綾歌郡 *あんじょ 福井県敦賀郡 三重県伊賀 滋賀県 大阪府大阪市・泉北郡 兵庫県淡路島・加古郡 奈良県 和歌山県 香川県 *あんじょい 和歌山県 *あんじょー 新潟県佐渡 富山県高岡市 福井県 岐阜県飛騨 三重県 滋賀県 京都府 大阪府 兵庫県 奈良県 和歌山県 徳島県 香川県 *あんじよー 三重県志摩郡 京都府宇治郡 奈良県吉野郡「用事もあんじよーすんだかぞ」 島根県石見 岡山市 *あんじょーよく 兵庫県赤穂郡 *あんじょよー 福井県大野郡 *あんばい 三重県名賀郡 京都市 大阪府大阪市・泉北郡 兵庫県明石郡・神戸市 奈良県南大和 和歌山県和歌山市・那賀郡 徳島県海部郡 *あんぱい 奈良県吉野郡 *あんばいよー 岐阜県郡上郡 三重県志摩郡・度会郡 滋賀県犬上郡 兵庫県「誰々にあんばいよーいかれてしもた（してやられた）」 徳島県板野郡 香川県 *あんばいよーらと 富山県砺波 *あんばいよく 徳島県 *あんばよ 和歌山県・伊都郡 *あんばよー 福井県遠敷郡・大飯郡 岐阜県 愛知県名古屋市 三重県北牟婁郡 滋賀県 京都府 兵庫県赤穂郡 奈良県宇陀郡 和歌山県 岡山県 香川県 *あんびょ 和歌山県東牟婁郡 *あんびょー 三重県北牟婁郡 *あんびよー 福井県遠敷郡 *あんべよー 岐阜県養老郡 *あんよー 三重県

志摩郡 ***えーげに** 島根県石見「心配しとったらえーげにお前が来てくれた」 ***えーさいくに** 島根県 ***えんば** 岐阜県飛驒「出かけて行ったら、えんばと道で逢った」 ***やんばぐ** 静岡県 ***やんばよー** 岐阜県稲葉郡・加茂郡 ***やんべー・やんびゅー** 新潟県佐渡

つじ【辻】 ***あじま** 沖縄県島尻郡 ***あずぃ** 鹿児島県徳之島 ***かどめ** 青森県上北郡 ***しゅーじ** 沖縄県 ***つぎぬぎ** 秋田県平鹿郡 ***であい** 奈良県吉野郡 ***まんだなみつぃ** 沖縄県石垣島 ***まんだらみち** 沖縄県竹富島・鳩間島 ***まんだらみつぃ** 沖縄県石垣島 ***みちちがい** 岩手県上閉伊郡 ***みちまた** 岩手県上閉伊郡 ***わかされ** 栃木県 埼玉県秩父郡 神奈川県津久井郡 新潟県佐渡 山梨県南巨摩郡 長野県上伊那郡・佐久 静岡県磐田郡 愛知県北設楽郡 ***わかされめ** 栃木県 ***わかれさ** 山梨県南巨摩郡「わかれさがあったら」 ***わかれど** 東京都八丈島 ***わかれまた** 香川県高松市 愛媛県周桑郡
↓じゅうじろ（十字路）

つたない【拙】 ***どろい** 香川県 ***にすい** 三重県 ***のっけー** 山形県庄内「のっけー人だ」 ***のっけーない** 山形県最上郡 ***のっちょい** 福井県南条郡 ***ばばい** 岐阜県飛驒「まことにばばい話じゃが……。その手を使っては」 ***ひょこじけな** 岡山市「ひょこじけな絵をかいとる」
↓へた（下手）
□さま ***ざま** 岩手県和賀郡 ***のて** 長野県埴科郡・更級郡 ***のてつ** 新潟県中越 ***ぶ** 鹿児島県

つち【土】 ***すな** 千葉県印旛郡「すなんかたまり（土塊）」 ***つちな** 岐阜県益田郡 愛知県 ***どど** 香川県 ***のた** 長野県西筑摩郡 岐阜県大野郡 ***ばっぺ**（幼児語） 山形県 ***べた** 島根県 ***べと** 新潟県（畑の土をいう場合もある） 富山県・下新川郡 福井県 長野県 静岡県榛原郡 愛知県愛知郡・知多郡「赤べと」 三重県三重郡 ***べろ** 新潟県西頸城郡 長野県 岐阜県恵那郡 静岡県 愛知県北設楽郡 三重県志摩郡・南牟婁郡 ***みた** 沖縄県小浜島 ***みちゃ** 鹿児島県喜界島 ***みちゃー** 沖縄県国頭郡 ***むた** 沖縄県宮古島 ***んた** 沖縄県八重山 ***んちゃ** 沖縄県首里
□の塊 ***いわ** 茨城県新治郡「いわをぶつ（土塊を投げる）」 ***おぐれ** 岡山県 ***ぐり** 島根県隠岐島 ***くれ** 岩手県江刺郡 埼玉県秩父郡 新潟県佐渡・中頸城郡「たおこししても、くれがおおい」 長野県更級郡・佐久 島根県「くれがつく（田の中へ入ると足のすねが赤黒くなる）」 岡山市 熊本県玉名郡 大分県 ***ぐれ** 島根県大原郡 ***くれた** 香川県綾歌郡 ***ころ** 新潟県西蒲原郡 ***ごろ** 長野県上水内郡・北安曇郡 ***ごろくれ** 鹿児島県肝属郡 ***ごろた** 山形県 茨城県新治郡 鹿児島県 ***ごろった** 鹿児島県 ***ごろつち** 新潟県佐渡 ***すなかたまり** 千葉県印旛郡 ***だこ** 島根県邑智郡 ***でろこごり** 福島県 ***どぐれ・どんぐれ** 熊本県玉名郡 ***どろだんご** 島根県大原郡・能義郡 ***どろっこごり** 群馬県邑楽郡 ***ぼろっこ** 秋田県平鹿郡「下駄にぼろっこがついて困った」 ***むっくり** 秋田県河辺郡 ***もっくり** 青森県津軽
粘土質の□ ***あかっぱね・あかはっぺ**（粘土質の固い土） 長野県南佐久郡 ***あかはね**（「あかはに」の転。粘土質の固い土） 香川県 ***あかばね**（粘土質の固い土） 群馬県館林 ***あかほや**（粘土質の固い土） 宮崎県東諸県郡 ***ぎじどろ・ぎっどろ** 長崎県南高来郡 ***ぎち** 山口県豊浦郡 愛媛県周桑郡 長崎県壱岐島 大分県中東部 ***きちどろ** 島根県鹿足郡 愛媛県周桑郡 長崎県西彼杵郡 ***ぎっち** 大分県大分郡・北海部郡

つち【槌】 ***あいすつぃ** 沖縄県宮古島・石垣島・小浜島 ***あいだち** 沖縄県鳩間島 ***あいっしー** 沖縄県竹富島 ***かけやずち**（小形の槌） 奈良県南大和 ***かってぃかばー**（大きな槌） 沖縄県与那国島 ***かんこ** 島根県仁多郡・鹿足郡 ***きね** 三重県志摩郡 ***じょげぁ**（大きな槌） 秋田県南秋田郡・河辺郡 ***つ** 新潟県西蒲原郡 ***てぃがばー**（「手槌」の意。小さい槌） 沖縄県与那国島 ***てーだち** 沖縄県黒島 ***どぅんぎー**（大きな槌） 沖縄県与那国島 ***とんこ・とんこずち** 千葉県夷隅郡 ***とんとん**（小児語） 長野県上伊那郡 ***ばんじょー** 香川県大川郡 ***やすけ** 奈良県・宇陀郡 兵庫県加古郡 香川県（石材用。小形のものは「こやすげ」と言う） ***よいざし** 千葉県上総 ***よこずち** 鳥取県気高郡 ***よざし** 千葉県君津郡
↓かなづち（金槌）
木製の□ ***がばら**（大きなもの） 沖縄県石垣島・小浜島 ***どんじ**（大きなもの） 鹿児島県・肝属郡 ***どんじゅ**（大きなもの） 福岡県久留米市 ***どんずち**（大きなもの） 熊本県玉名郡 ***どんちょー**（大きなもの） 宮崎県宮崎市・東臼杵郡 ***ばんじょ** 島根県出雲（大形） 熊本県芦北郡・八代郡
わらを打つための□ ***かけずち** 山形県北村山郡 ***ぎんずち** 徳島県 香川県 ***つち** 静岡県志太郡 三重県 滋賀県・彦根 和歌山県 徳島県 香川県綾歌郡 ***つちのこ** 岐阜県養老郡 香川県塩飽諸島 ***つちぼ** 岩手県気仙郡 ***つちぼー** 岩手県江刺郡 宮城県栗原郡・玉造郡 山形県 ***つちんこ** 岐阜県郡上郡 三重県名張市 奈良県 和歌山県 広島県高田郡 ***つちんぼ** 福島県東白川郡 栃木県 静岡県 ***つちんぼー** 静岡県 愛知県北設楽郡 ***てんぎんぼー** 栃木県 ***てんこ** 宮崎県西臼杵郡 ***へんとーじ** 島根県益田市 ***ぼっかけ** 島根県邇摩郡 ***よこずち** 新潟県・佐渡 大阪府泉北郡 島根県大原郡 徳島県 愛媛県 高知県土佐郡 ***よころ** 島根県 愛媛県今治市 ***よころずち** 島根県 ***よころちち** 島根県隠岐島 ***よこんずち** 愛媛県大三島・周桑郡 ***わらいずち** 三重県度会郡

*わらうっごろ 鹿児島県揖宿郡 *わらうつごろ 宮崎県都城 *わらずち 山形県西置賜郡 *わらっつごろ 鹿児島県・肝属郡

つっけんどん【突慳貪】 *けんどい 奈良県宇陀郡「けんどい言葉つきや」 長崎県五島 熊本県芦北郡・八代郡 *けんどーか 長崎県北松浦郡「あの人はけんどーかばい」 →ぶあいそう(無愛想)

つつみ【堤】 ⇩ていぼう(堤防)・どて(土手)

つつむ【包】 *からむ 青森県三戸郡 新潟県佐渡 *したむ 香川県西部 *つくるむ 千葉県夷隅郡 *つっくるむ 栃木県 *やわう 岐阜県吉城郡「(卵を)やわってごすわいな」

つて【伝】 *ひけ 広島県高田郡 *ふぃち 沖縄県首里

つとめる【勤】 *かかる 徳島県海部郡「郵便局いかかっとる」 *がらみちゅん(文語) 沖縄県首里

つな【綱】 *つぃなー 沖縄県首里・石垣島 *もとつ 宮城県登米郡・玉造郡
太□ *はいよ 福島県中部 *はやお 茨城県 *はよな 山形県東置賜郡(馬鍬(まぐわ)を引く太綱) 福島県南部

つちふまず【土不踏】 *あくとうら 富山県 *あしのくぼ 熊本県玉名郡 *あしのはら 島根県石見 徳島県 高知県幡多郡 長崎県上五島・壱岐島 熊本県 大分県宮崎県延岡 鹿児島県・硫黄島・宝島 *あしのひしゃ 山形県 *あしのひら 宮城県仙台市 山形県 埼玉県秩父郡 新潟県 長野県南部・佐久 岐阜県北飛騨・郡上郡 静岡県榛原郡 長崎県南高来郡 *あしのべら 宮城県栗原郡 *あしんはら 長崎県彼杵 熊本県 *あっのはら 鹿児島県鹿児島郡 *いしふまず 山口県豊浦郡 *くそふまず 熊本県 *くど 青森県上北郡 *くわべら 岐阜県飛騨 *つちつかず 長野県諏訪 岐阜県海津郡 愛知県愛知郡・碧海郡 三重県松阪 京都府竹野郡 大阪市 和歌山県 鳥取県気高郡 香川県高見島 *ぱいぬきむ 沖縄県小浜島 *ぱんぬおーん 沖縄県鳩間島 *ばばふみ 熊本県飽託郡 *ひかごみ 熊本県芦北郡 *ふぃしゃぬわた 沖縄県首里 *ふみかえし 熊本県天草郡 *べたべた 和歌山県 *まなく 青森県津軽

つなぐ【繫】 *いつなぐ 山形県北村山郡 *えつなぐ 山形県北村山郡・飽海郡 *つぃじゃーしゅん 沖縄県首里 *つぃるぎゅん・つぃるじゅん 沖縄県首里 *つぃんがーしん 沖縄県石垣島 *つなるく 島根県益田市「お前がつなるいたのはゆるーて駄目じゃ」 *つるばる(手をつなぐ) 群馬県吾妻郡 埼玉県秩父郡「手をつるばって遊んだ」 *ばざみるん(牛馬などをつなぐ。文語形は「ばざみん」) 沖縄県石垣島 *むすなぐ(「結ぶ」と「つなぐ」の複合語) 岩手県気仙郡 秋田県平鹿郡「その縄をむすなげ」 山形県 *むつなぐ 山形県 *ゆすなぐ 山形県北村山郡・新庄市 *ゆつける・ゆつなぐ 山形県北村山郡 *よつなぐ 山形県飽海郡

つなみ【津波】 *うーなん 沖縄県石垣島・小浜島 *うぶなんぬい 沖縄県与那国島 *おーしお(小規模のもの) 岩手県釜石 *しかいなみ 三重県志摩郡 *しがなみ 沖縄県国頭郡 *しからなみ 沖縄県島尻郡 *しがりなみ 沖縄県本島 *なん 沖縄県八重山 *ふーしゅ 鹿児島県奄美大島・沖永良部島 *ふーす 鹿児島県奄美大島 *ぶーなん 沖縄県石垣島 *ゆるし 沖縄県波照間島 *ゆるすー 沖縄県新城島 *よた 岩手県宮古市

つね【常】 *いっしょー 沖縄県「まーだいっしやうぬぐとー、ならのーあやーびーしが(まだ平常にはなりませんけれども)」
□に *あいなしに 愛知県知多郡 *あっぱし 高知県・高知市「そんなにあっぱしお菓子をたべてはいきません」 *いっしき 岩手県九戸郡 秋田県「あの人はえっしぎ遊びに来る」 *いつしき 青森県南部「いつづぎこれあこんだ(いつでもこれがこうだ)」 *いっしく 広島県大崎上島 *いっしゆく 滋賀県甲賀郡 *いっしょまっしょ 熊本県天草郡 *いっしんに・いっしに 徳島県「この子はいっしに泣いとる」 *いっせき 福岡県小倉市 *いっちご 三重県志摩郡 *いって 神奈川県藤沢市 *いつはいらん 島根県中部 *いつはきりやーなー・いつきりやーなー・いついきゃーない 島根県石見「いつぁーきりゃーなー寝とる」 *いつもよときも 香川県西部「そなんいつもよときも働っきよったら、お金がでけすぎるで」 *えーたい 山形県米沢市 島根県出雲「こなし(お前)がとこは、えち、えきても、えーたえ留守だのー、あげね、えそがしだの?」 広島県 *えーたいこーたい 島根県出雲 *えーて 宮崎県東臼杵郡 *えったえ 青森県津軽「魚はえったぇ来る人から買えば安いよ」 *えってー 青森県津軽「えってぇ ふとづふとだ(いつも同じ人だ)」 *えて 新潟県佐渡「えて行こうとはしない」 *けっと 三重県 *ごっとい 佐賀県 *ごっとり 長崎県 熊本県天草郡 *さー 沖縄県鳩間島・黒島 *じっと 新潟県中越 愛知県渥美郡「じっと泣く」 三重県阿山郡 京都府竹野郡「苦しいのをじっと辛抱した」 *しゃー 沖縄県竹富島 *じゃーしき 香川県大川郡 *じゃくに 島根県美濃郡「風呂を焚くのには、じゃくに木をくべにゃーならん」 *じょー 愛知県葉栗郡・知多郡「じょー遊んどる」 *じょーき 徳島県・美馬郡 香川県 *じょーきー 香川県高松市・香川郡 *じょーく 三重県志摩郡 香川県仲多度郡・三豊郡 愛媛県 高知県「私は此着物が好きでぢょーく着ている」 *じょーし 愛媛県伊予郡 *じょーじー 茨城県稲敷郡 *じょーしき 新潟県佐渡 石川県 福井県 岐阜県飛騨「じょーしきごっお(ごちそう)になる」 愛知県宝飯郡・尾張 滋賀県神崎郡 兵庫県加西郡・加古郡 島根県邇摩郡・大田市「あれはじょーしき来る」 徳島県 香川県 愛媛県 *じょーじき 兵庫県加古郡

＊じょーして 山形県「あそこからじょーしてもらってる」 福島県安達郡・会津 栃木県 長崎県対馬「じょーしてそんな事になるもんじゃ」 **＊じょーじべったり** 島根県「じょーじべったりまかいでまして」 **＊じょーじゅ** 奈良県南大和 香川県 長崎市 **＊じょーじゅー** 山形県米沢市「そういう間違いはじょーじゅーある」 福島県東南部 新潟県佐渡 石川県江沼郡 山梨県 岐阜県海津郡 愛知県名古屋市 三重県志摩郡 京都府 和歌山市 鳥取県「じょうじゅうしくじる」 島根県益田市・邇摩郡 岡山県 広島県芦品郡・高田郡 山口県 徳島県 香川県 **＊じょーじゅさんぶ** 宮崎県東諸県郡 **＊じょーじょ** 富山県砺波 石川県 長野県上田 長崎市 熊本県玉名郡 **＊じょーじょー**（「じょーじょー」は、「常常綺羅(じょーじょーきら)の晴れ着なし」ということわざもあり、「常常」か） 茨城県新治郡・北相馬郡 栃木県 群馬県利根郡・群馬郡 埼玉県入間郡 千葉県香取郡・夷隅郡 東京都南多摩郡・八王子 神奈川県中郡・津久井郡 新潟県中部 石川県 長野県南佐久郡 愛知県西加茂郡 三重県志摩郡 京都府 岡山県児島郡 熊本県芦北郡・八代郡 鹿児島県種子島 **＊しょーしょーごっと** 富山県下新川郡 **＊じょーじょーざんがい** 群馬県群馬郡 **＊じょーすけ** 富山県下新川郡 **＊じょーずべったり** 島根県隠岐島 **＊しょーずんばり** 和歌山県 **＊じょーずんばり** 和歌山県日高郡 **＊じょーせき** 山梨県 岐阜県揖斐郡 香川県 **＊じょーたい** 山形県 石川県能美郡・石川郡 島根県邇摩郡「そのことはじょーたい忘れるな」 **＊じょーたらびょーし** 新潟県佐渡 **＊じょーだらぼこ** 新潟県中部 **＊じょーたり** 奈良県磯城郡 **＊じょーだり** 愛知県碧海郡 奈良県 **＊じょーたれ** 奈良県吉野郡 **＊じょーだれ** 奈良県 **＊じょーたん** 岐阜県飛驒「じょーたん厄介になってすまん」 静岡県 **＊じょーだん** 島根県隠岐島 **＊じょーっこ** 長野県東筑摩郡 **＊じょーて** 山形県北村山郡 石川県能美郡 **＊じょーど** 栃木県安蘇郡 **＊じょーに** 富山県砺波 石川県羽咋郡 奈良県吉野郡 岡山県小田郡 広島県高田郡 山口県美祢郡 愛媛県 佐賀県 長崎県壱岐島「一年中じょーに病気しちょった」 熊本県 **＊しょーばい** 山形県南置賜郡・西置賜郡 新潟県中頸城郡「おまんたに、しょうばいにごちそうもらって、もうしわけない」 岐阜県「あのあきんどう、しょーばいに来る」 **＊しょーぱい** 岐阜県山県郡 **＊じょーびったり** 大阪府泉北郡 **＊しょーびょー** 長野県佐久 **＊じょーふぃた** 沖縄県首里 **＊しょーべ** 新潟県中頸城郡 長野県佐久 **＊しょーべー** 埼玉県秩父郡「しょーベー悪いことをする」 **＊じょーべったり** 東京都大島「お前はじょーべったり悪いことばかりしてゐる」 滋賀県彦根・蒲生郡 京都府竹野郡「いくら好きだといっても、こうじょーべったり出されてはなあ」 大阪市「じょぉべったりに雇はれてます」 兵庫県加古郡 奈良県 香川県仲多度郡「あいつじょうべったり酔うとる」 **＊じょーべんだら** 愛媛県宇和島市・津島 **＊じょーめん** 三重県志摩郡 **＊じょーもん** 新潟県三島郡・西頸城郡 **＊じょーろく** 愛媛県 **＊じょこ** 香川県三豊郡 **＊しょじ** 山口県祝島 **＊じょじ** 茨城県北相馬郡 **＊じょしき** 香川県与島 **＊じょして** 山形県庄内 **＊じょじゅ** 鹿児島県 **＊じょじょ** 富山県高岡市 長野県佐久 **＊じょず** 鹿児島県鹿児島郡 **＊じょっく** 三重県志摩郡「じょっくこげんしている」 **＊じょでぁ** 秋田県平鹿郡「じょでぁに貰って面目ない」 **＊ずーずー** 島根県益田市 山口県見島 **＊ぞーじ** 宮崎県西臼杵郡 **＊そーたい** 岩手県九戸郡 **＊ぞーだい** 岩手県上閉伊郡 **＊たー** 沖縄県与那国島 **＊ちゃー** 沖縄県 **＊てんせき** 栃木県栃木市・安蘇郡 **＊とぅーし** 沖縄県宮古島 **＊とーし** 岩手県気仙郡「とうし、ハイヤーで歩く」 山形県「とーし来て御馳走になって」 福島県「とおし悪戯(いたずら)ばありしてえる」 茨城県新治郡「おいはぎっちのとーしでやしたよ(追いはぎというものがしょっちゅう出ましたよ)」・稲敷郡 栃木県「あの人はとーし来る」 群馬県吾妻郡・勢多郡 千葉県香取郡 東京都八王子 神奈川県津久井郡 新潟県上越「ばあちゃ、とうしとなりんちにいっている」 山梨県 長野県「とーし大きい声を出す」 岐阜県 静岡県「とーしぐちょーこぼぇーてる(絶えず愚痴をこぼしている)」 愛知県 三重県志摩郡 奈良県吉野郡「このうね道を越えて〈略〉とおし米麦・塩などを買いに出掛けた」 鳥取県倉吉市「とーにゃとーしありゅりましたー(昔には度々ありましたよ)」 島根県出雲「あんまぁとーしのことだもんだけんねそげんえ顔ばっかぁもしちょられんとまえね(あまり度々のことですからそう毎度いい顔ばかりもしておられませんよ)」 福岡県久留米市・八女郡 熊本県玉名郡・八代郡 大分県大分郡・大分市 **＊とーしー** 熊本県玉名郡・天草郡 大分県「とーしい食べよるけえ食べとねえやろ」 **＊とーして** 茨城県稲敷郡 栃木県 **＊とーしとーし** 新潟県中頸城郡 岐阜県郡上郡 愛知県北設楽郡「とうしとうしいやな事をいふ」 **＊とーしに** 岩手県胆沢郡 宮城県仙台市「今年はとほしに風を引いてゐる」 茨城県稲敷郡 埼玉県秩父郡 富山県「とーしに来とる」 愛知県東加茂郡 三重県志摩郡 和歌山県東牟婁郡 鳥取県西伯郡「お前わとーしに叱られるなあ」 島根県「とーしに便所に通う」 香川県 **＊とーす** 福井県吉田郡・坂井郡 **＊とこしょ** 静岡県磐田郡 **＊とこしょー** 長野県下伊那郡 静岡県 愛知県宝飯郡 **＊とっしに** 島根県大田市「とっしに遊びに来る」 **＊とろ** 群馬県碓氷郡「とろに」 **＊とろく** 茨城県 新潟県岩船郡 **＊とろくいちめん** 青森県津軽 **＊ねらくぼんだい** 島根県益田市「隣はねらくぼ

んだいに仕事をする」 *ねりょーぼんだい 島根県石見 *ねりょーもんだい 島根県美濃郡 *ひゅーか 鳥取県伯耆「ひゅーかの催促」 *ひゅーかに 広島県百島 *ふんだり 富山県下新川郡 *ふんだん 奈良県 熊本県下益城郡 *ぽんと 山口県見島 *まるで 東京都三宅島「まるでいっでも(しょっちゅう)」 *やっぱい 鹿児島県揖宿郡 *やっぱし 高知県幡多郡 *やっぱり 広島県 香川県三豊郡 *やり・やりん 三重県志摩郡 *やんだやり 宮崎県東諸県郡 *やんながし 大分県大分郡 *やんまなし 島根県出雲 *よーじ 兵庫県淡路島

→いつでも(何時)・いつも(何時)・たえず(絶)

つねる【抓】 *くじる 石川県鳳至郡「人のげすくじるもんの(人のおしりをつねるしの)」 岐阜県・可児郡・恵那郡 島根県那賀郡 *ぐじるん 沖縄県竹富島 *しっちにくる 栃木県 埼玉県入間郡 *しっちねる 茨城県北相馬郡・稲敷郡 栃木県 埼玉県北足立郡 千葉県東葛飾郡 *しっむ 長野県佐久 *しにぎる・しねぎる 山形県村山 *しねく 新潟県 *しねる 山形県 福島県南会津郡 新潟県中部 *しんにる 千葉県香取郡 *しんねぶる 千葉県香取郡 *ちぎる 青森県・三戸郡 岩手県九戸郡 宮城県登米郡 *ちみきる 静岡県 愛知県 岡山県児島郡 山口県大島 香川県「あの子に手ちみきられた」 愛媛県 *ちみぎる 愛知県知多郡 三重県 *ちみくる 静岡県「ちみくると痛ぃから止せ」 *ちみじる 愛媛県 *ちみずる 岐阜県飛騨 *ちみる 福井県坂井郡 三重県阿山郡 *ちめきる 兵庫県加古郡 山口県大島 *ちめる 石川県鳳至郡 三重県名賀郡 滋賀県神崎郡 *ついんきすん・つぃんぱるん 沖縄県石垣島 *つぃんきゆん・つぃんつぃきゆん 沖縄県首里 *つねきる 愛知県額田郡 *つねぎる 福島県 *つねくる 埼玉県北葛飾郡「すぐとつねくるからいやだ」 新潟県 長野県諏訪・上伊那郡 *つまぎる 山梨県 *つまくじる 宮崎県東諸県郡 *つまじくる 埼玉県北足立郡 千葉県東葛飾郡 山梨県南巨摩郡「このかー(この子は)、気に入らのーことがあれば、つまじくる癖がある」 *つまじる 群馬県佐波郡 埼玉県北足立郡 千葉県市川 神奈川県中郡 *つまみくじる 大分県大分郡 *つまん 鹿児島県 *つみきる 福島県相馬 静岡県 香川県男木島 *つみくじる 大分県 *つみたくじる 山梨県 *つみたくる 長野県佐久 *つみっきゅい 鹿児島県喜界島 *つみつける 長野市 *つむ 長野県諏訪・上伊那郡 岐阜県益田郡「我が身をつんで人の痛さを知れ」 *つめきる 福井県大飯郡 静岡県志太郡 兵庫県加古郡・淡路島 和歌山市 岡山県児島郡 山口県大島 香川県三豊郡 *つめぎる 秋田県平鹿郡・雄勝郡「いだぐつめぎる」 山形県東田川郡 福島県相馬郡 三重県員弁郡・三重郡 *つめくじる 愛媛県 大分県 *つめくる 山形県庄内 埼玉県秩父郡 新潟県佐渡・中頸城郡 福井県大飯郡 長野県 静岡県浜松・志太郡 京都府「あまり眠っているのでちょっとつめくってやった」 兵庫県 鳥取県 島根県「腹を立てると人をつめくる」 香川県仲多度郡 愛媛県・宇和島市 高知県高知市「喧嘩してつめくってやった」・幡多郡 *つめしる 島根県那賀郡・邑智郡「子供をつめしって泣かせるな」 岡山県小田郡 *つめじる 愛媛県 *つめずっかく 富山県砺波 *つめずる 福井県 *つめつかく 群馬県佐波郡 *つめっこくる 新潟県中頸城郡 *つめる 埼玉県川越 東京都八丈島「ありぁ、鼻をつめられても分かりいたらんねえ」 新潟県佐渡 富山県砺波 滋賀県神崎郡 京都市 大阪市 兵庫県赤穂郡 和歌山市 鳥取県西伯郡 島根県 広島県 香川県 愛媛県松山「つめっちゃ痛い」 *つんくじる 熊本県阿蘇郡・芦北郡 *つんくでる 大分県大分郡 *にしる 香川県小豆島 *にじる 千葉県夷隅郡 *にずぃゆん 沖縄県首里 *ぬずむ 熊本県玉名郡 *ねじる 千葉県 広島県高田郡 *ねずむ 石川県鳳至郡 福岡県 佐賀県 長崎県 熊本県 大分県南海部郡 宮崎県 鹿児島県 *はせる 岡山県児島郡 *ひしる 香川県・小豆島 *びちかく 三重県上野市・阿山郡 *ひっちぎる 岩手県気仙郡 *ひっちにくる 栃木県 *ひっちぬる 茨城県稲敷郡 *ひっちねくる 東京都八王子 *ひっちねる 栃木県 東京都八王子 神奈川県津久井郡 *ひっつまじる 群馬県佐波郡 *ひっつむ 埼玉県秩父郡 長野県 *ひにきる 大阪府泉北郡 和歌山県海草郡 *ひにぎる 山形県北東部 三重県北牟婁郡 *ひにくる 千葉県東葛飾郡 *ひにしる 岡山県児島郡 香川県東部 *ひにじる 香川県高松市 *ひねきる 秋田県河辺郡 山形県 和歌山県 山口県大島 香川県小豆島 *ひねぎる 秋田県平鹿郡 山形県山形市・村山 三重県松阪・北牟婁郡 *ひねくる 群馬県勢多郡 兵庫県淡路島 和歌山県 徳島県 高知県幡多郡 *ひねしきる 香川県仲多度郡・三豊郡 *ひねしぎる 香川県仲多度郡 *ひねしる 鳥取県岩美郡 島根県 岡山県苫田郡・小田郡 広島県 徳島県「ひねしんりゃげる(つねりあげる)」 香川県 *ひねじる 秋田県鹿角郡「虚口(からくち)きけば頬ぺたひねぢるぞ」 *ひねずむ 大分市 *ひねる 新潟県佐渡 滋賀県彦根 京都市 大阪市 兵庫県赤穂郡 島根県石見 広島県高田郡 山口県 徳島県 大分県 宮崎県延岡市 *ひねんじる 秋田県中南部 *ひんねじる 千葉県君津郡 香川県綾歌郡 *ひんねる 茨城県真壁郡 *ふぃんむでぃゆん 沖縄県首里 *ふねちる 秋田県河辺郡 *ふんにじる 千葉県夷隅郡・千葉郡 *へにしぎる 香川県仲多度郡 *へにしる 香川県 *へねきる 山口県大島 *へねしる 香川県綾歌郡・三豊郡 *へねる 大分県

つば【唾】 ⇩だえき(唾液)

つばき【椿】 *かすはき 宮崎県西臼杵郡 *かた 宮崎県一部 *かたーし 山口県 *かたーしのき

山口県一部 *かたいし 静岡県　山口県　福岡県　佐賀県　熊本県 *かたし 兵庫県・淡路島　島根県　山口県　四国　徳島県　愛媛県　高知県(野生)　九州　長崎県　熊本県　宮崎県(野生)　鹿児島県　沖縄県 *がたし 鹿児島県奄美大島 *かたしのき 熊本県 *かたせ 島根県 *かたち 兵庫県　島根県　広島県　山口県　愛媛県 *かたっのっ 鹿児島県鹿児島郡 *かちゃし 佐賀県　熊本県 *かてーし 静岡県駿河 *かてし 長崎県　大分県一部　宮崎県・児湯郡　鹿児島県 *かてしのき 長崎県壱岐島 *かんたし 鹿児島県奄美大島 *かんたち 徳島県一部 *きのみ 岐阜県一部　兵庫県加古郡「きのみのみ(椿の実)」　和歌山県一部 *きのみのき 島根県・出雲 *こんぼ 群馬県山田郡 *たたち 島根県一部　広島県一部　山口県一部　愛媛県一部　宮崎県一部 *たんぽ 茨城県　千葉県香取郡・海上郡 *つぶり 三重県鳥羽市・志摩郡 *つぶりぎ 三重県志摩郡 *つべ 三重県度会郡 *つらげ 山形県 *つんぶぐり 三重県志摩郡 *はたぶら(畑の周りに多く植えるところからか)・はたびら 三重県志摩郡 *はっこ 長野県下水内郡 *ひめかたし 宮崎県 *ぴんちゃ 群馬県一部 *ぺーろ 島根県 *ほっぱ 新潟県中越 *もす 三重県志摩郡 *やまつばき 新潟県

□の実 *あぶらきのみ・あぶらもも・ももあぶら・あぶらのもの・あぶら 島根県隠岐島 *あぶらのみ 島根県隠岐島　香川県仲多度郡 *いっちき 静岡県榛原郡 *かたあーし 山口県阿武郡 *かたーし 山口県・阿武郡・豊浦郡 *かたーしのみ 山口県吉敷郡・厚狭郡 *かたいし 山口県厚狭郡　佐賀県唐津市　長崎県　大分県大分市・別府市 *かたいしぼーず 大分県速見郡 *かたいち 山口県屋代島 *かたし 兵庫県淡路島　島根県　山口県　徳島県　愛媛県　長崎県　熊本県球磨郡・玉名郡　大分県　宮崎県　鹿児島県 *かたしこんぶー 大分県大分市・大分郡 *かたしのこんぼー 大分県大分郡 *かたしのみ 大分県 *かたしば 宮崎県日向 *かたしはじき 大分県北海部郡 *かたしぼー 大分県東国東郡 *かたしぼーず 大分県大野郡・大分郡 *かたしもも・かたちもも・かたしもんもん(小児語) 島根県邑智郡 *かたしんぶー 大分県速見郡 *かたしんぼー 大分県 *かたしんみ 熊本県天草郡 *かたせ 島根県　山口県阿武郡 *かたち 島根県石見　広島県　山口県　愛媛県 *かたちのみ 愛媛県周桑郡・松山 *かたはし・かたはしのみ 山口県 *かたひっ 長崎県五島 *かたびら 三重県志摩郡 *かちゃーし 佐賀県・神埼郡　熊本県 *かちゃし 佐賀県藤津郡 *かてーし 佐賀県　長崎県西彼杵郡・対馬・壱岐島 *かてし 大分県宇佐郡　宮崎県西諸県郡 *きのみ 福井県大飯郡　愛知県名古屋市　京都府竹野郡　和歌山県和歌山市・日高郡　鳥取県西伯郡　島根県出雲・隠岐島　香川県大川郡・志々島 *きんつむり 京都府京都市 *このみ 兵庫県揖保郡 *こんぶー 大分県大分市・大分郡 *たんば・たんぱ 石川県羽咋郡 *たんぽ・たんぽぽ 千葉県香取郡 *つばきっこー 東京都利島 *つばきのこんぶー 大分県大分郡 *つばきのこんぼー 大分市 *つばきのもも 静岡県小笠郡 *つばきぱんぱ 島根県仁多郡 *つばのみ 奈良県吉野郡 *つんぶくり 三重県志摩郡 *でんぽ 三重県一志郡 *でんぽー 静岡県駿東郡 *やまがたし 長崎県西彼杵郡 *れんずりこ 徳島県伊島

つばさ【翼】 *くだぱ 鹿児島県与論島 *とぅっぱに 鹿児島県奄美大島 *はがい 栃木県　千葉県安房　東京都南多摩郡　富山市近在　岐阜県山県郡　愛知県愛知郡　三重県志摩郡　京都府竹野郡　大阪市　和歌山県西牟婁郡　鳥取県西伯郡　島根県　広島県高田郡　山口県　徳島県　香川県　愛媛県　高知県高岡郡 *はがわ 島根県邑智郡 *はげ 岩手県九戸郡 *はごえ 徳島県 *はにげー 沖縄県 *はねんがい 東京都三宅島 *はぶき 鹿児島県徳之島 *はんがい 岩手県九戸郡　山形県東村山郡　富山県下新川郡 *ほろ 鹿児島県

つばめ【燕】 *おむろ 和歌山県伊都郡 *かじくんぬばったらー 沖縄県竹富島 *かじふかしぐぐゎー(「風を吹き起こす小鳥」の意) 沖縄県西表島 *かじふきばってーらー 沖縄県国頭郡 *かじまったーれー 沖縄県石垣島 *かんじぬふぁー 沖縄県小浜島 *すばくろ・すばほろ・すばほろさま 東京都大島 *ちゅーばくら・ちゅーばくらめ・ちゅーばくろ 東京都八丈島 *ちょーせん 高知県長岡郡 *つばきち 三重県 *つばきろ 京都市 *つばくら 青森県上北郡・三戸郡　岩手県　宮城県栗原郡・仙台市　秋田県　山形県　福島県　茨城県真壁郡　栃木県上都賀郡　群馬県　埼玉県入間郡・大里郡　千葉県印旛郡　東京都八丈島　新潟県　石川県能美郡・江沼郡　福井県　山梨県南巨摩郡　長野県南佐久郡・諏訪　岐阜県　静岡県　愛知県　三重県　滋賀県神崎郡　兵庫県美嚢郡　奈良県　和歌山県　島根県　岡山県　広島県安芸郡　山口県祝島・屋代島　徳島県　香川県　長崎県西彼杵郡・南高来郡　大分県大分市・南海部郡 *つばくらどり 東京都八丈島 *つばくらはん 香川県大川郡 *つばくらめ 福島県西白河郡　東京都八丈島　岐阜県飛驒　三重県上野市　島根県八束郡　長崎県　熊本県阿蘇郡・天草郡　鹿児島県 *つばくろ 茨城県猿島郡・稲敷郡　群馬県佐波郡・館林　埼玉県　千葉県　東京都八王子　神奈川県津久井郡・中郡　新潟県西頸城郡・佐渡　富山県西礪波郡・東礪波郡　石川県鳳至郡　福井県遠敷郡　山梨県・南巨摩郡　長野県佐久　岐阜県飛驒・郡上郡　静岡県　愛知県宝飯郡・海部郡　三重県　滋賀県彦根　京都府　大阪市　兵庫県　奈良県　和歌山県日高郡　鳥取県気高郡・八頭郡　島根県　岡山県　広島県　山口県　徳島県　愛

媛県　高知県幡多郡　熊本県　大分県　宮崎県 *つばくろー 新潟県　大分県速見郡・北海部郡 *つばくろめ 兵庫県赤穂郡　大分県西国東郡 *つばけら 三重県志摩郡 *つばけり 三重県名賀郡 *つばころ 岐阜県郡上郡　広島県賀茂郡・豊田郡 *つばさ 島根県浜田市　広島県　香川県 愛媛県　福岡県　佐賀県　長崎県　熊本県 *つばさめ 長崎県南高来郡　熊本県玉名郡 *つばっちゃ 熊本県天草郡 *つばはん 愛媛県周桑郡 *つばびらこ 大分市 *つばふろ 東京都大島 *つばん・つばんじょ 熊本県天草郡 *つぽずら 茨城県 *つまくら 広島県倉橋島　愛媛県周桑郡 *つまくろ 愛媛県 *つらあらわず 福島県 *つわくろ 三重県阿山郡 *つんばくら 岩手県九戸郡　山形県東置賜郡　福島県伊達郡　茨城県新治郡・稲敷郡　栃木県河内郡　静岡県　大阪府泉北郡　奈良県　島根県隠岐島　広島県佐伯郡 *つんばくろ 茨城県稲敷郡　富山県　石川県羽咋郡　岐阜県山県郡 静岡県田方郡　三重県南牟婁郡　滋賀県栗太郡 大阪府中河内郡　広島県安芸郡 *つんばこ 千葉県千葉郡 *つんぼくろ 静岡県 *とば 三重県 *はね 熊本県菊池郡 *ばんどりすずめ 富山県東礪波郡 *ひーこ 岡山県北木島 *ひーご 京都府・竹野郡　兵庫県・但馬　奈良県吉野郡　鳥取県　島根県　岡山県 *ひーごー 京都府 *ひご 京都府何鹿郡　兵庫県加古郡　島根県仁多郡 *ひゅーご 兵庫県佐用郡・宍粟郡　島根県出雲 *ひょーご 鳥取県西伯郡 *ふぃーご 島根県出雲 *ふぃご 島根県簸川郡 *へーご 島根県出雲 *まーたらげー・まーたーらー・まーたらー 鹿児島県喜界島 *まーたーら(「舞う鳥」の意) 沖縄県新城島 *またがらし 鹿児島県徳之島 *またがらす 鹿児島県奄美大島 *またがらすっぐゎ 鹿児島県加計呂麻島 *またさ 沖縄県波照間島 *またんがらす 鹿児島県奄美大島 *まったーさ 沖縄県石垣島 *まったーら 沖縄県黒島 *まったなー・またっら 沖縄県国頭郡 *まったら 沖縄県与那国島 *まったらー 沖縄県那覇市・首里 *まったらーま 沖縄県鳩間島 *まったらげーさー 沖縄県中頭郡 *まったらけーし 鹿児島県与論島 *まったり 鹿児島県徳之島 *まみまわりや 沖縄県宮古島 *まんたらほーぶい 鹿児島県沖永良部島

つぶ【粒】 *すじ 鹿児島県屋久島「米ばひとすじも取あんじい」 *つぃじ 沖縄県首里 *つぶろ 茨城県新治郡　愛媛県今治市 *めんめっつぼ(「まんまつぶ」の転。小さい粒) 静岡県志太郡「めんめっつぼほどくりょー(ほんのちょっぴり下さい)」

つぶす【潰】 *しちゅぶす 山形県西村山郡 *しつぶす 山形県 *しめる 滋賀県蒲生郡 *しゃーからかす 愛知県碧海郡 *しゃーらかす 愛知県愛知郡 *ずわす 山口県大島 *ちぶかす 島根県大田市・能義郡 *ちゃぶす 茨城県稲敷郡　栃木県 埼玉県秩父郡　千葉県印旛郡 *つぶる 香川県「箱をつぶる」 *つやかす 島根県石見「虱をつやかす(ひねりつぶす)」 *つやす 群馬県多野郡「石で虫をつやす」 山梨県　兵庫県但馬　島根県石見「石が落ちかかって、足の指をつやーた」 岡山市　山口県大島　愛媛県　高知県・高知市「卵をつやしなよ(つぶすなよ)」 福岡県小倉・福岡市 *ぴっすい 鹿児島県喜界島 *びっちゃんぶす 秋田県河辺郡「びっちゃんぶして仕舞へ」 *ひっつぶく 静岡県「箱をひっつぶいた」 *ひっつぶす 山形県　山梨県 *びっつぶす 宮城県栗原郡 *ふしぐ 島根県出雲・隠岐島「おもちゃをふしーでしまった」 *ふちぐ 島根県隠岐島「玩具を踏んでふちーでしまった」 *ふちぶす 山形県置賜・庄内「家をふちぶす」「卵をふちぶす」 *ふつぐ 島根県隠岐島「玩具を踏んでふついだ」 *ぶっちゃーす 千葉県香取郡 *ぶっちやかす 東京都八丈島 *ぶっちゃやす 茨城県　栃木県　千葉県香取郡 *ぶっちゃぶす 秋田県河辺郡 埼玉県北葛飾郡「かなづちでぶっちゃぶす」 *ふつぶす・ふっつぶす 山形県「虱をふつぶす」

つぶやく【呟】 *ふーぎる 佐賀県 *ぶつさく 群馬県吾妻郡 *ぶとつく 富山県射水郡 *ほざく 三重県度会郡 *ぼつく 京都府 *ぼてく 奈良県宇陀郡「そんかい(そんなに)ぼてかんでもええわい」・宇智郡 *ぼてやく 奈良県 *ほでやる 奈良県宇陀郡 *ほてる 奈良県磯城郡 *ぼとつく 富山県射水郡・砺波 *ぼやく 三重県度会郡・宇治山田市　京都府　大阪市　香川県(ささやく) *むだつく 富山県

つぶれる【潰】 *おぴしゃげる 栃木県 *くいゆい 鹿児島県喜界島 *くえこむ 島根県石見「石垣がくえこーだ」 *くえる 群馬県「雨で土手がくえた」 埼玉県秩父郡　長野県佐久　静岡県田方郡・磐田郡「くんだ(崩れた)」 三重県志摩郡　兵庫県佐用郡・淡路島　奈良県「何時の間にか田圃の畔がくえた」・宇陀郡　和歌山県　島根県石見「家がくえた」「鼻のくえた女が通った」 山口県「山がくえた」 徳島県三好郡・麻植郡　愛媛県・喜多郡・松山「鼻がくえとる」 高知県　福岡市　長崎県対馬　宮崎県西臼杵郡 *ぐえる 奈良県吉野郡 和歌山県新宮「あの山はぐえかけている」・東牟婁郡　岡山県岡山市「道がぐえる(わだちの跡などから割れる)」・浅口郡　香川県小豆島　愛媛県 *ぐじゃる 高知県「あまり上え重い物を積んだから、重さに耐えかねてぐじゃった」 *くそける 島根県隠岐島 *くべる 三重県名賀郡 *くゆい 熊本県天草郡　鹿児島県鹿児島郡 *くゆる 和歌山県日高郡「堤がくゆる」 長崎県佐世保市　熊本県・下益城郡　大分県　宮崎県西臼杵郡「向ん山がくゆる」 *ぐゆる 和歌山県日高郡 *こける 山口県都濃郡 *しーける 島根県出雲「自転車のタイヤがしーけた」 *しける 大分県北海部郡 *しゃぐる 長崎県南高来郡・長崎市　熊本県芦北郡・八代郡 *しゃげる 岡山市　徳島県海部郡　愛媛県喜多郡・松山「そんなに押したらしゃげる」 長崎県佐世保市・長崎市「しゃげとる」 大分県大分郡・速

見郡 *しゅーける 静岡県榛原郡「風船がしゅーけた」 *ずえこむ 島根県石見 *ずえる 京都府竹野郡 鳥取県 島根県石見 岡山県浅口郡 広島県「崖がずえる」 山口県大島 徳島県 香川県 愛媛県・大三島 *ずわける 山口県大島 *ぞえる 香川県小豆島 *ちえる 徳島県「道路がちえる」 香川県 *ちゃがまる 徳島県海部郡 *ちゃける 山梨県北都留郡 *ちゃぶれる 茨城県 埼玉県北葛飾郡「地震でちゃぶれた」 *つえる 新潟県佐渡 山梨県南巨摩郡 島根県「土が崩れて家がつえた」 岡山県 広島県佐伯郡 山口県 徳島県 香川県 愛媛県 高知市「大水で土手がつえた」 *つぶける 島根県「柿を踏んだらつぶけてしまった」 広島県芦品郡 *つやける 群馬県多野郡「卵がつやける」 島根県石見「影山の家がつやける」 広島県山県郡・比婆郡(はれ物に言う) *つやれる 群馬県多野郡 *どっちぶれる 秋田県鹿角郡「昨夜の風であの小屋がどっちぶれたと」 *ねぶれる 熊本県下益城郡 *ひしゃぐる 長崎県壱岐島 大分県 *ひしゃける 岐阜県美濃 愛知県 *ひしゃげる 大阪市 島根県出雲市・大原郡 *びしゃげる 栃木県 三重県 和歌山市 *ぴしゃげる 茨城県稲敷郡 大阪市 *びじゃっかるん 沖縄県石垣島 *ひちげる 島根県隠岐島「箒がひちげた」 *びちょげる 青森県 秋田県北秋田郡 *ひつえる 山口県「おまえがふんだから人形がひつえた」 *ひっくえる 鹿児島県種子島 *ひっくゆる 熊本県下益城郡 *びっしぐる 鹿児島県鹿児島郡 *びっしゃける 愛知県尾張 *びっしゃげる 福岡県粕屋郡 *ふしげる・ふしゃげる 島根県出雲市・大原郡 *ふちげる 島根県隠岐島 *ぶちゃげる 島根県出雲・隠岐島「自転車のタイヤがぶちゃげた」 *ふつげる 島根県隠岐島「かばんを踏んでふつげた」 *へくだむ 福岡市 熊本県阿蘇郡 大分県日田郡「大風で屋がへくだんだ」 *へしゃげる 滋賀県蒲生郡 兵庫県神戸市 岡山県小田郡 広島県高田郡 山口県 香川県 *へたばる 奈良県 *へたる 大阪市 *へちまぐ 富山県射水郡 *へちゃがる 兵庫県神戸市 *へちゃげる 大阪府 香川県仲多度郡 *へちゃばる 大阪市 香川県仲多度郡 *へちょがむ 大分県 *へつえる 島根県「卵がへつえた」 山口県山口市・阿武郡 *べっしぐい 鹿児島県 *みしゃげる 愛媛県大三島 *みじゃける 三重県志摩郡 長崎県壱岐島「踏まれちみじゃけた」 *むしゃげる 滋賀県彦根

つぼ【壺】 *あぶらじょーず(婦人の頭髪用の油の壺) 高知県土佐郡 *かがす 大分県 *かがつ 大分県西国東郡 *からけしつぼ(消し炭を作るためのもの) 大阪市 奈良県 *きったて(しょうゆなどを入れる陶器のもの) 岩手県上閉伊郡「そーゆきったで」 岐阜県飛騨 *ぐり 長崎県壱岐島 *すず 福島県会津 *ちょーぐご 秋田県雄勝郡 *つぼ 富山県 *てっぽ(「手壺」か。油を入れる) 茨城県多賀郡・西茨城郡 *とく(大きい徳利の形をしたもの) 島根県隠岐島 *ふくろ 福岡県小倉市 *ぼち 茨城県「茶ぼち(茶壺)」 千葉県 *ぽっち 千葉県東葛飾郡

つぼみ【蕾】 *えぼんこ 千葉県上総・長生郡 *くくむい 沖縄県首里 *げんぼ 千葉県印旛郡 *こっぽー・こっぽつ 広島県世羅郡 *こんう 福岡県粕屋郡 *こんぶー 福岡県粕屋郡 *こんぼー 福岡県粕屋郡・福岡市 *こんぼし 福岡県糸島郡 *じぼ 和歌山県新宮 *しんぼろ 愛媛県南宇和郡 *だんぼ 千葉県海上郡・山武郡 島根県益田市 *だんぼー 島根県石見「牡丹のだんぼが咲あた」 *ちちつぼ 三重県志摩郡 *ちちぼ 三重県 和歌山県西牟婁郡 *ちちんぼ(ユリの蕾) 和歌山県東牟婁郡 *ちっぽろ 三重県南牟婁郡 *ちぼ 岩手県九戸郡 三重県南牟婁郡 和歌山県新宮「この頃は梅のちぼが大分大きくなりました」・東牟婁郡 *ちぼっこ 岩手県九戸郡 *ちぼん 島根県簸川郡・出雲市 *ちぼんこ 岩手県九戸郡 島根県能義郡 *とんこ・とんご 広島県比婆郡 *ふくまり 沖縄県石垣島 *ぼー 島根県鹿足郡 広島県 山口県玖珂郡・豊浦郡 *ぼず 広島県 *ぼた 和歌山県日高郡 *ぼち 和歌山県日高郡 *ぽち 和歌山県 *ぼんこ 徳島県 *ぼんず 千葉県夷隅郡 *ぼんぞ 長崎県五島 *ほんぼ 和歌山県日高郡 *ぼんぼーちこ 岩手県九戸郡 *ぼんぼこ 岩手県紫波郡 *もつぼ・ももっぼ 和歌山県海草郡

花の□ *おんぼー 静岡県小笠郡 *かっぽー 広島県高田郡 *ぎぼ 千葉県 *げぼ 千葉県印旛郡 *ごんぼ 千葉県山武郡 *しんぼち(頭の形に似ているところから) 兵庫県淡路島 *だんぼ 千葉県海上郡・山武郡 島根県益田市「牡丹のだんぼが咲あた」 *だんぼー 島根県石見 *ちょぼ(女性語・幼児語) 和歌山県 *つぶ 和歌山県日高郡 *つぼ 青森県上北郡 岩手県和賀郡 秋田県南秋田郡 和歌山県日高郡 島根県那賀郡 *つぼこ 秋田県仙北郡 山形県新庄市・庄内 *つぼん 島根県出雲市・隠岐島 *つぼんこ 福島市 島根県能義郡 *つんぼ 秋田県南秋田郡 *つんぼこ 秋田県雄勝郡 *つんぼり 三重県南牟婁郡 *でば 千葉県印旛郡 *でぼ 千葉県 京都府竹野郡「桃のでぼ」 *でぼちん 京都府竹野郡 *でんぼ 茨城県稲敷郡 千葉県 *でんぼー 静岡県 *どぼ 石川県羽咋郡・鹿島郡 *とぼす 石川県鹿島郡 *ぼろ 三重県南牟婁郡 *むっくー 沖縄県首里

つま【妻】 *あいし 新潟県西頸城郡 富山県下新川郡 *あっぱ 青森県 岩手県九戸郡 秋田県鹿角郡 *あは 岩手県和賀郡 秋田県 *あば 秋田県 山形県 *あぱ 青森県津軽 秋田県鹿角郡 *いのし 新潟県西蒲原郡 *うちんと 熊本県天草郡 *うんば 奈良県吉野郡 *えーのしかか 新潟県 *えぬし 青森県三戸郡 岩手県九戸郡 *えぬしかか 山形県西置賜郡 *おか 青森県津軽 岩手県気仙郡 秋田県 *おかー 長野県諏訪(中流以上の人の妻) 広島県比婆郡 *おかか 新潟県「ここのお

かかは何処へ行った」 富山県砺波(中流語) 石川県 岐阜県本巣郡(下流語) 熊本県天草郡 *おかさ 岐阜県稲葉郡 *おかさま 青森県上北郡(上流)・三戸郡(士族) 福島県会津(敬称) 島根県鹿足郡(下流) *おかた 青森県 岩手県 宮城県「車屋のおかた」 秋田県仙北郡・鹿角郡「おかた貰った」 山形県「おがだの家元」 福島県 茨城県稲敷郡・多賀郡 栃木県芳賀郡 群馬県多野郡 新潟県佐渡・東蒲原郡 富山市 山梨県 長野県 静岡県 島根県隠岐島 山口県「おかたは、どう思ふか」 熊本県天草郡 大分県速見郡・北海部郡 宮崎県 鹿児島県「誰様は何様のおかたじゃげな」 *おかたこ 宮城県栗原郡 *おかたっこ 岩手県気仙郡 *おかちゃ(中流以下) 青森県上北郡 *おかつ 島根県出雲 *おこーじんさん 愛媛県 *おっか 山形県 新潟県東蒲原郡 *おっかー 山形県 埼玉県秩父郡 長野県佐久 静岡県磐田郡 *おっかさん 熊本県球磨郡 *おっかた 鹿児島県鹿児島郡 *おっかはん 富山県射水郡・砺波(上流の年輩の主婦) *おっかま 新潟県東蒲原郡・下越 *おねき 鹿児島市 *おねぎ 愛知県額田郡 *おまー 鹿児島県種子島「あとのおまー(後妻)」 *おまえ 熊本県天草郡 鹿児島県大隅「おまいは居られるか」 *おみや 熊本県 *おみゃー 熊本県 *おめ 鹿児島県 *おるげんと 熊本県天草郡 *おんば(士族。尊敬語) 沖縄県石垣島 *かたふね 長崎県壱岐島 *かまだゆー 山口県豊浦郡 *ぎやさ 富山県下新川郡 *くつかー 静岡県安倍郡 *ごきあらい 大分県直入郡・大野郡 *こゆび 三重県度会郡 *さや 鹿児島県肝属郡 *じゃー 富山県砺波(最も卑下した言い方。主として三人称に用いる) 石川県(目下の者の妻) *じゃーさ(卑称) 富山県砺波 *じゃーさま(他人の妻の尊称) 富山県下新川郡 *じゃーま 富山県高岡市(下品な言い方)・砺波(軽い卑称)「でゃーまにもろたわにゃー(奥さんにもらったものでしたね)」 石川県 *じゃさま 青森県南部・三戸郡(中流の語) *じゃじゃ 青森県南部 *じゃじゃさま(他人の妻の尊称) 青森県南部 *じょー 三重県南牟婁郡 奈良県吉野郡 *じょーさん 千葉県上総 香川県高松市 *じょーしきさー 鹿児島県喜界島 *じょーはん 香川県木田郡・高松市 *だいこく 愛媛県「おだいこくさん」 *ちゃちゃ(老妻) 新潟県魚沼 *つれそい 香川県 *でや 石川県鳳至郡 *どぅじ 鹿児島県南西諸島「あとぅんとぅぢー(後妻)」「さちんとぅぢー(先妻)」「やんとぅぢ(本妻)」 沖縄県「とぅじとぅめーゆん(妻をめとる)」「とぅじさーるん(妻帯する)」「あとどぅみ(後妻)」 *どぅみ 沖縄県首里「さちどぅみ(先妻)」 *どぅん 沖縄県与那国島 *どぅんつぃ 沖縄県小浜島 *とじ 鹿児島県沖永良部島「とぢをはみる(妻をめとる)」 *ないぎ 和歌山県日高郡 *ないぎさん 三重県名張市 和歌山市 *なな 山形県 高知県「わしんくのななも居らんぞよ」・高知市「車屋のなな」 *ねぎさん・ねぎ 宮崎県南那珂郡 *ばー・ばきー(夫が若い妻を言う) 鹿児島県種子島 *びんぼーがみ(他人に自分の妻を卑下して言う語) 新潟県佐渡 *ふぁーぬぶねー(「子の母親」の意) 沖縄県小浜島 *ほーろく(宇治地方の武士の妻が戦の時、黒く塗ったほうろくをかぶって勢力を多く見せたところから) 三重県宇治山田市 *まんか 沖縄県西表島 *やー 三重県志摩郡 *やや 三重県志摩郡・宇治山田市 *よめ 山梨県南巨摩郡 岡山県邑久郡・吉備郡 香川県 熊本県天草郡 宮崎県西臼杵郡 *よめご 福岡県 佐賀県藤津郡 熊本県 *よめごどん 熊本県球磨郡 *よめさま 福島県白河郡 *よめさん 香川県 *よめじょ 佐賀県 熊本県阿蘇郡・八代郡 宮崎県 鹿児島県 *よめじょー 福岡県粕屋郡 宮崎県西臼杵郡 *よめはん 大阪市 香川県 *わがえ・わけー 山形県最上郡 *わっども 熊本県天草郡
↓にょうぼう(女房)

夫が□を呼ぶのに言う語 *いじょー 三重県南牟婁郡 *おっさん 鹿児島県揖宿郡 *こら 福岡県 佐賀県 長崎県対馬 鹿児島県 *こらい 兵庫県加古郡 佐賀県 熊本県・玉名郡「こらいお茶いれんかい」 鹿児島県肝属郡 *こらいこー 熊本県下益城郡 *こらだ 香川県大川郡 *こらん 佐賀県 *こりー 山口県「こりー早う来んかい」 *こりゃー 山形県米沢市 山口県豊浦郡 *これか 富山市 *われ 山口県・豊浦郡

自分の□ *あね 青森県津軽 山形県庄内 *あんねさ 長野県諏訪 *うちかた 熊本県芦北郡 宮崎県西諸県郡・東諸県郡 鹿児島県「うちかたもれ(嫁とり)」 *うっかた 鹿児島県 *うっとおなご 兵庫県加古郡 *おか 秋田県鹿角郡・平鹿郡 *おかー 青森県三戸郡(上流) 静岡県志太郡(下流) 島根県石見 *おかか 愛知県(卑称) 島根県出雲「のう、おかか、そげだらがや」 山口県防府 *おかっさん 山梨県 *おかっつぁま 岐阜県飛騨 *おかっつぁん 福岡県 *おっか 新潟県中頸城郡 *おっかー 群馬県館林 埼玉県秩父郡 *おっかさ 新潟県中頸城郡 *おなごし 徳島県・美馬郡 香川県 *おなごしゅ 香川県 *おんなし 東京都八王子 神奈川県津久井郡「今おんなしがいねーからわからねー」・藤沢市 山梨県南巨摩郡 静岡県 *おんなしゅ 山梨県南都留郡 *おんなしゅー 静岡県 *おんなしょ 長野県上伊那郡 *おんなしょー 長野県「女しょーにも話して見ませう」 *かか 岩手県九戸郡 宮城県登米郡 秋田県 山形県「うぢのかが」 福島市 新潟県「おらん(おれの)かかおらんかなあ」 石川県金沢 福井県 長野県東筑摩郡 岐阜県 愛知県尾張(卑称) 三重県志摩郡・名賀郡 大阪府泉北郡 兵庫県淡路島(卑称) 奈良県 和歌山県那賀郡 島根県大根島 広島県高田郡 山口県防府 徳島県(卑語) 香川県 長崎県佐世保市・西彼杵郡 熊本県 宮崎県東臼杵郡・東諸県郡 *がか 宮城県栗

原郡（卑称）・仙台市　福島市　*がが 青森県南部　宮城県　山形県　*かかえ・かかえさま 山口県大島　*ががこ（卑称）宮城県石巻　*かかさ 新潟県三島郡　長野県南部・東筑摩郡　岐阜県北飛驒　愛知県　山口県大島　*かかざえもん 熊本県下益城郡　*かかさま 新潟県西頸城郡　*かかざん 福岡市　*ががちゃ 山形県庄内　*かかま 千葉県安房郡　*がかま 山形県庄内　*かかわろ（卑称）鹿児島県鹿児島郡　*かきさま・かきさん（卑語）兵庫県淡路島　*かくー 広島県佐伯郡・倉橋島　*かくさん 福岡県粕屋郡　*かっか 栃木県河内郡　静岡県榛原郡　岡山県・吉備郡　*かっかー 静岡県川根　*かん 熊本県天草郡　*くあー 栃木県河内郡　*くかー 茨城県稲敷郡　群馬県佐波郡・邑楽郡　*けない 宮城県仙台市　長崎県対馬・壱岐島　*けね 鹿児島県揖宿郡　*ふかー 群馬県群馬郡　東京都三宅島

大家の主婦、貴人の□の敬称　*うなじゃら 沖縄県首里　*おかみさん 島根県石見・隠岐島　*おごりゅんさん・おごりょんさん 大分県　*おごりんさん 鳥取県西伯郡　*おじょーろー 香川県高松　*おじょらさま 大分県西国東郡・別府市　*ごりあん 新潟県中頸城郡　*ごりやん（地主の妻）新潟県上越市　*ごりゅーさん（上流の若夫人）島根県隠岐島　*ごりゅん 大分県玖珠郡　*ごりゅんさん（目上の人の妻）大分県大分郡　*ごりょーあん・ごりょーさん 新潟県中頸城郡　*ごりょーにんさん 兵庫県赤穂郡　*ごりょーはん 奈良県南部　*ごりょーんさん 大分県速見郡　*ごりんさん・ごれーさん 島根県隠岐島　*ごれん 岐阜県飛驒（貴人、村長の妻）肥前　熊本県　*ごれんさん 島根県隠岐島　*じょーさま 茨城県　千葉県長生郡・香取郡　香川県高松市（豪商の若奥様）*じょーらさま 大分県西国東郡　*じょーろー 新潟県佐渡　香川県大川郡・木田郡　*じょーろーさん・じょーろさん 新潟県佐渡　*じょりさん 福井市　香川県大川郡・木田郡　*じょるさん 福井県　*じょろーさま 福井県坂井郡・大野郡　*じょろさん 新潟県佐渡　福井県足羽郡　三重県志摩郡

他人の□　*あにま 石川県河北郡　*あね 青森県上北郡（若い主婦）秋田県南秋田郡（農家の主婦）山形県東田川郡（若い主婦）新潟県西蒲原郡（中流の下以下の家庭の若妻）岐阜県飛驒　京都府　島根県隠岐島（若い主婦）*あねー 東京都八丈島（名前に付けて「……あねー」と呼ぶ）岐阜県飛驒　*あねーさま 岩手県九戸郡（若い主婦）東京都八丈島　*あねーさん 山梨県　福岡県企救郡　*あねこ（若妻）山形県　*あねご（下流の若妻の軽い敬称）新潟県西蒲原郡　*あねさ 青森県南部（若い主婦）岩手県気仙郡（実権を持たぬ若い主婦）山形県（若い主婦）新潟県（中流の上の若い嫁）富山県砺波（中流以下の中年の主婦）石川県能美郡　長野県南部　岐阜県飛驒（中流以下の中年の主婦）*あねさま 岩手県気仙郡（若い主婦）山形県（若妻）・米沢市・西村山郡（地主の奥様）千葉県東葛飾郡（まだ子供のいない若妻）新潟県西蒲原郡（上流の若主人または嫡子の妻）富山県砺波（中流以上に言う）石川県（大家の妻）長野県東筑摩郡・下伊那郡　岐阜県飛驒　*あねさん 岩手県和賀郡・気仙郡（若い主婦）秋田県北秋田郡（若い主婦）山形県庄内（若い主婦）群馬県勢多郡・吾妻郡　千葉県山武郡（若い主婦）石川県加賀・鳳至郡　長野県上伊那郡　三重県志摩郡　熊本県球磨郡（上流の主婦）鹿児島県曾於郡（呼びかける時に言う）*あねつぁ（若い主婦）秋田県南部　*あねはん 山形県　愛媛県周桑郡　*あねま 山形県西田川郡・飽海郡　富山県砺波（中流以下の中年の主婦）岐阜県飛驒　*あねやん（中流の若い主婦）新潟県中頸城郡　*あや 青森県上北郡（中老の主婦）新潟県三島郡（年取った主婦）・西蒲原郡（中流家庭の主婦）*あやー（五十歳前後の婦人）北海道松前郡「木田のあやー（呼び掛け）」　*あんこ（若妻）東京都大島　*あんな 沖縄県宮古島　*あんにゃ 石川県能美郡　*あんにゃさま（二人称。また商家の妻を言う）石川県江沼郡　*あんにゃま 石川県江沼郡・石川郡（三十歳以下くらいの主婦）*あんね（若い主婦）岐阜県飛驒　*あんねー 東京都大島（だんな家の主婦に対する敬称）岐阜県飛驒（若い主婦）*あんねーさま（若妻の敬称）東京都大島　*あんねーさん 山梨県（若妻）・中巨摩郡　*いね 石川県石川郡　*おあねさん 岩手県気仙郡（商家・上流の主婦の敬称）宮城県仙台（商家の主婦を雇い人や店の者が言う）千葉県東葛飾郡（大家の若妻）石川県金沢　愛媛県新居郡　*おかーさま 島根県鹿足郡　*おかっあま 富山県　福井県足羽郡　岐阜県加茂郡　*おかっあん 富山県射水郡　*おかっさ 山口県大島　*おかっさー 島根県益田市　*おかっさーん 長崎県　*おかっさま 福島市　富山県砺波　石川県　福井県　長野県　岐阜県　島根県石見　山口県　大分県北海部郡・大分郡　鹿児島県肝属郡　*おかっさん 新潟県　石川県　福井県　山梨県　静岡県富士郡・志太郡　島根県石見　熊本県鹿本郡・下益城郡　大分県　*おかっすさん 静岡市　*おかったま 長崎県南高来郡　*おかったん 大分県大野郡　*おかっちゃん 鹿児島県　*おかっつぁー 山口県玖珂郡　鹿児島県　*おかっつぁま 福島市　新潟県長岡市　富山県富山市近在・砺波　福井県　長野県佐久　岐阜県　愛知県名古屋市　長崎県北松浦郡・長崎市　熊本県天草郡　*おかっつぁまー 福島県会津　長野県佐久　長崎県南高来郡　*おかっつぁん 富山県富山市近在・砺波　石川県　岐阜県大垣市　兵庫県但馬　鳥取県西伯郡・日野郡　島根県　福岡県久留米市　長崎市　熊本県　大分県

大分郡・北海部郡　鹿児島県 *おかっつはん 富山県下新川郡 *おなかい 山梨県　長野県諏訪 *おへや 富山県砺波　兵庫県加古郡 *おわねさん(敬称) 宮城県石巻 *がー 岩手県気仙郡

石川県能美郡 *かーか(目下の主婦に対する二、三人称) 富山県砺波 *かーこー(名に添えて主婦を呼ぶ尊敬語) 東京都八丈島「芳野かーこー」 *がーさま 岩手県気仙郡 *かーさん 愛知県知多郡　島根県邑智郡 *かか 青森県上北郡・三戸郡　岩手県九戸郡　宮城県石巻(卑称)

山形県庄内　福島県海岸地区・福島市　千葉県印旛郡(中下流語)「あのかがわるい噂た」　新潟県・西蒲原郡　石川県江沼郡　岐阜県飛驒・本巣郡(下流語)　三重県志摩郡　兵庫県淡路島

奈良県高市郡　島根県隠岐島(目下の女房に言う語)・出雲(下流語)　広島県双三郡　徳島県名西郡　熊本県阿蘇郡・芦北郡　大分県　鹿児島県屋久島(名に添えて呼ぶ語) *かが(小児語) 鹿児島県揖宿郡 *がか 福島市 *がが 青森県南部　岩手県海岸地区・中通　宮城県栗原郡(蔑称)・石巻(卑称)　秋田県河辺郡・鹿角郡(下流語)　山形県米沢市 *かかーさー 島根県美濃郡・益田市(卑称) *かかーさま 岡山県阿哲郡 *かかーさん 広島県山県郡 *ががこ(卑称) 宮城県石巻 *かかさ 岩手県九戸郡(中年の主婦)　新潟県東蒲原郡・長岡市　岐阜県郡上郡(下流語)　愛知県碧海郡 *ががさ(中流語) 青森県三戸郡 *かかさー 島根県美濃郡・益田市　鹿児島県 *かかさま(中流の語) 岐阜県郡上郡「かかさまござるかえ」 *ががさま 岩手県気仙郡　宮城県仙台市 *かかさん 静岡県　島根県出雲(卑しい人妻を言う語。ただし本人に向かっては言わない)・邑智郡・隠岐島　熊本県球磨郡 *ががさん 宮城県仙台市「米屋のががさん」 *かかしゅー(卑称) 長崎県対馬 *ががちゃ(中流語) 青森県上北郡 *かかどの 岩手県 *かかはん 広島県山県郡 *かかま 新潟県西蒲原郡(中流語)　岐阜県吉城郡「おろ、万作のかかまでねーかえ」・郡上郡 *かかやん 新潟県佐渡

*かから 三重県志摩郡 *かかん 熊本県天草郡 *かくー・かくーさん 広島県比婆郡 *かくさ 岡山県浅口郡 *かくさー 鹿児島県 *かくさん 福井県遠敷郡　鳥取県東伯郡(中流以下の女房を言う語)・西伯郡(隣家の主婦を言う語。死語)　福岡県粕屋郡・福岡市　熊本県　大分県南海部郡 *かさ 新潟県長岡市 *がさま 岩手県気仙郡 *かしゃん 熊本県天草郡 *かっか 岩手県九戸郡　新潟県長岡市　島根県隠岐島 *かっかー 東京都大島(「だんな」の家の主婦)　静岡県志太郡(卑称)「あのかっかーがいじょーした(あのかみさんが意地悪をしたんだ)」 *かっかーさま(「だんな様」の家の主婦) 東京都大島 *かっかま 新潟県長岡市 *かっかん 熊本県天草郡 *かやん 新潟県佐渡 *げんさい(卑称) 大阪市 *なかい 山梨県甲府市 *なっかい 山梨県

他人の□に対する敬称 *うちかた 大阪市　熊本県南部　宮崎県(目下の人の妻) *うっかた 熊本県南部　鹿児島県 *おうちかた・おうちさん 大阪市 *おおっつぁま 長崎県対馬 *おちささま(中以上の士族の妻) 山口県豊浦郡 *おっかた 鹿児島県鹿児島郡 *おへやさま 富山県東礪波郡 *にょーぼしゅー 広島県比婆郡

中流以上の他家の□を敬って言う語 *おかみ 岩手県上閉伊郡　長野県諏訪 *おかみさま 山形県鶴岡 *おかみさん 福島県　新潟県佐渡　山梨県甲府近在　長野県諏訪　島根県石見　広島県賀茂郡　香川県　大分県 *かみさん 秋田市 *かんさん(武家の妻) 島根県能義郡

つまがけ【爪掛】 ⇩つまかわ（爪革）

つまかわ【爪革】 下駄（げた）や足駄（あしだ）などの先につけて、雨水や泥土などを防ぐ覆い。 *つまあさ 長野県下水内郡 *つまか 静岡県志太郡 *つまぐつ 岐阜県飛驒・大垣市 *つまけ 山形県東置賜郡 *つまご 宮城県仙台市

あしだのつま先に掛ける□ *さきかわ 東京都八丈島　徳島県　香川県綾歌郡　愛媛県周桑郡・松山市　高知県・長岡郡 *さきがわ 兵庫県但馬 *さっかわ 徳島県　香川県

げたの□ *さきがけ 兵庫県但馬 *はなかお 岡山県真庭郡 *はながけ 熊本県天草郡 *はなかわ 新潟県佐渡・東蒲原郡　愛知県愛知郡・碧海郡　鳥取県気高郡・西伯郡　島根県　岡山県真庭郡　山口県・下関市 *はながわ 広島県比婆郡・高田郡　長崎県佐世保市 *はなっかわ 新潟県中頸城郡 *むこーがけ 大阪市 *むこーがわ 大阪府泉北郡 *むこがけ 大阪市　愛媛県・松山「下駄のむこがけがよごれた」 *むこが

方/言/の/窓

●謡曲で方言差を克服した話

今日、日本人同士で方言の違いのために互いにことばが通じないケースは、ほぼなくなってしまった。敬老の日のテレビに百歳以上の長寿の方々が登場し、方言でしか会話しない方がたしかにおられた。しかしこれは、例外中の例外である。

明治維新のころはそうではなかった。奥羽地方を転戦する薩長の兵士が、地元の兵士と自由に会話しようとしても、全く通じなかったために、教養として身に付けていた謡曲語でやっと交流したという話がある。つまり、謡曲が共通語というわけである。

戊辰戦争がらみの話が多く、中には薩摩の黒田清隆と秋田藩士添田清左衛門との間の逸話とする具体説もあるが、調べてみると、どうもこれは江戸期に遡る〈伝説〉らしい。

わ大阪市　和歌山市

わらじのつま先に付けるわら製の□　*つっかけ 新潟県佐渡 *つまぐわらんじ 島根県仁多郡 *つまこ 岡山県御津郡 *つまご 青森県津軽・南部　宮城県栗原郡　秋田県　新潟県三島郡　福井県大飯郡　島根県　広島県山県郡・比婆郡 *つまごー 宮城県栗原郡 *つまごぞーり 鳥取県 *つまごわらじ 山形県　島根県飯石郡・仁多郡 *はくもんのふた 富山県砺波

つまさき【爪先】　*はんぬさんだー 沖縄県与那国島 *ぴびら 沖縄県黒島 *ぺー 沖縄県石垣島・鳩間島

つましい【倹】　*かたい 茨城県稲敷郡　山梨県南巨摩郡「あんひたーかたいどーでつぎぼっこーの着物を着てよりーる」　兵庫県加古郡 *きびらしー 愛媛県南宇和郡「きびらしい暮し」 *くまさん 沖縄県首里 *こまー 島根県邑智郡 *こまかい 三重県上野市「こまかくする」・名賀郡 *こまこい 三重県名張市・名賀郡「こまこする」　奈良県北葛城郡・南大和「こまこーして、こまこーして(倹約して、倹約して)」　徳島県　香川県仲多度郡 *こましー 鹿児島県肝属郡 *こんまい 山形県 *ねつい 秋田県河辺郡　山形県「ねずぇしと(人)だけ」　新潟県　島根県「何事もねつーせんと金が残らん」 *ねんねしー 兵庫県加古郡 *まかしー 宮城県「人数ふえたからもっとまかしくしないと暮されないぞ」　山形県　福島県北部 *まずい 福岡県京都郡・企救郡 *まちー 山形県東置賜郡
→けんやく(倹約)

つまずく【躓】　*けーまつる 佐賀県 *けさまずく 三重県南牟婁郡　和歌山県 *けじまかる 秋田県・河辺郡 *けしまずく 三重県南牟婁郡　奈良県南大和　和歌山県伊都郡 *けちまぐる 埼玉県北葛飾郡「けちまぐらねーよーにいきな」 *けちまる 岐阜県飛驒 *けっける 新潟県西頸城郡　長野県下水内郡・上伊那郡 *けったまずく 鳥取県岩美郡・気高郡 *けっつまぐる 山形県米沢市 *けっつまぐれる 岩手県気仙郡 *けっぱなずく 京都府　兵庫県佐用郡・赤穂郡　鳥取県「事業にけっぱなづく」　岡山県 *けっぱりつく 兵庫県赤穂郡 *けっぱんずく 兵庫県赤穂郡　岡山県 *けつまがる 秋田県河辺郡　山形県飽海郡・鶴岡 *けつまぐ 山形県　香川県「暗いきんけつまがんよに、気つけてあるきなよ」 *けつまぐる 山形県「石さけつまぐた」　福島県　茨城県猿島郡　栃木県　埼玉県　東京都八丈島 *けつまげる 青森県　岩手県　秋田県鹿角郡　三重県　香川県伊吹島　愛媛県　高知県 *けつまる 長野県下水内郡　岐阜県飛驒 *けはなずく 鳥取県岩美郡・気高郡　島根県「石にけはなずく」 *けはんずく 島根県出雲 *けまつるる 長崎県　熊本県・玉名郡・下益城郡　宮崎県東諸県郡 *けまつれる 長崎県対馬　熊本県・鹿本郡 *けもつる・けもつるる 長崎県壱岐島 *けもつるく 熊本県阿蘇郡 *つっけんぎる 栃木県安蘇郡 *つぼっくりをつく 長野県下伊那郡 *つまくる 青森県津軽 *つまぬける 福島県相馬郡「石さつまぬけで転ぶどこだったっけ」 *とりずむ 和歌山県東牟婁郡 *ひっちぇーゆい 鹿児島県喜界島 *ふからまる 新潟県岩船郡 *ふまぐらかえす 青森県上北郡 *ふまぐりがえす 岩手県上閉伊郡・気仙郡 *ぺーきるん 沖縄県石垣島 *ままずく 宮城県栗原郡

□こと　*きくらがえり 青森県津軽 *つまかけ 宮城県「つまかけすねぁよにきつけて歩かえ」 *つまけ 宮城県栗原郡　秋田県鹿角郡 *つまけぁり 宮城県仙台市　秋田県 *つまのけ・つまぬき 宮城県仙台市「つまぬきしないよに気つけて歩かえ、暗いからね」 *まねくり 長野県埴科郡「まねくりつく」 *まねっくり 長野県佐久

つまむ【摘】　*しょーずむ 愛知県額田郡 *しょずむ(「ずむ」は「つむ(摘)」の転か) 静岡県「鼻をしょずむ」「おかぞーしょずむ(お菜を指でつまむ)」　三重県 *しょまむ 長野県東筑摩郡「しょまみぐいをする」 *つまげる 新潟県中越 *つまじる 秋田県鹿角郡　山形県西田川郡・庄内「指先でつまずる」　群馬県勢多郡・佐波郡　埼玉県秩父郡　新潟県中魚沼郡・下越　山梨県南巨摩郡「箸があるに、手でつまじるもんじゃあないよ」　長野県下水内郡 *つまんくじー 鹿児島県・鹿児島郡 *ひしぐ 山梨県南巨摩郡「そがーにきつくひしぐどーで鳥がうっちんだ(死んだ)」 *むさずる・もさずる 新潟県東蒲原郡「頬をむさずる」「髪をむさずる」

爪で強く□　*ちみきる 静岡県　愛知県　岡山県児島郡　山口県大島　香川県「あの子に手ちみきられた」　愛媛県 *ちみぎる 愛知県知多郡　三重県 *ちみくる 静岡県「ちみくると痛いから止せ」 *ちみじる 愛媛県 *ちみずる 岐阜県飛驒 *ちめきる 兵庫県加古郡　山口県大島 *つまぎる 山梨県 *つまくじる 宮崎県東諸県郡 *つまみくじる 大分県大分郡 *つみきる 福島県相馬　静岡県　香川県男木島 *つみくじる 大分県 *つみたくじる 山梨県 *つみたくる 長野県佐久 *つみっきゅい 鹿児島県喜界島 *つみつける 長野市 *つめきる 福井県大飯郡　静岡県志太郡　兵庫県加古郡・淡路島　和歌山市　岡山県児島郡　山口県大島　香川県三豊郡 *つめぎる 秋田県平鹿郡・雄勝郡「いだぐつめぎる」　山形県東田川郡　福島県相馬郡　三重県員弁郡・三重郡 *つめくじる 愛媛県　大分県 *つめくる 山形県庄内　埼玉県秩父郡　新潟県佐渡・中頸城郡　福井県大飯郡　長野県　静岡県浜松・志太郡　京都府「あまり眠っているのでちょっとつめくってやった」　兵庫県　鳥取県　島根県「腹を立てると人をつめくる」　香川県仲多度郡　愛媛県・宇和島市　高知県高知市「喧嘩してつめくってやった」・幡多郡 *つめしる 島根県那賀郡・邑智郡「子供をつめしって泣かせるな」　岡山県小田郡 *つめじる 愛媛県

*つめずっかく富山県砺波 *つめずる福井県 *つめっかく群馬県佐波郡 *つめっこくる新潟県中頸城郡 *つんくじる熊本県阿蘇郡・芦北郡 *つんくでる大分県大分郡

つまらない【詰】

*あくさい奈良県南大和 *いめましー宮崎県西臼杵郡 *うずくさい富山県 *えしれん熊本県玉名郡・下益城郡 宮崎県東諸県郡 鹿児島県「えしれんもん」・肝属郡「えしれんこつ言ふな」 *おえない千葉県市原郡 *おえぬ鳥取県東部「そんなことではおえぬがな」 *おえん新潟県東蒲原郡 静岡県「それではおえん」 島根県美濃郡・益田市 岡山県 香川県 *おかったるい東京都 *おぞい岐阜県飛驒「なんとおぞい子じゃ」 *おとましー兵庫県淡路島 徳島県 *かったい福井県大飯郡 *がってぁない山形県東置賜郡「そんなおもちゃはがってぁなえ」 *がってもない山形県米沢市「がってもなえごどして」「がってもなえ物持ってきて」・西置賜郡 *きつい長崎県対馬・壱岐島「こりが出来んちちゃきつぃーもん」 *ぎやなぇ・がやなぇ青森県三戸郡 *くーさった和歌山県「くーさった事ばかりであかん」「くーさった風して尋ねて来た」 *くさーった福井県敦賀郡 *くさい石川県「くさい奴」「くさい家」「くさい物」・金沢市 *くさった新潟県佐渡「くさった根性」 富山県砺波「くさったしと(人)」 滋賀県彦根・高島郡「くさったこと」 京都市 和歌山県新宮 *ぐすい福井県大飯郡 岡山市「稲の出来がぐしい」 *ぐずまへげん福岡市 *くわえどがない山形県庄内 *げぁねぁ岩手県気仙郡 秋田県鹿角郡「今年はげぁねぁ正月だ」 *げーがなー島根県石見 *げーがない群馬県佐波郡 島根県出雲 *げーとーがなー島根県石見「一日かかって拵えたが何のげーとーがなー」 *げーない宮城県栗原郡 *げーもない埼玉県秩父郡 *げーやねー埼玉県秩父郡 *げーんなか熊本県玉名郡「一人で酒飲うだっちゃげーんなか」 *けちけちしー山形県鶴岡 *げっさん石川県珠洲郡 *けったりー千葉県夷隅郡 *けっぷりけあない秋田県鹿角郡 *けっぽらいない青森県南部 *けっぽれあなえー岩手県九戸郡 *けっぽれあやない青森県三戸郡 *こぎたない岡山市「何ならこぎたなぇ、すててしまえ」「こぎたのーして物をこしらえた」 *こっつまんね山形県米沢市 *こつまない群馬県桐生市 *ことくそにならん島根県「小使を雇うたが一つもことくそにならん」 *ことにならん島根県 愛媛県周桑郡・喜多郡「ことにならん奴」 *ことのすにならん高知県幡多郡 *こらつけあない青森県三戸郡「年ばかり取っても、こらつけぁなぇだおん」 *さいどもない岡山県児島郡 *ささいもない(非常につまらない)静岡県志太郡「ささぇーもなぇーこんで喧嘩しんな」 *さしらん・さしらんね鹿児島県肝属郡 *さしらんなか・させらんなか鹿児島県 *さっかくさい山形県米沢市 *さっちもない京都府 *さもない岩手県気仙郡「さもねぁごどでけんかする」 宮城県仙台市「さもない物高く買ってしまった」 秋田県平鹿郡「あの人はさもねぁことを心配してる」 山形県庄内 静岡県志太郡 *じぇーねー鹿児島県喜界島「じぇーねーらんぱなし(おもしろくない話)」 *しかとむない福岡市 熊本県玉名郡「しかとむなか御馳走じゃった」・天草郡 *しかともない福岡県久留米市・粕屋郡 *じちくちもない静岡県榛原郡 *じちもない山梨県南巨摩郡「ぢちもない事をするな」 静岡県 *しゃいでんなか佐賀県「このくらいのことはしゃいでんなか」 *しゃいどーもない・さいどーもない千葉県香取郡 *しゃいねー群馬県群馬郡 *しゃいもない茨城県稲敷郡 群馬県吾妻郡 千葉県香取郡 京都府北部 *しゃいやねー・しゃやねー群馬県勢多郡 *しゃいやむね群馬県吾妻郡 *しゃっちもない京都府「しゃっちもなやー映画だった」 *じゃっちもない京都府中郡 *しょーこともない島根県大田市 *しょっともない・しゃいともない・しゃくだいもない茨城県稲敷郡 *すばらこい愛媛県今治市・伯方島「(金を借りに行って断わられたような時)ああ、すばらこい」 *すらちもない山梨県南巨摩郡「すらちもない事を云ふな」 *たいむねー長野県佐久 *たいもない長野県上伊那郡・佐久 *たすい徳島県・美馬郡 高知県 *たすくたい徳島県那賀郡 *だちもない新潟県中越 山梨県南巨摩郡 *だっしもない・だっしゃない和歌山市 *だっしょもない大阪府泉北郡 和歌山県那賀郡・有田郡 *たっすい徳島県 *だっちもない千葉県安房郡 新潟県佐渡・三島郡 山梨県南巨摩郡 長野県上伊那郡・佐久 大阪府中河内郡 兵庫県加古郡 *だっちょもない兵庫県加古郡 *だつまない新潟県西頸城郡 *だらくさい富山県 石川県 岐阜県飛驒 *たるい長野県 岐阜県 愛知県「そんな事たるい」 *だるい滋賀県甲賀郡 *たるくさい長野県下伊那郡 岐阜市 愛知県東春日井郡・知多郡 *だるくさい愛知県東春日井郡 三重県 滋賀県彦根・甲賀郡 *たわけらしー岐阜県郡上郡 愛知県知多郡「そんなことたわけらしい」 *ちょーらん島根県江津市「そがーなことをしてもちょーらん」 *ちょろくさい福井県南条郡 *ちろくさい福井県足羽郡 *つーさらん・つーらん熊本県玉名郡「なんとん(なんとも)つーらん」 *つーざらん熊本県下益城郡「つーざらんこつばいわん(くだらないことを言うな)」 *つーたくれん熊本県下益城郡 *つかーしー愛媛県松山 *つかしー愛媛県伊予郡 *つきゃーない青森県「こんなつきあない商売は早く止めよう」 *つくれぬ大分県大分郡 *つくれん福岡市 熊本県「きみが大事なところに、なんとんつくれん面ば出すけん、出来そこなうではにゃーか」「つくれんこつ(なんとも知れぬこと)」 *でびしー岐阜県飛驒「あいつはでびしー奴じゃ」 *どくれん熊本県下益城郡「どくれんこつ」 *とっぺもない・とっぺやない新潟県西頸城郡 *とろい岐阜県 愛知

県名古屋市 *とろくさい 岐阜県 愛知県「日帰りで鶏飼も見こなしで、彼んなとろくさい事があるもんか」「とろくさい事をいふ」 *どんくさい（いかにもつまらない）島根県隠岐島 *なさけない 三重県名賀郡 滋賀県彦根 大阪市 *なさぬ 岐阜県揖斐郡 *なんちゃーじゃない 高知市「そんななんちゃーぢゃないこと言いな」 *なんちゃじゃない 香川県 *なんとむしれん 長崎県壱岐島「なんとむしれん事を云ふてくれるな」 *なんとんしえん 鹿児島県鹿児島郡 *なんとんしれん 長崎県壱岐島 *はざわん・はざん 三重県度会郡 *ひーらい 静岡県「ひーらい目にあった」 *ひっちもない 山梨県 *ひやだるい・へやだるい 石川県鳳至郡 *ひょこなげな 岡山県小田郡 *ひょんな 島根県「ひょんなことをして見せると人が笑う」 岡山県小田郡 *ふーたいもない（甚だつまらない）鳥取県東伯郡 *へーしった 栃木県「へーしったことに泣くんじゃねー」 *へぐれん 熊本県・下益城郡 宮崎県西臼杵郡 *へげん 福岡県 熊本県・下益城郡 宮崎県・西臼杵郡 *へやかねー 山梨県 *へんこつがない 岡山県小田郡 *へんもない 福井県南条郡 岐阜県揖斐郡 京都府竹野郡「なんのへんもなゃーお汁だなぁ」「今年はなんのへんもなゃーお祭だった」 *まずい 新潟県佐渡 三重県名賀郡 *むごい 宮崎県西臼杵郡 *もげない 島根県石見「せっかく行って見たがもげのーて戻って来た」 広島県比婆郡「すぐ終ってもげなかった」・高田郡 山口県 *もじゃやい 山形県飛島 *もじょね 山形県酒田市・飽海郡 *もっさい 愛知県八名郡「そんな事はもっさい」 *もんじゃない 山形県最上「この人はもんぢゃない」 *やくざがない 新潟県長岡市 *やくざもない 岐阜県郡上郡 *やくせぬ 石川県 *やくせん 富山県砺波 岐阜県飛驒「何のやくせん男じゃ」 熊本県芦北郡 宮崎県西臼杵郡（つまらない） 鹿児島県 *やくたいない 宮城県登米郡・玉造郡 山形県西村山郡 新潟県中頸城郡 山梨県南巨摩郡 岐阜県郡上郡 京阪 *やくたいもない 岩手県東磐井郡 山形県「やぐだえもなえごどすんな」 神奈川県 東京都大島「そんなやくたいもない真似をしんな」 山梨県・南巨摩郡 静岡県「やくたいもない、およしよ」 愛知県豊橋市 滋賀県蒲生郡 和歌山県日高郡 島根県 岡山県小田郡 広島県三次市・高田郡 山口県・阿武郡・大島 愛媛県 *やくたね 山形県庄内 *やくちゃもない 石川県加賀 *やくちゃがない 鳥取県西伯郡 *やくてもない 宮城県石巻「やくてもねあぐ費って了ふ」・仙台市「いつのこまにか、押入の中やくでもない物ばりで一杯になってした」 千葉県夷隅郡 島根県出雲「やくてもねこと、えわっしゃあな」 *やちがない 岡山市 高知市「そんなやちがない事をお前は本気で言いよるか」 *やちまない 岡山市「やちまなえ物ばかり山程買って」 *やちもない 島根県鹿足郡 岡山県「やちもなえことにしんしょ（財産）を使ひ果した」 広島県三次市・双三郡 山口県 香川県木田郡・小豆島 宮崎県 *やちもやくたーもない 島根県石見 *やっせん 鹿児島県 *やっちもない 茨城県北相馬郡 静岡県安倍郡 兵庫県赤穂郡 島根県鹿足郡 岡山県 広島県豊田郡・高田郡 愛媛県大三島 *ゆーじゅんねーぬ 沖縄県竹富島 *よーしれん 奈良県宇陀郡 *よしれん 奈良県宇陀郡 福岡市「よしれんこと（要らないこと）」 *よだるい 岐阜県加茂郡 愛知県「こんなよだるい事はない」 滋賀県甲賀郡 *よみがこまぬ 兵庫県西宮・赤穂郡「あの人はよみのこまん人だよ」「よみのこまん事を言うな」 *よもしれん 愛媛県 *らじもない 山形県米沢市「らじもなえ話だ」 *らしゃない 和歌山県東牟婁郡 *らちかちもない 佐賀県 *らちくちもない 茨城県猿島郡 静岡県榛原郡 *らちこくたいもない 新潟県西頸城郡 *らっしゃない 和歌山県那賀郡・和歌山市

□こと *いたらんこつ 長崎県五島「こん子は至らん事ば言ふた（この子はよくもそんなことを言うよ）」 熊本県下益城郡 *いたらんこと 福岡市「いたらんことばしなんな」 長崎県北松浦郡・伊王島 *うだうだ 福井県大飯郡 *くー 兵庫県加古郡「くうする（苦労する）」 愛媛県松山「人の親切を親切と思はずあんなことをするとはくーぢゃないか」 *くだらず 岩手県気仙郡「くだらずをいう男だ」 島根県「くだらずを言うな」 *こっぱい 福井県大飯郡 *しやいなし 群馬県群馬郡・勢多郡 *しゃからなし 宮城県「しゃからなし、かたる」「くだらねぁ物ばり買ってしゃがらなすだ」 福島県東白川郡 *じゃきゃーなし 新潟県佐渡南部 *しやなつこと（「しゅみ（趣味）なしこと」の転か）群馬県多野郡 *しょちっこと・しょちまね 埼玉県北葛飾郡「子供みてーなしょちっことべー（つまらないことばかり）してる」 *すじきれ 高知県幡多郡 *たくな 長野県長野市・上水内郡 *てんごのか 群馬県邑楽郡 *てんごのかー 愛媛県 高知県 *てんごのかわ 愛媛県越智郡 高知県 *はじけー 長野県佐久「はじけー言うな」 *ひちふり 群馬県碓氷郡 埼玉県秩父郡 *へたいなし・へだりなし 栃木県東部 *へだいなし 福島県 茨城県久慈郡・稲敷郡 栃木県 群馬県勢多郡 *へちゃまくれ 長野県諏訪・上伊那郡 *へちょむくれ 山梨県南巨摩郡 *へでなし 茨城県真壁郡 栃木県 *へでやーなし 栃木県河内郡 *へぼくそ 栃木県 *へんつくれん 熊本県下益城郡 *へんでなし 群馬県吾妻郡「へんでなしいうな」 *へんなし 山形県米沢市「又、へんなししるっ」 埼玉県入間郡 長野県東筑摩郡「そんなへんなしを云ふな」 *ぼさ 島根県石見「あほらしいぼさをした」 *ぼじゃ 岡山県吉備郡 *もっそ 徳島県「もっそ言うな」 *やくたい 福井県大飯郡「雨にゃ降られるし、汽車にゃ後れるし、やくたいな目に遭うた」 三重県志摩郡・員弁郡 京坂 京都府 大阪 和歌山県「道がねれてゐた

ので下駄はやくたいぢゃ」　長崎県南高来郡 ＊**やくたいなし** 岩手県江刺郡　宮城県　島根県邑智郡 ＊**よたくれ** 熊本県下益城郡「よたくれんこつ」 ＊**よたもの** 秋田県平鹿郡・雄勝郡

□**さま** ＊**あとぎゃー** 高知県 ＊**おかっせ** 香川県大川郡 ＊**おわんじゃくれ** 長野県下伊那郡「おわんじゃくれな物でありますが一つ差上げます」「彼れはおわんじゃくれな人で取るに足らぬ」 ＊**がい** 三重県志摩郡「がいなもん」　香川県大川郡・木田郡「ぐゎいなわ(つまらないわ)」 ＊**かいさ** 島根県石見「かいさなことをしてくれた」 ＊**しゃべ** 島根県隠岐島「しゃべなことをやった」 ＊**じゃま** 兵庫県淡路島 ＊**ちゃんぱ** 滋賀県彦根 ＊**つら** 三重県飯南郡「つらな物」「つらな風(ふう)」 ＊**てんな** 愛媛県大三島「てんなこと」 ＊**ひょんなげ** 香川県伊吹島「ひょんなげに」 ＊**ぼだい** 島根県出雲「ぼだえな事をする奴だ」 ＊**ぼだいくそ** 鳥取県西伯郡「あの人の演説わぼだえくそだった」 ＊**ぼで** 島根県出雲 ＊**もっけ** 和歌山県「もっけな事したな」「もっけなや(つまらないことだ)」

□**もの** ＊**がさぱもの** 宮城県栗原郡 ＊**ぐざ** 新潟県佐渡「ぐざ釣るな」 ＊**こったりむぬ** 沖縄県石垣島「こったりむぬばふぁーであんきゅー(つまらない者を子供に持ったものだ)」 ＊**こまんじゃこ** 大阪市「こまんじゃこが何ぬかす」 ＊**ざくたもの・ざったもん** 新潟県佐渡 ＊**ざくもん** 島根県簸川郡・出雲市「ざくもんだけん(なので)折れた」 ＊**しじくた**(えり残されたつまらないもの) 奈良県南大和 ＊**してぃっつぃなむぬ** 沖縄県石垣島 ＊**じゃこねんぱ** 島根県大原郡 ＊**ふぃーくすなったい**(何の役にも立たぬつまらないもの) 沖縄県首里 ＊**へじま** 茨城県稲敷郡 ＊**へちま** 岐阜県大垣市 ＊**もすけ** 徳島県 ＊**よたくれ** 熊本県下益城郡「よたくれんこつ」 ＊**よたもの** 秋田県平鹿郡・雄勝郡

つまり【詰】 ＊**いまいーしに**(話のとぎれた次に言うつなぎの言葉)・**いまいしに** 香川県三豊郡・仲多度郡 ＊**いまゆー** 長崎県壱岐島 ＊**いまゆーしに** 徳島県　香川県三豊郡・仲多度郡 ＊**けかせ** 滋賀県犬上郡・彦根 ＊**けくと** 新潟県佐渡　愛媛県伊予郡「色々してみたがけくといかなかった」 ＊**けっか** 島根県 ＊**けっく** 愛媛県松山市「けっくその方がえー」　熊本県下益城郡 ＊**つずまり** 大阪市「つずまりだめやった」　広島県高田郡　愛媛県・松山 ＊**つずまるところ** 新潟県佐渡　大阪市　広島県高田郡 ＊**つむく** 高知県「あれ程骨を折ったがつむく駄目ぢゃった」 ＊**つむくー** 高知県高岡郡 ＊**てもねー**(「手もない」で「なんのことはない」の意か)長野県上水内郡「てもねーあんな様なものだ」 ＊**なんせろ** 福井県坂井郡・丹生郡 ＊**よくしょく** 山形県東置賜郡 ＊**よくせき** 宮城県玉造郡・加美郡　山形県「よくせき俺が負けた」　福島県浜通「よくせき駄目になって了った」

↓けっきょく(結局)

とどの□ ＊**あげくのさんぱち** 福岡市 ＊**あげくのさんめー** 島根県隠岐島 ＊**あとぅぬうずみ**(「うずみ」は「機会」の意) 沖縄県首里 ＊**にっぱて** 埼玉県秩父郡

つまる【詰】 ＊**くはがる** 山形県「隙間がくふぁがる」 ＊**くはる** 宮城県仙台市　山形県「きんなの雨で土手が崩つぢえ水門くはったど」　福島県中部・会津 ＊**くぱる** 青森県津軽 ＊**くわる** 北海道　青森県上北郡・三戸郡「針のみずがくわって糸が通らない」　岩手県気仙郡　宮城県栗原郡「鼻がくわった」・仙台市　秋田県鹿角郡　山形県東田川郡・米沢市 ＊**しょむ** 京都府北部　兵庫県西宮市・加古郡「茄子はあんまりしょんで植えたら虫がつく」　鳥取県東部　岡山県 ＊**ひっぱく** 山梨県 ＊**ふんずまる** 栃木県

↓ふさがる(塞)

ものが□ ＊**でっつまる** 岩手県気仙郡 ＊**てつまる・でつまる** 青森県南部

つみ【罪】 ＊**とぅが** 沖縄県首里・石垣島 ＊**とが** 千葉県匝瑳郡「とがをかっぺる(罪をかぶせる)」　富山県東礪波郡　山梨県南巨摩郡「弱い者をいぢめるのはとがだ」　長野県佐久　和歌山県日高郡　山口県「もしかそれがとがになったら(法律に触れたら)どうするかの」 ＊**にかせ** 岐阜県飛騨「お前には何のにかせもないことじゃ」

他人に□を負わせる ＊**あわす** 香川県木田郡「けんちゃんゆうたら、うちにあわすんで」 ＊**あわせる** 島根県邑智郡・大田市「とうとうあいつに罪をあわせた」 ＊**うーしかんしゅん** 沖縄県首里 ＊**うーしゅん** 沖縄県首里 ＊**うーする** 大分県 ＊**おーせる** 島根県出雲　徳島県 ＊**おわしかくる** 熊本県 ＊**おわせる** 島根県「悪りーことはみんな子供におわせる」 ＊**かさきせる** 和歌山県伊都郡 ＊**かずく** 山梨県南巨摩郡 ＊**かすくる** 福岡市 ＊**かずける** 青森県南部　宮城県栗原郡・石巻　山形県　福島県石城郡　栃木県　群馬県佐波郡　埼玉県秩父郡　東京都三宅島・御蔵島　新潟県　山梨県南巨摩郡　長野県下水内郡　岐阜県飛騨「罪を人にかずける」　静岡県　愛知県知多郡　三重県志摩郡　島根県石見　愛媛県 ＊**かつける** 栃木県塩谷郡「俺にばっかりかっけてひでがんべや」 ＊**かつける** 岩手県気仙郡　宮城県「一緒にゐたばかりにかつけらえた」　秋田県鹿角郡・河辺郡　山形県　栃木県　東京都三宅島　新潟県佐渡・西頸城郡　富山県砺波 ＊**かっつける** 栃木県 ＊**かんずける** 山形県 ＊**かんちける** 秋田県 ＊**かんつける** 岩手県気仙郡　山形県最上郡 ＊**せんにする・せがにする** 茨城県北相馬郡 ＊**にしくー** 鳥取県西伯郡 ＊**にしくりつける** 鳥取県東部 ＊**にしくる** 鳥取県　島根県　山口県阿武郡 ＊**にじくる** 山梨県南巨摩郡「てまい(自分)の悪いことー人ににじくるちゅーこたー悪いことだよ」 ＊**にしたくる** 島根県 ＊**にしりつける** 島根県石見・隠岐島 ＊**に**

する 島根県邑智郡 *ぬたくっつくる 熊本県 *ぬたくる・ぬたくりつける 秋田県鹿角郡 *ぬたぐる 宮城県栗原郡　福島県 *ねじくる 愛知県尾張　福岡市 *ねじりつける・ねじつける 岐阜県飛騨

無実の□ *かわ 鹿児島県肝属郡「かわをかぶせる」 *さかがつぃみ 沖縄県首里

つむ【摘】 *ちぎる 新潟県佐渡　福岡県企救郡 *つばえる 新潟県中頸城郡「木の枝をつばいる」 富山県砺波　石川県 *つばく 新潟県西蒲原郡　福井県遠敷郡 *つべーる 新潟県岩船郡 *つんむしー 鹿児島県

つむ【積】 *うっこずむ 佐賀県藤津郡 *こずむ 愛媛県　福岡市　佐賀県藤津郡　長崎県対馬・壱岐島「稲ばこずむ」「石こずんじ墓つくる」 熊本県　大分県　宮崎県延岡　鹿児島県 *ちくろう 島根県八束郡「藁をちくろー」 *つくねる 東京都八王子　神奈川県津久井郡　富山県砺波　山梨県　長野県(片寄せて積み上げる) 岐阜県「ごみはそこへひとまずつくねておけ」 愛知県西加茂郡・西春日井郡　滋賀県彦根　島根県石見「藁をつくね上げる」 *つぐねる 島根県隠岐島　愛媛県周桑郡 *つんずける 岩手県気仙郡 *はなえる 茨城県　群馬県邑楽郡「桶をはなえる」 埼玉県北足立郡 *まざむん・まじむん 沖縄県石垣島 *まずいぬん 沖縄県首里

うず高く□ *いったつる 熊本県 *いったてる 島根県石見 *うったつる 熊本県玉名郡

つむぐ【紡】 *うむ 山形県　三重県志摩郡 *おむ 秋田県鹿角郡 *つぃんじゅん 沖縄県首里 *つぐ 愛知県豊橋

つむじ【旋毛】 *いじ 岩手県上閉伊郡　福井県敦賀郡　岐阜県養老郡　三重県志摩郡　京都府愛宕郡・京都市 *いじぐり 愛知県 *いちぐり 愛知県幡豆郡 *うず 神奈川県津久井郡　大阪市　大分県大分郡 *うずまき 山形県飽海郡　神奈川県津久井郡　山梨県　長野県上伊那郡　静岡県 *うるけ 兵庫県佐用郡 *えずまき 山形県飽海郡 *かみのさけ・かみのいじ 三重県志摩郡 *ぎー 鹿児島県肝属郡 *ぎーぎー 島根県出雲 *ぎきめ 宮崎県西諸県郡 *ぎじ 奈良県高市郡 *ぎしぎし 富山県　岐阜県飛騨「ぎしぎしの二つある者は意地が悪い」 *ぎじぎじ 新潟県佐渡　富山県砺波　石川県金沢市・鳳至郡 *ぎじゅまき 宮崎県西諸県郡 *ぎっぎり 島根県隠岐島 *ぎゆ 宮崎県西諸県郡 *きょーまき 佐賀県・唐津市・藤津郡　長崎県高来郡 *きょーまく・ちょまき 長崎県高来郡 *ぎり 新潟県「ぎりが二つある人はぞー(強情)だ」 静岡県小笠郡　三重県名張市・阿山郡　奈良県磯城郡・生駒郡　鳥取県西伯郡　島根県　岡山県苫田郡・岡山市　広島県　香川県三豊郡　愛媛県　大分県東部 *ぎりぎり 新潟県佐渡　石川県　福井県　長野県東筑摩郡　静岡県小笠郡・安倍郡　愛知県　三重県　兵庫県　奈良県北部「ぎりぎり歪んだるのは意地悪や」 島根県　岡山県岡山市・御津郡　広島県能美島・倉橋島　香川県　愛媛県　福岡市　長崎県対馬「あたまんぎりぎりからものをいふ(勝気な人がかんだかくものを言う)」 熊本県玉名郡　大分県 *ぎりぎりまい 島根県大田市 *ぎりんぼー 広島県芦品郡 *ぎんぎり 島根県 *ぐじゃーらー 沖縄県竹富島 *ぐりぐり 静岡県磐田郡・小笠郡 *げじげじ 富山県射水郡・砺波　三重県志摩郡 *けとーじ 三重県志摩郡 *げん 長野県下水内郡 *ごーごー 広島県・上蒲刈島 *こんじょ 三重県志摩郡 *さら 富山県砺波「さらかたげる(つむじを曲げる)」 熊本県下益城郡　大分県中部　宮崎県西諸県郡　鹿児島県・種子島 *さらけん 大分県大分郡 *しじまい 愛媛県東部 *じじゅー 岡山県小田郡 *じめー 新潟県上越市 *じゅーじゅー 広島県能美島・安佐郡　山口県祝島 *じりじりがみ 岡山県児島郡 *じん 新潟県「お前の頭のじんは横っちょにあるがぁね」 *しんぎり 岡山県小田郡 *じんきり・じんぎり 新潟県佐渡 *じんじらげ 神奈川県愛甲郡・中郡 *じんじり 大阪府泉北郡 *じんじりまい 愛媛県松山「おまいの頭にじんじりまいが二つある」 *じんまき 新潟県上越市 *ずぐら 熊本県下益城郡 *ぜんぜんまいこ 島根県邇摩郡 *ぜんまい 香川県三豊郡 *ちじがみ・ちじげ 三重県志摩郡 *ちじま 奈良県吉野郡 *ちじまき・ちりまき 長崎県壱岐島 *ちじみがみ 香川県・志々島 *ちじゅー 島根県鹿足郡・邇摩郡　広島県瀬戸内海諸島　山口県 *ちじゅーがしら 鹿児島県種子島 *ちじゅーがみ 広島県安芸郡 *ちじゅーひげ 島根県鹿足郡・邇摩郡 *ちじらげ 三重県上野市 *ちじりげ 三重県志摩郡 *ちじりまき 山形県東田川郡・庄内 *ちじれ 三重県志摩郡　兵庫県赤穂郡 *ちじれかみ 岩手県和賀郡 *ちじれげ 兵庫県 *ちゅじゅまき 宮崎県東諸県郡 *ちゅんじげ 長崎県南高来郡 *ちゅんじゅー 長崎県西彼杵郡 *ちょーまく 長崎県高来郡 *ちょんど 鹿児島県肝属郡 *ちりちりまい 兵庫県淡路島 *ちんぎり 新潟県佐渡 *ちんじゅ・ちんじゅがみ・ちんじゅげ 長崎県南高来郡 *ちんちらげ 三重県志摩郡 *ちんちろがみ 三重県志摩郡 *つじ 静岡県　愛知県北設楽郡・知多郡　京都市　和歌山県　徳島県・美馬郡　愛媛県・大三島 *つじのまい 愛媛県 *つじまき 愛媛県・宇和島　長崎県壱岐島 *つじりまき 山形県飽海郡 *つじんど 奈良県宇陀郡 *つじんぼ 岐阜県・本巣郡 *つずんぼし 奈良県磯城郡 *つむり 新潟県西頸城郡 *つりんぼし 奈良県磯城郡 *てっつじ 徳島県・美馬郡 *でっつじ 徳島県美馬郡 *てんつじ 徳島県 *でんでんまい 香川県三豊郡 *はつあわせ(「鉢合わせ」か) 山形県東田川郡 *はぶて 島根県邑智郡 *びっちん 沖縄県鳩間島 *ひょーひょーまき 群馬県吾妻郡 *まいぎり 長崎県南高来郡 *まいげ 長崎県南高来郡 *まいつじ 高知県・土佐郡 *まいまい 神奈川県

横浜市　岐阜県加茂郡　静岡県磐田郡　愛知県「坊のまいまいは頭の横町についとるがや」　三重県志摩郡　大阪府泉北郡　奈良県吉野郡　和歌山県　島根県美濃郡・益田市　山口県屋代島・上関島・山口市　徳島県美馬郡　香川県　愛媛県　高知県土佐郡・高知市　＊まえつぶり 山形県北村山郡　＊まえつむり 山形県東村山郡　＊まき 山形県　神奈川県津久井郡　鹿児島県奄美大島・徳之島・与論島　沖縄県島尻郡・石垣島・小浜島　＊まきがら 青森県津軽　＊まきげ 群馬県多野郡　神奈川県横浜市　＊まきび・まきまえ 山形県最上郡・北村山郡　＊まきまき 岐阜県　静岡県志太郡　愛知県北設楽郡・知多郡　＊まきめ 青森県上北郡・三戸郡　宮城県　秋田県南秋田郡・平鹿郡　山形県　福島県「貴様のまきめ太いなあ」　群馬県　埼玉県秩父郡　千葉県香取郡　東京都南多摩郡・八王子　神奈川県　新潟県　長野県　＊まきめっこ 岩手県気仙郡　＊まくべん 山形県村山　＊まくめ 神奈川県津久井郡・高座郡　＊まくめし 神奈川県高座郡　＊まこべ 山形県南村山郡　＊まち 沖縄県首里　＊まつげ 鹿児島県日置郡　＊まてぃつぃ 鹿児島県加計呂麻島　＊まみだつぃ 沖縄県与那国島　＊まゆべ 山形県東村山郡　＊まる 東京都八丈島　＊まるめ 岩手県気仙郡　＊まんくり 鹿児島県奄美大島　＊まんごーり・まんごい・まんぐりー 鹿児島県喜界島　＊まんまい 島根県美濃郡・益田市　＊みゃぎり・みぇぎり 熊本県天草郡　＊もんじり 東京都三宅島

□を曲げる　＊あざゆい・あだゆい 鹿児島県喜界島　＊かじくる 岩手県二戸郡・気仙郡　＊こじくる 新潟県佐渡　高知県土佐郡　＊ごじぐる 秋田県雄勝郡　＊こしくれる 愛媛県宇和島　＊こじくれる 山梨県　＊こじける 青森県上北郡　岩手県気仙郡　秋田県山本郡・仙北郡　山形県東田川郡　岡山県阿哲郡　＊こちける 秋田県河辺郡　＊こんじける 秋田県「叱られるとこんんじける」　＊こんつける 秋田県南秋田郡・平鹿郡「叱るとこんつける」　＊へちょまく 青森県津軽　＊へんげーる 山梨県　＊へんげる 京都府竹野郡「いつもねんごろにしていたのに近頃はどうもへんげているようだ」　岡山県苫田郡「あいつがへんげてみい、箸にも棒にもかからんぞ」

つむじかぜ【旋風】　＊あがりかぜ 熊本県芦北郡　＊あらせ 香川県仲多度郡・三豊郡　＊あんかち 沖縄県石垣島　＊うず 新潟県中頸城郡　＊うずまき 香川県高松市　熊本県　＊うずまきかぜ 熊本県芦北郡　＊えーのー 大分県東国東郡・大分郡　＊おちあれ 新潟県佐渡・西頸城郡　＊おちかぜ 新潟県西頸城郡　三重県志摩郡　滋賀県彦根　＊おとし 香川県高見島「おとしが来る」　＊かざだま 三重県志摩郡　＊かざまき 鹿児島県奄美大島　＊かじまち 鹿児島県沖永良部島　沖縄県　＊かぜのたま 香川県広島「かぜのたまがきた」　＊かぜまき 鹿児島県屋久島・徳之島　＊かまきち（小旋風） 千葉県　＊ぐひんさんかぜ 兵庫県飾磨郡　＊ごんぼ 三重県志摩郡　＊しーじ 三重県三重郡　＊しまき（「し」は風の意） 岡山県真鍋島　熊本県阿蘇郡　宮崎県南那珂郡・東諸県郡　＊じゅじゅまき 熊本県阿蘇郡　＊すずかぜ 香川県仲多度郡・三豊郡　＊たつ 熊本県菊池郡　＊たつかぜ 山形県飽海郡　千葉県夷隅郡　大阪府浪花　熊本県阿蘇郡　＊たつまきかぜ 山口県向島　香川県瀬居島　＊つじ 東京都八丈島　＊つじかぜ 富山県砺波　岐阜県　三重県名賀郡　徳島県・美馬郡　香川県　愛媛県周桑郡　大分県大分市・大分郡　＊つしまき 鹿児島県・肝属郡　＊つじまき 島根県石見　福岡市　佐賀県藤津郡　長崎県南高来郡　熊本県　大分県　鹿児島県種子島　＊つじまきかぜ 佐賀県三養基郡　長崎県南高来郡　熊本県阿蘇郡・玉名郡　＊つちまいかぜ 大分市　＊つちまき 大分県大分郡　＊つまかぜ 愛媛県周桑郡　＊つまかぜ 愛媛県周桑郡　＊つりかぜ 香川県大川郡　愛媛県周桑郡　＊てんぐかぜ 三重県上野市　大阪市　香川県小豆島　愛媛県温泉郡・上浮穴郡　大分県　＊てんぐんかぜ 香川県　＊てんばかぜ 三重県阿山郡　＊どーまい・どーまいかぜ・どーまいこんこん 兵庫県加古郡　＊どーめんかぜ 熊本県天草郡　＊どまいかぜ 宮城県登米郡　＊とんぼかぜ 大分市　＊はじまち・はじむるし 鹿児島県沖永良部島　＊はやかぜ 大分県大分郡　＊はやて 三重県志摩郡　兵庫県淡路島　＊ふきあげかぜ 大分県大分郡　＊まーまーかぜ 岡山県小田郡　＊まーりかじ 沖縄県竹富島　＊まいかぜ 新潟県佐渡　三重県北部　京都府　大阪府大阪市・泉北郡　奈良県　山口県　徳島県　香川県綾歌郡・仲多度郡　愛媛県　長崎県南高来郡　熊本県天草郡　大分県　＊まいぎり 熊本県天草郡　＊まいまい 山口県大津島・山口市　香川県伊吹島　＊まいまいかぜ 富山県東礪波郡　愛知県中部　三重県北部　兵庫県氷上郡　奈良県宇陀郡・宇智郡　和歌山県新宮　島根県益田市　広島県　山口県　香川県　愛媛県　＊まいまいかで 島根県益田市　広島県走島・安芸郡　山口県大島　＊まかぜ 三重県伊賀　＊まきかじ 沖縄県石垣島・鳩間島　＊まきかぜ 岩手県和賀郡　山形県西置賜郡・西村山郡　栃木県芳賀郡　新潟県東蒲原郡・三島郡　静岡県磐田郡　愛知県北設楽郡　三重県上野市・名張市　島根県大田市　山口県祝島　長崎県南高来郡　熊本県宇土郡・天草郡　大分県中部　鹿児島県屋久島・奄美大島　＊まきはでぃ 鹿児島県与論島　＊まくじー 鹿児島県　＊まぜ 奈良県吉野郡　＊まっかぜ 山形県西置賜郡　＊まっかで 鹿児島県奄美大島　＊まわしかぜ 熊本県玉名郡　＊まわりかぜ 青森県南部　熊本県天草郡　＊まわるかぜ 長崎県南高来郡　＊みゃーぎりかぜ 長崎県南高来郡　＊みゃーみゃーかぜ 広島県芦品郡　＊みゃかぜ 長崎県南高来郡　熊本県球磨郡　＊やまじかぜ 香川県三豊郡　＊よいかぜ 大分県大分郡　＊わいた 香川県　愛媛県大島　＊わいたかぜ 香川県

つめ【爪】　＊おーむしずめ（長い形の爪） 島根県

美濃郡・益田市 *なら 北海道函館 *ばち 島根県隠岐島 *はみずめ(短くて横幅の広い爪) 島根県石見 *ひずめ(長い形の爪) 島根県隠岐島 *へびずめ(長い形の爪) 島根県美濃郡・仁多郡 *んーみ 沖縄県与那国島

つめたい【冷】 *いーか 長崎市 *いがらしか(身を刺すように風が冷たい) 長崎県北松浦郡 *かなしー(手が凍えて冷たい) 山形県米沢市「今日はかなしいな」 愛媛県今治市・大島 *きんきんつい(水などが澄んで、刺すように冷たい) 岩手県気仙郡「きんきんじい水っこ」 *さこい 青森県津軽・上北郡「滝の水はなんぼさけだが」 秋田県北部 *さっこい 青森県 岩手県九戸郡 *ししゃっこい 山形県東村山郡 *しびたい・すべたい 新潟県佐渡 *しぶたい 青森県津軽 *しみたい 岩手県九戸郡 秋田県鹿角郡 *しやかい 三重県志摩郡 *ちたい・ちったい 山形県米沢市 *つぃっかぐりゅん 鹿児島県徳之島 *ぬるい 奈良県吉野郡 *ばっくい 静岡県 *はっこ 山形県東田川郡・西田川郡 *はっこい 岩手県 宮城県登米郡・玉造郡 秋田県 山形県西置賜郡・庄内 新潟県 *ぴーぐるさーん 鹿児島県奄美大島 *ぴーさーん 沖縄県波照間島 *ぴーさん 沖縄県竹富島 *ぴーしやーん 沖縄県石垣島・新城島 *ぴーやーん 沖縄県鳩間島 *ぴーやん 沖縄県黒島 *ひぐるさん 鹿児島県奄美大島 沖縄県島尻郡 *ひずるさん 鹿児島県沖永良部島・与論島 沖縄県首里市・那覇市 *ひゃー 岡山県児島郡 *ひやー 大分県西国東郡 *ひゃーかい 三重県北牟婁郡 *ひやい 岐阜県大野郡 島根県鹿足郡 広島県 山口県・都濃郡「かみずき(紙漉)ちゅーやつが、いよいよひやい商売ののー」 徳島県 香川県三豊郡・木田郡 高知市 長崎県壱岐島 宮崎県西諸県郡 *ひやかい 三重県 和歌山県 *ひやくい 和歌山県 *ひやけい 群馬県多野郡 *ひゃっけ 福島県福島市・大沼郡 千葉県夷隅郡 *ひゃっこけ 東京都八丈島 *ぴんぐらはーん 沖縄県小浜島 *ぴんぐるさーん 沖縄県石垣島・新城島 *ふぃじゅるさん 沖縄県中頭郡・首里 *ふぃつぃんたい・ふぃらぎゃん・ふぃらぎんたい 沖縄県与那国島 *ふぃぬっさん・びゆるさい 鹿児島県喜界島

つや【通夜】 *おとぎ 山梨県南巨摩郡 長野県諏訪 愛知県北設楽郡 長崎県南高来郡 *おどめき 長崎県壱岐島 *とーぎ 山形県西置賜郡 岐阜県飛驒 兵庫県淡路島 *とぎ 東京都八丈島 山梨県南巨摩郡 長野県諏訪・下伊那郡 岐阜県飛驒「とぎみまい(通夜の見舞い)」 愛知県北設楽郡 滋賀県彦根 京都府竹野郡 和歌山県東牟婁郡「ばんに、とぎするんかいのー(晩にお通夜するのかね)」 島根県 岡山県・苫田郡 広島県芦品郡・高田郡 徳島県 香川県大川郡 佐賀県唐津・藤津郡 長崎県南高来郡 熊本県天草郡 *ないとーぎ・びょーにんとぎ(死者をまだ病人として看護する内輪の通夜) 岐阜県飛驒 *ねんぶつ 新潟県東蒲原郡 *ねんぶつもーし 石川県輪島市 *ほとけまぶり 茨城県多賀郡 *ゆーとぅじ 沖縄県首里 *よあかし 熊本県阿蘇郡・天草郡 *よおき 鹿児島県薩摩 *よごめ 東京都八丈島 *よずえ 徳島県三好郡 *よずめ 青森県上北郡 岩手県下閉伊郡 秋田県鹿角郡 *よとき 熊本県 *よとぎ 群馬県佐波郡 東京都八丈島 新潟県 富山県砺波・東礪波郡 福井県坂井郡 山梨県南巨摩郡 岐阜県飛驒 愛知県尾張 三重県松阪市・志摩郡 滋賀県彦根 京都市 大阪府大阪市・泉北郡 兵庫県神戸市 奈良県北葛城郡 和歌山県 鳥取県西伯郡 島根県 広島県高田郡 山口県 香川県 高知県 長崎県南高来郡 熊本県 大分県 宮崎県児湯郡・西臼杵郡 *よとも 静岡県榛原郡・川根 *よとん 富山県砺波

つゆ【梅雨】 *うめしぐれ 鹿児島県肝属郡 *くろみ 徳島県板野郡 香川県大川郡「よう、くろみがするでないか」 *ごがつながせ(「ながせ」は梅雨の意) 愛媛県周桑郡 *さずい 新潟県 *さぜ・さぜー 新潟県上越 *さぞい・たうえさずい 新潟県佐渡 *さんずい 富山県 *じあめ 岡山県児島郡 *しけ 千葉県印旛郡 岐阜県恵那郡 愛知県愛知郡・碧海郡 *しぶーた・しぶくた 東京都大島 *じぶり 岡山県児島郡 *たうえあめ 島根県美濃郡・益田市 *ちそい・つそい 大分県大分郡 *ついじ 三重県名賀郡 *ついり(「つゆいり」の転) 東京都利島・新島 神奈川県中郡 福井県 岐阜県 愛知県「ついりはじめじめして嫌だなも」 三重県北部 奈良県吉野郡 和歌山県西牟婁郡 *ついれ 岐阜県飛驒 *つゆり 三重県志摩郡 和歌山県牟婁 *ながあーみ 沖縄県竹富島・鳩間島・与那国島 *ながあみ 鹿児島県沖永良部島 沖縄県 *ながあめ 鹿児島県日置郡 *ながい 鹿児島県肝属郡 *ながさあめ 静岡県庵原郡 *ながさめ 香川県綾歌郡 *ながし 徳島県美馬郡 高知市 長崎県 熊本県 大分県 宮崎県 鹿児島県 *ながした 鹿児島県 *ながしどん・ながしんあめ 熊本県天草郡 *ながす 鹿児島県種子島・徳之島 *ながせ 徳島県 香川県「今年のながせはしとつも(まったく)雨が降らんのう」 愛媛県 高知県 福岡県朝倉郡 佐賀県 長崎県対馬・南高来郡 熊本県 大分県 宮崎県延岡・西臼杵郡 *ながせあめ 熊本県阿蘇郡 大分県 *ながせつゆ 徳島県 *ながせんあめ 熊本県阿蘇郡 *ながみ 鹿児島県沖永良部島・与論島 *なげし 大分県大分郡・北海部郡 *はえ 三重県志摩郡 *ぼーすーあみ 沖縄県中頭郡 *ゆーどぅん・ゆーどぅんあーみ・ゆーどぅんあみ 沖縄県石垣島 *ゆどぅあみ 沖縄県波照間島 *ゆどぅんあーみ 沖縄県石垣島・新城島 *ゆどぅんあみ 沖縄県石垣島・黒島 竹富島・鳩間島・波照間島 *ゆんどぅん 沖縄県小浜島

つゆ【露】 *おーざる(夜遅くなってから、草の葉の先にたまる露。夕方の露は「こざる」と言う) 静岡県磐田郡・安倍郡 *こざる(夕方、草の

葉の先にたまる露。もっと遅くなってからたまる露「おーざる」に対する語）静岡県 *こだま（稲の葉の露）静岡県安倍郡 *さるこ（稲の葉の露）千葉県香取郡 *すー 沖縄県鳩間島 *ち 鹿児島県「ちがうつ（露がおく）」 *つゆぎ 岐阜県飛驒 *つゆり 和歌山県東牟婁郡「つゆりおりてる」 *みずしも（まだ霜の形をなさない冷たい露。初冬のもの）群馬県佐波郡 *ゆーすー 沖縄県波照間島

つゆくさ【露草】 *あいつけばな 島根県那賀郡 *あいばな 大分県大分郡 *あおばな 山口県佐波郡 香川県東部 *あけじぱ 山形県西置賜郡 *あけつぐさ 岩手県南部 *あけつばな 岩手県上閉伊郡 *あさくさ 山口県豊浦郡 *あさこばな 長崎県諫早市 *あっけぐさ 山形県北村山郡 *あとのさま 山口県大島 *あほーばな 山口県吉敷郡 *あみくさ 和歌山県日高郡 *いくばな 山形県西田川郡 *いもくさ 山口県玖珂郡 *いんきくさ 香川県三豊郡 *いんきぐさ 群馬県勢多郡・山田郡 長野県佐久郡 和歌山県日高郡 山口県 *いんきのはな 山口県大津郡 *いんきばな 山形県 新潟県東蒲原郡 静岡県 三重県名賀郡 山口県都濃郡 *いんくぐさ 長野県佐久 *うでこき 東京都三宅島・御蔵島 *えんどぐさ 兵庫県津名郡 *おやのめつぶし 奈良県南葛城郡 *おんどりぐさ 奈良県宇陀郡 *かえるぐさ 島根県江津市・仁多郡 *がしゃがしゃのはな 山口県阿武郡 *かしわ 愛媛県周桑郡 *かしわぐさ 山口県熊毛郡 *かしわのはな 山口県佐波郡 *かたぐろ 新潟県佐渡 *がちゃがちゃばな 千葉県夷隅郡 *かっかこばな 鹿児島県日置郡 *かっけこ 鹿児島県阿久根市 *かまぐさ 香川県 愛媛県周桑郡 高知県 *かまずか 島根県邇摩郡 広島県比婆郡 高知県 *かまちこ 香川県 *かまつか 島根県 岡山県岡山市・邑久郡 広島県 徳島県三好郡・美馬郡 香川県小豆島 愛媛県 *かみそめばな 長野県佐久 *かめがら 島根県 *からすぐさ 静岡県富士郡 *からすのはな 長野県北佐久郡 *きーきーぐち 三重県志摩郡 *ぎーすぐさ 岡山県 *ぎーすそー 静岡県 *ぎすぐさ 三重県北牟婁郡 兵庫県赤穂郡 和歌山県東牟婁郡 鳥取県西伯郡 *ぎっちょぐさ 愛知県知多郡 *ぎりすぐさ 奈良県南部 *ぎりすばな 三重県 奈良県南部 *ぎんぎりすぐさ 香川県 *くつわばな 和歌山県西牟婁郡 *けけこーろー 愛媛県周桑郡 *こうめぐさ 山口県大津郡 *こーかみ 富山県西礪波郡 *こーやぐさ 富山県砺波 *こーやのおかた 富山県・射水郡・西礪波郡 *こかこ 大阪府豊能郡 奈良県生駒市・大和郡山市 *こけこっこ 奈良県南葛城郡 和歌山県伊都郡 *こけこっこー・こけこのはな 奈良県 *こけこっこのくさ 奈良県桜井市 *こけこっこばな 奈良県宇陀郡・磯城郡 和歌山県伊都郡 *こめぐさ 愛媛県伊予郡・周桑郡 *さねこばな 秋田県 *じーばば 福岡県田川郡 *しばもちぐさ（花の形が「しばもち」に似ているところから）愛媛県周桑郡・北宇和郡 *しゅーとばな 大阪府泉北郡 *じろんべたろんべ 福井県坂井郡 *すすむしくさ 鹿児島県 *すずむしぐさ 鹿児島県・揖宿郡 *すずむしそー 鹿児島市 *そめこばな 山形県北村山郡 *だぶりぐさ・とんぼそー 秋田県北秋田郡 *たわらぐさ 香川県・三豊郡 *だんぶりぐさ 秋田県・鹿角郡 *だんぺはれぐさ 山形県西村山郡 *たんみー 鹿児島県喜界島 *ちぐさ 奈良県 鹿児島県日置郡 *ちょーちょーばな 新潟県佐渡 島根県石見 長崎県東彼杵郡 *ちょーちょーばんばん 長崎県北松浦郡 *ちょっちょばな 静岡県 *ちょんちょりんぐさ 鹿児島県揖宿郡 *ちょんちょりんのは 鹿児島県鹿屋市 *ちょんちょろいんぐさ・ちんちりんぐさ 鹿児島県肝属郡 *ちょんちりんぐさ・ちんちょろりんぐさ 鹿児島県姶良郡 *ちんちろいそー 三重県志摩郡 *ちんちろぐさ（マツムシをこの草で飼うところから）和歌山県東牟婁郡 宮崎県東諸県郡・児湯郡 鹿児島県薩摩郡・肝属郡 *ちんちろばな 長崎県壱岐島 *ちんちろりんぐさ 長崎県五島 鹿児島県 *つきくさ 新潟県 鹿児島県揖宿郡 *つぼくさ 秋田県 *つゆもり 島根県那賀郡 山口県阿武郡 *てんぐさ 新潟県 *とーたび 鹿児島県奄美大島 *ところてん 群馬県山田郡 *ところてんぐさ 栃木県塩谷郡 *とっとこばな 新潟県 *とてこっこぐさ 福岡県柳川市 *とてこっこばな 長野県下伊那郡 岐阜県飛驒 *とてっぽっぽ 佐賀県藤津郡 *どぶりくさ 秋田県雄勝郡 *どんくぐさ 熊本県天草郡 鹿児島県出水市 *どんこばな 長崎県島原 鹿児島県甑島 *どんとぐさ 熊本県天草郡 *どんばぐさ 島根県隠岐島 *とんぷぐさ 長野県佐久 *とんぼぐさ 山形県庄内・東村山郡 群馬県利根郡 新潟県・東蒲原郡 長野県佐久 岐阜県飛驒 静岡県・志太郡 京都府何鹿郡 *どんぽぐさ 長野県諏訪・上伊那郡 *どんぼくさ 長野県下水内郡 *どんぼぐさ 新潟県西蒲原郡 京都府竹野郡 *とんぼげさ 群馬県多野郡 *ながら 埼玉県秩父郡 *なんかだね・なんからだ・なんかんだら 鹿児島県奄美大島 *にわとりぐさ 愛媛県周桑郡 *にわとりのたまご 山口県阿武郡 *ねこのはながら 宮城県登米郡 *ねこのはなくら 宮城県仙台市・志田郡 *ねこのべべ 青森県津軽 *はたかり 山口県 *ばっぽーぐさ 大分県北海部郡 *ばっぽぐさ（小児語）愛媛県北宇和郡 *はとぽっぽ 徳島県那賀郡 *はとぽっぽぐさ 福岡県柳川市 *はながら 群馬県勢多郡 埼玉県入間郡・秩父郡 千葉県印旛郡 東京都八王子 新潟県佐渡 山梨県南巨摩郡 長野県下伊那郡・佐久 静岡県 島根県隠岐島 山口県豊浦郡・大島 福岡県田川郡 長崎県対馬 熊本県 大分県速見郡・直入郡 鹿児島県甑島・硫黄島 *はなだ 山口県豊浦郡 *ひーかり・ひかり 和歌山県東牟婁郡 *ひーるぐさ 岡山県吉備郡 *ひぐらし 岩手県上閉伊郡 *ひょたいきょばな 鹿児島県 *びんつけ 島根県

益田市 *びんつけぐさ 島根県美濃郡・益田市 *びんつけばな 島根県石見 長崎県壱岐島 *べべっちょばな 長野県佐久 *ぼーしばな 三重県山口県大島 鹿児島県大口市 *ほーたるぐさ 千葉県印旛郡 静岡県富士郡 *ほーたるこぐさ 富山県東礪波郡 *ほーたれこ 鹿児島県川内市 *ほーたろぐさ 長野県佐久 三重県志摩郡・宇治山田市 *ほーたろばな 千葉県夷隅郡 長野県下伊那郡 *ほーろぎぐさ・ほたるき 三重県志摩郡 *ほたるくさ 福岡市 *ほたるぐさ 山形県飽海郡 埼玉県秩父郡 千葉県 新潟県 福井県敦賀郡 長野県佐久 静岡県 三重県志摩郡・名賀郡 京都市 奈良県吉野郡 和歌山県 島根県鹿足郡 山口県 愛媛県周桑郡 福岡県小倉市 長崎県諫早市 熊本県八代郡 大分県大分郡・大分市 鹿児島県鹿児島市・枕崎市 *ほたれこぐさ・ほたれこばな 鹿児島県薩摩郡 *ほたろぐさ 茨城県 千葉県東葛城郡 奈良県 *ほったろばな 岐阜県恵那郡 *ほととぎす 山口県美祢郡 *まんじゅ 山口県大島 *まんじゅーぐさ 大分県大野郡 *まんじゅぐさ 熊本県玉名郡・上益城郡 *まんじゅばな 熊本県玉名郡 *むぎくさ 愛媛県周桑郡 *むらさきぐさ 香川県・仲多度郡 *めぐすりばな 新潟県佐渡 *めひかい 鹿児島県枕崎市 *もちつきそー 山口県豊浦郡 *よめぐさ 長野県佐久 *よめはんぐさ 香川県東部 *よめはんばな 愛媛県周桑郡

つよい【強】 *いかつい 神奈川県逗子市 三重県志摩郡・度会郡 *いしこい 岩手県気仙郡「いしこいがぎだ(じょうぶな子供だ)」 福島県相馬郡

兵庫県加古郡 *いびこい 三重県志摩郡 *うみちっとぅ 沖縄県首里 *うるさい 高知県「うるさい角力」・高知市「なかなかうるさい奴じゃ」 *おまく 香川県伊吹島 *がしょーき 群馬県山田郡・佐波郡 埼玉県大里郡 千葉県東葛飾郡「がしょうきに寒い」 *がしょーぎ・がじょーぎ 千葉県「がしょーぎに働く」 *がしょき 千葉県印旛郡 *がしょぎ 千葉県夷隅郡・長生郡 *がっちょい 富山県・富山市近在 *がんじゅけ 鹿児島県・肝属郡 *がんじょい 富山県「がんじょい女だ」 *ぎゅーつく 静岡県志太郡「ぎゅーつくしめる」 *ぎゅーなし 三重県志摩郡 *ぎりっと 山形県米沢市「ぎりっと叱っておぐ」 *げーん 山形県庄内「げーん叩く」 *こーばしー 宮城県玉造郡 *ごつい 福井県「ごつい風でいかい松の木が二本もこけた」 長野県佐久 滋賀県蒲生郡・高島郡 京都府 大阪市 島根県石見・隠岐島「ごつい男」 岡山県備中 広島県比婆郡・高田郡 山口県 徳島県「彼奴はごつい男じゃ」 香川県・高松市 *ごっつい 石川県珠洲郡 *こひどーに・こふどーに・こふどに 島根県「綱をこひどーに引張れ」 *しない 青森県「下駄さ皮緒たでだきゃ(立てたら)、じんぶしなぇでぁ(ずいぶん強いよ)」 岩手県気仙郡 秋田県鹿角郡 *しなこい 新潟県下越 *しゃちぽい 滋賀県蒲生郡 *しゅーさん 沖縄県竹富島 *すーさん 沖縄県与那国島 *すーわん 沖縄県鳩間島・黒島 *ずない 群馬県吾妻郡 神奈川県 山梨県・北都留郡 静岡県「あの人はずねー」 *すねこい 愛知県名古屋市「中々すねこい相手だ」 *ずんない 山形県東田川郡 静岡県「あのおんなーづーんなぇーさ(あの女はとても気が強いよ)」 *たっちぇー 山形県東田川郡 *ちっとぅ 沖縄県首里 *ちょーはーん 沖縄県小浜島 *つぽい 広島県賀茂郡 *はっつぇ・はっつろえ 山形県最上郡「はっつろえ奴だ」 *ひずよー 岐阜県恵那郡 *ひどい 香川県「そんなひどい人ではない筈じゃ」 *むくろん 鹿児島県大隅 *むしょー 島根県那賀郡 *むっしょい・もっしょい 鹿児島県 *むっしょん 宮崎県都城 鹿児島県・肝属郡「むっしょん打った」 *もくろい 鹿児島県薩摩 *やーけ・やけ 岐阜県飛驒「やけに押えてくれ(強く押さえてくれ)」 *よりよー 島根県益田市「風がよりよー吹いて瓦を飛ばした」

□さま *あぐだ 青森県 *あっぱら・あばら 新潟県中魚沼郡 *いね 鹿児島県「いねひと(勇ましい人)」 *かーい 和歌山県東牟婁郡 *かい 奈良県吉野郡 *がい 新潟県「がいなかばんだ」 富山県下新川郡 三重県志摩郡 京都府 兵庫県明石郡 奈良県吉野郡 和歌山県 鳥取県気高郡・岩美郡 島根県「せいは低いが、がいな人だ」 岡山県「あの男は一升飲んでけろっとしとる。がいなもんじゃ」 広島県 徳島県「主人が死んでも、がいにかかれば出来るもんじゃ」 香川県「あいつ、がいなんぞ」 愛媛県 *がいもん 新潟県・三島郡 香川県 *がえー 岡山県苫田郡・上道郡 *がつすえー 大分県日田郡 *ぎゃ 長崎県五島「ぎゃにある(力の強い)」 *ぎゃー 埼玉県入間郡 新潟県佐渡 兵庫県但馬 岡山県備中北部 宮崎県西臼杵郡 *げー 山形県庄内「げーもんだ」 群馬県 新潟県 富山県「げーなやつ」 長野県 大分県玖珠郡 *げもん 山形県東田川郡・庄内「この子はげもんな子で」 *こって 奈良県南大和 *ずなし 静岡県「おまへはずなしだよ」 *ばんざく 岩手県気仙郡「ばんざくな細工」

□人 *がいもん 新潟県・三島郡 香川県 *きせもの・きせもん 青森県三戸郡 *ぎょーもん 長崎県五島 *くせもの 青森県三戸郡「くせもんだすけあ、その大きい本を持って来てくろ」・南部 岩手県九戸郡 *げもん 山形県東田川郡「げもんだ、泣くな泣くな」・庄内 *ごーけ 岩手県九戸郡 *ごーてき 愛媛県周桑郡 *ちゅーばー 沖縄県首里

つらい【辛】 *あせない 岐阜県飛驒「子供が多いもんやであせない目にあう」 *いどない 青森県三戸郡「この新らしい家を一度も見せないで死んだと思うといどない」 *うい 東京都三宅島「ういよー(つらいよ)」 福井県丹生郡 岐阜県郡上郡 静岡県「この仕事はういなー」 愛知県北設楽郡・名古屋市 滋賀県 *うだだい 千葉県山武郡 *うた

てー滋賀県彦根・甲賀郡 *うたでー千葉県東北部・海上郡 *うだでー千葉県匝瑳郡 *うるさい高知県・高知市「貧乏で子供をうるさい目にあわせました」 *えずい(疲れがひどくてつらい)滋賀県滋賀郡 *えずらしー高知県・高知市「いじめられてえずらしい思をした」 *おたてー愛媛県大三島 *おとましー静岡県「そんなに借金ばかりじゃおとましいだらう」 *かなしー愛知県 島根県隠岐島「一日働いてかなしい」 香川県広島 *かなしけ東京都八丈島 *きしか鹿児島県・鹿児島郡・揖宿郡 *きじめたい岩手県 *きすい島根県鹿足郡 宮崎県西諸県郡 鹿児島県・鹿児島郡・揖宿郡 *きち熊本県玉名郡 宮崎県西諸県郡 鹿児島県 *きつい山形県西置賜郡 石川県鹿島郡 奈良県 島根県 愛媛県 福岡県「あぁきつ(ああ疲れた)」 佐賀県「百姓はきつか」 長崎県「病気が重くてきつぃ」 熊本県 大分県 宮崎県西諸県郡・西臼杵郡 鹿児島県・揖宿郡・口之永良部島 *こはい群馬県群馬郡・山田郡 愛媛県西宇和郡 *こわい青森県津軽 山形県「あんまり急いだばこゑー(疲れて苦しい)」 茨城県稲敷郡 群馬県群馬郡 東京都八丈島「こわきゃーていっても(つらいと言っても)」 新潟県「びんぼうしてさんざんこわいめにあった」 富山県砺波「こわいことに逢うて子供を育てて来た」 石川県能美郡 福井県 山梨県南巨摩郡 岐阜県北部 静岡県「押されてこわかった」 和歌山県 島根県 広島県三次市 愛媛県 大分県大野郡「この仕事あこうゑー」 宮崎県都城 鹿児島県「びんぶをしてこえこつぢゃ」 *じさい富山県西礪波郡 *じちない岩手県気仙郡 *じつない島根県八束郡「子供が病気でじつなてたまらん」 *じつねー群馬県利根郡 *しゃこい茨城県稲敷郡「しゃこい目(つらい目)」 *じゅつない三重県志摩郡 大阪市 福岡県久留米市 長崎県 宮崎県宮崎郡 鹿児島県 *しんだい徳島県 *しんどい石川県能美郡 福井県 岐阜県本巣郡 三重県 滋賀県彦根 京都府宇治郡 大阪市 兵庫県多紀郡 奈良県 和歌山県 鳥取市 岡山県阿哲郡・児島郡 広島県 香川県 愛媛県温泉郡 鹿児島県 *しんどいー・しんどーい島根県石見「あんまり働あたけーしんどいー」 *しんのい新潟県中越 *すずない島根県隠岐島 *ずすない島根県 *ずずない栃木県東部 *ずつない栃木県芳賀郡 福井県遠敷郡 長野県南部 岐阜県 愛知県「大へんづつない」 三重県 滋賀県 京都府 大阪市 兵庫県「ずつないめして子供を育てる」 奈良県南大和 和歌山県 岡山県苫田郡 徳島県 香川県 愛媛県・松山 高知県「不幸つづきで、いろいろ考へて居るとずつない」・幡多郡 長崎県南高来郡・対馬 熊本県 大分県 宮崎県延岡市 鹿児島県 *ずっね鹿児島県鹿児島郡 *ずつのい愛知県 *せーせない鹿児島県鹿児島郡 *せーつね長野県西筑摩郡「さーぶいときせーつねな(寒い時は辛いなあ)」 *せーない静岡県「押されてせーない」 *せこい岡山県小田郡 徳島県「山登りはせこい」 香川県 愛媛県 高知県「今日中にはなかなかせこいのー」 *せしー岡山県真庭郡 *せち・せつ島根県出雲「せちてえけん」 *せちー島根県出雲 熊本県阿蘇郡 大分県 宮崎県 *せちない三重県度会郡 *せつい鳥取県西伯郡 島根県「生活がせつい」 岡山市「せついて息がつまる様な」 広島県「急な坂を登ったけー(ので)せつぃー」

大分県日田郡(中流以下)「あーせつぃー」・大分郡 宮崎県 *せっちぇ岡山市 *せつつい広島県比婆郡 *せっない・せっね鹿児島県 *せつない青森県「せつない時の神だのみ」 岩手県 秋田県 山形県「せつねーめーした」 福島県 栃木県芳賀郡 群馬県吾妻郡 埼玉県秩父郡 東京都南多摩郡・利島 神奈川県中郡 新潟県「子供の病気がなおらんでせつなえ」 石川県鹿島郡 長野県 静岡県「風邪がせつない」 三重県志摩郡・員弁郡 島根県「どーも身体がせつない」 広島県高田郡

山口県「あの時ほどせつないことはなかった」 徳島県 長崎県 熊本県玉名郡「黙ってこらえとった、せつなか」 鹿児島県 *せつらない山形県庄内 *せんなー広島県大崎上島 山口県 *せんない島根県「せんない仕事をして来た」 広島県高田郡 山口県「ご亭主は死ぬるし子供は病気、なんというせんないことぢゃらう」 *たいぎー広島県能美島・安芸郡 山口県大島 香川県 愛媛県 *たいそい新潟県佐渡 石川県・金沢 高知県「いまーたいそいきにほんなこたえーせん」 *たいそーか鹿児島県種子島 *たるい岐阜県益田郡 *ちきない(体がつらい)石川県 *てーすい・てーそい新潟県佐渡「てぇそうて、行かれん」 *てきー(体がつらい。小児語)岐阜県郡上郡「坊やどこかてきーかよ」 *てきない(体がつらい)山形県庄内 新潟県・佐渡(頭痛に言うことが多い) 富山県「身体がてきなうて仕事ができぬ」 石川県 福井県 長野県 岐阜県 滋賀県高島郡 京都府 *てけない(体がつらい)富山県 *てせ宮崎県西諸県郡 鹿児島県・鹿児島市 *てそか鹿児島県 *なさけない三重県伊賀 大阪市 和歌山県 岡山県真庭郡 広島県比婆郡・安芸郡 香川県伊吹島 *なんぎー新潟県岩船郡 鹿児島県硫黄島 *ぬさーん熊本県下益城郡 宮崎県都城 鹿児島県喜界島 *のしー(分に過ぎた仕事などでつらい)高知県「あの男にゃのしいぜ」 *ひで石川県能美郡 *ひどい岩手県「ひどい問題だ」 *へつない青森県 *みじぇみたい山形県北村山郡・最上郡 *みじぇめたえ山形県北村山郡「あんどぎくらえ みじぇめたえ思えしたごとなえ(あの時くらい悲惨な思いをしたことはない)」 *めじぇめたえ山形県西村山郡・最上郡 *ものい富山県・東礪波郡・砺波 石川県 *ものうい富山県 *ものごい福井県 *やにこい広島県 *やねこい島根県那賀郡 広島県 *よだきー大分県大分郡・北海部郡 宮崎県宮崎郡・西臼杵郡 *わるい奈良県吉野郡

つらら【氷柱】 *あまだね・あまだり 新潟県佐渡 *あまだれ 福島県安達郡 新潟県佐渡 長野県 *あまだれぼー 長野県上伊那郡 *あまんだれ 長野県・上田・佐久 *あまんぼ 福島県中部・南部 埼玉県秩父郡 *あまんぼー 埼玉県秩父郡 山梨県 *あまんぼち 長野県東筑摩郡・佐久 *あめんだら 長野県佐久 *あめんだれ 長野県上田 *あめんぼ 栃木県河内郡 埼玉県北足立郡・入間郡 千葉県山武郡 新潟県佐渡 長野県 *あめんぼー 茨城県 栃木県「屋根にあめんぼうが下った」 群馬県 埼玉県 千葉県山武郡・千葉郡 東京都 神奈川県高座郡・足柄上郡 新潟県佐渡 山梨県 長野県上伊那郡(幼児語)・諏訪 *あめんぼー 長野県東筑摩郡 *あめんぼろ 新潟県佐渡 *あもーだれ 長野県南佐久郡 *あもーち・あもだれ 長野県諏訪 *いけなんりょー 福井県遠敷郡 *うったつ 静岡県周智郡 *おだれ 熊本県菊池郡・玉名郡 *おんだら 滋賀県蒲生郡 *かなくい 熊本県球磨郡 *かなご 岐阜県「こんな位のかなごさがって」 *かなこーり 山形県 福島県 新潟県 鳥取県八頭郡 島根県鹿足郡 広島県 *かなごーり 愛知県海部郡「かなごほり取らう」 *かなこり 山形県 福島県会津若松市 新潟県・東蒲原郡 三重県飯南郡 *かなごり 三重県松阪 *かなっくーり 福島県会津 *かなっこーり 群馬県多野郡 長野県 *かなっこり 長野県下水内郡 *かなんこーり 山形県西置賜郡・南置賜郡 長野県北安曇郡 *かなんこり 山形県 *かなんこりん・からんこり 山形県南置賜郡 *かなんぼ 群馬県山田郡 三重県 *かなんぼー 栃木県 群馬県邑楽郡 埼玉県 三重県桑名市 *かねこーり 新潟県 長野県北安曇郡 岐阜県郡上郡・飛騨 鳥取県八頭郡・日野郡 島根県 広島県 大分県大分郡 *かねこり 新潟県 岐阜県 島根県大原郡 広島県比婆郡 *かねころ 富山県 *かねっくり 長野県下高井郡 *かねっこーり 新潟県 長野県 *かねっこり 新潟県 *かねんくり 新潟県中頸城郡 *かねんこり 新潟県中蒲原郡・中頸城郡 *がまだれ 石川県能美郡 *がら 秋田県河辺郡 *からっぱち 新潟県佐渡 *からんこ 福島県会津 *からんこりん 山形県南置賜郡・米沢市 *かれんぼ 新潟県佐渡 *かんけろ 山形県東置賜郡 *かんこーり 新潟県佐渡 長野県北安曇郡 鳥取県岩美郡 広島県 愛媛県 *かんこり 北海道余市 千葉県夷隅郡 *かんごり 新潟県佐渡 *かんころ 東京都三宅島 *がんじょー 島根県邑智郡 *かんため・かんたれ 熊本県上益城郡 *かんだら 熊本県下益城郡 *かんだれ 熊本県阿蘇郡・上益城郡 *がんだれ 熊本県阿蘇郡 *きだら 広島県走島 *きらら 広島県高田郡 *ぎらら 広島県備後 *ぎららん 広島県御調郡 *くらら 高知県高知市・長岡郡 *げー 東京都御蔵島 *こーり 山形県 福島県信夫郡 新潟県佐渡 長野県 静岡県磐田郡 滋賀県高島郡 広島県比婆郡 *こーりごんぼー 滋賀県坂田郡 *こーりちんぼ 長野県・下伊那郡 *こーりばしら 群馬県勢多郡 千葉県長生郡 新潟県佐渡 *こーりんぼ 栃木県 群馬県佐波郡 神奈川県 長野県 静岡県駿東郡 *こーりんぼー 群馬県多野郡・勢多郡 埼玉県秩父郡 神奈川県 長野県上伊那郡・小県郡 新潟県北魚沼郡 *こごりばしら 三重県伊賀 *こだれこん 石川県珠洲郡 *こり 山形県東置賜郡 *ごり・ごりんぼ 富山県東礪波郡 *こりだち 奈良県吉野郡 *こんごろけ 滋賀県高島郡 *さい 島根県出雲・隠岐島 *さいごんぼ・さえご・さや・しゃーが・しゃが 島根県八束郡 *さいさい・ざえ 島根県簸川郡 *さいぼ・さいぼー 島根県八束郡・簸川郡 *さがいごい・さがりごり 熊本県球磨郡 *さがりがんくり・さがりかんこーり 千葉県夷隅郡 *さがりこーり 千葉県夷隅郡 広島県沼隈郡 愛媛県東宇和郡・伯方島 *さがりごーり 千葉県長生郡 愛媛県伯方島 *さがりんぼ 福島県東白川郡・西白河郡 *さがんぼ 福島県 茨城県久慈郡 栃木県 三重県桑名市 *さがんぽ 栃木県那須郡 *さがんぼー 福島県安達郡 茨城県那珂郡 *さんがりごーり 千葉県長生郡 *さんがんぽ 茨城県久慈郡 *しーしんぼー 長崎県壱岐島 *しが 北海道 青森県 山形県 福島県 茨城県 新潟県岩船郡 *しがうま 秋田県山本郡 *しがぼろ 山形県庄内 *しがま 青森県・津軽 秋田県山本郡 *しがんぼー 栃木県大田原市・芳賀郡 *ししっぽ 石川県鳳至郡 *しまる 山口県阿武郡 *しみ 山形県西田川郡 *しみさい 島根県邇摩郡 *しみざい 広島県「しみざいがさがる」 *しみだれ 新潟県佐渡 広島県甲奴郡 *しみだれごんぼー 新潟県佐渡 *しみんざい 広島県高田郡 *しもだれ・そだれ 熊本県天草郡 *しもばした 鹿児島県揖宿郡 *しゃーら・せー・せーご・せーのさがり 島根県隠岐島 *しゃご 鳥取県西伯郡 島根県八束郡 *しんかんごーり 島根県邇摩郡 *しんざ 島根県那賀郡 *しんざい 鳥取県西伯郡・日野郡 島根県 広島県 *しんざえ 鳥取県西伯郡 島根県出雲 *しんだい 島根県那賀郡・邇摩郡 *すが 北海道小樽・余市 青森県 岩手県和賀郡 秋田県 山形県 *すがばしら 山形県酒田・西田川郡 *すがま 青森県津軽 秋田県鹿角郡 *すぐり 福島県会津「ああすぐり下ったぞ」 長野県 *すぐりんぼ・すんぐり 長野県 *すぐりんぼー 長野県上田 *すぐれんぼー・すくんだれ・すぐんだれ 長野県東筑摩郡 *すごり 福島県耶麻郡 *すず 広島県江田島 *すだだれ 熊本県球磨郡 *すだれ 熊本県菊池郡 *すばる 広島県佐伯郡 *すまる 広島県佐伯郡 山口県 *せんろっぽ 静岡県賀茂郡・田方郡 *たちごーり 静岡県浜名郡・引佐郡 *たっぺ 埼玉県秩父 神奈川県 *たっぺー 千葉県東葛飾郡 *たてこ 三重県鳥羽市 *たのき・たらゆき 山形県東田川郡 *たのし・たるじ・たるり 新潟県佐渡 *たのみ 熊本県天草郡 *たのん 佐賀県 *たら 山形県飽海郡

＊たらし 新潟県佐渡　熊本県天草郡 ＊たらひ 岩手県気仙郡 ＊たらみ 佐賀県藤津郡 ＊たらめ 佐賀県小城郡 ＊たらよき 山形県西田川郡 ＊だらり・たらりん・たられ・たらんばち・たらんぱち 新潟県佐渡 ＊たらんぼ 千葉県印旛郡・東葛飾郡 ＊たらんぼー 千葉県東葛飾郡 ＊だらんぼー・たりんぼー 新潟県佐渡 ＊たりご 山形県酒田市・飽海郡 ＊たりひ 福島県 ＊たりんこ 石川県珠洲郡　福井県足羽郡 ＊たるい・たるいのごんぼー・たるひごんぼー・たるひんごんぼー 新潟県佐渡 ＊たるき 山形県庄内　新潟県佐渡　石川県加賀　福井県　熊本県天草郡 ＊たるぎ 山形県庄内　新潟県佐渡 ＊たるし 岩手県北上市・和賀郡　新潟県佐渡 ＊たるひ 岩手県　宮城県玉造郡・仙台市　福島県北部・福島市　東京都八王子　新潟県佐渡　三重県阿山郡　佐賀県 ＊たるまま 岐阜県恵那郡 ＊たるみ 佐賀県　長崎県 ＊たれこ 石川県鳳至郡 ＊たれご 山形県酒田市・飽海郡 ＊たれごーり 静岡県浜名郡 ＊たれこん 石川県珠洲郡 ＊たれし 熊本県天草郡 ＊たれす 熊本県球磨郡 ＊たれひ 福島県北部　熊本県球磨郡 ＊たれぼー・たれんぼ・だれんぼ・たれんぼー・たれんぽー 新潟県佐渡 ＊たれみ 長崎県 ＊たれんこ 山形県飽海郡　石川県珠洲郡 ＊たれんごんげん 新潟県佐渡 ＊たろいし・たろーひげ 新潟県佐渡 ＊たろき 石川県加賀郡　熊本県天草郡 ＊たろぎ 山形県東田川郡・飽海郡　新潟県佐渡 ＊たろげ 山形県東田川郡・西田川郡 ＊たろし 岩手県岩手郡　新潟県佐渡 ＊たろっぺ 秋田県中部 ＊たろひ 岩手県水沢市・紫波郡　宮城県　新潟県佐渡 ＊たろべ 長崎県南高来郡 ＊たろぺ 秋田県中南部 ＊たろべん 長崎県高来郡 ＊たろみ 佐賀県鹿島市　長崎県　熊本県天草郡　大分県大分郡 ＊たろり・たろりん・たろれ 新潟県佐渡 ＊たろんけ 山形県西田川郡 ＊たろんべ・とろんべ 熊本県天草郡 ＊たろんぺ 秋田県中部・北部 ＊たんたるき 新潟県佐渡　石川県中部 ＊たんたんこーり 福井県 ＊たんたんたるき 新潟県佐渡 ＊ちっかんかん 長崎県南高来郡 ＊ちょーせんぼー 福井県大飯郡 ＊ちょろきん 熊本県天草郡 ＊ちらりん 三重県名張市 ＊ちろりん 岡山県邑久郡(児童語)　広島県 ＊ちんがらりん 京都府加佐郡 ＊ちんかんこーり 島根県江津市 ＊ちんだい 島根県邇摩郡 ＊ちんちら 広島県佐伯郡・安佐郡 ＊ちんちろ 広島県安佐郡・賀茂郡 ＊ちんちろり 広島県賀茂郡 ＊ちんちろりん 広島県　香川県広島 ＊ちんちんごーり 静岡県駿東郡 ＊ちんぼーごーり 静岡県志太郡・榛原郡 ＊ちんぼこーり 長野県南佐久郡 ＊ちんぼごーり(「ちんぼ」は小児の陰茎) 静岡県　三重県志摩郡　広島県 ＊ちんぼっこーり 長野県佐久 ＊ちんぼんごーり 静岡県浜名郡・小笠郡 ＊つーとーろ 茨城県稲敷郡 ＊つずら 山形県最上郡・東田川郡　新潟県佐渡　長野県東筑摩郡・上伊那郡　静岡県　三重県志摩郡・北牟婁郡　広島県　香川県　福岡県糸島郡　熊本県阿蘇郡・玉名郡 ＊つずれ 静岡市 ＊つつら 長野県下伊那郡　広島県賀茂郡・江田島　山口県玖珂郡 ＊つとら 茨城県行方郡 ＊つとろ 茨城県北相馬郡 ＊つのかんこーり 香川県与島 ＊つのかんこり 香川県瀬居島 ＊つぶら 香川県高見島 ＊つらさ 高知県幡多郡 ＊つらさん 千葉県夷隅郡 ＊つららこ 広島県賀茂郡 ＊つららん 京都府何鹿郡　徳島県美馬郡 ＊つらり 栃木県安蘇郡・上都賀郡　群馬県多野郡　埼玉県秩父郡　奈良県吉野郡 ＊つらりん 三重県名張市　広島県 ＊つられ 香川県 ＊つるさ・つるさごーり 静岡県磐田郡 ＊つるしごーり 静岡県小笠郡 ＊つるしんぼ 神奈川県南部 ＊つるしんぼー 神奈川県 ＊つるり 広島県安佐郡・広島市 ＊つるりん 広島県安佐郡・豊田郡 ＊つるる 神奈川県津久井郡 ＊つろりん 広島県安佐郡・賀茂郡 ＊つろろ 茨城県新治郡　広島県能美島・江田島 ＊つんつら 兵庫県三原郡 ＊つんつらりん 広島県安佐郡・安芸郡 ＊つんつるりん 広島市 ＊つんつろり 広島県安佐郡 ＊つんつろりん 広島県広島市・安佐郡 ＊ところ 千葉県山武郡 ＊ととろろ 千葉県香取郡 ＊とるる 神奈川県高座郡 ＊とろこ 千葉県印旛郡 ＊とろろ 千葉県 ＊どんびんごーり 広島県因島 ＊ななび 長崎県佐世保市 ＊ならんじょー 広島県佐伯郡・安佐郡 ＊なれじょ 新潟県佐渡 ＊なんじょ 滋賀県高島郡 ＊なんじょー 福井県遠敷郡　滋賀県高島郡　島根県石見　広島県 ＊なんぞ 福井県小浜 ＊なんだ 福井県 ＊なんど 福井県三方郡・遠敷郡 ＊なんりょ 福井県三方郡・遠敷郡　滋賀県高島郡 ＊なんりょー 福井県・三方郡・遠敷郡　島根県石見　広島県山県郡・佐伯郡 ＊なんろ 福井県三方郡・遠敷郡 ＊ぬきだれ 長野県南佐久郡 ＊ぬきんだれ 長野県上田・佐久　静岡県駿東郡 ＊のきごーり 長野県佐久　熊本県阿蘇郡

方/言/の/窓

●方言札

明治期以降の標準語普及政策の中で、各地の方言は障害になると考えられ、「方言撲滅」のスローガンが打ち出された。

沖縄では、学校で方言を使用した生徒には罰として、「私は方言をしゃべりました」という木の札を首に下げさせたり背中に貼り付けたりすることが行われた。これが「方言札」である。「方言札」をつけられた子どもは、方言を口にした別の子どもを見つけ出し、その子に「札」を渡すまでいつまでも身につけていなければならなかった。

このような方言撲滅運動が方言差別意識や方言コンプレックスを助長させる要因となったことは確かである。しかし、反面、日本の近代化を進めるために標準語教育は避けて通れぬものであったことも、これまた事実ではあろう。

＊のきしが秋田県 ＊のきだれ長野県佐久 ＊のきんだれ長野県小県郡 ＊ひもろ宮崎県西諸県郡 鹿児島県鹿児島郡 ＊ひゅーだれ熊本県天草郡 ＊びらんじょー広島県佐伯郡 ＊びろりん愛媛県西宇和郡 ＊ふったんだらすけ・ふんだんだらすけ新潟県佐渡 ＊ぼーごーり静岡県浜松市 ＊ぼーだね石川県鳳至郡 ＊ぼーだら山形県 石川県金沢市 静岡県田方郡 ＊ほーたれ・ほーだれ石川県能登 ＊ぼーだれ石川県 長野県諏訪 ＊ぼーだんがら・ぼんだんがら山形県置賜 ＊ぼだがら・ぼだらげ・ぼたんから・ぼだんがら・ぼんだがら・ぼんたらから・ぼんだらげ山形県東置賜郡 ＊ほだら熊本県 ＊ぼだら山形県東村山郡 ＊ほたれ滋賀県 ＊ほだれ福井県敦賀郡 滋賀県 佐賀県唐津市 熊本県 大分県大野郡 ＊ぼだれ大分県直入郡 ＊ほらら熊本県天草郡 ＊ぽんがら山形県西置賜郡 ＊ぽんだら滋賀県神崎郡 ＊ぽんだら山形県 ＊ほんだれ滋賀県愛知郡・蒲生郡 ＊まーがんこ熊本県玉名郡 ＊まがのこ福岡県 ＊まがんこ福岡県 佐賀県三養基郡 熊本県 ＊まんがんこ宮崎県国富町・宮崎市 ＊まんりょー広島県山県郡・佐伯郡 ＊もーがんこ福岡県・鞍手郡・築上郡 熊本県阿蘇郡・八代郡 大分県 ＊もーがんこー大分県日田郡 ＊もーご石川県輪島・舳倉島 ＊もがんこ石川県輪島 熊本県阿蘇郡 大分県 ＊よーらく・よーらこ・よーらんこ大分県 ＊よしざい広島県山県郡 ＊よれこ大分市 ＊ろくろっくび長野県南佐久郡・佐久市

つり【釣】
①魚つり。 ＊いずほーし（「魚食わせ」の意。動詞は「いずほーしん」）沖縄県石垣島 ＊ぐ山形県庄内 京都府竹野郡「ぐざお（釣りざお）」 ＊こ兵庫県「こざを（釣りざお）」 ＊つりもん愛知県知多郡 ＊やみ山形県鶴岡
②⇩つりせん（釣銭）

つりせん【釣銭】 ＊あいそ徳島県 ＊うっつい・うわつり熊本県天草郡 ＊うわく愛媛県・越智郡 高知県 ＊うわこ高知県・高知市 ＊うわずり長崎県壱岐島 熊本県天草郡 ＊うわは熊本県天草郡 ＊うわば福井県大飯郡 長野県埴科郡 ＊おか和歌山市 ＊おわせん熊本県芦品郡・八代郡「おわせんぼうつ」 ＊おわつぃ熊本県芦北郡 ＊か和歌山県那賀郡 ＊かいしじん沖縄県石垣島 ＊かえし福島県相馬郡 新潟県東蒲原郡 ＊かえしせん山形県最上郡 ＊かえしだい岩手県気仙郡 宮城県「三銭のおかえしだいでがす」 ＊かえしっこ岩手県気仙郡 ＊かえり青森県津軽・南部 岩手県 秋田県 山形県 福島県 新潟県東蒲原郡・中頸城郡 ＊かえりこ青森県津軽・三戸郡 岩手県 宮城県栗原郡 秋田県鹿角郡・河辺郡 ＊かえりせん山形県 新潟県・北蒲原郡 ＊かえりっこ岩手県九戸郡・気仙郡 ＊かじょー福岡市 長崎県対馬 ＊かわ和歌山市「かわを下さい」 ＊くわ和歌山県 ＊けぁすでぁ宮城県石巻 ＊けーい・けーしむどぅし沖縄県首里 ＊けり山形県庄内 ＊けりこ青森県津軽・上北郡 ＊こし島根県石見 広島県 ＊つい・とぅい鹿児島県喜界島 ＊はー和歌山県東牟婁郡・新宮 ＊はね・はねせん・はねぜん富山県

つる【蔓】 ＊かざ沖縄県石垣島 ＊かじら沖縄県竹富島 ＊から・がら島根県 ＊かんだ長崎県 沖縄県 ＊すじ島根県鹿足郡 ＊つた宮城県仙台市「瓜のつったさ茄子なんね」 福島県石川郡・西白河郡 ＊つら青森県上北郡 岩手県気仙郡 秋田県鹿角郡 長崎県対馬「瓜のつら」「いもづら」 熊本県玉名郡（若いものを言う） 鹿児島県硫黄島・口之永良部島・肝属郡 ＊とんずる長野県東筑摩郡「藤のとんずるで縛る」 ＊はら（芋の蔓）鹿児島県喜界島 ＊はんだー鹿児島県喜界島

つるす【吊】 ＊さいん沖縄県石垣島 ＊つーくる奈良県南大和 ＊つらくる神奈川県 三重県 滋賀県彦根 京都市 大阪市 奈良県南大和 和歌山県 岡山県 徳島県阿波郡・海部郡 香川県大川郡・小豆島 愛媛県 長崎県対馬 ＊つりくりさぐる宮崎県児湯郡 ＊つりくる三重県 愛媛県 高知県「木の枝につりくって干して置く」 ＊つるくす静岡県 愛知県 三重県志摩郡 ＊つるくらかす静岡県志太郡「ふーりんをつるくらかェーてぁった」 ＊つるくる東京都大島「その魚を猫に食はれぬやうにつるくれ」 神奈川県愛甲郡・中郡 山梨県南巨摩郡 岐阜県山県郡・揖甲郡 静岡県 三重県志摩郡 徳島県 ＊つるける岐阜県 ＊つるべる（柿（かき）などを縄に付けてつるす）群馬県多野郡 ＊ぶらかす愛知県知多郡 愛媛県 ＊ぶらくす岐阜県 愛知県知多郡 ＊ふらくる奈良県吉野郡 ＊ぶらくる岐阜市 愛知県愛知郡・西春日井郡 三重県志摩郡 京都府竹野郡「この包みはぶらくって行こう」 大阪府南河内郡 兵庫県淡路島 奈良県南葛城郡 和歌山県 岡山県児島郡・浅口郡 徳島県 愛媛県 高知県・高知市 ＊ぶるくす愛知県知多郡 ＊ぶるくる長野県 愛知県 岡山県児島郡 ＊ぶるける長野県 愛知県碧海郡・岡崎市 ＊ぶろくる和歌山県伊都郡

つるはし【鶴嘴】 堅い地面などを掘り起こす道具。鉄製で両先端がツルのくちばしのように細くとがり、中央部に柄のついたもの。 ＊かじ・がじ長野県佐久 ＊がち長野県上田・佐久 ＊かっさび栃木県 ＊がらしぬふつぃ沖縄県石垣島 ＊げんのー長野県東筑摩郡 ＊つる岡山県苫田郡 香川県豊島 熊本県球磨郡 ＊とーずり岐阜県本巣郡・恵那郡 ＊とーずる富山県砺波 長野県東筑摩郡 岐阜県揖斐郡・北飛驒 滋賀県彦根 ＊とが長野県 ＊とんが山梨県・北巨摩郡 長野県東筑摩郡 ＊とんぐわ奈良県宇陀郡・生駒郡 ＊とんずり岐阜県可児郡 ＊まがり鹿児島県肝属郡 ＊まげびつ熊本県下益城郡 ＊ゆわきり長野県諏訪 ＊りょーけん新潟県佐渡

つるべ【釣瓶】 縄や竿の先につけて井戸の水

をくみ上げる桶。 *うぶる 沖縄県与那国島 *かばじー・くばじー 沖縄県宮古島 *くりまき 和歌山県那賀郡 *くるま(滑車を利用したつるべ)香川県大川郡 *くるまき 奈良県南大和 熊本県鹿本郡 *しゃく 群馬県勢多郡 *しり 沖縄県黒島 *しる 沖縄県鳩間島 *すぃー 沖縄県国頭郡 *する 沖縄県竹富島 *ちー 沖縄県 *ちーうき 沖縄県国頭郡 *つい・とぅい 鹿児島県喜界島 *つぃー 沖縄県首里 *つぃり 沖縄県石垣島・新城島 *つぃりー 沖縄県与那国島 *つーりー 茨城県猿島郡 *つっぺ 茨城県多賀郡 *つり 群馬県勢多郡・前橋市 熊本県天草郡 沖縄県八重山 *つりおけ(はねつるべ)香川県 *つりっこけ 栃木県 群馬県邑楽郡 *つりでうけ 群馬県利根郡 *つる 沖縄県小浜島 *つるい 徳島県・阿波郡 香川県大川郡 *つるべたんご 熊本県球磨郡 *ぶら 沖縄県波照間島 *まきいど 熊本県球磨郡

つれだつ【連立】 *うしつぃりゆん(文語)沖縄県首里 *かたる 青森県津軽「父にかだて観桜会へ行った」 岩手県九戸郡「それえー食いたくてーどーでもかだって行ぐんだー」・上閉伊郡 秋田県北秋田郡「おれもかだてえぐ」 群馬県多野郡 埼玉県秩父郡「この子がかたって行くってきかないんだよ」 新潟県「隣りの奥さんとかたって芝居を見に行った」 *ちぇーなう 岡山県苫田郡・小田郡「ちぇーのーて来い」 香川県小豆島 *ちぇん 香川県「ちぇんとる(連れだっている)」 *ちゃう 福井県足羽郡・南条郡 三重県伊勢 島根県石見「兄弟でちょーて山い登った」 *つざる 島根県隠岐島 *つだる 富山県砺波 福井県大飯郡 岐阜県郡上郡 三重県度会郡 兵庫県加古郡 島根県隠岐島 *つのう 長崎県南高来郡「だんなさんとつのちくりばなーい(連れだって来ればねえ)」 宮崎県西臼杵郡 *つらう 新潟県西頸城郡 福井県大飯郡 岐阜県 三重県伊勢・津 滋賀県彦根 兵庫県明石郡・美嚢郡 島根県「つろーて海に行った」 広島県 山口県阿武郡・玖珂郡 奈良県南大和 *つらす 岐阜県飛騨 *つらる 兵庫県 *つりゆい・とぅりゆい・とぅりなう 鹿児島県喜界島 *つりょう 島根県 広島県 *つりよう・つれよう 島根県石見「祭にはつれよーて来い」 *つる 千葉県印旛郡「成田へつっでゆく」・東葛飾郡 東京都三宅島 *つれおう 島根県安来市 *つれこだつ 島根県簸川郡「つれこだって行く」 *つれこる 徳島県美馬郡 高知市「あの三人はよくよく仲よしとみえていつでもつれこっちょる」 *つれどう 京都府 *つれなう 新潟県佐渡 京都府 兵庫県佐用郡「つれのーてかえろや(連れだって帰ろうよ)」 岡山県津山・苫田郡 広島県 香川県小豆島 熊本県 *つれなむ 長崎県南高来郡・壱岐島「あの人たーつれなまん(あの人とは同行しない)」 *つれもつ 奈良県南大和 和歌山県「学校までつれもていこ」 *つれる 岐阜県揖斐郡「つれてきたんやでのー(そろって来たのですからねえ)」 *つんだる 富山県砺波 兵庫県加古郡 *つんなう 福岡県 長崎県対馬 熊本県玉名郡・阿蘇郡 大分県「つんなふてゆく」 宮崎県西臼杵郡 *つんなむ 佐賀県 長崎県西彼杵郡 熊本県下益城郡・宇土郡 *てーのう 岡山県 広島県 *てざる 愛媛県今治市 *てだる 島根県隠岐島 徳島県 香川県「あんたとこの子、うちの子とてだっていっきょったで」 愛媛県 *てなう 岡山県 熊本県菊池郡「ぬしどま、ふちゃりやき、てのーじ来たつか(君たちは、二人で連れだって来たのか)」 鹿児島県肝属郡「お父さんとてのち行きやい」 *てなむ 熊本県下益城郡 宮崎県西諸県郡 鹿児島県 *てらう 香川県 *とくー(仲よく連れだつ)大分県直入郡「おまいかたんのつゆーうちんなー(おまえの牛と、よくうちのとは)とくーちょんのじゃが(仲よく連れだっているんだが)」 *へだる 滋賀県高島郡 *まきおう・まくもー 富山県砺波「おかからちゃ(主婦たちが)まきおーて山へわらびとりに行った」 *まくる 和歌山県

て

て【手】 ①体の一部で、両肩から出た二本の長い部分。また、手首から先。 *えだ 長崎県五島 宮崎県西臼杵郡 *えらぼし 和歌山県東牟婁郡「えらぼしがだるい」 *おてこ(幼児語)山形県置賜 *おてぼ 富山県(幼児語)・砺波(児童語) *かいな 岩手県磐井郡 *こって 奈良県南大和 *しー 沖縄県波照間島 *せんご 奈良県吉野郡 *ちょー 山口県阿武郡 *ちょっかい 山形県米沢市 香川県高松(かわいい手) *てぃたぶに 鹿児島県喜界島 *てーぼ(幼児語)富山県砺波 *てこぼし 高知県幡多郡 *てっぷし(多く卑語)福島県東白川郡 *ててぼ 石川県金沢 *てびしょ 神奈川県中郡 新潟県中頸城郡 *てぶし(多く卑語)岩手県気仙郡 新潟県佐渡「てぶしが早い」 富山県・砺波「てぶしかち折るぞ」 山梨県南巨摩郡 長野県 奈良県吉野郡 徳島県東祖谷 *てぼー(手首)富山県下新川郡 *てぼし(多く卑語)富山県砺波 *てんびしょ 埼玉県南埼玉郡 *てんぼ 富山県 *てんぼー 山梨県北都留郡・南巨摩郡 *てんぼし(多く卑語)富山県東礪波郡 *はやどり(山言葉)福島県南会津郡 *ほだ・ほだかし(卑語)岡山県 *ほで 奈良県 徳島県 香川県高松 *ほでこ 徳島県美馬郡

②手段。方法。 *でん 宮城県仙台市「そりゃあの男のでんだよ」 秋田県鹿角郡「またいつものでんか」「好いでんがある」 山形県東置賜郡

□に余る *あごえる 高知県「あの婦人一人ではあごえるじゃろー」 *おえない 山形県「あれはおえなえ男だ」 福島県石城郡・東白川郡 茨城県 栃木県河内郡 群馬県邑楽郡 埼玉県入間郡「大怪我したって、ふんとにおいないことしたな」 千葉県 神奈川県 *おーえね 山形県置賜・

村山「おーえね目にあった」 *てこずく 茨城県稲敷郡 *てこずれる 長野県諏訪・東筑摩郡 *てっこいない 茨城県北相馬郡 *てっこない 千葉県東葛飾郡 *どぅいんつぃみんならん 沖縄県首里 *のっぱる 新潟県下越 *はる 山口県豊浦郡「仕事がはる」

□に余ること *うらなり 宮崎県都城 *じゃぜん 愛媛県東宇和郡 *てこぼす 岐阜県恵那郡

□に負えない *おいやげない 埼玉県北葛飾郡「おいやげねーこだ」 *こなれない 茨城県北相馬郡・稲敷郡　千葉県東葛飾郡 *こなんない・こなんなやえー 千葉県印旛郡「この仕事は自分にはこなんなやえー」 *こんのーならん 長崎県対馬「こんのうんならん男」 *しめぁぐせねぁ 秋田県平鹿郡「きかなくてしめぁぐせねぁ子供だ」 *じゅーにならん 新潟県佐渡「子供が悪いことをしてじゅうにならん」 *じゅんならん 広島県芦品郡「あの子はとてもじゅんならん(すなおでない)子じゃ」 *じょーにならん 新潟県佐渡・西蒲原郡「この馬はじょおにならん」 *じよにならん・じょんにならん 香川県大川郡 *じょんならん 香川県「これだけ乗客がおったら連絡船だけではじょんならん」 *すねこい 岐阜県不破郡　兵庫県淡路島 *ちぇしけくわん・ちぇしけはしけくわん 鹿児島県肝属郡 *であわぬ・てーわん 鹿児島県 *てくさにおえやん 和歌山県那賀郡 *てくそにあわん 島根県 *てこーにあわぬ 広島県倉橋島 *てこしにあわぬ 和歌山県東牟婁郡 *てこじょにあわん・てこじょにおえん・てこじょにならん 香川県 *てこせにおえん 和歌山県「仕事が大きすぎててこせにおえん」 *てこちょーにいかぬ・てこちょーにいかん 新潟県・西蒲原郡 *てこっさいにいかぬ 静岡県安倍郡 *てごっさいにいかぬ・てごっちょにできぬ 静岡県「此の子はてごっさいにいかぬ子だ」 *てごっさいにおえぬ 静岡県小笠郡 *てごっちょーにいかぬ・てごっちょにいかぬ 山梨県南巨摩郡 *てごっつぇーにいかない 埼玉県秩父郡「てごっつぇーにゃぁいがねえ」 *てこにあわん 富山県砺波　滋賀県彦根　京都府竹野郡　大阪市　島根県　広島県高田郡　山口県阿武郡　徳島県　高知県・高知市「あそこの子は親でも先生でもてこにぁーん程の腕白ぢや」 *てごにおいない 千葉県東葛飾郡 *てこにおえん 奈良県・宇陀郡　島根県　徳島県「この仕事は私のてこにおえん」 *てごにおえん 山口県 *てしおにあわん・てしょーにあわん 福岡市 *てしきあわん・てしけおよばん 長崎県壱岐島 *てしきーおよばぬ・てしきーならぬ・てしけーならぬ 長崎県対馬「どうもてしきいならぬ奴じゃ」 *てしけはしくにいかぬ 愛知県北設楽郡 *てしこにあわぬ 鹿児島県 *てしこにあわぬ・てしこにあわん 岐阜県郡上郡「あれほどどーちゃくない(横着な)やつぁ　とてもおれのてしこにあわんわい」　鳥取県　島根県　岡山県吉備郡 *てしごにあわぬ・てしごにあわん 福井県大飯郡　島根県　岡山県　広島県佐伯郡 *てしこにいかぬ 静岡県榛原郡 *てしゃーにくわさらん 熊本県玉名郡 *てしょーにおえぬ 長崎県対馬 *てしんごにあわぬ 京都府竹野郡「孫も大きくなりまして、もうわしのてしんごに合いません」 *てしんまいにおえぬ 静岡県磐田郡 *てすけくわん 鹿児島県 *てっこにおいない 茨城県新治郡　千葉県東葛飾郡 *てっこにおえぬ 茨城県・多賀郡・猿島郡 *てなわぬ 石川県能美郡・石川郡 *てなわん 富山県砺波「やかましててなわん」　福井県　鳥取県岩美郡・気高郡「てなわんやつ(いたずら者)」「てなわんこと(いたずら)」 *てにあわん 富山県砺波　島根県　岡山県「ありゃーてにぁわん(一筋縄ではいかない)男だよ」　愛媛県松山　高知県長岡郡「これ位てにあわん子はない」　鹿児島県 *てにおよばん 岡山県児島郡 *てにくわさらん 熊本県 *てにつく 高知県 *てにはにおえぬ 大阪市 *てにもかじにもあわぬ 広島県倉橋島 *てにもしごにもあわぬ・てにもしごにもあわん 島根県益田市　岡山県岡山市・小田郡 *てにゃーん 高知県長岡郡 *てにゃあわん 宮崎県西臼杵郡 *てにゃわん 岐阜県郡上郡「障子破ったり、茶碗割らかいたり、このでっち、てにゃわんのじゃで」　香川県小豆島　高知県長岡郡 *てはのつかない 山形県米沢市「てはのつかなえやづだ」 *てぶしにあわん・てんこにあわぬ 徳島県 *てもはもつかぬ 島根県美濃郡・益田市「納屋がきしゃのーてもはもつけられん」 *てんこけない 群馬県多野郡「てんこけない倅だ」 *どんなん(「どうもならん」の転) 香川県豊島「うちの田ばっかりに雀がきてどんなんのう」 *はつぃこーりー 沖縄県首里「はつぃこーりー　にんじん(人間)」 *ふさまーない 岩手県気仙郡 *まかどなんない 岩手県九戸郡

□に負えないこと *しこって・しこってー 長野県「しこってな奴」「しこってーなこと(困ったこと、しかたないこと)」 *てあまし 岩手県上閉伊郡 *てあまり 長崎県対馬 *てーこつ・てーこつばしら 長崎県壱岐島「てーこつとる(手を焼く)」 *てーなし 広島県山県郡 *もってーる 千葉県東葛飾郡

□に負えない者 *てあましもっけ 青森県三戸郡　岩手県二戸郡 *てあましもの 岩手県上閉伊郡・気仙郡「このがきてぁましもんだ」 *てつけっぷた 埼玉県北葛飾郡 *てつけぽたん 青森県三戸郡

□の甲 *せごー 富山県東礪波郡 *てぃーなー 沖縄県中頭郡・那覇市 *てぃーぬかや 沖縄県石垣島 *てぃーぬくし 沖縄県八重山 *てぃーぬくす・てぃぬくし 沖縄県新城島 *てぃーぬくつぃ 沖縄県与那国島・小浜島 *てぃーぬふ

し鹿児島県沖永良部島・与論島 ***てぃーんくし**鹿児島県喜界島・徳之島 ***てぃぬおもて**鹿児島県奄美大島 ***てぃぬくち**沖縄県与那国島 ***てぃんうら**鹿児島県加計呂麻島 ***てぃんくーし・てぃんくし・てぃんこふ**鹿児島県奄美大島 ***てーのせなか**富山県東礪波郡 ***てこぼし**熊本県玉名郡 ***てのこつ・てのこっぺら**山形県庄内 ***てのこっぱ**山形県鶴岡 新潟県 ***てのこば**新潟県佐渡 ***てのこぼ**滋賀県彦根「てのこぼにのせて食べる」 ***てのべら**岩手県気仙郡 ***てべ**長野県佐久

てあし【手足】 ***えだ**秋田県鹿角郡 茨城県久慈郡 新潟県東蒲原郡 富山県 ***えだばず**富山県 ***ごたいぶし**宮城県遠田郡 ***こだくれ**島根県簸川郡・仁多郡「こだくれ折ってやーぞ」 ***ごてーぶん**栃木県下都賀郡 ***ごてぶし**栃木県 ***てぃーふぃしゃ**沖縄県首里 ***ほだくれ**島根県八束郡 □**の甲** ***かや**沖縄県石垣島 ***こっぱ**新潟県西蒲原郡 ***こば**福島県会津・会津若松市・大沼郡 新潟県佐渡 ***べら**岩手県上閉伊郡・気仙郡「べらが張った足(横幅の広い足)」 秋田県鹿角郡

ていこう【抵抗】 ⇩はんこう（反抗）

ていさい【体裁】 ***あたひん**京都府竹野郡「あたひんのわりーことするな」 ***おつ**千葉県市原郡「みんなの前で話をするのはおつが悪い」 岡山県御津郡「おつの悪い風をしとる」 ***おっとり**新潟県「此の品は値段の割合におっとりがよい」 ***おんだし**新潟県中頸城郡「あっこのこは、としゃわかいがおんだしいい」 ***かた**長野県佐久 京都市「かたえー」「かたわるい」 和歌山県「あの大きな奴と角力取って勝ったらかたえーぜ」 徳島県海部郡・美馬郡「かたくらわす(体裁だけりっぱにする)」 香川県仲多度郡 ***かつ**岡山県「かつをとる(見栄えよくする)」「かつーする(見えをはる)」「かつとり(見え坊)」 ***かっぴき**長崎県壱岐島 ***かっぽく**愛媛県松山 ***かっぽこ**岡山市 ***けーき**宮城県仙台市「こんではけーきわりいから(これでは体裁悪いから)籠さ入れてけさえ」 ***けーだえ**岡山市 ***けーば**新潟県佐渡「けーばは良いが中味は少ない」 長野県下伊那郡 岐阜県 滋賀県彦根 兵庫県西宮「けーば張る(虚飾をする)」 徳島県 ***けーばい**愛知県名古屋市 ***たなり**沖縄県首里 ***てめ**鳥取県鳥取市「てめが良い方だ(最低級の面目を保った)」・西伯郡 島根県「先方に行った時、てめのわるい思いをした」 岡山県川上郡 ***どだい**島根県美濃郡・益田市「先生に見付かってどだいがわりかった」 ***とば**新潟県西頸城郡 ***なり**京都市「なりの悪い事せんとき」 大阪市 兵庫県西宮市・神戸市 奈良県宇陀郡「なりわり事をさらして近所に合せる顔がないわ」・宇智郡 和歌山県 徳島県 香川県 高知県 ***なりくそ**京都市 和歌山県 高知県 ***なん**千葉県安房 長野県更級郡 ***は**島根県 ***ばあい・ばやい**島根県「この方が人にやるにはばやいが良い」 ***ひんこー**千葉県夷隅郡 新潟県佐渡「ひんこうわるい(かっこう悪い)」 京都府 ***ひんこつ**島根県隠岐島 ***ぶさい**香川県「ぶさいが悪い(体裁が悪い)」 ***みーよー**沖縄県首里 ***みご**神奈川県中郡「みごが若い(見た目が若い)」 山口県大島 愛媛県 ***みばせ**岩手県気仙郡「みばせはよいが物は悪い」 宮城県栗原郡 ***めんぎょ**(「面形」か) 鹿児島県肝属郡 ***めんぱい**青森県「めんぱいつくる」 宮城県「めんぺー悪くて顔向もなんね」 秋田県鹿角郡 山形県「めんぱいかざる」 ***よてらく**鹿児島県

↓がいけん（外見）・みかけ（見掛）

□**がよい** ***みがましー**静岡県浜松市「みがましくしなさい」 ***みじょらしー**香川県木田郡 ***みやましー**長野県諏訪・上伊那郡

□**がよいさま** ***うまげ**岡山県児島郡「あの女、うまげな格好じゃのう」 香川県「その着物、うまげななあ」 ***りくつげ・りこげ**香川県「それりくつげな服やなあ」 ***りこーげ**岡山県児島郡 香川県

□**が悪い** ***おふぁわり・ふぁえぐなぇ・ふぁわり**青森県「質おくなんてふぁわりくて出来ない」 ***こひとめわるい**山形県米沢市 ***ざまーたれる**岡山県児島郡 ***ざまがわるい**島根県「ざまがわるてこまー(困る)」 香川県 ***ざまでない**山形県米沢市「ざまでなえ真似は出来なえ」 ***ざまたれる**香川県高見島 ***ざまをたれる**岡山県川上郡 広島県三次市・双三郡 ***てーない**山口県・玖珂郡「てーなー格好している」 ***ふーがわるい**千葉県夷隅郡・安房郡 岐阜県益田郡 兵庫県加古郡 岡山県「不断着で行ってふーがわるかった」 広島県賀茂郡・高田郡 香川県 岩手県気仙郡 和歌山県海草郡 ***ふーたいもない**山口県 ***ふーわり**青森県 ***ぶがわるい**香川県香川郡 ***ふやわり**和歌山県新宮市 ***ほーらしない**和歌山県「ほうらしない恰好するな」 ***みくさい**岩手県東磐井郡・西磐井郡 秋田県由利郡 山形県米沢市 ***みぐさい**青森県 岩手県 宮城県栗原郡・加美郡 秋田県「あの人の顔はみぐせぁ」 山形県 福島県 茨城県久慈郡・多賀郡 千葉県君津郡 新潟県「おまん、みぐさいことしんなや」 山梨県・南巨摩郡 長野県 静岡県富士郡 愛知県北設楽郡 ***みぐさらしー**長野県東筑摩郡 ***みぐるさい**長野県諏訪 ***みだくっさい**新潟県東蒲原郡 ***みとくさい**福島県会津若松市・大沼郡 ***みんくさい**秋田県平鹿郡 山形県置賜 ***むきがわるい**新潟県中頸城郡「人の物を盗ってむきが悪いと思はんか」・西頸城郡 山梨県 長野県上伊那郡・佐久 ***めーぐせいー**新潟県三島郡 ***めぎさい**山形県村山 ***めくさい**山形県最上郡・北村山郡 福島県相馬郡 千葉県夷隅郡 ***めぐさい**青森県 岩手県 宮城県北部 秋田県 山形県 福島県相馬・会津 新潟県 長野県北安曇郡・

佐久 ***めんくさい** 秋田県雄勝郡 山形県 新潟県下越 ***やにくい** 福井県坂井郡・丹生郡 ***やにぐい** 岐阜県土岐郡 ***やにこい** 兵庫県加古郡 徳島県美馬郡 ***やにっこい** 新潟県佐渡 島根県石見 ***やねこい** 島根県石見・隠岐島 ***らんてーがない** 島根県隠岐島

□**が悪いさま** ***がとー** 山形県米沢市「がどうな男」 ***そくぼー** 長崎県対馬 ***めんどー** 島根県鹿足郡「何とこの家はめんどーなのう」 岡山県苫田郡 広島県比婆郡・双三郡 山口県向島・阿武郡 愛媛県西宇和郡 高知県 ***めんとーげ** 京都府

ていしゅ【亭主】 ***おとこし** 東京都八王子 神奈川県津久井郡 山梨県 静岡県 徳島県 香川県 ***おとこしゅ** 山梨県都留郡 ***おとこしゅー** 長野県佐久 静岡県 広島県比婆郡(他人の夫の敬称) ***おとこしょー** 長野県上田・佐久 ***ごち** 宮崎県延岡市 ***ごちゃー** 新潟県中頸城郡 ***ごて**(「ごていしゅ(御亭主)」の略) 青森県 岩手県「わがごで(若主人)」 宮城県 山形県(他家の主人) 福島県 新潟県中越 富山県 石川県 岐阜県(他家の主人を言うことがある) 鳥取県西伯郡 長崎県(下流語) 熊本県 ***ごてー** 岩手県九戸郡 宮城県 福島県 千葉県香取郡・海上郡 新潟県東蒲原郡・西頸城郡 石川県鳳至郡 山梨県・南巨摩郡 長野県(尊敬語。また卑語) 静岡県 長崎県長崎市・伊王島 熊本県阿蘇郡・下益城郡 大分県大分郡 宮崎県西臼杵郡 ***ごてーさん** 長崎市 ***ごておどさま** 青森県三戸郡 ***ごてさ**(卑語) 岐阜県吉城郡 ***ごてさま** 宮城県「むかいのごてさま」 福島県 長崎市 ***ごてっさん** 香川県 ***ごてどん** 長崎県南松浦郡・五島 熊本県 ***ごてろく** 新潟県西頸城郡 ***ずば** 香川県・高松市 ***せしゅ**(一家のあるじ) 茨城県 ***だだ** 山形県「まじだだもそんまくんだし(まあ、主人もまもなく帰ってきますから)」・庄内 新潟県岩船郡 ***ちゃちゃし**(ののしって言う語) 島根県隠岐島 ***つぁんが** 宮城県栗原郡 ***つぉっつぁ**(妻が呼ぶ時の語。卑称) 岐阜県飛騨 ***つぉっつぁま**(妻が呼ぶ時の語) 岐阜県飛騨 ***つつざん** 福岡市 ***で** 岩手県和賀郡 ***てて** 青森県 岩手県和賀郡 秋田県 茨城県 新潟県岩船郡 三重県志摩郡 奈良県吉野郡 ***ててら** 三重県志摩 ***どーと** 石川県鹿島郡「おらあとーた(夫は)」 ***どさま** 和歌山県東牟婁郡 ***どっさ** 富山県(下流の女性の夫を言う) 長野県諏訪(妻が呼ぶ時の語) 静岡県 愛知県碧海郡 奈良県吉野郡 ***どっさま** 茨城県久慈郡(自分の夫を言う) 栃木県(下品な語) ***どっさん** 静岡県 愛知県岡崎市 ***どっつぁ** 新潟県「となりのとっつぁ起きたか」 ***どっつぁー・とっつぁま** 茨城県稲敷郡 ***とっつぁん** 熊本県菊池郡 ***とっとー** 静岡県・田方郡 ***どと** 秋田県山本郡(多く自分の夫について言う) 山形県庄内 福井県 三重県志摩郡・度会郡 香川県伊吹島 長崎県北松浦郡(下流) 大分県南海部郡 ***どど** 秋田県仙北郡・平鹿郡 ***ととー** 埼玉県秩父郡 千葉県香取郡 ***とどー** 茨城県 千葉県海上郡 ***ととーさま** 埼玉県秩父郡 ***べっと・べと**(あるじ) 熊本県下益城郡 ↓おっと(夫)

ていちょう【丁重】 ⇩ていねい(丁寧)

でいど【泥土】 ***あい**(川や池沼などの底に沈殿している泥土) 兵庫県淡路島 ***えぐみ** 神奈川県中郡 ***えごみ** 千葉県東葛飾郡 神奈川県 ***ごじやら** 山形県北村山郡 ***ごたはら** 富山県下新川郡 ***ごだやら** 山形県東部 ***ごみ**(池、溝の底などにたまった泥土) 香川県 高知県 ***でろわら** 山形県 ***どべ** 宮城県栗原郡(どろどろして汚い泥地) 長野県西筑摩郡(沼) 兵庫県佐用郡(どろどろして汚い泥地) 島根県(汚い泥土)・那賀郡(どろどろして汚い泥地)「どべの芹はまずい」 愛媛県(どろどろして汚い泥地) 長崎県対馬(汚い泥土) ***どべた・どべちゃ**(汚い泥土) 島根県 ***どろべた** 島根県石見 ***どろやち** 山形県東田川郡 ***どろやら・でろやら** 山形県東部 ***どろわら** 山形県飽海郡 ***どんべ**(どろどろして汚い泥地) 栃木県足利市・佐野市(ぬかり田) ***なべどろ** 新潟県中越 ***びしゃ** 山形県南置賜郡・西村山郡 ***びじゃ** 山形県米沢市 ***びしゃーら** 山梨県中巨摩郡 ***びしゃこ** 和歌山県新宮 ***びじゃこ** 福島県耶麻郡 ***びしゃしゃき** 和歌山県新宮 ***びしゃっこ** 栃木県 ***びしゃびしゃっち**(湿地) 群馬県勢多郡 ***びしゃら** 山形県最上郡 山梨県中巨摩郡 ***びしょ** 東京都大島 和歌山県東牟婁郡「昨日の雨で道はもうびしょになってゐる」 ***びしょま** 山梨県南巨摩郡 ***びちゃか・びちゃっこ** 山形県南村山郡 ***びちゃこ** 高知県 ***びちゃびちゃ** 広島県高田郡 ***びちゃやら** 山形県北村山郡 ***びちゃら** 山形県 ***びちゃらかえ** 山形市 ***びっちゃ** 宮城県石巻「びっちゃさころんで泥だらげになった」 山形県東置賜郡 高知県・幡多郡 ***びっちゃこ** 福島県耶麻郡 ***びっちゃり** 長崎県対馬 ***びんどろ**(川底の泥土) 愛知県海部郡 ***べた** 宮城県登米郡 山梨県南巨摩郡 長野県西筑摩郡 島根県 岡山県児島郡 徳島県 香川県 愛媛県宇摩郡 高知県土佐郡 福岡市 宮崎県西臼杵郡 ***べたけあ** 岩手県九戸郡 ***べと** 新潟県 石川県江沼郡 福井県 長野県 岐阜県山県郡 静岡県・浜松市付近・磐田郡 愛知県 三重県 奈良県吉野郡 鳥取市 愛媛県 ↓どろ(泥)

ていねい【丁寧】 ***おっくー** 山梨県 静岡県志太郡「そんなぇーおっくーにしなぇーでおくんな」 ***おまて** 長野県諏訪「おまてに」 ***きちちあ** 和歌山県和歌山市・日高郡 ***ぎっちり** 和歌山県海草郡 ***ごど** 新潟県刈羽郡 ***ごねんさま** 宮城県石巻・仙台市 ***ごねんじゃ** 香川県 ***じって** 島根県出雲 ***じまつ** 茨城県稲敷郡 ***じんべん** 富山県婦負郡 ***ずまめ** 石川県河北郡 ***ずめ** 石川県 ***てーねこ** 青森県三戸郡「てーねこね(御ていねいに)」

＊てまて山形県東置賜郡 ＊ねき静岡県 愛知県宝飯郡 ＊ねくだ山形県東田川郡・西田川郡 ＊ねつき愛知県東加茂郡 ＊ねへず山形県 ＊ねんご香川県 ＊ねんごー和歌山県日高郡 岡山県 広島県双三郡 香川県仲多度郡・三豊郡 ＊ねんに徳島県「手をねんに洗う」 高知県土佐郡 ＊まて青森県「ゆことておいだはでぁまでにあらて(湯をとっておいたから、ていねいに洗って)」 岩手県「までに書げ」 宮城県栗原郡・石巻 秋田県仙北郡「もっとまでに御辞儀せ」・鹿角郡 山形県「あのしとすごとずえぶんまでだ(あの人の仕事はずいぶんていねいで手間がかかる)」 福島県会津「まっと仕事をまてにやれ」 新潟県上越「あのしとは、まてなしとだ」 長野県 静岡県 ＊までー青森県「てまでえねあらてみしけ(手をきれいに洗って、御飯を食べなさい)」 岩手県気仙郡・東磐井郡 宮城県「いそぎいんから(急がないから)、までいに縫って頂きす」 山形県米沢市 福島県「あの人のおじぎゃ大変までぇだごど」 茨城県久慈郡・多賀郡 新潟県東蒲原郡「まてーに扱う」・中頸城郡 長野県「彼人は実にまてーだ」 ＊までん秋田県山本郡「までんだ男だな」 ＊むっかしょー静岡県 ＊もっきょー(人の扱いを丁重にするさま)埼玉県秩父郡 ＊もっけ山形県東田川郡 ＊もっつら福岡市 ＊れんちょく(「廉直」か)長崎県対馬「れんちょくな人」「もっとれんちょくに仕事をせよ」 ＊わざわざ福岡市

□だ ＊かいかいしーん沖縄県石垣島 ＊こーごーしー(扱いが丁重だ)滋賀県高島郡「お祝いに行きゃー、むこもー(先方も)こーごーしゅー受けてくれるしと」 ＊ここしー(扱いが丁重だ)長崎県北松浦郡「あの人は何でもここしゅする」・五島 ＊こじろし鹿児島県肝属郡「こじろしとこいのちっともねおなごぢゃ」 ＊しぎただしー岩手県上閉伊郡 ＊しわい山形県置賜 ＊たねー静岡県小笠郡「たねい人でよく時間かけてやる」 ＊ねーつい(綿密でていねいだ)新潟県 ＊ねつい(綿密でていねいだ)秋田県雄勝郡・河辺郡 山形県「すごど(仕事)とってもねずぇ」「仕事あねずぇ」 福島県 茨城県稲敷郡 栃木県 群馬県多野郡 東京都南多摩郡・利島 新潟県「あの家のおばあさんは大変ねつい人だ」 山梨県北巨摩郡・南巨摩郡 長野県諏訪・上伊那郡 岐阜県益田郡 静岡県小笠郡「ねついやり方できれいに出来た」 島根県「あの人は扱いがねつい」「あの先生の授業はねつい」 山口県豊浦郡 長崎市 ＊ねつこい(綿密でていねいだ)福島県浜通 茨城県稲敷郡 ＊ねっちー(綿密でていねいだ)山形県 ＊ねっつい(綿密でていねいだ)山形県 新潟県上越市「あのしと(人)は仕事にねっついしとだ」・中頸城郡 ＊ねばい秋田県雄勝郡 新潟県佐渡 ＊またい新潟県佐渡 ＊めんごい香川県小豆島 ＊よみがこむ兵庫県加古郡 ＊よみにこむ三重県阿山郡

□な人 ＊ごねんさま宮城県石巻・仙台市「あの人ごねんさまだから黙ってさえ」 ＊ごねんじゃ香川県 ＊てーねじん・てーねし愛媛県大三島 ＊ねんごろもん(親切ていねいな人)富山県東礪波郡

□に ＊あいじょ・あいじょー・あじょー徳島県 ＊あじよく・あじよー和歌山県 ＊あっじょ兵庫県加古郡 香川県 ＊あっじょこ香川県綾歌郡 ＊あんじょ福井県敦賀郡 三重県伊賀 滋賀県 大阪府大阪市・泉北郡 兵庫県淡路島・加古郡 奈良県「あんじょしといたるさかいに心配するなよ」 和歌山県 香川県 ＊あんじょい和歌山県「あんじょいする」 ＊あんじょー新潟県佐渡 富山県高岡市 福井県「あんじょー片付けといてよ」 岐阜県飛騨 三重県「あんじょーと」 滋賀県 京都府 大阪府 兵庫県 奈良県 和歌山県 徳島県「あんじょーに」 香川県 ＊あんじよー三重県志摩郡 京都府宇治郡 奈良県吉野郡 島根県石見「箱の組方をあんじょーにやってくれー」 岡山市 ＊あんじょーよく兵庫県赤穂郡 ＊あんじょよー福井県大野郡 ＊あんばい三重県名賀郡「あんばい礼言うといてえや、こんなによーけもうてな」 京都市 大阪府・大阪市「あんばい云ふて物もあげたので喜んで帰(い)にやはりました」・泉北郡 兵庫県明石郡・神戸市 奈良県南大和「あんばいおせる(よくわかる様に教える)」 和歌山県和歌山市・那賀郡 徳島県海部郡「あんばいやれよ」 ＊あんぱい奈良県吉野郡「あんぱい見いさ(よく御覧)」 ＊あんばいよー岐阜県郡上郡 三重県志摩郡・度会郡 滋賀県犬上郡 兵庫県 徳島県板野郡 香川県 ＊あんばいよーらと富山県砺波 ＊あんばいよく徳島県 ＊あんばよ和歌山県・伊都郡 ＊あんばよー福井県遠敷郡・大飯郡「あんばよーしときなよ」 岐阜県 愛知県名古屋市「先方の娘さんの方へは私からあんばよう話します」 三重県北牟婁郡「ほっちらかさんとあんばよーしとけいー(きちんとしておきなさいね)」 滋賀県 京都府 兵庫県赤穂郡 奈良県宇陀郡 和歌山県 岡山県「あんばよー掃除する(きれいに掃除する)」 香川県 ＊あんびょ和歌山県東牟婁郡 ＊あんびょー三重県北牟婁郡 ＊あんびよー福井県遠敷郡 ＊あんべよー岐阜県養老郡 ＊あんよー三重県志摩郡 ＊ねーぞ新潟県岩船郡「ねーぞこぎらねばねーわ(ていねいに小さく切らなければなりませんよ)」 ＊みすぃく沖縄県首里「やー なしぐゎ みすぃく ちちうがみ(さあ子供よ、よくよく聞け)」 ＊やんばぐ静岡県 ＊やんばよー岐阜県稲葉郡・加茂郡 ＊やんべー・やんびゅー新潟県佐渡「やんべー火を見ておけ」「やんびゅーしまっておけ」

ていぼう【堤防】 ＊うーな(「な」は「なわて(畷)」の転か)千葉県夷隅郡 ＊おな(「な」は「なわて(畷)」の転か)青森県南部 ＊かーよけ福島県東白川郡 長野県佐久 静岡県田方郡 ＊かいけ・か

やけ 富山県 *かわいけ 富山県砺波 *かわよけ 福島県北部 *かわんどえ 愛知県東春日井郡 *だし（海や川に造る木造の堤防）静岡県駿河 *つつね 千葉県長生郡・夷隅郡 兵庫県美嚢郡 *なげ（岸から流れの中へ突き出ている堤防）愛媛県 *はね 山口県豊浦郡 香川県三豊郡 *ばふみ（ため池の堤防）福島県石城郡 *ほた 岐阜県武儀郡 三重県 滋賀県滋賀郡 *ぼた 岐阜県 静岡県「ぼた草を刈取る」 愛知県知多郡・岡崎市 愛媛県周桑郡 *ほり・ほりつき 青森県三戸郡 *みよけ 島根県石見

→どて（土手）

でいりぐち【出入口】 *えのまたぎ（胞衣（えな）を羊水とともに出入り口の敷居の下に埋めて人に踏ませたところから）埼玉県秩父郡 *こびら（勝手口）神奈川県 *こふら 島根県大田市・出雲市 *こぶら 香川県三豊郡 *でいり 長野県 *でと 青森県 福島県浜通 *でとくち 宮城県栗原郡・仙台市 *でとぐち 宮城県 *でとっくち 福島県「出る人わでどっくちから出て下さい」

→いりぐち（入口）

家の□ *だいもん 富山県氷見郡 *とーり 山形県飛島 *とっぽー 山梨県南巨摩郡 *とば 東京都八王子 *とばっけつ 栃木県安蘇郡 *とぶぐち 栃木県 群馬県勢多郡・佐波郡 静岡県 *とぼー 茨城県・稲敷郡 群馬県 埼玉県秩父郡 千葉県 東京都八丈島「まーやの とぼー（牛小屋の戸口）」 新潟県・南魚沼郡 *とぼーぐち 茨城県 栃木県下野 群馬県勢多郡・佐波郡 埼玉県秩父郡 千葉県印旛郡 *とぼがえ 千葉県夷隅郡 *とぼぐち 福島県浜通・石城郡 茨城県新治郡・北相馬郡 栃木県 群馬県利根郡・佐波郡 埼玉県川越・入間郡 千葉県 新潟県佐渡 長野県佐久 静岡県 *どぼぐち 千葉県 *とぼげー 千葉県夷隅郡 *とぼのぐち 福島県浜通 *とまえ 愛知県 *とまぐち 新潟県 山梨県・南巨摩郡 長野県 静岡県磐田郡・周智郡 愛知県東部 *とめーぐち 長野県諏訪 *とんばぐち 神奈川県中郡 *とんびぐち 神奈川県藤沢市 *とんぼ 福島県会津・大沼郡 新潟県東蒲原郡 山梨県南巨摩郡 *とんぼー 神奈川県津久井郡 山梨県南巨摩郡 *とんぼーぐち 東京都八王子 神奈川県津久井郡 *とんぼーろ 山梨県 *とんぼぐち 福島県 栃木県 東京都西多摩郡 神奈川県 山梨県・北都留郡 静岡県・田方郡 *とんぽぐち 東京都南多摩郡 *とんぼっくち 栃木県 *とんぼのくち 福島県 *はしるぐち 沖縄県首里

屋敷の□ *きど 新潟県上越 熊本県阿蘇郡・球磨郡 宮崎県西臼杵郡 鹿児島県鹿児島郡 *きどぐち 静岡県志太郡 熊本県 宮崎県都城市 *きどぐっ 鹿児島県 *きどばた 富山県砺波 *きどみち 富山県射水郡 *きんど 長崎県南高来郡 *きんどぐち 熊本県 *じゅーぐち 富山県砺波 *じょーぐち 山形県 福島県浜通・相馬郡 東京都大島・新島 神奈川県 新潟県佐渡・岩船郡 富山県東礪波郡 山梨県 静岡県 沖縄県首里 *じょーのくち 青森県三戸郡・南部 山形県 *じょーぼ 千葉県君津郡・市原郡 *じょーぼー 千葉県香取郡 *じょーまえ 岩手県上閉伊郡 山形県 *じょごっこ・じょごじ 青森県津軽「じょごっこね、大（お）き、柿の木ぁある家（え）だね」 *じょのぐち・じょんぐち・じょぐち 山形県 *じょんのぐち 山形県南村山郡

てかご【手籠】 ⇨かご（籠）

でかせぎ【出稼】 *おとしべ 石川県珠洲郡 *じょーげ 奈良県吉野郡 *でかめぎ（「かめぎ」は動詞「かめぐ」の名詞形）熊本県芦北郡・八代郡 *ゆきけやし（冬の積雪期間に行く出稼ぎ）岐阜県飛驒「隣のぁねさはどうやらゆきけやしじゃぞ」 *やんしゅ（北海道などへ長期に雇われた出稼ぎの漁師）青森県上北郡 *やんしゅー（北海道などへ長期に雇われた出稼ぎの漁師）北海道函館

てがみ【手紙】 *ごじょー 宮城県 *はがち 沖縄県首里 *びん 香川県 沖縄県首里

できもの【出来物】 ⇨ふきでもの（吹出物）

できる【出来】

①物事が生じる。 *いる 兵庫県多紀郡「でぼちんにごっついちょころこがいた（額に大きいこぶができた）」

②物事をよくする。 *いける（うまくできる）青森県三戸郡「口がいける（おしゃべりが達者である）」 岐阜県北飛驒 高知県高岡郡 *でる（できる。また、でき上がる）岩手県「なかなか勉強のでる人だ」 宮城県 山形県 福島県「おらはこの問題出た（できた）」 山梨県 *ませこい（なんでもよくできる）徳島県三好郡 *みがましー・みだましー（なんでもよくできる）静岡県小笠郡「あの人は何をやってもみだましい」 *みやましー（なんでもよくできる）長野県下伊那郡 *みざましー（なんでもよくできる）山梨県南巨摩郡

③することが可能である。 *うっちる 山梨県南巨摩郡「おれどーってこんくらいの仕事はうっちる」 *えー 青森県津軽「打つにええ（打つことができる）」「見るにええ（見ることができる）」 *きー（多くは動詞の連用形について可能の意を表す）鹿児島県揖宿郡「気ばりきーもはんじゃった（たえられませんでした）」・鹿児島郡 *きる（多くは動詞の連用形について可能の意を表す）福岡県「百姓でん何でんしもきらんがー（できはしないだろうよ）」 佐賀県佐賀郡・唐津市「仮名ばつけたらおりでちゃー読みきる（私でさえ読める）」 長崎県長崎市・西彼杵郡 熊本県「君は渡りきるか」 大分県 宮崎県西臼杵郡「暑え時なあ急がしゅ歩みきらん」 鹿児島県 *しきる（することができる）熊本県下益城郡 *ずる 熊本県天草郡 *なっ 鹿児島県喜界島「か

っがなっ(書くことができる)」 *なゆん 沖縄県首里「くれー わーがん なゆん(これは私でもできる)」 *なる 茨城県稲敷郡「ならんにゃい」 新潟県「危険を顧ず他人を救ふことはならんことだ」 三重県志摩郡 滋賀県彦根「しゃならん(できない)」・神崎郡 大阪府泉北郡「ならーはん」 島根県出雲市「ならへわ」 愛媛県「高くて買いがならん」

鹿児島県「こげな問題しわならん」・種子島「取返しもならん」・口之永良部島・沖永良部島 *わかる(できる。成し得る。役に立つ)宮城県玉造郡・仙台市「単物一枚明日中にわかっかわかんねか、聞いて来い」 山形県米沢市「この紐でもわがる」「この位あれば、わがる」

□だけ *きりいっぺー 埼玉県秩父郡「きりいっぺーかけたが負けちまった」 千葉県長生郡 *せーさい 岐阜県飛騨 静岡県「せーさい勉強致します」・榛原郡「せーさいそんなもんずら」 三重県 京都府 大阪市「せゑさい一升あるかなしや」 兵庫県加古郡「そう多くもできぬ、せいさいそれぐらいのものだ」 和歌山県 鳥取県「逃げたのがせいさいだった」 島根県「あの男はせーさいこのぐらいしか出来ん」 岡山県苫田郡 愛媛県 *せっさい 島根県八束郡 *できほーだい・できほーず 新潟県佐渡「出来ほうだい立派に作ってくれ」 *なまん 長崎県南高来郡「なまん注意して行けよ」 *はらびき 岡山県小田郡 広島県沼隈郡 *みいっぱい 新潟県佐渡

てくび【手首】 *くで 山形県村山 *こうで 岡山市「小腕がさがる(手首の関節をちがえる)」 *こーで 静岡県榛原郡 *てぃーぬかい 沖縄県竹富島 *てぃーぬかや 沖縄県新城島 *てぃーぬはや 沖縄県黒島 *てぃーぬふび 沖縄県八重山 *てぃーぬふん 沖縄県小浜島 *てぃぬん 沖縄県与那国島

でこぼこ【凸凹】 *いごかご 島根県石見「垣がいごかごにこしらえてある」 *がび・がびー・がびがび・がびがびがび・がびーがびがび 和歌山県西牟婁郡・東牟婁郡「この木は、がびがびがびのある木だ」 *がんくら 青森県「石ががんくらになっている」 秋田県北秋田郡「石が出てがんくらになっている」・鹿角郡 新潟県東蒲原郡 *がんけ 秋田県鹿角郡「がんけ頭」 *きっこぶたっこぶ 茨城県・多賀郡 *ぐーふぁーふぃーふぁー 沖縄県首里 *じゃがぶつ 山形県南置賜郡・米沢市 *じゃかぼこ 栃木県那須郡 *じゃがぽこ 山形県 *じゃきぼき 千葉県君津郡 *だくひょく 大分県北海部郡 *だくぼく 長崎県南高来郡・対馬 大分県日田郡「あの山はだくぼくある」 *たくぼへくぼ 福岡市 *だくぼり 長崎県壱岐島「だくぼりの出来ちょる」 *だこびこ 山形県西置賜郡・庄内 *だごへご 富山県「この道がだごへごとしておる」 鳥取県東部 島根県隠岐島「道がだごへごで歩かれん」 *だっくりひょっくり 大分県北海部郡・南海部郡 宮崎県東諸県郡 *だっこしっこ・だこしこ 富山県 *たまり 島根県出雲「道がたまりになって歩きにくい」 *たんぐりへん 奈良県南大和 *たんぐりへんぐり 和歌山県「この道にはたんぐりへんぐりが多い」 *だんこ 埼玉県秩父郡 *だんこだんこ 岐阜県飛騨 *だんこちんこ 富山県 岐阜県飛騨 *たんごへんご 岡山県和気郡 *だんだら 島根県 *でくぼかくぼ 山形県東村山郡「でぐぼかくぼの田」 *でくぼしゃくぼ 千葉県夷隅郡 *でこぼかこぼ 秋田県鹿角郡 *でこまふこま 青森県上北郡 *でついつ 三重県志摩郡 *でっくぼはっくぼ 山形県米沢市 *でっくぼひっくぼ 山形県東田川郡 *でっくまばっくま・でっくまぼっくま 宮城県仙台市 *でっこびはっこび 山形県 *でっこましやっこま 群馬県桐生市 *でっこまひっこま 茨城県真壁郡 群馬県勢多郡「あの道はでっこまひっこまで歩きにくい」 *でっこまへっこま 東京都南多摩郡 神奈川県高座郡 *でっこみひっこみ 神奈川県中郡 *どぅがいふぃがい 沖縄県首里 *どぅんてぃかーんてぃ(「とぅんてぃ」は「飛出」の意) 沖縄県石垣島 *どんちゃん 島根県出雲「道がどんちゃんで歩かれん」 *ふろく 長野県 愛知県知多郡 山口県 *へにゃぐにゃ・へにゃごにゃ 島根県美濃郡・益田市「えらい線がへにゃごにゃしとるのー」 *ぼきちゃく 千葉県・上総 *ぼくちゃく 千葉県夷隅郡 *よんごひんご 宮崎県

↓おうとつ(凹凸)

□のあるさま *いぐちぐ 兵庫県淡路島 *いぐりちぐり・いぐれちぐれ 香川県大川郡 *いっちくたっちく 徳島県 *いぶしこぶし 島根県西部「蚊にくわれて身体中いぶしこぶしになった」 山口県玖珂郡・大島 愛媛県 福岡市 長崎県対馬・壱岐島 大分県 *いぼしこぼし 福岡市 *いんぐりちんぐり 徳島県「着物をいんぐりちんぐりに着ている」「私は歯がいんぐりちんぐりに生えとる」 香川県大川郡 愛媛県 *いんずりでんずり 長崎県対馬 *がび・がびー・がびがび・がびーがびがび 和歌山県西牟婁郡・東牟婁郡「此の道はがびがびやの」 *じきっぱ 島根県仁多郡 *どかすか 和歌山県海草郡「土がどかすかする」・東牟婁郡 島根県隠岐島「どかすかして歩かれん」 *どかひく 岡山県 *どがへが 兵庫県加古郡 岡山県久米郡 広島県比婆郡 *どからばから 山形県米沢市・南置賜郡「どからばからて道あ悪い」 *どんぐりへんぐり 奈良県南大和

でしゃばる *いきぼる 岐阜県飛騨「あんまりいきぼると承知せんぞ」 *いぎほる 山形県庄内 *がしゃばる 和歌山市 *かっちゃぬける 山形県米沢市・東置賜郡 *かっちゃのける 山形県西置賜郡 *かっちゃらげる・かっちぬける 山形県米沢市 *かっちゃらぬける 岩手県気仙郡 宮城県登米郡・石巻「みんなをかっちゃらぬげて持ってった」 山形県米沢市 *かっちゃらのける 岩手県気仙郡「かっちゃらのげで行ってしまった」 宮城県玉造郡 *かっちらのける 岩手県気仙郡 *きしゃば

る石川県石川郡 *ぎしゃばる 新潟県佐渡 富山県下新川郡 長崎県南高来郡 *こっぺきる 長野県更級郡 *さいあがる 岡山県児島郡 香川県 *さいでる 福井県大飯郡 奈良県宇陀郡 *さいはじける 秋田県河辺郡「あいつは何へでもせぁふぁんじける」 山形県 新潟県中頸城郡 *さいばる 岡山県・苫田郡「おまえら、さいばらーでもええこっちゃ、すっこんどれ」 *さきだまかえる 青森県上北郡・三戸郡 *さしはんきゆん 沖縄県首里 *さちこばる 愛媛県 *さちばる 愛媛県 *しゃーずる 熊本県玉名郡 *しゃーはちくる 熊本県玉名郡 *じゃじゃばる 青森県三戸郡「人前でじゃじゃばるから嫌われる」 神奈川県中郡 *しゃしゃまぜる 鳥取県西伯郡 *じゃじょーばる 島根県邑智郡 *しゃちかく 滋賀県 *しゃちがく 京都府北部 *しゃちこばる 岡山県上房郡 広島県高田郡 愛媛県越智郡 *しゃちばる 岡山県上房郡・吉備郡 *しゃはる 岡山県久米郡・岡山市 *せばる 島根県那賀郡・邑智郡「あんまれせばると嫌われるぞ」 *そーばいつく 新潟県佐渡 *でっぱめぐ 青森県三戸郡 *でっぱる 千葉県印旛郡 *でばさる 栃木県大田原市 *でばる 岐阜県飛騨
↓ですぎる(出過)

□こと *あぜはしり 富山市「あの人はあぜはしりだから困る」 福岡市 *いきすぎ 新潟県西頸城郡 長野県 岐阜県 静岡県 愛知県名古屋市・知多郡 三重県松阪市 島根県石見「いきすぎを言うな」 山口県阿武郡・見島 徳島県 香川県 *おじはっちゃ 宮城県仙台市 *おしゃち 三重県一志郡 徳島県 愛媛県 *おしゃちん 愛媛県 *おじゅーはっちゃ 宮城県仙台市「あの男のおじゅうはっちゃにも困る」 *おてんば 山口県阿武郡 *ちょべ(小生意気に出しゃばること) 新潟県中頸城郡「ちょべすんな、おれもしってる」 *てんば 和歌山県「てんばするな」 山口県「てんばをやく」 *てんばこき 和歌山県新宮「あの方はほんとにてんばこきです」 *てんばち 三重県志摩郡「てんばちする」 *めーぬばがい 沖縄県首里

□さま *おしゃち 三重県一志郡 徳島県 愛媛県 *おしゃちん 愛媛県 *こしゃべ 島根県隠岐島 *とっぱーちけ 島根県大原郡「あのかっこーはとっぱーちけな」

□人 *おしゃち 三重県一志郡 徳島県 愛媛県 *おしゃちん 愛媛県 *おてんば 山口県阿武郡 *さしはんかー・さしはんきむん 沖縄県首里 *てんば 和歌山県「てんばするな」 山口県「てんばをやく」 *てんばこき 和歌山県新宮「あの方はほんとにてんばこきです」 *てんばち 三重県志摩郡「てんばちする」

ですぎる【出過】 *こーかる 福岡市 *こっぺきる 長野県更級郡 *さちこばる・さちばる 愛媛県 *さやばしる 茨城県稲敷郡 栃木県 *しゃちこばる 岡山県上房郡 広島県高田郡 愛媛県越智郡 *しゃちばる 岡山県上房郡・吉備郡 *しゃはる 岡山県久米郡・岡山市 *でっぱる 千葉県印旛郡 *でばる 岐阜県飛騨 *ばいさらつく・ばいさらずく 新潟県佐渡
↓でしゃばる

□こと(さま) *おーばっちょ 和歌山県「女のくせにおうばっちょやかのう」 *おじゅーく 群馬県吾妻郡 埼玉県秩父郡 *おじゅーこ 長野県 *おじょーこ 長野県上田 *おじょーこー・おじょこ 長野県長野市・上水内郡 *くんじょー 千葉県夷隅郡・君津郡 *こっぺ 山形県東置賜郡・南置賜郡「こっぺしんな(するな)」 千葉県夷隅郡 新潟県東蒲原郡 長崎県北松浦郡 *こっぺー 茨城県東南部 千葉県 東京都南多摩郡 神奈川県 新潟県東蒲原郡 山梨県 *こべ(差し出口) 新潟県中頸城郡 *じーく 茨城県猿島郡 *じくー 群馬県邑楽郡 *しゃっぺ 山形県西置賜郡 *じゅーく 群馬県山田郡 *じゅーくー 群馬県「じゅーくーするじゃない」 埼玉県秩父郡・北葛飾郡「他人のことに余計なじゅーくー言うな」 *じゅく・じく 埼玉県大里郡

でたらめ【出鱈目】 *あじゃむじゃ 石川県能美郡 *あたりほーだい 岐阜県大垣市 *いーからかん 栃木県 *いーかん 埼玉県秩父郡 長野県東筑摩郡 *いーかんぶし 埼玉県秩父郡「いーかんぶしべえ(ばかり)言っている」 *いーかんべ(いい加減な人) 群馬県勢多郡 *いーくれ 宮城県仙台市 *いーくれー 長崎県壱岐島 *いかげ 和歌山市「いかげなもんやな」 *いきなり 新潟県佐渡 山梨県・南巨摩郡 長野県上伊那郡「仕事がいきなりだ」・佐久 静岡県田方郡・磐田郡 三重県志摩郡・名張市 滋賀県蒲生郡 和歌山県「いきなりな人やよって約束した事も何も忘れてしまふんやなかろかの」 島根県美濃郡・益田市「いきなりで出て来た」 岡山県岡山市「子供をいきなりにしては為がわるい」・御津郡 熊本県阿蘇郡 *いけなり 鳥取県東部 *いっかん・えーかん・えっかん 長野県東筑摩郡 *いっくらい 岩手県気仙郡「いっくれぁなごどかだれ(でたらめ言うな)」 *いやんべ 宮城県仙台市「いやんべな仕事しさんすな、まてーにしさえ」 *えーかもん・えーからげん 静岡県志太郡「ええからげんなもんだぇー(でたらめなものだよ)」 *えーからかん 栃木県 山梨県 静岡県小笠郡「ええからかんの勉強で困る」 *えーからげ 島根県美濃郡・益田市「えーからげな事ばっかししとる」 *えーからごー 島根県美濃郡・益田市 *えーからもん 静岡県志太郡 *えーころ 島根県石見「えーころを言うな」 *えーころかげん 山形県北村山郡 愛知県知多郡 島根県「えーころかげんなことをする」 *えーころはちべー 島根県石見「あいつはえーころはちべーをきめるけー信用がならん」 広島県高田郡 山口県・大島 *えがべかんじょ・えがべかんじょえ 山形県西村山郡 *えくらい 宮城県石巻「えくれぁなごとばり語って人をだま

す」 *えくらえ・えっころかげん 山形県「えくらえな事する」 *えくらかげん 青森県津軽 *えくりてげ 山形県西村山郡・西田川郡 *えこらんべぁ 秋田県平鹿郡「えこらんべぁに書いてやれ」 *えっからかげん 青森県津軽 *えっからかん 長野県東筑摩郡「あの人はえっからかんな事をいふんだ」・西筑摩郡 *えっくらたげ 山形県最上・庄内「えっくらたげ掃除する」 *おーたいこ 兵庫県淡路島 *おーたいず 新潟県佐渡「その仕事はおおてえずにしておけ」 長野県北佐久郡・南佐久郡 岐阜県恵那郡 愛知県葉栗郡「おーたいずな人」・知多郡 *おーてーず・おーうてーぞ 長野県 *おーでっぽ 広島県高田郡 *おた 静岡県志太郡「おたばっこいてやーがる(与太ばかり飛ばしている)」 *おっつくらい 宮城県 *おでやりまかせ 新潟県西頸城郡 *おてんつら・おてんつる 島根県那賀郡 *おまく 福島県中部 *およそ 兵庫県加古郡 香川県「そなんおよそ言うたらいかん」 *かっきなし 岩手県九戸郡 *かなっぱずれ 群馬県勢多郡 *かんす 島根県隠岐島 *がんす 広島県芦品郡 愛媛県「がんすをゆう」 *くーねつ 大分県「くーねつゆーな」 *くちほーだい 島根県 *こーたれ 長野県下水内郡 *ごーたれ 長野県佐久 *ごじゃ 茨城県鹿島郡 岡山県浅口郡 徳島県 香川県 愛媛県 *ごじゃくそ 香川県三豊郡・木田郡 *ごじゃっぺ 栃木県「そんなごじゃっぺ誰が本気にする」 *ごじゃはげ(強意) 香川県 *ごじゃぶろ 徳島県 香川県大川郡(強意) *ごじゃんぽ 徳島県 *ごじょほ 兵庫県加古郡「ごじょほですませてしまう」 *ごちゃっぺ 栃木県芳賀郡・安蘇郡 *ごん 香川県伊吹島 *ごんぼ 静岡県磐田郡 愛知県北設楽郡「ごんぼ言う」 *ごんぼー 静岡県磐田郡 *しちごどー 新潟県中越 *してんぽ 山形県西置賜郡「してんぽこき(うそつき)」 *じなくそ 島根県出雲 広島県 愛媛県 *じなたら 愛媛県生名島 *じなんくそ 岡山県真庭郡 *しゃが 兵庫県淡路島「熱が高うてしゃがを言う」 徳島県「しゃが言うたってあかん」 *じゃぐら 島根県出雲 *しゃから 山形県西置賜郡 *じゃじゃ 島根県「じゃじゃばっかぁ、えってかぁね」 *じゃじゃくちゃ 鳥取県西伯郡 島根県出雲 *じゃじゃこ 島根県隠岐島 *じゃじゃもじゃ 島根県出雲 *じゅんさい 滋賀県彦根「じゅんさいな人(いいかげんなことを言う人)」 大阪市 兵庫県明石郡 香川県小豆島「じゅんさいなこといわんといて」 *じら 宮城県登米郡 福井県坂井郡 滋賀県彦根 *じらくそ 広島県高田郡 *しらしこ・しらしこだえ・しらじと 島根県出雲「しらしこに何を言うか」 *しらずごめ 島根県 徳島県「しらずごめ言うな」 愛媛県 *しらずごみ 愛媛県「知らずごみに偉そうなことを言う」 *しらすと 島根県 *しらつと 島根県隠岐島「しらつと出かけた」 *しらんこー 島根県仁多郡 *しらんごめ 香川県「しらんごめにいうな」 愛媛県 *しらんごめん 香川県「しらんごめんでとばした」 *しらんどく・しらんとこ 三重県伊賀 *すーたり 大分県大野郡 *すってんほ・すってんつ 山形県米沢市 *すってんぽ 山形県「すってんぽかたり(うそつき)」 *すてんくら 山口県豊浦郡 *すてんぽ 石川県金沢市 長野県下水内郡 *すてんぽー 新潟県佐渡 *すとかん 島根県隠岐島 *すばくら 静岡県富士郡 和歌山県 *すばくらもの 和歌山県 *ずら 宮城県栗原郡「ずらふく」・仙台市「づらうそ(全くのうそ)」 福島県中部・浜通「ずら語んな」 *ぜーくれー 福島県相馬郡「ぜぇくれぇ言う」 *ぜら 岐阜県郡上郡「おりゃな、ぜらいっとるんじゃで」 *たーくら 群馬県利根郡・吾妻郡 長野県「たーくらを言ふ」 *たーくらたー 長野県 *たーこと 群馬県 *たーじん 鳥取県気高郡・岩美郡 *たいこー 兵庫県淡路島 *たく 長野市 *たくら 群馬県佐波郡 新潟県西頸城郡 山口県豊浦郡 熊本県下益城郡 *たくらく 島根県美濃郡・益田市 *たくらけ 島根県那賀郡 *たこーら 島根県石見「あいつのたこーらにも困ったもんじゃ」「たこーらばなしはたいていにしておけ」 *たらく 群馬県佐波郡 *たれこ・おたれこ 長野県佐久 *たわくら 長野県南佐久郡 *たんか 鹿児島県 *ちぐはぐ 島根県隠岐島 *ちゃら 茨城県稲敷郡 群馬県邑楽郡 埼玉県秩父郡 神奈川県津久井郡 山梨県・南巨摩郡 静岡県田方郡「あの男はちゃらばかり言ってゐる」 岡山県「ちゃら師」「あいつはちゃらばあ言うておえん」 *ちゅーらー 島根県石見「あんまりちゅーらーを言うな」 *ちょぶぐれ 福島県東白川郡「ちょぶぐれかたる」 *ちらっぷら 長野県南佐久郡「ちらっぷらをいう」 *ちらんぷらん 長野県佐久 *つくりだし 富山県砺波 岐阜県北飛驒・吉城郡「そんな事はつくりだしやろう」 *つくるい 島根県隠岐島「つくるいを言うけんあてにならん」 *つけだし 三重県北牟婁郡「よーけつけだしいふな(でたらめを言うのもたいていにしろ)」 *であい 島根県那賀郡 *でかい 長野県南佐久郡 *でぐら 群馬県勢多郡・佐波郡 *でぐらっぱち 群馬県桐生市・佐波郡 *でこまつ 栃木県「何かにつけでこまつばっかりいっている」 *でごろ 群馬県勢多郡 *です 岐阜県飛驒「ですこくな」 *でたっぱち 群馬県前橋市 *でたらすっぽ 長野県佐久 *でたらぱち 栃木県佐野市・安蘇郡 *でっうず 山形県東田川郡 *でって 長野県佐久 *てっぽ 新潟県 香川県 *でっぽ 長野県佐久「でっぽゆふな」 *てっぽー 山形県東田川郡 新潟県 徳島県 香川県 *でっぽー 東京都八王子 神奈川県 新潟県南魚沼郡・中頸城郡 長野県佐久 *でっぽーけ 山梨県 *でほ(「でほうだい(出放題)」の転か) 山形県 福島県 群馬県佐波郡 長野県下水内郡 岐阜県郡上郡 静岡県・磐田郡 愛知県宝飯郡・額田郡 *でほー 山梨県南巨摩郡「そがー(そんな)のでほーを言うもんじゃあない」 長野県佐久 静岡県浜松市 愛知県南設楽郡 兵庫県養父郡・但馬 *でほーかい(「ほーかい」は「存分にする」の意を添える語) 長野県諏訪・上伊那郡 *でほーけ 新潟県佐渡「口からでほうけだ」 *でほーず（「方図」は「存分にする」の意を添える語）新潟県佐渡 *でほーらく（「法楽」は慰め、楽しみの意）福島県 茨城県真壁郡 栃木県 群馬県勢多郡 埼玉県秩父 神奈川県 *でほだえ・でほだれ 山形県 *でほっかい 滋賀県蒲生郡 *でほら 栃木県 *でぼら 神奈川県 長野県佐久 *でほらく 栃木県「でほらぐばっかりいってんだから」 *でま 山形県南置賜郡・西村山郡「でまこく」「でまつかす」 *でまぐれ 福島県相馬郡「ひたァ、しんにェ（他人は知らない）と思って、でまぐればあり、ゆう」・東白川郡 *でるめしょーぶ 長野県東筑摩郡「でるめしょーぶに物を賭ける」 *てんくら 島根県石見 山口県豊浦郡 大分県 *てんぐらまんぐら 東京都南多摩郡 *てんくろ 徳島県 愛媛県南宇和郡「てんくろ言うな」 高知県 長崎県北松浦郡・南松浦郡 *てんぐろ 長崎県五島 *てんすら 山口県阿武郡・豊浦郡 *てんぷくてんさい 島根県簸川郡 *てんぽくさい 島根県出雲「勝つか負けるかてんぽくさいでやって見る」 *てんぽくてんさい 島根県「てんぽくてんさいをすると後で困るで」 *てんぽこてんさい 島根県出雲 *どえんけん 長野県下伊那郡 岐阜県恵那郡 *どーこと 徳島県「どーこと言うな」 宮崎県西臼杵郡 *どごと 富山県東礪波郡「とごとばっか言うてだら（ばか）なやつじゃ」 *どてらっぽ・とてらっぽ・とてらっぺ 栃木県南部 *ととなず 秋田県平鹿郡 *どめろく 岐阜県恵那郡 *とわず 島根県隠岐島・出雲「そげなとわじえわんこね（そんなくだらない話しないで）、さ、飲めったら」 大分県中部「とわずおゆー（暴言を吐く）」 *どんぱち 山形県東置賜郡 *なんきん 大分県日田郡「なんきんを言ふな」 *ぬけほーだい 高知県安芸郡「そんなぬけほーだいを言うな」 *ねふす 岩手県気仙郡 *はぐったれ 群馬県碓氷郡 埼玉県秩父郡「そんなはぐったれがきけるか」 *はぐれ 埼玉県秩父郡 *はとのくそ 島根県隠岐島 *へご 愛媛県「へご言うな」 *ほげ 島根県鹿足郡 大分県 *ほどらい 三重県阿山郡「ほどらい言う」 兵庫県加古郡 *まくたれ 山形県西置賜郡 *まんから 栃木県 群馬県「まんからいうな」 *まんがら 東京都南多摩郡 静岡県榛原郡 *まんぱちもの 福島県 *まんみ 島根県鹿足郡 *もっそ 徳島県「もっそ言うな」 *やたら 群馬県吾妻郡 山口県 *やたりやー 熊本県 *やんもくれ・やんもれ・やんも 千葉県長生郡 *よいかん・よいからかん・よいからはちべー 静岡県榛原郡「よいかんなもんだ（ぞんざいにもほどがある）」「よいからかんに書いておく」 *よかくれー・よかろーこーべ 長崎県壱岐島「よかろーこーべばっかりゆー」 *わや 愛知県額田郡 岡山県小田郡「わやー云ふな」 →いいかげん（好加減）・「いいかげん（好加減）」の子見出し、「いいかげんなこと」・でまかせ（出任）

□な人 *すかたん・すこたん 兵庫県神戸市 *ほーずあかず 長崎県対馬 *ほーずなし・ほーぜなし 新潟県佐渡 *やっちょみさん 兵庫県加古郡

てつ【鉄】 *あらかね（精錬していない鉄）広島県山県郡 *てぃちがに 沖縄県竹富島 *てぃつぃんがに 沖縄県石垣島 *ふふんがに・っふんがに 沖縄県石垣島

てつだい【手伝】 *あいは 新潟県岩船郡・西蒲原郡 *あいほー 新潟県・中魚沼郡 *あゆー（地引き網で、組外からの手伝い）新潟県西蒲原郡 *えーは 山形県東田川郡「えーはする」 *おてこ（職人の手伝い）長野県諏訪 *かし 大分県「かしする」 宮崎県西臼杵郡 鹿児島県肝属郡「かしんいく（婚約中の娘が結婚までの間、時々、将来の夫の家に手伝いに行く）」 *かしー 福岡県浮羽郡 大分県南部 沖縄県首里・石垣島 *かせ 大分県東国東郡・北海部郡 鹿児島県薩摩 *かせー 長崎県五島「かせーしてくれれよー」 大分県 鹿児島県甑島「かなえじゅーの人どんばかせーもろーて（親類中の人に手伝ってもらって）」 *がせー 長崎県西彼杵郡・伊王島 *かせどん 鹿児島県揖宿郡「かせどんせっくいや（手伝ってくれよ）」 *かっせ 大分県大分郡 *かわいき（産婆の手伝い）島根県「せんたく物があるから、川いきに人を雇う」 *くらてご（酒の醸造の手伝い）島根県石見 *こどい 鹿児島県肝属郡 *こどり 長崎県・壱岐島 *こまんじー（馬の種付けの手伝い）島根県能義郡 *じこすり（屋根屋の手伝い）神奈川県津久井郡 *したばば（産婆の手伝い）島根県飯石郡・仁多郡 *すけ 神奈川県平塚市 長野県上田市・佐久 大阪市「風呂屋や散髪屋のすけ」 徳島県 *すけー 栃木県安蘇郡 *すけっこ 栃木県安蘇郡 千葉県安房郡 *ちゃやま（茶摘みの手伝い）三重県志摩郡 *ていがない 沖縄県石垣島 *てぃがねー 沖縄県首里 *てきだい 石川県江沼郡 *てこ 茨城県稲敷郡（職人の手伝い）・北相馬郡（職人の手伝い） 埼玉県秩父郡（職人の手伝い） 群馬県山田郡・邑楽郡（特に職人の手伝いを言うことがある）「左官のてこをする」 新潟県（職人の手伝い）・岩船郡・西頸城郡（職人の手伝い）・中頸城郡（特に職人の手伝いを言うことがある）「しごとのてこにこい」 長野県諏訪（職人の手伝い）・上伊那郡（職人の手伝い） *てご 山形県「屋根葺きのてごする」 新潟県岩船郡・下越 鳥取県「学校から帰っててごする」 島根県「稲こぎのてごをした」 岡山県 広島県 山口県 「子供をてごにやる（加勢に行かせる）」 香川県・大川郡 愛媛県 長崎県対馬 大分県 *てごー 岡山県児島郡 広島県佐伯郡・賀茂郡 山口県見島 *てごーし 京都府福知山市 *てこご 山形県西置賜郡 *てこた 千葉県香取郡 *てすけ 新潟県西蒲原郡 長野県下伊那郡 島根県石見 *てま 東京都三宅島「じゃ、てまして（手助けして)もらうかなー」 *てもと(職人の手伝い。土木工事労働者の用語) 神奈川県津久井郡　富山県砺波　静岡県榛原郡 *てやく 長崎県対馬 *てやり 長崎県対馬 *どーで 新潟県 *どーど 新潟県・刈羽郡 *どーよー(葬式の手伝い) 香川県仲多度郡「どーよーに行く」 *どりもち・おどりもち 愛知県東加茂郡 *ふしょく(大工の手伝い) 島根県八束郡 *やとい 栃木県安蘇郡(田畑の仕事などを互いに手伝い合うこと) 富山県東礪波郡「やといにゆく」 *やぶしん(新築または転居の際の手伝い) 東京都三宅島 *よりあい 岐阜県飛騨

□人 *おてこ 山梨県　長野県下伊那郡 *かせーど 熊本県 *かせーにん 熊本県天草郡 *かせど 熊本県玉名郡 *かせん 鹿児島県甑島 *こーりやくど 富山県東礪波郡 *こーりょくしゅーど 京都府竹野郡 *こーろくど 愛媛県大三島 *したぶ 島根県「左官のしたぶ」 *すけっと 群馬県勢多郡　埼玉県秩父郡　山梨県 *てこ 新潟県岩船郡　山梨県　京都府竹野郡 *てご 山形県米沢市「てごが居ないとはかどんね」 新潟県岩船郡・下越　京都府竹野郡　島根県「麦刈りにはてごが三人いる」 高知県安芸郡 *てごし 島根県大原郡 *てごにん 島根県　広島県比婆郡　山口県山口市・豊浦郡 *よそーし・よさし 東京都八丈島 *どーにん(婚礼や葬式などの手伝いをする人) 静岡県磐田郡 *どにん(婚礼や葬式などの手伝いをする人) 静岡県 *どにんしゅー(婚礼や葬式などの手伝いをする人) 静岡県榛原郡

てつびん【鉄瓶】 *あしや 熊本県阿蘇郡・下益城郡　宮崎県西臼杵郡 *あしやがんす 熊本県下益城郡 *あてがま 岩手県九戸郡　栃木県安蘇郡 *いーむんやっこん 沖縄県石垣島 *いむだっこん・いむどぅかん 沖縄県与那国島 *いむんやっくゎん 沖縄県首里 *いんぶんやっこん 沖縄県竹富島 *いんむんやっこん 沖縄県小浜島 *おちやなべ 山形市 *おどひん 香川県木田郡・三豊郡「おどひんに水入れてきな」 *かなじょか 熊本県球磨郡・芦北郡　宮崎県西諸県郡・東諸県郡　鹿児島県 *かなちゅか 鹿児島県徳之島 *かなちょか 熊本県　鹿児島県 *かなどか 鹿児島県 *かなびん 熊本県 *かま 北海道函館・小樽　青森県　岩手県　宮城県仙台市　秋田県鹿角郡　山形県置賜・米沢市　福島県北部 *かまこ 岩手県胆沢郡・江刺郡　宮城県栗原郡　秋田県　山形県 *かまっこ 岩手県九戸郡・気仙郡 *かんし 山形県酒田市・東田川郡 *かんす 長崎県五島 *かんつん(鉄瓶の一種) 富山県下新川郡 *しちやっこん 沖縄県鳩間島 *すいせんびん 熊本県菊池郡 *ちゃがす 山形県西村山郡 *ちゃがま 秋田県雄勝郡 *ちゃなべ 山形県東村山郡・北村山郡(大形) 新潟県佐渡(大形)　静岡県田方郡 *ちょか 熊本県八代郡・芦北郡　宮崎県児湯郡 *ちょこ 長崎県南高来郡 *つぃつぃやっこん 沖縄県小浜島 *てぃつぃやっこん 沖縄県竹富島・新城島 *てでりこ(座敷で用いる小形の鉄瓶) 新潟県東頸城郡 *てどり(湯沸かし用の大形の鉄瓶) 青森県津軽　福島県会津「てどり自在かぎにかけろ」・大沼郡　新潟県東蒲原郡 *てどりこ(座敷で用いる小形の鉄瓶) 新潟県東蒲原郡 *とーびん(注ぎ口や鉉(つる)が長く、底の広い鉄瓶) 静岡県磐田郡 *とひん 島根県鹿足郡 *どひん 島根県鹿足郡　岡山市 *なびだっこん 沖縄県与那国島 *ふろ(長火鉢の上に置く小さな鉄瓶) 富山県東礪波郡 *やかん 岩手県九戸郡　新潟県東蒲原郡　熊本県 *やっくゎん 沖縄県首里 *ゆがま 青森県南部　新潟県佐渡

てっぺん【天辺】 *ごでん 青森県津軽「山のごでん」 *しじ 沖縄県黒島・竹富島 *しゃっこー 新潟県西蒲原郡「頭のしゃっこー」 *しん 愛媛県周桑郡・喜多郡 *しんこー 岡山県川上郡 *しんこさき 富山県 *しんぼー 岡山県 *ずき 島根県石見「竿のずきに蜻蛉がとまった」 鹿児島県 *ずきさら 石川県鹿島郡 *ずきっとー 島根県石見「木のずきっとーに登る」「頭のずきっとーが痛あ」 *ずっけん 鹿児島県・肝属郡 *すってん 埼玉県秩父郡　鹿児島県肝属郡 *ずってん 山口県阿武郡　和歌山県 *すってんこ 岐阜県可児郡・恵那郡 *ずってんご 山口県大島 *ずってんこー 島根県石見「山のずってんこーに月が出た」 山口県・玖珂郡 *すってんじょー 埼玉県秩父郡 *すってんでん 神奈川県中郡 *すってんぺん(山の尾根) 新潟県岩船郡 *すってんぽ・すてっこ 三重県度会郡 *すっとんげ・ずっとんげ・すてんじょ・ずてんじょ・ずとんげ 三重県志摩郡 *すてっき 長野県上田 *すてんこ 岐阜県羽島郡・加茂郡　和歌山県 *ずてんこ 島根県邇摩郡 *ずでんこ 島根県

方/言/の/窓

●北海道地方の方言

北海道方言は、函館・松前などの道南地方を除いて、その大部分は明治時代に全国各地から移住した人々が、それぞれの方言を持ち込み、それらの方言の特徴が取捨選択されて形成された。

北海道のうち、道南部や沿岸部は東北方言色が強く、内陸部は比較的共通語的である。単語などには、一部に西日本の方言も見られるが、これは、西日本方言圏である北陸地方からの移住者が東北に次いで多いためである。

(手袋を)ハク、「捨てる」の意味のナゲル、起キレ・見レのような命令形などは、北海道で優勢であり、これらは「北海道共通語」とも呼ばれる。また、「水が凍る」の意味のシバレル、ストーブの火をかきまぜる道具のデレッキのような北海道特有の表現も見られる。

益田市 *ずてんこー 島根県石見 山口県阿武郡 *ずでんごー 島根県 *すてんこつ 岐阜県稲葉郡 *すてんちょー 山口県阿武郡 *すとっけん 熊本県 *すとっぺん 静岡県・志太郡「すぎのきのすとっぺんにとまってる」 *だけ 島根県鹿足郡「石垣のだけの方の草が取られん」 *ちじ 鹿児島県沖永良部島 *ちゅーてんぽ 京都府竹野郡「電柱のちゅーてんぽにひっかかっている」 *ちんぷる 沖縄県与那国島 *つぃじ 沖縄県首里・石垣島・新城島 *つざ 岡山県 *つざんこー 島根県邑智郡「旗竿のつざんこーに蜻蛉がとまった」 *つじ 島根県 岡山県 山口県阿武郡 香川県 大分県宇佐郡 沖縄県八重山 *つじんこ 島根県石見 *つじんこー 島根県邑智郡・石見 *つず 香川県豊島 *つってん 山口県阿武郡 *つってんこー 島根県鹿足郡・邑智郡 *つってんごー 島根県那賀郡 *つで 香川県綾歌郡 *つでんこ 島根県邑智郡 *つてんこー 島根県益田市・邑智郡 *つでんこー 島根県石見 *てぃじ 沖縄県石垣島 *てーない 山梨県南巨摩郡 *てすんこ・てんそこ 和歌山県日高郡 *てっかち 島根県隠岐島 *てっき 長野県「頭のてっき」 高知県土佐郡 *てっきね 長野県東筑摩郡 *てっきょ 新潟県中頸城郡 *てっきょー 群馬県吾妻郡 *てっきん 山梨県 長野県「山のてっきんまで上る」 *てっけ 大阪府南河内郡「山のてっけ」 *てっけつ 岩手県気仙郡 宮城県登米郡 *てっけん 岩手県九戸郡 *てっこ 新潟県「鼻のてっこ」 和歌山県海草郡 *てっこー 新潟県中越 *てっこーす 高知県長岡郡 *てっちょ 岩手県気仙郡 *てっちょー 福島県東白川郡 茨城県多賀郡 栃木県 群馬県利根郡・勢多郡 兵庫県加古郡 *でっちょー 福井県大飯郡 岡山県津山市 *てっつじ 岡山県 *てっぴね 長野県北安曇郡・東筑摩郡「山のてっぴねに登った」 *でっぴょー 千葉県東葛飾郡 *てんかち 岐阜県大野郡 島根県隠岐島 *てんがつじ 岐阜県大野郡 *てんがむね 岐阜県飛驒「頭のてんがむね」 *てんがり 奈良県吉野郡 *てんぎ 三重県飯南郡 高知県(頭のてっぺん) *てんぎょー 高知県 *てんきょーし 広島県倉敷島 *てんきん 長野県下伊那郡 *てんくま 長崎県対馬 *てんけ 青森県南部 *てんげす 愛媛県周桑郡 *てんけつ 岡山県苫田郡 香川県粟島 愛媛県岩城島 *てんこ 新潟県 富山県砺波 石川県 岐阜県 静岡県 和歌山県・日高郡 鳥取県西伯郡 島根県 徳島県阿波郡 香川県 *てんこー 東京都三宅島 新潟県西蒲原郡 島根県仁多郡 広島県三次・双三郡 山口県豊浦郡 *てんごー 島根県鹿足郡・邑智郡 岡山県苫田郡 *てんこさま 富山県 *てんこす 高知県「あの女は頭のてんこすに髷(まげ)を結うちょる」 *てんごす 愛媛県 *てんこち 島根県出雲 *てんこつ 岐阜県羽島郡 奈良県南葛城郡 鳥取県西伯郡 島根県出雲「木のてんこつ」 岡山県苫田郡・児島郡 広島県「山のてんこつ」 香川県 愛媛県 高知県安芸郡 *てんごつ 愛媛県周桑郡・新居郡 *てんこつじ 香川県 *てんこばち 鳥取県西伯郡 *てんじょー 群馬県多野郡 新潟県佐渡 岐阜県恵那郡 愛知県額田郡 *てんずし 岐阜県飛驒「頭のてんずし」 *てんずち 岐阜県 滋賀県彦根 *てんずり 岐阜県郡上郡 *てんちこ 島根県大原郡・簸川郡 *てんつい 兵庫県加古郡 *てんつじ 岐阜県郡上郡「あたまのてんつじがはげとる」 兵庫県加古郡 岡山県 香川県 *てんば 長野県下伊那郡 三重県志摩郡 奈良県宇陀郡「てんばまで七尺」 鳥取県西伯郡 島根県隠岐島 徳島県 *てんぶく 滋賀県蒲生郡「山のてんぶく」 *てんびね 長野県北安曇郡 *でんぶら 島根県出雲 *てんぷら・てんぷり 新潟県佐渡 *でんぼく 滋賀県神崎郡 *てんみどり 長崎県壱岐島「木のてんみどり登る」 *てんみね 山形県西置賜郡 新潟県中頸城郡 長野県 *とっけす 熊本県下益城郡 *とっけつ 福岡県 *とっけん 長崎県北松浦郡「松の木のとっけん」・五島 熊本県玉名郡 *とっけんぎょー 長崎県北松浦郡「白岳のとっけんぎょー」 *どてんこー 島根県美濃郡・益田市「頭のどてんこーをやされた(殴られた)」 *どてんじょ 愛媛県松山「その山のどてんじょにある」 *どてんじょー 京都府竹野郡 *どみ・どーみ 新潟県佐渡 *とんぎょ 愛媛県松山 大分県日田郡 *とんきょー 福岡県粕屋郡 *とんぎょー 愛媛県 福岡市 *とんけ 岩手県九戸郡 *とんげつ 福岡県 *とんけら 長崎市「頭のとんけら、鼻のとんけら」 *とんけん 愛媛県今治市 佐賀県 *とんこ 静岡県 *とんじょ 愛媛県 *にっけん 佐賀県 *にっけんちょー 広島県豊田郡 *まーつぃじ 沖縄県石垣島 *まっつぃじ 沖縄県首里・石垣島 *まっつじ 島根県石見「向うの山のまっつじに雪が積っとる」 山口県

↓いただき（頂）・ちょうじょう（頂上）・ちょうてん（頂点）

頭の□ *じんぎり 新潟県佐渡 *しんぽち 奈良県吉野郡 *ずひん 高知県高岡郡 *てっき 長野県 *てんこ 新潟県上越 *てんつじ 愛媛県 *のんこ 香川県仲多度郡・三豊郡 *のんこつじ 香川県三豊郡 *はち 群馬県山田郡 新潟県佐渡・中蒲原郡「あたまのはち」 兵庫県赤穂郡 島根県美濃郡・益田市 徳島県・美馬郡 長崎県対馬 *はつぼ 山形県庄内

木の□ *つんぱっこ 岩手県紫波郡 *てっちょーらく 東京都八王子 *てんぶら 長野県上伊那郡 *てんぷら 新潟県佐渡 長野県下伊那郡「柿がてんぷらに赤くなって居る」 *てんぶり 新潟県佐渡 *てんぽーら 山梨県南巨摩郡 *てんぽくら 新潟県上越市・中頸城郡 *てんぽら 長野県西筑摩郡 岐阜県恵那郡 *とーしんぼ 富山県 *としんぼ 福井県足羽郡 *どしんぼ・どーしん 福井県遠敷郡 *りん・りんぼち 高知県「杉のりんにひよが止って居る」 *りんこつ 高知県・長岡郡 *りんぼ 京都府与謝郡 *りんぽ 京

都府竹野郡「とんぼがあのりんぼの先に止った」・与謝郡 ***りんぽち** 高知県長岡郡

山の□ ***てんじょくたま** 新潟県上越市 ***てんじょくだま** 新潟県西頸城郡 ***てんじょこで** 千葉県夷隅郡 ***てんずく** 兵庫県氷上郡 島根県邇摩郡 ***てんだい** 兵庫県 ***てんちょこだい** 千葉県夷隅郡 ***てんどこだい** 兵庫県赤穂郡

↓さんちょう（山頂）

てっぽう【鉄砲】 ***かりやす** 福島県南会津郡 ***つつ** 高知県幡多郡 ***どんどろ** 愛知県三河

てつや【徹夜】 ***あきどぅーし** 沖縄県鳩間島 ***つんぬき** 栃木県「忙しくて今夜はつんぬきだ」 ***ねずや** 新潟県上越市「ねずやで働いた」 ***ゆーあきどぅーし** 沖縄県首里「ゆーあきどぅーしぬしぐとぅ(徹夜の仕事)」「ゆーあきどぅーしーしー しゅむつぃ ゆだん(徹夜で本を読んだ)」・石垣島・鳩間島 ***ゆーあぎどぅーし** 沖縄県石垣島 ***よねんこ** 香川県・小豆島・伊吹島「よねんこでする」

↓「おきる（起）」の子見出し、「夜通し起きていること」

てづる【手蔓】 ⇩つて（伝）

てぬぐい【手拭】 ***いじぇ** 鹿児島県 ***いっけ**(入浴用の手拭) 石川県鳳至郡・能美郡 ***いて** 石川県能美郡 鳥取県西伯郡 島根県簸川郡 岡山県 ***えちゃ・いちゃ** 鳥取県西伯郡 ***えて** 石川県能美郡・江沼郡 鳥取県西伯郡 島根県出雲・隠岐島 ***えもみ・いもみ** 千葉県山武郡 ***さじ** 鹿児島県喜界島 ***さす** 沖縄県波照間島 ***しだーでぃー** 沖縄県与那国島 ***しっし** 沖縄県波照間島 ***しゃっつらぞーきん** 静岡県川根 ***ずほど** 岩手県中通 ***たな** 秋田県仙北郡 ***ちゃきん** 新潟県 岐阜県吉城郡 ***ちゃげん** 新潟県東蒲原郡 ***ちゃっぱ** 福島県浜通・相馬郡 ***ちょーしてぬげ**(洗面用や入浴用の手ぬぐい) 岩手県九戸郡 ***ちょーじてぬげ**(洗面用や入浴用の手ぬぐい) 秋田県平鹿郡 ***ちょーじてのごえ**(洗面用や入浴用の手ぬぐい) 山形県西置賜郡 ***ちょーんでぬげ**(洗面用や入浴用の手ぬぐい) 福島県会津 ***ちょずてぬぐい**(洗面用や入浴用の手ぬぐい) 山形県南置賜郡・西置賜郡 ***ちょんてのごえ**(洗面用や入浴用の手ぬぐい) 山形県東置賜郡・東村山郡 ***つらのげ** 青森県三戸郡 ***つらふき** 岩手県下閉伊郡 ***てぃーさーじ**(「さーじ」は頭に巻く布) 沖縄県首里 ***てぃーさじ** 沖縄県八重山 ***てぃーざし** 沖縄県石垣島 ***てぃーさんつぃ** 沖縄県小浜島 ***てぃさーでぃー** 沖縄県与那国島 ***てぃさじ** 沖縄県国頭郡 ***てぃさずぃ** 沖縄県宮古島 ***てきん**(ハンカチ) 山梨県 ***てごー** 大分県東国東郡 ***てふきん** 山梨県南巨摩郡 ***てんてこ** 長野県北安曇郡 ***となぐるみ** 福島県大沼郡 ***ふきんの** 福島県南会津郡 ***ゆいつけ**(入浴用の手拭) 富山県砺波(風呂(ふろ)に備えつけてある)・東礪波郡 ***ゆいて** 島根県石見 ***ゆーちぇ** 鹿児島県種子島 ***ゆーつけ**(入浴用の手拭) 石川県鹿島郡 ***ゆーて** 埼玉県入間郡 新潟県・佐渡・北蒲原郡 福井県敦賀郡・大飯郡 岐阜県大野郡・郡上郡 三重県 滋賀県 京都府竹野郡 兵庫県淡路島 島根県邑智郡・大原郡 岡山県苫田郡 香川県・丸亀市 鹿児島県種子島 ***ゆーてー** 福井県大飯郡 ***ゆーてん** 三重県伊賀 滋賀県 大阪府泉北郡 ***ゆーとい** 滋賀県高島郡 ***ゆずい**(入浴用の手拭) 鹿児島県口之永良部島 ***ゆずいてぬぎ**(入浴用の手拭) 鹿児島県肝属郡 ***ゆずけてぬげ**(入浴用の手拭) 岩手県上閉伊郡 ***ゆっけ** 富山県砺波 福井県坂井郡 ***ゆつけ**(「湯漬」か、「ゆつかい(湯使)」の転か。入浴用の手拭) 富山県・富山市 石川県 ***ゆて** 岩手県上閉伊郡 宮城県栗原郡 山形県 福島県 茨城県稲敷郡 群馬県吾妻郡・多野郡 埼玉県 千葉県 東京都伊豆諸島・大島・新島・三宅島 新潟県 石川県鳳至郡・江沼郡 岐阜県郡上郡・揖斐郡 (四角の麻製のもの) 静岡県 愛知県宝飯郡・渥美郡 三重県阿山郡 滋賀県高島郡・加古郡 兵庫県赤穂郡(一家共用で朝の洗面の顔ふきに用いる手ぬぐい) 鳥取県 島根県 岡山県 広島県高田郡 山口県 香川県(大きなもの) 愛媛県大三島 高知県長岡郡 長崎県対馬・壱岐島 ***ゆで** 宮城県登米郡 秋田県 山形県 茨城県・北相馬郡 栃木県 埼玉県 千葉県印旛郡「ゆで、かしてくれ」 山梨県南巨摩郡 ***ゆてー** 茨城県稲敷郡 ***ゆてん** 山形県東置賜郡 ***ゆとり** 栃木県矢板市・河内郡 ***ゆもみ** 福島県・相馬郡 ***よーて** 新潟県西蒲原郡・三島郡 ***よつけ**(入浴用の手拭) 富山県下新川郡 ***よて** 山形県 新潟県 ***よで** 新潟県岩船郡

てのひら【手平】 ***おてのくぼ** 群馬県多野郡 ***たぶ・たんぼー・たっぽー・たぼー・たぼ** 東京都八丈島「たんぼーへたもーれ」 ***ちぇんはら** 鹿児島県揖宿郡 ***てぃーぬうら** 沖縄県首里 ***てぃーぬばた** 沖縄県宮古島・鳩間島・黒島 ***てぃーぬばだ** 沖縄県石垣島・小浜島 ***てぃーぬわた** 鹿児島県与論島 沖縄県国頭郡・首里 ***てぃーんわたー** 沖縄県島尻郡 ***てぃーびら** 沖縄県竹富島 ***てぃびざ** 沖縄県宮古島 ***てぃびら** 沖縄県宮古島・竹富島 ***てぃんうむて** 鹿児島県加計呂麻島 ***てぃんだ** 沖縄県首里 ***てぃんだー** 沖縄県与那国島 ***てぃんわた** 鹿児島県奄美大島 ***てーのはら** 富山県東礪波郡 ***てっぴら** 福島県東白川郡 茨城県 栃木県 千葉県印旛郡 静岡県榛原郡「てっぴらほどの土地」 ***てぬうら** 鹿児島県奄美大島 ***てのうら** 広島県芦品郡・高田郡 ***てのくぼ** 岐阜県八尾山 ***てのこば** 茨城県 ***てのさら** 東京都八丈島 ***てのはら** 岩手県九戸郡 島根県石見 広島県 山口県大島 愛媛県周桑郡 高知県土佐郡・幡多郡 長崎県南高来郡・対馬 熊本県玉名郡 大分県 宮崎県延岡 鹿児島県 ***てんくぼ** 熊本県天草郡 ***ぴら** 福島県東白川郡 ***へら** 秋田県

↓たなごころ（掌）

てぶくろ【手袋】 *うでぬき 茨城県行方郡 *てぃーぬしー 沖縄県竹富島 *てぃーぬす 沖縄県石垣島 *てかえし（わら製の手袋） 青森県津軽 秋田県鹿角郡 *てかわ（獣皮製の手袋。山言葉） 富山県中新川郡 *てぐつ 福島県南会津郡（獣皮の手袋。山言葉） 奈良県吉野郡 *てさし 福島県福島市・会津 香川県櫃石島（漁師の使用する刺し子の手袋） *てじゃら（厚ぼったい、指のない手袋。主に漁師が言う） 青森県上北郡 *てずつ・てつつ 奈良県南大和・高市郡 *てっか（「てかわ（手皮）」または「てっこう（手甲）」の転か） 秋田県鹿角郡（指の分かれていない手袋） 山形県村山 *てっかえし（獣皮で作った手袋） 北海道（親指だけ離れているもの） 山形県西置賜郡（山言葉） 新潟県北魚沼郡 *てっこ 山形県 福島県 *てっぱめ 青森県上北郡 長野県下水内郡 *てとー 山形県米沢市 *てどーら（「てだわら（手俵）」の転か。漁民が冬、使用する一種の手袋） 広島県豊田郡 *てぬき 長崎県南高来郡・長崎市（指頭が出るように作ってあるメリヤス製） 熊本県玉名郡 鹿児島県肝属郡 *てび 長野県小県郡・上田市 *てべ 長野県 *てぼ（指がなく、木綿で作った綿入りのもの） 青森県上北郡 *てほい 新潟県中魚沼郡 *てぼーし 東京都八丈島 *てぼそ（親指だけを別につけ、他の指の部分は袋状にした手袋） 岩手県気仙郡 *てぽっか 長野県佐久・上伊那郡 *てわら 岡山県児島郡（ひもを付けた刺し子の手袋。冬、櫓（ろ）をこぐ時に用いる）・邑久郡（布製の手袋で二本指か三本指のもの）・岡山市（布製の手袋で二本指か三本指のもの） *てんぽ 和歌山県日高郡 *ゆびぬき 熊本県下益城郡 *わらてほ（わら製の手袋） 青森県上北郡

てぶら【手―】 *からてんぽ 茨城県西茨城郡 *からてんぽー 群馬県多野郡 新潟県佐渡 *からみがら 広島県比婆郡 *すってんぶらりん 岩手県気仙郡 *すってんぶり 岩手県気仙郡 宮城県登米郡・玉造郡 *すでぶり 福岡市 長崎県対馬・壱岐島 *すでらぶり 長崎県北松浦郡 *つい 奈良県吉野郡 *てこぶし 大分県 *てびら 山形県東置賜郡 新潟県佐渡 島根県出雲 *てびらん 新潟県佐渡 *てふら 島根県出雲・隠岐島 *てぶらこ 滋賀県蒲生郡・神崎郡 高知県 *てぶらさんこ 滋賀県彦根 *てふり 島根県 岡山県 *てぶり 兵庫県淡路島 徳島県 大分県南海部郡 熊本県・玉名郡 *てぶりはちかん 青森県津軽・三戸郡 富山県 *てぼのけ 宮城県仙台市 *てぼろ 茨城県稲敷郡・北相馬郡 *てぼろかい 山形県西置賜郡・米沢市 *てぼろけ 宮城県仙台市 秋田県鹿角郡 山形県 *てんぶら 兵庫県加古郡「てんぶらふっていく（土産物も持たないで人を訪ねる）」 和歌山県 *てんぷらりん 岩手県気仙郡 *でんぶり 奈良県吉野郡 *てんぼろかい 宮城県栗原郡 *てんぽろけ 山形県東置賜郡 *めんから 富山市近在 *んなてぃー・んなしん 沖縄県石垣島 *んなでぃー・んなでぃーからでぃー・んなどぅー・んなどぅーからどぅー 沖縄県首里

てほん【手本】 *じょーき 島根県鹿足郡 *じょーぎ 新潟県中頸城郡 *まっくゎ 沖縄県首里

てま【手間】 *く 青森県津軽「この機械はずいぶんくぁかがたもんだな」 長野県上伊那郡「あの仕事は思ったよりくがかかってたまげた」 徳島県「中々くがかかる」 *くて 岩手県気仙郡「あまり親さくてかけるな」 *ぞー 徳島県「ぞうはない」 *てまく 和歌山県日高郡「てまくがかかる」 *てやく 高知県「少してやくはかかるが此の帳簿をうつし直して下さい」 *ぶ 島根県邑智郡「ぶがいらん（手間がかからん）」

□が掛かる *きもせがやける 大阪市 *のっぱる（仕事などの手間が掛かる） 埼玉県入間郡「いくらかのっぱるかしんねーがやっちゃっておひるにすべー」 *まどる 新潟県佐渡 *やくがかかる 高知県・高知市「毎日の事じゃきにやくのかからんお菜をこしらえよー」「日光の陽明門はなんぼかやくがこーづろー」 *よーだつ 岡山県小田郡 *よだつ 岡山県苫田郡・小田郡 愛媛県

□が掛かるさま *しちかち・しっちかっち・しっちりかっちり 島根県出雲 *しっけかっち 島根県能義郡 *しっちゃーかちゃー 島根県仁多郡 *しどけとり（「しどけ（＝紅葉笠）」を採るには時間を掛けて根気よく探さなくてはならないところから、ぐずぐずして手間の掛かること） 岩手県上閉伊郡・気仙郡 *よだち 島根県出雲「そげな別よだちゃーしません（別にごちそうはいたしません）」 岡山県苫田郡「娘がむこをつれてくるいうもんですけえ、おおよだちゃしょうりますんでな」

でまかせ【出任】 *おでやりまかせ 新潟県西頸城郡 *ごんぼ 静岡県磐田郡 愛知県北設楽郡「ごんぼ言う」 *ごんぼー 静岡県磐田郡 *せーたらはじき 長野県佐久 *ちょっぱい 島根県「ちょっぱいを言うな」 *ちらっぷら 長野県南佐久郡「ちらっぷらをいう」 *ちらんぷらん 長野県佐久 *であい 島根県那賀郡 *でしだい（「口から出次第」の意） 福島県岩瀬郡 *でほーず（「方図」は「存分にする」の意を添える語） 新潟県佐渡 *でまぐれ 福島県相馬郡「ひたァ、しんにェ（他人は知らない）と思って、でまぐればあり、ゆう」・東白川郡 *ほげ 島根県鹿足郡 大分県 *わちゃ 愛知県額田郡 *わや 愛知県額田郡 岡山県小田郡「わやー云ふな」

↓でたらめ（出鱈目）

てみやげ【手土産】 *いんしもの・いんし 岐阜県飛騨 *いんしんもの・いんしん 長崎県対馬 *おとび 福岡市 *てぐさ 島根県出雲「てぐさ無しでは行かれん」 *てじるし 岐阜県飛騨 *てもずら 岐阜県飛騨 *とっぴ 秋田県鹿角郡「とっぴもたぢに（手土産も持たずに）」 *とんび 宮崎県日向

→みやげ（土産）

でもどり【出戻】 *いきもどり 岡山市 山口県豊浦郡 愛媛県 *からまし 青森県三戸郡「何度もからまして親に心配かけるべぁ」 *たちむどぅい 沖縄県首里 *たびげーり 栃木県安蘇郡 *やまがえり 青森県三戸郡

□の女性 *おでんがえり 埼玉県秩父郡 *おばさま 愛知県北設楽郡 *おんばん 長崎県北松浦郡 *でっくりかえり 東京都八王子 神奈川県津久井郡 *でっくるかえり 神奈川県中郡 *でんがえり 群馬県多野郡 埼玉県秩父郡 *でんもー 静岡県榛原郡 *んぎぴとぅ 沖縄県石垣島

てら【寺】 *がらんしょ 奈良県南大和 *ごぼ 富山県砺波 *ごぼはん 富山県 *だんだんさん 香川県・小豆島 *どーじょ 富山県砺波 *どーじょー 奈良県高市郡 *ぼーじぬやー 沖縄県石垣島 *みちき 東京都八丈島 *りょー 千葉県印旛郡・東葛飾郡 山口県

てる【照】 *あーるん 沖縄県石垣島 *さく 山口県玖珂郡「日がさく」 *こちらける（朝、一時的に日が照る） 岩手県気仙郡

でる【出】 *いじゆり・いじゅろ 鹿児島県奄美大島 *いじゆん 沖縄県国頭郡 *いでぃるん・いでぃん 沖縄県石垣島 *いでる 沖縄県宮古島「月ぬいでるぱず（月が出るだろう）」 *じる 鳥取県西伯郡「じょい（出よう・行こう）」 島根県出雲「じょか（出ようか）」 *ずい 熊本県天草郡 鹿児島県種子島 *ずっ 佐賀県藤津郡 *ずる 福岡県八女郡・三潴郡 佐賀県唐津市 長崎県五島・彼杵・西彼杵郡 熊本県「ぬしがづる幕ぢやなか」 宮崎県「ずらるる（出られる）」 鹿児島県種子島 *つっとずる 熊本県芦北郡 *である 山形県東田川郡「であってみだば（出てみたら）」 *できる 岩手県気仙郡「布団から足ぁできた」「お月様ぁできた」 宮城県北部 山形県「前におできなさい」 福島県北部 東京都八丈島 山梨県「水ができる（出る）で洗濯がでる（できる）」 *でくる 長崎県壱岐島「（化け物は）雨ぇの降りょうまうな夜さりがようでくる」 熊本県天草郡 *でける 青森県（鼻汁など） 岩手県九戸郡「ぁの火事あ炬燵がらでげた」 熊本県天草郡 *ではる 北海道 青森県「月ではた（月が出た）」 岩手県「みんな船つなぎさ（船をつなぎに）ではったったのす」 宮城県 秋田県「そんなに前にではるな」 山形県 新潟県 *でやる 山形県南村山郡 三重県伊賀「でやん（出ない）」 *はいでる 東京都八丈島「ここんしゅーつっとって、ひゃーでろあ（ここに置いておいて、帰りますよ）」「わりぁ、けー我がえーからへーでてめえろうでおじゃろが（私は今晩家出をして参ったのでございます）」 *ひっとずる 佐賀県「ぁのおよめさんはひっとでた様子」 長崎県伊王島 熊本県 *ふっとずる 長崎県伊王島 *るり 奈良県吉野郡 *んじゅん 沖縄県首里

てん【天】 *あまぶた（山言葉） 青森県西津軽郡 *あめがした 三重県志摩郡 *おてんとーさま 岡山県御津郡 *おてんとさま 東京都三宅島 愛媛県周桑郡・松山 *おてんとさん 香川県 *かさ 長野県 *くも 兵庫県養父郡・加古郡「くもいっぱい」 *てぃんとー 鹿児島県喜界島・沖永良部島 *てぃんとーさま・うてぃんとー 鹿児島県喜界島 *てんじく 宮城県栗原郡・登米郡 山形県 福島県岩瀬郡・石城郡 埼玉県北足立郡・入間郡 千葉県九十九里浜・香取郡（小児語） 東京都八王子 神奈川県津久井郡・中郡 新潟県佐渡・長岡市 富山県婦負郡 石川県 福井県大野郡・足羽郡 山梨県 長野県 岐阜県恵那郡・安八郡 静岡県 愛知県宝飯郡 広島県高田郡 福岡県 佐賀県 長崎県南高来郡 宮崎県西臼杵郡 *てんじくさん（小児語） 新潟県佐渡 *てんじくだま 新潟県三島郡 *てんじつ 長崎県五島 *てんじゅく 青森県津軽 岩手県九戸郡・江刺郡 宮城県玉造郡 福島県中部 神奈川県藤沢市 福井県南条郡・敦賀郡 長野県佐久 長崎県南高来郡 熊本県玉名郡 *てんじゅくさん 新潟県佐渡 *てんじょ 秋田県鹿角郡 千葉県印旛郡・市原郡 新潟県 *てんじょー 宮城県栗原郡 福島県 茨城県 栃木県 群馬県佐波郡 千葉県 新潟県佐渡 *てんじょく 宮城県栗原郡 栃木県宇都宮市・河内郡 新潟県 富山県・下新川郡 長野県「てんじょくから雨が降って来た」 佐賀県藤津郡 *てんじょくだま 栃木県今市市・安蘇郡 新潟県中頸城郡 *てんじょこ 山形県東村山郡 新潟県東頸城郡 *てんじょこだま 栃木県 *てんずき 岐阜県山県郡・武儀郡 *てんずきさま 愛知県葉栗郡 *てんずく 富山県射水郡 岐阜県 京都府 *てんぞく 富山県 *てんちく 茨城県真壁郡 *てんつく 岐阜県武儀郡 *てんと 香川県香川郡・仲多度郡 愛媛県周桑郡 鹿児島県徳之島・沖永良部島 *てんとー 愛媛県周桑郡 *てんとさん 秋田県雄勝郡 香川県香川郡・綾歌郡 *てんとはん・おてんとはん 愛媛県周桑郡 *てんにー 東京都八丈島 *てんねー 東京都八丈島「てんねいに舞いあがる」・三宅島 *てんねん 東京都三宅島 *ふれ 石川県江沼郡「ふれ窓（屋根の煙出し）」

運を□に任せること *うんとーてんとー 広島県高田郡 福岡市 長崎県対馬 *うんとてんと 宮崎県東諸県郡 *うんぱてんぱ 新潟県頸城 *うんぷかんぷ 岐阜県本巣郡 *うんぷさんぷ 長崎県五島 *うんぷたんぷ 山形県東田川郡 *うんぷてんぷ 山形県 長野県下伊那郡 *おんぷてんぷ 岩手県気仙郡「おんぷてんぷやってみろ」

てんき【天気】 *あーり 静岡県「あーりばかよくても今日はとれん」 *あわい 茨城県・稲敷郡「いいあわい（好天気）」 千葉県香取郡・海上郡 *うゎーつぃち 沖縄県首里「いーうゎーつぃち（よい天気。晴天）」 *おーつぃき・おしき 沖縄県石垣島 *おーつき・おーしき・おーひき・おーっき 沖縄県竹富島 *かど 富山県東礪波郡「よいかどじゃのい」

*きしゃ 石川県能美郡 *じんき 島根県出雲市・隠岐島「この頃はじんきがよい」 *そーもく 東京都三宅島「そうもくが変った(天気が悪くなった)」 島根県石見「今日はよいそーもくであります」 香川県「雨の降りそうなそうもくになった」 広島県 *そら 新潟県佐渡「そらがようてよかったなあ」 富山県下新川郡 *により 広島県安佐郡 *もよ 富山県砺波 *もよー 福島県相馬「もよー悪い」 富山県砺波・東礪波郡「よいもよーが続くのい」 山梨県南巨摩郡 鳥取県岩美郡・気高郡「もよーが悪いよーですなー」 島根県隠岐島 *もより 東京都八丈島「よけ(よい)もより」「もよりが悪きゃ」 *よーす 滋賀県彦根

晴雨の定まらない□ *あねこてんき 秋田県鹿角郡 *いちくくじんち 沖縄県首里 *いっこくびより(「降るごと降らざるごと」の「ごと」を「五斗」に掛けて五斗五斗で一石の称が出たという) 福岡市 宮崎県西臼杵郡 *いっこっびよい 鹿児島県 *おくにしもよー 富山県砺波 *きちがいぞら 山形県 新潟県佐渡 *きちがいひより 香川県大川郡 *きちがいびより 福岡市 熊本県玉名郡 *きっげびよい 鹿児島県 *しびたれてんき 島根県江津市 *なきつらてんき 青森県津軽 *はえびより 和歌山県日高郡

□**が回復する** *しじゃがる 大分県大野郡 *ねじあがる 大分県大分市・大分郡「もうねじあがりそうだ(もう天気も回復しそうだ)」 *ねじあげる 兵庫県氷上郡 *のしあげる 広島県比婆郡 山口県都濃郡・阿武郡 *ひゃーがゆん 沖縄県首里 *まえかえる 大分県北海部郡 *もちなおる・もりかえる 大分県大分郡

てんきあめ【天気雨】 *あがりあめ 三重県志摩郡 *あましろ 徳島県美馬郡 *おひさんあめ 徳島県名西郡 *きちがいあめ 島根県出雲 徳島県三好郡 *きつねあめ 神奈川県横浜市・茅ケ崎市 三重県名張市 徳島県麻植郡 *きつねのよめいり 岐阜県飛騨 静岡県志太郡 三重県志摩郡 兵庫県淡路島 島根県 広島県佐伯郡・芦品郡 香川県 高知県土佐郡 *きつねのよめとり 青森県南部 富山県砺波 *きつねのよめり 三重県 *きっねんよめじょもれ 宮崎県西諸県郡 *きつねのごしゅーぎ 山梨県南巨摩郡 *きつねのしいげん 島根県仁多郡 *きつねのしゅーげん 千葉県夷隅郡 神奈川県中郡・小田原市 *きつねんしゅーぎ 熊本県天草郡 *きっねどんのごずんけ 鹿児島県鹿児島郡 *けあめ 徳島県東部 *こびより 徳島県勝浦郡 *さだち 長崎県南高来郡 *したしりあみ 沖縄県石垣島 *しょーりあめ 新潟県西頸城郡 *てぃーだあみ 沖縄県首里 *てぃーだぶい 沖縄県首里 *てぃだあーみ 鹿児島県沖永良部島 沖縄県石垣島 *てぃだあーみゃー 沖縄県石垣島 *てぃだあみ 鹿児島県徳之島 沖縄県鳩間島 *てぃだあみー 鹿児島県喜界島 *てぃだあむ 鹿児島県与論島 *てだあみ 鹿児島県沖永良部島 *てだあむ 鹿児島県徳之島・奄美大島 *てらてらあめ 奈良県南大和 *てりあめ 三重県志摩郡 *てりさめ 新潟県佐渡 *てりてりあめ 徳島県美馬郡 香川県 *てりふりあめ 三重県志摩郡 *てるてるあめ 徳島県三好郡 *てんきやわり 三重県上野市 *てんてらあめ 香川県仲多度郡 *にじのしょーべん 徳島県 *ばけあめ 島根県隠岐島 *ひあたりあめ 神奈川県三浦郡 三重県志摩郡 和歌山市 徳島県海部郡・勝浦郡 *ひあてりあめ 三重県志摩郡 徳島県勝浦郡 *ひあめ 熊本県天草郡 *ひがたあめ 熊本県天草郡 *ひがたりあめ 神奈川県三浦郡 山梨県南巨摩郡 徳島県海部郡 *ひがてり 香川県三豊郡 *ひがてりあめ 新潟県佐渡 愛知県知多郡 山口県大島 徳島県那賀郡・海部郡 香川県小豆島 愛媛県周桑郡 *ひていあめ 鹿児島県屋久島 *ひでりあめ 青森県三戸郡 徳島県 *ひといあめ 鹿児島県屋久島 *ひなたあめ 神奈川県横浜市 山梨県 徳島県 熊本県天草郡 宮崎県西諸県郡 鹿児島県 *ひなてりあめ 三重県志摩郡 徳島県 *ひのあめ 徳島県美馬郡 *ひのてりあめ 徳島県名西郡 長崎県壱岐島 熊本県玉名郡 *ひのといあめ 鹿児島県種子島 *ひゃーりあみー 鹿児島県加計呂麻島 *ひやてりあめ・ひーてりあめ 三重県志摩郡 *ひょーりあめ 島根県 *ひよりあめ 岩手県上閉伊郡 千葉県安房郡 新潟県佐渡 三重県志摩郡 山口県 徳島県美馬郡 香川県綾歌郡・三豊郡 熊本県天草 宮崎県 *ひよりよせ・ひりょっりやめ 徳島県 *ひんてりあめ 新潟県佐渡 *わいた 香川県三豊郡・伊吹島

てんきょ【転居】 *いえうつり 長崎県南高来郡 *いえがえ 香川県 *いわたり 和歌山県新宮 徳島県 *うつりかた 宮崎県西諸県郡 *うゎーたまし(尊敬語) 沖縄県首里 *えうつり・えなわり 長崎県南高来郡 熊本県 *えなおり 熊本県菊池郡 鹿児島県硫黄島 *えなわい 佐賀県 熊本県天草郡 *かっしゃがえ 富山県 *ゆわたり 和歌山県 徳島市 *わたまし 山口県防府 徳島県 長崎県・南高来郡 沖縄県首里(尊敬語) ↓てんたく(転宅)・ひっこし(引越)

□**をする** *こえる 宮城県 秋田市 山形県東置賜郡 福島県相馬郡 愛知県海部郡 *なおる 山梨県南巨摩郡「あのおしょーにん(坊さん)は隣りの村の無住寺いなおるだげな」 長崎県五島・対馬 宮崎県 鹿児島県肝属郡 *なわる 佐賀県 長崎県佐世保市・西彼杵郡 熊本県南部

てんこう【天候】 ⇩てんき(天気) *やーくすん 沖縄県石垣島

てんじょう【天井】 *あま 青森県津軽 秋田県河辺郡 東京都八丈島 石川県江沼郡 静岡県 京都府加佐郡 山口県見島 *あまだ 鳥取県伯耆 島根県 広島県佐伯郡・高田郡 *うらいた 岩手県磐井郡・気仙郡 宮城県登米郡・玉造郡 山形県北村山郡・西置賜郡 福島県 茨城県 栃

木県「うらいたのふし穴かずえる様になっちゃ、病人も永いことねえぞ」 千葉県 *おーあま 石川県羽咋郡 *ずし 千葉県 神奈川県高座郡・中郡 長野県 長崎県壱岐島 *すじうら・ずしうら 三重県伊賀 *ずり 長野県北安曇郡 *そら 新潟県中魚沼郡 佐賀県東松浦郡「にきゃんそら（二階とう上＝平屋の屋根裏の部屋）」 熊本県天草郡「こやんそら（物置二階）」 *てっぺ 宮城県海岸地区 福島県海岸地区 *てんじょくだま 栃木県今市市・安蘇郡 *てんじょこだま 栃木県 *はり 岩手県上閉伊郡 新潟県佐渡 *はりいた 千葉県市原郡 新潟県佐渡 *まげ 岩手県九戸郡 *やまと 山形県最上郡「やまどをあげる（天井板を張る）」 *るす 静岡県賀茂郡

てんたく【転宅】 *うーつぃー 沖縄県首里 *かっしゃがえ 富山県 *だいやがわり 熊本県玉名郡 *なおいかた 宮崎県西諸県郡 *やーうーつぃー 沖縄県首里 *やーうちぃり 沖縄県石垣島 *やーうつぃり 沖縄県石垣島 *やーむついなり 沖縄県石垣島 *やうつい 熊本県球磨郡・芦北郡 宮崎県西諸県郡 鹿児島県 *やおつり 静岡県磐田郡 大阪府泉北郡 岡山県児島郡 山口県長府 香川県 福岡市 熊本県 *やぶつり 新潟県長岡市 *やわつり 富山県高岡市 岐阜県飛驒 *やなおい 熊本県球磨郡 鹿児島県 *やなおり 熊本県 *やなほり 長崎県対馬 *やがえ 香川県高松 *やごし 長野県上伊那郡 愛知県中島郡 長崎県南高来郡 宮崎県 *やわたり 新潟県岩船郡 富山県東礪波郡 岐阜県吉城郡 鳥取県西伯郡 島根県出雲

↓てんきょ（転居）・ひっこし（引越）

でんち【田地】 *かちょー 島根県石見 *じ・じー 香川県 *たか（「収穫高」の意から） 神奈川県藤沢市「たかがある」 富山県射水郡・砺波 鹿児島県喜界島

↓た（田）

てんてこまい *あららんこららん 香川県伊吹島 *きーきーも 鹿児島県鹿児島郡 *きゃーきゃーまえ 島根県仁多郡 *ぎりぎりまい 兵庫県赤穂郡「ぎりぎりまいする」 *ちんちらめー 長崎県壱岐島 *ちんちろまー 熊本県「夫婦でちんちろまーをしたです」 *ちんちろまい 福岡市 熊本県玉名郡・下益城郡 *てぃーふぃしゃどーり 沖縄県首里 *てんくるまい 滋賀県彦根 *はえとーまえ 島根県能義郡 *はえとりま 島根県平田市 *はえとりまい 島根県出雲「あっちへえきたぁ、こっちへ飛んだぁで、ようねはえとりまえちょうがの（全くてんてこまいしているよ）。番頭もラクじゃねの」 *まいこまいこ 兵庫県加古郡 *まいまい 香川県「今日はまいまいしたわい」 *まいまいこ 山口市 *まいまいこんこ 岐阜県飛驒「まいまいこんこして働いても追いつかん」

↓たぼう（多忙）

□**をする** *ちゅーてんもう 富山県砺波 *ちゅーらくまう 三重県志摩郡「今日はいそがして、ちゅーらく舞うた」 *ちんちらまう 長崎県北松浦郡「今忙しくてちんちらまうた」 *ちんちろまう 佐賀県 長崎県五島

□**をすること** *じりじりまい（忙しくて、てんてこまいすること） 島根県石見「朝から忙しゅーてじりじりまいをする」 *じんじらまい（忙しくて、てんてこまいすること） 島根県鹿足郡 *じんじりまい（忙しくて、てんてこまいすること） 島根県美濃郡・益田市 *そーどーかえし（大勢でてんてこまいをすること） 青森県三戸郡 *とっぽんがいり 東京都三宅島

てんとう【転倒】 *くらかえり 岩手県 山形県 *ぐらかえり 青森県三戸郡 *さかまーついき 沖縄県石垣島 *さんぐりかえし 鳥取市「飛行機がさんぐりかえしをした」 *さんぐりかえり 広島県安芸郡 *さんぐりがえり 島根県 *さんくるけーり・さんくるけーし 神奈川県津久井郡 *さんぐるま 岡山県備中北部 *さんこがえり 香川県 *さんこがやり 香川県綾歌郡・三豊郡 *さんこつがやり 熊本県

↓たおれる（倒）

□**させる** *かっころがす 千葉県東葛飾郡 *かっころばす 岩手県気仙郡「あまりついでくんのでかっころばした」 宮城県石巻「走せるはづみに土瓶こかっころばすた」 *ころばかす 静岡県志太郡「うしろからとびつぃーてころばかぇーた」 兵庫県加古郡 鳥取県岩美郡・気高郡 島根県「球をころばかす」 岡山県津山市 福岡市 鹿児島県 *ごろまかす 鹿児島県肝属郡 *ころみかす 新潟県 *ごろめかす 新潟県佐渡

□**する** *いっかえる 鹿児島県 *いっかやる 宮崎市 *いっかる 長野県北安曇郡 *かっころげる 千葉県香取郡 *こかる 三重県北牟婁郡・南牟婁郡 和歌山市 *こくる 和歌山県日高郡 長崎県佐世保市・南高来郡 熊本県玉名郡 大分県 宮崎市 *こくれる 島根県出雲「彼の婆こくれた」 広島県比婆郡 香川県大川郡 *こける 新潟県佐渡・上越「たるみ（くぼみ）に足こけて、なあも歩けん」 福井県敦賀郡・大飯郡 山梨県南巨摩郡「馬まーし（馬と一緒に）こけるこたー危ない」 長野県下伊那郡・上伊那郡 岐阜県 静岡県・小笠郡「高下駄でこけて足をぶった」 愛知県知多郡 三重県 滋賀県 京都府 大阪市「こけはった（転びなさった）」 兵庫県 奈良県 和歌山市 鳥取県鳥取市・気高郡 島根県 岡山県 広島県 山口県 徳島県 香川県 愛媛県 高知県幡多郡 福岡県小倉市・福岡市 長崎県「こけたりゃ馬のくそでもつかむ（転んでもただでは起きないの意）」 熊本県 大分県「こけたんか、それとんねたんか（転んだのか、それとも寝たのか）」 宮崎県西臼杵郡 大阪市 奈良県南大和 *ころこぶ 福井県・坂井郡 *さーさてんぽくらう 千葉県夷隅郡 *さか

つべをうつ 高知県 *さかつんぼをとる 島根県石見 *さかてんごうつ 島根県出雲 *さかてんぶつつく 新潟県佐渡 *さかてんぼーうつ 新潟県上越 *さかてんぽかやす 富山県砺波「さかてんぽかやいて落っちぇる」 *さかとんぼをうつ 島根県「さかとんぼをうって海の中え飛びこんだ」 福岡市 佐賀県 熊本県八代郡 *すってんかやる（頭から転倒する）兵庫県加古郡 *すべくる 静岡県志太郡 長崎県対馬・壱岐島 *たたっころぶ 福島県 長野県上田・佐久 *ちべーういなるん（「しりは上になる」の意）沖縄県石垣島 *ちゃれる 栃木県芳賀郡 *てくずりかやる 富山県砺波 *でっころぶ 福島県 *どだぐりける 栃木県安蘇郡・河内郡 *とんぶりかえる 京都府北部 *とんぶりがえる 兵庫県加古郡・美嚢郡 *とんぼがえる 滋賀県彦根 *とんぽりおつ 島根県隠岐島 *とんぽりかえる 滋賀県甲賀郡 *とんぼりがえる 滋賀県甲賀郡 *はたっかる（強く転倒する）長野県佐久 *はっけぁる 岩手県気仙郡 *はりけぁる 岩手県上閉伊郡「はりけぁった」・気仙郡 *はんまくれる（ひどく転倒する）島根県大原郡・仁多郡「石にけつまずいてはんまくれた」 *ひんむぐれる 岩手県気仙郡 *ふんむぐる 岩手県上閉伊郡 *ほーず（腹ばいの形に転倒する）岐阜県飛騨 *ぼっころがる 群馬県邑楽郡 *まねくる 長野県佐久「まねくりおった」

てんびんぼう【天秤棒】 *あーふ 沖縄県竹富島 *あいく・あいぐ 沖縄県鳩間島 *いないだし 長崎県西彼杵郡 *いないぼー 岐阜県 静岡県・磐田郡 三重県 島根県 長崎県西彼杵郡 *いにゃーおーこー 熊本県天草郡 *いにゃーぼー 佐賀県唐津市 *いにゃかぎ 熊本県玉名郡・天草郡 *いにゃぼー・いねーぼ 熊本県天草郡 *いにゃもん 熊本県玉名郡 *いねかぎ・いねさし 鹿児島県肝属郡 *いねざし 鹿児島県鹿児島郡 *いねぼ 鹿児島県揖宿郡 *えねぼー 島根県隠岐島 *おーく 三重県志摩郡 広島県 愛媛県 高知県・高知市 佐賀県 鹿児島県喜界島 *おーこ 三重県 京都府・相楽郡 大阪府三島郡・泉北郡 兵庫県赤穂郡 奈良県 和歌山県 島根県石見 岡山県 広島県安芸 山口県東部 徳島県 香川県 愛媛県東部 福岡県筑後 佐賀県・藤津郡 長崎県 熊本県玉名郡・下益城郡 大分県 鹿児島県島嶼 *おーご 兵庫県赤穂郡 *おーこー 熊本県上益城郡・天草郡 *おーこのぼー 兵庫県氷上郡 島根県那賀郡・邑智郡 *おく 三重県志摩郡 *おこ 三重県松阪市・北牟婁郡 兵庫県淡路島 奈良県吉野郡 和歌山県 香川県三豊郡 長崎県五島 宮崎県東諸県郡 鹿児島県肝属郡 *おこんぼー 長野県下伊那郡 *おんこ 香川県 *かぎぼー 広島県安芸郡 *かじねぼー 山形県西置賜郡 *かじぼー（「かつぎぼう（担棒）」の転か）宮城県栗原郡 秋田県鹿角郡 *かずきぼ 岩手県気仙郡 *かずきぼー 青森県上北郡 広島県高田郡 *かたぎぼー 島根県石見 *かたげぼー 新潟県 大分県大分郡 *かたねぼ 新潟県佐渡・西頸城郡 富山県砺波 石川県能登 *かたねぼー 山形県 新潟県 富山県 石川県能登 *かちきぼー 新潟県上越市 *かちんぼ 和歌山県日高郡 *かつぎぼー 山梨県南巨摩郡 長野県諏訪 島根県那賀郡・邑智郡 広島県高田郡 *かつねぼ 新潟県東蒲原郡 *かつねぼー 新潟県東蒲原郡・上越 *かつねんぼ 新潟県上越市 岐阜県飛騨 *かつねんぼー 新潟県東蒲原郡・中頸城郡 岐阜県飛騨 *かつんぼー 静岡県「かつんぼーでぶっさらう（てんびん棒でぶんなぐる）」 *かとぎぼー 山梨県南巨摩郡 *かんじーぼー・かんずきぼー・かんずんぼ 岩手県九戸郡 *さし 愛媛県 熊本県 鹿児島県・大隅 *さし（両端のとがったもの）鹿児島県肝属郡 *さしのぼー（両端のとがったもの）三重県志摩郡 *さす 宮城県加美郡 岐阜県恵那郡 京都府 兵庫県但馬・淡路島 広島県大崎上島・鷺島 香川県綾歌郡 愛媛県 熊本県 宮崎県 鹿児島県・鹿児島郡・喜界島 *さす（両端のとがったもの）京都府竹野郡 岡山県苫田郡 高知県・土佐郡 熊本県球磨郡 *ざるぼー 岡山県苫田郡 *しおてぼ（堆肥（たいひ）や農作物の運搬に用いるもの）長崎県壱岐島 *しないぼー・しないぼ 三重県志摩郡 *ずっとのぼー 富山県下新川郡 *たごぼー 島根県益田市 *たにぼ・たんぼ・たんぽ 三重県名賀郡 *たびおーこ 三重県名張市・名賀郡 *たびおく・たびよく 三重県志摩郡 *たびおこ・たびよこ・たんびょこ 三重県阿山郡 *たんびょーく 三重県度会郡 *たんぴょこ 三重県名張市 *てこ 奈良県吉野郡 *とぎりぼー 愛媛県喜多郡 *どくしゃく 熊本県 *どくしゃくぼー 熊本県阿蘇郡・飽託郡 *とんぎりぼー 愛媛県周桑郡・喜多郡 *なえざし（担い棒）宮崎県都城 *にーない 三重県志摩郡 *においぼー 三重県名張市 *になーぼー 鹿児島県種子島 *にない 千葉県東葛飾郡 神奈川県中郡 三重県志摩郡 香川県大川郡 長崎県五島 *にないおこ 長崎県五島 *にないぼ 山形県庄内 三重県志摩郡 *にないぼー 福井県坂井郡 岐阜県大垣市 三重県志摩郡・名張市 京都府竹野郡・与謝郡 兵庫県淡路島 島根県 岡山県苫田郡・児島郡 香川県小豆島 熊本県上益城郡・天草郡 *になき 秋田県 *になぎんぼ・になっきぼー 秋田県河辺郡 *にらゆぼ 福井県遠敷郡 *はかり 三重県志摩郡 *はねぼー 三重県上野市 *ぼー 愛知県知多郡 京都府竹野郡 広島県・芦品郡 香川県本島 沖縄県石垣島 *ぼーこ 福井県足羽郡・吉田郡 福岡県福岡市・粕屋郡 *ぼくと 福岡県久留米市 熊本県 *ぼくとー 福岡県 *ぼこ 福井県足羽郡・吉田郡 *ぼで 岩手県上閉伊郡 *めごぼー 熊本県天草郡 *めごんさす 熊本県球磨郡 *もっこぼ 兵庫県淡路島 *もっこぼー 新潟県佐渡 熊本県 *もったぼー 新潟

県糸魚川市 *やまいこ(両端のとがったもの) 宮崎県東諸県郡 *やまおーこ 三重県名賀郡・阿山郡 *やまおーこ(両端のとがったもの) 大阪府南河内郡 兵庫県赤穂郡 佐賀県藤津郡 *やまおこ 三重県名賀郡 熊本県下益城郡 宮崎県都城(竹製) 鹿児島県・加世田市 *やまおこ(両端のとがったもの) 熊本県玉名郡(竹製の「たかおこ」に対し、木製のものに言う) 鹿児島県 *やまこ 三重県阿山郡 長崎県彼杵 熊本県飽託郡 *やまんこ 三重県阿山郡 *やんもく・やんもこ 熊本県球磨郡 *ろくしゃく 山口県 香川県小豆島 愛媛県・弓削島 福岡県 熊本県 大分県 *ろくしゃくぼー 山形県西村山郡 香川県 福岡市 熊本県 大分県

でんぶ【臀部】 ⇩しり(尻)

てんぷく【転覆】 *くらかえり 岩手県 山形県 *ぐらかえり 青森県三戸郡 *とんぼ 京都府竹野郡 島根県「トロッコがとんぼした」

↓ひっくりかえる(引繰返)

□する *かぶる 愛知県知多郡 *かんぶる 新潟県佐渡 愛知県知多郡 島根県益田市 *さんこつく 新潟県西頸城郡 *ずんべかえる 島根県隠岐島 *でんがーる 静岡県「ひどい風ででんがーった」 *でんかえる 千葉県夷隅郡 *でんがえる 福島県石城郡 茨城県西茨城郡・稲敷郡 群馬県桐生市・佐波郡 愛知県 *でんがやる 岐阜県稲葉郡 *でんがる 岐阜県 静岡県「でんがった」 愛知県碧海郡 *でんぐる 福島県相馬郡 神奈川県津久井郡 新潟県佐渡 岐阜県可児郡 愛媛県周桑郡 *でんげる 茨城県真壁郡 栃木県 群馬県邑楽郡 *でんむくる(船が転覆する) 茨城県 *どてずりかえす 富山県高岡市 *とんぶりかえる 京都府北部 *とんぶりがえる 兵庫県加古郡・美嚢郡 *とんぽがえる 滋賀県彦根 *とんぼりおつ 島根県隠岐島 *とんぼりかえる 滋賀県甲賀郡 *とんぼりがえる 滋賀県甲賀郡 *まける 岩手県東磐井郡「ぐらりまけた」 茨城県水戸市

てんぷら【天麩羅】 *あげだし 栃木県 *がにあげ(野菜の天ぷら) 沖縄県宮古島 *からあげ(メリケン粉の天ぷら) 山形県西村山郡 *ぐらま 栃木県宇都宮市・河内郡 *ころもあげ 岡山県 *しょーじんあげ 新潟県佐渡 *つかげ 岐阜県飛驒 *つきあげ 群馬県勢多郡 埼玉県秩父郡 神奈川県中郡 富山県 長野県 岐阜県山県郡・恵那郡 静岡県 島根県仁多郡・大原郡 愛媛県宇和島市 長崎県南高来郡 熊本県 *つけあげ 岩手県気仙郡 宮城県加美郡 山形県 福島県 茨城県稲敷郡 栃木県 群馬県吾妻郡・佐波郡 千葉県夷隅郡 東京都南多摩郡・八王子 神奈川県津久井郡 新潟県 山梨県 長野県 岐阜県山県郡 島根県 長崎県南高来郡 熊本県玉名郡 宮崎県都城 鹿児島県 *つけあげ(野菜の天ぷら) 宮城県栗原郡 秋田県鹿角郡 大阪市 *ふくみん 沖縄県首里

と

と【戸】 *いっけんど(家の入り口にある戸)・いけんど 岐阜県飛驒 *うーと 新潟県頸城 熊本県上益城郡 *おーと(くぐり戸の付いた大きい入り口の戸) 栃木県 *おーと(入り口の戸) 群馬県勢多郡 富山県 石川県能美郡・石川郡 三重県名賀郡・阿山郡 広島県高田郡 愛媛県松山 *おーど(くぐり戸の付いた大きい入り口の戸) 和歌山県 香川県大川郡・香川郡 *おーど(入り口の戸) 新潟県 長野県諏訪・上伊那郡 島根県 愛媛県周桑郡 *おーとぼ(入り口の戸) 東京都新島 *おしまし(ドア式の戸) 山形県西置賜郡 *おと(入り口の戸) 鳥取県西伯郡・気高郡 *おど(くぐり戸の付いた大きい入り口の戸) 山形県北村山郡 *おんますど(ドア式の戸) 山形県新庄市・最上郡 *さるど(くるるの付いた戸) 大阪市 *だどぅー 沖縄県与那国島 *とぼ 栃木県「とぼしめろ」 *とぼー 茨城県 *とんぼ 茨城県久慈郡 栃木県 *やど 鹿児島県加計呂麻島・奄美大島 *やどぅ 鹿児島県奄美大島 沖縄県国頭郡・八重山 *やんどぅ 沖縄県小浜島

↓としょうじ(戸障子)

とい【樋】 *かわ 岡山県児島郡 *ち 鹿児島県 *ちー 大分県大分郡 *て 鹿児島県 *ど 新潟県佐渡 *どー 宮城県登米郡 茨城県 三重県阿山郡・員弁郡 兵庫県加古郡「どおが詰まっとる」「どお通す」 *ひの 長野県更級郡 *へー 三重県「池のへい」

どう よくわからないことを不定・未定の状態として指示する。どのように。どんなふうに。 *あじ 千葉県 神奈川県津久井郡 *あじょ 栃木県塩谷郡 千葉県 *あじょー 栃木県塩谷郡 群馬県多野郡 埼玉県入間郡 千葉県「あぢゃうんなるも

んで(しかたがない)」 *あんじょー 神奈川県 山梨県「あんじょーでもない(何のこともない)」 *あんちょー 山梨県「あんちょーにも(何分にも)」 *だ 京都府葛野郡「だもんでもよい(どんなものでもいい)」 *だー 福井県遠敷郡 *ちゃー 沖縄県首里「ちゃーが(どうですか)」 *でー 兵庫県赤穂郡「でえなかったん(どうだったの)」 *でやん 佐賀県東松浦郡「でやんかけがじゃいろとおもち(どんなけがだろうかと思って)」 *どい 山形県北村山郡 三重県志摩郡 京都府葛野郡 愛媛県 *どいよ 香川県 *どえん 三重県志摩郡 *どが 山形県米沢市・南置賜郡 滋賀県東浅井郡 和歌山県日高郡「どがにするろえ(どうするか)」 鳥取県岩美郡・西伯郡 島根県大田市「お前に任せるけーどがなとやって見い」・隠岐島「どがな病気でござんしたか」

香川県与島「あいつらの頭、どがな頭しとんかのう」 *どかー 岡山県小田郡 *どがー 山梨県南巨摩郡 鳥取県岩美郡 島根県石見「仕舞いにはどがーな損になるか分らん」 岡山県 広島県 山口県阿武郡・玖珂郡「どがーするか」 大分県北海部郡

鹿児島県種子島 *どがい 山形県「どがいになった」 新潟県佐渡 静岡県磐田郡 京都府与謝郡 兵庫県佐用郡「どがいに書くん」 和歌山県牟婁 岡山県「どがぇーござんすりゃあ(お加減はいかがでございますか)」「おお言うたが、それがどがいなら(どうなんだ)」 広島県「あんたもおばんに長う寝られて、どがいに困りんさったろーのー」 山口県玖珂郡「どがいにせたか」・大島「どがえでもこがえでも今日は返事を聞いて帰る」 愛媛県「その後どがいにしとるだろーか」 福岡県企救郡 大分県大分郡(下流) *どがん 東京都八丈島「どがんなろあ(どんなになったか)」 岡山県上房郡・吉備郡 広島県高田郡 香川県 長崎県「どがんでんよい(どうでもよろしい)」 熊本県天草郡 鹿児島県種子島

*どぎゃ 島根県八束郡 熊本県下益城郡「どぎゃしゅうか(どうしましょうか)」 *どぎゃー 千葉県夷隅郡 鳥取県 島根県隠岐島 長崎県東彼杵郡

熊本県下益城郡 *どぎゃん 京都府 島根県出雲「どぎゃんもんが出来たか見せー」 福岡県三井郡

佐賀県・馬渡島・神埼郡 長崎県(中流以下)「どぎゃん恐しかったもんか」「どぎゃん考えてしわれ こん訳ん 分かるむんな」 熊本県「どぎゃん待ったなあ(どんなに待ったか知れない)」 *どけ 三重県志摩郡 島根県出雲「どけしてこげして」 *どげ 山形県 千葉県夷隅郡「どげった(どんなであった)」 東京都御蔵島 新潟県佐渡「どげな本だ」 愛知県碧海郡 三重県志摩郡 和歌山県「どげしように(どうしましょう)」 鳥取県西伯郡「どげしてそんな事が出来るのか」・日野郡 島根県出雲・隠岐島「どげになっただらか(だろうか)」「どげしたえて(どうしたって)この競争には勝てん」 福岡県「どげな人かね」 佐賀県 長崎県対馬「どげしたな」・壱岐島 熊本県阿蘇郡「どげおもちょる(どう思っている)」 大分県 宮崎県西臼杵郡 鹿児島県 *どげー 山形県庄内「どげーだ塩梅だった」 千葉県夷隅郡「それはどげえなもの」 東京都御蔵島「どげーにしべえ」 新潟県佐渡 愛知県碧海郡・岡崎市 兵庫県赤穂郡「どげーしょん(何をしているのですか)」 島根県仁多郡「どげーな事が起ったか」 福岡県「どげー面白かったもんか(ずいぶんおもしろかったよ)」 長崎県「どげーな、お前たちゃあ」 熊本県阿蘇郡 大分県「どげーあるう(具合はどうか)」 *どげだ 山形県北部 *どげな 和歌山県南牟婁郡「どげなに(どのように)」 *どげん 千葉県夷隅郡 新潟県佐渡「どげんしても」 愛知県碧海郡「どげんか(さだめし)」 三重県志摩郡 島根県出雲 福岡県「久しぶりだ、どげんしてゐたか」

佐賀県「どげんした」 長崎県南高来郡「どげん考えてん、わりーこん訳んわかるもんか」 熊本県阿蘇郡「どげんじゃろ」 大分県大野郡「どげんふうなええ(どんなふうか)」 宮崎県都城 鹿児島県・甑島「どげんことでもしよりもしたとなあ(したそうですね)」 *どごん 東京都八丈島「どごんよく似合うだろう」 *どだ 青森県上北郡「どだらふとで(どんな人かえ)」 山形県「どだえなるのかなあ」 *どったら 青森県津軽「どったらね(どんなに)」 山形県西置賜郡「どったらもんだか」 *どな 新潟県西頸城郡 徳島県 香川県「どななかしらんとのぞいてみた」 愛媛県周桑郡「どなにしていーやら分らん」

高知県幡多郡「どな人」 *どなー 愛媛県周桑郡 *どない(「どないな」「どないに」の形で用いられるが、「どない」だけで用いられることもある) 富山県「どないことあっても」「どないになったか見たい」 福井県遠敷郡 岐阜県吉城郡「くー物わどないな物を食っとったんじゃい」 愛知県 三重県松阪・北牟婁郡「こっりょーどないしょーどいな(これをどう始末しましょうかね)」 滋賀県神崎郡「どないしやーないなー(どうもしようがないですね)」・彦根 京都府 大阪府大阪市・泉北郡 兵庫県「どないかしたん(どうかしましたか)」「近頃の景気どないや」 奈良県南部「どないゆーたかて(どのように言っても)」 和歌山県「どないにしたんですか」

岡山県真庭郡「どなえーしょーもなぇーがな(どうしようもないねえ)」・苫田郡 広島県 徳島県「どないに言うてもこらえてくれん」 香川県「どないしょうか」 愛媛県「どないにおしる(どんなにしますか)」 高知県 *どなん 香川県「この勝負どなんしても勝ってみせる」 *どにゃー 兵庫県城崎郡「どねぁーしとるーしらー思って」 岡山県備中 *どね 愛知県南設楽郡「暑かっつら、どねにか(暑かったでしょう、どんなにか)」 三重県度会郡・宇治山田市 奈良県「近頃どねしてんねん」 *どねー 愛知県岡崎市・名古屋市「どねーにえらかった」 兵庫県赤穂郡「どねいしょんや(何をしているのですか)」

島根県石見「どねーにいりますか(どのくらいいりますか)」「この次はどねーするか」 岡山県「娘はどねー言よりましたりゃ」 広島県 山口県「どねーな演説をするか聞いてみい」 長崎県対馬 *どねん 奈

良県吉野郡「誰がどねん言ふたかって、もうこんな事すんなよ」 *どの 山形県庄内 京都府葛野郡 *どのあ石川県輪島市「どのあな着物着ても引ちぎられて」 *どのい 鳥取県東部 高知県 長崎県南高来郡「どのい考えてん貴様いこん訳が分るもんか」 *どのー・どのん 新潟県佐渡 *どや 香川県丸亀市「どやにいうたら承知してくれるじゃろか」 *どやん 香川県丸亀市「あんたこれどやんするん」 佐賀県東松浦郡「どやんふーじゃいろ(どんな様子だろうか)」 *どよ 香川県三豊郡「どよにいうたかくわしに(詳しく)聞いて下さい」 *どよん 香川県仲多度郡「どよんしよんな」 *どん 三重県度会郡 滋賀県彦根「どんに困ったか知れない」 *どんが 新潟県中越 徳島県「どんがなことになるやら分らん」 *どんがえ 山形県 *どんがら 徳島県三好郡「どんがらな目にあう」 *どんぎゃ 香川県三豊郡 高知県幡多郡「こりゃどんぎゃなるや知れんけんどのー」 *どんげ 山形県西置賜郡・最上郡 新潟県佐渡・中越 高知県幡多郡 宮崎県・宮崎郡 *どんげん 長崎市「どんげんゆーたけー(どう言ったか)」 *どんだ 新潟県下越 *どんて 新潟県佐渡 *どんない 静岡県・志太郡「あんばぇーわどんなえーずら(病気はどんな具合だろう)」 *どんね 石川県金沢市・石川郡「どんねもこんねも」 岐阜県郡上郡「どんねもない(何ともない)」 三重県度会郡「どんねにも(どうしても)」 *どんねー 山梨県 長野県上田・諏訪 *どんねん 三重県伊賀 *どんべー 青森県上北郡 *なーぞ 岩手県気仙郡 *なじ 福島県東白川郡 茨城県新治郡・稲敷郡 栃木県河内郡 新潟県「なぢになったか見たい」 *なじー 茨城県北相馬郡 千葉県印旛郡 *なじゅー 千葉県香取郡 *なしょ 山形県庄内 福島県西白河郡 *なじょ 岩手県「なじょったた(どうした)」 宮城県 山形県「御飯はなじょだ(いかがか)」 福島県 栃木県 新潟県 *なじょー 岩手県盛岡市「なでうにして(いかにして)」・東磐井郡 宮城県栗原郡「なでうしたらよかんべ」 山形県 福島県「この書はなじょうだか見て下さい」 茨城県・新治郡・多賀郡 栃木県「なじゃうにもしようがない」 千葉県香取郡・海上郡 新潟県「なじょうにでもおまんの勝手にしれ」 長野県下水内郡 *なず 岩手県和賀郡「なずだ(日中の挨拶)」 秋田県仙北郡 山形県村山「なずえがして(どうにかして)」 *なぞ 岩手県気仙郡「なぞにすっぺ(どうしよう)」 宮城県栗原郡 *なち 栃木県「なちしたもの(いかなるもの)」 *なっちょ 長野県 *なっちょー 長野県諏訪・北安曇郡 静岡県 *なんじょ 岩手県気仙郡 山形県 *なんじょー(「なんという」の転) 千葉県香取郡「なんじょーする」 東京都大島「なんじょうにも道具は使ってくれ」 *なんちゅ 岩手県紫波郡 *のーしどぅ 沖縄県石垣島 *ろがえ 和歌山県西牟婁郡「ろがえに喜ぶやろ」 *ろがん 鹿児島県種子島「ろがんじゃったかあ」

□あろうと *いにむに 長野県諏訪 愛知県宝飯郡「いにむにいやがる」・知多郡 滋賀県愛知郡 *うにむに 香川県伊吹島「うにむにいわさん(問答無用である)」 *うむに 長野県諏訪 愛知県宝飯郡「うむにことわる」 *おむに 神奈川県中郡「おむにそんなことをしなくてもいいだろう」 *だーんでかんで 秋田県由利郡 *なーんで 栃木県「なーんで見ろ」 *なってかて 山形県西田川郡・山形市 *なでかで 岩手県西磐井郡 *なんたかた 青森県 *なんたかった 青森県三戸郡 *なんたかんた 青森県「こえだばあすまんでなんたかんたでがすす(これなら明日までにぜひやります)」「なんたかんた隣村へ行ってこい」 岩手県九戸郡 秋田県鹿角郡「なんたかんた出かしてみせる」 *なんだかんだちゅーても 新潟県佐渡 *なんたてかんたて(「なんといったってかんといったって」の転) 秋田県鹿角郡 *なんちがんじ 広島県賀茂郡 *なんでかで 宮城県石巻 *なんでかんで 岩手県気仙郡「なんでかんでやるぞ」 宮城県石巻「雨降っても風吹えてもなんでかんで出かげる」 秋田県 山形県 福島県 新潟県東蒲原郡 岐阜県可児郡 *ぬーやてぃんくぃーやてぃん 沖縄県首里 *のーしたでん 沖縄県石垣島

□いたしまして *いーかい 和歌山県東牟婁郡「『色々ありがとう』『いいかい』」 *どーござりまして 香川県「どうござりまして、お世話になりました」 *なかなか 奈良県 *もったい・もーさない 山形県米沢市 *もったいない 山形県「『あなたのおかげで助かったんですよ』『もったえない』」

どう【胴】 *から 熊本県球磨郡 *ごたい 静岡県磐田郡 宮崎県西臼杵郡 *ごちゃ 熊本県下益城郡・葦北郡 *ごちゃー 熊本県上益城郡・球磨郡 宮崎県 *ごて 宮崎県西臼杵郡・東臼杵郡 *ずー 熊本県 *ずーたい 山梨県巨摩郡 静岡県磐田郡 *ずーしょ 熊本県阿蘇郡 *ずーたん 熊本県球磨郡 *ずーちゃ 熊本県菊池郡 *どーちょー 新潟県三島郡 *どーら 島根県美濃郡・益田市 *どしょなか・どしょ 石川県鹿島郡 *よろ 島根県大原郡・隠岐島 *わきばら 熊本県阿蘇郡

体の□ *こし 長崎県南高来郡 *どーがら 富山県砺波「長いどーがらしとる奴や」 *どんがら 富山県

どう【銅】 *あかんがに(「赤金」の意) 沖縄県八重山「あかんがにやっこん(銅製の湯沸かし)」 *あがんがに 沖縄県石垣島 *あくがに 沖縄県首里「あくがにやっくゎん(銅製のやかん)」 *あはがに 沖縄県波照間島 *はーかに 沖縄県新城島

どうい【同意】 *おーせー 青森県上北郡

→なっとく(納得)

□したり、感心したりした時の語 *いんがー・いんあー 京都府葛野郡 *まーこて 熊本県天草郡「まーこてほりゃひどかなあって(なるほどそれはひどいねえと)」 *まーっことに 富山県東礪波郡「おー、まーっことにー」 *まこと 新潟県東蒲原郡　島根県石見「まこと立派じゃ」　広島県佐伯郡「まことのー、砂のなかえうもっとったのよの(本当にねえ、砂の中に埋まっていたのよね)」　山口県大島「まことやあ、あんたが言うた通りに金魚を買うてうちへ戻るまでにみな死んだいやあ」　大分県臼杵市「『爺はよう働きおったあ』『まこと』」 *まっこと 京都府　徳島県美馬郡「まっことのーや(本当だね)」

□する *そぐー 島根県「あの男のように人にそぐわんこと言うものでない」　広島県高田郡「人にそぐわぬ」 *どぅーゆん 沖縄県首里

□を表す時に発する語 *あーん 石川県金沢市(目下に対する)　福岡県久留米市 *あがー 島根県石見「あんたは益田い行ったろう。はい、あがーです」「あがーだります(そうです)」 *あげ 島根県出雲「あげにごだえあんす(そうでございます)」「あげでしが(そうですよ)」 *あねー 沖縄県「あねー　あやびらん(さようではございませぬ)」・首里 *あん 長野県上田・佐久　岐阜県武儀郡・加茂郡　愛知県知多郡　沖縄県首里「あん　やいびーん(そうです)」 *あんげ 三重県志摩郡「あんげやない(そうでない)」 *う 岩手県和賀郡　山形県「『初太郎こえず次郎さんの家さ持って行げな』『う』」 *うー 茨城県久慈郡　東京都八丈島　新潟県佐渡・東蒲原郡(目下に対して)　滋賀県彦根「うーふんぼ(うん、そうだな)」　奈良県吉野郡(年下に対して)　香川県　福岡県八女郡・京都郡(目下に対して)　長崎県壱岐島・南高来郡　宮崎県西臼杵郡　沖縄県首里(目下に対して)・八重山 *うない 宮城県玉造郡・仙台市　山形県置賜 *うんさ・うんさよ 岐阜県郡上郡「『あの人ほっとね、えー人やんな』『うんさよ、ほっとやんなー(そうよ、本当だわねえ)』」 *うんだ 岩手県上閉伊郡　宮城県栗原郡　新潟県下越 *うんでよ 奈良県吉野郡 *うんなーい 宮城県仙台市 *うんない 岩手県江刺郡・東磐井郡「うんねあそうでこあーす」　宮城県栗原郡・登米郡　山形県米沢市 *うんにゃ 愛媛県新居郡 *およ 長崎県五島　鹿児島県種子島 *およー 長崎県五島 *おわいさよ 岐阜県吉城郡 *そーはっちゃ 新潟県佐渡　奈良県 *そーはっちゃー・そーはっかっちゃ・そーはっかー・そーはか・そーはったい 新潟県佐渡 *だー 岡山県真庭郡　徳島県海部郡「『昨日わよわったな』『だー』」　高知県安芸郡「だーそれよ、俺も今日高知まで行こーと思いよる」 *だだ 岡山県真庭郡「『これをこうして分けよう』『そうしょ』『だだ(そうだそうだ)』」 *な 岩手県盛岡市　秋田県平鹿郡・雄勝郡「な、な、やります」　福島県北部　三重県三重郡 *なー 岩手県紫波郡・上閉伊郡　秋田県河辺郡　三重県志摩郡・北牟婁郡　福岡県三井郡「なーみんなしてしもーと(はい、みんなすんでしまいました)」　佐賀県佐賀郡「『おせっつぁ　おっかーい(おせっつさん、いるかい)』『なー』」　長崎県壱岐島 *なーい 佐賀県「なーいこりーや三銭でよかばんたーあ(はい、これは三銭でよろしゅうございます)」「『ごめんなさい』『なーい』」　長崎県壱岐島 *なーる 岩手県紫波郡 *ない 岩手県上閉伊郡　山形県「ない、後かたと立出て行く」　三重県志摩郡　滋賀県　福岡県「ない、ゆーとくどここぢゃございません(はい、言っておくどころではございません)」　佐賀県　長崎県 *ないっ 山形県庄内 *なんと 京都府竹野郡「なんとな、それで理由がはっきりしました」 *ね 山形県鶴岡市・西田川郡 *ねー 山形県「唐紙を静に明けて内に入り『ねい』と言ひつつ」　群馬県勢多郡　三重県志摩郡「『まーあがらんけ』『ねー(そうですね)』」　長崎県長崎市・南高来郡　熊本県　大分県大分郡 *ねっ 山形県鶴岡市・西田川郡 *のー 滋賀県滋賀郡　広島県福山市 *のーえ・のーい 奈良県吉野郡 *んさ 秋田県平鹿郡「んさ、当然だよ」 *んだ 宮城県石巻「んだべ(そうだろう)」　秋田県「んだんべが(そうだろうか)」　山形県「んだな(では)、一服すんべ(休もう)」　栃木県「んだよなー」 *んでもし 青森県南部 *んない 山形県米沢市「んなえ、そおだし」　新潟県

どういたしまして ⇩「あいさつのことば(挨拶言葉)」の子見出し、「相手のことばに対して、それをていねいに打ち消しながら返す挨拶の言葉(どういたしまして)」

とうがらし【唐辛子】 *あーぐしゅ 鹿児島県与論島 *からごし 岐阜県山県郡 *からごしょ 島根県隠岐島 *からごしょー 岐阜県一部　鳥取県一部 *からし 宮城県　秋田県一部　福島県一部・石城郡　東京都一部　新潟県一部　静岡県一部　和歌山県一部　広島県大崎下島　愛媛県一部　高知県　大分県西国東郡　宮崎県一部 *からなんばん 新潟県佐渡　滋賀県一部 *かんずり(寒中に塩漬けした唐辛子) 新潟県中頸城郡 *こーしゅ 佐賀県藤津郡　長崎県南高来郡 *こーしゅー 福岡県一部　佐賀県　長崎県南高来郡　熊本県玉名郡・下益城郡 *こーしょー 長崎県壱岐島 *こーと 三重県一部 *こーらぐす 沖縄県島尻郡 *こーれーぐーす 鹿児島県奄美大島 *こーれーぐしゅ 沖縄県那覇市・首里 *こーれーぐす 沖縄県国頭郡・中頭郡 *こがらし 栃木県一部 *こしゃのき 和歌山県伊都郡 *こしゅ 宮崎県　鹿児島県 *こしゅー 福岡県 *こしょ 新潟県中頸城郡　岐阜県武儀郡　島根県　鹿児島県姶良郡 *こしょー 福島県一部　新潟県西頸城郡・中頸城郡　長野県　岐阜県　愛知県一部　滋賀県一部　兵庫県飾磨郡　和歌山県一部　鳥取県　島根県仁多郡　岡山県　福岡県　佐賀県　長崎県・壱岐島　熊本県　大分県　宮崎県一部　鹿児島県・種子島・奄美大島 *こす 鹿児島県一部 *こっしゅー 佐賀県 *こなんばん(粉の唐辛子) 青森県 *ささぎなんば(細長

く辛味の強い食用唐辛子）富山市近在 *しんとーがらし 埼玉県一部 *すりがらし 福岡県一部 *たかのつめ 滋賀県一部 大阪府一部 兵庫県加古郡（小さくて特に辛いもの） 岡山県 山口県都濃郡 *てんじく 滋賀県一部 *てんずくまぶり 岐阜県恵那郡 *てんつき 奈良県一部 *てんとー 岡山県一部 *てんとーまぶり（実が上向きにつくところから）大分県大分郡 *てんとごしょー 鳥取県一部 *てんどとーがらし 滋賀県彦根 *てんとまぶり 鳥取県西伯郡 *てんむき 奈良県 *とーくしょー 鹿児島県奄美大島 *なば 青森県上北郡 *なんば 青森県 秋田県 山形県 富山県「ししなんば（獅子唐辛子）」 石川県「足ゃあなんばにな、なっせえ（とうがらしのように赤くなるし）」 福井県 岐阜県安八郡・大野郡 愛知県 滋賀県 鳥取県米子市 島根県出雲 *なんばん 北海道函館 青森県・南部 岩手県 宮城県・仙台市 秋田県 山形県 福島県 茨城県 栃木県 群馬県一部 埼玉県一部 千葉県一部 東京都一部 神奈川県 新潟県 富山県・東礪波郡 石川県 福井県敦賀郡 山梨県・南巨摩郡 長野県 岐阜県 静岡県 愛知県三河 滋賀県一部 京都府 鳥取県一部 島根県 広島県一部 香川県一部 長崎県一部 熊本県一部 *なんばんこしょー 岐阜県一部 *ぴーまん（フランス語 piment から）三重県名賀郡 *ひとこしょー 鳥取県一部 *ふずっごしゅ（酸漿（ほおずき）の形をした唐辛子）鹿児島県肝属郡 *ほいとのわたいれ（食べると体が暖まるところから）岩手県気仙郡 *ほーるぐーしゅ 沖縄県国頭郡 *みかんこしょー 鳥取県一部

とうき【陶器】 *いんび 香川県小豆島 *かなつ 富山県東礪波郡 *からちもの 島根県邇摩郡 *からつ 富山県西部 岐阜県飛驒 兵庫県・淡路島 鳥取県 島根県 岡山県苫田郡・御津郡 広島県 山口県大島 徳島県 香川県 愛媛県 高知県 熊本県球磨郡 大分県 宮崎県延岡 *からつもの 富山県射水郡 石川県 兵庫県 鳥取県西伯郡 島根県 広島県安芸郡・比婆郡 香川県 愛媛県 高知県 熊本県阿蘇郡・球磨郡 大分県 *からつやき 香川県伊吹島 *まるもの 島根県石見 *めげもの 島根県美濃郡・益田市 *われもの 三重県阿山郡・名賀郡 島根県仁多郡・鹿足郡

↓とうじき（陶磁器）

素焼きの□ *どろやき 香川県香川郡 *ほーろく 岐阜県恵那郡 香川県 佐賀県 *ほーろくもん 香川県仲多度郡

とうぐわ【唐鍬】 頭部が鉄で、木の柄をはめたくわ。刃に反（そ）りがなく、木の根を掘りおこす時などに用いる。 *かさじ（唐ぐわの一種）青森県津軽 *がじ 山梨県東八代郡・北巨摩郡 *かっさび（唐ぐわの一種）岩手県盛岡市・気仙郡 山形県東置賜郡 新潟県西頸城郡 長野県東筑摩郡 *かっちゃ（唐ぐわの一種）岩手県上閉伊郡・気仙郡 宮城県栗原郡 *かっちゃび（唐ぐわの一種）青森県南部 岩手県紫波郡・上閉伊郡 *かっつぁ（唐ぐわの一種）岩手県気仙郡 山形県東置賜郡・東田川郡 栃木県上都賀郡 *かぶきり 兵庫県赤穂郡 広島県高田郡 山口県大島 香川県 *かぶきりとんが 香川県綾歌郡・仲多度郡 *かみしも 島根県出雲市・簸川郡 *かみしもぐわ 島根県出雲 *くわさび（唐ぐわの一種）青森県津軽 *さがら 群馬県勢多郡 *じんのぐわ 島根県八束郡 *ねたぎり（鉄の部分が狭くなっているもの）山形県米沢市・東置賜郡 *ひらとー 岡山県邑久郡

↓くわ（鍬）

とうげ【峠】 *うさか 島根県邑智郡 *うね 奈良県吉野郡 鳥取県八頭郡・西伯郡 島根県隠岐島 広島県比婆郡 愛媛県 *おどー 熊本県球磨郡 宮崎県西臼杵郡 *おね 鳥取県西伯郡 島根県隠岐島 *おの 熊本県天草郡 *おばた 東京都八丈島「おばたの夜雨」 *おばね 大分県 宮崎県西臼杵郡 *かけりさがり 岡山県児島郡 *くし 和歌山県有田郡・日高郡「くしの上へ登る」 *ごえ 徳島県北部 *こえと（小さい峠）高知県土佐郡 *こえど 秋田県雄勝郡 *こし 宮崎県西臼杵郡 *ごし 岡山県真庭郡 *こしくち・こしとー 大分県大分郡 *こしぱ 福島県耶麻郡 *さか 栃木県 徳島県南部 大分県大分郡 *さがったれ 千葉県印旛郡 *さこ 大分県大分郡 *そら 岐阜県加茂郡・恵那郡 *だー 岡山県邑久郡 *だい 茨城県稲敷郡 *たお 兵庫県赤穂郡 鳥取県岩美郡 島根県石見 岡山県 広島県 山口県 徳島県美馬郡 香川県坂出市・小豆島 高知県安芸郡 大分県日田市 宮崎県西臼杵郡 *たわ 新潟県佐渡 奈良県吉野郡 鳥取県 島根県 岡山県 広島県比婆郡 徳島県三好郡・美馬郡 *だわ 岡山県児島郡 広島

方/言/の/窓

●東北地方の方言

発音の上では、シとス、ジとズ、チとツ、さらにイとエの区別のないこと、ツグエ（机）、カダ（肩）のように語中の濁音化が見られること、文法面では「東京サ行く」のような方向・場所を表す格助詞のサ、推量・意志・勧誘などを表すベー、語彙では、ベコ（牛）、アク（灰）などが東北方言に共通の特徴である。

東北地方の方言は、青森・秋田・山形県庄内地方・岩手北部の北奥方言と、それ以外の南奥方言に大別される。北奥方言では長音・撥音・促音が短く発音される傾向があり、そのため、「学校」はガコ、「本屋」はホヤ、「マッチ」はマチのように聞こえる。また、アクセントも前者は東北アクセント、後者の大部分は型の区別のない無型アクセントである。

県比婆郡 *たわげ 島根県隠岐島 *つる 愛知県南設楽郡 *どー 愛媛県周桑郡・大三島　高知県・幡多郡 *とね 新潟県佐渡 *とんぼくね 岐阜県武儀郡 *なーと 島根県能義郡 *のっこし 長野県北安曇郡 *ひら 沖縄県国頭郡 *ほつ 静岡県　愛知県北設楽郡 *ほっきり 東京都八丈島 *ほら 新潟県佐渡 *まど 徳島県三好郡 *みね 福島県信夫郡 *むね 島根県隠岐島 *やまのいりごみ 島根県鹿足郡 *ゆんぶり 新潟県佐渡 *んね 島根県隠岐島

どうこう【瞳孔】 ⇩ひとみ（瞳）

とうじ【冬至】 *うどし 長崎県南高来郡 *ちゅや 鹿児島県揖宿郡

□の夜 *とーじとーや・とーじとや 島根県「とーじとーやは冬のまん中」

とうじき【陶磁器】 *ちゃわん 滋賀県蒲生郡　熊本県飽託郡 *ちゃわんざら 長崎県南高来郡 *なりむぬ 沖縄県宮古島 *なりむん 沖縄県首里 *なりむんどーぐ 沖縄県首里 *なんもん 佐賀県 →とうき（陶器）

どうして *あじして 千葉県夷隅郡 *あだん 東京都八丈島「おめえわ、のーあだんして、まんじぶん、こけーろーとーりでみきゃるか（あなたはまたどうして、今時分ここらを一人歩きなさるのですか）」「あだん、じょおぶたろおし（どうしてじょうぶだろうか。なんのじょうぶなものか）」 *あんしー 東京都八丈島 *ちゃーし 沖縄県首里「ちゃーしあんしゅが（どうしてそうするのか）」 *ど 青森県上北郡「ど、そんな事はない」「ど、へば（どうして、それじゃ）」 *どいせ 香川県伊吹島 *どいで 愛知県知多郡 *どーし 熊本県玉名郡・天草郡 *どーしたけー 大分県大分市・大野郡 *どーしたけん 大分市 *どーしちかる 大分県 *どーで 新潟県佐渡「どうでそう遅いんだ」　滋賀県彦根「どーで来なんだ」　京都府竹野郡「よい会社だというのに、君はどーでそんなに不平げに云うのだ」　広島県安芸郡 *どーな 山梨県南巨摩郡「どーなそがーのー悪いことおせに（どうしてそんな悪いことをしましょう）」「どーなぁぶ（危）ないこたあないらに」 *どーゆー 新潟県佐渡「どうい、せわしにゃぁもんださん」 *どがいして 兵庫県赤穂郡 *どがいで 兵庫県佐用郡 *どげーしたけん 大分県大分市・大分郡 *どげーして 大分県速見郡・大分郡 *どげで 鳥取県西伯郡 *どしたけ・どしたきー 大分県大分郡 *どしたけん 大分県大分市・北海部郡 *どないして 福井県遠敷郡 *どひたりー 大分県南海部郡 *ないがー・ないがもー 鹿児島県鹿児島郡 *ないごち 鹿児島県大隅 *ないごて 鹿児島県・揖宿郡 *ないごと 鹿児島県硫黄島 *なじゃ 福島県会津「なじゃ父さんの言付けを聞かぬ」　茨城県稲敷郡 *なじょして 山形県 *なじょって 岩手県気仙郡 *なじょに 岩手県気仙郡　三重県志摩郡　岡山県浅口郡 *なじょにして 山形県米沢市 *なじょんして 山形県米沢市・南置賜郡「なじょんしてわかんべー」 *なっちょ 長野県東筑摩郡 *なんぎゃ 宮崎県都城 *なんごて 鹿児島県 *なんじして 秋田県雄勝郡 *なんじゃきー 大分県大分郡・北海部郡 *なんじゃけん 大分県大分市・大分郡 *なんじゃして 富山県砺波 *なんじょ 山形県飽海郡 *なんじょして 福島県相馬郡「なんじょしてあんなものー背負って歩かんにぇーぞ（歩けるものか）」 *なんじょんで 秋田県仙北郡「昨日なんじょんで遊びに来ない」 *なんじんで 秋田県雄勝郡 *なんたら 宮城県北部「なんたらそんなに」 *なんちょ 長野県「夜更けてなんちょ行けるものか」 *なんちょー 長野県佐久「なんちょう負けるものか」 *なんな 兵庫県赤穂郡 *なんのだいに 岩手県気仙郡「そんなごどなんのであにしねぁばわがんねぁの」 *なんやけん 大分市 *なんやして 富山県砺波 *にゃー 新潟県佐渡「にゃあそのんことした」 *ぬーってぃ 沖縄県黒島 *ぬがすい（文語） 沖縄県首里 *ぬすんてぃや 沖縄県鳩間島 *ぬんでぃ 沖縄県与那国島 *ねー 新潟県佐渡「ねえそのんことした」 *ねな 山形県東村山郡・北村山郡「べっきもさ（蛙どの）、べっきもさ、ねな死んだ、ゆんべ夢みて、今朝死んだ、からんことんからんことん、いっちょーあがり」 *ねなて 山形県北村山郡 *のーしぎー・のーぬゆい 沖縄県石垣島 *のーってぃ 沖縄県新城島 *のーで 沖縄県石垣島 *のーでどぅ 沖縄県石垣島 *のーんでぃ 沖縄県小浜島 *んだる 沖縄県波照間島

どうしても *いかなこつやれ 長崎県壱岐島「いかなこつやれ俺が行くもんか」 *いかなこと 山形県米沢市　岐阜県飛驒　愛媛県 *いかなことやれ 山口県豊浦郡 *いかなこんたて 山形県米沢市・西置賜郡 *いかなしん 沖縄県首里 *いかにしたて 山形県西置賜郡 *いけんしこん 宮崎県西諸県郡　鹿児島県・硫黄島・鹿児島郡 *いけんしても・いげんしても 鹿児島県屋久島 *いけんでんこげんでん 鹿児島県 *いじょー 岩手県上閉伊郡　神奈川県「雨が降ってくれればいいに、いじょーに降らない」　高知県「結局四五百円程の融通をしてやったが、いじょー返しなしじゃ」「私にはいじょー何の話もない」「あれからいじょーこん（あれ以来全く来ない）」「今日の問題はいじょーいかざった」 *いずれ 高知県「すわと申しまーても、いずれ遠方のことですから」 *いっかないっかな 熊本県下益城郡 *いっかなこと 山口県豊浦郡　愛媛県松山 *いっかにしん 沖縄県石垣島 *いっすりかっすり 富山県砺波 *いっすりむっすり（打ち消しの語を伴う）石川県金沢市「いっすりむっすり動かぬ」・河北郡 *いっつ（打ち消しの語を伴って） 愛媛県 *えーたい 新潟県 *えこ 長野県佐久「えこいけなければ」 *げし 徳島県「げし分らな困る」　高知県・長岡郡「げし行かねばならぬなら」 *げっせん 鹿児島県揖宿郡 *ごくい 島根県鹿足郡 *さちーに 岡山県吉備郡 *さちきり 愛媛県岡村島・怒和島 *さちくぐり 岩手県気仙郡 *さちくり・さちこく 愛媛県大三島 *さちこくり 岩手県気仙

郡　愛媛県大三島　**＊さちむち** 岩手県九戸郡・気仙郡　**＊さちもち** 石川県江沼郡　島根県簸川郡「さちもち持って行きた」　**＊さっくぐり・さつこごり** 岩手県気仙郡　**＊さっち** 兵庫県佐用郡「さっちほしいとゆー」・淡路島「さっち往んで来んならん用事がある」　鳥取県　島根県「行かんと言ったがさっち行けと言われた」　岡山県　広島県高田郡　徳島県　香川県「さっち行けいうんならいかんこともない」　愛媛県「さっちくれーとおいるけん、とーどー出してしもーた(無理にくれと言われたからとうとう出してしまった)」　高知県　福岡県「さっち来なざすばい(きっとおいでになりますよ)」　**＊さっちー** 島根県仁多郡　香川県　**＊さっちーもっちー** 島根県八束郡　**＊さっちこっち** 大分県大分郡　宮崎県日向　**＊さっちに** 愛媛県周桑郡・喜多郡「さっちに来いゆーけん、行こ思とるんじゃ」　**＊さっちみち** 福岡県小倉市　**＊さっちみっち** 福岡市「さっちみっち合格してみせるけん」　**＊さっちむっち** 岩手県気仙郡「それさっちむっちやらせらいだ」　福岡県嘉穂郡・早良郡　**＊さっちむり** 香川県仲多度郡・三豊郡「子供がさっちむり行かんか言うきに行たんやがな」　愛媛県大三島　**＊さっちもっち** 島根県出雲　**＊しなむずり・しなむじり** 岩手県気仙郡「しなむずり言うことをきかぬわらしだ(子供だ)」　**＊しゃーち** 宮崎県東諸県郡　**＊しゃちきり** 山口県阿武郡・豊浦郡　**＊しゃちみち** 福岡県小倉市　**＊しゃちむっち** 福岡市　**＊しゃちむに** 香川県仲多度郡　**＊しゃっち** 東京都八丈島　山梨県南巨摩郡　鳥取県　島根県「あれほど止めたが、しゃっち帰った」　岡山県・小田郡　広島県高田郡　山口県豊浦郡　徳島県・阿波郡・美馬郡　香川県仲多度郡・三豊郡　愛媛県「しゃっち人に出て来いといふ」　高知県・高岡郡「しゃっちゃらにゃーならん」　福岡県　長崎県　大分県　宮崎県延岡　鹿児島県　**＊しゃっちー** 長崎県彼杵・壱岐島　**＊しゃっちきり** 広島県高田郡　山口県阿武郡　**＊しゃっちぎり** 広島県比婆郡　**＊しゃっちこっち** 大分県大分郡　宮崎県日向　**＊しゃっちに** 石川県羽咋郡　愛媛県　**＊しゃっちむっち** 大分県　**＊しゃっちむり** 香川県三豊郡　愛媛県　**＊しゃっちむりに** 愛媛県今治市・周桑郡　**＊しゃっちもっち** 山梨県南巨摩郡「しゃっちもっちそんなことをいわでも(言わなくても)いい」　島根県　大分県東国東郡　**＊しゃっちり** 鹿児島県　**＊しゃっつち** 長崎市　**＊しゃって** 愛媛県　高知県　高知市・幡多郡　大分県　**＊しゃってに** 愛媛県　**＊しゃってむて** 大分県大分郡　**＊しゃってむり** 大分市　**＊しゃっても** 新潟県中頸城郡　京都府「祭には待っとりますさかいにしゃっても来とくんなはれ」　兵庫県養父郡　**＊しゃでーも** 新潟県中頸城郡　**＊しょっこもっこ**(「そこもここも」の転か) 岩手県胆沢郡　山形県米沢市(悪いことにだけ言う)「こどしあ、しょっこもっこわるえ」　**＊たてかんじょー** 神奈川県高座郡　**＊ちゃーしん** 沖縄県首里「ちゃーしんかーしん(どうでもこうでも)」　**＊ちゃっち** 島根県邇摩郡・大田市「行かんのをちゃっち連れて行った」　**＊ちゃっちに** 石川県鹿島郡　**＊ちゃっても** 京都府　**＊でっても** 青森県上北郡　**＊どーがこーでも** 徳島県　**＊どーしもこしも・どしでんこしてん** 熊本県玉名郡　**＊どーでんこーでん** 香川県　佐賀県　熊本県・阿蘇郡　鹿児島県　**＊どじゃいこじゃい** 鹿児島県　**＊どんでーこんでー** 青森県津軽　**＊どんでこんで** 秋田県雄勝郡「どんでこんで書かねばならぬから書いてしまう」　**＊なえのかえの** 山形市「十日までなえのかえのでかしてくれ(仕上げてくれ)」　**＊なしでんかしでん・なんじもかっちも** 熊本県玉名郡　**＊なんしょーかんしょー** 岐阜県恵那郡　**＊なんしょかんしょ** 静岡県磐田市　**＊なんしろかんしろ** 山梨県　**＊なんせかんせ** 新潟県東蒲原郡　長野県佐久　**＊なんとなんと** 山形県「なんぼ待ってでも、なんとなんとこなえ」　**＊なんにもかんにも** 静岡県志太郡「そいつんなんにもかんにもなってなえーだー(それが全然だめなんだよ)」　**＊なんぶしせん** 鹿児島県　**＊なんぼーにも** 兵庫県神戸市　岡山県苫田郡　**＊なんぼしたって** 秋田県仙北郡　香川県「なんぼしたってでけんのやけにしようがない」　**＊なんぼしても** 北海道「なんぼしても来ない」　青森県「なんぼしても勉強しない」　岩手県気仙郡「なんぼしてもゆるさねぁ」　宮城県「なんぼしても今日中にこれを仕上げねばなりません」　香川県仲多度郡「あいつにはなんぼしてもかなわん」　**＊なんぼに** 香川県高松市・三豊郡「なんぼに来んなあ」　**＊なんぼにも** 山形県「あれだけはなんぼにもやんだ(嫌だ)」　福島県「なんぼにも訳わかんね」　茨城県多賀郡　新潟県佐渡　兵庫県神戸市　香川県「なんぼにも帰って来ん」　愛媛県「なんぼにも我慢がでけん」　高知県土佐郡　**＊ぬーさわん** 沖縄県首里　**＊へが** 島根県石見「そがーなこたーへが知らん」「あがーな所いはへが行かん」　**＊ほったしても** 青森県津軽　**＊ほっても**(多く、打ち消しの語を伴って意を強める) 青森県津軽「こうなれば、ほってもきがなえど(こうなったら、絶対きかんぞ)」　山形県新庄市・飽海郡「今年中にほっても仕上げよう」　栃木県河内郡　富山県砺波「ほってもいわん」　石川県江沼郡　長野県諏訪・東筑摩郡　岐阜県飛騨　岡山県児島郡「おめーそがんゆーけど、そのことだきゃーほっても知らんでー」　広島県高田郡　徳島県　香川県仲多度郡　**＊ほてへも**(さらに強める) 青森県津軽「あのふとぁ、まなぇどなれば、ほてへも、きがなぇんだ(あの人は否と言ったら、金輪際、うんと言わんぜ)」　**＊よくせき** 岩手県東磐井郡　福島県東白川郡「よくせきなげれぇ(なければ)しかたねぇ」　**＊んやっち** 大分県東国東郡

→とうてい(到底)

とうしょう【凍傷】　⇨しもやけ(霜焼)

とうせい【陶製】　⇨とうき(陶器)

とうぜん【当然】　**＊あたりこ** 愛知県名古屋市『今日はにこにこ御機嫌だなも』『あたりこさ、うちの牛が子を産んだら牝(めん)だったもん』　**＊お**

てんぴん 富山県砺波 *だーまた 新潟県『お前行くか』『だーまた行くとも』 *たてまえ 新潟県佐渡「子は親をかばうのがたてまえだ」 *どたりまえ 奈良県南葛城郡 *まがのかお 香川県三豊郡「病気になったんやて。まがのかおや」
↓あたりまえ（当前）

とうぞく【盗賊】 *いけどろぼー 茨城県 *いけぬすとー 茨城県稲敷郡・北相馬郡 *おいはぎ 熊本県下益城郡 *がっとー・かっとー(山賊) 長野県佐久 *がど 青森県津軽 *がれど 熊本県 *がんど 青森県　秋田県仙北郡　香川県伊吹島　長崎県壱岐島　熊本県玉名郡 *がんどー(「強盗」の唐音読み) 岩手県九戸郡　秋田県山本郡・平鹿郡　新潟県佐渡・刈羽郡　長野県佐久　徳島県　福岡市　熊本県 *せりょー 千葉県海上郡 *ぬしとぅり・ぬしとぅりがんとぅり 沖縄県石垣島 *ぬすとこき 石川県 *ぬすとごろ 宮崎県西諸県郡　鹿児島県肝属郡 *ぬすとわろ 熊本県阿蘇郡　大分県　宮崎県宮崎郡・西諸県郡 *ぬすびとり 和歌山県那賀郡 *ぬすんこき 新潟県佐渡 *のしとこき 石川県河北郡 *のす 長野県佐久 *のすとがんど(児童語) 富山市近在 *のすとこき 石川県珠洲郡
↓ごうとう（強盗）

どうそじん【道祖神】 *おしゃくじ 関東 *おふなたはん(「ふなた」は「ふなと(岐)」の転で、道の分岐点の意) 徳島県 *さーのかみ 島根県那賀郡 *さいとー(村はずれの辻などで道祖神を祭ってある所) 神奈川県高座郡 *さいのかみ 新潟県佐渡・中頸城郡　長野県佐久　岐阜県恵那郡 *さいのかみさん 鳥取県西伯郡　香川県大川郡・仲多度郡 *さいのき 山口県豊浦郡 *さえさま・さよさま 山口県大島 *さえのかみはん 山形県庄内 *さんくろー 長野県東筑摩郡 *せーぬかん 沖縄県首里 *せーのかみ 山形県東田川郡　長野県諏訪・佐久　島根県隠岐島 *せーのかん 島根県隠岐島 *どーろくじん 山形県西村山郡・北村山郡　群馬県　千葉県長生郡　新潟県・中頸城郡　長野県北東部 *どーろくじんば(祭ってある場所のことも) 長野県佐久 *どんどや 山梨県 *どんどやき 長野県 *どんどんやき 新潟県中頸城郡 *みちわけじぞー 三重県名張市・名賀郡 *やまのかみ 三重県名張市
↓さえのかみ（塞神）

□の祭り *きっかんじょ 山梨県 *ことおいまつり 島根県邑智郡 *さんばいさん 島根県邑智郡 *ししまい(獅子舞(ししまい)をするところから)・おしし 長野県佐久 *どーろくじん 新潟県中頸城郡　長野県佐久 *どーろくじんば 長野県上田・佐久(獅子舞) *どーろくじんまつり 長野県上田 *どーろくじんやき 群馬県佐波郡　埼玉県秩父郡 *どーろや・とーろさん・とーろーえさん 新潟県佐渡

どうたい【胴体】 ⇩どう（胴）

とうてい【到底】 *おそし 島根県江津市「あの人の力にはおそしかなわん」 *きりんがめん 福岡県三潴郡 *ごくい 島根県鹿足郡 *しょせんが 愛媛県東宇和郡「しょせんができやせん」 熊本県下益城郡 *しょせんこせん 岩手県平泉「しょせんこせんこまったもんだ(どうも困ったものだ)」 *ぞーい(打ち消しの語を伴って)・ぞーや 沖縄県首里「ぞーい　うゆばん(とても及ばない)」 *たかで 栃木県塩谷郡・上都賀郡「たかで駄目だ」 徳島県　愛媛県　高知市 *たてかんじょー 神奈川県高座郡 *とさえ 新潟県西蒲原郡 *とてもない 山口県大島「とてもなえ間に合ふものか」 *ほったしても 青森県津軽 *ほっても(多く、打ち消しの語を伴って意を強める) 青森県津軽「こうなれば、ほってもきがなえど(こうなったら、絶対きかんぞ)」 山形県新庄市・飽海郡「今年中にほっても仕上げよう」　栃木県河内郡　富山県砺波「ほってもいわん」　石川県江沼郡　長野県諏訪・東筑摩郡　岐阜県飛騨　岡山県児島郡「おめーそがんゆーけど、そのことだきゃーほっても知らんでー」　広島県高田郡　徳島県　香川県仲多度郡 *ほてへも(さらに強める) 青森県津軽「あのふとぁ、まなぇどなれば、ほてへも、きがなぇんだ(あの人は否と言ったら、金輪際、うんと言わんぜ)」 *よくせき 岩手県東磐井郡　福島県東白川郡「よくせきなげれぇ(なければ)しかたねぇ」
↓どうしても・とても

とうとう ⇩ついに（終）

とうはつ【頭髪】 ⇩かみのけ（髪毛）

とうふ【豆腐】 *いしわりどーふ(固くできあがっているもの) 奈良県南大和 *おかべ(白壁に似ているところから) 石川県河北郡「おかべのから」　熊本県　宮崎県東諸県郡・都城　鹿児島県「おかべ屋」 *おっぷ 神奈川県津久井郡 *じせん(東大寺などの寺言葉) 奈良県 *しらどひ 長崎県五島 *とーとー 新潟県佐渡・三島郡　山口県豊浦郡(幼児語) *とっぱい 熊本県「あげどっぱい(揚げ豆腐)」「とっぱいや(豆腐屋)」　大分県(小児語) *とっぺ 富山県(幼児語)・砺波 *とっぺー 富山県婦負郡 *どんとん(小児語) 大分県東国東郡

どうふく【胴服】 羽織の古称。 *どんこ 石川県羽咋郡　島根県石見　広島県高田郡 *どんご 石川県羽咋郡 *どんざ 山形県東置賜郡　石川県能美郡　滋賀県蒲生郡　兵庫県淡路島　島根県出雲市・八束郡 *どんぜー 群馬県碓氷郡 *どんだ 滋賀県滋賀郡 *どんど 富山県砺波(幼児語)　石川県能美郡・金沢市(主として子供の胴着を言う)
↓はおり（羽織）

どうぶつ【動物】 *いきむし 沖縄県石垣島・鳩間島 *いきむす・いくむす・いつむす 沖縄県宮古島 *いしむし 沖縄県石垣島・竹富島 *いちむし 鹿児島県喜界島　沖縄県首里 *ぞぶくろ・ぞぶくる(特に犬を言うことがある) 三重県度会郡 *どぅりいきむし 沖縄県石垣島

□の雄 *うーむん・うーむなー 沖縄県首里 *おーちょ 香川県綾歌郡 *おっちゅ 鹿児島県 *おっちょ 福岡市 熊本県球磨郡 *おっつ 鹿児島県肝属郡 *おん 山形県東置賜郡 岐阜県稲葉郡・恵那郡 愛知県西春日井郡・碧海郡 滋賀県蒲生郡「をんのむま(雄馬)」 京都市 大阪市 兵庫県揖保郡 奈良県・吉野郡 和歌山県 島根県 広島県倉橋島・高田郡 山口県 徳島県・海部郡 香川県 大分県 鹿児島県・肝属郡 *おんか 秋田県平鹿郡 *おんご 三重県度会郡・宇治山田市(「おのこ」の転か) *おんこー 静岡県小笠郡「おんこうの鳥が死んでたよ」 *おんし 島根県出雲 *おんす 広島県佐伯郡 愛媛県周桑郡 高知県土佐市 *おんず 鹿児島県 *おんた 石川県河北郡 福井県敦賀郡 静岡県磐田郡 愛知県 三重県「おんたでもやすーうんだらいーとも(雄でもやすやすと生んだらいいと思って)」 京都府京都市・久世郡 大阪府 兵庫県播磨 奈良県 和歌山県 鳥取県西伯郡 島根県 岡山県岡山市・小田郡 徳島県 香川県 愛媛県 *おんだ 石川県 福井県 三重県阿山郡 *おんたー 静岡県磐田郡 愛知県宝飯郡・八名郡 島根県邑智郡 岡山県児島郡(比較的大きい動物) *おんたこ 香川県木田郡 *おんだら 和歌山県東牟婁郡「おんだらえび(雄の蝦)」 *おんちゃ 石川県 *おんちゃー 石川県能美郡 *おんちょ 青森県三戸郡 香川県 佐賀県藤津郡「おんちょうし(雄牛)」 熊本県玉名郡・下益城郡 *おんちょー 佐賀県 *おんちょろ 香川県仲多度郡 *おんつ 石川県鹿島郡 福井県 岐阜県山県郡・稲葉郡 愛知県 三重県度会郡 和歌山県日高郡・東牟婁郡 岡山市 香川県 高知市「このひよこはおんつかめんつかまだ解らん」 鹿児島県鹿児島郡・肝属郡 *おんつー 静岡県 愛知県東三河 島根県石見 岡山県児島郡(小さな動物) 広島県佐伯郡・高田郡 香川県 福岡県久留米市 *かの 岩手県気仙郡 *こって 新潟県佐渡

□の雌 *みーむなー・みーむん 沖縄県首里 *みーむぬ 沖縄県八重山 *めーた 千葉県夷隅郡 長野県東筑摩郡 *めかえ 秋田県鹿角郡「めかえ猫」 *めけぁ 秋田県北秋田郡 *めぞ 静岡県 福岡県三井郡 *めぞー 熊本県下益城郡 *めっけぁ 秋田県鹿角郡 *めっそ 島根県 *めった 山形県米沢市・東置賜郡 *めっちゃ 新潟県・西蒲原郡 *めっちゃー 鹿児島県種子島 *めっちゅ 宮崎県宮崎郡 *めっつ 鹿児島県肝属郡 *めめんつー 静岡県 *めん 秋田県鹿角郡 愛知県西春日井郡・碧海郡 滋賀県蒲生郡 大阪市 兵庫県神戸市 和歌山県 鳥取県西伯郡 島根県 広島県倉橋島 徳島県 香川県 愛媛県松山 大分県 鹿児島県揖宿郡・肝属郡 *めんか 青森県津軽 *めんかー 静岡県 *めんこ 山梨県 *めんし 島根県出雲 *めんす 愛知県東春日井郡 広島県・比婆郡 愛媛県・周桑郡 *めんず 鹿児島県 *めんすー 香川県丸亀市 *めんた 青森県津軽 岐阜県羽島郡・吉城郡 静岡県磐田郡 愛知県 三重県 滋賀県彦根・蒲生郡 京都府久世郡 京都市 大阪府大阪市・泉北郡 兵庫県 奈良県 和歌山県 鳥取県西伯郡 岡山市 徳島県 香川県 愛媛県 *めんだ 三重県伊賀 香川県 *めんたー 静岡県磐田郡 岡山県児島郡・小田郡 香川県綾歌郡 *めんたこ 香川県木田郡 *めんちゃ 石川県 *めんちょ 香川県 *めんちょー 佐賀県 *めんちょこ・めんちょろ 香川県仲多度郡 *めんつ 石川県鹿島郡 福井県 岐阜県山県郡・稲葉郡 愛知県 三重県度会郡 島根県邑智郡 岡山県岡山市・浅口郡 香川県 愛媛県 高知市 鹿児島県肝属郡 *めんつー 静岡県 愛知県豊橋市・額田郡 島根県石見 岡山県 広島県倉橋島・鷺島 香川県 福岡県久留米市 *めんつく 岐阜県本巣郡

とうぶん【当分】 *どーき 静岡県・田方郡 兵庫県加古郡 香川県仲多度郡「とうきそのままでおれ」 *どーきとーぶん 島根県石見「神楽はとーきとーぶんにゃー始まらん」

↓しばらく(暫)

□の間 *いまだし 島根県石見「いまだし戻って来ん」「風呂の空(す)くなー、いまだしじゃーなー」 *いまだそこら 島根県石見「いまだそこらそがーな事をしちゃーいけん」 *いまやそこら 島根県邑智郡「おみこしはいまやそこら出て来ん」 *どーない 香川県丸亀市「とうないこれで辛棒しとんな」・綾歌郡

とうぼう【逃亡】 *ぬぎ 沖縄県石垣島 *ぴんぎ(「ひんにげ」の意) 沖縄県石垣島

↓にげる(逃)

□する *つっぱしる 熊本県「よんべつっぱしらした」

とうみ【唐箕】 穀物の実と、粃(しいな)・殻(から)・塵などを選別する農具。箱の内部に装置してある風車様のもので風を起こし、上から落とす穀粒を粃・殻などと実とに吹き分けるもの。 *あおり 新潟県中魚沼郡 *こめあうち 和歌山県日高郡 *とあおり 神奈川県愛甲郡 長野県諏訪・東筑摩郡 静岡県 *とあぶち 岐阜県羽島郡 *とーあおり 長野県諏訪 *とーあぶち 岐阜県不破郡 *とーし 山口県阿武郡 香川県大川郡・綾歌郡 *とわうち 岐阜県 *とわおり・とわぶり 長野県東筑摩郡 *とんぐり 滋賀県蒲生郡 *はっぷい 三重県度会郡 *もみおろし 山口県阿武郡

↓み(箕)

とうもろこし【玉蜀黍】 *あぶりき 福井県大野郡 *いぼ 鹿児島県一部 *いぼきび 鹿児島県甑島 *うまきび 山形県東田川郡 *うまもろこし 山梨県一部 *うらんだふぃん 沖縄県竹富島 *かいせんきび 香川県仲多度郡・綾歌郡 *かききび

山形県一部 *かしきび 山形県 新潟県 石川県鳳至郡 長野県上伊那郡 *かしまめ 新潟県一部 *かしんきび 和歌山県一部 *かなと 愛知県一部 *かぶる 東京都一部 *からきび 香川県大川郡 *からと 愛知県一部 *からとーなんば 愛知県碧海郡 *かんかけどー(「かん」は「髪」、「どー」は「嬢」) 鹿児島県甑島 *かんしょきび 和歌山県一部 *かんしんきび 香川県綾歌郡 *かんせんきび 香川県仲多度郡 *きなんば 大阪府豊能郡 *きび 北海道一部 青森県一部 秋田県 山形県 埼玉県一部 新潟県 長野県 岐阜県一部 静岡県一部 兵庫県一部 奈良県吉野郡 和歌山県日高郡 鳥取県 岡山県 広島県比婆郡 山口県大津郡・屋代島 徳島県 香川県綾歌郡・仲多度郡 高知県 大分県 宮崎県一部 *きみ 北海道一部 青森県 岩手県 宮城県栗原郡 秋田県 福島県北部 鳥取県一部 島根県 *きょーのきび 富山県 *ぎょく 千葉県一部 *きんび 山形県庄内 *ぐすんとーじん・ぐすんとーぬちん 沖縄県首里 *ぐすんとーんつぃん 沖縄県中頭郡 *けんせー 愛知県一部 *こーぼーいも 広島県 *こーら 愛知県知多郡 *こーらい 福井県 岐阜県・岐阜市 愛知県 三重県 滋賀県 岡山県邑久郡 広島県 香川県 愛媛県・大三島 *こーらいきび 福井県一部 岐阜県大垣市 滋賀県 鳥取県一部 岡山県一部・西部島嶼 広島県一部・東部島嶼沿岸 香川県 愛媛県一部 *こーらきび 岐阜県山県郡 *こーりゃーきび 香川県仲多度郡 *こーりゃん・こーりゃんきび 香川県大川郡 *こーれん 広島県上蒲刈島・倉橋島 *こくで・こくぞ 新潟県一部 *こくでんかし 新潟県三島郡 *こくれん 新潟県西蒲原郡 *こくれんかし 新潟県 *こなきび 香川県木田郡 高知県一部 *こらきび 新潟県一部 岐阜県 香川県 *さとーきび 岡山県真庭郡 広島県・高田郡 *さとーげんせー 愛知県幡豆郡 *さとーぼー 愛知県八名郡 *さとーまめ・さとまめ 長野県 *さときび 長野県下伊那郡・上水内郡 *さともろこし 長野県北安曇郡 *さんかく 熊本県下益城郡 *さんとく 愛媛県大三島 *じねんご 山口県一部 *しりょーきみ 岩手県一部 *せーたかきび 新潟県 *たーたこ・たーたーこ 島根県 *たかきび 岐阜県恵那郡 静岡県磐田郡 兵庫県一部 島根県益田市 山口県大津島 徳島県・一部 香川県粟島 愛媛県一部 高知県一部 熊本県天草郡 鹿児島県一部 *たこしきび 山口県阿武郡 *たちきび 青森県津軽 *たわらきみ 岩手県九戸郡 *だんごきび 山形県一部 *ちゃのきび 富山県 *ちょーきみ 青森県一部 岩手県一部 *ちょっきみ 青森県一部 *つつみきび 兵庫県一部 鳥取県一部 *つときび 新潟県一部 長野県 静岡県磐田郡 愛知県東三河 *つのきび 兵庫県一部 *つまきび 新潟県西頸城郡 *とうちみにー 鹿児島県喜界島 *とーあわ 埼玉県一部 岐阜県一部・揖斐郡 *とーかし 新潟県一部 *とーから 愛知県碧海郡 *とーきみ 秋田県 *とーぎみ 北海道一部 青森県一部 岩手県一部 宮城県 秋田県一部 山形県置賜 福島県 茨城県 栃木県 群馬県 東京都一部 新潟県一部 鳥取県一部・西伯郡 島根県隠岐島 鹿児島県沖永良部島 *とーぎめ 栃木県 *とーきん 島根県簸川郡・大田市 *とーぎん 鳥取県米子市 島根県 *とーけぶ 富山県・射水郡 *とーじんもろこし 静岡県庵原郡 *とーたかきび 香川県高見島 *とーちび 鹿児島県喜界島 *とーつきび 新潟県一部 *とーと 愛知県一部 *とーときび 島根県 広島県高田郡 *とーとーぎん 鹿児島県与論島・徳之島 *とーとーこ 島根県邑智郡 広島県比婆郡 *とーとーきび・とーとーとーびき 広島県田島 *とーときび 愛知県一部 三重県志摩郡 島根県一部・大田市・仁多郡 *とーときみ 島根県仁多郡 *とーときん 島根県出雲 *とーとぎん 島根県簸川郡 *とーとこ 島根県飯石郡・仁多郡 広島県一部 *とーとびき 三重県志摩郡 *とーとびきび 香川県岩黒島 *とーとんきび 島根県安来市・大田市 *とーな 新潟県 岐阜県 *とーなー 福井県一部 *とーなお 岐阜県 *とーなきび 岐阜県益田郡 *とーなご 岐阜県益田郡・郡上郡 *とーなもろこし 岐阜県一部 *とーなわ 富山県一部 岐阜県・飛驒 *とーぬきん 鹿児島県奄美大島 *とーのかし 新潟県一部 *とーのきび 長野県一部 岐阜県土岐郡・恵那郡 静岡県一部 愛知県北設楽郡・知多郡 *とーのとーびき 広島県横島 *とーびき 島根県大田市 徳島県一部 *とーまめ 新潟県 長野県 岐阜県一部・武儀郡 *とーみき 宮城県加美郡 福島県北会津郡 *とーみぎ 宮城県 山形県 福島県 茨城県 栃木県 群馬県 東京都一部 新潟県東蒲原郡 *とーむぎ 岩手県一部 福島県西白河郡 茨城県真壁郡・稲敷郡 栃木県 *とーむん 沖縄県石垣島 *とーめぎ 福島県一部 栃木県河内郡・芳賀郡 *とーわ 岐阜県一部・益田郡 滋賀県蒲生郡 *ときつ 鹿児島県姶良郡 *ときっのよめじょ 宮崎県都城市(実) 鹿児島県 *ときび 秋田県平鹿郡 山形県 福井県 三重県 京都市 和歌山県一部 山口県厚狭郡 徳島県一部 香川県仲多度郡 愛媛県一部 熊本県 宮崎県 鹿児島県 *ときびのこんぶ 鹿児島県一部 *ときみ 秋田県雄勝郡 *とぎみ 山形県東置賜郡・東村山郡 福島県南部・会津 *とぎん 島根県出雲・隠岐島 *とっきび 秋田県 山形県 *とっきみ 秋田県平鹿郡・雄勝郡 山形県最上郡 *とっきよめじょ 鹿児島県 *ととーきび 広島県 *ととーこ 島根県邑智郡 広島県比婆郡・高田郡 *ととききび 石川県河北郡 三重県志摩郡 島根県大田市 広島県双三郡 *ととききん 島根県簸川郡・仁多郡 *ととこ 広島県世羅郡・高田郡 *ととびき 島根県大田市 *となお 岐阜県飛驒 *となご 福井県一部 *となわ 富山県 岐阜県飛驒 *とのきび 山形県村山郡

山県一部　岐阜県一部・稲葉郡　愛知県西春日井郡 *とのまめ 富山県一部 *とはな 富山県東礪波郡 *とびき 三重県志摩郡　香川県佐柳島 *とびきのこ 三重県志摩郡 *とまめ 山形県一部・西置賜郡　長野県北安曇郡・南安曇郡 *とみぎ 宮城県　山形県東置賜郡 *とらきび 香川県綾歌郡 *とわわ 福井県大野郡　岐阜県一部 *とんぎみ 山形県西置賜郡 *とんと 愛知県一部 *とんとんきび 広島県倉橋島 *とんのきび 石川県一部・鹿島郡 *とんのきぶ 富山市近在 *とんのまめ 富山県 *なーまんきび 島根県一部 *なーまんとーきび 岡山県北木島 *なーまんとーびき 岡山県北木島 *なきぎん 鳥取県一部 *なまきび 岐阜県一部 *なまぎん 島根県八束郡 *なまんとびき 岡山県大飛島 *なんがのとーきび・なんがん 広島県大崎下島 *なんがんとーきび 広島県三角島 *なんがんとーびき 広島県大崎下島 *なんきん 奈良県宇智郡 *なんないきび 島根県鹿足郡 *なんなんきび 広島県安芸郡 *なんば 福井県　岐阜県一部　愛知県三河　三重県　滋賀県　京都府　大阪府　兵庫県　奈良県　和歌山県　島根県八束郡　岡山県　広島県深安郡・倉橋島　山口県屋代島・大島　徳島県　香川県　愛媛県弓削島　長崎県一部 *なんばかき 香川県 *なんばきび 岐阜県武儀郡・郡上郡　愛知県八名郡・東加茂郡　京都府竹野郡　兵庫県赤穂郡　岡山県真庭郡・阿哲郡　広島県神石郡　山口県大島　徳島県・那賀郡　香川県大川郡・小豆島　大分市 *なんばきみ 鳥取県一部　島根県一部 *なんばぎみ 島根県出雲 *なんばきん 島根県簸川郡 *なんばぎん 鳥取県米子市　島根県出雲 *なんばとー 愛知県三河 *なんばら・なんばり 三重県志摩郡 *なんばん 福井県大飯郡　長野県北安曇郡・南安曇郡　岐阜県不破郡　愛知県三河　三重県名張市　京都府　兵庫県神戸市　山口県阿武郡　長崎県南高来郡 *なんばんきび 石川県一部　長野県一部　岐阜県郡上郡　静岡県・周智郡・磐田郡　愛知県三河　滋賀県　京都府　大阪府一部　兵庫県・但馬　奈良県一部　和歌山県一部　鳥取県一部　島根県一部　岡山県　広島県　山口県　徳島県一部　香川県大川郡・小豆島　高知県一部　鹿児島県肝属郡 *なんばんとーきび 岡山県北木島 *なんばんとーじん 沖縄県首里 *なんばんとーびき 岡山県高島　香川県牛ケ首島 *なんぼ 福井県一部 *なんまい 島根県石見　広島県佐伯郡　山口県玖珂郡 *なんまいきび 島根県石見　山口県玖珂郡・阿武郡 *なんまぎん 島根県能義郡 *なんまん 島根県石見　山口県 *なんまんきび 島根県石見　広島県　山口県　大分県一部 *なんまんぎん 島根県松江市・八束郡 *なんまんこ 島根県一部　広島県一部 *なんまんこー 島根県石見 *なんまんとーびき 岡山県北木島・大飛島　広島県田島 *にときび 宮崎県一部 *のきび 愛媛県一部 *はーれとーきび 山形県一部 *はしりきび 愛媛県一部 *はしれきび 鳥取県一部 *はすきび 山形県西田川郡 *ばすきび 北海道一部 *はすばく 岐阜県一部 *はぜなんばん 長野県北安曇郡 *はぜりきび 岡山県一部 *はちこく 石川県鹿島郡 *はちぼく 岐阜県・郡上郡　滋賀県神崎郡・愛知郡 *はちぼくとーなご 滋賀県一部 *はなきび 高知県長岡郡 *ばはいこーらい・はばーきび 鳥取県一部 *ばんばーとーきび・ばんばんとーきび・ばんばんとーびき 広島県走島 *ひなじょ 鹿児島県一部 *ひなじょときっ 鹿児島県曾於郡 *ひなとーきび 鹿児島県垂水市 *ひなときび 鹿児島県一部・垂水市 *ふくろきび 長野県一部　和歌山県一部 *ふくろきみ 岩手県一部 *ふさきび・くさぎん 鹿児島県奄美大島 *ふろしきび 秋田県一部 *ほーきもろこし 長野県佐久 *ほーらいきび 香川県与島 *まーまん 島根県江津市・那賀郡 *まきび 新潟県西頸城郡　富山県 *まごじょ・まご 宮崎県一部 *まつきび 新潟県西頸城郡　長野県北安曇郡 *ままきび 新潟県一部　富山県一部　石川県一部　広島県山間部 *ままんきび 広島県双三郡・高田郡　山口県岩国市・下松市 *ままんこ 広島県双三郡・比婆郡 *まめ 群馬県多野郡（若いもの）　愛媛県一部 *まめきび 山形県東田川郡　新潟県一部　長野県南安曇郡・西筑摩郡　岐阜県郡上郡・岐阜市　長崎県一部 *まめきみ 岩手県一部 *まめもろこし 長野県一部 *まるきび 岐阜県一部 *まんまきび 広島県　山口県一部 *まんまん 島根県石見　山口県 *まんまんき 広島県比婆郡 *まんまんきび 島根県石見　広島県　山口県 *まんまんこ 島根県　広島県 *まんまんこー 島根県石見　広島県山県郡 *まんもろこし 長野県上水内郡 *みごーら 愛知県知多郡 *みときび・むきび 鹿児島県一部 *むろこし 長野県佐久 *もちきみ 鳥取県一部 *もっぎっ 鹿児島県揖宿郡 *もろこし 群馬県碓氷郡・多野郡　埼玉県秩父郡　東京都利島　神奈川県津久井郡・中郡　新潟県中頸城郡　山梨県南巨摩郡　長野県　岐阜県飛騨　静岡県・富士郡　和歌山県一部 *もろこしきび 新潟県一部　岐阜県一部 *やききび 高知県一部・長岡郡 *やまとぅふーむん 沖縄県石垣島 *やまとぅやたふ 沖縄県波照間島 *やまととーじに 沖縄県国頭郡 *やまととーんちん 沖縄県首里 *よめじょ 鹿児島県加世田市 *よめじょきっ 山口県熊毛郡　鹿児島県揖宿郡 *よめじょきび 鹿児島県・甑島 *よめじょときっ 宮崎県一部　鹿児島県 *よめぞきっ 鹿児島県鹿児島郡・揖宿郡 *りんきび 静岡県磐田郡 *るすんとーじん 沖縄県首里 *んまぬまらちん・んまぬまらたかちん 沖縄県与那国島

どうよう【同様】 *まったいご 福島県「まったえごになってさわぐな、いい年して」「俺とあの人とはまったいごだ」 *まったいごー 福島県岩瀬郡

↓おなじ（同）

どうらく【道楽】 *ごくす・ごくとれ 香川県

三豊郡 *ごくどー 岐阜県大垣市　京都市　大阪市　兵庫県　奈良県宇智郡　和歌山市　岡山県児島郡　広島県芦品郡　徳島県　香川県　熊本県球磨郡・芦北郡 *ずぼら 三重県名張市　奈良県・宇陀郡　和歌山県　高知県 *たまだれ・たまたれ 島根県隠岐島「あの子はたまだれだ」・出雲 *どら 茨城県稲敷郡　千葉県海上郡　新潟県中頸城郡・西頸城郡　島根県那賀郡　岡山県阿哲郡・小田郡　広島県「あいつぁー音楽がどらじゃ」　山口県「大どら」・豊浦郡「碁どら」「酒どら」「女どら」 *どらうち 青森県「どらうつする」 *どらぼー・どらんぼー 岡山県小田郡 *よた 神奈川県相模　長野県南佐久郡　静岡県田方郡 *よたおし 島根県江津市 *よりかど 岡山県苫田郡「あの人も頭のええ人じゃったけど、何分若いじぶんによりかどがひどかったけえたいしたことになりんさらなんだ」

□する *たまくずす 島根県大原郡 *たまたれる 島根県出雲・隠岐島 *たまだれる 島根県隠岐島 *たまをたれる 島根県出雲

どうらくもの【道楽者】 *あくさいいん（卑しんで言う語）・あくせーいん 福岡市 *あすびと 岩手県気仙郡 *うしたりもん 熊本県玉名郡・天草郡 *おやふこーもん 熊本県天草郡 *かねつきゃー 熊本県天草郡 *くもすけ 岡山県北木島 *ぐれ 千葉県上総　福井県大飯郡　長野県佐久　徳島県　大分県大分郡・大野郡 *ぐれさく 大分県西国東郡 *ぐれす・ぐれそ 香川県 *ぐれすけ 大分県大分郡 *ぐれっぽ 大分市 *ぐれまつ 新潟県佐渡 *ぐれもの 長野県諏訪　大分県大分郡・大野郡 *くわてぃー 沖縄県首里 *げどー 大分県大分郡 *ごくさり・ごくされ 岐阜県益田郡 *ごくす 香川県三豊郡 *ごくすけ 島根県鹿足郡 *ごくぞ 三重県阿山郡 *ごくたれ 富山県東礪波郡　岐阜県飛騨　愛知県知多郡　滋賀県 *ごくでーし 島根県隠岐島 *ごくど 富山県東礪波郡　三重県　和歌山県日高郡　島根県　香川県 *ごくどー 兵庫県 *ごくどー 福島県白河　新潟県中頸城郡　岐阜県　富山県砺波　山梨県南巨摩郡　岐阜県　愛知県　福井県　三重県　滋賀県彦根・蒲生郡　京都府　大阪市　兵庫県赤穂郡　奈良県　島根県　山口県　徳島県　香川県　高知県　大分県 *ごくどーさい 徳島県 *ごくどーされ 岐阜県益田郡　島根県　岡山県苫田郡 *ごくどーたれ 島根県 *ごくどーもん 岐阜県郡上郡　三重県南牟婁郡　和歌山市　島根県鹿足郡　広島県　愛媛県大三島　福岡市　熊本県天草郡 *ごくどさる 宮崎県西臼杵郡 *ごくどされ 島根県　愛媛県　宮崎県東諸県郡 *ごくどたれ 大分県速見郡 *ごくどのかわ 島根県石見　愛媛県大三島 *ごくどぼし 奈良県　*ごくどもん 大阪市　長崎県南高来郡 *ごくとりもの 島根県大田市 *ごくとれ 兵庫県淡路島　和歌山県那賀郡　岡山県児島郡　香川県　大分県大分郡 *ごくどれ 和歌山県　島根県　愛媛県　香川県三豊郡　熊本県菊池郡　宮崎県 *ごくない 香川県伊吹島 *ごくならず 島根県隠岐島 *ごくぬく・ごくぬけ 島根県美濃郡 *ごくはだ 香川県三豊郡 *ごけさがし 島根県 *ごろ 青森県津軽　栃木県　京都市　島根県益田市 *ごろつき 熊本県宇土郡・天草郡　大分県 *ごろつきもの 三重県上野市 *しゃべり 兵庫県明石郡 *しゃれもん 熊本県阿蘇郡 *すったくらもん 熊本県天草郡　*すったくろー 熊本県飽託郡 *すっぱくもの 熊本県天草郡 *ずぼねひき 宮城県仙台市「ずぼねひきやろう」　*ずぼらこき 広島県佐伯郡・高田郡　香川県小豆島 *ぜにつかい 島根県八束郡・能義郡　熊本県阿蘇郡・下益城郡 *ぜんつきゃー 熊本県 *そんぽ 佐賀県藤津郡 *そんぽーもん 佐賀県 *そんぽもん 長崎県佐世保市 *てれんこ 富山県下新川郡 *どーげん 兵庫県明石郡 *どーずあい 山形県置賜 *どーずやり 山形県 *どーずり 新潟県中魚沼郡 *どーずり 新潟県「あのしとは、どうずりだ」　長野県上田・佐久 *どーずりもの 新潟県佐渡 *どーずれもの 島根県 *どくら 熊本県　*どぐらもの 熊本県飽託郡 *とさもの 石川県鹿島郡 *どさもの 新潟県佐渡　石川県鹿島郡 *どずやりもの 山形県東置賜郡 *どまぐれ 熊本県　*どまぐれもの 大分県 *どら 千葉県上総　新潟県中頸城郡　富山県砺波　岐阜県飛騨　岡山市　広島県比婆郡　山口県　愛媛県大三島 *どらうち 青森県　岩手県上閉伊郡　秋田県「どらうずむすこ」　*どらこき 島根県石見・出雲 *どらすけ 長野県下水内郡 *どらはちうち 青森県三戸郡 *どらもの 千葉県香取郡・君津郡　新潟県西頸城郡　島根県石見　広島県比婆郡　山口県 *どらんぼ 愛媛県大三島 *どらんぽ・どらっぽ 愛媛県大三島 *どろさく 三重県伊賀 *どろぼー 関西　滋賀県蒲生郡 *どんずやり 山形県東置賜郡・西置賜郡 *なぐれ 熊本県芦北郡 *なぐれぼー 大分市　*なぐれもの 広島県高田郡　長崎県南高来郡・対馬　熊本県八代郡 *なまくら 三重県名張市・名賀郡 *なまくれ 熊本県球磨郡 *なまなま 和歌山県有田郡 *ならずもの 三重県名賀郡・阿山郡　熊本県 *にたくろ 熊本県芦北郡 *ぬっぽー 長崎県北松浦郡 *のっぽ 三重県伊賀　奈良県吉野郡　和歌山県東牟婁郡　高知県 *のっぽー 静岡県　愛知県宝飯郡 *のぼくれ 島根県那賀郡 *のら 福島県岩瀬郡　新潟県佐渡　奈良県 *のらくら 長野県佐久 *ばてれん 新潟県佐渡 *ひゅーたん 熊本県球磨郡 *ふぃんけもん 島根県隠岐島　*ぶらぶら 香川県綾歌郡 *へんげもん 島根県隠岐島 *ほいと 熊本県芦北郡 *ほいとー 大分県大分郡 *ほっぽもん 鹿児島県肝属郡 *ものずき 三重県阿山郡　熊本県天草郡 *やくざ 埼玉県川越市　愛知県知多郡・岡崎市　三重県伊賀・志摩郡　大阪府泉北郡「やくざする」　兵庫県淡路島「あんなどやくざがよお有ったもんじゃ」　奈良県北葛城郡 *やくざぼし 三重県名張市 *やくざもの 福井県坂井郡　三重県 *やだけもん 兵庫県赤穂郡

*ゆーらく 大分県大分市・大分郡 *よろ 島根県邑智郡「あがーなよろを相手にすると腹が立つ」 *よろくそ 広島県江田島 *よろくそもの 広島県安芸郡

どうろ【道路】 *あらぎみつぃ 沖縄県石垣島 *おーかん 宮城県仙台市 群馬県佐波郡 岐阜県飛驒 静岡県榛原郡 兵庫県淡路島 徳島県 愛媛県松山 高知県 宮崎県延岡市 *おーかんど 岐阜県飛驒 *かーど 岐阜県可児郡 *かいと 愛知県北設楽郡 *かいど 青森県津軽「この大雪だば、だぇが、学校まで、かぇどつけでえってけなぇば、まなぇて(いけませんねえ)」 岩手県九戸郡 山形県 福島県相馬郡「けぇどで遊ぶ」 新潟県中蒲原郡(村の大路)・岩船郡 富山県高岡市 石川県江沼郡 福井県 岐阜県郡上郡 静岡県志太郡・磐田郡 *かいどー 岩手県胆沢郡 山形県「かいどーで遊ぶな」 群馬県館林 埼玉県秩父郡・入間郡 東京都八王子 *かぇーどー 岡山県苫田郡 *きど 宮崎県都城 *きゃど 青森県 宮城県栗原郡「きゃどっぱた(道端)」 秋田県仙北郡 *けぁーど 岩手県気仙郡 宮城県栗原郡 秋田県北秋田郡 *けぁと 岩手県気仙郡 *けぁどー 岩手県九戸郡 *けんど 青森県津軽 *こーじ 広島県比婆郡 *した 青森県津軽 新潟県佐渡 徳島県「したの悪いのに(道がどろんこなのに)よう来てくれたな」 高知県 *したこ 青森県津軽「したこぁつさぇどごでせぁぇ(水田としての土地が小さい所だから)米上がりだば無ぇんだ」 *しった 千葉県東葛飾郡「家のしった(住宅地)も無し」 *しょーじ 島根県美濃郡・益田市 *でど 岩手県気仙郡「でどぱだ(道の傍)」

→みち(道)

とうわく【当惑】 *じりくりまい 兵庫県 島根県邇摩郡「金を借りようとしてじりくりまいをした」

→こんわく(困惑)

□する *あじふっとる 島根県大田市「不景気であじふっとる」 *あずーたれる 島根県石見「網が上らーで、あずーたれた」 広島県高田郡・安芸郡 *あずつる 香川県「人手が足らんであずつりよる」 *いきあたる(急な事態に直面して当惑する) 富山県砺波「急にそんなこといわれても、いきあたってしもて返答ならん」 滋賀県彦根 *しっぺこく 石川県石川郡 *すっぺこく・しつべこく 石川県能美郡 *てーとる 青森県 *てとる 青森県上北郡 秋田県由利郡「あの弟子に行かれてとった」・河辺郡 *どちふむ 滋賀県彦根 *どんつく 滋賀県彦根

とおい【遠】 *たーん 沖縄県与那国島 *たかい 大分県北海部郡 *てろい 新潟県 *とぅーわるある 沖縄県鳩間島 *とぅーわん 沖縄県鳩間島・黒島 *とーかい 山形県 新潟県岩船郡「とーけーとこ」 *とーくい 秋田県雄勝郡「秋田市にとーくい」 山形県 新潟県佐渡「遠くい所(とこ)い出んなや」「おとんとおくい(子供と子供との間が離れている)」 岐阜県安八郡・北飛驒 三重県度会郡 *とーこい 新潟県 *とーごい 愛媛県温泉郡 *とーっきー 東京都大島 *とーよー 愛知県名古屋市「あそこまではとーよーよ」 *とーりー 静岡県 *とーわい 三重県度会郡 和歌山県 *とかい 青森県津軽 山形県 *とぎ 秋田県山本郡・南秋田郡 *とくい 秋田県平鹿郡「とぐえ山」 福井県大野郡 三重県南牟婁郡 *とつい 群馬県吾妻郡 *とっかい 山形県 *とっくい 山形県庄内 *とゆい 長崎県対馬 *とよい 徳島県板野郡 *とわい 群馬県 長野県「とわい道だ」 三重県 兵庫県神戸市 和歌山県 島根県出雲「あんまりとわえ所え行くだなえじ」・隠岐島 愛媛県 宮崎県西諸県郡 鹿児島県「とわか」 *ほのどーい(やや遠い) 広島県比婆郡 *むこむこー(はるかに遠い) 徳島県三好郡

↓えんぽう(遠方)

□所 *おっぱて(ずっと遠い所) 岩手県気仙郡 *かーま 沖縄県首里・石垣島 *かまーら 沖縄県石垣島 *くれしー 愛媛県大三島「あのくれしー行かれるちゅかい(あんな遠方へ行けるものか)」 *とーい 兵庫県加古郡「とおいから来た者」 *とーいー 兵庫県但馬「とういいに(はるかに)」 *とーど 香川県大川郡・木田郡「とうどへ行くんじゃ」「牛ちゅうもんはとーどから来んけんな」 *とーどー 京都府竹野郡「とーどーの所わざわざお出下さいましても」 *とーん・とんとん 鹿児島県・肝属郡 *とど 京都府竹野郡「とどのところ御苦労さんによー来とくんなはりました」

⇩えんぽう(遠方)

とおく【遠】

とおせんぼ【不通坊】 *おとめ 愛知県知多郡 *がんど・がど(幼児語) 青森県津軽 *とーざい 山形県西村山郡・北村山郡 新潟県西蒲原郡 島根県隠岐島「とーざいする」 *とーさんこ 青森県三戸郡 長野県上田・佐久 香川県丸亀市 *とーさんどー 京都府竹野郡 *とーさんばい・とーさんばいばい 富山県砺波 *とーさんばこ 富山県 *とーさんばば 奈良県「お母さん健ちゃんがとうさんばばしてやぜ。お使にいけやひん」 *とーさんば 奈良県 香川県 *とーさんばんばい 富山県 *とーさんばんばん 新潟県佐渡 *とーさんべ 新潟県中頸城郡 *とーさんべーこ 静岡県志太郡 *とーさんぼ 長野県「旅人をとーさんぼする」 岐阜県本巣郡 静岡県浜松 徳島県美馬郡 愛媛県松山 香川県木田郡・高松市 *とーさんぽ 長野県佐久 *とーさんぼー 香川県木田郡・高松市 *とーさんぼこ 新潟県中頸城郡 *とーさんぽっこ 長野県諏訪 *とーさんぽんぽ 新潟県佐渡 *とーせばんこ 富山県 *とーせばんばん 山形県米沢市 *とーせんかべ 島根県邑智郡 *とーせんば 山梨県 静岡県榛原郡 *とーせんばしょ 島根県簸川郡 *とーせんばっこ 埼玉県秩父郡 東京都南多摩郡 山梨県南巨摩郡 *とーせんばっちょー 福岡市 *とーせんばらばら 宮城県石巻 *とー

せんばり 山梨県南巨摩郡　島根県石見　広島県安芸郡　香川県粟島 *とーせんばん 山形県東置賜郡 *とーせんばんがえ 富山県射水郡 *とーせんばんこ 鹿児島県鹿児島郡 *とーせんばんごー 埼玉県秩父郡 *とーせんばんば 山形県南置賜郡 *とーせんばんばん 山形県米沢市 *とーせんまち 高知県 *とーせんまんご 静岡県田方郡 *とーばえ 山形県西村山郡・北村山郡 *とーばり 香川県伊吹島 *とさんこ 青森県上北郡・三戸郡　宮城県登米郡 *どせんばんば 山形県西置賜郡　埼玉県北葛飾郡 *とんさんぱっぱ 奈良県 *はっと 大阪市　奈良県宇智郡　和歌山県　島根県「はっとして行かせん」「そこをはっとしておけ」　香川県・三豊郡・小豆島　愛媛県・大三島 *ぱっと 奈良県 *はっとー 兵庫県淡路島　和歌山県　島根県仁多郡・隠岐島　広島県比婆郡　徳島県・美馬郡　長崎県対馬 *ぱっとー 富山県砺波　奈良県・宇陀郡 *はっとーばり 静岡県　岡山県苫田郡「遍どうさん(おへんろさん)、この道ははっとーばり」・小田郡 *はっとかべ・はっとーかべ 島根県出雲 *はっとば 富山県西礪波郡 *はっとばい 富山県砺波「はっとばいする」 *はっとばり 石川県江沼郡・能美郡「はっとばりしる」　福井県　静岡県磐田郡　兵庫県　徳島県　香川県　愛媛県 *はっとんぼ 和歌山県海草郡・那賀郡 *はっぽ 三重県伊賀　兵庫県加古郡 *はっぽー 愛媛県 *ほっとばり 香川県小豆島 *やらんば(小児語) 岐阜県郡上郡 *やらんばんば(小児語) 長野県伊那・下伊那郡 *やらんぼ(小児語) 岐阜県飛驒・郡上郡

とかい【都会】 *おだいば 栃木県 *たいば 岩手県気仙郡 *だいば 宮城県仙台市「さすがに東京はだいばだ」　山形県　群馬県邑楽郡 *たび 山形県米沢市「たびに出る」 *ところ 岡山県苫田郡「何分ところの人には、お口にあいますまい」 *ばしょ 岐阜県武儀郡　愛知県北設楽郡　島根県　山口県大島　香川県大川郡　徳島県「皆ばしょへ行きたがる」　熊本県玉名郡 *ひろっぱ 北海道「札幌辺のひろっぱなれば」　青森県上北郡・三戸郡　秋田県鹿角郡 *ひろと 島根県益田市・那賀郡「田舎でくすぶって居らんこーにちっとひろとい出にゃー」 *ひろは 京都府竹野郡「ここらはひろはとちがって…」 *ひろみ 富山県砺波　岐阜県飛驒「ひろみへ行くと、なかなか知っとる人に逢わん」　和歌山県有田郡「今頃の子はひろみへ行く事ばかり考へて」　島根県美濃郡・益田市「東京のようなひろみに出ると田舎くさー」 *べしょ 高知県幡多郡 *まちば 岩手県気仙郡　宮城県仙台市　山形県　栃木県　東京都八王子　神奈川県津久井郡　山梨県　長野県佐久　京都府竹野郡「まちばのほうとはちがう」　岡山県真庭郡「まちばの者は(都会の者は)」　広島県高田郡　山口県　香川県 *みやく 沖縄県首里・石垣島 *みやこ 長崎県南松浦郡

とかげ【蜥蜴】 *あうだぬふぁーなー 沖縄県石垣島 *あうたぬっふぁ・あうたぬふふぁ 沖縄県鳩間島 *あらすずめ 広島県神石郡 *あんだつぁー 沖縄県首里 *いちぶさん・ひちぶさん(腹の赤いもの) 香川県高見島 *いっちんど 大分県大分郡 *いぼくい 千葉県海上郡 *いもじり 神奈川県高座郡 *うばんじょろ 高知県 *おかまちょ・おかまちょろ 茨城県北相馬郡 *おかまへび 茨城県北相馬郡 *おがみっちょ 埼玉県秩父郡 *おかめっちょ 長野県諏訪 *おきり 和歌山県南部 *おばー 愛媛県周桑郡 *おぼおぼ 高知県高岡郡 *おんば 愛媛県周桑郡　高知県安芸郡・高岡郡 *おんばぐちな・おばぐちな 高知県安芸郡 *おんばこ 高知県中東部 *おんばごぜ 高知県 *おんばし 高知県安芸郡 *おんばじょろ・おんまじょろ 高知県高岡郡 *かーまんちょ 千葉県山武郡 *かーめっちょ 静岡県沼津市・田方郡 *かいびょー 東京都八丈島 *かがへび 青森県上北郡 *かがみそ 長野県諏訪 *かがみちょー 山梨県東八代郡・北巨摩郡 *ががみっちゅ 静岡県富士郡 *かかみっちょ 静岡県田方郡 *かがみっちょ 埼玉県秩父郡・入間郡　千葉県印旛郡　東京都西多摩郡・南多摩郡・大島　神奈川県・中郡(トカゲ。又カナヘビ)　山梨県　長野県・佐久(トカゲ。又カナヘビ)　静岡県・富士郡(トカゲ。又カナヘビ) *かがみっちょー 東京都八王子　神奈川県　山梨県　静岡県 *かがみっちょろ 千葉県印旛郡　神奈川県津久井郡 *ががみっちょろ 茨城県北相馬郡 *かがめっちょ 埼玉県北足立郡 *かがめっちょ 埼玉県北足立郡　東京都江戸川区　長野県佐久(トカゲ。又カナヘビ)　静岡県田方郡 *かがんちょろ 千葉県印旛郡 *かきとり 和歌山県日高郡 *かたこい 大分県大分郡 *かたこし 岡山県邑久郡 *かなぎする(トカゲ。又カナヘビ) 長野県東筑摩郡 *かなきちょ 山形県置賜 *かなぎちょ 宮城県遠田郡　山形県米沢市・西置賜郡 *かなきっちょ 山形県置賜　新潟県中越 *かなぎっちょ 長野県北安曇郡・東筑摩郡(トカゲ。又カナヘビ) *かなぎっちょー 群馬県多野郡 *かなくび 栃木県河内郡　群馬県勢多郡 *かなげぁっちょ 宮城県石巻 *かなげちょ 宮城県仙台市　福島県相馬郡(トカゲ。又カナヘビ) *かなげちょー 宮城県栗原郡 *かなこへび 新潟県 *かなちょろ 山形県(トカゲ。又カナヘビ)・西置賜郡　福島県西白河郡　新潟県中頸城郡　長野県北部 *かなちょろー 長野県北安曇郡 *かなっけーし 長野県東筑摩郡 *かなっちょ 長野県佐久 *かなっちょろ 新潟県中頸城郡 *かなへび 青森県　岩手県江刺郡　宮城県栗原郡　秋田県鹿角郡　山形県最上郡　福島県　茨城県　栃木県　新潟県 *かなへびこ 山形県鶴岡市・東田川郡　新潟県東蒲原郡 *かなへんこ 新潟県東蒲原郡 *かなへんび 秋田県平鹿郡・山本郡　新潟県三島郡 *かなみっちょ 長野県南佐久郡 *かなめっちょ 長野県佐久 *かなんちょろ 新

潟県中頸城郡 *かねちょろ 長野県 *かべちょろ(壁の上をちょろちょろ走るところから) 長野県諏訪 *かべんちょろ(壁の上をちょろちょろ走るところから) 長崎県彼杵 *かまきち 千葉県 *かまきっちょ 群馬県碓氷郡 千葉県東金市 *かまぎっちょ 栃木県 群馬県邑楽郡・勢多郡(トカゲ。又カナヘビ)・山田郡(トカゲ。又カナヘビ)埼玉県 千葉県 神奈川県 静岡県賀茂郡 *かまぎっちょー 群馬県・群馬郡(トカゲ。又カナヘビ) 埼玉県秩父郡 静岡県賀茂郡 *かまきり 栃木県 千葉県山武郡・長生郡 静岡県賀茂郡 *かまげっちょ 千葉県 *かまけっちょ 千葉県安房郡 *かまげっちょ 栃木県 千葉県 長野県佐久(トカゲ。又カナヘビ) *かまげっちょろ 千葉県印旛郡 *かまじっこ 東京都三宅島 *かまじっちょー 東京都大島 *かまじゅー 東京都利島 *かまちこ 千葉県 *かまちょ 千葉県山武郡 *かまちょこ 千葉県匝瑳郡・香取郡 *かまちょちょ 千葉県上総 *かまちょろ 茨城県稲敷郡 千葉県東総 *かまっちょろ 千葉県印旛郡 *かまへび 茨城県稲敷郡 千葉県夷隅郡 *かまんちょ 千葉県 *かまんちょー 千葉県九十九里浜・印旛郡 *かまんちょろ 千葉県印旛郡・東葛飾郡 *かみじっこ 東京都三宅島 *かめっちょ 静岡県賀茂郡 *からせびこ 山形県飽海郡 *からへび 秋田県山本郡・南秋田郡 *からへんべ 青森県津軽 *からみっちょ・からめっちょ(トカゲ。又カナヘビ) 長野県佐久 *からんきょ 福島県信夫郡・福島市 *かんち(トカゲ。又カナヘビ) 神奈川県中郡 *かんちょろ 宮崎県 *かんなげちょ・かんなげっちょ 宮城県仙台市 *きっちょむさん 大分県北海部郡 *きゃーびやめ・きゃーびょー 東京都八丈島 *ぎょーとい 鳥取県米子市 *くしょかみや 鹿児島県加計呂麻島 *くしょくやー 鹿児島県奄美大島 *くすふぁやー(「胡椒(こしょう)=唐辛子)を食う者」の意) 沖縄県西表島 *けーびょー・けーびょーめ 東京都八丈島 *こーらぐすけー 沖縄県国頭郡 *じごくのおんば 静岡県磐田郡 *ししむし(トカゲの一種) 長野県東筑摩郡 *しちぶしゃ 高知県長岡郡 *しばいちゃんじゃー 鹿児島県喜界島 *じょーと・じょーとーし・じょーとり・ぞーとり 鳥取県西伯郡 *ぞーきー 島根県能義郡 *ぞーりきり 島根県仁多郡・能義郡 岡山県阿哲郡 *たかきり 大分県中部 *ちょーき 石川県河北郡 *ちょかき 石川県河北郡 *ちょかぎ 鹿児島県 *ちょかげ 熊本県天草郡 宮崎県宮崎郡 *ちょかんぎー 宮崎県都城 鹿児島県 *ちょかんきり・ちょかんぎり・ちょかんぎろ 宮崎県 *ちょっかんぎー 鹿児島県 *ちょろ 長野県諏訪 *ちょろけん・ちょーけん(土色のトカゲ) 島根県仁多郡 *ちんちんかねへび 富山県 *つんつんかなへび 富山県 *てぃんまぶら 鹿児島県奄美大島 *とーふだじめー(「ふだじめー」は「やもり(守宮)」の意) 沖縄県石垣島 *とかぎし 鹿児島県揖宿郡 *とかぎち・とかぎっちょ 熊本県天草郡 *とがきっちょー 福岡県早良郡 *とかきび 福岡市 熊本県天草郡 *とかきゅ 鹿児島県揖宿郡 *とかきり 山口県 高知県幡多郡 福岡県粕屋郡・福岡市 長崎県 熊本県北部 大分県 *とかぎり 静岡県庵原郡 徳島県 高知県幡多郡・長岡郡 福岡県筑前・筑後 長崎県 熊本県 大分県東国東郡・大野郡 宮崎県西臼杵郡 鹿児島県種子島 *とがぎり 熊本県天草郡 *とかきる 長崎県 *とかきれ 大分県南東部 *とかぎれ 高知県幡多郡 長崎県壱岐島 大分県南海部郡 宮崎県西臼杵郡 *とかく 石川県江沼郡 *とかけち 熊本県天草郡 *とかげっちょー 神奈川県足柄上郡・足柄下郡 *とかけび 熊本県天草郡 *とかげんぼ 神奈川県足柄下郡 *とがじろ 鹿児島県揖宿郡 *とかんぎっちょ 熊本県八代郡 *とかんぎり 福岡県筑後 熊本県北部・中部 宮崎県 *とかんじょ・とかんぜー 香川県小豆島 *ときゃく 富山県 石川県 福井県 *とけら 福井県大飯郡 静岡県賀茂郡 京都府与謝郡 *とっかげろー 静岡県安倍郡 *とっかご・とっかごー 静岡県安倍郡 *とっかりん 静岡県賀茂郡 *とっかんじょー 香川県 *とっきゃぎゃろ 静岡県安倍郡 *とっきやく 福井県足羽郡 *とりかき 奈良県吉野郡 *とりかぎ 三重県南牟婁郡 奈良県吉野郡 和歌山県東牟婁郡 *とりがき 三重県南牟婁郡 *とりかげ 三重県南牟婁郡 奈良県吉野郡 和歌山県那賀郡・西牟婁郡 *とりかご 和歌山県西牟婁郡 *とりかんぎ 三重県南牟婁郡 *とりかんご 和歌山県西牟婁郡 *ばがぐざ 沖縄県宮古島 *ばんごぜ 高知県 *ばんばーへび 静岡県静岡市・小笠郡 *ばんばへーび 静岡県小笠郡・安倍郡 *ばんばへび 静岡県 *ばんばんへび・ばんばっへーび 静岡市 *ひかりおんば 高知県長岡郡 *ひぜんかき 三重県志摩郡 *ひちぶ 山口県 *ひもひき 大分県大分郡 *へびのおいしゃさん 静岡県駿東郡 *まーなー 沖縄県中頭郡 *みそかがし 長野県諏訪 *みっかーやどぅー 鹿児島県喜界島 *やましょんく 沖縄県小浜島 *やまなんじゃー 鹿児島県喜界島 *やまふたしみ 沖縄県石垣島 *やまふだつぃみ 沖縄県新城島

とかす【梳】 *はだける 秋田県鹿角郡「あたまこはだける」

↓くしけずる(梳)

とがる【尖】 *けんだる・けんざる 福井県遠敷郡 *ちょがる 京都府 奈良県南大和 和歌山県和歌山市・日高郡 *ちょぎる 三重県度会郡 *ちょんがる 新潟県佐渡 京都府北桑田郡 大阪市 奈良県 和歌山県伊都郡・和歌山市 *ちょんぎる 三重県飯南郡 *てんがらがる 静岡県志太郡 *とぎなう 島根県出雲市 *とぎらう 島根県出雲「この鉛筆はあんまーとぎらっちょー」 *とぎらえる 島根県簸川郡・大原郡 *とぎる 三重県 島根県 広島県 香川県「この鉛筆はようとぎっとるな」 愛媛県 高知県 長崎県南高来郡・対馬

熊本県菊池郡・芦北郡 *とぎれる 島根県 *とんぎる 島根県石見「とんぎった鉛筆を貸してくれ」 岡山県 広島県 山口県大島・玖珂郡 徳島県 香川県「この鉛筆はようとんぎっとる」 愛媛県 高知県 熊本県菊池郡「むごうとっぺんのとんぎった山でっしゅうが」 大分県 *のめる 栃木県上都賀郡

先の□ていること *とぎっちょー 群馬県利根郡・碓氷郡 *とぎんちょ 群馬県多野郡 *とんぎっちょ・とんぎら 群馬県群馬郡 *とんぎょちょ・とんがっちょ 群馬県勢多郡 *とんぎらっちょ 群馬県碓氷郡 *とんぎる(木や竹を切り落とした尖端) 山口県豊浦郡 *のめ 茨城県猿島郡 栃木県 群馬県佐波郡・邑楽郡 埼玉県北葛飾郡 千葉県東葛飾郡 *のめっちょ 群馬県桐生市・佐波郡 *のめっと 栃木県 群馬県伊勢崎市 埼玉県入間郡「そんなにのめっとにするとあぶねーぞ」 *のめんど 栃木県安蘇郡

とき【時】 *いき 岐阜県本巣郡・不破郡「あぐるいきに、うしろで縄引っぱるんじゃな」 山口県大島「丁度ええいきぢゃった。滅多にあんなに巧い具合にいかぬものぢゃが」 熊本県下益城郡 *うそ 岐阜県飛騨 *きゅーと 岐阜県飛騨 *さざ・さだ・しだ 埼玉県秩父郡「お節句さだに行きますべー」 *じき 青森県津軽・上北郡「あのじぎ(あの時)」 秋田県「小学校三年のじきだ」 *じっき 岩手県九戸郡 *じゅん 香川県「試験受けるじゅんにはおちついて書けよ」 *じょー 京都府 鳥取県東部「朝暗いじょうに出かける」 徳島県 *だし 島根県大原郡「帰るだしになって病気になった」 広島県佐伯郡 *だち 島根県石見「津和野え行っただちに見て来い」 *だちー 岡山県吉備郡 *だん 群馬県多野郡「親類付き合いも良いだんには良いし、わりいだんにはわりい」 長野県佐久「いーだんか(良いではないか)」 福岡県三井郡「ふんなー帰りだんいっちょー寄ってくれんの(それでは帰る時にちょっと寄ってくれませんか)」 *ちき・しき 東京都三宅島「いっぺーのもちきぁー(一杯飲む時は)」 *ときり 京都府与謝郡「山へ行ったときりに」「そのときりに見た」 鳥取県 *ひら 島根県益田市・美濃郡「帰るひらになって病気になった」 *ふら 島根県出雲 *ふり 新潟県西頸城郡 石川県河北郡 福井県足羽郡 *ほり 岐阜県飛騨 静岡県「あのほりは御世話様でした」・志太郡 和歌山県日高郡・新宮 広島県佐伯郡

ときおり【時折】 *あわい(「に」を伴って) 青森県南部 岩手県 宮城県 秋田県雄勝郡 山形県「あわえに来ることもある」 福島県「あわぇにゃ酒ものみでぇわえ」 新潟県東蒲原郡 静岡県「冬でもあわいに暖い日もある」 *あわいこまい・あわいこめ・あわいこわい(「に」を伴って) 山形県 *あわいとわい(「に」を伴って) 山形県西村山郡 *おーりか 愛媛県 *おりかに 徳島県「おりかにぁる」 香川県香川郡 愛媛県・大三島 *おりせつ 群馬県勢多郡 岐阜県可児郡・恵那郡 *ちゅっぷじっぷ 沖縄県首里 *てんね 埼玉県川越市 三重県「てんねに」 *てんねー 岡山県浅口郡 広島県鷺島 *てんねん 埼玉県入間郡「てんねん来るやうだ」 島根県益田市・邑智郡「てんねんに内い来ることがある」 *ひょいひょい 栃木県「雨の時はひょえひょえやって来る」 岡山県児島郡 徳島県 香川県「めったに誰も来んけどもひょいひょい友人が来る」 *ひょーいひょい 富山県砺波「むっつりしとれどひょーいひょいと面白いこと言う」 *まんが 島根県石見「この頃はまんがに雨が降る」 山口県「まんがに来ます」・玖珂郡 徳島県「まんがに日が当たる」・美馬郡 香川県「まんがのこと」 愛媛県 高知県土佐郡 *まんがまきー 佐賀県 *まんがまれ 岩手県気仙郡「そんなごとまんがまれだ」 長崎市 *まんがまれか 長崎県対馬 *まんがまれき 長崎県壱岐島 *まんがら 香川県仲多度郡 ↓おりおり(折折)・ときたま(時偶)・ときどき(時時)

ときたま【時偶】 *てんし 愛媛県大三島 *てんしょ 岐阜県恵那郡「てんしょに」 岡山県小田郡 *てんせ 三重県員弁郡「てんせに」 岡山県・浅口郡 愛媛県伯方島・大三島 *てんせー 広島県芦品郡 *てんせき 栃木県栃木市・安蘇郡 ↓おりおり(折折)・たま(偶)・ときおり(時折)・ときどき(時時)

ときどき【時時】 *あいだこだ 広島県賀茂郡 *あいま 岩手県上閉伊郡・気仙郡 新潟県西蒲原郡 石川県能美郡 岐阜県「あいまにやってくる」 静岡県志太郡「あぇーまにゃーおいー(たまにはおいでなさい)」 愛知県額田郡「あいまに来る」 三重県阿山郡「おけのふろいってんの、あえまやな(昔式の桶風呂を使っている家はまれですわよ)」・三重郡 滋賀県彦根「あいまにやって来る」 京都府京都市・加佐郡 香川県仲多度郡 *あめこめ 青森県津軽 秋田県山本郡「あの人はあめこめに来る」 山形県飽海郡 *いまこまえ 山形県鶴岡市 *いまこまに 山形県西田川郡 うちまーいまーい 沖縄県首里「うちまーいまーいみーが いちゅん(時々見に行く)」 *おっちまち・おっちまっち 島根県邑智郡「おっちまちここえ来る」 *おてりおてり 熊本県芦北郡「八代へもおてりおてり行きますたい」 *おりま 愛媛県 *かつがつ 石川県鹿島郡 *さいさいじょーじょ 富山県 *じっと 新潟県中越・南魚沼郡 *じょーや 長野県東筑摩郡「じょーや欠席する生徒だ」 岐阜県本巣郡 *じょーやさんげ 長野県佐久 *じょーやじょーや 岐阜県本巣郡 *せっせつ 千葉県長生郡 熊本県玉名郡 *せつせつ 新潟県佐渡 岐阜県益田郡 *ぜんて・せんてめって 宮崎県東諸県郡 *たーさま 島根県益田市 *たまたま 長野県南佐久郡・佐久 *だんだん 島根県那賀郡 香川県「だんだんそなな話しも聞きます」 福岡県北九州市 *ちぇっちぇと 山形県北村山郡 *ちょきちょき 兵庫県淡路島 島根県

石見 ***ちょきりちょきり** 島根県石見・隠岐島「鮒がちょきりちょきり糸を引く」 ***ちょこちょこ** 石川県金沢 静岡県 滋賀県 京都府 兵庫県 奈良県 徳島県 ***ちょこらまこら** 島根県鹿足郡・那賀郡「ちょこらまこら来よったが、近頃は来んようになった」 ***ちょこりちょこり** 山形県米沢市「あの人ぁ、ちょこりちょこりと来る」 ***ちょちょっと** 岡山県川上郡 ***ちょろりごーり** 長崎県壱岐島「ちょろりごーり旅行する」 ***ついつい** 神奈川県津久井郡 ***てんがーまんがー** 島根県美濃郡・益田市「あれも此頃てんがーまんがー内え来る」 ***てんがに** 島根県邑智郡・大田市 ***てんがまんが** 島根県邇摩郡・邑智郡 ***てんね** 埼玉県川越市 三重県「てんねに」 ***てんねー** 岡山県浅口郡 広島県鷺島 ***てんねん** 埼玉県入間郡「てんねん来るようだ」 島根県益田市・邑智郡「てんねんに内い来ることがある」 ***ときあい** 静岡県榛原郡「ときあいにゃー静岡へ行く」 ***ときどかし** 福井県遠敷郡 ***ときな** 新潟県佐渡「ときなに寄ればよいのに」 兵庫県佐用郡 島根県「今日はときなに雨が降る」 香川県 長崎県 ***ときなー** 島根県隠岐島 ***ときなわい** 熊本県芦北郡「映画もときなうぇありますばい」 ***ときなん** 香川県大川郡「ときなんにおる」 ***ときのまんぎり・ときのまんげー** 福岡市 ***ときま** 新潟県佐渡 香川県 ***ときまい** 山形県鶴岡市 香川県小豆島 ***とろ** 群馬県利根郡「とろに」 ***のきて** 山形県庄内「あの人はのきて来る」 ***ひょいひょい** 栃木県「雨の時はひょえひょえやって来る」 岡山県児島郡 徳島県 香川県「めったに誰も来んけどもひょいひょい友人が来る」 ***ひょーいひょい** 富山県砺波「むっつりしとれどひょーいひょいと面白いこと言う」 ***びょーど** 茨城県北相馬郡・稲敷郡 栃木県 群馬県群馬郡 千葉県 ***ひょこひょこ** 香川県小豆島「ひょこひょこ出て来る」 ***ほーどき** 長崎県南高来郡 ***ぼつぼつ** 徳島県 ***まーこば・まーこま** 山梨県 ***みっかせんぜに** 栃木県「あの人みっかせんぜにやって来る」 ***やーま** 静岡県安倍郡
↓おりおり（折折）・ときおり（時折）・ときたま（時偶）

どきょう【度胸】 ***あんき** 新潟県東蒲原郡「あんき決めて頑張れ」 ***きろー・ちろー** 鹿児島県喜界島 ***ずく** 青森県津軽 岩手県上閉伊郡 秋田県秋田市・河辺郡 山梨県甲府 ***どーぎも** 広島県比婆郡「どーぎもな奴じゃ」 福岡市「どーぎものすわる」 ***どーぎもっさー** 広島県比婆郡 ***どーじ** 島根県石見「夜道を帰るとはどーじのえー男だ」「どーじがわりー(おくびょうだ)」 岡山県苫田郡 広島県 山口県「どうぢがすはって居る」 愛媛県・越智郡 ***どーぼね** 島根県石見「お前はなかなかどーぼねがえー」 ***どーむし** 新潟県中頸城郡 ***どしゃーぼね** 島根県仁多郡 ***どしゃぼね** 島根県「どしゃぼねがすわった人だ」 ***どしょー** 島根県隠岐島「あの男はなかなかどしょーがえー」 ***どしょーぼね** 三重県志摩郡・度会郡 島根県 長崎県壱岐島「どしょーぼねぬ据わっちょる」 熊本県玉名郡 ***どしょぼね** 和歌山市 島根県大田市 ***どしょぽね** 宮城県石巻「身体の小さなみかげによらねぁどしょぽねのすわった男だ」 ***はらき** 富山県・砺波 石川県 ***むねいき** 宮崎県東諸県郡 ***わー** 沖縄県首里
↓きもったま（肝玉）・たんりょく（胆力）

とく【得】 ***しゅーとぅく** 沖縄県首里 ***とくせー** 群馬県佐波郡 埼玉県秩父郡「(思いがけず手に入るものがあって)とくせーだなあ」 ***へぎ** 富山県・下新川郡 石川県鹿島郡「おじ(弟)と虱(しらみ)は食うがへぎ」 和歌山県那賀郡・日高郡「いいへぎした(思いがけない利を得た)」
↓もうけ（儲）

とく【解】 ⇨ほどく（解）

とぐ【研】 ***そぐ** 山梨県・南巨摩郡 ***てぐ** 鹿児島県 ***ふぇーしゅん** 沖縄県首里「かがんふぇーさびら(鏡を磨きましょう)」
米を□ ***あらげる** 鳥取県西伯郡 ***あーろーん** 沖縄県石垣島 ***かしく** 石川県江沼郡 ***かしぐ** 石川県江沼郡・鳳至郡 ***かす** 福井県敦賀郡 岐阜県 三重県伊勢・志摩郡 滋賀県彦根・蒲生郡 京都市 大阪市

どく【毒】 ***ひえ**(傷から入る毒) 鹿児島県肝属郡 ***びーむぬ** 沖縄県石垣島 ***ぶし**(毒草) 山形県西田川郡 ***ぶす** 山形県西田川郡(毒草) 長野県東筑摩郡「犬にぶすをかう(犬に毒を与える)」 愛媛県

どく【退】 ***ごめろ** 山梨県北都留郡 ***さける** 奈良県吉野郡「さけてくれーらよ(どいてくれ)」 ***さる** 岩手県気仙郡 ***じさる** 栃木県佐野市・下都賀郡 ***しじくん**(「しぞく(退)」の転) 沖縄県竹

方/言/の/窓

●関東地方の方言

関東地方の中でも茨城・栃木の方言は、型の区別のない無型アクセントであること、「井戸」も「江戸」もエドとなってイとエの区別がないこと、サガ（坂）、カダ（肩）のように語中のカ行・タ行の濁音化が見られることなど、南奥方言的な特徴がある。

書クダンベー・起キッペーなどの推量・意志などを表すいわゆる「べえべえことば」や、タケー（高い）、シレー（白い）のように、連母音のアイ、オイなどをエーのように発音する現象、カ変動詞「来る」およびサ変動詞「する」がキナイ・シルのように上一段活用化する傾向は関東全域に見られる。

また、オッコッチャッタ（おちてしまった）・カタス（かたづける）などの表現も関東独特のものである。

富島 *しじぐん(「しぞく(退)」の転) 沖縄県石垣島 *ししゃる 栃木県 *しずくん(「しぞく(退)」の転) 沖縄県鳩間島・黒島 *しちゃる 栃木県足利市・安蘇郡 *しっしゃる 栃木県 *しっちゃる 福島県相馬郡・東白川郡 栃木県 *しっつぁる 福島県相馬 *しゃーる 栃木県塩谷郡 千葉県東葛飾郡 *しゃる 岩手県気仙郡 宮城県 山形県「自動車が来たからしゃれ」 福島県 茨城県久慈郡・稲敷郡 栃木県 群馬県 埼玉県川越・入間郡「子供は後へしゃってろ」 東京都八丈島 新潟県岩船郡 長野県佐久 *じゃる 新潟県 *すぃじちゅん(「しぞく(退)」の転) 沖縄県首里 *すざる 福井県大飯郡 島根県 山口県豊浦郡 愛媛県松山「一寸すざって下さい」 高知県 福岡市 長崎県対馬 熊本県 大分県日田郡 宮崎県東諸県郡 *すずく(「しぞく(退)」の転) 鹿児島県沖永良部島 *すだる 三重県北牟婁郡 京都府竹野郡 和歌山県東牟婁郡 島根県石見 岡山県苫田郡 広島県高田郡 宮崎県都城 *せさる 新潟県佐渡 *ぜる 三重県伊賀 *ちゃがる(主として命令形で用いられる。わきへのく) 茨城県猿島郡 栃木県「そこをちゃがれ」 千葉県 *ちゃんがる(わきへのく) 栃木県上都賀郡 千葉県「ちゃんがってる」 *どける 秋田県山本郡「向ふから車が来たからどけれ」 福島県「どけろ(どいてくれ)」 千葉県東葛飾郡・君津郡 新潟県・東蒲原郡「どける拍子に足を挫いた」・三島郡 山梨県南巨摩郡「大名が通るをりやあ百姓は道をどける」 愛知県知多郡「早どけら」 島根県石見「道のわきえどけた」 広島県双三郡 *ひざる 山口県豊浦郡 長崎県対馬 *ひしゃる 栃木県 *ひぞる 熊本県下益城郡 大分県 *ひっさる 長野県諏訪・上伊那郡 岐阜県 滋賀県犬上郡 *ひっしゃる 栃木県 *ひっちゃる 神奈川県津久井郡 山梨県 *ひっつぁる 東京都南多摩郡 *ひんざる 岡山県阿哲郡 *ふっちゃる 新潟県北蒲原郡 *へっさる 岐阜県郡上郡 *まだぎるん・まだしきるん(文語形は「まだぎん・まだしきん」) 沖縄県石垣島 *よいく 三重県志摩郡「よいかんかれ(退かぬか)」 *よける 茨城県西茨城郡「よかれ(どけ)」 三重県度会郡「よかんせ」 *よのく 三重県度会郡・志摩郡「よのけ」 和歌山県日高郡・西牟婁郡 長崎県 *よる 石川県珠洲郡・鳳至郡 長野県佐久「そっちーよれ(向こうへ行け)」 *んどぅぐん(「しぞく(退)」の転) 沖縄県与那国島

わきへ□ *じゃんがる 栃木県河内郡「ぢゃんがれ」 *どぅきなゆん 沖縄県首里

とくい【得意】 *いっのて 鹿児島県鹿児島郡 *えてく 高知県長岡郡 *じーぶん 沖縄県石垣島 *でんせー 山口県大島 *はなあぶら 高知県「あれが先生のはなあぶらです」・高知市 *よて 新潟県「あの子は、算術がよてでない」 富山県砺波 石川県 山梨県・南巨摩郡「おりゃあ文章を書くよりゃあ演説のほうがよてだ」 長野県「画がよてだ」 岐阜県吉城郡・飛騨 *れんせー 山口県大島「あんなことをれんせえでする」・防府「れんせいげに言ふ」

お□様 *けーやく 青森県三戸郡 *じょーぎゃく・しょぎゃく 和歌山県那賀郡 *ときーどん 大分県西国東郡

□とする *いーゆん 沖縄県首里「あれー じーいーとーん(彼は書が得意だ)」 *えてる 埼玉県秩父郡「その仕事はえてねーからだめだ」 長野県 岡山県岡山市「あの人ァ水泳にえてとる」・苫田郡「えてんことは、手を出さんがよろしい」 徳島県 香川県 *えとる 兵庫県加古郡 *よてる 新潟県「あの人は字を書くことがよてて居る」 長野県諏訪・佐久

□なこと *いっぱた 岩手県胆沢郡 *えらきち 長崎県対馬

□なさま *おーてんぷり 岩手県気仙郡 宮城県仙台市「あいつ学校の成績が落第になってるのも知らずに大てんぷりでやって来た」 山形県 *かいけー(得意がるさま) 愛知県名古屋市「あいつは、人の多いほど自分の嘘つきをかいけいにしとる」 *ごえっき・ごえき 宮城県仙台市「あいつごえきになって」 *しゃんしゃん(得意げなさま) 岡山市「さらの洋服ぅ着てしゃんしゃんしとる」 福岡市 *ほかほか 宮城県仙台市 *ほぎほぎ 岩手県気仙郡 宮城県仙台市 *ほぎゃほぎゃ 宮城県仙台市 *ぽでん(得意げなさま) 青森県津軽「ぽでんとなる」「ぽでんとあがる(おだてられて有頂天になる)」 *ほんぎほんぎ 岩手県平泉

□になる *いきなる(「いい気になる」から) 山形県「いきなって人を馬鹿にする」 *うかめる 和歌山県 *うんじとあがる(おだてに乗って大得意になる) 秋田県鹿角郡「少しばかりちやほやされて、うんぢどあがる馬鹿なやつ」 *えーことめかす(人をあざけって言う語) 岩手県気仙郡「あの野郎、ええごどめがして」 *えくちかやる 高知市「よい奉職口を見つけてえくちかやっちょる」 *えくちる 高知県高知市「入学試験にとれてえくちちょる」「懸賞で一等になったと云うて隣の坊ちゃんえくち切っちょる」・長岡郡 *おかめる 奈良県宇陀郡 *おつにのる 新潟県長岡市 *しげる 静岡県 *にょんにょんない 鹿児島県鹿児島郡 *のぼる(おだてられて得意になる) 香川県 佐賀県「あれをのぼせた処が、すぐのぼりて、大へん御馳走したよ」 *はなおがす(「おがす」は大きくするの意) 岩手県紫波郡 *はなおやかす 愛知県名古屋市「鼻をおやかいとるが一ぺん挫(くじ)いてやろか」

どくしん【独身】
→ひとりもの(独者)

□の男子 *あにー 群馬県吾妻郡 *うんちぁっこ・うんちゃま・うんちゃん 岩手県気仙郡 *おい 和歌山県伊都郡・日高郡 *おいさ 和歌

山県「あの人はおいさぢゃ」 *おじ 岩手県気仙郡 栃木県 新潟県佐渡 三重県志摩郡 島根県 徳島県 高知県安芸郡 *おじー 千葉県印旛郡 山口県玖珂郡・大島 *おじーさー 山口県防府 *おじさ 愛知県東加茂郡 *おじっぽ 徳島県海部郡 *おじぼーず 愛知県東加茂郡 *おじろく 大阪府泉北郡 和歌山県日高郡 *おっさ 和歌山県日高郡 *おっさん 新潟県佐渡 *おっちゃん 千葉県安房郡・房総 *おっつぁま 愛知県北設楽郡 *おっつぁん 島根県 *おんじ 岩手県気仙郡 栃木県 埼玉県入間郡 千葉県夷隅郡 神奈川県中郡・高座郡 新潟県東蒲原郡 長崎県五島 *おんじー 埼玉県秩父郡 東京都南多摩郡・八王子 神奈川県相模・津久井郡 静岡県榛原郡・磐田郡 愛知県北設楽郡 *おんじーぼーず 静岡県磐田郡 *おんつぁ・おんつぁこ 岩手県気仙郡 *おんつぁま 栃木県 *おんやん 長崎県壱岐島

□者 *ころどみ 岩手県気仙郡 *ただもの 宮崎県西臼杵郡 *たんがーむぬ 沖縄県石垣島 *どぅーえういむん 沖縄県首里 *はんぱもん 福岡市 *ひとりぞ・ふとーぞ 島根県出雲 *ふとーど 島根県仁多郡・能義郡

□生活 *ひとらみ 三重県志摩郡 *ひとりぼーし・ひとりぼし 奈良県

どくせん【独占】 *ばばかかい(独占すること) 富山県高岡市 *もちっきり 長野県佐久
→ひとりじめ(独占)

□する *あばう 山形県東田川郡 *かしむる 鹿児島県 *かじむる 宮崎県東諸県郡 *がじむる 熊本県「一人でがじむんな」 *かじめる 静岡県「そんなにかじめるな」 *かんばえる 島根県江津市 *ひっかまえる 岩手県気仙郡「一升びんひっかめぁで、人が行っても飲めとも言わねぁ」 兵庫県加古郡

どくだみ【蕺草】 *あんごっぱ 千葉県夷隅郡 *いしゃころし 大分市 *いっときばな 山口県大津島 *いぬからいも 熊本県阿蘇郡 *いぬのへ 青森県 秋田県北秋田郡 熊本県阿蘇郡 *いぬへ 秋田県北秋田郡 *いもくさ(さつまいもの苗に形が似ているところから) 山口県玖珂郡 *いもぐさ(さつまいもの苗に形が似ているところから) 山口県玖珂郡・厚狭郡 高知県土佐郡 大分県大野郡 *いんからいも 熊本県菊池郡 *うまくわず 高知県幡多郡 *うまぜり 大分県大分郡 *えのぞま 島根県隠岐島 *おしょーさんのしりふき 大分県北海部郡 *おばばぐさ 大分県大分市・南海部郡 *かぇーろっぱ 静岡県志太郡 *がえるっぱ 新潟県東蒲原郡 *かえるぱ 千葉県 *かえるぽっぽ 千葉県・長生郡 *かえろっぱ 静岡県 *がえろっぱ 新潟県東蒲原郡 静岡県庵原郡・安倍郡 *かたじろ 山口県熊毛郡 *かってぐさ・かってー 島根県隠岐島 *がっぱぐさ 鹿児島県鹿児島郡 *かっぱのへ(臭気が甚だしいところから) 大分県大分郡 *かみなりのへ 静岡県 *がらっぱくさ 鹿児島県肝属郡 *がらっぱぐさ 鹿児島県 *がらっぱんくさ 宮崎県西諸県郡 鹿児島県鹿児島郡 *がらっぱんは 鹿児島県姶良郡 *がらんばっちょ 鹿児島県出水郡 *がわろんへ(臭気が甚だしいところから) 宮崎県東諸県郡 *きーしぐさ 大分県大野郡 *きつねのからいも 熊本県菊池郡 *きつねんからいも 鹿児島県肝属郡 *ぎゃーこぐさ 鳥取県西伯郡 *ぎゃーるくさ 鳥取県西伯郡 *ぎゃーろっぱ 静岡県富士郡 *きゃほぐさ 山口県玖珂郡 *きんぎんぐさ 山口県吉敷郡 *くさいば 岐阜県稲葉郡 *くさいぼ 岐阜県不破郡 *くさぎ(強い臭気があるところから) 岡山県上道郡・御津郡 香川県・小豆島 *けんけんばな 大分県北海部郡 *さくさ 鹿児島県国分市 *じごくぐさ 愛知県海部郡 岡山県苫田郡 *じごくさみ 栃木市 *じごくそば 青森県下北郡・三戸郡 秋田県鹿角郡 福島県 茨城県 栃木県 千葉県 *しびとくさ 大分市 *しびとぐさ 大分県 *しびとりぐさ 大分県大分郡 *しぶとぐさ 大分県中部 *じゃくくさ 熊本県八代郡 *じゃぐさ 大分県 *じゃこくさ 熊本県球磨郡 *じゃこぐさ 熊本県芦北郡・八代郡 *じゃころし・じゃごろし 宮崎県西臼杵郡 *じゅーあく 神奈川県津久井郡 *しゅーさい 高知市 *じゅーせり 和歌山県 *じゅーな・じゅーなぐさ 香川県三豊郡 *じゅーやく(「しゅうやく(蕺薬)」の転という) 宮城県仙台市 秋田県雄勝郡 山形県東置賜郡 埼玉県川越・入間郡 新潟県佐渡 福井県今立郡 静岡県 三重県 滋賀県 京都市 大阪府 奈良県 和歌山県 島根県 山口県 徳島県・美馬郡 香川県 愛媛県 長崎県対馬 大分県 *じゅーわく 東京都南多摩郡 神奈川県愛甲郡・川崎市 *じゅんきく 滋賀県甲賀郡 *しょーやさんのしりふき 大分県北海部郡 *しょーやどんのしりのごい 大分県南部 *しょーやのへ 山口県佐波郡 *じょどぐさ・じょぐさ・じょーりぐさ・じょーろりのしりぬぐい(花柳病に効果があるところから) 山口県玖珂郡 *じょろーぐさ(花柳病に効果があるところから) 山口県 *じょろぐさ・じょーろぐさ(花柳病に効果があるところから) 山口県 *じょろのしりのぐい(花柳病に効果があるところから) 大分市 *じょろのしりふき(花柳病に効果があるところから) 山口県熊毛郡 *じんじょそば 青森県三戸郡 *しんだもんぐさ 福岡県朝倉郡 *じんやく 三重県伊賀 *すいだしぐさ 島根県美濃郡・益田市 *ずくだみ 東京都三宅島・御蔵島 *せんちんぐさ 山口県熊毛郡・吉敷郡 *だつーさんのしりふき 大分県大野郡 *ちょろぐさ 山口県都濃郡 *つみ 山口県大島 *てくされ 岡山県岡山市・御津郡 *どーすぐさ 山形県東置賜郡 *どくぐさ 岡山県真庭郡 *どくぜり 山形県東田川郡 *どくそ 香川県木田郡 *どくだみそー 山口県 熊本県阿蘇郡 宮崎県西諸県郡 *どくだんしゅ 熊本県天草郡 *どく

だんす 熊本県玉名郡 *どくだんそ 宮崎県 *どくだんべ 岐阜県岐阜市・飛驒 愛知県尾張 熊本県 *どくだんベー 岐阜県恵那郡 *どくなぎ 新潟県 *どくなべ 石川県江沼郡 *どくまくり 新潟県佐渡 島根県大田市 *どくまり 新潟県佐渡 *とこくさ 鹿児島県 *とごぐさ 鹿児島県甑島 *とこころし 佐賀県 *とずらぐさ 山口県佐波郡 *どすんくさ 山形県南村山郡 *どっかめ 兵庫県赤穂 *とべら 佐賀県藤津郡 宮崎県西諸県郡 鹿児島県 *とべらくさ 佐賀県・小城郡 鹿児島県阿久根市 *どんこぐさ 鹿児島県阿久根市 *なぐすり 山口県吉敷郡・大津郡 *にくむぐさ(干してせんじて飲むと吹き出物(にくむ)によいとされるところから) 福島県相馬郡 *にゅーどーぐさ 島根県石見 広島県佐伯郡・高田郡 山口県 福岡県 大分県 *にゅーどぐさ 島根県石見 *のどはれ・のどいし 山口県厚狭郡 *ばーのへ 山口県厚狭郡 *ばかがら 青森県南部 *はしごーぐさ 鹿児島県川内市 *はっちょーぐさ 大分県 *ばんどー 鹿児島県種子島 *へぐさ 山形県西田川郡 *へくそかずら 熊本県 *へくそかつら 大分市 *へこきぐさ 岡山県小田郡 *へびくさ 茨城県多賀郡 *へびころし 大分県大分郡 *へびさとがら 大分県大分郡 *へひりぐさ 大分市 *ぼーずぐさ 四国 *ほしゃどんのしりふき 大分県大野郡・大分郡 *ほとけそば 島根県出雲 *ままおや 大分県北海部郡 *みこしぐさ・にこしぐさ 山口県豊浦郡 *やくびょーぐさ 広島県比婆郡 *よめのへ(悪臭があるところから) 島根県益田市・美濃郡 山口県厚狭郡・山口市 *りびょーぐさ(「痢病を治す草」の意) 山口県厚狭郡 *わくどーぐさ 福岡市 *わくどぐさ 福岡県 *わぐどぐさ 福岡県八女郡

とくり【徳利】 *うんすけ(大きい徳利) 愛媛県 *おかん 熊本県鹿本郡 *からから(主に、注入口と注出口が別々のものを言う) 宮崎県東諸県郡・都城 鹿児島県 沖縄県那覇市 *からからー(主に、注入口と注出口が別々のものを言う) 沖縄県首里「みたん からからー よーんちぐふぃん(満たない銚子といっぱい入らない小瓶、つまり少々足りない人間)」 *がら(焼酎を入れる徳利) 熊本県球磨郡 *からっから(主に、注入口と注出口が別々のものを言う) 沖縄県石垣島 *かんしろ 熊本県芦北郡 *かんすず 岩手県九戸郡・気仙郡 宮城県登米郡・玉造郡 福島県 茨城県多賀郡 島根県石見 香川県 *かんつけ 島根県隠岐島 *くり 東京都利島・八丈島 兵庫県淡路島 *さかすず 山形県東田川郡 島根県那賀郡 *さけすず 山形県 *すす 岡山県 *すず 青森県南部 岩手県 宮城県「さかすず」「からすず」 秋田県(大とくり) 山形県「お神酒すず」(大とくり) 福島県中部 茨城県多賀郡 群馬県 神奈川県 新潟県岩船郡 富山県(大とくり) 石川県 静岡県富士郡 奈良県吉野郡 和歌山県 鳥取市 島根県・隠岐島(大とくり) 岡山県苫田郡 徳島県 高知県 大分県速見郡 *すんず 秋田県河辺郡・雄勝郡 *そろり 岐阜県恵那郡 *ちゅわかしゃー(一升徳利) 沖縄県首里 *つぼ 山形県飽海郡 岐阜県大垣市 静岡県小笠郡 愛知県名古屋・宝飯郡 長崎県五島 *どく 島根県「今日の田のお祝いに、とくに酒入れての、思う様に参らしょや(石見田唄)」 広島県比婆郡 山口県 *とっく 広島県世羅郡 *とっくいびん 鹿児島県 *とっくりすず 山形県 *とっくりちょーし 山形県西村山郡 *とっくりつぼ 岐阜県稲葉郡 静岡県磐田郡 *とっくりびん 山形県西村山郡 *ばがし 沖縄県石垣島 *びん 三重県志摩郡 奈良県吉野郡 *びんすず 島根県邑智郡 *ふらそこ(ポルトガル語 frasco から) 長崎市 *ぽち 茨城県 千葉県 *ぽっち 千葉県東葛飾郡 *ぼろ 千葉県海上郡
→ちょうし(銚子)

酒の燗をする□ *おかんすず 山形県 香川県高松市 *かぶどく 山口県大島 *かんすず 山形県 福島県東部 茨城県 島根県益田市・邑智郡 岡山県苫田郡 徳島県那賀郡 香川県 *かんずつ 徳島県海部郡 *かんどく 島根県 広島県比婆郡 山口県大島 *たんぼ 山形県西置賜郡 *たんぽ 青森県・津軽 岩手県気仙郡 宮城県 秋田県河辺郡 山形県米沢市・西置賜郡 福井県

とげ【刺】 *あざ 沖縄県石垣島 *いが 青森県三戸郡 島根県那賀郡・鹿足郡 山口県 熊本県下益城郡 大分県「いがささった」 *いがぐい 島根県石見 *いぎ 島根県石見 山口県・大島 *いぎぐい・いがらもがら 島根県益田市「足いいぎぐいが立った」 *いげ 山口県 福岡県 佐賀県 長崎県 熊本県 大分県 宮崎県 鹿児島県「たきもんの切ってせばいげが刺さわるしい」 *いにー・にー 鹿児島県喜界島 *いら 青森県三戸郡 島根県隠岐島「薔薇のえら」 鹿児島県 *えがえが(幼児語) 島根県 *かっそ 愛媛県南宇和郡「かっそ立った」 *かっとげ 栃木県佐野市「かっとげさす」 *かっぱ 福島県石城郡・東白川郡 *かんば 愛知県知多郡 *ぎ 沖縄県国頭郡 *きー 鹿児島県姶良郡 *きぐい 大阪市 *く・き 鹿児島県「ばらのくを踏む」 *くい 大阪府「くいがはいる(とげが刺さる)」「くいがささる」 兵庫県神戸「くいたつ」・丹波「くいがたつ」 鳥取県西伯郡 島根県(比較的大きいとげ)「足にくいがささった」 岡山県小田郡 広島県比婆郡・高田郡 山口県大島 徳島県 愛媛県・松山「くいがたった」 大分県 宮崎県東諸県郡 鹿児島県 *ぐい 岡山県 香川県 *くいー 宮崎県児湯郡 *ぐぃー 岡山市「いばらぐぃー(ばらのとげ)」 *ぐいのはり 香川県香川郡 *ぐいばら 香川県三豊郡 *くいばり 島根県仁多郡 *くぎ 兵庫県淡路島「くぎたつ(とげが刺さる)」 *さいばら 滋賀県湖東「さいばらがたつ(とげが刺さる)」 *さかばり 三重県北牟婁郡・南牟婁郡 和歌山

県西牟婁郡・東牟婁郡「さかばりをたてて とても痛い」 *さくば 三重県名賀郡・阿山郡 奈良県 和歌山県那賀郡 *さくばり 奈良県吉野郡 和歌山県新宮 *さくぼ 三重県名賀郡 *さす 島根県 *じー 沖縄県石垣島 *しがばり 山形県庄内 *しやーら 長崎県南高来郡南部 *しゃーらー 長崎県南高来郡 *しゃく 奈良県山辺郡 *しゃくば 奈良県 和歌山県伊都郡 *しゃくばれ 和歌山県西牟婁郡 *しゃくぼ 大阪府泉北郡 *しん 富山県下新川郡 *すえーら 長崎県南高来郡北部 *そぎ 奈良県 徳島県 香川県三豊郡「そぎがたつ」 愛媛県 *そぎれ・そぎら 愛媛県 *そくば 奈良県吉野郡 *そぐり 神奈川県中郡 *そげ 福井県「そげささる」 岐阜県吉城郡 三重県伊賀 滋賀県彦根 大阪府 兵庫県 奈良県「竹ぎれを持つとそげがたつぜ」 鳥取市 岡山県 徳島県 香川県 愛媛県 鹿児島県 *そげら 岐阜県飛騨 岡山県苫田郡 愛媛県・周桑郡・喜多郡(竹のとげ) *そし 千葉県香取郡 *そせら 徳島県海部郡 *そっぱ 島根県飯石郡 *そっぴ 兵庫県淡路島「そっぴたつ」 *そっぴれ 兵庫県淡路島 *そびら 島根県美濃郡・益田市 *そべら 島根県石見「指にそべらが立ってなかなか抜けん」 *つんぼし 新潟県中頸城郡 *とげっちょ 群馬県佐波郡 *とんと 長野県東筑摩郡 *のぎ 山梨県 *のげ 千葉県夷隅郡「のげがささって痛い」 長崎県五島 *はり 岐阜県恵那郡 福井県若狭「はりささる」 *ぼくと 奈良県吉野郡「手足にぼくとやいばらがたって」 *ぴ 鹿児島県・大隅 *んぎ 沖縄県八重山 *んじ 沖縄県首里

体に刺さった木や竹の□ *ささくれ 山形県 愛知県名古屋市「薪を作っていてささくれで掌(て)をついた」 *そげったい 兵庫県加古郡

木や板をこすった時に刺さる□ *そそくり 山形県 *そそくれ 山形県南村山郡・最上郡 *そそびれ 島根県益田市「指にそそびれが立った」 *そそら 三重県南牟婁郡「そそらたつ」 *そそれ 山形県東村山郡

手や足に刺さる□ *いろか 長野県下伊那郡「いろかがくすがった(刺さった)」 静岡県磐田郡 *しーばり 長崎県北松浦郡・壱岐島 *しばー 鳥取県西伯郡 島根県出雲 *しばり 島根県出雲 *すいばら 福井県 三重県阿山郡 滋賀県 京都府 兵庫県但馬 山口県大島 愛媛県岩城島 *すいばり 島根県「手にすいばりが立った」 広島県・高田郡 山口県 愛媛県・大三島 長崎県対馬 大分県 *すばー 鳥取県西伯郡 *すばり 鳥取県 島根県 *すりばり 愛媛県松山・怒和島 *そだき・そだけ 大分県北海部郡 *そばり 島根県邑智郡

とける【溶】 *いったらける 熊本県玉名郡 *いっとくる 佐賀県 熊本県八代郡「鉛やもういっ溶けとる」 鹿児島県 *いっとろくる 熊本県玉名郡・八代郡「豆は煮えていっとろけた」 *しどける 山形県東置賜郡・南置賜郡 *しるなゆん(「汁となる」の意) 沖縄県首里 *ととける 徳島県 愛媛県 高知県・高知市「十日も前から水に漬けたままの蕨ではととけて食べられまい」 *とろむ 栃木県 群馬県多野郡「煮ているうちに楮がとろむ」 佐賀県(金属が溶ける) *ほとびる 大阪府泉北郡 奈良県

どける【退】 ⇨のける(退)

どこ【何処】 *じま 沖縄県石垣島 *ずんが 沖縄県小浜島 *だ 岩手県胆沢郡「だえった」 *ど 岩手県気仙郡「どさ(どこに)いぐのや」 秋田県仙北郡・雄勝郡「君どさえぐ」 山形県「どさある」「どげだけなや(どこにいたの)」「どさえってきた」「どさ行ぐな」 茨城県行方郡「どさ行く」 *どこくたり 和歌山県西牟婁郡 *どこたい・どこたし 和歌山県 *どこたり 和歌山市 *どこどーり 岩手県気仙郡「どごどおりわるいんだ(どこが悪いのか)」 *どこどり・どこんつりー 大分県玖珠郡「どこどり行きしか」「どこんつりー在るか」 *どこなーて 埼玉県北葛飾郡 *どこない・どこらい 香川県 *どこなく 高知県 *どこね 長野県上田・佐久 *どこねー 富山県 *どこんにき 長崎市 *どんそば 千葉県夷隅郡 *ま 沖縄県黒島 *まー 沖縄県「まーぬふぃん(どの辺)」 *まーら 沖縄県鳩間島 *んま 沖縄県与那国島

□**もかしこも** *いっぱいしょーがい 熊本県天草郡 *いっぺーくっぺー 鹿児島県喜界島 沖縄県首里 *いっぺこっぺ 熊本県芦北郡・八代郡 大分県 宮崎県宮崎市・延岡市 鹿児島県 *しゃばこくたい 新潟県西頸城郡 *しゃばじゅー 愛知県知多郡「口の中がしゃばじゅー痛い」 *しゃぼとこ 愛知県知多郡 *しるくちまーくち 沖縄県首里 *じんだいに 島根県石見「蚊がじんだいに足を食うてかなわん」 *そーこく 島根県石見「身体のそーこくが痛い」 *そーぞ・そーざ 島根県隠岐島「身体のそーぞが痛い」 *ぬっぺり 秋田県鹿角郡「からだ中ぬっぺりでものした(できものができた)」 *のっぺら・のっぺち 高知県「落し物をしたと言うてのっぺち探しよる」 *のっぺり 青森県南部 *びっしゃり 長野県諏訪 *べたら 神奈川県津久井郡 *べっしゃり 島根県仁多郡「劇場にはべっしゃり客が坐っちょった」 *べったら 福島県東白川郡「しらみがべったらたかった」 茨城県稲敷郡 高知県 *べったり 岐阜県飛騨 島根県出雲・隠岐島 高知県 *べっちゃり・べったりこ 滋賀県蒲生郡 *まーんくぃーん 沖縄県首里

とこのま【床間】 *えどこ 奈良県吉野郡「えどこにかざる」 *おとこまえ 長野県諏訪 *おもて 鹿児島県肝属郡 *おもで 鹿児島県揖宿郡 *かみで 徳島県海部郡 *ざーとぅく(家の守護神を祭る) 沖縄県竹富島・鳩間島 *ざとぅく(家の守護神を祭る) 沖縄県石垣島 *とこのえ 長崎県南高来郡 *とこまえ 青森県津軽・上北郡 岩手県気仙郡 宮城県 長野県諏訪

とこや【床屋】 ＊かいしょ 京都市 ＊かみーどこ 岐阜県大垣市 ＊かみえど 秋田県鹿角郡 ＊かみきり 山形県 ＊かみさ 富山県 ＊かみつみ 長崎市 ＊かみつみどころ 長崎市 ＊かみつみや 愛媛県「かみつみやへいてこー」 高知県 宮崎県延岡 ＊かみはさみ 山形県東置賜郡・東田川郡 ＊かんつんや 鹿児島県肝属郡 ＊ざんぱつや 三重県伊勢 鳥取県気高郡 ＊つみこ 高知県「私等が子供の時分には散髪屋をつみこやと云って居た」 ＊つみこや 高知県 ＊とこぼ 宮城県石巻 群馬県勢多郡・佐波郡 埼玉県秩父郡 東京都南多摩郡・八王子 神奈川県 新潟県西頸城郡 山梨県・南巨摩郡 長野県 岐阜県加茂郡 静岡県 滋賀県蒲生郡 ＊びんたつんや 鹿児島県肝属郡 ＊やっとこ 長野県長野市・上水内郡

→りはつてん（理髪店）

ところ【所】 ＊ごーと 東京都八丈島「嫁のごーとえかよあらろあが（通ったが）」 ＊そ 島根県美濃郡・益田市「このそはあんまり好かん」 山口県豊浦郡「悪いそ」 ＊そば 千葉県夷隅郡「火の気の無いそばには居られない」・安房郡 東京都三宅島・御蔵島「遠いそばに居た」 静岡県 岡山県和気郡 ＊どぅがーん 沖縄県石垣島 ＊もと 岩手県気仙郡「それ、おれもっつぁ（もとさ）けろや」「娘もっちゃ（娘の所へ）行ぐのす」「おれぁもどに沢山あるから譲ってやる」 愛知県西春日井郡 長崎県五島 鹿児島県鹿児島郡「そこんもと」・肝属郡

→ばしょ（場所）

とさか【鶏冠】 ＊えぼーし 島根県鹿足郡 ＊えぼし 鳥取県米子 島根県 岡山県 山口県都濃郡 大分県 宮崎県東諸県郡・日向 鹿児島県鹿児島郡 ＊かがに 沖縄県国頭郡 ＊かがみ 鹿児島県奄美大島・喜界島 沖縄県国頭郡 ＊かがん 鹿児島県奄美大島・徳之島 沖縄県与那国島 ＊かむぎ 沖縄県宮古島 ＊かん（「かみ（髪）」の転か。または「冠」か） 山形県東田川郡 沖縄県波照間島 ＊かんがん 沖縄県八重山 ＊かんき 沖縄県鳩間島・小浜島 ＊かんじ 沖縄県首里 ＊きゃっきゃろ 秋田県河辺郡 ＊けちゃぎ（「けさか」の転） 秋田県鹿角郡 ＊けっちゃか（「けさか」の転） 青森県南部 岩手県九戸郡 ＊けとー 岩手県紫波郡 ＊けんと 山形県最上郡 ＊しょーし 佐賀県 ＊と 宮崎県東諸県郡「とが立ったから雄だ」 ＊どっきん 新潟県 ＊とっけし 福島県 新潟県東蒲原郡 ＊どっけち 福島県 ＊なっつぁい 千葉県 ＊はーん 沖縄県黒島 ＊ほーみん 沖縄県西表島 ＊やま 山形県最上郡 香川県 ＊よぼし 鳥取県西伯郡 島根県 山口県大島 愛媛県 大分県速見郡・東国東郡 宮崎県日向・東諸県郡 鹿児島県

鶏の□ ＊かぶと 愛媛県 高知県 長崎県南高来郡・壱岐島 熊本県八代郡・下益城郡 大分県 宮崎県 ＊かんむり 大分県北海部郡 ＊きのこ 青森県 山形県西部 ＊けぁけぁろ 秋田県河辺郡 ＊けん 岩手県九戸郡・上閉伊郡 宮城県登米郡・玉造郡 新潟県佐渡 ＊さか 千葉県 長野県上伊那郡 香川県大川郡 ＊しゃか 茨城県稲敷郡 ＊とぅんにゅかがみー 鹿児島県喜界島 ＊とけさ 神奈川県中郡 ＊とっかさ 福島県会津・石川郡 新潟県中越 ＊ととっけ 長野県佐久 ＊とりかんぶつ 山梨県 ＊とりのかぶと 高知市 ＊とるかぶと 長崎県南高来郡 ＊とんきん 山形県東田川郡 新潟県中越 ＊びく 山形県 ＊びご 山形県西田川郡 ＊びれ 山形県西村山郡 ＊びれんこ 宮城県登米郡 ＊もち 石川県 ＊もつ 富山県

とざす【閉】 ＊しく 熊本県阿蘇郡 ＊せく 福岡県北東部「戸をせきなさい」 佐賀県 長崎県 熊本県 大分県宇佐郡 鹿児島県 ＊せぐ 長崎県対馬 ＊せっ 鹿児島県 ＊みちゅん 沖縄県首里「はしるみちゅん（雨戸を閉める）」

→とじる（閉）

とし【年】

十二支の上での生まれた□ ＊しょーにん 沖縄県首里 ＊まりどぅし 沖縄県石垣島・竹富島 ＊まりとぅつぃ・まりってぃ 沖縄県与那国島 ＊まりんどぅし 沖縄県小浜島 ＊んまりどぅし 沖縄県首里

□が寄る ＊かずく（年を多く取る） 富山県砺波「かずいとる」「としをかずく」 ＊こける 茨城県「としこける」 ＊すねくむ 愛知県西春日井郡

□を取る ＊かきをくー 岡山県苫田郡 ＊かずいく 三重県志摩郡 ＊しどる・すどる 岩手県気仙郡 ＊すねくむ 愛知県西春日井郡 ＊すねる 島根県 ＊としをする 群馬県多野郡「としをすると物を忘れる」 愛知県知多郡「としおしてくる」 ＊ひととる（かなり年を取る） 滋賀県彦根「ひとっとる（かなり老けている）」 ＊ひねくれる 滋賀県彦根 ＊ひねる 石川県鹿島郡 福井県坂井郡 山梨県 岐阜県羽島郡・飛驒 静岡県志太郡「あの娘っこもひねちゃった」 愛知県知多郡 大阪府大阪市・泉北郡 兵庫県神戸市 奈良県 和歌山県 山口県豊浦郡 徳島県 香川県 愛媛県津島・大三島 ＊ふねる 石川県河北郡 ＊へねる 富山県

としこしそば【年越蕎麦】 ＊うんきそば 長崎県五島 ＊うんそば 山形県最上郡 愛媛県北宇和郡 熊本県玉名郡 宮崎県西臼杵郡・東諸県郡 ＊おーとしそば 福井県丹生郡・今立郡 島根県 ＊きりかえそば 島根県江津市 ＊こもりそば（「こもり」はみそかの意） 香川県高松市・香川郡 ＊のびそば（命や財産が延びるようにとの願いを込めて祝うところから） 福井県越前

どじょう【泥鰌】 ＊うなま 石川県河北郡 ＊おーまどじょー・おーま・おーまっこ 福島県東白川郡 ＊おどつん 香川県仲多度郡 ＊おどりっこ 静岡県 ＊おば・うばご 群馬県勢多郡 ＊かねかねどんじょー（体長六センチメートルくらいまでのドジョウ） 三重県阿山郡 ＊がま 富山県 石川県鹿島

郡 *がまじょー 富山県東礪波郡 *がまじょしょ 富山県 *きっちゅー 島根県江津市 *ぎゅー 富山県西礪波郡 *ぎゅーかま 富山県砺波 *きゅーきゅー 島根県江津市 *ぎゅーだま 富山県西礪波郡 *きゅーどめ 福井県 *ぎゅぎゅー 静岡県富士郡 *くそどじょー 鳥取県 *ざっこ 鳥取県(小さいもの)・西伯郡 *じっくり 鹿児島県 *じゃこ 石川県羽咋郡 京都府中郡 *じょー 高知県 *じょーじょーくろ 高知県吾川郡 *じょーす 高知県 *じょじょき 兵庫県多紀郡 *じょじょきん 宮崎県西諸県郡 *じょじょくり 宮崎県児湯郡 *じょじょくろ・じょっ・じょっきん 宮崎県西諸県郡 *じょろ 和歌山県那賀郡・日高郡 *じょろー・じょろもん 和歌山県日高郡 *すなはみ 岡山県小田郡 *すなめ 群馬県多野郡 埼玉県秩父郡 *すなめぐり 岩手県上閉伊郡 *すなめっちょー 埼玉県秩父郡 *すなめん 群馬県勢多郡 *すなもぐり 東京都八王子 *たーいゆ 鹿児島県徳之島 *どーちょこ 愛媛県新居郡 *どじ・どじかん 福岡県粕屋郡 *どじゅきん 鹿児島県 *どじょきち 愛知県海部郡 *とじょきん 宮崎県 *どじょきん 鹿児島県 *どじょくり 宮崎県宮崎郡 *どじょくろ 宮崎県児湯郡・都城 *どじょべ 岐阜県山県郡 *どじょんべ 福井県 *どじょんぼ 長野県上水内郡 岐阜県吉城郡 *どじろんぼ 和歌山県 *どす 兵庫県佐用郡 *どてくろ 鹿児島県鹿児島郡 *どんき 山形県 福島県北部 *どんきゅ 香川県 *どんきゅー 静岡県富士郡・小笠郡 鳥取県因幡 島根県浜田市 岡山県苫田郡・岡山市 広島県 香川県 愛媛県伊予三島市・新居浜市 *どんきょ 福島県相馬郡 香川県綾歌郡 *どんけ 山形県西村山郡 *どんけつ 香川県三豊郡 *どんじょろー 山口県玖珂郡 *どんぺ 山形県東置賜郡・西村山郡 *ねじょー 新潟県中越・西蒲原郡 *ねっきょー・ねっきょん 新潟県中越 *のろ 長野県佐久「大のろ」 *のろま 石川県鹿島郡 山梨県甲府(大形のもの) *ふぁったーまっけー 沖縄県石垣島 *ふじさよ 奈良県吉野郡 *ほんどじょー 群馬県渋川市・勢多郡

大きい□ *おーねんどじょー 群馬県佐波郡 *おーのろ・おーぬる 長野県佐久 *おーまん 埼玉県入間郡 *おーまんどじょー 群馬県佐波郡 新潟県佐渡 *おやどじょー 群馬県佐波郡 *おんまどじょー 群馬県佐波郡 *がば 福島県北部「ここにがば居た」 *がま 富山県砺波 *がまどじょー 岐阜県飛騨 *きねまん 長野県上水内郡・長野市 *でわん 新潟県 *ぬまくらどじょー・ぬまくら 静岡県島田市 *ぬまどじょー 千葉県 *ねんき 長野県佐久 *ねんちゅー 長野県上田市 *ねんぼー 長野県上田・佐久 *のめり・のめー・のめくりどじょ 鳥取県西伯郡 *はたらけどじょー 群馬県佐波郡 *ばたらんき(幼児語) 山形県「網さばだらんきかかった」 *ひねどじょー 群馬県佐波郡 *ほんどじょー 群馬県佐波郡 *やまどじょー 群馬県佐波郡 熊本県下益城郡

砂地にすむ□ *あぶらとーはち 福島県相馬 *すなどじょー 奈良県

小さい□ *おぎのめ 新潟県 *かなめどじょー 新潟県中蒲原郡 *そーめんどじょ 奈良県北葛城郡 鳥取県西伯郡 *そーめんどじょー 新潟県佐渡 鳥取県西伯郡 *ひげざ 静岡県

太い□ *ふっとんき 山形県西村山郡

としょうじ【戸障子】 *とかき 山形県東部・南部 新潟県東蒲原郡 *とばち 新潟県佐渡 *とはんど 岩手県気仙郡 宮城県登米郡 福島県浜通 *とはんどー 宮城県栗原郡・加美郡

↓しょうじ(障子)・と(戸)

としより【年寄】 ⇩ろうじん(老人)

とじる【閉】 *くー 宮城県仙台市「目をくって歩け」 山形県置賜・米沢市「口おくう」 *くーえる 山形県東田川郡・米沢市 *くーゆい・くーうい 鹿児島県喜界島「ぷたくーゆい(ふたを閉じる)」 *くーゆん 沖縄県首里「口くーゆん」 *くえる 北海道 青森県上北郡 岩手県「屋根の穴くいでおげや」 宮城県石巻・仙台市「あなこくえさえ(穴をふさげ)。今のうちくえないと大きくなってくえられなくなりすつぉ(なるぞ)」 秋田県 山形県 福島県「目くえておれ(目をふさいでいなさい)」「めどをくえる(穴をふさぐ)」 東京都八丈島 新潟県 *くさい 鹿児島県鹿児島郡 *くさっ 鹿児島県姶良郡 *くさる 鹿児島県 *くっぺる 青森県津軽 *くへる 宮城県「埃(ほこり)入っから口をくへてさえ(口を閉じていなさい)」 山形県 新潟県・西蒲原郡 *くべる 青森県津軽 新潟県・中魚沼郡 *くぺる 青森県「ねずみ穴をくぺる」 *ける 岩手県和賀郡 *せかる 佐賀県 熊本県八代郡 *たまる 千葉県夷隅郡 *ちゃふる 茨城県稲敷郡「眼をちゃふる」 *つぶる 長野県下伊那郡「口をつぶる」 岡山県苫田郡 徳島県「穴をつぶる」 大分県 宮崎市 *つむる 熊本県玉名郡 *つめーる 長野県佐久 *つめる 新潟県中頸城郡「戸をつめる」 長野県 鳥取県西伯郡 島根県「早う行って戸をつめー」 岡山県小田郡・児島郡 広島県 山口県玖珂郡・大島 愛媛県 長崎県南高来郡 *とじくる 静岡県榛原郡「眼がとじくる」 *とちばる 青森県津軽「柿を食って口とちばる」 *とっつぽまる 青森県三戸郡「くちぁとっつぽまるほどしょっぱい」 *ひくる 青森県三戸郡・南部 岩手県 宮城県登米郡 秋田県 山形県 *ひっくえる 東京都八丈島 *ひっくる 岩手県上閉伊郡・気仙郡 宮城県栗原郡・玉造郡 秋田県鹿角郡 *ひっちくる 山形県東田川郡 *ふくる・ふっくる 青森県南部・三戸郡 *ふさぐ 岡山県児島郡 香川県「本をふさぐ」 *ふたぐ 愛媛県周桑郡・喜多郡「あの人は口を開いたら、それぎりふたがんよーになった」 *ふたす 香川県 *ふたる 香川県小豆島「目がふたる」 *へっくー 沖縄県石垣島

→とざす（閉）

口を□ ＊くっちゃげる 栃木県那須郡 ＊くっちゃぶる 山梨県南巨摩郡 長野県佐久 ＊くっつぐる 栃木県 ＊くっつぶる 埼玉県秩父郡 ＊つまえる 新潟県佐渡 石川県鹿島郡 兵庫県加古郡・淡路島 奈良県南大和

戸や障子などを□ ＊しく 熊本県阿蘇郡 ＊せく 福岡県北東部「戸をせきなさい」 佐賀県 長崎県 熊本県 大分県宇佐郡 鹿児島県 ＊せぐ 長崎県対馬 ＊せっ 鹿児島県

袋の口などを□ ＊とちぺる 青森県津軽 ＊とちぽめる・とつぽめる 青森県南部 ＊とちぽめる 青森県南部 岩手県気仙郡 ＊とっちべる 青森県津軽「袋の口をとっちべる」 岩手県気仙郡 ＊とつぺる 青森県津軽 宮城県栗原郡

目や口を□ ＊つぶす 栃木県 新潟県西蒲原郡 石川県鹿島郡・鳳至郡「めをつぶす」 静岡県志太郡 島根県美濃郡・益田市 ＊ひくる 青森県三戸郡・南部 岩手県 宮城県登米郡 秋田県 山形県 ＊ひっくる 岩手県上閉伊郡・気仙郡 宮城県栗原郡・玉造郡 秋田県鹿角郡 ＊ひっちくる 山形県東田川郡 ＊ふくる・ふっくる 青森県南部・三戸郡

目を□ ＊くさぐ 長野県南安曇郡 三重県志摩郡 鳥取県西伯郡 ＊くさむ 長野県佐久 三重県志摩郡 ＊くしゃぐる 栃木県 ＊くちゃぐる・くっちゃがる 栃木県 ＊くつずす 群馬県勢多郡 ＊くちゃがる 栃木県河内郡・塩谷郡「ごみはいっから、目くちゃがってろ」 ＊くっちゃぐ 山梨県南巨摩郡「眠けがさすから、くっちゃぐよ」 長野県佐久 ＊くっちゃげる 栃木県那須郡 ＊くっちゃぶる 福島県大沼郡 茨城県北相馬郡「眼をくっちゃぶる」 栃木県 埼玉県北葛飾郡 千葉県東葛飾郡 ＊くっちゃむ 神奈川県三浦郡 ＊くっつぐ 福島県会津 ＊くっつぐる 福島県東白川郡「痛えから、目くっつぐってえろ」・福島市 茨城県久慈郡 栃木県 東京都八王子 神奈川県津久井郡 ＊くっつばる 新潟県東蒲原郡 ＊くっつびる・くっつべる 埼玉県北足立郡 ＊くっつぶす 群馬県吾妻郡 神奈川県津久井郡 新潟県西蒲原郡 長野県南佐久郡 ＊くっつぶる 山形県東置賜郡・西置賜郡 茨城県稲敷郡 栃木県 群馬県吾妻郡 埼玉県秩父郡 ＊くっつめる 新潟県中蒲原郡 ＊しくる 秋田県山本郡・仙北郡「眼しぐれ」 山形県 群馬県館林 ＊ひんねぶる 長崎県対馬「目ひんねぶる」 ＊ふすむ 愛媛県周桑郡「うちが目（めー）をふすんどろわい」 ＊ふずん 沖縄県石垣島 ＊ふつむ 岡山県児島郡 香川県 愛媛県・周桑郡「よーに目ふつんどれよ。石鹸がはまるけん（入るから）」 ＊ふつむる・ふつぶる 香川県高松 ＊まなくひくる・まなくふくる 青森県三戸郡 ＊まなくひっくる 岩手県気仙郡 ＊めーくー 宮城県仙台市「めーくってさえ、自動車あったにごみたてて来っからね」 ＊めをつぶす 新潟県佐渡 石川県鹿島郡・鳳至郡

どぞう【土蔵】 ＊すやぐら（草ぶき屋根の土蔵）岡山県川上郡 ＊どそぐら 宮崎県西諸県郡 鹿児島県 ＊どろぐら 鹿児島県 ＊どんべぐら 和歌山県那賀郡 ＊ひいらず 兵庫県淡路島 徳島県 愛媛県 ＊へろ・へろこ（小さな土蔵） 青森県津軽「へろに、また鼠が入ったようだぜ」

とだな【戸棚】 ＊うっつけとだな（茶の間の壁際に作り付けた戸棚） 愛媛県大三島 ＊おふろ（仏壇に付いている戸棚） 富山県砺波 ＊かしや（奥の間にある大切なものを入れる据え戸棚） 島根県隠岐島 ＊かっしゃん（仏壇に付いている戸棚） 島根県飯石郡・八束郡 ＊こど 長崎県五島 ＊さんがい 広島県 ＊じゅーだな 新潟県中越 ＊じょーだな 新潟県下越 ＊じょだな 山形県東田川郡 ＊じょっだな（仏壇の隣に設けられた細い戸棚） 新潟県岩船郡 ＊しんぼろ 岐阜県武儀郡 ＊ずし 岐阜県土岐郡 静岡県榛原郡（台所の作り付けの戸棚） 愛知県（高い棚）「ずしん中」 ＊たなもと 青森県津軽 大阪府泉北郡 ＊たのまえ 山形県西村山郡・最上郡 ＊たのもと 兵庫県赤穂郡 ＊ていれ（茶の間の壁際に作り付けた戸棚） 愛媛県大三島 ＊ふだな 富山県・富山市近在・射水郡 石川県江沼郡 ＊ふつだな 石川県河北郡 ＊ふるだな 富山県高岡市 石川県能美郡・石川郡 ＊ふろ 青森県上北郡・津軽 福島県会津 新潟県中越・下越 福井県 京都府 ＊ふろだな 富山県富山市近在・射水郡 石川県 福井県大飯郡（床の間の上の戸棚） ＊ふんだな 石川県能美郡 ＊ほーろ 岐阜県飛驒 ＊ぼら 新潟県刈羽郡 ＊ほろ 秋田県河辺郡 新潟県 岐阜県郡上郡・飛驒 ＊ゆぎだな（夜具を納める戸棚） 鹿児島県喜界島 ＊よぎたな（夜具を納める戸棚） 鹿児島県肝属郡

食器や食物などを入れておく□ ＊ふだな・ふるだな 富山県砺波 ＊ふる 青森県津軽 ＊ふろ 青森県津軽 新潟県岩船郡 福井県 ＊ふろだな 富山県東礪波郡 石川県金沢市 ＊ふんだな 石川県能美郡

食器類を入れておく□ ＊さんがい 広島県 ＊ぜんだな 山梨県 大阪府 奈良県南大和 ＊でんだら 奈良県生駒郡 ＊ひきど（遣戸の付いた食器戸棚） 新潟県佐渡 ＊みずや 奈良県南大和 広島県高田郡 愛媛県 高知県土佐郡 ＊みっじゃ 兵庫県加古郡

とちゅう【途中】 ＊あいなか 島根県美濃郡・益田市「学校へ行くあいなかで出逢った」 香川県香川郡「島と島とのあいなかに船が見えるじゃろ」 愛媛県 長崎県壱岐島 鹿児島県鹿児島郡 ＊いぇーなか 沖縄県「しゅいとなーはとぬいぇーなかいある泊村（首里と那覇との間にある泊村）」 ＊いにのー 岡山県苫田郡 広島県比婆郡 ＊ちゅーとはん 兵庫県加古郡 ＊ちゅーなか 秋田県鹿角郡「山のちゅーながで休んだ」 ＊となか 岩手県気仙郡「となかに

する(仕事を途中でやめる)」 島根県八東郡 *どなか 岩手県気仙郡「学校をどながにする」 *なかー 岡山県苫田郡「何何しようるなかー」 *なかみち 鹿児島県沖永良部島 *なんごー 熊本県下益城郡 *はんじゃく 島根県大田市・益田市 *はんちく 広島県高田郡 *はんちゃ 鳥取県西伯郡 島根県八束郡・隠岐島「仕事をはんちゃにしてどこかえぁそびに行きた」 *はんちゃく 山形県 富山県 *はんちゃくれ 岐阜県益田郡 *はんちゃぽ 石川県 *はんと 宮城県仙台市「仕事半途にして帰った」 島根県益田市・大原郡 *はんとげ 山口県阿武郡 *まかー 岡山県・真庭郡「子供が大きゅうなるまかーなあ(大きくなるまではねえ)」・吉備郡 *まかえ 岡山県苫田郡「そのまかぇここで待っていてくれ」 *よない 山梨県南巨摩郡

→ちゅうと(中途)

どちら【何方】 *どんな 山形県庄内「どんなも役立たね」 *ま 沖縄県黒島 *まー 沖縄県「まーぬふぃん(どの辺)」 *まーら 沖縄県鳩間島

□も *どっちゃ 高知県土佐郡 *どっちんかっちん 宮崎県都城 鹿児島県・鹿児島郡

両方のうち□か *どちかかちか 秋田県鹿角郡 *どっちかかっちか 岩手県気仙郡「どっちがかっちが、それやるべ」

とつぜん【突然】 *いさいくさいなし・いさいこさいなし 和歌山市 *いさいなし 新潟県 *いっさん・いっさんまい 神奈川県「いっさんめーに蚕が熟(ひ)きた」 *いったかった・いつだかんだ 青森県津軽 *いつだかつだ 青森県上北郡・津軽 *いったりかったり 青森県南部 岩手県上閉伊郡・気仙郡 宮城県 *いつだりかつだり(「いつだり」は「いつであり」の転) 青森県 岩手県和賀郡・平泉 宮城県仙台市「いつだりかつだり勘定とりさ来んすな、晦日にがえ」 *いつだれ・いつだれかつだれ 岩手県気仙郡「いじだれに来たってわがんねぁ(だめだね)」 *おしかけ・おちかけ 新潟県佐渡「おしかけに来ました」・河辺郡 *おんど 秋田県由利郡「おんど悪くなった」 *ぐらすみさぼー 青森県津軽 *ぐらり 山形県「ぐらり曲ってにげた」 *けっこー 愛知県南設楽郡「おまえとこのまごがけっこー死んじまっただげなーやい」 *こくり 山形県米沢市「こくりと歯かげた」 *ごっかり 和歌山県那賀郡・日高郡「ごっかり減る」 *こっくり 静岡県「こっくり死んだ」 *ごっくり 栃木県 *ごっこら・ごっこり 岩手県気仙郡 *こっとり 高知県・安芸郡・香美郡「こっとり倒れて寝いった」 *こっぽり 三重県北牟婁郡「あのおとこぁこっぽりいった(死んだ)げ」 *ころんと 新潟県佐渡「あそこのじいさころんといった」・西頸城郡 *さつぼつ 岩手県気仙郡「あす出発とはさつぼつなこと」 *ずいら 岩手県気仙郡「ずいら顔を出した」 宮城県仙台市 山形県「ずえら来たもんだから何もおみやげ持ってこない」 *たーつき 鹿児島県肝属郡 *たーとき 神奈川県三浦郡 *だたいが 山梨県南巨摩郡「道に休んでいたいば(休んでいたら)だたいが山崩れがあった」 *だっじ 群馬県吾妻郡 *たったいき 宮崎県東諸県郡 *たっつけー 熊本県芦北郡・八代郡「たっつけぇかけてきた」 *たっとー 茨城県久慈郡・稲敷郡 *たっとき 栃木県「馬鈴薯はたっときに煮てはだめだぞ」 群馬県館林 *たっとすれー 佐賀県 *たどー・たとーえ 岩手県気仙郡「たどうに言われても困る」 *だんで 沖縄県石垣島 *たんてき 千葉県安房郡 *ちょいら 山形県「ちょいら出て来た」 *ちょかつ・ちょっかいと 鹿児島県肝属郡「ちょかつおみでた(急に思い出した)」 *ちょかっと 鹿児島県 *ちょっこりひょんと 新潟県佐渡 *つっかけ 茨城県久慈郡 新潟県佐渡 大阪市「つっかけにやって来たってあかへんがな」 徳島県 *てんぽこだし 埼玉県北足立郡 *でんぽこだし 神奈川県高座郡 *どいら 岩手県気仙郡「どいら注(つ)ぐ」 宮城県栗原郡・玉造郡 山形県「どいらと友達が来た」 *どーちき 大分県西国東郡 *どーてき 栃木県「自動車でどーてきにやられた」 群馬県館林「どーてきに死ぬ」 東京都南多摩郡 神奈川県津久井郡 大分県「どーてきー家が亡びた」・南海部郡 *どーと・どかと 島根県隠岐島「雨がどーと降っ出えた」 *どかた 島根県邑智郡「雨がどかた降って来た」 *どかっと 佐賀県 *どんぷ 群馬県多野郡「とんぷに山へ行っても茸のあるところは判らない」 島根県美濃郡・益田市「とんぷにかけって(走って)大怪我をした」 *どんぶ 島根県石見 *とんほ 和歌山県日高郡 *とんぽ 和歌山県「とんぼに言っても分らんよ」 岡山市「田舎でぁとんぼにお客があると困る」 愛媛県 *どんぽ 長野県佐久 和歌山県 岡山県児島郡・川上郡 広島県・高田郡 愛媛県・大三島 *にょいと 長野県東筑摩郡 *にょいっと 長野県諏訪 *にょっくら 高知県香美郡 *にょっこり 長野県諏訪・東筑摩郡「にょっこりと入道がでた」 *ばいり・ばえら 岩手県気仙郡 *びょいら 岩手県上閉伊郡・気仙郡「びょいらとび出たのでたんまげだ」 宮城県石巻「窓がらびょえら首出すた」 *ひょえっと・ひょえらさっと・ぼえらさと 山形県米沢市「そんな事をひょえらさっと言われてもわがんね」 *ひょえら 山形県 *びょーら 岩手県上閉伊郡 *ひょかーっと 佐賀県藤津郡 *ひょかーり 静岡県榛原郡「ひょかーり出会ったっけ」 *ひょかつ 鹿児島県肝属郡「ひょかつうったちきもした(出発してきました)」 *ひょかっと 島根県隠岐島「ひょかっと死なした」 岡山県児島郡 長崎県彼杵付近 大分県大分郡 宮崎県延岡 *ひょかんと 静岡県「ひょかんと首を出す」 三重県志摩郡 大分県大分郡 *ひょくーっと 熊本県 *ひょくっと 福岡県福岡市・粕屋郡 長崎県壱岐島「今ひょくっとそえーな話したち」 熊本県 大分県 鹿児島県 *ひょくと 福岡県早良郡・福岡市 大分県 *ひょくひょく 長崎県壱岐島「ひょくひょく風んふぃーちくるけに」 *ひょくらん 静岡県 香川県伊吹島 *ひょくんと 岡

山県浅口郡　大分県「ひょくんと出た」　*ひょこっこん 和歌山県那賀郡・西牟婁郡　*ひょこっと 山形県　栃木県　滋賀県彦根　島根県「悪い所でひょこっと先生に出よーた」　香川県仲多度郡　*ぴょこっと 茨城県稲敷郡　*ひょこんと 新潟県佐渡　富山県・砺波　石川県鳳至郡　兵庫県加古郡　大分県大分市・大野郡　*びょっかと 青森県三戸郡「危いからびょっがど出るな」　*ひょっからひょんと 熊本県天草郡　*ひょっかり 長野県東筑摩郡　徳島県美馬郡　*ひょっかりと 長崎県対馬　*ひよっくり 長崎県壱岐島　*ひょっこと 奈良県南大和　大分県玖珠郡・大野郡　*びょっこら 宮城県石巻　*ひょっこんと・ひょつねんと 富山県　*ひょっつんと 富山県婦負郡　*ひょっと 香川県　福岡県　大分県速見郡　*ひよっと 富山県砺波　和歌山県日高郡　*びょっと 青森県三戸郡「今朝びょっとあんべぁやわりぐなって入院しました」　秋田県北秋田郡「びょっと走って来た」　*ひょつなんと 富山県・富山市「ひょつなんとこういうものが出来た」・砺波　*ひょつねーんと 富山県砺波　*ひょつんと 富山県・砺波　石川県　*ふかんと・ふっかーると 富山県東礪波郡「ふかんとそんなことぃわれても返事でっけん」　*ぼいらぼっと・ぼいり・ぼえらっと 岩手県気仙郡「ぼいらぼっと出てきておらたんまげた」　山形県西村山郡　*ぼえっと・ぼえら 山形県「ほだえぼえっとやっだて駄目っだなや(そんなに不意に言われてもだめだよ)」　*ぽえっと 山形県北村山郡「ちゅーしょでぽえっとすんだ(中風で急に死んだ)」　*ぼえら 岩手県気仙郡　山形県「脳溢血でぼえら死んだ」　*ぼえらさっと・ぽえらさっと 山形県西置賜郡　*ぼえらと 岩手県上閉伊郡　*ぼくと 大分県速見郡　*ぽくと 長崎県対馬「病気がぽくと悪くなった」　大分県東国東郡・大分郡「人が木陰からぽくと出た」　*ほっかり 長崎県壱岐島　*ぽっかり 高知県　*ぽっかり 奈良県吉野郡　*ぼっくら・ほっくり 茨城県稲敷郡　*ぼっこり 宮城県登米郡・玉造郡　高知県　*ぽっこり 高知県安芸郡・香美郡「今日途中でぽっこり昔の幼友達に出おーた」　*ぼっと 岩手県　宮城県「そっつぶ(卒中)でぼっと死んだ」　秋田県平鹿郡・雄勝郡「彼はぼっとやって来た」　山形県「ぼっと云われても困る」　福島県　新潟県佐渡　*ぽっと 大分県「ぽっとそれが現れた時」　*ほっとがけに 富山県砺波　*むさと 福岡市　*むてん 広島県比婆郡

↓いきなり(行成)・「きゅう(急)」の子見出し、「急に」・だしぬけ(出抜)・ふい(不意)

□だ　*とっつけもない 大分県大分郡「とっつけものー(不意に)」　*むきもない 茨城県稲敷郡

□に　*いくりかくりものー 長崎県対馬「何の事もねえのにいきなり飛出して来て、いくりかくりものう打かかりて来た」　*ずこんと 山形県　*たまがしに 山口県浮島・大島　*だまし 島根県出雲　大分県「だましでてきた」　*だましー 大分県　*だましがけ 山口県長門　*だましがけに 広島県・江田島　*だましでに 京都府竹野郡「だましでにぶっつかった」　*だましに 島根県「だましに雨が降って来た」　広島県　山口県　愛媛県　大分県　*だましね 島根県出雲　*だまに 島根県石見「だまにいなびかりがした」　広島県高田郡　*ちゅーに 島根県隠岐島「ちゅーに見えのやになった」　*どましに 島根県簸川郡・出雲市　*へろっと・べろと 青森県津軽　*べろっと 青森県「べろっと聞かれたもんだから、わたしも返事に困りましたぜ」

どっち【何方】 ⇩どちら(何方)

どっちつかず【何方不付】 *あらこら 兵庫県加古郡　*ありゃこりゃ 栃木県鹿沼市・日光市　兵庫県加古郡「ありゃこりゃする」　*うんぶいこーぶい 沖縄県首里　*じゅんさい(蓴菜(じゅんさい)がぬるぬるして箸(はし)で挟みにくいところから) 兵庫県加古郡　*ちゅーなか 新潟県佐渡　*ちゅーにんはぐれ 長野県下伊那郡　*ちゅーねはん 和歌山市「今になったらちっとちゅーねはんになる」　*ちゅーはん 三重県名賀郡　兵庫県加古郡　徳島県「ちゅーはんでは弱るなあ」　高知県　*ちゅーらいぼー 島根県邑智郡・邇摩郡「あいつはいつでもちゅーらいぼーだ」　*どっちゃーない 島根県石見「どっちゃーなー物を貰うた」　*とちゅーなか 新潟県佐渡　岡山県苫田郡　*なかたげー 沖縄県首里　*にやくや 茨城県　新潟県佐渡　滋賀県蒲生郡・神崎郡　*にやにや 新潟県佐渡「にやにやしていてはわからん」　京都府　*にやふや 奈良県吉野郡　*にやほや 石川県　*にやまた 福井県遠敷郡　滋賀県蒲生郡　*はらこら 島根県隠岐島「人がよってはらこら言っちょる」　*ふーろいぼ 島根県能義郡

↓ちゅうとはんぱ(中途半端)

□のこと　*あいなしだれ 岩手県気仙郡「そんなえぁなしだれなごどやめろ」　*あえなすだれ 岩手県上閉伊郡　*じゅんさい 兵庫県加古郡

どて【土手】 *あぶし 鹿児島県徳之島　*あーぶし 鹿児島県沖永良部島　沖縄県　*あぶす 沖縄県宮古島　*あむち・あむとぅ・あもーち(耕地と山野の境に築いた土手) 沖縄県首里　*うて(ため池の堤) 香川県三豊郡「うてが切れた」　*うねぱら(畑の土手) 岩手県気仙郡　*かーじら 沖縄県国頭郡・那覇市　*かーじらむい 沖縄県中頭郡　*かーつら 沖縄県　*がけ 山形県　*がけぶつ 山形県東部　*きし 香川県　*きしげ(田の端の堤の所) 奈良県宇陀郡「きしげに弁当置いてある」　*ぎしね(田の端の堤の所) 岡山県川上郡　*くすね 愛媛県西宇和郡　*くろ 新潟県佐渡「川のくろ」「池のくろ」　*こんぶち 鹿児島県奄美大島　*ずだ 熊本県芦北郡　*ずべ 鹿児島県　*たぎし(田の堤) 奈良県南大和　*つじ(浜沿いの土手) 新潟県西頸城郡　*つつね 千葉県長生郡・夷隅郡　兵庫県美嚢郡　*でー 佐賀県・三養基郡・藤津郡　*でと(川の堤) 山形県南村山郡　*どい 青森県三戸郡　新潟県北蒲原郡

富山県・高岡市　静岡県・小笠郡　三重県志摩郡　兵庫県加古郡　山口県豊浦郡　福岡県久留米市・山門郡　大分県　*どえー 長野県南佐久郡　*とちっこ・どちっこ・どてっこ 千葉県夷隅郡　*どてがけ 山形県西置賜郡　*どてっくね 静岡県　*どてっくら 静岡県磐田郡　*どでっこ 栃木県那須郡　*どてっぱま 神奈川県津久井郡　*とも 熊本県　*どよ 石川県能美郡　長野県佐久　*どんだ 福岡県朝倉郡(川の堤)　熊本県天草郡　*ながて(用水堰の堤) 青森県津軽　*のて 山形県西田川郡　*ばつかけ 山形県最上郡　*ほた 岐阜県武儀郡　三重県　滋賀県滋賀郡　*ぼた 岐阜県　静岡県「ぼた草を刈取る」　愛知県知多郡・岡崎市　愛媛県周桑郡　*ほて 岡山県苫田郡「ほてが切れる(堤が切れる)」・岡山市　*まま 山形県「ままのきさ刈り(草刈り)」　福島県　茨城県・久慈郡・真壁郡　群馬県利根郡・吾妻郡　埼玉県秩父郡　千葉県・安房郡　東京都三宅島・御蔵島　神奈川県中郡　新潟県中越　長野県　静岡県田方郡・庵原郡　*ままかぶ 福島県「ままかぶの草刈る」　*ままだ 東京都三宅島・御蔵島　*ままっくら 群馬県利根郡　*ままっけ 福島県南部「あのままっけ崩すべ」　*ままっこー(険しい土堤) 千葉県安房郡　*まみ 山形県南村山郡　*やな 千葉県　神奈川県　*よけ(小堤) 岐阜県海津郡

↓ていぼう(堤防)

とても【迚】　*いっすりかっすり(打ち消しの語を伴う) 富山県砺波　*いっすりむっすり(打ち消しの語を伴う) 石川県金沢市「いっすりむっすり動かぬ」・河北郡　*いよいよ 山口県都濃郡「いよいよ寒い時の仕事じゃから」　愛媛県　高知県・幡多郡　*えーちゃー 岩手県九戸郡　岡山県倉敷市「としゅ　とって　えーちゃー　しごと　すんのがえらいがなー」　鳥取県東伯郡　*おそし 島根県江津市「あの人の力にはおそしかなわん」　*おっかな 東京都八丈島「おっかなこわけんて」　*おっかない 東京都三宅島「おっこぁねー喜びだじゃーお」　静岡県安倍郡　*きりんがめん 福岡県三潴郡　*ぞーい・ぞーや(打ち消しの語を伴う) 沖縄県首里「ぞーい　うゆばん(とても及ばない)」　*たーまんなぇー・たまんない 静岡県志太郡「たまんなぇーある(とてもたくさんある)」　*たいーて 佐賀県佐賀郡「おどんも(わたしたちも)ほって(それで)たいーてしょったばってんが(たいそう働いていましたが)」　*たいちゃ 高知県高知市「お前さんにゃたいちゃ御世話になったがのーし」・幡多郡　*たいて 高知県　福岡県築上郡「たいておとろしかったろー(とっても恐ろしかったでしょう)」　佐賀県東松浦郡　長崎県南高来郡　*たいてー 高知県幡多郡「たいていおまえらにも(ひとかたならず、あなたたちにも)あのーしんぱいひてひろーてのー(心配をしてもらってねえ)」　大分県大分郡　*たてかんじょー 神奈川県高座郡　*つがうない 青森県南部「つがうねいもってなす」　*どーかに(打ち消しの語を伴う) 島根県鹿足郡「どーかに立派な人でもなー」　*どかと(打ち消しの語を伴う) 島根県石見「どかと面白うもない」　*どさま 東京都大島　*どしても 青森県津軽　*どって・どってこって 愛媛県大三島　*よいよ 香川県三豊郡「わたっしゃきのからよいよ足がだいんじゃがな」　愛媛県周桑郡　高知県幡多郡

↓たいそう(大層)・とうてい(到底)

とどく【届】　*いちゃーゆん・いちゃゆん 沖縄県首里　*いっちゃーゆい 鹿児島県喜界島　*たう 島根県「背が鴨居までたう」　岡山県阿哲郡　広島県「せいがたわん(背が届かぬ)」　山口県阿武郡・玖珂郡　香川県与島　*つかえる 岐阜県羽島郡　*つずく 新潟県　*とう 島根県　広島県佐伯郡・比婆郡　山口県　愛媛県松山「高い所に手がとう」　長崎県壱岐島　大分県　*とぅうい・とぅゆい(目的地に到着する) 鹿児島県喜界島　*とぅゆん(到着する) 沖縄県首里　*とじっ・とずっ 鹿児島県　*とずく 青森県　岩手県気仙郡「天井さとずくような大男」　秋田県　山形県「手紙がとづえだ」　福島県　埼玉県入間郡　千葉県香取郡　新潟県東蒲原郡　長野県佐久「とずかねー」　三重県員弁郡　島根県「鴨居に頭がとずくやーになった」　山口県　福岡県　熊本県玉名郡「手紙ぁとじたかっ(届いたか)」　*とぞく 福島県会津・会津若松市　愛知県知多郡「志がとぞく」　三重県員弁郡　*とつく 富山県　岐阜県山県郡　*とっずく 千葉県夷隅郡・君津郡「とっぢーた」　*とっつく 富山県砺波郡　*とんずく 青森県南部　岩手県気仙郡「もっと長い竿でないととんづかねぁ」　宮城県仙台市　福島県「品物がとんずく」　*とんつく 茨城県猿島郡

とどける【届】　*とぅどぅきゆい 鹿児島県喜界島　*とずける 宮城県栗原郡　山形県　福島県石川郡・西白河郡　茨城県・稲敷郡　埼玉県入間郡　*なげこむ(自分の品物を頼む時に言う謙譲語) 新潟県佐渡「あの店へこの手紙をなげこんでくれい」　*のべる 青森県津軽　岩手県気仙郡「隣さものべる(おすそ分けする)」　新潟県佐渡「この本を先生にのべてくれ」・岩船郡

とどこおる【滞】　*かたまゆん・たたまゆん 沖縄県首里　*くずむ 岩手県気仙郡「貸しくずむ」　宮城県石巻　*くばるん 沖縄県石垣島　*すらえる 新潟県佐渡「水がすらえて行かない」　*たたまる 岩手県気仙郡「ただまって(疲労が重なって)病気になった」　秋田県鹿角郡「仕事がたたまる」　新潟県佐渡「借金がたたまる」　*つっかさる 静岡県志太郡　*どしゃつく 岐阜県飛騨　*どずける 栃木県安蘇郡「水がごみでどづけて流れない」　*とつばる 山形県庄内「けっっとつばる」　*とっぱる 青森県津軽　*とどる 山口県防府　*とぱる 青森県上北郡・津軽「パイプがとぱる」　*とばる 島根県石見「すいのうがとばって種がこされん」　*どまずく 福島県東白川郡「どまづかねえようによっくよめ」　新潟県岩船郡　*どまつく 岐阜県郡上郡　*のたる 富山県砺波「仕事がのたる」　*はばかる(大きすぎてはいり

かねる）宮城県栗原郡　秋田県鹿角郡　新潟県山口県豊浦郡 *ゆどぅにゅい・ゆどぅみゅい・ゆどぅむい 鹿児島県喜界島 *ゆどぅぬん 沖縄県首里 *ゆどぅむん 沖縄県石垣島・竹富島 *りんねもつ 富山県高岡市

→じゅうたい（渋滞）

□こと *たたまり 岩手県気仙郡　宮城県 *ゆどぅみ・ゆどぅん 沖縄県石垣島

となり【隣】 *となりつけ 島根県「あの人とはとなりつけだ」 *ねき 三重県志摩郡「ねきのうち（隣家）」 愛媛県松山「私のねきのうちは菓子屋です」 *やどぅない 沖縄県竹富島「やどぅないひとぅ（隣人）」

→きんじょ（近所）・となりきんじょ（隣近所）・りんか（隣家）

となりきんじょ【隣近所】 *あたりがんばち 静岡県賀茂郡 *ぐるでんど 山梨県 *けーとぅない・ちゅけーとぅない 沖縄県首里 *となりはた 徳島県「となりはたの迷惑じゃ」 *となりほとり 福島県相馬郡 *となりまわり 群馬県多野郡

→きんじょ（近所）・となり（隣）

どなる【怒鳴】 *あびーん 沖縄県那覇市・島尻郡 *あびゆい 鹿児島県喜界島「あびんな（黙れ）」 *あびゅん 沖縄県首里 *あべる 愛媛県伊予市 *あまる（大声でどなる）島根県 *いーたてる 新潟県上越市 *うなる 滋賀県・彦根「うなりまわす（叫び散らす）」 大阪府北河内郡・中河内郡 *うねる 静岡県 *うやーるん 沖縄県鳩間島 *おごく 徳島県「わりことしよったらおごくぞ」 *おこりすえる 長野県諏訪 *おだす 千葉県 *おどす 富山県　石川県　島根県隠岐島「乞食に犬をおどさせた」 *おとないたてる 山形県東置賜郡・西置賜郡 *おとなう 奈良県吉野郡 *おなる 岡山県 *おはる 愛知県名古屋市 *がい 鹿児島県肝属郡「がいもどす（人からどなられてどなり返す）」 *がちなる 島根県出雲「そげにがちなっても駄目だ」 *がばる 秋田県鹿角郡「いたづらしてがばられた」 *がみつくる（頭ごなしにどなる）熊本県下益城郡 *がみつける（頭ごなしにどなる）長崎県対馬 *がる 福島県 *くせる 群馬県多野郡「くせられるぞ」 埼玉県秩父郡 *くるー 鹿児島県揖宿郡「くる」 *ごける 山形県 *さかぶ 青森県津軽　山形県 *しなる 青森県上北郡「まだ隣のばばしなてる」 岩手県九戸郡 *じなる 青森県「あんまりじなると声がかれるよ」 山形県　福島県東白川郡「そおだ（そんな）おっきこえでじなってなんだ」・西白河郡　茨城県　栃木県「うちん中でじなってんじゃねー」 群馬県多野郡 *しゃーなる 山梨県南巨摩郡「隣りでまた喧嘩が始まっとーかしゃーなる」 *しゃきぶ 山形県東田川郡・西田川郡 *しゃぎる 岐阜県恵那郡　奈良県 *しゃけぶ 山形県東田川郡　高知県幡多郡「しゃけぶとみともないから静かにせえ」 *しゃなる 山形県「しゃなる声が聞える」 新潟県 *ずなしっつける・ずなす 神奈川県津久井郡 *ずなる 北海道　青森県　山形県　福島県北部 *たかぱりあげる 山形県飽海郡 *だだこく 山形県西田川郡 *つなる 青森県上北郡 *どぅげーるん 沖縄県石垣島・竹富島 *とえる 徳島県海部郡「とえられる（しかられる）」 *とこぼえる 愛媛県 *どしこなる 島根県石見「酒に酔って家内中をどしこなった」 *どしなる 福島県東白川郡　栃木県那須郡「大きな声でどしなったらのどがいたい」 島根県石見 *どへざぬく 岐阜県郡上郡 *どべざぬく 岐阜県飛騨「今日はどべざぬかいた」 *どやく 奈良県吉野郡 *どやぐ 三重県中部　大阪府南河内郡・泉北郡　奈良県「そうどやぎ廻らなくともええぜ」 和歌山県伊都郡「大きな声でどやぐ」 *どよむ 三重県　滋賀県　奈良県山辺郡・添上郡 *なりわたる 山形県飽海郡 *なる 山形県　神奈川県津久井郡・藤沢市「なったって聞えるくらいの所だ」 新潟県・頸城地方　静岡県田方郡　徳島県「なっていく」 高知県土佐郡「なってくる」 長崎県対馬「なりまある」 *ほえしる 広島県高田郡 *ほえる 東京都八丈島「風をにがすためにホーイホイホイとほえる」 大阪府河内　和歌山県　岡山県児島郡　徳島県海部郡　大分市 *ほーぎる 長崎県対馬「ほーぎりつける（どなりつける）」 *ほごえる 徳島県海部郡 *ほざく 長野県　岡山県児島郡　高知県「そんなにほざくな見っともない」 *ほゆる 和歌山県西牟婁郡・日高郡「東西屋が辻々をほえて廻った」 *まめく 岡山県 *やなる 茨城県・久慈郡・稲敷郡 *やめく 石川県河北郡　兵庫県城崎郡「寄合に出なはれよーってやめかんならん」 *りきむ 福島県「何りきんでんだい」 茨城県稲敷郡　埼玉県秩父郡「りきまれる（しかられる）」 千葉県印旛郡・東葛飾郡　新潟県東蒲原郡「いらいらしているからりきみやすい」 山梨県　長野県上伊那郡・佐久　岐阜県　岡山県児島郡 *わなる 新潟県佐渡　富山県下新川郡　石川県　山梨県　滋賀県　兵庫県加古郡　鳥取県東部 *わみく 島根県隠岐島 *わめる 兵庫県宍粟郡 *われく 山形県飽海郡「われかれる（どなられる）」

→さけぶ（叫）

□声 *くんじょーあびー 沖縄県首里 *こじごえ 岡山県苫田郡 *ごつ 山口県豊浦郡

どの【何】 *ざぬ 沖縄県波照間島 *じぬ 沖縄県首里「じぬやーが（どの家か）」 *じんぬ 沖縄県首里「じぬっちゅ（どの人）」・石垣島

□くらい *いかしく・いかしゅく 沖縄県石垣島 *いかしこ 長崎県対馬「いかしこもない」・壱岐島「いかしこ有るぢゃらうか」 *ちゃっぴ・ちゃっぺーる・ちゃふぃ 沖縄県首里 *どがしこ 福岡県「どがしこ心配したかわからぬ」 長崎県　熊本県「どがしこでん（どれくらいでも。続く限り）」 *どがっしょ 長崎県壱岐島 *どしこ 福岡県筑後「どしこでん（いかほどでも）」 熊本県玉名郡　宮崎県都城「どしこな（いくらですか）」 鹿児島県「どしこばっかり」 沖縄県 *どすこ鹿児島県枕崎市「あすかどすこあっかねー(あそこはどのくらいあるかねえ)」 *どのかん・どのくん・どのけん 長野県佐久「どのけん苦労したか」 *どのぶっつ 青森県南部 *どのんき・どれんき・どんき 青森県津軽「どらどら、どのんきもだえぐなったがさどら(どれどれ、どのくらい重くなったか)」 *どひこ 鹿児島県屋久島・鹿児島郡 *どりがしこ 福岡県山門郡

どのよう【何様】 *あじ 千葉県 神奈川県津久井郡 *あじょ 栃木県塩谷郡 千葉県 *あじょー 栃木県塩谷郡 群馬県多野郡 埼玉県入間郡 千葉県「あぢゃうんなるもんで(しかたがない)」 *あんじょー 神奈川県 山梨県「あんじょーでもない(何のこともない)」 *あんちょー 山梨県「あんちょーにも(何分にも)」 *いかさま 新潟県佐渡「いかさまにしましょう」 *だ 京都府葛野郡「だもんでもよい(どんなものでもいい)」 *だー 福井県遠敷郡・大飯郡「だーになっても後悔せぬ」 三重県南牟婁郡「だあなんどいや(どんなのですか。どうしたのです)」 奈良県吉野郡「だーに(どういう風に)」 愛媛県大三島 *だーえん 新潟県西蒲原郡「だーえんだ(どのような)」 *だえ・でー 兵庫県赤穂郡「だえな」「でえなかったん(どうだったの)」 *でやん 佐賀県東松浦郡「でやんかけがじゃいろとおもち(どんなけがだろうかと思って)」 *どい 山形県北村山郡 三重県志摩郡 京都府葛野郡 愛媛県 *どいよ 香川県 *どえん 三重県志摩郡 *どが 山形県米沢市・南置賜郡 滋賀県東浅井郡 和歌山県日高郡「どがにするろえ(どうするか)」 鳥取県岩美郡・西伯郡 島根県大田市「お前に任せるけーどがなとやって見い」・隠岐島「どがな病気でござんしたか」 香川県与島「あいつらの頭、どがな頭しとんかのう」 *どかー 岡山県小田郡 *どがー 山梨県南巨摩郡 鳥取県岩美郡 島根県石見「仕舞いにはどがーな損になるか分らん」 岡山県 広島県 山口県阿武郡・玖珂郡「どがーするか」 大分県北海部郡 鹿児島県種子島 *どがい 山形県「どがいになった」 新潟県佐渡 静岡県磐田郡 京都府与謝郡 兵庫県佐用郡「どがいに書くん」 和歌山県牟婁 岡山県「どがぇーござんすりゃあ(お加減はいかがでございますか)」 広島県「あんたもおばんに長う寝られて、どがいに困りんさったろーのー」 山口県玖珂郡「どがいにせたか」・大島「どがえでもこがえでも今日は返事を聞いて帰る」 愛媛県「その後どがいにしとるだろーか」 福岡県企救郡 大分県大分郡(下流) *どがん 東京都八丈島「どがんなろあ(どんなになったか)」 岡山県上房郡・吉備郡 広島県高田郡 香川県 長崎県「どがんでんよい(どうでもよろしい)」 熊本県天草郡 鹿児島県種子島 *どぎゃ 島根県八束郡 熊本県下益城郡「どぎゃしゅうか(どうしましょうか)」 *どぎゃー 千葉県夷隅郡 鳥取県 島根県隠岐島 長崎県東彼杵郡 熊本県下益城郡 *どぎゃん 京都府 島根県出雲「どぎゃんもんが出来たか見せー」 福岡県三井郡 佐賀県・馬渡島・神埼郡 長崎県(中流以下)「どぎゃん恐しかったもんか」 熊本県「どぎゃん待ったなあ(どんなに待ったか知れない)」 *どけ 三重県志摩郡 島根県出雲「どけしてこげして」 *どげ 山形県 千葉県夷隅郡「どげった(どんなであった)」 東京都御蔵島 新潟県佐渡「どげな本だ」 愛知県碧海郡 三重県志摩郡 和歌山県「どげしように(どうしましょう)」 鳥取県西伯郡「どげしてそんな事が出来るのか」・日野郡 島根県出雲・隠岐島「どげになっただらか(だろうか)」 福岡県「どげな人かね」 佐賀県 長崎県対馬「どげしたな」・壱岐島 熊本県阿蘇郡「どげおもちょる(どう思っている)」 大分県 宮崎県西臼杵郡 鹿児島県 *どげー 山形県庄内「どげーだ塩梅だった」 千葉県夷隅郡「それはどげえなもの」 東京都御蔵島「どげーにしべえ」 新潟県佐渡 愛知県碧海郡・岡崎市 兵庫県赤穂郡「どげーしよん(何をしているのですか)」 島根県仁多郡「どげーな事が起ったか」 福岡県「どげー面白かったもんか(ずいぶんおもしろかったよ)」 長崎県「どげーな、お前たちゃあ」 熊本県阿蘇郡 大分県「どげーあるう(具合はどうか)」 *どげだ 山形県北部 *どげな 和歌山県南牟婁郡「どげなに(どのように)」 *どげん 千葉県夷隅郡 新潟県佐渡「どげんしても」 愛知県碧海郡「どげんか(さだめし)」 三重県志摩郡 島根県出雲 福岡県「久しぶりだ、どげんしてゐたか」 佐賀県「どげんした」 長崎県南高来郡「どげん考えてん、わりーこん訳んわかるもんか」 熊本県阿蘇郡「どげんじゃろ」 大分県大野郡「どげんふうなえ(どんなふうか)」 宮崎県都城 鹿児島県・甑島「どげんことでもしよりもしたとなあ(したそうですね)」 *どごん 東京都八丈島「どごんよく似合うだろう」 *どだ 青森県上北郡「どだらふとで(どんな人かえ)」 山形県「どだえなるのか

方/言/の/窓

●北陸地方の方言

文法やアクセントの面では、全般に近畿方言的な色合いが濃厚であるが、文節末におけるイントネーションの面で卓立下降型の独特の音調（うねり音調とも称する）が存在している。音韻の面では、能登半島や富山の沿岸部に、ところどころ東北方言的なシとス、チとツ、ジとズの区別のあいまいな方言が存在する。

この方言は、近畿方言、東北方言、そして東海東山方言などの要素が互いに混交して形成された方言といえる。たとえば、理由を表す接続助詞として、富山市近在に、「サカライ」といった、「サカイ」「カラ」「ニ」などの各地の形式が混交した表現形が存在することはその象徴であろう。富山県内にはこのほかに「デ」「ケニ」などの形式も存在している。

なあ」 *どったら 青森県津軽「どったらね(どんなに)」 山形県西置賜郡「どったらもんだか」 *どな 新潟県西頸城郡 徳島県 香川県「どななかしらんとのぞいてみた」 愛媛県周桑郡「どなにしていーやら分らん」 高知県幡多郡「どな人」 *どなー 愛媛県周桑郡 *どない(「どないな」「どないに」の形で用いられるが、「どない」だけで用いられることもある) 富山県「どないことあっても」 福井県遠敷郡 岐阜県吉城郡「くー物わどないな物を食っとったんじゃい」 愛知県 三重県松阪・北牟婁郡「こっりょーどないしょーどいな(これをどう始末しましょうかね)」 滋賀県神崎郡「どないしやーないなー(どうもしようがないですね)」・彦根 京都府 大阪府大阪市・泉北郡 兵庫県「どないかしたん(どうかしましたか)」 奈良県南部「どないゆーたかて(どのように言っても)」 和歌山県「どないにしたんですか」 岡山県真庭郡「どなえーしょーもなぇーがな(どうしようもないねえ)」・苫田郡 広島県 徳島県「どないに言うてもこらえてくれん」 香川県 愛媛県「どないにおしる(どんなにしますか)」 高知県 *どなん 香川県「この勝負どなんしても勝ってみせる」 *どにゃー 兵庫県城崎郡「どねぁーしとるーしらー思って」 岡山県備中 *どね 愛知県南設楽郡「暑かっつら、どねにか(暑かったでしょう、どんなにか)」 三重県度会郡・宇治山田市 奈良県「近頃どねしてんねん」 *どねー 愛知県岡崎市・名古屋市「どねーにえらかった」 兵庫県赤穂郡「どねいしょんや(何をしているのですか)」 島根県石見「この次はどねーするか」 岡山県「娘はどねー言よりましたりゃ」 広島県 山口県「どねーな演説をするか聞いてみい」 長崎県対馬 *どねん 奈良県吉野郡「誰がどねん言ふたかって、もうこんな事すんなよ」 *どの 山形県庄内 京都府葛野郡 *どのあ 石川県輪島市「どのあな着物着ても引ちぎられて」 *どのい 鳥取県東部 高知県 長崎県南高来郡「どのい考えてん貴様いこん訳が分るもんか」

*どのー・どのん 新潟県佐渡 *どや 香川県丸亀市「どやにいうたら承知してくれるじゃろか」 *どやん 香川県丸亀市「あんたこれどやんするん」 佐賀県東松浦郡「どやんふーじゃいろ(どんな様子だろうか)」 *どよ 香川県三豊郡「どよにいうたかくわしに(詳しく)聞いて下さい」 *どよん 香川県仲多度郡「どよんしよんな」 *どん 三重県度会郡 滋賀県彦根「どんに困ったか知れない」 *どんが 新潟県中越 徳島県「どんがなことになるやら分らん」

*どんがえ 山形県 *どんがら 徳島県三好郡「どんがらな目にあう」 *どんぎゃ 香川県三豊郡 高知県幡多郡「こりゃどんぎゃなるや知れんけんどのー」

*どんげ 山形県西置賜郡・最上郡 新潟県佐渡・中越 高知県幡多郡 宮崎県・宮崎郡 *どんげん 長崎市「どんげんゆーたけー(どう言ったか)」

*どんだ 新潟県下越 *どんて 新潟県佐渡 *どんない 静岡県・志太郡「あんばぇーわどんなえーずら(病気はどんな具合だろう)」 *どんね 石川県金沢市・石川郡「どんねもこんねも」 岐阜県郡上郡「どんねもない(何ともない)」 三重県度会郡「どんねにも(どうしても)」 *どんねー 山梨県 長野県上田・諏訪 *どんねん 三重県伊賀 *どんべー 青森県上北郡 *なーぞ 岩手県気仙郡 *なじ 福島県東白川郡 茨城県新治郡・稲敷郡 栃木県河内郡 新潟県「なぢになったか見たい」 *なじー 茨城県北相馬郡 千葉県印旛郡 *なじゅー 千葉県香取郡

*なしょ 山形県庄内 福島県西白河郡 *なじょ 岩手県「なじょった(どうした)」 宮城県 山形県「御飯はなじょだ(いかがか)」 福島県 栃木県 新潟県 *なじょー 岩手県盛岡市「なでうにして(いかにして)」・東磐井郡 宮城県栗原郡「なでうしたらよかんべ」 山形県 福島県「この書はなじょうだか見て下さい」 茨城県・新治郡・多賀郡 栃木県「なじゃうにもしようがない」 千葉県香取郡・海上郡 新潟県「なじょうにでもおまんの勝手にしれ」 長野県下水内郡 *なず 岩手県和賀郡「なずだ(日中の挨拶)」 秋田県仙北郡 山形県村山「なずえがして(どうにかして)」 *なぞ 岩手県気仙郡「なぞにすっぺ(どうしよう)」 宮城県栗原郡 *なち 栃木県「なちしたもの(いかなるもの)」 *なっちょ 長野県 *なっちょー 長野県諏訪・北安曇郡 静岡県 *なんじょ 岩手県気仙郡 山形県 *なんじょー(「なんという」の転) 千葉県香取郡「なんじょーする」 東京都大島「なんじょうにも道具は使ってくれ」 *なんちゅ 岩手県紫波郡 *のーしどぅ 沖縄県石垣島 *ろがえ 和歌山県西牟婁郡「ろがえに喜ぶやろ」 *ろがん 鹿児島県種子島「ろがんじゃったかあ」

↓どんな

□な *なた 秋田県雄勝郡「この意味はなたごだ」 *なんた 秋田県「君の父の病気はなんたんだ」 山形県「なんた物でも役に立つ」 *なんだ 福井県 *なんたな 山形県「なんたな着物欲すえが」 *なんたら 秋田県鹿角郡 新潟県佐渡

*なんたる 新潟県佐渡「なんたる人でも腹を立てる」

□に *あだに・あだん 東京都八丈島「あだんみてもお花どのがごーにめーてーとーんて(どうみてもお花さんのようにお見受け申したから)」 *かじょに 千葉県君津郡「かじょにも」

とびうお【飛魚】 *あおな 山口県阿武郡 *あご 新潟県 石川県 福井県丹生郡・南条郡 滋賀県蒲生郡 京都府北部 兵庫県 和歌山県西牟婁郡 鳥取県 島根県 山口県・阿武郡 香川県丸亀 高知市 福岡県 長崎県 熊本県天草郡 鹿児島県薩摩 *えべよ 富山県 *おーめ 島根県八東郡 *おーめあご 鳥取県米子市 島根県出雲

*かくあご 鳥取県米子 *かくとび(大きいもの) 千葉県安房郡 福井県坂井郡 *こめ(小さいもの) 島根県八東郡 *たちうお 新潟県・佐渡 *たちよ 新潟県佐渡・刈羽郡 *だんぼ 富山県 *つのあご 京都府竹野郡 *つばくらいお 島根県那賀郡・浜

田市　山口県玖珂郡 *つばくらうお 香川県木田郡・三豊郡 *つばくろ 石川県珠洲郡 *つばくろいお 香川県木田郡 *つばくろうお 香川県綾歌郡・仲多度郡 *つばさ 香川県三豊郡　愛媛県宇摩郡 *つばさいお 熊本県玉名郡 *つんばくろ 富山県下新川郡 *つんばくろいぼ 富山県 *とび 茨城県　東京都　和歌山県　香川県大川郡・三豊郡 *どんびーす 山口県玖珂郡 *どんぼ 石川県江沼郡　福井県坂井郡・丹生郡 *どんぼいお 福井県坂井郡 *はね 富山県 *ひーごいお 岡山県邑久郡 *ひらきうお 兵庫県明石市・家島 *ふぃーごえお 島根県出雲 *ふーごえお 島根県仁多郡 *ふるせん(三月ごろに捕れる大きなもの) 和歌山県西牟婁郡 *ぼら 島根県隠岐島 *まいうお 静岡県浜名郡 *まいお 静岡県・焼津市 *まぎー 鹿児島県喜界島

□の幼魚 *あんこ 和歌山県西牟婁郡 *せみご 山口県見島 *せみとび 千葉県安房郡

どびん【土瓶】 *うま 福井県足羽郡 *かんす 長崎県五島 *しゅかー 鹿児島県喜界島 *しゅっかー 沖縄県竹富島 *じょか 熊本県宇土郡 *すーっか 沖縄県黒島 *すかー 鹿児島県喜界島 *すがー 沖縄県与那国島 *すっか 沖縄県鳩間島 *ぞっか 沖縄県波照間島 *ちゃーちゅっか・ちゃーちゅっかー 沖縄県新城島 *ちゃか・ちゃちょか 鹿児島県 *ちゃじょか 熊本県球磨郡　宮崎県西諸県郡・都城　鹿児島県 *ちゃびん 長崎県南高来郡　熊本県玉名郡 *ちゃべん 大分県南海部郡 *ちゅーか 鹿児島県沖永良部島・与論島　沖縄県国頭郡・宮古島・伊江島・中頭郡 *ちゅーかー 沖縄県国頭郡・中頭郡・首里 *ちゅか 鹿児島県奄美大島・沖永良部島 *ちゅかー 鹿児島県島嶼部 *ちゅきゃ 鹿児島県与論島 *ちゅっか 沖縄県新城島 *ちゅっかー 沖縄県八重山 *ちょか 長崎県　熊本県　宮崎県　鹿児島県 *ちょこ 長崎県南高来郡 *つちちょか 熊本県 *つつじょか 熊本県球磨郡 *どーびん 島根県鹿足郡　山口県阿武郡 *どろじょか 鹿児島県種子島 *ばがす 沖縄県八重山 *びん 福岡市 *ほーろく 岩手県東磐井郡　栃木県　長野県伊那　山口県　徳島県・美馬郡　高知県 *ほーろくがんす 徳島県美馬郡 *んただっこん 沖縄県与那国島 *んたやっこん 沖縄県石垣島

薬をせんじるための□ *くすいじょか 鹿児島県肝属郡 *くすりどひん・くすりなべ 奈良県吉野郡 *くすりどびん 岐阜県飛驒 *くすりやかん 新潟県佐渡

酒の燗をする□ *かんし 鳥取県　岡山県苫田郡・岡山市　香川県綾歌郡 *かんじょか 鹿児島県 *きびしょ 和歌山県　高知県 *くろじょか 宮崎県　鹿児島県肝属郡

しょうゆを入れる□ *きびし 島根県益田市 *きびしょ 島根県隠岐島　香川県　愛媛県 *きびしょー 岡山市

茶を入れる□ *きびしきちゅっかー・きびしゅちゅっか・きびしゅちゅっかー 沖縄県新城島 *ちゃだし 山口県下関市　佐賀県　長崎県南高来郡・壱岐島　熊本県天草郡 *ちゃだん 福岡県糸島郡

とぶ【飛】 *たかる 三重県 *たつ 富山県　石川県江沼郡　福井県大飯郡「たってあるく(飛び回る)」　岐阜県　愛知県知多郡「鳥がたってゆく」　岡山県小田郡 *はかる 長崎県 *はやる 広島県賀茂郡　大分県西国東郡「鳥がはやる」 *ぼーめく 福岡県 *まう 東京都大島「鳥っこがまいてった(飛んでいった)」・三宅島「みゃーている」・八丈島「まから(飛んだ)」　静岡県・伊豆　愛知県額田郡　大分県大野郡「鳥がめーよる」

どぶ【溝】 *いんじげ 秋田県平鹿郡 *えじぇげ 秋田県仙北郡 *ごみ 高知県「町の掃除人がごみさらえに来た」 *じぇーたんぼ 熊本県天草郡 *すいどー 京阪　和歌山県　広島県安芸郡　鹿児島県姶良郡 *ぜーたね 熊本県玉名郡・天草郡 *ぜーだれ 佐賀県藤津郡 *ぜーたん・ぜーたんぼ・ぜたん 熊本県 *ぜーだん 熊本県下益城郡 *ぜーたんぼり 熊本県菊池郡 *せき 秋田県鹿角郡 *せぎ 青森県　長野県 *せげ 長野県長野市・上水内郡 *ぜぜたね 熊本県玉名郡 *ぜたな 熊本県天草郡 *ためじり 新潟県・北蒲原郡 *たんば・たんぶ 大分県北海部郡 *どすほ 石川県・金沢 *とっぽ 福井県坂井郡 *どぶしろ 茨城県真壁郡 *どぶす 石川県珠洲郡・河北郡 *どぶち 石川県珠洲郡 *どぶったま 長野県佐久 *どぶら 長野県下水内郡 *どべ 福島県安積郡(流れない溝)　島根県八束郡　愛媛県　大分県 *どべほり 大分県北海部郡 *どぼけ 福井県坂井郡 *どぼす 石川県 *なさ 島根県隠岐島 *へげ 青森県上北郡 *みじぱり 沖縄県新城島 *みじゅぐら・みじゅばら 沖縄県石垣島 *みんつぃぐら 沖縄県小浜島

とぶくろ【戸袋】 *あまどぼこ 熊本県球磨郡 *あまどぶくろ 宮城県仙台　島根県美濃郡・益田市 *とじり 千葉県香取郡 *とだめ 山形県西置賜郡 *とっくら 鹿児島県 *とばこ 静岡県・志太郡　愛知県　三重県志摩郡・飯南郡　熊本県球磨郡 *とぼゆり 愛知県北設楽郡 *とよせ 熊本県阿蘇郡

どぶろく【濁酒】 ⇩にごりざけ(濁酒)

とぼける【恍】 *あんごなく 熊本県芦北郡・八代郡 *すぼける 島根県益田市・美濃郡 *すらぼける 三重県志摩郡 *たーぼえる・たぼえる 千葉県夷隅郡 *たばえる 岐阜県飛驒 *たばくれる 長野県上伊那郡 *たばける 東京都大島「あの人はたばけるのがうまい」　長野県松本・東筑摩郡 *たぶける 愛知県北設楽郡 *たぼける 島根県簸川郡・出雲市 *ちぼける 長崎県対馬 *とだする 島根県隠岐島 *とちぼける 島根県隠岐島「とちぼけたことを言うな」 *ぼける 鹿児島県種子島 *ぼっくれる 群馬県 *ほーける 三重県志摩郡　兵庫県

淡路島　島根県八束郡・大原郡・隠岐島　岡山県苫田郡　*ぼける 三重県志摩郡・北牟婁郡　奈良県吉野郡

→しらばくれる

□た人 *うっかりや 奈良県南大和 *すっとぼけ 東京都八王子　長野県上田・佐久 *ちょーろくこき 新潟県岩船郡 *ひょーろく 新潟県西頸城郡　島根県 *ひょーろくだま 東京都南多摩　島根県　岡山県児島郡　愛媛県 *ひょーろくもん 新潟県佐渡 *ひょろくどん 鹿児島県肝属郡

とぼしい【乏】 *かいなー 島根県美濃郡・益田市 *かいない 北海道「交渉がかいないからいけない」 岩手県　宮城県仙台市　山形県　茨城県　新潟県佐渡　富山県砺波　静岡県田方郡　兵庫県加古郡　岡山県岡山市・児島郡　徳島県　香川県

高知県 *かまびしー 兵庫県淡路島「茶碗に一杯づゝよそたら早や釜の底が見えて来るといふ訳、かまびしい事じゃ」 徳島県「あそこも近頃かまびしいきに寄付はいうていけん」 香川県 *たじなー 広島県北部　山口県長門「たじなー物をくだされて」

*たしない 新潟県佐渡・中頸城郡「たしない水をやたらに捨てるな」 福井県敦賀郡・大飯郡「たしない中を工面したんやで」 長野県東筑摩郡　岐阜県「銭がたしないで(足りないので)何にもよー買わん」 愛知県「不景気で仕事がたしない」 三重県「こんなぐらいの飯じゃーたしないげ」 大阪市　兵庫県淡路島　和歌山県新宮「今日の米はたしない」 徳島県　鳥取市　島根県「今年は収穫がたしない」 高知県

香川県佐柳島　愛媛県・周桑郡・松山　高知県「たしない品ではあるが、あなたの御所望とあれば喜んでお分けいたしましょう」 鹿児島県「たしなか品」 *たじない 広島県高田郡　山口県「この野菜はたねがまことにたじないということじゃ」・大島「水がたじなえ」 愛媛県　福岡県京都郡・企救郡　長崎県　熊本県八代郡・芦北郡 *たしなけ 東京都八丈島 *たじにゃー 熊本県下益城郡 *たしね 鹿児島県 *たじねー 長崎県対馬「たじねー品をたくさんありがとう」 *たせない 新潟県上越市「たせない水をやたらにびしゃるな」・西頸城郡 *つましー 福井県坂井郡　滋賀県彦根 *どかしない 三重県志摩郡

どま【土間】 *あまや 山形県庄内・飛島 *うしにわ 島根県出雲　鹿児島県 *うすが 愛知県北設楽郡 *うすな 東京都三宅島 *うすにゃー 東京都三宅島・御蔵島 *うすにわ(昔は臼を置いていたところから) 東京都三宅島　三重県志摩　島根県　鹿児島県・肝属郡 *うすんにわ 宮崎県西諸県郡 *うちかど 熊本県玉名郡 *うちにわ 新潟県佐渡　愛知県北設楽郡　島根県石見　徳島県美馬郡　愛媛県松山　長崎県西彼杵郡・南高来郡　大分市　鹿児島県肝属郡 *おしにわ・おしのわ 島根県出雲 *おちま 三重県名張市 *おてま 東京都八丈島 *かまや 長崎県大村市　鹿児島県黒島

*じーうち 大分県大野郡 *しっくい(しっくいで塗り固めるところから) 三重県名張市 *じにわ 大分市 *ぜんのきど 東京都御蔵島 *つちだい・つつどい 鹿児島県宝島 *つちべ 三重県志摩郡 *つちべた 山形県庄内　香川県 *つちみざ 長野県上田・佐久 *つちみだ 長野県 *つちめざ 長野県上田 *つぼ 東京都利島 *でぃーやー 沖縄県与那国島 *でど 東京都大島 *どぅじ 鹿児島県喜界島

*どーじ 岐阜県飛驒　静岡県周智郡・磐田郡　熊本県球磨郡　宮崎県西臼杵郡 *どーり 秋田県仙北郡　新潟県東蒲原郡　長野県北安曇郡・上伊那郡　愛知県北設楽郡 *とぐち 東京都新島 *とざ 香川県三豊郡 *とじ 群馬県利根郡 *どじ 宮城県登米郡　千葉県安房郡　山梨県　岐阜県郡上郡・飛驒　静岡県磐田郡　岡山県川上郡　熊本県上益城郡・球磨郡　宮崎県西臼杵郡 *どじま 岡山県川上郡 *どち 岐阜県吉城郡 *どつにわ 宮崎県都城 *どにわ 岡山県川上郡　徳島県三好郡　大分県大分郡 *どべた 岐阜県土岐郡 *ともず 青森県南部 *とり 青森県上北郡　秋田県山本郡・平鹿郡　山形県最上郡・西置賜郡 *とりば 山形県西置賜郡 *なかえ 島根県石見　広島県高田郡

長崎県西彼杵郡 *ひのら 香川県 *ひらき(玄関の土間) 新潟県佐渡 *へな 香川県三豊郡 *ほいとかくし(玄関わきの一間四方の土間) 新潟県佐渡

*みざ 新潟県佐渡 *みじゃ 東京都八丈島　新潟県佐渡 *もと 島根県石見「もとを掃く」 *やかげ 三重県名張市・名賀郡

家の入り口の□ *こまや 山形県東村山郡 *でど 秋田県鹿角郡 *でんじ 新潟県西蒲原郡 *どーじ・ろーじ 福井県大野郡 *とぼー 福島県南会津郡 *とんぼ 福島県会津・耶麻郡　新潟県東蒲原郡 *ろじ 山梨県南巨摩郡　長野県北安曇郡　静岡県安倍郡　愛知県北設楽郡

家の□ *つきにわ 岡山県川上郡 *つきや 長野県東筑摩郡

屋内の□ *おにや 岩手県気仙郡 *だいどこ 群馬県勢多郡・山田郡　埼玉県秩父郡　千葉県夷隅郡　神奈川県津久井郡　新潟県中頸城郡　山梨県西山梨郡・南巨摩郡　長野県 *だいどころ 福島県会津　栃木県安蘇郡　群馬県勢多郡　埼玉県　東京都西多摩郡　新潟県中頸城郡　長野県上田・諏訪　熊本県上益城郡 *だいどころにわ 島根県美濃郡・益田市(台所の土間) *にあば 千葉県海上郡 *にや 岩手県九戸郡　山形県西村山郡・北村山郡　静岡県 *にやーば 茨城県稲敷郡　千葉県香取郡 *にやなか・にわなか 三重県志摩郡 *にやば 茨城県・北相馬郡　千葉県山武郡・千葉郡 *にら 青森県津軽 *にわ 青森県南部　岩手県　秋田県北秋田郡　山形県

福島県　新潟県　富山県　石川県　福井県　長野県上伊那郡・下伊那郡　岐阜県　静岡県　愛知県　三重県　京都府　大阪市　兵庫県　奈良県南大和　和歌山県　鳥取県気高郡　島根県

岡山県　広島県　山口県　徳島県　香川県　愛媛県　高知県土佐郡　福岡県　佐賀県唐津市　長崎県西彼杵郡・壱岐島　熊本県　大分県　鹿児島県 *にわい 長崎県西彼杵郡　熊本県飽託郡 *にわのした 岡山県川上郡 *にわば 茨城県　千葉県山武郡 *にわや 長崎県南高来郡　熊本県 *ねわ 富山県射水郡・砺波

表口から裏口に通じる家の中の□ *どーしにわ 青森県三戸郡 *どーりにわ 新潟県佐渡　岐阜県郡上郡　三重県志摩郡　大阪市 *どーりま 京都府竹野郡 *はすにわ 富山県砺波

台所の□ *うしむとぅ 沖縄県国頭郡 *うすむとぅ・うんむとぅ 鹿児島県喜界島 *うすんとぅ 沖縄県中頭郡 *すぃくぶー・すくぶー 沖縄県首里 *なーざ 沖縄県竹富島 *なかざ 沖縄県石垣島・鳩間島・黒島 *なはざ 沖縄県黒島 *なはじ 沖縄県新城島 *なはんざ 沖縄県小浜島 *にわ 岩手県気仙郡　山形県西置賜郡・東置賜郡　福岡県

トマト *あかがき 岡山県一部 *あかなしび 島根県簸川郡 *あかなす 青森県一部　山形県東置賜郡　福島県一部　茨城県　栃木県　群馬県一部　埼玉県一部　千葉県一部　東京都一部　神奈川県一部　新潟県一部　富山県一部　福井県一部　山梨県一部　長野県一部　岐阜県一部　静岡県一部　愛知県　三重県一部　滋賀県　京都府一部　大阪府一部　和歌山県一部　鳥取県一部　島根県一部・隠岐島　岡山県一部　香川県一部　愛媛県一部　福岡県一部　佐賀県一部　長崎県一部　大分県一部　宮崎県一部 *あかなすび 東京都一部　京都府一部　和歌山県日高郡　福岡県築上郡　佐賀県一部　大分県一部 *あめりかなす 山梨県一部　岡山県一部 *あめりかなすび 山口県大島 *からなすび 徳島県一部 *きちがいなす 埼玉県一部　山梨県一部 *せーよーなす 東京都一部　福井県一部　長野県一部　岐阜県一部　岡山県一部　山口県一部　大分県一部　宮崎県一部 *せーよーなすび 佐賀県一部 *せーよなすっ 鹿児島県 *ちょーせんなすび 島根県益田市・邑智郡　佐賀県一部　長崎県一部 *とーがき 岐阜県一部 *とーなす 北海道一部　秋田県一部・鹿角郡　長野県一部　静岡県一部　愛知県一部　鳥取県一部　島根県一部・邇摩郡　広島県一部 *とーなすび 福岡県築上郡 *ばかなす 埼玉県一部 *ぶっきらなす 青森県津軽 *べちょなす 青森県上北郡

とまどう【戸惑】 *じゃまどぅゆん 沖縄県首里 *どーずる 群馬県多野郡 *どまひまくー 富山県砺波 *へちまどう 愛媛県「火事でへちまどう」 *まやめく 北海道　青森県津軽・上北郡　↓まごつく・まどう（惑）

□こと *じゃまどぅい・じゃまどぅいかー 沖縄県首里「じゃまどぅいかーどぅい（大いにうろたえること）」

とまる【止】 *うだむ 岩手県胆沢郡　宮城県 *おだまる 山形県 *おだむ 青森県三戸郡　秋田県鹿角郡「風がおだむ」 山形県東置賜郡・米沢市「腹のいだみあ、おだんだ」 群馬県多野郡　新潟県中頸城郡　山梨県南巨摩郡「酒がさめとーか、座敷のさわぎがおだむ」 長野県「雨がおだんで来た」 鳥取県「歯痛がおだむ」 島根県出雲 *おだる 青森県三戸郡 *すむ 三重県南牟婁郡 *とえる 岩手県上閉伊郡・気仙郡「大風がといでしまった」 *まてーん 沖縄県鳩間島 *ゆしぬん 沖縄県首里

とめる【止】 *たえる 岡山県 *ちじゅん 沖縄県首里

とも【友】 ⇩ともだち（友達）

とも【艫】 船の後端部。船尾。 *そり 長野県諏訪 *とだい 青森県上北郡 *ねじ 長野県諏訪

ともだち【友達】 *あいぼー 栃木県塩谷郡　新潟県　富山県 *あでこ 青森県津軽 *いと 宮城県栗原郡　千葉県夷隅郡 *いとこ 千葉県香取郡　愛媛県　鹿児島県屋久島 *かたいどし 佐賀県 *かたふね 東京都大島　長崎県壱岐島 *つーれー 高知県香美郡「あたしらづーれいはよう歌ふたもんぢや」 *つれ 福井県敦賀郡・大飯郡　長野県上田「つれと約束した」 岐阜県武儀郡　静岡県浜松　滋賀県彦根　大阪府泉北郡　兵庫県明石郡・神戸市　島根県隠岐島「わしらあ、そげしおった（そのようにしていた）つれだにのう（仲間ですがね）」 香川県「つれがおもてへ来とるぞ」 鹿児島県種子島 *つれー 山梨県　長野県佐久 *つれども 新潟県長岡市　石川県輪島市「つれどもどし七人も」 *であい 長崎県対馬 *どぅーし 鹿児島県奄美大島 *どぅし 鹿児島県南西諸島　沖縄県首里・八重山 *どぅしでぃーぬめー・どぅしぬめー 沖縄県八重山 *どぅす 沖縄県石垣島 *どぅつぃ 沖縄県与那国島 *どーし 新潟県佐渡　島根県八束郡・隠岐島　長崎県南高来郡・長崎市 *とぎ 三重県志摩郡　鳥取県西伯郡　島根県「とぎといっしょに外であすべ」 広島県佐伯郡「あにーの、えーとぎでがんしたがの（長男のよい友達でしたがね）」・能美島　山口県大島　徳島県美馬郡　愛媛県　高知県・高知市 *どし 東京都大島（同年配の友達）　新潟県佐渡　静岡県榛原郡「どしのそねみが一番こわい」・磐田郡　島根県（若者宿の仲間）「この子はどしが居らんで困る」 福岡県筑前・遠賀郡　佐賀県　長崎県　熊本県天草郡　大分県　宮崎県西諸県郡　鹿児島県「一のどし（無二の親友）」 沖縄県 *どち 島根県簸川郡 *とんぎ 三重県度会郡 *ほーばうん 和歌山県西牟婁郡「私達はほうばうんですわね」 *ろし 新潟県佐渡「ろしがみんないっしょにおろって（踊って）」 ↓なかま（仲間）・ゆうじん（友人）

子供の時からの□ *こどもともだち 広島県芦品郡 *つけひぼのともだち（「帯祝いの前からの友」の意） 山形県東田川郡 *ひぼつきのともだち（「帯祝いの前からの友」の意） 山形県東置賜郡

仲のよい□ *おとくい 徳島県 *かたかたどーし（肩を組んで遊ぶ仲のよい友達）香川県高松市 *とくい 山口県玖珂郡「あの二人はとくいぢゃ」 徳島県 大分県速見郡「AとBとはとくいじゃ」 *もらい・もりやこ 岩手県上閉伊郡

どもる【吃】 *いごる 山形県東田川郡・西田川郡 *おじくる 福島県 新潟県東蒲原郡 *およくる 長野県下伊那郡 静岡県周智郡 愛知県北設楽郡 *くばるん 沖縄県石垣島 *ここまく 山形県酒田市・飽海郡 *ここまる 山形県東田川郡 *ここめる 山形県西田川郡 *こっこめぐ 秋田県由利郡 *ごねる 宮城県北部 *ごる 山形県東田川郡・西田川郡 *ずもくい 鹿児島県種子島 *ぜぜくる 京都府竹野郡 *ぜぜる 京都府竹野郡「あの方は少しぜぜりなさるようだ」 兵庫県加古郡 *つまずく 山形県北村山郡 *つまる 大分市 *どどくる 島根県 山口県大島 *どどる 島根県隠岐島 *どどをくる 島根県 岡山県 広島県佐伯郡・高田郡 山口県 *どのをくる 広島県安佐郡 *どまずく 宮城県栗原郡 山形県 *どもくる 神奈川県高座郡 静岡県志太郡・榛原郡 広島県走島 山口県大島 *どもりかぶる 熊本県 *どんもくる 千葉県夷隅郡 *ふかげる 青森県津軽 *ふつぃくばる ん（「くちこわばる」の意）沖縄県石垣島 *ほでくる 山口県 *ほでをくる 山口県笠戸島・浮島 *まななく 新潟県 *ままだく 山形県 福島県会津 *ままつく 岩手県気仙郡 宮城県栗原郡・仙台市 山形県最上郡・南村山郡 長野県松本 *ままなく 宮城県仙台市「いっつもままないて何語ってんだかよっくわかりいん」 秋田県平鹿郡・雄勝郡「あの人はままなく人だ」 山形県米沢市 新潟県 *ままぬく 山形県 *ままぬける 山形県北村山郡 *ままやく 長野県 *ままやる 長野県佐久 *ままらく 山形県飽海郡・南村山郡 *ままをやく 長野県諏訪 *もじくる 山形県 新潟県東蒲原郡「もじくていないで落ちつけ」 *もぞくる 静岡県安倍郡 *もどくる 静岡県 *もんじくる・もんちくる 山形県 *もんじくれる 山形県西置賜郡・米沢市 *もんじゅくる 山形県南置賜郡 *もんずくる 山形県東置賜郡 *よどむ 東京都大島

□こと *いーざに 鹿児島県与論島・沖永良部島 *いがー 鹿児島県奄美大島・加計呂麻島 *いがーなー・いがぬむぬ 沖縄県国頭郡 *いがに 鹿児島県徳之島 *いだにー（「言い得ぬ者」の意）沖縄県与那国島 *えごり 新潟県東蒲原郡 *がぜくり 福島県信夫郡 *ここ 青森県津軽 *ごこ 秋田県鹿角郡 山形県庄内 *こっこ 青森県津軽・南部 秋田県平鹿郡・河辺郡 千葉県山武郡 東京都江戸川区 *こっご 青森県三戸郡 *ごっこ 北海道 青森県 岩手県 宮城県亘理郡 秋田県鹿角郡 山形県西田川郡 福島県北部 *ごっこふり 山形県西田川郡 *じもいごろ 鹿児島県揖宿郡 *どまずき 山形県東田川郡 *ののかたり 秋田県平鹿郡 *ふちくばさ 沖縄県竹富島 *ふつぃくばさ 沖縄県石垣島 *ぽっぽ 福島県相馬 *んがに 沖縄県黒島 *んじゃなー・んじゃに 沖縄県首里

どよう【土用】 夏の□の丑の日 *どよーさぶろー 長野県諏訪 *やくしび 島根県益田市

とらえる【捕】 *いわす 奈良県 徳島県「鮎をいわした」 *かつぁみるん・かつぁみん 沖縄県石垣島 *かつぃみゆん 沖縄県首里 *しっとかます 富山県高岡市 *しまえる・しまぐ 山形県西置賜郡 *しまく 秋田県平鹿郡・雄勝郡 *しめる 秋田県「鳥をしめぁる」 山形県「とんぼしめる」 静岡県 *すっとかます・すっとこます 富山県 *せしめる 山形県村山 福島県中部 *せめる 山形県 *たまえる 兵庫県淡路島「昨日の盗人もたまえられた」 徳島県 *ちょこまえる 徳島県 *とます 三重県三重郡 →つかまえる（捕）

とり【鳥】 *されー 福島県南会津郡 *とりつばさ 高知県長岡郡 *とりつばた 新潟県佐渡「とりつばたより悪い、恩知らずめ」 *とりつぽさ 東京都八丈島 *ぴーぴー（幼児語）愛媛県周桑郡 *ぽー（幼児語）香川県高松 *ほーほ（幼児語）兵庫県佐用郡 岡山市 広島県比婆郡 *ほーほー（幼児語）島根県石見・美濃郡・益田市 山口県阿武郡 *ぽっぽ（幼児語）三重県伊賀 長崎市 大分県南海部郡 *ぽっぽー（幼児語）福岡市 大分県北海部郡 *ぽと 宮崎県西臼杵郡

とりいれ【取入】 ⇩しゅうかく（収穫）

とりかえる【取替】 *くむ 秋田県平鹿郡「この木とその鎌とくめ」 新潟県南蒲原郡「馬をくむ」 山梨県「木炭を持って町い行き、衣類とくんで来た」 長野県 愛知県北設楽郡 *しかえる 北海道函館 青森県津軽 秋田市 山形県 *しける 秋田県山本郡「太郎と次郎の席をしける」 山形県 *すっかえる 山形県 *どっくりかえる 新潟県佐渡 *ばっかえる 秋田県平鹿郡「この小刀と鉛筆十本とばっけぁる」 →こうかん（交換）

とりかご【鳥籠】 *くー 沖縄県首里 *さしこ 茨城県・稲敷郡 栃木県 埼玉県北足立郡 千葉県君津郡・東葛飾郡 東京都八王子 神奈川県津久井郡 岐阜県恵那郡 *さしご・さしごち 千葉県・千葉郡 *さしっこ 栃木県上都賀郡・安蘇郡（山から鳥を持ち帰る時のもの） 埼玉県北足立郡・入間郡 千葉県東葛飾郡 *すずめかご 富山県・砺波 *たる 茨城県真壁郡・稲敷郡 *ちむてぃる 沖縄県与那国島 *ぴゅーむでぃる 沖縄県竹富島 *めご 徳島県美馬郡 香川県

とりちらかす【取散】 *あさげーらしゅん（ひっかき回して取り散らかす）沖縄県首里 *あらける 静岡県榛原郡「机の上をあらけるな」 *がっちゃかす（ものを探すために取り散らかす）新

潟県東蒲原郡「その辺をがっちゃかしてはいけない」 ＊さがす 香川県三豊郡・小豆島　愛媛県周桑郡・喜多郡「紙屑をさがしておいたので叱られた」 高知県幡多郡 ＊さざく 広島県比婆郡「さざきちらす」 ＊さばかる 岐阜県飛驒 ＊さばく 広島県安芸郡・比婆郡 ＊さぼす 島根県石見 ＊ざみかやす 広島県高田郡 ＊ぞらす 奈良県宇陀郡「ぞらした玩具片附けよ」 高知県幡多郡 ＊とりさがす 徳島県　香川県塩飽諸島「とりさがしとる」 高知県土佐郡 ＊はだけずる・はだける・はだてる 岐阜県郡上郡「えろーはだけずってしょーちせんぞ」 ＊はばける 新潟県東蒲原郡　岐阜県飛驒 ＊ひらげる 岐阜県郡上郡「こー　ひらげとらずに　ちーと　かたずけたらどーじゃ」 静岡県川根 ＊ふらだげる・ふるだげる 青森県「おやおや、古着屋のように、ものふるだげで、何しているのさ」 ＊ほちらかす 島根県 ＊ぽっちゃくる・ぽっちゃらがす 青森県三戸郡 ＊ほっちらかす 山形県　三重県北牟婁郡「本をほっちらかしたらあかん(不整頓にしてはだめだ)」 滋賀県彦根　広島県高田郡　山口県　長崎県長崎市・西彼杵郡　熊本県玉名郡・下益城郡 ＊ほっちらす 熊本県玉名郡 ＊やげらす(汚らしく取り散らかす) 愛媛県・大三島 ＊わやく 岐阜県飛驒
→ちらかす(散)

□たさまだ ＊とどらがない 香川県木田郡 ＊とどらさっけない 宮城県石巻「とどらさっけねぁので、どっから片付けてえーか、わがんねあ」 ＊とどらない 岩手県気仙郡　宮城県石巻「今日はすすはきで、とどらござりえん」・仙台市「あやにく、まづ、とどらなく致して居りして、おしょし(お恥ずかしゅう)ござりす」 ＊とどろがない 岩手県胆沢郡　宮城県遠田郡・仙台市 ＊とどろない 岩手県江刺郡　宮城県

□ている ＊さきらがない 島根県飯石郡・大原郡「散らしてさきらがない」 ＊さんだがない 鳥取県西伯郡　島根県能義郡・安来市「座敷の中はさんだがない」 ＊さんだくたがない 鳥取県西伯郡「家の中はさんだくたがない」 ＊しゃきらがない 島根県「納屋の中はしゃきらがない」 ＊しゃきらもない 新潟県刈羽郡　島根県 ＊もんざない 秋田県仙北郡「もんざねぁ、少し片付けれ」 ＊もんじゃない 秋田県「もんじゃねぁ家に案内して面目ない」

□ているさま ＊さんこ 京都府　兵庫県加古郡「紙をさんこにする」・美嚢郡 ＊しちゃらばちゃら 岐阜県飛驒「しちゃらばちゃらで植えたる田でも、秋は穂が出てあぜまくら(田植え歌)」 ＊しちょらっぱい・しちらっぱ・しちらっぱい・しっちょらっぱい 島根県出雲 ＊だだんごだー 山口県柳井市 ＊だりこっぱい 新潟県 ＊だんずか 香川県伊吹島 ＊らっぴらんごく 静岡県 ＊ららくらっぽー 新潟県岩船郡 ＊らり 山形県「部屋がらりになっている」 神奈川県愛甲郡「らりにする(乱雑にする)」 ＊らりくた 高知県須崎市 ＊らりこっぱい 新潟県南魚沼郡 ＊らりごっぱい 新潟県中越 ＊らりほーだい 山形県東置賜郡 ＊られんぼ 京都府与謝郡 ＊らん 兵庫県加古郡「そこららんにすな」 ＊らんごく 長野県下伊那郡「らんごくにしとく」・上伊那郡　静岡県「らんごくな家で汚い」 愛知県「至ってらんごくですがまあどうぞ」 和歌山県和歌山市・海草郡　愛媛県 ＊らんちく 岩手県東磐井郡 ＊らんちくらんがい 岩手県気仙郡 ＊らんどく 静岡県安倍郡

とりとめ【取留】

＊つか 長野県佐久「つかもない」 ＊つがり 島根県石見「何ぼう聞いてもつがりもなーことばかりじゃ」 岡山県 ＊つがれ 広島県佐伯郡・高田郡

□がない ＊あやかしー 高知県「あやかしいことを言う奴じゃよ」 ＊あやもない 岡山県・苫田郡「あやもないえ日じゃ(思いがけないよい天気だ)」 ＊しゃつかもない 兵庫県佐用郡　鳥取県東部「しゃつかもない事を言ひなさんな」 ＊しょどもない 和歌山県日高郡 ＊だつまない 新潟県西頸城郡 ＊たんどもない 岐阜県吉城郡 ＊とったもだらない 青森県三戸郡 ＊とどりあない 岩手県九戸郡「面白くて面白くてとどりあない」・気仙郡「勝手な意見ばかり出していたんではとどりあねあから、おれに任せろ」 秋田県鹿角郡「とどりあない話」 ＊どどろない 山形県東村山郡　岐阜県「とどろない話」 ＊とめしめがあわん 島根県隠岐島「とめしめがあわん事ばかりしちょる」 ＊とめちじがあわん 島根県能義郡 ＊とめちじめがつかん 島根県出雲市 ＊とめつめがあわない 山形県米沢市「とめつめの、あわなえごとゆう」 ＊とめはがつかん・とめはめつかん 島根県隠岐島 ＊ふーずがない 大分県玖珠郡 ＊ほーずがない 岡山県上房郡・吉備郡 ＊ほじない 青森県三戸郡 ＊ほずあない 青森県南部　秋田県仙北郡 ＊ほつあない 青森県南部 ＊ほんじあない・ほんつけあない 青森県津軽「ほんつけあない人だよ。本心はどのへんなのか」 ＊やちくちない 青森県津軽

□のないこと ＊がーぐれん 新潟県佐渡「よいか悪いか、どっちのことだ、があぐれんだ」 ＊ごじゃ 兵庫県佐用郡「ごじゃばっかりゆーてじゃ」・加古郡　岡山県苫田郡　香川県 ＊ごじゃごじゃ 岡山県上房郡・吉備郡 ＊ごじゃっぺ 栃木県河内郡 ＊ごじゃはげ 香川県 ＊てれぷらん 愛媛県大三島 ＊てれんばれん・てれんぽれん 山口県阿武郡 ＊てれんぱれん 山口県阿武郡　長崎県五島 ＊ふーりゃー 長崎県北松浦郡「ふーりゃーにいふてはつまらん」 ＊ぽじゃ 岡山県吉備郡

□のないさま ＊うーばんがい 熊本県菊池郡「うばんぎゃあなあごつば云ふな」・阿蘇郡 ＊きつねをうまにのせたよー(話に取り留めのない形容) 島根県邑智郡 ＊きつねをまんのせたや(話に取り留めのない形容) 島根県出雲 ＊しらくら 長野県上伊那郡 ＊ちゃちゃらぽちゃら・ちゃら

島根県隠岐島

とりのける【取除】 *かっぱじく 栃木県 群馬県桐生市「(ものを選定する場合)それはかっぱじけ」・佐波郡 *ほーくる 愛媛県 *ほっちゃる 富山県
→とりのぞく（取除）・のける（退）・のぞく（除）

とりのぞく【取除】 *じょーせる 栃木県中部 *はっつまぬぐ(強めて言う語)岩手県気仙郡
→とりのける（取除）・のける（退）・のぞく（除）

どりょく【努力】 *よいしょ(特に金銭の出費について言う)香川県綾歌郡「ちっとでもりこうげにしょうとおもたら、よいしょがいるわ(努力が必要だ)」

―する *あずる 新潟県佐渡 岡山県苫田郡「あっちやこっちあずってみたが一文も金をようこしらえなんだ」 *いきずむ 香川県 *うみはまゆん 沖縄県首里 *せーごーかく 京都府竹野郡「せっかくせーごーきゃーて大きにしたダリヤがきのうの風でやられちまった」 *せーばたきる 岩手県気仙郡 *せばたきる・せんばたきる 岩手県上閉伊郡

とる【取】 *いたしめる 富山市近在「菓子えたしめたなこの奴め」 和歌山市 *いわす 兵庫県淡路島 和歌山県 岡山県児島郡 *おっとい 鹿児島県 *おっとつ 佐賀県藤津郡 *おっとる 福岡市 佐賀県 長崎県 熊本県 宮崎県東諸県郡 鹿児島県 *たくる 福島県東白川郡 茨城県稲敷郡 福井県 岐阜県飛驒 愛知県西春日井郡 島根県石見「手に持っとる風呂敷包をたくり取った」 岡山県苫田郡 徳島県(卑語)「たくりこむ」 *ちゃくる 香川県香川郡・高松市 *のすける 島根県邑智郡 *ひく 群馬県勢多郡「わざと(ほんの)お印でござんすがどーぞおひきなすってくんなんしょ」 *まくずりとる 富山県 *やらかす 岡山県児島郡

―ておく *たいばう 兵庫県加古郡 *たいぼう 兵庫県佐用郡 *たいぼーとく 兵庫県赤穂郡 *たいぼとく 兵庫県神戸市 *たばう 新潟県「これをばたばっておけ」 岐阜県 愛知県「おばさまにもらった色紙だで、大事にたばっとこ」 滋賀県彦根 京都府竹野郡「このお菓子は遠足の日までたばっておこう」 兵庫県但馬 沖縄県首里「おいしい菓子は子供達がたばーさん(取っておかない)」 *たばえる 新潟県長岡市・中頸城郡「少しは金をたばえておけ」 福井県大飯郡 *たばとく 新潟県佐渡「それたばといておけっちゃ」・西頸城郡「大事にたばとく」 *たばる 岐阜県飛驒 愛知県知多郡 *たぶー 佐賀県 *たぶゆん 沖縄県首里 *たぼう 新潟県「おれんとこ大根たぼうてあるっちゃ」 富山県砺波「ろくでもないもんをいつまでもたぼーとる」 石川県 福井県大飯郡 静岡県 滋賀県蒲生郡 京都府 愛媛県南宇和郡 長崎県諫早・対馬 熊本県 *たぼとく 石川県鳳至郡 福井県大飯郡 三重県志摩郡 *たぼる 三重県志摩郡「いつまでもたぼっとるよって食べられせんよになる」 *たまう 岡山県邑久郡・小田郡 愛媛県・松山「お金はすぐ使わずとたまうものじゃ」 *たもう 岡山県苫田郡「ようたもうとりんさるなぁ」 広島県三次市 愛媛県・大三島「うまい食物などたもーとく」 *とぅいまーしゅん・ふぃちなしゅん 沖縄県首里「うっさむる つぃかーんぐとぅ(それだけ全部使わないように)、たーつぃ みつぇー ふぃちなちうけー(二つ三つは取って置け)」

―に足りない *あいてくさい 北海道 青森県 岩手県気仙郡 宮城県栗原郡 秋田県鹿角郡 *あでくさい 青森県津軽「なだきゃ、あでくさぇでぁ(お前なんか、張り合いがないよ)」 *あでくせ・えでくせ 青森県上北郡「あんな弱虫あでくせ」 *あぼっねー 長野県下水内郡 *かぎーかからん 長崎県対馬・壱岐島「かぎーかからん事ば言うな」 *さいどーもない・しゃいどーもない 千葉県香取郡 *さいどもない 岡山県児島郡 *しゃいでんなか 佐賀県「このくらいのことはしゃいでんなか」 *しゃいともない・しゃくだいもない・しょっともない 茨城県稲敷郡 *しゃいねー 群馬県群馬郡 *しゃいもない 茨城県稲敷郡 群馬県吾妻郡 千葉県香取郡 京都府北部 *しゃいやねー・しゃやねー 群馬県勢多郡 *しゃいやむね 群馬県吾妻郡 *しょーもつずもない 徳島県 *とっぺもない・とっぺやない 新潟県西頸城郡 *へちゃくちゃもない 新潟県岩船郡・西蒲原郡「へちゃくちゃもなえ事言うな」 *もちょこちゃい 青森県津軽
→くだらない

―に足りないこと *ひでーなし 栃木県那須郡「そんなひでぇなしいふな」・芳賀郡 *へたぐれ(卑語)秋田県仙北郡 *へたくれんこつ(卑語)熊本県下益城郡 *へったくれ(卑語)茨城県新治郡・稲敷郡 山梨県南巨摩郡 長野県諏訪 愛知県名古屋市 *へっちゃくれ(卑語)島根県美濃郡・益田市・隠岐島「へっちゃくれを言うのが面倒臭ぁ」

―に足りない者 *こさいろく(卑語)徳島県 *ざっぱいもん 兵庫県神戸市 *ざっぱもの 北海道 新潟県佐渡 *じゃこねんぱ 島根県大原郡 *ばらもん 新潟県佐渡「ばらもんども何をする」 *ほつ 長崎県壱岐島「ほつのごつ言われた」

とる【捕】 *つる 岐阜県恵那郡

川で魚を―こと *かーがり 埼玉県秩父郡 *かわがり 島根県益田市・隠岐島 *かわせせり 香川県三豊郡

川の中の穴にいる魚を手づかみで―こと *うろずかみ 新潟県佐渡 長野県上伊那郡 *やにぎり 岡山県小田郡

川の水をせき止めて魚を―こと *かーぼし 千葉県印旛郡 長野県佐久 *かわぼーし 長野県

佐久 *かわぼし 山梨県南巨摩郡 岐阜県飛騨・郡上郡 *じゃこかえ 兵庫県加古郡 *ほしかー 山形県東置賜郡 *ほしば 山梨県北都留郡 *ほしばた 山形県東田川郡

水に潜って魚を□こと *すいちゅー 奈良県吉野郡 *すいり 長崎県壱岐島

夜、かがり火などの火をたいてその光に集まってくる魚を□こと *やじ 新潟県佐渡 *よーぼり 岡山市 *よさざえ 島根県大田市 *よさで 島根県 *よたき 山口県豊浦郡 *よだき 島根県益田市 山口県 香川県伊吹島 愛媛県温泉郡 高知県長岡郡 鹿児島県肝属郡 *よびり 群馬県勢多郡 *よふり 奈良県南大和 *よぶり 静岡県志太郡 奈良県 島根県飯石郡 岡山県・苫田郡 山口県 長崎県対馬 熊本県芦北郡・八代郡 *よぼー 鳥取県西伯郡 *よぼり 茨城県多賀郡 栃木県 鳥取県西伯郡 島根県出雲 岡山県 広島県高田郡 山口県豊浦郡 福岡市

どれ【何】 *ざー 沖縄県波照間島 *じり・じん 沖縄県石垣島「じんぬぴとぅ（どの人）」 *じる 沖縄県首里 *ずり 沖縄県小浜島 *ぬー 沖縄県首里「ぬーぬ あが（何があるか）」・鳩間島 *のー 沖縄県石垣島「のーんあんわー（何もありません）」 *んじ 沖縄県黒島 *んじゅる 沖縄県新城島 *んでぃ 沖縄県与那国島

□か *どちかかちか 秋田県鹿角郡 *どっちかかっちか 岩手県気仙郡「どっちがかっちが、それやるべ」

□も *どれっちゃー（「どれと言って」の転か） 高知県「どれっちゃー合格せざった」

どろ【泥】 *あい 兵庫県淡路島 *がた 長崎県南高来郡 *こだ 石川県鳳至郡 *ごた 岩手県上閉伊郡・気仙郡 宮城県登米郡 山形県「ごだ足」「ごだぶっつけっくら（泥投げ合戦）」 新潟県 石川県鳳至郡・鹿島郡 *ごだかい 岩手県 *ごだっけあ 岩手県上閉伊郡・気仙郡 *だべ 岡山県川上郡・浅口郡 広島県 香川県 *だべつ 広島県双三郡 *だら 香川県小豆島 愛媛県 *たりどぅる 沖縄県与那国島 *たる 愛媛県（水底などの泥）・松山「溝にたるがたまった」 *どじょ 長野県東筑摩郡 *とぶ 長崎県佐世保市 *どぶ 東京都青ケ島「どぶだらけ」・八丈島 鹿児島県種子島 *どべ 宮城県登米郡 秋田県山本郡・仙北郡 群馬県山田郡 新潟県佐渡 富山県・氷見市・高岡市 石川県鹿島郡・羽咋郡 兵庫県加古郡 鳥取県西伯郡 島根県 岡山県 広島県 山口県阿武郡・豊浦郡「衣がどべだらけ」・大島 高知県 福岡県粕屋郡 *どべくそ 高知県 *どべっこー 島根県鹿足郡 *どべっち 島根県那賀郡 *どべつち 新潟県佐渡 島根県那賀郡 *どぼー（泥沼） 島根県益田市 *どま 香川県小豆島・豊島 *どみ 香川県大川郡 *どろべた 広島県 *どろべと 岐阜県飛騨 *どろみ 奈良県南大和 和歌山市 *どろみそ 奈良県南大和 *ぬま 東京都八丈島「ぬまがついた」 *のあ 静岡県大井川上流 *のま 東京都八丈島 静岡県川根・小笠郡「のまを飲んでる魚はのまくさい」 *のろ 秋田県平鹿郡 福島県浜通 埼玉県北葛飾郡 福岡県久留米市・朝倉郡 佐賀県 大分県西国東郡 鹿児島県・肝属郡 *ぶった 鹿児島県川辺郡 *ぶったら 鹿児島県与論島 *べた 宮城県登米郡 山梨県南巨摩郡 長野県西筑摩郡 島根県 岡山県児島郡 徳島県 香川県 愛媛県宇摩郡 高知県土佐郡 福岡市 宮崎県西臼杵郡 *べたけあ 岩手県九戸郡 *べと 新潟県 石川県江沼郡 福井県 長野県 岐阜県山県郡 静岡県・浜松市付近・磐田郡 愛知県 三重県 奈良県吉野郡 鳥取市 愛媛県 *へどろ 神奈川県津久井郡 愛知県名古屋市（海底から出る汚泥） 奈良県宇陀郡 *べろ 新潟県西頸城郡 長野県 岐阜県恵那郡 静岡県 愛知県北設楽郡 三重県志摩郡・南牟婁郡 *むたー 鹿児島県加計呂麻島 ↓でいど（泥土）・ぬかるみ（泥濘）

すそに跳ね上がった□ *しこっぱね 群馬県勢多郡 *しっぱにー 鹿児島県喜界島 *しっぱね 北海道 青森県津軽 岩手県上閉伊郡・気仙郡 宮城県栗原郡・仙台市 山形県 福島県 栃木県塩谷郡 群馬県桐生市・館林 埼玉県秩父郡 東京都三宅島・御蔵島 新潟県 山梨県南巨摩郡 岐阜県飛騨 静岡県 *しっぱり 山形県最上郡 *しっはれ 岐阜県飛騨 *しっぱれ・しぱれ 岩手県気仙郡 *しぱね 青森県 宮城県栗原郡 秋田県鹿角郡 *しょっぱね 東京都三宅島 新潟県中頸城郡 *しりうち 広島県安芸郡 山口県玖珂郡・大島 徳島県 香川県「下駄はいたらしりうちがするで」 愛媛県 高知市「草履ばきで俄雨に逢うたきにしりうちを一杯あげた」 *しりはね・しりぶて・しりぼち 愛媛県 *しりばね 京都府竹野郡 *しるうち 香川県 愛媛県今治市 高知県・高知市 *しるち 香川県 高知県 *しろうち 愛媛県今治市 *すっぱね 青森県 岩手県紫波郡 宮城県仙台市 山形県 *すぱね 青森県三戸郡 山形県北村山郡 *ちゃぶちー 長崎県彼杵

□遊び *でろどーずき 静岡県田方郡 *でろわすら 栃木県芳賀郡 *どろたなき 広島県芦品郡 *べとわるさ 新潟県長岡市「そんげにきったないべとわるさなんかしんだない（するんじゃない）」 *ままげ 鹿児島県肝属郡 *んちゃむたーん 沖縄県首里

どろぼう【泥棒】 *いけどろぼー 茨城県 *いけぬすとー 茨城県稲敷郡・北相馬郡 *うどぬひと（盗人をののしって言う語） 愛媛県大三島 *かぎ 山口県豊浦郡 香川県綾歌郡 *かぎや 千葉県東葛飾郡 香川県 *かっさらい（小盗人。こそどろ） 岩手県気仙郡 宮城県登米郡・玉造郡 埼玉県川越・入間郡 *がりま（盗む人） 岩手県気仙郡 *がりんこ 岩手県気仙郡 宮城県仙台市（児童語）「がりんこする（かすめ取る、ちょろまかす）」

＊ぐまぬすどぅ(小どろぼう) 沖縄県首里 ＊こざこざ(小どろぼう) 千葉県長生郡 ＊ごっとんや 香川県三豊郡 ＊ごんぞ 兵庫県神戸市　鳥取県西伯郡　島根県出雲　熊本県玉名郡 ＊ごんぞー 鳥取県西伯郡　島根県　熊本県玉名郡 ＊ごんた 兵庫県　鳥取県西伯郡　島根県　広島県高田郡　香川県 ＊ごんたくた 滋賀県彦根 ＊じぶと 青森県津軽 ＊しりさがし 京都府竹野郡　兵庫県但馬 ＊すっと 大分県東国東郡・速見郡 ＊すっど 大分県宇佐郡 ＊すっぱ 畿内 ＊ちくしょー 鳥取県西伯郡 ＊ちょっくらもち(小どろぼう) 群馬県桐生　神奈川県津久井郡　山梨県　長野県諏訪 ＊どーずり 新潟県中頸城郡　香川県 ＊とぼ 石川県河北郡 ＊ぬしとぅり・ぬしとぅりがんとぅり 沖縄県石垣島 ＊ぬすとこき 石川県 ＊ぬすとごろ 宮崎県西諸県郡　鹿児島県肝属郡 ＊ぬすとわろ 熊本県阿蘇郡　大分県　宮崎県宮崎郡・西諸県郡 ＊ぬすびとり 和歌山県那賀郡 ＊ぬすんこき 新潟県佐渡 ＊のしとこき 石川県河北郡 ＊のす 長野県佐久 ＊のすとがんど(児童語) 富山市近在 ＊のすとこき 石川県珠洲郡 ＊ひるてん(昼間のどろぼう) 茨城県北相馬郡　栃木県　群馬県伊勢崎市　千葉県東葛飾郡 ＊ひるとび(昼間のどろぼう) 岡山市　香川県仲多度郡・三豊郡 ＊ひるとんび(昼間のどろぼう) 群馬県伊勢崎市　岐阜県稲葉郡　愛知県東春日井郡・愛知郡　三重県員弁郡　京都府宇治郡　岡山市　香川県仲多度郡・三豊郡　福岡市 ＊ひるとんぼ(昼間のどろぼう) 奈良県南大和 ＊ふぃじゃいでぃーながー 沖縄県首里 ＊まがりがね(曲がり矩(＝かね尺)の形のように人さし指を曲げて表現するところから。小どろぼう) 宮城県仙台市

とんかち ⇩かなづち(金槌)

どんぐり【団栗】 ＊あてがし 熊本県宇土郡 ＊いずこぼんぼ・いずみぼんぼ・いずめぼんぼ・えじこぼんぼ・ねずみぼんぼ 山形県飽海郡 ＊いっちーかっちー 静岡県磐田郡 ＊いっちかっち 静岡県小笠郡 ＊いっちんかっちん 福岡県築上郡 ＊おたぐり 大分県速見郡 ＊かし 山口県阿武郡 ＊かしのみ 山口県美祢郡・阿武郡　徳島県 ＊かしのわっぱ 山形県東田川郡・酒田市(ミズナラの実) ＊かしのわんこ 山形県西田川郡・鶴岡市 ＊かしらっぱ 山形県東田川郡 ＊かしわっぱ 山形県東田川郡・西田川郡(ミズナラの実) ＊かたーし 山口県美祢郡 ＊かたぎのみ 大分県大分郡 ＊かっつけだま(「打ち付ける玉」の意) 和歌山県日高郡 ＊かんのばい 三重県志摩郡 ＊かんぼち・こんぼち 静岡県田方郡 ＊きんごろ・きんごろー 山口県熊毛郡 ＊きんだんぼー・じんだぼー 長野県長野市・上水内郡 ＊ぎんな 長野県 ＊くぬぎだま 栃木県栃木市・塩谷郡 ＊こなら 千葉県長生郡 ＊このみ 山形県西置賜郡・東田川郡　山口県玖珂郡 ＊ごろさ 長野県 ＊ごろさま 長野県北部 ＊ごろさん 長野県長野市・上水内郡 ＊しー 鹿児島県揖宿郡 ＊しーだめ 静岡県小笠郡 ＊しーだんぼ・しーなんぼ・しーらんぽ・じんだぽ・しんだんぽ・ひーなんぼ 長野県佐久 ＊じーだんぼ 東京都南多摩郡 ＊しーらんぼ・しだんぼ・しなんぼ 長野県上田・佐久 ＊しーらんぼー・しらんぼー・すだんぼ 長野県上田 ＊じざい 京都府舞鶴市 ＊じだい 京都府 ＊じざいぼ 京都府宮津市 ＊じだぐり 山形県東置賜郡　福島県中部 ＊しだに 群馬県多野郡 ＊しだび 山形県東田川郡 ＊しだみ 青森県上北郡・三戸郡「しだみもち(どんぐりを煮て干し、粉に混ぜた餅(もち))」　山形県　新潟県　長野県諏訪 ＊じだらんぼ 千葉県印旛郡・東葛飾郡 ＊じだんぐり 長野県 ＊じだんぼ 栃木県　群馬県山田郡・館林　埼玉県大里郡　千葉県東葛飾郡 ＊じだんぼー 群馬県多野郡 ＊しゅーしゅー 山口県厚狭郡 ＊しょーぐり 山口県屋代島・浮島 ＊しょしょぐり 山形県北村山郡 ＊しょんぐり 山口県大島 ＊しらんぼ・しんだんぼ 長野県南佐久郡 ＊じらんぼー 群馬県勢多郡 ＊じんだ 福島県北部 ＊しんだみ 長野県諏訪 ＊じんだんぐり 山形県　群馬県多野郡 ＊しんたんぺ 山形県東田川郡 ＊じんたんぼ 埼玉県入間郡　千葉県東葛飾郡 ＊じんだんぼ 栃木県　千葉県印旛郡 ＊じんたんぼー 埼玉県入間郡 ＊じんだんぼー 群馬県・多野郡　埼玉県秩父郡　千葉県東葛飾郡　東京都・八王子 ＊ずーぐい 佐賀県佐賀郡 ＊すだぐり 新潟県 ＊すだみ 岩手県紫波郡・和賀郡　山形県 ＊すだみころ 山形県北村山郡 ＊すだめ 三重県阿山郡 ＊ずでんぽ・ずんだんご 山形県東村山郡 ＊すなび 山形県最上郡 ＊すなべ 山形県飽海郡 ＊すなみご 山形県北村山郡 ＊ずぶた 熊本県阿蘇郡 ＊ずんぐい 佐賀県杵島郡　熊本県天草郡 ＊ずんぐいじー 佐賀県藤津郡 ＊すんぐり 山梨県　静岡県田方郡　熊本県天草郡 ＊ずんだぐり・ずんだんぐり・ずんだんぽ 山形県 ＊ずんだべー 山形県飽海郡 ＊ずんだみ 山形県西田川郡 ＊そなめ 香川県小豆島 ＊ちちっぽ 香川県・小豆島 ＊つぶたま・つぶだま 徳島県板野郡 ＊つんぐり 広島県大崎上島 ＊でんぐりみ 静岡県榛原郡・小笠郡 ＊でんぐるみ・でんごろみ 静岡県小笠郡 ＊てんや 滋賀県蒲生郡 ＊どーぐい 熊本県球磨郡・芦北郡 ＊どーぐりまて・どんぐりまて 鹿児島県種子島 ＊とち 兵庫県淡路島　徳島県(クヌギの実) ＊とちっぽ 徳島県美馬郡・三好郡 ＊とちのみ 山形県西村山郡　徳島県勝浦郡 ＊とちぽー 大分市 ＊とちんこ 徳島県那賀郡 ＊とちんぼ 徳島県勝浦郡 ＊とちんぽ 徳島県小松島 ＊とっちのみ 愛知県知多郡 ＊とっちぼ 三重県度会郡 ＊どひょんぐり・どんくみ 大分市 ＊どんぐりがっしー 長崎県西彼杵郡 ＊とんぐりとんぐり 大分県大分郡 ＊どんぐりべー 新潟県佐渡 ＊どんぐりぼず 熊本県上益城郡 ＊どんぐるみ(カシの木の実) 静岡県 ＊どんごろ 滋賀県坂田郡・東浅井郡(カシの実) ＊どんごろじー 熊本県球磨郡 ＊どんごろみ 静岡県 ＊どんどー・どんどろ・どんどん 大分県大分市・大分郡 ＊どんどんぐり 島根県邑智郡　大分

県 *どんどんみ・どんろー 大分県大分郡 *どんぶり 熊本県上益城郡 *ながしだみ 山形県北村山郡 *なら 香川県木田郡 *ならがま 新潟県中越 *ならご 山形県北村山郡 *ならこー 福岡市 *ならぼば 岐阜県飛騨 *ならんごー 新潟県西蒲原郡 *ならんごし 新潟県中頸城郡 *ならんぼー 埼玉県北葛飾郡 *ばいじょー 愛媛県大三島 *ばべ 岡山県児島郡(クヌギの実) 山口県大島 *ばべしま 広島県走島 *ひーらんぼ 長野県 *ひゅーひゅーぐり・ひゅひゅどんぐり・ひょんひょんぐり 大分県大分郡 *ひょーぐり 山口県屋代島・大島 *ひょーひょー 山形県西置賜郡 *ひょーひょーぐり 静岡県富士郡 熊本県・下益城郡 *ひょーひょっくり 神奈川県中郡 *ひょーべら・ひょくり 山口県都濃郡 *ひょぐり 熊本県上益城郡・芦北郡 *ひよぐり・ひょんぐり 山口県 *ひょひょんぐり 大分県東国東郡 *ぶつな 山口県阿武郡 *ほーぺら 山口県大津島 *ほそ 福井県遠敷郡「ほそがなるとほそひらいに行ったんや」 奈良県 *またじー 福岡市 *まて 長崎県対馬(煮て食べるもの) 鹿児島県種子島 *まてば(大きなもの)島根県簸川郡 *まるすだみ 山形県西村山郡・南村山郡 *よめのこし 長野県下水内郡 *よめんごー 群馬県邑楽郡 *ろんどー 大分県大分郡 *ろんどん・ろんろん 大分県大分市・大分郡

とんでもない

*あぐらしー 新潟県東蒲原郡 *あたこーもない 島根県那賀郡 徳島県「あたこーもないこと言うな」 *あったられん 福岡市「あったられんこと言ふちゃいかん」 *あってこともない 栃木県 *あてこともない 山形県米沢市 栃木県 群馬県 埼玉県秩父郡 千葉県東葛飾郡・君津郡 新潟県佐渡・東蒲原郡 石川県能美郡 長野県上田・佐久 静岡県志太郡・榛原郡 島根県那賀郡 *あてすっぽもない 島根県隠岐「投げた球があてすっぽもねー所へ飛んで行きた」 *あてつぽない 山形県北村山郡 *あてもない 秋田県南秋田郡・平鹿郡 山形県飽海郡 *あてんなか・あちぇんなか 鹿児島県 *あほげもない 香川県「あほげもないことしますな」 *あまいかいな(相手の言葉に対する否定の気持ちを表す、反語的な言い方)石川県金沢市 *あられん 熊本県玉名郡「あられん話ぁ止めろ」・阿蘇郡 *あんどもない 群馬県吾妻郡・勢多郡「そんなことあんどもねえことだ」 *えってんぎもない 島根県大田市 *えてんぎもない 島根県鹿足郡 *えてんぎょーもない 島根県邑智郡「えてんぎょーもない所に錐があった」 広島県高田郡 *えんでもない 島根県「この子はえんでもなえことを言って困る」「球がえんでもなえは(方)え飛んだ」 *ぎょーこっちー 和歌山県東牟婁郡 *ぎょーとい 高知県幡多郡 *ぎょーとしー 高知県幡多郡 *けでもない 島根県隠岐島 *けんでもない 島根県那賀郡「けんでもなー、俺がそがーなことをするもんか」「けんでもなー事を言うて困る」 山口県大島「けんでもない所へ立っちょるもんじゃけ、自転車がつきあたった」 *じゅちけむね 宮崎県東諸県郡 *すってんぽない 山形県西置賜郡 *すてんぽない 山形県西置賜郡 島根県隠岐島「すてんぽねー者がとび出えた」 *すてんぽもない 富山県 *そりゃーしかり・そりゃーしら(「それ(其)はしかり(然)」の転) 静岡県榛原郡「そりゃーしかり、今じゃー食うにも困ってるら」「そりゃーしら、こちらこそ御厄介になりました」 *たわいがない 香川県 *たわいない 山形県米沢市・西置賜郡 香川県 *たわいもない 山形県米沢市 富山県砺波「たわいもない、そんなことないことですげ」 香川県 *つがもない 岡山県苫田郡・英田郡 *つかもない 長野県佐久 *つがらんね 宮崎県都城 鹿児島県 *つがりがない 島根県石見「留守の間に家ではつがりもないことが起った」 *つがわらん 新潟県佐渡「そんなつがわらんことを言うな」 *つがわんね 鹿児島県肝属郡 *つがんね 鹿児島県・肝属郡「そっち(の方角)に行っちゃ、つがんね事ぢゃ」 *つごぁね 青森県上北郡「人が待ちくたびれてるにつごぁなぐ遅い」 *つごーがない 島根県石見 *つごーもなー 島根県美濃郡・益田市 *つごでない 岩手県気仙郡「そんなごどつごでねぁ」 秋田県「いい加減に止しなさい。ちごでねぁよ」 *でかばちない 山形県米沢市「でがばじなえ話だ」 *てっせんね・てっしょんね 鹿児島県 *でほーでもない 長野県佐久 *てんぎょーもない 島根県邇摩郡 *てんこしもね 鹿児島県 *てんこちもない 群馬県吾妻郡 *てんこつない 山形県「てんこつない事をいう」 *てんこつもない・てんごつもない・てごつもない 山形県庄内 *てんこっもね 鹿児島市 *どーしもねー・とーむねー 大分県大分郡 *どしょーしもなー 広島県向島 *としょーもない 福井県 *とちけむない 大分県 *とちめんぼーもない・とちめんばーもねー 島根県隠岐島 *とつかもない 新潟県西頸城郡 *とつがもない 山梨県南巨摩郡「とつがもないことーえーば(言えば)笑われる」 静岡県志太郡 島根県隠岐島「とつがもねーことしてごいた(してくれた)」 *とっけむない 福岡県 *とつげもない 岡山県苫田郡 *とつけもない 滋賀県蒲生郡・神崎郡 兵庫県加古郡 和歌山県「とつけもない事を言ひ出す」 鳥取県 岡山県阿哲郡・岡山市「とつけもなえ時に来た」 山口県豊浦郡 香川県 福岡県 長崎県対馬 熊本県八代郡 大分県西国東郡・日田郡 *とつけむない 福岡県 長崎県対馬「とつけむねえ重い品ぢゃ」 熊本県「とつけむにゃーふとかったですばい」「とつけむにゃあ」「とつけむなか」 大分県西国東郡・日田郡 *とっけもない 長野県北安曇郡 三重県志摩郡・名賀郡 兵庫県佐用郡 奈良県南大和 島根県隠岐島 徳島県 香川県「とっけもないとこぃ(所に)置いてある」 愛媛県 福岡県八女郡・福岡市 佐賀県 熊本県玉名郡 *とつげもない 福岡県糸島郡 *とつけらむない 長崎県対馬「とつけらむねえ大きな音」 *とつけんない 福岡県久留米市

熊本県芦北郡・天草郡「とつけんなか」 *とっげんない・とっげんね 鹿児島県 *とっけんね 鹿児島県・肝属郡 *とっちもない 福岡県 *とっつけもない 滋賀県彦根 *とってもつかぬ 徳島県 *とってもない 岩手県九戸郡 茨城県稲敷郡 栃木県河内郡 群馬県吾妻郡 福井県 岐阜県稲葉郡

滋賀県彦根 *とっぺずもない 新潟県東蒲原郡「とっぺずもね事を言い出す」 *とっぺちもない 島根県出雲「とっぺちもなえ大声をする奴だ」 *とっぺつない 千葉県夷隅郡「とっぺつない方へ行ってしまった」 *とっぺつもない 茨城県・稲敷郡 栃木県芳賀郡 千葉県東葛飾郡・夷隅郡 新潟県 *とっぺっもない 茨城県真壁郡 栃木県芳賀郡「とっぺっもない野郎だ」 *とっぺともない 千葉県香取郡 *とっぺもない 茨城県行方郡 栃木県 *とっぺんない 長崎県五島 *とでこでもない 島根県仁多郡「あんまりとでこでもなえことを言うと人が笑う」 *とてもない 愛知県西加茂郡・愛知郡 山口県大島「とてもなえ大きい」 *とでもない 長野県諏訪 岐阜県郡上郡「あの人わ、とでもないことゆー人じゃ」 *とどつもない 秋田県河辺郡「余りとどつもねぁ事を云ふな」 *とばすもない・とばそもない 岐阜県郡上郡「牛肉煮とったら、それがみんな木の皮になるなんて、そやーなとばすもないことがあらすかよ」 *どひょーしくさい 島根県「どひょーしくさー所から犬が飛び出あて(出して)びっくりした」 *どひょーしくそもない 島根県美濃郡・益田市「どひょーしくそもなー、早あ日も暮れた」 *とひょーしもない 岐阜市 *どひょーしもない 大阪市 島根県「どひょーしもなー網に魚がはいった」 岡山県小田郡 広島県 山口県阿武郡・大島「どひょうしもなえお世話になりまして」 福岡県小倉市 *とひょーとてつもない 島根県邑智郡「とひょーとてつもなー事を言うて人をたまがすな(驚かすな)」 福岡市 *とひょーむない 滋賀県神崎郡 福岡県北九州市「なんちとひょーむねー暑いねえ」 長崎県壱岐島「とひょーむなか事ゆーな」 *とひょーもない 富山県砺波 石川県 福井県越前 岐阜県稲葉郡・加茂郡 三重県員弁郡

滋賀県彦根 京都府与謝郡 島根県美濃郡・益田市 愛媛県「とひょーもない蜘蛛が出て来た」 福岡県筑紫郡 長崎県北松浦郡(中流以下) 大分県北海部郡・速見郡 *どひょーもない 岡山県 *とひょむね 宮崎県児湯郡 *とへつもない 岐阜県岐阜市 愛知県 *とぺつもない 青森県三戸郡「いやはとぺつもないことをしでかしたな」 *どべつもない 栃木県 *とべつもない 福島県会津「とべつもねえ、そんな事出来ない」 栃木県芳賀郡 *とべっつもない 福島県北会津郡 *とへんつもない 岐阜県可児郡 *とほーずもない 茨城県稲敷郡 静岡県志太郡「とほーずもなえーことーいいだした」 *とほーとてつもない 福井県 長野県上田 山口県阿武郡 福岡県企救郡 *とほずもない 新潟県中頸城郡 *とほてもない 青森県上北郡 *とほねー 大分県北海部郡 *とやーもない 島根県大田市・仁多郡 *とやもない 島根県出雲・隠岐島「とやもなえ事言うな」 *どよーしもない 島根県江津市 山口県周防 *どよーひょーしもない 山口県阿武郡 *とんがもない 島根県隠岐島 *とんけつもない 島根県石見 *とんな 岩手県気仙郡「とんなごどになってしまった」 宮城県仙台市「とんな災難」 山形県「きょーわ とんな ごちそーに なりもーして ふぁー」「とんなしゃわせで(たいへん好都合です)」「とんなことになって、お気の毒だ」 福島県「とんなことをしましたね」 茨城県西茨城郡 *とんばもない 島根県隠岐島「とんばもねー事をしてくれたもんだ」 *とんぼーもない 長崎県対馬 *のでもない 新潟県佐渡「のでもねいことをぬかすな」 *のりんでない(「のりん」は「のり(矩)」の転か) 秋田県南秋田郡・雄勝郡「のりんでねぁ寒い日だ」 *ひょーきんもない 静岡県「ひょーきんもないことをした」 *ひょーしもない 福岡県北九州市「ひょーしもねーことがでけました(悔やみの言葉)」・福岡市「おじいさんがひょーしむなかことでしたなあ(悔やみの言葉)」 長崎県北松浦郡 *ひょーてつもない 島根県隠岐島「ひょーてつもねーことをえっちょる」 *ひょひもない 長崎県五島 *ひょんげもない 愛媛県新居郡・越智郡 *ひょんでもない 京都府与謝郡 香川県 *ふーけむねー 宮崎県西臼杵郡 *ふーけもねー 宮崎県児湯郡 *ふーたいもない 鳥取県東伯郡 *ふくえむね 宮崎県東諸県郡「甲より乙の方がふくえむねいい」 *ふけんね 宮崎県西臼杵郡・西諸県郡 鹿児島県・鹿児島郡・肝属郡 *ふつごもない 島根県出雲・隠岐島「ふつごもねーええ天気だ」 *へともない 岐阜県飛騨「お客様の前でへともないことといってくれるなよ」 *へーともない 岐阜県「へーともないこっちゃ」 愛知県葉栗郡 滋賀県 *へんでもない 島根県八束郡「へんでもないことを聞き出えた(聞き出した)」 *ほーがくもにゃー 熊本県上益城郡「ほーがくも にゃー、わるこつばかり するもん(途方もないいたずらばかりするから)」・下益城郡 *ほーかもない 和歌山県海草郡「ほうかもないことや」 *ほーきゃむにゃー 熊本県下益城郡 *ほーこーもにゃー 熊本県菊池郡「方向もにゃあごっつぉになって(たいへんごちそうになって)」 *ほんだいもない 秋田県平鹿郡 *ほんでぁつもない 秋田県「それはほんでぁつもねぁ事だ」 *むってもなー 岡山県小田郡 *めっそーかいもない 高知市「めっそうかいもないことを言わないで下さい」 *めっそーもない 静岡県島田市「そんな事はめっそうもないことだ」 広島県高田郡 山口県阿武郡 香川県 高知市 *めっそもない 滋賀県彦根 兵庫県明石郡・淡路島 和歌山県和歌山市・海草郡 徳島県阿波郡「めっそもないことをする人じゃ」 高知市 *めっぽーかいもない 静岡県志太郡「めっぽーかぇーもなぇーことーこきゃー(とんでもないことを言いくさるぞ)」 *めっぽかいもない 栃木県 *めっぽーもない 島根県

能義郡 *よてんぎょーな 島根県美濃郡・益田市「よてんぎょーなことを言う」 *よてんぎょーもない 島根県美濃郡・益田市 山口県阿武郡・山口市 *よてんげもない 山口県豊浦郡「よてんげもない事をする」・大島「よてんげもない事を言ひ出すものだから、話が纏らないで困ったうえ(よ)」 *よてんざもない 島根県邇摩郡 *よない 岩手県気仙郡「よねぁひと頼んだな」

↓「いがい(意外)」の子見出し、「意外だ」

□こと *いてもつかんこと 島根県邇摩郡「この子はいてもつかんことを云うて困らせる」 *うまーらんむん 沖縄県首里 *どーらく 新潟県 *とへなし 島根県飯石郡・仁多郡 *へご 愛媛県「へご言うな」 *めしょー 島根県仁多郡「めしょーなことをすーな」 *めっそ 大阪市「おおめっそ(いいえ、とんでもない)」 島根県出雲「めっそなことをした」 香川県三豊郡 *めっそー 石川県江沼郡(過分) 静岡県志太郡 滋賀県犬上郡 京都市 大阪市「めっそうな、こないな事して頂きまして」 兵庫県明石郡 広島県高田郡 山口県阿武郡 徳島県 福岡市「いいえ、めっそーな」 長崎県壱岐島

□さま *かかーんね 鹿児島県鹿児島郡 *かからんなか 鹿児島県 *かからんね 宮崎県都城 鹿児島県 *ごもーけ 広島県高田郡 *とんだよー 新潟県佐渡「飛んだような話をするな」 *はちけちょー 島根県出雲 *ばっと 山形県鶴岡市「ばっとした(とてつもない)」 *めしょー 島根県仁多郡「めしょーなことをすーな」 *めっそ 大阪市「おおめっそ(いいえ、とんでもない)」 島根県出雲「めっそなことをした」 香川県三豊郡 *めっそー 石川県江沼郡(過分) 静岡県志太郡 滋賀県犬上郡 京都市 大阪市「めっそうな、こないな事して頂きまして」 兵庫県明石郡 広島県高田郡 山口県阿武郡 徳島県 福岡市「いいえ、めっそーな」 長崎県壱岐島 *もっけ 秋田県鹿角郡 山形県米沢・西置賜郡 三重県志摩郡 和歌山県「もっけなかお(きょとんとした顔)」 島根県「もっけな事がおこった」 香川県三豊郡 *もっけー 新潟県佐渡

どんな *あじ 千葉県 神奈川県津久井郡 *あじょ 栃木県塩谷郡 群馬県多野郡 千葉県 *あじょー 栃木県塩谷郡 埼玉県入間郡 千葉県「あぢゃうんなるもんで(しかたがない)」 *あんじょー 神奈川県 山梨県「あんじょーでもない(何のこともない)」 *あんちょー 山梨県「あんちょーにも(何分にも)」 *いかい 静岡県磐田郡 *いかいな 広島県高田郡 *いかした 沖縄県石垣島「いかしたむぬ(何者・何物)」 *いけしな 長野県南部 *いけな 鹿児島県「いけなそうろ(騒ぎ)じゃったかい」 *いげな・いげーな 鹿児島県揖宿郡「いげな都合やろかあ」 *いちゃる(文語)・ちゃーる 沖縄県首里 *えげんだ 青森県津軽「えげんだ親でもてまえの親いちばんえ」 *だ 京都府葛野郡「だもんでもよい(どんなものでもいい)」 *だー 福井県遠敷郡 *ちやんな・ちゃんねーる 沖縄県首里 *どが 山形県米沢市・南置賜郡 滋賀県東浅井郡 和歌山県日高郡「どがにするろえ(どうするか)」 鳥取県岩美郡・西伯郡 島根県大田市「お前に任せるけーどがなとやって見い」・隠岐島「どがな病気でござんしたか」 香川県与島「あいつらの頭、どがな頭しとんかのう」 *どかー 岡山県小田郡 *どがー 山梨県南巨摩郡 鳥取県岩美郡 島根県石見「仕舞いにはどがーな損になるか分らん」 岡山県 広島県 山口県阿武郡・玖珂郡「どがーするか」 大分県北海部郡 鹿児島県種子島 *どがい 山形県「どがいになった」 新潟県佐渡 静岡県磐田郡 京都府与謝郡 兵庫県佐用郡「どがいに書くん」 和歌山県牟婁 岡山県「どがぇーござんすりゃあ(お加減はいかがでございますか)」「おお言うたが、それがどがいなら(どうなんだ)」 広島県「あんたもおばんに長う寝られて、どがいに困りんさったろーのー」 山口県玖珂郡「どがいにせたか」・大島「どがえでもこがえでも今日は返事を聞いて帰る」 愛媛県「その後どがいにしとるだろーか」 福岡県企救郡 大分県大分郡(下流) *どがん 東京都八丈島「どがんなろあ(どんなになったか)」 岡山県上房郡・吉備郡 広島県高田郡 香川県 長崎県「どがんでんよい(どうでもよろしい)」 熊本県天草郡 鹿児島県種子島 *どぎゃ 島根県八束郡 熊本県下益城郡「どぎゃしゅうか(どうしましょうか)」 *どぎゃー 千葉県夷隅郡 鳥取県 島根県隠岐島 長崎県東彼杵郡 熊本県下益城郡 *どぎゃん 京都府 島根県出雲「どぎゃんもんが出来たか見せー」 福岡県三井郡 佐賀県・馬渡島・神埼郡 長崎県(中流以下)「どぎゃん恐しかったもんか」「どぎゃん考えてし われ こん訳ん 分かるむんな」 熊本県「どぎゃん待ったなあ(どんなに待ったか知れな

方/言/の/窓

●中部地方の方言

長野から岐阜・静岡・山梨にかけて日本アルプスとも呼ばれる高山地帯が連なり、様々な文化現象についても日本を東と西に分けるのが、この地域である。ことばの上でも東西の方言の大きな対立のはざまに位置するのがここである。ゆえに、東と西両方言の色彩がある。境界地帯ゆえに方言分布にバラエティがあり、多彩な色彩を持つ点が興味深い。

この地域の方言の特色は、主として文法面にある。たとえば、行カーズ（行こう）、雨ズラ（雨だろう）、行ッツラ（行っただろう）などの表現が特徴的である。

中心的な名古屋弁は、オミャー（お前）、デャーコン（大根）のような音韻的特色のほか、オ行キル、本ヲ読ンデミエルのように、敬語にも特色がある。

い)」 *どけ 三重県志摩郡　島根県出雲「どけしてこげして」 *どげ 山形県　千葉県夷隅郡「どげった(どんなであった)」　東京都御蔵島　新潟県佐渡「どげな本だ」　愛知県碧海郡　三重県志摩郡　和歌山県「どげしように(どうしましょう)」　鳥取県西伯郡「どげしてそんな事が出来るのか」・日野郡　島根県出雲・隠岐島「どげになっただらか(だろうか)」「どげしたえて(どうしたって)この競争には勝てん」　福岡県「どげな人かね」　佐賀県　長崎県対馬「どげしたな」・壱岐島　熊本県阿蘇郡「どげおもちょる(どう思っている)」　大分県　宮崎県西臼杵郡　鹿児島県 *どげー 山形県庄内「どげーだ塩梅だった」　千葉県夷隅郡「それはどげえなもの」東京都御蔵島「どげーにしべえ」　新潟県佐渡　愛知県碧海郡・岡崎市　兵庫県赤穂郡「どげーしよん(何をしているのですか)」　島根県仁多郡「どげーな事が起ったか」　福岡県「どげー面白かったもんか(ずいぶんおもしろかったよ)」　長崎県「どげーな、お前たちゃあ」　熊本県阿蘇郡　大分県「どげーあるう(具合はどうか)」 *どげだ 山形県北部 *どげな 和歌山県南牟婁郡「どげなに(どのように)」 *どげん 千葉県夷隅郡　新潟県佐渡「どげんしても」愛知県碧海郡「どげんか(さだめし)」　三重県志摩郡　島根県出雲　福岡県「久しぶりだ、どげんしてゐたか」　佐賀県「どげんした」　長崎県南高来郡「どげん考えてん、わりーこん訳んわかるもんか」熊本県阿蘇郡「どげんじゃろ」　大分県大野郡「どげんふうなええ(どんなふうか)」　宮崎県都城　鹿児島県・甑島「どげんことでもしよりもしたとなあ(したそうですね)」 *どごん 東京都八丈島「どごんよく似合うだろう」 *どだ 青森県上北郡「どだらふとで(どんな人かえ)」　山形県「どだえなるのかなあ」 *どったら 青森県津軽「どったらね(どんなに)」山形県西置賜郡「どったらもんだか」 *どな 新潟県西頸城郡　徳島県　香川県「どなかしらんとのぞいてみた」　愛媛県周桑郡「どなにしていーやら分らん」　高知県幡多郡「どな人」 *どなー 愛媛県周桑郡 *どない(「どないな」「どないに」の形で用いられるが、「どない」だけで用いられることもある)富山県「どないことあっても」「どないになったか見たい」　福井県遠敷郡　岐阜県吉城郡「くー物わどないな物を食っとったんじゃい」　愛知県　三重県松阪・北牟婁郡　滋賀県神崎郡「どないしやーないなー(どうもしようがないですね)」・彦根京都府　大阪府大阪市・泉北郡　兵庫県「どないかしたん(どうかしましたか)」「近頃の景気どないや」　奈良県南部　和歌山県「どないにしたんですか」　岡山県真庭郡「どなえーしょーもなぇーがな(どうしようもないねえ)」・苫田郡　広島県　徳島県「どないに言うてもこらえてくれん」　香川県「どないしょうか」　愛媛県「どないにおしる(どんなにしますか)」　高知県 *どなん 香川県「この勝負どなんしても勝ってみせる」 *どにゃー 兵庫県城崎郡「どねぁーしとるーしらー思って」　岡山県備中 *どね 愛知県南設楽郡「暑かっつら、どねにか(暑かったでしょう、どんなにか)」　三重県度会郡・宇治山田市　奈良県「近頃どねしてんねん」 *どねー 愛知県岡崎市・名古屋市「どねーにえらかった」兵庫県赤穂郡「どねいしょんや(何をしているのですか)」　島根県石見「どねーにいりますか(どのくらいいりますか)」「この次はどねーするか」　岡山県「娘はどねー言よりましたりゃ」　広島県　山口県「どねーな演説をするか聞いてみい」　長崎県対馬 *どねん 奈良県吉野郡「誰がどねん言ふたかって、もうこんな事すんなよ」 *どの 山形県庄内　京都府葛野郡 *どのあ 石川県輪島市「どのあな着物着ても引ちぎられて」 *どのい 鳥取県東部　高知県長崎県南高来郡「どのい考えてん貴様いこん訳が分るもんか」 *どのー・どのん 新潟県佐渡 *どん三重県度会郡　滋賀県彦根「どんに困ったか知れない」 *どんが 新潟県中越　徳島県「どんがなことになるやら分らん」 *どんがえ 山形県 *どんがら徳島県三好郡「どんがらな目にあう」 *どんぎゃ香川県三豊郡　高知県幡多郡「こりゃどんぎゃなるや知れんけんどのー」 *どんげ 山形県西置賜郡・最上郡　新潟県佐渡・中越　高知県幡多郡　宮崎県・宮崎郡 *どんげん 長崎市「どんげんゆーたけー(どう言ったか)」 *どんだ 新潟県下越 *どんて新潟県佐渡 *どんない 静岡県・志太郡「あんばぇーわどんなえーずら(病気はどんな具合だろう)」 *どんね 石川県金沢市・石川郡「どんねもこんねも」　岐阜県郡上郡「どんねもない(何ともない)」三重県度会郡「どんねにも(どうしても)」 *どんねー 山梨県　長野県上田・諏訪 *どんねん 三重県伊賀 *どんべー 青森県上北郡 *なーぞ 岩手県気仙郡 *なじ 福島県東白川郡　茨城県新治郡・稲敷郡　栃木県河内郡　新潟県「なぢになったか見たい」 *なじー 茨城県北相馬郡　千葉県印旛郡 *なじゅー 千葉県香取郡 *なしょ 山形県庄内福島県西白河郡 *なじょ 岩手県「なじょった(どうした)」　宮城県　山形県「御飯はなじょだ(いかがか)」　福島県　栃木県　新潟県 *なじょー 岩手県盛岡市「なでうにして(いかにして)」・東磐井郡宮城県栗原郡「なでうしたらよかんべ」　山形県福島県「この書はなじょうだか見て下さい」　茨城県・新治郡・多賀郡　栃木県「なじゃうにもしようがない」　千葉県香取郡・海上郡　新潟県「なじょうにでもおまんの勝手にしれ」　長野県下水内郡 *なず 岩手県和賀郡「なずだ(日中の挨拶)」　秋田県仙北郡　山形県村山「なずえがして(どうにかして)」 *なぞ 岩手県気仙郡「なぞにすっぺ(どうしよう)」　宮城県栗原郡 *なた 秋田県雄勝郡「この意味はなたごどだ」 *なち 栃木県「なちしたもの(いかなるもの)」 *なっちょ 長野県 *なっちょー 長野県諏訪・北安曇郡　静岡県 *なんじょ 岩手県気仙郡　山形県 *なんじょー(「なんという」の転)千葉県香取郡「なんじょーする」　東京都大島「なんじょうにも道具は使ってくれ」 *なんた 秋田県「君の父の病気はなんたんだ」　山形県「なんた物でも役に立つ」　*なんだ 福井県　*なんたな 山形県「なんたな着物欲すえが」　*なんたら 秋田県鹿角郡　新潟県佐渡　*なんたる 新潟県佐渡「なんたる人でも腹を立てる」　*なんちゅ 岩手県紫波郡　*のーしどぅ 沖縄県石垣島　*ろがえ 和歌山県西牟婁郡「ろがえに喜ぶやろ」　*ろがん 鹿児島県種子島「ろがんじゃったかあ」

→どのよう（何様）

どんぶり【丼】　*あらまかい・あらまかやー（大きい粗末などんぶり）沖縄県首里　*あらやちまかい（素焼きのどんぶり）沖縄県首里　*くちずけ（一方に口のあるどんぶり）島根県八束郡・隠岐島　*くちつき（一方に口のあるどんぶり）島根県隠岐島　*けんどん 東京都八丈島　*さはち 青森県南部　山形県北村山郡　福井県今立郡　鳥取県　*さはち（大きなどんぶり鉢）山形県　島根県出雲・邇摩郡　*さはち（「あさはち（浅鉢）」の転か。浅いどんぶり鉢）青森県　岩手県　宮城県栗原郡・仙台市　秋田県　山形県　新潟県岩船郡　長野県佐久　愛知県名古屋市・知多郡　兵庫県加古郡　鳥取県西伯郡　島根県　広島県高田郡　高知県　*さわち（「あさはち（浅鉢）」の転か。浅いどんぶり鉢）山形県　島根県鹿足郡　高知県　*さーち（「あさはち（浅鉢）」の転か。浅いどんぶり鉢）高知県　*さんと 島根県美濃郡　*ずたち 富山県　石川県鹿島郡・河北郡　*すだつ 岐阜県吉城郡　*ずたつ 富山県　石川県金沢市・能美郡　岐阜県吉城郡　*ちゃわんばち 青森県　秋田県鹿角郡　富山県砺波　石川県江沼郡　福岡県　*ちゃんばち 石川県　島根県石見・隠岐島　*どんぱち 鳥取県西伯郡　*どんばち 兵庫県赤穂郡　奈良県南大和　*どんぱち 広島県比婆郡・高田郡　*ふたまかい（ふた付きのどんぶり）沖縄県首里　*べんばち（大きな瀬戸物のどんぶり）青森県三戸郡　*まんこ 長崎県五島　*まんのー（あえ物などを入れる大きなどんぶり）広島県比婆郡・双三郡　*わんぶー（陶製の大形のどんぶり）沖縄県首里

とんぼ【蜻蛉】　*あーけ 宮城県　*あーけーじょ 鹿児島県種子島　*あーけーず 沖縄県首里　*あーげっちぃ 沖縄県竹富島　*あいじ 沖縄県波照間島　*あぎだん・あきたんやー 沖縄県与那国島　*あきつ 大分県大分郡　*あけ 宮城県　山形県　*あけー 鹿児島県種子島　*あけーこ 鹿児島県屋久島　*あけーず 鹿児島県種子島　*あけーんつぃ 沖縄県小浜島　*あけご 山形県最上郡　*あけず 岩手県・気仙郡　宮城県　秋田県平鹿郡・雄勝郡　山形県　福島県　茨城県・多賀郡（黒色の細い体のトンボ）　新潟県　岐阜県飛驒　熊本県球磨郡　宮崎県　鹿児島県　沖縄県　*あけずかっか 山形県東置賜郡・南置賜郡　*あけずとんぼ 福島県相馬　*あけずぽっぽ 宮城県栗原郡　*あけずむし 山形県東置賜郡　*あげちょ 山形県南村山郡　*あけっぽー 宮城県栗原郡　*あげとぼ 山形県西村山郡　*あけどり 大分県南海部郡・北海部郡　*あけどろ 大分県北海部郡　*あげとんぼ 山形県東置賜郡・東村山郡　*あけべろ 鹿児島県　*あけぼぼ 宮城県玉造郡　*あげやんま 山形県南村山郡　*あげん 山形県西置賜郡・東村山郡　*あごちぇーま 沖縄県鳩間島　*あっき 新潟県東蒲原郡　*あっけ 山形県中部　*あやじ 沖縄県石垣島　*あわから（トンボの一種）群馬県館林　*あんけ 山形県　*あんどぼ 三重県　*あんま 宮崎県日向　*うしねんば（トンボの一種。黒に青黄の斑文がある）長崎県壱岐島　*うしゃみゃ 鹿児島県徳之島　*うるしかきとんぼ（トンボの一種）山形県東田川郡　*えーざ（「ハエを食う虫」の意）鹿児島県沖永良部島　*えーだー・えーちゅー・えーず（「ハエを食う虫」の意）鹿児島県喜界島　*えぼ 長崎県五島　*えんば 福岡県北部　佐賀県　長崎県島嶼「塩辛えんば」　大分県大分郡　*えんばいぼ・えんび 長崎県五島　*えんぶ 福岡県南西部　*えんぼ 長崎県北松浦郡・五島　*えんぼー 福岡県八女郡　*えんま 石川県鹿島郡　*おーぐるま（トンボの一種）群馬県邑楽郡　*おーどろぼー（トンボの一種）群馬県邑楽郡　*おこーとんぼ（体色の青い大きいトンボ）島根県八束郡　*おしぇばぶ 鹿児島県北薩摩　*おしょれ 大分県大分郡　*おとめ（細い黒色のトンボ）兵庫県赤穂郡　*おゆーじんぼー 千葉県安房　*おんじょ 千葉県　島根県簸川郡　*おんじょー 静岡県田方郡　*かいかい 三重県南牟婁郡　*かいとぼ 和歌山県東牟婁郡・新宮　*かえしんぼ 栃木県大田原市・那須郡　*かけーじ 沖縄県石垣島・新城島　*がしら 三重県志摩郡　*かすがい（黄と紺の縞の体をした大形のトンボ）青森県上北郡　*かとりとんぼ 三重県志摩郡　*かのはは 島根県八束郡・大原郡　*かのは 島根県仁多郡　*がやし 三重県志摩郡　*からとんぼ・から（あさぎ色のトンボ）群馬県館林　*かれ 鹿児島県硫黄島　*かわらおしんめー（黒色のトンボ）福島県岩瀬郡　*きしよか・よしおかとんぼ（羽根が黒く体の細長いトンボ）高知県幡多郡　*けーご 鹿児島県種子島　*けーず 鹿児島県甑島　*けけず 福島県東白川郡　茨城県久慈郡　*けす・げす 熊本県球磨郡　*けっけちょ 茨城県那珂郡　*けっけっ 茨城県久慈郡　*けんざ 秋田県秋田市・河辺郡　*げんざ 栃木県　*げんざっぽ 栃木県北部　*げんざっぽー 茨城県西茨城郡　*げんざとんぼ 栃木県中部　*けんざる・けんざーら 茨城県久慈郡　*げんざん 栃木県大田原市・塩谷郡　*げんざんぽー 茨城県　栃木県河内郡　*げんざんぼ 栃木県　*けんぞ 栃木県那須郡　*こーもり 山形県東田川郡　*ざんぶり・さんぶり・らんぶりさん 新潟県佐渡　*しおからとんぼ（赤いトンボ）三重県志摩郡　島根県　*しょーからとんぼ（赤いトンボ）島根県　*じょーめん 三重県志摩郡　*しょーりょー 大分市　*しょーろー 大分県大分市・大分郡　*しょーろーうま・しょーろのうま 熊本県球磨郡　*しょーろーねんば 長崎県壱岐島

*しょろさん 熊本県天草郡 *せーれー 大分県東国東郡 *せんぶ 長崎県 熊本県芦北郡・天草郡 熊本県天草郡 *せんぶー 長崎県西彼杵郡・伊王島 *せんぼ 長崎県南高来郡 熊本県 *そめ 東京都八丈島 *たーぶり 奥羽 *だぶ 宮城県北部 秋田県北部 *たぶり 秋田県鹿角郡 *だぶり 青森県津軽 秋田県 *たんば 茨城県久慈郡 *だんぶ 秋田県 *だんぶり 青森県南部・津軽 岩手県 秋田県 新潟県 *たんぼ 富山県 石川県羽咋郡 *だんぼ 新潟県 富山県 石川県鹿島郡・鳳至郡 長野県北安曇郡 岐阜県飛驒 *だんぽ 富山県下新川郡 *だんま 熊本県玉名郡 *つんこあけ 山形県東置賜郡 *つんころ 山形県南村山郡 *てんしゅ 熊本県天草郡 *でんぼ 千葉県千葉郡 三重県志摩郡 *どぼいき・どぼいく 三重県志摩郡 *どんぐ 埼玉県大里郡 *どんす 山形県西村山郡 *どんば 山形県庄内・西田川郡 福島県 栃木県河内郡 兵庫県城崎郡 島根県 *とんぷ 長野県諏訪・佐久 *どんぶ 栃木県 群馬県 埼玉県 千葉県印旛郡・香取郡 新潟県佐渡 山梨県 長野県 静岡県 三重県度会郡 *どんぷ 群馬県山田郡 *どんぶつ 栃木県安蘇郡 *どんぶむし 埼玉県入間郡 *なたへんぼ(トンボの一種) 佐賀県藤津郡 *なつご 山形県西置賜郡 *なま 鹿児島県硫黄島 *なんばあげ 山形県西置賜郡 *ねっぽ 三重県志摩 *ねんば 長崎県壱岐島 *ばうた 宮崎県北諸県郡 *ばぶ 宮崎県諸県 *ばぶた 宮崎県 *ばんど 石川県鹿島郡 *びーい 沖縄県宮古島 *ひでりっぽ 東京都利島 *ふぇーざ・ふぇざ(「ハエを食う虫」の意) 鹿児島県奄美大島 *ぶた 大分県宇佐郡 *ふねーじ(茶褐色で羽に丸みがあるトンボ) 沖縄県石垣島 *へつ 東京都八丈島 *へっちょめ 東京都八丈島 *へぼ 佐賀県・神埼郡 長崎県 熊本県八代郡 *へんびゅ 熊本県天草郡 *へんびゅー 熊本県天草郡 *へんぶ 福岡県 長崎県 熊本県天草郡 大分市 *へんぶー 長崎県長崎市・伊王島 熊本県天草郡 *へんぼ 佐賀県三養基郡・藤津郡 長崎県南高来郡・佐世保市 熊本県 *へんぼー 福岡県八女郡 佐賀県 *べんぼー 佐賀県 *ぼい 宮崎県北諸県郡・西諸県郡 鹿児島県・屋久島 *ぼいけ 鹿児島県・揖宿郡 *ぼいぼい 鹿児島県屋久島 *ぼーい 鹿児島県日置郡 *ぼたんじょ 新潟県佐渡 *ぼりやんま(朱墨色の上に黄色のまだらのあるトンボ) 群馬県館林 *ぼんしめ 東京都八丈島 *ぼんど 長崎県五島 *ほんぼ 長崎県南高来郡 熊本県八代郡・天草郡 *ぼんぼい(盆のころに出るトンボ) 鹿児島県肝属郡 *むぎわらとんぼ(胴の青いトンボ) 富山県西礪波郡 *めーたーまー 沖縄県首里 *めまわしどんぶ 栃木県足利郡 *めんかい 和歌山県新宮 *もーし 香川県 *もとんじょ 新潟県佐渡 *やま 常陸 安房 香川県志々島 大分市 *やまみだぐ 沖縄県石垣島 *やも 佐賀県 *やんば 香川県伊吹島 福岡県鞍手郡 *やんぼ 大分県大分郡 *やんま 宮城県登米郡 石川県能美郡 愛知県愛知郡 上方 徳島県 香川県 福岡市 長崎県南高来郡 熊本県 大分県 *やんも 徳島県 *ろっぽ 三重県度会郡 *わかめん 和歌山県西牟婁郡

大形の□ *あおとんぼ 奈良県吉野郡 *あかーら 沖縄県小浜島 *あぶらめん(大形のトンボの一種) 高知県 *あやんぼーら 沖縄県小浜島 *うしとんぼ 山形県西田川郡 大分市 *うしどんぼ 山形県西田川郡 *からだけ 山形県新庄市・最上郡 *かわとんば 島根県石見 *かわどんば・かわらどんば 島根県隠岐島 *かわとんぼ 島根県隠岐島 *がんま 静岡県 *くるまあげ 山形県最上郡 *げんじ 滋賀県滋賀郡 *げんじどんば 栃木県南部 *げんに 山形県北村山郡 *とーかけー(「唐蜻蛉(とうかげろう)」の意) 沖縄県石垣島 *どろ 福島県中部・浜通「どろが飛んでえぐ」 *どんし 山形県飽海郡 *とんぼ 山形県西置賜郡・西田川郡 *どんぼ 福島県岩瀬郡 *のま 秋田県雄勝郡 *のんま 秋田県平鹿郡 *ほんか 山形県新庄 *ほんやん 香川県 *ほんやんま 香川県丸亀市 *ほんやんも 香川県大川郡 *よるとんぼ 香川県三豊郡 *ろっか・ろっく・ろろく 香川県

交尾しながら飛んでいる□ *おーちょ 香川県高松市 *おかいちょー 徳島県麻植郡 *きーち 岡山県邑久郡 *ちんがん 奈良県 *ひんぎょ 和歌山県海草郡・和歌山市 *ろっか 高知県

小形の□ *くそとんぼ(ヤンマのように雌で雄を釣ることができないところから) 和歌山県

□の幼虫 *あきつ 山形県 *あけじむし 山形県西置賜郡 *あけずかっか 山形県 *あっけかか 山形県北村山郡 *あねもし 富山県 *かんなりむし 富山県 *きめむし 新潟県東蒲原郡 *じゃーま 愛媛県生名島 *やまみょーじ 岡山市 *やもめ 香川県仲多度郡

とんや【問屋】 *おーだな 長野県諏訪 *たてば 山梨県

仲買□ *といや 熊本県天草郡 *とんや 愛知県尾張

な

な【名】 ⇩なまえ（名前）

な【菜】 *おは 香川県丸亀市「この畑は、おはひとつがでけません」 *かぶ 青森県三戸郡 →なっぱ（菜葉）

ない【無】 *おない 和歌山県西牟婁郡「いいえ、もうおないです」「だれもおないわ」

なにも□ *けーがない 三重県志摩郡 *けもない 三重県度会郡・宇治山田市 広島県高田郡 徳島県 *けもなー 山口県玖珂郡 *けーもない 三重県東部 和歌山県 *けーない 和歌山県 *けけらもなー・けけらのけもなー 愛媛県大三島 *たれもない 新潟県佐渡 *てんこのばすもない 長崎県北松浦郡「あの人の内にはてんこのばすもない」

なにも□さま *うーばんばーらー（家の中などに何もないさま）沖縄県首里「とぅんどーやーぬぐとぅ うーばんばーらっし（倉庫のようにがらんどうで）」 *ががん（広々として何もないさま）鹿児島県肝属郡 *ががーん（広々として何もないさま）群馬県館林 *からっぱぎ 栃木県南部 *けそけそ 千葉県君津郡 長野県北安曇郡 *すっころぼーず 奈良県宇陀郡「此の金を払うたら、後はすっころぼーずや」 *ずらっと 宮城県仙台市「あの山も前わまづ、づらっとだったのっしゃ（なにもなかったのよ）、いつの間にかあったに青々と木繁って、えくなったねす」

ないしょく【内職】 *てしごっ 熊本県玉名郡 *てしごと 山形県 *ほまち 岩手県上閉伊郡 長野県佐久「ほまちみせ（内職店）」 *ほまちしごと 宮城県石巻 長野県佐久 *ほんまち 秋田県平鹿郡 *ほんまちとり 山形県米沢市 *まごなわ 大分県北海部郡

ナイフ *いんとー 高知県安芸郡 *でば 岩手県九戸郡 千葉県夷隅郡 静岡県 愛知県 三重県 広島県走島・高田郡 長崎県五島 *はーか（ポルトガル語 faca から）長崎県南高来郡

なう【綯】

しめを□ *のべる 兵庫県淡路島

綱や縄を□ *うつ 新潟県東蒲原郡 富山県氷見市 島根県 岡山県苫田郡・岡山市 *もじる 福島県 茨城県久慈郡 栃木県

縄を□こと *おがみかた（手つきが、手を合わせて拝む様子に似ているところから）埼玉県北葛飾郡 *つぃなない 沖縄県石垣島 *なわもじり 福島県相馬 茨城県久慈郡

なえ【苗】 *のーば 島根県益田市 *のーばさま 山口県見島

なおざり【等閑】 *おーはず 新潟県佐渡 *どーざり 新潟県佐渡 *ほーけ・ほーけん 香川県 →「いいかげん（好加減）」の子見出し、「ものごとをいいかげんにするさま」

なか【中】 *いと 長野県「この部屋のいとを出てはいかん」 *みー（時間的にも空間的にも言う）沖縄県首里「ぬーぬみーにが（いつの間にか）」「みずぃぬみー（水の中）」

なか【仲】 ⇩あいだがら（間柄）

家族の□のよいさま *さざほざ 岩手県平泉 *ざざぼざ・ちゃざほざ・ざやざやくじゃ 岩手県気仙郡 *さんざほんざ 岩手県平泉「なんぼくらすぁひでくても（いくら暮らしはひどくても）、えんながばりもさんざほんざどくらすてぁもんだな（家の中だけでも仲よく暮らしたいものだな）」

気の合う□ *うまあい 京都市 兵庫県明石郡 「AとBとは本当にうまあいやな」 奈良県 和歌山市 高知市「うまあいの友だち」 *うまくい 奈良県宇陀郡

男女が□よくなる *くむ 青森県津軽「ほかの男とくんだ」 鳥取県西伯郡「あの女とくんだ」 *むっぃり（男女が親しい仲になること）沖縄県首里・石垣島 *むっぃりゆん 沖縄県首里 *むっぃりるん・むっぃりん 沖縄県石垣島

□がよい *かいかいしーん 沖縄県石垣島 *かたがあう 新潟県佐渡

□が悪い *うしろどし（仲が悪い間柄）宮崎県東諸県郡 *えみわるい 岩手県気仙郡 *きんくなか 長崎県壱岐島「あの人とは長うきんくなか」 *くばさーん 沖縄県石垣島 *くふぁさん 沖縄県首里「あぬ みーとぅんだー くふぁさん（あの夫婦は仲が悪い）」 *ごーわるい 富山県婦負郡 *こそっぱい 埼玉県秩父郡「あの人はどうも近所の人とこそっぱくていけねえ」・入間郡 神奈川県

□が悪くなる *くばるん 沖縄県石垣島 *くふぁゆん 沖縄県首里 *すれる 長野県諏訪・上伊那郡「兄弟仲がすれている」 *はらがすれる 兵庫県加古郡 *ふばゆい・ふばうい 鹿児島県喜界島

□のよいこと *ちん 高知県「あの人とはちんじゃ」 *ちんかも 島根県隠岐島 *ちんくそ 山口県大島 福岡市 *ちんち 島根県仁多郡 *ちんちん 新潟県佐渡 滋賀県 兵庫県淡路島「口の中の物も食い合うくらいそれはそれはちんちんじゃ」 和歌山県・和歌山市 島根県「あれと僕とはちんちんだ」 徳島県・美馬郡 香川県 *ちんとくそ 山口県豊浦郡 福岡市 長崎県対馬「彼らはちんとくそだ」 *なかかいしゃ（形容詞は「なかかいしゃーん」）沖縄県石垣島「なかかいしゃしん（親しむ）」

□のよいさま *うだうだ 和歌山県伊都郡 *ひとつなか 新潟県佐渡 *かながなーとぅ 沖縄県首里 *たげー・たげ（「たぐい」の転）宮崎県東諸県郡「あれと俺はたげじゃ」

□の悪いこと *あいにらみ 新潟県佐渡「あこの家とはえいにらみだ」 *えせなか 佐賀県 *がっ

しょく 鹿児島県肝属郡 ***がっしょっ** 鹿児島県 ***くく** 沖縄県首里「たるーやじるーとぅくく(太郎と次郎は仲が悪い)」 ***くばさ** 沖縄県石垣島「ふちぃ　くばさ(どもること)」

□**の悪いさま** ***けけもけ** 富山県射水郡

□**よくする** ***いける** 愛媛県周桑郡 ***かいかいしん** 沖縄県石垣島 ***どくー** 山口県玖珂郡「あの二人はとくうてをる(仲がよい)」 ***まつばる** 長野県上水内郡 ***まつまる** 長野県

□**よくすること** ***ともだち** 山形県「死んだ嫁氏(ががちゃ)と友達した人だけても」 ***ほちゃほちゃ**(仲よくするさま) 徳島県海部郡「初めのうちはほちゃほちゃしよったけんどな」 ***わごー・わごーわだん・わだんわごー・わだん** 沖縄県首里

人と人との□ ***あいは** 鳥取県「あひはが悪い(性格が合わない)」 ***あやーは** 京都府竹野郡「あゃーはの悪い間柄」 ***ひあい** 岩手県上閉伊郡「ひえぁ、わるい」

ながい【長】 ***ながしー** 和歌山県日高郡「ながしう拝借しまして」 島根県石見　岡山県真庭郡・児島郡「長しゅう座っとったら足がかなわんようになった」 広島県倉橋島・高田郡「ながしゅー待たす」 山口県玖珂郡　愛媛県　高知県幡多郡「ながしゅーみんがいにわかがやっちょるがー(長らく見ないうちに若返っているが)」 ***ながじれ** 島根県簸川郡・隠岐島「ながじれ演説」 ***ながじろい** 島根県安濃郡 ***ながない** 愛媛県周桑郡 ***ふとい** 山形県東田川郡　新潟県佐渡　高知県　熊本県・玉名郡

□**間** ***さんたら** 静岡県「さんたらやって居た」 ***じょんしゃ** 徳島県麻植郡 ***じょんしゃない** 徳島県「じょんしゃない会わざったの」 ***せっかく** 岩手県九戸郡「せっかくまいってで、そーしてまいったどこさ、うまえでよろごんでだー(たいそう待っていて、そして待っていたところへ生まれて喜んでいた)」 ***そーたい** 愛媛県「そーたいあわなんだなー(しばらく会わなかったですねえ)」「そーたいぶり(久しぶり)」「そーたいこーたい(絶えて久しく)」 ***どーとー** 栃木県「どーとー待っていた」 ***ながでー** 沖縄県首里「ながでーぬやんめー(長い間の病気)」 ***ながない** 徳島県三好郡 ***はーりが** 長野県西筑摩郡「いんにゃはーりがはや遊んだー」 ***はーるか** 長野県「はーるか遊んでいた」 ***はるか** 長野県上田・北安曇郡　愛知県北設楽郡 ***よーまで** 和歌山県東牟婁郡「ようまで行っておいで」 ***よのしさし** 長野県南佐久郡

□**こと** ***びや・びやびや** 島根県益田市「このはじき(釣りざお)はびやじゃ」 ***ひんなか・ひんなかさんねん** 和歌山県東牟婁郡

ながいも【長芋】 ***いちねんいも** 広島県比婆郡 ***いっせいも** 長野県更級郡 ***えちごいも** 新潟県佐渡 ***えどいも** 山形県東置賜郡 ***おーいも** 山形県西置賜郡 ***きりいも** 宮城県栗原郡　山形県西置賜郡　栃木県日光 ***しんしょなおしいも・しんしょいも・しんしゅーいも** 岐阜県吉城郡 ***すりいも**(すり下ろして食べるところから) 長野県北安曇郡 ***だいこいも**(芋の形が大根に似ているところから) 秋田県鹿角郡　山形県東置賜郡・西置賜郡 ***だいこんいも**(芋の形が大根に似ているところから) 山形県西置賜郡・南置賜郡　新潟県佐渡 ***たろいも**(「馬鹿芋」の意) 新潟県上越市 ***でーごいも**(芋の形が大根に似ているところから) 山形県東置賜郡 ***てこいも** 長野県東筑摩郡　岐阜県飛騨　京都府竹野郡　島根県美濃郡 ***とろいも** 長野県佐久 ***ながつく**(畑作の長芋) 千葉県君津郡 ***ばかいも** 岩手県上閉伊郡　山形県　福島県北部・中部　新潟県上越市　長野県東筑摩郡・上伊那郡 ***みみくずりいも**(昔、陰暦六月一日に神前で長芋で耳の穴をくじるまねをして「ええごと聞け」と唱える俗事があったところから) 宮城県石巻 ***らくだいも** 宮城県仙台市　新潟県　長野県　岐阜県恵那郡　静岡県磐田郡

ながし【流】 ***いしえん** 熊本県玉名郡 ***いしば** 熊本県 ***えんのはた** 熊本県宇土郡 ***かげだし** 熊本県球磨郡 ***かって** 三重県志摩郡 ***かみど** 三重県阿山郡 ***しょーてんば** 熊本県芦北郡 ***しょそなげ** 奈良県宇智郡 ***しょちゃば** 熊本県上益城郡 ***すいばん** 神奈川県津久井郡　新潟県　島根県 ***せせな** 福島県中部・会津 ***せせなき** 福岡県企救郡 ***せせなぎ** 香川県 ***せせなげ** 新潟県刈羽郡　三重県名賀郡・志摩郡 ***たなす** 奈良県宇智郡 ***たなぼー** 三重県志摩郡 ***たなぼと** 三重県志摩郡　滋賀県伊香郡 ***たなもと** 三重県　滋賀県彦根　奈良県　広島県 ***たなんと** 島根県出雲・隠岐島 ***たにもと** 広島県賀茂郡 ***たのもと** 広島県沼隈郡 ***たらもと** 三重県志摩郡 ***どーけ** 京都府

↓ながしば（流場）・ながしもと（流元）

台所の□ ***すがき** 東京都八丈島 ***せーじ** 東京都御蔵島 ***はしい** 佐賀県・藤津郡　長崎県南高来郡　熊本県球磨郡　宮崎県都城　鹿児島県 ***はしぎ** 島根県安濃郡 ***はしっ** 長崎県五島 ***はしり** 青森県南部　岩手県　宮城県　福島県中部　新潟県佐渡　三重県伊賀　滋賀県　京都市　大阪市　兵庫県　奈良県　和歌山県　鳥取県　島根県・邑智郡「はしり台」 岡山県　広島県　山口県　徳島県　香川県　愛媛県　高知県　福岡県小倉市　長崎県西彼杵郡・南高来郡　熊本県　鹿児島県 ***はしりさき** 山口県阿武郡　長崎県西彼杵郡 ***はしりば** 宮城県栗原郡　兵庫県赤穂郡・加古郡　山口県玖珂郡　香川県三豊郡　愛媛県 ***はしりまえ** 青森県　岩手県九戸郡　宮城県石巻　秋田県鹿角郡 ***はしりもと** 三重県名賀郡・阿山郡　京都市　大阪市　兵庫県・神戸市　奈良県　和歌山県　広島県福山市　香川県大川郡　愛媛県周桑郡 ***はしる** 新潟県佐渡 ***みーじゃ** 新潟県刈羽郡 ***みざー**

山形県最上 *みじたなか・みんたなか 沖縄県島尻郡 *みじゃ 青森県津軽 山形県最上郡 新潟県東蒲原郡 *みずえん 熊本県阿蘇郡・上益城郡 *みずだな 熊本県芦北郡 *みずつかい 鹿児島県宝島 *みずつけば 熊本県芦北郡 *みずば 熊本県上益城郡 *みずや 青森県 山形県庄内・米沢市 新潟県東蒲原郡 岐阜県飛驒 広島県山県郡 *みぞや 秋田市 *みったな 長崎県南高来郡 *みんじゃ 青森県津軽 秋田県 新潟県佐渡・西頸城郡 *みんじょー 新潟県西頸城郡 *みんたな 沖縄県首里 *みんだなー 鹿児島県喜界島 *めんじゃ 青森県津軽「めんじゃもど(流し元のあたり)」 秋田県山本郡・平鹿郡 富山県 石川県鹿島郡・羽咋郡 *ゆどの 鹿児島県肝属郡 *ゆどん・いどん 鹿児島県・肝属郡

ながしば【流場】 *えんのはた 熊本県宇土郡 *おどりば(風呂の流し場) 奈良県南部 *しっくいば(もと、多く、しっくいのたたきになっていたところから。台所の流し場) 大阪市 香川県・小豆島 *すたながす(「下流し」か。風呂の流し場) 愛媛県周桑郡 *たたっ 鹿児島県 *みーじゃ 新潟県刈羽郡 *みざー 山形県最上 *みじゃ 青森県津軽 山形県最上郡 新潟県東蒲原郡 *みずしば 山口県豊浦郡 *みずつかいば 高知県土佐郡 *みずや 青森県 山形県庄内・米沢市 新潟県東蒲原郡 岐阜県飛驒 広島県山県郡 *みぞや 秋田市 *みんじゃ 青森県津軽 秋田県 新潟県佐渡・西頸城郡 *みんじょー 新潟県西頸城郡 *めんじゃ 青森県津軽「めんじゃもど(流し元のあたり)」 秋田県山本郡・平鹿郡 富山県 石川県鹿島郡・羽咋郡
→ながし(流)・ながしもと(流元)

ながしもと【流元】 *たなす 奈良県宇智郡 *たなぼー 三重県志摩郡 *たなぼと 三重県志摩郡 滋賀県伊香郡 *たなもと 三重県 滋賀県彦根 奈良県 広島県 *たなんと 島根県出雲・隠岐島 *たにもと 広島県賀茂郡 *たのもと 広島県沼隈郡 *たらもと 三重県志摩郡 *はしい 佐賀県・藤津郡 長崎県南高来郡 熊本県球磨郡 宮崎県都城 鹿児島県 *はしぎ 島根県安濃郡 *はしっ 長崎県五島 *はしり 青森県南部 岩手県 宮城県 福島県中部 新潟県佐渡 三重県伊賀 滋賀県 京都市 大阪市 兵庫県 奈良県 和歌山県 鳥取県 島根県・邑智郡「はしり台」 岡山県 広島県 山口県 徳島県 香川県 愛媛県 高知県 福岡県小倉市 長崎県西彼杵郡・南高来郡 熊本県 鹿児島県 *はしりさき 山口県阿武郡 長崎県西彼杵郡 *はしりば 宮城県栗原郡 兵庫県赤穂郡・加古郡 山口県玖珂郡 香川県三豊郡 愛媛県 *はしりまえ 青森県 岩手県九戸郡 宮城県石巻 秋田県鹿角郡 *はしりもと 三重県名賀郡・阿山郡 京都市 大阪市 兵庫県・神戸市 奈良県 和歌山県 広島県福山市 香川県大川郡 愛媛県周桑郡 *はしる 新潟県佐渡 *みーじゃ 新潟県刈羽郡 *みざー 山形県最上 *みじゃ 青森県津軽 山形県最上郡 新潟県東蒲原郡 *みずえん 宮崎県児湯郡 *みずしば 山口県豊浦郡 *みずつかいば 高知県土佐郡 *みずや 青森県 山形県庄内・米沢市 新潟県東蒲原郡 岐阜県飛驒 広島県山県郡 *みぞや 秋田市 *みんじゃ 青森県津軽 秋田県 新潟県佐渡・西頸城郡 *みんじょー 新潟県西頸城郡 *めんじゃ 青森県津軽「めんじゃもど(流し元のあたり)」 秋田県山本郡・平鹿郡 富山県 石川県鹿島郡・羽咋郡
→ながし(流)・ながしば(流場)

なかなおり【仲直】 *なかえんじ 石川県能美郡 *やふぁらきゅん 沖縄県首里
□する *くねーゆん 沖縄県首里

なかば【半】 *ちゅーなか 秋田県鹿角郡「山のちゅーながで休んだ」 *なから 岩手県気仙郡「なからにして帰った(中途で帰った)」 新潟県「月のなから(中旬)に行きたい」「仕事がなからになった」 山梨県 静岡県・田方郡・志太郡 兵庫県揖保郡 広島県比婆郡 香川県佐柳島・伊吹島 長崎県佐世保市 鹿児島県 沖縄県首里・石垣島 *なまら 神奈川県愛甲郡 新潟県・三島郡 香川県仲多度郡 愛媛県「なまらわかった」 *ばなか 岩手県上閉伊郡・気仙郡「学校をばながにする」 *はんじゃく 島根県大田市・益田市 *はんちく 広島県高田郡 *はんちゃ 鳥取県西伯郡 島根県八束郡・隠岐島「仕事をはんちゃにしてどこかえあそびに行きた」 *はんちゃく 山形県 富山県 *はんちゃくれ 岐阜県益田郡 *はんちゃぼ 石川県 *みちなから 沖縄県首里
→はんぶん(半分)

なかま【仲間】 *あいは 山形県西置賜郡・南置賜郡 新潟県東蒲原郡「あいつは嘘つきであいはにならない」・西蒲原郡 *あう 沖縄県石垣島 *いちるい 徳島県 *いっか 山口県玖珂郡「ええいっか(似た者同士)」 徳島県 香川県「わいら仕事しょるのは、みんないっかじゃの」 高知県 *いつるい 山梨県南巨摩郡 *えーじゅー 沖縄県首里 *おなか 山形県米沢市 *かいご 青森県津軽 *かたふね 東京都大島 長崎県壱岐島 *がわ 滋賀県滋賀郡 *ぐー 鹿児島県喜界島 沖縄県首里・八重山「ぐーなるん(相棒になる)」 *くみこ 岩手県気仙郡 宮城県石巻(幼児語) 山梨県南巨摩郡 *くみし 山形県東置賜郡・西田川郡 *ご 鹿児島県沖永良部島 *しゃのうち 富山県砺波 *そ 島根県石見・隠岐島「お前はわしらとそになるか」 *そん 島根県出雲・隠岐島「わしもそんにしてごせ(くれ)」 *たい 茨城県 栃木県「あのたいは何してるんだ」 *たぐえしゃ・たげしゃ 宮崎県東諸県郡 *つーれー 高知県香美郡「あたしらづーれいはよう歌ふたもんぢや」 *つれ 福井県敦賀郡・大飯郡 長野県上田「つれと約束した」 岐阜県武儀郡 静岡県浜松 滋賀県彦根 大阪府泉北郡 兵庫県明石郡・神

戸市　島根県隠岐島「わしらあ、そげしおった（そのようにしていた）つれだにのう（仲間ですがね）」　香川県「つれがおもてへ来とるぞ」　鹿児島県種子島 ***つれー** 山梨県　長野県佐久 ***つれども** 新潟県長岡市　石川県輪島市「つれどもどし七人も」　***て** 茨城県北相馬郡　栃木県　高知市「あの人等は皆偉いてぢゃきに話が合う」　熊本県玉名郡 ***てあい** 山形県米沢市 ***てー** 新潟県「在郷のてぇはよく食ふ」　茨城県「村のてー」　栃木県上都賀郡　群馬県利根郡・吾妻郡 ***てこ** 熊本県 ***てご** 静岡県磐田郡 ***てや** 秋田県河辺郡 ***どぅーし** 鹿児島県奄美大島 ***どぅし** 鹿児島県南西諸島　沖縄県首里・八重山 ***どぅしぬめー・どぅしでぃーぬめー** 沖縄県石垣島 ***どぅす** 沖縄県八重山 ***どぅつぃ** 沖縄県与那国島 ***どー** 愛媛県 ***どーし** 新潟県佐渡　島根県八束郡・隠岐島　長崎県南高来郡・長崎市 ***とぎ** 三重県志摩郡　鳥取県西伯郡　島根県「とぎといっしょに外であすべ」　広島県佐伯郡「あにーの、えーとぎでがんしたがの（長男のよい友達でしたがね）」・能美島　山口県大島　徳島県美馬郡　愛媛県　高知県・高知市 ***どし** 東京都大島（同年配の友達）　新潟県佐渡　静岡県榛原郡「どしのそねみが一番こわい」・磐田郡　島根県（若者宿の仲間）「この子はどしが居らんで困る」「どしになる」　福岡県筑前・遠賀郡　佐賀県　長崎県　熊本県天草郡　大分県　宮崎県西諸県郡　鹿児島県「一のどし（無二の親友）」　沖縄県 ***どち** 島根県簸川郡 ***どって** 三重県志摩郡 ***どみ** 三重県阿山郡「われどみ（吾が仲間）」　***とんぎ** 三重県度会郡 ***にんじゅ** 沖縄県石垣島 ***にんじゅー** 新潟県佐渡「行くにんじゅうに入れてくれ」　***にんじょ** 新潟県刈羽郡・柏崎 ***にんず** 島根県 ***にんずー** 島根県「にんずーにする（仲間に入れる）」　***ねんじ** 島根県出雲「ねんじんする（仲間に入れる）」　***ぼーぐみ** 徳島県 ***ほーばうん** 和歌山県西牟婁郡「私達はほうばうんですわね」　***まき** 栃木県　静岡県周智郡 ***まぐみ** 鹿児島県喜界島 ***まつい** 富山県・砺波　石川県 ***まっつい** 富山県砺波「酒の好きなまっついが寄って呑んどる」「このまっついのもんだけ一と所へ寄せといてくれ」　***もーやい** 岐阜県山県郡「わっちももうやいしてくんさい」　***もやい** 岐阜県大垣市　三重県・松阪市・南牟婁郡「もやいにしてくれ」　滋賀県彦根　和歌山県日高郡　香川県・仲多度郡 ***もやいこ** 岐阜県不破郡 ***もよい** 静岡県 ***もんちゅー** 新潟県佐渡 ***もんて** 千葉県夷隅郡　香川県伊吹島「もんてがよい（手がそろう）」　***もんてー** 新潟県西蒲原郡 ***やうち** 富山県砺波　石川県　福井県　三重県志摩郡「やうちゃー寄ってかかって待っとんにゃんでのー（待ちかまえているのだからねえ）」　***やど** 大分県津久見市　***よーない** 香川県 ***ろし** 新潟県佐渡「ろしがみんないっしょにおろって（踊って）」　***わのうち** 島根県隠岐島 ***わ** 奈良県吉野郡「わに入れん」

↓ともだち（友達）

□**に入れる** ***ありにする** 長野県下伊那郡 ***うける** 山口県大島「陣取りにうけてもらった」　***かすまぜる** 岩手県気仙郡「あんな奴、かすまぜんな」　***かたえる** 新潟県下越 ***かたす** 鹿児島県・肝属郡 ***かたする** 福岡県久留米市・粕屋郡　長崎市 ***かたせる** 秋田県河辺郡　山形県　福岡県粕屋郡・福岡市　佐賀県三養基郡　鹿児島県「かたせてたもさんか」　***かたらわん** 沖縄県首里 ***かたる** 青森県上北郡　群馬県吾妻郡　鹿児島県種子島 ***かっちぇる** 長崎県対馬 ***かっつる** 長崎県対馬 ***かってる** 大分県大分郡「仲間にかってろーえ」　***かつる** 福岡県「遊び仲間にかつる」　大分県 ***かてる** 北海道函館　青森県「保険さかでる」「あれかでればおらかだない」　岩手県　秋田県「この子をもかでてたんしぇ」　群馬県勢多郡「おにごとにおれもかてない（入れてください）」・多野郡　埼玉県秩父郡「おめえもかてらあ」　東京都南多摩郡・八王子・大島　神奈川県　新潟県　福井県　山梨県「この会の趣旨に賛成の者は誰でもかてる」　長野県「おれもかてれや」「おれもかてんか」　静岡県　愛知県八名郡　香川県小豆島　長崎県対馬　熊本県「かてん（仲間に入れない）」　***からめる** 岩手県気仙郡「うちの子もからめてけらっせ（一緒に遊んでやって下さい）」　***すえる** 栃木県 ***そえる** 千葉県印旛郡　新潟県佐渡　島根県「わしもそえて呉れー」　高知県長岡郡・高岡郡 ***そわす** 千葉県夷隅郡 ***なえる** 高知県「なえてくれ」　***なす** 三重県志摩郡　愛媛県 ***はめる** 岩手県気仙郡　宮城県栗原郡　山形県「おまえもはめる」　徳島県「トランプの仲間にはめてくれ」　香川県 ***まえる** 三重県伊賀　大阪府泉北郡　和歌山県（児童語） ***まじる** 福井県「わーらのよーなおたんちん、まじってやらん（おまえの様なばか者は、仲間入りさせてやらぬ）」　***まぜる** 宮城県北部　山形県北村山郡「おればぬがさねで（除かずに）まじぇろ」　福島県東白川郡　栃木県　群馬県桐生市・佐波郡　千葉県長生郡　富山県・砺波　石川県金沢市・鳳至郡　長野県佐久　岐阜県　静岡県志太郡「おらもまぜてくれ」　滋賀県彦根　京都市　大阪市　和歌山県 ***までる** 和歌山県 ***もんにする** 千葉県夷隅郡 ***よす** 大阪市「そんなことしたら、もうよしたらへんぞ」　兵庫県加古郡・明石郡　和歌山県海草郡・那賀郡　岡山県児島郡「わえもかんかん蹴りーよせー（仲間に入れてください）」　***よせる** 山形県山形市・西田川郡　新潟県上越市「わたしもその会によせてくんない」　岐阜県大垣市　三重県北牟婁郡　滋賀県堅田・彦根　京都市　大阪市　兵庫県加古郡「よせたるから一しょに遊ぼう」　和歌山県海草郡　島根県「お前もよせてやーけん（やるから）来い」　岡山県津山市　広島県高田郡　山口県　徳島県　香川県「お前や悪いことするけんよせんぞ」　愛媛県

―に入る *かざる(「かたる(語)」の転か) 山形県最上郡「あれもおれたちにかざる」 *そう 茨城県稲敷郡「そーべー」 *のる 群馬県勢多郡 山梨県南巨摩郡 静岡県志太郡 *はまる 岩手県気仙郡 宮城県 山形県 新潟県東蒲原郡「開墾仲間にはまる」 岡山県児島郡 徳島県 香川県 愛媛県「あんたもおはまりん(仲間にお入り)」 *よる 徳島県海部郡「あこ(君)もよれ」「あこもよったるわ(仲間に入れてやる)」 愛媛県

なかまはずれ【仲間外】 *あみはじき・あみはずれ 山形県東田川郡 *いっけんずまい 長崎県久賀島 *いっけんだち 大分県大分郡 *いっしょなべ 兵庫県淡路島 *いっぽんさん 香川県三豊郡 *かってん・かてん(「糅(か)てぬ」の意) 大分県大分市・大分郡 *からんぎょ 熊本県玉名郡 *けもん 広島県走島 *ごま 鹿児島県鹿児島郡 *そこのけ 新潟県佐渡「この俺をそこのけにして決めた」 滋賀県彦根 *そともの 大分市 *ちょかめし 宮崎県都城 *てのけ 島根県江津市「てのけにされた」 *とーりぼっち 熊本県天草郡 *としわけ 熊本県天草郡 *どんはずれ 熊本県天草郡 *なき 香川県香川郡「なきがでけんようにせないかんぞ」 *なべかぶり 山口県 大分県大分郡 *なべかるい 山口県・豊浦郡「なべかるいをかわせる」 *のけさ 山梨県 *のけばい 高知県・高知市(児童語) *のけものはずれ 大分市 *ばいのけ 香川県塩飽諸島 *はいのじ 熊本県宇土郡 *はざくれ 宮崎県西臼杵郡 *はさけ 熊本県阿蘇郡 *はせだ 愛媛県・松山「はせだにせられた」 *はぜのけ 徳島県「彼は気前が悪いからはぜのけにしよう」 愛媛県 *はせのけ 山口県大島 愛媛県中島 *はだけぼー 大分県大分郡 *はだけもの 大分市 *はっち 静岡県島田市 *はね 三重県名賀郡・名張市「はねにする」 岡山県児島郡 広島県 山口県 *はねうま 石川県能美郡 *はねきん 宮崎市 *はねこ 京都府竹野郡「みんなからはねこにしられて(されて)いました」 *はねご 島根県出雲 岡山県児島郡 徳島県 *はねだし 石川県能美郡 山口県豊浦郡 *はねだしもん 新潟県佐渡 *はねっこ 三重県阿山郡 *はねっぽ 三重県伊賀 *はねどき 奈良県北葛城郡 *はねどけ 大阪府大阪市・泉北郡 兵庫県加古郡 *はねのき 奈良県吉野郡 *はねのけ 大阪市 奈良県吉野郡 山口県 *はねもん 奈良県 広島県江田島 大分県北海部郡 *はのけもの 岡山県 *ばばわけ 大分県中部 *はぶ 静岡県田方郡・安倍郡 島根県隠岐島 *はぶき 島根県八束郡・隠岐島 *はぶきもん・はびきもん 新潟県上越市 *はぶけ 三重県志摩郡 *はぶし 島根県平田市・隠岐島 *はぶせ 静岡県静岡市・浜松市 *はぶれ 静岡県庵原郡 *はべ 岐阜県本巣郡 *はぼ 三重県志摩郡 *はんきれ 香川県粟島 *はんぽけ 三重県阿山郡 *ひんのけもの 徳島県海部郡 *ぶし 富山県砺波「あいつはわるもんだからぶしにしよう」 *ぶはなん 三重県志摩郡 *ぶんぶんばち 熊本県天草郡 *べつもん 三重県志摩郡「べつもんにする」 *へのけ 島根県隠岐島「とーとーへのけにされた」 岡山県苫田郡 *へのけもの 島根県邑智郡 岡山県 *へんべのこ 岐阜県大野郡・飛驒 *みそわけ 大分県 *よけもん 島根県益田市 *わはずれ 香川県伊吹島

↓のけもの(除者)

―にされた者 *いちにんしゅ 香川県 *いちわどり 奈良県南大和 *ぐーはじらー 沖縄県首里 *ぐーはんだー・ぐーまんちゃー 沖縄県首里 *ぐーぱんちゃー 沖縄県石垣島 *はじきもん 富山県砺波 *ひっぱなし 熊本県球磨郡 *ひとりぼーず 熊本県玉名郡 *ひとりもん 熊本県 *ふとりだち 熊本県芦北郡 *ふとるもん 熊本県天草郡

―にする *えりはなす 熊本県 *こかす(故意に仲間外れにする) 静岡県榛原郡 *こけにする(故意に仲間外れにする) 静岡県榛原郡 *こごはなす 熊本県天草郡 *ごだんはねる 香川県三豊郡・仲多度郡 *すぼにする 高知県「あの人は私をすぼにする積りかしらん」 大分県 *せる 島根県石見 *それにかく・それへかく 新潟県佐渡「私をそれにかいた」 *はぎたる 山形県北村山郡 *はぎる 青森県三戸郡 岩手県上閉伊郡・気仙郡 山形県「友達をはぎるな」 福島県南会津郡 千葉県東葛飾郡 東京都南多摩郡 新潟県「遊びに行ってもはぎられるからつまらない」 *はぐす 岩手県気仙郡 静岡県志太郡 *はぐらかす・はぐらす 長野県佐久 *はぐる 山形県「誰さんをはぐって遊びの仲間に入れない」 福島県 *はごす 青森県三戸郡 *はさくる 宮崎県西臼杵郡 *はざくる・はだくる 大分県大分市・大分郡 *はざける 愛媛県 *はざのくる 大分県日田郡「彼は仲間からはざのけられた」 *はせのける 愛媛県周桑郡・喜多郡 *はぜのける 徳島県 愛媛県 高知県 *はねる 高知県土佐郡 *はびく 香川県女木島 *はぶく 三重県志摩郡 島根県八束郡・隠岐島 山口県阿武郡 *はめだす・はめぬかす 山形県西置賜郡 *へーのける 島根県隠岐島「無茶苦茶をするとへーのけっぞ」 *へす 島根県「あんまり無茶をするとへすで」 *へのける 島根県「仲間からへのけた」 岡山県浅口郡 *よりさかす・よっさかす・よしらかす(子供が友達をいじめたり泣かせたりして仲間外れにする) 兵庫県加古郡

―にすること *あすばん 福岡市 *かんなべ 熊本県 *かんなべかぶり 熊本県天草郡 *かんなべからい 熊本県 *かんなべからわす 熊本県天草郡 *かんなべかるわせ 熊本県上益城郡 *かんなめ 熊本市 *くみのけ 大分県 *くみはずし 島根県益田市・那賀郡 山口県 大分県速見郡・大分郡 *くみはずれ 島根県石見 広島県大崎上島・高田郡 愛媛県 大分県北海部郡・大分郡 *くみばせ 香川県三豊郡 *くみはちふ

愛知県北設楽郡 *くみはなし 長崎県東彼杵郡 熊本県芦北郡・八代郡 大分県玖珠郡 *くみはなれ 熊本県球磨郡 *くみはぶき 島根県 *ごだんばね 香川県仲多度郡 *ちょーがい(処罰のために仲間外れにすること) 千葉県香取郡 和歌山県海草郡 *どんかつ・とん 岐阜県飛驒「お前なんかとんじゃ」 *はちぶ 茨城県北相馬郡 栃木県 群馬県 埼玉県 千葉県東葛飾郡 東京都大島 神奈川県津久井郡 新潟県佐渡 富山県砺波 福井県・大野郡 山梨県南巨摩郡「いじわるの子だからはちぶしょう」 長野県「はちぶする」 岐阜県大垣市・養老郡 静岡県 愛知県尾張・知多郡 三重県北牟婁郡 大阪府泉北郡 島根県美濃郡・益田市 岡山県備中北部 徳島県三好郡 *びん・びんこ 香川県直島 *ほんがんはずし(村人一同が仲間外れにすること) 香川県仲多度郡 *ほんがんばね(村人一同が仲間外れにすること) 香川県仲多度郡 *ほんがんばらい(村人一同が仲間外れにすること) 香川県丸亀市 *れっこ(幼児語) 島根県八束郡

なかゆび【中指】 *おかーさんゆび 新潟県佐渡 *せーたか 青森県三戸郡 *せーたかゆび 島根県 広島県安芸郡 *せーたかいび 島根県石見 大分市 *たーかいたーろー 大分県大分郡 *たかしろ 熊本県上益城郡 *たかそ 熊本県玉名郡 *たかそいび 熊本県 *たかたか 熊本県阿蘇郡・玉名郡 *たかたかいべ 兵庫県加古郡 *たかたかゆび 山形県 福島県安積郡 東京都利島 新潟県 福井県敦賀郡・大飯郡 山梨県南巨摩郡 長野県 岐阜県養老郡 静岡県磐田郡 滋賀県彦根 京都府・京都市 大阪市 兵庫県赤穂郡・神戸市 奈良県大和高田市 和歌山県 島根県 岡山市 広島県 山口県祝島 徳島県 香川県 愛媛県 高知県 佐賀県唐津市 長崎県西彼杵郡 熊本県 大分県 *たかたろ 熊本県 大分県大分郡 *たかたろー 熊本県 *たかたろゆび 熊本県北部 大分県大分市・大分郡 *たかゆび 奈良県吉野郡 島根県江津市 熊本県 *たきたか 島根県隠岐島 *たきたかゆび 島根県出雲・隠岐島 *たけだか 富山県 *たけたかゆび 富山県東礪波郡 島根県出雲 *ちちゆび 新潟県佐渡 *なかそいび 熊本県玉名郡 *なかたかいび 島根県鹿足郡・美濃郡 *なかたかゆび 青森県三戸郡 新潟県佐渡・糸魚川市 山梨県南巨摩郡 大分県大分市・大分郡 *なかたろー・なかたろ・なかたら・なかたろいび 長崎県南高来郡 *ながたろー 三重県伊勢 *なかでゆび 岩手県気仙郡 *なかなかゆび 大分県西国東郡 *なかなかよび 新潟県 *なからいび 大分県大分市・大分郡

なかよし【仲良】 *いっちょなか 山梨県南巨摩郡 *けあく 青森県南部 *けやく 青森県・津軽 秋田県鹿角郡・山本郡「私と某さんとは昔からけやぐだ」 *ごんち 富山県上新川郡 *じょっこん(「じっこん(昵懇)」の転か) 山形県東田川郡「じょっこんになった(和解した)」 *ちんぐ 島根県益田市・美濃郡「あれと僕とはちんぐだ」 山口県 香川県伊吹島 長崎県・対馬 *ちんぐー 長崎県西彼杵郡 *ちんごん 島根県大田市 *まんまん(男女の仲良し。幼児語) 香川県大川郡 *ものもの(大の仲良し) 奈良県生駒郡

ながら【乍】
し□ *うっちうっち 長崎県南高来郡 *しがつら 静岡県志太郡「自分でもしがつら(自分でもしておきながら)人のことーとがめる」 *しでーらに・しでゃーらに 新潟県佐渡「勉強しでえらにとりの番もせよ」

なぎ【凪】 *あまなぎ(雨の日の凪) 新潟県西頸城郡 *あぶらなぎ(油を流したような静かな凪) 香川県塩飽諸島 長崎県対馬 *あぶらながしなぎ(油を流したような静かな凪) 新潟県西頸城郡 *いりあいなぎ 静岡県(昴が西に沈むころの海の凪)・榛原郡(オリオン座が西に沈むころの海の凪) *しらなぎ(海上一面が平らになる凪) 静岡県浜名郡 *しらはい(油を流したような静かな凪) 東京都大島 *どぅだーぎ 沖縄県石垣島 *どぅり 鹿児島県喜界島「とぅりぬみ(ないだ海)」 沖縄県首里「あさどぅり(朝なぎ)」「ゆーどぅり(夕なぎ)」・石垣島 *どろなぎ 大分県速見郡 *なむぶせ 東京都八丈島 *なんぶし 東京都三宅島 *びーどろなぎ(海上一面が平らで鏡面のようになる凪) 静岡県浜名郡 *ひかりなぎ(最も静かな凪) 長崎県対馬 *ぴっかりなぎ・ぴっかりなき(最も静かな凪) 三重県志摩郡 *べたなき(少しも風のない凪) 長崎県伊王島 *べたなぎ(少しも風のない凪) 東京都利島・大島・八丈島 神奈川県葉山付近 静岡県浜名湖 島根県八束郡・隠岐島 岡山市 長崎県対馬 *べんじゃら・べんざら・おべんじゃら 静岡県浜名郡
→「かぜ(風)」の子見出し、「風がやむ」

なきむし【泣虫】 *あめ 青森県津軽 *いじゃく 富山県「いじゃくな子供でねー」 *いそっつび 静岡県庵原郡 *うどみそ 愛媛県 *おめら 長野県佐久 *おめろ 長野県上伊那郡・諏訪 *からない 千葉県夷隅郡 *しび 愛媛県今治市 *じび 徳島県美馬郡 香川県 *じゅーじゅーむし 大分県大分市・大分郡 *ちゃんめら 熊本県玉名郡・下益城郡 *ないかん 千葉県夷隅郡・長生郡 *ないかんびーびー・ないびび・ないぴり・ないへ・ないへー 千葉県夷隅郡 *なき 秋田県鹿角郡「あのなけあ又泣いてる」 京都市 大阪府泉北郡 *なきーさー 島根県美濃郡・益田市 *なきしび 愛媛県 *なきじび 香川県 *なきしみ 愛媛県 *なきた 三重県志摩郡 *なきたれ 山形県東置賜郡・西置賜郡 新潟県北蒲原郡 香川県三豊郡 *なきち 青森県 秋田県鹿角郡 *なきちごんぼ 青森県三戸郡 *なきっくずれ 栃木県 *なきったれ 栃木県日光市・河内郡 *なきびーす 山口県玖珂郡 *なきびしょ 静岡県志太郡「おまぇーわそんなぇなきびしょ

か」 和歌山県西牟婁郡・東牟婁郡 *なきびしょー長野県諏訪 *なきびす 鳥取県岩美郡・気高郡 佐賀県 長崎県壱岐島 鹿児島県種子島 *なきびすたれ 鹿児島県種子島 *なきびそ 山形県庄内 新潟県岩船郡 富山県砺波 長野県 岐阜県 静岡県磐田郡 愛知県尾張 三重県志摩郡・度会郡 香川県小豆島 *なきびそー 長野県諏訪 *なきびそたれ 三重県志摩郡 *なきびちょ 岩手県紫波郡 宮城県仙台市 山形県西置賜郡 新潟県中頸城郡 *なきびっちょ 青森県津軽 岩手県気仙郡 宮城県石巻・仙台市 山形県西置賜郡・西田川郡 新潟県中頸城郡 *なきびと 長野県諏訪 *なきびり 島根県那賀郡・鹿足郡 山口県 *なきぶす 愛媛県西条市・周桑郡 *なきぶそ 岐阜県本巣郡 愛知県葉栗郡・名古屋市 *なきぶち 茨城県多賀郡 *なきべす 山形県東村山郡 福井県大飯郡 兵庫県赤穂郡 福岡県粕屋郡 長崎県長崎市・対馬 鹿児島県 *なきべそ 神奈川県中郡 新潟県 富山市近在 岐阜県 愛知県名古屋市 兵庫県赤穂郡 長崎県南高来郡 大分県 宮崎県 *なきべちょ 北海道函館 岩手県紫波郡 *なきべっちょ 岩手県九戸郡・気仙郡 宮城県石巻 *なきめ 愛媛県 *なきめそ 山形県最上郡・新庄市 福島県東白川郡 新潟県東蒲原郡 富山県砺波 *なきめら 熊本県 *なきめろ 秋田県秋田市・南秋田郡 *なきんずら 静岡県賀茂郡 *なきんば 広島県倉橋島 *なきんべー 山梨県 静岡県磐田郡 *なきんべら 長野県佐久 *なきんぼー 広島県比婆郡 *なきんめら 長野県佐久 *なくべし 長崎県南高来郡 *なくべす 熊本県天草郡 *なけずら 青森県津軽 宮崎県宮崎郡 *なけびちょ 宮城県栗原郡 *なけべし 宮崎県 鹿児島県・姶良郡・鹿児島郡 *なけべししょ 鹿児島県 *なけべす 福岡県 長崎県南高来郡 熊本県 大分県 宮崎県宮崎郡 鹿児島県・肝属郡 *なけべそ 大分県 *なけべっしょ 宮崎県西諸県郡 *なけべっそ 鹿児島県・鹿児島郡 *なちぶしゃー 沖縄県首里 *なっきー 静岡県磐田郡 *なっきち 岩手県九戸郡 *なっけー 沖縄県石垣島 *なっびび 長崎県五島 *ねぎすり 岩手県江刺郡 宮城県栗原郡 *ねちみゃく 島根県益田市・美濃郡 *ひーたれ 佐賀県 *びーたれ 島根県石見 山口市 *びーだれ・びんだれ 愛媛県大三島 *びーつく 岡山市 *びーびら 山口県防府 *びーり 島根県隠岐島 *びく 島根県簸川郡 *びしょがに 三重県北牟婁郡 *びす 鳥取県気高郡 *びっきやろ 山形県東田川郡・庄内 *びったれ 高知県・幡多郡 *びり 島根県「隣のびりが又びり出あた」・邇摩郡 広島県・高田郡 山口県阿武郡 *びーり 島根県隠岐島 *びりーさー・びりくそ 島根県美濃郡・益田市 *びりけない（泣き虫だ）島根県那賀郡「びりけない子供で困る」 *びんたー 広島県比婆郡 *べーそがき・べそがに・びそがに・びそ 島根県隠岐島 *へーだーら 群馬県多野郡 *べそかき 大分県 *べそっかき 長野県佐久 *べら 長野県河中島 *ほえご 島根県出雲・隠岐島 *ほえごみそ 島根県出雲 *ほえごめ 島根県八束郡・仁多郡 *ほえごめそ 島根県出雲 *ほえばち 岐阜県益田郡 *ほえびす 鳥取県気高郡 *ほえびそ 新潟県西頸城郡 愛知県知多郡 島根県隠岐島 *ほえびり 島根県隠岐島 *ほえぷそ 愛知県西春日井郡 島根県隠岐島 *ほえべそ 岐阜県加茂郡 愛知県知多郡 島根県隠岐島 *ほえみそ 新潟県西頸城郡 島根県能義郡・隠岐島 *ほえめそ 島根県出雲 *みそ 新潟県中頸城郡 山口県大島 *めーら 秋田県鹿角郡「あの子はめいらだ」 長野県諏訪・上田 静岡県 *めら 岩手県紫波郡 秋田県平鹿郡 長野県 熊本県 *めらぞ 福岡県三井郡 *めらっこ 岩手県紫波郡 *めろ 山形県米沢市 *めろつき 長野県諏訪・東筑摩郡 *めろり 岩手県気仙郡 山形県東置賜郡

↓「なく（泣）」の子見出し、「よく泣く子」「よくなくこと（人）」

なく【泣】 *あえる 高知県高岡郡「まー、よーあえる児ぢゃのー」 *あかぼえる 茨城県 *うがる（卑語）愛知県知多郡 *うとぼえる 島根県邇摩郡 *うどぼえる 島根県邇摩郡 愛媛県越智郡・周桑郡 *うどほゆる 大分県宇佐郡 *うどぼゆる 福岡県浮羽郡 大分県 *うどぼえる（長々と泣く）岡山県苫田郡 愛媛県「うどぼえな。ちとひかへとれ」 *うどむ 島根県 岡山県 広島県 愛媛県今治市「家の子はうどんで仕方がない」 *うどんぼえる 島根県那賀郡・邑智郡 *うなる 三重県北牟婁郡「やろ、あとでなぐられてもうなんなよ」 広島県佐伯郡・山県郡 *うるめがとれる 高知県（主として子供が泣く時に言う）「もう言われん言われん（もう言うな言うな）、うるめがとれたら面倒い」・長岡郡・高知市 *うるめをひく 愛媛県西宇和郡 *おえる 兵庫県佐用郡 *おくれる 茨城県 *おどぼえつく 島根県隠岐島 *おとぼえる 兵庫県佐用郡 鳥取県西伯郡 島根県八束郡 *おどぼえる 島根県出雲 *おどむ 島根県 *おとんぼえる・おっとんぼえる 島根県出雲 *おなる 東京都八丈島 *おめく 大分県北海部郡 *おもつかる 石川県金沢 *からなう 千葉県夷隅郡 *ごなく 石川県鳳至郡 *ごなる（卑しめて言う語）富山県「あの児はごなってをった」・下新川郡・砺波 石川県 岐阜県飛騨 *ごめく 富山県（卑語） 石川県「ごめーた」 *ごめる 富山県 *しびる 奈良県吉野郡 徳島県 *じびる 徳島県・三好郡 *しゃぎる（うるさく泣く）長野県東筑摩郡 *しろむ 島根県・邑智郡 *すたく 新潟県佐渡「後ですたくな」 *ずなる 富山県「ずなるな（泣くな）」 *ずねる 島根県石見「夜通し子供がずねて寝せざった」 *ぞぼゆる（卑語）大分県大分郡 *ちんだれる 和歌山県日高郡 *つくる 岩手県和賀郡 *といばる 香川県 *とえずる 広島県佐伯郡 愛媛県大三島 *とえばる 徳島県 *とえる 兵庫県淡路島 島根県石見「とえると祭へ連れて行かんで」 徳島県 香川県佐柳島 *とこほえる 岐阜県恵那郡 *とこぼえる 滋賀県高島郡 奈良県 愛媛県周桑郡(ののしりの語)「とこぼえい(泣け)」 *どすべる 岐阜県 *どすほえる・どずぼえる 岐阜県郡上郡 *どすぼえる 岐阜県「わうわといってどすぼえる」「こりゃやかましー、そーどすぼえんな」 *どちぼえる 三重県志摩郡 *どへる 徳島県阿波郡・名西郡 *どべる 新潟県岩船郡 *どぼえる 岐阜県稲葉郡 山口県大島 *どやる 島根県簸川郡 *なきまわる 群馬県勢多郡 *のーん 沖縄県竹富島 *びーずたれる 広島県豊田郡 *ひーずる 千葉県・安房郡 *ひーつる 千葉県安房 広島県御調郡 *びーつる 広島県向島 *びすたる 長崎県佐世保市 *びたける(甘えてめそめそ泣く)千葉県君津郡・印旛郡 *びらす 島根県石見「あんまりびらすとごんごんじー(恐ろしい人)にやるど」 *びらとく 島根県美濃郡・益田市「いつまでもびらとくな。みとーもなー」 *ひらむ 佐賀県藤津郡 大分県宇佐郡(しくしく泣く) 熊本県天草郡 *ひる 岡山県浅口郡 *びる 島根県石見「朝から晩までびっとる」 広島県備中「びるな」 山口県阿武郡 *ふぃーじゅん(上流の語)沖縄県首里「ぬーんでぃち うんじょー ふぃーじみせーが(なぜあなたはお泣きになるのか)」 *ふえーる 東京都御蔵島 *ふえずく(卑語)大分県速見郡 *ぶりをける 広島県 *へーずる 群馬県多野郡 *へーる 群馬県勢多郡・佐波郡 埼玉県秩父郡 *ほいどく 愛媛県大三島 *ほえいる 島根県隠岐島 *ほえー 鳥取県西伯郡 *ほえしる 島根県邑智郡「大けななりをしてほえしる」 広島県高田郡 *ほえずく 新潟県「こどもがほえずいとる」 長野県 香川県三豊郡 大分県 *ほえずる 東京都大島「良い加減にほいづるのをやめろ」・三宅島 新潟県「よくほえずる子だな」 長野県 島根県那賀郡 岡山県備中・小田郡 広島県 山口県・阿武郡 香川県 長崎県対馬 *ほえたこる 茨城県稲敷郡 *ほえたてる 茨城県 *ほえたれる 茨城県・真壁郡 *ほえつく 新潟県東蒲原郡「いつまでほいつでけつかるか」 *ほえばる 徳島県三好郡 香川県 *ほえびる 岡山県浅口郡 広島県甲奴郡・比婆郡 *ほえぶそたれる(ののしって言う語)岐阜県山県郡 *ほえらずく 大分県速見郡 *ほえる 岩手県上閉伊郡・気仙郡 宮城県登米郡・玉造郡 福島県安積郡 茨城県稲敷郡 栃木県「あの子はほいている」 神奈川県津久井郡 新潟県 長野県 岐阜県 静岡県 愛知県名古屋市・知多郡「よくほへるなあ」 京都府 大阪市 兵庫県佐用郡・赤穂郡 奈良県 鳥取県 島根県「大声でほえるとお菓子をやらんじ」 岡山県 広島県 山口県「がきがほえる」 徳島県 香川県 高知県幡多郡 長崎県対馬 大分県大分市・大分郡 *ぼえる 山梨県 *ほげずく 新潟県刈羽郡 *ほごえる 徳島県美馬郡 *ほざく 長野県 岡山県児島郡 高知県「そんなにほざくな見っともない」 *ほすびる 長野県更級郡 *ほたえる 島根県石見「やかましーけーほたえてくれるな」 香川県仲多度郡・三豊郡 *ほたく・ほだく 岐阜県飛騨 *ほなく(卑語)長野県「此の餓鬼ゃ又ほなくか」 静岡県 *ぼなく 福島県大沼郡 神奈川県中郡「ぼなかす(泣かす)」 山梨県 静岡県田方郡 大分県大分郡 *ぼなる 山形県東置賜郡 栃木県 新潟県東蒲原郡 静岡県島田市 *ほゆる 長崎県佐世保市 大分県 *ほんなく 長野県長野市・上水内郡 *みそうる 三重県度会郡 *めちょかぐ 秋田県由利郡「いじめられてめちょかぐ弱虫め」 *わにる 新潟県刈羽郡 *わるごえつく 島根県隠岐島 *わるごえでずく 島根県益田市

いつまでも□こと *あんめさんめ(「雨雨」の転か)長崎県壱岐島「あんめさんめ泣くな」 *じびじび(いつまでもむずかり泣くさま)香川県「いつまでもじびじびすな」 *びすびす 兵庫県佐用郡・赤穂郡「びすびすゆうな、この忙しいのに」

大声で□ *あびゆん 沖縄県首里 *いがる 島根県 岡山県「この子は朝から晩までいがり通しぢゃ」 広島県比婆郡 香川県仲多度郡・三豊郡 愛媛県松山 高知市 *えがる・えがー 島根県 *おがる・おがりなく 岡山県苫田郡・児島郡 *おらぶ 新潟県長岡市 島根県那賀郡 広島県高田郡 徳島県「あとでなんぼおらんだってしょうあるか」 高知県 *しゃのらかす 長野県下水内郡 *べなる(子供が大声で泣く)東京都大島・八丈島 *ほらーあげる 群馬県多野郡 *わなる 島根県八束郡

大声で□こと *あやなき 沖縄県石垣島 *たかっぽなき 茨城県猿島郡 埼玉県北葛飾郡

大声で□さま *おいさめ 愛媛県 *おいさらおいさら 愛媛県大三島 *おいさらおいさん 愛媛県周桑郡 *がーっがーっ 静岡県榛原郡 *わりわり 長崎県壱岐島「わりわり泣きをつた」

声を上げて□さま *おんえおんえ 青森県三戸郡 *おんよおんよ 新潟県西頸城郡

声を出さずにひそかに□さま *くしくし 新潟県佐渡 愛媛県今治市・松山市「くしくし泣く」 *くしゃくしゃ 新潟県西頸城郡 *くしりくしり・くしんくしん 愛媛県大三島 *めそいめそい 佐賀県 *めそらめそら 山形県最上郡 *めそりめそり 山形県米沢市・南置賜郡「めそりめそりど泣く」

子供が□ *あくねほす・あくねとる 長崎県壱岐島「あくねほすぎりたたき出すぞ」 *あめる・あめくさる(子供がぐずって泣く)青森県三戸郡 *かいふく 長崎県壱岐島 *こじる(子供がぐずって泣く)山梨県北巨摩郡 *じゃみる(子供がぐずって泣く)山形県 新潟県 *すとてんうつ(子供が、自分の言い分を通そうとして泣く)島根県出雲市「子供がすとてんうって、外へ出ようともせん」 *ずでんばこうつ 島根県隠岐島 *びらす 島根県石見「あんまりびらすとごんごん

じー(恐ろしい人)にやるど」 *びらとく 島根県美濃郡・益田市「いつまでもびらとくな。みとーもなー」 *ひる 岡山県浅口郡 *びる 島根県石見「朝から晩までびっとる」 広島県備中「びるな」 山口県阿武郡

子供が□こと *いじ 岡山市「いぢばかり云うて困ります」 *いらめ(子供などがよく泣くこと) 京都府加佐郡 *くろぼえ 長崎県壱岐島 *なきぶし(子供などが声を出して泣くこと) 静岡県志太郡「あとでなきぶしょーかくなえん(後になって泣き言を言うなよ、いいか)」 *むりこき(子供が思うようにならない時など、すねて泣くこと) 新潟県佐渡「この子はむりこぎで困る」・糸魚川市 *よどろ(幼児が不機嫌で泣くこと) 三重県伊賀郡

子供が□さま *びーびくびーびく 岡山県児島郡 *びーびら 島根県美濃郡・益田市「何をびーびら泣くのか」 *びーらびーら 島根県邑智郡 *べーらべーら 埼玉県秩父郡「そんなにべーらべーらするな」 *べこべこ 新潟県佐渡

しくしく□さま *しかしか 島根県出雲市「しかしかほえる(泣く)もんは誰だ」 *しっぷりかっぷり 千葉県夷隅郡「しっぷりかっぷりしている」 島根県美濃郡・益田市 *にしりくしり 島根県石見・隠岐島「庭の隅でにしりくしり泣あとる」

すぐ□こと *なきむいしゃ 沖縄県石垣島 *べーらなき(ちょっとのことで泣くこと) 埼玉県秩父郡

すぐ□人 *おめろ 長野県上伊那郡・諏訪 *めろ 山形県米沢市 *めろつき 長野県諏訪・東筑摩郡

□こと *いんいん(幼児語) 徳島県 *ねぎすり 岩手県江刺郡 宮城県栗原郡 *らんとーばぶし 宮城県栗原郡

□さま *びりびり 島根県隠岐島「びりびり泣いてばかりいる」 *めらめら 岩手県上閉伊郡 群馬県佐波郡 *めんま 長野県下水内郡

激しく□さま *ぎーぎー(赤ん坊などの激しく泣くさま) 青森県津軽・三戸郡 *ぐらぐら 島根県石見「留守に子供がぐらぐら言うて泣あた」 *しっくいはっくい・しっくぇーはっくぇー 沖縄県首里 *とっと 香川県仲多度郡「とっとと泣く」 *なちげーげー 沖縄県首里

ひどく□ *くそぼゆる(子供がひどく泣く) 熊本県芦北郡・八代郡 *くろぼえる(声を上げて泣く) 長崎県北松浦郡 *くろほえる(声を上げて泣く) 長崎県北松浦郡「あの子は何時もくろほへるばい」 *くろぼゆる(声を上げて泣く) 福岡県 長崎県南高来郡 大分県日田郡 *くろほゆる(声を上げて泣く) 長崎県北松浦郡 *ないくるめる・ないさばう 千葉県安房郡 *なきかぶる 宮崎県東諸県郡 *なきからかす 岐阜市 *なきさける 徳島県 *なきさまだれる 宮城県仙台市 *なきはなす(しきりに泣く) 富山県・砺波 *なっかぶる 熊本県玉名郡 鹿児島県肝属郡

めそめそ□こと *うぃーるーなち 沖縄県首里 *しぴたいなち 沖縄県首里

めそめそと□さま *ぞめぞめ 香川県大川郡「ぞめぞめ泣くな」 *へちょへちょ 長野県上田・佐久

幼児が人見知りして□ *しける 徳島県 香川県 *すける 香川県高松

よく□ *びりんそーがさく 島根県鹿足郡「びりんそーがいつもよーさくこと」 *びりけない 島根県那賀郡「びりけない子供で困る」 *めろつく 長野県

よく□子 *しび 愛媛県今治市 *じび 徳島県美馬郡 香川県 *じらご(だだをこねてよく泣く子) 島根県石見 *どーじらご(ひどくじれて泣く子) 島根県美濃郡・益田市「あのどーじらごにはじんごをいる(持て余す)」 *びーびー 愛媛県大三島 *びーびら 山口県防府 *びーり 島根県隠岐島 *びり 島根県邇摩郡 *へーだーら 群馬県多野郡 *ほえ ごみそ 島根県出雲 *ほえご 島根県出雲・隠岐島 *ほえごめ 島根県八束郡・仁多郡 *ほえごめそ 島根県出雲 *ほえばち 岐阜県益田郡 *ほえびす 鳥取県気高郡 *ほえびそ 新潟県西頸城郡 愛知県知多郡 島根県隠岐島 *ほえびり 島根県隠岐島 *ほえぷそ 愛知県西春日井郡 島根県隠岐島 *ほえべそ 岐阜県加茂郡 愛知県知多郡 島根県隠岐島 *ほえみそ 新潟県西頸城郡 島根県能義郡・隠岐島 *ほえめそ 島根県出雲

→なきむし(泣虫)

よく□こと(人) *ないかん 千葉県夷隅郡・長生郡 *ないかんびーびー・ないびび・ないぴり・ないへ・ないへー 千葉県夷隅郡 *なきーさー 島根県美濃郡・益田市 *なきしび 愛媛県

方/言/の/窓

●近畿地方の方言

この地域は元来日本の首都のあったところであり、住民たちは自分たちの故郷が東京に対して「地方である」と考えたがらない風潮が強い。言語生活の上でも方言の力が強く、方言コンプレックスが表面に現れにくい地域である。

外から見られる近畿の方言のイメージは多様である。一方で、柔らかい・きれい、と言われながら他方で、こわい・がめついといったように、矛盾をはらんでいる。これは地域の持つイメージをことばが代弁しているのであろう。

かつてはことばの放射の中心地だった近畿だが、さすがに現在では全国域にその影響を広める力は弱まった。しかし、北陸・中国・四国・九州などの西日本圏にはその勢をますます強めつつある。

＊なきじび 香川県 ＊なきしみ 愛媛県 ＊なきた 三重県志摩郡 ＊なきたれ 山形県東置賜郡・西置賜郡 新潟県北蒲原郡 香川県三豊郡 ＊なきち 青森県 秋田県鹿角郡 ＊なきちごんぼ 青森県三戸郡 ＊なきっくずれ 栃木県日光市・河内郡 ＊なきったれ 栃木県 ＊なきて 秋田県鹿角郡「彼はなきてだ」 ＊なきびーす 山口県玖珂郡 ＊なきびしょ 静岡県志太郡「おまぇーわそんなぇなきびしょか」 和歌山県西牟婁郡・東牟婁郡 ＊なきびしょー 長野県諏訪 ＊なきびす 鳥取県岩美郡・気高郡 佐賀県 長崎県壱岐島 鹿児島県種子島 ＊なきびすたれ 鹿児島県種子島 ＊なきびそ 山形県庄内 新潟県岩船郡 富山県砺波 長野県 岐阜県 静岡県磐田郡 愛知県尾張 三重県志摩郡・度会郡 香川県小豆島 ＊なきびそー 長野県諏訪 ＊なきびそたれ 三重県志摩郡 ＊なきびちょ 岩手県紫波郡 宮城県仙台市 山形県西置賜郡 新潟県中頸城郡 ＊なきびっちょ 青森県津軽 岩手県気仙郡 宮城県石巻・仙台市 山形県西置賜郡・西田川郡 新潟県中頸城郡 ＊なきびと 長野県諏訪 ＊なきびり 島根県那賀郡・鹿足郡 山口県 ＊なきぶす 愛媛県西条市・周桑郡 ＊なきぶそ 岐阜県本巣郡 愛知県葉栗郡・名古屋市 ＊なきぶち 茨城県多賀郡 ＊なきべす 山形県東村山郡 福井県大飯郡 兵庫県赤穂郡 福岡県粕屋郡 長崎県長崎市・対馬 鹿児島県 ＊なきべそ 神奈川県中郡 新潟県 富山市近在 岐阜県 愛知県名古屋市 兵庫県赤穂郡 長崎県南高来郡 大分県 宮崎県 ＊なきべちょ 北海道函館 岩手県紫波郡 ＊なきべっちょ 岩手県九戸郡・気仙郡 宮城県石巻 ＊なきめ 愛媛県 ＊なきめそ 山形県最上郡・新庄市 福島県東白川郡 新潟県東蒲原郡 富山県砺波 ＊なきめら 熊本県 ＊なきめろ 秋田県秋田市・南秋田郡 ＊なきんずら 静岡県賀茂郡 ＊なきんば 広島県倉橋島 ＊なきんベー 山梨県 静岡県磐田郡 ＊なきんべら 長野県佐久 ＊なきんぼー 広島県比婆郡 ＊なきんめら 長野県佐久 ＊なくべし 長崎県南高来郡 ＊なくべす 熊本県天草郡 ＊なけずら 青森県津軽 宮崎県宮崎郡 ＊なけびちょ 宮城県栗原郡 ＊なけべし 宮崎県 鹿児島県・姶良郡 鹿児島郡 ＊なけべしょ 鹿児島県 ＊なけべす 福岡県 長崎県南高来郡 熊本県 大分県 宮崎県宮崎郡 鹿児島県・肝属郡 ＊なけべそ 大分県 ＊なけべっしょ 宮崎県西諸県郡 ＊なけべっそ 鹿児島県・鹿児島郡 ＊なちぶしゃー 沖縄県首里 ＊なっきち 岩手県九戸郡 ＊なっびび 長崎県五島

→なきむし（泣虫）

なく【鳴】 ＊うとーん 沖縄県竹富島 ＊うどむ 島根県 岡山県 広島県 愛媛県今治市「家の子はうどんで仕方がない」 ＊おどむ 島根県 ＊のーん 沖縄県竹富島 ＊やげる 岡山県

→「いぬ（犬）」の子見出し、「犬が鳴く、また、その声」

牛が□ ＊とえる 島根県那賀郡・浜田市 ＊べなる（子牛などが鳴く）東京都大島・八丈島

小鳥や虫が□ ＊さかぶ 秋田県鹿角郡 ＊じなる 青森県南部 ＊へーる 栃木県河内郡 ＊ほえる 富山県西礪波郡 島根県出雲「蝉がほえる」・隠岐島

蝉が□ ＊さわぐ 島根県隠岐島 ＊どなる 島根県仁多郡 ＊わめく 島根県隠岐島

動物が□ ＊おめく 長崎県「ウシ ガ オメク」 熊本県芦北郡・八代郡「にはとりがおめくと、すぐ起きります」 ＊ごめく 島根県鹿足郡「牛がごめくと水が出ると言うとる」

動物が発情して□ ＊いばえる（馬が発情期に鳴く）岩手県気仙郡「馬っこ今晩もいべぁでいる」 ＊うしがたつ（雄牛が雌牛を慕って鳴く）島根県石見 ＊えがる 島根県仁多郡 ＊おたげる（猫などが発情してうるさく鳴く）秋田県河辺郡 ＊おだける（猫などが発情してうるさく鳴く）山形県最上郡・庄内 ＊おとく（雌牛が発情して鳴く）島根県美濃郡「駄屋の牛がおときだーた」 ＊おどく・おぞく（雌牛が発情して鳴く）島根県益田市 ＊おんだげる（猫などが発情してうるさく鳴く）秋田県南部 ＊たつ（雌牛が発情して鳴く）島根県石見 ＊めだつ（牛や山羊などが発情して鳴く）京都府竹野郡「今朝からめだっとるようだ」 ＊よがる 島根県能義郡「猫がよがー」

鳥が□ ＊おらぶ 鹿児島県肝属郡 ＊ぐざる 長野県松本市 ＊ぐずる 東京都大島 ＊ぐぜくる 静岡県志太郡 ＊ぐぜる 福島県会津若松市 茨城県 東京都八王子 神奈川県鎌倉市・足柄下郡 山梨県東八代郡・北巨摩郡 長野県上田・東筑摩郡「馴れてよくぐぜる」 静岡県 愛媛県 ＊ぐぜる 青森県「ひわこ大へんぐじゅぇできた」 栃木県 群馬県多野郡 神奈川県津久井郡・中郡 長野県東筑摩郡 静岡県田方郡 愛知県名古屋市 ＊くでる 茨城県那珂郡・稲敷郡 栃木県南部 埼玉県秩父郡「このめじろはとてもよくくでる」・入間郡

鶏が□ ＊うたう 新潟県佐渡 三重県宇治山田市 岡山市 広島県高田郡 長崎県対馬・壱岐島 熊本県菊池郡 鹿児島県揖宿郡「一番どいがうとだど、起きらんか」 ＊うたゆい・うたうい 鹿児島県喜界島 ＊うたゆん 沖縄県首里 ＊うとう 茨城県 富山県砺波 ＊くらとばえる 高知県高岡郡 ＊つげる 広島県高田郡 ＊ときをふく（鶏が暁に鳴く）群馬県佐波郡 ＊とりがうとー（鶏が暁を告げて鳴く）新潟県佐渡

なくす【無】 ＊ないよーにする 広島市「だれやらが、ぜにゅー、ここらで、ないようにしたげな（誰やらが銭をここらでなくしたそうだ）」 香川県小豆島 ＊ないよにする 富山県射水郡 愛媛県周桑郡 ＊なーよーにする 島根県石見 ＊なーよにする 奈

良県吉野郡「叔父や(おじさんは)銭をこゝらでなぁよにしたんじゃと」 *なしにする・なしんする 香川県「そなん大事なもんなしにしてえんか」 *いらかす 和歌山県東牟婁郡「財布をいらかしたった」 *うさす 福岡県糸島郡 *うしなかす 富山県「うしなかいた(なくした)」 岐阜県飛驒・郡上郡 *うしならかす 岐阜県飛驒 *うしねる 徳島県 香川県「ようけあっても、すぐうしねてしまう」 愛媛県上浮穴郡 *うすなかす 香川県大川郡 *うすなす 香川県「うすなした(なくした)」 *うすねる 徳島県 香川県 *しているん・していん 沖縄県石垣島 *すてる 東京都大島 石川県輪島市 山梨県南巨摩郡「だいじの金をすてるなんちゅうは不注意だよ」 岐阜県「時計をすてる」 三重県度会郡 大阪府泉北郡 兵庫県淡路島 鳥取県西伯郡 島根県 岡山県吉備郡 広島県比婆郡 徳島県「昨日五銭どこかですてた」 香川県 愛媛県 高知県 *とばす 静岡県安倍郡・榛原郡「子供をとばす」 *なーならかす 島根県出雲・隠岐島 *なんならかす 鳥取県西伯郡 島根県出雲 *ぬーならかす 長崎県伊王島 *ねならかす 宮崎県 *のーないかす 佐賀県「昨日は筆一本のうないかした」・東松浦郡 *のーなす 福岡県久留米市 *のーならかす 岐阜県 愛知県尾張 島根県 福岡県久留米市・山門郡 長崎県伊王島・西彼杵郡 宮崎県西臼杵郡「だりかがぜにゅーここへんでのーならかしたげなわん(誰やらが銭をここらでなくしたそうだ)」 *のーなりかす 佐賀県唐津市 *のーなるかす 熊本県八代郡 *のならかす 宮崎県 *ひてる 岐阜県郡上郡・飛驒「うっかりしていて万年筆をひてた」 島根県 広島県安芸郡 香川県大川郡・伊吹島 *ふつる 長崎県五島 *ふてる 三重県「おっぢゃんあー、くらで、かねを、ふてたんじゃってさー」 和歌山県西牟婁郡 高知県 *まじゃける 東京都八丈島 *まちかす 東京都八丈島 *まちける 東京都八丈島 *みたかす 広島県比婆郡 *みたす 島根県石見 広島県「桶の水をみたす」 *めーなくする・めーねくする(「みえなくする」の転) 山形県米沢市

なくなる【無】

*あきなる 静岡県 *うさる 三重県志摩郡 大阪市 奈良県・吉野郡 愛媛県・松山「本がうさった」 高知市 *うしたる 熊本県 鹿児島県 *うしなえる 香川県 *うしなくる 石川県能美郡 *うしなける 富山県 石川県 *うしやける 石川県羽咋郡 *うせる 山形県西置賜郡 長野県上伊那郡 島根県鹿足郡 岡山県小田郡 広島県高田郡 徳島県・美馬郡 福岡県遠賀郡「そうたい物がうせまっせんねえ」 大分県南海部郡 *おせる 石川県能美郡 *したらす・したらかす 兵庫県淡路島 *したる 兵庫県淡路島 島根県「財布がしたった」 岡山県 広島県 山口県 徳島県「したるといかんきん、つまえとけ」 香川県三豊郡 愛媛県「○○がしたったから、探ねて行て来うわい」 *しまえる 岐阜県郡上郡 滋賀県彦根 *しるなゆん(「汁となる」の意) 沖縄県首里 *すたる 島根県「財布が道ですたった」 岡山県 広島県高田郡 山口県 徳島県 愛媛県 高知市「ちっとも気付かざったが何所ですたっつろー」 *すむ 新潟県佐渡「身上がすんだ」 徳島県「あそこのかもいは大けながが、中身はすんどる(あそこの外構えは大きいが、経済力はおしまいだ)」 *つまる 山梨県 *てーゆん 沖縄県首里「あとぅ てーゆん(子孫が絶える)」 *なーしんなる 香川県香川郡 *なーながる 千葉県長生郡 *なーよーなる 島根県邑智郡 *なーよーになる 奈良県吉野郡 *なーよーんなる 広島県賀茂郡 *ないがになる・ないがんなる 新潟県西頸城郡「もう、ないがになったがか」 *ないごとなる 三重県志摩郡 *ないこんなる 三重県上野市 *ないよーになる 三重県 岡山市 広島市 山口県大島「タンクの水はほどように(全く)無い様になっちょった」 *ないよになる 三重県名張市 大阪市「早よ取っとかんと、ぢき無いよになるでェ」 愛媛県周桑郡 *ないよんなる 三重県名賀郡 兵庫県加古郡 *ないんなる 兵庫県加古郡 *なかごーなる 熊本県天草郡 *なかごつない 鹿児島県鹿児島郡 *なかごつなる 熊本県天草郡 *ながこっなる・ながごっなる 鹿児島県揖宿郡 *なかごんなる 熊本県天草郡 *なくれる 茨城県久慈郡 栃木県塩谷郡 *なしなる 香川県小豆島・与島 *なしになる 徳島県・美馬郡 香川県 *なしんなる 香川県「使うてしもてなしんなってしまうぜ」 *なよんなる 富山県砺波 *にてる 新潟県西頸城郡 *ねなる 鹿児島県 *のーになる 徳島県 *ひたる 島根県石見 岡山県 広島県高田郡 山口県屋代島 愛媛県伊予郡・周桑郡 *ふたる 高知県「自転車に積んだ袋から米がまけ出てふたっていきよる」 *まじゃける 東京都八丈島 *まちける 東京都八丈島 *みたいる 岡山県児島郡 *みてる 三重県宇治山田市 島根県「米櫃の米もみてた」 岡山県阿哲郡 岡山市 広島県 山口県・豊浦郡 香川県 愛媛県 高知県 長崎県対馬 大分県西国東郡 *むにうつ 静岡県「むにうった(なくなった)」 *やまやける(物がなくなる) 和歌山県那賀郡・東牟婁郡

↓ふんしつ(紛失)

全部□ *かっぱはだける 青森県三戸郡「ばくちに負けてかっぱはだけてしもうた」 *へひっちゃる 栃木県「財布がへひっちゃった」 *みなになる 島根県石見「酒がみなになった」・隠岐島 *やまのかわあらう 和歌山県東牟婁郡・西牟婁郡 *やまかわあらう・やまからあらう 和歌山県東牟婁郡

全部□こと *あっぱ 長野県南部「もー、御菓子はあっぱだよ」 *おさっぱ・おしっぱ 長野県上伊那郡・下伊那郡「話はこれでおさっぱだ」「餅がいつの間にかおさっぱになってしまった」 *おっぱらい 神奈川県中郡 *がっさい・がさつ 鹿児島県肝属郡「ぼんのがぐゎさつした(愛情がすっかりなくなった)」 *ざんばらい 岩手県気仙郡

「あと一つずつ配当すればざんばれぁだ」 群馬県山田郡 千葉県香取郡「(釜(かま)の飯も)これでざんばらいだから、一杯よそってやろう」 新潟県佐渡「これで今年の脱穀もざんばらいだ」

なぐる【殴】 *あおる 山形県米沢市「ばいだぁ(薪)持てあをられた」 新潟県佐渡・東蒲原郡 静岡県 *いかせる 島根県大原郡・仁多郡 *いわう(軽口をたたく時に用いる語) 愛媛県大三島 *いわす(「困った、参った」などと言わせるの意から) 岐阜県 愛知県西春日井郡 三重県「いはされた(やられた)」 京都府 兵庫県加古郡「頭を一つこつんといわされた」 奈良県 鳥取県東部 岡山県児島郡 徳島県「ほんなこといいよったらいわすぞ」 香川県 *いわせる 鳥取県東部 *うっさく 島根県石見 *うどます 徳島県「うどますぞ、わりゃ」 香川県 *おこなう 石川県羽咋郡・鹿島郡 和歌山市「おこなはれるよって、誰か一所についてきておくれ」 福岡県 熊本県下益城郡 *おっぱる 茨城県 千葉県東葛飾郡 *かくらすける 山形県 *かちます 兵庫県 *かちまわす 兵庫県美嚢郡 愛媛県 *かつ 新潟県佐渡「頭をかった」 富山県 石川県南部 福井県(怒って打つ) 岐阜県郡上郡・吉城郡「馬が壁をかつ」 滋賀県神崎郡 兵庫県淡路島 *かっくりかえす 東京都八王子 *かっくるかえす 埼玉県秩父郡 *かつける 岐阜県飛騨 *かっこくる 長野県佐久 *かったる(「かっ(搗)てやる」の転) 三重県北牟婁郡 *かっつける 岐阜県吉城郡・飛騨 *かっとばす 群馬県勢多郡 三重県北牟婁郡 *かっぱる 福島県会津「きかないとかっぱるぞ」 茨城県北相馬郡・稲敷郡 千葉県 神奈川県津久井郡 長野県下伊那郡「人の面をかっぱる」・諏訪 静岡県「頭をかっぱるぞ」 *かつる 福井県 *かなぐる 新潟県東蒲原郡 *からみつける 秋田県鹿角郡 *からむ 青森県南部 秋田県鹿角郡 *ぎゅーしあげる 長野県諏訪 *ぎゅーす 長野県諏訪 *ぎゅーる 富山県下新川郡 *くさせる 岩手県気仙郡 *くたばらす 千葉県安房郡 *くらーす 埼玉県川越 静岡県志太郡 山口県阿武郡 *くらかす 島根県隠岐島・山口県阿武郡 *くらがす 福井県大飯郡 京都府・竹野郡「猫をくらがす」 兵庫県 島根県 山口県見島 *くらしつける(「くらわしつける」の転) 宮城県 秋田県河辺郡・雄勝郡「そんなことをするとくらしつけるぞ」 山形県 福島県石川郡・西白河郡 新潟県「こんだ前のたま(猫の名)がきたらくらしつけてくっら」 *くらしゃげる 長野県佐久 *くらしん 沖縄県石垣島 *くらす 秋田県「あまりきかないとくらしてやる」 新潟県 福井県足羽郡 静岡県志太郡「あのこんくらした、あーん、あーん」 愛知県知多郡 三重県阿山郡 大阪府中河内郡 奈良県南大和「一撃をくらすぞ」 岡山県児島郡 徳島県海部郡 香川県「ごじゃごじゃいよったらくらっそ」 高知県幡多郡 福岡市 佐賀県藤津郡 *くらすい 熊本県天草郡 *くらすける 山形県 福島県「生意気の奴、くらすけろ」 新潟県「そんなことするとくらすけるぞ」 *くらする 福岡県 佐賀県 長崎市 熊本県玉名郡・天草郡 鹿児島県 *くらせる 青森県 宮城県石巻 山形県東置賜郡・庄内 福島県石川郡 茨城県稲敷郡 栃木県 長野県 静岡県「子供が犬を棒でくらせる」 愛知県知多郡 岡山県苫田郡 福岡県「おもふさんくらせた」 佐賀県 *くらっける 長野県上水内郡 *くらつける 秋田県「彼奴をくらつけてやる」 山形県 福島県 新潟県佐渡 富山県砺波 岐阜県吉城郡 *くらっつける 新潟県佐渡 岐阜県益田郡 *くられる 青森県津軽「くられられる」 *くらわかす 島根県「頭をくらわかしてやった」 *くりゃーつける 新潟県佐渡 *くるしゅん 沖縄県首里 *くれーつくる 大分県玖珠郡「石をくれーつくる」・日田郡「汝をくれーつくる」 *くれつくる 福岡県三井郡 *こーずく 群馬県群馬郡 *こかす 茨城県稲敷郡 長野県下水内郡・長野市 *こく 長野県「人が犬をこく」 岐阜県飛騨・郡上郡 静岡県 愛知県東加茂郡・東春日井郡 高知県「頭をこくのはいかん」 *こずきあげる 岡山市 香川県 福岡県企救郡 *こずきまわす 徳島県 大分県 *こずく 群馬県 埼玉県秩父郡「人の頭をそんなにこずいていいと思うか」 山梨県・南巨摩郡 長野県 三重県志摩郡 兵庫県淡路島「どたま二つ三つこずいてやれ」 奈良県吉野郡 鳥取県気高郡 島根県「頭をこずく」 岡山県「ぐずぐずぬかすとこずくぜ」 徳島県 香川県「お母ちゃん、あんちゃんがこずくんで」 高知県宿毛市・幡多郡 大分県 *こずむ 鳥取県西伯郡 島根県能義郡 *こちます 兵庫県淡路島 *こつく 愛知県東春日井郡・岡崎市 三重県志摩郡・北牟婁郡 滋賀県神崎郡 京都府 香川県小豆島 大分県速見郡「こつきまわす」 *こっくるる 大分県西国東郡 *ごっちゃげる 愛媛県南宇和郡 *こっつく 愛知県東春日井郡 *こっぱーる 長野県佐久 *こっぱつける 新潟県中頸城郡 長野県上水内郡・長野市 *こっぱりける 長野県上水内郡・長野市 *こっぱりつける 新潟県三島郡 長野県上高井郡 *こつばる 新潟県西頸城郡 *こっぱる 神奈川県中郡 新潟県 長野県上田・佐久 岐阜県恵那郡 静岡県田方郡 愛知県宝飯郡・豊橋市 佐賀県 *ごらす 三重県南牟婁郡 *しーしきるん・しーひきん 沖縄県黒島 *しーひきるん・しーしきん 沖縄県竹富島 *しこをはる(げんこで殴る) 島根県飯石郡 *ししきるん 沖縄県鳩間島 *したぐん 沖縄県石垣島 *しちかばちとらかす・しちべんぼーとらかす・しちほーげたくらわす(頬を殴る) 長崎県対馬 *しちきるん・しちきん 沖縄県小浜島 *しつぃきゅん 沖縄県首里 *しつぃきるん 沖縄県石垣島・新城島 *しつぃきん 沖縄県石垣島 *しどちる 島根県隠岐島 *しなぐ 新潟県佐渡 福井県大飯郡 *しばく 福井県 滋賀県 京都市 兵庫県多紀郡 島根県 広島県 山口県 徳島県 香川県三豊郡・

香川郡　愛媛県　高知県　長崎県・対馬(平手で打つ)　大分県東国東郡・西国東郡 *しばっきゃげる 徳島県 *しぱつける 山形県村山 *しぶく 徳島県　香川県伊吹島 *しまく 長崎県壱岐島　大分県西国東郡 *しゃいつける 新潟県中頸城郡 *しゃきたーす・しゃきたす 愛媛県伊予市 *しゃぎつける 新潟県 *しやぎつける 新潟県 *しやく 愛媛県・越智郡 *しやぐ 新潟県 *しゃつける 新潟県佐渡・中頸城郡 *しゃっつける 新潟県中頸城郡 *しゃんつける 新潟県佐渡 *しわく 島根県　岡山県苫田郡　広島県山県郡　徳島県　愛媛県　高知県「余り分らん言を云うとしわくぞと云いさましわいた」・高知市(横殴りに殴る) *しわぐ 山形県庄内　新潟県　鳥取県西伯郡　島根県出雲　岡山県阿哲郡　広島県比婆郡 *じわぐ 山口県阿武郡 *しんどずく 神奈川県藤沢市　長野県佐久 *ずーくらわす 大分県 *ずーずく 大分県 *ずーにやす 大分県南海部郡「頭をずーにやす」 *すぐゆん 沖縄県首里「すぐいとぅゆん(しごくようにして取る)」「すぐいとぅばしゅん(殴り飛ばす)」 *すつぃきいん 沖縄県宮古島 *すつぃきるん 沖縄県新城島 *すばく 徳島県美馬郡 *すりこむ 愛媛県大三島 *すわぎつける 新潟県新発田 *すわく 島根県石見「生意気言うとすわーてやるぞ」　愛媛県周桑郡 *すわぐ 島根県益田市・那賀郡　山口県阿武郡 *ずわぐ 山口県豊浦郡 *そしきる 和歌山県東牟婁郡・新宮(細い物で強く打つ) *そしまわす・そしこむ 三重県南牟婁郡 *そす 三重県南牟婁郡・北牟婁郡　和歌山県東牟婁郡「返事もなければそすぞ」・新宮(細い物で強く打つ) *そちまわす 和歌山県新宮「悪いことをするとそちまわす」 *そつる 高知県土佐清水市 *だいす 山口県下関 *だやかす 島根県大田市 *だやく 島根県「太鼓をだやく」　広島県比婆郡 *だやす 広島県比婆郡 *ちーまわす 大分県大分郡 *ちしきるん・ちしきん 沖縄県波照間島 *ちしくりまわす 大分県

*ちしたくい・したくい(「つきたくる(突―)」の転) 鹿児島県揖宿郡 *ちしまわす 大分県 *ちちくらわす 長崎県対馬　大分県北海部郡 *ちちくる 大分県西国東郡 *ちちます 大分県速見郡 *ちちまわす 大分県「うぬーちちまーすぞ」　宮崎県延岡市 *ちゃす・ちゃっしゃげる(卑しめて言う語)　香川県 *つすたくる・つたっくる 鹿児島県 *てぐ 島根県石見「あいつの頭をてーでやれ」　山口県「おらあひどうてがれたい、おやじにのう」 *てばす・てばしゃーげる 広島県佐伯郡 *てびかす・てびく・てびす 島根県美濃郡・益田市「頭をてびかそーか」 *てびしゃーげる 広島県高田郡 *てぶす・てぶしゃーげる 広島市 *てべしゃーげる 島根県石見 *てべす 島根県石見　岡山県　広島県　山口県大島　愛媛県大三島 *でやく 広島県 *でやくらかしゃげる(卑語) 愛媛県大三島 *てやす 香川県仲多度郡 *でやす 岡山県小田郡　広島県双三郡・芦品郡　香川県　愛媛県　福岡県　宮崎県・延岡 *てやっしゃげる 香川県仲多度郡・三豊郡(「てやす」を激しく言う語) *でやっしゃげる 香川県 *どいやす 長野県上伊那郡 *どーぐらーせる 埼玉県秩父郡「この野郎、どーぐらーせるぞ」 *どーぐらかす 島根県「生意気言うからどーぐらかえた」 *どーぐらす 栃木県足利市　群馬県勢多郡・桐生市 *どーぐらつかす 島根県仁多郡 *どーぐらわす 島根県邇摩郡　愛媛県今治市・周桑郡 *どーくらわせる 島根県 *どーぐらわせる 島根県出雲 *どーずきあげる 香川県綾歌郡 *どーずきまわす 愛媛県松山・大三島 *どーすく 岐阜県恵那郡 *どーずく 栃木県　群馬県　埼玉県秩父郡「あんな野郎どーずいてやれい」　東京都八王子　神奈川県津久井郡・中郡　新潟県　福井県　山梨県　長野県　岐阜県　静岡県　愛知県　京都府与謝郡　鳥取県　島根県　岡山県　広島県　山口県　徳島県　香川県「ぐずぐずぬかすとどうずくぞ」　愛媛県　大分県 *どーずっきゃげる 徳島県　香川県綾歌郡 *どーぞく 香川県 *どーちく 島根県出雲「け、どーちかれぇたで(くそ、殴るぞ)」 *どーつく 埼玉県北葛飾郡　長野県北佐久郡　島根県隠岐島　香川県綾歌郡 *どーにやす 鳥取県日野郡 *どくらかす 神奈川県逗子 *どくらす 和歌山県伊都郡「あの子どくらしてやった」　徳島県美馬郡　香川県大川郡 *どぐらす 群馬県佐波郡　和歌山県那賀郡 *どぐらわす 愛媛県今治市・周桑郡「どら猫をどぐらわす」「彼が生意気を言ったからどぐらわしてやった」 *どぐわっしゃげる 香川県大川郡 *どさかす 京都府中郡 *どさす 鳥取県 *どじく 島根県隠岐島「生意気なけんあいつどじーて来い」 *どしまわす 和歌山県東牟婁郡・新宮 *どす 三重県志摩郡「どすぞ(なぐるぞ)」・南牟婁郡 *どすえる 和歌山県東牟婁郡・新宮 *どずきます 香川県小豆島「どずきますぞ(強意)」 *どずきゃーげる 岡山市 *とずく 愛媛県東宇和郡 *どすく 大阪府泉北郡「どすけ(殴れ)」 *どずく 栃木県　神奈川県横浜市　新潟県　福井県　長野県東筑摩郡　岐阜県「あの糞猫、ばいたでどずいてやれよ」　静岡県志太郡　愛知県尾張　三重県　滋賀県彦根・神崎郡　京都府宇治郡　大阪府大阪市・泉北郡　兵庫県　岡山県　徳島県　香川県　大分県速見郡 *どずっきゃげる 香川県 *どつく 宮城県仙台市　福井県遠敷郡・大飯郡　三重県　滋賀県　上方「どついてやりなはれ(ぶっておやり)」　京都府　大阪府　兵庫県　奈良県南大和　徳島県名東郡　香川県大川郡 *どにやす 岐阜県恵那郡　鳥取県　岡山県・上道郡・吉備郡 *どやかす 東京都大島　和歌山県　島根県出雲・隠岐島 *どやきゃーげる 島根県益田市 *どやく 鳥取県・伯耆東部　島根県「どやくと泣くで」　岡山県浅口郡　広島県　愛媛県 *どやくらかす 和歌山県東牟婁郡　愛媛県　福岡県　宮崎県児湯郡 *どやされる 兵庫県加古郡「どやされるぞ(なぐるぞ)」 *どやしあげる 島根県石見「ど

やしゃーげるぞ」 福岡市 ***どやしつける** 埼玉県秩父郡「ぼやぼやしていたんでどやしつけられた」 新潟県新発田 富山県砺波 長野県下水内郡 奈良県南大和 和歌山県「そんな事するとどやしつけるぞ」 島根県「頭をどやしつけた」 ***どやしゃげる** 島根県隠岐島 ***どやす** 北海道 茨城県 栃木県足利市 群馬県利根郡・群馬郡 埼玉県「棒てんぎ(丸太ん棒)でどやすぞ」 千葉県・海上郡 東京都八王子 神奈川県津久井郡 新潟県(胴を打つこと) 富山県 石川県 福井県南条郡・敦賀 山梨県・北都留郡 長野県 岐阜県 静岡県「まきざっぽーでどやしてやった」 愛知県名古屋市・知多郡「ぐづぐづしてゐるとどやすぞ」 三重県 滋賀県 京都府 大阪府「どやしたろか」 兵庫県 奈良県 和歌山県 鳥取県岩美郡・西伯郡 島根県 岡山県 広島県 山口県「八さあはきのうのお祭でけんかしてひどうどやされたげな」 徳島県 香川県 愛媛県 高知県幡多郡 福岡県 長崎県対馬 熊本県 大分県 宮崎県 鹿児島県 ***どやっしゃげる** 香川県小豆島 ***とらかす** 長崎県対馬「かばちとらかすぞ(ほおを打つぞ)」 ***とらする** 福岡県三井郡・山門郡 長崎県北松浦郡「割木でとらするぞ」 大分県日田郡 ***とりまわす** 徳島県 香川県佐柳島 ***どるく** 奈良県南大和 ***どんぐらす** 群馬県桐生市 ***どんぐらわす** 愛媛県今治市・周桑郡 ***どんぐわす** 徳島県・美馬郡・名西郡 ***どんにやかす** 和歌山県有田郡・西牟婁郡「人をどんにやかす」 ***にーゆん** 沖縄県首里 ***のろす** 福島県東白川郡 ***のろすける** 福島県相馬郡 ***はしゃげる・はっしゃげる** 香川県高松・木田郡 ***はっかえす** 茨城県行方郡 栃木県 埼玉県秩父郡 ***はっくらーせる** 茨城県稲敷郡 ***はっくらがす** 新潟県北蒲原郡 ***はっくらす** 栃木県 群馬県佐波郡 ***はっくらせる** 栃木県 埼玉県北葛飾郡「あたまをはっくらせる」 ***はっくりかえす** 山形県庄内 茨城県稲敷郡 群馬県勢多郡 千葉県香取郡 長野県南佐久郡・上伊那郡 ***はっくるかえす** 茨城県行方郡 栃木県 群馬県利根郡・群馬郡 千葉県香取郡 長野県佐久 ***はっくるけす** 栃木県 ***はっける** 富山県砺波 ***はっこくる** 茨城県真壁郡・稲敷郡 栃木県 群馬県「はっこくられるない」 埼玉県秩父郡 新潟県西頸城郡「あのやろうのびるまではっこくった」 山梨県北都留郡 ***はっこずく** 栃木県「ぐずぐずしてるとはっこずくど」 ***はっつける** 福島県東白川郡 茨城県行方郡 新潟県中頸城郡 長野県佐久 岐阜県飛騨 ***はっりやげる** 香川県 ***はばく** 石川県鹿島郡 ***はまくる** 高知県 ***はりあげる** 香川県大川郡 ***はりかえす** 東京都八王子 ***はりきる** 三重県南牟婁郡 ***はりこかす** 新潟県三島郡 ***はりこくる** 千葉県君津郡 東京都八王子 新潟県三島郡・上越 山梨県・北都留郡 長野県下水内郡 ***はりこずく** 静岡県志太郡 ***はりころばす** 千葉県山武郡 ***はりつける** 福島県中部・会津「生意気なやつははりつけるぞ」 新潟県・西蒲原郡「頭はりつけるぞ」 富山県砺波 長野県 ***はりびしゃく** 三重県志摩郡 ***はりまくる** 三重県北牟婁郡 ***はります** 兵庫県加古郡 徳島県 香川県「頭をはります」 愛媛県新居郡 ***はりまっしゃげる**(卑語) 香川県 ***はりまっす** 岡山県児島郡「はりまっそー」 ***はりまわす** 茨城県 東京都三宅島 三重県志摩郡・北牟婁郡 京都市 兵庫県美嚢郡 島根県邑智郡「はりまーちゃる」 岡山県・岡山市・児島郡 徳島県 愛媛県「いうこと聞かんとはりまーすぞ」 高知県 長崎県 大分県北海部郡 宮崎県 ***はりまわる** 愛媛県 ***はわく** 石川県 福井県坂井郡 ***はわす** 石川県鳳至郡 ***はんなぐる** 茨城県真壁郡・稲敷郡 栃木県「そばへ来るとはんなぐるぞ」 群馬県勢多郡・佐波郡 埼玉県入間郡(卑語) 千葉県香取郡「悪いことするとはんなぐるぞ」・夷隅郡 ***ばんなぐる**(追い払う) 宮城県玉造郡 ***はんのめす** 群馬県桐生市「はんのめされるな」 千葉県香取郡 ***ひしぐ** 徳島県 ***びしゃく** 三重県名張市・名賀郡 京都府 奈良県吉野郡 ***ぴしゃげる** 広島市 ***ぴたらく** 山形県村山「ぐづぐづ言ふとぴたらくぞ」 ***びっしゃーける・びっしゃーげる** 島根県邑智郡 ***ひやく** 山形県庄内 ***びんぶらがす** 島根県益田市「頭をびんぶらがーてやった」 ***ふぃしきるん・ふぃしきん** 沖縄県与那国島 ***ふからむ** 秋田県鹿角郡 ***ぶからむ** 青森県津軽・上北郡 秋田県鹿角郡 ***ぶしあげる** 愛媛県今治市 ***ぶしまく・ぶしばく** 山口県屋代島 ***ぶしゃーく** 広島県深安郡 ***ぶしゃーげる** 広島県高田郡 ***ぶしゃげる** 島根県邑智郡「言うことをきかんとぶしゃげるで」 ***ぷたずげる** 山形県西村山郡・北村山郡 ***ふたつける** 岩手県紫波郡 ***ぶたらぎずげる** 山形県村山 ***ぶちあげる** 栃木県 山口県 福岡県企救郡 ***ぶちのしゃげる** 香川県綾歌郡 ***ぶちまーす** 岡山県真庭郡「ひどくぶちまーすもんじゃけぇ牛が恐れてなあ」・児島郡 徳島市 愛媛県松山「ぶちまーすぞ」 ***ぷちまーす**(平手で殴る) 岡山県児島郡 ***ぶちまくる** 徳島県麻植郡・鴨島 ***ぶちます** 兵庫県 香川県 愛媛県周桑郡・今治市「生意気なこと言ふとぶちますぞ」 ***ぶちまっしゃげる** 香川県木田郡 ***ぶちまわす** 兵庫県赤穂郡・美嚢郡 岡山県 広島県高田郡 徳島県美馬郡 香川県仲多度郡 愛媛県・喜多郡 大分県 ***ぶちゃーしゃーげる** 岡山県児島郡 ***ぶちゃぐ・ぶっちゃぐ** 秋田県由利郡 ***ぶっからむ** 青森県津軽 岩手県気仙郡 秋田県平鹿郡・鹿角郡 ***ぶっさく** 島根県「くっそーぶっさーちゃるぞ」 広島県 ***ぶっさくる** 広島県高田郡 ***ぶっさらう** 山梨県 静岡県・小笠郡「そんなことをしたらぶっさらうぞ」 ***ぶっさらがす** 島根県美濃郡・益田市 ***ぶっさる** 静岡県「ぶっさってやりたり」 ***ぶっしゃぐ** 岡山県苫田郡 ***ぶっしゃーげる** 島根県石見 ***ぶっしゃげる** 島根県邑智郡 ***ぶっしわく** 島根県美濃郡・益田市 ***ぶっちゃ**

ーげる 島根県邑智郡 *ぶっちゃげる 島根県邑智郡 香川県 *ぶらなぐる 栃木県 *ぶんなする 埼玉県秩父郡「ぶんなすって片づける」 *みしらかす 山口県豊浦郡「頬をみしらかす」 *みっしらかす 島根県邑智郡「下級生をみっしらかすのはよーなー(よくない)」 山口県大島 *みちしらかす 島根県邑智郡 *むくる 三重県志摩郡「げんこでむくったんど」 *もむ 奈良県吉野郡 *やます 山形県北村山郡 長野県佐久 *やませる 山形県北村山郡「あんまりきかねどやましぇんざえ(あまり聞かないと殴るぞ)」 茨城県新治郡・稲敷郡 *ゆす 山形県西村山郡・北村山郡 *ゆわす 三重県 奈良県・宇陀郡「ゆわしたろか、ぼけ」 和歌山県 *よす 山形県「おればよすんだもの」「よされるか」 *ろずく 和歌山県「そんなにろずくなよ」 ↓たたく(叩)

強く□ *にやかす 和歌山県西牟婁郡 *にやくらかす 愛媛県 *にやしあげる 山口県大島「にやしあげちゃる」 *にやしーげる 広島県双三郡 *にやしゃーげる 愛媛県大三島 *にやす 長野県東筑摩郡 兵庫県淡路島 鳥取県日野郡 島根県石見「言うことを聞かんとにやしてやれ」 岡山県 広島県 山口県「ぶちにやす」 徳島県・美馬郡 香川県 愛媛県「にやしてやれー」 高知県 福岡県小倉市 大分県 *にゃっしゃげる 香川県高松市 *ぶちたくる 島根県出雲「生意気言うとぶちたくるぞ」 *ぶちなぐる 三重県名賀郡・志摩郡 広島県比婆郡 福岡県企救郡 *ぶちにやす 山口県阿武郡 *んにゃす 兵庫県淡路島

ひどく□ *なぐりこむ 三重県北牟婁郡「なぐりこまれる」 *ぶくらせる 青森県南部 *ふじゃなむ 青森県 岩手県気仙郡 秋田県北秋田郡「子供をふじゃなむ」 *ぶちくらがす 島根県石見「犬の頭を棒でぶちくらがーた」 *ふちくらす 香川県 *ぶちくらす 香川県小豆島 *ぷちくらのっす 岡山県児島郡 *ぶちくらわす 岡山県児島郡 *ぶっくさせる 岩手県気仙郡「あまりに悪いがらぶっくさせで来た」 *ぶっくらーせる 茨城県行方郡 東京都八王子市 神奈川県津久井郡 *ぶっくらす 栃木県 群馬県佐波郡 新潟県中部・長岡市 長野県佐久 静岡県「悪口するとぶっくらすぞ」 *ぷっくらす・ぷっくらせる 茨城県稲敷郡 栃木県 *ぶっくらせる 埼玉県北葛飾郡「横ずっぽぶっくらせる」 *ぶっくらつける 山形県東置賜郡 *ぶっくらわしつける 山形県東田川郡 *ぶっくらわす 山形県東田川郡・西田川郡 新潟県下越 *ぶっくわつける 山形県西置賜郡 *ぶてくらわす・ぶってくらわす 島根県隠岐島「犬をぶてくらわした」 *ふんじゃらむ・ふじゃらむ 青森県津軽「あそこのおかみさんが親父さんにひどくふんじゃらまぇでいたそうだぜ」

なげやり【投遣】 *おーのか(投げやりなさま) 島根県益田市・八束郡 *おーのつこ 新潟県西頸城郡 *おのーなー 島根県出雲市 *おのーなりけ 島根県仁多郡「おのーなりけだけんできゃーせん」 *おのーなりけり・おのりなりけ・おーなーけ 島根県出雲「おーなーけだけん できゃせん」 *おのれなりけり 島根県邇摩郡 *ずろー 静岡県 徳島県 香川県三豊郡「ずろーな」 *ずっぺらぼー(投げやりで締まりがないさま) 新潟県佐渡 *ずんべらぼー(投げやりで締まりがないさま) 新潟県佐渡 長野県佐久 *ぞろー 香川県三豊郡「ぞろーな」 *てぼっほーなし 東京都南多摩郡 *どろっぺー(「ぞろっぺー」の転。投げやりで不始末なさま) 島根県那賀郡「どろっぺーなたちの男だ」 *なぎほーりー・なぎばかれー 沖縄県首里 *なげあてふりあて(投げやりなさま) 岩手県気仙郡 *なげっぱなし 鳥取県岩美郡・気高郡 島根県大田市・出雲市 *なげばなし 島根県飯石郡・大原郡「かばんをなげばなしにして遊びん出る」 *なりあい 新潟県佐渡 長野県上伊那郡「身体がだるいでなりえーに仕事をする」 三重県 滋賀県甲賀郡 *なりじょけ・なりじょーけ 新潟県佐渡 *なりやー 新潟県佐渡「なりゃあにしておいたらさびた」 *ほーとろげ 島根県隠岐島 *ほらくり 徳島県海部郡 *やっぱ 島根県出雲「畑をやっぱにする」「庭木はやっぱで茂っちょー」 *やり 和歌山県 愛媛県 *やりかんぼー 新潟県佐渡 山口県豊浦郡 *やりのかんぱち 島根県大原郡 *やりほーけ 栃木県日光市 ↓いいかげん(好加減)

□**にする** *おっこくる 山形県「あまり、面倒な仕事だがら、おっこぐった」 *ほーかす 岐阜県益田郡「ほーかいておく」 *ほーからかす 福岡県筑後 *ほーかる 岐阜県郡上郡「ほーかったる」 *ほーくる 山口県「そねえにほーくっちょくとしまいにはわからんやあになるでの」・豊浦郡 *ほーける 兵庫県但馬 *ほーたる 山口県 *ほーらかす 石川県江沼郡 島根県美濃郡・益田市 *ほかす 三重県伊勢 奈良県南部 *ほからかす 福岡市 *ほかる 山梨県 岐阜県郡上郡「何も彼もほかっといて寝てまった」 静岡県榛原郡 愛知県豊橋市 *ほこる 新潟県佐渡「そっちの方はほこっておいてこっちの方をやれ」 滋賀県神崎郡 *ほたくる 熊本県下益城郡 *ほたる・ほったらこかす 大分県大分郡 *ほっちらかす 岩手県気仙郡・大阪市 兵庫県加古郡 岡山市 長崎市 *ほてかる 岐阜県郡上郡「畑も田圃(たんぼ)もほてかいてあるが」 *ほてくる 岐阜県郡上郡 *ほらかす 宮崎県東諸県郡 *ほらくる 三重県 和歌山県「そんなにほらくらんときな」 徳島県・海部郡 *ほりきる 岐阜県本巣郡 *ほりくる 和歌山県西牟婁郡「着物などほりくっている」 *ほりちらかす 兵庫県加古郡 *ほる 滋賀県神崎郡「ほりやり(放任)」

なげる【投】 *あてる 大阪府東成郡 *うつけ

る三重県度会郡 *うっぽーる 高知県高岡郡・香美郡 *うんなげる 静岡県 *おっぽる 群馬県佐波郡 埼玉県「ちょいとおっぽって呉んな」 千葉県長生郡 *おばす 三重県度会郡 *くる 三重県志摩郡 *けしなげる 栃木県上都賀郡 *こつ 奈良県吉野郡「石をこつ」 *ごつ 和歌山県東牟婁郡 *さっぽーる 高知県 *さぼーる 山梨県南巨摩郡「ボールをさぼーるが有名の○○選手だ」 静岡県・志太郡

*さぼかす 山梨県 *さぼる 静岡県・志太郡 香川県 *すっぽーる 東京都八王子 徳島県海部郡

*すっぽかす 山梨県 長野市 *すっぽなげる 長野県上高井郡 *すっぽる 栃木県 *たなんぎるん・たなんぎん 沖縄県石垣島 *てく 山口県阿武郡「石をてく」 *てぐ 島根県石見「雀をてーだら甘いこと当った」「雀を石でてぎ殺した」 *でんなげる 栃木県宇都宮市 *はかる 愛媛県今治市 *ばやす 高知県幡多郡 *ばらす 香川県小豆島 *はる 岩手県気仙郡 *ひっぽーる 東京都八王子 神奈川県津久井郡 *ひっぽかす 静岡県「石をひっぽかす」

愛知県南設楽郡 *ひっぽる 神奈川県中郡 *ひょーる 福島県中部「石ひょーる」 *ひょぐる 福島県相馬郡 *ふーかる 長崎県北松浦郡 *ぷすん 沖縄県石垣島 *ぶちゃーる 富山市近在 *ぶつ 山形県米沢市「石をぶつ」 岐阜県 *ぶっぽーる 神奈川県津久井郡 *ふっぽかす 秋田県河辺郡・平鹿郡「彼は怒って椅子をふっぽがした」 静岡県 *ぶっぽる 群馬県佐波郡 *ぶなげる 山形県米沢市 *ぶんなげる 福島県東白川郡 茨城県行方郡 千葉県長生郡 新潟県東蒲原郡 *べーる 長崎県対馬

*ぼいあげる(捨てる)岡山県児島郡 *ほーからかす 山口県 *ほーかる 新潟県佐渡 岐阜県 愛知県 広島県高田郡 山口県「石を河の中へほうかり捨てた」 愛媛県 高知県 *ほーくる 岐阜県武儀郡・飛驒 京都府竹野郡 広島県佐伯郡・高田郡 山口県 高知県・宿毛市「ほーくり捨てる」

*ほーける 京都府 鳥取県東部 *ほーたぐる 広島県 *ほーたらがす 広島県佐伯郡 *ほーたる 山口県 高知県 *ほーらかす 岐阜県 静岡県志太郡「こっちぇーほーらかぇーてくりょー」 山口県

*ほーろく 栃木県安蘇郡 *ほかす 秋田県雄勝郡「相撲とってほがされた」・河辺郡 山形県米沢市「ほかしてやんぞ」 群馬県勢多郡「ほかし出す」 山梨県北都留郡・南巨摩郡 長野県佐久「石をほかした」 静岡県 愛知県南設楽郡・八名郡 京都府 大阪府泉北郡 *ほかすなげる 山形県東置賜郡「田に石をほかすなげるな」 *ほかる 新潟県佐渡 富山県砺波 山梨県 岐阜県 静岡県志太郡 愛知県 愛媛県 福岡県糸島郡 長崎県南高来郡

*ほくる 岐阜県飛驒 京都府・竹野郡「そのボールをほくってくれんか」・与謝郡 愛媛県 *ほげる 山形県庄内 新潟県西蒲原郡「ほげ出す」 *ほこる 新潟県佐渡 滋賀県 *ほたくる 長野県西筑摩郡 愛媛県 福岡市「ほたくり捨てる」 長崎県南高来郡 *ほたる 愛媛県 高知県幡多郡 佐賀県 長崎県・対馬・壱岐島 熊本県八代郡 大分県「石をほたる」 鹿児島県 *ほっかる 富山県砺波

*ほったかす 愛知県西春日井郡 *ほったる 愛知県名古屋市 *ほっぱる 富山県 *ほっぽかす 静岡県小笠郡「ほっぽかすとものはこわれる」 愛知県南設楽郡 *ほっぽる 栃木県 埼玉県北葛飾郡 神奈川県中郡 富山県 *ほてかる 岐阜県加茂郡

*ほぼる 滋賀県甲賀郡 *ほやす 愛知県東三河

*ほらくる 千葉県夷隅郡 徳島県 *ほろきなげる 栃木県

なこうど【仲人】

*あいにん 長崎県対馬 *いーこどさま 岩手県気仙郡 *いりわり 茨城県多賀郡 *おきもり 愛知県東加茂郡 *おじー 三重県志摩郡 *おせわにん 愛知県碧海郡 山口県見島

*おちゅーにん 埼玉県秩父郡 *おなかど(男の仲人)山形県最上郡 *おやどん 静岡県賀茂郡 *おやぶん 千葉県安房郡 *かとーど(「かたうど(方人)」の転)群馬県吾妻郡 *かふぬぴとぅ 沖縄県石垣島

*かみさま 青森県三戸郡(主として女一人が行う)・南部 *きゅーじにん 青森県津軽 *きゅじにん 青森県津軽 *くちきき 東京都新島 愛知県知多郡(花婿の近親) *くちききにん(婿方の女性で、正式の申し込みの前に内々に娘本人の承諾を得る人)長崎県五島 *こーじにん 島根県出雲 *ごしなん 宮城県伊具郡 福島県 *ごしなんさま 福島県東白川郡・西白河郡 *さいのかみ 青森県南部 岩手県上閉伊郡 新潟県 *したさべり 岐阜県飛驒 *しゃく 三重県志摩郡 *しょーわにん 京都府

*しょわにん 大分市 *しんぱいにん 島根県鹿足郡 長崎県対馬 *せわし 大分市 *せわにん 神奈川県津久井郡 大分県大分市・大分郡 *せわやき 愛知県知多郡 三重県志摩郡 鳥取県西伯郡 島根県八束郡・隠岐島 大分県大分市・大分郡 *そんちょーさん 兵庫県加古郡 *たこいぞにん 三重県上野市 *たゆー 徳島県東祖谷 *ちゅーさいにん 熊本県天草郡 *ちゅーにん 新潟県上越市 福井県丹生郡 長野県諏訪・上伊那郡 愛知県名古屋市 兵庫県加古郡 *ちゅーにんおや 長野県上伊那郡 *どーろくじん 長野県佐久 *なかじゃく 東京都神津島 静岡県賀茂郡 *なかさべり 富山県砺波 *なかだち 東京都伊豆諸島 長崎県南高来郡 熊本県 大分県 宮崎県宮崎郡 沖縄県首里 *なかだちどん 熊本県 *なかだちにん 佐賀県藤津郡 長崎県南高来郡 熊本県阿蘇郡・天草郡

大分県 *なかだっ 鹿児島県鹿児島郡 *なかだつ 鹿児島県 *なかだっどん 長崎県南高来郡 熊本県 *なかど 青森県上北郡 岩手県和賀郡 秋田県鹿角郡 新潟県三島郡 岐阜県 和歌山県東牟婁郡 愛媛県 *なかどにん 青森県津軽 *なかびと 沖縄県宮古島 *なかほどにん・なかほど 島根県石見 *なこーどおや 長野県佐久 *なこどおや 宮城県仙台市 三重県志摩郡 *なこどにん 岐阜県恵那郡 愛知県碧海郡 *はしかけ 栃木県

*はしわたし 大分市 *みなかど(女の仲人)山形

県最上郡 *むこざお 沖縄県宮古島 *よめごもらい 熊本県天草郡 *よめざお 沖縄県宮古島 *ろーどー(「ろうとう(郎党)」の転か) 長野県佐久

なし【梨】 *あおなんばん(ナシの一種) 鹿児島県薩摩 *いぬころし(大形のもので木の下にいる犬の上に落ちると犬が死ぬところからという) 山形県東田川郡 *うせんじ(ナシの一種の名) 奈良県吉野郡 *かめなし(カメの形に似ているところから。最も大形で、やや長いナシ) 山形県東田川郡・西置賜郡 *かんしょなし(「かんしょ」は甘藷か。小さくて一口に食べられる甘いナシ) 青森県三戸郡 *きなし 富山県一部 *さんすけなし(ナシの一種) 山形県庄内 *したなし(山野に自生するナシ) 岩手県上閉伊郡 *たもとやぶり(ナシの一種で大きなもの) 鹿児島県薩摩・肝属郡 *ひえなし 福島県西白河郡 鹿児島県長島 *やまなし 青森県

なす【為】 ⇩する(為)

なす【茄子】 *うしのきんたま 奈良県生駒郡 *きかずら 鹿児島県奄美大島 *きさなす(木になる「なす(梨)」に対して言う) 山形県北村山郡 *くろうり 滋賀県栗太郡 *なすき 宮城県仙台 *び 香川県

なぜ【何故】 ⇩どうして

なぞなぞ【謎謎】 *あーしむん 鹿児島県徳之島 *あかしむぬ 沖縄県宮古島 *あがしむぬがったー 沖縄県与那国島 *あかしむん 沖縄県首里 *あかしもん(明らかにするものという意から) 富山県 福井県 *あてこーら 東京都八丈島 *あはしむぬ 沖縄県伊江島 *あはしむん 沖縄県伊江島・国頭郡 *かけどく(児童語) 京都府竹野郡 *かんがえもの 和歌山県日高郡 *むぬあかしー・むぬあかせー 沖縄県首里 *むぬあかしぇー 沖縄県石垣島 *むぬあて 鹿児島県奄美大島 *わかしもの 石川県加賀

なだめる【宥】 *かぐさむる(なだめいたわる) 長崎県壱岐島 *かしかしまーすん(だましなだめる) 沖縄県鳩間島 *こざらかす 岡山市「子供を叱るばあせずとちいたあ(ちょっとは)こざらかせえ(機嫌をとりなさい)」 *こだらかす 鳥取県東部 *たばける(説きなだめる) 奈良県吉野郡 *だまかす 新潟県佐渡 長野県諏訪 *だまくらかす 長野県下伊那郡 *なめす(機嫌を取ってなだめる) 高知県「ついやけを云うかも知れんが、どーぞ少しの間なめしよってつかーされ」 *ひょーすかす 佐賀県三養基郡

なだれ【雪崩】 *あおぬり 島根県那賀郡 *うわなぜ 長野県下高井郡 *うわなで 福島県信夫郡 *おーじろ 新潟県北魚沼郡 *くろずり 鳥取県八頭郡 *こすはなだれ 石川県能美郡 *ごぞばぞれ 岐阜県飛驒 *ざら 新潟県中蒲原郡 *じなで(「なで」は「なだれ(雪崩)」の転か) 福島県信夫郡 *しばおき 長野県北安曇郡 *すど 山形県東田川郡「すどおでる日で、おっかねーぞて」 *そこなぜ(新雪崩でなく、積雪の底の方から崩れ落ちる雪崩) 滋賀県高島郡 *つゆ 兵庫県 *といたなだれ(谷間などの残雪の雪崩) 石川県能美郡 *なじぇ 山形県最上郡 *なず 新潟県岩船郡 *なせ 長野県上高井郡 *なぜ 岩手県気仙郡 福島県南会津郡 新潟県 長野県 滋賀県高島郡 *なで 青森県 岩手県 秋田県由利郡 山形県 福島県「春先はなでが多い」 栃木県塩谷郡 群馬県吾妻郡 新潟県 富山県下新川郡 長野県 *なでこけ 福島県会津 *なば 長野市 *なれ 新潟県東蒲原郡 *なんで 青森県 岩手県上閉伊郡 秋田県鹿角郡 *ぬま(春の全層雪崩) 岐阜県飛驒 *ねすど(底雪崩) 山形県東田川郡 *ねずり 鳥取県八頭郡 *のた 石川県輪島 *のま(春の全層雪崩) 富山県・中新川郡 岐阜県飛驒「のまに突かれて死ぬ」 *はて(積雪の表面の雪崩) 山形県北村山郡 *ひめ 福島県大沼郡「ひめに回された」 *ひら 秋田県雄勝郡 *ひらつき 秋田県平鹿郡・鹿角郡 *ひらつぎ 秋田県平鹿郡・鹿角郡 *やわ 新潟県中越 *ゆきおし 長野県 *ゆきくずれ 鹿児島県肝属郡 *ゆきしろ 東京都西多摩郡 静岡県富士郡(雪と水が一緒に川を流れるもの) *ゆきずり 京都府竹野郡 島取県岩美郡・西伯郡 島根県 岡山県苫田郡 *ゆきずれ 京都府葛野郡 *ゆきぞれ 岐阜県飛 *ゆきだれ 長野県上伊那郡 *ゆきっすべり 長野県諏訪 *ゆきなぎ 長野県上伊那郡 静岡県富士郡 *ゆきなで 新潟県中頸城郡 *ゆきなめ 東京都西多摩郡・北多摩 山梨県都留 *ゆきのた 石川県輪島 *わかさ 新潟県岩船郡 *わずり 鳥取県八頭郡

表層□ *わかばなで 新潟県北蒲原郡 *あい 山形県東置賜郡 福島県耶麻郡・南会津郡 新潟県北部 *あいなれ 新潟県東蒲原郡 *あお 岐阜県飛驒「今朝のあおで道は通れん」 *あほ 富山県中新川郡 岐阜県飛驒 *あわ 富山県東礪波郡 石川県 岐阜県飛驒 *あわずり 鳥取県八頭郡 *あわなぜ 滋賀県高島郡 *おーば 新潟県岩船郡 *わば 長野県上水内郡・北安曇郡 *わぼ・いわぼ 長野県北安曇郡 *わぼー 長野県上水内郡・北安曇郡 *わや 長野県上高井郡・下水内郡

なつかしい【懐】 *あながちさん 沖縄県首里 *めずらしー 宮崎県西諸県郡 *めんだしか・めんだひっか・めんだいか 長崎県五島

なつく【懐】 *かたる 青森県津軽「母のいる日は、この子は子守にかだりたがらない」 *かつく 長崎県対馬「あの人はやさしいもんじゃけ、子供達がよくかつく」 鹿児島県肝属郡 *からまる 青森県「あの子はよく後妻にからまる」 岩手県気仙郡 宮城県北部 秋田県鹿角郡 新潟県東蒲原郡「猫が足元にからまってくすぐったい」 山梨県南巨摩郡 長野県佐久 静岡県小笠郡 *そずく 島根県邇摩郡・大原郡「あの子はすぐそずく子だ」 *たぶれる 兵庫県但馬 *まつばる(子供などが懐き親しむ) 長野県上水内郡 *まつまる(子供などが懐

き親しむ）長野県　子供が□　*しずく 愛媛県・大三島「父親の方へ良うしずく」　*まびれつく 鳥取県岩美郡・気高郡　*まびれる 静岡県「子供がよくまびれる」　*もぐれる 愛媛県　*もぶれる 島根県「猫が足いもぶれて困る」　山口県　香川県「この子はもぶれまわってうっとうしい」　愛媛県大三島　高知県「近所の子供達が押かけて私の前後左右へもぶれる」

なっとう【納豆】　*おなめ 埼玉県大里郡　*こうんまめ 熊本県下益城郡　*こりまめ 熊本県　*こるまめ 熊本県飽託郡　*ざいごなっと（糸の出ない納豆）山形県庄内　*せつなっとー（正月用の納豆）新潟県東蒲原郡

なっとく【納得】　*なーじ 島根県出雲　*り 長崎県対馬「そのりを得ぬ（理解できない）」　*りうち 島根県美濃郡・益田市「りうちがする（合点が行く）まで言うて聞かしてやれ」
→がってん（合点）・どうい（同意）

なっぱ【菜葉】　*なーな（幼児語）長野県東筑摩郡　愛知県尾張　京都府　*なな（幼児語）山形県米沢市　新潟県中頸城郡　岐阜県羽島郡・恵那郡　三重県南伊賀　京都府竹野郡　大阪市　兵庫県但馬　*なんな（幼児語）徳島県
→な（菜）

なでる【撫】　*さでる（手でなでる）島根県浜田市「子供の足をさでた」　広島県比婆郡　山口県大島　高知市「本絹か人絹かさでてみると手ざわりで知れる」　*せせく 広島県芦品郡　*せぜく 高知県幡多郡　*せせぐる 栃木県　千葉県安房郡　*せせる 石川県羽咋郡　島根県「机の上の本をせせるな」　広島県倉橋島・高田郡　徳島県美馬郡　高知県土佐郡　*せるくる 広島県佐伯郡　*はだける 秋田県鹿角郡　岐阜県郡上郡「うわっつら　はだける」

ななめ【斜】　*えち 神奈川県小田原「（箱が）えちになっているからなおせ」　*かたつさ 山形県「鍋がかたつさになっている」　*かたっつら 福島県相馬郡　*かたつら 山形県「羽織のきよおあ、かだつらだ」　福島県　*かたら 山形県東村山郡「気をつけて置かないとかだらえなる」　*しずかい 福井県遠敷郡　徳島県　*すあい 新潟県佐渡　*そぎ 愛知県北設楽郡「そぎに切る」　*ぞべ 島根県出雲「ぞべにきる」　*そべくち 大分県日田郡「そべくちにする」　*なぎっち 新潟県三島郡・刈羽郡　*なぎっちょ 新潟県三島郡　*なぎっちょー 新潟県三島郡　*なしょい 岩手県気仙郡　*なす 鹿児島県「なすい（斜めに）」　*なせ 栃木県「板をなせにしな」　埼玉県川越　千葉県夷隅郡　新潟県中越　岐阜県郡上郡　*なせー 埼玉県秩父　神奈川県津久井郡　佐賀県　*なぜー 山梨県南巨摩郡　*なそえ 山形県　福島県「この紙なそえに切れ」　茨城県　新潟県佐渡　岐阜県飛騨　兵庫県加古郡　*なぞえ 岩手県気仙郡「なぞえに切る」　埼玉県川越　富山県・富山市　山梨県南巨摩郡　三重県志摩郡　愛媛県松山　*なそぎ 岐阜県飛騨　*なそげ 岐阜県大野郡　*なそそ 岩手県気仙郡「なそそに切った」　*なぞらえ 富山県　*なばえ 岡山県苫田郡　徳島県「こんだけのなばえで好いかな」　香川県高松市　*なべちゃら 青森県上北郡　*なべちょ 青森県三戸郡　*なんべーい 沖縄県首里　*のさ 京都府竹野郡「次の杭は少しのさに打ってくれ」　*のせ 新潟県佐渡「のせがある」　長野県諏訪・上伊那郡　岐阜県大野郡・郡上郡「のせにたてかけとく」　静岡県小笠郡「のせになってて上るにえらい」　*はすなぎり 新潟県「田圃（たんぼ）道をはすなぎりに行けば近い」
□にする　*かたげる 山形県庄内　新潟県佐渡・東蒲原郡　富山県砺波　岐阜県飛騨・郡上郡「茶碗かたげんなよ、しるがこぼれるで」　静岡県志太郡「すっかり、くびょーかたげちゃったやー」　愛知県　三重県志摩郡・員弁郡　滋賀県彦根　奈良県南大和　徳島県（容器を傾ける）　*なばえる 兵庫県淡路島　岡山県苫田郡　広島県比婆郡「なばいた」・高田郡　徳島県「もすこしなばえると日がよーあたる」　香川県　高知市「大松が恰好よーなばえて居た」　*なんべーゆん 沖縄県首里　*ゆりごす 山形県米沢市「少しゆりごす」
□になる　*なばえる 兵庫県淡路島　岡山県苫田郡　広島県比婆郡「なばいた」・高田郡　徳島県「もすこしなばえると日がよーあたる」　香川県　高知市「大松が恰好よーなばえて居た」　*ひっかしがる 山梨県

なにか【何】　*ないだり 高知県「歌ったりないだりしよる」・高知市　*なんたい 宮崎県日南市　*なんだり 新潟県糸魚川市「うちのむんね（うちの者に）わらわれたりなんだり、したんだけん」　*なんどれ 香川県・小豆島
□と　*なにかいさい 奈良県南大和　*なにかし 和歌山市「菓子やなにかしくれた」　*なにやか 香川県　*なにやかし 兵庫県神戸市　*なんにゃかい 兵庫県淡路島　徳島県　香川県　*なんにゃこい 徳島県阿波郡　香川県大川郡　*なんにゃこし 徳島県美馬郡　*なんやかし 兵庫県神戸市「なんやかし並べた」　*なんやこい・なにやかい 香川県

なのはな【菜花】　*なばな 宮城県仙台市　*おくろ 愛媛県　高知県（女性語）

なべ【鍋】　*おくろもの 鹿児島県　*くろも 岐阜県本巣郡　*しゃはり（「さはり（響銅）」の転か。真鍮製の鍋）岡山県　*すし・すす 鹿児島県揖宿郡　*ちゃんかけなべ・ちゃんなべ（ほうろう引きの鍋）山形県西置賜郡　*にんめーなーび 沖縄県首里　*はやけつ（早く熱くなり、煮立ちが早いところから。アルミ製などの薄い鍋）青森県津軽
大きな□　*あしつる 千葉県上総　*おかま 兵庫県赤穂郡　岡山県川上郡　*おかまさん 京都府竹野郡　熊本県玉名郡　*かま 島根県邑智郡

*かまなべ 鹿児島県肝属郡 *かんつき 福岡県粕屋郡 *じんなべ 福岡市 *しんめーなーび 沖縄県首里

鉄製の□ *いむんなーび 沖縄県首里 *いりがわら(鉄製の浅い鍋) 静岡県田方郡 *じんなべ 徳島県

銅製の□ *かなじょし 新潟県西蒲原郡 *かんなべ 山形県

なべしき【鍋敷】 *おしき 島根県隠岐島 *しずい(わら製) 埼玉県北葛飾郡 *しずえ 三重県志摩郡 *なびかぶち(女が頭の上にものを載せる時に用いる「かぶち」と形が似ているところから) 沖縄県与那国島 *なべざ 三重県飯南郡 島根県八束郡 *なべすけ 京都府 広島県比婆郡 *なべわ(わら縄を巻いて作ったなべ敷き) 京都府竹野郡

なまあたたかい【生暖・生温】 *うすぬきー 千葉県山武郡 *うすらぬくい 新潟県佐渡 *おぶぬるい 愛媛県大島・日振島 *おぼぬくい 愛媛県生名島・北条市・大三島(水が温まっていく途中) *おぼぬるい(湯が冷めてくる途中) 愛媛県大三島 *なまぬくい 新潟県佐渡 上方 山口県 *なまぬくとい 静岡 *ぬるきゃ・ぬるけ 東京都八丈島 *ぬるくたい 和歌山県東牟婁郡 *ぬるこい 岩手県東磐井郡 山形県 福島県 *ぬるたこい 茨城県稲敷郡 *ぬるたっこい 神奈川県津久井郡 *ぬるっくぃ 沖縄県首里「ぬるっくぃゆ(ぬるま湯)」 *ぬるっこい 茨城県多賀郡 *ぬるったい 栃木県 群馬県勢多郡 *ぬるまこ 山形県飽海郡 *ぬるまこい 北海道「この風呂はようやくぬるまこくなった」 青森県上北郡 山形県 福島県 茨城県稲敷郡 栃木県足利市 群馬県吾妻郡 *ぬるましこい 静岡県安倍郡「ぬるましこい日だ」 *ぬるまっけー 新潟県下越 *ぬるまっこい 福島県東白川郡「ぬるまっこえ風が吹く」 栃木県 埼玉県川越 新潟県中越 長野県・諏訪 *ぬるまっちー・ぬるっちー 長野県上田・佐久 *ぬるまってー 群馬県勢多郡 *のろっこい 長野県佐久 *のろまっこい 栃木県 *へなまぬるい 石川県 *ほっぽらぬくい(体温ぐらいの温度) 山口県 *ほほらぬくい 青森県津軽 福岡市 大分県玖珠郡「ほほらぬきー天気」 *ほぼらぬくい 山口県 *ぼぼらぬくい・ぼんぼらぬくい 新潟県佐渡

→なまぬるい(生温)

なまいき【生意気】 *あがすけ 山形県「あがすけやろ」 *いきあがり 福井県大野郡 *いきすぎ 新潟県西頸城郡 長野県 岐阜県 静岡県 愛知県名古屋市・知多郡 三重県松阪市 島根県石見「いきすぎを言うな」 山口県阿武郡・見島 徳島県 香川県 *いきなり 山形県東田川郡・西田川郡 *いきれ 富山県下新川郡 *うゎーち 沖縄県首里 *おーど 石川県羽咋郡 島根県出雲 熊本県阿蘇郡 *おーどー 広島県高田郡 熊本県 *おちけ 秋田県由利郡 *かす 山形県西置賜郡「かしこくな(言うな)」 福島県「かすかたる(生意気言う、干渉する)」「かすする」 新潟県東蒲原郡「かすばかり云って実行の伴わぬ奴だ」・中頸城郡 長野県下水内郡 岐阜県「かすこくな」 静岡県「かすを言うな」 *かすこっぺ 山形県東田川郡 *かすべんこー 静岡県 *からばぐ 青森県上北郡 *ぎぐ 福島県会津「あまりぎぐするな」 *きこしゃく 長野県東筑摩郡 *きょーこつ 島根県那賀郡・浜田市「金が無あのにきょーこつな風をする」 *きょーこつげ 広島県倉橋島 *きんつー 静岡県磐田郡 *ぐりしやり 長野県東筑摩郡 *くんじゃく 栃木県 *くんじょー 千葉県夷隅郡・君津郡 *こーかつ 新潟県佐渡「人にあっても言葉がけもしない。こーかつな野郎だ」 岡山県児島郡「あの人は年下のくせえしてからあんげえこーかつななあ」 *こーじょー 新潟県佐渡 *こーへ 福井県敦賀郡 島根県出雲・隠岐島 *こーへー 奈良県吉野郡 鳥取市 島根県「この子はこーへーな子じゃけー立身する」 岡山県川上郡・小田郡 広島県 山口県・大島 *こっぱい 東京都「こっぱいな事をぬかす」 *こっぴき・こーっぴちき 石川県鹿島郡 *こっへ 山形県鶴岡 *こっぺ 山形県 福島県「こっぺする」 茨城県真壁郡 栃木県「あれはこっぺだ」 千葉県印旛郡・長生郡 新潟県岩船郡 石川県鹿島郡 福井県 三重県南牟婁郡 島根県大田市 *こっぺー 山形県南置賜郡「こっぺーな餓鬼だ」・米沢市 福島県若松市 東京都大島 新潟県西蒲原郡 福井県 山梨県・中巨摩郡・南巨摩郡 静岡県 岡山県 愛媛県温泉郡 長崎県南高来郡・対馬・五島 *こっぺた 三重県北牟婁郡「こっぺたなこといふな」 和歌山県西牟婁郡・東牟婁郡 *こっぺつ 新潟県「こっぺつな子だ」・中越 島根県出雲 *こぴ 山形県米沢市 *こへ 奈良県宇陀郡 *こへーくそ 島根県仁多郡・能義郡 *さいはじけ 宮城県仙台市 *しつ 静岡県伊豆「しつなこと」 *じれこ 秋田県鹿角郡・平鹿郡 *しろくさ (「しゃらくさい」の転か) 新潟県中蒲原郡 *すいこ 滋賀県 *ずこ 富山県下新川郡 *すこーべ 愛媛県南部「すこな」 *すこばす 愛媛県南部 *すこんべ・すこんぺ 愛媛県大洲市 *すったくれ 茨城県久慈郡 *ずれこ 秋田県鹿角郡 *すれっこ 三重県宇治山田市「すれっこなる者」 *ずれっこ 富山県砺波 石川県金沢市 福井県坂井郡(女子に言う) 岐阜県吉城郡 *すれっこー 島根県石見「隣の子はすれっこーでどうもならん」 広島県高田郡 *ずれっこー 岩手県九戸郡(女子に言う) 新潟県佐渡(女子に言う) 岐阜県郡上郡「勉強はせず、仕事もせず、親のゆーことちょっとも聞かん。お前みたよーなずれっこーな子わないぞ」 *ずんきゅー 徳島県三好郡 *ぞっき 長崎県壱岐島「ぞっきな男」 *ちょび 神奈川県小田原市 *つらかしこ 香川県仲多度郡 *てんごー 山口県「てんごういやる(生意気を言う)」 *とちこへ(「こへ」は生意気の意) 島根県隠岐島 *なまだら 山形県 *なまっかす 長野県諏訪「なまっかすだ」 *なまはんじゃく 新潟県佐渡　大阪市　和歌山県西牟婁郡　香川県 *なまらはんじゃく 大阪市　香川県 *なまりはんじゃく 滋賀県蒲生郡

大阪市　香川県 *にあがり 福岡県三池郡 *のーてんき 新潟県「のーてんきばかり強くて、実際になるとからきし頼りにならない」 *はらり 山形県村山「このはらり野郎」・北村山郡 *はんか 宮城県栗原郡・玉造郡　山形県庄内・村山「はんかな奴だ」 *ひまし 山口県大島 *へちこ 福井県坂井郡 *べっこ 和歌山県 *べっこのかー・べっこのかわ 和歌山県日高郡 *べっこのかみ 和歌山県西牟婁郡 *べんくー 大分県 *べんこ 石川県鹿島郡「わいちゃー(おまえたち)べんこな」 福井県　岐阜県「べんここくな」・飛騨　兵庫県 *べんこー 福井県　岐阜県　愛知県・豊橋市「べんこー云ふな」

*むこーむき・もこーむき・もこーそむき・もこそーむき・もこーそびき・もこそーびき・もこーりむき・もこーむし 長野県佐久 *よこすい 岡山県和気郡 *わんぱ 新潟県佐渡

□だ *いさい 愛知県名古屋市 *いしこい 大阪府泉北郡「いしこい男」 *かすっくさい(利口ぶって生意気だ)長野県下水内郡・東筑摩郡「あの男はかすっくさいことを言う」 *かすったかい(利口ぶって生意気だ)静岡県 *かすらしー 岐阜県土岐郡 *くーねつくさか 福岡県三池郡　熊本県玉名郡 *くーねつくしゃ 熊本県玉名郡

*くさらし 鹿児島県 *くさらしか・さらしか 鹿児島県揖宿郡 *くすえらし 宮崎県東諸県郡

*くせらしー 熊本県芦北郡・八代郡　宮崎県宮崎郡 *くっさらし・くっせらしー 鹿児島県

*くっぺーくさい 福井県 *げーなか 長崎県壱岐島「げーなか奴」「げーなか事する」 *けんたいらし 石川県能美郡 *けんたいらしー 兵庫県

*こーしゃくさい 大分県北海部郡 *こーたいない 愛媛県越智郡 *こーだいない 愛媛県今治市・周桑郡「そんなこーだいないことを云ふな」

*ごーたいない 愛媛県喜多郡・弓削島 *こーっぴくさい・こーべりくさい 石川県鹿島郡

*こーびる 石川県鳳至郡 *こーべる 石川県

*こそぼったい 福島県会津 *こそぼりたい 岐阜県大野郡「あいつは偉そうにしてこそぼりたいな」 *こっぺーくさい 茨城県　千葉県夷隅郡

福井県 *こっぺーらしー 山梨県 *こっぺくさい 北海道　茨城県真壁郡　栃木県「白粉つけてなんぼこっぺくさいんだか」 千葉県夷隅郡・東葛飾郡　新潟県西頸城郡　石川県鹿島郡　福井県敦賀郡 *こっぺつもない 新潟県中越 *こっぺのしんどる・こっぺのしんだ 長崎県北松浦郡「こっぺのしんだことはいうな」 *こっぺる 和歌山県新宮「こっぺた子」 *こにくさい 大分県大分市・大分郡 *こねんごくさい(ちょっと生意気だ)愛媛県大三島　高知県高岡郡 *こひやんなか(少年の大人ぶりに言う)長崎県五島

*こべったらしー 兵庫県加古郡 *ざまがわるい 石川県 *ざまわるい 石川県能美郡 *ざまくそがわるい 石川県 *しかしかもねー(「しかしか」は「然然」で、「しかしか言うほどのこともない」の意か)宮崎県延岡「何んにも分りもせぬ癖にしかしかもねえことを云ふな」 *しかしかねー(「しかしか」は「然然」で、「しかしか言うほどのこともない」の意か)宮崎県東臼杵郡「しかしかねーともちか(生意気なやつと思って)」 *しきなくさい 新潟県　長野県下水内郡 *しゃらこすい 長野県佐久 *しゃらっぷてー 長野県佐久

*じろい 青森県津軽「このごろ、ながながじろぐなたね、あれも(このごろずいぶん生意気になったぜ、あの男も)」 *すあいらしー 福井県遠敷郡

*ずこがたか 福井県坂井郡 *すひんか 佐賀県神埼郡 *ずれたい 秋田県鹿角郡「ずれたいまねすな」 *ちーだかさん 沖縄県首里 *つらかしこい(利口ぶって生意気だ)香川県 *つらがしこい(利口ぶって生意気だ)香川県三豊郡「つらがしこげな」 *なまくっさらし 鹿児島県鹿児島郡 *なまざにっか 鹿児島県種子島 *にくせー 大分県 *につくらしー・につこらしー 新潟県佐渡「につくらしげの口をたたくな」 *ねんごくさー・ねんすくさー 愛媛県大三島 *ねんごくさい 山口県玖珂郡　愛媛県　高知県　大分県南海部郡 *ねんごらしー 愛媛県周桑郡 *ねんごんくさい 大分県北海部郡・南海部郡 *のふーぞーか 佐賀県 *のふーぞか・のふぞか 長崎市 *ふとい 栃木県　長野県佐久　熊本県 *べらくさい 新潟県佐渡 *へらこい(卑語)兵庫県淡路島「青二才の癖にへらこい事ぬかすな」 徳島県 *べんこい 岐阜県 *べんこくさい 石川県鳳至郡　岐阜県吉城郡・飛騨「なんとべんこくさい事をいう奴じゃろ」 *べんこらしー 岐阜県・飛騨 *みとむない 石川県金沢市

□なこと *いーふり 青森県津軽「いいふりす」

*えーふり 山形県西置賜郡 *えーぷり 宮城県石巻「ずっとまた、ええぷりすて」 *えっき・えっきえっき・えっきなり 山形県「えっきなる(生意気になる)」 *えふり 青森県津軽 *おじゅーこ 長野県「おじゅーこ言うな」 *おじゅーこー 長野県北佐久郡 *おじょーこ 長野県 *おじょーこー 長野県長野市・上水内郡 *おじょこ 長野県 *しゅーく 愛媛県東宇和郡「しゅーくなこと言うない」 *じゅーく 茨城県猿島郡「じゅーくたれる(生意気を言う)」 栃木県足利市・安蘇郡　群馬県 *じゅーくー 群馬県勢多郡「じゅーくー言うな」 埼玉県秩父郡 *じゅーこー 長野県小県郡　長崎県対馬「あの人はいつもじゅうこうな(高慢な)ことばかり言うておる人ぢゃ」 *しゅく 愛媛県「しゅくのかわ言う(年のわりに生意気なことを言う)」 *じゅく 栃木県安蘇郡 *しゅこ 愛媛県北宇和郡・南宇和郡 *じょーこー(「じょーごわ(情強)」の転か)新潟県刈羽郡

*ずこいき 富山県射水郡 *ずこいきり 富山県

石川県 *ずこてん 石川県 *せんだい 福井県「せんだいこく（生意気を言う）」 *なまぎき・なまげき 茨城県稲敷郡

□なさま *いかつ 新潟県佐渡 岐阜県大垣市 滋賀県蒲生郡 *いがつ 滋賀県坂田郡・東浅井郡 *いかつげ 新潟県佐渡 *いけぞんざい 島根県隠岐島 *いこげた 岐阜県益田郡 *いしこ（形容詞「いしこい」の語幹）滋賀県滋賀郡・伊香郡 *おけんたい 福井県遠敷郡 京都府竹野郡 島根県「おけんたいでばくちを打つ」 岡山県苫田郡「あいつぁおけんたいでごっつぉーになりょーる」・小田郡 広島県高田郡 香川県大川郡・高松市 大分県 *おけんたやー 京都府竹野郡「よそのものをおけんたやーで使う人」 *おじゅーこ 長野県「おじゅーこ言うな」 *おじゅーこー 長野県北佐久郡 *おじょーこ 長野県 *おじょーこー 長野県長野市・上水内郡 *おじょこ 長野県 *かさだか 富山県砺波「かさだかな」 *かすなま 長野県諏訪「かすなまだ」 *きーたくせー・きーたらげ 新潟県佐渡 *きーたげ 新潟県佐渡・西蒲原郡 *きけたふり 岩手県気仙郡 *ぎしぎし・ぎしゃぎしゃ 長崎県壱岐島「今度ぬ官員な何ちゅうぎしぎし威張りかえーちょるもんなーえ」 *きしょーげ 香川県・三豊郡・伊吹島「きしょうげに言うな」 *きしょげ 香川県三豊郡 *きすきす 長野県 *きすぎす 長野県東筑摩郡「利口ぶってきすぎすする人だ」 *ぎすぎす 栃木県「あれはぎすぎすなやつだ」 群馬県碓氷郡 山口県豊浦郡「ぎすぎすする人」 *きだふり 宮城県石巻 *きちゃきちゃ・きっちゃきっちゃ 岩手県平泉「きちゃきちゃてけずがる（生意気な態度をしてけつかる）」 *けとー 福井県足羽郡「けとーな」 *けんしき 新潟県佐渡「あの男はけんしきな奴だ」 *けんたい 岐阜県飛騨 三重県 京都市「人のうちー来てけんたいで飯くーていきよる」 大阪市「このごろ二人でけんたいに歩いてやはる」「けんたいな顔して」 兵庫県「よその道具をけんたいのよーに使うな」 奈良県「そんなん貰う位はけんたいやがな」 和歌山市 島根県隠岐島「けんたいな顔しちょる」 岡山県 広島県比婆郡・高田郡 山口県大島 徳島県「あんな女をつれてけんたいで歩いとる」 香川県「けんたいげに言うな」 愛媛県 福岡市 佐賀県 長崎県長崎市・対馬「けんたいな応対ぶり」・壱岐島 *けんたいずく 和歌山市 *けんたいま 愛媛県大三島 *けんつく 新潟県佐渡「あの男はけんつくだ」 *こーさい・こーざん（出しゃばって生意気なさま）徳島市付近 *こーざい（出しゃばって生意気なさま）新潟県佐渡「こーぜえやく（おせっかいをする）」 福井県大飯郡「こーざいな」 長野県諏訪 岐阜県恵那郡 京都府 愛媛県大三島「こーざい言う」 *こーざいげ（出しゃばって生意気なさま）京都府与謝郡・竹野郡「あいつなかなかこーざゃーげなことぬかす」 *こーしょ（利口そうに生意気なさま）富山県砺波 *こーしょー（利口そうに生意気なさま）静岡県志太郡「こーしょーなことぬかすなー」・小笠郡「こーしょーな子で仕様がない」 *こーべがち（理屈っぽく、生意気なさま）新潟県佐渡 *こごさっ（「こごしゃく（―小癪）」の転）鹿児島県 *こせ 鹿児島県鹿児島郡 *こせくれ 長崎県五島 *こぜこ・こぜこばす 富山県砺波「こぜこなこと言うな」 *しゃーまけ 鳥取県東伯郡 *しゅーく 愛媛県東宇和郡「しゅーくなこと言うない」 *じゅーく 茨城県猿島郡「じゅーくたれる（生意気を言う）」 栃木県足利市・安蘇郡 群馬県 *じゅーくー 群馬県勢多郡「じゅーくー言うな」 埼玉県秩父郡 *じゅーこー 長野県小県郡 長崎県対馬「あの人はいつもじゅうこうな（高慢な）ことばかり言うておる人ぢゃ」 *しゅく 愛媛県「しゅくのかわ言う（年のわりに生意気なことを言う）」 *じゅく 栃木県安蘇郡 *しゅこ 愛媛県北宇和郡・南宇和郡 *しょしょまげ（出しゃばりで生意気なさま）鳥取県西伯郡 *じょんじょ 島根県隠岐島 *すいきょー 岡山県苫田郡 *すたっぴ 福井県 *すてんき 宮城県仙台市「すてんきむすめなだ、嫁に貰ったら大変でがすと」 *すてんこ 香川県仲多度郡・高松市 *すでんこ 香川県 *すとー（高慢で生意気なさま）高知県「此方から物を言うても返事も碌にせん様なすとーな奴ぢゃ」 *ずんばい（思い上がって生意気なさま）愛媛県・宇和島市「ずんばいなことを云うなと叱ってものぶといやつで知らん顔する」 *せんだい 福井県「せんだいこく（生意気を言う）」 *そくしゃーか 佐賀県 *ちょこだげ 香川県高見島「ちょこだげに（生意気そうに）」 *どべんこー 岐阜県郡上郡「こいつどべん

方/言/の/窓

●中国地方の方言

中国地方の方言として一般にイメージされやすいのは広島や岡山の方言であろう。

この地方では、専門語でアスペクト（相）と呼ばれる文法上の特色がある。たとえば、共通語では、ひとしなみに、枯葉が「おちている」というところを、岡山では舞い散る状態はオチユール、落ちている状態はオチトルと言い、区別がある。前者を進行相（進行態）、後者を結果相（結果態）という。

出雲地方ももちろん中国地方だ。ここでは音声面に興味深い現象がある。シ・ス及びチ・ツの区別が無い。これは遠く東北地方に通じる現象であり、このことをタネにした松本清張の推理小説『砂の器』は有名だ。

井伏鱒二は広島県の出身で、この地方の方言を駆使した佳作が多い。

こーなことゆーわい」 *なまぎき・なまげき 茨城県稲敷郡 *べーすこ 愛媛県新居郡・西条市 *へごーしゃく 島根県石見「へごーしゃくなことをぬかすな」 *へんばい 石川県金沢市「へんばいな」・能美郡

□な者 *いかつもの 新潟県佐渡 *いきすぎ 富山県 愛知県碧海郡 兵庫県淡路島 香川県高松 *いきすぎもの 福井県大飯郡 三重県志摩郡 兵庫県但馬 奈良県宇陀郡 島根県石見 山口県・豊浦郡 徳島県 香川県仲多度郡 *いきたけもの 山形県飽海郡 *いきなり 山形県東田川郡・西田川郡 *いさいぼー 大分県大野郡 *いしょこきもの 山形県東田川郡 *いちさかしんじゃ 沖縄県首里 *いちぶり 滋賀県高島郡 *いばりこき 山形県 *うわいきもん 熊本県・玉名郡 *えーふりこぎ 山形県西村山郡・西田川郡 *えせこぎ 山形県東田川郡 *えそこぎ 山形県西田川郡 *えっきえっき・えっきなり 山形県「えっきなる(生意気になる)」 *おかべ 山形県飽海郡 *おかべる 山形県飽海郡 *おちょーも(生意気男) 神奈川県足柄上郡 *おちょんき 長野県東筑摩郡 *おちょんこずき 長野県佐久 *おっちゃくもの 山形県 *がいもん 長崎県壱岐島 *ききすぎもの 高知県「あの娘はききすぎもので誰にもほめられん」 *くるげ 秋田県由利郡「此のくるげ、なぐるぞ」 *こがき(生意気な子供をののしって言う語) 岩手県気仙郡 *こちやぽん(生意気な子供) 長崎県北松浦郡 *こべっちゃ 島根県出雲 *さやつお 栃木県芳賀郡 *さやっぽ 栃木県中部 *ずこいき 富山県射水郡 *ずこいきり 富山県 石川県 *ずこてん 石川県 *ちーぐぇーむん・ちぐぇーむん・ちぐぇーいむん 沖縄県首里 *ちゅーかん 大分県速見郡 *つっとがり 岩手県気仙郡 *ですけ 静岡県・川根 *とんだべ 三重県度会郡 *なまかわ 愛知県岡崎市 *ねんごーもの 香川県高松 *ねんごもん 高知県幡多郡

なまえ【名前】 *めー 高知県「めいの通った家」「あの人等はえらいめいのきいたもんじゃ」

なまぐさい【生臭】 *あうふささーん 沖縄県石垣島 *つなまぐさい・つなぐさい・つまぐさい 新潟県佐渡 *なまどっくさい 長野県上田 *ひえくさい 熊本県八代郡・芦北郡 鹿児島県種子島・揖宿郡 *ひえくせ 鹿児島県・肝属郡 *ふぃるぐささん 沖縄県首里

□もの *あぼ 和歌山県日高郡 *なまぐさけ 山形県南置賜郡・東田川郡 *なまくさけ 島根県石見 *ふぃるぐさりむん 沖縄県首里

なまけもの【怠者】 *あうらうり 広島県山県郡 *あおのろし 鹿児島県喜界島 *あすんてー 山梨県 *あそびどー 高知県 *あそびどん 高知県幡多郡 *あぶらうり 岩手県気仙郡・胆沢郡 山形県 山梨県 長野県 岐阜県飛驒 三重県飯南郡 *あぶらとり 三重県名賀郡 京都府・竹野郡 *あぶらむし 岐阜県飛驒 *あぶらや 栃木県塩谷郡 *いたりたーれ・いたったーれ・いだったーれ・いたったーし 長崎県対馬 *いたりくさり 宮崎県 *いなば 三重県度会郡 *いびた 和歌山県西牟婁郡 *いべたれ 島根県簸川郡 *いんだらもん 新潟県佐渡 *うきよくもすけ 長崎県対馬 *うすけ 熊本県天草郡 *うすど 熊本県下益城郡 *うすどんか 長崎県北松浦郡 *おーどーもん 和歌山県 山口県玖珂郡・大島 福岡県粕屋郡・福岡市 長崎県壱岐島 鹿児島県種子島・口之永良部島 *おーどもん 山口県玖珂郡 福岡県 長崎県 熊本県玉名郡 鹿児島県屋久島 *おーのらし 新潟県岩船郡 *おさうり 三重県名賀郡 *おじこ 山形県鶴岡市 *おどむん・おろもん 鹿児島県 *おどもの 宮崎県 鹿児島県 *かいしょーなし 奈良県吉野郡 *かいぬけ 広島県倉橋島 *かだうじ 静岡県・磐田郡 *かだもの 三重県 *かなしがり 山形県 *かばねひきじり 岩手県気仙郡 宮城県登米郡・玉造郡 *かばねほし 宮城県栗原郡 *かばねやみ 岩手県 宮城県「かばねやみの節句ばたらき」 山形県最上郡 福島県南部 *かまぐれやろ 福島県東白川郡 *からせこき 秋田県鹿角郡 *からだやみ 宮城県 福島県 *からっぽねやみ・からっぽやみ 北海道 *からなき 岩手県九戸郡 *からほねやみ 青森県津軽 山形県東村山郡 *からぼねやみ 青森県南部 *からぽねやみ 青森県「からぽねやみの大まぐらひ(ごくつぶし)」 秋田県北秋田郡・鹿角郡 *からぽやみ 青森県津軽「あこのふとぁ、みんなからぽやみばぇで(ばかりで)」 秋田県山本郡・南秋田郡 *からやき 青森県南部「小豆煮る時ぁからやきに煮らせろ」「からやぎ、隣りの御器洗う(家では怠け者が、他家ではよく働く)」 岩手県九戸郡 *からやみ 岩手県九戸郡 *きどろ 京都府愛宕郡 *ぐーた 長崎県北松浦郡「うちの下女はぐーたで困る」 *ぐーだ 沖縄県首里 *くーたもんなし 新潟県佐渡 *ぐーたらべー 新潟県西蒲原郡 静岡県「この児はぐーたらべーだよ」・安倍郡 *ぐーだらべー 静岡県 *ぐーたれ 長崎県対馬 *ぐーたれべー 千葉県 *くさごろ 三重県度会郡 *くさし 福島県「おめえはくさしだからなにやらせでもろぐなごとやんねえ」 *くさしもの 山形県西置賜郡「くさしものの一度ぢき(食)」 福島県「くさしものの節句働き」 *くさはぎ 三重県志摩郡 *くされもの 福島県伊達郡 *くらいたおし 岩手県気仙郡 *くらいだおれ 熊本県下益城郡 宮崎県西臼杵郡 *くらいつぶし 新潟県佐渡 三重県松阪・南牟婁郡 京都府竹野郡 高知県幡多郡 *くらいどーれ 熊本県 *くりゃーどーされ・くれどれ 新潟県佐渡 宮崎県西臼杵郡 *くりゃどれ 熊本県下益城郡 *ぐれ 千葉県上総 福井県大飯郡 長野県佐久 徳島県 大分県大分郡・大野郡 *くれぁつくし 青森県南部 *くれーずかし 長野県上田・佐久 *ぐれさく 大分県西国東郡 *ぐれす・ぐれそ 香川県 *ぐれすけ 大分県大分郡 *ぐ

れっぽ 大分市 *ぐれまつ 新潟県佐渡 *ぐれもの 長野県諏訪　大分県大分郡・大野郡 *けーたれもの 千葉県 *けだいやみ 東京都八丈島 *げーしょたーれ 長崎県対馬 *けんのんしょー 長野県佐久 *こえざれにんげん 群馬県邑楽郡 *こーかし 宮崎県南那珂郡 *こかし 宮崎県南那珂郡 *ごくぞ・ごくぞー 三重県阿山郡 *ごくつやし 島根県石見 *ごくど 三重県伊賀　奈良県吉野郡　香川県 *ごくどー 福井県敦賀郡　岐阜県(わがまま者)　三重県　滋賀県蒲生郡　京都府与謝郡　兵庫県赤穂郡　島根県隠岐島　岡山県真庭郡・児島郡(おうちゃく者)　広島県走島　徳島県美馬郡　香川県　高知県　大分県　宮崎県西臼杵郡 *ごくどーさい 高知県 *ごくどーされ 島根県　高知県中村市 *ごくどーたれ 兵庫県　島根県 *ごくとーり・ごくとーれ 島根県石見 *ごくどーれ 大分県速見郡・南海部郡 *ごくとされ 高知県幡多郡 *ごくどされ 島根県出雲　熊本県阿蘇郡 *ごくとぼーし 奈良県吉野郡 *こくとれ 島根県石見 *ごくとれ 岡山県児島郡　香川県 *ごくどれ 島根県大田市 *ごくならず 島根県隠岐島 *ごくぬく・ごくぬけ 島根県美濃郡 *ごたいくされ 福岡市 *ごたいしに 福岡県企救郡 *ごたいしん 大分県 *ごてくされ 大分県別府市 *ごてしん 大分県中部 *しぇっこき 岩手県紫波郡 *しくた 静岡県榛原郡 *しくたもん 長崎県対馬 *しくたれ 愛媛県喜多郡 *じくたれ 山形県　福島市 *じくだれ・じくだれもの・じくたらし 島根県出雲 *じくとー 神奈川県小田原市 *じくどー 神奈川県 *じくどーまくれ・じくまくれ 東京都八王子 *じくどーもの 神奈川県 *じくなし 山梨県 *じちなし 東京都大島 *しにたれ・しにたれもん・しんたれもん 島根県出雲 *しびずけなし 岩手県気仙郡　秋田県北秋田郡 *しびたれ 秋田県鹿角郡　山形県　島根県 *しぴたれ 秋田県北秋田郡　山形県 *しびたれなし・しびつけなし 秋田県鹿角郡 *しぶっつぁー 沖縄県石垣島 *しみたれ 新潟県佐渡　岐阜県岐阜市・本巣郡　愛知県　三重県一志郡　滋賀県　島根県出雲　岡山県　山口県豊浦郡 *しみったれ 長野県東筑摩郡・上伊那郡　愛知県宝飯郡　三重県伊勢　島根県邑智郡　岡山県苫田郡 *しやみこき 新潟県下越 *しゃらんぷらん 静岡県 *しょーたれ 新潟県北魚沼郡・南蒲原郡　兵庫県淡路島　愛媛県大三島 *しょーたれがき 香川県小豆島 *しょーばいなし 新潟県佐渡 *しょたれ 和歌山県東牟婁郡 *しょったれ 山形県西置賜郡 *しょびたれ 三重県 *しょぶたれ 三重県伊勢 *しょみたれ 愛知県知多郡 *しりごね・じりごね 愛媛県八幡浜市・東宇和郡 *じりごねさく 愛媛県西宇和郡 *じるごね 愛媛県東宇和郡 *しんごくどー 高知県 *しんたれ 富山県砺波　島根県出雲市・大原郡 *すいこー 静岡県 *ずいたーわる 広島県安芸郡 *ずーくじ 福島県石城郡 *ずーしん・ずーしろー・ずーそー・ずーごてーしん 大分県 *ずーしろ 大分県大分郡 *ずーそ 熊本県阿蘇郡 *ずーだら 愛媛県　大分県速見郡 *ずーとり 大分県北海部郡 *すかぶら 福岡県粕屋郡 *すからし 熊本県上益城郡 *ずくがり 静岡県磐田郡 *ずくた 山梨県 *すくたれ・すくたれもの 長崎県南高来郡 *ずくたれ 山形県 *ずくたれもの 島根県大原郡 *すくどー・すくどーされ 高知県「すくどーされの女房を持った亭主は六十年の不作ぢゃ」 *すくどされ 愛媛県南宇和郡 *すくなし 静岡県 *ずくなし 山形県米沢市　群馬県多野郡　埼玉県秩父郡　新潟県佐渡・上越市　山梨県　長野県　岐阜県　静岡県富士郡 *ずくなしもの 新潟県佐渡「ずくなしもんの節句ばたらき」 *ずすなし 東京都三宅島・御蔵島 *ずそ 宮崎県東臼杵郡 *すそふみ 山口県豊浦郡 *すたくもの 福岡市 *すったくろ 熊本県八代郡 *すったりもん 熊本県阿蘇郡 *すっちょー・すっちょごろ 熊本県球磨郡 *すっちょもの 熊本県玉名郡 *ずつなし 千葉県安房郡　東京都島嶼　神奈川県　静岡県賀茂郡・田方郡 *ずつなしもの 東京都新島・大島 *ずとれ 宮崎県「あん息子はづとれぢゃ」 *すばくら 静岡県賀茂郡　三重県志摩郡　和歌山県 *すばくらもの 東京都大島　和歌山県 *ずぼねひき 宮城県仙台市「ずぼねひきやろう」 *ずぼらこき 広島県佐伯郡・高田郡　香川県小豆島 *ずま 福井県遠敷郡・大飯郡「ずまな奴や」　兵庫県西宮市 *ずらこき 福島県相馬郡　大分市 *ずらもの 福島県相馬郡 *すりょーもの 熊本県鹿本郡 *ずりん 宮崎県東諸県郡 *ずりんぼ 大分県大分郡 *するっぱ 宮崎県西諸県郡　鹿児島県 *ずるんぼ 宮崎市 *ずろーやみ・ずろやみ 新潟県佐渡「ずろうやみの節句働き」 *すろっぱ 鹿児島県曾於郡 *ずんだだえ 鹿児島県鹿児島郡 *ずんだだれ 鹿児島県 *すんだら 滋賀県彦根 *ずんだら 三重県名賀郡　滋賀県蒲生郡　兵庫県明石郡 *ずんだらべー 京都府竹野郡 *ずんだれ 長崎県北松浦郡　鹿児島県 *せこかし 岩手県和賀郡　秋田県平鹿郡 *せこき 青森県三戸郡　秋田県 *せこげ・せっこげ 岩手県気仙郡 *せしがし 秋田県 *せっこき 岩手県　秋田県鹿角郡・雄勝郡 *せほし 秋田県仙北郡・平鹿郡 *せやみ 岩手県上閉伊郡　秋田県　山形県「せやみの節句働き」 *せやみこき 秋田県　山形県　新潟県 *せやみたがり(仕事を非常におっくうがる人) 山形県 *だお 新潟県佐渡・西頸城郡 *だおもん 新潟県佐渡　富山県下新川郡 *たから(卑しめて言う語) 宮城県仙台市　神奈川県藤沢市　岐阜県本巣郡　長崎県対馬「おたからおっさん」　熊本県下益城郡　大分県大分市・大分郡 *たからもの(卑しめて言う語) 青森県上北郡・三戸郡　岩手県九戸郡・気仙郡　宮城県栗原郡・仙台市「あいつ途方もないたからものだ」　秋田県　山形県　福島県大沼郡 *だっきゅ 熊本県八代郡 *たぶそ 香川県小豆島 *たましなし 長崎県壱岐島 *たまだれ・たまた

れ島根県隠岐島「あの子はたまだれだ」・出雲 *だまり新潟県佐渡 *たらうり岩手県胆沢郡 *たらず岡山県真庭郡 *だらず島根県 岡山県苫田郡 広島県比婆郡 山口県玖珂郡 *だらずもの島根県 山口県阿武郡 *だわ福井県遠敷郡 *だわすけ京都府竹野郡 *だわもん福井県東部 *ちこのくさ・ちものくさ三重県志摩郡 *ちもんくさし三重県南牟婁郡 *ちゃへんぼ熊本県阿蘇郡 *ちんぺら三重県阿山郡 *でーほねやみ青森県 *てんじくろーにん新潟県佐渡 *どーくさり・どくさり新潟県佐渡 *どーじもんぐさ三重県志摩郡 *どーずあい山形県置賜 *どーずやり山形県 *どーずり新潟県中魚沼郡 *どーずり新潟県「あのしとは、どうずりだ」 長野県上田・佐久 *どーずりもの新潟県佐渡 *どーずれもの島根県 *どーだれぼー鳥取県東伯郡 *どーたろ熊本県球磨郡 *どーまん三重県志摩郡 *どーみゃく三重県度会郡 *どーらくもの山形県東田川郡 新潟県上越市 石川県 三重県上野市 奈良県吉野郡 和歌山県日高郡 香川県大川郡 *どーらん兵庫県赤穂郡 *どぐさはぎ三重県志摩郡 *どくら熊本県 *どぐらもの熊本県飽託郡 *とこばり広島県鷺島 *とさもの石川県鹿島郡 *どさもの新潟県佐渡 石川県鹿島郡 *どじもんぐさ・どじもんくさ・どじもぐさ・とじもぐさ・どちもんぐさ・どじものぐさ三重県志摩郡 *どじもんくさし三重県北牟婁郡「どじもんくさしのはてなし(非常な怠け者)」 *どずやりもの山形県東置賜郡 *どぜ・どぜやみ新潟県岩船郡 *とちやみ東京都八丈島 *どぼねくされ大分県東国東郡 *どほねこき新潟県東蒲原郡 *どら福井県今立郡 *どらくら三重県阿山郡 *どらねこ福井県足羽郡・南条郡 *どらんぼー岡山県西部 *どろ京都府久世郡 *どろくれもの・どろくれ長崎県五島 *どろぼー滋賀県東南部 *どろん滋賀県神崎郡 *どんく大分県大分郡 *どんずやり山形県東置賜郡・西置賜郡 *どんたく石川県鳳至郡 鳥取県西伯郡 *どんだくれ富山県富山市近在・砺波 *どんだわけ京都府竹野郡 *とんぼもの山形県庄内 *ないとー広島県・江田島・能美島 *ないとーぼー広島県下蒲刈島 *なえんぼー山口県玖珂郡 *ながふぁー沖縄県西表島 *なぐたもの神奈川県横浜市 *なま兵庫県加古郡 香川県綾歌郡 *なまか岐阜県飛騨 愛媛県 *なまかー静岡県・磐田郡 愛媛県周桑郡 *なまかもの岐阜県大野郡 *なまかわ岐阜県 愛知県「お前はなまかわでいかん」 三重県志摩郡・員弁郡 滋賀県彦根 愛媛県 *なまかわもの愛媛県周桑郡 *なまくそ香川県大川郡 *なまくた千葉県長柄郡 *なまくら栃木県那須郡 富山県「なまくらこく」 石川県 岐阜県北飛騨 長野県上高井郡 愛知県東春日井郡・碧海郡 三重県 兵庫県神戸市 奈良県 和歌山県有田郡「なまくらする(無精する)」 香川県 高知県幡多郡 長崎県佐世保市 大分県速見郡 *なまくらぼし和歌山県 *なまくれ徳島県 *なまくろ香川県綾歌郡 *なましー富山県高岡市 *なまず富山県上新川郡 *なますけ島根県美濃郡・益田市 *なまたりむん沖縄県首里 *なまっくら新潟県上越 *なまどー大分県東国東郡 *なまむぬ沖縄県竹富島・小浜島 *なまりはんちゃく京都府竹野郡 *なまりむん沖縄県首里市・那覇市 *なまれはんじゃく兵庫県加古郡 *なまんだりむぬ沖縄県黒島・新城島 *なもんくさし三重県南牟婁郡 *にたやま富山県・下新川郡 熊本県 *にたるもん富山県下新川郡 *にゅーちゃくもん京都府竹野郡 *ぬーなし長崎県北松浦郡・佐世保市 *ぬすたれ佐賀県 *ぬすっちょ鹿児島県 *ぬすっちょー熊本県球磨郡 *ぬたぼー佐賀県 *ぬとれ長崎県五島 *ねりー広島県大崎上島 *のいんぼー・のーえんぼ群馬県勢多郡 *のえそ香川県綾歌郡 *のーくれ島根県石見 山口県都濃郡・玖珂郡 *のーくれもの島根県石見 山口県阿武郡 *のーされ島根県美濃郡・益田市 *のーそー島根県美濃郡・益田市 広島県佐伯郡 長崎県佐世保市 *のーたくれ島根県鹿足郡 広島県江田島 *のーたれ広島県江田島・西能美島 山口県豊浦郡 長崎県対馬「彼はのうたれでいつも汚れた着物を着てゐる」 *のーだれ広島県江田島・西能美島 *のーたろ山口県大島 *のーたん山口県 *のーて・のーてー愛媛県大三島 *のーとー広島県倉橋島 *のーなし長野県諏訪・佐久 *のーなれ香川県綾歌郡 *のーふーたん熊本県球磨郡 *のーふーどー山口県大島 *のーよみ熊本県八代郡 *のかだもの三重県志摩郡 *のくれもん香川県綾歌郡 *のさ山口県都濃郡 *のざ宮崎県東諸県郡 *のさくさ茨城県猿島郡 *のさくもの岐阜県飛騨 *のすっぽー佐賀県 *のそっこき宮城県栗原郡 *のそんこき栃木県安蘇郡 *のそんぽ佐賀県藤津郡 *のたくた宮城県仙台市 *のたくれ熊本県菊池郡 *のたまく埼玉県北葛飾郡 *のたまくもの静岡県 *のつつぉ岩手県気仙郡 *のつぼく山梨県東八代郡 *のっこ広島県 *のっこ長野県南部 静岡県 *のっこー静岡県志太郡 *のったりもん新潟県佐渡 *のっぽ静岡県磐田郡 愛知県東加茂郡 滋賀県蒲生郡 *のっぽー静岡県田方郡 広島県倉橋島・高田郡 *のて長野県東筑摩郡 *のとくれもの香川県塩飽諸島 *のふーじもん・のふじもん島根県出雲「あののふーじもんにゃー困ったもんだ」 *のふーぞー福岡市 *のふーぞもの長崎県壱岐島 *のふーど・のふーどー山口県 *のふじ島根県出雲 *のふぞーもの愛媛県大三島 長崎県北松浦郡 *のぶそもん長崎県五島 *のふどーもん島根県石見 *のぶとーもん福岡市 *のふんぞー兵庫県佐用郡・赤穂郡 *のふんどー兵庫県赤穂郡 *のべ長野県諏訪「のべで働かない」・東筑摩郡 *のべくら・のべすけ長野県東筑摩郡 *のべさく長野県東筑摩郡・諏訪 *のべっかす長野県

諏訪 *のぼー・のぼくら 愛媛県大三島 *のめしこき 山形県東置賜郡 福島県南部・会津 新潟県「あのめしこきに金貸すな」 *のめしっかわ 新潟県中越 *のめしもの 群馬県吾妻郡・勢多郡 新潟県南魚沼郡「のめしものの節句働き」 *のめっとー 山梨県 *のめり 新潟県佐渡 *のめりもん 新潟県佐渡 *のら 岩手県東磐井郡 新潟県中蒲原郡・佐渡「子供をのらにしてならぬ」 滋賀県蒲生郡 大阪市 和歌山市 山口県「あれを見いさい、あの風からしてのらぢゃのう」 徳島県 香川県三豊郡・小豆島・佐柳島 愛媛県松山 福岡県京都郡 *のらくら 滋賀県蒲生郡・高島郡 大阪市 徳島県 愛媛県松山 *のらくらぼー 香川県三豊郡 *のらこき 秋田県鹿角郡 静岡県富士郡 *のらずき 青森県三戸郡 山形県東置賜郡「のらづぎは成功しない」 *のらつき 青森県南部 福島県 *のらっぽー 山口県防府 *のらぼ 埼玉県入間郡「昨日学校休んだと思ったらのらぼしたんだ」 *のらぼー 茨城県鹿島郡・稲敷郡 栃木県 *のらぼし 茨城県稲敷郡 *のらもの 宮城県栗原郡・玉造郡 福島県 大阪市 山口県豊浦郡 *のろけ 大分県日田郡 *のんこ 山口県阿武郡 *のんぱくもん 兵庫県加古郡 *ぱだながー 沖縄県西表島 *ぱだぬばー・ぱだぬべー 沖縄県石垣島 *びしょなし 宮城県北部・加美郡 *びったー 新潟県佐渡 島根県 山口県大島 *びったり 山口県 福岡市 *びったれ 島根県 広島県佐伯郡・高田郡 山口県 愛媛県 *ひっちょもん 熊本県玉名郡 *びってー 大分県 *ひどら 富山市近在 *ひまじん 山梨県 *ひやみこき 新潟県北蒲原郡 *ひゅーじ 長崎県西彼杵郡 熊本県天草郡 *ひゅーなし 長崎県伊王島・西彼杵郡 熊本県天草郡 *ひゅーんなし 長崎県南高来郡 *ひゅし 熊本県天草郡 *ひゆじ 熊本県 *ひゆじこっけ 熊本県天草郡 *ひゆみなし・ひゆむなし 長崎県南高来郡 *ひょーごろ 香川県 *ひよーなし 長崎県 *ひょーらくじ 静岡県 *ひよなし・ひよねーもん 長崎市 *ぴらちかー・ひらしかー 沖縄県与那国島 *ぴらつぃか 沖縄県石垣島・新城島 *ぴらんつぃか 沖縄県小浜島 *びんだれ 愛媛県 高知県幡多郡 *びんだれがき 徳島県海部郡 *びんだれかわき 愛媛県松山 *ふいじろ 愛媛県 *ふーたば 沖縄県竹富島 *ぶーたれ 宮崎県西臼杵郡 *ふぎゃたれ 熊本県菊池郡 *ぶしょーたれ 大分県大分郡・南海部郡 *ぶずごれ 宮城県仙台 *ぶっこれ 岩手県気仙郡 宮城県仙台「ぶっこれ下駄」 *ふゆーじ 熊本県・八代郡 *ふゆーじごろ 熊本県球磨郡 *ふゆーじもん 熊本県阿蘇郡 *ふゅーずら 熊本県玉名郡 *ふゆーなし 長崎県北松浦郡 *ふゅーぼー 佐賀県佐賀市・三養基郡 *ふゅーむぬ 沖縄県宮古島 *ふゅーんなし 長崎県南高来郡 *ふゆじ 長崎県南高来郡 熊本県下益城郡・天草郡 *ふゆしごろ 鹿児島県 *ふゆじごろ 鹿児島県薩摩 *ふゆしなりむぬ 沖縄県石垣島 *ふゆじもの 長崎県南松浦郡 *ふゆじゅごろ 宮崎県東諸県郡 *ふゆじん 沖縄県石垣島・新城島 *ふゆずぃん 沖縄県新城島・石垣島 *ふゆすなりむぬ 沖縄県八重山 *ふゆなし 長崎県南高来郡 *ふゆなむぬ 沖縄県波照間島 *ふゆにん 沖縄県鳩間島 *ふゆぱけー 沖縄県石垣島 *ふゆむなし 長崎県南高来郡 *ふゆむぬ 沖縄県石垣島 *ふゆもん 熊本県玉名郡・上益城郡 *ふよーごろ 香川県 *ふよーもの 香川県小豆島 *ふよかれ・ふよがれ 香川県小豆島 *ふよころ 香川県 *ふよごろ 香川県小豆島 *ふよも 香川県 *ぶらぞー 福岡県粕屋郡 *ぶらつき 秋田県山本郡・平鹿郡 *ぶらぱげ・ぶらぱけ 宮城県仙台市 山形県西置賜郡 *ぶらぱげもの 宮城県仙台市 *ぶらぼー 大分県 *ぶらんぼー 宮崎県西臼杵郡 *ふんだやー 沖縄県石垣島 *へこぎ 青森県三戸郡 *へってくらい 香川県 *へやみ 秋田県河辺郡 山形県「あいつはへやみで駄目だ」 *へやみこき 秋田県河辺郡 *へんげもん 島根県隠岐島 *ほーだもん 新潟県西頸城郡 *ぼっこれ 岩手県気仙郡 *ぼっころ 新潟県中蒲原郡 *ほねこかし 宮崎県 *ほねこやし 山口県阿武郡 *ほねしん(「骨惜しみ」か) 大分県大野郡 *ほねなし 福島県会津若松市 *ほねぬしと 大分県宇佐郡 *ぼんだ 長崎県五島 *みーんましむん 沖縄県首里 *みちれなし 愛媛県東宇和郡 *みとなし 宮崎県東諸県郡 *みとなしごろ 鹿児島県・肝属郡 *もさ 滋賀県彦根 *やくざ 石川県江沼郡 三重県志摩郡 大阪府泉北郡 *やくだもん 三重県上野市 兵庫県赤穂郡 *やたけた 兵庫県加古郡 和歌山県日高郡 *やだけもん 兵庫県赤穂郡 *やまいりぼーず 山口県阿武郡・見島 *やみすけ 岩手県気仙郡 *ゆーきゃーなし 熊本県下益城郡 *ゆーきゃなし 熊本県上益城郡 *ゆらしむん・ゆらしゃー・ゆらりやー 沖縄県首里 *ゆーれんのはまかぜ 奈良県宇智郡 *よた 愛知県北設楽郡 *よだきがり 大分県大分市・大分郡 *よだきごろ 宮崎県宮崎郡 *よだきず・よだきぼ 宮崎県 *よだきむし 宮崎県南那珂郡 *よだっごろ 宮崎県西諸県郡 *よたもの 千葉県 *よちごろ 宮崎県東諸県郡 *よろ 島根県邑智郡「あがーなよろを相手にすると腹が立つ」 *よろくそ 広島県江田島 *よろくそもの 広島県安芸郡 *らくだ 福井県吉田郡 *わやきもん 三重県度会郡 *わやくもん 三重県度会郡・宇治山田市 福岡市

↓「たいだ(怠惰)」の子見出し、「怠惰な人」

なまける【怠】

*うなる・おなる 島根県隠岐島 *おこつる 長野県 *おほーこべる 静岡県「そんなにおほーこべてはこまるではないか」 *かだむ 秋田県山本郡「よくよくかだむ女だな」 *かばねやむ 岩手県気仙郡 *からっぽねやむ 秋田県鹿角郡 *からほねやむ 青森県津軽 *からぽねやむ 青森県「からぽねやんでらきゃ、へんだぐものぁたまて(怠けていたので、洗濯物がたまって)」 *からやく

青森県三戸郡 *からやむ 岩手県九戸郡 *ぐじゃける 新潟県佐渡「ぐじゃけた男だ」 *ぐずーたれる 広島県高田郡 *ぐすこく 石川県 *ぐずたく 和歌山県新宮「長い間ぐずたく」 *ぐにゃける 新潟県佐渡 兵庫県淡路島 *ぐらける 富山県「近頃はよっぽどぐらけてきた」 *ぐらす 山形県米沢市 神奈川県津久井郡 静岡県田方郡 *ぐるる 長崎県南高来郡 *ぐれる 長野県佐久 島根県鹿足郡「一日中ぐれて仕事をせん」 *けだいをやむ・けだいやむ 東京都八丈島 *こだれる 岩手県胆沢郡 宮城県登米郡・玉造郡 *じくだれる 島根県仁多郡 *じだらげる 青森県「あの人此の頃じだらげで来た」 *じなける 島根県隠岐島 *じるる・どーじるる 福岡県企救郡 *じろける 秋田県由利郡「じろける下女だ」 *ずくたれる・ずくだれる 青森県 *ずだらまく 愛媛県 *すばくれる 静岡県 *すべる 栃木県 *ずべる 長野県諏訪・上伊那郡 *ずぼらかく 大分県大分郡 *ずぼらかわく 奈良県宇陀郡 *ずぼる 大阪府泉北郡 兵庫県神戸市 和歌山県 *ずやくる 山梨県 *すやす 神奈川県横須賀市 *ずやる 山形県米沢市「仕事をずやる」 新潟県佐渡 山梨県 愛媛県 *ずらーまく 徳島県阿波郡 *すらかす 佐賀県 長崎市 熊本県玉名郡 *ずらかす 新潟県佐渡「しごとずらかして、あそびにいった」 *ずらこく 長崎県壱岐島「ひでえずらこく男ねえ」 *ずらす 熊本県玉名郡 *ずらす 長崎県対馬 *すりあぐる 熊本県玉名郡 *ずる 新潟県佐渡 島根県邑智郡 宮崎県東諸県郡 *ずるかこかす 宮城県仙台市 *ずるこく 新潟県佐渡 *ずるこぐ 香川県仲多度郡 *ずるぶく 山形県鶴岡市・西田川郡 *ずるぶる 山形県庄内「お前、そんなにづるぶるな」 *ずろーやむ・ずろーこく 新潟県佐渡 *せこがす 秋田県平鹿郡「あの人は毎日せこがす」 *せやみこく 山形県庄内 *せやむ 秋田県平鹿郡 *だずる 石川県 *だだこく 滋賀県彦根 *たまだれる 島根県隠岐島 *だらくれる(「だらける」の延言か) 島根県邑智郡「だらくれて学校へ出て来た」 *だらす 三重県阿山郡 島根県邑智郡 *たわける 福井県大野郡 *だわる 福井県 *つぼる 和歌山県 *どーずる・どーずり 新潟県三島郡 長野県 *どんずやる 山形県東置賜郡・西置賜郡 *なまずがはう 石川県石川郡 *なまたりゆん 沖縄県首里 *のーくれる 島根県石見「仕事をのーくれてどーもならん」 広島県安芸・佐伯郡 *のーずる 長野県南佐久郡 *のーたくる 広島県備後 *のーたくれる 広島県佐伯郡・高田郡 *のさばる 千葉県海上郡 *のさをこく 茨城県猿島郡 埼玉県北足立郡 静岡県榛原郡 *のじかる 長野県諏訪 *のじゃける 長野県東筑摩郡 *のだーこく 静岡県安倍郡 *のたる 新潟県佐渡 *のたをこく 静岡県 *のっつぉこかす 岩手県気仙郡 宮城県石巻「仕事がひまんなって、のっつぉこかすてばりえる」・仙台市 *のったりこく 新潟県佐渡 *のめくる 岩手県気仙郡 新潟県西蒲原郡 *のめす 群馬県 長野県更級郡 *のらこかす 岩手県気仙郡 宮城県石巻 *のらこく 岩手県気仙郡 愛媛県大三島 *のらはる 長崎県対馬 *のらをこく 茨城県 *のるる 福岡県粕屋郡 *のれる 山口県豊浦郡 *はげる 島根県 *はぜる 島根県邑智郡 *ぶってずかる 群馬県伊勢崎市 *ぶらぱげる 宮城県仙台市「あの家は大事な長男がぶらぱげてゐるから」 *へまこぐ 香川県・仲多度郡 *ほかす 京都市 *もがす 愛媛県岡村島 *やぎおう 福岡市 *やまう 新潟県佐渡 *ゆらりゆん 沖縄県首里 *よだきがる 大分県大分市・大分郡

↓おこたる(怠)・たいだ(怠惰)

□こと *あうらうり(江戸時代、髪油を売り歩く者が婦女を相手に話し込みながら商ったところから。主人の目を盗んで怠けること) 広島県山県郡 *あぶらうり(江戸時代、髪油を売り歩く者が婦女を相手に話し込みながら商ったところから。主人の目を盗んで怠けること) 岩手県気仙郡・胆沢郡 山形県 山梨県 長野県 岐阜県飛驒 三重県飯南郡 *あぶらとり(主人の目を盗んで怠けること) 三重県名賀郡 京都府・竹野郡 *あぶらや(主人の目を盗んで怠けること) 栃木県塩谷郡 *おたくら 愛知県名古屋市 *くさごろ 三重県度会郡 *くさし 福島県 *くさしもの 山形県西置賜郡 福島県「くさしものの節句働き」 *ごすけ 岐阜県恵那郡「ごすけする」 *こんにょー 新潟県西頸城郡 *じたらく 青森県「ずたらぐすれば落第するぜ」 *じだらく 島根県 *すばくら 静岡県賀茂郡 三重県志摩郡 和歌山県 *すばくらもの 東京都大島 和歌山県 *そぼき 長崎県北松浦郡 *だお 新潟県佐渡・西頸城郡 富山県 *だほ 新潟県佐渡「だほこく」 *だらず 島根県石見「掃除の時だらずをする」「炬燵にあたってばっかしおってだらずをこくな」「だらず風をするな」 岡山県苫田郡 *たれか(できるのにしなかったり仮病を使ったりして怠けること。おうちゃくすること) 宮城県仙台市「たれかこく」「たれかこかす」 福島県福島市・相馬郡「たれかすんな」 *たれかー(できるのにしなかったり仮病を使ったりして怠けること。おうちゃくすること) 福島県 *だわ 福井県・大飯郡 滋賀県彦根 *だんだ 香川県高松市 *つぼら 和歌山県和歌山市・海草郡 *どーずり 新潟県 *どほね 新潟県東蒲原郡「近頃どほねして練習してない」 *どんじゃり 山形県西置賜郡 *なま 兵庫県加古郡 香川県綾歌郡 *なまくそ 香川県大川郡 *なまぐだら 青森県津軽「今日も、つい、なまぐだらをしてしまった」 *なますけ 島根県美濃郡・益田市 *なまだら 岩手県 宮城県仙台市「まーだなまだらこかしてっか、この」 山形県東村山郡・西村山郡 *なまだらはんか 岩手県気仙郡 *なまどー 大分県東国東郡 *のさくさ 千葉県海上郡 *のそか 岩手県上閉伊郡 *のっべし 群馬県碓氷郡

*のっぺし 群馬県多野郡　長野県下水内郡 *のべ 長野県諏訪・東筑摩郡 *のべくら・のべすけ 長野県東筑摩郡 *のべさく 長野県東筑摩郡・諏訪 *のべっかす 長野県諏訪 *のぼー 愛媛県大三島 *のみすこき 新潟県北蒲原郡 *のめし 群馬県　新潟県「のめしこく」　長野県下水内郡 *のめしこき 福島県石川郡・西白河郡　新潟県 *ほねぬすみ 新潟県佐渡 *ほねやみ（骨に疾患があって働くことができないかのように装うところから）岩手県磐井郡・気仙郡「あのやろう、なかば仕事にいぐど、よぐほねやみする」　宮城県仙台市　秋田県鹿角郡 *やまし 東京都大島 *ゆだん・ゆだんたーり 沖縄県首里

□さま *あおらあおら 山形県東置賜郡・飽海郡 *あふあふ 宮城県石巻「あふあふて居ねぁで、ちゃっちゃとかせげ」 *あふらあふら 岩手県気仙郡　宮城県石巻「今頃どこあふらあふらて居んのでがす」・仙台市　山形県「あふらあふらして稼がない」 *あほらあほら 山形県東村山郡 *ぐらぐら 神奈川県「あいつはいつもぐらぐらしている」　長崎県対馬 *じゃらりくらり 長崎県壱岐島「じゃらりくらりしち遊うじょる」 *すたく 島根県隠岐島「すたくな」 *だじゃく 宮城県栗原郡「あいつあだじゃくだ」　秋田県鹿角郡 *だわ 京都府竹野郡「だわなもん」 *よせくせ 新潟県佐渡

なまぬるい【生温】 *おぶぬるい 愛媛県大島・日振島 *おぼぬくい 愛媛県生名島・北条市・大三島（水が温まっていく途中） *おぼぬるい（湯が冷めてくる途中）愛媛県大三島 *けなるい 鳥取県東部　広島県高田郡 *なまぐい 愛媛県周桑郡 *なるい 埼玉県秩父郡「なるいことば」「考え方がなるい」　山梨県南巨摩郡「演説の内容がなるいもんだった」　岐阜県郡上郡 *にすい 愛知県名古屋市「大事な使にだしてもあの男ではにすいわなん」 *へまぬるい 富山県砺波

→なまあたたかい（生暖）

なまはんか【生半可】 ⇩いいかげん（好加減）

なみ【波】 *した 岩手県気仙郡「今日は少ししたがある」 *なぐい（大波）沖縄県八重山 *なぐら 宮城県登米郡　茨城県　長野県諏訪　静岡県・磐田郡 *なぶらー 和歌山県東牟婁郡 *ぬた 青森県南部　山形県西田川郡（大波）　新潟県刈羽郡　富山県高岡市　石川県江沼郡 *ねた 山口県阿武郡 *のた 青森県南部　山形県庄内　新潟県「きょうはでっかいのただった」　富山県　石川県・金沢市（岸に打ち寄せる波）　福井県「のたが高い」　京都府「おおけなのたがくる」　島根県八束郡・隠岐島

大きな□ *やませ 新潟県佐渡

小さい□ *ささらなみ 新潟県西頸城郡 *さざらなみ 沖縄県首里 *ちりめんじわ 静岡県浜名郡 *ちりめんなみ 愛媛県大三島

なみうちぎわ【波打際】 *いそばた 三重県志摩郡　香川県伊吹島・高見島 *うっちゃげば 大分県北海部郡 *うど 静岡県「今日は浪が非常に高くてうどがほんに深い」 *きや 静岡県浜名郡 *けた 宮崎県児湯郡 *こっぱげ 三重県北牟婁郡 *ざわざわき・しょーぶたれ 島根県隠岐島 *しょばた 神奈川県三浦郡 *しょんばた 神奈川県三浦郡・足柄下郡 *たたえぐち 香川県塩飽諸島 *のたうちば 新潟県西頸城郡 *のたつきば 新潟県中頸城郡 *はまべた 熊本県天草郡 *みーじうちぎわ 鹿児島県徳之島

なみだ【涙】 *しろほろなみだ（ほろほろと出る涙）島根県鹿足郡 *ちゃんかごなみだ（大粒の涙）岡山市 *とちなんだ（「トチの実のような涙」の意。大粒の涙）青森県三戸郡 *なだ 岩手県気仙郡　宮城県栗原郡・登米郡　秋田県鹿角郡　山形県　福島県　茨城県久慈郡　栃木県黒磯市「なだたれて」　千葉県山武郡　新潟県佐渡・刈羽郡　山梨県南巨摩郡　鹿児島県南西諸島　沖縄県 *なだみ 福島県 *など 山形県西田川郡　新潟県　長野県下水内郡 *みーなだ 鹿児島県与論島　沖縄県国頭郡・首里 *みなだ 沖縄県首里・与那国島「みなだまるん（涙がまぶたの内にたまる）」 *めこぞ・めくぞ（「めくず（目屑）」の転か）岐阜県飛騨「めこぞこぼす」 *めしゅい 熊本県天草郡 *めしり 島根県出雲 *めしる 島根県飯石郡 *めっちる 岩手県気仙郡 *めっちり 岩手県九戸郡 *めっつる 岩手県下閉伊郡・上閉伊郡 *めつる 青森県南部　岩手県岩手郡 *めつろ 青森県南部 *めなだ 東京都八丈島

なめくじ【蛞蝓】 *あぶらむし 鹿児島県沖永良部島 *いえなし 愛知県葉栗郡 *いえなしつん・いえなしつんぶり 岐阜県郡上郡 *いなし 茨城県　栃木県 *いなしだいろ 栃木県安蘇郡 *いなめし 栃木県芳賀郡 *えーなしげげぼ 千葉県上総 *えなし 岐阜県岐阜市・武儀郡 *おじょらさま 福岡県 *おひめさー 山口県玖珂郡 *おひめさん 静岡県庵原郡　愛知県北設楽郡 *からなしなめくじ 大分市 *ぎなめ 熊本県天草郡 *ぐじ 広島県大崎上島 *くじなめ 東京都八丈島 *さいくじら 岐阜県武儀郡 *しゃくじり・しゃくじる・しゃーくじら・しゃこじ 岐阜県郡上郡 *しゃくじろ 岐阜県郡上郡 *しんなんむし 沖縄県島尻郡 *ずぐなめ 熊本県八代郡 *たーらんこ 愛媛県大洲 *だいこじる 岐阜県揖斐郡 *だいぼろ 栃木県 *だいろ 山形県米沢市　福島県西白河郡　栃木県　新潟県西蒲原郡・三島郡　長野県 *だいろめ 東京都八丈島 *だいろんぼ 栃木県鹿沼市・上都賀郡 *たわらご 瀬戸内 *つのむし 大分県大分郡 *つのんでーろ 群馬県勢多郡 *つんぐりみや 熊本県宇土郡 *でーろ 栃木県　群馬県　埼玉県秩父郡　長野県 *でーろんじ 長野市 *でろ 栃木県日光市・安蘇郡 *なくーずら 山形県西村山郡 *なびくじり 鹿児島県奄美大島・加

計呂麻島 *なびくずぃら 鹿児島県奄美大島 *なびるむし・なぶるむし 鹿児島県奄美大島 *なべくじり 鹿児島県加計呂麻島 *なべこじきめ・なべこちき 東京都八丈島 *なべぶたむし 長野県佐久 *なべろむし 鹿児島県加計呂麻島 *なまくじや 広島県比婆郡 *なまくじら 島根県邑智郡 広島県上蒲刈島・能美島 *なまくじり 広島県倉橋島 *なまこじり 広島県芦品郡 *なまこじる 広島県 *なます 石川県鹿島郡 *なまず 広島県厳島 山口県 *なまちくじる・なまとこじる 山口県大島 *なみくじら 福井県大飯郡 三重県阿山郡 奈良県高市郡 *なみむし・なみむしゃー 沖縄県首里 *なめくじな 岩手県九戸郡 *なめくじら 青森県南部 岩手県 宮城県仙台市 秋田県 山形県 福島県「なめくぢらに塩かけて見ろ」 栃木県 群馬県 埼玉県川越市 千葉県東葛飾郡・印旛郡 東京都三宅島・御蔵島 神奈川県津久井郡 新潟県 石川県江沼郡・鹿島郡 福井県・大飯郡 山梨県 岐阜県 静岡県「なめくじらんのたってる」 三重県 京都府 大阪府大阪市・泉北郡 兵庫県 奈良県 和歌山県和歌山市・日高郡 鳥取県 島根県 岡山県北木島 広島県 徳島県 愛媛県 高知県・土佐郡 福岡県小倉 鹿児島県奄美大島 *なめくじり 青森県・南部 宮城県仙台市 山形県米沢市 東京都八丈島 富山県氷見市・砺波 石川県 岐阜県郡上郡 京都府 大阪市 島根県 広島県 徳島県 福岡県嘉穂郡・粕屋郡 熊本県芦北郡 *なめくじろ 群馬県利根郡 島根県美濃郡・益田市 徳島県・海部郡 *なめこじら 三重県名張市 *なめこじり 広島県芦品郡 *なめごす 山形県西田川郡 *なめず 新潟県佐渡 三重県志摩郡 *なめぞ 新潟県佐渡 *なめらむし・なめだむし 鹿児島県種子島 *なめたら 神奈川県津久井郡 *なめだら・なめんだら 静岡県磐田郡 *なめたれ 島根県出雲 *なめっくじら 千葉県印旛郡 *なめと 岩手県岩手郡・和賀郡 *なめとー 岩手県下閉伊郡 *なめなくじ 三重県志摩郡 *なめら 群馬県勢多郡 東京都八王子・大島 神奈川県 新潟県佐渡 山梨県 *なめらくじ 宮城県仙台市 福島県会津 神奈川県津久井郡 新潟県東蒲原郡 三重県志摩郡 奈良県宇陀郡 *なめらくじら 三重県志摩郡 *なめらぐんぞ 山形県飽海郡 *なめらっくじ 群馬県利根郡・勢多郡 埼玉県入間郡 神奈川県愛甲郡 *なめりかす 三重県志摩郡 *なめろ 新潟県佐渡 *なめんでーろ 埼玉県南埼玉郡 *ならくずら 山形県山形市・最上郡 *なんべらかす 三重県志摩郡 *なんぼろ 栃木県河内郡 *なんめらかす 三重県志摩郡 *ねば 富山市近在 *ねばうじ 富山県東礪波郡 *のめっとー 群馬県勢多郡・前橋市 *のめらくじ 群馬県碓氷郡 *のめらっくじ 群馬県勢多郡 *はだかだいぼー 栃木県佐野市・下都賀郡 *はだかだいる 群馬県邑楽郡 *はだかだいろ 栃木県 東京都八丈島 *はだかだいろー 埼玉県秩父郡 *はだかでーぼ 栃木県佐野市 *はだかでーろ 栃木県上都賀郡・日光市 群馬県勢多郡・山田郡 埼玉県秩父郡 長野県佐久 *はだかでーろー 埼玉県秩父郡 *はだかでやーろ 群馬県多野郡 *はだかなめくじ 熊本県 宮崎県東諸県郡 *はだかなめくじり 富山県氷見市 *はだかねゃーぼろ 栃木県 *はだかまちくち 長崎県南高来郡 *はだかまめくじ 島根県八束郡・隠岐島 熊本県 *はだかまめっくじ 栃木県佐野市・河内郡 *はだかまめっこーじ 東京都利島 *はだかめーぼろ 茨城県稲敷郡・北相馬郡 *はだかめーめー 千葉県 *はなおれむし 滋賀県坂田郡・東浅井郡 *ぱなだいむし 沖縄県国頭郡 *はなたれむし 滋賀県 *ひめ・ひめっこ・ひめっちょ 静岡県磐田郡 *べるぐい 鹿児島県鹿児島郡 *まーめんくじら 徳島県海部郡 *まきくじり 岐阜県飛驒 *ままこじり 広島県高田郡 *まめうじ 広島県大崎上島 *まめくじー 鹿児島県日置郡 *まめくじら 千葉県山武郡 岐阜県 静岡県・磐田郡 三重県 滋賀県彦根・高島郡 京都府与謝郡 大阪府泉北郡 兵庫県但馬 奈良県大和高田市・南葛城郡 和歌山県日高郡・東牟婁郡 広島県芦品郡 徳島県 愛媛県大三島「蛇はまめくじらには無力だ」 福岡市 *まめくじり 富山県 石川県河北郡・江沼郡 岐阜県吉城郡 滋賀県蒲生郡 広島県江田島 福岡市 鹿児島県 *まめくじろ 三重県南牟婁郡 広島県因島 *みずや 香川県 *みなくち 長崎県南高来郡 *めーめー 千葉県安房郡 *めーめっくじ 神奈川県愛甲郡 *めんめんくじら 神奈川県津久井郡 *やねひき 和歌山県東牟婁郡・西牟婁郡 *やまだのひめ 新潟県佐渡(山にいる大きいもの) 香川県塩飽諸島 *んだみだぐー 沖縄県与那国島 *んなとぅいむす・んなんぎむす 沖縄県宮古島

なめらか【滑】

→すべすべ(滑滑)・すべっこい(滑―)

□だ *すべらかい 岐阜県飛驒「お前の手はすべらかい」 *すべらこい 岐阜県郡上郡 *すべらしか 長崎県佐世保市 *ずべらしか 長崎県壱岐島「こぬ板張ぁずべらしうよーふきこーぢゃる」 *すべらっこい 新潟県佐渡 長野県 静岡県「この石はすべらっこい」・志太郡「ろーかー(廊下は)すべらっこい」 *すべりっこい 東京都江戸川区・三宅島 *なたっこい 福島市 *なめこい 岩手県気仙郡「あそこは水ごけでなめこい」 福島県相馬郡 茨城県稲敷郡 *なめっこい 福島県「この紙わなめっこいなあ」 茨城県猿島郡・真壁郡 栃木県安蘇郡・上都賀郡 千葉県東葛飾郡 新潟県中頸城郡 *なめらこい 宮城県仙台市「なめらこいうもれぎのお盆」 *なめらしか 長崎県壱岐島 *なめらっこい 神奈川県中郡 新潟県佐渡 *なんどぅるさん 沖縄県首里 *ぬべらしか 長崎県壱岐島 *ぬめっこい 福島県会津「買ったばかりの靴だ、ぬめっけえごむだ」 群馬県 *ぬめらしー 長崎県壱岐島・対馬

*ぬめらっこい 山梨県南巨摩郡 *ねばい 山口県大島「紙のねばえ方が表だ」 *ねぼこい 岩手県九戸郡 *のべこい 青森県三戸郡・南部 秋田県鹿角郡 *のめこい・のべっこい 秋田県鹿角郡 *のめっけ 栃木県安蘇郡 *のめっこい 秋田県鹿角郡 栃木県 群馬県 埼玉県入間郡・大里郡 東京都八王子 神奈川県津久井郡 山梨県北都留郡・南巨摩郡 *のめっしー 山梨県 *ひめらしか(きめが細かく滑らかだ) 長崎県壱岐島「こん餅の取り粉は片栗ぢゃろー ほんにひめらしか」

□なさま *すぺすぺ 長崎県壱岐島 *ずべずべ 富山県高岡市・砺波(湿気のあるものの滑らかなさま) 長崎県壱岐島・壱岐島(湿気のあるものの滑らかなさま) *すべたん 富山県射水郡「すべたんな」 *すべらか 島根県 *ずんべら 静岡県浜名郡 三重県伊賀 香川県・三豊郡 *つべつべ 富山県 *などぅってーん 沖縄県首里 *なめなめ・ぬめぬめ(つるりとして、舌触りが滑らかなさま) 長崎県壱岐島「ふくとーぬ(河豚の)刺身ぁなめなめしちょった」 *なんめら 茨城県稲敷郡 *なんめり 静岡県島田市「この石はなんめりしている」 *にょれーにょれー 佐賀県「なまこはにょれーにょれーして握りにくい」 *ぬぺーぬぺー 佐賀県 *ぬるぬる 島根県「手に油がついてぬるぬるすべる」 *ぬるんぬるん 島根県 *ぬんめり 山梨県 *のろのろ 島根県飯石郡・出雲市 *ひめひめ(きめが細かく手触りが滑らかなさま) 長崎県壱岐島「こん粉はよー摺れちょるほんにひめひめしちょる」 *へろり・べろり・ぺろり 岩手県東磐井郡 *みごみご(血色がよくきめの滑らかなさま) 宮崎県東諸県郡「(赤ん坊などが)みごみごっ肥えちょる」 *めだめだ(手触りの薄く滑らかなさま) 長崎県壱岐島 *めろりと・めろんと・めろっと(角がなく滑らかなさま。つるりと) 山形県米沢市

なめる【嘗】 *さしる 青森県上北郡 *さじる 岩手県気仙郡「あめっこさじっていろ」 *さずる 青森県三戸郡・南部 千葉県香取郡 *しゃびる 京都府与謝郡 *しわぶる 鳥取県西伯郡 島根県 長崎市 *すあぶっ 鹿児島県 *すあぶる 滋賀県滋賀郡 愛媛県松山 *すさぶる 富山県下新川郡 滋賀県滋賀郡 兵庫県淡路島 *すっさぶる 富山県砺波 *すなびる 秋田県由利郡「母の乳をすなびる」 *すなぶる・すんなぶる 新潟県「このこはゆびすなぶってこまる」 *すばくる 徳島県 香川県 *すばぶる 新潟県新井市・中頸城郡 岡山県小田郡 広島県芦品郡 香川県「キャンデーをすばぶる」 愛媛県 *すばぷる 香川県高松市 *すぱぶる 広島県高田郡 *ずばぶる 福岡県粕屋郡 *すわがる 島根県邑智郡 *すわぶい 鹿児島県鹿児島郡 *すわぶる 新潟県 島根県 岡山県苫田郡「そーいつまでも、魚の骨ばーすわぶりんさるな」 山口県大島 香川県三豊郡 愛媛県 福岡県 長崎県対馬「子供が乳をすわぶる」 熊本県 大分県 鹿児島県肝属郡 *なめかーかす 茨城県稲敷郡 *なめくらかす 静岡県志太郡「おわんのそこまでなめくらかぇーた」 *なめずる 青森県南部 秋田県鹿角郡 新潟県佐渡 静岡県 *なめっこかす 群馬県邑楽郡「なめっこかすように可愛がる」 *ねずる 三重県志摩郡 大阪市 兵庫県淡路島 奈良県 和歌山県 *まぶる 山梨県南巨摩郡「まあぶりてぇか、くひてえか(子供が食物をみせびらかす時の言葉)」 ↓しゃぶる

□さま *けたりけたり・けたけた・けたらけたら 山形県米沢市 *けとらけとら 山形県東田川郡 *ぺたらぺたら 山形県米沢市 *べらべら 長崎県壱岐島

なや【納屋】 *あまや 青森県南部 福島県中部・会津 茨城県稲敷郡 栃木県 山梨県 *いなや 岐阜県飛驒 静岡県志太郡 奈良県宇陀郡・吉野郡 高知県土佐郡 福岡県 *おこんませ 群馬県勢多郡 *おこんまや 群馬県佐波郡 *おへや 長野県上田・佐久 *おや(小屋よりもしっかりと作った納屋。物置) 群馬県吾妻郡 *おやんまや 神奈川県津久井郡 *かでや・かどや 岡山県苫田郡・津山市 *からもんぐら 熊本県北部 *からもんや 群馬県多野郡 熊本県菊池郡 *きぐや 千葉県香取郡 *きごや 岩手県気仙郡 宮城県仙台市 山形県 群馬県前橋市 埼玉県秩父郡 新潟県佐渡・岩船郡 山梨県 静岡県磐田郡 島根県 岡山県苫田郡 広島県比婆郡・高田郡 愛媛県 *きや 栃木県足利市・佐野市 群馬県館林市 長野県佐久 兵庫県但馬 香川県小豆島 *くらや 福島県南会津 福井県遠敷郡 長野県 静岡県榛原郡 京都府竹野郡・中郡 *けごや 山形県 長野県北部 *けみや 長野県北西部 *けもや 長野県更級郡・南安曇郡 *けんぐや 新潟県中頸城郡 *こい 群馬県利根郡 埼玉県北足立郡 *こいえ 群馬県佐波郡 *こいや 熊本県北部 *こえ 宮城県本吉郡 群馬県佐波郡 *こえー 群馬県 東京都大島・八王子 神奈川県津久井郡 山梨県 静岡県 *こえさ 山梨県 *こーえ 岐阜県山県郡 愛知県 *こーえん 愛知県愛知郡・碧海郡 *こま 京都府竹野郡 *ごま 三重県名張市 *こや 青森県 秋田県平鹿郡 山形県 東京都江戸川区 三重県北部 滋賀県彦根 京都府竹野郡 福岡市 長崎県西彼杵郡・南高来郡 熊本県 *こやこ 青森県上北郡 *こんえ 愛知県西加茂郡 *しもや 群馬県佐波郡 *そーや 群馬県勢多郡 *ぞーや 徳島県美馬郡 *だや 広島県佐伯郡「だやが めげて(壊れて)」・高田郡 山口県「ありゃあかわいそうに、家も無うなって、だやに住んでおるげな」 *つきや 長野県上伊那郡 *つぶし 長野県佐久 *どてごや・どてや 奈良県 *ながや 岩手県気仙郡 栃木県 群馬県邑楽郡 新潟県佐渡・岩船郡 山梨県 長野県佐久 静岡県田方郡・志太郡 三重県度会郡 和歌山県有田郡・那賀郡 島根県 岡山県

香川県手島・高見島 *なだら 島根県八束郡 *なつぼ 北海道松前郡 *なんこ 滋賀県高島郡 *なんど 山梨県東八代郡・北巨摩郡 長野県佐久 兵庫県但馬 *はいごや 長崎県西彼杵郡 *はんや 長野県諏訪 *ひや 島根県隠岐島 *へや 山形県飛島 島根県出雲・隠岐島 *まーや 石川県珠洲郡 長崎県西彼杵郡 *まや 新潟県佐渡 島根県八束郡・出雲 長崎県西彼杵郡 *わきや 香川県三豊郡

→「ものおき(物置)」の子見出し、「物置小屋」

取り入れた農作物や道具などを入れておく□ *しなきや 兵庫県佐用郡 *しなや 栃木県安蘇郡 *しねや 栃木県佐野市・安蘇郡 *しのーば 栃木県 熊本県阿蘇郡 *しのぐら 熊本県球磨郡 *しのごや 埼玉県秩父郡 熊本県上益城郡 *しのば 栃木県安蘇郡 千葉県山武郡 熊本県鹿本郡・球磨郡 *しのや 栃木県 長崎県北松浦郡 *すのば 千葉県

農家の□ *こなしべや 長野県下水内郡 滋賀県伊香郡・彦根 奈良県吉野郡 愛媛県 *こなしや 徳島県 愛媛県

なやむ【悩】 *なえる 大分県南海部郡 *なじゅむ 長崎県対馬 *なずむ 秋田県河辺郡 新潟県

なる【生】 *なりる 千葉県夷隅郡「なりている」

果実が鈴なりに□ *すくれる 高知市「ゆすら梅が枝にすくれちょる」 *なりこだる 広島県・倉橋島 *なりこだれる 広島県比婆郡 *なりしおれる 香川県仲多度郡 *なりふすぼる 長崎県対馬 *もぐれる 島根県「柿がもぐれついてなっちょー」 *もぶれる 島根県「柿がもぶれてなった」 高知県「ゆすらんめが枝へもぶれついちょる」・高知市 *もみつける 岐阜県恵那郡「もみつけてなる」 *もみっつく 長野県諏訪 *もみつつく 長野県上伊那郡 *もろくる 佐賀県

なるこ【鳴子】 田畑が鳥獣に荒らされるのを防ぐためのしかけ。また、それに似せて綱を引くと鳴るしかけの、人を呼んだり合図を送ったりするもの。 *おどかし 静岡県磐田郡 *おどし 東京都八丈島 神奈川県津久井郡 静岡県川根 愛知県尾張 鳥取県気高郡 島根県 香川県・仲多度郡 佐賀県唐津市 長崎県南高来郡 熊本県天草 鹿児島県揖宿郡 *がっちゃり 三重県志摩郡 *がらくた(「がら」はものの触れ合う音を表す) 三重県志摩郡 *からすおどし 奈良県吉野郡 長崎県南高来郡 *からすのおどし 島根県 *かわどーずき(川の流れを利用して枝を鳴らすなどして、イノシシやシカなどを脅す一種の鳴子) 岐阜県飛騨 *がんがん 群馬県勢多郡 *すずめおい 大阪府泉北郡 *すずめおどし 長野県下伊那郡 佐賀県藤津郡 長崎県南高来郡 *すずめのおどし 京都府竹野郡 島根県大原郡 長崎県南高来郡 *すずめぽい 青森県三戸郡 岩手県気仙郡 *すずめぽい 青森県三戸郡 *どーずき 岐阜県飛騨 静岡県磐田郡 *とりおどし 東京都八丈島 島根県益田市 *どんずき 徳島県那賀郡 *みずばったり(流れ水を利用して作る鳴子) 岐阜県飛騨

なるほど【成程】 *あてやれ 新潟県佐渡 *あんにょー 静岡県「物があんにょー沢山ある」 *いんながら・ゆんながら 鹿児島県喜界島「父は明日は雨だと言われたが、いんながら雨になった」 *えんでぁもの 秋田県北秋田郡「えんでぁもの来ないな」 *えんでもせ 青森県津軽・三戸郡 *おーき 山形市 *おーきに 福島県相馬郡「おおぎに、ほおだ」・東白川郡 大阪市 奈良県南大和 *おーけに 大阪市 *げーに 岐阜県大垣市 *げに 島根県石見「げに菊の花がさーとる」 広島県佐伯郡「いよいよまーげに気の毒な事でがんしたのー」・比婆郡 愛媛県 高知県・高知市「げに面白い」「げに御無沙汰をしました」 *げにとこやー・げにとこやっさー 島根県美濃郡・益田市「げにとこやー、大きな蜂の巣がある」 *げにまこと 高知市「げにまこと今日の講演は良かった」 *げにまっこと 高知県「げにまっことすまんねー」 *げんと 島根県益田市・浜田市「げんと虹が立っとる」 山口県 愛媛県 *げんど 徳島県那賀郡「げんどこれーあつーてかなわんのー(本当にこれは暑くてかなわないね)」 *げんとー 山梨県南巨摩郡「この薬はげんとーきく」 *げんとこやっさー 島根県益田市 *げんに 島根県益田市 愛媛県島嶼 *げんにげんに 島根県益田市「げんにげんに大けな鯉じゃ」 *だんじゅ 沖縄県首里・石垣島 *どーで 新潟県佐渡「今日休みだったね、どうでゆっくりしてる」 *なるけつ 島根県石見 *ほんなら 高知県

なれる【慣】 *しりがぬくもる 福岡市「少ししりのぬくもると直きわるそー(いたずら)する」 *のさばける 茨城県行方郡

なわ【縄】 *おねー 長崎県壱岐島 *つぃなー 沖縄県首里・石垣島 *はなわ 島根県石見 鹿児島県肝属郡 *ひも 滋賀県蒲生郡

荷を背負うための□ *おいそ(ものを背負うのに用いる縄) 新潟県佐渡 福井県遠敷郡・大飯郡 京都府北桑田郡 兵庫県美方郡 奈良県吉野郡 鳥取県八頭郡 *おいなわ(ものを背負うのに用いる縄) 滋賀県高島郡 奈良県吉野郡 香川県仲多度郡 *かずな(ものを担う縄) 秋田県鹿角郡 *かちな 秋田県鹿角郡 *かちなわ 長野県下高井郡 *かちになわ 群馬県吾妻郡 *かちんな 福島県安達郡 *かちんなわ 群馬県吾妻郡 *かねなわ 長崎県五島 *かりな・かりなー 長崎県五島 *かれの 鹿児島県肝属郡 *かれのー 長崎県壱岐島 *くびなわ 岐阜県揖斐郡 *さんびゃく(荷物を担う時くくる縄) 京都府竹野郡 *せーなわ 群馬県多野郡 *たなわ 山形県西置賜郡 *にな 岩手県南部 *ぼーなわ(ものを背負うのに用いる縄) 群馬県多野郡 *まるけずな 香川県伊吹島 *まるけなわ 香川県三豊郡

細い麻糸の□ *おなわ 島根県美濃郡・益田市 *ぐ 新潟県佐渡 石川県鳳至郡 *ぐー・ぐな

わ・ぐな 新潟県佐渡 *こーりなわ 山形県庄内 細い□ *こせなわ 群馬県山田郡 神奈川県中郡 *こぜなわ 神奈川県藤沢市 *こでな 山形県西置賜郡 *こてなわ 新潟県佐渡・中頸城郡 *こでなわ 岩手県気仙郡(炭俵を編む縄) 群馬県勢多郡 *ほーれなわ 新潟県佐渡 *もとち 青森県南部 *もとつ 宮城県栗原郡

なわしろ【苗代】 水にひたしておいた籾種(もみだね)をまいて、稲の苗を育てる水田。苗が約二〇センチ㍍ほどに生長したところで、本田に移植する。 *おかぶせ(畑に作られた苗代) 神奈川県藤沢市 *おやだ 福島県石城郡 千葉県君津郡 大分県大分郡 *けた・けたのうち 茨城県多賀郡 *しろ 広島県高田郡 *すえだ 岐阜県飛騨 *なーしすだー・なっすたー 沖縄県石垣島 *なーっしゅだー 沖縄県竹富島 *なーま 栃木県塩谷郡「なーまの田螺くうんじゃねーぞ」 埼玉県北足立郡・北葛飾郡 千葉県印旛郡・東葛飾郡 東京都江戸川区 *なえしろだ 東京都八丈島 熊本県 *なえず 岐阜県加茂郡 *なえた 鹿児島県揖宿郡 *なえだ 東京都八丈島 岐阜県安八郡 愛知県北設楽郡 鳥取県気高郡 鹿児島県揖宿郡 *なえとこだ 熊本県天草郡 *なえば 静岡県川根 三重県志摩郡・阿山郡 *なえま 栃木県 群馬県勢多郡・山田郡 埼玉県北足立郡・入間郡 千葉県東葛飾郡 新潟県中頸城郡 山梨県 長野県 *ながわし 岐阜県郡上郡 *なしろず 青森県津軽 *なすっちろ 栃木県河内郡 *なっすだー 沖縄県八重山 *なっぱり 山形県東田川郡 *なつばり(稲を植えないもの) 千葉県香取郡 *なっぱり 山形県西田川郡 *なっぱれ 山形県庄内 *なま 千葉県印旛郡 *なわしろだ 熊本県 *にゃーま 山梨県北都留郡 *ぬーどこ 熊本県球磨郡 *ねーくろ 茨城県真壁郡 *ねーしょだ 東京都八丈島 *ねーしろたんぼ 群馬県勢多郡 *ねーま 茨城県猿島郡 栃木県 群馬県 埼玉県秩父郡・北葛飾郡 東京都八王子 神奈川県横浜市 新潟県中頸城郡 山梨県 長野県「ねーまーしめる(苗代作りをする)」 *ねーまた 長野県南佐久郡 *ねま 栃木県安蘇郡 *のーしろざ 大分県東国東郡 *のーしろだ 熊本県 大分県 鹿児島県宝島 *のーしろとこ 大分県 *のーとこ 愛媛県周桑郡 高知県 佐賀県 長崎県南高来郡 熊本県 大分県西国東郡 *のーどこ・のどこ 熊本県 *のーとこぜまち 長崎県壱岐島 *のーとこだ 熊本県菊池郡・鹿本郡 大分県大分郡 *のーどころ 熊本県玉名郡 *のじと 三重県北牟婁郡・南牟婁郡 *のしょだ 富山県西礪波郡 *のしろだ 富山県 奈良県吉野郡 大分県 *のどく 熊本県天草郡 *のとこ 愛媛県周桑郡 鹿児島県 *のどこだ 熊本県天草郡 *のるそ 富山県西礪波郡 *はった 熊本県芦北郡

なわとび【縄跳】 *くいっくなー(「越競」の意) 沖縄県石垣島 *なわはね 青森県 *ぱいぱい 京都市 *ばたこん・ばたくり 長野県佐久

なんぎ【難儀】 *あわり 鹿児島県喜界島 沖縄県首里・石垣島 *うざねっこ 岩手県下閉伊郡 *うじゃね 新潟県 *がくもん 愛媛県睦月島 *こっくねそ 山形県飽海郡「こっくねそする」 *ごって 新潟県中魚沼郡「今日は降ってごってなも」 *しぇぞね 山形県東田川郡「しぇぞねする」 *せーうく 三重県志摩郡 *せっちょ 青森県南部 岩手県・紫波郡 秋田県鹿角郡「道が悪くてせっちょして来た」 *せっちょー 岩手県九戸郡・下閉伊郡 *たいそ 新潟県佐渡「きょうはてえそだったのう」 富山県砺波「たいそやれど(だけど)行ってきてくれ」 石川県輪島市「また来てくされ、てぁーそでも」 *たいそー 新潟県佐渡「昔の者(もな)てゃーそーして不味(まーじ)もん食うてゃあかせぐ一方」・中頸城郡「荷が重くてたえそーだ」 富山県氷見市「こめかったたいそーすらんもんじゃけに(米をついた苦労を知らないもんだから)」 兵庫県加古郡「たいそおごと(非常に厄介な事)」 徳島県 *てーそー 沖縄県首里「年取って歩くのがてーそーだ」 *ふべん 山形県東置賜郡「ふべんする」 *へっちょ 青森県南部 岩手県岩手郡 *へっちょー 岩手県九戸郡 *めまい 秋田県鹿角郡 *めんど 秋田県鹿角郡「なんぼかめんどして来たんだが」 富山県氷見市「(妻が亡くなって)めんどなことに会うたわに」 *めんどー 石川県鳳至郡「(お父さんが亡くなって)なんちゅうめんどーなこっちゃらろうかぇ」 →こんなん(困難)

□する *あじーくそたれる 島根県出雲「そげん、あじーくそたれなはんな。まめなが、えちばんだけん」 *あじりくそたれる 島根県 *あずりくそかく 鳥取県西伯郡 *あわりしん 沖縄県石垣島 *うざにはく 宮城県「毎日毎日うざにはいてよーやっと生きておりしてがすお」 *うざねはく 岩手県「うざねはえで山を越えた」 宮城県栗原郡・牡鹿郡 秋田県鹿角郡 山形市 *うざねをはく 岩手県下閉伊郡 *うじゃねとる 青森県上北郡 *うじゃねはく 青森県上北郡・三戸郡「雪が降って、歩いて来るのにうじゃねはえだ」 秋田県鹿角郡・北秋田郡 *うちゃねはく・うちゃはく 秋田県鹿角郡 *うんざにはく 宮城県北部 *おざねはく 岩手県胆沢郡 *おじゃねーとる 岩手県九戸郡 *しおふく 秋田県鹿角郡「いや今日はしよふいた」 *しょーふく 三重県北牟婁郡「すすめられて飲んでほんとにしょーふっきょったんにゃがのー」 *しんめこく 山形県庄内「やっとしんめこひでしめだ(捕らえた)」 *せじーはく・せどーはく 岩手県九戸郡 *ぜったいこく(たいへん骨が折れる。非常に難儀をする) 高知県安芸郡「畑が固まって居って、それを打ち返すにぜったいこいた」 *せっちょーはく 青森県南部 岩手県九戸郡 *せっちょはく 青森県南部 岩手県「人のせっちょはくのを見て、喜ぶ奴があるか」 *つみをつくる 北海道増毛郡・函館 青森県上北郡 秋田県鹿角郡「道が悪くて、な

んぼかつみつくって御出やったか」 *ひじょる 茨城県猿島郡 *へちょはく 青森県上北郡 *へっちょーこく 和歌山県西牟婁郡 *へっちょーはく 青森県上北郡・三戸郡 *へっちょーまく 長野県諏訪「雪に降られてへっちょーまいた」 *へっちょはく 青森県三戸郡・南部 岩手県岩手郡 *めーあう 長崎県壱岐島 *めにあう 岩手県気仙郡「雨は降るし道暗いし、いやいや、めにあった」 宮城県 静岡県志太郡「やつにかかるとめにあうぞ」 島根県 山口県 大分県北海部郡 *めにおー 宮城県石巻 福島県相馬郡 *もとる 愛媛県周桑郡 *やくかざる 山形県東置賜郡

□**するさま** *ぎりぎりまい(ものにつまって難儀するさま) 福岡県企救郡 *こんき 長野県南部 静岡県榛原郡 愛知県宝飯郡 *しんどもんど 長崎県壱岐島 *つみつくり 青森県三戸郡 *ほっとり 三重県松阪・北牟婁郡 *めんど 秋田県鹿角郡 富山県氷見市 *めんどー 石川県鳳至郡

□**だ** *いたしー 鳥取県西伯郡 島根県「働あたけー今いたしい」 岡山県阿哲郡 広島県比婆郡・高田郡 山口県阿武郡・玖珂郡 *えこい 愛媛県周桑郡 *せーせない 鹿児島県鹿児島郡 *せーつね 長野県西筑摩郡「さーぶいときせーつねな(寒い時は辛いなあ)」 *せーない 静岡県「押されてせーない」 *せこい(仕事などが難儀だ。苦しい。つらい) 岡山県小田郡 徳島県「山登りはせこい」 香川県 愛媛県 高知県「今日中にはなかなかせこいのー」 *せちない 三重県度会郡 *せっない 鹿児島県 *せつない 青森県 岩手県 秋田県 山形県「せつねーめーした」 福島県 栃木県芳賀郡 群馬県吾妻郡 埼玉県秩父郡 東京都南多摩郡・利島 神奈川県中郡 新潟県「子供の病気がなおらんでせつなえ」 石川県鹿島郡 長野県 静岡県「風邪がせつない」 三重県志摩郡・員弁郡 島根県 広島県高田郡 山口県「あの時ほどせつないことはなかった」 徳島県 長崎県 熊本県玉名郡「黙ってこらえとった、せつなか」 鹿児島県 *せっね 鹿児島県 *せつらない 山形県庄内 *つらましー 三重県志摩郡「毎日こーかんかん照っては、畑するのもつらましいわな」「また今年も田植が雨ふりで、つらましいな」 *ひで 石川県能美郡 *ひどい 岩手県 *へつない 青森県「わたしだったら何が苦しーかにが苦しーといっても子どもを産む時ぐらいへじなぇことはないよ」 *むつかしー 沖縄県「伊賀越はむつかしー所」「むつかしーひら(坂)」

なんてん【南天】 *てるてん 香川県 *なんでんじく 鹿児島県 *まんじょー 広島県高田郡

なんとなく【何無】 *いこく 島根県江津市「いこく曇って来た」 *いなげ 島根県「いなげ雨の降りそうな」 *かじょなし 山形県北村山郡「今日はかじょなす寒い日だ」「かじょなす、蟻こ騒ぐ」 *かった 鹿児島県揖宿郡「河童は居らんち言えば、かった居らんちゅよな」 *かわった 鹿児島県肝属郡「今日はかわったゆこごたね(今日は変に行きたくない)」 *かんじょなし 山形県村山 *ただ 広島県・高田郡 高知県「『なぜ弟をいぢめりゃー(いじめるのか)』『ただ』」 *どこそこ 愛知県知多郡 *などと 長崎県対馬「心を引いて見ようと思うて、などと聞いて見た」 *なにやあらね 島根県仁多郡 *なま 島根県大原郡・能義郡「なま今日は頭が痛い」 *ほーさら 山口県阿武郡 *ほーそら・ほーそろ 山口県大島「いんま(先刻)からほうそら寒いが寒いがと思ひよったら、風邪をひいたんぢゃらう」 *ほーたら 山口県阿武郡 *むっく・むっと・むった 島根県邑智郡「むっく降りそうな気がした」「山の中を通るとむった淋しい」

に

にあう【似合】 *うちゃゆん 沖縄県首里 *うつる 山形県「この柄おまえちゃ(おまえに)うづる」 富山県砺波「立派な着物着とれどちょっこしもうつらん」 愛知県名古屋市 兵庫県加古郡 島根県 徳島県 香川県 愛媛県・周桑郡「その髪はあんたによーうつるが」 *うつろう 静岡県榛原郡「このネクタイはうつろわのう」 *きさー 島根県仁多郡・能義郡 *すぃなゆん 沖縄県首里 *そもなう 宮崎県東諸県郡「嫁さんはいいが、あの男とではそもなわん」 *であう 岩手県気仙郡 宮城県栗原郡「あの着物よくであう」・仙台市「人の悲しんでゐる処へ来て、出合はぬ話をするやつだ」 山形県東置賜郡 *なわゆん 沖縄県首里「ちんぬ ゆー なわとーん(着物がよく似合っている)」 *にこせる 香川県伊吹島「にこせたこと」 *にせる 栃木県「何を着てもにせない(似合わない)」 千葉県市原市「そん着物は良くにせる」・夷隅郡 静岡県志太郡 *につく 新潟県佐渡 富山県砺波 石川県鳳至郡「につくか(似合うか)」 徳島県 香川県「その着物はお前にようについとる」 愛媛県 *にやる 秋田県鹿角郡「はでな模様で、若い人ににやる」 *ねつく 富山県砺波 *のーゆん 沖縄県首里 *ふさゆん・ふさーゆん 沖縄県首里「ふさーらん むにーかた(ふさわしくない言い方)」 *ふさう 岩手県九戸郡 新潟県佐渡「その着物はよくふさうよ」「東京は水がふさわんでやめて帰った」 富山県砺波 和歌山県日高郡 島根県石見「この土地は西瓜がようふさう」 広島県佐伯郡・高田郡 山口県豊浦郡・大島「あの男にやこの女がちょうどふさうちょる」 徳島県 香川県 *ふす 高知県土佐郡「こんなに人が来て会場にふすかよ」 *ほーる 山口県豊浦郡「その柄がほーる」 *もやう 島根県八東郡・隠

岐島

□ている ***につくらしー** 新潟県佐渡 ***につくらっしー・ねつきらっしー** 富山県砺波「相手によってねつきらっしい話をする人や」 ***につけらしー** 山形県米沢市 ***につこたらしー** 兵庫県加古郡「この着物の柄がにつこたらしい」

よく□ ***にやいくさる** 島根県石見「これはお前ににやいくさった仕事じゃ」 ***まちあう** 島根県「この着物の柄はよくまちあう」「この洋服はお前にゃーまちあわん」 ***よーりょーがよい・よーりょがよい** 島根県「この方の靴が大分よーりょーがえー」

よく□こと ***いーねー・うちゃたいかなたい** 沖縄県首里 ***じんじく** 群馬県勢多郡「この洋服はじんじくしている」「年にじんじくしている」 埼玉県秩父郡 ***そぐい** 島根県「洋服は丸髷にそぐいが悪い」 広島県倉橋島「誰は誰にそぐいが悪い」 山口県大島 ***ちょーど** 山形県米沢市「あの二人あちょーどしてる」 ***つが** 宮城県登米郡「つがのない」 ***なわい** 沖縄県首里 ***にたやまさん** 香川県・高松 ***のり** 愛知県名古屋市「のりがえい」

におい【匂】
***ふが** 富山県 ***ふた** 石川県鳳至郡 ***ほが** 富山県 石川県
↓かおり（香）

にがい【苦】
***にっちゃい・いにゃさい・にやさい** 鹿児島県喜界島 ***さーん** 沖縄県与那国島 ***ひずい** 山梨県 ***んーかはーん** 沖縄県小浜島 ***んじゃさん** 沖縄県首里

にがつ【二月】
□一日 ***いんのこついたち** 新潟県 ***おくりしょーがつ** 島根県大原郡・仁多郡 岡山県苫田郡・川上郡 広島県芦品郡・高田郡 香川県三豊郡 鹿児島県肝属郡 ***おさめのついたち** 千葉県君津郡（年徳神その他に供えた飾藁を納め焼く） 神奈川県藤沢市 ***おながれ** 長野県更級郡 ***かえりしょーがつ** 千葉県夷隅郡 ***かさねのついたち** 石川県鳳至郡 ***してーしょーがつ** 島根県邇摩郡・大田市 ***しとよしょーがつ**（陰暦二月一日）香川県高松市 ***じろーのついたち**（元旦を太郎一日と言うのに対して）福島県会津 茨城県多賀郡 栃木県 群馬県勢多郡 埼玉県北葛飾郡 千葉県君津郡 ***じろーついたち**（元旦を太郎一日と言うのに対して）徳島県美馬郡 ***じろーのしょーがつ**（元旦を太郎一日と言うのに対して）埼玉県北葛飾郡 ***じろんのせっく**（元旦を太郎一日と言うのに対して）愛知県北設楽郡 ***すてしょーがつ** 香川県豊島 ***たなおろし** 岡山県苫田郡 ***たろーのついたち**（正月の終わりを祝う節句）福島県耶麻郡 ***たろーついたち**（正月の終わりを祝う節句）徳島県美馬郡 ***たろーずいたち**（正月の終わりを祝う節句）徳島県（陰暦） 香川県香川郡・仲多度郡（正月の終わりとして祝う） ***たろずいたち**（正月の終わりを祝う節句）香川県西部 ***たるついたち**（正月の終わりを祝う節句）香川県香川郡 ***たろーのせっく**（正月の終わりを祝う節句）鹿児島県屋久島 ***ついたちしょーがつ** 香川県木田郡 ***ならべついたち** 愛媛県温泉郡 ***にばんしょーがつ** 島根県簸川郡 ***ねこのとしとり**（陰暦二月一日。家畜すべての年越しの日とされた）岩手県気仙郡 ***はつついたち** 鹿児島県屋久島 ***ひてーしょーがつ** 島根県 岡山県川上郡 広島県 ***ひとえしょんがつ** 兵庫県加古郡 ***ひとひでしょーがつ** 福岡市 ***ひとりしょーがつ** 岡山県苫田郡・和気郡 ***ひひてしょーがつ**（「ひひて」は「ひひとひ（日一日）」の転。「一日だけの正月」の意）島根県八束郡・簸川郡 香川県小豆島 ***ひふてしょーがつ** 島根県出雲 ***ふぃてーしょぐゎつ** 島根県能義郡 ***ふてーしょーがつ** 鳥取県東伯郡 島根県出雲 ***ふふてしょーがつ** 島根県出雲市 ***まつのついたち** 鹿児島県屋久島 ***むかえしょーがつ・むかえずいたち** 富山県砺波

□一日から三日まで ***でかしょーがつ** 石川県羽咋郡

□一日に年越しをすること ***にがつしょーがつ・にがっとしとり** 岩手県気仙郡 ***にしょーがつ** 和歌山県日高郡 ***にんがつひとよ** 徳島県三好郡

にぎりこぶし【握拳】
⇩げんこつ（拳骨）

にぎる【握】
***おさえる** 山形県米沢市「物おおさえる」 千葉県山武郡 ***おせる** 千葉県山武郡 ***かつぃみゆん** 沖縄県首里 ***しょずむ** 長野県下伊那郡 愛知県北設楽郡 ***にがむ** 栃木県佐野市・安蘇郡 富山県「手ににがんだ」 石川県 福井県 岐阜県海津郡 滋賀県甲賀郡 ***むるん**（「丸くする」の意）沖縄県石垣島

方/言/の/窓

●四国地方の方言

一般に近畿方言的であるが、いくぶん中国方言の影響も受けている。香川・徳島両県の方言は特に近畿方言に近い性質をもっている。一方、愛媛県の方言には中国方言的な特徴も見られる。

アクセントは香川・徳島と愛媛の東部で京阪式アクセント、またはそれに類似したアクセントが行われている。なお、愛媛県の西南部、大洲市や宇和島市には無型アクセントや東京式アクセントの行われている地域がある。

高知県の方言には独特のものが多い。この方言は、過去の中央語にあったいわゆる四つ仮名のジ、ヂ、ズ、ヅの区別を保存している。また、語中・語尾のガ行、ダ行の前に鼻音が入ることなども古い日本語のなごりと考えられている。

にく【肉】 *しーし 沖縄県黒島 *しし 青森県三戸郡 福島県南会津郡 奈良県吉野郡(魚肉) 鹿児島県(牛馬の肉) 沖縄県 *しすぃー 沖縄県国頭郡 *すーす 沖縄県宮古島 *すす 沖縄県石垣島・新城島・波照間島 *たじし 長崎県南高来郡 *つぃっつぃー 沖縄県与那国島 *み 石川県能美郡「いぬのみ(犬の肉)」 沖縄県与那国島 *みー 沖縄県与那国島

猪の□ *ぼたん 茨城県多賀郡 静岡県駿東郡 三重県飯南郡 *やまあったみ 沖縄県首里

鹿の□ *かのしし 秋田県鹿角郡「かのしし食へば体が暖まる」 *こーぬしし 沖縄県首里

鳥獣の□ *じじ 福岡県

豚□ *ぶたあったみ 沖縄県首里

にくい【憎】 *いやらしー 和歌山県 *うーずらにくか(非常に憎い) 長崎県北松浦郡「あの人はうーづらにくか」 *うすらにくい(少し憎い) 秋田県鹿角郡 *おろむぞか・おろみぞか 熊本県天草郡 *しゃらにくい 長野県諏訪 *そぼろしー 山梨県南巨摩郡「何といふそぼろしい子づら」 *そぼろったい 長野県佐久 *にくしー 東京都江戸川区 *にくせー 福岡県小倉市 *にくそい 大阪府泉北郡 *にくぞい 愛媛県・松山「にくぞい親爺じゃ」 *にくどい 和歌山県伊都郡 愛媛県 *にくとしー 新潟県佐渡 *にっふぁさーん 沖縄県石垣島 *ねいたさい 鹿児島県喜界島 *やらしくない 秋田県雄勝郡「やらしくねぁ人だな」 山形県酒田市・飽海郡

→にくらしい(憎)

にくらしい【憎】 *いきつらにくか 長崎県壱岐島 *いけあらしくない 岩手県気仙郡「小言ばりほえで(小言ばかりどなりちらして)、いげあらしぐねぁ」 宮城県遠田郡 *いけあらしけない 宮城県栗原郡 *いやらしー 和歌山県 *うざくらしー 石川県 *うしゃらしくない 秋田県「うすえぁらしくねぁ奴だ」 *おとましー 香川県高松市 愛媛県 *ござにくい(「こづらにくい(小面憎)」の転か) 福井県 *さつらにきー 千葉県市原郡 *しゃっつらにくい 神奈川県中郡 静岡県・志太郡・榛原郡 *じりったい 栃木県安蘇郡「あの人はじりったい」 *ずない 長野県小県郡「づなひ人だ」 *どーじらんにくい(卑語) 愛媛県大三島 *どずらにくい(卑語) 岐阜県郡上郡 *にくしー 東京都江戸川区 *にくずらい 島根県「あいつはにくずらい奴だ」 *にくずらしー 島根県「あいつは見れば見るほどにくずらしい」 *にくずれ 島根県簸川郡・出雲市 *にくせー 福岡県小倉市 *にくそい 大阪府泉北郡 *にくぞい 愛媛県・松山「にくぞい親爺じゃ」 *にくぞらしー 愛媛県松山「にくぞらしー奴じゃ」 *にくつらい 青森県南部 奈良県宇陀郡 *にくどい 和歌山県伊都郡 愛媛県 *にくとしー 新潟県佐渡 *にっくずらい 三重県名張市 *にってんなか 長崎県五島 *にっふぁさーん 沖縄県石垣島 *はがい 和歌山県 島根県出雲 香川県「まあはがい、そなんこといわへんのに」 *はがいー 山口県 福岡県 *はがいたらしー 徳島県 *はがたらかし・はがたらしー 和歌山市「たいがいはがたらしい人やぞいし(ずいぶんしゃくに障る人だぜ)」 *はげらしー 宮崎県延岡市 *はごえ 山形県 *はごこえ 山形県南村山郡 *はごさん 鹿児島県奄美大島・加計呂麻島 *はんごえ 山形県東村山郡 *みるもみだぐない 岩手県気仙郡 *やにこい 福井県坂井郡・丹生郡 鹿児島県「やにきわろ(憎いやつ)」 *やらしくない 秋田県雄勝郡「やらしくねぁ人だな」 山形県酒田市・飽海郡

→にくい(憎)

にぐるま【荷車】 *おこのぼ 滋賀県高島郡 *かたびき(肩に綱を掛けて引く荷車) 兵庫県加古郡 *がんがらぐるま(鉄の輪をはめた荷車) 富山県砺波 *じぐる(山から材木を運ぶ頑丈な荷車) 群馬県勢多郡「じぐるひき」 *じぐるま(山から材木を運ぶ頑丈な荷車) 埼玉県秩父郡 *しゃりき 富山県 滋賀県蒲生郡 兵庫県但馬・神戸市 島根県 岡山県苫田郡・岡山市 広島県高田郡 香川県 高知県 福岡県 佐賀県三養基郡 長崎県南高来郡・壱岐島 大分県 *だいごろ(橇(そり)に一対の木製の車輪を付けた形の荷車。材木を山から降ろすのに用いる) 鹿児島県肝属郡 *てぐいま 鹿児島県 *てぐるま 千葉県山武郡 *どたぐるま 岐阜県本巣郡 *どんぐるま 山梨県 *にばしゃ 宮崎県延岡 *べか 兵庫県西宮市 *ものぐさぐるま(農作業や山仕事で使う、車輪が小さく車台の低い手引き荷車) 埼玉県秩父郡 *よつぐるま 香川県仲多度郡 *よつで 香川県大川郡

にげる【逃】 *うっぱしる 栃木県足利市・日光市 埼玉県秩父郡 *おったぱしる 栃木県今市市・芳賀郡 *おっぱしる 山梨県 *かっぱらう 埼玉県入間郡 *こける 岐阜県吉城郡 愛知県愛知郡 *すことばす(一目散に走る。また、走って逃げる) 香川県 *すことぶ(一目散に走る。また、走って逃げる) 岡山県児島郡 香川県 *すっぽける 新潟県三島郡 *すぼぬける(ひそかに逃げる) 香川県「そっとすぼぬけていくんがえらい」 *ちっちこくらかす(慌てふためいて逃げる) 長崎県壱岐島 *ちりになる(いちもくさんに逃げる) 島根県石見「叱られてちりになって逃げた」 *ちんちくろまう(慌てふためいて逃げる) 長崎県北松浦郡「ちんちくろまうて逃げた」 *つんぬける 栃木県安蘇郡 *にがらかす 愛知県尾張 *ぬきる(跡をくらまして逃げる) 石川県能美郡 *ぬける(跡をくらまして逃げる) 埼玉県北埼玉郡 富山県東礪波郡「仕事させようと思うとぬけてってしまう」 福井県坂井郡 高知県幡多郡 *のける(跡をくらまして逃げる) 富山県砺波 島根県隠岐島(親が子供に隠れて出て行く) *ぱーしる 千葉県市原郡・夷隅郡 *はってく 熊本県「よんべはってかした」 鹿児島県 *はっちく 宮崎県・西諸県郡 鹿児島県 *はしる 千葉県市原郡「ぱしちゃえ(逃げてしま

え)」 *ぴにぎゅん 沖縄県国頭郡 *ぴんぎ 沖縄県宮古島 *ぴんぎん・ぴんぎるん(文語形) 沖縄県八重山 *ふぃんぎゅん・ふぃんじゅん 沖縄県首里 *ふぃんきるん・ふぃんきん・ふんぎん・ふんぎるん 沖縄県与那国島 *まやーがる 三重県志摩郡 *ゆるれる 島根県邑智郡「兎はとうとう網からゆるれた」 *んぎるん・んぎん 沖縄県八重山

→とうぼう(逃亡)

にごりざけ【濁酒】 *あまざけ 山梨県南巨摩郡 奈良県吉野郡 和歌山県日高郡 *いさぎ 福島県南会津郡 *えんぺ・えんぺー 島根県隠岐島 *おーかみ 島根県安来市 *おり 熊本県上益城郡 *おりさけ 熊本県阿蘇郡・天草郡 *おりざけ 島根県益田市・邇摩郡 *がむ 宮城県栗原郡 *くろざけ 東京都八丈島 *ごんく 東京都大島 *ごんどかぶり 宮城県登米郡 *しろうま 岩手県中通 宮城県登米郡 千葉県東葛飾郡 神奈川県中郡 *しろき(「き」は「酒」の古名) 奈良県吉野郡 *しろしろ 島根県仁多郡 *しろんま 富山市近在 山口市 *すっこ 熊本県鹿本郡 *だく 青森県津軽 *たけのは 島根県邑智郡 *てしゅ 島根県石見・隠岐島 広島県高田郡 *どっぺ 北海道 *どぶ 山形県 新潟県北魚沼郡(山言葉)・佐渡 岐阜県飛騨 滋賀県蒲生郡・彦根 和歌山県 島根県(密造酒) 山口県防府・阿武郡 香川県 大分県(山言葉) *どぶさ 長野県西筑摩郡 京都府竹野郡 兵庫県美方郡(山言葉) 奈良県 *どふざけ 富山県中新川郡(山言葉) *どぶさけ 新潟県岩船郡 富山県東礪波郡 三重県伊賀 長崎県南高来郡 *どぶざけ 新潟県佐渡 富山県砺波・東礪波郡 石川県河北郡・能美郡(山言葉) 福井県大飯郡 岐阜県山県郡・養老郡 愛知県名古屋市 三重県伊賀 滋賀県蒲生郡 広島県高田郡 山口県 香川県仲多度郡・三豊郡 愛媛県周桑郡 長崎県南高来郡・長崎市 熊本県 *どぶしろ 熊本県阿蘇郡 *どんべ 北海道 *にごさ 和歌山県西牟婁郡・田辺市 *にござ 長野県西筑摩郡 *ばけもの 山形県西置賜郡 *はちかん(近世、自家用の酒税が一石以内一年につき八貫であったところから) 新潟県佐渡 *びんご 島根県飯石郡 *ふくろ 秋田県由利郡 *まついた 宮城県登米郡 *まやく 山形県東田川郡 *みたし 群馬県前橋市 *めぐりさけ 秋田県北秋田郡 *やぶざけ 島根県隠岐島

密造の□ *おーほー 青森県上北郡「おーほー盗まれたのと博打の借貸、人に言はれねぇ」 *おほ 青森県南部 *かの(直接言うのをはばかる隠語的表現) 新潟県佐渡 *むじな(山中に隠した密造の酒) 千葉県君津郡

にごる【濁】 *おがだつ(沈殿物が浮いて濁る) 島根県「そろっと汲まんと、下の方がおがだってどうにもならん」 *おかだる・おきゃがる(沈殿物が浮いて濁る) 島根県大原郡 *おだたる(かき回したために濁る) 島根県隠岐島 *おごたつ(かき回したために濁る) 島根県八束郡 *おだつ(かき回したために濁る) 島根県益田市「水がおだった」・隠岐島 *おだる(かき回したために濁る) 島根県益田市 *かすむ(水が少し濁る) 神奈川県津久井郡 *ごみる 岩手県気仙郡「井戸がごみる」 千葉県山武郡 *ごもる 秋田県河辺郡「また河の水がごもった」 *じゃみる 千葉県山武郡 *しんぐぃゆん(目、ガラス、鏡などが濁る) 沖縄県首里 *だみる 島根県隠岐島「酒が少しだみた」 *とどう 島根県「酒が濁ってとどー」 山口県大島 愛媛県伯方島・大三島「濾飴などとどうのを待って搾へる」 *とどこる 愛媛県大三島 *とどる 島根県 愛媛県岡村島 *とびる(水が濁る) 高知県高岡郡「こればー降ると大川も大分とびるのー」 *どびる(水が濁る) 島根県益田市「どびた水は飲むな」 *どみる 島根県美濃郡・益田市「酢が大分どみた」 *みんぐぃゆん(水などが濁る) 沖縄県首里 *めぐる 秋田県平鹿郡・雄勝郡 *やなんごーるん(他動詞は「やなんごーらしん」) 沖縄県石垣島

かき回して□せる *おがだてる 島根県 *おごたてる 島根県八束郡 *おだてる 島根県「あげねおだてーな、濁ってえけん」 *かちみんぐゎしゅん 沖縄県首里

にし【西】 *いーり 沖縄県石垣島・小浜島・新城島 *いーる 沖縄県石垣島・鳩間島 *いり 鹿児島県沖永良部島 沖縄県那覇市・首里・波照間島・与那国島・黒島 *いる 沖縄県竹富島 *うえのほー 千葉県山武郡 *おか 千葉県山武郡 静岡県焼津市 *かみ 東京都利島 静岡県焼津市(京都の方角) *にや 静岡県浜名郡「にやへ のぼる(西へ向かう)」

にじ【虹】 *あさひのこ(朝の虹) 山口県阿武郡 *あみぬみゃー(「雨を飲むもの」の意) 沖縄県与那国島 *いとぅふくび(「絹帯」の意) 沖縄県鳩間島 *おーなじ 沖縄県竹富島 *かぶにじ(頂部が雲に隠れ、足の部分だけが見えているにじ) 香川県高松市 *かぶねじ(頂部が雲に隠れ、足の部分だけが見えているにじ) 愛知県知多郡 *かわながれ 大分県大分郡 *じーうじ 佐賀県 熊本県 *じごくのおかまのつる 富山県射水郡 *じゅーじ 福岡県三瀦郡 佐賀県・神崎郡 長崎県 熊本県天草郡 *じゅーず 熊本県 *じゅーつさん 熊本県玉名郡 *じゅじ 熊本県玉名郡 *じゅず 熊本県天草郡・芦北郡 *じゅっさま 長崎県南高来郡 *たいこばし 大分市 *たちもん 長崎県南高来郡 *たつ 熊本県鹿本郡 *ちねーみまんつぃ 沖縄県小浜島 *ちょーじ 石川県河北郡・能美郡 *てぃんちー 鹿児島県喜界島 *てぃんばう(「天蛇」の意) 沖縄県宮古島 *てぃんぬむーじ 沖縄県新城島 *どんどろはんのおび(幼児語) 香川県三豊郡 *ながし 三重県度会郡 *なべずる 茨城県稲敷郡 三重県員弁郡 *なべのつる 新潟県佐渡「なべのつるがでた」 石川県鹿島郡 *なべんつっ 長崎県五島 *なべんつり 熊本県宇土郡 *なべんつる 熊本県飽託郡・下益城郡 *にじよーかん・よーかん 香川県

三豊郡 *にゃーじ 新潟県西頸城郡 *にゅーじ 東京都大島 徳島県・美馬郡 愛媛県 長崎県北松浦郡・壱岐島 熊本県 大分県 鹿児島県宝島 *ぬーじ 沖縄県 *ぬーじん 沖縄県石垣島 *ぬじ 千葉県夷隅郡 *ねじごんぼ 新潟県佐渡 *のーぎ 沖縄県鳩間島 *のーじん 沖縄県新城島 *のぎ 秋田県 *のじ 青森県 岩手県 秋田県 山形県 福島県 茨城県 栃木県 群馬県 千葉県 神奈川県三浦郡 新潟県 山梨県 長野県 静岡県田方郡 *てぃだがさ(太陽の周囲に現れるにじ) 鹿児島県喜界島 *はしらみょーじ(下部だけが現れるにじ) 高知県長岡郡 *ひび(部分的に出る小さな虹) 和歌山県「ひびさす」 *びゅーじ 兵庫県佐用郡 岡山県 *びゅーぶ 島根県出雲 *びょーじ 島根県 岡山県・邑久郡 広島県 *ふじ 山形県飛島 *みゅーじ 高知県 大分県大分郡・北海部郡 *みょーじ 新潟県 富山県婦負郡・砺波 石川県 三重県南牟婁郡 京都府 兵庫県 和歌山県日高郡 島根県 山口県・阿武郡 香川県伊吹島・豊島 愛媛県宇摩郡 高知県高知市・長岡郡 福岡県 大分県 *みょーじん 富山県 京都府竹野郡 *みょーじんさん 兵庫県但馬 *みょじ 石川県河北郡 三重県南牟婁郡 滋賀県伊香郡 *むーじ 沖縄県黒島 *めうじ 愛媛県宇摩郡 福岡県 *めーうじ 福井県 *もーき 沖縄県小浜島 *もーぎ 沖縄県石垣島 *ゆーじ 佐賀県藤津郡 長崎県 熊本県球磨郡 *ゆーじん 沖縄県石垣島 *ゆーひのこ(夕方の虹。凪(なぎ)になるという) 山口県見島 *ゆじ 熊本県球磨郡 *ゆみはいどん 鹿児島県揖宿郡 *りゅーじ 福岡県浮羽郡 佐賀県

にしかぜ【西風】 *あいかぜ 青森県東津軽郡 *あいたまかぜ 秋田県南秋田郡 *あげ 熊本県天草郡 *あさにしかぜ(北寄りの西風) 広島県賀茂郡 *あさまつ・あさまつかぜ 群馬県勢多郡 *あなじ(「じ」は風の意) 島根県益田市・那賀郡・隠岐島 *あなぜ 熊本県 *あらし 三重県志摩郡 鳥取県気高郡 *あらせ 香川県三豊郡 *いいーはじ・いじかじ 沖縄県宮古島 *いーはじ 鹿児島県与論島 *いーりかじ 沖縄県石垣島・新城島 *いーりかんじ 沖縄県小浜島 *いーるかち 沖縄県石垣島 *いりかじ 沖縄県中頭郡・波照間島・与那国島 *いりはじ 鹿児島県沖永良部島 沖縄県黒島 *いりぶち 沖縄県国頭郡 *いるかじ 沖縄県石垣島・竹富島・鳩間島 *いわおこし(二月ごろに吹く西風) 広島県佐伯郡 *いわげ(春に吹く西の風) 静岡県浜名郡 愛知県知多郡・日間賀島 *うてぃぶち 沖縄県首里 *うどにし(冬に吹く強い西風) 愛媛県伊予郡 *おーにし 大分市 三重県志摩郡(強い西風) *おからにし 静岡県駿東郡 *おきにし 島根県江津市 *おくにし 鹿児島県肝属郡 *おとこかぜ 愛知県知多郡 *かいよせ(波が荒れて海岸に貝を寄せるところから。二月ごろに吹く強い西風) 三重県志摩郡 *かえし 三重県名張市 *かみかぜ 青森県上北郡・下北郡 *かみわたし(陰暦十月ごろに吹く西風) 三重県志摩郡 愛媛県周桑郡・南宇和郡 *からっかぜ(冷たい西風) 栃木県 *くだし 熊本県球磨郡 *くだり 青森県北部 新潟県西頸城郡・佐渡 石川県鹿島郡 *くだりかぜ 新潟県西頸城郡 *けよせ(波が荒れて海岸に貝を寄せるところから、二月ごろに吹く強い西風) 鹿児島県 *こーやま(南がかった西風) 愛知県幡豆郡 *さが 千葉県・東葛飾郡・千葉郡 *さがにし 千葉県夷隅郡 神奈川県藤沢市 *さがよー 静岡県 *さきかぜ 滋賀県坂田郡・東浅井郡 *さにし 東京都 鹿児島県種子島(夏の土用中の西風) *さるかぜ 三重県上野市・阿山郡 京都市 *さるばえ 島根県石見 *じあらせ(夏に吹く西風) 徳島市 *じかぜ 徳島県鳴門市 *しかた 青森県 *しがた 島根県邑智郡 *しもかぜ 新潟県北蒲原郡 *しらにし 鳥取県八頭郡(冬の西風) 徳島県鳴門市 *しらはえ(梅雨後に吹く西風) 愛媛県周桑郡・二神島 *しろはい(五月ごろに吹く西風) 香川県 *だし 三重県志摩郡 *たけんこせびおり(竹のこずえを吹き折るところから、五月晴れのころ吹く西風) 宮崎県東諸県郡 *たにしかぜ・たにし・つゆにし(田植え時に吹く西風。雨の前兆とされる) 香川県仲多度郡 *たまばかぜ 青森県西津軽郡 *といて(夏の土用過ぎの西風) 滋賀県愛知郡 *とーぜんぼー(春に吹く西風) 島根県八束郡 *どよーにし(土用のころに吹く西風) 島根県石見・隠岐島 *とりにし 島根県八束郡 *ながし 静岡県庵原郡 *なかにし 三重県志摩郡 広島県豊田郡(南寄りの西風) *なかよー(五月ごろの雨雲を運ぶ西風) 静岡県榛原郡 *ならいかぜ 岩手県気仙郡 宮城県登米郡 *にあげ(真西の風) 静岡県 *にしあげ 熊本県芦北郡・天草郡 *にしあなじ 大分県大野郡 *にしおろし 長野県更級郡 *にしはじ 鹿児島県沖永良部島 *にしぶき 鹿児島県奄美大島 *にしやませ 島根県能義郡・隠岐島 *にだいぶき(夕方吹く西風) 静岡県富士郡 *にや 静岡県 *のぼし 熊本県菊池郡 *のぼしかぜ 熊本県 *のぼり 広島県豊田郡 香川県 *のぽり 香川県 *のぼりかぜ 広島県大崎上島 香川県豊島 *のぼりたおし(五月ごろに吹く西風または西南風) 香川県粟島 *のんぼっかぜ 熊本県球磨郡 *はいのかぜ 島根県隠岐島 *はいちらし(低く吹いてたき火の灰を散らすところから、早春に吹く西風) 広島県豊田郡 *はつにし(初秋の西風) 広島県佐伯郡 *はらいにし(西から沖へ向けて急に吹く風) 大分県北海部郡 *はれ 大分県速見郡 *はればい(梅雨時の西風) 島根県益田市 *ひかた 山形県飽海郡 *へたんかぜ 長崎県西彼杵郡 *ほんにし(夏の西風) 鳥取県八頭郡 *まかた 青森県南部 *まじ 島根県益田市(春)・那賀郡(秋から冬) 広島県 香川県木田郡 *まにし 新潟県佐渡 愛知県知多郡 三重県伊勢・志摩郡 和歌山県東牟婁郡 長崎県西彼杵郡 大分県大分市・速見郡 鹿児島県鹿児島郡 *やた(強い西風) 三重県 *や

まじ 香川県豊島 *ゆかかぜ 青森市 *よーいれ(夏から秋の初めにかけて夕方吹く西風。または、東南風)静岡市近傍 *よこた 大分市 *よにし(夏の夜に吹く涼しい西風)京都府竹野郡 *よぼ 大分市 *わかにし(十月ごろの西風)神奈川県三浦郡 静岡県富士郡

にじむ【滲】 *じじむ 茨城県久慈郡 石川県金沢 岐阜県飛驒 三重県伊勢 滋賀県 京都市 大阪市 *じじゅむ 兵庫県 愛媛県松山 高知市 *じじょむ 新潟県西蒲原郡 *じゅじゅむ 滋賀県彦根 京都市 大阪市 香川県 愛媛県「涙が目のふちへじゅじゅみ出て困った」 *つぃりるん(文語形は「つぃりん」)沖縄石垣島 *どじゅむ 愛媛県伊予郡 *にくむ 島根県美濃郡「インキが紙ににくんだ」 *にぐむ 山口県大島「この紙はインキがにぐうで字がおかしうなる」 *ばばける 石川県河北郡

墨が紙面に□ *しつる(墨がにじんだり、裏へ移ったりする)新潟県佐渡 *じみる 長野県東筑摩郡 *じゃみる 千葉県香取郡・海上郡

血が□ *ちぐむ 香川県高松市 *ちごむ 香川県香川郡

にせもの【偽物】 *あんぺもの 秋田県仙北郡 *うっそこ 愛知県名古屋市「あんなものうっそこだ」 *がまい(「まがい」の転か)静岡県 *がませ 岩手県胆沢郡 千葉県香取郡 *がませもの 岩手県気仙郡 *ずらもの 宮城県石巻・仙台市「この指輪、玉ちっちゃこいけんと、づらものでがえんと」 *どまかしもの 島根県出雲・隠岐島「あの会はどまかしもんだ」 *にたくろー 熊本県 *にたくろもん 熊本県下益城郡 *ばかし 三重県南牟婁郡 *ぱち 新潟県西頸城郡 *ばんくらもの 滋賀県坂田郡・東浅井郡 *まえしもん 島根県出雲 *まや 香川県高松市・香川郡 *まやぇーもん 千葉県君津郡 *まやもの 宮城県仙台市 千葉県香取郡 *まわしもの 島根県邑智郡・隠岐島 *まんぱち 山形県「この織物はまんぱぢ染めだ」 新潟県中越 長野県佐久 *まんぱちもの 宮城県石巻 山形県米沢市 新潟県 *やえんもん 兵庫県淡路島 *やましまんばち 山形県西置賜郡・米沢市

にそう【尼僧】 ⇩あま(尼)

にちじょう【日常】 *あわい 三重県飯南郡 *けじゅー 福島県中部「この着物はけじゅーに着るんだ」 *さま 鹿児島県喜界島「さまぎん(ふだん着)」 *ちょーせき 宮城県栗原郡「ちょーせきに着る服」・仙台市 山梨県 島根県隠岐島 広島県高田郡 徳島県 *ちょーたん 島根県隠岐島 *はざ 兵庫県淡路島「勉強ははざにして置くもんじゃ」 徳島県「はざ着(常着)」 香川県大川郡・三豊郡「そんな御馳走ははざには食べられんけど」 愛媛県 *はだ 香川県三豊郡 愛媛県 *はだこ 香川県三豊郡 *はだし 愛媛県西宇和郡 島根県隠岐島 →ふだん(不断)・へいぜい(平生)

にっちゅう【日中】 *しのとなか 岩手県胆沢郡「おめーしのとながばりかしぇて(おまえは真っ昼間ばかり稼いで)」 *てんのひるま 山形県 新潟県 *ひざえちー 島根県出雲 *ひざか 愛媛県周桑郡 高知県 *ひさなか 埼玉県北葛飾郡 *ひざなか 東京都八王子 富山県砺波 *ひのさっちゅー 広島県比婆郡 *ひのさなか 新潟県西蒲原郡 *ひのじゅー 京都府竹野郡 島根県邑智郡 *ひのどき 山形県米沢市・南置賜郡 *ひのとり 新潟県岩船郡 *ひのなか 千葉県印旛郡 新潟県佐渡 *ひのなから・ひのなかせー・ひのなかせーら・ひのひなか 新潟県佐渡 *ひのにっちゅー 長野県下伊那郡 広島県比婆郡 *ひのぬき 埼玉県秩父郡・北葛飾郡 岐阜県飛驒 愛媛県 *ひのぬけ 愛媛県・大三島 *ひののき 山形県西置賜郡 埼玉県秩父郡 東京都南多摩郡・八王子 新潟県中頸城郡 長野県 愛知県知多郡・葉栗郡「ひののきのうちにしておく」 *ひののけ 新潟県三島郡 *ひのひるま 長崎県対馬 *ひのまなこ 香川県三豊郡 *ひのまんなか 東京都八丈島 *ひるなか 新潟県佐渡 岐阜県飛驒 *ひるまなか・ひるまんなか 新潟県佐渡 *ひろぎ 香川県東部 *ひんない 岐阜県加茂郡 *ひんなか 茨城県 栃木県 千葉県 千葉市・印旛郡 三重県 和歌山県日高郡 愛媛県 *ふぃじゅー 沖縄県首里 *ふるまなか 青森県津軽 →ひるま(昼間)

になう【担】 *かずく 千葉県山武郡 新潟県北蒲原郡 富山県「ひとかずぃかずぇてってでもー(一荷、背負って行っても)」 石川県鳳至郡・能美郡 岐阜県大垣市・飛驒 島根県江津市「籠い一杯荷をかずいて戻って来た」 *かたぐ 富山県 石川県 福井県 京都市 兵庫県佐用郡・淡路島 和歌山県日高郡 鳥取県西伯郡 島根県 岡山県 広島県 山口県 徳島県 香川県 愛媛県・松山(ひとりで肩にして運ぶ) 高知県 宮崎県西臼杵郡・延岡 鹿児島県 *かだく 広島県芦品郡・比婆郡 *かたぐい 宮崎県西諸県郡 鹿児島県鹿児島郡・揖宿郡 *かたぐる 和歌山県 佐賀県唐津 熊本県 大分県 宮崎県西臼杵郡 *かたげる 新潟県東蒲原郡・中頸城郡 福井県遠敷郡 三重県 京都市 大阪府 兵庫県 奈良県 和歌山市「大きな荷物かたげて来た」 鳥取県西伯郡 島根県 山口県 香川県伊吹島 福岡市 熊本県下益城郡 大分県 宮崎県延岡・西臼杵郡 鹿児島県屋久島 *かたごう 山口県 *かたねる 新潟県 富山県 石川県 福井県 岐阜県飛驒 *かたみゆん 沖縄県首里 *かたみるん・かたみん 沖縄県石垣島 *かたむい 鹿児島県 *かたむる 熊本県 鹿児島県 *かためる 福岡県三井郡 長崎県彼杵付近 熊本県下益城郡 *かつく 鹿児島県奄美大島 *かつげる 岐阜県郡上郡・飛驒 *かつなぐ 秋田県南秋田郡・河辺郡 山形県東置賜郡 *かつねる 山形県 新潟県 岐阜県 *かとぐ 東京都八丈島 山梨県・南巨摩郡 *からう 山口県見島「見島の

牛は馬よりも荷は少く、からう事は下手で」　福岡市　佐賀県　長崎県「米俵をからう」　熊本県　*かる　長崎県五島「焚付ばかるっ来たわや」　熊本県南部　宮崎県西諸県郡　鹿児島県「握飯よ握ってかるで行きおったなー」　*かるー　三重県飯南郡「男なら十二貫、女なら十貫かるうのを以て一人前とする」　島根県石見「木をかるう」　山口県「かきゃーかるーちょったでの(柿は背負っていたんですよ)」　香川県塩飽諸島「その荷はかべる(頭に載せて運ぶ)よりかるうた方が楽じゃ」　愛媛県　高知県　福岡県　佐賀県　長崎県南高来郡・西彼杵郡　熊本県阿蘇郡・天草郡「かるわん(背負わない)」　大分県「人間が一俵かるいよったんだと(背負っていたということだ)」　宮崎県　鹿児島県　*かるお　長崎県南高来郡　*かろ　鹿児島県鹿児島郡　*かろう　奈良県吉野郡　福岡県三池郡　長崎県南高来郡　熊本県下益城郡　宮崎県西臼杵郡「御飯をとぇえち(炊いて)かろわせたり」　鹿児島県揖宿郡(幼児語)　*こじょう　香川県　愛媛県　*こじょーう　香川県香川郡　*はたみゆい　鹿児島県喜界島　*ぶっかつぐ　福島県南会津郡

→かつぐ(担)

にのうで【二腕】　*うでっぷし　山梨県南巨摩郡　*うでぶし　山梨県南巨摩郡　熊本県玉名郡　*かいな　鹿児島県徳之島　沖縄県宮古島　*かじぇーら　沖縄県八重山　*かんなくらー　沖縄県与那国島　*けーな　鹿児島県奄美大島・加計呂麻島　沖縄県国頭郡・島尻郡　*けな　鹿児島県奄美大島　*けんな　沖縄県中頭郡　*こうで　神奈川県中郡　*ごたい　長崎県対馬　*はじぇーら　沖縄県黒島

→うで(腕)

にひゃくとおか【二百十日】　*かざあたり　熊本県球磨郡・芦北郡　*かざび・かぜび　熊本県　*かざまつり　熊本県阿蘇郡・上益城郡　*かぜみ　熊本県宇土郡・球磨郡　*とーせんぼー　長野県佐久　*やく　熊本県芦北郡・天草郡

にぶい【鈍】　*いりょい　愛知県八名郡　*うっとくさい　岐阜県飛驒　*くばさーん　沖縄県石垣島　*くぼい　和歌山県東牟婁郡　*しぶとい　岐阜県本巣郡　*どぅんなさーん　沖縄県石垣島　*どぅんなさん　沖縄県首里　*どにすい　滋賀県彦根　*にしゃ　三重県志摩郡　*にすい　長野県下伊那郡　岐阜県　静岡県榛原郡・磐田郡　愛知県　三重県　滋賀県　奈良県宇陀郡「にすいこと言ふとる」　和歌山県東牟婁郡　*にっすい　三重県桑名　*ぬり　鹿児島県始良郡　*ぬりー　長崎県対馬「ぬりい人(鈍い人)」　熊本県　大分県　*ぬるい　山形県庄内　新潟県　島根県「仕事がぬるい」　山口県「われのようなぬるいものぁ時間が三倍もかかるぢゃろぅ」・大島　香川県　長崎県佐世保市　鹿児島県始良郡　*ぬるくさい　島根県邑智郡　*ぬるこい　高知県高岡郡　*ぬるっくぃ　沖縄県首里「ぬるっくぃむん(なまぬるい者。ぐず)」　*ぬるっこい　長野県佐久　*ねそい　兵庫県加古郡　*のこい　香川県　*のりー・のろっこい　長野県佐久　*はいがぬるい　高知県「兄はどーしてこんなにはいがぬるいかしらん。すのききすぎた弟とつきまぜるとええ加減の人が二人出来るが」　*ふくさーん　沖縄県石垣島　*ふべんか　佐賀県　*へこだすい・へだすこい　愛媛県　*へちょるい　宮崎県東諸県郡　*へどろい　三重県　岡山県備中　香川県豊島　*へどろくさい　香川県豊島　*へなるい　香川県香川郡　*へにすい　岐阜県飛驒　*へぬるい　岡山県苫田郡　広島県　徳島県　*へのろい　福島県若松市・大沼郡　*ほーたらぬるい　島根県邑智郡「いつまでたってもほーたらぬるいのには困る」　山口県　*ほーたれぬるい　広島県高田郡　*ほーたろぬるい　広島県　*ほーとろぬるい　広島県・倉橋島　*ほーとぬるい　広島県比婆郡　*ぼこい　石川県　福井県足羽郡・大飯郡　滋賀県彦根　香川県・木田郡　*ぼっこい　富山県砺波　*またい　福井県　三重県名賀郡「あの人間またいな」　滋賀県　京都市　大阪市　兵庫県南部「あいつはまたいやつだ」　奈良県「またい鯉(こい)やと思ったら死にかけとるのや」　和歌山県　鳥取県因幡　岡山県苫田郡「またいゆーて、あれほどまたいんもおらんのじゃけー」　*まぬるい　大阪市「そんなまぬるいことでどんならん(どうもならない)」　島根県「仕事がまぬるい」　山口県・豊浦郡　徳島県　鹿児島県　*まぬるこい　徳島県　*まのろい　山形県米沢市　島根県大原郡・隠岐島

動作が□　*しんきくさい　滋賀県彦根　*ずるい　茨城県稲敷郡　千葉県夷隅郡・市原郡　新潟県　長野県「仕事がずるい」　愛知県奥設楽　鳥取市　島根県出雲「朝は羽根が露にぬれて蝗はずりー」　岡山県備中・岡山市「仕事がずりー」　香川県高松　福岡県小倉　熊本県　*ずるくたい　香川県三豊郡　*ずるこい・ずるずるしー　新潟県佐渡　*ずるっこい　長野県上田　*ちょろい　新潟県佐渡　岐阜県可児郡　静岡県田方郡　愛知県三河「仕事がちょろい」　滋賀県彦根　大阪市　兵庫県明石郡「ちょろい奴ちゃなぁ」　和歌山県「そんなにちょろいことでは役に立たん」　鳥取県・西伯郡　岡山県・小田郡　徳島県　香川県　愛媛県　*ちょろくさい　大阪市　兵庫県明石郡「ちょろくさいことして、のいとり、わいがしたろ(どいて居なさい、私がしてやろう)」　和歌山市　鳥取県　島根県邇摩郡・隠岐島「何をさせてもちょろくさい」　広島県高田郡　徳島県　*ちょろくそい　島根県邇摩郡　*ちょろこい　滋賀県彦根・蒲生郡　大阪市「ちょろこい事してたら損してよる」　和歌山県「ちょろこいことぬかるよ」　徳島県　*とーろぐせー・とりくさい　長崎県対馬　*ところくさい　三重県志摩郡　*とりー　島根県出雲「あの男は仕事がとりて困る」　大分県　*とろい　青森県　福島県中部　新潟県佐渡　山梨県・南巨摩郡「仕事の手がとろいどーで能率は上らない」　長野県下伊那郡「歩くにとろい」　岐阜県「あいつはとろい奴で」　静岡県　三

重県志摩郡　滋賀県彦根　京都府「そんなとれーこっちゃだめだ」　大阪市　兵庫県明石郡「そんなとろい事しとって片付くかい」・淡路島　島根県「そんなにとろいことでは追いつかん」　岡山県小田郡　広島県　山口県「われえみたようなとろい奴あ海に舟からほろけるい」　徳島県三好郡「手がとろい」　香川県「ここ不作がつづいたら品物の売れ行きもとろんなるで」　愛媛県松山　高知県　熊本県下益城郡　*とろくさい 青森県津軽「あの人は仕事は叮寧だけれどもとろくさぇーてまええでぁ」　長野県上伊那郡　岐阜県飛騨　愛知県奥設楽　三重県　京都市　大阪市　兵庫県明石郡「見とられんな、とろくそーて」　奈良県　鳥取市　島根県　岡山県児島郡「おめえのしょうるこたあなんでもとろくせーのう」　広島県　徳島県　香川県　愛媛県松山「そんなとろくさいゆっちゃいかん」　長崎県壱岐島・対馬　*とろくたい 岐阜県飛騨　*とろこい 大阪市　徳島県　香川県仲多度郡　愛媛県　高知県　*とろっくさい 静岡県榛原郡　*とろっこい 青森県三戸郡

動作の□さま　*あどぅなあどぅな 鹿児島県喜界島　*えつもつ(太って動作が鈍いさま) 新潟県西蒲原郡　*かがかが 山形県西置賜郡・東田川郡　徳島県「かがかがしよって鎌で手を切った」　*じりくちゃ 島根県八束郡　*じりくり 島根県簸川郡　*とろっと 青森県「わ、とろっとやてるこまぇね(君がぼんやりしている間に)」　*ねちり・ねっちり・ねっちりねっちり 島根県「ねちりねちりしちょーけん(しているので)遅れた」　*ねちりもちり・ねっちりもっちり 島根県出雲　*ねっつらくっつら 山形県　*ねっつり 愛媛県大三島　*ねっつりねっつり 長崎県壱岐島　*ねつらねつら 青森県南部　*のっとのっと 和歌山県那賀郡　*のへっと(体が大きくて、動作が鈍いさま) 宮城県石巻「のへっとすてるが至って大人しい若者だ」・仙台市「のへっと立っている」　福島県　*のぺっと(体が大きくて、動作が鈍いさま) 福島県　*のへらっと(体が大きくて、動作が鈍いさま) 宮城県石巻　*のへんと・のへらんと(体が大きくて、動作が鈍いさま) 香川県高松市　*もさーっと(行動の鈍いさま) 宮城県仙台市　*もさっと(行動の鈍いさま) 山形県米沢市　*もさらっと(行動の鈍いさま) 山形県　*もさらと(行動の鈍いさま) 北海道「もさらとしてぃる」　*もちゃ 富山県砺波　*ゆでーゆでー(活動が鈍いさま) 鹿児島県喜界島

動作の□人をののしって言う語　*おとろけ 愛媛県　*とろ 福島県岩瀬郡　新潟県佐渡　島根県石見・隠岐島　*どろ 滋賀県高島郡　*とろくさ 島根県益田市・那賀郡　*とろくそ 島根県邇摩郡・隠岐島　徳島県　*とろくそまんきんたん 徳島県美馬郡　*とろさく 愛知県碧海郡　島根県　*とろすけ 福島県岩瀬郡　新潟県佐渡　島根県　熊本県下益城郡　大分県日田郡　*とろっけ・とろけ 青森県三戸郡　*とろま 愛知県三河　*とろまー 島根県美濃郡・益田市　*どろまつ 愛媛県　*とろんま 島根県大原郡

□こと　*くばさ 沖縄県石垣島「ふちぃくばさ(どもること)」　*つーたん 佐賀県　*とんさく 島根県隠岐島　*どんずー 佐賀県藤津郡　*どんずら 静岡県志太郡「どんずら、しっかりしょー」　三重県志摩郡　*とんべさく 和歌山県東牟婁郡「あれはとんべさくだからね」　*ぬったり 長崎県北松浦郡・五島　*ぬっつー・ぬってっつー 佐賀県「彼はぬっつうだから落第ばかりしている」「この庖刀はぬっつうだから、きれない」　*ぬってつ 福岡県糸島郡

□さま　*おんと 香川県　*しんき 愛媛県　*だらげ 島根県八束郡「だらげな男だ」　*とんつ 高知県幡多郡「そんぎゃなとんつなことゆーな」　*のろり 和歌山県海草郡　*ぶい 愛媛県周桑郡　*もっさり 大阪府泉北郡　和歌山県和歌山市・那賀郡「あの人もっさりした人や」

□人　*あおさぎ 静岡県小笠郡　*あかみそ(頭の鈍い人) 和歌山県東牟婁郡　*うど(体が太って動くのが鈍い人) 島根県石見「あいつはうどじゃけー走られん」　*おどのたいぼく(体が太って動くのが鈍い人) 島根県出雲　*かんとろ(勘の鈍い者) 愛媛県大三島　*だくねー(頭の鈍い人) 群馬県吾妻郡　*ちょろさく(勘の鈍い人) 岡山県児島郡　*どんずー 佐賀県藤津郡　*どんずら 静岡県志太郡　三重県志摩郡　*とんつく 新潟県佐渡(不注意者を言うことがある)　長野県佐久　*どんつく 新潟県　山梨県　長野県下水内郡・佐久　静岡県小笠郡・志太郡「なんてーどんつくだ」　愛知県名古屋市　三重県度会郡・宇治山田市　滋賀県蒲生郡　奈良県　岡山県小田郡・阿哲郡　広島県倉橋島　香川県高松　愛媛県大三島　高知県土佐郡　*にぶつ 富山市近在　*のぶと 三重県名賀郡　*ぶったくり・ぼとくれ(才の鈍い者) 熊本県玉名郡　*ぶったくれ(才の鈍い者) 熊本県下益城郡　*またろく 香川県小豆島　*もっさり 大阪府泉北郡　和歌山県和歌山市・那賀郡　*よも 香川県「何をさしてもよもじゃ」　*よもくじ 香川県　*よもさく 山口県・大島

にぼし【煮干】

*いっじゃこ 兵庫県淡路島　*いでぶし 富山県砺波　*いり 京都府竹野郡　和歌山県有田郡・日高郡　島根県鹿足郡　山口県豊浦郡　徳島県　長崎県北松浦郡　*いりこ 大阪市　兵庫県赤穂郡・神戸市　鳥取県西伯郡　島根県　香川県三豊郡　愛媛県温泉郡　高知県・土佐郡　大分県　宮崎県東諸県郡　*いりざこ 徳島県　*いりじゃこ 京都府竹野郡　兵庫県神戸市　和歌山県　徳島県　高知県　*いりなご 和歌山市　*いりぼし 兵庫県赤穂郡　鳥取県倉吉市　岡山市　香川県　*いんなご 奈良県南大和　和歌山県

那賀郡 *うむし 岐阜県郡上郡 *うむしたつくり 岐阜県飛驒 *えーこ 島根県 *えーぼし 鳥取県西伯郡 *かれぶし 富山県砺波 *じゃこ(雑魚の煮干し)奈良県 島根県 岡山県備中 徳島県美馬郡

高知県 *だしこ(小イワシなどの煮干し)富山県砺波 *だしじゃこ(小イワシなどの煮干し)富山県東礪波郡 大阪市 兵庫県加古郡 奈良県・南大和 香川県大川郡・仲多度郡 高知市 *にごし 香川県伊吹島 *ぶらこ 富山県 *むし 長野県東筑摩郡 *らっしゃこ(小イワシなどの煮干し)香川県仲多度郡

にゅうねん【入念】 ⇩ねんいり(念入)

にょう【尿】 ⇩しょうべん(小便)

にょうぼう【女房】 *かか 岩手県九戸郡 宮城県登米郡 秋田県 山形県「うぢのかが」 福島市 新潟県「おらん(おれの)かかおらんかなあ」 石川県金沢 福井県 長野県東筑摩郡 岐阜県 愛知県尾張(卑称) 三重県志摩郡・名賀郡 大阪府泉北郡 兵庫県淡路島(卑称) 奈良県 和歌山県那賀郡 島根県大根島 広島県高田郡 山口県防府 徳島県(卑語) 香川県 長崎県佐世保市・西彼杵郡 熊本県 宮崎県東臼杵郡・東諸県郡

*がか 宮城県栗原郡(卑称)・仙台市 福島市

*がが 青森県南部 宮城県 山形県 *かかえ・かかえさま 山口県大島 *ががこ(卑称)宮城県石巻 *かかさ 新潟県三島郡 長野県南部・東筑摩郡 岐阜県北飛驒 愛知県 山口県大島 *かかざえもん 熊本県下益城郡 *かかさま 新潟県西頸城郡 *かかざん 福岡市 *がかちゃ・がかま 山形県庄内 *かかま 千葉県安房郡 *かかわろ(卑称)鹿児島県鹿児島郡 *かきさま・かきさん(卑語)兵庫県淡路島 *かくー 広島県佐伯郡・倉橋島 *かくさん(卑賤な者の語)福岡県粕屋郡 *かっか 栃木県河内郡 静岡県榛原郡 岡山県・吉備郡 *かっかー 静岡県川根 *かん 熊本県天草郡 *くあー 栃木県河内郡 *くかー 茨城県稲敷郡 群馬県佐波郡・邑楽郡 *ださま 岐阜県飛驒 *だだ・だださ 山形県米沢市

→つま(妻)

にら【韮】 *きりびら 沖縄県島尻郡 *きりびらー 沖縄県国頭郡 *きんぴら 沖縄県首里 *こじきねぶか 岐阜県一部 *こにら 東京都一部・八丈島

*こんじきねぶか 愛知県一部 *じゃま 新潟県中越 *ちりびら 沖縄県那覇市 *とち 奈良県山辺郡・磯城郡 *にらねぎ 岐阜県一部 静岡県一部

京都府一部 鳥取県一部 *びーざ 沖縄県新城島 *びーら 沖縄県小浜島・石垣島 *びら 鹿児島県南西諸島 沖縄県 *ふたもじ 千葉県一部 *へんどねぶか 徳島県一部 *ほいとーねぎ 山口県一部 *んーだー 沖縄県与那国島

にらみつける【睨付】 *にぎる 長崎市 熊本県玉名郡・天草郡 鹿児島県種子島 *ねぎつ 長崎県五島 *ねぎる 佐賀県 長崎県 熊本県 宮崎県東諸県郡 鹿児島県 *めぎる 熊本県天草郡

にらむ【睨】 *いにゃむん 鹿児島県喜界島

*えめる(人をにらむ)高知県土佐郡 *しらむ 青森県三戸郡 *せらう 島根県石見 *たにつぃまいるん・たにつぃまいいん 沖縄県与那国島 *にーしきゆん 沖縄県伊江島 *にーつぃきり 鹿児島県徳之島 *にぎる 長崎市 熊本県玉名郡・天草郡 鹿児島県種子島 *につぃきん 鹿児島県奄美大島

*ねぎつ 長崎県五島 *ねぎる 佐賀県 長崎県 熊本県 宮崎県東諸県郡 鹿児島県 *ねてむ 島根県益田市 *ねらべる 福島県岩瀬郡 茨城県稲敷郡 千葉県東葛飾郡 *みーちーん 沖縄県中頭郡 *みーちきゆん 鹿児島県与論島・沖永良部島

*みーつぃきーん 沖縄県沖縄本島 *みーつぃきいん 沖縄県宮古島 *みーつぃきゆん 沖縄県首里

*みーつぃきん・みーつぃきるん 沖縄県八重山

*みーひかいてぃんぬん 沖縄県与那国島 *みーふぃちゃゆん 沖縄県首里 *みしきーん 沖縄県国頭郡 *みひかるん 沖縄県竹富島 *みみる 石川県鹿島郡 *みりしきん・みりしきるん 沖縄県黒島

*めーむく 奈良県「悪い事したらめえむくぞ、おとなしいしとれ」 *めぎる 熊本県天草郡 *めたます 栃木県塩谷郡 *めめる 青森県南部 富山県 石川県 福井県 三重県 和歌山県東牟婁郡 岡山県児島郡「めめりつける(にらみつける)」 徳島県・阿波郡 香川県仲多度郡 *りきむ(目を据えてにらむ)岡山県児島郡

にる【似】 *あやかる 三重県志摩郡「あや皿からだんご食っとる。あいつぁまー犬にあやかるぞい」 和歌山県 *にこずる 香川県大川郡・三豊郡 *みみをくー(非常によく似る)高知県「この二つは先ず甲乙はない。みみょくちょる」

□ている *ことそーばえる 兵庫県淡路島

□ていること *いっつい 愛媛県 *いってん 新潟県佐渡 *しょー 神奈川県中郡「しょーのもの」 徳島県三好郡 香川県「A子はB子さんしょうじゃ」 鹿児島県喜界島 *しょーじん 秋田県中部「あの人は父親にしょーじんだ」 *しょーたく 三重県名賀郡「兄と弟と顔はしょーたくだ」 *しょーたま 和歌山県東牟婁郡 *そー 鹿児島県喜界島 *まったいご 福島県「まったえごになってさわぐな、いい年して」「俺とあの人とはまったいごだ」 *まったいごー 福島県岩瀬郡

□ているさま *いきらい 石川県能美郡・江沼郡 *いくらい 石川県能美郡 *いっちょ 島根県大田市 *いっちょー 島根県邇摩郡「前のといっちょーな小刀を返せ」 徳島県那賀郡 *しっつかっつ・しっつ 高知県「その力量はしっつかっつぢゃ」「右も左もしっつぢゃ、違いが見つからんよ」 *しなまじ 青森県津軽「しなまじだ」 *ぞっくら 新潟県佐渡 *そっこり 岩手県九戸郡 *にそっと 島根県邑智郡「兄弟だけー(兄弟だから)二人はとてもにそっとしとる」

容貌が互いによく□ていること *ごえー・ごえ

島根県出雲「この子は父親にごえーだ」 *しょーまえ 兵庫県淡路島　徳島県「あの人にしょーまえじゃ」 香川県伊吹島 *ひんぬき 香川県高松市「此の子は親にひんぬきじゃ」

にる【煮】 *あえる(野菜などを煮る)島根県益田市・美濃郡「菜ないと(でも)あいて、おかずにしょー」 *いる(魚などを煮る)岡山市　徳島県 *すえる 石川県能美郡 *たく 千葉県匝瑳郡　岐阜県大垣市　三重県北部　滋賀県彦根　京都市　大阪市　兵庫県加古郡・神戸市　奈良県「飯をたく時に芋もたいてくれ」・南大和　和歌山県日高郡　広島県東南部　山口県美祢郡　徳島県　香川県　愛媛県周桑郡・弓削島　福岡県小倉市　長崎県「たいたいお(煮魚)」　大分県宇佐郡 *たぐん(かゆを煮る)沖縄県与那国島 *たちゅん 沖縄県首里 *にえたく 岩手県九戸郡 *にからかす(どこまでも煮る。煮詰める)岐阜県 *にくたらかす(とろけるほど、十分過ぎるほど煮る)栃木県足利市　群馬県桐生市　神奈川県愛甲郡　長野県上伊那郡 *にくたらかやす(とろけるほど、十分過ぎるほど煮る)和歌山県 *にゃーすん 沖縄県新城島 *にやす 新潟県佐渡　三重県津市　大阪市　奈良県南大和・吉野郡　和歌山県那賀郡　岡山県苫田郡　広島県高田郡　香川県小豆島　福岡県小倉市 *にゅー 大分県日田郡 *ねーすん 沖縄県八重山 *ねーしん 沖縄県石垣島・波照間島 *ばーすん 沖縄県竹富島 *ばがしん 沖縄県石垣島・波照間島 *ばかすん 沖縄県鳩間島 *ばがふん 沖縄県小浜島 *ばがん 沖縄県与那国島「芋などをばがん」 *ばっすん・ぱすん 沖縄県新城島 *ふかすっ 鹿児島県 *んにゃす 兵庫県淡路島

にわ【庭】 *あど 岡山県川上郡 *いのまえ 新潟県岩船郡 *いのめ 山形県西田川郡・飽海郡 *うつぼ 山形県南村山郡 *えのかど 長野県下伊那郡 *えのまえ 山形県 *えんほか 熊本県天草郡 *えんまえ 山形県南置賜郡　福島県東白川郡　熊本県天草郡 *おーと(屋敷内の庭)静岡県浜松　三重県度会郡 *おーど(屋敷内の庭)静岡県 *おーとのにわ(屋敷内の庭)三重県志摩郡 *おつぼ 秋田市　山形県　山梨県　福岡県早良郡・福岡市 *おつぼや 山形県　山梨県西山梨郡 *おつんぼ 山形県西村山郡 *おと(屋敷内の庭)三重県度会郡 *おもて 山形県　新潟県上越　岐阜県飛騨　愛知県　島根県石見「麦はおもてへ乾してぁる」　香川県三豊郡・仲多度郡 *かーち 島根県那賀郡 *かいど 新潟県佐渡・西頸城郡　富山県氷見市・砺波　福井県　三重県志摩郡 *かいどー 富山県 *かいな 富山県氷見市 *かざん(草木を植えた庭)千葉県山武郡・夷隅郡 *かざんば(草木を植えた庭)千葉県　広島県比婆郡 *かたんば(草木を植えた庭)千葉県東葛飾郡 *かど 新潟県　岐阜県　三重県　滋賀県彦根　和歌山県那賀郡・伊都郡　島根県隠岐島　岡山県苫田郡　広島県　山口県玖珂郡(前栽)・大島　香川県手島・豊島　熊本県玉名郡 *かんど 三重県南牟婁郡 *こつぼ 福岡県　大分県 *こにわ 島根県　香川県高見島　佐賀県三養基郡　長崎県西彼杵郡(前庭)　熊本県天草郡 *じだ 熊本県八代郡 *しらす 高知県「しらすの手入をして居る」 *すいせんば 静岡県磐田郡　三重県伊賀　兵庫県養父郡 *せど 富山県　石川県　福井県(狭い) *せんざい 石川県河北郡　福井県今立郡・敦賀郡　長野県南佐久郡(後庭)　岐阜県大垣市　三重県(家と家との間にある庭)　滋賀県彦根・蒲生郡　京都市　大阪府大阪市・泉北郡　兵庫県　奈良県　広島県芦品郡　徳島県　香川県 *ぜんさい 岐阜県大垣 *せんざいば 石川県河北郡 *せんだい 大阪府・泉北郡　兵庫県加古郡・神戸市　奈良県南葛城郡　和歌山県　香川県仲多度郡 *せんらい 大阪府 *そで 青森県三戸郡・南部　岩手県九戸郡　秋田県鹿角郡　新潟県佐渡・西頸城郡　岐阜県「そでへ行って遊べ」 *そもと 三重県志摩郡 *それ 新潟県佐渡 *ちぼ 秋田県雄勝郡 *つき 山形県西田川郡 *つきやま 愛知県碧海郡　三重県志摩郡　香川県大川郡・綾歌郡 *つっきやま 香川県大川郡 *つぶきやま 栃木県 *つぶにわ・つぶにや 栃木県 *つぶまい 青森県南部 *つぶや 長野県佐久郡 *つぼ 青森県　岩手県盛岡市・上閉伊郡　秋田県　山形県　神奈川県高座郡　新潟県　長野県佐久郡　徳島県三好郡　香川県仲多度郡　高知県・土佐郡(家の外の庭)　福岡県浮羽郡・粕屋郡　大分県 *つぼー 東京都利島 *つぼきば 山梨県・南巨摩郡　長野県南部・下伊那郡 *つぼきや 東京都南多摩郡・八王子 *つぼこ 青森県津軽 *つぼで 新潟県三島郡 *つぼどこ 新潟県　長野県 *つぼにわ 山形県米沢市　福島県南部・東白川郡　栃木県　群馬県佐波郡・館林　神奈川県津久井郡　山梨県　長野県 *つぼのうち 新潟県佐渡　岐阜県山県郡・武儀郡　愛知県　三重県　滋賀県・滋賀郡　兵庫県赤穂郡・明石郡　奈良県吉野郡　愛媛県宇摩郡 *つぼのま 神奈川県津久井郡　静岡県田方郡・志太郡 *つぼば 群馬県多野郡　山梨県南巨摩郡 *つぼまえ 青森県南部・三戸郡　岩手県　秋田県鹿角郡　山形県東置賜郡　福島県 *つぼや 秋田県由利郡　山形県北村山郡　福島県　新潟県佐渡　長野県 *つぼやま 山形県　福島県　栃木県　群馬県佐波郡　新潟県東蒲原郡　長野県上田　静岡県・田方郡 *つまぐち(座敷の前の庭)新潟県佐渡 *つんぼ 秋田県南秋田郡・雄勝郡 *どーじ(屋内の庭)岐阜県益田郡 *どーず 富山県 *にゃーば 富山県・射水郡 *にやか 三重県度会郡 *にわさき 三重県上野市・阿山郡　熊本県天草郡 *ば 京都府 *ばー 大阪府泉北郡 *はなにわ 山口県 *はなばたけ 熊本県天草郡 *はんどまえ 福島県東白川郡「はんどめぇであすべ(庭の前で遊べ)」 *ひたす(母屋の東側の庭)東京都新島 *ひらき(塀や建物で囲まれた狭い庭。座敷の庭)新潟県佐渡 *ふか 山口県見島 *ふんど

ー長野県西筑摩郡 *へど石川県河北郡 *ほか佐賀県東松浦郡 長崎県西彼杵郡・壱岐島 鹿児島県・種子島 *ほかにわ長崎県西彼杵郡・南高来郡 熊本県天草郡 *ほで岩手県九戸郡 *ほしば・ほしにわ(家の前の庭)徳島県三好郡 *まえ(家の前の庭)新潟県佐渡 長崎県南松浦郡 *まえば富山県 *まえんほか鹿児島県 *まにわ(家の前の庭、または、広場)宮城県栗原郡 *みな沖縄県波照間島 *みなー沖縄県竹富島 *みなか(「庭中」の意)沖縄県八重山 *みなが沖縄県与那国島 *みなは沖縄県黒島 *みにへー・みへねー沖縄県新城島 *やし千葉県夷隅郡 *やしき山形県 *やんめー鹿児島県喜界島 *ろーじ岩手県気仙郡 宮城県「なんつおいーおろーじであらさっこたねす(なんとよいお庭でございますこと)」 福島県 新潟県岩船郡・東蒲原郡 富山県 石川県 長野県埴科郡「ろうじの桜けんまく(盛り)にさく」 兵庫県但馬 福岡県久留米市 *ろじ山形県北村山郡・最上郡 福島県 新潟県中蒲原郡 長野県 鳥取県 広島県山県郡(座敷前の庭)

にわとり【鶏】 *おけこー(ニワトリの一種)島根県浜田市・那賀郡 *おしかいどり京都府山崎 *かけろ富山県西礪波郡 *かけろむし青森県・三戸郡(昔話の中で言う) *かしわ(ニワトリの一種)富山県 *かっけろこー(幼児語)青森県南部 *きんぱ(ニワトリの一種)秋田県鹿角郡 *ぐぐ沖縄県西表島 *けー(幼児語)愛媛県周桑郡 *けーこ新潟県佐渡 *けけ(幼児語)三重県伊賀 愛媛県 *けけーろ(幼児語)島根県邑智郡 *けけこ(幼児語)三重県上野市・阿山郡 *けけこーろ(幼児語)愛媛県・新居郡 *けけこーろー(幼児語)愛媛県周桑郡・喜多郡 *けけこっこ(幼児語)愛媛県周桑郡 *けけろ(幼児語)岩手県気仙郡 新潟県佐渡 *けた青森県南津軽郡 *けむしゃ高知県高岡郡 *けらこ山形県村山 *こかこ(幼児語)大阪市 奈良県 *こけこ・こか(幼児語)奈良県 *こけろーこー(幼児語)島根県石見 *こっかこ(幼児語)福井県 *ころ(幼児語)山口県豊浦郡 *ころころ(幼児語)島根県 岡山県御津郡・小田郡 広島県 山口県大島 *しょーこく(ニワトリの一種)島根県那賀郡 *てがいどり高知県長岡郡 *といとい(幼児語)高知県 宮崎県延岡・児湯郡 *とーとーめ(幼児語)東京都八丈島 *とっか(幼児語)茨城県 *とっとこ(幼児語)岩手県気仙郡 福島県北部・福島市 栃木県那須郡 新潟県 *とっとこい(幼児語)福島県南部・中部 *とっとぼ(幼児語)富山県西礪波郡 *とっとめ(幼児語)福島県浜通・南部 *とてこ・とてこー(幼児語)山形県米沢市 *とてこっこ(幼児語)新潟県中頸城郡 岐阜県飛騨 愛知県知多郡 *とと(幼児語)愛知県知多郡 *ととけっこー(幼児語)富山県 *ととこ(幼児語)岩手県気仙郡 宮城県石巻 山形県 福島県会津 新潟県東蒲原郡 *ととっこ(幼児語)福島県会津 長野県佐久 *ととと(幼児語)大阪府泉北郡 兵庫県加古郡 *ととめ(幼児語)福井県 *にわきじ長野県北安曇郡 *ばった茨城県稲敷郡「ばった買い(鶏買いにくる人)」 *ぱっぱ(幼児語)和歌山県東牟婁郡 *はとと(小児語)滋賀県滋賀郡 *ほ(幼児語)奈良県吉野郡 *ほーほ(幼児語)兵庫県但馬 鳥取県岩美郡・気高郡 岡山県苫田郡 *ほーほー(幼児語)島根県石見 山口県「ほーほーにこの餌をやる」 *ぽっぽ(幼児語)福岡県 長崎市 大分県宇佐郡 *ほほ(幼児語)京都府中郡 *みった・みったー沖縄県与那国島 *ゆーゆー(幼児語)沖縄県首里

闘鶏用の□ *からはーとぅい・はーとぅい・はーとぅやー(「カラパ(ジャカルタの古称)から来た鳥」の意か)沖縄県首里 *けとり長崎県南高来郡・長崎市 *けとる・けとい長崎県南高来郡 *けんちけどい・けんちけ鹿児島県鹿児島郡 *けんつけどい鹿児島県肝属郡 *けんつけどり鹿児島県日置郡 *しょーぶどり和歌山県西牟婁郡 *しょぶどり奈良県南大和

□の雄 *おじお青森県上北郡 *おっそ島根県 *おっそー島根県鹿足郡 *おっちょー岩手県九戸郡 *おっとり島根県隠岐島 *おん静岡県富士郡 *おんかー静岡県 *おんご三重県志摩郡 *おんし島根県 *おんじょ宮崎県児湯郡 *おんた三重県 滋賀県彦根 京都府丹波 香川県 *おんだ石川県石川郡 *おんだー石川県能美郡 *おんちゃ富山県・西礪波郡 石川県石川郡 *おんちょ千葉県香取郡 富山県・砺波 *おんちょー静岡県磐田郡 *おんちょこ富山県 *おんつ東京都利島 石川県珠洲郡・羽咋郡 福井県大野郡 岐阜県郡上郡 滋賀県彦根 *おんど三重県阿山郡 *おんば島根県鹿足郡 *じ富山市近在 *じー島根県石見 *じーめ・じじーめ茨城県稲敷郡 *じじ新潟県西蒲原郡 富山県 *じじっとり千葉県東葛飾郡 新潟県中魚沼郡・西頸城郡 *じっけぁ(老いたもの)秋田県河辺郡 *ちぇちょ宮崎県東諸県郡 *てちょ鹿児島県薩摩 *ててどり長崎県壱岐島

□の鳴き声を表す語 *あさがらやー大分県大分郡 *いっぺのもやーごでもいー大分県東国東郡 *えたでもよーい・えたごーろよーい大分県北海部郡 *おきんかー大分県国東郡 *けつかいーのー大分県大分市・大分郡 *ごちじょのじょー大分県大分郡 *このむらわー大分県大分郡 *ころっけー大分県東国東郡 *こんごーつきょーや大分県大分郡 *とーてんこーろ大分県大分郡 *とってくおーかー大分市 *とってくーど大分県大分郡 *とっとろこー新潟県佐渡 *はらはら熊本県「にはとんのはらはらうたう頃、峠んむりゃちいた(峠の村に着いた)」 *はらりはらり熊本県

□の雛 *ぴよめ東京都伊豆大島 *ぴょんこ山梨県南巨摩郡

□の雌 *おなごどり 宮崎県 *めごた 三重県志摩郡 *めっちょー 岩手県九戸郡 *めん 静岡県富士郡 愛媛県松山 *めんか 静岡県田方郡 *めんかー 静岡県 *めんこ・めんこー 静岡県・田方郡 *めんご 三重県 *めんた 石川県河北郡 三重県 香川県三豊郡 *めんだ 石川県能美郡・石川郡 三重県志摩郡 *めんちゃ 富山県・砺波 *めんちょ 富山県・砺波 熊本県玉名郡 *めんちょー 静岡県磐田郡 *めんちょこ 富山県 *めんつ 東京都利島 石川県 福井県大野郡 岐阜県郡上郡・本巣郡 *めんど 三重県阿山郡 *めんば 島根県鹿足郡

□を追う時に発する語 *き・きき 青森県上北郡 *きー 岩手県二戸郡 *きーきー 岩手県九戸郡 *きーしき・きしき・きーしゃ 島根県大原郡 *きーしきーし 島根県簸川郡・出雲市 *きーしきし 島根県出雲 *きっ・きそー 岩手県上閉伊郡 *きゅー 青森県三戸郡 *とー 青森県津軽

にんぎょう【人形】 *あーちらーま 沖縄県黒島 *あいや(幼児語) 兵庫県淡路島 *あこさん・あこちゃん 島根県 *あこめさん 島根県大根島 *あしる 沖縄県波照間島 *あちらーま 沖縄県小浜島 *あっちんなー 沖縄県石垣島 *あっちんなま 沖縄県石垣島・新城島 *あっぽ・あっぽこさん 島根県隠岐島 *いちま 京都市 兵庫県神戸市 奈良県 和歌山市 徳島県美馬郡 愛媛県 高知県 *いちまー 広島県御調郡 *いちまさん 大阪府泉北郡 岡山県御津郡 *いちまにんぎょー 京都府 大阪府 奈良県 *いちまはん 大阪府泉北郡 兵庫県赤穂郡 奈良県 *えびす 三重県 *おそめ 千葉県香取郡・匝瑳郡 *おたま 広島県芦品郡 *おたまこ 青森県南部 *おたまっこ 岩手県九戸郡 *おちょま 千葉県山武郡 *おでく 神奈川県津久井郡 長野県諏訪 *おでこ 長野県下伊那郡 静岡県磐田郡 香川県綾歌郡・仲多度郡 *おでこさん 静岡県川根 香川県香川郡 *おでこ 長野県諏訪 *おとと 香川県男木島 *おひなっこ 岩手県九戸郡 *おぼー 愛知県岡崎市・額田郡 *おぼこ 静岡県 愛知県 大分県 *おぽこ 愛知県碧海郡 *おぼこさん 島根県江津市 *おぼっこ 長野県 *おもこ 和歌山県東牟婁郡 *からこ 岩手県江刺郡 新潟県佐渡(土で作った裸人形) 島根県隠岐島 *きおぼこ 宮城県仙台市 *きびこ 長野県佐久 *きぼこ 宮城県仙台市 長野県 *ぎょくがん・ぎょかん(水晶、珠玉、ガラスなどをはめこんだ人形の目を言うところから) 岐阜県飛騨 *ぎょくばん 岐阜県吉城郡・大野郡 *さんごろー 愛知県中島郡 *さんぱち 三重県伊勢 *さんぱつさん 三重県津 *さんぺ 三重県名賀郡・志摩郡 *さんぺさん 三重県名張市 *さんぺはん 三重県上野市 *じじょ 秋田県鹿角郡 *しじょこ 岩手県 *じじょこ 青森県三戸郡「じじょこ遊び(人形遊び。ままごと遊び)」 岩手県中通 秋田県鹿角郡・北秋田郡 *じんじょ 秋田県鹿角郡 *じんじょー 青森県南部 岩手県九戸郡「じんじょーだっこ(人形遊び)」 *じんじょーこ 岩手県九戸郡 *じんじょこ・ずじょこ(土製の雛人形) 岩手県紫波郡 *じんぞ 岩手県上閉伊郡 *じんぞー・じんぞーさま 岩手県下閉伊郡 *しんなさん(「ひな(雛)さん」の転か) 三重県志摩郡 *ずんじょこ 岩手県岩手郡 *ずんぞこ 岩手県和賀郡 *たぼさ 石川県金沢 *たまさ 新潟県西蒲原郡 *ちょーたろー 千葉県印旛郡 福岡市(子供人形) *ちょーま 静岡県 *ちょびな 青森県 *できのぼー 茨城県北相馬郡 *でく 群馬県利根郡 東京都八王子 富山県 山梨県南巨摩郡 長野県上伊那郡・佐久 岐阜県恵那郡・飛騨 愛知県海部郡 三重県志摩郡 香川県 *でくさま 富山県砺波 *でくさん 香川県 *でくにんぎょー 長野県南佐久郡 *でくのぼー 埼玉県入間郡 *でこ 福島県 栃木県日光市・河内郡 岐阜市 静岡県志太郡 愛知県 三重県 滋賀県神崎郡 兵庫県淡路島・但馬 奈良県吉野郡 和歌山県「子供がでこを持って遊ぶ」 鳥取県日野郡 島根県「どろでこ」「木でこ」 岡山県 広島県 山口県 徳島県・那賀郡・名西郡 香川県・三豊郡・高松 愛媛県 高知県・幡多郡 福岡県小倉 長崎県五島 大分県大分市・別府市 *でこさー 島根県石見 *でこさま 茨城県久慈郡 栃木県 岐阜県本巣郡 *でごさま 福島県会津 栃木県塩谷郡「這いでごさま」 *でこさん 岐阜県不破郡 静岡県 三重県 和歌山県・那賀郡 島根県 岡山県 香川県 *でごすけ 栃木県 *でこにんぎょ 和歌山県 広島県比婆郡 *でこにんぎょー 福島県東白川郡 島根県 *でこねんね 岡山県邑久郡 *でこのぼ 福島県東白川郡 愛知県北設楽郡 *でこのぼー 山梨県 長野県下伊那郡 島根県邑智郡 香川県 *でこはん 三重県名張市・名賀郡 兵庫県赤穂郡 香川県 愛媛県周桑郡 *でこばんば 島根県大原郡 *でこぼろ 岐阜県本巣郡 *でこまち(卑称) 島根県出雲 *でころぼ・でろ 三重県志摩郡 *でころぼー 静岡県・磐田郡 *でこんぼ 京都府与謝郡 福井県 *でこんぽ 福井県 *でこんぼー 岡山市 徳島県 *でっくぽ 香川県男木島 *でっくりぼー 岐阜県恵那郡 *でっこ 富山県射水郡 石川県鳳至郡・鹿島郡 香川県 *でっこさー 島根県鹿足郡 *でっこさま 石川県鳳至郡 *でっこさん 香川県 *でっころぼ 愛知県北設楽郡 *でっころぼー 静岡県庵原郡・磐田郡 三重県 *ででさま 山梨県 *でに 静岡県 *でんこんぼ 徳島県阿波郡 *どこんぼ 宮崎県 *ににさん(幼児語) 大分県大分郡・北海部郡 *にんぎょーへーないさん 佐賀県藤津郡 *にんぎん(幼児語) 大分県大分郡 *にんげんぼー 広島県双三郡 *にんにん(幼児語) 奈良県 福岡県粕屋郡 熊本県天草郡 *にんにんさん(幼児語) 福井県大飯郡 奈良県 福岡県 熊本県 大分県大分郡・北海部郡 *ねね 三重県名張市・名賀郡

*ねねこ 青森県 *ねねこぼ 岐阜県加茂郡 愛知県知多郡 *ねねさま 長野県東筑摩郡 岐阜県益田郡 *ねねさん 神奈川県津久井郡・中郡「ねねさんもっこ(人形遊び)」 三重県名張市・志摩郡「ねねさんあそび(人形遊び)」 *ねねちゃん 奈良県南大和 *ねねっこ 群馬県利根郡 神奈川県津久井郡 *ねねはん 三重県上野市 *ねんね 青森県津軽 栃木県足利市・佐野市 岐阜県郡上郡・益田郡 香川県綾歌郡 *ねんねこ 青森県津軽 埼玉県川越・入間郡 山梨県 愛知県北設楽郡・西春日井郡 奈良県吉野郡 *ねんねこさま 岐阜県 *ねんねっこ 埼玉県入間郡 神奈川県高座郡・三浦郡 *ばー 島根県隠岐島 *ばっこ 新潟県東蒲原郡 *ばんさー(幼児語) 京都府 *ばんば(幼児語) 和歌山県・日高郡 鳥取県西伯郡 徳島県阿波郡 香川県三豊郡 *ばんばさん(幼児語) 鳥取県西伯郡 島根県八束郡・能義郡 *ひーな 山形県鶴岡 群馬県利根郡 *ぴとぅかたー 沖縄県宮古島 *ひな 山形県鶴岡 香川県与島 *ひなさん 三重県 *ひなでこ 三重県志摩郡 *ひなはん 兵庫県赤穂郡 *ひんなさま 石川県河北郡 *ふとぅぎー 沖縄県那覇市・首里 *ふとぅぎってぃー(小さい仏の意) 沖縄県与那国島 *ふとーき 沖縄県中頭郡 *ふとき 沖縄県 *ふとききー 沖縄県首里 *へーないじょ 佐賀県藤津郡 *べんた 熊本県天草郡 大分県北海部郡 *べんたら 大分県大分郡・北海部郡 *べんたろ 長崎県南高来郡 大分市 *ほーか 富山県砺波 *ほーかさん(小児語) 福岡市 *ほーこ 山口県豊浦郡・長門 福岡市 *ほーこーさま 静岡県磐田郡 *ほーこーさん 静岡県「あの子はほーこーさんそっくりだ」 香川県高松市(張り子の女人形) *ほーこさま(土人形) 静岡県西部 *ぼこさん 長野県上伊那郡 *ぼっこ 新潟県東蒲原郡 *ぼぼ 新潟県三島郡・刈羽郡 長野県東筑摩郡・上伊那郡 岐阜県飛騨 *ぼぼこめ 新潟県東蒲原郡 *ぼぼさ 新潟県 長野県下伊那郡 岐阜県飛騨 *ぼぼさま 長野県諏訪 岐阜県益田郡 *ぼぼさん 新潟県 *ぼぼじゃ 長野県諏訪 *ぼんち 兵庫県加古郡「ぼんちごと(人形遊び)」 *ぼんちこ 滋賀県蒲生郡 *めんた 大分県大分郡 *やや 新潟県東蒲原郡 長野県下伊那郡 兵庫県多紀郡 鳥取県気高郡 大分県東国東郡 *ややー 島根県石見 *ややーこ 島根県邑智郡・大原郡 *ややこ 新潟県東蒲原郡 島根県石見・隠岐島 大分県東国東郡 *ややぼんちょ 兵庫県氷上郡

女の□ *いちま・おいち 兵庫県加古郡 *いちまさん 香川県小豆島 *いちまはん 香川県 *よめこ・よめっこ 岩手県上閉伊郡「よめこあすび」

木で作った□ *きおぼこ 宮城県仙台市 *きぼこ 宮城県仙台市 長野県 *でく 山形県西置賜郡・西村山郡 岐阜県飛騨 *でくさま(木や陶器など固いもので作った人形。児童語) 富山県砺波 *でくのぼー 山形県西置賜郡・西村山郡 *でこ 高知市

土で作った□ *できのぼ 石川県江沼郡 *でく 新潟県中頸城郡 *でくさま 富山県 *でこ 福島県 三重県名賀郡 和歌山市 鳥取県西伯郡 徳島県・美馬郡 香川県 愛媛県 *でこにんぎょ 和歌山県 *でこんぼ 石川県江沼郡 福井県坂井郡

□遊び *あねはんごと 富山県 *おかたあそび 神奈川県 *おかたごと 兵庫県加古郡 *おかたっこ 山梨県甲府 *おきゃくさんやっこ 群馬県山田郡 *おじょろっこ 千葉県印旛郡 *おひなあそび・おひなごと 山形県 *おひなこ・おひなたち 宮城県仙台市 *おぼこたち 山形県西置賜郡 *きんじろごと 静岡県 *じんじょーだっこ 岩手県九戸郡 *じじょこあそび 青森県三戸郡 *じじょこなじょこ・じんじょこなんじょこ 秋田県鹿角郡 *でこごと 三重県志摩郡 愛媛県・周桑郡 *でこさーごと 山口県玖珂郡 *でこさんごと・でこさんげな 愛媛県 *にんぎょやっこ・ねんぎょーわるさ 群馬県山田郡 *ねーさんごと 広島県芦品郡 *ねーはんごと・ねねさんごと 広島県芦品郡 *ねねさんあそび 三重県志摩郡 *ねんねごと 埼玉県北葛飾郡 静岡県磐田郡 *ひーなさんなんご 熊本県玉名郡 *へーないさんかざい・へーないじょかざい 佐賀県藤津郡 *ぼぼこさなんご 新潟県 *ぼぼさごと 新潟県 岐阜県飛騨「女の子はぼぼさごとが好きじゃ」 *ぼぼさなんご 新潟県西蒲原郡 *ぼぼさま 新潟県中頸城郡 *ぼぼさんごと 新潟県中越 *ぼんちごと 兵庫県加古郡

にんじょう【人情】 *きむぐくる・ちむくくる 沖縄県石垣島 *じょーあい 岡山市

にんしん【妊娠】 *いーちー 沖縄県首里 *うーばら 熊本県 *うぼら 熊本県鹿本郡 *おーばら 熊本県飽託郡 *おしはら 香川県佐柳島 *くせ 山形県米沢市 *こはらみ 熊本県天草郡 鹿児島県宝島 *こはらん 島根県隠岐島 *さんまえ 秋田市 福岡県 *すぃどぅーがふー・すぃでぃがふー(天から賜った果報の意) 沖縄県首里 *だえっぱら 宮城県石巻 山形県西置賜郡 *どんばら 島根県那賀郡 広島県倉橋島 熊本県 鹿児島県肝属郡 *どんばらじょ 熊本県天草郡 *ねまえ 青森県 *はらごみ 京都府竹野郡 *はらごめ 長崎県対馬「あの婦人ははらごめのまま親元に帰って来た」 *はらびた 青森県南部 *はらびだ 秋田県鹿角郡「どうせ売る牛だけれど、はらびだだから」 *はらぼて(「ぼて」は「ぼてれん」の略で腹が膨れていること) 三重県度会郡 滋賀県蒲生郡 京都市 *ひどまり(「月経が止まること」の意) 島根県隠岐島 *ひのび 長野県諏訪 *ひのべ 長野県諏訪 愛媛県西部 *ぼてれん 新潟県佐渡(妊娠中) 広島県 山口県 *ぽてれん 栃木県 千葉県上総・長生郡 広島県 *みもち 新潟県佐渡・東蒲原郡 富山県東礪波郡 長野県佐久 岐阜県「みもちになる」 兵庫県明石郡 香川県 熊本県 *もくきょ

ー三重県度会郡 *やぐらばん 宮城県仙台市 *よわい(「いわい(祝)」の転か) 福井県 島根県益田市「隣の嫁じょーはよわいげな」

□する *おっぷくれる 東京都八王子 *おとみる 山形県飽海郡 新潟県中頸城郡 *おとをみる 新潟県中頸城郡 *かかえる 岩手県上閉伊郡・気仙郡 宮城県「おらえの猫さっぱりかげーねんでがえんか」 山形県 福島県浜通 栃木県 *かげる 青森県津軽 *かさぎゆん 沖縄県首里 *さつく 熊本県下益城郡 *たなく 青森県南部 岡山県川上郡「たなった」 *ちがとまる 山口県阿武郡 *どぅーむつん 沖縄県石垣島 *のびる 愛知県北設楽郡 *ひがとまる 新潟県佐渡 愛知県日間賀島 島根県隠岐島 *ひがのぶ 島根県隠岐島 *ふくれる 熊本県球磨郡 *みごろがおもとーなる 島根県美濃郡・益田市 *むちゅん 沖縄県首里 *めめくる 山形県東置賜郡・南村山郡「あの女めめくったなでなりか(身ごもったのではないか)」 *もつ 岩手県気仙郡

にんじん【人参】 *あかきれーくに 沖縄県島尻郡 *あかでーくに 沖縄県国頭郡・波照間島 *あかね 岐阜県一部 *きだいくに・きだるくに 沖縄県宮古島 *きんざくに 沖縄県小浜島 *きんだいくに 沖縄県八重山 *きんだいほーね 沖縄県新城島 *きんだぐに 沖縄県与那国島・石垣島 *ちでーくに 沖縄県首里 *ちれーくに 沖縄県本島 *にっこーにんじん 栃木県河内郡 *ねごんず 京都市 *ばがねんじ 青森県津軽

にんたい【忍耐】 *たんのー 奈良県南大和
→がまん(我慢)

□強い *しょーがよい 山口県豊浦郡 *ねしこい 島根県石見 *ねじっこい 長野県下伊那郡 *ねずい 宮崎県東諸県郡 *ねつい 山形県山形市・南村山郡 兵庫県但馬 鳥取県西伯郡 熊本県玉名郡 鹿児島県肝属郡 *ねばい 徳島県美馬郡 愛媛県 *ねばちこい 徳島県 香川県小豆島 *むしがよい 滋賀県蒲生郡
→がまんづよい(我慢強)

□力 *がー 沖縄県石垣島 *きばいじょ 鹿児島県肝属郡 *こたえ(堪忍) 宮城県玉造郡 *こたえじ(「こらえいじ(堪意地)」の転か) 青森県津軽「こだぇじなくてすぐ泣く」「あの人はこだぇじがいい(がまん強い)」 *こらえじ 岩手県気仙郡 宮城県栗原郡・登米郡 *こらえじゃー 島根県隠岐島「この子はこらえじゃーがえー」 *こらえじょ 富山県砺波 兵庫県加古郡 島根県出雲・大田市 愛媛県大三島「こらえじょがえー」 鹿児島県肝属郡 *こらえじょー 長野県佐久 岐阜県郡上郡「こらえじょーがえー」 愛知県名古屋市 兵庫県加古郡 和歌山市 島根県 広島県高田郡 愛媛県・松山「こらえじょーのない男じゃ」 宮崎県東諸県郡 *こらえじょーね 熊本県下益城郡 *こらえぜ・こらえで 島根県出雲・隠岐島 *こらえぜー 島根県仁多郡・隠岐島 岡山市 *これにゅーじ 長崎県壱岐島「これにゅーじが無か」 *たやー 沖縄県石垣島 *にじでー 沖縄県首里 *にっち 沖縄県石垣島

にんにく【大蒜】 *おーびる 埼玉県一部 千葉県一部 静岡県磐田郡 *からひー・からひ 鹿児島県一部 *からひる 大分県一部 *せる 東京都一部 *せんきびる 静岡県磐田郡 *ちょーせんねぎ 兵庫県一部 *とち 三重県一部 奈良県一部 *にのこ・みのこ 秋田県一部 *にもじ 岐阜県一部 *ひー 宮崎県一部 鹿児島県 *ひり・ひゆ 宮崎県一部 *ひる 茨城県一部 群馬県勢多郡 埼玉県一部 千葉県上総 神奈川県中郡 山梨県 長野県一部 岐阜県・加茂郡 静岡県 愛知県 岡山県一部 宮崎県一部 鹿児島県 *ぴる 鹿児島県与論島 沖縄県・石垣島・鳩間島 *ひるいも 愛知県一部 *ひるたま 栃木県一部 群馬県一部 埼玉県一部 静岡県一部 *ひるだま 静岡県富士郡 *ひるったま 栃木県 群馬県山田郡・館林 *ぴん 沖縄県石垣島 *ふぃる 沖縄県首里 *ふくしゅー 佐賀県 長崎県一部 大分県一部 *ふる 鹿児島県奄美大島 沖縄県

にんぷ【妊婦】 *うぐめ 長崎市 *おーばら 島根県那賀郡 *おーぼて 香川県大川郡 *おんびきさん 香川県大川郡 *かいにん 広島県安芸郡 *かさぎんちゅ 沖縄県首里 *こーはらみ 三重県志摩郡 *こーはるみ 兵庫県淡路島 *こばらみ 宮崎県西臼杵郡 *こもち 三重県上野市・阿山郡 *さんまえ 佐賀県藤津郡 *だえっぱら 宮城県石巻 山形県西置賜郡 *どんばら 島根県那賀郡 広島県倉橋島 熊本県 鹿児島県肝属郡 *どんばらじょ 熊本県天草郡 *ねまー(出産が近づいた妊婦) 青森県津軽 *ねまえ(出産が近づいた妊婦) 青森県 *ぱなみっちゅ 鹿児島県喜界島 *はらうみ(「はらみ(孕)」の転か) 長崎県壱岐島 *はらおき 青森

方/言/の/窓

●九州地方の方言

九州の方言は、区画上、豊日方言、肥筑方言、薩隅方言に分けられる。

豊日方言は、文法の面では、例えば「起きる」という動詞が、オケン・オクルのように下二段の活用をすることや、接続助詞の「て」、格助詞の「で」が、それぞれチ、ヂとなる点などが特徴である。

肥筑方言では、「赤カ」「良カ」のような形容詞のカ語尾や、良かバッテン、明日雨バイ、雨タイなどの助詞の存在が特徴的である。

薩隅方言は音韻の面に特徴があり、語末の狭い母音（i・u）が脱落する傾向がある。例えば、「首」「釘」「口」「靴」「来る」などはすべてクッのように発音される。アクセントは、大部分の地域で、いわゆる二型アクセントが行われている。

県　秋田県鹿角郡(畜類にも言う)　*はらおっき 青森県　岩手県気仙郡　*はらおっけ 青森県　*はらびだ・はらびだおなご 岩手県気仙郡　*はらぴた 岩手県気仙郡　秋田県鹿角郡　*はらびと 青森県三戸郡　岩手県和賀郡・上閉伊郡　宮城県栗原郡　山形県　三重県志摩郡　*はらぴと 青森県　岩手県九戸郡・上閉伊郡　宮城県石巻　秋田県平鹿郡　山形県西置賜郡・南置賜郡　*はらびとおなご 宮城県仙台市　*はらぴとおなご 青森県三戸郡　山形県最上郡　*はらぶっちょ 鹿児島県曾於郡　*はらふと 鹿児島県揖宿郡　*はらふとおなご 青森県上北郡　鹿児島県　*はらぼて(「ぼて」は「ぼてれん」の略で腹が膨れていること) 三重県名張市　滋賀県彦根　京都府・京都市　大阪府泉北郡　兵庫県・神戸市　奈良県　香川県伊吹島　*はらみうど 愛媛県東宇和郡　*はらみだ 愛知県北設楽郡　*はらみっと 千葉県東葛飾郡　東京都大島　神奈川県高座郡　山梨県・南巨摩郡　*はらみっとー 東京都八王子・大島　神奈川県津久井郡　山梨県　*はらみと 岩手県気仙郡　宮城県石巻　三重県志摩郡　*はらみど 愛知県北設楽郡　三重県鳥羽市・志摩郡　広島県走島　*はらみどー 静岡県磐田郡　*はらみろ 三重県志摩郡　*はらめ 東京都八丈島「はらめにならら(妊娠した)」　*はらんとぅ 沖縄県竹富島　*はらんぴと 秋田県平鹿郡・由利郡　*ぱらんぴとぅ 沖縄県石垣島　*ぼてれん 大阪市　*みもち 新潟県東蒲原郡　富山県東礪波郡　三重県　大阪府泉北郡　奈良県吉野郡　香川県　*みもちど 三重県志摩郡

ぬう【縫】　*がまつなぐ(破れた衣服を縫う) 三重県度会郡　*からがく(ほころびなどを縫う) 岩手県九戸郡・気仙郡　山形県　*くける 長野県佐久　三重県志摩郡　奈良県「くける序(ついで)にぁなたのほころびも」　香川県仲多度郡「このほころびくけてくれ」　*くじゅー 和歌山県日高郡「一寸くじゅうとくれ」　*しとねる(ぼろの着物をつづり合わせて縫う) 島根県益田市「冬が来るけーしとね(ぼろ着物)をしとねにゃー」　*そくる 島根県隠岐島　*そくろう 島根県「子供の着物をそくろーてやらにゃー」　広島県　*つぼぬー(破れ目をかがり寄せて縫う) 長崎県壱岐島　*とじる 東京都八王子・八丈島　新潟県佐渡「こことじてくれ」　静岡県志太郡　*とずる・とつる 東京都八丈島「とつってもぁせろう(縫ってあげます)」　*なう 石川県江沼郡　福井県　三重県志摩郡

ぬか【糠】　*あらぬか 千葉県山武郡　*ごまか 宮城県玉造郡　*さくじ 岩手県気仙郡　宮城県仙台市　*さくず 岩手県南部　宮城県　福島県中部・相馬郡　佐賀県　*さくずこ 宮城県仙台市　*さごず 宮城県石巻　*のし 福岡県企救郡

ぬかづけ【糠漬】　*あさずけ 新潟県東蒲原郡　長野県佐久　兵庫県淡路島　広島県　佐賀県藤津郡　熊本県　*えずけ 広島県向島　*こぬかずけ 新潟県佐渡　岐阜県飛驒　*このかずけ 岩手県和賀郡　山形県西置賜郡　*じったずけ 東京都八丈島　*じんだ 千葉県香取郡(香の物)　島根県益田市・隠岐島　*じんだずけ 島根県隠岐島　*すおけ 静岡県川根　和歌山県日高郡　*とーざずけ 愛媛県松山　*どーずけ 三重県阿山郡　*とーぶんずけ 兵庫県但馬　*どぶ 千葉県印旛郡　新潟県佐渡　山梨県・南巨摩郡　静岡県磐田郡　三重県伊勢郡　*とぶずけ 三重県度会郡　奈良県　愛媛県周桑郡　*どぶずけ 栃木県　群馬県勢多郡　埼玉県秩父郡　千葉県　東京都三宅島・御蔵島　神奈川県高座郡　新潟県　富山県東礪波郡　長野県　岐阜県飛驒・大垣市　静岡県　愛知県名古屋市　三重県　大阪市　兵庫県加古郡　奈良県　和歌山県　島根県　岡山県真庭郡・苫田郡　広島県高田郡　香川県　愛媛県　佐賀県唐津市　熊本県天草郡　*とぶつけ 島根県邑智郡　香川県大川郡・仲多度郡　*どぶつけ 茨城県真壁郡・稲敷郡　千葉県　東京都八丈島　島根県石見・隠岐島　福岡市　*どぶやど 石川県加賀・金沢市　*どぶらずけ 広島県倉橋島・江田島　*どぼずけ 東京都三宅島・御蔵島　福井県　三重県　滋賀県彦根・蒲生郡　京都市　大阪市　奈良県・宇陀郡　和歌山県　*とぼつけ 奈良県　*どんぶりずけ 島根県邑智郡　広島県高田郡・安芸郡　*どんぼこずけ 富山県射水郡　*はだら(大根菜のぬかみそ漬) 東京都新島　*みそずけ 三重県志摩郡　熊本県天草郡　*やとず 石川県江沼郡　*やどずけ 富山県砺波
→つけもの(漬物)

ぬかみそ【糠味噌】　*おさざし 福岡県京都郡　*おやど 富山県東礪波郡　*ごとみそ 福岡県久留米市　*ささじん 石川県加賀　*じっだ・じった 東京都八丈島　*じっだみそ 山梨県南巨摩郡　*じんだ 茨城県　千葉県香取郡　島根県鹿足郡　*じんだみそ 茨城県　*すずけ 兵庫県淡路島　*とこずけ 山口県下関市　*とこつけ 佐賀県唐津市・藤津郡　*まちかね 山口県豊浦郡　*まちがね 石川県加賀　山口県　*やど 石川県　*やとずけ 石川県金沢市

ぬかるみ【泥濘】　*がちゃめき 青森県　秋田県北秋田郡・鹿角郡　*ぎっちゃ 新潟県西頸城郡　*ぐぇったい 沖縄県首里「ぐぇったいみち(ぬかるみの道)」　*ぐしゃ 山形県東置賜郡　新潟県刈羽郡　山梨県　*ぐじゃ 山形県　*ぐじゃか 山形県北村山郡　*ぐしゃため 長野県下伊那郡　*ぐじゃっ

こ福島県石城郡　栃木県　*ぐじゃなぎ青森県津軽　*ぐじゃみち山形県西村山郡　*ぐじゃら山形県　*ぐしゃら山形県南部　*ぐしゃりだま静岡県田方郡　*ぐしゃりったま静岡県　*ぐたつき富山県下新川郡　*ぐちゃ富山県　山梨県　長野県下伊那郡　*ぐちゃっかい茨城県久慈郡・稲敷郡　*くちゃっこ埼玉県北葛飾郡　*ぐちゃみき秋田県平鹿郡「ぐちゃみきにはひった」　*ぐっしゃ長野県下水内郡・諏訪　*ぐっしゃん・ぐっちゃん山梨県南巨摩郡　*ぐっちゃ山形県東置賜郡・最上郡　福島県相馬郡　長野県下水内郡・佐久　*ぐっちゃらめぎ山形県東田川郡　*げちゃ新潟県佐渡　*げっちゃ新潟県西頸城郡　*ごじゃやら山形県北村山郡　*ごたはら富山県下新川郡　*ごだやら山形県東部　*ごちゃ山形県　富山県砺波　長野県　*ごっだ山形県東田川郡　*ごっちゃ宮城県石巻　*ごっちゃこった福島市　*ごみたんぼ香川県三豊郡　*じた鹿児島県口之永良部島　*したり沖縄県石垣島　*じったい・じったいぐぇったい沖縄県首里　*じったり長崎県壱岐島「じったりにはいった」　*じぬかり埼玉県北葛飾郡　*しぶたれ島根県益田市「しぶたれえ落ちこーだ」　*しわくみ山口県豊浦郡　*だばだば富山県砺波　*たんぼ徳島県　愛媛県　*たんぽ島根県石見　鹿児島県硫黄島　*だんぼち香川県佐柳島・高見島　*でったい鹿児島県屋久島　*でろかい青森県南部　岩手県二戸郡　*でろっかい岩手県気仙郡　*どぅるぐわったい沖縄県首里　*どば富山県砺波　*どばす京都府竹野郡「このどばすじゃ歩くのが大変ですなあ」　福岡市　*どぶ千葉県香取郡　山梨県中巨摩郡　島根県美濃郡・益田市　広島県倉橋島　福岡市　*どべ宮城県栗原郡　兵庫県多紀郡　岡山県児島郡　福岡市　長崎県佐世保市　*どべた長野県　島根県　*どべどべ岐阜県海津郡　広島県高田郡　福岡市　*どろかい青森県南部　大阪市「雨がふって道がしるい処か、どろかいや」　*どろがい愛知県名古屋市　岡山市　徳島県・美馬郡　*どろたんぼ徳島県　静岡県志太郡　高知県　*どろっかい岩手県気仙郡　*どろどろ香川県　*とろっぺー福島県相馬郡　*どろべ・どろび和歌山県日高郡　*どろびっちゃり長崎県対馬　*ぬー和歌山県　*びしゃ山形県南置賜郡・西村山郡　*びじゃ山形県米沢市　*びしゃーら山梨県中巨摩郡　*びしゃこ和歌山県新宮　*びじゃこ福島県耶麻郡　*びしゃしゃき和歌山県新宮　*びしゃっこ栃木県　*びしゃびしゃっち（湿地）群馬県勢多郡　*びしゃら山形県最上郡　山梨県中巨摩郡　*びしょ東京都大島　和歌山県東牟婁郡「昨日の雨で道はもうびしょになってゐる」　*びしょま山梨県南巨摩郡　*びちゃ山形県　福岡県・福岡市　*びちゃか・びちゃっこ山形県南村山郡　*びちゃこ高知県　*びちゃびちゃ広島県高田郡　*びちゃやら山形県北村山郡　*びちゃら山形県　*びちゃらかえ山形市　*びっちゃ宮城県石巻「びっちゃさころんで泥だらげになった」　山形県東置賜郡　高知県・幡多郡　*びっちゃこ福島県耶麻郡　*びっちゃり長崎県対馬　*ぶとぅぶとぅー沖縄県首里「ぶとぅぶとぅー　くーじゅん（ぬかるみをこぐようにして行く）」　*べた岡山県児島郡　*べっちゃ宮城県石巻　長野県　*べとべと鳥取市　*ほれこみ島根県飯石郡・大原郡「ほれこみの中へ落ちて下駄を泥にした」　↓どろ（泥）

道の□　*じぇくたん熊本県芦北郡　*じったんぼ熊本県下益城郡　*じゅくたん熊本県芦北郡・八代郡　*じゅった長崎県五島・南高来郡　*じゅったり長崎県五島　熊本県玉名郡　*じゅったんぼ佐賀県　長崎市　*しゅるたんぼ愛媛県　*じゅるたんぼ愛媛県松山　*じゅるっこみ静岡県島田市　*じるくた福井県大飯郡　*じるくみ島根県　香川県大川郡　*じるたご島根県美濃郡　*じるたぶ大分県日田郡　*じるため山口県豊浦郡「じるためにこけこむ」　*じるたり大分県北海部郡　*しるたんぼ高知県　*じるたんぼ徳島県　愛媛県　高知市　*じるちゃ大阪府南河内郡　*すなぺった千葉県上総　*ぬかーり群馬県群馬郡　*ぬかい鹿児島県鹿児島郡・肝属郡　*ぬかいみち佐賀県　*ぬかいわら鹿児島県　*ぬかたび青森県三戸郡「座頭ぁぬがたびさ、きしね（ついた米）撒けだよんた（返らないことにぐちを言うこと）」　岩手県九戸郡　*ぬかち岩手県九戸郡　*ぬがったび岩手県上閉伊郡　*ぬかったんぼ熊本県八代郡　*ぬかっちゃ・ぬかっちゃら・のかっちゃ・むかっちゃ長野県佐久　*ぬかっちゃり静岡県　*ぬかっぱ千葉県香取郡　*ぬかぴた青森県南部　岩手県九戸郡　*ぬかみち千葉県夷隅郡　*ぬかり千葉県東葛飾郡　新潟県佐渡　*ぬかりたぶ青森県南部　*ぬがりたぽ青森県上北郡　*ぬかりっこけ岩手県北部　*ぬかりったま栃木県（泥水のたまっている所）　群馬県勢多郡　*ぬかりっと・のかり栃木県　*ぬかるみち千葉県長生郡　*ぬかれっぱ神奈川県高座郡　*のかっこみ栃木県河内郡・芳賀郡

ぬく【抜】　*いく奈良県吉野郡「髪の毛いく」　*ぬっくる鹿児島県肝属郡

ぬぐ【脱】　*おっぱだぬぐ（もろ肌脱ぐ）長崎県対馬　*はずぃゆん（着物や布団などを脱ぐ）沖縄県首里　*ぱずん（着物や布団などを脱ぐ）沖縄県石垣島　*ぷずん沖縄県石垣島

□こと　*かたくしぬじ（女が働きやすくするために片そでを脱ぐこと）沖縄県首里　*はたかぬぎ（着物の上半身を脱ぐこと）青森県南部　*はだかぬぎ（着物の上半身を脱ぐこと）岩手県上閉伊郡・気仙郡　秋田県鹿角郡「はだかぬぎかける（肌ぬぐ）」

ぬけめ【抜目】

□がない　*こーばいがきつい兵庫県加古郡

岡山県苫田郡「さすが商売人じゃ、こーばいきついで」 *こーばいがつよい 岐阜県飛驒 *こまい(損得に抜け目がない)広島県比婆郡 長崎県対馬 *こわい 新潟県佐渡 *しびらこい(勘定高く抜け目ない)宮城県仙台市「焼煉瓦一つ五円で売るんだから県庁もしびらこいや」 *すじがこいー岡山県苫田郡「あいつは転んでもただでは起きん。すじがこいーけんのー」 *すじこい 香川県三豊郡 *すすどい 茨城県北相馬郡 千葉県東葛飾郡 東京都三宅島・御蔵島 神奈川県津久井郡・中郡 新潟県中頸城郡 山梨県南巨摩郡 岐阜県飛驒 静岡県「すすでー事をするな」・榛原郡 三重県志摩郡 島根県隠岐島 徳島県 香川県木田郡・仲多度郡 高知県「ちょいちょい悪いことをする、すすどい子ぞよ」 熊本県玉名郡「あやつぁすすどかけん」 *すどい 島根県石見 広島県 山口県「あの男はすどいから油断しちゃあなりませんぞう」・大島 愛媛県 佐賀県 *すばらしー 宮城県仙台市「あの人中々すばらしいから気つけさえ」 *すんしがない 茨城県稲敷郡 *だんがつむ(理路整然として抜け目がない)高知市「あの人は頭がよーて仲々だんがつむ人じゃ」 *てなわず 福井県坂井郡 *てなわん 石川県江沼郡 *てにあわん 富山県高岡市・砺波 島根県 岡山県「あいつはてにぁわんもんじゃ」 *てのくそにあわん 島根県仁多郡 *ぬけん 熊本県 *はしかい 山形県庄内 新潟県 富山県東礪波郡 兵庫県淡路島 広島県高田郡 香川県仲多度郡・綾歌郡 *はじかい 岐阜県飛驒 香川県綾歌郡・仲多度郡 *はしかいー島根県 愛媛県大三島 *はしこい 新潟県 *はしっけー 埼玉県秩父 *はじっけー 長野県上田・佐久 *はしっこい 長野県諏訪 *よみがこむ・よみがつむ 兵庫県淡路島 *よみのこむ 三重県一志郡

□のない者 *えらまつ 愛知県名古屋市 *しおからご(抜け目のない子)岡山県苫田郡 *すったくれ 京都府竹野郡 *すったくろ 熊本県下益城郡

ぬすびと【盗人】 ⇩どろぼう（泥棒）

ぬすむ【盗】 *いがく(いたずら半分の、軽い気持ちでものを盗む)福岡市「喫茶店でこのスプーンばいがいて来た」 *いたしめる 富山市近在「菓子えたしめたなこの奴め」 和歌山市 *いてまう 兵庫県神戸市「ちょっと留守してる間にいてまわれた」 *いぶす 長野県佐久 *いぼる 香川県 *いわす 兵庫県淡路島 和歌山県 岡山県児島郡 *えなる 神奈川県愛甲郡 *おげる 愛媛県 *おっとい 鹿児島県 *おっとっ 佐賀県藤津郡 *おっとる 福岡市 佐賀県 長崎県 熊本県 宮崎県東諸県郡 鹿児島県 *かじる(他人の山の木を盗む)長野県南安曇郡 *かする(ごまかして盗む)茨城県稲敷郡 山梨県 長野県下水内郡 島根県「金庫の金をかすった」 熊本県玉名郡 宮崎県東諸県郡 *かっぱる 富山県・射水郡 広島県比婆郡・高田郡 *がめーる 福島県石城郡 *がめする 宮城県栗原郡 *がめる 青森県津軽「鉛筆をがめられた」 岩手県気仙郡 宮城県「隣の柿の木からがめて来た」 山形県「あの人はよくがめるそうだ」 福島県「おれの鉛筆がめだ」「目がめーねどもってがめる気んなった」 栃木県 群馬県碓氷郡 千葉県東葛飾郡 新潟県 長野県佐久 *くかす・くかえす(人の金品をひそかに盗む)青森県津軽 *くすべる 富山県砺波 *くばる 青森県津軽「たぎぎえがぇくばらえだじおんな(薪を多量に盗まれたそうですねぇ)」 *けっぱる・こっぱる 広島県比婆郡 *けびる(人からの預かり物や取り次ぎの品などの一部を盗む)山口県阿武郡・長門 *けぶる(人からの預かり物や取り次ぎの品などの一部を盗む)山口県長門 高知県・高知市「二つあったから一つけぶった」 *ける(ひそかに盗む)高知県 大分県西国東郡 *こかす(人の金品をひそかに盗む)新潟県岩船郡・東蒲原郡 長野県東筑摩郡 岐阜県飛驒 *こつばる 広島県 *さしくる 島根県邇摩郡 *すかす 新潟県佐渡「誰か米をすかしたものがある」 香川県高松・小豆島 *ちゃがーする(人の目をかすめて盗む)富山県高岡市 *ちゃかする(人の目をかすめて盗む)石川県金沢市 *ちゃぼぐる 千葉県市原郡「柿をちゃぼぐることは良くない」 *ちゃぼる 愛媛県魚島・東宇和郡 *ちょーげる・ちょげる 愛媛県 *とくなう 長崎県壱岐島 *とりこなす(盗みおおせる)長崎県壱岐島「とりこなしゃ得ん」 *ぬくむ 長崎県壱岐島 *ねる 熊本県・下益城郡 *ぱくる 山形県西置賜郡 兵庫県赤穂郡 *はずす(ごまかして物を盗む)石川県 *ばらす 栃木県 *ふかける 青森県津軽 島根県「人の物をふかけた」 *へーかます 滋賀県 兵庫県赤穂郡 *へーこく・へーこする 兵庫県赤穂郡「柿を一つへーこきに行った」 *へす 山形県東置賜郡 *やっこう 新潟県中越 *よじょせる(「夜討ちをする」の意か)秋田県角館

ぬの【布】 *きれこと 山形県米沢市 *さいで(「さきで」の転)新潟県佐渡 山梨県南巨摩郡「こじきがさいでを着ている」 *ちんぎこ 秋田県雄勝郡 *つき 秋田県河辺郡 *つぎ 北海道函館 青森県 岩手県 秋田県 山形県「善えつぎだごと」 福島県 群馬県 埼玉県秩父郡・川越市 千葉県 東京都三宅島 新潟県 富山県東礪波郡 山梨県南巨摩郡 長野県南佐久郡 岐阜県 静岡県北伊豆・磐田郡 愛知県 三重県 鳥取県 島根県 岡山県 広島県 山口県萩市・阿武郡 徳島県「これと同じつぎがあるか」 愛媛県 高知県 *つぎきれ 山形県 岐阜県加茂郡 静岡県磐田郡 三重県志摩郡 鳥取県岩美郡 広島県 *つぎっこ 岩手県紫波郡・気仙郡 秋田県雄勝郡 千葉県東葛飾郡 東京都三宅島 *つぎぱし 山形県 *つぎぽっこ 神奈川県中郡 *つずり 岐阜県益田郡 *つんきれ 栃木県河内郡 *ほたれきれ 岩手県気仙郡

ぬのきれ【布切】 ⇩ぬの（布）

ぬのじ【布地】 ⇩ぬの（布）

ぬま【沼】 *あわら 長野県東筑摩郡 *かた 秋田県鹿角郡（十和田湖を言う） 新潟県佐渡（加茂湖を言う） *がま 秋田県山本郡 *ぐむい 沖縄県・首里・与那国島 *ぐむり 鹿児島県奄美大島 沖縄県石垣島・小浜島 *ずんぼ 山形県西置賜郡 *だぶ 山口県「だぶへ行って真菰を取って来んかい」・大島 *だろ 新潟県 *だんぶ 長崎県五島 宮崎県 *つつみ 青森県津軽 秋田県雄勝郡 福島県・会津 群馬県勢多郡 新潟県 富山県・高岡市 石川県珠洲郡 長野県更級郡 静岡県・安倍郡 兵庫県但馬 岡山県・苫田郡 広島県・山県郡 山口県豊浦郡 熊本県玉名郡 大分県 *どぶじ 長野県上田・佐久 *どぼす 富山県 *どぼり 宮崎県東臼杵郡 *どろたんぼ 長崎県 鹿児島県日置郡 *どんぼ 静岡県 *ぬーり 沖縄県中頭郡 *のぬ 山形県飽海郡 *ふけ（深い沼） 福島県南会津郡（山間の大きな沼） 静岡県志太郡 *ふるこ 京都府 *みじくむい・みじんぐむい 沖縄県竹富島 *みじくむり 沖縄県石垣島 *みじくむる 沖縄県鳩間島 *みじんぐむり 沖縄県八重山 *みってゅ・みとぅってぃ 沖縄県与那国島 *むた 佐賀県 長崎県西彼杵郡・南高来郡 大分県大分郡 宮崎県西諸県郡 鹿児島県肝属郡（山間の湿地）・喜界島

ぬる【塗】 *えずる 兵庫県神戸市 *えどくる 長野県上伊那郡 *えどる（色を塗る） 新潟県中頸城郡 山梨県 長野県下伊那郡 愛知県名古屋市 三重県志摩郡 兵庫県神戸市 岡山県児島郡 福岡市 長崎市 *かんなする 栃木県 *しくー（しっくいを塗る） 岡山市 *だむん（ごてごてに墨などを塗る） 沖縄県石垣島 *なぐる 岩手県九戸郡 *なしくる 岡山県岡山市・浅口郡 *なしぐる 広島県比婆郡 *なすくりつける 徳島県美馬郡 *なすくる 岡山県浅口郡 徳島県美馬郡 愛媛県越智郡 高知県 長崎県北松浦郡「墨をなすくるといけない」 鹿児島県 *なすぐる 山形県村山 *にしくー 鳥取県西伯郡 *にしくりつける 鳥取県東部 岡山市 *にしくる 京都府与謝郡 鳥取県 島根県「ちーとこれににしくってござっしゃえ」 広島県佐伯郡 *にじくる 三重県志摩郡 滋賀県彦根 京都市 奈良県 大分県大分郡・北海部郡 *にじりつくる 大分県大分市・大分郡 *にしりつける 島根県石見 *にしる 島根県石見・隠岐島 *にじる 福井県足羽郡 大分県大分郡 *にする 島根県邑智郡 *ぬさくる 徳島県海部郡 愛媛県周桑郡・今治市 高知県幡多郡 *ぬしくる 島根県「子供が着物にペンキをぬしくった」 *ぬじくる 大分県大分市・大分郡 *ぬしる 広島県佐伯郡 *ぬすくりつける 大阪府 愛媛県周桑郡・伊予郡「土を着物へぬすくりつけた」 *ぬすくる 兵庫県淡路島（むやみやたらに塗る） 島根県鹿足郡 広島県佐伯郡 山口県 徳島県海部郡 愛媛県「一度書いた字をさう度々ぬすくってはいかぬ」 佐賀県 鹿児島県 *ぬすぐる 広島県高田郡 山口県玖珂郡 *ぬすりつける 新潟県佐渡 *ぬする 兵庫県淡路島（むやみやたらに塗る） 島根県鹿足郡 愛媛県伊予郡・松山 佐賀県「私の顔に誰か墨をぬすりました」 長崎県北松浦郡 *ねぐる・ねぐりつける 岐阜県飛驒 *ねしくる 福井県大飯郡「壁に泥をねしくる」 島根県 *ねじくる 滋賀県彦根 福岡市 大分市 *ねしたくる 島根県 *ねじつける 岐阜県飛驒 *ねじりつける 富山県砺波 岐阜県飛驒 滋賀県彦根 *ねしる 福井県大飯郡 *ねじる 富山県砺波 石川県江沼郡「着物に汚い物ねじっていかん」 *のしる 島根県大原郡・隠岐島 *のじる 富山県砺波 *むつぃふぁーしん（「むつぃ」はしっくいの意。しっくいを塗る） 沖縄県石垣島 *もさぶる 徳島県「上の方へもさぶりつけとけ」 *もしゃぶる 徳島県北部

ぬれる【濡】 *いーたれる 岐阜県 *いでる・んでる 兵庫県淡路島 *うでる 三重県三重郡 徳島県 愛媛県 *うねる 香川県 *うるむ 埼玉県北葛飾郡「雨で道がうるむ」 *ずりるん（文語形は「ずりりん」） 沖縄県石垣島 *ずれる 福井県大野郡・今立郡 徳島県海部郡 *ぞーりるん（文語形は「ぞーりりん」） 沖縄県石垣島 *ぞっふぃるん 沖縄県石垣島・鳩間島 *ぞっふぃん 沖縄県石垣島 *でる 石川県能美郡 *どんぼちかく 三重県志摩郡 *ぴぇーる 東京都八丈島「雨にぴぇーたら」 *ぺーる・べーる 東京都八丈島 *ぼてる 広島県豊田郡・芦品郡 *よごれる 秋田県仙北郡・雄勝郡「着物は雨でよごれた」 山形県 福島県 *んでぃゆん 沖縄県首里

雨に□たさま *あまだたい 千葉県夷隅郡「下駄があまだたいだ」 *ごずごず（雨などで衣類や髪がすっかりぬれるさま） 岩手県平泉 *じっくり（雨などにひどくぬれるさま） 大分県速見郡 *ずっくり（雨などにひどくぬれるさま） 福井県 滋賀県彦根 *やばちー 青森県津軽 岩手県江刺郡・気仙郡 宮城県 秋田県「雨にたたかれてやばちな」 山形県「この衣裳あ、やばちい」 *やばちょい 山形県東置賜郡 *やばつい 宮城県石巻「梅雨時はやばつぐなって困る」 山形県 *やばっちー 山形県置賜 *やぽつ 山形県飽海郡 *やんばつ 秋田県平鹿郡「ここは何時も乾はかないでやんばつ」

じとじとと□ *しょのぶれる 島根県石見「木の下にしょのぶれて立っておった」 *しょぼける 島根県「雨に逢うて着物がしょぼけた」

すっかり□さま *しったい・しったいかーたい 沖縄県首里 *ずくずく 滋賀県蒲生郡 大阪市 兵庫県神戸市 香川県木田郡「あつ（暑）て、もう汗がずくずくじゃ」 *ずっぷい・ずっぽい 鹿児島県 *ずっぷっ 長崎県五島 *どかどか 石川県鹿島郡 *どくどく 富山県砺波 石川県鹿島郡 *とぼとぼ 滋賀県蒲生郡 *どぼどぼ 滋賀県

彦根・蒲生郡 *びたぬれ 山梨県 *ぶっつり 島根県「ぶっつりする（ずぶぬれになる）」 *べっしゃーこ 島根県出雲市 *べっしゃり 島根県大原郡 *ぼっしゃり・ぼっしゃりこ 島根県簸川郡「雨にあってぼっしゃり濡れた」

□さま *がたがた・がったがった・がったがた 秋田県鹿角郡 *がちゃ 新潟県佐渡「しとあめ降ってがちゃんなった」 *くちゃくちゃ 山形県 *したした 新潟県西蒲原郡 島根県隠岐島 *じたじた 新潟県西蒲原郡 鳥取県東部 島根県 沖縄県首里 *じったー 島根県出雲 *じっどったり 島根県「じったりした雨が降る」 *じっど 静岡県榛原郡「薪がじっどになっている」 *じぼじぼ 徳島県 *しょたしょた 富山県砺波 *じょたじょた 新潟県佐渡・西蒲原郡 *ずったり 長崎県五島・北松浦郡「雨でずったりぬれた」 *びたびた 愛知県名古屋市「雨に逢って着物がびたびたになった」・知多郡 *びっしゃこ 島根県美濃郡・益田市 広島県 *びっしゃりこに・びっしゃーこに 島根県出雲「雨に着物がびっしゃーこに濡れた」 *びっしゃんこ・びっちゃんこ 兵庫県明石郡 *びっしょこに 島根県美濃郡・益田市 *ひったくれ 岐阜県武儀郡 *びっちゃくちゃ 三重県志摩郡 *びてびて 高知県長岡郡 *びやびや 鳥取県東部 *ぼた 兵庫県加古郡 *ぼたぬれ 高知市 *ぼちゃ 兵庫県加古郡 *ぼった 茨城県・稲敷郡 千葉県香取郡 *ぼっちゃ 茨城県 *ぼっちゃー・ぶっちゃー・ぼっちゃーこ・ぼっちゃりこ・ぼっちゃり・ぼっつー 島根県出雲

ひどく□たさま *ぐっつり 茨城県新治郡 *じゅーだれ 長野県下伊那郡 *じゅくたんぼ・じゅくたんぽ 滋賀県蒲生郡 *ずくしょーたれ 長野県上田 岡山県児島郡 *ずくたれ 富山県砺波 *ずくたんぼ 福井県敦賀郡 *ずくたんぽ 滋賀県蒲生郡 大阪市 兵庫県 *ぞくぞく 富山県砺波 *ぞっぷい 宮崎県都城 鹿児島県・肝属郡 *だーっかだーっか 沖縄県石垣島 *だらり 岩手県気仙郡「だらりとぬれてしまった」 *どっぷら 茨城県稲敷郡 千葉県東葛飾郡 神奈川県中郡 *どっふら 茨城県北相馬郡 *どぶくされ・どっぷくされ 茨城県稲敷郡 *ぬれしょぼ 香川県三豊郡 愛媛県松山「俄に降り出してぬれしょぼになった」 *ぬれだれ 群馬県山田郡 *ぬれぼしゃ・ぬれぼちゃ 高知県「傘を持って居らざったから、ぬれぼしゃになった」 *ぶっそい 鹿児島県 *ぼと 徳島県 *ぼとぐさり 高知県 *ぼとぬれ 滋賀県彦根 *ぼとぼと 滋賀県彦根 大阪府大阪市・泉北郡 愛媛県松山「雨が降ってぼとぼとになって帰った」 *んでぃかー（雨などにひどくぬれたさま） 沖縄県首里「んでぃかーしょーん（びっしょりぬれている）」

ひどく□ *おぶれる 徳島県「汗におぶれる（汗だくになる）」 *しぼたれる（雨にびっしょりぬれる） 愛媛県大三島 *しょぼたれる（雨の中を着流し姿で歩いてひどくぬれる） 島根県出雲市・隠岐島 *しょぼぬれる 島根県 *そのぶれる 島根県石見「露にそのぶれて歩いた」 ぬれじくたれる 熊本県下益城郡 *ぬれしょーたれる 長野県諏訪 *ぬれしょぼける 島根県 山口県大島 *ぬれしょぼたるる 長崎県壱岐島 熊本県玉名郡 *ぬれしょれる 香川県仲多度郡 *のれしょぼける 島根県 *ぼしょぐされる 栃木県

「ね」

ね【音】 ⇩おと（音）

ね【値】 ⇩ねだん（値段）

ね【根】 *いかり（多く植木屋が使う語） 山口県豊浦郡 *かぶた（植物の根の集まったところ） 香川県 *にーばい 沖縄県首里 *にーばり 沖縄県石垣島 *ねっか 千葉県長生郡 *ねっき 茨城県行方郡 *ねと 岡山県小田郡 鹿児島県 *ねばい 鹿児島県 *ねばり 熊本県 宮崎県東諸県郡 *ねぼちょ 奈良県 *ねぼつく 茨城県稲敷郡 *ひこね（小さい根） 愛媛県 *ひじ 沖縄県

木の□ *きぼっこ 栃木県芳賀郡 *こた 大分県大分郡 *たんべね 岩手県気仙郡 *とりあし（太く短い木の根） 奈良県吉野郡 *ねかばり 長崎県対馬 *ねっこつ 新潟県西頸城郡 三重県北牟妻郡 *ほーたかくい 島根県能義郡 *ほーたかぶ 島根県簸川郡・出雲市 *ほた 長野県上伊那郡 三重県飯南郡（朽ちたもの） 島根県那賀郡（松などの大きなもの） 岡山県苫田郡「ほたを掘る」 広島県安芸郡 山口県 香川県 愛媛県大三島（割りきれないもの） 大分県 *ほたかくい 島根県石見「ほたかくいに引っかかってこけた」 *ほたかぶ 大分県東国東郡・北海部郡 *ぼたぐい 島根県隠岐島 *ほたこい 新潟県佐渡 *ほったかぶ 大分県別府市

はれ物の□ *ねず 山形県飽海郡 *ぶが 沖縄県石垣島

ねぎ【葱】 *いともじ 高知県安芸郡 *うつぼ 島根県邑智郡 *うつぼぐさ 岐阜県一部 *うつろぐさ 高知県長岡郡 *おーねぎ 島根県出雲 福岡市 *からな 長野県佐久 *かりぎ 三重県伊賀 *かるぎ 三重県阿山郡 *かれぎ 三重県名張市 *きねぶか 大分県一部 *くさみ 奈良県吉野郡 *ごぶ 長

野県下水内郡　大阪市　*さしびろ 秋田県秋田市・平鹿郡　*しともじ 富山県　鹿児島県肝属部　*しぴさ 沖縄県小浜島　*しびら 沖縄県八重山　*しびる 沖縄県波照間島　*しむとぅ 鹿児島県沖永良部島　*しんな 沖縄県宮古島　*しんむとぅ 鹿児島県南西諸島　*しんむとぅー 鹿児島県喜界島　*ずぃーびら(「ずぃー」は中空の意) 沖縄県首里　*すむな 沖縄県宮古島　*ちろ(児童語) 愛媛県大三島　*つぃんだー 沖縄県与那国島　*とーもじ 熊本県天草郡　*なんば 大阪市　奈良県吉野郡　*にうか 鳥取県　*にぶか 富山県　鹿児島県徳之島　沖縄県　*ぬくば 石川県鹿島郡　*ねうか 富山県　大阪府中河内郡　*ねきぱ 山形県西村山郡　*ねくば 石川県一部　福井県大野郡・丹生郡　長野県西筑摩郡　岐阜県大野郡・飛騨　*ねくわ 石川県　*ねじろ 大分県速見郡　*ねっくゎ 鹿児島県枕崎市　*ねぶかん 大阪府泉北郡　*ねぶこ 鳥取県米子　*ねるか 奈良県　*ひー 鹿児島県一部　*ひともーじ 山口県阿武郡　*ひともじ(古く「ねぎ」を「き」と一音で言ったところから) 富山県砺波　岐阜県一部　奈良県吉野郡　徳島県那賀郡　高知県一部・高知市　長崎県一部　熊本県　鹿児島県肝属郡　*びら 沖縄県国頭郡・首里　*びらー 沖縄県国頭郡　*ひる 岩手県気仙郡　宮城県一部　山形県西置賜郡　静岡県磐田郡　*ひるこ 岩手県一部　宮城県北部　*びるぱ 山形県南置賜郡　*ひろ 秋田県鹿角郡　*ふともじ 長崎県西彼杵郡　熊本県天草郡　*へんもと 鹿児島県屋久島　*ほこねぎ 山口県厚狭郡　*ぼねん 長崎県一部　*もよぎ 長崎県諫早市　*わけぎ 山口県阿武郡・豊浦郡　熊本県　宮崎県西諸県郡・西臼杵郡

□の花　*がっぽ 三重県阿山郡　*ぎっと 長野県上田・佐久　*ぎっとん 長野県上田　*ぎぼし 長野県　*だんぼ 島根県益田市「ねぶかのだんぼをむしる」　*ちょっぽ 大阪府泉北郡　*ねぎのぽんぽら 新潟県西頸城郡　*ねぎぼぼ 新潟県糸魚川市　*ねぶかのとー 新潟県佐渡　*ねぶかぼっぽ 岐阜県飛騨　*ぼぼ 長野県上伊那郡

ねこ【猫】　*あお 秋田市　*おしゃます(「猫じゃ猫じゃとおしゃますが、猫が絞りの浴衣で来るものか」の俗謡から) 茨城県稲敷郡　栃木県佐野市　長野県更級郡　*おて 滋賀県彦根・蒲生郡　*かいかい 茨城県稲敷郡　島根県石見　*かな 長崎県対馬　*かん・かーん 東京都八丈島　*きょこ 新潟県北蒲原郡　*ぐる 鹿児島県喜界島・奄美大島　*ぐるー 鹿児島県喜界島　*こぞ 千葉県東葛飾郡　*こま(猫の古名「ねこま」の略) 千葉県　岐阜県揖斐郡　静岡県富士郡　三重県名賀郡・志摩郡　*じゃべ 秋田市　*じょこ 新潟県北蒲原郡　*じんた 島根県石見　広島県山県郡(忌み言葉)　*じんたろー 島根県美濃郡　*たーた(幼児語) 長野県北安曇郡　*たった・たった(幼児語) 岩手県気仙郡　*ちっぺ 山形県西置賜郡　*ちめ 長野県諏訪　*ちゃーちゃ 山形県　*ちゃこ 秋田県　山形県　*ちゃちゃ 秋田県　山形県飽海郡・東田川郡　*ちゃっこ・ちゃっちゃ 秋田県平鹿郡　*ちゃっべ 青森県　*ちゃっぺ 北海道函館　青森県上北郡・津軽　秋田県仙北郡　山形県西村山郡・西田川郡(小猫)　*ちゃぺ 青森県津軽・上北郡　秋田県　山形県「おらえのちゃぺ(おれの家の猫)」　*ちゃぺこ 青森県上北郡　*ちゃめ 山形県飽海郡　*ちゃんぺ 千葉県山武郡　*ちょ 新潟県西蒲原郡　*ちょい 長野県更級郡　*ちょーた(山言葉) 岡山県苫田郡　*ちょーちょー(猫の鳴き声を表す語) 福岡県久留米市　*ちょこ 山形県西置賜郡　新潟県・西蒲原郡　*ちょちょ・ちょっぺ 山形県西置賜郡　*ちょっこ 山形県置賜　*ちょぼ 千葉県夷隅郡　*ちょぽ 千葉県夷隅郡・君津郡(小猫)　*ちょま 三重県飯南郡　奈良県宇智郡　*ちょん(幼児語) 長崎県壱岐島　熊本県玉名郡・宇土郡　*とと(児童語) 青森県三戸郡　*とり・とりすけ(山言葉) 兵庫県佐用郡　*にんちょ 三重県志摩郡　*ねこのす 高知県中村市　*ねこんご 東京都三宅島　*ねや(小児語) 岩手県九戸郡　*ばー 長野県諏訪　*はち 和歌山県海草郡・有田郡　*ひげ(山言葉) 高知県土佐郡　*まーやー・まーやーぐゎー 沖縄県国頭郡　*まーゆ 沖縄県与那国島　*まい 熊本県菊池郡　*まおー 熊本県鹿本郡　*まがり(木こりの忌み言葉) 青森県南津軽郡　*まちじし 島根県邇摩郡　*まや 鹿児島県奄美大島　沖縄県八重山　*まやー 鹿児島県喜界島　沖縄県　*まゆ 沖縄県宮古島・波照間島　*まゆー(上品な語)・まーうー(小児語) 沖縄県首里　*まよ 沖縄県宮古島　*まん 鹿児島県　*まんまん 鹿児島県肝属郡　*みゃ 鹿児島県奄美大島　*みゃー(鳴き声から) 鹿児島県南西諸島　沖縄県国頭郡・竹富島(子猫)　*みゃーお 島根県出雲市・大原郡(幼児語)　*みゃーみゃー 熊本県鹿本郡　*みゃお 熊本県菊池郡・上益城郡　*みゃん 熊本県上益城郡・芦北郡

雄□　*おーど 長崎県北松浦郡　*おど・おどねこ・おーどねこ 長崎県壱岐島　*ごろねこ・ごろ 新潟県西蒲原郡　*たろ 高知県幡多郡　*たろねこ 愛媛県　*たろん 高知県　*どべねこ 富山県　*とんびねこ 和歌山県西牟婁郡　*どんびねこ 和歌山県東牟婁郡　*ばんそーねこ 石川県鳳至郡

尾のない□　*おずぼ 奈良県南大和　*おんぶり・おんぼ 長野県東筑摩郡　*きれ 島根県美濃郡　*たんぽ 島根県簸川郡・大田市「たんぽ猫」

尾の短い□　*おんぶり・おんぼ 長野県東筑摩郡　*ごぼーねこ 島根県美濃郡　*ごんぼーねこ 岡山県苫田郡　*ごんぼねこ 宮城県栗原郡・仙台市　神奈川県平塚市　*ばじ 秋田県南秋田郡・雄勝郡

飼い主のない□　*いたりねこ 群馬県勢多郡　*ぬすっとねこ 埼玉県秩父郡　静岡県志太郡・榛原郡　*ぬすとねこ 富山県西礪波郡　岐阜県飛騨　滋賀県彦根　和歌山県東牟婁郡　*ぬ

すどねこ 熊本県玉名郡 *ぬすんこきねこ 新潟県佐渡 *のすとねこ 富山県砺波 *のだれ 三重県阿山郡

盛りの付いた□ *くりーまやー（「まやー」は猫の意）沖縄県首里 *ぴゅりまやー 鹿児島県喜界島 *ふけねこ 秋田県鹿角郡　富山県砺波 *ほけねこ 愛知県名古屋市

白黒まだらの□ *から 島根県簸川郡・能義郡 *からすぶち 群馬県多野郡 *たけ 島根県仁多郡 *にけ 北海道函館　宮城県仙台市 *にっけ 岩手県上閉伊郡

虎斑のある□ *きしねこ 鹿児島県 *きじねこ 島根県美濃郡・益田市　山口県防府市　愛媛県　長崎県対馬　鹿児島県大隅 *とらまねこ 山形県北村山郡・東田川郡

□を呼ぶ時に言う語 *かな 長崎県対馬 *かん・かーん 東京都八丈島「かーんこっちこ、こっちこ」 *くす 静岡県志太郡 *くすくす 静岡県榛原郡 *くとぅかーくとぅかー・くとぅくとぅー（沖縄では、猫の名前を「とぅく（徳）」と名づけるところから）沖縄県首里 *こーねこね 福島県大沼郡 *こま 静岡県 *たこ 宮城県栗原郡 *ちゃーちゃー 秋田県鹿角郡 *ちゃこ・ちゃぺちゃぺ 山形県 *ちゃこちゃこ 山形県北村山郡 *ちゃっぺ 青森県津軽 *ちょーちょー 山形県西置賜郡　福岡県久留米市 *ちょこ 愛媛県喜多郡 *ちょま 静岡県磐田郡 *ちょまやちょまや 静岡県小笠郡 *とーとー 岩手県九戸郡 *とと・とーとと・とととと（小児語）青森県三戸郡 *にけにけ 宮城県仙台市 *ぴーぴー 福島県南会津郡 *べーべー 沖縄県石垣島 *ぼーまべー・べーまぼー 沖縄県石垣島

人になつかない□ *たなぎねこ 栃木県　群馬県邑楽郡　埼玉県北葛飾郡 *つしねこ 奈良県南大和 *てんじょーねこ・てんじょねこ 大阪府泉北郡

雌□ *ごろねこ 岡山県児島郡 *ひめ 高知県幡多郡

ねころぶ【寝転】

*かーる 山梨県 *かやる 鹿児島県揖宿郡「仰ぎかやっちょったや」 *きゃーる 富山県下新川郡 *ころばいうつ 滋賀県 *ころぶ 滋賀県彦根　長崎県南高来郡 *ごろぶ 新潟県西蒲原郡 *たっぱをうつ・たっぱをこく 島根県益田市「たっぱをうっとらんこーに（寝転んでいずに）、しゃんしゃん仕事をせー」 *どてずりかやる 富山県砺波「昼間からどてずりかやっとる」 *どのーる 千葉県香取郡 *ながまる 青森県　山形県庄内　新潟県・岩船郡・北蒲原郡　長野県上伊那郡　島根県「またながまっちょー」　広島県　山口県「そこへそねえにながまらずに、もちいとへりによれえや」・阿武郡 *なんころぶ 熊本県 *ねとかやす 島根県美濃郡 *ねとこばる 山口県大島「あがり口にねとこばって人の通る邪魔になる」 *ねとこやす 島根県益田市 *ねぼたれる 和歌山県那賀郡 *へーゆい 鹿児島県喜界島 *よころぶ 兵庫県加古郡 *よっころぶ 宮崎県東諸県郡　鹿児島県

↓おうが（横臥）・ねそべる（寝—）・「よこ（横）」の子見出し、「横になる」

ねじけもの【拗者】

⇩ひねくれもの（拈者）

ねじる【捩】

*くじる（指先でねじる）石川県鳳至郡「人のげすくじるもんの（人のおしりをつねるしの）」　岐阜県・可児郡・恵那郡　島根県那賀郡 *ぐじるん（指先でねじる）沖縄県竹富島 *くねる（歩く時につまずいたりして、足首をねじる）新潟県中越　福井県敦賀郡　京都府竹野郡「さっきくねって鼻緒を切った」　兵庫県加古郡 *こじける 新潟県西頸城郡 *しねぎる 山形県東村山郡・北村山郡 *ねじく 島根県那賀郡・邇摩郡「鶏の首をねじく」 *ひにきる・ひねきる 兵庫県加古郡 *ひにじる 香川県高松市 *ひねぎる 秋田県平鹿郡　福島県相馬郡 *ふねんじる 秋田県南秋田郡・河辺郡 *へねきる 山口県大島 *むじる 岩手県気仙郡 *むでぃゆん 沖縄県首里 *むでぃるん・むでぃん・むでぃっかーるん 沖縄県石垣島 *もじく 愛媛県周桑郡・喜多郡　長崎県対馬 *もじくる 埼玉県秩父郡　静岡県島田市 *もじやくる 福島県相馬 *もじる 埼玉県秩父郡「手をもじった」　静岡県島田市 *よじくる 山梨県中巨摩郡・南巨摩郡「腕をよじくる」　静岡県志太郡　島根県那賀郡「紙切をよじくって耳にさす」　高知県

↓ひねる（拈）

ねずみ【鼠】

*あねさ 新潟県中越 *あねさま 福島県 *あねま 富山市近在 *あまのひと 東京都八丈島 *うぇーき 沖縄県国頭郡 *うぇーんちゃー・うぇーんちゅ 沖縄県島尻郡 *うえのあねさま（「天井の花嫁」の意）福島県伊達郡 *うぇへがなし 鹿児島県奄美大島 *うぇんちゅ 沖縄県首里 *うぇんちゅー 沖縄県 *うやざ 沖縄県鳩間島 *うやんちゅ 沖縄県八重山 *うやんとぅ 沖縄県与那国島 *うんじゅがなし 鹿児島県加計呂麻島 *おいえさん・おいえはん 香川県大川郡 *おいざ 沖縄県西表島 *おーねら 岐阜県（大きなネズミ）　愛知県碧海郡・岡崎市（大きなネズミ）　鳥取県（大きなネズミ）　島根県（大きなネズミ） *おきゃくさん 長野県佐久　島根県　大分県 *おくさん 大分県 *おじょーさん（忌み言葉）島根県鹿足郡 *おじょろさん 福井県 *おね（白い大きなネズミ）和歌山県 *おばいさ・おばい・おばさん 富山県砺波 *おばさ 岐阜県飛騨 *おひめさん 島根県鹿足郡 *おふく 香川県　大分県大分市・大分郡 *おふくさま 山形県東置賜郡　福島県北部 *おふくさん 島根県鹿足郡　徳島県美馬郡　香川県　愛媛県　高知市　大分県 *おふくろ 大分県 *おふくろさま 山形県東置賜郡　福島県北部　島根県鹿足郡 *およめ 大分市 *およめさま 長野県諏訪 *かーきー 鹿児島県喜界島 *がんど 石川県河北郡 *きーき（幼児語）長野県

岐阜県郡上郡　徳島県　香川県　愛媛県 *きーきー(幼児語) 山形県　福島県会津・南部　山梨県・南巨摩郡　長野県　岐阜県飛驒　香川県　愛媛県今治市・周桑郡　高知市　大分県 *きーきーさん(幼児語) 高知市 *きーきさん(幼児語) 徳島県 *きーさん(幼児語) 高知県 *きっき(幼児語) 山形県西置賜郡　和歌山県東牟婁郡・西牟婁郡 *きっきー(幼児語) 山形県西置賜郡 *きょとんめ 東京都八丈島 *くだん 高知県高岡郡 *けごどの 東京都八丈島 *こぎしろ(小ネズミ) 三重県 *こねら 新潟県中頸城郡　滋賀県(子ネズミ) 鳥取県(子ネズミ)　島根県(子ネズミ) *じーじ(鳴き声から。幼児語) 島根県出雲 *じじ(鳴き声から。幼児語) 山形県庄内 *じゅーじゅ・じゅじゅ 熊本県 *じょめんま(隠語) 山形県北村山郡「うらえだ(天井裏)のじょめんまなんぞ(ネズミなんぞ)」 *ちーち 長野県下水内郡 *ちーちー 岩手県九戸郡　新潟県　山口県豊浦郡 *ちっち 山形県東置賜郡 *ちょいちょい 島根県美濃郡・邇摩郡 *ていんじょーぬしゅっぐわ(「天井のだんな様」の意) 鹿児島県加計呂麻島 *どぅみ 沖縄県与那国島 *ねずみっちょー・ねずっちょー 静岡県富士郡 *ねら 愛知県碧海郡　滋賀県 *ぴーぴー(幼児語) 沖縄県首里 *ふーさん・おぶくさん 香川県 *ふくさん 高知県 *ふくじょー 大分県大分市・大分郡 *ふくじょさま 大分県東国東郡 *ふくじょっこ 秋田県由利郡　山形県庄内 *ふくじょろ(尊称) 高知県長岡郡 *ふくのかみ 大分市 *ふくんじょさん 香川県(正月言葉)　高知県土佐郡(大みそかの夜のネズミ) *ほーすぼり 高知県長岡郡 *めーめ 和歌山県日高郡 *やんぬし 沖縄県国頭郡 *ゆみじょー 鹿児島県喜界島 *ゆむぬ 鹿児島県沖永良部島・与論島　沖縄県宮古島 *ゆるどり・ゆるどの 東京都八丈島 *よーさのもの 岐阜県益田郡 *よかせ 福島市 *よさく 岐阜県吉城郡「まっで(まるで)よさくのくそみたいなもんじゃった」・飛驒 *よのもの 富山市近在 *よめ 東京都西多摩郡　兵庫県美方郡　大分市 *よめご 岩手県気仙郡　宮城県登米郡　群馬県碓氷郡・佐波郡　岐阜県山県郡・益田郡　愛知県北設楽郡　岡山県邑久郡 *よめごさま(養蚕中の忌み言葉) 群馬県多野郡 *よめごさん 大分県北海部郡・速見郡 *よめさ 新潟県中越　富山市　岐阜県吉城郡・飛驒 *よめさま 長野県上伊那郡・下伊那郡　岐阜県飛驒　愛知県北設楽郡(養蚕中の忌み言葉) *よめさん 長野県上伊那郡・佐久　京都府竹野郡 *よめじょ 島根県大原郡　熊本県天草郡 *よめじょー・よめじょーさん 島根県石見 *よめっこ 長野県下伊那郡 *よめどの(正月の忌み言葉) 東京都八丈島 *よもこ・よもどの・よるどり 東京都八丈島 *よもの(「夜に活躍するもの」の意) 福島県　群馬県　埼玉県秩父「今夜はよものがえら(たいそう)騒ぐな」　富山市近在　長野県飯田市付近　京都府竹野郡(忌み言葉)　沖縄県宮古島 *よるのおかた(養蚕中の忌み言葉) 山梨県甲府 *よるのひと 東京都八丈島(正月の忌み言葉)　高知県 *よるのもの 岐阜県飛驒

ねそびれる【寝―】 *にんじゃんじゅん 沖縄県首里 *ねくじる 香川県塩飽諸島 *ねこくれる 高知県長岡郡 *ねこじれる 山形県庄内　神奈川県平塚市　新潟県佐渡　富山県砺波 *ねそがる 茨城県北相馬郡 *ねそかれる 秋田県平鹿郡「昨夜はねそかれてしまった」 *ねそがれる 群馬県館林　埼玉県北葛飾郡　千葉県東葛飾郡 *ねそける 山形県「夜中にねそげて眠れなかった」　新潟県「お茶を飲み過ぎてねそけた」「ねそけて泣いてばっかおる」 *ねそくれる 京都市　大阪市　和歌山市　高知市 *ねそっかれる 群馬県勢多郡　長野県佐久 *ねそっける 長野県諏訪・上伊那郡　静岡県安倍郡「茶を飲むとねそっける」 *ねそべくる 青森県三戸郡 *ねそぼくる 福岡市 *ねそらける 山形県 *ねはぐらす・ねはぐらかす 山口県大島 *ねはぐるる 長崎県南高来郡 *ねはぐれる 福岡市 *ねはつける 岩手県気仙郡　宮城県仙台市

ねそべる【寝―】 *あぬけばる(あおむけに大の字になって寝そべる) 香川県 *そベーる 長野県諏訪・佐久 *そべる 茨城県「おそべりなさい」　栃木県　群馬県　埼玉県秩父郡「つかれたから少しそべれ」　千葉県　新潟県　山梨県　長野県「おそべりなんし」　三重県志摩郡　広島県高田郡　高知県幡多郡「もうそべらんせや」 *どーがえる(あおむけに寝そべる) 新潟県佐渡 *どてずりかやる 富山県砺波「昼間からどてずりかやっとる」 *ながーなる 島根県飯石郡・仁多郡・隠岐島 *ながくなる 岩手県気仙郡「さあさ、ながくなって、ゆっくり話語りしあすべ」　宮城県仙台市「まづながくおなんなえ、按摩とってあげすから」　山形県 *ながなる 島根県出雲・隠岐島「ふとり(独り)ながなって」 *ながまる 青森県　山形県庄内　新潟県・岩船郡・北蒲原郡　長野県上伊那郡　島根県「またながまっちょー」　広島県　山口県「そこへそねえにながまらずに、もちいとへりによれえや」・阿武郡 *ながんなる 島根県出雲 *なごーなる 新潟県佐渡　富山県氷見市「ただなごーなってあすんどるがっちゅ(遊んでいるというわけです)」　岐阜県飛驒「暇さえありやすぐなごーなる」　島根県石見　徳島県「どうぞなごーなってつかはれ」 *なごーになる・なごーんなる 香川県 *なごなる 新潟県佐渡「少しなごなって休んで下さい」　富山県　石川県　熊本県八代郡 *にたばる 宮城県石巻「腹痛ごったらにたばってえさえ(寝そべっていなさい)」 *ぬくばる 山形市 *ぬたばくる 山形県 *ぬたばる 青森県津軽「まんだぬだばってそもつみでらな(また寝そべって本を読んでいるね)」　岩手県気仙郡　宮城県　秋田県鹿角郡　山形県　福島県　栃木県河内郡 *ぬたんばる 秋田県鹿角郡・平鹿郡「着物をよごすからぬだんばるな」 *ねおたれる 和歌山県那賀郡・伊都郡 *ねこそべる 和歌山県 *ねこた

える高知県長岡郡 *ねごたれる 奈良県宇陀郡「ねごたれやんと、しゃんとしとり」 *ねたばる 宮城県石巻 福島県相馬郡「ごはん食ってすぐねたばっと牛になっと」 静岡県安倍郡 *ねたろほう 和歌山県日高郡・伊都郡 *ねべる 栃木県 *のたがる 静岡県 *のたばくる 山形県西村山郡 *のたばる 北海道「何もしないでのたばってばかりいるな」 青森県 岩手県 宮城県「おなごののたばった姿、見られたもんでがえん」 秋田県 山形県 福島県 新潟県西蒲原郡 岐阜県飛驒 香川県三豊郡 *のたんばる 秋田県 *のったばる 山形県米沢市 *のてがる 静岡県田方郡 *のびらふく 富山市近在「そんなところでのびらふいとるとめっともなえ」 *ふんぞべる(あおむけに寝そべる) 埼玉県秩父郡 →おうが(横臥)・ねころぶ(寝転)・「よこ(横)」の子見出し、「横になる」

ねたみ【妬】 *うらごーさ 沖縄県首里 *ほーかー 島根県美濃郡・益田市 *ほーかい(「ほうかいりんき(法界悋気)」の転) 島根県石見「ほーかいやく」・美濃郡・益田市「ほーかいをする」 →しっと(嫉妬)

ねたむ【妬】 *あざむ 富山県高岡市 *いじかむ 富山県・砺波 *いじこく 富山県「あの人はいじこいてばかりをる」 *いずむ 長野県・上田・佐久 山口県豊浦郡 *いずん 富山県砺波 *いせまいる 長野県南佐久郡 *いせみかける 岐阜県飛驒 *いせむ 岐阜県 *いどむ 長野県「他人の良いことをいどむ」 静岡県磐田郡 *いにくむ 新潟県西頸城郡 *うせむ 岐阜県飛驒・郡上郡 *えざむ 石川県江沼郡 *えさろう 大分市「えさろーもんじゃねー」 *えしむ 和歌山県 *えしゅむ・えしょむ 和歌山県日高郡「人の成功をえしょむ」 *えじゅむ 和歌山県東牟婁郡 *えしょのん 鹿児島県 *えずむ 富山県 *えせぐ 長崎県対馬 *えせしむ 和歌山県・那賀郡・有田郡 *えせむ 長野県 三重県 京都府竹野郡「この子がお菓子を持っているとほかの子がえせんで困りました」・与謝郡 *えせろう 瀬戸内海島嶼 愛媛県・周桑郡・新居郡 *えぞむ 長野県佐久 *えでかむ 富山県射水郡 *こえぼる 岩手県 *こはむ 青森県上北郡「たびしゅぁ金持ねなたので村でこはんだ」 *こばむ 岩手県九戸郡・気仙郡 三重県志摩郡 愛媛県周桑郡 *しなんきるん 沖縄県与那国島 *じゃく(「やく(妬)」の転か) 高知県 *しょなむ 島根県邇摩郡 *しょにくむ 大分県速見郡 *しょねむ 山形県 茨城県猿島郡 千葉県香取郡・君津郡 東京都御蔵島 新潟県佐渡 島根県大原郡・隠岐島 長崎県五島・伊王島 熊本県阿蘇郡 大分県 *しょのむ 東京都三宅島・御蔵島 新潟県佐渡 島根県「人の幸福をしょのむ」 岡山県苫田郡・浅口郡 愛媛県 高知県「赤坊ばかり抱くと坊やがしょのむ」 熊本県 大分県速見郡 宮崎県西諸県郡 鹿児島県 *しょのん 鹿児島県鹿児島郡・肝属郡 *じょのん 鹿児島県 *せせる 福井県足羽郡・坂井郡 *せのむ 長野県東筑摩郡 *せらう 大阪市 島根県石見(兄が弟をうらやましがって争う時) 岡山県 広島県比婆郡 徳島県(兄弟が相手のものを欲しがるような時) 香川県 愛媛県大三島 *せる 島根県鹿足郡・邑智郡 山口県阿武郡 *せろー 香川県 大分県北海部郡 *そねたむ 香川県仲多度郡 *にくむん 沖縄県石垣島・鳩間島 *にくん 鹿児島県硫黄島 *にもむ 富山県 *ねぃっかゆい 鹿児島県喜界島 *ねそむ 長崎県壱岐島 *はがる 富山県 *はごみきゅり 鹿児島県奄美大島 *ひんにしがる 石川県能美郡・石川郡 *へーやむ 富山県 *へんじょしがる 石川県能美郡 *へんなしがる 石川県河北郡 *へんねしがる 岐阜県 愛知県尾張 滋賀県愛知郡・彦根 *まきたける 山形県酒田市・東田川郡「俺をまきたげる」 *まぎる 島根県那賀郡・隠岐島「人の身をまぎるのはやめー」 *まんきたける 秋田県雄勝郡「まんきたげる児だ」 山形県「勝った人をまんきたげる」 *やかこむ 秋田県平鹿郡 山形県最上郡 *やかなむ 愛媛県 *やかねる 青森県 岩手県紫波郡・上閉伊郡 秋田県 *やけがる 群馬県勢多郡 *やけなむ 長崎県壱岐島 *やにる 埼玉県北葛飾郡 *やらう 高知県長岡郡 福岡県朝倉郡 佐賀県 *やらそう 愛媛県松山・今治市「僕が優等生だと思うてやらそうて遊んでくれない」 *やらそむ 愛媛県 →しっと(嫉妬)

□こと *ねそ 岐阜県吉城郡「あいつはあのことをねそにこめた」 *ばずび 青森県南部 *まんき 秋田県 山形県鶴岡 *やかんぼ 群馬県 *やかんぼー 群馬県山田郡 *やっかんぼ 群馬県館林「やっかんぼやく(ねたむ)」 埼玉県北葛飾郡 *やっかんぼー 千葉県香取郡

ねだる【強請】 *いじくる 石川県河北郡 *いじる 新潟県佐渡・東蒲原郡 福井県大飯郡 岐阜県 愛知県名古屋市 滋賀県犬上郡・神崎郡 大阪市 兵庫県加古郡「ちんいじる(おやつをねだる)」 愛媛県 高知県「子供にいじられてとーとーこれを買わされた」 *いする 島根県「子供が親をいすって、靴を買わせた」 *いたぶる 石川県金沢市 *いびくる 高知県幡多郡 *いびる 山形県鶴岡 岐阜県大垣市 *いびねる 山形県 *いぶる 栃木県 *いぼる 群馬県 新潟県長岡市 兵庫県加古郡 *いみゆん 沖縄県首里「お八つをいみゆん」 *いみるん 沖縄県石垣島 *えぶねる 山形県東置賜郡・南置賜郡 *おはる 岐阜県「金をおはってどもならん」 *かかぶれる・かかーぶれる・かかびれる・かかびする 島根県出雲「あげん、みんなして、かかぶれてごしなや(たかってくれるなよ)」 *きぬん 沖縄県石垣島 *ぐざる 神奈川県津久井郡「あんまりぐざりゃーくれてやらぁ」 岐阜県 *くずる 岐阜県郡上郡「そーくずるともーつれてこんぞよ」 *ぐする 島根県邑智郡 *ぐずる 神奈川県津久井郡 富山県富山市「物を人にぐずる」・砺波 福井県坂井郡 山梨県南巨摩郡 岐阜県吉城郡 静岡県「そーぐずってはいけない」　愛知県　三重県阿山郡　滋賀県彦根・高島郡　京都府　大阪府泉北郡　兵庫県・淡路島　奈良県南大和　和歌山県「金をぐずりに来た」　鳥取県西伯郡　島根県「この子はすぐぐずって始末が悪い」　岡山県　広島県高田郡　香川県佐柳島　高知県土佐郡　*ぐだる 京都府竹野郡「何とかかとかぐだる子だ」　*ごかする 山形県南村山郡　*ごかつかす 山形県東村山郡　*こじく（「こじき」を活用させた語）岩手県上閉伊郡　新潟県佐渡　鳥取県西伯郡　山口県大島　愛媛県南宇和郡・大三島「ほど（そんなに）物をこじくな」　*こじくる 新潟県佐渡　*こじる 岐阜県飛驒「こじって来る」　島根県能義郡「やめくたに（無理に）こじるな」　*ごてつく 奈良県　*こでる 島根県仁多郡　*じくをゆー・じくゆー 千葉県東葛飾郡　*じたれる 石川県鹿島郡　*しわぶる 鳥取県西伯郡「親おしわぶって金お貰う」　*すばぶる 岡山県阿哲郡　*せちがう 神奈川県中郡　静岡県「あのこーよめっこにせちがった（あの娘を嫁にくれとしつこく頼んだ）」「せちがったってだめだかーな」　*せちがる 神奈川県中郡　静岡県「そーお菓子をせちがる子は良い子じゃない」　*せちごう 静岡県　*せめる 岩手県　新潟県佐渡「せめられてかったわね」　富山県砺波　広島県高田郡　山口県阿武郡　*だだる 島根県隠岐島「牛がだだって田がおこされん」「子供がだだって困った」　*ちびる 高知県「そんなにちびるもんじゃない」　*ねたばる 富山市「金をねたばっていった」　*はたる 青森県　岩手県九戸郡・紫波郡　宮城県仙台市　秋田県平鹿郡・仙北郡　山形県「菓子をはだる」　群馬県多野郡　埼玉県秩父郡　*びれる 山形県北村山郡　*もがる 島根県八束郡・隠岐島　広島県高田郡　香川県　鹿児島県・宝島　*よだかる 山形県飽海郡
↓せがむ・せびる

ねだん【値段】　*かちょく 新潟県佐渡　岐阜県飛驒「この軸は古びとるが千両のかちょくはある」　島根県　徳島県三好郡・美馬郡　大分県中部　*ぜん 新潟県西蒲原郡「ぜんがたかえ」　*でーに 沖縄県首里　*でーむつ 沖縄県首里
↓かかく（価格）

ねつ【熱】　*ほてり 栃木県　静岡県志太郡　*ほとり 岩手県上閉伊郡　山形県　富山県砺波　静岡県志太郡「ほとりんさめる（熱が冷める）」　高知県「からだのほとりで着物がかわいた」

太陽の□　*かっき 奈良県南大和　和歌山市　愛媛県宇和島市　*そらひ 岐阜県郡上郡「きょーわそらひがあたたいで、はくらんせんよーにきをつけーよ（今日は天日が暑いから暑気あたりしないように注意しろよ）」

□がある　*ふるいつく 福岡市　*ほてる 山梨県南巨摩郡「かなりほてるようどーで冷してやらで」　広島県高田郡　*ほとーる 静岡県榛原郡「足んほとーってしょんない」　*ほどる 岩手県気仙郡「かぜをひいてほどってきた（熱が出た）」

□を持つ　*ほたく 島根県隠岐島「顔がほたく」　*ほたつく 新潟県佐渡　*ほたる 兵庫県明石郡　鳥取県　岡山県苫田郡「顔がほたって困る」・津山市　*ほなる 東京都三宅島・御蔵島

ねっこ【根子】　⇩ね（根）

ねっしん【熱心】　*ごーせ 大阪府泉北郡「ごーせにやってますな」　兵庫県淡路島「ごーせな」　島根県「ごーせな人間」　*こーねつ 和歌山県北部「あの家の人は皆こうねつな人だ」　長崎県北松浦郡・五島　*ごせ 兵庫県淡路島　*こんき 岐阜県不破郡「こんきに見に帰（け）んならん」　岐阜県大垣市　静岡県「こんきな事だ」・榛原郡「こんきと医者通いをしている」　愛知県名古屋市「こんきとやる」「お前さんもようこんきにお参りやあすなも」　三重県志摩郡　滋賀県彦根　愛媛県　*こんぎりめ 滋賀県彦根　*しっぽり 滋賀県高島郡・彦根　奈良県南大和「しっぽり見物する」　和歌山県　*しゅーごに 島根県石見「夜遅くまでしゅーごに勉強する」　広島県佐伯郡　*しんびやか 島根県能義郡「しんびやかな」　*しんびょ 島根県出雲　愛媛県大三島「しんびょな（こまめな）」　*しんびょー 奈良県「しんびょうな子で仕とげるまではやめません」　島根県　広島県比婆郡「しんびょーに働く」　*しんぺん 青森県三戸郡・南部「しんぺんに考へた」　*じんべん 長崎県五島「じんべんつくる（まじめにする）」　*しんぼー 島根県「しんぼーな」　*しんまく 兵庫県加古郡・淡路島「しんまくに骨身惜まず働いてくれる」　島根県「しんまくな感心な子だ」　香川県　愛媛県　*しんみょー 島根県鹿足郡「しんみょーな」　*ねーらさ（感動詞は「ねーらさーん」）沖縄県石垣島　*ねっき 愛知県東加茂郡　*やりきって 富山県下新川郡　静岡県「やりきって仕事をする」
↓いっしょうけんめい（一生懸命）

□だ　*こーねくさい 和歌山県伊都郡　*ねちこい 山形県東置賜郡・西置賜郡　*ねつい 福島県　茨城県稲敷郡　千葉県海上郡　東京都八王子　神奈川県愛甲郡・足柄下郡　新潟県佐渡　和歌山市　熊本県玉名郡　*ねつこい 福島県浜通　茨城県稲敷郡

□な人　*かんねつ（極めて熱心な人）岐阜県飛驒「あの人は何をやらせてもかんねつじゃ」　愛知県名古屋市・一宮市付近　*しんぼーにん 岡山市　*しんぼーもの 栃木県

□に　*くしくりって 熊本県玉名郡　*くじっかてーに 神奈川県横須賀市・三浦郡「くじっかてーに働く」　*むたむた 青森県三戸郡「むたむたかかる（いっしょうけんめいになる）」「此頃ァ息子もむたむたど働くよねなりましたおん」　*むった 岩手県気仙郡　*むりっと 青森県三戸郡　秋田県南秋田郡「むりっと勉強している」

□にする　*あせる 石川県金沢市　*がる 山口県豊浦郡「がってやる」「仕事をがる」　*はりこむ 茨城県稲敷郡　新潟県佐渡　富山県・砺波　岐

阜県「はりこんでやる」 岡山県真庭郡・苫田郡 広島県賀茂郡「はりこーでしますけえの」 香川県 愛媛県 高知県・幡多郡「(おじいさんが亡くなったそうだが)ま、はりこんでお茶たべなはいよ(お暮らしなさい)」 福岡市 熊本県玉名郡 大分県「ちかごろはおとろしー(大変)はりこむ」

□**にするさま** *__いっしんかん__(辛抱強く熱心にするさま)宮崎県東諸県郡 *__いっしんこっしん__(辛抱強く熱心にするさま)京都府竹野郡「いっしんこっしん絵を描いています」・与謝郡 兵庫県加古郡 *__いっしんこつらん__(辛抱強く熱心にするさま)京都府 *__いっしんほっしん__(辛抱強く熱心にするさま)鳥取県東部「いっしんほっしん行ってゐる(一心にやっている)」 *__しょーだいて__ 岐阜県郡上郡「しょーだいてはたらけよ」 *__しんかに__(めんどうをいとわず熱心にするさま)宮城県仙台市 *__せーだい__ 滋賀県彦根 京都市 大阪府 奈良県 *__せーだいと__ 大阪府泉北郡 *__せーで__ 福井県 *__せーほだい・せーほでー__ 山形県最上 *__せーらいて__ 大阪府泉北郡 兵庫県加古郡 *__せーらと・しーらと__ 新潟県佐渡「せーらと働いてくれ」 *__せこま__(仕事を熱心にするさま)青森県 岩手県紫波郡 秋田県鹿角郡「せこまに働く。せこまな人」 *__せだして__ 香川県小豆島 *__せって__ 長野県上伊那郡 *__まくらさんぼ__(「まっくら」を強めて言う語で、真っ暗やみの中で何も見えないところから、わき目もふらず熱心にするさま)島根県八束郡 *__めっくらさんぼ__ 島根県出雲「めっくらさんぼに働く」

ねっちゅう【熱中】 *__きんたろ__ 兵庫県淡路島「釣の金太郎」 和歌山県日高郡 *__きんたろー__ 奈良県宇陀郡「此頃は俺将棋にきんたろーや」 *__ずぐ__ 徳島県「あの人は碁にずぐになっとる」 *__ひかち__ 高知県「運動にひかちになる」 *__ひのきだま__ 山口県「ひのきだまになる」・阿武郡 *__ひのけだま__ 山口県

□**する** *__あかめはる__ 秋田県鹿角郡 *__あかめをはる__ 山梨県南巨摩郡 *__あたまになる__ 山口県防府市 *__いれる__ 山梨県 長野県諏訪 *__かぶれる__ 新潟県東蒲原郡 長野県佐久 岐阜県益田郡 島根県 広島県高田郡 *__くずる__ 岐阜県武儀郡 *__こいる__ 香川県「仕事にこいる」 *__こける__ 山形県東置賜郡 新潟県中頸城郡 *__こげる__ 島根県簸川郡・出雲市「法華経にこげる」 *__こんこめる__ 岩手県気仙郡 *__ささる__ 宮城県「栗えんで落ちるもんだから(栗が熟して落ちるので)まづ、わらしとも朝からささってせつながす(子供たちが朝から夢中になって、うるさいのです)」 秋田県秋田市・由利郡「読書にささる」 *__しこる__ 東京都三宅島・御蔵島「(酒宴中、他を忘れて話し込んでいる二人に対して)おい、しこるな」 三重県伊賀・北牟婁郡 奈良県 和歌山県西牟婁郡・東牟婁郡「仕事をしこってしてゐる」 香川県仲多度郡・三豊郡 高知県「何でもやり出したらしこる性分ぢゃった」「本を読みしこっちょる」 *__すーぬん__ 沖縄県首里「がくむんなかい すーどーん(学問に熱中している)」 *__ずぐになる__ 徳島県「あの人は碁にずぐになっとる」 *__せこむ__ 秋田県雄勝郡「あまりせこまないで少し休め」 *__たくる__ 歌山県東牟婁郡「遊びにたくる」 *__たんじいる__ 長崎県壱岐島「本読みにたんじいる」 *__のる__(一つのことに熱中する)高知県 *__はまゆん__ 沖縄県首里 *__はまりこむ__ 新潟県上越市・中頸城郡 *__はまる__ 新潟県「女にはまる」「はまって仕事をする」 岐阜県飛驒 大分県 *__ひになる__ 愛知県宝飯郡「ひになってはたらく」 島根県「何じゃと言うとひになってやる」 *__ひんなる__ 京都府竹野郡「ひんなって食う」 *__ふぃっかたんちゅん__ 沖縄県首里 *__へこむ__ 秋田県河辺郡 *__へっこむ__ 秋田県河辺郡「彼は野球にへっこんでる」 *__むちゅっける__ 栃木県

ねばる【粘】 *__いじかく__ 新潟県東蒲原郡「いじかいて最後までやり通した」 *__ぎたつく__ 長崎県壱岐島 *__こねる__ 長野県諏訪 *__しわる・しゅわる・じわる__ 新潟県佐渡「今日一日は空がしわるだろう」 *__どべくる__ 高知県・中村市・幡多郡 *__どろむ__(刻んだ海草などが粘りけを生ずる)長崎県対馬 *__にちゃく__ 静岡県 *__にちゃつく__ 滋賀県蒲生郡 兵庫県神戸市 和歌山県 *__ぼとつく__(べとべと粘る)静岡県榛原郡 *__むっつぁーるん・むっつぁなるん__ 沖縄県石垣島

ねぼう【寝坊】 *__うねーごろ__(大寝坊)鹿児島県鹿児島郡 *__うねごろ__(大寝坊)鹿児島県硫黄島・鹿児島郡 *__にーぬぶる__ 沖縄県鳩間島 *__にーぶいむし・にーぶやー__ 沖縄県首里 *__にだー__ 沖縄県与那国島 *__にびったれー__ 沖縄県石垣島 *__にふたらー__ 沖縄県竹富島 *__ねたぼー__ 佐賀県・藤津郡 長崎県西彼杵郡 *__ねたやん__ 大分県大分郡 *__ねだら__ 島根県隠岐島 *__ねたれ__ 香川県仲多度郡・三豊郡 *__ねたろ__ 富山県砺波 島根県大田市 香川県三豊郡 愛媛県 *__ねたろー__ 京都府愛宕郡 島根県石見 山口県 愛媛県周桑郡・喜多郡 福岡市 熊本県 大分県 *__ねふせごろ__ 鹿児島県 *__ねんぷこ__ 秋田県由利郡 →あさねぼう(朝寝坊)・「おきる(起)」の子見出し、「朝いつまでも起きない人」

ねま【寝間】 *__うらざ__ 沖縄県宮古島・石垣島 *__こざしき__ 長野県佐久 *__こなんど__ 三重県志摩郡 *__ざしき__ 栃木県 *__ざしち__ 沖縄県首里 *__しごみ・しごみへや__ 愛知県北設楽郡 *__にびくとん__ 沖縄県鳩間島 *__にんじくち__ 沖縄県国頭郡 *__やく__ 沖縄県黒島 *__ゆか__ 沖縄県石垣島 *__よー__ 沖縄県竹富島 →しんしつ(寝室)

ねまき【寝巻】 *__かいまき__ 千葉県香取郡 新潟県東蒲原郡 長野県佐久 *__たんぜん__ 富山県下新川郡 *__ねあわせ__ 島根県石見・那賀郡(袷の寝巻き) *__ねいしょ__ 宮城県仙台市 *__ねいそ__ 岩手県気仙郡 *__ねーしょ__ 宮城県石巻 山形県東置賜郡 *__ね__

き 山口県豊浦郡 *ねぎ 島根県鹿足郡 *ねぎむの 鳥取県西伯郡 *ねぎもの 新潟県佐渡・東蒲原郡 高知県幡多郡 熊本県天草郡 *ねぎょき 岐阜県武儀郡 *ねぎりもん 福井県坂井郡 鳥取県気高郡 島根県益田市・那賀郡 *ねば 富山県 *ねもくい 香川県伊吹島 愛媛県 *ねよぎ 島根県隠岐島 *ねんねば 富山県 石川県 *ねんねんぎ 鳥取県気高郡・岩美郡 *ゆるち 沖縄県 *よぎ 島根県出雲・隠岐島

ねむる【眠】 *うねる 宮城県 *うんねる 埼玉県秩父郡 千葉県東葛飾郡 神奈川県中郡 山梨県 *くたす（卑語）岩手県気仙郡 *くたずく（卑語）長崎県対馬・壱岐島 *ごねる 岐阜県飛騨「親爺はごねたかい」 *さいっぷす 福島県南会津郡 *しとめぁおりる 青森県津軽 *ちにる 宮崎県都城 鹿児島県肝属郡 *ちねる 鹿児島県 *ちんにる 鹿児島県肝属郡 *つぶる 茨城県新治郡 *つぼむ 岐阜県飛騨「ええ加減につぼまんと朝起きれん」 *どふさる（卑語）島根県出雲・隠岐島 *どぶさる（卑語）宮城県登米郡 千葉県君津郡 神奈川県 石川県鹿島郡 長野県下伊那郡 岐阜県 愛知県名古屋市 *どふす（卑語）山梨県 *どぶす（卑語）青森県津軽 福島県南部 神奈川県・中郡 静岡県磐田郡 *どふせる（卑語）富山県婦負郡 *にうん 沖縄県黒島 *にぶん 沖縄県石垣島・鳩間島 *にんじゅん 沖縄県首里 *にんどぅん・ぬっふん 沖縄県与那国島 *にんぶん 沖縄県竹富島 *ねおのまちへいく 島根県 *ねがたのまちへいく 島根県八束郡 *ねこかく 長野県佐久 *ねこをかく 群馬県吾妻郡 長野県上田 *ねのやまさいく 青森県三戸郡 *ねよのまちへいく 島根県仁多郡 *まくらぎさんにまいる 島根県出雲「さぁ子供たちは早ね（早く）まくらぎさんにみゃーらじ（寝ようよ）」 *めをひける 青森県南部
→ねる（寝）

ねや【閨】 ⇩しんしつ（寝室）

ねらう【狙】 *さずむ 静岡県「猫がねずみをさずむ」 *にらがう・ねんこう 新潟県西蒲原郡 *ねがける 新潟県佐渡 三重県 滋賀県彦根 京都市 大阪市 奈良県高市郡 和歌山市 愛媛県 *ねつらう 岐阜県 愛知県 三重県志摩郡 滋賀県彦根 *ねつろう 愛知県「猫が鼠をねつろー」 *ねめる 岩手県気仙郡 秋田県鹿角郡 山梨県 南巨摩郡 静岡県富士郡 *ねらがう 新潟県西蒲原郡 富山県 *ねろこる 和歌山県海草郡「猫が肴をねろこっている」 *ねんかくる 熊本県玉名郡 *ねんがくる 長崎県壱岐島 *ねんがける 新潟県佐渡 鳥取県西伯郡 岡山市 徳島県 香川県 愛媛県 高知県 長崎県対馬 *めめる 青森県

ねる【寝】 *いねつむ（正月の忌み言葉）兵庫県淡路島 *うとごる 徳島県三好郡 *うどこる・うところ 香川県「うどこっとる」 *うどごる 香川県男木島 *うとる 徳島県三好郡「しゃんしゃんうとりさがれ」・麻植郡 香川県大川郡・三豊郡 *うねる 宮城県 *うんねる 埼玉県秩父郡「めえましいからうんねるか（いまいましいから寝るか）」 千葉県東葛飾郡 神奈川県中郡 山梨県「明日あ、ほのぼのあけにゃあ起きないばどーで、早くうんねる（明日は暁には起きなければならないから早く寝る）」 *おっぺる 茨城県稲敷郡 *おぷさる（幼児語）栃木県中部 *かーる 山梨県 *かやる 鹿児島県揖宿郡「仰ぎかやっちょったや」 *きゃーる 富山県下新川郡 *くたう 佐賀県 *くたおす 大分県南海部郡 *くたげやーる 千葉県安房郡 *くたす（卑語）岩手県気仙郡「くたせ（寝ろ）」「くたされ（寝なさい）」 *くたずく（卑語）長崎県対馬・壱岐島 *くたばる 静岡県田方郡 島根県「酒に酔ってくたばりこーだ（寝込んだ）」 愛媛県周桑郡（卑語） 大分県大分郡・宇佐郡 *くたわく 福岡県三瀦郡 長崎県壱岐島 熊本県玉名郡 大分県東国東郡 *くたわす 福岡県朝倉郡 *くとさる 長崎県壱岐島 *くとずく 大分県日田郡「早くくとづく」 *くわばる 大分県南海部郡 *しまう 高知県香美郡「はよーにもーしまい、しまい（早くもう寝なさい、寝なさい）」 *すがる 長野県北安曇郡「すがれ」 *そべーる 長野県諏訪・佐久 *そべる 茨城県「おそべりなさい」 栃木県 群馬県 埼玉県秩父郡「つかれたから少しそべれ」 千葉県 新潟県 山梨県 長野県「おそべりなんし」 三重県志摩郡 広島県高田郡 高知県幡多郡「もうそべらんせや」 *つくしがる 青森県津軽「さきたから、はらやめるて、つくしがてらね（さっきからね、腹が痛むといって、うつぶしているんですよ）」 *つくしなる 青森県上北郡 *つんぶさる 長野県南部「前後も知らずつんぶさって居る」 *どぅぐん 沖縄県与那国島 *どがる（幼児語）長野県北安曇郡 *どくさる（卑語）石川県 神奈川県逗子・三浦郡 *どぐさる（卑語）神奈川

方言の窓

●奄美・沖縄地方の方言

各地で差があるが、ア、イ、ウの三母音の地域が見られることが特徴的であり、そこでは、アミ（雨）、クム（雲）のように標準語のエ列音にイ列音が、オ列音にウ列音がそれぞれ対応している。

また、パナ（鼻）、ピギ（ひげ）のようにハ行音がパ行音で現れることなど日本語の古い姿を残している。奄美などではハチュン（書く）のようにカ行音がハ行音に変わっている。

動詞の終止形はカチュン・カキュリ（書く）、形容詞の終止形はアカサン（赤い）のような形をとる。このカチュンは「書き居り」、アカサンは「赤さ有り」に由来すると言われている。

また、助詞の使い方にも特徴があり、「ミチカラ、アッチュン」（道を歩く）のように「を」に「カラ」が対応している。

県　石川県　＊どくしゃる・とっかる（卑語）愛媛県大三島　＊どくしゃる（卑語。ふてくされて寝る）愛媛県弓削島　＊どける　新潟県東蒲原郡「どけしゃれ（寝よ）」　＊とこずく　新潟県佐渡「仕事もせんではや、とこずいたのか」　島根県「何時（いつ）までもとこずかんではー（早く）起きー」「風邪で三日程とこずいた」　＊とこばる　岡山県児島郡　香川県高見島　愛媛県　高知県「間さえありゃとこばるものがぁるか」・高岡郡・幡多郡　＊とこぶせる　新潟県佐渡「早くとこぶせろ」　＊とこる（卑語）兵庫県淡路島　＊どさばる（卑語）神奈川県都筑郡「どさばれ」　＊どっさる（卑語）富山県砺波　石川県河北郡・金沢市　＊どふさる（卑語）島根県出雲・隠岐島　＊どぶさる（卑語）宮城県登米郡　千葉県君津郡　神奈川県　石川県鹿島郡　長野県下伊那郡　岐阜県「ぶつぶついわず、早うどぶされ」　愛知県名古屋市　＊どぶす（卑語）青森県津軽　福島県南部　神奈川県・中郡　静岡県磐田郡　＊どふせる（卑語）富山県婦負郡　＊どんぶす　北海道南部「どんぶせ（寝なさい）」　＊にうん　沖縄県黒島　＊にぶん　沖縄県石垣島・鳩間島　＊にんじゅん　沖縄県首里　＊にんどぅん・ぬっふん　沖縄県与那国島　＊にんぶん　沖縄県竹富島　＊ぬいと　長崎県五島　＊ねこかく　長野県佐久　＊ねこずる　山梨県　＊ねこっる　三重県北牟婁郡「こいさぁーはよーねこっろでぇ（今晩は早く寝ようよ）」　＊ねこをかく　群馬県吾妻郡　長野県上田　＊ねまる　宮城県石巻・仙台市　新潟県北蒲原郡・東蒲原郡　長野県北安曇郡　岐阜県　島根県能義郡　長崎県南高来郡　鹿児島県肝属郡　＊ふがしゃる（卑語）山形県村山・最上「さっさとふがしゃれ（寝ろ）」　＊ふけぁさる　秋田県平鹿郡「早くふげぁしゃれ」　＊ふさる　岩手県気仙郡　福島県中部　栃木県「胸元いてんで、ちーっとふさってたんだよ」　千葉県夷隅郡　静岡県志太郡「風邪でふさってます」　奈良県南大和　島根県石見・出雲・隠岐島「いつまでもふさらんこーに畑へ行ったら」　岡山県苫田郡　＊ふす　山形県西置賜郡　＊ぶっくりきゃーる　東京都八丈島「ぶっくりきゃーってやすみやれ（横になってお休みなさい）」　＊へーゆい　鹿児島県喜界島　＊ほてがえる　新潟県・中頸城郡（ふて寝する）・西頸城郡（ののしって言う語）　＊ほてがる　新潟県中頸城郡　＊ほてる　新潟県西頸城郡　長野県北安曇郡「ほてろ（寝ろ）」　＊やっぷす　岩手県九戸郡　＊ゆくいよーるん（尊敬語）沖縄県石垣島　＊ゆくゆん　沖縄県首里　＊ゆこーん　沖縄県石垣島・小浜島（ていねい語）

↓おうが（横臥）・ねむる（眠）

あおむけに□　＊あおえなる　山形県最上郡　＊あおのけかえる　山形県庄内　＊あおんなる　山形県　＊あごのけてんじょかく　富山県砺波　＊あごはる　和歌山県東牟婁郡　＊たっぱかやす　和歌山県東牟婁郡　＊だんばらをうつ　島根県八束郡　＊どーげる　新潟県佐渡　＊どんばらかえす・どんばらかく　兵庫県加古郡　＊どんばらかやす　香川県三豊郡　＊ねっくりかえる　山形県庄内　＊ねっくるけーる　神奈川県中郡

うつぶせに□　＊うつむりをふく　長野県下伊那郡　＊おっぷさーめ・おっぷさめ　長野県佐久　＊ながずる　高知県土佐郡

大の字になって□　＊だんばちがやす　長崎県北松浦郡　＊だんばちがやる　長崎県壱岐島　＊でんばちがえる（卑語）熊本県玉名郡

□こと　＊こー（幼児語）宮城県仙南・石巻・仙台市「さー、こーとすんべね。坊や一人でこーとねんねしすか」　山形県　栃木県　＊こーこ（幼児語）山形県「こーこする」「こーことねる」　＊ごーご・ごーや（幼児語）島根県出雲「いい子だから早くごーごしょーや」「早くごーやせーよ」　＊こーや（幼児語）宮城県仙台市　＊ごご・ごー（幼児語）福岡県久留米市・八女郡　＊ここや（幼児語）山形県東村山郡「ここやする」　＊ごっこ・ごこ（幼児語）青森県南部　＊こっこー（幼児語）山形県西置賜郡　＊こっこやー（幼児語）宮城県石巻「こっこやぁとする」　＊こんこ（幼児語）秋田県平鹿郡「早くこんこすれ」　＊どがい　新潟県東蒲原郡「どがいしゃれ（寝よ）」　＊どんぼがえり・どんぼーかえり（あおむけに寝ること）新潟県佐渡　＊ねた（幼児語）島根県「えー子じゃけー早うねたをしょー」　＊ねたこ（幼児語）島根県大田市　＊ねね（「ねる（寝）」の「ね」を重ねたものか）山形県西置賜郡・南置賜郡　＊ねまち　栃木県　＊ねんこ　栃木県　＊ねんねー　静岡県志太郡　＊ねんねこ　石川県（幼児語）　和歌山県　香川県　高知県　長崎市　＊よこじゃらけ　秋田市「よこじぁらけになる」　＊よこだっぺ　栃木県　＊んな（幼児語）沖縄県石垣島「んなーしん（ねんねする）」

□の尊敬語　＊うぇーしみせーん　沖縄県首里「うぇーしみせーびり（おやすみなさいませ。夜の挨拶）」　＊おいる　茨城県「おいりなさい（寝たまえ）」　＊およる（「およる（御夜）」の動詞化）岩手県　山口県阿武郡　香川県「もー坊ちゃんがおよった」　大分県　＊およんなる　大分県西国東郡　＊ぎょしなる　兵庫県淡路島　和歌山市「もうぎょしなったかのし、早いのし」　高知県「お湯に入りなーれてからぎょしなったらどーでございますぞ」　＊ぎょじなる　大阪市「もうぎょじなりました」　＊げしなる　岐阜県本巣郡　兵庫県淡路島　島根県出雲「少しお前もげしなったらどげか」　広島県御調郡　徳島県

横になって□　＊こかる　和歌山市「一寸こかって待ってよら」　＊こける　滋賀県彦根　＊ぶっかえる　栃木県　東京都三宅島

ねんいり【念入】　＊おくねんじき　愛媛県・松山「おくねんじきな事おしなや」　＊ねんご　香川県　＊ねんごー　和歌山県日高郡　岡山県　広島県双三郡　香川県仲多度郡・三豊郡　＊ねんしゃ　石川県鹿島郡　福井県　岐阜県飛驒　＊ねんしょー　岐阜県飛驒

の

のうか【農家】 *こーじぼー（中産の農家） 埼玉県北葛飾郡 *こやけ（中小農家） 秋田市 *ざいご・ざい 熊本県下益城郡 *だんぴゃくしょ 熊本県上益城郡 *ひゃくしょーわら 熊本県八代郡

のうぎょう【農業】 *のー 新潟県佐渡 兵庫県加古郡 香川県大川郡 *はるしくち 沖縄県首里
→のうさぎょう（農作業）・のうじ（農事）

のうこう【農耕】 ⇩のうさぎょう（農作業）

のうこう【濃厚】 *ごったり 長野県諏訪 *ごっちゃり 新潟県 *ごっとり 山形県米沢市 新潟県「血がごっとりつく」 *のっぺり 青森県南部
→こい（濃）
□だ *あくどい 島根県邇摩郡 *いげちない・いぎちない 山口県豊浦郡 *えげつない 大阪市「こんなえげつないもん食はれへん」 *おもくろしー 滋賀県神崎郡 *こたっけ 栃木県南部 *こだっけ 栃木県西部 *こたっこい 茨城県猿島郡 群馬県邑楽郡 埼玉県南埼玉郡・川越 *こわい 栃木県 長野県「こわく書く」

のうさぎょう【農作業】 *かどい（農耕の作業） 鹿児島県肝属郡 *しご 島根県「麦のしごがまだすまん」 愛媛県 *しごー 山口県玖珂郡 愛媛県・大三島 *のー 新潟県佐渡「のうがすすむ（例年より農作業が早い）」 兵庫県加古郡 香川県大川郡
→のうぎょう（農業）・のうじ（農事）
□や屋根ふきなどを互いに手伝い合ってすること *い 福井県敦賀市 熊本県芦北郡「いする（互いに加勢する）」 宮崎県東諸県郡 鹿児島県肝属郡「いをする」・奄美大島 *いー 新潟県「田植をいいにしてくれんか」 石川県珠洲郡 福井県 長野県南佐久郡 静岡県志太郡・安倍郡 滋賀県高島郡 島根県石見「隣の田植のいーに行く」「いーをいれる（労働交換をする）」 広島県 山口県・豊浦郡・玖珂郡 徳島県美馬郡 愛媛県 高知県「いひをやとふ」 佐賀県・藤津郡 熊本県「いいしてくれんか」 鹿児島県・種子島・喜界島 沖縄県首里「いー回る（順番に手伝い合う）」 *いーかい 高知県香美郡「いいかいに行きます」 *いーがえ・いーかわし 熊本県上益城郡 *いーがき 栃木県安蘇郡・那須郡 *いーじ 鹿児島県沖永良部島 *いーしごと 栃木県 神奈川県藤沢市 *いーしろ 長崎県壱岐島「いーしろでむしち、田の草をとらにゃ」 *いーたば 鹿児島県沖永良部島 *いーたばー 鹿児島県喜界島 *いーっこ 栃木県 *いーとり 島根県石見 熊本県阿蘇郡・上益城郡 *いーはか 新潟県佐渡「いーはかをせんか」 *いーやっこ 千葉県東葛飾郡 *いえー 埼玉県北葛飾郡「あらくりをいえーにやる」 *いえっこ 群馬県多野郡 *いしごと 栃木県 *いに・いにやっこ 千葉県東葛飾郡 *いゆ 鹿児島県 *いり 静岡県志太郡 山口県 *え 新潟県・岩船郡 富山県射水郡 石川県 *えー 岩手県上閉伊郡 山形県庄内「えーする」 群馬県勢多郡 千葉県東葛飾郡「仕事をえいでやる」・長生郡 神奈川県津久井郡 新潟県 富山県砺波 石川県 福井県丹生郡「田植えはえいで植える」 長野県「屋根の葺替をするには各戸より萱を持寄って順番にえいをして葺いてゐる」 *えーかい 石川県珠洲郡 *えーしごと 栃木県 神奈川県津久井郡 静岡県賀茂郡 *えーっこ 栃木県 群馬県勢多郡 新潟県上越市 長野県南佐久郡・上田 *えーとり 熊本県下益城郡 *えがえ 富山県射水郡「ことしゃたろべえさのとことえがえして、たぁえゔょーまえけ（今年は太郎兵衛さんの家と助け合いで田植えをしよう）」・砺波（田植えの時だけに言う） *えたがい 富山県砺波 *えっこ 長野県南佐久郡 *ゆ 鹿児島県 *ゆい 岩手県上閉伊郡「ゆえをなす」・胆沢郡 宮城県 秋田県雄勝郡 山形県 福島県 茨城県久慈郡 栃木県「ゆいする」 千葉県下総 東京都大島 新潟県佐渡 富山県砺波 石川県珠洲郡 山梨県南巨摩郡 長野県「ゆいに願ひます」 岐阜県郡上郡「たいえ（田植え）はゆいでやらまいか」 静岡県 三重県飯南郡 滋賀県 奈良県南大和 鹿児島県奄美大島 沖縄県八重山 *ゆいがわせ 三重県飯南郡 *ゆいこ 青森県 岩手県九戸郡・盛岡市 宮城県大島 秋田県鹿角郡 *ゆいしごと 栃木県 *ゆいっこ 岩手県気仙郡 秋田県平鹿郡 群馬県多野郡 *ゆいとり 岩手県下閉伊郡 *ゆいはか 宮城県大島「ゆいはかしてけらい」 *ゆいやっこ 千葉県東葛飾郡 *ゆー 石川県江沼郡 岐阜県吉城郡 鹿児島県肝属郡 *ゆーで 京都市 *よい 岩手県気仙郡「よえかりる」・胆沢郡 宮城県玉造郡・遠田郡 山形県「よい貸す」 茨城県 新潟県岩船郡・東蒲原郡 *よいこ 青森県津軽 岩手県和賀郡 宮城県大島 秋田県鹿角郡「よえこして稼ぐ」 *よいしごと 静岡県賀茂郡 *よいっこ 岩手県気仙郡「よいっこかす（手伝いを受けて後にそれを返す）」 *よいっぱか 栃木県矢板市・那須郡 *よいとり 岩手県上閉伊郡・気仙郡 栃木県芳賀郡 *よいどり 栃木県河内郡

のうじ【農事】 *のやまんしごつ 鹿児島県肝属郡 *のやましごと 奈良県南大和
→のうぎょう（農業）・のうさぎょう（農作業）

のうはんき【農繁期】 *かいさくどき 石川県羽咋郡 *ごがつあき（陰暦五月の農繁期） 奈良県宇陀郡 *しあけ 徳島県 *しっけ 愛媛県南宇和郡 *しつけどき（春の農繁期） 新潟県中頸城郡 *しんがつ・しんげつ 香川県小豆島 *たんぼどき（六月の、田植えを中心とした農繁期） 静岡県

志太郡 *ぬーどき 山形県東田川郡 *のー・のーどき(四月から六月にかけての農繁期) 茨城県多賀郡 新潟県佐渡「のーのさなか」 *みのとき 香川県

のうふ【農夫】 ⇩のうみん(農民)

のうみん【農民】 *おこしもがどぃ(「おこし」は鋤(すき)、「もが」は、馬鍬(まぐわ)) 鹿児島県肝属郡 *がいるきり 大阪府泉北郡 *かいるきる 奈良県 *かえるきり・かえるとばし 奈良県吉野郡 *からいもつくい 鹿児島県肝属郡 *くろくわ 三重県志摩郡 *ごんじゅ(卑称) 富山県西礪波郡 *さくしゃー 鹿児島県喜界島 *さくにん 徳島県 鹿児島県奄美大島・徳之島 *さっにん・しゃっにん 宮崎県西諸県郡 *さっにんごろ(卑称) 鹿児島県 *しくりぴとぅ 沖縄県波照間島 *たーかいしゃー(「田を耕す者」の意) 沖縄県石垣島 *たーちくりぴとぅ 沖縄県西表島 *たーつぃくりぴとぅ・たーつぃくりゃー 沖縄県石垣島 *たーつくりゃー 沖縄県八重山 *たーぱたきしくるぷす 沖縄県鳩間島 *たぞー 兵庫県加古郡 *つぃくりぴとぅ 沖縄県石垣島「つぃくりぴとぅぬやー(農家)」 *つぃくるぴとぅ 沖縄県新城島 *つくいとー 沖縄県与那国島 *つくやー 沖縄県首里 *つくるぴとぅ 沖縄県小浜島 *のーにん 新潟県北蒲原郡 沖縄県黒島 *のらど 京都府竹野郡「もうのらどがもどってくるでしょう」 *のろーど 山梨県 *ぱたぎつぃくりゃー 沖縄県石垣島 *ぱたぎつくりゃー 沖縄県八重山 *はてすくりひとぅ 沖縄県竹富島 *ぱりさー 沖縄県宮古島 *はるあっちゃー(「あっちゅん」は歩くの意) 沖縄県首里 *はるさー 沖縄県中頭郡 *はるしゃー 鹿児島県喜界島 沖縄県首里 *はるんちゅ 沖縄県島尻郡 *はるんとー 沖縄県与那国島 *ひーみん 沖縄県石垣島 *むずくい 沖縄県首里 *んむつくやー(「芋を作る者」の意) 沖縄県首里 →ひゃくしょう(百姓)

のき【軒】 *あまだい 沖縄県竹富島 *あまだら 沖縄県鳩間島 *あまだり 鹿児島県徳之島 沖縄県石垣島・波照間島 *あまだれ 栃木県 広島県 *あまだれぐち 島根県 *あまたれじた 富山県 *あまんだれ 静岡県川根 *あみだい 沖縄県首里 *あみだれぐち 石川県能美郡 *えんのき(「えん」は「家」あるいは「縁」か。家屋の軒) 静岡県 *おーぶた 徳島県 香川県大川郡 *おぶた 徳島県 *きし 奈良県宇智郡 *きしな 奈良県吉野郡 *ぎや 岐阜県飛騨 *け 岡山県御津郡 香川県粟島 *げ 秋田県 山形県 三重県伊賀・志摩郡 島根県 岡山県苫田郡 香川県 熊本県玉名郡・阿蘇郡 *げー 静岡県庵原郡 香川県「げーが深い」 愛媛県 *げーや 熊本県下益城郡 *げや 富山県砺波 山梨県・南巨摩郡 静岡県庵原郡 香川県 愛媛県 熊本県 *けらぼ 奈良県宇智郡 *じくだれ(屋根が一重の軒) 島根県簸川郡・出雲市 *すすな 福井県 *たばね 鳥取県西伯郡 島根県 *ぬきばら・ぬちばら 鹿児島県沖永良部島 *ぬくだれ 長崎県南高来郡 *のきさき 熊本県天草郡 *のきだれ 山梨県南巨摩郡 香川県木田郡 熊本県阿蘇郡・天草郡 *のぐち 長崎県南高来郡 *ぱねぃ・くらんぱねぃ(高倉の軒) 鹿児島県喜界島 *やねざら(屋根の軒) 東京都西多摩郡 *やねじり(屋根の軒) 広島県江田島 *やんだれ 愛媛県・大三島「やんだれぐち(軒端)」

のきした【軒下】 *あまうち 愛知県北設楽郡 島根県出雲 *えんのき(「えん」は「家」あるいは「縁」か) 長野県下伊那郡 *えんのした 石川県 広島県高田郡 *えんば 石川県河北郡 *おーだれ 島根県鹿足郡・益田市 香川県豊島 *おーと 富山市 *おだれ 埼玉県入間郡 千葉県上総・夷隅郡 山梨県 兵庫県赤穂郡「あの人、おだれに立っとる」・淡路島 和歌山県西牟婁郡 岡山県・浅口郡 香川県豊島 高知県安芸郡 鹿児島県肝属郡 *おりと 富山県 *がぎじた 富山県 *がげ 新潟県中頸城郡 *かけいり 長野県下伊那郡 *かけいれ 岐阜県益田郡 *がげした 長野県更級郡・埴科郡 *がげじた 富山県砺波 *かけっら 岐阜県郡上郡 *かべなし 大分県 *がんぎ 新潟県中頸城郡 福井県 *がんぎばた 新潟県上越市 *がんげ 福井県今立郡 *げや(家屋の軒下) 岩手県和賀郡 福井県敦賀郡 静岡県磐田郡 奈良県南大和 *こまや(店前に出し掛けて作った軒下) 山形県 *こみせ 富山県婦負郡 *じゃ(家屋の軒下) 滋賀県滋賀郡 *すすな 福井県大飯郡 京都府北部 *すばる 和歌山県東牟婁郡 *ぬきぐち 岐阜県恵那郡 *ねぎだれ 福岡県浮羽郡 *のきだら 三重県阿山郡「こーゆー軒だらいずーっと干すの」 *のきだれ 福岡県粕屋郡・福岡市 熊本県・八代郡 *ほきね・ほーきね 愛媛県周桑郡 *もだー 島根県出雲 *もだり・もだれうち 島根県 *もだれ 鳥取県西伯郡 島根県 広島県 *やぎね(農家の軒下) 愛媛県 *やすだれ・やしだれ 愛媛県 *やぜ 島根県那賀郡・江津市 *やだれ 島根県鹿足郡・邑智郡 広島県 山口県 福岡県企救郡 長崎県対馬 *やなげ 三重県南牟婁郡 *やなばした 岐阜県飛騨

のく【退】 ⇩どく(退)

のけもの【除者】 *あまされがき(世間からもてあまされ、のけ者にされる者) 岩手県紫波郡 *あまされもっけ(世間からもてあまされ、のけ者にされる者) 青森県三戸郡 *あまされもの(世間からもてあまされ、のけ者にされる者) 岩手県気仙郡 新潟県岩船郡 *おっぱじきもの 群馬県多野郡 *すぽ 大分県「すぽにする」「誰某はすぽぢゃ」 *すらっこ 高知県 *なかはず 三重県志摩郡 *はさんだし 島根県八束郡 →なかまはずれ(仲間外)

□**にする** *なかまはずし(制裁のために村のつきあいからのけ者にすること) 兵庫県佐用郡 長崎県五島 熊本県天草郡 *なかまはんぎり(制裁のために村のつきあいからのけ者にする

こと）千葉県長生郡　*はさくる 宮崎県西臼杵郡　*はざくる・はだくる 大分県大分市・大分郡　*はざける 愛媛県　*はざのくる 大分県日田郡「彼は仲間からはざのけられた」　*はちぶ（のけ者にすること）茨城県北相馬郡　栃木県　群馬県　埼玉県　千葉県東葛飾郡　東京都大島　神奈川県津久井郡　新潟県佐渡　富山県砺波　福井県・大野郡　山梨県南巨摩郡「いじわるの子だからはちぶしよう」　長野県「はちぶする」　岐阜県大垣市・養老郡　静岡県　愛知県尾張・知多郡　三重県北牟婁郡　大阪府泉北郡　島根県美濃郡・益田市　岡山県備中北部　徳島県三好郡　*ふかげる 青森県上北郡　*ほーくる 愛媛県　*ほーけにする 徳島県「家内中の者が私をほーけにする」　*ほっちゃる 富山県　*むくじーだす 鹿児島県肝属郡

のける【退】　*どぅきなしゅん 沖縄県首里　*へのける 島根県「仲間からへのけた」　岡山県浅口郡　*よかえる 山形県北村山郡「馬がくるからよがえでえろ」　*よかせる 富山県
→とりのける（取除）・とりのぞく（取除）

のこぎり【鋸】　*がんど 富山県中新川郡　石川県能美郡　福井県　三重県阿山郡・度会郡　京都府北部　*がんどー 山梨県南巨摩郡　静岡県志太郡・磐田郡（柄の長いのこぎり）　兵庫県美方郡　*くまさか 山形県西置賜郡　*ごそ 三重県度会郡・北牟婁郡　*こぶくら 静岡県周智郡（並型ののこぎり）・磐田郡（並型ののこぎり）　奈良県吉野郡　*さんまがり（山言葉）福島県南会津郡　*じーこん（幼児語）埼玉県秩父郡　*ずり 山形県「づりくづ（鋸屑）」　福島県南部　群馬県勢多郡・山田郡　*つつ 大分県速見郡　*ぬいる 沖縄県竹富島　*ぬきる 沖縄県鳩間島　*ぬくじり 沖縄県首里　*ぬっきり 沖縄県石垣島　*のこずり 宮城県　山形県　福島県　茨城県久慈郡　栃木県　群馬県　埼玉県大里郡・川越市　千葉県山武郡　新潟県　石川県石川郡　*のこぞり 山形県西村山郡・北村山郡　*のこんずり 秋田県由利郡　*ひっきり 熊本県芦北郡　*まんがり 山形県西置賜郡

大形の□　*おが 岐阜県飛驒　滋賀県彦根　和歌山県日高郡　徳島県海部郡　佐賀県　長崎県南高来郡・長崎市　*おがのこ 新潟県佐渡　*かがり 山形県鶴岡市　*ががり（木を切る時に出る音からの称か）静岡県浜松　*がんがらずり 山形県東村山郡　*かんがり 山形県　新潟県岩船郡　三重県度会郡　*がんがり 岩手県気仙郡・平泉　宮城県　山形県庄内　静岡県庵原郡　三重県志摩郡・度会郡　*がんぞ 兵庫県加古郡　*がんど 富山県　石川県鹿島郡・能美郡　福井県大野郡・坂井郡　岐阜県　京都府愛宕郡　兵庫県但馬　島根県隠岐島　岡山県邑久郡　*かんどー 石川県江沼郡　*がんどー 石川県金沢市・河北郡　山梨県南巨摩郡　長野県東筑摩郡　岐阜県大野郡　兵庫県但馬　徳島県　*がんどーのこ 岡山県苫田郡・岡山市　*がんどのこ 島根県　愛媛県大三島　*こが 奈良県吉野郡　*こぶくら 静岡県榛原郡・磐田郡　愛知県宝飯郡　*だいぎり 新潟県佐渡　*てんのーじ（もと大阪天王寺でできた軍事用の道具という）山形県西置賜郡　新潟県東蒲原郡　*どーぎり（木挽きが使うもの）島根県石見　*まえびき（木挽きが使うもの）福島県石城郡　新潟県岩船郡　京都府竹野郡　奈良県吉野郡　和歌山県日高郡　*まえら（木挽きが使うもの）三重県一志郡（縦びき）・度会郡　滋賀県彦根

小形の□　*がんどぎり 島根県大原郡　*てのこ（刃の部分が三十センチ㍍以下でさやのある小さなのこぎり）静岡県磐田郡　*のこずりこ 宮城県平泉

中形の□　*あなひき 島根県隠岐島　*こが 和歌山県日高郡

のこり【残】　⇨「あまり（余）」の子見出し、「もののあまり」

のせる【載・乗】　*いちける 茨城県稲敷郡　栃木県　群馬県　埼玉県大里郡・北葛飾郡「盆にいちける」　千葉県印旛郡　*いっける 福島県南部「車さいっける」　茨城県　栃木県　群馬県　埼玉県「神棚へえっけておけ」　千葉県「その上にいっけるんだ」　東京都八王子　神奈川県横須賀市　長野県　静岡県　*いっちける 福島県岩瀬郡「尻をいっちける（腰を掛ける）」　栃木県「それを棚へいっちけろ」　群馬県山田郡　*いっつける 栃木県佐野市・大田原市　*うちける 群馬県吾妻郡・多野郡　*うっける 埼玉県秩父郡　千葉県山武郡　*うっちける 群馬県多野郡「棚に道具をうっちける」　*おっける 千葉県香取郡　*きける 東京都八王子・大島「まっこぎ（いろり縁）に足をきけるな」　神奈川県　山梨県南巨摩郡「荷物を車いきける」　静岡県「そこへきけておけ」　*けける 神奈川県　山梨県　静岡県「棚の上にけけってある」　*しける 静岡県「机にしけてある本をおくれ」　*すける 兵庫県赤穂郡「これを棚の上へすけておけ」　島根県石見　岡山県「盆にすける」　広島県「台をすける」　香川県小豆島　*ちける 宮城県登米郡　茨城県・猿島郡　栃木県「そのびんを棚にちけとけ」　神奈川県津久井郡　*ちっける 茨城県猿島郡　栃木県　埼玉県入間郡　静岡県　*つこえる 宮城県　*つっける 千葉県　*つっこえる 岩手県気仙郡　宮城県　秋田県仙北郡　福島県相馬郡　*とぼやかす 長崎県対馬「気に入りさうな事を言うて人をとぼやかす」　*のしける 千葉県印旛郡　*のすける 千葉県印旛郡・山武郡　新潟県佐渡　静岡県「本を机の上にのすける」　広島県高田郡　*のっきける 山梨県南巨摩郡「ラジオをここいのっきけるよ」　*のっけける 山梨県東八代郡　*のっちける・のちける 栃木県「棚にのちければ身軽になる」　*ひっけける 静岡県「棚の上にひっけける」・駿東郡　*ひっける 東京都御蔵島

のぞく【除】 ＊さらいつける 富山県「隅の方へさらいつけとけ」 ＊のすける 島根県邑智郡 ＊はぐす 静岡県「これをはぐしておく」 ＊ばらく 鳥取県東部「不成績者をばらく」
→とりのける（取除）・とりのぞく（取除）

のぞく【覗】 ＊すかす 千葉県印旛郡 ＊つんのつく 東京都八丈島 ＊ぬしきるん（文語形は「ぬしきん」）沖縄県石垣島 ＊ぬばがゆん（ちょっとのぞく）沖縄県首里 ＊まがってみる 岩手県上閉伊郡 宮城県「襖（ふすま）の隙間からお客様まがってみるなんて、とっても不調法でがすつぉ」 福島県「井戸まがってみっと、あぶねぇ」 栃木県日光市 ＊まがる 岩手県九戸郡「石穴をこーまがって、上さつえだ（上についた）あわびも取ってみだり」 ＊よずく 広島県比婆郡

のっぽ ⇩「せ（背）」の子見出し、「背の高い人」

のど【喉】 ＊かまくらけど 鹿児島県肝属郡 ＊くんた 沖縄県与那国島 ＊ごんのくび 富山県 ＊のどぎっちょー 福岡市 ＊のどこ 鹿児島県肝属郡 ＊のどさか 奈良県南大和 ＊のどっぺ 秋田市 ＊のどべ 青森県上北郡 石川県 ＊のどぺ 青森県 ＊ぶんのくだま・ぶんのくど 長野県佐久

のどぼとけ【喉仏】 ＊おしゃり・おしゃりさん 島根県出雲市 ＊くんた 沖縄県与那国島 ＊こつぼとけ（火葬にした人骨の中で、仏身に似た骨、のどぼとけ）島根県邇摩郡・邑智郡 ＊しゃり 島根県飯石郡 ＊ぬーでぃーぐーふ 沖縄県首里 ＊ぬどぅくんつぁー 沖縄県石垣島 ＊ぬどぅしじ 沖縄県鳩間島 ＊のぞのおくさん・のぞのほときさん 奈良県南大和 ＊のどきんだま 新潟県西頸城郡 ＊のどこ 山形県 ＊のどたんこ 山形県東置賜郡 ＊のどだんご 宮城県登米郡 山形県西置賜郡・南置賜郡 新潟県中蒲原郡 ＊のどちんこ 神奈川県津久井郡 ＊のどちんぼ 静岡県榛原郡 ＊のとっこ 青森県上北郡 ＊のどのひころく 和歌山県 ＊のどのほとけさん 奈良県 ＊のどひめごじょ 長崎県壱岐島 ＊のどべのこ 新潟県中頸城郡・西頸城郡 ＊のどぼーず 熊本県 ＊のどぼず 熊本県玉名郡 ＊のどまめ 東京都西多摩郡 島根県 広島県高田郡 ＊びく 香川県 ＊ひこさん 奈良県吉野郡 ＊れんげ 島根県出雲 ＊れんげぼね 島根県出雲市・能義郡

ののしる【罵】 ＊あくたれる 千葉県山武郡 長野県諏訪 静岡県志太郡 ＊あぶせる 山梨県 ＊あらす 広島県 愛媛県 ＊いーちゆん 沖縄県首里 ＊おろしくやす（ひどくののしる）長崎県対馬 ＊おろす 岡山県 長崎県対馬 ＊げばす 富山県 ＊げべる 富山県射水郡 ＊こねやーる 千葉県上総 ＊しこく 島根県出雲 ＊しごく 島根県「彼をうんとしごいてやった」 岡山県苫田郡 ＊しゃまかす 東京都八丈島 ＊たける 岡山県苫田郡 ＊どくる 福井県大飯郡 ＊どぐる 兵庫県養父郡 ＊のへろぐ 栃木県 ＊のろう 新潟県中頸城郡 ＊ばじばる 青森県上北郡 ＊ばずばる 青森県津軽・上北郡 ＊ばちばる 青森県津軽 ＊ひやす 広島県比婆郡 長崎県佐世保市 ＊ぼらをとばす（大声でののしる）山口県 ＊めくちはだく 青森県上北郡 ＊わるごえつく（大声でののしる）島根県隠岐島 ＊わるごえでずく 島根県益田市

のびる【伸】 ①長くなる。 ＊のだつ 栃木県「草木がのだってる」 埼玉県秩父郡 東京都南多摩郡 徳島県 香川県大川郡「のだたん」 長崎県壱岐島「松がのだたん」 ＊のだる 高知県香美郡・長岡郡「昨夜児が出来ましたけれど、のだりませざった」 ＊のばる 富山県砺波 ＊のる 山形県米沢市「着物の皺ぁ、のる」 高知県 ＊ひとる 新潟県西蒲原郡 ＊ふとる 山形県米沢市「木あふとる」 新潟県佐渡・西蒲原郡 富山県・砺波「一年に十センチもふとった」 石川県 島根県鹿足郡 広島県 山口県大津郡 香川県三豊郡（赤子に言う） 愛媛県 高知市「昨日の雨で芍薬（しゃくやく）の芽が二寸ほどふとった」 福岡県三井郡・福岡市 長崎県西彼杵郡 熊本県 宮崎県 ほとる 香川県「ほとらす（生育さす）」
②つかれて動かなくなる。 ＊うたう 大阪府泉北郡 兵庫県明石郡 ＊げんたうたう 島根県飯石郡 ＊げんたがえる 島根県大原郡・仁多郡 ＊ぬたばる 秋田県鹿角郡 ＊ぬばちりゆん 沖縄県首里 ＊ねたばる 青森県津軽 ＊のたばる 北海道「とうとうのたばってしまった」 青森県南部 秋田県鹿角郡 岐阜県飛驒「酒を飲みすぎてのたばる」 和歌山県和歌山市・日高郡「あの人のたばった」 ＊のばえる 山形県南置賜郡「人の前にのばえて」・米沢市 山口県 ＊ふんのびる 長野県諏訪
よく□ ＊ふける 高知県高岡郡 ＊ほえる 千葉県 ＊ほーきる 山形県米沢市・南置賜郡 ＊ぽーける 福島県浜通「桑の葉がぽーける」 ＊ほきる 宮城県遠田郡・仙台市「一雨降ったっけ草こったにほきした」 山形県 福島県 茨城県 栃木県安蘇郡・下都賀郡「草がほきたから刈らなくちゃ」 群馬県 埼玉県入間郡・北葛飾郡 千葉県 東京都南多摩郡 神奈川県 新潟県佐渡 長野県佐久「穂がほきた」 愛媛県 高知県・幡多郡 ＊ほくる 青森県三戸郡 ＊ほける 青森県三戸郡 山形県 神奈川県津久井郡 新潟県佐渡・中頸城郡 長野県 高知県幡多郡 ＊ほこえる 静岡県榛原郡 兵庫県加古郡 愛媛県 高知県幡多郡 ＊ほごえる 滋賀県彦根

のぼる【上・登・昇】 ＊あーるん 沖縄県石垣島 ＊あこーるん 沖縄県石垣島 ＊さす 山梨県西山梨郡 ＊すぐる 富山県 石川県鳳至郡 ＊すじる 石川県北部 ＊たぐいやがい 鹿児島県鹿児島郡 ＊たぐる 奈良県吉野郡 ＊のしゃーがる 山梨県南巨摩郡「あんくらいの木に登るがおっかないだか、おれがのしゃーがる」 ＊のす 神奈川県 東京都大島「木にのすとさわがれんど（しかられるぞ）」 山梨県「魚が川上へのす」 長野県 静岡県「椎の木にのいた」 和歌山県日高郡 島根県石見「山にのす」

「石段をのす」 岡山県苫田郡 *のぼくる 愛知県西春日井郡 *はちあがる 長野県上伊那郡 *はちゃがる 長野県「火の見櫓(やぐら)へはちゃがる」 *はっちゃーがる 長野県諏訪「木へはっちゃーがる」 *はっちゃがる 岩手県気仙郡 宮城県栗原郡 長野県諏訪 *へあがい 鹿児島県 *へあがる 岩手県気仙郡「ようやぐっとへぁがった」 鹿児島県

のみ【蚤】 *あかうま(赤色で馬のようにはねるところから) 神奈川県中郡 新潟県佐渡「あかうまが飛んだ(ノミが逃げた)」・中頸城郡 奈良県 大分市 *あかしか 静岡県磐田郡 *あかんま 神奈川県中郡 新潟県中頸城郡 富山県砺波 岐阜県飛驒「風呂であかんまを拾う」 香川県大川郡 *いのしし 大分県大分市・北海部郡 *うどぅりむし・うどぅけりや 鹿児島県奄美大島 *がが(幼児語) 島根県 *きき(幼児語) 島根県美濃郡・益田市 *くりげうま 大分県大分郡 *しか 静岡県磐田郡 *しし 大分県速見郡 *だぶそ 広島県豊田郡 *たみ・たんめ 東京都八丈島 *のみす 香川県三豊郡 *のんの(小児語) 徳島県 *のんぴん 香川県 *ぷっちん(ノミやシラミの類) 宮崎県 *ぶと 群馬県多野郡 *めめ(幼児語) 山形県西村山郡 *めんめ(幼児語) 長野県下水内郡・東筑摩郡

のむ【飲】 *たべる 兵庫県赤穂郡(女性語) 岡山県苫田郡(接待の際の語で、自分の動作には用いない)・阿哲郡「苦けりゃー砂糖を入れて食べんさい」 徳島県「おちゃたべる」 香川県「酒はたべんでしょうわい(飲まないでしょうね)」 高知県「私はお酒はたべれんからあなたすけて下さい」 長崎市 *たぶる 長崎市 大分県大分郡 *どっくむ 栃木県

勢いよく□さま *がふらがふら 岩手県平泉 *ぐびっと 山形県東置賜郡・米沢市 *ぐびらぐびら 山形県米沢市「酒おんまそおに、ぐびらぐびらとのむ」 *ぐぴらぐぴら・ぐぴりぐぴり 山形県東置賜郡 *くびりくびり・くびくび 茨城県新治郡 *ぐびりぐびり 山形県山形市・米沢市 *ぐんぐん 沖縄県石垣島 *こーこー 鹿児島県喜界島 *ごっへごっへ 宮城県栗原郡 秋田県鹿角郡 *びーびー 沖縄県石垣島

酒を□ *うちぶろたてる(体内から温めるところから) 山形県 *おなずく 宮崎県東諸県郡 *のめたけはやかす 島根県隠岐島 *ばおりかぶる(「ばおり」は笠(かさ)の名で、笠(かさ)を作りながら酒屋をしてもうけた家の通り名) 青森県三戸郡 *へそにひく(少量の酒を飲む) 宮城県仙台市

一息に□さま *あむっと(幼児語) 宮城県仙台市「ほら、あむっとひとくち」 山形県東置賜郡「あむっと飲め」 *あもっと 青森県三戸郡 *こっぺり・ごっぺー 鳥取県西伯郡

のらしごと【野良仕事】 *たーいき 滋賀県彦根 *ほかしごっ 熊本県玉名郡 *やましごと 島根県 愛媛県宇和島市

のり【糊】 *おひめさん 大阪市「(夜、「のり」は忌み言葉なので、糊を買う時は)おひめさんをくれやす」 *ぬーかき 沖縄県石垣島

洗い張りをする時に使う□ *いせぶ 岩手県気仙郡 宮城県 山形県東村山郡・北村山郡 *いせぶのり 秋田県鹿角郡

飯粒を押しつぶして練って作った□ *おしのり 長野県 広島県比婆郡 *すっくぃー 沖縄県首里 *そくい 山形県 新潟県佐渡 島根県 山口県豊浦郡 香川県 *そこい 福岡県福岡市・粕屋郡 *そっくい 新潟県西頸城郡 三重県志摩郡 兵庫県加古郡 和歌山県 島根県 徳島県 香川県

のり【海苔】 *あかめ(採取期の終わりごろ採れる赤みを帯びた海苔) 東京都大田区 *ちかんのり(板状にしない生の海苔) 島根県出雲 *はちのすのり(板状にしないで干した海苔) 島根県邇摩郡 *はまな 山形県庄内

のる【乗】 *いちかる 茨城県稲敷郡 栃木県 *いっちかる 栃木県 *いっかる 福島県東白川郡 茨城県 群馬県山田郡 栃木県 群馬県「其の上にいっかっちゃいけねぇ」 埼玉県秩父郡・入間郡 東京都旧市域 新潟県佐渡「馬にいっかる」・中越 長野県上田・佐久 *えんがる 長野県佐久 *ちかる 栃木県 埼玉県川越 *ちっかる 埼玉県入間郡 *ぬさる 青森県南部 岩手県九戸郡・気仙郡「まっこさぬさる(馬に乗る)」 宮城県 秋田県鹿角郡「馬こさぬさる」 福島県 *ぬはる 青森県南部 岩手県中通 宮城県北部 山形県村山「ぬはると危い」 *のさる 岩手県 宮城県仙台市 秋田県北秋田郡「車にのさる」・鹿角郡 山形県「汽車にのさって来た」 福島県相馬郡 栃木県塩谷郡「なちたまねして(どのようにして)あーたどごへ(あんな所へ)のさったんだんべ」 新潟県佐渡 静岡県志太郡・榛原郡「机にのさる」 広島県 *のっちかる 栃木県 *のっつぁる 新潟県中頸城郡 *のはる 岩手県気仙郡

のる【載】 *きさる 長野県佐久 *すかる 広島県比婆郡 *ぶちかる 群馬県勢多郡

のろい【鈍】 *あどぅなさい・あどなさん 鹿児島県喜界島 *うーて 新潟県 *うーとー 岡山市 *うてー 千葉県山武郡 *うとい 東京都利島 新潟県岩船郡 愛知県知多郡 岡山市「正気ぅ失うて気分うとーなった」 広島県 *うとくさい 愛媛県 *おとい 富山県砺波 *きょろい 徳島県・阿波郡・美馬郡 香川県大川郡 *きょろくさい 徳島県「お前もきょろくさいやつじゃ」 *ぐずい 大阪市 兵庫県加古郡 徳島県・阿波郡・美馬郡 香川県「あいつ走るんぐずいやっちゃ」 *ぐつい 兵庫県但馬 香川県 *じーくたい 島根県出雲「あの男はじーくてーけん、急ぎ仕事に間に合わん」 *じゃーてー 島根県仁多郡 *じりくたい 島根県 *しるい 山形県庄内「歩がしるい」 *ずるい 茨城県稲敷郡 千葉県夷隅郡・市原郡 新潟県 長野県「仕事

がずるい」 愛知県奥設楽　鳥取市　島根県出雲「朝は羽根が露にぬれて蝗はずりー」 岡山県備中・岡山市「仕事がずりー」 香川県高松　福岡県小倉　熊本県 *ずるくたい 香川県三豊郡 *ずるこい・ずるずるしー 新潟県佐渡 *ずるっこい 長野県上田 *たるい 富山県射水郡（発育が遅い） 石川県金沢市　長野県下伊那郡　愛知県名古屋市「たるいことをする（ぐずぐずする）」 *たるくさい 長野県下伊那郡 *ちょろい 新潟県佐渡　岐阜県可児郡　静岡県田方郡　愛知県三河「仕事がちょろい」 滋賀県彦根　大阪市　兵庫県明石郡「ちょろい奴ちゃなあ」 和歌山県「そんなにちょろいことでは役に立たん」 鳥取県・西伯郡　岡山県・小田郡　徳島県　香川県　愛媛県 *ちょろくさい 大阪市　兵庫県明石郡「ちょろくさいことして、のいとり、わいがしたろ（どいて居なさい、私がしてやろう）」 和歌山市　鳥取県　島根県邇摩郡・隠岐島「何をさせてもちょろくさい」 広島県高田郡　徳島県 *ちょろくそい 島根県邇摩郡 *ちょろこい 滋賀県彦根・蒲生郡　大阪市「ちょろこいことぬかしてよる」 和歌山県「ちょろこい事してたら損するよ」 徳島県 *どぅんなさーん 沖縄県石垣島 *どぅんなさん 沖縄県首里 *どーろぐせー・とりくさい 長崎県対馬 *ところくさい 三重県志摩郡 *とりー 島根県出雲「あの男は仕事がとりて困る」 大分県 *とろい 青森県　福島県中部　新潟県佐渡　山梨県・南巨摩郡「仕事の手がとろいどーで能率は上らない」 長野県下伊那郡「歩くにとろい」 岐阜県「あいつはとろい奴で」 静岡県　三重県志摩郡　滋賀県彦根　京都府「そんなとれーこっちゃだめだ」 大阪市　兵庫県明石郡「そんなとろい事しとって片付くかい」・淡路島　島根県「そんなにとろいことでは追いつかん」 岡山県小田郡　広島県　山口県「われえみたようなとろい奴あ海に舟からほろけるい」 徳島県三好郡「手がとろい」 香川県「ここ不作がつづいたら品物の売れ行きもとろんなるで」 愛媛県松山　高知県　熊本県下益城郡 *とろくさい 青森県津軽「あの人は仕事は叮寧だけれどもとろくさぇーてまええでぁ」 長野県上伊那郡　岐阜県飛騨　愛知県奥設楽　三重県　京都市　大阪市　兵庫県明石郡「見とられんな、とろくそーて」 奈良県　鳥取市　島根県　岡山県児島郡「おめえのしょうるこたあなんでもとろくせーのう」 広島県　徳島県　香川県　愛媛県松山「そんなとろくさいゆっちゃいかん」 長崎県壱岐島・対馬 *とろくたい 岐阜県飛騨 *とろこい 大阪市　徳島県　香川県仲多度郡　愛媛県　高知県 *とろっくさい 静岡県榛原郡 *とろっこい 青森県三戸郡 *にーさん 沖縄県首里 *にーばーん 沖縄県鳩間島 *にゔぁん・にばん 沖縄県黒島 *にぴさーん 沖縄県小浜島 *にぷさーん 鹿児島県奄美大島・加計呂麻島 *にんさーん 沖縄県与那国島 *にんさん 鹿児島県奄美大島・与論島 *ぬーさん 沖縄県竹富島 *ぬっさーん・にゅっさーん 沖縄県石垣島 *ぬり 鹿児島県姶良郡 *ぬりー 長崎県対馬「ぬりい人（鈍い人）」 熊本県　大分県 *ぬるい 山形県庄内　新潟県　島根県「仕事がぬるい」 山口県「われのようなぬるいものぁ時間が三倍もかかるぢゃろぅ」・大島　香川県　長崎県佐世保市　鹿児島県姶良郡 *ぬるくさい 島根県邑智郡 *ぬるこい 高知県高岡郡 *ぬるっくい 沖縄県首里「ぬるっくぃむん（なまぬるい者。ぐず）」 *ぬるっこい 長野県佐久 *ねそい 兵庫県加古郡 *のこい 香川県 *のっぺぁ 秋田県鹿角郡「そればかりのことにのっぺぁやつだな」 *のぶい 山梨県甲府市 *へどろい 三重県　岡山県備中　香川県豊島 *へどろくさい 香川県豊島 *へなるい 香川県香川郡 *へぬるい 岡山県苫田郡　広島県　徳島県 *へのろい 福島県若松市・大沼郡 *またい 福井県　三重県名賀郡「あの人間またいな」 滋賀県　京都市　大阪市　兵庫県南部「あいつはまたいやつだ」 奈良県「またい鯉（こい）やと思ったら死にかけとるのや」 和歌山県　鳥取県因幡　岡山県苫田郡「またいゆーて、あれほどまたいんもおらんのじゃけー」 *まぬるい 大阪市「そんなまぬるいことでどんならん（どうもならない）」 島根県「仕事がまぬるい」 山口県・豊浦郡　徳島県　鹿児島県 *まぬるこい 徳島県 *まのろい 山形県米沢市　島根県大原郡・隠岐島 *ゆでーさーん 鹿児島県奄美大島・加計呂麻島 *ゆでーさい 鹿児島県喜界島

↓おそい（遅）

仕事が□ *てねばい 和歌山市 *ぬまい 宮城県仙台市　山形県西村山郡 *のまい 岩手県　宮城県「さっき頼んだ仕事まーだでないのすか、ずい分のまいもんだねす」 山形県東村山郡

動作が□ *こーばいおそい 山形県米沢市「お前はこうばえおそくて損ばかりしてる」 *こーばいがぬるい 三重県一志郡 *こーばいがのろい 山梨県南巨摩郡「こーばいがのろければ人より遅れるだいそ」 島根県 *てねばい 和歌山市 *ととしか 佐賀県 *ねっぱい・ねぱい 秋田県鹿角郡 *ねばい 青森県津軽　秋田県鹿角郡　滋賀県彦根　広島県賀茂郡　佐賀県　大分県 *ねばたらしー 大分県 *ねびゃー 京都府竹野郡「ていねいだけど手がねびゃー人だ」

□さま *うっそり 和歌山県西牟婁郡 *ぐぐっと 山形県村山「早くぐぐっとしないで来い」 *じりくちゃ 島根県八束郡 *じりくり 島根県簸川郡 *すこどん 愛媛県 *てぃーむちゃむちゃ（仕事などののろいさま）沖縄県首里 *てぃむっちゃ（仕事などののろいさま）鹿児島県喜界島 *てもじくれ（仕事などののろいさま）新潟県岩船郡 *てもちゃ・てもじゃ（仕事などののろいさま）富山県砺波 *なまだら 岩手県中通　秋田県鹿角郡「なまだらしないやうに早く行ってこい」 *ぬるぬる 茨城県稲敷郡 *のそらかさら 山形県東置賜郡・東村山郡 *のそらのそら 山形県「のそらのそらと歩く」 *のっとのっと 和

歌山県那賀郡 *もさもさ 東京都八王子「何をもさもさしている」 長野県佐久 *もざもざ 富山県・高岡市 福井県 *もじゃりもじゃり 富山市近在

のろのろ *あどぅなあどぅな 鹿児島県喜界島 *うろいうろい 鹿児島県鹿児島郡 *えざらまざら・えざらわざら 山形県庄内「いつまでもえざらわざらて居ねで、早く来えちゃ」 *だーっかだーっか 沖縄県石垣島 *とよりとより 山口県豊浦郡 *にっちりけーちり 沖縄県首里 *のさくさ 山形県 *のさらくさら 宮城県遠田郡 *のたくさ 東京都南多摩郡 *のたくた 岩手県気仙郡 東京都南多摩郡 *のったくった 岩手県気仙郡 *ぼそぼそ 大阪市「何ぼそぼそしてるのや」 山口県周防 長崎県対馬「ぼそぼそすると振りすててゆくぞ」 *まごらまごら・まんごらまごら 青森県津軽 *むっくらかっくら 青森県三戸郡 *もくふぁかくふぁ 山形県西置賜郡 *もくもく 山形県米沢市 *もくらかくら 山形県東置賜郡・北村山郡 *もくらちやくら 山形県米沢市 *もくらもくら・もっくらかっくら 山形県「もくらもくらして叱られた」 福島県北部 *もっくらもっくら・むっくらむっくら 青森県三戸郡 *もんざもんざ 新潟県西蒲原郡 *ゆでーゆでー 鹿児島県喜界島 *わやわや 岩手県下閉伊郡

→ぐずぐず

のんき【呑気】 *あかっと 岩手県気仙郡「あかっと口を開く」 *あんき 東京都八王子 神奈川県津久井郡 新潟県 山梨県 長野県佐久 岐阜県飛驒・郡上郡 静岡県志太郡 愛知県 兵庫県神戸市 島根県 岡山県岡山市・児島郡 広島県賀茂郡・高田郡 山口県 徳島県 香川県 愛媛県 高知県 福岡県北九州市 長崎県壱岐島 *あんきさえわん 新潟県西頸城郡 *あんきらく 長野県上伊那郡 *あんじら 島根県飯石郡・大原郡 *うんかごぶし 徳島県 *おーど 石川県羽咋郡 岐阜県本巣郡 和歌山県新宮 島根県 香川県三豊郡 *おーどー 静岡県榛原郡 島根県 高知県 *きもなが 山梨県 長野県諏訪・上伊那郡 *きろくさい 石川県金沢市 *こあきんき 島根県隠岐島 *しゃりのんき 高知県幡多郡「亭主が居らんとしゃりのんきでの」 *すのんき 長野県上伊那郡 静岡県 *ぜーらく 愛媛県北宇和郡 *そくさい 富山県砺波 *ぞんき 静岡県志太郡「あれでぞんきなとこんあるだに」 *だら(のんきな人もいう) 福井県 *だらー・だるー(のんきな人もいう) 沖縄県首里 *だらーくわらー・だるーくゎるー(のんきな人もいう) 沖縄県首里 *だらすけ(のんきな人もいう) 福井県 *だるもの(のんきな人もいう) 沖縄県宮古島 *たれか(のんきな人もいう) 岩手県胆沢郡 *とほん 岡山県児島郡 *のーてんき(のんきな人もいう) 神奈川県津久井郡 新潟県東蒲原郡・中頸城郡 長野県東筑摩郡・諏訪 *のか 徳島県海部郡 高知県東部「ありゃ大分のかな奴ぢゃねや」 *のさ 島根県隠岐島 高知県 *のさく 愛媛県北宇和郡 *べんかん 岐阜県飛驒「べんかんとしとる」 *べんかんべんかん 静岡県志太郡「べんかんべんかんまってられすかえー(むなしく待っていられるものか)」・榛原郡

□な人 *あんきすけ 愛知県名古屋市 *あんきぼー 山梨県北巨摩郡 広島県佐伯郡・芦品郡 *あんきまごろく・あんきさく 愛媛県 *あんきまる 香川県 愛媛県北東部・大三島 *あんきもん 熊本県天草郡 *あんじごとなしのじゅーさんがつ 岩手県気仙郡 *うちこけしらず 愛媛県大三島 *うんのんぼー 神奈川県中部 *おーのらし 新潟県岩船郡 *すらっぽ・すろつぼ 岐阜県吉城郡 *たゆか・たいゆか 長崎県南高来郡 *のーへー 高知県・幡多郡 *のっぽー 大分県 *のっぽん 徳島県美馬郡 *のっぽんぽん 香川県大川郡 *のんきさく 愛媛県大三島

は【葉】 ＊**しば** 三重県度会郡・南牟婁郡　奈良県吉野郡　和歌山県日高郡　島根県　岡山県津山　広島県・芦品郡(マキの葉)　徳島県美馬郡　高知県 ＊**しばのは** 島根県 ＊**なーな**(幼児語) 神奈川県津久井郡 ＊**はぐさ** 東京都利島 ＊**はね**(「葉根」か) 奈良県吉野郡「栗のはね」　和歌山県「椿のはね」　徳島県海部郡 ＊**ばんぱ**(幼児語) 栃木県

は【歯】 ＊**うそば**(歯並びを外れた歯) 奈良県南大和　広島県高田郡 ＊**がんが**(幼児語) 愛媛県 ＊**すこば**(横に生えた歯) 新潟県岩船郡 ＊**はご** 三重県南牟婁郡 ＊**ふつぃぬぱん** 沖縄県波照間島 ＊**みーかーいばー**(乳歯の後に生え替わった歯) 沖縄県首里

げたの□ ＊**あし** 鹿児島県種子島 ＊**あつば**(高げたの歯) 島根県 ＊**はま** 岐阜県恵那郡　三重県　滋賀県栗太郡・蒲生郡　京都市「げたのはま」　兵庫県神戸市　奈良県　和歌山県伊都郡　島根県鹿足郡・邑智郡　岡山県児島郡　広島県　山口県　徳島県　香川県「下駄のはまいれ」　愛媛県　高知県吾川郡　熊本県下益城郡　大分県 ＊**はんま** 香川県志々島

はい【灰】 ＊**あかあく**(いろりの火で真っ赤になっている灰) 青森県三戸郡 ＊**あく** 北海道函館・小樽　青森県・津軽(炉灰)　岩手県　宮城県　秋田県鹿角郡　山形県　福島県　栃木県　東京都八丈島　新潟県　山梨県南巨摩郡　長野県佐久　三重県南牟婁郡　高知県　宮崎県延岡 ＊**あくばい**(白くてごく軽く飛び立ちやすい灰) 山形県庄内 ＊**あくばっぱ**(幼児語) 山形県西置賜郡 ＊**あこ** 山形県庄内・西田川郡 ＊**いっぐり** 静岡県庵原郡 ＊**おき**(炭火の表面にたまる白い灰) 奈良県 ＊**からはい**(薪などを燃やした灰) 長崎県・対馬 ＊**からふぇー**(薪などを燃やした灰) 沖縄県首里 ＊**かるへー**(薪などを燃やした灰) 長崎県壱岐島 ＊**くーりばい**(いろりやかまどの中の熱した灰) 岐阜県加茂郡 ＊**くりばい・くるばい**(いろりやかまどの中の熱した灰) 岐阜県飛騨 ＊**じゅー**(炭火が燃え尽きた後にたまる白い灰) 新潟県佐渡 ＊**じょー**(黒い炭が白い灰になるのを老人の白髪になぞらえて言う。炭火が燃え尽きた後にたまる白い灰) 新潟県佐渡　富山県下新川郡・砺波　滋賀県彦根　大阪市　和歌山市　愛媛県松山「火がはやじょーになった」 ＊**じろばい**(いろりにできた灰) 長野県下伊那郡 ＊**すばい** 山形県・東田川郡(炭焼きで、窯出しした炭に掛ける灰)　静岡県志太郡(わらなどを焼いた灰)「豆にゃーすばぇーをかきょー」　奈良県吉野郡(かまどの下に残った熱せられた灰)　和歌山県日高郡(炭焼きで、窯出しした炭に掛ける灰)　島根県石見「すばいが上るけー障子を開けー」・隠岐島(かまどの下に残った熱せられた灰)・美濃郡(かまどの下に残った熱せられた灰)　徳島県(わらなどを焼いた灰)　香川県木田郡(かまどの下に残った熱せられた灰)　愛媛県(水を掛けない灰)　山口県豊浦郡 ＊**どべ** 新潟県佐渡 ＊**どばい** 新潟県佐渡 ＊**ぬかばい**(もみ殻を焼いて作った灰) 岐阜県飛騨 ＊**ぬくばい**(火の熱が通って温かい灰) 栃木県足利市　新潟県佐渡 ＊**ぬくんばい** 東京都八王子 ＊**ば** 岡山県 ＊**はいば** 栃木県 ＊**はいぼ** 栃木県「はいぼ色」　静岡県　愛知県北設楽郡「はいぼを捨てる」・額田郡 ＊**はいぼー** 茨城県久慈郡　静岡県・島田市　愛知県宝飯郡・豊橋市 ＊**ひばい**(薪をたいた後の灰) 山形県最上郡 ＊**ひぼこり**(舞い上がった灰) 静岡県川根 ＊**ふよくり**(まだ熱気がある熱い灰) 新潟県佐渡 ＊**ほく**(麻を燃やした灰) 島根県美濃郡・益田市 ＊**ぼく**(麻を燃やした灰) 島根県大田市 ＊**ほくさ**(麻を燃やした灰) 富山県東礪波郡 ＊**ほそこり**(舞い上がった灰) 山形県東置賜郡「ほそごりァとんできた」・米沢市 ＊**めーぼこり**(燃え残りの灰) 群馬県多野郡「湯がふっこぼれてめーぼこりがたつ」　埼玉県秩父郡　長野県佐久 ＊**めーぼっくり**(燃え残りの灰) 埼玉県秩父郡 ＊**もみかす** 福島県南会津郡 ＊**ゆねぃ・ゆに** 鹿児島県喜界島 ＊**よな** 熊本県

熱□　火の気の残っている灰。＊**あくばい** 山形県「あぐばえかぶって、やげばづ(やけど)した」　鹿児島県肝属郡 ＊**あつば** 島根県邑智郡 ＊**あっぱえ** 山形県 ＊**あつぼばい** 島根県邇摩郡 ＊**あつぼばえ・あつおばえ** 島根県出雲市 ＊**あつぼり** 和歌山県西牟婁郡・日高郡 ＊**あつもばえ** 島根県飯石郡・八束郡 ＊**あつんばえ** 島根県仁多郡・能義郡 ＊**おこばい**(燠(おき)の混じった熱い灰) 富山県砺波「こたつに炭ついでおこばいかけとかっしゃい」 ＊**からしあく** 山形県東田川郡 ＊**くーりばい** 岐阜県加茂郡 ＊**くりくり** 長野県西筑摩郡 ＊**くりばい・くるばい** 岐阜県飛騨 ＊**ひばい** 山形県置賜・北村山郡 ＊**びりんべー** 神奈川県津久井郡 ＊**ほだら** 熊本県下益城郡 ＊**ほど** 青森県南部　岩手県上閉伊郡・気仙郡　宮城県仙台市「ほどの中に銭を落した」　山形県東置賜郡　福島県相馬郡「芋をほどにいける」・東白川郡　栃木県「ほど焼きする」 ＊**ほどあく** 青森県津軽　岩手県江刺郡　山形県 ＊**ほどこ** 山形県東置賜郡 ＊**ほどばい** 宮城県仙台市　山形県 ＊**ほどばいあく・ほどびあく** 山形県 ＊**ほどべ** 山形県東田川郡・飽海郡 ＊**ほどべあく** 山形県最上郡

ばいう【梅雨】　⇩つゆ(梅雨)

ばいしゃくにん【媒酌人】　⇩なこうど(仲人)

ばいしょう【賠償】 ＊**たしめー** 沖縄県首里 ＊**よない**(「ない」は「にない(担)」の転か) 兵庫県淡路島「藪を倒して道路にするなら其のよないをして貰わんならん」
↓つぐない(償)・つぐなう(償)・べんしょう

（弁償）

はいぶん【配分】 ⇩ぶんぱい（分配）

はう【這】 *じる 山形県庄内 *ずばいまわる 大分県速見郡 *すばう 佐賀県 熊本県八代郡 鹿児島県 *ずばう 大分県 *すばとう 大分県日田郡 *すばとまわい 鹿児島県鹿児島郡 *ずぶ 愛媛県・宇和島 高知市「そんなに莚の上をずぶな、着物がきれる」 *すべーまいる 大分県南海部郡 *すぼ・すぶ 鹿児島県 *すぼう 熊本県「すぼうとる」 鹿児島県 *ずぼう 大分県西国東郡・速見郡 *ずむ 愛媛県北宇和郡・松山「ずんで本を読まう」 高知市「足が汚いからずんで行って取って来た」 *ずる（赤ん坊がはい歩く）宮城県栗原郡 *ずる 山形県 福島県 新潟県・長岡市 *ずるばる 山形県最上郡・東田川郡「づるばって来る」 *ぬたくる 新潟県佐渡 *ぬだつる 千葉県海上郡 *ぬたる 岩手県胆沢郡 茨城県稲敷郡 千葉県夷隅郡「赤坊がぬたっている」 *ねぜくる 香川県仲多度郡 *のたくらかす 静岡県志太郡「古木に蔦あのたくらかす」 *のだつる 茨城県稲敷郡 *のたる 茨城県猿島郡 新潟県佐渡 岐阜県 静岡県田方郡・志太郡「蛇が垣根の上をのたってる」 愛知県渥美郡「蛇がのたった」 三重県松阪 奈良県吉野郡 和歌山県東牟婁郡 *のだる 栃木県「こわくて（疲れて）のだって歩ってたよ」 *はいくる 岐阜県郡上郡「赤んぼがはいくってくる」 福岡県小倉市「はいくりまわる」 *はむ 岐阜県飛騨 静岡県 高知県高岡郡「みみずがはみよった」 *へたつきばる 新潟県三島郡 *ぽーゆい・ぽーうい 鹿児島県喜界島 *ほじる 岐阜県飛騨

はえ【蠅】 *こまばい（小さいハエ）大阪市 *はいぶんぶん 愛知県碧海郡 *ばいぼー 京都府 *はえぶ 新潟県西頸城郡 *はえべ 岐阜県郡上郡 *はえぼ 新潟県中頸城郡・西頸城郡 富山県 石川県 長野県 岐阜県飛騨・郡上郡 愛知県北設楽郡 兵庫県多紀郡 *はえぼぼ 富山県 石川県 *はえぼんぼ 石川県能美郡 島根県出雲 *はえむし 岐阜県飛騨 *はえめ 茨城県稲敷郡・新治郡 栃木県 福井県大野郡 岐阜県不破郡 奈良県生駒郡 *はえんぼ 岐阜県郡上郡 *びーびー 愛知県海部郡 *びーやめ 石川県能美郡 *ひゃーぶんぶん 新潟県佐渡 *ぶーぶ（幼児語）愛知県名古屋市 *ぶんぶん 新潟県佐渡「ごはんにぶんぶんがたつ」 *へーみ 千葉県東総 *へんぼた 長野県上水内郡 *ゆーばい 岐阜県郡上郡

牛や馬などにつく□ *うしべ 栃木県 鹿児島県肝属郡 *うしんべー 栃木県 群馬県群馬郡 *としばい・とーしばえ 岩手県九戸郡 *としばえ（「とし」は「通し」で馬の厚い皮を刺し通す意（鹿角方言考））秋田県鹿角郡 *としぺ 青森県上北郡 岩手県上閉伊郡

はえる【生】 *うぃーゆん 沖縄県首里「ふどぅうぃーゆん（背たけが伸びる）」 *うぃえーる 東京都八丈島 *うわる・おわる 熊本県天草郡 *おいる 福島県 東京都利島 新潟県三島郡 長崎県西彼杵郡 鹿児島県上甑島 *おえる 青森県津軽・三戸郡 岩手県和賀郡・気仙郡「鼠の歯来年おえろ、俺の歯今おえろ（乳歯が抜けて生えかわる時の呪文歌）」 宮城県北部 秋田県鹿角郡 山形県 福島県 千葉県山武郡 新潟県東蒲原郡 富山県西部 山梨県甲府 岐阜県飛騨 静岡県田方郡 佐賀県三養基郡 長崎県 熊本県南部「歯んおえちきた」 鹿児島県 *おー 東京都利島 *おーる 島根県石見「朝顔がおーった」 山口県祝島 *おがる 岩手県上閉伊郡「岩の上に松がおがる」・気仙郡 宮城県栗原郡・石巻「草葉おがった」 *おはる 鹿児島県種子島 *おやる 鹿児島県種子島 *おゆい 宮崎県西諸県郡 鹿児島県 *おゆー 東京都新島 *おゆっ 佐賀県藤津郡 *おゆる 長崎市 熊本県玉名郡・天草郡 鹿児島県宝島 *おる 山口県屋代島・大島 *はえしもる 島根県出雲「草がはえしもる」「ひげがはえしもっちょー」 *はやける 三重県北牟婁郡「けーぁ（毛が）はゃける」 *ふえる 三重県志摩郡 *ほーける 山形県 *ほきる 岩手県 宮城県 山形県「豆まだほぎね」 福島県 茨城県 栃木県那須郡・塩谷郡 千葉県九十九里浜 新潟県佐渡 *ほける 岩手県和賀郡 秋田県仙北郡・雄勝郡「春になって草がほげた」 山形県 *ほこえる 山形県飽海郡 京都市 *ほほける 山形県米沢市・東田川郡 *みーゆん・みーんじゅん 沖縄県首里 *むいるん 沖縄県石垣島 *もゆる 熊本県天草郡

はおり【羽織】 *うわぶり 富山県砺波 *えりおり 島根県邑智郡・仁多郡 *おはお 島根県鹿足郡 *すっぽー 広島県江田島 *どぅーぶく（男子用）沖縄県首里 *どーぶく 香川県 *どーぶく 香川県 高知県 *はお 神奈川県津久井郡 島根県那賀郡 山口県豊浦郡 *ぱぐい 鹿児島県喜界島 *はぐり 長野県西筑摩郡 *はこり 千葉県安房郡 *はごり 新潟県三島郡 *ぱったぐ 沖縄県波照間島 *ぱぱら（「羽のようにひらひら動くもの」の意）・ぱばら 沖縄県小浜島 *はんちく 岐阜県益田郡 *るーぶく 沖縄県国頭郡

→どうぶく（胴服）

紋付き□ *げんごろーばおり 長野県佐久 *たこぼっち 青森県南部

綿入れ□ *どーぎ 愛知県名古屋市 香川県高見島 *どーぶく 岩手県上閉伊郡 秋田県鹿角郡 山形県米沢市 福島県会津 栃木県塩谷郡 新潟県佐渡・蒲原（筒そで） 岐阜県飛騨 徳島県 高知県長岡郡 *どんぶく 青森県 岩手県気仙郡 秋田県 福井県越前 *どんぶぐばおり 山形県西置賜郡 *ばて 福井県

はか【墓】 *いしぱか（石を積んで造った墓）沖縄県石垣島 *ごしょー 鹿児島県沖永良部島 *さんま 三重県志摩郡 兵庫県淡路島 香川県三豊郡 *さんまー 山口県長門 *さんまい 千葉県海上郡 新潟県北蒲原郡（共同墓地） 富山県砺波 福

井県(埋め墓) 岐阜県 愛知県渥美郡・知多郡 三重県 滋賀県蒲生郡・彦根 京阪 京都府愛宕郡 兵庫県加古郡・神戸市・淡路島 和歌山県 徳島県 香川県 *さんまいじょ 長野県諏訪 *さんまいや 岐阜県加茂郡 *さんめ 三重県志摩郡・度会郡 *しーぬやー(祖先の墓を第二の家とみて) 沖縄県石垣島 *したばか(寺にある、石碑を建てた墓) 愛知県佐久島 *じじょ 秋田県山本郡 *しんず 沖縄県首里 *しんばか(新しく人の葬られた墓)・しんぽち 東京都三宅島 *たっちゅー 東京都利島「たっちゅー拝んでくべい」 *たっちゅーば 静岡県志太郡 *たっちょーば 群馬県利根郡 静岡県賀茂郡 *つぃかじゅ 沖縄県首里 *つか(土を盛り上げて造った墓も) 岐阜県飛騨 *てぃら(石塔の立ててある墓) 鹿児島県喜界島「てぃらいし(墓石)」 *はかさま 岐阜県飛騨 島根県鹿足郡・益田市 *はかしょ 山形県 福井県大飯郡 三重県上野市 和歌山市 島根県 広島県芦品郡 長崎県南高来郡 熊本県芦北郡・天草郡 *はかじるし 香川県 *ぱかす・ぱかばす(仮埋葬地) 鹿児島県喜界島 *はかち 山形県酒田市 *はかど 青森県三戸郡 秋田県北秋田郡 山形県 新潟県佐渡 山梨県 愛知県愛知郡「はかど掃除」・東春日井郡 *はかどこ 青森県三戸郡・南部 岩手県九戸郡・気仙郡 秋田県鹿角郡 島根県益田市・隠岐島 愛媛県宇和島市 長崎県対馬 熊本県玉名郡 *はかどころ 長崎県南高来郡 熊本県 *はかところ 島根県益田市 *はかとち 島根県八束郡・大原郡 *はかどわら 宮崎県延岡 *はかばしょ 熊本県天草郡 *はかはら 島根県隠岐島 *はかばら・はかやま 島根県 *はかぶら 熊本県 *はから 静岡県 愛知県知多郡・東春日井郡 三重県南牟婁郡 鹿児島県 *はかわら 新潟県佐渡 三重県上野市・名賀郡 鳥取県岩美郡 島根県石見 広島県 山口県防府 徳島県 香川県綾歌郡・佐柳島 愛媛県松山 佐賀県唐津市 長崎県南高来郡 熊本県 鹿児島県揖宿郡 *はかんだ・はかんだら 島根県 *はかんど 和歌山県西牟婁郡 徳島県美馬郡 高知県 *はかんどー 山形県東田川郡 新潟県佐渡 島根県那賀郡 広島県山県郡 *はかんどーら 広島県 *はかんばら 広島県比婆郡 *はこーど 山形県東田川郡 *はる(忌んで言う語) 沖縄県首里 *ひや 岐阜県飛騨・可児郡 *ふかぬやー 沖縄県竹富島 *ふんすぃ 沖縄県首里 *ぼすばか(僧侶の墓) 鹿児島県肝属郡 *ぽろっぽんす(外国人の古い墓) 福井県坂井郡 *まるか 三重県志摩郡 *みしょ・めしょ 島根県隠岐島「みしょえ花を持って行きて来え」 *みしょーば 愛媛県西条市 *みしょば・めしょば 島根県隠岐島 *みはか・みはかのば(死体を埋葬した墓) 京都府加佐郡 *みばか(死体を埋葬した墓) 香川県小豆島 鹿児島県屋久島 *むしょ 岐阜県本巣郡 愛知県東春日井郡・知多郡 和歌山県東牟婁郡 島根県鹿足郡・隠岐島 山口県 *むしょー 岐阜県本巣郡 愛知県日間賀島 和歌山県東牟婁郡 *むしょーば 京都府北桑田郡 愛媛県南宇和郡 *むしょど 愛知県佐久島・日間賀島 *むしょどころ 愛知県日間賀島 *むしょば 愛知県佐久島・日間賀島 山口県阿武郡 *むそ 岡山県邑久郡 *むそーば 愛媛県西宇和郡 *むらばか(死体を埋葬した墓) 京都府北桑田郡 *もり 青森県三戸郡 *やしきばか(屋敷内に死体を埋めた墓) 愛知県北設楽郡 *やまばか(死体を埋葬した墓) 愛知県佐久島

→ぼち (墓地)

ばか【馬鹿】 *あーさん・あーやん 岡山市「あいつはああやんぢゃから」 *あいかり 三重県南牟婁郡 奈良県吉野郡 長崎県壱岐島・五島 *あいかりほーし 奈良県吉野郡 *あけ 青森県津軽「あけわらし」 *あぜ(ばかの意の「たわけ」を「田分け」にかけ、畔が田を分けるところから) 岐阜県本巣郡 *あっかー 山梨県南巨摩郡 *あっかり 山梨県南巨摩郡 長崎県五島 *あっけ 青森県「酒はのむ、仕事は怠ける、いいあっけだ」「この自転車はまたパンクしやがった、あっけが、この」「あっけ者」 岩手県二戸郡 秋田県鹿角郡「このあっけわらし」 *あっぱ 福島県 愛媛県 *あっぱー 静岡県 *あっぱっぱ 神奈川県藤沢市 *あっぽ 香川県 *あっぽ 山形県村山・最上郡 新潟県東蒲原郡 長野県佐久 三重県阿山郡 兵庫県神戸市 奈良県(幼児語)「またおしっこしたのは本当にあっぽちゃんね」 和歌山県(幼児語) 香川県 *あっぽー 和歌山県 *あっぽーず 長野県佐久 滋賀県蒲生郡 *あっぽけ 三重県志摩郡 和歌山県 *あっぽち 和歌山県那賀郡 *あっぽなし 秋田県平鹿郡 *あっぽん 新潟県東蒲原郡 大分県 *あば 和歌山県東牟婁郡「あばちゃん」 香川県・小豆島 *あはー 三重県志摩郡 兵庫県但馬 *あはーたれ 兵庫県但馬 *あへる 鳥取県 *あぼ 奈良県南大和 徳島県 大分市 *あほーだま 岡山市 *あほーたん 大分県北海部郡 *あほかす 福井県 *あぼす 石川県能美郡 *あぼだぼ 三重県志摩郡 *あほだま 三重県度会郡 徳島県板野郡 *あほだらきょー 鳥取県気高郡・岩美郡 *あほたらめ 茨城県真壁郡 *あぽたれ 福岡市 *あほたん 三重県北牟婁郡 岡山県児島郡 大分県東部 *あま 福岡県浮羽郡 *あまくさ 徳島県 *あまくち 茨城県真壁郡・北相馬郡 岡山県児島郡 愛媛県 *あまちゃ 香川県小豆島 *あまてん 奈良県 *あや 福井県 *あやかす 福井県坂井郡 *あやかり 福井県南条郡 三重県志摩郡 京都府竹野郡 和歌山県日高郡・新宮「あの子はあやかりだ」 福岡市 長崎県対馬 *あやかりもの 和歌山県日高郡 *あやかれ 福井県 *あやぼ 福井県 *あやめ 富山県西礪波郡・砺波 石川県江沼郡・鳳至郡 福井県 *ありかり 長崎県 *あんが 徳島県 *あんかち 和歌山県日高郡 *あんかま 和歌山県東牟婁郡 *あんけら 滋賀県野洲郡・栗太郡 *あんけらかん 愛知県名古屋市 *あんけらそ 香川県大川郡 *あんこ 新潟県佐

渡 *あんご 三重県　岡山県久米郡　香川県大川郡・三豊郡　愛媛県・大三島 *あんこー(ぼんやりえさを待っていて動作がにぶいのに見立てて) 茨城県　新潟県中越　長崎県壱岐島 *あんごー 島根県美濃郡・益田市　岡山県　広島県比婆郡　香川県大川郡・三豊郡　愛媛県 *あんごーたれ 岡山県苫田郡 *あんごさい 三重県 *あんごさく 三重県志摩郡・度会郡 *あんごし 三重県志摩郡　和歌山県東牟婁郡 *あんごたらし 岐阜県北飛騨 *あんごたれ 香川県　愛媛県大三島 *あんこち 滋賀県伊香郡 *あんこにんそく(のんびりし過ぎていて相手にならない人) 新潟県 *あんごよ 三重県志摩郡 *あんごらぼー 三重県志摩郡 *あんころ 愛知県知多郡 *あんごんたー 山口県玖珂郡 *あんごんたん 香川県佐柳島 *あんさん 愛知県知多郡　鹿児島県鹿児島郡 *あんた 山形県米沢 *あんだー 栃木県塩谷郡 *あんたら 滋賀県蒲生郡・彦根　長崎県対馬 *あんだら(「あのだら」「あのどら」または「あほたろう(阿呆太郎)」の転か) 三重県伊賀　滋賀県甲賀郡・蒲生郡　京都府宇治郡　大阪市　香川県 *あんたれ 滋賀県彦根 *あんだろー 栃木県「長男のあんだろー」 *あんつく 新潟県東蒲原郡　静岡県　三重県伊賀・度会郡　滋賀県南西部　京都府久世郡　和歌山県「あの子はあんつくや」・那賀郡　島根県石見　岡山県阿哲郡・浅口郡　山口県阿武郡　徳島県　香川県　愛媛県・周桑郡・大三島 *あんつくす 山口県萩市 *あんてら 長崎県対馬 *あんとせ 長崎県五島 *あんぱか 静岡県 *あんぱん 新潟県佐渡　滋賀県蒲生郡　島根県能義郡(幼児語) *あんぺ 山形県 *あんぼ 徳島県(幼児語)　香川県 *あんぽ 山形県　石川県江沼郡　島根県八束郡　徳島県・名西郡　香川県大川郡 *あんぽー 島根県那賀郡 *あんぼけ 兵庫県淡路島 *あんぽけ 和歌山県 *あんぽす 福岡市　長崎県対馬　熊本県玉名郡 *あんぼつ 岡山県 *あんぼん(幼児語) 徳島県 *あんぽんたんのぬけがら 栃木県 *うそつく 和歌山県西牟婁郡 *うそろ 長野県 *うっけ 大分市 *うっとい 和歌山県東牟婁郡 *うっとぬけ 和歌山県有田郡　徳島県　香川県 *うと(「うつ(空)」の転) 岐阜県北飛騨　三重県志摩郡　和歌山県新宮 *うど 岩手県気仙郡 *うとー 山口県祝島 *うどがんす 愛媛県 *うとけ 三重県南牟婁郡　和歌山県 *うとさく 三重県　和歌山県　島根県石見 *うとすけ 新潟県佐渡　奈良県吉野郡 *うとっぺ 岐阜県飛騨 *うとっぽ 三重県度会郡・北牟婁郡　奈良県吉野郡　和歌山県新宮・東牟婁郡 *うとぬけ 三重県阿山郡　京都府竹野郡 *うどぬけ 愛媛県大三島 *うどばか 愛媛県 *うとぼけ 和歌山県 *うとろけ 愛媛県西宇和郡 *うとんがら 岡山県苫田郡 *うとんけ 和歌山県海草郡 *うとんぼ 三重県　和歌山県 *うとんぼー 和歌山県東牟婁郡 *うのめ 長野県長野市・上水内郡 *うぼ 栃木県栃木市・上都賀郡 *うましか 熊本県上益城郡 *うんきち 徳島県 *うんさく・うん 和歌山県西牟婁郡・東牟婁郡「うちの子はうんで困る」 *うんしゅー(温州蜜柑は種がないところから) 山梨県 *うんす 和歌山県日高郡 *うんずくね 福島県北会津郡 *うんたらがんす 徳島県 *うんちき 和歌山県東牟婁郡 *うんつく 東京都　新潟県佐渡　長野県北安曇郡　大阪市　奈良県磯城郡・宇陀郡　和歌山県東牟婁郡・日高郡　島根県邇摩郡　徳島県　香川県　愛媛県　大分県宇佐郡・速見郡 *うんつくつん 愛媛県伊予郡「お前のような馬鹿があるか、うんつくつんがすっこんどれ」 *うんつくぼー 愛媛県松山 *うんてらがん 和歌山県東牟婁郡・西牟婁郡 *うんてらがんす 愛媛県松山 *うんてれ 茨城県稲敷郡　千葉県香取郡 *うんでれ 千葉県海上郡　関西 *うんてれがん 岐阜県大垣市　和歌山市　香川県　福岡市 *うんてれがんす 愛媛県伊予郡・周桑郡 *うんとんぼ 熊本県玉名郡 *おーがー 鹿児島県喜界島 *おかえ 徳島県「人をおかへにすな」 *おこ 富山県 *おたよ(主として女性に言う) 静岡県志太郡「ありゃーふんとに、おたよだに」 *おたらい・おたらいさん 長崎県壱岐島 *おたりー 長野県上田・佐久 *おたりや 長野県上田 *おたりん 愛媛県周桑郡・喜多郡 *おたりんさ 長野県下伊那郡 *おたろー 新潟県佐渡 *おたんけ 長野県長野市・上水内郡 *おたんけつ 長野県　岐阜県飛騨「あ奴はよっぽどおたんけつじゃ」 *おたんす 長野県下伊那郡　愛知県名古屋市 *おたんぽ・おてんぽ 長野県上田 *おったんちき・おったんけつ 岐阜県飛騨 *おんずくなし 福島県北会津郡・大沼郡 *おんへろ 山形県庄内 *がが 香川県伊吹島 *がきょー 徳島県海部郡 *かすたれ・かすたけ・かすたーけ 岐阜県

方/言/の/窓

●言語島

「言語島」は、また「言語の島」とも言われる。文字どおりの意味は「広い同系の言語領域内に、あたかも海中の小島のように小さな異系統の言語が存在する状態」であり、フランスとスペインの国境にあるバスク語などがその例である。

これと似たことは、わが国の方言状況にも見られ、ある狭い地域の方言に周囲の方言と比べて際立った特徴がある場合、「言語島」「言語の島」「方言の島」などと呼ぶ。

わが国で言語島と呼ばれる地域には、北から山形県大鳥、新潟県奥三面、福島県檜枝岐、山梨県奈良田、長野県秋山郷、静岡県井川、岐阜県徳山村、富山県五箇山郷、石川県白峰、奈良県十津川などが挙げられる。

これらのうち岐阜県徳山村はダムの底に沈んだ。

飛騨 *かったけ 岐阜県飛騨 *からっきり 茨城県猿島郡 *かわたけ 岐阜県飛騨 *かんざまし 福井県南条郡 *がんす 島根県邑智郡 *がんち 島根県邑智郡 *かんぽす 熊本県下益城郡 *かんまん（「かんまん（緩慢）」か）島根県江津市 *きっとー 高知県・高岡郡 *きっとーもん 高知県幡多郡 *ぎばそー 大分県下毛郡 *くされぼっこ 香川県小豆島 *くそてん 香川県仲多度郡 *ぐた 新潟県東蒲原郡 *くるくる 静岡県磐田郡 *ぐんだい 石川県珠洲郡「いかなぐんだいなこと言うなあ」・鳳至郡 *ぐんだん 石川県珠洲郡 *けつぬけ（ののしりの語）栃木県 *げんべ 香川県伊吹島 *こあんご・こあんごし 三重県志摩郡 *こけ 岩手県紫波郡・気仙郡 宮城県登米郡 秋田県仙北郡・河辺郡 山形県東置賜郡・東村山郡「こげな奴」 福島県相馬郡・大沼郡「こけくらって（つまらぬ目に遭って）」 茨城県・真壁郡 栃木県 群馬県 千葉県印旛郡 神奈川県中郡 新潟県佐渡 福井県南条郡 岐阜県 静岡県 愛知県「こけの骨頂」 三重県度会郡 滋賀県彦根 徳島県 香川県 高知県「こけなことをするものは村を追い出さんといかんのー」 大分県大分市・大分郡 *こけさく 栃木県 愛媛県 *こけすけ 岩手県和賀郡 *こけずっぽ 栃木県安蘇郡「このこけずっぽ」 *こけぞー 岩手県気仙郡 香川県「こけぞうじゃのう」 *こけっぽ 栃木県 静岡県磐田郡（ちょっと軽いばか） *こけぶつ 秋田県平鹿郡「こけぶつ野郎、早く行け」 *こけやろ 栃木県河内郡・塩谷郡 *こぼけなし 岩手県江刺郡・胆沢郡 宮城県栗原郡・玉造郡 *こぼてなし 宮城県仙台市 *こまたれ 栃木県河内郡 *こもけなし 宮城県 *こんじょーよし 福井県 *こんろいち 岐阜県恵那郡 *さいすけ・さいすけやろー 静岡県磐田郡 *さらばか 熊本県下益城郡 大分県 *さんごー・さんごむん 鹿児島県奄美大島 *さんぷ 香川県小豆島 *しおくされ 和歌山県新宮 *しかふけ 長崎県五島 *じゅーのしま（平仮名の「あほ」の字を分解して言う）高知県長岡郡 *しょーたれ 静岡県小笠郡「このしょーたれめ」 愛媛県周桑郡・新居郡 *しょぱだれ（「はだる」は「無理を言う、すねる」の意）岩手県和賀郡 *しょろけやろー 群馬県佐波郡 *しらた 長崎県対馬 *しんかしま 神奈川県江ノ島 *すかし 群馬県吾妻郡 *すっこ 徳島県 *すった 和歌山県伊都郡 *すっぽんかわ 大分県日田郡 *ずん・ずんた 鹿児島県 *そこ 山形県東置賜郡 *そこぬけ 奈良県 和歌山県那賀郡 大分県大分郡 *だーず 島根県出雲 *だーま・たんま 富山県砺波 *たーやん 大分県大分郡 *たーらー 島根県「かいさなたーらーじゃ」 *たえぁなし 秋田県北秋田郡 *たけー 島根県浜田市 *だぶ 埼玉県入間郡 *だぶつ 富山県砺波 石川県 *だべ 長野県東筑摩郡 *だへー 宮城県栗原郡 *だほ 新潟県 富山県西礪波郡 長野県西筑摩郡 大阪府中河内郡 *だぼ 新潟県東蒲原郡・西頸城郡 富山県砺波 長野県西筑摩郡 兵庫県明石郡・加古郡 徳島県・海部郡 *だぼー 山梨県南巨摩郡 長野県佐久 *だほけつ 兵庫県加古郡 *だほさく 徳島県那賀郡 *たら 岐阜県吉城郡 *だら 新潟県西頸城郡「このだらめ」 富山県「だらにする（軽べつする）」「そんなだらな話があるかい」 石川県 福井県坂井郡 岐阜県 滋賀県栗太郡 鳥取県西伯郡 島根県 熊本県 *だらかす 岐阜県北飛騨 *だらくさもん 富山県「だらくさもんにする（軽蔑する）」・射水郡 *だらくそ 島根県「だらくそな男だ」 *だらけ 石川県江沼郡 *たらけつ 和歌山県西牟婁郡 *だらじ 島根県出雲 *たらず 山形県東村山郡・西田川郡 新潟県中魚沼郡 富山県 島根県石見 熊本県阿蘇郡・上益城郡 大分県大分市・西国東郡 *だらず 兵庫県但馬 鳥取県 島根県 *たらすけ 新潟県中越 *だらすけ 滋賀県蒲生郡 島根県邇摩郡 *だらずけ 島根県隠岐島 *たらずまえ 愛媛県日振島 *たらずめ 愛媛県東宇和郡 *たらっしゃん 熊本県玉名郡 *だらぶつ 富山県・下新川郡・砺波 岐阜県飛騨 *だらぼち 富山県 *だらま 石川県金沢市 *たらわず 山形県東田川郡 島根県那賀郡 *たらん 京都府愛宕郡 島根県 熊本県阿蘇郡・天草郡 *たらんきょー 奈良県吉野郡 *たらんさん 島根県美濃郡・益田市 *たらんじゃー 熊本県熊本市・天草郡 *たらんと 熊本県 *たらんもん 熊本県菊池郡 *たるま 茨城県稲敷郡 *たるわず 長崎県壱岐島 *だろ 宮崎県延岡地方 *だろー 富山県砺波「だろーになる（ばかを装う）」 *たわいなし 岩手県気仙郡 *たんちん 岐阜県可児郡 愛知県中島郡・東春日井郡 *だんぼ 富山県砺波 *ちちょけなし 青森県津軽「ほんとにちちょけなしだよ」 *ちばか 栃木県河内郡 *ちゃげ 兵庫県淡路島 *ちょーらい 千葉県夷隅郡 *ちょぼくれ 長野県佐久 *ちょろ 岡山県児島郡「あいつはだいぶちょろじゃのう、この字が読めんのでぇ」・浅口郡 香川県 *ちょろさく 岡山県児島郡 *ちょろすけ 岡山県児島郡 香川県・三豊郡 *ちょんごし 福井県吉田郡 *ちょんぴん 島根県江津市・大田市 *ちんぽんかんぽん（「ちんぷんかんぷん」の転か）香川県小豆島 *つるーと 島根県浜田市 *つるとー 島根県江津市 *つん 福井県 *でく 新潟県中頸城郡 *でくすけ 千葉県夷隅郡 *てごんぼ 新潟県佐渡 *でもすけ 千葉県夷隅郡 *てん 香川県綾歌郡 *てんのー 奈良県吉野郡 *てんぽこなし 福岡市 *どあんごー 徳島県三好郡 *とーじん 群馬県勢多郡 東京都島嶼 静岡県志太郡「ほんにとーじんでこまる」 島根県「お前のようにとーじんをゆーちゃーこまる」 広島県「とーじんげな（ばかげた）」 山口県豊浦郡・大島 香川県 *とーじんさく 岡山県阿哲郡 *とーひゃく（元来、天宝通宝を言い、百文通貨とされるが実価が低いところから）三重県度会郡 *とーびゃく 新潟県佐渡 富山県砺波 *とーまる 島根県益田市 *とーろく 三重県 島根県八束郡・隠岐島 高知県高岡

郡 *どーろくだま 島根県 *どーろくやまのいも 三重県志摩郡 *どだ 岐阜県飛驒「わりゃどだじゃ」 *どっぽれ 徳島県美馬郡 *どぬく 愛知県名古屋市 *どのく 愛知県海部郡 *とぶとぶ 三重県度会郡 *とぼけ 青森県八戸市 長野県佐久 滋賀県神崎郡 京都府 兵庫県淡路島 島根県石見 熊本県下益城郡 宮崎県都城 *とぼけもの 鳥取県気高郡・岩美郡 *とぼけやろ 山形県 *とぼけやろー 長野県佐久 *とぼすけ 新潟県佐渡 香川県高松市 *とぼっけなし 岩手県気仙郡 *とほぬけ 青森県津軽・上北郡 *とぼぬけ 新潟県佐渡 *とほのげ 青森県津軽 *どぼれ 香川県綾歌郡 *とんきょー 島根県能義郡「あそこにおるとんきょーな男はだーだ(だれだ)」 *どんきょー 岡山県浅口郡 *どんご 東京都大島 *どんごしょー 東京都大島・八丈島 *どんずー 佐賀県藤津郡 *どんずら 静岡県志太郡「どんずら、しっかりしょー」 三重県志摩郡 *どんたく 広島県江田島 *とんつく 新潟県佐渡 長野県佐久 *どんつく 新潟県 山梨県 長野県下水内郡・佐久 静岡県小笠郡・志太郡「なんてーどんつくだ」 愛知県名古屋市 三重県度会郡・宇治山田市 滋賀県蒲生郡 奈良県 岡山県小田郡・阿哲郡 広島県倉橋島 香川県高松 愛媛県大三島 高知県土佐郡 *どんぱ 富山県 *どんぼ 富山市 岐阜県本巣郡(子供をののしる語) *どんぼー 岐阜県羽島郡 *どんぼーず・どんぼーす 神奈川県津久井郡 *とんぼけ 山形県西置賜郡 *どんぽつ 佐賀県 *どんわ 広島県江田島 *なりごけ・なりぬけ 秋田県平鹿郡 *にーこ・にこ 岩手県気仙郡 *にごはん 熊本県阿蘇郡 *にしゃ 三重県志摩郡 *にほんぼ 茨城県稲敷郡 *にほんぼー(「鼻汁を二本垂らしている者」の意) 山形県東置賜郡 *にょろ 福岡県京都郡 *にょろすけ 熊本県下益城郡 *にんぎょー 奈良県 *ぬたぼー 佐賀県 *ぬったり 長崎県北松浦郡・五島 *ぬっつー・ぬってっつー 佐賀県「彼はぬっつうだから落第ばかりしている」「この庖刀はぬっつうだから、きれない」 *ぬってつ 福岡県糸島郡 *ぬへろぐ・ぬへず 山形県東村山郡 *ぬへんぼー 福島県大沼郡 *ねぼけ 茨城県稲敷郡 *のーたん 三重県志摩郡 *のーぬけ 島根県那賀郡・美濃郡 *のーのけ 岩手県九戸郡 *のーるす 山梨県 *のそ 福島県相馬 岐阜県本巣郡 大阪府泉北郡 兵庫県赤穂郡 *のそっぽ 新潟県佐渡 兵庫県赤穂郡 *のそべ 和歌山県東牟婁郡 *のそん 千葉県夷隅郡 *のそんけつ 千葉県夷隅郡 *のそんぽん 千葉県夷隅郡「あの人はのそんぽんとしている」 *のっそ 宮城県仙台市 *のっそり 千葉県印旛郡「あの人はのっそりしてる」 石川県珠洲郡・鳳至郡 福井県 京都府 *のっつぉ 岩手県気仙郡 宮城県石巻・仙台市 *のっぽ 茨城県真壁郡 千葉県・東葛飾郡 長野県東筑摩郡 高知県 熊本県上益城郡 *のっぽー 茨城県・新治郡 栃木県 埼玉県川越・入間郡 愛知県宝飯郡 山口県 *のっぽり 茨城県稲敷郡 千葉県君津郡 三重県志摩郡 和歌山県那賀郡 *のっぽりぽんつく 千葉県夷隅郡 *ののさん 島根県出雲市・簸川郡 *のもざきまわり 長崎県西彼杵郡 *のるす 青森県三戸郡 *のんの 群馬県利根郡 *のんぼ・のんぼー 群馬県佐波郡 *はした 山梨県「はした女」・南巨摩郡 *はしたもん 島根県隠岐郡 *はしたやろー 岩手県東磐井郡 宮城県仙台市 山形県 *ばすぬけ 福岡県小倉市・企救郡 *はった 滋賀県東浅井郡 *はなたれ 島根県 岡山県児島郡 山口県豊浦郡 *はなだれたれ 長崎県対馬 *はなったらし(意気地なし) 栃木県 *はんか 青森県 石川県鹿島郡 *はんかたぐり・はんかたがり 青森県三戸郡 *ばんくらーわせ 北海道檜山郡「あのふとあー(あの人は)ばんくらあわせだはい」 *ばんくらへ 青森県津軽「おら頭ばんくらへだどごで」 *はんげ 東京都八丈島 *はんしゅ 青森県・津軽 *はんす 愛媛県南宇和郡 *はんた 島根県隠岐島 *はんだ 滋賀県 宮崎県西臼杵郡 *はんたくれ 熊本県宇土郡・上益城郡 *はんたごろー 熊本県球磨郡 *はんため 山形県村山「はんため野郎」 *はんたもん 京都府竹野郡 島根県大原郡・仁多郡 *はんだら 奈良県吉野郡 和歌山県那賀郡 島根県 *はんだらじ 島根県仁多郡 *はんちゅー 熊本県天草郡 *はんつー 島根県美濃郡・益田市 *はんつーたれ 島根県美濃郡・益田市 *ひとよし 大分県中南部 *ひゅーたん 熊本県天草郡 大分県・北海部郡 *ひょーたん 山梨県南巨摩郡 *ひょっとこ(ののしって言う語) 栃木県 愛知県名古屋市 大阪市 兵庫県神戸市 奈良県南大和 和歌山県 香川県三豊郡 *ふーけ 福岡市 長崎県 熊本県玉名郡 *ふーけもん 佐賀県 長崎県 *ぶーす 大阪府泉北郡 *ぶーすか 岡山市 *ふーら 新潟県魚沼郡 *ふーらやろー 新潟県 *ふくべ(中身が空の意で) 山梨県南巨摩郡 *ぶっぺ 秋田県仙北郡「あの人ぶっぺだ」 *ぷらー 沖縄県首里(狂人)・石垣島・与那国島 *ぷらー 沖縄県黒島 *ふらいかり 長崎県 *ぷりー 鹿児島県喜界島 *ふりむぬ(「外れ者」の意)・ぷりむぬ 沖縄県八重山 *ぶりむぬ 沖縄県宮古島 *ふりむん 鹿児島県奄美大島・徳之島 沖縄県・八重山 *ぷりむん 鹿児島県喜界島 沖縄県国頭郡 *ふりもん 沖縄県首里 *ふれもん 沖縄県 *ふわてこ・ふわとこ 新潟県佐渡 *ぶんす 高知県幡多郡 *へじま 茨城県稲敷郡 *へちま 岐阜県大垣市 *へなちょこ 山梨県南巨摩郡 *へんとなし・へんどなし・へんとこなし・へとなし・へとどなし 新潟県刈羽郡 *へんなし 新潟県 *ぽいすー 島根県美濃郡・益田市 *ぽー 岡山県児島郡 香川県高見島 *ほーけ 山形県 福井県遠敷郡 岡山県津山 *ほーけだま 兵庫県佐用郡 岡山県苫田郡 *ほーけなし(気の回らない者) 新潟県岩船郡 *ほーけまち 島根県出雲 *ほーけもの 島根県隠岐島 長崎市 *ほーけんと 兵庫県但馬 *ほーけんとー

兵庫県氷上郡 *ほーすけ 群馬県吾妻郡 長野県下伊那郡 滋賀県蒲生郡 奈良県・吉野郡 和歌山市 *ぼーずり 愛媛県魚島 *ぼーた 福岡県 *ぼーふら 島根県隠岐島 *ぼーぶら 島根県石見 福岡市 大分県 *ぼーら 島根県石見 *ぼか 宮城県玉造郡 石川県江沼郡 *ぼかもの 三重県三重郡 *ぼくそ 島根県美濃郡・益田市「隣のぼくそは何処い行ったか」 *ぼけ 福岡市 長崎市 *ぼけ 岩手県気仙郡 新潟県 三重県伊賀 京都市 大阪市 兵庫県 奈良県 和歌山県海草郡・和歌山市 鳥取県気高郡・岩美郡 島根県石見・隠岐島 岡山県児島郡 広島県・高田郡 山口県・阿武郡 徳島県 香川県 高知県鵜来島 *ぼけくそ 香川県伊吹島 *ぼけくらい 岡山県児島郡 *ほげさく 山口県玖珂郡 *ぼけさく 島根県石見 岡山県岡山市・児島郡 香川県 愛媛県周桑郡・喜多郡 *ぼけす 徳島県 高知県・鵜来島 *ぼけすー 奈良県吉野郡 *ぼけた 長野県東筑摩郡「あのぼけたが何を知るものか」 *ほけだま 三重県度会郡 *ぼけだら 三重県阿山郡 *ぼけたれ 島根県石見 岡山県児島郡 広島県 山口県 *ぼけたん 兵庫県加古郡 奈良県 *ぼけとろ 島根県飯石郡 *ぼけはち 三重県阿山郡 奈良県吉野郡 *ほけまくり 福岡県三池郡 *ほこまえ 香川県高松市 *ほじなし 岩手県九戸郡・和賀郡 *ほじぬけ 岩手県九戸郡 *ほた 徳島市 *ぼたごろ 大分県日田郡 *ほつ 香川県小豆島「ほつめ」 *ほっか 徳島県板野郡 *ほっかー 徳島県 *ほっかーだま 徳島県 *ほっくらい 香川県 *ぼっけ 岩手県気仙郡 *ほっこ 徳島県 香川県 *ぼっこ 徳島県板野郡 香川県高松市 *ほっこー 徳島県三好郡 *ほっこくらい 香川県仲多度郡・小豆島 *ほっこまい 香川県 *ほてあほー 高知県幡多郡 *ぼぶら 石川県金沢市 鹿児島県鹿児島郡 *ほほろばか 島根県邑智郡 *ぼや 山形県西置賜郡 島根県 大分県 宮崎県日向 *ぼやし 鹿児島県 *ぼやすー 島根県石見 *ぼやすけ 京都府竹野郡 島根県 鹿児島県 *ぼら 大分市 *ほれ 徳島県三好郡 *ほろけ 山形県 新潟県岩船郡 *ぽん 新潟県西頸城郡 徳島県 *ぽん 和歌山県 島根県 山口県玖珂郡 長崎県対馬 大分県 *ぽんかん 愛媛県周桑郡 *ぽんさく 愛媛県周桑郡・喜多郡 *ぽんすー 岡山県邑久郡 *ぽんすー 島根県石見「ぽんすーを相手にするな」 山口県大島 *ぽんすけ 新潟県佐渡 和歌山県有田郡 島根県 大分県大分郡 *ぽんた 千葉県海上郡 神奈川県藤沢市 *ぽんた 千葉県・海上郡 長野県東筑摩郡 三重県阿山郡 *ぽんたろ 三重県度会郡 *ぽんち 山形県東置賜郡 長野県佐久 *ぽんつく 新潟県中頸城郡 高知県土佐郡 *ぽんつく 栃木県 群馬県群馬郡 神奈川県津久井郡 新潟県佐渡 山梨県 長野県 香川県塩飽諸島 高知県 *ほんつけ 新潟県東蒲原郡 *ぽんてこ 三重県名賀郡 *ぽんてこ 三重県志摩郡 *ぽんてさく 岩手県気仙郡 *ぽんとく 岩手県気仙郡 宮城県 山形県西置賜郡 *ぽんとこ 兵庫県氷上郡 *ぽんやん 徳島県・美馬郡 *まいなす(おどけて言う語) 和歌山県 *まるた 徳島県阿波郡 *めたらず 新潟県三島郡・刈羽郡 *めら 秋田県平鹿郡 *もごない 福井県三方郡 *もさ 広島県高田郡 山口県 *やか 香川県香川郡・綾歌郡 *やこ 香川県綾歌郡 *やっぺ 千葉県印旛郡「あの人はやっぺだ」 *やんぼ 福井県大飯郡 *ゆーごー 岡山県児島郡 *ゆくちなし 福島県耶麻郡・会津若松市 茨城県稲敷郡 *よかっちゃん 熊本県 *よとされ 栃木県栃木市・安蘇郡 *りくちなし 福島県会津 *りくつなし(一説に「理屈なし」の意(米沢方言辞典)) 山形県米沢市 *ろくじゅー 新潟県西蒲原郡 *んかん・んかんぼ 島根県隠岐島

↓あほう(阿呆)・うつけもの(空者)・ばかもの(馬鹿者)

大□ *あほのあんけつ 和歌山県東牟婁郡「あのあほのあんけつがあんな事しくさって」 *あほのこけさり 和歌山県日高郡 *あほのこっちょー 和歌山県 *おとだら 島根県八束郡 *つたごろ 奈良県吉野郡 *つたばか 神奈川県逗子・足柄上郡 *てーとばか 神奈川県逗子市

□だ *あざない 奈良県南大和 *あずない 徳島県 *あぞない 和歌山県 *あだない 山口県豊浦郡 *あどい 徳島県・阿波郡 香川県仲多度郡 *あどない 和歌山市 *あんごし 三重県志摩郡 *あんごしー 三重県「なんぞ、こや、あんごしーのー」 *うすい 三重県名張市 大阪府泉北郡 奈良県 愛媛県 *うすぃさん 沖縄県首里 *うっとい 三重県北牟婁郡 *うっとくさい 岐阜県飛騨 *うとい 岩手県九戸郡・気仙郡 埼玉県秩父郡「頭がうてーから忘れてしまった」 神奈川県 新潟県佐渡・東蒲原郡 長野県 岐阜県 静岡県「うとい手合」 愛知県 三重県南牟婁郡 滋賀県彦根 兵庫県神戸市 奈良県吉野郡 和歌山県「貴様よっぽどうといな」 *おだしー 茨城県猿島郡 *おんずくない 福島県若松市 *こばかくさい 宮城県石巻 福島県相馬郡「おらこばかくせぇから(おれはばかだから)」 *こばくさい 宮城県仙台市「あいつすこしこばくせぇんだ」 *はんかくさい 北海道「あれははんかくさい奴だ」・函館市 青森県「なんぼはんかくさいわらしだばな」・津軽 岩手県気仙郡 *みそがたらぬ 新潟県刈羽郡 *りくつない 山形県米沢市

□にする *あえる 鳥取県「あえちょる」 岡山県苫田郡 *あなずる 山形県東村山郡「少し学問すると人をあなづる」 富山県・砺波 石川県鳳至郡・河北郡 福井県遠敷郡・大飯郡 長野県佐久 滋賀県彦根 京都府 大阪市 兵庫県・神戸市 和歌山県 鳥取県 長崎県南高来郡・伊王島 *あふぁらしん 沖縄県石垣島 *うかめる 滋賀県滋賀郡 *おかめる 石川県能美郡 *おこずる 佐賀県 *おこつる 徳島県美馬郡 香川県三豊郡 愛媛県 高知県「暇さえあれば子供をお

こつって楽しんで居る」 佐賀県唐津市 大分県南海部郡 ***かすめる** 茨城県久慈郡 ***がすめる** 秋田県仙北郡 ***くそにする** 香川県 ***けごむ** 青森県三戸郡 ***こけにする** 茨城県稲敷郡 埼玉県入間郡 東京都八王子 神奈川県 石川県 静岡県志太郡・島田市 ***さわがす** 群馬県 ***じゃらける** 京都府竹野郡「じゃらけなゃー(ばかにするな)僕だってそんな男じゃなゃー」 ***じょーする**(「ちょう(嘲)す」の転か) 北海道函館 ***しょずむ** 三重県伊賀東部 ***ずーぼらかく** 熊本県下益城郡「ずうぼらきゃあた」 ***すをかける** 宮城県栗原郡「すっかける」 香川県 ***ぞーくる** 愛媛県 高知県幡多郡 福岡県三池郡 熊本県「ぞうくっとる」 大分県 ***そらかす** 長崎県東彼杵郡 ***たーけねする** 岐阜県飛驒「こんなことはせわないといってたーけねする」 ***ちゃーにする** 愛媛県周桑郡「人をちゃーにしよる」 ***ちゃとーにする** 島根県簸川郡・出雲市「俺をちゃとーにする」 ***ちゃにする** 島根県仁多郡・隠岐島 岡山県阿哲郡・小田郡 愛媛県松山 ***ちょーしゃがる** 山形県東村山郡「俺を貧乏だともて、あまりちょーしゃがるな」 ***ちょーしゃげる** 島根県「人をちょーしゃげてばっかしおる」 ***ちょちょくらかす** 和歌山県 熊本県 ***ちょちょくる** 新潟県刈羽郡 岐阜県飛驒「そう人をちょちょくらない」 和歌山県海草郡・西牟婁郡 島根県隠岐島 広島県高田郡 ***ちょちょぐる** 岩手県気仙郡 宮城県登米郡 ***ちょぼくる** 兵庫県加古郡 奈良県 広島県 ***ちょろまかす** 新潟県佐渡「あんまり人をちょろまかすなよ」 三重県志摩郡 ***ちょんなめる** 福井県南条郡 滋賀県彦根 ***つくやかす**(戯言を言って人をばかにする) 大分県南海部郡 ***つくわかす**(戯言を言って人をばかにする) 大分県直入郡・大分郡 ***でこのぼーにする** 香川県 ***なぐる** 高知県 ***なぶる** 福島県西白河郡 新潟県佐渡 福井県 愛知県名古屋市 三重県 京都市 大阪市 兵庫県淡路島 和歌山県 徳島県 香川県 愛媛県松山 福岡県企救郡 長崎県対馬「粗相な物を差上げておなぶり申しましたような物でありますけれども」 鹿児島県口之永良部島 ***ばかめる** 広島県 ***はなにかける** 島根県隠岐島 ***はなのすにいれる** 島根県邑智郡・邇摩郡「頭から人をはなのすにいれとる」 ***はなんすぃひっこむ** 福岡市 ***ひょーつきゃとる** 熊本県天草郡 ***ふんざます**(見下してばかにする) 岩手県胆沢郡 ***べこにする** 高知県 ***べこのかーにする** 高知県「そんな事言うてべこのかーにするものでない」 ***ほーけする** 香川県大川郡 ***ほーけにする** 徳島県・海部郡 香川県 ***ほーける** 岡山県児島郡 ***ほーけんする・ほーけんにする** 香川県「親をほうけんしよったら罰があたるんぞ」 ***ほーけんせる** 香川県木田郡 ***まじなう** 愛知県北設楽郡「まじなはれる」 ***みだりみる** 奈良県「親でさえみだりみるのでなあ」 ***めずめー** 鳥取県西伯郡 ***めずをみる** 鳥取県鳥取市「めずを見られとるけえ駄目」・西伯郡 ***めだれかう** 京都市 和歌山市 ***めだれをみる** 兵庫県淡路島 高知県「とーからめだれをみられて居るきに今頃なんぼ威張ても誰っちゃー事にせん」 ***めはちにみる** 長野県佐久 ***めんずーみる**(牛馬が人間をばかにする) 岡山県苫田郡 ***わまかす** 熊本県「わまきゃあと る(ばかにしてる)」 ***わやくたにする・わやくちゃにする** 高知市「たらん(足りない)人をわやくちゃにするとは悪い事ぢゃ」 ***わやにする** 徳島県海部郡「兄をわやにする」 香川県「人をわやにするのう」 高知県・高知市 ***わらわす** 岡山県児島郡「人をわらわしょってみー、ぶちなぐるでー」

↓ぐろう(愚弄)

□**を見る** ***あからふく** 富山市近在 ***いんがこく** 山形県南置賜郡・東田川郡 ***いんがつる** 山形県東置賜郡 ***いんがみる** 山形県「おまけにお金まで使わされて、いんがみせらっだし」 福島県「此の仕事でえんが見た」 茨城県 栃木県「昨日はあの雨で全くえんがみましたよ」 埼玉県北葛飾郡「むしにさされていんがみた」 千葉県東葛飾郡 島根県益田市・出雲市 ***いんごーこく** 山形県「バスこんで、ぬぐさわぬぐいに(暑さは暑いし)いんごーこいできだー」 ***こける** 静岡県小笠郡「あの商品いんちきものでこけた」 ***しゃーとこく** 山梨県南巨摩郡 ***すたこく** 滋賀県彦根 ***ほがをつかむ** 島根県出雲「あてにして行きたが留守でほがつかんだ」 ***さらんぱ** 長崎市「さらんぱする」

はかい【破壊】

↓こわす(壊)・こわれる(壊)

□**する** ***うちくやす** 長崎県南高来郡・長崎市 ***うっかんがす** 佐賀県・藤津郡 ***うっくーす** 茨城県稲敷郡 ***うっくす** 茨城県新治郡・稲敷郡 埼玉県南埼玉郡 ***うっくやし** 鹿児島県鹿児島郡 ***うっくやす** 佐賀県・神埼郡 鹿児島県 ***おがつ** 石川県珠洲郡 ***おっくす** 茨城県 埼玉県北葛飾郡 千葉県東葛飾郡 ***おっこーす** 新潟県三島郡 長野県南佐久郡 ***おっこす** 群馬県群馬郡 長野県 ***おっこわす** 千葉県東葛飾郡 長野県佐久 ***かちこわす** 新潟県佐渡 富山県 岐阜県飛驒 ***くずかす** 大分市 ***くずす** 愛媛県松山「家をくずす」 大分県 ***くずらかす** 大分県 ***こばく** 福井県敦賀郡 三重県名賀郡 ***こばる** 三重県名賀郡 ***こぶる**(乱暴に破壊する) 和歌山県東牟婁郡 島根県美濃郡・益田市「百姓一揆で庄屋の家がこぶられた」 ***こわく** 福井県敦賀郡 岐阜県山県郡 愛知県宝飯郡 ***しまう** 三重県北牟婁郡「おりゃーじゅーどーしてあししもたげ(おれは柔道をして足をくじいたよ)」 滋賀県彦根 奈良県吉野郡 和歌山県新宮 徳島県「石をかんで歯をしもた」 高知市「道

がしるいきに着物をしまあん様にコートを着ておいでよ」 熊本県上益城郡「いしょんなんもしまうもんなー(着物も何もだいなしになるものねえ)」 *しまる 青森県 和歌山県東牟婁郡「茶碗がしまれる(壊れる)」 *しまわする 鹿児島県肝属郡「しまわすんな」 *しもう 和歌山県日高郡・東牟婁郡「しもれる(壊れる)」 *つくやす 長崎県西彼杵郡 *つっくやす 長崎県壱岐島 熊本県八代郡・天草郡 *つぶす 山梨県南巨摩郡 大阪府泉北郡 兵庫県明石郡 香川県 *てしゃぐ・てしゃく 福井県大飯郡「箱をてしゃぐ」 *てちみじる(「みじる」は「にじる(躙)」の転か) 和歌山県日高郡 *ふかす 秋田県鹿角郡 *ぶかす 岩手県和賀郡 秋田県鹿角郡 *ぶくす 山形県「家をぶくす」 *ぶこす 秋田県「乱暴に弄ぶとぶこすよ」 *ぶじゅぐす 山形県西村山郡・最上郡「機械をぶじゅぐす」 *ぶずぐす・ぶずごす 山形県 *ぶちごす 山形県東置賜郡 *ふっかーす 静岡県北伊豆 *ぶっかーす 岩手県九戸郡 静岡県北伊豆 *ぶっかす 岩手県気仙郡 栃木県 *ぶっくす 山形県村山 福島県 栃木県河内郡 埼玉県入間郡・北葛飾郡 千葉県印旛郡・夷隅郡 *ぶっくます 静岡県榛原郡 *ふっくやす 鹿児島県種子島 *ぶっこす 岩手県江刺郡・気仙郡 秋田県雄勝郡「筆入れをぶっこしてしまった」 山形県米沢市 福島県東白川郡 栃木県 埼玉県入間郡 千葉県房総 *ぽこす 秋田県「あの子は絵本をぽこした」 山形県 *ぽっかす 栃木県 群馬県山田郡 千葉県長生郡 *ぽっこす 岩手県気仙郡 宮城県登米郡・玉造郡 山形県米沢市・西置賜郡 福島県 茨城県猿島郡 栃木県足利市 群馬県佐波郡 埼玉県川越 千葉県市原郡・房総 新潟県 *ぽっこなす 岩手県気仙郡 *みざく 新潟県佐渡 奈良県宇陀郡 *みじく 奈良県南大和 和歌山県・和歌山市 *みじくる 和歌山県 *みしゃぐ 山口県防府 徳島県 *みじゃく 長野県東筑摩郡「竹をみじゃく」 三重県 長崎県対馬「打ちみじゃく」 *みだく 山口県大島 愛媛県 *むざく 新潟県上越「にぼしのあたまむざいて猫にやる」 *むじゃく 新潟県東蒲原郡「ガラスをむじゃく」 長野県東筑摩郡 *めぐ(自然に破壊する) 鳥取県・気高郡 *めげる 新潟県 鳥取県気高郡 岡山県小田郡 *めだく 岡山県児島郡 山口県屋代島・大島 徳島県海部郡 香川県直島 愛媛県伯方島・大三島 *もじく 和歌山市 *もじくる 和歌山県「もじくんな」 *もじゃく 三重県度会郡 *もじる 和歌山県 *やぶる 鳥取県気高郡 *わんならす 三重県上野市

ばかくさい【馬鹿臭】 ⇩ばからしい(馬鹿)

はがす【剝】 *あぽす 千葉県夷隅郡 *うがす 岡山県岡山市「壁へ貼った紙をうがす」・児島郡 広島県比婆郡 *うぐ 広島県比婆郡 *おがす 岡山県児島郡 愛媛県大三島「生爪おがす」 *おこす(密着しているものをはがす) 長崎県対馬「なま爪おこす」 *おっぺがす 茨城県稲敷郡 長野県佐久「その紙をおっぺがす」 *はぐらかす 富山県・砺波 *ひっぱぐ 栃木県河内郡 熊本県下益城郡 *ひっぴやぐ 熊本県下益城郡 *ひっぺがす 岩手県気仙郡 山形県西置賜郡 栃木県河内郡 群馬県群馬郡 東京都八王子 神奈川県中郡 *へっぺぐ 岩手県気仙郡

はかどる【捗】 *あがちゅん 沖縄県首里「しぐとぅぬ むる あがかん(仕事が全然はかどらない)」 *あばっ 鹿児島県鹿児島郡 *けだる 島根県石見「大分けだった」 *こわくー 和歌山県日高郡 *さばくっ 佐賀県藤津郡 *さばくる 佐賀県唐津市 熊本県天草郡 *だちがいく 三重県志摩郡 宮崎県日南市「だいぶんだちがえたろう」 *だちがっく 福井県足羽郡「だちがつかん」 *だちく 新潟県佐渡 長野県西筑摩郡 岐阜県高山 *だちくー・だしく 岐阜県高山 *だちゃく 福井県大野郡 *のーじのる・のじのる 岩手県気仙郡 *はかやる 新潟県佐渡 *はこーやる・はかーやる 東京都八丈島 *はてる(打ち消しの形で用いられる) 福井県 岐阜県揖斐郡「道がはてんでわしも出かけようと思う」 宮崎県 *ははちゅん 沖縄県首里 *ほそまる 熊本県玉名郡 *まかたする 青森県南部「まがたしない」 *まかたにあう 青森県津軽「こったらさまだば(こんな調子だと)明日のまがだねあなぇであ(あしたに間に合わないよ)」 秋田県「漸(ようや)くまがだあった」「お祭の着物、何とかまがだあわせれ」 東京都大島「予定通り仕事がはかどらなくて、まかたがあわぬらしい」 新潟県佐渡 *やちゃく 山形県 *らちいく 三重県度会郡・宇治山田市 *らちがつく・だちがつく 新潟県佐渡 *らちかる・だちかる 新潟県佐渡 *らちく 新潟県佐渡「その話はらちきません」 ↓じゅんちょう(順調)

仕事が□ない *うだつがあがらない 山梨県南巨摩郡「共同仕事ぁ皆が気を合せないばうだつは上らない」 鳥取県西伯郡 *うんぱくない・うんちゃくない 山形県「どうもこのポンプの具合がうんぱくない」 *ごむさい(手際が悪い) 兵庫県西宮市 *たえがたい 福岡県企救郡 *のりがあがらん 宮崎県東諸県郡 *むさい 青森県津軽「なにほど、むさぇ仕事だば(なんとまあ、はかどらない仕事だこと)」 山形県 *むっちょーりゆん 沖縄県首里

仕事が□ないこと *てちもち 島根県出雲市「あの大工はてちもちしてさっぱり駄目だ」 *てちりもちり 島根県隠岐島 *てったーもったー 島根県那賀郡・浜田市 *でっちもっち 山梨県 *てっつらもっつら 島根県浜田市「てっつらもっつら何時まで経っても埒があかん」 *てつもつ 島根県隠岐島「てつもつして埒があかん」 *てつらもつら 島根県石見 *てれぐれ 島根県「てれぐれ

して今日は何も出来ん」 山口県豊浦郡 ***てれんくれん** 島根県隠岐島 ***ひまずり** 栃木県塩谷郡

仕事が□ないさま ***しっちゃーもんじゃ・しったーもんだー** 島根県出雲 ***しどらまどら** 岩手県気仙郡・東磐井郡 ***てれんてれん** 島根県 ***てんつらまんつら** 島根県出雲「一日中てんつらまんつらして日を暮す」「あの人はてんつらまんつら要領を得ん」 ***びりだら** 新潟県西蒲原郡 ***びりんだらん** 静岡県志太郡「ばかにびりんだらんしてーるなー」 ***ぼとくさ** 島根県大田市 ***もさくさ** 岩手県気仙郡「もさくさしてる」 ***もともと** 島根県美濃郡・益田市「もともとするけー(ので)一日中かかっても仕事がすまん」

仕事が□さま ***てったぱった** 埼玉県秩父郡「てったぱったに片づいてよかったなあ」 ***はかいき** 島根県「はかいきな仕事をする」 広島県比婆郡 熊本県玉名郡 ***はかじゆき** 新潟県「はかじゆきに」 ***はかてき** 新潟県佐渡「この病気ははかてきには行かん」 ***はかゆき** 鳥取県

はかば【墓場】 ⇩ぼち（墓地）

ばかばかしい【馬鹿馬鹿】 ***あほげもない** 香川県「あほげもないことしますな」 ***あまい** 茨城県稲敷郡 熊本県玉名郡 ***いしくもない** 長野県下伊那郡 ***うすぬっか** 熊本県玉名郡 ***おへたくさい** 山形県置賜「そんなことおへたくさい」 ***おぼらしゅーもない** 愛媛県西条市 ***かすでもない・くそでもない** 静岡県榛原郡 ***こっつまんね** 山形県米沢市 ***こつまない** 群馬県桐生市 ***こばかきさい** 山形県北村山郡 ***こばかくさい** 岩手県上閉伊郡・気仙郡 宮城県栗原郡・石巻「とってもこばかくせぁくて見てられねぁ」 山形県 福島県東白川郡・相馬郡 ***こばくさい** 宮城県栗原郡・仙台市 山形県酒田市・東村山郡 ***しゃきらがない** 新潟県南魚沼郡 ***しゃきらもない** 新潟県 ***じゃけらこい** 岐阜県山県郡「じゃけらこいこと言ふ(冗談を言う)」「じゃけらこいひと(冗談をよく言う人)」 ***じゃけらっぽい** 長野県南部・下伊那郡「老人のくせにじゃけらっぽい」 ***しゃけらもない** 三重県度会郡 ***しんどろくさい** 愛知県知多郡「そんなしんどろくさいことか」 ***たへーもない** 福島県相馬 ***とつけもない・とつかもない** 鳥取県東部 ***どっさい** 新潟県東蒲原郡「どっさくて相手になれない」 ***なんとむしれん・なんとんしれん** 長崎県壱岐島「なんとむしれん事を云ふてくれるな」 ***なんとんしえん** 鹿児島県鹿児島郡 ***べらぼーくさい** 茨城県稲敷郡 新潟県佐渡「そんなこたあべらぼうくせえさけ、やめてしまえ」 ***ほこしー** 岡山県 ↓くだらない・ばからしい（馬鹿）

□さま ***あほーげ** 京都府竹野郡 鳥取県 ***あほたれげ** 京都府竹野郡「ようそんなあほたれげなめに会ったもんだ」 ***あんぼげ** 香川県綾歌郡・仲多度郡「あの人いうたら、あんぼげなことばっかりいう」「あんぼげにすな」 ***てんぽげ** 富山県 ***はーげ** 兵庫県但馬

はかま【袴】 ***いんぎんぶくろ**(形が袋のようで、慇懃(いんぎん)に礼節を尽くす時にはくところから) 茨城県 千葉県上総 ***ざばかま** 岩手県和賀郡 山形県西置賜郡(野ばかま) ***さらっぱかま** 福島県大沼郡 ***さらっぱかま**(すそを狭く仕立てた、短くて軽快なもの) 福島県会津 ***さるこもんぺ**(すそを狭く仕立てた、短くて軽快なもの) 山形県北村山郡 ***さるっこばかま**(すそを狭く仕立てた、短くて軽快なもの) 新潟県岩船郡 ***さるっぱかま**(すそを狭く仕立てた、短くて軽快なもの) 福島県会津若松市・大沼郡 新潟県北魚沼郡 ***さるばかま**(すそを狭く仕立てた、短くて軽快なもの) 山形県最上郡 新潟県 島根県鹿足郡 広島県山県郡 ***さるぺ**(すそを狭く仕立てた、短くて軽快なもの) 岩手県和賀郡 ***ざんばかま**(来客を迎える際などに着ける座敷ばかま) 宮城県栗原郡 ***さんぱく**(ひざ下の細い仕用のもの) 新潟県北魚沼郡・南魚沼郡 ***しも**(裃(かみしも)の肩衣を上と言うのに対して) 富山県 奈良県大和高田 ***すそ** 三重県伊勢 奈良県吉野郡 ***すそばかま** 奈良県吉野郡 ***すそぼそ**(かかとで締めるすその細くなったもの) 山形県 愛知県北設楽郡 高知県長岡郡 ***そそ** 兵庫県北部 ***とびこみばかま**(すそをくるようにした仕事用のもの) 奈良県吉野郡 ***はかまばっち**(すそがきゃはん仕立てのもの) 奈良県南大和 ***ふんごみ**(礼装用のはかま) 奈良県吉野郡 ***ぼこぼこばかま**(すそをひもでひざの所にくくりつけ、下部がきゃはん仕立てとなったもの)・**ぼこぼこはかま** 香川県三豊郡 ***ましたか**(男子用もいう) 栃木県塩谷郡 ***まちざか**(男子用もいう) 島根県出雲市 ***まちたか**(男子用もいう) 山形県西置賜郡 ***まちだか**(男子用もいう) 富山市近在 島根県 岡山県邑久郡 広島県山県郡 ***まったか**(男子用もいう) 兵庫県加古郡・明石郡 ***よしのばかま**(すそをひもでくくるようにしたもの) 奈良県吉野郡

作業□ ***うまのりばかま** 香川県綾歌郡 ***おっぱらばかま** 広島県比婆郡 ***さる**(労働用の腰ばかま) 島根県石見 ***さんとく** 福井県遠敷郡 ***たじつけ** 茨城県多賀郡 ***たすけ** 福島県耶麻郡 ***たちつけ** 山形県 福島県東白川郡 京都府 ***たちっつけ** 山梨県南巨摩郡 ***たちばかま** 茨城県多賀郡 ***たつき** 秋田県仙北郡 富山県砺波 石川県能美郡 岐阜県飛騨 愛知県北設楽郡・東加茂郡 ***たつきばかま** 富山県東礪波郡 ***たつけ** 青森県上北郡 秋田県鹿角郡 山形県置賜 富山県東礪波郡 福井県越前 岐阜県 愛知県北設楽郡 岡山県 広島県高田郡 ***たっち** 新潟県佐渡 岡山県苫田郡 ***たっつけ** 青森県三戸郡 山形県西置賜郡 福島県 埼玉県秩父郡 神奈川県津久井郡 新潟県 石川県河北郡 福井県 長野県 岐阜県飛騨 静岡県周智郡・志太郡 愛知県北設楽郡 三重県阿山郡

広島県高田郡　山口県豊浦郡 *たっぴ 石川県河北郡 *たばかま（田植えの時に使用する短いはかま）島根県那賀郡　広島県安芸郡 *むくずり 茨城県久慈郡 *むくたれ・もくずれ 栃木県塩谷郡 *むたくれ 栃木県日光市 *もくたり 栃木県 *もくたれ 福島県　栃木県　群馬県勢多郡 *もっぺ 青森県上北郡　秋田県　奈良県吉野郡 *もっぺー 青森県津軽 *もんぺ 秋田県鹿角郡・北秋田郡　山形県　福島県東白川郡・大沼郡　富山県砺波　福井県南条郡　長野県佐久　兵庫県美方郡　鳥取県八頭郡 *もんぺー 青森県津軽　山形県米沢市　新潟県中頸城郡

上部を緩やかに、下部を締めた、労働用、あるいは防寒用の□ *かっさん 茨城県多賀郡 *からさん 山梨県・南巨摩郡 *かりさん 秋田県平鹿郡（子供用）　新潟県中蒲原郡　福井県　岐阜県加茂郡 *かるさん（ポルトガル語から）栃木県芳賀郡　東京都西多摩郡　石川県能美郡　富山県東礪波郡（女子用）　福井県・南条郡（男子用）　山梨県南巨摩郡　長野県　岐阜県郡上郡　静岡県駿東郡・磐田郡　愛知県北設楽郡　三重県北牟婁郡　京都府北部　徳島県三好郡　香川県三豊郡 *さんぱく 新潟県北魚沼郡・南魚沼郡 *もっこもっこ 岐阜県飛騨

山行きの□ *いっかま 石川県河北郡 *えったくた 長野県諏訪・佐久 *えったくった 長野県佐久 *えんざくざ 長野県諏訪 *おーぐちばかま・おーくちばかま 広島県 *おんぐり 広島県高田郡 *かったち（山や旅行へ行く時にはく皮製のはかま「かわたちつけ（皮裁着）」の転か）秋田県雄勝郡 *ののばかま 福島県北会津郡 *のばかま 長野県　奈良県吉野郡 *のらばかま 長野県佐久 *まちだか 広島県山県郡 *ゆきばかま 新潟県　福井県大野郡　長野県　島根県　広島県　山口県阿武郡 *よきばかま 長野県北安曇郡

雪□ *いっこぎ・いっこんぎ 長野県長野市・上水内郡 *おーぐちばかま・おーくちばかま 広島県 *おまちゃれ 長野県上水内郡 *させず 長野県佐久 *しっぺそ 長野県長野市・上水内郡 *せんどーばっち 島根県那賀郡 *そともひき 長野県長野市・上水内郡 *だぶたつけ 福井県大野郡 *だふらもんぺ 山形県 *ちゃんがらもんがら 長野県上水内郡 *つっこみ 島根県益田市 *ぼろかくし 島根県美濃郡 *またしゃれ 宮城県登米郡・玉造郡 *もくら 秋田県鹿角郡 *もっくら 秋田県北秋田郡・鹿角郡　福島県北会津郡　新潟県北蒲原郡・岩船郡　長野県 *もっぺ 青森県上北郡　秋田県　奈良県吉野郡 *もっぺー 青森県津軽 *もつり 島根県八束郡 *もんぺ 秋田県鹿角郡・北秋田郡　山形県　福島県東白川郡・大沼郡　富山県砺波　福井県南条郡　長野県佐久　兵庫県美方郡　鳥取県八頭郡 *もんぺー 青森県津軽　山形県米沢市　新潟県中頸城郡 *ゆっこぎ 福島県大沼郡 *よっこぎ 長野県北安曇郡

ばかもの【馬鹿者】

*あーぬき 島根県美濃郡・益田市 *あーぬけたーらー 島根県石見 *あおべん 三重県志摩郡 *あたますき 長野県佐久 *あったかさ 新潟県 *あったったー 静岡県志太郡「このあったったー」 *あっぽんたん 新潟県東蒲原郡　長野県佐久 *あばらたらず 福井県大飯郡 *あふらんけ 新潟県東蒲原郡 *あんけ 秋田県由利郡・鹿角郡 *あんけつ 福井県　岐阜県飛騨　静岡県・安倍郡　滋賀県　大阪市　兵庫県加古郡「あほのあんけつ」・淡路島　香川県　愛媛県 *あんぜー 長崎県対馬 *あんぜーたーらご（「たーらご」は海鼠（なまこ））長崎県対馬 *あんちょまち 島根県出雲市 *あんぽこたん 徳島県 *あんぽた 山形県最上・置賜 *あんぽん 愛知県碧海郡・岡崎市　兵庫県神戸市　鳥取県西伯郡　島根県出雲　山口県玖珂郡　徳島県（幼児語）　愛媛県周桑郡　長崎県壱岐島（児童語）　熊本県玉名郡 *あんぽんたい 三重県鈴鹿郡 *うすけん 奈良県吉野郡 *うすこけ 秋田県平鹿郡 *うすだら 熊本県天草郡 *うすたらず 山形県村山「このうすたらず、あっちゃ行ってろ」 *うすたりー 熊本県下益城郡 *うすった 奈良県南大和　和歌山県伊都郡 *うすてれ 茨城県稲敷郡　千葉県香取郡 *うすでれ 栃木県 *うすとりー 熊本県阿蘇郡 *うすとれー 熊本県 *うすぺらぼー 茨城県稲敷郡 *うすら・うすらけ・うっすら 新潟県東蒲原郡 *うすらばか 福島県東白川郡　新潟県下越 *うそばか 長野県下伊那郡 *うっそり 福井県大飯郡　長野県上伊那郡「あれはうっそりだ」・下伊那郡　愛知県豊橋市「あのうっそりにも困ります」 *うんた 静岡県「このうんためー」 *うんだかまつ 新潟県佐渡 *うんたま・うんたろ・うんない・うんにゅー 徳島県 *おあったか 山梨県 *おいてき 岡山県 *おえでちょー 島根県八束郡「この子はおえでちょーだ」 *おーけまち 島根県能義郡 *おたーくら 神奈川県中郡 *おたくら（麝香鹿（じゃこうじか）の狩りの時、麝香鹿に似ていて、訳もなく出て来て殺されると伝えられる動物の名を「たくらだ」といい、転じて、自分に関係のないことで害を受ける者、愚か者のことを「たくらだ」「たくら」というが、その「たくら」から出た語か）神奈川県津久井郡　長野県上水内郡 *おたらけ 静岡県田方郡　熊本県 *おてんぽ 新潟県中頸城郡 *おほ 三重県志摩郡 *おほー（「あほー（阿呆）」の転か）三重県阿山郡 *かくけーやろ 山形県西置賜郡 *からほであなし 岩手県気仙郡 *きっとー 高知県・高岡郡 *きっとーもん 高知県幡多郡 *きねだま 新潟県 *きんたろー 大分県宇土郡 *けとーじん 千葉県夷隅郡 *ごきたれ 栃木県 *ごくぞー 奈良県吉野郡 *ごくどー 福井県　岡山県浅口郡 *こつ・こつま・こーま 富山県砺波 *こっぱい 新潟県 *こっぽでなし（うすばか）岩手県気仙郡 *こ

ぬけ 岩手県九戸郡 *こばか 岩手県上閉伊郡 *こばかたかり・こばかたくれ 青森県三戸郡 *こばかやろー 岩手県上閉伊郡 *さいすけ・さいすけやろー 静岡県磐田郡 *さいはじけ 山形県米沢市 *ささじ 青森県津軽 *さまなし 岩手県気仙郡 *さんもんたら 島根県八束郡・仁多郡 *さんもんでこ 島根県「人をさんもんでこに使う」 徳島県 *さんもんもすけ 徳島県 *しちもん 福井県 *しちりん（一銭にやや足りないところから） 栃木県 新潟県佐渡 和歌山県 島根県仁多郡 大分県別府市・大分郡 *じなくそ 島根県「あのじなくそは話しにならん」 広島県沼隈郡 *じゃまぬけ 岩手県九戸郡 *じゃんまぬけ 青森県三戸郡 *じょい 大分県南海部郡 *しょーだいなし 富山県砺波 *じょーとー 山形県西置賜郡・西村山郡 *しろもん 栃木県足利市・今市市 *ずだ 大分県日田郡「あのずだ」 *すっこ 徳島県 *たーくら 長野県北安曇郡・上伊那郡 *たーくらたー 新潟県中頸城郡 長野県北安曇郡「たあくらたあだ」・佐久 *たくら 兵庫県淡路島 熊本県 *たくらんけ 北海道 岩手県気仙郡 山形県南村山郡・最上郡 *たくらんたー 静岡県 *たこ 長野県佐久 *だご 熊本県 *たちかれ 高知県 *たっくらたー 新潟県中頸城郡 *たましぬけ 岩手県九戸郡 *たろー 新潟県上越市 *だろく 宮崎県 *だろくけ 宮崎県東諸県郡 *だろす 宮崎県宮崎郡・東臼杵郡 *だろすく 宮崎県西都市 *だろっかー 宮崎県宮崎郡 *ちじょぬけ 青森県津軽 *てんぼ 新潟県中越 *てんぽ 新潟県中頸城郡 和歌山県西牟婁郡 香川県三豊郡・高見島 *てんぼー 群馬県勢多郡 和歌山県 *てんぽー 島根県美濃郡・益田市 徳島県板野郡 香川県三豊郡・高見島 *てんぽーせん（天保通宝は明治四年に八厘通用になったので、一銭に足りないという意から） 栃木県 長野県北安曇郡・佐久 岐阜県郡上郡 兵庫県城崎郡 島根県 香川県三豊郡・高見島 長崎県 *てんぼーはちりん 徳島県美馬郡 *てんぽせん 岩手県上閉伊郡（女性について言う） 新潟県佐渡・中頸城郡 岐阜県北飛騨 愛知県碧海郡 島根県 香川県三豊郡・高見島 愛媛県周桑郡・喜多郡 高知県 福岡市 熊本県玉名郡 大分県大分市・大分郡 *どーしろーさん 静岡県田方郡 *どーすけ・とーすけまち 島根県「とーすけ婆」 *とーへろく 島根県邑智郡 *とーへんぼー 島根県仁多郡・能義郡 *とーぼーさく 島根県仁多郡 愛媛県 *とーぼさく 島根県簸川郡・大原郡 *とぼーらず 島根県美濃郡・益田市「お前のよーなとぼーらずはそー余計居らん」 *どほーろく 長野県東筑摩郡「このどほーろく女め」 *どぼさく 島根県 *どんじくされ 島根県簸川郡 *どんすけ 新潟県佐渡 島根県能義郡 *どんすこ 岡山県浅口郡 *どんた 鹿児島県肝属郡 *どんだら 滋賀県高島郡 鳥取県西伯郡 島根県出雲・隠岐島 *とんだらず 島根県簸川郡・出雲市 *どんだらばーず 島根県隠岐島 *とんてき 新潟県三島郡 *どんどろ 愛媛県西条市・新居郡 *どんべ 岩手県気仙郡 富山県東礪波郡・下新川郡 岐阜県大野郡 *どんぺ 岩手県江刺郡 秋田市 *どんべー 岐阜県大野郡 *どんぺー 岩手県九戸郡・気仙郡 *どんぺさく 岩手県気仙郡 *なまむぬ 沖縄県首里 *なりごけ・なりぬけ 秋田県平鹿郡 *にたやま 富山県・下新川郡 熊本県 *にたるもん 富山県下新川郡 *にぶつもん 富山県砺波 *によん 鹿児島市 *ぬけがら 三重県志摩郡 *ぬんた・ぬんたまつ・ぬんたまろ 三重県志摩郡 *ねとぶけ 徳島県 *ねとぼけ 和歌山市 *ねぶつ 石川県鹿島郡 *ねぶつもの 富山県高岡市・砺波 石川県河北郡 *ねぶと 岐阜県大垣市 *のぶそ 長崎県対馬 *のほーず 福井県 *のほず 石川県河北郡・金沢市 *のほんど 奈良県南大和 和歌山県那賀郡・伊都郡「のほんどの事言ふな」 *のもざきまわり 長崎県西彼杵郡 *のろ 和歌山県日高郡 島根県鹿足郡 山口県 愛媛県周桑郡 *のろくた 島根県簸川郡・仁多郡 *のろけ 福島県 新潟県東蒲原郡 *のろすけ 福島県 新潟県佐渡・東蒲原郡 *のろたく 静岡県「あの人はのろたくだ」 *のろっぽ 新潟県佐渡 和歌山県那賀郡 *のろまてんのー 千葉県香取郡 *のろんくそ 香川県 *のんこ 愛知県名古屋市 香川県・高松 *ばかげ 秋田県 *ばかずら 熊本県八代郡・球磨郡 *ばかぞー 新潟県佐渡 福岡市 *ばかたくら 新潟県佐渡 *ばかたくれ 青森県三戸郡 岩手県気仙郡 *ばかたん 熊本県 大分県 鹿児島県 *ばかたんさんすけ 鹿児島県肝属郡 *ばかつー 大分県 *ばかっちょ 熊本県宇土郡・球磨郡 *ばかっつら 静岡県志太郡・榛原郡 *ばかっとー 静岡県榛原郡 *ばかつん 愛知県額田郡 *ばかんずら 静岡県・志太郡 *ばかんたくら・ばかたくろ 熊本県 *はご 香川県佐柳島 *はつだら 和歌山県那賀郡 *はなくそまんきんたん 島根県鹿足郡・益田市「お前のよーなはなくそまんきんたんには、何を言うても分からん」 *はらけつ 和歌山県西牟婁郡 *はんと 島根県八束郡・大原郡 *はんど 青森県津軽 島根県出雲市 *はんとさく 島根県仁多郡 *はんとまち・はんともん 島根県出雲 *ひやくめいっきん 福岡市 *ひょーかんす 福岡市 *ひょーたくれ 茨城県 千葉県上総 静岡県「このひょーたくれ」 *ふんた 静岡県 *へぼ 福井県敦賀郡・三方郡 *へぼなす 岡山県児島郡 *ほいと 新潟県 熊本県阿蘇郡・八代郡 大分県東国東郡 *ほいとやろー 栃木県 *ほーだいなし 岩手県 宮城県南部・仙台市 山形県 福島県中部・北部 *ほーたくらえ 岡山県邑久郡 *ほーろく 新潟県中頸城郡 長野県長野市・上水内郡 徳島県・阿波郡・美馬郡 *ほーろくがんす 徳島県美馬郡 *ぼす 石川県江沼郡・河北郡 岐阜県益田郡 島根県美濃郡・益田市 長崎県対馬 *ぽす 石川県江沼郡・河北郡 岐阜県飛騨 長崎県対馬 *ほだいなし 岩手県気仙郡 宮城県「時間になんのもわっせで遊でる、ほでぁなすで困る」 山形県東村山郡 福島県北部 *ぽっこりもん・ぽこたん・ぽった 富山県砺波 *ほっつぁれ 宮城県栗原郡 *ほっとーれ 茨城県 *ほっぱ 高知県 *ほでなし 宮城県仙台市 山形県東村山郡・北村山郡 *ほろすけ 福島県 新潟県東蒲原郡 *ぼろっく 長野県佐久 *ほろつけ 群馬県吾妻郡 長野県南佐久郡 *ほんでなし 宮城県栗原郡 *まごろく 東京都八丈島 *ましむぬ・ましんざ 沖縄県石垣島 *もけさく・もげぞー 茨城県稲敷郡 *やきなし 宮城県登米郡 *よぼけ 兵庫県淡路島 *よんどり 大阪府泉北郡 *よんぼら 大阪市 *よんぼり 京都府 大阪市 奈良県 和歌山県「あいつよんぼりやな」 岡山県児島郡 愛媛県 *ろばくれー 兵庫県赤穂郡 ↓あほう（阿呆）・ばか（馬鹿）

大□ *いきにんがり 和歌山県 *いちぐどぅん 沖縄県首里 *くそぼっこ 香川県「くそぼっこげに(ばかのように)」 *どてんじょ 香川県高松市 *ばかつかさ 神奈川県中郡 *ばかのつかさ 神奈川県中郡 *ばかのどてんじょ 愛媛県大三島 *ばかふとむん 鹿児島県鹿児島郡 *はりだら(「だら」はばかの意) 石川県河北郡

はがゆい【歯痒】 *いじましー 新潟県東蒲原郡 大阪市 岡山県「下手な手つきを傍で見てゐるといじましー」 *おかったるい 東京都 *かいかいしー 宮城県栗原郡「けーけーしくて見てられねえ」 *かいだるい 福井県遠敷郡 徳島県 香川県大川郡 愛媛県「あななことしよってどうならい(どうするものか)。かいだるい」 *かいなだるい 岩手県気仙郡 *かえっかえしー 岩手県胆沢郡 *かんだるい 新潟県佐渡 *きがわるい 兵庫県但馬 *きゅしゅくい 香川県木田郡「きゅしゅくいやつやの」 *けぁけぁし 岩手県気仙郡「人のやってんのみるどけぁけぁし」 *けーがらしか 長崎県壱岐島 *けーけーしない 宮城県登米郡・玉造郡 *しゃーだるい・はいだるい・ひやだるい 石川県珠洲郡・鳳至郡「あの人ははいだるい人だ」 *てぃーはごーさん(「はごーさん」は「くすぐったい、むずむずする」の意) 沖縄県首里 *てがかいー 青森県津軽 *にゅにゅこい 山形県 *へぐいー 岡山県児島郡 *ややかしー 石川県石川郡・鳳至郡 ↓じれったい（焦）・まだるっこい（間怠―）・もどかしい

ばからしい【馬鹿】 *あおくさい 新潟県佐渡 *あくさい 奈良県南大和 *あたしんどい 兵庫県明石郡「あたしんどいこんな道よりないんかいな」・淡路島「あたしんどい、こんな事が一人で出来るかい」 *あたばわるい 福井県敦賀郡 *あたぶがわるい 京都府竹野郡「ほんとうにあたぶがわりーこった」 兵庫県 *あちゃくさい 山形県庄内 *あっちぇ 山形県東田川郡・西田川郡 *あっちぇー・あちぇい 山形県庄内 *あほくさらし 和歌山県和歌山市・海草郡 *あほりくさい 奈良県吉野郡 *あまい 茨城県稲敷郡 熊本県玉名郡 *かいだるい 静岡県榛原郡「かいだるくて、そんなもの拵らえっかやれ」 *かちくさい 山形県米沢市 *くさわらしー 岐阜県武儀郡 *けったりー 千葉県夷隅郡 *こけったらし 埼玉県入間郡「大骨折って百にもなんねーじゃこけったらし」 *こばかきさい 山形県北村山郡 *こばかくさい 岩手県上閉伊郡・気仙郡 宮城県栗原郡・石巻「とってもこばかくせぁくて見てられねぁ」 山形県 福島県東白川郡・相馬郡 *こばくさい 宮城県栗原郡・仙台市 山形県酒田市・東村山郡 *こはんかくさい 青森県三戸郡 *しとしけない 徳島県 *しゃらくさい 香川県小豆島 *じゃらくさい 岡山市「あんなじゃらくさぇことができんいうて不思議な」 徳島県美馬郡 *じゃらこい 徳島県 *しんだい 徳島県 香川県大川郡 *しんどい 徳島県 *ずつーない 奈良県南大和 *たわけらしー 岐阜県郡上郡 愛知県知多郡「そんなことたわけらしい」 *ちゃらくさい・ちゃらっくさい 長野県佐久 *ちょろくさい 福井県南条郡 *ちろくさい 福井県足羽郡 *てっちもない 京都府 *てれくさい 福井県大飯郡「そんなてれくさい所へ行くもんか」 京都府 和歌山県 *どだーけらしー 岐阜県稲葉郡 *とろい 岐阜県 愛知県名古屋市 *とろくさい 岐阜県 愛知県「日帰りで鵜飼も見こなしで、彼んなとろくさい事があるもんか」「とろくさい事をいふ」 *どんくさい 島根県隠岐島 *なむない 長野県諏訪・上田 静岡県「なむない仕事をした」「なむないこんな事をするではなかった」 *なもない(後悔の気持ちを表す) 静岡県志太郡・榛原郡「なもない事をした」「こんなこんならなもない来るじゃないっけ」 *はがくさい 新潟県中頸城郡「そんな仕事してもはがくさい」 *はんかくさい 北海道「はんかくさいことを云うな」・小樽市・函館市 青森県津軽 山形県「はんかくさえからやめた」「はんかくさえ奴だ」 石川県江沼郡 福井県坂井郡 *はんこーさい 新潟県中越 *ふーたらぬっか 福岡県三井郡・久留米市 *ふーたらぬるい 福岡県 *ぶがわるい 兵庫県但馬 *ふきー 福岡県遠賀郡 *へすたい 岐阜県飛騨 *へっすい 徳島県 *よだるい 岐阜県加茂郡 愛知県「こんなよだるい事はない」 滋賀県甲賀郡 ↓あほらしい（阿呆）・くだらない・ばかばかしい（馬鹿馬鹿）

□さま *うすげ(少々ばからしいさま) 香川県大川郡「うすげにするな」 *じゃらじゃら 滋賀県彦根 京都市「じゃらじゃらした(ばからしい)」 大阪市「そんなじゃらじゃらしたことがあるもんかいな」 兵庫県淡路島「大の男がじゃらじゃらとそんな事が言えるかいや」 徳島県 香川県高松市 *ばかげ 宮城県登米郡 秋田県鹿角郡「ばかにする(侮る)」 新潟県中蒲原郡「死んだもんがばかげさ」 *ばかたい 愛媛県周桑郡 *ひょんなげ 香川県伊吹島「ひょんなげに」 *へんなげ 香川県「へなげに見えても」「へなげな事言ふな」 *ぽんげ 島根県石見「そがーなぽんげなこと

があるもんかい」 *ほんげー 徳島県美馬郡

はかり【秤】 *えーきん 静岡県志太郡・榛原郡 *かんか 岩手県和賀郡 *かんかん 静岡県 *きんきりょー 和歌山県西牟婁郡 *きんじゅー(大きいもの) 佐賀県 *きんじょ 兵庫県加古郡 鹿児島県(大きいもの) 佐賀県 *きんじょー 兵庫県 広島県山県郡 *きんちょー 和歌山県日高郡 *きんちょりょー 兵庫県赤穂郡 *きんりゅー 新潟県佐渡 佐賀県(大きいもの) *きんりょ 新潟県北蒲原郡 鳥取県西伯郡 愛媛県 熊本県玉名郡(大きいもの) *きんりょー 京都府 兵庫県氷上郡・但馬 奈良県南大和 和歌山県西牟婁郡 鳥取県 島根県 岡山県 広島県大崎上島・芦品郡・高田郡 山口県玖珂郡 愛媛県「きんりょーでかけて見る」

長崎県壱岐島 大分県北海部郡・大野郡 京都府竹野郡(小さいもの) 鳥取県(小さいもの) 岡山市(小さいもの) *きんりょー(大きいもの) 新潟県 京都府 岡山県苫田郡 香川県直島 福岡県 大分県西国東郡 *しずい(小さいもの。もと、江戸時代、東三カ国の秤(はかり)のことをつかさどった守随彦太郎家によって製作された秤を言い、転じて秤一般も言う) 静岡県磐田郡 *しょーじきもん 長崎県壱岐島 *ちんろー 沖縄県那覇市

*てれんくれん(秤(はかり)の一種) 岐阜県恵那郡 *てんぎ・とかき 香川県大川郡 *ぴき 沖縄県八重山 *べこばかり(牛の目方を量るような大きなもの) 宮城県栗原郡 山形県 *ぽんど(英語pound から) 山梨県 *れーてん(ごく少量の物を精密に量るもの) 兵庫県加古郡 *れーてんぐ(ごく少量の物を精密に量るもの) 山形県東置賜郡

*れてんぎ(ごく少量の物を精密に量るもの) 兵庫県淡路島 *れてんぐ(ごく少量の物を精密に量るもの) 和歌山県 *れてんご(ごく少量の物を精密に量るもの) 和歌山県海草郡

はがれる【剝】 *あかりゆん 沖縄県首里 *あかりるん・あかりん 沖縄県石垣島 *うくりゆん 沖縄県首里 *うくりるん・うくりん 沖縄県石垣島 *うげる 岡山県岡山市・児島郡 *おげる 徳島県「壁がおげる」 愛媛県大三島 *たくれる 青森県津軽「のま(わら製のおおい)たぐえで、わら、ぐっとぬれでしまたでぁ」「指の皮たぐえだ」 岩手県紫波郡 宮城県石巻「ころんで膝かぶの皮たぐれた」

島根県石見 *へがれる 山形県 *へげる 岩手県気仙郡 宮城県栗原郡・石巻 秋田県鹿角郡「紙がへげた」 山形県 栃木県上都賀郡「板がへげる」

埼玉県秩父郡「壁がへげる」「化の皮がへげる」 新潟県・佐渡・西頸城郡「からかみがへげる」 福井県大野郡 山梨県南巨摩郡「竹の子の皮がへげる」 岐阜県飛驒 静岡県志太郡 愛知県碧海郡「塗がへげる」・渥美郡 島根県石見 広島県 山口県・豊浦郡 徳島県 香川県 愛媛県・松山

*へんげる 愛知県知多郡 *ほげる 和歌山市「爪(つめ)がほげた」 島根県「人形の鼻がほげた」 広島県 山口県・阿武郡

はぎ【脛】 ⇩すね(臑)

はきもの【履物】 *あしもと 香川県 *あっぽ(幼児語) 長崎県五島 宮崎県東諸県郡 *あっぽ・あぽ 奈良県 *あぽ 島根県隠岐島 *おめしもん 大阪市「降りそうですさかい、おめしもんは高いのに致しませうか(雨が降りそうですから、げたは歯の高いのにいたしましょうか)」 *かか(幼児語) 香川県 *かっか(幼児語) 和歌山県海草郡 香川県

*ごめん 石川県鹿島郡 熊本県玉名郡 *ごんごん(小児語) 福岡市 *しねもの(山言葉) 福島県南会津郡 *はきの 和歌山県日高郡 *はこ 三重県伊賀 *はっこ(幼児語) 和歌山県 島根県那賀郡

*ふいもん 佐賀県「おふいもん(お履物)」 *ふみもの 佐賀県 *ふんもん 熊本県玉名郡 鹿児島県・姶良郡

はく【吐】 *あます 岩手県気仙郡 秋田県南秋田郡「ものたべてもすぐあます」 山形県 茨城県 栃木県 千葉県夷隅郡 東京都八丈島(動物について言う) 和歌山県東牟婁郡 徳島県 香川県「この子は負うたら乳をあましていかん」 *あまだす 山形県西田川郡・飽海郡 *あんます 秋田県南秋田郡 *かえす 青森県 岩手県気仙郡 宮城県石巻・仙台市「何か悪いもの食べたんだいかや。あの猫さきたからかえしてってば」 山形県 福島県 新潟県佐渡 徳島県 *かやす 富山県砺波 兵庫県淡路島 徳島県「食べたものをかやす」 *げばす 岐阜県飛驒「酒を飲みすぎてげばす」 *しばく 山口県玖珂郡 *せくる 愛媛県・大三島 *せぐる 愛知県知多郡 愛媛県 *たばく 高知県幡多郡 熊本県下益城郡 大分県大分市・直入郡 宮崎県児湯郡 *つく 香川県「大息つく」 *どす 茨城県水戸 東京都八王子「食当りでひどくとした」 山梨県 静岡県田方郡 長崎市 *どばく 大分県 宮崎県延岡 *とらされる 宮城県栗原郡「屎とらされる」「嘘とらされる」・登米郡 *はんとーす(特に猫の場合に言う) 東京都三宅島・御蔵島 *まける 青森県三戸郡

はく【掃】 *かく 東京都八丈島 *きばく 宮城県仙台市 *なずる 大分県東国東郡 *なぜる 長野県下伊那郡 岐阜県恵那郡 静岡県 愛知県東加茂郡・北設楽郡 三重県南牟婁郡 島根県邑智郡

山口県豊浦郡 香川県丸亀市 *なでる(ほうきで掃く) 新潟県佐渡 長野県西筑摩郡 岐阜県土岐郡 愛知県東加茂郡 三重県南牟婁郡 奈良県吉野郡 島根県「ちょっと門の脇をなでる」 山口県 徳島県「一寸ざーなでとけ(板の間を掃いておけ)」 高知県・高知市「庭を早うなでんといかん」 大分市 *はーく 大分県北海部郡 *はらく 島根県隠岐島 *はやく 鹿児島県・揖宿郡(幼児語) *はわく 山形県村山「庭をはわく」 福岡県・小倉市・福岡市 佐賀県三養基郡 長崎県「庭ばはわかせれ」 熊本県「庭ばはわく」 大分県 宮崎県西諸県郡・西臼杵郡 鹿児島県種子島・肝属郡 *はわつ 鹿児島県・揖宿郡 *ぽーぐん 沖縄県石垣島 *ほ

ーちゅん・ほーちしゅん 沖縄県首里

はく【履】 *ぐぬん 沖縄県首里 *ぐむい・くにゅい 鹿児島県喜界島 *ふむ 長崎県南高来郡「わらっどんふんどるもんなおりゃへんばな(わらじなんか履いている者はおりませんよね)」・北松浦郡 熊本県 大分県 宮崎県宮崎市・延岡市 鹿児島県「草鞋ふみ(わらじばき)」・種子島 *ふむん 沖縄県石垣島

はぐき【歯茎】 *あぎ 島根県大原郡・邑智郡 *あご 長野県諏訪 *あごき 三重県度会郡 *ぎし 佐賀県藤津郡 *にち 山梨県南巨摩郡 *ねじ 静岡県庵原郡 *ねち 静岡県「歯のねちが痛む」 愛知県 *はかぶ 広島県芦品郡 大分県 *はきし 新潟県 西頸城郡 *はぎし 長野県 滋賀県彦根 島根県 岡山県児島郡 福岡県 長崎県南高来郡 熊本県 大分県 *はぐら 千葉県山武郡・長生郡 *はごしし 奈良県 *ぱさし 沖縄県石垣島・鳩間島 *はじき 大分県南海部郡・北海部郡 *はしし 奈良県 岡山市 鹿児島県奄美大島・種子島 沖縄県・首里 *はじし 富山県砺波 福井県南条郡 大阪市 兵庫県赤穂郡・加古郡 奈良県 鳥取県・西伯郡 島根県八束郡・隠岐島 岡山県 大分県 *ぱじし 鹿児島県喜界島 *はじん 島根県隠岐島 *はちし 沖縄県竹富島 *ぱちし 沖縄県小浜島 *はちつぃ 沖縄県与那国島 *はのね 大分市 *はび 島根県出雲 *はびし 和歌山県「はびしゃたたん(どうもできない)」 *はぶ 島根県「はぶへ衣を着せん男だ」 岡山県苫田郡「はぶをむいていきょうり(怒り)んさったが」・児島郡 広島県 山口県大島 徳島県・美馬郡 香川県「はぶが痛い」 愛媛県 高知県 *はぶき 群馬県多野郡 香川県綾歌郡 大分県 *はぶし 岡山県苫田郡 大分県 *はぶしり 徳島県・美馬郡

はくしゅ【拍手】 *したら 三重県度会郡 *ちゃんぽ 島根県隠岐島 *てぃっちゃー 沖縄県石垣島 *てばたき 岩手県気仙郡 群馬県佐波郡 千葉県東葛飾郡 *てんぱち 和歌山県東牟婁郡

はくじょう【薄情】 *しおない 三重県阿山郡 ↓むじょう(無情)・れいたん(冷淡)

□だ *えくい 滋賀県 *えぐい 滋賀県 京都府竹野郡「そんなえぐいこと言うてやっただかい」 大阪市 兵庫県・加古郡・神戸市 奈良県・宇陀郡 和歌山県 島根県邇摩郡 広島県倉橋島 熊本県玉名郡 *えぐたらこい 和歌山県有田郡 *えぐたらしー 福井県敦賀郡 滋賀県蒲生郡 大阪市 兵庫県神戸市 *えぐつぃ・いげつい 兵庫県淡路島「あんなえぐつぃ男知らんわい」 *えげー 滋賀県坂田郡 *えごい 愛知県名古屋市 滋賀県坂田郡 *えずい 愛知県知多郡「彼の人はえずい事を云ふ」 三重県 高知県「すまん顔をして居るが随分えずいことを言うんぢゃ」・高知市「人をえずい目に逢はしょるとあとで自分もえずい目に逢はされるぞ」 *きうすい 岐阜県養老郡 滋賀県彦根 *すこい 和歌山県日高郡 *すもぎどい 高知県高知市「わざわざ仲裁に来てやったのに、あんなすもぎどい挨拶をする、呆れたもんぢゃ」・長岡郡 *せすい 和歌山県伊都郡・日高郡 *つおい 岐阜県飛驒「そんなつおい事はよういわん」 *よごい 滋賀県犬上郡

はくしょく【白色】 *ししゅいる・っしゅいる 沖縄県竹富島 *すすいる 沖縄県石垣島・鳩間島 *ついる 沖縄県与那国島

はくちゅう【伯仲】 *しっか 島根県鹿足郡・邇摩郡「二人の成績はしっかだ」 *たいま 岩手県気仙郡 山形県西置賜郡 *どっけーそっけー 岡山市「これとそれとあどっけーそっけーじゃ」 *どっこ 島根県隠岐島「どちらもどっこの勝負をした」 *どっこいしっこい 島根県邑智郡 *どっこいしょ 島根県 *どっこいそっこい 香川県三豊郡・小豆島 ↓ごかく(互角)

はくはつ【白髪】 *いりけ 鹿児島県加計呂麻島 *さい 沖縄県石垣島・鳩間島 *しさい 沖縄県竹富島 *したげ 鹿児島県・姶良郡 *しらぎ 沖縄県首里 *しらげ 宮城県栗原郡 山形県庄内 新潟県中頸城郡 福井県大飯郡 山梨県南巨摩郡 島根県 *しらご 香川県伊吹島 *すさい 沖縄県鳩間島 *せんにちご 香川県塩飽諸島 *っしぇー 沖縄県竹富島

□の頭 *おっぺー 福井県 *しさがん 沖縄県石垣島

はくぼ【薄暮】 *かぐらみ 鹿児島県種子島 *きのんさめ 熊本県天草郡 *さぐらみどき 鹿児島県種子島 *まじまじ 神奈川県津久井郡 山梨県 *まじまじどき 神奈川県津久井郡 山梨県 *ゆーあがり・ゆあがり 熊本県天草郡 ↓たそがれ(黄昏)・ひぐれ(日暮)・ゆうがた(夕方)・ゆうぐれ(夕暮)

ばくりゅうしゅ【麦粒腫】 ⇩ものもらい(物貰)

はげあたま【禿頭】 *あたまはげ 青森県上北郡 *あちゃちゃ 富山県 *あめ 新潟県東蒲原郡・三島郡 *あめあたま 山形県置賜・庄内 新潟県 *あめころ 新潟県東蒲原郡 *あめたあたま 新潟県西蒲原郡 *あめつむり・あめつぶり 山形県東田川郡 *あめてんこ 山形県西置賜郡 新潟県東蒲原郡・下越 *あめとこ 新潟県長岡市 *あめとろ 新潟県中越 *いむんつぃぶる 沖縄県首里 *おびんずるさん 島根県益田市 *かんかんあたま 香川県三豊郡 *かんぱ 宮城県牡鹿郡 茨城県稲敷郡 新潟県上越市「あの人はかんぱになった」・中頸城郡 長野県北安曇郡 *がんぱ 岩手県気仙郡 *かんぱち 沖縄県首里 *かんぽ 茨城県猿島郡 新潟県西頸城郡 *がんぽ 新潟県西頸城郡 *きんか 新潟県佐渡 福井県 三重県志摩郡・南牟婁郡 兵庫県 和歌山県 鳥取県西伯郡 島根県 岡山県 広島県 香川県 愛媛県松山

高知県・幡多郡　福岡県豊前　熊本県阿蘇郡　大分県　*きんかあたま 青森県三戸郡　新潟県佐渡　兵庫県淡路島　島根県出雲　山口県　香川県　愛媛県松山　*きんかはげ 鳥取県西伯郡　*きんかん 富山県東礪波郡　兵庫県但馬　徳島県　香川県三豊郡・小豆島・伊吹島　愛媛県　福岡市　*きんかんあたま 福井県大飯郡　大阪市　岡山県岡山市・児島郡　香川県　*きんかんどぼず 愛媛県周桑郡・喜多郡　*きんかんぼーず 福井県大飯郡　*きんぽ 新潟県佐渡　*ぐれはげ 岩手県気仙郡　*すべ 富山県　*ずべ 富山県　石川県河北郡・江沼郡　岐阜県飛驒　*ずべた 岐阜県飛驒　*ずべとこ 富山県東礪波郡　*たんきょ 新潟県　*ちゃか・ちゃっか 新潟県中頸城郡　*ちゃびん 岐阜県飛驒　京都府　大阪府大阪市・泉北郡　兵庫県　奈良県　和歌山県　広島県高田郡　香川県大川郡・三豊郡　*ちゃびんあたま 上方　奈良県　*ちゃびんはげ 大阪府泉北郡　*てか 千葉県香取郡　*てかり 青森県上北郡　*てかんにゅーあたま 愛知県豊橋市　*てっか 長野県下水内郡　*てっかり 栃木県　岐阜県武儀郡　静岡県　滋賀県彦根　*てっかりぼーず 栃木県　*てっかん・てっかんぼーず 静岡県志太郡　*でぱ 秋田県仙北郡　*でんか 島根県那賀郡　*てんしょ 秋田県鹿角郡　*どちゃびん 奈良県　*どびん 香川県香川郡「おまえあたまがどびんになってしもたが」　*どびんちゃら・どびんちゃり 香川県香川郡　*はげた 岐阜県山県郡　*はげたま 山形県　*はげだま 茨城県西茨城郡　*はげたん 鹿児島県　*はげちゃん 奈良県（部分はげの頭）　香川県三豊郡　*はげちん 兵庫県神戸市　*はげつ 岐阜県山県郡　三重県宇治山田市　*はげっか 長野県下水内郡　*はげったま 栃木県　*はげったん・はげびんた 鹿児島県　*はげっぱ 熊本県（局部的なはげ頭）・天草郡　*はげてっぺ 秋田県仙北郡　*はげどたま 香川県綾歌郡　*はげとば 茨城県稲敷郡　*はげやかん・はげかん 長野県諏訪　*はげんとー 静岡県榛原郡　*はちやかん 新潟県三島郡　*ぱん 石川県鹿島郡　*はんぱ 長野県西筑摩郡　*ぴーかー 奈良県吉野郡　*びんずー 長野県上田　*びんた 静岡県　*びんたく 山梨県　*びんちょこ 石川県鳳至郡　*ぺん 石川県　*べんちょこ 石川県鳳至郡　*ぺんちょこ 石川県鳳至郡・珠洲郡　*まめた 新潟県中越

はげしい【激】　*いちぶつい 島根県邑智郡「いちぶつい風」「いちぶつい喧嘩」　*きない 茨城県真壁郡　*きょーこつない 東京都八王子　神奈川県津久井郡　*けっぽーしー 福岡県企救郡　*けっぽしー 福岡県京都郡　*けわしー 山形県米沢市「金遣いのけわしい人だ」　*てきちー（「て（手）きつい」の転か）島根県「てきちー風が吹く」　*ぱがいさい 鹿児島県喜界島　*はげしねー 東京都八王子　神奈川県津久井郡　*はばしー 新潟県佐渡　兵庫県淡路島　鳥取県西伯郡　島根県「昨日ははばしい風が吹いた」　山口県「はばしい食べ方」　香川県小豆島・佐柳島　愛媛県　長崎県　大分県北海部郡（金遣いについて言う）　宮崎県　*ひゅんと・ぴゅっと 三重県阿山郡

□さま　*ごーだい 島根県鹿足郡「ごーだい風が吹く」　*てきちー（「て（手）きつい」の転か）島根県大原郡・仁多郡「てきちーに酒をのんだ」　*ばたんばたん・ばたばた・ばたりばたり 山形県米沢市「ばたんばたたん苦しんだ」

ばけもの【化物】　*うみぼーこ（海上に現れるという化け物）香川県男木島　*うんぼつ（海上に現れるという化け物）愛媛県大三島　*えちち（幼児語）島根県隠岐島　*おざおざ（幼児語）岐阜県飛驒「日が暮れるとおざおざが出るぞ」　*おじーもん・おじもん 大分県　*おじゃも・おじょも 香川県　*おじゃもん 香川県綾歌郡　*おじょもん 香川県三豊郡　*おぜんも 香川県塩飽諸島　*おでーもん・おでもん 大分県東国東郡　*おん 高知県　*かごしょい（子供たちが恐れる想像上の化け物）岩手県九戸郡・気仙郡　*がぼー 広島県倉橋島　*ぎおんぼーず（祇園会の六月十四、五日に、人が川に入ると現れるという化け物）静岡県周智郡　*きっき 新潟県中頸城郡　*ごけあらい（タヌキの一種と信じられている化け物）徳島県　*ごっこ 茨城県新治郡　*ごっこめ（小児語）茨城県真壁郡　*ころび（切れ首の化け物）島根県石見　*しだいだか（次第次第に丈の高くなる化け物）島根県鹿足郡　*とーびょー 島根県益田市・那賀郡　*とます 島根県那賀郡　*にゅーどー 東京都八王子　*ばかし 島根県隠岐島　*ばっけ 茨城県新治郡　*ぼいぼい・ぼえ・ぼえぼえ（幼児語）島根県石見「早う

方言の窓

●意味・用法の分担

新しい語が侵入してきたとき、旧来の語との間に意味・用法の差が生じ、両者が共存する現象がしばしば見られる。

九州地方では地震をナエと言っていたが、ジシンという新語が侵入した結果、ジシンは「大きい地震」、ナエは「小さい地震」と区別する人が多数現れた。

近畿地方南部には、きのこの総称をマッタケ、毒きのこをクサビラと言うところがある。クサビラは古い文献に見られるきのこの総称であるが、新語の侵入によって、このような区別が生じたものと考えられる。西日本各地では牛の鳴き声をモオモオ、子牛の鳴き声をメエメエと呼ぶところが多い。これもメエメエの地域にモオモオという新表現が東から侵入してきた結果と推定されている。

これらの例のように、新語が一般的な意味分野（総称）の座を奪った結果、旧来の語は特殊な意味分野に押しやられるケースが多い。

泣くのをやめんとぼいぼいが来るで」 *ぼーぼ 石川県鳳至郡 *まど 徳島県三好郡 *まどー 群馬県多野郡 徳島県美馬郡(子供を隠す化け物) *まなもん 熊本県玉名郡 *まのもん 徳島県三好郡 香川県塩飽諸島 *まもー 福島県岩瀬郡(小児語) 高知県長岡郡「早く寝入らんとまもおが来る」 *まんつぶ 沖縄県小浜島 *みこしにゅーどー 群馬県多野郡(頭の非常に大きい化け物) 岡山市(見上げると際限もなく高いという坊主の化け物) *むぬ 沖縄県石垣島 *むん 鹿児島県喜界島 *めーめー(幼児語) 新潟県佐渡「めえめえが出るぞ」 *めひとつごろ(目が一つの化け物) 宮崎県都城 鹿児島県肝属郡 *めひとつごろー(目が一つの化け物) 長崎市 鹿児島県種子島 *めひとつぼ(目が一つの化け物) 長崎県対馬 *もーか 石川県金沢市 長野県諏訪 *もーかー 山形県東置賜郡 *もーこ・もーこんじ 長野県諏訪 *もーもんじ 千葉県夷隅郡 *もーんこ 静岡県榛原郡 *もか 新潟県・岩船郡 *もが 長野県南安曇郡 *もこ 青森県 *もっか 新潟県西蒲原郡 長野県 *もっこ 青森県津軽 岩手県 秋田県 福島県 *もっこー 山形県東田川郡「あまり泣くともっこー来る」 *もも・もんもん 長野県 *ももか 福井県 長野県 岐阜県大垣市 *ももこ 新潟県三島郡「ももこがくるぞ」・佐渡「はようねんと、ももこがでるぞ」 岐阜県益田郡 *ももこー 新潟県中頸城郡 *ももっか・ももんか・ももんが 長野県「ももっかが来たぞ」 *ももっこ 新潟県刈羽郡・西頸城郡 富山県下新川郡 *ももっこー 新潟県 *ももんがー(お化けのまねをして子供をおどす時などに言うことが多い) 福島県西白河郡 埼玉県秩父郡 神奈川県津久井郡 新潟県中頸城郡 山梨県南巨摩郡 長野県 岐阜県飛騨 静岡県田方郡 岡山県児島郡 *ももんじー 神奈川県津久井郡 山梨県・南巨摩郡 静岡県駿東郡 *ももんじっかー 静岡県駿東郡 *ももんじょー 山梨県 *もりんどー(恐ろしい化け物) 島根県邑智郡「狼(おおかみ)は恐ろしいこたーなーがもりんどーぐらい恐ろしい物はなー」 *もんか 長野県上伊那郡 *もんかん 長野県北佐久郡 *もんじ 神奈川県津久井郡 *もんも(児童語) 長野県上伊那郡 *もんもんじ 島根県浜田市 *もんもんじゃ 千葉県上総 *わん 鹿児島県鹿児島郡 *わんわん(幼児語) 福岡市 熊本県玉名郡・下益城郡

→おばけ(御化)

はげる【禿】 *あぬる 山形県庄内 *あめる 山形県庄内・西置賜郡「このごろ頭あめて困る」 新潟県 *こっぱぐる 熊本県下益城郡 *こっぱげる 長崎県対馬 熊本県八代郡 *ずべる 富山県砺波 *ずる 福井県大飯郡「彼の男の頭は大分ずって居る」 *てれあがる 島根県大田市・隠岐島 *とっぱぐる 長崎市「とっぱげとる」 *ぶっぱげる 山形県

はこぶ【運】 *くばる 青森県「米俵をそっちへくばれ」 岩手県九戸郡「背負ってくばる」 秋田県鹿角郡・秋田市 岡山県児島郡 *こす 石川県河北郡 *たべる 広島県佐伯郡 *はぎる 静岡県

人が並んで手から手へ物を渡して□ *てんぐる 熊本県玉名郡 *せどる(少量ずつ順繰りに運ぶ) 愛知県名古屋市「急な坂で車が通らな、仕方がないで肩で担いで何遍かにせどるだわ」

ものを頭の上に載せて□ *かずく 和歌山市「大きなものをかずいて来たぜ」 *かべる 香川県 愛媛県魚島 *ささぐ 東京都伊豆諸島「一日に米四十俵もささいだことがある」 *ひっさーぐ・ふさぐ 東京都三宅島

ものを手から手へ受け渡して□こと *せんぐりもち・てんぐりもち 長崎県壱岐島 *てぐ・てんご 島根県隠岐島「てぐで石を運ぶ」 *てぐり 島根県 *てんぐ 島根県石見「せきたてててんぐで水を運んだ」 *てんぐどり 島根県鹿足郡・隠岐島 熊本県天草郡 *てんぐもち 高知県土佐郡 *てんぐり 岩手県気仙郡「これてんぐりに渡してけらえ」 島根県邑智郡・隠岐島 *もちおくり 京都府竹野郡

ものをてんびん棒で□ *になう 長野県佐久 岡山県苫田郡 徳島県 香川県 愛媛県松山 高知県

ものを□時の掛け声 *やっさんこい・やっちんこい 長崎県対馬 *やっしょやっしょ 島根県仁多郡・隠岐島 *やっちんがほいさ・やっちんこいさ 福岡市

はこべ【繁縷】 ナデシコ科の越年草。各地の路傍や休耕中の田畑や畔、園庭などにはびこる、代表的な雑草の一つ。春の七草の一つ。 *あさししゃげ 山形県北村山郡 *あさしらい 長野県下水内郡 *あさしらぎ 秋田県 山形県庄内 新潟県・中頸城郡 富山県 *あさしらげ 秋田県・雄勝郡 山形県東置賜郡・鶴岡 新潟県 石川県加賀 福井県 *あさしらん 富山県砺波 *あさひしやぎ・あさひらぎ 山形県東置賜郡 *いたずけ 新潟県 *いのこずち 山口県美祢郡 *うさぎぐさ 香川県島嶼部 *おーうさぎぐさ 瀬戸内海島嶼 *おーばこ 香川県綾歌郡 *おしえぐさ 鹿児島県肝属郡・薩摩郡 *おばこ 愛知県一宮市 熊本県阿蘇郡・菊池郡 *おんばこさん 愛知県海部郡 *きりこ 静岡県志太郡 *ことりぐさ 山形県西田川郡 熊本県鹿本郡 大分県大分郡 *こんぺーとーぐさ 山口県都濃郡 *こんぺこ 愛知県知多郡 *さみせんそー 山口県阿武郡 *じごくぐさ 静岡県 *しびびー 京都府葛野郡 *ずいむしぐさ 静岡県 *すかんぴょ 山形県東田川郡 *すずめぐさ 秋田県山本郡 山形県 *すもとり 愛知県海部郡 *すもとりぐさ 香川県綾歌郡 *すりえぐさ(すりつぶして鳥のえさにするところから) 山形県飽海郡 *たこぐさ 熊本県天草郡 *ちょんちょんぐさ 福岡県粕屋郡・福岡市 *つるの 大分県速見郡 *つるはこべ 愛知県東春日井郡 *とつぐさ 山形県飽海郡 *と

てーこ千葉県安房郡 *どてこっこばな(鶏がよくついばむところから)岐阜県飛驒 *どりぐさ山形県飽海郡 静岡県志太郡 三重県志摩郡 *どんごろもち愛知県額田郡 *はくべら大分県大分郡・天草郡 宮崎県南那珂郡 *はこべずる愛知県東春日井郡 *はこべら山形県飽海郡 長野県諏訪 岐阜県飛驒 愛知県 大阪市 兵庫県赤穂郡 和歌山県西牟婁郡 島根県鹿足郡 山口県玖珂郡 長崎県壱岐島 熊本県阿蘇郡 大分県 宮崎県西臼杵郡 *はこり山口県都濃郡 *はっかぐさ山形県飽海郡 *はっこり山口県玖珂郡 *はながら千葉県夷隅郡 *はにら静岡県 *はべら三重県北部 *ひーぐさ大分県東国東郡 *ぴーぴーぐさ大分県大分郡 *ひじり島根県能義郡 山口県佐波郡 *ひずり兵庫県佐用郡 島根県 岡山県 広島県・高田郡 山口県 香川県中部・仲多度郡 大分県速見郡 *ひずりぐさ島根県 岡山市 山口県 *ひずりそー山口県都濃郡 *ひずる新潟県中部 兵庫県佐用郡 島根県隠岐島 岡山県 広島県芦品郡 山口県玖珂郡 愛媛県 熊本県玉名郡 *ひずるぐさ岡山市 *ひずれ山口県豊浦郡 *ひずれぐさ島根県美濃郡 *ひっじり島根県隠岐島 *ひっつきばな山口県大津島 *ひょーこぐさ島根県出雲市・簸川郡 *ひよこぐさ(ひよこのえさにするところから)秋田県 新潟県 静岡県 愛知県 京都府竹野郡 兵庫県赤穂郡・加古郡 島根県 山口県玖珂郡 徳島県那賀郡 香川県・三豊郡 愛媛県 高知県 福岡市 佐賀県 長崎県南高来郡 熊本県阿蘇郡・天草郡 大分県 宮崎県西諸県郡 鹿児島県 *ひよこのえ秋田県 *ひょっこぐさ山形県 新潟県 *ひよっこぐさ千葉県長生郡・夷隅郡 *ぴょぴょぐさ新潟県 *ぴよぴよぐさ香川県西部 大分県大分郡 *びり山形県飽海郡 *ひんずり京都府竹野郡 *ふじり島根県八束郡 *へずり島根県 山口県 香川県 *へずりぐさ島根県那賀郡 *へずる島根県隠岐島 岡山県児島郡 *ぺんぺんぐさ山口県都濃郡 *ほばこ香川県中部 *みずはこべ山口県都濃郡 *めつりぐさ香川県綾歌郡 *りぎ山口県・玖珂郡

はさ【稲架】 農家で、木や竹を組み、刈り取った稲をかけて乾燥させる設備。 *いなぇーぎ静岡県志太郡 *いながき兵庫県加古郡 *いなき福井県 京都府 兵庫県 鳥取県気高郡 愛媛県周桑郡 *いなぎ兵庫県加古郡 山口県豊浦郡 *うし東京都八王子 神奈川県津久井郡 長野県諏訪郡 静岡県 *うま長野県佐久 静岡県榛原郡 *うまさで和歌山県那賀郡・伊都郡 *うんま奈良県生駒郡 *おしぼーし奈良県吉野郡 *おだ茨城県・新治郡・稲敷郡 栃木県真岡市・芳賀郡 千葉県 *おだあし千葉県印旛郡 *おだかけ栃木県 *おだがけ千葉県長生郡・夷隅郡 *おだぎ茨城県多賀郡 *さおて熊本県上益城郡 *さぎっちょ・さぎっちょー福島県石城郡 徳島県美馬郡 *さば奈良県宇陀郡 *たつ滋賀県高島郡 *でこ香川県大川郡 *なだら島根県 *なる和歌山県 山口県玖珂郡・大島 *なわはで島根県美濃郡・益田市 *にお福井県武生市 *ほーとく静岡県 →いねかけ(稲掛)

はさまる【挟】 *うっぱさがる長崎県対馬 *こさまる・こまさる岐阜県郡上郡「歯に何やらこまさった」 *こまる岐阜県飛驒「人の間にこまる」 京都市 和歌山県「歯の間に物がこまってる」 *はさかまる三重県志摩郡 *はさかる三重県員弁郡 島根県那賀郡 徳島県 香川県綾歌郡・小豆島「さかなの骨が歯にはさかって取れんのじゃ」 愛媛県・松山 *はさがる静岡県榛原郡 岡山県児島郡 広島県三次市・比婆郡 長崎県対馬 *はざかる富山県砺波 石川県 三重県北牟婁郡 京都府 大阪市 兵庫県加古郡 岡山県児島郡 高知市「鰑(するめ)を食べたら歯の間にはざかった」 *はさる広島県比婆郡「本の間にはさっとる」 山口県阿武郡・大島「歯の間にものがはさる」 *はざる高知県 *はだかる兵庫県加古郡 *はだこまる滋賀県高島郡

はさみ【鋏】 *かってばさん(屋根の茅(かや)を切る時などに使う鋏)鹿児島県肝属郡 *かばさみ(大きな鋏)岩手県気仙郡 *きばさみ富山県砺波 *こーばさみ(木の枝などを切るための鋏)岡山県小田郡 *せんだくばさん富山県砺波市 *なんばん(木を切る鋏)埼玉県北足立郡 *わばさみ(握る所に輪の付いた鋏)山形県西置賜郡

はさむ【挟】 *おっかう山梨県・南巨摩郡 *かしゅい(戸に手を挟む)鹿児島県喜界島 *くっちめる栃木県 *こさめる(すきまに挟む)岐阜県郡上郡「葉書は戸の隙間にこさめておいた」 *せる広島県比婆郡 *つめる三重県志摩郡・松阪 大阪市 和歌山市 岡山県児島郡 徳島県 *はさかむ岐阜県揖斐郡 *はさける三重県 京都府竹野郡 島根県那賀郡 広島県佐伯郡・高田郡 山口県 香川県「そのかね帯の間へようにはさけとかなおとすぜ」 愛媛県 *はさげる静岡県 愛知県北設楽郡 島根県「割竹の間に紙をはさげる」 岡山県苫田郡・小田郡 広島県比婆郡 *はざける三重県阿山郡・度会郡 大阪市 兵庫県淡路島「枝折(しおり)は本の間にはざけてある」 広島県佐伯郡 香川県 高知県 *はせー鳥取県西伯郡 *はせくる香川県伊吹島 *はせる鳥取県西伯郡 島根県「板のすき間に竹をはせる」 岡山県苫田郡・児島郡 広島県比婆郡・高田郡 山口県豊浦郡 香川県 愛媛県「はせこむ」 *はぜる兵庫県淡路島「莨入(たばこいれ)を腰にはぜて」 高知県香美郡 *はだける三重県 兵庫県加古郡「帯の間にはだけとく」 *ふいっかーしん沖縄県石垣島 *ぶっちめる(指を挟む)栃木県 *へさく静岡県 *へす青森県津軽

はさん【破産】 *かまかえし岩手県気仙郡

秋田県　山形県東田川郡 *かまどかえし 北海道　青森県・南部　岩手県　秋田県鹿角郡 *かまどけし・かまんどけし 青森県 *かまどたおし・かまどつぶし 新潟県佐渡 *かまんどかえし 秋田県仙北郡・平鹿郡 *しくみ 島根県石見「あの家もとうとうしくみをした」 *しほ 愛媛県大三島「あしこにゃーもうどうもかうもならで、しほするんぢゃさうな(あの家はもうどうにもこうにもならなくて家を畳むんだってさ)」 *しほー 富山県　島根県「しほーして何もなくなった」 *しまい 香川県小豆島「しまいする」 *しんしょかぎり 島根県大田市・隠岐島 *しんじょじまい 香川県三豊郡 *しんだいかぎり 島根県益田市・能義郡 *たなおち 島根県美濃郡・益田市「とうとうあの家もたなおちした」 *たなおろし 島根県隠岐島 *なんきんわり(相場師の語) 滋賀県大津 *ひっそく 新潟県佐渡　三重県志摩郡「ひっそくする」　大阪府泉北郡　兵庫県・明石郡　奈良県南大和　島根県益田市　岡山市「あの家も近頃ぁひっそくじゃ」 *ぶくさん・ぶっさん・ぶんさんばれ 鹿児島県 *ぼんさん 山口県豊浦郡　熊本県玉名郡　鹿児島県肝属郡

□する *いきつく 新潟県東蒲原郡　愛知県名古屋市　兵庫県淡路島 *いきっつく 山梨県南巨摩郡 *かまかえす 秋田県雄勝郡「あの家ももう少しでかまけぁすだらう」　山形県 *かまどをかえす 青森県上北郡「娘三人もてればかまどかえす」・三戸郡「台鍋三年つっつげばかまど返す」　岩手県中通・上閉伊郡　秋田県仙北・鹿角郡 *かまんどかえす 秋田県平鹿郡「あしこの家でかまんどけぁした」 *くたばる(資本家が破産する) 島根県隠岐島 *けつわる 滋賀県彦根 *さなぼる 高知県 *しまう 和歌山県 *しまえる 岐阜県郡上郡「あのうちもさっぱりしまえてしまった」 *しもう 奈良県南大和 *しんしょおったたく・しんだいおったたく 島根県出雲「借財でしんだいおったたえた」 *しんしょーをみたす 島根県石見「放蕩でしんしょーをみたーた」 *しんだいする 島根県隠岐島「しんだいして何もかもなくなった」 *たきわる 熊本県・天草郡 *たごわる 和歌山県日高郡 *たちあがる 山口県大島「あの会社はたちあがりさうなげな」 *たんごわる 和歌山県日高郡 *つっこむ 栃木県　島根県 *つまずっ 鹿児島県 *ひがきえる 奈良県吉野郡「火が消えた」 *ぼーうつ(資本金を失う) 島根県大原郡 *ぼーおらかす 愛知県尾張 *ぼーおらす 富山県富山市近在・砺波　岐阜県飛驒「とうとうぼーおらいた」 *ぼーおる 滋賀県愛知郡・蒲生郡　京都府竹野郡「あの事業ですっかりぼーおってしまったそうだ」　大阪市　兵庫県神戸市　奈良県「商売もぼーおる仕末で困ったもんや」・宇陀郡　島根県出雲 *ぼーがおれる 奈良県吉野郡 *ぼーをおる 島根県出雲・隠岐島「大酒を飲んでぼーをおった」

はし【端】 *あぜ・あぜっこ 栃木県 *あたり 香川県 *がー 静岡県榛原郡「がーだけ残っている」 *かたっちゃ 香川県 *かたつら 愛媛県・松山「かたつらから削っていく」 *かたつるい 鹿児島県鹿児島郡 *かなっぱし 山形県米沢市 *かばち 兵庫県神戸市　鳥取県西伯郡・気高郡　島根県　岡山県「火鉢のかばち」　広島県・高田郡　徳島県・美馬郡　香川県 *かまち 福島県中通「町のかまち迄送って来た」　茨城県稲敷郡　新潟県東蒲原郡　山梨県南巨摩郡　長野県佐久　広島県高田郡　愛媛県南部 *がわ 新潟県岩船郡　島根県「弓ががわに当った」 *がわり 青森県「火鉢のがわり」 *きし 熊本県玉名郡 *きっぱし 京都府葛野郡　長崎県対馬 *きっぽ 岩手県気仙郡・胆沢郡 *ぐーろ 愛知県知多郡 *くち 香川県「山のくちみて(山の端を見て)航路を決める」 *くれはし 長崎県壱岐島「人間のくれはしとしちょっち」 *くろ 岐阜県「道のくろにあった」　静岡県「くろの方によっていれば大丈夫」　愛知県　三重県三重郡・員弁郡　滋賀県彦根　熊本県玉名郡　大分県 *ぐろ 岐阜県　愛知県　大分県大分郡・南海部郡 *こば 群馬県吾妻郡・勢多郡「かんなでこばを落す」　千葉県市原郡　神奈川県「豆腐のこば」　新潟県佐渡　山梨県・南巨摩郡　長野県佐久　静岡県　愛知県東加茂郡　徳島県「こばから引くりかやす(端から裏返す)」　香川県「こばを痛めんよに気をつけなよ」　愛媛県宇摩郡　高知県長岡郡・土佐郡「おかやん、傘のこば破った」 *こばっちょ 静岡県榛原郡 *さきっとー 広島県高田郡 *さきっぱし 山形県新庄・西置賜郡 *さきっぺ 岩手県気仙郡 *さきっぽえ 山形県　福島県相馬郡「鉛筆のさきっぽえ」 *さきぺ 宮城県石巻・仙台市「旗竿のさきぺさとんぼとまってす」 *さきぺこ 宮城県石巻「鉛筆のさきぺこもげてしまった」 *さきぽえ 山形県 *さきんとー 愛媛県周桑郡「山のさきんとー(山頂)」 *せり 長野県下伊那郡 *そつ 島根県出雲・隠岐島「そつにならんやーに切ってごせ」 *とーきん 和歌山県日高郡「木のとーきん」 *とーけん 徳島県那賀郡 *とっかけ 福島県中部・会津「それわこの村のとっかけの場だ」 *はじし 沖縄県首里 *はしっちょ 静岡県磐田郡　三重県上野市　奈良県吉野郡 *はじっぱた 埼玉県入間郡 *はしっぺ・はっぺ 宮城県仙北 *はじっぺ 岩手県気仙郡 *はじっぺた 栃木県 *はしっぺら 三重県上野市・名賀郡 *はしっぼ 三重県鈴鹿郡 *はしっぽ 岐阜県養老郡・郡上郡　静岡県磐田郡　三重県員弁郡・三重郡　京都府与謝郡 *はじっぽ 福島県「先づはじっぽから始まった」　静岡県志太郡 *はしびた 茨城県稲敷郡 *はしぺ 宮城県仙台市「ものさしのはしぺ」 *はじぺ 宮城県登米郡 *はじぽ・はじぽえ 山形県東置賜郡 *はた 愛知県知多郡　徳島県「橋の両はたに人が立っている」　香川県 *ぱた 鹿児島県喜界島　沖縄県石垣島 *はたこー 新潟県佐渡 *はって 宮城県仙台市「乗合自動車のお陰でまづはっての方も

便利んなりして、あんまりよがす」・登米郡 ＊**はっとり** 徳島県 ＊**はっぱ** 千葉県香取郡 ＊**はっぽえ** 山形県北村山郡 ＊**はて** 青森県八戸市「前かけや足袋のはてまで」 福井県丹生郡「いるり(いろり)のはてに」 愛媛県周桑郡 ＊**ぱどぅし・ぱんだし** 鹿児島県喜界島「村のぱどぅしにお宮がある」 ＊**はな** 栃木県 群馬県「あんな崖のはなに立って何をしているんだんべえ」 岐阜県飛騨 滋賀県彦根 島根県 徳島県「木のはな」 香川県 長崎県壱岐島 大分県 沖縄県首里 ＊**はなた** 岐阜県飛騨 愛知県額田郡 島根県「屋根のはなたえ出るとあぶない」 ＊**はなっこ** 富山県 島根県大田市「竿(さお)のはなっこに蜻蛉(とんぼ)がおる」 ＊**はなっちょ・はなっぱち** 和歌山県 ＊**はなっと** 島根県大田市 ＊**はなっとー** 島根県美濃郡・益田市 広島県比婆郡 ＊**はなっぽ** 岐阜県吉城郡 ＊**はなんこ** 島根県浜田市 ＊**ばば** 島根県邑智郡 ＊**はぶち** 福島県東白川郡 山梨県南巨摩郡 岐阜県飛騨「畑のはぶちに木を植える」 島根県美濃郡・益田市「机のはぶち」 ＊**はんた** 沖縄県首里 ＊**ぱんたー・ぱんたーま** 沖縄県石垣島 ＊**へた** 千葉県市原郡 東京都三宅島 富山県氷見市 長崎県壱岐島 熊本県「道のへたを歩いて来た」 ＊**へつら** 群馬県勢多郡 ＊**へつり** 山形県東置賜郡 栃木県 長野県下伊那郡 ＊**へつれ** 長野県上田 ＊**へりっこ** 栃木県 ＊**ぼーばな** 岡山市「麻疹(ましん)のぼーばなぁ(軽微なもの)やった」 ＊**ほて** 新潟県佐渡 島根県隠岐島「海のほてで遊ぶと落ちっずや」 岡山県苫田郡 ＊**ほてこー** 新潟県佐渡「すま(隅)のほてこうにおいてこい」 ＊**ほと** 岡山県児島郡 ＊**よーちき** 島根県能義郡 ＊**よじき** 島根県出雲 ＊**よせ** 福島県「よせの方に居る人はだん(だれ)ぢや」 栃木県 ＊**よせっこ** 栃木県「よせっこの方へよせておけ」 ＊**わき** 岡山県児島郡
→すみ(隅)・ふち(縁)

はし【箸】 ＊**いらくれ** 新潟県北魚沼郡 ＊**うみす** 沖縄県宮古島 ＊**うめーし** 沖縄県本島 ＊**およせ** 岩手県気仙郡 ＊**ごでん** 島根県益田市・美濃郡 ＊**こねぼー** 高知県高岡郡 ＊**しょっき**(山言葉) 山形県西置賜郡 ＊**つぐり** 秋田県北秋田郡 ＊**ったい** 福島県南会津郡 ＊**てーご** 岩手県気仙郡 ＊**てこ** 静岡県駿東郡(木こりの山言葉) 三重県北牟婁郡 奈良県吉野郡 ＊**てこぼー** 千葉県安房郡 ＊**にほんぼー** 山口県豊浦郡 ＊**まし・ます** 沖縄県波照間島 ＊**めーし**(「みはし」の転) 鹿児島市 沖縄県本島 ＊**わたり** 熊本県上益城郡 宮崎県日向市

はし【橋】 ＊**てこ** 福島県大沼郡 ＊**はしご** 大分県南海部郡

はじ【恥】 ＊**ざんじょー** 岩手県九戸郡「ざんじょーさらす」

□をかく ＊**ごーさらす** 長野県長野市・上水内郡 ＊**ざまーたれる** 岡山県児島郡 ＊**ざまたれる** 香川県高見島「(除虫菊の取り入れについて)あとのけつまでのこったらざまたれるわいや」 ＊**ざまをたれる** 岡山県川上郡 広島県三次市・双三郡 ＊**しょなめる** 富山県東礪波郡 ＊**つらつかむ** 長崎県壱岐島 ＊**てんごかく** 新潟県佐渡

□をかくこと ＊**あかずぃら** 沖縄県首里 ＊**あかっつぃらー** 沖縄県石垣島 ＊**ごーじゃらし** 岩手県九戸郡 ＊**ござらし** 青森県津軽「人前で転がってござらすした」 ＊**ひげ** 大阪市「一寸着替へて行かんとゐらい卑下しまっせ」

はしご【梯子】 ＊**あしろ・あすろ** 岩手県上閉伊郡 ＊**あんばし** 東京都八丈島 ＊**さしばし** 鹿児島県沖永良部島 ＊**はし** 鹿児島県南西諸島 沖縄県・首里 ＊**ぱし** 鹿児島県喜界島 沖縄県 ＊**はしのこ** 山梨県南巨摩郡 三重県名賀郡 鹿児島県 ＊**ぱしり** 沖縄県黒島 ＊**ぱしる** 沖縄県鳩間島 ＊**はしんこ** 鹿児島県口之永良部島 ＊**ぱす** 沖縄県石垣島・宮古島 ＊**ぱつぃ** 沖縄県小浜島・波照間島 ＊**はっちー・はっつぃー** 沖縄県与那国島 ＊**はみのこ・はんのこ** 鹿児島県 ＊**ふぁし** 鹿児島県喜界島・与論島

はしっこ【端―】 ⇩はし(端)

はじまる【始】 ＊**ただつ** 福島県中部 ＊**はえる** 高知県高岡郡「もう学校がはえるろう」 ＊**はだつ** 岩手県岩手郡 宮城県「学校がはだったべか」 福島県 茨城県・北相馬郡・水戸市 栃木県 千葉県東葛飾郡・長生郡 新潟県東蒲原郡 愛媛県 高知県土佐郡 ＊**はだる** 岩手県九戸郡 ＊**はなーる** 群馬県群馬郡・勢多郡 東京都三宅島・御蔵島 山梨県・南都留郡・北都留郡 長野県諏訪・南佐久郡 静岡県 ＊**はなる** 山形県飽海郡「仕事ははなた」 群馬県群馬郡・佐波郡 新潟県 山梨県甲府 長野県 静岡県 ＊**はなわる** 新潟県 島根県石見「学校は九時にははなわる」 広島県 山口県「今から講話がはなわる」 香川県 愛媛県 ＊**はねる** 新潟県中頸城郡 長野県埴科郡 ＊**はんなーる** 山梨県 ＊**はんなる** 岩手県気仙郡 山梨県 ＊**はんねーる** 山梨県南巨摩郡

はじめ【初・始】 ＊**あら** 兵庫県加古郡・淡路島「あらで二三人倒したら、あとは何でもない」 島根県美濃郡・益田市「あらからやり直しだ」 岡山県苫田郡 徳島県 香川県 愛媛県・大三島 ＊**うい** 愛知県知多郡「ういからの馬鹿ぢゃねー」 ＊**かかー** 島根県出雲「どうも話のかかぁからおかしやね思っちょっただ」 ＊**かかり** 新潟県佐渡「仕事のかかりがよい」・東蒲原郡 長野県佐久 滋賀県彦根 京都府竹野郡「かかりから二軒目の家です」 大阪市「大正のかかり高麗橋の三越に初めて百貨店の食堂設けられたり」 兵庫県加古郡「来月のかかりにはでける」・明石郡 奈良県「かかりからあかんがな」 鳥取県倉吉市「村のかかりの家」 島根県「今月のかかりに入ってからは寒い」 岡山県児島郡 山口県豊浦郡 香川県 大分県大分市・大分郡 ＊**かしら** 徳島県海部郡 鹿児島県薩摩 ＊**きっかけ** 島根県 長崎県対馬 ＊**きっかせ** 島根県出雲・隠岐島 ＊**こば** 岩手県気仙郡「こばからうまくいかなかった」 ＊**さきまり** 宮城県「さきまり勉強してあとであ

すぶ」　福島県「さきまりからよくない」　*しょ 岡山県「しょに行たぁ所たぁ違う（初めに行った所とは違う）」　*しょっきり 新潟県佐渡・中頸城郡 *しょっつき 山形県東置賜郡「しょっつきぁむずかしかった」・米沢市　静岡県中部「橋をわたってしょっつきの家」　*しょっつけ 和歌山県東牟婁郡 *しょっぱ 静岡県 *しょっぱし 香川県 *しょっぱじまり 宮城県石巻 *しょっぱじめ 栃木県　富山県婦負郡　三重県北牟婁郡 *しょっぱち 三重県志摩郡　和歌山県有田郡・東牟婁郡　島根県出雲　徳島県　香川県　高知県 *しょっぱちめ 福島県石城郡 *しょっぱつ 新潟県下越　岐阜県　滋賀県彦根　兵庫県淡路島　和歌山県那賀郡・伊都郡　島根県「しょっぱつから成功した」　香川県小豆島 *しょっぱね 新潟県中頸城郡 *しょっぺん 徳島県 *しょてっぱし 香川県三豊郡 *しょてっぱち 徳島県　香川県 *しょてっぱつ 新潟県　愛知県知多郡 *しょてっぱな 群馬県勢多郡　東京都八王子　神奈川県津久井郡　新潟県佐渡・中頸城郡「しょてっぱなからおどかすな」　和歌山県東牟婁郡　徳島県 *しょてっぱら 栃木県佐野市・安蘇郡 *しょてっぺん 栃木県　群馬県利根郡・佐波郡　埼玉県北葛飾郡　香川県高松市 *しょてっぽー 新潟県中越 *しょてばち 三重県南牟婁郡 *しょのうち・しょのじょー 岡山県苫田郡 *しょのつけ 和歌山県日高郡 *しょぱしめ 山形県 *しょぱつ 岐阜県郡上郡「しょぱつに水を二三ばいひっかぶってタオルでからだじゅーをこすからかすんよ（摩擦するのさ）」　*しょん 岡山県上房郡・吉備郡 *すてっぺん 群馬県　埼玉県北葛飾郡　神奈川県津久井郡 *すてん 群馬県勢多郡「すてんに難しい問題にぶつかっちゃった」　埼玉県秩父郡　神奈川県中郡「すてんから（最初から）」　*そっぱじめ 岩手県九戸郡・気仙郡 *つら 福岡県嘉穂郡「つらかり（はじめから）」　*てっけん 山形県東置賜郡「てっけんから（初めから）」　福島県 *てっけんで 福島県会津「てっけんでから面白くない」　*てっぺ 和歌山県東牟婁郡 *てっぺん 福島県中部　栃木県 *てっぺんずけ 長野県東筑摩郡「てっぺんずけに失敗した」・上伊那郡 *てんがけ 埼玉県川越　新潟県中頸城郡　静岡県志太郡・島田市 *てんで 茨城県猿島郡・北相馬郡　静岡県島田市 *てんでっから 長野県佐久 *てんぺ 岐阜県本巣郡「てんぺでわからん（最初からわからない）」　*とっかけ 青森県南部「とっかげあわがんねいば（始めが駄目ならば）」　*とっくけ 奈良県 *とりくち 岡山県児島郡 *のきずけ 高知県長岡郡 *のきつけ 宮崎県東諸県郡 *のっかけ 奈良県南大和　島根県石見・隠岐島「のっかけに（いきなり）やられた」　*はじまら 千葉県安房郡 *はじまり 千葉県香取郡「はじまりから男つーわ少ねーもんだけっど」　島根県那賀郡　長崎県壱岐島 *はじまりだし・はじめだし 奈良県南大和 *はっさき（一番初め）高知県土佐郡　長崎県対馬　鹿児島県肝属郡 *はっとり 徳島県「朝のはっとりから泣くもんでない」　*はて（「はた（端）」の転か）徳島県「はてから」　*はな 青森県九戸郡　栃木県　埼玉県川越　新潟県中頸城郡「かわりばなにうまいことがあった」　長野県諏訪・佐久　静岡県・小笠郡　京都府　大阪府泉北郡　和歌山県　島根県「はなから失敗した」　岡山県苫田郡　広島県　徳島県　香川県　大分県 *はなえ 静岡県・志太郡　山口県豊浦郡「仕事のはなえ」　熊本県天草郡「電気のつきはねーにゃあ」　*はなつき 山形県米沢市「仕事のはなづぎだ」　*はなっとー 広島県比婆郡 *はなっぱち・はなばち 和歌山県 *はなと 熊本県阿蘇郡 *はなら 香川県 *はなんくち 大分市

↓さいしょ（最初）

□から *かたから 石川県能美郡　鳥取県西伯郡「危険な事わかたから手お出さん方がよい」　島根県「かたから騙す気じゃったじゃらーか」　徳島県美馬郡　福岡市 *かたで 宮城県登米郡　島根県「かたで行かにゃーよかったのに」　徳島県・美馬郡 *かたに 徳島県・美馬郡 *かちゃしかる 熊本県下益城郡 *たかで・たかに 徳島県美馬郡 *てんがけ 埼玉県秩父郡「てんがけ食ってかかった」　新潟県西頸城郡　静岡県「てんがけどやされてくらくらこいた」　*てんずら 静岡県「てんずら叱られた」・小笠郡・磐田郡 *でんぼ 栃木県佐野市 *やまで 長崎県壱岐島

はじめる【始】 *うったちゅん（威勢よく始める）沖縄県首里 *うったつ 岩手県「はやぐうったたねぁど今日おわんねぁぞ」　長崎市　熊本県南部　宮崎県東諸県郡 *さばる 島根県「仕事にさばった」　広島県比婆郡 *しゃばる 島根県 *てぃかーゆい 鹿児島県喜界島「百合の花が咲きてぃかーた（咲き始めた）」「さあ、てぃかーろ（始めよう）」　*のする 千葉県野田市 *はえる 高知県高岡郡 *はじかめる 高知県幡多郡 *はだつ 岩手県　宮城県石巻・仙台市「御飯食べはだったのすか」　山形県「明日からはだづつもり」　福島県　茨城県稲敷郡　千葉県　兵庫県但馬　広島県比婆郡　愛媛県 *はだてる（新しく始める）青森県上北郡「はだてで念仏講つくる」　岩手県上閉伊郡・気仙郡　宮城県栗原郡　秋田県鹿角郡　山形県東田川郡　新潟県佐渡　岐阜県揖斐郡　静岡県 *はなーいる 茨城県稲敷郡 *はなーる 山梨県「今日から田植をはなーる」　*はなえる 岩手県　秋田県鹿角郡　山形県米沢市「普請はなえだ」・東田川郡　群馬県　埼玉県「仕事がはないてあるから遊んでられねー」　東京都三宅島　新潟県　長野県　静岡県　島根県石見　広島県　山口県・都濃郡「あれを敷くとすぐねぶり（眠）はなえて」・大島　香川県小豆島　愛媛県・大三島　大分県西国東郡 *はなつ 千葉県安房 *はねる 山形県　新潟県　長野県「稽古をはねる」　*はんなーる 山梨県南巨摩郡「劇をしはんなーたぃば（しはじめたら）停電にうんなった」　*はんなえる 岩手県胆沢郡・気仙郡　宮城県　山形県最上

郡「田打ちをはんなえる」 山梨県 *へだつ 茨城県稲敷郡

はしゃぐ【燥】 *あーるん 沖縄県石垣島・竹富島・鳩間島 *いきる 福井県大飯郡 島根県石見「そこでいきるな。やかましゅーてどうもならん」 広島県 *いきれる 山形県西置賜郡 *いちびる 滋賀県 京都府・京都市 大阪府大阪市・泉北郡 兵庫県「いちびってばっかり居ると用事が片付きませんよ」 奈良県 徳島県海部郡 香川県高松市・小豆島・伊吹島「そなんいちびったらいかん」 愛媛県伊予市 大分市 *いちゃける 岐阜県加茂郡 *いちゃつく 富山県砺波 長野県上田 岐阜県本巣郡 長崎県天草郡 *いちょびる 滋賀県 *いちょべる 滋賀県彦根 *いららく 京都府竹野郡 *うっちゃがる 富山県東礪波郡「うっちゃがって歩く(はしゃぎ回る)」 *おだつ 岩手県江刺郡・上閉伊郡 宮城県「おぼこと一緒におだつ年でもあんめにまづ、なんでがす。さきたからおだってばいて」 島根県鹿足郡 *きあます・きやます 山形県南置賜郡・米沢市 *きざす 神奈川県足柄上郡 *きだす 神奈川県 *ぎっさめる 福島県相馬郡 *さいはじける 山形県米沢市 *さえる 山梨県「さえじょ(騒ぐな)」 京都府竹野郡「あんまりさえるとしまいには泣かんならん」 島根県出雲・隠岐島「祝の席でとてもさえちょった」 *ささぐ 山形県村山「余りささぎな」 *さゆ 長崎県壱岐島「あの人はよくさゆ」 *さゆる 島根県隠岐島 *しゃぎる 滋賀県彦根・蒲生郡 *ずくらめる 福島県相馬 *そーげる 新潟県岩船郡 *ちょんこずく・ちょんまずく 長野県 *のれる 高知県吾川郡・高知市「うちの子供はお客好きで誰れが御出でてものれて困ります」 *ばざーるん 沖縄県石垣島 *はさく・はさぐ 岩手県気仙郡 *ばさつく 岩手県九戸郡 *はしらぐ 青森県 秋田県 山形県東田川郡 新潟県岩船郡・東蒲原郡 鳥取県 *ばしらぐ 青森県上北郡 *はたえる 三重県阿山郡 *ほーたえる 山口県阿武郡 *ほーたゆる 長崎県南高来郡 *ほたえる 福井県敦賀郡・大飯郡 三重県 滋賀県彦根・蒲生郡 京都府 大阪府 兵庫県 奈良県 和歌山県 鳥取県 島根県「あんまりほたえるな」 岡山県苫田郡 山口県「あまりほたえるとけがをするぞよ」 徳島県「犬がほたえる」 香川県 愛媛県 高知県 福岡県企救郡 長崎県南高来郡 *ほだえる 奈良県吉野郡 香川県綾歌郡・仲多度郡 *ぼたえる 京都府 *ほたける 岐阜県飛驒 *ほだける 山口県 *ほたこえる 高知県 *ほたゆる 和歌山県日高郡 長崎市 大分県 宮崎市 *ほだゆる 福岡県京都郡 *ほたれる 香川県佐柳島 *ほである(遊びほうける) 岩手県下閉伊郡

大いに□ *おどつばえる 島根県大田市・出雲市 *にーやがる 島根県隠岐島 *にえあがる・にやがる 島根県

ばしょ【場所】 *こーと 山形県米沢市「あの辺あこおどあ広え」 *じ 島根県益田市「どうもここはじがわるい」 *だいち 鳥取県西伯郡「そーがだいちども借せやえ」 *でんど 兵庫県加古郡 和歌山県・西牟婁郡「でんどへでる」 *どぅがーん 沖縄県石垣島 *ば 香川県 *ばー 石川県羽咋郡・鳳至郡 *ばせき 山形県米沢市「ばしぎとって邪魔だ」 *ばなー 島根県邑智郡一部「ばなーがよい」 *ばん 岡山県児島郡「ばんをとる」 *ぼん 徳島県三好郡 *らい 新潟県東蒲原郡「俺がらい一ぺいな(おれの場所は一ぱいだ)」 →ところ(所)

はしら【柱】 *じょーや 茨城県新治郡 *はーや 沖縄県首里 *ぱや 沖縄県国頭郡 *ぱら・ぱらー 沖縄県八重山 *はりや 鹿児島県奄美大島 *ふぁやー 沖縄県与那国島

はしる【走】 *いじばんじるん(文語形は「いじばんじん」) 沖縄県黒島 *うっそえる 徳島県海部郡 *かーぎらしあいぐん 沖縄県与那国島 *かきしきん 沖縄県鳩間島 *かきつぃきるん・かきついきん 沖縄県石垣島 *かけやかす 鳥取県米子市 *かけらかす 埼玉県秩父郡 神奈川県中郡 鳥取県西伯郡 島根県「犬に追われてかけらかーた」 広島県江田島・高田郡 *かわきる 広島県倉橋島 *ごーれーすん 沖縄県島尻郡 *さらう 秋田県「犬がさらって来た」 *しーぱるん 沖縄県小浜島 *すえる・せーくる 広島県倉橋島「すえって行く」 *そえくる 高知県幡多郡「けんどわしゃそえくってきたもん(だって私は走って来ましたもの)」 *そえる 徳島県那賀郡・海部郡 高知県安芸郡「水泳に行くと言って川の方へそえった」 *そる 三重県志摩郡・度会郡「そってきた」 *それる 三重県度会郡「それてきた」・宇治山田市 *たぐる 島根県那賀郡「駅まで大急ぎでたぐった」 *ちゅーる 長崎県南高来郡 *とぅぱしぱるん・とぅぱしるん 沖縄県新城島 *とえる 高知県室戸岬 *としる 三重県志摩郡 *とびたくる 長野県北安曇郡 *とぶ 山形県庄内 福島県 群馬県碓氷郡・多野郡「百米とぶ」 埼玉県秩父郡「あそこへとんでぐのは誰だ」 東京都八王子・三宅島 神奈川県足柄上郡・津久井郡 新潟県 富山市近在 山梨県・甲府・南巨摩郡 長野県 岐阜県加茂郡・恵那郡 静岡県「あの馬はよくとぶ」 愛知県 三重県 島根県「運動場をとんで一周した」 岡山県児島郡 徳島県 長崎県 熊本県阿蘇郡 大分県 *どぶ 大分県・南海部郡 *のす 群馬県桐生市「あつ馬ののすことどうだい」・佐波郡「学校へのして来た」 埼玉県秩父郡 長野県佐久 *はきしけぱるん 沖縄県波照間島 *はける 青森県津軽「田はけるより、くろはけろ(田の中を走るより畔を走れ＝急がば回れ)」 *はしもる 三重県阿山郡・志摩郡 *はせる 青森県南部 岩手県 宮城県宮城郡・仙台市「わらしども(子供たちが)わらわらはせて行きした」 秋田県鹿角郡・北秋田郡 山形県西村山郡 新潟県岩船郡 *はねる 岩手県気仙郡「早くはねろ、でないと乗り後れるぞ」 宮城県石巻 秋田県仙北郡 山

形県　福島県「はねて来い」　栃木県　東京都利島「はねっくら(駆けっこ)」　*はへる 青森県上北郡「早くはへろ」　*はゆり 鹿児島県奄美大島　*ぱゆん 沖縄県国頭郡　*ぱりっつぁーしん 沖縄県鳩間島　*ぱるん 沖縄県八重山　*はれーとぶ 山梨県　*ぱん 沖縄県波照間島　*ぴる 沖縄県宮古島　*まきちゃーるん 沖縄県小浜島　*やんだるん 沖縄県竹富島　*よじる 岐阜県飛驒　*らっとー(「だっと(脱兎)」の転) 岡山県児島郡

勢いよく□ *うどむ 愛媛県　*うならかす 神奈川県中郡　*ずなる 静岡県榛原郡「犬がずなって行った」　*はせつんどす 岩手県上閉伊郡

急いで□ *とばかす 静岡県志太郡　三重県尾鷲市「とばかしてけよー」　岡山市　香川県　*とばくらかす 岡山市　山口県　*とばくる・とべくる 高知県幡多郡　*とばける 兵庫県淡路島　*とびからかす 静岡県志太郡「いきせきょー(息せき)きってとびからかす」　岡山市

一生懸命□ *すことばす 香川県　*すことぶ 岡山県児島郡　香川県　*どなくる 岐阜県郡上郡　*どなる 岐阜県恵那郡　*とばかす 静岡県志太郡　三重県尾鷲市「とばかしてけよー」　岡山市　香川県　*とばくらかす 岡山市　山口県　*とばくる・とべくる 高知県幡多郡　*とばける 兵庫県淡路島　*とびからかす 静岡県志太郡「いきせきょー(息せき)きってとびからかす」　岡山市　*ふりこむ(漁船で使う語) 宮城県亘理郡

速く□ *うどむ 愛媛県　*すことばす 香川県　*すことぶ 岡山県児島郡　香川県　*なる 徳島県・海部郡「なっていく」　*びりきる 和歌山県東牟婁郡・新宮「そんなにびりきるな」

フルスピードで自動車などを□せる *うっとぅぬがしゅん・うっとぅばしゅん 沖縄県首里　*うっとばかし 鹿児島県鹿児島郡　*うっとばす 徳島県　長崎県壱岐島　*とばっしゃげる 香川県

はす【蓮】 *つばき 青森県三戸郡　*でぃん 沖縄県首里「でぃんぬふぁー(ハスの葉)」　*でん 佐賀県　*とばす 新潟県・西蒲原郡　*ほとけそー 山形県東田川郡　*めんだい 愛知県海部郡　*りん(「れん」の転) 沖縄県首里「りんぬはな(ハスの花)」・石垣島・竹富島　*れんげ 秋田県北秋田郡

はずかしい【恥】 *あせくらしー 富山県　*あほらしー 京都府宇治郡　*いやったい 愛知県豊橋市「一人で行くのは、いやったいでいやだ」　*うい 滋賀県彦根　*うかさい 鹿児島県喜界島　*うすぬくいー 熊本県下益城郡　*うすぬっか 熊本県　*えんじゃある 和歌山県西牟婁郡　*えんじゃがわるい 和歌山県西牟婁郡・東牟婁郡　*おかーしー 大分県大野郡・北海部郡　*おかし 宮崎県西諸県郡　*おかしー 福岡市　熊本県玉名郡　大分県大野郡「見らるんのじおかしー」・北海部郡　宮崎県　鹿児島県肝属郡「皆の前立つとわおかしー」　*おしょーし 青森県南部　新潟県中頸城郡　*おしょーしー 岩手県磐井郡　宮城県玉造郡・仙台市　神奈川県津久井郡　長野県諏訪　*おしょし 岩手県　宮城県玉造郡・遠田郡　秋田市　*おしょしー 岩手県気仙郡　宮城県　長野県長野市・上水内郡　*おといしー 島根県鹿足郡　*おはもじー 島根県出雲「自分だけえー着物でおはもじー」　*おふぁわり・ふぁえぐなぇ・ふぁわり 青森県「質おくなんてふぁわりくて出来ない」　*おやげね 新潟県中魚沼郡　*かーうぇ 山形県東田川郡・飽海郡　*かうえ・かへ 山形県「そんなこと言はれるとかうえや」　*かえ・かえー 山形県鶴岡市・東田川郡　*かなしー 富山県　石川県　*かなっしー 富山県砺波　*かわい 秋田県北秋田郡・鹿角郡「笑はれるとかわえ」　山形県「あの人はかわえがってばかり居る」　*かわぇあ 秋田県北秋田郡・鹿角郡「かわぇあふて行がねぇあ」　*きずかい(気が引けて恥ずかしい) 山形県北村山郡・最上郡「あの人はきづがえ人だ」　*きのどーきー 大分県　*きのどくい 福岡市　大分県「みらるんきーきのどきー(見られるので恥ずかしい)」　*くやしー 長崎県　*けそずかしー 新潟県佐渡　*けなるい 埼玉県川越　富山県　*げんなか 鹿児島県・鹿児島郡　*げんね 鹿児島県・肝属郡「げんね事じゃ」　*こじゅーしない・こしょーしない・こじょーしない・しゅーしない・しょーしない 新潟県佐渡　*こそうい 大分県北海部郡　*こそっぺ 千葉県東葛飾郡　*こそばい 高知県「何も悪いことがなければ周囲がどーなろーとこそばい訳はない筈ぢゃ」　*こそぼったい 福島県大沼郡　*こそぼろたい 宮城県栗原郡・仙台市　*こっちょーしー 青森県三戸郡　*こっちょしー 山形県東置賜郡　*こっぱだし 千葉県安房郡　*こわい 岐阜県　*さだけない 秋田県雄勝郡「さだげねぁ思いをした」　山形県「さだげなぐなって(はずかしくなって)あんな所に行かれない」　*ざまない 岐阜県郡上郡「『あんた今度の学校劇に出なれよ』『おいた、ざまないで(嫌だ、恥ずかしいから)』」　*さんだげない 秋田県平鹿郡　*しちめんどらしー 大分県　*しとけない 兵庫県淡路島　徳島県　*しとしけない 滋賀県　兵庫県淡路島　徳島県「あの子はよその果樹を盗んだりして、しとしけない子じゃ」　*しとしげない 滋賀県神崎郡　*しどじけない・しどちけない 滋賀県犬上郡　*しとすけない・ひとすけない 徳島県　*しとめぁまり・しとめわり 岩手県気仙郡　*しとめぁわり 秋田県仙北郡・平鹿郡　*しとめわれー 山形県村山　*じゅーけむにゃー 熊本県下益城郡　*しゅーし 新潟県　*しゅーしー 山形県東田川郡　新潟県北魚沼郡・中魚沼郡　*じゅけむなか 熊本県八代郡・芦北郡　*しょーし 岩手県岩手郡・九戸郡　宮城県栗原郡　秋田市「お金あれば、しょーし思いしなくても」　福島県「ほんなごとしょーしごと(そんなことは恥ずかしいこと)」　*しょーしー 青森県南部　岩手県上閉伊郡・気仙郡　宮城県北部　秋田県鹿角郡　山形県　福島県相馬郡「いろいろ言われてしょーしがった」　群馬県千葉県夷隅郡・山武郡　東京都伊豆諸島　新潟県長野県「しょーしくなる」　静岡県田方郡・安倍郡　長崎県西彼杵郡 *しょーしくらしー 新潟県上越市「そんなことは、しょうしくらしくていやだわ」 *しょし 青森県三戸郡　岩手県胆沢郡「をを、しょし」・和賀郡　秋田県由利郡・南秋田郡「しょしくて人の前に行かれない」　山形県　新潟県中頸城郡 *しょしー 秋田県平鹿郡「あの場合何だかしょしかった」　山形県 *しょぼくない 高知県幡多郡 *せちー 大分県直入郡「見らるるけんせちー(見られるので恥ずかしい)」 *そーし 岩手県 *そし 青森県三戸郡 *たいぎたい 島根県鹿足郡 *たえがたい 島根県石見　広島県賀茂郡　山口県「こりゃあまりおたぇがたぇ品じゃが」　福岡県宗像郡・三潴郡 *ちゃーがたか 佐賀県藤津郡 *ちゃーがっか・てゃーがたか・てゃーがつか 佐賀県 *つらい 香川県高松・三豊郡「つらがる(恥ずかしがる)」 *つらえぐねぁ 秋田県北秋田郡「負ければつらえぐねぁなぁ」 *つらっぱしない 山形県米沢市「つらつぱしな江がら、人にあわな江」 *ばかくさい・ばからしー 滋賀県神崎郡 *はじがましー・はじがましけ 東京都八丈島「本当にはじがましけわけでおじゃろが」 *はずらかしー 高知県高岡郡 *はりあいわるい 群馬県利根郡 *ひとしけない 滋賀県愛知郡・彦根　兵庫県淡路島　徳島県　香川県大川郡 *ひとめぁわり 宮城県石巻「立小便の罰金ではひとめぁわり」 *ひとめわるい 宮城県仙台市　山形県東部 *ひともさがない 千葉県夷隅郡・長生郡 *ひょーし 秋田県鹿角郡「笑われてひょーしかった」 *ふーがわるい 千葉県夷隅郡・安房郡　岐阜県益田郡　兵庫県加古郡　岡山県「不断着で行ってふーがわるかった」　広島県賀茂郡・高田郡　香川県 *ふーわり 青森県　岩手県気仙郡　和歌山県海草郡 *ふとめぁわり 岩手県和賀郡　秋田県 *ふやわり 和歌山県新宮市 *ほいない・ほんない 埼玉県秩父郡 *ほーとくない 島根県邑智郡「そがーなほーとくなーこたーよーせん」 *ほりない 群馬県多野郡「着物が汚くてほりない」　埼玉県秩父郡「あの家へはほりなくって行けない」 *むきがわるい 新潟県中頸城郡「人の物を盗ってむきが悪いと思はんか」・西頸城郡　山梨県　長野県上伊那郡・佐久 *めぐさい 青森県津軽 *めんどい 奈良県吉野郡　徳島県・海部郡　高知県高岡郡・幡多郡　長崎県北松浦郡・東彼杵郡 *めんどーくさい・めんどーない 山口県 *めんどーしー・めんどらしー 大分県 *めんどし 奈良県南大和 *めんどしー 愛媛県　高知県幡多郡　大分県「見らるるきーめんどしー」 *ものさだけね 山形県最上郡「あんな事してものさだげねったら」 *やすんなか 長崎県南松浦郡・五島 *やらしー 岐阜市 *よんどこない・よんどこわるい 新潟県佐渡「そんなことよんどこねいっちゃ」 *わり 秋田県「わりくてゆかれない」 *わるい 東京都江戸川区　山梨県　奈良県吉野郡「わるそーに」　香川県伊吹島

なんとなく□ *しゃーこそばいー 島根県仁多郡 *しりこそばい 兵庫県・明石郡「しりこそばいから来られへん」　和歌山市 *しりこそばいー 島根県　大分県大分郡 *しりこそばしー 島根県 *しりこそばゆい 愛媛県宇和島市

□**さま** *おしょーし 山形県 *おしょーしさま・おしょしさま 岩手県気仙郡 *おしょし 長野県佐久「おしょしなものですが(つまらないものですが)」 *きのどく 茨城県猿島郡・多賀郡　宮崎県西臼杵郡 *きんかい 鳥取県岩美郡・気高郡 *しょーし 福島県　千葉県君津郡　新潟県岩船郡　長野県北安曇郡　兵庫県淡路島　島根県邇摩郡　愛媛県　高知県幡多郡 *しょし 兵庫県淡路島 *めんど 愛媛県北宇和郡 *めんどー 高知県幡多郡　大分県 *もっけ 岩手県気仙郡

はずす【外】

*すかす 滋賀県彦根　徳島県「ありのままをすかさず言いよ」 *はぐる 山形県西置賜郡 *はずらす 鹿児島県種子島 *ぱんつぁしん 沖縄県石垣島 *ほぐす 高知県土佐郡

はずれ【外】

*おっぱて 埼玉県北葛飾郡「町のおっぱて」 *すってん(下流の語) 大分県日田郡 *すら 山口県豊浦郡「すらくじ」 *はじし 沖縄県首里 *ぱどぅし・ぱんだし 鹿児島県喜界島「村のぱどぅしにお宮がある」

はそん【破損】

⇩こわれる（壊）

□**する** *おえーる 山梨県中部 *おえる 山梨県　静岡県「おえると困るでせせくるな」 *がーたれる 静岡県・磐田郡 *かちこわれる 富山県 *くーねる 茨城県北相馬郡 *くーれる 茨城県筑波郡・稲敷郡　千葉県印旛郡・東葛飾郡 *そざす 岩手県気仙郡　宮城県「たまげて本をそざすわらす達だ(驚くほど本を粗末にする子供だ)」　秋田県鹿角郡「人の気をそざす(人の気持ちを損なう)」　山形県「そざさねように」　福島県　茨城県新治郡・久慈郡　福岡市「書物ばこげんそざすもんぢゃなか」　長崎県対馬 *そじらかす 福島県相馬郡・東白川郡 *そだす 山形県　福島県 *ぶかれる 秋田県「大風のため傘がぶかれた」 *ぶっくれる 山形県村山　福島県若松市・大沼郡　茨城県　栃木県　千葉県印旛郡　新潟県東蒲原郡「ミシンがぶっくれた」 *ぷっくれる 茨城県稲敷郡 *ぶっこーれる 山形県東田川郡 *ぶっこれる 宮城県仙台　秋田県雄勝郡　山形県鶴岡　長野県佐久 *へたおす 香川県伊吹島 *ぼこれる 秋田県「机がぼこれた」　山形県 *ぼっかれる 栃木県宇都宮市・安蘇郡 *ぼっこる 福島県石川郡・西白河郡　栃木県足利市 *ぼっこれる 岩手県気仙郡　宮城県仙台　山形県　福島県東白川郡　栃木県　群馬県桐生市・佐波郡　埼玉県川越　長野県佐久 *ぼっこわれる 宮城県石巻 *ほろく 宮城県亘理郡「船形をほろいた」 *みげる 島根県出雲 *めーる 滋

賀県高島郡 *めげー 鳥取県西伯郡 *めげる 新潟県 福井県三方郡・大飯郡 京都府与謝郡 大阪市 兵庫県 奈良県 鳥取県鳥取市・西伯郡 島根県「風で垣がめげた」 岡山県 広島県「めげた米」 山口県 徳島県 香川県 愛媛県 高知県 長崎県対馬

はた【機】 *きぬはた 香川県 *ちゃんこばた(杼(ひ)を動かして織る小さい機) 和歌山県日高郡 *ぬぬばた 沖縄県首里 *はたうぬ 沖縄県竹富島 *はたご(むしろを織る機) 青森県津軽 福井県敦賀郡 岐阜県揖斐郡 鳥取県西伯郡 *ぱたむん 鹿児島県喜界島 *はたもの 東京都八丈島 *ぱとぅむぬ 沖縄県鳩間島 *ぱとーむぬ 沖縄県石垣島

はだ【肌】 *かーべ 東京都大島 *かーんび 東京都新島 *かび・かわんべ 東京都三宅島 *かわ 愛知県愛知郡・碧海郡 *かわべ 東京都利島・大島「転んでかわべをずりむいた」 *こーべ 東京都八丈島 *めめ 栃木県

はだか【裸】

①衣類をつけていないこと。 *おでんこ 茨城県 *かんか 香川県「さあ、はよかんかになんなよ」 *かんぽー(幼児語) 広島県比婆郡 *ぎょろ 福井県大飯郡「あのこわ、ぎょろであびとった」 *すっとこ 大阪府 広島県高田郡 *そそこだし 三重県志摩郡 *つずのはだか(まったくの裸) 島根県 *つぶらこ 三重県阿山郡 *つぶらはだか 三重県名賀郡 *つぼろこ 三重県員弁郡 *てんこ 茨城県那珂郡 *でんこ 茨城県 栃木県(小児語) 群馬県桐生市(小児語) *でんと 栃木県河内郡・下都賀郡 *はだかーむーちー・はだかーむーちゃー 沖縄県首里 *はだかっぱ・はだかっぱら 島根県隠岐島 *はだかつぶり 山形県西置賜郡 *はだかぼす 兵庫県城崎郡 *はだかぼら 宮崎県東臼杵郡 *はだかべす 兵庫県出石郡 *はだかべっちょ 富山県砺波 *はだかべっと 群馬県多野郡 *はだかぼっちょー 山形県東田川郡 *はだかます 兵庫県美方郡 *はだかんばち 広島県比婆郡 *はだかんばら 長野県下伊那郡 鳥取県東部 島根県 岡山県 香川県塩飽諸島 *はだかんぼっちょ 岡山市 *はだくばる 熊本県八代郡 *はだけばら 島根県美濃郡・益田市 山口県豊浦郡 *はだけんばら 島根県石見 *はだしんばら 岡山県小田郡 *はんだ(小児語) 長野県下伊那郡 *ばんば(幼児語) 島根県邑智郡 *ばんばん(幼児語) 熊本県芦北郡・八代郡 *はんべ(幼児語) 長崎県壱岐島 *ぺっぺ(幼児語) 埼玉県秩父市 東京都八王子 神奈川県津久井郡 *ぼち(幼児語) 新潟県西蒲原郡・南蒲原郡 *ぼちゃ(幼児語) 長野県東筑摩郡「おぶぅにはいるでぼちゃになれ」 *ぼちゃぼちゃ(幼児語) 新潟県 *ぼっち(幼児語) 新潟県西蒲原郡

→まるはだか(丸裸)

②覆うものがないこと。 *つぶ 福島県東白川郡「銭つぶで持ってってほおろくから財布に入れておけ」 東京都八王子 神奈川県津久井郡 新潟県佐渡 *つぶこ 山形県東置賜郡「つぶこで持ち歩くと落とすよ」・西置賜郡「栗がつぶこで落ちていた」 *つぼこ 山形県

はたき【叩】 *うちはらい 富山県砺波 岐阜県飛驒・郡上郡 静岡県・田方郡 愛知県豊橋市 三重県阿山郡 兵庫県 和歌山県 島根県 岡山県児島郡 広島県 愛媛県 *うちぼーき 岩手県紫波郡 島根県 *うちぼき・おちぼーき 島根県 *うちわぼーき 島根県益田市 *おちはらえ 島根県簸川郡・出雲市 *ぐみうち 沖縄県・首里・鳩間島 *ぐみうつ 沖縄県八重山 *ぐみうつぃ 鹿児島県徳之島・奄美大島 沖縄県石垣島 *ぐみうつぃむぬ 沖縄県国頭郡 *ぐみたたち 沖縄県国頭郡 *ぐみふぁれ 鹿児島県沖永良部島 *ぐむうち 鹿児島県奄美大島 *ごみうち 福岡市 大分県 鹿児島県肝属郡 *ごみたたき 佐賀県唐津市 熊本県玉名郡 *ごみはたき 大分県別府市 *ごみはらい 島根県簸川郡 岡山県御津郡 愛媛県周桑郡 *ごんうち・ごんうっ・ごんはれ 鹿児島県 *ごんうつ 鹿児島県姶良郡 *ざー 愛知県名古屋市 *さーはらい 三重県志摩郡 *ざい 岐阜県 愛知県 和歌山市 徳島県 高知県 熊本県・玉名郡・下益城郡 沖縄県八重山 *さいはい 埼玉県北葛飾郡 新潟県東蒲原郡 富山県砺波 長野県北安曇郡 静岡県志太郡 三重県志摩郡 島根県石見 *さいはたき 群馬県碓氷郡 *さいはらい 新潟県中頸城郡 富山県砺波 石川県河北郡・石川郡 福井県 山梨県 長野県 岐阜県大垣市 静岡県小笠郡 愛知県三河 三重県 滋賀県南部 京都市 大阪市 兵庫県豊岡市 奈良県 島根県石見 佐賀県唐津市 長崎県南高来郡 熊本県天草郡 大分県大分市・直入郡 *ざいはらい 岐阜県益田郡 愛知県碧海郡 *ざや 沖縄県宮古島 *さんはらい 三重県 奈良県宇陀郡 *さんばらい 三重県松阪市・上野市 奈良県南部 *さんぱらい 三重県 兵庫県美方郡 *しで 奈良県吉野郡 和歌山県新宮 *せーはれ 山梨県 *だい 沖縄県与那国島 *たたき 茨城県 群馬県利根郡 埼玉県北葛飾郡 愛媛県南宇和郡・今治市 長崎県南高来郡 *ちーはらい 島根県能義郡・簸川郡 *ちゃーぼーき 島根県仁多郡 *ちりうち 兵庫県淡路島 大分県 *ちりたたき 奈良県南大和 島根県八束郡・簸川郡 長崎県南高来郡 *ちりはらい 新潟県西頸城郡 長野県諏訪 岐阜県飛驒 静岡県庵原郡・志太郡 愛知県 三重県志摩郡 兵庫県出石郡 奈良県南大和 鳥取県西伯郡・気高郡 島根県 大分県速見郡 *ちりはれ 長崎県南高来郡 *ちりぼーき 島根県大田市・那賀郡 *つちはたき 島根県隠岐島 *ばはらい 和歌山県那賀郡 *はんぱらい 三重県名賀郡 *ぶちばき 岩手県紫波郡 *ほこいたたき 佐賀県藤津郡 長崎県南高来郡 *ほこったたき 長崎市 *ほこりうち 香川県丸亀市・伊吹島 *ほこりたたき 大阪府大阪市・

泉北郡　香川県仲多度郡　長崎県南高来郡 ***ぽっぱらい** 静岡市 ***ぽんでん** 愛媛県・松山「ぽんでんで払いましょう」 ***ぽんぽり** 新潟県中越 ***ぽんぽり** 新潟県長岡市 ***もっぱらい** 愛知県北設楽郡

はだぎ【肌着】 ***あかとり** 新潟県東蒲原郡 ***あせとり** 新潟市 ***あせはじき** 福岡県粕屋郡 ***かやまき** 茨城県猿島郡 ***ぐがら** 宮城県登米郡 ***こんなし** 新潟県西頸城郡 ***ちゃんちゃん** 岩手県上閉伊郡 ***つぼこ** 宮城県仙台市 ***つぼっこ** 岩手県気仙郡 ***てっぽそで**(筒そでの肌着) 三重県度会郡 ***どぅーしぶい** 沖縄県首里 ***ぬいじめ**(男の肌着) 岩手県下閉伊郡 ***ぬいずめ**(男の肌着) 千葉県印旛郡 ***ねこ** 三重県志摩郡 ***はざこ** 山形県西置賜郡・東田川郡 ***はだこ** 青森県　岩手県　宮城県　秋田県　山形県「寒えからはだこ着て行け」 茨城県稲敷郡　新潟県　富山県　石川県　福井県　長野県北安曇郡　京都府　鳥取県東部(小児語) 島根県 ***はだこじばん** 山形県米沢市 ***はだしぶい**(筒そでの肌着) 沖縄県首里 ***はたずけ** 茨城県 ***はだっこ** 岩手県釜石市・気仙郡　新潟県 ***はらっこ** 新潟県西蒲原郡 ***はんだこ** 秋田県 ***はんちゃ** 新潟県中頸城郡

はたけ【畑】 ***あげ** 島根県益田市 ***うえのはる** 熊本県菊池郡 ***おか**(田に対して) 新潟県中蒲原郡・岩船郡　長野県更級郡・佐久 ***おかばた** 長野県下伊那郡 ***おじり**(種物を植える畑) 高知県土佐郡 ***かーと** 奈良県吉野郡 ***かいと** 東京都新島　長野県下伊那郡「午前中たんぼで働いた。午后はかいとへ行く」 静岡県 ***かいとー** 静岡県安倍郡 ***こば** 長崎県　熊本県球磨郡 ***こやし** 徳島県美馬郡 ***さくば** 東京都西多摩郡(焼畑) 徳島県　鹿児島県屋久島 ***じり** 愛媛県喜多郡「だいこ(大根)じり」「かぼちゃじり」 高知県 ***その** 宮崎県西臼杵郡 ***たうも** 愛知県 ***つる** 福岡県 ***でーぱら** 栃木県鹿沼市 ***どーも** 愛知県 ***とも** 愛知県愛知郡・海部郡 ***とんも** 愛知県西春日井郡 ***のら** 茨城県　群馬県群馬郡 ***はら** 静岡県志太郡「茶ばら」「桑ばら」 ***ぱり** 沖縄県宮古島 ***はる** 鹿児島県沖永良部島　沖縄県・首里(耕地。主として畑) ***ぱる** 鹿児島県喜界島「ぱるしゃー(農夫。または野良仕事をしている人)」 ***ぱるー** 沖縄県国頭郡 ***はんだい** 千葉県安房郡「はんでーうなう」 ***まいね** 静岡県 ***むくり** 岐阜県飛騨

→たはた(田畑)

新しく開墾した□ ***かいこん** 静岡県磐田郡 ***きりはた** 島根県美濃郡 ***さす** 青森県三戸郡 ***しんでん・しんでんぼり** 静岡県磐田郡

家の前の□ ***そでかくち・そんでかくち・そで** 青森県三戸郡 ***まーば** 岡山県小田郡 ***まえせんぜー** 長野県佐久 ***まえば** 島根県美濃郡・那賀郡 ***まえばた** 埼玉県秩父郡

野菜□ ***あさじり** 愛媛県 ***かーぐー** 沖縄県与那国島 ***さーえん**(主に、自家用のものを作る畑や、屋敷内の畑を言う) 熊本県芦北郡 ***さえもんばたけ**(主に、自家用のものを作る畑や、屋敷内の畑を言う) 香川県大川郡 ***さえん**(主に、自家用のものを作る畑や、屋敷内の畑を言う) 山形県　兵庫県　島根県　広島県　香川県小豆島・豊島　愛媛県　熊本県　大分県　鹿児島県薩摩・肝属郡 ***さえんじ**(主に、自家用のものを作る畑や、屋敷内の畑を言う) 香川県小豆島 ***さえんじり**(主に、自家用のものを作る畑や、屋敷内の畑を言う) 高知県土佐郡 ***さえんだ**(主に、自家用のものを作る畑や、屋敷内の畑を言う) 福井県武生市 ***さえんば**(主に、自家用のものを作る畑や、屋敷内の畑を言う) 青森県三戸郡　兵庫県加古郡　島根県　広島県高田郡　山口県阿武郡　香川県綾歌郡・高見島　愛媛県　熊本県球磨郡　鹿児島県肝属郡 ***さえんばた**(主に、自家用のものを作る畑や、屋敷内の畑を言う) 静岡県磐田郡　島根県石見 ***さえんばたけ**(主に、自家用のものを作る畑や、屋敷内の畑を言う) 青森県三戸郡　新潟県佐渡　島根県石見　熊本県南部 ***さえんばつけ**(主に、自家用のものを作る畑や、屋敷内の畑を言う) 鹿児島県肝属郡 ***さんやま** 島根県隠岐島 ***しゃーえんどころ**(主に、自家用のものを作る畑や、屋敷内の畑を言う) 熊本市 ***しゃえもんば**(主に、自家用のものを作る畑や、屋敷内の畑を言う) 島根県簸川郡・出雲市 ***しゃえん**(主に、自家用のものを作る畑や、屋敷内の畑を言う) 山梨県・南巨摩郡　愛知県知多郡　兵庫県淡路島　和歌山県東牟婁郡　鳥取県西伯郡　島根県　徳島県　香川県　愛媛県 ***しゃえんじ**(主に、自家用のものを作る畑や、屋敷内の畑を言う) 山梨県南巨摩郡　徳島県　香川県大川郡・香川郡 ***しゃえんじり**(主に、自家用のものを作る畑や、屋敷内の畑を言う) 徳島県那賀郡　愛媛県宇和島市 ***しゃえんば**(主に、自家用のものを作る畑や、屋敷内の畑を言う) 福井県武生市　島根県　香川県大川郡・三豊郡　熊本県北部 ***しゃえんばた**(主に、自家用のものを作る畑や、屋敷内の畑を言う) 愛知県中島郡 ***しゃえんばたけ**(主に、自家用のものを作る畑や、屋敷内の畑を言う) 島根県出雲　熊本県 ***しゃえんやま・しゃやんば**(主に、自家用のものを作る畑や、屋敷内の畑を言う) 島根県隠岐島 ***しゃんば**(主に、自家用のものを作る畑や、屋敷内の畑を言う) 島根県邇摩郡 ***しゃんやま**(主に、自家用のものを作る畑や、屋敷内の畑を言う) 島根県隠岐島 ***せーえん**(主に、自家用のものを作る畑や、屋敷内の畑を言う) 熊本県天草郡 ***せーん**(主に、自家用のものを作る畑や、屋敷内の畑を言う) 青森県上北郡 ***せんば**(主に、自家用のものを作る畑や、屋敷内の畑を言う) 福井県武生市 ***そえん**(主に、自家用のものを作る畑や、屋敷内の畑を言う) 鹿児島県大隅

はだける【開】 *ははげる 青森県・津軽 山形県西置賜郡 新潟県東蒲原郡「布きれをはばける」 *はんばげる 山形県西置賜郡 *むねくちひっぱる（着物の前をはだける） 長崎県壱岐島 *もくれる（着物のすそなどがはだける） 島根県石見「風が吹いて裾がもくれる」 香川県・仲多度郡 **帯が緩んで着物の前が□** たさま *あだあだ 富山県砺波 *ずんずらがんが 大分県速見郡 *ずんずらがんがら 大分市 *ずんずるてん 大分県大分郡 *ずんべら 大分市 *ばんばら 大分市

はだし【裸足】 *からぱん 沖縄県石垣島 *からぴしゃ 沖縄県石垣島 *からふぃしゃ 沖縄県首里 *つばーし 埼玉県秩父郡 *つぶあし 埼玉県秩父郡 東京都八王子 神奈川県津久井郡 新潟県佐渡 長野県「この寒いにつぶあして居る」 *つぶこあし 山形県東田川郡 *つぶらあし 長野県佐久 *つぼあし 群馬県多野郡 埼玉県秩父郡 山梨県 長野県 岐阜県飛驒「つぼあしで田へ入る」 *はだしか 岐阜県養老郡 愛知県知多郡 三重県 *はだしばき 岐阜県 愛知県「はだしばきでいかんぎゃー」 滋賀県 *はだしばし 島根県石見 *はだしばしり 島根県出雲 *はだしんばし 島根県 *はだしんばら 岡山県小田郡 広島県山県郡 *はんだ 岩手県九戸郡・下閉伊郡 →すあし（素足）

はたして【果】 *いんながら・ゆんながら 鹿児島県喜界島「父は明日は雨だと言われたが、いんながら雨になった」 *おてして 富山県砺波 *ぎのごとく 千葉県東葛飾郡・長生郡 山口県豊浦郡「けんご勝った」 *ぎんとー 沖縄県石垣島 *けんご 島根県石見 *けんごと 島根県石見「けんごと病気になった」 *さいわい 福島県安達郡 *とーてき 島根県邑智郡「とーてきやられた」 *まさがぐどぅ 沖縄県首里 →あんのじょう（案定）

はたらきもの【働者】 *かせぎと 山形県西田川郡 *かせんしゃ 新潟県佐渡「あの子はなかなかのかせんしゃだ」 *がなりむん・がならむん 沖縄県首里 *さっこなもん 島根県出雲市・仁多郡「あれの婿はさっこなもんだ」 *さっこりもん・さっこんのもん 島根県仁多郡「あれはさっこんのもんだ」 *しごとざる 香川県仲多度郡・三豊郡 *しごとし 岐阜県飛驒 兵庫県赤穂郡 島根県「あれはとてもしごとしじゃ」 高知県幡多郡 *してぃ 沖縄県首里 *じゃれもの 神奈川県津久井郡 *しんぼーにん 岡山市 *しんぼーもの 栃木県 *しんぼにん 上方 *せじか 岐阜県大野郡 *せっこーよし 群馬県吾妻郡・勢多郡 *たましもん 長崎県五島・南松浦郡 *たましんもん 富山県砺波 *はたらきど 香川県佐柳島 *みぐいむん 沖縄県首里

はたらく【働】 *あおつ 石川県鳳至郡・鹿島郡 *あがく 新潟県東蒲原郡 岐阜県飛驒 *あがちゅん 沖縄県首里 *あせる 岐阜県吉城郡・飛驒「あそこではようあせらっさる」 *いごく 東京都青ケ島 和歌山県那賀郡 *いごこ 東京都利島 *いそぐ 三重県南牟婁郡 *いのく 徳島県 *うごく 新潟県佐渡「ようごきますのう」 *えごく 秋田県 *がきーはー（あくせく働く） 島根県仁多郡「そんなにがきーはーな」 *がきはう（あくせく働く） 島根県出雲 *がきはむ（あくせく働く） 島根県八束郡 *かまける 長野県「あの人は感心にかまける」 *がまだす（「がまんだす（我慢出）」の転か） 福岡県 佐賀県 長崎県南高来郡・長崎市 熊本県「えらい早よからがまだしなはりますなあ」 大分県日田郡・南海部郡 *がむだす 長崎県南高来郡 熊本県八代郡 *きばっ 佐賀県藤津郡 *ぎばむ 島根県出雲「政府もちたぎばんで仕事ね肩込んでもらわにゃ（政府も少しは精出して仕事に熱を入れてもらわなきゃ）」 *きばゆり 鹿児島県奄美大島 *きばる 秋田県鹿角郡 山梨県 長野県佐久 岐阜県不破郡 三重県河芸郡「えらいきばっとるやないか」・員弁郡 滋賀県 京都市 鳥取県西伯郡 岡山県苫田郡 徳島県 高知県 長崎県「女子もこどむもきばる」 熊本県天草郡 大分県 鹿児島県阿久根市「（亡くなったあとだが）きばいやんしぇえ」・甑島・与論島「きばってぃたべーびゅい（働いていらっしゃいますね）」 *ぎばる 島根県出雲「そげにぎばっても損になるばっかーだ」 長崎県対馬「あの人はよくぎばる人で人の一時間かかってする仕事を半時間で仕上げようとする」 熊本県下益城郡 鹿児島県種子島 *きばるん 沖縄県石垣島 *きまる 福岡県北九州市 *ぎんばる 山形県 *ずる 長野県北安曇郡・佐久「ずらねー大工だ」 *せせる 福島県南部 茨城県久慈郡・多賀郡「よくせせる嫁」 栃木県上都賀郡・那須郡 *ちばゆい・ちばうい 鹿児島県喜界島 *ちばゆん 沖縄県首里 *りきむ 岐阜県揖斐郡「おまえほんとにほーも（そんなに）りきまっと（働かないで）」 三重県員弁郡 **一生懸命に□** *じーこまう・じーこまいする・じこまいする 兵庫県加古郡 *せわをやく 島根県「今日もせわをやかっしゃーね」 広島県 *わったためかす（熱心に働く） 岩手県気仙郡 *わったためく（熱心に働く） 秋田県平鹿郡「夜昼わっためぐ」 **□さま** *あがちはい（忙しそうに働くさま） 沖縄県首里 *かせー（いっしょうけんめいに働くさま） 山梨県 *がせー（いっしょうけんめいに働くさま） 山梨県 岐阜県稲葉郡 大阪市「がせいな人（よく稼ぐ働き手）」 *がせん（いっしょうけんめいに働くさま） 兵庫県神戸市「あんながせんな人もまあ珍しいな」 *がっしき（いっしょうけんめいに働くさま） 島根県隠岐島「がっしき働いても苦しい」 *がっせー（いっしょうけんめいに働くさま） 山口県大島「がっせえにして仕事をあせるが、死ぬる時や金を持って行かれるんじゃあるまいし」 *がんじょ（勤勉に働くさま） 鳥取県西伯郡「あなたはがんじょしなさいますな」

島根県「がんじょに働く人だ」 ***がんじょー**（勤勉に働くさま）岡山県川上郡　広島県比婆郡「がんじょーする」 ***きまめ**（よく働くさま）山形県　長野県諏訪・上伊那郡「あの人はきまめにはたらいてぜにをためた」 岐阜県恵那郡 ***くりくり**（よく働くさま）栃木県黒磯市・河内郡「くりくりはたらく」 ***こまと**（よく働くさま）香川県佐柳島「こまとな」 ***しーこしーこ・しーこしーこゆーて**（精いっぱい働くさま）島根県石見 ***しーしー**（精いっぱい働くさま）島根県「しーしーゆーて朝とーから働く」 ***しーしこしーしこ・しーちこしーちこ**（精いっぱい働くさま）島根県石見 ***しおらしー**（まじめによく働くさまだ）香川県大川郡　愛媛県周桑郡 ***しこしこ**（精いっぱい働くさま）島根県隠岐島「夜遅くまでしこしこ働く」 ***しょーみ**（まじめで、よく働くさま）兵庫県赤穂郡「しょうみなひと」 ***しょーらし**（まじめによく働くさまだ）香川県 ***しょーらしー**（まじめによく働くさまだ）岡山県小田郡「あの人はしょーらしい人ぢゃ」 徳島県　香川県 ***しんぼー**（よく働くらくさま）岩手県気仙郡「しんぼうして（よく働いて）貯める」 岡山市「しんぼーにん（働き者）」 広島県高田郡 ***せーしょ**（よく働くさま）神奈川県鎌倉市「せいしょなひと」 ***せーしょー**（よく働くさま）茨城県多賀郡　東京都八王子「せーしょー出して働く」 神奈川県「あの人はせーしょーによく仕事をする」「せーしょー人（よく働く人）」 静岡県「せいしょーの子を持って親は幸だ」 ***せわ**（まめまめしく働くさま）島根県隠岐島「せわな人だ」「毎度せわな事だ」 ***ちまちま**（こまめによく働くさま）富山県高岡市 ***ていそしー**（さかんに忙しく働くさま）香川県三豊郡「ていそしい人じゃ」 ***てーそし**（さかんに忙しく働くさま）香川県 ***てって**（精を出して忙しく働くさま）長野県佐久 ***てってってっと**（精を出して忙しく働くさま）長野県上田 ***てってと**（精を出して忙しく働くさま）長野県 ***てばてば**（忙しく働くさま）千葉県安房郡「てばてばやれよ」 ***てぱてぱ**（忙しく働くさま）岩手県気仙郡 ***てんてん**（よく立ち回り働くさま）兵庫県加古郡 ***はしまめ**（寸暇を惜しんで働くさま）島根県美濃郡・益田市「あれははしまめな男じゃ」 ***はっぽね**（骨惜しみなく働くさま）山形県米沢市「はっぽねになってかしぇぐ（骨惜しみせずに働く）」 ***ましょー**（気が利いてよく働くさま）兵庫県但馬 ***まぜち**（まじめによく働くさま）岐阜県飛騨「なかなかまぜちでよう働く」 ***まちゅー**（気が利いてよく働くさま）岐阜県吉城郡 ***まちょー**（気が利いてよく働くさま）岐阜県大野郡・吉城郡　和歌山県日高郡 ***やすやす**（せっせと働くさま）岩手県気仙郡

よく□　***あがちゅん** 沖縄県首里 ***あずる** 新潟県佐渡　岡山県苫田郡「あっちやこっちあずってみたが一文も金をようこしらえなんだ」 ***あせずる** 新潟県佐渡 ***かきかまける** 長野県佐久 ***かみぐ** 宮崎県東諸県郡 ***かめぐ** 島根県隠岐島　香川県　熊本県南部　宮崎県南那珂郡「ようかめぐ人ぢゃ」 ***こずく** 長野県佐久 ***たちまる**（まめに働く）宮城県栗原郡 ***まめしー**（まめに働く）北海道松前郡「ほれ沖だらまめしはで（そら沖ならはりきるからね）」 山形県東置賜郡・米沢市 ***まめったい**（まめに働く）東京都大島　神奈川県愛甲郡　山梨県南巨摩郡　静岡県「まめったい人で朝早くからやる」 ***まめっちー**（まめに働く）栃木県日光市 ***まわる** 岩手県気仙郡　秋田県河辺郡・由利郡「よく一人でまわる女だ」 山形県　新潟県佐渡「ようまわりますのう」

はち【蜂】　***あばっつぁ** 沖縄県黒島 ***あますいばち** 山形県東置賜郡 ***いしおいばち** 奈良県吉野郡 ***かえばち**（大きいハチ）山形県西置賜郡 ***きはだばち**（小形で淡黄色のもの）新潟県岩船郡 ***くろにか** 鳥取県気高郡 ***ごまばち**（地下に巣を作る黒色の小さなハチ）鹿児島県肝属郡 ***しーどーばち・しーどー**（クマンバチよりも大きいハチ）群馬県多野郡 ***ししばち** 島根県鹿足郡（最も大きなハチ）・益田市（最も大きなハチ）　高知県（クマンバチより小さな黄色いハチ） ***すがえろばち** 山形県西村山郡 ***すがり** 青森県津軽　岩手県　宮城県・石巻　山形県　福島県　山梨県南巨摩郡　長野県東筑摩郡 ***すがりばち** 山形県米沢市 ***すがれ** 長野県東筑摩郡 ***すずめだゆー**（大形のハチ）新潟県佐渡 ***たいこばち**（土中に巣を作る大形のハチ）奈良県南大和 ***だんごばち**（体の丸いハチ）栃木県　島根県那賀郡・鹿足郡　大分県大分郡・速見郡 ***だんごろばち**（体の丸いハチ）栃木県安蘇郡 ***どろばち**（黒くて腰の細い小さなハ

方/言/の/窓

●混交と複合

混交（コンタミネーション）というのは、意味が同じ、または類似する二つの語の、一方の前部と他方の後部とが組み合わさって新しい語形ができることである。

一般的な例としては、トラエルとツカマエルが結びついたトラマエルや、ヤブルとサクが結びついたヤブクなどがある。

方言では、東海地方に「中指」の名称としてナカユビとタカタカユビの両語形が分布しており、中間地帯にナカタカユビという混交形が見られる。

複合というのは、同じ意味を表す二つの語が結合して新しい語形ができることである。

東北地方で「ばった」のことをハッタギという地域とトラボという地域の接触地帯に、トラボハッタギという複合形が見られる。

チ）富山県東礪波郡 ＊**ぬかばち**（小さいハチ）新潟県佐渡 ＊**ぬかばちゃー**（小さいハチ）沖縄県首里 ＊**はちび** 岡山県阿哲郡 ＊**はちめ** 東京都八丈島 奈良県生駒郡 ＊**ばちめ** 栃木県 新潟県東蒲原郡 石川県能美郡 ＊**はちんべー** 山梨県西山梨郡 静岡県 ＊**はちんぼ** 茨城県稲敷郡・北相馬郡 ＊**びび** 奈良県吉野郡 ＊**ふえど**（ハチの最大のもの）東京都南多摩郡 ＊**ぶんぶ**（幼児語）山梨県南巨摩郡 ＊**ぶんぶん**（幼児語）山形県最上郡・東田川郡 ＊**よたばち**（人を刺すハチ）静岡県磐田郡

はち【鉢】 ＊**おたばち** 石川県能美郡 ＊**さはち**（「あさはち（浅鉢）」の転か）岩手県上閉伊郡 福島県岩瀬郡 石川県 愛媛県 ＊**さらんばち** 石川県江沼郡 熊本県下益城郡 ＊**しゃはち** 石川県鹿島郡 ＊**どんぱち** 鳥取県西伯郡 ＊**どんばち** 兵庫県赤穂郡 奈良県南大和 ＊**どんぱち** 広島県比婆郡・高田郡 ＊**ばしゅー** 長崎県伊王島 ＊**まんこ** 長崎県五島

大きな□ ＊**だんぱつ** 鹿児島県鹿児島郡 ＊**どんぱち** 鳥取県西伯郡 ＊**どんばち** 兵庫県赤穂郡 奈良県南大和 ＊**どんぱち** 広島県比婆郡・高田郡

大形の皿のような浅い□ ＊**さーち** 高知県 ＊**さはち**（「あさはち（浅鉢）」の転か）青森県 岩手県 宮城県栗原郡・仙台市 秋田県 山形県 新潟県岩船郡 長野県佐久 愛知県名古屋市・知多郡 兵庫県加古郡 鳥取県西伯郡 島根県 広島県高田郡 高知県 ＊**さわち** 山形県 島根県鹿足郡 高知県

どんぶりより大形の陶器の□ ＊**おせばち**（大きな陶器の平たい鉢）鹿児島県肝属郡 ＊**ちゃわんばち** 青森県津軽

木製の□ ＊**かきばち**（木をえぐって作った、粉を練るのに用いる鉢）静岡県周智郡 ＊**きりばち**（木地のくり鉢）香川県 ＊**ごっぱち**（「こばち」の転）山梨県 ＊**ごんぱち** 静岡県磐田郡 ＊**たころばち**（浅い木製の鉢）鳥取県西伯郡 ＊**はんじょ**（木をくりぬいて作った大きな浅い鉢）青森県 秋田県南秋田郡・鹿角郡 ＊**ばんじょー**（木をくりぬいて作った大きな浅い鉢）滋賀県野洲郡・栗太郡 ＊**はんぞー**（木をくりぬいて作った大きな浅い鉢）青森県三戸郡 山形県西置賜郡 福島県南会津郡 新潟県東蒲原郡 ＊**はんぼ**（木をくりぬいて作った大形の円い鉢）香川県佐柳島 ＊**はんぼー**（木をくりぬいて作った大形の円い鉢）徳島県美馬郡・三好郡 ＊**へんどきじ**（「こじきに与える麦を入れる鉢」の意。丸木をくって作った大形の鉢）香川県仲多度郡・三豊郡 ＊**めんこつ**（丸木をえぐって作った大きな鉢）徳島県

ばち【罰】 ＊**くさりばち** 和歌山県 ＊**ささり**（神仏の罰）兵庫県加古郡 ＊**ささわり**（神仏の罰）兵庫県神戸市・加古郡 ＊**すてばち** 愛知県知多郡「すてばちがあたって、ええ気味（きび）だ」 ＊**てこばち**（ののしって言う語）兵庫県 ＊**とぅが** 沖縄県首里「とぅがくゎーしゅん（罰として勘当する）」・石垣島 ＊**とが** 富山県東礪波郡「生きもんを殺すととがんなるぞ」 広島県比婆郡「とががつく（罰が当たる）」 長崎県壱岐島「とがしむる（罰する）」 ＊**どんばち** 奈良県「注意を無視してするからどんばちぢゃ」 ＊**ばちくそ** 兵庫県神戸市 和歌山市 ＊**ばっちくしょ** 福井県坂井郡・今立郡

□が当たる ＊**かぶる** 新潟県東蒲原郡 福岡県 佐賀県「ばちかぶる」 長崎県 熊本県玉名郡・八代郡 大分県 鹿児島県 ＊**かんびゅい** 鹿児島県喜界島 ＊**たかる** 茨城県久慈郡「ばちゃたかる」 ＊**ばじゃかぶる** 山形県最上郡・飽海郡「そんなことすっとばじゃかぶる」 ＊**ばちかぶっ** 佐賀県藤津郡 ＊**ばちかぶる** 山形県東田川郡「金峯参りに行たらばちかぶらず」 福岡市 佐賀県 長崎県南高来郡・長崎市・対馬 熊本県・下益城郡 鹿児島県 ＊**ばちたかる** 茨城県真壁郡

□を強調する語 ＊**あかばち** 三重県北牟婁郡「このあかばちあたりめ」 ＊**あかばちのかわ** 島根県 ＊**ひちばち**（強烈な罰）大分県「ひちばちゅー、かぶる」

はちがつ【八月】 ＊**みずのかわりどき**（陰暦の八月）青森県三戸郡

□一日 ＊**うまあらし** 香川県三豊郡 ＊**うまぜっく** 香川県丸亀市 ＊**たのみ**（陰暦八月一日）島根県江津市・那賀郡 広島県高田郡 ＊**たのみぜっく**（陰暦八月一日）徳島県三好郡 ＊**たのみのついたち**（陰暦八月一日）青森県三戸郡 ＊**たのむさん**（陰暦八月一日）広島県安芸郡 ＊**たのめ**・**たのもてこ**（陰暦八月一日）愛媛県温泉郡 ＊**たのも**（陰暦八月一日）島根県江津市・那賀郡 広島県芦品郡 山口県長門 長崎県壱岐島 ＊**はぜつりぜっく** 福岡市 ＊**はつぜっく**（陰暦八月一日）徳島県三好郡 ＊**ぼんはじめ** 千葉県長生郡

□一日の行事 ＊**さくまわり**（八月一日に行う豊作祈願の行事）熊本県上益城郡 ＊**はかりぞめ**（陰暦八月一日にその年の新しい穀物を取り入れて祝う儀礼）島根県簸川郡 ＊**ひのみのついたち**（陰暦八月一日、神に神酒と米飯を供え、ごちそうを作り、田を見回る）青森県三戸郡

□十五日の月 ＊**あなたさま** 青森県津軽 ＊**いもぬすび**（陰暦八月十五夜の月）長崎県対馬 ＊**まめめーげつ**（陰暦八月十五日の月）山形県 ＊**まめめめず**（陰暦八月十五日の月）山形県北村山郡・最上郡

はちまき【鉢巻】 ＊**あげはちまき**（額の所で結び上げた鉢巻き）島根県鹿足郡 香川県木田郡 ＊**さーじ** 沖縄県首里 ＊**さーでぃー** 沖縄県与那国島 ＊**さじ** 沖縄県首里「さじ ちゅーく しみてぃ（強くしめて）」・八重山「さじ かぶん（鉢巻きをする）」 ＊**さんつぃ** 沖縄県小浜島 ＊**まんさじ**（一・八メートルほどの黒い布の鉢巻き）沖縄県黒島 ＊**よじはちまち**（手ぬぐいをねじってした鉢巻き）

新潟県佐流

はっきり *えんがり 山形県米沢市・東置賜郡「えんがりと跡がつく」 *ぎっかり 山形県東置賜郡「ぎっかりと跡がついた」 *げんがら・げんげら 新潟県佐渡「げんがらわかることではないか」 *げんざりと 富山県砺波「足の跡げんざりとついとる」 *さだやか 島根県益田市「海がさだやかに見える」 *はれっと 秋田県雄勝郡「目がはれっと見える」 *めっきり 群馬県群馬郡

□したさま *うらやか 島根県鹿足郡 *かきっと 山形県「かきっと角をつける」 長崎県壱岐島「かきっとした話」 *かきと 長崎県壱岐島 *きやっきや 宮城県栗原郡 *ぎんがり 神奈川県中郡 *しかばか 新潟県西頸城郡「さっぱりしかばかせんがだね(さっぱり、はっきりしないのですよ)」 *たしゃ(はっきりしたこと) 山形県東置賜郡・米沢市「たしゃがなぇ夢だ」 *てっきばっき 茨城県猿島郡 栃木県河内郡 *てっきりぱっきり 静岡県榛原郡

□しない *あやくろしか 長崎県壱岐島 *あやこーしー 岡山市 *あやこしー 香川県丸亀 *うだつがあがらない 岡山県児島郡「あの件はどしたんなあ、まだうだつがあがらんのかあ」 *おとましー 岡山県児島郡 *おぼおぼしー 山形県庄内 *おぼぼしー 石川県珠洲郡 *きっしょがたたぬ 大阪市 *しぶしぶしー 千葉県君津郡「しぶしぶしいお天気(はっきりしない天気)」 *しょにせん 岐阜県本巣郡 *だちもない 新潟県長岡市 *だちゃーない 山梨県北巨摩郡 *なまずけない 滋賀県蒲生郡 *はくはくしー 山形県庄内 *ひょーぎゃーねー 群馬県多野郡「あの人は今日来ると言ったがひょーぎゃーにゃーからわからにゃー」 *ぼやしー 宮崎県東諸県郡 *やぎろしー 香川県 *やちぁない 青森県 秋田県鹿角郡 *やちもない 島根県邑智郡 *やちゃえない 青森県「年ばれえてもやじあなえして(年ばかりとっても気が利かなくて)」 *ややくろしー 島根県石見「霧がこもってややくろしー」 *らちくちあない 岩手県九戸郡 *らちない 青森県上北郡「どれが私の靴からずなぐなった」 *らつぁない 秋田県河辺郡「あの子はらざねぁ」

□しないさま *うすうす 栃木県 *うつうつ 埼玉県北葛飾郡「あんたがきたときはうつつでしらねー」「くちのさきまでてでくるんだがどーもうつつだ」 *ごもくそ 北海道「何をごもくそしているんだ」 青森県三戸郡「ごもくそよむ(口の中でもごもご言う)」 *しびくた 和歌山県東牟婁郡「しびくた日和」 *ちゃがちゃが(はっきりしないこと) 福井県坂井郡「ちゃがちゃが云ふな」 *なまくら(はっきりしないこと) 秋田県仙北郡 滋賀県蒲生郡 *なめだらぐだら 宮城県登米郡 *なめらめっちゃく 福岡市 *にちゅー(不徹底ではっきりしないさま) 群馬県伊勢崎市 *にちゅーはん(不徹底ではっきりしないさま) 群馬県伊勢崎市・勢多郡 *ねつらくつら 青森県津軽 山形県 *むさーと 青森県三戸郡「あの人ぁ顔も洗っただか洗ねだかむさぁとしている」 *れろれろ 茨城県真壁郡

□する *さえむく 富山県砺波「山がさえむいとる(近く見える)」

□と *きっぱきぱ 青森県三戸郡「きっぱきぱど物言え」 *きっぱと 青森県「きっぱと断わる」 秋田県鹿角郡 山形県米沢市 *きぱきぱ 島根県簸川郡 *きばっと 山形県米沢市 *きぱっと 宮城県栗原郡 秋田県鹿角郡 山形県 鹿児島県 *すきらっと 熊本県玉名郡 *ずつーに 島根県隠岐島「水がきれいで海の底がずつーに見える」 *はきと 岩手県気仙郡 宮城県石巻 *はっきと 宮城県登米郡・石巻「ぐつぐつ言わねではっきとかたらえ(話せ)」 *まいでん 沖縄県石垣島「まいでん みやーみーり(はっきり見て下さい)」

ばった【蝗虫】 *あおむし 大分県大野郡・大分市 *いないご 三重県阿山郡 *いなご 三重県伊賀 岡山県苫田郡・岡山市 大分県北海部郡 *いなむし 大分県大野郡 *おきく 大分県 *おきくさん・おきくものつけ・おきっこ・おきっこばたりこ 大分県大分郡 *おきち 大分県大分市・大分郡 *おきり 大分県 *おたか 大分県東国東郡 *おたけ 大分県大分郡・南海部郡 *おたけさん 大分県大野郡 *おまんはたおり 千葉県印旛郡 *おやのめつぶし 奈良県山辺郡 *おんめ 三重県阿山郡 *がーたー 鹿児島県喜界島 *かさんた 沖縄県与那国島 *かた 沖縄県鳩間島 *かたー 沖縄県石垣島・竹富島 *かたーま 沖縄県小浜島 *かたかた 青森県津軽 *かたぎ 岐阜県土岐郡 *がたき 三重県一志郡 *がたぎ 三重県 奈良県吉野郡 *かたん 沖縄県石垣島・波照間島 *かった 沖縄県小浜島 *がった 愛知県尾張 *ぎーす 島根県 広島県能美島・比婆郡 *ぎしぎし 長崎県南高来郡 *ぎす 山形県庄内 三重県志摩郡 香川県仲多度郡 大分県大分市・大分郡 *きた 大分県北海部郡 *きちきち 群馬県邑楽郡 新潟県佐渡 和歌山県 *ぎちぎち 島根県美濃郡・益田市 *きちきちー 大分県大分郡 *きちきちいなご 大分県東国東郡 *きっご 島根県隠岐島 *ぎっこんばったんこ・きっこんばったりこ 大分県大分郡 *ぎっちょ 栃木県 *ぎっちょん 山梨県 島根県石見(キチキチバッタ) *ぎっつ 徳島県 *きな 大分県南部 *きにゃきにゃ 大分県大野郡 *きひち 徳島県 *ぎめ 福岡県三池郡 熊本県 宮崎県 *きりご 島根県那賀郡 *きんきらむし 大分県別府市 *くろぬすっと 長野県西筑摩郡 *けんがらはし 東京都大島 *こめつき 島根県那賀郡・邑智郡 大分県 *こめつきばった 島根県那賀郡・大原郡 *こめつきばったん 大分県大野郡 *こめつきむぎつき 島根県那賀郡 *しんきちめ 東京都八丈島 *せー 沖縄県首里 *だいみょーいなご 新潟県 *たか 愛媛県 長崎市 熊本県南部(ショウリョウバッ

タ） 鹿児島県 *たかず 鹿児島県種子島 *たかたか 岐阜県武儀郡 *たかむし 長崎市　大分県大分郡 *たかんぼ 愛媛県北宇和郡・南宇和郡 *たなばた 島根県石見 *たなばたぎーす 島根県石見　愛媛県 *たなばたさま 大分市 *たなばたさん 愛媛県周桑郡・新居郡 *たばこむし 福島県河沼郡 *ちゃんぎーす 広島県高田郡 *ちょんぎ 島根県那賀郡 *ちょんぎーす 広島県比婆郡 *ちょんぎす 鳥取県西伯郡 *ちょんげーす 三重県阿山郡 *ちょんま 長崎県対馬 *つちくい 奈良県 *つっばねめ 東京都八丈島 *つばくろ 大分県大分市・大分郡 *でらぼー 青森県三戸郡 *とっぴー 鹿児島県種子島・鮫島 *とのりめ 東京都八丈島 *どば 栃木県 *とびぎす 山形県東置賜郡 *とびっちょ 愛知県北設楽郡 *とらぼ 青森県津軽・上北郡　秋田県 *とらぼー 青森県三戸郡 *とらぼはったぎ 秋田県鹿角郡・仙北郡 *とらんぼ 秋田県雄勝郡 *とんぶし 静岡県 *ねぎさんばった 栃木県 *はこはた 香川県 *はさっさ 奈良県吉野郡 *はた 岡山県邑久郡　沖縄県黒島 *はたー 沖縄県新城島 *はたおり 神奈川県津久井郡　新潟県中頸城郡　長野県南佐久郡　静岡県川根　三重県伊賀　島根県八束郡・隠岐島　香川県三豊郡　大分県 *はたおりぎーす 島根県出雲 *はたおりぎす 岐阜県山県郡　島根県仁多郡・能義郡 *はたおりぎっちょ 群馬県桐生市　愛知県知多郡 *はたおりぎっちょん 島根県大原郡 *はたおりさん 愛媛県周桑郡 *はたおりちょんぎす 島根県仁多郡・能義郡 *はたおりばーさん 静岡県庵原郡 *はたおりばんばー 静岡県志太郡 *はたおりむし 新潟県佐渡 *はたぎ 青森県・津軽・三戸郡　秋田県鹿角郡 *はたぎりっちょ 新潟県佐渡 *はたた 三重県志摩郡　香川県　愛媛県今治市・周桑郡 *はたっと 徳島県三好郡 *はたと 徳島県　香川県　愛媛県 *はたはた 山形県米沢市　長野県諏訪　岐阜県飛騨　三重県阿山郡　上方　大阪府泉北郡　兵庫県赤穂郡・加古郡　和歌山県　岡山県邑久郡　香川県 *ばたばた 三重県阿山郡 *ばたばたぎっちょ 愛知県知多郡 *はたんご 岡山県邑久郡 *はったぎ 青森県三戸郡　岩手県上閉伊郡　宮城県・仙台市　山形県東置賜郡・東村山郡　福島県北会津郡 *ばったき 宮城県栗原郡 *ばったばた 新潟県中魚沼郡 *はっとーじ 広島県安佐郡・高田郡 *はっとーり 山梨県南巨摩郡 *はっとっと 香川県・小豆島 *はど 栃木県河内郡・那須郡　新潟県東蒲原郡 *はとはと 和歌山県海草郡 *はなお 大分県西国東郡 *はねっこーめ 栃木県 *はまがに 香川県・小豆島 *へったぎ 山形県東置賜郡・南置賜郡（小形のもの） *ほったこ 長野県東筑摩郡 *まーぜー 沖縄県首里 *まんじゅくい 奈良県 *むいめしくい 奈良県南葛城郡 *むぎめしくらい 奈良県生駒郡 *もちつき 大分県大分郡 *やんまがった 愛知県名古屋市 *んなぐらーぜー 沖縄県首里

はっぱ【葉―】　⇩は（葉）

はで【派手】　*がち（はでなさま） 石川県石川郡 *げんかい 滋賀県神崎郡　大阪市「えらいげんかいやなー」　奈良県「げんかいな着物の柄やなー」「げんかいな話しぶり」 *げんき（はでなさま） 長野県下伊那郡「あの人はげんきな人だ」 *げんばれ（はでなさま） 愛媛県越智郡「この着物はちーとげんばれすぎる」 *げんばれげ（はでなさま） 愛媛県今治市 *こーて（はでなさま） 島根県隠岐島 *こーてー（はでなさま） 島根県隠岐島「仕出しを取ったりこーてーなことだ」 *こーと（はでなさま） 島根県八束郡 *こーとー（はでなさま） 高知県高岡郡「なかなかこーとーな家があるのーし」 *だいさ（はでなさま） 石川県石川郡 *たっぺつ（はでなさま） 島根県美濃郡・益田市「あんまれ（あんまり）たっぺつをすると家計が持てまーで」　愛媛県「たっぺつに食べさせておる」 *なんか（はでなさま） 長野県更級郡・下水内郡 *ばし 静岡県「この衣服ははばしだ」「ばしなやり方だが力はない」 *はんか（「繁華」か。はでなさま） 岩手県気仙郡（女に言う）　山形県東村山郡 *はんくゎ（はでなさま） 沖縄県首里「はんくゎなむん（だて者）」 *はんなり（はでなさま） 京都市　大阪市「ちょっと はんなりしすぎやしまへんか」　奈良県「此の反物ははんなりした好い柄ですこと」 *やいき（はでなさま） 愛媛県伯方島・大三島
↓かび（華美）

□好きな人 *えふりこぎ・えふりし（はで好み） 青森県「なんぼあのふとえふりこぎだばな（なんとまああの人ははで好きなんだね）」 *おきおいさん 岐阜県恵那郡 *おきおいもの（「競う人」の意か） 岐阜県加茂郡 *ちゃやおなご（はで好みの女） 岩手県気仙郡

□だ *さまじー 茨城県猿島郡　栃木県「あの人はさまじーしたくで来た」　群馬県邑楽郡　埼玉県川越　滋賀県伊香郡・長浜市 *すさまじー 山形県鶴岡市 *ちょーちょーしー 島根県美濃郡・益田市「あの女の着物はちょーちょーしい」 *ちょーちょーらしー 新潟県佐渡 *てばてばしー（彩り、装いなどが華やか過ぎるほどにはでだ） 新潟県佐渡　島根県　長崎市 *てばてばしんい（彩り、装いなどが華やか過ぎるほどにはでだ） 新潟県佐渡 *ばてばてしー（衣服の模様がいかにもはでだ） 山口県豊浦郡 *はれがましー 京都府

はと【鳩】　*かんなつぼ 愛知県海部郡 *こきじ 香川県綾歌郡 *さとっぽ 宮崎県東諸県郡 *しょあとめ 東京都八丈島 *ちちどり 奈良県南葛城郡 *ててっぱ 新潟県西頸城郡 *ててっぽ 神奈川県愛甲郡 *ててっぽー 島根県 *ててっぽっぽ 岩手県上閉伊郡　群馬県利根郡　島根県鹿足郡・美濃郡 *ででっぽっぽ（幼児語） 埼玉県秩父郡 *ててっぽっぽー（幼児語） 東京都八王子 *ててっぽっぽかかっぽっぽ 島根県出雲 *ほーぽめ 栃木県真

岡市・塩谷郡 *ぽーぽめ 栃木県塩谷郡

はとこ【再従兄弟】 ⇩またいとこ（又従兄弟）

はな【花】 *あっぱ 山口県豊浦郡 *こっこ（幼児語）千葉県夷隅郡 *なーな 神奈川県津久井郡 *なな 熊本県球磨郡・芦北郡 *のーの（幼児語）千葉県安房郡 *のーのー（幼児語）沖縄県首里 *のんの（幼児語）静岡県榛原郡 *ばんば（幼児語）愛媛県 *べんべ（幼児語）岡山県小田郡 *やんや（幼児語）神奈川県藤沢市・中郡

はな【鼻】 *そやはな 福島県南会津郡 *はなす 熊本県上益城郡 *はなど 福島県 茨城県久慈郡・多賀郡 *はなぶっくゎ（卑語）沖縄県首里 *はなべっと 岐阜県飛驒「外国人はそうたいにはなべっとが高い」 *はなんす 熊本県玉名郡 *べっと 岐阜県

あおむいた□ *ごげっぱな（鼻孔が上を向いている鼻）青森県津軽 *ごんげんばな（鼻孔が上を向いている鼻）青森県 *はっぷいばな（「はっぷい」は暴風雨の意。穴が前を向いている鼻）高知県長岡郡

巨大な□ *かびんたおし 熊本県下益城郡

高い□ *こーりょーばな 長崎県対馬 *とんぱし（高くて先のとがった鼻）山形県西置賜郡・新庄市

□が詰まったさま *ぐすがす 青森県三戸郡「鼻ぁつまってぐすがすして困る」 岩手県気仙郡 *はなごんご（鼻の詰まっていること）長野県北佐久郡

□が低いこと *しゃくし 富山県婦負郡 *びーつく 茨城県 *びしぱな 秋田県平鹿郡 *びしゃん 熊本県 *ひしょげぱな 岩手県九戸郡 *ぴっしゃげ 大分県 *ぴっしゃげばな 長崎市 *へちゃ 大阪府泉北郡 奈良県 和歌山県 広島県高田郡 愛媛県 *ぺちゃ 島根県 岡山県児島郡

□が低い人 *うらてん 三重県伊勢北部 熊本県下益城郡 *うらてんぐ（天狗の高い鼻と反対の意）熊本県 *おっぴ 長崎県伊王島 *おっぴー 長崎県長崎市・伊王島 *おっぺしゃん（鼻の低い女性を卑しめて言う）熊本県玉名郡 *けーちゃてんぐ 千葉県夷隅郡 *てんぐのうらめん 三重県伊勢北部 *びしぱな 秋田県平鹿郡 *びしゃん 熊本県 *ひしょげぱな 岩手県九戸郡 *ぴっしゃげ 大分県 *ぴっしゃげばな 長崎市 *びったぱな 岩手県気仙郡 *びっちゃー 鳥取県岩美郡・気高郡 *びっちょぱな 岩手県気仙郡 山形県米沢市 *ぴっちょぱな 山形県西置賜郡・西村山郡 *へご 岐阜県本巣郡 *へちゃ 大阪府泉北郡 奈良県 和歌山県 広島県高田郡 愛媛県 *ぺちゃ 島根県 岡山県児島郡

□の穴 *はなしゃじ 島根県隠岐島 *はなしょーじ 島根県 *はなぬごー 鹿児島県沖永良部島 *はなぬひっか 沖縄県与那国島 *ぱなぬみー（「みー」は穴の意）鹿児島県与論島 沖縄県石垣島・鳩間島 *はなぬみひきゃー 沖縄県竹富島 *はなのうど（「うど」は穴の意）高知県幡多郡 *はなのす（「す」は穴の意）島根県 愛媛県喜多郡 *はなのすー 愛媛県今治市 *はなめど（「めど」は穴の意）茨城県北相馬郡 埼玉県入間郡 千葉県夷隅郡 *はなめんど 埼玉県入間郡・川越 *はなめんとー 千葉県香取郡 *はなんうど 大分県西国東郡・大分郡 *はなんす 佐賀県 長崎県対馬 鹿児島県 *はなんぼら 千葉県安房郡 *はなんみー 鹿児島県徳之島 沖縄県島尻郡

□をかむ *しぴゅん 沖縄県首里 *しむ 島根県 *しゅむ 島根県石見 広島県比婆郡 山口県 愛媛県「鼻汁をしゅんだ紙はしてちゃいかん」 *すむ 鳥取県西伯郡 島根県 *する 宮崎県東諸県郡「鼻をする」 *せる 島根県隠岐島 岡山県「はなをせる（鼻をかむ）」 *はなとる 兵庫県赤穂郡 佐賀県 鹿児島県 *はなをしゅむ 山口県玖珂郡

低い□ *あぐちばな（低くて横に広がっている鼻）新潟県佐渡 *うらてん 三重県伊勢北部 熊本県下益城郡 *うらてんぐ（天狗の高い鼻と反対の意）熊本県 *おかくらぱな（低くて大きく広がっている鼻）山形県北村山郡 *おかぐらばな（低くて大きく広がっている鼻）山形県村山郡 *おかんぐらぱな（低くて大きく広がっている鼻）山形県西村山郡 *かぐらはな 千葉県夷隅郡 *かぐらっぱな 千葉県夷隅郡 *かぐらばな（低くて大きく広がっている鼻）新潟県 *かぐらぱな（低くて大きく広がっている鼻）山形県西置賜郡・最上郡 *こっぱてんぐ 千葉県・長生郡 *ししまいばな（低くて小鼻が開いている鼻）香川県塩飽諸島 *びーつく 茨城県 *ひーぱな 茨城県那珂郡 *びったぱな 岩手県気仙郡 *びっちょぱな 岩手県気仙郡 山形県米沢市 *ぴっちょぱな 山形県西置賜郡・西村山郡 *べっくゎいばな 鹿児島県 *べったりばな 長崎県対馬

はなお【鼻緒】 *お（履き物の鼻緒）栃木県安蘇郡 新潟県西頸城郡・東蒲原郡 岐阜県郡上郡 *さきばなお（草履に編み込んである鼻緒）香川県手島 *にりうー（げた、草履などの鼻緒の一種）沖縄県首里 *ねぃり（げた、草履などの鼻緒の一種）鹿児島県喜界島 *はなっつら（草履などの鼻緒）東京都利島 *ばらお（棕櫚（しゅろ）、または竹皮で作った鼻緒）茨城県稲敷郡 *ひぼ（げたの鼻緒）愛知県知多郡 三重県度会郡 *まきはなお（わらに布を巻きつけた鼻緒。巻き草履の鼻緒）香川県佐柳島 *よこ（げたなどの鼻緒）茨城県 栃木県 群馬県 埼玉県入間郡・北葛飾郡「このげたのよこわ、いーよこだ」 千葉県印旛郡「下駄のよごがきれた」・東葛飾郡 群馬県佐波郡 愛媛県 *よこお（げたなどの鼻緒）茨城県久慈郡 栃

木県河内郡　群馬県勢多郡・桐生市　埼玉県入間郡・秩父郡　千葉県千葉郡　神奈川県津久井郡・中郡　山梨県・南巨摩郡　愛知県愛知郡・碧海郡　高知県　長崎県壱岐島　大分県東国東郡

はなす【話】　*いじしかしん（「言い聞かす」意）沖縄県石垣島　*いななく 栃木県西部　*うたう 茨城県　新潟県佐渡「大変いいことだが誰もうとうて出るもんがない」　*うだる（多弁する）青森県三戸郡　*うとう 茨城県　*かたる 岩手県胆沢郡・気仙郡「うんだがらやめろってかだったべ」　宮城県「其の事は先方へかたればよく判る」「先生さあんだ（お前が）かたれ」　山形県「話かだることあるから来い」　新潟県東蒲原郡「少しかたって行きませんか」　岐阜県飛騨　長崎県南高来郡「飲み飲みやらやら（ゆっくり）かたろだなあし」　熊本県球磨郡　鹿児島県「おかたりやはんか」　*さべる 青森県津軽「警察ささべねえぐ（警察へ知らせに行く）」・上北郡　秋田県鹿角郡「おまへ一寸行ってさべて来い」　新潟県西蒲原郡・中頸城郡　長野県下水内郡　*しゃべる 青森県津軽　*つばぬる 長崎県壱岐島「なかなか良うつばぬる娘ちゃった」　*むにいずん 沖縄県石垣島

→しゃべる（喋）

□ぶり　*くちあい 福岡市　*くちうら 山形県米沢市「あの人のくちうらでわかった」　福岡市　長崎県対馬　*こーせき 山形県東置賜郡　*はなしこーばい 新潟県佐渡　岐阜県飛騨・郡上郡「あのはなしこーばいでは、あんまりえーこともなさそーじゃ」　*むぬいーたなり 沖縄県首里

はなす【離】　*あーかしゅん 沖縄県首里　*きる 新潟県佐渡「地をきる（重いものを地面から離す）」　*はならかす 静岡県・榛原郡　京都府竹野郡「その苗はもうすこしはならかして植えたほうがよい」　*ぱんつぁしん 沖縄県石垣島

はなはだしい【甚】　*いかい 秋田県「えきゃかせだ（働いた）人だったて」　山形県米沢市「えがえく お世話になって」　福島県東白川郡　埼玉県北足立郡「いかいせわになった」　新潟県「えけぇ遅い」　長野県「いこ食べるな」　岐阜県可児郡「いかうお寒うございます」　愛知県豊橋市・名古屋市「いことろいことこくな」　三重県員弁郡「いこもうけたそうやな」　兵庫県淡路島　奈良県　和歌山県日高郡　岡山県苫田郡　愛媛県周桑郡・越智郡　福岡県　長崎県「いけー腹が立たう」　熊本県　*いがくい 香川県三豊郡　*いきなり 宮城県栗原郡・仙台市「いきなり押しんすな」　山形県「えぎなり柱にぶつけた」　福島県相馬郡　*いきんなり 山形県「友達をいぎんなり殴る」　*いさぎー 熊本県「この大根はいさぎーようでけたですな」　宮崎県西臼杵郡「わりゃーいさぎーむしぃくゎれたもんぢゃのー」　*いしー 広島県世羅郡　佐賀県「あいま、いしか（あまりひどい）」　*いそぶい 新潟県　*いっさぎよか 福岡市「いっさぎよか元気のよい」　*いびせー 長野県佐久　広島県世羅郡　*いぶせー 長野県佐久　広島県山県郡・高田郡「いぶせぇこと」　*いみしー 宮崎県都城　鹿児島県肝属郡　*おーまく 兵庫県淡路島　*おしこげない 茨城県稲敷郡　*おっかと 三重県「おっかと馬鹿にさわぐな」・度会郡　*おっとしや 愛媛県北宇和郡「おっとしゃ長話をしてー（たいそう長話をして）」　*おっとろしー 京都府竹野郡　大分県大分郡　*おとろしー 岐阜県飛騨「おとろしく眠ったわい」　京都府竹野郡「お祭にはおとろしー人出だった」　大阪府泉北郡　兵庫県淡路島「おとろしいまた大男も有ったもんじゃ」　長崎県北松浦郡「このこーのもんなー、おとろしかうまかねー」　熊本県鹿本郡　*おやっか 新潟県西頸城郡　*かたらもない 長野県佐久　*きびっさえのわるい 静岡県榛原郡「そんなに買ってどうするだや、きびっさえのわるい」　*きびし 島根県「きびし稲の出来が悪い」　*きびしー 島根県出雲　徳島県「きびしゅうあつい」　熊本県下益城郡　*きょとーもない 静岡県「そんなにきょとーもない盛な」・榛原郡　*きり 鹿児島県種子島「きりやかましか」　*けわしー 山形県米沢市「金遣いのけわしい人だ」　*こーだいもない 三重県度会郡　滋賀県蒲生郡　山口県大島「こうだえもなえ大きな船を造ったさうな」　愛媛県　*ごーつい 島根県那賀郡「ごーつ肥えた大女房だ」　香川県三豊郡・小豆島・高見島　*ごつい 福井県遠敷郡「ごつい銭もーけさんした（たいした金をもうけなさった）」　大阪府北河内郡・中河内郡「ごついこと（たくさん）」　兵庫県　鳥取県「ごつう寒い」　島根県石見「ごつー綱を引っ張ると切れるで」　岡山市　広島県　香川県「下駄もごつちびるもんじゃな」　*ごっつい 新潟県佐渡「おめえとこのごっつぉ（御馳走）は、ごっついねか」　兵庫県　鳥取県岩美郡・気高郡　徳島県「ごっついあるわ（ずいぶんたくさんあるわ）」　香川県　*ことほし 鹿児島県　*ことろしー 宮崎県　鹿児島県　*こぼっこい 岡山県真庭郡「こぼっこぇーことぶちまあす（殴る）もんじゃけえ牛が恐れてなあ」　*ただーに 長野県佐久　*だだーに 長野県佐久・南佐久郡　*だたい 山口県厚狭郡・美祢郡「それはだたい大きい魚じゃた」　愛媛県　*だだい 山口県阿武郡　*だだいー 岡山県　*だったい 福島県岩瀬郡　*だってー 福島県東白川郡「だってぇ損した」　栃木県那須郡「だってい困った」　*ちゅーに 島根県石見「ちゅーに怒っとるけー、手も足も出されん」　山口県豊浦郡・阿武郡「ちうに長い」　*つごーでない 秋田県「つごーでねぁ寒い」　*つど 岡山県和気郡　*てかい 茨城県西茨城郡　千葉県印旛郡　*でかい 青森県南部　岩手県東磐井郡　山形県米沢市　福島県「でかい山だなあ」　茨城県多賀郡・稲敷郡　栃木県　群馬県　埼玉県秩父郡・川越　千葉県北部　東京都八王子・利島・三宅島　神奈川県　新潟県佐渡・西頸城郡　富山県　石川県　福井県　山梨県長野県「でかくする（育てる）」　岐阜県　静岡県・田方郡　愛知県宝飯郡・北設楽郡　三重県　滋賀県彦根・蒲生郡　京都府　兵庫県神戸市　和歌山県東

牟婁郡・日高郡　鳥取県　島根県石見　愛媛県周桑郡 *でがい 千葉県夷隅郡 *でかたい 三重県北牟婁郡 *でかつい 鳥取県 *てこい 青森県南部　鳥取県東部 *でこい 青森県南部　岩手県東磐井郡　新潟県佐渡・南魚沼郡　長野県下伊那郡 *でこない 静岡県 *てしこい 三重県志摩郡「夜やったや雪はてしこー積もる」　和歌山県日高郡・東牟婁郡「今日はてしこう寒い」 *でたい 千葉県印旛郡 *でちかい 茨城県久慈郡 *でっかい 宮城県玉造郡　山形県東南部　福島県　茨城県南部　栃木県　群馬県　埼玉県　千葉県　東京都江戸川区・八王子　神奈川県津久井郡・中郡　新潟県　富山県「でっかい風ぁ吹いて来たっちゃ」　石川県北部　山梨県　長野県　岐阜県南部　静岡県・志太郡　愛知県　三重県志摩郡・伊賀　滋賀県彦根・蒲生郡　京都府　大阪府　兵庫県神戸市　奈良県南大和　鳥取県　徳島県 *でっきゃい 秋田県仙北郡 *でっくい 新潟県佐渡 *でっこい 新潟県 *でっこない 静岡県・志太郡 *でへー 千葉県印旛郡 *とほーに 島根県鹿足郡「蕨をとほーに掘りよりました」　山口県阿武郡　長崎市「とほーに、さむーなったのー」 *とほんね 鹿児島県 *とろしー 大分県北海部郡 *なむない 長野県佐久 *のりんでない 秋田県南秋田郡・雄勝郡「のりんでねぁ寒い日だ」 *ばくだいもない 奈良県南大和 *ひどーに・ひどに 香川県「あれだけひどうにいうといたら大丈夫じゃろ」 *ひどくさい 岐阜県北飛騨 *ひどこい 愛媛県中部「ひどこい目に叱られた」 *ひどつけない 新潟県佐渡　富山県砺波　石川県 *ひどっこい 大阪府泉北郡　奈良県・南葛城郡 *ひょーきんもない 静岡県「ひょーきんもないことをした」 *へどつけない 石川県河北郡 *みざらしっこーに 沖縄県石垣島「すーぬぴぃすだー(潮が引いたために)みざらしっこーに　とぅらりだそーや(恐ろしくたくさん捕れましたよ)」 *むごい 山口県「むごいお気の毒なことぢゃ」 *めっそーもない 静岡県　愛媛県松山　高知市 *めっそもない 茨城県稲敷郡　島根県大原郡　高知市 *もごい 島根県邑智郡「もごい御苦労をかけます」 *もたーなか 鹿児島県種子島 *もったーなか 鹿児島県種子島「もったーなか長病気じぇなあ居らったげえが」 *やーちゃくちゃない 山形県最上郡「やーちゃくちゃなくぶっ叩いて」 *やくたいもない 岐阜県飛騨・大垣市　愛知県北設楽郡　滋賀県彦根　和歌山県 *やにくさい 和歌山県東牟婁郡 *やにくさい 和歌山県「やにくさい持って来た」 *やにくそくさい 和歌山県東牟婁郡 *やにこい 和歌山県「雨やにこい降って来た」「やにこう寒い」 *やにこくさい 和歌山県西牟婁郡 *やにしゅい 和歌山県東牟婁郡「何とやにしゅい仕事やな」 *やねーこい 和歌山県東牟婁郡 *やねこい 和歌山県東牟婁郡 *やねまい 和歌山県東牟婁郡 *ゆかい 沖縄県首里「ゆかいはたらち(相当な働き)」 *よにもない 東京都利島「よにもないぼろを着て」 *らっかいもない 静岡県小笠郡「らっかいもなく多い」・榛原郡 *りくつもない 愛知県知多郡「今日はりくつもねー寒い」

程度が□ *あらい 山形県東部　福島県相馬「あらく上手に出来たと思ったら中学生に書えて貰ったんだと」・東白川郡　徳島県三好郡 *あらけない 秋田県鹿角郡「いや、あらけなく集ったもんだ」 *あらけんねー 福岡県 *えぐい 和歌山県「これはえぐう大きい」 *えぐたらしー 兵庫県美嚢郡 *えらい 栃木県　千葉県・山武郡　神奈川県愛甲郡・津久井郡　富山県下新川郡　山梨県　長野県　岐阜県　静岡県中部　愛知県「えらい坂」　三重県「えらいこっちゃったなー(凶事の時の挨拶)」　滋賀県彦根　大阪府大阪市「えらい人で(たいそうな人出で)弱りました」・泉北郡　兵庫県神戸市　奈良県・南大和　和歌山県北部　島根県　広島県　徳島県　香川県 *きょーてー 岡山市「きょーてー厚かましい奴」 *きょーとい 奈良県宇智郡・吉野郡　和歌山県日高郡　岡山県苫田郡 *ごいらい 京都府与謝郡 *ごえらい 和歌山県海草郡 *さまじー 群馬県勢多郡・群馬郡　埼玉県秩父郡「さまじー頭のいー奴だ」「ことしは米がさまじーよく出来た」　山口県阿武郡・豊浦郡「さまじー寒い」　福岡県早良郡　長崎県「さまじかよか(大いによろしい)」　大分県「さまじーいー天気」 *すさましー 長崎県対馬「これはすさましう頂きましてありがたうござりました」 *すすどい 愛知県名古屋市「すすどい大きな門松だなー」「こないだの台風はすすどい風だった」　三重県志摩郡 *すてきもない 茨城県稲敷郡　新潟県　静岡県「すてきもない高い木」 *そさましー 長崎県西彼杵郡 *でーらい 大阪府泉北郡　兵庫県「でえらいこっちゃ」　和歌山県「でーらい寒かった」・日高郡　岡山県 *でらい 滋賀県神崎郡「でらい世の中も変って来たもんじゃ」 *といらい 和歌山県日高郡 *どえらくたい・どえらぐったい 三重県北牟婁郡「どいらぐったいおっきい(とても大きい)」 *とーない 兵庫県神戸市 *どーない 兵庫県　和歌山県伊都郡・日高郡 *とーらい 兵庫県神戸市　和歌山県日高郡 *どーらい 京都府「どーりゃー音にびっくりした」　兵庫県・神戸市「堂島が焼けたとはどうらいこっちゃ」「どーらいずんたなこって(非常にルーズなことで)」 *どしこい 奈良県宇陀郡 *どすこい 福井県大野郡　奈良県宇陀郡 *とちけむない 大分県宇佐郡 *とつけむない 福岡市「あたきがお玉のとこい行くことば、とつけむない嫌ふとるとぢゃもんなぁ」「近頃ぁとつけむない御無沙汰しとりました」　熊本県玉名郡「とつけむなか」　大分県西国東郡・日田郡 *とつけもない 福岡市 *とてらい・どてらい 京都府 *どらい 和歌山県海草郡・伊都郡「どらいえらい雨だ」 *とわしゃきらもない 島根県大原郡「とわしゃきらもない雨が降る」「なんぼー仕事をしてもとわしゃきらもない」「とわしゃきらもない事をするな」 *にがましー 岐阜県恵那郡「にがましいこたない(大したことはない)」 *ひさまじ 滋賀県坂田郡・東浅井郡 *むご 島根県出雲「むごえらいことがあったなあ」 *むごい 長野県佐久 兵庫県淡路島「こんなもんと軽蔑してむごお欺された」 和歌山県南部 島根県「むごー海が荒れる」 福岡市 熊本県「むごー としよったばいた」

程度が□さま *あっばてんね 鹿児島県鹿児島郡 *あほいきに 兵庫県淡路島「何か知らんがあほいきに強い奴じゃ」 *あほー 山梨県「あほう甘い」 長野県・東筑摩郡「あほーに働いた」 岐阜県飛驒・郡上郡「あほうにおーめしよくやるけんど(大飯を食うけれど)」 静岡県志太郡・安倍郡「あほうに大きい」 *あらい 山形県庄内 *うすんげぁ・うっすんげぁ 秋田県「あの牛はうっすんげぁだ牛だな」「父からうすんげぁに怒られた」 *えーよーに・えんないやー 佐賀県 *えら 栃木県南西部 群馬県邑楽郡「えら、むしにくわれた」 埼玉県北葛飾郡 奈良県吉野郡 *えらい 山形県西村山郡・最上郡「えらえ雪降ったな」 埼玉県秩父郡・大里郡 千葉県香取郡・山武郡

新潟県・佐渡 石川県珠洲郡 福井県丹生郡

山梨県北都留郡・南巨摩郡 長野県「えらいよく出来た」 岐阜県 愛知県 三重県 滋賀県「えらいすまんな」 京都市 大阪府 兵庫県南部「えらいおざっくでおます(たいへんお粗末でした。主人の終宴の挨拶)」 奈良県 和歌山県

鳥取県西部 島根県 岡山県 広島県 山口県阿武郡 徳島県 香川県 高知県 福岡県北九州市 熊本県 大分県別府市・大分郡 宮崎県 *えらいこと 岐阜県稲葉郡 三重県員弁郡

奈良県・吉野郡 島根県石見「えらいこと集まらんのー」 *えらいしこ 熊本県下益城郡 *えれこつ 宮崎県西臼杵郡「ほんやらえやら、えれこつもろーちぃありがとござりました」・東臼杵郡 *えろない 兵庫県加古郡「頭えろないに打った」 *えんにょー 島根県邑智郡 岡山県邑久郡 *えんよー 岡山県英田郡 *おーでー 長崎県南高来郡「おーでー 早死にでしたなーい」 *おーばち 千葉県夷隅郡「おーばちに腹へったね」 *おむそー 三重県北牟婁郡 *がーい 愛媛県周桑郡 *がい 青森県三戸郡 岩手県盛岡市「あまりがいだ」・上閉伊郡「がいなことはない(たいしたことはない)」 宮城県登米郡「がいにがいに」 山形県「あえづ、がえにあらえ(彼は並外れて強い)」

新潟県佐渡「がいをったれせう(お困りでしょう)」・東蒲原郡「そうがいに云うな」 富山県「病がだんだんがいになる」 静岡県「がいに生意気なことを云うな」 愛知県名古屋市「ことしゃ田んぼががいにようできて」 三重県「うれきゃがいなもんじゃにゃー(ほほう、たいしたもんだね)」

兵庫県但馬・淡路島 奈良県吉野郡 和歌山県「今夜はがいに暗いなあ」 鳥取県西伯郡 島根県「あんね、去年みたえね、がえね足らんやなことしても(たいそう不足するようなことをしても)」 岡山県苫田郡「がいに儲けてきんさったそうな」・児島郡 広島県 徳島県「がいに走れ(しっかり走れ)」 香川県「あんたの咎とうちの咎えとがいにちがうのう」 愛媛県大三島・宇和島市「おっとろしゃ、和霊大祭のつきやい(闘牛)は、がいな人気じゃったぞよ」 高知県 大分県南海部郡・速見郡(「がいと」の形で) *がいほー 愛媛県今治市「がいほーに」 *がう 長野県北安曇郡 *がぇー・ぎゃー 静岡県志太郡「がぇーにいばりゃーがる」「ぎゃーにお世話だー」 *がさ 京都府竹野郡「がさゃーこと儲けたそうな」 島根県石見「山い行くとがさに栗が落ちとる」「これはがさに大きい」 *がしょー 群馬県山田郡 *がしょーき 群馬県山田郡・佐波郡 埼玉県大里郡

千葉県東葛飾郡「がしょうきに寒い」 *がしょーぎ 千葉県「がしょーぎに働く」 *がじょーぎ 千葉県 *がしょき 千葉県印旛郡 *がしょぎ 千葉県夷隅郡・長生郡 *かす 福井県丹生郡「いまの人のよにかすねひっつこあねんにゃけど(いまの人のようにそうひどくしつこくはないんですけど)」 *かたこ 富山県砺波 石川県羽咋郡 *かたこと 岩手県江刺郡・気仙郡「かだごどわりがきだ(悪い子だ)」「なんと、かたこと早いね」

*かたごと 岩手県中通「あの事件ではかたごと心配しました」 *かたっこ 石川県江沼郡「かたっこな」 *がつがつ 秋田県雄勝郡「頭をぐゎつぐゎつとはたく」 *ぎゃい 香川県・丸亀市「この道はぎゃいにまわらんないかんきんな」 *ぎょー 兵庫県加古郡 鳥取県倉吉市「ぎょーに賑わいおった」 岡山県児島郡 徳島県 香川県小豆島

大分県西国東郡・北海部郡 *ぎょーさんもない 島根県石見「今日はぎょーさんもない風が吹く」 *ぐいら 山形県米沢市「今年はぐいら多く取れだ」 *ぐでに 群馬県佐波郡 *ぐてんぐてん 栃木県 *ぐと 山口県豊浦郡「ぐと悪い」 *げ 青森県上北郡「げだ」 秋田県鹿角郡「あんまりげに」 *げぁ 青森県三戸郡「どうしたが、帰りぁげぁね遅い」 岩手県九戸郡「げえぁだ」 秋田県「あんまりげぁに喰ったのだよ」 *げぁえ・げぁぇん 秋田県鹿角郡 *げぁん・げぁんげぁ 秋田県 *げー 青森県「げぇだ大き凧だなぁ」 山形県東田川郡「こどしあだりだば、げーねげしくで(今年などは、ずいぶんにぎやかにして)」・庄内 栃木県 群馬県吾妻郡 長野市 岐阜県大垣市

和歌山県東牟婁郡 愛媛県 *けっこと 福島県東白川郡「けっこど遅くなった」 *ごーえ 長野県下水内郡 *ごーぎ 群馬県吾妻郡 東京都利島 新潟県中越「ごーぎでっこなったのう(大きくなったなあ)」 福井県 山梨県 長野県下水内郡 愛知県八名郡「ごーぎな事をした」 三重県飯南郡「ごーぎにたたかれた」 滋賀県蒲生郡 島根県 広島県 山口県阿武郡・玖珂郡

「稲がごーぎによう出来た」 愛媛県今治市 長崎県・東彼杵郡 宮崎県日向 *ごーきー 長崎県 *ごーげ 山形県庄内 島根県安濃郡 広島県佐伯郡 山口県阿武郡・防府「ごーげな」 香川県小豆島 愛媛県周桑郡・今治市「今日はごーげに寒い日だ」 *ごーげー 香川県・小豆島 *ごーじゃ・ごじゃ 香川県香川郡「晩が来たらごじゃに寒んなったのお」 *こぎたま・こげたま 長野県「こげたまなぐれ」 *ごげ 島根県安濃郡「ごげに」 *ごんご 島根県石見「ごんごに親爺に叱られた」 *ごんごぞーざん 島根県邑智郡 *ごんごどーざん 島根県那賀郡「ごんごどーざん田に虫がわーた」 *ごんごどーだん 島根県「ごんごどーだんな人だかりがした」 *しこ 岡山県苫田郡「ああしこ酔うた」 *しごにならん 島根県仁多郡 岡山市 *じゃしき 島根県美濃郡「今朝はじゃしき雪が降った」 *じゃっきと 青森県津軽「じゃっきと困る」 *すご・ずこ 香川県「ずごある」「ずごおおきい」「すこあらい(ひどく乱暴だ)」 *すててこ 島根県美濃郡・益田市「今日はすててこにいそがしい」「運動会にはすててこに人が集まった」 *すばら 長野県上田「すばらに」・佐久 *すばらー 静岡県 *すぼっこ 岡山県苫田郡 *すぼっこー 奈良県南大和 岡山県 広島県・沼隈郡 *すらば 長野県佐久「すらばに」 *ぜーんて 栃木県「植えつけた檜はぜーんて枯れちゃって」 *つーゆー 佐賀県「つーゆー急ぐな(あまり急ぐな)」 *つよー 島根県那賀郡「つよーええ物ではないが」・鹿足郡 *でほーだい 岩手県 宮城県「でほうでえ賞品貰った」 長野県「でほーでーに寒い」 *でほーで 宮城県仙台市「でほーで儲けたっけね」 *でほだい 岩手県気仙郡「でほでぁ立派ななりをして」 宮城県石巻 *とーない 大阪市「とおない御無沙汰してしまいまして」 兵庫県「とーない大きくなった」 和歌山県和歌山市「とーない寒い」・日高郡 香川県小豆島 *どーね 兵庫県加古郡「この頃はとおね暑い」 *どくしょ 大阪市 和歌山県「どくしょになぐられた」 福井県 *とくしょー 和歌山県日高郡 *どくしょー 福井県「どくしょうなこと(大変なこと)」 大阪市「どくしょうな目にあふた」 兵庫県神戸「どくしょーやられた」 和歌山県伊都郡 島根県邑智郡・那賀郡「どくしょー腹を立てた」 徳島県「大雨のあとに大日でりとはどくしょーなことじゃ」 *どしきょー 島根県大田市 *どすきょー・どすきょーもない 島根県邑智郡・邇摩郡「どすきょー子供を痛めた」「どすきょー網に魚がはいった」 *どすごえ 京都府 *どっきょー 島根県益田市「どっきょー雨が降った」・邑智郡 *どっせ 島根県那賀郡「闇に牛い衝き当って、どっせなーひっくりかえった(たいそうびっくりした)」 *なんぶ・なんぼ 島根県美濃郡・益田市「浜い出て見い、なんぶな人が」「お前の留守に子供がなんぶに騒いだ」 *ばくたい 鳥取県西伯郡 島根県「ばくたえ土産を貰った」 *ばくだい 秋田県「ばくでぁ刈たんしな(稲をたくさん刈りましたね)」「この着物は、ばぐでぁよいものだ」 山形県飽海郡 鳥取県西伯郡 *ふとー 大分県「ふとーに罰金が出る」 *むーず 岐阜県飛驒 *むじきり 岩手県気仙郡 山形県東村山郡・西村山郡 *むず 岐阜県飛驒「甲と乙とはむず同じじゃ」「むずねっこ(すぐそば)」 島根県邇摩郡・隠岐島「むずの素人だ」 香川県綾歌郡 愛媛県・宇和島 *むずー 香川県三豊郡 *むっくら・むっくり 高知県「お前さんはむっくりええ物を召しておいでることか」「むっくり寒うなって都合が悪い」 *めっそ 島根県八束郡 徳島県 香川県木田郡「めっそ体裁がわるい」 愛媛県 高知県幡多郡「めっそに涼しい」 *めっそー 山梨県南巨摩郡 長野県北安曇郡 静岡県「めっそーよい天気だ」 京都府北部 大阪市 和歌山市 島根県 岡山県苫田郡 徳島県美馬郡 愛媛県松山 高知県 大分県宇佐郡 *もっけ 福井県南条郡「もっけたこと(たいへんなこと)」 島根県隠岐島「もっけに」 *やぼ 新潟県佐渡「やぼに長くかかった」「やぼになぐった」 *よんのー 千葉県安房郡 *りゅーと 山形県米沢市「りうとえばる」 *ろくしょー 和歌山県那賀郡 *わりゃーもない 京都府竹野郡「わりゃーもなゃー大きな松茸だ」

▯さま *あーぜー・わーぜー 鹿児島県揖宿郡 *あざい 鹿児島県種子島「わーん田あなー あざいな れきがたじゃよ(あなたの田はね、たいそうなでき方だよ)」・肝属郡「あざい立派じゃ」 *あじゃら 静岡県田方郡 *あっぜー 鹿児島県揖宿郡「あっぜー若ごなったが」 *いっせこった 新潟県 *いっせこと 新潟県中魚沼郡 *いや 長崎県対馬 *うつて 青森県 *うんつくらい 宮城県石巻(卑語)・仙台市 *うんとくらい 宮城県仙台市「柿うんとくらいしょって、まず、どこさ運ぶんだか」 *おたんだ 長野県諏訪「おたんだお疲れ」 *おもいで 福井県「おもいでな(大変な)」「おもいで大きいのをとって来た」 京都府舞鶴市 山口県豊浦郡「おもいでに頭を打った」 *おんもいで 千葉県夷隅郡 *がいさく 鳥取県西伯郡 *がいそく 長野県下伊那郡 *がっぱ 新潟県北蒲原郡・東蒲原郡「芋ががっぱぁる」「手を切って血ががっぱ出た」 *かっぱり 山形県西置賜郡 *がっぱり 山形県「がっぱり減った」 新潟県佐渡 *がなけ 静岡県 *がはり 山形県米沢市「がはり怒った」「がはり食った」 *がばり 岐阜県飛驒「がばりもうけた」 *がはん 岐阜県不破郡 *がま 岐阜県可児郡「がまにある」・恵那郡 *がまくしゃ 山口県豊浦郡「がまくしゃある」 *がまくた 岐阜県恵那郡 *がまでち 長崎県南高来郡「さとん戻ち(実家に戻って)がまでち働く」 *がまん 長野県南部 岐阜県恵那郡・加茂郡 愛知県奥設楽 *がんこ 岐阜県可児郡静岡県周智郡・榛原郡「がんこな屋敷」「がんこな人数」「煎餅ならがんこある」　*がんこー 山梨県　長野県南部　静岡県駿河　*ぐんと 長野県東筑摩郡　*ごいそら 長野県下水内郡　*ごーえー 長野県北安曇郡　*ごーせ 島根県安濃郡・大田市「ごーせな雨が降り出いた」　*ごーせー 山梨県　長野県北安曇郡　*こーだい 秋田県雄勝郡「こーでぁ広い沼だ」　山形県「こおだえに立派だ」「こーだえなちがい」　新潟県中頸城郡　徳島県　愛媛県　*こーでいっぺー 山形県西田川郡　*ごーてき 東京都「がうてきにうまい」　*こーでたくさん 山形県飽海郡　*ごーほ 福岡県久留米市・三潴郡　*こくー 島根県石見　山口県　*ごし 島根県　*ごせ 島根県安濃郡　*こったい 新潟県「こったいいい万年筆だのう」　*こったいこと 新潟県長岡市「こつたいことおつかない夢見たれや」　*ごっぽ 島根県安濃郡　*ごっぽー 島根県石見「ごっぽーすてきに」「この絵はごっぽーえーのー」　山口県(中流以下)　福岡県小倉市「ごっぽー雨が降る」・企救郡　大分県宇佐郡「ごっぽーな」　*ことごとく 宮城県栗原郡「あの人は酒をことごとく好きだ」　*ごほー 大分県「豆がごほー出来ちょる」　*さっぱし 岐阜県郡上郡「あの人もさっぱしごくどーもんになってまった」　*さっぱり 奈良県山辺郡「さっぱりこないらみたいふったり(ひどくこの間みたいに降ったら)どもしやないなー」　*しやなし 岩手県胆沢郡　*しょ 高知県「ありゃ、しょえらいぞよ」　*しょー 岐阜県恵那郡「しょう重い」　高知県「しょー喧しいのー」　*しょせんが 愛媛県　*すごげ 香川県小豆島「すごげにおうけなやつじゃった」　*せちら 埼玉県入間郡「今日はせちらに寒い」　*ちゃちゃかもちゃか 新潟県・西蒲原郡「ちゃちゃかもちゃかにやりこめる」　*ちゃちゃみちゃく 三重県阿山郡　*ちゃちゃむちゃく 京都市　*てんぷ 三重県　大分県　*てんぽ 福井県「てんぽなものお、おもらいせんして、おーきにごせんした(たいへんによいものを、いただきまして、ありがとうございました)」「おまえは、てんぽにおーくもろたな」　岐阜県揖斐郡　三重県「てんぽな雲ゆきやれ、そうこうしとると雷がなってくるぞ」　島根県隠岐島「お祭でてんぽ人が通る」「てんぽに魚が獲れた」　*でんぽ 石川県江沼郡「でんぽなでかいもんや」　*てんぽー 福井県　三重県　滋賀県　*でんぽー 三重県度会郡・宇治山田市　*のほー 山梨県　長野県諏訪　*のほーず 長野県西筑摩郡　岐阜県　京都府竹野郡「おじさんにのほーずお土産を貰ったそうな」　*ばかげ 新潟県「ばかげにうまく出来た」「ばかげにあツついねかの」　*ひょいきん 静岡県榛原郡　*ひょーきん 静岡県安倍郡「ひょーきんにたくさんある」・志太郡「ひょーきんにあるなー」　*ほてりき 岡山県和気郡　*ほにぎり 広島県佐伯郡　*むいき 岐阜県恵那郡　兵庫県「むいきに」　*らっせ 島根県石見「今日はらっせに人が出た」　*らんがい 愛媛県今治市　*わーざい・わざい 鹿児島県種子島「わざい強かった」「わーざいふてーもん(大きなもの)じゃった」　*わざわい 鹿児島県種子島　*わぜ 鹿児島県　*わぜー 鹿児島県屋久島・姶良郡・徳之島　*わぜーが 鹿児島県揖宿郡「よぞー　わぜーが　したたいばなー(養生をずいぶんしたのですけれどもね)」　*わっぜー 鹿児島県肝属郡・揖宿郡　*わっぜーか 鹿児島県姶良郡　*わや 佐賀県唐津市「こんしなもなーわやおろいか(この品物は甚だ悪い)」　*わらわ・わらわえ 鹿児島県屋久島「わらわえ　えー事　して　くやったが(くださったが)」「わらわ　はめつけじゃーけあねー(たいそう精が出ますね)」

量や程度が□　*うざましー 静岡県「うざましい人数」「うざましいこわい毛(ものすごいかたい毛)」　*がとーもない 静岡県小笠郡「がとうもないどえらい魚だ」・榛原郡　愛知県「がとーもないおくれた」　*きつい 山形県東部「きつえ御無沙汰」　茨城県新治郡・猿島郡　静岡県・島田市「きつい喜んだっけ」・安倍郡「きつくある(たくさんある)」　島根県「炬燵の火がきつい」　福岡県久留米市　*どくらしー 島根県隠岐島「風がどくらし吹いた」「魚をどくらし捕った」　佐賀県「どくらしう」　熊本県八代郡「どくらしゅう」　*ほーらつあない 岐阜県飛騨「忙しうてほーらつあない」　*ほーらつい 福岡県三井郡　熊本県玉名郡「土産ばほーらつかしこ(程)貰ろた」　大分県日田郡　*ぼっこい 奈良県南葛城郡　和歌山県伊都郡　鳥取県西部　岡山県「ぼっけーこと言うもんじゃ」　愛媛県大三島　*ぼっこない 和歌山県伊都郡・有田郡　*ぼっこむねー 大分県東国東郡　*らんごしー 愛媛県　*らんごしもない 愛媛県伊予郡「あの大根はらんごしもない大きな」

量や程度が□さま　*こどかに 島根県美濃郡・益田市「炭を炬燵にこどかにくべた」「見つかって巡査にこどかに叱られた」　*のて 群馬県多野郡・勢多郡　長野県北安曇郡・更級郡　*ので 栃木県　*ほーがい 山梨県甲府市　長野県諏訪・佐久　大分県東国東郡・速見郡　*ぽーけ・ぽっか・ぽっけん 島根県隠岐島　*ほーたら 山梨県南巨摩郡「酒をほーたら飲んだ」　愛媛県大三島　*ほーたり 愛媛県大三島「ほーたりあつい」　*ほーっと・ほっと 長野県佐久「ほっと食べる」　*ほーと 京都府　*ほーど 三重県飯南郡「ほうどで困る」　滋賀県高島郡・蒲生郡　奈良県吉野郡　和歌山県「ほうどで苦しんで死んだ」　広島県賀茂郡　香川県高松「ほうどは食べんけれど三合位はいく」　*ぽーど 岡山県　宮崎県西臼杵郡・東諸県郡(児童語)　*ほーほど 島根県邑智郡・邇摩郡・隠岐島「お祭りでほーほど人が通る」　*ほが 島根県石見「この花はほがにきれーじゃ」　山口県玖珂郡「ほがな」　*ぽがー 島根県出雲「ぽがーに物がある」「ぽがーに酒を呑む」　*ほ

ぎゃ 青森県上北郡 *ぼっかい 鳥取県東伯郡 島根県簸川郡 *ぼっかり 長崎県壱岐島「ぼっかり減った」 *ぼっくり・ぽっくり 長崎県壱岐島 *ぼっけー 広島県百島 *ほっこ 香川県小豆島 *ぼっこ 大阪府泉北郡 奈良県南葛城郡 鳥取県 香川県・小豆島「ぼっこ熱いわいや」 愛媛県 *ぼっこー 兵庫県宍粟郡 鳥取県東伯郡 島根県美濃郡・益田市 岡山県「はー陽がぼっこー遅うなっとる」 広島県 愛媛県 *ほてら 高知県幡多郡 *ぼど 宮崎県児湯郡「ぼどのんでしもうた」 *ぼのげー 岡山県児島郡 *らっかい 神奈川県・横浜市 静岡県「らっかい持って来た」 愛媛県 *らっきゃー 静岡県「雨がらっきゃー降る」 *らんば 島根県隠岐島「お祭でらんばに人が通る」 *ろーじき 鳥取県日野郡 島根県「ろーじきなこと貰った」 *ろーちき 島根県「ろーちき人が集まった」 *ろーつき 島根県安濃郡 *ろーつぎろーつぎ・ろーもろーつき・ろもろーつき 島根県出雲

はなび【花火】 *えんか 愛媛県・周桑郡 *はたび 鳥取県（旗の落下する昼間の花火） 広島県芦品郡 愛媛県周桑郡・喜多郡 *ひーはなぎ 沖縄県島尻郡 *ひやなき 鹿児島県・奄美大島 *ぴやなぎ 鹿児島県喜界島 *ひやなっ 鹿児島県 *ふぃふぁなじ 沖縄県首里・那覇市 *らんか 愛媛県周桑郡

はなむこ【花婿】 *にーむふ 沖縄県国頭郡 *ぬくぶざ 沖縄県石垣島 *みーむーく 沖縄県首里 *みーむく 鹿児島県与論島 沖縄県 *みーむぐ 沖縄県与那国島 *みーむくどぅん 鹿児島県徳之島 *みーむふ・みーむほ 鹿児島県奄美大島 *みずむこ 沖縄県宮古島 *むかざ 沖縄県西表島 *むくざ 沖縄県小浜島 *むくぶざ 沖縄県八重山

はなよめ【花嫁】 *あーねさん 北海道函館 *あいなー 沖縄県石垣島「あいなーあさび（嫁入り遊び）」 *あいなま 沖縄県新城島 *あうねー（若い嫁） 岐阜県飛騨 *あな 沖縄県西表島 *あになー 沖縄県竹富島「あになーよい（婚礼祝い）」 *あになーま 沖縄県小浜島 *あにゃー 沖縄県西表島 *あにんなーま 沖縄県鳩間島 *あね 青森県津軽 秋田県 山形県東田川郡（息子の妻。三十歳ぐらいまで） 福島県福島市（舅姑が嫁を指して言う）・大沼郡（舅姑が嫁を指して言う） 新潟県（舅姑らが自家の嫁を他人に対して言う）・佐渡（主婦権を渡した後、姑が嫁を呼ぶ） 愛知県北設楽郡 島根県隠岐島 長崎県五島（敬称） 熊本県球磨郡 *あねー 東京都利島 岐阜県郡上郡（姑から言う） 島根県益田市 *あねーさま 岩手県九戸郡 *あねーし 群馬県吾妻郡 *あねーじょー 山梨県南巨摩郡 *あねご 山梨県 *あねさ 青森県三戸郡（だんな衆階級の嫁を目上の者が呼ぶ） 新潟県（家族の者が自家の嫁を指して言う） 富山県砺波（卑称・三人称） 石川県珠洲郡・能美郡 岐阜県郡上郡（姑から言う） *あねさま 青森県三戸郡 新潟県東蒲原郡（家族の者が自家の嫁を指して言う） 富山県砺波（三人称） *あねさん 秋田県 千葉県千葉郡（嫁にいく女性）・東葛飾郡 富山県 *あねちゃ 秋田県 山形県（呼び掛ける時に言う） *あねちゃま（家族の者が自家の嫁を指して言う）新潟県東蒲原郡 *あねちゃん 山形県山形市・南村山郡（呼び掛ける時に言う） *あねはん（やや上流の嫁） 富山県砺波 *あねま 山形県東田川郡 新潟県東蒲原郡（家族が自家の嫁を言う） 富山県・砺波（自分の家以下の他家の嫁に、また、姑が嫁に対して言う） 石川県珠洲郡 岐阜県郡上郡（姑から言う） *あねやん 新潟県直江津 *あんにゃま 富山県 石川県江沼郡（新婦） *あんね 山梨県 岐阜県飛騨（若い嫁） *あんねー 東京都新島（上流の家の嫁） 山梨県 岐阜県飛騨（若い嫁） *あんねーじょ 山梨県 *いねさん 石川県石川郡 *えんじょ 長野県南部 *おあねはん（上流の嫁） 富山県砺波 *おあんねーさん 山梨県 *おかた 静岡県賀茂郡 *おじょーろ 静岡県伊東市・田方郡 *おじょーろー 静岡県田方郡 *おへやさま 香川県高松市 *おむかさり 山形県東村山郡 *しんよめ 広島県安佐郡 *しんよめじょー 山口県防府 *しんよめっこ 静岡県庵原郡 *にーとぅじ 鹿児島県奄美大島 *にーゆみ 沖縄県国頭郡 *はつよめ 山口県見島 *はなおかた 山梨県 宮崎県都城 *はなおかっさま・はなっかさま 山梨県南巨摩郡 *はなおかっさん 山梨県 *はなおかっつぁん 長崎市 *はなじょーろ 神奈川県 *はなじょろ 神奈川県津久井郡 静岡県 *はなじょろー 神奈川県 *はなじょろーさん 神奈川県藤沢市 *はなよめご 京都市 佐賀県藤津郡 *はなよめじゅ 鹿児島県 *はなよめじょ 宮崎県都城 *ひめこ 長野県伊那郡 *みーどぅみ 沖縄県与那国島 *みーゆみ 鹿児島県南西諸島 沖縄県 *みーゆむ 鹿児島県徳之島 *みずよめ 沖縄県宮古島 *みゅみ 沖縄県新城島・黒島 *むかさり 山形県 *むかはり 山形県東村山郡・西村山郡 *よめいり 愛媛県周桑郡

はなれる【離】 *あかりゆん 沖縄県首里 *あかりるん・あかりん 沖縄県石垣島 *あらかる 千葉県安房郡「あらかってろ」 東京都大島「舟をもっとあらからせろよ」 三重県松阪 和歌山県東牟婁郡・新宮「一番と二番とはよっぽどあらかっていた」 *あらく 兵庫県加古郡・淡路島 島根県石見「桶があらくと水がもる」「板と板との間が日に当たってあらーとる」 山口県大島 徳島県 香川県「兄弟の年があらいとる」 愛媛県 高知県 大分県 *あらける 大阪市 山口県玖珂郡「間があらけた」 *そびれる 新潟県佐渡「仲間にそびれた」 *はだかる 北海道河沼郡「二里もはだかってとっから（二里も離れているところから）」 宮城県仙台市「見さい、見さい、あの島あんなにはだかりしたどわ。このふね早いねー」 茨城県 栃木県 千葉県海上郡 富山県 岐阜県可児郡・恵那郡 静岡県榛原郡 山口県 *はんずる 長崎県壱岐島 *はんだか

る 秋田県山本郡・平鹿郡 *むくれる 長野県上田・佐久 *めくれる 滋賀県彦根 *もしれる 富山県「鉄瓶の口がもしれた」

はにかむ【含羞】 *いなしゃする 熊本県天草郡 *いもをひく 島根県「お客があって、いもーひーて出て来ん」 *うてる 愛媛県大三島 *おくせる 山梨県南巨摩郡 長野県 *おめこむ 島根県簸川郡・大原郡「人の前でおめこんでしまった」 *おめる 福井県大飯郡 愛知県名古屋市「あの娘は内気のせいか、人様におめてこまりますはなも」・知多郡 三重県志摩郡・北牟婁郡 兵庫県加古郡 奈良県「しっかりしなさい。入学試験くらいにおめるようでは仕様がないよ」 和歌山県 島根県「演芸会におめてさっぱりだった」 岡山県 *かぶする 新潟県東蒲原郡「そんなにかぶしなくてもいいだろう」 *きのごくがる 大分県 *きのぞくがる 大分県 *きのどきがる 大分県大分郡 *きのどくがる 大分県 *くれそべーる 神奈川県 *けしむ 新潟県東蒲原郡「お菓子を上げようとしてもけしんで中々手を出さない」 *けすむ 山形県鶴岡市 新潟県 *けずむ 茨城県新治郡 *こばえる 東京都八王子 *こびる 神奈川県高座郡 *こべーる 東京都八王子「いなかの子はこべーる」 神奈川県津久井郡 *じくねる 神奈川県高座郡・津久井郡 *しける 富山県砺波「人の前へ出たさいのしけて物も言えん」 徳島県美馬郡・阿波郡 香川県直島・高松 *じょくねる 神奈川県愛甲郡 *すける 香川県屋島・木田郡 *すばる 山梨県南巨摩郡 静岡県「まことにすばる子だ」 愛知県北設楽郡 *せくい 鹿児島県姶良郡・鹿児島郡 *せくっ 鹿児島県 *せける 鹿児島県 *そばえる 神奈川県高座郡 *たえがたがる 島根県石見「先生の前をたいがたがって出て来ん」 山口県玖珂郡 *ちゃーがたしやすっ 佐賀県藤津郡 *はがむ 群馬県 埼玉県秩父郡「ばかにはがむ子だ」・入間郡 神奈川県高座郡 *はぎりかむ 愛媛県・青島 *はじかむ 新潟県佐渡 岐阜市 三重県上野市・名張市 大阪市 奈良県 *はずしがる 三重県伊賀 *はずむ 三重県阿山郡 *びびる 香川県三豊郡・伊吹島 *ひびるる 大分県北海部郡 *みずらがる 神奈川県三浦郡 *めんどしがる 奈良県吉野郡 大分県 *よーしるる 大分県大分郡「よーしるる嫁じゃ」 *よれる 高知県「あの娘さんは話を仕掛けてもよれてろくろく返事もわからざった」・高知市 *わにがえる 茨城県・北相馬郡 *わにっけーる 埼玉県秩父郡 *わにる 青森県三戸郡 秋田県平鹿郡「わにる児(こ)だな」 山形県 福島県相馬郡 茨城県 群馬県利根郡・吾妻郡 神奈川県川崎市 新潟県「あのこはわにている」 長野県 *わねる 岩手県南部 宮城県

子供などが□ *かめる 福島県会津「この子あんた見るとかめる」・大沼郡 *むじる 宮城県本吉郡・栗原郡(人見知りをする) *もじくる 高知県幡多郡 *もじける 新潟県東蒲原郡 *もじる (幼児がはにかんで泣く)栃木県 *もじれる 新潟県

はね【羽】 ⇩つばさ(翼)

はね【跳】 *あとうち 長崎県対馬・壱岐島「あとうちのしちょる」 熊本県玉名郡 *あとちり・あとばね 愛媛県 *あどうち 熊本県玉名郡 *あどばね 大分県 *しこっぱね 群馬県勢多郡 *しったり 千葉県海上郡「しったりあがる」 *しっぱにー 鹿児島県喜界島 *しっぱね 北海道 青森県津軽 岩手県上閉伊郡・気仙郡 宮城県栗原郡・仙台市 山形県 福島県 栃木県塩谷郡 群馬県桐生市・館林 埼玉県秩父郡 東京都三宅島・御蔵島 新潟県 山梨県南巨摩郡 岐阜県飛騨 静岡県 *しっぱり 山形県最上郡 *しっはれ 岐阜県飛騨 *しっぱれ・しぱれ 岩手県気仙郡 *しぱね 青森県 宮城県栗原郡 秋田県鹿角郡 *しゃぶち 鹿児島県 *しゃぶつ 鹿児島県肝属郡「しゃぶつがあがる」 *しゃぼち・しゃぼちん・ちゃぼち・ちゃぼちん 長崎市 *しょっぱね 東京都三宅島 新潟県中頸城郡 *しりうち 広島県安芸郡 山口県玖珂郡・大島 徳島県 香川県「下駄はいたらしりうちがするで」 愛媛県 高知市「草履ばきで俄雨に逢うたきにしりうちを一杯あげた」 *しりはね 愛媛県 *しりばね 京都府竹野郡 *しりぶて 愛媛県 *しりぼち 愛媛県 *しるうち 香川県 愛媛県今治市 高知県・高知市 *しるち 香川県 高知県 *しろうち 愛媛県今治市 *すっぱね 青森県 岩手県紫波郡 宮城県仙台市 山形県 *すぱね 青森県三戸郡 山形県北村山郡 *たばしり 福井県大飯郡 *ちゃぶちー(雨降りの時に着物に掛かる泥の跳ね) 長崎県彼杵 *とびしり・とびしる(泥の跳ね) 香川県 *とびっちょ(汚水の跳ね) 静岡県島田市 *ぴっしゃこ 岐阜県飛騨 *ぴっしゃね 千葉県安房郡「ぴっしゃねがあがった」

はねつき【羽根突】 *おいはご 島根県邑智郡 *はごいた 熊本県天草郡「はごいたする」 *はごいたっこ 香川県大川郡 *はごつき 熊本県天草郡 *はねっこ 神奈川県足柄上郡・足柄下郡 静岡県庵原郡 *ひとこ 青森県上北郡 *むく 愛媛県周桑郡 *むくうち 大分県南海部郡 *むくつき 愛媛県周桑郡

↓おいばね(追羽根)

□の羽根 *おっぱごえ 山梨県甲府 *こーろ 神奈川県高座郡 *ころ 神奈川県中郡・愛甲郡 *はぎー・はげー 東京都八丈島「はげーつき」 *はごばね 福岡県築上郡 *はねこ 山梨県甲府 *はねたま 島根県隠岐島 *はんこ 岩手県上閉伊郡 *ひーこ 埼玉県秩父郡 *ひーなこ 島根県那賀郡 *ひーやりこ 島根県江津市 *ひーらこ 島根県邑智郡 *ひーりこ 島根県石見 *ひーるこ 山口県阿武郡 *ひーろく 山口県・豊浦郡 *ひーろこ 島根県石見 山口県 *ひりこ 島根県石見 山口県阿武郡

はねる【跳】 *とぅぬじゅん・とぅんじゅん 沖縄県首里 *はねくる 長野県諏訪・佐久 島根

県 *ほげる 岩手県和賀郡 *ぼげる 青森県三戸郡「ぼげまる(暴れ回る)」 *ほたくる 熊本県玉名郡 *まくる 岐阜県可児郡 *まやーるん 沖縄県石垣島

はは【母】 *あー 滋賀県高島郡 *あーちゃん 山形県(幼児語) 群馬県桐生市(幼児語)・佐波郡 埼玉県北葛飾郡(幼児語) 東京都江戸川区 新潟県佐渡 静岡県(幼児語) *あーま 鹿児島県沖永良部島 *あーや 埼玉県北葛飾郡 東京都江戸川区 *あーやん 群馬県桐生市 長野県 三重県志摩郡・度会郡 *あかさ 山形県北村山郡 *あこ 鹿児島県 *あだ 山形県 *あちゃ 青森県津軽(上流家庭)・上北郡(中流家庭) 秋田県仙北郡・秋田郡 山形県飽海郡 三重県南牟婁郡 *あっか 山形県東部 栃木県 *あっかやん(中流以下) 栃木県 *あっちゃ 青森県津軽 *あに(養母に呼び掛ける語) 沖縄県宮古島 *あね 山形県飽海郡 石川県舳倉島 *あひー 長崎県壱岐島 *あぶ 沖縄県西表島・鳩間島・黒島 *あぶた 沖縄県与那国島 *あま 鹿児島県薩摩・沖永良部島 *あや 青森県 秋田県山本郡・南秋田郡(主として下流の語) 山形県 新潟県 *あやー 沖縄県那覇(士族の語)・中頭郡・首里 *あやん 新潟県佐渡 *あんな・あんなー(士族階級の語) 沖縄県宮古島 *あんに 沖縄県小浜島 *あんね 岐阜県飛驒 *あんま 新潟県西頸城郡 富山県 福井県・坂井郡 三重県志摩郡 高知県幡多郡 鹿児島県奄美大島・加計呂麻島・喜界島 沖縄県本島(下流の語)・竹富島 *あんまー(母と同年輩の女にも言う) 沖縄県首里 *あんまちゃん(中流の語) 新潟県西頸城郡 *いね 新潟県佐渡 石川県能美郡 福井県 *いねかく 福井県大野郡 *うーま 東京都青ケ島 *うぃなぐうや 沖縄県首里 *うな 山形県飽海郡 *うね 新潟県佐渡 *うま 山形県 東京都神津島・八丈島 岐阜県飛驒 三重県志摩・南牟婁郡 奈良県吉野郡 長崎県五島 *うまー 東京都三宅島 *うまい 千葉県安房 新潟県佐渡 静岡県 *うまちゃ(幼児語) 山形県庄内 *うめ 新潟県佐渡 静岡県賀茂郡 滋賀県高島郡 *うめぁ・うめぇ・んね 新潟県佐渡 *うめー 新潟県・佐渡 *うめやー 千葉県安房郡 *うんーま 東京都新島 *うんにょ 鹿児島県 *うんば 富山県東礪波郡 *うんま 東京都八丈島 沖縄県宮古島 *うんまー 岐阜県飛驒 *うんまい 静岡県賀茂郡 *うんめー 千葉県安房・夷隅郡 *えや 三重県志摩 *おじゃはん 富山県砺波 *おじゃま(子供が母を呼ぶ語。中等以上) 富山県砺波 *おじゃん 富山県婦負郡 石川県金沢市(中等以下) *おじゃんじゃ 石川県 *おなーん 高知県 *おなん 高知県 *おなんさま 高知県 *おなんさん 高知県 *おやかか 長崎県諫早市 *か 岩手県和賀郡 *かー 茨城県稲敷郡 栃木県(老人語) 東京都御蔵島 新潟県佐渡 福井県(下級の子女の語) 長野県下水内郡 三重県 滋賀県高島郡 京都府 和歌山県 香川県佐柳島 愛媛県周桑郡 *がー 岩手県気仙郡 福島県伊達郡・会津 茨城県稲敷郡・新治郡 石川県能美郡 *かーか 富山県 石川県(下等語) *かーかー 新潟県佐渡 静岡県志太郡(古語。中流語) 大分県西国東郡 *がーがー 栃木県真岡市・芳賀郡 *かーかん 三重県北牟婁郡(下流語) 鳥取県気高郡・岩美郡 香川県 *かーさ 静岡県 三重県三重郡 *がーさま 岩手県気仙郡 *かーたん 香川県小豆島 *かーはん(小児語) 徳島県美馬郡 *かーべ 三重県志摩郡 *かーま 石川県江沼郡 熊本県鹿本郡(下流語) *がーま 宮城県登米郡 *かーやー 茨城県新治郡・真壁郡 *かーやん 栃木県 長野県上田・佐久 三重県・北牟婁郡(下流語) 京都府何鹿郡 和歌山県(童語) 島根県那賀郡・邑智郡・隠岐島(下流) 徳島県(小児語) 愛媛県東部 佐賀県 *かーよ 徳島県美馬郡 *かーん(小児語) 和歌山県 *かい 福岡県三池郡 *かいやん 三重県度会郡 *かか 青森県 岩手県九戸郡 宮城県登米郡 山形県 新潟県(下流語) 福井県 長野県西筑摩郡 岐阜県大野郡 三重県 滋賀県高島郡 兵庫県淡路島 奈良県・吉野郡 和歌山県(幼児語) 島根県(下層語) 広島県(中流語) 山口市 徳島県「もうかかよ、茶こ(もうお母さん昼飯ですか)」 香川県小豆島・佐柳島 高知県 佐賀県 長崎県 熊本県(中流以下の語) 宮崎県 鹿児島県・硫黄島 *がか 福島県相馬(卑語) 新潟県下越 *がが 青森県 岩手県 宮城県栗原郡・石巻(卑称) 秋田県 山形県 福島県若松市・大沼郡 茨城県稲敷郡 新潟県東蒲原郡(下流語)・岩船郡 *かかー 山形県米沢市 東京都大島 三重県志摩郡 和歌山県東牟婁郡(幼児語) 島根県(下層語) 広島県高田郡 徳島県海部郡 香川県

方/言/の/窓

●誤れる回帰

標準語に対応する方言の特徴を基に方言形を非方言形（=標準語形）に訂正したつもりが別の形になってしまい、それが新たな方言形を作り出す現象を「誤れる回帰」と呼ぶ。

北海道では「キャベツ」をカイベツと呼ぶ。これはキャの音を、「だいこん」がデャーコンになるような訛りであると誤解して、それを元の「正しい」形に直そうとした結果生まれたものと考えられている。

東北地方北部では「雨ッコ」「机ッコ」のように事物の名称に接尾辞のコを付ける傾向がある。そこで正しい標準語を話そうとして「煙草を下さい」と言うべきところを「タバ下さい」と言ったという笑い話がある。

東京方言で「潮干狩り」をヒヨシガリと言うが、これも「誤れる回帰」で説明できそうだ。

高知県(卑語)　長崎県壱岐島　熊本県球磨郡(下流語)　大分県　鹿児島県 *かーさん 広島県高田郡 *かうま 長崎県南松浦郡 *かかえ・かかえさま 山口県大島 *ががこ(卑称)宮城県石巻 *かかさ 岩手県九戸郡　山形県(中流語)　新潟県　富山県(三人称)　長野県諏訪郡　岐阜県　三重県伊勢・南牟婁郡　山口県大島　大分県直入郡(下流商業地の語) *かかざえもん(卑称)熊本県玉名郡 *かかさしゅー(複数語。または尊称)岐阜県飛騨 *かかさま 山形県東置賜郡・南村山郡　岐阜県(上流の嫁が姑(しゅうとめ)を呼ぶ語)　愛知県「今日はぼんのお十六日よ、地獄の釜のふたさえあくに、出しておくれよかかさまやあ」　高知県(ごく上流の語)　熊本県天草郡(上流語)　大分県直入郡(中流以下の語) *かかさん 山形県庄内　新潟県佐渡(上流語)　愛知県愛知郡・碧海郡　三重県飯南郡・度会郡　西京　滋賀県高島郡　兵庫県但馬　鳥取県気高郡・日野郡　島根県　岡山県阿哲郡　広島県安芸郡　徳島県美馬郡　香川県　愛媛県　高知県(上流語。敬称)　福岡県(下流語)　佐賀県　長崎県　熊本県　大分県　宮崎県 *かがさん 和歌山県有田郡・西牟婁郡 *ががさん 宮城県栗原郡(下流語。敬称)・遠田郡 *かかし(ののしる語)島根県隠岐島 *かかしゃん 福岡市　長崎県壱岐島　熊本県(中流以下の語) *かかしゅー(複数語。卑称)岐阜県飛騨 *かかす(三人称)富山県 *かかちゃ 山形県 *がかちゃ 新潟県下越 *ががちゃ 岩手県紫波郡　山形県 *かかちゃん 山形県東南部　愛媛県周桑郡・喜多郡　熊本県天草郡(中流語) *かがつぁ 山形県 *がかっつぁん 宮城県栗原郡 *かかどの 鹿児島県種子島「かかどのはおやどにおぢゃり申すか(御在宅か)」　*かかは 徳島県勝浦郡 *かかはん 山形県　三重県飯南郡　広島県倉橋島　徳島県　香川県　愛媛県喜多郡　宮崎県西諸県郡 *かかべ 三重県志摩郡 *かかま 山形県「かがまや、ゐおてんきだのし」新潟県　富山県(三人称)　岐阜県「おらんどこのかかまもそやったこといなー」(中流以下の嫁が姑を呼ぶ語)　三重県南牟婁郡　和歌山県東牟婁郡(卑語)「かかまに叱られた」 *かかや 山形県南村山郡　三重県志摩郡・南牟婁郡　大分県直入郡(下等商人の語) *ががや(卑称)岩手県気仙郡　*かかやん 新潟県佐渡(尊称)　三重県中部　島根県那賀郡・邑智郡(下層語)　広島県双三郡・高田郡　高知県(敬称)　福岡県山門郡　佐賀県藤津郡(下流語)　長崎県　熊本県(下流語)・玉名郡(尊称)　大分県南部　宮崎県西臼杵郡・日向 *かかよー 徳島県美馬郡 *かから 三重県度会郡 *かかん 福井県遠敷郡　兵庫県但馬(下等語)　岡山県　香川県三豊郡・小豆島・伊吹島　福岡県豊前・田川郡(下流語)　熊本県天草郡(中流以下の語)　大分県 *かがんま 山形県庄内 *かく(下流語)熊本県阿蘇郡 *かくー(廃語)島根県邑智郡　*かくさま 高知県(下流語)　福岡県 *かくさん 岡山県　高知県(下流語)　福岡県久留米市(卑語)　佐賀県「わたしどまー、ちくーなこてー、かくさんにくーわるっとが、いっちんえすかった(私は妙なことに母にしかられるのが一番恐ろしかった)」　長崎県壱岐島・南高来郡(下流語。三人称)・長崎市(三人称)　熊本県(中流以下の語。尊称)　大分県北海部郡・南海部郡 *かくなま(下等語)大分県日田郡 *かけやん 広島県豊田郡 *かこー 東京都八丈島 *かさ 新潟県長岡市 *かさーん 長崎県　*かさま(中流以下の語)福岡県浮羽郡 *かさん 滋賀県高島郡　奈良県吉野郡　香川県綾歌郡・伊吹島　福岡県浮羽郡(中流以下の語)　熊本県(中流以下の語)　鹿児島県(中流以下の語) *かしゃん(下流語)熊本県天草郡 *かたん 大分県北海部郡 *かちゃ 山形県西置賜郡・西田川郡　福島県会津 *かちゃま(中流語)熊本県天草郡 *かちゃん 三重県名張市　熊本県八代郡・天草郡(中流以下の語)　宮崎県西臼杵郡 *かっか 岩手県　千葉県印旛郡・夷隅郡　新潟県　富山県　長野県　岐阜県本巣郡(小児語)　愛知県西部(幼児語)　鳥取県西伯郡(小児語)　島根県「たいげなうちがちゃっちゃ、かっかいーよった(たいがいの家が「ちゃっちゃ」「かっか」と言っていた)」(下流語。幼児語)　香川県(幼児語)　愛媛県　高知県　長崎県西彼杵郡・長崎市(下流語)　熊本県玉名郡・宇土郡(下流語) *がっか 岩手県　山形県最上郡　福島市(小児語)　茨城県新治郡　栃木県　新潟県下越　長崎県南松浦郡 *かっかー 東京都大島(旧家の語)　新潟県長岡市　和歌山県西牟婁郡(小児語)　島根県石見(下層語)　福岡市(小児語)　佐賀県　長崎県佐世保市　熊本県玉名郡 *がっかー 山形県 *かっかーさま 島根県美濃郡・益田市(中流語) *かっかい 福岡県山門郡　熊本県天草郡(中流語) *かっかはん(中流語)島根県出雲 *かっかま 新潟県長岡市 *かっかん 和歌山県(小児語)　徳島県美馬郡(小児語)　香川県(幼児語)　佐賀県　長崎県南高来郡・壱岐島　熊本県天草郡(下流語)　鹿児島県鹿児島郡(小児語) *かった 新潟県三島郡 *かっちゃ 山形県　宮崎県西臼杵郡 *がっちゃ 秋田県仙北郡　山形県庄内 *かっちゃま(下流語)熊本県天草郡 *かっちゃん 山形県　熊本県天草郡(下流語) *がっちゃん 福島市 *がっつぁ 秋田県平鹿郡 *かはん(主に商家の語)鹿児島県鹿児島郡 *かやん 新潟県佐渡　長野県上水内郡・上田　京都府西北部　熊本県飽託郡・芦北郡 *かん 滋賀県高島郡　熊本県南部(中流以下の語)　大分県日田郡(下等語) *がん(下流語)熊本県天草郡 *かんか 福井県坂井郡　島根県八束郡(自称) *かんかん 福岡県山門郡 *がんま 福井県坂井郡・丹生郡 *ざざ 岩手県気仙郡 *じっち 沖縄県石垣島 *じゃ 富山県 *じゃー 富山県・東礪波郡　石川県(下流の語) *じゃーさ 石川県能美郡 *じゃーさー(子供からは言わない)富山県　*じゃーじゃ 石川県鳳至郡 *じゃーま 富山県石川県(下等) *じゃーや 富山県 *じゃさま 青森県上北郡 石川県江沼郡 *じゃさん 秋田県鹿角郡 *じゃじゃ 青森県南部・三戸郡(中流の語) 岩手県 秋田県 富山県高岡市 石川県鳳至郡 *じゃっちゃ 秋田県 *じゃま 富山県砺波 石川県輪島 *じゃや 秋田県南秋田郡・河辺郡 *たー 滋賀県神崎郡 *だー 島根県美濃郡・益田市 *だーさ 山形県置賜・米沢市 *だーさー 山形県米沢市 *だーさま(嫁・婿が姑を呼ぶ時に用いる) 山形県米沢市 *たーさん 兵庫県淡路島 鳥取県気高郡・岩美郡 香川県木田郡 *だーさん(上流) 熊本県 *たーた 富山県東礪波郡 静岡県浜松市(幼児語) *たーたー(幼児語) 兵庫県赤穂郡 *たーたん 静岡県浜松市(幼児語) 鳥取県気高郡・岩美郡 *たーちゃん 兵庫県赤穂郡 香川県(幼児語) *たーやん(幼児語) 香川県香川郡 *ださ 山形県米沢市 *ださま 山形県米沢市 岐阜県飛騨 *だすさ 山形県西置賜郡 *たた 兵庫県淡路島(幼児語) 徳島県美馬郡・名西郡 香川県高松市 長崎県対馬(小児語) *だだ 山形県 福岡県三潴郡 *たたー 鳥取市 *たたーさん 鳥取県東部(卑語) 香川県高松市 *たたさま 長野県松本市 長崎県対馬 *だださま(上流) 熊本県上益城郡 *たたさん 長崎県対馬 *だださん 熊本県・八代郡 *だだちゃ 山形県 *ただはん 福岡県山門郡 *たたやん 長崎県対馬 *だつぁ 山形県米沢市 *だっさ 山形県置賜 *たっさん 徳島県名西郡 *だった 山形県米沢市 *だっつぁ 山形県置賜 *たっつぁん 兵庫県淡路島(中流以上の家庭の幼児語) 徳島県(敬語) *だんだん 福岡県筑後 *ちー 三重県志摩郡 *ちーち(幼児語) 東京都利島 *ちち 北海道小樽市・函館市「ちちさん」(四十歳以下) 青森県 山形県庄内 東京都利島 新潟県佐渡 三重県志摩郡 *ちっち 北海道道南 岩手県九戸郡 沖縄県石垣島(幼児語) *ちふ 北海道檜山支庁 *ちゃーちゃ 新潟県中頸城郡 *ちゃーちゃー 新潟県佐渡 *ちゃちゃ 福島県会津 新潟県佐渡(中流以上)・中越 三重県南牟婁郡 和歌山県西牟婁郡 鹿児島県(小児語) *ちゃん 福島県浜通・中部 *ちゃんちゃん 鹿児島県 *でいや・でや 富山県下新川郡 石川県鳳至郡 *でやー 石川県鹿島郡 *なな 山形県庄内 高知県 *なん 高知県 *なんさん 高知県 *にぇにょ 鹿児島県・揖宿郡・肝属郡 *ねしょーおや 新潟県佐渡 *ねにょ 宮崎県日向 鹿児島県肝属郡 *ねにょー・ねよ 鹿児島県 *ばー 三重県志摩郡 *はーじょ 大分県 大分市・大分郡 *はか 長崎県五島 *はかさん 佐賀県 *ぱっぱん 長崎県壱岐島 *ばば 三重県志摩郡 *ばばー 長野県西筑摩郡 *ばん 熊本県芦北郡・天草郡(下流) *ぶーべ 三重県志摩 *ぶねー 沖縄県石垣島・小浜島・新城島 *へや 三重県志摩郡 *まーまー 新潟県中越 *まま(上流) 熊本県下益城郡 *まんま(下流) 熊本県阿蘇郡 *みーや・みゃー 新潟県佐渡 *もも 滋賀県高島郡 *やー 三重県志摩郡 *やーや(卑語) 富山県 石川県 *やーやー 富山県 石川県鹿島郡 *やいや 石川県能美郡 *やや 富山県・高岡市 石川県能美郡 三重県志摩郡 *んな 山形県庄内 *んま 沖縄県宮古島・新城島 *んまー 沖縄県宮古島

↓おかあさん(御母様)・ははうえ(母上)

□を呼ぶ称 *うーま 東京都青ケ島 *うね 新潟県佐渡 *うま 山形県 東京都神津島・八丈島 岐阜県飛騨 三重県志摩・南牟婁郡 奈良県吉野郡 長崎県五島 *うまー 東京都三宅島 *うまい 千葉県安房 新潟県佐渡 静岡県 *うまちゃ(幼児語) 山形県庄内 *うめ 新潟県佐渡 静岡県賀茂郡 滋賀県高島郡 *うめー 新潟県・佐渡 *うめやー 千葉県安房郡 *うんーま 東京都新島 *うんにょ 鹿児島県 *うんま 東京都八丈島 沖縄県宮古島 *うんまー 岐阜県飛騨 *うんまい 静岡県賀茂郡 *うんめー 千葉県安房・夷隅郡 *おたー 静岡県安倍郡(幼児) 滋賀県滋賀郡(寺) 香川県 *おたーさま 京都市(摂関家) *おたーさん 滋賀県彦根(寺) 京都府 鳥取県鳥取市(武家)・気高郡 香川県(士族) *おたさん 新潟県中頸城郡(寺) 長野県下水内郡(寺) *おたた 新潟県 *おたたさま 愛知県名古屋市(堂上家・大名家) 京都市(公家) *おたはん 香川県大川郡 *おたん 香川県高松市 *おみ 三重県志摩郡 *でーや・でーやさま 富山県下新川郡・富山市近在 *みーや・みゃー 新潟県佐渡 *めめ 島根県隠岐島 *んま 沖縄県宮古島・新城島 *んまー 沖縄県宮古島

ははうえ【母上】 *はーじゃすと・はいじゃすと 香川県 *はーじゃひと 徳島県美馬郡 愛媛県喜多郡 *はじゃ 三重県志摩郡 *はじゃしと 兵庫県淡路島 奈良県 徳島県 香川県島嶼・木田郡・三豊郡 愛媛県新居郡 *はじゃすと 香川県木田郡 *はじゃひと 三重県 京都府愛宕郡 大阪府(男性語) 徳島県美馬郡 香川県仲多度郡 愛媛県 *はじゃびと 香川県仲多度郡 *はっじゃ 香川県綾歌郡 *はっじゃいひと・はっじゃしと・はっじゃひと 香川県 *ははしゃひと 香川県高松市 *ははじゃひと 香川県綾歌郡・佐柳島 *ははじゃびと・ははじゃぴと 徳島県 *はやしと 兵庫県加古郡 奈良県南大和 *はやひと 香川県仲多度郡

↓はは(母)

ははおや【母親】 ⇩はは(母)

はびこる【蔓】 *おごる・おごう 鳥取県西伯郡「風がおごー(感冒がはやる)」 *がじゃはる 和歌山県日高郡「この木ががじゃはる」 *こーどく 静岡県 *しこーる 岩手県九戸郡 *しこる 青森県三戸郡 神奈川県中郡 奈良県宇陀郡「畑の草がしこって来た」 和歌山県伊都郡・那賀郡 山口県豊浦郡 徳島県「この楠はようしこっとる」 福岡県粕屋郡・福岡市 熊本県阿蘇郡・下益城郡 大分県

宮崎県都城・東諸県郡　鹿児島県肝属郡 *しごる 福岡県 *たかる 宮崎県東諸県郡 *のさばる 長野県南部「朝顔の蔓がのさばる」 *はたかる 愛媛県「草がはたかる」 長崎県五島　大分県 *はだかる 山梨県 *はちかる 石川県江沼郡　長崎県対馬 *はちくる 富山県砺波　兵庫県加古郡　高知県幡多郡 *はちこる 富山県砺波　石川県　岐阜県飛驒　島根県石見「十年見んうちに杉山がはちこった」 岡山県児島郡　徳島県　香川県　愛媛県「草がはちこって菊が枯れた」 *はっこる 愛媛県大三島 *ひぼこる 岡山県苫田郡　宮崎県東諸県郡 *ぶんじる 鹿児島県 *ほこる 青森県三戸郡　栃木県　新潟県東蒲原郡　富山県砺波　福井県坂井郡　徳島県　香川県　愛媛県　高知県・高知市「畠の菜が昨日の雨でよーほこってきた」 熊本県玉名郡　宮崎県　鹿児島県姶良郡・肝属郡 *ぼごる(発育が過ぎる) 青森県津軽

はま【浜】 ⇩はまべ (浜辺)

はまぐり【蛤】 *あがやってぃ 沖縄県与那国島 *いしはまぐり 香川県伊吹島 *からこしじみ 茨城県 *ぐり 香川県三豊郡 *しな 沖縄県宮古島 *しるんな 沖縄県首里 *ぜな(小さいハマグリ) 茨城県 *ぜんな(小さいハマグリ) 茨城県　千葉県山武郡・海上郡 *はまむやー 沖縄県石垣島 *ほんはまぐり 香川県高松市

はまべ【浜辺】 *うっぱま(広い浜辺) 鹿児島県喜界島 *うらて 岡山県邑久郡　島根県石見「うらての人は、みんな声が大けな」 *おっぱ 東京都三宅島 *かにく 沖縄県 *とぅまんぬぱた 沖縄県黒島 *とぅもーりぬぱた 沖縄県石垣島 *どんせ(石の多い浜辺) 徳島県海部郡 *なだ 京都府竹野郡　島根県隠岐島　長崎県対馬 *なだばた 長崎県対馬 *なだべり 石川県舳倉島 *はまけ 愛知県碧海郡 *はまごーら(小石のごろごろしている浜辺) 愛媛県今治市 *はますか 青森県南部 *はまと 福井県大飯郡　京都府竹野郡 *ぱまぬふつぃ 沖縄県石垣島 *はまばた 沖縄県与那国島 *はまべ た 茨城県東南部 *はまべり 宮崎県延岡 *はまんくら 長崎県五島 *はまんこら 熊本県天草郡　鹿児島県

→うみべ (海辺)・かいがん (海岸)

はめる【塡】 *かける(時計や指輪、手袋などをはめる) 宮城県栗原郡「いい時計かけてる」・仙台市「なんついー指輪かけてござった」 山形県米沢市　新潟県東蒲原郡「手袋をかける」 *しげる 秋田県山本郡 *はける 島根県那賀郡　広島県比婆郡「指輪をはける」 *はげる 兵庫県加古郡「はでをはげる(ボタンをはめる)」 奈良県　島根県 *はさげる 島根県隠岐島 *はせる(こはぜやボタンをはめる) 島根県　岡山市 *ひっぱめる 東京都八王子

はやい【早・速】 *いざて 宮崎県西臼杵郡 *いそがしー 宮崎県西臼杵郡「暑え時なあ、いそがしゃ歩みきらん」 *いつ 長野県諏訪 *いつー 長野県上伊那郡「そんなこたいつーに知ってる」 *いつか 愛知県豊橋市 *いつかー 愛知県碧海郡・岡崎市 *いっち 青森県津軽・三戸郡　岩手県　秋田県秋田市・仙北郡「いっちに汽車は出てしまった」 *いっちえ 青森県津軽 *いっつ 北海道「もういっつから居りません」 青森県　岩手県上閉伊郡　秋田県　山形県「いっつに学校に行ったよ」 新潟県佐渡　富山県砺波　長野県下水内郡 *いっつか 青森県上北郡　岐阜県飛驒・郡上郡　静岡県小笠郡　愛知県 *いっつのこと 富山県 *いっつのむかし 岐阜県北飛驒　鹿児島県鹿児島郡 *いっつんに 新潟県岩船郡 *いつのこつ 富山県砺波　熊本県「そらいつのこつ見た」 鹿児島県鹿児島郡 *いつのこと 富山県射水郡 *いつのむかし 富山県砺波　熊本県　鹿児島県鹿児島郡 *えっさ・えっさのま 島根県「えっさと来んと遅れるずや」「えっさに家え帰った」 *がたがた 山形県「がだがだえってこい(大急ぎで行ってこい)」 *がたんがたん 山形県米沢市「がだんがだん仕事をしろ」 *きりきり 新潟県佐渡　和歌山県日高郡「つこたらまたよしきりきりじきにもどすよ(使ったらまたさっそくすぐに返すよ)」 島根県「きりきりと仕事をする」 福岡市 *ぐーぐっと 北海道「ぐうぐっと来い」 岩手県気仙郡 *ぐーくと 宮城県名取郡 *ぐーぐと 青森県津軽「ぐーぐどあどかたじけろ」 秋田県秋田市・南秋田郡 *ぐくと 山形県 *ぐぐと 青森県　秋田県「ぐぐど片つけろ」 山形県 *ぐっぐっと 山形県米沢市 *ぐっくと 青森県　山形県「ぐっぐどしないと間に合わない」 茨城県新治郡　新潟県東蒲原郡「ぐっくと耕せ」 *ぐっと 秋田県雄勝郡・由利郡　山形県飛島「ぐっとこちゃ(早く来い)」 *ぐど 秋田県「ぐど来い」 *ぐんぐと 山形県「ぐんぐど仕事すろ」 新潟県下越 *ぐんぐんと 山形県　茨城県真壁郡 *こっぱやい 山形県　新潟県上越市「とうちゃんこっぱやく(早々と)でかけた」 *こばしよー 島根県美濃郡「こばしよー種をまいておけ」 *こばやい 山形県北村山郡　福島県相馬郡・東白川郡「今日は大変こばえぇな」 千葉県香取郡「こばやく昼間に来るから(帰ってくるから)」 福井県遠敷郡「こばよーもどってごんせよ(ください ね)」 島根県石見 *さやさや 宮城県仙台市「おふるまいもはださね(始まらない)中、さやさやあがりした」 *さらさらしー 沖縄県石垣島「さらさらしー さなーっかーゆんなるん　どー(早くしないと日が暮れるよ)」 *ずーずっと 岩手県気仙郡「ずうずっとやってみらせぁ」 *すすどに 香川県 *すたこら 島根県隠岐島「すたこらえって(気軽く言って)かけ出えた」 *せーだい 岐阜県益田郡 *せーだいて 富山県砺波　石川県鹿島郡・石川郡 *せーだいと 富山県砺波　石川県金沢市　兵庫県赤穂郡 *せーだして 京都府 *せーで 福井県　大阪府東成郡 *せーらと・せーでと 新潟県佐渡「せえらといってこい」 *せだいて 石川県河北郡 *せだいと 富山県 *せって 福井県足羽郡 *そー 島根県隠岐島「なるべくそー戻らっしゃえ」 *ぞっそん 福岡県企

救郡「ぞっそんぞっそん」 *ちち 山梨県南巨摩郡「ちち受ちてじんねて上がりませ(早く杯を受けて静かに上がりませ)」 *ちょいちょい 島根県八束郡・隠岐島「ちょいちょい仕事をせー」 *ちょっくり 千葉県上総 *ちょっこり・ちょっこい 鹿児島県阿久根市「ぬっかっで(暑いから)、ちょっこい行だっ来やあい」 *ちょっこりちょんと 新潟県佐渡

*ちょろいと 鹿児島県 *ちょろっと 山形県米沢市・西置賜郡 宮崎県東諸県郡 *ちょろりと 千葉県市原郡 *ちらちら 長崎県「ちらちらしなさい(早くしなさい)」・五島 *つー 大分県南海部郡「つーに行った」 *ど 島根県簸川郡「と行きて来た」

*どー 島根県「とおもどんさいよお(早くお帰りなさいよ。送る者の挨拶の言葉)」・石見「もっととー来りゃーよかったに」 大分県南海部郡「とーに」

*どっこて 秋田県南秋田郡「どっこて走れ」 *どっとん・どっとんどっとん 大分県「どっとん走って来い」 *とどしー 石川県金沢市 鳥取県「明日とどしゅう(明日の朝早く)」「とどしゅーに」 徳島県美馬郡・三好郡「とどしゅうきたのう」 *どんど 秋田県雄勝郡「どんどど走れ」 山形県 *ぱーはん 沖縄県黒島 *ぱいさん 沖縄県竹富島 *ぱいしゃーん(名詞は「ぱいしゃ」) 沖縄県石垣島 *ばいり 岩手県東磐井郡「ばいり放せ」 *ぱがいさい 鹿児島県喜界島 *はがいて 青森県南部「はがいてこう(早く来い)。汽車あくるあ」 *はやかに 新潟県

*はやはや 島根県隠岐島「はやはやに行きて来い」

*はやらと 富山県「はやらと来い」 *はよーらと 石川県 *はよかに 新潟県西蒲原郡 *はよらい 富山県砺波 *はよらと 富山県 *はんで 山梨県「はんで引っ張れ」 長野県東南部 *はんでー 山梨県南巨摩郡「はんでーしろ」 *ぴぐ 沖縄県石垣島 *ふえーさん 沖縄県首里 *ぺーさい 鹿児島県喜界島

*ぺーしゃーん 沖縄県波照間島 *へだいて 富山県砺波 *へだいと 富山県砺波 石川県鹿島郡

*へんで 山梨県 長野県東筑摩郡「へんでやると褒美をやる」・諏訪 *まーみに 東京都八丈島 *もーみん 東京都八丈島「もーみん行け」 *やぜに 大分県大分郡 *らいかい 山梨県南巨摩郡「らいかい遠くいひん逃げた」

□さま *がつよく 新潟県東蒲原郡 *きっちゃか 静岡県「きっちゃか行て来い」・小笠郡「きっちゃかに来るんだよ」・磐田郡 *こきくばよー・こきんばよー 島根県邑智郡「こきくばよーに戻って来い」「こきくばよーに川が深い」 *こってばや 長野県長野市・上水内郡「こってばやに起きる」 *こてっぱや・こでっぱや 長野県佐久 *ごまごま 大分県南海部郡 *しょこしょこ 愛媛県 *ちゃらちゃらと 岩手県平泉「なにすてれぁ、ちゃらちゃらど来でぁ(何をしているか、さっさと来いというのに)」 宮城県登米郡 *ちゃらひらと・ちゃらひらっと 青森県三戸郡 *てって 長野県佐久 *てってっと 長野県上田 *てってと 長野県

□くするさま *こしこし 長野県下伊那郡「こしこし仕事にかかれ」 *ごしごし 福岡県小倉市・企救郡 *ごしゃごしゃ 大分県南海部郡 *ごすごす 熊本県阿蘇郡 大分県日田郡「ごすごす来い」 *ごすごま 大分県西国東郡 *ごそごそ 福岡県 大分県「ごそごそすましてしまへ」 *やーはやね 島根県仁多郡 *やはや 島根県隠岐島「やはやにせん」「やはやな事にならん」

はやし【林】 *あさぎばえ(広葉樹の林) 福島県南会津郡 *いべーし 東京都八王子 *おへーし 山梨県 *きだち 長野県上水内郡 *きはら(自然の林) 新潟県中蒲原郡 *きへー 山梨県 *けみ(田の中の小さい林) 長野県南安曇郡・東筑摩郡 *くね 栃木県安蘇郡 東京都八丈島 新潟県西蒲原郡 長崎県南高来郡 *くろー(針葉樹の林) 福島県南会津郡 *くろきやま(針葉樹の林) 埼玉県秩父郡 愛知県東加茂郡・西加茂郡 奈良県南大和 和歌山県日高郡 *くろきやま(海辺の大きな防風・防潮用の林) 東京都三宅島 *くろやま(針葉樹の林) 鹿児島県肝属郡 *しば 群馬県吾妻郡 *だーま 沖縄県与那国島 *たて(共有の林) 島根県隠岐島 *はえ 富山県砺波 石川県金沢市 徳島県三好郡 香川県 愛媛県温泉郡・南宇和郡 *ひーやま・しーやま 鹿児島県与論島 *ぶなやら 福島県耶麻郡 *もやいりん(共有の林) 埼玉県秩父郡

*もり(人の入ってはならない林) 大阪府南河内郡 和歌山県日高郡 *もりあと(人の入ってはならない林) 和歌山県日高郡 *もりやま(共有の林) 青森県三戸郡 *やま 群馬県勢多郡・佐波郡 埼玉県入間郡「竹やま」・北葛飾郡(防風林) 千葉県山武郡 東京都利島「つばきやま」 長野県上伊那郡・佐久 愛知県 三重県度会郡 兵庫県加古郡 熊本県 宮崎県 鹿児島県肝属郡・南西諸島

沖縄県八重山 *やまー 沖縄県八重山

屋敷の□ *うえこみ 山口市 *かけ(屋敷を囲むようにした林) 和歌山県伊都郡 *かざがき(風を防ぐなどの目的で、屋敷の周りを囲む林) 島根県鹿足郡・太田市 *きかいな(「かいな」は垣根の意) 富山県砺波 *くね 栃木県安蘇郡 東京都八丈島 新潟県西蒲原郡 長崎県南高来郡

*くねぎ 新潟県 静岡県小笠郡「くね木のこさが田ん圃の邪魔だ」 宮崎県西臼杵郡 *くねばやし 長野県諏訪 *けねやま 鹿児島県肝属郡 *にわばやし(屋敷を囲むようにした林) 香川県木田郡 *のきやま(屋敷の後ろの林) 愛知県北設楽郡 *よーがい(風を防ぐなどの目的で、屋敷の周りを囲む林) 徳島県三好郡 *よがい(風を防ぐなどの目的で、屋敷の周りを囲む林) 徳島県美馬郡

はやす【生】 *おがす 岩手県上閉伊郡 宮城県仙台市 *おえがす・おえらがす(ひげなどを生やす。野菜の芽などを生えさせる) 青森県津軽

*おやす(ひげなどを生やす。野菜の芽などを生えさせる) 岩手県紫波郡 山形県 福島県西白河

郡　新潟県東蒲原郡・上越市　富山県砺波　長野県諏訪　静岡県田方郡　福岡県　佐賀県　長崎市　鹿児島県薩摩　*おわす（ひげなどを生やす。野菜の芽などを生えさせる）福岡県　佐賀県　長崎県　鹿児島県薩摩

はやる【流行】　*おごう・おごる 島根県西伯郡「風がおごー（感冒がはやる）」　*はける 青森県津軽「あこのそばや、ずんぶはけでらんたねし（あそこのそば屋さん、ずいぶん繁盛してるようだね）」　*はつく 山口県　*ふぇーゆん 沖縄県首里「ふーちぬ　ふぇーゆん（伝染病がはやる）」

□こと　*はいこ 富山県「今こんな柄の着物がはいこするといね（はやるんだって）」・砺波　*はっこ 兵庫県神戸市「この店ははっこになってきたね」 島根県　*はっこー 青森県上北郡「あすこの家は今村で一番はっこおしてる」　山形県東田川郡・庄内　新潟県佐渡・西蒲原郡「幕府の時分には旗本がはつかうで」　兵庫県播磨郡「商売はっこおにやっとる」　鳥取市「はっこうな店」　島根県　香川県仲多度郡　長崎県北松浦郡「赤痢がはっこうした」　*はやーめ・はやりめ 島根県「近頃はパチンコがはやりめだ」　*ふくかぜ 京都府竹野郡

はら【腹】　*うとっぱら 鹿児島県「うとっぱらがいたい」　*おな 岐阜県（女性語）　三重県員弁郡・度会郡　滋賀県彦根（幼児語）　京都府（幼児語）　大阪府泉北郡　奈良県南部（幼児語）　香川県　*おなー 京都府　鳥取県岩美郡・気高郡（幼児語）　*かんぽ 宮崎県西臼杵郡　*しゅばら 山梨県　*ずーばら 大分県大野郡　*すてっぱら 福島県南会津郡　*すぽら 大分県大分郡　*どーばら 群馬県佐波郡　*どーぱら 山梨県南巨摩郡　*どっぱら 島根県隠岐島　*どべ（児童語）富山県砺波「どべ出いとったさいのぽんぽ痛なるぞ」　*とんとん（幼児語）島根県那賀郡　*どんばら 三重県志摩郡・度会郡　広島県　香川県　愛媛県周桑郡・喜多郡　福岡県粕屋郡　長崎県対馬　熊本県　大分県北海部郡・大野郡　*ばた・ばだ 沖縄県島嶼　*ばったー 沖縄県与那国島　*はらぽん 長崎県対馬　*はらぽんぽ（幼児語）栃木県　*ばんば 島根県邑智郡　*ひい 山梨県　島根県石見　愛媛県周桑郡「ひーら食ひやぶってしもーてから」　高知県・長岡郡「ひいをそこなう」「四五日ひいがわりい（下痢する）」　熊本県　*びりい 山梨県南巨摩郡　*ふぃー 沖縄県首里　*ほっぱら・ぼっぱら 青森県南部　*ほっぽ 長野県　愛媛県新居郡　*ぽっぽ（幼児語）神奈川県津久井郡　新潟県西蒲原郡「ぽっぽが痛え」　山梨県南巨摩郡　長野県　徳島県　香川県高松市　愛媛県周桑郡　*ほて 富山県　石川県鹿島郡・羽咋郡「ほてたてる（立腹する）」　愛知県西春日井郡・愛知郡　徳島県　香川県（男の卑語）「ほてがつつく（腹が痛む）」　*ぽて 三重県志摩郡　徳島県（卑語）　*ぽて 三重県志摩郡　*ほてっぱら 徳島県（卑語）・那賀郡　*ぽんこ 栃木県下都賀郡　*みずおち 熊本県阿蘇郡　*わた 鹿児島県奄美大島・喜界島　沖縄県首里「わたさぐゆん（腹を探る）」　*わたー 鹿児島県沖永良部島　沖縄県国頭郡

すぐ□を立てる人　*どんこ 奈良県山辺郡・生駒郡　*ぴんしゃん・ぴんしゃ・ぴんしゃ・ぴんぴん 奈良県　*むぎっちょ 岩手県気仙郡　*わせごせやき 岩手県気仙郡　宮城県栗原郡

□が痛む　*おなかがこわる 岐阜県大垣市　*かぶる 静岡県小笠郡「腹がかぶってどうにもならん」　愛知県知多郡　*ぐじる 長崎県壱岐島　*こわばる（腹が張って痛む）島根県「腹がこわばって歩かれん」　*こわる 岐阜県本巣郡・大垣市　兵庫県加古郡・淡路島　島根県「どうしょーうも腹がこわってたまらん」　広島県　徳島県　香川県　愛媛県　*くわる 和歌山県西牟婁郡　徳島県　香川県　愛媛県今治市・喜多郡　*しおる・しぼる（腹がしくしく痛む）愛媛県　*しくつく（腹がしくしく痛む）新潟県佐渡　*しわる（腹がしくしく痛む）大阪市　和歌山県　香川県木田郡　愛媛県　*せーく 長崎県南高来郡　*せく 島根県石見（下痢気味で痛む）　山口県「腹がせいて困った」　愛媛県　福岡県　佐賀県唐津市　長崎県　熊本県　大分県　鹿児島県　*せっ 鹿児島県　*にがー（腹が激しく痛む）鳥取県西伯郡　*にがる（腹が激しく痛む）大阪市（下痢を伴う）　兵庫県赤穂郡　鳥取県　島根県　岡山県　広島県　山口県　香川県　愛媛県大三島　長崎市　大分県西国東郡　*にごる・にごつく（腹が激しく痛む）岐阜県飛騨　*はらがくわる 香川県　*はらがこわる 岐阜県本巣郡　徳島県　香川県　愛媛県大洲　*はらがしぼる 島根県「はらがしぼって気持がわりー」　*はらにいためられる 愛知県知多郡「昨夜ははらにいためられた」　*むしかぶる（腹が刺すように痛む）富山県砺波　*むしがやめる 千葉県安房　*もぎれる（腹がひきつり痛む）新潟県西蒲原郡・中頸城郡

□が立つ　*うすきもやける（少し腹が立つ）青森県三戸郡　*うすごせがにえる 新潟県西蒲原郡　*うすぱらやける（少し腹が立つ）茨城県稲敷郡　*きなる 秋田県平鹿郡「あーきなる奴だ」　*きもがやける 岩手県中通　秋田県「笑はればきもぁやげる」　新潟県　*きもれる 千葉県東葛飾郡　*くそがわく 岐阜県飛騨　香川県仲多度郡　*こぎもがやける 栃木県　*こんぐさる 静岡県「あんな事を言はれてはこんぐさる」　*ごさいやく 秋田県鹿角郡　山形県庄内　*ごさいやける 秋田県鹿角郡　*ごさく 秋田県由利郡「あの人はすぐごさぐ人だ」　山形県米沢市　*ごさける 山形県飽海郡　*ごさわく 長野県佐久　*ごしゃく 岩手県・紫波郡・和賀郡　宮城県　秋田県「彼にひどくごしゃがえだ」「何ぼかわりことして（どれほど悪いことをして）ごしゃがれてもあんたえ（家）のおどさんもごしゃぐこともできねがったべし（腹を立てることもできなかったでしょう）」　山形県　*ごしゃける 岩手県紫波郡　秋田県

「あれに負けてごしゃげる」 山形県 新潟県東蒲原郡「そればかりのことでごしゃげるに及ばぬ」 *ごしゃっぱらける 山形県 *ごしゃぱらける 秋田県南秋田郡「あまりごしゃぱらげで叩いた」 *ごしゃやける 山形県 *ごしょっぱらやける 宮城県栗原郡 *ごしょやく 青森県上北郡 *ごすぱらやける 宮城県栗原郡 *ごせあやける 岩手県気仙郡 秋田県鹿角郡 山形県米沢市 *ごせーする 山形県東置賜郡・南置賜郡 福島県耶麻郡 *ごせーやく 岩手県西磐井郡・九戸郡 *ごせーやける 岩手県西磐井郡 栃木県 *ごせーをやく 岩手県紫波郡 *ごせがやける 宮城県仙台市 山形市 福島県岩瀬郡 *ごせする 福島県会津若松市 *ごせっぱらがやける 岩手県下閉伊郡 宮城県仙台市 *ごせっぱらやく 山形県米沢市 福島県東白川郡 *ごせっぱらやける 岩手県上閉伊郡・気仙郡 宮城県石巻 山形県 福島県相馬郡・東白川郡「ごせっぱらやけっど(腹が立つぞ)、今日は」 栃木県 *ごせはらやく 宮城県仙台市 *ごせばらやく 宮城県栗原郡 *ごせばらやける 宮城県仙台市 *ごせぱらやく 宮城県登米郡 福島県 *ごせぱらやける 宮城県仙台市「おらごせぱらやけてごせぱらやけてしゃがえん(しかたがない)」 山形県北村山郡・西置賜郡 福島県相馬 *ごせやく 青森県南部 岩手県「ごせやがれる」 宮城県「何ごせやいてんのっしゃまず」 秋田県鹿角郡 山形県 福島県「人ばかにしてごせやけんな」 栃木県塩谷郡 新潟県 *ごせやける 岩手県気仙郡 宮城県石巻「ごぜやげでごぜやげで仕方ねぁ」・仙台市 山形県 福島県相馬 栃木県 新潟県岩船郡・東蒲原郡 *ごせらやく 新潟県中越 *ごせをやく 岩手県東磐井郡 山形県庄内 福島県岩瀬郡 新潟県南魚沼郡 *ごっしゃく 宮城県「ごっしゃがれる」 山形県米沢市 *ごっしゃける 山形県北村山郡・西置賜郡 *せかれる 香川県小豆島 *ぞーがわく 福岡県 佐賀県 長崎県北高来郡 *ぞーのきってきりわく 福岡市 *ごやく 愛媛県 *ぞーのきりわく 福岡市 長崎県北松浦郡「人から軽蔑されて、ぞーのきりわく」 *ぞーばらがわく 長崎県対馬「思ひも無いことを言はれて、ほんにぞうばらがわいた」 *ぞーんきちきりわく 福岡県 熊本県 *ぞーんきりわく 熊本県下益城郡 *ぞがわく 宮崎市 *ぞっぱらがわく 宮崎県東諸県郡 *にえる 岐阜県武儀郡「煮えとる(心の中で怒っている)」 島根県美濃郡・益田市 *にえわく 愛媛県宇和島 *ねっきをこく 宮城県仙台市 *はらがわるい 秋田市「腹わりかったすべ」 鳥取県東部「腹が悪うなる」 岡山県苫田郡「熊さんは、わしのことをにぎりじゃいよったそうな。ほんにはらが悪い」 *はらくそがわるい 島根県 *はらわり 秋田県「ああはらわり、もうやめた」 *ふがわるい 京都府竹野郡「うっかり汽車を乗り越した。ふがわるてむかむかした」 兵庫県但馬 *へつける(非常に腹が立つ) 新潟県 *むねがわりー 岡山県児島郡「こがん小(ちい)せーことまで言やーがってからむねがわりー」

→おこる(怒)・りっぷく(立腹)

□が張ること *ばだふくり 沖縄県石垣島 *わたふっくぃー 沖縄県首里

□が減る *うっぺる 山梨県南巨摩郡 *むねがまく・むねがまくじー 鹿児島県 *しっかうい 鹿児島県喜界島 *しばる 香川県仲多度郡「胸がしばる」 *しわる 和歌山県東牟婁郡 *なえる 島根県「腹がなえて仕事が出来ん」 山口県美祢郡 福岡市 *はらがなえる 島根県 *はらすきる・はらすいる 宮城県仙台市「なんぼか、はらすいさりしたべね」「まだはらすきいん」 *ぴっかゆい・しっかうい 鹿児島県喜界島 *へたばる 島根県美濃郡・益田市「腹がへたばって動かれん」 *もさこける 長野県上水内郡

□を立てる *いこる 新潟県西頸城郡 長野県北西部 奈良県南大和 愛媛県 *いろーれる 島根県那賀郡 *えどる 岐阜県飛騨・大野郡 *おこふる 島根県出雲「あげんおこふーもんだねじ」 *きもをやく 北海道函館 岩手県九戸郡 新潟県中部 岡山県児島郡 *きもをいる 栃木県安蘇郡 群馬県群馬郡 千葉県上総 長野県佐久 静岡県志太郡「きもをいらす(人を怒らす)」 *きもいる 栃木県 群馬県邑楽郡 埼玉県入間郡 千葉県印旛郡「あの人は人のことをばかにしていて本当にきもえる」 *くるー 宮城県仙台市「くるった」 新潟県佐渡「くるいかかる(腹を立てて飛びかかる)」 大分県 *ぐーがもえる(なかなからちが明かず腹を立てる) 新潟県佐渡 *ごーがいれる・ごーがえれる(なかなからちが明かず腹を立てる) 長野県上田・佐久 *ごーがすく(なかなからちが明かず腹を立てる) 島根県石見 山口県阿武郡・大島 高知市 長崎県南高来郡 大分県大分郡・速見郡 *ごーがにえる(なかなからちが明かず腹を立てる) 新潟県 長野県 静岡県 京都府竹野郡 広島県高田郡 山口県 徳島県 愛媛県松山 *ごーがにーくさる(なかなからちが明かず腹を立てる) 新潟県刈羽郡 *ごーがにゆる(なかなからちが明かず腹を立てる) 大分県 *ごーがもえる(なかなからちが明かず腹を立てる) 新潟県佐渡 *ごーがやける(なかなからちが明かず腹を立てる) 愛知県名古屋市 *ごーがわく(なかなからちが明かず腹を立てる) 富山県 石川県江沼郡 福井県 山梨県南巨摩郡 長野県 岐阜県 静岡県 愛知県 三重県志摩郡 滋賀県蒲生郡・彦根 兵庫県 鳥取県東部 島根県隠岐島 岡山県 山口県 徳島県 香川県 福岡県 大分県 *ごーくそがにえる・ごーくそがやける(なかなからちが明かず腹を立てる) 島根県出雲市 *ごーくそがわく(なかなからちが明か

ず腹を立てる）島根県 *ごーさいわく（なかなからちが明かず腹を立てる）和歌山県日高郡 *ごーされがわく（なかなからちが明かず腹を立てる）長野県下伊那郡 *ごーすがわく（なかなからちが明かず腹を立てる）長野県上伊那郡 *ごーたーがにえる（なかなからちが明かず腹を立てる）広島県佐伯郡・高田郡 *ごーたいがすく（なかなからちが明かず腹を立てる）島根県石見 *ごーたいがもえる・ごーたいぼねがにえかえる（なかなからちが明かず腹を立てる）新潟県佐渡 *ごーたがわく（なかなからちが明かず腹を立てる）愛知県名古屋市 *ごーたれがすく・ごーたれがにえる（なかなからちが明かず腹を立てる）島根県石見 *ごーたれがわく（なかなからちが明かず腹を立てる）長野県下伊那郡 *ごーたれくそわく（なかなからちが明かず腹を立てる）和歌山県西牟婁郡 *ごーたれぼーしゃわく（なかなからちが明かず腹を立てる）和歌山県新宮 *ごーたれぼしゃわく（なかなからちが明かず腹を立てる）和歌山県 *ごーたれわく（なかなからちが明かず腹を立てる）長野県東筑摩郡　三重県度会郡　和歌山県東牟婁郡 *ごーっくそんわく・ごーったれくそんわく（なかなからちが明かず腹を立てる）静岡県榛原郡 *ごーてーがもえる・ごーてゃーもえる（なかなからちが明かず腹を立てる）新潟県佐渡 *ごーなわく（なかなからちが明かず腹を立てる）三重県志摩郡 *ごーのわく（なかなからちが明かず腹を立てる）福井県 *ごーばらがすく（なかなからちが明かず腹を立てる）島根県石見 *ごーばらがたつ（なかなからちが明かず腹を立てる）島根県 *ごーはらがにえる（なかなからちが明かず腹を立てる）東京都大島　島根県石見 *ごーはらやける（なかなからちが明かず腹を立てる）栃木県河内郡 *ごーらす（なかなからちが明かず腹を立てる）新潟県 *ごーわく（なかなからちが明かず腹を立てる）富山県 *ごーをいらす（なかなからちが明かず腹を立てる）長野県小県郡　静岡県　広島県賀茂郡 *ごーをすかす（なかなからちが明かず腹を立てる）島根県石見　山口県玖珂郡　高知市「そんなにごーをすかしな」 *ごーをやく（なかなからちが明かず腹を立てる）新潟県中越　静岡県　愛媛県 *ごーをわかす（なかなからちが明かず腹を立てる）富山県東礪波郡　長野県　岐阜市　静岡県安倍郡　愛知県　三重県志摩郡・北牟婁郡　滋賀県神崎郡　兵庫県但馬　島根県隠岐島　岡山県小田郡・御津郡 *ごがあく（なかなからちが明かず腹を立てる）福井県 *ごがすく（なかなからちが明かず腹を立てる）大分県東国東郡 *ごがねる（なかなからちが明かず腹を立てる）新潟県中頸城郡 *ごがわく（なかなからちが明かず腹を立てる）福井県　岐阜県　愛知県知多郡・碧海郡　三重県 *ごさいやく 秋田県鹿角郡　山形県庄内 *ごさいやける 秋田県鹿角郡 *ごさく 秋田県由利郡「あの人はすぐごさぐ人だ」　山形県米沢市 *ごさける 山形県飽海郡 *ごしゃく 岩手県紫波郡・和賀郡　宮城県　秋田県「彼にひどくごしゃがえだ」「何ぼかわりことして（どれほど悪いことをして）ごしゃがれてもあんたえ（家）のおどさんもごしゃぐこともできねがったべし（腹を立てることもできなかったでしょう）」　山形県 *ごしゃける 岩手県紫波郡　秋田県「あれに負けてごしゃげる」　山形県　新潟県東蒲原郡「そればかりのことでごしゃげるに及ばぬ」 *ごしゃっぱらける 山形県 *ごしゃぱらける 秋田県南秋田郡「あまりごしゃぱらげで叩いた」 *ごしゃやける 山形県 *ごしょやく 青森県上北郡 *ごしょっぱらやける 宮城県栗原郡 *ごすぱらやける 宮城県栗原郡 *ごせあやける 岩手県気仙郡　秋田県鹿角郡　山形県米沢市 *ごせーする 山形県東置賜郡・南置賜郡　福島県耶麻郡 *ごせーやく 岩手県西磐井郡・九戸郡 *ごせーやける 岩手県西磐井郡　栃木県 *ごせーをやく 岩手県紫波郡 *ごせがやける 宮城県仙台市　山形市　福島県岩瀬郡 *ごせする 福島県会津若松市 *ごせっぱらがやける 岩手県下閉伊郡　宮城県仙台市 *ごせっぱらやく 山形県米沢市　福島県東白川郡 *ごせっぱらやける 岩手県上閉伊郡・気仙郡　宮城県石巻　山形県　福島県相馬郡・東白川郡「ごせっぱらやけっど（腹が立つぞ）、今日は」　栃木県 *ごせはらやく 宮城県仙台市 *ごせばらやく 宮城県栗原郡 *ごせぱらやく 宮城県登米郡　福島県 *ごせばらやける 宮城県仙台市 *ごせぱらやける 宮城県仙台市「おらごせぱらやけてごせぱらやけてしゃがえん（しかたがない）」　山形県北村山郡・西置賜郡　福島県相馬 *ごせやく 青森県南部　岩手県「ごせやがれる」　宮城県「何ごせやいてんのっしゃまず」　秋田県鹿角郡　山形県　福島県「人ばかにしてごせやけんな」　栃木県塩谷郡　新潟県 *ごせやける 岩手県気仙郡　宮城県石巻「ごぜやげでごぜやげで仕方ねぁ」・仙台市　山形県　福島県相馬　栃木県　新潟県岩船郡・東蒲原郡 *ごせらやく 新潟県中越 *ごせをやく 岩手県東磐井郡　山形県庄内　福島県岩瀬郡　新潟県南魚沼郡 *ごたがにえる・ごたをにやす（なかなからちが明かず腹を立てる）鳥取県東部 *ごたんがすける（なかなからちが明かず腹を立てる）兵庫県多紀郡 *ごっしゃく 宮城県「ごっしゃがれる」　山形県米沢市 *ごっしゃける 山形県北村山郡・西置賜郡 *ごふぁらげる（なかなからちが明かず腹を立てる）秋田県河辺郡 *ごやく（なかなからちが明かず腹を立てる）愛媛県 *ごをわかす（なかなからちが明かず腹を立てる）岐阜市 *しぶくたれる 島根県邇摩郡 *しぶくる 神奈川県津久井郡（陰性に怒る）　島根県益田市・邑智郡 *じぶくる 埼玉県北足立郡 *じぶくれる 栃木県安蘇郡「よく此の子はじぶくれる子だ」 神奈川県愛甲郡・藤沢市 島根県邑智郡 *しゃもめる 石川県能美郡・石川郡 *ずぶくれる 青森県三戸郡 *せーがもめる 富山市近在 石川県 *ぞーわかす 福岡市 佐賀県 *どんばらたてる 香川県小豆島 *ねせくれる 愛媛県 *はーかく 佐賀県藤津郡 鹿児島県 *はらかく 福岡県「わけもんなきくとはらかかんしれんばってん(若い者が聞くと腹を立てるかもしれないが)」 佐賀県「はらきゃーた」 長崎県「ひになって(烈火のごとく)はらかく」 熊本県「かかやつがさぞーはらかきよっど」「はらけーた」「はらかかん」 大分県日田郡・速見郡 宮崎県「はらけた」 鹿児島県「おはらかきやったが」 *はらかつ 熊本県芦北郡 宮崎県西諸県郡 鹿児島県 *はらをかく 大分県・大分市・別府市 *はらをこく 島根県石見「隣の亭主がはらをこいたの何の」・鹿足郡 *はりかく 熊本県「はりかかん(怒らない)」 *はるかく 佐賀県 長崎県南高来郡・壱岐島 熊本県 *ぶくる 島根県石見「何じゃと言うとすぐぶくる」 *ぶりつる 福井県 島根県出雲 *ぶりをつる 島根県 広島県高田郡 山口県阿武郡 *ぷりをつる 山口県 *ぶりをやく 長野県諏訪 *ぼえる 三重県伊勢 *ほごてる 広島県高田郡 *ほこてんにたつ 長崎県壱岐島「ほこてんにたっちはるかく」 *ほこふる 島根県「あげんほこふるもんだなぇ」 *ほむらをもやす・ほぶらをもやす 兵庫県淡路島 *ぼらをつる 山口県玖珂郡・豊浦郡 *ぼりつる 島根県出雲 *わじゅん 沖縄県首里

→おこる(怒)・りっぷく(立腹)

ばら【薔薇】 *いがぼたん 島根県簸川郡・那賀郡 山口県熊毛郡 大分県 *いぎ 山口県都濃郡・防府 *いぎぼたん 島根県鹿足郡 山口県 *いげ 長崎県 大分県 鹿児島県 *いげどろぼたん 熊本県下益城郡 *いげばな 長崎県五島 *いげぶたん 熊本県玉名郡 *いげぼたん 福岡市 長崎県 熊本県 大分県 鹿児島県種子島 *いぞら・いぞらぼたん 大分県大分郡 *いどら・いどらぼたん 大分県中部 *いどろ 大分県 *いどろぼたん 大分県 *いどんはな 大分県大野郡 *いばら 山形県米沢市 新潟県三島郡・刈羽郡 石川県能美郡 *いばらしょーべ 滋賀県東浅井郡・坂田郡 *いばらぼたん 富山県砺波 石川県 岐阜県養老郡 愛知県知多郡 三重県松阪 京都府竹野郡 大阪市 兵庫県但馬 奈良県 和歌山県 愛媛県松山 *かたらぼたん 島根県 *ぐいーぼたん 岡山市 *くいぼたん 島根県 岡山県小田郡 広島県 山口県大島 大分県北海部郡 *ぐいぼたん 岡山県岡山市・御津郡 香川県木田郡 *ぐびぽたん 岡山県浅口郡 *こーしんばな 兵庫県但馬 *しょーびん 愛知県海部郡・中島郡 三重県阿山郡 *しょーぶ 三重県阿山郡 *しょびん(「しょうび」の転) 三重県度会郡・宇治山田市 *ちょーしゅん 大分市 沖縄県首里 *ちょーしん 島根県簸川郡 沖縄県小浜島 *ちょーしんばら 島根県簸川郡 *ちょーせんかたら 島根県出雲 *ちょーせんかたり 島根県隠岐島 *つばき 山口県 *とーしめー 沖縄県石垣島 *とーやぼ(唐藪か) 長崎県壱岐島 *ときしらず 宮城県仙台市 *とげ・とげぼたん 大分県大分市・北海部郡 *にぎぼたん・にぎぶたん 鹿児島県奄美大島 *にじばな 鹿児島県沖永良部島 *ににぼたん 鹿児島県喜界島 *ばらぼたん 香川県三豊郡 *ぼたん 和歌山県東牟婁郡 *よばら 新潟県

はらう【払】 *うっぱらう(ちりなどをはらう) 熊本県玉名郡 *かく 青森県上北郡「給料かぐ」 新潟県佐渡「おだちんかく」 富山県砺波「手間かく(駄賃を払う)」 *かっぱはだける(底をはらう) 青森県三戸郡「ばくちに負けてかっぱはだけてしもうた」 *こなげる(木の枝をはらう) 和歌山県伊都郡 *ほどく 新潟県下越

はらだち【腹立】 *ごけー 長崎県壱岐島「ごけーの種」「ごけーが湧く」 *ふくりゅー 岡山県苫田郡「ふくりゅうをいう(不平を言う)」 徳島県「ふくりゅーがあるならいうてみい」 香川県

はらばい【腹這】 *いんつくばい 新潟県中頸城郡 *ずんばらぼー 長崎県北松浦郡 *はいそろべー 山口県大島 *はらばこ 富山県「はらばこつく」 *はらばっこ 石川県鹿島郡 *はらべこ 石川県石川郡・金沢市 *はらべっこ 富山県「はらべっこする」 *はらべっと 富山県「はらべっとする」・砺波「はらべっとかく」 石川県 *はらべっとこ 新潟県佐渡 *はらぼた 宮崎県宮崎郡 *ひゃーもーそー 佐賀県

□**になる** *ずぶ 愛媛県・宇和島 高知市 *ずむ 愛媛県北宇和郡・松山 高知市「足が汚いからずんで行って取って来た」 *にたばる 宮城県石巻「腹痛ごったらにたばってえささえ(寝そべっていなさい)」 *ぬくばる 山形市 *ぬたくる 新潟県佐渡 *ぬだつる 千葉県海上郡 *ぬたばくる 山形県 *ぬたばる 青森県津軽「まんだぬだばってそもつみでらな(また寝そべって本を読んでいるね)」 岩手県気仙郡 宮城県 秋田県鹿角郡 山形県 福島県 栃木県河内郡 *ぬたる 岩手県胆沢郡 茨城県稲敷郡 千葉県夷隅郡 *ぬたんばる 秋田県鹿角郡・平鹿郡「着物をよごすからぬだんばるな」 *ねたばる 宮城県石巻 福島県相馬郡「ごはん食ってすぐねたばっと牛になっと」 静岡県安倍郡 *のさばる 新潟県中頸城郡 三重県度会郡 *のたがる 静岡県 *のたくらかす 静岡県志太郡「古木に蔦あのたくらかす」 *のだつる 茨城県稲敷郡 *のたばくる 山形県西村山郡 *のたばる 北海道「何もしないでのたばってばかりいるな」 青森県 岩手県 宮城県「おなごのたばった姿、見られたもんでがえん」 秋田県 山形県 福島県 新潟県西蒲原郡

岐阜県飛騨　香川県三豊郡　*のたる 茨城県猿島郡　新潟県佐渡　岐阜県　静岡県田方郡・志太郡「蛇が垣根の上をのたってる」　愛知県渥美郡　三重県松阪　奈良県吉野郡　和歌山県東牟婁郡　*のだる 栃木県「こわくて(疲れて)のだって歩ってたよ」　*のたんばる 秋田県　*のったばる 山形県米沢市　*のてがる 静岡県田方郡　*ひらまる 栃木県安蘇郡

はらわた【腸】　*えなわ(「穢之輪」、または「穢縄」か) 岐阜県海津郡　*がず 青森県津軽　*がた 新潟県　*ぐわーた 新潟県三島郡　*ぐわた 山形県東置賜郡・西置賜郡　新潟県　*ござ 宮城県栗原郡　*ごじょ 秋田県鹿角郡　*ごじょわた 青森県津軽・上北郡　*ごぞ 山形県「魚のごぞ」　*ごぞーわた 宮城県登米郡・玉造郡　秋田県鹿角郡　*こところ 茨城県　*こわだ(狩猟用語) 岩手県気仙郡　*ごわた 宮崎県児湯郡　*ごんじょー 岩手県九戸郡　*ごんじょわた 青森県津軽　*じこ 福岡県　佐賀県　*じご 福岡県久留米市・三井郡　佐賀県　熊本県玉名郡　*しゃくしろ 山形県北村山郡　*じんばら 栃木県　群馬県「あの人はじんばら迄食う」　埼玉県　*ずずいわた 鹿児島県　*せんぴるわた 鹿児島県喜界島　*せんぴろわた 宮崎県児湯郡　鹿児島県　*ぞーばた 福岡市　*ぞーわた 茨城県稲敷郡　新潟県佐渡　長崎県伊王島・対馬・壱岐島　*ぞわた 徳島県海部郡　香川県　鹿児島県　*どーわた 兵庫県多紀郡　*どふ 広島県芦品郡　*どぶ 広島県　大分県西国東郡　*なかご 奈良県吉野郡　*はらがわ 島根県隠岐島「魚のはらがわは食うな」　*ひゃくしょわた 岩手県気仙郡　*ひゃくたぐり 奈良県　*ひゃくひろ(長いところから) 岩手県上閉伊郡　秋田県平鹿郡　茨城県稲敷郡　栃木県　群馬県勢多郡・多野郡　埼玉県南埼玉郡・秩父郡　千葉県夷隅郡　東京都八王子　神奈川県津久井郡・中郡　新潟県　富山県砺波　山梨県　長野県諏訪　愛知県碧海郡　滋賀県彦根　京都市　和歌山市　島根県「ふゃくふろがちぎれる思いをした」　岡山県邑久郡　広島県比婆郡・芦品郡　徳島県　香川県仲多度郡　愛媛県　長崎県南高来郡　*ひゃくひろわた 秋田県由利郡　新潟県岩船郡　*ひゃっぴろ 島根県石見　*ふく(鳥獣のはらわた) 熊本県下益城郡　*ふっぎー・ふぎ 東京都八丈島　*わたっぽろ 千葉県山武郡　*わたみーむん 沖縄県首里

↓ぞうふ(臓腑)・ぞうもつ(臓物)・ちょう(腸)

魚の□　*ぐ 青森県上北郡　山形県東置賜郡(鳥獣の臓物)　新潟県「腹のぐ」　*ぐー 新潟県中頸城郡　*だだみ(また、虫などがつぶれて出てきた内臓) 新潟県上越市・中頸城郡　富山県　*だだむ 富山市　*だだめ 石川県鹿島郡　*なわた 新潟県佐渡・岩船郡　*なわた(サケのはらわた) 新潟県　*はらごー(カツオのはらわた) 鹿児島県屋久島　*ひゃくひろ 福岡市

はり【針】　*いげ 長崎県対馬　*うわしきばり(しつけ糸を縫う針) 香川県　*おーばりめばり(上敷の縁を縫う針) 島根県益田市　*こちゃぼ(短い手縫い針) 富山県東礪波郡　奈良県南大和　*しくしく 長野県東筑摩郡「しくしくたてる」　*ちんのーいばーい・ちんのーやーばーい(裁縫の針) 沖縄県首里　*ぬすとばり(飛ばし縫いの荒針) 長崎県対馬　*はねがり・はねがね・はれがね・はねがれ 山口県玖珂郡　*びず 沖縄県宮古島　*みぞばり(短い針) 愛媛県喜多郡

植物の□　⇩とげ(刺)

はり【梁】　木造建築で、柱の上にはり渡し、上に束(つか)や扠首(さす)をおき屋根をささえるための横木。上部の重みをささえたり、柱を強固にしたりするために用いる。　*あま 青森県津軽　秋田県河辺郡　東京都八丈島　石川県江沼郡　静岡県　京都府加佐郡　山口県見島　*あまだ 鳥取県伯耆　島根県　広島県佐伯郡・高田郡　*うし(大黒柱の上に架す大きな梁) 秋田県鹿角郡　神奈川県中郡　富山県西礪波郡　岐阜県飛騨　愛知県東加茂郡　愛媛県大三島　*うしぎ 島根県美濃郡　宮崎県西臼杵郡　*うしのき 富山市近在　*うすもん 富山県砺波　*うま 神奈川県中郡　*おーあま 石川県羽咋郡　*おびき 富山県西礪波郡　*かまぎた 鹿児島県徳之島　*せんがんばい(太い梁) 鹿児島県屋久島　*ちゃくろ 富山県下新川郡　*つり 千葉県夷隅郡　*とこ(太い梁) 長崎県五島　*にけーだい 群馬県多野郡　長野県佐久　*にわうし(大黒柱から土間にある柱に渡された梁) 長崎県壱岐島　*はりまもん(広間の縦に通した梁) 富山県砺波　*ひきむん 鹿児島県奄美大島・加計呂麻島　*ひきもの(農家の台所の大きな梁) 長崎県対馬　*ひちむぬ 鹿児島県沖永良部島　*ひのたか(大黒柱と小黒柱の上部に渡す梁) 新潟県佐渡　*ひらもの 島根県石見　*ひらもん 鳥取市　*ひらもん(農家の母屋に用いられている巨大な梁) 京都府竹野郡　*ふーったい 沖縄県竹富島　*ふーたい 沖縄県石垣島・鳩間島　*まげ 岩手県岩手郡　*まぎ 秋田県鹿角郡　*みせばり(二階下の表から見える梁) 群馬県多野郡　*さし 石川県河北郡　*さしもの(大きな梁) 富山県砺波　福井県大野郡　岐阜県揖斐郡　長崎県壱岐島

はりあい【張合】　*いきはり 長崎県対馬「いきはりのない」　*ちから 鹿児島県鹿児島郡「ちからがね(張り合いがない)」

□がある　*しーらしー 愛媛県　*せーらし 香川県木田郡・香川郡「今年は大根の性がええけんせえらしなあ」　*せーらしー 香川県木田郡・香川郡　愛媛県「あの子は身体も丈夫で頭もいいから親はせいらしいこっちゃ」

□がない　*あやがない 熊本県芦北郡・八代郡「あやんなか」　鹿児島県鹿児島郡　*あやもきこんもない 鹿児島県肝属郡　*きょがない 長崎県対馬「話をしても一向こたへたらしくなく、何を

言うても全くきょがねえ」 *けっぷりけあない 秋田県鹿角郡 *けっぽらいない 青森県南部 *けっぽれあなえー 岩手県九戸郡 *けっぽれあやない 青森県三戸郡 *さぇっけぁなぇ 青森県三戸郡 *せーがない 大阪府 兵庫県加古郡・明石郡 奈良県山辺郡 和歌山県「来るというて来なんだので(来ないのだから)せーないな」 鳥取県東部 島根県「なんぼーやってもせーがない」 岡山県苫田郡 山口県 徳島県 香川県 愛媛県松山 *せーもない 福島県会津「せえもねえ野郎だなあ」 *せがない 香川県「あの先生は何ぼ勉強しても中々ええ点呉れんけんせがない」 愛媛県周桑郡・喜多郡 *ぼっそがね 鹿児島県鹿児島郡 *やるせがない 高知県高岡郡

はりがね【針金】 *いとがね 長野県南部・下伊那郡 岐阜県飛騨 島根県 岡山県 *いとはりがね 島根県 *かなひご・すじがね(細い針金) 高知県土佐郡 *しぐんじゃに・すぃぐんじゃに 沖縄県首里 *だわ 鹿児島県種子島 *ちゅーじゃく 高知県土佐清水市 *つるがね 岩手県気仙郡 *でいんしんがに 沖縄県石垣島

囲いなどにめぐらす、とげの付いた□ *ばらせん 山梨県 長野県下伊那郡 *ばらはりがね 群馬県多野郡

はりしごと【針仕事】 *いしょこさえ・いしょぬい 山形県 *いぞーさ 愛知県北設楽郡 *いぞさ 愛知県北設楽郡 *いどさ 長野県下伊那郡 静岡県磐田郡 *おものし 新潟県糸魚川市「きょうはおものしだ」 *きものこしぇ・きものぬい 山形県 *せだごし 岩手県和賀郡 *せんたく 岩手県 宮城県栗原郡・登米郡 富山県高岡市 石川県珠洲郡・江沼郡 島根県 広島県 山口県見島 愛媛県西宇和郡 佐賀県藤津郡 長崎県対馬 大分県(玖珠郡を除く) *せんだく 岩手県九戸郡 新潟県佐渡 石川県 *つぎ 富山市近在 静岡県静岡市・志太郡「おばーさんわつぎょーしてーる」 三重県志摩郡 奈良県吉野郡 *つぎごと 新潟県 *つぎもの 山形県「母はつぎものしている」 新潟県 *てしごっ 熊本県玉名郡 *てしごと 山形県 *にーはり 長崎県北松浦郡 *にーはる 長崎県南高来郡 *ぬいこと 群馬県前橋市 *ぬいしごと 三重県阿山郡 *ぬいっこと 栃木県 群馬県勢多郡・多野郡 埼玉県秩父郡 長野県佐久 *ぬいはしん 新潟県佐渡 *ぬいはり 宮城県栗原郡 山形県西村山郡 *ぬーはつ 長崎県五島 *ぬっつけ 山形県最上郡 *ぬはい 鹿児島県 *はーで 長野県東筑摩郡 *はしん 青森県 岩手県上閉伊郡気仙郡 秋田県 山形県「はしん仕事」 茨城県稲敷郡 栃木県 群馬県「おはしん」 新潟県 山梨県 長野県諏訪・佐久 静岡県 佐賀県藤津郡 *はしんこ 山形県置賜・南村山郡 *はっしん 青森県 *はりごと 愛知県知多郡・額田郡 *はりつつき 島根県八束郡 *はりつまみ 島根県簸川郡・出雲市 *はりで 福井県 岐阜県飛騨 島根県出雲 *はりどり(裁縫する人にも言う) 岩手県九戸郡

→さいほう(裁縫)

はりばこ【針箱】 *あまだい 福井県 岐阜県大垣市 三重県名賀郡・阿山郡 滋賀県甲賀郡 京都府宇治郡 奈良県 *あまむろ 滋賀県甲賀郡 *つぎばこ 長野県諏訪 *はーさし 島根県仁多郡・隠岐島 *はりか 福島県相馬郡 *はりさし 滋賀県野洲郡 島根県石見 徳島県美馬郡 長崎市 *はりさしばこ 島根県美濃郡・益田市 長崎市 *はりぼんこ(引き出しの付いた針箱) 富山県砺波 *はりやしめ・はーやしめ 島根県出雲

はる【春】 *うりずぃん 沖縄県石垣島 *うりずむ 鹿児島県沖永良部島 *えーかんごろ(気候のよい春のころ) 島根県出雲 *はるあせ(春のころ) 岩手県九戸郡・気仙郡(海岸地方の語)

はれ【晴】 ⇩せいてん(晴天)

ばれいしょ【馬鈴薯】 ⇩ジャガいも

はれもの【腫物】 *あーしぶ・あかさー 沖縄県小浜島 *あさぶ 沖縄県石垣島・小浜島 *あしば 沖縄県西表島 *あしぶ 沖縄県八重山 *あしゃぶ 沖縄県石垣島・小浜島 *あしゅー 沖縄県新城島 *あしんぬぷ 沖縄県黒島 *いじむん 鹿児島県大島郡 *おでん 兵庫県淡路島 *かさ 青森県三戸郡 石川県 奈良県南大和 島根県出雲 広島県 香川県綾歌郡 長崎県南高来郡・対馬 沖縄県首里(悪性のはれ物) *がさ 鹿児島県出水郡 *かさくら 秋田県鹿角郡 *かさっこ 栃木県那須郡 群馬県勢多郡 *かさっぱち 東京都三宅島 静岡県富士郡 *かしらはげ 三重県阿山郡 *かたね 新潟県岩船郡 石川県 広島県芸西北部 *がぶ 鹿児島県奄美大島 *きず 静岡県榛原郡 広島県佐伯郡・西能美島 *ぎす 静岡県 *くさ 群馬県勢多郡 富山県砺波 福井県敦賀郡 山梨県 長野県佐久 岐阜県加茂郡・郡上郡 静岡県志太郡 三重県名張郡・名賀郡 大阪府泉北郡 *くさけ 山形県東田川郡 山梨県南巨摩郡 長野県上伊那郡 静岡県磐田郡 *くさこ 山形県新庄市・最上郡 *くさっぽ 福島県東白川郡 栃木県・塩谷郡「くさっぽになっから生さつまくうな」 *こぶ 鳥取県西伯郡「こぶだす」 広島県倉橋島・高田郡 *こぼ 広島県倉橋島 *すーめん 島根県那賀郡 *だんば 熊本県下益城郡・八代郡 *ちどぅ 鹿児島県喜界島 *ちぬ 鹿児島県与論島 *ちりけ 長野県諏訪「子供にちりけができる」 *つのくり 高知県「昨夜痛かった筈よ、こんなにつのくりになっちょるもの」 *つふぉーさ 沖縄県小浜島 *でぼ 和歌山県 *でもの 青森県南部 鳥取県西伯郡 島根県出雲 岡山県苫田郡・児島郡「どうしたん、そのでもの、きんきんばりじゃが、痛かろう」 広島県 香川県 愛媛県「でものをつやす(潰す)」 *でもん 愛媛県今治市・周桑郡 熊本県天草郡 *でんで(幼児語) 香川県仲多度郡 *でんど 大阪府泉北郡 *でんぱち 広島県 香川県直島 愛媛県「頭にでんぱちが出来た」 *てんぼ 和歌山県日高郡 *てんぽ 京都

府北部 *でんぼ 三重県名張市 滋賀県蒲生郡・栗太郡 京都府京都市・宇治郡 大阪府大阪市・泉北郡 兵庫県西宮市・神戸市 奈良県 和歌山県和歌山市(主として頭にできるもの)・日高郡 香川県大川郡 愛媛県 *でんぽー 大阪府豊能郡 兵庫県加古郡 *どーねつ 広島県比婆郡・庄原市 *ないよー・ねーよ 群馬県佐波郡 *にがいろ・にがひろ・ねがいろ・ねがしろ 長崎県五島 *にがし 長崎県対馬 *にがしろ 長崎県 *にがと 長崎県壱岐島 *にがね 熊本県天草郡 *にくむ 福島県相馬郡 *にくも 宮城県栗原郡・玉造郡 山形県米沢市 福島県 茨城県久慈郡・稲敷郡 *にごも 秋田県平鹿郡 *ぬたーさ 沖縄県新城島 *ぬぶたが 沖縄県波照間島 *ねぎも 山形県南部 *ねくも 宮城県仙北 群馬県館林市 *ねごも 岩手県気仙郡 *ねはれ 長野県東筑摩郡 *ねびち・ねぶち 静岡県 熊本県下益城郡 *ねぶ 高知県土佐郡 *ねぶいち 東京都大島・三宅島 神奈川県津久井郡 新潟県佐渡 三重県志摩郡 奈良県宇陀郡 和歌山市 島根県石見 熊本県 *ねぶし 愛知県豊橋市 *ねぶっぽ 鹿児島県肝属郡 *ねんぶり 静岡県 *はさっこ 茨城県真壁郡 *はざっこ(小さなもの) 静岡県榛原郡 *ばざっこ(大きなもの) 静岡県 *はぜこ 岐阜県吉城郡 *はだこ 静岡県田方郡 *はちむん 沖縄県首里 *ひとつがさ 宮崎県東諸県郡 鹿児島県肝属郡 *ひれー 千葉県上総 *ふきもと 島根県美濃郡・益田市 *ふくりゅー ぬ 沖縄県竹富島 *ぶす 和歌山県東牟婁郡 *ふっくい 沖縄県首里 *ぽぽ(幼児語) 富山県 *むん 沖縄県首里 *めーてーさ 沖縄県小浜島 *も 岡山市 *もー 東京都八王子 *もーも 岡山県上房郡 *もの 秋田県鹿角郡 山形県 新潟県佐渡・東蒲原郡 京都府竹野郡 兵庫県「ものがでた」 奈良県南葛城郡 鳥取県 島根県 岡山県 徳島県 香川県「背中へものがでけてな、いとて(痛くて)いかんのじゃ」 愛媛県 高知県幡多郡 鹿児島県肝属郡 *ものでけ 宮崎県都城 *もも(児童語) 長野県佐久 *もんも 群馬県多野郡 山梨県甲府市 長野県下水内郡 *よのめ 青森県上北郡

↓ふきでもの(吹出物)

悪性の□ *あくそ 長崎市「あくそする(悪性のはれ物ができて、膿を持つ)」 *にきぼこ・ねぎも 山形県村山 *にくも 宮城県栗原郡・名取郡 秋田県雄勝郡 山形県置賜 *にごんぼ 秋田県平鹿郡 *ねぎぽこ 山形県山形市・西村山郡 *ねくも 岩手県気仙郡 *ねごほ 秋田県河辺郡 *ねごぼ 山形県 *ねごも 山形県西村山郡・北村山郡 *ねこもの 青森県津軽 岩手県紫波郡・上閉伊郡 秋田県北秋田郡・鹿角郡 *ねごんぼ 秋田県 *はす 富山県高岡市・砺波 岐阜県大野郡

頭にできる□ *あいばり・あいばれ 新潟県佐渡 *かちゃぼこ 千葉県夷隅郡 *だんば 熊本県下益城郡・八代郡 *つちや 千葉県夷隅郡 *できものちゃっちゃ・できぼっちゃっちゃ・できぼっちゃ 千葉県夷隅郡 *ねず 新潟県岩船郡 *はす 静岡県磐田郡 京都府竹野郡 島根県 山口県豊浦郡 *はすこぶ 島根県江津市 *はすね 島根県石見 *はつ 島根県隠岐島 *びんちょ 茨城県稲敷郡

口元にできる□ *あいくち 岡山県苫田郡 *あくち 新潟県中蒲原郡 大阪府大阪市・泉北郡 兵庫県加古郡 奈良県 和歌山県 岡山市「人の悪口ばかし云ふから、あ口が切れるのぢゃ」 徳島県 香川県 *くちかさ 青森県三戸郡 新潟県東蒲原郡 *ごきずり 山梨県南巨摩郡「鳥のごきずり」 島根県石見 *ごきずれ 埼玉県秩父郡 長野県 静岡県磐田郡 *ごけずり 長野県上伊那郡 島根県美濃郡・益田市 岡山県川上郡 *はしびき 徳島県美馬郡 *もらいもの 新潟県佐渡

ひざにできる□ *こーもり 福井県大飯郡 *ひざわろ 熊本県 *ひざわろー 熊本県玉名郡

まぶたにできる□ *かのもり 秋田県河辺郡 *こんじきめ 静岡県志太郡「こんじきめならもらってくぇー(ものもらいなら、人から物をもらって食えばよい、なおるよ)」・磐田郡 *やにめ 新潟県佐渡 *やんめ 香川県伊吹島

目の縁にできる□ ⇩ものもらい(物貰)

リンパ腺の□ *いご 富山県高岡市 *いにご 新潟県西蒲原郡 *いぬ 山梨県南巨摩郡 *いぬぐい 愛知県名古屋市「いぬぐいがさす」 *いぬご 山形県「犬ごのねまる」 長野県諏訪 静岡県榛原郡「いぬごん張る」 三重県志摩郡 大阪府 兵庫県淡路島 奈良県 和歌山県「いぬごさす」 岡山市 徳島県美馬郡 香川県仲多度郡 *いぬごだま 和歌山県日高郡 *いねご 山形県 群馬県佐波郡 埼玉県秩父郡 新潟県東蒲原郡 *いねごー 新潟県佐渡 *いねごね 山形県北村山郡 *いの 岐阜県飛驒 *いのー 長野県下伊那郡 *いのぐ 山梨県 *いのこ 宮城県仙台市 *いのご 青森県上北郡「いのごぁつる」 岩手県気仙郡 埼玉県秩父郡 東京都八王子 神奈川県津久井郡 新潟県西頸城郡 長野県上伊那郡・佐久 静岡県磐田郡 大阪府 島根県出雲 *いのごえ 長野県上伊那郡 *いのね 島根県石見 広島県比婆郡 山口県豊浦郡 愛媛県・宇和島市「いのねこむ」 熊本県玉名郡 *いるご 新潟県佐渡 *いんご 千葉県長生郡「いんごがはる」 *いんのこ 東京都大島 京都府竹野郡 岡山県苫田郡「いんのこがふるう」 *えご 富山県砺波「えごさす」 *えごね 新潟県岩船郡「えごね座った」 *えなこずみ 新潟県東蒲原郡 *えにご 新潟県 *えぬご 山形県西置賜郡・南置賜郡 *えのこ 島根県能義郡 *えのご 青森県三戸郡 岩手県上閉伊郡「えのごあはる」 宮城県栗原郡 秋田県鹿角郡 山形県西置賜郡・南置賜郡 長野県佐久 大阪府 島根県 *えんご 群馬

県勢多郡　三重県志摩郡 *えんごねー 新潟県岩船郡

はれる【晴】 *あかる 滋賀県彦根　京都府北部　大阪市　兵庫県但馬　福岡県　長崎県佐世保市・伊王島　熊本県玉名郡 *かわく 高知県高岡郡「きょーはかわきます（今日はよいお天気です）」 *さえる 山口県都濃郡・玖珂郡「よろしゅうさえました（晴れた夜の挨拶）」

雲が消えて□ *はぎる 三重県志摩郡 *はける 茨城県稲敷郡 *はげる 茨城県稲敷郡　愛媛県喜多郡

はれる【腫】 *いきる 岡山県児島郡 *うぬばれる 兵庫県加古郡 *ぎんばる 福井県遠敷郡　大阪府泉北郡 *はばむ 岐阜県養老郡　徳島県（はれ物がはれる） *はぶむ 徳島県・海部郡 *はぼむ 高知県「今朝はおまさんの顔がはぼーじょる」 *ふついぬん 沖縄県首里

顔が□ *むかばれる（病気のために、顔がはれる）山口県　長崎県対馬 *しぶくる・じぶくれる 島根県美濃郡・益田市 *うざはれる（顔面などがむくんではれる）和歌山県日高郡

体が□ *うく（体の一部が水分ではれる。むくむ）富山県砺波　長野県佐久　大阪市　兵庫県加古郡「顔がういとる」　奈良県　和歌山市「脚気で脚がういてる」 *うずばれる 島根県 *うどばれる 島根県能義郡 *うるばれる 島根県石見 *おどばれる 島根県隠岐島 *おどんばれる 島根県出雲 *ずぐむ・ずくむ 島根県「この頃ずぐんだように腫れている」

はんこう【反抗】 *あっと 香川県 *あっとー 香川県仲多度郡・伊吹島 *がい 沖縄県石垣島 *きざかい 香川県三豊郡・小豆島　愛媛県「きざかいでもしたことなら」 *きざから 香川県「こんまいこにきざからしたらいかん」 *きざからい 香川県仲多度郡・与島・男木島 *げー 沖縄県首里 *ひん 沖縄県石垣島

□**する** *あくずる（目上の者に反抗する）岩手県気仙郡「いづもあぐづるがきだ」 *いーぶんつくる 長崎市 *いーぶんぬする 鹿児島県肝属郡 *がいしん 沖縄県石垣島 *からかう 福井県　山梨県中巨摩郡・東八代郡 *からこう 長野県諏訪　愛知県東春日井郡　滋賀県神崎郡 *きどをつく 宮城県仙台市「青二歳のくせして俺にきどつきやがった」 *くさる 茨城県稲敷郡　千葉県海上郡・香取郡 *すってかかる 岩手県気仙郡「おやさすってかがる人あるもんですか」　山形県「弟が兄にすってかかる」 *すてかかる 山形県最上郡 *すてごー 新潟県岩船郡 *でちがう 愛媛県 *はごむく 富山県　石川県　鳥取県西伯郡 *はごもく 富山県砺波 *はむく 岩手県気仙郡 *はりむかう 長崎県壱岐島 *はんごむく 石川県河北郡 *はんこもつ 栃木県安蘇郡 *むかう 山口県「長上にむかうものではない」 *むかる 熊本県 *むどぅゆん 沖縄県首里 *もがう 愛媛県　高知県　福岡県山門郡　熊本県　大分県大分市・大分郡「ひとにもがう（人に向かって言い張る）」 *もごう 愛媛県

ばんしゃく【晩酌】 *あがりざけ 山形県　新潟県岩船郡・東蒲原郡 *うみあがり（海の仕事から上がって飲むところから）新潟県佐渡 *えーき 大分県大野郡 *おしきせ 山梨県・南巨摩郡　長野県　岐阜県　静岡県磐田郡　愛知県　三重県伊勢・志摩郡　京都市　奈良県　和歌山県 *おしくせ 岐阜県加茂郡 *おしませ 和歌山県日高郡 *かんまえ・かんまい・かんみゃ・かんみゃー 熊本県 *きつけ 熊本県球磨郡 *きっけー 宮崎県東臼杵郡 *きりみゃー 京都府竹野郡 *しきせ 三重県　和歌山県有田郡 *だいやみ 佐賀県藤津郡　熊本県芦北郡　鹿児島県屋久島・喜界島 *だいやめ 宮崎県都城　鹿児島県 *だいやん 鹿児島県大隅 *だりあみ 熊本県芦北郡 *だりやすみ 熊本県宇土郡・天草郡 *だりやみ 長崎県五島　熊本県　宮崎県 *だりやめ 宮崎県日向市・東諸県郡 *だれやすみ 熊本県天草郡 *だれやみ 鹿児島県 *ねざけ 新潟県岩船郡　熊本県上益城郡・天草郡 *ばんしゅ 岡山県苫田郡 *やつがい 熊本県阿蘇郡・菊池郡　大分県 *やつぎゃー 熊本県阿蘇郡・上益城郡 *やとぅがい 大分県大分郡 *ゆーがん 熊本県下益城郡 *ゆーはんざけ 新潟県佐渡　島根県石見・隠岐島

はんじょう【繁盛】 *はいこ 富山県・砺波 *はっこ 兵庫県神戸市「この店ははっこになってきたな」　島根県 *はっこー 青森県上北郡「あすこの家は今村で一番はっこおしてる」　山形県東田川郡・庄内　新潟県佐渡・西蒲原郡「幕府の時分には旗本がはつかうで」　兵庫県播磨郡「商売はっこおにやっとる」　鳥取市「はっこうな店」　島根県　香川県仲多度郡　長崎県北松浦郡「赤痢がはっこうし

方/言/の/窓

●第三語形の発生

二つの表現が地理的に接触した場合のトラブル解消法の一つとして、第三語形の発生、あるいは標準語形の採用ということがある。

スッパイという語形発生のメカニズムも、関東地方が、東北地方のスカイ・スッカイと中部以西のスイ・スイーとの緩衝地帯であることで説明することができる。

北関東に「捨てる」を表す標準語形ステルが多く現れるが、これはこの地域が東北地方のナゲルと関東地方のウッチャルとが接触する、標準語形の導入されやすい地盤であることによるものであろう。

このように大勢力が拮抗して対峙する地域では往々にして第三の語形が発生したり、標準語形が流用されたりすることがある。

た」

□する *さかる 埼玉県入間郡　新潟県上越「あの店は大変さかるなあ」 長野県　静岡県志太郡 *はつく 山口県 *はずむ(商売が繁盛する) 新潟県佐渡　滋賀県彦根　広島県比婆郡・高田郡　徳島県「あの店ははずんどる」

はんたい【反対】 *あちこち 千葉県長生郡　新潟県長岡市「ばか、靴そんげにしてはくもんがあっか、あちこちだねか」 石川県鳳至郡　愛知県碧海郡　和歌山県　島根県出雲・隠岐島　愛媛県松山　熊本県阿蘇郡 *あちゃこちゃ 青森県津軽　秋田県「仕事の仕方があちゃこちゃだ」 山形県　新潟県西頸城郡　島根県隠岐島　香川県・高松　高知県 *あちゃこちゃい 上方 *あちゃこちょ 香川県 *あちらこちら 石川県　愛知県愛知郡・碧海郡 *あっちーこっちー 島根県石見 *あっちぇこっちぇ 新潟県佐渡 *あっちこっち 島根県 *あっちこっち 岩手県上閉伊郡　栃木県　埼玉県入間郡　千葉県長生郡　東京都南多摩郡　新潟県　石川県鳳至郡　福井県　長野県　岐阜県　三重県三重郡　山口県防府　香川県　福岡県　長崎県五島　熊本県阿蘇郡　大分県日田郡 *あっちゃーこっちゃー 静岡県志太郡　佐賀県 *あっちゃいこっちゃい 徳島県 *あっちゃこえ 福岡県久留米市 *あっちゃこし 福岡県久留米市・三井郡　佐賀県 *あっちゃこち 福岡県小倉市　長崎市　熊本県 *あっちゃこちゃ 愛知県碧海郡　和歌山県西牟婁郡 *あっちゃこっち 長崎県　熊本県 *あっちゃこっちー 佐賀県 *あっちゃこっちゃ 山形県西置賜郡・北村山郡　富山県　石川県　福井県　静岡県志太郡　愛知県知多郡　岐阜県大垣市　三重県松阪市・名賀郡　滋賀県彦根市・蒲生郡　京都市　大阪市　兵庫県　奈良県　和歌山県東牟婁郡　鳥取県　徳島県　香川県「あっちゃこっちゃになっとるな」 愛媛県　福岡県嘉穂郡　長崎県五島　熊本県　鹿児島県 *あっちゃこっちゃい 徳島県 *あっちゃてっちゃ 福井県大飯郡 *あっちやらこっち・あっちゃらこっちゃら 福岡市 *あっちょーこっちょー 島根県美濃郡・益田市 *あってこって 石川県鳳至郡 *あてーさきー 岡山県小田郡 *あといさき 愛媛県 *あといさきー 岡山県苫田郡「そりゃあ、あといさきーじゃがな」 *あとぅさち 沖縄県首里 *あとさき 愛媛県 *あらいこらい 奈良県南大和 *あらこら 福井県　徳島県 *ありゃーこりゃー 神奈川県津久井郡　静岡県志太郡 *ありゃこら 福井県大飯郡 *ありゃこりゃ 宮城県仙台市　栃木県「それじゃありゃこりゃだがな」 群馬県吾妻郡・勢多郡　千葉県長生郡　富山県　福井県大飯郡　岐阜県　愛知県知多郡　三重県桑名郡　滋賀県蒲生郡　大阪市　兵庫県神戸市　奈良県南大和　和歌山県「障子をありゃこりゃにしめてある」・西牟婁郡　徳島県 *ありやこりや 鳥取県西伯郡 *いっぽかっぽ・いっぽがて・いっぽさ 宮崎県東諸県郡 *うえひら(「うらうえ(へ)」の意で、「へ」に「ら」をつけて「うら」に語呂を合わせた語) 島根県美濃郡・益田市「着物をうえひらに着る」 *うすへら 岐阜県大野郡 *うら 岐阜県飛驒「贅沢しとるが、このうらが来にやえいが」 沖縄県首里 *うらひら(「うらうえ(へ)」の意で、「へ」に「ら」をつけて「うら」に語呂を合わせた語) 島根県益田市 *うらへら(「うらうえ(へ)」の意で、「へ」に「ら」をつけて「うら」に語呂を合わせた語) 青森県津軽　福井県大飯郡　岐阜県大野郡　兵庫県　奈良県宇陀郡「うらへらに成ってしもた」 山口県玖珂郡 *うらべら(「うらうえ(へ)」の意で、「へ」に「ら」をつけて「うら」に語呂を合わせた語) 岐阜県羽島郡・大野郡　奈良県宇陀郡 *おっとるかい 富山県砺波 *ぐいち 大阪府大阪市「白と黒とがぐいちの模様」・泉北郡 *ぐのめ 静岡県榛原郡「この材料じゃー、ぐのめで駄目だ」 *けーせー(「かえし(返)」の転か) 島根県隠岐島 *ざい 岡山県児島郡 *さかさでっぽー 千葉県上総 *さかずんば 島根県隠岐島「さかずんばで水え飛びこんだ」 *さかたん 兵庫県神戸市　奈良県宇陀郡 *さかたんぼ 兵庫県淡路島 *さかちん 兵庫県神戸市　和歌山県東牟婁郡 *さかっちょ 大阪府泉北郡　兵庫県淡路島　和歌山県 *さかっと 奈良県吉野郡　和歌山県 *さかっとー 和歌山県日高郡 *さかっとんぼ 和歌山県「さかっとんぼにこけた」 *さかつべ 香川県　高知県「柿の木からさかつべにこけて」 *さかつんぶり 島根県石見「さかつんぶりをうって崖から落ちた」 *さかつんべ 鹿児島県肝属郡 *さかつんぼー 島根県那賀郡 *さかてんご 島根県出雲 *さかてんぶつ 新潟県上越「さかてんぶつついてきた」 *さかてんぼ 新潟県　長野県下伊那郡「さかてんぼに倒れる」 *さかてんぼー 新潟県西蒲原郡 *さかとん 兵庫県神戸市 *さかとんぶり 福井県大飯郡　京都府　兵庫県神戸市　大分県 *さかとんぼ 三重県志摩郡　滋賀県彦根　京都市　兵庫県神戸市・淡路島　奈良県宇智郡　和歌山市「さかとんぼになってぶらぶらしてる」 徳島県 *さかとんぼー 島根県邑智郡 *さかとんぼり 福井県大飯郡　愛知県一宮市　三重県員弁郡　滋賀県彦根・蒲生郡　京都府　大阪市「手がはづれてさかとんぼりに川へはまった」 兵庫県加古郡・神戸市「さかとんぼりに落ちたんやと」 奈良県吉野郡　徳島県　大分県 *さかへこ 愛媛県宇和島 *さんこ 香川県綾歌郡 *さんこつべ 香川県香川郡 *しちゃこちゃ 島根県隠岐島「着物の着方がしちゃこちゃだ」 *しちゃぽん 福岡県筑紫郡 *しちゃまかちゃま 秋田県 *しっきゃこっち 長崎県対馬 *しっくりかえ 富山県「しっくりかえに(かえって)」 *しっちゃこし 福岡県久留米市 *しっちゃこち 福岡県山門郡 *しっちゃこっち 長崎県対馬・壱岐島 *しっちゃこっちゃ 福井県大飯郡 *しっちゃまかせ 福岡県三潴郡 *すちゃまかちゃま 秋田県平鹿郡「それはすちゃまかちゃまだ」 *すっちゃこっち 長崎県壱岐島　熊本県

阿蘇郡 *すっちゃこっちー 長崎県壱岐島 *そちこち 島根県「靴をそちこちにはえちょー」 *そっちこっち 新潟県佐渡「話はそっちこっちになった」 *そて 島根県隠岐島 *そんこじ 山形県西置賜郡「そんこじの方を見ている」・米沢市「そんこぢな事言う」 *そんこんじ 山形県米沢市 *つらかえし 島根県大田市 *てれこ 三重県名賀郡「駅へむかえにいっててれこになった」 滋賀県 大阪市「この蓋はあれとてれこになっているさかいどっちも合わん」 兵庫県加古郡「何もかもてれこてれこでうまくいかん」 奈良県宇陀郡 岡山県児島郡「あんた、いつ来たん(来たのか)。おとうちゃんとてれこになったなあ」 香川県綾歌郡「豆と麦とてれこに植える」 *てれんくれん 岐阜県加茂郡・恵那郡 *とっくりかえし 新潟県北蒲原郡 *とってかえ 鳥取県西伯郡 島根県「とってかえに立てたらよー立つ」「薦をとってかえにしてもう一度干せ」「姉ちゃんの下駄とってかえね履えちょうなぁがね」 *とってかえし 島根県出雲 *とってらかえ 島根県仁多郡 *はらこら・はりゃこら 福井県 *はりゃこりゃ 新潟県佐渡 福井県 *はりやこりや 新潟県佐渡 福井県坂井郡・南条郡 *はりゃこれや 福井県足羽郡・坂井郡 *はれこれ 新潟県佐渡「はれこれに」 *ひちゃぽん 福岡市 *ひっくりかえ 富山県砺波 *ひっちゃこ 熊本県玉名郡 *ひっちゃこし 佐賀県唐津市 *ひっちゃこっち 長崎県北松浦郡 鹿児島県 *ひっちゃこっちゃ 京都府竹野郡「その持ち方はひっちゃこっちゃだよ」・与謝郡 鳥取県東部 山口県玖珂郡 長崎県五島 *ひっちゃらこっち 福岡県 *ひっちゅーこっちゅー 島根県邑智郡 *ひっちらこっち 福岡市 *ひん 沖縄県石垣島「ひんしん(逆らう。反抗する)」 *ふーたが 岐阜県郡上郡 *ふってかわり 岐阜県郡上郡 *ふりかえ 滋賀県 *ふりかさまい 滋賀県蒲生郡 *へーとち 香川県仲多度郡「人をやりこめようとおもたら、へーとちにやりこめられた」 *へこ 三重県度会郡 兵庫県 岡山県岡山市・児島 広島県 *へご 岐阜県飛騨 *へこー 岡山市「へこーへこー言う」 *へこさか 三重県北牟婁郡 兵庫県 奈良県南大和 島根県石見 岡山県 広島県 山口県浮島 徳島県那賀郡 香川県「おまい着物のまいをへこさかにしとるでないか」 愛媛県 高知県高岡郡 *へこさま 滋賀県 徳島県 香川県三豊郡 *へこま 兵庫県淡路島 *へこむけ 兵庫県神戸市 *へち 岡山県児島郡「五十里でこの潮流がへちになっていると言ふ」 大分県大分市・大分郡 *へちくちゃ 高知県安芸郡 *へちこ 愛媛県 *へちこち 滋賀県蒲生郡 広島県双三郡 徳島県 愛媛県新居郡 長崎県壱岐島 *へちゃ 徳島県 香川県三豊郡 *へちゃこ 香川県 *へちゃこちゃ 三重県度会郡 島根県隠岐島「それはへちゃこちゃだ」 徳島県 香川県 愛媛県 宮崎県 *へちゃこっちゃ 香川県 *へちゃぽん 福岡県糸島郡 *へちゃんちゃ 香川県 *へっちぇーこっち 大分県大分郡 *へっちこちー 広島県佐伯郡 *へっちこっち 広島県高田郡 山口県大島 大分県 *へっちこっちゃ 香川県高松 *へっちゃいこっちゃい 兵庫県淡路島 徳島県 *へっちゃこっち 広島県 長崎県壱岐島 *へっちゃこっちゃ 兵庫県但馬 徳島県 香川県 *へっちょー 山口県豊浦郡 *へっちょこ 大分県速見郡 *へとっちゃ・へとす 香川県三豊郡「そなことして、それへとっちゃじゃが」 *へとち 香川県・三豊郡 *へどちまどち 香川県高松市 *へどちん・へどまん 徳島県 *へなこな 徳島県 香川県仲多度郡 *へなごにゃ 香川県高松市 *へにゃこにゃ 香川県高松 *へにゃごにゃ 香川県大川郡・香川郡 *へらこら 京都府与謝郡 兵庫県美方郡 島根県「着物がへらこらだ」 香川県三豊郡 宮崎県東諸県郡 *へりゃーこりゃー 島根県美濃郡・益田市 *へりゃこりゃ 京都府竹野郡 兵庫県出石郡 島根県邇摩郡・隠岐島 山口県大島 徳島県那賀郡 香川県仲多度郡・三豊郡 *へんか 高知県 *へんぎ 高知県幡多郡 *へんこ 京都府南桑田郡 *へんこら 香川県佐柳島 *へんにゃごんにゃ 香川県 *へんぱく 熊本県天草郡 *やちゃぷん 福岡県筑紫郡・糸島郡 *やりゃこりゃ 岐阜県山県郡・武儀郡 *よこぺそ 千葉県香取郡 *りゃこ 愛知県知多郡 *りゃんこ 京都府竹野郡

↓あべこべ・ぎゃく(逆)

□**する** *うらかえす(相手に反対する。反論する)新潟県佐渡「うらかえすようだが、それはちがう」 *えぐる 岡山県苫田郡 *おねくる(人の言うことに反対する。また、人をむやみに非難する)愛媛県大三島 *けっちゃす 茨城県稲敷郡 *こばむ 岩手県中通「君はなぜあの人にこばむかね」 *さかめいる(人に反対る。逆らう)和歌山市 *せく 島根県八束郡 *ねじる(人の説に反対する。逆らう)岐阜県北飛騨 滋賀県彦根 *はむく 岩手県気仙郡 *むどぅちゅん(人の言うことに反対する。逆らう)沖縄県首里 *もじかう 高知県・高知市「あんまりもぢかうきにとーとーあんな目に逢わされた」 *もじこう 徳島県「そんなに一々もじこうな」 *もじる 新潟県中頸城郡「あいつはこんなことをいったら、はなしをもじった」 *もどく(人の言うことに反対する。逆らう)和歌山県「人が何かいうと、じきもどきに来る」 *よこじれる(やたらに人に反対する)島根県仁多郡・隠岐島

□**にする** *かやす 新潟県西頸城郡 岐阜県飛騨「もちをかやいくりょ」 静岡県志太郡「てっきのさかなーかやぇーてーてくりょー」 兵庫県加古郡 和歌山市 山口県防府 香川県香川郡・高松市 愛媛県宇和島 鹿児島県 *どっくらがす・とくらがす 青森県津軽 *とくりかえす 秋田県鹿角郡 *どっくらかえす 新潟県東蒲原郡「ふとんをとっくらかえす」 *とっくらがえす 新潟県新発田 *とっくりかえす 北海道 青森

県・津軽「舟をとっくりかへす」 山形県 新潟県 *とっくりげす 山形県東田川郡・西田川郡 *とっくるかえす 新潟県 *とっくるがえす 秋田県鹿角郡・仙北郡「此の石をとっくるげぁして見せる」 *へーしゅい 鹿児島県喜界島

はんてん【半纏】 *いわっぱり 新潟県中魚沼郡 *うわっぱり 新潟県中部 *おだばって 栃木県芳賀郡 *けんちゃ 和歌山県日高郡 *こてっぽ 栃木県 *じばんこ 秋田県平鹿郡・仙北郡 *しりきれ 福岡県浮羽郡 *じんべ 滋賀県伊香郡 *じんべはん 三重県名張市 *すっぽ 栃木県 *だるま(「腰から下がない」の意をかけて) 秋田県秋田市・河辺郡 *ちゃん 新潟県東蒲原郡 *てこ 島根県隠岐島 *てっこー 島根県美濃郡 *でんち 福井県 岐阜県 愛知県 三重県 滋賀県 京都府・竹野郡 大阪府泉佐野市・大阪市 兵庫県 徳島県 香川県 愛媛県 *どーぎ 和歌山市 *どーふく 島根県石見 *どーぶく 滋賀県蒲生郡 広島県 *どーまる 山口県阿武郡 *どぶく 広島県賀茂郡 *どんざ 山形県米沢市・飽海郡 滋賀県坂田郡・東浅井郡 長崎市 *どんぶく 三重県志摩郡(筒そで) 滋賀県高島郡・蒲生郡 *はぎり 岩手県九戸郡 *はだこ 岩手県気仙郡 *ばち 秋田県平鹿郡 *はっぴ 大阪府泉北郡 香川県三豊郡 *ばて 京都府 *はんかわせ 石川県羽咋郡 *はんきり 福島県 福岡県山門郡 熊本県玉名郡 *はんぎり 熊本県 *はんぎりもの 岡山県邑久郡・岡山市 *はんこ 福島県石川郡・西白河郡 長野県南佐久郡・北安曇郡 愛知県知多郡(ひとえ物) 滋賀県 岡山県苫田郡 徳島県 *ばんこ 栃木県 *はんこー 静岡県 *はんち 京都府 *はんちゃ 北海道函館市 青森県 岩手県九戸郡・下閉伊郡 秋田県鹿角郡 新潟県 富山県 石川県 福井県坂井郡 長野県上田 愛知県知多郡 三重県 滋賀県 京都府 大阪府 兵庫県淡路島 奈良県 和歌山県 島根県 岡山県 広島県 香川県 高知県 佐賀県 長崎県対馬・壱岐島 *はんちゃー 新潟県 *はんちょー 新潟県中魚沼郡 *はんてつ 長野県佐久 *はんど 岩手県上閉伊郡 *はんとこ 和歌山県東牟婁郡 *はんぶく 山口県見島 *はんぷく 山口県大島 *へんてこ 和歌山県 *みちかわせ 長崎県南高来郡 *みっか 岩手県岩手郡 *むきみや 茨城県稲敷郡 *よしち 三重県

子供を背負った上に着る□ *かっこい・かっぽい 長崎県壱岐島 *かぶせ 長崎県壱岐島 *からいばんてん 佐賀県唐津市 *こいじばん・こいぎもん 島根県 *こいばんてん 島根県美濃郡・益田市 *こいまき 島根県邇摩郡 *こおいばんちゃ 広島県比婆郡 *こんご 鹿児島県 *こんごい 長崎県壱岐島 *こんごばおり 鹿児島県 *しょーといれ 香川県三豊郡 *せわ・せんか 香川県 *せんたぶつ 大分県日田郡 *やんこ 香川県三豊郡

子供を背負った上に着る綿入れの□ *こもりどぶく 高知県幡多郡 *こもんばんてん 島根県隠岐島 *ねんねこはおり 静岡県志太郡 *はんこ 岡山県苫田郡 *はんだー 静岡県・庵原郡 *はんちゃ 三重県北牟婁郡 *ぶく 大分県

そでなしの□ *おちゃっぱり・おっちゃっぱり 山梨県中巨摩郡 *おでんち 三重県阿山郡 兵庫県氷上郡・赤穂郡 島根県鹿足郡 愛媛県伊予郡 大分県南海部郡 *でんこ 滋賀県伊香郡 京都府竹野郡 島根県出雲 香川県・大川郡・木田郡 *でんご 滋賀県 *でんこー 香川県大川郡・木田郡 *でんじ 香川県木田郡・伊吹島 *でんじん・てんじん 香川県伊吹島 *でんち 福井県 岐阜県 愛知県 三重県 滋賀県 京都府・竹野郡 大阪府泉佐野市・大阪市 兵庫県 徳島県 香川県 愛媛県 *でんちこ 岐阜県 愛知県 三重県 滋賀県 香川県小豆島 *でんちゃ 香川県仲多度郡・三豊郡 *でんちゃん 香川県・三豊郡 *でんちゅ 三重県阿山郡 香川県大川郡 *でんちゅー 岐阜県可児郡・恵那郡 愛知県 徳島県 香川県大川郡 *でんちょ 香川県仲多度郡 *でんちん 愛知県岡崎市 *でんつ 香川県大川郡 *どーば 静岡県・賀茂郡(小さな残り布を集めて作り、野良着とする) *はっぴ 岩手県 秋田県 三重県名張市 *ひっちょい 東京都八王子 神奈川県

筒そでの□ *おんころ 岡山県・和気郡 *てっぽーばんちゃ 香川県三豊郡 *どもこも 三重県志摩郡 *ぽーぽーじゅばん 茨城県稲敷郡 *むきみばんてん・むきみや 千葉県東葛飾郡 *むきみやばんてん 東京都八王子 *むじり 北海道函館 青森県 岩手県 宮城県 秋田県 山形県 福島県 *むじりいしょ 宮城県仙台市 山形県西置賜郡 *むじりきもの 青森県三戸郡 *むじりてっぽ 秋田県鹿角郡 山形県東置賜郡 福島県北部 *むずりこ 宮城県仙台市 *むんじり 青森県 *もじり 北海道函館 青森県上北郡 宮城県仙台 埼玉県秩父郡 東京都三宅島 神奈川県津久井郡 新潟県岩船郡・佐渡 富山県砺波「嫁入りしてからもじり一枚拵(こっしゃ)いてくれん」・東礪波郡 石川県能美郡 福井県 三重県志摩郡 徳島県 *もじりばんちゃ 新潟県佐渡 *もじりばんてん 埼玉県秩父郡 東京都大島・三宅島

綿入れの□ *おのこ 熊本県球磨郡 *どーとく 長野県 *どーふく 島根県石見 *どーぶく 滋賀県蒲生郡 広島県 *どーぶくばんちゃ 広島県比婆郡 *どっとくわたいり 長野市 *どぶく 広島県賀茂郡 *どんぶく 三重県志摩郡(筒そで) 滋賀県高島郡・蒲生郡 *ぬのこ 山形県 栃木県 群馬県勢多郡・佐波郡 埼玉県入間郡 千葉県東葛飾郡 新潟県佐渡・岩船郡 石川県 福井県 愛知県碧海郡・岡崎市 三重県飯南郡 滋賀県彦根・蒲生郡 兵庫県多紀郡 奈良県 島根県 広島県高田郡 香川県 愛媛県周

桑郡　熊本県天草郡　大分県 ***ぬのこばんてん** 島根県石見　香川県大川郡 ***のーのこ** 茨城県鹿島郡 ***のこ・のっこ** 長野県佐久 ***ののこ** 秋田県　福島県北部　茨城県稲敷郡　栃木県　群馬県　埼玉県秩父郡・入間郡　千葉県海上郡・山武郡　新潟県　富山県　石川県　福井県遠敷郡　山梨県　長野県諏訪・佐久　岐阜県海津郡・飛驒　愛知県　三重県　滋賀県蒲生郡　京都府　大阪市　兵庫県　和歌山県日高郡　鳥取県西伯郡　島根県(木綿)　岡山市　広島県高田郡　山口県豊浦郡　香川県香川郡　愛媛県　熊本県球磨郡　大分県　宮崎県延岡市 ***ののこすっぽ** 栃木県 ***ののこばんてん** 島根県隠岐島 ***んのこ** 香川県三豊郡

はんにち【半日】 ***かたけ**(朝食か夕食かの、どちらかの食事をいう「かたけ(片食)」からか) 福井県遠敷郡　鳥取県東伯郡・西伯郡「今日わかたけやすんびだ」　島根県「かたけしごと(半日仕事)」　岡山県苫田郡 ***かたはか** 島根県　山口県玖珂郡 ***かたひなか** 山梨県南巨摩郡「かたひなか遊んでひっちまった」　島根県隠岐島　山口県大島 ***かたひる** 島根県隠岐島 ***はんかた** 福岡県浮羽郡　大分県 ***はんぴ** 福島県相馬郡・西白河郡「はんぴ遊んじゃった」　栃木県 ***はんやく**(半日分の作業。転じて、半日) 徳島県・三好郡「はんやくあそーでしもーた」 ***ぴーなか** 沖縄県八重山 ***ひくなる** 岐阜県土岐郡 ***ひとおろし** 福岡県浮羽郡　熊本県玉名郡「酒ばぬーだり歌ばうとたりして、ひとおろし、あすじ(遊んで)行きました」 ***ひとめしあい・ひとめしかい** 岐阜県飛驒 ***ひとろし** 佐賀県三養基郡　長崎県北高来郡 ***ひなか** 山形県東田川郡　新潟県　富山県砺波　石川県　三重県伊勢・員弁郡　京都府与謝郡・竹野郡「朝ひなかは遊んじまった」　大阪府泉北郡　兵庫県「ひなか休み」　和歌山県　島根県石見「この仕事はひなかかかれば出来る」　岡山県小田郡　広島県「ひなかあすーで(遊んで)しもーた」　山口県豊浦郡　愛媛県　沖縄県首里 ***ひなから** 新潟県佐渡 ***ひはん** 宮崎県西臼杵郡　鹿児島県肝属郡 ***ひはんにち** 長崎県対馬　宮崎県延岡市 ***ひるなか** 岐阜県養老郡 ***ひんない** 岐阜県加茂郡 ***ひんなか** 岐阜県南部　滋賀県彦根　奈良県・宇陀郡・吉野郡　和歌山県日高郡　鳥取県気高郡 ***ふぃなか** 沖縄県首里 ***ふとろし** 長崎県北高来郡 ***ふなか** 島根県出雲・隠岐島 ***ふなかはんにち** 島根県隠岐島 ***へなか** 新潟県中頸城郡 ***へなから** 富山県

はんにんまえ【半人前】 ⇨「いちにんまえ(一人前)」の子見出し、「一人前でない者」

はんぱ【半端】 ***ちぐ** 茨城県久慈郡　山梨県南巨摩郡「足袋を片方ひん焼いとーどーでちぐにうんなった」　静岡県「この膳はちぐだ」　鳥取県　広島県高田郡　山口県豊浦郡　大分県　鹿児島県喜界島 ***ちぐた** 茨城県久慈郡 ***ちぐちぐ** 和歌山市　福岡市　熊本県菊池郡「このじょりゃ(草履は)ちぐちぐばってん、よかろか」 ***ちごちご** 兵庫県加古郡 ***ちんぐ** 群馬県吾妻郡 ***は** 奈良県　島根県「はが出る」　山口県 ***はー** 和歌山市「七つを三つに割ったら一つはーが出る」 ***はぐ** 岩手県気仙郡　宮城県石巻　山形県米沢市「この歌がるだあ、はぐだ」　栃木県「これ一つはぐでしゃあねえ」　群馬県勢多郡「はぐのお箸ぢゃ仕様がねえ」　新潟県佐渡　山口県大島 ***はぐた** 岩手県気仙郡　宮城県「十人前あったお皿、いつのこまにか、こわさってはぐたになりした」　秋田県　山形県　福島県　千葉県香取郡 ***ぱぐた** 福島県浜通・北部 ***はぐたもの** 岩手県気仙郡 ***はご** 青森県　新潟県東蒲原郡「布がはごになった」 ***はごた** 岩手県　千葉県香取郡 ***はし** 新潟県三島郡　長野県佐久 ***はした** 島根県「この布を切ると残りがはしたになる」 ***はしたもの** 宮城県石巻　鳥取県西伯郡　島根県 ***はたぐ・はたぐまじり** 鹿児島県沖永良部島 ***はば** 静岡県　愛知県名古屋市「豆腐一丁十二円だなんてはばな値だ」 ***はんぐ** 群馬県山田郡　新潟県佐渡「仕事をはんぐにしては困る」 ***はんくた** 秋田県雄勝郡 ***はんぐもん** 新潟県佐渡「この茶わんははんぐもんだ」 ***はんご** 新潟県中頸城郡 ***はんた** 島根県大原郡・益田市「はんたな」 ***はんだ** 兵庫県淡路島 ***はんたん** 島根県石見「今日御飯がちーとはんたんな」 ***はんち** 和歌山県「二人づつ行くと一人だけはんちになる」 ***はんちき** 東京都三宅島 ***はんちく** 東京都三宅島　岡山県阿哲郡 ***はんちゃ** 福井県足羽郡 ***はんちゃく** 岡山県苫田郡 ***はんちゃくれ** 岐阜県益田郡 ***はんつ** 大阪市　兵庫県加古郡・淡路島　奈良県 ***ひんず** 兵庫県加古郡　奈良県「そらっ破ったな、十枚の皿がひんずになったぞ」・宇陀郡 ***よは** 山口県「合計千五十円ですが千にしてよははまけましょ」・豊浦郡「よはが出る」　→ちゅうとはんぱ(中途半端)

はんぶん【半分】 ***しらざー** 東京都八王子 ***なから** 岩手県気仙郡「なからにして帰った(中途で帰った)」　新潟県「月のなから(中旬)に行きたい」「仕事がなからになった」　山梨県　静岡県・田方郡・志太郡　兵庫県揖保郡　広島県比婆郡　香川県佐柳島・伊吹島　長崎県佐世保市　鹿児島県　沖縄県首里・石垣島 ***はご** 山形県西田川郡 ***はんかた** 島根県出雲　沖縄県首里 ***はんこ** 鹿児島県肝属郡 ***はんこー** 新潟県佐渡 ***はんぴら** 長野県　大分県速見郡 ***はんべた** 岐阜県益田郡 ***はんぺた** 福島県東白川郡・西白河郡　栃木県安蘇郡「俺にはんぺたくれ」　群馬県桐生市　新潟県中部　長野県諏訪・上伊那郡　岐阜県高山 ***はんぺら** 静岡県田方郡 ***まなか** 兵庫県城崎郡　大分市　→なかば(半)

はんまい【飯米】 ***けしねめー・けしでごめ** 山形県東田川郡 ***けしね** 青森県上北郡　岩手県盛岡市　秋田県　福島県中部「けしね炊く」　茨城県・猿島郡　栃木県　千葉県上総　新潟県　長野

県更級郡　岐阜県郡上郡　福岡県三潴郡・浮羽郡「けしね搗(つ)く」　大分県玖珠郡・日田郡　*けしねごめ 山形県東田川郡　福島県岩瀬郡　*げよー 和歌山県日高郡「いもを作ってげようの足しにする」　*ちしね 茨城県那珂郡　*では 宮崎県宮崎市・東諸県郡「ではびつ(白米を入れておく器物)」

ばんめし【晩飯】 ⇩ゆうしょく(夕食)

はんも【繁茂】 ⇩しげる(茂)

草木が□する *おごる 京都府竹野郡「えんどうが、ようおごった」　*かぶえる 長崎県対馬　*はこぼる(「はびこる」の転) 島根県八束郡　*ふける 高知県高岡郡　*ほえる 千葉県　*ほーきる 山形県米沢市・南置賜郡　*ぼーける 福島県浜通「桑の葉がぼーける」　*ほきる 宮城県遠田郡・仙台市「一雨降ったっけ草こったにほきした」　山形県　福島県　茨城県　栃木県安蘇郡・下都賀郡「草がほきたから刈らなくちゃ」　群馬県　埼玉県入間郡・北葛飾郡　千葉県　東京都南多摩郡　神奈川県　新潟県佐渡　長野県佐久「穂がほきた」　愛媛県　高知県・幡多郡　*ほくる 青森県三戸郡　*ほける 青森県三戸郡　山形県　神奈川県津久井郡　新潟県佐渡・中頸城郡　長野県　高知県幡多郡　*ほこえる 静岡県榛原郡　兵庫県加古郡　愛媛県　高知県幡多郡　*ほごえる 滋賀県彦根　*ほたえる 神奈川県津久井郡　*ほちゃえる 千葉県夷隅郡　*まさる 奈良県吉野郡　*わーごる 高知県土佐郡　*わごる 高知県「この木のわごった事、縄でしばりつけて置かんと通る人のじゃまになる」

植物の根や枝葉が□する *しこーる 岩手県九戸郡　*しこる 青森県三戸郡　神奈川県中郡　奈良県宇陀郡「畑の草がしこって来た」　和歌山県伊都郡・那賀郡　山口県豊浦郡　徳島県「この楠はようしこっとる」　福岡県粕屋郡・福岡市　熊本県阿蘇郡・下益城郡　大分県　宮崎県都城・東諸県　鹿児島県肝属郡　*しごる 福岡県

□する *おごえる 香川県　*きおう 静岡県浜名郡　*こぞる 大阪府泉北郡　*のえる 島根県鹿足郡「茄子がたくさんのえた」　徳島県美馬郡　長崎県壱岐島　*ふさけーゆん・ふちゃーゆん・ふちくぬん・ぶてーゆん・むてーゆん・ゆかゆん 沖縄県首里

ひ

ひ【日】 *うだつ 新潟県東蒲原郡「うだつが良くて木が太る」「うだつが悪くて葬式が出せない」　*にょーにょーさん 新潟県佐渡　*にょんにょんさん 広島県高田郡

→おひさま(御日様)・たいよう(太陽)

□が暮れる *いらしゃる 山形県「おてんとさまがえらしゃたから家に帰った」　福島県北部・会津「もういらしゃる頃だ」　*いらはる 福島県北部・会津　*えらっしゃる 山形県村山「えらっしゃるわ、皆帰ろ」　*おはいやる 山形県置賜　*おはいらる 山形県東置賜郡・西置賜郡　福島県相馬郡「はー、おへーらっとこだから(もう、お日様が没するところだよ)」　*おはいりやる 山梨県西山梨郡・南巨摩郡　*おはいりんなさる 山梨県　*おはいんさる 山梨県　*そどむ 島根県鹿足郡・美濃郡「早う植えんと日がそどむ」　*ふふぁーむん・っふぁーむん 沖縄県石垣島　*はずる 岐阜県飛騨「お日のはずるを待つわいな(田植え歌)」　*ひがさがる 沖縄県　*ひがはずる 長野県西筑摩郡　岐阜県郡上郡　*やがさがる 島根県石見「どがーしたものか矢がさがってもうちの子は戻って来ん」　*ゆっくぃゆん(「夜が暮れる」の意) 沖縄県首里

ひ【火】 *あか 大阪市　*あかうま 香川県大川郡　*あかんま 香川県大川郡　高知県長岡郡　*あた(小児語) 長野県下伊那郡　奈良県宇陀郡　*あち(幼児語) 島根県出雲「あちがもえる」　*あちゃあちゃ(幼児語) 山形県飽海郡　*あつ(幼児語) 島根県石見　*あつあつ(幼児語) 青森県三戸郡　*あっちゃ(幼児語) 山形県西置賜郡・西田川郡　*あっぷ 長崎市　*あっぽ 長野県西筑摩郡　*いたいた 愛媛県松山　*うまーつぃ 沖縄県首里　*うまち 鹿児

島県奄美大島 *うまつ 鹿児島県喜界島 *うまつい 沖縄県宮古島・首里 *うまてぃ 鹿児島県加計呂麻島 *うまとぅ 鹿児島県喜界島 *おき 栃木県上都賀郡「をきが消えた」 群馬県 埼玉県 新潟県 岐阜県本巣郡 静岡県田方郡 三重県志摩郡 兵庫県但馬・神戸市 島根県 山口県玖珂郡 大分県宇佐郡・西国東郡 *おふ(幼児語) 香川県木田郡 *おぶー(幼児語) 長野県 *さしぶ 福島県大沼郡「さしぶたてる(火をつける)」 *じじ・じー(幼児語) 鹿児島県肝属郡 *たいたい 福岡県久留米市・八女市 *ちんちん(幼児語) 奈良県南葛城郡 *のーの(幼児語) 岐阜県郡上郡 島根県邑智郡 *のーのさま(幼児語) 静岡県引佐郡 *のんの(幼児語) 新潟県西頸城郡 島根県那賀郡・鹿足郡 *ひゃー 奈良県吉野郡 *ぴゃーぴゃー・ひよ(幼児語) 静岡県清水市 *ぴゃぴゃ 静岡県 *ふ(幼児語) 島根県仁多郡 香川県 *ぶ(幼児語) 奈良県南大和 *ふー(幼児語) 石川県鳳至郡 長野県下水内郡・東筑摩郡 愛知県宝飯郡 京都府竹野郡 兵庫県加古郡 和歌山県東牟婁郡 鳥取県鳥取市・因幡郡 香川県 愛媛県新居郡 大分県 *ぷー(幼児語) 長野県・長野市・上水内郡(燠) 和歌山県 高知県 *ぷー(幼児語) 長崎県対馬 *ぷーぷ・ぷーっこ(幼児語) 岩手県気仙郡 *ふーふ(幼児語) 長野県東筑摩郡 *ぶーぶ(幼児語。炎のある火) 滋賀県犬上郡 *ぷーぶ(幼児語) 静岡県 *ぶーぶー(幼児語) 山形県米沢市「ぶうぶうあ、もえる」 滋賀県蒲生郡 和歌山県那賀郡 *ぷーや(幼児語) 新潟県南魚沼郡 *ふーわ(幼児語) 岐阜県郡上郡・加茂郡 *ふふ(幼児語) 鹿児島県鹿児島郡 *ぶよぶよ(幼児語) 山形県米沢市 *ぼーぼ 福島県安達郡 *ぼーぼー 茨城県稲敷郡・北相馬郡 *ぽぽ(小児語) 秋田県雄勝郡 *ぼんぼ(幼児語) 群馬県吾妻郡 長野県下伊那郡 静岡県磐田郡 *ぼんぼさん(幼児語) 群馬県多野郡「ぼんぼさんふったきゃにゃーと柱三本くれるぞ(火をたきつける時に唱える)」 *ぽんぽん(幼児語) 長崎市 *まーつぃ 鹿児島県徳之島 *まち 鹿児島県与論島・奄美大島・沖永良部島 *まっ・まてぃ 鹿児島県奄美大島 *まっつぃ 鹿児島県沖永良部島

□が盛んに燃えているさま *おこおこ 青森県津軽 *おここ 青森県三戸郡 *おっこいおっこい 鹿児島県肝属郡 *おっこおっこ 鹿児島県鹿児島郡 *ごーんごーん 青森県三戸郡 *ごんごん 福島県相馬「火がごんごんおきてる」 *ずるずる 静岡県「火をずるずる燃して下さい」 愛媛県南宇和郡・岡村島 *べらべら 青森県三戸郡 岩手県気仙郡「油紙がべらべらもえだ」 新潟県 *めろめろ 山形県村山 *わんわん 宮崎市

ひあたり【日当】 *ぽっこ 静岡県磐田郡

□のよい所 *でんど 富山県砺波「うちの田はでんどばっかりや」 *ひのら 愛媛県八幡浜市 *ひゅーも 岐阜県郡上郡 *ひょーも 岐阜県飛驒・郡上郡 *ひょーもん 岡山県邑久郡 *ひよも 岐阜県飛驒「雪の消え際はひよもを選んで歩くとええ」 静岡県磐田郡 愛知県北設楽郡

□のよい土地 *あだ 岡山県吉備郡 *さーし 広島県豊田郡・大崎上島 愛媛県大三島 *めんじ 岡山県

ひえ【稗】 *がらしぬむん 沖縄県竹富島 *がらさむん 沖縄県鳩間島 *がらしまい 鹿児島県与論島 *けしね 青森県南部 岩手県上閉伊郡 *ごくもの 奈良県吉野郡 *だごびえ 富山県一部 *はずびえ 福島県一部 *ぼーずびえ 島根県鹿足郡 *ほび(穂) 島根県邑智郡 *ほべ 鳥取県一部 *ほんび 福島県石城郡 *まずべそ 新潟県一部

ひえこむ【冷込】 *いたえる 新潟県 *いてーる 新潟県 *いてる 宮城県北部 福島県 和歌山県日高郡 *しにる 島根県簸川郡 *しびる 高知県幡多郡 *しみる 東北 栃木県 新潟県 富山県射水郡・東礪波郡 山梨県・南巨摩郡 長野県 岐阜県 静岡県 愛知県北設楽郡 岡山市 広島県高田郡 愛媛県 *しめる 富山県砺波 *すくだまる 岩手県九戸郡 *そりうつ 青森県上北郡 →さむい(寒)

ひえる【冷】 *しみっこい 静岡県磐田郡 愛知県 *すしぇる 山形県最上郡「今日はすしぇるなぁ」 *ぴんぐるん 沖縄県石垣島 *ふぃじゅゆん 沖縄県首里「うぶんぬふぃじゅゆん(御飯が冷える)」 →さむい(寒)

体が□ *さみける・さびける 島根県出雲 *すずける 島根県邑智郡

非常に□ *いたえる・いてーる 新潟県 *いてる 宮城県北部「今日は なかなかいてる日だね」 福島県 和歌山県日高郡

ひかく【比較】 *てんこつ 滋賀県蒲生郡 *ひきべつ 岩手県気仙郡「うちの嫁に、隣りの嫁をひきべつにして、姑が小言を言う」 兵庫県加古郡 長崎県対馬 *ひっきょー 茨城県久慈郡「ひっきょーする」 *ふぃっちょー 沖縄県首里「うぇーきんちゅとぅ ふぃんすーむんとぅ ふぃっちょーや ならんさ(金持ちと貧乏人と比較はできないよ)」 →くらべる(比)

□する *あせる 岩手県気仙郡「二つあせでみる」 宮城県仙台市「あのおぼこ頭さあせて(あの子は頭に対して)身体ちっちゃけこたね」 *あてがう 富山県 *なびゆん(並べる。また、並べて比較する) 沖縄県首里 *すける(並べて比較する) 島根県鹿足郡 山口県阿武郡・玖珂郡「これにすけるとよい」 *たくらべる 宮城県仙台市 *たっぺーをとる 長野県南安曇郡

ひかげ【日陰】 *あて 栃木県安蘇郡・那須郡 *かーぎ 沖縄県首里 *かげ 香川県 愛媛県周桑郡 熊本県天草郡 大分県 *かげうら 富山県砺波 香川県高見島 大分県速見郡 *かげじ 島根県鹿足郡・隠岐島 *かげった 新潟県上越市 *かげっぴら 熊本県天草郡 宮崎県南那珂郡 *かげひら 大分県東国東郡・大野郡 *かげびら 熊本県

天草郡 *かげふら 島根県八束郡 *かげべた 大分県速見郡 *かげへら 大分県中部 *かげべら 大分県大分郡 *かげら 兵庫県加古郡 奈良県宇陀郡 島根県浜田市 香川県丸亀市・綾歌郡 *かげり 島根県邇摩郡・隠岐島 長崎県対馬 熊本県下益城郡 大分県西国東郡 *かたおろ 栃木県西部 *しのた 島根県美濃郡 *しのと 島根県石見 広島県安芸郡 *とびら 島根県那賀郡 *ならいっこ 岩手県気仙郡 *ひうら 京都府竹野郡 島根県鹿足郡・隠岐島「ひうらじゃけー作物が出来ん」 香川県大川郡 *ひおら 島根県隠岐島 *ひゅーら 岡山県邑久郡 *へしろ 兵庫県

❷地 *いんじ 三重県一志郡 *おーじ 奈良県吉野郡(山の北と西の面) 和歌山県西牟婁郡「木がおうじで育たん」・日高郡 *おぐろやしき 島根県邇摩郡 *おろ 栃木県西部 *おろっぽ 栃木県安蘇郡 *おろっぽー 栃木県西部 *おろばた 栃木県日光市 *おろやま 栃木県西部 *おんじ 岐阜県 三重県一志郡 大阪府南河内郡 奈良県「おんぢの畠であかん」 島根県 岡山県 広島県 香川県三豊郡 愛媛県・大三島 *かーぎ 沖縄県首里 *かげ 香川県 愛媛県周桑郡 熊本県天草郡 大分県 *かげうら 富山県砺波 香川県高見島 大分県速見郡 *かげじ 島根県鹿足郡・隠岐島 *かげった 新潟県上越市 *かげっぴら 熊本県天草郡 宮崎県南那珂郡 *かげひら 大分県東国東郡・大野郡 *かげびら 熊本県天草郡 *かげふら 島根県八束郡 *かげべた 大分県速見郡 *かげへら 大分県中部 *かげべら 大分県大分郡 *かげら 兵庫県加古郡 奈良県宇陀郡「かげらへはいらな暑い」 島根県浜田市 香川県丸亀市・綾歌郡 *かげり 島根県邇摩郡・隠岐島 長崎県対馬 熊本県下益城郡 大分県西国東郡 *きたうら 岡山県邑久郡 *こだれ・こざれ 大分県 *しのた 島根県美濃郡 *しのと 島根県石見 広島県安芸郡 *しびたれ 島根県邇摩郡 *のーて 島根県出雲「のーてで大根ができん」 *のーで 新潟県岩船郡 *のーてば 島根県八束郡 *のて 島根県簸川郡 *ひぞい 島根県隠岐島「この畠はひぞいでだめだ」 *ひぞえ 島根県隠岐島 熊本県天草郡 宮崎県西臼杵郡 *ひちけじ 島根県石見 *ひなたみず 栃木県 *ひみず 栃木県 山梨県南巨摩郡

ひがし【東】 *あーい 沖縄県石垣島 *あーり 沖縄県八重山 *あーる 沖縄県石垣島・鳩間島 *あがい 沖縄県与那国島 *あがり 鹿児島県沖永良部島 沖縄県 *あがりー・あがれー 鹿児島県喜界島 *あり 沖縄県波照間島「ありかじ(東風)」 *おき 静岡県焼津市 *おもて 富山県下新川郡 *かみ 広島県豊田郡

❷の方 *あがりかた 沖縄県首里 *しも 東京都伊豆諸島 *ひがして 福島県若松市・大沼郡 *ひがしや 香川県 *ひがしら 滋賀県 和歌山県 香川県 *ひがしらむき・ひがっしゃむき 香川県木田郡 *ひがっしゃー 徳島県海部郡 *ふぃじゃほー 沖縄県首里

ひがしかぜ【東風】 *あーりかじ 沖縄県石垣島・新城島 *あーりかんじ 沖縄県小浜島 *あーりはじ 沖縄県黒島 *あーりぶち 沖縄県国頭郡 *あーるかち 沖縄県石垣島 *あいのかぜ 新潟県西頸城郡・佐渡 富山県東礪波郡 島根県隠岐島・八束郡 *あがいかじ 沖縄県宮古島・与那国島 *あがりはでぃ 鹿児島県与論島 *あがりんかじ 鹿児島県徳之島 *あがるかじ 沖縄県宮古島 *あまかぜ 奈良県吉野郡・宇陀郡 *あらし 兵庫県赤穂郡 和歌山県(朝吹くもの) 山口県大津郡 *あらせ(夏の夜吹くもの) 新潟県岩船郡 *ありかじ 沖縄県波照間島 *いなさ 茨城県 千葉県山武郡 静岡県庵原郡 和歌山県(強風) *いなさかぜ 栃木県芳賀郡 *いなせ 千葉県印旛郡 *うのほーもん 島根県浜田市 *うらかぜ 三重県伊勢 *おきのかぜ(雨の降る前触れであるという) 宮崎県児湯郡 *おとし 山梨県 *ぎおんごち(祇園会の前後の晴天続きの日に吹く東の風) 鹿児島県肝属郡 *きた 東京都利島・大島 *きたっぷき(「きた」は東風の意。東風を中心にして吹く風) 東京都大島 *くぐり 広島県豊田郡 *くだし 熊本県菊池郡・球磨郡 *くだしかぜ 熊本県 *くだりかぜ 三重県名賀郡 *くち 鹿児島県奄美大島 沖縄県首里(春先に吹く風) *くちかで 鹿児島県加計呂麻島 *くちぶち 沖縄県中頭郡 *くんだりかぜ 熊本県鹿本郡 *こいのかぜ 鹿児島県屋久島 *ここち 愛知県愛知郡・碧海郡 *こち 岩手県上閉伊郡 宮城県登米郡 茨城県東南部・那珂郡 千葉県香取郡 東京都利島・大島・三宅島・御蔵島 静岡県浜名郡 愛知県碧海郡・知多郡 三重県 兵庫県淡路島・印南郡・加東郡 大阪府泉南郡 奈良県宇陀郡・吉野郡 和歌山県(漁師の語)・那賀郡・日高郡 鳥取県西伯郡(早春の寒い風) 島根県 岡山県 広島県 山口県 徳島県・板野郡(冷たい風) 香川県 愛媛県 高知県 佐賀県唐津・藤津郡 長崎県南高来郡・西彼杵郡 熊本県玉名郡・天草郡 大分県 宮崎県 鹿児島県日置郡 *こちかぜ 宮城県登米郡 三重県 京都府 大阪府南河内郡・泉北郡 奈良県 島根県出雲 広島県高田郡 山口県豊浦郡 徳島県板野郡 愛媛県 佐賀県三養基郡 長崎県南高来郡 熊本県 大分県 鹿児島県揖宿郡・種子島・屋久島 *こちげ 和歌山市 *こちんかぜ 熊本県天草郡 *こつ 島根県能義郡 *こっちかぜ 三重県阿山郡 奈良県宇陀郡(主として老人が用いる) 香川県「こっちかぜじゃきに(だから)あすのひよりはわるいぞ」 *こつのかぜ 鹿児島県・硫黄島・鹿児島市 *さるかぜ 三重県阿山郡 *しかた 青森県津軽 *したげ・したあげ(初夏に吹く東風) 愛知県知多郡 *したけ 群馬県佐波郡 *しだけ 群馬県山田郡 *しもかぜ 茨城県新治郡 新潟県佐渡 徳島県板野郡 *しもげ 新潟県中頸城郡 *しらだし(夏から秋にかけての季節に、東または東南から何日も続けて吹く風）新潟県 *すごち 愛知県知多郡 *たかごち 和歌山県日高郡 *だし 秋田県南秋田郡・河辺郡 山形県 福島県耶麻郡 新潟県 *だしかぜ 山形県 新潟県佐渡 *だしのかぜ 山形県庄内 新潟県 *つなみかぜ 群馬県勢多郡 *なみかぜ 三重県伊賀 *ならい 東京都江戸川区 静岡県 愛知県知多郡 *ならいかぜ 静岡県浜名郡 *のだやませ（真東の風）青森県三戸郡 *のぼせかぜ 熊本県球磨郡 *ばんどーたろー（利根川の方向から吹くところから）埼玉県入間郡 *ひがしひかた 青森県三戸郡 *ひかしむん 東京都三宅島 *ひかた 島根県 *ひかたこち（梅雨期）山口県豊浦郡 *ひかたばえ 島根県益田市 *ひのした 島根県那賀郡・鹿足郡（夏季）*ひらならい 東京都八丈島 *べっとー 愛知県宝飯郡 *まーえ 島根県八束郡 *まえかぜ 三重県伊勢 *まごし 香川県・木田郡 *まこち 岡山県児島郡 *まこっ（漁師の語）鹿児島県鹿児島郡 *まじ 島根県那賀郡・浜田市（七月ごろ） 香川県直島 大分県 愛媛県温泉郡 *まじのかぜ 大分県南海部郡 *まぜ 香川県大川郡 *みやざきあえ 富山県砺波 *やごかぜ・やまかぜ 熊本県菊池郡 *やまじ 愛媛県温泉郡 *やませ 北海道函館 青森県 新潟県佐渡 *やませかぜ 新潟県佐渡「やませかぜと商人は内へ入れるな」 *やまひ 青森県 *やまへ（これが激しい年は凶作になる）青森県 *ゆーなかち（夕方、東から吹く風。夏の季節風）島根県隠岐島 *わいた 兵庫県淡路島

ひからびる【干涸】 *かせる 高知県高岡郡 *かちばる 愛媛県 *かちびっ 鹿児島県鹿児島郡 *かちびれる 鹿児島県肝属郡 *かちぶる 宮崎県東諸県郡 *かちんばる 岡山県児島郡 *かびる 高知県吾川郡 *からっぴる 山梨県南巨摩郡 *からびる 山形県 埼玉県北葛飾郡「おしめりがないから、すっかりからびた」 千葉県東葛飾郡 *からふやぐ 島根県出雲 *からべる 愛媛県周桑郡・日振島 *こーばる 兵庫県加古郡 高知県幡多郡 福岡市「ご飯のこーばっとる」 *ひかちこーくる 福岡県粕屋郡 *ひかちこーける 福岡市 *ひかちばる・ひこちばる 高知県「山薯を洗ろーて乾かしてあったが久に忘れて今日見てみりゃひかちばっちょる」 *ひかばる 香川県仲多度郡 *ひからんぱちる 島根県飯石郡 *ひこわる 岡山市「飯がひこわってしゃもじがたたん」 *ひしなびる・ひすなびる 高知市「この大根はちっとひしなび過ぎた」 *ひしなべる 福井県遠敷郡「花がひしなべる」・大飯郡 *ひしばびる 岡山県北部 *ひすばる 茨城県猿島郡 埼玉県川越・入間郡「まんじゅーがあったがひすばって食えねー」 千葉県千葉郡・東葛飾郡 新潟県上越市 長野県佐久 徳島県那賀郡 愛媛県 *びすぱる 茨城県 *ぴすぱる 茨城県北相馬郡 *ひすびる 東京都八王子「骨と皮ばかりにひすびる」 神奈川県津久井郡 長野県 *ひすぼる 兵庫県加古郡 島根県石見 広島県高田郡 *ひちゃばる 島根県隠岐島「瓜がひちゃばって皮ばかりになった」 *ひっかたはる 群馬県吾妻郡 *ひぬける 徳島県「田がひぬける」・那賀郡 *ひんける 徳島県「畑がひんける」「あの人はひんけてしもとる」・板野郡 香川県大川郡 *ふからばちる 島根県仁多郡 *ふかんぱちる 島根県大原郡 *へしなべる 福井県大飯郡 *へしぼる 和歌山県「この林檎はこんなにへしぼっている」 *へしぼれる 和歌山市 *へすばる 徳島県 香川県大川郡 *へすぼる 兵庫県加古郡 和歌山県伊都郡 *へそばる 徳島県 *ほせる 岩手県気仙郡 兵庫県淡路島

↓かわく（乾）

ひかり【光】 *あーがい 鹿児島県沖永良部島 *あかがい 沖縄県島尻郡 *かげ 岐阜県吉城郡「ふしゃなのかげでやこきうんだわいなっ（節穴の光で八把よりましたよ）」 *てかり 青森県上北郡 *ぱーい 沖縄県竹富島 *ちんがらび（かすかな光）島根県美濃郡「ちんがらびでは仕事にならん」 *ずこー（太陽の光）山形県北村山郡・西置賜郡

□などがまばゆい *かがいー 新潟県佐渡 岐阜県飛騨 *かがっしー 新潟県佐渡 *かがっぱしー 富山県下新川郡・射水郡 *かがっぴ 新潟県上越市 *かがっぷい・かがっぷしー 新潟県佐渡 *かがっぺ 長野県北部 *かがっぽい 新潟県 長野県 *かがっぽし 新潟県西頸城郡 *かがっぽしー 新潟県 富山県下新川郡 長野県 *かがはい 新潟県 *かがはいー 岐阜市 *かがはえー 山形県東田川郡 岐阜県稲葉郡・大垣市 愛知県一宮市 *かがばてー 山形県西田川郡 *かがはゆい 岐阜県 *かかびてー 山形県東田川郡「日照ってかかびてー」 *かがぽい 山形県西置賜郡 新潟県 *かがぼし 山形県西田川郡 かがほしー 山形県庄内 *かがぼしー 山形県 福島県会津 *かがぼせー 山形県飽海郡 *かかぼちー 山形県鶴岡 *かがぼちー 山形県 *かがぼつい・かがぼっつい 山形県飽海郡 *かがぼてー 山形県西田川郡 *かがゆい 新潟県佐渡 *かがわいー 岐阜市 *かがんぽい 新潟県 *かがんぼしー 新潟県佐渡 富山県下新川郡 *かがんぽしー 新潟県佐渡 *かがんぼせ 秋田県由利郡 *かつぼしー 山形県庄内「おてんと様がかつぼしいなあ」 *かんぶしー 新潟県佐渡

□の輝くさま *かかかか 島根県石見「お日さんがかかかか照りつける」 *かがかが 新潟県佐渡

ひかる【光】 *ぎとつく（鋭く光る）高知県・高知市「あの人は目がぎとついて人相が悪い」 *てる（つやを帯びて光る）徳島県「顔がてっとる」 高知県「とりのかぶと（とさか）が赤くてってきた」 *びかめく（まぶしく光る）岩手県気仙郡「なんだかむこうの山でびかめぐ」 *びがめく（まぶしく光る）岩手県上閉伊郡 *ひからしゃる（「お光りになる」の意。稲妻が光る）山形県最上郡 *びんがめく（まぶしく光る）秋田県鹿角郡「あの家は手入が届いて隅から隅までびんがめいている」

□さま *ぎがきが(金属や目などが光るさま) 青森県上北郡　岩手県上閉伊郡・気仙郡 *ぎがぎが(金属や目などが光るさま) 青森県三戸郡「金の瓔珞ぁ、ぎがぎがと光る」　山形県東村山郡 *きときと 富山県砺波「きときとにみがく」 *ぎとぎと 高知県 *ぎどぎど 高知市「鷲の目はぎどぎどして居る」 *きんじーきんじー(目が鋭く光るさま) 鹿児島県肝属郡 *ぐらぐら(大きい目玉が光るさま。ぎょろぎょろ) 沖縄県石垣島 *しかしか(金属の光っているさま。ぴかぴか) 富山県砺波 *ちかちか(光線が強く瞬くように光るさま) 長野県上田・佐久　岐阜県飛驒 *ちゃかり 新潟県中頸城郡 *とろとろ(つやよく光るさま) 山形県「とろとろとみがく」「とろとろと光る」 *ひかひか 岩手県気仙郡「なにかひかひかどしている」・平泉　宮城県仙台市「ひかひかつー(ぴかぴかしている)はさみ」　秋田県鹿角郡 *びかびか 宮城県栗原郡　秋田県鹿角郡 *ひぐーひぐー 青森県三戸郡「ひぐーひぐーずい(光る)石で綺麗だ」 *びんぐびんぐ 青森県三戸郡「お台所が、びんぐびんぐと光っている」「この釜は、磨けばびんぐびんぐとなる」 *ふぃちゃらふぃちゃら(日光、星、刃物などが光るさま。きらきら。ぴかぴか) 沖縄県首里 *ふかふか 島根県隠岐島「ふかふかする(光る)」

ひがん【彼岸】
□の入りの日 *いりひがん 岩手県気仙郡 *いりふぃ 沖縄県首里
□の終わりの日 *あがり 新潟県東蒲原郡　長崎県南松浦郡 *おくりひがん 青森県上北郡・津軽 *さみ 沖縄県首里 *さめ 香川県木田郡　長崎県五島 *にちばん 山形県西置賜郡 *にて 新潟県南魚沼郡 *にでばん 山形県東田川郡 *はしりくち 栃木県　群馬県勢多郡 *ひがんのさめ 香川県木田郡 *みて 鳥取県西伯郡　島根県出雲　長崎県諫早市

ひがんばな【彼岸花】 ヒガンバナ科の多年草。本州以西の各地の土手、路傍、墓地などの人家の近くに生え、また、まれに栽培もされる。秋、葉に先だって花茎が伸び、頂に赤い花が数個輪生状に集まって咲く。全草に有毒成分を含む。
*あかごばな 福岡県浮羽郡 *あかばな 兵庫県氷上郡　熊本県天草郡 *あたまいた 和歌山県伊都郡　広島県甲奴郡 *あたまはしり(有毒であるところから) 山口県熊毛郡 *いえやきばな 兵庫県丹波 *いかりばな(形が似ているところから) 大分県東国東郡 *いげしば 佐賀県唐津市 *いちじばな 山口県熊毛郡 *いっときごろし 大分県北海部郡 *いっときばな 山口県 *いっぽんかっぽん・いっぽかっぽ・いっぽらかっぽら 和歌山県東牟婁郡 *うしおび 岐阜県美濃 *うしにんにく 滋賀県湖北 *うしもめら 島根県鹿足郡　山口県阿武郡 *えんこーばな 島根県石見　高知県高岡郡
*えんこばな 島根県西部　愛媛県睦月島　高知県高岡郡・幡多郡 *おいもち 和歌山県東牟婁郡
*おーとぼぼ 岐阜県吉城郡 *おーむしばな 山口県阿武郡 *おこし 香川県三豊郡 *おこりぐさ・おこりばな 山口県熊毛郡 *おしのはな 熊本県球磨郡 *おにばな 山口県佐波郡 *おへぐろ 香川県・小豆島 *おぼんばな 神奈川県津久井郡　愛媛県 *おまんじゅばな 香川県男木島・女木島
*おみこしばな 山形県東置賜郡 *おみこっさん 大阪府泉北郡 *おりかけばな・おしょりばな 大分県中部 *おりこんばな 愛媛県新居浜市 *おりばな(茎を小さく折り、首に掛けて子供が遊ぶところから) 愛媛県新居浜市　大分県南部 *おんでん 徳島県 *おんびら 福岡県築上郡 *かーかんじー 静岡県駿東郡 *かいかいばち(汁が皮膚につくとかゆいところからか) 長崎県対馬 *がくのはな 山口県大津郡 *かごばな 兵庫県淡路島 *かじばな(家に持って行くと火事になるといわれるところから) 群馬県勢多郡・佐波郡　滋賀県西部　京都府綾部市・船井郡　奈良県山辺郡・宇陀郡　兵庫県氷上郡　島根県　広島県比婆郡 *かったいばな 和歌山県日高郡 *かったろばな 和歌山県西牟婁郡 *かぶのはな 高知県幡多郡 *かぶれ(触れるとかぶれるところから) 広島県高田郡　高知県幡多郡 *かぶれぎ 高知県幡多郡 *かぶれぐき 山口県大津郡・阿武郡 *かぶればな 和歌山県東牟婁郡　山口県　愛媛県 *かぶれんしょ 和歌山県日高郡・西牟婁郡 *かぶれんしょー 和歌山県日高郡 *かみさんばな 滋賀県湖西 *かみそり 青森県三戸郡 *かみそりぐさ 奈良県北葛城郡 *かみそりばな 京都府福知山市 *かみなりばな 愛知県宝飯郡　滋賀県湖西 *からすのしりぬぐい 岐阜県飛驒 *かんざしばな 山形県飽海郡 *かんじんばな 宮崎県南那珂郡 *かんばな 栃木県 *かんぱり 栃木県上都賀郡 *かんぱりばな 栃木県安蘇郡
*ぎしぎしばな 大分県西国東郡 *きつね 奈良県磯城郡 *きつねおーぎ 岡山県邑久郡 *きつねぐさ 島根県出雲　広島県 *きつねごーら 島根県安濃郡・大田市 *きつねごろー 島根県大田市 *きつねのかみそり 滋賀県湖南　京都府　兵庫県　奈良県　和歌山県伊都郡・日高郡 *きつねのかんざし 新潟県佐渡　京都府 *きつねのたいまつ 山形県酒田市 *きつねのたんぽぽ 奈良市 *きつねのちょーちん 京都府何鹿郡　山口県 *きつねのはな 京都府何鹿郡・船井郡 *きつねのはなび 京都府綾部市 *きつねのろーそく 兵庫県赤穂郡
*きつねばな 富山県東礪波郡　愛知県宝飯郡・知多郡　三重県伊勢・宇治山田市　京都府　兵庫県赤穂郡・神戸市　和歌山県新宮市・東牟婁郡　鳥取県日野郡・西伯郡　島根県　岡山県　広島県　山口県阿武郡　香川県直島　大分県速見郡 *きつねんばな 兵庫県但馬 *きんもーげ 山口県厚狭郡 *くちなわのごーろー・くちなごーろ 山口県大島 *くちなわのしたすがり 鳥取県 *くちなわのはな 鳥取県岩美郡 *くちなわばな 和歌山県西

牟婁郡　鳥取県西伯郡　*げーんこばな高知県幡多郡　*けさかけ・けさんぼー熊本県球磨郡　*けさばな宮崎県西諸県郡　*けしの高知県　*げどばな愛媛県大島　*ごーら山口県玖珂郡　*ごーらばな和歌山県西牟婁郡　*ごーろ山口県佐波郡・美祢郡　*ごーろー山口県美祢郡　*ごしょばな長崎県壱岐島　*ごったればーしのはな和歌山県西牟婁郡　*さんこたけ兵庫県赤穂郡　*さんまいばな富山県東礪波郡　奈良県宇智郡　*じゅーじんばな・しーじんばな新潟県　*しーれ神奈川県津久井郡　静岡県賀茂郡　徳島県那賀郡・海部郡　高知県・安芸郡　*しーれー高知県　*しーれのはな神奈川県津久井郡　*しきび奈良県吉野郡　*じごくのはな島根県隠岐島　*じこくばな群馬県佐波郡　*じごくばな群馬県山田郡　富山県東礪波郡　京都府何鹿郡　宮崎県児湯郡　鹿児島県肝属郡　*じごくもめら山口県吉敷郡　*したかりばな三重県松阪市　*したきりばな三重県伊賀　*したこじき三重県伊賀　奈良県宇陀郡　*したこじけ三重県阿山郡　*しただし奈良県山辺郡　*したまがり群馬県山田郡　富山県東礪波郡　愛知県知多郡　三重県　京都府与謝郡　鳥取県西伯郡　*したまわり滋賀県北部　*しで高知県安芸郡　*しにとばな滋賀県湖西　*しびっとばな和歌山県海草郡　*しびとぐさ福島県相馬郡　*しびとっぱな埼玉県入間郡　*しびとばな宮城県仙台市　山形県庄内　福島県相馬郡　埼玉県秩父郡　新潟県　三重県北牟婁郡　滋賀県　京都府何鹿郡　兵庫県赤穂郡・淡路島　和歌山県　広島県　山口県浮島　徳島県　大分県東国東郡・北海部郡　*しびな島根県邑智郡　*しびら兵庫県佐用郡　岡山県苫田郡　*しびり京都府何鹿郡　*しびれ兵庫県赤穂郡　*しびれぐさ兵庫県佐用郡　*しぶとぐさ和歌山県　*しぶとっぱな埼玉県入間郡　*しぶとばな滋賀県湖北・彦根　京都府愛宕郡・京都市　大阪府大阪市・泉北郡　兵庫県赤穂郡　奈良県南大和

和歌山県　*しぶら兵庫県佐用郡・赤穂郡　*しぶらい・しぶれ兵庫県赤穂郡　*しゃけ高知県吾川郡　*じゃずばな岡山県備中北部　*じゃらんぼんぐさ群馬県　*じゃんぼんばな栃木県足利市・下都賀郡　群馬県佐波郡　千葉県印旛郡　*じゃんぽんばな福島県石城郡　*しゅーしゅーばな大分県大野郡　*じゅーれんこー京都府愛宕郡　*じゅじゅばな香川県三豊郡　大分県大分郡・大野郡　*じゅずかけばな新潟県　*じゅすばな大分県大分郡　*じゅずばな神奈川県津久井郡　奈良県吉野郡　島根県邑智郡　岡山県阿哲郡・苫田郡　広島県芦品郡・高田郡　香川県　愛媛県・周桑郡　*しゅとんばな奈良県南大和　*しょーじょーばな宮城県仙台市　*しょーらいばな富山県西礪波郡　*しらみばな山口県都濃郡　*しれ徳島県海部郡　高知県　*しれー高知県　長崎県対馬(葉のころのもの)　*しれーのはな高知県　*しれーばな高知県長岡郡・吾川郡　*しろい徳島県美馬郡　高知県香美郡　*しろえ島根県隠岐島　*しんだもののはな島根県能義郡　*しんだもんばな埼玉県北葛飾郡　*しんとーばな島根県能義郡　*しんびり福井県大飯郡　京都府天田郡　*すいすいばな大分市　*すがな愛知県知多郡　三重県南勢　和歌山県東牟婁郡　*ずずだま神奈川県津久井郡　*すずばな静岡県小笠郡　奈良県吉野郡　*ずずばな愛知県宝飯郡　兵庫県佐用郡　奈良県吉野郡　島根県邑智郡・那賀郡　香川県　愛媛県　*ずずばん香川県小豆島　*すずんばな大分県大分郡　*すてごばな福岡県粕屋郡・福岡市　*すびら・すびらのはな大分県大分郡・大野郡　*せきりのはな(有毒成分を持つところからか)山口県熊毛郡　*せんこばな大分県　*せんだち熊本県球磨郡　*せんだま・せんだんま・せんだんまー香川県小豆島　*そーしきばな群馬県前橋市　滋賀県湖東地方　島根県能義郡・仁多郡・隠岐島　*そーれーばな島根県隠岐島　*そーれんのはな鳥取県岩美郡・

気高郡　*そーれんばな兵庫県　鳥取県岩美郡　島根県出雲・隠岐島　徳島県　香川県　愛媛県・松山「そーれんばなにまがっちゃいかん(彼岸花に触れてはいけない)」　高知県幡多郡　長崎県対馬　大分市　*だいほぜ愛媛県北宇和郡　*たこじき奈良県北葛城郡　*たすきばな奈良県吉野郡　*たんたんばな・たんぽぽ香川県・小豆島　*ちじみ高知県安芸郡　*ちゃんころ高知県幡多郡　*ちゃんちゃんげーろー山口県玖珂郡　*ちゅーねんぼ兵庫県赤穂郡　*ちょーちんぐさ山口県　*ちょーちんとーろ島根県浜田市　*ちょーちんばな神奈川県津久井郡　静岡県田方郡　兵庫県赤穂郡　和歌山県　島根県　岡山県小田郡　広島県比婆郡　愛媛県　*ちんちく・ちんちこ香川県三豊郡　*ちんちろばな高知県安芸郡　*ちんちろりん神奈川県津久井郡　*ちんちんとーろ・ちんちんとろ島根県大田市　*ちんりんぽんりん神奈川県津久井郡　*つくつく三重県上野市　*つずばな香川県男木島　*つぶろ徳島県名東郡　*つるぼこ高知県　*つるんぼ高知県高岡郡　*つんぼばな兵庫県淡路島　*てくさうり和歌山県日高郡　*てくさび奈良県南大和　*てくさり兵庫県神戸市　奈良県　和歌山県日高郡　山口県大島郡　*てくさりばな三重県伊賀　奈良県山辺郡・宇陀郡　山口県玖珂郡　愛媛県今治市　*てくされ兵庫県　山口県玖珂郡　*てくさればな島根県石見　山口県玖珂郡　*てはれ山口県大島　*でべそ香川県・小豆島　*てやきばな丹波　*てんさり山口県玖珂郡　*てんつく香川県三豊郡　*とーいびら大分県大分市・大分郡　*とーけんばな高知県安芸郡　*とーだいぼーず和歌山県東牟婁郡　*とーろーばな神奈川県津久井郡　*ときしらず岐阜県吉城郡　*どくぐさ山口県玖珂郡・阿武郡　*どくしょーばな兵庫県赤穂郡　*どくずみら宮崎県日向市　*どくばな群馬県佐波郡　神奈川県津久井郡　三重県上野市　奈良県　島根県　岡山県真庭郡・川上郡　山口県

愛媛県　高知県高岡郡　大分県　宮崎県西臼杵郡 *どくほーじ 和歌山県日高郡 *どくもめら 山口県厚狭郡 *どくゆり 山口県美祢郡　高知県幡多郡・長岡郡 *どべのき 山口県吉敷郡 *なべばな 岐阜県益田郡 *にがいほーじ 和歌山県西牟婁郡 *にがぐさ 山口県大津郡 *にがにが 京都府天田郡 *にがにがばな 京都府何鹿郡 *にがばな 愛知県宝飯郡　兵庫県赤穂郡　愛媛県新居浜市 *にがほーじ 和歌山県田辺市・日高郡 *にがほり 和歌山県日高郡 *にゅーどーばな 島根県鹿足郡　山口県 *にゅーどーもめら 山口県玖珂郡 *ねこがま・ねこぐるま 香川県 *ねこばな 島根県隠岐島　愛媛県今治市・弓削島 *ねじねじ 滋賀県湖南 *のどばな 島根県八束郡 *はえとりばな 群馬県勢多郡 *はかげ・はかげばな 大分県 *はかばな 三重県上野市・志摩郡　島根県出雲 *はこほれ 静岡県 *はこぼれ(口に入れると歯が抜けるといわれるところから) 東京都八王子　静岡県 *はこぼれぐさ 静岡県駿東郡 *はっかけ 静岡県 *はっかけばーさん 静岡県富士郡・庵原郡 *はっかけばな 神奈川県津久井郡　静岡県 *はっかけばばー 神奈川県津久井郡 *はっかけばんばー 山梨県 *はなのお(「花の尾」か) 香川県豊島 *はぬけいびら 大分県南海部郡 *はぬけばばー(児童語) 長野県上伊那郡・下伊那郡 *はまべ 大分県大分郡 *はみずはなみず(葉のない時に花が咲き、花のない時に葉が茂るところから) 青森県上北郡　富山県東礪波郡　奈良県磯城郡 *はめのしぼ 香川県豊島 *はもぎ 大分県大分市・大分郡 *はもげ 大分県 *ばんじょー 徳島県那賀郡 *はんも 大分県大分市・大分郡 *ひーさんばな 大分県大分郡・北海部郡 *ひーなんばら 静岡県 *ひーひりこっこ 静岡県榛原郡 *ひがんぐさ 宮城県仙台市 *ひがんそー 新潟県　三重県桑名市 *ひがんぼ 熊本県 *ひぜんばな 三重県松阪市　熊本県球磨郡 *ひでんばな 島根県益田市 *ひなんばら 静岡県 *へーけばな 大分県速見郡 *へそび 三重県 *へそべ 三重県員弁郡 *べちべちばな 高知県 *へびごーろ 山口県大島 *へびのとー 大分市 *へびのはな 京都府福知山市　山口県　大分県大分郡 *へびばな 静岡県　山口県大島・吉敷郡　大分県 *へんびのしたまがり 岐阜県海津郡 *ほーせんこ 愛媛県周桑郡 *ほーそーばな 山口県厚狭郡　大分市 *ほぜ 愛媛県　高知県幡多郡 *ほぜのはな 高知県 *ほぜばな 愛媛県・周桑郡 *ほで 高知県高岡郡 *ほとけぐさ 群馬県佐波郡 *ほとけさんばな 京都府綾部市　島根県隠岐島・八束郡 *ほとけのざ 京都府加佐郡 *ほとけばな 群馬県佐波郡　和歌山県田辺市・東牟婁郡 *ほんこしばな 香川県・小豆島 *ぽんばな 山形県東田川郡　群馬県佐波郡　神奈川県津久井郡　島根県能義郡・隠岐島 *ぽんぽんばな 高知県安芸郡 *まぎしゃ 福岡県小倉市 *まぜ 高知県幡多郡 *まっさき 和歌山県 *まっさぎ 和歌山県有田郡 *まっさけ 奈良県宇智郡　和歌山県 *まっさっけ・まっしゃき 和歌山県海草郡・日高郡 *まっしゃけ・まっしゃげ 和歌山県 *まっせき 和歌山県日高郡 *まつりばな 愛媛県大島 *まんさき 和歌山県那賀郡・西牟婁郡　香川県 *まんざき 和歌山県伊都郡 *まんさけ 和歌山県田辺市 *まんじ 和歌山県西牟婁郡 *まんしゃ 熊本県阿蘇郡・菊池郡 *まんしゃく 香川県綾歌郡 *まんじゃく 奈良県吉野郡 *まんじゅ 和歌山県西牟婁郡・東牟婁郡 *まんじゅー 兵庫県赤穂郡 *まんじゅーのはな 高知県・吾川郡 *まんじゅさま 香川県 *まんじゅばな 山口県・豊浦郡　香川県小豆島　熊本県菊池郡　大分県大分郡 *まんだらそー 山形県鶴岡市 *みかんぐさ 三重県 *みかんばな 和歌山県東牟婁郡 *みこしばな 香川県豊島・小豆島 *みしこばな 香川県 *みちわすれぐさ 群馬県多野郡 *みみかちばな 高知県安芸郡 *みみくさり 和歌山県西牟婁郡 *むいなばな 新潟県佐渡 *めくさりばな 徳島県三好郡 *めくされば な 徳島県　愛媛県周桑郡 *もめら 島根県石見　山口県 *もめらのはな 山口県玖珂郡・豊浦郡 *やくびょーばな 島根県鹿足郡　広島県安芸郡 *やけとばな 兵庫県 *やぶいも 奈良県吉野郡 *ゆーれーばな 埼玉県北葛飾郡　広島県比婆郡　山口県都濃郡　徳島県海部郡　大分市 *ゆーれんばな 和歌山県伊都郡　広島県　徳島県海部郡　愛媛県　高知県安芸郡 *ゆり 高知県幡多郡 *よめのかんだし 和歌山県伊都郡 *らっかん 奈良県南大和 *らんかん 和歌山県東牟婁郡 *らんとばな 茨城県稲敷郡 *ろくほーし 和歌山県日高郡 *わすれぐさ 山形県飽海郡　長野県佐久 *わすればな 群馬県多野郡　静岡県磐田郡

ひきがえる【蟇蛙】

*あおびき 熊本県 *あかがえる 熊本県天草郡 *あかびき 熊本県菊池郡・熊本市 *あたりびき 鹿児島県加計呂麻島 *あたんびき 鹿児島県奄美大島 *あっぷ 鹿児島市 *あんかち 群馬県 *あんご・あんごー 千葉県 *あんごがえる 千葉県印旛郡 *いしばっくん 大分県大野郡 *いもびっき 山形県東田川郡 *うしがえる 栃木県下都賀郡・那須郡 *うしわくど 熊本県 *うしわっく 熊本県天草郡 *うばくど 大分県東国東郡・大分市 *うばげっとく・うばけっとく・うばげっとー 埼玉県秩父郡 *うばどん 大分県大分市・大分郡 *えんのばば・えんのばーさん・えんどばば・えんのわっく 熊本県玉名郡 *おーがえる 栃木県下都賀郡・那須市 *おーさまがえる 栃木県 *おーひき 埼玉県秩父郡・大里郡　東京都八王子　神奈川県　山梨県 *おーひきがえる 神奈川県 *おーひきげーろ 埼玉県 *おーひきばんばー 神奈川県津久井郡 *おーひきべっとー 埼玉県秩父郡 *おーわくど 大分県大分市・大分郡 *おかどんびき 岐阜県郡上郡 *おかま 千葉県印旛郡　東京都江戸川区　愛媛県 *おかまがえーろ 埼玉県南埼玉郡 *おかまがえる 茨城県水

戸市 栃木県 埼玉県 千葉県 *おかまがえろ 栃木県 群馬県邑楽郡 埼玉県 千葉県印旛郡 *おかまげろ 千葉県東葛飾郡 *おかまさま 埼玉県南埼玉郡・北足立郡 *おかまどば 愛媛県 *おかまびっき 山形県米沢市 *おかもり 愛媛県・大洲 *おかんわっく 熊本県玉名郡 *おくつ 高知県香美郡・長岡郡 *おこびき 三重県南牟婁郡 *おたじゅ 熊本県玉名郡 *おどーらん 愛媛県松山 *おどらん 愛媛県松山市・温泉郡 *おどらんびき 愛媛県 *おにじょーこ・おんじょーこー 長崎県壱岐島 *おにたろじょーこー 長崎県平戸市 *おにどんく 熊本県天草郡 *おにわくど・おんわくど 熊本県 *おにわくどー 宮崎県西臼杵郡 *おばくぞ 大分県 *おばどんく 宮崎県延岡市・西臼杵郡 *おひき 栃木県足利市 群馬県・佐波郡 埼玉県 神奈川県丹沢 *おひきがえる 神奈川県中郡 *おひきぎゃーろ 静岡県富士郡 *おひきげーろ 群馬県佐波郡 埼玉県 *おひきべっと 群馬県多野郡・佐波郡 *おふくま 東京都多摩 *おぶたがえる 栃木県今市市 *おぼたがえる・おぼたんがえる 栃木県今市市 *おろろんびき 香川県 *おんじょーこ 長崎県佐世保市 *おんたろじょーこ 長崎県北松浦郡・佐世保市 *おんばく 千葉県印旛郡 神奈川県足柄下郡 静岡県 *おんばぐげーろ・おんばくさま 千葉県印旛郡 *おんばす 高知県高岡郡 *おんびき 大阪市 兵庫県南部 奈良県宇陀郡 広島県能美島・比婆郡 徳島県 香川県 愛媛県東部 高知県 大分県西国東郡 *おんびきがえる 香川県木田郡 *おんびきさん 香川県大川郡 愛媛県周桑郡 *おんびく 香川県綾歌郡 *おんびゃく 香川県三豊郡 *かさごいと 徳島県美馬郡 *かさごーと 徳島県三好郡 *かさごっと 和歌山県有田郡 *かさどーさい・かさどつ・かさばば 岐阜県飛騨 *かさどんびき 富山県東礪波郡 *かさばっくん 大分県 *かさわくど 熊本県 大分県中部 *かさわくどー 熊本県 *かさわっこ 熊本県鹿本郡 *かしゃどしゃ 岐阜県郡上郡 *かったんげーろ・かってぼあんご 千葉県夷隅郡 *かねしょばんば 静岡県賀茂郡 *かねわくど 福岡県 *かねわっど 鹿児島県 *がまぐち 大分県大分市・速見郡 *かまごと 和歌山県日高郡 *かまばく 大分県大分郡・南海部郡 *がまばく 大分県南海部郡 *がまびっき 山形県 *がまべっき 山形県東村山郡 *かまもり 愛媛県 *かまもりどば 愛媛県喜多郡 *かまわくど 大分県大分市・大分郡 *かみさまどんく 熊本県天草郡 *かみさんおんびき 香川県木田郡 *かわそどへ 岐阜県郡上郡 *かんしんばくろ・かんすばく 大分県大分郡 *かんじんびき 熊本県天草郡 *がんたく 群馬県碓氷郡 *かんばくど 大分県大分郡 *ぎゃいる 香川県 *ぎょくぜ 鹿児島県肝属郡 *くつ 高知県長岡郡 *くつごと 三重県飯南郡 *くつひき 愛媛県中島 高知県 *くつわびき・くつんびき 愛媛県 *くびたき 新潟県岩船郡 *くろがっと 石川県珠洲郡 *ごいと・ごいとんびき 徳島県 *ごえもん 鹿児島県 *ごえもんあっぷっ(「あっぷっ」は蟇蛙の意) 鹿児島県揖宿郡 *ごーしわくど 大分県 *こーじんさんわくどー 福岡県久留米市 *こーじんわくどー 宮崎県西臼杵郡 *ごーた 徳島県 香川県大川郡 *ごーたろ 徳島県 *ごーと 徳島県美馬郡 *ごーとー 徳島県三好郡 *ごーとこ・ごーとんびき 徳島県美馬郡 *こすわくど 熊本県阿蘇郡 *ごた 山梨県 高知県高岡郡・幡多郡 *こつおんびき 愛媛県 *ごったよー 山梨県 *こっつんびき 愛媛県新居郡 *ごっと 高知県安芸郡 *こっといひき 島根県美濃郡・益田市(大きいもの) *ごっとろ 神奈川県 *こど 三重県志摩郡 *ごと 三重県 奈良県吉野郡 和歌山市 徳島県那賀郡 *ごとー 神奈川県津久井郡・愛甲郡 山梨県 *ごとーびき 奈良県吉野郡 *ごとーへー 山梨県 *ごとーべー 神奈川県 *ごとがえる 三重県志摩郡 *ごとさん 三重県宇治山田市 *ごとどん 和歌山県東牟婁郡 *ことひき 三重県志摩郡 和歌山県日高郡 *ごとひき 三重県 兵庫県揖保郡 奈良県南大和 和歌山県・和歌山市(大きいもの) *ごとびき 奈良県吉野郡 和歌山県 徳島県那賀郡 *ごとべー 神奈川県津久井郡 和歌山県 *ごとまつ 徳島県 *ごとら 神奈川県津久井郡 *ごとろ 神奈川県 *ごとんひき 高知県安芸郡 *ごとんべー 山梨県 *こびきがえる 栃木県大田原市・安蘇郡 *こぶたがえる 栃木県 *ごろた 静岡県 *ごろっこ 静岡県・駿東郡 *ごんじょわっず 宮崎県霧島北麓 *ごんぜ 鹿児島県 *こんとがえる 香川県 *ごんのー 静岡県安倍郡 *さこべ 岐阜県揖斐郡 *じーどんびき 愛媛県弓削島 *しき 広島県向島 *じじんげーる 群馬県吾妻郡 *しょ

方/言/の/窓

●指小辞

方言により、名詞に指小辞を付けて、そのものに親しみを込めた呼び方にすることがある。

東北地方の「〜コ」は、童謡の一節に「ドジョッコだのフナッコだの」というのがあることで、全国的にも有名なものだ。もっとも、東北方言といってもかなりの広さがあり、この〜コの用法にしても一様であるとはいえない。一般に北奥方言ほど盛んなようである。そのような盛んな方言になると「机」に対してツクエッコ、「椅子」に対してイスッコのように付き、よその人を驚かせる。子牛をベコッコノコッコという所もある。

関東周辺の〜メも指小辞としてよく知られているが、細かい用法には地域的な差がある。

そのほか琉球には、〜クヮ、〜グヮ、〜ガマという指小辞がある。

ーこーさん・しょーくーさん 佐賀県藤津郡 *じょーこー 長崎県壱岐島 *じょこ 長崎県佐世保 *だいきびっき 山形県北村山郡 *だいだいばこ 山形県東置賜郡・西置賜郡 *だいだばこ 山形県 *だいだんびっき 山形県南置賜郡 *だいてんばこ 山形県米沢市・山形市 *だいでんばこ・だいでんびっき・だいどーびっき・だいどびっき・だいどべっき 山形県 *だいどばこ 山形県東村山郡 *だいどばこびっき 山形県南置賜郡 *だいどんばっか・だいどばっか 山形県南村山郡 *だいどんばっこ 山形県西村山郡・北村山郡 *だいどんばこ 山形県東置賜郡・西置賜郡 *だいどんびっき 山形県東置賜郡・南置賜郡 *たかしとびっ 鹿児島県 *たごひっ 鹿児島県揖宿郡 *たにわくど 長崎県 *たろびき 愛媛県東宇和郡 *だんごく 和歌山県 *たんのん 大分県 *たんのんばっくん 大分県・大野郡 *たんばわくど 熊本県阿蘇郡 *だんびき 和歌山県西牟婁郡・東牟婁郡 *つぶつぶおんびき 徳島県美馬郡 *でーでーびっき 山形県南置賜郡 *でかがっと(「がっと」は蛙の意) 石川県珠洲郡 *どーさい 岐阜県 *どーしゃ 富山県砺波 *どーでーびっき 山形県東置賜郡 *どーとんびき 香川県綾歌郡 *どーびき 広島県走島・芦品郡 *どーらん 岡山市 *どーらんびき 岡山県岡山市・御津郡 香川県塩飽諸島 愛媛県・中島 *どくたひっき 山形県 *とくろ 宮崎県児湯郡 *とくろひき 宮崎県宮崎市・児湯郡 *どしびっき 宮城県登米郡 *どじゅわっく 熊本県天草郡 *どたばっこ・どたばこ 山形県東村山郡 *どたびっき・どたべっき 山形県 *どたんげーろ 群馬県勢多郡 *とちまんげーる 群馬県吾妻郡 *とちわら 奈良県吉野郡 *どっくー 佐賀県 *どったんばったん 栃木県日光市・塩谷郡 *とっちゃま・とっちゃまびき 奈良県吉野郡 *どてばっこ 山形県西村山郡 *とのさまがえる 栃木県 富山県砺波 *どびきげーろ 群馬県勢多郡 *どへ 岐阜県郡上郡 *どまがーる 福井県丹生郡 *とまんげーろ 栃木県下都賀郡 *どろびき 熊本県鹿本郡 *どわくど 熊本県八代郡 *どんかち 鹿児島県 *どんがま 香川県 *どんく 長崎市 熊本県 宮崎県西臼杵郡 *どんくー 熊本県 *どんくし・どんこじょ 熊本県芦北郡 *どんこ 佐賀県 熊本県 宮崎県西諸県郡 鹿児島県 *どんこー 鹿児島県薩摩 *どんこどん 鹿児島県揖宿郡 *どんびき 神奈川県都筑郡 新潟県長岡市 長野県諏訪・北安曇郡 岐阜県武儀郡 静岡県富士郡 鳥取県気高郡 島根県 岡山市 広島県 山口県(大きいもの) 香川県 愛媛県伊予郡 高知県 *どんびきがま 香川県 *どんびきた・どんびくた 静岡県磐田郡 *どんびきだ 岐阜県武儀郡 *どんびゃく 富山県東礪波郡 *なんこ 栃木県 *なんこーぼ・なんこーぼー・なんこんぼ 栃木県安蘇郡 *なんこげーろ 栃木県足利市・佐野市 *なんこぶ・なんこぼ 栃木県 *なんこんがえる 栃木県上都賀郡 *にゅーどーがえる 島根県益田市・那賀郡 山口県阿武郡 *にゅーどーびき 島根県邑智郡 山口県 *にわかまど 大分市 *のった 岐阜県揖斐郡 *ばたがえる 栃木県大田原市 *はたばばー 静岡県 *ばったがえる 栃木県真岡市・河内郡 *ばったがえろ 茨城県新治郡 *ばったんがえる 栃木県 *ばばがえる 新潟県西頸城郡 *ばんだんげーる 栃木県河内郡 *はんどわくど 大分県大分郡 *ばんばひき 岡山県備中北部 *ひーき 長野県西筑摩郡 岡山県御津郡 広島市 *ひき 長野県諏訪 岐阜県益田郡 静岡県富士郡 大阪府大阪市・泉北郡 兵庫県揖保郡 奈良県 和歌山市 島根県石見 岡山県 広島県 山口県厚狭郡 高知県 香川県仲多度郡・直島 福岡市 *ひぎ 広島県備後 *びき 青森県津軽 静岡県 和歌山県 徳島県三好郡 愛媛県周桑郡 福岡市 熊本県天草郡 大分県 *ひきがい 三重県志摩郡 *ひきがた 愛知県知多郡 *ひきぎゃわず 富山県 *ひきごと 三重県 奈良県吉野郡 和歌山県那賀郡 *びきす 愛媛県新居郡 *ひきた 山梨県南巨摩郡 長野県 岐阜県揖斐郡 静岡県磐田郡 愛知県豊橋市・東春日井郡 *ひきだ 長野県北安曇郡 岐阜県 愛知県北設楽郡・宝飯郡 *ひきだがいろ 岐阜県加茂郡 *びきたろー 熊本県阿蘇郡 宮崎県西臼杵郡(小さいヒキガエル) *びきたん 熊本県阿蘇郡 *ひきどーさい 岐阜県北飛驒 *ぴきどんぶく 広島県沼隈郡 *ひぎのぎゃーろ 岩手県九戸郡 *ひきばんば 静岡県田方郡 *ひきばんばー 静岡県北伊豆 *ひきもと 奈良県南部 *ひきん 岡山県 *ひきんすけ 静岡県志太郡 *ひきんた 高知県幡多郡 *ひきんだー 静岡県 *ひきんど 岡山県赤磐郡 *ひきんどー 岡山県浅口郡・阿哲郡 広島県比婆郡 *ひきんばんばー 静岡県・安倍郡 *ひくだ 岐阜県益田郡 *ひくばば 新潟県中頸城郡・西頸城郡 *ひぐれおやじ・ひぐれおんば 愛媛県大島 *ひこた 静岡県 *ひこたばっくい 静岡県榛原郡・志太郡 *ひこはち 広島県上蒲刈島・山県郡 *ひこんすけ 静岡県・志太郡 *ひだ 岐阜県飛驒 *ひっき 青森市 *びっき 青森県南部 岩手県上閉伊郡 宮城県仙台市 秋田県河辺郡・鹿角郡 栃木県 *ひっきん 岡山県苫田郡 *びっきん 熊本県玉名郡 *びったどん 鹿児島県揖宿郡 *ひょっきー・ひょっこ・ひょっこー 鹿児島県種子島 *ひょろどんびき 香川県 *ふーあんこ・ふーあんご・ふーあんごー 千葉県安房郡 *ぶーたあんご・ぶーたんご 千葉県夷隅郡 *ふぎのげろ 青森県上北郡 *ふく 愛媛県大三島 *ふくがいろ 静岡県 *ふくがえる 新潟県 福井県遠敷郡 岐阜県郡上郡 三重県 滋賀県蒲生郡 京都府 大阪府 兵庫県氷上郡・多可郡 奈良県 *ふくがえるごと 三重県安芸郡 *ふくぎゃーる 福井県南条郡 京都府竹野郡 島根県八束郡 *ふくぎゃる 福井県南条郡 *ふくごと 三重県阿山郡 和歌山県西牟婁郡 *ふくた 岩手県九戸郡 岐阜県武儀郡 愛知県宝飯郡 *ふ

くだ 青森県 岩手県紫波郡・九戸郡 山形県最上郡 岐阜県 愛知県宝飯郡（少数） *ふくだどんびき 岐阜県郡上郡 *ふくだびっき 宮城県・仙台市 秋田県河辺郡 山形県 *ふくだびっきゃ 山形県鶴岡市 *ふくだびっけ 山形県西田川郡 *ふくだべっき 山形県最上郡 *ふくだらびっき 岩手県岩手郡 秋田県 山形県庄内 *ふくだるびっき 秋田県平鹿郡 山形県西田川郡 *ふくだろびっき 岩手県和賀郡 秋田県平鹿郡 *ふくのかみ 愛媛県 *ふくのかみさん 静岡県 *ふくばっくい 静岡県川根 *ふくびき 静岡県賀茂郡 *ふくぶとい 滋賀県伊香郡 *ふくんどん・ふくんどん 静岡県安倍郡 *ぶたがえる 栃木県那須郡 *ぶたびっき 山形県飽海郡 *ふっきゃーる 鳥取県西伯郡 *ふっくだべっき 山形県最上郡 *ふっこん・ふっこんぎゃー 鳥取県西伯郡 *ふっこんご 島根県松江市 *ふったびっき 宮城県石巻 *ふるた 山形県 *ふるだ 岩手県 宮城県 *ふるたひき 岩手県盛岡市・気仙郡 *ふるたびっき 岩手県 宮城県石巻・仙台市 山形県北村山郡・最上郡 *へーとりあんご・へーとらんご 千葉県夷隅郡 *へっけろ 新潟県東頸城郡 *べっと 群馬県多野郡 埼玉県秩父 *べっとくしゃー・べっとこしゃー・べっとこ 埼玉県秩父 *べっとんげーろ 千葉県平館 *へぼびっき 山形県北村山郡 *へんどがえる 香川県 *ほーたんびき 香川県与島 *ほーとーびき 岐阜県揖斐郡 *ほたおんびき 香川県広島 *ほだかえる 茨城県久慈郡 *ほたんぎゃる・ぼたんぎゃる 滋賀県犬上郡 *ほたんびき 香川県瀬居島 *ほったい 福井県南条郡 *ほっとく 愛知県東春日井郡・葉栗郡 *ほっとくきゃーろ 愛知県東春日井郡 *ほっとこ 愛知県中島郡・丹羽郡 *ましびっき 山形県西置賜郡 *ますばびっき・ますぼひっき 山形県最上郡 *ますびき 福島県会津 新潟県東蒲原郡 *ますびっき 宮城県亘理郡 山形県西置賜郡・南置賜郡 *まつごとん 徳島県海部郡 *まんかち 群馬県吾妻郡 *まんかつげーろ 群馬県碓氷郡 *まんにょん 宮崎市 *まんにょんびき 宮崎県南那珂郡 *まんぱちげーる 群馬県吾妻郡 *むかしだんごく 和歌山県西牟婁郡 *もーらびっき 岩手県九戸郡 *もきゃ 秋田県鹿角郡 *もけぁびっき・もきゃーびっき 秋田県河辺郡 *もきやし 秋田県南秋田郡 *もけ 青森県津軽 *もっきゃー 秋田県 *もっけ 青森県津軽 秋田県 *もっけす 秋田県 *やしゃご 岐阜県郡上郡 *やどんびき・やどひき・やどさん 高知県 *やどもり 愛媛県 高知県 *やまだげぇぁろ 岩手県九戸郡 *よーびき 広島県向島 *わくしゃん 熊本県下益城郡 *わくず 熊本県球磨郡 鹿児島県 *わくど 山口県吉敷郡 福岡県・小倉市 佐賀県・唐津市 長崎県・長崎市 熊本県 大分県 宮崎県 鹿児島県 *わくどー 山口県厚狭郡 福岡県 佐賀県 長崎県西彼杵郡・壱岐島 熊本県 宮崎県西諸県郡・西臼杵郡 鹿児島県 *わくどーびき 山口県厚狭郡 *わくどひき 宮崎県西臼杵郡・東諸県郡 *わくどびき 熊本県八代郡 宮崎県西諸県郡・東諸県郡 *わくどんく 長崎県西彼杵郡 *わくびち 沖縄県首里 *わくびつぃ 沖縄県国頭郡 *わくぶし 沖縄県島尻郡 *わくろー 福岡市 *わっく・わっこ 熊本県 *わっこさん 熊本県玉名郡・下益城郡 *わっず 宮崎県西諸県郡 鹿児島県姶良郡 *わっど 宮崎県都城 鹿児島県 *わっどびつ 宮崎県都城 *わにわに 和歌山県日高郡 *わんく 長崎県南高来郡 *わんびき 島根県鹿足郡 広島県安佐郡 山口県 大分県玖珠郡 *わんひょー 島根県鹿足郡

ひきさく【引裂】 *かきさばく 新潟県佐渡 *かっちぎる 山形県 千葉県香取郡 *かっちゃきる 山形県東置賜郡 *かっちゃぎる 山形県北村山郡 *かっちゃばく 千葉県海上郡 *ししゃばく・しちゃばく 山形県 *しっちゃばく 山形県 茨城県 新潟県佐渡 *しっつぁばく 栃木県塩谷郡 *すっさく 富山県砺波 *せっちゃばく 長野県佐久 *ひちゃばく 山形県 *ひっさばく 山形県村山 新潟県 山梨県南巨摩郡 長野県 *ひったばく 静岡県 *ひっちゃばく 山形県 福島県会津 群馬県佐波郡 東京都八王子 神奈川県津久井郡 新潟県中頸城郡 山梨県 長野県埴科郡 *ひっつぁばく 山形県東置賜郡 茨城県稲敷郡 栃木県 群馬県群馬郡 埼玉県秩父郡・入間郡 東京都八王子・三宅島・御蔵島 *ぶちゃぐ 青森県「障子ぶちゃぐべぁ」 *ぶちゃばく 山形県村山・米沢市 *ぶっさく 千葉県印旛郡 *ふっさばく 新潟県中越 *ぶっさばく 静岡県榛原郡 *ぶっちゃぐ 青森県南部 宮城県石巻 *ふっちゃばく 山形県 新潟県東蒲原郡 *ぶっちゃばく 山形県西置賜郡 東京都八王子 神奈川県津久井郡 新潟県東蒲原郡 *ぶっちる 茨城県稲敷郡 *ぶっつぁう 千葉県夷隅郡 *ぶっつぁく 山形県 福島県東白川郡 茨城県稲敷郡 栃木県 千葉県印旛郡 東京都八王子市 *ぷっつぁく 茨城県稲敷郡 *ふっつぁばく 岩手県気仙郡 山形県米沢市 新潟県西蒲原郡・下越 *ぶっつぁばく 山形県 千葉県夷隅郡 東京都八王子 *ふんざばく 長野県佐久 *むざく 新潟県中蒲原郡 *むじゃぐ 山形県東置賜郡 *むじゃぐる（細かに引き裂く） 新潟県東蒲原郡 *むんざく 秋田県河辺郡・雄勝郡 *むんじゃぐ 青森県津軽 秋田県南秋田郡「怒って絵をむんじゃいた」 *もざく 宮城県登米郡 岐阜県大野郡「いかをもざく」

→さく（裂）

ひきしお【引潮】 ⇩かんちょう（干潮）

ひきずる【引摺】 *しぶく 山形県西田川郡 *しょびる 福島県東白川郡「しょびって歩く」 *すびちゅい 鹿児島県喜界島 *すびちゅん・すんちゅん 沖縄県首里 *すりくりまわす 熊本県玉名郡・下益城郡 *ずる 山梨県 奈良県吉野郡 *するびく 福島県 栃木県塩谷郡「するびくよう

な長いきもの」 *ずるぶく 山形県庄内・東田川郡 *そっびゅー 千葉県夷隅郡 *そっぷー 千葉県夷隅郡 *そびく 島根県石見「下駄をそびくな」 山口県「お前は着物のすそをそびいちょる」・豊浦郡 熊本県玉名郡・下益城郡 大分県 鹿児島県 *ぞひく 山口県阿武郡 *ぞびく 山口市 *そぼく 東京都三宅島・御蔵島 *そんぐん 沖縄県石垣島 *どびく 山梨県南巨摩郡「丸太を山からどびく」 島根県石見「下駄をどびーて歩く」 山口県大島「着物をどびく」

着物のすそや帯などを長く□ *うっぱゆる・うっぱえる 長崎市 *すそはく 富山県砺波 *そろびく 長崎市 *ぞろびく 千葉県長生郡 福岡市 長崎県 熊本県 大分県 *ぞろびゅー・ぞろぶー 千葉県夷隅郡・長生郡 *ぞろぼく 東京都三宅島・御蔵島 *ぞろんびく 熊本県玉名郡 *どろびく 大分県北海部郡

ひく【引】 *こぐ 徳島県海部郡「一寸こいでくれ」 長崎県壱岐島「こぎ舟」「こぎ縄」 *さいてくる 和歌山県日高郡「あの木をさいてこい」 *さっぱる 広島県沼隈郡 *さばる 岡山県 広島県沼隈郡・芦品郡「その戸をこっちーさばれや」 *しゃばる 島根県隠岐島「この綱を早くしゃばれ」 *しょーぶー 千葉県安房郡 *しょっぴく 栃木県 静岡県志太郡 *しょっぷー 千葉県君津郡 *しょぴう 千葉県君津郡 *しょびく 茨城県行方郡 千葉県「牛をしょびいて田へ行く」 神奈川県三浦郡・逗子市 静岡県「両方から綱をしょびく」 *しょぴく・しょぶー 千葉県君津郡「牛が車をしょぴく」 *しょぶく 千葉県安房郡・海上郡 静岡県「身をしょぶく」 *しょんぶく 静岡県 *すぶく 東京都三宅島 大分県大野郡 *そっびく 千葉県君津郡 *そっぶー 千葉県夷隅郡・君津郡 *そっぷー 千葉県夷隅郡 *そびく 新潟県佐渡 島根県石見「袖をそびーた」 福岡県小倉市・福岡市 長崎県「手をそびく」 大分県「人をそびく」 鹿児島県肝属郡・種子島 *ぞびく 島根県那賀郡 山口県阿武郡 宮崎県児湯郡 *そびつ 鹿児島県・鹿児島郡 *そびる 大分県大分郡 *そぶく 千葉県印旛郡 長崎県北松浦郡「しっかりそぶくとひっきるる」 大分県大分市・大野郡 *そぼく 東京都三宅島「リヤカーそぼいて逃げて来てよー」・御蔵島 長崎県五島 *たなごる 青森県津軽「凧糸たなごる」 *ひかえる 宮城県登米郡 岐阜県吉城郡 *ひったくる・へったくる 三重県 *ふー 千葉県夷隅郡

ひく【碾】 *ならしゅん 沖縄県首里 *はたる（粉をひく）長崎県 熊本県天草郡 *ひきまろぶ（粉などをひく）高知県宿毛市

ひくい【低】 *くべー（周囲より低い）栃木県河内郡 熊本県下益城郡 *くぼい（周囲より低い。へこんでいるさまだ）山形県置賜「眼がくぼえ」 山梨県南巨摩郡 岡山県苫田郡 広島県高田郡「くぼいとこ」 徳島県 愛媛県松山 *くぼこい（周囲より低い。へこんでいるさまだ）山形県置賜・東村山郡 *くぼったえー（周囲より低い。へこんでいるさまだ）静岡県志太郡「あのちゃばら（茶畑）にゃー、くぼったぇーとこんあるら」 *ちちみじかい（身長が低い。卑しめて言う語）徳島県 *ちんまい（背が低い）島根県邑智郡・大田市 大分県 *つんぶいか・つんぶか・つんぼか 鹿児島県 *びーたっきゃ・びーたっこい・びーたらっけ・びーたらっけゃえー 千葉県夷隅郡 *ひくこい 青森県南部 *ひどこい 岩手県和賀郡 *ひゃーさん 鹿児島県沖永良部島 *ひらさーん・ひらさり 鹿児島県奄美大島 *ぴらさい・ぴちゃさい・しらさい 鹿児島県喜界島 *ひらさん 鹿児島県加計呂麻島 *まらさーん 沖縄県石垣島 *まらはん 沖縄県波照間島・小浜島 *まらん 沖縄県与那国島 *まりっかはん 沖縄県黒島 *まるさーん 沖縄県新城島 *まるさん 沖縄県宮古島・竹富島

□所 *くぶたまり 鹿児島県徳之島 *くぼ 青森県三戸郡 新潟県岩船郡 山梨県南巨摩郡 熊本県玉名郡 大分県 *くぽ 青森県三戸郡 *ぐぼ 大分県大分市・大分郡 *くぼき 島根県那賀郡 *くぼけ 香川県香川郡 *くぼこ 山形県東置賜郡・東田川郡 *くぼそこ 大分県大分郡 *くぼた 茨城県新治郡 *くぼたび 山形県東村山郡・東田川郡 *くぼたま 山形県「くぼたまに水たまった」 *くぼたまり 島根県「あそこのくぼたまりえ行くと風が当らん」 熊本県下益城郡 大分県 *くぼたみ 山形県 *くぼたん 大分県大分市・北海部郡 *くぼつき 広島県高田郡 *くぼっこ 山形県東置賜郡・西村山郡 *くぼったま 山梨県南巨摩郡 長野県上伊那郡・佐久 *くぼったまり 神奈川県中郡 長野県下伊那郡 *くぼったみ 長野県 *くぼっため 長野県東筑摩郡・佐久 *くぼってー 長野県下水内郡 *くぼっと 栃木県足利市 群馬県桐生市 埼玉県川越 *くぼつら 大分市 *くぼと 山形県西置賜郡 *くぼみたま 山形県米沢市 *くぼみったま 栃木県 *ぐぼり 大分県大分市・大分郡 *くぼんと 栃木県 *ひくみ 新潟県佐渡 *ひくん 鹿児島県肝属郡 *ひこん 鹿児島県

ひぐれ【日暮】 *いりあい 茨城県猿島郡 長崎県南高来郡 *いりいぇー 沖縄県那覇市 *いりえー 沖縄県首里 *おてまぐれ 長崎県対馬 *けそめき 長野県北安曇郡 *そぼそぼぐれ・そぼそぼ 新潟県佐渡 *とほつかー 群馬県吾妻郡 *とぼとぼ 千葉県安房郡「とぼとぼに帰る」 三重県 *もーもーじぶん 島根県那賀郡・江津市 *もーもーどき 島根県石見 長崎県対馬 *ももーかどき 岡山県苫田郡 *ももどき 山口県大島 長崎県 *ゆーさ 岐阜県山県郡・飛騨 *ゆーさがた 岐阜県郡上郡 愛媛県東宇和郡 *よーさ 長野県上田・北安曇郡 岐阜県郡上郡 和歌山県日高郡（宵） 岡山県阿哲郡 高知県 *よーさがた 岐阜県郡上郡 三重県南牟婁郡 奈良県吉野郡 和歌山県日高郡・東牟婁郡 徳島県美馬郡 愛媛県 *よーさま

長野県上田 *よさ 三重県志摩郡 *よさがた 富山県 石川県能美郡 福井県 三重県 *よさもと 三重県志摩郡・度会郡

→たそがれ（黄昏）・はくぼ（薄暮）・ゆうがた（夕方）・ゆうぐれ（夕暮）

□方 *すな・すま 山形県最上郡 *どさら 香川県「どさらになって」 *みぞみあい 島根県益田市 *ゆーまじみ 和歌山県・西牟婁郡 *ゆーまじめ 兵庫県赤穂郡 山口県玖珂郡 香川県木田郡・岩黒島 *ゆーまじょみ 和歌山県 *ゆーまずみ 静岡県 三重県志摩 *よいまずめ 静岡県田方郡 *よーまずみ 千葉県夷隅郡 *よーまずめ 静岡県 *よっこれ 熊本県球磨郡

ひげ【髭】 *うわひぎ 鹿児島県奄美大島 *うわひげ 香川県三豊郡 *おもずらひげ（馬具の「おもづら」に似た生え方であるところから。もみあげからあごにかけて生えるひげ）青森県津軽 秋田県鹿角郡 *つりひげ（ほおからあごにかけてのひげ）滋賀県彦根 兵庫県赤穂郡 *てぃんじんなー（「天神髭」の意か。唇の下のひげ）沖縄県石垣島 *とらひげ（こわく突っ張ったひげ）香川県 *ねこひげ（柔らかいひげ）島根県石見 *ぴし 沖縄県新城島 *ぴにー・ぴしーにー 沖縄県西表島 *ぴに 沖縄県八重山 *ふぃじ 沖縄県首里 *もしゃひげ（薄いひげ）和歌山県日高郡 *やまひぎ（ほおのひげ）沖縄県島尻郡 *やまぴに（ほおのひげ）沖縄県石垣島 *わーひぎ 沖縄県島尻郡

→あごひげ（顎髭）・くちひげ（口髭）

ひざ【膝】 *おちゃんぽ 岐阜県土岐郡 *おとびら 奈良県吉野郡 *おぼーさま 長野県南佐久郡 広島県高田郡 *おぼーさん 長野県南佐久郡・上田 *おぼさん・おんぼさま・おんぼさん 長野県佐久 *うり 愛知県尾張 *かぶ 青森県津軽 茨城県 *くぐり 栃木県安蘇郡 *くるまぼね 富山市近在 *くるり 栃木県南部 *げんすけ 奈良県 *げんちょ 奈良県南葛城郡 *げんちょく 奈良県南大和 *けんろく 奈良県 *げんろく 三重県伊賀 奈良県・宇智郡「石がげんろくにあたった」 *こぞ 千葉県東葛飾郡 *ごんじ 広島県高田郡 *ごんぼー 長野県上伊那郡 *さーら 香川県綾歌郡・仲多度郡 *さら 山形県西村山郡・新庄市 群馬県利根郡 東京都利島 愛知県碧海郡 島根県 広島県因島・高田郡 徳島県「かがまのさら」 香川県 愛媛県周桑郡 長崎県対馬「つぶしのさら」 熊本県玉名郡 *しざかぶ 岩手県気仙郡 山形県 福島県安積郡・石城郡 *しざっかぶ 東京都江戸川区 *しざっぽーず 長野県南佐久郡 *しざんぼ 群馬県桐生市 *しじゃかぶ 北海道南部 青森県津軽 秋田県鹿角郡 山形県 *しちゃかんぶ 青森県津軽 *しぷしん 沖縄県波照間島 *しんじゃかぶ 岩手県上閉伊郡「あであんじえ、しんじゃかぶのかはたくた（ああ痛い、ひざ頭の皮をむいた）」 *しんじゃかんぶ 青森県津軽 *すね 三重県志摩郡 大阪府泉北郡 兵庫県加古郡 和歌山県西牟婁郡 島根県 岡山県児島郡 広島県 愛媛県松山 鹿児島県種子島 *すねおぼ 長野県上田 *すねがしら 山口県大島 *すねかばち 島根県隠岐島 *すねかぶ 和歌山県西牟婁郡 *すねがぼーず 宮崎県東諸県郡 *すねきち 香川県 *すねきつぁん 香川県香川郡 *すねきっちゃん 香川県仲多度郡 *すねこ 奈良県磯城郡 広島県高田郡 愛媛県今治市・周桑郡 *すねこーべ 新潟県佐渡 *すねこぞー 群馬県多野郡 長野県佐久 愛媛県松山「こけてすねこぞーをきびがい（ひどく）うった」 *すねこばーず 島根県 *すねこばず 島根県出雲 *すねこばち 島根県八束郡・大原郡 *すねこぶ 岐阜県飛騨 *すねこぼ 岐阜県郡上郡 *すねこぼーず 鳥取県岩美郡・気高郡 島根県邑智郡 *すねこん 奈良県宇智郡・吉野郡 *すねこんぼ 愛知県北設楽郡 *すねだま 香川県木田郡 *すねっこ 長野県 *すねっこぞー 長野県東筑摩郡・諏訪 *すねっこぶ 長野県西筑摩郡 *すねっぱち 島根県仁多郡 *すねっぽ 群馬県利根郡 *すねっぽーず 長野県上田・佐久 *すねっぽこ 群馬県多野郡 *すねっぽろ 千葉県印旛郡 *すねのさら 京都府竹野郡 *すねばーず 島根県出雲市・隠岐島 *すねぼーさ 山口県見島 *すねぼーさー 山口県大島 *すねぼーず 長野県上田 島根県隠岐島 岡山県岡山市・御津郡 山口県 香川県小豆島 宮崎県児湯郡・東臼杵郡 *すねぼし 兵庫県神戸市 *すねぼぼ 岐阜県飛騨 *すねぼん 兵庫県 *すねぼんさん 岡山県児島郡 香川県広島・小豆島 *すねみそ 高知県長岡郡 *すねんこぶ 岐阜県郡上郡 *すねんぼ 宮崎県児湯郡 *すねんぼーず 島根県大田市 岡山県北木島 広島県 *すねんぽこ 群馬県多野郡 *すぶし 沖縄県八重山 *たんぼさま 長野県佐久 *ちぶし 鹿児島県奄美大島 *ちぷし 沖縄県西表島 *ちゃんこ 茨城県新治郡 *ちゃんぱ 岐阜県羽島郡 *ちゃんぼ 茨城県新治郡 岐阜県可児郡 *ちゃんぽ 茨城県稲敷郡 岐阜県恵那郡 *ちゃんぽこ 群馬県勢多郡 *ちゅぶし 鹿児島県揖宿郡 *ちょくろ・ちょくら 奈良県宇智郡 *ちんし 鹿児島県与論島 沖縄県 *つぃぐし 沖縄県宮古島 *つぃぶし 鹿児島県奄美大島 沖縄県首里・小浜島・新城島 *つぃぷし 沖縄県小浜島・新城島 *つぃぶす 沖縄県石垣島 *つぃんし 沖縄県首里 *つぃんす 鹿児島県徳之島・沖永良部島 沖縄県首里 *つぐす・つぐま 沖縄県宮古島 *つぐめ 東京都八丈島 *ってぃぶし 鹿児島県奄美大島・加計呂麻島 *つぶし 徳島県 愛媛県 福岡県粕屋郡・福岡市 長崎県 大分県 鹿児島県 *つぶしのあたま 大分県大分市・大分郡 *つぶす 沖縄県八重山 *つぶひ 長崎県五島 *つま 香川県粟島 *つんぶ・つんぶし 鹿児島県 *てぃぶし 鹿児島県加計呂麻島 *とぅぶし 鹿児島県喜界島 *ねんぼ 静岡県 *ひざおぼ 長野県 *ひざかっぷ・ひざがっぷ 熊本県天草郡 *ひざかっぷー（下流）長崎県北松浦郡 *ひざがっぷし 鹿児島県大

隅・肝属郡 *ひざがっぽ 長崎県佐世保市 熊本県天草郡 *ひざかぶ 北海道余市郡 青森県 岩手県 宮城県 秋田県・鹿角郡 山形県 福島県 茨城県稲敷郡 千葉県九十九里浜・印旛郡 新潟県 岐阜県大野郡・郡上郡 奈良県吉野郡 和歌山県日高郡 *ひざかぶち 岐阜県益田郡 *ひざかぶと 大分県宇佐郡 *ひざかぶら 山形県 三重県志摩郡 *ひざかぶろ 東京都八丈島 *ひざがんつー 熊本県球磨郡 *ひざかんぼ 岐阜県郡上郡 *ひざこーず 佐賀県藤津郡 *ひざこーべ 新潟県佐渡 *ひざこっつー 佐賀県 *ひざこぶ 岐阜県飛驒 愛知県渥美郡 滋賀県彦根 大分県大分郡 *ひざこぶし 三重県志摩郡 和歌山県 熊本県阿蘇郡 *ひざこべ 新潟県佐渡 三重県度会郡 *ひざこぼ 千葉県君津郡 三重県度会郡 *ひざこぼし 三重県志摩郡 *ひざこぼず 島根県大田市 *ひさこんぼ 長野県佐久 *ひざごんぼ 熊本県球磨郡 *ひざこんぼー 静岡県 *ひざさら 愛知県名古屋市 島根県石見 *ひざざら 静岡県・磐田郡 愛知県愛知郡 *ひざつ 島根県美濃郡・益田市 *ひざっかぶ 福島県東白川郡・西白河郡 栃木県「ころんでひざっかぶすりむいた」 群馬県邑楽郡 千葉県 東京都三宅島 新潟県中越 *ひざっかぶつ 栃木県 *ひざっかぶら 茨城県稲敷郡・北相馬郡 栃木県 東京都三宅島 静岡県 *ひざっかぶろ 栃木県芳賀郡 *ひざっこぶ 栃木県 群馬県佐波郡 埼玉県秩父郡・北葛飾郡 千葉県安房郡 *ひざっころ 埼玉県秩父郡 *ひざったま 新潟県中頸城郡 長野県上水内郡 *ひざつの 島根県邑智郡 広島県能美島 *ひざっぱし 新潟県佐渡 *ひざつぶし 長崎県対馬 大分県速見郡 鹿児島県 *ひざっぷし 埼玉県秩父郡・川越市 新潟県中頸城郡 *ひざっぽん 愛知県尾張 *ひざのかぶら 三重県志摩郡 *ひざのさら 東京都利島 三重県志摩郡 *ひざのっこぶ 群馬県多野郡 *ひざのぶし 長野県諏訪 *ひざばんや 大分市 *ひざぶし 富山県砺波 愛知県愛知郡・碧海郡 三重県名張市 長崎県南高来郡 熊本県阿蘇郡 *ひざぼ 三重県名賀郡 *ひざぼーし 京都市 *ひざぼーず 愛知県愛知郡・碧海郡 島根県 広島県 山口県島嶼 徳島県 愛媛県松山 福岡県福岡市・久留米市 熊本県 大分県 *ひざぼし 富山県・東礪波郡 三重県伊賀 滋賀県 京都府宇治郡 大阪市 兵庫県明石郡・神戸市 奈良県 長崎県西彼杵郡 熊本県玉名郡・芦北郡 *ひざぼず 熊本県芦北郡・天草郡 *ひざぼそ 兵庫県明石郡 *ひざぼぼ 岐阜県山県郡・飛驒 *ひざぼん 福井県敦賀郡・遠敷郡 三重県伊賀 滋賀県 京都府 兵庫県 奈良県 *ひざぽん 奈良県山辺郡 *ひざぼんさん 香川県大川郡 愛媛県周桑郡 佐賀県唐津市 長崎県佐世保市・南高来郡 熊本県 大分県大分郡 *ひざぼんやん 熊本県玉名郡 *ひざんかっぷ・ひざんこっぽ 熊本県天草郡 *ひざんぶし 長野県諏訪・上伊那郡 *ひざんぼ 栃木県 群馬県山田郡 福井県南条郡 熊本県阿蘇郡 *ひざんぽ 福井県 岐阜県可児郡 *ひざんぼー 群馬県佐波郡 島根県邑智郡・鹿足郡 *ひざんぽー 群馬県佐波郡 *ひざんぼーず 広島県三次市 熊本県上益城郡・下益城郡 *ひざんぼこ 栃木県安蘇郡「ひざんぼこを怪我した」 *ひざんぼつ 栃木県足利市 *ひざんぼっこ 群馬県佐波郡 *ひじ 長崎県南高来郡 *ひじゃかぶ 青森県津軽 岩手県九戸郡・上閉伊郡 宮城県 秋田県 山形県 福島県 茨城県 *ひじゃかぶら 山形県 *ひじゃかんぶら 東京都八丈島 *ひじゃっかぶ 福島県東白川郡 群馬県邑楽郡 千葉県印旛郡 *ひじゃぼん 福井県遠敷郡 *ひじゃぼんぼ 岐阜県郡上郡 *ひださら 島根県石見 *ひだちん 三重県名張市 *ひだつ 島根県益田市 *ひだっかぶら 東京都利島 *ひだつの 広島県・江田島・安芸郡 *ひだっぷし 鹿児島県 *ひだつり 島根県那賀郡 *ひだぶし 静岡県磐田郡 長崎県南高来郡 *ひだぼーず 広島県・厳島 山口県・島嶼 *ひだぼし 三重県名張市・鈴鹿郡 奈良県宇智郡 *ひたぽん 京都府 *ひだぽん 福井県大飯郡 三重県名張市・名賀郡 滋賀県蒲生郡 大阪府 奈良県生駒郡 *ひちやぽん 福岡市 *ひんざかんぶ・ひんじゃかんぶ 秋田県 *ふざかぶ 青森県南部 *ふざこばず 島根県出雲 *ふざっかぶ 新潟県長岡市・刈羽郡 *ふざっこばーず 島根県大原郡 *ふざばーず 島根県 *ふざんかっぷ 熊本県天草郡 *ふじゃかぶ 青森県南部 秋田県河辺郡 新潟県東蒲原郡 *ふんじやかんぶ 秋田県河辺郡 *へさかぷ 岐阜県郡上郡 *へざかぶ 千葉県印旛郡 富山県東礪波郡 岐阜県飛驒 奈良県吉野郡 *へざかんぼ 岐阜県郡上郡 *へざくりげ 島根県浜田市 *へざさら 島根県石見 *へざざら 富山県東礪波郡「足をねじてしもてへざざらがまがった」 *へざつ 島根県江津市 *へざっかぶ 栃木県 *へざったま 新潟県中魚沼郡 *へざつの 島根県江津市 *へざのかぶ 奈良県吉野郡 *へざぶし 富山県東礪波郡 *へざぼーず 島根県那賀郡・邑智郡 *へざぼし 三重県上野市 *へざぼん 三重県名賀郡 *へざぼんぼ 岐阜県郡上郡 *へざんぼ 石川県江沼郡 福井県 *へざんぽ 福井県越前 *へだつの 島根県江津市 広島県賀茂郡 *へだっぽ 広島県賀茂郡 *へだっぽち 新潟県中頸城郡 *へだのかぶ 三重県南牟婁郡 *へだぼーさん 島根県江津市 *へだぼーず 島根県那賀郡 *へだぼし 三重県上野市 *へだぼん 三重県名賀郡 *ぼんさん 福井県大飯郡 兵庫県赤穂郡 大分市 *ぼんぼ 長野県下伊那郡 *ぽんぽ(幼児語)長野県東筑摩郡 静岡県 *ぼんぼん 滋賀県蒲生郡 *ぽんぽん(幼児語) 愛知県名古屋市 *ぽんぽんぎし(幼児語) 静岡県 *まくわ 奈良県 *ますね 京都府何鹿郡 *むこーずみ 三重県志摩郡 *むこぶし 石川県 *むこぼし 石川県珠洲郡 *もこぼし 石川県鹿島郡 *もちぼね 鹿児島県種子島 *ももこぞー 山梨県中巨摩郡 *ももっこぞ 神奈川県

津久井郡　山梨県南巨摩郡 *ももっこぞー 神奈川県津久井郡　山梨県東八代郡・北巨摩郡 *んぶっつぃ 沖縄県与那国島

ひざがしら【膝頭】 ⇩ひざ（膝）

ひざこぞう【膝小僧】 ⇩ひざ（膝）

ひさし【庇】 *あまうち 愛知県北設楽郡　島根県出雲 *あまおーい 熊本県玉名郡 *あまぎちー 沖縄県与那国島 *あまげーし 沖縄県那覇市・中頭郡 *あまだい 沖縄県竹富島 *あまだら 沖縄県鳩間島 *あまだり 鹿児島県徳之島　沖縄県石垣島・波照間島 *あまだれ 栃木県　広島県 *あまだれぐち 島根県 *あまたれじた 富山県 *あまはじ 沖縄県国頭郡 *あまんがいし 沖縄県小浜島 *あまんがいす 沖縄県石垣島 *あまんがし 沖縄県竹富島・黒島 *あまんだれ 静岡県川根 *あみだい 沖縄県首里 *あみだれぐち 石川県能美郡 *いーさし 和歌山県東牟婁郡 *うだれ 岡山県邑久郡 *おーた・おうた 香川県大川郡 *おーだれ 新潟県佐渡　島根県鹿足郡・益田市　広島県安佐郡　山口県豊浦郡　愛媛県松山　熊本県 *おーぶた 徳島県　香川県大川郡 *おだれ 群馬県館林　東京都南多摩郡　山梨県　兵庫県赤穂郡・淡路島　和歌山県　岡山県　広島県　山口県大島　徳島県海部郡　香川県　愛媛県　長崎市　熊本県　鹿児島県 *おぶた 徳島県 *おろし 山形県西村山郡　栃木県西部（主屋の大屋根を延長して作った大きな庇）「せまくてしゃあねがら、おろしでも作れべとおもって」　石川県能美郡　熊本県球磨郡 *おろしさげ 山形県東置賜郡・南置賜郡 *がぎ 新潟県　富山県　長野県 *がけ 新潟県中頸城郡 *がげ 長野県更級郡・下水内郡 *かけさげ 岩手県気仙郡　宮城県仙台市 *かぜやらい・かぜあらい（冬の出入口にする土間の前に出した庇）福島県南会津郡 *がんき 長野県佐久 *がんぎ 新潟県　福井県敦賀郡　長野県下水内郡 *がんげ 新潟県西頸城郡 *かんざいら 福島県会津 *げた 香川県三豊郡 *こばい（神社の拝殿の上がり口の庇）香川県仲多度郡 *ごはい（神社の拝殿の上がり口の庇）山梨県南巨摩郡　長野県佐久　広島県高田郡　愛媛県北宇和郡・伊予三島市・大三島 *こまい 宮城県 *こもせ 秋田県鹿角郡・平鹿郡 *こもへ 青森県津軽 *こやね 新潟県佐渡・東蒲原郡　富山県高岡市　岐阜県飛騨　大阪市　和歌山県 *さーし 千葉県長生郡・安房郡　新潟県西頸城郡 *さし 埼玉県北足立郡・北葛飾郡　千葉県東葛飾郡　岐阜県飛騨　島根県隠岐島 *さしおろし 香川県小豆島 *さしか 沖縄県首里 *さしかけ 富山県西礪波郡　香川県小豆島　愛媛県 *さっかけ 栃木県　長野県佐久 *しったれ 栃木県 *してぃぱぎ 沖縄県鳩間島 *すすな 福井県 *でい 富山市近在 *とば 新潟県南魚沼郡 *ぬきばら・ぬちばら 鹿児島県沖永良部島 *ぬくだれ 長崎県南高来郡 *ねんじょ 石川県珠洲郡 *のきさき 熊本県天草郡 *のきだれ 山梨県南巨摩郡　香川県木田郡　熊本県阿蘇郡・天草郡 *のくぐち 長崎県南高来郡 *はぐち 新潟県佐渡・北蒲原郡 *はでぃ 沖縄県与那国島 *ひあおい 長野県上伊那郡 *ひあわい 新潟県東蒲原郡 *ひさしがけ 熊本県鹿本郡 *まびさし 愛媛県大三島 *やかげ 三重県松阪 *やねざら 東京都西多摩郡 *やねじり 広島県江田島

家屋の□ *かいだれ 石川県鹿島郡　滋賀県愛知郡 *ぎや 岐阜県飛騨 *け 岡山県御津郡　香川県粟島 *げ 秋田県　山形県　三重県伊賀・志摩郡　島根県　岡山県苫田郡　香川県　熊本県・玉名郡・阿蘇郡 *げー 静岡県庵原郡　香川県「げーが深い」　愛媛県 *げーや 熊本県下益城郡 *げや 富山県砺波　山梨県・南巨摩郡　静岡県庵原郡　香川県　愛媛県　熊本県 *けらば 富山県砺波 *さしだし 熊本県天草郡 *しこり 島根県江津市 *しころ 石川県能美郡　滋賀県滋賀郡（四方に取り付けたひさし）　京都府北桑田郡　兵庫県氷上郡　島根県　岡山県川上郡　広島県　山口県大島 *ひうけ 静岡県磐田郡 *やだり 広島県倉橋島・佐伯郡 *やだれ 島根県鹿足郡・邑智郡　広島県　山口県　福岡県田川郡 *やりだし 愛知県知多郡 *やんだり 愛媛県大三島

ひさしぶり【久振】 *いけすめ 新潟県佐渡「おう、こら、いけすめで会うたのう」 *いさしかぶり 神奈川県三浦郡　静岡県 *いさしかめ 三重県員弁郡 *いさしこって 石川県河北郡 *いしゃしー 静岡県志太郡 *いしゃしかぶり 静岡県田方郡・安倍郡 *いっこー 新潟県佐渡「いっこうでした」 *えっとかめ 岐阜県稲葉郡　愛知県尾張 *えっとぶり 徳島県 *おはるか 長野県諏訪「おはるかでござります」 *さーしかぶり 三重県松阪　長崎県南高来郡 *さしーことめ 岐阜県飛騨 *さしかぶい 宮崎県日向　鹿児島県 *さしかぶり 長崎県南高来郡　鹿児島県・種子島 *さしこと 岐阜県飛騨 *さしことぶり 新潟県中頸城郡 *さしまって 新潟県中越 *しゃーしゃかぶり 大分県南海部郡 *じょんしゃぶり 徳島県 *せんどぶり 兵庫県加古郡 *せんどめ 兵庫県神戸市 *たまさかない 山形県「たまさかないに来たのだから一服えかんべ」 *ながえど 富山県東礪波郡「ほんまにながえどで見たがあ」 *ながすさ 富山県 *ながぶい 鹿児島県硫黄島 *なごぶい 鹿児島県肝属郡 *はーるかぶり 長野県「はーるかぶりで晴れたから」 *はるか 群馬県吾妻郡「はるかだったん」 *ひぃーてぃぶり 東京都八丈島 *ひーさなぶり 島根県邇摩郡 *ひさしかぶり 岐阜県揖斐郡・大垣市　静岡県「ひさしかぶりで逢った」・志太郡　三重県松阪　愛媛県　高知県幡多郡　宮崎県東諸県郡・日向 *ひざしかぶり 香川県仲多度郡 *ひさしかめ 岐阜県大垣市 *ひさしくとて 宮城県仙台市「久しくとて君の歌をきいた」 *ふっさ 島根県隠岐島「君に逢うのも何とふっさだねーか」 *へーさぶり 新潟

県糸魚川市 *へーてーぶり 東京都八丈島「へーてーぶりでいきあって」 *まりまーり 鹿児島県喜界島「まりまーりみんだしかくんでーる(久しぶりで珍しいことです)」 *やっとかぶり 三重県志摩郡 *やっとかめ 岐阜県「やっとかめじゃのー(久しぶりですねえ)」 愛知県 三重県志摩郡 徳島県海部郡 *やっとかめー 滋賀県 *やっとこめ 岐阜県郡上郡 *やっとぶり 長崎県南高来郡 *やっとめ 岐阜県恵那郡 *よっぱら 新潟県 *よっぱらか・よっぱりか 山形県「よっぱらかて来た」

□だ *おとーどーしー 福岡市 長崎県対馬「どうもお遠々しいことでござりました」 *おとーろしー 福岡県 *おとしー 大分県大野郡「おとしゅーございます」 *おとどーしー 岡山県苫田郡 *おとどしー 上方「おとどしやす」 徳島県「おとどしいございます」 愛媛県「おとどしいなあ(しばらくだねえ)」 高知県「まーおとどしゅーございました」 長崎市 *とーとーしー 宮城県仙台市 *とーどーしー 山口県「いっそとーどーしうて申訳なうござります」 *とーどしー 高知県幡多郡「えらいとーどしかったのー(ずいぶん久しぶりだねえ)」 長崎県五島 *とーろーしー・とーろしー 鹿児島県種子島「とーろーしかったなあ」 *とんどい・とどひ 長崎県五島「とどひかったなあ」 *みーどぅーさん 沖縄県首里「みーどぅーさ(お久しゅう。目下への挨拶)」

ひじ【肘】 *かいな 奈良県南大和 鳥取県岩美郡・気高郡 *け 岩手県和賀郡 *しじゃつれ 青森県津軽 *つぃでぃんかー 沖縄県与那国島 *ひざちり 青森県 *ひじかね 新潟県 *ひじがね 長崎県南高来郡 *ひじかぶ 新潟県中部 *ひじこ 徳島県那賀郡 愛媛県周桑郡・喜多郡 高知県高知市・幡多郡 *ひじこぎ 福島県 *ひじこぶ・ひじこんぼー 熊本県天草郡 *ひじしり 山形県西置賜郡 長野県下伊那郡 神奈川県津久井郡 石川県能美郡 京都府 *ひじすり 山形県東村山郡 *ひじちり 青森県 岩手県 宮城県登米郡・玉造郡 秋田県 山形県 *ひじちる 岩手県九戸郡 *ひじっかぶ 青森県北津軽郡 *ひじっこぎ 福島県東白川郡 *ひじっこぶ 長野県上田・佐久 *ひじっちり 岩手県気仙郡 *ひじっと 大分県大分郡 *ひじつり 岩手県和賀郡 山形県東村山郡 *ひじのこ 東京都八丈島 *ひじぼーず 熊本県 *ひじぽつ 熊本市 *ひじりー 岩手県九戸郡 *ひじんこ 熊本県八代郡 *ひじんこぶし 熊本県阿蘇郡・宇土郡 *ひじんこんぽ 熊本県天草郡 *ひじんず 鹿児島県 *ひじんつー 大分県大分市・北海部郡 *ひじんと 熊本県 大分県 *ひじんど 大分県 宮崎県 鹿児島県肝属郡 *ひじんとー・ひじんどー 大分県 *ひじんぼ 岐阜県郡上郡 熊本県 *ひじんぼー 熊本県阿蘇郡 宮崎県児湯郡 *ひじんぼーず・ひじんぽず 熊本県 *ひだ 長崎県南高来郡 *ひっじき 熊本県芦北郡 *ひりしり 滋賀県栗太郡 *ひんじー 宮崎県西諸県郡 鹿児島県 *ひんじき 福岡県 熊本県 *ひんじし 鹿児島県鹿児島郡 *ひんしり 長崎県対馬 *ぴんちー 沖縄県小浜島 *ひんちす・ひんちー 鹿児島県揖宿郡 *ふぃじけー・ふぃじげー 沖縄県首里(ひじを中心とした腕、腕っ節にも言う)・中頭郡・那覇市 *ふぃじんとー 沖縄県首里 *ふざつり 青森県上北郡 *やで 徳島県・海部郡 愛媛県 高知県「猿にもやでの長いのがある」「やでが太い」 *やね 徳島県「やねがこわる(腕が疲れて痛む)」・阿波郡

ひしゃく【柄杓】 *おーまがり 山形県西置賜郡 *おくみ 茨城県・多賀郡 *かいおけ 香川県綾歌郡・仲多度郡 *かいぎ 山形県鶴岡市 鳥取県岩美郡 *くさっ 鹿児島県姶良郡・鹿児島郡 *くしゃ 熊本県玉名郡・飽託郡 *くしゃく 岐阜県恵那郡 長崎県 熊本県 鹿児島県 *くしゃっ 長崎県五島 鹿児島県姶良郡 *けーき 山形県鶴岡市 *けーぎ 山形県東田川郡 *けぎ 山形県庄内 *さーい 沖縄県与那国島 *さし 沖縄県宮古島 *さち 沖縄県波照間島 *ししゃうでぃら(「ひしゃくべら(柄杓箆)」の転か) 沖縄県竹富島 *しゃくし 香川県 *にーぶ 鹿児島県奄美大島 沖縄県 *にーぼーま 沖縄県石垣島・小浜島(小さいもの) *にぶ 鹿児島県南西諸島 沖縄県国頭郡 波照間島・黒島・伊江島 *にぶー 鹿児島県加計呂麻島・奄美大島 *ねーぶ 鹿児島県喜界島 *ぴんだり 沖縄県小浜島 *ふだい 沖縄県竹富島 *ふだり 沖縄県石垣島 *ふだる 沖縄県鳩間島 *みーぼー・みーぶ 沖縄県竹富島 *みゅーだい(大きいひしゃく) 沖縄県竹富島 *みゅーんだり(大きいひしゃく)・むーんだり 沖縄県小浜島 *めーまさ(大きなひしゃく) 沖縄県黒島

下肥をくむ□ *あげしゃく 島根県美濃郡 *くみだし 島根県邑智郡 *だらびしゃく 山形県 茨城県猿島郡 埼玉県北葛飾郡 *だらぴしゃく 山形県東部 *だるびしゃく 埼玉県北葛飾郡 京都府竹野郡 *ながえ(便所のくみ出し用のひしゃく) 島根県大田市・隠岐島

水をくむ□ *さく 鹿児島県川辺郡 *しゃーく 千葉県山武郡・千葉郡 新潟県西頸城郡 長野県 岐阜県郡上郡・加茂郡 愛知県碧海郡・知多郡 島根県出雲 福岡県企救郡 *しゃーこ 静岡県 愛知県北設楽郡 *しゃほ・しゃーほ 東京都大島 *しゃく 埼玉県入間郡・川越 千葉県海上郡 新潟県三島郡 富山県 福井県 山梨県南巨摩郡 長野県上田 岐阜県吉城郡 静岡県(船用) 三重県 兵庫県 奈良県高田・吉野郡 鳥取県岩美郡 島根県鹿足郡 広島県比婆郡・高田郡 山口県阿武郡 香川県 愛媛県喜多郡・松山 熊本県 鹿児島県 *しゃこ 滋賀県神崎郡 大阪府泉北部 奈良県南大和 *しゃっこー 新潟県中越 *しわく 山口県阿武郡・豊浦郡 福岡県企救郡

びじょ【美女】 ⇨びじん(美人)

ひじょう【非常】 *いかつ 鳥取県東伯郡 *ど

くしょ 大阪市 和歌山県「どくしょになぐられた」 福井県 *どくしょー 和歌山県日高郡 *どくしょー 福井県 大阪市 兵庫県神戸「どくしょーやられた」 和歌山県伊都郡 島根県邑智郡・那賀郡「どくしょー腹を立てた」 徳島県「大雨のあとに大日でりとはどくしょーなことじゃ」 *らんがい 愛媛県今治市 *ろくしょー 和歌山県那賀郡

□に *あーぜー・わーぜー 鹿児島県揖宿郡 *あざい 鹿児島県種子島・肝属郡「あざい立派じゃ」 *あぜー 鹿児島県鹿児島郡 *あたいかたい 佐賀県藤津郡 *あっぜ 鹿児島県始良郡 *あっぜー 鹿児島県揖宿郡「あっぜー若ごなったが」 *あっぽてんね 鹿児島県鹿児島郡 *あほー 山梨県「あほう甘い」 長野県・東筑摩郡「あほーに働いた」 岐阜県飛驒・郡上郡「あほうにおーめしよくやるけんど(大飯を食うけれど)」 静岡県志太郡・安倍郡「あほうに大きい」 *あほげに 栃木県 滋賀県蒲生郡 *あまり 宮城県仙台市「あまりおいしく頂きしてござりす」 山形県・米沢市「あまりよかんべい」 *あんま 新潟県西蒲原郡 静岡県「あんまきれいだ」 *あんまり 宮城県仙台市 山形県 福島県相馬郡・東白川郡 新潟県岩船郡 *いーら 栃木県「いーら多いからだめだ」 *いきら 沖縄県首里「いきら、うっしゃがやー(どんなに嬉しいだろうね)」 *いくら 三重県南牟婁郡 熊本県天草郡「いくらぬっかったどのう(どんなにか暑かっただろうね)」 *いくらか 新潟県西頸城郡 福岡県三井郡「いまかー、いくらかおさむしゅー(おさびしく)なんなさるこってございまっしょ」 *いじー 福岡県三井郡 熊本県 *いずい 島根県石見「いずい悪いが、今金のもち合せがない」「いずいこりゃー堅あ土じゃのう」 山口県阿武郡 *いすか 栃木県足利市・都賀 群馬県 埼玉県秩父郡・大里郡 長野県南佐久郡 静岡県「いすかにちごー」 *いっくらか・いっくらく 東京都神津島「いっくらくさあがれた(ひどくしかられた)」 *いっぺー 沖縄県首里 *いもり 長野県東筑摩郡 *うーつころ・うんつころ・うんつこら・うっころ・うすころ 山形県「うーつころごしゃがれる(たくさんしかられる)」 *うすこら 岩手県岩手郡 *うっころ 山形県北村山郡 *うでっこき 栃木県 *うんちゃころ 山形県東村山郡・最上郡「うんちゃころくたびれた」 *うんつくらい 宮城県石巻(卑語)・仙台市 *うんとくらい 宮城県仙台市「柿うんとくらいしょって、まず、どこさ運ぶんだか」 *うんめろ 神奈川県三浦郡「魚がうんめろとれたなー」 *えじー 佐賀県 長崎県五島・北松浦郡(下等) 熊本県菊池郡・下益城郡 大分市 *えず 和歌山県那賀郡「えず遺憾に思ふ」・日高郡「えづ甘いな」 *えずい 和歌山県日高郡「えづい面白い話だった」 山口県阿武郡 *えずー 福岡県 佐賀県・神埼郡 *えすか 長野県上田・佐久「えすかにでかい」 *えんつころ 山形県西村山郡 *おーいに 岐阜県揖斐郡 *おーか 秋田県仙北郡 群馬県勢多郡「おうかさみいんで手がかじかんでしまう」 *おーき 山形県 和歌山県「おーきありがと」 *おーきに 岩手県気仙郡 山形県 福島県 栃木県上都賀郡・河内郡「それはおほきにさうだ」 千葉県夷隅郡「おーきに困る」 新潟県東蒲原郡「おーきに御無沙汰しました」 富山県砺波「おーきにお世話になりました」 長野県上伊那郡 滋賀県彦根「おーきにはばかりさん」 京都市 兵庫県城崎郡 奈良県吉野郡「いやおーきにどうも」 和歌山県 鳥取県岩美郡・気高郡 島根県「おーきにござんねんにおもいなさやんすことでごやんしょー」 香川県 愛媛県周桑郡・喜多郡「お友達はそれをきいておーきに笑ひました」 高知県幡多郡 長崎市 *おーきん 三重県鈴鹿郡 *おーく 群馬県佐波郡 *おーけ 香川県三豊郡 *おーけに 上方 島根県石見「おーけにそうじゃった」 山口県 香川県 *おーもり 千葉県安房郡 *おきね 青森県津軽 *おそろしない 秋田県横手市「おそろしねゃ太え杉だ」・鹿角郡 山形県東置賜郡 *おっかな 東京都八丈島「おっかなこわけんて」 *おっかない 東京都三宅島「おっこぁねー喜びだじゃーお」 静岡県安倍郡 *おっけに 京都府 大阪府 *おってくよーに 三重県北牟婁郡「おってくよーにかいだりー(だるい)」 *おっとろし 大分市 *おどけない 山口県大島「おどけなえ今年は芋がえっと(たくさん)あった」 *おとましー 長野県南部「これはおとましい立派なものだ」「それはおとましい惨いことである」 *おとろしー 岐阜県飛驒「おとろしく眠ったわい」 京都府竹野郡 大阪府泉北郡 兵庫県淡路島 長崎県北松浦郡「このこーのもんなー、おとろしかうまかねー」 熊本県鹿本郡 *おとろしきない 富山県砺波「おとろしきないでかいもんじゃ」 *おどん 島根県大原郡・仁多郡「かぼちゃがおどん出来た」 *おむそー 三重県北牟婁郡 *おめーに 神奈川県鎌倉市・高座郡 *おめーり 神奈川県「おめーり、ひっちかってくれたー(うんとしかってやった)」 *おめーろ 神奈川県逗子市・鎌倉市 *おめに 新潟県西頸城郡 *おめろ 神奈川県藤沢市「おめろ食う」 *おもい 岐阜県大野郡 *おもいり 岩手県気仙郡 山形県 栃木県河内郡 神奈川県 福井県大飯郡 長野県下水内郡 岐阜県大野郡「おもいり御馳走してやれ」 愛知県宝飯郡 *おもいれ 千葉県夷隅郡 東京都 長野県 兵庫県淡路島 奈良県宇陀郡 *おもーり 茨城県 *おもり 福井県大野郡 長野県東筑摩郡・上伊那郡「おもり御飯を食べてみてー」 *おんめろ 神奈川県逗子市・三浦郡「おんめろおもしろかった」 *おんもいと 茨城県久慈郡 *おんもど 千葉県夷隅郡 *おんもり 青森県南部「おんもりぶんなぐってけるあ」 茨城県北相馬郡 千葉県 新潟県中頸城郡 長野県 *おんもれ和歌山県西牟婁郡 *かたで 岩手県気仙郡「かたで寒い日だ」 山形県南部 福島県会津若松市 栃木県佐野市「かたで仕事がはかどる」・河内郡 富山県砺波 *かたに 新潟県 *がたに 群馬県佐波郡 *かたね・かったね 新潟県西頸城郡 *がたり 千葉県山武郡 *かだんで 秋田県仙北郡 *がっかり 山形県「がっかりちがう」 *かったに 新潟県「一人でいるとかったに不便だ」 *がっぱ 新潟県北蒲原郡・東蒲原郡 *かっぱり 山形県西置賜郡 *がっぱり 山形県「がっぱり減った」 新潟県佐渡 *がはり 山形県米沢市「がはり怒った」「がはり食った」 *がばり 岐阜県飛驒「がばりもうけた」 *がはん 岐阜県不破郡 *きさつち 島根県那賀郡 *きしょくに 佐賀県「きしょくに早かった」 *きり 鹿児島県種子島「きりやかましか」 *ぐでに 群馬県佐波郡 *けちょに 和歌山県日高郡 *こくー 島根県石見 山口県 *こったい 新潟県「こったいいい万年筆だのう」 *こったいこと 新潟県長岡市「こったいことおつかない夢見たれや」 *ごって 島根県益田市「ごってさびしいのう」・隠岐島「ごってくらわす(ひどくなぐりつける)」 *こってー 新潟県中越 *ごっと 島根県益田市・邑智郡「ごっとの昔」「病気がごっとよくなった」 岡山県 *ごっとー 島根県鹿足郡 *こむてき・むてき 新潟県佐渡「これはむてきに安い」「こむてき上等の品だ」 *じこー 沖縄県首里「じこーむぬゆなー(ひどくおしゃべりな者)」 *しったい 鹿児島県 *しったり 秋田県雄勝郡「しったり汚してしまった」・河辺郡 徳島県海部郡「しったり汚れた」 *しってり 秋田県河辺郡・雄勝郡 *じほと 岩手県九戸郡 *しみしんじゅー 東京都大島「しみしんじゅう太い子だ」 *じゃっきと 青森県津軽「じゃっきと困る」 *しゅっくり 秋田市 *じょんぼー 香川県仲多度郡・三豊郡「じょんぼうつよい」 *じんぶに 青森県津軽「じんぶにあきれたぢゃ」 *じんぶね 青森県上北郡 *ずいに 岐阜県恵那郡 *すったい・ひったい 鹿児島県 *すったり 秋田県平鹿郡「すったり食った」 福岡県「すったりきつい(まったく体がだるい)」 熊本県 宮崎県延岡市「いっぺこっぺさるいたら、すったりなえた(いっぱい歩いたら、すっかり疲れた)」 *すったりがっせー 福岡県久留米市 *すったれ 秋田県由利郡 *すててこ 島根県美濃郡・益田市「今日はすててこにいそがしい」「運動会にはすててこに人が集まった」 *ずほと 岩手県中通・和賀郡「ずほど寒くなりました」 *ずんぼ・ずんぼー 香川県仲多度郡・三豊郡 *せー 広島県 *せちら 埼玉県入間郡「今日はせちらに寒い」 *せっぱい 秋田県鹿角郡「その衣物はおまへにせっぱい似合ふ」 高知県幡多郡 *せぺぁ 秋田県平鹿郡「せぺぁ世話になった」 *ぞーぶ 長野県南佐久郡 *ぞんば 香川県三豊郡 *たいぎり 山形県米沢市「たえぎりわがんなぇ」 新潟県東蒲原郡 *だいぎり 山形県 神奈川県江の島 新潟県 島根県邑智郡「今日はだいぎり暑い」 広島県三次「だいぎりこーへーな、のふーぞーな、しごんならんにょーぼの児でがんすげなのー(大変に高慢な、無礼な、手に合わぬ女の子だそうでございますね)」 山口県阿武郡 *だいご 山口県阿武郡 *だいじょーに 広島県 *だいっきり 秋田県 山形県 *だいなし 群馬県多野郡「だいなし可哀さうだ」 *だいめー 大分県宇佐郡・西国東郡 *だいめん 島根県石見「だいめん水が出て、岸を越えそうな」 大分県西国東郡・宇佐郡 *たかで・たかー 高知県「たかーひどい目に逢わされた」「ゆんべらたかで御馳走なっち、おーきに」 *だんだん 新潟県中頸城郡 富山県砺波「だんだんお世話になりました」 石川県石川郡「だんだんはやお力落しでございますのー」 島根県出雲・隠岐島「だんだん有難うごだえしてね」 高知県高岡郡 福岡市「だんだんにごねんのいりましてから(たいそうごていねいなことで)」 長崎県壱岐島「先日からーだんだんお世話様えなりました」 熊本県下益城郡 大分県大分郡・直入郡 宮崎県西臼杵郡 沖縄県「だんだんぬ うとぅいむつぃ(たいそうなおもてなし)」 *だんねーこわ 大分県西国東郡 *つがうない 青森県南部「つがうねいもらってなす」 *つごーでない 秋田県「つごーでねぁ寒い」 *つこーに 島根県仁多郡「風がつこーに吹いた」 *つごさない 青森県津軽 *つごでない 秋田県平鹿郡・雄勝郡 *つごない 秋田県雄勝郡「ちごねぁ早く歩く」 *つど 岡山県和気郡 *つんごない 青森県三戸郡「もう来たか。つんごねぁ早やかたった」 *でーぎり・でんぎり 山形県 *てーら 兵庫県加古郡 *でーんぎん 山形県飽海郡 *でーんげーり 山形県東田川郡 *でしこい 三重県志摩郡 *てろ 和歌山県日高郡 *てんばー 高知県 *てんむてん 富山県砺波 *どーだ 茨城県「どーださむい」 *とーない 大阪市「とおない御無沙汰してしまいまして」 兵庫県「とーない大きくなった」 和歌山県和歌山市「とーない寒い」・日高郡 香川県小豆島 *とーね 兵庫県加古郡「この頃はとおね暑い」 *どくらしー 島根県隠岐島「風がどくらし吹いた」「魚をどくらし捕った」 佐賀県「どくらしう」 熊本県八代郡 *どしきょー 島根県大田市 *どしても 青森県津軽 *どすきょー・どすきょーもない 島根県邑智郡・邇摩郡 *どすごえ 京都府 *とちけむない 大分県宇佐郡 *どっきょー 島根県益田市「どっきょー雨が降った」・邑智郡 *とつけむない 福岡市「あたきがお玉のとこい行くことば、とつけむない嫌ふとるとぢゃもんなぁ」「近頃ぁとつけむない御無沙汰しとりました」 熊本県玉名郡「とつけむなか」 大分県西国東郡・日田郡 *とつけもない 福岡市 *どって・どってこって 愛媛県大三島 *なもかも 青森県「なもかも疲れた」 秋田県鹿角郡 ＊なんだもかんだもない 岩手県気仙郡・平泉 ＊なんだもない 岩手県気仙郡「なんだもねぁいっぺぁだった」 宮城県仙台市「なんだもねぁー面白かった」 福島県相馬「なんだもねぇー大き鯉」 ＊なんもかも 青森県津軽 秋田県鹿角郡 ＊なんもかんも 岩手県気仙郡 ＊のーもなく 長野県佐久 ＊はぐ 群馬県桐生市「今日ははぐに寒いじゃねえか」 ＊ばく 鳥取県西伯郡 島根県 ＊ばくだい 秋田県「この着物は、ばぐでぁよいものだ」 山形県飽海郡 鳥取県西伯郡 ＊ひっぱ 青森県 ＊ひどい 長崎県北松浦郡「このおこうこうはひでー結構にござりゃすな」 ＊ひどいこと 徳島県「今日らひどいこと片付いたな」 ＊ひどっこと 奈良県南葛城郡 ＊ふつご 島根県出雲 ＊ふつごー 島根県出雲・隠岐島「今日はふつごーに寒い」 ＊ふてーこつ 大分県速見郡 ＊ふて 島根県八束郡「今日はふて忙しい」 ＊ふとー 大分県「ふとーに罰金が出る」 ＊ふとくろ 大分県東国東郡・速見郡 ＊ふとろく 大分県東国東郡・大分郡 ＊へいわ 青森県三戸郡 ＊へっぱ 青森県「へっぱ良い人だ」 ＊へどくさるば 香川県伊吹島 ＊へとへらー 島根県八束郡 ＊へんた 京都府与謝郡 ＊ぼーけ・ぼっけん・ぼっか 島根県隠岐島 ＊ぼーど 岡山県 宮崎県西臼杵郡・東諸県郡(児童語) ＊ぼっかい 鳥取県東伯郡 島根県簸川郡 ＊ぼっけー 広島県百島 ＊ぼっこ 香川県小豆島 ＊ぼっこ 大阪府泉北郡 奈良県南葛城郡 鳥取県 香川県・小豆島「ぼっこ熱いわいや」 愛媛県 ＊ぼっこー 兵庫県宍粟郡 鳥取県東伯郡 島根県美濃郡・益田市 岡山県「はー陽がぼっこー遅うなっとる」 広島県 愛媛県 ＊ぼど 宮崎県児湯郡「ぼどのんでしもうた」 ＊ぼのげー 岡山県児島郡 ＊ほんどら 香川県三豊郡・広島「ほんどら工合わるい」 ＊ほんどり 香川県「ほんどり遊んでしもた」「雨がほんどり降っりょる」 ＊まいな・まいにゃ 高知県幡多郡「まいにゃよけある(すごくたくさんある)」 ＊みっちり 石川県鹿島郡 ＊むごい 山口県「むごいお気の毒なことぢゃ」 ＊むさい・むっしゃい 和歌山県新宮 ＊むさくに 和歌山県東牟婁郡 ＊むさらく 三重県南牟婁郡 和歌山県南部「むさらく寒い」 ＊むさんこ 三重県「むさんこに暑い」 兵庫県神戸市 和歌山県 ＊むそー 三重県志摩郡・北牟婁郡 和歌山県日高郡・西牟婁郡 ＊むそらく 和歌山県新宮 ＊むつーり 和歌山県東牟婁郡 ＊むっくり・むっくら 高知県「お前さんはむっくりええ物を召しておいでることか」「むっくり寒うなって都合が悪い」 ＊むっさい 三重県度会郡 ＊むっそ 三重県度会郡・南牟婁郡 ＊むっそー 三重県「むっそー疲れた」 和歌山県東牟婁郡・西牟婁郡 ＊むてん 岐阜県 ＊むでん 岐阜県吉城郡「むでんね、しぇわしーではやいくわいのー(たいそう忙しいのでもう帰りますよ)」・飛騨 ＊むてんくてん 岐阜県飛騨・益田郡 ＊むほーなこと 大分県西国東郡 ＊めっそ 島根県八束郡 徳島県 香川県木田郡「めっそ体裁がわるい」 愛媛県 高知県幡多郡「めっそに涼しい」 ＊めっそー 山梨県南巨摩郡 長野県北安曇郡 静岡県「めっそーよい天気だ」 京都府北部 大阪市 和歌山市 島根県 岡山県苫田郡 徳島県美馬郡 愛媛県松山 高知県 大分県宇佐郡 ＊めっぽーかい 山形県 福井県 静岡県・小笠郡「めっぽーかい大きな魚だ」 三重県阿山郡 滋賀県蒲生郡 島根県出雲市 山口県「めっぽーかい高価のようだ」 徳島県 ＊めっぽーすっぽ 山形県 ＊めっぽーやたら 奈良県南大和 ＊めっぽーやはち 長崎県北松浦郡「めっぽーやはちにするな」 ＊めっぽすっぽ 奈良県南大和 ＊めっぽやたら 長崎県南松浦郡 ＊めんぼーかい 栃木県佐野市 ＊もごい 島根県邑智郡「もごい御苦労をかけます」 ＊もんく 埼玉県入間郡「もんくおそい」 ＊やにーこい 和歌山県東牟婁郡 ＊やにくさい 和歌山県 ＊やにくそくさい 和歌山県東牟婁郡 ＊やにこい 和歌山県「雨やにこい降って来た」「やにこう寒い」 ＊やにこくさい 和歌山県西牟婁郡 ＊やにしゅい・やねーこい 和歌山県東牟婁郡 ＊やねこい・やねまい 和歌山県東牟婁郡 ＊やりこー 愛媛県「今日はやりこー寒い」 ＊よーに 広島県三次市「よーにしごーしゃかったけー(ひどくひどい目に遭わせおったから)」・高田郡 山口県阿武郡 ＊わざい・わーざい 鹿児島県種子島「わざい強かった」「わーざいふてーもん(大きなもの)じゃった」 ＊わざわい 鹿児島県種子島 ＊わぜ 鹿児島県 ＊わぜー 鹿児島県屋久島・姶良郡・徳之島 ＊わぜーが 鹿児島県揖宿郡「よぞー わぜーが したたいばなー(養生をずいぶんしたのですけれどもね)」 ＊わっぜー 鹿児島県肝属郡・揖宿郡 ＊わっぜーか 鹿児島県姶良郡 ＊わや 佐賀県唐津市「こんしなもなーわやおろいか(この品物は甚だ悪い)」 ＊わらわえ・わらわ 鹿児島県屋久島 ＊わりぐ 福島県東白川郡「わりぐ痛え」 ＊わるぞぜに 長野県長野市・上水内郡「わるぞぜに大きな木だ」

びじん【美人】

＊あっぱりまり 沖縄県石垣島 ＊あばいさー(「あばい」は美しいの意) 島根県石見「お白粉を塗ったあばいさーが、そろそろ欲しいころじゃろうて」 ＊あぱらぎぴとぅ 沖縄県宮古島 ＊あばりぴとぅ 沖縄県西表島 ＊あぱりぴとぅ 沖縄県竹富島 ＊あばりむぬ 沖縄県黒島 ＊あぱりむぬ 沖縄県新城島 ＊あばれー 沖縄県鳩間島 ＊あふぁりむぬ 沖縄県石垣島 ＊うつくしもん 京都府 ＊えーにょーぼー 京都府竹野郡 島根県石見「隣にゃー、えーにょーぼーを貰うたのー」 岡山県苫田郡 広島県比婆郡 ＊えーにょーばー・えーにょーば・えにょば 島根県 ＊おーぎりょー・どっさりきりょー(身心が健やかで落ち着いた美人) 新潟県佐渡 ＊おしゃ 長野県上伊那郡「あの人はおしゃだ」 ＊おしゃおんな 長野県諏訪 ＊おじょーも

の山梨県 *おたまこ(個性のない美人) 青森県三戸郡 *かぎぴと 沖縄県宮古島 *きゅらむん 鹿児島県奄美大島・徳之島 *きょらむん 鹿児島県奄美大島・喜界島 *きらちゅ・きらかーぎー 沖縄県島尻郡 *きりょーじん 山形県 山梨県南巨摩郡 *きりょーもん 熊本県菊池郡 *くらかーぎー 沖縄県国頭郡 *げびつ・けびつ 三重県伊賀 *げんさい(卑語) 兵庫県赤穂郡「えーげんさいが通りよる、来てみー」 *しゃごい 富山県砺波「わぁしゃごい」 *しゃれおなご 熊本県芦北郡 *しゅらむん 鹿児島県喜界島 *じょーもん 福岡県 熊本県阿蘇郡 大分県玖珠郡・日田郡 *すこぱり 群馬県前橋市 *だいつー 岐阜県大垣市 愛知県名古屋市「だいつうさん」 鳥取県気高郡 *たぼ 静岡県富士郡 大阪府 *ちゅらかーぎー 沖縄県本島 *てるてのひめ 長崎県壱岐島 *ほー 大分県南海部郡 *まりゃーびん 沖縄県与那国島 *よけこ 東京都八丈島

ひそか【密】 *みしかーま・みしかーましー 沖縄県石垣島 *みすぃかってーん 沖縄県首里「みすぃかってーんなはなし(ひそかな話)」「ありが みすぃかってーん いちくぃたん(彼がひそかに話してくれた)」
→こっそり

ひたい【額】 *あめこ 愛媛県 *うてー 沖縄県波照間島 *おですこ 和歌山県和歌山市・海草郡 *かまち 鹿児島県加計呂麻島 *げほー 新潟県佐渡 *げんかん 香川県香川郡 *こーびん 富山県砺波 *こーべ 富山県砺波 石川県金沢市・能美郡 *こーべん 富山県・高岡市・砺波 *こーべんばち 富山県 石川県能美郡 *こびん 山梨県南巨摩郡 *こぶ 島根県美濃郡・益田市 香川県仲多度郡 *こべ 富山県東礪波郡「こべが痛うてはっかをなめてはった」 石川県 和歌山県日高郡 *こべのはち 福井県・大野郡・足羽郡 *こべん 富山県下新川郡 *こべんた・こんべん・こんべんた 富山県砺波 *こべんたま 富山県 石川県 福井県 *ごんす 和歌山県那賀郡・海草郡 *こんぺた・こんぺんばち 富山県・砺波 *こんぺんぱつ 富山県東礪波郡 *したいぐち 千葉県上総 新潟県 長野県諏訪・佐久 静岡県 愛知県宝飯郡・碧海郡 三重県阿山郡 滋賀県蒲生郡 京都府 兵庫県赤穂郡 奈良県南大和 福岡県 熊本県阿蘇郡・飽託郡 宮崎県 *したぐち 熊本県鹿本郡 *しちゃーぐち 静岡県 熊本県鹿本郡 *しちゃぐち 岐阜県飛騨 *してーつぁーき 茨城県猿島郡 *してーっつら 新潟県中魚沼郡 *してくち 大分県日田郡 *してぐち 長野県 大分県宇佐郡 宮崎県東諸県郡 *ず 滋賀県愛知郡 *ずこ 富山県砺波 *すこたん 三重県志摩郡 *ずこぺん・ずこぺんた 富山県砺波 *すてのくち 和歌山県那賀郡 *すてんさき 三重県名張市・名賀郡 *つもり 島根県鹿足郡 *てす 和歌山県 *ですこ 愛知県「ですこが出ちょる」 *でつ・れつ 三重県志摩郡 *でっつ 三重県 *でな 山形県西田川郡・西置賜郡 福島県石城郡 *てび 神奈川県津久井郡 *でび 山形県北村山郡 *てびんこ・でぶしゃー 新潟県佐渡 *でぼてん・てぼ 京都府 *でぼちん 三重県 滋賀県蒲生郡・栗太郡 京都府 兵庫県 奈良県 香川県 愛媛県喜多郡 高知県土佐郡 *でんび 岩手県上閉伊郡 宮城県栗原郡 山形県 *なつき・なじげ 青森県津軽 *なずき 北海道 青森県 岩手県紫波郡 宮城県加美郡 秋田県 山形県 福島県 新潟県・東蒲原郡 *なんずき 岩手県九戸郡 秋田県 山形県東田川郡・西田川郡 新潟県東蒲原郡 *にけん 三重県志摩郡 *はち 新潟県中越 *はらちゃ 鹿児島県沖永良部島 *ひこーずら 長崎県佐世保市 *ひたいぐち 千葉県上総・市原市 東京都八王子・三宅島 神奈川県 新潟県 富山県 山梨県 長野県 岐阜県 静岡県 愛知県西春日井郡・葉栗郡 三重県阿山郡・名賀郡 京都府 与謝郡 大阪市 兵庫県養父郡・但馬 奈良県南大和 和歌山市 鳥取県西伯郡 島根県 岡山県上道郡 広島県 徳島県 香川県 愛媛県 高知県 福岡県福岡市・久留米 長崎県伊王島 熊本県 宮崎県 鹿児島県 *ひたいこび 岩手県 宮城県石巻 *ひたいさき 三重県南牟婁郡 *ひたいつら 新潟県 *ひたいばち 徳島県 *ひたぐち 新潟県中頸城郡 岐阜県郡上郡 奈良県吉野郡 長崎県南高来郡 熊本県 *ひたげし 兵庫県加古郡 *ひたのさき 三重県南牟婁郡 奈良県吉野郡 和歌山県東牟婁郡 *ひちゃーぐち 静岡県川根 京都府竹野郡 *ひちゃぐち 熊本県 *びちょさき・びんた・びんちょー・びんこ・びんこー・びんこさき 新潟県佐渡「びんこが禿げた」 *ひってんくっ 鹿児島県揖宿郡 *ひてぐち 千葉県長生郡 長野県 愛知県額田郡 長崎県南高来郡・壱岐島 鹿児島県 *ひてぐっ 宮崎県西諸県郡 鹿児島県姶良郡・揖宿郡 *ひてのくち 和歌山県海草郡 *ひてのさき 三重県志摩郡 *ひてんくっ 鹿児島県揖宿郡 *ひてんこつ 鹿児島県 *ひてんさき 三重県名張市 *ひてんずつ 宮崎県都城 *ふたいぐち 新潟県佐渡・西頸城郡 岐阜県 静岡県 愛知県東春日井郡 広島県御調郡・世羅郡 香川県高松市・三豊郡 熊本県芦北郡 *ふたいばち 徳島県美馬郡 *ふたいぶち 新潟県佐渡 *ふたぐち 熊本県 *ふちゃーぐち 静岡県 *ふちゃぐち 熊本県 *ふちゃんかしら 熊本県天草郡 *ふてぐち 熊本県球磨郡・天草郡 *ふてぐっ 宮崎県西諸県郡 *へたかんばち・へたぐち 奈良県吉野郡 *まっけん 熊本県宇土郡 鹿児島県種子島・屋久島 *まっこ 熊本県天草郡 *まっこー 長崎県南高来郡 *みーてぃちぇ 沖縄県国頭郡 *みけんじゃく 広島県比婆郡 *みけんずら 長野県上田 *むがなずき 青森県津軽 *むけずら 鹿児島県 *むけん 岐阜県岐阜市・大垣市 *むけんたま 石川県金沢 *むけんたま 石川県鹿島郡 *むけんばち 石川県 *むけんぱち 富山県・砺波 石川県 *むけんぼ 石川県鳳至郡 *むこー

沖縄県首里 *むこーげん 熊本県下益城郡 *むこーずら 新潟県佐渡　岡山県児島郡　長崎県南部　熊本県　大分県 *むこずら 長崎県　熊本県　宮崎県　鹿児島県 *むこつら 熊本県芦北郡 *めけん 香川県三豊郡 *めっかち 鳥取県西伯郡　山口県阿武郡 *めっけ 鹿児島県屋久島 *めっけん 熊本県北部 *めひち・めひちゅ 鹿児島県奄美大島 *めんかち 鳥取県西伯郡 *めんた 香川県木田郡 *めんたい 香川県三豊郡 *めんて・めんてん 香川県「ころんでめんて割ってのう」 *めんてー 岡山県児島郡　香川県 *もけんぱち 富山県東礪波郡

ひたす【浸】 *きゆい 鹿児島県喜界島 *してる 静岡県周智郡・榛原郡 *ひてる 長野県諏訪 *ふてる 新潟県東蒲原郡　長野県「手拭を湯にふてる」 岐阜県飛騨　静岡県田方郡　愛知県北設楽郡

水に□ *うらーきゆん 沖縄県首里「ぬーでぃー うらーきゆる　うっさー　ねーらん(のどを潤すほどの量はない)」 *うるかす 青森県津軽・上北郡　岩手県　宮城県　秋田県　山形県　福島県　栃木県那須郡　新潟県・東蒲原郡　熊本県玉名郡 *うろかす 新潟県 *おろかす 新潟県東蒲原郡 *くざける・くさげる 三重県志摩郡「十軒ばかりづつ集って一団になって磯日待をして居る処へ、米を潮にくさげたものを分ける」「洗濯物おくざけとく」 *さやす 静岡県榛原郡 *さわかす 島根県 *さわがす 香川県綾歌郡・仲多度郡「その箸ちょっと水にさわがしなよ」 *さわす 山形県　群馬県勢多郡「うどんをさあす」 島根県隠岐島 *しよかす 宮崎県東諸県郡 *つばける 愛媛県・宇和島市　高知市 *ふくらしん 沖縄県石垣島 *ふざける 滋賀県愛知郡 *ぶっかしゅい 鹿児島県喜界島 *ふやかす 埼玉県秩父郡　岐阜県郡上郡「べんとー　ふやかいといた」 *ふやける 岐阜県郡上郡

ひだり【左】 *うら 東京都八丈島「猫をやつけるには、うらから打たなければならない。右からは打てない」 静岡県榛原郡 *かまさき 熊本県下益城郡　宮崎県西臼杵郡 *てした(向かって左) 静岡県安倍郡

ひだりきき【左利】 *かーち・ひだりかーち 長野県佐久 *かち 長野県上田・上伊那郡 *かっちょー 広島県佐伯郡・安芸郡 *ぎち 香川県　長崎県対馬　熊本県　大分県大分市・大分郡 *ぎっちょんちょんのぱいぱい 静岡県安倍郡 *こっちょ 岡山県苫田郡 *こっちょー 広島県西能美島 *ごんき 山形県村山 *こんにょ 広島県豊田郡 *こんにょー 岡山県小田郡　広島県備後 *ごんにょー・ごんにゅー 広島県福山市 *じょつき・じょっき 山梨県南巨摩郡 *じょっけー・じょっけ 山梨県 *すだりこき 岩手県和賀郡 *ちゃがけ 新潟県佐渡 *ちゃぎ 島根県出雲 *ちょぎ 鳥取県気高郡 *ちょっかい 新潟県佐渡・中頸城郡　山梨県 *ちょっき 新潟県佐渡 *ちょっけ 山形県庄内 *てく 三重県北牟婁郡 *ばじ 青森県津軽 *ひだり 広島県 *ひだりかねま 岩手県九戸郡 *ひだりこーじ 兵庫県赤穂郡 *ひだりこき 福島県西白河郡　新潟県北蒲原郡 *ひだりこぎ 青森県南部　岩手県上閉伊郡　宮城県石巻・仙台市　山形県　福島県　群馬県群馬郡　千葉県　新潟県　京都府竹野郡 *ひだりこげ 山形県西置賜郡・北村山郡 *ひだりこし 兵庫県赤穂郡・愛媛県 *ひだりこじ 兵庫県佐用郡・赤穂郡　奈良県 *ひだりこっき 山形県西置賜郡 *ひだりこんぎ 青森県南部　岩手県気仙郡 *ひだりごんにょー 広島県江田島　山口県祝島 *ひだりじょっき 山梨県・南巨摩郡 *ひだりちがい 大分県東国東郡 *ひだりちょっかい 岩手県気仙郡　宮城県登米郡・玉造郡　山形県西置賜郡　新潟県 *ひだりちょっき 新潟県佐渡 *ひだりちょっけ 新潟県西蒲原郡 *ひだりっかーち 長野県佐久 *ひだりっかい 東京都南多摩郡 *ひだりっかち 長野県 *ひだりっこぎ 福島県東白川郡　栃木県　群馬県　埼玉県　千葉県印旛郡　東京都八王子　神奈川県津久井郡 *ひだりばじ 青森県 *ぴだれー 沖縄県石垣島 *ひんだりこぎ 岩手県上閉伊郡　秋田県平鹿郡 *ひんで 奈良県宇陀郡 *ふぃじゃいがってぃ・ふぃじゃやー 沖縄県首里 *ふだりこーじ 島根県隠岐島 *ぶだりこき 青森県上北郡

ひたる【浸】 *つぃるがゆん 沖縄県首里 *ひっつかい 鹿児島県

ひっかかる【引掛】 *さおる 長崎県壱岐島「毬が屋根えさをった」 *せかる・せかかる 島根県「樋に松葉がせかって水が流れん」

ひっかく【引搔】 *かがる 福岡市　長崎県対馬　大分県宇佐郡 *かきさく 島根県益田市 *かきしゃく 愛媛県宇和島市 *かきしゃぐ 熊本県・

方/言/の/窓

●方言接辞

接辞とは、常に中心的要素に結びついて語構成にあずかる付属的要素と定義できる。たとえばブッチギル、ブットバス、ブッコワスといった語のブッの部分は、チギル、トバス、コワスといった語に対して特殊な意味を付け加えている。しかもこのブッはそれ単独では用いられることはなく、常にチギル、トバス、コワスといった他の要素とともに、単語を作るときに用いられる。このブッのようなものを接辞という。なお、このブッは、関東周辺の方言で頻繁に用いられる。

また敬称の「様」も、東日本ではサマ、西日本ではサンという地域差が見られる。関西のハン、鹿児島のドンも同様の方言接辞の一つである。

なお、指小辞も接辞の一種である。

玉名郡 *かぐしる 島根県邇摩郡・隠岐島 山口県阿武郡 *かぐる 島根県 岡山県苫田郡 広島県比婆郡・高田郡 山口県 香川県小豆島 *かさばく 山形県 新潟県 *かじく 長野県下伊那郡 静岡県田方郡 *かじくる 新潟県佐渡 山梨県 静岡県 *かしめくる 愛知県豊橋市 *かちゃく 青森県 岩手県気仙郡 秋田県鹿角郡・河辺郡 山形県 *かちゃぬん 沖縄県首里 *かちゃばく 山形県 *かちゃまく 新潟県北蒲原郡 *かつぁく 秋田県雄勝郡 山形県 *かっからかす 岐阜県郡上郡「あいつの顔見ると、かっからかいてやりとーなる」

*かっさく 福島県安積郡 *かっさぐ 長崎市 *かっさばく 山形県 *かっしゃぐ 熊本県玉名郡 *かっちゃく 北海道小樽市 青森県上北郡「猫が畳のへりをかっちゃぐ」・三戸郡 岩手県九戸郡・気仙郡 宮城県栗原郡 秋田県 山形県 茨城県稲敷郡 東京都八丈島 新潟県東蒲原郡 長野県佐久 *かっちゃばく 山形県 新潟県東蒲原郡 *かっつぁく 岩手県気仙郡 宮城県石巻・仙台市 山形県 福島県相馬郡・東白川郡 栃木県 *かなぐる 山梨県南巨摩郡 鳥取県西伯郡 岡山県 広島県倉橋島・佐伯郡 徳島県 香川県 愛媛県 高知市 *さくゆん 沖縄県首里 *ばりかく 愛知県尾張 *ひっかぎる 山形県南置賜郡 *ひっかじく 栃木県 群馬県桐生市・邑楽郡 *ひっかじる 千葉県山武郡 東京都八丈島 静岡県志太郡

爪で□ *かかじー 宮崎県都城 鹿児島県・鹿児島郡 *かかしる 島根県隠岐島 *かかじる 熊本県 大分県・日田郡 宮崎県西臼杵郡・宮崎市 鹿児島県肝属郡・屋久島 *かかずん 沖縄県石垣島 *かじる 東京都御蔵島 山梨県 静岡県「きずあとーかじると、とがめるだに」 奈良県南大和(かき混ぜる) 福岡県 *かちる 東京都八丈島 *かっちぎる 山形県東置賜郡 福島県会津 東京都八丈島 *がっちぎる 福島県石城郡 *かっちゃぎる 東京都八丈島 *かなぐりつく 徳島県 香川県仲多度郡 *くじっかく 富山県砺波 *くじりかく 富山県射水郡 *くじる 新潟県佐渡 富山県 京都府竹野郡 *こさぎやらく 長崎県壱岐島 *こさげる 長崎県対馬 *こさぐ 長崎県北松浦郡・対馬 *つみっかく 長野県上水内郡・長野市 *つめぐる 山形県庄内「猫が子供をつめぐる」 *つめっかく 長野県上田

びっくり *あっけらほん 山形県飽海郡 *あわあわ 島根県邑智郡「火事に出よーてあわあわした」

*えっと 山形県庄内 *しっくら 山形県北村山郡「しっくらさしぇんな(びっくりさせるな)」 *しゃっきり 富山県下新川郡「しゃっきりした」

↓「ぎょうてん(仰天)」の子見出し、「仰天する」・びっくりぎょうてん(―仰天)

□**させる** *おっぱかす 島根県八東郡 *おっびやかす 島根県隠岐島 *おばかす 鳥取県東伯郡 島根県能義郡 *おびえかす・おぼえかす・おぼやかす 新潟県佐渡 *おびやかす 新潟県佐渡 兵庫県但馬 鳥取県西伯郡 *おぶかす 広島県比婆郡・芦品郡 徳島県 香川県 *おべやかす・おべらかす 島根県出雲 *きんだめる(ひどくびっくりさせる。ど肝(ぎも)を抜く) 島根県石見「あいつの心をきんだめてやる」 *そばかす 東京都八丈島 *そぼれがす・そぼれがらす 富山県 *だまをかせる 島根県邑智郡 *ちょばかす 東京都八丈島 *どまかす 島根県大田市

□**する** ⇩おどろく(驚)

ひっくりかえす【引繰返】 *うすふきるん・したーらいなしん 沖縄県石垣島 *まける 宮城県加美郡 秋田県 茨城県稲敷郡 新潟県長岡市

ひっくりかえる【引繰返】 *いっかえる 鹿児島県 *いっかやる 宮崎市 *いっかる 長野県北安曇郡 *うっちぇーゆん 沖縄県首里 *うてかえる 三重県 *おっからかる 愛知県額田郡 *おっぱたかる 島根県八東郡・隠岐島「大の字になり、おっぱたかって寝ちょる」 *かーる 静岡県「ひとってかーった(ひとりでに倒れた)」 愛知県東三河 *かいぶる 岐阜県稲葉郡 *かいりん・かいりるん 沖縄県石垣島 *かいろ 東京都利島 *かえる 岩手県気仙郡 宮城県登米郡 秋田県 山形県庄内・東田川郡 茨城県北相馬郡 千葉県山武郡 新潟県岩船郡 大阪市 *かっくらがえる 山形県「暴風で小屋がかっくらがえった」 *かっくりかえる 千葉県東総 *かっくるかえる 千葉県海上郡・山武郡

*かっぱがる 北海道増毛郡 *かぶる(船などが覆する。転覆する) 愛知県知多郡 *かやる 富山県富山市近在・砺波 石川県 福井県坂井郡 岐阜県 静岡県志太郡 兵庫県赤穂郡 和歌山市 鳥取県 島根県「船がかやった」 岡山県「ゆんべの大風で、木小屋がかやった」 広島県比婆郡・高田郡 徳島県 香川県「かやったらいかんきん気い付けなよ」 愛媛県 高知県「お婆さんが道でかやって膝をすりむいた」 長崎県対馬 大分県 鹿児島県揖宿郡 *かやれる 島根県石見「バケツの水がかやれた」 広島県佐伯郡・高田郡 *かよる 島根県那賀郡「かよっとるだけーなー」 *かんむくれる 山形県西置賜郡・最上郡 *きえる・きやーる 新潟県佐渡 *けーりゆん 沖縄県首里 *げーる 千葉県印旛郡 *さかばちがやる 長崎県壱岐島 *さでかやる 広島県比婆郡 *さでくりこくる 熊本県 *さでくりこける 鳥取県倉吉市 *さんぐりがえる 鳥取県西伯郡 島根県 *さんこつく 新潟県西頸城郡

*したーういなるん 沖縄県石垣島 *しっかえる 茨城県久慈郡 *じんぐりけーる 長野県佐久 *ずんべかえる 島根県隠岐島 *たたっころぶ 福島県 長野県上田・佐久 *ちかーる 山梨県 長野県 静岡県 *つっくらかえる 静岡県田方郡 *つんぶりかえる 愛媛県 *つんぶりがえる 京都府竹野郡「車の上からつんぶりがえった」 *てっくりかえる 富山県砺波 石川県河北郡 長野県小県郡 岐阜県 *てっくりかやる 富山県婦負郡 石川県

鹿島郡 *でんごろめく・でんごろめる 新潟県佐渡 *てんぼかえす・てんぼかやす 岐阜県飛驒 *とくずりかえる 新潟県佐渡 石川県金沢市 *とくずりかやる 石川県羽咋郡 *とくらがる 青森県津軽「船がとくらがる」 *どくらげる・とっくらがる・とっくらげる 青森県・上北郡 *とくりかえる・とくりがえる 秋田県雄勝郡「壜がとくりげぁる」 *どくれぁがえる・とくれぁがる 秋田県河辺郡「子供がだだをこねてとくれぁがる」 *とくれげる 山形県 *とっかやる 石川県金沢市 *とっくらかえる 新潟県東蒲原郡 *とっくらがえる 青森県三戸郡 山形県庄内 新潟県岩船郡 *とっくらがてる 青森県津軽 *とっくりかえる 青森県 秋田県鹿角郡 福島県安積郡 新潟県佐渡・東蒲原郡 *とっくりがえる 青森県 秋田県鹿角郡「あの町中でごろりととっくりげぁった」 *とっくりかやる 石川県 *とっくりぎゃる 秋田県鹿角郡・秋田市「お茶碗がとっくりぎゃった」 *とっくりける 秋田県「とっくりけるほどびっくりした」 *とっくりげる 山形県飽海郡 *どってんがえる 香川県塩飽諸島 *どてかーる 静岡県 *どてかやる 愛媛県新居郡 *どてがやる 愛媛県周桑郡・新居郡 *どてずりかえす 富山県高岡市 *どでんをうつ 島根県邇摩郡 *どんでんがーる 静岡県榛原郡 *とんむぐれる 岩手県気仙郡 *ばちかやる 福岡県 *ばちぎゃる・ばちぐりぎゃる・ばっじゃる 熊本県玉名郡 *ばちくぃかやる 鹿児島県 *はねかやる 広島県比婆郡 徳島県 高知県 *はねくりかやる 島根県石見「木履の歯が抜けてはねくりかやーた」 愛媛県宇和島市 *はねくりやる 徳島県 *はねこける 島根県「石にけつまずいてはねこけた」 広島県比婆郡 *はねころぶ 島根県隠岐島 *はねまくれる 島根県 *はねもくる 鳥取県日野郡 *はんかえる 島根県大原郡 *はんがえる 鳥取県西伯郡 島根県飯石郡・仁多郡 *はんがやえる 島根県仁多郡 *ばんがやる 島根県大原郡・能義郡 *ひっくる 新潟県佐渡「道でひっくった」 *ひっころがえる 山形県南置賜郡・西村山郡 *ひんぞりかえる 愛知県知多郡 *ふぃっちぇーゆん 沖縄県首里「みーふぃっちぇーらしゅん(目を回す。気絶する)」 *ぶかえる 山形県東村山郡 *ぶちかえる 宮城県仙台 山形県北村山郡・最上郡 *ぶちかる 長野県 静岡県島田市 *ぶちやかる 岐阜県稲葉郡 愛知県知多郡 *ぶっかーる 山梨県 長野県諏訪・北佐久 静岡県・志太郡「ふいにぶっかーって泡ふいた」 *ぶっかえる 宮城県仙台(意識を失うことにも言う) 山形県「中風でぶっかえる」「嵐で木がぶっかえる」 栃木県 群馬県利根郡・桐生市 千葉県千葉郡 神奈川県 新潟県東蒲原郡 長野県佐久 *ぶっかる 長野県 静岡県 *ぶつかる 長野県北安曇郡 *ぶっくりかえる 茨城県真壁郡 千葉県夷隅郡 *ぶっくるかえる(転ぶ) 千葉県千葉郡 *ぶつけぁる 岩手県気仙郡 宮城県遠田郡 *ふっけーる 新潟県東蒲原郡 *ぶっけやぇる 千葉県夷隅郡 *ぶっける 栃木県 *ぶっとーける 島根県邑智郡「にわかに土間にぶっとーけた」 *ぶておけぁる 秋田県鹿角「今日坂でぶておけぁた」 *ぶんだくれる 山形県南置賜郡 *ぶんむくれる 山形県 *へーゆい 鹿児島県喜界島 *ぼかえる 山形県「暴風で木ぼかえた」 *ぼきゃぇる 青森県津軽 *ぼっかえる 山形県 千葉県安房郡 *ほっきゃーる 群馬県多野郡 *ぼっける 青森県津軽 *まかる 宮城県遠田郡 新潟県新発田 *まっくりかえる 京都府竹野郡 *まっこんがえる 熊本県天草郡 *むぐずりがえる 宮城県石巻 *むくれる 岩手県気仙郡 宮城県 山形県「家がむぐれそうな風が吹く」 新潟県東蒲原郡

→てんぷく(転覆)

びっくりぎょうてん【—仰天】 *うふどぅんもーい 沖縄県首里

→びっくり

□する *くしゃーうっちぇーゆん(「後ろにひっくり返る」の意) 沖縄県首里 *どてかっぱずらかす 山形県最上郡 *まんだましぬぎゅん 沖縄県首里

ひっこし【引越】 *いえうつり 長崎県南高来郡 *いえがえ 香川県 *いわたり 奈良県吉野郡 徳島県 *うーつぃー 沖縄県首里 *うゎーたまし(尊敬語) 沖縄県首里 *えうつり・えなわり 長崎県南高来郡 熊本県 *えなおり 熊本県菊池郡 鹿児島県硫黄島 *えなわい 佐賀県 熊本県天草郡 *やーうーつぃー 沖縄県首里 *やーうちぃり・やーうつぃり・やーむついなり 沖縄県石垣島 *やうつい 熊本県球磨郡・芦北郡 宮崎県西諸県郡 鹿児島県 *やうつり 青森県津軽・上北郡 秋田県由利郡・鹿角 山形県 群馬県勢多郡 埼玉県秩父 新潟県 富山県砺波 山梨県南巨摩郡 長野県諏訪 岐阜県安八郡・飛驒 静岡県小笠郡 愛知県尾張・知多郡 大阪市 和歌山県那賀郡 鳥取県西伯郡 岡山県苫田郡・児島郡 広島県高田郡 山口県 徳島県 愛媛県松山 長崎県南高来郡 熊本県 大分県 宮崎県西諸県郡 鹿児島県 *やおつり 静岡県磐田郡 大阪府泉北郡 岡山県児島郡 山口県長府 香川県 福岡市 熊本県 *やがえ 香川県高松 *やごし 長野県上伊那郡 愛知県中島郡 長崎県南高来郡 宮崎県 *やなおい 熊本県球磨郡 鹿児島県 *やなおり 熊本県 *やなほり 長崎県対馬 *やなわり 長崎県南高来郡 *やぶつり 新潟県長岡市 *やわたり 新潟県岩船郡 富山県東礪波郡 岐阜県吉城郡 鳥取県西伯郡 島根県出雲 *やわつり 富山県高岡市 岐阜県飛驒 *ゆわたり 徳島市 高知県土佐郡 *わたまし 山口県防府 徳島県 長崎県・南高来郡 沖縄県首里(尊敬語)

→いてん(移転)・てんきょ(転居)・てんたく(転宅)

ひっこす【引越】 *こえる 宮城県 秋田市 山形県東置賜郡 福島県相馬郡 愛知県海部郡

*やーくすん 沖縄県石垣島
→いてん（移転）・てんきょ（転居）

ひっし【必死】 *ぬつぃきしむぬ 沖縄県石垣島 *ひしこ・ひしこて 香川県大川郡「ひしこてになる」 *ひしこまい 香川県
→いっしょうけんめい（一生懸命）

ひっぱる【引張】 *けっぱる 秋田県河辺郡 *さいてくる 和歌山県日高郡「あの木をさいてこい」 *さばる 岡山県 広島県沼隈郡・芦品郡「その戸をこっちーさばれや」 *しっつる 長野県佐久 *しとる・ひとる 山形県北東部 *しゃばる 島根県隠岐島「この綱を早くしゃばれ」 *しょーぷー 千葉県安房郡 *しょっぴく 栃木県 静岡県志太郡 *しょっぷー・しょぴう 千葉県君津郡 *しょびく 茨城県行方郡 千葉県「牛をしょびいて田へ行く」 神奈川県三浦郡・逗子市 静岡県「両方から綱をしょびく」 *しょぴく 千葉県君津郡「牛が車をしょぴく」 *しょぷー 千葉県君津郡 *しょぶく 千葉県安房郡・海上郡 静岡県「身をしょぶく」 *しょんぶく 静岡県 *じんばる 島根県邑智郡「ひもをじんばる」・那賀郡 *すぶく 東京都三宅島 大分県大野郡 *そっばる 千葉県長生郡・夷隅郡 *そっぱる 長崎県 大分県北海部郡「網をそっぱる」 *そっびく 千葉県君津郡 *そっぶー 千葉県夷隅郡・君津郡 *そっぷー 千葉県夷隅郡 *そびく 新潟県佐渡 島根県石見「袖をそびーた」 福岡県小倉市・福岡市 長崎県「手をそびく」 大分県「人をそびく」 鹿児島県肝属郡・種子島 *ぞびく 島根県那賀郡 山口県阿武郡 宮崎県児湯郡 *そびつ 鹿児島県・鹿児島郡 *そびる 大分県大分郡 *そぶく 千葉県印旛郡 長崎県北松浦郡「しっかりそぶくとひっきるる」 大分県大分市・大野郡 *そぼく 東京都三宅島「リヤカーそぼいて逃げて来てよー」・御蔵島 長崎県五島 *そんばる 岡山県 *つっぱる 島根県「壁がまくれんやにつっぱっちょれ」 *つぱる 千葉県安房 *ひっちょぐる 静岡県 *ひっちょびく 静岡県・田方郡 *ひっちょぶく 静岡県「袖をひっちょぶく」 *ひっつぉびく 茨城県稲敷郡 *ひっつる 山梨県中巨摩郡・北巨摩郡 長野県上伊那郡「人をひっつる」
□つこ *せんばりこ・せんばりあいこ 岡山県苫田郡 *そびっぐらご 鹿児島県鹿児島郡

ひてい【否定】
□する時に言う語 *あーいんば 沖縄県石垣島・新城島・波照間島 *あーいんぱ 沖縄県小浜島 *あやびらん（目上に言う）鹿児島県喜界島 沖縄県 *あらー・あらどぅ（拒絶の意も表す）鹿児島県喜界島 *あらぬ（拒絶の意も表す）沖縄県石垣島・竹富島・黒島 *あらぬゆー（拒絶の意も表す）沖縄県八重山 *あらぬんゆー（拒絶の意も表す）沖縄県黒島 *あらん（拒絶の意も表す）鹿児島県奄美大島・喜界島 沖縄県首里・国頭郡・宮古島 *あんな 三重県飯南郡 *あんなん 栃木県足利市・安蘇郡（不服なとき）*あんばんめー 千葉県船橋市 *いーえな 兵庫県加古郡 *いーえのー 山口県 *いーやいか 奈良県吉野郡 *いーやのー 山口県阿武郡 *いーん 三重県志摩郡 和歌山県那賀郡 広島県芦品郡 香川県小豆島（幼児語） 沖縄県宮古島（同輩以下に用いる）*いかな 青森県津軽 福井県敦賀郡 *いぎゃ 福岡県企救郡 *いじゃ 福井県 *いすかー 青森県上北郡 *いね 宮崎県西臼杵郡 *いんえや 長崎県東彼杵郡 *いんがー 大分県北海部郡（子供が多く用いる）*いんきゃ 高知県幡多郡 *いんぎゃ 静岡県 広島県走島 *いんげ 山梨県 岐阜県恵那郡 愛媛県 高知県 福岡県小倉市 長崎県壱岐島 大分県中部 *いんげのーし 高知県 *いんじ 石川県石川郡・金沢市 *いんじゃ 石川県 三重県阿山郡 滋賀県犬上郡 京都府 奈良県宇智郡 長崎県東彼杵郡・南高来郡 *いんじゃわ 滋賀県彦根 *いんせ 京都府 *いんぜ 石川県 滋賀県甲賀郡・蒲生郡 京都府 奈良県 *いんな 岩手県下閉伊郡 鳥取県気高郡 島根県鹿足郡 山口県祝島 *いんに 石川県金沢市 佐賀県 長崎県南高来郡 *いんにゃ 北海道函館 岩手県南部 宮城県登米郡 群馬県利根郡 東京都御蔵島 神奈川県中郡 石川県 福井県大野郡 山梨県 長野県 岐阜県 静岡県 愛知県 三重県南牟婁郡 滋賀県彦根・蒲生郡 京都府 兵庫県美方郡・赤穂郡 奈良県南部 鳥取県気高郡 島根県石見 岡山県 広島県 山口県豊浦郡 徳島県 香川県 愛媛県 高知県 福岡県 佐賀県 長崎市 熊本県阿蘇郡・葦北郡・天草島 大分県 宮崎県延岡・西臼杵郡 鹿児島県 *いんにゃのー 広島県佐伯郡・高田郡 *いんぬねー 宮崎県西臼杵郡 *いんね 岩手県気仙郡 群馬県利根郡・群馬郡 山梨県南都留郡・南巨摩郡 長野県南部・佐久 岐阜県 静岡県磐田郡 愛知県 広島県 愛媛県周桑郡・伊予郡 高知県・幡多郡 福岡県 長崎県上五島 熊本県 大分県 宮崎県西臼杵郡 *いんねの 岐阜県可児郡 *いんやのー 山口県 *うそ 岩手県中通・気仙郡 静岡県 *うっそ 愛知県 *うでねぁ 岩手県和賀郡 *うなー 三重県上野市・名賀郡 *うなー 島根県鹿足郡 *うねねー 新潟県中魚沼郡 *うんが 大分県北海部郡（子供が多く用いる）*うんぎゃ 兵庫県淡路島 岡山県小田郡 大分県北海部郡 *うんげ 大分県北海部郡 *うんじゃ 福井県 和歌山県西牟婁郡 高知県 *うんぜ 岩手県気仙郡 和歌山県海草郡 *うんだ 新潟市 長崎県対馬（女性語） *うんつぇ 岩手県気仙郡 *うんで 神奈川県津久井郡 *うんな 岩手県九戸郡・気仙郡 宮城県加美郡 三重県阿山郡 大阪府泉北郡 島根県鹿足郡 広島県 山口県・平郡島・大島 長崎県五島 鹿児島県上島 *うんなーん 三重県阿山郡 *うんなえ 山形県 三重県南牟婁郡

*うんなん 三重県名張市　奈良県宇智郡 *うんに 新潟県北蒲原郡　京都府 *うんにぇ 岩手県和賀郡 *うんにゃ 青森県　岩手県　秋田県　山形県西田川郡　茨城県猿島郡・北相馬郡　群馬県吾妻郡　東京都三宅島　神奈川県中郡　新潟県　富山県　長野県　岐阜県養老郡・飛騨　静岡県　愛知県東春日井郡　三重県伊賀南部・度会郡　大阪府泉北郡　兵庫県赤穂郡　奈良県　和歌山県南部　鳥取県　島根県　岡山県　広島県・厳島・佐木島　山口県阿武郡　徳島県　香川県・小豆島　愛媛県　高知県　福岡県　佐賀県唐津市　長崎県　熊本県玉名郡・天草郡　大分県　宮崎県　鹿児島県・下甑島・屋久島・硫黄島・種子島・口之永良部島 *うんにゃでぁ 青森県三戸郡 *うんにゃの 和歌山県西牟婁郡 *うんにゃばー 長崎県対馬 *うんね 岩手県　秋田県由利郡　新潟県中頸城郡　長野県中部　岐阜県本巣郡・恵那郡　愛知県東春日井郡・名古屋市　広島県下蒲刈島・上蒲刈島　長崎県対馬　熊本県玉名郡　大分県北海部郡 *うんりゃー 高知県幡多郡 *えんじゃ 石川県 *えんに 長野県下水内郡・佐久 *えんにゃ 群馬県吾妻郡　石川県　長野県北部　香川県仲多度郡 *えんね 新潟県中頸城郡・西頸城郡　長野県（主に女） *えんや 鳥取県西伯郡 *おし（卑語）沖縄県石垣島 *おそ 東京都八丈島 *おんにゃ 岡山県上房郡・吉備郡 *からきって（否定的表現を伴って、強く否定する意を表す）群馬県吾妻郡　千葉県夷隅郡 *からきり（否定的表現を伴って、強く否定する意を表す）岩手県気仙郡　山形県 *からぎり（否定的表現を伴って、強く否定する意を表す）長野県 *からけつ（否定的表現を伴って、強く否定する意を表す）島根県美濃郡・益田市 *からしき（否定的表現を伴って、強く否定する意を表す）長野県佐久　島根県 *からっき（否定的表現を伴って、強く否定する意を表す）茨城県猿島郡 *からっきら（否定的表現を伴って、強く否定する意を表す）福島県東白川郡 *からっきり（否定的表現を伴って、強く否定する意を表す）山形県　福島県　茨城県猿島郡・稲敷郡　栃木県　埼玉県秩父郡・川越　山梨県　静岡県・富士郡 *きょーことない（強く否定する語）高知県幡多郡「きょーことない、そんなことがあるもんか」 *しよ・しよい・しよさば 高知県土佐郡 *だだーだだ・だおんだーな（拒絶するときにも言う語）青森県三戸郡 *ちゃ 三重県阿山郡 *ちろっけー（強い否定を表す語）栃木県足利市・佐野市 *てー 三重県度会郡 *どごえねしぁ 青森県南津軽郡「いえいえどごえねしぁ」 *どごに 宮城県石巻「どごにあんだそんな話つあるもんでねあ」 秋田県雄勝郡「どごにさうではありません」・鹿角郡「『さあさあ、おあがりなさい』『いやもう結構御暇致します』『どごに』」 *どごにして 秋田県鹿角郡 *どごにとごに 青森県三戸郡「『つまらない品でございますが云々』『いや、とごにとごにこんなお珍しい云々』」 *どごね 青森県上北郡「どごねあの人な貧乏どごか大金持だよ」 *どっごに 宮城県栗原郡 *どっごにぎゃ 秋田県雄勝郡「どっごにぎゃそんなことして下さいますな」 *なーさ・なーさなーさ（強い否定を表す語）岩手県気仙郡「なぁさなぁさ、あの人はそんな人じゃない」 *なーんちゃ 愛媛県 *ないえ・ないーえ・ないんえ 長崎県壱岐島 *なぜー（強い否定を表す語）三重県志摩郡「『おそーまですますざったの（遅くまですまなかったね）』『なぜい』」 *なにさねー（強い否定を表す語）山梨県 *なにしー（強い否定を表す語）香川県高松市 *なんがね（強い否定を表す語）三重県志摩郡 *なんし（強い否定を表す語）山形県庄内「なんしそんな事はない」 新潟県長岡市 *なんしに（強い否定を表す語）徳島県「『いろいろおせわなりました』『なんしに』」 香川県 *なんじゃ 徳島県海部郡 *なんた 福井県足羽郡 *なんちゃ 高知県「『おまさん昨日花見においでましたか』『なんちゃ行きませざった』」 *なんちゃー 高知県「なんちゃー、そーぎゃない」 *にぇー 長崎県五島「にぇー、そらみんな引いちょったったい」 *ねあな 岩手県東磐井郡 *はーいーえーな 静岡県 *はいえ 静岡県「はいえそんなことはない」 *はえー 新潟県 *ひーえ 愛媛県伊予郡 *ふがまーやー 和歌山県西牟婁郡「『お前の子はえらいさうやの』『ふがまあやあ』」 *ふんなー 奈良県吉野郡 *べじろ 栃木県那須郡 *まーありー（軽く否定するときの語）三重県度会郡 *まーぬ 沖縄県首里 *ゆーい 青森県南部 *んいや 福井県足羽郡 *んでよ 和歌山県有田郡・東牟婁郡

↓うちけす（打消）

ひでり【日照】 *いろき 熊本県菊池郡・芦北郡 *うーび 熊本県天草郡 *おてり 山梨県　静岡県志太郡　三重県伊勢 *かわき 熊本県鹿本郡・球磨郡 *こーけ 長崎県大村市・南高来郡 *てり 新潟県佐渡「てりでたんぼにひびがはいった」 三重県北牟婁郡 *はしき 和歌山県日高郡 *はしらぎ（農事の忌み言葉）新潟県 *ひみず 群馬県多野郡 *ひゃーい 沖縄県首里 *ひやけ 新潟県中頸城郡　長野県　大阪市　兵庫県「ひやけがいく」 奈良県南葛城郡　島根県　山口県玖珂郡　徳島県　香川県　愛媛県「今年はひやけでさっぱりとれん」

ひでりあめ【日照雨】 ⇩てんきあめ（天気雨）

ひと【人】 *おこ 島根県石見　広島県 *かいさ 富山県東礪波郡「おらあちゃづぼがー、かいさをいなしる（私どもの男の子が、人をたたく）」 *くん（同輩以下を指して言う）奈良県南大和「あのくん」「このくん」 *ごん 滋賀県彦根「あのごん」 *し 群馬県利根郡　神奈川県愛甲郡「ほかのしはどーこにいるんだ」 静岡県富士郡「消防のし」 島根県　徳

島県「このしに話してもわからん」・那賀郡　香川県「わきのしが見よってもそらほんまにむごいんでござんす」　大分県臼杵市「うちんしょ騒動じゃ」　鹿児島県「としねし(先輩の方々)」　***しーゆー** 愛知県宝飯郡　***しゅ** 山形県米沢市　新潟県長岡市　鳥取県西伯郡　大分県南海部郡　***しゅー** 秋田市　岐阜県郡上郡　福岡県浮羽郡「こんしゅう(この人)」　***しょ** 山形県東田川郡　新潟県　石川県能美郡　鹿児島県屋久島　***じょ** 熊本県阿蘇郡　***しょー** 新潟県中頸城郡　石川県河北郡　長野県上伊那郡　***じょー** 熊本県玉名郡「あんじょう(あの人)」「こんじょう(この人)」・下益城郡「阿蘇んじょー」　***じん** 岐阜県　愛知県東加茂郡　和歌山市　高知県「あのじんは長岡郡大篠村の出身ぢゃーた」　熊本県菊池郡・下益城郡(軽べつして言う語)　***すじ** 和歌山県東牟婁郡　***たい** 茨城県東南部「あのたいら」　***たち** 宮城県仙台市「あのたち」　***ちゅ** 鹿児島県喜界島　沖縄県　***っちゅ** 沖縄県首里　***てあい** 静岡県志太郡「あんてあい(あの野郎)」　***てー** 埼玉県北葛飾郡「あのてー(あの人)」　千葉県香取郡「あのていら(あの人たち)」　長野県諏訪「このてー(この人)」　***と** 大分県東国東郡「あんと(あの人)」　***なん** 長崎市「あんなん(あの方)」「こんなん(この人)」　***にん** 東京都三宅島「にんを見て話さなければいけない」　神奈川県津久井郡「にんごと(各人)」　三重県名賀郡　大阪府泉北郡「にんはすくない」　徳島県「にんによって(人によって)」　***ぷす** 沖縄県鳩間島　***まえ**(「この」や「その」などに付いて)島根県出雲「あのまえ(あの人)(尊敬語)」　岡山県吉備郡　大分県大分郡「このまい(この人)」　***まえさん** 島根県大原郡「あのまえさん」　***われ・まれ** 熊本県天草郡　***めー** 岡山県児島郡　***よど** 山形県「山行きよど」「手伝いよど」「湯の浜温海の湯治よど」「月山羽黒の参詣よど」　***わい** 長崎県北高来郡「そのわい」　***わら** 福井県　滋賀県高島郡　***わり** 熊本県下益城郡・宇土郡　***わろ** 滋賀県伊香郡「あのわろ」

ひどい【酷】　***あらい** 山形県東部　福島県相馬「あらく上手に出来たと思ったら中学生に書えて貰ったんだと」・東白川郡　徳島県三好郡　***いがくい** 香川県三豊郡　***いきなり** 宮城県栗原郡・仙台市「いきなり押しんすな」　山形県「えぎなり柱にぶつけた」　福島県相馬郡　***いきんなり** 山形県「友達をいぎんなり殴る」　***いげつい・えぐつい** 兵庫県淡路島「あんなえぐつい男知らんわい」　***いさぎ**(感動詞のように用いて)熊本県玉名郡「いさぎ、犬と猫ん喧嘩しよる」・菊池郡「わあいさぎ、こらいさぎいこて、しにゃあちくれた(やあひどい。これはひどいことにしてくれた)」　宮崎県西臼杵郡「そりゃいさぎ」　***いしー** 広島県世羅郡　佐賀県「あいま、いしか(あまりひどい)」　***いみしー** 宮崎県都城　鹿児島県肝属郡　***いんま** 岐阜県飛騨　***いんまり** 長野県上田　岐阜県吉城郡・飛騨　***うんまり** 岐阜県飛騨・吉城郡　***えくい** 滋賀県　***えぐい** 滋賀県　京都府竹野郡「そんなえぐいこと言うてやっただかい」　大阪市　兵庫県・加古郡・神戸市　奈良県・宇陀郡　和歌山県　島根県邇摩郡　広島県倉橋島　熊本県玉名郡　***えぐしない** 三重県志摩郡「えぐしないかざがするね(なんとも言えないくさいにおいがするね)」　***えぐたらこい** 和歌山県有田郡　***えぐたらしー** 福井県敦賀郡　滋賀県蒲生郡　大阪市　兵庫県神戸市　***えけ** 青森県南津軽郡「あめー、えげ降てねし」　山形県最上　***えげー** 滋賀県坂田郡　***えごい** 愛知県名古屋市　滋賀県坂田郡　***えずらしー** 高知県幡多郡　熊本県天草郡　***えらい** 栃木県　千葉県・山武郡　神奈川県愛甲郡・津久井郡　富山県下新川郡　山梨県　長野県　岐阜県　静岡県中部　愛知県「えらい坂」　三重県「えらいこっちゃったなー(凶事の時の挨拶)」　滋賀県彦根　大阪府大阪市「えらい人で(たいそうな人出で)弱りました」・泉北郡　兵庫県神戸市　奈良県・南大和　和歌山県北部　島根県　広島県　徳島県　香川県　***えらいこと** 岐阜県稲葉郡　三重県員弁郡　奈良県・吉野郡　島根県石見「えらいこと集まらんのー」　***えらいしこ** 熊本県下益城郡　***えれこつ** 宮崎県西臼杵郡「ほんやらえやら、えれこつもろーちぃありがとござりました」・東臼杵郡　***えんま** 新潟県西頸城郡　***がーい** 愛媛県周桑郡　***がい** 青森県三戸郡　岩手県盛岡市「あまりがいだ」・上閉伊郡「がいなことはない(たいしたことはない)」　宮城県登米郡「がいにがいに」　山形県「あえづ、がえにあらえ(彼は並外れて強い)」　新潟県佐渡「がいをったれせう(お困りでしょう)」・東蒲原郡　富山県「病がだんだんがいになる」　静岡県　愛知県名古屋市　三重県　兵庫県但馬・淡路島　奈良県吉野郡　和歌山県　鳥取県西伯郡　島根県　岡山県苫田郡・児島郡　広島県　徳島県　香川県　愛媛県大三島・宇和島市　高知県　大分県南海部郡・速見郡(「がいと」の形で)　***がいほー** 愛媛県今治市「がいほーに」　***がう** 長野県北安曇郡　***がぇー・ぎゃー** 静岡県志太郡「がぇーにいばりゃーがる」「ぎゃーにお世話だー」　***かくっとーに** 島根県石見「かくっとーに動かすとめげるで(壊れるよ)」「かくっとーに言うけー腹が立つ」　***がしょーき** 群馬県山田郡・佐波郡　埼玉県大里郡　千葉県東葛飾郡「がしょうきに寒い」　***がしょーぎ・がじょーぎ** 千葉県「がしょーぎに働く」　***がしょき** 千葉県印旛郡　***がしょぎ** 千葉県夷隅郡・長生郡　***がつがつ** 秋田県雄勝郡「頭をぐゎつぐゎつとはたく」　***がっさい** 島根県隠岐島　***きしと・きすと** 鹿児島県肝属郡「きすとこいぇーつ(まことに太って)」　***きつい・きすか** 鹿児島県　***ぎゃい** 香川県・丸亀市「この道はぎゃいにまわらんないかんきんな」　***げ** 青森県上北郡「げだ」　秋田県鹿角郡「あんまりげに」　***げぁ** 青森県三戸郡「どうしたが、帰りぁげぁね遅い」　岩手県九戸郡「げえぁだ」　秋田県「あんまりげぁに喰ったのだよ」　***げぁえ・げあぇん** 秋田県鹿角郡　***げぁ**

ん・げぁんげぁ 秋田県 *げー 青森県「げぇだ大き凧だなぁ」 山形県東田川郡・庄内 栃木県 群馬県吾妻郡 長野市 岐阜県大垣市 和歌山県東牟婁郡 愛媛県 *げーん 山形県庄内「げーん叩く」 *ごいらい 京都府与謝郡 *ごえらい 和歌山県海草郡 *ごそんと 兵庫県神戸市「ごそんと減ってしもた」 *ごつないに 兵庫県加古郡 *こっぺたい 新潟県西頸城郡「こっぺたぇめにあう」 *こっぺたい 新潟県中越 *こひどーに・こふどーに・こふどーに 島根県「綱をこひどーに引張れ」「犬をこひどーに叩いた」 *さっぱし 岐阜県郡上郡「あの人もさっぱしごくどーもんになってまった」 *さっぱり 奈良県山辺郡「さっぱりこないらみたいふったり(ひどくこの間みたいに降ったら)どもしやないなー」 *ざんならしー 静岡県「ざんならしい音がした」 *しけねー 新潟県佐渡「あんまりしけねえ野郎だ」 *じこー 沖縄県首里「じこーむぬゆなー(ひどくおしゃべりな者)」 *じゃしき 島根県美濃郡「今朝はじゃしき雪が降った」 *じゃっきと 青森県津軽「じゃっきと困る」 *じょーけ 香川県三豊郡 *ずでない 山形県西置賜郡・西田川郡 *すぼっこ 岡山県苫田郡 *すぼっこー 奈良県南大和 岡山県 広島県・沼隈郡 *ずるい 群馬県群馬郡 *せっぱり 青森県南部 *そーおーにゃ 熊本県菊池郡 *そーに 和歌山県「そーに威張ってる」 島根県那賀郡「一口叱ったら、そーに青筋を立ててねらみつけた」 山口県「赤痢がそーにはやっちょるげな」 熊本県 *そーにゃ 熊本県天草郡 *そーりゃ 大分県大分郡 *たいもない 岐阜県「たいもないひと(けしからん人)」 愛知県名古屋市「お前さんはたいもないことを言う人だ」・知多郡「彼奴はたいもねー奴だ(ひどいやつだ)」 *だまむねー 大分県「だまむねーこつーするな(そんな乱暴なことをするな)」 *つーゆー 佐賀県「つーゆー急ぐな(あまり急ぐな)」 *つよー 島根県那賀郡・鹿足郡 *てしこい 三重県志摩郡「夜やったや雪はてしこー積もる」 和歌山県日高郡・東牟婁郡「今日はてしこう寒い」 *てせ 宮崎県西諸県郡 鹿児島県・鹿児島市 *てそか 鹿児島県 *どぅき・どぅぐ 沖縄県石垣島 *どぅく・とぅじゃ 沖縄県首里 *どくしょい(「どくしょう(毒性)」の転か) 兵庫県神戸・加古郡 *どくらしー 島根県隠岐島「風がどくらし吹いた」「魚をどくらし捕った」 佐賀県「どくらしう」 熊本県八代郡「どくらしゅう」 *どしこい 滋賀県「どしこいめ(ひどい目)」 兵庫県加古郡 *どだまく 長野県下伊那郡 *なんぼ 青森県・津軽「なんぼ遅えの」 長崎県南高来郡「こどん(子供)さんに泣かれちゃ、なんぼお困いでござっしゅ」 *ばたんばたん・ばたばた・ばたりばたり 山形県米沢市「ばたんばたん苦しんだ」 *ひどーに・ひどに(「ひどくに」の転) 香川県「あれだけひどうにいうといたら大丈夫じゃろ」 *ひどくさい 岐阜県北飛驒 *ひどこい 愛媛県中部「ひどこい目に叱られた」 *ひどつけない 新潟県佐渡 富山県砺波 石川県 *ひどっこい 大阪府泉北郡 奈良県・南葛城郡 *ひどないに 兵庫県加古郡「こけて足ひどないに打った」 *ふつご 島根県出雲 *ふつごー 島根県出雲・隠岐島「今日はふつごーに寒い」 *ふて 山形県西田川郡「ふてめにぁった」 鹿児島県 *へどつけない 石川県河北郡 *べらい 新潟県佐渡 *ほにぎり 広島県佐伯郡 *ほんどら 香川県三豊郡・広島「ほんどら工合わるい」 *ほんどり 香川県「ほんどり遊んでしもた」「雨がほんどり降っりょる」 *めずらしー 鹿児島県肝属郡「めずらしむんじゃ(ひどいことだ)」 *もたーなか・もったーなか 鹿児島県種子島「もったーなか長病気じぇなあ居らったげえが」 *ももくらしー 石川県能美郡 *やーちゃくちゃない 山形県最上郡「やーちゃくちゃなくぶっ叩いて」 *よーき 福岡県築上郡 大分県 *よーきー 大分県大分郡 *よーきゅー 大分県日田郡 *よーきょー 島根県大原郡・隠岐島 *よーく 三重県伊勢 *よーけ 富山県砺波 福井県 岐阜県 愛知県名古屋市 三重県 滋賀県 京都府 大阪府 兵庫県 奈良県 和歌山県 島根県 岡山県苫田郡・児島郡 広島県 山口県 徳島県 香川県「雨がようけ降っりょるわ」「ようけ言うなよ」 愛媛県 高知県 長崎県 *よーけー 群馬県群馬郡 三重県名賀郡 滋賀県湖南 兵庫県但馬 和歌山県 広島県高田郡 香川県 *よーけこと 岡山県苫田郡「よーけこともろうた」 香川県 *よーに 広島県三次市「よーにしごーしやかったけー(ひどくひどい目に遭わせおったから)」・高田郡 山口県阿武郡 *よか 三重県志摩郡 *よがえ 青森県津軽 *よきー 大分県速見郡・玖珠郡 *よけ 青森県 栃木県那須郡 石川県河北郡 岐阜県大垣市 三重県志摩郡 兵庫県加古郡 和歌山県 鳥取県西伯郡 島根県「そげなことをすーとよけ悪い」 広島県佐伯郡 徳島県海部郡 香川県 愛媛県 高知県 *よけー 秋田県 山形県米沢市 茨城県真壁郡 新潟県佐渡 富山県砺波 石川県鳳至郡 岐阜県郡上郡 愛知県 大阪市 奈良県吉野郡 和歌山県 島根県隠岐島・邑智郡 岡山県真庭郡・上房郡 広島県 山口県・都濃郡 徳島県那賀郡 香川県 高知県 長崎市 *よげく 島根県八束郡 *よけこと 島根県出雲「近頃よけこと悪んなった」 愛媛県宇摩郡 *よけよけ 和歌山県東牟婁郡 *よげよげ 島根県八束郡 長崎県壱岐島 *よごい 滋賀県犬上郡 *よっか 三重県志摩郡 *よっき 大分県 *よっけ 東京都利島 三重県志摩郡 高知県香美郡・吾川郡 *よっけー 岐阜県土岐郡 高知県吾川郡 *らっかい 神奈川県・横浜市 静岡県 愛媛県 *らっきゃー 静岡県「雨がらっきゃー降る」 *らんめがない 愛媛県伊予市 *わっちり 山形県西田川郡 *わっちわっち 秋田県平鹿郡「わっちわっち働く」 *んもすま 山形県東村山郡・南村山郡

□さま *あたがい 和歌山県新宮「あたがいにたたくな」 *うんつくらい 宮城県石巻(卑語)・仙台市 *うんとくらい 宮城県仙台市「柿うんとく

らいしょって、まず、どこさ運ぶんだか」 *えかち 島根県安来市「えかちな人も居るもんだ」 *ごつ 島根県石見「ごつなことをすると破れるぞ」 広島県安芸　香川県 *ごつー 島根県石見「ごつーに人出がした」 香川県 *ごつげ 香川県「ごつげにえらそうにいう」 *ごどー 新潟県中越 *すごげ 香川県小豆島「すごげにおうけなやつじゃった」 *ほーほ 大分県日田郡「余は彼からほーほなめにあわされた」 *ほほ 宮崎県東諸県郡　鹿児島県「ほほなめ」 *まげ 鳥取県　島根県出雲

□目 *おーめ 新潟県「大目にあう」 *きーきーめ 千葉県夷隅郡 *とんびりまえ 新潟県中頸城郡「とんびりまへに遭った」 *ひらがみ 三重県志摩郡「ひらがみに会う」

□目に遭う *あらきゆい 鹿児島県鹿児島郡 *いんがこく 山形県南置賜郡・東田川郡 *いんがつる 山形県東置賜郡 *いんがみる 山形県「おまけにお金まで使わされて、いんがみせらっだし」 福島県「此の仕事でえんが見た」 茨城県　栃木県「昨日はあの雨で全くえんがみましたよ」 埼玉県北葛飾郡「むしにさされていんがみた」 千葉県東葛飾郡　島根県益田市・出雲市 *いんごーこく 山形県「バスこんで、ぬぐさわぬぐいに(暑さは暑いし)いんごーこいできだー」 *うんぜこく・うんさいこく 新潟県東蒲原郡「山で雨に降られてうんさいこいた」 *うんぜーこく 新潟県岩船郡 *おーきなめにあう 秋田県鹿角郡　長崎県「もうおーきなめーおうたげ、今日は」 *おーきめにあう 千葉県長生郡 *ねりかむ 青森県津軽 *べーする 香川県三豊郡「べーした」 *みじぇめみる・みじぇみみる 山形県北村山郡 *みじめみる 宮城県栗原郡　新潟県中頸城郡 *めーあう 長崎県壱岐島 *めっちみる 山形県西田川郡 *めにあう 岩手県気仙郡「雨は降るし道暗いし、いやいや、めにあった」 宮城県　静岡県志太郡「やつにかかるとめにあうぞ」 島根県　山口県　大分県北海部郡 *めにおー 宮城県石巻　福島県相馬郡・東白川郡 *めみる 青森県上北郡　山形県西田川郡 *めをみる 宮城県仙南「昨日は、よくよくめをみて来た」

□目に遭わせる *いわす 岐阜県　愛知県西春日井郡　三重県「いはされた(やられた)」 京都府　兵庫県加古郡「頭を一つこつんといわされた」 奈良県　鳥取県東部　岡山県児島郡　徳島県「ほんなこといいよったらいわすぞ」 香川県 *いわせる 鳥取県東部 *えらめる 山口県「えらめんでもえいものをえらめるちふと、今度ー、おらが聞かんでよ」 *おこなう 石川県羽咋郡・鹿島郡　和歌山市「おこなはれるよって、誰か一所についてきておくれ」 福岡県　熊本県下益城郡 *ころす 東京都大島「悪戯あしたらころして下され」 三重県南牟婁郡 *さかしにつる・さかしにふるう 島根県美濃郡・益田市「言うことを聞かんとさかしーふるーで」 *しまわかす 島根県那賀郡「いたずらをするとしまわかいてやるぞ」 *すこきあげる 島根県出雲市・八束郡「喧嘩してすこきあげた」 *たこーつる 兵庫県明石郡 *たこつる 大阪府泉北郡　兵庫県明石郡　奈良県　和歌山県　香川県「たこっられた」 愛媛県・周桑郡・喜多郡「数学の時間にひどいめにたこつられた」 *どやす 栃木県上都賀郡　鳥取県日野郡　熊本県玉名郡 *なめす・なめしゃげる 愛媛県大三島 *めにあせる 岩手県気仙郡　秋田県鹿角郡 *めにあわせる 岩手県下閉伊郡 *ゆわす 三重県　奈良県・宇陀郡「ゆわしたろか、ぼけ」 和歌山県

ひとがら【人柄】 *あたまなり 青森県上北郡 *ごじんたい 奈良県南大和 *こにんげ 島根県「こにんげがよい(お人よしだ)」 *こにんげん 島根県邑智郡 *じんたい 兵庫県加古郡 *じんてぃー・っちゅがら 沖縄県首里 *とぅくい 鹿児島県喜界島「しゅーだとぅくいぢゃ(変な性格の人だ)」 *にん 神奈川県中郡 *にんあゃー 京都府竹野郡「にんあゃーの良え人」 *にんか 長崎県対馬「にんかの良い(淡泊で人の気受けの良い)」 *ひとぞー 岩手県気仙郡「ひとぞういい」 *ふっぱい 新潟県東蒲原郡 *ぶっぱい 岩手県気仙郡・胆沢郡　山形県最上郡　新潟県東蒲原郡「ぶっぱいが良い(品がある)」 *ほど 愛知県名古屋市「客にも仲間にも至極程がよいので」 兵庫県加古郡　島根県隠岐島

→せいかく(性格)

ひとさしゆび【人差指】 *あらあらえんび(子供が他人のいたずらや失敗などを指さして「あーらら」などとはやし立てるところから言うか) 秋田県南秋田郡 *あらら(幼児語。子供が他人のいたずらや失敗などを指さして「あーらら」などとはやし立てるところから言うか) 青森県三戸郡 *ごすんいび(長さを測る時、親指を広げて五寸になるところから) 広島県芦品郡 *ごすんゆび(長さを測る時、親指を広げて五寸になるところから) 広島県比婆郡 *さしうび 沖縄県竹富島 *さしゆび 静岡県川根 *さすうび 沖縄県新城島 *さちぃーび 沖縄県首里 *ぴささし 沖縄県波照間島 *ぴさっつ 沖縄県黒島 *ぴとぅーし 沖縄県小浜島 *ぴとぅさし 沖縄県西表島 *ぴとぅしし 沖縄県石垣島 *ぷすさし 沖縄県鳩間島

ひとだま【人魂】 *あおのひ 香川県高見島 *いにんびー 沖縄県首里 *けち 新潟県佐渡 *けちび 高知県 *こんぱっだまし 鹿児島県鹿児島郡 *しかりだま・しかりもの 長野県南佐久郡 *しょーねんだま 兵庫県加古郡 *たまし 秋田県鹿角郡 *たましー 静岡県志太郡「たましーがとんだっちょー」 *たましん 静岡県庵原郡 *たませ 千葉県君津郡 *たませー 長野県佐久 *たまひ 奈良県 *とびだま 東京都八王子 *ひかいむん 鹿児島県肝属郡 *ひかりだま 群馬県勢多郡　神奈川県足柄上郡　長野県 *ひかりもの 青森県三戸郡　東京都八王子 *ひだま 山形県　福島県会津　山梨

県南巨摩郡　長野県上田・佐久　静岡県磐田郡　愛媛県　高知県 *ぴだま 沖縄県石垣島 *ふぃだま・ふぃーだま 沖縄県首里 *ぷすたま 沖縄県鳩間島 *ふだま 島根県簸川郡 *ぼこん 鹿児島県揖宿郡 *もろび 青森県津軽・上北郡

ひとつ【一】　*いっか 青森県上北郡「その林檎いっか呉れろ」 *いっちょ 奈良県南大和　香川県　福岡県　佐賀県　長崎県「蜜柑ばいっちょおせつけまっせ(下さい)」　熊本県　鹿児島県 *いっちょー 岡山県　徳島県　香川県　福岡県企救郡　佐賀県　熊本県阿蘇郡　大分県直入郡・大野郡 *いっちょこ 香川県香川郡・大川郡「林檎いっちょことって」 *いっぴき 富山県「茶碗いっぴき持ってこい」 石川県能登島「水瓜をいっぴき分けてくれえ」・羽咋郡　山口県阿武郡 *いっぽ 長野県西筑摩郡「紙をいっぽかせ」 *てぃーつぃ(口語)沖縄県首里 *てぃっつぃ・でぃち 沖縄県竹富島 *ぴーち 沖縄県鳩間島 *ぴてぃーじ 沖縄県石垣島

↓いっこ(一個)

ひとつおき【一置】　*あいまたごえ 和歌山県海草郡「この苗あいまたごえに植ゑよし」 *いちいれ 徳島県 *いれいち 長野県上伊那郡「いれいちに赤く塗る」・下伊那郡 *かくべつ 大阪府泉北郡 *ひとはがえ 島根県「ひとはがえに並べる」 *めんどりばん(雌鶏(めんどり)の羽のように交互になること。一つ置き)新潟県佐渡

□に *いっちょがい・いっちょはさみ 香川県「いっちょがいに目をふやすんで」 *ひとつがいに・しとつかいに 香川県

ひとばん【一晩】　*ちゅゆる 沖縄県首里 *ひーとい 静岡県・島田市 *ひとよーさ 島根県　山口県玖珂郡 *ひとよさ 香川県丸亀市「ひとよさ泊まりにしたらえんじゃ」　愛媛県周桑郡・喜多郡 *ふとよーさ 島根県仁多郡 *ふとよさ 島根県

□中 *こぴてー 栃木県塩谷郡 *ちゅゆる 沖縄県首里 *ぴとぅゆーぬさーだ・ぴとぅゆぬさっとぅ 沖縄県石垣島 *ひとよさ 三重県志摩郡　香川県伊吹島 *ひとよさじゅー 山口県 *ふとよーさ 島根県仁多郡 *ふとよさ 島根県「ふとよさ起きちょっても何ともなえ」 *ゆーぬさーだ 沖縄県石垣島 *ゆながた 沖縄県島尻郡・首里 *ゆながたさながた 沖縄県首里 *ゆながと 鹿児島県奄美大島 *ゆながとぅ 鹿児島県徳之島 *ゆなとぅ 鹿児島県与論島 *よーまよっぴと・よーまよっぺて 新潟県佐渡 *よーよふて 岩手県上閉伊郡 *よがうら 富山県 *よかうらじゅー 富山市近在 *よがうらよっぴり・よがうらよっぴり 富山県 *よがかっぺ 石川県能美郡 *よがさなよっぴと 高知県 *よがさのよっぺど 山口県豊浦郡 *よがさら 愛媛県 *よがさらよんずし 愛媛県宇和島 *よがなして 徳島県 *よがなよー 兵庫県淡路島 *よがなよーさ 岡山県御津郡 *よがなよーじゅー 三重県志摩郡　島根県隠岐島 *よがなよし 徳島県「よがなよし話をした」 *よがなよして 徳島県 *よがなよしてー 宮崎県東諸県郡 *よがなよしとい 徳島県・美馬郡 *よがなよじゅー 三重県志摩郡　島根県隠岐島 *よがなよしゅーらく 島根県那賀郡 *よがなよしらく 和歌山県東牟婁郡「此の間はよがなよしらく働いたよ」 島根県邑智郡　広島県上蒲刈島 *よがなよっぴて 群馬県山田郡・館林　千葉県　新潟県佐渡　和歌山県西牟婁郡 *よがなよっぴてー 島根県大原郡・仁多郡　広島県　山口県 *よがなよっぴでー 広島県高田郡 *よがなよっぴと 和歌山県　高知県 *よがなよっぴとい 香川県小豆島 *よがなよっぷて 愛媛県大三島 *よがなよっぺて・よがなよっぺり 新潟県佐渡 *よがなよっぽて 広島県上蒲刈島 *よがなよなか 三重県志摩郡 *よがなよのふって 熊本県天草郡 *よがなよひして 宮崎県 *よがなよびって 島根県簸川郡 *よがなよぶって 鳥取県西伯郡　島根県能義郡 *よがねよしらく 島根県安来市 *よがのよしち 宮崎県南那珂郡 *よがのよしらく 愛媛県・大三島 *よがのよっぺと・よがのよっぺり 新潟県佐渡 *よがのよっぽて 愛媛県大三島 *よがのよぶて 島根県隠岐島 *よがよし 富山県砺波「犬がよがよし鳴いとった」 *よがよっぴと 新潟県佐渡 *よがよっぴる 富山市近在 *よがよっぺ 富山県砺波　石川県能美郡 *よがよっぺり 富山県 *よがよぶとい 山口県浮島 *よがらよじゅー 新潟県西頸城郡 *よがらよしらく 高知県長岡郡 *よからよっぴて 群馬県吾妻郡 *よがらよっぴて 神奈川県津久井郡 *よがらよっぴてー 東京都八王子 *よからよっぴどい 長野県下伊那郡 *よぎりはらう 茨城県久慈郡 *よしち 宮崎県東諸県郡・宮崎市 *よしつい 宮崎県東諸県郡 *よしてー 長野県北安曇郡　宮崎県東諸県郡　鹿児島県種子島 *よしむらく 島根県益田市「子供がよしむらく泣あて困った」 *よしゅーらく 島根県石見 *よずくなし 島根県隠岐島 *よっぴし 福島県大沼郡 *よっぴて 山形県米沢市 *よっぴとい 宮城県仙台市　東京都利島・神津島・大島　山梨県南巨摩郡　長野県下伊那郡　静岡県・志太郡・榛原郡　鳥取県岩美郡 *よっぴとえ 山口県祝島 *よっぴとじんす 高知県長岡郡 *よっぴら 新潟県東蒲原郡 *よっぴり 新潟県 *よっぴり 新潟県東蒲原郡・西蒲原郡 *よっぺ 新潟県佐渡「よっぺはたらいた」 *よっぺーと 奈良県吉野郡 *よっぺーとい 鳥取県岩美郡 *よっぺし 山口県 *よっぺてー 島根県美濃郡・益田市 *よっぺとい 山口県阿武郡 *よっぺとえ 奈良県 *よっぺり 新潟県佐渡 *よっぽて 島根県江津市　広島県江田島 *よっぽてー 島根県石見　岡山県・上房郡　広島県・比婆郡　山口県・阿武郡 *よっぽでー 広島県世羅郡・高田郡 *よっぽとい 鳥取県

気高郡　山口県阿武郡 *よとろく 和歌山県東牟婁郡 *よながよして 香川県大川郡 *よながよじゅー 長崎県佐世保市 *よながよっぴと 新潟県佐渡 *よのーって 鹿児島県揖宿郡 *よのしさし 長野県南佐久郡 *よのして・よのひて 熊本県 *よのふって 熊本県天草郡 *よのふて 熊本県 *よのみ 石川県 *よのよーして 鹿児島県肝属郡 *よのよーふて 熊本県飽託郡・八代郡 *よのよしち 鹿児島県大隅 *よのよして 福岡県久留米市　長崎県佐世保市　熊本県・玉名郡　宮崎県西諸県郡　鹿児島県 *よのよっしら・よのよひて 鹿児島県 *よのよひとよ 佐賀県「よのよひてぇ眠られなかった」 *よのよふて 長崎県西彼杵郡　熊本県 *よのんふて 熊本県天草郡 *よぴーとい 静岡県周智郡 *よひて 熊本県球磨郡 *よぴて 山形県米沢市 *よびとい 東京都大島 *よふて 熊本県球磨郡 *よぶてー 山口県・笠戸島 *よるよっぴり 富山県高岡市 *よるよっぴる 新潟県西蒲原郡・中魚沼郡 *よんがなよいせ 香川県伊吹島 *よんがなよし愛媛県 *よんがなよしとい 徳島県 *よんがなよしらく・よんがなよっぽてー・よんがなよっぽとい 山口県大島 *よんがなよどーし 大分県 *よんがねーて 大分県国東郡 *よんがねよして・よんがねよっぴ・よんがのよしらく 愛媛県 *よんがよどーし 大分県 *よんがら 香川県 *よんがらよーして 香川県木田郡 *よんがらよじゅー 新潟県西頸城郡　山梨県 *よんがらよじょー 東京都三宅島 *よんがらよっぴて 山梨県　長野県 *よんがらよどーし 香川県 *よんがらよんじゅー 新潟県西頸城郡 *よんがんよどーし 大分県 *よんにょふてー 熊本県上益城郡・下益城郡 *よんのして 熊本県天草郡 *よんのよして 熊本県下益城郡 *よんのよしらく 大分県大分郡 *よんのよどーし 大分県大分市・大分郡 *よんのよひて 熊本県阿蘇郡

→しゅうや（終夜）・よどおし（夜通）

ひとみ【瞳】 *おほし 徳島県 *おほとけ 山形県東置賜郡 *おほとけはー 福島県相馬 *かみさま 大分県大分郡・南海部郡 *くろぼし 鹿児島県揖宿郡 *くろまなこ 熊本県 *しりょーはん 富山県 *しん 熊本県球磨郡 *ねんねーさん 静岡県庵原郡 *のーのーさん 広島県比婆郡 *ののさま 岐阜県加茂郡 *のらいさま（黒い瞳）岐阜県飛驒 *ほし 愛知県北設楽郡 *ほしさん 熊本県鹿本郡 *ほてげさん 島根県隠岐島 *ほときさま 千葉県夷隅郡　熊本県天草郡　大分県 *ほときさん 徳島県　長崎県南高来郡　熊本県 *ほとくさん 長崎県南高来郡　熊本県芦北郡・天草郡 *ほとけ 山形県東田川郡・北村山郡　茨城県真壁郡　千葉県　新潟県東蒲原郡　岐阜県飛驒　愛知県愛知郡・碧海郡　兵庫県赤穂郡　島根県　広島県・倉橋島　山口県防府市　熊本県球磨郡　大分県 *ほとけさま 青森県津軽　山形県　福島県　栃木県「ほとげさま開いぢゃったがらおしまいだ」 埼玉県入間郡　新潟県佐渡・東蒲原郡　愛知県愛知郡・碧海郡　山口県　熊本県阿蘇郡・天草郡　大分県 *ほとけさん 新潟県佐渡　福井県大飯郡　愛知県海部郡　京都府　和歌山県那賀郡　鳥取県気高郡　広島県比婆郡　愛媛県周桑郡 *ほとけどん（児童語）鹿児島県揖宿郡 *ほとけはん 徳島県 *ぼぼ 長野県 *ぼぼさま 長野県諏訪 *まなこ 熊本県 *みーぬしん 沖縄県首里 *みーぬっふぁ 沖縄県鳩間島 *みーぬふぁー・みーぬふぁーなー 沖縄県石垣島 *みーぬふぁなー 沖縄県竹富島 *めーののらいさま 富山県東礪波郡 *めのかみさん 兵庫県但馬 *めのしん 熊本県球磨郡 *めのにょらいさま 富山県高岡市近在 *めのほときさん 奈良県宇智郡 *めのほとけさん 鳥取県気高郡　熊本県球磨郡 *めほとけ 愛知県北設楽郡 *めぼとけ 富山県東礪波郡　山梨県南巨摩郡　長野県下伊那郡　静岡県磐田郡　熊本県天草郡

ひとみしり【人見知】 *おくみ（幼児の人見知り）長野県下伊那郡 *おくめ（幼児の人見知り）岐阜県郡上郡　愛知県名古屋市「男でおくめせる子はいかんぞいも」 *おくめん（幼児の人見知り）神奈川県愛甲郡・高座郡　長野県下伊那郡「おくめんをかく（人見知りをする）」 *しらんっちゅ（小児の人見知り）沖縄県首里 *っちゅうじ 沖縄県首里 *ぴとぅうばい（主に幼児に言う）沖縄県石垣島 *ひとおくめん（主に幼児に言う）岐阜県郡上郡 *ひとおめ（主に幼児に言う）愛知県知多郡　岡山県岡山市・川上郡 *ひとぎり（主に幼児に言う）埼玉県北葛飾郡 *ひとくみ（主に幼児に言う）岐阜県 *ひとくめー（主に幼児に言う）長野県諏訪 *ひとこび（主に幼児に言う）秋田県 *ひとごんび（主に幼児に言う）秋田県 *ひとそばえ 青森県津軽 *ひとで（主に幼児に言う）岩手県気仙郡 *ひとまえ（主に幼児に言う）青森県 *ひとみ（主に幼児に言う）秋田県鹿角郡　新潟県佐渡　富山県砺波　兵庫県加古郡　奈良県南大和　鳥取県伯耆　島根県　高知市　長崎市 *ひとみず（主に幼児に言う）神奈川県　新潟県佐渡　福井県敦賀市　山口県大島　徳島県海部郡　香川県三豊郡　愛媛県　長崎県対馬　大分県　宮崎県東諸県郡 *ひとみち（主に幼児に言う）長崎市 *ひとめ（主に幼児に言う）青森県　岩手県九戸郡・盛岡市　秋田県鹿角郡　三重県志摩郡　京都府竹野郡「この子はようひとめしてこまります」 大阪市　兵庫県神戸市　奈良県吉野郡　島根県　山口県豊浦郡　香川県小豆島 *ひともじり（主に幼児に言う）神奈川県中郡・鎌倉市 *ひとわに（主に幼児に言う）山形県米沢市 *みしたんぬ（子供の人見知り）鹿児島県肝属郡 *みず（子供の人見知り）山口県玖珂郡　愛媛県大三島「みずする」 *やまかーがー 沖縄県首里「やまかーがーしゅん（人見知りする）」

□**する** *かぶする 新潟県東蒲原郡「そんなにかぶしなくてもいいだろう」 *はじかむ 新潟県佐

渡　岐阜市　三重県上野市・名張市　大阪市　奈良県　*はずむ 三重県阿山郡　*ぴとぅうばいるん 沖縄県石垣島　*びびる 香川県三豊郡・伊吹島　*ひびるる 大分県北海部郡　*わにがえる 茨城県・北相馬郡　*わにっけーる 埼玉県秩父郡　*わにる 青森県三戸郡　秋田県平鹿郡「わにる児(こ)だな」　山形県　福島県相馬郡　茨城県　群馬県利根郡・吾妻郡　神奈川県川崎市　新潟県「あのこはわにている」　長野県　*わねる 岩手県南部　宮城県

□する子供 *おすば 愛知県知多郡 *おすんば 静岡県 *おすんばー 静岡県小笠郡・磐田郡 *すばり 山梨県南巨摩郡「この子は他へ行くとすばりで困る」 静岡県磐田郡 *すわり 山梨県南巨摩郡「このかー(子は)えー(家)じゃあ元気がよいどーがよそい行けばすわりで困る」 長野県下伊那郡 *すんばー 静岡県磐田郡

□するさま *おじき 島根県出雲「あの人はおじきな人だ」 *わにくに 山形県米沢市「わにくにて愛らしぐなえ」 *わにくらしー(人見知りをするさまだ) 新潟県上越市「このこは、わにくらしいこだ」

□する人 *いりめじん 宮崎県東諸県郡 *たなぎねこ 埼玉県北葛飾郡 *やぶ 愛媛県

ひとり【一人】 *いちまい 新潟県佐渡「あのうちはかか一枚でもっている」 *いっき 静岡県榛原郡「いっきで持っている山」 *たぬぎや 沖縄県石垣島 *たんがー 沖縄県石垣島

□で *うなーで 長野県北安曇郡 *うなぜ 長野県上田・佐久 *うなで(「おのがて」の転) 新潟県中頸城郡 長野県 *うなみ 長野県東筑摩郡「草がうなみに生えた」 *うぬがでー 群馬県吾妻郡・群馬郡

ひとりじめ【独占】 *なでぽーき 山口県 *ひとりだろ(独り占めすること) 長崎県壱岐島「うまか物あ、ひとりだろする」 *むちちり 沖縄県首里

↓どくせん（独占）

ひとりでに *あがでに 静岡県榛原郡「習っていればあがでに上手になる」 和歌山市 *あがとに 和歌山県東牟婁郡・西牟婁郡「あがとにいがんだんぢゃ」 *あがれに 和歌山県 *あれがみで 長野県南部「あれがみで出来ました」 *あれみと 長野県下伊那郡・南部 *おのず 島根県益田市・八束郡「年が経つとおのず大けになる」 *おのっと 熊本県玉名郡 *しとだいに 和歌山県伊都郡・海草郡 *しとりして 山形県北村山郡 *しとりだいに 奈良県南大和 *じねーん 岐阜県郡上郡「気を楽にして養生さえせりゃじねーんになおるでな」 島根県石見 *じねん 青森県南部 岩手県気仙郡 山形県 新潟県「じねん往生(老衰死)」 富山県砺波 岐阜県飛騨 奈良県南大和 島根県「この傷はじねんになおる」 広島県三次・高田郡 香川県 愛媛県 熊本県 *じねんほっとく 島根県出雲 *じょねん 長野県更級郡「かたつけりゃじょねんにひとあんきして(かたづければおのずと一安心して)」 *とんでら 福井県遠敷郡 *なんくる 沖縄県首里・石垣島 *ぬしがて 京都府 *ぬしがでー 長崎県対馬「ぬしがでえ落ちた」 *のしがで・のしがれ 兵庫県加古郡「そんなことぐらいのしがでにできるようになる」 *のしゃげ 兵庫県神崎郡 *ひとだいに 和歌山県 *ひとりがいに 兵庫県加古郡 *ひとりがてに 滋賀県彦根 *ひとりがでに 滋賀県神崎郡 兵庫県 *ひとりこで・ひとりで 山形県米沢市「ひとりこで、そうなった」 *ひとりこに 新潟県「水はひとりこに低い方へ流れる」 *ひとりだいに 奈良県南大和 和歌山県 *ひとりっこに 新潟県中頸城郡 *ふとりして 秋田県南秋田郡 *めめずに・めめぞに 愛媛県伊予市「めめずに生えた」 *わがかたから 島根県出雲 *わがかたに 島根県出雲「門がわがかたに開いた」 *わがぜに 愛媛県 *わがたかに 島根県隠岐島 *わがでなしに 島根県「こげしておけば病気はわがでなしによんなる」 *わがでに 静岡県「わがでに草が生えた」・志太郡 島根県「こげしておきゃわがでに病気はよんなー(よくなる)」 徳島県 愛媛県・伊予郡「自分で考えよったらわがでに分った」 *わがんでに 静岡県「わがんでにかうなった」 *われから 島根県隠岐島「蛆はわれからわく」「紐がわれから解けた」 *わんで 静岡県

↓「しぜん（自然）」の子見出し、「自然に」

ひとりもの【独者】 *ただもの 宮崎県西臼杵郡 *たんがーむぬ 沖縄県石垣島 *どぅーえういむん 沖縄県首里

↓どくしん（独身）

ひな【雛】 *あかだんべ 岐阜県飛騨 *おしゅなこ 秋田県仙北郡 *しだしっふぁ 沖縄県黒島 *しだしふぁ 沖縄県石垣島 *ちゃこ 三重県志摩郡 *ちんや 静岡県 *どぅいぐゎー(「ぐゎー」は小さいの意) 沖縄県首里 *どぅいぬふぁーなー 沖縄県竹富島 *どぅるぬっふぁ 沖縄県鳩間島 *どぅんなー・どぅんなーま・どぅんぬふぁーなー・どぅぬふぁ・どぅるぬふぁ・どぅるんたま 沖縄県石垣島 *ふ 新潟県佐渡 *へーこ 富山県 石川県

↓ひよこ（雛）

小鳥の□ ⇩ひよこ（雛）

卵からかえったばかりでまだ羽毛の生えていない□ *あかがえる(孵化(ふか)後まだ羽毛が薄いひな鳥) 京都府加佐郡 *あかこ(スズメなどの雛で、羽の生えそろわないもの) 青森県津軽 *あかぴ・あかぴこ(スズメなどの雛で、羽の生えそろわないもの) 山形県北村山郡 *あかぴっぴ(スズメなどの雛で、羽の生えそろわないもの) 山形県 *あかむくれ・あかむけ(スズメなどの雛で、羽毛のまだ生えそろわないもの) 長野県上伊那郡 *あかむし(卵からかえったばかりの雛) 山形県北村山郡 *あかんこ(スズメなどの雛で、羽の生えそろわないもの) 長野県

上伊那郡 *うぶどり 大分県大分市・西国東郡 *ちちんこ（まだ羽毛の生えないスズメなどの雛）大分県大分郡 *ちょろむけ（スズメなどで羽毛の生えそろわない雛）長野県上伊那郡 *とっぴんこ（スズメやツバメの生まれたばかりの雛）香川県小豆島 *どびんこ 兵庫県美嚢郡 香川県 *どびんご 鳥取県西伯郡 島根県 広島県山県郡・高田郡 徳島県 香川県 *どんちご 三重県志摩郡 *どんびーご 岡山県小田郡 広島県比婆郡 *どんびこ 愛媛県 *どんびご 愛媛県松山 *どんびらご 愛媛県 *どんびりご 香川県三豊郡 愛媛県・周桑郡 *どんびん 兵庫県加古郡・美嚢郡 *どんびんご 愛媛県・大三島 *どんべこ 兵庫県赤穂郡 *はだかご（まだ羽毛の生えていない鳥の雛）大分県東南部 *はだっご（まだ羽毛の生えていない鳥の雛）熊本県玉名郡 *ぼった（卵からかえったばかりの小鳥の雛）岩手県気仙郡

□の節句 *はつびーな（女児出生後最初の雛の節句）島根県江津市 *はつひな（女児出生後最初の雛の節句）静岡県周智郡 *はつびな（女児出生後最初の雛の節句）鹿児島県 *はつびなじょ（女児出生後最初の雛の節句）鹿児島県・肝属郡 *はな 岡山県苫田郡 *みっか 長野県佐久

ひなた【日向】 *てぃだてぃんじょー 鹿児島県喜界島 *てりみ 千葉県印旛郡 *てるみ 栃木県 千葉県東葛飾郡 *ぬーとばっこ 千葉県東葛飾郡 *ぬくとばっこ 千葉県 *のくとばっこ 千葉県千葉郡・東葛飾郡 *ひうけ 奈良県宇智郡 愛媛県 *ひがた 山梨県 静岡県 *ひな 島根県邑智郡 広島県・芦品郡 *ひなたご 愛知県海部郡「ひなたごに出る」 *ひなたびこ 千葉県夷隅郡 *ひなたびら 宮城県登米郡 宮崎県都城 *ひなびら 岡山県真庭郡 *ひのじ 高知県土佐郡 *ひむき 静岡県川根 *ひんむき 青森県三戸郡 *ふおけ 島根県仁多郡・隠岐島

↓「あたる（当）」の子見出し、「日の当たる所」

ひなたぼっこ【日向―】 *あったかばっこ 埼玉県北葛飾郡 *あったかぼっこ 茨城県真壁郡 栃木県・塩谷郡「ひまでしゃあねがら、あったがぼっこしてたどこだよ」 埼玉県北葛飾郡 *こらぼし 山形県東置賜郡・南置賜郡 *ころほし 山形県鶴岡市・東田川郡 *しあぶり 山形県西村山郡 *しなたぐれ 青森県北津軽郡・南津軽郡 *せなかあぶり 山形県 *てぃーだぶーい 沖縄県首里 *てぃだめぶい 鹿児島県喜界島 *ぬくたばっこ 群馬県佐波郡 *ぬくたんぼ 広島県安芸郡 *ぬくとばっこ 茨城県北相馬郡 埼玉県入間郡 千葉県印旛郡・東葛飾郡 *ぬくとぼ 茨城県西茨城郡 *ぬくとぼっこ 茨城県新治郡・北相馬郡 埼玉県秩父郡 *ぬくとぼっち 茨城県新治郡 *ぬくとまり 三重県志摩郡 *ぬくとんぼ 静岡県「寒い時にはぬくとんぼに限る」 *ぬくぼろし 山口県玖珂郡・大島 *ぬっかんぼ 鹿児島県鹿児島郡 *のーとばっこ・のとばっこ・ぬとばっこ 千葉県夷隅郡 *のくとばっこ 埼玉県南埼玉郡・川越 千葉県千葉郡・東葛飾郡 宮崎県日向 *ひあたり 山形県 香川県 *ひがたぶくり 山梨県 静岡県富士郡・駿東郡 *ひがたぼっくり 静岡県中部 *ひなたあぶり 山形県 岐阜県飛騨 *ひなたあぶれ 山形県東田川郡 *ひなたご 岐阜県大垣市 愛知県東春日井郡・名古屋市 *ひなたこくり 秋田県鹿角郡 *ひなたに 和歌山県那賀郡 *ひなたぬくぼり 香川県 *ひなたぬくもり 上方 兵庫県加古郡 和歌山市 岡山市 徳島県 香川県 愛媛県 *ひなたびっくり 京都府北部 長崎市 *ひなたぶくり 宮城県登米郡・玉造郡 山形県東置賜郡・南村山郡 福島県相馬郡 岐阜県揖斐郡・飛騨 静岡県 三重県宇治山田 鳥取県 山口県 *ひなたぶくれ 山形県鶴岡市・東田川郡 岐阜県恵那郡 静岡県志太郡 *ひなたぶくろ 愛媛県・喜多郡 福岡市 *ひなたぶっくり 福島県相馬郡 福岡県久留米市・八女郡 *ひなたぶり 山形県 静岡県安倍郡 *ひなたぼくり 島根県鹿足郡 *ひなたぼこり 山形県 大阪市 島根県鹿足郡 広島県比婆郡 香川県 *ひなたぼし 山形県西置賜郡 *ひなたぼっくり 福島県東白川郡 熊本県下益城郡 *ひなたぼっこり 山形県最上郡 香川県 *ひなたむくり 山梨県南巨摩郡 *ひぼこり 長崎県壱岐島 *ふなた 島根県隠岐島

ひにく【皮肉】 *あてぐれ 岡山県苫田郡 *あてつら 山形県 *うらぬちむぬいー・うらぬちむにー（「裏から言うこと」の意）沖縄県首里 *うらはらむに（「反対の言葉」の意）沖縄県石垣島 *がい 香川県大川郡「がい言う」 *きんく 群馬県佐波郡「きんくゆー」 *つらこー 島根県邑智郡 *ぬきずて 岐阜県恵那郡 *ねじもち（中流以下）長崎県北松浦郡 *はなっこすり 埼玉県秩父郡「そんなはなっこすりをいうもんじゃあねえよ」 *ひこつ 愛知県名古屋市・海部郡「あの人はひこつがえらい」 *ひっかけごっ 鹿児島県鹿児島郡 *みみこすり 岩手県気仙郡 宮城県仙台市 秋田県鹿角郡 新潟県「そんなみみこすり言うな」 静岡県榛原郡 岡山市 徳島県 香川県伊吹島 宮崎県東諸県郡 *みみっこすり 栃木県 群馬県吾妻郡 新潟県西頸城郡 長野県東筑摩郡・佐久 静岡県志太郡 *みみっすり 長野県諏訪

□を言う *きじゅん 沖縄県首里 *くじゅん 沖縄県首里 *みみをこする 静岡県志太郡「そんなえーみみょーこすんなえーってよからず」

ひねくれもの【拈者】 *あざくいもん・あだくいもん 鹿児島県喜界島 *いがみ 福島県 *いくりこくり 山口県豊浦郡 *いびつ 岩手県胆沢郡 山形県 愛知県名古屋市 *いびと 山梨県 *いんがんたかり 山形県 *うげさく 鳥取県西伯郡・米子市 *えせくれ 静岡県磐田郡 *えのすけ 新潟県 *えんびず 山形県東村山郡 *えんぴん 宮城県石巻 山形県最上郡・東置賜郡 *おげさく 鳥取

県鳥取市・西伯郡 *おじょろまむし・おじょろねこ 愛知県知多郡 *きめかす 山形県西村山郡 *けげんもん 岡山県児島郡 *こくれ 岡山県川上郡 *こんじょーぐさり 山口県大島 *こんじょくされ 栃木県 *ささぎから(ののしって言う語) 岩手県九戸郡 *しねくされ 大分県 *しょね 山形県飽海郡 *じょろーまむし 愛知県名古屋市 *じょろーむじな 富山県高岡市 *じょろもじな 富山県東礪波郡 *すてくれもの 青森県上北郡「村へ寄りつけないすてくれもの」・三戸郡 *すねからし 山形県西置賜郡・西田川郡 *すねくれ・すねくれもの 山形県東村山郡・田川　高知県 *すねこ 山形県西置賜郡・米沢市 *すねこくれ 山形県 *すねこけ 山形県村山 *すねこもの 山形県東置賜郡 *すねっこくり 静岡県 *そげ(「そげもの(削者)」の略) 愛媛県喜多郡・西宇和郡 *そこぐそ 高知県渭南地方 *そっぽ 山形県東置賜郡・西置賜郡 *そんこーじ 山形県米沢市・西置賜郡 *そんこじ 山形県東置賜郡・西置賜郡 *そんこつ 山形県西置賜郡 *そんこんじ 山形県米沢市 *どへん 滋賀県彦根 *ねじくれ 栃木県　島根県　宮崎県東諸県郡 *ねじけ 和歌山市 *ねじけしぼ 鹿児島県肝属郡 *ねじれもん 島根県　福岡市 *ねじれんぼ 栃木県 *ねっくれ 宮崎県都城 *ねっくれぼ 鹿児島県鹿児島郡 *ひねくさ 山梨県 *ひねくれ 香川県 *ひねくれまい 香川県木田郡 *ひゅーとんがまり(ののしって言う語) 愛媛県伊予郡 *へもくれ(手に負えないねじけ者) 山口県豊浦郡 *へもぐれ(手に負えないねじけ者) 島根県鹿足郡 *へんねし・へんねち 兵庫県加古郡 *まがり 山形県 *まがりこ 山形県東田川郡 *まがるーふぃがるー・まがるーふぃぐるー 沖縄県首里 *むちけんぼ 山形県西田川郡・飽海郡 *むつかりもの 山形県東田川郡 *よときっ・よちぇきっ 鹿児島県 *よもこじ 富山県砺波 *よんごぎね 鹿児島県肝属郡

ひねくれる【拈】 *いがむ 徳島県「この子はいがんどる」 *いがやる 岡山県「厳格すぎてはかえっていがやる(不良になる)」 *いせる・いせはる 岩手県気仙郡 *えせくせる 岩手県気仙郡　茨城県那珂郡 *えせくれる 静岡県榛原郡・磐田郡　愛知県知多郡　三重県松阪 *えせる 青森県　岩手県　宮城県栗原郡・石巻「えせてはぁ口もききえんお」　秋田県「えしぇてなんにも仕事しない」　静岡県磐田郡　愛知県知多郡 *えぜる 熊本県玉名郡 *えへる 青森県「あまりえへるなぢぁ」・津軽　秋田県雄勝郡・河辺郡 *おげる 鳥取県西伯郡「逆目だったのでこの木はおげた」 *しょじくれる 山梨県 *しょねる 山形県飽海郡 *すこくれる(心や性質がひねくれる) 山形県 *すねくりかえる 大分県宇佐郡 *すねくる 岐阜県恵那郡　島根県　徳島県那賀郡　長崎県対馬 *すねくれる 島根県「あの子はすねくれて気持が悪い」 *すねこくれる 山形県 *むじれる 山形県西置賜郡　福島県 *むでぃゆん 沖縄県首里 *ゆがぬん 沖縄県首里
↓すねる(拗)

□た性質 *ねじ 宮崎県東諸県郡 *ねじけこんじょー 埼玉県北葛飾郡 *むじれこんじょー 福島県会津

□っ子 *きめちょ 山形県 *きめちょこ 山形県飽海郡 *きめっこ 新潟県東蒲原郡 *きめっちょ 山形県庄内 *しんびきとーされ・せんびきとーされ 長崎県壱岐島

□こと *きみこと 山形県西置賜郡・東置賜郡 *きめこ 福島県 *きめこと 岩手県気仙郡　宮城県仙台「何だ、又何をきめことしてゐる」　山形県 *きめっこ 福島県相馬郡・東白川郡　神奈川県三浦郡　新潟県東蒲原郡 *きめむし 新潟県東蒲原郡 *そんこーじ 山形県米沢市「そんこーじは言わないものだ」・西置賜郡 *そんこじ 山形県東置賜郡・西置賜郡 *そんこつ 山形県西置賜郡 *そんこんじ 山形県米沢市

ひねる【拈】 *しゃくる(体をひねる) 京都市 *にしる 香川県小豆島 *ひんもじる・ひんもじくる 埼玉県秩父郡「手をひんもじった」 *むじる 岩手県気仙郡 *むでぃゆん 沖縄県首里 *むでぃるん・むでぃん・むでぃっかーるん 沖縄県石垣島 *もじく 愛媛県周桑郡・喜多郡　長崎県対馬 *もじくる 埼玉県秩父郡　静岡県島田市 *もじやくる 福島県相馬 *もじる 埼玉県秩父郡「手をもじった」　静岡県島田市 *ももしる(紙などをひねる) 岡山県小田郡　広島県比婆郡 *よじくる 山梨県中巨摩郡・南巨摩郡「腕をよじくる」　静岡県志太郡　島根県那賀郡「紙切をよじくって耳にさす」　高知県
↓ねじる(捩)

ひのき【檜】 *あおき 長野県東筑摩郡・上伊

方/言/の/窓

●アクセントの地域差Ⅰ

日本語にアクセントがあることは案外自明ではないのかもしれない。これに対して英語にアクセントがあることは多くの人が知っている。学校でもうるさく(?)教えられるし、試験に出るためでもあろう。しかし、日本語のアクセントとなるとどうであろうか。

東京では「箸」はハシとハを高く発音し、「橋」はハシとシを高く発音するが、京都・大阪では逆に「箸」はハシ、「橋」はハシである。このことばの高低が、アクセントであり、右の例は、アクセントの地域差を端的に言い表しているといってよい。

もっとも、これは現実の一断面であり、日本語におけるアクセントの地域差はきわめて複雑である。東京と京阪のみの違いではもちろんない。

那郡 *あおび 徳島県那賀郡 *あさかべ 島根県出雲 *あつはだ 千葉県 *いしっぴ 茨城県 *かみひ 長崎県東彼杵郡 *かみひのき 青森県東津軽郡 *きんひば 岩手県気仙郡 *さくらひ 熊本県 *さわら 青森県 山形県 *しろき 静岡県磐田郡 愛知県北設楽郡 *せんぱく 青森県上北郡 *つぎつぎば 三重県伊勢市・宇治山田市 *とことこ 山形県飽海郡 *なろすぎ 長崎県南部 *ばちばち 長野県下伊那郡 *ぱちぱち(燃える時の音から) 富山県西礪波郡 奈良県南大和(小児語) *ぱりぱりのき 埼玉県入間郡 *ぱりぱりん(葉) 山梨県 *ひば 青森県 岩手県・下閉伊郡 宮城県 秋田県 山形県・東田川郡・村山(ヒノキ・アスナロ・サワラ・クロヒノキの総称)・南置賜郡(ヒノキ・アスナロ・サワラ・クロヒノキの総称) 福島県 東京都 和歌山県 *ひぱ 青森県 岩手県 宮城県 秋田県 群馬県 *ひばのき 山形県北村山郡 *ひばのっ 鹿児島県姶良郡 *ひわ 岡山市 *へんぱく 岩手県・稗貫郡・気仙郡 山形県 福島県 島根県・出雲 *ほんひ 栃木県西部 群馬県東部 千葉県君津郡 富山県 静岡県 鳥取県 岡山県 熊本県 大分県直入郡 *ほんび 茨城県 *まき 北海道 *まきはだ 栃木県西部 群馬県東部 *まひ 長野県木曾

ひばし【火箸】 *いらくれ・いらくら 福島県南会津郡 *でっち 島根県益田市・那賀郡 *ぴーぱさん 沖縄県鳩間島 *ぴばーさん 沖縄県石垣島 *ひばさみ 島根県鹿足郡 *ぴぱさん・ぴやっさん 沖縄県竹富島

ひばち【火鉢】 *いおぶね(魚をあぶる火鉢) 和歌山県 *うちりとぅい(タバコ盆に入れてある小さい火鉢) 沖縄県首里 *おかふろ 東北地方 *しゅーろ(手あぶりの小さい火鉢) 愛知県名古屋市 奈良県吉野郡 *ちゃわんひばち(陶器の火鉢) 熊本県玉名郡 *つめひばち(中に爪(つめ)が三つ出ていて五徳の用をするところから。瓦質の火鉢) 長崎県壱岐島 *ひいれ(タバコの火種を入れておくような小さい火鉢をいう場合もある) 大阪府南河内郡 香川県伊吹島 *ひいればち(タバコの火種を入れておくような小さい火鉢をいう場合もある) 熊本県玉名郡 *ひとり(タバコ盆に入れる、タバコの火種用の小さい火鉢) 山形県庄内 千葉県安房郡 山梨県 *びんかけ(鉄瓶などを掛ける大形の火鉢。唐金の火鉢) 新潟県佐渡・岩船郡 富山県砺波 滋賀県彦根 島根県 岡山市 *ふぃーとぅい(タバコ盆に入れる、タバコの火種用の小さい火鉢) 沖縄県首里 *ふぃーるー(上部に丸い小穴のある、土焼きの手あぶり火鉢) 沖縄県首里 *やまとごたつ(足を暖める小さい火鉢) 鳥取県気高郡・岩美郡

ひばり【雲雀】 *いちこく・いちろく・いちべー 新潟県 *いんちろ 岡山県邑久郡 *うずらひばり 秋田県南秋田郡 *うどり 茨城県多賀郡 *うんじらふんばり 秋田県南秋田郡 *がーっふぇー・がーふぇー 沖縄県黒島 *がざふけー 沖縄県鳩間島 *かばらばし 富山県 *がやちん 沖縄県宮古島 *がやひきゃ(「茅(かや)を潜る者」の意)・がやゆむんどぅり 鹿児島県奄美大島 *がやぶら・がやぶれー 沖縄県波照間島 *ぎーき 鹿児島県与論島 *ぎぎ 鹿児島県徳之島 *きょきょす 新潟県中越 *くもすずめ 愛知県 *げーつぁー 鹿児島県喜界島 *げーふけー 沖縄県新城島 *ざがふけー 沖縄県石垣島 *ざさふけーま 沖縄県小浜島 *しょくれ・しょくり 鹿児島県 *じんじん 沖縄県石垣島 *じんちんなー 沖縄県竹富島 *ちちぼろ(幼児語) 大分県宇佐郡 *ちょーてんし 沖縄県 *ちんたってぃ 沖縄県与那国島 *ちんちなー 沖縄県首里 *ちんちろ 岡山県邑久郡・児島郡 *ちんちろりん 香川県三豊郡 *ちんちん(また、その鳴き声) 沖縄県首里 *ちんちんどり 鹿児島県奄美大島 *ちんちんなー 沖縄県石垣島 *でーちゃー 鹿児島県喜界島 *ひーさますずめ 石川県羽咋郡 *ひばりのこ 香川県三豊郡 *むぎうらし 広島県 愛媛県 *もとくり 広島県安芸郡 *やますずめ 熊本県天草郡

□の鳴き声を表す語 *さーやれさーやれ(「早くよこせ早くよこせ」の意) 鹿児島県肝属郡 *さんごくろくとくりーくりーくれにゃーてんにもーす 大分県大野郡 *じょじょじょ 大分県速見郡 *ぜにくりーぜにくりー 大分県大野郡 *ちーから 大分県大分郡 *ちーくりちーくりちーちーくりくり・ちーちーくりぱーちくぱーちく 大分県北海部郡 *ちーくる 大分県大分市・大分郡 *ちーちーばりばり 大分県大分郡 *ちーちろ 大分県大分郡・北海部郡 *ちーぼろ 大分県速見郡 *ちちぱら 大分市 *ちちぱらちちぱら・ちびちびちび 大分市 *ちちぼろ 大分県大分市・西国東郡 *ちゅちゅかかちゅかか 大分県大分市・西国東郡 *つちくちつちくちくち 大分県大分郡 *てんつくてんつく 大分県速水郡 *てんとーかねもどせかねもどせ 大分県南海部郡 *てんのもんてんのもん 大分市 *ぴーくる 大分県大野郡 *ぴーぱら・ぴーから 大分県大分郡 *ぴーぱる 大分市 *ぴーぴーからから 大分県北海部郡 *ぴーひょろ 大分県 *ひばりもとくり 大分市 *りーぐりりーぐり・りーくれりーくれ・りくりえそり 大分県南海部郡

ひび【罅】 *あーき 沖縄県首里 *あや(陶器などのひび) 鹿児島県喜界島 *いびつ(「いいびつ」の転。器物のひび) 愛媛県 *いみり 静岡市 *えみ 東京都三宅島・御蔵島 神奈川県中郡 山梨県南巨摩郡 静岡県島田市「茶碗がえみ入った」 愛知県東加茂郡 *えみり 静岡県志太郡・榛原郡 *ぴーばり 沖縄県石垣島 *ひばりめ 福井県大飯郡 *ひびき 島根県 岡山県児島郡 香川県与島 鹿児島県肝属郡 広島県高田郡 *ひびり 富山県砺波「ひびりいく」 滋賀県彦根 *ひびりめ 長崎県対馬 *ひびれ 奈良県南葛城郡(田に入る亀裂)

島根県出雲 *ふぃびき・ふぃびち・ふぃばり 沖縄県首里 *へべれ 福井県大飯郡 *みー 沖縄県八重山

□が入る *あーきゆん 沖縄県首里「いちゃぬかりてぃ(板が枯れて) あーきゆん」 *えむ 東京都南多摩郡 神奈川県「竹がえんだ」・中郡 静岡県掛川市「うだ(湿田)でさええんでひどくなって」 *ひじる 山形県庄内「この皿ひじだな」 *ひびく 兵庫県加古郡「その鉢はひびいとる」 広島県高田郡 福岡市 長崎県壱岐島 *ひびける 福島県相馬郡 *ひぼぎるる 宮崎県東諸県郡 *ひわれる 広島県比婆郡 山口県阿武郡 熊本県八代郡 *びわれる 山形県米沢市

ひびく【響】 *かがめく(御輿(みこし)の飾りなどの金属製のものが響く) 岩手県上閉伊郡 *こびく(音などが響く) 徳島県阿波郡 香川県高松市 愛媛県 高知県 *とびく 長崎県対馬 *ひびだく 新潟県西蒲原郡 *ひびらく 茨城県稲敷郡 *びびる(音が響く) 京都市 和歌山県「鐘の音がびびって聞こえる」 徳島県「柱までびびったな」

ひふ【皮膚】 ⇨はだ(肌)

ひま【暇】 *あい 岐阜県飛騨「仕事のあいに本を読む」 三重県志摩郡・松阪 徳島県 香川県 高知県 *あいさ 岩手県気仙郡 山梨県「仕事のあいさに勉強せでよ」 静岡県榛原郡 愛知県知多郡 京都府 奈良県南部 徳島県 香川県 *あいさこまさ 愛知県名古屋市「仕事のあいさこまさに縫ったってちょう」 *あゃーさ 京都府竹野郡「あゃーさ、あゃーさにこれだけ編みました」 *おま 滋賀県犬上郡 *すき 埼玉県秩父郡「おすきもねーとこー、まことにどーもごくろーさまでござんす」 奈良県吉野郡「またすきな時にどうぞひとつ頼みますよって」 高知県 *はざ 熊本県玉名郡 大分県日田郡「忙しくてはざがない」 *はざかい 愛媛県 *はざこ 香川県仲多度郡・三豊郡「仕事のはざこに勉強する」 愛媛県 *はざま 熊本県玉名郡 *はざや 熊本県玉名郡 *はだこ 香川県仲多度郡 *まえぁ 岩手県上閉伊郡 *まどぅ 鹿児島県喜界島「まどぅねーん(暇がない)」 沖縄県首里 石垣島 *まやい 島根県「まやえなしに本を読んだ」「まやえどもあァましたら、聞いちゃってごしなはえんせ」 山口県周防「私はそんなまやいがありません」 *まわいこ 岩手県九戸郡「苗代もすんで今まわえーこだ」 *まわいっこ 岩手県気仙郡 *まん 兵庫県加古郡「えいまんにしといてくれ(都合のよい時にしておいてくれ)」 鳥取県 徳島県 *まんあい 兵庫県加古郡 *まんば 新潟県・西蒲原郡「休みのまんばに往って来う」 *まんや 岡山市 *や 熊本県玉名郡 *ゆー 静岡県磐田郡

ひまご【曾孫】 ⇨そうそん(曾孫)

□の子 ⇨やしゃご(玄孫)

ひまわり【向日葵】 *てんぐるま 滋賀県一部 *てんとーまわり 埼玉県北葛飾郡 *にちりんそー 山形県西田川郡 岐阜県一部・恵那郡 愛知県一部 滋賀県一部 和歌山県一部 *にちれん 富山県東礪波郡「にちれんの実はこばしい(こうばしい)」 *にちれんそー 愛知県一部 奈良県一部 和歌山県一部 *ねっぱばな 秋田県一部 *ひぐるま 北海道一部 山形県一部・東置賜郡・西置賜郡 新潟県一部・佐渡 富山県一部・砺波 石川県一部 福井県一部 長野県一部 静岡県・榛原郡 滋賀県一部 大阪府一部・大阪市 奈良県一部 和歌山県海草郡・日高郡 島根県一部 広島県 山口県一部 徳島県三好郡 香川県一部 *ひぐるまそー 京都府一部 *ひのまる 青森県一部 秋田県一部・南秋田郡 山形県一部・北村山郡・飽海郡 長野県一部 *ひのまるばな 福島県会津 *ひむき 山梨県南巨摩郡 長野県一部 *ひむきくさ 山梨県一部 *めっぱ 青森県南部 *わっぱばな 秋田県北秋田郡

ひめい【悲鳴】 *きしゃなごえ(懸命の悲鳴) 島根県大田市 *きたなげごえ(懸命の悲鳴) 鳥取県西伯郡 *きたなごえ(懸命の悲鳴) 山形県西村山郡 岡山市「きたなごえを出えていがった」 *きたねこえ(懸命の悲鳴) 秋田市「腰抜かしてしまって、きたねこい出してさかぶどって(叫ぶということで)」 *きったらごえ(懸命の悲鳴) 山形県最上郡 *わーごえ 鳥取県西伯郡

□を上げる *うたう 鳥取県西伯郡 岡山市「子供の喧嘩でも先い(先に)うとーた方が敗けじゃ」 広島県高田郡 徳島県 香川県仲多度郡 *うとう 奈良県南大和 *おたう・おたー 鳥取県西伯郡 *ししくる 三重県南牟婁郡 *しゃける・じゃける 愛媛県「じゃけっていけん」 *たける 岐阜県郡上郡「子どもがたけった」 *ひーなる 神奈川県津久井郡 *ひなる 山梨県南巨摩郡 静岡県「あまり大声でひなるな」

ひも【紐】 *うぃーるー 沖縄県首里 *えぼ 鹿児島県 *おびこ 山形県西置賜郡・最上郡 *くくり 新潟県佐渡 石川県鹿島郡 *くで 徳島県 愛媛県(髪を縛る打ちひも)「ゴムくで」 高知県(小さいひもをいう場合もある)「平くでをうってすんだら、又丸くでもうつ」 *しゃで 富山県砺波・東礪波郡(組みひも) 石川県江沼郡 *ねお 山形県東置賜郡・西置賜郡 岡山県真庭郡(細いもの)・苫田郡 *ひごき 三重県志摩郡 *ひぼくれ 愛知県愛知郡 *ぼの(多く独楽(こま)などに用いるものを言う) 熊本県玉名郡 *やま 徳島県海部郡 愛媛県 *やめ 京都府 *よま 島根県出雲 山口県 佐賀県 長崎県 熊本県 宮崎県「凧のよま」 鹿児島県 *よまのいと 福岡市 →お(緒)

ひもの【干物】 *がら(塩をしたイワシなどの干物) 岩手県九戸郡 宮城県石巻 *がらがらぼし 鹿児島県口之永良部島 *からげ 熊本県玉名郡 *がらぼし(塩をしたイワシなどの干物) 宮城県 山形県 *がらぼしか(塩をしたイワシなどの干物) 茨城県新治郡 *がらんつ(塩をしたイワシな

どの干物）宮崎県都城　鹿児島県　*がらんび（塩をしたイワシなどの干物）秋田県河辺郡　*かんぱち京都府北部　*かんぽつ兵庫県但馬　岡山市「かんぽつ屋」　徳島市　*きんだ（小魚の干物）和歌山県日高郡　*さしさば（二枚重ねのサバの干物）福井県　*さっからにし（ニシンの干物）秋田県鹿角郡　*ぜんまい（アジの干物）三重県宇治山田市　*でびら（ベラまたは、カレイの干物）愛媛県松山　*でぶら（カレイの干物）香川県伊吹島　*でべら（魚の干物）香川県東部　*ひいお（魚の干物）岐阜県山県郡　*ひかっぱ（魚の干物）三重県南牟婁郡　*ひからんぼ徳島県　*ひからんぽつ鳥取県東部　岡山市　*ひかんぱち京都府北部　*ひご（魚の干物）福岡市　*ひなご（小さいカタクチイワシの干物）奈良県　和歌山県　*ひばんちょ（アジなどの薄塩をした干物）鹿児島県・肝属郡　*ぶえん（煮干し、目刺しなどの塩物、干物の類）香川県香川郡・綾歌郡　*ふしむぬ沖縄県石垣島　*ほーしょ（ムシガレイの干物）愛媛県宇摩郡　*ほしいわし（小イワシの干物）山形県庄内　新潟県佐渡　*ほしか（小イワシの干物）青森県三戸郡　山形県　福島県会津　新潟県　長野県下水内郡・上田　静岡県志太郡　島根県　*ほしかいわし（小イワシの干物）青森県上北郡・三戸郡

ひやかす【冷】　*おっひやかす茨城県稲敷郡　*おびく広島県西南部　山口県「こまい子（年下の子）をおびいたりしちゃーいけん」　愛媛県伯方島　*おひゃらかす山形県東部　福島県石城郡・東白川郡「ひと、馬鹿だと思っておひゃらがすな」　茨城県南部　栃木県　群馬県佐波郡　埼玉県秩父郡・入間郡　神奈川県津久井郡　新潟県東蒲原郡・西蒲原郡　山梨県　長野県　岐阜県可児郡・恵那郡　静岡県・島田市・磐田郡　愛知県　*おひやる東京　山梨県　*おひょーる福島県石城郡　*おひらかす長野県諏訪　愛知県三河　*おへらかす山形県東北部　*かかりあう新潟県佐渡　*けそう香川県大川郡「親をけそたらいかんで」　*げわす富山県砺波　*ししょげる山形県米沢市　*すやす富山市「人すやすもんでない」　福井県遠敷郡　滋賀県　鳥取県中部　*そそる茨城県・久慈郡　*ぞめく石川県鹿島郡　福井県敦賀郡　岐阜県稲葉郡・郡上郡　大阪市　徳島県　*そやす岐阜県郡上郡　滋賀県蒲生郡　*ちゃらかす埼玉県秩父郡・北葛飾郡「こどもだと思って、おれがことちゃらかすんだ」　三重県志摩郡　滋賀県神崎郡　和歌山県新宮「人をあまりちゃらかすものではないよ」　*つくやかす熊本県下益城郡　*なぐる（他人の仕事のできばえなどを冷やかす）徳島県　*ばーくらうん沖縄県鳩間島　*ばっくるん沖縄県石垣島・竹富島　*はやかす新潟県佐渡　*はやす青森県　宮城県栗原郡・仙台市「新しい服きて行ったっけ、学校ではやさった」　秋田県鹿角郡　福島県相馬郡・東白川郡　茨城県稲敷郡　新潟県佐渡　富山県砺波（品物を冷やかす）「はやいてばっかりおらんと買うていかっしゃいま」　静岡県志太郡「あんなやつらにはやされた」　香川県　*へす長崎県　*むさずる（年長者が年少者を冷やかす）山形県　*やかす香川県

→からかう

ひゃくしょう【百姓】　*おしなし山口県豊浦郡　*さくにん徳島県　鹿児島県奄美大島・徳之島　*さっにん・しゃっにん宮崎県西諸県郡　*じーんちゅ沖縄県首里　*しくりぴとぅ沖縄県波照間島　*つぃくりぴとぅ沖縄県石垣島「つぃくりぴとぅぬやー（農家）」　*つぃくるぴとぅ沖縄県新城島　*っくいとー沖縄県与那国島　*つくるぴとぅ沖縄県小浜島　*つちっぽじり東京都八王子　静岡県庵原郡　*つちほぐり広島県高田郡　*つちほでり島根県美濃郡・益田市（卑語）　*のーにん新潟県北蒲原郡　沖縄県黒島　*ひーみん沖縄県石垣島　*ぶざ沖縄県宮古島

→のうみん（農民）

ひよう【費用】　*いりか静岡県磐田郡　*いりまい兵庫県加古郡　*いりみ沖縄県首里　*おい（余分に取られる費用）徳島県　*かかり（集落の共同費用）香川県　*しばにゅーよー（葬式の費用）岡山県児島郡　*しばりょー（むだな費用）島根県出雲　*じょーよ（葬式の費用）岩手県九戸郡　*しわーしずぃけー（師走の費用）沖縄県首里　*ぞーさ沖縄県首里　*ぞーひょ愛媛県　*ぞーゆー（こまごましたものの費用をいう場合もある）長崎県伊王島　*ぞーよ山形県西置賜郡・北村山郡　新潟県　富山県砺波（こまごましたものの費用をいう場合もある）「ぞーよいる（雑費を多く要する）」　岐阜県吉城郡・郡上郡（こまごましたものの費用をいう場合もある）　和歌山県「ぞーよがいり過ぎる」　島根県出雲　広島県高田郡　徳島県　香川県・三豊郡（こまごましたものの費用）　高知県中村市「ぁのたてものはだいぶぞーよをいれちょる」　福岡県三井郡　*ぞーよー新潟県佐渡「ぞうようがかかってこまる」　富山県　岐阜県吉城郡　三重県志摩郡　滋賀県彦根　京都市　大阪市　島根県　広島県佐伯郡・高田郡　徳島県（こまごましたものの費用をいう場合もある）　香川県（こまごましたものの費用をいう場合もある）　愛媛県・松山「旅はぞーよーがかかる」　長崎県伊王島（こまごましたものの費用をいう場合もある）　大分県　*ぞゆ鹿児島県　*ぞよ山形県「何処さ行くってもぞよばりかかって困る」　奈良県南大和「ぞよだおれ」　熊本県芦北郡・八代郡　*ぞよー香川県小豆島　*だみへんこ（葬式の費用）青森県津軽　*つめがね（年越しのための費用）宮城県石巻　*どーよー島根県石見　大分県　*どよー兵庫県加古郡　*ひのうえきん（葬式の費用）東京都八王子　*ふーたい高知県「子供を学校へやるとなかなかふーたいがいる」　*ぶんいりみ（盆の費用）沖縄県首里　*まんぞー（村の費用）富山県砺波　*まんぞ（村の費用）富山県　石川県鹿島郡・羽咋郡　岐阜県大野郡　*みちのこえ

(むだな費用)山口県 *めげんす 愛媛県越智郡「今頃医者にかかったらめげんすがいく(費用が掛かる)」 *ろーひょー 高知県長岡郡 *ろひ(旅行の費用) 岩手県気仙郡 宮城県仙台市 新潟県佐渡
↓けいひ(経費)

ひょう【雹】 *あまんじゃく 広島県 *あらね 山形県東田川郡 *おんじゃく 広島県安佐郡・高田郡 *こーり 岐阜県飛驒 *すが 青森県三戸郡 *つち 広島県山県郡 *でんじゃく 広島県備後 *とーせんぼー 兵庫県養父郡・但馬 *とち 兵庫県佐用郡 岡山県 広島県豊田郡 *ひょーて 神奈川県横浜市 *ひょーり 広島県豊田郡

びょうき【病気】 *あんばい 新潟県 愛知県碧海郡 *あんびぁ 島根県八束郡 *いたし 鳥取県西伯郡 *いたみ 佐賀県・藤津郡 長崎市 熊本県 *えたし 島根県出雲「えたしがわりなけにゃ(病気が悪くなければ)、よござえしがね」 *おろかげん 島根県美濃郡・益田市 佐賀県・藤津郡(他人の病気について言う) *かなしみ 東京都八丈島 *かんばん 兵庫県美方郡 *きぶんやい 山口県「其の後は、おきぶんやいは、どうでござりますか」 *ぐあい 愛知県碧海郡 *ぐあいくそ 島根県 *くさ 沖縄県石垣島 *げーき 新潟県 *ござうち 島根県鹿足郡 熊本県菊池郡 宮崎県東諸県郡 *ござおい 新潟県佐渡 *さわい 沖縄県首里 *さわり 静岡県志太郡 島根県美濃郡・益田市 *じあい 滋賀県北部 *しーら 沖縄県首里 *しつらい 岡山県真庭郡「長しゅうごしつらぇー、しとりなさっとって(なさっていて)」 *じゃき 島根県八束郡 *だみ 沖縄県与那国島 *つかれ 奈良県吉野郡「つかれが起った」「つかれが添うた」 *とば(「とま」の転)千葉県「とばする」 *どんびん 福島県南部 *なれ 富山県下新川郡 *ねおい 鹿児島県肝属郡 *はりこ 京都府・竹野郡「あにきはりこしてねとる」・中郡 *びゅー 沖縄県与那国島 *ふあんばい 熊本市 *ふあんびや(不快)熊本県天草郡 *ふあんびゃー 熊本県 *ふあんべ 熊本県芦北郡・天草郡 鹿児島県肝属郡 *ふぐあい 山口県 *ふさん 三重県志摩郡 和歌山県西牟婁郡(病気で寝ていること) *ふわんびや 長崎県南高来郡 *へーこー 岡山市「御へーこーじゃったそうですが如何ですか」 *もの 三重県「ものがおこる」 *やま 長野県佐久 *やまいけ 兵庫県加古郡 *やみ 島根県 熊本県 沖縄県首里・鳩間島 *やみざいなん 愛知県北設楽郡 *やむ 熊本県 *ゆーこと・ゆーとこ 静岡県志太郡「さぇーきんべつにゆーとかーなぇーよ(最近は、別に病気も故障もないよ)」
↓やむ(病)

□になる *いたつく 大分県大分郡 *おっかえる 岩手県気仙郡 *がおる 福島県東白川郡 新潟県東蒲原郡 *かる 宮崎県都城「かるた(かかった)」 *さわる 島根県 香川県 愛媛県「おさわりといでたって、お見舞もえーしませんで…」 *しおたれる(病気をする。忌み言葉)福井県大野郡 *たかる 群馬県佐波郡 石川県江沼郡「川へ行くとおこりゃたかる」 山梨県南巨摩郡「はしかはたかる」 *ねおる 長崎県南高来郡「あんやんなねをってねとる」 熊本県 大分県日田郡「ねをる人」 鹿児島県 *ねござをうつ 大分県大分郡「うちん子供ぁ久ぇこつねござずー打っちょるのじ困る」 *ひんだれる 鹿児島県 *まがる 大阪市 *やこう 鳥取県西伯郡 *やまう 奈良県宇陀郡 和歌山県西牟婁郡・東牟婁郡 長崎県南高来郡「婆はやもち(病気になって)寝とる」 熊本県「やもーとる」 *やらこう 奈良県吉野郡 *やりつける(無理をして病気になる)愛媛県・松山・大三島 *やんまえずく 山形県最上郡 *よわる 長野県佐久

ひょうきん【剽軽】 *ぎす(ひょうきんなこと)宮崎県東諸県郡 *しくつぃ(ひょうきんなこと)沖縄県石垣島「しくつぃなむぬ(そこつ者)」 *すくつぃ(ひょうきんなこと)沖縄県首里 *すっくん(ひょうきんなさま)鹿児島県鹿児島郡 *すっぴょーきん(ひょうきんなさま)東京都八王子 神奈川県津久井郡 *そくせ(ひょうきんなさま)鹿児島県肝属郡「そくせな奴ぢゃ(ひょうきんなやつだ)」 *ちゃちゃ(ひょうきんなさま)青森県津軽 *ちゃりげ(ひょうきんなさま)香川県伊吹島 *ちょっそんね(ひょうきんなさま)鹿児島県鹿児島郡 *ぱく(ひょうきんなさま)岡山県児島郡 *ひょーげまい 香川県 *ひょーろく 新潟県佐渡「あいつはひょうろくゆうておかしかった」 山口県・玖珂郡 *ひょん(ひょうきんなさま)香川県「ひょんげにする」 長崎県壱岐島「生れつきがひょんだ」

□者 *あばけもん 熊本県球磨郡 *おちゃれ 愛知県一宮市付近 *おとべとべ・おとべとんべ 山形県東置賜郡 *きさっころ 宮崎県東臼杵郡 *きさくもん 熊本県上益城郡 *ぎす 宮崎県東諸県郡 *ぎっとさく 宮崎県東諸県郡 *きょくれ・きょくれもん・きょーくれ 熊本県球磨郡 *きんめんかるか 熊本県天草郡 *けすいぼ(「けすい」は動詞「けする」の連用形から)鹿児島県鹿児島郡 *さいあがり 岡山県児島郡 *ずーじれ 熊本県阿蘇郡 *すっぱくもの 熊本県阿蘇郡 *たれかもの(男性についてはやや好色の意を含む)宮城県石巻 *ちゃり 福井県大飯郡 岐阜県飛驒 静岡県志太郡「このかーふんとにちゃりだやー(この子は本当に茶目だこと)」 愛知県 三重県志摩郡 京都府 大阪府泉北郡 兵庫県加古郡・淡路島 和歌山県 徳島県 香川県 高知県幡多郡 大分県 *ちゃりすけ 和歌山県 香川県 *ちゃれんぼ 福井県坂井郡 *ちょーけぼし 三重県南牟婁郡 *ちょーけんぼー 静岡県磐田郡 奈良県吉野郡 *ちょーろくこき 新潟県岩船郡 *ちょくれ 熊本県球磨郡 *ちょけ 三重県北牟婁郡 京都市 大阪府泉北郡 兵庫県 奈良県宇陀郡 徳島県 香川県大川郡

*ちょげ 大阪府泉北郡 *ちょけんぼ 奈良県南大和 和歌山県那賀郡 *ちょけんもの 東京都大島 *ちょぼけ 岐阜県北飛騨 *とごえもの 熊本県 *とっきもの 青森県三戸郡 *とっぴもの 宮城県仙台市 *とっぴやがり 三重県 *とっぴょこりん 茨城県 *とっぴょこれ 栃木県上都賀郡「とっぴょこれ言ふな」・下都賀郡 *とびあがり 山形県米沢市・西置賜郡 新潟県 富山県高岡市 長野県 福井県 徳島県 熊本県 宮崎県西臼杵郡・東臼杵郡 *とびあがりもの 長野県東筑摩郡「彼奴はとびやがりものだ」 三重県飯南郡 *とびたがり 長崎県北松浦郡 *とひょーまる 熊本県 *どんきゅーもの 熊本県芦北郡 *とんきょもの 福岡県久留米市・筑紫郡 *どんこもの 佐賀県 *とんちき 三重県志摩郡 *とんぴょくりん 山梨県・南巨摩郡「とんぴょくりんの講談で面白かった」 *とんぴょくりんどー 山梨県南巨摩郡「ありゃとんぴょくりんどーで、なにょうでもするよ」 *とんぴん 福岡県 長崎県北松浦郡 *とんぴんかん 熊本県・玉名郡 *のぼせもの 熊本県天草郡 *ぱく 岡山県児島郡 *ひゅーぐれ 大分県日田郡 *ひょーくれ 熊本県球磨郡 大分県宇佐郡 *ひょーくろー 長崎県対馬 *ひょーげまい 香川県 *ひょーたくれ 千葉県・夷隅郡「あの人が来るとひょーたくれなので急にふんいきが明るくなる」・君津郡 東京都南多摩郡・八王子 神奈川県津久井郡 鳥取県 香川県 熊本県球磨郡 *ひょーろく 新潟県西頸城郡 島根県 *ひょーろくだま 東京都南多摩 島根県 岡山県児島郡 愛媛県 *ひょーろくもん 新潟県佐渡 *ひょこたん 熊本県下益城郡 *ひょったくれ 千葉県夷隅郡 *ひょろくどん 鹿児島県肝属郡 *ほご 熊本県天草郡 *ほっちゃけなし 青森県三戸郡「ほっちゃけなしぁ、塩なめる」 *わきあがり 福岡市

ひょうたん【瓢簞】 *いひゅ 鹿児島県肝属郡 *たんぽ 滋賀県滋賀郡・蒲生郡 *ついぶる 沖縄県首里 *つぶろ 新潟県佐渡 *ひょーたんつぃぶる 沖縄県首里 *ひょこたん 群馬県佐波郡 岐阜県 静岡県・掛川・磐田郡 愛知県 京都市 大阪市「ひょこたんから駒が出る」 奈良県南大和 和歌山県 香川県 *ひょん 愛知県宝飯郡 *ふーべ 千葉県安房 *ふくべ 青森県津軽 岩手県江刺郡・上閉伊郡 宮城県仙台市 山形県庄内(中央のくびれていないもの) 福島県東白川郡 新潟県岩船郡 富山県砺波 山梨県南巨摩郡 岐阜県山県郡・本巣郡 静岡県磐田郡 愛知県知多郡(中央のくびれていないもの。子供が焼米などを入れて腰に下げる) *ふくべっと 群馬県邑楽郡 埼玉県北葛飾郡 *ふくべっとー 群馬県勢多郡 埼玉県秩父郡 *ふくべん 山形県 *ふくめんぼー 山梨県 *へこたん 香川県

びょうどう【平等】 *いったて 熊本県玉名郡 *たいこ 滋賀県神崎郡 *たいご 青森県「君と僕とはたいごの権利がある」 岩手県 宮城県栗原郡 秋田県鹿角郡 福島県浜通 滋賀県栗太郡・野洲郡 *たいごー 岩手県九戸郡 *たいま 岩手県気仙郡「さんせぁ(山菜)売った金ばてぁまに分ける」 *たいら(平等なこと) 山形県米沢市 埼玉県秩父郡「あの人はてーらな人だ」 新潟県上越市「あのしとはいつもてえらでりこもんだ」 *たえんご 青森県津軽・三戸郡 *てあえんご 秋田県鹿角郡 *でぁご 岩手県胆沢郡 秋田県雄勝郡「君と僕とでぁごんに分ける」 福島県浜通「子供とだえごに騒ぐな」 *てあごろ 岩手県和賀郡 秋田県南秋田郡「君と僕はてぁごろだ」 *であごん 秋田県雄勝郡 *てーあーご 岩手県上閉伊郡 *てご 青森県上北郡 *てんご 秋田県山本郡「これとてんごだ」 *なれ 兵庫県加古郡 愛媛県大三島 熊本県玉名郡 *なれつ 大阪市「大も小もなれつで五十銭にしときなはれ」 兵庫県神戸市 *ひらへーとー 新潟県佐渡「ひらへえとうに分けい」 長崎県対馬 *ふぃーふぃーとぅー(全く平等) 沖縄県首里 *へーとー 岩手県気仙郡「みんなさへいとうに分ける」 *まっぽ 岐阜県飛騨「入会の権利はまっぽじゃ」 *まっぽー 岐阜県飛騨 *まんぴ 高知県・高知市「莚の上に雑魚をまんぴにひろげて干す」 *まんべ 三重県度会郡 兵庫県淡路島 香川県仲多度郡・三豊郡 愛媛県周桑郡 高知県 *まんべん 福島県東白川郡「むらでなく、まんべんに桑かけろよ」 広島県高田郡 徳島県 香川県 愛媛県松山「まんべんにお分けなさい」 *ろっく 三重県伊賀 滋賀県

→こうへい(公平)

ひょうひ【表皮】 *いわか 新潟県東蒲原郡「饅頭のいわか」 *うえっかー 茨城県多賀郡 *おーかー 沖縄県石垣島 *しぶかわ 富山県東礪波郡「生まれて一週間にもならんがにしぶかわがむけてねんねらしなった」 *わっか 茨城県稲敷郡・猿島郡 *わっかー(草木の表皮) 山梨県南巨摩郡 *わっかさ 茨城県那珂郡

→かわ(皮)

木の□ *あまかわ 新潟県岩船郡 *くそかー 岩手県下閉伊郡 静岡県磐田郡 *くそかわ 山形県西置賜郡 *くそこー 山形県東田川郡 *くそっかー 山梨県南巨摩郡 静岡県志太郡・磐田郡

ひよけ【日除】 *ひおさえ(種まきした畑を守るためのむしろ様のもの) 兵庫県神戸市 *ひおそい 京都府 山口県豊浦郡 香川県伊吹島 愛媛県 *ひぼそえ 愛媛県喜多郡 *ひょーそい(よしず、すだれ) 岡山県児島郡 *ひよそ 愛媛県周桑郡 *ひよそい 兵庫県加古郡 山口県 愛媛県 *ふいがたか・ふぃーがたか 沖縄県首里

ひよこ【雛】 *あかだんべ 岐阜県飛騨 *ぎゃぴこ 山形県西置賜郡 *たちこ(「すだち(巣立)」のこ(子)」の略) 青森県 山形県東置賜郡・南置賜郡 福島県 *たちっこ 長野県佐久・上伊那郡

*たつこ 宮城県石巻 *ちじこ(空を飛ぶ鳥に限り、ニワトリなどには用いない)青森県三戸郡 *ぴっぴこ(幼児語)山形県最上 *ひょーな 神奈川県 新潟県中頸城郡 山梨県・西山梨郡 長野県 *ひょーなっこ 埼玉県秩父郡 神奈川県 新潟県中頸城郡 山梨県 長野県 *ひょなこ 秋田県河辺郡 *ぴよめ 東京都伊豆大島 *ぴょんこ 山梨県南巨摩郡 *ぴんぴん 兵庫県加古郡
→ひな(雛)

ひよめき【顖門】 新生児の頭蓋の前頭骨と頭頂骨の間がまだ接合していないために動脈の拍動のたびにひくひく動く頭頂の部分。 *あたまのおどり 和歌山県西牟婁郡 *いただき 島根県美濃郡・鹿足郡 *いなだき(脳の頂)東京都八丈島 *おどり 岐阜県山県郡 奈良県北葛城郡 和歌山県日高郡・西牟婁郡 島根県石見 山口県豊浦郡 高知県 大分県 *おどりがみ 三重県一志郡 大分県北海部郡・大分郡 *おどりくぼ 大分県大分市・別府市 *おどりこ 滋賀県蒲生郡 大阪市 兵庫県加古郡・神戸市 島根県那賀郡 岡山市 広島県芦品郡 山口県 香川県高松市 高知市「この子は発育が悪うて百日になっても未だおどりこがおどりよる」 大分県 *おどりどこ 静岡県庵原郡 *おどりはな 滋賀県滋賀郡 *おんどり 愛知県東春日井郡 三重県飯南郡 滋賀県彦根・蒲生郡 大阪府泉北郡 *しっこんべ 富山県砺波 *しとこぶ 島根県仁多郡 *なかぶき 大分県北海部郡 *ばくばくー 島根県鹿足郡 *ひーひどこ 島根県八束郡 *ひきめき 長野県 *びく 島根県邑智郡・那賀郡 *ひくひく 長野県更級郡 *びくびく 島根県 大分県大分郡 *ひくめき 山梨県南巨摩郡 *ひこべっこ 富山県砺波 *ひこめき 新潟県佐渡 岐阜県北飛騨・吉城郡 長崎県壱岐島 *ひこめく 富山県砺波 *ひしょめき 山形県米沢市 *ひしるき 沖縄県島尻郡 *ひちゅるき 鹿児島県奄美大島 *ぴちゅるき 沖縄県与論島 *びっく・ぴっく・びょく・ぴょく 島根県邑智郡 *ぴゅーるしじ 沖縄県竹富島 *ひゅーるち 沖縄県首里 *ぴゅりき・ぴゅるぎ 沖縄県鳩間島 *ひょいひょい・ひょいひょいどこ・ひょいひょいどころ 島根県 *ひょーひょ 島根県安来市・大田市 *ひょーひょー 島根県 *ひょーひょーどこ 島根県 *ひょーひょーめきど・ひょーひょーめっき・ひょーひょーめっくり 神奈川県津久井郡 *ひょーひょどこ 島根県 *ひょくめき 山梨県 *ひょこひょこ・ひょこひょこどこ 島根県八束郡・簸川郡 *ひょっひょっ 島根県簸川郡 *ひょっひょっどこ 島根県簸川郡 *ひよどり 島根県美濃郡 *ひよひよ 鳥取県 島根県 岡山県苫田郡 *ぴよぴよ 島根県那賀郡 *ひよひよどこ 島根県 *ひよひよどころ 島根県 大分県大分郡 *ひよひよめき 神奈川県津久井郡 *ひよめくぼ 神奈川県津久井郡 *ぴるんき 沖縄県小浜島 *ふーるき 沖縄県島尻郡 *ふーるじ 沖縄県与那国島 *ぶくぶく(ぶくぶくと動くところから)大分県大分市・速見郡 *ぶくめき 熊本県 大分県 *ふこふこ 島根県隠岐島 *ふふふこ 島根県八束郡・隠岐島 *ふよふよどこ 島根県隠岐島 *ぶよめき 熊本県玉名郡 *へこため 宮城県登米郡 *へこびき 岐阜県加茂郡 *へこへこ 長野県 島根県仁多郡 *べこべこ 愛知県愛知郡 *ぺこぺこ 岐阜県飛騨 愛知県碧海郡・知多郡 *へこへこめん 千葉県 *へこみち 愛知県北設楽郡 *へこむき 静岡県磐田郡 *へこむけ 富山県東礪波郡「へこむけがいのく(動く)あいだは、おさえられんぞ」 *へこめき 秋田県鹿角郡 長野県下伊那郡 愛知県北設楽郡 *へっとびき 宮城県玉造郡 *へっとめき 岩手県気仙郡 宮城県栗原郡 *へとびき 秋田県雄勝郡 *へとみぎ 秋田県平鹿郡 *へとめき 青森県津軽・三戸郡 秋田県鹿角郡 *ぽくめき 大分県速見郡 *ほとけ 島根県鹿足郡・大田市 *ほとけさん 島根県安来市 *まどこ 青森県三戸郡 *みだってぃ 沖縄県与那国島 *やきやき(幼児語)長崎県対馬

ひらく【開】 *あらける 愛知県知多郡「窓をあらける」 *はたかる 島根県 *はだかる 山形県北村山郡「しとりで(自然に)はだがた」 *はたぐる 熊本県玉名郡 鹿児島県鹿児島郡 *はたける 新潟県佐渡 京都府与謝郡 兵庫県淡路島 島根県 岡山県 広島県 徳島県 香川県 愛媛県松山「コンパスをはたける」 高知県幡多郡 *はたげる 秋田県河辺郡 京都府 *はだける 青森県「財布をはだげる」 岩手県江刺郡・気仙郡 宮城県「西洋の踊は股ばりはだげる」「大きな風呂敷はだけて包んだ」 秋田県 山形県「袋の口はだける」「まなぐはだげで あがめする(眼をひらいて赤んべえをする)」 茨城県新治郡・稲敷郡 栃木県日光市 千葉県香取郡 富山県砺波 奈良県 広島県高田郡 島根県石見 徳島県 *はだてる 岐阜県 *はちくる 高知県幡多郡 *ほだてる 岐阜県恵那郡
大きく□ *あっぱだける・あばだける(「はだける」の強意。ぐっと開く)秋田県鹿角郡 *さっぴらげる 東京都三宅島 静岡県榛原郡「ふるしきをさっぴらげる」 *さっぴろげる 東京都三宅島 *はっぱゆん 沖縄県首里「みー(目を)はっぱゆん」

ひらたい【平】 *かったるい 富山県 *がっちゃるい・がっちゃるこい 富山県砺波 *さらい 岐阜県飛騨「さらい石」 熊本県下益城郡 *さらたい 岐阜県飛騨 *しったらこい 岩手県気仙郡 *たいらっちー 群馬県勢多郡 *だだびらたい 福井県大飯郡 奈良県 長崎県対馬「だだびらてえ顔ぢゃ」 *たっぴらこい 宮城県石巻・仙台市 福島県北部・東白川郡 *だっぴらこい 宮城県玉造郡 *だらい 熊本県南部「だろー(平たく)」「だらか道(平坦な道)」 *だんべらくたい 三重県度会郡 *びーたらっけ 千葉県夷隅郡 *ぴささーん 沖縄県石垣島 *ぴたっこい 茨城県稲敷郡 千葉県 *ぴたっこい 千葉県上総 *びたっちー 栃木県 *びたらい 山

形県村山 *ぴたらい 山形県北村山郡 *ぴたらこい 秋田県平鹿郡 *ぴたらこい 宮城県仙台市 山形県村山 *ぴたらっけ 千葉県夷隅郡 *ぴったえこい 山形県東置賜郡 *びったらか 熊本県玉名郡 *びったらけ 宮城県仙台市 *びったらげ 岩手県江刺郡 *ひったらこい 岩手県気仙郡 宮城県石巻・仙台市 福島県東白川郡 *びったらこい 青森県上北郡 宮城県 秋田県仙北郡「びったらこい石だ」 山形県 福島県 *ぴったらこい 宮城県石巻・仙台市 山形県 福島県相馬郡 *びったりやか 熊本県玉名郡 *ぴったるか 熊本県 *びっちやい 佐賀県三養基郡 *びっちゃらか 熊本県玉名郡 *びっぴらたい 岩手県上閉伊郡・気仙郡 *びっぴらて 青森県上北郡「びっぴらてなづぎ(平べったい額)」 岩手県気仙郡 *びびたい 茨城県稲敷郡 *ひらか・ひらて・ひらが 鹿児島県揖宿郡 *ひらくたー 広島県 *ひらくたい 岐阜県岐阜市・養老郡 静岡県「あの人の顔はひらくたい」 愛知県 三重県 京都府 兵庫県但馬 奈良県南大和 和歌山県 香川県 愛媛県「ひらくたい鼻」 大分県日田郡 *ひらくったい 愛知県宝飯郡 和歌山県海草郡 *ひらたくたい 京都府 香川県 高知県 *ひらたこい 秋田県仙北郡・平鹿郡「ひらてぁこい皿だ」 岐阜県郡上郡 *ひらたっか・ひたらきや 熊本県玉名郡 *ひらっこい 新潟県中頸城郡 *ひらべくたい 島根県鹿足郡 山口県豊浦郡 *ふらくたい 島根県隠岐島「ふらくてえ石」 *へたい 島根県出雲・隠岐島「そこえへたくなっちょれ(しゃがんでいろ)」 *べたい 三重県志摩 愛媛県松山 *べたこい 大阪市 兵庫県西宮市 *べだっちー 栃木県 *べちゃこい 滋賀県彦根・蒲生郡 大阪府大阪市・南河内 兵庫県明石郡・淡路島 奈良県 *ぺちゃこい 新潟県 大阪府 *ぺちゃっこい 新潟県中越 *ぺちゃらこい 青森県三戸郡 *ぺちゃらっこい 新潟県三島郡・中魚沼郡 *ぺちゃるい 石川県 *べちゃるこい 石川県河北郡 *べったこい 兵庫県朝来郡 *へったべこい 石川県能美郡 *ぺったらい 山形県「ぺったらい石だ」 福島県浜通 *へったらこい 北海道「へったらこくなって頭を下げた」 *べったらこい 秋田県仙北郡・平鹿郡「重ねたらつぶれでべったらこくなった」 山形県米沢市 新潟県東蒲原郡 富山県・射水郡 石川県鹿島郡 岡山県上道郡・浅口郡 *ぺったらこい 宮城県仙台市「餡餅大きく見せんべと思ってあんまりぺったらこくすんなよ」 山形県 福島県東白川郡 *ぺったりこい 富山県 *べったるい 富山県・砺波 石川県 *べったるこい 富山県砺波 *べっちゃこい 石川県能美郡 *へっちゃべこい 石川県金沢市 *べっちゃらけ 新潟県三島郡 *べっちゃらこい 新潟県東蒲原郡・長岡市 富山県・富山市近在・射水郡 石川県鹿島郡 福井県南条郡 *ぺっちゃらこい 新潟県 石川県鹿島郡 福井県南条郡 *べっちゃりこい 新潟県佐渡 富山市 石川県金沢市 *べっちゃるい 富山県砺波 石川県 *べっちゃるこい 富山県富山市近在・砺波 滋賀県愛知郡 *へべたい 福井県遠敷郡・大飯郡 京都府「へべたゃー柿だ」 兵庫県 *へべちゃい 兵庫県 香川県 *へらくたい 京都府 香川県 *へらたるい 石川県鹿島郡 *ろくい 兵庫県佐用郡 島根県石見「この山のつじ(頂上)はろくい」・隠岐島 広島県・高田郡 山口県 徳島県三好郡・美馬郡 高知県・土佐郡 大分県

↓たいら (平)

□こと *ちさっぴら 静岡県 *ぴさ・ぴささ 沖縄県石垣島 *ひら 長野県南安曇郡「ひらにおく(平らに置く)」 広島県比婆郡 *ふぃらー 沖縄県首里 *まんべ 三重県志摩郡

□さま *のんべり 香川県 *ぴさ・ぴささ 沖縄県石垣島 *ひら 長野県南安曇郡「ひらにおく(平らに置く)」 広島県比婆郡 *ひらくた 広島県高田郡 *ひらくった 岡山市「ひらくったな顔」 *ふぃらー 沖縄県首里 *ふらくた 島根県「ふらくたな皿だ」 *べったり 滋賀県神崎郡 *ぺったり 山形県東置賜郡・飽海郡「このふとん、ぺったりして暖かくない」 岐阜県大野郡 *べっちゃら 岡山県浅口郡 *べっちゃり 長野県下水内郡 滋賀県神崎郡 岡山県浅口郡

ひらべったい【平】 ⇩ひらたい (平)

びり *おいど 大阪「おいどから三番目や」 *おーぐす 沖縄県首里 *おーとー 沖縄県首里 *おーばん 沖縄県首里 *おべっちゃ 京都府 *げ 愛媛県周桑郡・喜多郡 *げく 新潟県佐渡 富山県砺波 岐阜県飛騨 *げくそ 富山県砺波 岐阜県飛騨 徳島県阿波郡 *げくそー・げくと 岐阜県飛騨 *げくっべ 愛媛県 *げしっぽ 富山県 *げす 山形県西村山郡・北村山郡 福島県 新潟県 富山県砺波 石川県 長野県諏訪・上伊那郡 *げすたれ 岩手県気仙郡 *げすっと 奈良県宇陀郡「あいつ学校でげすっとや」 和歌山県日高郡 *げすっぽ 富山県砺波 福井県大飯郡 島根県邑智郡 *げそ・げそっぺ 長野県上伊那郡 *げつ 千葉県長生郡 新潟県「今度の試験でげつになった」 長野県下水内郡 岐阜県可児郡 愛知県名古屋市 兵庫県神戸市・加古郡 鳥取県西伯郡 岡山県児島郡 徳島県 香川県大川郡・小豆島 愛媛県・周桑郡・喜多郡 鹿児島県肝属郡 *げっかす 茨城県新治郡・久慈郡 *げっくんたん 鹿児島県鹿児島郡 *げっけ 福島県東白川郡 *げっけす 茨城県新治郡・久慈郡 *げっけつ 栃木県・河内郡 千葉県海上郡 *げった 山形県西村山郡 福井県敦賀郡 *げっちょ 三重県志摩郡 鳥取県西伯郡 島根県仁多郡・能義郡 香川県 *けっつ 山形県米沢市 *げっつ 山形県「運動会でげっつだった」 新潟県 山梨県南巨摩郡 長野県佐久 兵庫県淡路島 島根県 岡山県邑久郡 徳島県 鹿児島県 *げっつー 山梨県南巨摩郡 長野県小県郡 鳥取県気高郡・岩美郡 岡山県阿哲郡・浅口郡 山口県玖珂郡 高知県・高知市「あの人は小学校時代げっ

つーぢゃったが今は偉いもんぢゃ」 大分県 *げっつく 兵庫県淡路島 *けっつくそ 高知市 *けつっぽ 島根県大原郡 *げつっぽ 愛媛県 *げつっぽー 島根県石見 *けつつり 福井県大飯郡 *げっつり 徳島県 *げっつん 鹿児島県喜界島 *けってん 熊本県下益城郡 *げっと 山形県南置賜郡 福島県
新潟県佐渡・西頸城郡 富山県・砺波 石川県 長野県上田 京都府竹野郡「決勝点ではげっとだった」 兵庫県加古郡・神戸市 徳島県 香川県
愛媛県 *げっとー 新潟県中頸城郡 長野県「出荷した野菜がげっとーだった」 香川県 *げつとく 新潟県西頸城郡 *げっとくそ 富山県・砺波 石川県 京都府竹野郡 兵庫県加古郡 香川県木田郡 *けっとこ 香川県 *げっとこ 石川県鳳至郡・鹿島郡 岡山県児島郡 *げっとつべ 香川県木田郡・香川郡 *けつとべ 香川県 *げっとべ 香川県木田郡 *げつのすいばば 兵庫県加古郡 *げっぱ 北海道 青森県「彼が大学をげっぱで卒業した」 宮城県栗原郡 秋田県山本郡・南秋田郡 山形県「げっぱになるとわるい」 新潟県 *げっぱー 新潟県岩船郡 *げっぴ 群馬県勢多郡・佐波郡 *けつべ 新潟県佐渡 *げっべ 徳島県 愛媛県 *げつべ 徳島県 *げっぺ 山形県 新潟県佐渡 *げっぺー・げっぺーしょー 山形県 *けつべのはい 徳島県 *げっぽ 山形県南部 福島県 新潟県「げっぽなものだから待遇が悪かった」 三重県度会郡 島根県 愛媛県 *げっぽー 新潟県 *げっぽれ 茨城県那珂郡・稲敷郡 *げっぽん 新潟県中頸城郡
*げつんぼ 愛媛県 *げつんぼー 新潟県西蒲原郡 *げと 新潟県佐渡 石川県金沢市 徳島県 愛媛県 *げとくそ 新潟県佐渡 石川県河北郡・鹿島郡 香川県高松市 *げとす 徳島県 *げとつ 愛媛県 *げとつべ 香川県高松市 *げとっぽ 愛媛県
*げとぼん 新潟県佐渡 *げとべ 徳島県 *げとんぼ 徳島県 *げび 新潟県佐渡 *げべ 新潟県佐渡 奈良県・宇陀郡「とうとうげべに成ってしもた」
*げべちょ 滋賀県蒲生郡 *げべっちゃ 滋賀県彦根 *げべっちょ 滋賀県 奈良県 *げぼっちゃ 滋賀県彦根 *げら 栃木県安蘇郡・佐野市 *げれ 栃木県 千葉県長生郡 *げれっぱい 茨城県北相馬郡 *げれっぺつ 栃木県 *げれっぽ 宮城県栗原郡
千葉県・夷隅郡「かけっこでげれっぽんなった」
*げれぽ 茨城県新治郡 *げろっぺ・げろ 岩手県上閉伊郡 *こっけ 宮城県亘理郡 *ごっぺ 山形県西村山郡 *ごろっけつ 宮城県栗原郡 *ごろっぺ 岩手県気仙郡 *しーご 島根県出雲 *しけ 青森県津軽 秋田県 *しけこ 青森県三戸郡 *しけんばち 秋田県河辺郡 *しけんぽ 宮城県登米郡 *したふしょー 沖縄県石垣島 *しっかー 茨城県北相馬郡 *しっくけ 千葉県東葛飾郡 *しっけ 岩手県気仙郡 栃木県「お前がしっけだがな」 *じっけ 栃木県安蘇郡 *しっぺ 青森県上北郡 山形県米沢市 栃木県 群馬県邑楽郡 *しっぽ 新潟県佐渡
長野県佐久 *しぱ・しぱこ 秋田県鹿角郡 *しゃーご 島根県仁多郡 *じょーおろし(氏神祭の終了後、最後に残った人が錠を下ろして帰る習わしから) 京都府竹野郡「あの家が錠おろしだろう(農作業の一番後れた家を言う)」 香川県三豊郡 *しりくそ 岐阜県飛驒「学業成績はしりくそじゃ」 *しりご 島根県飯石郡・簸川郡 *しりっこ 静岡県志太郡 *しりっぺー 長野県 *しりっぽ 東京都三宅島
*すぃーばん 沖縄県首里 *すけ 青森県 岩手県気仙郡 *すけこ 青森県三戸郡 岩手県二戸郡
*すけのこび 秋田県雄勝郡 *すけばん 秋田県鹿角郡「今度の試験もまたすけばんだ」 *すけんぽ 宮城県北部「彼は大酒家だから宴会では何時もすけんぽだ」 *すす 沖縄県首里「すすなゆん(びりになる)」 *すそ 香川県「いちばんすそで入学した」
*すっけ・すけっぱ 青森県津軽 *すっけんぼ・すっけんぽ 宮城県仙台市「はせくらですっけんぽになった」 *すっぱ 青森県「あれ、すっぱで終った」
*ずべ 大分県東国東郡 *すぺこ 青森県三戸郡 秋田県鹿角郡 *ちびふしょー 沖縄県石垣島 *ついびくす・ついびくすー 沖縄県首里 *てんけつ 埼玉県北葛飾郡 *どか 島根県出雲 *どけ 香川県・仲多度郡・三豊郡 *どげ 愛知県額田郡 香川県小豆島 愛媛県 *どけす 香川県仲多度郡・三豊郡 *どけつ 香川県大川郡
*どげつ 愛知県岡崎市 愛媛県 *どごす 福岡県久留米市・浮羽郡 奈良県宇陀郡 *どす 岐阜県武儀郡「いちばんどす(一番最後)」 島根県「誰が一番どすじゃったか」 福岡県久留米市・早良郡 *どず 青森県上北郡 *どすけん・どすけんぽ 宮城県石巻「五人の中のどすけんぽなった」 *どつ 島根県石見「どつで卒業した」 山口県豊浦郡・大島 愛媛県周桑郡 *どっか 島根県出雲 *どっけ 山形県東置賜郡・米沢市「どっけがら何番目だ」 福島県
*とっけつ 茨城県稲敷郡 新潟県西蒲原郡 *どっけつ 福井県 愛知県碧海郡 京都府竹野郡「あの競技ではどっけつになった」 島根県鹿足郡 広島県高田郡 山口県大島 長崎市 *どっけんぽ 宮城県 *どろ 岩手県気仙郡 宮城県仙台市「徒競争で、おら、どろんなったや」 *どろっぺ 山形県北村山郡・新庄市 *どろぺ 岩手県気仙郡 *どん 長野県諏訪・上伊那郡 島根県隠岐島 愛媛県周桑郡 *どんがり 岡山県上道郡・岡山市 *どんきや 島根県八束郡・大田市「二百米では太郎がどんきゃだった」 *どんくそ 島根県隠岐島 *とんげ 奈良県南大和 *どんけ 茨城県稲敷郡 *どんげ 愛媛県 *どんげち 大分県直入郡 *とんけつ 滋賀県甲賀郡 *どんけつ 茨城県稲敷郡 福井県 山梨県
長野県 愛知県西春日井郡 三重県松阪市・志摩郡 滋賀県彦根・蒲生郡 大阪市 兵庫県神戸市 鳥取県西伯郡 島根県 岡山県苫田郡・児島郡 広島県高田郡 香川県 愛媛県岩城島 福岡市 長崎県壱岐島 大分県 鹿児島県 *どんげつ 愛知県 兵庫県神戸市 和歌山市 鳥取県岩美郡・気高郡 島根県石見 山口県大島 香川県小

豆島　愛媛県 *どんげっつー 大分県大分市・大分郡 *どんこ 愛知県西春日井郡 *どんごじり 熊本県 *どんこす 愛知県尾張　熊本県 *どんごす 福岡県　熊本県菊池郡・玉名郡 *とんこつ 福岡県 *どんこつ 福岡市 *どんこべ 熊本県 *どんごべす 熊本県菊池郡 *どんじまい 新潟県佐渡　香川県仲多度郡・三豊郡 *びき 島根県「今度のびきは誰か」 *びけ 千葉県東葛飾郡　島根県鹿足郡 *びっけ 埼玉県北葛飾郡 *ひょべ 香川県三豊郡　大分県 *ひょべす・ひょて 香川県三豊郡 *ひょんけつ 大分市 *びりっこけ 栃木県足利市　千葉県東葛飾郡 *へー 香川県綾歌郡・丸亀市「へえになってしもたが」 *べー 静岡県　三重県阿山郡　香川県「べえになる」 *へーくそ・へくそ 香川県 *べーくそ 京都府　香川県丸亀市・三豊郡 *へーくそまんきんたん 香川県仲多度郡 *べき 島根県出雲「今度のべきは誰か」 *へく 和歌山県東牟婁郡 *べく 和歌山県「走ってべくになった」 *べくそ 和歌山市　香川県 *べくっちょ・べっくり 和歌山県東牟婁郡 *べくっと 和歌山県 *べけ 島根県鹿足郡 *ぺけ(中国語「不可」の転か) 栃木県　島根県簸川郡 *へこ 三重県志摩郡 *べこ 三重県志摩郡・阿山郡 *べそちゃ・べそちゃこ 滋賀県 *べた 和歌山県 *べたくそ 大阪市　和歌山県 *べたこ 京都府南桑田郡 *へちょ 香川県粟島 *べっかん 香川県仲多度郡 *べっく 香川県綾歌郡 *べっくそ 香川県三豊郡 *へっくり 京都府　和歌山県東牟婁郡 *べっこ 香川県大川郡・仲多度郡 *べった 京都府乙訓郡　大阪府泉北郡　和歌山県和歌山市・海草郡「走りはべっただった」 *べったくそ 和歌山市 *べったこ 京都市 *べっちゃ 滋賀県・彦根　香川県 *べっちゃこ 滋賀県　京都市「走りではいつでもべっちゃこや」 *へっちょ 島根県仁多郡 *へっと 和歌山県那賀郡　香川県 *べっと 愛知県岡崎市 *べっとく 京都府 *へっとこ 香川県 *べっとこ 岡山県 *へっぽ 三重県度会郡 *へと 和歌山県東牟婁郡　徳島県(卑語)　香川県広島(幼児・女性の語) *へど 島根県仁多郡 *べと 愛知県愛知郡・碧海郡「競争してべとになった」　三重県志摩郡・阿山郡　香川県綾歌郡　長崎県対馬 *べとー 愛知県額田郡 *べとくそ 愛知県岡崎市　京都府　香川県大川郡(幼児・女性の語) *へとす(卑語) 徳島県 *べべ 京都市 *べべた 京都市　大阪市「あの人べべたでやっとのこと卒業しやはったのや」 *べべたこ・べべちゃ・べべちゃこ 京都市 *べべちょ 滋賀県甲賀郡・蒲生郡 *べべっと 和歌山県那賀郡 *ぽけ 栃木県足利市 *ぽた 佐賀県 *やけ 島根県鹿足郡　山口県

ひりょう【肥料】 *くゎい 沖縄県石垣島・与那国島 *け 鹿児島県奄美大島 *こやしもん 新潟県佐渡 *じき 青森県　岩手県「こった魚ぁじぎねもなんねえ(こんな魚は肥料にもならない)」　秋田県 *たもけ 石川県河北郡 *ひたき 島根県鹿足郡 *ふふぁい 沖縄県宮古島 *やしない 宮城県仙台市「やしないする(肥料を施す)」　岐阜県大垣市　佐賀県・藤津郡 *やなし 山梨県　→こえ(肥)

草やわらを牛馬に踏ませてできた牛馬の糞尿が混じった□ *いわごえ(馬小屋で馬に踏ませたわらや芝草を腐らせた肥料) 岐阜県加茂郡 *くさがら・くさたたかれ(牛馬が食べ残しの草を踏みつけてできた肥料) 岐阜県大野郡 *しばごえ(牛馬に踏ませた肥料) 岐阜県飛驒 *しめごえ 三重県度会郡 *だやこ 島根県鹿足郡 *だやごえ 山口県見島

人糞□ *おけこえ 鹿児島県肝属郡 *おけごえ 三重県阿山郡　鹿児島県 *おとし 埼玉県秩父郡 *おとしのこえ 佐賀県唐津市 *げすばい(人糞と灰を混ぜた肥料) 茨城県稲敷郡　埼玉県北葛飾郡 *げす 青森県　秋田県　山形県中部　茨城県稲敷郡　栃木県　千葉県印旛郡　東京都八王子　神奈川県津久井郡・中郡　新潟県佐渡・中頸城郡　富山市近在　山梨県　長野県　岐阜県飛驒　静岡県伊豆　愛知県宝飯郡　兵庫県加古郡 *げすごえ 青森県三戸郡　山形県中部　兵庫県加古郡　島根県隠岐島・邑智郡 *げそ 岐阜県飛驒 *じき 青森県　岩手県　秋田県鹿角郡 *しょーぐい・そーぐい 鹿児島県喜界島 *しょんべ 三重県名賀郡 *しりこえ 島根県隠岐島 *しるごえ 京都府竹野郡 *ずぎ 秋田県鹿角郡・平鹿郡 *せんちごえ 三重県志摩郡 *たんぼー 佐賀県 *ため(糞尿(ふんにょう)の肥料) 栃木県足利市　群馬県勢多郡　埼玉県秩父郡　千葉県山武郡・印旛郡　長野県佐久 *ひきごえ(人糞を薄めた肥料) 福島県会津 *みずごえ 宮城県亘理郡

ひる【昼】 *しるま 北海道美唄市　山形県北村山郡 *っつー 沖縄県与那国島 *はーるぴとぅ(「明るい昼」の意) 沖縄県新城島 *ひえなか 長崎県対馬「ひえなかまじ済むて(昼までに済むと)弁当あいらんばな」 *ぴす 沖縄県波照間島 *ぴすま 沖縄県黒島 *ひなた 三重県志摩郡 *ひやがい 佐賀県藤津郡 *ひやがり 福井県南条郡 *ひらがり 石川県江沼郡　福井県 *ひりあがり 福井県坂井郡 *ひるなか 愛知県碧海郡 *ひるま 山形県　福島県東白川郡・相馬「ひるまだ、おまんまにしねえか」　茨城県稲敷郡　千葉県印旛郡　石川県　広島県安芸郡　福岡市　沖縄県島尻郡 *ひるまなか 群馬県勢多郡 *ぴろーま 沖縄県石垣島・竹富島 *ぴろま 沖縄県石垣島 *ひんどき 新潟県西頸城郡 *ひんま 千葉県印旛郡　鹿児島県徳之島・沖永良部島・奄美大島 *ぷすま 沖縄県鳩間島 *ふゅーま 鹿児島県与論島 *へらがる 富山市近在「もうへらがるだ」 *へるま 富山県射水郡 *へんま 富山県砺波

ひるね【昼寝】 *おりどき 京都府竹野郡・与謝郡 *おるどき 京都府竹野郡 *ひねんま・ひね

ま石川県江沼郡 *ひのつじ（昼寝をすること）大阪府南河内郡「ひのつじをする」 *ひやすみ 大阪府南河内郡 *ひらすび 山形県 *ひらすま・ひらすんま 富山県砺波 *ひらすみ 新潟県 *ひりわい 滋賀県南部 *ひるにょま 石川県江沼郡 *ひるのま 岐阜県土岐郡 *ぴろーにび 沖縄県石垣島 *ぴろーにんぴ 沖縄県竹富島 *ひんにゃま 石川県江沼郡 *ひんにょま 福井県 *ひんねま 石川県江沼郡 *ひんねるま 福井県坂井郡・今立郡 *ひんのま 福井県 *ぷすまにび 沖縄県鳩間島 *へらすま 富山県高岡市・砺波 *へらすみ 新潟県中魚沼郡 富山県砺波 *へらすんま 富山県砺波 *へんにょま 福井県 *へんねのま 福井県 *へんねま 福井県南条郡

ひるま【昼間】 *しのとなか 岩手県胆沢郡「おめーしのとながばりかしぇて（おまえは真っ昼間ばかり稼いで）」 *ひあい 長崎県壱岐島 *ひざえちー 島根県出雲 *ひざか 愛媛県周桑郡 高知県 *ひさなか 埼玉県北葛飾郡 *ひざなか 東京都八王子 富山県砺波 *ひのさっちゅー 広島県比婆郡 *ひのさなか 新潟県西蒲原郡 *ひのじゅー 京都府竹野郡 島根県邑智郡 *ひのどき 山形県米沢市・南置賜郡 *ひのとり 新潟県岩船郡 *ひのなか 千葉県印旛郡 新潟県佐渡 *ひのなから・ひのなかせー・ひのなかせーら・ひのひなか 新潟県佐渡 *ひのにっちゅー 長野県下伊那郡 広島県比婆郡 *ひのぬき 埼玉県秩父郡・北葛飾郡 岐阜県飛驒 愛媛県 *ひのぬけ 愛媛県・大三島 *ひののき 山形県西置賜郡 武蔵 埼玉県秩父郡 東京都南多摩郡・八王子 新潟県中頸城郡 長野県 愛知県知多郡・葉栗郡「ひののきのうちにしておく」 *ひののけ 新潟県三島郡 *ひのひるま 長崎県対馬 *ひのまなこ 香川県三豊郡 *ひのまんなか 東京都八丈島 *ひりまり 岐阜県吉城郡・飛驒 *ひるなか 新潟県佐渡 岐阜県飛驒 *ひるまなか・ひるまんなか 新潟県佐渡 *ひるまり 岐阜県 *ぴるまり 岐阜県恵那郡 *ひんない 岐阜県加茂郡 *ひんなか 茨城県 栃木県 千葉県千葉市・印旛郡 三重県 和歌山県日高郡 愛媛県 *ふぃじゅー 沖縄県首里 *ふるまなか 青森県津軽

↓にっちゅう（日中）

ひるめし【昼飯】 ⇩ちゅうしょく（昼食）

ひれ【鰭】 *いずぬぱに（「魚の羽」の意）沖縄県石垣島 *おば 熊本県玉名郡 *おばち 鹿児島県肝属郡 *たっぱ（クジラのひれ）長崎県壱岐島 *とんべ（イカのひれ）富山県砺波 *はに 沖縄県島尻郡 *ぱに 沖縄県石垣島・竹富島 *はね 東京都利島 富山県・砺波 鹿児島県肝属郡 *はぶ 島根県簸川郡 *ひかれ 広島県佐伯郡 *ひげ 大分県北海部郡 *ひれれ 埼玉県秩父郡 *びれんこ 宮城県栗原郡・登米郡 *ひろれ 愛知県 三重県志摩郡 *ままこ（イカのひれ）島根県浜田市・邇摩郡 長崎県壱岐島 *みみ（イカのひれ）岩手県上閉伊郡 島根県 *みんばに 沖縄県石垣島・鳩間島 *わきばに 鹿児島県加計呂麻島

ひろい【広】 *つあん 沖縄県与那国島 *ぴしゅさん 沖縄県竹富島 *ぴすさーん 沖縄県石垣島・新城島 *ぴそはーん 沖縄県小浜島 *ぴそはん 沖縄県黒島 *ふぃるさん 沖縄県首里 *まいやるある（「大きくある」意）沖縄県鳩間島

□**こと** *ぴすさ 沖縄県石垣島 *ひろーはっちょー 島根県石見「ひろーはっちょーに蚊帳を引いて寝る」 *ひろはっちょー 高知県長岡郡「このひろはっちょおに人家が一軒もない」 *ふろはっちゃー 島根県隠岐島「ふろはっちゃー蓆をしいて豆を干す」

□**さま** *ひろーはっちょー 島根県石見「ひろーはっちょーに蚊帳を引いて寝る」 *ひろはっちょー 高知県長岡郡「このひろはっちょおに人家が一軒もない」 *ふろはっちゃー 島根県隠岐島「ふろはっちゃー蓆をしいて豆を干す」 *まってり 山形県米沢市「まってりした所だ」

□**場所** *おーば 長野県佐久 島根県「炬燵でおーばをとるな」 香川県綾歌郡 *おーばー 長野県佐久 *はっちゅー 徳島県那賀郡 *ひろーはっちょー 島根県石見「ひろーはっちょーに蚊帳を引いて寝る」 *ひろと 島根県益田市・那賀郡 *ひろはっちょー 高知県長岡郡「このひろはっちょおに人家が一軒もない」 *ひろみ 島根県美濃郡・益田市 長崎県対馬 *ふぃるじ 沖縄県首里 *ふろはっちゃー 島根県隠岐島「ふろはっちゃー蓆をしいて豆を干す」 *まち 三重県南牟婁郡

ひろう【拾】 *かめーゆん 沖縄県首里 *けひる（「けひろう」の転）鹿児島県 *しょう 山形県 *しょろー 長野県上田 *すしょう 山形県北村山郡・最上郡 *とぅみん 沖縄県八重山 *とぅめーゆん 沖縄県 *ぴすーん 沖縄県黒島 *ぴっしゅん 沖縄県竹富島 *ぷすん 沖縄県鳩間島 *ぷそーん 沖縄県石垣島 *めっける（物を拾う）福島県相馬郡

ひろう【疲労】 *うたい 沖縄県首里 *がめ 島根県隠岐島「がめが来て」 *くたんでぃ 沖縄県首里 *たいそ 新潟県佐渡「身体がたいそだ」 石川県 *たいそー 山形県西置賜郡「たいそうな風して、どこか悪いのか」 富山県（だるい、倦怠） 石川県金沢市・鹿島郡 高知県 *だった 大分県速見郡 *だり 島根県益田市「だりが出た」 *だれ 鹿児島県肝属郡 *つかれ（寝込むほどの疲労）奈良県吉野郡「つかれが起った」「つかれが添うた」 *ぶがり・ぶがりしゃ 沖縄県石垣島 *やおち（甚だしい疲労）山梨県南巨摩郡

↓つかれる（疲）

□**しているさま** *かすかす（非常に疲労したさま）奈良県南葛城郡「かすかすになる」 *がっさり 長野県南部 *くしゃり・くっしゃり 富山県 *ぐたぐた（過度に疲労しているさま）新潟県

佐渡　徳島県　長崎県壱岐島　*ぐだぐだ（過度に疲労しているさま）島根県「ぐだぐだになった」　*ぐっしゃり 香川県　長崎県「話聞いて、ぐっしゃりした」　*こんき 長野県南部　静岡県榛原郡「こんきな仕事」「こんきな鋸」　愛知県宝飯郡　*なり 長崎県対馬「今日は遠方から重い物をかたげて来てなりいなった」

□する　*あたまがなる（頭が疲労する）高知市「まー此刺繡の針目の細いこと、なんぼかあたまがなっつろー」　*あたまがやねる（頭が疲労する）高知県土佐郡・高知市「そんな面倒な事は頭がやねる」　*おっこまる（働いて疲労する）茨城県　*なる 高知市　*ぼたりるん 沖縄県波照間島　*やねる 高知県土佐郡・高知市　*よてる 山口県玖珂郡

ひろげる【広】　*かっぽげる 山形県米沢市「ちしゃげっから（散らかるから）かっぽげんな」　*なばえる 岡山県児島郡「このむしろうあっこからその辺までなばえー」　*ぬびゆん 沖縄県首里　*ぬべる 高知県・高知市「子供の着物があんまりみぞい（短い）、丈をぬべなさい」　*のべる 岐阜県飛驒「くちゃくちゃの紙をのべる」　*はえる 新潟県佐渡　*ばさける・ばさらける 栃木県芳賀郡「そんなにばさけるない」　*はたぐる 熊本県玉名郡　鹿児島県鹿児島郡　*はたける 新潟県佐渡　京都府与謝郡　兵庫県淡路島　島根県　岡山県　広島県　徳島県　香川県　愛媛県松山「コンパスをはたける」　高知県幡多郡　*はたげる 秋田県河辺郡・京都府　*はだける 青森県「財布をはだげる」　岩手県江刺郡・気仙郡　宮城県「西洋の踊は股ばりはだげる」「大きな風呂敷はだけて包んだ」　秋田県　山形県「袋の口はだける」「まなぐ　はだげで　あがめする（眼をひらいて赤んべえをする）」　茨城県新治郡・稲敷郡　栃木県日光市　千葉県香取郡　富山県砺波　奈良県　広島県高田郡　島根県石見　徳島県　*はだてる 岐阜県・恵那郡・加茂郡　*はちからす 滋賀県彦根　*ばてーゆい 鹿児島県喜界島　*はばける 青森県・津軽「両脚をはばげる」　山形県西置賜郡　新潟県東蒲原郡「布きれをはばける」　*ぱゆい・ぱうい 鹿児島県喜界島「はさふぁり（傘開け）」　*はゆん 沖縄県首里「かさ　はゆん（傘を広げる）」　*はんばげる 山形県西置賜郡　*ひっぱだける 福島県東白川郡　*ひらげる 岐阜県郡上郡「こー　ひらげとらずに　ちーと　かたずけたらどーじゃ」　静岡県川根　*ひろたげる 秋田県鹿角郡　*ふらだげる・ふるだげる 青森県「おやおや、古着屋のように、ものふるだげで、何しているのさ」　*わじかす 島根県「栗（くり）のいがをわじかす」　広島県　*わじく 島根県「栗（くり）の実をわじーた」

びわ【枇杷】　*かたぎ 大分県　*ひば 三重県度会郡　*ひわ（在来種の、実の小さいビワ。実の大きいものを「びわ」と言う）福岡県久留米市・八女郡　佐賀県・三養基郡・藤津郡　長崎県南高来郡　熊本県玉名郡・八代郡　*ぼわん 島根県簸川郡・八束郡

びん【瓶】　*あさくびん（錫製の口の狭い瓶。主に凶事の場合に酒を入れる）沖縄県石垣島「あさくびんぬぞー（あさくびんに挿すふた。紙を折ったもの）」　*いしゅびん（酒を入れるひょうたん形の瓶。まんじゅう形のふたがついている）沖縄県石垣島　*うめぼしがめ（口の広い瓶）宮城県仙台市　*うんすけ（酒やしょうゆなどを入れる瓶）広島県山県郡・高田郡　山口県豊浦郡　福岡県　熊本県玉名郡　*かめっくり・かめんぼ・かめんぼー 神奈川県三浦郡　*かわらけすず（素焼き製の瓶）島根県美濃郡　*ぎやまんのびん（ビール瓶）大阪府泉北郡　*くびん 沖縄県石垣島「くびんぬばり（瓶の破片）」　*しおがめ（堤焼きの口の広い瓶）宮城県仙台市　*じごくがめ（貯金のための金を入れる素焼きの瓶）香川県高松市　*しんじ 山形県飽海郡「一升しんじ」　*すす 福島県相馬郡「醬油すす」「酒すす」　*すず 岩手県　宮城県仙台市　秋田県　山形県　福島県「醬油しじ出せ」　岐阜県郡上郡　島根県石見　岡山県苫田郡　*たまぐふぃん（ガラス瓶）沖縄県首里　*ちろり 石川県　*つぼ 岐阜県養老郡・飛驒　三重県員弁郡　*とっくり（酒、しょうゆ、薬などを入れる瓶）青森県津軽「醬油どくり」「えささまさえて（お医者さんへ行って）とくりこもらてきへや（瓶をもらって来なさいね）」　香川県小豆島　*とっぴん（ガラス瓶。幼児語）兵庫県淡路島　*びーどろのすず（ガラス瓶）岐阜県郡上郡　*びんすず（瓶。ガラス瓶）山形県西置賜郡　島根県石見　*みーどぅんくびん（主として凶事の際に酒を入れる錫製の瓶）沖縄県石垣島　*ゆねかんびん（酒の燗をする瓶）佐賀県藤津郡　*らんびん・だんびん（ガラス瓶）鹿児島県

ひんじゃく【貧弱】　*いなげ（貧弱なさま）福井県大飯郡　京都府竹野郡「いなげな苗」「いなげな垣」　島根県「えなげなもんですが食ってごしなはえ（下さい）」　広島県　高知県「これはいなげな物じゃがあげましょう」　*およせ 岩手県気仙郡　*かいしょ（貧弱なさま）島根県鹿足郡「かいしょな風をするない」　*がしんけ（貧弱なさま）島根県「がしんけな子が門に立っとる」　*がしんげ（貧弱なさま）香川県仲多度郡・三豊郡「顔はけっこなけんど、がしんげな」　*かんしょ（貧弱なさま）島根県八束郡　*かんしょー（貧弱なさま）愛媛県周桑郡　*しょーびん（軽少で貧弱なさま）福井県大飯郡　岐阜県飛驒「しょーびんな恰好でやって来た」　滋賀県愛知郡・彦根　大阪市「そんなしょおびんなもん、あげられへん」　奈良県「そんなしょうびんな事ではお隣の仏様にお供えするのにはずかしいですよ」　*しょびん・しょーびんげ（軽少で貧弱なさま）新潟県佐渡「あの娘はしょびんでとっさりぎりょうがない」　*ひにゃひにゃ 岡山県児島郡　*びんたれ 滋賀県彦根　*みじめ 滋賀県彦根　*よーせ 宮城県登米郡　山形県米沢市・東置賜郡「あいつはよーせだ」　福島県相馬郡「この机はよおせにでき

てんだな」 *よーせー 岩手県気仙郡 茨城県稲敷郡 静岡県「よーせえの身体」 *よせ 岩手県気仙郡「あのがぎ、よせにうまれだものだ」「よせな奴」 秋田県仙北郡「うちの子供はよせで困る」 山形県「あのつっぱりぼ(つっかい棒)あんまりよしぇだ」 *よっせー 山形県飽海郡 *よへ 秋田県河辺郡「あまりよへんだ人だ」 山形県最上郡

↓みすぼらしい

□だ *あざとい 富山市近在「五銭や十銭の玩具はあざとて見れん」 *うしけない 青森県津軽 *かいなない 青森県津軽「かぇなぇ苗をうえたらやはり収穫がだめだった」・三戸郡 岩手県「この衣裳はけぇぁーねぇぁ」 宮城県「見本よりけぁねぇやうだ」 秋田県鹿角郡「其の品はこれよりかぁぇなぁぇ」 山形県米沢市 兵庫県淡路島 *かさぺない 秋田県「かさぺねぁ人だ」 *かそべない・かとべない 山形県東村山郡 *かそぺない 山形県庄内 *かちゃばない 山形県東村山郡 *かちゃぺない 青森県「落ち付かないかちゃぺね娘こだ」 秋田県山本郡 *かちょぺない 青森県 山形県東村山郡・庄内 *かっつぉべない 山形県東田川郡・鶴岡 *がんたりー 鹿児島県喜界島「がんたりー自転車に乗って行ったら、途中でパンクして困った」 *すばらしー 鳥取県東部 香川県小豆島 愛媛県 *すばろーし 岡山県浅口郡 *すばろーしー 岡山県「すばろーしー顔しとる」 *すばろしー 愛媛県「すばろーしゅーいう」 *すぼらし 山口県豊浦郡 *すぼんしない 山口県大島 *すわろーしー 岡山県上房郡・吉備郡 *すんぼーし 和歌山県東牟婁郡「すんぼうしなりして」 *すんぼらし 和歌山県東牟婁郡 *すんぼらしー 和歌山県東牟婁郡 愛媛県 宮崎県東諸県郡 *ちょこい 香川県 *ちょるい 宮崎県東諸県郡 *ちょろい 福井県遠敷郡 山梨県南巨摩郡「みてくりょーはちょろいが体はつをい(外見は弱々しいが体は強い)」 岐阜県郡上郡「こんなちょろいおもちゃわすーぐいたんでまうぞ」 静岡県「そのはしらーちょろすぎるら(その柱では弱過ぎるだろう)」 京都府 兵庫県「肥えが足らんのかちょろい稲やな」 奈良県「ちょろい柱ですぐ折れる」 和歌山県日高郡「此の柄はちょろい」 香川県大川郡・小豆島・伊吹島 *ちょろくさい 福井県 滋賀県伊香郡 京都市 兵庫県加古郡・明石郡 和歌山県 *ちょろこい 岐阜県郡上郡 三重県松阪・員弁郡 京都府・京都市 大阪府大阪市・泉北郡 兵庫県加古郡・明石郡「ちょろこい修繕し方やなあ」 奈良県南大和 香川県・小豆島 *ちょろっこい 福井県大飯郡 *ちょんろい 静岡県志太郡 *とのくさい 三重県度会郡 *とろい 滋賀県 京都府与謝郡 兵庫県加古郡 和歌山市 香川県佐柳島 *どろくさい 福井県遠敷郡 三重県 *どろくさい(病弱だ) 和歌山県東牟婁郡 *みそべない 愛知県葉栗郡「あの人はみそべない人だなも」 三重県志摩郡 *やにくい 福井県坂井郡・丹生郡 *やにぐい 岐阜県土岐郡 *やにこい 兵庫県加古郡 徳島県美馬郡 *やにっこい 新潟県佐渡 島根県石見 *やねこい 島根県石見・隠岐島

びんしょう【敏捷】

*からばっさ(敏捷なこと) 沖縄県石垣島 *さっちゃく(敏捷なさま) 香川県三豊郡 *ずれっこ 富山県 *ちゃんぴん(敏捷なさま) 山形県庄内 *ちらばら(敏捷なさま) 宮城県登米郡 *ちらぱら(敏捷なさま) 岩手県気仙郡 *はし(「はしこい」から。敏捷であること) 千葉県上総 *ひたひた(敏捷なさま) 山形県・米沢市「ひたひたど登った」 *ぴたぴた(敏捷なさま) 山形県米沢市

↓すばやい(素早)

□だ *いさどい 新潟県佐渡 岐阜県飛騨「何をさせてもやる事がいさどい」 山口県豊浦郡 *かしけー 栃木県 *かしっけー 福島市 埼玉県秩父郡 *かすけ 岩手県気仙郡 *かどい 山形県東田川郡「かどい子だ」 新潟県佐渡・岩船郡 静岡県 *こっぱしこい 富山県 *こばしかい 島根県益田市 *ささらばしけー 新潟県佐渡 *ささらばしこい 新潟県佐渡 *さじー 大分県 宮崎県延岡 *さつい 三重県名賀郡 奈良県 *さどい 徳島県・美馬郡 香川県「この猫ものすごさどいきん、ねずみをようけつかまえるんで」 愛媛県 高知県 熊本県下益城郡 大分県大分市・大分郡 *さどこい 徳島県 愛媛県 *さらこい 愛媛県 *じびしか 鹿児島県 *すがきく 千葉県・市原郡 新潟県佐渡 広島県高田郡 *すこい 山形県米沢市「すこえやづだ」 新潟県佐渡 三重県 徳島県 香川県香川郡 愛媛県 *すごい 徳島県 *すじー 大分県玖珠郡 *すすこい 岐阜県飛騨 *すすどい 千葉県 神奈川県横浜

方/言/の/窓

●アクセントの地域差Ⅱ

先に、日本語にはアクセントがある、と断言したが、実は日本語にはアクセントのある方言もある、といったほうがより正確である。

先に触れた東京や大阪には確かにアクセントがある。そして、同様にアクセントのある方言は多いが、一方でアクセントの無い、すなわち、単語に高低のきまりの無い方言もある。アクセントの無い方言（無型アクセントの方言）は北関東から南東北にかけての地域と、九州中央部、愛媛県南部、福井市付近、静岡県大井川上流、八丈島、奄美・沖縄の一部などに分布し、その領域はかなり広い。

アクセントがあるのと無いのとでは、大きな違いである。歴史的にどういう関係にあるのだろうか。この問題の解明は今後に期するところが大きい。

市　新潟県佐渡　福井県大飯郡「彼はすすどい男だ」　山梨県　岐阜県飛騨　大阪市　奈良県南大和　島根県隠岐島「すすどいけん網にかからん」　徳島県　香川県・木田郡・仲多度郡　高知県「すすどい人で二、三人前の仕事をやってのける」「善良ですすどい人と一所に仕事を仕度い」　長崎県対馬　熊本県　*すで 鹿児島県　*すどい 島根県石見「鮎はすどいけー網にかからん」　山口県豊浦郡　鹿児島県　*ちゃりこい 山口県　*ちょかはやい 茨城県稲敷郡　*ちょっけがはえー 群馬県勢多郡　*ちょっけはやい 山形県東置賜郡　長野県上水内郡・下水内郡　*ちょっけやーはやえー 千葉県印旛郡　*はしかー 山口県玖珂郡　*はしかい 栃木県河内郡・芳賀郡　新潟県佐渡・西頸城郡　富山県砺波　石川県珠洲郡・江沼郡　福井県・大飯郡　岐阜県郡上郡　三重県名賀郡　滋賀県彦根　京都府中郡　兵庫県加古郡・神戸市　奈良県「この魚とてもはしかいんで取れやひん」　和歌山県・東牟婁郡　鳥取県東部　島根県　徳島県　愛媛県・松山　*はじかい 福岡市　*はしかいー 島根県　*はじこい 香川県木田郡　*はしっか 埼玉県秩父郡　*はしっけー 長野県佐久　埼玉県秩父郡　*はじっけー 長野県佐久　*はじっこい 長野県佐久　*はどい 新潟県東蒲原郡「はどくてつかまえる事が出来ない」　徳島県　香川県「あの人ははどいきんなあ」　*はどこい 徳島県　*はばしー 新潟県佐渡　石川県鹿島郡・羽咋郡　兵庫県赤穂郡「はばしい人(手早い人。また、よく働く人)」・淡路島　徳島県　香川県小豆島　愛媛県　*ばばしー 徳島県海部郡　*はばしこい 兵庫県赤穂郡「はばしこにあっちへ行ってこい」　香川県「はばしこく(さっさと)」・豊島　*はばしっこい 東京都三宅島

□でない　*しょろい 静岡県田方郡　*ぬり 鹿児島県姶良郡　*ぬりー 長崎県対馬「ぬりい人(鈍い人)」　熊本県　大分県　*ぬるい 山形県庄内　新潟県　島根県「仕事がぬるい」　山口県「われのようなぬるいものぁ時間が三倍もかかるぢゃろぅ」・大島　香川県　長崎県佐世保市　鹿児島県姶良郡　*ぬるくさい 島根県邑智郡　*ぬるこい 高知県高岡郡　*ぬるっくぃ 沖縄県首里「ぬるっくぃむん(なまぬるい者。ぐず)」　*ぬるっこい 長野県佐久　*へなるい 香川県香川郡　*へぬるい 岡山県苫田郡　広島県　徳島県　*へのろい 福島県若松市・大沼郡

ひんそう【貧相】　*がしんけ(貧相なさま) 島根県「がしんけな子が門に立っとる」　*がしんげ(貧相なさま) 香川県仲多度郡・三豊郡「顔はけっこなけんど、がしんげなな」　*しおたれ(貧相なこと。また、そのさま) 新潟県佐渡　島根県隠岐島「しおたれ姿で大阪へ出た」　*しおたれげ(貧相なさま) 新潟県佐渡　*しゅーしゅーげ(貧相なさま) 愛媛県上浮穴郡・大三島「しゅーしゅーげな」　*しょーたるげ(貧相なさま) 富山市近在「しょーたるげなかっこ(姿)しとる、貧乏しとるか」　*しょーたれ(貧相なこと。また、そのさま) 群馬県桐生市・館林「しょーたれ屋(不潔な店)」　新潟県　愛知県「しょーたれな着方」　岡山県・児島郡　徳島県・名西郡　香川県　*しょーたれかけ(貧相なこと。また、そのさま) 香川県伊吹島　*しょーたれがんす(貧相なこと。また、そのさま) 徳島県　*しょーたれげ(貧相なさま) 新潟県佐渡　香川県木田郡・仲多度郡　*しょたれ(貧相なこと。また、そのさま) 新潟県三島郡　富山県砺波　*しょだれ(貧相なこと。また、そのさま) 秋田県鹿角郡　*しょったれ(貧相なこと。また、そのさま) 茨城県稲敷郡　新潟県　*しんしゅーびーな(貧相なさま) 山梨県南巨摩郡「あの人はしんしゅうびぃなだ」　*すったらぼー・すったらぼ(貧相なこと) 徳島県　*すぼっこー(外見が貧相なさま) 高知市「痩せてすぼっこーな人が来た」　*ちんがちんが(貧相なさま) 島根県出雲市・簸川郡　*びんじょけ 滋賀県彦根「びんじょけな」　*ひんそげ(貧相なさま) 香川県塩飽諸島「あの息子は親とちごうて大分ひんそげな人いな」

↓みすぼらしい

□だ　*しくたれない・すくたれない 青森県三戸郡　*ひじょろい・ひじょろーしー・ひずろーしー 岡山県苫田郡「これくらいの石もよう上げぇで(上げられないで)、何とひじょろい奴っちゃな」「あの人、いつでもひずろーしい顔しとりんさるで」　*ひやずい 山梨県　*びんびらしー 熊本県　*びんぼーたい 山形県米沢市　長野県諏訪　*びんぼーっくらしー 新潟県上越市　*びんぼたい 滋賀県彦根

□な人　*しびたれ 福島県相馬　*しんかみそ(やせて貧相な者) 愛知県知多郡　*やじか(やせて小さい貧相な人) 福島県相馬

びんぼう【貧乏】　*ごせっかく 長野県下伊那郡　*しちびんぼー(甚だしい貧乏) 岩手県気仙郡　*せっかく 茨城県多賀郡　*なんぎ 京都市　和歌山市「あの人も今ではなんぎしてゐる」　愛媛県松山　長崎県五島　熊本県　*なんじゅー 宮城県仙台市「なんじゆうに育って」　福岡市　熊本県　*なんじょ 熊本県玉名郡　*なんねがら 新潟県東蒲原郡「昔からのなんねがら家」　*ひきつけ 高知市　*ひんこつ(卑語) 福岡市　*ひんこつや(卑語) 山口県見島　*ぴんすー・ぴんそー 沖縄県石垣島　*ふぃんすー 沖縄県首里「ふぃんすーぐらし(貧乏暮らし)」「ふぃんすーむん(貧乏人)」　*ふべん 山形県米沢市・南置賜郡「ふべんな家」「ふべん者」　*ぶんさん 香川県綾歌郡「ぶんさんする」　*ふんべ 山形県北村山郡　*ふんべー 山形県米沢市　*ふんべん 山形県　福島県会津　*ぼーろく 山形県西置賜郡・南置賜郡「ぼーろぐたかる(貧乏にとりつかれる)」

↓まずしい　(貧)

ふ

ぶあいそう【無愛想】 *おそーそー 山口県阿武郡 *かあいげ 和歌山県西牟婁郡 *かまじし 沖縄県首里 *きではなかんだよー 滋賀県彦根 *ぎこつ 新潟県佐渡 *ぎす 高知県 *きずい 宮城県仙台市 富山県 石川県 *きのこっぱではなかんだい 岐阜県飛驒 *げろっと 青森県津軽 *けんけん 山形県 福島県大沼郡 三重県度会郡・宇治山田市 岡山県岡山市・御津郡 徳島県 香川県 愛媛県 大分県大分郡・大分市 *けんけんて・けんとして 山形県米沢市 *けんずい 富山県砺波 *すけん 岐阜県養老郡 *すっこえた 長野県下伊那郡 *すっちょ 高知県幡多郡 *すっちょー 岡山県苫田郡 徳島県三好郡 広島県比婆郡 愛媛県北宇和郡 高知県幡多郡 *すとー 高知県 *すもぎ・すもげ 高知県 *すんすん 高知県 *そっけん 山梨県 *そっぷ 新潟県・南魚沼郡 *そっぽ 新潟県中魚沼郡 長野県 *そっぽー 長野県北安曇郡 *そんぶり 群馬県 *ちょけちょけ 山形県米沢市 *ちょっきらちょっきら 宮城県仙台市 *つことに 兵庫県西宮 *ふあしらい 奈良県南大和 *ぶあしらい 山口県 *ぶいこくり 東京都南多摩郡 *ぶいとー 山梨県「ぶいとーずら(無愛想な顔つき)」 *ぶえーさつぃ 沖縄県首里 *ぶき 岩手県気仙郡 *ぶきっちょ 千葉県夷隅郡 和歌山市「ぶきっちょな物の言ひかたをする」 *ぶきっちょー 山形県南置賜郡・米沢市 *ふぐしげ 島根県美濃郡・益田市 *ぶっそ 岐阜県飛驒「ぶっそで、ろくに返事もせん」 *ぶっそり 静岡県志太郡「たまんなぇーぶっそりだ(とても無愛想ものだ)」 *ぶっと 愛知県知多郡 *ぶて 宮崎県東諸県郡 *ほが 島根県石見 *ぼくしゅー 山口県周防 *ぼくしょ 和歌山県東牟婁郡 愛媛県大三島 *ぼくしょー 愛媛県 *ぼくてん 香川県伊吹島 *ぼっこ 千葉県安房郡 *むきなし 福島県東白川郡 *むけっしょ 石川県 *むっけんげー 長崎県北松浦郡 *むんちり 宮城県石巻 *もっくりこっくり 山口県 福岡市 *もっさり 香川県 *もっそり 神奈川県愛甲郡 愛媛県 ↓つっけんどん(突慳貪)

□だ *ぎごちない 茨城県 新潟県佐渡 *ぎごつけない 秋田県河辺郡 *きぞっぱいない 茨城県真壁郡 群馬県邑楽郡 埼玉県南埼玉郡 *きぞばえない 岩手県胆沢郡 *きぞぺぁねぁ 秋田県雄勝郡 *きちょぺねぁ 岩手県気仙郡 *しょっぱいない 秋田県鹿角郡 *しょむない 石川県 *そっつきそっぺーない 山梨県南巨摩郡 *そっつきそっぺーもない 神奈川県中郡 *そっぱいがない 新潟県「折角来て呉れたのにそっぱえがねー」・西蒲原郡「どうもそっぱえのなえ人だ」 山梨県南巨摩郡 長野県上田 *そっぱいない 岩手県気仙郡 宮城県栗原郡 秋田県「何んにもなくてそっぴゃねぁ」 山形県東田川郡 新潟県岩船郡・下越 高知県長岡郡 *そっぱいもない 新潟県佐渡 *そっぱない 高知県 *そっぴない 秋田県秋田市・由利郡 *そっぽない 長野県 *っしょむない 富山県 *にべもしゃしゃりもない 大阪市 *ぶそっこい 静岡県小笠郡「ぶそっこい人だが心いい」 *ぶっそーない 長野県諏訪 *ぶっそない 長野県東筑摩郡 *むてっきゅーか 佐賀県

□な人 *あいだま(軽蔑して言う語) 三重県北牟婁郡「あいだまのまるかり(はなはだしく無愛想な人)」 *うんつく 長崎県対馬 *かまじさー 沖縄県首里 *きしひとぅ 沖縄県竹富島 *きぶ 宮城県登米郡 *けんけん 山形県 福島県大沼郡 三重県度会郡・宇治山田市 岡山県岡山市・御津郡 徳島県 香川県 愛媛県 大分県大分郡・大分市 *けんけんて・けんとして 山形県米沢市 *じーぐふぁー 沖縄県首里 *ずんだまり 山形県米沢市 *にーふっくゎー 沖縄県首里 *ぶーしゃん(無愛想な娘) 熊本県 *ぶっそ 岐阜県飛驒 *ぶっそり 静岡県志太郡「たまんなぇーぶっそりだ(とても無愛想ものだ)」 *ぶっと 愛知県知多郡 *ぼく 東京都大島 *ぼっこ 千葉県安房郡 *もけ・もけず 富山県砺波 *もげ 広島県高田郡 山口県・豊浦郡 *もげさく 広島県高田郡 山口県・大島 愛媛県宇和島 *もげしゅー 山口県 *むきなし 福島県東白川郡 *もっくりこっくり 山口県 福岡市

ふい【不意】 *あったぐとぅ(不意なこと) 沖縄県首里 *あましで(不意なさま) 京都府竹野郡「その時あましでに突き倒された」 兵庫県 *あんがい(不意なさま) 広島県 *とたん 三重県阿山郡 *どんぷ(不意。また、そのさま) 群馬県多野郡「とんぷに山へ行っても茸のあるところは判らない」 島根県美濃郡・益田市「とんぷにかけって(走って)大怪我をした」 *どんぶ(不意。また、そのさま) 島根県石見 *どんぼ(不意。また、そのさま) 和歌山県日高郡 *どんぽ(不意。また、そのさま) 和歌山県「とんぼに言っても分らんよ」 岡山市「田舎でぁとんぼにお客があると困る」 愛媛県 *どんぽ(不意。また、そのさま) 長野県佐久 和歌山県 岡山県児島郡・川上郡 広島県・高田郡 愛媛県・大三島 *ふてんと 富山県 *ふり(不意であること) 山梨県 静岡県田方郡「ふりに」 *ほかん(不意なさま) 富山県下新川郡 ↓だしぬけ(出抜)・とつぜん(突然)

□に *おえっと 島根県隠岐島「おえっととつきおとされた」 *ぐえっと 山形県「ぐえっと用が出来たから」「来たくなってぐえっと来た」 *ごえっと 山形県北村山郡 *ずど 岡山県・岡山市 *ずらっと・ずらりと 宮城県石巻「えずのこまにか(いつのまにか)ずらっとゐねぁぐなった」 山形県南置賜郡・米沢市「ずらりと、ででった」 *たまが

しに 山口県浮島・大島 *だまし 島根県出雲 大分県「だましでてきた」 *だましー 大分県 *だましがけ 山口県長門 *だましがけに 広島県・江田島 *だましでに 京都府竹野郡「だましでにぶっつかった」 *だましに 島根県「だましに雨が降って来た」 広島県 山口県 愛媛県 大分県 *だましね 島根県出雲 *だまに 島根県石見「だまにいなびかりがした」 広島県高田郡 *ちょいら 山形県「ちょいら出て来た」 埼玉県秩父郡 *ちょくと 大分県速見郡 *とぼく 大分県速見郡 *とぼくに 大分市 *とほくもない 大分県速見郡 *どましに 島根県簸川郡・出雲市 *はなち 大分県速見郡・大分郡「はなち言うてん困る」 *ひしゃっと 岩手県気仙郡 *びょいら 岩手県上閉伊郡・気仙郡「びょいらとび出たのでたんまげだ」 宮城県石巻「窓がらびょえら首出すた」 *ひょえら 山形県 *ひょえらさっと・ひょえっと 山形県米沢市「そんな事をひょえらさっと言われてもわがんね」 *びょーら 岩手県上閉伊郡 *ひょかーっと 佐賀県藤津郡 *ひょかーり 静岡県榛原郡「ひょかーり出会ったっけ」 *ひょかつ 鹿児島県肝属郡「ひょかつうったちきもした(出発してきました)」 *ひょかっと 島根県隠岐島「ひょかっと死なした」 岡山県児島郡 長崎県彼杵付近 大分県大分郡 宮崎県延岡 *ひょかんと 静岡県「ひょかんと首を出す」 三重県志摩郡 大分県大分郡 *ひょくーっと 熊本県 *ひょくっと 福岡県福岡市・粕屋郡 長崎県壱岐島「今ひょくっとそえーな話したち……」 熊本県 大分県 鹿児島県 *ひょくと 福岡県早良郡・福岡市 大分県 *ひょくひょく 長崎県壱岐島「ひょくひょく風んふぃーちくるけに」 *ひょくらん 静岡県 香川県伊吹島 *ひょくんと 岡山県浅口郡 大分県「ひょくんと出た」 *ひょっこっこん 和歌山県那賀郡・西牟婁郡 *ひょこっと 山形県 栃木県 滋賀県彦根 島根県「悪い所でひょこっと先生に出よーた」 香川県仲多度郡 *ぴょこっと 茨城県稲敷郡 *ひょこんと 新潟県佐渡 富山県・砺波 石川県鳳至郡 兵庫県加古郡 大分県大分市・大野郡 *びょっかと 青森県三戸郡 *ひょっからひょんと 熊本県天草郡 *ひょっかり 長野県東筑摩郡 徳島県美馬郡 *ひょっかりと 長崎県対馬 *ひよっくり 長崎県壱岐島 *ひょっこと 奈良県南大和 大分県玖珠郡・大野郡 *びょっこら 宮城県石巻 *ひょっこんと 富山県 *ひょっつんと 富山県婦負郡 *ひょっと 香川県 福岡県 大分県速見郡 *ひよっと 富山県砺波 和歌山県日高郡 *びょっと 青森県三戸郡 秋田県北秋田郡「びょっと走って来た」 *ひょつなんと 富山県・富山市「ひょつなんとこういうものが出来た」・砺波 *ひょつねーんと 富山県砺波 *ひょつねんと 富山県 *ひょつんと 富山県・砺波 石川県 *ひらっと 岩手県上閉伊郡 *びらっと 岩手県上閉伊郡・気仙郡「俺ぁ来たらびらっと立ってしまった」 *ひらり 群馬県多野郡 *ぴらり・びらり 岩手県気仙郡「びらりいねぁぐなった」・東磐井郡 宮城県「びらりかっさらって逃げた」 山形県東村山郡 *ふかんと・ふっかーると 富山県東礪波郡「ふかんとそんなこといわれても返事でっけん」 *ぼーっと 静岡県「ぼーっと出て来ました」 *ぼーと 栃木県足利市・真岡市 *ぼくと 大分県速見郡 *ぽくと 長崎県対馬「病気がぽくと悪くなった」 大分県東国東郡・大分郡「人が木陰からぼくと出た」 *ぼっと 岩手県 宮城県 秋田県平鹿郡・雄勝郡「彼はぼっとやって来た」 山形県「ぼっと云われても困る」 福島県 新潟県佐渡 *ぽっと 大分県「ぽっとそれが現れた時」 *ほっとがけに 富山県砺波 *むいき 香川県仲多度郡・三豊郡「そうむいきに押すな」 *むてん 広島県比婆郡

ふうせん【風船】 *おっぽい 新潟県 *かぜぶね 岩手県九戸郡 *からぴっぴ 秋田県南秋田郡 *きんたん 新潟県佐渡 *ふくらまし 岩手県九戸郡 奈良県宇陀郡 *ふくらましこ・ふくらばしっこ 岩手県九戸郡 *ふくらましっこ 岩手県気仙郡 *ふくらんぼ・ふくらんぽ 愛媛県 *ふくれこ・ふくれはんこ 岩手県九戸郡 *ふくれんぼ 富山県砺波 石川県能美郡 奈良県南大和

ふうふ【夫婦】 *いのせ(「いもせ」の転) 大分県別府市・大分市 *うばぐち 宮城県栗原郡 *おじんば 滋賀県伊香郡 高知県 *おんじょんぼ 宮崎県西諸県郡 鹿児島県鹿児島郡 *かけむかい 群馬県多野郡「かけむかいで子を育てる」 *ぐーとぅみーとぅ 沖縄県首里 *つれぁ 秋田県平鹿郡 *つれあい 長野県諏訪・上伊那郡 島根県 *つれそい 山口県大島 *つれそえー 広島県芦品郡 *とぅじぶどぅ 沖縄県八重山 *とぅじみーとぅ 沖縄県首里 *とぅじゅとぅ 鹿児島県喜界島 *とぅんつぃぶとぅ 沖縄県小浜島 *とぅんぶとぅ・とぅんぶとおー 沖縄県与那国島 *とずぶと・とずぼと 沖縄県宮古島 *ととかか 三重県志摩郡 *ながだい 静岡県 *なべぐみ 山形県最上郡 *ばおじ 三重県伊賀・志摩郡 兵庫県加古郡 島根県出雲「ばおじ連れ」 岡山県 *ばんごつ 岩手県南部 *ふーふまり 岩手県気仙郡 *ぼと(「めおと」の「おと」に当たる語か) 沖縄県宮古島 *みーとぅんだ 沖縄県首里 *みっとぅだー 沖縄県与那国島 *みと 宮崎県 鹿児島県「みとげんくゎ」 *みど 鹿児島県揖宿郡 *みよっと 福島県会津 新潟県中越 長野県佐久 *めっと 新潟県・西蒲原郡 岐阜県飛驒・益田郡 *めと 宮崎県西諸県郡 鹿児島県 *めよっと・みおっと 長野県南佐久郡

ふえ【笛】 *うき(猟師が鳥獣を呼び寄せる時に吹く笛) 岩手県気仙郡 *おき(猟師が鳥獣を呼び寄せる時に吹く笛) 岩手県上閉伊郡 福島県石城郡 *おきぶえ(猟師が鳥獣を呼び寄せる時に吹く笛) 宮城県仙台市 *しぐみ(小鳥をさおで刺す

時、吹く笛）山形県庄内 *つつ（狩りゅうどの笛）愛知県北設楽郡 *つぼ（猟師が合図に吹く笛）愛知県北設楽郡「つぼをかけた（合図の笛を吹いた）」 *とーひゅるひゅるひゅー（笛の音から。祭り笛。幼児語）静岡県志太郡 *はとよび（ハトを呼び寄せるために鳴らす竹筒の笛）鹿児島県肝属郡 *はんしょー 沖縄県首里（横笛）・石垣島（竹の笛） *ぱんそー 鹿児島県喜界島 *ぴー 沖縄県石垣島・小浜島 *ぴーだい 沖縄県竹富島 *ぴーだき 沖縄県鳩間島・黒島 *ぴーだぎ 沖縄県石垣島 *ぴーぴーからから（笛。おもちゃの笛）岩手県気仙郡 *ぴーぴーがらがら（笛。おもちゃの笛）島根県益田市「お土産はどーしょー、張子の太鼓に、ぴーぴーがらがら買うてやろ（童謡）」 *ぴだひ 沖縄県新城島 *ぴっぴ（おもちゃの笛や草笛など）山形県西置賜郡 *ひひ 鹿児島県鹿児島郡 *びびがぇ（ウツギの若木で作るおもちゃの笛）青森県三戸郡 *ひゃんしょ 沖縄県伊江島 *ひゅーひゅ（児童語）鹿児島県沖永良部島 *ひよ 新潟県西蒲原郡 *ひょー 新潟県三島郡 *ぴん 沖縄県波照間島 *ふぁんしょ 鹿児島県沖永良部島 *ふーふー（幼児語）奈良県 *ふーふーたけ（切り口三センチメートルぐらいの竹の筒で作った笛）島根県益田市 *ぶーぶだけ（切り口三センチメートルぐらいの竹の筒で作った笛）島根県隠岐島 *ぶんきり（狩猟の時に猟犬を呼ぶ笛）宮崎県東諸県郡 *べっぺ 富山県 *ぺっぺ 富山県砺波 *ほっぱほー（葉笛）沖縄県石垣島

ふえる【増】 *いみしゅん（ものが増える）沖縄県首里 *いみる（ものが増える）福岡県「米がいみった（米を炊いたら増えた）」 長崎県五島 熊本県 大分県「（洪水で）水がどんどんいみってきた」 宮崎県「貯金がいみった」 鹿児島県 *おごる 青森県三戸郡（できものなどが増える）「瘡かき長兵衛鰯こ食えば、おごる、おごる（童詞）」 山口県阿武郡・大島（ものが増える） *ぐえる 高知県幡多郡 *しれる 秋田県河辺郡「鶏がしれる」 *ふーさなるん 沖縄県石垣島 *むえる 青森県津軽 新潟県佐渡 石川県能美郡 岐阜県 *めーる 兵庫県美嚢郡 *もえる 富山県「水がもえる」 兵庫県 鳥取市 岡山県苫田郡 徳島県 香川県 長崎県対馬 「もえらかす（増やす）」

→ます（増）

ふか【孵化】 ⇩かえる（孵）

□**させる** *かーらかす 鹿児島県種子島 *かいわらかす 愛知県碧海郡 大分県中部 *かいわらす 三重県上野市 *かいわらせる 愛知県知多郡 *がいわらせる 愛知県西春日井郡 *かえでかす 鳥取県岩美郡・気高郡 *かやかす 島根県邑智郡 *けらかす 宮崎県西諸県郡 *すぃだしゅん 沖縄県首里 *すだす 鹿児島県宝島 *はかす 栃木市 *はざす 静岡県榛原郡 *ふやす 新潟県佐渡 富山市近在 岐阜県飛騨 *みよかす 新潟県三島郡 *むいけらがす 岩手県気仙郡 *むかす（鳥類についてのみ言う）長野県諏訪 *むく（鳥類についてのみ言う）長野県 *むだかす 広島県比婆郡 *むだす 岡山県阿哲郡・小田郡 広島県 *むです 広島県神石郡 *むよかす 岩手県岩手郡

□**する** ⇩かえる（孵）

ふかい【深】 *かさい（「ふかさい（深）」の転）鹿児島県喜界島 *ねっきと 山形県西置賜郡 *ふかしー 神奈川県藤沢市 山口県「私はふかしいことは知りませんけえど」 長崎県壱岐島「昔かるふかしか間柄」 *ふかめしー 新潟県佐渡「ふかめしいことはわからん」

ふかす【蒸】 *うます 長野県上伊那郡・下伊那郡 静岡県榛原郡 *おもす 福岡県粕屋郡・嘉穂郡 *かしく 群馬県多野郡「楮をかしく」 東京都八丈島

ふき【蕗】 *あおぐき 京都府一部 *きゃらぶき（山野に自生するフキ）奈良県南部 *きょーぶき 北海道一部 *しぱーま 沖縄県小浜島 *しよふき 青森県一部 *そーじもの 鳥取県東伯郡 *たんば 長野県北安曇郡 *たんぱ 長野県下水内郡 *たんばんこ 山梨県一部 *ちふぁふぁー 沖縄県中頭郡 *ちょぶき 北海道一部 青森県一部・三戸郡（栽培するフキ） *つぃっぱっぱ 沖縄県首里 *つぃばしゃ・ってぃばんしゃ・ってぃば 鹿児島県奄美大島 *つぃぶるんぐさ 沖縄県石垣島 *つくりふき 北海道一部 *つくりぶき（家の周囲などに植えるもの）富山県東礪波郡 *つわ 愛媛県温泉郡 鹿児島県鹿児島郡 *とーぶき 秋田県 長野県 滋賀県一部 *のぶき 山形県鶴岡市 長野県佐久 熊本県玉名郡 *ぱっぱー 沖縄県与那国島 *ふーきのぼー 群馬県一部 富山県一部 *ふきだま 奈良県吉野郡 *ふきんしょ 栃木県那須郡 *ふきんぼ 埼玉県南埼玉郡 *ふきんぼー 長野県諏訪 *ふゆき 三重県度会郡 *ほーき 長野県南安曇郡 *ほんぶき 東京都三宅島 *まぶき 東京都御蔵島 *みずぶき 東京都利島・三宅島 京都府一部 鳥取県一部 島根県一部・石見 長崎県一部 *やまのふき 長野県北佐久郡 *やまのぶき 青森県三戸郡 *やまぶき 東京都三宅島 長野県北佐久郡 熊本県八代郡

□**のとう** *かいどー 山口県阿武郡 *かんぞー 山口県 大分県大分市 *かんど 山口県吉敷郡 *かんとー 大分県大分市・速見郡 *かんどー 島根県鹿足郡 山口県 長崎県対馬 大分県大分郡 *がんどー 山口県 *かんどーな 山口県都濃郡 *かんどん 山口県玖珂郡 *かんろ 広島県・向島 山口県玖珂郡・熊毛郡 *ぎんぼーじ 山梨県南巨摩郡 *じゃおー 群馬県吾妻郡 *じゃおーじ 群馬県吾妻郡 *しゅーとめ 三重県伊賀 大阪府泉北郡 奈良県吉野郡 *しゅーとめばな・しゅーとんばな 奈良県吉野郡 *たんば 長野県北安曇郡 *ちゃんまいろ 新潟県西頸城郡 長野県北安曇郡 *ちゃまいろ・ちゃんめろ・

ちゃんめる長野県北安曇郡 ＊どーぶき大分県大分郡 ＊ばっかーれ・ばっかれ岩手県九戸郡 ＊ばっかい青森県・津軽　岩手県　宮城県栗原郡・登米郡　秋田県 ＊ばっかいたち・ばっけたじ青森県津軽 ＊ばっけ青森県津軽・上北郡　岩手県九戸郡　秋田県　山形県最上郡 ＊ぱっぱ沖縄県与那国島 ＊ばんかい青森県　山形県庄内・鶴岡 ＊ばんけ秋田県由利郡　山形県庄内 ＊ばんけー新潟県岩船郡 ＊ふいのおじご千葉県夷隅郡「ふいのおじごをいっぺえ取ってきた」 ＊ふいのこ千葉県夷隅郡 ＊ふいのじご千葉県夷隅郡 ＊ふーいのおじご千葉県 ＊ふーき熊本県天草郡 ＊ふーきのおじご千葉県君津郡 ＊ふーきのさぶろー福島県会津 ＊ふーきのとんと岐阜県郡上郡 ＊ふーきのはな熊本県天草郡 ＊ふーきのぼぼ岐阜県郡上郡 ＊ふーきもじ群馬県利根郡 ＊ふーきんど岐阜県郡上郡 ＊ふき熊本県天草郡 ＊ふきだつ・ふきだんぼ岐阜県飛騨 ＊ふきったま群馬県多野郡　新潟県中頸城郡　長野県 ＊ふきのおじご千葉県 ＊ふきのおばさん奈良県生駒郡 ＊ふきのおばはん三重県伊賀 ＊ふきのかんす大分県大分郡 ＊ふきのこ山形県西置賜郡　神奈川県 ＊ふきのこぶ神奈川県愛甲郡 ＊ふぎのじ山形県西置賜郡 ＊ふきのじーさん新潟県佐渡 ＊ふきのしゅーと和歌山県日高郡 ＊ふきのじょー福島県相馬 ＊ふきのしょとめ奈良県宇陀郡 ＊ふきのしん大分県大分市・大分郡 ＊ふきのずぼ新潟県 ＊ふきのたち岩手県九戸郡 ＊ふきのたま神奈川県愛甲郡・津久井郡 ＊ふきのど山形県米沢市 ＊ふきのねぶか長野県 ＊ふきのはな長野県上伊那郡　山口県玖珂郡　香川県三豊郡　大分県 ＊ふきのぼんず長崎県南高来郡 ＊ふきのぼんぼら富山県東礪波郡 ＊ふきのみ岡山県北木島 ＊ふきのめ神奈川県三浦郡　山口県玖珂郡 ＊ふきのもと山形県最上郡 ＊ふきぼーず神奈川県平塚市 ＊ふきぼこ長野県 ＊ふきぼぼ長野県　岐阜県飛騨・大野郡 ＊ふきぼぼこ長野県東筑摩郡 ＊ふきまんぶく東京都南多摩郡 ＊ふきもと島根県隠岐島 ＊ふきんじ長野県上伊那郡 ＊ふきんじーさん新潟県佐渡 ＊ふきんじょ長野県上伊那郡 ＊ふきんぼ栃木県　長野県北安曇郡 ＊ふきんぼー群馬県多野郡 ＊ふきんぼのはな栃木県 ＊ふくたち岩手県九戸郡 ＊ふくだつ岐阜県吉城郡 ＊ふっきんぼ栃木県日光市・安蘇郡 ＊ほーきったま長野県東筑摩郡 ＊ほーきのほじろ・ほーきばば・ほーきぼ・ほーきぼぼ・ほーきんぽ長野県北安曇郡 ＊ほーきんぼこ新潟県糸魚川市・中頸城郡 ＊ほーけちょ（幼児語）静岡県駿東郡 ＊ゆきわり大分県直入郡

ふきでもの【吹出物】 ＊かいかい島根県 ＊かさっぱち東京都三宅島　静岡県富士郡 ＊でぶす和歌山県東牟婁郡 ＊でもの青森県南部　鳥取県西伯郡　島根県出雲　岡山県苫田郡・児島郡「どうしたん、そのでもの、きんきんばりじゃが、痛かろう」　広島県　香川県　愛媛県「でものをつやす（潰す）」 ＊でもん愛媛県今治市・周桑郡　熊本県天草郡 ＊どーねつ広島県比婆郡・庄原市 ＊はっぽ・はっぱ兵庫県佐用郡 ＊ふきもと島根県美濃郡・益田市 ＊ほっぱ兵庫県佐用郡 ＊むん沖縄県首里 ＊もの秋田県鹿角郡　山形県　新潟県佐渡・東蒲原郡　京都府竹野郡　兵庫県「ものがでた」　奈良県南葛城郡　鳥取県　島根県　岡山県　徳島県　香川県「背中へものがでけてな、いとて（痛くて）いかんのじゃ」　愛媛県　高知県・幡多郡　鹿児島県・肝属郡 ＊もも（児童語）長野県佐久

↓はれもの（腫物）

ぶきよう【不器用】 ＊くそどん和歌山県 ＊くばーくば（不器用なさま）沖縄県石垣島 ＊こーじく（不器用なさま）兵庫県赤穂郡 ＊ごんてつ新潟県西頸城郡 ＊てずち（不器用なこと）岐阜県飛騨「何をさせてもてずちじゃ」　徳島県・三好郡　長崎県壱岐島 ＊てずつ（不器用なこと）新潟県西蒲原郡　岐阜県飛騨「てずつでだちかん」　徳島県 ＊てっぽち島根県隠岐島 ＊てぶろく（不器用なこと）香川県伊吹島 ＊どじょーたれ香川県木田郡 ＊どんすこ（不器用なさま）香川県丸亀市「どんすこな（大き過ぎて不細工な）」 ＊どんすこげ（不器用なさま）香川県丸亀市「どんすこげな帯の結び方」 ＊どんちゃんげ（不器用なさま）香川県綾歌郡 ＊のつ（不器用なさま）長野県更級郡 ＊のて（不器用なさま）長野県埴科郡・更級郡 ＊のてつ（不器用なさま）新潟県中越 ＊ふぃじゃるー沖縄県首里 ＊ぶえて（不器用。また、そのさま）島根県隠岐島「ぶえてだけんむかんぞ」・鹿足郡 ＊ぶがん（不器用。また、そのさま）秋田県平鹿郡　香川県伊吹島 ＊ぶくー沖縄県首里・石垣島 ＊ぶこー兵庫県加古郡 ＊ぶさいく岩手県上閉伊郡「ぶせぇぐでぇあーぐ（不細工大工）」　愛知県名古屋市　三重県阿山郡・志摩郡「ぶさいくもの」　愛媛県 ＊ぶちほ鹿児島県 ＊ぶちほー高知県　三重県名賀郡「ぶちほーもの（不器用者）」 ＊ぶちょー広島県 ＊ぶちょーほー広島県高田郡　徳島県那賀郡 ＊ぶへて（不器用。また、そのさま）島根県隠岐島 ＊べべて（不器用なさま）岐阜県飛騨「べべて細工（ぶさいく）」 ＊ぼくしょ島根県 ＊ぼっこ青森県南部・三戸郡　山形県西置賜郡・北村山郡 ＊もっこ山形県

手先の□な人 ＊おてんぽー山梨県 ＊てかい青森県 ＊てっかい青森県津軽 ＊てっく長崎県五島 ＊てっこー長崎県壱岐島「いしでっくおー」・北松浦郡「私はてっくわうで何事もできん」 ＊てぼ鳥取県出雲「あのおなごはてぼで縫えやーせん」 ＊てぼーくれ山口県豊浦郡 ＊てぼかい青森県三戸郡　岩手県二戸郡　秋田県仙北郡 ＊てぼくされ岩手県江刺郡 ＊てぼくら愛媛県南宇和郡・大三島 ＊てぼけ青森県南部・上北

郡 *てぼさく 島根県出雲 *てぼっき・てぼき 山形県西置賜郡 *てぼっこ 青森県南部 山形県 *てぼつち 長野県諏訪 *てんぼ 三重県志摩郡 兵庫県赤穂郡 香川県・小豆島 *てんぼー 岡山県 香川県小豆島 *てんぼくされ 岩手県和賀郡

□だ *ごつくさい 岐阜県加茂郡・恵那郡 *じちない 神奈川県愛甲郡「子どもだからじちねーから」・津久井郡 *じちもくちもない・じちゃーくちゃーない 神奈川県津久井郡 *てつはない 青森県津軽 *てねばい(手先が不器用だ) 和歌山市 *どんきくさい 大阪市 *どんくさい 三重県志摩郡 京都府竹野郡「どんくさゃー子だなあ」 大阪市 島根県出雲・隠岐島 徳島県 香川県「どんくさげなかっこうしとるな」 愛媛県 高知県「女のするばーもええせんか、どんくさい奴ねや」 *どんぐさい・どぐさい・ろぐさい 和歌山県 *びっつっなか 長崎県五島 *ふじゃまない 青森県津軽「どれほどふじゃまなぇ亭主なんだぃ。女房と子ども二人、食わしていけないもんですぜ」

□な人 *じちなし 神奈川県津久井郡 山梨県・南巨摩郡 *ずくなし 山形県・米沢市 新潟県 *てくない 香川県伊吹島 *てこなえ 山口県大島 *てずち 岐阜県飛驒 *てずつ 新潟県西蒲原郡 岐阜県飛驒 徳島県 *てつずし・てっずし 山梨県南巨摩郡「あのひたー(人は)てっづしどーで何を作っても下手だ」 *てっつぬけ 青森県三戸郡「てっちぬけの長みず(下手の長糸)」・南部 *てつなし 青森県・上北郡・津軽 *てどばたき 岩手県九戸郡 *てび 愛媛県宇和島市 高知県 *てんどぱなれ 秋田県鹿角郡 *どんずらもの 三重県志摩郡 *どんつく・どんつくもの 三重県志摩郡 *のつ 長野県更級郡 *のて 長野県埴科郡・更級郡 *のてつ 新潟県中越 *はと・はどー 青森県九戸郡「はどーだ人」 *ぶきよーってー 東京都南多摩郡 *やまのひと 富山県

ふきん【付近】 *いっけと・いっけとそこ(すぐその付近) 福岡市 *いまーり(それを取り巻く付近) 神奈川県「家のいまーりで遊べ」 *えんで 新潟県三条 *がーぐり 青森県三戸郡 岩手県九戸郡「があぐりに置くな」 *かいぐり 青森県三戸郡 *がいぐり 青森県南部 岩手県紫波郡 秋田県鹿角郡 *かいぐるっと・きゃいぐるっと 愛知県名古屋市「綿を入れたら、きゃいぐるっとを縫っといてちょうよ」 *かいと(村の付近) 岐阜県揖斐郡 *かたり 静岡県「このかたりにあるやうだ」 *からまり 福島県浜通「あのからまりには何もない」 *ぎやぐり 岩手県岩手郡・気仙郡 *くろ 茨城県稲敷郡 新潟県佐渡「道のくろ」「田のくろ」 岐阜県 愛知県西春日井郡 *ぐろ 岐阜県飛驒 *げぁぐり 岩手県気仙郡 *げぁぐるりん 岩手県気仙郡 *げぁんぐり 秋田県平鹿郡「畑のげぁんぐりに黍植えた」 *げぇあーぐり 岩手県上閉伊郡 *げぐり 青森県上北郡「家のげぐりの草をむしる」 秋田県鹿角郡 *こし(人やものの付近) 岩手県九戸郡 新潟県佐渡 岐阜県「家のこしにごみを捨てるな」 三重県志摩郡「母親のこしにばかりいる」 *しょけん 島根県出雲・隠岐「しょけんが騒がしいもんだけん、外へ出て見た」 *すずい 鹿児島県肝属郡 *そばたし 奈良県南大和 *ちっぱ(海上で言う語) 宮城県亘理郡「かないしのちっぱ」 *にー 沖縄県首里「がっこーぬにー(学校の近く)」 *にき 兵庫県加古郡 香川県 愛媛県 高知県 福岡県 佐賀県 長崎県「いけんはたんにき、ふとかどんくのおる(池の端の辺りに大きな蛙がいる)」 熊本県玉名郡 鹿児島県 *にきー 佐賀県藤津郡「いどんにきー(井戸の辺)」 鹿児島県甑島「海苔のきれいかよう生いとるにきーにゃあ」 *ね 青森県上北郡「そこねにいたべ(その辺にいるだろう)」 秋田県平鹿郡・雄勝郡 島根県隠岐島「宇賀のね行きたら」 *ねき 三重県北牟婁郡「いなえーのねき(お前の家の近所)」 京都府 奈良県南大和 和歌山市 島根県出雲「橋のねきで、へっちゃー会ったわね(橋のたもとで、ぱったり出会ったのよ)」 岡山県阿哲郡 広島県福山 香川県「駅のねき」 愛媛県 福岡県 鹿児島県 *ねきらい 愛媛県宇摩郡 *ねけ 長崎県南高来郡 *のき(家の付近) 新潟県佐渡 岐阜県郡上郡 *のきば(家の付近) 新潟県佐渡・中頸城郡 *まーたり 富山県富山市近在・砺波「あんたとこのまあたりに嫁に出っさるよな娘さやっさらんけ(おられないですか)」 *まんぐら 沖縄県首里 *みぐい 沖縄県首里 *めぐし(ほとり) 静岡県 *めぐら 新潟県「そこらのめぐらさがせ」 富山県砺波 石川県 広島県山県郡 徳島県「このめぐらにゃ人の物を盗るような者はない」・美馬郡 高知県土佐郡 *めぐらた・めぐらたし 富山県 *めぐり 新潟県佐渡 *もーりゃー 佐賀県 *もつれ 島根県 岡山県児島郡 *もり 鹿児島県 *りんたん 熊本県玉名郡

→きんじょ(近所)

ふきん【布巾】 *おひっの 鹿児島県鹿児島郡 *きよぶきん(木製器具のつや出しのために使うふきん) 高知市 *しすり 沖縄県石垣島・新城島 *しする 沖縄県竹富島・波照間島 *しはん 岩手県上閉伊郡 *しはんこ 岩手県中通(ぞうきん)・気仙郡 *すすい 沖縄県与那国島 *すする・っする 沖縄県八重山 *たなぶきん 和歌山県東牟婁郡 *ちゃきん 山形県西置賜郡 新潟県北蒲原郡 宮崎県西諸県郡 *ちゃふきん 山形県西置賜郡 新潟県北蒲原郡 *っずーり 沖縄県黒島 *っすり 沖縄県石垣島・新城島 *ひきの(食器、食卓などをふくふきん) 熊本県球磨郡 *ふきの(食器、食卓などをふくふきん) 青森県津軽 岐阜県稲葉郡・海津郡 愛知県 島根県那賀郡 長崎県南高来郡・壱岐島 熊本県玉名郡・球磨郡 鹿児島県肝属郡 *ふきのの(食器、食卓などをふくふきん)

愛知県愛知郡 *ふっの(食器、食卓などをふくふきん)鹿児島県・揖宿郡

ふく【吹】

風が□ *まくる 徳島県海部郡「風がまくる」 *あらぶく(風が強く吹く)大阪市「あらぶきます(風が強く天気の悪い時の挨拶の言葉)」 *すじゅん(風が少し吹く)沖縄県首里

芽を□ *めぐらむ 香川県 *めばる・めばらむ 香川県 *もえつくる 山形県北村山郡 *もえではる 山形県西田川郡 *もえふく 山形県東田川郡

ふく【拭】 *しするん・っするん 沖縄県石垣島 *すすゆん 沖縄県首里 *なでさする(ぞうきんでふく)島根県出雲市 *なでる 新潟県佐渡 島根県隠岐島

ふぐ【河豚】 *あばーし 鹿児島県加計呂麻島 *あばし 沖縄県島尻郡・中頭郡・新城島 *あばしとぅどぅ 沖縄県西表島・石垣島 *あばす 鹿児島県奄美大島・沖永良部島・与論島 沖縄県新城島 *あばっつぁ 沖縄県黒島 *いけぶく(フグの一種)長崎県壱岐島 *いぶくとー 熊本県宇土郡 *かえしもん 新潟県佐渡 *がんば 長崎県南高来郡 熊本県玉名郡・宇土郡 *ぎんちょ(フグの一種)鹿児島県薩摩 *くだめ 三重県志摩郡 *たんぽ・だんぽ 島根県隠岐島 *ちーくぇーぶーなー 沖縄県首里 *ちゃんぷく・ちゃんぷつ 鹿児島県 *ちょんぶく 熊本県芦北郡 *ちんふくと 鹿児島県 *てっぽー(あたれば死ぬというところから)福岡市 *てんぷく 香川県豊島 *でんぶく 福井県敦賀郡 兵庫県赤穂郡 香川県 *どーじら・どじら 長崎県南高来郡 *どそぶく 新潟県佐渡 *どんぶく 新潟県佐渡 福井県敦賀郡 *どんべ 新潟県佐渡 *ぬめ(フグの一種)島根県江津市 *ぴしきゅー 沖縄県石垣島 *ぴひきいじゅ 沖縄県竹富島 *ぴんとぅ 沖縄県鳩間島 *ぶきん 熊本県天草郡 *ふぐし 三重県志摩郡 *ふぐた 愛知県知多郡 *ふぐたいろ 愛知県知多郡 *ふくだめ 三重県志摩郡 *ふくたん 新潟県佐渡 *ふぐたん 三重県志摩郡・北牟婁郡(小児語) *ふくたんぽ・ふくたんぽ 島根県隠岐島 *ふくちん 和歌山県西牟婁郡 *ふぐちん 徳島県 *ぶくちん 熊本県天草郡 *ふくつ 和歌山県日高郡 *ふぐつ 三重県度会郡 *ふぐっちょ 静岡県小笠郡・榛原郡 *ふくっと 和歌山県日高郡 *ふくっとー 高知市 *ぶくてん 熊本県 *ふくと 兵庫県淡路島 和歌山県日高郡 徳島県 香川県伊吹島 愛媛県 高知県 長崎県南高来郡 宮崎県 鹿児島県奄美大島 *ふくど 佐賀県唐津市 *ふぐど 愛媛県 熊本県天草郡 *ぶくと 香川県 愛媛県 *ふくとー 和歌山県西牟婁郡 長崎県「ふくとーぬ刺身ぁなめなめしちょった(ふぐの刺身は滑らかだった)」 熊本県 *ぶくとー 長崎県西彼杵郡 *ふくとん 和歌山県西牟婁郡 *ぶくめん 熊本県天草郡 *ふくりん 長崎県五島 *ぶくりん 長崎県五島 熊本県天草郡 *ふご・ふごた 静岡県榛原郡 *ぶっきん 熊本県天草郡 *ぶってん 鹿児島県 *ふっと 鹿児島県 *ふっど 長崎県五島 *ぶっとせん・ふっどめん 鹿児島県揖宿郡 *ぶとー 熊本県天草郡 *まんぐろ 熊本県天草郡

ふくしゅう【復讐】 ⇩しかえし(仕返)

ふくしょくぶつ【副食物】 ⇩おかず(御数)

ふくつう【腹痛】 ⇩「はら(腹)」の子見出し、「腹が痛む」

ふくらはぎ【膨脛】 *あしのはら 新潟県佐渡 *かっち 鹿児島県喜界島 *からすね 長崎県壱岐島 *けはんどこ・けはんざ 島根県隠岐島 *けんはざ 島根県隠岐島 *さばどこ 島根県隠岐島 *しおずつ 山梨県 広島県芦品郡 *しおずと 岡山県 *しょーずと 長野県長野市・上水内郡 *しょずつ 山梨県 *しょずと 静岡県榛原郡 *しょろ 山口県豊浦郡「しょろがきれる(ふくらはぎに激痛を感じる)」 *すけとばら 新潟県佐渡 *すぼ 香川県三豊郡 愛媛県 *すぼき 徳島県・美馬郡・阿波郡 香川県 *すぼく 香川県粟島 *すぼけ 徳島県 香川県木田郡 *たっぷり 島根県隠岐島 *たぶたぶ 長野県更級郡・上田 *たぶら 大阪市 *だぶら 沖縄県八重山 *だぶる 沖縄県竹富島 *たぶろ 香川県大川郡 *たぼたぼ 長野県上水内郡・佐久 *たわらっぱき 長野県佐久 *たわらっぱぎ 群馬県勢多郡・多野郡 長野県上田・佐久 *たわらっぱぎり 長野県南佐久郡 *つぃにっくら(「すねこむら(臑腓)」の意)沖縄県与那国島 *つつっこ 長野県南部 *つつわら 岐阜県飛騨 *つと(藁苞(わらづと)に形が似ているところから)静岡県 愛知県宝飯郡 福岡市 熊本県 宮崎県・東諸県郡「あしのつと」 鹿児島県 *つとこぶら・つとっこぶら 佐賀県・藤津郡 *つとずね 長崎県壱岐島 *つとっこ 長野県「つとっこをすりむいた」 静岡県静岡市・志太郡 *つとっこー 静岡県 *つとっぱき 東京都八王子 *つとはら 長野県西筑摩郡 *つとばら 岐阜県加茂郡 愛知県知多郡 *つとわら 富山県 岐阜県加茂郡・恵那郡 愛知県知多郡 *なまずうら 滋賀県蒲生郡 *ぱんぬたり 沖縄県波照間島 *ひーりす・ひりす 島根県石見 *ひーりすぼ・ひーるすぼ 島根県石見 *ひかがね 三重県志摩 *ひっかがみ 東京都八王子 静岡県志太郡 *ひりすぼ 島根県那賀郡 *ひるますぼ 島根県石見 山口県豊浦郡 徳島県三好郡 *ひるめすぼ 大分県宇佐郡 *ふくのはら 島根県邇摩郡 *ふくら 兵庫県淡路島 島根県隠岐島 山口県大島 愛媛県「ふくらがはる(固くなる)」 大分県 *ふくらしび 島根県八束郡 *べんけーなかせ 静岡県志太郡 *ゆーら 大分市 *ゆーろ 大分県 *よーろ 山口県豊浦郡「よーろが上った(ふくらはぎがつれた)」 *わた 兵庫県赤穂郡 *わたどこ 島根県隠岐島 *わたぬき 島根県出雲市 *わたもち 兵庫県赤穂郡・加古郡 山口県

□がひきつること *がらさまーる 沖縄県鳩間

島 *がらしまーり 沖縄県石垣島・竹富島 *からすおれ 長崎市 *からすがーり 愛知県北設楽郡 *からすがい 岐阜県飛騨 *からすがえり 新潟県東蒲原郡・中頸城郡　岐阜県飛騨 *からすなえ 兵庫県淡路島　山口県大島 *からすなえり・からしなえ 愛知県名古屋市 *からすなめり 岐阜県飛騨 *からすなり・からすない 愛媛県 *からすまーり 静岡県磐田郡 *からすまがり 長崎市　熊本県玉名郡 *からまげーり 長野県佐久 *くんだあがやー（「くんだ」は「ふくらはぎ」の意。ふくらはぎのけいれん）沖縄県首里 *くんばあがい 沖縄県国頭郡 *こびらあがり 島根県出雲 *こぶらあがり 島根県

ふくろ【袋】 *げんじ 静岡県 *ふぞ 宮崎県都城　鹿児島県鹿児島郡 *ふんぞ 鹿児島県薩摩

腰に下げる□ *こしず・こいず 鳥取県八頭郡 *さでこ 兵庫県美方郡 *どーらん 石川県能美郡 *ぽだす 新潟県北魚沼郡 *やまてご 宮崎県西臼杵郡

背負い□ *おーてご 新潟県北蒲原郡 *がまたみの 福井県大野郡 *せなかあて 福井県大野郡　長野県上伊那郡・南安曇郡 *つかり（縄で編んだ運搬用の背負い袋）岩手県九戸郡（馬ふんを入れる）・気仙郡　新潟県東蒲原郡・佐渡島　島根県隠岐島 *つきやり（縄で編んだ運搬用の背負い袋）島根県八束郡 *なわてご（縄やわらで編んだ背負い袋）富山県東礪波郡 *なわてんこ（縄やわらで編んだ背負い袋）岐阜県大野郡
*ふくろせながーで 岩手県九戸郡

山行きの道具や弁当などを入れる、わらや布製の背負い□ *いじーこ 長野県飯田市・下伊那郡 *いじこ 栃木県日光市・安蘇郡　愛知県設楽・三河 *いじこぶくろ 愛知県三河 *いじっこ 長野県飯田市　静岡県駿東郡 *いちこ 長野県松本市 *しょいあみ 静岡県富士郡 *しょいかご 福島県南会津郡 *しょいこしご 長野県小県郡 *しょいごしっこ 栃木県安蘇郡 *しょいごり（樹皮製）静岡県磐田郡 *しょいぜーふ 東京都西多摩郡 *しょいっこ 栃木県 *しょいなーだーら 静岡県賀茂郡 *しょいびく 群馬県利根郡 *しょいぶくろ 静岡県富士郡　愛知県北設楽郡 *じんきち 長野県長野市・上水内郡
*じんきちぶくろ 山形県西置賜郡　長野県北安曇郡 *てふご（山へ行く時、弁当などを入れる編んだ袋）滋賀県彦根 *ひるつつ（山仕事に弁当を入れて持って行く、編んだ袋）秋田県由利郡 *ひるてご（山仕事に弁当を入れて持って行く、編んだ袋）岐阜県恵那郡 *ひるまふご（山仕事に弁当を入れて持って行く、編んだ袋）高知県土佐郡 *ひんたわら（山仕事に弁当を入れて持って行く、編んだ袋）滋賀県滋賀郡

わらで編んだ腰につける□ *こしーこ 石川県河北郡 *こしかご 福島県南会津郡 *こしご 岡山県苫田郡　広島県倉橋島　愛媛県伯方島 *こしっこ 栃木県安蘇郡 *てご 福井県大野郡・南条郡　滋賀県高島郡 *てんご 岐阜県吉城郡
*ほーらいこ 富山県東礪波郡

わらで作った背負い□ *おいこ 京都府北桑田郡 *じゅーろーた 長野県南佐久郡 *せおいだす 新潟県北魚沼郡 *ひぐつ 茨城県久慈郡　栃木県安蘇郡

ふくろう【梟】 *いぶろ 千葉県夷隅郡 *うっつどり 鹿児島県 *えぼ 埼玉県秩父郡 *おーほ（鳴き声から）青森県南部　岩手県 *おーほー（鳴き声から）青森県上北郡　岩手県 *おくっぽー 埼玉県入間郡 *おくんぼ 静岡県磐田郡・志太郡 *おくんぼー 静岡県島田市 *おしかどり 熊本県天草郡 *おっほ（鳴き声から）青森県南部 *おっぽ 三重県志摩郡 *おとく 香川県大川郡 *おふくろ 大分市 *おほ（鳴き声から）青森県南部・三戸郡「おほが啼けば、その年はよなか（作物）がよい（ことわざ）」　岩手県 *おほー（鳴き声から）岩手県上閉伊郡 *おろしけ・おろすけ 岩手県北部 *かっぽー 三重県志摩郡 *かねつけどーこ 佐賀県藤津郡
*かふきどり 静岡県小笠郡 *かんぶくろ 大分市
*きどじゅ 鹿児島県 *きねこ 長野県 *きろく 岐阜県山県郡　愛知県葉栗郡 *くーくーどり 大分県北海部郡 *くーふ 鹿児島県奄美大島 *けーしこ・けしこ 鹿児島県種子島 *げんじ 静岡県小笠郡 *こーきち 島根県石見　山口県浮島 *こーきちこ 島根県邇摩郡 *こーきちこえ 山口県大島郡
*こーず 福岡県　熊本県阿蘇郡・飽託郡　大分県 *こーずー 福岡県・八女郡　佐賀県鳥栖　熊本県　大分県 *こーずーどり・こーずどり 熊本県玉名郡 *こーずどり 福岡県　熊本県 *こーぞ 宮崎県西臼杵郡 *こーぞー 福岡県　熊本県　大分県 *こーぞーどり・こーぞどり 熊本県 *こーどー 埼玉県南埼玉郡　大分県 *こーへ 栃木県安蘇郡 *ごーへ 栃木県　群馬県館林 *ごーへーどり 埼玉県秩父郡 *こーほ・こーほー 沖縄県国頭郡 *こず 宮崎県 *ごす 三重県度会郡 *こずー 大分県 *こずーどり 大分県大分郡 *こずどり 鹿児島県 *こぞ 宮崎県日南市 *こぞー 大分市 *こぞーどり 熊本県　大分県速見郡・東国東郡 *こぞどり 熊本県　宮崎県 *こっこー 沖縄県与那国島
*こっぽ 熊本県菊池郡 *こっぽーどり 長崎県北松浦郡 *こっぽどり 大分県大分郡 *このすけどっこ・このすとこ・このつききとじゅ・このつききのじゅ 鹿児島県 *このつきとっこ 鹿児島県・肝属郡 *ごへー 茨城県　栃木県　群馬県　埼玉県入間郡 *ごへーどー 群馬県佐波郡 *ごへーどり 栃木県　群馬県勢多郡　埼玉県秩父郡 *ごろくそ 福岡県 *ごろくと 鳥取県東伯郡・西伯郡　島根県能義郡　香川県綾歌郡 *ごろくとほーせ 島根県能義郡 *ごろしち 静岡県 *ごろしちごー 神奈川県中郡 *ごろしちほーこー 千葉県印旛郡
*ごろすけ 岩手県気仙郡　神奈川県・三浦郡　長野県諏訪　静岡県　愛知県　三重県　京都府与

謝郡　福岡県筑後
*ごろすけぼーこ埼玉県北足立郡 *ごろつく長野県佐久 *ごろっここーず宮崎県 *ごろっち山梨県北都留郡・南巨摩郡　長野県諏訪 *ごろっちょ山梨県南巨摩郡　長野県諏訪　静岡県 *ころっとこーぞ熊本県阿蘇郡 *ごろっとほーこー茨城県稲敷郡 *ころっぽどり熊本県宇土郡 *ごろふと島根県能義郡 *しくぐる沖縄県石垣島 *すくく沖縄県波照間島 *すくぐる沖縄県黒島 *ずるっとほーこー(鳴き声から)千葉県印旛郡 *たかじくく沖縄県首里 *だらしけであほ・だらしこ・だらしこえあほ・だらしこおーほ岩手県九戸郡 *だらすけであほー岩手県上閉伊郡 *ちこー沖縄県西表島 *ちょっぽかすけ熊本県球磨郡
*つぃくく沖縄県首里 *つぃくぐる沖縄県八重山 *つく千葉県香取郡　東京都八丈島 *つくぐる沖縄県石垣島・小浜島 *つくほー沖縄県新城島 *つくめ東京都八丈島 *つつく鹿児島県口之永良部島 *つつこ鹿児島県屋久島 *っふぁーどぅり沖縄県鳩間島 *でしこし愛媛県　大分県南海部郡 *でしほし和歌山県東牟婁郡 *ててっぽっぽ山形県　石川県羽咋郡「ててっぽっぽのあさおきしたよな(醜い顔つき)」 *でてっぽっぽ富山県東礪波郡 *ででっぽっぽ富山県西礪波郡 *てぽっぽ山形県 *ででぽっぽ岩手県気仙郡 *てりつけほーせ島根県出雲 *てれすけぼーこ埼玉県入間郡 *でんすけ愛知県東春日井郡 *どーこ佐賀県藤津郡 *どーこー佐賀県 *どーこどり佐賀県唐津市 *とーすくぼ群馬県佐波郡 *とーすけとーこ(鳴き声から)香川県綾歌郡 *とくぼ広島県江田島 *とっこ宮崎県西諸県郡・都城　鹿児島県 *とっこどい鹿児島県 *とっぽーどり長崎県北松浦郡 *とっぽどり熊本県天草郡 *とわほ広島県能美島 *ぬえつけ山形県北村山郡 *ぬえつけほーほー山形県東村山郡・北村山郡 *ぬりすけほーほ山形県最上郡 *ぬりつけ・ぬりつけほーほー山形県南村山郡 *ぬりつけほーしぇー山形県西置賜郡 *ねーずけほーほー山形県東置賜郡「ねーずけほーほーが来るぞ」 *ねこさぎ広島県走島 *ねこっく山口県大島 *ねこどり茨城県真壁郡　栃木県　千葉県　長野県　島根県隠岐島　広島県沼隈郡　山口県豊浦郡　徳島県　香川県小豆島・佐柳島　愛媛県　高知県幡多郡　福岡県　長崎県南高来郡　熊本県　大分県・大野郡　宮崎県　鹿児島県 *ねねずけほーほー山形県西村山郡 *のーつきほーほ富山県 *のりつけ秋田県鹿角郡　長野県下水内郡(小児語)　島根県邑智郡 *のりつけほーせ新潟県中越　富山県　福井県今立郡　岐阜県飛驒　島根県那賀郡・邑智郡
*のりつけほーほ山形県山形市・最上郡　富山県 *のるっけほーせ・のるっけほーほ富山県射水郡 *のれつけ秋田県鹿角郡 *のろしけ・のろしけおーほ・のろすこ岩手県九戸郡 *のろすけ青森県南部　岩手県九戸郡 *のろつけ新潟県岩船郡 *ばんどり山梨県北都留郡 *ひころく愛媛県東宇和郡　鹿児島県 *ふくどり大阪府泉北郡
兵庫県・多紀郡 *ふくのどり富山県砺波 *ふくるー大分県 *ふくろーねこ・ふくろねこ香川県 *ふくろく石川県江沼郡　福井県　滋賀県・高島郡 *ふくろこ福井県 *ふくろずく栃木県　東京都八丈島 *ふくろどり富山県西礪波郡　岐阜県吉城郡　三重県志摩郡　京都府愛宕郡　奈良県高市郡　大分県東国東郡 *ふたこ・ぶぶた・ぶぶたろ・ぶぶたろー千葉県夷隅郡 *ふりつく徳島県美馬郡　香川県綾歌郡・三豊郡 *ふるずく島根県鹿足郡 *ふるっく奈良県吉野郡　和歌山県日高郡　広島県高田郡　高知県幡多郡 *ふるつく三重県北牟婁郡　大阪府　兵庫県・淡路島　奈良県・南大和　和歌山県　島根県鹿足郡　広島県　山口県　徳島県・美馬郡　香川県「ふるつくみたい(変なかっこうをして)」・高松市　愛媛県　高知県・高知市 *ふるっこ和歌山県日高郡
*ふるつこ愛媛県 *ふれつく香川県綾歌郡 *ふろしきぼーこん(鳴き声から)静岡県富士郡 *ぶろずこー群馬県碓氷郡 *ふろっく和歌山市 *ふろつく徳島県 *へーすけどり三重県伊勢 *へくせぽっぽ宮崎県 *ほいそー島根県鹿足郡 *ほいほい奈良県磯城郡 *ほいほいどり静岡県榛原郡・小笠郡　兵庫県淡路島　奈良県南大和　和歌山市 *ほーこー・ほーこどり千葉県印旛郡 *ほーこーどり静岡県賀茂郡 *ぽーず大分県大分郡
*ぽーすかーす静岡県田方郡 *ぽーずかす山梨県北都留郡 *ぽーすきや・ほすかー・ぽすけす静岡県駿東郡 *ほーすけ岐阜県養老郡 *ぽーずこい大分市 *ぽーずこー山梨県北巨摩郡 *ぽーすっこ静岡県庵原郡 *ぽーずっこ・ぽーぽっこ山梨県 *ぽーすっこい静岡県賀茂郡 *ぽーずっこい神奈川県高座郡 *ほーせ島根県八束郡 *ほーそー島根県邇摩郡 *ぽーつく群馬県勢多郡
*ほーつこ(幼児語)神奈川県津久井郡 *ぽーほー栃木県塩谷郡 *ぽーぽ栃木県河内郡 *ほーほー長野県　静岡県 *ぽーぽー山梨県中巨摩郡 *ぽーぽーつく群馬県勢多郡　埼玉県入間郡 *ほーほーどり群馬県勢多郡・佐波郡　埼玉県川越・入間郡　千葉県印旛郡　東京都三宅島　神奈川県
兵庫県加古郡　島根県安濃郡　香川県小豆島・志々島　長崎県南高来郡　熊本県天草郡　大分県
*ぽーぽーどり群馬県勢多郡 *ほーほどり静岡県小笠郡　島根県簸川郡・出雲市 *ほくぼ岐阜県揖斐郡 *ほくんぽ静岡県磐田郡 *ぽすこ静岡県富士郡・庵原郡 *ぽすっこ静岡県富士郡 *ほっこ神奈川県津久井郡 *ほっこー静岡県磐田郡
*ほっこどり栃木県栃木市・安蘇郡 *ほっほ岐阜県不破郡 *ほっぽ三重県志摩郡 *ぽっぽ愛知県尾張 *ほっぽい三重県南牟婁郡 *ほっほいどり兵庫県淡路島 *ほっほーどり島根県隠岐島　熊本県 *ほっぽーどり長崎県壱岐島 *ぽっぽーどり栃木県足利郡 *ほっぽこ愛知県知多郡 *ほ

っほどり兵庫県淡路島　熊本県上益城郡　*ほっぽどり三重県志摩郡　*ぽっぽどり愛知県西春日井郡　宮崎県児湯郡　*ほっぽへくせ宮崎市　*ほほー山口県熊毛郡・祝島　*ほほどり熊本県　宮崎県延岡　*ほほん三重県　奈良県　*ほほんどり三重県名賀郡　奈良県宇陀郡　*ぽろきち栃木県河内郡・芳賀郡　広島県佐木島　山口県・屋代島・大島　*ぽろきちほーこー山口県大島　*ぽろきてほーこー広島県山県郡　*ほろすけ福島県　茨城県　栃木県　群馬県吾妻郡　埼玉県川越　長野県諏訪　愛知県南設楽郡

　三重県員弁郡・桑名郡　*ぽろすけ栃木県河内郡・芳賀郡　*ほろつき・ほろつきでーしょー埼玉県秩父郡　*ぽろつき広島県山県郡　*ほろっく長野県上田・佐久　*ほろつく群馬県勢多郡　長野県佐久　広島県比婆郡　*ほろつけ栃木県芳賀郡　*ぽろつけ福島県石城郡　*ぽんすけどり滋賀県栗太郡　*ぽんぽんどり千葉県市原郡　静岡県小笠郡　*ましこ栃木県今市市・安蘇郡　*まなこどり福岡県　*まめまきどり神奈川県川崎市　*みみずく栃木県　島根県邇摩郡　香川県　*みみつく鹿児島県宝島　*むぎうませどり長崎県壱岐島　*むぎうらし香川県香川郡　*めまるごろちょ静岡市　*めまるごろっちょ静岡県榛原郡　*めめずく千葉県山武郡　*もほ青森県・津軽　秋田県鹿角郡　*もほどり青森県津軽・上北郡　*もま愛媛県　福岡県・粕屋郡・宗像郡　大分県　*ももんが栃木県　*よーご千葉県上総　*よーずく・よーぞく・よーちじ島根県石見「よーちじが三声鳴あたが田主の耳に入らんか」　*よご千葉県　*よごー・よごたび千葉県夷隅郡　*よごたろ千葉県長生郡・夷隅郡　*よしか熊本県芦北郡　鹿児島県　*よしかかっぽ・よすっぽ熊本県球磨郡　*よしかどい宮崎県西諸県郡　*よじく島根県出雲　*よしくろし鹿児島県屋久島・揖宿郡　*よしころし鹿児島県揖宿郡　*よしとく香川県小豆島　*よずく鳥取県西伯郡・日野郡　島根県・出雲　広島県　大分県東国東郡　*よすけどり熊本県天草郡　*よぞく島根県　*よたか山形県　新潟県佐渡　三重県志摩郡　島根県益田市　*よたかー三重県桑名市　*よっしょいどり・よっしょいねこどり長崎県壱岐島　*よつめ香川県三豊郡　*よどぎじ静岡県賀茂郡　*よどく島根県鹿足郡　*よどり香川県伊吹島　*よなきどり宮崎県　*よぼくろ・よぼろ千葉県夷隅郡　*れしこし大分県大野郡

□の鳴き声を表す語　*おほーおほーのろずけほ青森県三戸郡　*おほおほならずげおほ岩手県上閉伊郡　*おろすけおっほ・おろすけおほ岩手県北部　*からくそぐーど・からくとくーかーくーくー大分県大分郡　*からくとこーぞ・くるーとくーくー大分市　*こーずーつーしてつーくい大分県　*こーずからくそくーかくーくー大分県直入郡　*こーずからくとくーか・こーぞーこーぞーからうすつーけ大分県大分郡　*こーずこーず・こーずこーずとってくーぞ大分県　*こーずこーずからくすくーたか・こーぞかれくそくーたか・こーぞきょーいてきょーかえれ大分県速見郡　*こーぞーこーぞーうまんくそくーきゃー大分県別府市　*こーぞーこーぞーからふとこーぞー大分県大分市・別府市　*こーぞーごろすけへーべー福岡県久留米市　*こーろよろきてぼーこい大分市　*こずー・こずーごろくとほーせ・こずーつーしてつーくり・こずーつけつけ・こずーなべぶたほーせ・こずーへーちこい・こずこずはらくせほーせー大分県大分郡　*こずーぼろきてほーこー大分県大分郡・北海部郡　*こぞーこぞーほーほー大分県大分市・速見郡　*こぞーとーしてとーけー大分県速見郡・東国東郡　*こぞーどーしてとーけー大分県大分市・大分郡　*こどけこどけとけたとけた大分県東国東郡　*ごろくとかえせ（雨の前日の鳴き声）京都府　*ころくとほーせ大分県大分郡・速見郡　*ごろくとほーせ島根県能義郡　大分県大野郡　*ころころころ大分県西国東郡　*ごろっここーず宮崎県東諸県郡　*ころっとほーこ大分県東国東郡　*ごろっぽごろっぽ大分市　*そろっとこーか（「こっそり来ようか」の意）島根県出雲　*だらすけであほー岩手県上閉伊郡　*つーいちつーきからくそぐーど大分県大分郡　*つーしてつーくー大分県中南部　*つーしてつーくよこずー・つーしてつーくよごろくとほーせ大分県大野郡　*でーこしーしこどーがこいし・でんほしでんほし大分県大分郡　*でしこいし・れすこす大分県大野郡　*でしこし大分県　*でれすけほーほー福島県相馬　*てれちけほーせそろっとこーか・てれつけほーせ島根県出雲　*てれつぽっぽ・てれつぽっぽのりつけほーほー山形県新庄市・最上郡　*どーきてとーこい・とーけとーけ大分県東国東郡　*どーしてとーきー・とろしてとーきー大分県速見郡　*とーしてとーこー・とーひてこーどー大分県南海部郡　*どしょーりとしけー岡山市　*どろくてかえせ（雨の前日の鳴き声）京都府何鹿郡　*どろころこ大分市　*どろつけほーせ京都府加佐郡・天田郡（雨の前日の鳴き声）　*どろつけほほー鳥取県気高郡　*ぬーすけほーほ山形県南置賜郡　*ぬえつけぬえつけほーほー山形県北村山郡　*ぬえつけほーほー山形県東村山郡・北村山郡　*ぬりすけほーほ山形県最上郡　*ぬりつけほーしぇー山形県東置賜郡　*ねれつけほーほー山形県西村山郡　*のーつけほーほー富山県砺波　*のっつほーほ山形県東田川郡　*のりつけほいせ島根県鹿足郡　*のりつけほいそー島根県美濃郡・益田市　*のりつけほーしふくふく大分県西国東郡　*のりつけほーせ秋田県鹿角郡　山形県西置賜郡　富山県砺波　岐阜県郡上郡　京都府天田郡・加佐郡　島根県　大

分県 *のりつけほーせー 富山県西礪波郡 *のりつけほーせそろっとこーか・のりつけほーせぼろきてとーこい 島根県仁多郡 *のりつけほーせほほ 岐阜県大野郡・吉城郡 *のりつけほーそー 京都府 島根県石見 *のりつけほせほいほい 新潟県岩船郡 *のりつけほそー 島根県那賀郡 *ふーくふーく 大分県西国東郡 *ふくるーつーしちぇつーくい 大分県大分郡 *ふくるーつーつくつーつく・ふくるーとーきてとーくい 大分市 *ふくろーふくろー 大分県別府市 *ほーほーのりつけほーし・ほーほーのりつけぼーし 大分市 *ほーほーれーしこいし 大分市 *ほっとーかすけ 群馬県多野郡 *ぼろきてほーこー 大分県 *ぼろぼろぼろ 大分市 *むしろしーたかごろくとほーせ 大分県大分郡 *もすこす 大分県大分郡 *ろくとほーせ 大分県北海部郡

ふけ【雲脂】 *あーかき 沖縄県西表島 *あが 沖縄県与那国島 *あかき 沖縄県小浜島 *あかぎ 沖縄県石垣島 *いこ 鹿児島県 *いちあふぁ 沖縄県国頭郡 *いっき・いっち 鹿児島県喜界島 *いらこ 山形県村山 鹿児島県肝属郡 *いりき 鹿児島県奄美大島・加計呂麻島 沖縄県島尻郡 *いりこ 鹿児島県種子島 *いりち 沖縄県首里 *いろこ 岩手県気仙郡 福島県会津「頭いろごだらけだ」 *うろこ 青森県南部 秋田県平鹿郡 山形県東置賜郡 島根県隠岐島 *おろこ 宮城県登米郡 *がり 新潟県東蒲原郡 大分県大分市・直入郡 *き 島根県簸川郡・出雲市 *きー 島根県石見「きーがおきて頭が痒いー」 山口県佐合島・屋代島・浮島・豊浦郡 *こけ 長野県佐久 大分県大分郡 鹿児島県種子島 *こせ 大分県大分郡 *さかけー・しさかけー 沖縄県鳩間島 *さがん・しさがん 沖縄県波照間島 *ざはき 沖縄県黒島 *しけ 香川県大川郡「しけがようけおっちょるが」 *しらくも 島根県隠岐島 *ねむし 熊本県玉名郡

ふける【老】 *ひねる 岐阜県飛驒 香川県大川郡

年齢より□ている *うぃーらーしゃん(老けている感じだ) 沖縄県首里 *おーむく・おーもく(年齢のわりに老けて見えるさま) 岩手県胆沢郡 *くねっぽい 新潟県中頸城郡 山梨県南巨摩郡 長野県 *くまびる 岩手県気仙郡 宮城県仙台市「このいしょ、あんださ少しくまびてす」 山形県 *くまむ 山形県「くまんだ人だ」 新潟県 *とっしょりげ(年齢のわりに老けて見えるさま) 新潟県佐渡「あのしとっしょりげらなあ」 *ひねくましー 岐阜県飛驒 *ひねくらしー 富山県砺波 石川県 岐阜県東飛驒「苦労するとみえてひねくらしい顔をしとる」 *ひねくろしー 滋賀県彦根 大阪市 *ひねこし 三重県志摩郡 *へねくらしー 富山県・砺波

ふこうへい【不公平】 *うんぷそんぷ 広島県比婆郡 *えてひき 新潟県東蒲原郡 岐阜県飛驒 *かたおち 広島県 山口県大島 *かたかき 沖縄県首里 *かたばか 新潟県佐渡 *かたむくり 愛媛県南部 *しってんま 鹿児島県肝属郡 *そん 島根県益田市「当番を二遍もしてそんじゃのー」 *へんばこんば 香川県 *むらへんば・むらへんぼ 愛媛県 *よて 新潟県佐渡・長岡市 富山県 *よてひーき 新潟県長岡・上越市 *よてひき 新潟県 富山県砺波 *よてへーき 新潟県佐渡 富山県 *よてへき 富山県

ふさい【夫妻】 ⇨ふうふ(夫婦)

ふさい【負債】 *うか 沖縄県石垣島 *うっか 沖縄県首里「うっかばれー(借金払い)」 *おい 奈良県南大和 *おいもん 新潟県佐渡 *しー 沖縄県首里「しーばれー(借金を返すこと)」
→しゃっきん(借金)

ふさがる【塞】 *かたまゆん 沖縄県首里 *しやる 香川県「土管がしやっとる(詰まっている)」 *つむ 三重県志摩郡 滋賀県彦根「穴がつむ」 和歌山市「ごみで穴がつんでゐる」 香川県 *とじくる 静岡県榛原郡「眼がとじくる」 *どずける 栃木県安蘇郡「水がごみでどづけて流れない」 *とつばる 山形県庄内「けっつとつばる」 *とっぱる 青森県津軽 *とばる 島根県石見「すいのうがとばって種がこされん」 *とぱる 青森県上北郡・津軽「パイプがとぱる」 *ふんずまる 栃木県
→つまる(詰)

穴が□ *いえる 山口県玖珂郡 *いやる 高知市「風邪ひきで鼻がいやった」「煙管がいやったから掃除をしておくれ」 *くはがる 山形県「隙間がくふぁがる」 *くはる 宮城県仙台市 山形県「きんなの雨で土手が崩つぢえ水門くはつたど」 福島県中部・会津 *くぱる 青森県津軽 *くわる 北海道「よく疵口がくわった」 青森県上北郡・三戸郡「針のみずがくわって糸が通らない」 岩手県気仙郡 宮城県栗原郡「鼻がくわった」・仙台市 秋田県鹿角郡 山形県東田川郡・米沢市

ふさく【不作】 *ちがい 東京都八王子「ちげーどし(不作の年)」
→きょうさく(凶作)

農作物が□である *かるる・かれる 長崎県壱岐島 *けじょー 長崎県壱岐島「けじょー年」「けじょーがいく」

ふさぐ【塞】 *いやす 山口県玖珂郡 *うっぷさぐ 熊本県玉名郡 *くやす 秋田県「ねずみ穴をくやした」 *さにゅい 鹿児島県喜界島 *つばえる・つまえる 群馬県勢多郡 *とめる 山口県 *はばける 岩手県気仙郡 宮城県栗原郡・登米郡 山形県東田川郡・西田川郡「入口に自転車二台もはばけてあるので入れない」 新潟県東蒲原郡 *へっくー 新潟県南魚沼郡 *ほーん 沖縄県石垣島

穴を□ *うっずむる 熊本県玉名郡 *おっくえる 新潟県・南魚沼郡 *かしめる 岡山県苫田郡 *くーしん 沖縄県石垣島 *とぺる 青森県津軽「鼠穴とぺろ」 *ひっくえる 東京都八丈島

開いているところを□ *とちぺる 青森県津軽 *とちぼめる・とつぼめる 青森県南部 *とちぽめる 青森県南部 岩手県気仙郡 *とっちべる 青森県津軽「袋の口をとっちべる」 岩手県気仙郡 *とつぺる 青森県津軽 宮城県栗原郡 *よかる 島根県出雲・隠岐島「よかるな、テレビが見えん」

ふざける

*あくされる 長野県松本市・東筑摩郡 *あくたれる 島根県簸川郡 *あざけをする(犬猫などに言う) 新潟県佐渡 *あしゃける 秋田県河辺郡 *あじゃける 新潟県佐渡・岩船郡(犬猫などに言う) 富山県・射水郡 岐阜県恵那郡 島根県 *あじゃらける 岩手県気仙郡 *あじゃれる 島根県「あんまー家の中であじゃれーと、おこられーじ」 *あだがる 山形県 *あたける 茨城県稲敷郡 新潟県佐渡 石川県金沢市 長野県 静岡県 愛知県豊橋市 *あだける 青森県上北郡 山形県 福島県会津・浜通 茨城県稲敷郡 千葉県長生郡 新潟県佐渡・東蒲原郡 富山県 石川県能美郡 長野県諏訪 島根県美濃郡 *あばける 山形県 福島県会津 群馬県吾妻郡・佐波郡 新潟県 長野県 岐阜県恵那郡 *あばさかる 徳島県 *あばさける 栃木県西部 群馬県邑楽郡 福井県 *あばされる 長野県東筑摩郡「其様にあばされるな」 *あばしゃける 千葉県下総 *あばじゃれる 静岡県 *あばたれる 長野県東筑摩郡 *あばっさける 茨城県猿島郡・北相馬郡 *あばっつぁける 茨城県 *あまえる 奈良県吉野郡 島根県鹿足郡 広島県・高田郡 山口県祝島 香川県・小豆島 *あまさる 静岡県田方郡 *あまされる 岩手県盛岡市 秋田県鹿角郡「此の児はあまされてこまる」 東京都大島「わいら、あまされてゐんな」 新潟県 静岡県志太郡・安倍郡 *あまたれる 香川県・丸亀市・綾歌郡 *あやかる 岐阜県飛驒 *あんじゃらける・あんばける 秋田県雄勝郡・平鹿郡「あんじゃらけて仕事をするな」「そんなにあんばげるな」 *いちびる 滋賀県 京都府・京都市 大阪府大阪市・泉北郡 兵庫県「いちびってばっかり居ると用事が片付きませんよ」 奈良県 徳島県海部郡 香川県高松市・小豆島・伊吹島「そなんいちびったらいかん」 愛媛県伊予市 大分市 *いちゃける 岐阜県加茂郡 *いちゃつく 富山県砺波 長野県上田 岐阜県本巣郡 長崎県天草郡 *いちょびる 滋賀県 *いちょべる 滋賀県彦根 *うさがる 熊本県天草郡 *うつけあがる 秋田県鹿角郡 *うつける 秋田県鹿角郡 山形県「そがえにうづけるな」 *うるける 山形県西田川郡 *うんずく 秋田県雄勝郡「随分うんずぐ子供等だ」 *うんずける 青森県津軽 *えたける 愛知県「坊がえたけだして止まりやせん」 *おかばえる 富山県砺波 *おがる 岩手県気仙郡 *おこびる 長野県小県郡・下伊那郡 愛知県北設楽郡 *おごる 東京都八丈島 新潟県佐渡 富山県「鼠がおごっとる」 石川県 島根県 岡山県 広島県双三郡 愛媛県大三島 大分県「之は喧嘩ぢや無え、おごりにしよるのじぢや」 宮崎県東諸県郡 *おぞける 奈良県南大和 和歌山県那賀郡 *おだける 岡山県苫田郡 *おだつ 岩手県江刺郡・上閉伊郡 宮城県「おぼこと一緒におだつ年でもあんめにまづ、なんでがす。さきたからおだってばりいて」 島根県鹿足郡 *おちょくる 大阪市 兵庫県明石郡・淡路島 岡山県苫田郡 徳島県 *おちょける 愛知県東春日井郡 大阪市 兵庫県神戸市・淡路島 和歌山県 徳島県 *おっちょくる 新潟県東蒲原郡 *がさる 石川県能美郡・江沼郡「もうがさりませんから」 和歌山県日高郡・西牟婁郡 *かなぐれすん・はなぐれしゅり・はなぐれしゅん 鹿児島県奄美大島 *かばえる 徳島県・海部郡 *かまう 山形県 千葉県東葛飾郡 新潟県・三島郡 島根県隠岐島「わざっとかまってまぐれたふりしたちゅに」 *かもう 新潟県北蒲原郡 *かもる 山形県酒田市・飽海郡 *がんまーる 沖縄県国頭郡 *がんまりしゅん 沖縄県首里・那覇市 *がんまりしん 沖縄県石垣島・波照間島 *がんまりすぃん 沖縄県石垣島・鳩間島・波照間島 *がんまりすん 沖縄県中頭郡・鳩間島 *きあます・きやます 山形県南置賜郡・米沢市 *きっつぁわぐ 山形県最上郡・新庄市 *ぎょーくる 大分県玖珠郡 *きょくる 大分県 鹿児島県 *きょげる 香川県 *げらつく 富山県下新川郡・砺波 三重県上野市 *さいあがる 香川県「子どもらがさいあがって」 愛媛県 *さいがる 愛媛県 *ささぐ 山形県村山「余りささぎな」 *しこる 山形県東田川郡 三重県北牟婁郡「やつらーだいぶしこっとったじょー(えらい元気だったよー)」 奈良県吉野郡 和歌山県「犬がしこる」 島根県隠岐島 *してかかる 山形県北村山郡 *しぬる 栃木県芳賀郡 *しゃーらめく・しゃらめく 静岡県 *しゃ

方/言/の/窓

●アクセントの地域差Ⅲ

岩手県盛岡方言では馬の「たてがみ」を「トリガミ」と呼ぶ。「カミ」は「髪」と考えられるが「トリ」の語源については「鳥」「取り」の二説がある。

盛岡方言ではト|リガミとトを高く発音する。この方言では、複合語の前部要素が○|○のようなアクセントを持つ場合、複合語全体も○|○○○のようなアクセントを持つという法則がある。この方言では「鳥」は平らなアクセントで、「取る」のアクセントは「ト|ル」である。したがって、「トリガミ」の「トリ」は「取り」であると推定される。馬に乗るときに、たてがみをつかんで乗ることから「手に取る髪」と呼ぶのであろう。

複合語前半のアクセントが複合語全体のアクセントを支配するという現象は鹿児島方言においても顕著に認められる。

ける 和歌山県西牟婁郡 *じゃける 山梨県南巨摩郡　長野県　愛知県愛知郡　奈良県　鹿児島県種子島 *しゃしける 新潟県西頸城郡 *しゃじける 群馬県　埼玉県秩父郡　新潟県上越市 *じゃじゃける 島根県 *しゃたれる 京都府竹野郡 *しゃちくるー 新潟県佐渡「しゃちくるうて、いろいろなしごとをしとる」 *しゃちける 新潟県「そんなにしゃちけて、泣くくせに、やめれ」 *じゃびる 和歌山県西牟婁郡　愛媛県 *じゃみる 北海道　岐阜県加茂郡・恵那郡　三重県北牟婁郡 *じゃめる 北海道 *じゃらける 青森県津軽・三戸郡　岩手県上閉伊郡　宮城県仙台市　山形県　福島県相馬郡・東白川郡　茨城県稲敷郡　新潟県　富山県砺波　福井県　長野県下伊那郡　滋賀県　兵庫県鳥取県気高郡　島根県「あんまりじゃらけちょーと、誰かが怪我をすーぞ」　香川県　愛媛県松山長崎県対馬 *じゃらずく 島根県出雲 *じゃらつく 富山県砺波　島根県 *しょーげる・しょげる 山形県庄内「いつもしょげて面白い子だ」 *じょーける 宮城県仙台市　埼玉県秩父郡　新潟県中越 *じょーげる 秋田県鹿角郡 *じょけーる 長野県佐久 *しょける 静岡県 *じょける 群馬県　埼玉県秩父郡「きょうだいでじょけてべえいる(ふざけてばかりいる)」　山梨県　長野県諏訪・北安曇郡静岡県榛原郡 *じょげる 秋田県鹿角郡　新潟県下越 *しらける 秋田県「しらける女だ」　静岡県安倍郡　滋賀県甲賀郡 *じらける 福島県　島根県那賀郡 *しんそばーる 山梨県南巨摩郡 *ずやりる 山梨県中巨摩郡 *ずらける 秋田県仙北郡 *ぞえくる 愛媛県 *ぞえる 静岡県・志太郡　愛媛県・宇和島　大分県大分市・大分郡 *ぞーくる熊本県「ぞうくるな」　大分県　宮崎県 *ぞーげる長崎県対馬 *ぞくる 宮崎県宮崎市・宮崎郡「またぞくっちょる」 *ぞざーる・ぞざえる 山梨県南巨摩郡 *ぞさえる・ぞぜーる・ぞんぜーる 山梨県 *ぞしゃく 秋田県平鹿郡「そんなに笑ってぞしゃくな」 *ぞぜーる 山梨県「ぞぜぇた事をすると勘忍せんぞ」　長野県南佐久郡・上伊那郡 *ぞぜる 長野県上伊那郡 *そっぴょーずく 長崎県西彼杵郡 *ぞんざいる 静岡県 *ぞんざう 静岡県榛原郡「あんまりぞんざうな」 *ぞんざえる 山梨県　静岡県 *ぞんじゃる 秋田県雄勝郡「其んなに人にぞんじゃるもんで無いよ」 *ぞんせーる 栃木県足利市・佐野市 *ただける 徳島県板野郡・那賀郡 *だだける 京都府 *だだをこねる 島根県鹿足郡・益田市「家の中でだだーこねんこーに外え出てあすべ」 *だばーあける 静岡県島田市「中学生にもなってだばーあけるな」 *だばーける 静岡県・志太郡「たばーけんな」 *たばえる 岐阜県武儀郡「たばえんな」　奈良県吉野郡 *だばえる 岐阜県飛騨 *だばける 長野県諏訪・西筑摩郡　静岡県 *たぶける 愛知県 *たぼける 広島県賀茂郡 *たらくれる 秋田県北秋田郡「あまりたらくれるな」・鹿角郡 *ちーやる 京都府 *ちーよーける 愛知県宝飯郡大阪府泉北郡　徳島県 *ちばける 岡山県　山口県「そねえに大きなものがちばけるなあおかしいぜ」・阿武郡　香川県 *ちゃらける 岩手県和賀郡　静岡県　三重県上野市　岡山県児島郡 *ちゃりくる 長野県下伊那郡 *ちゃりる 山梨県東八代郡・北巨摩郡　長野県下伊那郡　岐阜県恵那郡 *ちゃる 福井県　京都市　大阪市　兵庫県淡路島　和歌山県　島根県簸川郡・出雲市「ちゃった事は止め」　香川県高松市・香川郡 *ちゃれる 山形県西田川郡　岐阜県　愛知県東春日井郡・名古屋市「住吉町の叔父さんはいつもちゃれてばかりござるで、真面目の話はできんで困る」　京都府竹野郡 *ちょーける 新潟県西頸城郡　福井県　岐阜県「あの子ちょーけてばっかおいでる」　静岡県磐田郡　愛知県「犬がちょーけとる」　三重県　滋賀県彦根　京都府　和歌山県新宮「あまりちょーけるものではない」・東牟婁郡　鳥取県　岡山県　広島県豊田郡　香川県仲多度郡 *ちょーげる 愛知県西春日井郡　岡山県児島郡　徳島県 *ちょくる福島県北会津郡　大阪府東成郡 *ちょける 岐阜県飛騨　三重県　滋賀県甲賀郡　京都市　大阪府中河内郡・泉北郡　兵庫県「ようちょける人や」奈良県　和歌山県　徳島県・海部郡　香川県大川郡 *ちょげる 福井県大飯郡 *ちょごえる 三重県志摩郡「あいつらが二人よると、じきにちょごえてくるよってに」 *ちょちける 岐阜県大垣市 *ちょぼける 岐阜県北飛騨 *ちょぼげる 三重県志摩郡「ぶしょうもんばっかよって、ちょぼげとるやぞい」 *ちょれる 長野県北安曇郡 *ちょろける 新潟県中頸城郡　福井県吉田郡・南条郡　兵庫県淡路島奈良県　徳島県「女にちょろける」 *ですける静岡県榛原郡 *でばじゃれる 神奈川県津久井郡 *どーくる 大分県 *どくれる 徳島県美馬郡 *どける 秋田県平鹿郡・由利郡　山形県東置賜郡・飽海郡 *どざえる 山梨県　長野県下伊那郡 *どさくれる 島根県仁多郡 *どんだえる 静岡県 *なまける 新潟県南蒲原郡「あの親父はいつもなまけてばっかえる」　鳥取県　島根県「なまけるな。まじめに答えー」　岡山県苫田郡 *にゃける 群馬県佐波郡 *にやける 群馬県利根郡・佐波郡　広島県高田郡 *にやつく 新潟県佐渡 *のぼせる 熊本県天草郡 *はがむ 埼玉県入間郡 *はぐしゃれる・はぐじゃれる・はこじゃれる・はごじゃれる 静岡県 *ばける 福島県　茨城県　千葉県東葛飾郡 *はしゃげる・はちゃける・はっちゃける 山形県 *はたえる 三重県阿山郡 *はっちゃげる・はっちゃれる 山形県米沢市 *はなぎきるん 沖縄県与那国島 *ぱなぎしん 沖縄県波照間島 *ぱなんぎしん(「花戯す」の意という) 沖縄県石垣島 *はなんぎすん 沖縄県竹富島・黒島 *ぱなんぎすん沖縄県新城島 *ぱなんぎほーん 沖縄県小浜島 *はまじゃれる 静岡県田方郡 *ばるい 熊本県天草郡 *ばるる 福岡県　長崎県五島 *ばれる 鳥取県　岡山県　長崎県伊王島 *びしゃばれる 宮城県栗原郡・登米郡 *ひゅーぐる 福岡県久留米市 熊本県阿蘇郡 *ひょーがる 長野県北安曇郡 *ひょーぐる 長崎市「あら、かおつきからしてひょーげとっとじゃもんのー(あの人は顔つきそのものがおどけているからねえ)」 熊本県「ピエロがよくひょうぐるです」 *ひょーける 新潟県 岐阜県 愛知県「猫がひょーける」 滋賀県彦根 京都府与謝郡 兵庫県西宮市 鳥取県 広島県鷺島・比婆郡 *ひょーげる 山形県 茨城県猿島郡 栃木県「あの人はひょーげでばかりいる」 群馬県 埼玉県「ひょーげたまねをする」 千葉県 東京都南多摩・八王子 新潟県 富山県 石川県鳳至郡 岐阜県 静岡県 兵庫県赤穂郡 鳥取県西伯郡 島根県「ひょーげることは止めー」 岡山県 広島県 山口県・阿武郡・豊浦郡 徳島県・美馬郡 香川県 愛媛県 高知県幡多郡 福岡県小倉市・福岡市 長崎県佐世保市・対馬 *ひょーじゃれる 島根県仁多郡・能義郡 *ひょーたくる 鳥取県 岡山県児島郡 *ひょーれる 岐阜県郡上郡 *ひょぐる 福岡県企救郡 *ひょける 岐阜県飛驒 *ひょげる 茨城県稲敷郡 群馬県佐波郡 長野県下水内郡 山口県大島 香川県香川郡 愛媛県宇和島 福岡県三池郡 *ひょんげる 島根県 愛媛県 *ふじくる 秋田県平鹿郡「酒酔うてふじくる」 *ふじゃらむ 青森県津軽 *べーさらずく 新潟県佐渡「この子は、べえさらずいとる」 *へらけまわる 青森県三戸郡 *へらける 秋田県由利郡 *ほーける 宮城県南部「ほうけまわるなよ」・仙台市 新潟県北蒲原郡 岡山県児島郡 *ほーたえる 山口県阿武郡 *ほーたゆる 長崎県南高来郡 *ほきる 岩手県気仙郡 *ほくい 鹿児島県鹿児島郡 *ほけつく 長崎県天草郡 *ほける 宮城県「朝から晩までほけまわってる」 秋田県仙北郡 福島県中部 岐阜県飛驒 島根県仁多郡 *ほこまる 福島県相馬郡「ほこまって痛くした」 *ほこる 北海道 青森県南部 秋田県雄勝郡・鹿角郡 山形県 福島県「やがましがら、ほこんな」 新潟県東蒲原郡 山口県豊浦郡・大島 徳島県 鹿児島県肝属郡 *ぽごる 青森県 *ほたえる 福井県敦賀郡・大飯郡 三重県 滋賀県彦根・蒲生郡 京都府 大阪府 兵庫県 奈良県 和歌山県 鳥取県 島根県「あんまりほたえるな」 岡山県苫田郡 山口県「あまりほたえるとけがをするぞよ」 徳島県「犬がほたえる」 香川県 愛媛県 高知県 福岡県企救郡 長崎県南高来郡 *ほだえる 奈良県吉野郡 香川県綾歌郡・仲多度郡 *ぽたえる 京都府 *ほたける 岐阜県飛驒 *ほだける 山口県 *ほたこえる 高知県 *ほたゆる 和歌山県日高郡 長崎市 大分県 宮崎市 *ほだゆる 福岡県京都郡 *ほたれる 香川県佐柳島 *ほである(遊びほうける) 岩手県下閉伊郡 *よもくれる 愛媛県 *わきあがる 福岡市 大分県 *わきゃがる 大分県 *わにくる 山梨県南巨摩郡 長野県諏訪 *わにっけーる 埼玉県秩父郡 *わにる 群馬県勢多郡 山梨県 長野県諏訪 *わねる 岩手県南部 *わやける 島根県大田市「わやけると大怪我(おおけが)をしよーで」 *わるかう 岐阜県郡上郡「あんまりわるかうもんじゃで」 *わるかる 岐阜県大野郡・郡上郡「こりゃ、そー、わるかんな、どやかましー」

子供が□ *さらそばえる・そらそべーる・そらべーる 長野県佐久 *じゃれかかる 島根県出雲 *じゃれくる 愛媛県周桑郡「私の顔をしわいたりしてじゃれくります」 *しゃれる 山形県西田川郡 兵庫県養父郡 *じゃれる 岐阜県本巣郡 静岡県「そんなにじゃれてはいけない」・浜松 島根県 香川県 *すぃべーゆん 沖縄県首里 *すばえる 島根県隠岐島 *すばゆる 宮崎県東諸県郡 *そーばえる 兵庫県淡路島 *ぞーばれる 静岡県 *そっべあーる 埼玉県北足立郡 *そはーる 静岡県田方郡 *そばーる 山梨県南巨摩郡 *そばえあがる 富山県砺波 *そばえる 福島県相馬郡「お客さん来たもんで、そべーるだな」・東白川郡 茨城県稲敷郡 栃木県上都賀郡 埼玉県秩父郡 千葉県香取郡・東葛飾郡 東京都八王子 神奈川県 富山県西礪波郡 石川県石川郡 山梨県 長野県 岐阜県・郡上郡 静岡県「そんなにそばえると叱られる」 愛知県名古屋市 三重県 滋賀県彦根・蒲生郡 島根県 岡山市 広島県 香川県大川郡 高知県 *ぞばえる 静岡県榛原郡 *そばこえる 高知県 *そべやえる 千葉県印旛郡 *そべる 千葉県印旛郡 山梨県 長野県佐久 *のさばる 岩手県上閉伊郡 *ばえつく 新潟県佐渡 香川県 *ばえる 兵庫県佐用郡・加古郡 岡山県 香川県大川郡

□つこ *すびゃー 長崎県北松浦郡 *ぞぜっこ 長野県上伊那郡 *そばえ 神奈川県津久井郡 新潟県佐渡「猫のそばえ」 *そべーっこ 群馬県邑楽郡 長野県南佐久郡 *そべっこ 長野県佐久 *ほこまっこ 福島県相馬郡「ほこまっこして遊ばねぇが」 *ほこりこ 青森県津軽 山形県北村山郡・最上郡 *ほたえごん 大阪府豊能郡

□こと *がんまり 沖縄県首里・石垣島 *じゃらじゃら 富山県砺波 滋賀県蒲生郡 大阪市「じゃらじゃらする(ふざける)」 和歌山市 島根県「じゃらじゃらせんこに食え」 愛媛県周桑郡 *ぞーぐい 佐賀県 *ぞーくり 大分県南海部郡・速見郡 *ぞーぐり 長崎県五島 *ぞーぐりー 佐賀県 長崎県北松浦郡「子供のぞーぐりーしてうちわった」・伊王島 *ぞくり 宮崎市 *ちぇんご 宮崎県東諸県郡 鹿児島県 *つばいごと 愛媛県大三島 *つばいやいこ 愛媛県周桑郡・喜多郡 *つばえ・つばえやこ 島根県「あんまりつばえがひどいけー、大怪我をしたんじゃ」 *つばえこー 島根県出雲「家の中でつばえこーをするな」 *てぃーごー 沖縄県首里 *てぃんごー 鹿児島県喜界島 *てご 三重県阿山郡 滋賀県 和歌山県 愛媛県 *てらこ 香川県「てらこ

ばっかりすな」 *てんが 鳥取県気高郡・岩美郡 *てんこ 石川県鳳至郡 *てんご 石川県 福井県 愛知県名古屋市「ようてんごかく児だなん(いたずらをする子ですね)」 三重県 滋賀県 京都府「あの子はてんごばっかりしてる」 大阪府 兵庫県神戸市・明石郡 奈良県 和歌山県 島根県石見 徳島県 香川県 愛媛県「てんごな(手にあまるいたずらな)」 長崎県五島 熊本県芦北郡・八代郡 宮崎県 鹿児島県・日置郡 *てんごー 群馬県群馬郡 埼玉県秩父郡 京都府竹野郡 奈良県 和歌山県 島根県石見 岡山県阿哲郡・小田郡 山口県 香川県 長崎県対馬 *てんごーのかわ 和歌山県西牟婁郡「てんごうの皮する」 *てんごく 福井県 *てんこのかわ 和歌山県日高郡 *てんごのかわ 滋賀県蒲生郡・神崎郡 奈良県吉野郡 愛媛県大三島「てんごのかわーすな」 *どーら 島根県隠岐島「どーらするな」 *なまこ 青森県「馬鹿らしいことしてなまこしてるんだ」「なまこだ人だ」 *なまっこ 青森県南部 *ぱなんぎ 沖縄県石垣島 *はば 栃木県那須郡「あんまりはばするとけがするぞ」 *はらぐい 鹿児島県 *はらぐり 熊本県芦北郡 宮崎県宮崎市「はらぐりする(遊ぶ)」・東諸県郡 鹿児島県鹿児島市・肝属郡 *はらぐれ 鹿児島県・大隅「はらぐれをすっ」 *びっせー・びっせーからけー 沖縄県首里「びっせーしゅん(ふざける)」 *わちゃ 山形県「わちゃこぐ(ふざける)」 *わや(こっけい) 岐阜県恵那郡 *わやき 熊本県菊池郡 *わやく 石川県 愛知県南設楽郡 三重県伊勢「わやくしなはる」 島根県石見 岡山県苫田郡「刃ものをふりまわして遊びょうるが、わやくじゃすまんで」 山口県「そんなわやくをいうな」 福岡県小倉市・久留米市 熊本県下益城郡 大分県南海部郡「へー、わやくよ」 宮崎県 鹿児島県・喜界島・肝属郡(ひょうきんなこと) *わらく 鹿児島県鹿児島郡

□さま *えらほら 山形県西田川郡 *じゃらじゃら 富山県砺波 滋賀県蒲生郡 大阪市「じゃらじゃらする(ふざける)」 和歌山市 島根県「じゃらじゃらせんこに食え」 愛媛県周桑郡 *ひょーひゃくげ 香川県三豊郡「ひょーひゃくげにする」 *ぺなぺな 茨城県稲敷郡 *わにわに 山梨県「わにわにする(ふざける)」 長野県諏訪・上伊那郡

□人 *あきろしまつ 香川県伊吹島 *おげら 長野県佐久 *けら 福井県南条郡 *げら 山形県 新潟県中頸城郡 富山県砺波 福井県 大阪府南河内郡・泉北郡 兵庫県赤穂郡・加古郡 奈良県 徳島県 香川県 *げらさく 香川県三豊郡 *げらすけ 富山県東礪波郡 香川県仲多度郡 *げらつき 新潟県佐渡 *げらり 山形県東村山郡・西村山郡 *げろ 栃木県「なんでこんなにげろなんだんべー」 *げろさく・げろまつ 愛媛県 *げろはち 愛媛県大三島 *しらけもの 秋田県平鹿郡 *わにんぼー 山梨県

ふし【節】
①木の枝などの付け根。また、ふくれたところ。 *えだ 奈良県吉野郡 *ぎんど(竹の節) 新潟県中蒲原郡 *ぐれ 岐阜県恵那郡 *ふそ・ふそくり・ふそくれ・ふそくろ 高知県「この糸にはふそがある」「蚊に食い付かれてふそくれだっちょる」 *ぽっか 千葉県山武郡 *ぽっくし 福島県相馬
②場合。折。 *ばしゅ 沖縄県首里・石垣島 *ばしゅー 沖縄県石垣島

ふじ【藤】 *きふじ 新潟県 *くじょふじ 青森県三戸郡 *のふじ 長崎県五島 *ふじかずら 奈良県吉野郡 和歌山県東牟婁郡 *まふじ 東京都八王子 新潟県 福井県遠敷郡

ふしぎ【不思議】 *いや 高知市「血統はいやなもんのーし」 長崎県対馬 *けげんねい 群馬県邑楽郡 *けしか・けしから 島根県隠岐島「けしかな事があった」 *けたい 石川県江沼郡・鳳至郡 福井県 岐阜県飛騨 三重県 京都府北部 大分県南海部郡 *けたよー 岐阜県飛騨 *けち 山形県東田川郡 栃木県「けちな風をしている」 群馬県桐生市「それはけちだなあ」 埼玉県秩父郡 石川県 福井県 長野県更級郡・西筑摩郡 岐阜県「けちな話」 静岡県榛原郡「もとでをかけりゃーほいだきのことんあるだで(それだけのことはあるもので)、けちなもんさ」 島根県「そりゃあけちなことだ」 高知県 大分県宇佐郡 *けちくそ 栃木県 広島県比婆郡 *けちょげ 和歌山県日高郡 *けつ 富山県砺波 石川県 福井県 *けったい 埼玉県入間郡 富山県砺波 福井県北部 岐阜県益田郡 愛知県中島郡 三重県北部 滋賀県・彦根 京都府・京都市 大阪府大阪市「けったいな肴や、食べられるかしらんて」・泉北郡 兵庫県神戸市・加古郡 奈良県 和歌山県 島根県鹿足郡 岡山県津山市 広島県高田郡 徳島県 香川県 高知県 *げったい 上方 *けて 石川県江沼郡 福井県 *げろり 福井県南条郡 *こくー 山口県玖珂郡 *じょーず 三重県富田「じょうずなもの(奇妙なもの)」 滋賀県栗太郡 *じんぴ 愛媛県大三島 *ひょん 徳島県 *ひょんげ 香川県「ひょんげにおもう(不思議がる)」 *へんちき 三重県度会郡・宇治山田市 山口県阿武郡・豊浦郡 香川県 大分県 *へんちく 茨城県稲敷郡 *へんちさんりん・へんみょーちきりん 島根県益田市・美濃郡「なんとへんみょーちきりんもあるもんじゃ」 *へんてこさいずち 茨城県新治郡 *へんてこてん 長野県佐久 *へんとこ 山形県米沢市 *へんぴょーらい・へんぽーらい 長野県東筑摩郡「へんぴょーらいなんで話にならぬ」 *ほーべん 富山県「ほーべんな、あれでも金を持ってゐることがあるか」 *みょーげ 香川県「みょうげに思う」 愛媛県 高知県 *みょーなげ 島根県隠岐島「みょーなげな風をするな」 *みょげ 香川県木田郡 *みょんけ 青森県三戸郡

秋田県鹿角郡 ＊みょんけぁ 秋田県河辺郡
→きみょう（奇妙）

□だ ＊きさしー 高知県土佐郡 ＊ぴるまさーん 沖縄県石垣島・黒島 ＊ひるまし・ひるましー 沖縄県「ひるましー うーくゎじややびーたしが（珍しい大火でございましたが）」 ＊ふぃるまさん 沖縄県中頭郡 ＊ふぃるましゃん 沖縄県首里「ふぃるましいくとぅ（不思議なこと）」 ＊へんだなし 茨城県久慈郡 ＊へんなか 長崎県佐世保市 ＊もっかりー 熊本県 ＊りょーけんこん 長崎県北高来郡 ＊りょーけんにおよばん 長崎県北松浦郡「りょーけんにおよばんことした」

□な ＊けしからん 滋賀県犬上郡 島根県出雲・隠岐島「けしからん事が起った」 ＊さいた 沖縄県首里 ＊しょんた 岩手県九戸郡 秋田県平鹿郡「しょんだ姿（変な姿）」 ＊どんちな 岩手県江刺郡 ＊どんな 岩手県江刺郡・気仙郡 宮城県「とんな話もあったもんだねす」 山形県「とんなしとだ（変な人だ）」 福島県 ＊ひやけな・ひゃっけな 香川県三豊郡 ＊ひょきな 島根県美濃郡・益田市「お前のことでひょきな話を聞いた」 山口県阿武郡 ＊ひょくな 広島県大崎上島・山県郡 大分県日田郡（下流）・大野郡 ＊ひょこじけな 岡山市 ＊ひょこな 鳥取県日野郡 島根県能義郡 ＊ひょこなげな 岡山県小田郡 ＊ひょちな 島根県美濃郡・益田市 ＊ひょんけた 秋田県鹿角郡 鹿児島県 ＊ひょんげな 奈良県吉野郡 和歌山県和歌山市・日高郡 島根県鹿足郡 徳島県美馬郡 香川県 ＊ひょんた 岩手県上閉伊郡 ＊ひょんたな 岩手県上閉伊郡・気仙郡「ひょんたなまねやめてけろ」 ＊ひょんつくな 島根県邑智郡「ひょんつくな鳥が木の枝にとまっとる」 ＊ひょんなげーな 山口県大島 ＊ひょんなげな 岡山県「ひょんなげな目つきの男がいきしもどりし人の店の中をのぞき込んだ」 ＊ひょんなしな 新潟県佐渡 ＊ひんこな 島根県能義郡

ぶしょう【無精】

＊いびたれ 山形県「えびだれへな（無精な女）」 福島県東白川郡 ＊えきぶしゃー・えきぷしゃー（「いけぶしょー」の転か）島根県隠岐島 ＊しにたれ・しにたれもん・しんたれもん 島根県出雲 ＊しびたれ 秋田県鹿角郡 山形県 島根県 ＊しぴたれ 秋田県北秋田郡 山形県 ＊しびたれなし 秋田県鹿角郡 ＊しみたれ 新潟県佐渡 岐阜県岐阜市・本巣郡 三重県一志郡 滋賀県 島根県出雲 岡山県 山口県豊浦郡 ＊しみったれ 長野県東筑摩郡・上伊那郡 愛知県宝飯郡 三重県伊勢 島根県邑智郡 岡山県苫田郡 ＊しょーたれ 新潟県北魚沼郡・南蒲原郡 兵庫県淡路島 愛媛県大三島 ＊しょーたれがき 香川県小豆島 ＊しょたれ 和歌山県東牟婁郡 ＊しょったれ 山形県西置賜郡 ＊しょびたれ 三重県 ＊しょぶたれ 三重県伊勢 ＊しょみたれ 愛知県知多郡 ＊しんたれ 富山県砺波 島根県出雲市・大原郡 ＊どーせー 島根県益田市・邑智郡「どーせーな風をするな」「どーせーな着物を脱げ」 ＊どーらく 大阪府泉北郡「どーらくなやっちゃ」 島根県鹿足郡・益田市 ＊どっせー 島根県石見「あれは生れつきどっせーな人じゃ」 ＊なまくた 千葉県長柄郡 ＊なまくら 栃木県那須郡 富山県「なまくらこく」 石川県 岐阜県北飛驒 長野県上高井郡 愛知県東春日井郡・碧海郡 三重県 兵庫県神戸市 奈良県 和歌山県有田郡「なまくらする（無精する）」 香川県 高知県幡多郡 長崎県佐世保市 大分県速見郡 ＊なまくれ 徳島県 ＊なまくろ 香川県綾歌郡 ＊なまっくら 新潟県上越 ＊にんじゃく 鳥取県鳥取市・気高郡「にんじゃくな人」 ＊のっべし 群馬県碓氷郡 ＊のっぺし 群馬県多野郡 長野県下水内郡 ＊のみすこき 新潟県北蒲原郡 ＊のめし 群馬県 新潟県「てまへこのごろいっこうのめしんなってぞうきんがけしないな」 長野県下水内郡 ＊のめしこき 福島県石川郡・西白河郡 新潟県 ＊びしょなし 宮城県北部・加美郡 ＊びったー 新潟県佐渡 島根県 山口県大島 ＊びったり 山口県 福岡市 ＊びったれ 島根県 広島県佐伯郡・高田郡 山口県 愛媛県 ＊びってー 大分県 ＊びんだれ 愛媛県 高知県幡多郡 ＊びんだれがき 徳島県海部郡 ＊びんだれかわき 愛媛県松山 ＊ぶーたば 沖縄県竹富島 ＊ぶーたれ 宮崎県西臼杵郡 ＊ふきたれ 島根県仁多郡・能義郡「ふきたれをなおせ」 ＊ぶしょーたれ 大分県大分郡・南海部郡 ＊ぶたく 静岡県「ぶたくな使い方だ」 ＊ぶたご 石川県鹿島郡 ＊ふゆ 熊本県玉名郡 鹿児島県「ふゆをする（無精をする）」 沖縄県石垣島「ふゆさ（怠惰なこと）」 ＊ふゆー 大分県「ふゆーな人（無精者）」 沖縄県首里・石垣島 ＊ふよー 山口県「ふよーな者は使いにくうてしょうがない」 ＊べーぼー 山口県大島「べーぼーな」 ＊へちょー 愛媛県宇摩郡 ＊ほねやみ（骨に疾患があって働くことができないかのように装うところから）岩手県磐井郡・気仙郡「あのやろう、なかば仕事にいぐど、よぐほねやみする」 宮城県仙台市 秋田県鹿角郡 ＊むさんこ 岡山県苫田郡 ＊やたけた 兵庫県加古郡 和歌山県日高郡（怠け者）
→たいだ（怠惰）

□する ＊じくされる・じくだれる 島根県仁多郡 ＊しにたれる 島根県簸川郡 ＊しみたれる 岐阜県郡上郡「そーしみたれとんなよ、みっともない」 ＊じるる・どーじるる 福岡県企救郡 ＊ずくたれる・ずくだれる 青森県

□だ ＊きたない 新潟県佐渡 ＊しぶっつぁーさーん・すぶっつぁーさーん 沖縄県石垣島 ＊しょったらしー・ぶしょったらしー 東京都三宅島 ＊じりくたい 島根県出雲 愛媛県 ＊じるたい 愛媛県 ＊だらい 福島県「あいつだらい人間だ」 長野県東筑摩郡「仕事がだらいでこまる」 ＊ついびんぶさん（「しり重い」の意）沖縄県首里 ＊ぬたか 佐賀県・神埼郡 ＊びしょーったい 静岡県「この児はびしょーったい」 ＊びしょーった

ない 群馬県群馬郡 *びしょーない 群馬県多野郡 埼玉県秩父郡 *びしょがない 宮城県登米郡・玉造郡 *びしょたい 山形県「あの人はびしょたえ人だ」 *びしょったい 長野県諏訪・下伊那郡 *びしょったない 群馬県 埼玉県川越 長野県長野市・上水内郡 *びしょない 岩手県気仙郡 山形県「いつもここはびしょない所だ」 *ひよなか 長崎市 *ふいか 熊本県玉名郡 *ぶしったない 栃木県 *ぶしょったい 静岡県志太郡・島田市 *ぶしょない 香川県伊吹島 *ふゆーか 佐賀県 *ふゆか 熊本県 *ふゆさーん 沖縄県石垣島

□な女 *しょーたれ 愛媛県大三島 *しょーたれおなご・しょーたれねしょ 香川県 *ぬくだれ 大分県宇佐郡 *びーたれ 東京都大島 *びったー 島根県 山口県大島 *びったり 福岡市 *びったれ 山形県西村山郡 島根県石見 山口県豊浦郡 *びったれもん 島根県鹿足郡 *びってー 大分県 *びってたれ 大分県北海部郡

□な人 ⇩なまけもの（怠者）

ぶしょうもの【無精者】 ⇩なまけもの（怠者）

ふしんせつ【不親切】 *ぞっき 新潟県佐渡「ぞっきな人だ」 鳥取県西伯郡 *ぞんき 茨城県 栃木県「ぞんきな嫁で困った」 群馬県山田郡・館林「親をぞんきにする」 岐阜県飛騨 *ぞんぎ 群馬県邑楽郡 *はすは 福井県坂井郡

□だ *すどい 兵庫県佐用郡「あの家はすどい」・赤穂郡 岡山県苫田郡「うちの嫁はすどいもんじゃ」・津山 広島県 *てしぶい 徳島県 高知県 *もげない 岡山市 山口県

ふすま【襖】 *あいじきり 香川県 *たてもの 熊本県玉名郡 *びょーぶ 香川県三豊郡

ふせる【伏】 *うすばしゅん 沖縄県首里 *うすふかしん（文語形） 沖縄県石垣島 *こつ 和歌山県東牟婁郡 *すぼ 鹿児島県肝属郡「すばえ（伏せよ）」「すぼた」

身を□ *うっつぃんちゅん 沖縄県首里 *うっつく 熊本県玉名郡「膝ん上ー、うっつきなはり」 大分県 *うとぅっちゃーうい・うとぅっちゃーゆい 鹿児島県喜界島 *つくばう 熊本県玉名郡 *つくばむ 岡山県児島郡 *つくばる 山形市 *つくぼむ 長崎県北松浦郡「子供のなく時はつくぼむ」

ふた【蓋】 *うき（なべのふた） 山形県西置賜郡 *おかさ（わんなどのふた） 宮城県仙台市 山形県 新潟県佐渡 富山県砺波 岐阜県飛騨 大分県大分市・大分郡 鹿児島県肝属郡 *おかさこ（わんなどのふた） 宮城県仙台市 *おかさら（わんなどのふた） 富山県砺波 *おかさん（わんなどのふた） 山形県 富山県砺波 *かさ（わんなどのふた） 青森県津軽 秋田県鹿角郡 新潟県佐渡 島根県那賀郡 *かさこ（わんなどのふた） 青森県津軽 秋田県平鹿郡 *かさっこ（わんなどのふた） 秋田県鹿角郡 茨城県北相馬郡・猿島郡 千葉県印旛郡・東葛飾郡 *から（わんのふた） 青森県三戸郡 *きせ（汁わんや飯茶わんなどのふた。多く接頭語「お（御）」を伴う） 群馬県勢多郡 岐阜県飛騨 滋賀県彦根 和歌山市 島根県益田市 高知県長岡郡 長崎県壱岐島 *くさし 鳥取県西伯郡「瓶のくさしを取れ」 *こぶた（なべのふた） 東京都八丈島 *じかけ（ざるのふた） 香川県伊吹島 *しらこ（吸い物わんのふた） 青森県北津軽郡・南津軽郡 *すさ 三重県志摩郡 *みつめがさ（汁わんのふた） 秋田県鹿角郡 *よつめがさ（大きなわんのふた） 青森県三戸郡

ぶた【豚】 *うゎ 鹿児島県沖永良部島 *うわ 沖縄県石垣島・波照間島 *うゎー 沖縄県首里 *うゎーうゎー（小児語） 沖縄県首里 *おー 沖縄県八重山 *おったー（幼児語） 沖縄県石垣島 *くるみじゃら 鹿児島県喜界島 *ぼた 石川県河北郡 *わ 鹿児島県奄美大島 *わー 鹿児島県喜界島 沖縄県 *わんた 沖縄県小浜島

ふたご【双子】 ⇩そうせいじ（双生児）

ふたつ【二】 *さたつ 滋賀県愛知郡 *さつ 滋賀県神崎郡 *じゃん 宮崎県都城市 鹿児島県・鹿児島郡 *りゃん（「りゃん」は中国語から） 福岡市 *りゃんこ（「りゃん」は中国語から） 長崎県北松浦郡

ふたり【二人】 *さり 滋賀県高島郡・神崎郡 *したり 山形県北村山郡 三重県度会郡 *たい 沖縄県首里「たいぬ うや（両親）」 *たり 大阪市 *ふたら 岐阜県大野郡・北飛騨

ふだん【不断】 *あい 岐阜県恵那郡・飛騨「あいのまんまで出かける」 大阪府南河内郡 兵庫県加古郡「あい着（ふだん着）」 奈良県吉野郡 鹿児島県薩摩 *あいさ 栃木県 愛媛県大三島 *あいだ 栃木県 群馬県佐波郡 愛知県名古屋市 兵庫県加古郡・宍粟郡 高知県 *あいのて 兵庫県加古郡 *あいま 栃木県 静岡県磐田郡 愛媛県喜多郡・周桑郡「一時間があいまよりだいぶ長いように思はれた」 *あわい 三重県飯南郡 *かねち 熊本県鹿本郡「かねちの着物（ふだん着）」 *かねっ 鹿児島県・鹿児島郡 *かねへーぜー・かねへぜ 鹿児島県 *くとぅげん 沖縄県石垣島 *けじゅー 福島県中部「この着物はけじゅーに着るんだ」 *こーせぎ 秋田県河辺郡「それはこーせぎ云った事だ」 *さっとぅ・さま 鹿児島県喜界島「さまぎん（ふだん着）」 *ざんざ 岐阜県飛騨「ざんざの着物」 *じょー 静岡県 *じょーしき 富山県砺波 愛媛県 *じょーや 茨城県 千葉県香取郡 長野県埴科郡 *ちょーせき 宮城県栗原郡「ちょーせきに着る服」・仙台市 山梨県 島根県隠岐島 広島県高田郡 徳島県 *ちょーたん 島根県隠岐島 *ついに 沖縄県首里 *つね 山形県米沢市「病気あなをって、つねのよおだ」 三重県志摩郡 香川県「つねはおとなしい子じゃけれど」 *はざ 兵庫県淡路島 徳島県「はざ着

(常着)」 香川県大川郡・三豊郡「そんな御馳走ははざには食べられんけど」 愛媛県 *はだ 香川県三豊郡 愛媛県 *はだこ 香川県三豊郡 *はだし 愛媛県西宇和郡 島根県隠岐島 *ひんじょ 富山県「ひんじょきもん(普通の着物)」 *へーじ 島根県出雲「へーじ行きませんだけんね」 *へーじつ 大阪市「へーじつはごぶさたばっかりいたしましてなー」 *へーぜーじょーじょー・へーぜおーじょー・へーぜつ 富山県 *へーでーおーじょー・へーでつ 山口県大島「へえでえ往生じゃけ仕様がない」 *へじ・へじがね 熊本県芦北郡 *へぜかね 熊本県南部 *へんじょ 富山県 石川県河北郡 *まどぅ 沖縄県首里

↓にちじょう(日常)・へいぜい(平生)

ふだんぎ【不断着】 *あいぎ 兵庫県加古郡 *あいだぎ 高知県 *あいまぎ 静岡県磐田郡 岡山県真庭郡 愛媛県周桑郡 *あわーぎ・あわぎもん 熊本県球磨郡 *あわいのきもの 静岡県 *いっそーちーあー 沖縄県首里 *うまんぎり 鹿児島県奄美大島 *おぞいきもん 富山県砺波 岐阜県郡上郡 静岡県志太郡 *おぞいば 富山県砺波 *おぞいべい 岐阜県郡上郡 *かつぎ 宮崎県西臼杵郡 *きすたれ 岐阜県飛騨 *けぎ 山口県・豊浦郡 長崎県壱岐島 熊本県天草郡・芦北郡 *けぎもん 熊本県天草郡 *けない 香川県「けないよしのはれぎなし(ふだん着に良いのを着てしまって、いざという時の晴れ着のないこと)」 *けないぎ 新潟県佐渡 静岡県三島市 香川県 愛媛県 *けなぎ・けなげ 香川県「けなげよしのはれなし」 *さしで 愛知県碧海郡 *さまぎん 鹿児島県喜界島 *じゅじゅぎ・じょじぇぎ 鹿児島県揖宿郡 *じょーぎ 熊本県飽託郡・天草郡 *じょーぎもん 新潟県佐渡 *じょーぎり 鹿児島県喜界島・徳之島 *じょーじゅーぎ 新潟県佐渡 山梨県南巨摩郡 鹿児島県肝属郡 *じょーじょーぎ 群馬県利根郡 新潟県佐渡 岡山県児島郡 *じょーじょぎ 熊本県上益城郡 *じょじゅぎ 宮崎県東諸県郡 鹿児島県 *だだくさぎ 愛知県知多郡 *ただんきもん 熊本県天草郡 *ちゅーまい 熊本県鹿本郡 *ちょーせき 宮城県仙台市 *ちょこちょこぎ 愛知県碧海郡 *つねぎ 山形県米沢市 新潟県 長野県諏訪 静岡県庵原郡 滋賀県彦根 京都市 大阪市 和歌山県 徳島県美馬郡 香川県「つねぎよしのはれなし」・三豊郡 長崎県南高来郡 熊本県球磨郡 *つねぎもん 新潟県 *つねっき 栃木県 長野県諏訪 *どぅたってぃー 沖縄県与那国島 *ながき 長野県上伊那郡 *ながぎ 静岡県榛原郡(その和服姿)「ながぎでいる」 山口県見島 *ながきもの 青森県三戸郡 秋田県鹿角郡 *ながぎもん 新潟県 熊本県玉名郡 *ねんぎ 岡山県川上郡 *はざぎ 徳島県 *はざらぎ 熊本県球磨郡 *ぴさきしきん 沖縄県黒島 *ぴたききぬ 沖縄県新城島 *ぴたっすしぬ 沖縄県波照間島 *ふたきしきん 沖縄県石垣島・鳩間島・黒島 *ふたっししん 沖縄県竹富島 *へーぜーぎ 新潟県西頸城郡 島根県 *へーぜご 島根県隠岐島 *へーでーぎ 島根県石見 *へじぎ・へじぎもん・へぜぎ 熊本県芦北郡 *へびら・へべら 東京都八丈島 *へんじょぎ・へんじょぎもん 富山県砺波 *まぎ 鹿児島県沖永良部島 *やーからー・やーからちやー 沖縄県首里 *やーからきらー 沖縄県島尻郡 *やーぎ 熊本県球磨郡 *ゆちゃー 鹿児島県喜界島 *ゆつぁーま 沖縄県小浜島 *んぬってぃ 沖縄県与那国島

ふち【淵】 *うじ 神奈川県津久井郡 *うちほげ 大分県大分郡 *うっぽぎ・うつろ 熊本県下益城郡 *おぼぶち 長野県諏訪 *おんまし 千葉県印旛郡 *せー 千葉県夷隅郡 *だち 長崎県南高来郡 *たび 徳島県祖谷 *だぶ 神奈川県 島根県邑智郡 山口県大島 大分県大分郡 *たまり 京都府愛宕郡 香川県直島 熊本県鹿本郡 大分県 *つきまわし 熊本県阿蘇郡 *つぼ 大分市 *つろ 奈良県吉野郡 *つんど 熊本県宇土郡 *どどびき 長野県上伊那郡 *とどろ 熊本県球磨郡・天草郡 *どぶ 長野県 *どぶだま 富山県中新川郡 *どぶら 長野県北部 *どぶらっこ 三重県名賀郡 *どぶり 長野県北安曇郡 *どよみ 三重県志摩郡 *とろぱ 茨城県・久慈郡 *どんどぶち 島根県能義郡 *どんどんぶち・どんぶらぶち 長野県諏訪 *どんぶ・どんぼ 岐阜県郡上郡 *どんぶかり 長崎県南高来郡 *どんぶち 長野県 岐阜県飛騨 静岡県 三重県度会郡 徳島県 *どんぶら 長野県 静岡県賀茂郡 *どんぶり 長野県 兵庫県多紀郡 *どんぼり(小淵) 静岡県志太郡 *どんぼれ 京都府竹野郡 *ひる 熊本県天草郡 *ふちんごー 島根県鹿足郡・益田市 *よどみ 福島県南会津郡 千葉県安房郡 長野県佐久 京都府竹野郡 熊本県 大分県大分郡 *わい 宮崎県日向市 *わご・わんご 岐阜県飛騨

川の□ *おかま 徳島県三好郡 *かま 茨城県久慈郡 神奈川県津久井郡 山梨県南巨摩郡 徳島県美馬郡 高知県 *がま 広島県能美島 高知県

深い□ *あおどろぶち 岐阜県飛騨 *あおどんぶち 神奈川県津久井郡 長野県諏訪 岐阜県飛騨 静岡県田方郡 和歌山県西牟婁郡 *あおぶち 長野県 岐阜県飛騨 兵庫県家島 広島県 愛媛県大三島 *あおらぶち 新潟県北魚沼郡 *あおんばち 島根県出雲・益田市 *あおんぶち 群馬県吾妻郡 新潟県北魚沼郡 長野県・飯田市・上伊那郡 静岡県田方郡 島根県 *えんこーぶち(「えんこー」は河童(かっぱ)の意) 島根県石見 *おーたまり 福島県南会津郡 *おーぶち 新潟県中蒲原郡 *せぶち 島根県八束郡 *だんぶつ 広島県向島 *どげし 広島県江田島 *ふかと 福島県南会津郡 *ふかとぅ 沖縄県首里 *ふかどぅー 沖縄県石垣島・鳩間島 *ふかんど・ふかんぼ 栃木県 *ふかんばち 広島県安佐郡・高田郡 *ふかんぶち 長野県諏訪

島根県石見　高知県・幡多郡　*ふかんぼち　長野県諏訪　静岡県志太郡　*やとぅ　鹿児島県喜界島

ふち【縁】　*がーた　神奈川県津久井郡　山梨県南巨摩郡「がーたがよくて内が悪い」　長野県諏訪「蜂の巣のがーた」・佐久　長崎県対馬　*かて　千葉県東葛飾郡　大阪府泉北郡　奈良県吉野郡　*がて　和歌山県東牟婁郡　*かばち　兵庫県神戸市　鳥取県西伯郡・気高郡　島根県　岡山県「火鉢のかばち」　広島県・高田郡　徳島県・美馬郡　香川県　*かまち　福島県中通「町のかまち迄送って来た」　茨城県稲敷郡　新潟県東蒲原郡　山梨県南巨摩郡　長野県佐久　広島県高田郡　愛媛県南部　*がわた　長崎県対馬「饅頭のがわた」　*ぐーろ　愛知県知多郡　*ぐろ　岐阜県「道のくろにあった」　静岡県「くろの方によっていれば大丈夫」　愛知県　三重県三重郡・員弁郡　滋賀県彦根　熊本県玉名郡　大分県　*ぐろ　岐阜県　愛知県　大分県大分郡・南海部郡　*こば　群馬県吾妻郡・勢多郡「かんなでこばを落す」　千葉県市原郡　神奈川県「豆腐のこば」　新潟県佐渡　山梨県・南巨摩郡　長野県佐久　静岡県　愛知県東加茂郡　徳島県「こばから引くりかやす(端から裏返す)」　香川県「こばを痛めんよに気をつけなよ」　愛媛県宇摩郡　高知県長岡郡・土佐郡「おかやん、傘のこば破った」　*こぼっちょー　静岡県榛原郡　*ねき　愛知県知多郡　和歌山県日高郡「田のねき」　岡山市「道のねきによる」　山口県「その棒は門のねきへ立てちょけ」　徳島県　*はた　愛知県知多郡　徳島県「橋の両はたに人が立っている」　香川県　*ぱた　鹿児島県喜界島　沖縄県石垣島　*はたこー　新潟県佐渡　*はぶち　福島県東白川郡　山梨県南巨摩郡　岐阜県飛騨「畑のはぶちに木を植える」　島根県美濃郡・益田市「机のはぶち」　*はんた　沖縄県首里　*ぱんたー・ぱんたーま　沖縄県石垣島　*ぱんだし　鹿児島県喜界島　*ふずり　山形県北村山郡・最上郡　*ふちくた・へちくた　三重県志摩郡　*へし・べち　新潟県佐渡「うちべち」　*へた　千葉県市原郡　東京都三宅島　富山県氷見市　長崎県壱岐島　熊本県「道のへたを歩いて来た」　*へち　東京都大島　新潟県佐渡　福井県大野郡　長野県上伊那郡・下伊那郡　静岡県　三重県　滋賀県　兵庫県　奈良県吉野郡　和歌山県　岡山県児島郡　香川県　愛媛県　*べつ　兵庫県美嚢郡　*へっち・へっちょ　愛媛県　*へっちょこ　愛媛県新居郡・伊予郡　*へつら　群馬県勢多郡　*へつり　山形県東置賜郡　栃木県　長野県下伊那郡　*へつれ　長野県上田　*べて　島根県隠岐島「こっちべて来い」　*へら　静岡県「畳のへら」・田方郡　滋賀県栗太郡　徳島県・阿波郡　愛媛県今治市　*へりこ　三重県度会郡　*へりゃー　京都府竹野郡　*ほけ　青森県三戸郡「炉のほけ」「崖(がけ)のほけが高い」　*ほて　新潟県佐渡　島根県隠岐島「海のほてで遊ぶと落ちっずや」　岡山県苫田郡　*ほてこー　新潟県佐渡「すま(隅)のほてこうにおいてこい」　*ほと　岡山県児島郡　*みみ　香川県「鍬のみみ(鍬の上端左右のへり)」　*よせ　福島県「よせの方に居る人はだん(だれ)ぢや」　栃木県　*よせっこ　栃木県「よせっこの方へよせておけ」　*わき　岡山県児島郡　*わち　京都府「火鉢のわち」「池のわち」

↓はし（端）

ふちゅうい【不注意】　*うーばんがい　福岡県三潴郡　長崎県　*うーばんぎゃ　熊本県玉名郡　*うぞやけ　鹿児島県　*うっそり　長野県下水内郡・東筑摩郡「うっそりして紙入を落した」　静岡県駿東郡　*うばんがい　熊本県八代郡　*おーどー　岡山県浅口郡　*おーばんがい　福岡県久留米　長崎県北松浦郡　*おきょーそ　長野県　*およそ　大阪市「およそなさかい、そんなしくじりするのやがな」　兵庫県加古郡　奈良県南大和　*がんこ　愛媛県　*きなし　長野県上伊那郡「ついきなしでわすれちまったよ」・佐久　*こだーちけ・こだらずげ(「だらず」は愚かなことの意)・こだらつけ　島根県出雲「こだーちけなことしたもんだてわの」　*じょさい　青森県津軽「じょさいしな(油断するな)」　秋田県鹿角郡「じょさいして(うっかりして)かぜひいた」　*ずとー　山形県南置賜郡・米沢市「づどおで困る」「づどおな奴」　*そそら　茨城県新治郡・稲敷郡　栃木県「そそらだから怪我をする」　*そそらそっぺあー・そっぺあー　埼玉県北足立郡　*そそらっか　栃木県　*そそらっぺー　茨城県稲敷郡　埼玉県秩父郡　*そそらはぜ　長崎県対馬「彼はそそらはぜでいつも忙しそうにしとる」　*とぞど　兵庫県淡路島「宿替をして嚊を忘れて行たなどと、そんなとぞどな事があるもんかい」　*とそんぞく　岡山市　*とそんど　高知県「そんなとそんどーな事をすると怪我をするぞよ」　大分県大野郡　*のーそー　愛媛県越智郡　*のーぞー　高知県高岡郡　*ぽんやく　栃木県宇都宮市

↓ゆだん（油断）

□な人　*あーぬき　静岡県「あーぬきだから困る」　*あーぬきたーらー　島根県美濃郡・益田市　*あっぽらさー　山梨県西山梨郡　*あふぬけ　新潟県佐渡「あのしたぁあふぬけらさけえたのんでもらめらっちゃ」　*そらっぷい　山梨県

ぶつかる　*かつかる　新潟県佐渡・西蒲原郡　富山県　*かっつく　新潟県佐渡「電柱にかっついた」　*こちあう　愛媛県「曲がり角で自転車と自転車がこちあいました」　高知県　*こちあたる　島根県「頭が柱にこちあたった」　広島県倉橋島・高田郡　徳島県　愛媛県　*こちがう　岐阜県飛騨　*こてあう　滋賀県甲賀郡　*ずっきょ　鹿児島県　*つっかける　徳島県　*のっきる　岩手県気仙郡「のっきらいる(ぶつかられる)」　*はたっかる　長野県長野市・上水内郡　*はっちゃかゆん　沖縄県首里　*やりつく　愛知県知多郡　*やりつける　三重県志摩郡

頭と頭が□こと　*がちつん　兵庫県明石郡　*かちんこ　山口県豊浦郡　*かっちんかいぼ・かっちんこんべ・かっつんぽ　富山県　*かっちんこ

富山県・砺波 *がっちんこ 兵庫県明石郡 *かっちんぼこ 富山市近在 *かっつりこ 福井県 *かっつりこん 三重県阿山郡 *はっきりやっこ 長野県下水内郡 *はっつけぶっつけ 長野県東筑摩郡

□こと *がからぎ・がからこ・がきらき・がきらこ 青森県「僕の頭と太郎の頭とがからぎした」 *こきんかん・こきんがん・こきんこ 埼玉県秩父郡 *こきんくら 東京都御蔵島

ぶつける *あせる 山形県西村山郡「雪玉あしぇ（子供の遊戯）」 *かちける 兵庫県加古郡 *かつける 新潟県佐渡・西蒲原郡 富山県「石なかつける」 石川県 岐阜県飛驒 兵庫県 鳥取県東伯郡 *かっつくる 和歌山県日高郡 *かっつける 石川県鳳至郡 岐阜県吉城郡・飛驒 和歌山県日高郡「あの人に石をかっつけてやる」 *こつける 富山県砺波 岐阜県飛驒・郡上郡「頭を柱にこつけてこぶつくった」 福岡県 *こっつける 岐阜県飛驒 *つっかける 栃木県 *てちつける 和歌山県西牟婁郡・東牟婁郡 *てっつくる 和歌山県日高郡 *やらげる 和歌山県「車が塀へやらげたので塀がくずれた」

頭と頭を□こと *こっつり 兵庫県神戸市 徳島県 愛媛県松山市 *こっつりこ 滋賀県蒲生郡 京都市 兵庫県明石郡 *ごっつりご 福岡県久留米市 *こっつりぼー 福岡県早良郡 *こっつりやいこ 愛媛県松山市「こっつりやいこして痛い」 *こつんがり 群馬県山田郡 *ごんぎ 岩手県二戸郡「ごんぎして瘤（こぶ）出た」 秋田県北秋田郡「走せ回ってごんぎした」 *こんきしゃーせ 山形県西置賜郡 *つぃぶるがっぱい 沖縄県首里

ぶつじ【仏事】 *いんみょー 和歌山県日高郡「今日はいんみょーで精進料理だ」 *おうやまい 滋賀県蒲生郡 *おひまち（三周忌、五周忌などの仏事）福島県東白川郡 *おもじ・しよもじ 滋賀県坂田郡・東浅井郡 *だんあげ（一周忌に、別に設けた壇を取り払って位牌（いはい）を仏壇にまつるところから、一周忌の仏事）香川県佐柳島 *ほとけさまごと 愛媛県宇和島市 *ほとけたて 岩手県九戸郡 山形県西置賜郡・西田川郡 福島県浜通 *ほんとけたけ 秋田県雄勝郡 *みずまつり 岡山県真庭郡 愛媛県岩城島・大三島 長崎県壱岐島（簡単なもの） *めずまつり 島根県仁多郡・隠岐島

→ほうじ（法事）

ぶっそう【物騒】 *ぬぐりしゃ 沖縄県石垣島「ぬぐりしゃしん（恐れる）」 *やかましー 鹿児島県肝属郡

→きけん（危険）

ぶったたく【打叩】 *ぶっくじく 栃木県 埼玉県北葛飾郡「悪（わる）するとぶっくじくぞ」 千葉県夷隅郡 東京都八王子市 神奈川県横浜市・津久井郡 *ぶっくだく 東京都八丈島 *ぶっこごく 山梨県北巨摩郡 *ぶっこじく 埼玉県入間郡 *ぶっこずく 山梨県東八代郡 静岡県榛原郡 *ぼっこずく 群馬県桐生市

→たたく（叩く）

ぶつだん【仏壇】 *あとさま（幼児語）山形県西置賜郡・南村山郡 *うずっすぁん 富山市近在 *うやふじだな 鹿児島県喜界島 *おじぶっさま 静岡県 *おじぶっつぁん 静岡県志太郡 *おずつさま 富山県高岡市 *おどし 新潟県西部 *おまえさま 茨城県十六島・行方郡 千葉県 石川県江沼郡 *おまえだな 長崎県対馬 *おむろ 熊本県玉名郡 *がえもんも 山形県西置賜郡 *ごぜはん 香川県仲多度郡 *ごぜん 和歌山県 広島県山県郡 *ごぜんさん 大阪府南河内郡・泉北郡 奈良県南大和 和歌山市 香川県 *ごぜんはん 香川県 *じーさん 三重県度会郡 *じぶっつぁま 静岡県榛原郡 *じょーだん 石川県江沼郡・能美郡 島根県 *じょだん 石川県江沼郡 *せんすだな 鹿児島県喜界島 *どぅく・どぅくぬぱな 沖縄県石垣島 *どぅくに・どぅっく 沖縄県鳩間島 *どーじょー 千葉県山武郡 *どこさん 静岡県 *ぶつだな 奈良県宇智郡 *ほときさんだな 佐賀県藤津郡

ふっとう【沸騰】 *どんぼがえり 愛媛県松山「湯がとんぼがえりしとる」 *どんぼかやり 香川県 *どんぼがやり 香川県三豊郡 *にえきり 愛知県名古屋市「この甘酒はにえきりでうまい」・知多郡 *ねーっきり 群馬県多野郡「ねえっきりだから気をつけろ」

□する *ぐだる 香川県小豆島 *さぎる 大分県大分郡 *しらたぎる 鹿児島県種子島 *たつ 山形県米沢市・西田川郡「湯あたづ」 新潟県中頸城郡「鉄瓶の湯がたった」 *だばる 香川県小豆島「湯がだばっりょるで」 *てぎる（「たぎる」の転か）大分県速見郡 *でんぐりがえる 香川県大川郡 愛媛県高松 *でんぐりがやる 高知県 *にえあがる 大分県大分市・大分郡 *にえきる 岐阜県羽島郡 *にえくる 山口県 *ぷちゅい 鹿児島県喜界島 *ふちゅん 沖縄県首里 *ふついずん 沖縄県石垣島 *むげーゆん 沖縄県首里「しるぬむげーゆん（汁が煮え立つ）」「わたぬむげーゆん（はらわたが煮えくり返る）」 *わじゆん 沖縄県首里

□する音を表す語 *かたかた 富山県砺波 *がたがた 青森県三戸郡 秋田県鹿角郡 *がったがた・がったがった 秋田県鹿角郡 *くゎたくゎた・ぐゎたぐゎた 沖縄県首里

湯が□するさま *からから 富山県砺波 *ぎんぎん 山形市 *けちのおどり（対馬の鶏知村住吉神社の祭礼には、人々が大勢集まって踊りを奉納し雑踏をきわめるところから）長崎県対馬 *しらくら 山口県大島「しらくら煮えようる」 *しらぐら・しらじら 島根県石見「湯がしらじらゆーて沸あとる」 *しらしら 島根県「しらしら煮いたつ」 *しらとんぼ 徳島県三好郡・美馬郡

*しらんぐらん 島根県美濃郡・益田市 *もれ 青森県三戸郡

ふで【筆】
毛先のすりきれた□ *ごんぼふで 宮城県仙台市 *ずくぼふで(「ずくぼー」は土筆(つくし)の意) 岐阜県大垣 *たんぽふで 島根県飯石郡 *でぼふで 秋田県鹿角郡
太い□ *さばき 兵庫県加古郡 *だんてぃーしん 沖縄県石垣島 *ぽーふで 茨城県稲敷郡
細字を書くための□ *ぐまふでぃ 沖縄県八重山 *こまがき 石川県金沢市 兵庫県加古郡 *こまふで 青森県南部 *しんぴーしん 沖縄県石垣島

ふとい【太】 *うひさり・ひさり・ふぃさり・ふつぇさり 鹿児島県奄美大島 *うぴしゃ 沖縄県国頭郡 *おきたい 山形県飽海郡 *おぶとい 三重県志摩郡 *ごーぶとい・どーぶとい 群馬県勢多郡 *ごつい 三重県阿山郡 広島県比婆郡 *こぶとい 島根県邇摩郡「娘はこぶとい脚をしとる」 *ごぶとい 長野県諏訪 *ずぶとい 山形県「この大根はずぶどい」 福島県東白川郡 長野県佐久 *ずぼい 栃木県安蘇郡「ずぼえ棒で馬をひっぱたく」 *てごい 徳島県・美馬郡 *てしこい 徳島県美馬郡 *でしこい・どしこい 奈良県宇陀郡 *てすい 徳島県西部 *ですかい 栃木県 愛知県 *てすこい 徳島県阿波郡・美馬郡 *ですこい 愛知県豊橋市・南設楽郡 *でっこい 新潟県三島郡 *どえらい 三重県志摩郡 *どしてらこい 三重県鳥羽市 *どすかい・とすらかい・どすらかい 三重県志摩郡 *とすこい・どすごい 三重県度会郡 *どすこい 愛知県宝飯郡 大阪府東成郡 奈良県宇陀郡 和歌山県那賀郡・伊都郡「どすこい頭」 *どぶとい 三重県 *とぶらい 三重県阿山郡 *どんぶとい 三重県南牟婁郡 *ふーしゃん 沖縄県竹富島 *ぶさはん 沖縄県波照間島 *まいさーん 沖縄県石垣島・新城島 *まいさい・まぎさい 鹿児島県喜界島 *まいさん 沖縄県与那国島 *まいしゃーん 沖縄県首里・石垣島「まいしゃなしん(大きくする)」・新城島 *まいじんさーん 沖縄県石垣島 *まいはーん 沖縄県小浜島 *まいやん 沖縄県鳩間島 *まぎさん・まぎしゃん 沖縄県 *まぎはん 沖縄県国頭郡 *まぎまぎーとぅ 沖縄県首里

ぶどう【葡萄】 *いぶ 石川県能美郡 *うどずる 富山県一部 *えび 岐阜県一部 *がどー 富山県 *ぐど 石川県能美郡 *ぐんど 富山県砺波 石川県 *さなずら 山形県米沢市 *しろぶどー 北海道函館

ふところ【懐】 *うちら 滋賀県彦根 *かいちょ 島根県安来市 *ちょこちょこ(幼児語) 島根県隠岐島 *ちょんちょん 長崎県五島 *つくあ 鹿児島県姶良郡 *つくら 福岡県三潴郡 佐賀県 長崎県 熊本県 宮崎県西臼杵郡・西諸県郡 鹿児島県「つくらとけい(懐中時計)」 *つくろ・ふつくろ 鹿児島県 *ふつくら 福岡県 *ふつっが・ふつっだ 長崎県五島 *ふとくら 熊本県玉名郡 *ふどくり 富山県 *ほっぽ(主に幼児語) 新潟県 長野県 滋賀県神崎郡 大阪府泉北郡 兵庫県淡路島 島根県石見 岡山県苫田郡・岡山市 徳島県美馬郡 長崎県対馬 *ぽっぽ(主に幼児語) 栃木県 神奈川県津久井郡 新潟県「ぽっぽへ入れておけ」 山梨県 長野県 兵庫県加古郡 奈良県 徳島県 香川県「ぽっぽへないないしとく」 *ほっぽー(主に幼児語) 島根県石見「あれは近頃ほっぽーがぬくいそーじゃ(懐が温かいそうだ)」 *ほっぽくれ・ほどくれ(主に幼児語) 愛知県知多郡 *ほと 新潟県佐渡「ほとがぬくい」 岡山市「ほとが淋しい(懐中に金がない)」 *ほとっぽ 福井県 *ぽんぽ(主に幼児語) 山形県西置賜郡 長野県下水内郡 島根県簸川郡・出雲市

ふとる【太】 *ししがつく 新潟県・佐渡 石川県 *ししがのる(人畜ともに言う) 新潟県佐渡 *じみる 秋田県雄勝郡「手足が大層じみた」 *ちんてーゆん(まるまると太る) 沖縄県首里 *どーずくまる(ずんぐり太る) 長崎県対馬 *どてつく 新潟県佐渡 *どべる 愛媛県・周桑郡「○○さんは腹がこなーにどべとる」・松山 *ぶてーゆん・むてーゆん 沖縄県首里 *ふてる 愛媛県今治市 *ほちむ 石川県金沢市「ほちみでとる(太っている)」 *ほてる 福井県大飯郡
□ている人 *うんぼーず 島根県美濃郡・益田市 *おーがんす・おーだんす・おーだんべ 愛媛県 *おーだつ・おーだんべー 岡山県邑久郡 *おんどつ 千葉県夷隅郡 *だぶ(女性) 岩手県東磐井郡 *だほ 宮崎県東諸県郡 *でく・でくすけ 新潟県佐渡 *でこ 山形県米沢市 静岡県 *でこすけ 山形県(卑称) 愛知県名古屋市(特に頭部顔面が大きく、首のつまった人) *どた(卑語) 山形県「あいつはどただ」 新潟県佐渡 三重県度会郡 長崎県対馬 *どたうし(卑語) 富山県 *どたがん(卑語。女性) 宮崎県 *どたくれ(卑語) 山形県西置賜郡・最上郡 *どたふくれ(卑語) 岩手県気仙郡 *どったり(卑語) 青森県南部 岩手県気仙郡 *どんがん 熊本県玉名郡 *ふくれ 島根県美濃郡・益田市「あの人は大けなふくれじゃ」 *ふぐわえにん 島根県八束郡 *ぶったらくー・ぶったらこー・ぶとぅー(主に子供に言う) 沖縄県首里 *ぶってー 鹿児島県喜界島 沖縄県首里 *ふてんべ 島根県出雲 *ふてんぼ 島根県仁多郡 *ふとり 広島県

ふとん【布団】 *うーず 沖縄県新城島 *うーど 沖縄県首里・宮古島 *うーどぅ 沖縄県本島・宮古島 *うーどぅー 沖縄県与那国島 *うず 沖縄県八重山 *うずー 沖縄県黒島 *うど 沖縄県国頭郡 *うどぅ 鹿児島県与論島・喜界島 沖縄県竹富島 *うんず 沖縄県小浜島 *とんこ(小児語) 岩手県気仙郡 *とんとん(小児語) 長崎市 *にじき 富山県西礪波郡 *ねしき 秋田県由利郡 福島県 *ねじき 富山県射水郡・砺波 京都府竹野郡

石川県　福井県坂井郡　*ふとぎ 石川県　福井県　*ふとげ 福井県　*ふみしたき 石川県江沼郡　*ぼた 島根県石見（ぼろ布団）　鹿児島県肝属郡

ふな【鮒】　*あらぶな（大形）岡山県備中北部　*うきす・きんす（小形）山梨県甲府　*がんぞ（小形）滋賀県伊香郡・彦根　*がんぞー（小形）滋賀県愛知郡　*こっぱ 長野県下水内郡　*ごま 栃木県下都賀郡　*ごまかす 茨城県　*ざっこ（小形）群馬県山田郡　埼玉県北葛飾郡　静岡県小笠郡・榛原郡　*たーいゆ 沖縄県首里　*たーぬいゆわー 沖縄県西表島　*だっこ（小形）長野県上伊那郡　*ちんだい（小形）新潟県佐渡　*ばたらんき（大形。幼児語）山形県「網さばだらんきかかった」　*ひはら 滋賀県愛知郡　*ひらぶな（大形）奈良県南大和　*ほーじょぶな（小形）長崎市　*ほんぶな 福井県坂井郡　*まつかわ 東京都　*まぶ 福井県坂井郡　香川県木田郡　*まふな 大分県宇佐郡　*まぶな 滋賀県彦根（雌）　大阪府泉北郡　*まるふな 和歌山県　*みょーぶた 千葉県

ふね【舟・船】　*うみとどろ 沖縄県首里　*えんや（船を陸に据え上げる時や、急な坂を上る時の掛け声から）静岡県　*ぎーこ 香川県塩飽諸島　*ぎっこ（幼児語）長崎県対馬　*ぎっこん 滋賀県彦根・蒲生郡　*ずいこん（幼児語）滋賀県蒲生郡　*ちっこ（幼児語）長崎県壱岐島　*とんとん（幼児語）徳島県・海部郡　*はんや（幼児語）三重県度会郡　和歌山県東牟婁郡　*ふねもんし（幼児語）高知県　*べべよんさ 島根県簸川郡　*やんや（幼児語）島根県八束郡（小舟）　広島県安芸郡・倉橋島　*よいし（小児語）愛媛県大三島「よいしょいし、どぶねもよいし（船を浮かべて言う時の語）」　*よいや（小児語）長崎県北松浦郡　*わに 山口県

ふはい【腐敗】

□する　*あざれる（魚が腐敗する）三重県志摩郡　*あまる（飯などが腐敗する）岡山県　*あわれる（野菜が腐敗する）山口県豊浦郡　*けっさい 鹿児島県喜界島　*けっさる（「けくさる（腐）」の転）宮崎県都城　鹿児島県・肝属郡　*こずる（しょうゆが腐敗する）山形県庄内　*さがる（食物が腐敗する）新潟県・佐渡「とまとがさがってたべられん」　富山県砺波　石川県鹿島郡　*さばる（食物が腐敗する）新潟県佐渡　*なれる 青森県三戸郡　岩手県和賀郡・気仙郡「このざっこなれでしまった」　宮城県牡鹿郡・石巻　山形県東田川郡・西田川郡　福島県相馬郡　新潟県　富山県砺波　石川県鳳至郡　*ねがーる 静岡県　*ねかる 長野県下伊那郡　*ねがる 長野県下伊那郡　静岡県磐田郡・榛原郡「ねがりっ臭い」　愛知県奥設楽　*ねぐさる 新潟県中越　岐阜県武儀郡　静岡県・榛原郡・小笠郡「飯がねぐさって食えん」　愛知県中島郡　三重県　奈良県

ふびん【不憫】　*いじましー 新潟県東蒲原郡　香川県島嶼　*ごむしん 愛媛県北宇和郡・津島　*ちむぐりぎーなー・ちむぐるぎーなー 沖縄県首里　*むしん 愛媛県　高知県土佐市・高知市「むしんな話を聞いて涙がこぼれた」　宮崎県　*むしんそ 愛媛県　*むしんそー 高知県「あのお婆さんもむしんそーにのーし」

□だ　*あれぁない 青森県「となりぁ火事のじぎ、なんぼあれぁなぇしてえたがさ」　*いぎちない 鳥取県東部　大分県南海部郡　*いきつない 福井県　*いぎつない・いげつない 鳥取県西伯郡　*いげちない 富山市　福井県・大飯郡　京都府・中郡・与謝郡　鳥取県岩美郡・気高郡　愛媛県　大分県南海部郡　*いじくらしー 兵庫県加古郡　*いしこい 京都府　*いてきない 福岡県　長崎県壱岐島　*いとーしー 群馬県多野郡　埼玉県秩父郡　島根県石見「いとおしいことをしんさった（悔やみの挨拶）」　広島県　*いとーしない 埼玉県秩父郡　*いとけない 島根県鹿足郡　香川県大川郡　*いとしー 宮城県仙台市「（人の死に対して）なんともおいとしいこってがしたねす」　山形県最上郡　新潟県東蒲原郡　富山県砺波　石川県　福井県・丹生郡「おっつぁん（主人が）いとしてどもならんのじゃー」　岐阜県飛驒・郡上郡　鳥取県西伯郡　島根県　岡山県真庭郡　徳島県　香川県　長崎県対馬　*いとしげない 滋賀県　*いとしない 島根県　香川県綾歌郡・仲多度郡　*いとっしー 富山県砺波　石川県江沼郡　*いびしー 山口県玖珂郡・大島「小さい子供をそんなにいためてはいけん。いびしい事をするな」　*いびしない 山口県浮島　*いびせー 山口県玖珂郡　*いびつけない 兵庫県淡路島　島根県邑智郡　山口県　*いやけない 島根県石見「親が居らんので、いやけなーことい」　香川県綾歌郡　*えげちない 福井県大飯郡　京都府　鳥取県西部　島根県能義郡　*えげつない 鳥取県西伯郡「御馳走食わずに往んだけん、えげつなかった」　島根県「なんとえげつねことでござえましたね」　*えらしじー 島根県出雲「誰も養ってやー者がなて（なくて）えらしじー」　*えんげつない 奈良県南大和　*おちょがいこ 三重県志摩郡　*おとましー 静岡県「やれやれおとましい事であった」　愛知県東三河「そんな事しちゃおとましい」　滋賀県　*かあいらしー 新潟県佐渡「親をなくしたそうだが、ほんとにかあいらしい」　滋賀県愛知郡（子供の死を悔やむ時に言う）「かあいらしいこと出来まして」　*かーわいー 岐阜県郡上郡「あの子死んだって。かーわえー」　*かなしー 青森県　岐阜県飛驒　*かのましー 島根県八束郡　*がまない（堪えがたいほどかわいそうだ）山形県「病人が苦しむのでがまねくて、医者ば迎えに行って来た」「がまなえくらい痩せた子供だった」　*かわい 富山県下新川郡「おもやおもーほどーかわいでしょーげ」　*かわいー 岐阜県郡上郡・飛驒　岡山県「とうとうのうなりんさったそうで、かわいいことをされましたなあー」　*かわ

いらしー 新潟県佐渡 *きむぐるしー 沖縄県島尻郡 *きむんぐりしゃー 沖縄県八重山 *きむんぐりしゃーん 沖縄県石垣島 *ぐーらしか 佐賀県 長崎県南高来郡「あがんほしがっとば(あんなにほしがっているのを)とるやげちしまうた(取り上げてしまうとは)、ぐーらしか」・長崎市 熊本県天草郡 *ぐらし 宮崎県都城 鹿児島県 *ぐらしー 熊本県南部 宮崎県南部 鹿児島県 *こーらし 島根県能義郡 *ごーらし 島根県出雲「あの子が死んでごーらしことだ」 鹿児島県種子島・屋久島 *ごしょーがわるい 山口県大島「子供が精出して集めた貝殻を取捨ててしまふなんてごしょうのわるい事をしんさんな」 *ごわし 鹿児島県屋久島 *しゅーしー 山形県東田川郡 *しょーしー 静岡県榛原郡「しょーしいが頼まーや」 愛知県東三河 *しょーしない 静岡県榛原郡 長崎県対馬 *せつない 新潟県佐渡「あそこのあねさせつねーもんだ」「せつないざまだ」 *ちむぐりー・ちむぐりさっさー・ちむぐりしー・ちむぐりしゃん・ちむぐるさる 沖縄県首里 *つぃみぐりさーん 沖縄県与那国島 *つんだいか・つんだしか 長崎県五島 *にがにがしー 千葉県安房郡・夷隅郡「若いのに死んでにがにがしい」 千葉県安房郡「あの子はあんなに太ってにがんがしーよ」 *まもさい 山形県西置賜郡 *みげらしか・めげらしか 熊本県天草郡 *みじょい 新潟県佐渡 *みじょけない 山形県 新潟県岩船郡 *みじょけね・めぞけない 山形県庄内 *みぞけない・みぞけね 山形県庄内・最上郡 *むがい 新潟県佐渡 *むぎしー 山形県最上 *むぎちけない 秋田県鹿角郡 *むぎつけない 秋田県北秋田郡「難渋して居るところ見れば、むぎつけねぁ」 *むぐつけない・もぐつけない 新潟県下越 *むげーねー 大分県南海部郡 *むげしない 大分県大分郡・南海部郡 *むげたらしー 大分市 *むげない 愛媛県 福岡県築上郡「しんだのんな、むげねーけんど」 熊本県阿蘇郡 大分県 *むげもない 宮崎県東諸県郡 *むごい 福島県 新潟県佐渡 山梨県 長野県諏訪 岐阜県稲葉郡・郡上郡 滋賀県彦根 奈良県吉野郡 島根県石見 岡山県児島郡「この家の人もむげーめにおーたろーに」 広島県高田郡 徳島県 香川県 愛媛県周桑郡・喜多郡 高知県高知市「あの子は孤児になったとはむごい事よ」・幡多郡 熊本県玉名郡・下益城郡 *むごさい 山形県 福島県北部 *むごさかい 宮城県玉造郡 *むごたい 長野県岡谷 *むごたらしー 愛媛県周桑郡・喜多郡 *むごつけない 新潟県佐渡・中魚沼郡 *むごったい 東京都大島 *むごらしー 新潟県佐渡 *むじさい 新潟県東蒲原郡「むじさいこと」 *むしなか 鹿児島県揖宿郡 *むじょい 青森県 岩手県九戸郡・気仙郡 新潟県佐渡 *むじょけない・むんじょけない 青森県津軽 *むじょけね 山形県 *むずい 福島県岩瀬郡 宮崎県東諸県郡 *むずこい・むずこさい・むつこい・むつこさい・むんつこい・むんつこさい・もんつこい 山形県 *むずさい 山形県南置賜郡・最上郡 *むずすい 山形県最上郡 *むずっこい 山形県西村山郡・飽海郡 *むずつれぁ 秋田県横手市 *むぜ 岩手県 *むぜー 岩手県上閉伊郡 福島県「なんでむぜいかっこだんべい(なんとかわいそうな姿だろう)」 *むそい 岩手県紫波郡 *むぞい 岩手県和賀郡・気仙郡 宮城県仙台市 秋田県 山形県新庄市・最上郡 新潟県東蒲原郡 熊本県玉名郡・下益城郡 *むぞーか 福岡県久留米市 佐賀県藤津郡 *むぞーさい 福島県 *むぞくさい 山形県東村山郡・西村山郡 *むぞけない 秋田県鹿角郡 *むぞこい 岩手県下閉伊郡 宮城県加美郡・仙台市 *むぞさい 秋田県雄勝郡 山形県新庄市・最上郡 福島県会津 *むぞさかない 秋田県横手市・雄勝郡 *むぞしー 山形県最上 *むぞせ・むどせ 山形県最上郡 *むぞっこい・もじょっこい 岩手県気仙郡 *むぞつらし 秋田県平鹿郡・雄勝郡「何てむぞつらし子供だろう」 *むぞなか 鹿児島県薩摩 *むぞなっか 鹿児島県 *むつこい 山形県 *むつこさい 山形県 *むつこしー 山形県最上郡 *むどさい 山形県新庄市・最上郡 *むんじょけない 青森県津軽 *むんつこい・むんつこさい 山形県 *むんどさかない・むんどつらし 秋田県平鹿郡 *めごさい 山形県西村山郡 *めじょけない 山形県飽海郡・庄内 新潟県岩船郡 *めじょさかい 青森県南部「めじょさかい話をきいて涙が出た」 *もじょい 青森県津軽 岩手県気仙郡 *めぞけない 山形県庄内 *もーちない 静岡県 *もーつけない 新潟県佐渡 福井県 *もーらし 新潟県中頸城郡 長野県更級郡 *もーらしー 千葉県夷隅郡 新潟県中頸城郡 長野県更級郡・上水内郡 *もごい 福島県・相馬 新潟県佐渡 長野県 岐阜県武儀郡 滋賀県彦根 広島県高田郡 *もごさい 山形県 福島県北部 *もごちねー 長野県上伊那郡 *もごつけない 新潟県佐渡 福井県 *もごっちー 長野県諏訪 *もごらしー 新潟県新発田・佐渡「ないとるが、もごらしいなあ」 長野県佐久 *もずい 岩手県江刺郡 *もずこい・もずこさい 山形県村山 *もぜー 岩手県胆沢郡「孫なくすたつぁもぜーことすますたなー(孫を亡くしたそうでお気の毒なことをしましたなあ)」 *もぞい 岩手県気仙郡・胆沢郡 宮城県 *もぞこい 宮城県石巻・仙台市 *もぞさい 新潟県東蒲原郡 *もぞさかい 宮城県栗原郡 *もつきさい・もつくさい・もつこさい 山形県北村山郡 *もっけない 新潟県佐渡 福井県 *ももさい 山形県東置賜郡・西置賜郡 *ももつけない 石川県南部 *もんつこさい 山形県北村山郡・西村山郡 *やーけない 島根県江津市 *やけない 島根県石見「あの子は親に死なれてやけないのー」 大分県津久見市 *んぞぎさ 沖縄県国頭郡 *んどつらし 秋田県南秋田郡「この冬に足袋もはかないで、んどつらし児だ」

□なさま *いたいけ 新潟県西頸城郡「あの子はちんばして、いたいけにのう」 *いたわし 島根県「えたわしにとうとう死んだ」 *いたわしなげ 島根県隠岐島「えたわしなげに」 *いとーしげ 島根県邑智郡 岡山県児島郡 *いとしげ 富山県東礪波郡「子供に早う死なれていとしげな」 石川県石川郡・江沼郡 岐阜県飛騨 島根県隠岐島 香川県丸亀市・小豆島 *いとしなげ 鳥取県西伯郡 島根県出雲 香川県三豊郡「ほんまに急になしんなって(亡くなって)いとしなげになー」 長崎県対馬 *いとしぶげ・いとっしげ 富山県砺波 *いどっさ 岩手県気仙郡 *えらしげ 島根県隠岐島 *かえーぎ 山梨県 *かわいげ 新潟県東蒲原郡 山梨県南巨摩郡「まま親にづられる(いじめられる)あの子がかわいげだ」 *かわいさげ 富山県砺波 *かわいそーげ・かわいそげ・かわいそげん 三重県志摩郡 *かわいそぎ 千葉県長生郡・夷隅郡 *かわいそげ 新潟県長岡市「かわいそげになあ、あんげに重い荷いっぱいことひっぱらしてなあ」 富山県東礪波郡 *かわいなげ 香川県高松市「かわいなげに」 *ごもーけ 広島県高田郡 *ごもっ 島根県那賀郡「お父さんが死なれてごもっなー事だなー」 *ごもっけ 島根県那賀郡 山口県玖珂郡 *つみつくり 青森県「つみづくりにあかぎれをこんなにきらして」 秋田県鹿角郡「あの子は毎日いぢめられてつみつくりだ」 *みじめたがり 宮城県石巻 *みじょ 新潟県佐渡 *みじょーげ 新潟県 *みぞーなげ 長崎県西彼杵郡 *みぞげ・みぞげん 熊本県天草郡 *みぞなぎ 宮崎県東諸県郡 *みぞなげ 熊本県天草郡 *むい・むしなげ 鹿児島県 *むいな 鹿児島県喜界島「むいなむんじゃ」 *むいね 鹿児島県「むいねこっ(かわいそうなことだ)」・姶良郡 *むしな 鹿児島県揖宿郡 *むしね 鹿児島県肝属郡 *むじゃ・むんじょ 秋田県鹿角郡「むんじょなむんじょな(小児の泣いた時にあやす言葉)」 *むしょー 三重県志摩郡 *むじょー 岩手県九戸郡「むじょーやな(気の毒だな)」 岐阜県揖斐郡 沖縄県首里 *むじょーげ・むじょげ 三重県志摩郡 *むじょーなげ(悔やみの言葉) 長崎県対馬 *むじょけら・もじょけら・もんじょけら 青森県津軽「むじょけらだ事」 *むじょなげ 鹿児島県 *むぞ 岩手県「むぞやな(かわいそうだな)」 秋田県鹿角郡 熊本県下益城郡「むぞなこつ(かわいそうなこと)」 *むぞー 佐賀県藤津郡「むぞーな話」 *むぞーげ 佐賀県藤津郡 *むぞぎー 熊本県下益城郡 宮崎県西臼杵郡 *むぞげ 熊本県 *むぞげん 熊本県天草郡 *むぞなぎ 宮崎県宮崎郡・東諸県郡 鹿児島県・肝属郡 *むぞなぎー 大分県北海部郡 宮崎県東諸県郡 *むぞなげ 熊本県 鹿児島県 *むどーなげー 大分県南海部郡 *むどつら 秋田県仙北郡 *むどなぎー 大分県南海部郡 *むんどつらん 秋田県仙北郡「母もなくてむんどつらんだ」 *もぞ 岩手県上閉伊郡・気仙郡 *もぞこさかえ 宮城県栗原郡・石巻 *もぞこさけ 宮城県仙台市「あの人ももぞこさけな人だねす」 *もぞなぎー 宮崎県延岡 *もぞなげ 宮崎県東臼杵郡 *もっけ 岩手県上閉伊郡・気仙郡 秋田県鹿角郡 山形県「父さんが死んだなてもっけなごんだな」 新潟県「もっけや」・糸魚川市「あのこはもっけなことをした」 滋賀県坂田郡・東浅井郡 島根県那賀郡・邑智郡「大怪我せられたげでもっけな事でした」 山口県玖珂郡 *んどつら 秋田県河辺郡・由利郡

ふぶき【吹雪】

*あとがくし 福島県南会津郡 *あなさがし(粉雪の吹雪) 鳥取県東部 *あなもとめ(粉雪の吹雪) 福井県敦賀郡 *あれ 福島県南会津郡 新潟県中頸城郡 *おーぶき 新潟県北蒲原郡 *おーぷき 新潟県北魚沼郡 *かんじぶき(凍りつくような寒風を伴う吹雪) 山形県米沢市 *かんぷき(冬風に伴う吹雪) 青森県三戸郡 *くまあとかくし・くまあれ 新潟県北魚沼郡 *くろぶき 福島県耶麻郡 *こぬかふぶき(粉のような細かい吹雪) 新潟県佐渡 *ごん 島根県那賀郡 *こんかふぶき(粉のような細かい吹雪) 富山県砺波 *しぐれ 山梨県南巨摩郡 *しちふぶき(猛吹雪) 石川県能美郡 *たなおろし・たなはじゅし(二、三月ごろの大吹雪) 青森県津軽 *たなきはずし(二、三月ごろの大吹雪) 新潟県東蒲原郡 *はっぷき 兵庫県・美方郡 *はいだらふぶき(細かい吹雪) 富山県砺波 *ひたき 青森県「ひたきで戸も開かれぬ」 長野県下水内郡 *ふーきどり 長野県下水内郡 *ふき 青森県・南部「ふきがふく」 岩手県 宮城県加美郡 秋田県

方/言/の/窓

●鼻濁音

「鏡」「たまご」のガ、ゴのような語中語尾のガ行音の子音を発音するときに、呼気が口から出ずに鼻に抜けるために生じる音声を鼻濁音と呼んでいる。

鼻濁音になる地域は北海道・東北の大部分、群馬・埼玉・千葉南部を除く関東、新潟を除く中部・北陸の大部分、愛知を除く近畿・東海の各地域である。

ただし、大阪・兵庫・紀伊半島では鼻濁音にならない地域も多い。

紀伊半島の一部や高知ではカンガミ(鏡)のようにガ行音の前に「ン」の音が入るような発音があり、古くは近畿地方にも存在していたことが文献などによってわかっている。

なお、東京の若い世代ではこの鼻濁音が失われつつあり、アナウンサーの発音の中に残っている程度である。

山形県　福島県　新潟県北蒲原郡・岩船郡　鳥取県八頭郡・因幡(大吹雪)　島根県「昨夜はひどいふきがした」　岡山県苫田郡「味噌もち喰たらふきに会わぬ」　*ふきあらし 福島県中部　*ふきあれ 新潟県佐渡・中頸城郡　*ふきっぷり 長野県諏訪　*ふきまわし 愛知県愛知郡・碧海郡　*ふきらえぶき 岩手県九戸郡　*ふきらんぷ 福島県信夫郡　*ふくらぶき 岩手県二戸郡　*ふっきり 長野県諏訪・南佐久郡　*ぶっきり 長野県佐久　*ふぶきど 岐阜県飛騨「よんべふぶきどにあって人死があった」　*ふりぶき 岩手県北部・気仙郡　*ゆきあめ 香川県高見島　*ゆきあれ 長野県上伊那郡　*ゆきかぜ 鹿児島県肝属郡　*ゆきじまき 徳島県美馬郡　*ゆきそばえ(「そばえ」は通り雨の意) 香川県高見島

ふへい【不平】　*いーぐさ 長野県諏訪・上伊那郡「いーぐさをいう」　*かず(「口数(くちかず)」の転か) 岩手県気仙郡「かずかだる(文句を言う。不平不満を述べる)」　*きんく 茨城県稲敷郡　*くじ 新潟県佐渡　島根県　愛媛県　熊本県・玉名郡　大分県「くじをゆう」　*くじとぅ 鹿児島県喜界島「仕事は出来ない者がくぢとぅばかり言っている」　*くぜ 兵庫県淡路島「子供だてらに、着物のくぜ言うんじゃ」　*くせち 岩手県九戸郡　*くぜつ 徳島県「くぜつ言うな」　香川県仲多度郡・粟島　*ぐだめき 北海道「ぐだめき聞きに来たのではない」　青森県津軽　*くためこつ 宮崎県東諸県郡　*くちただり 愛媛県　*くでつ 千葉県夷隅郡　*ぐでん 香川県木田郡「ぐでんゆー(小言を言う)」　*ぐと 徳島県「ぐとを言うな」　*ぐど 愛媛県大三島　*くぬー・くぬーまぬー 沖縄県首里　*くのー 高知県「又あの人は今日もくのーを言うて居た」　*くやく 香川県「くやくを言うな」　*くらら 愛媛県今治　長崎県対馬「苦もくらもないのんきな人」　*ぐんだん 沖縄県首里「ぐんだんしゅん(不平を言う)」　*ごーぐち 沖縄県首里「むんぬ　ごーぐち(食事の不平)」　*こーしゃく 山形県西置賜郡「こしゃくかたる(なんだかんだと不平を言う)」　*こーはい 愛媛県周桑郡・今治市　*こーばい 愛媛県今治市　*ごた 山形県　群馬県吾妻郡　長野県「ごたをぬかす」　愛知県八名郡　愛媛県　*ごだ 兵庫県淡路島「年が寄るとかくごだが多おて困る」　*ごんもく 岩手県九戸郡　*じーぐい 沖縄県首里　*しゃしゃく 島根県隠岐島「着物のしゃしゃく言って困る」　*しゃしゃこ 島根県隠岐島　香川県　*ふそく 香川県「ふそく言いすぎるわ」　*ふやぶれ 長崎県五島　*よこ 宮崎県西臼杵郡・西諸県郡

→くじょう(苦情)・ふまん(不満)

□不満を言う　*かぜーる 茨城県猿島郡　*かぜる 福島県相馬　*ごつやく 愛媛県大三島　*たーたりをかむ 東京都大島「彼は酔ってゐたので、一晩中たあたりをかんだ」　*ぶしくれる 宮城県仙台市　新潟県東蒲原郡「提灯みたいにぶしくれるな」　*ぶしける 秋田県鹿角郡　*ぶすくる 群馬県勢多郡　新潟県東蒲原郡　*ふすくれる 茨城県真壁郡　*ふすぐれる 茨城県　栃木県塩谷郡　*ぶすくれる 岩手県気仙郡　宮城県仙台市　山形県　福島県東白川郡・若松市　栃木県　千葉県香取郡　長野県佐久　大分県　*ぶすける 秋田県鹿角郡　広島県　山口県阿武郡・大島　*ぶすこく 新潟県佐渡「ありゃ、またぶすこいとる」　*ぶすたれる 群馬県多野郡　*ぶすつく 新潟県佐渡　福岡市　*ぶすつる 長野県佐久　*ぶすなる 長野県　*ぶすねる 新潟県東蒲原郡　*ぶすぶぐれる 山形県東田川郡　*ぶすむぐれる・ぶする 山形県北村山郡「なんしてがぶすんでえる」　*ぶそくりかぇーる・ぶそくる・ぶそつく・ぶそる 静岡県

□を言う　*いどる 富山県東礪波郡「用意ししょかんと(用意しておかないと)、またいどられっとこわいでえ」・砺波「いどるこ、くいかち(不平を言う者が結局得)」　石川県　岐阜県飛騨　*いぼきる 長野県北安曇郡・東筑摩郡　*いぼくる 群馬県佐波郡・多野郡　新潟県　長野県　*いぼっつる 新潟県中頸城郡　*いぼつる 新潟県　長野県「いぼって出て来ない」　*いぼをつる 新潟県中頸城郡・西頸城郡　長野県　*いぼをつる 長野県長野市・上水内郡　*いんぐりかく 宮城県本吉郡　*いんぶりかく 長野県南部・下伊那郡　静岡県磐田郡　愛知県北設楽郡　*いんぶりつる 新潟県佐渡　*えごふく・えどつく 富山県砺波　*えどる 富山県・砺波　*かすをなげる 新潟県佐渡　*ぐざる 長野県東筑摩郡・下伊那郡　岐阜県飛騨「仕事がはかどらんのでぐざる」　静岡県榛原郡「ぐざりかーる」　愛知県西春日井郡　*ぐじめぐ 青森県津軽　*ぐずこねる 山形県西置賜郡　*ぐずつく 新潟県佐渡　愛知県名古屋市　大分県宇佐郡　*ぐずねる 山形県最上郡　*ぐずまく 岩手県気仙郡　宮城県栗原郡・仙台市「またぐずまいてんのすか」　山形県東置賜郡・新庄市　栃木県　岐阜県飛騨　*くずめぐ 青森県　*ぐずめく 青森県　岩手県上閉伊郡　*ぐずよむ 宮城県仙台市「おらぐづよむひまに稼ぐべ」　*ぐずらめく 岩手県上閉伊郡　宮城県石巻　*くずる 岐阜県郡上郡「ちょっとせんせーにくずってみたんじゃ(ちょっと先生に愚痴をこぼしたのさ)」　*ぐずる 島根県　*ぐぜくる 青森県三戸郡　長野県下伊那郡　*ぐぜる 青森県三戸郡　岩手県九戸郡　長野県下伊那郡　長崎県南高来郡　熊本県下益城郡・天草郡　大分県東国東郡　*くやむ 徳島県「あの人はやっぱりくやみょん(あの人はいつも愚痴を言っている)」　香川県　*つぼをひく(つぼ(集落)の仲間と意見が合わず身を引くところからという) 東京都大島「よくつぼをひく男だ」

□を言う人　*いぼっつり 新潟県上越　長野県　*いぽっつり 新潟県南魚沼郡　長野県　*いぼっつりむし 長野県佐久　*いぼりむし 新潟県中越　*いもむし 岐阜県飛騨　*やから 香川県伊吹

島 *やからむん 鹿児島県喜界島

ふぼ【父母】 ⇩りょうしん（両親）

ふまん【不満】 *くらら 愛媛県今治 長崎県対馬 *こーざい 長野県諏訪・東筑摩郡 *ごんごー 新潟県佐渡 *ふくりゅー 岡山県苫田郡「ふくりゅうを言う（不平を言う）」 徳島県 香川県 *ふしくら 愛媛県 *ふそく 香川県 *ほぐし・ふぐし 島根県美濃郡・益田市

→ふへい（不平）

ふみだい【踏台】 *あしあげ 青森県 岩手県九戸郡・紫波郡 島根県鹿足郡 岡山県岡山市・児島郡 広島県・比婆郡・高田郡 山口県・大島 香川県高見島 愛媛県 *あしつき 鹿児島県肝属郡「あしつきをして物をとる」 *あしつぎ 千葉県夷隅郡 東京都 富山県東礪波郡 三重県伊賀 京都市 大阪市 兵庫県淡路島 奈良県 鳥取県一部 島根県 岡山県邑久郡 広島県高田郡 香川県三豊郡・小豆島 佐賀県唐津市 長崎県南高来郡・対馬 熊本県下益城郡・天草郡 大分県 *あしらげ 青森県津軽 *あっしゃげ 香川県佐柳島・高見島 長崎県五島 *あっつぎ 島根県隠岐島 *いっきゃく 徳島県 *うーま 富山県砺波 *うま 青森県三戸郡 新潟県佐渡 愛知県中島郡 三重県志摩郡・名張市 京都府竹野郡 鳥取県 島根県 岡山県児島郡 山口県浮島 徳島県 香川県 *うまだい 三重県名賀郡 *きんま 愛媛県 *くだみ 沖縄県首里 *くらいかけ 京都府葛野郡 *くらかけ（馬の鞍（くら）を掛けておく台を踏み台としても用いたところから） 新潟県佐渡 富山県砺波 岐阜県吉城郡・飛驒 愛知県中島郡 三重県名張市 滋賀県・彦根 京都市 大阪市 兵庫県・加古郡 奈良県・吉野郡 和歌山県 島根県松江市 広島県芦品郡 徳島県 愛媛県・松山「くらかけでお取り」 *けたつうま・けたつんま 香川県三豊郡 *げっぱ 東京都八丈島 *こしかけ 香川県綾歌郡・三豊郡 *せーつぎ 長野県東筑摩郡 静岡県田方郡 大阪府泉北郡 *せつぎ 三重県名張市 大阪府泉北郡 兵庫県淡路島 奈良県 和歌山県 香川県小豆島 *だいがら 富山県砺波 *だいばこ 三重県阿山郡 *たかあし 兵庫県淡路島 愛媛県 *たけずき 佐賀県藤津郡 *たけつぎ 長崎県南高来郡 *だんばこ 長崎県南高来郡 *はこうま 新潟県佐渡 広島県芦品郡 香川県仲多度郡・小豆島 *ひみつぎ 兵庫県氷上郡 *ふまいつぎ 福井県 滋賀県甲賀郡 兵庫県但馬 鳥取県西伯郡・日野郡 *ふまえ 三重県志摩郡 兵庫県加古郡 島根県隠岐島 徳島県 *ふまえつき 上方 鳥取県西伯郡 *ふまえつぎ 福井県 滋賀県甲賀郡 大阪市 兵庫県 和歌山市 鳥取県 島根県 広島県比婆郡 大分県大分郡・大野郡 *ふまえど・ふんまえど 富山県砺波 *ふみあがり 兵庫県淡路島 徳島県海部郡 香川県直島 長崎県対馬 *ふみあげ 広島県・高田郡 山口県祝島・上関島・大島 *ふみいた 大分県大分郡 *ふみうま 香川県仲多度郡 *ふみすぎ 三重県志摩郡 *ふみずげぁ 宮城県石巻 *ふみだん 鳥取県八頭郡 島根県石見 香川県 *ふみつい 岐阜県飛驒 *ふみつぎ 福島県中部・西白河郡 栃木県 群馬県勢多郡・館林 埼玉県秩父郡・入間郡 東京都南多摩郡・八王子 神奈川県津久井郡 新潟県 岐阜県 愛知県 三重県 滋賀県彦根 兵庫県淡路島・揖保郡 奈良県 和歌山県 鳥取県 島根県 広島県 山口県玖珂郡 香川県・香川郡 愛媛県・松山 長崎県南高来郡 大分県 *ふみやつぎ 福井県敦賀郡 *ふんずき 島根県大田市 *ふんだぎ 群馬県多野郡 埼玉県秩父郡 *ふんだん 富山県下新川郡・東礪波郡 鳥取県西伯郡 *ふんばい 兵庫県明石郡 *ふんばり 兵庫県養父郡・但馬 *ふんまえ 兵庫県 奈良県 *ふんみやがり 徳島県 香川県伊吹島 *ふんめぁっき（脚立） 岩手県気仙郡 *まくらばこ 島根県那賀郡 *まこ・まっこ 青森県津軽 *やしょんま 島根県簸川郡 *やせうま 岐阜県益田郡 鳥取県西伯郡 島根県

ふみつける【踏付】 *くだみゆん 沖縄県首里 *くなーしゅん・くなしゅん 沖縄県首里 *ふごなす・ふんごなす 岩手県気仙郡 *ふのぼる 青森県南部 *ふんごかす 東京都三宅島・御蔵島 *ふんごくる 福島県中部 栃木県 埼玉県秩父郡 神奈川県 長野県下水内郡 *ふんのぼる 福島県 茨城県多賀郡・真壁郡 栃木県「ひとの足ふんのぼるものあっか」

ふみにじる【踏躙】 *くんぴーじゅん 沖縄県首里 *くんびっしー 鹿児島県喜界島 *ふだくる 山形県 *ふみしらかす 宮崎県宮崎郡 *ふみたくる 新潟県西頸城郡 岐阜県武儀郡・飛驒 静岡県志太郡 三重県松阪・北牟婁郡（さかんに踏む） 島根県 岡山県児島郡 広島県高田郡 山口県 香川県綾歌郡 *ふみたける 大阪府泉北郡 *ふみたたくる 京都府竹野郡「だいじの花壇を犬にふみたたくられてしまった」 香川県綾歌郡 *ふみたんだく 奈良県南大和 *ふみちゃちゃくる 和歌山県 長崎県対馬 *ふんがらかす 新潟県中頸城郡 長野県上伊那郡 静岡県・榛原郡 *ふんしらまかす 鹿児島県 *ふんずばす 静岡県・志太郡 *ふんだぎる 埼玉県秩父郡「このこそげたおんばく（車前草）はふんだぎって枯らすべえ」 *ふんたくい 鹿児島県 *ふんたくる 島根県 佐賀県 熊本県 鹿児島県 *ふんだくる 岩手県南部 富山県「そこらをふんだくる」 岡山県児島郡 *ふんたたかす 島根県出雲 *ふんただらかす 鹿児島県・肝属郡 *ふんだらげー 東京都南多摩郡 *ふんだらげる 埼玉県秩父郡「とんでまわってそこいらをふんだらげるな」 *ふんだらこーする 静岡県 *ふんたるん 沖縄県石垣島 *ふんだるん 沖縄県竹富島 *ふんつぁーしん・ふんとーしん・ふんびだーがしん 沖縄県石垣島 *ふんつぁーすん 沖縄県鳩間島

ふむ【踏】 *あがる 青森県津軽「畑の蒔き物をすっかり子供らにあがられてしまった」 岩手県気仙郡 宮城県仙台市「糞にあがる」 秋田市 *くだみゆん 沖縄県首里 *ぬぶる 岩手県九戸郡 *のぼる 青森県「猫の尾さ、のぼったでぁ」 岩手県気仙郡 秋田県鹿角郡 千葉県印旛郡「しぎ(敷居)さのぼるな」 *ふのぼる 青森県南部 *ふんごかす 東京都三宅島・御蔵島 *ふんごくる 福島県中部 栃木県 埼玉県秩父郡 神奈川県 長野県下水内郡 *ふんじゃーす 茨城県水戸市 千葉県香取郡 *ふんじゃす 茨城県 栃木県 *ふんじゃぶす 栃木県「そこらのものふんじゃぶすんじゃねえぞ」 千葉県香取郡「箱をふんじゃぶす」 *ふんじゃぶる 茨城県稲敷郡 *ふんじゃます 岩手県上閉伊郡 *ふんずばす 静岡県安倍郡 *ふんずめる 新潟県東蒲原郡「蛇をふんづめる」 *ふんのぼる 福島県 茨城県多賀郡・真壁郡 栃木県「ひとの足ふんのぼるものあっか」

じだんだを□ *あしぶしふむ 岐阜県飛騨「太郎作やあしぶしふんで怒ったわい」 *あしべしふむ 富山県砺波 *あっちゃっちゃふむ 新潟県西頸城郡 *じぐるー 群馬県多野郡 *しこふむ 岡山市「子供がしこーふんで泣えた」 *したあしふむ 岩手県九戸郡 *じたあしふむ(怒って踏みならす) 茨城県稲敷郡 *じょじょくる 愛知県知多郡「じょじょくってなく(じだんだ踏んで泣く)」 *たぐるー 大分県北海部郡・玖珠郡 *たたらふむ 大分県速見郡 *だちばる 滋賀県愛知郡 *たんたんふん 富山県砺波

じだんだを□こと *じぐらおどり 大分県大分郡 *しこふみ 愛媛県周桑郡 *しだふみ 香川県三豊郡 *すりこぎ 群馬県多野郡「すりこぎして泣く」 *どちどち 高知県長岡郡「どちどちをする」

二の足を□ *おーやまへのぼる 島根県出雲 *おじなむ 島根県出雲「おじなんだだども行きた」 *だはんずく 長崎県北松浦郡 *やたえる 青森県津軽「あまりに安値で、勘定に合わないもんで、やだぇでらでぁ(見合わせていますよ)」 岩手県二戸郡

ふもと【麓】 *あだ 岡山県 *いりくち 熊本県阿蘇郡 *おじり 徳島県 *きわ 熊本県天草郡 *くね 新潟県佐渡 *こうま 宮崎県 *こし 長野県佐久 *こじ 静岡県 *こしね 群馬県吾妻郡 *こしまえ 新潟県佐渡 *さしくち 熊本県八代郡 *した・したね 千葉県印旛郡 *つくね 長崎県南高来郡 *どんびら 広島県比婆郡「やまのどんびら」 *ね 熊本県阿蘇郡・天草郡 *ねがた 茨城県稲敷郡 千葉県東葛飾郡 山梨県 静岡県磐田郡 *ねがら 茨城県稲敷郡・北相馬郡 *ねき 和歌山県海草郡 *ねぎし 熊本県菊池郡・鹿本郡 *ねっかた 千葉県東葛飾郡 *ねっこつ 三重県志摩郡「山のねっこつ」 *ねもと 富山県 和歌山県日高郡 広島県芦品郡・高田郡 熊本県 *へた・ぺた 茨城県稲敷郡 *へだ 茨城県稲敷郡 千葉県印旛郡 *へだっこ 千葉県印旛郡 *むかつね 青森県上北郡 *もと 奈良県吉野郡「やまのもと」 *やまぎし 栃木県 *やまぎわ 群馬県勢多郡 *やまそで 新潟県佐渡 *やまぬした 沖縄県石垣島 *やまね 青森県三戸郡 長野県上田・佐久 徳島県 *やまのくろ 富山県西礪波郡 *やまのね・やまんね・やまんねっく 熊本県 *やまのねっこ 長野県諏訪 *やまのねばり 京都府竹野郡 *やまのねもと 熊本県阿蘇郡 *やまのはた 大阪府泉北郡 岡山県児島郡 *やまばた 香川県小豆島 *やまんした 佐賀県藤津郡 熊本県 *やまんつけね 長崎県南高来郡 熊本県下益城郡・球磨郡 *やまんねっこ 熊本県鹿本郡・玉名郡 *やまんねっつ 長崎県南高来郡

ふやける *うじゃける 山形県山形市・北村山郡「お汁をかけた御飯がうぢゃげてしまった」 愛知県名古屋市「いちじくが雨でうじゃけた」 *うじゃじゃける 山形市 神奈川県 静岡県榛原郡 愛知県名古屋市 *うてる 愛媛県 *うぶける 宮城県栗原郡「飯がうぶけた」 *うるける 青森県 岩手県 宮城県栗原郡「にしんがうるけ過ぎた」 秋田県 山形県 福島県「足が随分うるげた」 新潟県岩船郡・東蒲原郡 滋賀県栗太郡 *おぼける 山形市「まま(飯)おぼける」 *かせる 兵庫県淡路島 島根県八束郡・隠岐島「豆がかせたけん豆腐を作らー」 岡山県苫田郡「大ぜんたく(洗濯)したら、指がかせた」・児島郡 徳島県 香川県 愛媛県 *しゃーける 埼玉県北葛飾郡「豆がよくしゃーけた」 *はたける 島根県邇摩郡 *ひじゃける 富山県砺波 *びしゃける 島根県那賀郡・邑智郡「風呂に着物を置いたら、よーにびしゃけた」 *びしょける 島根県美濃郡・益田市 *びちゃける・びちゃれる 島根県石見 *ひやける 山梨県 *ふくれる 上方 *ふざける 滋賀県蒲生郡 *ふとびる 新潟県上越市 *ふやかさる 静岡県志太郡 *ふやぐ 広島県比婆郡 *ほざく 長崎県壱岐島 *ほとげる 愛媛県 *ほとびー 鹿児島県 *ほとびーる 長野県佐久 *ほとびっ 佐賀県藤津郡 *ほとびる 群馬県佐波郡 新潟県中頸城郡 富山県東礪波郡 長野県上田 岐阜県郡上郡「米は一晩水に漬けておきゃよーほとびるでな」・山県郡 静岡県榛原郡 大阪市 和歌山県東牟婁郡 島根県 岡山市 広島県比婆郡・高田郡 山口県 徳島県「米粒が溝の中でほとびとる」 香川県「堅パンがほとびる」 愛媛県 高知県「椎茸がほとびたら火におかけよ」 福岡市 長崎県 熊本県玉名郡・下益城郡 *ほとぶる 大分県 *ほとべる 富山県東礪波郡 岐阜県郡上郡 愛媛県大三島 高知県幡多郡 長崎県五島

↓「やわらかい(柔)」の子見出し、「水分で柔くする」「水に浸って柔くなる」

水に浸して□させる *ほとがす 愛媛県 *ほとばかす 岐阜県飛騨「ぜんまいやわらびは、水に二、三日ほとばかいてから煮る」 大阪市 兵庫県・加古郡「湯気でほとばかす」 和歌山県新

宮・東牟婁郡 鳥取県西伯郡 島根県 岡山市 広島県佐伯郡・比婆郡 山口県・豊浦郡「干物をほとばかす」 愛媛県 福岡県小倉・福岡市 長崎県対馬 大分県 *ほとばす 群馬県 新潟県 長野県 大阪市 兵庫県 島根県邑智郡 高知市「一つまみの塩を入れた水に黒豆をよくほとばしてその水で煮ると柔かに煮える」 大分県大分市・大分郡 *ほとばらす 三重県伊賀 *ほとびかす 島根県石見 *ほとびらかす 山形県庄内 長野県 鳥取県西伯郡 島根県 広島県比婆郡 大分市 *ほとびらす 新潟県岩船郡

ふやす【増】 *ふーさなしん 沖縄県石垣島 *みやす 石川県鳳至郡 *むやす 新潟県佐渡「財産をむやした」 富山県砺波 石川県鳳至郡 岐阜県飛驒「子をむやす」 *もえらかす 長崎県対馬 *もーしん 沖縄県石垣島 *もやす 富山県砺波 兵庫県加古郡

ふゆ【冬】 *せっき 山形県東田川郡 新潟県中越 静岡県 岡山県小田郡 *せつき 新潟県下越 *ねんじゅー 岩手県上閉伊郡

ぶらんこ【鞦韆】 *あみなぐ 沖縄県与那国島 *いさ 鹿児島県種子島 *いさご 大分県南海部郡 *いっさんご・きさんご 熊本県 *いんさんぶさん 新潟県 *いんだーぎー 沖縄県首里 *うんじゃーぎ 沖縄県国頭郡 *えーなき 鹿児島県奄美大島 *えんごろ 東京都三宅島・御蔵島 *おさんご 熊本県球磨郡 *おびんずる 茨城県稲敷郡 *ぎっさんご 熊本県飽託郡・上益城郡 *ぎっとんばっとん 島根県邑智郡・大原郡 *さんがぶろー 福岡県粕屋郡 *さんがりこー 島根県石見 *さんぎょぶら 福岡県早良郡 *さんげぶらり 福岡県三井郡 *さんげんぶらりん 福岡県久留米市 *さんごーぶら 福岡県早良郡・粕屋郡 *じさんぐり・じゅーさんぐり・ちゅーさんぐり 新潟県佐渡 *ずりっこ 静岡県 *ずんがね 千葉県東葛飾郡 *ちーかんご 島根県八束郡 *ちびらんこ・ちんぷらこ 徳島県 *ちょーぶらりんこ 熊本県飽託郡・下益城郡 *ちょーぶらんこ 熊本県熊本市・飽託郡 *ちんちんぶらぶらんちんぶらこ 徳島県美馬郡 *ちんぴらく 富山県 *ちんぴらく 香川県大川郡 *ちんぴらこ 徳島県 香川県木田郡・高松市 *ちんぶら 三重県阿山郡 *ちんぷら 香川県伊吹島 *つらりんこ 香川県仲多度郡 *つるさんこ 長野県上田・佐久 *つるさんぼ 長野県佐久 *つんつら 香川県大川郡 *どいもんも 福島県南部 栃木県河内郡 *どーかね・どーがね・どんかい 茨城県稲敷郡 *どーかんぼー 栃木県芳賀郡・塩谷郡 *どーがんぼー 栃木県芳賀郡 *どーずき 茨城県 *どーぶらんこ・どんぶらっこ 神奈川県津久井郡 *どーらん 静岡県田方郡 *どーらんずき 群馬県利根郡 *どーらんぼ 栃木県 *どーんずき 群馬県多野郡 静岡県 *どさんぐり 新潟県佐渡 *とっつりこ 和歌山県日高郡 *どもんも 茨城県真壁郡 *とんかい・どんがい 茨城県猿島郡 *どんかね・どんがね・どんがねっちょ・どんごろ・どんびらがね・どんびんがね 千葉県東葛飾郡 *とんがんがん 香川県小豆島 *どんがんがん 香川県 *どんがんぼ 茨城県新治郡 *どんずき 山形県西置賜郡 栃木県河内郡 静岡県 *どんずり 神奈川県小田原市 *どんずりっこ 静岡県庵原郡 *どんずるこ 千葉県君津郡 *どんつき・どんつき 栃木県河内郡 *どんどん 香川県三豊郡 *どんびら 埼玉県入間郡 *どんびんちゃまが 栃木県河内郡 *どんぶら 静岡県 *どんぶらこ 神奈川県川崎市 *どんぶらん 山梨県 *どんぶらんこ 神奈川県中郡 *どんまーま 茨城県久慈郡 *どんまん 福島県東白川郡 *どんもん 福島県「どんもんをつく」 *どんもんも 栃木県河内郡 *どんよーさんよ 茨城県久慈郡・新治郡 *なべぐり 山形県東置賜郡 *はしり 東京都三宅島 *びしゃご 高知県 長崎県対馬 *びしゃんこ 高知県 宮崎県延岡 *びしゃんご 熊本県天草郡 *びんござ（「びんごさんご」の転） 新潟県中蒲原郡 *びんごさま・びんざさ 新潟県北蒲原郡 *ぶいさんご・ぶいちゃんご 新潟県刈羽郡 *ぶいじょ・ぼいじょ 山形県南置賜郡・米沢市 *ぶいたん・ぶいちょ・ふいと・ぶんちょ 新潟県西頸城郡 *ぶいちょー 山形県米沢市「ぶいちょーのり」 新潟県・南魚沼郡 *ふーらいさんきょー 佐賀県 *ふーれんじょー・ふーれんちょー 山梨県南巨摩郡 *ぶつさん 長崎県壱岐島 *ぶっしゃんご 熊本県球磨郡・天草郡 *ぶっちゃられん 富山県下新川郡 *ぶらさげ・ぶんがさい 新潟県 *ぶらさんこ 埼玉県北葛飾郡 長野県上田・佐久 *ぶらさんご 島根県簸川郡・出雲市 熊本県 鹿児島県 *ぶらたん 新潟県西頸城郡 *ぶらたんこ 岩手県九戸郡 *ぶらりんこ 千葉県夷隅郡 鳥取県 香川県 高知県 熊本県下益城郡・球磨郡 *ぶらんさんご・ゆーさんご・よさんご 熊本県 *ぶらんしゃんご 熊本県芦北郡・天草郡 *ぶらんどき 長野県下伊那郡 *ぶれーさんご 熊本県芦北郡 *ぶんしょ・ぼいちゃい 長野県下水内郡 *へっちょーだ 東京都八丈島 *やーさ 沖縄県小浜島 *やーし 沖縄県新城島 *やぐら 熊本県玉名郡 *やっさんご 熊本県八代郡 *やれれんちょこ 千葉県安房郡 *ゆーさ 沖縄県宮古島 *ゆくさんご 鹿児島県肝属郡 *ゆさこんぼ 長野県佐久 *ゆさんこ 千葉県東葛飾郡 長野県佐久 *ゆさんご 熊本県下益城郡 大分県北海部郡・大分郡 *ゆさんごんご 宮崎県東諸県郡 *ゆっさこん 鹿児島県姶良郡 *ゆっさんこ・ゆっさんこっこ 新潟県佐渡 *ゆっさんご 熊本県 鹿児島県 *ゆっさんごん 宮崎県都城 *ゆらご 秋田県平鹿郡・鹿角郡 *ゆらだご 青森県南部 *ゆるぎ 青森県津軽 *ゆるげ 青森県上北郡 *よいさー 沖縄県石垣島・小浜島・竹富島 *よいさんご 熊本県熊本市・上益城郡 *よいとんご 熊本県天草郡 *よーいさー 沖縄県鳩間島 *よーごー

ざぶろ 千葉県安房郡 *よーさ 沖縄県黒島 *よーし 沖縄県石垣島

ぶり【鰤】 *あお 青森県上北郡・三戸郡 宮城県 秋田県 山形県 福島県 愛知県日間賀島 山口県阿武郡 *あおな 山口県阿武郡 *あおぶり(三十〜三十五センチ㍍ぐらい) 東京都新島 *ういお・うゆお 鹿児島県 *おいうお 徳島県海部郡 *おいお 和歌山県 高知県須崎 福岡市 *おーいお 徳島県 高知市 長崎県 *おーうお 和歌山県・東牟婁郡 *おーばまち 香川県大川郡 *おーまり・おーまる(大きなもの) 島根県八束郡 *かていお 三重県 *がんとぶり(やや小形) 富山県砺波 *ごーどー 石川県能登 *さんざい 福島県 *しりまぶり 島根県八束郡 *せじろ(幼児語) 三重県 *そち・そっのいお 鹿児島県 *ちゃんから(幼児語) 島根県出雲 *つばす 香川県 *つゆひら 島根県邑智郡 *どたぶり 和歌山県 *ねーり 高知県・幡多郡 *ねり(小さいもの) 長崎県 *はまち 兵庫県飾磨郡 鳥取県 島根県浜田市 香川県 広島県 愛媛県宇和島 *はまちご 鳥取県 *はまちぶり 香川県丸亀市 *はらじろ 徳島県美馬郡 *はらんぼ(幼児語) 島根県出雲 鹿児島県・肝属郡 *ふくらげ 新潟県佐渡 *まんさく 島根県那賀郡 *まんびき 京都府熊野郡 *みみずぶり・めめずぶー(四、五月ごろに捕れるもの) 島根県出雲市・仁多郡 *もじゃこ(小さいもの) 高知県須崎市 *もんだい 兵庫県明石 和歌山県 *やがら(中ぐらいの大きさ) 長崎県 *やず 香川県大川郡・三豊郡 *わかな 兵庫県飾磨郡 香川県大川郡 高知県 *わかなご 高知県柏島・幡多郡 福岡県

□の成長中期の呼び名 *しゅんとく 愛媛県宇和島 *めじ 島根県美濃郡・益田市 山口県大島 *めじろ 大阪府 兵庫県家島・明石 和歌山県 島根県 徳島県 香川県 高知県高知市・須崎市 大分県北海部郡 *めじろぐり 香川県大川郡

□の幼魚 *あぶ(いなだより小さいもの) 静岡県浜名郡 *あぶこ(いなだより小さいもの) 三重県志摩郡 *あぶご(いなだより小さいもの) 三重県志摩郡・宇治山田市 *こずくら 富山県砺波 *こぞくら 石川県河北郡・金沢 *こばち 島根県益田市 *さわじ 島根県八束郡 *さわず 島根県 *しお 三重県志摩郡 徳島県 高知市 大分県大島・北海部郡 *しおのこ 岩手県 新潟県西頸城郡 *しおわかな 兵庫県明石 *しょーご 神奈川県足柄下郡 山口県大島 *しょーじご 島根県・浜田市 *しょーじんご 島根県石見 山口県玖珂郡 愛媛県 *しょーのこ 香川県三豊郡 *しんとく 愛媛県 *ずんべ 新潟県佐渡 *つば 秋田県 *つばいそ 新潟県西頸城郡・中頸城郡 富山県 *つばえそ 新潟県中頸城郡 富山県・下新川郡 *つばす 大阪府 兵庫県 和歌山県・和歌山市 高知県室戸市 *てんこ 鹿児島県 *でんぶ 岩手県九戸郡 *はなじろ 愛知県日間賀島 福岡県 *ひでりこ 兵庫県但馬 *ひでりご 島根県八束郡 *ふくらぎ 富山県 *ふくらぎん 富山県砺波 *ふくらげ 青森県上北郡 山形県 新潟県 富山県下新川郡 石川県鳳至郡 *まーご 島根県仁多郡・能義郡 *まるご 兵庫県美方郡 鳥取県米子市・鳥取市 島根県八束郡・隠岐島 *やす 高知県幡多郡 *やず 兵庫県飾磨郡 島根県隠岐島 広島県豊田郡(はまち) 山口県大島・豊浦郡 愛媛県宇和島 高知市(四十センチ㍍ぐらいのもの) 福岡県 長崎県壱岐島 熊本県天草郡 *よー 新潟県中頸城郡 *わかし 東京都 *わかな 宮城県 兵庫県明石市 和歌山県 島根県 高知県安芸郡 *わかなご 千葉県 東京都 神奈川県 静岡県 三重県志摩郡 和歌山県 島根県八束郡・隠岐島 高知市 福岡県 *わくよ 兵庫県但馬

ふる【振】 *あんがらしん 沖縄県石垣島 *おっぽろがす 栃木県「まっと上さあがっておっぽろがしてみろ」 *たぶらかす 和歌山県東牟婁郡 *ふーるく 栃木県 埼玉県北足立郡 *ふないるん(文語形は「ふないん」) 沖縄県石垣島 *ほーろかす 栃木県 *ほーろく 岩手県気仙郡・東磐井郡 茨城県稲敷郡 栃木県「ほーろってんじゃねえ」 千葉県東葛飾郡 新潟県「袋から米を出したらあとをよくほーろえで片づけれ」 *ほろがす 栃木県河内郡 *ほろく 岩手県 宮城県「あんまり泣ぐから、抱てほろぐから」 栃木県「ブランコをほろく」 新潟県東蒲原郡「栗の木をほろいて栗を落す」 *ほろける 宮城県加美郡

ふる【降】 *おじる・おちる 千葉県山武郡 *おす(山言葉) 福島県会津「しない(雨)おす」 *せる 三重県志摩郡 *はしる 山梨県

ふるい【古】 *いっしー 山梨県西山梨郡 *ねき・ねんき 静岡県 *ふーな 島根県出雲「この品は大分ふーなもんだ」 *ふるし 青森県津軽・上北郡「ふるしば買はない(古ければ買わない)」 秋田県「この肴はふるしやうだ」 新潟県東蒲原郡「ふるし帳面」 *ふるしー 青森県・南部 岩手県気仙郡 秋田県鹿角郡・河辺郡 山形県庄内 群馬県勢多郡 埼玉県秩父郡 神奈川県津久井郡 東京都伊豆諸島「雨だにふるしい着物を着ろ」 新潟県 富山県射水郡 石川県鳳至郡・羽咋郡 山梨県南巨摩郡 長野県佐久 岐阜県飛騨 静岡県 *ふるしきゃ・ふろしけ 東京都八丈島 *ふるっしー 富山県・砺波 *ふるっちー 長野県佐久 *ふるない 徳島県美馬郡「ふるなかろーが(古いだろうが)」 *ふろしー 新潟県三島郡 *ふんな 島根県「この品は大分ふんなもんだ」 鹿児島県 *ふんなーな 新潟県東蒲原郡「かなりふんなーな代物」 *ふんね 鹿児島県

□考えの人 *むかしにんげん 新潟県佐渡 大阪市 *むかしびと 山形県 新潟県佐渡

□くなる *こびる 新潟県中蒲原郡 長野県下

伊那郡　奈良県　愛媛県・大三島　*しぷたれる・しんぷたれる 青森県津軽　*そずる 山形県　*ひませる（商品が売れ残って古くなる）京都市　*ひをくー（何日もたって古くなる）岡山県小田郡「この魚はひをくってゐる」　*ふすなる（野菜などが古くなる）愛媛県「かぼちゃがふすなった」　*ふるむん 沖縄県石垣島　*まがる（魚が古くなる）熊本県

ふるい【篩】　*あみじゃくし 青森県津軽　*いとゆり 長崎県南高来郡　*いとろし 佐賀県唐津市　長崎県南高来郡　*おろし 徳島県美馬郡　香川県伊吹島・高見島　福岡県早良郡　佐賀県藤津郡　熊本県北部　*くだけおろし（くず米をふるうふるい）佐賀県唐津市　*くだけとし（くず米をふるうふるい）青森県津軽　*くだけどす（くず米をふるうふるい）山形県西村山郡・新庄　*くだけぬき（くず米をふるうふるい）香川県三豊郡　*けたぶるい（二重箱型のふるい）群馬県多野郡　*けんと 兵庫県淡路島　*けんど 大阪府泉北郡　和歌山県那賀郡・伊都郡　岡山県　徳島県（目の粗い金ふるい）　香川県「このもみ、けんどでゆったみたいにけっこいな」　*げんど（砂利用で四角形）富山県砺波　愛媛県「けんどでとーす（ふるいでふるう）」　*けんどー 香川県　*けんどん（千石通し）富山県西礪波郡　石川県　*こおろし 青森県三戸郡　岩手県上閉伊郡・気仙郡　宮城県登米郡・玉造郡　*こごめとーし 兵庫県加古郡・淡路島　鳥取県気高郡　高知県土佐郡　*こし 三重県北牟婁郡　*ころし 岩手県岩手郡・気仙郡　秋田県　山形県最上郡　*さで（竹製）岐阜県飛騨　奈良県吉野郡　*しーの 岩手県九戸郡　佐賀県・藤津郡　長崎県・南高来郡　熊本県玉名郡　*しーのー 沖縄県宮古島　*しの 青森県　秋田県由利郡　山形県庄内　*じぶ 福井県大飯郡　岡山県邑久郡　*じゅー 京都府北部　*す 三重県北牟婁郡　*すぃーの 沖縄県国頭郡　*すぃーのー 沖縄県首里　*すいの 岩手県九戸郡　秋田県鹿角郡　栃木県佐野市・足利市　群馬県山田郡・邑楽郡　石川県河北郡　福井県・坂井郡　愛知県　三重県　滋賀県　京都府竹野郡　大阪市　兵庫県淡路島　島根県・大原郡　岡山県　徳島県　香川県　愛媛県「すいのでとーす」　福岡県　熊本県宇土郡　*すいのー 富山県砺波　静岡県島田市　愛知県豊橋　京都府　兵庫県加古郡　鳥取県気高郡　島根県石見　広島県高田郡　香川県　高知県・土佐郡「小米とーしにかけて残りをすいのーで通してぬかをとる」　福岡県粕屋郡・福岡市　長崎県南高来郡・対馬　熊本県　沖縄県　*すの 青森県　*せーの 島根県大原郡　*ぜーむとーし（大ふるい）千葉県長生郡　*そそり 東京都八丈島　*そぞり 高知県・土佐郡　*たかどし（「たけとおし」の転。竹製）熊本県玉名郡　*たかゆる・たけゆり（竹製）長崎県南高来郡　*ちこどーし（「ちこ」は大麦のこと。大麦をおろすふるい）岡山県邑久郡・岡山市　*ちゃぶるい 長崎県南高来郡　*ちょーせん 岡山県・浅口郡　*どぅらつぃ 沖縄県与那国島　*とーし 岩手県気仙郡　山形県　茨城県稲敷郡　埼玉県北葛飾郡　千葉県長生郡　東京都新島　神奈川県津久井郡・中郡　新潟県佐渡・中頸城郡　富山県砺波　石川県鹿島郡・羽咋郡　福井県武生市・坂井郡　長野県　岐阜県益田郡　静岡県志太郡・小笠郡「とうしにかけて豆をせんべつする」　愛知県「とーしで糠（ぬか）をとる」　三重県一志郡・志摩郡　京都府京都市・竹野郡　大阪市　兵庫県　奈良県南部「とーしでとーしとけよ」　和歌山県和歌山市・那賀郡　鳥取県　島根県　岡山県　広島県　山口県大島　徳島県　愛媛県「とーしにかける」　高知県　*とし 青森県上北郡「あくとし（灰ふるい）」　秋田県鹿角郡　山形県　*にぶめ 香川県大川郡　*ぬりこし 鳥取県気高郡　*ひめこ 山梨県　*ふくい 静岡県磐田郡　愛知県北設楽郡　*ふりんがえ 熊本県天草郡　*ほーろき 茨城県稲敷郡　*まなお 岡山県邑久郡　*まんごく 山形県　富山県砺波　山梨県　島根県　山口県　香川県　愛媛県　*むぎじぶ 岡山県邑久郡　*むぐるし・もぐるし 東京都八丈島　*もみおろし 鳥取県気高郡　佐賀県唐津市　*ゆい 沖縄県八重山・首里　*ゆいがま 鹿児島県沖永良部島　*ゆらし 沖縄県八重山　*ゆり 愛媛県北宇和郡　鹿児島県奄美大島（目の大きいもの）・加計呂麻島（目の細かいもの）　*ゆる 長崎県南高来郡　*よろげ 愛知県　*らくい 長野県下伊那郡

米をより分けるための□　*いとーし 熊本県玉名郡　*こごめとーし 兵庫県加古郡・淡路島　鳥取県気高郡　高知県土佐郡　*こめおろし 香川県三豊郡　*こめつし 鹿児島県　*こめどーし 兵庫県加古郡　高知県土佐郡　*こんどーし・こんどし 山梨県　*ふりかご 石川県羽咋市

麦をふるい分けるための□　*むぎおろし 香川県綾歌郡　長崎県壱岐島　*むぎもんどし 愛媛県大三島

目の粗い□　*あらけんど 徳島県美馬郡　*あらこ 福井県大飯郡　*しびとーし 茨城県　*ちゃぶれ（竹製）長崎県南高来郡　*ちゃぶれー（竹製）長崎県壱岐島　*やっこどーし 兵庫県加古郡

目の細かい□　*けぶるい 群馬県勢多郡　奈良県南大和　*しーの 岩手県九戸郡　佐賀県・藤津郡　長崎県・南高来郡　熊本県玉名郡　*しーのー 沖縄県宮古島　*しの 青森県　秋田県由利郡　山形県庄内　*すぃーの 沖縄県国頭郡　*すぃーのー 沖縄県首里　*すいの 岩手県九戸郡　秋田県鹿角郡　栃木県佐野市・足利市　群馬県山田郡・邑楽郡　石川県河北郡　福井県・坂井郡　愛知県　三重県　滋賀県　京都府竹野郡　大阪市　兵庫県淡路島　島根県・大原郡　岡山県　徳島県　香川県　愛媛県「すいのでとーす」　福岡県　熊本県宇土郡　*すいのー 富山県砺波　静岡県島田市　愛知県豊橋　京都府　兵庫県加古郡　鳥取県気高郡　島根県石見　広島県

高田郡　香川県　高知県・土佐郡「小米とーしにかけて残りをすいのーで通してぬかをとる」　福岡県粕屋郡・福岡市　長崎県南高来郡・対馬　熊本県　沖縄県　*すの 青森県　*せーの 島根県大原郡　*たも 鹿児島県奄美大島　*ちょーせん 岡山県小田郡　*みんぜーどーし 新潟県佐渡

ぶれい【無礼】 *あらむたい 大分県大分郡「あらむてーことおゆー（暴言を吐く）」　*こーべだか 新潟県佐渡　*ぞんざい 新潟県　静岡県志太郡　島根県「あの男はぞんざいなたちの男だ」　長崎県対馬「此奴あ、ぞんぜえな奴ぢゃなあ」　*ぶさいく 新潟県佐渡　京都市「そんなぶさいくなこというもんやない」　*ふつぃごー 沖縄県首里・石垣島　*ふつごー 高知県宿毛市・高知市「人の足を踏んで知らんふりをしているふつごーな人じゃ」

↓しつれい（失礼）

□だ *えそわしー・えつさしー 長崎県南高来郡　*ずるい 茨城県　*よそわしー 佐賀県　長崎県・長崎市

□者 *うどーむん 鹿児島県喜界島　*おーどーもの 京都府竹野郡　山口県「あいつは以てのほかなおーどーものぢゃ」　熊本県阿蘇郡・天草郡　*おどーむん 鹿児島県沖永良部島　*ずへーもの・るへーもの 島根県鹿足郡　*のふーどーもの 島根県鹿足郡　山口市　*のふぞーもん 愛媛県大三島　*のふどーもん 島根県石見　*ひゃーらくもの 静岡県

ふるさと【故郷】 ⇨こきょう（故郷）

ふれる【触】 ⇨さわる（触）

ふろ【風呂】 *あっぷ 福島県相馬郡　*あっぷ 岩手県気仙郡　*あっぽ 新潟県東蒲原郡「あっぽ入ろう」　*あぶ 島根県　*あぶあぶ 島根県益田市・仁多郡（幼児語）　*あぼ 島根県出雲　*いふろ 三重県度会郡　*おざんぶ（幼児語）長野県諏訪　*おどんぶ・おどぶ（幼児語）長野県　*おびしょ 長野県諏訪・上伊那郡　*おびちゃ 長野県北安曇郡　*おびちょ・おびっちょ・べちゃべちゃ・べちゃ・おべちゃ 長野県　*おぶちゃ 長野県　*おべちょ 長野県諏訪　*おぼちゃ 長野県　*がんべ（幼児語）岩手県南部　*しっしょ 岩手県気仙郡　*たーた 岡山県小田郡　*たーたー 岡山県　高知県「さあ、たーたーえ行きましょー」「お前もたーたーするか」　*だだ 福井県　三重県伊勢　*だっぽ（小児語）新潟県南部　*たぶ 岡山県北部　*だぶ（幼児語）長野県　三重県志摩郡　*だぶこ 長野県北安曇郡　*たぶたぶ 徳島県　*だぶだぶ 三重県志摩郡　*だぼ 新潟県　*だほー 新潟県　*たんた 大阪市　兵庫県淡路島　和歌山県・和歌山市・那賀郡　香川県大川郡・小豆島　*たんだ 愛知県尾張　滋賀県愛知郡　*だんだ（幼児語）新潟県上越市・中頸城郡　富山県　石川県・金沢・鹿島郡　長野県北安曇郡　岐阜県　愛知県碧海郡・知多郡　三重県志摩郡　滋賀県　*たんたん 大阪市「さぁたんたんへ入れたげよ」　奈良県大和高田市　和歌山県東牟婁郡　香川県「たんたんする」　熊本県　*だんぶ 福岡県久留米市　*だんぼ 長野県南安曇郡・東筑摩郡　*ちゃーちゃー 滋賀県坂田郡　*ちゃいちゃい（幼児語）石川県　滋賀県滋賀郡　兵庫県・明石郡　奈良県　山口県豊浦郡　長崎県北松浦郡　*ちゃっちゃ 富山県砺波　三重県伊賀　奈良県生駒郡　*ちゃっぽ 福島県若松市・大沼郡　*ちゃぶちゃぶ 兵庫県加古郡　奈良県　島根県鹿足郡・益田市「ちゃぶちゃぶいはいろうや」　徳島県　*ちゃぷちゃぷ 青森県津軽　*ちゃぽちゃぽ 青森県三戸郡　*どんびり 島根県八束郡　*どんぶ（幼児語）富山県西礪波郡　*どんぶー 島根県大根島　*どんぶり 島根県　*どんべり 島根県松江「どんべりや（湯屋）」　*どんぼ（幼児語）島根県能義郡　*どんぼり 島根県出雲　*ばさ 岡山県苫田郡　*ぱちゃ（幼児語）島根県隠岐島　*ばちゃばちゃ 島根県仁多郡・隠岐島　*びちょびちょ（幼児語）長野県諏訪　*ぴちょぴちょ 長野県上伊那郡　*ひっしょ 岩手県気仙郡　山形県最上　*ぶたぶた（幼児語）長野県東筑摩郡　岐阜県飛騨　*ぶちゃ 島根県　*ぼしゃ 岡山県苫田郡　*ぼち 島根県仁多郡　*ぼちゃ（幼児語）神奈川県津久井郡　新潟県中越　長野県　鳥取県・気高郡　島根県　*ぽちゃ 福島県会津　神奈川県津久井郡　*ぼちゃぼちゃ 栃木県　長野県　静岡県志太郡　鳥取県　島根県　*ぼちゃん・ぽちゃん 埼玉県秩父郡「ぼちゃんにはいりな」　*ぽっちゃ 福島県両沼　*ぽっちゃ 群馬県多野郡　*ぼぼちゃ・おぶた 長野県東筑摩郡　*ぼんぼ（幼児語）島根県出雲　*ゆーけ 千葉県夷隅郡・安房郡　*ゆーふり 沖縄県石垣島　*ゆーふる 沖縄県首里　*よーけ 千葉県夷隅郡

ふろしき【風呂敷】 *いたん 島根県出雲　広島県　*うしぴ 沖縄県波照間島　*うちゅき 沖縄県国頭郡　*うちゅくい 鹿児島県沖永良部島　*うちゅくぃー 沖縄県首里　*うちゅっきー 鹿児島県喜界島　*うつぃぱい 沖縄県石垣島　*うつー 沖縄県新城島　*うつくい 沖縄県島尻郡　*うっすい 沖縄県黒島　*うっちゅふい 沖縄県竹富島　*うっとぅひ 沖縄県与那国島　*うつぱい 沖縄県石垣島　*うつふい 沖縄県宮古島　*うつぶい・うちぴ 沖縄県小浜島　*おーげんたろー 広島県倉橋島　*かけの 山梨県　*かるしき 和歌山県那賀郡　*こつつみ 熊本県　*ちじうすぱい 沖縄県鳩間島　*つつみ 熊本県　*つつむ 熊本県玉名郡　*つつめ 熊本県飽託郡　*てうるしき（小さいもの）富山市　*てーたん 岡山県備中北部　広島県安芸郡　*てばんかけ（「ばんかけ」はふろしきの意。小さいもの）富山県砺波　*てぶろしき 青森県津軽（小さいもの）　新潟県佐渡・中頸城郡　島根県（小さいもの）・隠岐島　熊本県菊池郡　*てぶろしく 長崎県南高来郡　*てぼろ 宮崎県西臼杵郡　*てゆーたん 広島県比婆郡　*ばんかき 石川県鹿島郡　*ばんかけ（「わんかけ（椀掛）」の転（礪波民俗語彙））富山県・砺波・東礪波郡　石川県　福井県　岐阜県　*ばんかち 石

川県鳳至郡 *ひらいた香川県綾歌郡　長崎県対馬 *ひらいたん福岡県山門郡　長崎県　熊本県 *ふくさ香川県 *ゆーたん和歌山県海草郡・那賀郡　広島県 *ゆたん島根県　岡山県　広島県 *よたん島根県隠岐島 *わんかけ富山県

ふん【糞】 *あこ島根県隠岐島 *あご福島県伊達郡 *あっぱ栃木県河内郡　埼玉県川越　新潟県　石川県金沢市・江沼郡　福井県　長野県下水内郡　兵庫県明石郡・加古郡 *あっぺ三重県一志郡・名賀郡(幼児の大便)　奈良県宇陀郡 *あっぽ福島県安積郡・岩瀬郡　千葉県・東葛飾郡・印旛郡(幼児の大便)・市原郡 *あぼ佐賀県 *あぽ長野県長野市・上水内郡　福岡県 *あんこ和歌山県　島根県(幼児語) *いんこ(幼児語)栃木県下都賀郡 *うーん(小児語)徳島県 *うっうん(小児語)長崎県五島 *うら山形県飽海郡(幼児語)　滋賀県蒲生郡　沖縄県首里 *うらむき大阪市 *うん(小児語)愛知県知多郡　滋賀県犬上郡　徳島県　長崎県五島 *うんうん(小児語)奈良県 *えん(幼児語)山形県西村山郡・最上郡 *えんこ(幼児語)宮城県玉造郡　山形県 *おだいよ香川県大川郡・三豊郡 *おっこー(幼児語)静岡県志太郡 *おとし愛知県宝飯郡 *おばい香川県高松 *おぼん(幼児語)愛媛県周桑郡・喜多郡 *おや(幼児語)香川県木田郡 *おんぎれ・おんぎー岡山県邑久郡 *おんこぼ栃木県芳賀郡 *かっか(幼児語)群馬県勢多郡 *かっこ(幼児語)群馬県　埼玉県秩父郡 *かんしょ富山県砺波　石川県 *かんじょ山形県 *かんじょこ青森県上北郡 *きだ(一塊の人糞)鹿児島県 *ぎだ(一塊の人糞)鹿児島県鹿児島郡 *きたごろ熊本県下益城郡・八代郡 *きだごろ鹿児島県(丸糞)・肝属郡(固い人糞) *ぎだごろ熊本県　大分県日田郡(固い糞)　鹿児島県鹿児島郡(一塊の人糞) *ぎだんぼー山口県阿武郡 *きんこー広島県芦品郡 *きんだ(獣の糞)山口県大島 *ぎんだぐろ熊本県下益城郡 *けけ(幼児語)徳島県海部郡 *げす・けだ熊本県上益城郡・玉名郡 *けた茨城県稲敷郡・新治郡　長野県東筑摩郡・佐久 *ごろ(固い糞)熊本県 *けだごろ熊本県玉名郡・下益城郡 *げたごろ(一塊の人糞)鹿児島県 *げだごろ熊本県菊池郡 *けだごろー熊本県 *げったごろ(一塊の人糞)鹿児島県鹿児島郡 *げも山口県郡 *けんけ千葉県長生郡「けんけや(便所)」・夷隅 *けんけー千葉県市原郡 *こーや大阪府 *ここ石川県能美郡　兵庫県淡路島　和歌山県　徳島県　香川県小豆島　高知県長岡郡 *さねじ岡山県 *しす沖縄県竹富島 *すす沖縄県鳩間島 *だいゆ熊本県鹿本郡 *だいよ三重県上野市「だいよへゆく(大便をする)」　香川県三豊郡 *たいよー島根県石見 *だいよー岐阜県大垣市　奈良県南大和　岡山市　広島県比婆郡　熊本県 *ちょーず宮城県　茨城県稲敷郡　栃木県　群馬県勢多郡・館林　埼玉県川越　新潟県西頸城郡　富山市「ちょーずまわす(大便をする)」　福井県坂井郡　岐阜県養老郡　静岡県「ちょうずがあるから踏むな」　愛知県　三重県 *ちょうじ秋田市 *ちょじ・ちょんじ青森県津軽 *つー沖縄県国頭郡 *っずー沖縄県黒島 *っつー沖縄県与那国島 *っふ沖縄県小浜島 *でゅ・どゅ鹿児島県 *てんぎり新潟県佐渡 *どーきた島根県出雲 *どんきた・どんきった・どんぎっちゃ・どんきっちゃ・どんちゃ・どんど島根県隠岐島「馬がどんど放りよった」 *どんぎり和歌山県西牟婁郡 *どんきり広島県 *どんぎり和歌山県東牟婁郡(幼児語)　広島県倉橋島　福岡市(卑語)　長崎県壱岐島 *どんぎれ岡山県浅口郡 *ながちょーず愛知県名古屋市 *なた福島県浜通「此処になたがあるぞ」　栃木県　神奈川県津久井郡　新潟県東蒲原郡・中頸城郡　岐阜県加茂郡・恵那郡　兵庫県佐用郡 *にっと東京都八丈島 *ねそ新潟県 *ねね富山県東礪波郡　福井県大飯郡　京都府　島根県隠岐島 *ねねー山梨県南巨摩郡 *ねりこ京都府葛野郡 *ねんご東京都三宅島・御蔵島 *ねんね長野県東筑摩郡 *ぱ熊本県阿蘇郡 *ぱーぱ(小児語)新潟県西蒲原郡 *ばい(幼児語)徳島県三好郡　香川県 *ばいー(幼児語)岡山県苫田郡 *ばいばい(幼児語)香川県 *はこ(古く、排泄(はいせつ)の容器として箱を用いたところから)三重県「はこ(を)ひる」「はこたれる」・志摩・度会郡　兵庫県淡路島　鳥取県西伯郡(赤ん坊のもの)　島根県「はこふる」・隠岐島　山口県玖珂郡・大島　長崎県南高来郡　熊本県天草郡(小児語)　鹿児島県 *ばっこ山形県米沢市・西置賜郡　福島県若松市・大沼郡　新潟県東蒲原郡 *ばっぱ山形県西置賜郡 *ばぱ佐賀県藤津郡 *ぱぱ(小児語)佐賀県 *はばかり熊本県飽託郡 *ばばくそ鳥取県 *はばこ岩手県気仙郡 *はんなだ(下流の語)宮城県登米郡 *ばんば岩手県九戸郡(小児語)　秋田県　山形県(幼児語)　福島県相馬郡 *びたくそ(卑語)宮城県石巻 *ひだりねじ島根県邑智郡 *ひだりねじり静岡県駿東郡 *ひだりまき新潟県佐渡　奈良県 *びり・びりぐそ新潟県佐渡 *ふしゅ沖縄県石垣島「ふしゅまるん(大便する)」 *ふす沖縄県八重山 *ふつ沖縄県石垣島・波照間島 *ふふ沖縄県小浜島 *ぶんぶん福岡県八女郡 *ぷんぷん(幼児語)熊本県玉名郡 *べ長崎県南高来郡 *べー長崎県南高来郡　熊本県「べー踏んだ」 *べった(小児語)長野県佐久 *べっち鹿児島県 *べっちょ鹿児島県 *べっぺ・ぺっぺ茨城県稲敷郡 *べべ奈良県吉野郡(小児語)　熊本県　宮崎県西諸県郡(幼児語)　鹿児島県(幼児語) *べんこー岡山県邑久郡 *べんじょ奈良県南大和「べんじょする(用便に行く)」　熊本県飽託郡 *ぼー山形県飽海郡 *ぼっこ(幼児語)岩手県気仙郡 *ぽん(幼児語)三重県飯南郡　兵庫県赤穂郡　島根県　岡山県児島郡　広島県　山口県大島　香川県愛媛県周桑郡・喜多郡　長崎県壱岐島

*ぽんぎり 岩手県上閉伊郡 *ぽんくそ(幼児語) 島根県美濃郡・益田市 *ぽんこ(幼児語) 宮城県玉造郡　島根県　岡山県児島郡　広島県佐伯郡 *ぽんこくそ(幼児語) 広島県佐伯郡 *ぽんころ(幼児語) 島根県益田市 *ぽんぽ(幼児語) 長野県上田　奈良県南大和　島根県石見　広島県比婆郡 *ぽんぽん(幼児語) 奈良県大和高田・南大和　島根県石見　広島県・高田郡　長崎県壱岐島 *んった幼児語) 沖縄県石垣島 *んな(幼児語) 沖縄県首里

牛の□ *だっぺ 新潟県 *だんべ 新潟県中頸城郡 *だんべー 新潟県佐渡 *ぴたきそ 山形県西置賜郡 *びたくそ 山形県 *べた 山梨県南巨摩郡 *べたくそ 山形県最上郡 *べった 新潟県中頸城郡　山梨県北巨摩郡　長野県 *ぺった 長野県佐久 *べっとー 長野県東筑摩郡 *ぺとつー 静岡県浜松 *ぼろた(牛馬の糞) 奈良県宇陀郡

蚕の□ *うなこ 静岡県周智郡・磐田郡　愛知県奥設楽 *うなご 静岡県 *こくず 栃木県 *こくそ 岩手県気仙郡　山形県東田川郡　福島県若松市　栃木県　群馬県勢多郡・佐波郡　埼玉県秩父郡　東京都南多摩郡　新潟県中頸城郡　石川県河北郡　山梨県甲府・南巨摩郡　長野県諏訪・佐久　岐阜県郡上郡　徳島県　長崎県南高来郡 *こしり 東京都八丈島　長野県諏訪・下伊那郡 *こはか 群馬県勢多郡 *こふん 東京都南多摩郡　徳島県

ふんがい【憤慨】 ⇩いきどおる(憤)

ぶんけ【分家】 *あいち 富山県東礪波郡 *あじち 富山県　石川県　岐阜県吉城郡・飛騨 *あぜち 富山県砺波　岐阜県 *あたせ 山形県南置賜郡 *あたらしや 栃木県　新潟県・糸魚川市　長野県諏訪　香川県仲多度郡 *あとしゃ(「しゃ」は仲間・団体の意の「社」か) 岐阜県大野郡 *あらい 富山県砺波　福井県・坂井郡 *あらいえ 富山県西礪波郡 *あらいべ 富山県　石川県加賀 *あらべ 富山県射水郡 *あらや 新潟県西頸城郡　富山県砺波　福井県　岐阜県「末の子にあらやを持たせる」　愛知県知多郡 *あれー 山梨県 *いーもち 新潟県三島郡 *いーもちや 新潟県東蒲原郡 *いえもち 山形県「いえもちに出だ」　新潟県「となりのおじはいえもちになった」　長野県　岡山県児島郡 *いえもちゃ 新潟県東蒲原郡 *いえわかれ 島根県安来市・能義郡 *いっけ 滋賀県滋賀郡 *いもち 山形県庄内　埼玉県北葛飾郡　千葉県東葛飾郡　新潟県東蒲原郡 *いんきょ 山形県　茨城県北相馬郡　栃木県安蘇郡　千葉県安房郡　神奈川県　新潟県佐渡・刈羽郡　静岡県　三重県　京都府　兵庫県神戸市・淡路島　奈良県・吉野郡　和歌山県大島・西牟婁郡　広島県山県郡　徳島県・海部郡　佐賀県東松浦郡　大分県 *いんきょや 山形県東村山郡・西村山郡　熊本県阿蘇郡 *いんたく 熊本県天草郡 *えーもち 新潟県　長野県「あれはおらとこのえーもちだ」 *えーもちや 長野県諏訪・東筑摩郡 *えこ 青森県上北郡　秋田県鹿角郡 *えっこ 青森県津軽「あこどこごど、おやえっこだね(あそこの家と、ここの家とは、本家と別家の間柄ですよ)」　秋田県鹿角郡・北秋田郡 *えのえこ 青森県 *えもち 山形県　新潟県　島根県邑智郡 *えもちえ 島根県出雲 *えもちね・えもちや 山形県 *えもっち 島根県簸川郡 *えもっちぇ 鳥取県西伯郡　島根県 *えもっちえ 島根県出雲市・安来市 *えもっちや 島根県八束郡 *えもで 山形県 *えんもち 山形県飽海郡　新潟県 *おじいえ 島根県隠岐島 *おじかまど 青森県津軽 *かどわけ 高知県土佐郡 *かまど 青森県南部　岩手県「かまどになる」　秋田県鹿角郡　新潟県東蒲原郡 *かまんどこ 秋田県鹿角郡・山本郡 *かまんどなり 青森県津軽 *かもど 青森県南部 *きょじやや 熊本県芦北郡 *しだし 新潟県佐渡 *じなんけ 鹿児島県・種子島・肝属郡 *しょーけ 徳島県海部郡 *しょたいで 石川県能美郡・江沼郡 *しんえ 熊本県 *しんか 山形県 *しんたく 山形県　福島県　茨城県多賀郡・北相馬郡　栃木県　群馬県　埼玉県　千葉県安房郡・長生郡　新潟県　富山県氷見市・砺波　福井県　山梨県南巨摩郡　長野県　三重県　京都府熊野郡　兵庫県揖保郡・明石郡　奈良県吉野郡　和歌山県　島根県　岡山県真庭郡・邑久郡　広島県佐伯郡・高田郡　山口県　徳島県海部郡　香川県直島・高見島　愛媛県　高知県　佐賀県藤津郡　熊本県　大分県 *しんだく 兵庫県赤穂郡 *しんたくや 兵庫県加古郡 *しんたろ(本家から分かれた分家) 三重県阿山郡 *しんち 長崎県壱岐島 *しんや 岩手県気仙郡　山形県東置賜郡　栃木県栃木市・安蘇郡　埼玉県秩父郡・入間郡　神奈川県藤沢市・中郡　新潟県佐渡　山梨県　長野県諏訪　岐阜県　静岡県　愛知県　三重県志摩郡　滋賀県彦根　島根県石見　岡山県　広島県　山口県　徳島県　香川県　愛媛県大三島・弓削島　佐賀県唐津市　熊本県阿蘇郡・天草郡　大分県　宮崎県延岡 *せやもち 秋田県 *せわなり 秋田県仙北郡 *たもん 新潟県 *つぼね・つぼれ 熊本県天草郡 *で 愛媛県温泉郡 *でいえ 富山県氷見市・東礪波郡　福井県大野郡　島根県那賀郡・邑智郡　広島県山県郡・高田郡 *でー 石川県能美郡　福井県大野郡・今立郡　広島県 *でーいえ 広島県江田島 *でーべ 富山県・射水郡 *でみせ 新潟県佐渡　福井県　島根県鹿足郡 *でや 新潟県西頸城郡　福井県 *でんえ 広島県賀茂郡・安芸郡 *でんせ 島根県能義郡 *でんべ・でんめ・でんみ・てんめ 石川県鹿島郡 *なーぐ 沖縄県首里 *にーえ 鹿児島県種子島 *にーなや 島根県益田市 *にーや 神奈川県・津久井郡・藤沢市　静岡県・安倍郡　徳島県三好郡 *にえ 徳島県三好郡 *ばっか(本家に対する分家) 山形県庄内　東京都三宅島 *ばっけ(本家に対する分家) 秋田県由利郡　福島県相馬郡　山口

県見島　長崎県南松浦郡　*ひや 和歌山県有田郡　愛媛県　*ぶん 宮城県仙台市「ぶんになる」　*ぶんきょ 島根県石見　*ぶんち 千葉県東葛飾郡　*ぶんや 岐阜県不破郡　*べっか 岩手県気仙郡　宮城県栗原郡・仙台市　山形県西村山郡・北村山郡　高知県幡多郡　*べっけ 青森県津軽　岩手県和賀郡・上閉伊郡　静岡県志太郡　大阪市　鳥取県岩美郡　島根県隠岐島　山口県　徳島県海部郡　香川県三豊郡・綾歌郡　熊本県球磨郡・天草郡　大分県速見郡・大分郡　*べったく 熊本県天草郡　*へや 島根県　広島県安芸郡　山口県　徳島県美馬郡　*まっけ 新潟県佐渡　*やーたちゃー・やーわかやー 沖縄県首里　*やーばかーずい 沖縄県宮古島　*やーばがり 沖縄県石垣島　*やーわーいー 鹿児島県喜界島　*やーわかい 沖縄県那覇　*やかた 東京都新島　*よもち 島根県　*よもちや・よもちぇ 島根県邇摩郡　*よもっちぇ 鳥取県西伯郡　島根県　*よんなか 石川県羽咋郡　福井県大野郡　*わかーや 鳥取県西伯郡　*わかぎ 岡山県児島郡　*わかさえ 鹿児島県肝属郡　*わかさり 山形県米沢市「あそごあ、誰の、わがさりなそおだ」　長野県佐久　*わかされ 山形県東置賜郡・西置賜郡　福島県南会津郡　東京都南多摩郡「誰さんのわかされ」　新潟県・佐渡　山梨県南巨摩郡　長野県佐久　山口県「私の内はあなたのわかされですから…」　熊本県　大分県　宮崎県西諸県郡・西臼杵郡　鹿児島県・種子島　*わかっりや 香川県　*わかり 沖縄県首里　*わかりっや 香川県木田郡　*わかりや 岡山県真庭郡　広島県比婆郡　香川県綾歌郡・三豊郡　熊本県阿蘇郡　大分県　宮崎県西臼杵郡　*わかれ 山形県　東京都利島　新潟県佐渡「あの家のわかれだ」　長野県諏訪　三重県志摩郡　徳島県美馬郡　香川県粟島　愛媛県伯方島　熊本県　大分県　*わかれえ・わかりえ 熊本県　*わかれさき 熊本県阿蘇郡　*わかれや 鳥取県気高郡　岡山県真庭郡・苫田郡　広島県　香川県綾歌郡・三豊郡　高知県幡多郡　大分県　*わけだし 群馬県多野郡　*わけや 岐阜県郡上郡　広島県比婆郡

□すること　*かどわけ 高知県土佐郡　*かぶだて 三重県一志郡　*ぱいで 沖縄県宮古島　*むねわけ 新潟県西頸城郡　*やどぼいり 京都市　*やどばえ 京都府愛宕郡　*よわかれ 熊本県玉名郡

ふんしつ【紛失】

*めーなくする（「みえなくする」の転）・めーねくする 山形県米沢市

→なくなる（無）

□する　*いなくす 青森県上北郡　*うさる 三重県志摩郡　大阪市　奈良県・吉野郡　愛媛県・松山「本がうさった」　高知市　*うしたる 熊本県　鹿児島県　*うしてる 熊本県阿蘇郡　*うしなえる 香川県　*うしなくる 石川県能美郡　*うしなける 富山県　石川県　*うしゃける 石川県羽咋郡　*うすつる 長崎県北松浦郡「気をつけんせん、うすつるとたい」　*うせる 山形県西置賜郡　長野県上伊那郡　島根県鹿足郡　岡山県小田郡　広島県高田郡　徳島県・美馬郡　福岡県遠賀郡「そうたい物がうせまっせんねえ」　大分県南海部郡　*うたる 秋田県仙北郡「誰か煙草入をうたった方はありませんか」　山形県庄内　新潟県岩船郡　*うちゃーる 埼玉県秩父郡　*うっすい 宮崎県西臼杵郡　*うっちゃる 埼玉県入間郡「どけうっちゃったかしんねー」　千葉県夷隅郡「大切な物だからうっちゃるなよ」　東京都利島「誰かが銭(ぜね)えここいらでうっちゃったあよだそうろう」・大島　静岡県賀茂郡・榛原郡「時計をどっかでうっちゃった」　*うひつる 長崎県五島　*うぶちゃーる 山梨県南巨摩郡「財布をうぶちゃーるなんちゅうはそそうどーでだよ」　*おせる 石川県能美郡　*したる 兵庫県淡路島　*したらす・したらかす 兵庫県淡路島　島根県「財布がしたった」　岡山県　広島県　山口県　徳島県「したるといかんきん、つまえとけ」　香川県三豊郡　愛媛県「○○がしたったから、探ねて行て来うわい」　*すたる 島根県「財布が道ですたった」　岡山県　広島県高田郡　山口県　徳島県　愛媛県　高知市「ちっとも気付かざったが何所ですたっつろー」　*たやす 長崎県壱岐島「下駄をたやした」　*なーしんなる 香川県香川郡　*なーながる 千葉県長生郡　*なーよーなる 島根県邑智郡　*なーよーになる 奈良県吉野郡　*なーよーんなる 広島県賀茂郡　*ないがになる・ないがんなる 新潟県西頸城郡「もう、ないがになったが」　*ないごとなる 三重県志摩郡　*ないこんなる 三重県上野市　*ないよーになる 三重県　岡山市　広島市　山口県大島「タンクの水はほどように(全く)無い様になっちょった」　*ないよになる 三重県名張市　大阪市「早よ取っとかんと、ぢき無いよになるでェ」　愛媛県周桑郡　*ないよんなる 三重県名賀郡　兵庫県加古郡　*ないんなる 兵庫県加古郡　*なかごーなる 熊本県天草郡　*なかごつない 鹿児島県鹿児島郡　*ながこっなる・ながごっなる 鹿児島県揖宿郡　*なかごつなる・なかごんなる 熊本県天草郡　*なしなる 香川県小豆島・与島　*なしになる 徳島県・美馬郡　香川県　*なしんなる 香川県「使うてしもてなしんなってしまうぜ」　*なよんなる 富山県砺波　*のーになる 徳島県　*ひたる 島根県石見　岡山県　広島県高田郡　山口県屋代島　愛媛県伊予郡・周桑郡　*ふたる 高知県「自転車に積んだ袋から米がまけ出てふたっていきよる」　*まいこむ 徳島県　*みたいる 岡山県児島郡

□物　*すてもの 徳島県　*ひてもん 島根県石見「ひてもんが山ほどある」

ぶんすいれい【分水嶺】

*うね 島根県　*おーざかい（山林の境界を明らかにするもの）香川県三豊郡　*おーどー 熊本県天草郡　*おぜ 島根県隠岐島　*せ 静岡県賀茂郡　鹿児島県肝属郡　*せざかい（山林の境界を明らかにするもの）新潟県

佐渡 *せすじ 鹿児島県肝属郡 *そね 福島県耶麻郡・南会津郡 栃木県 東京都大森区 神奈川県津久井郡 新潟県北魚沼郡・北蒲原郡「そねこえる(山稜を越えて行く)」 奈良県吉野郡 島根県 岡山県真庭郡・苫田郡 広島県 山口県大島 *そね 新潟県北蒲原郡 *そねっぱり 神奈川県津久井郡 *つちころび 奈良県吉野郡 *とっぺん 熊本県天草郡 *とりあい 奈良県吉野郡「とりあいになっている」「上湯川と小又川のとりあい」 *みずいり 和歌山県日高郡 *みずおち 栃木県 *みずおちざかい 栃木県 *みずおとし 栃木県 *みずこぼれ 神奈川県津久井郡 *みずこぼれざかい 神奈川県津久井郡 新潟県佐渡 *みずながれ 栃木県 島根県出雲 *みずわかれ 島根県大原郡・能義郡 *みずわり 東京都八王子 *みぞおちさかい 新潟県岩船郡 *みね 島根県 *みねこば 長野県佐久 *むね 島根県隠岐島

ふんどし【褌】 *いまき 静岡県 *うちおび 宮城県仙台市 *おとこゆもじ 静岡県志太郡 *きんかくし 群馬県前橋市 愛知県尾張 *けつわり 岩手県気仙郡 宮城県登米郡 *けつわりきんかくし 山形県庄内 *こばかま 秋田県鹿角郡 *さげ 島根県隠岐島 *さない 沖縄県石垣島・鳩間島・黒島 *さなぎ 鹿児島県奄美大島・徳之島・与論島・喜界島 沖縄県 *さなじ(卑称) 沖縄県首里「さなじぬあまー(ふんどしの三つ)」 *さなん 沖縄県与那国島・新城島 *さねー 沖縄県波照間島・小浜島 *さねん 沖縄県竹富島 *さんじゃく 山形県庄内 *さんじゃくおび 広島県芦品郡・高田郡 *したのおび 長野県南部 愛媛県周桑郡 *したのび 群馬県佐波郡 長野県佐久 *したもん 鹿児島県 *したゆで 岩手県上閉伊郡 *しりまき 大阪府泉北郡 *たずな 東京都利島 *たんな 宮崎県都城 鹿児島県・薩摩 *だんな 鹿児島県 *ちべこ 鹿児島県下甑島「ちべこかく」 *ついだんな 宮崎県 鹿児島県・肝属郡 *つぃりさなぎ 鹿児島県奄美大島 *つっさぎー 鹿児島県喜界島 *つっべっこ 鹿児島県 *つりふ 高知県土佐郡 *つりふごめ 高知県 *てこ 三重県志摩郡 *てっこ 三重県志摩郡 *ててら 徳島県三好郡 *はだおび 岩手県九戸郡・気仙郡 宮城県栗原郡・仙台市 山形県北村山郡・最上郡 岡山県邑久郡 熊本県上益城郡 *はだのおび 福岡県 *はたのび 宮城県加美郡 *はだのび 宮城県北部 三重県 兵庫県加古郡 愛媛県周桑郡 熊本県八代郡 *はだのぶ・はだなおび・はだなんおび 熊本県芦北郡 *はどーび 沖縄県首里 *はらのおび 山形県北村山郡 *ひごめ 愛媛県周桑郡 *ひたのおび 神奈川県津久井郡 愛媛県周桑郡 *ひたのび 山梨県 *ふごめ 高知県・土佐郡・高知市「蟹のふごめ(腹部の生殖器のふた)」 *ふんごめ 岡山県浅口郡 愛媛県 高知県宿毛市・土佐郡 *へこ 千葉県上総 新潟県佐渡 島根県 広島県 山口県 香川県三豊郡 愛媛県・松山「へこをかく(ふんどしをしめる)」 福岡県 佐賀県・三養基郡・藤津郡 長崎県 熊本県 大分県 宮崎県・児湯郡・日向 *へこおび 岩手県気仙郡 島根県美濃郡・益田市 *へのこ 広島県高田郡 *ぽすぽー 沖縄県石垣島 *ほんごめ 高知県幡多郡 *まーひ 長崎県五島 *まおし 新潟県佐渡 鹿児島県下甑島「まおし一つにじばん一ちょずつ」 *まし 秋田県 兵庫県淡路島 *まつし 鹿児島県薩摩 *まやし 静岡県 *まわし 茨城県多賀郡 新潟県 富山県婦負郡・砺波 福井県 長野県佐久 三重県 滋賀県犬上郡 京都府 大阪市 兵庫県 奈良県・吉野郡 和歌山県東牟婁郡 鳥取県東伯郡 島根県八束郡 岡山県 広島県 山口県 徳島県 香川県女木島 高知県 佐賀県藤津郡 長崎県 熊本県天草郡 宮崎県 鹿児島県 沖縄県首里 *まわしふんどし 広島県江田島 *ろくしゃくべこ 熊本県天草郡

ぶんぱい【分配】 *ぱっぷー 沖縄県石垣島 *ふちょーわけ(狩りの獲物の分配) 三重県一志郡 *わけわけ(児童語) 兵庫県神戸市 *わっぷ 岩手県気仙郡 宮城県仙台市「これ十人にわっぷしてくなえ(ください)」 山形県東置賜郡・西置賜郡 福島県相馬郡「この梨、みんなで、わっぷしてくう」・東白川郡 埼玉県北葛飾郡「仕事をわっぷする」 島根県 岡山市 広島県高田郡 熊本県芦北郡・八代郡 *わっぽ 島根県大原郡

→わけまえ(分前)

公平に□する *まくばる 大阪府大阪市・泉北郡 兵庫県加古郡 和歌山県「ようまくばるやうに掻きまはしておくれ」 島根県美濃郡・益田市「苗を田の中へまくばっておけ」 岡山県 山口県 徳島県 香川県 愛媛県・松山市 *まくわる 香川県 *まつりあわす 徳島県 *まぶる 岡山県阿哲郡

□する *あーらしん 沖縄県石垣島 *あだでる 山形県西置賜郡 *あてぃゆい 鹿児島県喜界島 *きばる 富山県「郵便きばる」 石川県 岐阜県飛騨 *しっぺーる 福島県石城郡「大神宮さまのおふだしっぺえる」 *ちわる 富山県砺波 岐阜県益田郡「ええかげんにちわってやっとくれ」 愛知県名古屋市「みんながほしいのだで、むりわけなしにちわるがえいぜい」 三重県志摩郡 島根県益田市・美濃郡「みんなうなし(同じ)がようにちわってやれ」 徳島県・美馬郡 長崎県対馬「今度の井戸普請の諸費用は、平生水を汲む三十六軒にちわりて金を取立てよう」 *ひっぺーる 青森県津軽 福島県「皆にひっぺぇんだぞ」 *ふらべる 千葉県夷隅郡「だんだんにふらべる」 東京都大島「ふらべ米(配給米)」

へ

へ【屁】 *いきぞー（ののしって言う語）長崎県壱岐島 *うっずそ 福岡県浮羽郡 *こっそるべ（音をさせずに出す屁）富山県砺波 *じしらへ（音のしない屁）青森県津軽・中津軽郡 *そーこーべ（はなはだしい悪臭を放つもの）静岡県榛原郡 *どーべくそ 石川県鳳至郡 *とちべ（音のある屁）島根県隠岐島「とちべをふる（音を立てて放屁（ほうひ）する）」 *ぴー（音からか）沖縄県八重山 *ひび 熊本県天草郡 *ぴん 沖縄県波照間島 *ふ 鹿児島県奄美大島 *ぶちょ 鹿児島県 *ふんばるべ（わざわざ大きな音をさせてするもの）富山県砺波 *へーこ 愛知県知多郡 *へーり 東京都八丈島 *へくそ 富山県東礪波郡「くさいな。誰じゃへくそこいたが」 石川県鳳至郡 奈良県吉野郡 和歌山県 *へぼたもち 埼玉県北葛飾郡 *ぼん（幼児語）島根県 *ぽん（幼児語）島根県 岡山県苫田郡

↓すかしべ（透屁）・ほうひ（放屁）

キツネやイタチなどが追い詰められて放つ、非常に臭い□ *いのちべ 兵庫県加古郡 *かんじんべ（「肝心屁」か）新潟県中頸城郡・西頸城郡 岐阜県吉城郡・飛騨 *かんじんぺ 静岡県周智郡 *こんじんべ 新潟県中頸城郡 *かんちべ 和歌山県東牟婁郡 *かんちんべ・かっちんべ 岐阜県飛騨

□をする *したこく 山形県庄内 *ぬける 福島県安達郡 *へまげる 秋田県由利郡「大きなふぇまげた」 *まる 東京都八丈島「へをまる」

よく□をひる者 *ふぃーふぃらー 沖縄県首里 *へったれ 岩手県気仙郡 秋田県仙北郡

へい【塀】 *いたかべ 熊本県菊池郡 *いたのべ 熊本県天草郡 *おーて 島根県邑智郡・隠岐島 広島県 *かき 香川県 沖縄県八重山 *かべ 島根県「いきかべ（生け垣）」 岡山県阿哲郡 福岡県 熊本県 大分県日田郡 宮崎県西諸県郡 鹿児島県 *たかへ 京都府北部

屋敷の境などの□ *へーおい 鳥取県東部・西伯郡 島根県 岡山県 *へーがい 千葉県君津郡 *へーがえ・ひーがい 千葉県安房 *へーがき 熊本県 *へーかさ 岩手県気仙郡 宮城県 福島県相馬郡 広島県備後 愛媛県八幡浜市・北宇和郡 *へーかべ 長野県西筑摩郡 島根県 広島県高田郡 徳島県 *へおい 兵庫県赤穂郡 高知県・高知市・幡多郡 *へがき 青森県上北郡 秋田県鹿角郡 *へがさ 宮城県石巻 *へんがき 宮城県牡鹿郡

へいい【平易】 *なやす 香川県高松市「この本はなやすに書いてある」 *ひらずて 鳥取市「ひらずてに言へば」

↓かんたん（簡単）・やさしい（易）・ようい（容易）

へいき【平気】 *おんき 奈良県宇陀郡「おんきに思とったのに、えらいこっちゃ」 *けそら 青森県津軽・上北郡 *けそらけん 山形県西置賜郡 *けそり 宮城県仙台市・名取郡 山形県米沢市・東置賜郡 *げそり 岩手県九戸郡 *けっそら 青森県「あの子供は叩かれても叱られてもけっそらどしてゐる」 山形県東置賜郡 *けっそり 青森県 岩手県上閉伊郡 宮城県遠田郡 山形県東置賜郡 新潟県佐渡 長野県諏訪・下水内郡 *ちゃーちゃー 茨城県「ちゃーちゃーとして」 *つぃに 沖縄県首里 *つけっと 青森県津軽 山形県「人が怪我してもつけっとしている」 *つけらっと 青森県津軽 山形県「仕事云いつかってもつけらっとしている」 *とほん 岡山県児島郡 *ぬっけり・ぬっけらきょーん（「ぬっけり」をさらに強めた語）長崎県壱岐島「ぬっけりしちょる」 *のへのへ 岩手県気仙郡「あんな不義理をしておきながら、よくものへのへと来られたもんだ」 宮城県石巻「のへのへてどこさでも入ってえぐ」 茨城県稲敷郡 *のへら *のへら 宮城県石巻「無断でのへらのへらと歩かれで困る」 *のへらほん 岩手県気仙郡 愛媛県津島 *へーこらへー 滋賀県彦根 *ぺそっと 山形県「何をされてもぺそっとしている」 福島県 *まじまじ 三重県志摩郡 *まじらまじら 岩手県東磐井郡

↓へいぜん（平然）

□だ *ざーんねーん（良い意味にも悪い意味にも言う）沖縄県首里「ざーんねーんっちゅ（人を気にしない人）」 *へっちゃらこい 滋賀県彦根

□でいるさま *うそうそ 長崎県五島 *けろけろ 岩手県西磐井郡 宮城県石巻「けろけろした顔つき」・仙台市 福島県 茨城県稲敷郡 新潟県中頸城郡 長野県佐久 *しねしね 鹿児島県鹿児島郡 *しゃしゃらっと 福島県東白川郡

方言の窓

●ズーズー弁

方言学の用語としての「ズーズー弁」とは、発音の上で、「シ」と「ス」、「チ」と「ツ」、「ジ」と「ズ」の区別のない方言を指す。したがってズーズー弁においては、「獅子」「煤（すす）」「寿司」が同じ音に、「乳」と「土」、「知事」と「地図」も同じ音に発音される。

ズーズー弁は「一つ仮名」弁とも呼ばれるが、そのおもな分布地域は、東北地方から新潟県北部にかけてと島根県出雲地方付近、および沖縄である。出雲のズーズー弁は松本清張の『砂の器』で有名になった。

東北地方南部の方言では、さらに「シ」「ス」「シュ」、「チ」「ツ」「チュ」、「ジ」「ズ」「ジュ」の区別が失われており、「十三」は「ズーサン」、「主人」は「スズン」、「中心」は「ツースン」のように発音される。

「しゃしゃらっとする」 ***どことこ** 福岡市「とことこしとる」 ***どへっと** 岩手県気仙郡「どへっとした」

へいじょう【平常】 ***あい** 岐阜県恵那郡・飛驒「あいのまんまで出かける」 大阪府南河内郡 兵庫県加古郡「あい着(ふだん着)」 奈良県吉野郡 鹿児島県薩摩 ***あいさ** 栃木県 愛媛県大三島 ***あいだ** 栃木県 群馬県佐波郡 愛知県名古屋市「(隠居棗(なつめ)を持って塗師屋へ来て)この棗の口を一寸欠かしたが、おあいだの時に漆をさして直して下さらんか」 兵庫県加古郡・宍粟郡 高知県 ***あいま** 栃木県 静岡県磐田郡 愛媛県喜多郡・周桑郡「一時間があいまよりだいぶ長いやうに思はれた」 ***いっしょー** 沖縄県「まーだいっしゃうぬぐとー、ならのーあやーびーしが(まだ平常にはなりませんけれども)」 ***かねち** 熊本県鹿本郡「かねちの着物(ふだん着)」 ***かねっ** 鹿児島県・鹿児島郡 ***けない** 新潟県佐渡「けない酒」「けない着」「けない膳」 香川県 愛媛県新居郡 ***こま** 香川県「こまはちょっとひまやけど」 ***さんてー・ぜんてー** 山梨県 ***つぃに** 沖縄県首里 ***つね** 山形県米沢市「病気あなをって、つねのよおだ」 三重県志摩郡 香川県「つねはおとなしい子じゃけれど」 ↓へいぜい(平生)

へいぜい【平生】 ***あいのて** 兵庫県加古郡 ***かねへーぜー・かねへぜ** 鹿児島県 ***こーせぎ** 秋田県河辺郡「それはこーせぎ云った事だ」 ***じは** 愛媛県伊予郡 ***じば** 愛媛県「じばはそんなこたしやせん。お祭りにするだき(だけ)よ」 ***じばん** 高知県「ぢばんの暮しの方がええ」 ***じょー** 静岡県 ***じょーしき** 富山県砺波 愛媛県 ***しょーなり** 東京都南多摩郡 ***じょーなり** 山梨県 ***じょーなれ** 兵庫県加古郡 ***じょーなれべったり** 兵庫県加古郡 ***じょーや** 茨城県 千葉県香取郡 長野県埴科郡 ***つねがね** 岩手県気仙郡「つねがね用心しておがねぁど困った時どうすんだべ」・平泉 宮城県石巻・仙台市「つねがねうわさ申上げておりしてござりす」 福島県相馬郡 島根県 愛媛県 ***つねへーぜー** 山形県 奈良県 ***ひんじょ** 富山県「ひんじょきもん(普通の着物)」 ***へーじ** 島根県出雲「へーじ行きませんだけんね」 ***へーじつ** 大阪市「へーじつはごぶさたばっかりいたしましてなー」 ***へーぜつ・へーぜおーじょー・へーぜーじょーじょー** 富山県 ***へーでつ・へーでーおーじょー** 山口県大島「へえでえ往生じゃけ仕様がない」 ***へじ・へじがね** 熊本県芦北郡 ***へぜかね** 熊本県南部 ***へんじょ** 富山県 石川県河北郡 ↓にちじょう(日常)・ふだん(不段)・へいじょう(平常)

へいぜん【平然】 ⇩へいき(平気)

□としているさま ***かーかーと** 群馬県勢多郡「かあかあとだました」 ***けそけそ** 岩手県南部「人の物を取ってけそけそてっかんな」 宮城県石巻・仙台市 福島県「地震でもけそけそしている」 茨城県新治郡 東京都八王子 神奈川県津久井郡・中郡 長野県 ***げそげそ** 岩手県気仙郡 ***けそっと** 青森県 岩手県 宮城県北部 秋田県鹿角郡「叱られてもけそっとしてる」 山形県 福島県 栃木県南部 神奈川県中郡 岐阜県飛驒 ***げそっと** 秋田県仙北郡 ***けそりと** 山形県米沢市 ***のへーとー** 岡山県浅口郡 ***のへっと** 山形県「あいつはいつものへっとしている」 香川県大川郡「のへっとな(おうちゃくな)」 ***のぺっと** 山形県東置賜郡・西村山郡 ***のへっとー** 香川県大川郡

へいたん【平坦】 ***じゅーし** 島根県隠岐島 ***とー** 沖縄県首里 ***なる** 広島県「なるな場所」 ***ぬんめり・ぬんなり** 島根県美濃郡・益田市「雨が畠をたたーてぬんなりになった」 ***まとー** 鹿児島県喜界島 ***ろく** 岐阜県飛驒「ろくなはた(畑)」 島根県「水準器で畑のろくを計る」「山の上はろくになっとる」 長崎市 ***ろっく** 三重県 奈良県「ろっくな道やよって楽や」 ↓たいら(平)

□だ ***だんべーのよい・だべがよい** 長崎県対馬 ***なるい** 山梨県 岡山県 広島県双三郡・高田郡 愛媛県「此の道はなるい」・大三島 ***なろい** 愛媛県北宇和郡「この板はなろーないけん削り直せ」 高知県土佐郡・高知市 ***ひらか・ひらて・ひらが** 鹿児島県揖宿郡 ***ひらくたー** 広島県 ***ひらくたい** 岐阜県岐阜市・養老郡 静岡県「あの人の顔はひらくたい」 愛知県 三重県 京都府 兵庫県但馬 奈良県南大和 和歌山県 香川県 愛媛県「ひらくたい鼻」 大分県日田郡 ***ひらくったい** 愛知県宝飯郡 和歌山県海草郡 ***ひらたくたい** 京都府 香川県 高知県 ***ひらたこい** 秋田県仙北郡・平鹿郡「ひらてぁこい皿だ」 岐阜県郡上郡 ***ひらたっか・ひたらきゃ** 熊本県玉名郡 ***ひらっこい** 新潟県中頸城郡 ***ひらべくたい** 島根県鹿足郡 山口県豊浦郡 ***ふらくたい** 島根県隠岐島「ふらくてえ石」 ***へらくたい** 京都府 香川県 ***ろくい** 兵庫県佐用郡 島根県石見「この山のつじ(頂上)はろくい」・隠岐島 広島県・高田郡 山口県 徳島県三好郡・美馬郡 高知県・土佐郡 大分県

□な土地 ***どくち** 長崎県南高来郡 ***のら** 茨城県 ***はら・はらまとー** 鹿児島県喜界島 ***びゅー** 宮崎県日向 ***ろくじ** 三重県名賀郡 島根県石見「ろくじで歩くのに楽じゃ」「少し上るとろくじい出た」 広島県佐伯郡・高田郡 山口県 香川県香川郡・小豆島 ***ろくち** 大分県

べいはん【米飯】 ***あげーみし** 岩手県九戸郡 ***かんかんめし・かんかんまま** 岩手県気仙郡 ***けーけめし** 長崎県対馬 ***ちんちまま** 宮崎県延岡市 ***ちんちまんま**(幼児語) 愛媛県宇和島市 ↓めし(飯)

へいや【平野】 ***しま** 徳島県 ***たい** 青森県上

北郡・南部　岩手県岩手郡　秋田県鹿角郡　*だいら東京都南多摩郡　新潟県中頸城郡　長野県

*だいら（小平地）宮崎県東臼杵郡　*だいろ東京都八丈島「波浮のだいろ」　*て青森県上北郡　*てぁ岩手県和賀郡　*てー大分県北海部郡　*てーばる長崎県南高来郡　*てーらっこ栃木県　*てーらみ栃木県　東京都南多摩郡　新潟県佐渡　*てーろ・てやーら・ちゃーろ・ちゃいろ東京都八丈島　*でやうら千葉県安房　*でら宮崎県　鹿児島県肝属郡（山下にある平野）・揖宿郡　*どーばる沖縄県首里　*ひろっち群馬県勢多郡　*ひろっぱら千葉県夷隅郡

へさき【舳先】　船の先端部。船首。　*おもて岩手県上閉伊郡　新潟県上越　富山県　石川県能美郡　福井県敦賀郡　三重県北牟婁郡・志摩郡　和歌山市　島根県　香川県　長崎県　熊本県　*たてぎ大分県北海部郡　鹿児島県宝島　*たてぼ・たてび長崎県壱岐島　*とばな熊本県飽託郡　*とんぼし三重県度会郡　*にゅーし長崎県対馬・壱岐島　宮崎県　*にゅし熊本県天草郡　*にょーし島根県隠岐島　大分県　*ねぶし島根県隠岐島

*はっさき静岡県浜名郡　熊本県天草郡　*はな栃木県　群馬県佐波郡　熊本県　*ぱない沖縄県石垣島・鳩間島　*はなぎ熊本県天草郡　*ひー（「へ（舳）」の転）沖縄県島尻郡　*ぴー沖縄県竹富島　*みょーさき・みょー新潟県佐渡　*めぐす青森県津軽　*めぼし・にぼし富山県下新川郡

へそ【臍】　*せそべ・そそべ三重県志摩郡　*だんず新潟県岩船郡「臼のだんづ」　*ふす沖縄県首里　*ぷす沖縄県八重山　*ふすー沖縄県与那国島

*ぷつ沖縄県波照間島　*ぷつぉーま沖縄県小浜島　*ぷっつ沖縄県鳩間島　*へー茨城県真壁郡

*へそべ福井県坂井郡・丹生郡　岐阜県大野郡　三重県志摩郡　*へそんべ福井県坂井郡　*べべそ・べんべそ香川県香川郡

上向きになっている□　*うけべそ愛媛県大三島　*さかずきべそ富山県砺波　*さけのみべそ山形県西置賜郡

へそくり【臍繰】　*きゃーふぜん佐賀県藤津郡　*きんちゃくがね長崎県五島　*きんちゃくぜに島根県益田市・鹿足郡　大分県北海部郡　*しにがね（主婦の私金）高知県幡多郡　*しんがー島根県石見「隣の婆さんはしんがーを大分溜めとる」

*しんがーぜに島根県石見　*しんがい新潟県富山県　石川県鹿島郡・金沢市　福井県・坂井郡　長野県北安曇郡　岐阜県　奈良県宇陀郡「しんがいしたの出せよ」　島根県石見　山口県阿武郡

*しんがいぜに富山県　福井県　奈良県南大和　島根県鹿足郡　*しんがいぜん新潟県　富山県射水郡・砺波　福井県　*しんがいもーけ・しんがーもーけ島根県石見　*しんがいもん新潟県西蒲原郡　*しんぎゃーせん新潟県佐渡　*しんげ長野県下水内郡・北安曇郡　*しんげぜん長野県下水内郡　*たばいもん（私金）愛知県日間賀島　*たまし鹿児島県肝属郡　*ちからがね青森県三戸郡

*ちゃんぽんぜん熊本県天草郡　*ちょかがね鹿児島県肝属郡　*つつぽがね島根県益田市　*ないしょ福島県南会津郡　*ないしょがね島根県　愛媛県周桑郡　高知県幡多郡　*ないしょぎん山口県阿武郡　*ないしょぜに香川県仲多度郡　愛媛県越智郡　*ないしょだのみ三重県阿山郡　*はったんぎゃ熊本県玉名郡　*ふせぎれがね・ふせがえぜん長崎県南松浦郡　*ふりたもーけ・ふりた島根県大原郡　*へそ熊本県天草郡　*へそがね富山県砺波　*へそきりがね香川県三豊郡　*へそぎん山口県屋代島　*へそくそ福井県大飯郡　*へそっぷた千葉県東葛飾郡　*ほーたがね・ふーたがね・ふーた島根県出雲　*ほーまち山形県東置賜郡　*ほげた島根県石見　*ほぞくり香川県香川郡

*ほた青森県上北郡・津軽　秋田県平鹿郡　*ほたこ青森県津軽　*ほった青森県三戸郡　秋田県仙北郡・鹿角郡　山形県最上「ほったためている」

愛知県宝飯郡　*ほったー静岡県　*ほったこ青森県津軽　岩手県上閉伊郡　*ほまち青森県　岩手県上閉伊郡・気仙郡　宮城県石巻・仙台市　山形県　栃木県「おれのほまちにつくっておくんだよ」

群馬県勢多郡　埼玉県秩父郡・川越　神奈川県津久井郡　千葉県安房郡　新潟県　長野県　徳島県　*ほまちがね長野県北安曇郡　*ほまちもん（漁獲物）新潟県佐渡　*ほまっこ宮城県仙台市　*ほりた・ほりたがね・ほりたもの島根県　*ほりたぜに・ほれたぜに島根県那賀郡　広島県山県郡

*ほれたもーけ島根県那賀郡・江津市　*ほれたもの島根県美濃郡　*ほんまち秋田県　山形県　長野県東筑摩郡　*ほんまちこ秋田県平鹿郡　*ますぼり福岡市　*まずぼり熊本県玉名郡・八代郡

*まちぼり愛媛県・喜多郡　大分県　*まちぼりごー大分県大野郡　*まちょぐり熊本県天草郡

*まつば高知県土佐郡「まつばにする（つましく貯えてへそくり金をつくる）」　*まつばり愛知県名古屋市　*まつぶれ大分県北海部郡　*まっぽい鹿児島県肝属郡　*まつぽい熊本県球磨郡　*まつぼり島根県鹿足郡　岡山県真庭郡・小田郡　広島県　徳島県・那賀郡　香川県　愛媛県・大島　熊本県　大分県　*まつぼりがね・まちぼりがね大分県　*やんつー香川県三豊郡

*よーまき岩手県九戸郡　*よまき青森県南部

*わたくし山形県西田川郡　福島県南会津郡　神奈川県　山梨県南巨摩郡「月給の三割をわたくしに取っておいた」　京都府北桑田郡　大阪府南河内郡　兵庫県淡路島　奈良県吉野郡　山口県浮島　香川県仲多度郡・三豊郡　愛媛県大島・中島　大分県　鹿児島県喜界島　沖縄県首里　*わたくしがね香川県三豊郡　大分県　*わたくしぜに島根県

へた【下手】　*あげたぐり青森県津軽「仕事があげたぐりで困る」「あげたぐりに仕事をする」

*げさく島根県「げさくな物を作った」　*しょま石川県能美郡・石川郡　*だいこ島根県　*だへー

宮城県名取郡 *によら 岩手県九戸郡 *ぶ 鹿児島県 *ぶくー 沖縄県首里・石垣島 *ぶこー 兵庫県加古郡 *ふたっしゃ 沖縄県首里 *へご 新潟県 愛媛県 *へたかす 福島県東白川郡 *へたくら 山口県阿武郡・見島 *へだぐろ 秋田県鹿角郡 *へたこ 富山県砺波 *へたごろ 熊本県・阿蘇郡 *へたすけ 青森県・上北郡 *へたっかす 茨城県久慈郡　長野県佐久 *べべて 岐阜県飛騨「べべて細工(ぶさいく)」 *やか 京都府

→つたない(拙)・へたくそ(下手糞)

□だ *あじない 滋賀県蒲生郡 *だすい 徳島県 *とろい 香川県 *にすい 三重県 *のっけー 山形県庄内「のっけー人だ」 *のっけーない 山形県最上郡 *のっちょい 福井県南条郡 *ばばい 岐阜県飛騨「まことにばばい話じゃが……。その手を使っては」 *ぶてくらし— 新潟県西蒲原郡「ぶてくらしえ手附だ」 *べたい 岐阜県飛騨「べたい事をやる」 *へたくらし— 山梨県南巨摩郡「へたくらしー字どーで手紙もやれのー」 *へぼい 長野県北安曇郡 愛知県豊橋市 *まんずくたい・まーんずくたい 静岡県志太郡「おらーまんずくたぇーわぇー(俺(おれ)はへたくそだよ)」

へた【蔕】 ナス、ウリ、カキ、ミカンなどの果実についている萼(がく)。 *あたま 山口県玖珂郡 *えんざ 埼玉県南埼玉郡 千葉県山武郡(カキのへた) 新潟県中頸城郡 長野県北部 島根県(カキへた)・隠岐島 山口県豊浦郡 長崎県五島 宮崎県東諸県郡 鹿児島県・鹿児島郡(カキのへた)・肝属郡 *えんだ 山口県 *けた 山口県吉敷郡・厚狭郡 *しん 山口県阿武郡 *せた 愛知県西春日井郡 *ちゅー 長崎県壱岐島 *つー 佐賀県「柿のつー」・三養基郡 長崎県壱岐島 熊本県球磨郡 *なりずき 鹿児島県肝属郡 *なりっとー 島根県美濃郡・益田市 *なりとー 長崎県壱岐島 *はぜ 山口県吉敷郡・大島郡 *はで 山口県佐波郡 *ひしゃ 京都府 *ふち 静岡県 *ふつ 三重県尾鷲市 和歌山県 *へそ 岡山県児島郡 長崎県佐世保市 *へっと 新潟県「柿のへっと」 *へと 新潟県 *へぼた 岡山県児島郡 *へんず 三重県度会郡 *へんど 新潟県中越・長岡市

カキの□ *かさ 山形県西置賜郡 *ぎんぼし 神奈川県津久井郡 *ざ 島根県出雲 *しき 山口県吉敷郡・厚狭郡 *じく 新潟県佐渡 愛知県 *じくぽ 山形市 *つじんぼ 岐阜県本巣郡 *ほった 山梨県 *ほっち 静岡県 *ぼっち 茨城県真壁郡 新潟県西蒲原郡・三島郡 長野県小県郡 静岡県 *ぼっちょ 新潟県刈羽郡

果物の□ *しーた 鳥取県西伯郡 *しっぷた 埼玉県秩父郡 *しっぺた 福島県相馬郡・東白川郡 栃木県 埼玉県 東京都八王子 神奈川県津久井郡 *しびた 宮城県 山形県 福島県 千葉県香取郡 新潟県東蒲原郡 広島県比婆郡 *しぴた 宮城県仙台市 山形県 *しびたれ 島根県那賀郡 *しびたん 島根県那賀郡・邇摩郡 *しぶた 岩手県気仙郡 福島県 島根県石見 高知県・高知市 *しぶたん 島根県那賀郡・邑智郡 *しゅーた 鳥取県日野郡 *しゅーたん 鳥取県西伯郡 島根県石見 *しゅーり 島根県邑智郡 *すっぺた 山形県最上郡 *すびた 宮城県栗原郡・仙台市 山形県 *すぴた 山形県 *すんぴた 宮城県本吉郡・栗原郡 *ほーず 三重県志摩郡 *ほーそ 京都府 *ほず 静岡県・磐田郡 愛知県北設楽郡 三重県度会郡 *ほぞ 長野県下伊那郡・上伊那郡 岐阜県恵那郡 和歌山県日高郡 *ほど 和歌山県日高郡

へたくそ【下手糞】 *へたすっぽ・へたずっぽ 徳島県 *へたすっぽ 鹿児島県 *へたっぽ 群馬県山田郡 *べとくそ 京都府

→へた(下手)

へちま【糸瓜】 *いとうい 宮崎県西諸県郡 鹿児島県・宝島・口之永良部島 *いとぅうい 鹿児島県喜界島 *いとうり 東京都八丈島 広島県一部 香川県一部 宮崎県一部 鹿児島県薩摩・種子島 *いとぐい 鹿児島県屋久島 *いとぐり 鹿児島県種子島 *だべーら 沖縄県竹富島 *だんだぶつど 長崎県五島 *なーべーらー 沖縄県首里 *ながうり 岐阜県一部 大分県大分郡 鹿児島県薩摩 *ながふぇーらー 沖縄県首里 *なばらやー 鹿児島県喜界島 *なばらよー 鹿児島県喜界島 *なびゃーら 沖縄県宮古島 *なびら 鹿児島県奄美大島・徳之島 沖縄県黒島・波照間島 *なびらー 沖縄県与那国島 *なぶら 鹿児島県奄美大島 *なぶり 鹿児島県奄美大島 *なべーら 沖縄県 *なべら 沖縄県新城島 *へちまうり 大分県北海部郡 *へっちー 静岡県 *ゆーてごい 長崎県南高来郡 *ゆてごい(「ゆてぬぐい(湯手拭)」の転か) 佐賀県

べっけ【別家】 ⇨ぶんけ(分家)

へつらう【諂】 *あめかける 愛媛県喜多郡 *あめこく 富山県「上官にあめこく」 *あめたれる 富山県砺波 *えんばいこく 山形県西置賜郡 *えんばえこく 山形県 *えんばえつかす・えばえつかす・えばえこく・えばえこかす 山形県 *えんぼえこかす 山形県北村山郡・西村山郡 *おしゃす 新潟県佐渡 *おちゃうる 山形県東村山郡 *おばふる 青森県津軽 *おべったれる 岐阜県山県郡 *おまずこく 滋賀県東部 *おまゆー 滋賀県坂田郡・東浅井郡 *おめーすとる 福岡県筑後 熊本県玉名郡 大分県 *おめすこく 愛知県知多郡 *こーべる 岐阜県飛騨 *こべる 熊本県宇土郡 *すべこく 石川県鹿島郡 *すんべこく 石川県鳳至郡 *ちゃべんとかいす 石川県鳳至郡 *つかす 山形県村山「先生につかしてばかりいる」 *ぶぶらかす 石川県鳳至郡 *まいさある・まいさこく 新潟県 *まいすかく 愛媛県 *まいすこく 山形県「あの子は親にめーすこいでいる」 新潟県東蒲原郡 *まいすする 大分県 *まいすたれる 新潟県中部・東部 *まいすとる 福岡市 熊本県玉名郡・

下益城郡 *まいすゆー 三重県志摩郡 佐賀県長崎県壱岐島 *まえそこく 山形県東置賜郡 *みゃーいとる 長崎県南高来郡 *みゃーしかくる 熊本県玉名郡・下益城郡 *みやすとる 熊本県南部 *みゃんずく 佐賀県藤津郡 *めーすをかやす 宮崎県西臼杵郡 *めしゅとい 鹿児島県 *めすたれる 新潟県中越 *めすとい 鹿児島県肝属郡 *めすとる 宮崎県延岡・東諸県郡 *めすゆー 鹿児島県鹿児島郡 *めそこく 山形県庄内「主人にめそこぐ」
→おもねる（阿）・こびる（媚）・ついしょう（追従）

□こと *おけーはく 茨城県中部 山梨県南巨摩郡 *おげーはく 宮城県栗原郡 *おけーひゃく 福島県石城郡 *おけはく 千葉県夷隅郡 *おけやく 千葉県東葛飾郡「馬鹿におけやくを使うじゃねえか」 *おじんぎ 愛媛県 *おたんてら 長野県諏訪 *おちゃべ 石川県能美郡「おちゃべこく」 *おちゃべら 石川県鳳至郡 *おちゅーばい 山梨県 静岡県「あの人の言うことはおちゅうばいばかりで何だかわからん」 *おちゅばい 静岡県 *おちょーばい 東京都大島 静岡県 京都府 徳島県 *おちょーべ 群馬県勢多郡「おちょーべたれる」 長野県「おちょーべを言う」 *おちょーべー 群馬県吾妻郡 長野県「おちょーべーたたく」 *おちょっぱい 徳島県 *おちょばい 福井県「おちょばいこく」 滋賀県「おちょばいきる」 徳島県・美馬郡 *おちょびゃー 静岡県田方郡 *おちょべ 群馬県佐波郡 新潟県 長野県北安曇郡・佐久 *おてんたら 群馬県「おてんたらころがす」 埼玉県秩父郡 東京都南多摩郡・八王子 神奈川県津久井郡・藤沢市 山梨県・南巨摩郡 長野県「おてんたらを並べる」「おてんたらをいう」 静岡県富士郡 愛知県宝飯郡 *おひゃへー 栃木県塩谷郡 *おへーおへー 栃木県下都賀郡 *おへーへ 栃木県河内郡 *おへつ 山梨県東八代郡・北巨摩郡 静岡県 兵庫県但馬・淡路島 和歌山県和歌山市・那賀郡「おへつする」 岡山県 広島県 山口県豊浦郡 徳島県 香川県 愛媛県「おへつこく」 *おべつ 岐阜県養老郡・本巣郡 *おへら 島根県美濃郡・益田市「お前のおへらは聞きとーもなー」 山口県豊浦郡 徳島県 *おまいす 新潟県佐渡・東蒲原郡 *おまいそ 長野県北安曇郡 滋賀県彦根 *おまいなす 新潟県東蒲原郡 *おまえいー 茨城県 *おまえずんべ 福井県坂井郡 *けーはく 青森県 岩手県 宮城県仙台市 秋田県由利郡・鹿角郡 福島県 茨城県・真壁郡 栃木県塩谷郡「あんな者にけーはくすることねー」 千葉県市原郡・長生郡 *けはく 青森県 秋田県鹿角郡 *ちゅーばい 東京都利島「ちゅーばいを言う」 *ちゅーべ 大分県西国東郡 *ちゅーべー 長崎県・対馬・壱岐島 *ついこー 鳥取市 広島県 *てんたら 山梨県 *へつ 和歌山県東牟婁郡 鳥取県気高郡「へつをこく」 山口県長門 香川県 *まいす（禅宗で物品の販売をした堕落僧を言うところから） 山形県米沢市 新潟県 三重県 佐賀県「あれほどみゃーす言うものはない」 長崎県壱岐島 熊本県下益城郡 大分県「めーすが上手じゃ」 宮崎県西臼杵郡 鹿児島県喜界島 *まいそ 新潟県西頸城郡 滋賀県彦根 愛媛県 *めーすぃ 沖縄県首里 *めーそー 長野県北安曇郡 *めし 鹿児島県鹿児島郡・大隅 *めす 宮崎県東諸県郡 鹿児島県・揖宿郡

□さま *べっこり 和歌山県東牟婁郡 *へらくら 青森県三戸郡「今時分になって、よくもへらくらして来られたものだ」

べに【紅】 *べら 三重県名賀郡
→べにいろ（紅色）

べにいろ【紅色】 *かーいる（「あかいろ（赤色）」の転）・かーかぬいる 沖縄県新城島
→べに（紅）

へび【蛇】 *あぜくり 広島県比婆郡 *いえのぬし（しばしば家の中に住むところから） 奈良県吉野郡 *おーむし・おーもし 島根県石見 *おかうなぎ 栃木県 群馬県佐波郡 埼玉県秩父郡 山梨県南巨摩郡 長野県 静岡県 高知県長岡郡 大分県大分市・北海部郡 *おかのあなご（沖言葉） 香川県牛島 *おさばいのかみ（「田の神」の意から） 徳島県美馬郡 *おっかい 徳島県那賀郡 *おっけー 群馬県勢多郡 *おにょろさま 新潟県東蒲原郡 *かな 福島県北部 *かねのがみ 福島県南会津郡 *からせび 鹿児島県 *からむし 鹿児島県 *きちなお 広島県御調郡 *くちおし 徳島県伊島 *くちおなし 徳島県 *くちち 愛媛県周桑郡 *くちな 三重県 京都府 大阪府 兵庫県 奈良県「くちなに道きられたらふじ入る（不幸に遭う）」 和歌山県新宮・東牟婁郡 島根県隠岐島 山口県屋代島 香川県 愛媛県 高知県幡多郡 大分市 *ぐちな 三重県南牟婁郡 兵庫県淡路島 奈良県 和歌山県新宮・東牟婁郡 徳島県 高知県幡多郡 *くちなー 三重県志摩郡 京都府北部 徳島県美馬郡 高知県幡多郡 福岡市 *ぐちなー 和歌山県西牟婁郡 高知県幡多郡 *くちなーめ 島根県八束郡 *くちなお 島根県 岡山県西部 広島県 香川県 愛媛県 *ぐちなお 徳島県 *くちなおー 島根県益田市・邑智郡 広島県双三郡・比婆郡 *くちなご 島根県江津市 岡山県児島郡 香川県 愛媛県大三島・伯方島 *ぐちなご 徳島県 香川県 *くちなな 香川県小豆島 *くちなわ 新潟県佐渡 福井県敦賀郡・大飯郡 愛知県 三重県 滋賀県 京都府京都市・北桑田郡 大阪府大阪市・泉北郡 兵庫県北部 和歌山県那賀郡・日高郡 鳥取県 島根県 岡山県「猫やくちなわー殺すとうらみる」 広島県備後 瀬戸内海諸島 山口県阿武郡・豊浦郡 徳島県 香川県 愛媛県 高知県幡多郡 福岡県 佐賀県 長崎県 熊本県 大分県中部 *ぐちなわ 三重県南牟婁郡 奈良県吉野

郡　和歌山県日高郡・西牟婁郡　徳島県　*ぐちのー熊本県天草郡　*ぐっちゃー徳島県　*ぐっちん香川県　*くつな兵庫県　奈良県　*くつなわ三重県上野市　奈良県　熊本県天草郡・球磨郡　*くりなわ京都府　*けたまわり香川県綾歌郡・三豊郡　*ごーまり愛知県　*ごーまわり愛知県額田郡　*さかお香川県豊島　*じゃ京都府北部　*じゃー三重県志摩郡　大阪市　和歌山県　沖縄県首里　*じゃばたい宮崎県西諸県郡　*じゃむし三重県志摩郡　*ずんぼ島根県美濃郡　*せび青森県南部　岩手県中通　秋田県鹿角郡　山形県庄内　*ぞろぞろ福岡県久留米市・三潴郡　*たてなぶさん徳島県　*とーびょー島根県美濃郡(白へビ)　広島県高田郡　*どてうなぎ福井県大飯郡　長野県　静岡県庵原郡　福岡県粕屋郡　*なが(多く忌み言葉として用いる)青森県南津軽郡　岩手県気仙郡　富山県東礪波郡　石川県能美郡　和歌山県日高郡　愛媛県西宇和郡　大分市　*ながいもん富山県東礪波郡　香川県　*ながたはん香川県　*ながむし青森県津軽　岩手県気仙郡　秋田県雄勝郡　山形県　福島県南会津郡　群馬県利根郡　埼玉県秩父郡・入間郡　千葉県印旛郡　神奈川県愛甲郡　新潟県　富山県　山梨県　長野県　岐阜県飛驒　静岡県　愛知県東加茂郡　大阪市　兵庫県赤穂郡・淡路島　島根県　広島県・高田郡　山口県　徳島県　香川県　愛媛県　高知県安芸郡　熊本県芦北郡　大分県　宮崎県児湯郡　*ながむん沖縄県首里　*ながもの岩手県気仙郡　宮城県亘理郡　山形県飽海郡　福島県南会津郡　新潟県佐渡　石川県河北郡・能美郡　岐阜県郡上郡　静岡県　三重県志摩郡　京都府竹野郡　奈良県吉野郡　島根県隠岐島　香川県　大分県大分郡　*なびしや・なぶいや香川県　*なまど愛知県東春日井郡　*なわ富山市近在　岐阜県大野郡　兵庫県養父郡　*ぬし青森県三戸郡　*のろのろ三重県上野市・名張市　*ぱーぶ沖縄県西表島　*ぱう沖縄県新城島　*ぱく沖縄県石垣島・波照間島　*はたけうなぎ香川県・三豊郡　*はぶ沖縄県竹富島　*ぱぶ沖縄県八重山　*ぱぷ沖縄県小浜島　*ぱん沖縄県黒島　*ぴーふぁー鹿児島県喜界島　*ひなたへび群馬県多野郡　*ひんぱ沖縄県与那国島　*ぶちなご徳島県　香川県　*ぽーて山口県見島　*ぽーで山口県萩市・阿武郡　*ほーでー山口県厚狭郡　*ほーやーじ愛媛県北宇和郡　*まむし三重県志摩郡　島根県石見(無毒)　香川県大川郡　*みーさん滋賀県彦根　大阪市　奈良県　大分市　*むし長崎県五島　鹿児島県揖宿郡　*やとーし・やどし・やとし香川県　*やどーし徳島県・名西郡　*やばり和歌山県日高郡　*やぼうなぎ(「藪鰻」か)熊本県八代郡　*やまうなぎ茨城県　長野県佐久　静岡県(忌み言葉)　島根県浜田市・仁多郡　大分市　*やまがさ熊本県上益城郡　*やむし広島県　山口県豊浦郡・大津郡

大きい□　*うふとぅから沖縄県石垣島　*じゃ新潟県佐渡　奈良県　*じゃー島根県隠岐島　*ぽーぐつな兵庫県加古郡

小さい□　*くちなー和歌山県日高郡　高知市　*くちなわ三重県宇治山田市　*ひみず愛媛県

□がとぐろを巻く　*おじくなる島根県隠岐島　*さらまう山口県「くちなはがここにさらまふちょるでの」　*ずくらまう熊本県下益城郡　*せーろくむ徳島県・板野郡・美馬郡　*たぐらをかく静岡県富士郡　*つぐらうつ熊本県芦北郡・八代郡　*つぐらかく新潟県佐渡　*つぐらぐる宮崎県東諸県郡　*つぐらする長崎県北松浦郡「蛇がつぐらしておった」　*つぐらまく静岡県志太郡・庵原郡　福岡県朝倉郡　*つぐらをうつ鹿児島県肝属郡　*つぐらをまく鹿児島県　*へそかく富山県富山市近在・砺波　*へそまく秋田県鹿角郡　*へそをまく愛媛県松山　*へちょまく青森県　秋田県鹿角郡　*まぎたまる奈良県吉野郡　*まぐたなる岐阜県恵那郡　*まぐなる岐阜県郡上郡・飛驒　*まるかる静岡県　*わがなる島根県　*わぐなる島根県　*わごをうつ島根県那賀郡「草の中に蛇がわごをうっとる」　*わじくなる島根県隠岐島　*わずくなる愛知県　*わんざかく新潟県佐渡「蛇がわんざけえておった」

へや【部屋】　*えんなか熊本県天草郡　*けしょーば広島県安芸郡　*ざ香川県　*ざー香川県綾歌郡・三豊郡「大水がざあまできた」　沖縄県　*しんだち兵庫県城崎郡　*ちょーだい東京都三宅島　岐阜県飛驒　兵庫県　*なんど福井県足羽郡・坂井郡　熊本県芦北郡・八代郡　*ねま奈良県吉野郡

いろりのある□　*うちま鳥取県西伯郡　*こざしき鳥取県西伯郡　*したえん福島県南会津郡　*だいどこ青森県津軽　長野県　*だいどころ青森県津軽　宮城県栗原郡　新潟県佐渡　和歌山県日高郡　*なかい島根県隠岐島　熊本県球磨郡　*なかえ静岡県賀茂郡　島根県隠岐島　熊本県球磨郡　*なかや香川県・小豆島　*なきやー静岡県　*わりのま長野県長野市・上水内郡　*わりま長野県下水内郡　*わんのま長野県　*わんま長野県長野市・佐久

へらす【減】　*おすあいとる宮城県石巻「おすえぁとって　悪るござりすねす」　*けつる岡山県阿哲郡　*すかす新潟県佐渡「自分の前はすかさん」　静岡県小笠郡「茶碗にもった飯を一寸すかす」　*すべる富山県砺波　*ちびす島根県石見「あんまり鉛筆をちびすと書かれん」　*ぴならしん沖縄県石垣島　*へがむい鹿児島県　*へがむる宮崎県東諸県郡　*へがめる鹿児島県肝属郡　*へごす香川県綾歌郡・仲多度郡　*へす山形県西村山郡　大阪市　和歌山県西牟婁郡　岡山県児島郡　広島県高田郡　香川県　愛媛県　*へびる愛知県愛知郡・碧海郡　*へらかす新潟県佐渡　富山県砺波　山梨県南巨摩郡　岐阜県「腹へらかいてへとへと

になって帰ってきた」 三重県員弁郡 岡山市

へり【縁】 ⇩ふち（縁）

へる【減】 *けやぬいく 長崎県壱岐島 *すぼる 富山県砺波 *つまる 山梨県 *ぴなるん 沖縄県石垣島 *ぴなゆい・ぴなうい 鹿児島県喜界島 *ふぃなゆん・ふぃゆん 沖縄県首里 *へつえる 島根県出雲「腹がへつえる」 *める 宮城県栗原郡 山形県米沢市「墓場の上ぁめり込んだ」 福島県相馬郡

量が□ *かがたつ 新潟県佐渡 *かんいく 和歌山県日高郡 *かんがいく 奈良県南大和 和歌山県日高郡 島根県 *かんがくる 島根県隠岐島 *かんがたつ 新潟県佐渡 島根県 *かんになる 島根県石見 *かんをくう 島根県簸川郡・仁多郡「米を搗いたら大分かんをくった」 *そーりゆん 沖縄県首里 *べっさる 鹿児島県肝属郡

へん【変】 ⇩きみょう（奇妙）

□だ *いかつい 兵庫県神戸市「あいついかつい奴や」 和歌山県日高郡 *うさんか 熊本県天草郡 *おかしけない 宮城県栗原郡 *おかしげない 大分県大分郡・玖珠郡 宮崎県 *おかしない 岩手県和賀郡・気仙郡 宮城県登米郡 山形県「おがしなぇ味だ」 福島県「今日わ朝からおかしない日だ」 福井県 静岡県「おかしないことをいふ」 兵庫県加古郡 *おかしらい 群馬県山田郡 埼玉県北足立郡・大里郡 長野県佐久 三重県 *おがつない 宮城県石巻「おがつねぁまねすてる」 *おかんない 兵庫県加古郡 *おましない 宮城県栗原郡 *おもしー 富山県砺波 *おもしれ 青森県上北郡 熊本県玉名郡「朝かる空模様んおもしれ風ぱい」 *おもしろい 大分県別府市 *おもっさい 福井県坂井郡「おもっさいことを云ふな」 *おもっしょい 三重県北牟婁郡「やろーみよーひとをなぐっておもっしょいんにゃー」 徳島県美馬郡 *おもろい 大阪市「おもろい顔してよる」 *きょんか 佐賀県 *くさい 石川県「くさい奴」「くさい家」「くさい物」・金沢市 *けちー 埼玉県秩父郡「きょうはけちく寒みいなあ」 *つかりー 熊本県 *ひょーなか 熊本県玉名郡「ぬしゃひょーなか話ばすんね」 *ひょんか 佐賀県藤津郡 *ひょんくさい 島根県隠岐島 *ひょんけらし 青森県上北郡 *へんでもない 富山県砺波「へんでもないことというて怒っとる」 *よーしれん 奈良県宇陀郡「よーしれん人に相手になるなよ」 *よしれ 島根県隠岐島「よしれのん(身元の知れない者)」 *よしれん 奈良県宇陀郡「よしれん事するさかい」 愛媛県「よしれん者」 長崎県「よしれんもん」 *よしろい 岐阜県大野郡「よしろいもの(知らん者)」 *よもしれん 和歌山県東牟婁郡 愛媛県「よもしれん者」・宇和島市 *よもしんれん 長崎県五島「よもしんれんもん」 *よもよしれん 和歌山県西牟婁郡「よもよしれん事云ふんや」・東牟婁郡

□な *いかしな 新潟県西頸城郡「いかしな男だ」 *いるんな 沖縄県首里「くぬぐるぬ しきのーいるんな くとぅぬ あっさー(このごろの世の中は普通でないことがあるねえ)」 *さいた 沖縄県首里 *しゅーだ・すーだ 鹿児島県喜界島「しゅーだ事むあぇーしゅる(妙なこともあるものだ)」 *しゅだ(「殊な」か) 宮崎県東諸県郡 鹿児島県・肝属郡「あや(彼は)しゅだ奴ぢゃな」 *すだ 宮崎県都城「すだわろ(妙な人)」 鹿児島県喜界島 *そっせな 鹿児島県・肝属郡「そっせな事すんな」 *ちごた 鹿児島県揖宿郡 *とんちな 岩手県江刺郡 *とんな 岩手県江刺郡・気仙郡 宮城県「とんな話もあったもんだねす」 山形県「とんなしとだ(変な人だ)」 福島県

□なこと *あじなんじょ 香川県 *すだ 鹿児島県鹿児島郡「すだをくろ(骨折り損をする)」 *へんがんじ 島根県益田市 *へんとーじ 島根県益田市「どこえ忘れて置いたんじゃやらどう考えてもへんとーじじゃ」 *へんなし 山形県東置賜郡

□なさま *あじ 山形県「なんだがあぢなごどだ」 福島県若松市・大沼郡 新潟県東蒲原郡「あの人はあじな事を言う」 兵庫県淡路島 奈良県 香川県志々島・高見島・伊吹島・佐柳島「乾(ほ)したことはほしたけどあじながいや」 愛媛県 高知県幡多郡「こりゃあじな奴じゃ」 福岡県企救郡 長崎県北松浦郡・対馬「あじな事をする人じゃ」 *あじげ 愛媛県北宇和郡・南宇和郡「あじげなことをする」「あじげな物がある」 高知県宿毛市 *あじん 山形県最上郡「あじんだ奴だ」「あじんに体がだるい」 *いっぱた・いぱた・いっぱんた 青森県津軽 *いなげ(「いなげな」の形で連体詞的に用いられることが多い) 京都府 鳥取県西伯郡「この頃えなげでねて居る」「あれはえなげで(腐敗しているさまなので)捨てた」 島根県「いなげな天気になった」 岡山県 広島県 山口県「いなげななりをして歩くな、人が笑ふ」 徳島県美馬郡 香川県三豊郡 愛媛県 高知県 *いなげなぼらげな 島根県益田市「柳の下にいなげなぼらげな者が立っとる」 *いなげらな 新潟県西頸城郡 *いなよ 山形県西部「いなよな虫だ」 *いなよー 群馬県吾妻郡 *いろせ 徳島県 *うすげ 香川県大川郡「うすげにするな」 *えなげ 島根県出雲 *おかしげ 和歌山県「おかしげな人やの」 *おかっせ 香川県大川郡 *おかつへ 和歌山県海草郡「おかつへな」 *おさんけ 島根県大原郡・仁多郡「こな人はちとおさんけな人だ」 *おもしげ 新潟県佐渡 *がい 香川県大川郡 *かしげ 高知県幡多郡 *かす 福井県 *かった 鹿児島県・鹿児島郡 *かったふの 鹿児島県鹿児島郡 *きしげ 愛媛県北宇和郡「きしげな」 高知県幡多郡 *きゅーすくでー 愛媛県東宇和郡「きゅーすくでいな事を言いよる」 *くさげ 高知県「わりゃほんまにくさげなこぢゃねや」 *じょん 石川県能美郡「じょんな人」・江沼郡 *しょんけた・しょー 青森県三戸郡

*しょんた 青森県三戸郡「体がしょんたになる(気分がすぐれない)」 秋田県仙北郡 *ばや 東京都大島「帳簿が不始末で何も彼もばや(うやむや)になってゐる」 *ひょこなげ 岡山県浅口郡 *ひょん 青森県上北郡 長野県諏訪 *ひょんた 岩手県「ひょんただ」 *ひょんなしげ・ひょっかしげ 新潟県佐渡 *へち 滋賀県滋賀郡 島根県美濃郡・益田市「時にへちな話じゃが」 *へちげ 岡山県苫田郡 *へっちゃんげ 香川県綾歌郡・仲多度郡 *へっちょげ 香川県三豊郡 *へな 新潟県西蒲原郡「どーもへなに思われる」 山口県豊浦郡「へなやりかた(不器用なやり方)」 *へなぐりげ 香川県香川郡 *へなげ 新潟県西蒲原郡 広島県賀茂郡 香川県 *へなるげ 香川県香川郡 *へやっけ 香川県大川郡・仲多度郡 *へんなげ 和歌山県東牟婁郡 岡山県苫田郡 広島県高田郡 *ほっかしげ(「おかしげ」の転か)・ひっかしげ 新潟県佐渡 *りくつ・じくつ 石川県江沼郡「りくつなこということ」 *ろーじき 島根県能義郡「ろーじきななり(変なかっこう)」 *わや 岐阜県大野郡 愛知県東加茂郡「わやだなあ」 奈良県「わやいふ」 岡山県 大分県宇佐郡・日田郡

べん【便】 ⇩ふん（糞） 生まれた子が最初にする□ *うぶくそ 長崎県壱岐島 *うぶはく 島根県石見 *うぶはこ 山口県大島 *おばこ 島根県邇摩郡・八束郡

べんかい【弁解】 ⇩いいわけ（言訳） □する *へんばえる 富山県砺波 *もがる 宮崎県西臼杵郡

べんきょう【勉強】 *もじ 香川県大川郡・木田郡「もじならわないかん」 □する *がくすい 鹿児島県鹿児島郡 *がくする 兵庫県加古郡 *がまだす 熊本県 *がみる 山形県南部「いつでもがみる人だ(点取り虫だ)」 *こだるる 福岡市 *じみる 青森県津軽 *しんけんだす 新潟県 *むくる 徳島県阿波郡 高知県・高知市「今日は日曜ぢゃきにむくらん」

へんじ【返事】 *あいしらい 鹿児島県喜界島 *あいそぐらい 岩手県上閉伊郡・気仙郡「(返事をする者の態度の悪いことを非難して)いいあいそぐらいなもんだ」「よっぽごせやいた(怒った)とみえて、ろくなあいそぐらいもしない」 宮城県石巻「俺めえぐのにあいそぐらいもすねぁとわけつ(けしからん)なやった」 *いれー 鹿児島県喜界島「先刻から呼んでいるのに、なぜいれーしないのだ」 沖縄県首里 *かえりこと 山形県東置賜郡・西置賜郡 *かえりごと 山形県西置賜郡 *かえりへんじ 岐阜県飛騨「かえりへんじ聞いて来い」 *ふみがえし 島根県鹿足郡 *へんか 京都府竹野郡「呼んでもへんかせん」 広島県倉橋島・高田郡 長崎県壱岐島 →おうとう（応答）・へんとう（返答）

べんじょ【便所】 *あくば 岩手県九戸郡 *いきがめ 熊本県 *いしどこい 鹿児島県 *いどの 徳島県美馬郡 香川県 *うっしゃ 長崎県五島 *うら 青森県上北郡・三戸郡 岩手県 宮城県「うらあるき(下痢をすること)」 秋田県 山形県 福島県 茨城県・多賀郡 静岡県 長崎市 沖縄県首里 *うらいき 長崎市 *おうら 福井県敦賀郡 *おーごえば 東京都新島 *おーら 山形県米沢市 *おかんじょ 宮城県仙台市 島根県邑智郡 広島県高田郡 徳島県板野郡 *おこや 大分市 *おしょーば 岐阜県不破郡 *およーじ 滋賀県 *おりば 富山県 島根県邑智郡 *かじょつぼ 宮城県 *かど 福島県会津 新潟県魚沼 *かんじ 山梨県 *かんじゃ 鹿児島県・屋久島 *かんじゅ 鹿児島県沖永良部島 *かんしょ 石川県 *かんじょ 青森県三戸郡 岩手県「ちょっとかんじょしてくる」 宮城県 秋田県仙北郡・平鹿郡 山形県飽海郡・米沢市 茨城県 武蔵 千葉県上総 東京都八丈島 新潟県長岡市 山梨県南巨摩郡 岐阜県郡上郡 静岡県 三重県上野市 島根県邑智郡 広島県備後 徳島県阿波郡 香川県三豊郡 愛媛県北宇和郡・南宇和郡 熊本県球磨郡 *かんじょー 茨城県稲敷郡 東京都八丈島 山梨県 宮崎市 *かんじょーどこ 長崎県対馬 *かんじょーば 新潟県下越 *かんしょば 富山県 石川県珠洲郡 *かんじょば 千葉県夷隅郡 *かんじょや 福島県北部 *かんじょん 熊本県天草郡 鹿児島県 *かんぜ 熊本県宇土郡・球磨郡 宮崎県西臼杵郡 鹿児島県「かんぜいく」 *かんぞ 岩手県気仙郡 *くそたか 島根県隠岐島 *くそだんご 熊本県上益城郡 *くそどころ 熊本県鹿本郡 *くそべや 岐阜県恵那郡 *くそや 長野県佐久 *くそんどー 東京都八王子 *くそんば 栃木県那須郡 *くそんや 千葉県夷隅郡 静岡県榛原郡 *けんけや 千葉県長生郡 *けんや 千葉県夷隅郡 *こえま 東京都三宅島 *こえや 宮崎県西臼杵郡 *こーか 青森県三戸郡 岩手県 宮城県伊具郡 秋田県鹿角郡 山形県 福島県 千葉県上総 新潟県 山梨県 長野県東筑摩郡・佐久 三重県志摩郡 島根県隠岐島 徳島県 *ごーか 群馬県佐波郡 *こーや 大阪府南河内郡・泉北郡 奈良県 和歌山市 *こーやさん 三重県志摩郡・度会郡 京都市 大阪府大阪市・泉北郡 兵庫県神戸市 奈良県 *こーやはん 兵庫県神戸市 *こが 青森県上北郡 岩手県岩手郡・中通 秋田県鹿角郡・北秋田郡 *こや 長崎県五島 *こよーば 島根県益田市 山口県 *ごよば 島根県出雲市(上品な語) 佐賀県藤津郡 *しーこたご 福岡県小倉市 *しちんじゅ 沖縄県・首里 *しっちんたんご 熊本県芦北郡 *しびんつか 鹿児島県 *しべんため 鹿児島県 *しめや 長野県 *しもや 群馬県佐波郡 新潟県中頸城郡 長野県 岐阜県揖斐郡 長崎県東彼杵郡 *じゅーば 山形県米沢市 *しょーべしゃ 島根県隠岐島 *しょーべや 島根県隠岐島 徳島県美馬郡・三好郡 *しょーべんがま 佐賀県藤津郡 *しょーべんだ 岡山県川上郡 *しょーべんたご 徳島県 *しょーべんた

んご徳島県　熊本県下益城郡 *しょーべんどこる熊本県菊池郡・下益城郡 *しょべんど福島県東白川郡 *しょべげ宮城県栗原郡 *しょべじゃ・しょべちゃ島根県隠岐島 *しょべたが岩手県紫波郡 *しょべつぼ岩手県紫波郡　秋田県仙北郡・平鹿郡　山形県東田川郡 *しょべばつ秋田県平鹿郡・雄勝郡 *しょべや島根県隠岐島 *しょべんつこ鹿児島県鹿児島郡 *しょべんどこる熊本県八代郡 *しょんじゃ富山県婦負郡 *しょんべーたこ広島県比婆郡 *しょんべおけ山形県村山 *しょんべか富山県 *しょんべきじや富山県下新川郡 *しょんべきじょ愛知県西春日井郡 *しょんべきだ岐阜県養老郡・本巣郡 *しょんべきゃ富山県 *しょんべきや岐阜県加茂郡・羽島郡 *しょんべけ山形県村山　富山県 *しょんべけじゃ・しょんべけば岐阜県飛騨 *しょんべけや富山県・砺波 *しょんべし島根県出雲 *しょんべしば山形県南村山郡・最上郡 *しょんべすば岩手県九戸郡 *しょんべすま岩手県九戸郡　山形県最上郡 *しょんべたが島根県八束郡 *しょんべたこ三重県志摩郡 *しょんべたご三重県上野市・志摩郡　愛媛県新居郡 *しょんべだこ三重県飯南郡 *しょんべたべ三重県志摩郡 *しょんべだま三重県上野市・阿山郡 *しょんべち三重県伊賀 *しょんべちこ山形県東置賜郡 *しょんべっこ山形県東置賜郡・飽海郡 *しょんべつば山形県最上郡 *しょんべつぼ山形県東田川郡・飽海郡 *しょんべとこ富山県 *しょんべや富山県氷見郡　静岡県 *しょんべんおけ山形県東村山郡 *しょんべんきゃ富山県東礪波郡・西礪波郡 *しょんべんけ福井県 *しょんべんこま茨城県真壁郡 *しょんべんじか山形県西置賜郡 *しょんべんしば山形県南置賜郡・最上郡 *しょんべんしま山形県北村山郡 *しょんべんじょき新潟県佐渡 *しょんべんたこ広島県比婆郡　香川県大川郡 *しょんべんたご島根県邑智郡　徳島県 *しょんべんだこ三重県飯南郡 *しょんべんたっ奈良県吉野郡 *しょんべんたんご徳島県 *しょんべんつぼ岩手県上閉伊郡　山形県飽海郡 *しょんべんどや栃木県宇都宮市・鹿沼市 *しょんべんや静岡県川根・志太郡 *しょんぼけ静岡県榛原郡　滋賀県 *しょんぼこ三重県南牟婁郡 *じんじんや群馬県多野郡 *しんち島根県能義郡・隠岐島 *しんちぇん山形県南置賜郡 *しんちや千葉県夷隅郡 *しんちゃー鹿児島県喜界島 *しんちん鹿児島県揖宿郡・喜界島 *しんぼけや静岡県 *しんや香川県綾歌郡「しんやかしてもらおか」 *すぎや高知県高岡郡 *すてば福島県南会津郡　新潟県北魚沼郡(山言葉) *せーち奈良県吉野郡 *せーちん鹿児島県 *せちん徳島県 *せつげ長野県西筑摩郡 *せっち高知市 *せつちげ長野県西筑摩郡 *せっちんごや熊本県天草郡 *せっちんたんご長崎県南高来郡　熊本県八代郡・芦北郡 *せっちんどこ熊本県阿蘇郡 *せっちんどこい熊本県球磨郡 *せっちんどこり熊本県天草郡 *せっちんどこる熊本県 *せっちんどころ熊本県八代郡・球磨郡 *せっちんば岐阜県恵那郡　大分県大分郡・大野郡 *せっちんや群馬県多野郡　静岡県榛原郡 *せっちんよーば佐賀県藤津郡 *せべんにゃ鹿児島県揖宿郡 *せんじ島根県鹿足郡 *せんじゃ和歌山県西牟婁郡・東牟婁郡 *せんたぶく大分県南海部郡 *せんち青森県　秋田県　山形県　新潟県　石川県　福井県　岐阜県　愛知県　三重県　滋賀県　京都府　大阪府　兵庫県　奈良県　和歌山県　鳥取県　島根県　岡山県　広島県　山口県　徳島県　香川県　愛媛県　高知県　大分県南海部郡 *せんちー岩手県九戸郡 *せんちぇん秋田県平鹿郡 *せんちな鹿児島県揖宿郡 *せんちば岐阜県海津郡・本巣郡　愛知県　愛媛県喜多郡　長崎県彼杵 *せんちゃ新潟県　富山県　石川県　福井県　岐阜県　三重県　和歌山県西牟婁郡・東牟婁郡 *せんちゃば新潟県三島郡 *せんちょ新潟県中頸城郡　滋賀県高島郡　兵庫県多紀郡・加古郡 *せんちん岩手県九戸郡　秋田県　山形県　千葉県山武郡　新潟県　島根県石見　広島県　山口県豊浦郡・大島　福岡県企救郡　長崎県　大分県　宮崎県日向・都城　鹿児島県 *せんつー広島県 *せんや徳島県・美馬郡 *そばや岩手県上閉伊郡 *そべじゃ秋田県山本郡 *だいよーどころ熊本県下益城郡 *だいよどこる熊本県鹿本郡 *たまり三重県阿山郡 *ため岩手県九戸郡(小便所)　長野県上水内郡・佐久 *たんぺ長崎県西彼杵郡 *たんぽ三重県一志郡　長崎県西彼杵郡　熊本県天草郡 *だんぽ熊本県天草郡 *だんぽ長崎県五島 *だんぽー長崎県西彼杵郡 *ちっちん(幼児語)徳島県美馬郡 *ちっどこい・ちゅっどこい鹿児島県 *ちゅっどろ鹿児島県大島郡 *ちゅどこ・ちゅどこい鹿児島県 *ちょーずとこ富山県 *ちょーずどこ青森県　秋田県南秋田郡・鹿角郡　佐賀県唐津 *ちょーずどこり熊本県飽託郡 *ちょーずどこる熊本県 *ちょーずどころ福岡県久留米市　熊本県 *ちょーずばや・ちょーずや静岡県 *ちょずどこ青森県下北郡・三戸郡　岩手県九戸郡・岩手郡　秋田県山本郡　熊本県鹿本郡 *ちょずどこり熊本県玉名郡 *ちょずどこる熊本県 *ちょっどこ石川県　熊本県下益城郡 *ちょっどこい熊本県芦北郡 *ちょっどころ熊本県　鹿児島県屋久島 *ちょっぷや千葉県夷隅郡 *ちょどころ熊本県菊池郡 *ちょんどこ石川県江沼郡　長崎県五島 *ちんじゃ・ちんにゃ鹿児島県種子島 *つっどこい鹿児島県・肝属郡 *つぼ岩手県和賀郡　香川県仲多度郡 *つぽ宮城県仙台市 *つぼた(野雪隠)徳島県美馬郡 *どんぼ福島県会津・中部 *にし沖縄県首里 *にびんしょ(大便小便両用の便所)富山県高岡市 *はこしーどころ・はこっぽ熊本県天草郡 *びたんご熊本県球磨郡 *ひのど青

森県津軽 *ひんつ 青森県 *ふーりゃー 沖縄県竹富島 *ふぉーりやー・ほーりやー(豚小屋を兼ねない)沖縄県小浜島 *ふず 沖縄県宮古島 *ふたーねーんじんぱく 沖縄県石垣島 *ふらーめー 沖縄県新城島 *ふりゃー 沖縄県石垣島 *ふる 鹿児島県与論島 沖縄県島尻郡・首里 *ぷる 沖縄県国頭郡 *ふるみー 沖縄県首里 *ふるやー 沖縄県黒島・与那国島(豚小屋を兼ねない) *べーたんご 熊本県 *べーどこり 熊本県玉名郡 *べたんご 熊本県 *べっか 熊本県球磨郡 *へっちん 長崎県五島 熊本県阿蘇郡・菊池郡 *へっちんどこる・べっちんどこる 熊本県下益城郡 *へっちんば 愛知県知多郡 熊本県阿蘇郡 *へや 島根県美濃郡 *べんじょどこ 熊本県阿蘇郡 *べんじょどこる 熊本県鹿本郡・飽託郡 *へんち 青森県津軽 秋田県河辺郡 山形県北村山郡 岐阜県 島根県江津市・邑智郡 広島県 高知県幡多郡 *べんち 広島県甲奴郡 *へんちゃ 新潟県佐渡 富山県 石川県 *べんちゃ 長野県下伊那郡 *へんちゃどこ 富山県 *へんちょ 島根県江津市 *へんちん 広島県甲奴郡 長崎県南高来郡 *へんつ 山形県北村山郡・最上郡 *へんつん 山形県最上郡 *まちー 鹿児島県沖永良部島 *まなか 鹿児島県 *やくば 岡山県備中北部・岡山市 山口県 大分県北海部郡 *ゆーじん 鹿児島県奄美大島・喜界島 *ゆしどこ 鹿児島県肝属郡 *ゆじどこ 宮崎県東諸県郡 *ゆしどこい 鹿児島県揖宿郡 *ゆどの 兵庫県赤穂郡 島根県 徳島県美馬郡 香川県 熊本県 *ゆどん 島根県益田市 *よーじ 滋賀県 京都府・宇治郡 奈良県宇陀郡 *よーじば 滋賀県彦根 京都府愛宕郡・京都市 徳島県 *よーば 愛知県知多郡 三重県伊賀 島根県石見(大便所) 広島県 山口県玖珂郡 徳島県 愛媛県・大三島(上品な語) *よりだめ 栃木県日光市・鹿沼市

↓せっちん(雪隠)

小□ *いどの 徳島県美馬郡 香川県 *ためおけ 茨城県真壁郡 *ゆどの 兵庫県赤穂郡 島根県 徳島県美馬郡 香川県 熊本県 *ゆどん 島根県益田市

大□ *だいよーば 島根県益田市 *ひろしま 広島県・高田郡 *ゆどの 広島県・高田郡

べんしょう【弁償】 *しまどい 徳島県「硝子割ったきん(割ったから)、しまどいせないかん」 *たしめー 沖縄県首里 *まどい 山口県下関市 *まよい 福島県岩瀬郡 奈良県南大和「まよいする」 和歌山県那賀郡

↓つぐない(償)・つぐなう(償)・ばいしょう(賠償)

□する *あまえる 千葉県東葛飾郡「人の物をこわしてしまって、あまえてくれ」 *あます 静岡県島田市「破った本をあましてくれ」 *あめる 千葉県船橋 *しまどう 徳島県 *たしめーゆん 沖縄県首里 *はくん 鹿児島県喜界島 沖縄県島尻郡・石垣島 *はぐん 沖縄県与那国島 *ぱくん 沖縄県石垣島 *はちゅん 沖縄県 *ばまえる 富山県 *はらう 香川県仲多度郡 *まえく 山形県北村山郡・最上郡 *まえる 和歌山市 *まずー 大分県宇佐郡 *まぞう 大阪府泉北郡 兵庫県神戸市 *まだゆり 鹿児島県奄美大島 *まとう 富山県「これをまとうてくだはれ」 滋賀県 奈良県「何やまとたらしまいやないか」 *まどう 千葉県海上郡 新潟県東蒲原郡 富山県西礪波郡 石川県金沢市・石川郡 福井県敦賀市 愛知県尾張 滋賀県「まどって返せ」 京都府・京都市 大阪市 兵庫県 和歌山県 鳥取県 島根県「自転車をめーだもんだけん(こわしたので)とうとうまどわされた」 岡山県 広島県 山口県・豊浦郡・大島 徳島県「ガラスをめいた(破損した)のでまどわされた」 香川県 愛媛県「これいためたんおまいじゃろー、まどえ」 高知県 高知市・幡多郡 福岡県三池郡・福岡市 長崎県 熊本県 大分県 *まどぅうい・まどぅゆい 鹿児島県喜界島 *まどす 大阪市 *まどゆり 鹿児島県奄美大島 *まどゆん 鹿児島県南西諸島 *ままえる 新潟県佐渡・西頸城郡「あの子のこわしたおもちゃのかわりはままえるぞ」 *ままず 石川県鹿島郡 愛知県愛知郡 *まめる 愛知県知多郡 *まもう 富山県 *まやう 岩手県 宮城県「まやうがらかにすてけさえ(償うから堪忍して下さい)」「人のものこわして、まやえまやえ」 福島県・相馬 山梨県南巨摩郡 *まやす 岩手県気仙郡「まやせる」 宮城県仙台市 *まゆー 秋田県平鹿郡・雄勝郡「僕の本をなくして、まゆてよこせ」 *まゆぐ 山形県西村山郡・北村山郡 *まよう 岩手県 宮城県 秋田県「時計こわしても、まよってやるからよいさ」 山形県「まよてけろ(弁償してくれ)」 福島県「君の本はまよーがらな」 茨城県・新治郡 福井県 山梨県・南巨摩郡 京都市 和歌山県 *まよぐ 山形県 *まよる 青森県南部「貸したものこわしたらまよってよこせ」 秋田県鹿角郡 *まらう 兵庫県加古郡 和歌山県那賀郡 *まんどう 秋田市「君の本をなくしたからまんどう」 *まんまえる 新潟県・中頸城郡「隣のガラスをこわしたからまんまえてやらんければならん」 *やくめる 長野県東筑摩郡 *わーまえる 富山県砺波 *わくばえる 青森県津軽 *わくめる 新潟県中頸城郡 長野県東筑摩郡・西筑摩郡 *わぐめる 新潟県中頸城郡 *わっちゃめーゆい 鹿児島県喜界島 *わまえる 石川県鹿島郡 *わんちゃめーいん 沖縄県国頭郡 *わんちゃめーゆん 沖縄県那覇市・伊江島・首里 *わんまえる 新潟県中蒲原郡 富山市近在

へんじん【変人】 *あまぬしゃぐめ 宮崎県西臼杵郡 *あまんさっめ 鹿児島県鹿児島郡 *あまんしゃくま 鹿児島県 *あまんしゃぐま 熊本県・芦北郡・八代郡 *あまんしゃくめ 鹿児島県・肝属郡 *あまんじゃぐめ 熊本県八代郡 *あまんし

やしみゃ 長崎県五島 *いっきじん 熊本県芦北郡 *いっぷーふー 沖縄県首里 *いっぷーりゅ 宮城県仙台市「善人だたってあったに、いっぷーりゅではへとあいせんぺ」 *いっぷーりゅー 山形県 福島県東白川郡 *いっぷくりゅー 愛媛県 熊本県玉名郡・天草郡 *いっぷくりゅーじん 宮崎県東諸県郡 *いっぷくりん 愛媛県 *いっぷり 香川県 愛媛県 *いひゅー 熊本県玉名郡・下益城郡 *いひゅーぼー 佐賀県 *いひゅーもん 熊本県下益城郡 *いひゅもん 熊本県玉名郡 *いふーじん・いふじん・ふーじん 長崎県南高来郡 *えげっつー 群馬県利根郡 *おかんがえ 愛媛県南宇和郡 *がまた 熊本県宇土郡 *かたこぶ 新潟県佐渡 *かたこぶし 新潟県佐渡 *かたこぶれ 新潟県佐渡 *ぎぎゅ 熊本県下益城郡 *きたむき 山梨県 長野県下水内郡 静岡県志太郡「あのうちゃー親も子もきたむきだに」 *きね 長崎市 熊本県 *きねさく 熊本県飽託郡・下益城郡 *きねずつ 熊本県阿蘇郡 *きねぞー・きねもくじゃー 熊本県飽託郡 *きねもん 熊本県北部 *きふーもん・きふもん 熊本県 *けちにん 京都府 *けれんけつ 滋賀県彦根 *こーま・こつ・こつま 富山県砺波 *しんけー 熊本県球磨郡 *そげ 愛媛県喜多郡・西宇和郡 *たらへ 熊本県天草郡 *っちゅがわいーむん 沖縄県首里 *てんきれもん(一風変わった者) 島根県出雲「あの人はてんきれもんだ」 *どーぐまち 島根県八束郡・大原郡 *とっきげん 熊本県天草郡 *とっけもち(朝夕に気分の変わる人。お天気屋) 長崎県壱岐島 *どどーへん 奈良県 *ねじごろ 熊本県阿蘇郡・芦北郡 *のふーごろ 熊本県球磨郡 *はん 熊本県菊池郡・鹿本郡 *ひだりねじ 熊本県天草郡 *ぴとぅんがーり 沖縄県石垣島 *ひゅーがじん・ふーがじん・ふがじん 熊本県天草郡 *ひょーきん 静岡県富士郡 *ひょーげもの 長崎市 *ひょんきんたん 長崎県北松浦郡 *ひょんつく・ひょんて 新潟県佐渡 *ふーちがい 熊本県芦北郡 *ふーちぎゃ・ふーちげ 長崎県南高来郡 *ふちぎゃー 熊本県阿蘇郡 *ぶんぱ 山梨県 *へそ 熊本県阿蘇郡 *へってくらい 香川県大川郡・綾歌郡 *へっとー 新潟県中魚沼郡 *へね 熊本県阿蘇郡 *へもんち 新潟県佐渡 *へん 徳島県 *へんたくりゅー・へんてこもん 熊本県球磨郡 *へんちき 愛媛県周桑郡 *へんちきちん 大阪府泉北郡 奈良県南大和 *へんちきりん 高知県 *へんてつ 新潟県中頸城郡 *へんとこ 和歌山県伊都郡 *へんとこじん 京都府竹野郡 熊本県天草郡 *ほけつき 熊本県天草郡 *むし 青森県津軽 *むしもち 愛知県名古屋市 *もがい 熊本県阿蘇郡 *もけ・もけず 富山県砺波 *もげ 広島県高田郡 山口県・豊浦郡 *もげさく 広島県高田郡 山口県・大島 愛媛県宇和島 *もげしゅー 山口県 *もっけつ 兵庫県淡路島 *もんち 新潟県・佐渡

へんとう【返答】 *あいけんど 山口県豊浦郡「寝言のあいけんどをうつ」 *あいへど 岩手県気仙郡・東磐井郡 *あいへんと 島根県隠岐島 *あいへんど 青森県 岩手県上閉伊郡・東磐井郡 岐阜県飛驒「あいへんどうつ」 島根県「あえへんどうつ」「あいへんどとる」 *あいへんとー 島根県隠岐島 香川県高松「あひへんとううつ」 *あいへんどー 和歌山県西牟婁郡「あいへんどうにのらぬ」 島根県那賀郡「あいへんどーする」 *あごへんと 富山県砺波「あごへんとかく」 *あへんと 香川県「はいあへんとうたんか」 *あへんど 青森県津軽 富山県「あへんどかく」 福井県坂井郡 香川県 *いれーくてー・いれーふぃじ 沖縄県首里 *えぁへんど 岩手県気仙郡 *えへんど 青森県上北郡「おれが訪ねてもえへんどもしない」 →へんじ(返事)

べんとう【弁当】 *かるい 新潟県中魚沼郡 *ちゅーはんべんとー 新潟県西蒲原郡 *ひーり 新潟県西頸城郡 岐阜県揖斐郡・郡上郡 *ふるげ

秋田県由利郡 *むちばんめー 沖縄県首里 *やまびりー 福島県南会津郡

昼の□ *ひあがり 福岡県浮羽郡 熊本県 *ひーあがい 熊本県球磨郡 *ひやがい 佐賀県 熊本県芦北郡 *ひやがいめし 佐賀県藤津郡 *ひやがり 熊本県玉名郡 *ひょーら 東京都八丈島 *ひょーろー 東京都八丈島「ひょーろーしまっしとー(用意してくれ)」 *ひらが 熊本県上益城郡 *ひらがり 熊本県 *ひりあがり 石川県能美郡 熊本県八代郡 *ひりゃーがい 佐賀県 *ひりゃがり 石川県河北郡 *ひるあがり 秋田県雄勝郡 石川県 熊本県玉名郡・菊池郡 *ひるいあがり 北海道美唄市「ひるいあがり するんだー(昼御飯にするよ)」

ほ

ほ【穂】 *すず 和歌山県日高郡 *ほっぽ 埼玉県北葛飾郡 千葉県印旛郡 神奈川県高座郡・中郡 新潟県中頸城郡(稲穂) *ほほ 岐阜県武儀郡 *ほろ 宮崎県東諸県郡「かもんほろ(蒲の穂)」
→いなほ(稲穂)

ほう【方】 *は 秋田県雄勝郡 島根県出雲・隠岐島「向うのはから人が来る」 *はー 島根県 *ぶに 広島県芦品郡「このぶにゃーたかーだ(こっちの方が高価だ)」 *ぶの 山口県大島 *ぶん 島根県隠岐島「黄色なぶんは菜の花で白えぶんは大根だ」 広島県比婆郡「お婆さんのぶんが早うがんすで(おばあさんの方が手早いですよ)」 *ほじ 青森県津軽「あじのほじがら(あっちの方から)」「リヤカよりも、つけまのほじぇえがべね(車よりも馬の方がいいでしょうな)」 *ほち 和歌山市「そっちのほちやよい」
→ほうこう(方向)

ぼう【棒】 *かたねぼ 石川県金沢市 *くし 栃木県河内郡・安蘇郡 *けや 島根県石見 *ねんぼ 秋田県山本郡・南秋田郡 *ばーくた 島根県大原郡・仁多郡 *ばい 新潟県東蒲原郡・中頸城郡 富山県砺波 石川県 福井県 滋賀県伊香郡 *ばいぎり・ばえぎり 山形県 *ばいた 群馬県吾妻郡 新潟県中頸城郡 富山県・砺波 石川県江沼郡・石川郡 山梨県南巨摩郡 長野県 岐阜県飛驒 静岡県 滋賀県伊香郡 京都府 *ばえ 山形県東置賜郡・西置賜郡 岐阜県飛驒 愛知県葉栗郡 *ばえと 広島県山県郡 *はんぼー 岩手県九戸郡 *ぶい 沖縄県首里 *ぶくと 秋田県平鹿郡 *ぶっとー 鹿児島県喜界島 *べーさ 長野県上伊那郡 *べーた 群馬県吾妻郡(太い棒) 長野県更級郡・北安曇郡(太い棒) 新潟県中頸城郡 *べーたっぽ 長野県小県郡・佐久 *べーたぽー 長野県佐久 *べーたんぼ 長野県 *ぼーきた 島根県大原郡 *ぼーくた 島根県出雲 *ぼーこ 福岡市 *ぼーさい 三重県阿山郡 奈良県山辺郡 徳島県 愛媛県伊予三島市・新居浜市 *ぼーさいぼー 栃木県今市市 *ぼーさっぱ 山形県東置賜郡 *ぼーさなぎ 千葉県君津郡 *ぼーしゃぎれ 愛媛県伊予三島市 *ぼーたぎれ 島根県石見 *ぼーたくれ 島根県鹿足郡 *ぼーたなぎ・ぼーたなげ 島根県那賀郡 *ぼーたなぎれ 島根県那賀郡 *ぼーちんぎ 栃木県安蘇郡 *ぼーてぎ 茨城県稲敷郡 長野県佐久 *ぼーてんぎ 栃木県安蘇郡 群馬県勢多郡・多野郡 *ぼーてんぎれ 長野県佐久 *ぼきと 青森県南部 *ぼきとー 新潟県佐渡 *ぼくしっとー 広島県比婆郡 *ぼくせ 奈良県宇智郡 *ぼくた 長野県東筑摩郡 奈良県 島根県大原郡・仁多郡・隠岐島 *ほくっしょ 奈良県吉野郡 *ぼくったー 静岡県榛原郡 島根県美濃郡・益田市 *ぼくっちょ 和歌山県 *ぼくっと 和歌山県 *ぼくっとー 島根県石見 広島県安芸郡・比婆郡 山口県 *ほくと 和歌山県那賀郡 *ぼくと 青森県南部 岩手県気仙郡 山形県庄内 福井県 長野県東筑摩郡 三重県南牟婁郡 奈良県 和歌山県 愛媛県伊予郡・喜多郡・大三島 宮崎県延岡 *ぼくとー 青森県南部 岩手県九戸郡 山形県 福島県 新潟県・中越 長野県北安曇郡・上伊那郡 奈良県吉野郡 島根県隠岐島 愛媛県松山市 福岡市 長崎県伊王島・対馬・壱岐島 高知県・高知市 熊本県 大分県 *ぼさいこ・ぼさいぼ 奈良県宇陀郡 *ぼさいほ 奈良県吉野郡 *ぼしゃぎれ 愛媛県宇摩郡 *ぼっか 千葉県印旛郡 *ぼっと 長崎県五島 鹿児島県・姶良郡 *ぼんで 岩手県紫波郡 *ぼんてんぎ 群馬県吾妻郡 *まきじゃっぽー 新潟県佐渡 *まきだっぽー 栃木県 *まるてん 新潟県西頸城郡 *まるてんこ(短く切った丸太) 岐阜県飛驒 *めんぼ 秋田県河辺郡・山本郡
→ぼうきれ(棒切)

戸締まりの□ *おしかいぼ 長野県佐久 *おっかいぼー 静岡県志太郡 *きりばりぼー 茨城県稲敷郡 千葉県山武郡 *せんぼー 新潟県佐渡「ねるときにせんぼうやっておけや」 富山県高岡市 *つこんばり 福井県 *つっぱり 青森県・津軽 秋田県鹿角郡 京都市 和歌山県「つっぱりかう」 島根県 *つっぱりぼー 宮城県仙台市 島根県 *つばり 青森県 *つぱり 秋田県鹿角郡 *つめ 青森県南部 岐阜県飛驒 島根県隠岐島「戸締りのつめを頼む」 *つめぼー 岐阜県飛驒 *つんがりぼー 岐阜県飛驒 *つんばり 福井県 岐阜県郡上郡 熊本県玉名郡 *つんばりぼー 静岡県志太郡 熊本県玉名郡 *とかきぼー 茨城県久慈郡 *とっぱり 岩手県気仙郡 *とばり 大阪府泉北郡 *とんばりぼー 福島県

ものを担う□ *たびぼー(小さい棒) 香川県仲多度郡 *つりてんぼー 静岡県磐田郡 *つりぼ 三重県名張市 *つりぼー 三重県志摩郡 *てんぼー 新潟県佐渡 *どくしゃく 熊本県 *どくしゃくぼー 熊本県阿蘇郡・飽託郡 *はかり(両端に掛けて肩に担うための棒) 三重県志摩郡 *ろくしゃく 山口県 香川県小豆島 愛媛県・弓削島 福岡県 熊本県 大分県 *ろくしゃくぼー 山形県西村山郡 香川県 福岡市 熊本県 大分県

ほうい【方位】 ⇩ほうがく(方角)

ほうえ【法会】 ⇩ほうじ(法事)

ぼうがい【妨害】 *ささっこ 岩手県気仙郡 *しゃしゃこ 徳島県 香川県「しゃしゃこする」 *ねちょ 山形県北村山郡「ねちょたがる」 *ねっきょ 新潟県東蒲原郡 *ねっちょ 福島県大沼郡 新潟県 長野県下水内郡 *ねっちょー 茨城県・稲敷郡 千葉県香取郡「ねっちょーする」 新潟県東蒲原郡 山梨県北都留郡 *まがり 愛媛県松山「まがりになるけんおのき(じゃまになるからどいてください)」 *わやく 長崎県北松浦郡(下流の語)

「人にわやくされてでけじあった(できなかった)」・五島 大分県・南海部郡
↓じゃま(邪魔)

ほうがく【方角】 *あて 埼玉県秩父郡「あのあてに家がある」 *うだつ 新潟県東蒲原郡「うだつが良くて木が太る」「うだつが悪くて葬式が出せない」 *えんたい 宮城県石巻「あずくの玄関えんてぁ悪くて入りにくえ」・仙台市「こっち向きにすればえんたいがよくなる」 *ずー 和歌山県「そのずーにゐる人や」 *ずん 三重県伊賀 滋賀県 *ずんと 滋賀県愛知郡 和歌山県 *ずんど 三重県伊賀 滋賀県蒲生郡・神崎郡 *ずんとー 鳥取県東部「このずんとうにある」 *ずんどー 長崎県対馬「何々の地はどのずんどうに当らうか」 *た 島根県出雲市「そっちんたえ逃げた」「お前んた(おまえの家)え行く」 *てなが 兵庫県淡路島「このてなが(この方角)」 *は 秋田県雄勝郡 島根県出雲・隠岐島「向うのはから人が来る」 *はー 島根県 *ほ 鹿児島県「こげな まっなかで ほもなかごっ なっせえ、みぐるしか(こんな町中で方角もわからぬ様になってみっともない)」 *ぼー 東京都大島「野増ぼうの人間はうなぎが好きだ」
↓ほうこう(方向)

ほうき【帚】 *さむらい 岩手県海岸地方 *たんば(酒屋仲間の語) 新潟県中頸城郡 *とさかほーき 奈良県吉野郡 *なぜ 三重県南牟婁郡 京都府与謝郡 奈良県吉野郡 和歌山県東牟婁郡 山口県屋代島 *なで 新潟県 三重県南牟婁郡 岡山県 広島県佐伯郡 山口県屋代島 *なでほーき 岡山県備後 *なでぼーき 島根県石見 *はーき 岩手県九戸郡・気仙郡 宮城県栗原郡・登米郡 茨城県多賀郡・稲敷郡 群馬県利根郡 千葉県山武郡 東京都大島・三宅島・御蔵島 神奈川県津久井郡 山梨県 長野県南部 静岡県 島根県出雲・隠岐島 *はーきん 静岡県 *はいき 東京都三宅島 *ぱうき 沖縄県新城島 *はき 北海道 青森県 岩手県 宮城県栗原郡 秋田県 山形県村山・最上郡 栃木県真岡市・河内郡 岐阜県大野郡 *ははき 宮城県登米郡 神奈川県足柄上郡 *ははきん 長野県西筑摩郡 *ふってぃー 沖縄県与那国島 *ぽーき 沖縄県八重山 *ぽーぎ 沖縄県石垣島 *ぽーし 沖縄県竹富島 *ぽつぃ 沖縄県波照間島 *よせ 大阪府南河内郡 兵庫県淡路島 奈良県南大和 和歌山県伊都郡・那賀郡 山口県豊浦郡(わらを二つ折りにしたもの)

竹の枝で作った□ *おろぼーき 愛媛県松山 *がらがらぼーき 島根県大原郡

庭を掃く□ *かいどぼーき 富山県西礪波郡 *かどはけ 奈良県南大和 *かどぼーき 京都府竹野郡(竹ぼうき) 岡山県苫田郡 *なでぼーき 長崎県北松浦郡

帚草で作った□ *すぼぼき 熊本県玉名郡

わらの芯で作った□ *しびぼーき 島根県 *しぶぼーき 島根県仁多郡 *すべぼーき 兵庫県加古郡 徳島県 愛媛県松山 *すぼほーき 福岡県浮羽郡 *すぼぼき 熊本県玉名郡 *にごぼき 愛知県名古屋市 *ねんぐぼーき 新潟県上越市

ぼうきれ【棒切】 *きこぱず 山形県 *きっぱし 茨城県真壁郡 *きっぱじ 岩手県気仙郡 山形県 福島県会津 *きっぷし 群馬県碓氷郡・佐波郡 神奈川県中郡 *きっぽ 茨城県稲敷郡 *きっぽろ 茨城県稲敷郡・那珂郡 *きなぎれ 愛媛県 *きなくい 山口県豊浦郡 *きなぐし 岡山県川上郡 *きなぐじ 京都府 *きなぐせ 京都府竹野郡「きなぐせで地面に書いて計算した」・加佐郡 兵庫県但馬 鳥取県 *きなっぽー・きなんぼー 新潟県佐渡 *きなぽれ 山形県西置賜郡 *きのぽろ 茨城県真壁郡 *きぱじ 山形県東田川郡・東村山郡 *きりぱじ 山形県 *ばーくた 島根県大原郡・仁多郡 *ばい 新潟県東蒲原郡・中頸城郡 富山県砺波 石川県 福井県 滋賀県伊香郡 *ばいぎり・ばえぎり 山形県 *ばいた 群馬県吾妻郡 *ばいぎ 新潟県中頸城郡 富山県・砺波 石川県江沼郡・石川郡 山梨県南巨摩郡 長野県 岐阜県飛驒 静岡県 滋賀県伊香郡 京都府 *ばえ 山形県東置賜郡・西置賜郡 岐阜県飛驒 愛知県葉栗郡 *ばえと 広島県山県郡 *ぶい 沖縄県首里 *べーさ 長野県上伊那郡 *べーた 群馬県吾妻郡(太い棒) 新潟県中頸城郡 長野県更級郡・北安曇郡(太い棒) *べーたっぽ 長野県小県郡・佐久 *べーたぽー 長野県佐久 *べーたんぽ 長野県 *ぼーくい 山口県豊浦郡 *ぼーぐし 神奈川県中郡 *ぼーさい 三重県阿山郡 奈良県山辺郡 徳島県 愛媛県伊予三島市・新居浜市 *ぼーさいぼー 栃木県今市市 *ぼーさっぱ 山形県東置賜郡 *ぼーさなぎ 千葉県君津郡 *ぼーしゃぎれ 愛媛県伊予三島市 *ぼーたぎれ 島根県石見 *ぼーたくれ 島根県鹿

方/言/の/窓

●四つがな弁

現代標準語ではジとヂ、ズとヅに発音の区別はないが、古く室町中期以前の京都などでは、その発音に区別があった。「四つがな」とは、この四つの仮名をいい、また、これらで表される発音の相違(音韻の区別)をもいう(ジは[ʒi]、ズは[zu]、ヂは[di]、ヅは[du]であったと考えられている)。

「四つがな弁」とは、これらの区別をまだ保っている方言を指すもので、高知県の一部や九州の各地で確認することができる。このほか、大分県の一部のようにジ・ヂの区別がなく、ズとヅの区別だけをする方言、現代語のほとんどの方言のように二種の区別しかない方言、さらに東北地方などのようにこの四つを区別しない方言を、「三つがな弁」「二つがな弁」「一つがな弁」と呼ぶこともある。

足郡 *ぼーたなぎ・ぼーたなげ 島根県那賀郡 *ぼーたなぎれ 島根県那賀郡 *ぼーちんぎ 栃木県安蘇郡 *ぼーっくし 埼玉県秩父郡 *ぼーっこ 山形県新庄市・最上郡　東京都三宅島・御蔵島 *ぼーてぎ 茨城県稲敷郡　長野県佐久 *ぼーてんぎ 栃木県安蘇郡　群馬県勢多郡・多野郡 *ぼーてんぎれ 長野県佐久 *ぼーぱじ・ぼっきぱじ・ぼっぱじ 山形県 *ぼきなぎ 秋田県 *ぼきぱじ 山形県山形市・西村山郡 *ぼさいこ・ぼさいぼ 奈良県宇陀郡 *ぼさいほ 奈良県吉野郡 *ぼしやぎれ 愛媛県宇摩郡 *ほせ 愛知県海部郡「ほせで穴を掘る」 *ほぜ 福井県遠敷郡　岐阜県北飛騨 *ほせんぎら 愛知県知多郡 *ほせんぼ 三重県員弁郡 *ぼっき 岩手県紫波郡　山形県村山 *ぼっきなぎ 山形県西置賜郡 *ぼっきり・ぼんきり 青森県南部 *ぼっくし 千葉県山武郡 *ぼっこ 山形県新庄市・最上郡　東京都三宅島 *ぼっぱし 山形県西置賜郡・東田川郡 *ぼんで 岩手県紫波郡 *ぼんてんぎ 群馬県吾妻郡
↓ぼう（棒）

ぼうぐい【棒杭】 ⇩くい（杭）

ほうける【惚】 *たわける 島根県隠岐島 *どーける 島根県石見「長わずらいで頭がどーけとる」 *はなをたれる 島根県石見「はなーたれとると盗られるで」 山口県阿武郡
↓ぼける（惚）

ほうこう【方向】 *かし 栃木県下都賀郡・河内郡「あっちかし」 *けん 長崎県壱岐島「巽のけんから吹いて来る」 *じゅんど 奈良県・宇陀郡「このじゅんどに行て見よ」 *じんて 山形県米沢市 *ずん 三重県伊賀　滋賀県 *ずんと 滋賀県愛知郡　和歌山県 *ずんど 三重県伊賀　滋賀県蒲生郡・神崎郡 *ずんとー 鳥取県東部「このずんとうにある」 *ずんどー 長崎県対馬「何々の地はどのずんどうに当らうか」 *てーど 新潟県「俺の村はあのてーどに当たる」 *とじ 島根県大原郡・隠岐島 *ほ 鹿児島県「こげな　まっなかで　ほもなかごっなっせえ、みぐるしか（こんな町中で方角もわからぬ様になってみっともない）」 *ぼー 東京都大島「野増ぼうの人間はうなぎが好きだ」 *まんず・まんずん 鳥取市「このまんずにある」「このまんずんが怪しい」 *むき 宮崎県西臼杵郡「たんしたむき（谷の方）」
↓ほう（方）・ほうがく（方角）・ほうめん（方面）

ほうさく【豊作】 *いゆがふ 沖縄県新城島 *おーがま・おがま（大豊作） 青森県津軽「こどしぁえねぁ、どごもかしこも、おがまおぎるでぁこれぁよ（今年は稲が、どこもかしこも大豊作ですよ。この分だとねぇ）」 *せじょー 長崎県壱岐島 *せだわら 島根県鹿足郡・益田市 *せどり 福島県石城郡　群馬県勢多郡　神奈川県中郡　山梨県　愛知県知多郡　滋賀県彦根 *せびょー 島根県八束郡　岡山県岡山市・児島郡　香川県仲多度郡・豊島 *せわり 岡山市　山口県大島 *どぅがぶ 沖縄県与那国島 *はぎみ 東京都八丈島 *まんさく 滋賀県彦根　山口県　佐賀県藤津郡　熊本県玉名郡・天草郡「まんさく年（どし）」　沖縄県・首里 *ゆーがふ 沖縄県石垣島 *ゆーがぽー 沖縄県宮古島 *ゆがーぷどぅし 沖縄県国頭郡 *ゆがふ 鹿児島県与論島　沖縄県石垣島・鳩間島・新城島 *ゆがふー 鹿児島県沖永良部島　沖縄県中頭郡・島尻郡・那覇市・首里 *ゆがふーどぅし 沖縄県首里 *ゆがふどぅし 沖縄県伊江島・石垣島・波照間島 *ゆんがふ 沖縄県竹富島・黒島 *ゆんがぶ 沖縄県小浜島 *よーぷどぅすぃ 沖縄県国頭郡 *よのなか 青森県津軽　奈良県南大和 *よんなか 滋賀県坂田郡・東浅井郡　兵庫県淡路島

ぼうさん【坊様】 ⇩そうりょ（僧侶）

ほうじ【法事】 *うしゅーこー 沖縄県首里 *おたいや（昼間の仏事） 新潟県西蒲原郡 *おちやと 岐阜県武儀郡 *おちゃとー・ちゃとー 長野県諏訪 *おついぜん（大規模な法事） 新潟県佐渡 *おとき 神奈川県宇佐美・中郡　山梨県・南巨摩郡 *おともれ 鹿児島県鹿児島郡 *かいちょ 三重県阿山郡 *くいん 岡山県 *くよー 佐賀県藤津郡 *こっこー 沖縄県波照間島 *しあげ 大阪市 *じさい 秋田県 *じざい 北海道函館 *じさいこ 青森県津軽　秋田県・仙北郡 *しせこ・じっさいこ 青森県上北郡 *しゅーこー 沖縄県首里・石垣島 *しゅっこー・すーっこー 沖縄県黒島 *しょーこ 沖縄県国頭郡 *しょっこ 沖縄県竹富島 *しょっこー 沖縄県石垣島・波照間島 *すっこー 沖縄県与那国島 *せんそび 鹿児島県 *そーこー 沖縄県小浜島 *そっこー 沖縄県鳩間島 *たいや 熊本県天草郡 *たえぎ 富山県高岡市「十三回忌のたえぎ」 *たんまつり 島根県隠岐島 *ついぜん 岡山県真庭郡 *とぅいしゅーこー 沖縄県首里 *とぅむれー 鹿児島県喜界島 *となえごと 三重県志摩郡 *とむらい 三重県阿山郡 *ともらい 茨城県西茨城郡・北相馬郡 *ねんき 新潟県東蒲原郡　三重県　奈良県吉野郡 *ねんきとー 三重県志摩郡 *はなおり・はなほり 三重県志摩郡 *ぶしゅーぎ 青森県南部 *ぼだい 鹿児島県屋久島 *ほとけかき 青森県南部　岩手県岩手郡　秋田県鹿角郡 *ほとけさまごと 愛媛県宇和島市 *ほとけたて 岩手県九戸郡　山形県西置賜郡・西田川郡 *ほんとけたけ 秋田県雄勝郡 *みずまつり 岡山県真庭郡　愛媛県岩城島・大三島　長崎県壱岐島（簡単なもの） *めずまつり 島根県仁多郡・隠岐島
↓ぶつじ（仏事）

死後七日目の忌日に営む □ *しあげ 徳島県三好郡　香川県綾歌郡 *だんばらい 群馬県多野郡 *なぬかまいり 新潟県東蒲原郡 *なのかまいり 新潟県中頸城郡

葬式後七日目に営む □ *しあげ 島根県美濃郡・益田市

四十九日の□ *ぜんあげ 山梨県南巨摩郡 静岡県志太郡「はぇーおぜんあげかのー」 *といあげ 香川県高松・仲多度郡

死後百日目の□ *ひゃっか 香川県大川郡 *ひゃつ 山形県西置賜郡

死後三年目の□ *だいさんねん 青森県上北郡 岩手県気仙郡 宮城県仙台市 秋田県鹿角郡 *みーってぃ 沖縄県竹富島 *みーてぃぬしゅーこー 沖縄県石垣島

ぼうし【帽子】 *あっぽ 青森県三戸郡 神奈川県津久井郡 長野県下伊那郡・佐久 岐阜県郡上郡 兵庫県加古郡 岡山県苫田郡 山口県玖珂郡 香川県三豊郡 *あっぽー 奈良県 *あっぽん 三重県伊賀・北牟婁郡 滋賀県彦根・蒲生郡 兵庫県加古郡・神戸市 奈良県 和歌山県 *かぇふ・きゃえふ・けぇふ 青森県津軽 *かぶりもの 山形県鶴岡 *かま 新潟県新発田市 *かんむい 沖縄県首里 *ずきん 山形県東田川郡・西田川郡 *ずっけん 富山県砺波 *はさんかー 鹿児島県喜界島

ぼうず【坊主】 ⇩そうりょ（僧侶）

ほうせんか【鳳仙花】 ツリフネソウ科の一年草。夏、葉腋に不整斉花が二〜三個ずつ横向きに咲く。花は白・桃・赤など、絞りや八重咲きのものもある。果実の熟したものに触れると種子を散らす。 *いぎぬき 広島県芦品郡 *えかんこ・えがんこ 秋田県河辺郡 *えんが 秋田県平鹿郡 鹿児島県種子島 *えんがばな 鹿児島県屋久島 *おこりばな 京都府竹野郡 *おせんこばな 愛媛県 *かーきーばなー 鹿児島県喜界島 *かまくら 鹿児島県奄美大島 沖縄県本島 *かまんかー 鹿児島県喜界島 *きーせんか・きんせんか 山口県都濃郡 *きんじゃく 沖縄県八重山 *くれない 山口県阿武郡 *けーせばな 富山県・射水郡 *こーけん 東京都八丈島 *こーしんか 山形県東置賜郡 *こーせん 栃木県 *こーせんか 青森県 岩手県九戸郡・上閉伊郡 福島県 茨城県稲敷郡・北相馬郡 栃木県芳賀郡 群馬県佐波郡・多野郡 埼玉県入間郡・秩父郡 千葉県 岐阜県飛驒・郡上郡 静岡県 島根県出雲 *こーせんこ 秋田県北秋田郡 群馬県前橋市 東京都八王子 新潟県 岐阜県飛驒 静岡県磐田郡 鳥取県西伯郡 *こーせんこー 埼玉県入間郡 東京都南多摩郡 岐阜県恵那郡 *こーへんこ・こへんこ 青森県三戸郡 *こせんこ 岩手県江刺郡 秋田県北秋田郡 *こんやのもがれ 香川県伊吹島 *しんざく 沖縄県波照間島 *しんじゃく 沖縄県石垣島 *すばべり 高知県 *たまくら 鹿児島県徳之島・奄美大島 *ちょーせんこ 青森県 岩手県九戸郡 秋田県雄勝郡 *ちょーせんつばき 高知県 *ちょーちょーばな 静岡県庵原郡 *ちょーへんこ 青森県津軽 *ちんさーぐー 沖縄県中頭郡 *つばくろぐさ 山口県阿武郡 *つばね 長崎県 熊本県天草郡 *つばべ・つばべー・つばべに・つばべり・つばべん・つばべんそー 高知県 *つばみばな 熊本県 *つばめ 高知県 長崎県西彼杵郡 *つばめー 高知県 *つばめそー 高知県土佐郡 *つばめに 高知県幡多郡 *つばめり 高知県 *つばめんしゅ 高知県幡多郡 *つばんばな 熊本県 *つばんべり 高知県 *つぼばな 熊本県下益城郡・八代郡 *つぼばん・つぼんばな・つぼんばん 熊本県 *つまぐら 大分県西国東郡 *つまぐり 大分県 *つまぐりそー 山口県 大分県 *つまぐれ 福島県南部・東白川郡 山口県 福岡県三池郡・久留米市 長崎県五島 熊本県 大分県 *つまぐれそ 静岡県浜松市 *つまぐれそー 山口県 *つまくれない 新潟県中越 福岡県久留米市・粕屋郡 *つまぐれない 大分県北海部郡 *つまぐろ 島根県鹿足郡 山口県厚狭郡 福岡県 佐賀県唐津 長崎県東彼杵郡・壱岐島 熊本県 大分県別府市 *つまね 佐賀県藤津郡 長崎県 *つまぶり 熊本県菊池郡 *つまぶれ 熊本県玉名郡 *つまべり 高知県 *つまめ 長崎県長崎市・西彼杵郡 *つまんばな 熊本県 *つみさこ 鹿児島県薩摩郡 *つめぐら 大分県西国東郡 *つわべに・つわべり 高知県 *つんばくろ 山口県阿武郡 *てぃんさーぐー 沖縄県国頭郡 *てぃんざく 沖縄県宮古島 *てぃんしゃーぐー 沖縄那覇市・首里 *てぃんしゃぐ 沖縄県国頭郡 *てぃんだく 沖縄県宮古島 *てぃんちゃぐー 沖縄県島尻郡 *てっぽー 山形県西村山郡 *てんぐさ 沖縄県宮古島 *てんちゃぐー 鹿児島県奄美大島 *とっさぐ 鹿児島県喜界島 *とっさご 鹿児島県 *とっしゃご 宮崎県西諸県郡・都城 鹿児島県 *とびぐさ 大分市 *とびごま 山口県大島郡 *とびさご 鹿児島県・串木野市 *とびさこぐさ 鹿児島県甑島 *とびしゃ 大分県大分郡 *とびしゃく 大分県 *とびしゃこ 高知県幡多郡 熊本県球磨郡 大分県 *とびしゃご 愛媛県・弓削島・宇和島 高知県幡多郡 熊本県 大分県 宮崎県 鹿児島県甑島 *とびしゃんご 熊本県八代郡 *とぶしゃご 熊本県球磨郡・天草郡 *とみしゃご 熊本県天草郡 *とんしゃく 熊本県天草郡 *とんしゃご 熊本県天草郡 *のぎながし 高知県土佐郡 *のぎのき 徳島県美馬郡 高知県香美郡・長岡郡 *のぎのぎ 徳島県美馬郡 *のぎのはな 高知県長岡郡 *ぱっちんばな 岐阜県飛驒 *びじんそー 島根県那賀郡・隠岐島 高知県 *ひとさご 鹿児島県種子島 *ひみやこ 山口県大島・玖珂郡 *ひゃくにちそー 山口県玖珂郡 *びりんさー 島根県邑智郡 *びりんそー 島根県石見 *ふらんそー 香川県伊吹島 *べに 高知県長岡郡 *べにがら 高知県長岡郡・幡多郡 *ほーかんしょ 高知県高岡郡 *ほーけん 東京都八丈島 *ほねぬき 山形県東田川郡 大分市 *ほねのき 新潟県中越 *みやこ 島根県石見 山口県 *みやこがすり 島根県那賀郡 *みやこのはな 島根県石見 *みやこばしり 広島県 *みやこばな 島根県石見 *みやこもどり 愛媛県大三島 *みやこわすれ 島根県 *れんが 秋

田県平鹿郡　山形県 *れんがん 山形県 *れんがんそー 山形県北村山郡

ほうちょう【包丁】 *うすば 茨城県稲敷郡・北相馬郡　群馬県館林　千葉県君津郡・山武郡　愛知県尾張　三重県伊勢 *かたな 沖縄県宮古島　石垣島・波照間島 *しんのみきり 千葉県夷隅郡 *しんのみほーちょ(薄刃物) 千葉県上総 *ちりむん 鹿児島県喜界島 *では 三重県名張市・名賀郡 *でば 三重県　大阪府泉北郡　高知県高岡郡・幡多郡 *ながた 石川県能美郡　福井県　三重県伊勢・名賀郡　京都府　徳島県　香川県三豊郡 *ながたな 茨城県新治郡・北相馬郡　武蔵　千葉県東葛飾郡　福井県遠敷郡　岐阜県　三重県　滋賀県蒲生郡・彦根　兵庫県　奈良県吉野郡　和歌山県　鳥取市　岡山県邑久郡　徳島県　香川県　愛媛県宇摩郡 *ながたぼーちょー 香川県三豊郡 *ながたら・なんたら 岐阜県郡上郡 *ながたん 茨城県新治郡・猿島郡　栃木県小山市　埼玉県北葛飾郡　福井県・坂井郡・今立郡　岐阜県　愛知県知多郡・海部郡　三重県　滋賀県　京都府・京都市　大阪府大阪市・泉北郡　兵庫県　奈良県　和歌山県　鳥取県気高郡　徳島県　香川県　愛媛県周桑郡 *なきたな 徳島県名西郡 *なぎたな 徳島県 *なぎたん 徳島県　香川県木田郡 *なきり 奈良県吉野郡 *ぱーっつぁ 沖縄県黒島 *ぱうつぁー 沖縄県新城島 *ぱうつぁーかたな 沖縄県新城島 *はたな 鹿児島県喜界島・沖永良部島　沖縄県島尻郡 *ふった・ふったー 沖縄県与那国島 *ぽーざー 沖縄県石垣島 *ぽーざかたな 沖縄県石垣島 *ぽーつぁー 沖縄県小浜島 *ぽーっちゃー 沖縄県竹富島 *ぽっつぁー 沖縄県鳩間島

魚を料理する□ *あじわり 熊本県下益城郡 *いおぼえちょ・いおぼーちょ・うおぼーちょ・えおぼーちょ・よーぼーちょ・よぼちょ 島根県出雲 *いよーぼーちょ 鳥取県西伯郡 *うおさき 高知県土佐郡 *えよぼちょ 島根県八束郡 *よーきり 茨城県　千葉県香取郡

野菜□ *おしばぼーちょー・おしばぼちょ 島根県八束郡・大原郡 *さいと 愛媛県南宇和郡　高知県 *さいとー 高知市

ほうひ【放屁】 *あくとはずれ(不本意に発した屁) 山形県南部 *ちんべたれ 秋田県仙北郡 *ぴすん 沖縄県小浜島・新城島 *ぴゆい 鹿児島県喜界島 *ひゆり 鹿児島県奄美大島 *ひりゅん 鹿児島県奄美大島・徳之島 *ひる 福島県東白川郡　群馬県碓氷郡・館林「屁ひった」　千葉県安房郡・印旛郡「あっぽ(糞)ひったよ」　東京都三宅島・御蔵島「くそをひる」　神奈川県「小便をひる」　新潟県佐渡・岩船郡　山梨県　長野県　岐阜県　静岡県　愛知県東春日井郡　三重県度会郡・南牟婁郡　奈良県吉野郡　鳥取市　島根県石見　岡山県苫田郡　広島県・高田郡　山口県　徳島県　香川県小豆島　愛媛県　高知県　長崎県壱岐島　熊本県球磨郡　大分県　鹿児島県日置郡 *ひろ 熊本県八代郡 *ふぃゆん 鹿児島県喜界島　沖縄県首里 *ふぃん 鹿児島県奄美大島 *ふすん 沖縄県石垣島 *ふる 青森県上北郡「へふりじ(爺)」　山形県飽海郡　東京都利島・三宅島　新潟県　三重県宇治山田市・度会郡　和歌山県日高郡　島根県　大分県北海部郡 *へる 静岡県志太郡　滋賀県彦根　大阪府泉北郡　兵庫県飾磨郡　和歌山県那賀郡・日高郡　香川県　↓へ(屁)

音のしない□ *すいがんぺ 山形県西村山郡・北村山郡 *すいこべ 島根県石見 *すいこんべー 新潟県中頸城郡 *すいっぺ 東京都八王子 *すいなべ・すいらべ 長野県東筑摩郡 *すいべ 島根県邑智郡・邇摩郡 *すいやりべ 岐阜県飛騨「すいやりべは臭い」 *すえっぴ 山梨県南巨摩郡 *すえらっぺ 山形県最上郡 *すえらべ・すえらんぺ 山形県米沢市 *すか・すこ 島根県「すこをこく」「すこをふる」 *すかべ 大阪府泉北郡　兵庫県神戸市　奈良県　島根県　広島県比婆郡・高田郡 *すかんぺ 秋田県山本郡　山形県南置賜郡・北村山郡 *すこっぺ 奈良県吉野郡 *すこべ 島根県隠岐島　岡山県児島郡　愛媛県 *すすっぺ 鹿児島県鹿児島郡 *すっかんぺ 山形県西村山郡・米沢市 *すっぺ 群馬県多野郡　山梨県 *すにっべ 鹿児島県鹿児島郡 *すぬきべ 鹿児島県肝属郡 *すぬっぺ 鹿児島県 *すやこ 島根県石見 *すやしべ 島根県邑智郡・益田市 *すやべ 島根県那賀郡 *すやりべ 島根県美濃郡・益田市 *すわべ 山口県豊浦郡 *つしべ 鹿児島県

□**する** *いぶす 長野県佐久 *きらす(小さく) 三重県宇治山田市 *すやす(音をたてないで) 静岡県榛原郡　島根県美濃郡・益田市 *どいはずす(人前で) 鹿児島県肝属郡 *とっぱどする(人前で) 岩手県気仙郡 *ぬかす 栃木県 *ふかす 新潟県中頸城郡 *へ　まげる 秋田県由利郡「大きなふぇまげた」 *もがす 福岡市 *ゆぶす 岩手県九戸郡　長野県佐久

□**する人** *へこき 香川県佐柳島 *へこきむし(よく) 新潟県佐渡　兵庫県神戸市 *へっぴりむし 東京都

ぼうふうう【暴風雨】 *あばれかど 富山県東礪波郡 *あまかぜしんまっ 鹿児島県鹿児島郡・揖宿郡 *あめこち 石川県能美郡 *あらこと 鳥取県八頭郡 *あらぶき 静岡県 *あれ 福井県坂井郡　山梨県南巨摩郡　長野県上水内郡・上伊那郡　兵庫県氷上郡　鳥取県 *あれかど 富山県東礪波郡 *あれこち 富山市 *あれしけ 島根県隠岐島 *うえた(八、九月ごろ) 宮崎県東臼杵郡 *おーあめかぜ 山形県飽海郡 *おーあめこち 石川県能美郡 *おーあれ 秋田県秋田郡　新潟県　長野県伊那郡　滋賀県高島郡　兵庫県美方郡　岡山県苫田郡「おおあれがしました」 *おーはっぷい 高

知県幡多郡　*くろはつ(五月ごろ)広島県豊田郡　*ざらく新潟県・西蒲原郡　*しばて長野県北安曇郡　*しんまつ鹿児島県肝属郡　*のわきしけ(二百十日、二百二十日前後)愛媛県南宇和郡　*はっぷい三重県志摩郡　山口県玖珂郡「はっぷいがする」　高知県長岡郡「今日はえらいはっぷいぢゃ」　*はやて愛知県愛知郡・碧海郡　滋賀県滋賀郡　*ふきあれ新潟県佐渡　*ふきでやえく島根県隠岐島　*よりげ・よりて新潟県佐渡「よりてがくる」　*らっぷ秋田県雄勝郡
↓あらし(嵐)

ほうふく【報復】　⇩しかえし(仕返)

ぼうふら【孑孑】　*あかか岐阜県飛騨　*あかこ岐阜県飛騨　滋賀県蒲生郡　*あまざこ富山県　*あみぬくゎ沖縄県首里　*いそど三重県志摩郡　*いたしきばら沖縄県波照間島　*いなしきばり沖縄県石垣島　*おどりこ三重県三重郡　*かねま富山県　*かのこ鹿児島県　*かやりんこ香川県・小豆島　*きんぎょみみず・きんぎょむし島根県那賀郡　*けたけた青森県上北郡　*つぁだん沖縄県与那国島　*つんつこ青森県南部　*でんぐりかいし富山県高岡市　*てんてんむし福井県敦賀郡　*どんぶり大阪市　*どんぶりこ大阪市　*なみむしゃー沖縄県首里　*はいらく沖縄県黒島　*ぴんぴんこ鹿児島県肝属郡　*ひんひんむし鹿児島県　*ぴんぴんむし宮崎県　鹿児島県　*へたへた青森県上北郡　*ぼーすかいむし沖縄県竹富島　*ぼーむし鹿児島県奄美大島　*ほんほらむし京都府　*ぼんぼらむし滋賀県栗太郡　京都市　*みじぬっくゎ鹿児島県沖永良部島　*みじぬふぁー沖縄県石垣島・新城島　*みじぬふぁーなー沖縄県石垣島　*みじむし沖縄県鳩間島　*みじんっくゎ鹿児島県徳之島　*みんつぃぬふぁー沖縄県小浜島　*みんぶるぶただーく・みんぶるぶただーぐってぃ沖縄県与那国島　*めめざっこ富山県

ほうめん【方面】　*あでんず秋田県　*うら高知県「そちうら」「東うらの伯父さん、西うらのおばさん」　*てーど新潟県「俺の村はあのてーどに当たる」　*ぶち岩手県気仙郡「手前ぶち見えねぇで向うぶちぇ見る(自分の事は見えないが他人の欠点は見える)」
↓ほうこう(方向)

その□　*そがー島根県石見「そがーえ行った」　*それげー大分県下毛郡　*そんげ宮崎県西臼杵郡　*そんげー大分県　*そんなけ・そんのけ岡山県吉備郡　*ほ鹿児島県「こげな　まっなかで　ほもなかごっ　なっせえ、　みぐるしか(こんな町中で方角もわからぬ様になってみっともない)」　*ぼー東京都大島「野増ぼうの人間はうなぎが好きだ」

ほうもん【訪問】　*げんぞ宮崎県
□する　*おっなゆる大分県大野郡　*おとなう(訪問して在否を大声で確かめる)徳島県　*ことい鹿児島県　*ことる鹿児島県肝属郡「あすき(あそこへも)ことれよ」　*ぬじゃーうい・ぬじゃーゆい鹿児島県喜界島「ぬじゃーてぃうもーらんな(ちょっとお立ち寄りになりませんか)」　*ぬずく石川県輪島「ぬずこ、ぬずこ、と思ってごぶさたしました」　*のずく長野県佐久　島根県「長しゅー寄らんけー一寸のずいて見た」　*のぞく長野県上伊那郡「ついでにのぞいて来たよ」・西筑摩郡　島根県出雲「えっぺんのぞかなえけんがともちょったども(一度お伺いしなければいけないがと思ってましたけど)」　*のっこむ東京都八丈島「こけーのっこばっかりで、どっけーもいきんなか(こちらへ伺うきりで、どちらへもあがりません)」　*まる岩手県気仙郡　宮城県石巻「帰りがけにまっから用意すててくなえ」　*まわる岩手県気仙郡　宮城県石巻・仙台市　福島県会津　*みゃーきーん沖縄県石垣島　*ゆしりゅん沖縄県首里
□すること　*あるき(他家を)島根県隠岐島　*いちげん(結婚式の前、嫁が婿方を)栃木県　*おこい(他家を)山口県豊浦郡「おこいに出た」　*からつさ(手土産を持たずに)岩手県気仙郡　*からってぶろ・からてぼろ(手土産を持たずに)栃木県　*からつら(手土産を持たずに)宮城県栗原郡・仙台市「からつらで上って申訳ない」　山形県東部　*からてぶら(手土産を持たずに)岩手県気仙郡　栃木県　*からてぶり(手土産を持たずに)山形県米沢市・東置賜郡　鹿児島県種子島　*すっつら(何も持たずに)岩手県気仙郡「よくすっづらさげできたもんだ」　*てぶり(土産物なしで他家を)兵庫県淡路島　徳島県　*てふり(手土産を持たずに)島根県　岡山県　大分県南海部郡　熊本県・玉名郡　*なげあし(通りがかりや出かけたついでに人を)京都府竹野郡「お祭のなげあしに戦友の所へ寄って、またよばれてきた」　徳島県　*びんきき(近況を知るために人を)徳島県　*むくいり沖縄県首里　*むこいり青森県三戸郡(嫁が婿家に入ると同時に、婿が急いで嫁の家へ行き、ちょっと座って帰る)　三重県北牟婁郡・飯南郡(婚礼の日に新郎が新婦の家を)　奈良県南大和(婚礼の前日、新郎が新婦の家を)　*もこいり長野県佐久

ほうよう【法要】　⇩ほうじ(法事)

ほうる【放】　⇩なげる(投)

ほえる【吠】　*あびゆん沖縄県首里　*おだす千葉県　*おどく富山県「犬がおどいた」　*おどす富山県　石川県　島根県隠岐島「乞食に犬をおどさせた」　*かまいるん・かまいん沖縄県石垣島　*かまえる岐阜県郡上郡　*がまえる岐阜県郡上郡　*かみーん沖縄県鳩間島　*かもーん沖縄県石垣島・竹富島　*ふける滋賀県高島郡　*ぼなる新潟県「犬がぼなる」　静岡県榛原郡　*もだく奈良県吉野郡

ほお【頬】　*うすぎゅーた福岡県三井郡　*うすぎゅーと福岡県浮羽郡　*うすたぶら福岡県浮羽

郡 *かばち・かぶたん 長崎県対馬 *かまち 沖縄県竹富島 *かまつぃ 沖縄県宮古島・波照間島 *くたぶら 鹿児島県 *こけんばち 兵庫県神崎郡 *しゃっぺた 静岡県磐田郡 *すこーべ 奈良県吉野郡 *すこたん 奈良県「すこたんいったろか」 *そっぽ 秋田県 *ちゃぽ 香川県大川郡・木田郡「ちゃぽはる(平手でなぐる)」 *はたんざ 沖縄県国頭郡 *びっちょ 高知県幡多郡 *ひょーたん 大分県大分郡 *びんずら 長崎県南高来郡 熊本県芦北郡 *びんた 山梨県南巨摩郡 島根県 福岡県 佐賀県・唐津市 長崎県 熊本県 鹿児島県薩摩 *びんたー 広島県比婆郡 *びんたく 山梨県南巨摩郡 *びんたん 佐賀県藤津郡 長崎県五島 熊本県阿蘇郡・上益城郡 *びんちゃ 島根県 *びんちゃー 島根県邑智郡 *びんちゃく 島根県美濃郡・益田市 山口県 *びんちゃす 島根県邑智郡 *びんちゃつ 島根県石見 *ふ 鹿児島県南部 *ふーかぶら 長崎県五島 *ふーけーあーい 茨城県北相馬郡 大分県北海部郡 *ふーげた 長崎市 熊本県 *ふーずら 熊本県球磨郡 *ふーた 福島県石川郡 熊本県芦北郡・球磨郡 *ふーたびら 佐賀県藤津郡 *ふーたぶ 福島県 千葉県香取郡 *ふーたぶら 茨城県南部 新潟県佐渡 長崎県北松浦郡 熊本県球磨郡 大分県宇佐郡 *ふーたべ 千葉県印旛郡 *ふーたぽ 茨城県行方郡 *ふーたん 佐賀県・唐津市・藤津郡 長崎県 熊本県阿蘇郡・球磨郡 大分県 宮崎県 *ふーたんずら 長崎県南高来郡 *ふーたんびゅー 佐賀県唐津市 *ふーたんびら 佐賀県 *ふーたんべら 佐賀県唐津市 *ふーたんぽ 福島県東白川郡 *ふーったぽ 千葉県・安房 *ふーて 大分県西国東郡 *ふーてー 大分県西国東郡 *ふーてん 大分県大分郡 *ふーと 熊本県阿蘇郡・上益城郡 *ふーとー 佐賀県 *ふーびんずら 長崎県南高来郡 *ふーびんた 熊本県球磨郡 *ふーびんたん 熊本県阿蘇郡 *ふーべんたー 大分県日田郡 *ふーべんたん 熊本県阿蘇郡 *ふがまち 鹿児島県肝属郡 *ふげた 熊本県中西部 *ふた 鹿児島県 *ふたぶ 山形県村山 *ふたぶら 熊本県芦北郡 鹿児島県 *ふたん 宮崎県 鹿児島県・肝属郡 *ふとぶら 熊本県芦北郡 *ふるたぽ 新潟県東蒲原郡 *べんたん 熊本県阿蘇郡 *べんぷー 福岡県 佐賀県・三養基郡 大分県日田郡 *べんぽー 長崎県対馬 *ほいた 岐阜県本巣郡 *ほーかい 岩手県九戸郡・下閉伊郡 *ほーがい 新潟県佐渡 和歌山県日高郡・西牟婁郡 *ほーがお 島根県隠岐島 *ほーかばち 島根県邑智郡・隠岐島 徳島県・美馬郡 香川県小豆島・男木島 *ほーがまち 山口県 愛媛県・周桑郡・喜多郡 *ほーがんち 愛媛県 *ほーかんばち 香川県 *ほーかんぱち 徳島県・美馬郡 香川県三豊郡 *ほーげた 富山県下新川郡 石川県 奈良県 鳥取県 島根県 広島県佐伯郡・安芸郡 山口県 徳島県・那賀郡 香川県西部 愛媛県 長崎市 熊本県 大分県大分郡 *ほーげたかばち 島根県 *ほーげたばち 香川県高松市 *ほーずら 和歌山県新宮 *ほーた 岐阜県 愛知県 鳥取県西伯郡 島根県石見・隠岐島 *ほーたー 島根県石見 *ほーたい 島根県石見 山口県阿武郡 大分県中北部 *ほーたかばち 鳥取県 島根県八束郡・隠岐島 岡山県 香川県 愛媛県上浮穴郡・大島 *ほーだかばち 岡山市 *ほーたし 広島県 *ほーたっぱ 島根県隠岐島 *ほーたね 長野県西筑摩郡・下伊那郡 岐阜県 静岡県 愛知県「歯がやめて困っておるうちに頬たねが膨れてしまってなも」 *ほーたば 島根県八束郡・隠岐島 *ほーたぶ 岩手県江刺郡 福島県「ほほたぶに御飯つえてっつぉ」 茨城県行方郡・稲敷郡 栃木県芳賀郡 千葉県香取郡 岡山県浅口郡 徳島県・海部郡 大分県南海部郡 *ほーたぶら 茨城県西部・南部 新潟県佐渡 高知県長岡郡 *ほーだぶら 栃木県芳賀郡 *ほーたぶる 愛媛県今治市・北宇和郡 *ほーたぶろ 徳島県・美馬郡 香川県三豊郡 愛媛県 高知県 *ほーたべ 山梨県中巨摩郡 *ほーたぽ 岐阜県美濃 徳島県 香川県大川郡 *ほーだま 京都府 兵庫県・但馬 鳥取県 島根県隠岐島 岡山県 *ほーたらかばち 広島県 *ほーたん 富山県砺波 石川県羽咋郡 静岡県 愛知県宝飯郡 島根県那賀郡・邇摩郡 山口県 愛媛県越智郡島嶼 福岡県粕屋郡・福岡市 長崎県南高来郡・対馬 熊本県阿蘇郡 大分県 宮崎県延岡市・西臼杵郡 *ほーたんばち 高知県中村市・幡多郡 *ほーたんびゅー 佐賀県唐津 *ほーたんぽ 茨城県 長野県 岐阜県 愛知県 高知県 *ほーちゃぶ・ほーちゃぶろ 徳島県 *ほーちゃぽ 徳島県 香川県 大分市 *ほーっかい 茨城県猿島郡 *ほーったね 長野県東筑摩郡・上伊那郡 静岡県磐田郡 *ほーっぺら 山梨県南巨摩郡 *ほーてー 大分県速見郡 *ほーぱった 島根県隠岐島 *ほーびっちょー 高知県 *ほーびんた 島根県美濃郡・益田市・隠岐島 *ほーびんちゃ 島根県石見 *ほーびんちゃく 島根県石見 広島県賀茂郡 山口県 *ほーびんちゃつ 島根県美濃郡・益田市 *ほーべ 愛知県愛知郡 *ほーべたん 石川県羽咋郡 *ほーべっかー 静岡県田方郡 *ほーべった 三重県南牟婁郡 島根県 広島県高田郡 愛媛県今治 *ほーぺった 島根県大原郡・隠岐島 *ほーべったー 島根県鹿足郡・邑智郡 *ほーべっちょ 愛媛県 *ほーべら 岡山県小田郡 広島県比婆郡・双三郡 愛媛県周桑郡 *ほーべんた 島根県江津市 福岡市 *ほーべんつら 山口県玖珂郡 *ほーめっちょー 愛媛県喜多郡 *ほーめんぼー(顔の意にも) 山口県豊浦郡 *ほがまち 愛媛県 *ほがまっ 鹿児島県鹿児島郡 *ほかんばち 兵庫県加古郡 香川県 *ほげた 富山県砺波 和歌山市 島根県出雲 香川県西部 *ほげたかばち 香川県 *ほしがい 和歌山県日高郡 *ほた 秋田県平鹿郡 鳥取県米子市 島根県八束郡 *ほたかばち 鳥取県西伯郡 香川県木田郡 *ほだかばち 香

川県女木島 *ほたかぼ 島根県八束郡 *ほたぶ 宮城県加美郡 山形県東村山郡・北村山郡 *ほたぶら 新潟県 熊本県芦北郡 *ほたぶろ 香川県三豊郡 *ほたぼ 島根県八束郡 *ほたんぱす 富山県砺波 *ほたんばち 兵庫県佐用郡・赤穂郡 *ほたんぼ 秋田県雄勝郡 *ほちゃ 和歌山県日高郡 *ほちやんぼ 香川県大川郡 *ほっか 岩手県上閉伊郡 *ほっかい 岩手県紫波郡 栃木県佐野市 *ほっけ 群馬県邑楽郡 *ほっけた 岩手県上閉伊郡 秋田県仙北郡 *ほった 秋田県秋田市・平鹿郡 *ほったかばち 島根県邇摩郡・大田市 香川県小豆島 *ほったね 長野県上伊那郡 愛知県東春日井郡 *ほったぶ 宮城県北部 山形県 *ほったぶら 栃木県芳賀郡・真岡市 鹿児島県種子島 *ほったぶろ 栃木県大田原市・那須郡 *ほったん 大分県大分郡・南海部郡 *ほっぺら 三重県度会郡 *ほてかばち 香川県香川郡 *ほべっちゃ 京都府 *ほべつら 三重県名賀郡 *ほべら 三重県阿山郡 奈良県 和歌山県那賀郡 *ほんずら 三重県志摩郡 *ほんふーて 大分県速見郡 *よここび・よここんぴ 青森県三戸郡 *よこたぶ 山形市 *よこっぴら 山形県北村山郡 *よこっぴんた 群馬県勢多郡 長野県佐久 *よこびんた 山梨県南巨摩郡 長野県佐久 *よこびんたま 愛媛県松山「よこびんたまはるぞ(横顔をぶつぞ)」 *よこびんちゃく 愛媛県大三島 *よこびんちょ 愛媛県

ほおかぶり【頬被】 *かこーき 沖縄県鳩間島 *こーがーきー 沖縄県首里・石垣島 *こーんがき 沖縄県石垣島 *しっこかぶり 山形県西置賜郡 *しめふく 石川県河北郡 *すこかぶり 新潟県 石川県能美郡・江沼郡 福井県 *ずこかぶり 石川県 福井県坂井郡 *すこたんかぶり 富山県 石川県珠洲郡・河北郡 福井県坂井郡 *すっかかぶり・すっとこかぶり 新潟県 *すっこーかぶり 新潟県岩船郡 *すっこかぶり 新潟県三島郡・中頸城郡 福井県嶺北 静岡県磐田郡 愛知県北設楽郡 *すっこっかぶり 静岡県 *すっこんかぶり 長野県諏訪・上伊那郡 *すっぽーかぶり 東京都八王子 *すっぽかぶり 岩手県上閉伊郡 福島県東白川郡・相馬 *すっぽつつみ 山形県鶴岡 *すっぽんかずき 島根県鹿足郡 *すっぽんかぶり 神奈川県津久井郡 *とーなすっかぶり 群馬県多野郡 埼玉県秩父郡 *なすったねかぶり 埼玉県北葛飾郡 *ふーこー 新潟県中魚沼郡 *ふーずつみ 熊本県下益城郡 *ふーっこ・ほーっこ 群馬県勢多郡 *ぶっこーかぶり 新潟県中越 *ほーか 兵庫県但馬 *ほーかー 京都府竹野郡 *ほーこー 新潟県 *ほーこーかぶり 新潟県佐渡・西蒲原郡 *ほーこかぶり 新潟県上越市 *ほーたんかぶり 富山県・砺波 *ほーっぽ 長野県長野市・上水内郡 *ほーばかぶり 岐阜県飛驒 *ほこたんかぶり 富山県東礪波郡 *ほっこ 山形県置賜 新潟県中頸城郡 長野県下水内郡・佐久 *ほっこーかぶる 山形県米沢市 *ほっこかぶり 山形県 新潟県上越市・中頸城郡 長野県更級郡 *ほっこっかぶり 群馬県勢多郡 *ほっこねじり 山形県米沢市・南置賜郡

ほおずき【酸漿】 *あまほーずき(食用) 愛知県一部 *えどふずき(大形) 高知県長岡郡 *こっかー 沖縄県鳩間島 *じじっくゎー・しじっちぐゎー 沖縄県石垣島 *とーふなびー 沖縄県首里 *とーほーずき 神奈川県中郡 *ほんずきろ 静岡県志太郡

ほか【外】 *すとぅ 沖縄県首里 *とは 福島県「話のとばだ」 *よ 岩手県気仙郡「よのこどでねぁ、例のものす(ものです)」 宮城県仙台市「よのひとでないから言うけんど」 福島県相馬「よの時」 新潟県佐渡「よのもんだち(自分より外の人たち)」・西蒲原郡 石川県河北郡「よのあそびしっかー(外の遊びをするか)」 山梨県南巨摩郡 岐阜県飛驒 三重県名賀郡「よのものはどこへいたんや」 兵庫県加古郡「よの話」 和歌山県 福岡県 *よー 大阪府泉北郡「よーのとこ(他の所)」 和歌山県東牟婁郡「よーのを下さい」・新宮「よーの人(外の人)」 *わき 香川県「もうわきにないな」

ほくろ【黒子】 *あざ 青森県三戸郡 岩手県紫波郡・和賀郡 宮城県栗原郡(あざと区別しない) 秋田県(あざと区別しない) 山形県 新潟県・佐渡(あざと区別しない) 兵庫県揖保郡(大きいほくろ) 島根県那賀郡 広島県 香川県 愛媛県 佐賀県・三養基郡 長崎県 熊本県玉名郡・下益城郡 大分県(あざと区別しない) 鹿児島県(あざと区別しない) 沖縄県首里・石垣島・竹富島・鳩間島 *あざえぼ 山形県西田川郡 *あざぐゎー(小さいほくろ) 沖縄県首里 *あだ 山口県大島 鹿児島県加計呂麻島・喜界島 *いしなご 千葉県上総 *おぐろ 長崎県南高来郡 *くすび・くすんべ 静岡県 *くすべ 東京都大島 山梨県・南巨摩郡 長野県上伊那郡 静岡県 愛知県 *くふぉぽす 山形県新庄市・最上郡 *くるぼし 新潟県佐渡 *くろぼし 岩手県気仙郡 宮城県登米郡・玉造郡 *くろぽし 宮城県仙台市 山形県 *ことやけ(大きなほくろ) 徳島県 *すべ 岐阜県吉城郡 *ずべ 岐阜県飛驒 *そばかす 静岡県庵原郡 *のびやけ 愛媛県西宇和郡 *のぶやけ(生まれつきの大きなあざ) 愛媛県中・南部 *はーくら 静岡県富士郡 *ははくろ 長野県南佐久郡 静岡県 *ふくべ 長野県佐久 *ふくり 三重県阿山郡 *ふすべ 群馬県 新潟県 長野県 岐阜県 静岡県榛原郡 愛知県 *へそび 山形県最上郡 福島県大沼郡 *ほーくそ(「ははくそ」の転) 新潟県 *ほくそ 静岡県西部 *ほそび 宮城県石巻 山形県 福島県 茨城県 栃木県 千葉県香取郡・印旛郡 新潟県東蒲原郡 *ほそべ 新潟県上越市 *ほっくり 三重県 奈良県 *ほやけ 島根県石見(大きいもの) 広島県上蒲刈島 山口県佐合島・屋代島 長崎県佐世保市・南高来郡 熊本県天草郡 宮崎県東諸県郡 鹿児島県種子島 *ほろすく 群馬

県利根郡

目の下にある□ *なきすべ 岐阜県飛騨 *なみだあざ 長崎県壱岐島 *なみだうけほくろ 兵庫県加古郡 *なんだあざ 鹿児島県肝属郡

ポケット *いれば 島根県出雲 *いればこ 島根県出雲市・大原郡 *いれぽこ 山形県村山・最上郡 *おとし 岡山県 広島県佐伯郡「おとしからえー出さずに」 愛媛県 宮崎県西臼杵郡 *かくし(上ジュバンの左裏に付けるポケット) 山形県 *ちぶくろ 三重県志摩郡 *ていれ 岩手県九戸郡 *ていれこ 青森県三戸郡 *どんぶくろ 香川県 *どんぶり 山梨県 香川県 *へれこ(上ジュバンの左裏に付けるポケット) 山形県西村山郡・北村山郡 *ものいれ 島根県

ぼける【惚】 *うとがぬける 京都府竹野郡「急に起してやったら、目がさめんのかうとがぬけたようにしとる」 *うろがぬける 岐阜県恵那郡 *かにはんでぃゆん 沖縄県首里 *すぼける 島根県益田市・美濃郡

↓ほうける(惚)・もうろく(耄碌)

年をとって頭が□ *ぐにかえる 三重県上野市 奈良県・山辺郡「とっしょりやものな、もーぐにかえってしもて、あかんにぇー」 *もーぐれる 新潟県中部 *もーぼれる 栃木県 群馬県佐波郡 埼玉県秩父郡 *もーぼろける 長野県佐久郡 *もっぽれる 山形県西置賜郡 *もぼれる 福島県会津・中部 栃木県 群馬県山田郡・勢多郡 埼玉県北葛飾郡 新潟県・東蒲原郡 *もんぼれる 山形県米沢市・西置賜郡「もんぼっちゃ(ぼけた)」

□たさま *ほげほげ 鳥取県東部 *ぼけぼけ・ぽけぽけ 岩手県気仙郡「ぼけぼけどみでいる。ばかだってな」

□こと *どもー 鹿児島県揖宿郡「どもーすい(もうろくする)」 *ふぃーと 岡山市「ふぃーとする」 *ぼーちゃく 長崎県対馬

ほこり【埃】 *がし 山形県 *がしこもず 山形県庄内 *がしもく(わらのような長いもの、あるいは多量のものに言う) 山形県西置賜郡 *がす 山形県 新潟県 *がすこもず 山形県東田川郡 *がすむく 新潟県東蒲原郡「ズボンの折目にがすむくがたまってひどい」 *がすもく・がすもっこ 新潟県 *ごみ 福岡県嘉穂郡「風が吹くとごみがいっぱいあがってくる」 *しけ 徳島県 *すぼ 大分県 宮崎県 *すばい 岐阜県大野郡「すばいが立つ」 *ぼか 長野県下伊那郡「ぼかがたつ」 静岡県榛原郡「ぼかになる」・磐田郡 愛知県北設楽郡 *ほこだ 徳島県三好郡 *ぼさ 茨城県新治郡・久慈郡 栃木県那須郡「ぼさがたって歩きずらい」

↓じんあい(塵埃)

ほころびる【綻】 *どける 岐阜県飛騨 *ぱだふきるん・ぱたふくりるん(文語形は「ぱだふきん・ぱだふくりん」) 沖縄県石垣島 *ふとぅんぐぃゆん 沖縄県首里 *ほちける 岐阜市 大阪府泉北郡 *ほつける 京都市 和歌山市

着物が□ *ほくれる 島根県「着物の縫糸がほくれた」 *ほこるる 熊本県「ぬいめからほこれた」 大分県 鹿児島県種子島 *ほこれる 長崎市 *むざける 岩手県気仙郡 宮城県栗原郡 福島県相馬郡「あんまりひっぱらって袖むざけっちゃった」 *むじゃける 宮城県栗原郡 *むんざげる 岩手県気仙郡

ほし【星】 *あとさん(小児語) 三重県宇治山田市 長崎県壱岐島 *あとっつぁま(小児語) 山形県米沢市 *あとと(小児語) 山形県東置賜郡 *おちょぼ(幼児語) 静岡県小笠郡 *こでらし(太陽の「おおでらし」に対して) 福島県会津 *ぬかぼし(無名の星) 新潟県佐渡 *ほいどん・ほしどん 鹿児島県揖宿郡 *ほしさま 熊本県阿蘇郡・天草郡 鹿児島県揖宿郡 *ほしさん 熊本県下益城郡 *ほしんさん 広島県 *ほすさん 香川県木田郡 *ほっさま 富山県射水郡 鹿児島県揖宿郡 *ほっさん 福井県敦賀郡 静岡県田方郡 大阪府泉北郡 兵庫県美方郡・加古郡 広島県備後北部・比婆郡 徳島県美馬郡 香川県 愛媛県周桑郡・新居郡 熊本県

ほしい【欲】 *いりたい 徳島県美馬郡 高知市「私はいりたいものが一つある」 *えっだい・えるだい 山形県村山「あいつえるだえ(あれが欲しい)」 *おし 秋田県雄勝郡「あの本おし」 *おしー 岩手県気仙郡「おら家でも冷蔵庫ぁおしいな」 山形県東田川郡「おしいどもあじねぁむんだけ(欲しいとも思わなかったものだねえ)」 茨城県行方郡・真壁郡 神奈川県愛甲郡 愛知県「着物が買っておしい」 兵庫県但馬 和歌山県新宮 島根県那賀郡・邑智郡 *おしょー 和歌山県 *おすー 千葉県山武郡 *かおくらしー(「かわく(渇)」から) 香川県綾歌郡 *けんこい 長野県下伊那郡 *このましー 宮城県気仙郡 山形県「このましがる」 福島県東白川郡「ああだに(あんなに)良く出来んだもの、なんちょこのましごど」 *このもしー 和歌山県「このもしさうな顔してる」 *ころましー 静岡県榛原郡 *ぴっさん 沖縄県鳩間島 *ぷさーん 沖縄県石垣島 *ぶさん 沖縄県島尻郡 *ふしゃん 沖縄県首里「っくゎぬ ふしゃん(子供が欲しい)」 *ぷしゃん 沖縄県竹富島 *ほしたい 秋田県仙北郡「あの着物ほしでぁ」 福島県相馬郡 埼玉県秩父郡 千葉県夷隅郡・香取郡 石川県鹿島郡 愛知県海部郡「あの菓子が欲したい」 *よーない 島根県隠岐島「よーなかった(欲しかった)」

ぼしょ【墓所】 ⇨ぼち(墓地)

ほす【干】 *ひあからかす・ひあがらす 大分市 *ひあがらかす 大分県大分市・南海部郡 *ひーらかす 岐阜県郡上郡「ほしもの ひーらかいておくれ」 *ぴさしん(「干さす」の意) 沖縄県石垣島 *ひぼかす 大分県日田郡「着物をひぼかす」 *ひらかやる 和歌山県日高郡「板箕でひやる」 *ひらかす・ひらする 大分県大分郡 *ひらす 大分県 *ほ

く和歌山県那賀郡

広げて□ *さがす 滋賀県栗太郡 兵庫県加古郡「籾をさがす」 奈良県宇陀郡 島根県石見「寒いけー火を十分さがしてあたりんさい」 広島県比婆郡・高田郡 香川県綾歌郡・丸亀市・伊吹島 愛媛県 *はさがす 岩手県気仙郡 三重県 *はざがす 岩手県上閉伊郡 *はしゃがかす 静岡県榛原郡 *はしゃかす 山形県村山・最上 *はしゃがす 宮城県石巻「洗濯物をはしゃがす」 山形県北村山郡 福島県南部・会津 *はじゃかす 富山県砺波 *はしらがす 新潟県三島郡 *はっしゃかす 島根県大原郡

ほそい【細】 *いなさり 鹿児島県 *いなさん 鹿児島県喜界島 *いべはん 沖縄県黒島 *うろーさん 沖縄県首里 *おぼそい 山梨県南巨摩郡 三重県志摩郡 *かっぽそい 山形県「かっぽそえ身体」「かっぽそく育った苗」 *きんぴきにゃー(極めて細い) 熊本県下益城郡 *ぐなーはん 沖縄県国頭郡 *ぐなさん 沖縄県首里・那覇市 *ぐにゃはん 鹿児島県徳之島 *ぐまーさん 沖縄県伊江島 *ぐまさーん 沖縄県八重山 *ぐまさん 鹿児島県沖永良部島 *ぐまん 沖縄県与那国島 *けまい 島根県鹿足郡・邑智郡 広島県三次市 *こーまいか(幼児語) 熊本県玉名郡 *こーめ 島根県大原郡・隠岐島 *こーんみゃー 熊本県下益城郡 *こすじ 愛媛県大三島 *こまー 島根県邑智郡 広島県高田郡 *こまい 島根県隠岐島・那賀郡・鹿足郡 岡山県真庭郡 広島県 山口県都濃郡 愛媛県新居郡・西宇和郡 高知県「こまい針金」 福岡県八女郡・浮羽郡 宮崎県児湯郡 *こまか 長崎県長崎市・西彼杵郡 熊本県玉名郡 *こまんか 長崎県西彼杵郡 熊本県天草郡 宮崎県西諸県郡 鹿児島県鹿児島郡・揖宿郡 *こみゃー 熊本県鹿本郡 *こみんか 鹿児島県鹿児島郡 *こめ 島根県出雲 宮崎県 *こんちょか 福岡県 *こんまい 愛媛県周桑郡「こんまい紐」・新居郡 高知県 熊本県阿蘇郡 宮崎県東諸県郡 *こんまか 長崎県西彼杵郡 *ぬこい 山梨県 長野県下伊那郡 *ひよわい 三重県阿山郡 *やさい 島根県石見・隠岐島「たる木は一寸角ではやさすぎる」 *よほそい 群馬県多野郡

ほそながい【細長】 *すじらしー 宮崎県東諸県郡 *ながちこい・ながちょこい 愛媛県 *ながちこーい・ながっちこい 愛媛県周桑郡 *ながちょろい 青森県三戸郡 岩手県気仙郡 秋田県仙北郡「そのながちょろい木をとってくれ」・鹿角郡 福島市 富山県砺波 石川県石川郡 三重県阿山郡 京都府 奈良県 *ながちょんちょろい 富山県東礪波郡 *ながっちょろい 富山県「ながっちょろい箱持てこられた」 静岡県 *ながっぴろい 福島県東白川郡 *ながっぺろい 秋田県平鹿郡「ながっぺろい大根だ」 山形県 *ながっぽろしー 茨城県新治郡 *ながつれ 秋田県山本郡「ながつれ顔だな」 *ながつろい 青森県 秋田県鹿角郡 三重県 *ながとろい 青森県三戸郡 奈良県 *ながひょろい 岩手県気仙郡 宮城県仙台市 山形県 福島県相馬 *ながぴょろい・ながへろい 山形県 *ながひょろこい・ながほろい 岩手県気仙郡 *ながぴれ 秋田県平鹿郡「ながぴれ物です」 *ながぺれ 秋田県河辺郡 *ながぺろい 青森県 岩手県胆沢郡・東磐井郡 宮城県 秋田県 山形県 *ながへんちょろい 富山県砺波 *ながぽろい 宮城県石巻「なんつながぽろえすりこぎなんだか」 *なんがっちょい 静岡県 *なんがっぺろい 新潟県西頸城郡 *ひょひょらながい 大分県玖珠郡 *ひょろこながい 岩手県気仙郡・東磐井郡 *ひょろっこなんげぁ・ひょろなんげぁ 岩手県気仙郡 *べろくそながい 新潟県 *べろながい・ほそべろなーがい 新潟県西頸城郡 *べろんこなーがい・べろんこながい(角張らずに滑らかで長い) 新潟県西蒲原郡「夕顔にはまるまっこえのとべろんこなーがえのとある」 *ほそぴりながい 岩手県気仙郡 *ほそべながい 岐阜県本巣郡 *ほそらながい 新潟県佐渡 愛知県豊橋市 三重県 *ほそろながい 京都府与謝郡 □さま *のへのへ 宮城県栗原郡「のへのへと長い」 *へろっと 青森県上北郡 *べろっと 青森県津軽 *やか 静岡県

ほたる【蛍】 *うるむし・くーるむし 鹿児島県徳之島 *おちょまい 富山県 *かっぽん 愛知県碧海郡 *かんく 鹿児島県沖永良部島 *こーつい 石川県能美郡 *じーなー 沖縄県 *じーんじーん・じんじん・ずぃんくー・ずぃんずぃん 沖縄県首里 *しすぴかれ・っすぱかれ 沖縄県波照間島 *じぼ 長野県更級郡 *じんじんかーぶい 沖縄県島尻郡 *じんじんぐゎー 沖縄県国頭郡 *じんじんばーやー 沖縄県鳩間島 *じんじんぱーやー・じんじんぱーれー・じんじんまやー 沖縄県石垣島 *ちこ 福井県 *ったーやー 沖縄県与那国島 *とちん・とっちん 愛媛県松山「とちんが一匹をる」 *とらっこ 新潟県中越 *ぴかりゃ 沖縄県新城島 *ぴかれー 沖縄県黒島 *ぴっかれー 沖縄県小浜島 *ぺっから 沖縄県竹富島 *ほーけん 広島県備後 *ほーち 大阪府 *ほーちん 広島県沼隈郡 *ほたね 大分県・日田郡 *ほたるこい 福井県坂井郡・大野郡 *ほっち 福井県今立郡 *めんこ 福島県会津・大沼郡 *やーんぶ 沖縄県宮古島 **大形の□** *うしぼーたろ 長野県上伊那郡・下伊那郡 兵庫県加古郡 *うしぼたる 島根県美濃郡・益田市(ウジボタル) 岡山市(ゲンジボタル) 長崎県壱岐島 熊本県玉名郡・下益城郡 *うしぼたろ(ゲンジボタル) 和歌山市 *おにぼたる 山口県玖珂郡 *がまぼーたろ 長野県下伊那郡 *かめぼーたる 新潟県岩船郡 *かんなん 福井県坂井郡 *かんねん(雌) 長野県上田 *じんべぼーたろ 奈良県南葛城郡 **小形の□** *ごーじぼたる 長野県上伊那郡 *こめ 奈良県南大和 *こめぼたる 山形県東置賜郡

(ヘイケボタル) 長野県諏訪 *ちか(幼児語) 長野県下伊那郡 *ちがぼたる 高知県土佐郡 *ぬかぼーたろ 東京都八王子 *ぬかぼたる 神奈川県津久井郡 *ぬかぼったろ 長野県上伊那郡 *のかぼーたる 新潟県岩船郡 *むしぼたる 長野県佐久

□の幼虫 *うじぼーたろ・むしぼーたろ 長野県下伊那郡 *うじぼったろ 長野県上伊那郡 *ごーじぼったる 長野県東筑摩郡 *のんこ 山口市 *むしぼたる 長野県諏訪 長崎県壱岐島

ぼたん【牡丹】 *きぼたん 岩手県上閉伊郡 宮城県仙台市 *はつかぐさ 岩手県紫波郡

ぼち【墓地】 *えなずか 山形県西村山郡 *えのやま(自家の裏山に設けたところから) 島根県隠岐島 *おつぼ 三重県志摩郡 *がんどば 熊本県天草郡 *さんま 三重県志摩郡 兵庫県淡路島 香川県三豊郡 *さんまー 山口県長門 *さんまい 千葉県海上郡 新潟県北蒲原郡(共同墓地) 富山県砺波 福井県(埋め墓) 岐阜県 愛知県渥美郡・知多郡 三重県 滋賀県蒲生郡・彦根 京阪 京都府愛宕郡 兵庫県加古郡・神戸市・淡路島 和歌山県 徳島県 香川県 *さんまいじょ 長野県諏訪 *さんまいや 岐阜県加茂郡 *さんめ 三重県志摩郡・度会郡 *じぞーばら 三重県名張市 *しくや 福井県足羽郡 *しらぱたぎ 青森県津軽 *しんとー 千葉県印旛郡 *すてば 島根県隠岐島 *せきとーば 上方 *せきとば 山形県東村山郡 *せんすとこ(「先祖所」か) 長崎県壱岐島 *そーざんま 岐阜県加茂郡 *たっちゅー 東京都利島「たっちゅー拝んでくべぃ」 *たっちゅーば 静岡県志太郡 *たっちょーば 群馬県利根郡 静岡県賀茂郡 *だん 山形県 *だんとー 東京都新島 新潟県佐渡 佐賀県 *だんとーば 東京都新島 *たんば 福島県中部 *だんば 山形県 新潟県佐渡 *だんぱら 山形県東置賜郡 *つぃかじゅ 沖縄県首里 *つか 岐阜県飛騨 *どー 静岡市 *どーば 山形県南置賜郡・西田川郡 *とむらいば 三重県志摩郡 *なんと 千葉県山武郡 *なんど 千葉県上総 *なんとー 千葉県市原郡 *なんとば 千葉県千葉郡・夷隅郡 *の 山形県西置賜郡 新潟県岩船郡 福井県大飯郡 静岡県・磐田郡 愛知県日間賀島 京都府竹野郡 島根県石見 *のば 静岡県磐田郡 *のべ 熊本県阿蘇郡 *はかさま 熊本県天草郡 *ぱがしき 沖縄県石垣島 *はかしょ 山形県 福井県大飯郡 三重県上野市 和歌山市 島根県 広島県芦品郡 長崎県南高来郡 熊本県芦北郡・天草郡 *ぱかす・ぱかぱす(仮埋葬地) 鹿児島県喜界島 *はかち 山形県酒田市 *はかど 青森県三戸郡 秋田県北秋田郡 山形県 新潟県佐渡 山梨県 愛知県愛知郡「はかど掃除」・東春日井郡 *はかどこ 青森県三戸郡・南部 岩手県九戸郡・気仙郡 秋田県鹿角郡 島根県益田市・隠岐島 愛媛県宇和島市 長崎県対馬 熊本県玉名郡 *はかどころ 長崎県南高来郡 熊本県 *はかところ 島根県益田市 *はかとち 島根県八束郡・大原郡 *はかどわら 宮崎県延岡 *はかのり 三重県志摩郡 *はかばしょ 熊本県天草郡 *はかはら 島根県隠岐島 *はかばら・はかやま・はかんだ・はかんだら 島根県 *はかぶら 熊本県 *はから 静岡県 愛知県知多郡・東春日井郡 三重県南牟婁郡 鹿児島県 *はかわら 新潟県佐渡 三重県上野市・名賀郡 鳥取県岩美郡 島根県石見 広島県 山口県防府 徳島県 香川県綾歌郡・佐柳島 愛媛県松山 佐賀県唐津市 長崎県南高来郡 熊本県 鹿児島県揖宿郡 *はかんど 和歌山県西牟婁郡 徳島県美馬郡 高知県 *はかんどー 山形県東田川郡 新潟県佐渡 島根県那賀郡 広島県山県郡 *はかんどーら 広島県 *はかんばら 広島県比婆郡 *はかんまい 鹿児島県屋久島 *はこーど 山形県東田川郡 *びゅーそ 新潟県古志郡 *びょーしょ 福島県南会津郡 *びょーそ 長野県佐久 *びょそ 栃木県上都賀郡「びょそへ行くべ」 *べんしょ 石川県鹿島郡 *みしょ・みしょば・めしょ・めしょば 島根県隠岐島「みしょえ花を持って行きて来え」 *みしょーば 愛媛県西条市 *むしょ 岐阜県本巣郡 愛知県東春日井郡・知多郡 和歌山県東牟婁郡 島根県鹿足郡・隠岐島 山口県 *むしょー 岐阜県本巣郡 愛知県日間賀島 和歌山県東牟婁郡 *むじょーど 新潟県佐渡 富山県砺波 *むしょーば 京都府北桑田郡 愛媛県南宇和郡 *むじょーば 岐阜県飛騨 *むしょど 愛知県佐久島・日間賀島 *むしょどころ 愛知県日間賀島 *むしょば 愛知県佐久島・日間賀島 山口県阿武郡 *むそ 岡山県邑久郡 *むそーば 愛媛県西宇和郡 *やま 京都府竹野郡 兵庫県加古郡 長崎県壱岐島(葬式の時に限って言う) *らんと 青森県三戸郡 宮城県加美郡 秋田県雄勝郡 山形県 福島県石城郡・西白河郡 茨城県 千葉県匝瑳郡・印旛郡 奈良県吉野郡(先祖の墓) *らんとー 福島県 茨城県稲敷郡 千葉県 神奈川県 東京都利島 新潟県中越 *らんとーば 山形県西置賜郡 茨城県稲敷郡 栃木県河内郡 埼玉県秩父郡 千葉県 東京都八王子 神奈川県中郡 新潟県 愛知県北設楽郡 三重県志摩郡 *らんとば 山形県南置賜郡 栃木県安蘇郡 群馬県邑楽郡 千葉県匝瑳郡 長野県佐久 島根県隠岐島 *らんば 岩手県上閉伊郡 宮城県石巻・仙台市 山形県 福島県 新潟県佐渡 *らんぱ 福島県石城郡

→はか(墓)

ぼっする【没】 ⇩しずむ(沈)

ほっぺた【頬辺】 ⇩ほお(頬)

ほどく【解】 *しっとぐ 群馬県多野郡「紐をしっとぐ」 *たずがす 山形県庄内 *たずかせる 新潟県西蒲原郡 *たずなかす 新潟県 *たずらかす 山形県庄内 新潟県北蒲原郡・西蒲原郡 *たどがす 青森県津軽「わらはどぁ、なわ、くまらがしてしまって(子供らが縄をもつれさせてしまって)、ちょこらやこらど(簡単には)、たどがさえなぇぐなったでぁ」 山形県米沢市 *ぱだふくん 沖縄県石垣島 *ひっとく 群馬県佐波郡 *ぷずん 沖縄県石垣島 *ふぬく 静岡県志太郡 *ほがす(もつれたものを解く) 静岡県志太郡 *ほくる 京都府 *ほごく 山梨県 長野県東筑摩郡 静岡県 *ほごどす 千葉県夷隅郡 *ほじく 静岡県「糸をほじく」・浜松 大分県日田郡「帯をほじく」 宮崎県西臼杵郡 *ほつく 和歌山市 *ほっぽどく 新潟県西蒲原郡 *ほつる 島根県鹿足郡「毛糸のもつれをほつる」 *ほどこす 山形県庄内 栃木県 埼玉県入間郡 *ほどす 静岡県志太郡 *ほんごく 静岡県・田方郡 *もざく 新潟県佐渡「糸をもざく」 富山県 岐阜県飛驒「筆の先をもざく」 *もどく 新潟県佐渡 愛知県「糸をもどく」 三重県宇治山田市・度会郡 滋賀県彦根 京都市 和歌山県 島根県邑智郡「糸のもつれをもどくに一時間もかかった」 広島県「しばったものをもどく」 徳島県 香川県

ほとけ【仏】 *がんがんあったい(小児語) 秋田県鹿角郡 *くとぅい 沖縄県竹富島 *じさん(小児語) 鹿児島県

□様 *あってぁさま(小児語) 秋田県鹿角郡 *あっとー(小児語) 島根県鹿足郡 *あっとーさま(小児語) 岩手県九戸郡 *あっとさま 岩手県気仙郡(幼児語) 秋田県北秋田郡・南秋田郡 福島県南会津郡 新潟県東蒲原郡 *あと 秋田県河辺郡 *あとあと 秋田県仙北郡 *あとーさま 山形県東田川郡 新潟県岩船郡 長崎県対馬(幼児語) *あとーと 山形県東田川郡 *あとさま 秋田県(小児語) 山形県 新潟県(小児語)・岩船郡 長崎県佐世保市 *あとさん 秋田県仙北郡 新潟県東蒲原郡 三重県宇治山田市(小児語) 福岡県久留米市・八女郡(小児語) 佐賀県 長崎県壱岐島(小児語) 熊本県玉名郡 *あとつぁま・あとっつぁま(小児語) 山形県 *あとと 秋田県由利郡 山形県 *あととさま(小児語) 山形県米沢市 *あまあま(幼児語) 秋田県仙北郡 *あまま(幼児語) 秋田県平鹿郡 *おじぶっさま 静岡県榛原郡 *おたまさま 愛知県北設楽郡 *おぶっくさん 京都府 *おやさま 鹿児島県口之永良部島 *ごぜはん 香川県仲多度郡 *ごぜん 和歌山県 広島県山県郡 *ごぜんさん 大阪府南河内郡・泉北郡 奈良県南大和 和歌山市 香川県 *ごぜんはん 香川県 *せんそさま 鹿児島県硫黄島 *ちぶと 福島県会津 *とーでんさ 宮城県 *とーとーがなし 鹿児島県奄美大島 *とーとーさん(小児語) 新潟県佐渡 *とだいさま・とどごさま(小児語) 岩手県上閉伊郡 *とてさま(小児語) 岩手県胆沢郡 *とでさま 秋田県雄勝郡 *とでさん 宮城県仙台市 *ななさん(幼児語) 兵庫県 山口県豊浦郡 *なまさん(幼児語) 長野県長野市・上水内郡 *なまなまさま・なまなまはん(幼児語) 山形県庄内 *なむなむさま(幼児語) 静岡県浜松市 *なむなむさん(幼児語) 静岡県志太郡 *なんな(幼児語) 富山県 福井県 *なんなさま(幼児語) 富山県砺波 岐阜県郡上郡 *なんなさん(幼児語) 福井県大野郡 長野県長野市・上水内郡 *なんなはん(幼児語) 福井県 *なんなんさん(幼児語) 宮崎県西臼杵郡 *なんまさま(幼児語) 富山県下新川郡 *なんまさん(幼児語) 長野県長野市・上水内郡 *なんまんさん(幼児語) 鹿児島県 *にゃにゃさん・にゃんにゃさん(幼児語) 島根県隠岐島 *にょにょさま(幼児語) 秋田県雄勝郡 新潟県東蒲原郡 *にょにょさん(幼児語) 新潟県 島根県出雲 広島県高田郡 山口県豊浦郡 鹿児島県 *にょにょらいさま 山形県東置賜郡 *にょらいさま 石川県江沼郡 愛知県愛知郡 島根県邑智郡 *にょらいさん 島根県邑智郡 *にょんにょさま(幼児語) 山形県東置賜郡 島根県大原郡・能義郡 *のーらいさん 香川県与島 *のらいさま 富山県 石川県江沼郡 岐阜県 *のらいさん 島根県那賀郡・大原郡 *のらいはん 富山県 *まーまーちゃん(幼児語) 兵庫県赤穂郡 *ままいだ・まみーだ・まみゃさま・まみゃだ(幼児語) 青森県三戸郡 *ままさん(幼児語) 島根県隠岐島 大分県宇佐郡 *ままはん(幼児語) 大阪府泉北郡 *まんま(幼児語) 大阪府泉北郡 香川県綾歌郡・仲多度郡 *まんまい(幼児語) 徳島県海部郡 香川県 *まんまいさま(幼児語) 青森県三戸郡 岩手県気仙郡 香川県 長崎県南高来郡 熊本県球磨郡 *まんまいさん(幼児語) 島根県石見・隠岐島 徳島県 香川県 高知県安芸郡 熊本県・玉名郡 *まんまさー(幼児語) 大分県東国東郡 *まんまさん(幼児語) 大阪府泉北郡 香川県綾歌郡・仲多度郡 *まんまはん(幼児語) 和歌山県海草郡・日高郡 香川県仲多度郡・綾歌郡 *まんまん(幼児語) 福井県 静岡県浜松市 奈良県南大和 山口県大島 香川県綾歌郡・三豊郡 *まんまんさ(幼児語) 山口県大島 *まんまんさま(幼児語) 山口県・大島 長崎県南高来郡 *まんまんさん(幼児語) 新潟県佐渡 福井県敦賀郡 滋賀県 京都市 大阪市 兵庫県神戸市 奈良県 島根県 広島県高田郡 香川県 大分県 *まんまんちゃん(幼児語) 福井県 大阪市 兵庫県赤穂郡

ほどほど【程程】 *ほど 島根県「ほどに食っておけよ」「乾物がほどに乾いた」 *ほどやい 愛媛県松山 *ほどらい 富山県砺波「嘘をつくにもほどらいがある」 福井県大飯郡「ほどらえに持って来てくれ」 滋賀県彦根 京都市 大阪市「塩はほどらい入れたらよろし」 鳥取県「ほどらいがない(程度が過ぎる)」 徳島県 *ほどらく 愛媛県南宇和郡

↓いいかげん(好加減)

ほね【骨】 *げんごろ 熊本県下益城郡 *ふつぃ(「こつ」の転) 沖縄県竹富島 *ほねから 青森県「彼

処の兄はほねからの様だ」宮城県栗原郡　秋田県鹿角郡「さかなのほねから猫にやる」　山形県 *ほねっこ・ほねっこつ 栃木県

魚の□ *がー(幼児語)愛知県宝飯郡　高知県 *がーが(幼児語)島根県美濃郡・益田市 *がーがー(幼児語)島根県鹿足郡・隠岐島　福岡市　大分県 *がが(幼児語)鳥取県鳥取市・西伯郡　島根県　岡山県「そのとと(魚)にゃあががあるけえ、つうしんちゃいよ(吐き出しなさいよ)」　山口県豊浦郡　愛媛県・松山　福岡県 *がご(幼児語)鳥取県西伯郡 *がんが(幼児語)山形県庄内(鳥の骨も言う)　岐阜県恵那郡　広島県高田郡　愛媛県 *がんご(幼児語)愛媛県 *きゃーきゃー 京都府竹野郡 *とぎ 青森県津軽　山形県東田川郡・西田川郡　新潟県・佐渡 *とげ 新潟県 *どんと 長野県東筑摩郡 *おごく 香川県東部「おごかれる」

ほめる【褒】 *もたげる 富山県

子供を□て言う語 *おしょー 千葉県香取郡 *おしょもん 熊本県球磨郡 *じこさん・じょーさん 熊本県玉名郡 *したい 沖縄県首里・石垣島 *したいさい(目上に対して)沖縄県首里 *したいしたい 島根県「ついて来てしたいしたい(猫を褒めて言う)」 *したいひゃー 沖縄県石垣島 *したり 沖縄県首里 *しったいしったい 島根県隠岐島・出雲 *しったりしったり 島根県江津市・隠岐島 *しっといしっとい・しとしと 島根県大田市 *しっとりしっとり 島根県出雲 *しといしとい・しとりしとり 島根県仁多郡 *じょーこ 滋賀県坂田郡・東浅井郡 *じょーまご 福島県相馬 *じょーまんご 宮崎県西臼杵郡 *じょこ 滋賀県坂田郡・東浅井郡 *じょこさん・じょさん 青森県三戸郡 *じょっこ 岩手県気仙郡「じょっこまごっこ」　宮城県石巻「じょっこむすめ」 *じょめんこ・じょんじょんめんこ 岩手県気仙郡 *じょんこ 茨城県　千葉県東葛飾郡 *ぼーれーまいふなー 沖縄県石垣島・竹富島 *めーやめーや・めーよめーよ 岩手県気仙郡 *やっちょるやっちょる 高知市「やっちょるやっちょるこんな遠い処へお使に来てくれたかよ」 *ゆかーっちゅ 沖縄県首里

ほら【法螺】 *うーずつ 熊本県阿蘇郡 *うーてん 大分県宇佐郡 *うーばち 福岡県浮羽郡　熊本県「うーばちたたき」 *うばち 熊本県八代郡 *おーげら(大ぼら)岡山県川上郡 *おーけん 長野県佐久　岡山県児島郡「彼奴はおーけんばぁ言う」 *おーげん 岡山県児島郡「ちょっとこけただけのにおーげんいいなんな」　長崎県五島　宮崎県東臼杵郡 *おーけんず 長野県佐久 *おーずつ(鉄砲(「うそ(嘘)」の意)より大きい大砲の意から)愛媛県喜多郡　高知県「大分おおづつをはなす先生ぢゃきに、真にうけて聞かれんぞよ」 *おーつつうち 高知県長岡郡 *おーでっぽ・おーてんぷら・おーもの 広島県高田郡 *おーばち 福岡県久留米　長崎県・壱岐島・対馬「おーばちひろげる」 *おんばく 秋田県南秋田郡・平鹿郡「おんばぐたげる(ほら吹く)」　愛媛県周桑郡・今治市 *かんす 島根県隠岐島 *がんす 広島県芦品郡　愛媛県「がんすをゆう」 *ずば 富山県砺波「ずばこく」 *てっぽ 新潟県　香川県 *でっぽ 長野県佐久「でっぽゆふな」 *てっぽー 山形県東田川郡　新潟県　徳島県　香川県 *でっぽー 東京都八王子　神奈川県　新潟県南魚沼郡・中頸城郡　長野県佐久 *でふ 宮城県仙台市　山形県東村山郡・北村山郡「でふっかす」「でふこく」 *でほ(「でほうだい(出放題)」の転か)山形県　福島県　群馬県佐波郡　長野県下水内郡　岐阜県郡上郡　静岡県・磐田郡　愛知県宝飯郡・額田郡 *でほー 山梨県南巨摩郡「そがー(そんな)のでほーを言うもんじゃあない」　長野県佐久　静岡県浜松市　愛知県南設楽郡　兵庫県養父郡・但馬 *でほだえ・でほだれ 山形県 *でんと・でんど 富山県下新川郡「でんどこく」「でんどきる」 *どんが 和歌山県西牟婁郡 *のっけつ(大ぼら)新潟県岩船郡「のっけつ語る」 *のろけ 和歌山県「のろけばかりゆうな」

↓たいげん（大言）・ほらふき（法螺吹）

□を吹く *かんしまくる 島根県出雲「くゎんしまくってばっかーおー奴だ」 *かんすまくー・かんすをまくる 鳥取県西伯郡 *かんすまくる 鳥取県西伯郡　島根県仁多郡 *ごあいきる・ごわいきる 青森県津軽「馬二頭かっているなどと大したごあえきっていたけれどみなうそだ」・三戸郡「ごわいばかりきる奴だぁ」 *ごえきる 青森県上北郡「あの人は酔へば娘のことごえきる」 *たいらく 福井県坂井郡 *てっぽーうつ 香川県豊島「宮本のおっさんまたおけなてっぽううちくさった」　長崎県北松浦郡「またてっぽーうつよ」 *てっぽーをうつ 香川県豊島 *てっぽーをとばす 香川県丸亀市・仲多度郡 *てっぽかます 徳島県 *てっぽこく 新潟県・中頸城郡(大きなうそを言う)　岐阜県大野郡 *はでんくをきる 埼玉県秩父郡「やつはいつでもはでんくをきってる」 *やまこはる 大阪府　香川県仲多度郡・三豊郡 *やまこをはる 岡山市　愛媛県温泉郡

↓「おおげさ（大袈裟）」の子見出し、「大袈裟に言う」

□を吹くこと *うふむぬいー 沖縄県首里 *おふかせ 新潟県「おふかせこき(自慢やほらを言うもの)」 *くちぶーち 沖縄県首里 *くわせはね 島根県簸川郡・出雲市 *のろけ 和歌山県 *ふーかし(動詞は「ふーかしゅん」)沖縄県首里「ふーかしゃー(ほら吹き)」 *ふーむに 沖縄県竹富島

ほらふき【法螺吹】 *うーずつ 熊本県阿蘇郡 *うーばちくり 長崎県北松浦郡 *うば・うばひり 宮崎県東諸県郡 *おーがんす 愛媛県 *おーずつ 愛媛県喜多郡　高知県「あれは只のおおづつぢゃ

きに云うことはあてにならん」 *おーつつうち 高知県長岡郡 *おーばち 長崎県対馬 *おーふこき 三重県 *おーものたれ 岡山県苫田郡 *おぎらふき 宮崎県都城 鹿児島県肝属郡 *おぎらふつ 宮崎県都城 *かんしまくり 島根県出雲 *ぎらふっ 鹿児島県 *これん・こんくろもん・こんちく 高知県 *すっぱくぃー 長崎県西彼杵郡 *すっぱくもの 富山県高岡市 *ずば 富山県砺波 *てっぱ 高知県・幡多郡 *てっぽ 和歌山県 島根県簸川郡 *てんぷこき 山形県東田川郡 *てんぽーこき 新潟県佐渡 *でんぼーこき 群馬県多野郡 *でんぼーつき・でんぼこき・でんぼこきやろー 群馬県勢多郡 *てんぼーひり 岩手県気仙郡 *てんぼかたり 青森県三戸郡 *てんぽかたり 山形県 *てんぽこき 山形県 新潟県 *てんぽつき 福井県 *でんぽっこき 群馬県佐波郡 *てんぽやまはち 山形県庄内 *とーぼーさく 愛媛県 *どんどんや 奈良県北葛城郡 *はこまち 島根県仁多郡 *ばんけ 山形県東田川郡 *ふーむにしゃー 沖縄県竹富島 *ほいとわろ 大分県直入郡 *ほっぱ 高知県 *ほら 青森県津軽「あれぁ、ほほらだ」 *まんみ 山口県玖珂郡 *まんみー 島根県鹿足郡 *りきみて 岐阜県吉城郡

→ほら（法螺）

ほり【堀】 *あごみ（小さい堀） 茨城県真壁郡 *あなっこ 千葉県山武郡 *いが 茨城県猿島郡 *かーずく 沖縄県宮古島 *かこーばら・かこーりかー（「掻掘り井戸」の意） 沖縄県石垣島 *くむい 沖縄県・首里「くむいばた（池の端）」・与那国島 *くむり 鹿児島県奄美大島 沖縄県石垣島・小浜島 *どんぼち 愛知県 *どんぼる 富山県 *ふむい（海岸のくぼみの水たまり） 鹿児島県喜界島 *ぼち 愛知県西加茂郡 *ほりこ 宮城県仙台市 山形県西置賜郡 福島県相馬 茨城県稲敷郡 千葉県安房郡・夷隅郡 新潟県東蒲原郡 *ほりざっこ 茨城県猿島郡 *ほりっこ 福島県東白川郡 栃木県 群馬県桐生市 千葉県東葛飾郡 東京都八王子 新潟県中越 静岡県 *ほりんこ 福井県坂井郡 *みじくむい・みじんぐむい 沖縄県竹富島 *みじくむり 沖縄県石垣島 *みじくむる 沖縄県鳩間島 *みじんぐむり 沖縄県八重山 *よーがい 富山市近在 *よーけ 長崎県南高来郡 *よけ 岐阜県飛驒 香川県三豊郡（田のへり、家の側の小溝） 福岡県浮羽郡 長崎県南高来郡 熊本県玉名郡 大分県大分郡 鹿児島県揖宿郡

ほる【彫】 *える 長崎県対馬「材木に穴をゑる」 *おこす（版などに彫る） 長崎県壱岐島「墓石い銘おこす」 *くーるん（印などを彫る） 沖縄県石垣島 *ぶしる 青森県三戸郡

ほる【掘】 *うつ 石川県鹿島郡「とおし（松の根）をうって来て」 *おっぽじくる・かっぽじく・かっぽじる 栃木県「そこらむやみにかっぽじぐんじゃねえぞ」 *かっぱく 栃木県上都賀郡「そこらかっぱいてみろ」 群馬県佐波郡 *かっぽじくる 山形県東置賜郡・南置賜郡 栃木県 神奈川県中郡 *こぜる 京都府中郡 *さくる 静岡県志太郡 長崎県対馬「柱の穴をさくる」 鹿児島県沖永良部島「小刀にて足をさくる」 *さげる 岡山県児島郡 *つくじる 東京都八王子 *はらう 東京都八丈島 *ぷがしゅい・ぷわすい 鹿児島県喜界島 *ふがしゅん 沖縄県首里「みー ふがしゅん（穴をあける）」 *ふがしん 沖縄県石垣島 *ふがす 鹿児島県沖永良部島 *ほがす 島根県石見「鼠が穴をほがした」 山口県豊浦郡・長門 愛媛県 福岡県（小さい穴をあける） 佐賀県・神埼郡 長崎県長崎市・南高来郡・対馬・壱岐島 熊本県 大分県 宮崎県西諸県郡 鹿児島県・種子島・口之永良部島 *ほたる 宮崎市 *ほっかじる 栃木県鹿沼市・日光市 *ほっくじる 福島県東白川郡 *ほっこじる 茨城県新治郡 *むくる 青森県南部「あの松むぐって行ったたな」

穴を□ *せせる 和歌山県 *ほぐ 山口県・大島「木へ穴をほいで怒られた」 大分県 *ほぐる 島根県那賀郡・江津市「浜の砂に穴をほぐった」 広島県高田郡 愛媛県 福岡市 長崎県北松浦郡「竹でほぐる」・西彼杵郡・対馬・五島 熊本県下益城郡・宇土郡 *ぼぐる 島根県那賀郡 *ほこる 島根県八束郡

ぼろ【襤褸】 ①使い古した布。 *かーふ・かっこー 沖縄県石垣島 *かこー 東京都八丈島 沖縄県 *かっこ 三重県伊賀 奈良県北葛城郡・吉野郡 *かっさい 徳島県美馬郡 *ごっそ 三重県員弁郡 *こんざ 富山県東礪波郡・西礪波郡 石川県河北郡 *こんざんぼろ 富山県西礪波郡 *こんずんぼろ 富山県砺波 *こんぞ 石川県江沼郡 *さいで（「さきで」の転） 新潟県佐渡 山梨県南巨摩郡「こじきがさいでを着ている」 *しきし 秋田市 *じぶ 岩手県東磐

方/言/の/窓

●開合の区別

「湯治（たうじ）」「楊子（やうじ）」などのアウの音と、「冬至（とうじ）」「用事（ようじ）」などのオウの音は、元来は別の音として発音しわけられていた。両者の区別は、現在新潟県中越地方などでは［ɔː］と［oː］の形で残っている。「湯治」の［tɔː］は共通語の「トー」と同じか、それよりはやや広く、一方、「冬至」の［toː］は共通語の「トー」よりは狭く（トゥに近く）発音されている。

中世末期のキリシタン資料には、［ɔː］と［oː］とがそれぞれ ŏ と ô との二通りのローマ字で書き表されている。当時、中央でも両者に音韻上の区別があったことがわかる。前者を開音、後者を合音という。なお、当時の人は、開音を「ひらく」と言い、合音を「すぼる」と呼んでいた。

井郡 ＊ずーじょー 佐賀県・神埼郡 ＊ぞんざ 新潟県佐渡 ＊つぎ 新潟県佐渡 ＊つぎぼろ 富山県東礪波郡 ＊つずい 佐賀県 ＊つずら 熊本県下益城郡 ＊つずり 愛知県碧海郡 ＊つずりぼろ 島根県邑智郡 ＊つずれ 青森県津軽　岩手県上閉伊郡　富山県砺波　長野県佐久　岐阜県益田市・飛驒　静岡県志太郡　愛知県碧海郡　三重県志摩郡　京都府　和歌山県　愛媛県　高知県　長崎県南高来郡　熊本県 ＊つずれぎれ 熊本県球磨郡 ＊つずれぼろ 富山県砺波 ＊つずろ 和歌山県日高郡 ＊つれつけ 富山県氷見市 ＊つんぎれ 福岡市 ＊つんず・つんずぎれ 長崎県南高来郡 ＊つんずり 岐阜県郡上郡　静岡県磐田郡 ＊つんずれ 岐阜県北飛驒　静岡県 ＊つんぼろ 富山県砺波 ＊とざい 岩手県東部 ＊とざま 岩手県上閉伊郡 ＊どや 宮城県加美郡　岐阜県養老郡 ＊とんざ 佐賀県 ＊どんさ 福島県伊達郡 ＊どんざ 岩手県下閉伊郡・気仙郡　千葉県　東京都八丈島　新潟県佐渡・西蒲原郡　三重県志摩郡　兵庫県加古郡　岡山県邑久郡　徳島県　香川県小豆島・高見島　福岡県　長崎県　熊本県 ＊どんざぶろー 福岡県嘉穂郡 ＊どんさぼろ・どんさぼろー 東京都八丈島 ＊どんだ 山口県阿武郡・大島　長崎県西彼杵郡 ＊びろー 長野県下伊那郡・上伊那郡 ＊ぶいとー 新潟県・中魚沼郡 ＊ぶーとー 新潟県 ＊ぶーとろ 新潟県南魚沼郡 ＊ふくたー 沖縄県首里 ＊ぶた 秋田県南秋田郡・河辺郡 ＊ぼーたく 新潟県 ＊ぼーろく 福島県北会津郡 ＊ぼた 島根県那賀郡・隠岐島 ＊ほだこ・ぼたら 茨城県稲敷郡 ＊ぼつ 新潟県三島郡 ＊ぼっざえ・ぼっぜ 千葉県長生郡 ＊ぼった 茨城県稲敷郡　千葉県 ＊ぼったら 千葉県香取郡 ＊ぼっち 千葉県海上郡 ＊ぼっと 青森県南部　岩手県中通　秋田県雄勝郡 ＊ぼと 青森県　岩手県上閉伊郡　秋田県・河辺郡　岡山市 ＊ぼどー・ぼどろ 静岡県榛原郡 ＊ぼろくそ 茨城県稲敷郡　新潟県佐渡 ＊ぼろそ 長野県西筑摩郡 ＊ぼろつぎ（「つぎ」は布の意）静岡県磐田郡　鳥取県西伯郡　徳島県美馬郡 ＊ぼろっこ 茨城県稲敷郡　栃木県芳賀郡 ＊ぼろろ 兵庫県揖保郡 ＊ぼんざ 神奈川県足柄下郡・三浦郡 ＊ぼんぜー 千葉県夷隅郡 ＊ぼんぼろ 栃木県「あのズボンはぼんぼろになっちゃった」 群馬県佐波郡　神奈川県 ＊むくぞ 岐阜県 ＊もざ 新潟県佐渡 ＊やぶれつづろ 和歌山県 ＊やれつぎ 静岡県川根 ＊やれっつぎ 静岡県榛原郡「くむげてやれっつぎにしかならのう」

②欠点。＊わら 京都府竹野郡「あまりしゃべるとわらがでる」

□布 ＊くさ 新潟県佐渡 ＊すっとこぼろ 東京都八丈島 ＊つずい 佐賀県 ＊つずら 熊本県下益城郡 ＊つずり 愛知県碧海郡 ＊つずりぼろ 島根県邑智郡 ＊つずれ 青森県津軽　岩手県上閉伊郡　富山県砺波　長野県佐久　岐阜県益田市・飛驒　静岡県志太郡　愛知県碧海郡　三重県志摩郡　京都府　和歌山県　愛媛県　高知県　長崎県南高来郡　熊本県 ＊つずれぎれ 熊本県球磨郡 ＊つずれぼろ・つんぼろ 富山県砺波 ＊つずろ 和歌山県日高郡 ＊つんず・つんずぎれ 長崎県南高来郡 ＊つんずり 岐阜県郡上郡　静岡県磐田郡 ＊つんずれ 岐阜県北飛驒　静岡県 ＊どーず 宮城県登米郡 ＊どず 宮城県栗原郡 ＊ぶた 秋田県南秋田郡・河辺郡 ＊ぼーたく 新潟県 ＊ぼた 島根県那賀郡・隠岐島 ＊ほだこ・ぼたら 茨城県稲敷郡 ＊ぼつ 新潟県三島郡 ＊ぼっこ 神奈川県・中郡　山梨県・南巨摩郡　岐阜県岐阜市・不破郡　静岡県　愛知県　三重県　滋賀県 ＊ぽっこ 山梨県 ＊ぼった 茨城県稲敷郡　千葉県 ＊ぼったら 千葉県香取郡 ＊ぼっち 千葉県海上郡 ＊ぼっと 青森県南部　岩手県中通　秋田県雄勝郡 ＊ぼと 青森県　岩手県上閉伊郡　秋田県・河辺郡　岡山市 ＊ぼどー・ぼどろ 静岡県榛原郡 ＊もっこ 福島県会津「この机もっこだな」 長野県伊那 ＊もっこく 京都府葛野郡 ＊やりこー 鹿児島県喜界島 ＊やれつぎ 静岡県川根 ＊やれっつぎ 静岡県榛原郡「くむげてやれっつぎにしかならのう」

□の着物 ＊おかざり 神奈川県都筑郡 ＊おびらめ 神奈川県鎌倉市 ＊おぽろさんぽろ 島根県仁多郡 ＊きくずし（着古した着物）熊本県玉名郡 ＊さんぼろ 島根県飯石郡「さんぼろさんぼろ着て歩いた」 ＊さんぼろさんぼろ 島根県出雲 ＊しとね 島根県益田市　長崎県壱岐島・対馬 ＊せんまいわた 青森県三戸郡 ＊そんぼろ 山形県東置賜郡 ＊つずり 宮崎県西臼杵郡 ＊つずりきもの 愛知県岡崎市 ＊つずれ 東京都大島「この着物もながく着たのでつずれになった」 富山県砺波　福岡市　宮崎県西臼杵郡 ＊どぅんざー・どぅんだー 鹿児島県喜界島 ＊どーじ 兵庫県美方郡 ＊どーじくた 京都府竹野郡 ＊どぼー 福岡県三潴郡 ＊どんざ 岩手県下閉伊郡　千葉県安房郡　東京都八丈島　新潟県佐渡・西蒲原郡　三重県志摩郡　兵庫県加古郡　和歌山県東牟婁郡（綿入れのぼろ）　島根県　山口県阿武郡・豊浦郡　香川県小豆島　愛媛県　福岡市　大分県　宮崎県延岡市 ＊どんざぎもん 熊本県玉名郡・下益城郡 ＊どんざぼら 熊本県玉名郡 ＊どんざぼろ 東京都八丈島 ＊どんだ 三重県南牟婁郡　山口県阿武郡 ＊ばれん 山梨県 ＊びたたいじん 沖縄県首里 ＊ぼーこ 神奈川県小田原市 ＊ぼーた 神奈川県都筑郡・高座郡 ＊ぼーたくぎもん 新潟県西蒲原郡 ＊ぼーと 長野県下水内郡 ＊ぼこきもの 神奈川県中郡 ＊ぼた 神奈川県　島根県 ＊ぼたら 茨城県北相馬郡 ＊ほたれ 東京都大島 ＊ほだれ 岩手県九戸郡　東京都大島　宮崎県都城 ＊ほだれっきもの 神奈川県足柄下郡 ＊ほっこ 高知県土佐郡 ＊ぼっこ 神奈川県　三重県 ＊ぼっこー 山梨県南巨摩郡 ＊ぼっこきもの 神奈川県足柄下郡 ＊ぼった 茨城県東南部 ＊ぼったら 千葉県夷隅郡・山武郡 ＊ぼったら 千葉県香取

郡 *ぼっと 青森県南部 *ぼと 青森県 *ぼろくそ 茨城県稲敷郡 新潟県佐渡 *ぼろそ 長野県西筑摩郡 *ぼろっこ 茨城県稲敷郡 栃木県芳賀郡 *ぼろろ 兵庫県揖保郡 *ぼんざ 神奈川県足柄下郡・三浦郡 *ぼんぜー 千葉県夷隅郡

*ぼんぼろ 栃木県「あのズボンはぼんぼろになっちゃった」 群馬県佐波郡 神奈川県 *もっこ 新潟県岩船郡・東蒲原郡 長野県上伊那郡 *もっぱ 三重県志摩郡・松阪市 *やりかーふ 沖縄県竹富島 *やりかこー 沖縄県石垣島・鳩間島

*やりきん 沖縄県石垣島 *やりじん 沖縄県首里 *よいえしょ 岩手県気仙郡 *わっぽろ 青森県上北郡 *わんばれ・わんぱれ 宮城県仙台市

*わんぼーだいし 新潟県佐渡

ほん【本】 *すぐてぃ 沖縄県与那国島 *にょーにょー（幼児語）山形県最上郡 *にょにょ（幼児語）山形県東置賜郡・北村山郡 *のの（幼児語）山形県南置賜郡・米沢市 *のんの（幼児語）山形県西置賜郡

□の表紙 *えばおい 富山県上新川郡 *しゅむつぃぬかー 沖縄県首里 *ふたがみ 岩手県上閉伊郡

□ばかり読んでいる人 *しゅむつぃくぇーむし・しゅむつぃばく（卑語）沖縄県首里 *ものよみすけべー（卑語）愛知県名古屋市

ぼん【盆】 物を載せて運ぶための、浅くて広い器物。 *おへぎ 新潟県中頸城郡（曲げ物） 長野県諏訪 和歌山県 岡山県児島郡 *かいせきぼん（台のない方形の盆）高知県土佐郡 *かいぼん 宮城県登米郡・玉造郡 新潟県東蒲原郡 長崎県五島 *すずりぶた（広い盆）広島県高田郡 *ちゃぶね（茶を運ぶ盆）鹿児島県 *ちゃぼん 山梨県 島根県「御飯はちゃぼんにのせて出すものだ」 熊本県玉名郡 *つぃりでー（長方形の大盆）沖縄県首里

*ばきつぃりぶん（長方形の大盆）沖縄県石垣島 *へーぎ（四角いもの）山形県庄内 *へぎ 岩手県気仙郡 山形県飽海郡 長野県佐久 岐阜県加茂郡・恵那郡 愛知県名古屋市（祝儀の金包みなどを載せる） *へんき 新潟県 *へんぎ 岩手県下閉伊郡・上閉伊郡 山形県庄内「戸棚からへんげ持ってこい」 *りんだい（長方形の盆）沖縄県石垣島

*りんでー（長方形の盆）沖縄県首里

ぼん【盆】 ⇨うらぼんえ（盂蘭盆会）

□の迎え火 *かばせん 秋田県大曲市 *どんべ 長野県諏訪 *ななばんやき 群馬県前橋市 *まんと 奈良県宇智郡 *まんど 長野県上伊那郡

*まんどーび・まんどまんど 長野県諏訪

□の迎え火、または送り火 *あそびだい 静岡県周智郡・磐田郡（十五日） *たかぼて 高知県室戸市 *ひゃくはったい 長野県下伊那郡 愛知県東加茂郡 *ひゃくはっと 静岡県富士郡

ぼんおどり【盆踊】 *とーしもの・としもの 長崎県南高来郡 *ばんばおどり 宮崎県延岡市

ほんけ【本家】 *いえもと 大分県大分郡 *いはいじょ 長野県諏訪 *いや 山形県庄内 新潟県岩船郡 *いやし・いやね 山形県庄内 *いやのえ 山形県東田川郡・飽海郡 *えのまえ 長野県下伊那郡 *おい 青森県八戸市 *おいえ 岐阜県飛騨

*おいのうち 徳島県三好郡 *おえ 長野県 *おーえ・おーやけ 岐阜県飛騨 *おーえー 東京都三宅島・御蔵島 *おーまい 福島県中通 *おしょーや・そーや 岩手県気仙郡 *おっきー 岩手県気仙郡 *おっけ 岩手県気仙郡 秋田県北秋田郡 *おっけー 岩手県九戸郡 *おまえ 福島県 茨城県 栃木県 新潟県中魚沼郡 *おまや 新潟県中頸城郡 *おめめ 栃木県那須郡 *おめやー 栃木県 *おも 徳島県三好郡 香川県三豊郡・伊吹島 *おもて 福島県会津（隠居に対して言う） 茨城県 埼玉県北葛飾郡 千葉県安房郡・香取郡 神奈川県相模・津久井郡 福井県 兵庫県揖保郡 *おもてや 愛知県宝飯郡 *おもや 群馬県多野郡 新潟県 富山県 石川県 福井県敦賀郡 岐阜県・飛騨「おもやではもう田うちが始まった」 三重県 京都府 大阪市 兵庫県 奈良県吉野郡 和歌山県 島根県石見 広島県 徳島県 香川県 愛媛県 高知県土佐郡 長崎県西彼杵郡 熊本県阿蘇郡・天草郡 大分県 宮崎県西臼杵郡 *おや 青森県三戸郡 岩手県紫波郡 秋田県由利郡 島根県隠岐島 *おやけ 秋田県山本郡 山形県西置賜郡 新潟県中魚沼郡 *おやね 兵庫県 *おやもと 滋賀県彦根 *かぶ 愛媛県 *じかた 群馬県利根郡 *しょーや 岩手県気仙郡 長野県 *しょや 山形県東置賜郡 *とーじ 福島県相馬郡「とおじさ、んぐ（本家に行く）」 *とーじゅ 福島県浜通 *とーじゅー 群馬県利根郡・吾妻郡 *とじゅ 宮崎県 鹿児島県曾於郡 *なかい 神奈川県 *ふるえ 熊本県上益城郡 *ぼだい 茨城県 *まえしゃ 岐阜県大野郡

*むーとぅどぅくる・むーとぅやー 沖縄県首里

*むかい 神奈川県中郡 *もとい 熊本県球磨郡

*もといえ 熊本県阿蘇郡・芦北郡 *もとうち 東京都八丈島 *もとえ 東京都八丈島 長崎県南高来郡 熊本県 鹿児島県肝属郡 *もとや 三重県志摩郡 宮崎県西臼杵郡 鹿児島県沖永良部島

*やーむとぅ 沖縄県石垣島 *わりもと 神奈川県藤沢市

分家に対する□ *うーや 新潟県佐渡 *うふやー 沖縄県首里 *おーや 青森県南部 岩手県九戸郡・気仙郡 山形県西置賜郡 埼玉県入間郡 神奈川県愛甲郡 新潟県 山梨県 長野県諏訪 岐阜県大野郡 沖縄県那覇市 *おや 秋田県由利郡 島根県隠岐島 *おんや 愛知県知多郡 *ぬきや 宮崎県西臼杵郡 *ほんえ 熊本県

*ほんか 長崎県五島 *ほんきょ 島根県石見

*ほんたく 群馬県前橋市 千葉県安房郡 佐賀県藤津郡 熊本県 大分県 *ほんや 千葉県山武郡 長野県諏訪・佐久 岐阜県 静岡県磐田郡 愛知県宝飯郡・東加茂郡 三重県 京都府与謝郡 兵庫県氷上郡 奈良県吉野郡 和歌

山県新宮・東牟婁郡　鳥取県気高郡　岡山県真庭郡　佐賀県唐津市　熊本県阿蘇郡　大分県大分郡

ぼんち【盆地】　**＊おーさこ** 鳥取県八頭郡　**＊くぼじゃーら** 石川県能美郡　**＊さこ** 鹿児島県肝属郡　**＊でーら** 福島県南会津郡

ほんとう【本当】　**＊あたりまえ** 岡山市　**＊うんま** 奈良県吉野郡　**＊ぎんとー** 沖縄県石垣島　**＊げんざい** 岩手県気仙郡　鹿児島県肝属郡　**＊しき** 新潟県佐渡　静岡県「しきの兄弟」　**＊じき** 新潟県佐渡　鹿児島県肝属郡「じきのこ(実子)」　**＊しきー** 鹿児島県種子島　**＊じゅん** 沖縄県首里　**＊しょ** 長野県下伊那郡「しょにする(真に受ける)」　島根県仁多郡「なんぼ話いてもしょねせん」　**＊しょー** 静岡県「あの人はしょーによい人だ」　徳島県三好郡「しょー行くか」　愛媛県「しょーかしらん(本当かしら)」　高知県「しょー似ている」・高岡郡　長崎市「そんげんことば、しょーにしてたまるもんの」　大分県　鹿児島県喜界島　**＊しょーしょーとぅ・しょーふん・じんとー** 沖縄県首里「しょーしょーとぅぬくとぅ(本当のこと)」「じんとーやみ(本当か)」　**＊しょーみ** 青森県津軽「私の言ふことはしょうみです」　秋田県平鹿郡・由利郡「しょーみ一円価ある」・河辺郡(実際)　**＊しょみ** 秋田県南秋田郡・河辺郡　**＊しょみしょまつ** 富山市近在　**＊しょんみ** 青森県　**＊そ** 島根県石見　愛媛県大三島　**＊そー** 鹿児島県喜界島　**＊ふんぬ** 沖縄県首里　**＊ふんぽ** 滋賀県　**＊ほ** 青森県上北郡「ほにす(本当にする)」　香川県小豆島「ほつかれ(本当か)」　**＊ほま** 広島県豊田郡　**＊ほん** 青森県　宮城県仙台市「人のいうことほんにしない」　山形県「ほんのごんだ(本当のことだ)」　福島県相馬郡・東白川郡　新潟県「ほんだれ(本当だ)」　石川県鳳至郡・羽咋郡　福井県大飯郡「ほんのてぶらで戻って来た」　和歌山県　鳥取県西伯郡　島根県「ほんか嘘かはっきり言え」　長崎県福岡市「冗談じゃなか、ほんなことじゃが」　長崎県福江市　鹿児島県「ほんのこっじゃろかい」・揖宿郡　**＊ほんけ** 徳島県「ほんけ行くなあ」　**＊ほんこ** 茨城県　千葉県夷隅郡「ほんこにいい顔色をしている」　神奈川県中郡「ほんこ痛かった」　山梨県・南巨摩郡　島根県邑智郡「ほんこ少しですが上げましょう」　岡山県小田郡　広島県山県郡　**＊ほんしこ** 栃木県芳賀郡「ほんしこうだ」　**＊ほんぶつ** 岩手県上閉伊郡　**＊ほんぼ** 岩手県上閉伊郡　三重県志摩郡　滋賀県「ほんぼに(なるほど)」　**＊ほんぽ** 青森県三戸郡　福岡県浮羽郡・朝倉郡　熊本県玉名郡「ほんぽな」　**＊ほんぽー** 佐賀県　長崎県壱岐島　大分県日田郡「ほんぽーを言はねばならぬ」　**＊ほんま** 埼玉県入間郡　富山県高岡市・砺波　石川県石川郡　福井県　山梨県南巨摩郡「ほんまに苦しかっとーわ」　岐阜県　愛知県海部郡「ありゃほんまか」　三重県　滋賀県　京都府愛宕郡・京都市　大阪府大阪市・泉北郡　兵庫県　奈良県山辺郡・南大和　和歌山県　島根県石見　岡山県　広島県「ほんま何をしても上手な人じゃ」　山口県　徳島県　香川県「ほんまのこというていた」　愛媛県　高知県　宮崎県　沖縄県西表島　**＊ほんまく** 山梨県南巨摩郡　**＊まうけ** 福井県大野郡・丹生郡

→しんじつ（真実）・ほんらい（本来）

□**に**　**＊いかな** 石川県珠洲郡「いかなおかあして(おかしくて)」　福井県　島根県石見・隠岐島「いかな悪りー子ちゅーたら」　山口県阿武郡　**＊いかに** 和歌山県日高郡「我らいかにわるいよ」　**＊いげに・えーげに** 島根県石見「いげにそがーなこともあったのー」「えーげにこの碁が腕ずくなら勝てるにのー」　**＊いっすに** 長野県更級郡　**＊いっそ** 宮城県栗原郡「いっそきれいだこと」　山口県玖珂郡「いっそ御無沙汰してゐます」　**＊いよいよ** 広島県佐伯郡・賀茂郡　山口県美祢郡　香川県「いよいよほんまじゃな」　愛媛県北宇和郡・松山　**＊いよいよの** 高知県幡多郡「いよいよの違いがふといのー(全く違いが大きいねえ)」

＊えーちゃー 岩手県九戸郡　岡山県倉敷市「としゅ　とって　えーちゃー　しごと　すんのがえらいがなー」　鳥取県東伯郡　**＊きりきりきっと** 和歌山県新宮「きりきりきっと明日遊びにいらっしゃいよ」　**＊ぎんに** 沖縄県石垣島　**＊げーに** 岐阜県大垣市　**＊げっせん** 鹿児島県揖宿郡「げっせん肥えだも肥えだ」　**＊げに** 島根県石見「げに菊の花がさーとる」　広島県佐伯郡「いよいよまーげに気の毒な事でがんしたのー」・比婆郡　愛媛県　高知県・高知市「げに面白い」「げに御無沙汰をしました」　**＊げにとこやー・げにとこやさー** 島根県美濃郡・益田市「げにとこやー、大きな蜂の巣がある」　**＊げにまこと** 高知市「げにまこと今日の講演は良かった」　**＊げにまっこと** 高知県「げにまっことすまんねー」　**＊げんと** 島根県益田市・浜田市「げんと虹が立っとる」　山口県　愛媛県　**＊げんど** 徳島県那賀郡「げんどこれーあつーてかなわんのー(本当にこれは暑くてかなわないね)」　**＊げんとー** 山梨県南巨摩郡「この薬はげんとーきく」　**＊げんとこやっさー・げんにげんに** 島根県益田市「げんにげんに大けな鯉じゃ」　**＊げんに** 島根県益田市　愛媛県島嶼　**＊こころ** 島根県鹿足郡「仕事をこころよーするんじゃけーのー」　**＊しょーたく** 愛知県東春日井郡　**＊しょーとく** 山形県東田川郡「しょーどく、うまい(たいへんうまい)」　岐阜県稲葉郡・岐阜市　静岡県　愛知県「しょーとく嫌だ」　島根県仁多郡「しょーとく間違いはない」　**＊しょーとこ** 島根県「しょーとここれしか銭がない」　**＊じんぶに** 青森県津軽「じんぶにあきれたぢゃ」　**＊じんぶね** 青森県上北郡　**＊すっと** 香川県「すっとに」　**＊ずっと** 香川県仲多度郡・三豊郡「ずっとの役に立たず」　**＊だに・だにゆ** 沖縄県首里「うりくりん　だに　しらん　ありば(いろいろ言っても本当にしないのであれば)」　**＊てーとに** 神奈川県横須賀市「てーとに馬鹿だ」　**＊どんに** 石川県珠洲

郡「これどんに痛いぞ」　***なんにも** 静岡県志太郡「おらーなんにもやったよ(俺はたしかにやったさ)」　***なんぼか** 青森県津軽「おめだのおどさ、なんぼがえふとだがさねす(あなたの家のお父さんは本当にいい人ですね)」　茨城県新治郡「いやー、なんぼがつがれだど(いやずいぶん疲れたよ)」　高知県　福岡県北九州市「なんぼか涙も出ることがあっとろうなあ(ずいぶん涙の出るつらいこともあっただろうねえ)」　***ねっから** 宮城県石巻「ねっからおとなすえね」・名取郡　富山県砺波　石川県河北郡　岐阜県吉城郡　愛知県名古屋市　(「お気の毒」「ありがとう」などの前に用いて、深く厚くの意を示す) ***のっぺち** 高知県吾川郡　***ひんず** 和歌山県有田郡「そんなこと言はれてひんずにつらい」　***ほっこし** 福井県　滋賀県彦根 ***ほっこり** 石川県能美郡　福井県・坂井郡「ほっこり厭になってしまった」　滋賀県　高知県「ほっこり字が上手じゃげな」　***ほんたく** 島根県益田市「ほんたく知らんのじゃ」　***ほんなこつ** 佐賀県西松浦郡　熊本県阿蘇郡・下益城郡 ***ほんなこて** 長崎県「ほんなこてーやいせもなぇ(情けない)」　熊本県玉名郡・天草郡 ***ほんなこと・ほんなことい** 福岡市 ***ほんのこち** 鹿児島県揖宿郡 ***ほんのこつ** 宮崎県　鹿児島県 ***ほんのこて** 鹿児島県 ***ほんのこと** 鹿児島県屋久島 ***まーことに** 富山県東礪波郡「まーことにこわいことおうたもんじゃい」　***まーし** 沖縄県黒島 ***まーん** 沖縄県竹富島 ***まくてー** 佐賀県　熊本県玉名郡 ***まこつ** 宮崎県日南市「今わまこつ昔とすっとだいぶんちごつ来たむんなー」・東臼杵郡 ***まこつい** 宮崎県東臼杵郡 ***まこて** 長崎県南高来郡「まこてきにょーけうのごたってもう三年にもなっとじゃろかい(本当に昨日のようだが、もう三年になりますかね)」　熊本県芦北郡・八代郡　宮崎県西臼杵郡　鹿児島県 ***まこてー** 熊本県天草郡 ***まごでー** 鹿児島県阿久根市「まごでー、芋ばっかいじゃっ」　***まこと** 宮城県仙台市「今日お目にかゝるのもまこと十年ぶりだ」　石川県珠洲郡「まこと痛かったらあ少々の熱いのは辛抱する」　岐阜県飛驒「まこと厳しいぞ」　島根県美濃郡・益田市　広島県能美島「まこと暑うなりましたのう」　山口県阿武郡「まことそーか」　愛媛県 ***まことー・まことにほにほに・まことにほんまに** 和歌山県東牟婁郡「この子はまことにほんまに悪い子だ」　***まことに** 石川県鳳至郡　三重県一志郡「雨あ降ったんで、まことにきえたわよ(疲れたよ)」　長崎県対馬　熊本県天草郡 ***まさーまさ・まだーまだ** 沖縄県石垣島 ***まさか** 栃木県「駆け足がまさか早い」　群馬県　埼玉県「まさか良いにおいだ」　千葉県東葛飾郡「あそこの嫁はまさかたいしたもんだ」　神奈川県・津久井郡　長野県佐久 ***まっこと** 岐阜県大野郡・郡上郡「まっこと知らんわけでもない」　奈良県南部　和歌山県伊都郡・日高郡　徳島県三好郡「まっことあつい」　高知県・長岡郡・高知市 ***まっさか** 栃木県「まっさか字が上手だ」　群馬県佐波郡　千葉県東葛飾郡 ***むーず** 岐阜県飛驒 ***むじきり** 岩手県気仙郡　山形県東村山郡・西村山郡 ***むず** 岐阜県飛驒「甲と乙とはむず同じじゃ」　島根県邇摩郡・隠岐島「むずの素人だ」　香川県綾歌郡　愛媛県・宇和島 ***むずー** 香川県三豊郡 ***やごーに**(男子のみが使う)愛媛県周桑郡 ***よーと** 熊本市「もよーと、やっぱおんなはらんとなー(もう本当に、やはりいらっしゃらないとねえ)」　***よーに** 鳥取県倉吉市「えー、よーにきゃー、くつろいだいなー(えー、本当にね、ほっとしましたよ)」　***よーね** 島根県「ひさね見んだけん、ようね、おびえたがね(久しくみないものだから、全く驚きましたよ)」　***よくよく** 富山県砺波 ***よに** 島根県石見

ほんばこ【本箱】 ***しゅむつぃばく** 沖縄県首里 ***しょもつばこ** 熊本県玉名郡 ***たじ** 静岡県 ***ぶんこばこ** 宮城県仙台市 ***ぶんごばこ** 山梨県 ***ぼんこ** 京都府竹野郡(昔の子供の本箱)　鳥取県西伯郡 ***ほんたじ** 三重県伊勢・宇治山田市

ぼんやり

①間が抜けて気のきかないようす。ぼうっとしているようす。 ***あかさん** 鹿児島県「あかさんと」　***あきんとけん** 長崎県壱岐島「あきんとけんと一ん日待っちょった」 ***あけっ** 鹿児島県鹿児島郡 ***あけっぽ** 新潟県東蒲原郡 ***あけらぽん** 青森県上北郡・津軽　宮城県　茨城県北相馬郡 ***あけん** 青森県三戸郡　岩手県気仙郡「あけんとしている」　宮城県石巻「あけんとして釣こつんの見てた」　***あけんとけん** 佐賀県佐賀郡「あけんとけんと、あー、してよー。結構なもんたんたー(ことだよ)」　長崎県壱岐島「あけんとけんと待たされた」 ***あっかり** 富山県　石川県珠洲郡・河北郡　静岡県「そんなにあっかりするな」・安倍郡 ***あっかりへん** 石川県金沢市 ***あっかりん** 石川県能美郡・石川郡 ***あっけら** 青森県・津軽「あっけらど看板見てたら財布すられた」　長野県東筑摩郡 ***あっけらけん** 長野県西筑摩郡 ***あっけらこん** 長野県東筑摩郡 ***あっけらぽん** 宮城県栗原郡 ***あっけらぽん** 青森県津軽・三戸郡「何をあっけらぽんと考えている」　宮城県石巻「あっけらぽんとしてえる中にえ(餌)ばとらえた」・仙台市　山形県村山・東置賜郡　茨城県稲敷郡　長野県東筑摩郡 ***うっかりひょん** 新潟県佐渡・西蒲原郡 ***うっかりぽん** 茨城県 ***うっそり** 福井県敦賀郡・遠敷郡　静岡県「うっそりな人」・安倍郡　愛知県北設楽郡 ***うっとら** 福島県 ***うむよー** 沖縄県首里 ***えざらまざら・えざらわざら** 山形県庄内「いつまでもえざらわざらて居ねで、早く来えちゃ」 ***きぬけ** 三重県阿山郡 ***きぼりきぼり** 山口県大島「人のやることをきぼりきぼり見よるが」 ***けろっと** 岐阜県加茂郡 ***てーすけ** 三重県阿山郡 ***てーやん** 大分市 ***てれ** 大分県 ***でれ** 福島県岩瀬郡　茨城県　栃

木県　群馬県桐生市　千葉県 *でれこみ 茨城県北茨城郡 *てれすけ 青森県三戸郡「もっとちゃんとしたしかまい(顔つき)になれ、このてれすけ」　熊本県玉名郡・下益城郡　大分県 *でれすけ 山形県　福島県相馬・岩瀬郡　茨城県　栃木県「このでれすけ奴」　群馬県桐生市　埼玉県川越　千葉県　新潟県岩船郡 *てれつく(いよいよのばか) 愛媛県大三島 *でれふまん 千葉県市原郡 *でれまん 千葉県長生郡 *でれり 千葉県　熊本県 *てれんこ 埼玉県北葛飾郡 *てれんぼー 島根県邑智郡 *とーすけ・とーすけまち 島根県「とーすけ婆」

*どほん 宮城県仙台市「あんまり思いがけなくて、ほんにとほんとなるばりっしゃ」　秋田県鹿角郡　新潟県東蒲原郡　京都府　岡山県児島郡 *どほん 新潟県西蒲原郡 *どやらーん 長崎県壱岐島「どやらーんに聞いちょったりゃ忘れちしもーた」 *ふりぶり 沖縄県首里 *ほーほ・ほんがり 島根県出雲「ほーほとして見とれる」「ほんがりするな」 *ぽさり 茨城県久慈郡 *ほんがりほんがり 島根県「ほんがりほんがり仕事をする」 *まったり 長野県下伊那郡 *もほら 青森県「もほらどする」

→うつけもの（空者）

②形や色などがはっきりしないようす。 *ほーど 島根県鹿足郡「ほーど暗い」

頭が□する *おっぽろげる 山形県 *おれる 香川県三豊郡 *ふーく 長崎県壱岐島 *ほーける 福井県遠敷郡　山梨県　三重県北牟婁郡　京都府　大阪市　島根県　岡山県阿哲郡・浅口郡

*ほける 新潟県佐渡　岐阜県大垣市　愛知県名古屋市　三重県志摩郡　兵庫県淡路島　島根県出雲・隠岐島　徳島県 *ぼれる 岩手県江刺郡・気仙郡「あのじんちゃぼれだ、年だがら」　宮城県石巻　兵庫県淡路島　香川県 *ぽれる 茨城県久慈郡 *ほろける 青森県上北郡　山形県

新潟県下越　長野県諏訪　島根県出雲・隠岐島　高知県香美郡・土佐郡 *ぼろける 山形県西置賜郡

□していること *あんきょろ 福井県 *のそ 福島県相馬　岐阜県本巣郡　大阪府泉北郡　兵庫県赤穂郡 *のそっぽ 新潟県佐渡　兵庫県赤穂郡 *のそべ 和歌山県東牟婁郡 *のそん・のそんけつ・のそんぽん 千葉県夷隅郡「あの人はのそんぽんとしている」

*のっそ 宮城県仙台市 *のっそり 千葉県印旛郡「あの人はのっそりしてる」　石川県珠洲郡・鳳至郡　福井県　京都府 *のっつぉ 岩手県気仙郡　宮城県石巻・仙台市 *ほいすけ 佐賀県 *ゆー・ゆーとーかん・ゆーとんかん 長崎県壱岐島「此の息子はゆーとんくゎんででけまっせん」

□しているさま *あかーん・あっぱらひょん 福岡市 *あがーん 熊本市 *あかん 福岡市　熊本県天草郡「あくゎんとしとる」 *あだあだ 島根県「あだあだすると負けるぞ」 *あんがらへん 香川県「お前、そこであんがらへんと何しよったんじゃ」 *あんかん 新潟県佐渡　島根県 *あんかんぺろりん 新潟県東蒲原郡「あいつはあんかんぺろりんとしているから人に馬鹿にされる」

*あんきらふーん 愛媛県大三島 *あんぎらほー 山口県阿武郡・見島 *あんぎりほー 山口県大島 *あんけらかん 埼玉県秩父郡「あんけらかんと待っていてもしょうがねえ」　福井市　岐阜県大垣市　和歌山県　鳥取県 *あんけらけん 福井県坂井郡 *あんけらこー 島根県美濃郡・益田市「あいつは今日あんけらこーをして仕事い来ん」

*あんけらこんけら 茨城県稲敷郡　群馬県佐波郡　長野県 *あんけらへん 愛媛県

*あんげらほん 山口県豊浦郡 *あんけろけん 福井県足羽郡 *あんけんとんけん 熊本県 *あんやり 島根県簸川郡「あんやりしとる」 *いんちゃく 京都府「いんちゃくなおんぢい」・宇治郡

*うかりうかり 島根県 *うぞやけ 鹿児島県

*くー 長崎県対馬「くうになった」 *けぼけぼ 岐阜県稲葉郡・加茂郡　愛知県東春日井郡 *けろかん 岐阜県山県郡・武儀郡 *けろりきっ 新潟県佐渡 *けろりめん 茨城県多賀郡 *けろりんかん 静岡県志太郡「野郎けろりんかんってしてやーがる」 *けろんかん 滋賀県彦根 *こくー 山口県「こくうにしちょると皆とられるでよ」

*とかり・とかん 長野県佐久 *とけん 秋田県鹿角郡「とけんとしてる」 *とろっと 青森県「わ、とろっとやてるこまぇね(君がぼんやりしている間に)」 *のへっと・のへへんと 栃木県「のへっとただ見てねで何かしたらよかんべ」 *ばほら・まほらまほら 青森県「ばほらど月見でる」「雨の降る中をまほらまほら歩いている」 *ばやばや 宮崎県南那珂郡 *ひょっとけ 三重県伊賀

*ほが 島根県「あいつはほがのやーな顔をしちょる」 *ほがじろ・ほがっと 島根県隠岐島「お前のやーなほがっとではわからん」 *ほがすけ 島根県出雲 *ほがたら・ほがたれ 島根県大原郡・仁多郡 *ほがのたねうり 島根県八束郡

*ほがりん 島根県簸川郡・八束郡 *ぼへらーん・ぼへらぼへら 青森県三戸郡 *まほまほ・まほら・まほらっ 青森県津軽「まほまほすな」

*わんぐり 群馬県多野郡

□する *あおたく 長野県上伊那郡・下伊那郡　静岡県榛原郡 *あわたく 静岡県「何にをそんなにあわたいてゐる」 *うかつく 岐阜県高山市

*うかれる 秋田県仙北郡「そんなにうがれると何がとられるよ」 *うたう・うたる 岐阜県大野郡「うたっとる」 *おそらふく 山形県 *けぼつく 愛知県東春日井郡 *たーけずる 岐阜県郡上郡 *とぅらばるん・とぅるばるん 沖縄県石垣島 *とぅるばゆん 沖縄県首里 *とどーける 島根県石見「長わずらいで頭がとどーけとる」 *とぼける 青森県八戸市「とぼけると自転車にひかれるぞ」　熊本県下益城郡「とぼけとる」 *とぼしれる 島根県石見「何をそがーな所でとぼしれとる

か」 *とほのける 青森県津軽 *とぼる 島根県簸川郡 *どんばける 山形県西置賜郡 *はなをあける 島根県「はなーあけて軽業を見とった」 *びんとーりるん（文語形は「びんとーりん」）沖縄県石垣島 *ほがずく・ほがたれる 島根県出雲「ほがたれると穴に落ちるで」 *もやらめぐ 青森県津軽「今朝、めたね、まなぐぁもやらめぐでぁ（妙に目がかすんだみたいで）」

□だ *うーて 新潟県 *うーとー 岡山市 *うすけない 青森県三戸郡 *うすこったんにゃえ 山形県東置賜郡・東村山郡 *うすこぼけない 岩手県東磐井郡 *うてー 千葉県山武郡 *うとい 東京都利島 新潟県岩船郡 愛知県知多郡 岡山市「正気ぅ失うて気分うとーなった」 広島県 *うとくさい 愛媛県 *おとい 富山県砺波 *おぼけない 秋田県鹿角郡

□と *あけたらと 青森県津軽 *けそかんと 岐阜県山県郡 *ぬっくと 山形県米沢市「ぬっくと立ってる」 *のぼっと 滋賀県彦根 *のほっらんと 青森県三戸郡「のほっらんと立っている」

□者 *あいかり 三重県南牟婁郡 奈良県吉野郡 長崎県壱岐島・五島 *あいかりほーし 奈良県吉野郡 *あきえぼ 鹿児島県鹿児島郡 *あっかり 山梨県南巨摩郡 長崎県五島 *あやかす 福井県坂井郡 *あやかり 福井県南条郡 三重県志摩郡 京都府竹野郡 和歌山県日高郡・新宮「あの子はあやかりだ」 福岡市 長崎県対馬 *あやかりもの 和歌山県日高郡 *あやかれ・あやぼ 福井県 *あやめ 富山県西礪波郡・砺波 石川県江沼郡・鳳至郡 福井県 *ありかり 長崎県 *うそろ 長野県 *うっからへん 京都府竹野郡 *うつからへん 和歌山県那賀郡 *うっかりせん 長崎県対馬 *うっそり 静岡県小笠郡 愛知県宝飯郡 大阪市 *うっそりやろー 静岡県磐田郡 *うっそれ 長野県南部「あの児は余程うっそれだわい」 *うっとい 和歌山県東牟婁郡 *うっとぬけ 和歌山県有田郡 徳島県 香川県 *うっとらさ 滋賀県彦根 *うと 岐阜県北飛騨 三重県志摩郡 和歌山県新宮 *うど 岩手県気仙郡 *うとー 山口県祝島 *うどがんす・うどぼか 愛媛県 *うとけ 三重県南牟婁郡 和歌山県 *うとさく 三重県 和歌山県 島根県石見 *うとすけ 新潟県佐渡 奈良県吉野郡 *うとっぺ 岐阜県飛騨 *うとっぽ 三重県度会郡・北牟婁郡 奈良県吉野郡 和歌山県新宮・東牟婁郡 *うとぬけ 三重県阿山郡 京都府竹野郡 *うどぬけ 愛媛県大三島 *うとぼけ 和歌山県 *うとろけ 愛媛県西宇和郡 *うとんがら 岡山県苫田郡 *うとんけ 和歌山県海草郡 *うとんぼ 三重県 和歌山県 *うとんぼー 和歌山県東牟婁郡 *うぼ 栃木県栃木市・上都賀郡 *うんつく 三重県伊賀南部 奈良県吉野郡「うんつくでれ（うっかり者だな）」 *おたー・おったー（主に女性に言う。卑語）静岡県志太郡 *おっとのけ 島根県隠岐島 *およそもん 奈良県宇智郡 *きなかてんのーさん 島根県簸川郡 *きなしのきんじゅー 島根県美濃郡・益田市 *きなしのてんのーさん 島根県出雲 *さまなし 岩手県気仙郡 *じゃまぬけ 岩手県九戸郡 *じゃんまぬけ 青森県三戸郡 *しょろこけ 岩手県東磐井郡 宮城県「なんつしょろこけだべ」 *だちあかず 香川県三豊郡 *だちやかず 富山県下新川郡 *つくねんぼー 山梨県 *てぼっけなし 栃木県 長野県佐久 *とぅるばいむん・とぅるばやー 沖縄県首里 *どへ 岩手県気仙郡 秋田県仙北郡 *とぼーらず 島根県美濃郡・益田市「お前のよーなとぼーらずはそー余計居らん」 *どほーろく 長野県東筑摩郡「このどほーろく女め」 *とぼけ 青森県八戸市 長野県佐久 滋賀県神崎郡 京都府 兵庫県淡路島 島根県石見 熊本県下益城郡 宮崎県都城 *とぼけもの 鳥取県気高郡・岩美郡 *とぼけやろ 山形県 *とぼけやろー 長野県佐久 *とぼすけ 新潟県佐渡 香川県高松市 *とぼっけなし 岩手県気仙郡 *とほぬけ 青森県津軽・上北郡 *とぼぬけ 新潟県佐渡 *とほのげ 青森県津軽 *とんがらす 島根県隠岐島 *とんぼけ 山形県西置賜郡 *のっきや・のっきん 鹿児島県 *のっけ 岩手県上閉伊郡 *のっけなし 青森県津軽 秋田県仙北郡 *のぶと 三重県名賀郡 *びんとーらー・びんとーりむぬ 沖縄県石垣島 *ほーいん 島根県大原郡・仁多郡・隠岐島 *ぼたりん 長崎県五島 *ぼや 山形県西置賜郡 島根県 大分県 宮崎県日向 *ぼやし 鹿児島県 *ぼやすー 島根県石見 *ぼやすけ 京都府竹野郡 島根県 鹿児島県 *ぼよぞー 福岡県 *よぼけ 兵庫県淡路島 *よんどり 大阪府泉北郡 *よんぼら 大阪市 *よんぼり 京都府 大阪市 奈良県 和歌山県「あいつょんぼりやな」 岡山県児島郡 愛媛県 *らちくちなし 埼玉県北足立郡 長崎県壱岐島・北松浦郡「ぁの人はらちくちなしで困る」 *らちなし 新潟県中頸城郡

→うつけもの（空者）

ほんらい【本来】 *ほんたい 高知県「ほんたい おまんがわりー」

→がんらい（元来）・ほんとう（本当）

ま

まいど【毎度】　＊いちらく 青森県南部　＊いっかた 秋田県「えっかだ喧嘩する」　＊いつらく 青森県「娘がえじらくお世話戴きまして」　岩手県九戸郡　秋田県北秋田郡・鹿角郡　＊ころっと 熊本県下益城郡　＊こんりん 島根県出雲「こんりん雨が降る」　＊しじなーね 島根県八束郡「しじなーね御苦労様になーました」　＊ずべた 鳥取県東部　＊せーだいて 愛知県知多郡「せーだいて私を雇ってくれる」　＊たーさま 島根県邇摩郡「たーさま有難うごだんした」・鹿足郡　山口県阿武郡　＊たーった 長崎県北松浦郡(中流以下)「たあーった使ふてしまうた」　＊ただおの 島根県邑智郡「ただおの有難う」　＊ただまな 島根県石見　＊ただも 島根県出雲　＊ただもと 島根県出雲市・簸川郡　＊ただもね 島根県大原郡　＊ただもの 島根県「ただものあーがとさんでごだえしてね」　大分県南海部郡「ただもの御世話になります」　＊ただもん 島根県　＊ただもんと 島根県簸川郡　＊たった 宮崎県東諸県郡　鹿児島県肝属郡　沖縄県首里「たった　くーよー(たびたび来い)」　＊たったと 愛知県西春日井郡　＊たったも 栃木県塩谷郡「そんなにたったもして何するんだ」　島根県出雲　＊たったもんね 鹿児島県　＊たびごと 秋田県仙北郡「はい、ええなんす、たびごとは(はい、今日はいいお天気ですね。いつもお世話です。朝の挨拶の言葉)」　＊たんだ 島根県美濃郡・益田市「たんだ行くが一度も会えん」　＊つめて 島根県・那賀郡「つめてありがとうございます(挨拶)」　岡山県　広島県「つめておしぇわさんでがんした(いつもお世話様です)」　香川県　＊つんめて 兵庫県佐用郡・赤穂郡「つんめて来て困る」　＊ばんきら 福島県東白川郡　＊ばんきり 岩手県気仙郡「ばんきりばんきりお世話さまでがす」　宮城県「えー、ばんきり、まず、どーも(まあ、いつもいつも、まあ、どうも)」　山形県　福島県東白川郡「ばんきり負けてばありえる(負けてばかりいる)」　群馬県吾妻郡　山梨県・東八代郡・北巨摩郡　＊ばんたび 岩手県気仙郡「夕飯のばんたび言われるのでやんた」　宮城県仙台市「ばんたびばんたびお礼など持って来ないでもよいんです」　東京都八王子　神奈川県・津久井郡　山梨県南巨摩郡「あの子は入学試験のばんたび失敗する」　静岡県志太郡・榛原郡「ばんたび厄介をかける」　＊ばんちょー 群馬県勢多郡「ばんちょうばんちょう物を忘れていく」　＊びたり 山口県阿武郡　＊ひったり 高知市「娘が産前ぢゃきに実家の母がひったり行て居る」　＊びったり 新潟県佐渡「あれからびったり病気をしている」　島根県鹿足郡・益田市「こがーなこたーびったり見る」　山口県阿武郡　長崎県壱岐島「一年中びったり病気しちょった」　＊べたら 神奈川県津久井郡　＊べっしゃり 石川県河北郡　＊べっしり・べったし 島根県「べっしり菓子をせがむ」「あれはべったし遅れて来る」　＊ぺっしり・べっちり 島根県隠岐島　＊べったー・べったーべったー 島根県出雲「毎度べったー、せがれがまかあ出まして(毎度、たびたび、息子がお伺いして)」　＊べったーやったー 島根県八束郡　＊べったい 鳥取県米子市　＊べったいべったい 島根県飯石郡・隠岐島　＊べったしべったし・べったりべったり 島根県出雲「べったりべったりお世話んなーましてね」・隠岐島　＊べったべった 島根県大原郡　＊べったり 千葉県君津郡・山武郡　福井県敦賀郡　三重県松阪市　滋賀県彦根「べったりねてらる」　京都府　大阪市「べったりうちに居やはります」　兵庫県明石郡「べったり寝たきりか」・神戸市　奈良県「あの人はべったり家に立ち寄りますよ」　鳥取県西伯郡・日野郡　島根県「べったり夫婦喧嘩をする」　岡山県児島郡「べったり仕事ばーしょーる」　徳島県　香川県・綾歌郡・仲多度郡「あの人にべったりつきどうしじゃった」　＊ぺったり 島根県益田市・隠岐島「ぺったり菓子を食う」　香川県高松市　＊まいこ 長野県下伊那郡　静岡県磐田郡「まいこお世話になりました」　愛知県東加茂郡　＊まいこまいこ 岐阜県稲葉郡　愛知県北設楽郡　＊まいじ・まいじまいじ 島根県出雲「まえじお世話になーましてね」　＊まいだえ 島根県那賀郡・江津市　＊まんこまんこ 香川県綾歌郡

→いつも(何時)

まいにち【毎日】　＊じょーしき 富山県　＊ひにちまいにち 岩手県気仙郡　山形県村山・最上　＊ひにひに 徳島県　香川県「ひにひにでも活動見に行く」　＊ひんごちゃ・ひんごちゃー 広島県　＊ひんごって 島根県益田市　＊ひんごっと 三重県志摩郡　＊ひんごて 島根県　広島県　＊ひんごてー 島根県邑智郡　＊ひんごと 島根県石見　＊ひんちまいんち・ふにちまいにち 島根県　＊ふごって 島根県能義郡　＊ふごと 島根県八束郡　＊へんごて 島根県「へんごて身体が弱って来る」　＊まーんちしんち 長野県上田　＊まいかえり・めーげやりめーげやり 宮城県仙台市　＊まいごと 島根県仁多郡　＊まいじつ 福岡県北九州市　宮崎県延岡市　＊まいひんち 長野県更級郡　＊まえにつかえにつ 山形県最上郡　＊まえひ 島根県隠岐島　＊まえふぃち 山形県西置賜郡　＊みゃーひにち 熊本県玉名郡　＊みゃひんち 熊本県八代市　＊めにつひにつ 鹿児島県始良郡　＊めひにち 鹿児島県肝属郡

□毎日　＊いすわり 岡山県児島郡　＊ひにちまいにち 岩手県気仙郡　山形県村山・最上　＊ひひとい 和歌山県有田郡　＊ひんちまいんち・ふにちまいにち 島根県　＊まいにちごと 奈良県南大和

まいばん【毎晩】　＊まいよさ 長野県西筑摩郡　愛知県南設楽郡・北設楽郡　三重県北牟婁郡　＊まいよさり 福井県丹生郡　＊ゆんぬかじ 沖縄県竹富島　＊よさよさ 香川県大川郡・三豊郡

まいよ【毎夜】 ⇨まいばん（毎晩）

まえ【前】 ①以前。 *さき 東京都利島「焼けた時わ幾年ぐらいさきんなるかな」 石川県河北郡「五年か七年ほどさきの」 *はな 山口県豊浦郡 ②前方。 *まいで 群馬県佐波郡 長野県中部 *まえって 千葉県長生郡 *まえど 新潟県中頸城郡「家のまえど」 *めーて 茨城県新治郡 千葉県匝瑳郡 *めーでっか 長野県佐久 *めーど 群馬県勢多郡「まっとめーどに出ろ」

時間的にちょっと□ *いまーし 栃木県塩谷郡「えまーし見た時はなかったんだきっとも」 *いまさいぜん 大分県別府市 *いまし 福島県東白川郡「えまし来たげんと、ぢき行った」 栃木県 *さーきに 愛媛県 *さーきん 群馬県佐波郡 *さーちん 鹿児島県喜界島 *さーっきに 滋賀県彦根 *さーま・さきめ 石川県江沼郡 *さかんた 石川県鹿島郡 *さきかた・さっきかた 岩手県気仙郡「さっきかだきたばかりだ」 *さきがた 宮城県仙台市 富山県高岡市 石川県江沼郡 岐阜県 香川県仲多度郡「さきがたまでおった」 *さきがたし 石川県能美郡・石川郡 *さきさ 山形県 *さぎし・さぎんし 千葉県印旛郡 *さきた 青森県 岩手県 宮城県「もーは、さきた行ってめーりした」 秋田県 山形県 *さきだって 山形県西田川郡 *さきな 福島県相馬 埼玉県入間郡「さきな歌うたってゐたな誰だ」 新潟県 富山県下新川郡 *さきながた 新潟県佐渡・三島郡 *さきながたし 新潟県西蒲原郡・佐渡 *さきなし 茨城県稲敷郡 *さきに 三重県志摩郡 兵庫県養父郡・淡路島 香川県・高松市・三豊郡 *さきにがた 京都府竹野郡「さきにがた出かけました」 *さきね 神奈川県津久井郡 山梨県北巨摩郡 *さきん 埼玉県秩父郡「さきん帰ったべーだよん」 香川県 *さきんうちに 香川県仲多度郡 *さきんがた 広島県双三郡 香川県「さきんがた見えよった」 *さきんた 福井県足羽郡 *さきんな 群馬県利根郡・勢多郡 *さきんに 香川県高松市・香川郡 *さけん・さっきんがた 香川県 *さっかり 熊本県 *さっきがた・さっきんだし 岐阜県飛驒 *さっきし・さっきしがた 埼玉県北葛飾郡 *さっきた 青森県南部 岩手県「さっきだきたばりだ」 宮城県栗原郡・玉造郡 山形県 *さっきな 青森県南部 岩手県九戸郡・上閉伊郡 宮城県石巻「さっきなは留守すてすみえんでござりすたねんす」・仙台市 山形県 福島県 群馬県碓氷郡・佐波郡 新潟県中越 長野県下水内郡・佐久 *さっきながた 長野県佐久 *さっきに 愛知県名古屋市「花の先生はもうさっきにから見えております」 三重県松阪 滋賀県蒲生郡 和歌山県日高郡・西牟婁郡「さっけに書いて置きました」 香川県 愛媛県新居郡 *さっきね 岐阜県飛驒 *さっきん 福井県大飯郡 三重県阿山郡 京都府 兵庫県加古郡 奈良県 香川県 *さっきんに 香川県三豊郡

ずっと□ *さーちん 鹿児島県喜界島 *さーっきに 愛媛県「さーけにから待ちよるのに、何しよるんぞ」 *さっきだに 山形県西置賜郡 *さっきに 山形県西置賜郡・米沢市 山梨県 岐阜県郡上郡 *さっきね 岐阜県郡上郡「汽車はさっきねいってまった」 *せーんど・せんろ 和歌山県那賀郡 *せんど 山形県米沢市「しぇんどに知ってだ」 *てまい・てまえ 香川県「てまいにはここはもっとひろかった」 *とぅべーさ 鹿児島県喜界島「自分はとぅべーさから来て待っている」 *もーせんど 大阪市 和歌山市

まえかけ【前掛】 *おさかや（酒屋の杜氏（とうじ）が酒袋などで作って掛けているところから）山梨県 *かいかけ 和歌山県海草郡・東牟婁郡 *ひじゃで（「ひざあて（膝当）」の転）山形県飛島 *ひんじゃで 秋田県雄勝郡 *まいあち 鹿児島県 *まいか 長野県伊那 *まいかー 静岡県 *まいき 石川県石川郡 *まいめだれ・まえめだえ・まえめだれ 鹿児島県揖宿郡 *まえあて 奈良県宇智郡 熊本県芦北郡・阿蘇郡 宮崎県西諸県郡 鹿児島県鹿児島郡・肝属郡 *まえて 新潟県佐渡 *まえぶい 佐賀県・藤津郡 長崎県南高来郡 *まえぶり 青森県上北郡・南部 岩手県紫波郡・上閉伊郡 秋田県鹿角郡 長崎県諫早市 *まえぶりこ 青森県三戸郡 *まえまえ（幼児語）三重県伊賀 兵庫県加古郡 奈良県 *まやて 鹿児島県 *むなかけ 山形県東置賜郡・西置賜郡 広島県比婆郡 *むながけ 栃木県塩谷郡 *むなかけまえかけ 山形県北村山郡・最上郡 *むなやまで 新潟県岩船郡 *むらかけ 広島県比婆郡 *めぶる 岩手県岩手郡

まえだれ【前垂】 ⇨まえかけ（前掛）

まがる【曲】 *いがくる 高知県高岡郡 *いがむ 千葉県長生郡 新潟県西頸城郡 富山県砺波 石川県金沢市・江沼郡 福井県 岐阜県山県郡・郡上郡「この列はいがんでますよ」 三重県志摩郡 滋賀県彦根 大阪府泉北郡 奈良県・大和高田市 鳥取県西伯郡 徳島県 香川県高松 愛媛県新居郡 大分県 *いくる 新潟県佐渡 *いごむ 三重県南牟婁郡 *いばむ 和歌山県東牟婁郡 *いばる 奈良県宇智郡 和歌山県和歌山市・新宮「棒がいばる」 徳島県 香川県大川郡 *かやる 富山県砺波「風が西へかやいた」 大阪府南河内郡「尾根の向う側をかやった処」 愛媛県松山「此の通りを二町ばかりいて、右へかやりなさい」 *かゆむ 島根県邑智郡「大黒柱が左えかゆんだ」 *くねる 岐阜県恵那郡 京都府北部 島根県「筋が大分くねった」 広島県高田郡 大分県大分郡 *ぐれる 静岡県志太郡「下駄んぐれた」 山口県阿武郡 *こんまがる 栃木県 *しおる 大阪府泉北郡 *すがむ 富山県射水郡 *すじる 島根県益田市「すじっとるけーなおせ」 *たまる 青森県「あの角を左

にたまるとすぐです」 *はじっくりかえす 長野県佐久 *ひおる 福岡県朝倉郡・福岡市 熊本県玉名郡 *ひがむ 滋賀県彦根 *ひじる 福岡県朝倉郡「形がひじる」 長崎県対馬 *ひねくる 山口県豊浦郡 徳島県 大分県大分郡 *ひねくれる 滋賀県彦根(ねじれる) 大分県大分郡 *へごる 三重県伊賀南部 *へたる 静岡県「このたきゃーよくへたる(この竹はよくしなしなう)」 *へねくる 島根県「枝がへねくる」 山口県豊浦郡 大分県大分郡 *へねぐる 島根県 *へねくれる 島根県 岡山県北西部 *へねぐれる 島根県益田市 広島県佐伯郡 *へねまがる 大分県大分郡 *へねる 岡山県苫田郡 山口県豊浦郡 大分市 *まがなる 石川県 *まぎる 愛知県知多郡 島根県那賀郡「道を横にまぎる」 愛媛県 長崎市 熊本県玉名郡 *むじける 宮城県加美郡 *もじくる・もじる・もんじる 東京都三宅島 *ゆがぬん 沖縄県首里 *ゆぼる 和歌山県西牟婁郡 *よがむ 島根県那賀郡 熊本県 大分県「道がよごーぢょる」 *よこたわる 上方「そこの角よこたわる(そこの角を曲がる)」 *わがむ 兵庫県淡路島 徳島県 香川県「そこんとこ、ちょっとわがんどるじゃろ」 *わがら 三重県志摩郡 *わがる 三重県名賀郡 兵庫県加古郡 島根県「あの木の枝はわがっちょる」 岡山県小田郡 広島県比婆郡「木の枝がわがる」 徳島県 香川県 大分県・大分郡 *わごむ 長野県下伊那郡 島根県隠岐島「わごんで寝る」 高知県「自転車つっかけてどこかもわごーでしもーた」

まき【薪】 *いっこく(売りに出すものに言う) 新潟県東蒲原郡 *いぼら・いどら 長崎県対馬 *おーしむぬ(「燃やし物」の意) 沖縄県黒島 *おちょーだい・おちょーてー 山梨県 *き(主として、割って細くした薪) 三重県志摩郡 京都府竹野郡「木売り」 香川県「もっと木をくべて風呂をたけ」 *きー 沖縄県八重山 *ぎーじー 鹿児島県喜界島 *ぐいぜ 徳島県美馬郡 *くんぜ 高知県山間部「冬の間にちっとくんぜをとらんといかんぞえ」・土佐郡・吾川郡 *しょーき 山形県飽海郡 *じんと 岐阜県土岐郡 *ずぶ 千葉県海上郡 *たご・たっご 鹿児島県 *てーさくれ 長野県松本市 *とっと 秋田県北秋田郡 *なたぎり 新潟県北蒲原郡 *ばいた 山形県米沢市 新潟県 富山県東礪波郡・中新川郡 石川県江沼郡 長野県 岐阜県 京都府 島根県邑智郡 静岡県(松の薪) 奈良県宇陀郡 *ばいと 島根県邑智郡 *ばいとー 島根県隠岐島・邑智郡 *ばえ 岐阜県飛騨 *ばえたしば 山形県東置賜郡 *はっしゃく・はっしゃくぎ 山形県鶴岡市 *はりき(割木) 岐阜県 *はるき 青森県南部 長野県北安曇郡・東筑摩郡 岐阜県「はるき山(薪を切る山)」 *はるぎ 岩手県九戸郡・気仙郡 京都府竹野郡 *はるぎかーし 岩手県九戸郡 *ぴやだき 秋田県平鹿郡 *ふなぐり 新潟県北蒲原郡 *べーた 新潟県佐渡(太いもの) 長野県諏訪(太いもの) *まきざっぱ 茨城県東南部 長野県東筑摩郡 *まきざっぽ 神奈川県藤沢市・中郡 長野県上伊那郡 *まきざっぽー 群馬県勢多郡 埼玉県入間郡 東京都八王子 長野県東筑摩郡 *まきずっぽ 長野県諏訪 *まきだっぽ 栃木県足利市 長野県佐久 *まきだっぽー 茨城県西茨城郡 栃木県 埼玉県川越市・入間郡 *まきわり 島根県那賀郡・隠岐島 *まくり 熊本県宇土郡 *もしや 山梨県南巨摩郡 *もしよん 静岡県
↓たきぎ(薪)

太い□ *きじり 東京都利島 島根県美濃郡 *せんぼ 福井県大野郡 *せんぼー 山梨県 *ぶずもぎ 山形県北村山郡 *ほた 岐阜県大野郡 静岡県磐田郡 愛知県北設楽郡 奈良県吉野郡 和歌山県日高郡 島根県隠岐島 岡山県苫田郡 山口県 *ぼた 山形県西置賜郡 奈良県吉野郡 *ほたっこ 新潟県東蒲原郡 *ぼっこ 東京都八丈島 *まきざっぽー 山梨県・南巨摩郡 長野県下伊那郡 静岡県志太郡・榛原郡 *まきだっぽ 新潟県中頸城郡 *むすくび・むくび 東京都八丈島

まく【巻】 *かからまく 岩手県 *たがらむ 群馬県吾妻郡 *たなごる 青森県津軽「凧糸たなごる」 *まくる 山形県 滋賀県彦根 鳥取県西伯郡「糸をまくる」 *まつる 広島県賀茂郡 *まるくる 熊本県南部 *まるける 岐阜県稲葉郡 静岡県志太郡「奉書紙はまるけてもってく」 *もくー 岡山県苫田郡「またつかわにゃならんけー、その針金は板へないともくうとけ」 香川県綾歌郡・三豊郡「ちょっと着物をもくうて行たらええが」 愛媛県 高知県・高知市「水飴を箸にもくーて食べる、坊やにはもくわんづく(箸に巻き付けないで)匙で食べさそー」・幡多郡 *もくじる 高知県幡多郡 *もくる 島根県八束郡・隠岐島「糸巻に糸をもくる」 *もつー 愛媛県 *もつる 島根県

管を□ *いごろまく 富山県砺波 *おだまく・おだまくる 島根県能義郡 *ぐずる 山梨県「あのひたー酒に酔いばぐずる」 *ぐぜる 山梨県南巨摩郡「酒に酔ってぐぜる」 *ぐだめく 青森県 *くだめぐ 岩手県気仙郡 *くだらめぐ 山形県東村山郡「酒飲むとくだらめぐ」 *ぐでる 山梨県南巨摩郡 山口県豊浦郡 *ぐみたはる 和歌山県 *ぐみはる 奈良県 *ぐんだいをくる 高知県 *ごたまく 石川県珠洲郡 *ごぼほる 青森県津軽 *ごんぼほる 青森県・津軽「酒を飲むと帰って来てごんぼほる」 岩手県上閉伊郡 宮城県栗原郡 岐阜県吉城郡・郡上郡 秋田県鹿角郡 *ごんぼねる 秋田県北秋田郡「酒呑めばごんぼねる」 *ざばらをくる 鹿児島県鹿児島郡 *じらこく 石川県鹿島郡 *だはんこく 北海道函館・小樽 青森県「そんたじがさ、こんたじがさて、だはんこえで、さしぐね、えがら、出ふぁて来るもんでなぇでぁ(なんのかのと文句を並べて、おいそれとは家から出て来ないのさ)」 *ねくたたける 山形県庄内 *ねくだまく 宮城県栗原郡

山形県庄内 ＊ねくだらこく 宮城県栗原郡 ＊ねする 岩手県気仙郡 ＊やまいもおほっ 鹿児島県 ＊やまいもばほる 熊本県芦北郡・八代郡 ＊やまいもふゆい(酔って乱暴する) 鹿児島県喜界島 ＊やまいもほる(酒の勢いで難題を吹き掛ける) 熊本県球磨郡 ＊やまいもをほる 鹿児島県・肝属郡

まく【蒔】 ＊おとす 山形県「苗代に種おどす」 ＊しつける 青森県三戸郡 岩手県気仙郡 山形県「畑に苗をしつける」 神奈川県 新潟県佐渡 ＊ひつける 岩手県気仙郡 ＊ひねる 東京都八王子 神奈川県津久井郡 宮崎県宮崎郡

種を□こと ＊たなおろし 群馬県勢多郡 長崎県壱岐島 ＊たにうるし 鹿児島県奄美大島 沖縄県首里 ＊たねうるし 鹿児島県奄美大島 ＊たねおとし 東京都八王子 滋賀県彦根 ＊たねおろし 群馬県多野郡 ＊ひっつみ 岩手県気仙郡

まぐさ【馬草】 ＊かぐさ 石川県河北郡 ＊かげご 長野県下水内郡 ＊ごいら・ごいそ 長野県 ＊ごーいそ・ごいそー 長野県南安曇郡 ＊ごーそ 長野県東筑摩郡・西筑摩郡 ＊さぶ 岡山県 ＊とな 青森県 岩手県九戸郡「となため(まぐさを入れる器)」 福島県会津 ＊まぜ 滋賀県甲賀郡 高知県 ＊やだ 岩手県「やだぶね(まぐさおけ)」 福島県会津 ↓かいば (飼葉)

干した□ ＊そくら 長野県下伊那郡「ぞーやくにそくらを呉れる」 ＊ぞくら 長野県上伊那郡 ＊たてくさ 東京都西多摩郡

□刈り ＊かっかいしかり 新潟県北魚沼郡 ＊かりぼし 宮崎県西臼杵郡 ＊かりほしぶち 秋田県雄勝郡 ＊くさきー 鹿児島県肝属郡 ＊くさきり 大分県速見郡 ＊くぞとり 秋田県雄勝郡 ＊はぎとり 秋田県雄勝郡

まくら【枕】 ＊あてがい 新潟県 ＊くるばっつぃー 沖縄県与那国島 ＊ごき 岐阜県郡上郡 ＊ちゃまくら 富山県砺波(もみ殻を入れたまくら) 和歌山市(茶殻を入れた、くくりまくら) 愛媛県 ＊どいやまくら(男子用の、普通のくくりまくら) ＊とてあな(山言葉) 福島県南会津郡 ＊ふせまくら(切れで作ったまくら) 長崎県対馬 ＊ぼーずまくら(両端をくくって円筒形にした布製の男性用のまくら) 長野県下伊那郡 静岡県志太郡 奈良県・南大和 ＊まっくゎばく(箱形のまくら) 沖縄県首里

まぐろ【鮪】 ＊あおこ 福井県敦賀郡 ＊あかあち 沖縄県首里 ＊あきぬいず 沖縄県八重山 ＊あちぬいゆ 沖縄県首里 ＊おいうお 徳島県 ＊おいお 和歌山市 ＊おーいお 兵庫県淡路島 岡山市 ＊おーしび 福岡県 ＊おーたろ(大きいもの) 香川県塩飽諸島 ＊くろしび 静岡県駿東郡 ＊くろだい 広島県 ＊くろんぼ 静岡県富士郡 ＊こしび 福岡県 ＊ごたつけ(大きいもの) 宮城県仙台市 ＊ごとーしび 宮崎県 ＊ごんた(小さいもの) 北海道 ＊しのいお 鹿児島県日置郡 ＊しび 岩手県・気仙郡(大きいもの) 宮城県栗原郡 秋田県鹿角郡 新潟県佐渡 富山県砺波 静岡県沼津市(大きいもの) 三重県北牟婁郡・志摩郡 兵庫県淡路島 和歌山県 広島県安芸郡 徳島県 香川県 高知県・安芸郡 佐賀県藤津郡 長崎県南高来郡 熊本県八代郡 鹿児島県南西諸島 沖縄県 ＊じび 福井県敦賀郡 ＊しびぬいゆ 沖縄県中頭郡 ＊しびぬいず 沖縄県新城島・石垣島 ＊しびふくらい(小さいもの) 宮城県 ＊しびゆ 沖縄県国頭郡 ＊しぶ 富山県砺波 長崎県南高来郡 ＊しぶり 静岡県小笠郡・榛原郡 ＊しるあち(中程度に成長したもの) 沖縄県首里 ＊すびぬいず 沖縄県石垣島 ＊せなが 静岡県 ＊でんぼく 福島県石城郡 ＊とーこ 宮城県 ＊とーずけ 宮城県 ＊はつ(一説に「初(はつ)に出る」の意からという) 大阪府大阪市・泉北郡 兵庫県淡路島 奈良県 愛媛県 高知県 ＊ひきさげ 兵庫県飾磨郡 ＊ひっさげ(一㍍ほどのものを言う) 高知県安芸郡 ＊ひび 和歌山県日高郡 高知県安芸郡 ＊ひゃっきんたら 島根県益田市 ＊ぶり 島根県那賀郡 高知県 ＊ほんしび 愛知県豊橋 和歌山県東牟婁郡 高知県 ＊まぐろしび 和歌山県西牟婁郡 ＊まんぱち 高知県安芸郡 ＊むつ 宮城県 ＊めじろ(マグロの一種) 神奈川県高座郡 ＊やつ 宮城県 ＊よこ 高知県・幡多郡 鹿児島県薩摩 ＊よこっぱち 和歌山県東牟婁郡 ＊よこわ 静岡県伊豆 和歌山県 高知県 ＊よつ(四十キログラム弱のもの) 宮城県 ＊よつわり 静岡県駿河湾地方

まける【負】 ＊うたう 岐阜県羽島郡 滋賀県蒲生郡 京都府久世郡 大阪市 兵庫県明石郡・神戸市 奈良県・宇陀郡 和歌山県伊都郡・那賀郡 ＊おんまげる 千葉県君津郡 ＊ぶっこける 山形県東村山郡「ばくちでぶっこけた」 ＊ふんまける 新潟県東蒲原郡 ＊へこむ 茨城県稲敷郡 ＊へごむ 新潟県三島郡 岡山県苫田郡 ↓やぶれる (敗)

値段を□ ＊きる 高知県香美郡「十円ばーきっちょこか」 ＊しわる 山口県豊浦郡 ＊そえる 新潟県佐渡「一升くりぇえ(一升くらい)余計そいーてやらあ(やりますよ)」 島根県邑智郡 ＊はずむ(品物の値を大きく負ける) 島根県「もう百円はずんで三百円にせー」 香川県 ＊ひわる 山口県豊浦郡 ＊やすぃみゆん 沖縄県首里 ＊やしぃみるん 沖縄県石垣島

まげる【曲】 ＊いがめる 滋賀県彦根 京都市 大阪府三島郡・東成郡 奈良県 徳島県海部郡 香川県「そなんこといがめたらいかんがな」 ＊いくる 新潟県佐渡 ＊いばらす 三重県南牟婁郡 ＊しおます 大阪府泉北郡 ＊ひっとまげる 栃木県 ＊ひっとめる 山形県「枝ぁ、ひっとめで、折った」 ＊ひんもじる・ひんもじくる 埼玉県秩父郡 ＊ぶじょる 秋田県平鹿郡「枝をぶじょる」 ＊ぶっちょる 茨城県稲敷郡 栃木県 ＊ぷっちょる・ぼっちょる・ぼこちょる・ぼんちょる・ぽんちょる 茨城県稲敷郡 ＊へんぜる 福島県会津若松市 ＊まがねる 島

根県「糸金(針金)をまがねる」 *まがめる 島根県八束郡 *まぐたねる 岐阜県 *むじる 岩手県気仙郡 *もじく 愛媛県周桑郡・喜多郡 長崎県対馬 *もじくる 埼玉県秩父郡 静岡県島田市 *もじやくる 福島県相馬 *もじる 埼玉県秩父郡「手をもじった」 静岡県島田市

まけんき【負気】 *きかさ 長野県下伊那郡 *きがさ 大阪市 福岡市 *きもがち 長崎県対馬 *ぎりはり 熊本県玉名郡 *まけんこし 香川県三豊郡 *まけんしょ 山口県 *むこーいき 滋賀県彦根 大阪市 岡山県児島郡 香川県 愛媛県宇和島市 *むこーぎ 新潟県佐渡
→かちき(勝気)

まご【孫】 *うまが 鹿児島県奄美大島 *うまがー(尊敬語) 鹿児島県喜界島 *うまご 佐賀県藤津郡 長崎県「うまごの遊びいたっちょるとん」 *うみまが(尊敬語) 沖縄県首里 *ばやこ 青森県津軽 *ひま 鹿児島県沖永良部島 *まー 沖縄県八重山 *まごじょ 熊本県玉名郡(尊称) 鹿児島県種子島 *まんごじょー 大分県大分郡 *まんごろ 大分県速見郡 *もご 千葉県夷隅郡「おと(父)はもごとあそんでる」 *んまが 沖縄県 *んまぐゎ 沖縄県島尻郡
□の孫 ⇩やしゃご(玄孫)

まごつく *うたく 山形県庄内 *うるたく 青森県 秋田県 山形県 福島県北部 新潟県南部 *うろたく 秋田県「少しの事にうろだぐ人だ」 山形県 福島県中部 新潟県南部 富山県 *うろつく 新潟県佐渡 大分県 *おろたく 富山県 *おろつく 長崎県佐世保市 *ささどる 高知県・高知市「家の中をよく整理しておくと急用でもささどることがない」・長岡郡 *どぅまんぐぃゆん 沖縄県首里 *どーずる(「どーずり(―掏摸)」の動詞化) 群馬県多野郡 *どぎまんつく 兵庫県明石郡 *どだまう 熊本県玉名郡 *どちぎる 香川県 *とちくる 三重県度会郡・宇治山田市 *とちくるー・とちつく 新潟県佐渡 *とちける 福井県大飯郡 滋賀県高島郡 *どちつく 石川県江沼郡 三重県阿山郡 *どちまう 滋賀県甲賀郡 *とちまずく・どちまずく 三重県度会郡 *とちまどう 長崎県対馬 大分市 *とちまとる 福岡県築上郡 *とちまよう 島根県「あの時はさすがにとちまよーた」「何をとちまよーちょーか。しっかりせー」 山口県豊浦郡 *どちゃまく 青森県三戸郡 *とちる 兵庫県淡路島 高知県 *とちるる 福岡市 熊本県 大分県大分郡 *とちれる 三重県伊賀 島根県石見「後から自動車が来てとちれた」 山口県阿武郡・大島「あんまり仕事が多いので何をしてよいか判らんのでとちれちょる」 *どまぎるる 鹿児島県 *どまくー 新潟県佐渡 *どまぐゆい 鹿児島県鹿児島郡 *どまくる 新潟県佐渡 京都府竹野郡 *どまぐる(どれにするか迷う) 山口県豊浦郡 *どまぐるる 佐賀県 熊本県玉名郡・八代郡 *どまぐれる 宮城県仙台市 埼玉県川越市近傍 長野県下伊那郡 愛媛県・松山 高知県「あんな事とは知らずに往ってみてどまぐれた」・幡多郡 福岡県 長崎県対馬 熊本県八代郡 鹿児島県 *どまずく 北海道積丹半島 青森県 岩手県「急に言われだので、どまずいだ」 山形県北村山郡 宮城県 福島県東白川郡「どっちゃ行って良えがわかんねえでどまづえた」 茨城県 *どまつく 岩手県紫波郡 福島県石川郡 茨城県 新潟県佐渡「ありゃ、なにをどまっとる」 富山県・砺波 石川県 岐阜県稲葉郡・郡上郡 愛知県知多郡 三重県志摩郡・度会郡 京都府竹野郡「初めての所なのでかなりどまついて居たようだ」 兵庫県明石郡 *ぶらつく 新潟県佐渡 *もがつく 岐阜県飛騨
→あわてる(慌)・とまどう(戸惑)
□さま *ごんもごんも 鹿児島県肝属郡 *じりじり 奈良県南大和 *せんどまんど 香川県仲多度郡「せんどまんどする」 *とちもち 島根県隠岐島「とちもちして仕事にはかがつかん」 *どまくま 新潟県佐渡 山梨県甲府 *どまこま 新潟県「余り変なことを言出されると返事にどまこまする」 *どんちもんち 福岡市 *もんごいもんごい 鹿児島県

まことに【誠】 *あんにょー 静岡県「物があんにょー沢山ある」 *いじー 福岡県三井郡 熊本県 *いす(「に」を伴って) 長野県更級郡「あんだりいすにいま苦労だなんてっと、うらーごーさわいちゃいすに(息子たちが本当に今苦労だなどと言うと、わたしは腹が立つよ本当に)」 *いずい 島根県石見「いずい悪いが、今金のもち合せがない」「いずいこりゃー堅あ土じゃのう」 山口県阿武郡 *いすか(「に」を伴って) 群馬県館林 *えじー 佐賀県 長崎県五島・北松浦郡(下等) 熊本県菊池郡・下益城郡 大分市 *えず 和歌山県那賀郡「えず遺憾に思ふ」・日高郡「えづ甘いな」 *えずい 和歌山県日高郡「えづい面白い話だった」 山口県阿武郡 *えずー 福岡県 佐賀県・神埼郡 *えんなこつ 長崎県五島 *おーいに 岐阜県揖斐郡 *おーき 山形県 和歌山県「おーきありがと」 *おーきに 岩手県気仙郡 山形県 福島県 栃木県上都賀郡・河内郡「それはおほきにさうだ」 千葉県夷隅郡「おーきに困る」 新潟県東蒲原郡「おーきに御無沙汰しました」 富山県砺波「おーきにお世話になりました」 長野県上伊那郡 滋賀県彦根「おーきにはばかりさん」 京都市 兵庫県城崎郡 奈良県吉野郡「いやおーきにどうも」 和歌山県 鳥取県岩美郡・気高郡 島根県「おーきにござんねんにおもいなさやんすことでごやんしょー」 香川県 愛媛県周桑郡・喜多郡「お友達はそれをきいておーきに笑ひました」 高知県幡多郡 長崎市 *おーきん 三重県鈴鹿郡 *おーけ 香川県三豊郡 *おーけに 島根県石見「おーけにそうじゃった」 山口県 香川県 *おきね 青森県津軽 *おっけに 京都府 大阪府 *かたで 岩手県気仙郡「かたで寒い日だ」 山形県南部「かだでおしょーすな(どうも本当にありがと

う)」 福島県会津若松市 栃木県佐野市「かたで仕事がはかどる」・河内郡 富山県砺波 *かたに 新潟県「かたにはや御無沙汰続きで(「かたにはや」は挨拶を言う前に発する語)」 *がたに 群馬県佐波郡 *かたね・かったね 新潟県西頸城郡 *がたり 千葉県山武郡 *かだんで 秋田県仙北郡 *かったに 新潟県「一人でいるとかったに不便だ」 *しょーしん・しょーじ 長野県佐久「しょーじにおかしい」 *しょーじん 群馬県群馬郡 埼玉県入間郡 島根県那賀郡 *だに・だにゅ 沖縄県首里 *ちょーに 青森県南津軽郡 *ねっから 宮城県石巻「ねっからおとなすえね」・名取郡 富山県砺波 石川県河北郡 岐阜県吉城郡 愛知県名古屋市(「お気の毒」「ありがとう」などの前に用いて、深く厚くの意を示す) *ふに 茨城県稲敷郡 千葉県香取郡 静岡県「ふにふにまあまあ」 *ふんぬ 沖縄県首里 *ほに 青森県三戸郡・南部 岩手県胆沢郡・気仙郡 宮城県宮城郡・栗原郡 山形県「好かねちゃー、ほに」 福島県東白川郡 新潟県佐渡・西頸城郡 長野県上伊那郡「ほにそうだ」 愛知県宝飯郡「ほにほに困ったやつだ」 三重県度会郡 兵庫県淡路島 和歌山県 愛媛県今治市・周桑郡「ほにやー」 高知県・高知市 *ほん 岩手県胆沢郡 岐阜県郡上郡「ほん乱暴じゃったな」 愛知県渥美郡「ほん少ない」 三重県「ほんさー(なるほどね)」 滋賀県犬上郡「結構や、ほん」 大阪市 兵庫県加古郡 奈良県南大和「ほんありません」 和歌山県 島根県 岡山県 山口県「あの人はほん好かん」 徳島県海部郡 香川県 愛媛県周桑郡 *ほんどり 岡山県児島郡 香川県高松 *ほんな 和歌山県 鹿児島県大隅 *ほんなこつ 佐賀県西松浦郡 熊本県阿蘇郡・下益城郡 *ほんなこて 長崎県「ほんなこてーやいせもなぇ(情けない)」 熊本県玉名郡・天草郡 *ほんなこと・ほんなことい 福岡市 *ほんに 青森県上北郡・三戸郡 岩手県下閉伊郡・気仙郡「ほんにさ、今日はじいさんの当り日(命日)だった」 山形県 福島県 千葉県夷隅郡 新潟県 富山県下新川郡・砺波 石川県河北郡 長野県「ほんにやれ」 岐阜県「ほんねほんねいとしいことじゃ」 静岡県志太郡 愛知県名古屋市・知多郡 三重県 滋賀県 大阪市 兵庫県 和歌山県日高郡 鳥取県「ほんにおめでたいこってすなあ」 島根県「ほんにほんにあきれかえることじゃ」 岡山県 広島県 山口県・阿武郡 香川県「ほんになあ、ようでけとる」 徳島県那賀郡 高知県土佐郡 福岡県 佐賀県・佐賀郡 長崎県 熊本県 大分県 宮崎県 鹿児島県 *ほんのこち 鹿児島県揖宿郡 *ほんのこつ 宮崎県 鹿児島県 *ほんのこて 鹿児島県 *ほんのこと 鹿児島県屋久島 *ほんのり 愛知県知多郡「ほんのり少くなった」 *まいでん 沖縄県石垣島「まいでん ふこーらさ ゆー(まことにありがとうございます)」 *やごーに(男子のみが使う) 愛媛県周桑郡

→じつに(実)

まごまご *あどぅなあどぅな 鹿児島県喜界島 *うっとけら 千葉県長生郡 *ごんもごんも 鹿児島県肝属郡 *じりじり 奈良県南大和 *すっこもっこ 新潟県岩船郡 *ちょーらもーら 新潟県「そんなにちょーらもーらしんな」 *とちもち 島根県隠岐島「とちもちして仕事にはかがつかん」 *どどまど 静岡県榛原郡「あんまし怒られりゃー、どどまどしちまう」 *どんちもんち 福岡市 *まごしゃご・まーごしゃーご 青森県三戸郡「勉強も出来ない毎日、まーごしゃーごして日を暮している」 *もんごいもんごい 鹿児島県

□しているさま *いんぐりまんぐり 愛媛県 *いんごりまんごり 鳥取県東部

□する *とぼつく 石川県河北郡・珠洲郡 *どぼつく 新潟県佐渡 *ぼとつく 新潟県長岡市 *まごめく・まごらめく 青森県津軽「銀行の入口にいでまごらめぐ」

□すること *あっちゃーこっちゃー 静岡県志太郡 *ちょこまご 埼玉県北葛飾郡「こどもはちょこまごするからあぶねー」 *ちわいちわい 鹿児島県肝属郡「ちわいちわいする」 *どぅぬーまぬー 沖縄県首里

□するさま *あいつもつ 新潟県中越 *うだうだ 奈良県宇陀郡「うだうだしとったら頭はるぞ」 *こまごま 愛媛県 *ごまごま 山梨県南巨摩郡「舞台え上ってからーごまごまするぢゃあないよ」 *まぐかぐ 岩手県気仙郡「まぐかぐしないでさっさと片着けろ」「まぐがぐって、見ていてもあぶないようだ」 *もたくた 山形県「もたくたする」 *もたくさ 富山県砺波

まさる【勝】 *かちがこむ 高知市「辛棒強く休まない人はかちがこむ」 *かちゅん 沖縄県首里 *なる 秋田県平鹿郡「私なら到底ならねぁ」 高知

方/言/の/窓

●方言・俚言・なまり(訛語)

方言研究者の定義によれば、方言とは、ある土地に行われている言語の全体、すなわち音韻・アクセント・文法・語彙などを体系として捉えたときの言語のことである。

一方、俚言とは、その地域を特徴づける単語で、標準語にない語のことである。東北で、「かわいい」ことをメンコイ、「牛」のことをベコと言ったりするのは俚言である。また、「疲れた」を意味するコワイのような標準語と意味の異なる語も俚言に含めることがある。

また、なまり(訛語)は、標準語形が音声的に変形したものをいう。東北方言に見られるツグエ(机)、カダ(肩)のような濁音化現象や、連母音の融合によって大根がデーコン、デャーコン、ダーコンなどと変形したものがその例である。

県「まったいきにあのこになるまい(弱いからあの子に勝てまい)」 *ませる 三重県名賀郡「ませている」
→すぐれる (優)

まじめ【真面目】 *かいしょ 徳島県海部郡「かいしょな人」 *かく 島根県益田市・隠岐島「かくな男」 愛媛県周桑郡 *きじょーみ 徳島県 *きじょーみきっぱち 愛媛県松山市「きじょーみきっぱちで窮屈でたまらん」 *こまめ 山梨県 香川県西部「こまめによー書いとる」 *じちめ 和歌山県 *じってー 静岡県志太郡 和歌山市「じっていな人やけど知恵が足らん」 島根県石見 *じつめ 和歌山県西牟婁郡 *しまか 高知県・高知市「あの人も此頃はしまかによーやりよるそーな」 *じまた 新潟県佐渡 島根県「お前もじまたにやれよ」「あの人はじまたな人だ」 広島県 *しんぺん 青森県三戸郡・南部「しんぺんに考へた」 *じんべん 長崎県五島「じんべんつくる(まじめにする)」 *しんぼー 岩手県気仙郡「しんぼうして(よく働いて)貯める」 広島県高田郡 岡山市「しんぼーにん(働き者)」 *しんまく 兵庫県加古郡・淡路島「しんまくに骨身惜まず働いてくれる」 島根県「しんまくな感心な子だ」 香川県 愛媛県 *しんみ 奈良県南大和「しんみなこと(まじめなこと)」 *しんめ 岩手県気仙郡 *ちゃんきまり 富山県 *どく 鹿児島県 *ねふー 大分県西国東郡 *ねほー 岐阜県郡上郡 *ましょー 兵庫県但馬 *まちゅー 岐阜県吉城郡 *まちょー 岐阜県大野郡・吉城郡 和歌山県日高郡 *まってー 富山県 *まて 山形県西田川郡・米沢市 新潟県佐渡・西頸城郡 富山県・富山市近在・東礪波郡 山梨県・北巨摩郡・南巨摩郡「あんなまてな男は少い」 長野県 岐阜県武儀郡 *まてー 宮城県仙台市 山形県米沢市 新潟県佐渡・東蒲原郡 長野県北安曇郡・下伊那郡 長崎県対馬・壱岐島 *まほこ(「真方向」か) 愛媛県 *ろく 島根県邑智郡「ろくな人」
□だ *かくい 愛媛県周桑郡「あーかくーなっとられてはこっちがたまらん」 *しかつい 滋賀県彦根・蒲生郡 *またい 新潟県佐渡 島根県「またい人だ」 *またさん 沖縄県首里「またしいむん(信頼のおける人)」 *まるくたい 三重県松阪市 *みだましー 静岡県

ます【増】 *ぐえる 高知県幡多郡 *たさる 岩手県気仙郡「人数もたさったがらこれがらやるか」 山形県「三升あったのにまた二升たさた」 *みる 山口県大島
→ふえる (増)

まずい【不味】 *うすこまずい 山形県 *うまない 新潟県西頸城郡 三重県志摩郡 和歌山県 鳥取県岩美郡・気高郡 徳島県海部郡 香川県 愛媛県周桑郡 *うまむない 兵庫県 福岡市 *うまむにや 鳥取県西伯郡 *うもない 和歌山市 *きたない 宮城県仙台市 *さえん(動詞「さえる」に打ち消しの助動詞の付いたもの) 長崎県対馬 *さぶなか 長崎県西彼杵郡 *しゃびつけない 山口県阿武郡 *だめない 三重県阿山郡 *べたい 岐阜県飛騨「べたい事をやる」 *へどろい 三重県度会郡・宇治山田市 *ぼろい 三重県 *まずっぽらしー 長野県東筑摩郡「まずっぽらしい肴(さかな)だ」 *むせ 青森県上北郡 *まんずくたい・まーんずくたい 静岡県志太郡「おらーまんずくたぇーわぇー(俺(おれ)はへたくそだよ)」 *んもない 福井県
味が□ *あじない 新潟県上越市「うめけもしょっぱけもなく、あじない」 富山県砺波「大根まま食うよりあじないが」 石川県江沼郡 福井県・大飯郡 岐阜県「草餅じゃったってあじない餅でねえ」 愛知県 三重県「きんのはえー鮨ながのうてなー、あじないやんがな」 滋賀県彦根・蒲生郡 京都市 大阪府大阪市・泉北郡 兵庫県・神戸市 *あじゃない 新潟県上越市 *あんない 福井県 三重県伊賀 滋賀県彦根・高島郡 *いみしー 熊本県芦北郡 宮崎県東諸県郡 *うっさい 福岡県小倉市・企救郡 *うっせー 大分県 *にーさん 沖縄県首里

まずしい【貧】 *くーさーん 沖縄県石垣島 *しかたない 秋田県「しかたねぁひと(貧乏人)」「しかたない暮しをして居る」 *せつない 青森県津軽 茨城県 栃木県 群馬県利根郡・邑楽郡 埼玉県南埼玉郡・秩父郡 千葉県君津郡・東葛飾郡 長野県諏訪「この頃はせつねー暮しをする」 *つまらん 愛知県知多郡 兵庫県明石郡 香川県「あのうち、このごろつまらんそうな」「このごろ、ほんにつまらんのじゃ」 *つらい 兵庫県加古郡「つらい家」 香川県「あしこくらしがつらいきんな」「つらいもん(貧乏人)」 *てがみじかい 岡山県苫田郡「わしの家は、てがみじこうて」 *びんびらしー 熊本県 *びんぼーがわるい 石川県鹿島郡 *びんぼーたい 山形県米沢市 長野県諏訪 *びんぼーっくらしー 新潟県上越市 *びんぼがわるい 富山県 *びんぼたい 滋賀県彦根 *へつない 青森県津軽「あそこの呉服屋さんでもいまはずいぶん家計がへじなぇぐなったんだってねー」 *ほところがこまかい 香川県三豊郡
→びんぼう (貧乏)
□こと *ぴーつこ 宮城県仙台市「いつもかつもぴーつこつーわけでござりせんぺで」
□さま *なんぎ 京都市 和歌山市「あの人も今ではなんぎしてゐる」 愛媛県松山 長崎県五島 熊本県 *なんじゅー 宮城県仙台市「なんじゅうに育って」 福岡市 熊本県 *なんじょ 熊本県玉名郡

まぜごはん【混御飯】 *きゃーまぜめし 熊本県玉名郡 *したおきめし 新潟県佐渡 *ずーすぃー 沖縄県首里 *ぞーすい 高知県幡多郡 *たきこみ 島根県 香川県佐柳島(魚、野菜を一緒に炊き、しょうゆで味付けした船中の食物) *たきごみ 島根県 *たきこみめし 兵庫県加古郡(大根、人参、高野豆腐などを炊き込む) 島根県石見 *た

きまぜ 島根県美濃郡・益田市 *たっこみ 兵庫県赤穂郡 香川県木田郡 *ちゃのこ 千葉県君津郡・安房郡（小豆を入れたもの） *まぶりめし 山口県見島 *むぐりめし 島根県石見 *もくめし 島根県邑智郡 *もぐり 広島県能美島 *もぐりめし 島根県 愛媛県 *もぶり 広島県大崎上島 愛媛県大三島・越智郡 高知県幡多郡 *もぶりめし 島根県石見 広島県江田島・備後 山口県大島 愛媛県 *もぶれめし 島根県邇摩郡 *やさいめし（野菜入り混ぜ御飯） 山梨県 *やしゃめし（野菜入り混ぜ御飯） 熊本県天草郡

ませる *えせる 岐阜県加茂郡「えせとる」 *こーばえる 静岡県志太郡「そんなぇーこーばぇーてばっかいなぇーで、みんなうたーずに（歌おうよ）」「このかー、ふんとにこーばぇーた踊りかたーしるよー」・榛原郡「こーばえている」 *こびる 山形県米沢市 静岡県志太郡「こびたまねをーしんな」 愛知県奥設楽・知多郡「こびとる」 *こぶれる 島根県 *すけどしょる 山形県米沢市 *ちょこませる 和歌山市「ちょこませた事言ふの」 →おとなびる（大人─）

□**た子供** *おせ 群馬県勢多郡 京都府竹野郡「おせみたいなことを言う子だ」 *おちょべ 新潟県上越市「あの子はおちょべだ」 *おとなわらし 岩手県気仙郡 *こっぺろく 三重県北牟婁郡 *わさもん 熊本県下益城郡

□**ている** *くーねつくさか 福岡県三池郡 熊本県玉名郡 *くーねつくしゃ 熊本県玉名郡 *くっぺーくさい 福井県 *こーっぴくさい・こーべりくさい 石川県鹿島郡 *こっぺーくさい 茨城県 千葉県夷隅郡 福井県 *こっぺーらしー 山梨県 *こっぺくさい 北海道 茨城県真壁郡 栃木県「白粉つけてなんぼこっぺくさいんだか」 千葉県夷隅郡・東葛飾郡 新潟県西頸城郡 石川県鹿島郡 福井県敦賀郡 *こっぺつもない 新潟県中越 *こべったらしー 兵庫県加古郡 *ませくさい 大阪市 *ませくるしー 滋賀県彦根 *ませくれかえる 和歌山県西牟婁郡「あの子はませくれかえって居る」 *ませくろしー 兵庫県加古郡 *ませこくる 和歌山県西牟婁郡・東牟婁郡 *ろくじゅーくせー 大分県大分郡

□**ていること** *おじゅーこ・おじょーこ・おじょこ 長野県「おじゅーこ言うな」 *おじゅーこー 長野県北佐久郡 *おじょーこー 長野県長野市・上水内郡 *こーし 徳島県板野郡 *こーしや 山梨県南巨摩郡 香川県 鹿児島県種子島「こーしゃを言っている」 *こーしゃく 和歌山県「此の子はこうしゃくな子や」 島根県「こーしゃくをするな（生意気をするな）」 広島県高田郡 *こしゃく 岩手県上閉伊郡・気仙郡 秋田県由利郡「こしゃぐたげる（ませたことをする）」・平鹿郡 山形県「こしゃくなこと言うな」「隣の娘もこしゃくになった（おしゃれになった）」 新潟県 島根県 *こしゃま（女児） 滋賀県伊香郡 *こしゃまくれ 山形市 愛媛県 長崎県南高来郡 *こっちゃく 静岡県「こっちゃくな奴だ」 *しゅーく 愛媛県東宇和郡「しゅーくなこと言うない」 *じゅーく 茨城県猿島郡「じゅーくたれる（生意気を言う）」 栃木県足利市・安蘇郡 *じゅーくー 群馬県勢多郡「じゅーくー言うな」 埼玉県秩父郡 *じゅーこー 長野県小県郡 長崎県対馬「あの人はいつもじゅうこうな（高慢な）ことばかり言うておる人ぢゃ」 *しゅく 愛媛県「しゅくのかわ言う（年のわりに生意気なことを言う）」 *じゅく 栃木県安蘇郡 *しゅこ 愛媛県北宇和郡・南宇和郡 *ませこせ 兵庫県加古郡

□**ているさま** *こーじく 愛媛県 *こーばく 富山県砺波 石川県金沢市 *こせくれ 長崎県五島 *こぜこ・こぜこばす 富山県砺波「こぜこなこと言うな」 *どべんこー 岐阜県郡上郡「こいつどべんこーなことゆーわい」

まぜる【混】 *うべーゆぃ 鹿児島県喜界島 *かっくるむ 栃木県 *かつる 熊本県 *かてる 青森県 秋田県鹿角郡 山形県 群馬県多野郡「おかずを御飯にかって食べる」 神奈川県高座郡・津久井郡 新潟県西頸城郡 長野県諏訪・佐久 岐阜県加茂郡 静岡県「どんぐりの団子にそばかててこしらぇったが」 愛知県東加茂郡 長崎県南高来郡 熊本県下益城郡 鹿児島県出水郡「おまいのてかてで、しぇんこーこであげてくいやあい（あなたのものに加えて線香を買って、あげて下さい）」 *きじゅん 沖縄県首里 *ごーじる 香川県塩飽諸島 *こぶる 高知県 *たりゆい（液体を混ぜる） 鹿児島県喜界島 *つく 香川県綾歌郡「酒に焼酎をつく」 *ほたる 熊本県下益城郡 *ぼっこむ 宮崎県東諸県郡 *まえる 大阪府南河内郡 奈良県宇陀郡 岡山県・苫田郡 *まざーしん 沖縄県石垣島 *まじくる 静岡県志太郡 *まぜくい 鹿児島県 *まぜくる 愛知県知多郡 和歌山県西牟婁郡 岡山市 山口県豊浦郡 徳島県 香川県櫃石島 熊本県・八代郡・天草郡 *まぜこなう（よく混ぜる） 新潟県佐渡 *までくる 和歌山県「抽出（ひきだし）の中をまでくってゐる」 山口県・玖珂郡・大島 *まぶす 三重県志摩郡 滋賀県彦根 兵庫県西宮 *まぶせる 新潟県中頸城郡「セメントと砂をよくまぶせる」 *まぶる 長野県上田 三重県南牟婁郡「粉をまぶる」 岡山県阿哲郡 *まんきゆん 沖縄県首里 *まんまれる 和歌山県那賀郡 *もぶる 香川県三豊郡 愛媛県大三島

また【又】 *またでぃ・またとぅ 沖縄県石垣島 *またんぼ 岐阜県郡上郡

また【股】 *くそぶくろ 大阪府泉北郡 *すまた 高知県土佐郡 *またねあ 岩手県上閉伊郡 *またばい 鹿児島県・肝属郡 *またばし 鹿児島県屋久島・種子島 沖縄県首里・石垣島 *またばす 鹿児島県喜界島 *またぶし 沖縄県石垣島 *またん

ぐり 東京都三宅島 *またんご 東京都御蔵島

手足の指の□ *あじゃら 岩手県二戸郡 *あじやり 青森県上北郡(足の指のみ)・三戸郡 *あなまた(「な」は「の」の意) 長崎県対馬 鹿児島県肝属郡「あなまたがくさる(ただれる)」 *ふ 福島県石城郡「産婦が卵を食えば指のふのきれぬ子を生む」 群馬県多野郡(鳥の指に言う)「狼は水鳥と同じやうにふが切れないから泳げる」

まだ【未】 *なーだ 沖縄県首里「なーだ くーん(まだ来ない)」 *なまでぃー 沖縄県首里「なまでぃー くーんすぃが ちゃー しゅが(まだ来ないが、どうするか)」 *まだまー 三重県伊賀 *まだまん 三重県 *まんだに 島根県八東郡・仁多郡

またいとこ【又従兄弟】 *いとこはん 徳島県 *さしのいとこ 福島県西白河郡 *さしわたし 宮城県仙台市 *さしわたしのいとこ 宮城県石巻・仙台市 鹿児島県肝属郡 *ひきわりのいとこ 東京都 *ひとまわりのいとこ 宮城県栗原郡 *ひとまわりまわったいとこ 宮城県仙台市 *ふたいとこ 岩手県紫波郡・上閉伊郡 秋田県鹿角郡 東京都新島 島根県 広島県高田郡 香川県 愛媛県周桑郡・松山 高知県 福岡市 佐賀県藤津郡 *ふたはたいとこ 東京都八丈島

またがる【跨】 *はたかる 愛媛県 *はたがる 熊本県玉名郡・下益城郡 *はだかる 山形県北村山郡「よーほーさ、はだがる(両方にまたがる)」 *ふんとーばる 岡山県浅口郡 *ふんばたがる 福岡県久留米市 *ふんばちかる 兵庫県但馬 *ふんばる 兵庫県但馬 *ふんまたがる 山形県米沢市 千葉県東葛飾郡

またぐ【跨】 *あぐむ 栃木県塩谷郡「何々があったからあぐんでこー」・下都賀郡 *あごむ 茨城県稲敷郡・北相馬郡 千葉県「てんびんをあごむと折れる」 愛知県 *あんごむ 千葉県山武郡 愛知県 *ひーゆい 鹿児島県喜界島 *またぎるん(文語形は「またぎん」) 沖縄県石垣島 *またぐる 愛媛県新居郡 *またげる 富山県東礪波郡 岐阜県飛驒 兵庫県・神戸市 奈良県宇智郡 和歌山県東牟婁郡・新宮「本をまたげてはいけません」 島根県鹿足郡 愛媛県周桑郡・喜多郡

またたき【瞬】 ⇨まばたき(瞬)

まだるっこい【間怠―】 *しんだい 徳島県「なかなか咲かんので菊作るんもしんだいな」 *しんどい 大阪市「あの人の話はしんどい」「あいつの仕事はしんどうて見て居られん」 徳島県 *しんどろくさい(非常にまだるっこいことか) 愛知県知多郡「そんなしんどろくさいことか」 *ちょろい 新潟県佐渡 岐阜県可児郡 静岡県田方郡 愛知県三河「仕事がちょろい」 滋賀県彦根 大阪市 兵庫県明石郡「ちょろい奴ちゃなあ」 和歌山県「そんなにちょろいことでは役に立たん」 鳥取県・西伯郡 岡山県・小田郡 徳島県 香川県 愛媛県 *ちょろくさい 大阪市 兵庫県明石郡「ちょろくさいことして、のいとり、わいがしたろ(どいて居なさい、私がしてやろう)」 和歌山市 鳥取県 島根県邇摩郡・隠岐島「何をさせてもちょろくさい」 広島県高田郡 徳島県 *ちょろくそい 島根県邇摩郡 *ちょろこい 滋賀県彦根・蒲生郡 大阪市「ちょろこいことぬかしてよる」 和歌山県「ちょろこい事してたら損するよ」 徳島県 *どーろぐせー・とりくさい 長崎県対馬 *ところくさい 三重県志摩郡 *とりー 島根県出雲「あの男は仕事がとりて困る」 大分県 *とろい 青森県 福島県中部 新潟県佐渡 山梨県・南巨摩郡「仕事の手がとろいどーで能率は上らない」 長野県下伊那郡「歩くにとろい」 岐阜県「あいつはとろい奴で」 静岡県 三重県志摩郡 滋賀県彦根 京都府「そんなとれーこっちゃだめだ」 大阪市 兵庫県明石郡「そんなとろい事しとって片付くかい」・淡路島 島根県「そんなにとろいことでは追いつかん」 岡山県小田郡 広島県 山口県「われえみたようなとろい奴ぁ海に舟からほろけるい」 徳島県三好郡「手がとろい」 香川県「ここ不作がつづいたら品物の売れ行きもとろんなるで」 愛媛県松山 高知県 熊本県下益城郡 *とろくさい 青森県津軽「あの人は仕事は叮寧だけれどもとろくさぇーてまええでぁ」 長野県上伊那郡 岐阜県飛驒 愛知県奥設楽 三重県 京都市 大阪市 兵庫県明石郡「見とられんな、とろくそーて」 奈良県 鳥取市 島根県 岡山県児島郡「おめえのしょうるこたあなんでもとろくせーのう」 広島県 徳島県 香川県 愛媛県松山「そんなとろくさいゆっちゃいかん」 長崎県壱岐島・対馬 *とろくたい 岐阜県飛驒 *とろこい 大阪市 徳島県 香川県仲多度郡 愛媛県 高知県 *どろっくさい 静岡県榛原郡 *とろっこい 青森県三戸郡 *はがくさい 新潟県中頸城郡 *へしない 富山県 岐阜県飛驒 *めかいだるい 奈良県吉野郡 *めだいー 徳島県 *めだるい 茨城県久慈郡 新潟県西頸城郡 滋賀県彦根 大阪市 岡山県苫田郡「あれのやることぁめだるうて見ちゃおれん」・児島郡 *めだるこい・めっちゃらこい 新潟県東蒲原郡 *めんだるい 新潟県西頸城郡
↓じれったい(焦)・はがゆい(歯痒)

まち【町】 *おーかん 愛知県渥美郡「おーかんに買い物に行く」 愛媛県松山 *くやー(商売町) 沖縄県石垣島 *さと 山形県北村山郡 *さとまえ 山形県 *じょーか 新潟県佐渡 富山県砺波 島根県 愛媛県周桑郡(松山市を言う) *ところ 岡山県苫田郡「何分ところの人には、お口にあいますまい」 *まちむら 岐阜県益田郡「小坂のまちむらへ行く」

まちがい【間違】 *いすか(「鶍(いすか)の嘴(はし)」からか。大まちがい) 群馬県佐波郡 *うどしゃか 愛媛県周桑郡 *おじゃおじゃ 島根県出雲 *かっごんほか(「かくご(覚悟)のほか」の転か。ちょっとしたまちがい) 鹿児島県鹿児島郡 *かぼちゃ(大まちがい) 島根県出雲 *げまん 静岡県榛原郡 *ごと 長野県下水内郡(まちがった言葉)

徳島県美馬郡 *ごど 新潟県中魚沼郡 *しゃが 兵庫県淡路島「しゃがでも構わずやり通す男じゃ」 徳島県 愛媛県 *じゃじゃ 島根県「じゃじゃばっかぁ、えってかぁね」 *じゃじゃくちゃ 鳥取県西伯郡 島根県出雲 *じゃじゃこ 島根県隠岐島 *じやじゃもじゃ 島根県出雲 *しゃべ 島根県隠岐島 *ぱっぱい 沖縄県石垣島 *ぱっぺー(動詞は「ばっぺーゆん」) 沖縄県首里 *ひちまちがい(全くのまちがい) 大分県 *へち 島根県石見「お前はへちばっかし言う」「球がへちな所い飛んだ」 愛媛県 高知県 *へちかんす 高知県「へちかんすの路を教えられて大迷惑をした」 *へちゃ・へっち・へっちょ 愛媛県 *へちくちゃ・へちこち 高知県 *ぼじゃ 岡山県浅口郡 *まんちゃら 島根県出雲

まちがう【間違】 *うちまみじゅん 沖縄県首里 *げんすけく 愛媛県温泉郡 *そちごう 長崎県対馬「彼は近頃そちごうとるやうにある(際だって気分が違っているようだ)」「彼はそちごうたことをする(まちがったやり方をする)」・壱岐島 *へちぐる 愛媛県越智郡・今治市 *へちぐるー 愛媛県今治市 *へちまがう 大分県宇佐郡 *まぐれる 千葉県印旛郡

まちがえる【間違】 *ぐれる 群馬県佐波郡 *そざす 青森県上北郡 岩手県気仙郡 宮城県仙台市「書きそざしたから、いま一枚紙くなえ」 秋田県鹿角郡 山形県 *そじやす・そじゃらす 青森県 *そだす 山形県「かきそだしてもったいない」 *つまくる 青森県津軽 *はぐる 福島県「今度の試験うんとはぐった」 茨城県稲敷郡・真壁郡 千葉県市原郡「持方はぐって落しちゃった」 *ぱぐる 福島県北部・中部 *はごる 茨城県稲敷郡 *へくとう・へくたらす 新潟県中越・南魚沼郡 *まみじゅん 沖縄県首里 →あやまる(誤)

まちどおしい【待遠】 *うたとい 滋賀県甲賀郡・蒲生郡 *おぼらしー 岡山市「医者の来るのがおぼらしー」 *きしんどい 徳島県「そんなに少し宛入れるのきどいな」 香川県「こなん細かいこと、いちいちせないかんの、きどい話やなあ」 *きどくさい・きどたらしー・きどとーしー 徳島県 *こらしー 長崎県対馬 *しんきー 山口県大島 *しんきくさい 愛媛県 *とかしない 広島県能美島・向島 *はてはない(「果てしがない」の意から) 岩手県上閉伊郡 *ひしない 富山県 *へしない 富山県 石川県 岐阜県北飛驒 *まちどい 大阪市 *まちながい 宮崎県東臼杵郡「まちなげどがーつか(待ち遠しいことだろう)」 鹿児島県 *まちながしー 山口県 長崎県対馬 *まちなごし 宮崎県日南市「あんしの戻っきあるまじがまつなごし(あの人の戻って来られるまでが待ち遠しいし)」 *まちなんか 佐賀県藤津郡 鹿児島県種子島 *まちびしー 青森県三戸郡 新潟県佐渡 岐阜県飛驒・郡上郡「あの子の かえるのが まちびしー」 *まちびしない 富山県・砺波 *まちびやし 秋田県雄勝郡「友達が来ないで、まちびやしな」・平鹿郡 *まちふしー 青森県南部・上北郡 *まちぶしー 青森県三戸郡・南部 新潟県佐渡 岐阜県飛驒 *まちぶしたい 新潟県・中蒲原郡 *まちぶったい 新潟県 *まちべしない 富山県砺波 *まちぽしー 秋田県北秋田郡「遅くてまちぽしい」 *まちもどかしー 栃木県 *まっながい 鹿児島県肝属郡 *まつぷし 青森県津軽 山形県西田川郡

まちぼうけ【待惚】 *まちぼとけ 三重県阿山郡 *まちぼろけ 山形県東置賜郡・東田川郡 *まったいくつ 京都府竹野郡「さっきからまったやーくつするほど待ちました」 *むなまち 鹿児島県喜界島 *んなまち 沖縄県首里

まつ【松】 *あおば(マツやスギの総称) 富山県砺波 *とぼり(山言葉) 福島県南会津郡 *まつぎ 広島県比婆郡 *まつっき 長野県佐久 *まつっこ 京都府 *まつのぼん 滋賀県湖西 *めんまつ 香川県

□の実 ⇩まつかさ(松毬)

まつ【待】 *まーじる 千葉県東北部 *ましる 山梨県南巨摩郡 *まちる 青森県「きたら まずらへておけじゃ(来たら待たせておいてくれ)」「しばらぐ待ちる(久しく待つ)」 岩手県九戸郡 秋田県鹿角郡 山形県東田川郡「まちろぢゃ(待て)」・鶴岡「まちれ」 茨城県 群馬県吾妻郡 東京都新島「まちてください」 山梨県南巨摩郡 長野県南部 静岡県榛原郡「ちょっくらまちょー」 愛知県知多郡「まちれん(待てない)」 島根県隠岐島 愛媛県周桑郡 長崎県北松浦郡「まちとるてー(待っているから)」 大分県南海部郡

まっか【真赤】 *てっかまっか(「鉄火」は赤く熱した鉄の意) 新潟県佐渡 福井県 *てんぴか 福井県大飯郡 *まっき 茨城県久慈郡 千葉県「まっきなもの」 *まっきん 茨城県新治郡・稲敷郡 千葉県海上郡 *まっぴ 宮崎県都城

□なさま *べんべん 富山県砺波 *まっかーら 沖縄県首里 *まっかいけ 奈良県・宇陀郡「空がまっかいけや」・宇智郡 *まっかしけ 岐阜県大垣市 愛知県中島郡・名古屋市「まっかしけの花」 *まっかすけ 岐阜県大垣市・本巣郡 *まっかち 千葉県夷隅郡 *まっかちか 栃木県 *まっかちっか 福島県相馬郡「西のそら、まっかちっかだ」 *まっかちゃっか 福島県伊達郡 *まっかてっか 新潟県東蒲原郡「まっかてっかな着物を着ていいこと」・下越 *まっからけ 奈良県・宇智郡

まつかさ【松毬】 *あばば・あばばん 三重県志摩郡 *かーか 静岡県 *かーかー 広島県山県郡 *かけろー・かけーろー・かけろーこー・かっけーろー・かっけーろ・かっけーらー・かっこーろー・けーろー 山口県玖珂郡 *かさつぼり 山形県酒田市 *かさぼんぼん 愛媛県東宇和郡 *かっけらろー 山口県大島 *かっこ 長野県北部 三重県上野市・名張市 滋賀県栗太郡・野洲郡 山口県

玖珂郡 *かっこー 山口県玖珂郡 *かっぽー 滋賀県栗太郡 *がっぽー 兵庫県播磨 *からす 山口県玖珂郡 *かんからまつ 山口県厚狭郡 *かんかんぼーず 山口県美祢郡 *かんこ 長野県佐久 *かんころ 京都府京都市・宇治郡 *きーきーまつ 島根県邑智郡 *きのみ 大阪府泉北郡 *ぐり 山口県玖珂郡 *けけろー 島根県鹿足郡・邑智郡 *けっけらまつ・けんけらまつ 富山県氷見市 *けららまつ 石川県 *こけこーろ 大分県 *こけら 山口県屋代島 *ごご 青森県南部 *こっけら 山口県阿武郡 *こっこー 三重県阿山郡 *ごこまがり 香川県手島 *こまざれ 山形県東田川郡・飽海郡 *んご 青森県南部 *ごんこまつ 長野県南佐久郡 *こんちり 兵庫県淡路島 *たわら 奈良県吉野郡 *たんころ 滋賀県野洲郡・栗太郡 *たんば 滋賀県栗太郡 *たんまい 滋賀県栗太郡 *ちちら 和歌山県日高郡 *ちちりこ 和歌山県有田市・那賀郡 *ちちりん 京都府丹波地方 大阪市 *ちちろ 和歌山県西牟婁郡・東牟婁郡 *ちちろこ 和歌山県日高郡・西牟婁郡 *ちっちこ 和歌山県那賀郡 *ちっちろ・ちっちり・ちっちりこ 和歌山県 *ちっちろこ 和歌山県海草郡 *ちゃっぽっくり 千葉県市原郡 *ちゃぽくれん 千葉県海上郡 *ちょーじゃ・ちょーや 千葉県 *ちょーじゃぼんぼ 千葉県匝瑳郡 *ちんぐり 広島県向島 *ちんこち 京都府 *ちんころ 滋賀県 *ちんころまつ 滋賀県湖東 *ちんちくり 京都市 *ちんちくりん 京都府宇治郡 *ちんちら 三重県伊賀 京都府 兵庫県 奈良県 *ちんちらこ 奈良県南大和 *ちんちり 三重県上野市 大阪府大阪市・泉北郡 兵庫県淡路島 奈良県 *ちんちりん 奈良県 *ちんちろ 三重県 滋賀県滋賀郡 大阪府大阪市・豊能郡 兵庫県・明石郡 奈良県 和歌山県日高郡 山口県都濃郡 *ちんちろりん 滋賀県蒲生郡 大阪府豊能郡 兵庫県神戸市・赤穂郡 奈良県吉野郡 鹿児島県 *つぐり 福岡県粕屋郡・福岡市 *つまぐり 香川県瀬居島 *つんぐり 広島県佐木島 愛媛県 長崎県対馬・壱岐島 *つんぐろ 佐賀県唐津市 *てまりこ 大分県大分郡 *とちのこ 兵庫県淡路島 *とちりん 大阪府豊能郡 *とちろこ・とっちろ・とんちろ・とんちろこ 兵庫県淡路島 *どんくり 鳥取県 *どんぐり 滋賀県北部 広島県大崎下島 山口県大島 香川県木田郡 愛媛県 *ひょんぐり 兵庫県赤穂郡 *ふぐり 山形県 滋賀県阪田郡・東浅井郡 岡山県・苫田郡 広島県安芸郡・江田島・倉橋島 香川県伊吹島・三豊郡 愛媛県・新居郡・宇和島 大分県 *ふぐりたま 山形県西田川郡 *ふんぐり 三重県 滋賀県 兵庫県 鳥取県 香川県三豊郡 愛媛県 大分県南海部郡 *ぷんぐり 福島県北部「ぷんぐり拾ってくっぺ」 *べそ 島根県那賀郡 *ほいぼ 高知市 *ほーぐり 兵庫県 広島県・安芸郡 愛媛県新居浜 *ほぐり 滋賀県阪田郡・東浅井郡 広島県安芸南部 *ぼくりょー 鳥取県岩美郡・気高郡 *ぼぼ 新潟県佐渡 *ほんぐり 山梨県北都留郡 岐阜県郡上郡 滋賀県高島郡 兵庫県赤穂郡 香川県三豊郡 愛媛県 *ぼんぼら 新潟県佐渡 *まーつっこ 群馬県多野郡 *まちくぐり 秋田県平鹿郡 *まつぃぬなり 沖縄県石垣島 *まつかーかー・まつびーびー 広島県比婆郡 *まつかっこ 長野県西北部 *まつかっちゃ 青森県南部 岩手県九戸郡 *まつから 山口県玖珂郡 *まつかり 大分県速見郡 *まつかんこ 長野県北安曇郡 *まつぐり 兵庫県淡路島 香川県 愛媛県 大分県南海部郡 *まつご 福島県南部 *まつこーず・まつこんず・まつのこんず 長崎県南高来郡 *まつこご・まつぼごり・まつぽんこ・まつぽんぽこ 山形県東村山郡 *まつこごり 山形県村山 福島県中部 *まつこぶ 熊本県下益城郡 大分県大分郡 *まつこぶし・まつごぼし 大分県大分郡 *まつこぼ・まつこんぼ 秋田県河辺郡 *まつこぼし・まつこんぼし 熊本県天草郡 *まつころ 三重県度会郡 滋賀県湖東・湖南 *まつこんぶー 大分市 *まつこんぼー 山口県阿武郡・佐波郡 *まつこんぼり 三重県南伊勢 *まつざら 福島県南部・浜通 *まつたご 滋賀県高島郡 *まつだんご 茨城県稲敷郡 栃木県 千葉県印旛郡・東葛飾郡 神奈川県高座郡 新潟県刈羽郡 長野県北部 *まつっこごり 栃木県安蘇郡 群馬県多野郡 埼玉県入間郡 神奈川県津久井郡 *まつっこぶし 埼玉県南埼玉郡 *まつったんこ(児童語) 埼玉県北葛飾郡 *まつっぱぐり・まつっぷくり・まつふぐりたま・まつぽんぽ 山形県東田川郡 *まつっぷぐり 埼玉県秩父郡・北葛飾郡 千葉県君津郡 静岡県富士郡 *まっつんぐり・まつのもも・まつぼんぼろ・まつもも・まつんぐり・まつんぼろ 三重県志摩郡 *まつつんぐり 三重県志摩郡 長崎県対馬 *まっつんころ 佐賀県藤津郡 *まつどんぐり 兵庫県赤穂郡 *まつのこ 山口県豊浦郡 *まつのしん 大分市 *まつのたくら 三重県南牟婁郡 *まつのたわら・まつのちんちろりん 奈良県吉野郡 *まつのだんご 長野県上水内郡 *まつのつんぐり 長崎県対馬 *まつのばんば 島根県大原郡 *まつのふんぐり 三重県北牟婁郡 *まつのほぼ・まつぼぼ 新潟県佐渡 *まつのぼぼ 新潟県佐渡 富山県砺波・西礪波郡 *まつのほんぐり 神奈川県津久井郡 *まつのぼんぼ 山形県北村山郡・最上郡 *まつのぼんぼん・まつへんぐり 新潟県中部 *まつぱんぱ 島根県仁多郡 *まつふぐり 秋田県平鹿郡 山形県 静岡県富士郡 徳島県 香川県伊吹島 福岡県久留米市 大分市 *まつぷぐり 岩手県上閉伊郡 宮城県登米郡 山形県 *まつぶし 新潟県三島郡 *まつぶそ 徳島県三好郡・美馬郡 *まつふんぐり 宮城県栗原郡 山梨県 *まつぷんぐり 福島県北部 *まつべそ 島根県邇摩郡 *まつぼーず 静岡県富士郡 *まつぽごり 山形県東村山郡・南村山郡 *まつぽんこ 福島県相馬郡・東白川郡 *まつぽんぼ 山形県 *まつんころ 滋賀県

近江八幡市 *まつんこんぼ 佐賀県唐津市 *まんこ 山口県 *みどり 香川県三豊郡・小豆島

まつかざり【松飾】 ⇩かどまつ（門松）

まつげ【睫】 *ごみはじき 長崎県南高来郡 *ばちばちげ・ばっばっげ 鹿児島県 *ぱつぱつげ 鹿児島県姶良郡 *ほことりけ 茨城県稲敷郡 *ほことりげ 茨城県稲敷郡・北相馬郡 *ほこどりげ 千葉県印旛郡 *まいげ 鳥取県西伯郡 愛媛県新居郡・喜多郡 *まえげ 鳥取県西伯郡 *まがえ 長野県西筑摩郡 *まげ 大分県西国東郡・速見郡 *ましげ 京都府 兵庫県但馬 鳥取県西伯郡 島根県 愛媛県 *またたくげ 長崎県南高来郡 *まち 沖縄県西表島 *まっちゅ 沖縄県波照間島 *まつぴけ 和歌山県西牟婁郡 *まのけ 岩手県気仙郡 *まひげ 島根県邑智郡 岡山市 *まみえ 神奈川県津久井郡 *まみげ 福島県相馬郡 *まんぎ 沖縄県与那国島 *みーぬまち 沖縄県鳩間島・黒島 *みーぬまちゅ 沖縄県新城島 *みまっちゃ 鹿児島県喜界島 *めーげ 長崎県南高来郡 *めげ 長崎県佐世保市・南高来郡 熊本県下益城郡 鹿児島県種子島 *めひげ 和歌山県東牟婁郡 島根県 広島県比婆郡 愛媛県周桑郡 *めふげ 島根県安濃郡

まっさお【真青】 *とんばいろ 福岡市 *まあお 秋田県雄勝郡「まーおだ顔してる」 □だ *まっさおい 静岡県富士郡 大分県 *まっぴ 宮崎県「この梢(こずえ)はまっぴなあ」「お前まっぴぢゃないか(顔色)」 *まっぴー 大分県北海部郡 宮崎県 *まっぷーい 大分県日田郡 *まっぺ 熊本県下益城郡

まっさかさま【真逆様】 *かえさら・かえされ 新潟県西頸城郡「かえさら落ちる」 *きゃーさかさま 熊本県下益城郡 *さかたくれ 熊本県下益城郡 *さかばち 長崎県対馬 鹿児島県肝属郡 *さかばちー 長崎県対馬「あん高えとこかるさかばちい落ちたが怪我もせざってよかった」 *てっちゃかさま 青森県三戸郡 *まっさかし 島根県「橋からまっさかしに落ちた」 *まっさかせ 島根県隠岐島 *まっさかばち 長崎県対馬 □になる *さーさてんぼくらう 千葉県夷隅郡 *さかつべをうつ 高知県 *さかつんぼをとる 島根県石見 *さかてんごうつ 島根県出雲 *さかてんぶつつく 新潟県上越 *さかてんぼーうつ 新潟県佐渡 *さかてんぽかやす 富山県砺波「さかてんぽかやいて落っちぇる」 *さかとんぼをうつ 島根県「さかとんぼをうって海の中え飛びこんだ」 福岡市 佐賀県 熊本県八代郡

まっさき【真先】 *いっさき 青森県三戸郡 宮城県仙台市「いっさきにかけ出した」 千葉県山武郡 *いっさきまり 宮城県仙台市「今日の式すか(今日の式ですか)、いっさきまり君が代からでがした(それはまず君が代からでした)」 *いっさんさき 石川県江沼郡 *きっさき 徳島県海部郡「きっさきでやられたんかなおまえんとこのうち、あの大地震に」 *ちょいちばんといちばん 兵庫県加古郡 *てっぱち 山梨県 *てっぺ 和歌山県東牟婁郡 *てっぺんずけ 長野県東筑摩郡「てっぺんずけに失敗した」・上伊那郡 *てんばじめ 長野市 *てんぱち 長野県上伊那郡 *てんぱな 新潟県上越市「いくとてんぱなしごとさせられた」 *てんぱり 千葉県市原郡「てんぱりから失敗した」 *てんぺ 岐阜県本巣郡「てんぺでわからん(最初からわからない)」 *とっぱさき 長崎市 *とっぱち 和歌山県 *はっさき 高知県土佐郡 長崎県対馬 鹿児島県肝属郡 *まっぱしめ 山形県最上 *まっぱじめ 山形県置賜・村山 *まっぱち 島根県那賀郡・能義郡「まっぱちに失敗した」 □に *おでっと 秋田県北秋田郡「おでっと先づよい物を取った」 *おでんと 青森県上北郡・三戸郡 岩手県気仙郡「おでんとこう言うのだから、あきれてしまう」 *おでんぱち 岩手県九戸郡 *おでんぺつ 青森県三戸郡「東京見物ね来て、おでんぺつ浅草さ行ったもんだんだ」 *さっとしっ 鹿児島県鹿児島郡 *てんに 静岡県「てんに倒れてしまった」

まっし【末子】 *いんつこばらい 岩手県気仙郡 *うっとぅんぐゎ 沖縄県首里 *えんつこばらい(その子を最後に「えじこ」が不要になるところから) 宮城県栗原郡 山形県北村山郡 *おっぱたき(「子種をたたきふるった最後の子」の意か) 埼玉県北葛飾郡 *おと 新潟県佐渡・中頸城郡 岐阜県北飛騨 静岡県志太郡 愛知県知多郡 三重県 大阪府泉北郡 徳島県 *おとこ 富山市近在「あの娘は一番おとこだ」 *おとご 新潟県佐渡 富山県射水郡 福井県坂井郡 長野県 岐阜県飛騨・揖斐郡 愛知県 三重県 京都府 大阪市 兵庫県 奈良県吉野郡 和歌山県日高郡・新宮 島根県 岡山県苫田郡・御津郡 広島県 山口県玖珂郡 徳島県美馬郡 香川県 愛媛県 高知県 福岡県北九州市・福岡市 長崎県 熊本県阿蘇郡 大分県 *おとじろ 長崎県 熊本県 *おとじろご 長崎県北松浦郡・南高来郡 熊本県 *おとっこ 福島県相馬郡・福島市 新潟県中頸城郡・西頸城郡 長野県 静岡県 *おとっぜー 福岡県八女郡 *おととつふぁー 沖縄県宮古島 *おとのこ 新潟県佐渡 三重県 和歌山県西牟婁郡 *おとべ 三重県志摩郡 *おとぼー 広島県安佐郡・芦品郡 佐賀県「太郎がかしらで五郎がおとぼうです」・藤津郡 *おとり 兵庫県美方郡 *おとんぼ 長野県下伊那郡 三重県 京都府 大阪府大阪市・泉北郡 兵庫県 奈良県「おとんぼほど可愛い」 和歌山県 島根県 岡山県 広島県比婆郡 山口県大島 香川県 愛媛県 高知県 長崎県西彼杵郡 *おとんぼー 兵庫県揖保郡・神戸市 和歌山県 島根県石見 岡山県 広島県 山口県 *おとんぼし 高知県室戸 *かまっぱらい 埼玉県北葛飾郡 *げっぱこ(「げっぱ」は最後の意) 山形

県鶴岡市 *こがぱらい 山形県東置賜郡 *さごなり(「最後生り」か)福岡県浮羽郡 *しーご 鹿児島県鹿児島郡 *しーごろ 鹿児島県肝属郡 *しーふさぎ 鹿児島県宝島 *しーふたぎ 鹿児島県肝属郡 *しーふたげ・ししたげ 鹿児島県揖宿郡 *しっこ 山梨県南巨摩郡 静岡県磐田郡 *しっぱしご 東京都八丈島 *しっぱれー 神奈川県津久井郡 長崎県対馬 *しっぷり 山梨県南巨摩郡 *しっぽり・すっぽり 千葉県夷隅郡 *しぱきり 青森県下北郡 *しまい 東京都三宅島・御蔵島 *しまいご 東京都八丈島 静岡県磐田郡 *しまいっこ 千葉県安房郡 東京都伊豆諸島 長野県諏訪 静岡県 *しめっこ 栃木県 東京都江戸川区 *しりくそ(末子のことを卑しめて言う語)岐阜県飛騨 *しりこ 滋賀県神崎郡・彦根 兵庫県加古郡 *しりご 京都市 島根県仁多郡 広島県 香川県志々島・小豆島 長崎県西彼杵郡・南高来郡 宮崎県宮崎郡 *しりっこ 新潟県西頸城郡 *しりふさぎ 長崎県対馬 宮崎県延岡 *しりふたぎ 長崎県西彼杵郡 大分県速見郡 *すえっと 新潟県佐渡 *すそ 岐阜県加茂郡 奈良県「内のすそはとりわけ腕白坊主でしてねえ」 福岡県粕屋郡 熊本県 *すそうまれ 山口県豊浦郡 *すそご 島根県 山口県豊浦郡 香川県 長崎県 熊本県 大分県 宮崎県 *すそっぺ 熊本県玉名郡 *すそっぽ 三重県松阪市 熊本県 *すそのこ 香川県 *すそんこ・そそご 熊本県 *すっぱれー・ひっぱれー 神奈川県津久井郡 *すぼのこ 大分市 *たぐり 新潟県中頸城郡 *たばこせん 岩手県気仙郡 *たわらぶるい 岡山県川上郡 香川県小豆島 *ちまされ 京都府竹野郡「あんたん所のちまされはなんぼになっとんなるえ」 *ちゃとーご 岡山市 *つべくくり 山口県大島 *つべこ 愛媛県 *つるたぐり 千葉県夷隅郡 新潟県 *つるたごみ 山形県 *つるったぐり 新潟県 *てごっぱたき 埼玉県北葛飾郡 *とーじこ 山形県東田川郡 *どじくり 岡山県児島郡 *とじこ 山形県 *どべご 熊本県天草郡 *とまり 兵庫県赤穂郡 *なげおんじ 青森県三戸郡 *ねね 富山県射水郡 *ねんね 三重県阿山郡 *のこ 長野県下水内郡 *ひやめし 新潟県中頸城郡 鳥取県気高郡 島根県 広島県江田島 香川県 熊本県阿蘇郡・下益城郡 *ふくろあらい・ふくるあらい 岩手県九戸郡 *ふくろたたき 青森県 岩手県気仙郡 *ふくろっぱたき 岩手県上閉伊郡 群馬県前橋市 *ふくろぱたき(卑しめて言う語)青森県 岩手県九戸郡 秋田県鹿角郡 *ふくろぼらい 岩手県気仙郡 兵庫県 *ふござらえ 三重県阿山郡 *ふりおとし 岡山県川上郡 *ぼー 長野県西筑摩郡 *ほっちょか 長崎県北松浦郡 *むーながおっとすそ(「皆の一番弟分」の意)沖縄県宮古島 *めんこ 青森県八戸 *やつめ やつめかす・やじめこ 青森県 *よご 青森県津軽 *よて 青森県 岩手県紫波郡 福島県浜通 *よてこ 青森県 岩手県九戸郡・盛岡市 福島県石城郡 茨城県 *よてご 宮城県仙台市 福島県浜通 *よてっこ 福島県東白川郡 茨城県久慈郡・多賀郡

→すえっこ(末子)

まっすぐ【真直】 *すもじ 山梨県北巨摩郡 *まっとーば 沖縄県首里「まっとーばしょーん(まっすぐだ)」 *まんがー 沖縄県石垣島 *まんのー 東京都八丈島 *まんろく 岐阜県稲葉郡・郡上郡「道がまんろくについとる」 島根県

□だ *すぐい 新潟県佐渡 兵庫県淡路島「此の松は直いから用木になるだろ」 島根県「この竹はすぐい」「あれはすぐい人だ」 岡山県苫田郡「すぐいことをいうたけんど、まあこらえんさい」・児島郡 *ろーくい 愛媛県上浮穴郡・伊予郡 *ろくい 徳島県美馬郡 愛媛県喜多郡・上浮穴郡 高知県「この釣竿がまず一つろくいだけじゃ」「こんな所へろくい人間が来るもんか」 *ろっくい 愛媛県

□なこと *けた 茨城県新治郡 *ぬびさ(形容詞は「ぬびさーん」)沖縄県石垣島 *ろーく 愛媛県 *ろく 岐阜県「この竹わわりにろくなで」 愛知県知多郡「この地所はろくになっとる」 三重県度会郡 奈良県 島根県美濃郡・益田市・隠岐島「着物をろくに着る」 長崎市 *ろっく 奈良県 愛媛県東宇和郡

□なさま *きんきん 新潟県 *まってん 神奈川県高座郡 *まってんすぐ 三重県度会郡 *まっぽら 香川県仲多度郡 *ろーく 愛媛県 *ろく 岐阜県「この竹わわりにろくなで」 愛知県知多郡「この地所はろくになっとる」 三重県度会郡 奈良県 島根県美濃郡・益田市・隠岐島「着物をろくに着る」 長崎市 *ろっく 奈良県 愛媛県東宇和郡

□に *じっかり 岩手県気仙郡「一番の準急に乗れば一関で乗り換えずにじっかり仙台さ行く」 *ずーり 広島県高田郡 熊本県天草郡 *すとんと 京都府「この道をすとんと行きなはりゃ浜辺へ出ます」 *すんがけ 長野県「朝起きるとすんがけ人が来た」「家へ帰らず、学校からすんかけお祭に行け」 *すんつけ 富山県砺波 *つーっつ・つっと・つっつ 熊本県玉名郡 *つーっと 福岡県八女郡 熊本県玉名郡 *やざしに 福島県相馬

まったく【全】 *あーしに 愛媛県伊予市 *あーじに 愛媛県大三島 *あか 愛知県名古屋市「あかの宵から寝た」 *あんごー 岡山県児島郡 *いじょー 岩手県上閉伊郡 神奈川県「雨が降ってくれればいいに、いじょーに降らない」 高知県「結局四五百円程の融通をしてやったが、いじょー返しなしじゃ」「私にはいじょー何の話もない」「あれからいじょーこん(あれ以来全く来ない)」「今日の問題はいじょーいかざった」 *いっこーも 群馬県利根郡 *いっこちゃ 岡山県児島郡 *いっこと 新潟県長岡市 *いっことん 鹿児島県 *いっこも(「いっこー(一向)も」か)長野県 兵庫県神戸市「水道の水いっこも出えへん」 和歌山県 島根県那賀郡 岡山県

児島郡「いっこもええことがねえ」　広島県江田島・能美島　徳島県「彼はいっこもよりつかん」　大分県北海部郡　***いっこんも** 広島県江田島・能美島　***いっさん** 新潟県東蒲原郡「いっさんに働く」　***いっさんまい** 岩手県気仙郡　新潟県東蒲原郡　***いっさんめ** 新潟県佐渡「食ういっさんめだ」　***いっそ** 宮城県栗原郡「いっそ御無沙汰してゐます」　山口県玖珂郡「いっそきれいだこと」　***いよいよ** 広島県佐伯郡・賀茂郡　山口県美祢郡　香川県「いよいよほんまじゃな」　愛媛県北宇和郡・松山　***いよいよの** 高知県幡多郡「いよいよの違いがふといのー(全く違いが大きいねえ)」　***いらー** 沖縄県黒島　***えーまつ** 新潟県佐渡「ええまつこんなことはせんな」　***おーき** 山形市　***おーきに** 福島県相馬郡「おおぎに、ほおだ」・東白川郡　大阪市　奈良県南大和　***おーけに** 大阪市　***かいくつ** 岐阜県益田郡　***かいくり** 福井県吉田郡・丹生郡　***かいぐり** 岩手県気仙郡　***がいくり** 宮城県玉造郡　***がいぐり** 宮城県登米郡　***かいぐりさんぼ** 岩手県気仙郡「けぁぐりさんぼそれからこなかった」　***かいくれ** 山形県東置賜郡「かえくれもうからない」　富山県下新川郡・富山市近在「そんな事、かえくれ知らん」　長野県上伊那郡　岐阜県土岐郡　滋賀県　和歌山県「かいくれ行方がわからん」　***かいぐれ** 三重県志摩郡　***がいくれ** 宮城県仙台市　***かいくれー** 長野県諏訪　***がいくれさんぼー** 宮城県仙台市「たまに遊びに出すと、がいくれ三宝帰ることを知らぬ」　***かいさら** 山口県豊浦郡「かいさらいけん」　***かいしき** 千葉県香取郡　長野県下伊那郡「行ったきりかいしき手紙もよこさぬ」　島根県　香川県三豊郡「今日の試験はかいしきでけなんだ」　***かいすき** 島根県出雲「かいすきない」　***かいぱたら** 沖縄県石垣島　***かいふつ・かいへつ** 滋賀県高島郡　***かいもくたい** 滋賀県高島郡　***がいよ**(「ぐあい(具合)よく」の転) 兵庫県加古郡「この草履がいよ破れてもた」　***かざに** 島根県「その事はかざに知らざった」　***かたきり** 福島県相馬「かたきり出来ねぇーんだ」　***かたぎり** 京都府竹野郡「かたぎり漁どもなゃー」　***かたっきし** 新潟県中頸城郡　静岡県「かたっきしわからん」　***かたっきり** 東京都大島「かたっきり漁はなかった」　静岡県志太郡　***かっふつ・かえむつ** 富山県　***かつふつ**(下に打ち消しの意を含む語句を伴う) 石川県能美郡　***かねて** 大分県北海部郡　***かぶきり** 福井県遠敷郡・大飯郡「かぶきり知らなんだ」　***かぶで** 福井県遠敷郡・大飯郡「かぶで忘れていた」　大分県南海部郡　***からきって** 群馬県吾妻郡　千葉県夷隅郡　***からきり** 岩手県気仙郡　山形県　***からぎり** 長野県　***からけつ** 島根県美濃郡・益田市「水がからけつ入っとらん」　***からしき** 長野県佐久　島根県「釣に行ったがからしき駄目」　***からっき** 茨城県猿島郡　***からっきら** 福島県東白川郡　***からっきり** 山形県「からっきり駄目だ」　福島県　茨城県猿島郡・稲敷郡　栃木県　埼玉県秩父郡・川越　山梨県「水がからっきり出来ぬ」　静岡県富士郡　***くーかい** 島根県出雲「くーかい見えんやになった」「くーかえ駄目だった」　***くろっと** 山形県酒田市　***けーむ** 神奈川県中郡・愛甲郡「けーむだめだ」　***けーも** 神奈川県足柄上郡　***けそっと** 山形県北村山郡「けそっと来なくなった」・米沢市　***けそりと** 山形県米沢市「けそりとなおった」　***げっせん** 鹿児島県揖宿郡「げっせん肥えだも肥えだ」　***けんごと** 島根県石見「けんごと忘れた」　山口県大島「けんごとえー嫁が見つからんて」　***こきれもきれ** 島根県美濃郡「出た切りこきれもきれ戻って来ん」　***こくい** 島根県石見「出て行ったぎりこくい戻らん」　***こくれもくれ** 山口県阿武郡　***ごっくり** 島根県鹿足郡・益田市「そがーな事があるたーごっくり知らだった」　***こっけもくら・こっけもくれ** 山口県阿武郡　***こっぽり** 福井県「こっぽりだまされた」　鳥取県西伯郡「この箱えこっぽりはまった」　広島県高田郡　徳島県「こっぽり掘っていく」　***ごっぽり** 新潟県佐渡　京都府竹野郡　兵庫県但馬　徳島県　愛媛県　***ごびん** 愛知県名古屋市「まして〇〇が関係があるなどごびんも知らんし」　***こりっと** 山形県　茨城県行方郡　***ころころ** 山形県「ころころ忘れて来た」　***ころっと** 岩手県気仙郡　宮城県「こっち側から見っとらころっと別な眺だ」　山形県「元も子もころっと損した」　福島県東白川郡「一晩のうちにころっと焼けぢゃって」　茨城県稲敷郡　栃木県　岐阜県「ころっと儲けた」　静岡県　愛知県　三重県　滋賀県　京都市　大阪市　兵庫県　奈良県宇陀郡「ころっと食べてしもた」　和歌山市　山口県阿武郡　徳島県　福岡県北九州市　佐賀県　***ごろっと** 青森県南部「かまど(財産)ごろっとなげでしまった」　山形県東置賜郡　三重県志摩郡　奈良県　山口県豊浦郡　長崎県　大分県　鹿児島県口之永良部島　***ころり** 滋賀県彦根　***ころりと** 山形県「ころりと来なくなった」　***こんげ** 愛知県　***こんげん** 岐阜県可児郡・加茂郡　愛知県「こんげん知らん」　島根県鹿足郡・那賀郡「何もかもこんげん無うなった」　福岡県京都郡・企救郡　大分県大分郡・北海部郡「畑の作物はこんげん荒された」　***こんげんころり** 大分県大分郡　***こんげんさい** 島根県「これでこんげんさい懲りた」　***こんりん** 新潟県佐渡「そんなことはこんりん知らなんだ」　島根県「こんりん懲りた」　***さっぱ** 岩手県気仙郡「さっぱわがんねぁ」　***さっぱと**(下に打ち消しの語を伴って) 青森県上北郡「近頃さっぱど漁がない」　岩手県九戸郡　秋田県鹿角郡「さっぱとわからない」　***さっぱりこっぱり** 島根県出雲市・簸川郡「さっぱりこっぱり役に立たん」　***さながら** 宮城県仙台市「あれとおれとはさながらの他人ではない」　福島県両沼　新潟県佐渡　***さぱかぱと・しぱかぱと** 秋田県鹿角郡　***しかっと** 山形県西村山郡・東田川郡　***しかと** 青森県「しかど造る」　***しかも** 青森県南津軽郡「あれー、しかもな、ころほどとてきてぁ(あれ、全くね、こんなに取ってきて)」

*しだい 青森県南部 *じたい(多く否定の語を伴って)青森県南部 新潟県中頸城郡 岐阜県飛驒「ずたい駄目じゃ」 *じだい 青森県南部「じだいおもしろくない」 岩手県九戸郡 秋田県秋田市「近頃はあの男がじでぁに来なくなった」・鹿角郡 群馬県山田郡 富山県 *じだいごだい 富山県 *しったい 鹿児島県 *しったり 秋田県雄勝郡「しったり汚してしまった」・河辺郡 徳島県海部郡「しったり汚れた」 *しってり 秋田県河辺郡・雄勝郡「薪をしってりたいてしまった」 *じで 青森県上北郡 *しぺっと 秋田県平鹿郡 *しょーたく 愛知県東春日井郡 *しょーとく(「生得」か) 山形県東田川郡「しょーどく、うまい(たいへんうまい)」 岐阜県稲葉郡・岐阜市 静岡県 愛知県「しょーとく間違いはない」 島根県仁多郡「しょーとく嫌だ」 *しょーとこ 島根県「しょーとここれしか銭がない」 *じょーぶ 山梨県南巨摩郡「じょーぶくたびちれゃっとうやれ」 長野県佐久 *しろっと・しらっと 山口県阿武郡 *ずいっと 東京都大島「おぼっこ(赤子)が泣いてずいっと眠られない」 *すっかと 宮城県石巻「こんで、すっかときまりすたど」 山形県米沢市 *すったい・ひったい 鹿児島県「すったいだれもした(たいそう疲労しました)」 *すったり 秋田県平鹿郡「すったり食った」 福岡県「すったりきつい(まったく体がだるい)」 熊本県 宮崎県延岡市「いっぺこっぺさるいたら、すったりなえた(いっぱい歩いたら、すっかり疲れた)」 *すったりがっせー 福岡県久留米市 *すったれ 秋田県由利郡「すったれ無くなった」 *ずど 岡山県真庭郡「ずどきれいに無うなってしもうたあ」 *ずぶ 山形県新庄・米沢市「ずぶゆわんにゃえ」「ずぶ知らなえ」 茨城県 東京都八王子 新潟県中頸城郡・西頸城郡 石川県 長野県「ずぶだめだ」「ずぶまずい」「あれはずぶ下等な物で見る甲斐がない」 静岡県「ずぶ小さい」・田方郡・志太郡「ずぶ少なぇー」 山口県豊浦郡「ずぶ分からぬ」 香川県 *ずぶきって 千葉県夷隅郡「ずぶきって米が取れない」 *ずぶきり 宮城県「ずぶきり知らなんだ」「ずぶきりぬれた」「最後までやらせてみさえや、あの成績ではづぶきり駄目と思うけんとまづ」 *ずぶたい 新潟県「あの話はずぶたえ駄目だった」 静岡県 岡山県浅口郡 福岡県企救郡 *ずふと 新潟県西頸城郡 *ずべ 茨城県久慈郡 *すべっと 滋賀県彦根 *すぺっと 青森県津軽「たくさんできた吹出物がすぺっとなた(すっかりよくなった)」 *すべんと 福井県南条郡 *ずんど 兵庫県淡路島「ああさうさう山田君でしたなあ、ずんど忘れてました」 岡山県 徳島県「ずんどわけなしじゃ(全く失敗した)」 *ずんどよーに 岡山県川上郡「ずんどよーに忘れとったがな」 *すんみ 静岡県「すんみ知らん人じゃーない」 *すんみし 静岡県志太郡「すんみし他人でもなぇー」 *ぜってー・でってー・でっと 山形県庄内「ぜってーおどろいた」 *せんばん(よくない場合に用いる) 高知県・高知市「今日の試験は、せんばん出来が悪かった」「あの娘の器量はせんばんぢゃのーし」 *そーぞつ 福岡県三井郡 *ぞろっと 山形県米沢市「ぞろっと貯金した」 *ぞろっと 兵庫県加古郡「親から財産をぞろっと貰う」 佐賀県 鹿児島県種子島 *ぞろり 山口県豊浦郡「ぞろりやられた」 *そんみ 青森県「そんみまねふとだな(実にだめな人だね)」 *そんみだ 青 森県津軽「そんみだおなごだでぁ(ずいぶんひどい女ですねえ)」 *たいから 愛知県名古屋市 *だいから(打ち消しの語を伴って用いる) 富山県「だいからよくない」 石川県 岐阜県飛驒「だいからいいつけにしたがわん」 滋賀県彦根 *だいご 山口県阿武郡「だいごいけん(根本的意見)」 *だいごー 福岡市「だいごーお前がいかん」 *だいざ 長野県西筑摩郡 岐阜県「病気がだいざ治らない」「だいざ役に立たん」 愛知県西春日井郡・名古屋市 *だいざかいざ 岐阜県飛驒 *だいたい 鳥取県気高郡岩美郡 *だいなし(下に打ち消しまたは否定的な表現を伴って) 富山県「そんな事だいなし面白くない」 長野県西筑摩郡「だいなしだめだ」 岐阜市 愛知県知多郡 *たいに 島根県隠岐島「たいに 知らん」 *だいに 岐阜県郡上郡「からだがいかいなばっかでだいにやくにたたん(体が大きいばかりで一向に役に立たない)」 京都府竹野郡「だゃーにごぶさたばっかりしとりまして」・与謝郡 *たえて(打ち消しの語を伴って用いる) 新潟県佐渡「そんなことはたえてしません」 長野県諏訪・上伊那郡 *だたい 鳥取県気高郡・岩美郡 *だったい 新潟県「仕事がだったいはかどらん」 *たてよこ 香川県 *ちゃんと 徳島県「ちゃんと忘れた」 香川県三豊郡「ここにもなー、おばーがちゃんとよーなかったんにゃって(こちらではおばあさんが全くよくなかったそうで)」 高知県幡多郡 *つっつら 島根県那賀郡「つっつら返事もせん」「海の景色がつっつら絵のようだ」 *つぶきり 宮城県加美郡 山形県東田川郡・西田川郡 *つれっと 三重県阿山郡 *つろっと 山形県西村山郡・飽海郡 *つろり 山形県 *てーとに 神奈川県横須賀市「てーとに馬鹿だ」 *てーんで 群馬県勢多郡「てーんでらいさまー(雷様は)いやだいねー」 *てっくり 長野県上田・佐久 *てんきり 岩手県気仙郡「おれてんきりそう思っていた」 静岡県志太郡「てんきりしょんなぇー(てんでお話にならない)」 *でんぎり 山形県 *てんこで 福井県遠敷郡・大飯郡「てんこで知らなんだ」 *てんでっから 長野県佐久 *てんと 富山県砺波 福井県 三重県 滋賀県高島郡 京都府 大阪府「てんとあきまへんわ」 兵庫県加古郡・明石郡「てんと走れまへん」 奈良県南大和 *てんに(否定の表現を伴って用いる) 兵庫県加古郡「そんな事はてんにわかれん(全く分からない)」 *どーだいこーだい 島根県出雲 *どーで 愛知県「どーでいい」 *どくと(下に打ち消しの語を伴って用いることもある) 宮城県石巻 *どだい(下に打ち消しの語を伴わないで用いることもある) 石川県珠洲郡「どだいでかい蛇」「どだい上手な

もんやった」 兵庫県加古郡「どだい分からんこと言うな」 奈良県南大和「どだい勉強せぬ」 島根県石見「出て行ったぎりどだい戻って来ん」 広島県佐伯郡「いま、ありゃしめーなー、どだい(今はありはしませんよ、まるで)」 高知県「どだいふとい」 大分県「其話はどでー聞かれぬ」「どだいわりー(悪い)」 ***どだいくたい** 岐阜県飛驒 ***どだいごく** 和歌山県和歌山市・有田郡 ***どだいこだい** 島根県石見「どだいこだいあいつの考えが違うとる」「どだいこだい物にならん」 岡山県 愛媛県大三島 大分県 ***どだいこと** 岐阜県郡上郡「どだいことだちかん(てんでだめさ)」 ***どだいしく** 和歌山県有田郡「どだいしくお話にならぬ」 ***どだいもく** 三重県北牟婁郡 和歌山県有田郡 ***とっくと** 宮城県栗原郡「とっくと腹空いた」・石巻「とっくとおもっせくねあ(おもしろくない)」 山形県「とっくといやだ」

福島県相馬郡「雨ばっかり降ってとっくとやんになった」「とっくと懲りて寄ってつかねぇえ」 ***とっくに** 福島県相馬郡「とっくにやんなった」 ***とっくり** 秋田県雄勝郡「説明をきいてとっくりよく分った」 ***どっだい** 三重県北牟婁郡「きょーだいとも、かほはひとみたいでも、こころぁどっだいおにみたいなもんじゃ」 ***とでゃーもっこ・どでーさんぼー** 新潟県佐渡 ***どろっと** 兵庫県加古郡 ***どろり・どろすけ** 高知県香美郡「荷物をどろすけ盗まれた」 ***なんにも** 静岡県志太郡「くれたってええじゃんなんにも(くれてもいいではないか、本当に)」「おらーなんにもやったよ(俺はたしかにやったさ)」 ***にーから** 沖縄県首里 ***にっから** 香川県三豊郡「にっからけっこいのないなあ」 ***ぬっきり** 佐賀県 ***ねかくい** 島根県那賀郡・江津市「ねかくい計画が駄目になった」 ***ねかこい** 島根県那賀郡 ***ねから** 山形県米沢市 愛知県名古屋市「ねから存じません」 ***ねくいかくい** 島根県浜田市 ***ねくいこくい** 島根県石見 山口県阿武郡「ねくいこくい焼けた」 ***ねじぇぎり** 山形県東置賜郡 ***ねだえぎり** 山形県 ***ねだえっきり** 山形県東村山郡 ***ねたぎり** 茨城県稲敷郡 ***ねっか** 福井県大野郡・南条郡 ***ねっかい** 鹿児島県 ***ねっかいこく** 山口県大島「ねっかいこく人の言うことを本当にせん男じゃの、君は」 ***ねっからはっから** 茨城県稲敷郡 島根県隠岐島 香川県 佐賀県「ねっからはっからわからんばんたー(分かりません)」 ***ねっからもっから** 島根県石見「うちの子はねっからもっから言うことを聞かん」 ***ねっからやっから** 島根県益田市・美濃郡 ***ねっきら** 山梨県 ***ねっきり** 山形県東田川郡「あいつその後ねっきり来ない」 長野県佐久 ***ねっくいこっくい** 山口県阿武郡 ***ねっこー** 栃木県那須郡 和歌山市 ***ねんだえぎり** 山形県東村山郡・西置賜郡 ***のっぺち** 高知県吾川郡 ***はったり** 岐阜県大野郡「はったり忘れた」・飛驒 ***はっぱ** 岩手県気仙郡「この問題はっぱわかんねぁ」 宮城県栗原郡「はっぱ来ねえ」 ***ひっちり** 長野県佐久 ***びっつと** 青森県津軽「あのことがあってから、びっつど、うちへは来なくなってしまったよ」 ***ぴらすけ** 高知県土佐郡 ***ふに** 茨城県稲敷郡 千葉県香取郡 静岡県「ふにふにまあまあ」 ***ふんに** 群馬県吾妻郡「ふんにそうだ」 ***ふんぬ** 沖縄県首里 ***べろたぐり** 山形県南村山郡・最上郡「べろだぐれもっかえった(倒れた)」 ***ぼーと** 香川県仲多度郡 大分県南海部郡 ***ぼーど** 山梨県南巨摩郡「あーじゃー(あれでは)ぼーど他人行儀だ」 京都府竹野郡「この柿は、今年はぼーどならなんだ」 鳥取県西伯郡「今度の会はぼーどいけだった」 島根県出雲「ぼーど役に立たん」 岡山県「ぼーどおえん(全くだめだ)」 香川県「みんな米がないないと言うけんど、ぼうどないことはない」 宮崎市 ***ぼーどー** 香川県 ***ほっこし** 福井県 滋賀県彦根 ***ほっこり** 石川県能美郡 福井県・坂井郡「ほっこり厭になってしまった」 滋賀県 高知県「ほっこり字が上手じゃげな」 ***ぼど** 島根県大原郡・能義郡「ぼど用事を忘れて話しこんだ」 ***ほどよーに・ほどえしゅーに** 山口県大島「タンクの水はほどように無い様になっちょった」 ***ほに** 青森県三戸郡・南部 岩手県胆沢郡・気仙郡 宮城県宮城郡・栗原郡 山形県「好かねちゃー、ほに」 福島県東白川郡 新潟県佐渡・西頸城郡 長野県上伊那郡「ほにそうだ」 愛知県宝飯郡「ほにほに困ったやつだ」 三重県度会郡 兵庫県淡路島 和歌山県 愛媛県今治市・周桑郡「ほにやー」 高知県・高知市 ***ほりきり** 奈良県吉野郡「そりゃあなあ、ほりきり悪かった」 ***ほろほろ** 岩手県気仙郡「ほろほろ、目に会った(すっかりひどい目に遭った)」 ***ほん** 岩手県胆沢郡 岐阜県郡上郡「ほん乱暴じゃったな」 愛知県渥美郡「ほん少ない」 三重県「ほんさー(なるほどね)」 滋賀県犬上郡「結構や、ほん」 大阪市 兵庫県加古郡

奈良県南大和「ほんありません」 和歌山県 島根県 岡山県 山口県「あの人はほん好かん」 徳島県海部郡 香川県 愛媛県周桑郡 ***ほんどり** 岡山県児島郡 香川県高松 ***ほんな** 和歌山県 鹿児島県大隅 ***ほんに** 青森県上北郡・三戸郡 岩手県下閉伊郡・気仙郡「ほんにさ、今日はじいさんの当り日(命日)だった」 山形県 福島県 千葉県夷隅郡 新潟県 富山県下新川郡・砺波 石川県河北郡 長野県「ほんにやれ」 岐阜県「ほんねほんねいとしいことじゃ」 静岡県志太郡 愛知県名古屋市・知多郡 三重県 滋賀県 大阪市 兵庫県 和歌山県日高郡 鳥取県「ほんにおめでたいこってすなあ」 島根県「ほんにほんにあきれかえることじゃ」 岡山県 広島県 山口県・阿武郡 香川県「ほんになあ、ようでけとる」 徳島県那賀郡

高知県土佐郡 福岡県 佐賀県・佐賀郡 長崎県 熊本県 大分県 宮崎県 鹿児島県 ***ほんのり** 愛知県知多郡「ほんのり少くなった」 ***まーことに** 富山県東礪波郡「まーことにこわいことおうたもんじゃい」 ***まくずり** 富山県「そんなことまくずり止められ(やめなさい)」 ***まくてー** 佐賀県 熊

本県玉名郡 *まこつ 宮崎県日南市「今わまこつ昔とすっとだいぶんちごつ来たむんなー」・東臼杵郡 *まこつい 宮崎県東臼杵郡 *まこて 長崎県南高来郡「まこてきにょーけうのごたってもう三年にもなっとじゃろかい(本当に昨日のようだが、もう三年になりますかね)」 熊本県芦北郡・八代郡 宮崎県西臼杵郡 鹿児島県 *まこてー 熊本県天草郡 *まごでー 鹿児島県阿久根市「まごでー、芋ばっかいじゃっ」 *まこと 宮城県仙台市「今日お目にかゝるのもまこと十年ぶりだ」 石川県珠洲郡「まこと痛かったらあ少々の熱いのは辛抱する」 岐阜県飛驒「まこと厳しいぞ」 島根県美濃郡・益田市 広島県能美島「まこと暑うなりましたのう」 山口県阿武郡「まことそーか」 愛媛県 *まことー 和歌山県東牟婁郡 *まことに 石川県鳳至郡 三重県一志郡「雨あ降ったんで、まことにきえたわよ(疲れたよ)」 長崎県対馬 熊本県天草郡 *まことにほんまに・まことにほにほに 和歌山県東牟婁郡「この子はまことにほんまに悪い子だ」 *まっこと 岐阜県大野郡・郡上郡「まっこと知らんわけでもない」 奈良県南部 和歌山県伊都郡・日高郡 徳島県三好郡「まっことあつい」 高知県長岡郡・高知市 *まっつい 長野県埴科郡・更級郡 *まってり 山形県米沢市「まってり、一日かがった」 *まりと・まりっと 新潟県佐渡「まりと見えはしない」 *まるーっと 大分県南海部郡 *まるこく 福岡県企救郡 *まるこけ・まるっこけ 山口県阿武郡 *まるこで 青森県上北郡「まるこで馬鹿だ」 *まるたき・まるったき 高知県「此の答はまるたき合ーちょらん」 *まるっこで 青森県南部「まるっこで出来ない奴だ」 *まるって 岩手県気仙郡 *まるっと 岩手県気仙郡 宮城県「そんではまるっとお話ちがいすべっちゃ」 山形県米沢市「まるっと知らなえ」 福島県「まるっとだめだった」 長崎県西彼杵郡 *まると 新潟県佐渡 富山県砺波 石川県 *まるまるっと 宮城県仙台市 *むーじ 山形県東置賜郡・南置賜郡「この村には田がむーじない」 *むーず 岐阜県大野郡 *むーつ 鹿児島県 *むく 東京都大島「むく酒は飲めない」 新潟県佐渡「あの子はむく出来が悪い」 和歌山市「むく知らんことや」 高知県高岡郡・高知市 大分県西国東郡 *むくと 大分県西国東郡 *むくに 高知県 *むじ (打ち消しの語を伴って用いる)青森県上北郡「あれはこの事情をむじ知らない」 山形県「薬はむぢきかない」 愛知県宝飯郡・名古屋市 福岡市「むじのうごきもせん」 *むじきり 岩手県気仙郡「おれはむずきり酒は飲めない」 宮城県登米郡 山形県 *むじくた 愛知県宝飯郡 *むじっきり 岩手県気仙郡 *むじっとぅ 沖縄県石垣島 *むず 岐阜県大野郡・郡上郡 滋賀県愛知郡・彦根「むずともしない」 兵庫県加古郡「むず知らん事ないやろ」 香川県三豊郡 愛媛県宇和島 長崎県壱岐島「むずも違わぬ」 大分県大分郡 *むずー 香川県三豊郡 *むずこくてー 長野県東筑摩郡 *むすっとぅ 沖縄県鳩間島 *むちきり 山形県南置賜郡 *むつ 鹿児島県肝属郡 *むっか 青森県津軽 *むっきと 新潟県佐渡 *むっきに 新潟県佐渡 *むっく 山梨県南巨摩郡「むっくわからのー人だ」 長野県下伊那郡 京都府北部 *むっくし 山形県米沢市「むっくし言わんにゃえ(一言も言わない)」 長野県「むっくし駄目だ」 *むっくすっく 埼玉県南埼玉郡・秩父郡「むっくすっく口をきかねえ子だ」 *むっくすって 埼玉県秩父郡 *むっくに 和歌山県東牟婁郡「むっくに知らん」 山口県大島「むっくに仕事がはかどらん」 *むっけー 鹿児島県種子島「むっけー釣れんざった」 *むんず 岐阜県郡上郡 *むんで 福岡県粕屋郡 *めっこー 島根県「めっこー病気は治らん」 *もーと(打ち消しを伴って用いる)福島県相馬郡「こんなどこにゃもーと来ねー」・東白川郡 富山県 *もーとも 新潟県西蒲原郡 富山県砺波 *もじ 島根県東部 *ゆーつ 熊本県下益城郡 *ゆーと 熊本県芦北郡 宮崎県西臼杵郡 *ゆーゆ 長崎県南高来郡「あゆびようはゆーゆひっちごとった(歩き方などはまるで違っていました)」 *よんの 京都府与謝郡 *よんのー 京都府竹野郡「まだよんのー治って居らんので足がふらつくようだ」「あれだけ注意しといたのによんのー失敗してしまった」・与謝郡 *よんのと 三重県飯南郡「よんのと見る」「よんのと調べる」・度会郡
↓ぜんぜん(全然)・まるっきり(丸切)・まるで(丸)

まつたけ【松茸】 *さまつ 島根県 *なば 奈良県南大和 広島県三原・豊田郡 佐賀県藤津郡 *ほんまつ 島根県出雲 *ほんまつたけ 栃木県栃木市・上都賀郡 *まつきのこ 山形県東田川郡 *まつたけなば 長崎県南高来郡

まったん【末端】 *おばな 福岡県粕屋郡「木のをばな」・福岡市 *かなっぱし 山形県米沢市 *ちょんざき 和歌山市 *とっさき 愛媛県「木のとっさきにもーず(百舌)がとまっとる」 福岡県粕屋郡 *どっさき 島根県石見「帯が尻のどっさきいさがっとる」 *とっさっ・とっさつ 長崎県五島 *とっしんこ 愛媛県喜多郡 *とっつぁき 長野県佐久 島根県隠岐島 *とっぱさき 福岡県久留米市 佐賀県 長崎県 熊本県阿蘇郡 *どっぱさき 長崎県南高来郡 *とっぱし 島根県隠岐島 岡山市 愛媛県 *とっぱじ 長野県佐久 *とっぱす 高知県幡多郡 *とんさき 新潟県佐渡 愛媛県 *とんざき 島根県隠岐島 *とんずき 茨城県稲敷郡 *はしっちょ 静岡県磐田郡 三重県上野市 奈良県吉野郡 *はじっぱた 埼玉県入間郡 *はしっぺ・はっぺ 宮城県仙北 *はじっぺ 岩手県気仙郡 *はじっぺた 栃木県 *はしっぺら 三重県上野市・名賀郡 *はしっぼ 三重県鈴鹿郡 *はしっぽ 岐阜県養老郡・郡上郡 静岡県磐田郡 三重県員弁郡・三重郡 京都府与謝郡 *はじっぽ 福島県「先づはじっぽから始まった」 静岡県志太郡 *はしびた 茨城県稲敷郡 *はしぺ 宮城県仙台市「ものさしのは

しぺ」 *はじぺ 宮城県登米郡 *はじぽ・はじぽえ 山形県東置賜郡 *はって 宮城県登米郡 *はっぱ 千葉県香取郡 *はっぽえ 山形県北村山郡 *はて 青森県八戸市「前かけや足袋のはてまで」 福井県丹生郡「いろり(いろり)のはてに」 愛媛県周桑郡 *ほち 高知県高岡郡

→すえ(末)

マッチ *あてこすり 広島県高田郡 大分県大分郡・大分市 *あめらか・あめらかつけぎ 秋田県河辺郡 *あめりかつけぎ 青森県南部 秋田県平鹿郡 山形県置賜 福島県安積郡 新潟県 高知県長岡郡 *おっすり 宮崎県西臼杵郡 *おらんだ 熊本県玉名郡・天草郡 宮崎県西臼杵郡 *おらんだつけぎ 石川県河北郡 島根県鹿足郡 福岡市 長崎県北高来郡・南高来郡 熊本県下益城郡・芦北郡 鹿児島県肝属郡 *おらんだびうち 長崎県南高来郡 *からちけん 富山県 *からっけぎ 宮城県登米郡 *からつけぎ 青森県南部 岩手県気仙郡 宮城県石巻 秋田県由利郡 山形県 新潟県岩船郡 *からつけん 石川県江沼郡 *からよ(「外国の硫黄」の意) 三重県三重郡 *こすりびうち 長崎県壱岐島 *しーび 鳥取県西伯郡 *しきだき 沖縄県鳩間島 *しきだぎ 沖縄県竹富島 *すいつけき 鹿児島県肝属郡 *すーび 鳥取県西伯郡 *すっぜんこ 香川県三豊郡 *すっだし 兵庫県淡路島 香川県 *すったひ・すっだひ 長崎県五島 *すっだん 香川県 *すり 山口県大島 香川県島嶼 愛媛県今治市・周桑郡 大分市 *すりぜんこ 福井県遠敷郡・大飯郡 京都府 香川県三豊郡・仲多度郡 愛媛県大三島 *すりだし 京都市 兵庫県淡路島 和歌山市 徳島県 香川県 *すりっ 高知県母島 *すりつきぎ 島根県鹿足郡 *すりつけ 岐阜県飛驒 香川県櫃石島 高知県・高知市 大分県大分市・大分郡 *すりつけぎ 山形県東置賜郡・北村山郡 埼玉県川越市 新潟県 長野県下伊那郡 岐阜県飛驒 和歌山市 島根県石見 岡山県邑久郡 愛媛県 高知市 長崎県南高来郡・長崎市 大分県 宮崎県延岡市 *すりつけだけ 大分市 *すりつけん 岐阜県 *すりび 岐阜県飛驒 愛知県尾張 三重県 滋賀県 大阪府泉北郡 兵庫県 奈良県 和歌山県 鳥取県西伯郡 島根県 岡山県 広島県 香川県 愛媛県 高知県・幡多郡 熊本県天草郡 大分市 *すりぴ 香川県高松 *すりびーち 広島県 愛媛県大三島 *すりびーつ 広島県島嶼 *すりびうち 広島県 愛媛県大三島 長崎県壱岐島 熊本県天草郡 大分県 *すりびすり 香川県瀬居島 *すりびゅーち 広島県比婆郡 *すりぶいち 静岡県磐田郡 広島県大崎下島 *すりぶーち 大分県大野郡 *すりぽん 兵庫県加古郡 *するぜんこ 香川県三豊郡 *するび 岐阜県吉城郡・飛驒 三重県 京都府竹野郡 兵庫県 奈良県 和歌山県 鳥取県気高郡・西伯郡 島根県 岡山県 広島県御調郡 香川県 愛媛県 *するびー 広島県島嶼 *するびうち 広島県山県郡 *するぶいち 広島県豊田郡 *すんだし 兵庫県淡路島 *せんこ 愛媛県今治市 *だんちけっ 鹿児島県始良郡・鹿児島郡 *だんつき・だんとぅきじ 鹿児島県喜界島 *だんつけぎ 鹿児島県 *ちきだぎ 沖縄県石垣島 *ちけっ 鹿児島県大隅郡 *ちょーせんつけぎ 島根県鹿足郡 *つぃきだきぐゎー 沖縄県首里 *つけぎ 岩手県九戸郡・気仙郡 山形県米沢市 新潟県佐渡 神奈川県鎌倉市・三浦郡 三重県志摩郡 宮崎県西臼杵郡 *つけだき 大分市 *つけだけ・つけっ 鹿児島県 *つりつけぎ 富山県 *とぅきじ 鹿児島県喜界島 *とーじん 新潟県佐渡 *とーじんつけーぎ 島根県隠岐島 *とーじんつけぎ 香川県与島 大分市 宮崎県西臼杵郡 *とーずけん 富山県高岡市 *とーつけーぎ 島根県隠岐島 *とーつけぎ(「外国から来た付け木」の意) 青森県 岩手県九戸郡・下閉伊郡 宮城県登米郡・石巻 秋田県平鹿郡・鹿角郡 新潟県佐渡 三重県志摩郡 和歌山県有田郡 島根県出雲・隠岐島 *とーつけん 富山県富山市近在・砺波 *とーつけんぎ 和歌山県有田郡 *とじんつけぎ 宮崎県西都市 *とつけぎ 青森県 秋田県 *どんどろ 長野県東筑摩郡 *はやいお 福井県敦賀郡 *はやずけん 富山県 福井県 *はやずり 京都府北部 徳島県 香川県大川郡 *はやつけ 島根県松江市 香川県大川郡 *はやつけぎ 秋田市 山形県庄内 福島県東白川郡 栃木県 千葉県夷隅郡 神奈川県鎌倉郡・高座郡 新潟県 富山県上新川郡・東礪波郡 長野県佐久 愛知県名古屋市 島根県 広島県 徳島県 香川県 長崎県南高来郡 大分県日田郡 *はやつけん 富山県砺波 石川県能美郡・江沼郡 福井県南条郡 *はやって 香川県大川郡 *はやびゅーち 三重県志摩郡 *はりつけまっち 広島県倉橋

方言の窓

●合拗音

歴史的仮名遣いで「くゎ・ぐゎ」のように表記する音を合拗音と呼ぶ。

もともとは漢字音移入時に発生した音であり、「火事」を「くゎじ」、「元旦」を「ぐゎんたん」のように表記し、「家事」の「かじ」などと区別していた。中央でも元来はこのように発音していたが、近世の初めごろから「か・が」との区別が乱れ始め、近代には中央語においては合拗音が消失してしまった。現代仮名遣いで「くゎ・ぐゎ」が使われなくなったのは、このような事情を反映している。

中央では失われてしまったこの音が、東北地方のおもに日本海側、北陸、山陰、近畿の奈良を中心とする地区、北四国、九州、琉球といった地方に残っており、日本語の歴史を考察する上で役立つことがある。

島 *ぽす 宮崎県 *ぽすぺる 長崎県対馬 *ぽすぽる(リン光物質の意のオランダ語 phosphor から)熊本県下益城郡 *まつり 島根県美濃郡 *らんつけぎ 鹿児島県種子島・肝属郡 *らんつけっ・だんつけっ 鹿児島県 *らんぽーつけぎ 福岡市

まつば【松葉】 *くくぼ 三重県名賀郡 *こきば 香川県手島 *ごきもん・こきも 三重県志摩郡 *こくわ 香川県屋島 *こくば 三重県上野市・名賀郡 広島県倉橋島・走島 山口県屋代島 香川県直島・豊島・小豆島 愛媛県弓削島 *ごくし(焚付の松葉)三重県志摩郡 *ごくも 山梨県 *こくわ 三重県名張市 *こた 広島県上蒲刈島・大崎下島・大崎上島 *こっか 三重県名張市 *こで 島根県簸川郡 *このは 広島県江田島 山口県屋代島・浮島 香川県広島 *ごみ 長野県南部 三重県 *ごむ 三重県阿山郡 *つくざ 兵庫県淡路島 *てくら 徳島県 香川県大川郡 *てぐら 徳島県海部郡・高島 *ぽく 広島県安芸郡

枯れ□ *かれこぎ 徳島県阿波郡 *こぎ 徳島県阿波郡 香川県 *こきわ 香川県三豊郡 *こきば 徳島県海部郡 *こく 広島県豊田郡 *こくば 兵庫県 鳥取県気高郡 島根県鹿足郡 岡山市 広島県 徳島県 香川県 愛媛県 大分市 *こくぼ 三重県伊賀 滋賀県 *こくま 京都府 広島県高田郡 山口県熊毛郡 *こくわ 香川県香川郡 *こた 広島県安芸郡 *ごくも 山梨県 静岡県庵原郡 *こそろ 徳島県名西郡・美馬郡 *こっか 香川県「こっかかきにいこ」 *こな 千葉県安房郡 *こなは 京都市 *ごみ 長野県南部 三重県 *ごむ 三重県阿山郡 *さぜ 長野県 *さで 長野県 島根県 山口県玖珂郡 香川県三豊郡 *ざらひき 茨城県 *ざらびき 茨城県鹿島郡 *しゃで 福井県坂井郡 *すくず 和歌山県 島根県鹿足郡 山口県 愛媛県 大分市 *すくぞ 和歌山県 山口県 *すくだ 和歌山県東牟婁郡 *すくど 大阪府泉北郡 和歌山県 島根県隠岐島・鹿足郡 山口県 長崎県北松浦郡 *すくどー 山口県豊浦郡 *すくば 山口県玖珂郡 愛媛県中島・伊予市 *つくず 山口県大津郡 *もば 徳島県

まっぱだか【真裸】 ⇨まるはだか(丸裸)

まつぼくり【松毬】 ⇨まつかさ(松毬)

まつり【祭】 *えしき 山形県庄内 三重県名張 *おくんち 群馬県勢多郡・佐波郡 九州北部 *おこない 滋賀県 *おなと(「おのりと(御祝詞)」の転)新潟県 *おひまち 群馬県勢多郡・館林(秋祭り) 長野県諏訪 岐阜県飛驒(秋葉神社の鎮火祭) 静岡県志太郡「おひまち(秋の収穫祝い)にゃーすしょーごっつぉーしるんてな」 *ぎおん 群馬県勢多郡 *くんち 岡山県苫田郡 佐賀県 長崎県・長崎市「時津ぐんち」 *ごじんじ 三重県志摩郡「ごじんじきぶんでなー(お祭り気分でねえ)」 島根県飯石郡 *ざ・ざー 三重県名賀郡「ざーの日(祭りの日)」 *じんさい 三重県志摩郡 *じんじ 千葉県香取郡(秋の鎮守祭) 三重県志摩郡 兵庫県加古郡 高知県「秋のじんじのおなばれ(御輿(みこし)の渡御)」 *じんじん 三重県志摩郡 *でんでんさま 島根県那賀郡 *どんどこ・どこどこ 長野県東筑摩郡 *なおらい 新潟県東蒲原郡 *まーち 千葉県千葉郡・東葛飾郡 *まち 山形県村山 茨城県 栃木県東南部 埼玉県「秩父のまち」「妙見さまのまち」 千葉県 東京都八王子 神奈川県中郡 山梨県 長野県諏訪 島根県石見「あひた(明日)は遠田のまちじゃ」 *もーし 島根県飯石郡 広島県比婆郡(村祭り) 大分県西国東郡(小祭り) *ももて 徳島県美馬郡 高知県長岡郡

□の前夜 *いーばん 群馬県山田郡 *うじ 香川県小豆島 *うじのひ 香川県直島 *えーかんまつり 長崎県東彼杵郡 *えーばん 埼玉県北葛飾郡 *えーまじ 千葉県印旛郡 *おこもり 神奈川県津久井郡 *おちゅや 鹿児島県揖宿郡 *ごーや 長崎県南高来郡 *こもり 東京都八丈島 三重県志摩郡 *ごや 長崎県南高来郡 熊本県上益城郡・天草郡 *たんや 広島県 *とーやごもり 徳島県美馬郡 *ひーまつり 静岡県賀茂郡 *まちごもり 長崎県南高来郡 *みやごもり 香川県綾歌郡 *よい 群馬県勢多郡 *よいうじ 香川県大川郡・高松市 *よいじんじ 千葉県香取郡 *よいのむし 愛媛県今治市・周桑郡 *よいのもし 愛媛県 *よいまち 群馬県佐波郡 千葉県長生郡 東京都八王子 神奈川県津久井郡 *よごのよ 島根県邇摩郡 *よごろ 島根県 広島県

□の翌日 *あがりまち 千葉県長生郡・夷隅郡 *あけび 大分県大分郡 *あとのまつり 島根県八束郡・仁多郡 *あとまつり 新潟県東蒲原郡 愛知県尾張 島根県 大分県北海部郡 *いれっこあそび・いれっこまつり(「いれっこ」はおまけの意。普通、祭りの翌日も遊ぶところから)岩手県気仙郡 *うちあげ 大分県別府市・北海部郡 *うらつけ 徳島県美馬郡 愛媛県 大分県大分郡・南海部郡 *うらまっつり 富山県砺波 *うらまつり 石川県河北郡 和歌山県日高郡 島根県 広島県倉橋島 徳島県美馬郡 佐賀県藤津郡 大分県 *うらもどし 大分県大分市・大分郡 *おいまち 島根県鹿足郡 *おいまつり 静岡県賀茂郡 島根県鹿足郡・那賀郡 *おなごまつり 島根県邇摩郡 *おなごんまつり 大分県大分郡 *おらまつり 島根県隠岐島 *かかーまつり 島根県邑智郡・那賀郡 *くたぶれやすみ 島根県大田市 広島県高田郡 *こややぶち 広島県江田島・能美島 *ざー 三重県名張市 *ざいわい 徳島県美馬郡 *さっぺー 福島県岩瀬郡 栃木県安蘇郡 *ざまつり 徳島県美馬郡 *しばげー 鹿児島県肝属郡 *すぎまち 千葉県安房郡 *だいなおし 新潟県佐渡 *たなあげ 大分県大分郡 *どーやぶり 香川県伊吹島 *ながれまつり 島根県隠岐島 *にーのまつり島根県那賀郡 *にのまつり島根県仁多郡 *にんのまつり島根県江津市 *のぼりたおし・のぼりだおし島根県 *ひのはれ山口県向島 *ひきまつり島根県邑智郡 *ひゃくしょーまち島根県那賀郡 *ひゃくしょーまつり島根県 *まちあがり千葉県長生郡 *らくさく三重県上野市・阿山郡

まつわりつく【纏付】 *かーばりつく静岡県榛原郡「おばあちゃんにかーばりつく」 *からくゆん沖縄県首里 *こびりつく栃木県 *こぶりつく滋賀県彦根 *しちゃーしゅん沖縄県首里 *たかりつく(子供などがものを欲しがって親にまつわりつく)新潟県「この子は乳ほしがって朝からこうしてたかりつえて居る」 *ねっからまる(子供が母親にまつわりつく)秋田県鹿角郡 *へばくる愛知県名古屋市「そんなにへばくるならいや、よけ暑て汗が出てくるぎやい」 *まつぃぶゆん沖縄県首里 *まつかる富山県「手に糸がまつかった」 *まつこる石川県 *まびれつく鳥取県岩美郡・気高郡 *まびれる栃木県塩谷郡 *まびれる静岡県「子供がよくまびれる」 *まぶりつく岐阜県郡上郡「子猫が裾にまぶりつく」 *まぶれつく島根県「身体中にまぶれついた」 *まぶれる北海道 兵庫県加古郡「子がまぶれる」 和歌山市 島根県石見 岡山市「虱(しらみ)にまぶれとった」 香川県 *まるかる富山県 *むぐれる島根県大田市 *もぐれる島根県・那賀郡 *もぶれる島根県「足い泥がもぶれた」 岡山県児島郡 広島県比婆郡 山口県 徳島県 香川県 高知県「穢い物がもぶれるから、此所に備附けの上衣を借って着て行こー」・幡多郡 *もぶれる島根県「猫が足いもぶれて困る」 山口県 香川県「この子はもぶれまわってうっとうしい」 愛媛県大三島 高知県「近所の子供達が押かけて私の前後左右へもぶれる」 *よりからまる青森県三戸郡

まど【窓】 *さま青森県上北郡 宮城県仙台市県 茨城県稲敷郡 群馬県 長野県南佐久郡 鳥取県 福岡県 佐賀県 長崎県 熊本県 *さまんこ福岡県浮羽郡 佐賀県 長崎県北高来郡 熊本県玉名郡・芦北郡 大分県日田郡 *たかはしら沖縄県竹富島 *たかぱしる沖縄県鳩間島・新城島 *たかふさらー沖縄県石垣島 *とぅり沖縄県与那国島 *なからくび沖縄県与那国島 *はっぽー長野県北安曇郡 *はんど秋田県平鹿郡 千葉県安房郡 *ぱんまー沖縄県小浜島 *ぱんやどーっし沖縄県黒島

格子□ *さま宮城県仙台市 鳥取県 *さまぐち千葉県上総 *さまど(無双窓)山形県西置賜郡 *れんこ・れんこん奈良県宇陀郡

まどう【惑】 *ぐみによう茨城県真壁郡 *たどろく・たぶろく沖縄県石垣島 *みんぐぃゆん沖縄県首里

→とまどう(戸惑)

まないた【俎板】 *あて福井県大飯郡 京都府 大分県大野郡・大分市 *あてばん福井県大飯郡 大分県北海部郡 *きーばん鳥取県西伯郡 佐賀県 長崎県南高来郡 熊本県天草郡 宮崎県西諸県・都城 鹿児島県・硫黄島 *きっば島根県隠岐島 *きっぱん佐賀県藤津郡 鹿児島県 *きりいた栃木県東部 群馬県勢多郡 三重県上野市 *きりば石川県舳倉島・能美郡 長野県北安曇郡 三重県志摩郡・度会郡 島根県隠岐島 岡山県 広島県島嶼 愛媛県 *きりはん栃木県 *きりばん宮城県 山形県東置賜郡 福島県 茨城県多賀郡 栃木県 群馬県 埼玉県秩父郡・北葛飾郡 千葉県・長生郡(魚屋の使うまな板) 東京都八王子・大島 神奈川県 石川県 福井県 山梨県 長野県諏訪・上伊那郡 岐阜県 静岡県 愛知県 三重県 滋賀県蒲生郡・彦根 京都府京都市・葛野郡・竹野郡(野菜用) 兵庫県氷上郡 奈良県吉野郡 鳥取県東伯郡 島根県・益田市(野菜用)・八東郡(野菜用) 岡山県 広島県 山口県・玖珂郡(野菜用) 徳島県 福岡県遠賀郡 長崎県佐世保市・西彼杵郡・壱岐島 熊本県芦北郡・天草郡 大分県 鹿児島県甑島・揖宿郡・種子島 *きりぱん栃木県芳賀郡・那須郡 *きりばんいた群馬県勢多郡 *きりばんのだい島根県益田市 *さいいた栃木県芳賀郡 *さいた千葉県海上郡 *さいばん北海道函館市 青森県 岩手県 宮城県栗原郡・石巻 秋田県平鹿郡・鹿角郡 山形県最上郡 茨城県 栃木県 千葉県 神奈川県横浜市 富山県東礪波郡 石川県鳳至郡 *さぇば青森県津軽 *さばいた青森県 *しぇあばん秋田県平鹿郡・鹿角郡 *しぇぁばんこ秋田県仙北郡 *しぇぁんばん秋田県鹿角郡 *しゃーばん長崎県五島 *しゃばん秋田県平鹿郡・雄勝郡 長崎県五島 *しょーじんまないた(野菜用のまな板)香川県仲多度郡 *せぁんば岩手県和賀郡 *せぁんばん秋田県河辺郡 *せばいた秋田県南秋田郡 *せばんこ青森県上北郡 *ぞーまないた(魚用のまな板)香川県仲多度郡・三豊郡 *つんばん・つんばっ長崎県五島 *なぎった茨城県稲敷郡 *なきり京都府竹野郡・中郡 *なきりた徳島県美馬郡 *なまいた石川県河北郡 福井県遠敷郡 大阪市 兵庫県神戸市 和歌山県東牟婁郡 鳥取県気高郡 島根県 広島県 愛媛県 *はやしいた(「はやす」は切るの意)島根県大原郡 *ばん山形県東置賜郡 群馬県利根郡・多野郡 岐阜県山県郡・大垣市 静岡県 愛知県尾張 島根県隠岐島 大分県大分市・西国東郡 *はんぎり千葉県 *ばんじょー大県東国東郡 *まらさ沖縄県島尻郡 *まらつぁ鹿児島県沖永良部島 *まるちゃ沖縄県那覇市・島尻郡・首里 *よーなりいた広島県江田島

まにあう【間合】 *あく富山市近在「あまおつみゃく(とぎれがちな脈拍)ならあくまえ」 滋賀県彦根 兵庫県神戸市・加古郡「そいであくか」「あかん」 和歌山県東牟婁郡「昨日頼んだ着物、何時

あくかえ(出来るか)」 岡山県児島郡 *おっこる 長野県北佐久郡・南佐久郡「時間におっこる」 *およぶ 青森県津軽 *おりる 熊本県玉名郡「東京さん行くて(行くのに)百円でおりゅか」 *かきあーゆん 沖縄県首里 *かきあう 熊本県下益城郡 *かきおう 鹿児島県肝属郡・喜界島 *かきのる 宮崎県宮崎郡「そんげしちょっちゃ(そんなにしていては)かきのらん」 *かけお 鹿児島県鹿児島郡 *ぎだやむ 福島県石城郡「こんなに腹へったんでは、むすびしとづぐれえでは、ぎだやまめえ(握り飯一つぐらいでは腹の虫が治まるまい)」 *きるる 熊本県玉名郡「東京さへ行くて、百円できるるか」 *たーる 熊本県本渡市 *たい 宮崎県えびの市 *たる 新潟県北魚沼郡 福井県大飯郡 岡山県真庭郡 徳島県 香川県「それでもうたったじゃろ」 愛媛県松山 佐賀県三養基郡 熊本県天草郡 鹿児島県阿久根市「一万見どげばたろー」 *てにあう 新潟県佐渡 *てんにあう 石川県金沢市 和歌山県日高郡 *とじまる 宮崎県東諸県郡 *ぶっつく 岩手県気仙郡 宮城県栗原郡「汽車の時間にやっとぶっつく」 *まーつむ 奈良県宇智郡 *まがあう 栃木県安蘇郡「バスにまがう」 *まがわたる 山口県「一寸貸して下さい、まがわたらんので」 *まかたにあう 青森県津軽「こったらさまだば(こんな調子だと)明日のまがだねあなぇであ(あしたに間に合わないよ)」 秋田県「漸(ようや)くまがだあった」「お祭の着物、何とかまがだあわせれ」 東京都大島「予定通り仕事がはかどらなくて、まかたがあわぬらしい」 新潟県佐渡

かろうじて□さま *あぶなしかなし 長崎県壱岐島「間(めー)えあう事あ合ふたばっちか、あぶなしかなしのところぢゃった」 *せっかせっか 島根県能義郡 *はすはす 山口県 徳島県 長崎県対馬 *はずはず 岩手県上閉伊郡 島根県隠岐島「はずはず間に合った」 愛媛県松山「鍋がはずはずに懸かとる」 高知県高岡郡・高知市「この布ははずはずに継がんと巾が足りませんよ」 福岡市 *ぱすぱす 島根県鹿足郡 *はつはつ 岩手県盛岡市「はつはつにする」 新潟県佐渡「田に水がはつはつだ」 和歌山県 山口県玖珂郡 愛媛県

期限に□ *かきあーゆん 沖縄県首里 *かきあう 熊本県下益城郡 *かきおう 鹿児島県肝属郡・喜界島 *かきのる 宮崎県宮崎郡「そんげしちょっちゃ(そんなにしていては)かきのらん」

ぎりぎりで□こと *はずりょーがん 岡山県 *はずれかげん 広島県高田郡 *はずれこし 愛媛県大三島

□ない *おとましー 長野県北安曇郡 香川県 *てにあわん 新潟県佐渡「そんなにおそきゃてにあわん」 *てんかく 富山県砺波 *てんであわぬ 和歌山県日高郡 *てんにあわん 和歌山県 *はざわん 三重県度会郡 *はざん 三重県度会郡 *はずにあわぬ 長崎県対馬「きゅうばのはずにあはぬ(急用の時の間に合わない)」 *ましゃくうたん 宮崎県西臼杵郡・西諸県郡 *ましやくせぬ 宮崎県西臼杵郡 *ましゃくにあわん 岐阜県山県郡 静岡県小笠郡「こんなやり方ではましゃくに合わん」 鳥取県 島根県「この大工はとても手がぬるーてましゃくにあわん」「早くしないとましゃくにあわん」 *まじゃくにあわぬ 香川県「そなんこんまいもんではまじゃくにあわぬ」 *ましょくうたん 三重県度会郡 *ましょくにあわん 山梨県南巨摩郡「そがーのーのろいことーしてとーじゃあましょくにあーぬ」 長野県上伊那郡「あの人ではましょくにあわん」 愛知県宝飯郡 岡山県苫田郡 *ましょくにのらない 静岡県田方郡 *ましょきあわん 鹿児島県肝属郡 *まひょーしにあわない 島根県「こんなに時間に遅れてはまひょーしにあわん」 山口県 長崎県対馬 *まにもひょーしにもあわぬ 香川県 *まにもひょったんにもあわん 兵庫県加古郡 *まねふぉーしにあわん 島根県仁多郡

まにあわせる【間合】 *つくなう 新潟県佐渡「足らん所は何かでつくなっておけ」 長崎県壱岐島「足らんばって是だけでつくのーちょこー」 *まをあわす 島根県益田市 *まをわたす 島根県 *まぜこなう 新潟県佐渡「これでまぜこのうておけ」 *まんばせる 山形県東置賜郡 *みーくゎーしゅん 沖縄県首里

一時しのぎに□ *くしくる 青森県三戸郡 秋田県鹿角郡 *くしぐる 新潟県東蒲原郡「屋根をくしぐってもらった」「ズボンのかぎざきをくしぐる」 *くすくる 青森県南部 秋田県鹿角郡 山形県「鍋をくすくる」「足袋をくすくる」 福島県 茨城県・水戸市・鹿島郡 群馬県佐波郡 千葉県長生郡・夷隅郡 東京都八王子 新潟県「いや本当のくすくり(間に合わせ)普請で(けんそんして言う)」「くすくり細工(一時的な繕い)」・西蒲原郡・中頸城郡 *くすぐる 青森県南部 岩手県気仙郡 宮城県仙台市 山形県米沢市 福島県「屋根くすぐる」 千葉県夷隅郡 *くずぐる 新潟県東蒲原郡 *くつくる 秋田県「靴をくつくる」 *こすくる 山形県米沢市 *こそくる 神奈川県中郡 長野県下水内郡 静岡県「かぎざきょーこそくっといてくりょー」「鍋の穴をこそくっておく」 熊本県八代郡・芦北郡 鹿児島県 *こそぐる 宮城県仙台市「足袋の底こそぐる」 宮崎県東諸県郡

まぬけ【間抜】 *あーさん・あーやん 岡山市「あいつはああやんぢゃから」 *あいかり 三重県南牟婁郡 奈良県吉野郡 長崎県壱岐島・五島 *あいかりほーし 奈良県吉野郡 *あけ 青森県津軽「あけわらし」 *あっけ 青森県「酒はのむ、仕事は怠ける、いいあっけだ」「この自転車はまたパンクしやがった、あっけが、この」「あっけ者」 岩手県二戸郡 秋田県鹿角郡「このあっけわらし」 *あまてん 奈良県 *あや 福井県 *あやかり 福井県南条郡

三重県志摩郡　京都府竹野郡　和歌山県日高郡新宮「あの子はぁやかりだ」　福岡市　長崎県対馬 *あやかりもの 和歌山県日高郡 *あやかれ 福井県 *あやぼ 福井県 *あやめ 富山県西礪波郡・砺波　石川県江沼郡・鳳至郡　福井県 *ありかり 長崎県 *あんかま 和歌山県東牟婁郡 *あんさん 愛知県知多郡　鹿児島県鹿児島郡 *あんた 山形県米沢 *あんだー 栃木県塩谷郡 *あんたら 滋賀県蒲生郡・彦根　長崎県対馬 *あんだら(「あのだら」「あのどら」または「あほたろう(阿呆太郎)」の転か)三重県伊賀　滋賀県甲賀郡・蒲生郡　京都府宇治郡　大阪市　香川県 *あんたれ 滋賀県彦根 *あんだろー 栃木県「長男のあんだろー」 *あんつく 新潟県東蒲原郡　静岡県　三重県伊賀・度会郡　滋賀県南西部　京都府久世郡　和歌山県「あの子はあんつくや」・那賀郡　島根県石見　岡山県阿哲郡・浅口郡　山口県阿武郡　徳島県　香川県　愛媛県周桑郡・大三島 *あんつくす 山口県萩市 *あんてら 長崎県対馬 *あんとせ 長崎県五島 *あんもー 静岡県　山口県 *いんきょ 奈良県 *いんきょさん 奈良県 *うそろ 長野県 *うっとい 和歌山県東牟婁郡 *うっとぬけ 和歌山県有田郡　徳島県　香川県 *うと(「うつ(空)」の転)岐阜県北飛騨　三重県志摩郡　和歌山県新宮 *うど 岩手県気仙郡 *うとー 山口県祝島 *うどがんす 愛媛県 *うとけ 三重県南牟婁郡　和歌山県 *うとさく 三重県　和歌山県　島根県石見 *うとすけ 新潟県佐渡　奈良県吉野郡 *うとっぺ 岐阜県飛騨 *うとっぽ 三重県度会郡・北牟婁郡　奈良県吉野郡　和歌山県新宮・東牟婁郡 *うとぬけ 三重県阿山郡　京都府竹野郡 *うどぬけ 愛媛県大三島 *うどばか 愛媛県 *うとぼけ 和歌山県 *うとろけ 愛媛県西宇和郡 *うとんがら 岡山県苫田郡 *うとんけ 和歌山県海草郡 *うとんぼ 三重県　和歌山県 *うとんぼー 和歌山県東牟婁郡 *うぼ 栃木県栃木市・上都賀郡 *うどばか 愛媛県 *うとぼけ 和歌山県 *うとろけ 愛媛県西宇和郡 *うとんがら 岡山県苫田郡 *うとんけ 和歌山県海草郡 *うとんぼ 三重県　和歌山県 *うとんぼー 和歌山県東牟婁郡 *うふしょーむん・うふしょー 沖縄県首里 *うぼ 栃木県栃木市・上都賀郡 *うんたらがんす 徳島県 *うんてらがん 和歌山県東牟婁郡・西牟婁郡 *うんてらがんす 愛媛県松山 *うんてれ 茨城県稲敷郡　千葉県香取郡 *うんでれ 千葉県海上郡　関西 *うんてれがん 岐阜県大垣市　和歌山市　香川県　福岡市 *うんてれがんす 愛媛県伊予郡・周桑郡 *おーがー 鹿児島県喜界島 *おじ 新潟県西頸城郡 *おじぼん 福井県若狭 *おじろく 島根県簸川郡・出雲市 *おたよ(主として女性に言う)静岡県志太郡「ぁりゃーふんとに、おたよだに」 *おてんぽ 新潟県中頸城郡 *おんつぁ 山形県東置賜郡「このおんつぁやろー」 福島県伊達郡・会津 *からさし・からつつぁし(「止まりの結び目のない銭さし」の意から)茨城県稲敷郡 *からす 新潟県中頸城郡　富山県東礪波郡「あのからすがまたこんなしずくない(仕損ない)をしてしもて」　山梨県南巨摩郡　和歌山県那賀郡・東牟婁郡　島根県隠岐島 *からっつぁー 茨城県猿島郡 *かんくらい 山形県米沢市・南置賜郡 *かんぬげ 山形県西置賜郡 *きょーそく 新潟県中頸城郡 *きょす 長崎県対馬 *きょそ 新潟県中頸城郡　山口県大島 *きょそきょそー 島根県石見 *きょつ・きょつま 富山県西礪波郡 *きょと 富山県砺波 *きょとさく 香川県大川郡 *きょとすけ 兵庫県赤穂郡 *きょろ 京都市　和歌山市　香川県高見島 *きょろさい 香川県伊吹島 *きょろさく 愛媛県 *きょろすけ 三重県名賀郡 *きょろたえ・きょろたえもん・きょろまつ 愛媛県松山市 *きょろたき 和歌山県日高郡 *きょろつき 新潟県上越　和歌山県 *きょんきょん 島根県鹿足郡「またきょんきょんが来た」 *けつぬけ(ののしりの語)栃木県 *こたなし 岩手県上閉伊郡・気仙郡 *こたらぬもの 三重県志摩郡 *こたれなし 秋田県鹿角郡 *こったなし 岩手県気仙郡　宮城県栗原郡 *こったりなし 宮城県仙台市「あんなこったりなしに頼む方が馬鹿だ」 *こまたれ 栃木県河内郡 *さまなし 岩手県気仙郡 *しちもん 福井県 *しちりん(一銭にやや足りないところから)栃木県　新潟県佐渡　和歌山県　島根県仁多郡　大分県別府市・大分郡 *じゃまぬけ 岩手県九戸郡 *じゃんまぬけ 青森県三戸郡 *すっとぼけ 東京都八王子　長野県上田・佐久 *すっとん 新潟県中越 *すぼぬけ 和歌山県日高郡 *そこぬけ 奈良県　和歌山県那賀郡　大分県大分郡 *だらげ 島根県八束郡「だらげな男だ」 *ちばか 栃木県河内郡 *ちょーさいぼ 大阪市　鳥取県西伯郡　愛媛県 *ちょーさいぼー(多く「ちょうさいぼうにする」の形で、愚弄(ぐろう)する、からかうの意に用いる)千葉県香取郡・君津郡　岐阜県飛騨　愛知県宝飯郡・名古屋市　三重県　和歌山県　鳥取県　島根県「人をちょーさいぼーにかけーにもほどがぁー」　岡山県　徳島県　香川県　愛媛県　高知県・高知市　大分県南海部郡 *ちょーさいぼーのかわ 島根県八束郡「俺をちょーさいぼーのかわにしちょー」 *ちょーさいもん 島根県出雲　香川県伊吹島　愛媛県大三島「ひとーちょーさいもんにすな」　長崎県壱岐島 *ちょーさんげ 香川県小豆島 *ちょーさんぼ 香川県 *ちょーさんぼん 鳥取県西伯郡 *ちょさいぼ 鹿児島県肝属郡「ちょさいぼい合はす(さんざんになぶる)」 *てーさいぼー 島根県出雲 *てーすけ 三重県阿山郡 *てーやん 大分市 *でく 新潟県中頸城郡 *でくすけ 千葉県夷隅郡 *てごんぼ 新潟県佐渡 *てぼっけなし 栃木県　長野県佐久 *てれ 大分県 *でれ 福島県岩瀬郡　茨城県　栃木県　群馬県桐生市　千葉県 *でれこみ 茨城県北茨城郡 *てれすけ 青森県三戸郡「もっとちゃんとしたしかまい(顔つき)になれ、このてれすけ」　熊本県玉名郡・下益城郡　大

分県 *でれすけ 山形県 福島県相馬・岩瀬郡 茨城県 栃木県「このでれすけ奴」 群馬県桐生市 埼玉県川越 千葉県 新潟県岩船郡 *てれつく(いよいよのばか)愛媛県大三島 *でれふまん 千葉県市原郡 *でれまん 千葉県長生郡 *でれり 千葉県 熊本県 *てれんこ 埼玉県北葛飾郡 *てれんぼー 島根県邑智郡 *てんぼ 新潟県中越 *てんぽ 新潟県中頸城郡 和歌山県西牟婁郡 香川県三豊郡・高見島 *てんぽー 群馬県勢多郡 和歌山県 *てんぽー 島根県美濃郡・益田市 徳島県板野郡 香川県三豊郡・高見島 *てんぽーせん(天保通宝は明治四年に八厘通用になったので、一銭に足りないという意から)栃木県 長野県北安曇郡・佐久 岐阜県郡上郡 兵庫県城崎郡 島根県 香川県三豊郡・高見島 長崎県 *てんぽーはちりん 徳島県美馬郡 *てんぽせん 岩手県上閉伊郡(女性について言う) 新潟県佐渡・中頸城郡 岐阜県北飛驒 愛知県碧海郡 島根県 香川県三豊郡・高見島 愛媛県周桑郡・喜多郡 高知県 福岡市 熊本県玉名郡 大分県大分市・大分郡 *どーしょーがー 沖縄県首里 *どーせんぼく 秋田県鹿角郡 *どーひゃく(元来、天宝通宝を言い、百文通貨とされるが実価が低いところから)三重県度会郡 *どーびゃく 新潟県佐渡 富山県砺波 *とぼーらず 島根県美濃郡・益田市「お前のよーなとぼーらずはそー余計居らん」 *どほーろく 長野県東筑摩郡「このどほーろく女め」 *とぼけ 青森県八戸市 長野県佐久 滋賀県神崎郡 京都府 兵庫県淡路島 島根県石見 熊本県下益城郡 宮崎県都城 *とぼけもの 鳥取県気高郡・岩美郡 *とぼけやろ 山形県 *とぼけやろー 長野県佐久 *とぼすけ 新潟県佐渡 香川県高松市 *とぼっけなし 岩手県気仙郡 *とほぬけ 青森県津軽上北郡 *とぼぬけ 新潟県佐渡 *とほのげ 青森県津軽 *とんさく 島根県隠岐島 *どんずー 佐賀県藤津郡 *どんすけ 新潟県佐渡 島根県能義郡 *どんすこ 岡山県浅口郡 *どんずら 静岡県志太郡「どんずら、しっかりしょー」 三重県志摩郡 *どんつ 高知県幡多郡「そんぎゃなとんつなことゆーな」 *とんつく 新潟県佐渡(不注意者) 長野県佐久 *どんつく 新潟県 山梨県 長野県下水内郡・佐久 静岡県小笠郡・志太郡「なんてーどんつくだ」 愛知県名古屋市 三重県度会郡・宇治山田市 滋賀県蒲生郡 奈良県 岡山県小田郡・阿哲郡 広島県倉橋島 香川県高松 愛媛県大三島 高知県土佐郡 *とんべさく 和歌山県東牟婁郡「あれはとんべさくだからね」 *とんぼけ 山形県西置賜郡 *ぬへろぐ・ぬへず 山形県東村山郡 *ぬへんぼー 福島県大沼郡 *ぬるま 茨城県稲敷郡 埼玉県入間郡 千葉県夷隅郡 兵庫県 島根県石見(仕事のはかどらない人をののしって言う語) *ねとぶけ 徳島県 *ねとぼけ 和歌山市 *のっけ 岩手県上閉伊郡 *のっけなし 青森県津軽 秋田県仙北郡 *のっぽ 茨城県真壁郡 千葉県東葛飾郡 長野県東筑摩郡 高知県 熊本県上益城郡 *のっぽー 茨城県・新治郡 栃木県 埼玉県川越・入間郡 愛知県宝飯郡 山口県 *のっぽり 茨城県稲敷郡 千葉県君津郡 三重県志摩郡 和歌山県那賀郡 *のっぽりぽんつく 千葉県夷隅郡 *のふぇ 秋田県河辺郡 *のぶそ 長崎県対馬 *のへ 岩手県気仙郡 秋田県 *のほーず 福井県 *のほず 石川県河北郡・金沢市 *のほんど 奈良県南大和 和歌山県那賀郡・伊都郡「のほんどの事言ふな」 *のんぼ・のんぼー 群馬県佐波郡 *はんま 茨城県新治郡・稲敷郡 埼玉県北葛飾郡 *ひだりまき 大阪市 *ひゅーたん 熊本県天草郡 大分県北海部郡 *ひょーたん 山梨県南巨摩郡 *ひょっとこ(のしって言う語)栃木県 愛知県名古屋市 大阪市 兵庫県神戸市 奈良県南大和 和歌山県 香川県三豊郡 *びんから 新潟県佐渡 *ふーけ 福岡市 長崎県 熊本県玉名郡 *ふーけもん 佐賀県 長崎県 *ふぬけさく 三重県南牟婁郡 *ふぬけだま 三重県志摩郡 *ふぬけまんじゅー 新潟県佐渡 *ふのけ 新潟県東蒲原郡 長野県 *ふのけやろ・ふんのけやろ 新潟県東蒲原郡 *ふんぬけ 山形県米沢市 *ほーけ 山形県 福井県遠敷郡 岡山県津山 *ほーけだま 兵庫県佐用郡 岡山県苫田郡 *ほーけなし(気の回らない者)新潟県岩船郡 *ほーけまち 島根県出雲 *ほーけもの 島根県隠岐島 長崎市 *ほーけんと 兵庫県但馬 *ほーけんとー 兵庫県氷上郡 *ほーすけ 群馬県吾妻郡 長野県下伊那郡 滋賀県蒲生郡 奈良県・吉野郡 和歌山市 *ぼーた 福岡県 *ぼーふら 島根県隠岐島 *ぼーぶら 島根県石見 福岡市 大分県 *ぼーら 島根県石見 *ほーろく 新潟県中頸城郡 長野県長野市・上水内郡 徳島県阿波郡・美馬郡 *ほーろくがんす 徳島県美馬郡 *ほけ 福岡市 長崎市 *ぼけ 岩手県気仙郡 新潟県 三重県伊賀 京都市 大阪市 兵庫県 奈良県 和歌山県海草郡 和歌山市 鳥取県気高郡・岩美郡 島根県石見・隠岐島 岡山県児島郡 広島県高田郡 山口県・阿武郡 徳島県 香川県 高知県鵜来島 *ぼけくそ 香川県伊吹島 *ぼけくらい 岡山県児島郡 *ほげさく 山口県玖珂郡 *ぼけさく 島根県石見 岡山県岡山市・児島郡 香川県 愛媛県周桑郡・喜多郡 *ぼけす 徳島県 高知県鵜来島 *ぼけすー 奈良県吉野郡 *ぼけた 長野県東筑摩郡「あのぼけたが何を知るものか」 *ほけだま 三重県度会郡 *ぼけだら 三重県阿山郡 *ぼけたれ 島根県石見 岡山県児島郡 広島県 山口県 *ぼけたん 兵庫県加古郡 奈良県 *ぼけとろ 島根県飯石郡 *ぼけはち 三重県阿山郡 奈良県吉野郡 *ほけまくり 福岡県三池郡 *ほじなし 岩手県九戸郡・和賀郡 *ほじぬけ 岩手県九戸郡 *ほぞ 石川県鳳至郡 *ほぞぬけ 石川県金沢市・鹿島郡 *ぼたごろ 大分県日田郡 *ぼっけ 岩手県気仙郡 *ほぬけ 京都府竹野郡 大分県大分郡 *ほのけ 長野県南佐久郡 *ぼぶら 石川県金沢市 鹿児島

県鹿児島郡 *ぼら 大分市 *ほれ 徳島県三好郡 *ほろけ 山形県 新潟県岩船郡 *ぽん 新潟県西頸城郡 徳島県 *ぽん 和歌山県 島根県 山口県玖珂郡 長崎県対馬 大分県 *ぽんかん 愛媛県周桑郡 *ぽんさく 愛媛県周桑郡・喜多郡 *ぽんすー 岡山県邑久郡 *ぽんすー 島根県石見「ぽんすーを相手にするな」 山口県大島 *ぽんすけ 新潟県佐渡 和歌山県有田郡 島根県 大分県大分郡 *ぼんた 千葉県海上郡 神奈川県藤沢市 *ぽんた 千葉県・海上郡 長野県東筑摩郡 三重県阿山郡 *ぽんたろ 三重県度会郡 *ぽんち 山形県東置賜郡 長野県佐久 *ぽんつく 新潟県中頸城郡 高知県土佐郡 *ぽんつく 栃木県 群馬県群馬郡 神奈川県津久井郡 新潟県佐渡 山梨県 長野県 香川県塩飽諸島 高知県 *ほんつけ 新潟県東蒲原郡 *ぼんてこ 三重県名賀郡 *ぽんてこ 三重県志摩郡 *ぼんてさく 岩手県気仙郡 *ぼんやん 徳島県美馬郡 *まごろく 東京都八丈島 *むんどぅみー 鹿児島県喜界島 *めろり 秋田県 山形県東田川郡・鶴岡 新潟県岩船郡 *めろりあま 新潟県岩船郡 *めろりやろー 山形県東田川郡 新潟県岩船郡 *めろりんやろ 新潟県東蒲原郡 *もさ 広島県高田郡 山口県 *ゆるすけ 宮城県石巻・仙台市「ゆるすけだから人に馬鹿にされてばかりいる」 福島県若松市・大沼郡 *ろくもん 新潟県上越市

↓あほう（阿呆）・ぐどん（愚鈍）

□だ *あたちょろい 岡山県苫田郡 *あまい 青森県津軽 山形県米沢市「あまえやづだ」 岡山市 福岡市 *あまくさい 青森県津軽「このわらしァあまくさえ奴だね」 *けうとい 関西「ほんまにけうとや」 *ふーたらぬるい・ふーたんぬるい 福岡市 *ぽこい 石川県 福井県足羽郡・大飯郡 滋賀県彦根 香川県・木田郡 *ぼっこい 富山県砺波 *もじゃやい 山形県飛島 *もんじゃない 山形県最上「この人はもんぢゃない」 *もじょね 山形県酒田市・飽海郡

□面 *あっぱがお 岩手県気仙郡 香川県 *あっぺーずら 長崎県対馬「あっぺーづらさげる（あっけにとられる）」 *あんけずら 秋田県鹿角郡 *うまっつら 長野県佐久

□面をしているさま *ぼへらーん・ぼへらぼへら 青森県三戸郡

□な者 *あったかさ 新潟県 *うすけん 奈良県吉野郡 *うすこけ 秋田県平鹿郡 *うすだら 熊本県天草郡 *うすたらず 山形県村山「このうすたらず、あっちゃ行ってろ」 *うすたりー 熊本県下益城郡 *うすった 奈良県南大和 和歌山県伊都郡 *うすてれ 茨城県稲敷郡 千葉県香取郡 *うすでれ 栃木県 *うすとりー 熊本県阿蘇郡 *うすとれー 熊本県 *おあったか 山梨県 *おとべとべ・おとべとんべ 山形県東置賜郡 *けーなったれ 長野県上田・佐久 *しょろこけ 岩手県東磐井郡 宮城県「なんつしょろこけだべ、ほろったり（落としたり）、わっせたりしてまづおら（忘れたりして、まあ）」 *ずなし 長崎県対馬 大分県宇佐郡 *どち（まぬけ男） 岐阜県本巣郡 *どへ 岩手県気仙郡 秋田県仙北郡 *どんずー 佐賀県藤津郡 *どんずら 静岡県志太郡「どんずら、しっかりしょー」 三重県志摩郡 *どんべ 岩手県気仙郡 富山県東礪波郡・下新川郡 岐阜県大野郡 *どんぺ 岩手県江刺郡 秋田市 *どんべー 岐阜県大野郡 *どんぺー 岩手県九戸郡・気仙郡 *どんぺさく 岩手県気仙郡 *のっぽ 茨城県真壁郡 千葉県東葛飾郡 長野県東筑摩郡 高知県 熊本県上益城郡 *のっぽー 茨城県新治郡 栃木県 埼玉県川越・入間郡 愛知県宝飯郡 山口県 *のっぽり 茨城県稲敷郡 千葉県君津郡 三重県志摩郡 和歌山県那賀郡 *のっぽりぽんつく 千葉県夷隅郡 *のんぼ・のんぼー 群馬県佐波郡 *ふーたら 福岡市 *へんとなし・へんどなし・へんとこなし・へとなし・へとどなし 新潟県刈羽郡 *へんなし 新潟県

まね【真似】 *こまね 山梨県南巨摩郡 *ふーなー 沖縄県首里「ぬーぬふーなーしょーが（何のまねをしているのか）」 *まねくそ 徳島県 *まねし 兵庫県加古郡 島根県「人のまねしをしてもだめじゃ」 広島県高田郡

↓まねごと（真似事）

人の□をすること *あまのしゃく 山形県西置賜郡・西村山郡 *あまんじゃく 群馬県山田郡 富山県砺波 *ひくざ 山梨県

まねく【招】 *やとう 高知県高岡郡「某さんを一寸やとうて来い」 *よばーる 長野県諏訪 *よばる 青森県南部 岩手県気仙郡「おふるめあ（祝宴）によばる」 宮城県栗原郡 秋田県「人をよばる」 山形県 福島県相馬郡・東白川郡 群馬県前橋市 新潟県東蒲原郡「祭にはいとこ全部をよばろう」 長野県上伊那郡・佐久 *よんばる 秋田県鹿角郡「お振舞さよんばる」

まねごと【真似事】 *きぼ（けんそんして言う語） 岡山市「祝の規模をする（祝いの宴をはるが御馳走はしない）」 *まかた（「真形」か） 山形県米沢市「りっぱな羽織でなぐども、まがださえ、あればええ」 東京都八王子「お礼のまかたですが」 新潟県佐渡「式はまがたにしておく」 *まねかえし 新潟県上越市・中頸城郡 *まねかし 青森県上北郡・三戸郡 岩手県気仙郡「おらえ（私の家）でもおふるめぁ（祝宴）のまねかししました」 *まねげ 鹿児島県肝属郡 *まねっかえし 新潟県西蒲原郡「ほんの法事のまねっかへしだけれどきてくれ」 *まねっかち 静岡県榛原郡

↓まね（真似）

まねる【真似】 *まーびるん（文語形は「まーびん」） 沖縄県石垣島 *もじる 福島県岩瀬郡 長野県諏訪

まばたき【瞬】 *ちっかり 岐阜県吉城郡・飛

驒 *ぱっち 青森県南部 *まおとし 島根県出雲市 長崎県対馬「まおとしもせずに見る」 大分県 宮崎県東諸県郡 *みーうち 沖縄県首里 *みーふつぃ 沖縄県石垣島「みーふつぃしん(瞬く)」 *みっし 鹿児島県喜界島「みっししゅんまどぅに(ほんのしばらくの間に)」 *みまず 富山県下新川郡 *めじこ・めじょこ 香川県 *めしぼり 大分県 *めしょぼ 奈良県吉野郡 *めたたき 岐阜県岐阜市・飛驒 静岡県志太郡・磐田郡 島根県「めたたきをすると痛あ」 山口県 香川県 福岡市 長崎県長崎市・壱岐島 熊本県玉名郡 大分県 *めっぱげ 山形県東置賜郡 *めっぱち 山形県置賜 *めばじ 島根県隠岐島 *めはじき 山形県置賜・米沢市 福島県 鳥取県 *めぱじき 秋田県鹿角郡 山形県東村山郡 長野県佐久 *めばたき 福島県 栃木県河内郡 長野県佐久 島根県出雲市 大分県速見郡・北海部郡 *めばち 宮城県石巻・仙台市 山形県西置賜郡 福島県相馬郡 福井県大飯郡 *めばっち・めぱっち・めぱち 山形県西置賜郡 *めまじ 宮城県仙台市 山形県米沢市 福島県 千葉県海上郡 石川県鹿島郡・金沢市 鳥取県西伯郡 島根県 *めまじり 山形県東置賜郡 *めまぜ 富山県 石川県鹿島郡 *めまち 福島県「めまちするうちに飛んでしまった」 *めまつ 宮城県栗原郡

□をする *ましばうつ 新潟県佐渡 和歌山県 *ましべうつ 和歌山県東牟婁郡 *ままなく 新潟県東蒲原郡

まばゆい【目映】 ⇨まぶしい(眩)

まぶしい【眩】 *あばい 徳島県 *あばいー 広島県佐伯郡 *あばたい 徳島県 *あはばい 三重県度会郡 *あばばい 三重県 和歌山県東牟婁郡 *あぱぱい 徳島県 香川県広島 高知県幡多郡 *あばばよい 三重県度会郡 *あまばい 徳島県 香川県 *いぐったい 神奈川県津久井郡 *いまばい・いまぼい 香川県 *うっとしー 神奈川県三浦郡 *かがいー 新潟県佐渡 岐阜県飛驒 *かがっしー 新潟県佐渡 *かがっぱしー 富山県下新川郡・射水郡 *かがっぴ 新潟県上越市 *かがっぷい 新潟県佐渡 *かがっぷしー 新潟県佐渡 *かがっぺ 長野県北部 *かがっぽい 新潟県 長野県 *かがっぽし 新潟県西頸城郡 *かがっぽしー 新潟県 富山県下新川郡 長野県 *かがはい 新潟県 *かがはいー 岐阜市 *かがはえー 山形県東田川郡 岐阜県稲葉郡・大垣市 愛知県一宮市 *かがばてー 山形県西田川郡 *かがはゆい 岐阜県 *かかびてー 山形県東田川郡「日照ってかかびてー」 *かがぽい 山形県西置賜郡 新潟県 *かがぼし 山形県西田川郡 *かがほしー 山形県庄内 *かがぼしー 山形県 福島県会津 *かがぼせー 山形県飽海郡 *かかぼちー 山形県鶴岡 *かがぼちー 山形県 *かがぼつい・かがぼっつい 山形県飽海郡 *かがぼてー 山形県西田川郡 *かがゆい 新潟県佐渡 *かがわいー 岐阜市 *かがんぽい 新潟県 *かがんぼしー 新潟県佐渡 富山県下新川郡 *かがんぽしー 新潟県佐渡 *かがんぼせ 秋田県由利郡 *かつぼしー 山形県庄内「おてんと様がかつぼしいなあ」 *かんぶしー 新潟県佐渡 *しとろっぽい 千葉県東葛飾郡 *すてっぽしー・てりっぽしー 千葉県印旛郡 *なまこい 岐阜県揖斐郡 *ばいー 徳島県美馬郡 *ばばい 三重県 京都府 奈良県吉野郡 和歌山県 徳島県美馬郡・三好郡 香川県 *はばいー 広島県 大分市 *ばばいー 三重県 兵庫県淡路島 島根県石見 岡山県児島郡 広島県 山口県阿武郡・大島 徳島県美馬郡 愛媛県 高知県高知市・幡多郡 大分県 *ばばこい 岐阜県飛驒 徳島県 *ばばこしー 岐阜県飛驒 *ははしゃい 石川県羽咋郡 *ばばたい 三重県度会郡 高知県幡多郡 *ばばっこい 岐阜県恵那郡 *ばばひー 香川県三豊郡 高知市 *ばばやい 三重県宇治山田市・度会郡 *ばばやしー 富山県 *ばばやっしー 富山県砺波 *ばばよい 三重県志摩郡 *ばべい 三重県伊賀 和歌山県西牟婁郡 *ひがっぷしー 埼玉県秩父郡 *ひかっぷれー 埼玉県秩父郡 *ひがっぽしー 群馬県多野郡 *ひがらしか 鹿児島県 *ひぐったい 神奈川県津久井郡・愛甲郡 *ひぐらったい 神奈川県津久井郡 *ひじるい・ひじれったい 静岡県 *ひずらしー 静岡県「おてんとさんがひずらしい」 岡山県 *ひずるい 群馬県勢多郡・佐波郡 愛知県 *ひずるしー 群馬県勢多郡 神奈川県足柄上郡・足柄下郡 静岡県 愛知県三河 長崎県南高来郡 *ひだりー 神奈川県愛甲郡 *ひだりっぽい 神奈川県高座郡 *ひたりっぽしー 山梨県 *ひだりっぽしー 神奈川県高座郡 山梨県北都留郡 *ひてーぶしー・ひてっぷしー 千葉県山武郡 *ひでっぷしー 千葉県夷隅郡 *ひてっぽしー 千葉県匝瑳郡 *ひでっぽしー 千葉県君津郡・印旛郡 *ひでらしー 静岡県榛原郡 鳥取県西伯郡 岡山県真庭郡 *ひでりしー 静岡県賀茂郡 *ひでりっぽーしー 東京都利島 *ひでりっぽしー 千葉県印旛郡 *ひでりっぽい 茨城県稲敷郡 *ひでりぽったい 静岡県 *ひでれぽい 茨城県東南部 *ひどっこい 岐阜県恵那郡 *ひどるい 山梨県 愛知県「此所はひどりいなあ」 *ひどろい 山梨県 岐阜県加茂郡 愛知県尾張 *ひどろこい 岐阜県羽島郡 *ひどろしー 山梨県南巨摩郡 岐阜市 静岡県「日照ってひどろしい」 *ひどろっこい 長野県 岐阜県土岐郡 *ひどろったい 長野県諏訪 *ひどろっぽい 茨城県北相馬郡 神奈川県足柄上郡 *ひなぼったい 神奈川県津久井郡 *ひねぼったい 静岡県賀茂郡 *ひのぼっちー 神奈川県津久井郡 *ひぼったい 神奈川県津久井郡・愛甲郡 *びぼっちー 神奈川県津久井郡・高座郡 *ひまぐるしか 熊本県天草郡 *ひもっちー 神奈川県津久井郡 *ひんずらしー 静岡県「あまり光りすぎてひんずらしい」 *ふぃちゃらさん・ふぃちゃるさん 沖縄県首里 *ふでらしー 島根県隠岐島 *ふまぐらしー 島根県出雲・隠岐島 *ふまぶらしー 島根県簸

川郡 *へずりー 群馬県佐波郡 *ほばい 三重県志摩郡 *まーばい 三重県南牟婁郡 *まぐらしー 島根県隠岐島 *まじこい 青森県津軽 秋田県雄勝郡「まじこえくて外見られない」 福島県中部 *まじっぽい 山形県新庄市・飽海郡 福島県 茨城県西南部 栃木県 群馬県 埼玉県「ひなたに急に出たんでまさかに(非常に)まじっぽい」 千葉県東葛飾郡 神奈川県三浦郡 新潟県東蒲原郡 長野県 *ましぼい 青森県南部 *まじぼい 宮城県登米郡・玉造郡 秋田県仙北郡「まじぺぁ日だ」 山形県 茨城県新治郡・真壁郡 *まじゃっぺー 栃木県 *まじらっぽい 茨城県 *まずこい 秋田県平鹿郡 *まずしぽい 岩手県和賀郡 *まずっぽい 山形県 *まずぷい 山形県南村山郡・北村山郡 *まずぽい 宮城県栗原郡 *まちこい 青森県津軽 秋田県平鹿郡 *まちっぽい 福島県中部・南部 *まちぽい 秋田県山本郡 山形県西置賜郡 *まつこい 青森県上北郡 *まつぷい 岩手県上閉伊郡 山形県最上郡 *まつぶしー 青森県南部 *まつぷたい 秋田県由利郡「電灯がまつぷてぁな」 *まつぺー 岩手県上閉伊郡・秋田県河辺郡 *まっぽい 岩手県気仙郡 宮城県栗原郡・仙台市 *まつぽい 青森県 岩手県 宮城県石巻・仙台市 秋田県鹿角郡 山形県 *まつぽしー 岩手県九戸郡 *まつろい 山形県東村山郡 *まばい 石川県河北郡・鳳至郡 三重県 大阪市 兵庫県神戸市 奈良県 和歌山県 鳥取県西伯郡 香川県 鹿児島県揖宿郡 *まはいー 大分県 *まばいー 神奈川県足柄下郡 新潟県佐渡 岐阜県 三重県名賀郡 大阪市 鳥取市 島根県 岡山県 広島県 山口県 徳島県 愛媛県 高知市 佐賀県三養基郡・藤津郡 長崎県西彼杵郡 熊本県 大分県 宮崎県東諸県郡 鹿児島県揖宿郡 *まばこい 徳島県 *まばっこい 岐阜県恵那郡・益田郡 *まばばい 奈良県吉野郡 *まばやい 三重県度会郡 *まばやしー 神奈川県足柄上郡 富山県 石川県鹿島郡・鳳至郡 *まばやっしー 富山県砺波 *まびやしー 神奈川県小田原市 *まぶい 千葉県長生郡 石川県 福井県 長野県東筑摩郡 滋賀県彦根 京都市 大阪市 兵庫県神戸市・淡路島 奈良県宇智郡 和歌山県 徳島県 香川県綾歌郡 *まぶいー 広島県比婆郡 *まぶしってー 神奈川県 *まぶったい 長野県佐久 *まべいー 山口県玖珂郡 *まぼそい 京都府・竹野郡・中郡 兵庫県但馬・養父郡 *ままこい 岐阜県「ままこーて目があいとれん」 *ままっこい 岐阜県恵那郡・益田郡 *ままやしー 石川県鹿島郡 *まんじぽい 秋田県秋田市・南秋田郡 *まんずこい 秋田県平鹿郡 *まんずぽい 秋田県平鹿郡・雄勝郡「お日さまの光がまんずぽい」 山形県 *まんつこい 青森県津軽 秋田県南秋田郡・北秋田郡 *まんつぽい 秋田県 山形県 *みーふぃちゃらしゃん 沖縄県首里 *みーぷとぅりしゃーん 沖縄県石垣島 *みやばしー 富山県射水郡 *めぐらってー 神奈川県津久井郡 *めはい 鹿児島県揖宿郡 *めばい 福井県大飯郡 滋賀県 和歌山県東牟婁郡 熊本県天草郡 鹿児島県鹿児島郡・揖宿郡 *めはいー 宮崎県東諸県郡 *めばいー 島根県 岡山県津山 宮崎県児湯郡・東諸県郡 *めばやしー 神奈川県足柄下郡 富山県東礪波郡「急に外へ出たらめばやして目があけられん」 *めぶい 福井県大飯郡 *めやしー 富山市近在 *めやぼしー 富山県氷見郡

まぶた【目蓋】 *まごろ 香川県「まごろが落ちる(まぶたがくぼむ)」 *まなくぶち 岩手県気仙郡 *まなぶた 東京都八丈島 *まぶち 宮城県栗原郡 秋田県秋田市・鹿角郡 山形県東置賜郡 群馬県山田郡・佐波郡 東京都八王子 静岡県志太郡「まぶちんあかぇー」 兵庫県赤穂郡 *まぼろ 富山県砺波 香川県「病みあがりはまぼろが落ち込んでしまう」「ほこりが入ったんか、まぼろがころころする」 *まんぶち 秋田市 *みーが 沖縄県中頭郡 *みーがー 沖縄県首里 *みーぬぅー・みぬー 沖縄県首里「みーぬぅーに さがゆん(まぶたに浮かんで離れない)」 *みーぬかー 沖縄県八重山 *みーぬく 鹿児島県加計呂麻島 *めぶち 鹿児島県肝属郡

ままごと【飯事】 *あじゃいしー 沖縄県竹富島 *あすなんご 鹿児島県 *あすぼっこ 神奈川県足柄下郡 *あすびっこ・あすび 長野県諏訪 *あすんぼこ 静岡県 *あっとさま 新潟県東蒲原郡 *あなたんこ・あんたんこ・あんたこ 神奈川県城ケ島 *あんかめ 千葉県安房郡 *あんばごー 静岡県周智郡 *いそあそび(雛の節句に雛壇の前でする女児のままごと) 静岡県賀茂郡 *いりえ 東京都御蔵島 *いれもっこ 東京都三宅島・御蔵島 *いれんごきいろんごき・いろっけー 静岡県賀茂郡 *うふるめんたー 沖縄県首里 *うゆうぇぐわーせー 沖縄県首里 *うんばーじ 東京都三宅島 *えーまねっこ 山梨県 *おかかぶち 宮城県仙台市・栗原郡 *おかかぶつ 宮城県仙台市 *おかだぐろ 静岡県 *おかだっこ 山梨県 *おかだりもん 静岡県伊東市 *おかちゃまごと 新潟県北蒲原郡 *おかっつぁま 山形県 *おかっつぁまー 福島県会津 *おかはんごと 京都府 *おきゃく 香川県 *おきゃくあそび 大分県東国東郡 *おきゃくげな 愛媛県 *おきゃくごっこ 長野県諏訪 *おきゃくごと 大分県南海部郡 *おきゃくっこ 群馬県多野郡 長野県諏訪 *おきゃくなんこ 長野県 *おきゃくなんど 長野県上伊那郡・下伊那郡 *おきゃくぼっこ 長野県諏訪・上伊那郡 *おきゃくやっこ 長野県諏訪 *おきゃくんぼ 長野県上伊那郡 *おきゃこと 群馬県勢多郡 *おきゃごと 栃木県上都賀郡 *おきゃこんば・おきゃーこっこ 長野県諏訪 *おきゃっこ 埼玉県秩父 長野県諏訪 *おくさんごっけん(「奥様御機嫌よろしゅう」の意) 大分市 *おくさんごと 大分県東国東郡 *おくばり 神奈川県足柄下郡 *おこんば 静岡県 *おこんぼっこ 静岡県東部 *おじゃごと 富山県砺波

石川県 *おじゃんぼこ 富山県高岡市 *おちゃごと 千葉県夷隅郡 富山県射水郡 *おちゃなんご 熊本県球磨郡 *おっかさんごと 群馬県邑楽郡 *おてんごし 静岡県田方郡 *おなんかやさん 神奈川県足柄下郡 *おばーなんこ 長野県諏訪 *おばこたち 山形県西置賜郡 *おばごと 長野県東筑摩郡 愛媛県 *おばごとあそび 兵庫県赤穂郡 *おばさ 岐阜県加茂郡 *おばさま 岐阜県恵那郡 *おばさんげ 愛媛県喜多郡・東宇和郡 *おばさんげな 愛媛県伊予市・越智郡 *おばさんこ・おばれっこ・おぶさんこ 長野県佐久 *おばさんごと 群馬県館林 愛媛県 高知県鵜来島 *おひるまいこ 青森県南部・津軽 *おふりめぁこ 秋田県雄勝郡 *おふるまいこ 青森県 岩手県九戸郡 宮城県栗原郡 秋田県鹿角郡 *おふるまいごと 山形県米沢市・南置賜郡 *おふるまいっこ 宮城県栗原郡 *おふるめあっこ 岩手県気仙郡 秋田県平鹿郡・雄勝郡 *おふるめーあんこ 岩手県上閉伊郡 *おふろめぁんこ 岩手県下閉伊郡 *おぼやっこ 山梨県南巨摩郡 *おまちっこ・おんまちっこ 神奈川県津久井郡 *おまんじゃっこ 山梨県 *おまんまっこ 長野県南佐久郡 *おもちゃごっこ 群馬県勢多郡 *おもちゃごと・おもちゃご 山形県西村山郡 *おもちゃんご 愛知県豊橋 *おわさげな 愛媛県東宇和郡 *おんば 静岡県島田市 *おんばーやっこ 山梨県 *おんばいごと 静岡県榛原郡 *おんばごっこ 静岡県志太郡 *おんばじっこ 長野県諏訪 *おんばっこ 東京都三宅島 神奈川県津久井郡 山梨県 長野県諏訪・佐久 静岡県「おんばっこして遊ぼう」 *おんばっこー 神奈川県小田原市・津久井郡 *おんばなんこ 長野県諏訪 *おんばれこ 長野県上田 *おんばんこ・おんばんごっこ 静岡県志太郡 *おんめはんごと 徳島県 *かいご 三重県志摩郡 *かくーさんごと(「かくーさん」は母の意)・かくさんごと 島根県邑智郡 *かざりもっこ 神奈川県足柄上郡 *かたかた 三重県志摩郡 *かたかたもん 三重県志摩郡 *かだりもの 静岡県賀茂郡 *かっかたっこ 岩手県九戸郡 *かっちび 山形県飽海郡 *かっつび 山形県庄内 *かみさんごと 島根県隠岐島 *かんからあそび 長崎県五島 *かんがらごと・かんがらごー 島根県江津市 *かんかん 和歌山県那賀郡・伊都郡 *かんごみ 三重県志摩郡 *がんどー 鹿児島県喜界島 *かんのっこ 静岡県庵原郡 *かんのんこ 静岡県庵原郡 鹿児島県肝属郡 *きゃくなんど 熊本県球磨郡 *きりごと 山形県最上郡・西村山郡 *くさこあすび(花や草でするままごと遊び) 青森県三戸郡 *けぁっかあっぴ(「かい(貝)っこあそび(遊)」の転か。小児語) 宮城県石巻 *けぁどっこ・けーぁどっこ 千葉県安房郡 *げーかまごと 島根県隠岐島 *けんごと 千葉県安房郡 *こじゃこじゃ 宮城県登米郡 *こばこと 岐阜県飛騨 *ごもいご 長崎県南高来郡 *こんば 静岡県 *ごんもい・ごんもいがっちゃ 佐賀県藤津郡 *さかまこ 青森県南部 *しさぬこーんざ(「知らぬ仕事」の意)・さぬこーんざ 沖縄県小浜島 *じじょこあそび 青森県三戸郡 *じゃじゃごと 富山県砺波 *じゃじゃぼこ 秋田県南秋田郡 *じゃじゃぼっこ 秋田県南秋田郡・秋田市 *じゃじゃんこ 福井県 *じゅんじゅばんばん 三重県志摩郡 *じんじょーばんば 三重県志摩郡 *じんじん 愛媛県大島 *すれいやど 東京都八丈島 *そいなんど 鹿児島県揖宿郡 *ちゃじゃぼっこ 秋田市 *ちゃちゃぼこ 和歌山県西牟婁郡 *ちゃぶごと 広島県豊田郡 *ちょちゃごと 山形県西田川郡 *ちんちんかまかま 茨城県稲敷郡 *つっごまんじょ・つっこまんじょ・つんごまじょ 長崎県五島 *つんごみ 長崎県壱岐島 *ななさんごと 兵庫県城崎郡 *なんこび(幼児語) 三重県尾鷲 *なんどごと 兵庫県赤穂郡 *なんまんど 岐阜県郡上郡 *にかまま 石川県鹿島郡 *ねーさんままんご 熊本県 *ねざんば(「姉さん婆さん」か) 東京都三宅島 *のんのこ 香川県大川郡・木田郡 *ばえばえごく 岡山県邑久郡 *ばっこー 鹿児島県種子島 *ばっじょ 長崎県五島 *はめごと 島根県隠岐島 *ばらんこ 鹿児島県大隅 *ばんばんごと 岡山県児島郡 *ひーなっこばり(三月三日の節句に、女の子がひな壇の前でするままごと) 静岡県田方郡 *ふるまいこ 青森県津軽 岩手県和賀郡 秋田県南秋田郡 *ふるまいこと 新潟県佐渡 *ふるまいっこ・ふるみゃっこ 静岡県田方郡 *ふるめこ・おふるめこ 青森県 *ふるめごと 新潟県佐渡 *べべかま 島根県隠岐島 *ほーいなんこ 長崎県南高来郡 *ほーじなんこ 長崎県南高来郡 *ぼーずなっか 新潟県東蒲原郡 *ぼんばらごと・ぼんばら 香川県伊吹島 *まーごじょー 鹿児島県種子島 *まいまいごと 島根県益田市 山口県大島 大分県北海部郡 *まいまいとー 島根県益田市 *まっかり 東京都八丈島 *まっかりや 東京都八丈島 *まま 島根県出雲市・大原郡 *ままい 徳島県 *ままいごと 三重県志摩郡 島根県鹿足郡 徳島県 *ままえこ 愛知県海部郡 *ままこ 鳥取県西伯郡 島根県出雲 *ままこじ 島根県出雲・隠岐島 *ままごじょ 長崎県北松浦郡 *ままごちゃ 愛知県碧海郡・岡崎市 *ままごっこ 長野県諏訪 *ままごとやっこ 群馬県桐生市 *ままこも 山口県豊浦郡 *ままこんじ 静岡県磐田郡 *ままさん 三重県志摩郡 *ままさんあそび 岐阜県養老郡 *ままさんごと 兵庫県出石郡・城崎郡 島根県邑智郡 *ままじっこ 長野県諏訪 *ままたくご 鹿児島県肝属郡 *ままたっご 鹿児島県 *ままたぶり 岩手県九戸郡 *ままたんご 熊本県阿蘇郡 *ままっこ 香川県大川郡 静岡県川根 *ままなんこ 新潟県東蒲原郡 *ままはん 徳島県美馬郡 *ままはんこ 香川県仲多度郡 *ままやこ 京都府竹野郡 *ままん 三重県名張市 *ままんげ 鹿児島県 *ままんこ 静岡県川根 香川県大川郡 *ままんご 福岡県久留米 佐賀県唐津市 長崎県 熊本県 *ままんご

ー福岡市　大分県速見郡 *ままんごー 大分県速見郡 *ままんごっこ 大分県中部 *ままんごや 長崎市 *ままんじょー 熊本県天草郡 *ままんだくり 宮崎県日向市 *ままんたんご 熊本県玉名郡 *まめこじ 島根県隠岐島 *まめんご・まめんごじょ 熊本県天草郡 *まやいこ 三重県志摩郡 *まんざつこ 群馬県多野郡 *まんまあしび 岩手県九戸郡 *まんまい 徳島県海部郡　香川県香川郡 *まんまいごと 島根県益田市　徳島県 *まんまいとー 島根県益田市 *まんまえこ 愛知県愛知郡 *まんまこあしび 岩手県九戸郡 *まんまさごと 新潟県中越 *まんまさん 奈良県吉野郡 *まんまぜく 鹿児島県 *まんまたっこ 静岡県駿東郡 *まんまだっこ 岩手県九戸郡 *まんまちゃんこ 愛知県北設楽郡 *まんまっこ 山梨県南巨摩郡　静岡県榛原郡 *まんまはん 香川県仲多度郡 *まんまはん・まんまはんごと 香川県仲多度郡 *まんまん 三重県名張市　兵庫県美方郡　香川県小豆島 *まんまんご 愛知県渥美郡　山口県　香川県木田郡　熊本県天草郡 *まんまんごー 島根県江津市　大分県速見郡 *まんまんごく 岡山市 *まんまんごっこ 大分県中部 *みーとぅんだぐゎーせー（子供がお父さんお母さんの役になってするままごと）沖縄県首里 *みせやっこ 長野県佐久 *みやさん 和歌山県伊都郡・有田郡 *みやさんごと 奈良県宇智郡 *みよさん 和歌山県伊都郡 *むぬがんばり 沖縄県鳩間島 *むぬしなーし 沖縄県石垣島 *むぬだーび 沖縄県波照間島 *むんたべ 鹿児島県奄美大島 *ゆーじがま 沖縄県宮古島 *よーとぅ 沖縄県国頭郡 *よばいごと 島根県隠岐島 *よばえてっこ 群馬県利根郡 *よばれっこ 福島県会津　長野県上田・佐久 *よばれなんご 静岡県田方郡 *よめさんこ 長野県上田・佐久 *よめどこ 長野県東部 *よめどっこ 長野県長野市・上水内郡 *よめなんこ 新潟県東蒲原郡 *れーごと 島根県隠岐島 *わっさごと 福島県会津 *んたびあんび 沖縄県与那国島

まむかい【真向】 *あいむかい 栃木県　群馬県多野郡「あいむかいに座る」 新潟県佐渡・東蒲原郡「私の家と彼の家はあいむかいだ」 広島県高田郡 *たんかー 沖縄県首里・石垣島 *ねんどむかい 岐阜県郡上郡 *まーたんかー 沖縄県石垣島 *またんかー 沖縄県首里 *またんこー 鹿児島県喜界島 *まっぽし 熊本県玉名郡 *まんがー 沖縄県石垣島 *むけん 富山県　山梨県 *もけんつけ 富山県砺波

↓しょうめん（正面）

まむし【蝮】 *あかはめ 香川県小豆島 *あかふ 千葉県上総 *うわばみ 静岡県富士郡 *おかやつめ 新潟県東蒲原郡 *おとこむし 神奈川県津久井郡 *おはっすん（白いマムシ。神の使いとされる）香川県 *かなわまむし（細長い、特に毒の強いマムシ）神奈川県津久井郡 *からすへび 愛媛県 *きそへび 秋田県 *くさむし 長野県下伊那郡 *くじはび 静岡県志太郡 *くずはび 岩手県和賀郡 *くそへび 青森県　岩手県北部　秋田県鹿角郡・河辺郡　山形県　福島県　茨城県　東京都大島　長野県下伊那郡　静岡県　愛知県三河　山形県飽海郡（黒みがかったマムシ） *くそへんび 秋田県南秋田郡　静岡県磐田郡 *くちあめ 鳥取県気高郡 *くちな 茨城県稲敷郡・北相馬郡 *ぐちな 高知県幡多郡 *くちはばめー 茨城県久慈郡 *くちはび 岩手県中部　宮城県　福島県浜通・南部　茨城県　栃木県 *くちばべ 広島県 *くちはみ 千葉県　岡山県真庭郡・久米郡　広島県賀茂郡 *くちばみ 広島県賀茂郡・比婆郡　大分市 *くちはめ 兵庫県佐用郡　岡山県 *くちばめ 広島県高田郡 *くちびす 広島県芦品郡・向島 *くちまめ 広島県 *くちめ 高知県 *くちゃーめ 鳥取県　岡山県津山・久米郡 *くちゃび 山形県村山 *くちゃへび 茨城県 *くちゃみ 千葉県北部 *くちゃめ 茨城県稲敷郡　千葉県　岡山県 *くちわめ 鳥取県気高郡 *くつさび 宮城県石巻 *くっちゃび 山形県村山　茨城県稲敷郡新治郡 *くっちゃみ 山形県村山　千葉県 *くっちゃめ 千葉県安房郡印旛郡　兵庫県赤穂市 *くつはび 岩手県上閉伊郡　宮城県仙台市 *くつはみ 高知県長岡郡 *こもちまむし 三重県志摩郡 *さむらい 静岡県志太郡 *しぇくなす（「えくなし」の転）山形県西村山郡 *しょーむぬ 沖縄県石垣島 *ちゃびらくち 長崎県対馬 *どくじゃ 高知県香美郡 *どっくはめ 兵庫県赤穂郡 *とのさま 静岡県志太郡 *ながむし 香川県三豊郡 *にしきまだら 島根県隠岐島 *はび 千葉県夷隅郡　三重県飯南郡・南牟婁郡　奈良県吉野郡　和歌山県 *はぶ 青森県北津軽郡　三重県上野市　大阪府泉北郡　奈良県吉野郡　岡山県児島郡　徳島県美馬郡　高知県　大分市 *はべ 大阪府泉北郡 *はみ 三重県伊賀　兵庫県淡路島・赤穂郡　奈良県　島根県石見　岡山県　広島県　山口県　徳島県　香川県　愛媛県　高知県　大分市 *はめ 京都府　大阪府　兵庫県　奈良県・大和高田市　広島県　徳島県美馬郡　香川県　愛媛県　高知県 *はんび 三重県　奈良県吉野郡　和歌山県 *はんびー・はんびん 奈良県吉野郡 *ひとくい 新潟県佐渡 *ひとくらいへび 千葉県安房郡 *ひらくち 島根県鹿足郡　福岡県　佐賀県　長崎県　熊本県　大分県 *ひらくつ 長崎県南高来郡・五島 *ひろくち 熊本県天草郡 *へび 東京都　京都府 *へらくち 熊本県 *まーぼう 沖縄県新城島 *まーはぶ 沖縄県竹富島 *まーぱぶ 沖縄県八重山 *まいへび 大分市 *まぐち 広島県江田島 *まへび 福島県　群馬県多野郡　熊本県　大分県　宮崎県　鹿児島県種子島 *やつくち 大分県南海部郡

まめ【豆】 *まめさん 兵庫県神戸市 *まめじょ 長崎県五島 *まんにん（幼児語）福岡市

まめ【肉刺】

足の裏にできる□ *いしぶ 兵庫県加古郡 *い

しまめ 新潟県東蒲原郡　山口県豊浦郡 *そこまめ 青森県津軽　山形県　千葉県東葛飾郡　新潟県佐渡・中頸城郡　富山県砺波　福井県大飯郡　長野県佐久　静岡県志太郡　滋賀県彦根　大阪市　島根県　岡山県阿哲郡　徳島県　香川県 *よのたま 岩手県上閉伊郡・気仙郡 *よのめ 茨城県猿島郡　栃木県　埼玉県北足立郡

歩行のために足の裏に□ができること *そこずめ 高知県 *ふみずめ 高知県長岡郡

まめ【忠実】 *ずく 長野県諏訪・佐久 *せこま 青森県　岩手県紫波郡　秋田県鹿角郡「せこまに働く。せこまな人」 *ねーらさ(感動詞は「ねーらさー」、形容詞は「ねーらさーん」) 沖縄県石垣島

→きんべん(勤勉)

まめまき【豆撒】 *あらくさ 三重県志摩郡 *まめばやし 宮城県仙台市「成田さんのまめばやし」

節分の夜の□の時に唱える言葉 *おにはそとふくはうちまんじんげっとーでてはしれ 新潟県佐渡 *ふりわーち 長野県佐久

まもなく【間無】 *あいうつぁな(「間(あい)を置かずに」の意) 沖縄県竹富島 *あいしゃに 沖縄県石垣島 *あいなく 富山県 *あいなし 富山県西部(主に過去のことを話す時に用いる)「ちょっこる待っとったらあいなし来た」 *あいもない 山口県大島「橋の上から落ちて肋骨を折り大騒ぎをしたがあえもなえ死んだ」 *あいもなく 北海道美唄市「あえもなぐま水しーでやれやれど思っだ時にぁ」 大分県 *あげく 島根県「節句のあげく」 *うってぃ 沖縄県首里 *おーかた 香川県「もうおおかたまいります」 *こそこそ 埼玉県北葛飾郡「こそこそ出かけよう」「こそこそ夏物のしたくだ」 千葉県東葛飾郡 *さっそく 新潟県佐渡「もうさっそく十二時だ」 山梨県北巨摩郡 *そーで 京都府　鳥取県「そうで来る」 岡山県「そーで行くから待っとれえ」 徳島県美馬郡　香川県 *なまんつぃん 沖縄県石垣島 *はやはや 島根県「神楽はまだはやはやの事だない」 *ふっかけ・ひっかけ 島根県隠岐島 *もーかい 京都府相楽郡　奈良県宇陀郡「あの人はもーかい来る筈だ」 *やんずか 長野県下伊那郡 *やんずけ 神奈川県津久井郡 *やんだ 愛媛県東宇和郡「やんだ来る」 高知県高岡郡「やんだ雨が止むろー」 *ゆーどーしーって 沖縄県鳩間島 *ゆどぅまなー 沖縄県石垣島・鳩間島 *ゆどーしーって 沖縄県鳩間島

→そのうち(其内)・やがて(軈)

まゆ【眉】 *いとま 愛媛県越智郡 *いとまい 愛媛県今治市・周桑郡「きれいないとまいしよる」 *かおのけ 青森県　岩手県九戸郡・下閉伊郡 *こーのけ 青森県南部　岩手県九戸郡・上閉伊郡　宮城県　山形県庄内　福島県　新潟県東蒲原郡・岩船郡 *こぬけ 山形県 *このけ 青森県　岩手県盛岡市・江刺郡　宮城県　秋田県　山形県　福島県北部 *しっぺー 宮城県仙台市 *しゃー 長崎県五島 *ばっばっげ 鹿児島県大隅 *ひげ 徳島県 *まーいめ 愛知県三河 *まーのけ 鹿児島県種子島 *まーめ 岐阜県可児郡 *まいかげ 三重県阿山郡 *まいのけ 三重県志摩郡・南牟婁郡　徳島県海部郡　香川県　愛媛県青島　高知県幡多郡　大分県西国東郡 *まいまい 石川県江沼郡 *まいみ 石川県 *まいめ 埼玉県秩父郡　石川県加賀　岐阜県可児郡　愛知県「まいめをすった」 愛媛県「まいめが長い」 *まいめー 埼玉県秩父郡 *まいや 群馬県勢多郡・佐波郡　富山県　石川県 *まいよ 石川県鳳至郡 *まいわい 京都府中郡・与謝郡 *まえげ 群馬県吾妻郡 *まえのけ 三重県志摩郡　徳島県海部郡　香川県 *まえひげ・まいひげ 和歌山県日高郡 *まえや 新潟県三島郡　富山県下新川郡 *まがめ 長野県西筑摩郡 *まぎみ 茨城県新治郡 *まぎめ 福島県　茨城県　栃木県「うすいまぎめだ」 *まぐめ 岐阜県恵那郡 *まげ 福島県石川郡・西白河郡　長野県西筑摩郡　岐阜県　大分県大分郡 *まげめ 茨城県稲敷郡　千葉県印旛郡 *まごめ 茨城県北相馬郡　岐阜県恵那郡 *ましげ 島根県　広島県　山口県 *ますげ 秋田県由利郡・平鹿郡　徳島県美馬郡　香川県　高知県 *また 石川県能美郡 *まつけ 岐阜県土岐郡 *まつげ 北海道南部　岩手県中通　山形県東田川郡　長野県佐久　岐阜県恵那郡　京都府愛宕郡　岡山県真庭郡　香川県香川郡・三豊郡 *まび 鹿児島県宝島 *まひげ 三重県松阪・南牟婁郡　大阪府大阪市・泉北郡　兵庫県　奈良県磯城郡・吉野郡　和歌山県　鳥取県気高郡　島根県石見　岡山県　広島県　山口県　香川県　愛媛県 *まぶ 石川県江沼郡・能美郡 *まぶげ 岐阜県加茂郡 *まぶち 石川県河北郡 *まみ 東京都利島　新潟県　石川県能美郡　長野県下伊那郡　岐阜県恵那郡　静岡県　愛知県西春日井郡 *まみあい 埼玉県入間郡・川越　神奈川県愛甲郡　山梨県　東京都三宅島　長野県岡谷市 *まみー 埼玉県北葛飾郡　長野県東部 *まみえ 群馬県群馬郡・邑楽郡　千葉県東葛飾郡　東京都江戸川区・南多摩郡　神奈川県　山梨県　長野県　静岡県 *まみが 新潟県上越 *まみぎ 大分市 *まみげ 福島県　茨城県　栃木県　群馬県　千葉県東葛飾郡　東京都伊豆諸島　新潟県　静岡県磐田郡　大分県速見郡 *まみや 栃木県　埼玉県　神奈川県　新潟県　静岡県「まみやーかえーてる(書きまゆ毛をしている)」 広島県比婆郡 *まみやい 山形県南置賜郡・米沢市　群馬県館林　山梨県南巨摩郡　静岡県 *まみやげ 埼玉県南埼玉郡 *まみら 新潟県西蒲原郡 *まむげ 岐阜県郡上郡 *まめ 東京都大島　石川県能美郡　岐阜県可児郡・恵那郡 *まめー 山梨県 *まめがい 長野県西筑摩郡 *まめげ 茨城県稲敷郡　栃木県　群馬県佐波郡　新潟県中頸城郡　福井県・足羽郡・吉田郡　長野県西筑摩郡 *まめや 新潟県佐渡 *まもげ 岐阜県郡上郡 *ま

よんず秋田県 *まれげ広島県双三郡 *まろ秋田県河辺郡 *まんげ千葉県 福井県 岐阜県郡上郡 兵庫県多紀郡 *まんめ石川県能美郡 *まんや群馬県佐波郡 *みまゆ・みまう鹿児島県喜界島 *みゃーみ石川県能美郡 *みゃーわゃー京都府竹野郡 *みゃーんけ熊本県下益城郡・球磨郡 *みゃのけ熊本県天草郡 *みゃんけ熊本県 *みーぬまゆ沖縄県新城島 *めへげ三重県南牟婁郡 *めーぶし大分県大分郡 *めげ熊本県 宮崎県西諸県郡・児湯郡 鹿児島県 *めげんけ宮崎県都城 *めのけ宮崎県都城 鹿児島県 *めめ新潟県中越 *めめじ岡山県玉野市 *めやっこ秋田県仙北郡 *めんけ大分県西国東郡 鹿児島県揖宿郡 *めんげ鹿児島県 *めんやま千葉県千葉郡 *やま茨城県 千葉県「いえやまだ(よい眉(まゆ)だ)」 *やまけ茨城県新治郡・稲敷郡 *やまげ千葉県山武郡・君津郡 *やまんけ千葉県山武郡・印旛郡

八の字形の□ *はちましげ島根県鹿足郡 *へったれまぎめ栃木県塩谷郡 *へったれまみげ群馬県多野郡 *べらさく滋賀県蒲生郡 京都府竹野郡

まゆ【繭】 *きんこ長野県西筑摩郡 *きんこまえっこ秋田県鹿角郡 *こーま沖縄県鳩間島 *こだま長野県上伊那郡 *たまごー東京都三宅島「たまごー買いに来るときのあのせり売りを考えると」 *まんむしぬとぅなが(「蚕の卵」の意)沖縄県石垣島

まゆげ【眉毛】 ⇩まゆ（眉）

まり【毬】 *おとめ熊本県玉名郡 *おぼこ福島県会津「おぼこつきしないか」 *きんふけまい(ひな祭りに飾る五色の絹糸で飾ったもの)鹿児島県肝属郡 *こべんちょ(小さいもの)奈良県南部 *こぼん熊本県下益城郡・八代郡 *こぼんな熊本県下益城郡・八代郡 *ごんばりこ・こんはりこ三重県志摩郡 *ごんぼ熊本県 *はりこ三重県 *ひこぼん熊本県上益城郡・下益城郡 *へだま(糸を巻いたまり)岡山市 *ぼんた(手まり)石川県珠洲郡 *ぼんと(大きなまり)熊本県玉名郡 *ぼんど熊本県菊池郡 *ぽんと熊本県玉名郡 *まりんぼー埼玉県秩父郡

まる【丸】 *まるんこ鳥取県西伯郡・米子市 *まろんこ鳥取県西伯郡

□のまま *がら京都府竹野郡「この魚は小さいからがらで煮ましょうか」 *まーぽ(長いものに言う)島根県 *まっぽ島根県八束郡「菓子を包みのまんままっぽでごせ(くれ)」 *ままこまま青森県 *まるご岐阜県「茄子をまるごのまま漬ける」 *まるこまま青森県「飯まるこまでのめば腹こあやむど(腹が痛くなるよ)」「かまなえで、まるこままのめば、苦ぐなえね」 山形県 *まるこまんま山形県 *まるつぼ和歌山県新宮 *まるつぽ福井県 大阪市「丸っぽのまま食べる」 和歌山県西牟婁郡・東牟婁郡 *まるまま山形県「まるままで食う」「財産をまるままもらた」 *まるまんま山形県酒田市・米沢市 *まんなり島根県隠岐島「まんなって」

まるい【丸】 *ころこしー(「ころころしている」の意)富山県 *ちんちんまいか鹿児島県鹿児島郡 *ままるこい徳島県 愛媛県 *まるくしー岐阜県飛騨「まるくしい顔」 *まるくたい岐阜県「あのまるくたいかっこーのたんぼがさかいじゃ」 愛知県 三重県 *まるこしー岐阜県益田郡 *まるしー岐阜県飛騨 *まるっちー群馬県多野郡「猫が背中をまるっちくしている」 埼玉県秩父郡 千葉県千葉郡 山梨県南巨摩郡「四角よりかまるっちいやつがよい」 長野県上田・佐久 *まるまっこい福島県東白川郡 群馬県利根郡 新潟県 *まるまっちー栃木県 群馬県 埼玉県秩父郡「猫が背中をまるまっちくしている」 東京都 山梨県南巨摩郡 長野県諏訪 静岡県 *まろくったい新潟県 *まんまりこい新潟県佐渡 岐阜県郡上郡 *まんまるきゃ東京都八丈島 *まんまるこい山形県 岐阜県安八郡 和歌山市 岡山県児島郡 愛媛県周桑郡・新居郡 *まんまろこい和歌山県 *まんるくたい岐阜県羽島郡

□くなる *まぐなる新潟県佐渡「糸がまぐなった」 山梨県南巨摩郡 *まくまる群馬県多野郡「猫がまくまっている」 *まごなる新潟県佐渡 *まるぬん沖縄県首里 *まるまさる静岡県志太郡「あわぇーにまるまさってる(負ぶいばんてんに包まれて丸くなっている)」

まるき【丸木】 ⇩まるた（丸太）

まるきり【丸切】 ⇩まるっきり（丸切）

まるた【丸太】 *いたご愛知県南設楽郡 和歌山県日高 *いっぷんきー沖縄県石垣島 *きんごろた栃木県芳賀郡 *ぐるた茨城県猿島郡 *ぐるたんぼー埼玉県北葛飾郡 *ころた福井県 京

方/言/の/窓

●ハ行音の変遷

永正十三（一五一六）年成立と伝えられる『後奈良院御撰何曾』というナゾナゾ集に「母には二たびあひたれども父には一度もあはず」というナゾがある。現代人にはその理由がわからない。答えは「唇」だが、「母」と発音するとき唇が二回あうという意味なのだが、現代日本語ではハハと発音しても唇は離れたままである。

このナゾは室町時代ハ行の発音が上下の唇があうファ・フィ・フ・フェ・フォであったことを証明するものである。

では、ファ行音はそれ以前どんな発音だったか。文献的な証拠はないが、沖縄方言に残るパナ（花）、ピギ（髭）などの発音からパ行音だったと考えられている。つまり、パパと呼ばれたのは父親ではなく母親だったということになる。

都府竹野郡 *ごろた 宮城県登米郡 岩手県気仙郡 栃木県 群馬県勢多郡 埼玉県川越市 千葉県山武郡 神奈川県中郡 富山県 鹿児島県鹿児島郡 *ごろたんぼー 栃木県 群馬県邑楽郡 埼玉県北足立郡 神奈川県津久井郡 静岡県志太郡 *ころっぽ 茨城県稲敷郡 *ころんぼ 福井県 奈良県宇陀郡 *ずぶろ 愛媛県「ずぶろもくる(ずぶろを上の方から下の割場へとほうり下ろすこと)」 *ずべた 徳島県三好郡 *ずんどー 新潟県中頸城郡 *ずんぼー 兵庫県佐用郡 岡山県苫田郡 *だんころ 山形県米沢市 *だんぼく 岐阜県郡上郡 *でぽかしら 秋田県仙北郡 *てんこ 岐阜県 *どーでんぼー 埼玉県北葛飾郡 *どんぎ 山形県東村山郡・西村山郡(縁先に横たえてある丸太) *どんころ 青森県 岩手県気仙郡 宮城県仙台市 山形県西置賜郡 *どんころー 岩手県九戸郡 *のろ 神奈川県中郡 *のろんぼー 神奈川県藤沢市 *ひそ 奈良県吉野郡 *びゃーた 静岡県 *べーた(雑木の丸太) 長野県諏訪 *ぼくた 長野県上伊那郡 *ぼくったー 静岡県榛原郡 *ぼくとー 長崎県対馬 *ほた 栃木県 山梨県南巨摩郡 島根県石見・隠岐島 熊本県玉名郡 宮崎県東諸県郡 *ぼた 山形県西置賜郡 新潟県佐渡・東蒲原郡 *まるっぽ 福井県 大阪府泉北郡 兵庫県加古郡 *まるてん 新潟県西頸城郡 *まるてんこ(短く切った丸太) 岐阜県飛驒 *まるんぼー 栃木県

まるっきり【丸切】 *かたきり 福島県・相馬「かたきり出来ねぇーんだ」 *かたぎり 京都府竹野郡「かたぎり漁どもなゃー」 *かたっきし 新潟県中頸城郡 静岡県「かたっきしわからん」 *かたっきり 東京都大島「かたっきり漁はなかった」 静岡県・志太郡 *からきって 群馬県吾妻郡 千葉県夷隅郡 *からきし 岩手県気仙郡 山形県 *からぎり 長野県 *からけつ 島根県美濃郡・益田市「水がからけつ入っとらん」 *からしき 長野県佐久 島根県「釣に行ったがからしき駄目」 *からっき 茨城県猿島郡 *からっきら 福島県東白川郡 *からっきり(否定的な表現や語を伴う) 山形県「からっきり駄目だ」 福島県 茨城県猿島郡・稲敷郡 栃木県 埼玉県秩父郡・川越 山梨県「水がからっきり出来ぬ」 静岡県・富士郡 *さながら 宮城県仙台市「あれとおれとはさながらの他人ではない」 福島県両沼 新潟県佐渡 *ずいっと 東京都大島「おぼっこ(赤子)が泣いてずいっと眠られない」 *すっとこ 和歌山県 *すっとこざえもん 和歌山県那賀郡 *どーだいこーだい 島根県出雲 *どーで 愛知県「どーでいい」 *どだい(下に打ち消しの語を伴わないで用いることもある) 石川県珠洲郡「どだいでかい蛇」「どだい上手なもんやった」 兵庫県加古郡「どだい分からんこと言うな」 奈良県南大和「どだい勉強せぬ」 島根県石見「出て行ったぎりどだい戻って来ん」 広島県佐伯郡「いま、ありゃしめーなー、どだい(今はありはしませんよ、まるで)」 高知県「どだいふとい」 大分県「其話はどでー聞かれぬ」「どだいわりー(悪い)」 *どだいくたい 岐阜県飛驒 *どだいごく 和歌山県和歌山市・有田郡 *どだいこだい 島根県石見「どだいこだいあいつの考えが違うとる」「どだいこだい物にならん」 岡山県 愛媛県大三島 大分県 *どだいこと 岐阜県郡上郡「どだいことだちかん(てんでだめさ)」 *どだいしく 和歌山県有田郡「どだいしくお話にならぬ」 *どだいもく 三重県北牟婁郡 和歌山県有田郡 *どっだい 三重県北牟婁郡「きょーだいとも、かほはひとみたいでも、こころぁどっだいおにみたいなもんじゃ」 *とでゃーもっこ・どでーさんぼー 新潟県佐渡 *びたいに 島根県仁多郡「そんなことはびたいに知らん」 *ぶだい 島根県仁多郡 *ぶだいに 島根県飯石郡・仁多郡 *ぼじゃーに・ぼじゃね 島根県八束郡 *ぼだい 鳥取県・西伯郡 島根県「今年はぼだい柿がならん」 *ぼだいくそ 鳥取県西伯郡 *ぼだいに 鳥取県西伯郡 島根県「この入れ物には水がぼでーに入っちょらん」

→まったく(全)

まるで【丸】 *いっさら 山梨県・北巨摩郡・南巨摩郡「柿をもぎに行ったらいっさらなってなかった」 長野県東筑摩郡・南佐久郡 *いっそ(否定の意の語を伴って用いる) 福島県会津 新潟県中魚沼郡 山梨県 長野県「いっそだめだ」 静岡県・浜松 愛知県北設楽郡 島根県 広島県「いっそ知らない」 山口県阿武郡「いっそ見えん」 福岡県遠賀郡 大分県玖珠郡 *いっそー 山口県「いっそうわからん」 *いっそのこと 宮城県栗原郡「いっそのこと出来ねえ奴だ」 *いっそも 島根県石見「いっそも知らざったとはおかしい」 *いっそら 山梨県 長野県北安曇郡・東筑摩郡 *いったい 青森県南部 岩手県九戸郡 *がーしてぃ 沖縄県小浜島・竹富島 *かい 福井県 奈良県吉野郡 *がい 三重県志摩 *かいたらかいもち 長野県 *がしって・がして 沖縄県石垣島 *がしてぃ 沖縄県新城島 *がすて・ぐすて 沖縄県石垣島 *がちって・ぐすーゆ 沖縄県与那国島 *ぐすと 鹿児島県加計呂麻島・奄美大島 *ぐすとがな 鹿児島県奄美大島 *くろっと 山形県酒田市 *こりっと 茨城県行方郡 *ころっと 岩手県気仙郡 宮城県「こっち側がら見っとらころっと別な眺だ」 山形県「元も子もころっと損した」 福島県東白川郡「一晩のうちにころっと焼けぢゃって」 茨城県稲敷郡 栃木県 岐阜県「ころっと儲けた」 静岡県 愛知県 三重県 滋賀県 京都市 大阪市 兵庫県 奈良県・宇陀郡「ころっと食べてしもた」 和歌山市 山口県阿武郡 徳島県 福岡県北九州市 佐賀県 *ごろっと 青森県南部「かまど(財産)ごろっとなげでしまった」 山形県東置賜郡 三重県志摩郡 奈良県 山口県豊浦郡 長崎県 大分県 鹿児島県口之永良部島 *ころり 滋賀県彦根 *ころりと 山形県「ころりと来なくなった」 *じき 鹿児島県・喜界島 *じち 鹿児島県喜界島「じちうやににちゅい(全く親に似てる)」 *しゃんと 徳島県「あ

いつはしゃんと好かん」 ＊**すってんばってん** 京都府竹野郡「見本とはすってんばってんちがうものを持ってきた」 ＊**ずど** 岡山県真庭郡「ずどきれいに無うなってしもうたあ」 ＊**ずぶ** 山形県新庄・米沢市「ずぶゆわんにゃえ」「ずぶ知らなえ」 茨城県 東京都八王子 新潟県中頸城郡・西頸城郡 石川県 長野県「ずぶだめだ」「ずぶまずい」「あれはずぶ下等な物で見る甲斐がない」 静岡県「ずぶ小さい」・田方郡・志太郡「ずぶ少なぇー」 山口県豊浦郡「ずぶ分からぬ」 香川県 ＊**ずぶきって** 千葉県夷隅郡「ずぶきって米が取れない」 ＊**ずぶきり** 宮城県「ずぶきり知らなんだ」「ずぶきりぬれた」「最後までやらせてみさえや、あの成績ではづぶきり駄目と思うけんとまづ」 ＊**ずぶたい** 新潟県「あの話はずぶたえ駄目だった」 静岡県 岡山県浅口郡 福岡県企救郡 ＊**ずふと** 新潟県西頸城郡 ＊**ずべ** 茨城県久慈郡 ＊**ずんど** 兵庫県淡路島「ああさうさう山田君でしたなあ、ずんど忘れてました」 岡山県 徳島県「ずんどわけなしじゃ(全く失敗した)」 ＊**ずんどよーに** 岡山県川上郡「ずんどよーに忘れとったがな」 ＊**たかで** 栃木県塩谷郡・上都賀郡「たかで駄目だ」 徳島県 愛媛県 高知市 ＊**たまから** 大阪市 香川県「たまからでけへんわ」 ＊**たまで** 福井県 滋賀県 京都府竹野郡 徳島県「たまで話にならぬ」 香川県 愛媛県 高知県「たまでなっちょらん」・幡多郡 ＊**たまに** 徳島県 ＊**ちょどが** 秋田県南秋田郡「走るにあまし早くてちょどが汽車みたいだ」 ＊**つっつら** 島根県那賀郡「つっつら返事もせん」「海の景色がつっつら絵のようだ」 ＊**であんで** 秋田県仙北郡「でぁんで切れぬ小刀だ」 ＊**てんきり** 岩手県気仙郡「おれてんきりそう思っていた」 静岡県志太郡「てんきりしょんなぇー(てんでお話にならない)」 ＊**でんぎり** 山形県 ＊**てんと** 富山県砺波 福井県 三重県 滋賀県高島郡 京都府 大阪府「てんとあきまへんわ」 兵庫県加古郡・明石郡「てんと走れまへん」 奈良県南大和 ＊**なーんじゃ** 徳島県美馬郡 愛媛県周桑郡 ＊**なーんちゃ** 徳島県阿波郡 愛媛県周桑郡・喜多郡 ＊**なんじゃ** 徳島県那賀郡・美馬郡 鹿児島県揖宿郡 ＊**なんちゃ** 徳島県美馬郡・海部郡 香川県「なんちゃおもしろないな」 愛媛県 高知県幡多郡「あのなんちゃ ないけんど よぶ つもりぢゃけん」 ＊**にーから** 沖縄県首里 ＊**にっから** 香川県三豊郡「にっからけっこいのないなあ」 ＊**ねから**(否定を伴って用いることが多い) 山形県米沢市 愛知県名古屋市「ねから存じません」 ＊**ねっか** 福井県大野郡・南条郡 ＊**ねっかい** 鹿児島県 ＊**ねっかいこく** 山口県大島「ねっかいこく人の言うことを本当にせん男じゃの、君は」 ＊**ねっからはっから** 茨城県稲敷郡 島根県隠岐島 香川県 佐賀県「ねっからはっからわからんばんたー(分かりません)」 ＊**ねっからもっから** 島根県石見「うちの子はねっからもっから言うことを聞かん」 ＊**ねっからやっから** 島根県益田市・美濃郡 ＊**ねっかり** 長崎県対馬 ＊**ねっきら** 山梨県 ＊**ねっきり** 山形県東田川郡「あいつその後ねっきり来ない」 長野県佐久 ＊**ねっこー** 栃木県那須郡 和歌山市 ＊**ぼーと** 香川県仲多度郡 大分県南海部郡 ＊**ぼーど** 山梨県南巨摩郡「あーじゃー(あれでは)ぼーど他人行儀だ」 京都府竹野郡「この柿は、今年はぼーどならなんだ」 鳥取県西伯郡「今度の会はぼーどいけだった」 岡山県「ぼーどおえん(全くだめだ)」 島根県出雲「ぼーど役に立たん」 香川県「みんな米がないないと言うけんど、ぼうどないことはない」 宮崎市 ＊**ぼーどー** 香川県 ＊**ぼど** 島根県大原郡・能義郡「ぼど用事を忘れて話しこんだ」 ＊**ぼんどくせ・ぼんどこせ** 兵庫県但馬 ＊**ままで** 秋田県鹿角郡 ＊**ままんで** 秋田県「ままんで絵のようだ」 ＊**まりと・まりっと** 新潟県佐渡「まりと見えはしない」 ＊**まるーっと** 大分県南海部郡 ＊**まるこく** 福岡県企救郡 ＊**まるこけ・まるっこけ** 山口県阿武郡 ＊**まるこで** 青森県上北郡「まるこで馬鹿だ」 ＊**まるたき・まるったき** 高知県「此の答はまるたき合ーちょらん」 ＊**まるっこで** 青森県南部「まるっこで出来ない奴だ」 ＊**まるって** 岩手県気仙郡 宮城県「そんではまるっとお話ちがいすべっちゃ」 山形県米沢市「まるっと知らなえ」 福島県「まるっとだめだった」 長崎県西彼杵郡 ＊**まると** 新潟県佐渡 富山県砺波 石川県 ＊**まるまるっと** 宮城県仙台市 ＊**まんず** 長野県佐久 ＊**まんまで** 秋田県鹿角郡「まんまで死んだと同じだ」「まんまで一つだ(同じだ)」「まんまで生きたのみんた」 ＊**むごい**(消極的状態に用いる) 島根県石見「仕事がむごいやってない」「むごい少なーじゃなーか」 山口県大島 ＊**やまで** 長崎県壱岐島

→まったく(全)

まるはだか【丸裸】 ＊**ぐるはち** 徳島県「ぐるはちになった」 ＊**ぐろはち**(二間四方の小屋) 徳島県麻植郡 ＊**ずんべらぼーず** 岡山市 愛媛県松山「博奕(ばくち)に負けてずんべらぼーずになった」「葉が落ちてずんべらぼーずになった」 ＊**つぶらこ** 三重県阿山郡 ＊**つぶらはだか** 三重県名賀郡 ＊**つぼろこ** 三重県員弁郡 ＊**つるはだか** 徳島県・美馬郡 ＊**はだかーむーちー・はだかーむーちゃー** 沖縄県首里 ＊**はだかっぱら・はだかっぱ** 島根県隠岐島 ＊**はだかばす** 兵庫県城崎郡 ＊**はだかばら** 宮崎県東臼杵郡 ＊**はだかべす** 兵庫県出石郡 ＊**はだかべっちょ** 富山県砺波 ＊**はだかべっと** 群馬県多野郡 ＊**はだかぼっちょー** 山形県東田川郡 ＊**はだかます** 兵庫県美方郡 ＊**はだかんばち** 広島県比婆郡 ＊**はだかんばら** 長野県下伊那郡 鳥取県東部 島根県 岡山県 香川県塩飽諸島 ＊**はだかんぼっちょ** 岡山市 ＊**はだくばる** 熊本県八代郡 ＊**はだけばら** 島根県美濃郡・益田市 山口県豊浦郡 ＊**はだけんばら** 島根県石見 ＊**はだしんばら** 岡山県小田郡 ＊**はだのぎ** 新潟県中頸城郡 ＊**まっぱ**(幼児語) 山形県米沢市 ＊**まっぱち** 福岡県粕屋郡 ＊**まっぱら** 福岡市 ＊**まっぱらはだか** 和歌山県 ＊**まる**

つぼ 奈良県宇陀郡 *まるっぽ 三重県上野市 →はだか（裸）①

まわり【周】 ⇩しゅうい（周囲）

まわる【回】 *かいくる 鳥取県「凧がかいくる」広島県高田郡 *ぎりをうつ（くるくる回る）大分県北海部郡・南海部郡 *まがる 石川県珠洲郡 *まつかる 富山県

まんげつ【満月】 *ういしき（「老月」の意）沖縄県鳩間島 *うぶしきぬゆー 沖縄県石垣島 *うぶすきぬゆー 沖縄県石垣島 *うぶすきゅー 沖縄県黒島 *うぶすきゅーぬゆー 沖縄県黒島 *うふつぃき 沖縄県石垣島 *うぶつぃき 沖縄県石垣島 *うふもーしんがに 沖縄県石垣島 *じゅーぐんちぬつっき 鹿児島県喜界島 *じゅーぐんつぃがなす 鹿児島県徳之島 *じゅーんぐにつぃつぃき 沖縄県八重山 *じゅんぐにつぃつぃき 沖縄県小浜島 *じんぐにつぃしき 沖縄県石垣島 *つきのいさま 熊本県天草郡 *どぅんぐにち 沖縄県与那国島 *ふーつぃきぬゆー 沖縄県石垣島 *まさかいちつー 沖縄県国頭郡 *まってぃっきょ 鹿児島県奄美大島 *まてぃくきょ 鹿児島県奄美大島 *むるしっき 沖縄県竹富島

まんじゅう【饅頭】 *てっぺ（小児語）長野県北安曇郡 *ばっぽー 大分県 *ふくれもち 長崎県南高来郡 *ほんまんじゅ 長崎県五島

まんぞく【満足】 *うしー 鹿児島県喜界島「ぱまじすだでぃうしーさ（浜で涼んで良い気持ちがした）」「はでぃとぅりてぃうしーじゃ（風が凪（な）いで安心だ）」 *おーだい 愛知県愛知郡 *なーじ 島根県出雲「餅を腹一杯食ってなーじした」 *ほんろく 愛媛県 *まめそくさい 長野県諏訪「まめそくせーだ」 *まんさく 岡山市「子供ぁ大勢おるがまんさくな奴ぁ一人も居らん」

□する *あたまたたく 徳島県「月五千円もくれりゃ、あたまたたいとる」 *えとする 島根県八束郡 *おてちっ 鹿児島県鹿児島郡・揖宿郡 *げんたいがいく 島根県飯石郡・大原郡「飯を沢山食ってげんたいがえきた」 *たらう 鹿児島県種子島 *ちむふじゅん（「肝ほぐ」の意）沖縄県首里 *はどる 三重県志摩郡 *ほろく 奈良県南葛城郡

□だ *あじましー 青森県津軽 新潟県東蒲原郡 *あずましー 北海道「あずましい御馳走であった」「あずましいお風呂であった」 青森県上北郡・津軽 新潟県東蒲原郡（打ち消しの語を伴って用いる）「あずましくねー（思うようにならない）」 *おもしー（多く否定形で用いられる）栃木県塩谷郡「おもしかねーな」 *おもしろい（多く否定形で用いられる）岐阜県郡上郡「あすこのうちもこの頃おもしろーないそーな（あの店もこのごろ左前だそうだ）」 *きうまい・きんまい 滋賀県滋賀郡 *はなしはない（筆舌に尽くせないほど満足だ）高知市「はなしゃないわ、何でも彼でもとんとん調子にはこぶ」

□なさま *じゅーぶんじゅーたく 京都府竹野郡「じゅーぶんじゅーたくな暮らししとんなる」 *ずく（十分で満足できるさま）岐阜県飛驒「何をやらせてもずくなことはやらん」 *ちょーじょー（この上なく満足なさま）沖縄県首里 *ほっこり（十分に満足なさま）愛知県知多郡「ほっこりした柿はならなんだ」 三重県松阪 *ましょー 富山県砺波 *まじょー 茨城県東南部・北相馬郡 千葉県東北部 *まちゅー 岐阜県飛驒 *まちょ 福島県会津「まちょでない」 奈良県吉野郡 *まちょー 福島県若松市 千葉県「ひとつとしてまちょーにしたあことがねえ」 神奈川県「いもちっとまちょーな口をきけよー」 新潟県佐渡・東蒲原郡「まちょーな手筈（てはず）を取る」 岐阜県飛驒「まちょーな品は一つも無い」 *まちょーめん 神奈川県中郡 *まめそくさい 長野県諏訪「まめそくせーだ」

□に *おごろく 三重県名賀郡 *おごろけ 三重県名賀郡・阿山郡 *けっこ 新潟県西蒲原郡 徳島県「君は絵をけっこ書くか」 *けっこー 新潟県佐渡「けっこう合格してみせる」 *ほろくに 福井県遠敷郡 滋賀県滋賀郡 京都市

まんちょう【満潮】 *いーしお 鹿児島県鹿児島郡 *いきどよみ 岡山県邑久郡 *いっぱいにち 静岡県榛原郡 *いっぱいみち 香川県豊島 *いりしお 和歌山県 *おーずべ 千葉県夷隅郡 *かえし 東京都八丈島 *がんぶい 長崎県南高来郡 *がんぶり 長崎県南高来郡 熊本県天草郡 *きしお 山口県玖珂郡 *こみ 大分県北海部郡 *こみしお 和歌山市 島根県能義郡 大分県北海部郡 *しおいっぱい 東京都八丈島 静岡県浜名郡（満潮の極み） *しおいり 島根県益田市 *しおぐみ 新潟県佐渡 *しおごみ 宮崎県児湯郡 *しおだて 熊本県天草郡 鹿児島県 *しおだてっ 鹿児島県鹿児島郡 *しおのいり 島根県石見「しおのいりが来んと船は出ん」 *しおのみちあがり 島根県石見 *しおぶくれ 島根県隠岐島 *しおぼくれ 島根県八束郡 *しおわやま 鹿児島県揖宿郡 *しょいっぱい 東京都利島 静岡県 *しょいぱい 静岡県榛原郡 *しょもち 静岡県 *すーみつぁーり 沖縄県黒島・小浜島 *すーんつぃ 沖縄県石垣島 *ずばい 千葉県東葛飾郡 武蔵 東京都大島 *ずばえ 神奈川県三浦郡 *すぶくり 鹿児島県加計呂麻島 *ずんばり 熊本県天草郡 *そぬふっくみ 沖縄県与那国島 *たーたー 熊本県天草郡 *たかみち 熊本県天草郡 *たたー 広島県 *たたい 愛知県愛知郡・知多郡 岡山県 広島県 香川県 愛媛県西条市 長崎県南高来郡 熊本県 *たたえ 三重県 和歌山市 岡山県御津郡 広島県 山口県 徳島県 香川県 愛媛県 高知県幡多郡 長崎県対馬 熊本県飽託郡・宇土郡 *たたえじお・たたえこみ 和歌山市 *たたり 熊本県芦北郡 *たたれ 島根県八束郡 *たちゃ 長崎県西彼杵郡・南高来郡 熊本県 *たちゃー 広島県深安郡・福山市 長

崎県西彼杵郡　熊本県　*たて 福島県相馬郡・豊前　長崎県南高来郡　熊本県芦北郡・天草郡　鹿児島県肝属郡　*たてー 熊本県芦北郡・八代郡　*たてしお 福島県相馬郡　*たとえ 広島県賀茂郡・大崎上島　*たんたんみち（最高時）香川県三豊郡　*たんぶ 熊本県芦北郡　*だんぶつ 岡山県邑久郡　*どどい 高知県　*のろみ 東京都利島　*はんなりじお（「始まり潮」の意）岩手県気仙郡　*まふくみ 鹿児島県喜界島　*みしー 鹿児島県揖宿郡　*みち 島根県益田市　香川県大川郡　*みちあがり 愛知県知多郡　*みちずまり 鹿児島県種子島　*みったり・みったりじお・みっちゃげ 香川県木田郡　*みて 島根県　*みる 熊本県天草郡　*わいたみち（潮の逆流によって起こる満潮）三重県志摩郡　*んーつぃすー 沖縄県新城島　*んつぃきゃん 沖縄県波照間島　*んつぃすー 沖縄県石垣島・波照間島

□になる *うみる 熊本県芦北郡　*こむ 富山県高岡市「しおがこむ」　*しおがこむ 島根県隠岐島　*しおがねってくる 兵庫県加古郡　*しおぶくる 島根県隠岐島　*にちる 神奈川県久良岐郡　静岡県　兵庫県淡路島　*ふくれる・ふちる 新潟県佐渡　*みちさす 島根県益田市

□の頂点 *あらかさ 宮城県亘理郡　*すーじ 沖縄県石垣島　*たたえのとろみ 香川県綾歌郡　*だぶにち 宮城県亘理郡　*まったたえ（「たたえ」は満潮の意）香川県高松市

まんなか【真中】 *ずなか・ずまんなか 新潟県佐渡「ここは村のずなかだ」　*ちーろくてん 島根県出雲市「山のちーろくてんに小屋がある」　*でんどーなか 神奈川県津久井郡　*どーなか 岩手県上閉伊郡「どーなかに門のある家」・気仙郡　山形県東田川郡・米沢市　新潟県中頸城郡　島根県　*どしょーなか 岐阜県益田郡　*どしょなか 富山県砺波「んーまいどしょなかばっかり食べさせとれど太らん」　*となか（「胴中」の意）（気仙ことば・米沢言語考））山梨県南巨摩郡　岐阜県飛驒「道のとなかに車を置いとる」　島根県石見・隠岐島　*どなか 静岡県磐田郡　島根県能義郡・八束郡　*どんなか 岩手県気仙郡「俺どご、どんながさ入れろ」　宮城県登米郡　山形県西置賜郡・南置賜郡「どんながを結う」「どんなが切った」　新潟県西蒲原郡　島根県隠岐島　*どんぶくろ 徳島県三好郡　愛媛県伊予郡「戸のどんぶくろに孔があった」　*なかさい 島根県益田市　*なかさや 島根県益田市　*なかしゃーじ 鳥取県西伯郡「背のなかしゃーじが痛い」　*なかじん 沖縄県首里　*ばなか 岩手県気仙郡　宮城県登米郡　山形県東田川郡　*まっどんなか 岩手県気仙郡　*まっぽぐら 新潟県岩船郡　*まんなかた 静岡県志太郡

→ちゅうおう（中央）

まんぷく【満腹】 *こてっぱら 群馬県利根郡　*しょくたい 島根県邇摩郡「もう沢山しょくたえしました（ごちそうになった）」　香川県「しょくたいする」　*すえばち 富山市近在「すえばちと仰っしゃらず上ってくたはれ」　*たりぐい 香川県高松市　*どてっぱら 群馬県佐波郡　*どてっはら 茨城県新治郡　*とてはら 栃木県　*ばだぬぴてぃーじ 沖縄県石垣島　*はらくち 新潟県　*はらぼて（「ぼて」は「ぼてれん」の略で腹が膨れていること）奈良県南大和　兵庫県加古郡　香川県　愛媛県　*ほてぎり 静岡県「飯をほてぎり食べた」　*ほてっきり 静岡県島田市　*ほてっぱち 静岡県安倍郡　*ほてっぱら 山梨県南巨摩郡「たつだ今よーめしよーくつとーきりで（食べたばっかりで）ほてっぱらどーで（腹がいっぱいなので）何もくいたかーない」　静岡県「飯をほてっぱら食った」　*ほでっぱら 神奈川県中郡　*ほてはち 島根県邇摩郡「甘いもんだけーほてはちくろーた」　*ほてはら 島根県　*ほてほーず 富山県砺波　*ぽてぽて 奈良県南大和　*まんずめ・まんずかえ 愛媛県南宇和郡

□する *いきつく 島根県　*ぎっともーす（十分に満腹する）宮城県仙台市「ぎっともーすくらい頂きしてござりすお」　*くちる 栃木県佐野市・安蘇郡　*けだる 島根県鹿足郡・益田市「食いすぎてけだった」　*どずく 大分県日田郡「食物にどづいた」　*はらがおきる 香川県

□だ *ちえぁ 秋田県平鹿郡「ああ腹ちえぁ」　*つわい 秋田県鹿角郡「あいつは腹がつはいもんだから勝手な口をきく」　*ところがない（「腹の中に空所がない」の意）徳島県阿波郡　高知市「もー充分頂いてところがございません」　*はらーちゃえ・はらーてやえ 岩手県九戸郡　*はらがおーきー 三重県伊賀・北牟婁郡　*はらがくっちゃい 新潟県　*はらがふとい 島根県那賀郡　*はらきつい 山形県西置賜郡　*はらくっちゃい 新潟県東蒲原郡「やっとはらくっちゃくなった」・中越　*はらずっぱい 鹿児島県種子島　*はらちえ 青森県　岩手県紫波郡　*はらちさい 北海道函館市　青森県　岩手県上閉伊郡・気仙郡　*はらちゃい 青森県津軽・三戸郡　秋田県平鹿郡「あまり食べたらはらちゃくなった」　*はらつあい 青森県南部　秋田県　*はらつやい 青森県南部　*はらつらい 青森県津軽・三戸郡　岩手県気仙郡　*はらんふとか 熊本県　*ふとい 島根県那賀郡「腹がふとい」

□のさま *きんぱちきんぱち 島根県美濃郡・益田市　*ちゅふぁーら 沖縄県首里　*つんつん 長崎県対馬「つんつんするしこ（するほど）食た」　*どっかり 熊本県八代郡　*どっきり 長崎県対馬・壱岐島　熊本県玉名郡　*どっけり 長崎県壱岐島「餅三つ食たりゃどっけりした」　*ひとはら 石川県鳳至郡

み【実】 *かっこ 長野県東筑摩郡「樅のかっこ」 *みーみ(幼児語) 奈良県 *みーみー(幼児語) 静岡県庵原郡 *みーや 静岡県 *みんこ 埼玉県入間郡 *むぬだに 沖縄県石垣島 *むんちゃに(農作物の種) 沖縄県首里
↓かじつ (果実)・くだもの (果物)

木や草の□ *きーぬない 沖縄県首里 *きーぬなり 沖縄県石垣島 *きーぬむっくー(多く、小さくて食べられないものを言う) 沖縄県首里
*きんなり 鹿児島県加計呂麻島 *ぽぽ 富山県 岐阜県 *ぽんぽ 茨城県 千葉県上総 岐阜県養老郡 滋賀県坂田郡・東浅井郡 *ぽんぽち・ぽんぽちこ・ぽんぽくちゃ 茨城県稲敷郡 *ぽんぽん 静岡県安倍郡 滋賀県滋賀郡 *めんこ 埼玉県入間郡 *もも 青森県三戸郡(児童語) 山形県米沢市・庄内 神奈川県久良岐郡 富山県東礪波郡(幼児語) 福井県大飯郡「梨(なし)のもも」 岐阜県養老郡 静岡県・浜松市(児童語) 愛知県宝飯郡 三重県「ももや(果物屋)」・宇治山田市 滋賀県「椿(つばき)のもも」・彦根(児童語) 大阪府泉北郡 和歌山県「南天のもも」 鳥取県 山口県柳井市 香川県(幼児語) 愛媛県・松山 高知県「梅のもも」
*もんも 福島県岩瀬郡 茨城県稲敷郡・北相馬郡「椿(つばき)のもんも」 栃木県河内郡 埼玉県北足立郡 千葉県上総(幼児語) 島根県八東郡(幼児語)

み【箕】 穀類をあおりふるって、殻やごみをよりわける農具。 *いしみ(粗い竹製) 岐阜県養老郡 静岡県志太郡 *いたみ(板製) 新潟県東蒲原郡 富山県砺波 和歌山県日高郡・那賀郡 島根県出雲 山口県見島 *いたみー 島根県隠岐島
*うむい 沖縄県与那国島 *おりみん(「おりみの(織箕)」の転か) 山形県庄内・最上 *かわみ(木の皮製) 富山県西礪波郡 *かーみー(ケヤキの木の皮製) 岡山県苫田郡 *さうひー 沖縄県新城島 *さんばらー 鹿児島県喜界島 *しのみ 福島県東白川郡 栃木県那須郡 *しょーけ 宮崎県西臼杵郡
*しょーやぶり 熊本県球磨郡 *すぎ・すーぎ・すーぎってぃー 沖縄県与那国島 *せきなもん 宮崎県東諸県郡 *せくなむん 宮崎県東諸県郡 *せくもん 宮崎県児湯郡 *せつのむん 宮崎県都城
*そい 沖縄県竹富島 *そーき 鳥取県 鹿児島県加計呂麻島 沖縄県島尻郡・宮古島・鳩間島・黒島 *そーぎ 沖縄県石垣島・小浜島 *そーひ 鹿児島県喜界島 *そろ(土をふるう箕) 徳島県美馬郡・三好郡 *ぞろ・じょーろ(土をふるう箕) 徳島県 *たかみ(竹製) 和歌山県 *たらみ(目の粗い大きなもの) 大阪府泉北郡 *たるみ(目の粗い大きなもの) 三重県一志郡 *たろみ(目の粗い大きなもの) 奈良県宇陀郡・南葛城郡 *てみ 香川県
*どいみ(竹製) 神奈川県三浦郡 *どーし 静岡県田方郡 *とみ 山形県西村山郡 *はこみ(板製) 栃木県安蘇郡 富山県西礪波郡 *はりみ(紙を張って渋を塗ったもの) 福井県敦賀郡 *ふじみ(藤蔓(ふじづる)と竹で編んだ箕) 新潟県佐渡(穀物の選別に使う) 静岡県志太郡(製茶に使う) *ふるみ(竹製) 神奈川県 *みーぞーきー 沖縄県首里
*みかい(細い竹や木で編んだもの) 新潟県佐渡 富山県西礪波郡 *めかい(細い竹や木で編んだもの) 新潟県佐渡 *めっかい(細い竹や木で編んだもの) 山形県西置賜郡・最上郡 富山県西礪波郡 *めっけー(細い竹や木で編んだもの) 秋田県南秋田郡・秋田市 *よそり 宮崎県日向
↓とうみ (唐箕)

みうち【身内】 *うちなか 宮城県石巻・仙台市「これねす、わだっしゃどこのうちなかの娘でござりすてば」 *うちま(家族、親類、気心の知れた同士など身内) 岡山県児島郡「クリスマスはうちまでこっそりやろう」 *うちわ(家族、親類、気心の知れた同士など身内) 岐阜県吉城郡 岡山県児島郡 *うちんなか 山形県東置賜郡・最上郡(親類仲) *うとぅざ・うとぅざまり 沖縄県石垣島・鳩間島 *うとぅじゃ 沖縄県宮古島・竹富島 *しん 岩手県気仙郡「けんかばかりしているようでも、そこはしんだもの」 *ひっぽ 香川県三豊郡「あの子はひっぽがええけに出世するわ」 *ひっぽー 新潟県佐渡 岡山市 *ひっぽーさき 岡山市 *またうとぅざ(母方) 沖縄県石垣島 *み 静岡県志太郡 *みかわー 兵庫県赤穂郡「みーはかくされん」 *みかわ 新潟県佐渡 *みのもん 新潟県佐渡 静岡県志太郡「あれもみのもんだでなー」 大阪市 *みまき 岩手県気仙郡 *みまけ 岩手県気仙郡 宮城県仙台市
*みまつい 富山県高岡市
↓しんせき (親戚)・しんぞく (親族)・しんるい (親類)

みえ【見栄】 *だいさ 富山県砺波「つらくて弱っとるくせにだいさであんなこというとる」 *とば 新潟県西頸城郡 *ねんぺぁ 宮城県石巻「ねんぺぁに寄附する」 *みしふぁ 沖縄県首里 *めんぱい 青森県「めんぱいつくる」 宮城県「めんぺー悪くて顔向もなんね」 秋田県鹿角郡 山形県「めんぱいかざる」
↓きょえい (虚栄)

□を張る *いさる 石川県金沢市・石川郡 福井県 岐阜県恵那郡・飛驒 福岡県 *いざる 岐阜県益田郡 *いたる 富山県「衣服がいたっておる」・砺波「口がいたってしもて魚なけんにゃ飯食えんよんなった」 福井県坂井郡 山口県豊浦郡 宮崎県東諸県郡 *がわをはる 島根県「がわをはっても懐は淋しい」 *けんしきとる 長崎県対馬 *だいさきる 富山県 *だいさこく 富山県砺波 石川県 *だてこく 新潟県佐渡・三島郡 富山県・砺波 石川県鹿島郡・羽咋郡 福

井県　岐阜県郡上郡　三重県伊賀　京都府　兵庫県加古郡　島根県隠岐島「だてけーた(着飾った)」　高知県　*だてこぐ 愛媛県・周桑郡「うちらなーにもだてこがいでえーがの」　*だてする 熊本県玉名郡・下益城郡　*だてよーこく 岡山市　*だてをこく 島根県「そんなにだてをこいても誰も惚れてはない」　高知県　大分市　*だてをする 大分県　*ねんこぶる 愛媛県大三島　*ばあいとる・ばあいはる 福岡市　*ばやいとる 福岡市　*はやらす 奈良県宇陀郡「えらいはやらして」　*はる 新潟県佐渡「嫁さんはなかなかはって来た」「はったことをするかかさんだ」　宮崎県東諸県郡　*ひらをきる 静岡県庵原郡

□を張ること *いーふり 青森県津軽「いいふりす」　*おんけ 秋田県河辺郡・平鹿郡「おんけばり言ってゐる」「ずゐぶんおんけだやった」　*ねんご 愛媛県大三島　*ねんごー・ねんごのかー 高知県

□を張るさま *うっぱい 島根県邑智郡「あの人はうっぱいな所がある」　*しょらく 石川県鳳至郡　*でたげ(「いかにも出たがっているようだ」の意) 島根県出雲「羽織やなんかえ着いと、出たげで好かんが(羽織なんか着ると、わざとらしくて嫌いよ)」

□を張る人 ⇩みえっぱり(見栄張)

みえっぱり【見栄張】 *えーふり 青森県津軽　山形県西置賜郡　*えーぷり 宮城県石巻　*えーふりこぎ 山形県西村山郡・西田川郡　*えふり 青森県津軽　*おひどい 滋賀県彦根　*おんばくもの 秋田県南秋田郡・河辺郡　*かつとり 岡山県苫田郡　*ぎんながし 宮城県仙台市　栃木県　群馬県吾妻郡　長野県佐久　*だいさもん・だいさこき 石川県河北郡　*だちぇこぎ 宮崎県東諸県郡　*だてこき 山形県最上郡　新潟県・佐渡・中頸城郡　富山県砺波　福井県　長野県佐久　岐阜県稲葉郡・吉城郡　三重県阿山郡・飯南郡　兵庫県・淡路島　奈良県宇陀郡・吉野郡　鳥取県西伯郡　島根県　岡山市　広島県　高知県　鹿児島県　*だてこきもん 新潟県西頸城郡　*だてこっ 鹿児島県　*だてし 山口県長門　*だてしょー 新潟県佐渡　*だてっこき 長野県上高井郡　*てんげつ・てんげつかわき 香川県小豆島　*はいて 鹿児島県肝属郡　*はりしょー 新潟県佐渡　*はりて 長崎県北松浦郡　宮崎県東諸県郡　*ほほら 青森県津軽「あれぁ、ほほらだ」

みえぼう【見栄坊】 ⇩みえっぱり(見栄張)

みかけ【見掛】 *うつばい 島根県石見　*うっぱい 鳥取県西伯郡　島根県石見　岡山県「家のうっぱい(家の構え)」　広島県佐伯郡　徳島県　愛媛県大島・大三島　高知県「一見した所、うっぱいがいい人は徳だ」　*おっぱい 鳥取県西伯郡　*ちょっぱい 島根県「あの人はちょっぱいがえー」　*とったり 香川県三豊郡「とったりは強そうでも」　*ばじょー 沖縄県首里　*ぶんだし 埼玉県秩父郡「ぶんだしがいい」　*ほずきょー 広島県双三郡　*ほっきょー 島根県「病気とみえて、ほっきょーが悪い」　広島県　*みかかり 宮崎県東諸県郡　↓がいけん(外見)・ていさい(体裁)・みば(見場)

みかづき【三日月】 *あめすくい(凹面を上に向けている三日月。雨の時に言う) 神奈川県愛甲郡・足柄上郡　静岡県駿東郡・賀茂郡　岡山県御津郡　山口県佐波郡　愛媛県周桑郡　福岡県箱崎　*くしずき 千葉県山武郡　*ばかしき 沖縄県鳩間島　*ばがしき 沖縄県波照間島・石垣島　*ばがしっき 沖縄県竹富島　*ばかつぃき 沖縄県八重山　*はたけーとぅちぬい(「片欠月」の意) 鹿児島県喜界島　*みーしき・みーつぃき 沖縄県石垣島　*みーじき 沖縄県島尻郡　*みーってぃー 沖縄県与那国島

みがって【身勝手】 *かってしでん 鹿児島県　*かってしんでー 新潟県佐渡　*どぅーがってぃ 沖縄県首里　*みがち 大阪市　*むふりゅー 岡山市「むふりゅーもの(ひねくれ者)」「むふりゅーに(ひねくれて)」　↓かって(勝手)・わがまま(我儘)

□なさま *おめーれ 岡山県岡山市「おめーれを云ふ」・児島郡「おめーれな事をする」　*がま 石川県　*がまん 奈良県南大和　*ぞんき 静岡県志太郡　*よとされ 栃木県栃木市・安蘇郡「仕事もしないでまったくよとされだ」

みかん【蜜柑】 *うんしょ 富山県砺波　*うんしょー 富山県射水郡　*かんかん(幼児語) 静岡県庵原郡　島根県出雲市・簸川郡　*かんちょ 福岡県八女郡　*かんぼ(幼児語) 島根県大原郡　*くねんぼ 広島県倉橋島　*こーじ 東京都八丈島　*こーるい 兵庫県淡路島　島根県石見　山口県大島　徳島県　高知県　*こーるいもの 高知県「広い屋敷の中へ沢山のこーるいものを植えて居ります」　*ふなぶ 沖縄県鳩間島　*ふにふ 沖縄県竹富島　*ふねぶ・ふにん 沖縄県石垣島

みき【幹】 *しんとー 神奈川県中郡　岐阜県恵那郡　*ほんたい 静岡県磐田郡

木の□ *すね 島根県石見　*どぎ 青森県津軽「葉が枯れても、どぎぁ枯死していないもんですよ」　*のき 鹿児島県肝属郡　*ほた 新潟県佐渡(切り離したもの)　鹿児島県種子島　*ゆら 鹿児島県「ゆらがなげ(長い)」・肝属郡「ゆらがある(幹が長い)」　*よら 島根県鹿足郡・邑智郡

みぎ【右】 *かまで(「鎌を使う方の手」の意から) 熊本県下益城郡　宮崎県西臼杵郡　*にーり・ににー 鹿児島県喜界島　沖縄県黒島　*にーる 沖縄県新城島　*にぎり 青森県三戸郡　秋田県南秋田郡・河辺郡　山形県北部　東京都八丈島　新潟県佐渡　富山県砺波　石川県　長野県西筑摩郡　愛知県西春日井郡　三重県志摩郡　和歌山県西牟婁郡　鹿児島県徳之島・奄美大島　沖縄県沖縄本

島・伊江島 *にじー 鹿児島県沖永良部島 *にじり 沖縄県沖縄本島 *にでぃ(「めで(馬手)」の転) 沖縄県与那国島 *にんぎり 岩手県下閉伊郡 *ねーら 沖縄県石垣島 *ねーり 沖縄県波照間島・小浜島 *ねぎり 石川県河北郡 *みぎー 鹿児島県与論島 *みぎり 青森県南部 岩手県 秋田県南部 山形県 埼玉県北足立郡 千葉県 神奈川県中郡・小田原市 新潟県 富山県 岐阜県飛驒 静岡県 三重県 滋賀県神崎郡 大阪府東成郡 奈良県南大和 鹿児島県南西諸島 沖縄県沖縄本島 *みじゅり 沖縄県那覇市

□の方 *てうえ 静岡県安倍郡 *みぎかーち 長野県佐久 *みぎっぱら 青森県南部 *みぎべた 三重県志摩郡

みくだす【見下】 *こなす 茨城県猿島郡 新潟県佐渡 山口県阿武郡 高知県高岡郡「友達をそんなにこなすもんぢゃない」・土佐郡 熊本県下益城郡 *こめにみる 鳥取県東部 島根県「あまり人をこめにみるな」「ちとばかーこのごー小らくねなったかともって、ふとをこめに見さがぁけんの(少しこのごろ楽になったかと思って、人を下目に見やがるからな)」 *ちゃつる 香川県三豊郡 *へべかす 兵庫県淡路島「ちっと位物があるとて人をへべかしくさって癪にさわる奴じゃ」 徳島県 香川県木田郡 *へべらかす 香川県豊島 *やすーかう 鳥取県東伯郡 福岡県「大体貴様が亭主ばやすう買うとる」 *やすがう 青森県三戸郡 熊本県「やすがいなはりますな(侮ってくださるな)」 *やすがる・やせがる 山形県東田川郡

→みくびる(見縊)・みさげる(見下)

人を□こと *ちょっか 宮城県仙台 *ちょっこ 徳島県「あいつにちょっこにみられた」

みくびる【見縊】 *うせーゆん 沖縄県首里 *すやす 長野県下伊那郡 *のみこむ 三重県度会郡 長崎県五島「のみこまれてゐる」 *みかぎい 鹿児島県 *みかぎる 宮崎県東諸県郡 *みこなす 青森県三戸郡 新潟県佐渡 京都府竹野郡「衣しょうが悪るてもみこなされる」 鳥取市 福岡県糸島郡・嘉穂郡 長崎県「おれをみこなすな」 熊本県・玉名郡・下益城郡 *やすこかく 青森県津軽「やしこかがえる」・上北郡「おれの方で、あいつにはとうにやすこかいてる」 *やんつこかく 青森県三戸郡「人が余り良すぎるから、文吉ァすっかりやんつこかかれるそうだ」

→みくだす(見下)・みさげる(見下)

みぐるしい【見苦】 *いきなん 奈良県吉野郡 *いけみたくない(意味を強めた語) 山形県北村山郡・東置賜郡 *いけめぐさい(意味を強めた語。卑語) 宮城県石巻 *いみゃめしー 熊本県下益城郡 *うざくらし 石川県金沢 *うさくらしー 富山県 *うざくらしー 福井県南条郡 *うぞくらしー 富山県 *うさんきゅー 福岡市 *うたてー 秋田県仙北郡 東京都大島 大阪市 広島県比婆郡 *えぞくらしー 岐阜県羽島郡 *えぞくるしー 岐阜県養老郡 *えぞくろしー 滋賀県 *おびらこい 和歌山県西牟婁郡「おびらこい事するな」 *およけない 愛媛県 *からほーとくない 島根県邑智郡「からほーとくない風をするな」 *きんどい 広島県双三郡 *けっこない(「結構無い」か)・けっこずくない 岐阜県益田郡 *こっともない 岐阜県大野郡・飛驒「あれまあこっともない恰好しとる」 *こみともない 山形県米沢市 *こんとむない・こんとくない 富山県 *こんともない 岐阜県飛驒 *ざまがわるい 島根県「ざまのわりー風をする」 *ざまくい 香川県・高松市・丸亀市 *ざまくそがわるい 石川県珠洲郡 *さまでない 山形県米沢市 *ざまわるい 山形県「ざまわるえ恰好のがま蛙」 *ざまんわりー 新潟県佐渡 *ざんない(「無慙」の字を逆にして重箱読みした語) 大阪市「えらいざんないもんでっけど(人にものを贈る時の挨拶)」 *ざんまわるい 山形県 *ぞーずらにくか 熊本県下益城郡 *ぞーつけない 徳島県「この頃の生花には石や木の株をもってきとるんでぞーつけないことじゃ」・美馬郡 *じゅーけむにゃー 熊本県下益城郡 *じゅけむなか 熊本県八代郡・芦北郡 *そぼい 山梨県 *だめない 三重県 *どーせー 島根県益田市・邑智郡「どーせーな風をするな」「どーせーな着物を脱げ」 *にんぎゃーなー 島根県邑智郡「酒に酔いつぶれてにんぎゃーなー」 *ひちみとんなか(「みとんなか」は「見たくない」の転) 宮崎県西諸県郡 *ぶ 鹿児島県 *ふーがわるい 東京都大島 岐阜県益田郡 兵庫県但馬 和歌山県 *へっとくさい 石川県江沼郡 *ほーとくない 島根県邑智郡 *ほとくない 愛媛県野忽那島・睦月島 *みーちゃくんねーん 沖縄県首里 *みくさい 岩手県東磐井郡・西磐井郡 秋田県由利郡 山形県米沢市 *みぐさい 青森県 岩手県 宮城県栗原郡・加美郡 秋田県「あの人の顔はみぐせぁ」 山形県 福島県 茨城県久慈郡・多賀郡 千葉県君津郡 新潟県「おまん、みぐさいことしんなや」 山梨県・南巨摩郡 長野県 静岡県富士郡 愛知県北設楽郡 *みぐさらしー 長野県東筑摩郡 *みぐるさい 長野県諏訪 *みじめ 栃木県河内郡 群馬県 長野県佐久 *みずくない 香川県塩飽諸島 *みずらい 栃木県 東京都大島「みづらいから破けぬ足袋を穿いてゆけ」 静岡県・田方郡・庵原郡 *みそべない 愛知県葉栗郡「あの人はみそべない人だなも」 三重県志摩郡 *みだくっさい 新潟県東蒲原郡 *みたくでもない 埼玉県川越 千葉県印旛郡 静岡県島田市 *みたくない 青森県 岩手県 宮城県「そんな意地ぱりしんすなよ、みたくなかられっから(みっともないと思われるから)」 秋田県「あの人みだぐねぁ人だ」 山形県 福島県 新潟県東蒲原郡 *みたくもない 静岡県島田市・榛原郡 *みたこない 山形県西田川郡 *みたぶない 三重県阿山郡 熊本県玉名郡 *みたみない 島根県八束郡 長崎県伊王島・壱岐島 熊本県天草郡 鹿児島県種子島 *みたむない 福井県 三重県阿山郡 兵庫

県 鳥取県西伯郡 島根県隠岐島・出雲 福岡県小倉市・福岡市 長崎県「その着物はみたむなか」 熊本県・天草郡 *みたもない 鳥取県 島根県隠岐島 山口県 長崎県伊王島 *みたんない 島根県出雲・隠岐島 佐賀県 熊本県天草郡 *みったくでもない 新潟県中頸城郡 *みったくない 山形県 福島県東白川郡・伊達郡 新潟県 *みっちゃくねぁ 秋田県平鹿郡 *みっとがない 栃木県安蘇郡 東京都利島 *みとーがない 東京都利島 *みとーもない 東京都八王子 神奈川県津久井郡 長野県諏訪 静岡県周智郡 島根県鹿足郡 *みとがない 群馬県館林 埼玉県北葛飾郡 *みんくさとくさい 福島県会津若松市・大沼郡 *みんくさい 秋田県平鹿郡 山形県置賜 *めーぐせいー 新潟県三島郡 *めぎさい 山形県村山 *めくさい 山形県最上郡・北村山郡 福島県相馬郡 千葉県夷隅郡 *めぐさい 青森県 岩手県 宮城県北部 秋田県 山形県 福島県相馬・会津 新潟県 長野県北安曇郡・佐久 *めたむない 富山県下新川郡 *めんくさい 秋田県雄勝郡 山形県 新潟県下越 *めんどー 島根県鹿足郡「何とこの家はめんどーなのう」 岡山県苫田郡 広島県比婆郡・双三郡 山口県向島・阿武郡 愛媛県西宇和郡 高知県 *めんとーげ 京都府 *もたくない 石川県河北郡 *やたい 愛媛県今治市 *やばしー 新潟県「うちのなかがやばしいけん、あがってくんない」 富山県下新川郡 *やばしない 青森県南部 *やばちー 青森県津軽 岩手県上閉伊郡 *やましー 長野県北安曇郡 *よぞくろしー 滋賀県犬上郡 *よっつきもない・よっつきゃーない 静岡県榛原郡「よっつきもないとこだん(所ですが)寄っておくんなさい」
↓みにくい(醜)

みこし【御輿】 *おねりこ・おねりこねりこ 山梨県南巨摩郡 *おもいだし(祭りの御輿) 香川県 *ごしんさー・おこしんさー 長崎県壱岐島 *ごしんさま 岡山県苫田郡 *ごしんさん 石川県鳳至郡 *ごじんじ 香川県仲多度郡 *ちょーさ 香川県 *ちょーさえ(児童語) 山口県大島 *てんのーさま 栃木県 埼玉県北葛飾郡 *てんのさま 千葉県安房郡 *としとくさん(神社の御輿) 島根県八東郡 *ひゃーらくさん(「ひゃーらく、ひゃーらく」と声を掛けて担ぐところから) 長崎県南高来郡 *みこいし 和歌山県日高郡

祭りの□を担ぐ時の掛け声 *えっちょーえっちょー・えっちょーよいさ 島根県美濃郡・益田市 *おこしょめんしょ 山梨県 *ちょーさ 島根県出雲 徳島県 *ちょーさい 鳥取県東伯郡 徳島県 *ちょーさまんこ 石川県鳳至郡 *ちょーさや 新潟県佐渡 島根県石見 *ちょーやっさ・ちょーさだ 島根県隠岐島 *まーまんど 石川県珠洲郡 *やっさいやっさい 鳥取県 *やっさちょーさ 愛媛県松山 *やっさほえさ 島根県出雲市 *やっしょほえしょ 島根県大原郡・能義郡 *やっしょやっしょ 島根県出雲・隠岐島 *やっちょーだんじり・やっちょーやっちょー・やっちょーよいさ 島根県益田市 *やんさやんさ 島根県鹿足郡・飯石郡 *よいさちょいやさ 島根県益田市

□の渡御 *おたび 滋賀県彦根 *おなばれ 高知県「藤並様のおなばれは十一月四日よ」 *おなり 愛媛県周桑郡 *おりい 島根県邑智郡 *ねり 長崎県五島

みこみ【見込】 *げん 東京都八王子「げんがみえた(見込みがついた)」 奈良県 *さんと 島根県出雲・隠岐島「こうじゃ親方、さんとねだぇ、なんだえなぁしまへんがな(これじゃ親方、計算にも何もなりませんよ)」 熊本県玉名郡「さんとに立つ(そろばんに乗る)」 *さんとぅい 沖縄県首里 *さんとー 新潟県佐渡「なかなかさんとうがよい」 鳥取市「さんとうに合はぬ(採算が取れない)」 島根県出雲・隠岐島 *さんとーずくめ・さんとずくめ(収支の計算) 島根県 *でめ 岡山市 *とーで 島根県出雲「あの子はとーでがなえけんつまらん」 *みずぃむい 沖縄県首里「みずぃむいそーい(見積もりが違う。当てが外れる)」 *みたてぃ・みつぃき 沖縄県首里「みたてぃぬゆたしゃん(見込みがある)」「みつぃきぬたっちょーん(見込みが立っている。将来性がある)」 *みどぅ 鹿児島県喜界島 *めど 新潟県中頸城郡 広島県高田郡 徳島県「もうこの病人もめどはない」
↓もくさん(目算)

□がない *けーすけない(「景色無い」か) 和歌山市「承知しそうなけーすけない」「そんなことけーすけないよ」 *けーすけよこむいてる(戯れに言う) 和歌山市 *けやない 和歌山県「そんなうまい事けやないよ」 *はぶがたたん 香川県 *はぶしがたたん 新潟県佐渡 京都府竹野郡「彼にははぶしがたたん」 島根県邑智郡・邇摩郡 山口県大島 *はぼしゃたたん 和歌山県東牟婁郡 *はぼねがたたぬ 山口県豊浦郡

みさき【岬】 *おきのはな 岡山県児島郡 *さき 香川県小豆島 沖縄県石垣島 *すばな 広島県豊田郡 香川県豊島・高見島 *つきだし 長崎県南高来郡 *でっぱな 千葉県夷隅郡 *でばな 長崎県南高来郡 *とぎらき 島根県能義郡 *とっぱな 岡山市 熊本県天草郡 *はな 新潟県佐渡・中頸城郡 静岡県小笠郡 京都府竹野郡「明神ばな」 島根県 岡山県邑久郡 広島県倉橋島 香川県岩黒島・高見島 愛媛県松山 高知県「あのはなさえ回れば海はおだやかです」 長崎県南高来郡 大分県北海部郡 *ぱな 沖縄県石垣島

みさげる【見下】 *うとめる 新潟県佐渡「世間の人にうとめられる」 *みかぎい 鹿児島県 *みかぎる 宮崎県東諸県郡 *みこなす 青森県三戸郡 新潟県佐渡 京都府竹野郡「衣しょうが悪るてもみこなされる」 鳥取市 福岡県糸島郡・嘉穂郡 長崎県「おれをみこなすな」 熊本県・玉名郡・

下益城郡 *めとにする 石川県 →みくだす(見下)・みくびる(見縊)

みじかい【短】 *あさい 鹿児島県沖永良部島「あしびゆぬあささ(遊ぶ夜の短いことよ)」 *いききゃさり 鹿児島県奄美大島 *いしかるある 沖縄県鳩間島 *いっかさーん 鹿児島県奄美大島・加計呂麻島 *いっちゃさい・いっかさん 鹿児島県喜界島 *いんちゃーさん 沖縄県伊江島 *いんちやさん 沖縄県・首里 *いんつぃかさーん 沖縄県石垣島 *いんつぃかはーん 沖縄県小浜島 *ずくい 宮崎県西臼杵郡 *ほそい 高知県 *まらさーん 沖縄県石垣島 *まらはん 沖縄県波照間島・小浜島 *まらん 沖縄県与那国島 *まりっかはん 沖縄県黒島 *まるさーん 沖縄県新城島 *まるさん 沖縄県宮古島・竹富島 *みじかこい 青森県南部 *みじょい 徳島県美馬郡 高知県香美郡 *みぞい 愛媛県 高知県「その羽織の丈はちっとみぞい」 *みんぞい(ごく短い) 高知県土佐郡

みじめ【惨】 *なりかばね 東京都大島
□だ *いびしー 山口県玖珂郡・大島「小さい子供をそんなにいためてはいけん。いびしい事をするな」 *いびしない 山口県浮島 *いびせー 山口県玖珂郡 *いびつけない 兵庫県淡路島 島根県邑智郡 山口県 *つらましー 秋田県横手・秋田市 *つらましない 秋田県「あの人体中血だらけにしてつらましねぁがった(みじめだった)」

みず【水】 *あいこ 青森県南部 *あぇっこ 青森県 *あか 新潟県東蒲原郡 *あっこ(幼児語) 青森県上北郡(飲み水) 岩手県気仙郡(湯をも言う) 秋田県(湯をも言う) *あっぷ 福島県相馬郡(幼児語)「あっぷのむ」 *あぶ 島根県 *あま(幼児語) 山形県 *あまこ 秋田県由利郡「あまこに入る」 *あまご 山形県最上郡・山形市 *あんま 山形県 新潟県中頸城郡 *うーも(幼児語) 富山県砺波 *うぼー(幼児語) 新潟県 *うも(幼児語) 富山県・西礪波郡 *うもー(幼児語) 新潟県 *うんぼこ・うんも(幼児語) 新潟県東蒲原郡 *おずー(幼児語) 長野県 *おちゃちゃ(幼児語) 長野県佐久 *おぶー(幼児語) 山口県玖珂郡 香川県 *がっこ(幼児語) 青森県 *ごご 鹿児島県肝属郡 *ごんご(小児語) 鹿児島県 *さい 福島県南会津郡 新潟県北魚沼郡 *ずー 長野県更級郡 *せー・せ 福島県大沼郡 *だー(幼児語) 滋賀県蒲生郡 *ちゃっちゃ(幼児語) 長野県上田・佐久 *とーとー 静岡県田方郡 *とっと(幼児語) 静岡県駿東郡 *はっこ 新潟県東蒲原郡 *びーびー・びー(幼児語) 長崎県壱岐島 *びび 長崎市 *ひやっこい 宮城県加美郡 *ひやっこまま 茨城県 *ぶ(幼児語) 富山県 島根県 香川県 *ぶー(幼児語) 三重県志摩郡 京都府 兵庫県美方郡 島根県「ほ、ほ、蛍こい。(略)ぶう飲ましょ」 岡山県児島郡 広島県 山口県玖珂郡 徳島県 香川県 愛媛県新居郡 高知県 福岡県久留米市・八女郡(飲み水) 長崎県対馬 大分県 沖縄県首里 *ぶーちゃん(飲み水。幼児語) 福岡県八女郡 *ぶーぶー(幼児語) 島根県 広島県佐伯郡 沖縄県首里 *ぶぶ(幼児語) 山梨県 岐阜県養老郡 三重県度会郡・宇治山田市 大阪府泉北郡 兵庫県 奈良県 島根県 徳島県 福岡県三池郡(飲み水) 宮崎県西臼杵郡 *ぶぶー(幼児語) 大分県東国東郡・大分郡 *ぶや・びや(幼児語) 長崎県対馬 *ぶんふ(幼児語) 長崎県南高来郡 *ぶんぶ(幼児語) 新潟県佐渡「ぶんぶ飲め」 長野県西筑摩郡 岐阜県本巣郡 静岡県 三重県度会郡 島根県 徳島県 香川県 愛媛県「ぶんぶあびに行く(水泳に行く)」 高知市「ぶんぶにお手々をつけると冷たい」 長崎県南高来郡 *ぼ(幼児語) 島根県出雲 *ぼちゃ(幼児語) 島根県出雲・隠岐島 *ぼんぼ(幼児語) 静岡県小笠郡 島根県出雲市・八東郡 *まー(幼児語) 長野県 *まま(幼児語) 栃木県佐野市・安蘇郡 群馬県館林 *まんま(幼児語) 岩手県上閉伊郡 福島県南部 茨城県「まんまを飲む」 栃木県 千葉県 愛媛県南宇和郡 *まんまっこ(幼児語) 岩手県気仙郡 *みみ 滋賀県彦根・蒲生郡 兵庫県淡路島 和歌山県日高郡 *みんみ 滋賀県坂田郡・東浅井郡 *めめ(幼児語) 宮城県玉造郡 秋田県 *めんめ(幼児語) 岩手県九戸郡・平泉 福島県 埼玉県入間郡 東京都南多摩郡 神奈川県津久井郡 山梨県 *めんめこ(幼児語) 宮城県石巻 *も(幼児語) 富山県下新川郡 *もー(幼児語) 新潟県西頸城郡 滋賀県伊香郡 *もーこ(幼児語) 新潟県西頸城郡 *もんも(幼児語) 石川県鹿島郡 熊本県球磨郡 鹿児島県 *わか 青森県南津軽郡 *わっか(木こりの忌み言葉) 青森県南津軽郡 *んぼ(幼児語) 山形県庄内 *んも(幼児語) 山形県 富山県砺波 *んもーこ(幼児語) 新潟県岩船郡 *んもこ(幼児語) 山形県飽海郡

みずあそび【水遊】 *ちんたら 鹿児島県肝属郡 *どんぼあび 愛知県渥美郡 *どんぼあび 新潟県佐渡「どんぼあびにいかんか」 *どんぼー 新潟県佐渡 *ままげ 鹿児島県肝属郡 *みずあつかい 大分県 *みずぃむたーん 沖縄県首里 *みずかかり 東京都「水かかりしちゃいけない」 *みずたなき 広島県・芦品郡 *みずたぬき 岡山県川上郡・小田郡 *みずたわぎ 島根県隠岐島 *みずちょし 岩手県気仙郡「みずちょすする」 *みずでっちょー 新潟県佐渡 *みずでんご 新潟県東頸城郡 *みずなぶり 大阪市 徳島県 *みっぜっ 鹿児島県
□する *でんぼーあびる・でんぼーかく 新潟県佐渡

みずたまり【水溜】 *おしだめ 千葉県千葉郡 *おどんぼり(深い水たまり) 山梨県 *がちゃ 新潟県中越 *ごんぶり 高知県 *しょろこ(浅いもの) 島根県鹿足郡「鮎がしょろこい上った」 *せーな 新潟県東蒲原郡 *たねし 神奈川県横浜市 *だぶ 島根県邑智郡 山口県・大島 *たまり 奈良県宇陀郡 *ため 島根県邇摩郡・大田市 *だんぶ 長

崎県五島　宮崎県　*だんぶつ 鹿児島県鹿児島郡　*たんぷり 和歌山県那賀郡　鳥取県気高郡　*たんぷりん 鳥取県気高郡　*たんぽり 鳥取県　*つぼ 和歌山県西牟婁郡　*ど 新潟県西蒲原郡　*どー 新潟県刈羽郡　富山市近在　*どぶ 青森県三戸郡　新潟県佐渡　山梨県　高知県「こちらは不案内ではあるし、夜分のこととて、何度もどぶにはまりこんだ」　*どぶ(汚いもの) 新潟県岩船郡　愛媛県周桑郡・喜多郡　*どぶじり(汚いもの) 愛媛県喜多郡　*どぶす 宮崎県西臼杵郡　*どぶや(汚いもの) 愛媛県周桑郡・喜多郡　*どぶら(汚れ物を洗う所) 長野県上水内郡　*とぼす 石川県能美郡　熊本県熊本市・八代郡　*どぼす(汚いもの) 富山県東礪波郡　*どんぶち 静岡県「どんぶちになった所で泳ぐ」　愛知県南設楽郡　*どんぶつ 三重県度会郡　*どんぶら(深いもの) 長野県北安曇郡　*どんぶり 山梨県　和歌山県那賀郡　*ぬま(小さいもの) 大阪府泉北郡　*のぬ 山形県飽海郡　*びじゃ 山形県西置賜郡　*びしゃびしゃ 和歌山県西牟婁郡　*びしょま 山梨県南巨摩郡　*びちゃ 富山県砺波・東礪波郡　*びちゃっこ 三重県桑名　*びっちゃ 高知県幡多郡　*びっちゃり 長崎県壱岐島　*べちゃ 富山県砺波　島根県石見　*みずたぽ 青森県上北郡　*みずたんぽ 宮崎県東臼杵郡・西臼杵郡　*みずたんぽ 島根県石見　*めんぼ 高知県幡西

路上の□　*がちゃめき 青森県　秋田県北秋田郡・鹿角郡　*ぐしゃ 山形県東置賜郡　新潟県刈羽郡　山梨県　*ぐじゃ 山形県　*ぐじゃか 山形県北村山郡　*ぐしゃため 長野県下伊那郡　*ぐじゃっこ 福島県石城郡　栃木県　*ぐじゃなぎ 青森県津軽　*ぐじゃみち 山形県南部　*ぐしゃら 山形県西村山郡　*ぐじゃら 山形県　*ぐしゃりだま 静岡県田方郡　*ぐしゃりったま 静岡県　*ぐちゃ 富山県　山梨県　長野県下伊那郡　*ぐちゃっかい 茨城県久慈郡・稲敷郡　*ぐちゃっこ 埼玉県北葛飾郡　*ぐちゃみき 秋田県平鹿郡「ぐちゃみきにはひった」　*ぐっしゃ 長野県下水内郡・諏訪　*ぐっしゃん・ぐっちゃん 山梨県南巨摩郡　*ぐっちゃ 山形県東置賜郡・最上郡　福島県相馬郡　長野県下水内郡・佐久　*くっちゃらめぎ 山形県東田川郡　*じゅっかり 熊本県天草郡　*じゅったんぼ 長崎市　熊本県　*しゅるたんぼ・じゅるたんぼ 愛媛県松山　*しるたんぼ 高知市　*じるたんぼ 高知県高知市・幡多郡　*ふかたんば 岡山県児島郡　*ふかたんぼ 香川県　*みぞけ(深いもの) 香川県

みすぼらしい

*かんぶねー 大分県玖珠郡「かんぶねー風をしておる」　*ざまがわるい 島根県「ざまのわりー風をする」　*ざまくそがわるい 石川県珠洲郡　*さまでない 山形県米沢市　*ざまわるい 山形県「ざまわるえ恰好のがま蛙」　*ざまんわりー 新潟県佐渡　*さむしー 滋賀県彦根　*ざんまわるい 山形県　*しくたれない・すくたれない 青森県三戸郡　*しぶたれる 青森県「しぶたれだ衣物」　*しゃぼい 山口県豊浦郡　*しょーぼくない 愛知県西春日井郡・名古屋市「こんな軽少なものは、しょうぼくなて持って参れませんがなも」　*しょんぼくない 愛知県愛知郡　*しょんぼろくちぇ・しょんぼろてー 愛知県碧海郡　*すばらしー 鳥取県東部　香川県小豆島「節季が来たのに金がない、すばらしいな」　愛媛県　*すばろーし 岡山県浅口郡　*すばろーしー 岡山県「すばろーしー顔しとる」「凶年ですばろーしい年じゃった」「すばろーしー」「金も入らんですばろーしゅーいう」　*すばろしー 愛媛県　*すぼらし 山口県豊浦郡　*すぼんしない 山口県大島　*すわろーしー 岡山県上房郡・吉備郡　*すんぼーし 和歌山県東牟婁郡「すんぼうしなりして」　*ずんぼーない 島根県那賀郡・邑智郡「ずんぼーない風をして歩くな」　*すんぼらし 和歌山県東牟婁郡　*すんぼらしー 和歌山県東牟婁郡　愛媛県　宮崎県東諸県郡　*せつない 新潟県佐渡「あそこのあねさせつねーもんだ」「せつないざまだ」　*せつびんたらしー 宮城県石巻・仙台市「も少しふだふだとだしさえや(も少したっぷりお出しよ)、そんではあんまり入物ちゃっこくてせつびんたらしーでば(それではあまり入れ物が小さくてみすぼらしい)」　*ひやずい 山梨県　*びんびらしー 熊本県　*びんぼーたい 山形県米沢市　長野県諏訪　*びんぼーっくらしー 新潟県上越市　*びんぼたい 滋賀県彦根　*みじめたい 宮城県遠田郡　↓ひんじゃく(貧弱)・ひんそう(貧相)

□さま　*さっこー 沖縄県首里「さっこーな　すがい　しょーん(みすぼらしいなりをしている)」　*さまり・さまー 島根県出雲市・大原郡「さまりななり(姿)をする」　*さまりさまり 島根県大田市　*さんすい 宮城県栗原郡・登米郡「さんすゐななり」　徳島県那賀郡　*さんせぁ 宮城県石巻「ひと頃の成金も今でぁさんせぁななりすてる」　*さんぽろぴん(零落したみすぼらしいさま) 山形県庄内　*さんぽろりん(零落したみすぼらしいさま) 秋田県秋田市・河辺郡　山形県庄内「あんなよい家であったのに、いつのまにかさんぽろりんになってしまった」　長崎県対馬「さんぽろりんのような風をしとる」　*しにたれ 島根県出雲　*しにたれもん・しんたれもん 島根県出雲　*しぴたいかーたい 沖縄県首里「あれー、くぬめーからしぴたいかーたいしょーたるむん(彼はこの間から意気阻喪していたが)」　*しびたれ 秋田県鹿角郡　山形県　島根県　*しぴたれ 秋田県北秋田郡　山形県　*しびたれなし 秋田県鹿角郡　*しみたれ 新潟県佐渡　岐阜県岐阜市・本巣郡　愛知県　三重県一志郡　滋賀県　島根県出雲　岡山県　山口県豊浦郡　*しみったれ 長野県東筑摩郡・上伊那郡　愛知県宝飯郡　三重県伊勢　島根県邑智郡　岡山県苫田郡　*しょーびん 福井県大飯郡　岐阜県飛騨「しょーびんな恰好でやって来た」　滋賀県愛知郡・彦根　大阪市「そんなしょおびんなもん、あげられへん」　奈

良県「そんなしょうびんな事ではお隣の仏様にお供えするのにははずかしいですよ」 *しょびたれ 三重県 *しょびん・しょーびんげ 新潟県佐渡「あの娘はしょびんでとっさりぎりょうがない」 *しょぶたれ 三重県伊勢 *しょみたれ 愛知県知多郡 *しんたれ 富山県砺波 島根県出雲市・大原郡 *すぃくたいかーたい（身なりのみすぼらしいさま）沖縄県首里 *すぼすぼ 香川県三豊郡 *すぽらすぽら（身なりのみすぼらしいさま）山形県南置賜郡・米沢市「すぽらすぽら歩く」 *そたそた（服装や姿のみすぼらしいさま）岩手県気仙郡「あんなに派手な人だったが、左前になって、そたそたとして訪ねて来たった」 *そぼそぼ 新潟県佐渡 福井県大飯郡「かわいそーにそぼそぼしとる」 *そぼろ 宮城県仙台市「そぼろすがた」 *びんじょけ 滋賀県彦根「びんじょけな」 *ひんそげ 香川県塩飽諸島「あの息子は親とちごうて大分ひんそげな人いな」

□人 *しにたれ 島根県出雲 *しにたれもん・しんたれもん 島根県出雲 *しびたれ 秋田県鹿角郡 山形県 島根県 *しぴたれ 秋田県北秋田郡 山形県 *しびたれなし 秋田県鹿角郡 *しみたれ 新潟県佐渡 岐阜県岐阜市・本巣郡 愛知県 三重県一志郡 滋賀県 島根県出雲 岡山県 山口県豊浦郡 *しみったれ 長野県東筑摩郡・上伊那郡 愛知県宝飯郡 三重県伊勢 島根県邑智郡 岡山県苫田郡 *しょーたれ 新潟県 長野県下水内郡 愛知県宝飯郡 和歌山県東牟婁郡 徳島県 香川県 高知県 長崎県対馬 *しょーたれかけ 香川県伊吹島 *しょーたれこき 新潟県 高知県「そんなに髪を乱し汚れた着物をひこずっていると、しょーたれこきの標本ぞよ」 *しょたくれ 群馬県山田郡 *しょったれ 山形県西置賜郡 新潟県 *しょったれこき 新潟県 *しょびたれ 三重県 *しょぶたれ 三重県伊勢 *しょみたれ 愛知県知多郡 *しんたれ 富山県砺波 島根県出雲市・大原郡 *びんぼたれ 新潟県西頸城郡「あいつはびんぼたれだ」 滋賀県彦根 京都市 和歌山市

□くなる *しおたれる 大阪市 広島県高田郡 山口県豊浦郡 *しょーたれる 高知県・高知市「あの人のしょーたれちょること、げに見ともない」 *しょだれる 秋田県鹿角郡「此の着物はしょだれて（あか染みて）着られない」 *すぼろける 岩手県気仙郡 *そたれる 岩手県気仙郡 *ふびりるん 沖縄県石垣島

みせ【店】 *いってみせ（なんでも買いたいもののそろっている店）岩手県気仙郡「何々商店は、ネクタイなら えってめせだ」 *うふまちや（大きな店）沖縄県首里 *おもて 山梨県南巨摩郡 熊本県玉名郡 *せみげ 栃木県那須郡 *たな 群馬県勢多郡 長野県諏訪 徳島県 *たなはり 栃木県 *まちやぐゎー（小さい店）沖縄県首里 *みせたな 新潟県佐渡

みせびらかす【見―】 *いらばかす 高知県 *えびらかす 愛媛県越智郡 *おひらがす 富山県砺波 *こばす 香川県小豆島「よそいて（よそへ行って）こばすなよ」 *しゃべる 徳島県 *ふけびらかす 愛媛県大三島 *ふけぶる 愛媛県 高知県 *ふけらがかす 岐阜県大野郡 *ふけらかす 長野県下伊那郡 岐阜県 *ふけらがす 岐阜県郡上郡 *ふける 新潟県佐渡 愛媛県大三島・東宇和郡 高知県長岡郡「ええ下駄はいてふけりよる」 *へけらす 香川県 *へける 徳島県・美馬郡 香川県・木田郡 *べらかす 兵庫県明石郡 *べろまかす 兵庫県 *ほけらかす 和歌山県 *ほける 青森県三戸郡 *ほげる 三重県阿山郡・一志郡 高知県安芸郡「あいつはほげるから面白い」・須崎市 *ほしなめる 三重県伊勢 *ほしめる 新潟県佐渡 奈良県吉野郡 *ほしらめる 三重県志摩郡 *ほやる 徳島県那賀郡 *まびらかす 茨城県北相馬郡 *まぶらかす 茨城県北相馬郡 香川県 *まぶらす 香川県 *みせがらす 福井県大飯郡 *みせずらかす 山形県 千葉県東葛飾郡 新潟県東蒲原郡 *みせんじらかす 秋田県仙北郡・平鹿郡「外の子にみせんじらかすな」 *みよがす 京都府 *めせずらかす 千葉県東葛飾郡 *めぼかす 鳥取県

□こと *ひろじゃく 茨城県東南部「ひろじゃくする」 *ひろくどー・ひろくど 埼玉県秩父郡 *みせっぷり 岩手県気仙郡

みせもの【見物】 *おいだし 島根県出雲市「おいだしの象が来る」・簸川郡 福岡県 *たかもん 福岡市 *ひっぱりもの（「むしろ張りの小屋で興行するもの」の意）栃木県「祭りのひっぱりもの」 群馬県勢多郡 山梨県

みそ【味噌】 *あっぺ 山形県 *えんしょ 沖縄県 *えんそ 宮城県仙台市「えんそべや（みそを入れておく部屋）」 島根県飯石郡・隠岐島 *おえんそ 岩手県南部 宮城県仙台市・登米郡 *おこ 鹿児島県・肝属郡 *おこー 佐賀県・藤津郡 *おみー（女性語）愛媛県松山「おみーを喰べる」 *おむし 福井県・大飯郡 岐阜県大垣市 三重県 滋賀県 京都府 大阪府大阪市・泉北郡 兵庫県 奈良県 和歌山県和歌山市・那賀郡 岡山県苫田郡・小田郡 徳島県 香川県 愛媛県 高知県 *おもし 石川県 三重県名賀郡・阿山郡 京都府 *さりむん（漁師が海上で用いる忌み言葉）鹿児島県喜界島 *しょいのみ 愛媛県周桑郡・喜多郡 *じんごベー 青森県津軽 *そっぱい 山形県西置賜郡 *たまみそ（麹（こうじ）を混ぜないで大豆を煮つぶして玉にして造るもの）青森県上北郡・南部 *つぶら 福島県南会津郡・大沼郡 *みー 島根県鹿足郡「みーのおつゆ」 *みーみ 長野県東筑摩郡 *みみ 徳島県 *みんみ 高知県 *むし（女性語）滋賀県神崎郡 岡山県小田郡・岡山市 *むつぅ 沖縄県宮古島

みそか【三十日】 *あとぅくにち（陽暦の大の月のみそか、すなわち三十一日）鹿児島県奄美大

島 *あとぅぬくんちー(陽暦の大の月のみそか、すなわち三十一日) 鹿児島県喜界島 *あとぅぬにじゅーくんち 鹿児島県喜界島 *あとくんち(陰暦で小の月は二十九日みそかであるところから、大の月のみそか、三十日を二十九日の後の二十九日とした語) 鹿児島県奄美大島 *きわ 福井県敦賀郡 滋賀県「きわに勘定すっと」 大阪市「きわに取りに来てんか」 *くにし 沖縄県島尻郡 *くんち(陰暦で、小の月の最終日が二十九日であったところから) 鹿児島県奄美大島・喜界島 *こもり 徳島県 香川県・高松市・仲多度郡 *さっくにち 鹿児島県奄美大島 *しきしー 沖縄県石垣島・黒島 *しきしまい 沖縄県鳩間島 *しきしみ 沖縄県竹富島 *しきぬしー 沖縄県石垣島・波照間島 *すえ 新潟県三島郡 *ちちしー 沖縄県中頭郡・国頭郡 *つぃきしー 沖縄県石垣島 *つぃきぬしみ 沖縄県小浜島 *つきじゃみ 長崎県南高来郡 *つきじり 岐阜県吉城郡 *つきたて 長崎県壱岐島 *つぐむい 沖縄県首里 *つごも 岐阜県飛騨 愛知県 三重県志摩郡・阿山郡 山口県阿武郡・見島 長崎県南高来郡 *つごもり 新潟県西頸城郡 福井県敦賀郡 岐阜県 愛知県碧海郡 三重県志摩郡 奈良県 島根県石見 山口県 愛媛県今治市 福岡県 *ってぃぬしみ 沖縄県与那国島 *つもぐり 石川県羽咋郡 島根県 長崎県対馬 *つもこ 三重県阿山郡・度会郡 *つもご 岐阜県 愛知県 三重県 大阪府・泉北郡 和歌山県西牟婁郡 岡山県岡山市・吉備郡 山口県 長崎県南高来郡 *つもこり 三重県志摩郡 *つもごり 山形県 新潟県佐渡 福井県 三重県 滋賀県蒲生郡 京都府 大阪府大阪市・泉北郡 兵庫県・佐用郡・神戸市 奈良県・南葛城郡 和歌山県新宮・西牟婁郡 鳥取県日野郡 島根県 岡山県 広島県 愛媛県 *つもも 岐阜県飛騨 *つももり 奈良県 *みとーか 愛媛県周桑郡 福岡県朝倉郡

みそしる【味噌汁】 *おし 栃木県 千葉県印旛郡・東葛飾郡 三重県 *おしー 栃木県 群馬県群馬郡 埼玉県 千葉県夷隅郡 神奈川県中郡 長野県下水内郡 静岡県田方郡・庵原郡 愛知県東部 滋賀県彦根 大阪市 兵庫県神戸市・淡路島 愛媛県 *おしーし 岐阜県安八郡 *おしーしー(幼児語) 神奈川県津久井郡 *おしたじ 新潟県佐渡 *おしる 高知県 *おしろっこ 秋田県南部 *おつい 広島県 香川県 熊本県 *おつー・おっつー 高知県 *おっしー 静岡県 *おっちー 茨城県稲敷郡 千葉県海上郡 *おつゆ 栃木県 長野県諏訪 高知県 熊本県 *おつよ 栃木県 新潟県 長野県 兵庫県加古郡 *おみ 奈良県吉野郡 *おみおつゆ 山口県 *しーし 愛知県知多郡 *しーしー 新潟県佐渡 *したじ 新潟県佐渡 *しる 高知県 *ぞーすい 滋賀県蒲生郡 *ついのすい 鹿児島県 *どぶじる 兵庫県赤穂郡 広島県高田郡 *とみず(色が砥石(といし)をとぐ水に似るところから。大工の隠語) 奈良県 *ひたじ 新潟県佐渡 島根県那賀郡 *みそおつけ 島根県那賀郡 高知県香美郡 長崎県南高来郡 熊本県 *みそおつゆ 熊本県阿蘇郡 *みそのおつけ 高知県吾川郡・高岡郡 *みそんおつけ 熊本県天草郡 *むしのおつ 岡山市

実の入っていない□ *おかしる 富山県 *からしる 宮城県 *からじる 宮城県仙台市 山形県 新潟県 *からちる 山形県東置賜郡・西置賜郡 *からつる 岩手県気仙郡 *てっぽじる 岐阜県飛騨 *はしらかし 新潟県佐渡 *ぼったてじる 富山県砺波 *ぼんさまじる・ぼんぼこじる 富山県砺波

みぞれ【霙】 *あまみそ 島根県出雲 *あまみぞり 山形県飽海郡 *あまみぞれ 秋田県由利郡 島根県 *あまみんぞれ 秋田県由利郡 *あまめそ 島根県能義郡 *あまゆき 岩手県和賀郡 秋田県 島根県 大分市 鹿児島県肝属郡 *あめゆき 青森県 岩手県九戸郡 新潟県佐渡 石川県能美郡 徳島県三好郡 愛媛県 長崎県南高来郡 *かざはな 茨城県稲敷郡 埼玉県入間郡 千葉県印旛郡 *かぜのみ 三重県度会郡 *ざぶゆき・じゃびゆき・じょぶゆき・ぞぶゆき 新潟県佐渡 *しぐれ 愛知県碧海郡 *しったりゆき 岩手県上閉伊郡 *しとれ 島根県鹿足郡 山口県笠戸島 *しどれ 島根県鹿足郡 *しびたれゆき・しぷたれゆき 島根県隠岐島 *しぶたれ 島根県江津市・隠岐島 *しぶゆき 岐阜県恵那郡 *しぶれ 大分県速見郡 *しぼて 岐阜県飛騨 *しまき(「し」は風の意。寒風に乗って来るみぞれ) 東京都八王子 *しみたれ 鳥取県気高郡 *しみれゆき 岩手県和賀郡 *しゅーて 神奈川県三浦郡 *すがゆき 青森県三戸郡 *ぜしょれ 愛知県碧海郡 *だいこんずり 島根県八東郡 *ぬべた 滋賀県高島郡 *ぬれゆき 山形県

方/言/の/窓

●類音牽引

意味の異なる類似の語形に引かれて語形が変化する現象を言う。方言の世界では例が多い。

たとえば、岩手県各地では「たんぽぽ」をデデポ、デデッポ、デデッポポなどと呼ぶ。これは、タンポポという語形が山鳩などの鳴き声表現に引かれて変化したものではないかと考えられる。

西日本各地では「かぼちゃ」をボーブラと呼ぶ(ポルトガル語の abóbora に由来)が、古くはボーフリ(ムシ)と呼ばれていた蚊の幼虫が「かぼちゃ」のボーブラに引かれてボーフラとなったという説がある。

蝉の一種であるツクツクボーシの古形は「くつくつはうし」であった。「つくし」の意のツクツクボーシに引かれて現在の語形になったと言われている。

飽海郡　福島県南会津郡　長崎県壱岐島 *びしゃれ・ひしゃたれ 京都府 *びしょーら 静岡県磐田郡 *びしょたれ 京都府　兵庫県飾磨郡 *びしょて 長野県上水内郡 *びしょれ 島根県石見 *ひじょろ 長野県伊那市 *びしょろ 長野県下伊那郡 *びっしょろ 長野県飯田市付近 *べたれ 島根県那賀郡・邑智郡 *へったれゆき 群馬県多野郡 *べったれゆき・べったらゆき 岐阜県郡上郡 *ぼろ 三重県志摩郡 *まじり 大分県大分郡 *みずあられ 香川県 *みずいき 石川県河北郡 *みずえき 新潟県中頸城郡　富山県 *みずだいき 富山県中新川郡 *みずたゆき 富山県 *みずてき・めずてき 富山県下新川郡 *みずゆき 新潟県　香川県広島　熊本県天草郡　大分県大分市・東国東郡 *みずよき 新潟県 *みそ 島根県益田市　広島県比婆郡 *みそた 兵庫県 *みそたゆき 新潟県上越市 *みそたれ 京都府　兵庫県　鳥取県 *みそったー・みそー 広島県比婆郡 *みそったれ・みそけ 新潟県刈羽郡 *みそて 新潟県上越市・西頸城郡　長野県 *みそで 新潟県西頸城郡 *みぞて 群馬県吾妻郡　長野県上高井郡 *みそていき 長野県東筑摩郡 *みそてえき 新潟県中頸城郡 *みそてき 長野県 *みそとえぎ・みそとぎ 長野県下高井郡 *みぞねゆき 山形県西置賜郡 *みそゆき 徳島県美馬郡 *みぞらゆき 岩手県気仙郡 *みぞれあめ 福島県西白河郡 *みぞれゆき 宮城県仙台市　福島県南会津郡・西白河郡　静岡県駿東郡 *みだれゆき 大分県大分郡 *みどれゆき 島根県益田市 *みどろゆき 福島県信夫郡 *めずえき 富山県上新川郡　島根県八束郡 *めずたえき 富山県上新川郡 *ゆきあめ 島根県出雲　愛媛県　佐賀県唐津市　長崎県南高来郡　大分県 *ゆきかたり 岩手県上閉伊郡 *ゆきしぐれ 大分県大分市・直入郡 *ゆきじとれ 山口県・豊浦郡　長崎県西彼杵郡 *ゆきしぶち 奈良県吉野郡 *ゆきしぶれ 大分県大分郡 *ゆきそばえ(「そばえ」は通り雨の意) 香川県直島 *ゆきまざり 京都府 *ゆきまじり 大分県大野郡 *ゆきみどれ 大分県速見郡 *ゆくあめ 長崎県 *ゆっきゃめ 鹿児島県

みだれる【乱】 *ぐれる 埼玉県入間郡「時計が少しぐれてるやうだ」 *ほだれる 徳島県三好郡 *むじからむ 神奈川県足柄上郡・足柄下郡 *むじらかる 新潟県高田 *もざかる 新潟県佐渡「糸がもざかった」 *もじかなる 愛知県岡崎市 *もじかからむ 神奈川県 *もじかる 神奈川県　愛知県岡崎市 *もじがる 愛知県幡豆郡 *もじくなる 愛知県知多郡 *もじくる 神奈川県足柄上郡・足柄下郡 *もじくれる 神奈川県　山梨県南巨摩郡　高知県幡多郡 *もじぐれる 栃木県 *もじゃかる 新潟県佐渡 *もじゃくる 栃木県 *もじゃぐる 栃木県鹿沼市・矢板市 *もじゃくるる 熊本県芦北郡・八代郡 *もしゃくれる 山形県米沢市　福島県 *もじゃくれる 宮城県「羽織もじゃぐれねよーに畳んでけさえ」「糸めもじゃぐれて了った」　山形県米沢市　神奈川県津久井郡　新潟県佐渡　高知県 *もじゃける 山形県　福島県相馬郡 *もじらける 千葉県海上郡 *もじれる 神奈川県 *もちかなる・もちかる 愛知県碧海郡・額田郡 *もちくる 高知県安芸郡「髪がもちくる」・高知市「もちくりおーてうどーだ(もつれ合って大騒ぎをした)」 *もちくれる 高知県安芸郡・土佐郡 *もちゃかる 新潟県佐渡　愛知県 *もちゃくれる 山形県米沢市 *もつくれる 岐阜県羽島郡 *もっちらかる 新潟県岩船郡 *もんじからむ 神奈川県足柄下郡 *もんじゃくれる 秋田県平鹿郡「よくもんじゃぐれる紙だな」　山形県　神奈川県足柄下郡　山梨県・北都留郡 *んじゃりゆん 沖縄県首里「くぬしぐとー　んじゃりとーさ(この仕事にはてこずっている)」
↓こんらん(混乱)

□ているさま *だりこっぱい 新潟県 *びだごだ 岩手県気仙郡「びだごだどそごら中みだれていた」 *むたむた 石川県 *やたら 山形県東田川郡 *ややんがー 埼玉県秩父郡「ややんがー頭」 *らっぴらんごく 静岡県 *ららくらっぽー 新潟県岩船郡 *らり 山形県「部屋がらりになっている」　神奈川県愛甲郡「らりにする(乱雑にする)」 *らりくた 高知県須崎市 *らりこっぱい 新潟県南魚沼郡 *らりごっぱい 新潟県中越 *らりほーだい 山形県東置賜郡 *られんぽ 京都府与謝郡 *らん 兵庫県加古郡「そこららんにすな」 *らんごく 長野県下伊那郡「らんごくにしとく」・上伊那郡　静岡県「らんごくな家で汚い」　愛知県「至ってらんごくですがまあどうぞ」　和歌山県和歌山市・海草郡　愛媛県 *らんちく 岩手県東磐井郡 *らんちくらんがい 岩手県気仙郡 *らんどく 静岡県安倍郡 *わらわら 新潟県佐渡　滋賀県彦根

みち【道】 *じょー 東京都大島「浜のじょう(浜の道)」 *すんどー 静岡県 *のり 島根県「道路ののりの草を刈る」 *のれ 愛知県知多郡
↓どうろ(道路)

獣の通る□ *うじ 熊本県球磨郡　大分県速見郡　宮崎県西臼杵郡・東諸県郡　鹿児島県肝属郡 *うち 鹿児島県肝属郡 *うつ 東京都西多摩郡　神奈川県足柄上郡　山梨県南巨摩郡　静岡県　愛知県東加茂郡　島根県那賀郡「うつで獲物を待つ」 *うと 長野県飯田市付近 *おーじ 高知県土佐郡 *おつ 神奈川県足柄上郡 *かよいみち 新潟県中蒲原郡 *しょーらいみち 石川県能美郡 *つーじ 福島県南会津郡 *のーて 奈良県吉野郡「兎ののーて、山鳥ののーて」 *のて 三重県飯南郡　奈良県吉野郡

狭い□ *いばみつぃ 沖縄県石垣島 *しゅーじ 千葉県香取郡　福岡県三井郡・浮羽郡　佐賀県三養基郡　長崎県　熊本県玉名郡　大分県大分郡 *しゅじ 長崎県南高来郡 *しょーじ 新潟県

佐渡　大阪市　和歌山市　徳島県　*しょこじ　和歌山県東牟婁郡　*せど　茨城県稲敷郡　山梨県南巨摩郡(谷間の道)　鹿児島県(山間の道)
*せどみち　東京都八丈島　新潟県佐渡　*せどや　熊本県

みちくさ【道草】　*じょーだん　京都府　*なぐさみ　岩手県気仙郡「なぐさみしないですぐ帰って来い」　*へーより・へより　高知県幡多郡「へよりしよったらいかんぜ」　*よりかど　島根県「よりかどして来うけんお前はここから帰れ」　岡山県苫田郡　広島県・高田郡　*よりきんじょ　山口県大島　*よりぐさ　新潟県佐渡

□を食う　*のたくる　愛知県知多郡　*ゆらりゆん　沖縄県首里

□を食うこと　*げんみょー　滋賀県栗太郡　*しゅーがーい　鹿児島県喜界島　*なまだら　岩手県中通　秋田県鹿角郡「なまだらしないやうに早く行ってこい」　*みちあそび　愛媛県宇和島市　*みちぶら　長崎県対馬　*みちゆらり　沖縄県首里
*みちより　島根県益田市・隠岐島　*みつぃゆどぅん・ゆどぅみ・ゆどぅん　沖縄県石垣島

みちしお【満潮】　⇩まんちょう（満潮）

みつかる【見付】　*しるる　熊本県玉名郡　*めあかる　三重県飯南郡　*めっかさる　茨城県筑波郡
千葉県印旛郡

みつける【見付】　*あかす　富山県砺波　*たねる　青森県　山形県南置賜郡「そこでこんどたねっと」　*みーあてぃゆん　沖縄県首里　*みーく　長崎県壱岐島　*みだす　福岡県「みだした」

みっこく【密告】　⇩つげぐち（告口）

みっしゅう【密集】

□しているさま　*ぐじぐじ　富山県砺波「柿ぁぐじぐじになっとる」　*ごいごい　島根県益田市「花が一つ所にごいごいついとる」　*ふわふわ　島根県美濃郡・益田市「蛆がふわふわするほどたかっとる」　*めせめせ　滋賀県彦根「めせめせに植える」　奈良県吉野郡「めせめせに生えてゐる」
*もりもり　青森県津軽「もりもりどふとたがてる(たくさん人が密集している)」

□する　*ぐじゅむゆん　沖縄県首里　*ぐずもる　香川県三豊郡　*すよる　島根県石見「紙芝居の前に子供がすよっとる」　*つどう　香川県高松　愛媛県

みっともない　⇩みぐるしい（見苦）

みどりいろ【緑色】　*あうさーん　沖縄県石垣島　*あお　栃木県　石川県鳳至郡・羽咋郡　三重県南牟婁郡　徳島県　*おーさん　沖縄県首里
*かわいろ(黒緑色)　岩手県上閉伊郡

みな【皆】　*いくなみ　兵庫県加古郡「そんなことぐらいいくなみでける」　*いっさく　新潟県佐渡
*いっせき　新潟県佐渡・三島郡　岐阜県武儀郡・郡上郡「いっせきでこれだけしかない」　長崎県南高来郡　*いっせく　長崎県南高来郡　*いんながら・みんながら　石川県河北郡　*えんなかいざ・みんなかいざ　富山県　*おもいでや　石川県江沼郡　*かい　福井県　奈良県吉野郡　*がい　三重県志摩　*かいしき　山形県「かえしぎ持って往った」　長野県佐久・上伊那郡「かいしきだめだった」　*けーら　沖縄県八重山　*けーれ　沖縄県波照間島　*こんげ　愛知県　*こんげん　岐阜県可児郡・加茂郡　愛知県「こんげん知らん」　島根県鹿足郡・那賀郡「何もかもこんげん無うなった」　福岡県京都郡・企救郡　大分県大分郡・北海部郡「畑の作物はこんげん荒された」
*こんげんころり　大分県大分郡　*こんげんさい　島根県「これでこんげんさい懲りた」
*じゅくと・じゅっくと　青森県津軽「おまえだじで、じゅっくど、こまこばえでしな(あんたとこでは、全部、男の子供さんばかりですか)」　*じょくと・そくっと・ぞくっと・ぞっくと　岩手県気仙郡「貸りた金を揃えてじょくど出した」　*ずい　兵庫県加古郡「あんな事でけるのずいや」　*すーよー　沖縄県・首里　*すっかと　宮城県石巻「こんで、すっかときまりすたど」　山形県米沢市　*そーぞ　京都府　*そーぞー　岐阜県恵那郡　*そーべつ　山梨県南巨摩郡「そーべつ焼けてひっちまった」　長野県北安曇郡　岐阜県飛驒　静岡県志太郡「りょーしゃーそーべつくろぇー(漁師はみんな黒い)」　滋賀県彦根　島根県石見・隠岐島　*そーよ　福岡市「お前がしゃべりすごいた尻ァ悉皆(さうよ)俺さィ廻って来る」　長崎県南高来郡「どしどむ(同士共)ときめたこちも、そーよなーにんならんごてなってしもた」・長崎市　熊本県玉名郡　*そーよー　福岡市
長崎県長崎市・伊王島　熊本県　大分県下毛郡
*ぞっくら　岩手県気仙郡　宮城県玉造郡　新潟県佐渡　福井県今立郡　長野県北安曇郡　*ぞっくり　岩手県気仙郡　宮城県玉造郡・仙台市　長野県北安曇郡　岐阜県吉城郡　*そよ　熊本県芦北郡「あたがえは(貴方の家は)そよとめ(共)によかでな」
*そろっと・ぺろっと　山形県米沢市「そろっと貯金した」　*ぞろっと　兵庫県加古郡「親から財産をぞろっと貰う」　佐賀県　鹿児島県種子島　*ぞろり　山口県豊浦郡「ぞろりやられた」　*どれとも　高知市「お蔭様でどれとも丈夫でございます」　*どろすけ・どろり　高知県香美郡「荷物をどろすけ盗まれた」　*どろっと　兵庫県加古郡　*ひとりなし　長野県諏訪「ひとりなし集まれ」　*ひんにゃ　鹿児島県喜界島　*ぶーる　沖縄県与那国島　*べろっと　青森県三戸郡　宮城県玉造郡・石巻　秋田県河辺郡　山形県　福島県　*ぽーすと　長崎県壱岐島　*みながら　秋田県山本郡「みながら遊びに来い」　*みなこいと・みんない　京都府　*みなずれ　静岡県榛原郡　*みなど　青森県上北郡　*みんなし　岐阜県山県郡・武儀郡　島根県石見　*みんなしー　島根県仁多郡　*みんなら　栃木県上都賀郡　*みんなり　岐阜県可児郡　*むーる　鹿児島県沖永良部島・与論島
沖縄県八重山　*むる　鹿児島県喜界島　沖縄県首里「むるみーとーん(全部生えた)」・新城島　*むるってぃ　沖縄県黒島　*やうち　三重県志摩郡「ちょ

いといわいすんでのー、やうちで来てくれのー(ちょっと内祝いをするのでね、皆さんで来てください)」・度会郡 *やのち 三重県志摩郡 *やぶち 長野県小県郡・埴科郡　三重県度会郡 *やぶちゃ 和歌山県日高郡「やぶちゃ酒飲んでる(皆寄って酒を飲んでいる)」・西牟婁郡 *んながら 秋田県由利郡

→すべて(総)

みなと【港】 *いり 岡山県児島郡 *いりこ 千葉県山武郡・長生郡 *いりこみ・いりっこ 千葉県山武郡 *いりごみ 島根県益田市・美濃郡 *うら 長崎県西彼杵郡 *くつぃ 沖縄県国頭郡 *しぐち 沖縄県黒島 *とぅぐち 沖縄県首里 *とぅまい 鹿児島県喜界島　沖縄県首里 *とぅまり 沖縄県宮古島 *とまり 北海道 *なむ 沖縄県与那国島 *はみなと(小さい港) 山口県阿武郡 *ふなしき 沖縄県波照間島 *ふなつぃき 沖縄県石垣島 *ふなば 山形県西置賜郡・南村山郡　新潟県佐渡

みなみ【南】 *おき 静岡県浜名郡「おきへでる(南へ向かう)」　広島県倉橋島 *おなん 島根県能義郡・大原郡 *おもて 富山県 *かみ 青森県上北郡　埼玉県秩父郡(荒川の流れを基準として)　新潟県佐渡(漁船の行く方向なので)・西蒲原郡(京都の方角) *はい 鹿児島県徳之島　沖縄県石垣島 *ぱい 沖縄県八重山 *はえ 島根県那賀郡　長崎県西彼杵郡「はえん雲」　鹿児島県宝島 *はりじり(「磁石の針の指す反対方向」の意) 長崎県壱岐島 *ひなみ 愛媛県向島 *ふぇ 沖縄県那覇市 *ふぇー 鹿児島県徳之島　沖縄県波照間島・首里「まふぇー(真南)」「ふぇーんけー(南向)」 *ふぇーい 鹿児島県加計呂麻島 *へー 鹿児島県沖永良部島 *ぺー 沖縄県国頭郡「ぺーぬほーがく」・石垣島

□の方 *しも 群馬県勢多郡　山梨県南巨摩郡　宮崎県児湯郡 *そら 香川県「そらのたんぼ(家から見て南の方にある遠い田)」 *にや 静岡県庵原郡 *みなんて 福島県会津・若松市　新潟県東蒲原郡

みなみかぜ【南風】 *あいのかぜ 島根県江津市 *あきのきたかぜはるみなみ(秋の北風と春の南風) 岩手県気仙郡 *あさひかた 島根県八束郡 *あさまじ(西寄りの南風) 広島県安芸郡 *あなじ 香川県島嶼 *あぶらまじ(どんより曇った日の南風) 愛媛県南宇和郡・日振島 *あらし 新潟県中頸城郡　福井県三方郡(夜吹くもの)　島根県八束郡　山口県見島　愛媛県伊予郡(夜通し吹くもの) *あらせ 大分県北海部郡 *あらはえ(梅雨明けに吹く強い南風) 宮崎県東臼杵郡 *いなさ 福島県会津・浜通　茨城県稲敷郡　静岡市　愛知県碧海郡　高知県幡多郡 *いりかぜ 群馬県多野郡 *いれかぜ 島根県隠岐島 *うまばえ 鹿児島県揖宿郡 *うりじんべー(二月から三月ごろ) 沖縄県首里 *うわて 三重県志摩郡 *おき 高知県安芸郡 *おきあげ 静岡県浜名郡 *おきのかぜ 三重県志摩郡 *おきぶき(天気のよい日の南風) 静岡県浜名郡 *おきまぜ 三重県志摩郡 *おなみ・おなんかぜ(春から夏にかけて吹く南風) 鳥取県西伯郡 *おぼせ(陰暦四月ごろの、天気のよい日に吹く南風) 兵庫県淡路島 *かーちーぱい(夏至のころ) 沖縄県石垣島 *かーちーべー(夏至のころ) 沖縄県首里 *かみかぜ 兵庫県加古郡 *くだしかぜ 熊本県球磨郡 *くだり 青森県北部　秋田県由利郡　山形県庄内　新潟県佐渡・下越　石川県　福井県坂井郡 *くだりかぜ 秋田県雄勝郡　富山県　島根県隠岐島 *くるべー(梅雨、また旧五月のころ) 鹿児島県喜界島 *くろはい(雨が降ったり、すぐまた日が照ったりする天候の時の南風) 広島県豊田郡 *くろはえ(梅雨、また旧五月のころ) 静岡県(雨が降ったり、すぐまた日が照ったりする天候の時の南風)・志太郡　山口県・熊毛郡　香川県粟島　愛媛県越智郡　長崎県東彼杵郡　宮崎県東臼杵郡・南那珂郡　鹿児島県 *くろばえ(梅雨、また旧五月のころ) 長崎県壱岐島・対馬 *くんだり 青森県津軽 *こち 広島県向島・高田郡 *さがり 山形県飛島 *さがりかぜ 長崎県五島 *さきかぜ(夏) 滋賀県愛知郡 *じあい 島根県邇摩郡・隠岐島 *じかぜ 島根県隠岐島・簸川郡 *したけ(春から夏へかけて吹く、東風や南風) 群馬県山田郡 *じばえ 島根県隠岐島(西寄りの南風)・八束郡(西寄りの南風)　長崎県壱岐島(東寄りの南風)「じばえごち(東南風が、東風になったもの)」 *しもかぜ 京都市 *じもの 島根県邇摩郡 *じもん 新潟県西頸城郡 *じもんけ(春先の南風。また、好天の日の南風) 新潟県上越「じもんけで、あたまがいたい」 *しゅたらべー・すたらべー(梅雨の前に吹く、湿気の多い南風) 鹿児島県喜界島 *しらっぱえ(梅雨明けごろ) 静岡県榛原郡 *しらばい・しらふぇー(梅雨明けごろ) 鹿児島県喜界島 *しろはえ(梅雨明けごろ) 静岡県榛原郡　山口県熊毛郡　愛媛県北宇和郡　長崎県五島・壱岐島(晴天)　宮崎県東臼杵郡・南那珂郡 *せきだおろし(「関田の方から吹く風」の意) 新潟県上越市 *そら 香川県 *たかまじ 山口県祝島　香川県高見島　愛媛県温泉郡　宮崎県児湯郡(烈風) *たけおろし 熊本県阿蘇郡 *だし 島根県八束郡・簸川郡 *だしのかぜ 富山県　島根県 *ただりかぜ 新潟県 *たつみ 熊本県阿蘇郡 *たまかぜ(大雨を伴う南風) 大阪府泉北郡 *ちあい 島根県邇摩郡 *ちくごかぜ 熊本県鹿本郡 *つなみ 群馬県勢多郡 *つなみかぜ 群馬県勢多郡・前橋市 *どよーなかせ(土用に吹く) 宮城県亘理郡 *ながし 千葉県・君津郡(五月ごろ)　東京都大島(夏季に吹き続ける南風)　神奈川県相模　静岡県(五月ごろ)・静岡市・駿東郡 *ながしあめ(五月ごろ) 静岡県 *ながしばえ 長崎県西彼杵郡(梅雨期)　熊本県南部・玉名郡(梅雨期) *ながせ(連日にわたって吹く南風) 新潟県西蒲原郡 *ながそ(稲の花が咲くころに一週間くらい続けて吹く南のそよ風) 福井県三方郡 *なぬかぜ 三重県伊賀 *なみか

ぜ三重県 *なみかで 三重県上野市 *にししかだ(乾いた西寄りの南風) 青森県西津軽郡・下北郡 *にしひがた(乾いた西寄りの南風) 青森県三戸郡 *のんぼりかぜ 熊本県玉名郡 *はい 島根県 香川県 長崎県西彼杵郡 *ぱい 沖縄県宮古島・石垣島 *はいぇ・はいぇぬかぜ 長崎県壱岐島 *ぱいかじ・ぱいかず 沖縄県八重山 *はいかぜ 島根県 熊本県球磨郡 *ぱいかんじ 沖縄県小浜島 *はいぬかぜ 熊本県上益城郡 鹿児島県徳之島 *はいのかぜ 島根県 広島県 山口県阿武郡 熊本県飽託郡・熊本市 *ぱいはじ 沖縄県黒島 *はいまじ(梅雨明けごろの強い南風) 愛媛県南宇和郡 *はいまぜ・はえまぜ(「はえ」「まぜ」は南風の意。入梅のころに吹く南風) 三重県北牟婁郡 *はいんかぜ 長崎県西彼杵郡 *はえ 島根県「おおばえ(強い南風)」 山口県 徳島県那賀郡 愛媛県北宇和郡 佐賀県藤津郡 長崎県 熊本県「はるばえ」 大分県 宮崎県 鹿児島県肝属郡・種子島 *はえかぜ 島根県簸川郡 *はえのかぜ 島根県 佐賀県唐津市 鹿児島県 *はえぶき 鹿児島県曾於郡 *はえぶち(土用のころ吹く) 宮城県亘理郡 *はえみなん 島根県 *はえんかぜ 長崎県南高来郡 熊本県 宮崎県 鹿児島県 *はなまじ(初春の南風) 広島県佐伯郡 *はへ 島根県美濃郡 長崎県南松浦郡 *はへのかぜ 山口県阿武郡 *はやんかぜ 佐賀県三養基郡・藤津郡 熊本県阿蘇郡 *ひあらせ(冬) 滋賀県愛知郡 *ひかた 秋田県南秋田郡 新潟県佐渡 京都府竹野郡(九月) 島根県(夏)・八束郡 *ふえー 鹿児島県奄美大島・喜界島 沖縄県首里 *ふえーかじ 沖縄県那覇市・波照間島・首里 *ふえーぬかじ・ふえーぶち 沖縄県首里 *ふえーぬはじ 鹿児島県与論島 *ふえんかでぃ 鹿児島県喜界島 *ふじおろし 茨城県 *ふっこみ 群馬県勢多郡 *ぺーかち 沖縄県石垣島 *ぺーぶち 沖縄県国頭郡 *ぽやぽやみなみ(初春に南から吹く風) 茨城県東南部・北相馬郡 *ぽろずけみなみ(雨を伴う南風) 静岡県志太郡 *まえかぜ 愛知県碧海郡 *まし 大分県西国東郡 *まじ 島根県那賀郡 岡山県 広島県 山口県 香川県 愛媛県 高知県幡多郡 大分県 宮崎県 *まじかぜ 愛媛県北宇和郡 *まじのかぜ 大分県 *まじはえ 山口県熊毛郡 *まじはれ 大分市 *まぜ 愛知県愛知郡・知多郡 三重県 大阪府泉南郡 兵庫県 和歌山県 岡山県邑久郡 徳島県 香川県直島・塩飽諸島 愛媛県温泉郡 高知県 *まぜかぜ 兵庫県淡路島 *まぜはえ・まぜみなみ 徳島県海部郡 *まぜもと 三重県志摩郡 *まだし 島根県八束郡 *まで 和歌山県 *まはい 長崎県西彼杵郡 *まはえ 長崎県北松浦郡 鹿児島県鹿児島郡 *みなぎり 富山県東礪波郡 *みなぎる 愛知県北設楽郡 *みのげ(春の彼岸過ぎに吹く南風) 高知県土佐郡 *やまじ 島根県石見(八月ごろ吹く風) 岡山県邑久郡・島嶼 広島県走島・豊田郡 山口県向島・祝島 香川県 愛媛県 *やませ 京都府竹野郡(十二月ごろ)「秋のやませは雪をよぶ」 島根県八束郡(秋) *やまぜ 三重県北牟婁郡(激しい南風)・志摩郡 兵庫県淡路島 愛媛県伊予郡 *やまで 兵庫県赤穂郡 山口県徳山市・大津島 *よーず 三重県宇治山田市(春) 兵庫県淡路島(春) 愛媛県(春)「よーずが吹く」・温泉郡 *よーずのかぜ(春) 岡山県邑久郡 *よーずまぜ(夏の夕方に吹く南の微風) 兵庫県淡路島 *よこばい 熊本県飽託郡・上益城郡 *わかさ 新潟県佐渡 *わかぜ・わて 東京都八丈島

みなり【身形】 *おびしなり 青森県津軽「おびしなりをちゃんとやれ」 *きそーだれ 静岡県「きそーだれが悪い」 *けつき 長崎県対馬「あの人は近頃貯へが出来たらしく大分けつきがよくなっとる」 *しこ 青森県三戸郡(悪い場合だけ言う) 岩手県上閉伊郡「しこやる(おめかしする)」 福井県 長野県佐久 岐阜県飛騨・郡上郡 愛知県奥設楽 熊本県天草郡「しこんよか(かっこうがよい)」 *しこー 福島県東白川郡「しこうわりーな」 群馬県吾妻郡・佐波郡 埼玉県秩父郡「花見に侍のしこーをして出かけた」 神奈川県津久井郡 新潟県岩船郡 長野県佐久・上伊那郡 岐阜県飛騨「そのしこーは何ということじゃ」 *しこてー・しっこー 岩手県九戸郡 *しょーなり 千葉県夷隅郡 *しょさ 岐阜県飛騨 *しょしゃ 岐阜県飛騨 静岡県磐田郡 山口県玖珂郡 香川県・小豆島 *しょなり 千葉県夷隅郡「あの人のしょなりみろ」 山梨県南巨摩郡「他人のまーさ(前に)出るおりゃーだらしのないしょなりをしるもんじゃーないよ」 *しょんなり 静岡県「あの人はしょんなりが悪い」・志太郡(悪い姿に言う)「みょー、あぇーつんしょんなりょー(見ろよ、あの男のみすぼらしいざまを)」 *すがい 沖縄県首里「すがいまぬがい(「すがい」の強意)」 *とーなー(「とりなり(取成)」の転) 島根県仁多郡・能義郡「とーなーの悪い人だ」 *とば 茨城県稲敷郡 *なりふじ 沖縄県首里 *ひなりっこ 岩手県気仙郡「あのわらし、ひなりっこいい」 *ふーぞく 島根県石見 山口県阿武郡 徳島県 愛媛県 *ふーろく 和歌山県東牟婁郡「あの人はふうろくがわるい」 *みしがら 青森県三戸郡

□を飾り過ぎる人 *だちぇこぎ 宮崎県東諸県郡 *だてこき 山形県最上郡 新潟県・佐渡・中頸城郡「あの人は年のわりにだてこきだ」 富山県砺波 福井県 長野県佐久 岐阜県稲葉郡・吉城郡 三重県阿山郡・飯南郡 兵庫県・淡路島 奈良県宇陀郡・吉野郡 鳥取県西伯郡 島根県「あいつのだてこきにゃー困ったもんじゃ」 岡山市 広島県 高知県 鹿児島県 *だてこきもん 新潟県西頸城郡 *だてこっ 鹿児島県 *だてし 山口県長門 *だてしょー 新潟県佐渡 *だてっこき 長野県上高井郡 *れんぽー 山梨県東八代郡・北巨摩郡

□を飾る *だてこく 新潟県佐渡・三島郡 富山県・砺波 石川県鹿島郡・羽咋郡 福井県

岐阜県郡上郡　三重県伊賀　京都府　兵庫県加古郡　島根県隠岐島「だてけーた(着飾った)」　高知県　*だてこぐ 愛媛県・周桑郡「うちらなーにもだてこがいでえーがの」　*だてする 熊本県玉名郡・下益城郡　*だてよーこく 岡山市　*だてをこく 島根県「そんなにだてをこいても誰も惚れてはない」　高知県　大分市　*だてをする 大分県

□を飾ること・人 *おしゃらく 茨城県　栃木県　千葉県　*じゃべ 秋田県由利郡「あまりじゃべするといはれる」　山形県酒田「じゃべな」

*しょらく 石川県鳳至郡　*だて 愛媛県松山「あの子はようだてをしとる」　熊本県玉名郡　*です 岐阜県飛驒　*ひちふり 長野県佐久　*やつし 三重県名賀郡・志摩郡　京都府・京都市　大阪府泉北郡　兵庫県「あいつ、男のくせにやつしじゃなあ」　和歌山県　徳島県　*やつして 京都府竹野郡

□を整える(こと) *しんまく 大分県日田郡

*ぶっぽろう 山梨県　*みがんめー 山梨県　*みじんまく 宮城県仙台市「みじんまくがよい」　千葉県君津郡　*らし 大阪府南河内郡「仕事に行くらし」

みにくい【醜】　*いしー 栃木県河内郡　群馬県吾妻郡・多野郡　埼玉県秩父郡　千葉県・安房郡　新潟県中越　山梨県北都留郡　広島県安佐郡

*いしこい 茨城県　栃木県東部　*いしっけ 栃木県「えしっけ女だ」　*いっしー 千葉県香取郡「いっしいおんな(醜婦)」　山梨県　*いやたい 愛媛県越智郡・今治市　*いやらしー 和歌山県　香川県

*ういやん 沖縄県黒島　*うかやん 沖縄県鳩間島

*うざい 石川県鳳至郡　*うざくらし 石川県金沢

*うさくらしー・うぞくらしー 富山県　*うざくらしー 福井県南条郡　*うぞい 富山県　石川県

*うましない(「うましみない(旨味無)」の転という) 岩手県胆沢郡　*うるさい 和歌山県「あんななりしてうるさい」　*えげたい 秋田県鹿角郡「えげてぁ着物だ」　*おーんっぞえー(強調した言い方) 静岡県志太郡　*おかしー 熊本県「おかしかおなご」

*おぞい 北海道　新潟県佐渡・西頸城郡　富山県　石川県　福井県「おぞぇねんでえーで(粗末なのでいいから)」　山梨県南巨摩郡　長野県　岐阜県「おぞいことをこく(悪口を言う)」　静岡県　愛知県　三重県員弁郡　滋賀県南部　京都府　*おぞくたい 富山県砺波　岐阜県北部　*おぞこい 愛知県東春日井郡　*おぞつけない 富山県高岡市・砺波

*およけない 愛媛県　*おんぞくたい 静岡県　*おんぞくない 山梨県南巨摩郡　*きらいらしー 広島県倉橋島　*ざまがわるい 島根県「ざまのわりー風をする」　*ざまくそがわるい 石川県珠洲郡　*ざまざましー 岩手県気仙郡　宮城県登米郡　山形県

*さまでない 山形県米沢市　*ざまわるい・ざんまわるい 山形県「ざまわるえ恰好のがま蛙」　*ざまんわりー 新潟県佐渡　*じゃじゃむさい 和歌山県伊都郡　*つらんとむない(「面を見たくない」の意) 富山県　*にくい 東京都八丈島「にくうなる」　*にすい 三重県名張市・名賀郡　*はいな 高知県長岡郡　*はずかしー 奈良県吉野郡　*びっつきなか 長崎県西彼杵郡　*びっつんない 長崎県五島　*ひなわるい 新潟県北蒲原郡　*ひょんげな 和歌山県日高郡　*ぶくちない 茨城県　*ふとい 岡山県児島郡

*べべー 長崎市　*みくさい 岩手県東磐井郡・西磐井郡　秋田県由利郡　山形県米沢市　*みぐさい 青森県　岩手県　宮城県栗原郡・加美郡　秋田県「あの人の顔はみぐせぁ」　山形県　福島県　茨城県久慈郡・多賀郡　千葉県君津郡　新潟県「おまん、みぐさいことしんなや」　山梨県・南巨摩郡　長野県　静岡県富士郡　愛知県北設楽郡　*みぐさらしー 長野県東筑摩郡　*みぐるさい 長野県諏訪

*みずらい 栃木県　東京都大島「みづらいから破けぬ足袋を穿いてゆけ」　静岡県・田方郡・庵原郡

*みだくっさい 新潟県東蒲原郡　*みたくでもない 埼玉県川越　千葉県印旛郡　静岡県島田市

*みたくない 青森県　岩手県　宮城県「そんな意地ぱりしんすなよ、みたくなかられっから(みっともないと思われるから)」　秋田県「あの人みだぐねぁ人だ」　山形県　福島県　新潟県東蒲原郡　*みたくもない 静岡県島田市・榛原郡　*みたこない 山形県西田川郡　*みたぶない 三重県阿山郡　熊本県玉名郡　*みたみない 島根県八束郡　長崎県伊王島・壱岐島　熊本県天草郡　鹿児島県種子島

*みたむない 福井県　三重県阿山郡　兵庫県鳥取県西伯郡　島根県隠岐島・出雲　福岡県小倉市・福岡市　長崎県「その着物はみたむなか」　熊本県・天草郡　*みたもない 鳥取県　島根県隠岐島　山口県　長崎県伊王島　*みたんない 島根県出雲・隠岐島　佐賀県　熊本県天草郡　*みったくでもない 新潟県中頸城郡　*みったくない 山形県

福島県東白川郡・伊達郡　新潟県　*みっちゃくねぁ 秋田県平鹿郡　*みっとがない 栃木県安蘇郡

東京都利島　*みとーがない 東京都利島　*みとーもない 東京都八王子　神奈川県津久井郡　長野県諏訪　静岡県周智郡　島根県鹿足郡　*みとがない 群馬県館林　埼玉県北葛飾郡　*みとくさい 福島県会津若松市・大沼郡　*みんくさい 秋田県平鹿郡　山形県置賜　*めーぐせいー 新潟県三島郡　*めぎさい 山形県村山　*めくさい 山形県最上郡・北村山郡　福島県相馬郡　千葉県夷隅郡　*めぐさい 青森県　岩手県　宮城県北部　秋田県　山形県　福島県相馬・会津　新潟県　長野県北安曇郡・佐久　*めたむない 富山県下新川郡　*めんくさい 秋田県雄勝郡　山形県　新潟県下越　*もたくない 石川県河北郡　*やさい 鹿児島県喜界島「かぎぬやさい(顔が醜い)」　*やぶい 石川県河北郡・石川郡　*よそわしー 長崎県北松浦郡「あらよそわし」　熊本県天草郡

↓みぐるしい(見苦)

□女 *おかしかおなご 熊本県　*かぶちゃ 岐阜

県飛騨 *かぼちゃ 新潟県佐渡・東蒲原郡 長野県佐久 岐阜県飛騨 愛知県幡豆郡 *さまなし 岩手県気仙郡 *しゃちにゃーおなご 熊本県球磨郡 *そっぴん 島根県石見・隠岐島 広島県芦品郡・高田郡 *でけそくにゃー 熊本県上益城郡 *てんばおんな 熊本県球磨郡 *てんばめろ 熊本県阿蘇郡 *どぶす 愛知県東春日井郡 *にどびっくり 熊本県阿蘇郡 *はなひら 熊本県天草郡 *はなべちゃ 京都市「どうせあてらはなべちゃどすわいな」 *びっちー 宮崎県南那珂郡 *へちゃむくれ 和歌山県 *へちゃもくれ 石川県江沼郡 山梨県中巨摩郡 *べっちゃくれ 愛媛県大三島 *ぼーぶら 熊本県菊池郡 *みたくなし 青森県 岩手県九戸郡・気仙郡 宮城県 秋田県平鹿郡 山形県 福島県 東京都大島 山梨県南巨摩郡 静岡県磐田郡 *みたんなし 島根県出雲 *みったくなし 北海道 青森県南部 岩手県上閉伊郡 新潟県中頸城郡 *めぐさ 岩手県九戸郡 *めんの・めんのめ 東京都八丈島

□顔 *あっぺこ 福井県南条郡 *おびんずる(卑語) 茨城県新治郡 *きたむきのおにがわら 島根県鹿足郡 *とちくそ 愛知県名古屋市 *びたっつら 千葉県夷隅郡 *びっちょずけ 青森県三戸郡 *ぶすけ 熊本県下益城郡 *べたっつら 千葉県夷隅郡 *やなかーぎ 沖縄県首里

□こと *うっかいしゃ 沖縄県石垣島 *すくーで 高知県 *すくたい・すくでー 愛媛県 *ぶき(顔が醜いこと) 山梨県南巨摩郡 静岡県榛原郡 *ぶきっちょ(顔が醜いこと) 山梨県南巨摩郡 *みっちゃ 山形県西田川郡 *よた 長野県「よたおんな」 *よっじゃれ 茨城県稲敷郡・那珂郡

□さま *いかつ 鳥取県東伯郡 *いなげ 岡山県小田郡 広島県世羅郡・沼隈郡 愛媛県今治市・新居郡 *けったい 徳島県「けったいな顔する」 *しがんだれ 奈良県南大和 *にくげ 栃木県「にくげな顔」 *にっくけ 東京都八丈島 *ぶ 鹿児島県 *みじめ 栃木県河内郡 群馬県 長野県佐久 *みたんげ 島根県大根島 *むもなげ・もむなげ 島根県邇摩郡「むもなげな(醜悪な)」

□人 *からこぎ 広島県豊田郡 *しこつ(形容詞「しこつし」の名詞化) 長野県松本市 *どすべた(卑語) 奈良県吉野郡 *ぶ 鹿児島県鹿児島郡 *みたくなし 青森県 岩手県九戸郡・気仙郡 宮城県 秋田県平鹿郡 山形県 福島県 東京都大島 山梨県南巨摩郡 静岡県磐田郡 *みたんなし 島根県出雲 *みったくなし 北海道 青森県南部 岩手県上閉伊郡 新潟県中頸城郡 *むかたー 沖縄県首里 *めぐさ 岩手県九戸郡 *めんどーなし 山口県防府市

みね【峰】

*うな 千葉県 *うね 栃木県真岡市・安蘇郡 新潟県北魚沼郡 京都府葛野郡 奈良県吉野郡 和歌山県「あのうねに路がない」 鳥取県八頭郡・西伯郡 島根県邑智郡・隠岐島 岡山県 広島県 徳島県 愛媛県 *うまんせな 熊本県八代郡 *えご 島根県石見 *お 京都府 兵庫県朝来郡 島根県益田市・鹿足郡 香川県木田郡 *おー 鳥取県岩美郡・気高郡「やまのおー」 香川県小豆島 熊本県天草郡 *おーね 栃木県 滋賀県野洲郡・栗太郡 *おがた 兵庫県赤穂郡 *おだち 宮崎県東臼杵郡・西臼杵郡 *おだて 香川県木田郡 *おね 栃木県真岡市・安蘇郡 群馬県多野郡 東京都西多摩郡・八王子 神奈川県 山梨県 長野県 三重県阿山郡・名賀郡 滋賀県 鳥取県西伯郡 熊本県 宮崎県 *おの 熊本県芦北郡 *おのせ 香川県三豊郡 *かまち 福島県南部 *くき 茨城県多賀郡 *けた 高知県長岡郡 *こーまえ 高知県土佐郡 *しん・じん 沖縄県石垣島 *ずぶ 山口県玖珂郡 *せっこ 静岡県 *せっこー 静岡県庵原郡 *そーね 広島県高田郡 *そね 福島県 茨城県北部・多賀郡 東京都八王子 神奈川県愛甲郡(丘のような小さな山の峰) ・津久井郡 静岡県賀茂郡 島根県那賀郡「大ぞね。小ぞね。中ぞね」 岡山県 広島県 長崎県彼杵 熊本県 *そねっぱぎ 東京都八王子 *そねっぺん 福島県南部 *そらっら 高知県土佐郡 *そらし 香川県高見島 *そらっちょ 和歌山県東牟婁郡 *そり 茨城県多賀郡 *たお 宮崎県西臼杵郡 *たきぬぱな 沖縄県波照間島 *たわ 鳥取県八頭郡 *だわ 岐阜県揖斐郡 *ちょっぺ・ちょむね 三重県阿山郡 *つむね 青森県三戸郡 *つるね 新潟県 山梨県 長野県飯田 静岡県 愛知県 香川県小豆島 *つんね 新潟県長野県下水内郡 *てー 鹿児島県奄美大島 *とー 徳島県 愛媛県・大三島 高知県・幡多郡 熊本県玉名郡 *どーげ 栃木県 新潟県佐渡 三重県志摩郡 奈良県吉野郡 熊本県天草郡 *とげ 熊本県天草郡 *とんげ 三重県志摩郡 *とんみね 長野県上田・佐久 *とんむね 三重県阿山郡 *なーに 沖縄県石垣島 *ねご 石川県鹿島郡 *ねこつ 岐阜県土岐郡 *ねろ 茨城県 *のてっぺん 栃木県 *ひら 熊本県天草郡 *ほつ 長野県下伊那郡 静岡県 愛知県北設楽郡 *ほつっぺー 静岡県周智郡 *ほつでんこ 静岡県川根 *ほら 長野県諏訪 ↓おね(尾根)・さんちょう(山頂)・「ちょうじょう(頂上)」の子見出し、「山の頂上」

山の□ *おーばね 宮崎県西臼杵郡 *おはい・おばい 香川県木田郡 *おばっちょ 和歌山県新宮「あの山おばっちょに登った」 *おばな 長野県西筑摩郡 山口県豊浦郡 福岡県粕屋郡 大分県別府市 *おばね 静岡県 熊本県 大分県宮崎県西臼杵郡 *おばん・おばんこね 熊本県天草郡 *おぼね 富山県中新川郡・東礪波郡 石川県能美郡 岐阜県吉城郡 *こーね 熊本県菊池郡「やまんこーね」 *ごってん 長崎市 *こね 熊本県八代郡・天草郡 *せ 香川県綾歌郡・香川郡 熊本県阿蘇郡 *せっぽ・せびれ・せぼね 東京都八丈島 *つんこ・つんぶら・つんぶ

り新潟県佐渡 *つんだ 京都府与謝郡 *つんぼり岐阜県大野郡「まるつんぼり(山の名)のつんぼりに月が出た」 *てっか・てっかち・てんかつ 島根県隠岐島 *てっかい・てっつー 群馬県吾妻郡 *てっき 群馬県吾妻郡 長野県 *てっきょ 新潟県中頸城郡 *てっきん 長野県諏訪 *てっちょ 秋田県雄勝郡 福島県南会津郡 *てっちょー 茨城県多賀郡 群馬県勢多郡 神奈川県津久井郡 *てっちょーらく 東京都八王子 *てっちょこ 群馬県利根郡 *てっつじ 佐賀県唐津市 *てっつぶり 秋田県雄勝郡 *てっぴね 長野県 *てれんこす 高知県安芸郡 *てんかち 島根県仁多郡・隠岐島 *てんかつじ 岐阜県大野郡 *てんかつち 兵庫県淡路島 *てんきょー・てんぎょー 愛媛県 *てんきょーじ 広島県 *てんけ 青森県上北郡・三戸郡 *てんけつ 鳥取県東部 岡山県苫田郡 *てんげつ 愛媛県大三島 *てんこ 富山県東礪波郡 静岡県 島根県 広島県比婆郡 山口県島嶼部 徳島県島嶼部 香川県 愛媛県島嶼部 *てんご 富山県中新川郡 兵庫県淡路島 岡山県島嶼部 徳島県 高知県幡多郡 *てんこー 島根県大原郡・仁多郡 広島県比婆郡・甲奴郡 *てんごー 島根県鹿足郡・邑智郡 徳島県麻植郡 *てんごーら 岡山県邑久郡・岡山市 *てんこす 高知県幡多郡 *てんこち 広島県比婆郡 *てんこちょ 静岡県遠江 *てんこつ 島根県 岡山県苫田郡 広島県 徳島県・三好郡 香川県 愛媛県中島 *てんごつ 岡山県真庭郡 *てんこつじ 香川県 大分県東国東郡 *てんこつら 大分県大分郡 *てんこぶら 徳島県 *てんこぼち 大分県速見郡 *てんこむね 富山県東礪波郡「てんこむねへ上がると気持ちがよい」 *てんつじ 岡山県倉敷市・玉島市・寄島 山口県大津島 徳島県 香川県 福岡県 大分県速見郡・大分郡 *てんつず 徳島県麻植郡 *てんびね 長野県更級郡・佐久 *てんぷら・てんぷり 新潟県佐渡 *てんみどり 長崎県壱岐島 *てんみね 山形県米沢市・西置賜郡 群馬県吾妻郡 新潟県中頸城郡 長野県 *てんみよ 静岡県賀茂郡 *みよ 静岡県・駿東郡・田方郡 大分県大野郡

みば【見場】 *けーば 新潟県佐渡「けーばは良いが中味は少ない」 長野県下伊那郡 岐阜県 滋賀県彦根 兵庫県西宮「けーば張る(虚飾をする)」 徳島県 *けーばい 愛知県名古屋市 *は 島根県「この鰯ははがよい」 *みご 神奈川県中郡「みごが若い(見た目が若い)」 山口県大島 愛媛県 ↓みかけ(見掛)

みぼうじん【未亡人】 ⇩かふ(寡婦)

みまい【見舞】 *いんし・いんしもの 岐阜県飛驒 *いんしん・いんしんもの 長崎県対馬 *おとない 島根県隠岐島「おとなうえござった」 高知県幡多郡(出産見舞い) *げんぞ 宮崎県 *ひんさき 静岡県

出産□ *あかだき 栃木県安蘇郡 *あかみ 新潟県岩船郡 *あかみまい 群馬県多野郡 *うぶたて・うぶだて 新潟県東蒲原郡 *うぶやしない 新潟県中魚沼郡 長野県下伊那郡 愛知県北設楽郡 愛媛県西宇和郡 *おとだき 栃木県 *おびたて 山形県東田川郡 *おびやしない 新潟県 岐阜県 愛知県東加茂郡 *おびやしね 三重県志摩郡 *おびややしない 岐阜県飛驒 *おぶやしない 岐阜県郡上郡 *おぼたて 山形県 *おぼだて 山形県西置賜郡 栃木県 *がごみまい・がごめ 富山県砺波 *こやみまい(出産の見舞いに行くこと) 新潟県佐渡(産後七日目の夜) 福井県敦賀郡 *ぼぼみ(「ぼぼ」は赤ん坊の意) 岐阜県飛驒 *よろこび 静岡県榛原郡

病気□ *おとききき 岩手県気仙郡・胆沢郡 *のずく(病気や不幸などの見舞いに行く) 長野県佐久 愛媛県 *のぞく(病気や不幸などの見舞いに行く) 長野県西筑摩郡「お前あの家へのぞいたか」 *ぴょーとり 山梨県南巨摩郡 *びんぎきき 岩手県和賀郡 *ぶんち 神奈川県藤沢市

みみ【耳】 *そやみみ 福島県南会津郡 *みしくるみー 沖縄県波照間島「みしくるみー ぬ たーり(耳たぶ)」 *みみかぶ 島根県出雲 *みみかぶた 鳥取県西伯郡 *みみご 福島県浜通「寒くてみみごがもぎれそうだ」 *みみたぶろ・みみたぶろー 徳島県 *みみだれ 千葉県 *みみっとー 群馬県佐波郡 *みみぬふぁー 沖縄県首里「みみぬ ふぁーまでぃん わらゆん(耳まで笑う。非常に喜んで笑うさま)」 *みみのす 山口県 香川県 愛媛県喜多郡 福岡市 熊本県玉名郡 *みみのは 熊本県玉名郡・下益城郡 *みみんす 長崎県 *みんご 茨城県久慈郡 *みんちゃばー(ののしって言う語) 沖縄県首里 *みんなば 鹿児島県 *みんのす 佐賀県 長崎県・五島 鹿児島県肝属郡 *みんのは・みんぱ 長崎県五島 *めんのこけ 富山県・射水郡 *めんべら 富山県 *めんほら 石川県鹿島郡

みみうち【耳打】 *おしえぐち 宮城県仙台市 *おしえこと 岩手県気仙郡 宮城県仙台市 山形県 *ひそかいばなし・ひそくさばなし 京都府竹野郡 *ひそばなし 香川県 *ひっそいばなし 鹿児島県 *みみきかせ 岩手県上閉伊郡 *みみこすり 岩手県気仙郡 新潟県東蒲原郡 広島県安芸郡 徳島県 長崎県対馬 *みみこそ 香川県 *みみごと 香川県三豊郡 *みみたんこ 新潟県西頸城郡 *みみつけ 宮城県仙台市「みみつけする」 *ものもの 徳島県美馬郡 香川県・三豊郡「ものものいう」 愛媛県 高知県・高知市「ものものゆーはよくない」 福岡県 佐賀県 熊本県玉名郡 鹿児島県・肝属郡 *ものもんじょ 長崎県北松浦郡 *もんもん 香川県大川郡・木田郡(幼児語) *よだこ 青森県津軽「二人で何かよだこをして居った」

みみず【蚯蚓】 *あかぴん(小さな赤いもの) 高知県長岡郡 *あさたつひめ 島根県簸川郡 *あまんざ 沖縄県小浜島 *あみじ 沖縄県首里 *あみ

じゃ 沖縄県石垣島 *あんじぇー 沖縄県新城島 *くそめめず(太いもの) 宮城県石巻 *しーね 山口県豊浦郡 *じーみ 新潟県西蒲原郡 *じみ 山形県東田川郡 群馬県碓氷郡 新潟県・中越(細いもの) *てんかぶら(大形) 奈良県吉野郡 *どーびんみみず 徳島県 *とかき 広島県能美島 *どっけ 広島県走島 *とら(細いもの) 兵庫県神戸市 *ねねずめ 東京都八丈島 *ねもーず 静岡県 *のよのよ(幼児語) 静岡県浜松市 *ひとからみ 東京都三宅島 *ふつー(太いもの) 兵庫県神戸市 *みーさん 奈良県南大和 *みーまじ 沖縄県鳩間島 *みーやじ 沖縄県竹富島 *みまじ 沖縄県石垣島 *みまんち 沖縄県小浜島 *みみずく 山形県最上・村山 *みみずじょ・みみんぞろ・みんじょ・みんぞ・めめんぞ・めんじょ 熊本県天草郡 *みみずり 福井県 *みみだー 鹿児島県喜界島 *みみんじょ 長崎県五島 熊本県 *めーめ 静岡県 *めかった 栃木県河内郡 *めった 愛知県愛知郡 *めどこ 千葉県印旛郡 *めめ 石川県河北郡 大阪府泉北郡 *めめき 静岡県・庵原郡 *めめこ 愛知県碧海郡 *めめじろ 鹿児島県揖宿郡 *めめずく 山形県 *めめずめ 茨城県結城郡 栃木県 *めめそり 三重県度会郡 *めめぞろ 鹿児島県 *めめた 茨城県稲敷郡 愛知県愛知郡・碧海郡 *めめった 群馬県勢多郡・佐波郡 *めめったら・めめったろ 群馬県佐波郡 *めめんじょ 島根県大原郡 長崎県五島 熊本県球磨郡・芦北郡 *めめんじょー 山梨県 静岡県 *めめんたろー 埼玉県秩父郡 *めめんちょ・めめんちょろ 熊本県芦北郡

大きい□ *いわめめず 神奈川県津久井郡 *おーどーし 島根県益田市 *ががたろー・がらんた・がんだら・がんてら 徳島県三好郡 *がなたろー 徳島県海部郡・美馬郡 *がなったろー・がらたろー 徳島県美馬郡 *かぶら・かぶらどー 静岡県 *かぶらた 和歌山県 *がぶらどー 静岡県志太郡 *がぶらどーじ 静岡県磐田郡 *かみなりみみず 三重県一志郡 *がらったろー 徳島県美馬郡・三好郡 *かるばた 和歌山県東牟婁郡 *かんたら・がんたら・がんたろ・かんてら 徳島県 *かんたろ 徳島県海部郡 高知県幡多郡 *がんたろー 和歌山県日高郡 *かんたろみみず 愛媛県 宮崎県宮崎市・西臼杵郡 *かんちょろみみず・かんてらみみず・きんたろ・きんたろみみず 高知県幡多郡 *じどーし 愛媛県南宇和郡 *たまかけめめず 東京都八丈島 *たまくらめめず(「たまくら(刃物の柄に付ける金輪)」をはめたようなところから) 青森県上北郡・三戸郡 秋田県鹿角郡 *たろー 徳島県・美馬郡 *たろめめず 千葉県夷隅郡 *だんぼーみみず・だんぼみみず 島根県邑智郡 *とこめめす 三重県宇治山田市 *ひらくちみみず 長崎県壱岐島 *ほーたるめめず(頭の方が太いもの) 群馬県多野郡 *ぼーだれめめず 千葉県印旛郡 *ほーたろめめず 東京都八王子 神奈川県津久井郡 *みやまいどー 静岡県庵原郡 *みやまる 静岡県 *やまみーみず 熊本県玉名郡 *やまみみず 熊本県球磨郡

みめい【未明】 *あさいまえ 福井県丹生郡「この日のあさいまえに倉に入る」 *あさいめ 福井県・足羽郡 *あさくらよる 長崎県五島「あさくらよるから騒動して困る」 *あさのよる 三重県北牟婁郡 *あさよ 香川県塩飽諸島 *あさよる 熊本県南部 *あしたよる 熊本県芦北郡 *くのより 長崎県壱岐島「くのよりから起きて働く」 *どちくらがり 石川県

みやげ【土産】 ↓あけがた(明方)
*しとぅ 沖縄県八重山 *しっとぅー 沖縄県与那国島 *しろ 青森県津軽「自転車でしろましねえたね(土産を配りに行きましたよ)」 *ついとぅ 沖縄県首里・八重山 *つーとぅ 沖縄県宮古島 *つつっこ 山梨県 *みがい 岐阜県吉城郡 *みかえ 岐阜県飛驒 *みがえ 岐阜県大野郡 *わざと 群馬県多野郡「〇〇さんのわざとだい」 香川県
↓てみやげ(手土産)

みやまいり【宮参】 *うぶまいり 和歌山県日高郡 高知県 *おぶすなまいり 長野県諏訪 *おぼすなまいり 埼玉県秩父郡 *けんぞまいり 兵庫県淡路島 *さぐ 三重県志摩郡 *はつぎ 香川県高見島 *ひゃくにちまいり 三重県北牟婁郡

生後初めての□ *うぶいあけ 長野県下伊那郡 *うぶいあげ 長野県上伊那郡 *うぶやけ 山梨県 *おびあけ 神奈川県津久井郡 *おぶあき(女の子の鎮守参り) 群馬県多野郡 *おぶやけ 山梨県 *おぼこまいり 静岡県磐田郡 *こゆみあけ(生後三十三日目) 香川県塩飽諸島 *とりいまいり 神奈川県津久井郡・藤沢市 静岡県周智郡 *ひはれ 佐賀県藤津郡(男児三十日目、女児三十三日目) 長崎県五島(三十三日目) *ひばれ(男児三十一日目、女児三十三日目) 佐賀県東松浦郡 *ももかまいり 山口県阿武郡 香川県豊島・小豆島・木田郡(生後百日目) 愛媛県越智郡(生後百日目) *よぼしぎ(生後三十二日目の男児) 滋賀県愛知郡

みょう【妙】 *あじ 山形県「なんだがあぢなごどだ」 福島県若松市・大沼郡 新潟県東蒲原郡「あの人はあじな事を言う」 兵庫県淡路島 奈良県 香川県志々島・高見島・伊吹島・佐柳島「乾(ほ)したことはほしたけどあじながいや」 愛媛県 高知県幡多郡「こりゃあじな奴じゃ」 福岡県企救郡 長崎県北松浦郡・対馬「あじな事をする人じゃ」 *あじげ 愛媛県北宇和郡・南宇和郡「あじげなことをする」 高知県宿毛市 *あじん 山形県最上郡「あじんだ奴だ」「あじんに体がだるい」 *いなよ 山形県西部「いなよな虫だ」 *いなよー 群馬県吾妻郡 *えぱだ・えぱだしけ・えぱんだ 青森県津軽「はら、えぱんだね なてきた(腹具合が変になって来た)」「えぱだな天気になった」 *おつ 栃木

県　東京都「おつだねえ」・八丈島・利島 *きゅーすくでー 愛媛県東宇和郡「きゅーすくでいな事を言いよる」 *きょー 愛媛県西宇和郡・喜多郡 *きょーなげ 愛媛県 *くさげ 高知県「わりゃほんまにくさげなこぢゃねや」 *けち 山形県東田川郡　栃木県「けちな風をしている」 群馬県桐生市「それはけちだなあ」 埼玉県秩父郡　石川県　福井県　長野県更級郡・西筑摩郡　岐阜県「けちな話」 静岡県榛原郡　島根県「そりゃあけちなことだ」 高知県　大分県宇佐郡 *けちくそ 栃木県　広島県比婆郡 *けちょげ 和歌山県日高郡 *けつ 富山県砺波　石川県　福井県 *ちくー 佐賀県藤津郡「ちくーなこてー(妙なことに)　かくさんに　くーわるっとが(母さんにしかられるのが)　いっちんえすかった(一番恐ろしかった)」 *へぐさ 高知県土佐郡「へぐさな」 *へち 滋賀県滋賀郡　島根県美濃郡・益田市「時にへちな話じゃが」 *へちげ 岡山県苫田郡 *へっちゃんげ 香川県綾歌郡・仲多度郡 *へっちょげ 香川県三豊郡 *へやっけ 香川県大川郡・仲多度郡 *みょーげ 香川県「みょうげに思う」 愛媛県　高知県 *みょーなげ 島根県隠岐島「みょーなげな風をするな」 *みょげ 香川県木田郡 *みょんけ 青森県三戸郡　秋田県鹿角郡 *みょんけぁ 秋田県河辺郡

→きみょう(奇妙)

□だ *おかしけない 宮城県栗原郡 *おかしげない 大分県大分郡・玖珠郡　宮崎県 *おかしない 岩手県和賀郡・気仙郡　宮城県登米郡　山形県「おがしなぇ味だ」 福井県　静岡県「今日わ朝からおかしない日だ」 福島県「おかしないことをいふ」 兵庫県加古郡 *おかしらい 群馬県山田郡　埼玉県北足立郡・大里郡　長野県佐久　三重県 *おがつない 宮城県石巻「おがつねぁまねすてる」 *おかんない 兵庫県加古郡 *けちー 埼玉県秩父郡「きょうはけちく寒みいなあ」 *なっかしゃい・などぅかさい 鹿児島県喜界島 *ひこつい 愛知県西春日井郡 *ひょーなか 熊本県玉名郡「ぬしゃひょーなか話ばすんね」 *ひょんか 佐賀県藤津郡 *ひょんくさい 島根県隠岐島 *ひょんけらし 青森県上北郡

□な *いるんな 沖縄県首里「くぬぐるぬ　しきのー　いるんな　くとぅぬ　あっさー(このごろの世の中は普通でないことがあるねえ)」 *がんだ 山形県鶴岡市「がんだ奴」「がんだものだ」 *さいた 沖縄県首里 *しょんた 岩手県九戸郡　秋田県平鹿郡「しょんだ姿(変な姿)」 *ちごた 鹿児島県揖宿郡 *とんちな 岩手県江刺郡 *とんな 岩手県江刺郡・気仙郡　宮城県「とんな話もあったもんだねす」 山形県「とんなしとだ(変な人だ)」 福島県 *ひやけな・ひゃっけな 香川県三豊郡 *ひょきな 島根県美濃郡・益田市「お前のことでひょきな話を聞いた」 山口県阿武郡 *ひょくな 広島県大崎上島・山県郡　大分県日田郡(下流)・大野郡 *ひょこじけな 岡山県岡山市 *ひょこな 鳥取県日野郡　島根県能義郡 *ひょこなげな 岡山県小田郡 *ひょちな 島根県美濃郡・益田市 *ひょんけた 秋田県鹿角郡　鹿児島県 *ひょんげな 奈良県吉野郡　和歌山県和歌山市・日高郡　島根県鹿足郡　徳島県美馬郡　香川県 *ひょんた 岩手県上閉伊郡 *ひょんたな 岩手県上閉伊郡・気仙郡「ひょんたなまねやめてけろ」 *ひょんつくな 島根県邑智郡「ひょんつくな鳥が木の枝にとまっとる」 *ひょんなげーな 山口県大島 *ひょんなげな 岡山県「ひょんなげな目つきの男がいきしもどりし人の店の中をのぞき込んだ」 *ひょんなしな 新潟県佐渡 *ひんこな 島根県能義郡

□に *げーんだ 青森県津軽「ちょうもまだ、げぇんだ、えぱだねなたでぁ(今日もまた、どうも、変になりましたねえ)」 *めょんけぁに 秋田県南秋田郡「からだのぐあいがめょんけぁに悪い」

みょうごにち【明後日】 *あしたあさって・あすあさって 三重県志摩郡 *あしとぅ 沖縄県「あしとぅぬゆー(明後日の晩)」 *あすとぅ 沖縄県竹富島・小浜島・新城島 *あっとぅ 沖縄県竹富島 *ささって・さのあさって 愛知県知多郡 *しあさって 鳥取県気高郡　福岡市　宮崎県延岡 *しやはって 徳島県那賀郡 *しわさって 広島県 *やーさって 山形県西田川郡 *やなあさって 千葉県印旛郡 *やにゃーさって 山梨県南巨摩郡 *やのあさって 岩手県気仙郡　宮城県　山形県飽海郡　新潟県東蒲原郡

□の次の日 *あさてぃぬなーちゃ 沖縄県中頭郡 *あさてぃぬなーつぁ 沖縄県国頭郡 *あさてぃぬながつぁ 沖縄県宮古島 *あさてぃんなーちゃ 沖縄県首里 *あすあさって 大分市 *きちゃさって 青森県上北郡 *きのあさって 新潟県 *きゃーりゆふぁ 鹿児島県与論島 *きゅーはらゆっか(今日から四日の意) 沖縄県竹富島 *ごあさって(後明後日) 岐阜県不破郡　滋賀県彦根　京都市 *ごやさって(後明後日) 大阪府泉北郡　広島県高田郡 *ごわさって(後明後日) 富山県下新川郡・砺波 *さーさあさって 茨城県 *さきあさって 兵庫県加古郡 *さきささって 鹿児島県種子島 *ささって 福井県　岐阜県　愛知県碧海郡　三重県阿山郡・志摩郡　鹿児島県種子島・宝島 *さしあさって 徳島県美馬郡　高知市 *さなさって・さんさって・さんなさって 東京都八丈島 *さらさって 秋田県北秋田郡 *しがさって 東京都八丈島　静岡県 *しのあさって 長野県諏訪 *しらあさって 佐賀県藤津郡 *せーあさって 富山県砺波 *なーさてぃ 沖縄県国頭郡 *ひっちーふつか 大分県 *まーゆーが(「もう四日」の意) 沖縄県石垣島 *まーよは 沖縄県黒島 *めーゆーか・ゆーか 沖縄県八重山 *めーゆっか 沖縄県石垣島・竹富島 *やーさって 長野県佐久 *やなあさって 山形県　群馬県　埼玉県秩父郡・入間郡　千葉

県　東京都利島　神奈川県津久井郡・中郡　新潟県佐渡　長野県上田・佐久　*やなさって　青森県「あす、あさって、やなさって、つちやさって、ここのさって、おぼさってだがさって」　岩手県和賀郡　宮城県仙台市　秋田県　山形県　福島県　栃木県塩谷郡　群馬県佐波郡　新潟県佐渡・中頸城郡　富山市　長野県　*やなさて　秋田県鹿角郡　*やにあさって　埼玉県秩父郡　山梨県南巨摩郡　静岡県富士郡　*やにやあさって　山梨県　*やねあさって　新潟県上越市・中頸城郡　長野県上田・佐久　*やのあさって　岩手県　宮城県石巻・仙台市　山形県　埼玉県川越市　千葉県　東京都八王子・大島・新島・利島・神津島　神奈川県中郡・津久井郡　新潟県　長野県上田・佐久　静岡県田方郡　島根県鹿足郡　*やのさって　東京都大島　*ゆーか　沖縄県八重山　*ゆーふぁ　沖縄県新城島　*ゆっかあとぅ　沖縄県首里・那覇市　*ゆはん・ゆはんぬひ・ゆふぁ　鹿児島県奄美大島　*ゆわ　鹿児島県徳之島　*よー　鹿児島県喜界島　*よのあさってぃ　東京都新島　*らいのあさって　山形県東田川郡

□の次の次の日　*きささって・つたさって　青森県南部　*きしゃさて・きちゃさて　青森県津軽　*きたさって　青森県三戸郡　*きちゃさって　青森県・津軽　*こあさって(五明後日)　和歌山市　*ごあさって(五明後日)　岐阜県郡上郡　三重県名賀郡・北牟婁郡　大阪市　兵庫県淡路島　奈良県宇陀郡・吉野郡　岡山県児島郡　広島県　山口県　徳島県　香川県　愛媛県　高知県　中村市　佐賀県唐津市　長崎県南高来郡　熊本県玉名郡・天草郡　大分県　鹿児島県揖宿郡　*ごーあさって(五明後日)　富山県射水郡・砺波　*ごがさって(五明後日)　東京都八丈島　静岡県　*ここのさって(五明後日)　山形県北村山郡・西置賜郡　*ごしゃしゃって(五明後日)　島根県能義郡　*ごやごんち　新潟県上越市「ごやごんちのおにっちょ(法要で五日目の昼からする寺参り)」　*ごやさって(五明後日)　福井県敦賀郡　三重県松阪　滋賀県彦根　京都府愛宕郡　大阪市　兵庫県赤穂郡・加古郡　島根県　広島県安芸郡　山口県　香川県　愛媛県　高知県　*ごらあさって(五明後日)　岡山県北木島　*ごらさって(五明後日)　鳥取県気高郡・岩美郡　鹿児島県鹿児島郡　*ごろあさって(五明後日)　佐賀県藤津郡　*ごわさって(五明後日)　山梨県南巨摩郡　岐阜県郡上郡　香川県綾歌郡　*さーさって　山形県南置賜郡・東田川郡　*さきささって　鹿児島県種子島・宝島　*ささって　秋田県山本郡　山形県最上郡・北村山郡　*さしあさって　徳島県美馬郡　高知県「今日は月曜じゃから、明日、明後日、明々後日、さしあさっては金曜日になるよ」　*さらやなさって　秋田県鹿角郡　*しあさって　山形県　福島県西白河郡　栃木県　群馬県伊勢崎市・佐波郡　埼玉県秩父郡　千葉県印旛郡・長生郡　東京都大島・新島・八丈島　新潟県佐渡　岐阜県飛騨・揖斐郡　静岡県田方郡　*しがさって　東京都新島　*しゃさって　福島県　*しわさって　東京都三宅島　新潟県上越市　*すいあさって　神奈川県津久井郡　*ひあさって　山形県最上郡　群馬県勢多郡　新潟県佐渡　*まーいしか(「もう五日」の意)　沖縄県石垣島　*やのやのあさって　宮城県仙台市　*ややのあさって　岩手県上閉伊郡　*よやさって　香川県高見島

みょうごねん【明後年】　⇩さらいねん(再来年)

みょうばん【明晩】　*あけばん　熊本県球磨郡　*あちゃゆさんでぃ・あちゃゆる　沖縄県首里　*あつぁーゆ　沖縄県新城島　*あつぁーゆー　沖縄県鳩間島　*あつぁぬゆる　沖縄県波照間島

みょうみょうごにち【明明後日】　⇩「みょうごにち(明後日)」の子見出し、「明後日の次の日」

□の次の日　⇩「みょうごにち(明後日)」の子見出し、「明後日の次の次の日」

みる【見】　*ぬーん・んーじゅん　沖縄県首里　*ひっかける　栃木県「横目ひっかける」　*まなかれ(卑語)　長野県東筑摩郡「それまなかれ」　*まぶる　長野県佐久　岐阜県飛騨・郡上郡「人の顔そーまぶっとるもんじゃないぞよ」　和歌山県東牟婁郡・新宮　鳥取県八頭郡　島根県隠岐島　*みっさる　新潟県佐渡「みっさることもいやだ(見るのも嫌だ)」　*んどぅん　沖縄県新城島

みんな【皆】　⇩みな(皆)

むえき【無益】 *うだ 岐阜県飛騨・山県郡 奈良県宇陀郡 *えっせんこつ 鹿児島県 *かす 岐阜県「かすなこと」 *ごた 長野県「ごたを言う」 静岡県榛原郡 *ごだ 岡山県 高知県 *ごっだ（うそ）新潟県 *じじんばー 山梨県 *しゃからなし 宮城県「くだらねぁ物ばり買ってしゃがらなすだ」 福島県東白川郡 *しゃきら 新潟県 *しょっぺなし 群馬県勢多郡「そんなしょっぺなしはよせ」 長野県埴科郡 *すじ・すじくた 高知県「そんなすぢくたをおまさん本気で言いよるかね」 *すじゃ 福井県大飯郡 *だめなかー・だめのかすっちょ 静岡県榛原郡「そんなこんなでだめなかーな」 *だめのかー 静岡県「勉強してもだめのかーだ」 *だめのがん 栃木県上都賀郡「そんなことしたって、だめのがんだよ」 *てつなし 埼玉県秩父郡 *ひす 石川県能美郡 *ひんず 石川県能美郡 福井県敦賀郡・遠敷郡 滋賀県甲賀郡 大阪市「えらいひんずの物入りや」 兵庫県神戸市「彼奴はひんずな金遣ひをする」・加古郡 奈良県 和歌山県伊都郡 山口県阿武郡・豊浦郡「ひんずの仕事」 徳島県・板野郡・美馬郡 香川県香川郡 福岡市「景品なんてひんずなもんば付とる」 長崎県対馬 *ひんずいー 大分県日田郡 *ふーたい 滋賀県大津市 鳥取県気高郡・岩美郡 *へんず 徳島県・阿波郡 香川県「へんずのことばがついとる」 *へんなし 山形県米沢市「又、へんなししるっ」 埼玉県入間郡 長野県東筑摩郡「そんなへんなしを云ふな」 *よへっとーし 埼玉県秩父郡
→むだ（無駄）
□だ *いささかもない 長野県下水内郡 *おえない 千葉県市原郡 *おえぬ 鳥取県東部「そんなことではおえぬがな」 *おえん 新潟県東蒲原郡 静岡県「それではおえん」 島根県美濃郡・益田市 岡山県 香川県 *がぇーもない 茨城県新治郡 *かすでもない 岐阜県土岐郡 *がってもない 山形県米沢市「がってもなぐさわぐ」 *げーがない 茨城県稲敷郡 長野県東筑摩郡「そんなことはげーがない」 島根県石見・隠岐島「習うたがげーがない」 *げーすもない 長野県上伊那郡 *げーなー 広島県 *げーむない 埼玉県秩父郡 東京都八王子 長野県佐久 *げーむね 栃木県 *げーもない 福島県若松市 茨城県新治郡・稲敷郡 栃木県「げーもないことはよしな」 群馬県吾妻郡・佐波郡 埼玉県秩父郡・北葛飾郡 千葉県北部 東京都八王子 神奈川県 新潟県「二等に乗ってもげーもねーから三等に乗った」 山梨県南巨摩郡 長野県 静岡県田方郡 京都府竹野郡 *げもない 千葉県君津郡 *こじゃいこはない・しゃいこはない 山形県米沢市 *しゃいこない 山形県 *しゃいこもない 山形県置賜「しゃいこもないごどすんな（よけいな世話事するな）」 *しゃいもない 新潟県刈羽郡 *しょっぺない 長野県更級郡・埴科郡 *せんない 山形県南置賜郡・米沢市「そんな、しぇんなえ事おして」 *つまらない・つまんない 山形県米沢市「つまらなえごどをした」 *つまらぬ 山口県大島 大分県宇佐郡 *つまらの 島根県 *つまらん 島根県 広島県高田郡 山口県都濃郡 愛媛県 長崎県南高来郡「わったちゃ六時起きらにゃつまらんで」 大分県「一生懸命働いてもつまらんじゃったんじゃ」 *なむない 長野県諏訪・上田 静岡県「なむない仕事をした」 *なもない 静岡県志太郡・榛原郡「なもない事をした」 *やくざがない 新潟県長岡市 *やくざもない 岐阜県郡上郡 *よでむない・よでもない 石川県

むかう【向】 面と□ *つさつんまぶる 岩手県気仙郡 *つらつかむ 栃木県「つらつかんで言ってやった」 新潟県中頸城郡 *みむく 島根県美濃郡・益田市「見向いて言う」
面と□さま *つぃらずぃらーとぅ 沖縄県首里 *とぅらどぅらーとぅ 鹿児島県喜界島「とぅらどぅらーとぅ言ひこなす（面と向かって罵倒する）」
面と□て *うっちむけに 島根県鹿足郡「うっちむけにあてこすりを言う」 *うっつちむけに 島根県美濃郡・益田市 *きっぱきぱ 青森県三戸郡「きっぱきぱど物言え」 *きぱきぱ 島根県簸川郡 *じかずけ 島根県益田市・隠岐島「じかずけにぽんぽん怒られた」

むかご【零余子】 やまいもなどの葉の付け根に出る丸いわき芽。 *いかご 三重県度会郡 *いなご 岐阜県郡上郡・飛騨 *いもかご 熊本県 大分県 *いもがご 大分県大分郡 *いもこ 山形県南部 福島県石城郡 *いもご 秋田県平鹿郡 群馬県多野郡 新潟県佐渡・下越 *いもっこじ 神奈川県足柄上郡 *いものこ 青森県津軽・上北郡 山形県東置賜郡 福島県会津 長野県上田・佐久 山口県玖珂郡 *いもんこ 大分市 *うんなー（「芋子」の意）沖縄県石垣島 *えだめ 熊本県天草郡 *えもも 山形県飽海郡 *かがいも 山口県 *ががいも 福岡県久留米市 *かご 熊本県 大分県 鹿児島県・出水郡 *かごいも 山口県豊浦郡 福岡県山門郡 大分県速見郡 *がごじゃ 富山県 *かごじょ 富山県 岐阜県飛騨 *かごめ 大分県大分郡 *かしょいも 愛知県碧海郡 *かしょーいも 大分県東国東郡 *がもじゃ 富山県高岡市 岐阜県飛騨 *がもじょ・がもんじ・がもんじょ 岐阜県飛騨 *かよーんぬなる 沖縄県鳩間島 *からすのおみやげ（長芋のむかご）長野県北佐久郡 *かりょーんぬなり 沖縄県石垣島 *かんご 福岡市 *きやご 熊本県球磨郡・芦北郡 *ごごじょ 富山県西礪波郡 *ごんご 富山県西礪波郡 石川県河北郡・羽咋郡 福井県 *ごんごじょ 石川県羽

咋郡 *しかいも 静岡県志太郡 *しかご・せっかご・ひっかご 東京都三宅島 *たんちっこ 神奈川県相模 *ところ 熊本県天草郡 *ながいも 山口県都濃郡 *ねこやまいも 熊本県天草郡 *はなかくし 鹿児島県肝属郡 *はなたか(子供が鼻に付けて遊ぶところから) 山口県大津郡　長崎県対馬 *はなたかてんぐ 福岡県朝倉郡　宮崎県児湯郡 *はなたかめん 島根県能義郡　鹿児島県肝属郡 *はなてんぐ 兵庫県淡路島　島根県能義郡　山口県熊毛郡　鹿児島県肝属郡 *ひめ 熊本県下益城郡・芦北郡 *まかご 岡山市　広島県芦品郡　島根県石見　山口県 *むかしご 和歌山県海草郡 *めいも 山口県吉敷郡 *やまいものつぐ・やまかお 大分市 *やまいものみ 大分県 *やまいもんみ 熊本県 *やまかご 熊本県八代郡　大分市 *やめーもっこぞー 神奈川県津久井郡

むかし【昔】 *あまんゆ(昔の世) 沖縄県首里 *あら 岡山県児島郡「あの人はあらからの芸人じゃ」 *いちば 東京都利島「いちばから漁業は盛んでなかった」 *いっつお(昔に) 徳島県「私や、いっつおにいて(行って)きた」 *いままー 静岡県榛原郡 *いままい・いままぇー 静岡県志太郡「いままいわよかったさえー」 *おもしな 愛媛県越智郡 *このじゅ 熊本県八代郡・芦北郡　鹿児島県肝属郡 *さちぐでー 沖縄県首里 *じーのむかし(ずっと昔) 島根県邑智郡・邇摩郡「じーのむかし爺と婆がおった」 *じーのむかしばーのよめいり(ずっと昔) 島根県邑智郡「その話はじーのむかしばーのよめいりに聞いた」 *したじ 島根県「また、おとっつぁんが、したじの話をやらかしわ」 岡山県小田郡 *しょーて 東京都八丈島「うの人の洋行しよぞーてよことはしょーてから聞ってあらら(あの人の洋行するということは久しい以前から聞いていた)」 兵庫県加古郡　長崎県南高来郡・長崎市　熊本県上益城郡 *しょーで・しょーでん・しょってん・しょんで 山形県 *しょって 東京都八丈島「しょっての人は(以前の人は)」 *しょっで 山形県東村山郡・庄内 *しょってん 山形県鶴岡市 *しょて 岩手県気仙郡　宮城県仙台市・石巻「しょでから出版する話ござりすたお」 秋田県「その本はしょでに読んだ」 山形県「しょで遊女したものだ」 福島県　三重県宇治山田市　滋賀県蒲生郡　鳥取県西伯郡　島根県「しょてにこの風呂敷借りておーましたが今日は戻します」「しょての妻(先妻)」 広島県三次市　福岡県　長崎県長崎市・伊王島　熊本県芦北郡・八代郡 *しょてー 愛知県北設楽郡　佐賀県　熊本県天草郡「今ん時代とするぎんにゃしょてーの五銭十銭の時が暮しよかとねー」 *しょてごろ 長崎県佐世保市・伊王島 *しょでん 宮城県遠田郡　山形県 *そで 岩手県気仙郡　福島市「そでの嬶(先妻)」 *てまい・てまえ 香川県「てまいはよう来たもんじゃ」 *どー 石川県石川郡「とーの衆わじわついやった(昔の人はじょうぶなものでした)」 鳥取県倉吉市「とーのほーがなんだいな、よめいりらしーわいなー(昔の方がなんだね、嫁入りらしいよねえ)」 広島県比婆郡 *どーじゅー 広島県比婆郡 *ぱやーんでぃ 沖縄県石垣島 *はやいころ 山形県 *はやく 山梨県 *はよ 奈良県「はよに行った時は何ともない様だったのに急変したのですな」 広島県高田郡　香川県大川郡　長崎県南松浦郡「はよんごた　なかごたるなー」 *はよー 岐阜県不破郡「今はもう兎狩りってあらへんでな、はよーは何回かあったでな」 奈良県南大和 *まいで 新潟県三島郡 *まえじ 新潟県　島根県出雲「まえじの者とは違いましてねー」 *まえじゅー 広島県高田郡 *まえど 山形県「あいつはまえどから居た」 福島県会津　茨城県猿島郡　千葉県夷隅郡「まえどんころはそんなもんじゃなえったよ」 新潟県東蒲原郡　富山県高岡市・砺波　石川県羽咋郡・河北郡　兵庫県加古郡　香川県綾歌郡・小豆島「まえどにはけっこうなもんをおおきに」 *まえどうち 兵庫県加古郡 *まえない 香川県 *みっけん 沖縄県石垣島「みっけんぴとぅ(昔の人。また、昔の聖人)」 *もといと 長野県上水内郡 *や 東京都八丈島「やじいとばあがあらってえが」 *よのむかし 広島県比婆郡

□の人 *せんぞ 福岡県築上郡「せんぞーはなっしょったんじゃけ(昔の人たちが話していたよ)」 *むかしぴとぅ 沖縄県石垣島・竹富島 *むかしぷす 沖縄県鳩間島 *むかしゅーど 山梨県南巨摩郡

むかしばなし【昔話】 *げなげなばなし(文句の終わりに伝聞であることを示す「げな」(だそうな)をつけるところから) 岐阜県山県郡　広島県高田郡　愛媛県 *ざっとむかし(語り始めや語り終わりに、「昔昔ざっと昔の話」とか、「ざっと昔は終わった」などというところからの名) 宮城

方/言/の/窓

●同音衝突

別の意味を表す語が音韻変化その他の要因によって同形となり、同音語が生じる現象を「同音衝突」という。衝突の結果、一方がその語形を変えて混乱を避けることになる。

長野県上伊那地方では、古く「きび(黍)」をキビと称していたが「とうもろこし」を意味するキビが侵入してきた結果、元来の「きび」はコキビと語形を変えて衝突を避けたのである。

愛知・静岡の県境地帯には、「灰」を表すハイボーが分布している。「蠅」がハエ(ヘ)からハイに変化した際に「灰」を表すハイとの衝突が発生して「灰」はハイボーへと変化したのである。

なお、衝突回避の方策としては、語のはじめやおわりに様々な要素を加えることが多いようである。

県仙台市 *どんとむかし 山形県「とんとむがす聞かせて」 *どんとんばなし 山形県 *どんとんむかし 山形県村山 *むかし 青森県三戸郡「昼間むかし語れば鼠に笑られる」 山形県 新潟県佐渡 岐阜県飛騨 香川県塩飽諸島 鹿児島県肝属郡「むかしかたい(昔話をすること。また、昔話をよく覚えていて語る人)」 *むかしかたり 山形県東田川郡・西村山郡 福島県南会津郡 *むかしこ 青森県「むがしこかたる」

□の終わりにいう言葉 *いっちゃーはんじょーさけた 新潟県佐渡 *えーんつこもーんつこ 岩手県平泉 *かたってそーろーかたらいでもそーろー 富山県東礪波郡 *かっぽく 島根県八束郡 *どーびん 山形県東置賜郡「これでどーびん」・米沢市 *どーびんと 山形県西置賜郡 *どっつぱれ 青森県津軽 *どっとはらい 青森県南部「話こぁこれでどっとはれぁだ」 秋田県鹿角郡 *どっとはれ 青森県上北郡 岩手県紫波郡 *どんとはれぁ・どんどはれぁ 岩手県気仙郡 *どんどんはれぇぁ 岩手県上閉伊郡 *とっぴんからりんねーけど 山形県庄内 *とんぴん 山形県東田川郡 *どんびん 山形県北村山郡 *とんぴんからり 山形県庄内 *ほっとほっと 富山県西礪波郡

□を聞く人の問いかけの言葉 *さーつけ 新潟県岩船郡

□の始めにいう言葉 *とんとんみかし 島根県出雲・隠岐島「とんとんみかしがあったげな」 *とんとんむかし 島根県石見・隠岐島 *とんとんもかし 島根県出雲 *むかしむかしかたろー 富山県砺波

むかで【百足】 *げじげじ 青森県上北郡 長野県諏訪・佐久 *げんじむし 岩手県九戸郡 *さす 京都府 *はがし 茨城県新治郡・稲敷郡 *はかじ 千葉県海上郡 *はがち 茨城県 千葉県 神奈川県(大形のもの) *ばぎら 沖縄県八重山 *ははち 新潟県中越 *ひとから 東京都三宅島 *まーざ 沖縄県竹富島 *まこーんざ 沖縄県小浜島 *むかむが 三重県志摩郡 *もーざ 沖縄県西表島 *もかけ 山形県西田川郡 *やねむし 山形県東村山郡・西置賜郡

むき【向】 ちょっとしたことにも本気になること。

□になって *ものんなって 岩手県気仙郡「なにもかにも、ものんなってかかって来る」

□になる *いろまくる 島根県美濃郡「いろまくって碁をやった」

□になるさま *しゃっしゃっ 群馬県多野郡「三人の娘が着物を欲しがるのでおっかさんがしゃっしゃって騒いでいる」 *ひらたまく 福岡市「ひらたまくになって大声ばだす」 *ぼき 山口県周防「ぼきとなる」

むぎ【麦】 *うらけ(稲を本毛(ほんけ)と言うのに対する) 奈良県 *おばく 愛媛県 *さんがつむぎ(早生の麦) 香川県 *つが 鹿児島県喜界島 *ばく 徳島県

□をいって粉にしたもの ⇩むぎこがし(麦焦)

むぎこがし【麦焦】 *いこ 富山県高岡市・砺波 *いっこ 石川県河北郡・石川郡 *いりこ 新潟県西頸城郡 富山県砺波 石川県鳳至郡・江沼郡 福井県武生市 岐阜県飛騨・郡上郡 兵庫県赤穂郡 岡山県 広島県芦品郡 山口県防府 愛媛県大三島 *いるこ 富山市近在 *いれこ 石川県江沼郡 *えっこ 石川県石川郡・江沼郡 *おこ 石川県 福井県 *おご 福井県 *おこさん 福井県大野郡 *おちらし 富山県高岡市・砺波 石川県 福井県 京都府 兵庫県 徳島県 香川県 愛媛県 *おちり 大阪府泉北郡 *おっちゃし 香川県 *かしこ 滋賀県伊香郡 *こ 島根県 徳島県 香川県伊吹島 *こーばし 福岡市 熊本県玉名郡・阿蘇郡 *こーばしのこ・こばし 奈良県 *こがし 茨城県稲敷郡 千葉県夷隅郡 埼玉県北足立郡・入間郡 神奈川県中郡 岐阜県加茂郡 愛知県 三重県員弁郡 香川県小豆島 高知県 *こがり 広島県安芸郡 大分県西国東郡 *こがれ 大分県速見郡 *こげ 大分県別府市・東国東郡 *ここ 香川県木田郡 *こざと 鹿児島県肝属郡 *こずき 奈良県吉野郡 和歌山県 *こっぽ 宮崎県西臼杵郡 *ちらし 香川県高松市 *ちりのこ 大阪市 *はった 熊本県芦北郡 *はったい 宮城県松島 福井県大飯郡 滋賀県彦根 上方 大阪市 兵庫県 奈良県 和歌山県西牟婁郡 岡山県邑久郡 山口県 香川県 愛媛県喜多郡 熊本県 大分県 *はったいこ 福井県若狭 三重県上野市 大阪府大阪市・泉北郡 兵庫県神戸市 奈良県吉野郡 和歌山県 鳥取県気高郡 島根県 岡山県・児島郡 広島県高田郡 徳島県 香川県 愛媛県宇和島 高知県 熊本県 大分県速見郡 *はったいご 和歌山県那賀郡 鳥取県岩美郡 山口県 福岡市 長崎県 *はったいのこ 福井県・敦賀郡 奈良県 広島県芦品郡・倉橋島 山口市 大分県 *はったりこ・はねこ 香川県三豊郡 *はったんこ・はっちゃ・はっちゃん・はっちゃんこ・はってんこ 熊本県 *はって 長崎市 熊本県八代郡・芦北郡 *はってのこ 長崎市 *ほったい 静岡県志太郡 *むいご 三重県志摩郡 *むぎいりこ 岡山県邑久郡 *むぎこ 秋田県雄勝郡 三重県志摩郡 愛媛県松山 *むぎこーせん 長野県南佐久郡・諏訪郡 *むぎのこ 和歌山市 *むぎのこー 愛媛県周桑郡 *ゆーぬく 沖縄県首里 *ゆこがし 鹿児島県肝属郡 *ゆぬく 沖縄県石垣島

むぎわら【麦藁】 *から 神奈川県藤沢市 *すびわら 三重県度会郡 *ぶんぎゃら(幼児語)・ぶんぎょー 和歌山県東牟婁郡 *みんがら 香川県 *むいから 埼玉県秩父郡 東京都八王子 神奈川県津久井郡・中郡 山梨県 岐阜県「むいからじゃっぽ(麦わら帽子)」 静岡県 愛知県 三重県

＊むいがら 滋賀県彦根 奈良県宇智郡 ＊むぎから 宮城県栗原郡 秋田県鹿角郡 山形県 福島県 埼玉県秩父郡 静岡県榛原郡 愛知県愛知郡・碧海郡 三重県 滋賀県犬上郡 長崎県佐世保市 ＊むっぎやら 香川県 ＊むんから 千葉県香取郡・海上郡 岐阜県海津郡 愛知県宝飯郡 三重県一志郡・鈴鹿郡 ＊むんがら 石川県能美郡「むんがら帽」・江沼郡 京都府加佐郡 奈良県南大和 香川県 長崎県佐世保市 沖縄県竹富島 ＊むんきゃら・むんぎら 香川県 ＊むんぎゃら 徳島県 香川県 ＊むんぐる 沖縄県石垣島・鳩間島 ＊むんじゅる 沖縄県首里「むんじゅる笠」 ＊めんがら 徳島県 ＊もんから 富山県 福岡県築上郡 大分県 ＊もんがら 三重県阿山郡 徳島県美馬郡 香川県・綾歌郡・仲多度郡

むく【剝】 ＊えかく(いがをむく) 新潟県西頸城郡 ＊かっぺずる(皮などをむく) 栃木県「桜の木の皮をかっぺずる」 ＊たくる(皮などをむく) 青森県「りんごの皮たぐらないでけ(食え)」 岩手県「しんじゃかぶのかはたくた(ひざ頭の皮をむいた)」 宮城県「木の皮たくる」 秋田県鹿角郡「茄子の皮たくる」 山形県 富山県東礪波郡 長野県上伊那郡・下伊那郡 ＊ひめる(皮などをむく) 岐阜県飛驒

□こと ＊かぞひき(コウゾの皮をむくこと) 群馬県多野郡 ＊かみたくり(コウゾの皮をむくこと) 岐阜県揖斐郡 ＊たくり(コウゾの皮をむくこと) 長野県下伊那郡「楮ったくり」 ＊ぱんき 沖縄県石垣島 ＊みーみ 香川県塩飽諸島「みーみする」

むくち【無口】 ＊つっごろうしのごたる(「雄牛のようだ」の意。雄牛はあまり鳴かないところから、極端に無口だ) 宮崎県東諸県郡 ＊ふぐち 島根県美濃郡「あの人はふぐちだ」 ＊ぶしん 宮城県加美郡 ＊ぶす 茨城県稲敷郡 ＊ぶすん 宮城県栗原郡 ＊ぼくしゅー 山口県周防 ＊ぼくしょ 和歌山県東牟婁郡 愛媛県大三島 ＊ぼくしょー 愛媛県 ＊ぼくてん 香川県伊吹島 ＊むず 富山県・射水郡 ＊もっさり 香川県「もっさりしとる」 ＊もっそり 神奈川県愛甲郡 愛媛県

□な人 ＊うんどら(他人にろくに挨拶をしない無口者) 島根県那賀郡・浜田市 ＊きもくぞー 新潟県佐渡 ＊ぐず 富山県高岡市 石川県能美郡 ＊くちふそく 宮城県仙台市 ＊ずんだまり 山形県米沢市 ＊ずんねー 広島県比婆郡 ＊ふぐち 島根県美濃郡「あの人はふぐちだ」 ＊もく 富山市近在 ＊もくち(寡黙で冗談を言わない人) 長野県上田・佐久 ＊ゆわず 和歌山県日高郡・西牟婁郡

むける【剝】 ＊すむげる 島根県益田市「一日中水をあべたら皮がすむげた」 ＊たくれる 青森県津軽「指の皮たぐえだ」 岩手県紫波郡 宮城県石巻「ころんで膝かぶの皮たぐれた」 島根県石見 ＊むざける 新潟県上越 ＊むくれる 岩手県九戸郡・気仙郡 宮城県仙台市「手の皮むくれた」 山形県 千葉県印旛郡 新潟県東蒲原郡・中頸城郡 長野県南佐久郡・佐久 静岡県志太郡「木の皮んむくれた」 熊本県下益城郡 ＊もくれる 秋田県鹿角郡 富山県 香川県 ＊もぐれる 新潟県東蒲原郡

むこ【婿】 ＊あたせみ 香川県大川郡 ＊あに 青森県南部 秋田県 ＊あにー 山梨県 ＊あにま 山形県庄内 ＊あんこ 秋田県 ＊あんにゃさ(年上の婿の敬称) 福島県東白川郡 ＊せなー(姑から言う) 栃木県 ＊だいろ 新潟県刈羽郡 ＊だいろー 新潟県 ＊たぐれ(卑語) 山形県東村山郡 ＊てま 長野県西筑摩郡 岐阜県飛驒・大野郡 愛知県「こちらさまもおてまが出来ておめでとうございます」 京都府竹野郡 兵庫県加古郡 島根県 岡山県真庭郡「てまをもらう」・苫田郡 広島県山県郡・高田郡 徳島県名西郡 ＊もーけたひと 兵庫県

むごい【惨】 ＊うざい 石川県鳳至郡 ＊うぞい・おぞい・おどつけない 石川県「あんなおぞぇことわできんのやけどなー」 ＊えずい 愛知県知多郡「彼の人はえずい事を云ふ」 三重県 高知県・高知市「人をえずい目に逢はしょるとあとで自分もえずい目に逢はされるぞ」 ＊おぞつけない 石川県河北郡・能美郡 ＊きせちない 千葉県海上郡 ＊ずない 静岡県駿東郡 ＊ずんない 山形県西田川郡 ＊ひどつけない 新潟県佐渡 富山県砺波 石川県 ＊ひろつけない 新潟県佐渡「あのしとは、ひろつけねえしとだ」 ＊ふげない 大分県大分郡「ふげのーする(虐待する)」 ＊へどつけない 石川県河北郡 ＊むぎしない(手荒い) 石川県金沢市 ＊むぎちけない 秋田県鹿角郡 ＊むごつけない 福井県遠敷郡 ＊もいつけねー 長野県下水内郡 ＊もげつない 新潟県 ＊もごちない 長野県上伊那郡 ＊もごつけない 石川県能美郡 ＊ももつけない 石川県 ＊ももっちない 静岡県「ももっちない事をするな」

↓いたましい(痛)・むごたらしい(惨)

□さま ＊いたずら 島根県能義郡・隠岐島「いたずらなことをしたもんだ」

むこうずね【向脛】 ＊かみそりぼね 岐阜県飛驒 ＊からすいに 沖縄県首里 ＊からすね 長崎市 ＊さんり 岡山県 ＊つぃにぬみだってぃー 沖縄県与那国島 ＊むかっとー 島根県石見 広島県・高田郡

むこうみず【向不見】 ＊いきなりさんぱち 福井県大飯郡 奈良県宇陀郡 ＊いきなりばったり 奈良県宇陀郡 ＊さきみず 岐阜県恵那郡 香川県三豊郡 ＊すてさんぼ 長野県下伊那郡「あの男はすてさんぽな事をする人だ」 ＊ずぼっこ 香川県三豊郡 ＊なまち 沖縄県首里 ＊のーてんき 群馬県佐波郡 埼玉県北葛飾郡 千葉県夷隅郡 東京都八王子 山梨県 三重県飯南郡 ＊のーてんぎ 長崎県対馬「彼はのうてんぎな人間で、一寸したことでもあれば直き飛んで行く」 ＊のっぱずし 栃木県 群馬県館林 ＊ばかちん 高知県 ＊はちきん・はちかね 高知県 ＊はなきれうし 福岡市 ＊はんかもの 東

京都大島　神奈川県 *むがっき 岩手県九戸郡 *むこうそびき 新潟県中頸城郡 *むこうそりき 新潟県西蒲原郡 *めつらなし 香川県「めつらなしに追いかける」 *やまかん 静岡県磐田郡

□な者 *がり 長野県上水内郡　三重県度会郡　愛媛県弓削島 *がりゅう 栃木県安蘇郡　群馬県吾妻郡 *がんこつ 長野県長野市・上水内郡 *ぼっけむん 鹿児島県肝属郡 *ぼっけもの 鹿児島県・鹿児島郡 *ぽっけもの 鹿児島県

むごたらしい【惨】 *うたてー 青森県津軽　秋田県鹿角郡「うたてくて見て居られない」 *えぐしない 三重県志摩郡 *きむぐるしー 沖縄県島尻郡 *きむんぐりしゃー 沖縄県八重山 *きむんぐりしゃーん 沖縄県石垣島 *だったい 宮城県仙北・栗原郡 *ちむぐりー・ちむぐりさっさー・ちむぐりしー・ちむぐりしゃん・ちむぐるさる 沖縄県首里 *つぃみぐりさーん 沖縄県与那国島 *ぶきゃーか・ぶきやか 長崎県北松浦郡「あれはぶきやかよ」 *むげらしか 長崎県五島 *むごたらかし 和歌山県 *むこったい 静岡県 *むごったい 静岡県・榛原郡 *むじょい 青森県上北郡
→むごい（惨）

むさぼる【貪】 *いびる 福岡県小倉 *えんぼる 静岡県 *かっむい 鹿児島県鹿児島郡 *がらまゆる 佐賀県 *こくぶる 岐阜県飛驒「親をこくぶるばかりでどもならん」 *たたぶる 岡山県・御津郡 *ほいとたける 秋田県鹿角郡「ほいとたけておなかこはした（食べ過ぎて胃腸を害した）」 *ほーつく 大分県北海部郡「食物にほーつく」

むし【虫】 *うじ 島根県鹿足郡（主として地虫の類）　山口県阿武郡 *がごじ・がんごー（幼児語）広島県比婆郡 *ごんご 三重県南牟婁郡 *じーじ 香川県高松市 *だぐ 沖縄県与那国島 *どーど・どどど（幼児語）愛知県知多郡 *ばー（小児語）静岡県賀茂郡 *ばーば（小児語）長野県東筑摩郡　静岡県 *ばっばー（小児語）静岡県安倍郡 *ばば（小児語）静岡県賀茂郡・浜松市 *びーびー（児童語）山口県玖珂郡 *ぶいぶい（幼児語）長崎県北松浦郡・壱岐島 *ぶんぶらむし（幼児語）静岡県小笠郡 *べーべ（幼児語）静岡県浜松市 *ぼいぼい 島根県邇摩郡 *ぼー（小児語）鳥取県・岩美郡 *ほじょ・ほにょ 鹿児島県揖宿郡 *ぼて（幼児語）山口県豊浦郡 *みーみ（幼児語）岡山県北部 *みーみー（幼児語）新潟県佐渡 *みみ・むい（幼児語）高知県 *みみー（幼児語）高知県・高知市「はだしで歩くとみみーに食われる」 *むいむい（幼児語）大阪市　兵庫県加古郡　徳島県・海部郡　高知県 *めーめ（主として幼児語）福島県　長野県東筑摩郡・下伊那郡　静岡県　奈良市 *めーめー（主として幼児語）愛知県宝飯郡 *めーめちゃん（主として幼児語）静岡県志太郡 *めーも（主として幼児語。小虫）長野県東筑摩郡 *めめ（主として幼児語）山形県　福島県浜通　福井県坂井郡（小虫）　岐阜県養老郡・恵那郡　愛知県東春日井郡・名古屋市　三重県三重郡　滋賀県蒲生郡　大阪市　奈良県宇智郡　和歌山県 *めめー（主として幼児語）京都府愛宕郡 *めめこ（主として幼児語）山形県最上郡 *めめっこ（主として幼児語）福島県南部（小虫）・岩瀬郡 *めんめ（主として幼児語）岩手県上閉伊郡・気仙郡　山形県　福島県・伊達郡　茨城県　栃木県　福井県吉田郡（小虫）　長野県下伊那郡・東筑摩郡（小虫）　岐阜県可児郡　静岡県磐田郡　愛知県名古屋市 *めんめこ（主として幼児語）岩手県気仙郡　山形県東置賜郡　福島県

むしあつい【蒸暑】 *いきたい 秋田県平鹿郡・由利郡「えきてぁ天気だ」　山形県 *いきばったい 新潟県西頸城郡 *いきぼたい 宮城県仙台市　山形県米沢市・最上郡 *いきぼったい 宮城県「おら活動すきだけっと、夏わいきぼったくてやんだからいきいんお（行かないわ）」　山形県・米沢市 *いきりあつい 愛知県愛知郡・碧海郡 *いきりあっつい 愛知県碧海郡 *いきれたい 山形県東田川郡 *いきれったい 岩手県上閉伊郡　福島県会津若松市・大沼郡　新潟県東蒲原郡 *いきれっぽい 新潟県三島郡 *うずらし・うぞらしー・おずらし 島根県隠岐島 *うむれたい・おむれたい 山形県「今日はうむれたぇ日だ」 *うむれったい 福島県大沼郡 *うむろしー 大分県速見郡 *えきたい 秋田県平鹿郡　山形県 *おっとし・おとし 青森県津軽「にんにゃ、めったね、おとしばげだでぁ、まだこれぁあめだな」 *おみけのくい・おもしのくい・ほやけのくい 島根県出雲 *おもしあつい 島根県八束郡・大原郡 *おもしねー 島根県能義郡 *おもれたい 山形県東置賜郡・西村山郡 *しぷたらあつぃさん 沖縄県首里 *しらぬくい 新潟県佐渡 *ずぐるしー 熊本県八代郡 *なまあっか 鹿児島県揖宿郡 *なまぬくい 石川県珠洲郡「余（あんば）りよんべなまぬくかったさかい（昨夜蒸し暑かったので）」　大分県大分市・大分郡 *なまぬっか 鹿児島県鹿児島郡 *ぬくたらしー 島根県石見「はいの風が吹いてとてもぬくたらしー」　佐賀県　長崎県北高来郡・対馬 *ぬくらこい 青森県上北郡・三戸郡 *のくたらしー 島根県出雲・隠岐島 *ふーたらぬきー 大分県大分郡 *ふんぐん 沖縄県石垣島 *ほーとろぬくい 島根県益田市 *ほっぽらぬくい 広島県高田郡　大分市 *ほどろぬくい 熊本県球磨郡 *ほみきー・ほめきー 島根県隠岐島「今日は大分ほみきー」 *むさい 三重県北牟婁郡「むさくってむさくってさー（蒸し暑くてね）」 *むさぐるしー 大分県大分市・北海部郡 *むしくる 三重県北牟婁郡　滋賀県「今日はむしくる」 *むしめく 岩手県九戸郡　秋田県鹿角郡 *むたらくい 和歌山県「むたらくい日や」 *むれったい 福島県若松市・大沼郡 *もーらしー 佐賀県三養基郡

□こと *いどりけ 富山県砺波「いどりけがある」

*どぅーきくっつぁ(形容詞は「どぅーきくっつぁーん」。感動詞は「どぅーきくっつぁー」)沖縄県石垣島 *ほめき 鹿児島県肝属郡 *むせ 奈良県宇陀郡「今日はむせがきついねー」

□さま *にやにや 岡山県小田郡 長崎市「きょーわ、ひどー、にやにやする」 熊本県玉名郡 *のやのや 茨城県稲敷郡 *ぼかぼか 滋賀県蒲生郡 *ほやほや 島根県隠岐島「今夜はどうもほやほやする」 *ぼやぼや 福島県東白川郡 島根県八束郡 *むっしり 奈良県吉野郡 *むっちむっちず・もつもつ 岩手県気仙郡「今日はむっちむっちず日なもんだ」 *むっつむっつ 岩手県東磐井郡「むっつむっつとおむれる(風雨がなく蒸し暑い天気である)」 *もやもや 福島県東白川郡「今日はもやもやして暑え」 栃木県 島根県

□感じる *いきりるん・いきりん 沖縄県石垣島 *いきる 青森県三戸郡 新潟県東蒲原郡 富山県富山市・砺波 福井県 岐阜県 静岡県志太郡 愛知県「台風の前はきっといきるものだ」 和歌山県 *いきれる 福島県東白川郡 茨城県 栃木県 群馬県吾妻郡・群馬郡 埼玉県秩父郡・川越市 千葉県 新潟県 長野県「かんかんいきれる(日が照って暑い)」 *うむける 島根県「今日はうむけて仕方がない」 広島県 *うむりる 鹿児島県沖永良部島 *うむるる 長崎県壱岐島 *うむれる 山形県 福島県 *うもれる 徳島県 *えされる 茨城県 *えどる 石川県金沢市 *おみける 島根県出雲「今日は大変おみける」 *おむける 島根県隠岐島「今日はどうしょーもおむける」 *おむれる 岩手県東磐井郡 山形県 *おもえる 青森県津軽「あのふとながね三時間もえだきゃおもえでしまたでぁ(あの人込みの中に三時間もいたからむし暑くなってしまった)」 *おもける 島根県飯石郡・大原郡「今日はどかにおもける」 *おもしつける 島根県大原郡・隠岐島 *おもれる 岩手県気仙郡 宮城県北部 山形県「今日はおもれる」 香川県「雨が降るんか、おもれるのう」 *ほかる 岡山県「今夜ぁほかる」 *ほがる 広島県 *んぶりゆん 沖縄県首里

□なる *おめく 大分市 *どえる 長野県下伊那郡 静岡県小笠郡「今日はどえるので体がだるい」 *にやずく 鳥取県東伯郡 *にやつく 福岡市 熊本県 *ぷーみちゅい 鹿児島県喜界島「ぷーみちゅんてぃんきでーる(蒸し暑い天気でございます)」 *ふみちゅん 沖縄県首里 *ふむんぐん 沖縄県石垣島 *ほのく 高知県「今日はほのきますね」 *ほめく 京都府 島根県隠岐島 福岡県粕屋郡 佐賀県 長崎県「ひどうほめくもんぞ(ひどく蒸し暑いですね)」 熊本県 大分県 鹿児島県 *ほめっ 鹿児島県 *ほやく 島根県隠岐島 *みよける 新潟県中越・東蒲原郡「入梅でみよける日だ」 *むしかえす 大分市

むしおくり【虫送】 農作物の害虫を村外に送りだす呪術的行事。 *いねむしまつり 長野県諏訪 *うんかおくり 愛知県名古屋市 *おくるばい 富山県西礪波郡 *おんか 愛知県西春日井郡 *おんかおくり 愛知県知多郡 *さねもり 島根県簸川郡・出雲市「さねもりする」 香川県三豊郡 *さねもりおい 大分県大分市・南海部郡 *さねもりおくり 島根県 大分県大分市・南海部郡 *さねもりさん 島根県簸川郡 *さねもりながし 島根県美濃郡 *さねもりまつり 島根県石見 *しまおくり 島根県益田市 *むしおい 大分県中部 *むしぎとー 大分県大分市・大分郡 *むしまつり 島根県鹿足郡 大分県中南部 *むしょけ 大分県大野郡 *むしよけ 広島県芦品郡

むしば【虫歯】 *うじくいば 島根県石見 *ふとぅでぃぱー 沖縄県石垣島 *ぷとぅてぃぱー 沖縄県竹富島

子供などの□ *なーすびば 兵庫県赤穂郡 *なすっぱ 長野県下伊那郡 静岡県川根 *なすば 山形県東田川郡 高知県 *なすぱ 山形県西村山郡・北村山郡 *なすび 島根県石見 岡山市 徳島県 *なすびば 三重県伊勢 島根県石見 長崎市 *なすんば 富山県 石川県鹿島郡 岐阜県飛驒 静岡県志太郡 長崎県対馬・五島 熊本県天草郡

むしぼし【虫干】 *こーぼし 三重県志摩郡 *むしいらかし 島根県石見「天気がえーけーむしいらかしをしよう」

むじゃき【無邪気】 *あっさり 福岡県企救郡「あっさりした人」 *えちゃげ 石川県江沼郡 福井県坂井郡 *おどもなか・おどんなか 鹿児島県揖宿郡 *おーひよこ 福岡市 *かあいげ 和歌山県西牟婁郡「あの子かあいげな子や」 *さっくり・さっぱり 福岡県企救郡「さっくりした人」 *じゃけら 静岡県 *すぽんと・ぽんと 山形県米沢市「ぽんとして、拗(す)ねなえ」 ↓あどけない

□だ *あやかしー 香川県伊吹島 高知県 *おぼこい 岐阜県「としゃはや十八じゃけんど、まんだいっこにおぼこいんじゃでな」 愛知県北設楽郡「あの娘はおぼこいもんだ」・名古屋市 三重県 滋賀県彦根 大阪市 兵庫県神戸市 奈良県高市郡 和歌山県那賀郡 徳島県 香川県 高知県 *ぼこい 石川県金沢市 岐阜県養老郡 滋賀県彦根・蒲生郡 大阪市 *ぼこったい 長野県伊那 *もじくたね・もじょね 山形県酒田市・飽海郡 *もじゃない 秋田県由利郡「あの男はもじゃねぁ奴だ」 山形県庄内「この子は、小学校に入るんだけどもぢゃなえ」 *もんしゃがない 鳥取市 *もんじゃない 山形県庄内「この子はもんぢゃなくてよ」 *わりげねー 山形県東田川郡

□な者 *あてぃなし・あでなし 沖縄県首里

むじゅん【矛盾】 *あらいこらい 奈良県南大和 *ありやこりや 和歌山県 *さが・へどさが 徳島県美馬郡 *ちっちゃこっちゃ 三重県度会郡

***とどろはちあわない・とべさべない** 山形県庄内 ***とぺちぺあわない** 山形県西田川郡 ***もげそげ** 和歌山県日高郡

前後が□すること ***ちゃんがりまんがり** 鳥取県東部

□する ***あーきゆん** 沖縄県首里「たいが ゆるくとぅばぬ あーきとーん(二人の言う言葉は矛盾している)」 ***さかむにー**(矛盾したことを言うこと) 沖縄県首里 ***しりくちからものをゆー**(矛盾したことを言うこと) 長崎県対馬 ***つばめがあわん** 鳥取県 高知県「此間の皆さんの御話と今日のあなたの御話とは、一向つばめがあわん」 ***つばめがうたん** 宮崎県 ***てんでする** 和歌山県東牟婁郡 ***ふれる** 徳島県「彼奴は口と心とがふれとる」・美馬郡 ***まずめがあわん** 奈良県吉野郡 ***もとる** 兵庫県神戸市

□するさま ***あちゃこちゃ** 山形県「あちゃこちゃなことをいう」 ***あっちこっち** 岐阜県飛騨「お前の論法はあっちこっちじゃ」 ***あっちゃこっちゃ** 三重県度会郡 ***ちゃがはが** 石川県「ちゃがはがになった(とんちんかんになった)」 鳥取県西部 ***どじぐじ** 青森県津軽 ***へらこら** 徳島県

むじょう【無情】 ***どじくしょー** 長崎県対馬「彼はどうもどぢくしょうな奴で、人の為にならぬことばかりしてをる」 ***へきょー・へけよー** 香川県木田郡「へけよーな」「へきょーな」

→はくじょう(薄情)

□だ ***いたいない・いたれない** 青森県津軽「いたれない人」

むしょうに【無性】 ***うずいに** 岐阜県大垣市 ***むくろん** 鹿児島県 ***めとろく** 青森県上北郡 山形県庄内

→むやみ・むやみやたら

むしょく【無職】 ***しもたや**(「商売をやめにした家」の意) 和歌山県海草郡 ***せやくなし** 新潟県岩船郡 ***ひやく** 愛媛県松山「まだひやくで御座います」

むしる【毟】 ***かっちぎる** 山形県「かさびた、かっちぎった」 千葉県香取郡 ***かっちゃぎる** 山形県東置賜郡 ***かっちゃきる** 山形県北村山郡 ***みさずる** 新潟県西蒲原郡 ***みしきる** 香川県三豊郡 ***みしぎる** 愛知県知多郡 ***みしくる** 静岡県志太郡・榛原郡 和歌山県東牟婁郡 ***みしる** 静岡県志太郡 和歌山市(魚肉を骨からむしり取る) ***むさじる** 新潟県 ***むさずる** 新潟県「肴(さかな)をむさずって食う」「いそがしくて、むさずってきた(おおざっぱに草むしりをして来た)」 ***むしきる** 兵庫県加古郡 ***むしくる** 茨城県稲敷郡 静岡県志太郡 三重県松阪・志摩郡 岡山県児島郡 香川県 愛媛県「鶏の羽をむしくる」 高知県「雑草をむしくって貰い度い、菫を一所にむしくりなよ」 ***もさじる** 新潟県下越

むしろ【筵】 ***いなばき** 岐阜県・大野郡(畳の代わりに敷き用いるもの)・郡上郡 ***いなはぎみしろ** 岐阜県吉城郡 ***いなばきみしろ** 岐阜県大野郡 ***いなまき** 兵庫県但馬 佐賀県 長崎県 熊本県天草郡 鹿児島県種子島 ***いのはきみしろ**(脱穀の時の広いもの) 静岡県磐田郡 ***いまなく** 長崎県南高来郡 ***うらむしろ**(わらで地を薄く織ったむしろ) 新潟県佐渡 ***かわむしろ**(わらで編んだむしろ) 新潟県佐渡 ***このはね** 長野県佐久 ***すと** 秋田市 ***むっしょ** 宮城県石巻 山形県

戸や障子の代用に家の出入り口や便所などにつるしてある□ ***おだれ** 岐阜県大野郡 ***おだれがき** 岐阜県飛騨 ***かけみしろ** 岐阜県北飛騨 ***かけむしろ** 青森県津軽 秋田県鹿角郡 新潟県東蒲原郡 ***かけもしろ・かけもそろ** 青森県津軽 ***かんする** 新潟県東蒲原郡 ***こも** 新潟県東蒲原郡

むす【蒸】

①蒸気で熱する。ふかす。 ***あーらしん**(「あがらす(上)」の意。餅や菓子などを蒸す) 沖縄県石垣島 ***おもす** 福岡県粕屋郡・嘉穂郡 ***うます** 長野県上伊那郡・下伊那郡 静岡県榛原郡 ***かしく** 群馬県多野郡「楮をかしく」 東京都八丈島 ***はっちゅい**(餅やあつものなどを蒸す) 鹿児島県喜界島

②温度、湿度が高く、蒸し暑く感じる。 ***うずる** 和歌山県和歌山市・日高郡 ***うずれる**(気候が蒸す) 愛媛県・松山「今日はうずれる」 ***うみる** 岐阜県郡上郡「今日はばかにうみるが、きっと夕立ちがくるぞ」 ***うむける** 島根県「今日はうむけて仕方がない」 広島県 ***うむりる** 鹿児島県沖永良部島 ***うむるる** 長崎県壱岐島 ***うむれる** 山形県 福島県 ***うもれる** 徳島県 ***おみける** 島根県出雲「今日は大変おみける」 ***おみる** 島根県「沢山着るとおみるやな気がする」 ***おむける** 島根県隠岐島「今日はどうしょーもおむける」 ***おむれる** 岩手県東磐井郡 山形県 ***おもえる** 青森県津軽「あのふとながね三時間もえだきゃおもえでしまたでぁ(あの人込みの中に三時間もいたからむし暑くなってしまった)」 ***おもける** 島根県飯石郡・大原郡「今日はどかにおもける」 ***おもれる** 岩手県気仙郡 宮城県北部 山形県「今日はおもれる」 香川県「雨が降るんか、おもれるのう」 ***どえる** 長野県下伊那郡 静岡県小笠郡「今日はどえるので体がだるい」「こうじ米がどえて駄目になった」 ***のつめく** 岩手県気仙郡 ***ほかる** 岡山県「今夜ぁほかる」 ***ほがる** 広島県 ***むさつく**(むしむしと蒸す) 新潟県佐渡 ***むしくる**(ひどく蒸す) 三重県北牟婁郡 滋賀県「今日はむしくる」 ***むしめく**(ひどく蒸す) 岩手県九戸郡 秋田県鹿角郡 ***むしゃつく** 大分県大分郡 ***むせくる** 三重県北牟婁郡 和歌山県南部 ***むせつく** 新潟県西頸城郡 ***むせる** 新潟県佐渡「今日は朝からむせるのー」 三重県 兵庫県明石郡・神戸市 奈良県 和歌山県 岡山県苫田郡・児島郡 徳島県海部郡 愛媛県周桑郡・喜多

郡 *もせる 島根県出雲　香川県綾歌郡 *んぶりゆん 沖縄県首里

むずかしい【難】 *あんましゃん 沖縄県首里 *あんまさい 鹿児島県喜界島「あんましかしぐとぅじゃ（困難な仕事だ）」 *いたしー 島根県「いたしー仕事ばっかりが廻ってくる」　岡山県小田郡　広島県　山口県「この問題はいたしい」　愛媛県・大三島 *いたしくろしー 愛媛県大三島 *うじない 島根県出雲「うじない問題じゃ」 *うずないー 岡山県　広島県比婆郡 *うずなしー 岡山県 *えずい 東京都八丈島　滋賀県滋賀郡 *えずきゃー・えつきゃー・えつきゃ・えつくてー・えずっこい 東京都八丈島 *えっけ 東京都八丈島「えっきゃー（難しいなあ）」 *おじない 島根県 *おずないー 鳥取県日野郡 *かなしー 奈良県生駒郡 *きつい 三重県伊賀　熊本県玉名郡・八代郡 *きりむつかしか（大変に難しい） 鹿児島県種子島 *くせしー（「曲しい」か） 群馬県多野郡 *ごーつい 和歌山県東牟妻郡 *ごつい 長野県諏訪　岐阜県郡上郡　滋賀県彦根　大阪府泉北郡　兵庫県明石郡　香川県 *ことむつかし 鹿児島県鹿児島郡 *したしー 広島県尾道市 *しちくどい 茨城県・稲敷郡 *しぶとい 愛媛県周桑郡・喜多郡 *どぅーぐりしゃん 沖縄県首里 *ねねしー 島根県 *ひで 石川県能美郡 *ひどい 岩手県「ひどい問題だ」 *へむつかしー（多少ばかにして言う） 山口県大島 *むずい 新潟県佐渡 *むつい 愛媛県・周桑郡　高知県 *むどい 香川県伊吹島「むどい本」 *めどくさい 青森県津軽 *めんどい 大阪府泉北郡　徳島県　香川県「この数学の問題はめんどいな」　愛媛県青島　高知県 *やいくるしー 山口県 *やいくろしー 兵庫県加古郡 *やえこーしー 岡山県苫田郡 *やかましー 神奈川県中郡　山口県　長崎市 *やぎろーしー 岡山県児島郡 *やぎろしー 香川県丸亀市 *やごくろしー 兵庫県加古郡 *やにこい 福井県大飯郡「やにこい顔をしてゐる」　島根県石見　広島県　山口県 *やにっこい 島根県石見 *やねこい 島根県石見・隠岐島「やねこい問題が出た」　広島県　山口県・玖珂郡　愛媛県「それはなかなかやねこい、一寸やそっとにできゃせん」・大三島 *やねっこい 岡山県小田郡 *ややくろしー 愛媛県 *ややこーしー 岡山県児島郡 *ややこしー 石川県鹿島郡・羽咋郡　和歌山県　香川県　愛媛県

□さま *おっくー 静岡県志太郡「そいつぁー、おっくーだなー」 *おっこー 山梨県東八代郡・北巨摩郡　島根県八束郡 *めんど 香川県「めんどな本」 *めんどー 青森県津軽

むずかる【憤】 *いどる 富山県東礪波郡「用意ししょかんと（用意しておかないと）、またいどられっとこわいでえ」・砺波「いどるこ、くいかち（不平を言う者が結局得）」　石川県　岐阜県飛驒 *えどつく 富山県砺波 *えどる 富山県・砺波 *きめる 宮城県仙台市　山形県「このやろ、まだきめだなー（またすねたな）」　福島県　新潟県・下越「兄ちゃんばかりを連れて行くって、もうきめてるんだよ」 *ぐざる 新潟県中頸城郡「このこはいつまでもぐざってる」　長野県　岐阜県「菓子呉れんてぐざってどうもならん」　静岡県周智郡 *ぐしぇる 熊本県天草郡 *ぐぜくる 長野県下伊那郡 *くせる 群馬県利根郡 *ぐぜる 岩手県気仙郡　東京都三宅島　長野県下伊那郡 *こじんぽふる 富山県・婦負郡・砺波 *こじんぽふる 石川県金沢市 *こぜんぽふる 富山市近在 *どやきる 愛媛県・伊予郡・松山「どやきって困ります」 *どろをかく・どろかく 長野県上田・佐久 *どろをこねる 長野県中部 *まつわる 島根県那賀郡「菓子が欲しゅーてまつわって困る」 *むじる 宮城県北部 *むじれる 宮城県栗原郡　福島県「あの子はむじれる子だ」　新潟県東蒲原郡 *むちけたかる 山形県南置賜郡 *むちける 岩手県気仙郡　秋田県鹿角郡　山形県 *むつける 北海道　青森県　岩手県　宮城県　山形県 *むでぃゆん 沖縄県首里 *むんちける 秋田県由利郡・平鹿郡 *むんつける 青森県　秋田県　山形県 *やくをゆー 大分県大野郡 *やごける 島根県仁多郡 *やねる 兵庫県加古郡　鳥取県東部「やね牛」・気高郡　島根県隠岐島「一晩中やねって困った」　岡山県苫田郡「子供どもう津山いってでたら千円もするプラモデルとやらをかええいうて店の前でやねまわられてよわった」　広島県高田郡 *やんちゃかす 大分県大分郡 *やんちゃこかす・やんちゃつかす 山形県東村山郡・北村山郡 *やんちゃこく 新潟県西頸城郡　富山県　石川県石川郡 *やんちゃこねる 富山県 *やんちゃする 大分県大分市・大分郡 *やんちゃふむ 岐阜県飛驒・本巣郡 *やんちゃまく 富山県　石川県 *やんちゃゆー 岐阜県大垣市 *やんちゃをゆー 大分県

↓すねる（拗）

子供が□ *あせがる（子供が眠くなるなどしてむずかる） 長崎市 *しんきほる 岐阜県郡上郡「このこ、どっかわるいんじゃろか、しんきほってしゃない」 *いがる 兵庫県淡路島　香川県仲多度郡・三豊郡　愛媛県松山 *きもげる 鹿児島県肝属郡 *せがむ 大分県大分市・大分郡 *せがる 大分市 *せせかる（子供が物を欲しがってむずかる） 大分県大分市・大分郡 *せせがる（子供が物を欲しがってむずかる） 大分県大分郡 *ねこじれる（幼児が眠りばなを起こされてむずかる） 富山県砺波 *やくる 鹿児島県 *やぶれる 福島県岩瀬郡　茨城県久慈郡

□こと *あんばれ（幼児が寝起きにむずかること） 山形県東村山郡 *きったかり（激しくむずかること） 福島県岩瀬郡 *ここと 新潟県佐渡「あか（赤ん坊）がまたここといっとる」 *じだ・じだ（小児のむずかること） 山形県米沢市「ぢだこねる」 *しら 山口県阿武郡　大分県別府市「しらこねる」 *じら（子供などがだだをこ

ねてむずかること）富山県砺波「じらまく」　石川県鹿島郡・羽咋郡　岐阜県飛驒　島根県石見　山口県「じらをくる」「うちの子は、ぢらでぢらでそりゃあしようがありません」　大分県別府市　＊じらくそ 島根県鹿足郡・邇摩郡「この子はじらくそをこいて困る」　＊じらぼっぼ 島根県大田市　＊だんと（子供がむずかること）香川県高松市　＊ねーどり（幼児が寝つかずにむずかること）富山県砺波「ねえどりする」　＊ねじかり（子供が眠くなってむずかること）京都府竹野郡　高知県　＊ねじかれ（子供が眠くなってむずかること）岡山市　＊ねずくり（幼児が眠くなって泣いたりむずかったりすること）岩手県気仙郡　＊ねどろ（赤ん坊が眠る前にむずかること）奈良県「此の児は何時もねどろをいうので困ります」　＊ねやご（子供が眠くてむずかること）島根県「ねやご言って困るけん連れて先に帰れ」　＊めしずも（食事時に子供が好き嫌いを言ってむずかること）京都府竹野郡「弟の方はめしずもとって困ります」

□子供　＊えがま（子供がむずかることを「まつわる」ということろから「（斧などが）松割る」にかけて）島根県那賀郡　＊むつけがき 青森県三戸郡　岩手県気仙郡　＊むつけわらし 青森県南部　宮城県石巻　＊むんつけがき 青森県三戸郡　＊やからぼ 鹿児島県・肝属郡

□さま　＊えびらえびら・えびらかびら 山形県西村山郡　＊えぶかぶ 山形県東置賜郡・西置賜郡　＊えめえめ（子供がめそめそ泣きむずかるさま）長崎県壱岐島「えめえめゆーちでけん（めそめそ言って困る）」　＊えんめりごーり（甘ったれて泣きむずかるさま）長崎県壱岐島「えんめりごーり云ふち出来ん」　＊さっかち（子供が盛んにむずかるさま）鹿児島県喜界島　＊ぶすかす（子供のむずかるさま）山形県「ぶすかすて、やかましい」

□者　＊こじんぼふり 富山市近在　＊こぜんぼ 岐阜県飛驒　＊こぜんぼふり 富山市近在

むすこ【息子】　＊あいな（他人の子の尊称）青森県南部　＊あに 青森県三戸郡（中流以下の農家で、若者になった息子を親が他人に対して言う）　山形県東田川郡　三重県阿山郡　＊あにーま 長野県下伊那郡　＊あにんこ 三重県志摩郡　＊あぼーさん 熊本県天草郡　＊あぼさん 熊本県天草郡　＊あんか 富山県砺波（中流）　石川県金沢市　＊あんかさま（大家の子息）石川県江沼郡　＊あんこ（他人の子を呼ぶ）青森県　＊あんさ 富山県砺波（主に他家の息子の卑称）　長野県上田　＊あんさかい 富山県　＊あんさん 長野県上田・佐久　徳島県（養父母が養子を呼ぶ）・美馬郡（養子を呼ぶ）　＊あんちゃぼ 秋田県南秋田郡（上・中流）　＊あんちゃん（敬称）愛知県知多郡　＊あんどん（親が子に対して）富山県　＊あんにー 静岡県　＊あんのー（やや上流の家の息子）新潟県佐渡　＊あんぺ（卑称）青森県津軽　＊あんぼ 富山県下新川郡　＊あんぼー・あんぼり 京都府　＊あんま 富山県砺波（中流以下）　和歌山県東牟婁郡「よー、あんまできてんかにー（ほう男の子ができたのですか）」　＊いせき 静岡県田方郡　＊うちのこず 熊本県阿蘇郡　＊おあんさん（上流）富山県砺波　＊おあんちゃん 福井県坂井郡・丹生郡（貴人の息子）　＊おとっこ 大分県　＊おとんこ 大分市　＊がきぼん（卑称）大分県大分郡　＊こ 三重県志摩郡　＊こど 鹿児島県　＊こどら 奈良県吉野郡　＊じょーこ 熊本県天草郡　＊せな 栃木県　千葉県印旛郡・東葛飾郡　＊せなー 茨城県稲敷郡　千葉県（主に他人の子に）　＊でし 大分県大野郡　＊でっち 富山県西礪波郡　高知県安芸郡　熊本県　＊どーげん 滋賀県高島郡　＊どん 新潟県佐渡・西蒲原郡　高知県　長崎県五島　熊本県天草郡　＊とんさま 新潟県西蒲原郡　福岡市　＊どんち・どんど 長崎県五島　＊とんと 高知県「お隣のとんとお向いのとんとと遊びにおいでた」　長崎県五島　＊とんとさま 高知県　＊とんとん 新潟県　福岡県筑前　＊とんとんさま 新潟県南蒲原郡　＊にーさん 三重県志摩郡　＊ばー 長崎県西彼杵郡　＊ばぼ 長崎県壱岐島　＊ばぼー 長崎県壱岐島・対馬　＊ぺ（愛称）山形県庄内「うちのぺ、遊びに行った」　＊ぼー 岐阜県加茂郡　三重県志摩郡　大分市　＊ぼーさん 三重県阿山郡・志摩郡　＊ぼった 滋賀県高島郡　＊ぼん 三重県伊賀　兵庫県・氷上郡　大分県　＊ぼんさん 大分県東国東郡　＊ぼんち 和歌山県日高郡　＊ぼんぼん 三重県伊賀　滋賀県彦根　＊やっこ 東京都八丈島　＊やろー 茨城県結城　千葉県（下流）　三重県志摩郡　＊やろっこ 茨城県北相馬郡　＊わかいし 香川県「うちのわかいしよう遊んでいかん」　＊わかいしゅ 香川県「あしこの今の若い衆の名は知らんけど」　＊わかいもん 香川県高松市　＊わろ（「わらわ（童）」の転か）熊本県芦北郡・阿蘇郡

ろくでなし、放蕩□　＊すたぼーむすこ 佐賀県三養基郡　＊ですくなれ 岩手県胆沢郡　＊でそくね 福島県　＊でそこない 岩手県気仙郡　宮城県仙台市　山形県　＊でそこなり・でそこなれ 岩手県気仙郡　＊てんりょー 山口県

むすぶ【結】　＊いすー 岐阜県土岐郡　＊いすぶ 福井県大野郡　岐阜県　愛知県東加茂郡　島根県石見　岡山県　＊いつなぐ 山形県北村山郡　＊えつなぐ 山形県北村山郡・飽海郡　＊かながく 新潟県・東蒲原郡　＊からがく 北海道（荷造りする意もある）　青森県「えじみでも、かみ、ぎりっとからがえで」　岩手県上閉伊郡・気仙郡　宮城県「ちょっこりからがえてくなえ」　秋田県山本郡「糸でからがく」・鹿角郡　山形県　新潟県「後へからがいた髪が素敵でした」「木をほしょんねえようにからがく」　＊からむ 青森県三戸郡　新潟県佐渡　＊きばる 山口県大島「手を切ったので包帯できばった」　長崎県五島　＊きびー 宮崎県西諸県郡　鹿児島県　＊きびつ 鹿児島県　＊きびる 島根県石見「垣を縄できびる」　広島県　山口県「あんまりひどうきびると解く時困るでよ」　愛媛県　福岡県　長崎県　熊本県　大分県　宮崎県「この紐きびちみよ」　鹿児島県

*くびっ 鹿児島県大隅 *くびりつける 栃木県
*くびる 栃木県　山梨県南巨摩郡「粟を刈ってくびる」 長野県佐久　広島県高田郡　愛媛県　高知県幡多郡　福岡県　長崎県佐世保市・対馬　熊本県　大分県　宮崎県延岡市　鹿児島県 *ぐぶい 鹿児島県揖宿郡 *ぐぶる 高知県幡多郡　鹿児島県 *くんじゅん 沖縄県首里 *くんぶい・くんじゅい・くんじっきゅい 鹿児島県喜界島 *こびる 鹿児島県 *さまるん 沖縄県石垣島・鳩間島 *すぶ 広島県佐伯郡・安芸郡　山口県大島「帯をすぶ」
*すべーる・つべーる 新潟県岩船郡 *てねる 鳥取県西伯郡　島根県石見「羽織の紐をてねて行きんさい」 広島県高田郡　愛媛県 *ふいるん 沖縄県竹富島 *ふぼうん 沖縄県鳩間島 *ふぶるん 沖縄県石垣島 *むすなぐ（「結ぶ」と「つなぐ」の複合語） 岩手県気仙郡　秋田県平鹿郡「その縄をむすなげ」
山形県 *むつなぐ 山形県 *もつー 岡山市「髪ぅ仮りにもつーとかう」 *ゆかす 京都府 *ゆしぶ 青森県津軽 *ゆすなぐ 山形県北村山郡・新庄市
*ゆすばく・ゆつばく 山形県 *ゆすぶ 岩手県気仙郡　山形県　岐阜県吉城郡・飛驒　静岡県・周智郡　愛知県宝飯郡　島根県石見「靴の紐をゆすぶ」 岡山県上房郡・吉備郡　広島県高田郡・比婆郡　香川県・高松・木田郡　愛媛県周桑郡「帯をゆすぶ」 *ゆっきる 岩手県九戸郡 *ゆつぐ 山形県東村山郡・北村山郡 *ゆっちばる 福島県東白川郡 *ゆっつばぐ 山形県米沢市 *ゆっつばる 岩手県気仙郡 *ゆっつべる 山形県東田川郡 *ゆつなぐ 山形県北村山郡 *ゆつばる・ゆつばえる・ゆすばえる 山形県 *よつなぐ 山形県飽海郡
→くくる（括）・しばる（縛）

むすめ【娘】 *あーま（女性語） 東京都新島
*あうねー 岐阜県飛驒 *あにやん 新潟県佐渡
*あね 青森県津軽（敬称） 秋田市（敬称） 山形県　新潟県・佐渡　岐阜県飛驒　三重県名張市・度会郡　島根県隠岐島　長崎県五島 *あねー 秋田県平鹿郡　山梨県　岐阜県飛驒 *あねーさま 岩手県九戸郡 *あねき 和歌山県伊都郡 *あねこ 青森県　岩手県（下輩の若い女） 宮城県（やや卑称） 秋田県（中流以下の娘） 山形県　福島県福島市・相馬郡（卑語）　新潟県佐渡（三十代以下の女をやや侮る語）・東蒲原郡 *あねご 徳島県 *あねさ 岩手県九戸郡・気仙郡（親しんで呼ぶ） 福島県東白川郡　新潟県西蒲原郡・中頸城郡 *あねさま 青森県南津軽郡・三戸郡（中流以上の娘の称） 栃木県塩谷郡　千葉県東葛飾郡　新潟県東蒲原郡　石川県珠洲郡 *あねさん 三重県志摩郡
島根県安濃郡・邇摩郡・隠岐島（敬称） 熊本県球磨郡 *あねそん（軽い敬称） 新潟市 *あねちゃ 青森県南部　秋田県北秋田郡　山形県東田川郡
*あねちゃん 宮城県石巻 *あねっこ 岩手県　長野県上田・佐久 *あねどん 熊本県球磨郡 *あねはん 徳島県 *あねま 新潟県新潟市（軽い敬称）・東蒲原郡　富山県下新川郡　石川県河北郡　岐阜県郡上郡（中流） *あねら・あねんこ 三重県志摩郡 *あま 山形県西田川郡　東京都大島・利島　石川県能美郡　福井県大野郡　長野県上田・諏訪
愛知県名古屋市（下流の子を言う） 三重県志摩・南牟婁郡（自分の女児を呼ぶ称） 滋賀県伊香郡（中流以下の子を言う） 奈良県　和歌山県　高知県（下流の語） 大分県大分郡 *あまー 三重県志摩郡 *あまこ 山形県西田川郡　神奈川県足柄上郡　三重県志摩郡　高知県安芸郡 *あまっこ 群馬県利根郡　千葉県安房郡　東京都八王子・大島　神奈川県三浦郡・津久井郡　長野県上田・佐久　静岡県 *あまっちっ 長野県上田 *あまっちやく 長野県長野市・上水内郡 *あまっちょ 栃木県　埼玉県秩父郡　千葉県安房郡　東京都八王子・大島　神奈川県横浜市・津久井郡　長野県　静岡県田方郡　愛知県名古屋市　和歌山県　高知県吾川郡 *あまっちょー（親しんで言う） 静岡県
*あまつぶれ 山形県庄内 *あまのこ 三重県南牟婁郡　和歌山県海草郡・日高郡 *あまのせがれ 和歌山県那賀郡・有田郡「あまのせがれの癖にえらさうにするな」 *あまのへた 和歌山県伊都郡 *あんぐゎー 沖縄県首里 *あんにゃ 富山県高岡市　石川県江沼郡・河北郡（二人称。下流の語） 福井県 *あんにゃま 石川県 *あんね 新潟県中越　富山市近在（主に中流以下） 山梨県　鹿児島県屋久島（名前に付けて「……あんね」と呼ぶ） *あんねー 埼玉県秩父郡（やや軽んじて言う） 富山県高岡市（多く下品な言い方） 三重県志摩郡 *あんねーじょ 山梨県 *あんねさん（敬称） 熊本県天草郡 *あんま 石川県河北郡・鹿島郡 *あんまー 静岡県
*うぃなぐんぐゎ 沖縄県・首里 *おーばこ（中流上の幼女） 富山市近在 *おご 宮城県仙台　福島県相馬郡　長崎県北松浦郡　宮崎県・日向・都城　鹿児島県・肝属郡 *おごい 鹿児島県 *おごいさー 鹿児島県 *おごいさま 鹿児島県 *おごいさん 香川県大川郡 *おこー 滋賀県高島郡 *おごー 宮城県登米郡 *おごさま 岩手県磐井郡　宮城県仙台市（武士の娘） *おこさん 熊本県球磨郡　鹿児島県 *おごさん 熊本県球磨郡　宮崎県東諸県郡
鹿児島県 *おごしゃま 長崎県北松浦郡 *おごしゃん 長崎県壱岐島 *おごじょ 宮崎県西諸県郡・都城　鹿児島県 *おごぞさん 鹿児島県鹿児島郡 *おこま 石川県能美郡 *おごゆ 鹿児島市
*おごゆさん 鹿児島県肝属郡 *おじょ 千葉県安房郡 *おじょー 滋賀県彦根　鳥取市　香川県大川郡 *おじょーもの 山梨県　長野県諏訪 *おちやっぴー 福岡県筑紫郡 *おなごしゅー（尊敬語） 岐阜県飛驒 *おば 島根県隠岐島 *おばこ 秋田県仙北郡・平鹿郡　新潟県東蒲原郡 *おばさ 新潟県東蒲原郡 *おぼこ 新潟県東蒲原郡　和歌山県
島根県　徳島県　香川県三豊郡 *おぼこさん 島根県出雲 *おぼっこ 愛媛県松山「おぼっこで何も分りません」 *おんご 福岡県八女郡 *おんなしゅ 山梨県南都留郡 *おんば 三重県志摩郡 *おん

ばこ愛媛県大三島 *かー・かっぺ滋賀県高島郡 *かちーよー滋賀県高島郡 *かぼちゃ愛知県額田郡 *げんさい三重県伊賀 奈良県 *げんさん兵庫県明石郡 *ごいさん鹿児島県鹿児島郡 *ごーご山口県阿武郡 *ごーさま山口県 長崎県南高来郡 *ごーさん山口県 *ごーま山口県(下流)・周防 *ごご佐賀県 長崎県・壱岐島 熊本県天草郡 *ごごさま長崎県南高来郡 長崎市 *ごごさん佐賀県 長崎県大村市 宮崎県 *ごごじょ・ごごじょー長崎県西彼杵郡 *こめ三重県上野市 *ごゆ・ごゆさん鹿児島県肝属郡 *じょ山形県東田川郡 *じょー秋田県平鹿郡 山形県最上郡 福井県今立郡 岐阜県郡上郡 兵庫県氷上郡 愛媛県周桑郡・松山「じょうや、ここへおいで」 *じょーさん千葉県上総 大分県速見郡 *じょーじょ新潟県中越・長岡市 *じょーじょー新潟県三島郡 *じょーもん青森県三戸郡 熊本県 *じょこ青森県三戸郡(寺の娘) 秋田県平鹿郡 新潟県佐渡 滋賀県蒲生郡・犬上郡 京都府竹野郡 大分県西国東郡 *じょこさん鳥取西伯郡 島根県出雲 *じょっこ秋田県 山形県 *じょっこさま千葉県長生郡 *じょっちゃん大分県大分郡 *じょっちょ秋田県河辺郡 *じょっぺ山形県東田川郡 *しょっぺー福島県会津 *じょぺ山形県庄内 *じょべーさん鳥取市 *じょもん熊本県下益城郡 *じょん滋賀県神崎郡 京都府竹野郡 兵庫県但馬 愛媛県・伊予郡 熊本県天草郡 *じょんこ兵庫県但馬・城崎郡 島根県隠岐島 愛媛県 *じょんこさん・じょんさん兵庫県但馬 *じょんべ秋田県河辺郡 *じょんべー鳥取県気高郡・岩美郡 *たー石川県 *たーさま石川県河北郡 *たーた富山県「たーた、はい来られ」 石川県 *たーぼ富山県 石川県 *たーぼー富山県砺波 *たーま富山県砺波 石川県金沢市 *たた石川県 *たんち石川県 *たんぼ・たぼさ・たーこ・たんこ石川県鹿島郡 *ちー石川県江沼郡 *ちーさん福井県 京都府 *ちゅー・おちゅ(お嬢さん)長崎県南松浦郡 *ちょー石川県能美郡 静岡県 滋賀県高島郡 *どねしょー徳島県美馬郡 *なかどの(ていねい語)東京都八丈島 *にや石川県能美郡 *にゃーにゃ京都府与謝郡 *にゃーにゃー石川県金沢市・能美郡 *にゃにゃ富山県高岡市 *にやにゃ富山県砺波・高岡市 石川県金沢市・石川郡 *はいから京都市 徳島県美馬郡 *ばす(卑語)山口県大島 *ばっい(卑語)島根県美濃郡 広島県 *ばっすいたれ(卑語)広島県安芸郡 *ひめ東京都八丈島 岐阜県大垣市 愛知県知多郡 京都市(卑称) 大阪市(卑称) 和歌山市 岡山県・苫田郡 香川県小豆島 愛媛県 *ぺ(愛称)山形県北村山郡 *べー富山県東礪波郡 *べーさ・べーま富山県 *べーや富山県氷見市 石川県 *べさ福井県吉田郡・大野郡 奈良県吉野郡 *べさー福井県吉田郡・大野郡 *べら茨城県結城郡 栃木県・河内郡(軽べつして言う語) 新潟県佐渡 *べらっかす茨城県結城郡 *べんべー大分市 *ぼ岩手県和賀郡 *ぼー鹿児島県加計呂麻島 *ぼーず岩手県南部(十～十五歳の女児に)・江刺郡 *ぼこ神奈川県津久井郡 *ぼっこ(女の子)山形県最上郡 *ま福井県南条郡 *まー滋賀県滋賀郡・高島郡 *みやらび沖縄県首里・石垣島 *むー千葉県市原郡 *むすめご広島県比婆郡 *むすめのこ兵庫県赤穂郡 山口市 *むすめんこ熊本県 大分市 *め山形県飽海郡 *めーた千葉県香取郡 島根県出雲 *めーら滋賀県東浅井郡 *めーらび鹿児島県喜界島 沖縄県八重山 *めーるび・みやるび沖縄県石垣島 *めーれー沖縄県西表島 *めーろ石川県石川郡 *めーろのこ石川県江沼郡 *めけー北海道函館 *めた熊本県 宮崎県西臼杵郡 鹿児島県 *めたん熊本県芦北郡 *めたんこ熊本県天草郡 *めちゃ山形県東村山郡 *めちょ熊本県天草郡 *めっかい北海道南部 *めっさい福井県大野郡 *めっちゃ山形県庄内 *めっちゅー大分県大分郡 *めっちょ山形県東田川郡・西田川郡 福岡県朝倉郡 熊本県 大分市 *めっちょこ大分県大分郡 *めっつ熊本県上益城郡 *めならえ東京都八丈島 *めならべ(「めわらべ」の転)東京都八丈島 *めらこ山形県最上郡「ええめらこになった」 *めらし青森県 岩手県 秋田県 山形県 *めらしこ青森県津軽 山形県南村山郡・米沢市 *めらび鹿児島県奄美大島 *めらんつ鹿児島県 *めろ神奈川県 富山県 福井県丹生郡 三重県名賀郡 福岡県 熊本県 *めろー徳島県美馬郡 長崎県対馬 大分県 *めろーっこ静岡県川根 *めろこ宮城県仙台市 福島県 福井県大野郡 *めろさい大分県大分郡 *めろっこ神奈川県 三重県上野市(次女以下) *めろっちょ熊本県 *めろのこ富山県 *めろんこ新潟県佐渡 富山県西礪波郡 *めん新潟県中越 鳥取県西伯郡 *めんす三重県度会郡 *めんた三重県度会郡・宇治山田市 滋賀県蒲生郡 大阪府泉北郡 奈良県南大和 鳥取県西伯郡 島根県能義郡 香川県 *めんだ福井県大飯郡 京都府宇治郡 *めんたわらわど青森県北津軽郡 *めんちゃ石川県江沼郡 *めんちゃー静岡県 *んじょ山形県東田川郡 *んね(名前に付けて「……んね」と呼ぶ)鹿児島県屋久島

→おとめ(乙女)

自分の□ *なーご千葉県上総 *なごー千葉県

自分の□をへりくだって言う語 *じょろーむすめ三重県志摩郡 *びくに三重県阿山郡 京都府「うちのびくにが…」 *びくん熊本県八代郡 *びっちゃ三重県志摩郡 *びん三重県南牟婁郡 *ひんだ京都府

他家の□を呼ぶ時の語 *ねー長野県下水内郡 *ねーなん高知県安芸郡 *ねーはん愛媛県周桑郡 *ねーや長野県下水内郡 *ねね長崎県対馬

他人の□に対する敬称 *おとひめじょ 鹿児島県肝属郡 *おひめ（家中の娘）長崎県五島 *おひめご・ひめじょ・ひめじょー 長崎県対馬 *ひめご 宮崎県児湯郡 *ひめっさん 徳島県 *ひめどの・ひめさま 東京都八丈島

年ごろの□ *おしろもの 長野県上伊那郡・下伊那郡 *しろもの 山形県米沢市 高知県・長岡郡 大分県 *ねー 岐阜県大野郡・飛驒 静岡県磐田郡 奈良県吉野郡 大分県南海部郡 *ねーさま 岐阜県飛驒 *ねーさん 香川県三豊郡 *ねーねー 島根県鹿足郡・鹿足郡 *ねーま 長野県下伊那郡 岐阜県飛驒 *ねさま 岐阜県北飛驒 *ねねー 静岡県 *ねま 岐阜県吉城郡 *よめこ 宮城県加美郡 *よめご 岩手県中通「あの娘はよめごになったら大層美しくなった」

□さん *いたん 和歌山市 *いったん 和歌山市 岡山県和気郡 *いと 三重県伊賀 京都府 奈良県 和歌山市 岡山県 高知県「いとは今一寸買物にゆきました」 *いとこ 和歌山県海草郡 *いとさま 長崎県壱岐島 *いとさん 滋賀県蒲生郡 京都府 大阪市 兵庫県氷上郡・淡路島 和歌山県・和歌山市（六、七歳の少女） 徳島県 香川県 高知市 宮崎県延岡市 *いとちゃん 奈良県「いとちゃんあすぼう」 *いとはん 山梨県 三重県 滋賀県 京都市 大阪市 兵庫県「鴻の池のいとはん」 奈良県 和歌山県日高郡 島根県鹿足郡 徳島県 *いとやん 三重県 滋賀県 兵庫県淡路島 徳島県 *おいとさま 上方 *おいとはん 富山県 *おむっさん 香川県 *むすめじょ 佐賀県唐津市 熊本県 *むすめじょー 島根県石見 福岡市 佐賀県藤津郡 熊本県・阿蘇郡 大分市 *わつかもん 鹿児島県甑島

□たち *めらさど 青森県 *めらしや 岩手県岩手郡 *めらはど 青森県津軽・上北郡

良家の□ *いやんいやん 福岡県 *おじょりさん 島根県飯石郡 *おじょろ 島根県出雲 *おじょろさん 京都府 *こびさん 山梨県 *しゃんしゃん 福岡県筑前・福岡市 *じょーろ 東京都大島 石川県鹿島郡・金沢 *じょーろさま 東京都大島 石川県珠洲郡・金沢 *じょーろさん 石川県 和歌山市 *じょーろっこ（女児の愛称） 東京都大島 *じょりさん 福井県 *じょるさま 石川県羽咋郡 *じょるさん 福井県 *じょろ（普通の家の娘にも言う）和歌山県日高郡 *じょろさま 東京都大島 石川県加賀 *じょろさん 三重県 京都府 *じょろし 和歌山県日高郡 *じょろしゅ 和歌山市 *じょろはん 山形県庄内 富山県 和歌山市「大家のじょろはんだけあって美しい」

若い□の敬称 *おごりゅ 宮崎県 *おごれん 岩手県盛岡市 *おごれんさん（士族の娘）山口県豊浦郡 *ごりょ 島根県隠岐島 *ごりょー 鹿児島県薩摩 *ごりょーにん（士族の娘）山口県豊浦郡 *ごりょーん 熊本県玉名郡 *ごりょん（寺の娘）熊本県上益城郡 *ごりょんさん 熊本県

むだ【無駄】 *くーたい 徳島県 *しやおい 島根県簸川郡「折角訪ねたが、留守でしやおえだった」 *すか 兵庫県明石郡 奈良県 *すかたん 兵庫県明石郡 奈良県 *すっかんぺ 山形県西村山郡 *そつ 宮城県仙台市 山形県米沢市 新潟県佐渡「食物はそつにするな」 福井県敦賀郡 山梨県南巨摩郡「鉛筆の短くなっとーでも、そつにするもんじゃあない」 長野県上伊那郡・佐久 岐阜県 静岡県「かうすればそつがない」 三重県志摩郡 滋賀県彦根・蒲生郡 兵庫県 島根県 徳島県 香川県 愛媛県・松山 長崎市「この小豆一杯分には、ちょとも、そつのなか（傷んだ豆や未熟な豆などが入っていない）」 熊本県・下益城郡 大分県 *そっか 兵庫県淡路島 *だだーごと 長野県上田 *だめなかー 静岡県榛原郡「そんなこんなでだめなかーな」 *だめのかー 静岡県「勉強してもだめのかーだ」 *だめのかすっちょ 静岡県榛原郡 *だめのがん 栃木県上都賀郡「そんなことしたって、だめのがんだよ」 *ついえ 長崎県南高来郡 熊本県玉名郡 *つーえか 熊本県天草郡 *つーよーごと 広島県倉橋島 大分県 *つえ 和歌山県「つえなことするものやない」 *ひす 石川県能美郡 *ひめ 岡山県浅口郡 *ひんず 石川県能美郡 福井県敦賀郡・遠敷郡 滋賀県甲賀郡 大阪市「えらいひんずの物入りや」 兵庫県神戸市「彼奴はひんずな金遣ひをする」・加古郡 奈良県 和歌山県伊都郡 山口県阿武郡・豊浦郡「ひんずにある」「ひんずの仕事」 徳島県・板野郡・美馬郡 香川県香川郡 福岡市「景品なんてひんずなもんば付とる」 長崎県対馬 *ひんずいー 大分県日田郡 *ぶい 岐阜県山県郡 *ふーたい 滋賀県大津市 鳥取県気高郡・岩美郡 *へし 島根県邑智郡「折角心配したのがきれーにへしになった」 *へっぽのかわ 滋賀県愛知郡 *へんず 徳島県・阿波郡 香川県「へんずのことばがついとる」「へんずに買うてきた」 *むそく 新潟県北魚沼郡・佐渡「せっかく働いたがむそくだった」 *むんで・むんでー 福岡市「むんでなことはない（むだなことはない）」 *や 島根県仁多郡・能義郡「折角の御馳走（ごちそう）がやになった」 *よっこ 群馬県多野郡「暖かいので着物がよっここになる」 長野県

↓むえき（無益）

□だ *あかせん 岐阜県養老郡 *あかな 兵庫県神戸市 和歌山県「あかないしょ（駄目ではないか）」 *あかぬ 三重県伊勢 *あかひん 奈良県 *あかへん 岐阜県養老郡 三重県伊賀 滋賀県南部 大阪市 兵庫県神戸市 奈良県 長崎県南高来郡 *あかん（「らち（埒）があかぬ」の「あかぬ」の転）新潟県上越 富山県 福井県 長野県下伊那郡 岐阜県 静岡県 愛知県 三重県「あの男ぁーいよいよあかんにゃー」 滋賀県南部 京都府「もーあんなことをしたらあかんど」

大阪府「頼んで見てもあかんやろか」 兵庫県 奈良県 和歌山県 岡山県苫田郡 徳島県 香川県 愛媛県今治市・周桑郡 高知県 ***あきません** 愛知県中島郡・東春日井郡 三重県伊勢

兵庫県神戸市 和歌山県 ***あきまへん** 滋賀県蒲生郡 京都府 兵庫県佐用郡・神戸市 愛媛県周桑郡 ***あきゃせん** 岐阜県稲葉郡 愛知県東春日井郡 滋賀県彦根 兵庫県神戸市 和歌山県有田郡・牟婁 ***あきゃひん** 京都府竹野郡 ***あきゃへん** 大阪府泉北郡 ***あけせん** 福井県足羽郡 愛知県東春日井郡 ***あけへな** 和歌山県北部 ***あけへん** 大阪市 兵庫県赤穂郡・神戸市 和歌山県北部 徳島県 ***あっかん** 大阪府泉北郡 ***がはくもない** 長崎県対馬「彼の力でとても遂げられぬことは分ったことであるのに、がはくもねえことをする」 ***げーとーがなー** 島根県石見「一日かかって拵えたが何のげーとーがなー」 ***しょーとろしー** 兵庫県神戸市「白米ばかりの飯ではしょーとろしい」・淡路島 ***たいもない** 広島県双三郡 ***やくたいない** 宮城県登米郡・玉造郡 山形県西村山郡 新潟県中頸城郡 山梨県南巨摩郡 岐阜県郡上郡 京阪 ***やくたいもない** 岩手県東磐井郡 山形県「やぐだえもなえごどすんな」 神奈川県 東京都大島「そんなやくたいもない真似をしんな」 山梨県・南巨摩郡 静岡県「やくたいもない、およしよ」

愛知県豊橋市 滋賀県蒲生郡 和歌山県日高郡 島根県 岡山県小田郡 広島県三次市・高田郡 山口県・阿武郡・大島 愛媛県 ***やくたね** 山形県庄内 ***やくちゃがない** 鳥取県西伯郡

***やくちゃもない** 石川県加賀 ***やくてもない** 宮城県石巻「やくてもねあぐ費って了ふ」・仙台市「いつのこまにか、押入の中やくでもない物ばりで一杯になってした」 千葉県夷隅郡 島根県出雲「やくてもねこと、えわっしゃあな」 ***よーしれん** 奈良県宇陀郡 ***よしれん** 奈良県宇陀郡 福岡市「よしれんこと(要らないこと)」 ***よもしれん** 愛媛県

□**なこと** ***あいなしだれ** 岩手県気仙郡「そんなえぁなしだれなごどやめろ」 ***いたらんこ** 長崎県五島 ***いたらんこつ** 長崎県五島「こん子は至らん事ば言ふた(この子はよくもそんなことを言うよ)」 熊本県下益城郡 ***いたらんこと** 福岡市「いたらんことばしなんな」 長崎県北松浦郡・伊王島 ***おあいだ** 東京都「どうせ手加減が下手なんだものを彼処へ行てもおあひだだ」 ***くそてんご** 徳島県海部郡 ***すったり** 大分県「そりゃもうすったりぢゃ」 ***だくな** 福島県南会津郡「金をだくなにする(むだにする)」 ***てだこ** 徳島県美馬郡 香川県綾歌郡 ***てだこー** 徳島県「そんなてだこーすな(そんな徒労なことはするな)」

***てんごのか** 群馬県邑楽郡 ***てんごのかー** 愛媛県 高知県 ***てんごのかわ** 愛媛県越智郡 高知県 ***どーな** 岩手県気仙郡「どーなにすんな」

千葉県 ***どーろーじゅ** 島根県邑智郡「酒が腐ってよーに(すっかり)どーろーじゅになった」

***どなん** 千葉県市原郡 ***ひゃっけんまなか**(言ってもむだなこと) 島根県邑智郡 ***べろたやし**(「べろ」は唾液(だえき)。言うことを聞かない者に意見などしてもむだなこと) 青森県三戸郡「べろたぇしね何するものか、無駄なことだ」

***ほててんご**(卑語) 徳島県

□**なさま** ***あだ** 兵庫県神戸市「あだな仕事」 和歌山県 島根県出雲・隠岐島「汽車の切符があだになった」 広島県高田郡 徳島県「紙をあだにした」 香川県 愛媛県周桑郡 沖縄県首里「あだなたん(徒労になった)」・石垣島 ***じぇんこどら** 青森県津軽「安いラジオ買ったけぁ、じぇんこどらで……」 ***ぜにどー** 岩手県気仙郡 ***ついえ** 長崎県南高来郡 熊本県玉名郡 ***つーえか** 熊本県天草郡 ***つーよーごと** 広島県倉橋島 大分県 ***つえ** 和歌山県「つえなことするものやない」 ***らくめー** 新潟県佐渡

□**にする** ***そざす** 岩手県気仙郡 ***そだす** 山形県 ***たおす** 静岡県「清書の紙をたおす」 ***だめしる** 山形県東置賜郡

□**にすること** ***ぶさた** 岩手県気仙郡 宮城県「うちではかえって無沙汰になるからお受けしません(宗旨の違う神符など持ち込まれた時の断りの挨拶)」 山形県「物をぶさたにする」 ***ぶださ** 岩手県気仙郡 山形県最上郡 ***ぼさだ** 山形県最上郡 ***ぼださ** 岩手県気仙郡 ***むさだ** 山形県西置賜郡

□**にするさま** ***あべあべ** 富山県・砺波 石川県鹿島郡・金沢市「あべあべと」 ***はんぞさく・はんどさく** 新潟県佐渡「そんな食い方ははんぞさくだ」

□**になる** ***うしたる** 熊本県玉名郡 ***こける** 長野県佐久 ***しるなゆん** 沖縄県首里 ***すたる** 富山県砺波「こるなら(これなら)いつまで置いといてもすたらん」 愛知県知多郡「御飯がすたる」

***ひねになる** 島根県石見「折角の御馳走がひねになった」 岡山県英田郡 徳島県美馬郡 香川県 愛媛県松山 ***ほーける** 島根県邑智郡・隠岐島「折角の骨折りが昨日の雨でほーけた」

□**になること** ***がや**(児童語) 福島県相馬 ***かわながれ** 新潟県東蒲原郡 福岡市

むたい【無体】 ⇩むり（無理）

むだぐち【無駄口】 ***あほだらぐち** 大阪市「あほだらぐちばっかりききよる」 ***あんだらぐち** 静岡県 ***いたらんこと** 福岡県粕屋郡 ***おへだら** 東京都南多摩 ***かすくち** 群馬県邑楽郡「かすくちをはたく」 山梨県南巨摩郡「かすくちをきく」

***かすっくち** 山梨県・南巨摩郡 ***しくたぐち** 長崎県対馬 ***しなごろ** 大分県宇佐郡 ***じょんから** 青森県津軽 新潟県佐渡 ***しらくち** 長崎県対馬「しらくちたたく」 ***じんから** 青森県津軽「じんからまくす(むだ口を言う)」 ***ずなし** 大分県宇佐郡

*だくな 新潟県佐渡「だくな言うな」 長野県北安曇郡「だくなするな」 *へらず 山形県 新潟県佐渡(むだ口をたたく人) *へらずー 千葉県安房 *へらずぐち 新潟県「へらずぐちたたいてしゃあないやつだ」 長野県下水内郡・佐久 島根県出雲 徳島県 *よーま 岡山県 *よーまー 岡山県小田郡 広島県高田郡 *よーまのかわ 岡山県備中 *よこぐち 山形県東村山郡・最上郡 *よま 岡山市「よまぁつく(むだ口を言う)」 広島県高田郡「よまをいうな」 *んなふつぃ 沖縄県石垣島 *んなふっす 沖縄県竹富島

□をたたく *いけくちたたく 長野県佐久 *くちゃる 徳島県 *こぐちたたく 香川県 *ごたきる 岐阜県 *ごたはつる 富山県射水郡・砺波 *ごたむく 富山県 石川県河北郡 *ごたもく 富山県射水郡・砺波 *ごとむく 富山県下新川郡 *ひょーはくきる 岩手県上閉伊郡 *ひょはくつく 福島県相馬郡「あのひたぁいつもひょはくつくんだ」

□をたたく人 *しゃっぺくり 山形県西置賜郡 *ひょーはくきり 岩手県上閉伊郡・気仙郡

むだづかい【無駄遣】 ⇩ろうひ(浪費)

むつき【襁褓】 ⇩おしめ(襁褓)

むね【胸】 *あばら 新潟県刈羽郡 *うないた 新潟県中魚沼郡 *うなもと 山形県北村山郡・最上郡「うなもど苦すえ」 *うなんた 富山県・射水郡 *うなんと 富山県下新川郡 鳥取県西伯郡 *おなんこ 島根県能義郡・松江市 *おなんと 鳥取県西伯郡 島根県能義郡 *かごのうち 島根県出雲 *かごめ 島根県益田市 *ななぐら 長崎県対馬 *ななんと 島根県能義郡 *にっつぃ 沖縄県波照間島 *まーんに(はと胸のような胸に対して、普通の胸) 沖縄県石垣島 *みぞおとし 熊本県芦北郡 *みなんと 島根県出雲(能義郡を除く) *みのーつぃ 沖縄県小浜島 *むないた 埼玉県川越 富山県・砺波 石川県鹿島郡 山梨県・南巨摩郡 静岡県 愛知県葉栗郡 *むなぇーた 静岡県 *むながら 山形県 長野県 静岡県志太郡 *むなごーら 広島県 *むなごと 秋田県鹿角郡 *むなし 青森県三戸郡 *むなじ 青森県南部 岩手県気仙郡 *むなずくし 東京都八王子 神奈川県津久井郡 長野県東筑摩郡「むなずくしを捕る」・諏訪 *むなたぐら 福岡市 熊本県球磨郡 *むなたご 熊本県球磨郡 *むなっぱら 三重県志摩郡 *むなもと 岩手県九戸郡・気仙郡 宮城県登米郡・玉造郡 福島県相馬郡・東白川郡 長野県上水内郡 兵庫県赤穂郡 広島県比婆郡「胸もとが楽げな(息が切れないらしいね)」 *むねいた 愛知県知多郡 三重県度会郡 *むねーた 茨城県稲敷郡 神奈川県中郡 山梨県中巨摩郡 *むねた 三重県・度会郡 *むねたぐろ 長崎県南高来郡 *むねねた 静岡県 *むむち 沖縄県西表島 *んなぐら 山形県東村山郡 *んなごと 秋田県平鹿郡 *んにばら 沖縄県与那国島 *んぬーち 沖縄県竹富島 *んねつぃ 沖縄県新城島

□がどきどきする *だくずく 秋田県南部「胸がだくずく」 *だったずく 秋田県鹿角郡 *どきらめく 青森県津軽「わがぇおなごね、べろっと、声かげらえだどごで、わもなもどきらめだでぁ(若い女に、不意に声を掛けられたもんで、私、泡を食ってどぎまぎしましたよ)」「まんだ、むねぁどきらめでらでぁ(胸がまだ、どきどきしていますよ)」 *むなしとぎうつ 青森県三戸郡

□がどきどきするさま *どんとん 沖縄県石垣島 *はんどはんど 鳥取県西伯郡「はんどはんどする」 *んにどんどん・んにぎとぅぎとぅ 沖縄県首里「んにどんどんしゅん」

むね【棟】 *えーんそら 長崎県南高来郡 *いぐし 静岡県志太郡 *うぐし 千葉県市原郡・君津郡 *うぐす 東京都三宅島 *うすず 沖縄県宮古島 *うずす 東京都御蔵島 *うね 富山県射水郡 鳥取県西伯郡 広島県佐木島・高田郡 *うむし・うむす 静岡県 *おぐし 千葉県山武郡 *おごし 千葉県 *おごす 東京都新島 *おね 富山県射水郡 鳥取県西伯郡 *おぼそ 東京都三宅島 *おむし 神奈川県藤沢市・中郡 *おもし 埼玉県北足立郡 千葉県九十九里浜 *じむね 三重県志摩郡 *つべ 東京都八丈島 *とみ・とめ 千葉県夷隅郡 *とんつべ 東京都八丈島 *はこつべ 東京都八丈島 *むねぐし 栃木県栃木市・下都賀郡 *むねっちょ 三重県名賀郡 *よこつべ(「つべ」は棟の意) 東京都八丈島

屋根の□ *いくじ 静岡県 *いらか 沖縄県鳩間島 *いらが 沖縄県小浜島 *いりか 鹿児島県奄美大島・加計呂麻島 *いりちゃ 沖縄県 *おっかぶさ 栃木県 *ぐし 青森県津軽・南部 岩手県 宮城県栗原郡 秋田県鹿角郡 山形県 福

方/言/の/窓

●音便と方言

「高くなる」がタコーナル、「寒くなる」がサムーナルのように形容詞がウ音便になる現象は、西日本全域に広がっている。また、アカイシテ(赤くて)が秋田に、アカナル(赤くなる)、アカナイ(赤くない)のような形式が北陸・近畿・東海付近にまとまって見られる。

動詞の連用形では、「書いた」というイ音便が全国にも広く見られるが、八丈島ではカッタと促音便になる。

長野では、「指した」「落とした」などサ行五段活用動詞の連用形がサイタ、オトイタのようにイ音便になっている。

また、「払った」「買った」などの促音便がハロータ、コータとなる現象が西日本に、「遊んだ」「読んだ」などの撥音便がアスーダ、ヨーダとなる現象が四国・九州に見られる。

島県　茨城県　栃木県　群馬県　埼玉県秩父・入間郡　千葉県印旛郡　新潟県　長野県　*ぐすん青森県津軽　*ぶし新潟県上越市　*みーに(家の棟)沖縄県鳩間島　*みね(家の棟)千葉県夷隅郡　新潟県佐渡　富山県西礪波郡　岐阜県本巣郡　愛知県　三重県　和歌山県日高郡　鳥取県気高郡　広島県　香川県直島　*みねー(家の棟)沖縄県小浜島　*やなむね(家屋の棟)長野県　*やねむね(家屋の棟)静岡県庵原郡　京都府竹野郡　兵庫県赤穂郡(大棟)　*やのね(家屋の棟)新潟県岩船郡　*やのむね(家屋の棟)山形県　三重県志摩郡

むやみ　*がち京都府竹野郡「そうがちなこと言うない」　*ごじゃ・ごーじゃ香川県香川郡「晩が来たらごじゃに寒んなったのお」　*さたなし宮城県仙台市「いくら金持ちでもああさたなしに使っては困るだろう」　*しやなし(「しあん(思案)なし」の転か)岩手県「ゆぐ(よく)しやなしにやったもんだ」　*せあなし岩手県気仙郡　*どがす岐阜県郡上郡「そのようなどがすなことあらすかな」　*のたし宮城県「なんぼ妙薬でも、そうのたしに飲んではきかぬ」　茨城県稲敷郡・真壁郡　*のだし岩手県気仙郡「金銭をのだしに使う」　宮城県　福島県浜通「のだしに叱るな」　兵庫県宍粟郡　*のとろ新潟県佐渡　福井県遠敷郡・大飯郡　島根県隠岐島　愛媛県　高知県「のとろに食うと腹をこわす」　*のとろくたら高知県　*ほくそ福岡県朝倉郡「ほくそに走る」　長崎県彼杵「ほくそにする(めちゃくちゃにする)」　熊本県玉名郡・下益城郡　宮崎県西臼杵郡　*ほくそー佐賀県　長崎県伊王島　*ほくそほーらい熊本県下益城郡　*ほくそやり福岡県三潴郡　*むいき(「無息」に掛けて)兵庫県淡路島　和歌山市「そないむいきに引っ張ったかてあかん」　徳島県「むいきに走る」　愛媛県・新居郡　*むくる　鹿児島県　*むくろ宮崎県東諸県郡「むくろに(むやみに)」　鹿児島県　*むくろいき鹿児島県肝属郡「(仕事を)むくろいきにやっちょる」　*むくろー鹿児島県種子島　*むとー石川県輪島市　香川県三豊郡　愛媛県　*やぼー山形県東田川郡・西田川郡　*らり(むやみなさま)山形県「らりど大きい」　→むしょうに(無性)・むやみやたら・やたら

□に　*あたふた茨城県猿島郡　栃木県安蘇郡「あたふた食べんじゃねー」　埼玉県南埼玉郡「あたふた費やす」　*あめむてんに・あんめもてんに・あめんもてんに富山県砺波　*あんみに石川県石川郡　*あんみょーに富山県「あんみょうにそんな事をしてはいかん」　*あんみょかすに富山県・砺波　*あんみょかつに富山県　*あんみょくそに富山県砺波　*あんみょに富山県・砺波　石川県石川郡　*あんみょやたらに・あんみょたらに富山県　*あんめに富山県　石川県金沢市・能美郡　*あんめむてに富山県　*いけたに・いけとに鳥取県東部「いけたに練習する」　*いたてに青森県津軽「あんまりえたでね食うと腹をこわす」「えたでね忙しくなった」　岩手県九戸郡　*いったでに青森県南部　*いなよーに沖縄県石垣島　*えくそいき徳島県「えくそいきに走る」　*くじっかてーに神奈川県横須賀市・三浦郡「くじっかてーに働く」　*こむしょー山形県米沢市「こむしょーに引っ張る」　*すべーに栃木県上都賀郡・下都賀郡　*ずべたら・すべに東京都大島「品が少ないのだからずべたら人にやってはいけない」「すべに銭をやれば、子供に癖がつくからやってはいけない」　*すべったら神奈川県愛甲郡「あいつはすべったらなにへでも顔を出す」　*ただもの山形県「このおぼこあただものきかなえ」　高知市「そんなにただもの可愛がって育てていくもんか」　*ただもん大分県宇佐郡・玖珠郡　*だたら山梨県南巨摩郡「腹がへっとーどーかだたら飯を喰いたがる」　*だだら山梨県　*たった愛媛県　福岡県北九州市「たった眠むてえばっかり」　*だらに富山県砺波「だらに遅い」　岐阜県飛騨　*たんだ高知県香美郡「自分の得手ばっかりたんだしたがるけんど、それはいかんぞよ」　*たんだものあ青森県上北郡「たんだものぁ人ばかり叱る」　*てんむてん富山県砺波「てんむてんに来いいう」　*てんもてん富山県　*どーのこーなない山口県大島「どーのこーななえ遊びまはりようったら、金が無くなってしまった」　*どっせー広島県比婆郡「どっせーに使うな」　*どんこなーね大分県大分郡・大野郡　*のっぺ栃木県那須郡　新潟県東蒲原郡「のっぺ鳥打ちをされては困る」　*のっべー福島県安達郡　兵庫県宍粟郡　*のっぺー宮城県名取郡　茨城県　新潟県東蒲原郡　*のへち・のっぺち高知県「のへち長いとまぎれるきに、よい加減に切らにゃいかん」　*へー栃木県足利市「どうしたことかへーに呼んでいる」　群馬県邑楽郡　*へーし栃木県足利市　埼玉県大里郡　千葉県夷隅郡　*へーしゃたらん千葉県長生郡　*へーたくた島根県能義郡　*へーたこた島根県仁多郡　*へーたら群馬県利根郡・吾妻郡　埼玉県秩父郡「へーたらしゃべって、ぼろを出してしまった」　神奈川県津久井郡「へーたら食ってべーいる」　新潟県西頸城郡　長野県　三重県阿山郡・上野市　*へーと岐阜県飛騨　香川県「へいとに菓子を食べたら腹がいとんなるで」　*へーとー群馬県碓氷郡　長野県佐久　*へーとくそ香川県大川郡　*へーとくと香川県高松市・丸亀市　*へーとら長野県北部　*へし群馬県「へし人の悪口を言う」「へしに食う」　埼玉県南埼玉郡・秩父郡　長野県　*へしくた長野県下伊那郡　*へしへーたら長野県　*へしへし埼玉県秩父郡　*へしも千葉県夷隅郡　*へた栃木県足利市　群馬県吾妻郡・勢多郡　埼玉県秩父郡　長野市　*へたいき徳島県　*へたくた香川県仲多度郡　*へたこた・へたこと香川県三豊郡「あななもんへたこた買い込んでどうもならんがな」

*へたら 群馬県吾妻郡　神奈川県津久井郡「昔は乞食がへたら来たもんだ」　徳島県 *べたら 千葉県君津郡　神奈川県津久井郡「そうべたらに火を燃すな」 *へたらいき 徳島県 *へたらくたら 静岡県志太郡 *へたろ 徳島県 *へったくたら 千葉県君津郡 *へったらくたら 静岡県志太郡「へったらくたらしゃべんな」 *へったらくったら 兵庫県但馬 *へと 香川県「なんぼ酒が好きやいうても、そなんへとに飲んだらいかん」・仲多度郡 *へといき 徳島県「空腹時はへといきに飯がいける」 *へとー 徳島県阿波郡 *へとくそ 徳島県　香川県大川郡「そなんへとくそ食べたらおなかこわすぞ」 *へとくと・へとくとに・へとこくと 香川県「へとくとにたべたらいかんが」「へとくと食べた」 *へとこと 香川県仲多度郡 *へとろ・へとろいき・へとろくそ 徳島県 *へらくた 静岡県志太郡・榛原郡「へらくた高く売れる気になっている」 *へらに 群馬県碓氷郡　静岡県「へらに人を打つ」 *べらに 長野県長野市・上水内郡「べらに美しい」 *へらへーと 兵庫県加古郡「へらへーと飯をよーけたべるな」　鳥取県・西伯郡　島根県 *へらへーとー 群馬県碓氷郡 *へらへっと 京都府竹野郡「どこへ行ってもへらへっとにあの話ばかりしとる」　兵庫県神戸市 *へらへっとー 和歌山市 *へらへと 兵庫県淡路島　鳥取県西伯郡 *へろに 埼玉県南埼玉郡 *むこくに 埼玉県秩父郡「むこくに行ってしまう」 *むさくさ 岐阜県大垣市　香川県「雨が降り込むきにな(降り込むからな)、そこへ何でもむさくさ置けんのじゃ」 *むさんこ 北海道「むさんこに逃げた」　青森県南部「むさんこに稼いでら(夢中になって働いていた)」　新潟県　石川県　福井県坂井郡・大飯郡　岐阜県飛驒・大垣市　滋賀県　京都府　大阪府大阪市「そないむさんこに怒るもんやない」・泉北郡　兵庫県　奈良県　和歌山県和歌山市・新宮　鳥取県鳥取市・西伯郡　島根県　岡山県阿哲郡・小田郡　広島県安芸郡・高田郡　山口県「むさんこに氷水を飲むけ腹が痛うなったろうが」　徳島県・海部郡　香川県　愛媛県　佐賀県 *むざんこ 香川県三豊郡 *むざんこいき・むざん 徳島県 *むさんこー(「成算なくしてことをする」意)　新潟県　滋賀県犬上郡　島根県　岡山市　広島県高田郡　山口県玖珂郡　佐賀県　長崎県対馬「彼はむさんこうに金を使う」 *むさんと 三重県志摩郡 *むざんと 群馬県多野郡「要らない時は消して火をむざんとつけるな」 *むしゃんこ 岐阜県郡上郡　愛知県額田郡　香川県「むしゃんこにいらうと毀れる」　愛媛県松山 *むしょーくしょー 沖縄県首里 *むしょーくたら 岐阜県恵那郡 *むしょーと 山形県北村山郡「むしょーどさどなめる(砂糖をなめる)」 *むしょっと 新潟県中頸城郡 *むちゃんこ 岐阜県本巣郡 *むっさんこ 新潟県佐渡「あのこは、めしむっさんこにたべる」 *むて 富山県「むてに(みだりに)」 *むで 岩手県気仙郡「むでににこにこしてるじゃないか」 *むてん 新潟県西頸城郡　富山県砺波　石川県　岐阜県吉城郡 *むてんかい 新潟県西頸城郡 *むてんこ 岐阜県郡上郡「今日はむてんこに寒い」 *むやくに 長野県佐久 *むやんかす 富山県砺波 *むやんこ・むやんかし・むやかし 富山県 *めっそ 島根県八束郡　徳島県　香川県木田郡　愛媛県　高知県幡多郡 *めっそー 山梨県南巨摩郡　長野県北安曇郡　静岡県　京都府北部　大阪市　和歌山市　島根県　岡山県苫田郡　徳島県美馬郡　愛媛県松山　高知県　大分県宇佐郡 *もくそーに 佐賀県 *もしょー 島根県邑智郡・隠岐島「もしょーに言うと叱られるで」 *やいばなし 鹿児島県 *やいばなしー 佐賀県・藤津郡 *やくそいき 徳島県 *やけやんぱち 和歌山県西牟婁郡 *やごーに 愛媛県周桑郡 *やざいに 香川県三豊郡「やざいに使うな」 *やたくさ 岐阜県土岐郡 *やたくた 岐阜県 *やたこた 愛媛県 *やたに 群馬県吾妻郡　愛知県　愛媛県 *やたへた 栃木県佐野市・安蘇郡「やたへた食べるな」 *やたま 広島県比婆郡「急がしいとお菜もやたま漬物だけになる」 *やたらくたら 山梨県「やたらくたらわるいことをいう野郎どう」　静岡県「そんなにやたらくたら物を粗末にするな」　愛媛県 *やたらくわっちょ 熊本県芦北郡・八代郡 *やたらこたら 島根県　徳島県 *やたらへーたら 長野県佐久 *やたらむし 神奈川県小田原 *やたらむしゃら 新潟県東蒲原郡 *やたらむしょー 新潟県佐渡　滋賀県蒲生郡 *やたりゃかたりゃ 熊本県玉名郡・下益城郡 *やみと 山形県西田川郡 *やみね 青森県津軽 *やむくに 静岡県「やむくに人を打つ」 *やむど 兵庫県淡路島 *やんきも 鹿児島県 *やんきんやんきん 鹿児島市 *やんげん 熊本県球磨郡 *やんご 愛媛県周桑郡・伊予郡 *やんざ 兵庫県淡路島「こんな事はやんざに有る事ではない」　愛媛県 *やんし 香川県　愛媛県・周桑郡 *やんしん 香川県仲多度郡 *やんた 高知県 *やんだ 兵庫県淡路島　和歌山県「やんだにする」　徳島県「この木はやんだ大きうにならん」　香川県　愛媛県　高知県「間違いがやんだあるのー」 *やんだむしょー 和歌山県 *やんちむ 鹿児島県喜界島 *わるふけんの 鹿児島県肝属郡

□にするさま *どしみし 長野県諏訪 *とろー 新潟県刈羽郡「とろーに」 *とろく 宮城県仙台市 *むさむてん 新潟県西頸城郡「むさむてんに(むやみに)」 *やぼくた 島根県隠岐島「やぼくたに人を使う」

むやみやたら *ざった・ざくた・らくた 新潟県佐渡「そうざったたに使われては困る」 *しでろくそ 熊本県玉名郡・下益城郡 *ちゃーら 山梨県

南巨摩郡「ちゃあらの勉強では一人前になれんぞ」 *へたむしょー 長野県東筑摩郡 *へたらむしょー 神奈川県藤沢市 *へったむしょー 和歌山県西牟婁郡「へったむしょーに使うてはいけない」 *へったもしょー 和歌山県日高郡 *へったやたら 栃木県 和歌山県日高郡 *へらむしょー・へらむしょ 静岡県 *みった 沖縄県首里 *むちゃいき 徳島県 *めた 宮城県玉造郡 神奈川県 山梨県南巨摩郡「めたえぐりまわしていけんせい」 長野県佐久「めた言ふな」 静岡県「めた人をたたく」 *めたむしょー・めたはち 長野県下伊那郡 *めためた 山梨県 長野県佐久 *めった 茨城県新治郡・西茨城郡 栃木県塩谷郡「めったに泣いてばかりいる」・河内郡 群馬県多野郡 埼玉県秩父郡「めった食ったんでねぶたくなっちゃった」 岐阜県本巣郡 静岡県安倍郡 大阪市 香川県 愛媛県 大分県大分郡 *めったくさ 山梨県南巨摩郡「何でもかでも手当り次第めったくさ集べた」 三重県 奈良県宇陀郡「めったくさになぐられた」 *めったくしゃ 新潟県西蒲原郡 *めったくしょ 宮崎県西臼杵郡 *めったくそ 奈良県 和歌山県 *めったむしょー 山形県米沢市 和歌山県 島根県石見 *めったむそ 和歌山県日高郡・西牟婁郡 *めっためった 群馬県多野郡「めっためった騒ぐ」 埼玉県秩父郡「めっためったふえるんで困ってしまう」 長野県下伊那郡 *めって 大分県西国東郡 *めってー 大分県「あの人は近頃めってー本を読みよる」 *めんざ 島根県隠岐島 *やたくさ 岐阜県土岐郡 *やたくた 岐阜県 愛知県 愛媛県 *やたこた 愛媛県 *やたへた 栃木県佐野市・安蘇郡「やたへた食べるな」 *やたらくたら 山梨県「やたらくたらわるいことをいう野郎どう」 静岡県「そんなにやたらくたら物を粗末にするな」 愛媛県 *やたらくゎっちょ 熊本県芦北郡・八代郡 *やたらこたら 島根県 徳島県 *やたらへーたら 長野県佐久 *やたらむし 神奈川県小田原 *やたらむしゃら 新潟県東蒲原郡 *やたらむしょー 新潟県佐渡 滋賀県蒲生郡 *やたりゃかたりゃ 熊本県玉名郡・下益城郡 *やみくた・やめくた・やめくちゃ 島根県「やめくたに飲まされて酔った」 *やみくちゃ 島根県隠岐島 *やめくたさんぼ 島根県出雲 *らっかむしょー 新潟県佐渡

↓むしょうに(無性)・むやみ

□に *きつきつ 和歌山市「そないにきつきつ引っ張ると袖が切れる」 *ただむしょ 宮城県仙台市「おらえのおぼこ(家の子供を)、ただむしょめごがって育てたから今さなって困ってす」 *ほっぽほーらい 熊本県下益城郡 *むやみさんぼー 宮城県石巻「むやみさんぼと使われてはたまんね」

むら【村】 *くに 沖縄県首里「はなぐに(花国=芸能の盛んな村)」「かりぐに(枯国=寒村)」 *じげ 岐阜県飛驒・揖斐郡 愛知県東加茂郡・知多郡 三重県志摩郡「じげのより(村の集会)」・北牟婁郡「じげじゅーのわかいしゅー」 京都府竹野郡 兵庫県赤穂郡・加古郡 奈良県吉野郡 鳥取県気高郡・西伯郡 島根県 岡山県「彼のじげ(彼の村)」・苫田郡 広島県 山口県見島・大島 香川県 愛媛県 大分県北海部郡・南海部郡 *じげー 和歌山県日高郡 *じげどこ 島根県大原郡 *じんげ 愛媛県大三島 *ほー 鹿児島県奄美大島 *みょー 愛知県北設楽郡

むらき【斑気】 *きげふげ 島根県隠岐島 *きげんきょげん 鹿児島県・肝属郡 *きげんじょーご 山形県「あえづきげんじょうごで、われきんにゃわねどぎだら、なえんしたてきかね(彼は気分屋で、自分が気に合わない時だったら、どうしたって聞き入れない)」 滋賀県彦根 *きげんふーげん 愛媛県大三島 *きげんほーぎり 愛媛県伊予郡 *きげんほーけ 愛媛県 *きげんほーげん 愛知県名古屋市 香川県三豊郡 愛媛県伊予郡 *きげんまんじゅー 新潟県佐渡 *きふどー 宮城県仙台市

↓きまぐれ(気紛)

むらさきいろ【紫色】 *あお 富山県 *どどむいろ 栃木県河内郡・塩谷郡「そんなどどむいろしては水あびしちゃなんねぞ」 *どどめいろ 栃木県上都賀郡 埼玉県大里郡 *どんどびろ 愛媛県大三島 *みずる 沖縄県石垣島

うっ血や皮下出血などのために皮膚が□になる *くちみる 高知市「叩かれてくちみった」「唇がくちみっちょるがあれから今迄泳ぎよったかよ」 *しにいる 島根県 広島県比婆郡 徳島県「しにいる位ひしねる」 香川県伊吹島・小豆島 *しにる 山梨県・南巨摩郡 島根県出雲 *しぬ 山形県「人にしながれで(打たれて)指あ、しんだ」 新潟県中頸城郡 兵庫県加古郡

唇が□になる *うるむ 青森県津軽 埼玉県北葛飾郡

むり【無理】 *いたって 新潟県佐渡「いたってのことはしません」 *えこぜんこと 三重県阿山郡 *おげ 香川県「おげばっかりいよったらほうるで」 *およびしゃく 岐阜県大垣市「およびしゃくなことをする」 *かたい 栃木県「いくら何でもそれはかていだな」 長野県松本 *がっと・がど 新潟県東蒲原郡「がっとに足を踏みつけられて痛かった」「あれはがどな子だ」「がつたうにただく」 *がっとー 新潟県・西蒲原郡 *かど 長野県「かどにこなす」 *がとー 山形県米沢市「がとうにしっとぼっこれる(壊れる)」 茨城県猿島郡 埼玉県秩父郡「そんなにがとーにするな」 新潟県岩船郡 大分県 *ごむたい 愛知県名古屋市「それはちと御むたいでございます」 広島県高田郡 香川県仲多度郡「ごむたいうてすみません」 愛媛県・大三島 *ごりがん 兵庫県神戸市 *さって 愛媛県 *しやなし 岩手県「ゆぐ(よく)しやなしにやったもんだ」 *しゃりむり 島根県「そんなしゃりむりを言うな」 *しゃりんもり 島根県出雲「しゃりんもりな事を言うな」 *しゃんもり 島根県 *せあなし 岩手県気仙郡 *そん 島根県益田市「当番を二遍もしてそんじゃのー」

***だだ** 新潟県　長野県「だだこねる」 ***だんと** 香川県 ***ほげ** 島根県鹿足郡「そがーなほげをすると折れてしまうが」 ***ほっぽー・まくろー** 鹿児島県種子島「まくろーな」 ***むたいさんぼ・みたいさんぼ・みてさんぼー・みてさんぼ** 島根県出雲 ***みたりさんぼ** 島根県能義郡 ***みちゃさんぼ** 島根県八束郡 ***みて** 島根県出雲「あいつはみてなことを言う」 ***みてー** 島根県仁多郡・能義郡 ***むが** 福島県岩瀬郡「むがを言う」 ***むかっとー** 島根県石見「むかっとーをすると歯が折れるで」 ***むくたい** 静岡県・田方郡　和歌山県 ***むくる** 鹿児島県 ***むくろ** 宮崎県東諸県郡「むくろに(むやみに)」　鹿児島県 ***むくろいき** 鹿児島県肝属郡「(仕事を)むくろいきにやっちょる」 ***むくろー** 鹿児島県種子島 ***むたーくたー** 岡山県小田郡 ***むたい** 福島県東白川郡「むでーにすっとこわれっつお(無理にすると壊れるぞ)」　岐阜県吉城郡「むたいな(無理を仕掛ける)」・本巣郡　静岡県　愛知県名古屋市　兵庫県神戸市　島根県　広島県高田郡　徳島県　香川県仲多度郡　愛媛県・大三島　大分県 ***むたほーべー** 長野県東筑摩郡「むたほーべーを言う人だ」 ***むて** 宮城県登米郡・玉造郡　栃木県　埼玉県秩父郡　大分市 ***むで** 栃木県塩谷郡「こわれっちゃーからむでにするな」・河内郡　新潟県東蒲原郡 ***むてくそ** 三重県員弁郡 ***もてん・むてんかす** 富山県 ***もっそ** 香川県綾歌郡 ***もて** 富山県 ***やがん** 新潟県佐渡　島根県石見「酒に酔うとやがんをゆーてどーもならん」 ***やじ** 新潟県佐渡「やじいう」 ***やだ** 山形県東置賜郡・西置賜郡「やだかだる(無理難題を吹き掛ける)」　富山県下新川郡「やだまく(暴れる。管を巻く)」・砺波「やだこく」　福井県坂井郡　長野県「やだをこねる」　岐阜県　愛知県奥設楽　岡山県　広島県安芸郡「やだをいう」　山口県「この子のやだには閉口する」・豊浦郡　長崎市　熊本県天草郡「やだ言う(むずかる)」 ***やだい** 広島県「やだいをゆー」 ***やだん** 長崎県対馬「やだんはる」 ***やぼ** 新潟県「やぼこうす(無理をして平穏なだんらんを壊す)」　岐阜県郡上郡　島根県「あんまりやぼな事をすると大怪我をする」　広島県倉橋島・高田郡 ***やぼー** 新潟県 ***やみ** 青森県上北郡「こんなに小作米とるとはやみだ」 ***よこ** 京都府竹野郡「彼がよこゆーので話がますますむずかしくなった」　島根県美濃郡・益田市「よこをゆーてまぜかやーた」　岡山県苫田郡　広島県・高田郡　山口県豊浦郡「よこをはる」　徳島県　香川県仲多度郡　大分県 ***よこくじ** 鳥取県 ***よこざいばかり** 大分県宇佐郡 ***よこざりくつ** 三重県一志郡 ***よこたん** 奈良県宇陀郡「あいつはよこたん言いよるから相手になれんぜ」 ***よこどろ** 奈良県生駒郡

子供が□を言うこと ***いがいが**(子供が無理を言ったり泣いたりするさま) 新潟県佐渡　大阪市「いがいがいふ子」　徳島県美馬郡 ***えびらえびら・えびらかびら**(子供が不機嫌で、泣いたり無理を言ったりするさま。むずかるさま) 山形県西村山郡 ***えぶかぶ** 山形県東置賜郡・西置賜郡 ***あくだー** 沖縄県石垣島 ***じな** 鳥取県西伯郡「じなこく」　島根県八束郡・隠岐島 ***じなぇーくそ** 岡山県苫田郡 ***じなくそ** 鳥取県西伯郡「じなくそする」　島根県仁多郡　岡山県 ***やご** 三重県名賀郡　島根県出雲・隠岐島「こな子はやごばっかり言う」「やごな子には困る」　愛媛県「やごくる(だだをこねる)」 ***やごじゃも** 島根県隠岐島

□だ ***うたてー** 青森県津軽 ***かたいもない** 新潟県中頸城郡「くわたいもない事言ふな」 ***くじっぽい** 新潟県佐渡 ***ほーずがない** 岡山県苫田郡　愛媛県松山 ***むりひどか** 長崎県壱岐島「むりひどかこつするもんじゃなか」

□に ***いっつ** 愛媛県伊予郡・大洲市 ***がりがり** 青森県津軽「ぐゎりぐゎりどやてまれ(やってしまえ)」　秋田県雄勝郡「ぐゎりぐゎりはひって行った」 ***ぎりぎり** 岩手県気仙郡「ぎりぎりはだる(強く催促する)」　宮城県仙台市「ぎりぎりひとんどこ押してやんだごた」 ***さっこぐり** 岩手県気仙郡「さっこぐり入ってくる」 ***ずめ** 福岡県小倉市 ***ずめこめ** 福岡県小倉市・企救郡 ***せめに・せーめに・せんめに** 島根県大田市・八束郡 ***せんめね** 島根県大根島 ***はだって** 神奈川県高座郡 ***みざに** 島根県簸川郡 ***みりみり** 岩手県気仙郡「みりみりど引っぱっていった」　福島県相馬郡 ***むしょー** 島根県那賀郡 ***むっく** 島根県石見「お前がむっく言うもんだけーそがーしたのだ」　広島県高田郡 ***むっしょい** 鹿児島県 ***むっしょん** 宮崎県都城　鹿児島県・肝属郡「むっしょん打った」「むっしょんそげんするな」 ***むりから・むりと** 奈良県南大和 ***むりき** 新潟県西蒲原郡 ***むりくたー** 岡山県小田郡 ***むりこしゃりこ** 大分県 ***むりこむしょー** 愛知県知多郡 ***むりこむたい** 福岡県小倉市 ***むりこも** 山口県阿武郡 ***むりこやりこ** 富山県　愛媛県「母の手にむりこやりこに持たせる」　大分県大分郡 ***むりむぐー・むりむっちゃ** 高知県 ***むりむくたい** 静岡県「むりむくたいに連れて来る」　和歌山県東牟婁郡・西牟婁郡 ***むりむり** 山形県米沢市「むりむり、はえってきた」　大阪市「むりむりに押しつけて来た」　奈良県・宇陀郡　島根県大原郡・仁多郡「雨の中をむりむりに行きた」 ***むりやくたい** 三重県志摩郡　京都府　兵庫県加古郡　奈良県南大和　和歌山県那賀郡・和歌山市　鳥取市 ***むりやっこー・むりこくたい** 福岡市 ***むりんむり・もりんもり・もりんもりん** 島根県出雲 ***もっしょい** 鹿児島県 ***やけ・やーけ** 岐阜県飛騨「やけに押えてくれ(強く押さえてくれ)」「やけに出かけてくれんさい」 ***やでぃん** 沖縄県石垣島・黒島 ***やでまか** 新潟県西蒲原郡 ***やでもか・やでもっか** 新潟県東蒲原郡「やでもか行く用事でもない」 ***や**

んだもんだなしに 岩手県胆沢郡 *わちわちと 山形県西田川郡

□にさせる *しゃぎる 兵庫県加古郡 *せーじる 富山県 *しゃっち(無理にさせるさま) 島根県隠岐島「しゃっちな事を言いましてすみません」 *だだっぽい(無理にさせること。無理強い) 新潟県三島郡

□にするさま *がーい 和歌山県東牟婁郡 *がい 山形県「がいに引ぱるな」 新潟県「そんなにがいにしばるな」 愛知県名古屋市「よう加減をしてがいなことはせるなよ」 三重県 大阪府泉北郡 和歌山県 島根県「がいな扱い方」 徳島県 香川県 愛媛県 高知県「そんなにがいに櫛を使うと、痛うてたまらん」 長崎県対馬 大分県宇佐郡・北海部郡 *がいー 和歌山市「そないがいいなことせいでもええやないか」 *がが(できそうもないことを無理にするさま) 島根県隠岐島「ががな事をするけんやまちする(過ちをする)」 *きゃー 長崎県佐世保市 *ぎゃー 京都府竹野郡 長崎県北松浦郡 *げー 新潟県 長野県「げーに握った」 和歌山県東牟婁郡 長崎県 *しくりこくり 宮城県玉造郡 *しゃこくり 宮城県加美郡 *しゃこぐり・しゃっこぐり 岩手県気仙郡「しゃこぐりに取って来る」 *やぼ 新潟県「やぼこうす(無理をして平穏なだんらんを壊す)」 岐阜県郡上郡 島根県「あんまりやぼな事をすると大怪我をする」 広島県倉橋島・高田郡 *やぼー 新潟県

□を言う *いらをゆー 愛媛県越智郡「お前はよういらをゆーて困る」 *おげる 香川県「そなんおげたらいかん」 *くすべる(「けむたい思いをさせる」の意から) 徳島県 *ぐすまく 奈良県宇陀郡 *ぐずまく 福井県大飯郡 奈良県宇陀郡 徳島県 *ぐずらめく 新潟県中頸城郡 *ぐつまく 石川県能美郡 *くねる 福井県大飯郡 *じなくる 島根県益田市 *じなける 島根県大原郡 *じゃみる 山形県 新潟県 *ずく 島根県石見「菓子が欲しいとずいた」 徳島県・三好郡・美馬郡 *だっくねる 新潟県佐渡 *どやきる 愛媛県・伊予郡・松山「どやきって困ります」 *ねだれる 島根県出雲「五十万円出えてごしゃ、明けちゃらんこともねがてってねだれちょうげなが」 岡山県苫田郡 *わんざゆー 岐阜県羽島郡

□を言うこと *おげふた 香川県大川郡 *どろ 長野県佐久

□を言う人 *こねむし 新潟県佐渡 *むりこき 新潟県佐渡 愛知県名古屋市 *むりむほーつぎ 青森県三戸郡 *もさこき 三重県度会郡 *やがん 新潟県佐渡 島根県石見 *やぼこき 新潟県 *やんがら 愛媛県西部・大三島 *やんがんきり 愛媛県 *やんやん 香川県綾歌郡

□を押し通す人 *ががまた 熊本県下益城郡 *ががまち 島根県簸川郡・大原郡「こな(あの者)はががまちだけん相手になーな」 *くじのかみ 鹿児島県肝属郡 *こねむし 新潟県佐渡 *ごりがん 福井県遠敷郡・大飯郡 大阪市 兵庫県神戸市 奈良県 *やぶおし 岩手県気仙郡

□をする *あじーくそたれる 島根県出雲「そげん、あじーくそたれなはんな。まめなが、えちばんだけん」 *あじりくそたれる 島根県 *あずりくそかく 鳥取県西伯郡 *いきばる 千葉県東葛飾郡 *からかう 和歌山県 島根県石見「病気をからこーたけ悪うなった」 愛媛県・宇和島市 高知県幡多郡・中村市 *きばる 岐阜県郡上郡「おまいまんだがいきがなおりきらんできばっていくとだちかんぞよ(お前はまだ風邪がすっかり良くなっていないから無理をして出かけてはだめだよ)」 和歌山県 *しこたえる 島根県「この寒さにしこたえてとうとう風邪を引いた」 広島県高田郡 *しっこたえる 島根県飯石郡・大田市「風邪をしっこたえたとこーが大病になった」

むりやり【無理遣】 *ごーじょーずく 千葉県長生郡 山梨県南巨摩郡「ごーじょーずくで貸金をとって来た」 *ごむたい 愛知県名古屋市「それはちと御むたいでございます」 広島県高田郡 香川県仲多度郡「ごむたいいうてすみません」 愛媛県・大三島 *しってもはっても 岩手県気仙郡 *しゃこくり 宮城県加美郡 *しゃこぐり・しゃっこぐり 岩手県気仙郡「しゃこぐりに取って来る」 *ずめ 福岡県小倉市 *ずめこめ 福岡県小倉市・企救郡 *すりむんずり 青森県三戸郡「この天気の悪いのに、すりむんずり、行ってしまった」 *ぬりやり 島根県那賀郡「ぬりやりの所がある人」 *むたいさんぼ・みたいさんぼ・みてさんぼー・みてさんぼ 島根県出雲 *みたりさんぼ 島根県能義郡 *みちゃさんぼ 島根県八束郡 *みて 島根県出雲「あいつはみてなことを言う」 *みてー 島根県仁多郡・能義郡 *むくたい 静岡県・田方郡 和歌山県 *むぐやぐ 島根県簸川郡 *むたーくたー 岡山県小田郡 *むたい 福島県東白川郡 岐阜県吉城郡・本巣郡 静岡県 愛知県名古屋市 兵庫県神戸市 島根県 広島県高田郡 徳島県 香川県仲多度郡 愛媛県・大三島 大分県 *むたほーべー 長野県東筑摩郡「むたほーべーを言う人だ」 *むて 宮城県登米郡・玉造郡 栃木県 埼玉県秩父郡 大分市 *むで 栃木県塩谷郡「こわれっちゃーからむでにするな」・河内郡 新潟県東蒲原郡 *むてくそ 三重県員弁郡 *むりと・むりから 奈良県南大和 *むりき 新潟県西蒲原郡 *むりくたー 岡山県小田郡 *むりやっこー・むりこくたい 福岡市 *むりこしゃりこ 大分県 *むりこむしょー 愛知県知多郡 *むりこむたい 福岡県小倉市 *むりこも 山口県阿武郡 *むりこやりこ 富山県 愛媛県「母の手にむりこやりこに持たせる」 大分県大分郡 *むりむぐー・むりむっちゃ 高知県 *むりむくたい 静岡県「むりむくたいに連れて来る」 和歌山県東牟婁郡・西牟婁郡 *むりむり 山形県米沢市 大阪市「むりむり、はえってきた」むりむりに押

しつけて来た」 奈良県・宇陀郡 島根県大原郡・仁多郡「雨の中をむりむりに行きた」 *むりやくたい 三重県志摩郡 京都府 兵庫県加古郡 奈良県南大和 和歌山県那賀郡・和歌山市 鳥取市 *むりんむり・もりんもり・もりんもりん 島根県出雲 *もがもずんこ・もて 富山県 *やぎみき 山形県西村山郡 *やちもこ 新潟県 *やったぎり 岩手県気仙郡「やったぎりする」 *やにむに 愛知県豊橋市 *やりぎり 岩手県九戸郡・気仙郡 宮城県石巻「やんだつのに(いやだと言うのに)やりぎり頼まった」 *やりもっか・やりむっか・やりむか 新潟県東蒲原郡 *やりむに 岩手県和賀郡 *やりむり 秋田県鹿角郡 新潟県 山梨県東八代郡・北巨摩郡 *やりもり 島根県簸川郡・大原郡「やりもり買わされてしまった」 *やりんもり 島根県飯石郡・簸川郡 *やれまか 新潟県佐渡 *やんぎもんぎ 福岡市 *やんくめー 佐賀県

□に *いちもく 島根県石見「行くなと言うのにいちもく行ってしもーた」 *いにむに 長野県諏訪 愛知県宝飯郡「いにむにいやがる」・知多郡 滋賀県愛知郡 *うにむに 香川県伊吹島「うにむにいわさん(問答無用である)」 *うむに 長野県諏訪 愛知県宝飯郡「うむにことわる」 *おむに 神奈川県中郡「おむにそんなことをしなくてもいいだろう」 *さーえもめ 鹿児島県屋久島 *さいも・さいもい 鹿児島県 *さりむり 青森県上北郡 福岡県 *さりもり 青森県 岩手県九戸郡・気仙郡 新潟県佐渡 福岡市 *さるむり 岩手県気仙郡 *しゃーもくらもにゃー 新潟県佐渡 *しゃいがむいが 鹿児島県 *しゃいがもいが・しゃいも・しゃいもい 鹿児島県 *しゃいもり・しゃっもり・しゃっり 島根県隠岐島「しゃっり連れて行きた」 *しゃり 山梨県南巨摩郡「しゃり行かないばならのーこたあないら(無理に行かねばならないことはあるまい)」 徳島県 愛媛県 高知県幡多郡 大分県北海部郡 *しゃりがむり 岩手県中通 大分県北海部郡 宮崎県日向 *しゃりこくり 岩手県気仙郡 宮城県 *しゃりむく 新潟県佐渡 *しゃりむち・しゃりむに 大分県大分郡 *しゃりむり 岩手県 宮城県登米郡 秋田県平鹿郡「否と云ふのをしゃりむり承知させた」・河辺郡 山形県東村山郡 福島県「しゃりむり持って行かっちゃ」 山梨県 島根県 福岡県 長崎県「しゃりむり来ておくれ」 熊本県 *しゃりもり 島根県 熊本県芦北郡 大分県大分郡 *しゃんむり 島根県 熊本県 *しゃんもり 島根県「行くなといったのにしゃんもり行きてしまった」 *どーのこーなー 島根県鹿足郡・邇摩郡「行かんと言うのにどーのこーなー連れて行った」 *どーのこーなーなー・どーのこーもなー 島根県石見 *どーのこーのなー 島根県大田市 *どーのこーはなー・どーのこなー 島根県邑智郡 *むーむと 宮城県仙台市「むーむと割込むな」

□にするさま *うしうし 沖縄県首里 *むさんこ 北海道 青森県上北郡 滋賀県彦根・高島郡 奈良県南大和 山口県 高知県 *むざんこ 富山県砺波 *むさんこー 新潟県佐渡 滋賀県犬上郡 岡山県苫田郡 広島県比婆郡 *むやんこ 富山県 *やり・やりもしゃりもなー 島根県美濃郡・益田市「雨が降っとるのにやりもしゃしゃりもなー外い出た」

むりょう【無料】 ⇩ただ(只)

め【目】 *おがん 岡山市「おがんはどうですりゃあ」 *おめこ(幼児語) 山形県東置賜郡・西置賜郡 *がん 岡山市「がんが悪い」 愛媛県周桑郡 *ぺっぺ(幼児語) 奈良県宇智郡 *まなく 北海道 青森県 岩手県 宮城県「まなぐさ入れても痛くない」 秋田県「まなくのお医者(眼科医)」 山形県 福島県「大きいまなぐだなあ」 茨城県新治郡 栃木県 群馬県 新潟県三島郡 *まなこ 北海道松前郡「まなごえんだものね(目がいいからね)」 岩手県磐井郡 山形県 群馬県邑楽郡・多野郡「まなこがあんばい悪いむし」 東京都八丈島・青ケ島 新潟県岩船郡 徳島県麻植郡 大分県東国東郡 *まやかし 福島県南会津郡 *みん 沖縄県波照間島 *みんち 沖縄県西表島 *めかい 大阪市「目かいが見えぬ(目が見えない)」 徳島県 *めのくち 新潟県佐渡「目の口があけば(目が覚めれば)仕事だ」 *めのす 福岡市「めのすがあくとやすぐに(目が覚めるや直ちに)」 長崎県 *もじ 岡山県児島郡

□が覚める *あきれる 香川県塩飽諸島 *うずぬん 沖縄県首里 *おどろく 青森県南部 岩手県 山形県東村山郡・最上郡 新潟県中魚沼郡 長野県上水内郡 奈良県吉野郡 和歌山県西牟婁郡・東牟婁郡 島根県石見「夢を見ておどろいた」 広島県 山口県「夜中に物音がしたら、早うおどろかんといけんぞよ」 徳島県 香川県 愛媛県 高知県 長崎県対馬 大分県 *おろろく 香川県綾歌郡「耳へあてていわなおろろかんきんな」 *くふぁゆん 沖縄県首里 *たまげる 山形県

□が覚めること *ねおぞみ 福岡市 *みーくふぁい 沖縄県首里

□の縁 *くろ 島根県隠岐島 *まごろ 香川県「ま

ごろが落ちる(まぶたがくぼむ)」 *まぼろ 富山県砺波　香川県「病みあがりはまぼろが落ち込んでしまう」「ほこりが入ったんか、まぼろがころころする」 *めのなだ 島根県益田市 *めばた 山梨県

め【芽】　*うだつ 新潟県岩船郡 *ぎっぱ 長野県佐久 *ばい 沖縄県石垣島「ばいなー(小さい芽)」・竹富島 *ばえ 青森県南部 *びっつぁー 沖縄県竹富島 *びっつぃ 沖縄県石垣島・竹富島 *ふき 沖縄県八重山 *べあこ 秋田県鹿角郡 *べー 沖縄県石垣島 *みず 愛知県知多郡 *めーじょ 千葉県長生郡・夷隅郡(若芽) *めこ 徳島県美馬郡 *めご 和歌山県「こんな所へめご出てきた」 島根県出雲　徳島県「筍(たけのこ)のめごが出た」 *めじょ 千葉県夷隅郡 *めぞ 新潟県上越市 *めど 群馬県碓氷郡・多野郡「桑のめど」「馬鈴薯(ばれいしょ)のめど」　埼玉県秩父郡　神奈川県津久井郡・中郡　山梨県 *めどっこ 神奈川県中郡 *めめこ 岩手県和賀郡 *もえ 青森県上北郡・三戸郡　岩手県気仙郡　宮城県　秋田県　山形県　福島県　新潟県 *もえこ 青森県津軽　宮城県仙台市 *もえす 山形県北村山郡 *もえず 山形県東置賜郡・米沢市　福島県浜通　新潟県 *もえっこ 岩手県気仙郡 *もよ 山形県庄内

めあて【目当】　*あしめ 富山市「あしめもせぬ(意想外だ)」 石川県「君をあしめにする」「あしめにしる(金や穀物の貸借期限を言う)」　岐阜県飛驒 *かて 新潟県佐渡「彼なんかかてにせん」「こんなものかてにならん」 *めくば 山梨県
→けんとう(見当)

めい【姪】　*はっこ 富山県砺波 *ぶい 沖縄県八重山 *めーうし・めーこ 東京都八丈島 *めーよーし 東京都八丈島 *めめらし 岩手県和賀郡　秋田県平鹿郡・雄勝郡 *めわらし 秋田県雄勝郡
→「おい(甥)」の子見出し、「甥や姪を指す語」

□の尊称 *みじょ 宮崎県都城　鹿児島県 *めーじゃー 島根県八束郡 *めーじゃら 島根県能義郡・仁多郡 *めーじょ 長崎県北松浦郡　熊本県玉名郡 *めーじょー 島根県石見 *めじょ 鹿児島県・揖宿郡

めいめい【銘銘】　*いこねいこね 香川県・小豆島 *がちがち・かりがり 佐賀県東松浦郡 *ごったつ 島根県隠岐島「人ごったつに噂をしている」 *こまえ 兵庫県加古郡 *てまいこ 愛知県知多郡「てまいこに金を払ふ」　島根県美濃郡・益田市「代はてまいこに払うことにしょー」 *どぅーどぅー・どぅーどぅーな 鹿児島県喜界島 *どぅーなー 鹿児島県喜界島　沖縄県首里「どぅーなーやあすぃどーてぃっちゅつかゆん(自分たちは遊んでいて他人を働かせる)」 *にんにん 群馬県勢多郡「にんにんによってやり方がちがうから仕方がねー」　山口県大島　徳島県「する、せんはにんにんじゃきんなー」 *ぶんぶん 新潟県佐渡「ぶんぶんに分ける」 *めーめーがち 新潟県中頸城郡 *めーめーこ 島根県出雲 *めーめーこー 島根県 *めーめーやちやち 徳島県 *めーめやちやち 徳島県「めーめやちやちにもの言うたらわからん」　香川県仲多度郡 *めーめんこ 島根県大原郡 *めんめがちがち 山口県大島 *めんめこ 三重県志摩郡 *めんめこー 和歌山県日高郡 *めんめばちばち 高知県 *めんめまちまち 徳島県 *めんめやち 香川県三豊郡 *めんめやちやち 徳島県那賀郡・海部郡 *めんめんかくかく 鹿児島県肝属郡 *めんめんこ 奈良県「めんめんこに出し合って」・宇陀郡　島根県出雲市 *めんめんこぎ 京都府竹野郡 *めんめんころごろ 京都府竹野郡　兵庫県加古郡 *れきれき 熊本県玉名郡 *われとらどし 三重県志摩郡
→おのおの(各)・かくじ(各自)・それぞれ(夫夫)

□に *ごってごってに 三重県度会郡 *てーてーに 京都府竹野郡「てーてーに役を割当てられた」 *めーごんぜー 埼玉県秩父郡「どこの家へもめーごんぜー配れ」 *めーせー 埼玉県秩父郡 *めんごんぜー 群馬県群馬郡 *めんとー 香川県

めいよ【名誉】　*かお 香川県「あしこは村でもかおがええうちじゃ」 *さきいけ 香川県木田郡「そなんけちなまねしょったら、さきいけにかかわる」 *はば 青森県津軽「兄弟が三人も大学さ入って、たいしたはばだでぁ」　愛媛県大三島 *はべ 愛媛県大三島 *はれ 山口県　香川県「はれする(名をあげる)」　愛媛県 *ふぃかり 沖縄県首里

□なこと *はば 青森県津軽　愛媛県大三島 *はべ 愛媛県大三島

めいわく【迷惑】　*あくばり 島根県隠岐島 *おいさがし 高知市「何をするにもおいさがしはいかん」 *がい 山形県米沢市「がいになっことあ、さんにえぞ」 *くたい 岩手県気仙郡「他人にくたいかけるな」 *こっぱい 富山県砺波・西礪波郡「こっぱいな」　岐阜県 *じょさい 香川県仲多度郡「じょさいになるからここで失礼します」 *せわ 新潟県佐渡「せわだが一つたのむ」　愛知県知多郡　奈良県吉野郡　三重県志摩郡　京都市　和歌山県　島根県 *せわくそ 愛知県知多郡 *そめき 広島県双三郡 *もんだい 石川県鹿島郡 *やくたい 岐阜県飛驒「やくたいなことをする人じゃ」　滋賀県　京都「そんな事しられたらやくたいやがな」　大阪市　奈良県　和歌山県 *やくちゃ 石川県能美郡

□を掛ける *いためる 山形県東置賜郡 *そーずかす 島根県邑智郡・邇摩郡「急病で近所をそーずかせた」 *そーどかす 島根県石見「どうもそーどかーてすまんかったのー」 *てをつかす 島根県石見「あの子はよーにてをつかした」　徳島県

□を掛けること *めーわく(多く、挨拶の時に用いる) 青森県「迷惑だが貸して下さい(すみませんが貸してください)」　福島県大沼郡・岩瀬郡　新潟県東蒲原郡「めーわくだから貸してやれ」

宮崎県日南市「めーわくするわい、はよ帰らんと(早く帰りましょう)」 *めやく 青森県津軽「この度ぁ皆さめやぐしてしまぇしたでぁ」

めうし【雌牛】 *あま 東京都三宅島 三重県志摩郡 *あまうし 千葉県印旛郡 新潟県上越市 *あめうし 宮崎県東諸県郡 *うな 岐阜県揖斐郡 *うなーみ 鹿児島県加計呂麻島 *うなーめ 山梨県 *うなーん 鹿児島県加計呂麻島 *うなべ 和歌山県日高郡 *うなみ 鳥取県西伯郡 島根県 山口県阿武郡・豊浦郡 大分県 鹿児島県奄美大島 *うなみうし 大分県 *うなめ 千葉県 山梨県・北巨摩郡 長野県北安曇郡 岐阜県飛驒 静岡県 愛知県南設楽郡・額田郡 奈良県吉野郡 和歌山県日高郡 島根県隠岐島 山口県阿武郡 徳島県 香川県 愛媛県喜多郡 高知県 熊本県阿蘇郡 大分県 宮崎県・西臼杵郡(母牛) *うなん 鹿児島県奄美大島 沖縄県小浜島 *うの 佐賀県唐津市 長崎県 大分県日田郡 *うのうし 長崎県西彼杵郡・南高来郡 熊本県天草郡 *うば 東京都大島 *うばうし 鹿児島県宝島 *おーなめ 愛媛県今治市・越智郡 *おなごうし 山形県 島根県簸川郡 熊本県 大分県東国東郡 *おなごべこ 山形県 *おなべ 福井県大飯郡 京都府北部 兵庫県赤穂郡・多紀郡 和歌山県日高郡 徳島県 香川県三豊郡 *おなべうし 香川県三豊郡 *おなみ 鳥取県西伯郡 島根県 岡山県 広島県 山口県 愛媛県岩城島・大三島 *おなみこ 島根県能義郡 *おなめ 長野県北安曇郡・東筑摩郡 岐阜県飛驒・郡上郡 静岡県 愛知県額田郡 三重県伊賀・一志郡 京都府 兵庫県・佐用郡 奈良県 和歌山県日高郡 島根県出雲 岡山県 徳島県 香川県 愛媛県 長崎県南高来郡 熊本県 大分県 宮崎県 鹿児島県 *おなめうし 香川県仲多度郡 熊本県 大分県大分郡 宮崎県西諸県郡・東諸県郡 *おなめうじ 香川県 *おなめべぶ 島根県 *おなん 鳥取県西伯郡 島根県 *おなんこ 島根県能義郡・八束郡 *おなんご 鳥取県西伯郡 島根県 *おめめ 奈良県宇陀郡 *おんこ 香川県仲多度郡・屋島 *おんなうし 大分県大分郡 *おんなごめ 東京都八丈島 *おんなみ 兵庫県赤穂郡 香川県高見島 *おんなめ 京都府竹野郡 兵庫県 鳥取県東部 岡山市 香川県 愛媛県 *おんめー 鳥取県気高郡 *こって 京都府 *こってうし 宮崎県西諸県郡 *こってー 滋賀県彦根 宮崎県西臼杵郡 *こってーうし 宮崎県西臼杵郡 *こてー 愛知県南設楽郡 宮崎県 *ことい 滋賀県彦根 *ぞーやく 石川県鳳至郡 *とちべ 福井県 *なまー・なみゃー 沖縄県与那国島 *なめ 長崎県南高来郡 *なめうし 長崎県・南高来郡 熊本県球磨郡・天草郡 宮崎県東諸県郡 *なんぶ 新潟県佐渡 *にょーぼうし・ぼーし・ぼじ 島根県仁多郡 *ぼうじ 島根県八束郡・大原郡 *ばし 島根県仁多郡 岡山県真庭郡・苫田郡 広島県 *ばご 島根県出雲 *ばっこ 石川県珠洲郡 *ばべ 島根県隠岐島 *ばめ 東京都八丈島 *びょー 熊本県球磨郡 *ひん 岡山県苫田郡 *べこ 三重県伊勢・志摩郡 京都府与謝郡 宮崎県 *べっこ 石川県鳳至郡・鹿島郡 *ぼうし 静岡県駿東郡 長崎県南松浦郡 *ほーら 新潟県佐渡 *みょーじ 新潟県佐渡 奈良県吉野郡 *むなめ 大分市 *めがえ 岩手県九戸郡 *めかえべこ 秋田県鹿角郡 *めかべご 青森県上北郡 *めた 秋田県河辺郡 熊本県芦北郡・天草郡 *めたうし 熊本県芦北郡 鹿児島県 *めちゃ 秋田県河辺郡 *めっか 青森県 山形県 *めっかべーこ 青森県南部 *めっけぁ 岩手県九戸郡 秋田県鹿角郡 *めな 山形県 熊本県天草郡 鹿児島県揖宿郡 *めなうし 鹿児島県揖宿郡 *めなべご 山形県東置賜郡・南置賜郡 *めなみ 愛媛県大三島 *めら 鹿児島県揖宿郡 *めらうし 鹿児島県・揖宿郡 *めろうし 富山県砺波 *めんうし 大阪府泉北郡 香川県 *めんぎゅー 広島県芦品郡 *めんこ 香川県大川郡・木田郡 *めんた 三重県志摩郡 兵庫県赤穂郡 和歌山県日高郡 鳥取県西伯郡 徳島県海部郡 香川県 *めんたうし 京都市 奈良県 島根県隠岐島 香川県高松市 *めんたれ 香川県大川郡 *めんちょうし 佐賀県藤津郡 *めんちょー 熊本県鹿本郡

めかけ【妾】 *あしかけ 新潟県中頸城郡 島根県邇摩郡 *うばいぇー 沖縄県島尻郡 *うらめ・うらみ 新潟県佐渡 *かけしょ・おかけしょ 岐阜県飛驒 *おかこい 富山県富山市近在・砺波 石川県金沢市 *おかこいさん 香川県仲多度郡 *おきせん 奈良県 大分県北海部郡 *つれ・おつれ 長野県諏訪 *おてつき 徳島県 *おてつけ 宮城県仙台市 *おなめ 青森県上北郡・南部 岩手県 秋田県鹿角郡 岡山県邑久郡 愛媛県 *おなん 青森県南部 *おば 三重県志摩郡・度会郡 *かかえおなご 宮城県仙台市 山形県西村山郡 熊本県飽託郡 *かかえおんな 宮城県仙台市 山形県西置賜郡 *かかりとり 和歌山市 *かくしおなご 岩手県気仙郡 佐賀県藤津郡 *かくまいもん 和歌山県 *かこい 島根県出雲 *かこんば 石川県鹿島郡 *かんぼ 富山県 石川県 岐阜県大野郡 *かんぼー 富山県 *げんさい 大阪市 兵庫県赤穂郡「あの人は某のげんさいになっとる」・淡路島 奈良県「あいつのげんさい不細工な」 岡山県岡山市・小田郡 広島県 香川県広島・伊吹島 愛媛県 *げんざい 広島県 *げんしゃー 広島県深安郡 *げんじゃー 広島県御調郡 *ごひ 福岡県筑前 *ごん(「権妻」の略) 宮城県仙北 熊本県球磨郡 *ごんか(「権妻」の略) 宮城県仙北 *しもやしき 島根県 *すばじけー・すば 沖縄県首里 *ずりとず 沖縄県宮古島 *そでめ 新潟県佐渡 *ちかずき 岡山県苫田郡 熊本県下益城郡 *ちゅかけ 鹿児島県揖宿郡 *てつけ 岩手県盛岡市 宮城県仙台市 *にんぐる 鹿児島県南西諸島 沖縄県 *にんぐろ 鹿児島県奄美大島 *ねんごろ 長野県下水内郡 鹿児島県 *ふいさい 徳島県美馬郡 *ぷかか

まい 沖縄県小浜島 *ふかとぅじ 沖縄県西表島 *ふかどぅみ 沖縄県波照間島 *ぷかどぅみ 沖縄県黒島・波照間島 *ふがとぅん 沖縄県与那国島 *ぷかぬとぅんつぃ 沖縄県小浜島 *ふくさい 徳島県美馬郡 高知市 *まつばり 兵庫県佐用郡 *みゃーらびー 沖縄県与那国島 *みゃーるび 沖縄県新城島 *みやらび・みやるび 沖縄県石垣島 *むしるしちゃー 沖縄県首里 *めーらび 沖縄県宮古島・八重山 *めーれー 沖縄県西表島 *めらび 沖縄県波照間島 *ゆーばい 沖縄県宮古島 *ゆーべー 沖縄県・首里 *ゆべ 沖縄県国頭郡 *よばいとず 沖縄県宮古島 *わきにょーば 島根県隠岐島 *わなれ 長崎市

めがしら【目頭】 *なみだがかり(目頭や目じりの下、およびほおの辺り) 高知県長岡郡「なみだがかりにあざさえなけりゃ、四国一ぢゃとゆわりょおに」 *みーぬくち 沖縄県首里 *みーぬふち・みーぬふつぃ 沖縄県鳩間島

めかた【目方】 *かけ 新潟県東蒲原郡 *かんかん 山梨県・南巨摩郡 静岡県榛原郡「かんかんが足りん」 *かんだい 長野県佐久 岐阜県山県郡 静岡県志太郡・磐田郡 *め 山口県「めが足らん」 *めー 兵庫県加古郡
→おもさ(重)

めがね【眼鏡】 *がんちょー(「がんきょー(眼鏡)」の転) 沖縄県首里 *みーかがん 沖縄県首里 *みーかんかん 沖縄県小浜島 *みーかんがん 沖縄県八重山 *みーがんきょー 沖縄県石垣島 *みかがん 沖縄県国頭郡 *みかんがん 沖縄県与那国島 *みんかがに 鹿児島県沖永良部島 *めーはんがり 沖縄県黒島

めざめる【目覚】 *うどぅむい・うどぅにゅい 鹿児島県喜界島 *おずむ 長崎県佐世保市・南部 熊本県「おずうどる」 宮崎県延岡市 鹿児島県「声を出すと子がおずんど」 *おぞむ 福岡県 佐賀県「おぞみんさった」 長崎市 熊本県 大分県日田郡 宮崎県東諸県郡 鹿児島県屋久島 *おどむ 鹿児島県屋久島 *みーすりん・みーすりるん 沖縄県石垣島

□意の尊敬語 *おしゅなる 秋田市「父がおしゅなる」 *おひなる 青森県三戸郡 岩手県 秋田県鹿角郡 長野県西筑摩郡(まれ)・下伊那郡(まれ) 大阪市「えらい、はよーおひなりやしてんなー」 和歌山県「御主人がもうおひなったか聞いてきてくれ」 広島県 徳島県 香川県「坊ちゃんがおひなった」 大分県大分市・西国東郡 *おひになる 山口県阿武郡 *おひるなる 高知県東部「お風邪気味の様ですから余り早うおひるならん方がよくはございませんか」 *おひんなる 島根県邑智郡

めし【飯】 *まま 青森県上北郡 山形県 福島県安達郡 栃木県 新潟県岩船郡 富山県・砺波 福井県・坂井郡 岐阜県本巣郡 愛知県知多郡(卑語) 三重県 滋賀県蒲生郡 大阪府泉北郡 兵庫県 奈良県(卑語)・吉野郡 和歌山県東牟婁郡 島根県鹿足郡・隠岐島(麦飯) 岡山県苫田郡 山口県・阿武郡 徳島県 福岡県 熊本県 *まんま 岩手県九戸郡 福島県 栃木県 群馬県 千葉県 新潟県 富山県 静岡県志太郡「まんまー食いたぇーかぇー」 広島県比婆郡・高田郡 高知県幡多郡 熊本県八代郡 *あんま 高知県幡多郡 *いー 沖縄県八重山 *うばん 鹿児島県島嶼部 沖縄県黒島 *うぶぇ 沖縄県国頭郡 *うぶん 沖縄県国頭郡・首里(ていねい語) *おやわら 宮城県登米郡 山形県東置賜郡 *かるまった 福島県南会津郡 *きたまえ 兵庫県淡路島 *ごく 兵庫県加古郡「ごくがいかぬ(重病でものが食べられない)」 香川県「ごくひとつたべられん」 *ごくさま 富山県砺波 *ごくさんぼ 熊本県上益城郡 *こご 群馬県吾妻郡 *ごこ 群馬県群馬郡 *ごご 福島県南会津郡 群馬県勢多郡・利根郡「まめごご」 *ごっく(こわ飯) 鹿児島県 *ごんこ 茨城県(幼児語)・稲敷郡 栃木県塩谷郡「赤いごんこにとかけて(子守歌)」・河内郡(幼児語) *ごんご 栃木県 群馬県勢多郡 東京都新島 新潟県上越市(幼児語) *ごんごん 兵庫県赤穂郡 *しま 大阪市 奈良県吉野郡 *しょっけ 富山県東礪波郡 *つもの 福島県南会津郡 *では 宮崎県宮崎市・東諸県郡 *なな・なんな 千葉県香取郡 *ならしもの(山言葉) 福島県大沼郡 *はみ(山言葉) 山形県西置賜郡 *まい 鹿児島県与論島 *まいぬい 沖縄県宮古島 *むぬ 沖縄県首里 *むん 鹿児島県喜界島(八時ごろの朝食を特に言う場合もある) 沖縄県島尻郡・首里「むんぬあとぅ」 *めー 沖縄県首里 *やわら 岩手県気仙郡 宮城県登米郡 *んぼん 沖縄県石垣島・小浜島「んぼんつぃつぃん(飯粒)」「んぼんぱつぃ(飯櫃)」「んぼんまかり(飯茶碗)」
→ごはん(御飯)・しょくじ(食事)・べいはん(米飯)

米だけの□ *あっとまんま 岩手県気仙郡 *あとまま・あとまんま・あとめし・あとやん 長崎県南高来郡 *あばいめし(幼児語) 島根県石見 *いっしょめし 岩手県気仙郡 *いっそーめし 宮城県仙台市 *いっそめし(「いっそ」はそればかりの意。麦などを混ぜてない白米ばかりの飯) 岩手県気仙郡・胆沢郡 宮城県 *おこまま 京都府加佐郡 *おちゃずけ 愛媛県 *おめしまま 石川県能登島 *きめし 山形県 島根県邑智郡 *さるき 三重県度会郡・宇治山田市 *しらめし 島根県 *しろまま 新潟県佐渡 *しろめし 宮城県栗原郡 山形県 新潟県佐渡 愛媛県宇和島市 *そろめし 山梨県南巨摩郡 *はんまい 香川県 *よばれめし(人を招待する時だけ炊くところから。粟(あわ)や麦などの入らない米だけの飯) 三重県志摩郡

米と麦と半々の□ *おはんめし 山梨県 *どーがえし 京都府竹野郡 *はんばく 東京都利島・大島 静岡県磐田郡 徳島県 *はんばくめし

静岡県磐田郡　長崎県壱岐島

炊き損ないの芯のある□ ＊おじゃきれめし岩手県上閉伊郡 ＊かたしる長崎県対馬 ＊がんざめし東京都三宅島 ＊がんた千葉県上総　神奈川県江の島 ＊がんだ茨城県・北相馬郡　千葉県 ＊かんためし千葉県安房郡 ＊かんだめし茨城県　徳島県海部郡 ＊がんためし東京都御蔵島　神奈川県中郡・足柄下郡 ＊がんだめし福島県浜通　千葉県　東京都三宅島 ＊かんち三重県志摩郡　徳島県海部郡 ＊がんち島根県美濃郡・益田市 ＊がんちー長崎県対馬 ＊かんちめし兵庫県淡路島 ＊がんつ東京都大島 ＊かんつめし三重県志摩郡 ＊ごち福岡市 ＊ごっちん長崎県長崎市・対馬・壱岐島 ＊ごっちんめし長崎県南高来郡 ＊ごつめし京都府竹野郡 ＊こんこんめし岩手県気仙郡 ＊ちんばめし愛知県知多郡　熊本県 ＊なかちめし島根県八束郡 ＊ねっこめし福島県北部・東白川郡 ＊はんごろし群馬県勢多郡　新潟県東蒲原郡 ＊ぶちめし高知県・高知市 ＊ほち岡山県児島郡　香川県　愛媛県 ＊ほちめし香川県綾歌郡・仲多度郡 ＊ままこ山形県 ＊ままっこめし神奈川県津久井郡 ＊めっこ新潟県 ＊めっこごはん宮城県仙台市 ＊めっこまま山形県　富山県 ＊めっこめし青森県津軽・南部　岩手県上閉伊郡・気仙郡　宮城県　秋田県鹿角郡　山形県　福島県　新潟県　岐阜県飛騨

めしじゃくし【飯杓子】 ⇩しゃくし（杓子）

めしびつ【飯櫃】 ＊いーご茨城県稲敷郡 ＊いご茨城県　千葉県東葛飾郡　山梨県 ＊ゆるわ・いりわ（飯びつの大きくて浅いもの）岡山県 ＊いりわん（飯びつの大きくて浅いもの）香川県伊吹島 ＊おっとし鳥取県西伯郡 ＊おはんぼ岐阜県大垣市 ＊おめしつぎ佐賀県藤津郡 ＊かごびつ（竹製の飯びつ）静岡県庵原郡（脚付き）京都府竹野郡 ＊きじばち滋賀県東部 ＊ぎょーべつ京都府相楽郡 ＊くらがい山口県見島 ＊けげびつ大分県速見郡 ＊げびつ大分市 ＊ごろひつ山形県 ＊じきろ山梨県中巨摩郡・北巨摩郡　長野県諏訪（曲げ物）・上伊那郡（曲げ物）静岡県磐田郡（大きいもの）＊そーない三重県度会郡・宇治山田市 ＊つのはんぼ（小判形の浅い飯びつ。ふた押さえの栓を差し通す、二つの角がついている）愛媛県大三島 ＊はぎり三重県上野市 ＊はんぎり茨城県多賀郡・真壁郡　山梨県　静岡県榛原郡　島根県（冠婚葬祭用）徳島県 ＊ばんぎり栃木県 ＊はんぎれ長野県諏訪 ＊はんじゃー栃木県足利市 ＊はんだい群馬県山田郡・佐波郡　埼玉県入間郡・北葛飾郡　東京都大島　神奈川県中郡　静岡県　三重県志摩郡　高知県室戸 ＊はんば島根県能義郡 ＊はんぼ山梨県　岐阜県武儀郡　三重県志摩郡　鳥取県西伯郡　島根県　岡山県苫田郡・児島郡　広島県高田郡　愛媛県今治市 ＊はんぽ群馬県佐用郡　山梨県 ＊はんぼー山梨県　岐阜県揖斐郡　島根県　岡山県　広島県　山口県阿武郡 ＊ひつ滋賀県蒲生郡　兵庫県　和歌山県 ＊べんとー新潟県佐渡・西蒲原郡 ＊ほーかい（飯びつの一種）山形県 ＊ほかい（飯びつの一種）山形県　福島県　茨城県稲敷郡・行方郡 ＊ほけーい（飯びつの一種）福島県大沼郡 ＊ままつぎ新潟県佐渡　三重県宇治山田市　福岡県久留米市　熊本県 ＊ままぶろ大分県大分市・大分郡 ＊みしばーち沖縄県 ＊みっつぎ島根県隠岐島 ＊めーつぎ山口県見島 ＊めしおけ高知県長岡郡 ＊めしげ島根県隠岐島 ＊めしつき栃木県日光市・下都賀郡　島根県隠岐島　長崎県南高来郡 ＊めしつぎ栃木県河内郡　群馬県佐波郡　埼玉県北足立郡　新潟県佐渡　岐阜県大野郡　三重県志摩郡・度会郡　兵庫県加古郡　島根県隠岐島　山口県　高知県　福岡県　佐賀県・藤津郡　長崎県　熊本県玉名郡・下益城郡　大分県　宮崎県延岡 ＊めしっつえ長野県下水内郡 ＊めしっつぎ栃木県　山梨県 ＊めしつぼ大分県大分郡 ＊めしばち山形県米沢市　茨城県北相馬郡 ＊めしばっ鹿児島県 ＊めっすぎ石川県能美郡　島根県隠岐島 ＊めっつい徳島県阿南市 ＊めっつき島根県隠岐島 ＊めっつぎ三重県志摩郡・度会郡　島根県隠岐島　香川県伊吹島 ＊めひつぎ三重県松阪・度会郡　島根県鹿足郡　山口県阿武郡・豊浦郡　高知県 ＊めんつき徳島県海部郡 ＊ゆり（飯びつの大きくて浅いもの）島根県益田 ＊ゆりわ（飯びつの大きくて浅いもの）兵庫県加古郡　岡山県 ＊ろーまいびつ大分県南海部郡 ＊んぼんぱつぃ沖縄県八重山

めじろ【目白】 ＊あおちろ和歌山県日高郡 ＊おーまさ沖縄県宮古島 ＊おくさま鹿児島県奄美大島 ＊さーみ鹿児島県沖永良部島 ＊さーむ鹿児島県奄美大島 ＊さむっぐゎ鹿児島県加計呂麻島 ＊さんむ鹿児島県徳之島 ＊じっぱーま沖縄県鳩間島 ＊しもばなし（霜の降るころ、里に渡ってくる無数のメジロ）鹿児島県肝属郡 ＊すごめ鹿児島県屋久島 ＊そーみなー沖縄県・首里 ＊そーみんなー沖縄県石垣島 ＊とぅゆー鹿児島県喜界島 ＊ときわ鹿児島県肝属郡 ＊はなし宮崎県日向・都城　鹿児島県 ＊はなしー鹿児島県種子島 ＊はなすい宮城県　鹿児島県肝属郡 ＊はなすっぐゎ鹿児島県加計呂麻島 ＊はなつゆ鹿児島県奄美大島 ＊ぴるま（鳴き声から）沖縄県黒島 ＊びるろーま沖縄県小浜島 ＊まっちゅ・まっちゅー鹿児島県喜界島 ＊みしんどぅらま沖縄県石垣島 ＊みるぐやー沖縄県新城島 ＊めごろ和歌山県新宮 ＊わたいばなし（初冬ごろ、人里に渡って来るメジロ）鹿児島県肝属郡

めす【雌】 ＊あんた和歌山県那賀郡 ＊おんこ香川県仲多度郡・屋島

めずらしい【珍】 ＊あらけない富山県高岡市 ＊うとぅまらさい鹿児島県喜界島 ＊おかしー徳島県　大分県直入郡 ＊おとーどーしー福岡市

長崎県対馬 *おとーろしー 福岡県 *おとしー 大分県大野郡「おとしゅーございます」 *おとどーしー 岡山県苫田郡「おとどーしゅー」 *おとどしー 上方「おとどしやす」 徳島県 愛媛県 高知県 長崎市 *おもしー 富山県砺波 *おもしれ 青森県上北郡 熊本県玉名郡「朝かる空模様んおもしれ風ぱい」 *おもしろい 大分県別府市 *おもっさい 福井県坂井郡「おもっさいことを云ふな」 *おもっしょい 三重県北牟婁郡「やろーみよーひとをなぐっておもっしょいんにゃー」 徳島県美馬郡 *おもろい 大阪市 *きょーさみー 広島県備後 *きょーさめー 鳥取県東伯郡・倉吉市「きょーさめいくちなわ」 *けちー 埼玉県秩父郡「きょうはけちく寒みいなあ」 *ころましー 宮城県石巻「寒中のたけのごはころますえねす(珍しいですね)」 *どーとーしー 宮城県仙台市 *どーどーしー 山口県 *どーどしー 高知県幡多郡 長崎県五島 *とーろーしー・とーろしー 鹿児島県種子島「とーろーしかったなあ」 *とんどい・とどひ 長崎県五島「とどひかったなあ」 *ふてめじらし(たいへん珍しい) 島根県八束郡「ふてめじらしことがおこった」 *みんだしやん 沖縄県首里「みんだしむん(珍しいもの)」 *めずろっけー 長野県長野市・上水内郡 *りょーけんにおよばん(たいへん珍しい) 長崎県北松浦郡「りょーけんにおよばんことした」 *りょーけんこん(たいへん珍しい) 長崎県北高来郡

□こと *くさもちのおかざり 新潟県佐渡 *ごきとく 長崎県壱岐島「今日はごきとく、遊びおいでました」 *ついるまん 沖縄県与那国島 *ないこと 富山県砺波「ないことに早う起っけた」 *はつぶり 大分県速見郡・大分郡

□さま *あえまや 三重県阿山郡 *しょせん 愛媛県 *たいよー 島根県那賀郡・邑智郡 *ちん 島根県出雲 *ちんて 島根県出雲市・飯石郡 *ちんてー 島根県出雲 *ひょいきん(風変わりで珍しいさま。とっぴなさま) 静岡県榛原郡 *ひょーきん(風変わりで珍しいさま。とっぴなさま) 静岡県志太郡「このひたー(人は)ふんとにひょーきんだよ」 *ひょんきん(風変わりで珍しいさま。とっぴなさま) 静岡県「ひょんきんな人」 *みょー・みゅー 大分県大分郡・大分市 *めんそ 青森県上北郡

めだか【目高】

*あさんびざっこ 秋田県仙北郡 *あすびだこ 宮城県 *あそんびざっこ・あすんびざっこ 秋田県平鹿郡 *あせのみ 香川県小豆島 *あそびじゃっこ 青森県三戸郡 *あたんぽ 和歌山県西牟婁郡 *あとのおまこ 青森県上北郡 *あとんばま 愛知県西加茂郡 *あとんぼり 愛知県額田郡 *あびら 高知県中央部 *あびらこ 高知県 *あびらんこ 高知県高岡郡 *あぶらこ 高知県 *あぶらめ 岩手県 *あぶらんこ 高知県香美郡 *あべらこ 高知県吾川郡 *あめご 奈良県吉野郡 *あめふりじゃっこ 青森県下北郡 *いきすばえ 岐阜県海津郡 *いさざ 石川県河北郡 *いだご 愛媛県上浮穴郡・東宇和郡 *いとこんばえ 三重県阿山郡 *うかる 広島県御調郡 *うきうお 広島県御調郡 *うきお 広島県尾道市 *うきこ 山形県西置賜郡 高知県高岡郡・土佐郡 *うきじゃっこ 青森県上北郡 *うきす 山梨県南巨摩郡 長野県下伊那郡 岐阜県養老郡・山県郡 愛知県西春日井郡・東春日井郡 京都府 奈良県吉野郡 *うきすこ 山形県 *うきそ 岡山県北部 *うきた 京都府 *うきっこ 栃木県芳賀郡 *うきのこ 高知県長岡郡・土佐郡 *うきのめ 高知県長岡郡 *うきはや 三重県志摩郡 *うきめ 栃木県下都賀郡 高知県土佐 *うきよ 和歌山県有田郡 愛媛県今治市・越智郡 熊本県宇土郡 *うきんぎょ 愛媛県今治市 *うきんご・うぎんご 広島県御調郡・芦品郡 *うきんじょ 滋賀県愛知郡・神崎郡 *うきんじょー 京都府 *うきんた 京阪 滋賀県蒲生郡・神崎郡 *うきんだ 京都府 *うきんちゃぼ 京阪 *うきんちょ 岐阜市 愛知県西春日井郡 *うけ 愛知県名古屋市 *うけす 愛知県西部 *うけんぼ 愛知県名古屋市 *うずめっこ 新潟県中頸城郡 *うたっこ 静岡県富士郡 *うっきんばえ 岡山県苫田郡 *うっどばい 和歌山県西牟婁郡 *うなめこ 山形県東田川郡 *うなめちょ・うぬめちょ 山形県飽海郡 *うぬみ 山形県西田川郡 *うのべ 新潟県 *うのみ・うのめ 山形県東田川郡・西田川郡 *うのみこ・うのめこ 山形県 *うのめちょ・うのめっちょ 山形県飽海郡 *うみのー・うみびこ 山形県東田川郡 *うみのこ 山形県東田川郡・西田川郡 *うみのちょ 山形県飽海郡 *うめこ 山形県西田川郡 *うめのこ 山形県東田川郡 *うめのちょー 山形県酒田市 *うるこめ 栃木県那須郡 *うるすめ 秋田県河辺郡 *うるのめ 山形県 *うるびこ 山形県東田川郡 *うるみこ 秋田県 山形県西置賜郡 *うるみちょ 山形県飽海郡 *うるめ 青森県 秋田県北秋田郡・鹿角郡 山形県西置賜郡・飽海郡 新潟県 長野県上高井郡 *うるめこ 青森県 秋田県山本郡・由利郡 山形県 新潟県東蒲原郡 *うるめちょ 山形県飽海郡 新潟県 *うるんずめ 秋田県秋田市・河辺郡 *うろめこ 新潟県 *うろめちょ 山形県飽海郡 *おんごろべー・おんごろばい・おごりべー・おごりばい・おぐるばい・おぐるべー・おんぐるべやー・うんぐびゃー・うんぐりびゃー・じょんごろべー・じょんごろべ・じょんごろばい・じょんごろ 新潟県佐渡 *うんのみ 山形県最上郡 *うんのめ 山形県西置賜郡・西田川郡 新潟県岩船郡 *うんのめこ 山形県西置賜郡 *おがじゃこ・おがじゃっこ 青森県三戸郡 *おかめっこ 長野県南佐久郡 *おきんこ・おきんこばえ・おきんす 愛知県西春日井郡 *おきんた・おきんちゃぼ 京都市 *おどめ 山形県庄内 *かいきん 島根県鹿足郡 *かいなんご 香川県木田郡 *がいなんこ 香川県 *かなぎ 秋田県仙北郡 *かなこ 石川県鳳至郡 *かなご 福井県今立郡 *かなめ 長野県東筑摩郡 *かにびんちょ

ー島根県邑智郡 *かねざ・かねざっこ 富山県 *がねす 香川県・三豊郡 *かねんぱ 島根県仁多郡 *かまつか 熊本県阿蘇郡 *がめー 高知県土佐郡 *かわいこ・かわえご 鳥取県西伯郡 *かんかんびーこ・かんかんびく・かんかんび・かんかん 島根県邑智郡 *かんこ 広島県沼隈郡 *かんころ 広島県南部　香川県広島　愛媛県新居浜市・大島 *かんごろ 岡山県浅口郡 *かんた・かんち 石川県鹿島郡 *かんぴんたー・かんびーたー・かんびーこー 島根県邑智郡 *かんびんちょー 島根県邑智郡・美濃郡 *きゅーたか 群馬県佐波郡 *ぎよめ 熊本県芦北郡 *きんきんばよ 三重県多気郡 *ぎんざ 富山県砺波 *きんざやー・きんざやー のこ 広島県芦品郡 *ぎんた 岐阜県大垣市 *きんちゃぼ 京阪 *きんとろめん 静岡県清水市 *きんのばい 広島県御調郡 *きんばす 愛知県西加茂郡 *きんびしこ・きんびちこ 高知県安芸郡 *ぐじ 秋田県鹿角郡 *くろっちょ 三重県志摩郡 *ぐんずろ 熊本県八代郡 *げーもんご 兵庫県美方郡 *げんざばば 富山県西礪波郡 *ごーまんじょー・ごーまん 香川県直島 *こーめん 石川県能登 *こーめんかち 岐阜県郡上郡 *こじきうお 徳島県美馬郡 *ごまめ・ごじゃめ 石川県能登 *こねばち 島根県邑智郡 *こばい 三重県阿山郡 *こばいちょ 三重県伊賀 *こばえご 三重県上野市 *こばよ 三重県度会郡 *こびんちょ 三重県員弁郡 *こびんとと 兵庫県赤穂郡 *ごま 京都府葛野郡 *こまいと・こまいとー 岡山市 *こまぐらじゃっこ 青森県三戸郡 *こまじゃっこ 青森県上北郡 *こまよ 三重県度会郡 *ごまん 兵庫県養父郡 *ごまんぞー・ごまんず・ごまん 熊本県球磨郡 *こまんじゃ 大阪市 *こまんじゃこ 京都府　大阪市　兵庫県但馬 *ごまんじょ 香川県木田郡 *ごまんじょー 岡山県小田郡 *ごまんぞ 熊本県上益城郡・球磨郡 *こみじゃこ 大阪府泉北郡 *こみんちょちょ・こみんとと 兵庫県赤穂郡 *ごめ 大阪府泉北郡 *こめいとー 岡山県児島郡 *ごめき 和歌山県伊都郡 *こめじゃこ 京都市　大阪府泉北郡 *こめだこ 京都府 *ごめっちょ 和歌山県伊都郡・東牟婁郡 *こめん 兵庫県加西郡・多紀郡 *ごめんたき・ごめん・ごめんじゃこ 奈良県 *こめんこ 岐阜県郡上郡　静岡県中部　滋賀県甲賀郡 *こめんさい 岐阜県郡上郡 *こめんじゃ 静岡県安倍郡・志太郡　兵庫県出石郡 *こめんじゃこ 福井県・敦賀郡　滋賀県蒲生郡・愛知郡　京都府　兵庫県赤穂郡　奈良県南大和　徳島県那賀郡 *こめんじょ 静岡県安倍郡・志太郡　京都府北部 *こめんす・こめんそ 岐阜県郡上郡 *こめんちゃ 福井県南条郡 *こめんちょ 愛知県額田郡 *こめんと 奈良県南大和 *こめんとと 兵庫県赤穂郡 *こめんぱい 岐阜県郡上郡 *ごり 青森県上北郡・三戸郡 *ごりこ 青森県上北郡・三戸郡 *ごりん・ごりのこ 石川県珠洲郡 *ごりんちょー 広島県芦品郡・高田郡 *ごんごら 島根県八束郡 *こんぱいす 岐阜県稲葉郡 *こんばいちょ 三重県 *こんばえ 岐阜県山県郡・加茂郡　三重県伊賀 *こんぱえ 岡山県苫田郡 *こんばりこ 奈良県吉野郡 *ごんばりこ 福井県遠敷郡 *こんめ・こんめさ・こんめさい 岐阜県飛騨 *ざこ 栃木県　宮崎県小林市・西諸県郡 *ざご 栃木県芳賀郡・那須郡 *ざこっこ 栃木県北部 *ざこめ 埼玉県秩父郡　宮崎県西諸県郡 *ざこめどー・ざこめぞー 埼玉県秩父郡 *ざこめっこ 埼玉県秩父郡 *ざっこ 栃木県　群馬県勢多郡　千葉県山武郡　島根県隠岐島　熊本県阿蘇郡 *ざっここ 山形県西置賜郡 *ざっこっこ 岩手県九戸郡 *ざめぁこ 宮城県石巻 *ししん 三重県南牟婁郡 *じじんこ 香川県三豊郡　熊本県八代郡 *じやこ 石川県鳳至郡　島根県鹿足郡・那賀郡　岡山県苫田郡　徳島県美馬郡　香川県　大分市 *じやこんばい 岡山県苫田郡・久米郡 *じゃこんぼ 滋賀県甲賀郡 *じゃじゃみ・じゃじゃいも 三重県南牟婁郡 *じゃっこ 青森県上北郡・下北郡 *じゃみ 愛媛県 *しゃんしゃんめじゃこ 大分市 *じゃんばら 山形県東村山郡 *じゃんばらこ 山形県東村山郡・西村山郡 *じょーばこ・じょんばら 山形県村山 *じょんばなこ・じょんばこ・じょばこ・じょなっぺ 山形県西村山郡 *しょーめんこ 広島県賀茂郡 *じょぼらこ 山形県東置賜郡 *じょんばらこ 山形県 *じょんじょ 三重県上野市 *しろはい 奈良県吉野郡 *じんじこ 香川県仲多度郡 *すいなご 熊本県玉名郡 *ずーなめ 熊本県天草郡　宮崎県宮崎市・児湯郡 *すずめじゃこ・すずみ 石川県珠洲郡・鳳至郡 *ずなめ 宮崎県児湯郡　鹿児島県 *すめんご 鳥取県 *ずんばら 山形県北村山郡 *せーご 和歌山県日高郡 *せーま 大分県東国東郡 *せんびんきょー 茨城県稲敷郡 *ぞーぞなめ 熊本県玉名郡・八代郡 *ぞー

方/言/の/窓

●文末詞・間投詞Ⅰ

文末詞・間投詞は全国的にきわめて多彩であり、その方言らしさを際立たせる。

ノーは西日本各地のほか東日本の日本海沿岸地域に見られる。山形県庄内地方もノー一色の地域であるが、よその地方から嫁に来た人は、このノーが自然に使えるようになって、はじめて地域の一員として認められるという。逆に、タクシーの運転手などは標準語をあやつるよそ者の乗客にはノーを用いぬよう注意しているという。

漱石の『坊つちやん』で有名になったナモシは東北や中部など全国的に分布する。漫画で「困ッタニャー」のように使われるニャーは九州北西部で多用される。そのほか、仙台や富山のチャ、山形のナッス、福島のナイ、高知のゼヨなどもお国ぶりを表す文末詞の例である。

ぞまめ 熊本県芦北郡 *ぞーなま 熊本県宇土郡 *ぞーなめ 香川県仲多度郡 熊本県 宮崎県 *ぞーなん 熊本県阿蘇郡 *ぞぞなめ 熊本県 *ぞなめ 熊本県 宮崎県 *たーびーご 島根県美濃郡 *たーびーろー 島根県益田市 *たいお 島根県浜田市・那賀郡 広島県下蒲刈島 *たいご 島根県浜田市 *たいごじょ 大分県速見郡 *たいこんぼー 山口県熊毛郡・大島 *たいちー 島根県益田市 *だいちー(幼児語) 島根県江津市 *たいちーろー・たいちろー・たいちご 島根県益田市 *たいちんぼー 広島県双三郡 *たいな 和歌山県西牟婁郡 徳島県海部郡 香川県 *だいな 和歌山県西牟婁郡 *たいびー・たいびーろ 島根県益田市 *たいびーろー 島根県 *たいびろ 島根県鹿足郡 *たいびろー 島根県鹿足郡・益田市 *たいほー 島根県那賀郡・江津市 *たいゆ 鹿児島県奄美大島 *たいりょー 島根県那賀郡 *たいろー・たいろ 島根県那賀郡・浜田市 *たいろびー 島根県那賀郡・浜田市 *たいろびーびー 島根県那賀郡 *たいわし 島根県江津市 *たかまみ・たかまーみ・たかまー 沖縄県首里 *たかまめ・たかめんちょ・たかまめんちゅ 鹿児島県 *たかみー 鹿児島県喜界島 *たかめ 鹿児島県・大隅 *たかめんちん 鹿児島県 *たかりいお 富山県下新川郡 *たごまん 熊本県球磨郡 *たつくり 岡山県小田郡 *たなご 石川県鳳至郡 *たなごのこ 青森県上北郡 *たねばい(田にいるもの) 和歌山県東牟婁郡 *たねんぶ 島根県邑智郡 *たのご 石川県鳳至郡 *たばいご 島根県鹿足郡 *たばえ 三重県南牟婁郡 和歌山県西牟婁郡 島根県鹿足郡 熊本県鹿本郡・芦北郡 *たばんこ・たばひゅー 福岡県浮羽郡 *たびーご 島根県益田市 *たびーろ・たびーろー 島根県美濃郡・益田市 *たゆ 鹿児島県喜界島 *たよー 島根県那賀郡・江津市 *てやびー・たよんびー 島根県益田市 *たんちこ 新潟県西頸城郡 *たんぼ(小児語) 和歌山県東牟婁郡 *だんばい 和歌山県西牟婁郡 *だんばいこ 和歌山県日高郡 *たんびーろ 島根県鹿足郡・益田市 *たんびーろー 島根県鹿足郡 *ちーせんこ 大分県西国東郡 *ちーちこ 愛媛県八幡浜市 *ちちこ 香川県伊吹島 *ちちんと・ちちんめ・ちびん・ちびんじゃこ 香川県三豊郡 *ちちんめんこ・ちみん・ちみんじゃこ 香川県 *ちゃんばっこ 神奈川県津久井郡 *ちゃんぴん 三重県志摩郡 *ちょこ 香川県 *ちょめじょこ 大分県速見郡 *ちょんばい 和歌山県日高郡 *ちょんぱい・ちょんぱいこ 岡山県 *ちょんぽ 神奈川県津久井郡 *ちょんまっこ・ちょんめ・ちょんめっこ 神奈川県津久井郡 *ちりめん 香川県・綾歌郡 *ちりめんじゃこ 滋賀県彦根 徳島県海部郡 香川県・綾歌郡 *ちりんこ 岐阜県吉城郡・大野郡 *ちりんご 鳥取県日野郡 島根県那賀郡 岡山県阿哲郡 広島県比婆郡・神石郡 *ちりんどー 島根県江津市・那賀郡 *ちんご 大分県大分郡 *ちんちろばい 岡山県川上郡 *ちんちん 静岡県 *ちんちんこめ・ちんちんこめん 静岡県志太郡 *ちんちんばえ 岡山県川上郡 *ちんぱいご 岡山県苫田郡 *つんつん 岐阜県飛騨 *つんつんこ 長野県上水内郡・長野市 *つんつんたらこめ・つんつんたのこみ 岐阜県飛騨 *てめじょー 大分県大野郡 *でんでんぶく 福井県敦賀郡 *てんとーまぶり 広島県芦品郡 *てんとご 広島県深安郡 *でんぱち 三重県志摩郡 *てんむき 和歌山県伊都郡 *とーばりっこ・とーばり 静岡県磐田郡 *どざめ・どざめご・どだめ・のざめ・のだめ・のだめご 熊本県天草郡 *ととめんかち 岐阜県郡上郡 *ととめんこ 岐阜県郡上郡 静岡県庵原郡 *どぶこ 広島県安佐郡 *どべこ 新潟県佐渡 *どぼそ 三重県志摩郡 *どめ・どめっこ 長野県佐久 *とろー 青森県下北郡 *とろめんこ 静岡県庵原郡・安倍郡 *とろめんじゃー 静岡県庵原郡 *どんこのこ 愛媛県 *どんばい 和歌山県「どんばいもととの内」 *とんばいこ 和歌山県日高郡 *どんぶりこ 徳島県海部郡 *にがはえ 青森県上北郡・南部 *にさいご 大分県北海部郡 *にんぶ・にんぶこ・にんぶつ 島根県大田市 *ぬかご 山形県最上郡 *ねーぶし 鳥取県東伯郡 *ねばち 三重県度会郡 *ねばちご 和歌山県・東牟婁郡 *ねぶ 鳥取市 *ねぶご 鳥取県岩美郡・気高郡 *ねぶちゃん 鳥取県八頭郡・東伯郡 *ねぶちゃんご 鳥取県岩美郡・気高郡 *ねぶと・ねぶとご 広島県比婆郡 *ねぶとじゃこ 広島県江田島 *ねぶりこ 広島県島嶼 *ねぼ・ねぼつ・ねんご 島根県隠岐島 *ねんぱ 鳥取県西伯郡 *ねんぱご 島根県出雲 *ねんぱじ 島根県八束郡 *ねんぱす 愛知県知多郡 *ねんぱち 愛知県知多郡 三重県志摩郡 和歌山県 鳥取県西伯郡 島根県出雲 広島県比婆郡 *ねんばちご 和歌山県 *ねんぱちご 和歌山県東牟婁郡 鳥取県西伯郡 島根県飯石郡・仁多郡 *ねんばり 島根県鹿足郡 *ねんばりこ 島根県鹿足郡 *ねんぶ 島根県 *ねんぶー 山口県柳井市 *ねんぶこ 島根県大田市 *ねんぶご 島根県邇摩郡・邑智郡 *ねんぶつ 兵庫県加古郡 島根県安来市 岡山県児島郡 香川県 *ねんぶつこ 広島県双三郡・比婆郡 *ねんぶつご 島根県 岡山県児島郡 広島県比婆郡 香川県小豆島 *ねんぶつし 香川県 *ねんぶつなご 岡山県児島郡 *ねんぶと 広島県比婆郡 *ねんぼ・ねんぼつご 島根県隠岐島 *のぼりこ 徳島県海部郡 高知県安芸郡・幡多郡 *のみご 奈良県吉野郡 徳島県海部郡 *のみじゃこ 徳島県海部郡 *のみっこ 長野市 *のみとと 岐阜県飛騨 *のみのこ 岐阜県郡上郡 徳島県美馬郡 *のみんちゃこ・のみん 徳島県美馬郡 *のみんこ 徳島県美馬郡 *のみんご 岐阜県郡上郡 *のみんじゃこ 徳島県三好郡・美馬郡 *のめご・のめんじゃこ 徳島県海部郡 *はいご 和歌山県東牟婁郡 鳥取県 熊本県菊池郡 *はいじゃこ 奈良県南大和 *はえ 石川県珠洲郡・鳳至郡 三重県上野市・名張

市 *はえご 三重県名張市 島根県鹿足郡 熊本県 *はじめ 高知県安芸郡 *はとめ 三重県志摩郡 *はなかけ 岐阜県飛驒 *はや 高知県高岡郡 *はやご 愛媛県 *はやっこ 栃木県河内郡・芳賀郡 長野県南佐久郡 *はやめっこ 長野県佐久 *はやめんこ 長野県南佐久郡 *はやめんご 栃木県安蘇郡 *はやんご 香川県 *はよっこ 愛知県北設楽郡 *はらばん 愛媛県今治市 *はりーご 高知県高岡郡 *はりか 青森県三戸郡 *はりこ 岐阜県郡上郡 奈良県吉野郡 和歌山県東牟婁郡 愛媛県周桑郡 高知県香美郡・幡多郡 *はりご 愛媛県周桑郡 高知県土佐郡・吾川郡 *はりこご 山形県東置賜郡 *はりっこ 静岡県 愛知県北設楽郡「はりっこが沢山いる」 高知県長岡郡 *はりのみず 岐阜県群上郡 *はりのみぞ 香川県 *はりのめ・はんのめ 高知県長岡郡 熊本県阿蘇郡・上益城郡 *はりみず 山形県北村山郡 岐阜県郡上郡 *はりみぞ 山形県 *はりみっこ 山形県南置賜郡 *はりみんこ 山形県北村山郡 *はりめっこ 栃木県日光市 *はりめど 群馬県勢多郡 神奈川県津久井郡・愛甲郡 *はりめどー 埼玉県秩父郡 *はりめどっこ 群馬県勢多郡 *はりめんこ 岐阜県飛驒 熊本県阿蘇郡 *はりもっこ 高知県安芸郡 *はりんこ 岐阜県郡上郡 愛知県北設楽郡「はりんこつかまえんかな」 *はりんこー 奈良県吉野郡 *はりんちょー 広島県双三郡 *はりんど 広島県安佐郡 *はるめ 青森県上北郡 *はよめど 群馬県碓氷郡 *ぱんぱく 広島県江田島 *はんりご 鳥取県 島根県邑智郡 広島県佐伯郡・高田郡 高知県吾川郡 *ひーか 山口県大島 *びーこ 島根県邑智郡 高知県幡多郡 *びーご 島根県飯石郡・鹿足郡 *びーちゃこ・びーのこ 島根県邑智郡 *びーびん 香川県香川郡 *ひげざ 静岡県駿東郡 *びすこ 高知県 *びちご・びちなご・びっちん 大分県大分郡 *ひちりんこ・びびちゃこ 島根県邑智郡 *びびん・びびんじゃこ 香川県 *びびんこ 島根県邑智郡 香川県大川郡・木田郡 *びびんちゃ 香川県大川郡 *びびんたー 徳島県三好郡 *びびんちゃこ 香川県木田郡・香川郡・豊島 *びびんちゃん 島根県邑智郡 *びびんちゃんこ 鹿児島県鹿児島郡 *びびんちょ 香川県香川郡 *びよんこ 熊本県芦北郡・八代郡 *びらっこ 栃木県塩谷郡 *ひりんご 島根県邑智郡 広島県比婆郡 *びりんこ 岐阜県益田郡 島根県邑智郡 広島県比婆郡 熊本県上益城郡 *びりんご 島根県 広島県比婆郡 *ぴりんご 島根県飯石郡 *ひりんちょ 広島県比婆郡 *びりんちょ 岐阜県益田郡 広島県比婆郡 *びりんちょこ 広島県比婆郡 *びんちょ 香川県香川郡 *びんびんちゃこ 島根県邑智郡 *ふせんご 愛知県愛知郡・碧海郡 *ふなご 佐賀県藤津郡 *べーべんちゃこ・べべたー 徳島県那賀郡 *へーりんたんご 島根県邑智郡 *べた 徳島県 *べたーじゃこ 徳島県三好郡 *べたこ 徳島県 高知県高岡郡 *べたん 徳島県三好郡 *べたんこ 徳島県海部郡 *べたんじゃこ 徳島県美馬郡・三好郡 *べべらこ 徳島県海部郡 *べべん 徳島県那賀郡・海部郡 *べべんじゃこ 徳島県那賀郡・海部郡 *べべんちゃ・べべんちゃこ 徳島県那賀郡・海部郡 *ぺんこ 長野県上田・佐久 *べんじゃこ 徳島県那賀郡 *ほーせんご 岡山県吉備郡・浅口郡 *ぽっかり 広島県 *ほんね 島根県隠岐島 *まずこ 熊本県阿蘇郡 *みずんこ・みず 岐阜県郡上郡 *みずご 徳島県海部郡 *みとこ 三重県度会郡 *みとじゃこ 三重県上野市・阿山郡 滋賀県甲賀郡 *みとち・みとちん 兵庫県淡路島 *みとばい 三重県阿山郡 *みとばえ 三重県阿山郡・名張市 *みなくちじゃこ 兵庫県赤穂郡 *みぶせん 愛知県愛知郡 *みみじゃこ 京都府北部 兵庫県淡路島 和歌山県日高郡・西牟婁郡 香川県丸亀市 愛媛県今治市・喜多郡 *みみじゃっこ 富山県東礪波郡 *みみたたき 石川県 *みみん 兵庫県神戸市 徳島県 香川県・大川郡 *みみんご 鳥取県西伯郡 *みみんざこ 香川県・小豆島 *みみんじゃ・みみんじゃー 香川県・大川郡 *みみんじゃこ 兵庫県赤穂郡 島根県那賀郡・浜田市 徳島県 香川県 愛媛県・周桑郡・新居郡 *みみんじょ 愛媛県新居郡 *みみんた 徳島県 *みみんちゃ・みみんちゃこ 徳島県 香川県 *みみんちょ 香川県・大川郡 *みりんこ 岐阜県吉城郡・大野郡 *みんじゃこ 京都府葛野郡 徳島県 *みんたろ 兵庫県赤穂郡 *むつこ 徳島県美馬郡 *むつご 徳島県 *むふくと 岡山県川上郡 *めありご 島根県邑智郡 *めいただき 徳島県三好郡 高知県安芸郡 *めうき 高知県長岡郡 *めーぐり 山形県西田川郡 *めーた 和歌山県日高郡 島根県鹿足郡 広島県江田島・東能美島・西能美島 山口県 徳島県 香川県小豆島・与島 高知県 *めーたい 広島県 *めーたご 島根県江津市・邑智郡 山口県 高知県 *めーたま 広島県西能美島 *めーたん 広島県倉橋島 山口県屋代島・平郡島 徳島県阿波郡・麻植郡 *めーたんご 岡山県邑久郡 山口県屋代島・周防 *めーたんじゃこ 徳島県阿波郡・麻植郡 *めーたんぼ 山口県大島 *めーち・めーちゃ 徳島市 *めーちゃん 徳島県阿波郡・麻植郡 *めーちょ・めーちょー 徳島県海部郡 *めーちん 徳島県麻植郡・阿波郡 *めーちんこ 徳島県 *めーと 岡山県御津郡 *めーとー 岡山県 *めーとーご 岡山県邑久郡 *めーとー 岡山県岡山市・御津郡 *めーめん 徳島県 香川県香川郡 *めーめんこ 徳島県麻植郡 *めーめんじゃこ 徳島県阿波郡 香川県香川郡 *めーめんたたき 石川県鳳至郡 *めりたんご・めーりんたんご 島根県邑智郡 *めくさり 愛媛県伯方島 高知県幡多郡 *めくらうお 青森県下北郡 *めざこ 岩手県和賀郡 福島県相馬郡・東白川郡 栃木県 大分市 *めくらこ 青森県三戸郡・下北郡 *めくらざっこ 秋田県仙北郡 山形県鶴岡市 *めくらじゃこ 青森県八戸市 高知県

安芸郡 *めくらじゃっこ 青森県三戸郡 *めくらっこ 新潟県中越 *めくらへぁっこ 岩手県気仙郡 *めこざっこ 岩手県紫波郡 *めこちょ 三重県一志郡 *めざ 栃木県 *めさい 大分県速見郡 *めざかっこ 栃木県上都賀郡・下都賀郡 埼玉県秩父郡 *めざっこ 栃木県 埼玉県秩父郡 東京都南多摩郡 山梨県南巨摩郡 長野県下水内郡・上高井郡 *めざんこ 大分県西国東郡 *めじゃこ 青森県三戸郡 大分県 *めじゃんこ 大分県大分郡 *めじりんこ 島根県鹿足郡 *めじん 徳島県 *めじんこ 島根県江津市 *めせ 大分県 *めぜこ 大分県宇佐郡 *めぞー 埼玉県秩父郡 *めた 徳島県海部郡 高知県安芸郡・高岡郡 *めだ 石川県珠洲郡 *めたー 徳島県海部郡 *めたいが・めたいご 大分県速見郡 *めだいこ 島根県那賀郡 *めたこ 石川県鳳至郡 福井県大飯郡・遠敷郡 *めたご 福井県大飯郡 京都府竹野郡 高知県 熊本県玉名郡 大分県速見郡 *めだこ 栃木県芳賀郡 福井県大飯郡 京都府北部 福岡県・福岡市 大分県 *めだし 大分市 *めたしこ 愛知県愛知郡・碧海郡 *めたたき 石川県珠洲郡 高知県 宮崎県南那珂郡 *めただき 徳島県美馬郡 高知県 *めだっこ 長野県上高井郡・上水内郡 *めたばや 愛媛県北宇和郡・生名島 佐賀県 *めたらごー 宮崎県東臼杵郡 *めたろ 兵庫県赤穂郡 *めたん 徳島県三好郡 *めたんこ 愛知県愛知郡 徳島県三好郡 愛媛県東宇和郡 *めたんご 熊本県玉名郡 *めだんこ 大分県東国東郡・大野郡 *めたんじゃこ 徳島県 *めたんちき 奈良県 *めたんびき 徳島県三好郡 *めたんぼ 和歌山県日高郡 *めちゃ 石川県鳳至郡 長野県上田 *めちゃご 高知県高岡郡 *めちゃっこ 長野県 *めりんぎょ・めちゃりんご 島根県那賀郡 *めちょちょ 兵庫県赤穂郡 *めちりんご 島根県石見 広島県佐伯郡 *めちん 徳島県美馬郡 *めちんぎょ 島根県那賀郡 *めちんご 島根県美濃郡・益田市 *めっかち 愛知県西春日井郡 *めっくり 愛媛県伯方島 *めっこ 神奈川県津久井郡 長野県長野市・上水内郡 *めっこす 愛知県西春日井郡 *めった 和歌山県 高知県安芸郡・室戸市 *めったー 徳島県海部郡 *めったい 高知県幡多郡 *めったうす 和歌山県海草郡 *めったうそ 和歌山県那賀郡 *めったこ 京都府 *めったご 長崎県五島 *めったそ 和歌山県東牟婁郡・和歌山市 *めったぶそ・めったぶとん・めったぶん 和歌山県那賀郡 *めったん 和歌山県海草郡・日高郡 *めったんぼ 和歌山市 *めっちん 徳島県海部郡・阿波郡 *めっとー 和歌山県有田郡 *めっとーばえ 和歌山県有田郡 *めっとばい 奈良県宇智郡 和歌山県伊都郡・日高郡 *めっとんばい 奈良県宇智郡 *めっぱ 三重県志摩郡・度会郡 *めつばい 三重県名張市 *めっぱち 三重県 和歌山県新宮 *めっぱつ 三重県志摩郡 *めっぽ 三重県度会郡 *めでー 大分県西国東郡 *めでか 群馬県佐波郡 *めでこ 大分県速見郡 *めでんこ 大分県速見郡 *めど 静岡県安倍郡 *めどー・めどーっこ 埼玉県秩父郡 *めとちん 兵庫県淡路島 *めどっこ 埼玉県秩父郡 長野県佐久 *めとばい 三重県名張市 兵庫県佐用郡・赤穂郡 奈良県宇陀郡 *めとんばい 兵庫県佐用郡 和歌山県日高郡 岡山県津山 *めばいちょ 三重県度会郡 *めばえ 島根県鹿足郡 *めばち 三重県志摩郡・度会郡 和歌山県東牟婁郡 *めはり 熊本県球磨郡 *めはりご 島根県那賀郡・江津市 広島県 高知県高岡郡・幡多郡 *めばりこ 島根県鹿足郡 *めばりこー 島根県邇摩郡 *めはり んご 島根県石見 広島県山県郡 *めはる 京都府 *めばる 大分市 *めばんちょ 愛知県額田郡 三重県三重郡 *めはんちょー 島根県美濃郡 *めぶと広島県 *めぶとご 広島県比婆郡 *めめいた 香川県小豆島 *めめーち 広島県安芸郡 *めめご 高知県幡多郡 熊本県芦北郡 *めめざこ 京都府 *めめざっこ 富山県下新川郡 *めめじ 三重県志摩郡 *めめじゃく 石川県能登 *めめじゃこ 富山県東礪波郡 石川県 京都府北部 大阪市 香川県仲多度郡 愛媛県 *めめじゃっこ 富山県砺波 徳島県 香川県三豊郡 *めめた 京都府 兵庫県淡路島 広島県 香川県小豆島 愛媛県南宇和郡 高知県幡多郡 *めめたこ 兵庫県淡路島 *めめたご 京都府 香川県小豆島 愛媛県南宇和郡 *めめたん 香川県 *めめちゃ 愛媛県大三島 *めめちょ 徳島県海部郡 *めめちん 広島県安芸郡 徳島県 *めめつ 広島県安佐郡 *めめっちゃ 徳島県板野郡 *めめと 岡山市 *めめとー 岡山県御津郡 *めめん 広島県備後 徳島県 香川県 愛媛県岩城島 *めめんこ 徳島県 香川県三豊郡 *めめんじゃー 香川県 *めめんじゃく 富山市近在 愛媛県周桑郡 *めめんじゃこ 石川県珠洲郡・鹿島郡 福井県坂井郡 滋賀県・彦根 兵庫県氷上郡・赤穂郡 広島県 徳島県 香川県 愛媛県・周桑郡 熊本県宇土郡 *めめんじゃっこ 富山県砺波 *めめんじょ 島根県隠岐島 香川県 愛媛県大島 *めめんじょこ 香川県 愛媛県大島 *めめんた 徳島県名西郡 *めめんだこ 広島県山県郡・高田郡 *めめんたろこ 広島県高田郡 *めめんち・めめんちゃ 徳島県 *めめんちゃこ 広島県豊田郡・世羅郡 徳島県 香川県 *めめんちゃん 香川県仲多度郡 *めめんちょ 広島県安芸郡 徳島県 香川県 *めめんちょこ 広島県賀茂郡 香川県仲多度郡 *めやりご 高知県高岡郡 *めらんこ 大分県東国東郡・大野郡 *めりんご 島根県石見 広島県比婆郡 *めりんちょー 広島県比婆郡 *めれんこ 大分県大野郡 *めろこ 山形県 *めんか・めんかち・めんかちこ 岐阜県郡上郡 *めんがり 岐阜県飛驒 *めんがりこ 岐阜県益田郡 *めんこ 神奈川県津久井郡 長野県南佐久郡 岐阜県大野郡・飛驒 静岡県磐田郡 *めんご 島根県仁多郡 *めんざ 静岡県 *めんざこ 静岡県田方郡 *めんざっこ 栃木県日光市・那須郡 静岡県

*めんざっぱち 静岡県島田市 *めんざらっこ 栃木県那須郡 滋賀県蒲生郡 *めんじゃ 静岡県 *めんじゃこ 静岡県田方郡 *めんじゃご 長崎県南高来郡 *めんじゃっこ 静岡県田方郡 *めんじょ 島根県仁多郡 *めんぞー 栃木県那須郡 *めんた 静岡県小笠郡・榛原郡 徳島県三好郡 香川県 *めんだー 長野県諏訪 *めんたいこ 岐阜県郡上郡 高知県幡多郡 *めんたいご 島根県鹿足郡 *めんだご 長崎県南高来郡 *めんだっこ 長野県諏訪 *めんたばい・めんたばえ 島根県鹿足郡 *めんたんごろ 宮崎県延岡 *めんちょ 徳島県海部郡 *めんちょー 島根県浜田市 *めんどっこ 長野県諏訪 *めんとばい 奈良県宇智郡 *めんば 和歌山県西牟婁郡 *めんぱ 長野県下伊那郡 愛知県 三重県宇治山田市 島根県出雲 長崎県南高来郡 *めんぱい 岐阜県郡上郡 *めんぱいこ 岐阜県郡上郡 *めんぱいご 岡山県備中北部 *めんぱく 愛知県豊橋市 *めんぱこ 静岡県浜名郡 愛知県 三重県宇治山田市 *めんばち 三重県伊勢 和歌山県有田郡 島根県鹿足郡 *めんぱち 愛知県東三河 三重県志摩郡・宇治山田市 和歌山県 鳥取県西伯郡 島根県 岡山県阿哲郡 香川県仲多度郡 *めんばちこ 静岡県 愛知県愛知郡 *めんぱちこ 愛知県八名郡 *めんぱちご 愛知県碧海郡 *めんばり・めんばりこ 島根県鹿足郡・邇摩郡 *めんぼー 島根県隠岐島 *めんめん 香川県香川郡・小豆島 *めんやりこ・めんやり 岐阜県郡上郡 *もっくろ 静岡県田方郡 *もつごのこ 高知県安芸郡 *もつのこ 愛媛県周桑郡 *やらぼっこ 長野県 *よごめ 埼玉県南埼玉郡 *よばらこ 山形県東置賜郡・西置賜郡 *りんぱ 島根県大田市 *ろぶせん 愛知県碧海郡

めだま【目玉】 ⇩がんきゅう（眼球）

めった【滅多】 □に *あめったいに・あめったに 富山県 *あめむてんに・あんめもてんに・あめんもてんに・あんみょくそに 富山県砺波 *あんみに 石川県石川郡 *あんみょーに・あんみょかつに・あんみょやたらに・あんみょたらに・あんめむてに 富山県 *あんみょかすに 富山県・砺波 *あんみょに 富山県・砺波 石川県石川郡 *あんめに 富山県 石川県金沢市・能美郡 *いこ 愛知県知多郡「こんな花はいこ無い」 *けがにも（打ち消しの語を伴って）島根県石見・隠岐島「そがーなことはけがにもせん」 岡山県 広島県高田郡 *けがのばちにも 島根県石見「けがのばちにも知らざった」 *しかしか（打ち消しの語を伴って）長崎県対馬「しかしか挨拶もせぬ」・壱岐島 熊本県玉名郡 大分県 鹿児島県揖宿郡・肝属郡「しかしか来もせぬ」 *すべーに 栃木県上都賀郡・下都賀郡 *ずべたら・すべに 東京都大島「品が少ないのだからずべたら人にやってはいけない」「こんな木はすべに無い」 *すべったら 神奈川県愛甲郡 *ちーに（打ち消しを伴って）島根県出雲「どこへ逃げたかちーに居らん」 佐賀県 熊本県下益城郡 *ちーん（打ち消しを伴って）佐賀県 熊本県 *ちゅーに（打ち消しを伴って）島根県石見 広島県広島市・高田郡 山口県 *ちん（打ち消しを伴って）熊本県芦北郡・八代郡 *つい（打ち消しを伴って）宮崎県東諸県郡「ついにもね（未曾有）」 *つぃーに（打ち消しを伴って）沖縄県首里 *ついーん（打ち消しを伴って）福岡県久留米市・三井郡 *ついし（打ち消しを伴って）山形県米沢市 *へーじ 島根県出雲「あの男はへーじ見ん」 *へーと（打ち消しを伴って）岐阜県飛騨「この頃はへーと酒を呑まん」 愛知県知多郡「へいとに言へぬ」 島根県 広島県三次 *へーとー（打ち消しを伴って）島根県石見「あの人が魚を釣っとるのはへーとー見ん」 広島県高田郡「へーとーないことだ」 *へたむしょー 長野県東筑摩郡 *へたらむしょー 神奈川県藤沢市 *へったむしょー 和歌山県西牟婁郡「へったむしょーに使うてはいけない」 *へったもしょー 和歌山県日高郡 *へったやたら 栃木県 和歌山県日高郡 *へっと（打ち消しを伴って）岐阜県稲葉郡 愛知県尾張「あの人にはへっとなことは言へん」 *へと（打ち消しを伴って）岐阜県飛騨「あいつはしゃべりばちゃでへとなことは言えん」 *へらひょーと 島根県八束郡 *へらへーと 島根県「あの男はへらへーと来ん」 *へらへった 福井県大野郡 *へらへっと 島根県簸川郡 *へらへと 島根県大原郡 *へらむしょー・へらむしょ 静岡県 *へらめった 鳥取県 *へんと（打ち消しを伴って）奈良県南部

めでたい *けっこーか 佐賀県藤津郡 *ふくらしゃーん 沖縄県石垣島
□こと *いーくとぅ 沖縄県首里「いーくとぅかたり（良い事語れ。カラスなど不吉な鳥が鳴いた時などのまじないの言葉）」・石垣島 *かりー 沖縄県首里 *ふくらしゃ・ふこーらさ 沖縄県石垣島

めぶんりょう【目分量】 *あてがい 新潟県東蒲原郡 岐阜県郡上郡「いちいち枡ではからでもあてがいでよかろ」 *おーめっこー 島根県那賀郡「おーめっこーで百匁はある」 *おーめっそー 新潟県佐渡 *きょーりょー 島根県邑智郡 *そっぽ 滋賀県蒲生郡 *そっぽ 大阪市「そっぽで行こか」 *でんぼく 島根県簸川郡「でんぼくで百匁はある」 *どめっそ 岐阜県飛騨「どめっそではかる」 *どめっそー 岐阜県武儀郡・恵那郡 *みきゅーれ 島根県隠岐島「みきゅーれで百匁ある」 *みこっぱえ 島根県出雲「みこっぱえで量れ」 *みこっぺ 島根県出雲市 *みこっぺー 島根県仁多郡 *めーっそー 滋賀県高島郡 *めけん 千葉県香取郡 *めげんち 高知県長岡郡 *めけんとー 栃木県 *めけんぶん 宮崎県東諸県郡 *めこんばい 広島県比婆郡 *めそっぽ 奈良県宇陀郡 *めっそ 山形県東村山

郡　岐阜県飛驒　愛知県名古屋市「さあ、しまいもんの地芋だ、めっそで十二銭つにしとくがどうだい」・知多郡　三重県名賀郡　兵庫県淡路島　奈良県宇陀郡　香川県仲多度郡・三豊郡　愛媛県　熊本県玉名郡　＊めっそー 新潟県・西蒲原郡　石川県鹿島郡　静岡県　京都府竹野郡「一々はかるも面倒だし、めっそーで分けようか」　兵庫県神戸市「めっそー買い（一山いくらで買うこと）」・西宮市　和歌山県「おおよそめっそーでやって行く」　山口県「この山の杉は何千本あるかめっそーであててみよ」　愛媛県・大三島　福岡市　長崎県壱岐島　熊本県下益城郡　＊めっつぉ 山形県北村山郡　＊めはちぶ・めはちぶん 島根県隠岐島　＊めより 熊本県下益城郡

→もくそく（目測）

めまい【目眩】　＊おーまさ（形容詞は「おーまさーん」。動詞は「おーまさしん」。感動詞は「おーまさー」）沖縄県石垣島　＊くくてぃみんぐぃ（動詞は「くくてぃみんぐぃゆん」）沖縄県首里　＊くくてぃみんぐゎー 沖縄県首里　＊くらくら 新潟県佐渡　長野県下伊那郡「くらくらがくる」　兵庫県加古郡　島根県「くらくらがついた」　＊ぐらぐら 栃木県河内郡　岐阜県北飛驒「ぐらぐらがきた」　三重県志摩郡　島根県簸川郡・大原郡　＊ぐれぐれ 高知県土佐郡　＊まくまく 秋田県雄勝郡「船に酔ってまくまくどなってきた」　富山県砺波　岐阜県大野郡「まくまくが来て倒れる」　＊まぐまぐ 山形県西田川郡　島根県隠岐島「まぐまぐがついた」　＊みーくらがん 沖縄県首里　＊めまぐれ 青森県上北郡「湯へ長くはいってめまぐれした」・三戸郡　秋田県鹿角郡　＊れぁ 岩手県気仙郡

□がする　＊くらがる 三重県志摩郡　＊まぐらしー 島根県隠岐島　＊めまぐれる 愛知県北設楽郡

めんこ【面子】　＊いためん 兵庫県但馬　奈良県　＊うっちょこし 熊本県玉名郡　＊えした（地面に置いたものに交互に打ち当てて、相手の絵を裏返して遊ぶところから）新潟県上越市　＊おこし 山梨県　＊かった 鹿児島県鹿児島郡　＊かるた 石川県鳳至郡　＊けん 長野県上伊那郡　静岡県磐田郡　＊こばん（めんこの小さいもの）新潟県佐渡　＊しめん 徳島県　＊じゃんぱ 岐阜県加茂郡　＊だいろ・だいりょー・だいろー（大形のめんこ）岩手県気仙郡　＊たたき 石川県鳳至郡　＊ちょんちょん 新潟県佐渡　＊ぱ 栃木県安蘇郡　＊ぱー 栃木県　群馬県勢多郡　埼玉県北葛飾郡　＊ぱーす 埼玉県北葛飾郡　＊ぱえっぱえ 山形県　＊ぱえんこ 山形県西置賜郡　＊ぱえんぱえん 山形県南置賜郡　＊ぱたん 岩手県上閉伊郡　千葉県長生郡　＊ぱち 新潟県・長岡市　長野県上水内郡（老年層）・東筑摩郡　島根県石見　福岡市　熊本県玉名郡　＊ぱちー 島根県那賀郡　＊ぱちん・ぱす 新潟県佐渡　＊ばった 青森県三戸郡　岩手県紫波郡　秋田県北秋田郡　島根県邇摩郡　＊ぱった 青森県上北郡　宮城県仙台市　山形県西村山郡・北村山郡　福島県相馬　＊ぱったえ 山形県南村山郡　＊ぱっち 宮城県石巻　秋田県北秋田郡　山形県西置賜郡　新潟県佐渡　長野県上水内郡（少年層）　島根県石見　＊ぱっちん 群馬県勢多郡　石川県珠洲郡・鳳至郡　長野県佐久　岡山県　広島県高田郡・豊田郡　香川県　愛媛県喜多郡　大分県北海部郡　＊ぱっちんこ 岐阜県飛驒　兵庫県加古郡　＊ぱん 新潟県佐渡・上越市　岐阜県北飛驒　大阪府豊能郡　愛媛県宇和島市　高知県　＊ぱんす 石川県珠洲郡・鳳至郡　＊ぱんぱえ（幼児語）山形県米沢市　＊ぱんぱん（幼児語）秋田県雄勝郡「ぱんぱん遊びをしませう」　愛知県知多郡　＊びった・ぴった 宮城県仙台市　＊ぴんこ 香川県小豆島　＊ぶっけ 群馬県勢多郡・佐波郡　＊ぶっつけ 群馬県多野郡　＊へした 新潟県上越市　＊ぺた 岡山県児島郡　＊ぺたん 栃木県足利市　＊ぺっかん 群馬県山田郡　＊べった 岩手県紫波郡　大阪府大阪市・中河内郡　奈良県　岡山県苫田郡　＊ぺった 島根県大田市・隠岐島　＊ぺったー 鳥取県西伯郡　＊ぺったー 鳥取県西伯郡　島根県出雲　＊べったり 島根県邇摩郡・隠岐島　＊ぺったり 鳥取県西伯郡　島根県　＊べったん 大阪府　＊ぺったん 群馬県山田郡　島根県大田市・出雲　＊ぺったんこ・べったんこ 山梨県南巨摩郡　＊ぺっち 山形県庄内　＊ぺっちん 岡山県真庭郡　＊ぺんこ 山形県東置賜郡　＊ぽん 香川県香川郡・高松市　＊めんち 徳島県海部郡　＊もっぱん 徳島県海部郡

□遊び　＊うえぶつけ（めんこ遊びの一種。上からぶつけて相手のものを返して取る）群馬県多野郡　＊おとし（幼児語）岐阜県北飛驒　＊かぜ 群馬県勢多郡　＊ごしゅー 群馬県多野郡　＊じゃんけん 香川県木田郡　＊ぱえんこぶち 山形県西置賜郡　＊ぴんこ 香川県小豆島

めんどう【面倒】　＊がんがく 山形県米沢市「がんがくなごん（事）だ」　＊ごんぞーせ 三重県志摩郡「ごんぞーせかく」　＊ざーさ 島根県隠岐島「ざーさなことだなー」　＊せやっか 栃木県　＊せやっけー 埼玉県北葛飾郡「せやっけーな仕事はやめだよ」　＊せわーか 埼玉県北足立郡　＊せわっか 群馬県山田郡・館林　＊せわっかー 埼玉県秩父郡　＊せわのかな 和歌山県西牟婁郡・東牟婁郡　＊せわのかわ 和歌山県東牟婁郡　＊ぞーさ 三重県名賀郡　香川県　愛媛県「炬燵を出て机の前に坐るのが大変ぞーさなので」　＊ぞさ 岐阜県飛驒「そりゃひどいぞさなこっちゃ」　＊たいそ 富山県射水郡・砺波「箸持つがさえたいそや」　三重県名賀郡　兵庫県加古郡　徳島県「たいそなけんど出かけるか」　香川県「さぶいのにたいそなのう」　＊たいそー 和歌山県日高郡　徳島県「雨降りに山に行くのはたいそうなことじゃ」　香川県「ほんまにたいそうなわな」　愛媛県周桑郡・松山「少し頼むとたいそーがる（少し頼むと億劫に思う）」　高知県「之位のことはたいそーなことはない」　＊たいつ 三重県阿山郡　＊てーそー 沖縄県首里　＊てそ 宮崎県東諸県郡　＊どーさ 島根県石見「こがーな事をするのはどーさじゃ」　＊わちゃれ

ー沖縄県首里 *わちらい 沖縄県石垣島

↓めんどうくさい（面倒臭）・わずらわしい（煩）

□だ *あたうるさい 和歌山県「あたうるさいことせんとおき」 *あんまさい 鹿児島県喜界島「あんましかしぐとぅじゃ（困難な仕事だ）」 *あんましゃん 沖縄県首里 *うたちー 大分県 *うたてー 青森県三戸郡 山形県 大阪府大阪市・泉北郡 奈良県「何するもうたてい」 和歌山県和歌山市・那賀郡 島根県那賀郡「うたてー事を頼む男だ」・鹿足郡 徳島県 長崎県 *うたとい 和歌山県 *えずい 東京都八丈島 滋賀県滋賀郡 *えずきゃー・えつきゃー・えつきゃ・えつくてー・えずっこい 東京都八丈島 *きどい 徳島県「そんなに少し宛入れるのきどいな」 香川県「こなん細かいこと、いちいちせないかんの、きどい話やなあ」 *きどくさい・きどたらしー・きどとーしー 徳島県 *くーうぇー 沖縄県 *くずい 福島県伊達郡 *くそげねー 大分県日田郡 *くどい 青森県津軽「このきかえ、ながなが、くどぐでぎでるな（この機械は、ずいぶん、こみいった仕掛けになっていますね）」 岩手県九戸郡「この字は、くどいから読めない」・上閉伊郡 茨城県・稲敷郡 栃木県那須郡・河内郡 埼玉県北葛飾郡 千葉県「算術の問題がくどい」 愛知県葉栗郡 三重県三重郡 兵庫県淡路島 徳島県「この木燃やすのは中々くどいぞ」 香川県三豊郡 愛媛県周桑郡 高知県 *くどいー 茨城県新治郡・行方郡 *くんだくろーしー 島根県邑智郡「くんだくろーしー話は止めー」 *くんだくろしー 広島県比婆郡 *ことむつかし 鹿児島県鹿児島郡 *こはい 岐阜県郡上郡 *こわい 岐阜県飛騨「（奥さんに寝られたそうで）あーれこわいことやー（あれ困ったことですね）」 *しっこい 広島県高田郡 *しつこい 広島県山県郡 *しろーしー 福岡市 *しろしー 大分県東国東郡 *せせりむつかしー 富山県 *せせるむつかしー 富山市「ああ、せせるむつかして嫌になった」 *せつらしー 島根県隠岐島 *せつろーしー 島根県邑智郡「そがーな（そんな）せつろーしーことはやめた」 *せつろし 滋賀県蒲生郡 *せつろしー 徳島県美馬郡 *せわない 愛知県知多郡 *たいぎー 広島県能美島・安芸郡 山口県大島 香川県「『蟬取りにいこうや』『たいぎい』」 愛媛県 *たいそくさい 富山県砺波 *だてー・だってー 山形県 *どーぼねがぬける（非常にめんどうだ）島根県大原郡「この仕事はどーぼねがぬける」 *どしゃぼねがおれる（たいへんめんどうだ）島根県隠岐島「この仕事はどしゃぼねがおれっぞ」 *どしょっぽねがおれる（たいへんめんどうだ）栃木県 *ひちくろしか 鹿児島県屋久島 *ひつこい 広島県 *ひつこない 広島県御調郡 *むさい 石川県江沼郡 *めめぐろしー 島根県石見「そがーなめめぐろしー事はいやだ」 *めんだくらしー 島根県 *めんだくらわしー 島根県隠岐島 *めんどい 石川県能美郡 岐阜県本巣郡 三重県 京都市 大阪市 兵庫県明石郡・神戸市 和歌山県 鳥取県西伯郡 岡山県児島郡 広島県高田郡 山口県大島 徳島県 香川県高松 愛媛県 高知県「そんなめんどい事はもう御免ぞよ」 熊本県天草郡 鹿児島県鹿児島郡 *めんどーしー 島根県鹿足郡 岡山市 長崎県対馬 *めんどーない 島根県石見 *めんどーらしー 島根県石見 熊本県天草郡 *めんどかし 三重県志摩郡 *めんどかしー 和歌山県西牟婁郡 *めんどくない 愛媛県 *めんどくらし 青森県上北郡 *めんどくらしー 青森県三戸郡 *めんどしー 富山県砺波 兵庫県加古郡 香川県塩飽諸島 愛媛県 大分県 *めんどろくさい 高知県 *やいくるしー 山口県 *やいくろしー・やごくろしー 兵庫県加古郡 *やいこしー 兵庫県淡路島 高知県 *やいころしー 山口県大島 *やえくろい 新潟県佐渡 *やえくろしー 新潟県佐渡 島根県石見 山口県周防 長崎県対馬 *やかましー 長野県上田・佐久 山口県「やかましい仕事」 長崎県北松浦郡 鹿児島県肝属郡 *やぎろーしー 岡山県児島郡 *やぎろしー 香川県 *やぐらしか 佐賀県・藤津郡 *やげろしー 愛媛県 高知県長岡郡 *やごらしー 長崎県対馬「そんなやごらしい話はさう再々聞きたうねえばい」 *やぜらしか 長崎県西彼杵郡 *やでくろしー 山口県大島 *ややくしー 石川県能美郡 *ややくやし 青森県上北郡 *ややくろーしー 広島県比婆郡 *ややくろしー 新潟県佐渡 島根県石見「この問題はややくろしゅーて分からん」 広島県高田郡 山口県大島「ややくろしい事を言う人じゃ」・周防 愛媛県 福岡市 長崎県壱岐島 *ややこい・ややこ 愛媛県周桑郡・喜多郡「ああややこ」 *ややこしー 新潟県佐渡・頸城郡 石川県 三重県 大阪府 兵庫県加古郡・淡路島 島根県「ややこし仕事に今かかっちょーところだ」 徳島県 愛媛県周桑郡・喜多郡「ややこしーことぎり云ひよるんじゃけん、好かん」 高知県 *ややっこしー・やえこしー 新潟県佐渡 *よだき 鹿児島県 *よだきー（「よだけし」の転）大分県「このしごとわよだきーじゃろー」 宮崎県 *よたけろーしー 福岡市「よたけらうしか」

□なこと *ごーたく 長野県佐久 *ごたく 長崎県壱岐島「ごたくをとった」 *ごっちゃ・ごっちゃく 山形県米沢市 *ごっちょ 山梨県 *ごっちょー 神奈川県津久井郡・藤沢市 東京都大島 山梨県「ごっちょーな」 静岡県田方郡 *ごて 大阪市「えらいごてや」 兵庫県神戸市 奈良県・宇陀郡 *せっちょー（手数がかかってめんどうなこと）岩手県上閉伊郡 群馬県

□なさま *いせー・ごりせー 静岡県 *うっさかれ 愛媛県東宇和郡「分かっていようか、うっさかれなやのー」 *おっくー 静岡県志太郡「そいつぁー、おっくーだなー」 *おっこー 山梨県東八代郡・北巨摩郡　島根県八束郡 *きっさい 静岡県・安倍郡 *こーじょ 島根県八束郡 *ごっちょ 山梨県 *ごっちょー 神奈川県津久井郡「ごっちょーしてこせーたーだ(苦労してこしらえたんだ)」・藤沢市　東京都大島「ごっちょーする(困りはてる)」　山梨県「ごっちょーな」　静岡県田方郡 *こんさつ 富山県砺波「こんさつな」 *じゃま 富山県 *じゃまく 石川県河北郡 *じゃまくそ 三重県伊賀 *しんき 新潟県佐渡「しんき仕事」　滋賀県蒲生郡　京都府北部　兵庫県加古郡　奈良県大和高田　香川県三豊郡「しんきな仕事じゃのお」　愛媛県大三島　高知県「これは又しんきな物ですねー」 *せせりぜわ 島根県美濃郡・益田市「せせりぜわなことを頼んで困る」 *てまどー(手間や時間がかかってめんどうなさま)宮城県仙台市 *なぎ 大阪市 *なんぎ 三重県名張市・阿山郡　京都市　大阪市「えらいなんぎなことがでけたんや」　兵庫県明石郡　和歌山市「あの人が来てくれんとはなんぎやな」 *ほてらぜわ 高知県「ほてらぜわな」 *まいだりまいだり(手数が掛かってめんどうなさま)岩手県東磐井郡 *まどろしげ(複雑に入り組んでめんどうなさま)香川県塩飽諸島 *めんどかれ 三重県志摩郡

□を見る *かたせる 北海道南部 *かんげーゆん 沖縄県首里 *さばくゆい 鹿児島県喜界島 *てにかける 新潟県佐渡「手にかけて育てた子供」 *みっぎみる 新潟県岩船郡

□を見ること *しぇっこ 山形県東置賜郡・西置賜郡 *せーベー 鹿児島県喜界島「子供のせーベーで朝の間は野良へ出られん」 *せっちょ 栃木県「盆栽をせっちょする」　長野県上伊那郡・佐久 *せっちょー 新潟県中越　長野県 *てよー 山梨県・南巨摩郡「てようがよかったので死ぬ命を助かった」 *またい 富山県高岡市 *またじ 新潟県上越市「このこ、またじするのにこまる」　石川県江沼郡 *よーよく 群馬県多野郡「親がよーよくして子に果物の皮を剝いてやる」

めんどうくさい【面倒臭】 *いきもらしー・えきもらし 島根県大原郡 *いびったない 栃木県佐野市 *うっつぁーしー 群馬県勢多郡　埼玉県秩父郡「うっつぁーしー奴らだ」 *うっつぁし 福島県 *うっつぁしー 福島県　茨城県久慈郡・多賀郡　栃木県 *うっとーたい 愛知県宝飯郡・豊橋 *うっとさえ 茨城県東茨城郡・行方郡 *うっとしー 徳島県 *うっとしねー 長野県上田 *えきごもらしー 島根県出雲・隠岐島 *えきじらしー 島根県安来市 *おとましー 三重県伊賀　大阪市　兵庫県明石郡　奈良県　岡山県岡山市・苫田郡「こんばんはごっつおーしょう思よったけど、おとましいけえせなんだけんな」　広島県能美島・沼隈郡　香川県「そなんこみいったことでけるもんな、おとましていくもんな」 *おとろしー・おとろし 奈良県「そんなおとろし事俺ようしゃん」 *きーむつかしか 鹿児島県種子島 *けったりー 千葉県夷隅郡「そんな事をしてやるなんてけったりい」 *ごーたらしー 長崎県対馬 *こぜからしー 長崎県対馬 *しかましー 大分県南海部郡 *しちもとらん(手間が掛かってめんどうくさい)島根県大原郡・仁多郡 *しっちぇからしー 長崎県対馬 *しどくさか 鹿児島県屋久島 *じゃまくさい 福島県石川郡　新潟県佐渡　富山県・砺波　石川県　福井県・敦賀郡　三重県阿山郡・名賀郡　滋賀県　京都府京都市・竹野郡　大阪府　兵庫県　広島県高田郡　香川県大川郡・仲多度郡 *じゃまくらしー 富山県・砺波 *しゃまだらしか 熊本県玉名郡 *しゃまだらひか 長崎県五島 *しゃまどらしか 長崎県北松浦郡「此の仕事はしゃまどらしか」 *しんきくさい(仕事などが細かくてめんどうくさい)新潟県佐渡　富山県砺波「しんきくさいことしとる」　福井県敦賀郡・大飯郡　三重県伊賀　滋賀県蒲生郡・犬上郡　京都府　大阪府大阪市・泉北郡　兵庫県「もつれた糸を解くなんてしんきくさいことが出来るもんか」　奈良県大和高田　広島県大崎上島・高田郡　徳島県「赤ちゃんから貰うて育てるなしんきくさい」　愛媛県 *しんけくさい 三重県上野市 *せからしー 福岡県　佐賀県三養基郡　長崎県長崎市・対馬「又面倒しいことばっかり言うてせからしいこっちゃ」 *せからしやぐらし 長崎県佐世保市 *ちょろい 鳥取県西伯郡 *てまくろしー(手間ばかりかかってめんどうくさい)香川県仲多度郡・塩飽諸島 *どくさい 島根県邑智郡 *とろくさい 香川県仲多度郡 *はがくさい 新潟県中頸城郡 *はらくさい 石川県鹿島郡 *はんしくたい 岐阜県吉城郡 *ひちもとーらん(手間が掛かってめんどうくさい)島根県石見「そがーなひちもとーらんことは止めてしまえ」 *まひょーしにあわない 島根県石見「まひょーしにあわんことをするな」 *めんだくらしー 島根県 *めんだくらわしー 島根県隠岐島 *めんどい 石川県能美郡　岐阜県本巣郡　三重県　京都市　大阪市　兵庫県明石郡・神戸市　和歌山県　鳥取県西伯郡　岡山県児島郡　広島県高田郡　山口県大島　徳島県　香川県高松　愛媛県　高知県「そんなめんどい事はもう御免ぞよ」　熊本県天草郡　鹿児島県鹿児島郡 *めんどーしー 島根県鹿足郡　岡山市　長崎県対馬 *めんどーない 島根県石見 *めんどーらしー 島根県石見　熊本県天草郡 *めんどかし 三重県志摩郡 *めんどかしー 和歌山県西牟婁郡 *めんどくない 愛媛県 *めんどくらし 青森県上北郡 *めんどくらしー 青森県三戸郡 *めんどしー 富山県砺波　兵庫県加古郡　香川県塩飽諸島　愛媛県　大分県 *めんどろくさい 高知県 *やばちー 岩手県気仙郡 *やんちゃくさい 広島県高田郡
↓おっくう（億劫）・めんどう（面倒）・わずらわしい（煩）

も

も【藻】 ***うどんもく**（笹藻（ささも）や柳藻などの、淡水に生える藻）岡山市 ***かーみどろ**（川の底についた藻）東京都南多摩郡 ***かーもく**（淡水産の藻）神奈川県愛甲郡・中郡 ***がーもく・がいもく**（淡水産の藻）長野県佐久 ***かわむく**（淡水産の藻）山梨県　静岡県 ***かわもく**（淡水産の藻）茨城県北相馬郡 ***ごもく** 愛知県碧海郡 ***としゃく**（肥料にするための藻）長崎県壱岐島 ***ぼば** 島根県石見　山口県阿武郡 ***むく** 秋田県南秋田郡　山梨県南巨摩郡　静岡県 ***もく** 秋田県山本郡・河辺郡　茨城県　栃木県「川にもくが一杯だ」　群馬県邑楽郡　埼玉県　千葉県　東京都大島「もくを切って肥料にしたい」　神奈川県　静岡県志太郡　愛知県碧海郡　岡山市　高知県 ***もぐさ** 香川県三豊郡 ***もくず** 愛知県碧海郡 ***もくた** 愛知県知多郡 ***もさ** 静岡県 ***もっこ** 新潟県中越 ***もば** 島根県　広島県安芸郡・佐伯郡　山口県阿武郡　香川県

→かいそう（海藻）

もう ***いーな・いーなぬふぇー** 沖縄県首里 ***いまどこし** 島根県石見「いまどこし（そう早く）寝る馬鹿があるか」 ***いも** 新潟県佐渡「いも遠くい所（とこ）い出んなや」　兵庫県多紀郡・美嚢郡　山口県阿武郡 ***いもー** 新潟県佐渡「いもー年ん寄ったら寄ったように」　山口県「いもう帰りさうなものぢゃ」 ***おも** 新潟県佐渡 ***な** 鹿児島県奄美大島　沖縄県国頭郡 ***なー** 鹿児島県沖永良部島　沖縄県「やまーなーかすみぬかゝてーうやびらに（山はもはや霞（かすみ）がかかってはいませんか）」・首里「なーちゃーんならん（もはやどうにもならない）」 ***なーや・にゃーや** 沖縄県首里「なーやかんなたるうぃーやしかたーねーん（もはやこうなった以上しかたがない）」 ***にゃ** 沖縄県伊江島 ***にゃー** 鹿児島県奄美大島・与論島・徳之島・喜界島　沖縄県首里 ***は** 青森県津軽 ***はー** 青森県「はぁ灯火がついた」　岩手県上閉伊郡　福島県　栃木県「時間だからはー、来るだんべー」　群馬県「あきると、はー、あすびー、でかける」　埼玉県入間郡・北葛飾郡　千葉県　新潟市　静岡県　島根県　岡山県上道郡・児島郡「あの花瓶はー割っとらー」　広島県　山口県・島嶼 ***はーから** 青森県上北郡　山形県米沢市 ***はい** 東京都三宅島　新潟県　山梨県南巨摩郡　長野県上伊那郡「はい、帰るころだよ」　岐阜県　静岡県志太郡　山口県大島　長崎県対馬 ***はいから** 滋賀県犬上郡 ***はから** 青森県　秋田県南秋田郡・平鹿郡 ***はっから** 青森県　秋田県鹿角郡　福島県 ***はやから** 兵庫県加古郡「まだ時間やないのにはやから来たんか」　香川県「はやから一人前とおもたら困る」 ***はやのま** 富山県 ***はやまー・はやーまー** 島根県隠岐島「はやーまー松江から来たか」 ***はよー** 岡山県苫田郡 ***はら** 東京都八丈島 ***ひゃ** 静岡県　鳥取県西伯郡　島根県八束郡 ***ふぇー** 大分県 ***へ** 鳥取県西伯郡　島根県出雲 ***へー** 神奈川県「へーだめだ」　山梨県　長野県　愛知県知多郡　島根県出雲　愛媛県周桑郡・喜多郡　大分県

→すでに（既）・もはや（最早）

もうかる【儲】 ***うるける** 青森県・津軽「えま、土方どぁ来てらはで、あこだのめへぁ、たぇしたうるげでらべおん（あの辺の飲み屋がたいした景気でしょう）」 ***へぎでる** 富山県砺波

もうけ【儲】 ***あか** 岐阜県不破郡「それが（役人さんの）あかじゃで」　東京都八王子 ***かすり** 神奈川県津久井郡　香川県・仲多度郡 ***つけめ** 和歌山県 ***でめ** 岡山県苫田郡「そねえな商売のやり方で、でめがあるか」 ***へぎ** 富山県・下新川郡　石川県鹿島郡「おじ（弟）と虱（しらみ）は食うがへぎ」　和歌山県那賀郡・日高郡「いいへぎした（思いがけない利を得た）」

→とく（得）・りえき（利益）

内密の□ ***ほーまち** 山形県東置賜郡 ***ほまち** 青森県　岩手県上閉伊郡・気仙郡　宮城県石巻・仙台市　山形県　栃木県「おれのほまちにつくっておくんだよ」　群馬県勢多郡　埼玉県秩父郡・川越　神奈川県津久井郡　千葉県安房郡　新潟県　長野県　徳島県 ***ほまちがね** 長野県北安曇郡 ***ほまちもん**（漁獲物）新潟県佐渡 ***ほまっこ** 宮城県仙台市 ***ほらもーけ** 島根県鹿足郡 ***ほんまち** 秋田県　山形県　長野県東筑摩郡 ***ほんまちこ** 秋田県平鹿郡

予定外の□ ***ほいたもーけ** 島根県石見 ***ほーたもけ** 島根県出雲 ***ほげたもーけ** 島根県石見　広島県高田郡 ***ほた** 青森県津軽　秋田県平鹿郡　和歌山県那賀郡「ほた拾う（思わぬ利得をする）」 ***ほった** 青森県　秋田県仙北郡・鹿角郡 ***ほったこ・ほたこ** 青森県津軽 ***ほりた** 島根県邑智郡 ***ほりたがね** 島根県簸川郡 ***ほりたもーけ** 島根県 ***ほりたもの・ほれたもの** 島根県美濃郡 ***ほれたぜに** 島根県那賀郡

もうける【儲】 ***しーんじゃしゅん** 沖縄県首里 ***しだす** 香川県三豊郡　鹿児島県肝属郡 ***とくこく** 福井県足羽郡 ***ばける** 北海道「彼と万年筆交換してばけた」　青森県上北郡・津軽「このたびぁ、わもなもばげでしまたでぁ（このたびは、このわしも、大当たりしましたぜ）」 ***へぎだす** 富山県砺波 ***へぐ** 富山県下新川郡 ***ほどく** 佐賀県

もうろく【耄碌】 ***かんぞく** 和歌山県西牟婁郡 ***がんそく** 和歌山県日高郡 ***どーま・ろーま** 沖縄県首里「ろーまたんめー（もうろくじいさん）」 ***どーも** 熊本県玉名郡 ***どーもー** 新潟県佐渡　熊本県球磨郡　鹿児島県喜界島 ***どーもん** 東京都大島「もうどうもんしてだめだ」　広島県比婆郡 ***どむ** 鹿児島県肝属郡「どむぐい（もうろくして今食べたものを忘れて、また食べたいと言うこと）」

*ども 宮崎県都城　鹿児島県「どもおすい(どもをする＝ぼける)」 *どもー 鹿児島県揖宿郡「どもーすい(もうろくする)」 *ぼーき 山口県玖珂郡・大島　長崎県壱岐島 *ほーけ 岡山県児島郡「ほーけやんどる」 *ぼーけ 熊本県下益城郡 *ほーれき 高知県「あのお婆さんは七十位からほーれきをしている」・土佐郡 *ぼーろけ 千葉県山武郡 *ほけ 秋田県北秋田郡 *ぼけす 高知県幡多郡 *ほけた 兵庫県淡路島 *ほた 兵庫県淡路島 *ぼっけー 静岡県志太郡「あいっぁーぼっけーだ」 *ほれき 高知県土佐郡 *ほろけ 岡山市 *もーぶれ 新潟県 *もぼれ 福島県耶麻郡・大沼郡 *もんばれ 新潟県北蒲原郡 *もんぼれ 山形県　福島県耶麻郡　新潟県北蒲原郡 *よめとめ・ゆめとめ 岩手県気仙郡「よめとめなった」「年をとったら、さっぱりゆめとめになって」 *ろーもん 岩手県気仙郡「あのじんちぁ、ろうもんした」　長野県下伊那郡　岐阜県加茂郡　和歌山県日高郡・和歌山市「あの親父ろーもんしてるらしい」　島根県隠岐島　広島県高田郡

↓ぼける(惚)

□した人 *とぼけ 茨城県真壁郡 *どぼけさく 岡山県浅口郡 *ふぬけ 愛知県西春日井郡 *ふぬこ 高知県 *まんがえり(「間返り」か) 岩手県気仙郡

□する *おっぽろげる 山形県 *おぼくれる 和歌山県東牟婁郡 *おれる 香川県三豊郡 *かにはんでぃゆん 沖縄県首里 *こえる 岐阜県飛驒 *たどる 徳島県「たどっとる」 *とぼくる 大分県宇佐郡 *とぼける 新潟県佐渡　山梨県南巨摩郡「あんしゅのえーしゅ(あの家の人たち)は昔からとぼけるつるね(血統)だ」　長野県上伊那郡・佐久　島根県石見　熊本県上益城郡 *とぼる 島根県簸川郡 *ねじがけーもどる 熊本県球磨郡 *ふーく 長崎県壱岐島 *ふーんぬける 新潟県佐渡 *ふがぬける 新潟県佐渡　山口県玖珂郡　愛媛県大三島 *ふぬけがさす 愛媛県大三島 *ふをあげる 山口県玖珂郡 *ほーける 福井県遠敷郡　山梨県　三重県北牟婁郡　京都府　大阪市　島根県　岡山県阿哲郡・浅口郡 *ぼける 新潟県佐渡　岐阜県大垣市　愛知県名古屋市　三重県志摩郡　兵庫県淡路島　島根県出雲・隠岐島　徳島県 *ぼれる 岩手県江刺郡・気仙郡「あのじんちぁぼれだ、年だがら」　宮城県石巻　兵庫県淡路島　香川県 *ぽれる 茨城県久慈郡 *ほろけがさす 島根県邇摩郡・出雲市　岡山市 *ほろける 青森県上北郡　山形県　新潟県下越　長野県諏訪　島根県出雲・隠岐島　高知県香美郡・土佐郡 *ぼろける 山形県西置賜郡 *まぎゃる 岩手県上閉伊郡 *まんがえる(「間返る」か) 岩手県気仙郡 *もげる 長野県 *よぼける 新潟県佐渡　山口県 *よりがほどける 熊本県球磨郡

もがく【踠】 *あじくる 島根県能義郡・大原郡 *あせくる 岐阜県益田郡 *あせぐる 富山県 *あせる 富山県射水郡　福井県大野郡　岐阜県吉城郡・飛驒「あの子は寝あせりしてどもならん」 *からもぐ 青森県　秋田県鹿角郡「いくらからもえでもだめだ」 *からもむ 青森県上北郡　秋田県仙北郡・雄勝郡 *じぐねる・ずねくる 秋田県河辺郡 *ずぐねる 秋田県雄勝郡「馬がずぐねてつかまへられない」・河辺郡 *すばつー 宮崎県東諸県郡 *すばとう 熊本県八代郡・芦北郡「すばとうちけがする(暴れてけがをする)」 *たぐるー 佐賀県　鹿児島県 *たぐろう 福岡県山門郡　熊本県下益城郡 *てんごーをかく・てちごをかく 長野県長野市・上水内郡 *ばたぐらう 熊本県玉名郡・下益城郡 *ばたくる 三重県南牟婁郡　和歌山県　徳島県海部郡　高知県幡多郡　鹿児島県 *ばたぐる 鹿児島県肝属郡 *ばたぐるー 大分県玖珠郡 *ばだりこぐ 青森県津軽 *やぐるー 愛知県

身を□ *ずぐる 秋田県平鹿郡「押へられてからは、いくらずぐってもだめだ」・河辺郡 *ずんぐる 秋田県「ずんぐる子供だ」 *びちくる 高知県・香美郡

□こと *あじぐるい 島根県出雲「あじぐるいする」 *じんがく 新潟県西頸城郡 *みのもんがい(身をもがくこと) 愛媛県越智郡 *みのもんじゃく(身をもがくこと) 福岡市 *らんぐるい・らくり 島根県隠岐島「らんぐるいする(もがく)」

もくざい【木材】 ⇨ざいもく(材木)

もくさん【目算】 *あしめ 富山市　石川県　岐阜県飛驒 *さんと 島根県出雲・隠岐島「こうじゃ親方、さんとねだぇ、なんだえなぁしまへんがな(これじゃ親方、計算にも何もなりませんよ)」　熊本県玉名郡「さんとに立つ(そろばんに乗る)」 *さんとぅい 沖縄県首里 *さんとー 新潟県佐渡「なかなかさんとうがよい」　鳥取市「さんとうに合はぬ(採算が取れない)」　島根県出雲・隠岐島 *さんとーずくめ・さんとずくめ(収支の計算) 島根県 *めっこ 和歌山県海草郡「めっこいれる(見当をつける)」　徳島県　香川県高松市「量るんでなしに、めっこんでいくんです」　愛媛県 *めっこー 島根県那賀郡・邑智郡「めっこーで百匁ある」　愛媛県 *めのこざんよー 徳島県 *めのこさんじょー 奈良県 *めのこざんにょ 大阪市 *めのこざんにょー 京都市　福岡市(胸算用) *めめこ・めめこざん 岐阜県飛驒 *めろく 愛知県知多郡

↓けんとう(見当)・みこみ(見込)

もくそく【目測】 *めーっそー 滋賀県高島郡 *めけん 千葉県香取郡 *めげんち 高知県長岡郡 *めけんとー 栃木県 *めけんぶん 宮崎県東諸県郡 *めこんばい 広島県比婆郡 *めそっぽ 奈良県宇陀郡 *めっこ 和歌山県海草郡「めっこいれる(見当をつける)」　徳島県　香川県高松市「量るんでなしに、めっこんでいくんです」　愛媛県 *めっこー 愛媛県　島根県那賀郡・邑智郡「めっこーで百匁ある」　愛媛県 *めっそ 山形県東村山郡　岐阜県飛驒　愛

知県名古屋市「さあ、しまいもんの地芋だ、めっそで十二銭つにしとくがどうだい」・知多郡　三重県名賀郡　兵庫県淡路島　奈良県宇陀郡　香川県仲多度郡・三豊郡　愛媛県　熊本県玉名郡　*めっそー 新潟県・西蒲原郡　石川県鹿島郡　静岡県　京都府竹野郡「一々はかるも面倒だし、めっそーで分けようか」　兵庫県神戸市「めっそー買い(一山いくらで買うこと)」・西宮市　和歌山県「おおよそめっそーでやって行く」　山口県「この山の杉は何千本あるかめっそーであててみよ」　愛媛県・大三島　福岡市　長崎県壱岐島　熊本県下益城郡　*めっつぉ 山形県北村山郡　*めのこざんよー 徳島県　*めのこさんじょー 奈良県　*めのこざんにょ 大阪市　*めのこざんにょー 京都市　福岡市(胸算用)　*めぶんき 山梨県　*めめこ・めめこざん 岐阜県飛驒　*めより 熊本県下益城郡　*めろく 愛知県知多郡

→めぶんりょう(目分量)

もくたん【木炭】　*あおこ 青森県三戸郡　*いもじ 大分県宇佐郡　*おこしずみ 長野県南部　*おこっずん 鹿児島県肝属郡　*かたぎずみ(カシなどで作った木炭)兵庫県加古郡　*かたずみ 山形県庄内・鶴岡　広島県高田郡　愛媛県　長崎県南高来郡　熊本県玉名郡　*かたずむ 長崎県南高来郡　*からすみ 愛媛県　高知県　佐賀県　*きりずみ(千葉県佐倉地方のクヌギを材料とした良質の木炭。佐倉炭)京都市　*こすみ(小枝、またはしの竹を焼いて作った木炭。鍛冶(かじ)用)秋田県鹿角郡　*たーん 沖縄県与那国島　*たん 沖縄県　*たんじみ 鹿児島県徳之島　*なが(カシ、クヌギなどを原料とした木炭)高知県　*やきずみ 鹿児島県喜界島　*らくだずみ(クヌギなどで製した木炭)兵庫県加古郡

→すみ(炭)

もぐら【土竜】　*いぐら 静岡県・小笠郡・磐田郡　愛知県豊橋市・北設楽郡　島根県石見　山口県阿武郡　*いぐらもち 長野県下伊那郡　静岡県・島田市・磐田郡　愛知県宝飯郡　山口県向島・阿武郡・豊浦郡　大分県・北海部郡　*いんごろ 滋賀県犬上郡　*いんごろもち 滋賀県　香川県　*うぐら 島根県鹿足郡・美濃郡　山口県向島・防府市　熊本県八代郡　大分県　*うぐらもち 岐阜県恵那郡　山口県　徳島県　大分県　宮崎県　*うぐろ 三重県　島根県石見　岡山県　広島県　徳島県・那賀郡　*うぐろもち 岐阜県飛驒　三重県志摩郡　和歌山県日高郡　広島県豊田郡・大崎上島　山口県玖珂郡・屋代島　徳島県・美馬郡　愛媛県中島　*うごろ 山口県大島　*うんぐら 山口県祝島　*うんぐらもち 愛媛県青島　*うんぐろもち 三重県松阪市　香川県　*うんごらもち 香川県小豆島　*うんごろ 三重県志摩郡　大阪府豊能郡　和歌山県西牟婁郡　*うんころもち 京都府　大阪市　和歌山県西牟婁郡・東牟婁郡　*うんごろもち 三重県北牟婁郡　滋賀県蒲生郡　大阪府　和歌山県西牟婁郡・東牟婁郡　山口県屋代島・大島　香川県　*えぐら 静岡県　*えぐらもち 愛知県宝飯郡　*えんくらもち 三重県志摩郡　*おーぐろ 広島県高田郡　*おくら 岐阜県恵那郡　愛知県名古屋市　*おぐら 岐阜県　愛知県「おぐらを捕る」　島根県　徳島県　香川県大川郡　大分県　宮崎県西臼杵郡　*おぐらもち 長野県西筑摩郡　岐阜県　愛知県　奈良県　徳島県　福岡県築上郡　大分県　宮崎県西臼杵郡・東諸県郡　*おぐろ 三重県三重郡　兵庫県淡路島　島根県石見　岡山県川上郡・浅口郡　広島県比婆郡・高田郡　徳島県・那賀郡　香川県大川郡　*おぐろもち 徳島県・美馬郡　香川県　*おごら 岐阜市　和歌山県海草郡　愛媛県　*おごらもち 愛知県名古屋市　奈良県吉野郡　愛媛県　*おころ 三重県度会郡　*おごろ 岐阜県海津郡　三重県　滋賀県坂田郡・東浅井郡　大阪府泉北郡　奈良県大和高田市　和歌山県　岡山県浅口郡　徳島県板野郡　愛媛県　高知県・土佐郡　*おごろもち 岐阜県飛驒　京都府宇治郡　大阪府・東成区　奈良県吉野郡　徳島県　香川県　愛媛県　高知県　*おむら 愛知県尾張「おむらが通った」　*おむらもち 長野県西筑摩郡　*おもら 岐阜県郡上郡・益田郡　*おもらもち 長野県南部　岐阜県　*おもろもち・おんもろもち 岐阜県飛驒　*おんぐらもち 奈良県　*おんご 京都府相楽郡　*おんごら 愛媛県・越智郡　*おんごらもち 奈良県南葛城郡　*おんごろ 岐阜県飛驒　三重県　滋賀県犬上郡・滋賀郡　京都府・相楽郡　奈良県　和歌山県伊都郡・那賀郡　徳島県　香川県・仲多度郡・三豊郡　愛媛県　*おんごろも 香川県木田郡　*おんごろもち 岐阜県吉城郡　滋賀県蒲生郡　京都府南部　大阪府　奈良県　和歌山県西牟婁郡・東牟婁郡　山口県大島　徳島県　香川県　愛媛県　*きゅーと 千葉県上総　*しでねずみ 新潟県佐渡　*しね 新潟県中頸城郡　*じね 岩手県九戸郡　*じもぐり 長野県佐久　*つぐらもち 山口県阿武郡　*つちねずみ 長野県佐久　香川県大川郡　*つちもっこり 岩手県上閉伊郡　*つらぬき 島根県鹿足郡　*ひぐらもち 大分市　*ひみず 山形県西村山郡　*むくらもち 千葉県印旛郡　鹿児島県口之永良部島　*むぐらもち 福島県西白河郡　茨城県猿島郡　千葉県印旛郡・山武郡　新潟県　京都府中郡　兵庫県赤穂郡　島根県那賀郡　山口市　熊本県球磨郡　大分県　*むくろ 新潟県西頸城郡　石川県江沼郡・河北郡　兵庫県但馬　鳥取県西伯郡　島根県飯石郡　岡山県苫田郡　*むぐろ 福島県　茨城県多賀郡　兵庫県佐用郡　島根県鹿足郡　*むくろめ 岡山県上房郡・苫田郡　*むくろもち 石川県　福井県　岐阜県飛驒　兵庫県　*むぐろもち 京都府中郡　徳島県美馬郡　*むっくりもち 岐阜県北飛驒　*もぐらいとん 熊本県阿蘇郡　*もくらめ 岡山県真庭郡　*もぐれもち 新潟県中越　*もくろ 富山県砺波　鳥取県西伯郡　島根県出雲・隠岐島　*もくろく 福井県吉田郡　*もくろじ 鳥取

県西伯郡 *もくろめ 島根県出雲 *もくろもち 富山県砺波 福井県 *もっくりもつ 富山県下新川郡 *もっくろもち 富山県 兵庫県赤穂郡 *もっこらもち 富山県 *もっころもち 富山県・下新川郡 *ももらもち 青森県 長野県西筑摩郡 *もんもらもち 岩手県気仙郡 *ゆーご 熊本県天草郡

もぐる【潜】 *あまいる 和歌山県東牟婁郡 *あまにいる 和歌山県 *あまへはいる・あまずる 和歌山市 *あまりいる 和歌山県・西牟婁郡「もーぺあまりいろか」・日高郡 *いぐる 愛知県奥設楽 *いもる（ずぶずぶと泥の中に潜る）静岡県榛原郡「この田圃はいもる」 *うぐる 山口県大島・防府 *こんがる 兵庫県養父郡 *さずむ 東京都八丈島 新潟県佐渡 愛知県知多郡 *しむん 沖縄県石垣島 *しゅむ 愛媛県 *しんねーる 島根県八束郡 *すいこにいる・すいこねる 島根県出雲 *ずいにいる 香川県綾歌郡・三豊郡 *すいる 島根県石見 *ずぶいる・ずぶいいる 福岡市 *ずぶこく 山形県米沢市 *ずべいー 鹿児島県鹿児島郡 *ずべをくっ 鹿児島県薩摩 *すみにいる 島根県隠岐島 *すみゅい・すにゅい 鹿児島県喜界島 *すむ 島根県石見 山口県見島「十七八尋の海底に分銅といきづなを用ひてすむ海士は八人ばかり居る」 愛媛県 高知県「川の中ですんだと思うたら、早あんなところに顔をだした」 福岡県久留米市・八女郡 佐賀県 長崎県 熊本県 大分県北海部郡・大分郡 宮崎県延岡市 鹿児島県肝属郡・屋久島 *すもる 三重県名賀郡 *すりこむ 島根県江津市 *すりぬける 兵庫県赤穂郡 *すりんこむ 京都府 *すん 鹿児島県 *ずんぶりかく 三重県員弁郡 *ずんぶりこす・ずんぼろこー 京都府北部 *ずんぶりこむ 京都府「蛙が池の中へずんぶりこんだ」 *ずんぶりぬける 和歌山県「ずんぶりぬけて又浮いてきた」 *ずんぼりかむ 奈良県宇陀郡 *ずんぼりこく 奈良県南大和 *ずんぼりこぐ 福井県大飯郡 *せる（深く潜る）岩手県気仙郡 *つこぐる 山形県 *つんぶりこむ 京都府熊野郡 *とびる（雪道に足が潜る）新潟県中頸城郡 *どびる（雪道に足が潜る）新潟県 *はむ 香川県 *ひょぐる・ひょぐるま 三重県度会郡 *ふむ・ほる 香川県三豊郡 *ほむ 香川県三豊郡・小豆島 *むくじる 千葉県夷隅郡「水中にむくじる」 *むぐじる 千葉県長生郡

↓せんすい（潜水）

□こと *しーじん 岡山県小田郡 *しーり 岡山市 *しくじん（「底潜り」の意。海底に潜ること）沖縄県石垣島 *すぃーみ 沖縄県首里 *すいくり 岐阜県吉城郡 *すいこ（「河童（かっぱ）」を「水虎（すいこ）」と言うところからか）島根県 *すいこみ 島根県益田市 *すいじ・すいじんこ 愛媛県 *すいじん 島根県石見 山口県阿武郡 愛媛県・大三島「すいじんにいく（子供が水遊びに行く）」 *すいじんこー 島根県石見「すいじんこーする」 *すいのこ 山口県大島 愛媛県 高知県香美郡「ほめきーき（暑苦しいから）すいのこにいきよる」 *ずいぶり・ずいぼり 香川県中部 *すいり 三重県志摩郡 京都市 大阪府 奈良県吉野郡・宇智郡 和歌山県 島根県那賀郡 岡山県御津郡 広島県佐伯郡・高田郡 山口県豊浦郡「すいりにぬける」・大島 徳島県「するりにいる」 愛媛県・松山 *ずいり 徳島県 *すいりゅー 岡山県苫田郡「すいりゅーをこむ（水中に潜って泳ぐ）」 *すいりん 島根県石見 広島県比婆郡 徳島県 愛媛県 *すいれ 奈良県吉野郡 *すいろ 三重県北牟婁郡 和歌山県東牟婁郡「すいろにはいる」・新宮市 *ずいろ 徳島県 香川県仲多度郡・三豊郡「ずいろんかむ（水中に潜る）」 愛媛県 *すくじん（水底まで深く潜ること）沖縄県石垣島 *すくり 香川県大川郡 *ずぶくぐり 岩手県気仙郡 秋田県鹿角郡 山形県 *ずぼくぐり・ずんぼくぐり 山形県西置賜郡 *ずぼくんぐり 山形県東置賜郡 *すり・すみいり 島根県隠岐島 *すんこ 島根県隠岐島 *ずんぶくぐり 福島県相馬郡「水あそびに行って、ずんぶくぐりした」・東白川郡 *ずんぶくり・ずんぶっくぐり・ずんぶんくぐり 栃木県 *ずんぶぐり 群馬県佐波郡 *ずんぼんくぐり 栃木県日光市・芳賀郡 *ちぼーこ 島根県八束郡 *つぶくぐり 岩手県気仙郡 長野県北部 *つぷくぐり 岩手県気仙郡 *つぶっくり 長野県長野市・上水内郡 *つぶっこぐり 長野県諏訪・上伊那郡 *つぼっくぐり 長野県東筑摩郡 *つぼっこごり・つむくみ 長野県上田 *つみっこぐり 長野県諏訪 *つむくに 長野県佐久

もくろむ【目論】 ⇩くわだてる（企）

もじ【文字】 *い（幼児語）鹿児島県川辺郡 *いー（幼児語）三重県伊賀 奈良県 和歌山県日高郡「いい書く」 *いーろ（幼児語）富山県砺波 長野県南部 島根県仁多郡・能義郡 山口県大島 *いーろー（幼児語）静岡県富士郡 島根県石見 *いーろーかいろー（幼児語）島根県石見「壁へいーろーかいろーを書あた」 広島県 *いろいろ（「いろ」は「いろは（伊呂波）」からか。幼児語）青森県三戸郡 島根県鹿足郡「いろいろを書く」 *えじえじ・えじのの（幼児語）山形県西置賜郡・北村山郡 *ごよごよ（小児語）福島県相馬「ごよごよ書く」 *じーろ（幼児語）富山県東礪波郡 島根県那賀郡・邇摩郡 広島県比婆郡 *じーろー（幼児語）島根県石見 *じろじろ・じろ（幼児語）島根県「太郎はじろじろが書けるようになった」 *ちっち 千葉県夷隅郡 *にょーにょー（幼児語）山形県最上郡 *にょにょ（幼児語）秋田県平鹿郡 山形県東置賜郡・北村山郡 *のの（幼児語）山形県 *のんの（幼児語）山形県東置賜郡・南置賜郡

もす【燃】 ⇩もやす（燃）

もず【百舌】 モズ科の鳥。木の枝などにえものを突きさす習性は「もずの速贄（はやにえ）」と

して知られる。 *あぜかがみ 岡山県邑久郡 *えさしどり(捕らえた虫などを木の枝に刺しておく習性があるところから) 広島県安佐郡 *かっちゅー 福岡市 *からかじめ・からかじ 東京都八丈島 *がらめき・からめき 香川県丸亀市 *きーきー 群馬県 千葉県安房郡 *きーきーもんず 千葉県安房郡・夷隅郡 *きち 熊本県球磨郡 *きちきち 愛知県東春日井郡 三重県度会郡 兵庫県加古郡 宮崎県児湯郡 *きちきちどり 長野県上伊那郡 *きちきちもーず(「きちきち」は鳴き声を表す語) 奈良県吉野郡 福岡県 熊本県玉名郡 *きちきちもす 熊本県玉名郡 *きちきちもんず 山口県阿武郡 *きちもーず 熊本県球磨郡 *きちもぐ 宮崎県 *きちもず 熊本県阿蘇郡・球磨郡 宮崎県 *きっちゃん・きっちゃんぼす・きっちょもー 鹿児島県 *きっちょもず 宮崎県東諸県郡 *きっちょん 熊本県球磨郡 宮崎県宮崎郡 *くく 三重県志摩郡 *けーごーどり 東京都八丈島 *こたか 香川県仲多度郡 *このはがえし 奈良県吉野郡 *さんちゃすずめ 富山県西礪波郡 *ししょーどり 香川県塩飽諸島 *しもよび 熊本県八代郡・球磨郡 *すずめだか 富山県 長野県 *たかすずめ 島根県仁多郡 *たかもず・たかもんず 秋田県仙北郡 *ちょっきらもつ 鹿児島県揖宿郡 *のき 富山県高岡市 *むしくい 福岡県 *むずたか 山梨県 *むったが 岩手県上閉伊郡 *むつどり 岩手県和賀郡 *もいぎっ 鹿児島県鹿児島郡 *もぎっちゃん 鹿児島県鹿児島郡 *もぎっちょ 鹿児島県 *もずきー 山口県柳井市 *もずきーきー 静岡県榛原郡 *もすぎち 鹿児島県肝属郡 *もずきち 山梨県 岐阜市 静岡県駿東郡 愛知県知多郡 徳島県 香川県大川郡 愛媛県 鹿児島県 *もすぎっ・もすぎつ 鹿児島県 *もずきゅー 熊本県阿蘇郡・菊池郡 *もずたか 青森県 秋田県由利郡・鹿角郡 山形県・西置賜郡 埼玉県 新潟県 山梨県 長野県北部 *もずっき・むずき 神奈川県足柄上郡 *もずっちょ 静岡県富士郡 *もっきょん 熊本県玉名郡 *もんき 福島県浜通・相馬郡 千葉県夷隅郡 *もんきー 千葉県安房郡・市原郡 *もんきゅ 千葉県夷隅郡

もたれかかる【凭掛】 ⇩よりかかる(寄掛)

もち【持】

□がよい *いでらしー 愛媛県「この鉛筆はいでらしい」 *こたう 静岡県榛原郡「この相場がいつまでこたうもんずら」 *こたえる 富山県砺波 三重県志摩郡 *じね(「地根」か。花などの持ち) 群馬県館林「彼の花はじねがある(容易にしおれず、眺める間が長い)」 *ためがよい(衣服の持ちがよい) 京都府 徳島県 *ためによい(衣服の持ちがよい) 愛知県名古屋市 兵庫県加古郡 *ためやいー(衣服の持ちがよい) 奈良県吉野郡 *むーさい 新潟県中越 *むさー 山口県祝島 愛媛県大三島・弓削島 *むさい 青森県「このインキは一年になるがなかなかむさい」 岩手県 宮城県「むせぁ線香だ」 秋田県「此の木炭はむさくて長く燃える」 山形県 福島県 茨城県 栃木県 群馬県「いい着物はむせい」 埼玉県秩父郡・入間郡 千葉県香取郡・印旛郡 東京都八王子 新潟県東蒲原郡 島根県 広島県倉橋島・江田島 山口県 徳島県 愛媛県 福岡県企救郡 *むすい 福島県東白川郡「飴玉は一番むすくて良えな」 茨城県稲敷郡 *むそい 福島県「この草履はむそかった」 茨城県 栃木県 埼玉県 千葉県印旛郡・山武郡 山口県玖珂郡 *むっさい 山形県飽海郡「この酒はむっせー」 *もーさい 新潟県岩船郡

もち【餅】 *あーぶ 千葉県上総 *あっぱー 栃木県・河内郡(幼児語) *あっぷー 千葉県安房郡 *あっぽ 山形県東置賜郡(幼児語) 栃木県上都賀郡「あっぽ頂戴」・塩谷郡(幼児語)「あっぽくわねが　あの山越えて　あっぽじ(餅)買いに(子守歌)」 福井県 岐阜県(小児語) *あっぽち 茨城県那珂郡・久慈郡 栃木県 福井県坂井郡(幼児語) *あぶ 千葉県山武郡・市原郡 新潟県中越・三島郡 長野県下水内郡(小児語)・北安曇郡(小児語) 大分県 *あぶー 千葉県 大分県西国東郡(小児語) *あぶち 新潟県中越・長岡市 *あぶらみ(山言葉) 山形県西置賜郡 *あぼ 山形県(幼児語) 新潟県佐渡(小児語) 大分県 *あぼち 山形県 *あぼぼ(幼児語) 山形県東置賜郡 *あも 新潟県佐渡(幼児語) 福井県遠敷郡・大飯郡 三重県 滋賀県蒲生郡・彦根 京都府・京都市 大阪府泉北郡 兵庫県 奈良県(うるちともち米を合わせてついたもの)・大和高田市・吉野郡 和歌山県 島根県邇摩郡・出雲 広島県山県郡(幼児語)

方/言/の/窓

●文末詞・間投詞 II

お国ぶりを表す文末詞・間投詞の例を少し挙げてみよう。いずれもかっこ内に記載した地域以外でも用いられている。

- アタ・アンタ (九州各地)
- オノ・オン (東北北部)
- コテ＝きっと〜とも (九州北西部)
- 行クゼハ＝行くよ (山形)
- テテ＝もちろん〜とも (出雲・宇和島)
- ナヤ (茨城・和歌山)
- ホシテナレ＝そしてね (山形)
- ノーエ (長野・奈良ほか)
- ノーカ (石川)
- ノシラ (和歌山)
- ノッシャ (宮城北部)
- ノラ (奈良)
- アツイノンタ (山口)
- ソーデガンスムシ (群馬)
- バンタ (佐賀)
- 私も行クバナ (大分)

山口県　福岡県小倉市　大分県　＊あもさん・あもちゃん 島根県出雲　＊あもち(幼児語)島根県出雲市　＊あんぼ 山形県米沢市(幼児語)　新潟県中越　岐阜県恵那郡　愛知県東加茂郡(幼児語)　＊あんも 山形県東置賜郡(幼児語)　茨城県稲敷郡(幼児語)　栃木県河内郡(幼児語)・足利市　群馬県利根郡・佐波郡　埼玉県北葛飾郡(幼児語)　千葉県東葛飾郡(小児語)・君津郡(小児語)　神奈川県三浦郡　新潟県下越　長野県　岐阜県加茂郡・恵那郡　静岡県富士郡・田方郡　愛知県豊橋市・八名郡　兵庫県佐用郡・赤穂郡(幼児語)　奈良県(うるちともち米を合わせてついたもの)　島根県那賀郡・鹿足郡(小児語)　山口市　＊あんもー 静岡県(幼児語)　京都府　島根県石見(幼児語)　山口県(小児語)　＊あんもちゃ(幼児語)静岡県浜松市　＊いかし 京都府　＊うめんめ(幼児語)茨城県北相馬郡　＊おかちん 茨城県西茨城郡　群馬県佐波郡　東京都　長野県諏訪　島根県石見　岡山県苫田郡　山口県豊浦郡　香川県大川郡　愛媛県　佐賀県藤津郡　熊本県　＊おしもち(小さく丸めた餅)山形県飽海郡　＊おちゃがし 長野県諏訪　徳島県美馬郡　＊おちゃのこ(小さな餅)岐阜県郡上郡　＊おっかちん(女性語)静岡県志太郡　＊かちん(「かちいい(搗飯)」の転)岐阜県飛騨「かちんの吸物(結婚式の時の餅の吸い物)」　三重県志摩郡　広島県賀茂郡　香川県　熊本県　＊かんこ(幼児語)神奈川県津久井郡　＊たいた・たいち(幼児語)島根県邑智郡　＊たいて(幼児語)島根県邑智郡　広島県山県郡　＊だんじー(幼児語)佐賀県藤津郡　＊たんたん(幼児語)鹿児島県　＊だんち(小児語)島根県隠岐島　＊だんちー(小児語)島根県那賀郡　＊ちゃのこ 島根県出雲　広島県比婆郡　＊ちゃのこもち 広島県比婆郡　＊つきもち 静岡県川根　＊でいちー 島根県江津市　＊なりとり(小さく丸めた餅)山形県西村山郡　＊ばー 京都府　兵庫県養父郡(小児語)・但馬　＊ばい 兵庫県多可郡　＊ばっぱ 岐阜県吉城郡　滋賀県滋賀郡・神崎郡　兵庫県朝来郡　＊ぱっぱ(幼児語)滋賀県　＊ばっぽ 愛媛県温泉郡　＊ばっぽ 兵庫県　岡山県苫田郡・児島郡　愛媛県　高知県・幡多郡　大分県　＊ばっぽー 岡山県　＊ぱっぽー 愛媛県　高知県　＊ばび 島根県八束郡　＊ばぶ 鳥取県気高郡・岩美郡　島根県　岡山県阿哲郡・岡山市「ばぶ搗き」　＊ばぼ 兵庫県美嚢郡　鳥取県・気高郡　島根県能義郡　＊ばんぶー 島根県鹿足郡　＊ふくで(小さく丸く作った餅)岩手県気仙郡　東京都八丈島(正月四日に雑煮に入れる)　＊ふくでもち(小さく丸く作った餅)新潟県佐渡　山形県西置賜郡(平たくしたもの)　福島県　＊ぼいぼい 兵庫県加古郡　＊ぽいぽい・ぽい 茨城県稲敷郡　＊ぼっち(幼児語)福島県北部「うんめえぼっちだぞー」　長野県東筑摩郡　岐阜県不破郡　長崎県北松浦郡　熊本県　＊ぼっちー 福岡県久留米市・八女郡　＊ぼっちん 長崎県壱岐島　＊ぼっぼ(幼児語)岩手県気仙郡　＊ぼっぽ(幼児語)山形県西置賜郡・西村山郡　千葉県香取郡　＊ぽっぽ(幼児語)茨城県　香川県仲多度郡　＊ぼぼ(幼児語)青森県三戸郡　岩手県平泉　宮城県栗原郡・登米郡　秋田県　山形県　＊みなごろし 群馬県勢多郡　＊もちいー 岩手県九戸郡　東京都利島　和歌山県日高郡　＊やんや・やいや(幼児語)長野県諏訪・東筑摩郡

餡を入れた□　＊あんくるみもち 新潟県佐渡　＊あんぐるめ 岡山県浅口郡　＊おっくるみ 栃木県　＊さんこち 静岡県志太郡　＊のーのこもち 茨城県稲敷郡

餡を中に入れたり、まわりにつけたりした□　＊あも・あもち・あもつ・あもさん 島根県出雲　＊あんび 広島県比婆郡　＊あんびー 広島県比婆郡・芦品郡　＊あんびーもち 広島県比婆郡　＊あんびん(「びん」は「餅」の唐音)秋田県北秋田郡・仙北郡　山形県置賜　栃木県足利市・佐野市　群馬県山田郡・館林　埼玉県北葛飾郡　千葉県安房郡　山梨県・南巨摩郡(塩餡入り)　静岡県　島根県那賀郡・邑智郡　岡山県　広島県　＊あんぴん 山形県　群馬県勢多郡・佐波郡　静岡県駿東郡　山口県豊浦郡　＊あんびんもち 山形県庄内　群馬県館林　千葉県安房郡　静岡県田方郡　島根県邑智郡　山口県大島　＊あんぴんもち 山形県・庄内　群馬県佐波郡　静岡県　＊あんも 山梨県(幼児語)　島根県(幼児語)　山口市　＊あんもー 静岡県磐田郡

餡をまぶした□　＊あんこ 島根県鹿足郡・邑智郡・隠岐島　＊あんころばし 宮城県仙台市　山形県東置賜郡　＊あんのこ・あんのこもち 島根県隠岐島　＊こぶかもち・こぶか 島根県石見　＊つけもち 島根県八束郡　＊とーつけ・とーちけ 島根県出雲　＊とつけ 島根県出雲　＊とりつけ 兵庫県美方郡　島根県出雲　岡山県・川上郡　＊ぬりこ 島根県美濃郡・益田市　＊ぬりもち(餡やきな粉を塗りつけた餅)島根県鹿足郡　＊ねまるがいもち 富山県砺波　＊ばんけもち 長崎県北松浦郡・壱岐島

薄く切って乾燥させた□　＊おへーぎ 岐阜市　愛知県名古屋市・知多郡　三重県志摩郡　和歌山県　岡山県児島郡　徳島県　香川県仲多度郡　＊おへーぎもち 和歌山県日高郡　＊おへげ 岐阜県可児郡　＊かきあも 三重県名張市　＊かきがちん 熊本県　＊かきがもち 熊本県菊池郡　＊かきも 奈良県南大和　＊かきれもち 熊本県球磨郡　＊かたもち 山形県最上郡・庄内　＊きりばな(小さく刻んで干した餅)長野県下伊那郡　＊きりぼし(さいの目に切って干した餅)山形県東置賜郡　＊きりもち 山形県(さいの目に切って干した餅)　熊本県天草郡　＊きーもち 鹿児島県肝属郡　＊きれもち 群馬県勢多郡　＊くいのもち 鹿児島県　＊こーりもち 富山県砺波　奈良県吉野郡　島根県石見　岡山県苫田郡・小田郡　広島県佐伯郡・山県郡　山口県　熊本県阿蘇郡　＊こりこ

り（小さく切って干した餅）長野県　＊こりもち　富山県東礪波郡　＊こりん　長崎県壱岐島　＊こるもち　富山県射水郡　＊しんもち　新潟県佐渡　＊へーぎもち　三重県志摩郡　和歌山県日高郡　＊へぎ・へげ　愛知県知多郡　＊へぎもち　愛知県　三重県　和歌山県　徳島県　香川県三豊郡　愛媛県　福岡市　＊へげもち　三重県度会郡

うるちを混ぜてついた□　＊あらかね・あらかねもち　島根県　＊いとこもち　山形県西置賜郡　＊うる　高知県土佐郡　＊うるーもち　兵庫県但馬　＊うるもち　山形県西村山郡　長野県　兵庫県赤穂郡・加古郡　＊おふくさん・おふくもち・ふくたい　愛媛県　＊かねもち　島根県　＊こまか　静岡県志太郡「こまかーねばりんすくなぇー」　三重県　＊ごんだ　富山県砺波　＊ごんだもち　福島県相馬　富山県高岡市・東礪波郡　＊たがね　愛知県名古屋市　＊たがねもち　茨城県　＊たわらもち　愛媛県・喜多郡　＊つぶもち・つぶらもち・つずもち　愛媛県　＊でっち　島根県美濃郡・益田市　＊でっちー　島根県江津市　＊でっちもち　島根県益田市　＊どや　奈良県　＊どやもち　三重県名賀郡　兵庫県赤穂郡　奈良県・吉野郡　＊はたきもの　鳥取県　島根県邑智郡　＊ふくた　高知県高岡郡　＊ふたらく　愛知県東加茂郡　＊ぶつもち　香川県仲多度郡　＊ぼーれんもち（「ぼーれん」はあばたの意）香川県　＊ぼんせー　福岡県企救郡　＊むじなもち　山形県西置賜郡　＊やんざもち　三重県志摩郡　＊やんだもち（粒がある）兵庫県赤穂郡

きな粉をまぶした□　＊こふきもち　新潟県岩船郡　＊ふきとらしもち　山形県東田川郡　＊ふきどり　青森県津軽　＊ふきどりもち　青森県三戸郡　岩手県遠野　秋田県鹿角郡　山形県　＊くどりもち　宮城県石巻・仙台市　＊まめごもち　宮城県登米郡・玉造郡　＊まめのこもち　島根県隠岐島　山口県

神仏に供える飯や□　＊うちゃぬく（祖神や火の神に供える小さな餅）沖縄県首里　＊おかざり　青森県上北郡　新潟県佐渡・中頸城郡　石川県　岐阜県郡上郡　愛知県名古屋市　三重県志摩郡　大阪市　兵庫県加古郡　山口県豊浦郡　長崎県南高来郡・五島　＊おかざりさま　岐阜県郡上郡　＊おからく　新潟県東蒲原郡　山梨県南巨摩郡　＊おごーふ　山形市　＊おごく　静岡県磐田郡　兵庫県淡路島　奈良県　徳島県　愛媛県　＊おごふ　山形県「おごふだから粗末にしないでたべろ」「おごふみたいだ（少量の食べ物の形容）」　福島県南会津郡　＊おごふー　静岡県賀茂郡　＊おみごく　群馬県佐波郡・多野郡　新潟県・東蒲原郡・西頸城郡　＊おんくーさま　静岡県静岡市・小笠郡「おんくうさまだから頂いて食べよ」　＊おんごく　奈良県吉野郡　徳島県那賀郡　＊からこ（しとぎ）山形県西置賜郡　＊ごく　愛知県北設楽郡　三重県名賀郡　兵庫県淡路島　山口県見島（御飯を竹の筒で突き出したもの）　＊ごくー　東京都三宅島・御蔵島　静岡県富士郡・磐田郡　島根県　山口県　＊ごくさん　三重県名賀郡　兵庫県加古郡　＊しんぜもち　三重県志摩郡　＊めーもち（神前の飾り餅）長崎県壱岐島

棟上げ祝いの時にまく□　＊うねのもち　島根県隠岐島　＊おしとぎ　島根県大原郡・隠岐島　山口県豊浦郡　＊おねのもち　島根県八束郡　＊おてつき　大分市　＊おもしもち　埼玉県北足立郡　＊おやごちもち　長野県佐久　＊かがみもち　新潟県佐渡　＊かどもち　島根県　鹿児島県出水郡　＊からこ・おからこ　長野県北部　＊ぐしもち（上棟式や屋根のふき替えの日に、集まった人々にまく祝いの餅）岩手県上閉伊郡・気仙郡　宮城県栗原郡　山形県　福島県南部・岩瀬郡　栃木県塩谷郡　群馬県勢多郡　新潟県　長野県　島根県邑智郡　＊ごーちもち（上棟式や屋根のふき替えの日に、集まった人々にまく祝いの餅）長野県南佐久郡　＊ごしもち（上棟式や屋根のふき替えの日に、集まった人々にまく祝いの餅）岩手県上閉伊郡・気仙郡　宮城県石巻・仙台市　長野県　＊ごちもち（上棟式や屋根のふき替えの日に、集まった人々にまく祝いの餅）長野県小県郡・北佐久郡　＊ごひもち（上棟式や屋根のふき替えの日に、集まった人々にまく祝いの餅）長野県北佐久郡　＊ごほーのもち（棟上げの時に、東西南北および中央へ投げ上げる五つの餅）徳島県美馬郡　＊こもち（棟上げにまく小さい餅）島根県簸川郡　＊しとき（米の団子）鹿児島県肝属郡　＊しとぎ　熊本県球磨郡（粟餅）　大分県　＊しとぎんもち　熊本県天草郡　＊しんもち（棟上げのもちまきの時に中央に投げる餅）島根県那賀郡　＊すみころばし（屋根のふき終わりの祝いに、四隅から転がす餅）岩手県気仙郡　＊どーもち　長野県佐久　＊ねーのもち　島根県大原郡　＊のしもち　長野県佐久　＊のり　長野県西筑摩郡　＊ひとーぎ　大分県　＊ひとぎ　熊本県玉名郡　大分県　＊ひとぎもち　長野県佐久　＊ひとげもち　大分市　＊ひとんぎ　大分県北海部郡　＊ふくもち　青森県三戸郡　＊まえのもち　鳥取県西伯郡　＊みねのもち　島根県出雲　＊むねのもち　徳島県三好郡　＊むなもち　長野県

もちあがる【持上】　＊おもりあがる　大阪府東成郡　＊しみあがる（地中の水分が凍って地面が持ち上がる）岩手県気仙郡　＊はちゃかる　青森県上北郡　＊はちゃがる　岩手県和賀郡　秋田県　＊はっちゃがる　青森県南部　岩手県和賀郡・気仙郡　宮城県栗原郡　秋田県　＊はっちゃっがる　青森県

もちごめ【糯米】　＊うりごめ　新潟県佐渡　＊なま　福岡県京都郡　＊もちね　京都府竹野郡　兵庫県養父郡・但馬

もちつき【餅搗】　＊こばもち　和歌山県東牟婁郡　＊へっとーもっとー（もちをつく時の拍子言葉でもある）広島県安芸郡

もちろん【勿論】　＊あんかんてぃん　沖縄県石

垣島 *えら 三重県「えらいきや(もちろん行ったよ)」 兵庫県神戸市 *したがた 石川県河北郡 *したって・したてて・してまた 石川県 *したってまた 石川県金沢市・能美郡 *だーまた 新潟県『お前行くか』『だーまた行くとも』 *だに・だにゅ 沖縄県首里 *どまた 青森県上北郡 秋田県鹿角郡 *どーまた 岩手県九戸郡 秋田県鹿角郡『途中で降られてびしょ濡れになった』『どまた、傘を持って行けと言ったのに、持ってかないもの』」 *なんとて(上の語を強める意を表す) 岐阜県恵那郡「行くなんとて」 *ほーちょーやれ 新潟県中魚沼郡 *ぼがまく 和歌山県西牟婁郡 *ほっちゃれ 新潟県 *ほっちゃん・ほっちょん 新潟県中越

もつ【持】 *ささげる 石川県鹿島郡 *たーく・たんく 新潟県佐渡 *たがう 山形県最上郡 *たがく(「手舁く」か) 岩手県和賀郡・気仙郡 宮城県北部 秋田県 山形県「あの荷物たがて来い」 福島県 群馬県邑楽郡 新潟県「たがき上げる」 長野県下水内郡・北安曇郡 *たなく 青森県 岩手県 宮城県栗原郡 秋田県「たなかせられた物(詐欺などによってつかまされた物)」 山形県庄内 新潟県西頸城郡・糸魚川市 富山県下新川郡 *たんがく 岩手県南部 宮城県北部「弁当たんがえて山さ行くべ」 秋田県 山形県中部 福島県 新潟県中頸城郡 *たんなく 岩手県上閉伊郡 宮城県石巻 *つぃじみるん(文語形は「つぃじみん」) 沖縄県石垣島 *とる 香川県「その箱とってもどろぜ(持って帰ろうぜ)」 高知市「ちっととって御出でませんか」 *ふとくる・ほとくる 岐阜県飛驒「たんと金をふとくってござる」 *ぶどくる 富山県砺波 *むすぶ 島根県松江市 *もつる 熊本県天草郡 *もてる 新潟県佐渡「この魚は三日はもてます」 奈良県 広島県比婆郡「この鉛筆はよくもてる」 山口県豊浦郡・阿武郡 長崎県対馬

手に□ *おさえる 山形県米沢市「物おさえる」 千葉県山武郡 *おせる 千葉県山武郡 *たがえる 宮城県栗原郡 山形県山形市・庄内 新潟県西南部「その荷物、停車場までたがえてくんないか」 島根県松江市 *たげーる 秋田市 長野県北安曇郡 *たげる・たんげる 山形県東田川郡 *たなえる 岩手県九戸郡 *たゃーる 新潟県佐渡

もっこ【畚】 藁筵(わらむしろ)や、藁縄を網に編んだものの四隅に綱をつけて、土・石などを盛り、棒で担って運ぶ具。 *あうだ 沖縄県石垣島・鳩間島 *あぶだ 沖縄県竹富島 *いかき(背負いもっこ) 栃木県足利市・佐野市 *いかきめが 香川県大川郡 *いぐり 愛媛県 *いじこ(わらで編んだもっこ) 岐阜県恵那郡 静岡県 愛知県「いじこで運ぶ」 滋賀県 *いじっこ(わらで編んだもっこ) 長野県 *いちこ(わらで編んだもっこ) 愛知県 滋賀県蒲生郡 *いちっこ(わらで編んだもっこ) 東京都八王子 神奈川県藤沢市・中郡 *いもふり(わら製のもっこ) 奈良県南大和 *えぐり 愛媛県・周桑郡 *えびれ・えび・えんび 青森県津軽 *えぶ 岩手県気仙郡 秋田県鹿角郡 *えんぐり 愛媛県大三島 *えんぶ 秋田県鹿角郡 岡山県川上郡 広島県 *えんぼ 福井県大野郡 *えんぼり 広島県高田郡 *おーだ 鹿児島県南西諸島 *おーだー 鹿児島県喜界島・徳之島 沖縄県首里 *おんだ 沖縄県波照間島 *かかえもっこ 熊本県 *かっこ 島根県 *かもち(「荷持」か) 岡山県 *かりこ 愛知県知多郡 兵庫県加古郡・淡路島 宮崎県東諸県郡 *かるこ 福井県大飯郡 長野県上伊那郡(棒の両端に付けて馬に載せる)・南佐久郡 和歌山市 島根県 岡山県小田郡 山口県豊浦郡 愛媛県周桑郡 長崎県壱岐島 宮崎県東臼杵郡 *きりたうら 京都府 *こいどり 熊本県 *こいどる 熊本県天草郡 *こいどれ 熊本県芦北郡 *こえてぼ・こえつかみてぼ(麦まきの際に、麦の種を混ぜた堆肥(たいひ)を入れるもっこ) 長崎県壱岐島 *こえどり(「肥取り」か) 熊本県宇土郡・芦北郡 *こえほぐ(肥料などを手で運ぶのに用いるもっこ) 茨城県多賀郡 *こえほぼろ(粗末なもっこ) 広島県芦品郡 *こえもちふご 青森県三戸郡(馬の背で肥を運ぶのに用いるもっこ) 香川県本島(肥料などを手で運ぶのに用いるもっこ) *こもたが(大形のもっこ) 島根県出雲 *さらくち 宮崎県東臼杵郡 *さんどろ 京都府 *じんきち(俵で作ったもっこ) 滋賀県栗太郡 *すーかっぷ 熊本県球磨郡 *すご 東京都八王子 福岡県糸島郡 *すらくち 福岡県粕屋郡 *そらくち 福岡県遠賀郡 熊本県飽託郡・下益城郡 大分県東国東郡 宮崎県延岡市 *たがら(わら製の肥料を入れるもっこ) 長野県上田・佐久 *たなぎもんこ(両側に長い棒を付け、二人で担ぎ運ぶようにした縄で編んだもっこ) 青森県津軽 *ちゃてび(深いもっこ) 愛媛県周桑郡 *つぐら・つんぐらめ(わら製のもっこ) 滋賀県神崎郡 *つんだめ(わら製のもっこ) 滋賀県 *てご(わらなどを編んで作ったもっこ) 栃木県 埼玉県北葛飾郡 滋賀県彦根(小さいもの) *てごっぼ・てごっぺあ(わらなどを編んで作ったもっこ) 茨城県稲敷郡 *てごぼ(わらなどを編んで作ったもっこ) 茨城県新治郡 *てふご 香川県本島 *てぼ 山口県大島 愛媛県 長崎県壱岐島「にねーてぼ(担いてぼ)」 大分県西国東郡・東国東郡 *てんご(わらなどを編んで作ったもっこ) 富山県西礪波郡 福井県遠敷郡 *でんすけ(土木工事で石を運ぶ竹製のもっこ) 徳島県 *てんびん 広島県 *てんぴん 広島県高田郡 *てんもこ(「てもっこ(手畚)」の転か。竹やわらで編んだもっこ) 長崎県対馬 *とーらぶる 熊本県玉名郡 *とっこ 長崎県 *なかつ(竹製のもっこ) 京都府竹野郡 *ひじこ(わらで編んだもっこ) 滋賀県蒲生郡 *ふぐつ 神奈川県高座郡 徳島県海部郡 *ふご 群馬県利根郡 長野県南安曇郡 島根県石見 熊本県 *ふごどり 熊本県下益城郡 *ぶり 熊本県阿蘇郡・菊池郡 大分県北海部郡 *ぶんない 滋賀県 *ほごろ

愛媛県喜多郡 *ほぼら 山口県 *ほぼろ 島根県石見 岡山県小田郡 山口県阿武郡 愛媛県 *ぼんた(籾(もみ)を入れるもっこ) 滋賀県栗太郡 *ゆぐり・いんぐり・ゆんぐり 愛媛県

もったいない【勿体無】 *あたまし 青森県津軽 *あたむし 青森県上北郡・津軽 *あたらい 石川県鹿島郡 宮崎県日向 *あたらさーん 鹿児島県奄美大島 沖縄県石垣島・新城島・波照間島 *あたらさい 鹿児島県喜界島 *あたらさん 沖縄県伊江島 *あたらしゃん 鹿児島県奄美大島・喜界島 沖縄県那覇市 *あたらはーん 沖縄県小浜島 *あたらまし 青森県津軽「まだだばあたらましして(まだ若いので惜しくて)、とっても、けでやらえへんでしでぁ(とても(嫁になど)やれない)」 *あたらむし 青森県 *あたらもし 秋田県鹿角郡 *あたらもしない・あったらむしない 青森県三戸郡 *あたりゃー 宮崎県西臼杵郡 *あたれ 宮崎県 *あったっか 長崎県五島 *あったっしゃ 三重県志摩郡「あったっしゃよー(損だ)」 *あったら(感動詞・副詞的に用いられることもある) 岩手県気仙郡 宮城県仙台市「あったらいしょ(大事な着物)、まづ こったによごした」 山形県「あったら男」「あったらあの人がばぐづ(賭博)するのは玉に傷」 埼玉県秩父郡・入間郡「あったら、男をでーなしにしちゃった」 新潟県佐渡「あったら日曜日も雨ですんだ」・東蒲原郡 富山県砺波「あったら男を殺すよなもんじゃ」 石川県河北郡・能美郡 長野県「あったらきものをよごしちまった」 岐阜県・飛驒 三重県志摩郡・鳥羽市 滋賀県彦根 *あったらい 石川県鹿島郡 *あったらさん 沖縄県石垣島・黒島 *あったらさーん 沖縄県竹富島・鳩間島 *あったらさんがしゃーん 沖縄県石垣島 *あったらし 東京都八丈島 宮崎県西諸県郡・都城 鹿児島県 *あったらしー 茨城県 東京都新島・利島・八丈島 石川県能登 山梨県南巨摩郡「こがーにきれいの花園を踏み荒しちゃああったらしい」 長野県上田・佐久 佐賀県唐津市・藤津郡 長崎県伊王島・西彼杵郡 熊本県南部・天草郡 *あったらむし・あったらもし 青森県南部 *あったらもんない 富山県砺波 *あったらもらしい 石川県鹿島郡 *あったらん 沖縄県与那国島 *あったる(感動詞・副詞的に用いられることもある) 沖縄県首里「あったる うふいゆ ふぃんがちゃさたん(惜しい大きな魚を逃がして残念だった)」 *あったるか 長崎県五島・北松浦郡 *あったれ 大分県日田郡「あったれーことする」 *えたえたしー 富山市近在「とても立派でえたえたしいのであの座敷へ入れん」 *おいけない 愛媛県大三島 *おったら(感動詞・副詞的に用いられることもある) 茨城県久慈郡 *おとましー(「うとましい」の転) 富山県 石川県 福井県 岐阜県飛驒「金をすてしまっておとましい」 愛知県 三重県員弁郡 *おとまっしー 富山県砺波 *およけない 高知県「砂糖がよけいっておよけない」 *こーだいがましー 広島県佐伯郡・高田郡 *しょーとろしー 兵庫県神戸市「白米ばかりの飯ではしょーとろしい」・淡路島 *てこない 鹿児島県・肝属郡「まだなーてこね(惜しい)といねじゃが(年齢でしたが)」「てこねこっじゃ」 *てこなか 鹿児島県薩摩郡 *もったなしー 静岡県榛原郡

↓おしい(惜)・ざんねん(残念)

□こと *あたらしむん 沖縄県首里 *あたらむぬ 沖縄県石垣島 *あったいもん 千葉県夷隅郡「あったいもんのかな(ああ、もったいない)」 *あったらこと 新潟県 *あったらぶしょー(「ぶしょー」は「無精」か) 新潟県佐渡 *あったらむん 鹿児島県与論島 *あったらもの 岩手県 宮城県仙台市「こいつあったらものだけんとあんだだからあげんべ」 山形県「あったらもの台なしにした」「捨てるとはあったらもんだ」 福島県 茨城県 栃木県「菓子を落としてあったらものした」 群馬県 埼玉県「あったらもんだがしがたがねー」 千葉県東葛飾郡 新潟県「あったら物を腐らせてしまった」 富山県砺波「あったらもんのー(惜しいなあ)」 石川県 福井県東部 長野県埴科郡 三重県 滋賀県 大阪府泉北郡 和歌山県「あったらもんな事をする」 佐賀県唐津市 *あったりもの 千葉県長生郡 *あったるもん 千葉県印旛郡「それを捨てるのはあったるもんだ」・東葛飾郡

□さま *こーだい 新潟県中頸城郡 富山県砺波 広島県佐伯郡・高田郡 香川県三豊郡・仲多度郡「こうだいな品を頂戴して」 愛媛県 熊本県玉名郡 大分県 *ごーたい 愛媛県 *はんぞさく・はんどさく 新潟県佐渡「そんな食い方ははんぞさくだ」

もっと *あぱえ(幼児語) 山形県東村山郡 *いまえと 山形県「えまえと呉(け)ろ」 *いまっと 北海道南部 岩手県東磐井郡・気仙郡「いまっと持ってこ」 宮城県仙台市 山形県「えまっと、下(くだ)え」 福島県 茨城県真壁郡・稲敷郡 栃木県 群馬県桐生市 埼玉県秩父郡「いまっと右の方へ寄れ」 新潟県東蒲原郡 山梨県 長野県 静岡県「いまっと待ちなさい」 *いもっと 長野県「いもっと食べたい」 *なーふぃん 沖縄県・首里「なーふぃん くぃみしょーり(もっと下さい)」 *にゃふぃん・にゃへも・みゃへも 沖縄県首里 *ます 石川県鹿島郡「ます踊って来い」 *ゆく 沖縄県首里「『あーや、ちゅらさん(お前は美しい)』『うんじょー、ゆく(あなたはもっと)』」「っくゎ、いーならーしっし、ゆくわるくなたん(子供を教育してなお悪くなった)」 *ゆくん 沖縄県首里・石垣島

もつれる【縺】 *あやくー 栃木県 *あんつぃくざーるん・あんつくざーるん・あんつぁーるん 沖縄県石垣島 *おんだかる 福井県足羽郡 *からまーさる 山梨県 *からまさる 静岡県志太郡「凧糸んからまさっちゃった」 *くらける 千葉県香取

郡 *くぐらさる 栃木県佐野市 *くくれる 高知県 *くすながる 新潟県下越 *ぐんぐらける 千葉県香取郡 *こぐらげる 山形県東置賜郡・北村山郡 *こごなかる 栃木県 *こごらかす 福島県 *こごらかる 秋田県平鹿郡・雄勝郡 *こごらける 宮城県仙台市「糸こごらけた」 山形県 福島県 栃木県 *こぷらかる 栃木県塩谷郡「こんなにこぷらかって手のつけ様もねえ」 *こぼらける 栃木県下都賀郡 *こんごらげる・こんがらげる 山形県 *じじくまる(ひどくもつれる) 青森県上北郡「じじくまった屁理窟」 *ずずくまる 青森県上北郡「そんなづつくまた理屈言うな」 *すになる 静岡県磐田郡 高知県高岡郡 *たがまる 千葉県夷隅郡 山梨県南巨摩郡 *たくなる 島根県「糸がたくなって解けん」 *たくれる 島根県石見「糸がたくれる」 *たごだまる 山形県米沢市 *たごまる 山形県米沢市「糸あたごまって解けね」 栃木県 *たまになる 高知県安芸郡 *まくれる 島根県美濃郡・益田市「着物の裾(すそ)まくれてどーもならん」 岡山県児島郡 山口県 *ますぼる 和歌山県東牟婁郡「糸がますぼる」 *まつのる・まつながる 三重県志摩郡 *まつぼる 和歌山県西牟婁郡・東牟婁郡 *みざかる 新潟県佐渡 *みさげる・みざげる 山形県米沢市「糸あ、みさげる」 *みじゃかる 新潟県佐渡・中頸城郡 *みだかる 新潟県 滋賀県神崎郡 *みだける 山形県米沢市 新潟県佐渡「髪の毛がみだけた」 福井県遠敷郡・大飯郡 京都府 *むでぃくゆん 沖縄県首里 *もくれる 島根県隠岐島「糸がもくれる」 *もちゃつく 滋賀県愛知郡・蒲生郡 高知県 *もっとける 兵庫県加古郡 *もどかる 富山県婦負郡 福井県坂井郡 *ややける 神奈川県愛甲郡 *んじゃりゆん 沖縄県首里「くぬしぐとーんじゃりとーさ(この仕事にはてこずっている)」

↓からまる(絡)・こんがらかる

ものごとがうまく運ばないで□ *こじえる 岐阜県恵那郡 *こしくれる 広島県佐伯郡 徳島県 愛媛県 *こじくれる 岩手県気仙郡 静岡県榛原郡「話がこじくれる」 三重県松阪市 島根県邑智郡 山口県大島 *こじける 青森県津軽 岩手県気仙郡・東磐井郡 山形県庄内 滋賀県彦根 大阪市 島根県邑智郡 広島県佐伯郡・高田郡 徳島県海部郡 *こちくれる・こちける 秋田県鹿角郡 *こつける 青森県津軽・三戸郡 宮城県栗原郡・仙台市 *こんつける 青森県津軽

もてあそぶ【玩】 *あえる(子供や犬猫などをもてあそぶ) 高知県「子供をそんなにあえな、泣き出すきに」 *あつかう 長崎県対馬 熊本県玉名郡・天草郡「あつかわん」 *あつかるー 佐賀県 *あつこ 鹿児島県鹿児島郡 *あまる 栃木県大田原市・那須郡 *いーゆん 沖縄県首里「ふとぅきーいーゆん(人形をもてあそぶ)」 *いびくる 長野県佐久 大分県 *いびる 栃木県 群馬県 新潟県上越市 山梨県甲府・南巨摩郡 長野県 岐阜県飛騨 島根県那賀郡 大分県 宮崎県 *いぼる 奈良県吉野郡 *いらう 石川県江沼郡 福井県 岐阜県大野郡 愛知県額田郡 三重県 滋賀県彦根・蒲生郡 京都府 大阪府 兵庫県 奈良県・南大和 和歌山県 島根県「その機械をいらうじゃーなーぞ」 岡山県苫田郡「そんなもんいらいなさんな」・阿哲郡 広島県 山口県豊浦郡 徳島県・海部郡 香川県 高知県幡多郡 *いらむ 兵庫県赤穂郡 *いろう 東京都八丈島 富山県砺波 石川県 岐阜県 三重県志摩郡・度会郡 京都府竹野郡 兵庫県但馬 奈良県南大和 鳥取県 島根県石見 岡山県 広島県備後 山口県・阿武郡 徳島県 香川県「それいろうたらいかん」 愛媛県 高知県・高知市 長崎県対馬 *いろわかす 島根県石見 *えびらかす 愛媛県越智郡「子供じゃ思うて、そがにえびらかすな」 *おじょる 新潟県西蒲原郡 *かかいたくい 鹿児島県揖宿郡 *ごーちんけーす 千葉県長生郡・夷隅郡 *こなす 青森県三戸郡 長崎県 熊本県 *こねくる 福島県相馬郡 栃木県「こねぐんなー」 島根県石見 *さーらむ 岩手県九戸郡 *さいなむ 秋田県鹿角郡「それは大事な物だからさえなむな」 *さいのむ 青森県南部「あまりさいのまないだでぁ」 岩手県九戸郡 *さいまぐる 和歌山県有田郡 *さなむ 青森県南部 秋田県鹿角郡 *さのむ 青森県上北郡・三戸郡 *さらむ 青森県津軽 *しゃしゃくる 山形県東置賜郡 *じょーずく 静岡県 *しょーる 静岡県 *せーずる(卑語) 長野県下伊那郡 *せくりもんじゃく 静岡県 *せくる 山形県南置賜郡 山口県玖珂郡 *せじくる 埼玉県北足立郡 *せせく 長崎県対馬 *せぜく 高知県幡多郡 *せせくる 岐阜県 静岡県 愛知県東部 大阪市 島根県 徳島県 福岡市 長崎県長崎市・対馬 熊本県玉名郡・下益城郡 *せせる 栃木県安蘇郡「せせりっこわす」 富山県 石川県・河北郡 静岡県 滋賀県神崎郡 和歌山県日高郡 島根県「母の乳をせせる」 山口県長門 徳島県 香川県大川郡 愛媛県 長崎県南高来郡・長崎市 熊本県 *せたぐ 長崎県対馬 *せたげる 岐阜県飛騨 *せだやかす 島根県隠岐島「余り子供をせだやかすな」 *せつく 宮崎県西臼杵郡 山口県玖珂郡 愛媛県周桑郡 高知県幡多郡 *せつる 和歌山県日高郡「土塀を余りせつるな」 山口県玖珂郡 *せる 山形県飽海郡 *たぬく 岡山県川上郡・小田郡 *ちゃす 青森県南部 *ちゅーす 新潟県・長岡市 *ちょーしまわす 岩手県気仙郡 *ちょーす 北海道小樽 青森県津軽 岩手県 宮城県 秋田県鹿角郡 山形県庄内・米沢市 福島県 新潟県 *ちょーらかす 徳島県三好郡・美馬郡 *ちょーろがす 山形県庄内・米沢市 *ちょかす 長野県諏訪 *ちょくる 山形県米沢市 新潟県 *ちょします 宮城県石巻「こわすと困っから、ちょすまさねぁでくなえよ」 秋田県北秋田郡 *ちょしまわす 青森県南津軽郡 宮城県仙台「いつまでもちょしまわしていねで早く食べさえ」 *ちょす 北海道小樽 青森県 岩手県和賀郡・江刺郡 宮城県栗原郡 山形県 新潟県 *ちょっからかす 三重県志摩郡 *ちょもぐる 島根県邑智郡・能義郡「羽織の紐をちょもぐる男だ」 *つくやかす 大分県南海部郡 *つくわかす 大分県直入郡・大分郡 *つつく 岡山県苫田郡 広島県 徳島県「菊をつつく」 香川県伊吹島 愛媛県中島 高知県幡多郡・高知市「これは大切の物じゃきにつつかれんぞね」 *つまぐる 広島県江田島・高田郡 *つまじる(指先でもてあそぶ) 愛媛県・大三島「きれもんちまじる(刃物をおもちゃにする)」 熊本県下益城郡 *てねぐる 大分県西国東郡 *どーずく 静岡県「それをどーずいてはいけない」 *ないめる 鳥取県 *なぶくる 岐阜県 愛知県知多郡 *なぶる 石川県鹿島郡・羽咋郡 福井県足羽郡 岐阜県 三重県北牟婁郡・度会郡 滋賀県蒲生郡・彦根 兵庫県神戸市 奈良県吉野郡 和歌山県日高郡・東牟婁郡 *なめる 新潟県佐渡 *なやぐる 島根県隠岐島 *なやむ 兵庫県佐用郡・加古郡 島根県「羽織の紐をなやむな」 広島県佐伯郡・安芸郡 山口県阿武郡 香川県 愛媛県 *なやめる 鳥取県伯耆東部 島根県隠岐島 *ひねくる 大分県 *へちくる 岐阜県武儀郡 *へてくる・へねくる 大分県大分郡 *へねる 愛知県東春日井郡 *ほたい 鹿児島県 *ほたる 宮崎県西臼杵郡・西諸県郡 *むたぶん 沖縄県首里 *もざく 和歌山県有田郡・日高郡「そんなもざいたらいかん」 *もさぶる 徳島県 *もずく 鹿児島県・肝属郡 *もだく 奈良県吉野郡 和歌山県日高郡 *ものぐる 広島県 *ももぐる 島根県隠岐島「羽織の紐(ひも)を一寸(ちょっと)の間でももぐる」 広島県 徳島県「手をももぐる」 愛媛県伯方島 福岡市 *ももしる 島根県隠岐島「暇があると羽織の紐(ひも)をももしる」 *よーる 群馬県多野郡 埼玉県秩父郡 神奈川県津久井郡 *よる 群馬県多野郡「火をよると危い」 *よろう 新潟県東蒲原郡「電気器具によろうな」・中越

↓いじる(弄)・おもちゃ(玩具)

手で□こと *さわりこみ・さーりこべ 兵庫県加古郡「さわりこみする」「さーりこべにする」 *てすら 茨城県猿島郡 *てむずり 岐阜県吉城郡・飛騨 *てもずり 富山県砺波 *てもずら 新潟県「てもずらしてちらかすな」 福井県大野郡 *てわーさ 島根県出雲「ひまだもんだけんてわーさに菊を作る」 *てわさ 山形県南置賜郡・西置賜郡 *てわしら 宮城県 福島県 *てわすら 宮城県石巻「てわすらばりすてこせずねぁ」 山形県東田川郡 栃木県 *てわっさ 岩手県気仙郡「てわっさする」 島根県隠岐島 *てわっしゃ 岩手県気仙郡 山形県米沢市 *てわるさ 島根県 *てわんさ 新潟県中頸城郡

□こと *あいころもち 高知県 *せっちょ 宮城県牡鹿郡 山形県東田川郡・東置賜郡 *せっちょー 岩手県上閉伊郡 群馬県「あんまりせっちょーすると死んでしまうぞ」 埼玉県秩父郡「そんなに猫をせっちょーするなよ」 千葉県香取郡 山梨県 *たーれ 福島県南会津郡 *たなき 広島県 *たぬき 岡山県川上郡・小田郡 *ちょーご 石川県江沼郡・河北郡「ちょーごする」 *ちょご 富山県砺波 *ちょんこ 石川県河北郡 *ちょんご 富山県西礪波郡「ちょんごする」 石川県能美郡 *でっこく 鳥取県西伯郡「でっこくする」 島根県出雲 *てびらじゃく・てぶらじゃく・でびらじゃ 島根県隠岐島「弱い者をてぶらじゃくすんな」 *なやみ 兵庫県加古郡「火なやみすな」 島根県「水なやみ」 *なやみこ 兵庫県佐用郡「そんなになやみこにして」 *ほちゃそび 和歌山市「そんなにほちゃそびにせんといて」 *もざすび 岩手県気仙郡 *もちあーそび 神奈川県中郡 *もちゃーすび 静岡県志太郡 *もちゃーそび 島根県出雲・隠岐島 *もちゃしび 青森県 *もちゃすび 岩手県気仙郡 山形県・村山 福井県足羽郡 長野県佐久 *もちゃそーび 和歌山県和歌山市・西牟婁郡 *もちゃそび 山形県 香川県 *もちゃんご 島根県簸川郡・八束郡 *もっちゃそび 香川県 *わーさ 島根県出雲 *わーっさ 島根県隠岐島 *わさ 島根県 *わっしゃ 山形県東置賜郡「わっしゃにする」 *わらす 山形県東田川郡 福島県岩瀬郡 栃木県 *わるさ 島根県

もてあます【持余】 *あくさいうつ 福岡市 大分県 *あくしゃうつ 長崎県 熊本県南部 *あくせうつ 長崎市 *あくさいがつく 島根県出雲「あの男にゃーあくさいがちーた」 *あくさいつく 愛媛県 *あくせつく 三重県北牟婁郡 *あくさいがつきる 新潟県東蒲原郡「あの人にはあくさいがつきた」 *もちもさげもならん 京都府竹野郡「こう問題がごてついてはもちもさげもならん」 大阪市 広島県高田郡 徳島県 香川県「もちもさげもならんよになってはどんならん」 長崎市 *あぐねる 岩手県気仙郡 徳島県 熊本県 *あくばる(仕事が難しくて持て余す) 島根県益田市・那賀郡「子供にあくばるほど仕事をさせるな」 広島県高田郡 山口県豊浦郡 徳島県三好郡 長崎県五島 *あぐむ 岩手県気仙郡 新潟県岩船郡 愛知県名古屋市「何だ、善助は仕事に手をつけん前からあぐんどるだないか」 鳥取県東伯郡 島根県「あの人の乱暴にはよーにあぐんだ」 香川県 高知県 *あごあます 新潟県中蒲原郡 *あます 宮城県仙台市 福島県東白川郡 愛媛県 高知県「色々の難題をそこもここも持込んで来てあましたもんぢゃ」 *あんごあます 新潟県・中蒲原郡 *しあます 山形県 *ししゃます 宮城県栗原郡・石巻「とくとししゃますておりすを」 山形県「ししゃますほど、えっぱえある(いっぱいある)」 *しゃーます 千葉県安房郡「しゃーましたことがあったった」・君津郡 *しゃうます 千葉県上総 *ちぇしけくわん・ちぇしけはしけくわん 鹿児島県肝属郡 *てあます 長崎県壱岐島「あまり沢山の鰯であましとんだ」 *であわぬ 鹿児島県 *てーわん 鹿児島県 *てくさにおえやん 和歌山県那賀郡 *てくそにあわん 島根県 *てこーにあわぬ 広島県倉橋島 *てこしにあわぬ 和歌山県東牟婁郡 *てこじょにあわん・てこじょにおえん・てこじょにならん 香川県 *てこせにおえん 和歌山県「仕事が大きすぎててこせにおえん」 *てこちょーにいかぬ・てこちょーにいかん 新潟県・西蒲原郡 *てこっさいにいかぬ 静岡県安倍郡 *てごっさいにいかぬ 静岡県「此の子はてごっさいにいかぬ子だ」 *てごっさいにおえぬ 静岡県小笠郡 *てごっちょーにいかぬ・てごっちょにいかぬ 山梨県南巨摩郡 *てごっちょにできぬ 静岡県「そんなむづかしい事は私のてごっちょには出来ぬ」 *てごっつぇーにいかない 埼玉県秩父郡「てごっつぇーにゃぁいがねえ」 *てこにあわん 富山県砺波 滋賀県彦根 京都府竹野郡 大阪市 島根県 広島県高田郡 山口県阿武郡 徳島県 高知県・高知市「あそこの子は親でも先生でもてこにあーん程の腕白ぢや」 *てごにおいない 千葉県東葛飾郡 *てこにおえん 奈良県・宇陀郡 島根県 徳島県 *てごにおえん 山口県 *てしおにあわん 福岡市 *てしきあわん 長崎県壱岐島 *てしきーおよばぬ 長崎県対馬 *てしきーならぬ 長崎県対馬「どうもてしきいならぬ奴じゃ」 *てしくにいかぬ 愛知県北設楽郡 *てしけーならぬ 長崎県対馬 *てしけおよばん 長崎県壱岐島 *てしけはしけあわぬ 鹿児島県 *てしこにあわぬ 岐阜県郡上郡 鳥取県 島根県 岡山県吉備郡 *てしごにあわぬ 福井県大飯郡 島根県 岡山県 広島県佐伯郡 *てしこにあわん 岐阜県郡上郡「あれほどどーちゃくない(横着な)やつぁ とてもおれのてしこにあわんわい」 鳥取県 島根県 岡山県吉備郡 *てしごにあわん 福井県大飯郡 島根県 岡山県 広島県佐伯郡 *てしこにいかぬ 長野県東筑摩郡 *てしごにいかぬ 静岡県榛原郡 *てしゃーにくわさらん 熊本県玉名郡 *てしょーにあわん 福岡市 *てしょーにおえぬ 長崎県対馬 *てしんごにあわぬ 京都府竹野郡「孫も大きくなりまして、もうわしのてしんごに合いません」 *てしんまいにおえぬ 静岡県磐田郡 *てすけくわん 鹿児島県 *てっこにおいない 茨城県新治郡 千葉県東葛飾郡 *てっこにおえぬ 茨城県・多賀郡・猿島郡 *てなわぬ 石川県能美郡・石川郡 *てなわん 富山県砺波「やかましててなわん」 福井県 鳥取県岩美郡・気高郡「てなわんやつ(いたずら者)」「てなわんこと(いたずら)」 *てにあわん 富山県砺波 島根県 岡山県 愛媛県松山 高知県長岡郡「これ位てにあわん子はない」 鹿児島県 *てにおよばん 岡山県児島郡 *てにくわさらん 熊本県 *てにつく 高知県 *てにもかじにもあわぬ 広島県倉橋島 *てにもしごにもあわぬ・てにもしごにもあわん 島根県益田市 岡山県岡山市・小田郡 *てにゃあわん 宮崎県西臼杵郡 *てにゃーん 高知県長岡郡 *てにゃわん 岐阜県郡上郡「障子破ったり、茶碗割らかいたり、このでっち、てにゃわんのじゃで」 香川県小豆島 高知県長岡郡 *てぶしにあわん 徳島県 *てんこにあわぬ 徳島県 *になう 宮城県仙台市「になわれる」 *のんばめる 静岡県小笠郡・榛原郡「仕事がむづかしくてのんばめてる」「この仕事はのんばめちまった」 *はとる 奈良県 *はどる 三重県三重郡 *はばける 青森県 秋田県鹿角郡「工夫にはばける」 *ひしゃます 宮城県宮城郡 *ひっちゃにかねる 和歌山県東牟婁郡「この子にひっちゃにかねてゐる」 *むせる(手に負えず持て余す) 熊本県「むせとる」 *むてぃわかしゅん 沖縄県首里 *もちあきる 島根県那賀郡 *もちあぐむ 大阪市 *もちおーぶる 長崎県対馬 *もちかにほす 岐阜県稲葉郡 *もちゃーぐねる 島根県仁多郡・隠岐島 *もちゃくる 上方「もちゃくっている」

□こと *あくさい(手に負えず持て余すこと) 埼玉県川越「この子の着もんよごすにもあくさいする」・入間郡「いくら足運んでも埒(らち)があかねーであくさいする」 熊本県 *あぐねもち 秋田県河辺郡「口むずかしい姑一人をあぐねもじしている」 *がいげ 三重県志摩郡「がいげする」 *しあまし 山形県米沢市 *ししゃまし・ひしゃまし 山形県「ししゃまする」「ししゃますな事だ」 *すしゃまし 山形県「しぇづがって、すしゃますしたや(催促されて、持て余したよ)」 *てあまし 岩手県上閉伊郡 *てあまり 長崎県対馬 *にかせ 群馬県多野郡 埼玉県秩父郡 *にもっこ 茨城県多賀郡 *ぼーまい 岐阜県郡上郡「たいえやら蚕やといやら一度にぶっかって手間はないしぼーまいしとるわい」 *ぼーみゃー 京都府竹野郡 *もちあつかい 群馬県「全くもちゃあつけえなようだよ」 新潟県長岡市・中頸城郡 *もっちゃく(「もちやく(持役)」の転とも「もんちゃく(悶着)」の転ともいう) 大阪府大阪市・泉北郡「もっちゃくする」

□さま *あーめさーめ 島根県那賀郡「あーめさーめする」 *あいらあいら 山口県防府 *あくしゃこくしゃ(手に負えず持て余すさま) 長崎県五島 *あずりこずり・あずりこんぼー 山口県豊浦郡 *あばちのーり 沖縄県首里 *しあまし 山形県米沢市 *ししゃまし・ひしゃまし 山形県「ししゃまする」「ししゃますな事だ」 *すしゃまし 山形県「しぇづがって、すしゃますしたや(催促されて、持て余したよ)」 *てってこって 長崎県五島

もてなし【持成】

*あいしろい 島根県出雲「おあいしろいがええもんじゃけんついつい長居をした」 *えがお 広島県比婆郡 *おーさわぎ 新潟県佐渡「あそこじゃしんむこさんがきたで、おおさわぎをしとる」 *おしーぶん(特に、庚申講の時などに無理強いして食べさせ

ること）栃木県芳賀郡 ＊げー 島根県「折角来てやんさったのに何もげーものーてすまんな」 ＊もて 鹿児島県・鹿児島郡「もてがえ（待遇がよい）」 →せったい（接待）

もてなす【持成】 ＊たっぱいもす 秋田県由利郡「たっぺぁもさねぁで不調法した」 ＊といもっ 鹿児島県 ＊どぅいむちゅん 沖縄県首里 ＊とりもつ 岩手県気仙郡 静岡県志太郡「おきゃこーとりもたにゃーだめじゃん」 大分県 ＊とる 長崎県北松浦郡「うんにゃー、とりなんなよ（おかまいくださいますな）」 ＊ほめく 熊本県天草郡

ちやほや言って□ ＊もっきょーじる（ちやほや言ってもてなす）長崎県対馬・壱岐島 ＊おごく 香川県東部「おごかれる」 ＊ほとめく（人をちそうしもてなす）新潟県佐渡 福岡県 佐賀県 熊本県「ほとめち（て）御馳走さした」 大分県大分郡・速見郡 ＊まぜくりかえす（大いにもてなす）香川県仲多度郡「娘婿がきたんで家内中がまぜくりかえしよった」 ＊まぜかやる（大いにもてなす）香川県三豊郡 ＊ちゃほやかす（愛想よくもてなす）山梨県南巨摩郡「継子をあがーにちゃほやかすあの人は感心だ」

□こと ＊おしょゆ 宮崎県東諸県郡「うちはおしょゆがあるから来てくなはれ」 鹿児島県 ＊おしょよ 熊本県八代郡 ＊おそゆ・おそゆん 鹿児島県鹿児島郡 ＊ざんまい 栃木県 ＊しょーしょー 鹿児島県種子島 ＊しょーよ 宮崎県 ＊しょーよー 鹿児島県種子島 ＊しょゆ 宮崎県東諸県郡 鹿児島県 ＊しょよ 熊本県芦北郡「しょよになる」 ＊そよ 鹿児島県肝属郡 ＊たっぱい（手厚くもてなすこと）新潟県「よばれていったらおたっぱいよかった」 ＊ちょーはい 青森県津軽「ちょーはいする」・上北郡 ＊ちょーひゃー 群馬県多野郡「あそこの家ではばかにちょーひゃーする」 ＊ちょはい 青森県上北郡 秋田県北秋田郡 ＊ひとちょーせ 岩手県気仙郡「あの人ぁ人ちょうせぁうんめぁ（じょうずだ）」

もどかしい ＊いらもだ（気がせいて、している仕事をもどかしく思うさま）高知県長岡郡 ＊かいかいしー 宮城県栗原郡「けーけーしくて見てられねえ」 ＊かえっかえしー 岩手県胆沢郡 ＊きがわるい 兵庫県但馬 ＊きもびしー 長野県「きもびしい仕事だ」 ＊けぁけぁし 岩手県気仙郡「人のやってんのみるどけぁけぁし」 ＊けーけーしない 宮城県登米郡・玉造郡 ＊せせかし 三重県志摩郡 ＊てぃーはごーさん（「はごーさん」は「くすぐったい、むずむずする」の意）沖縄県首里 ＊てがかいー 青森県津軽 ＊とかしない 兵庫県赤穂郡 ＊ぱーかうさーん 沖縄県石垣島 ＊ぱーかわーん 沖縄県鳩間島 ＊はーぐわん 沖縄県与那国島 ＊ぱーこーはん 沖縄県小浜島 ＊はーんわん 沖縄県与那国島 ＊はがいしー 石川県 ＊はがいたらしー 兵庫県神戸・淡路島 愛媛県 ＊はがいない 石川県金沢市 和歌山県西牟婁郡 ＊はがいましー 香川県 ＊はがいらしー 島根県石見 香川県 ＊はがまし 香川県高松市 ＊はがやしー 富山県・西礪波郡「手が遅うてはがやしー」 石川県 ＊はがやしくらしー 富山県砺波 ＊はぎしー 石川県 福井県・敦賀郡 岐阜県飛騨 ＊はぎらん 宮崎市 ＊はぎりしか 熊本県天草郡 ＊はぐたらしー 愛媛県 ＊はげしくたい 岐阜県飛騨 滋賀県彦根 ＊はげらしー 大分県大分郡・大野郡 ＊はげらしか 熊本県天草郡 ＊はんがいしー 富山県高岡市 ＊ぱんごさん 沖縄県竹富島 ＊へしない 富山県 岐阜県飛騨 ＊まだいー 島根県出雲 ＊まだらしー 群馬県利根郡 広島県 ＊まだりくしゃ 島根県八束郡 ＊まだるい 群馬県利根郡 石川県 広島県佐伯郡・高田郡 香川県 福岡市 ＊まどーしー 広島県 ＊まどくろーしー 広島県比婆郡 ＊まどろい 愛知県北設楽郡 兵庫県神戸市 和歌山県 山口県・豊浦郡 熊本県 ＊まどろーしー 島根県石見 広島県比婆郡・高田郡 ＊まどろくさい 和歌山県 ＊まどろしー 長野県佐久 滋賀県彦根 兵庫県加古郡・神戸市 奈良県吉野郡 島根県 広島県 熊本県・天草郡 ＊まどろっくさい 埼玉県秩父郡 ＊めんどくさい 三重県南牟婁郡 兵庫県神戸市 和歌山県 ＊もどもど（もどかしいさま）秋田県鹿角郡 茨城県多賀郡 ＊ややかしー 石川県石川郡・鳳至郡 →じれったい（焦）・はがゆい（歯痒）

もともと【元元】 ＊あら（「あらから」「あらに」の形で、否定の語を伴って用いる）兵庫県加古郡「あらにでけへん」 愛媛県 ＊じれぁ 岩手県気仙郡「じれぁ弱い人だったからな」 ＊だいいち 島根県「だええちお前の方が悪りじ」 ＊だいいちかいち 静岡県榛原郡 ＊だいご 山口県阿武郡 ＊だいごー 福岡市「だいごーお前がいかん」 ＊てんきり 神奈川県中郡 静岡県庵原郡 ＊てんぎり 群馬県勢多郡 ＊ほんたい 高知県「ほんたいおまんがわりー」 ＊もとこと・もとことなし 香川県「もとことになってしもた」「これでちょうどもとことなしじゃ」 ＊よーから 島根県大田市「あの子に働かせるのはよーから無理だ」 ＊よーにから 島根県美濃郡・益田市「あの子に歌わせるのはよーにから駄目だ」 →がんらい（元来）

もどる【戻】 ＊こびれる 新潟県佐渡 ＊しっかえる 栃木県 ＊そそる 香川県仲多度郡 ＊もとーる 島根県石見「根性がやっともとにもとーった」

元に□ ＊うてぃけーゆん 沖縄県首里 ＊なまがえる 群馬県多野郡 ＊のがえる 群馬県多野郡「いくらか仕事を覚えても怠けるとのぎゃーる」

もの【物】 ＊しな 長崎県対馬「さつまいも程けっこなしなはねぁーなー」「さうは言うても人間ちうしなはそんなもんぢゃねー」 ＊そ 島根県美濃郡・益田市「あのそを一つ呉れ」 山口県「お前はのー、あのそとこのそとどっちがえいか」「善いそ、悪いそ」 ＊ものけ 富山県高岡市 岡山県児島郡 ＊わら 福井県・大飯郡「このわらわ、あのわらわよりいかい（大きい）」 滋賀県「十円のわらあるなー」 ＊わろ

滋賀県

ものおき【物置】 ＊いなべや（農具などを収納する物置）秋田県鹿角郡　福島県大沼郡　＊おや　群馬県吾妻郡　＊おろし（軒下の部分。また、そこに作った物置）神奈川県　宮崎県日向　＊かきいれ（母屋に付け足した物置）愛知県海部郡・東春日井郡　＊かりーや　長崎県対馬「かりーやをば建ちょーちゅー思い立って」　＊きぐや　千葉県香取郡　＊きごや　岩手県気仙郡　宮城県仙台市　山形県　群馬県前橋市　埼玉県秩父郡　新潟県佐渡・岩船郡　山梨県　静岡県磐田郡　島根県　岡山県苫田郡　広島県比婆郡・高田郡　愛媛県　＊くらや　福島県南会津　福井県遠敷郡　長野県　静岡県榛原郡　京都府竹野郡・中郡　＊ごくや（神社の物置）長崎県壱岐島　鹿児島県黒島　＊こなんど　三重県志摩郡　＊こぶや　長野県上水内郡　＊こや　青森県　秋田県平鹿郡　山形県　東京都江戸川区　三重県北部　滋賀県彦根　京都府竹野郡　福岡市　長崎県西彼杵郡・南高来郡　熊本県　＊こやこ　青森県上北郡　＊だしや　三重県名賀郡　＊ちょんで　三重県志摩郡　＊なげこみば・なげこんば　島根県　＊なんど　山梨県東八代郡・北巨摩郡　長野県佐久　兵庫県但馬　＊にや（農具などの置き場）岩手県九戸郡・気仙郡　＊にわのま（穀物や漬け物などの置き場）岡山県川上郡　＊ねさね　徳島県　＊ねずみら　三重県志摩郡　＊ひあわい　三重県名賀郡　＊までや　茨城県稲敷郡　千葉県香取郡・印旛郡　＊みそべや　三重県伊賀　＊ものいれ　三重県上野市・名賀郡　＊ものごや　三重県阿山郡　＊ものつん　富山県砺波

□小屋　＊あまや　青森県南部　福島県中部・会津　茨城県稲敷郡　栃木県　山梨県　＊おかんまや　神奈川県藤沢市　＊かまや　静岡県駿東郡　＊きびや　鳥取県鳥取市・気高郡　愛媛県松山　＊きや　栃木県足利市・佐野市　群馬県館林市　長野県佐久　兵庫県但馬　香川県小豆島　＊けごや　山形県　長野県北部　＊けみや　長野県北西部　＊けもや　長野県更級郡・南安曇郡　＊けんぐや　新潟県中頸城郡　＊こい　群馬県利根郡　埼玉県北足立郡　＊こいえ　群馬県佐波郡　＊こいや　熊本県北部　＊こえ　宮城県本吉郡　群馬県佐波郡　＊こえー　群馬県　東京都大島・八王子　神奈川県津久井郡　山梨県　静岡県　＊こえさ　山梨県　＊こーえ　岐阜県山県郡　愛知県　＊こーえん　愛知県愛知郡・碧海郡　＊こま　京都府竹野郡　＊ごま　三重県名張市　＊こまや　宮城県志田郡　山形県（軒下に差し掛けたもの）　神奈川県津久井郡　＊こんえ　愛知県西加茂郡　＊せどや　静岡県志太郡「せどやえーしまっとけ（物置小屋に入れておけ）」　＊そーや　群馬県勢多郡　＊ぞーや　徳島県美馬郡　＊だや　広島県佐伯郡「だやが　めげて（壊れて）」・高田郡　山口県「ありゃあかわいそうに、家も無うなって、だやに住んでおるげな」　＊どーびや　東京都大島　＊ながちょー・ながっちょー　山梨県　＊ながや　岩手県気仙郡　栃木県　群馬県邑楽郡　新潟県佐渡・岩船郡　山梨県　長野県佐久　静岡県田方郡・志太郡　三重県度会郡　和歌山県有田郡・那賀郡　島根県　岡山県　香川県手島・高見島　＊はなしまや　青森県津軽　＊へや　静岡県周智郡　愛知県北設楽郡　香川県　愛媛県大洲市・喜多郡　＊ほーりこみ　香川県三豊郡

⇨なや（納屋）

□部屋　＊あまだ（草ぶき屋の二階にした物置部屋）島根県石見　＊あまだや（草ぶき屋の二階にした物置部屋）島根県邑智郡　＊あまど（草ぶき屋の二階にした物置部屋）島根県邑智郡・邇摩郡　＊おびや（「おおべや（大部屋）」の転か。十二畳分ぐらいの物置部屋）青森県三戸郡　＊どじ　島根県隠岐島　＊どず　静岡県川根　＊むこーざしき　愛知県北設楽郡・南設楽郡

屋根裏の二階式の□　＊つし　秋田県由利郡　山形県西置賜郡・東田川郡　新潟県　石川県江沼郡　福井県　岐阜県　愛知県　三重県　滋賀県　京都府　兵庫県赤穂郡　奈良県　和歌山県　島根県　岡山県　広島県安芸郡　山口県豊浦郡　徳島県　愛媛県　高知県　福岡県　長崎県五島　熊本県宇土郡・天草郡　大分県　宮崎県東諸県郡　鹿児島県肝属郡　＊つしー　千葉県君津郡　＊つしご　岐阜県飛騨　＊つしにかい　奈良県　高知県　＊つち　福岡県　熊本県・玉名郡

ものおしみ【物惜】　⇨けち

ものさし【物差】　＊くわい（畳の厚さを測る物差し）香川県高松市　＊ごふく（鯨尺の物差し）栃木県　群馬県勢多郡・山田郡　＊ごふくものさし（鯨尺の物差し）長野県佐久　＊さくがね　岩手県気仙郡　＊さぐじ（一尺ごとに目盛りのつけてある木の物差し）青森県津軽　＊さくだけ　岩手県気仙郡　＊さし　青森県上北郡　秋田県　群馬県桐生市　東京都八丈島　新潟県佐渡・西頸城郡　山梨県　長野県佐久　滋賀県彦根・蒲生郡　京都市　大阪市　兵庫県加古郡・神戸市　和歌山市　島根県那賀郡・鹿足郡　広島県倉橋島　徳島県　香川県　愛媛県「さしでさしてつかーさい（物差しで測って下さい）」　高知県　大分県南海部郡　＊さしがね　宮城県栗原郡・仙台市　静岡県磐田郡（大工が使う、鋼または真鍮製の物差し）＊さしとり　青森県八戸　＊しゃいご　群馬県山田郡　＊しゃく　富山県・砺波　兵庫県但馬・加古郡　愛媛県松山　福岡県　鹿児島県宝島　＊しゃくがね　岩手県江刺郡・気仙郡「しゃくがね当てたよう（物事をきちんきちんとするさま）」　宮城県　＊しゃくこ　群馬県佐波郡　＊しゃくご　秋田県　福島県東白川郡　栃木県　群馬県　埼玉県入間郡　千葉県香取郡　山梨県　＊しゃくざお（一間以上もある長い物差し）島根県鹿足郡・邑智郡　＊しゃくさし　鹿児島県種子島　＊しゃくざし（一尺の物差し）島根県　＊しゃくじ　栃木県下都賀郡　＊しゃくじょー・しゃくずえ（一尺ごとに目盛りのつけてある木の物差し）新潟県佐渡　＊しゃ

くたけ 島根県仁多郡 *しゃくだけ 岩手県気仙郡 島根県 長崎県 熊本県玉名郡・天草郡 *しゃくだて 島根県大原郡・仁多郡 *しゃくんご 秋田県南秋田郡・河辺郡 *しゃし 青森県上北郡 *しゃっだけ 長崎県五島 *すんぼー(田植え用の物差し)岡山県苫田郡 *はかりさし 長野県上田 *ものしゃく 群馬県勢多郡 埼玉県入間郡 富山県東礪波郡 石川県河北郡

ものたりない【物足】
*あちけね 山形県 *あわけない(あっけなくてもの足りない)青森県「余興がなくてあわげながった」 秋田県 *あんけね 山形県「これはあんけね」 *えずい 新潟県佐渡 *おけない 山形県 *おげない 兵庫県加古郡 *おっけない 山形県東置賜郡 *かいなー 島根県美濃郡・益田市「今度の婿はいかにもかいなー」 *かいない 北海道「交渉がかいないからいけない」 岩手県 宮城県仙台市 山形県「米の搗ぎ方あ、かえなえがら、色あ黒え」 茨城県 新潟県佐渡 富山県砺波 静岡県田方郡 兵庫県加古郡 岡山県岡山市・児島郡「あの奴じゃもう少しかいないところがあるように思うけどなあ」 徳島県「あの人は町長にはちっとかいない」 香川県「あの人にまかしといたんではかいのてのう」 高知県 *すげない 青森県 岩手県気仙郡・胆沢郡 宮城県「お膳がすげない」 山形県「歯が欠けたら口のあたりすげなえ」 福島県北部・中部 新潟県佐渡 *すげんない 佐賀県藤津郡 *すんげがない 岡山県苫田郡「派手な葬式をしんさったが、四九日のごっつぉーは、ずど、すんげがなかったで」 愛媛県 *そっぱいない 秋田県「本当にそっぴゃねぁ」 高知県長岡郡 *とかしない 滋賀県愛知郡 *ほいない 福井県大野郡 兵庫県但馬 香川県 愛媛県東北部 *ぼそい 広島県 山口県「少々ぼそい気がする」 *ほそしか 長崎県壱岐島「ほそしかもんじゃなか」
□感じだ *おかったるい 東京都 *かいだるい 福井県遠敷郡 徳島県 香川県大川郡 愛媛県 *かいなだるい 岩手県気仙郡 *かんだるい 新潟県佐渡 *しゃーだるい・はいだるい・ひやだるい 石川県珠洲郡・鳳至郡

ものほしざお【物干竿】
*かげそ 秋田県河辺郡 *かけざお 山形県 新潟県佐渡・東蒲原郡 長野県下伊那郡・佐久 *からさお 千葉県長生郡・夷隅郡 新潟県佐渡 香川県 *からだけ 青森県三戸郡 *きもんほし 熊本県 *きもんほしざお 熊本県球磨郡 *きんかけざお 鹿児島県硫黄島 *きんかけぼー 鹿児島県種子島 *きんざお 熊本県球磨郡・芦北郡 鹿児島県出水郡

ものもらい【物貰】
*いも・いもら・いもろ 兵庫県播磨 *いもれ 鹿児島県 *いんぬやー 沖縄県石垣島 *いんのくそ 岡山県児島郡 長崎県 熊本県 大分県 宮崎県延岡 *いんもの 鹿児島県鹿児島郡 *いんもれ 鹿児島県肝属郡 *いもれ 鹿児島県 *おひめさま 福岡市 *おひめさん 熊本県・天草郡 *おへもん 福岡市 *かんじん 熊本県天草郡 *こんじきめ 静岡県志太郡「こんじきめならもらってくぇー(ものもらいなら、人から物をもらって食えばよい、なおるよ)」・磐田郡 *ぜんもん 熊本県天草郡 *でばつく 和歌山県和歌山市・有田郡 *ともりゃー 熊本県玉名郡 *のめ 青森県三戸郡 秋田県鹿角郡 山形県北村山郡・最上郡 新潟県東蒲原郡 *のんめ 山梨県南巨摩郡 *ばか 岩手県上閉伊郡・気仙郡 宮城県 山形県「眼さ、ばができた」 *へーとー 岡山県岡山市・御津郡 *ほいた 鳥取県西伯郡 *ほいたー 鳥取県気高郡 *ほいと 山形県新庄・最上郡 兵庫県播磨 岡山県苫田郡 *ほえーとー 岡山県邑久郡 *ほくろ 山形県西置賜郡 *まふぐり 和歌山県日高郡 *まろーど 愛知県知多郡 岡山市 *まんじゃ 島根県八束郡 *みーいんでー 沖縄県首里 *みーふー・みんぷー 鹿児島県喜界島 *みんぼ 岐阜県不破郡 *めのいも 兵庫県赤穂郡 *めいぼ 滋賀県 鳥取県東部 徳島県・美馬郡 香川県 愛媛県 高知県・土佐郡 大分県 *めーけー 群馬県館林 *めーぼ 福井県大飯郡 滋賀県 島根県石見 山口県 *めかいご 栃木県 群馬県 埼玉県秩父郡 *めかご 栃木県 埼玉県 長野県上田・佐久 *めがたね(ものもらいが崩れてひどくなったもの)富山県砺波 *めかんじん 熊本県天草郡 *めぐり・めんぐり・めめんぐり 新潟県佐渡 *めけご 栃木県 *めこじき 青森県三戸郡 長野県 岐阜県飛騨 愛知県北設楽郡 *めこんじき 新潟県上越 静岡県 *めちんぼ 長崎県上水内郡 *めっか 熊本県天草郡 *めっこじき 長野県東筑摩郡・諏訪 *めっぱ 北海道 新潟県上越 *めっぱつ・めっぱす 新潟県 *めっぱり 新潟県上越 *めつぼ 香川県仲多度郡 *めっぽ 三重県伊勢 *めっぽろ 三重県度会郡 *めねぶつ 静岡県磐田郡 *めのいも 兵庫県赤穂郡 *めのむり 新潟県上越市 *めぱ 秋田県北秋田郡 *めばそ 島根県隠岐島 *めばち 島根県隠岐島 *めばちこ 大阪府大阪市・泉北郡 兵庫県 奈良県 和歌山県日高郡 香川県仲多度郡 大分県大分郡 *めばつく 和歌山県那賀郡・日高郡 *めばつこ 大阪府泉北郡 兵庫県神戸市 和歌山県 香川県小豆島 *めばっちょ 熊本県天草郡 *めぶろ 新潟県佐渡 *めふんぐり 新潟県 *めべーとー 岡山県御津郡 広島県比婆郡 徳島県 *めぼ 新潟県佐渡 石川県舳倉島 福井県若狭 三重県 滋賀県西部 京都府 大阪府泉北郡 兵庫県赤穂郡 奈良県山辺郡・宇陀郡 島根県江津市・出雲市 岡山県御津郡 広島県 香川県 愛媛県松山 高知県 鹿児島県肝属郡 *めぼいと 島根県石見 *めぼいとー 島根県 広島県高田郡 *めぼえた 島根県出雲 *めぼー 香川県高松市・小豆島 高知市 *めぼし 東京都八王子 神奈川県中郡 山梨県・南巨摩郡 和歌山県日高郡 *めほつ 岡山県児島郡 香川県三豊郡 *めぼつ・めぼっこ 香川県 *めぼら 岡山県児島郡 *めぼろ 新潟県佐渡 富山県砺波 *めまいと(「めま

とい（目纏）」の転か）長野県佐久 *めまじゃ・めまんじょ 島根県隠岐島 *めまら 新潟県上越 *めまんじゃ 島根県簸川郡・隠岐島 *めもらい 富山県高岡市　石川県　岐阜県飛驒　和歌山市　長崎県北松浦郡・五島　大分県 *めもろ・めむら 長崎県五島 *めろめろ 新潟県岩船郡 *めんご 山形県西村山郡・北村山郡 *めんちん 新潟県佐渡 *めんぼ 岐阜県不破郡　愛知県海部郡・知多郡 *めんぼろ 富山県東礪波郡 *もらいもの 熊本県 *もりや 熊本県天草郡 *もれもれ 山形県西田川郡　新潟県・岩船郡 *やにめ 新潟県佐渡 *やんめ 香川県伊吹島 *よのめ 青森県津軽・上北郡 *よめんこ 青森県

もはや【最早】 *いも 新潟県佐渡「いも遠くい所（とこ）い出んなや」 兵庫県多紀郡・美囊郡　山口県阿武郡 *いもー 新潟県佐渡「いもー年ん寄ったら寄ったように」 山口県「いもう帰りさうなものぢゃ」 *おも 新潟県佐渡 *ちゃーんと 福岡市 *ちゃんと 滋賀県彦根　京都府宇治郡　大阪市「夕べゆーてて、もーちゃんと忘れるとこやった」 兵庫県城崎郡「へぁー、ちゃんと九時だ」 奈良県 *どさくさ 広島県比婆郡「どさくさ行ったでしょう」 *な 鹿児島県奄美大島　沖縄県国頭郡 *なー 鹿児島県沖永良部島　沖縄県「やまーなーかすみぬかゝてーうやびらに（山はもはや霞（かすみ）がかかってはいませんか）」・首里「なーちゃーんならん（もはやどうにもならない）」 *なーや・にゃーや 沖縄県首里「なーやかんなたるうぃーやしかたーねーん（もはやこうなった以上しかたがない）」 *にゃ 沖縄県伊江島 *にゃー 鹿児島県奄美大島・与論島・徳之島・喜界島　沖縄県首里 *は 青森県津軽 *はー 青森県「はぁ灯火がついた」 岩手県上閉伊郡　福島県　栃木県「時間だからはー、来るだんべー」 群馬県「あきると、はー、あすびー、でかける」 埼玉県入間郡・北葛飾郡　千葉県　新潟市　静岡県　島根県　岡山県上道郡・児島郡「あの花瓶はー割っとらー」 広島県　山口県・島嶼 *はい 東京都三宅島　新潟県　山梨県南巨摩郡　長野県上伊那郡「はい、帰るころだよ」 岐阜県　静岡県志太郡　山口県大島　長崎県対馬 *はやのま 富山県 *はやまー・はやーまー 島根県隠岐島「はやーまー松江から来たか」 *はよー 岡山県苫田郡 *はら 東京都八丈島 *ひゃ 静岡県　鳥取県西伯郡　島根県八束郡 *ふぇー 大分県 *へ 鳥取県西伯郡　島根県出雲 *へー 神奈川県「へーだめだ」 山梨県　長野県　愛知県知多郡　島根県出雲　愛媛県周桑郡・喜多郡　大分県
↓もう

もはん【模範】 ⇩てほん（手本）

もふく【喪服】 *いまれ 三重県志摩郡 *いろ（葬儀の際の白衣など、喪服）岩手県気仙郡　宮城県仙台市　東京都八丈島　兵庫県淡路島　広島県　長崎県対馬 *いろぎ（葬儀の際の白衣など、喪服）広島県 *いろぎもの（葬儀の際の白衣など、喪服）神奈川県津久井郡 *うれーぎもの 山口県向島 *かたびら 岐阜県飛驒（白衣）　三重県志摩郡 *くだり（会葬の婦人が晴れ着の上に着る薄い羽織のような喪服）福島県南会津郡 *しろ（白むくの喪服）神奈川県中郡　岐阜県飛驒　長崎県西彼杵郡 *しろぎもん（白むくの喪服）長崎県西彼杵郡 *しろぎん（白むくの喪服）熊本県天草郡 *しろつ（白むくの喪服）岐阜県揖斐郡 *しろも 三重県志摩郡 *そーれんぎ 広島県江田島・安芸郡 *そーれんぎもの 香川県綾歌郡 *ともぎもん 長崎県東彼杵郡 *のべぎもん 熊本県天草郡 *ばしやじん（芭蕉布の喪服）沖縄県首里

もみ【籾】 *あら 青森県津軽・上北郡　山形県西置賜郡　長野県佐久 *すじょ・すず 新潟県岩船郡 *つぃずぃ 沖縄県石垣島 *むとぅ 沖縄県石垣島 *もみかちゃ 青森県上北郡
↓もみがら（籾殻）

殻ばかりで実の入っていない□ *あい 栃木県・安蘇郡　群馬県勢多郡・山田郡 *あんほ 静岡県 *しーた 青森県南部 *しーだ 石川県金沢市　兵庫県但馬 *しーら 新潟県佐渡　兵庫県　鳥取県西伯郡　島根県　岡山県苫田郡・小田郡　広島県　山口県　愛媛県大三島　福岡市　長崎県北松浦郡・壱岐島「しーら麦」　熊本県玉名郡　大分県 *しーらもみ・しーらみ 島根県 *しえ 和歌山県日高郡「しえ餅」　愛媛県松山　大分県北海部郡 *しだ・しんだこ 青森県津軽 *しら 熊本県八代郡　宮崎県　鹿児島県・肝属郡「米んしら」 *しんた 青森県上北郡 *しんだ 富山県　石川県 *すせ 兵庫県淡路島 *すだ 秋田県南秋田郡 *すなっこ 岩手県気仙郡 *つつお 兵庫県加古郡 *はっとーり 山梨県南巨摩郡 *ぱっぱ 奈良県磯城郡 *ひんしょ 兵庫県加古郡 *ほくだ 鳥取県西伯郡 *ほくど 岡山県苫田郡 *ほくとー・ぼっとー 島根県邑智郡 *みおさ 奈良県 *みなし 兵庫県加古郡 *みなしぼ 奈良県生駒郡 *みなせ 奈良県宇智郡 *みょーし 富山県・富山市近在 *みよさ 三重県阿山郡　滋賀県　奈良県宇陀郡 *みよし 富山県砺波 *みよせ 千葉県・夷隅郡・君津郡 *みよせん 千葉県山武郡 *もんじら 鹿児島県

実りの不十分な□ *いたじーら 岡山市 *すくだ 香川県仲多度郡 *すぐら 香川県綾歌郡・仲多度郡 *だじーら 島根県出雲 *にばん 富山県西礪波郡 *ひせ 高知県土佐郡

もみがら【籾殻】 *あら 栃木県 *あらぬか 千葉県夷隅郡　兵庫県加古郡 *かーらすしーな・かーらすちーな 埼玉県北葛飾郡 *さいぬか 三重県度会郡・宇治山田市 *さぬか 新潟県佐渡 *さやぬか 岐阜県武儀郡　愛知県名古屋市 *さらぬか 新潟県佐渡　大阪府 *すぶ 沖縄県竹富島 *すりぬか 徳島県　香川県　愛媛県　高知県 *たわら 青森県三戸郡 *まいしくぶ（「しくぶ」は「すくも」の転）沖縄県石垣島 *もみぬか 群馬県勢多郡　新

潟県佐渡・中頸城郡　長野県諏訪・佐久　岐阜県飛驒　静岡県磐田郡　三重県名賀郡　滋賀県彦根　大阪市　愛媛県　宮崎県東諸県郡　*やた 岐阜県山県郡　静岡県　*んなげー（「げー」は「かい」の転）沖縄県首里

→もみ（籾）

稲の□　*しくぶ 沖縄県八重山　*すくぶ 鹿児島県奄美大島・沖永良部島　沖縄県首里・石垣島　*すくぼ 福島県岩瀬郡・石城郡　茨城県稲敷郡　埼玉県北葛飾郡　静岡県・田方郡　愛媛県　福岡県遠賀郡　*すくぼー 茨城県稲敷郡　*すくも 茨城県北相馬郡　千葉県　神奈川県　山梨県　静岡県　三重県志摩郡　京都府与謝郡　兵庫県　鳥取県　島根県　岡山県　広島県　山口県見島・阿武郡　香川県大川郡　愛媛県　*すくもがら 島根県　*すも 千葉県・長生郡・夷隅郡　*すもぬか 千葉県長生郡　*もみずりも 島根県隠岐島

麦の□　*ばかぬか 愛知県北設楽郡　*はしか 静岡県小笠郡・志太郡　愛知県知多郡　広島県高田郡

もみぬか【籾糠】　⇩「もみがら（籾殻）」の子見出し、「稲の籾殻」

もめごと【揉事】　*いじくじ（意見が合わずに起こるもめ事）新潟県西蒲原郡「いじくじなしに（穏やかに）」　愛媛県伊予市「いじくじの無いように分けよう」・松山　*でひき 愛知県知多郡「女でひき」　*なんじゅー・なんじゅーふぃんじゅー 沖縄県首里　*もめ 徳島県　*もめど 愛媛県松山「もめどがいきました（ごたごたがありました）」

→いさかい（諍）・いざこざ

もも【股】　*あってー 鹿児島県喜界島　*すほ 香川県大川郡　*すぼ 香川県　愛媛県大三島　*すぼた 香川県三豊郡　*ねんぼー 静岡県磐田郡　*ひちべた 石川県鹿島郡　*ふくろはぎ 大阪府泉北郡　*ぶたぶた 滋賀県蒲生郡　*へちべた 石川県羽咋郡　*むまんだり 沖縄県小浜島　*むむっくら 沖縄県与那国島　*むむったら 沖縄県鳩間島　*むむったり 沖縄県石垣島　*むむに 沖縄県宮古島　*むむんだり 沖縄県小浜島　*むんたら 沖縄県西表島　*むんだりし 沖縄県波照間島　*もーだい 沖縄県竹富島　*もーたぐら 香川県仲多度郡　*ももざにえ 鹿児島県揖宿郡　*ももぞ 長崎県南高来郡　*ももた 北海道　青森県　岩手県　宮城県　秋田県鹿角郡　福島県相馬郡　富山県・砺波　石川県　福井県　長野県諏訪・上伊那郡　岐阜県　静岡県　愛知県　三重県三重郡　島根県　岡山県児島郡・小田郡　山口県大島　香川県　愛媛県　長崎県南高来郡　*ももたーら 愛媛県大三島　*ももたうら 富山県高岡市　*ももたびら 島根県八束郡　広島県高田郡　*ももたぶ 山形県　福島県北部　栃木県　東京都利島　新潟県佐渡　静岡県小笠郡　山口県萩市・阿武郡　香川県　愛媛県　大分県　大分市・大分郡　*ももたぶら 新潟県　富山県　石川県能美郡　福井県　三重県阿山郡　和歌山県　鳥取県　島根県　岡山県　広島県　山口県　香川県　愛媛県　長崎県　熊本県　大分県宇佐郡・速見郡　鹿児島県奄美大島　*ももたぶろ 石川県能美郡　和歌山県東牟婁郡　島根県　香川県　愛媛県　*ももたぶろー 富山県　*ももたぼ 秋田県平鹿郡　*ももたん 熊本県阿蘇郡　*ももたんぼ 岐阜県恵那郡　*ももっけた 神奈川県・相模・高座郡　*ももっこぞー・ももっこ 山梨県　*ももった 栃木県　埼玉県入間郡　神奈川県高座郡　長野県東筑摩郡　静岡県磐田郡　*ももったー 静岡県榛原郡　*ももったね 栃木県　埼玉県入間郡・秩父郡　*ももったば 静岡県　長崎県南松浦郡　*ももったぶ 栃木県塩谷郡　群馬県利根郡　埼玉県北葛飾郡　千葉県夷隅郡・千葉郡　*ももったぼ 群馬県勢多郡　千葉県夷隅郡　東京都江戸川区　*ももったま 群馬県　東京都八王子　新潟県　*ももと 大分県大分郡　*ももど 福岡県　佐賀県唐津市・藤津郡　長崎県　*ももどー 福岡県　佐賀県　*ももね 福島県　栃木県　東京都利島　長野県　岐阜県飛驒　静岡県・磐田郡　愛知県　大分県　*もんねき 静岡県安倍郡　*もんもね 福島県　*よーた 青森県南部　*よた 青森県上北郡「よたさ糞つけだ」　*よのた 青森県南部　*よろ 青森県津軽　秋田県雄勝郡　*よろた 青森県　秋田県

もも【桃】　*きど 長野県長野市・上水内郡　*きもも 富山県一部　*けもも 青森県一部　埼玉県一部　新潟県一部　富山県砺波　石川県一部　福井県一部　長野県更級郡・佐久（水蜜桃）　岐阜県飛驒（水蜜桃、スモモ）　京都府　和歌山市　*とぅむんぶ 沖縄県与那国島　*とーむん 沖縄県八重山　*なつもも 静岡県一部　三重県志摩郡　*ねんぼ 静岡県磐田郡　*ひげもも 和歌山県一部　*むんまま 沖縄県首里　*ももざね（モモの実）山梨県南巨

方/言/の/窓

●命令・禁止の表現

「早く起きろ」と言うときの「起きろ」に当たる形には明瞭な地域差がある。近畿・中国・四国・九州東部にはオキーまたはオキーが分布し、岐阜・愛知もオキヨの地域である。そして、その両側の関東・東北および九州西部・沖縄にはオキロまたはオキレ（沖縄はウキリなど）が見られる。

「～してはいけない」ということを東北地方では「～シタラワガンネ」と言う。この「わからない」には「だめだ」の意もある。ある著名な作家が旅先から原稿を送ろうとした。台風通過の直後で通信網が乱れていたので、発送可能かどうかを郵便局員に尋ねた。すると局員は「ワガンネ」と言う。作家は怒って「分からないとはなにごとだ」とどなった。これが誤解であったことは言うまでもない。

摩郡 *よーもも 長野県一部

ももひき【股引】 *あしぐ 山口県玖珂郡 *あっぷ 長崎県五島 *いんぐりまた 島根県邑智郡 *おじんぱっち 兵庫県赤穂郡 *かなまるたちけ(越後の金丸から伝わったところから。野良仕事の際にはく、女性用のももひき) 山形県西置賜郡 *がふら(がふがふしているところから。はかまの形をして、足首のくくれているももひき) 秋田県仙北郡 *かわばかま(鹿の革で作った、山仕事や田仕事用のももひき) 三重県飯南郡　奈良県吉野郡 *かんくぃーぱっち(農夫が耕作する時に着ける長いももひき) 長崎県壱岐島 *こえとたちけ(女が田畑の仕事をする時にはくももひきの一種) 山形県西置賜郡 *こした 三重県名賀郡　香川県大川郡・木田郡 *こばかま(山で作業する時のももひき) 新潟県岩船郡 *さるまた 島根県石見・隠岐島 *じんたら 兵庫県赤穂郡 *ぞーももひき(象の足のように太いところから。野良仕事用のももひきの一種) 静岡県磐田郡　愛知県南設楽郡 *のらももひき(無地の紺木綿で作った、農作業用のももひき) 神奈川県中郡 *ぱー 沖縄県石垣島 *はかま 宮崎県　沖縄県国頭郡 *はがま 沖縄県与那国島 *はだももひき(普通のももひき。外ももひきに対して言う) 長野県長野市・上水内郡 *ぱち(朝鮮語 ba-ji から) 三重県志摩郡　京都府　鹿児島県奄美大島 *ぱっち(朝鮮語 ba-ji から) 三重県　京都府　大阪府　兵庫県多紀郡・淡路島　奈良県・大和高田市・北葛城郡　和歌山県・日高郡　広島県高田郡　徳島県　香川県大川郡・小豆島　高知県幡多郡　熊本県球磨郡　宮崎県東諸県郡　鹿児島県 *ぱっち(朝鮮語 ba-ji から) 三重県　滋賀県　京都府　大阪府・泉北郡　兵庫県・赤穂郡　和歌山県日高郡　島根県　岡山県・真庭郡　山口県・見島・玖珂郡　香川県　長崎県　熊本県　大分県　宮崎県延岡 *ばっちー(朝鮮語 ba-ji から) 鹿児島県揖宿郡・種子島 *ぱっちり(朝鮮語 ba-ji から) 長崎県西彼杵郡 *はばき(革ももひき) 三重県度会郡 *はんぱち(短いももひき) 香川県高松市 *ふみごみ・ふごみ・ふみご 三重県志摩郡 *ふんぐみ 茨城県多賀郡 *ふんごみ 山梨県　愛知県知多郡　三重県度会郡・志摩郡　広島県江田島・安芸郡 *ふんばり 富山県婦負郡　三重県志摩郡 *ぺっち(朝鮮語 ba-ji から) 兵庫県赤穂郡 *ままわせ 岡山県真庭郡 *むむぬき 沖縄県八重山 *むむぬし 沖縄県新城島 *むむぬち 沖縄県首里 *もつけ 福井県吉田郡 *もっぺ 秋田県 *ももざい 新潟県中越 *もんぐら 島根県鹿足郡 *もんぺ 青森県　山形県・庄内 *もんべ 秋田県鹿角郡 *わっち(朝鮮語 ba-ji から) 奈良県吉野郡

もやし【萌】 *うやし(大人の使う語。普通は「まーみな」を用いる) 沖縄県首里 *かじふちまーみな(ひょろ長く細いもやし) 沖縄県首里

豆の□ *おやし 宮崎県日向　鹿児島県 *まーみな 沖縄県首里・石垣島 *まみな 沖縄県石垣島・竹富島・鳩間島

もやす【燃】 *いびん・いびるん 沖縄県石垣島 *うびる 鹿児島県沖永良部島 *てらす(山言葉) 山形県西置賜郡 *もやかす 新潟県佐渡　愛知県・額田郡　鹿児島県 *むしゃげる(勢いよく燃す) 長野県佐久 *やったくい 鹿児島県鹿児島郡

もらう【貰】 *あたる 富山県東礪波郡「簞笥(たんす)さえあたらんもんだらけじったわ」 滋賀県彦根　兵庫県淡路島 *あたゆい・あたうい(分配にあずかる) 鹿児島県喜界島 *いーゆん 沖縄県首里「じん　いーゆん(金をもらう)」「いーてーる　じん(もらった金)」 *いーるん 沖縄県石垣島・竹富島 *いーん 沖縄県石垣島 *おろす 群馬県多野郡「おみくじをおろす」

もり【森】 *かいな・かいにょ・かいぎょー 富山県 *だーま 沖縄県与那国島 *たいぼくわら 新潟県北魚沼郡 *はえ 徳島県「まつばえ」「すぎばえ」・美馬郡　高知県香美郡 *ひーやま・しーやま 鹿児島県与論島 *ふろ 愛知県宝飯郡　岡山県・阿哲郡・川上郡 *やち 新潟県 *やま 群馬県勢多郡・佐波郡　埼玉県入間郡「竹やま」・北葛飾郡(防風林)　千葉県山武郡　東京都利島「つばきやま」 長野県上伊那郡・佐久　愛知県　三重県度会郡　兵庫県加古郡　熊本県　宮崎県　鹿児島県肝属郡・南西諸島　沖縄県・八重山 *やまー 沖縄県八重山

神社の□ *おやま(鎮守の森) 岩手県下閉伊郡 *ふろ 島根県 *ふろやしき 島根県益田市・江津市 *みさぶろ 岡山県川上郡 *みやばい・みやぶ 香川県三豊郡 *みやぶろ 島根県出雲　岡山県吉備郡　広島県芦品郡 *みやもり(鎮守の森) 島根県八束郡 *みややま(鎮守の森) 島根県 *もり(神の祭ってある森) 静岡県富士郡 *もりき 東京都八丈島　静岡県磐田郡　島根県隠岐島

もる【盛】 *おちる(茶わんに飯を盛る) 島根県石見 *ほこう(器に盛る) 山口県豊浦郡「飯をほこう」 *よう(「よそう」の転か。飯をもる) 和歌山県那賀郡 *わける(飯などを盛る) 宮城県　山形県「お汁をわける」 福島県　栃木県黒磯市「飯わげておごれ」・塩谷郡

もる【漏】 *がらく(おけなどが乾いてすきまが生じ、水が漏る) 新潟県中頸城郡 *かやる(水などが漏れ出る) 富山県砺波　和歌山県　愛媛県松山「しづかに持て行かんと桶の水がかやる」 *さす 山梨県 *しずらう 山形県西置賜郡・東村山郡 *しずる 新潟県佐渡 *しとる 島根県「かめの水がしとる」 *ちゅんもい 鹿児島県揖宿郡 *ひすがあく(桶などが乾燥し、すきまができて、水が漏る) 山形県庄内　新潟県 *ぶる(水などが漏る) 鳥取県気高郡　広島県　徳島県・美馬郡「水がぶる」 香川県「雨がぶって来た」 愛媛県 *むじる 福島県会津若松市

→もれる（漏）

もれる【漏】 ***すもる** 岐阜県飛騨 ***はさぐ**（桶などが乾燥しすぎて水が漏れる）岩手県気仙郡 ***はしゃぐ**（桶などが乾燥しすぎて水が漏れる）新潟県佐渡　岐阜県飛騨「日照りで屋根板がはしゃぐ（乾いて反り返る）」　滋賀県彦根　兵庫県西宮市　鳥取県西伯郡　岡山市　広島県倉橋島・高田郡　香川県 ***はしやぐ**（桶などが乾燥しすぎて水が漏れる）島根県「桶がはしやーで水が漏れる」 ***はしらぐ**（桶などが乾燥しすぎて水が漏れる）三重県志摩郡 ***はっしゃぐ**（桶などが乾燥しすぎて水が漏れる）富山県砺波　石川県　岐阜県　三重県名賀郡　兵庫県淡路島　鳥取県西伯郡　徳島県「桶がはっしゃいだ」　香川県 ***ふきるん**（文語形は「ふきん」）沖縄県石垣島 ***むぐる**（間から漏れる）岩手県気仙郡「むぐっておづだふうだ（すきまから漏れて落ちたようだ）」　宮城県栗原郡・石巻　山形県「芋あざるの穴からむぐった」　福島県相馬郡　群馬県佐波郡 ***もぐる**（間から漏れる）岩手県東磐井郡「網から魚がもぐる」 ***よばる** 島根県出雲・隠岐島 ***よぼう**（液体が漏れる）高知県「そりゃそりゃよぼいよるぜよ」 ***よぼる** 山口県玖珂郡　高知県土佐郡

→もる（漏）

もん【門】 ***いしかぶいじょー・いしじょー**（左右に大きな石を積み上げた門。石造りの門）沖縄県首里 ***うじょー** 沖縄県首里 ***うじょーぐわー**（裏の御門）沖縄県首里 ***うふうじょー**（屋敷の表側にある大きな門）沖縄県首里 ***かでや** 奈良県吉野郡「かでやんそと（門の外）」 ***かど** 新潟県佐渡　静岡県磐田郡　三重県度会郡　京都府 ***かどう** 鹿児島県喜界島・徳之島 ***かどっぽ** 栃木県 ***かろ** 長野県西筑摩郡　大阪府 ***かんど** 和歌山県東牟婁郡　香川県高見島「みしろまくってから、かんどへおいとかんか」 ***こぐち** 大阪府泉北郡 ***こせ・こせもん**（小さい門）鹿児島県肝属郡 ***ざう** 沖縄県新城島 ***じょー** 鹿児島県島嶼　沖縄県 ***じょーぐち** 鹿児島県奄美大島・加計呂麻島 ***じょーぐちー・じょんくちー** 鹿児島県喜界島 ***じょーぼ** 千葉県上総 ***ぞー** 鹿児島県奄美大島　沖縄県宮古島・八重山「ぞーぬばん（門番）」 ***ぞーぐち** 鹿児島県奄美大島 ***たもん**（大地主の家などに見られた大扉のついた門）富山県砺波 ***ちゅーむん**（座敷に面した中庭を仕切った塀や垣に付けた門）沖縄県首里 ***ちゅーもん** 宮城県仙台市（長屋の中央を通り口にした門）　香川県（座敷に面した中庭を仕切った塀や垣に付けた門） ***どぅー・どぅんうってぃー** 沖縄県与那国島 ***どぅんじ** 沖縄県黒島 ***どぅんどぅふち** 沖縄県竹富島 ***ぬきもん**（門柱の上にぬき木が渡してある門）高知県長岡郡 ***ぶりんど**（上に竹木の覆いのある出入り門。また、垣の一部に穴をあけて作った門）高知県長岡郡「ぶりんどをぬける」 ***へーじもん**（玄関横の塀、垣などに造った庭へ入る門）岩手県下閉伊郡　宮城県仙台市 ***へじもん**（玄関横の塀、垣などに造った庭へ入る門）石川県金沢市 ***もんえ** 香川県高見島 ***もんや** 岐阜県不破郡　大阪府中河内郡　兵庫県淡路島　奈良県・南大和（人の住めるようになっている門）　徳島県（人の住めるようになっている門）・三好郡（人の住めるようになっている門）　香川県　愛媛県宇摩郡 ***やーじょー**（かわら屋根のある門。もとは貴族の家に限られていた）沖縄県首里 ***ろじ**（前庭から庭園へ通じる門）岡山市

もんく【文句】 ***いーごと** 山口県豊浦郡　大分県大分郡「いーごとをゆー」「天気がゆーじ、いーごたねー（天気がよくて申し分なしです）」 ***いんばく** 岡山県児島郡　香川県仲多度郡・三豊郡 ***かず**（「口数（くちかず）」の転か）岩手県気仙郡「かずかだる（文句を言う。不平不満を述べる）」「かずの多いわらし（ああでもない、こうでもないと母を困らせる子）」 ***がっけ** 新潟県西蒲原郡「がっけつける」 ***ぎ** 鹿児島県「なんとんしれんぎをかやすな（わけのわからん文句を言うな）」 ***くぬー・くぬーまぬー** 沖縄県首里 ***くのー** 高知県「又あの人は今日もくのーを言うて居た」 ***ごんもく** 岩手県九戸郡 ***つぶ** 三重県志摩郡 ***へくじ** 熊本県下益城郡 ***むしん** 岡山県児島郡 ***もんた** 青森県津軽 ***もんだん** 群馬県多野郡「もんだんをいう」　石川県金沢市

→くじょう（苦情）・こごと（小言）

ぐずぐずと□を言う ***いもにる**（芋が煮えている時の音の連想から）千葉県東葛飾郡 ***えびひく**（えび（山葡萄）の蔓が木にからまって、引いてもなかなか取れないところからか）岩手県気仙郡 ***ぐすくる** 新潟県中頸城郡「あいつは、いつまでもぐすくっている」 ***ぼろこく** 岐阜県飛騨

しつこく□などを言う者 ***ごぼほり** 秋田県鹿角郡 ***ごんぼほり** 岩手県気仙郡　宮城県栗原郡 ***ぼろこき** 岐阜県飛騨

長ったらしい不平不満の□ ***えんぶんしんぶん** 岩手県気仙郡「えんぶんしんぶんかだり（ぐずぐず文句を言う人）」 ***へんじょーこんごー**（くどくど言い立てる文句）滋賀県彦根　大阪市「ごたごたと遍照金剛ばっかしぬかしくさって」　兵庫県赤穂郡「遍照金剛言うな」　奈良県　和歌山市「へんじょーこんごーいはずに出て行け」　島根県　広島県高田郡　山口県　愛媛県松山　大分県　長崎県北松浦郡 ***へんじょこんご**（くどくど言い立てる文句）

なにかにつけて□を言う人 ***くじくり** 京都府竹野郡　岡山県　徳島県　愛媛県　高知県「あんなくじくりいあいてんなんな」 ***くじくりじょーご** 島根県美濃郡・益田市 ***くじこね** 新潟県佐渡「あのこはくじこねだ」 ***こしょかたり** 山形県 ***ごて** 大阪市「あいつごてやなぁ」　兵庫県加古郡・神戸市　和歌山市 ***ごてこき** 滋賀県

蒲生郡 *ごてさく 香川県小豆島

なんのかのと言を左右にして、ぐずぐず□を言うさま *ぐどぐど（ぐずぐずと文句を言うさま） 山形県置賜 新潟県「いつまでもぐどぐどいうな」 愛媛県松山・大三島 *ぐとくと・ぐとぐと（ぐずぐずと文句を言うさま） 徳島県 *ぐどらぐどら（ぐずぐずと文句を言うさま） 山形県東置賜郡 *ごもごも（愚痴や文句をぶつぶつ言うさま） 宮城県栗原郡「皆ごもごもつてたども、はっぱ、ききめがねえ（皆ぶつぶつ言っていたが、さっぱり効果がない）」 *しっぺこっぺ・しっぺりこっぺり 島根県 *しぺこぺ 島根県大原郡 *すたくた 宮城県仙台市 福島県石城郡 *すったーこけた 和歌山県和歌山市・有田郡「すったあこけた云うてどうもならん」 *すったーむぐったー 群馬県佐波郡 *すったいかったい 鹿児島県肝属郡 *すったかもったか 長崎県対馬「あそこはやかましい家の中で、家内の人がいつもすったかもったか言うてをる」 *すったくた 宮城県仙台市「すったくたしているうちに汽車が立ってしまった」 *すったくった 青森県三戸郡「すったくったて勉強もせず遊んでいる」 岩手県気仙郡 *すったこくた 福島県石城郡「やだのすったこくたで、とうとうんがねんちゃったに行かずにしまった」 *すったこけた 新潟県佐渡 *すったこべった 島根県隠岐島「すったこべった言う」 *すったころんだ 新潟県佐渡 *すったのこくったの 福島県石城郡 *すったのころんだの・すったのはげたの 島根県 *すったのまぐれだの 岩手県平泉 *すったのまったの 岩手県気仙郡「すったのまったのしている内に、おぐれでしまった」 *すったりはげたり 和歌山県日高郡 *すったわはげたわ 島根県大田市 *すっぺーこっぺ 岡山市 *すっぺーこっぺー 鳥取県西伯郡 島根県那賀郡 岡山市「すっぺーこっぺーぬかしやがる」 *ずっぺがっぺ 栃木県安蘇郡 *すっぺこっぺ 島根県「すっぺこっぺ言ってだめがつかん」 長崎県 熊本県下益城郡 *ずっぺごっぺ 栃木県安蘇郡・上都賀郡 *すっぺたこっぺた 島根県大田市 *すっぺらこっぺら 岡山県苫田郡 香川県高松市 愛媛県大三島 長崎県北松浦郡 *すっぺりこっぺり 島根県 長崎県五島 *ずっぺりこっぺり 愛媛県大三島 *すべったこべった 鳥取県「すべったこべった云って埒があかぬ」 島根県隠岐島 香川県仲多度郡・三豊郡 *すぺったこぺった 島根県隠岐島・邇摩郡 *すべってこべって 香川県高見島 *すべりこべり 愛媛県大三島 *つべりこべり 山形県村山「つべりこべりとお菓子食ってなくなった」

□を言う *あやつける 山形県西田川郡 *いびつかたる 岩手県気仙郡 宮城県栗原郡・玉造郡 山形県 *おがく 愛媛県二神島 *かばちがたつ 島根県 *かばちつく 香川県大川郡「ねしょ（女）がかばちつくな」 *かばちのかわをきく 島根県美濃郡・益田市 *かばちをきく 島根県「何もせんこーかばちをきくな」 岡山県児島郡・小田郡 香川県 *かばちをたたく 島根県 岡山県児島郡・小田郡 *かばちをたてる 島根県 *かばちをたれる 兵庫県佐用郡「かばちたれな」・赤穂郡 島根県 広島県（長男に弟妹が口答えをする） *くちしゅい（「しゅい」はするの意） 鹿児島県喜界島 *こてる 愛知県西加茂郡 *ごてる 愛知県名古屋市 大阪市 兵庫県加古郡 香川県大川郡・小豆島 愛媛県 *じくをゆー・じくゆー 千葉県東葛飾郡 *すたく 新潟県佐渡「何をすたく」 *ふしうたう 岩手県気仙郡 *ふしをつける 静岡県志太郡 *ぼんずく 和歌山県那賀郡 *ぽんつく 和歌山県東牟婁郡 *むだつく 富山県 *もちゃくる 新潟県佐渡 *りぐる 高知県「あまり不都合な事しょったきに、りぐられたらしい」

もんぺ *あねこもっぺ（女性が夏から秋にかけて用いる、もんぺの一種） 秋田県仙北郡・大曲市 *いっかま 石川県河北郡 *えちやまか 長野県上伊那郡 *かかとさん 京都市 *かっさん 茨城県多賀郡 *がふら（がふがふしているところから） 秋田県仙北郡 *からさん 山梨県・南巨摩郡 *かりさん 秋田県平鹿郡（子供用） 新潟県中蒲原郡 福井県 岐阜県加茂郡 *かるさん（ポルトガル語から） 栃木県芳賀郡 東京都西多摩郡 石川県能美郡 富山県東礪波郡（女子用） 福井県・南条郡（男子用） 山梨県南巨摩郡 長野県 岐阜県郡上郡 静岡県駿東郡・磐田郡 愛知県北設楽郡 三重県北牟婁郡 京都府北部 徳島県三好郡 香川県三豊郡 *さるこばかま 山形県米沢市 *さるばかま 山形県庄内 *さるぱかま 山形県飽海郡 *さるまた 島根県石見・隠岐島 *さんとく 福井県遠敷郡 *たちあげ（もんぺの類） 宮崎県西臼杵郡 *たちかけ（もんぺの類） 京都府北桑田郡・葛野郡 鳥取県八頭郡 広島県豊田郡・甲奴郡 *だふら 新潟県岩船郡 *だんぶくろ 福島県東白川郡 山梨県南巨摩郡 長野県諏訪 岐阜県飛驒 *のばかま 福島県北会津郡 *のばかま 長野県 奈良県吉野郡 *のらばかま 長野県佐久 *はかま 福島県耶麻郡・南会津郡 群馬県利根郡 新潟県東蒲原郡 奈良県吉野郡 徳島県那賀郡・美馬郡 *へが 島根県鹿足郡・益田市 *へば 島根県鹿足郡 *またしゃり 新潟県佐渡 *またしゃれ 宮城県仙台市 山形県庄内 新潟県 *まってくれ 福井県 *まっとくれ 岐阜県飛驒 *むこむこ 岐阜県飛驒 *やえんばかま（「さる」という言葉を忌んで言う） 広島県山県郡 *ゆきばかま 新潟県 福井県大野郡 長野県 島根県 広島県 山口県阿武郡 *よきばかま 長野県北安曇郡

や

やえば【八重歯】 *おにば 長野県佐久 大阪市 兵庫県淡路島 島根県 岡山県児島郡 広島県芦品郡・高田郡 *おんば 富山県砺波 *かけば 長崎県壱岐島 *きっぱ・ぎっぱ 長野県南佐久郡 *きは 青森県上北郡 *きば 青森県三戸郡 山形県西置賜郡・新庄市 島根県 *そいこば(歯ぐきに生えた小さい歯。八重歯) 岩手県上閉伊郡・気仙郡 *でこば 京都 *はってぇんぱー 沖縄県竹富島 *ふたいばー 沖縄県石垣島 *ふたいぱー 沖縄県鳩間島

やおや【八百屋】 *あおくさや 富山県上新川郡・砺波 石川県 *あおや 山形県東置賜郡・西置賜郡 福島県会津若松市 *しょしきや 大分県宇佐郡 *ぞーじや・ぞーじうり 広島県

やがて【軈】 *あいうつぁな(「間(あい)を置かずに」の意) 沖縄県竹富島 *あいしゃに 沖縄県石垣島 *うってぃ 沖縄県首里 *ざんじ 岩手県気仙郡「ざんじ晴れあすべ」 宮崎県西臼杵郡「ざんじ往なざあぼく(だめ)じゃろばい」 *そーで 京都府 鳥取県「そうで来る」 岡山県「そーで行くから待っとれえ」 徳島県・美馬郡 香川県 *なま 沖縄県首里「なま うてぃ ゆんどー(今に落ちるぞ)」 *やんずけ 神奈川県津久井郡 *やんずか 長野県下伊那郡
→そのうち(其内)・まもなく(間無)

やかましい【喧】 *あたうっせ 千葉県夷隅郡 *あたうるさい 兵庫県神戸市 和歌山県「あたうるさいよ、もうだまってゐよ」 *あつかましー 京都府竹野郡「子供が居るとあつかましてゆっくり昼寝もでけん」 兵庫県佐用郡・赤穂郡 岡山市「おあつかましう御座いました」 徳島県・海部郡 香川県高松市・塩飽諸島 愛媛県「えーあつかましー、もー止みょー」 高知県「えらいあつかましい子で、少しもじっとしては居ません」 *かからしー 岩手県気仙郡 新潟県北蒲原郡 *かからしねぁ 宮城県石巻「家中でラッパ吹えてかがらすねぁ」 *かまびしー 徳島県「子供が学校から戻るとかまびしいな」・美馬郡 *かまぶしー 徳島県美馬郡 *こしぱらし 青森県上北郡 *こしばらしない 青森県上北郡 *こじょわしない 富山県・砺波 *こじわし 岩手県九戸郡 *こすぱらしない・こつぱらしない 北海道函館 *こちぱらしー 北海道 *さがさがしー 山形県南部 *さっこーしーない 新潟県中魚沼郡 *さっこしない 新潟県中越・中魚沼郡 *されがしー 山形県西置賜郡 *ししかましー 愛媛県 *しはらしー 青森県南部 *しばらしー 秋田県鹿角郡「しばらしくて寝られない」 *しぱらしー 青森県上北郡・南部 *しぱらしない・こしぱらしない 青森県三戸郡・南部 *しぱらない 青森県三戸郡 *しろーしー 島根県鹿足郡「子供が泣あてしろーしー」 山口県豊浦郡 *しろしー 山口県向島「しろしいところ」・大島 *せわらし 島根県隠岐島「こげぁな、せわらしとこでゃ、なんだぇ、考えられせのぁ(こんなうるさいとこじゃ何一つ考えられないな)」 熊本県玉名郡 大分県大分郡 *せわらしー 島根県隠岐島 鹿児島県 *そーどーがましー 島根県出雲「外は車でそーどーがましー」 *みみがしましゃん 沖縄県首里 *みんちゃさい 鹿児島県喜界島 *みんちゃさん 沖縄県首里 *やかしない 石川県鹿島郡「やかしないわらしだ」 *やかしまい 秋田県 *やかしめ 秋田県平鹿郡「そんなにしては、やかしめ」 *やかましない 秋田県秋田市「やかましねぁがら静かにせ」・鹿角郡 長野県上伊那郡 *やっちょぁしー 岩手県九戸郡 *やっちょしー 長野県上田
→うるさい(煩)・さわがしい(騒)・そうぞうしい(騒騒)

ひどく□ *きりやかましか 鹿児島県種子島 *しちやかましない・しちゃかましない 秋田県鹿角郡 *しっちゃかましー 長崎県対馬 *すっちゃがます・すっつぁがます 岩手県気仙郡 *ひちやかましー 大分県 *ひっちゃかましー 熊本県下益城郡・天草郡

□く言う *うなる 滋賀県彦根 *がやす 岐阜県揖斐郡・可児郡 *くちがむ 熊本県天草郡 *じんごーをいる 島根県石見「あれほどじんごーをいって置いたのに、まだ言うことを聞かん」 *じんごみつける 山形県南置賜郡 *にえつく 山口県大島「どうしてくれるんかと云って、主人ににえついた」

□く言うさま *がちゃがちゃ 愛媛県周桑郡・伊予郡「そんなことは貴様ががちゃがちゃ云はいでもわかって居るじゃないか」 *げたげた 島根県美濃郡・益田市「またげたげた言う」 大分県北海部郡 *ひちゃくちゃ 大阪府泉北郡 *ひちゃこちゃ 新潟県佐渡 *ひっちゃらこっちゃら 福岡市 *へちゃこちゃ 新潟県佐渡 愛媛県 *やーやー 岡山県児島郡「そがんやーやーいうな」

やかん【薬缶】 *あてがま 岩手県九戸郡 栃木県安蘇郡 *いたびん 島根県鹿足郡 *いんぎん(「いんげんやかん(隠元薬缶)」の略。「隠元薬缶」は、缶子(かんす)のふたをはずし、その上へ薬缶を重ねたもので、缶子の湯気で、上のやかんの湯をわかす) 三重県名賀郡 *いんげん(「いんげんやかん(隠元薬缶)」の略) 富山市近在 *おちゃだし(茶をいれるためのやかん) 福岡市 *おどひん 香川県木田郡・三豊郡「おどひんに水入れてきな」 *かーんがにやっこん(「あかがねやかん(銅薬缶)」の転。銅製のやかん) 沖縄県小浜島 *かま 青森県上北郡 岩手県九戸郡 *かまこ 宮城県栗原郡 *かんし 山形県飽海郡 *しちたんやっくゎん(ブリキのやかん) 沖縄県首里 *ちゃびん 岐阜県飛騨 大阪市 兵庫県神戸市 奈良県 広島県比

婆郡　愛媛県周桑郡 *ちゃへん 兵庫県出石郡 *とーびん 神奈川県津久井郡　長野県東筑摩郡　島根県益田市・鹿足郡 *とひん 島根県鹿足郡 *どひん 島根県鹿足郡　岡山市 *はびん 広島県比婆郡 *ひちのーびん(銅製のやかん) 広島県山県郡 *みたやっこん(土製のやかん) 沖縄県小浜島 *んだっこん(土製のやかん) 沖縄県与那国島 *んたやっこん(土製のやかん) 沖縄県石垣島

やぎ【山羊】 *ぴしだ 沖縄県黒島 *ひじゃー 沖縄県島尻郡 *ぴびざ 沖縄県竹富島 *ぴぴざ 沖縄県西表島 *ぴびじゃ 沖縄県八重山 *ひびだー 沖縄県与那国島 *ぴみざ 沖縄県新城島・波照間島 *ぴみじゃ 沖縄県石垣島 *ぴんざ 沖縄県宮古島・新城島 *ひんじゃ 鹿児島県奄美大島　沖永良部島 *ひんじゃー 鹿児島県南西諸島 *ぴんじゃー・しんじゃー 鹿児島県喜界島 *ふぃーじゃー(「ひげ(髭)のあるもの」の意) 沖縄県本島 *べーベー(鳴き声から。幼児語) 沖縄県首里 *やぎゅー 群馬県山田郡　徳島県板野郡

やぎょう【夜業】 ⇨よなべ(夜鍋)

やく【厄】 ⇨やくどし(厄年)

やく【役】 *くくいやく(まとめ役) 沖縄県首里 *しりこべやく(「しりこべ」は小指の意。最も軽い役) 京都府竹野郡「そんなことはしりこべ役だ」 *ぶに 岡山県児島郡「あの人もぶににあたってから苦労しとる」

□に立たない *あかくだらぬ 島根県浜田市・美濃郡「あかくだらんことをしてもらうまー」 *おえない 千葉県市原郡 *おえぬ 鳥取県東部「そんなことではおえぬがな」 *おえん 新潟県東蒲原郡　静岡県「それではおえん」 島根県美濃郡・益田市　岡山県　香川県 *がぇーもない 茨城県新治郡 *かたにならん 徳島県「お祭いうても、まんでかたんならん」 *きつい 長崎県対馬・壱岐島「こりが出来んちちゃきつぃーもん」 *くそにもならぬ 新潟県佐渡　富山県砺波　滋賀県彦根　島根県 *くそのつっぱりーもならぬ 福岡市 *くそのまにもあわぬ 奈良県 *くわえどがない 山形県庄内 *げーがない 茨城県稲敷郡　長野県東筑摩郡「そんなことはげーがない」 島根県石見・隠岐島「習うたがげーがない」 *げーすもない 長野県上伊那郡 *げーなー 広島県 *げーむない 埼玉県秩父郡　東京都八王子　長野県佐久 *げーむね 栃木県 *げーもない 福島県若松市　茨城県新治郡・稲敷郡　栃木県「げーもないことはよしな」 群馬県吾妻郡・佐波郡　埼玉県秩父郡・北葛飾郡　千葉県北部　東京都八王子　神奈川県　新潟県「二等に乗ってもげーもねーから三等に乗った」 山梨県南巨摩郡　長野県　静岡県田方郡　京都府竹野郡 *げもない 千葉県君津郡 *ごきーたたん 長崎県対馬 *ごくしゃにたたん・ごくしゃりにたたん 愛媛県大三島 *ごくせん 富山県砺波 *こくだりもせぬ 広島県 *ごくにたたぬ(「ごく」は「穀」または「言句」か) 大阪市 *こしゃべもない 島根県隠岐島 *ことくそにならん 島根県「小使を雇うたが一つもことくそにならん」 *ことにならん 島根県　愛媛県周桑郡・喜多郡「ことにならん奴」 *ことのすにならん 高知県幡多郡 *さいくにならん 島根県「自転車がめげて(壊れて)さいくにならん」 *さっちもない 京都府 *じゃかもない・じゃかもね 石川県羽咋郡 *じゃからかいもない 茨城県 *しゃからもない 宮城県遠田郡　千葉県印旛郡 *しゃっちもない 京都府「しゃっちもなやー映画だった」 *じゃっちもない 京都府中郡 *だしかん 岐阜県飛驒・郡上郡 *だちあかん 新潟県西蒲原郡　富山県高岡市　岐阜県稲葉郡 *だちがあかん 香川県「何年してもだちがあかん仕事しかようせん」 *だちかん 新潟県佐渡「年が寄ったもんだすけん、だちかんけん」 富山県「だちかなんだ」「だちきません」 福井県　岐阜県「こらっ、だちかん」「だちかまい(だめだろう)」 愛知県 *だちくちあかん 新潟県佐渡 *だちこちはあかん 島根県石見 *だちもない 新潟県中越　山梨県南巨摩郡 *だちゃあかん 岐阜県飛驒　宮崎県西臼杵郡・西諸県郡 *だちゃかん 新潟県西頸城郡　富山県・砺波　石川県　福井県・岐阜県　愛知県東春日井郡 *だっちゃかん 富山県　石川県 *だっしもない・だっしゃない 和歌山市 *だっしょもない 大阪府泉北郡　和歌山県那賀郡・有田郡 *だっちもない 千葉県安房郡　新潟県佐渡・三島郡　山梨県南巨摩郡　長野県上伊那郡・佐久　大阪府中河内郡　兵庫県加古郡 *だっちゃかんない 富山県東礪波郡 *だっちょもない 兵庫県加古郡 *だやかん 福井県 *つまらない 山形県米沢市「つまらなえごどをした」 *つまらぬ 山口県大島　大分県宇佐郡 *つまらの 島根県 *つまらん 島根県　広島県高田郡　山口県都濃郡　愛媛県　長崎県南高来郡「わったちゃ六時起きらにゃっつまらんで」 大分県「一生懸命働いてもつまらんじゃったんじゃ」「つまらんもん(意気地なし)」 *つまんない 山形県米沢市 *てにあわん 新潟県佐渡「そんなにおそきゃてにあわん」 *てんにあわん 和歌山県 *どーぐにならぬ 新潟県佐渡「あのしとは、かいしょうがなくて、どうぐにならんやつだなあ」 島根県八束郡・隠岐島 *のーせぬ・のーでせぬ 長崎県壱岐島「買ったばかりでのーせぬ」 *のーにたたん 高知県「のうにたたん人間」 *のーもない 山梨県南巨摩郡「のうもない事をせぬがいいぞ」 *ひょこなげな 岡山県小田郡 *ひょんな 島根県「ひょんなことをして見せると人が笑う」 岡山県小田郡 *へちゃくちゃもない 新潟県岩船郡・西蒲原郡「へちゃくちゃもなえ事言うな」 *ほっぱい 長崎県北松浦郡「此墨はほっぱい」 *まーぱからさーねーぬ(「ぱからさ」は役に立つことの意) 沖縄県石垣島「まーぱからさー

ねーんむぬ(少しもとりえのない者)」 ***ましゃくうたん** 宮崎県西臼杵郡・西諸県郡 ***ましゃくせぬ** 宮崎県西臼杵郡 ***まじゃくにあわぬ** 香川県「そなんこんまいもんではまじゃくにあわぬ」

***ましゃくにあわん** 岐阜県山県郡　静岡県小笠郡「こんなやり方ではましゃくに合わん」　鳥取県　島根県「この大工はとても手がぬるーてましゃくにあわん」「早くしないとましゃくにあわん」

***ましょきあわん** 鹿児島県肝属郡 ***ましょくうたん** 三重県度会郡 ***ましょくにあわん** 山梨県・南巨摩郡「そがーのーのろいことーしてとーじゃあましょくにあーぬ」　長野県上伊那郡「あの人ではましょくにあわん」　愛知県宝飯郡　岡山県苫田郡 ***ましょくにのらない** 静岡県田方郡 ***もじかない** 山形県庄内・鶴岡 ***もじゃない** 山形県酒田市・西田川郡 ***もんじゃない** 山形県庄内　新潟県岩船郡　長野県佐久 ***もんちゃない** 山形県庄内 ***やくざがない** 新潟県長岡市 ***やくざもない** 岐阜県郡上郡 ***やくせぬ** 石川県 ***やくせん** 富山県砺波　岐阜県飛騨「何のやくせん男じゃ」　熊本県芦北郡　宮崎県西臼杵郡(つまらない)　鹿児島県 ***やくたいない** 宮城県登米郡・玉造郡　山形県西村山郡　新潟県中頸城郡　山梨県南巨摩郡　岐阜県郡上郡　京阪 ***やくたいもない** 岩手県東磐井郡　山形県「やぐだえもなえごどすんな」　神奈川県　東京都大島「そんなやくたいもない真似をしんな」　山梨県・南巨摩郡　静岡県「やくたいもない、およしよ」　愛知県豊橋市　滋賀県蒲生郡　和歌山県日高郡　島根県　岡山県小田郡　広島県三次市・高田郡　山口県・阿武郡・大島　愛媛県

***やくたね** 山形県庄内 ***やくちゃがない** 鳥取県西伯郡 ***やくちゃもない** 石川県加賀 ***やくてもない** 宮城県石巻「やくてもねあぐ費って了ふ」・仙台市「いつのこまにか、押入の中やくでもない物ばりで一杯になってした」　千葉県夷隅郡　島根県出雲「やくてもねこと、えわっしゃあな」 ***やざかない** 秋田県　山形県「無駄づかいしてはやざがね」 ***やちがない** 岡山市　高知市「そんなやちがない事をお前は本気で言いよるか」

***やちかない** 秋田県平鹿郡・山本郡 ***やちまない** 岡山市「やちまなえ物ばかり山程買って」

***やちもない** 島根県鹿足郡　岡山県「やちもなえことにしんしょ(財産)を使ひ果した」　広島県三次市・双三郡　山口県　香川県木田郡・小豆島　宮崎県 ***やちもやくたーもない** 島根県石見 ***やちゃかない** 秋田県鹿角郡・河辺郡　山形県「この時計はやじゃがねぐなった」　新潟県東蒲原郡 ***やちゃかん** 富山県砺波　石川県石川郡 ***やっせん** 鹿児島県 ***やっちもない** 茨城県北相馬郡　静岡県安倍郡　兵庫県赤穂郡　島根県鹿足郡　岡山県　広島県豊田郡・高田郡　愛媛県大三島 ***やっちゃかない** 福島県若松市・大沼郡　新潟県東蒲原郡 ***らじもない** 山形県米沢市「らじもなえ話だ」 ***らしゃない** 和歌山県東牟婁郡 ***らちあかん** 新潟県佐渡「茶碗めかけしてらちあかん」　富山県　石川県石川郡　福井県　岐阜県山県郡 ***らちがあかん** 広島県高田郡　愛媛県周桑郡・喜多郡 ***らちかちもない** 佐賀県 ***らちかれせん** 新潟県佐渡 ***らちかん** 新潟県佐渡「鍬が無うてらちかんだが」　富山県

岐阜県高山市　愛知県名古屋市 ***らちくちあかん** 新潟県佐渡 ***らちくちのあかん** 熊本県

***らちくちもない** 茨城県猿島郡　静岡県榛原郡 ***らちこくたいもない** 新潟県西頸城郡 ***らちこちがあかん** 島根県邇摩郡・出雲市 ***らちこちがつかん** 島根県簸川郡・出雲市 ***らちみちあかん** 広島県 ***らちみちがあかん** 島根県「何をさせてもあの子はらちみちがあかん」 ***らちゃあかん** 新潟県佐渡　富山県　高知県高岡郡

***らちゃかせん** 新潟県佐渡 ***らちゃかない** 秋田県鹿角郡　山形県 ***らちゃかりゃーせん** 新潟県佐渡 ***らちゃかん** 新潟県佐渡　富山県砺波　石川県鳳至郡・能美郡　福井県　岐阜県郡上郡　三重県津市 ***らっしゃない** 和歌山県那賀郡・和歌山市 ***らっちゃあかん** 富山県砺波

***らっちゃかない** 福島県大沼郡 ***らっちゃかん** 新潟県佐渡　富山県　滋賀県蒲生郡 ***わかない** 青森県南部「おらの着物ささわればわがね」

岩手県胆沢郡「おんべーにはーおらわかねだ(重い荷物はおれは困るよ)」・紫波郡　秋田県鹿角郡「そんなことするとわがねぁ」 ***わからない** 北海道小樽市・函館　青森県津軽　岩手県岩手郡・上閉伊郡　宮城県　秋田県「そんたことせばわからない(そんなことをしてはいけませんよ)」

山形県「重くて一人でわからない」「そんなもの買ってもわがらね」　福島県「わからないやつだ(役に立たない人だ)」 ***わからん** 熊本県芦北郡

***わがりえん** 宮城県石巻「あどがら行ったてわがりえんと」 ***わかんない** 北海道・松前郡「わすればわかんなぇー(忘れると困るよ)」　岩手県　宮城県「このお茶っこわかんなくなった(出なくなった)」「ええずわ他さ貸てわがんねあぞ(いいのをよそに貸してはいけない)」　山形県「もーわがんねはー(助からないよ)」　福島県相馬郡・東白川郡「俺さばかりかかったってわかんねぇ」

***わっかんね** 山形県米沢市

□**に立たないこと** ***あぶにほっかぶり**(アブに刺されるのを嫌ってほおかぶりをしてもたいして役に立たないところから) 岩手県気仙郡 ***いっこーさいく** 新潟県佐渡「いっこうせえくの男だ」 ***いっこーさやー** 京都府竹野郡「おっしゃる通りあの男もいっこーさやーのもんだ」 ***いぬにぜんみせた**(何の役にも立たないたとえ) 鹿児島県肝属郡 ***いぬのくそ・いんのくそ** 島根県石見「いぬのくそをゆーな」 ***いもがらのたいぼく**(体が大きいだけで役に立たないこと) 新潟県中頸城郡　福岡市 ***いもがらぼくと**(体が

大きいだけで役に立たないこと）熊本県玉名郡・下益城郡　宮崎県東諸県郡　**＊いもがらぼくとー**（体が大きいだけで役に立たないこと）長崎市　熊本県　**＊ぎゃくざやろー**（目下の者を怒る時に言う）群馬県勢多郡「ぎゃくざやろー少しは仕事でもしろー」　**＊ごす**　滋賀県愛知郡　**＊しゃーらく**　島根県石見「そがーな（そんな）しゃーらくは止めー」　**＊しゃーらくたー**　島根県益田市　**＊しりうまたおし**　福岡市　**＊でく**（体ばかり大きくて役に立たない者）新潟県中頸城郡　**＊でくすけ**（体ばかり大きくて役に立たない者）千葉県夷隅郡　**＊てごんぼ**（体ばかり大きくて役に立たない者）新潟県佐渡　**＊どーろーじゅ**　島根県邑智郡「酒が腐ってよーに（すっかり）どーろーじゅになった」　**＊どろのこんにゃく**　福岡市　**＊へのつっぱり**　熊本県下益城郡　**＊ぼーた**　佐賀県　**＊ぼさ**　島根県那賀郡・邑智郡「ぼさになる」　山口県・豊浦郡　**＊ぼそ**　大分県　**＊ぼそくれ**　大分県大分郡　**＊むぎわらぼくとー**（大きいばかりで役に立たないこと）宮崎県日向　**＊めしのくろやき**　福岡市　**＊やくざ**　新潟県・東蒲原郡　富山県上新川郡　愛知県名古屋市　三重県志摩郡・名賀郡　島根県仁多郡・隠岐島「こなやくざ、それが出来んか」
　徳島県　**＊やくざなし**　新潟県中越　**＊やくざぼし**　三重県志摩郡　**＊やくざもの**　青森県南部「年とってやぐじゃものになったじゃ」　栃木県　千葉県　石川県江沼郡　長野県東筑摩郡　岐阜県羽島郡・恵那郡　三重県上野市・名張市　奈良県
　鳥取県西伯郡　**＊やくざもん**　福井県坂井郡・大飯郡　三重県志摩郡　大阪府泉北郡　鳥取県西伯郡　福岡市　**＊やくだもん**　三重県上野市　兵庫県赤穂郡　**＊やくざやろー**　群馬県勢多郡　新潟県東蒲原郡　**＊やくざら**　島根県隠岐島　**＊よーま・よーまつ**　愛媛県大三島「よーまつすなー」
　＊よーまのかわ・よーまつのかわ　愛媛県・大三島　**＊よかれ**　山口県豊浦郡「よかれ人」　**＊よろくそ**　長崎県北松浦郡「これはよろくそだ」・五島

□**に立たないさま**　**＊かいさ**　島根県石見「かいさなことをしてくれた」　**＊かす**　岐阜県「かすなこと」　**＊さっぱり**（少しも役に立たないさま）三重県北牟婁郡　島根県出雲「この子はさっぱりなもんで、いくら言っても分らん」　**＊さま**　岩手県気仙郡「そんなさまなまねはするもんじゃない」　新潟県佐渡「さまのものが好きになったもんだ」
　＊しょーし　島根県邇摩郡　**＊ちゃちゃらぽちゃら**　島根県隠岐島　**＊ちゃら**　島根県隠岐島　**＊へべかす**　新潟県佐渡　**＊へぼ**　岡山県小田郡　山口県豊浦郡　徳島県　香川県　**＊へぼくそ**　栃木県
　＊へぼくた　新潟県佐渡「へぼくた教員」・西蒲原郡　静岡県安倍郡　大阪市　奈良県南部　和歌山県東牟婁郡　山口県豊浦郡　**＊へぼすけ**　香川県仲多度郡　**＊へぼたれ**　青森県三戸郡（何もできない者を卑しんで言うのに用いる）　香川県仲多度郡　**＊へぼなす**　岡山県児島郡　**＊へぼやろー**　新潟県上越市　**＊ぼだい**　島根県出雲「ぼだえな事をする奴だ」　**＊ぼだいくそ**　鳥取県西伯郡「あの人の演説わぼだえくそだった」　**＊ぼで**　島根県出雲「あのしはぼでなもんだのー」　**＊むいな**　佐賀県「むいなもん（なんの役にも立たないもの）」
　＊むっく　山口県大島「見本や効能書を見ると大層ええようなが、本物見るとむっくなもんじゃ」　長崎県北松浦郡「あの人はむっくなものではないか」　**＊もっきと**　新潟県佐渡　**＊もっく**　広島県比婆郡　**＊やくたい**　福井県大飯郡「雨にゃ降られるし、汽車にゃ後れるし、やくたいな目に遭うた」
　三重県志摩郡・員弁郡　京都府　和歌山県「道がねれてゐたので下駄はやくたいぢゃ」　長崎県南高来郡　**＊やくたいなし**　岩手県江刺郡　宮城県　島根県邑智郡

□**に立たないもの**　**＊あくぞーもくぞー**　香川県　**＊がらくたま**　山形県　**＊からくたま**　山形県南置賜郡　**＊こじゃみ**　静岡県志太郡　**＊こずみ**　山梨県南巨摩郡　長野県上伊那郡「炭のこずみを集める」　静岡県志太郡　**＊ごったく**　千葉県長生郡　長野県佐久　**＊ごっだくもん**　千葉県長生郡　**＊どがんさい**（役立たない道具）徳島県三好郡　**＊ぶずごれ**　宮城県仙台　**＊ぶっこれ**　岩手県気仙郡　宮城県仙台　**＊ほた**　徳島県　**＊ぼっこれ**　岩手県気仙郡　**＊ぼっころ**　新潟県中蒲原郡

□**に立たないものや人**　**＊すたりもの**　山形県東置賜郡・西置賜郡　**＊たがきもの**　岩手県気仙郡　秋田県　**＊たがらもの**　宮城県石巻　**＊たなきもの**　秋田県鹿角郡　**＊たんがきもの**　岩手県気仙郡
　宮城県石巻「昔は大したもんだったべが、今ではたんがきもんでがすお」　**＊ほだれ**　徳島県「あんなほだれが役に立つか」

□**に立たない人**　**＊あおのろし**　鹿児島県喜界島
　＊あぶらむし　栃木県　福岡市　**＊いーふぁいだーら**（食べるだけでなんの役にも立たない人）沖縄県石垣島　**＊いぬのへ**（軽べつして言う語）青森県南部　**＊うしたりもん**　熊本県天草郡　**＊からすのそめ**（「そめ」は「かかし」。かかしのように役に立たない人）岐阜県飛騨　**＊からっちゅ**　鹿児島県喜界島「あのからっちゅに何が出来るものか」　**＊くされ**　青森県　新潟県佐渡「このくされ」
　＊くだされ（「不用品として払い下げられたもの」の意。ののしって言う語。女について言うことが多い）秋田県鹿角郡「あれはくだされだ」「（面と向かって）このくだされ」　**＊ごくたおし**（働かずに食う人）大阪府泉北郡　**＊ごくたたず**　長崎県対馬　大分県　**＊ごくたり**　福島県石城郡
　＊ごくどー　富山市　京都府与謝郡　島根県八束郡・隠岐島　広島県高田郡　大分県北海部郡
　＊ごくどれ　熊本県阿蘇郡　**＊ざんまかかり**　新潟県岩船郡　**＊じーきぼくた**　島根県仁多郡・能義郡　**＊しょーことなし**（ののしって言う語）島根県　岡山市「阿呆の鳥飼い、しょーことなしの金

魚飼い(ことわざ)」 *しょっぱだれ(「はだる」は「無理を言う、すねる」の意。文句ばかり言って役に立たない者)秋田県鹿角郡 *ずいきごくどー(ずいき(里芋の茎)が見かけによらずすぐ折れるところから)京都府竹野郡 *ずいきぼくた鳥取県西伯郡 *ずいきぼくたー鳥取県気高郡 *ずいきぼくどー鳥取県 *ずーきのにーふとり島根県隠岐島 *たるはち(「樽鉢のように大口を開いている人」の意から)東京都大島 *つーたん佐賀県・藤津郡 長崎県北松浦郡 宮崎県西臼杵郡 *とーへろく島根県邑智郡 *とーへんぼー島根県仁多郡・能義郡 *ねぼし山梨県 *びっき山形県飽海郡 *ふんつく愛媛県周桑郡 *へげたれ(相手をののしって言う時にも用いる)愛知県名古屋市 三重県伊勢 滋賀県蒲生郡 京都市 大阪市 兵庫県 和歌山県

徳島県 香川県 高知県「男のよーすでそんなへげたれでいくか」 *へだいなし栃木県 *へたぐれ(卑しんで言う語)秋田県仙北郡 *へたくれんこつ(卑しんで言う語)熊本県下益城郡

*へったくれ(卑しんで言う語)茨城県新治郡・稲敷郡 山梨県南巨摩郡 長野県諏訪 愛知県名古屋市「このへったくれめ、禄(ろく)なことはしえいせん」 *へっちゃくれ(卑しんで言う語)島根県美濃郡・益田市・隠岐島「へっちゃくれを言うのが面倒臭ぁ」

*ほが島根県隠岐島 *まーはんだー沖縄県首里 *もとらずや・もとらず・もとーらず島根県「お前のよーなもとーらずはおらん」

*やくぞー新潟県東蒲原郡・中魚沼郡 長野県東筑摩郡「このやくぞうめ」

*よたくなし神奈川県中郡・足柄下郡 *よたくろ愛知県名古屋市 *よたろく愛知県西春日井郡 *よたんぼ・よたんぼー新潟県長岡市

*よと鹿児島県肝属郡

□に立たなくなる *いかれる(破損して役に立たなくなる)石川県 *おさだうたう島根県「この柱はおさだうたちょる」 *かぜひく宮城県石巻「この煙草かぜひえた」 大阪府泉北郡 奈良県 *がんしゅい(ものが損耗して役立たなくなる)鹿児島県喜界島

□に立つ *いきめにいく山口県「そんないきめにゆかぬ仕事はやめなさい」・豊浦郡 *いける滋賀県彦根 *ぐがいにたつ富山県砺波「これだけのものならぐがいに立つわい」 *だちがいく三重県志摩郡 宮崎県日南市「だいぶんだちがえたろう」 *だちがっく福井県足羽郡「だちがつかん」 *だちく新潟県佐渡 長野県西筑摩郡

岐阜県高山 *だちくー・だしく岐阜県高山

*だちゃく福井県大野郡 *つまる島根県「何んぼ何でもまんだつまーのに捨てんでもえー」「つまったものじゃねー(役に立つものでない)」 広島県 *てにあう新潟県佐渡 *てんにあう石川県金沢市 和歌山県日高郡 *のだる高知県長岡郡「これは少しでのだりませんけれどあげましょう」 *まとにおう富山県砺波 *らちいく三重県度会郡・宇治山田市 *らちく新潟県佐渡「その話はらちきません」 *らちがつく・だちがつく新潟県佐渡 *らちかる・だちかる新潟県佐渡 *やくーかく岡山県苫田郡「一人してやくうかく者がおらん」 *やちゃく山形県 *よーがたつ栃木県 *わかる宮城県玉造郡・仙台市「単物一枚明日中にわかっかわかんねか、聞いて来い」

山形県米沢市「この紐でもわがる」「この位あれば、わがる」

□に立つこと *こー新潟県佐渡「何のこうもなかった」 徳島県「彼奴には物やってもこーにたたん」 鹿児島県喜界島「こー ねーん」 *こーい鹿児島県喜界島 *こよー(ちょっとした役に立つこと)兵庫県神戸市「こよーがきく」 *たり三重県北牟婁郡 兵庫県加古郡「子供がようたりになってくれる」 島根県「子供でもこんな時にはたりをする」「たりする」 徳島県 香川県 大分県日田郡「たりーなる」 *ぱからさ(形容詞は「ぱからさーん」)沖縄県石垣島 *ましゃく島根県出雲・隠岐島「とても手が早あてましゃくに立つ」 *ゆーちら沖縄県首里「ゆーちらー ねーん(何の益もない。無益だ)」 *ゆっつぃら沖縄県石垣島

やく【焼】 *あんじゅん沖縄県首里 *いびる青森県 岩手県 宮城県 秋田県 山形県置賜・庄内「いかをいびって食う」 福島県北会津郡 神奈川県中郡 新潟県岩船郡 静岡県 島根県西部 広島県比婆郡 山口県 福岡県京都郡・企救郡 大分県西国東郡 *うびる鹿児島県沖永良部島

*しゃしゃく・ちゃちゃく(火で焼く)東京都八丈島 *ほやく青森県上北郡

魚などを□ *かーがしん沖縄県石垣島 *かーがすん沖縄県石垣島 *かーすん沖縄県竹富島

*がすん沖縄県鳩間島 *ひぼかす(魚を串に刺して遠火で焼く)鹿児島県 *ほやく青森県上北郡

やくしゃ【役者】 *うどぅいしゃー(「踊りする者」の意)沖縄県首里 *きょげんだゆ鹿児島県肝属郡 *しばいしー沖縄県首里 *しばいしゅ秋田県平鹿郡 *しばやし山形県西置賜郡 東京都八王子 静岡県田方郡 *しばやにん新潟県 *しばやもん島根県出雲 香川県仲多度郡 *しんばやし秋田県由利郡 *ちゃり(浄瑠璃や歌舞伎などの茶利場の意が転じて、芝居などで、こっけいな言動をして人を笑わせる役者)兵庫県赤穂郡 奈良県南部 島根県「盆踊りのちゃりをやる」 広島県高田郡 香川県 *ちゃりやく愛媛県大三島

へたな□ *うなぎつり長崎県五島 *やまいも

岩手県上閉伊郡

やくそく【約束】 *いっかん(幼児語)岐阜県飛騨「いっかんする」 *かーきー沖縄県首里・石垣島 *かき鹿児島県喜界島 *かけ(児童語)青森県三戸郡 新潟県東蒲原郡 三重県志摩郡「うち

いいたら隣りの富子さんと毬つきのかけがしたるもん(帰ってから隣の富子さんとまりつきの約束がしてあるの)」 鹿児島県鹿児島郡 *かたみ 沖縄県石垣島 *ぎっちょ(子供の約束) 新潟県上越市 *たいだん 埼玉県北葛飾郡「たいだんを守らなけりゃいけねえ」 *はん 長野県北佐久郡「つれ(友達)とはんにしたことも、みんなだめになっちゃった」・佐久 *やくじょー 新潟県佐渡「やくじょーとちごうてはないか」 鹿児島県種子島 沖縄県首里・石垣島「やくじょーしん(誓う)」・宮古島「やくじょーす(約束する)」 *やくて 栃木県安蘇郡・上都賀郡 *やっじょ 鹿児島県

□する *かじかきゆん(しっかりと約束する) 沖縄県首里 *からくる 長崎県南高来郡 *きしめをかける 徳島県 *くむ 山梨県南都留郡「約をくんだ」

□を破る *おっぽかす 栃木県 *かっぱぞす 岩手県気仙郡 *しっぽをかえす 岡山県苫田郡 *そっくりかえる・そっくらかえる 茨城県西茨城郡・新治郡 *たれる(「小便垂れる」から) 新潟県佐渡「契約をたれてしまった」 *とっぱぞす 岩手県気仙郡 *へーかます 大阪市「あいつ、また屁ぇかましょった」 *へんげる 千葉県夷隅郡

□を破ること *ふいとこせー 東京都南多摩郡「ふいとこせーを呉れられた」 *へんば 茨城県稲敷郡 *へんばい 石川県鹿島郡「安請合はへんばいのもと」

やくどし【厄年】 *いわい 岡山市 *うまるどし(男の一三歳の厄年) 東京都利島 *くごし(一九歳、二九歳、三九歳などの厄年) 山口県豊浦郡 *くろぼし 新潟県中越・頸城「あの家は今年はくろぼしだ」 香川県高見島 *せりやく(三三歳の女の厄年。この年の女は芹(せり)を食べるのを禁忌する) 高知県土佐郡

やくにん【役人】 *うぇーかんちゅ・うぇーだいにん 沖縄県首里 *うやぬまい 沖縄県石垣島 *かみー(係の役人) 沖縄県首里 *かんずか 島根県益田市「あれはこの頃役場のかんずかをしとる」 *かんずかさ 島根県邑智郡 *かんにん 高知県長岡郡「明治の初かんにんさんと云」 鹿児島県揖宿郡 *ぎすぃ(平役人) 沖縄県首里 *くじょにん 島根県鹿足郡 *くゎんにん 沖縄県首里・石垣島 *こーさく(農村で、耕作に関することを担当する役人)・こーさくあたい 沖縄県首里 *じげやく(村方、浦方などの役人) 高知県長岡郡 *なまず 青森県 *やまたい(営林の役人) 沖縄県首里

やけど【火傷】 *あっつ 滋賀県彦根 京都市 島根県美濃郡 *あちゃちゃ 兵庫県加古郡 *かんか・かんかしっつり 福島県相馬郡 *かんかち 福島県「湯でかんかちした」 *かんちゅ 福島県浜通「かんちゅしる(やけどする)」 *かんぱ 福島県「かんぱにする」「かんぱの人」 茨城県久慈郡 石川県鳳至郡 *しっつりかんか 福島県相馬郡 *ずらりかんか 福島県相馬郡 *はく 香川県三豊郡 *はしか 富山県射水郡 *はた 兵庫県淡路島 徳島県三好郡 香川県「はたする」 *はたやけ 香川県 *はっちょー 山口県豊浦郡 *ぴーだー 沖縄県石垣島 *ひえまち 大分県玖珠郡 *ぴっつ 山形県米沢市 *ひっつりこっぱ 新潟県中頸城郡 *ひっつりはげ 島根県隠岐島 *ひぶくれ 山梨県 *ひやまち 佐賀県藤津郡 *びんずー 長野県下伊那郡 *びんずり 静岡県周智郡 *びんずる 静岡県・磐田郡 *びんちょ 静岡県磐田郡「びんちょする」 *びんつー 長野県 *びんとー 山梨県 *やーけ 岩手県九戸郡 *やいと 三重県伊賀 *やかた 兵庫県加古郡 香川県小豆島 *やきあた・やきあと 高知県・高知市「かちかち山の狸は大やきあたをした」 *やきずり 岐阜県郡上郡 *やきつり 三重県志摩郡 *やきはた 広島県江田島・能美島 徳島県 香川県 愛媛県 高知県長岡郡 大分県大分郡 *やきはだ 大分県大分郡 *やきばた 香川県大川郡 *やきはり 島根県美濃郡・益田市 山口県 福岡県遠賀郡 *やきはれ 島根県美濃郡・益田市 *やきび 岐阜県飛騨 *やくぱた 青森県上北郡 *やけ 岩手県 宮城県北部「やげになる(やけどする)」 秋田県 島根県隠岐島 岡山県北木島 広島県大崎上島・高田郡 *やけあた 高知県吾川郡 大分県 *やけご 鳥取県西伯郡 島根県仁多郡 *やけじこ 新潟県中頸城郡 *やけずら 広島県安芸郡 *やけずり 岐阜県 愛知県「ひどいやけずり」 三重県志摩郡・飯南郡 佐賀県唐津市 *やけた 三重県上野市 *やけち 福島県会津 *やけっつり 群馬県勢多郡 埼玉県秩父郡 千葉県君津郡 東京都三宅島 神奈川県津久井郡 新潟県中魚沼郡・中頸城郡 山梨県南巨摩郡 長野県下水内郡・東筑摩郡 静岡県 *やけっぱた 山形県「やげっぱだした」 福島県「えるりにえっと、やけっぱたすっつぉ」 茨城県新治郡 栃木県「やけっぱたしねえ様にどいてろ」 群馬県邑楽郡 埼玉県 千葉県東葛飾郡 新潟県・東蒲原郡・西蒲原郡 *やけっぱち 栃木県 *やけっぺ 福島県北部 群馬県勢多郡・佐波郡 *やけっぺー 群馬県勢多郡 *やけっぺた 群馬県佐波郡 *やけっぽた 茨城県新治郡・稲敷郡 *やけつり 三重県 徳島県 *やけどり 岐阜県稲葉郡 *やけぱず 山形県 *やけはた 兵庫県 鳥取県岩美郡 岡山県英田郡 山口県浮島・大島 徳島県 香川県 愛媛県 福岡県福岡市・粕屋郡 大分県 *やけはだ 島根県隠岐島 *やけばた 新潟県 岡山県 香川県 *やけぱた 青森県南部 岩手県九戸郡 秋田県鹿角郡 山形県 福島県 新潟県「やけぱだかく」 *やけばちゃ 香川県直島 *やけはど 大分県大分郡・直入郡 *やけはり 島根県石見「大けなやけはりをした」 広島県佐伯郡 山口県 *やけばり 島根県那賀郡 *やけはれ 島根県石見 山口県 *やけばれ 島根県大原郡 *やけび 岐阜県飛騨 *やけぴっつ 山形県米沢市 *やけひっつり 山形県米沢市 *やけぽ

っぽ 宮城県石巻(幼児語)・仙台市 *やけんずり 愛知県北設楽郡「やけんずりさした」 *やっきゃた 徳島県那賀郡・海部郡 *やっぱだ 岩手県九戸郡 *ゆーだー(熱湯によるやけど)沖縄県石垣島

□する *しじりゅん 沖縄県首里 *ひぼとる 奈良県吉野郡 *びんずる(やけどの跡を「賓頭盧(びんずる)」と言うところから)静岡県 *ほとびる 静岡県磐田郡 愛知県奥設楽 *ほとぶくれる 長野県下伊那郡 *やきじる 埼玉県秩父郡「ほっぺたをやきじった」 *やけずる 愛知県名古屋市「やけずった」 *やけっつる 長野県佐久、 *ゆーげーしゅん(熱湯でやけどする)沖縄県首里

やさい【野菜】 *あうぱ・あうぱー 沖縄県石垣島 *あらもん 新潟県佐渡 *おーふぁ 鹿児島県喜界島 沖縄県首里 *ごさい 宮崎県西臼杵郡 *さいくさ 奈良県宇陀郡 *さえもの 宮城県栗原郡 徳島県 *さえん 岩手県九戸郡 新潟県佐渡「さえん売り」 長野県上伊那郡 静岡県磐田郡 山口県大島 愛媛県 高知県・高知市「うちの畠でさえんは充分に作ります」 *さえんもの 青森県三戸郡 山形県 福島県相馬 新潟県佐渡 静岡県 兵庫県加古郡 山口県防府市 *しゃうえんもの 愛知県海部郡・名古屋市 *しゃえもん 徳島県 *しゃえん 山梨県南巨摩郡 長野県上伊那郡・下伊那郡 岐阜県羽島郡 愛知県尾張 愛媛県 高知県 *しゃえんもの 山梨県・南巨摩郡 愛知県名古屋市 島根県出雲・隠岐島 徳島県 香川県仲多度郡 *すー 沖縄県石垣島・黒島 *すーぬぱー 沖縄県石垣島・鳩間島 *せんざい 群馬県勢多郡・佐波郡 埼玉県 千葉県 新潟県 山梨県南巨摩郡 長野県諏訪・上伊那郡 岐阜県益田郡・飛驒 *ぜんざい 岐阜県益田郡 *せんざいもの 栃木県 群馬県桐生市 埼玉県秩父郡・川越 千葉県山武郡 東京都八王子 神奈川県津久井郡 新潟県 富山県富山市近在・砺波 山梨県南巨摩郡 長野県上田・佐久 岐阜県飛驒 愛知県碧海郡・東加茂郡 *せんだいもん 富山県西礪波郡 *そーじもの(葬式に親戚が持って行く)熊本県球磨郡 *のらもの 奈良県高市郡 *はがらもん(大根、蕪(かぶ)など葉の付いている野菜)群馬県多野郡 *ぶえん(取り立ての野菜)新潟県

おかずの材料の□ *ぞーじ 新潟県南蒲原郡・西蒲原郡 富山県東礪波郡「この頃ぞーじがのうて」 島根県大原郡・能義郡 広島県 *ぞーじもの 島根県簸川郡 *ぞーじもん 島根県八束郡「めじらし(珍しい) ぞーじもんども ちょーだいしましてね」 *ぞーずもん 富山県東礪波郡 *ぞじ(下ごしらえをして煮るばかりにした芋・大根・ごぼうなど)岐阜県飛驒

汁に入れる□ *うわーうち 沖縄県首里 *くさみ 島根県出雲 *ぞーじ 新潟県南蒲原郡・西蒲原郡 富山県東礪波郡「この頃ぞーじがのうて」 島根県大原郡・能義郡 広島県 *ぞーじもの 島根県簸川郡 *ぞーじもん 島根県八束郡「めじらし(珍しい) ぞーじもんども ちょーだいしましてね」 *ぞーずもん 富山県東礪波郡 *ぞーもつ 島根県出雲市 *ぞじ(下ごしらえをして煮るばかりにした芋・大根・ごぼうなど)岐阜県飛驒

やさしい【易】 *ぐすい 岡山県小田郡「ぐすーない(難しい)」 広島県 *ここいやし 鹿児島県 *ここやし 鹿児島県揖宿郡 *なるい 富山県砺波 長野県「漢文よりか代数の方がなりー気がする」 *やにこい(否定語を伴って)和歌山県日高郡「これはやにこいことで出来ぬ」 *ゆるい(問題など)三重県

↓かんたん(簡単)・へいい(平易)・ようい(容易)

やさしい【優】 *うぇんださん・うふやっさん 沖縄県首里 *こえらし 宮崎県東諸県郡 鹿児島県肝属郡「こえらし事もえ言わん奴じゃ(無愛想なやつだ)」 *こなつろこい 新潟県佐渡「そんなこなつろこいことを言うといい気になるぞ」 *こやらしー 熊本県南部 *ちむじゅらさん 沖縄県首里 *なそい 高知県長岡郡 *なつい 三重県名賀郡「黙って頭を下げるよりも物言う方がなつい」 鹿児島県肝属郡 *やさらしー 兵庫県加古郡

性質がおとなしくて□さま *おんか(「か」は「和」の漢音)富山県砺波「おんかな人やけで、そんな事ぐらいで腹立てっしゃらん」 静岡県・榛原郡 兵庫県淡路島 岡山市 山口県大島 *ねほー 福井県今立郡 *やさ 和歌山県那賀郡

□人 *うぇんだー 沖縄県首里 *うじむじゅらんちゅ(心の優しいおかた)沖縄県首里 *ちむじゅらんちゅ(心の優しい人)沖縄県首里 *ひなず(きゃしゃで性質の優しい人)愛知県名古屋市 三重県一志郡

やしき【屋敷】 *かど 愛知県北設楽郡・日間賀島 *せど 山形県鶴岡 *やし 千葉県夷隅郡 *やじ 徳島県・美馬郡 愛媛県

やしゃご【玄孫】 *えしらまご 島根県出雲市 *しゃしゃーまご 島根県八束郡・能義郡 *しゃしゃご 三重県名張市 *しゃしゃまんご 大分県大分郡 *しゃしゃらご・せせらご 兵庫県佐用郡 *しゃしゃらまご 兵庫県但馬 鳥取県東部 島根県出雲 岡山県苫田郡・邑久郡 徳島県 香川県 愛媛県松山 高知県 熊本県天草郡 *せせらまご 鳥取県東部 *だいまご 秋田県平鹿郡 *だんだらご 富山県 *つるのこ 大分市 *つるのまご 大阪市 奈良県 和歌山県 *つるまご 岡山県御津郡 大分県 *どんだらご 富山県高岡市 *どんだれ 富山県・射水郡・西礪波郡 *ひーひーまご 新潟県東蒲原郡 兵庫県美方郡 島根県 広島県 *ひーひーまんご・ひひまんご 大分県 *ぴきまー 沖縄県鳩間島 *ひこまご 兵庫県出石郡 *ぴじまー 沖縄県竹富島 *ぴちまー(「ひつじまご(穭孫)」の意)沖縄県西表島・黒島 *ぴつぃまー 沖縄

県八重山 *ひっぃまが・ふぃちまが・ふぃちんまが 沖縄県首里 *ぴまーが 沖縄県国頭郡 *ひまが 鹿児島県南西諸島 *ひまがー 鹿児島県喜界島 *ひまご 鹿児島県種子島 *ひゅーひゅーまご 広島県高田郡 山口県玖珂郡 *ひょーひょーまご 島根県八束郡 *ふぃまぐゎ 沖縄県首里・那覇市 *みーっまが 沖縄県中頭郡 *みちまぐ 沖縄県与那国島 *やさいご 山形県 福島県岩瀬郡 *やさらまご 島根県美濃郡・益田市 広島県倉橋島 *やしお 岐阜県加茂郡 *やしまご 福岡県久留米市・福岡市 大分県北海部郡 *やしゃいご 宮城県仙台市 *やしゃら 愛知県愛知郡 三重県南牟婁郡 *やしゃらご 愛知県愛知郡・碧海郡 *やしゅーまんご 大分県 *やしゅまご 宮崎県東諸県郡 *やしょまご 長野県佐久 *やしらまご 島根県出雲市 *やしわ 岐阜県海津郡 *やすらまご 鹿児島県・肝属郡 *やせーご 山形県東田川郡 *やちまー 沖縄県黒島 *やちゃらまご 香川県綾歌郡 *やっさいご 山形県北村山郡 *やつしべまご 和歌山県新宮 *やっまご 鹿児島県鹿児島郡 *やつんまが 沖縄県宮古島

□の子 ⇨らいそん(来孫)

やしょく【夜食】 *おゆなが 岩手県上閉伊郡 *こやしょく 香川県大川郡 *ねじゃ 三重県南牟婁郡 *やしょくぜん(夜食用の手軽な膳) 青森県上北郡 秋田県鹿角郡 *ゆい 鹿児島県奄美大島 *ゆーながれ 長崎県東彼杵郡 *ゆさいめし 鹿児島県揖宿郡 *よい 高知県 *よーじゃ 静岡県島田市「よーじゃのまいに(前に) はんやくと ずんぶり(ふろに)はいりゃあーがれ」 *よーなが 岩手県気仙郡 東京都利島 *よーなかれ 岐阜県郡上郡 *よーなご 山梨県・南巨摩郡 長野県下伊那郡 静岡県・磐田郡 *よさりめし 長崎県南高来郡 *よさるめし・よさいめし 長崎県南高来郡 *よなが 岩手県気仙郡 香川県大川郡 *よながい 鹿児島県 *よながり 岐阜県郡上郡 広島県比婆郡 長崎県南高来郡 熊本県球磨郡 宮崎県西臼杵郡 *よながる 長崎県南高来郡 *よながれ 愛知県尾張 大分県大野郡 宮崎県西臼杵郡・西諸県郡 鹿児島県種子島・屋久島 *よなご 山梨県南巨摩郡

やしろ【社】 ⇨じんじゃ(神社)

やす【簎】 先端が数本に分かれてとがった鉄製のものを長い柄の先につけ、水中の魚介を刺して捕える漁具。 *いーぐん 沖縄県石垣島 *いぐむ 鹿児島県奄美大島 *いぐん(「魚串」の意) 沖縄県与那国島 *いとぎ 鹿児島県種子島 *かなぎ 島根県大田市・隠岐島 *がなずき 三重県北牟婁郡 *かなつき 三重県北牟婁郡 岡山県児島 山口県大島 香川県伊吹島 愛媛県温泉郡 高知県 *くし 鹿児島県屋久島 *どぅー 沖縄県波照間島 *ひし 三重県志摩郡 *へし 千葉県夷隅郡 奈良県吉野郡 *やはす 奈良県吉野郡 *ゆくん 沖縄県鳩間島 *ゆすり(揺すってタコを穴からおびき出すもの) 新潟県佐渡 *んぎゅん 沖縄県新城島 *んぐん 沖縄県小浜島

やすみ【休】 *あすひ 福島県会津「きょーは村さだめのあすひだー」 千葉県安房 *あすび 栃木県 *あすびし 山形県村山 新潟県中頸城郡 *あすびひ 埼玉県入間郡 富山県東礪波郡 岐阜県郡上郡 愛知県東春日井郡 *あすびび 山梨県南巨摩郡 長野県佐久 *おさなぶり(農家の公休日) 宮城県本吉郡 *さなぶり 宮城県栗原郡「次のさなぶりには仙台さ行って」・玉造郡 *としやすみ(年末年始の休み) 宮城県仙台市 *ねんか 山口県見島 *まんざん 滋賀県滋賀郡 *もや(大工の隠語) 奈良県南大和 *やくび 栃木県安蘇郡 *ゆくい 沖縄県首里・石垣島 *よかい 大分県東国東郡 *よく 鹿児島県肝属郡「よくなし(休みなし)」 *よくい 宮崎県 鹿児島県 *よくぃー 福井県浮羽郡 大分県大分郡 *よけー 福岡県三潴郡・浮羽郡 熊本県宇土郡 *よこい 福岡市 熊本県 大分県 →きゅうか(休暇)・きゅうけい(休憩)・きゅうじつ(休日)・きゅうよう(休養)

収穫後の□ *あきあげ 岐阜県不破郡 大分県 *あきやすみ 長野県 岐阜県飛騨 *のーあがり 山口県阿武郡 *のーあげ 長野県諏訪 *ほこりおとし 島根県 広島県山県郡 山口県・阿武郡 香川県小豆島 *ほこりじまい 和歌山県日高郡 *ほこりはらい 山形県東田川郡・西田川郡 *ほこりはろえ 山形県西村山郡

□の日 *きんごー(農業の休みの日) 千葉県香取郡・海上郡 *まつたて 宮城県加美郡

やすむ【休】 *おどる(酒造りの家の用語) 新潟県中頸城郡 *おぷさる(幼児語) 栃木県中部 *かぎゅん 沖縄県首里 *かぐっ 鹿児島県 *かげる 香川県小豆島 *くたばる 島根県 福岡県企救郡 *ござうつ(病気で仕事を休む) 熊本県南部 *ござおる(病気で仕事を休む) 新潟県佐渡 *すー(「一服タバコを吸う」の意) 島根県「仕事の途中で一寸すーてやんさい」 *どぅぐん 沖縄県与那国島 *とくずりかえる(ひっくり返って休む) 新潟県佐渡 *どのーる 岩手県九戸郡「少しどのおってから行こう」 千葉県香取郡「疲れたからどのーる」 *どのる 岩手県江刺郡 福島県岩瀬郡 *どんばらかえす(ひっくり返って休む) 兵庫県加古郡 *どんばらかく(ひっくり返って休む) 兵庫県加古郡 *どんばらかやす(ひっくり返って休む) 香川県三豊郡「はい いんで(早く帰って) はだかん(裸に)なって どんばらかやさんか」 *ねくだまく(怠けて仕事を休む) 青森県津軽 *のめる 宮城県牡鹿郡「のめってる」 *ぶくる 長野県上水内郡「ぶくるか」 *ふさる 岩手県気仙郡 福島県中部 栃木県「胸元いてんで、ちーっとふさってたんだよ」 千葉県夷隅郡 静岡県志太郡「風邪でふさってます」 奈良県南大和 島根県石見・出雲・隠岐島「いつまでもふさらんこーに畑へ行ったら」 岡山県苫田郡 *やくーん 沖縄県黒島 *やごう 鳥取県東

部 *やめる(仕事を) 宮城県玉造郡 *ゆーくん 沖縄県鳩間島 *ゆーゆん 鹿児島県沖永良部島 *ゆくいん 沖縄県中頭郡 *ゆくー 佐賀県藤津郡 沖縄県 *ゆくーゆん 沖縄県首里・那覇市 *ゆくーん 沖縄県宮古島 *ゆくゆい 鹿児島県喜界島 *ゆくゆん 鹿児島県喜界島・徳之島 沖縄県首里 *ゆこーん 沖縄県石垣島・小浜島 *ゆっくいん 沖縄県島尻郡 *よーほーん 沖縄県新城島 *よーん 沖縄県竹富島 *よがしん 沖縄県波照間島 *よく 鹿児島県 *よくー 佐賀県 大分県西国東郡 宮崎県日向 鹿児島県 *よこう 福岡県「ま、いっときー、まー、よこーちょくれー(もうしばらく、まあ休んで下さい)」 長崎県 熊本県 大分県「まーゆっくりよこいなりー」 宮崎県 鹿児島県薩摩・宝島

ゆっくり□こと *じゅんのび 新潟県「温泉にじゅんのびしにいこさ」 *じょーのび 新潟県「今日はおかげさまで一日ゆっくりじょーのびしました」・中頸城郡 *しょんのび 長野県佐久 *じょんのび 新潟県「今日はひまだから、じょんのびしやう」 *じんのび 新潟県佐渡 *ずんのび 岐阜県飛驒「どうやらこれでずんのびが出来そうじゃ」

横になって□ *たぶねる(ちょっとの間) 愛媛県今治市 *どぅぐん 沖縄県与那国島 *ゆくいよーるん(尊敬語) 沖縄県石垣島 *ゆくゆん 沖縄県首里 *ゆこーん 沖縄県石垣島・小浜島(ていねい語)

やせる【痩】

*いぇーゆい 鹿児島県喜界島 *がぞれる・がじょれる・かどれる 岩手県気仙郡 *かまける(病気をするなどして) 長野県諏訪 岡山県小田郡 *がれる 茨城県 栃木県 埼玉県北足立郡・北葛飾郡「まずいもんべー(まずい物ばかり)くってるからがれるんだ」 千葉県「がれた(やせた)」 *こじれる 福島県東白川郡「えぐら(いくら)手入れしても、こじれて育たねえ」 埼玉県北足立郡 神奈川県津久井郡 島根県 鹿児島県肝属郡 *こぜーる 山梨県「可哀さうに乳がないのでこぜぇてしまった」 *こせる 徳島県三好郡「こせとる」 *こでーる 神奈川県津久井郡 山梨県「こでーた」 *すく 岡山県児島郡「あんたも年じゃなあ、でえぶ頬がすいとるもん」 *すびる 兵庫県佐用郡・赤穂郡 *すやせる 島根県美濃郡「あの子はすやせた感じがする」 *はぎる(地味が) 沖縄県 *ひぼける 宮崎県「ひぼけちよる(やせている)」 *ひんける 徳島県「畑がひんける」「あの人はひんけてしもとる」・板野郡 香川県大川郡 *みがすく 島根県「あんまり心配続きでみがすいたやな」 *みげる 千葉県香取郡 *めげる 茨城県 千葉県香取郡 *やぎるん・よーがりん・よーがりるん 沖縄県石垣島 *やせかれる 和歌山県西牟婁郡 *やせころげる 山形県西置賜郡「ひどい、やしぇころげだ」・米沢市 *やせんがれる 島根県出雲 *ゆびちゅん 沖縄県首里「ししぬゆびちゅん(家畜などの肉が落ちる)」 *よーがりゆん 沖縄県首里

非常に□ていること *ががんぼ 福井県大飯郡 長野県東筑摩郡 *ががんぼー 岡山県苫田郡 *ががんぼし 福井県大飯郡 *がらぼし 山形県山形市・北村山郡 *かりかりげ 愛媛県大三島 *ひぼっちー 東京都八王子

□た人 *おだいしさま 岩手県上閉伊郡 *がーす 奈良県吉野郡 *がーたー 鹿児島県喜界島 *がきのひもん 熊本県下益城郡 *かじけもの(子供) 長崎県対馬 *がぜ(子供) 長崎県対馬「猫の子をそうこなしちゃがぜになるばい」 *がたぎ 岐阜県本巣郡 三重県北牟婁郡「あの男あがたぎじゃにゃ」・松阪市 *かちけ(子供) 長崎県対馬 *かっぽす 佐賀県 *かのはは 島根県出雲市 *かまかけ 鳥取県西伯郡 *かますご(魚、イカナゴの意から転じて) 奈良県南大和 *かますのひもん 熊本県下益城郡 *がりっぽ 和歌山県伊都郡 *がりんぼ 奈良県宇陀郡「骨と皮とのがりんぼや」 和歌山県伊都郡 *がれ 富山県砺波(卑称) 石川県鳳至郡 *がれん 石川県石川郡 *がれんぼ 富山県・砺波(卑称) 石川県 福井県坂井郡 *かれんぼー 京都府宇治郡 *かんきょれ 福島県石城郡 *がんじょ・がんじょこ(ののしって言う語) 青森県津軽「裸になるとまるでがんじょこだね」 *かんしょれ 長野県佐久 *がんずる(卑しめて言う語) 富山市近在 *かんねんぼ 長野県東筑摩郡 *かんぴんたん 千葉県夷隅郡 新潟県西頸城郡(ののしって言う語) 和歌山市 *きーきー 広島県福山市 *ぎーす 島根県石見 *きす 長野県佐久 *ぎす 宮城県仙台市 福島県北部 群馬県勢多郡・吾妻郡 *ぎめ 熊本県 *こんしり 千葉県上総 *すばり 愛媛県新居浜・周桑郡 *とぎす(やせて細い人) 千葉県

方/言/の/窓

●可能表現の地域差

「ここは明るいから細かい字も読める」「むずかしい漢字が読める」という文脈において共通語では、いずれも「読める」が用いられるが、これらを使い分ける方言がある。

秋田から津軽にかけての地域では、前者を「読ムニイー」、後者を「読メル」のように言い分ける。所によっては前者を「読マエル」後者を「読メル」のようにも言うが、いずれにせよ、共通語には無い区別がある。このような使い分けに関して、前者を状況可能、後者を能力可能と呼ぶ。これらを否定表現にすると、「暗くて読マエネエ」「不勉強で読メネエ」となり、やはり区別がある。

九州では地域により、ヨマルル（状況）・ヨミキル（能力）、ヨマルル（状況）・ヨミユル（能力）のように区別する。

（長身の者）・夷隅郡　富山県砺波　長野県　徳島県　香川県　愛媛県　*とげす（やせて細い人）富山県砺波（やせて頬骨のとび出た顔）　兵庫県加古郡　*とげ 神奈川県津久井郡　*とげっちょ 東京都八王子　*とげっちょー 東京都八王子 神奈川県津久井郡　*ねじわく（大食にもかかわらずやせている者）岡山県苫田郡　*はたはた 兵庫県加古郡　*はったぎ（蔑称）岩手県気仙郡 山形県　福島県相馬郡　*はでごず 広島県豊田郡　*ひがます（卑語）愛知県名古屋市　和歌山県　福岡市　長崎県対馬　大分県北海部郡　*ひぼかし（甚だやせた人）長崎県対馬　熊本県・玉名郡　*ひぼかせ（甚だやせた人）山口県豊浦郡　*ひぼね（甚だやせた人）大分県中部　*へんぼのかげぼし 高知県高岡郡　*ほしかます 愛知県名古屋市　*ほそっぴー 東京都八王子　*ほそっぴり 岩手県気仙郡　*ほそっぴん 兵庫県神戸市　*ほそっぽ 山形県東田川郡　*ほそろく 長野県下伊那郡　三重県阿山郡　*やがー（非常にやせた者を卑しめて言う語）・やぎらー・やぎんちょー 沖縄県石垣島　*やせご（子供）愛媛県松山　高知県　*よが 青森県津軽　岩手県気仙郡　*らかんさん（悪く言う語）奈良県生駒郡

□ていること *がとれ・がぞれ 宮城県牡鹿郡　*がんじょ・がんじょこ 青森県津軽「裸になるとまるでがんじょこだね」　*ひがます（卑語）愛知県名古屋市　和歌山県　福岡市　長崎県対馬　大分県北海部郡　*ひんぎょーす 東京都大島　*ひんけ 徳島県那賀郡　香川県大川郡　*ぼんこつ 佐賀県　*やしがるー 沖縄県首里　*やせかじ 新潟県佐渡　*やせがま 宮崎県宮崎郡　*やせがます 山口市　宮崎県東諸県郡　*やせから 青森県南部　岩手県気仙郡　*やせがり 愛媛県大三島　*やせぎち 鹿児島県肝属郡　*やせぎっちょ 宮崎県東諸県郡　鹿児島県　*やせぎっつー 群馬県吾妻郡　*やせこつ 愛媛県松山「やせこつでひょろひょろしとる」　*やせごろ 宮崎県西諸県郡　鹿児島県　*やせころげ 茨城県稲敷郡　*やせじ 新潟県佐渡　*やせっび 茨城県稲敷郡　*やせっぴ 茨城県稲敷郡　山梨県南巨摩郡　*やせっぴゅー・やせっぴょっぴょ 新潟県佐渡　*やせとーろー 和歌山県日高郡　*やせとんばす（「とんばす」は、イナゴの意）岐阜県北飛驒・飛驒　*やせとんぼ 兵庫県淡路島　*やせはったぎ（「はったぎ」は、イナゴの意）岩手県気仙郡　宮城県栗原郡・仙台市　山形県　*やせひがます 長崎県壱岐島　*やせひごく 東京都八王子　*やせひぼかし 長崎県対馬　*やせひんごく 神奈川県津久井郡「やせひんごくしている（非常にやせている）」　*やせぼし 三重県志摩郡　長崎県対馬　*やせぼせ 岐阜県恵那郡　兵庫県淡路島

□ているさま *がんない 鹿児島県川辺郡　*がんないぼ 鹿児島県肝属郡　*がんにゃ 香川県仲多度郡「がんにゃ猫」「犬のがんにゃはいらん」　*がんね 長崎市　*かんぴゅー 佐賀県　*きょんきょん 新潟県西頸城郡「きょんきょんする（やせぎすである）」　徳島県「あの人はきょんきょんだかい」　*すぺっと 山形県米沢市「胸あすぺっとしてる」　*やせぽんぎ 山形県東村山郡

□て背の高い人 *いっぽんげーとー（嘲笑して言う語）長崎県対馬　*しゃらほね 兵庫県赤穂郡　*つるのたちこ 山形県東置賜郡　*でんしんぼ（からかい半分に言う）大阪市　*とーきんぼー 岡山市　*なが（卑しめて言う語）青森県津軽

□て小さい人 *かんちょー 岐阜県揖斐郡　*かんちょろ 福島県相馬　栃木県河内郡「うちの子はかんちょろだ」　東京都八王子　長崎県対馬　*かんちろりん 茨城県　*しびたれ 福島県相馬　*とばえ 岩手県上閉伊郡　*やけいたち（ののしって言う語）愛媛県松山

やたい【屋台】 *すすき 奈良県南大和　*はなだい 高知県・高知市・長岡郡　*まんどー 群馬県利根郡　*よいやしょ 徳島県
→だし（山車）

やたら *さたなし 宮城県仙台市「いくら金持ちでもあさたなしに使っては困るだろう」　*すくたら 神奈川県津久井郡　*てーら 岡山県児島郡「てーらにそこらあ歩きょったら、座板がおれるんどー」　*とろー 新潟県刈羽郡「とろーに」　*とろく 宮城県仙台市　*なくそへくそ 福井県南条郡　*なぐそへぐそ 新潟県佐渡　*のたし 宮城県「なんぼ妙薬でも、そうのたしに飲んではきかぬ」　茨城県稲敷郡・真壁郡　*のだし 岩手県気仙郡「金銭をのだしに使う」　宮城県　福島県浜通「のだしに叱るな」　兵庫県宍粟郡　*のとろ 新潟県佐渡　福井県遠敷郡・大飯郡　島根県隠岐島　愛媛県　高知県「のとろに食うと腹をこわす」　*のとろくたら 高知県　*へくそー 徳島県阿波郡「へくそうに」　*ほーず 山梨県南巨摩郡「ほーずに飯を食いば腹をおやす（こわす）」　岐阜県飛驒「言いたいことをほーず言う」　兵庫県淡路島　*ほくそ 福岡県朝倉郡「ほくそに走る」　長崎県彼杵「ほくそにする（めちゃくちゃにする）」　熊本県玉名郡・下益城郡　宮崎県西臼杵郡　*ほくそー 佐賀県　長崎県伊王島　*ほくそほーらい 熊本県下益城郡　*ほくそやり 福岡県三潴郡　*むとー 石川県輪島市　香川県三豊郡　愛媛県　*やるせ 神奈川県「やるせに小便に起きてべー（起きてばかり）いる」　*らり 山形県「らりど大きい」
→むやみ

□に *あたふた 茨城県猿島郡　栃木県安蘇郡「あたふた食べんじゃねー」　埼玉県南埼玉郡「あたふた費やす」　*いけたに・いけとに 鳥取県東部「いけたに練習する」　*えくそいき 徳島県「えくそいきに走る」　*えごぐね 青森県　*こむしょー 山形県米沢市「こむしょーに引っ張る」　*さっさ 福岡県　*さんどさんど 茨城県　*ただもの 山形県「このおぼこあただものきかなえ」　高知市

「そんなにただもの可愛がって育てていくもんか」 **＊ただもん** 大分県宇佐郡・玖珠郡 **＊だたら** 山梨県南巨摩郡「腹がへっとーどーかだたら飯を喰いたがる」 **＊だだら** 山梨県 **＊たった** 愛媛県 福岡県北九州市「たった眠むてえばっかり」 **＊たんだ** 高知県香美郡「自分の得手ばっかりたんだしたがるけんど、それはいかんぞよ」 **＊たんだものあ** 青森県上北郡「たんだものぁ人ばかり叱る」 **＊ちゃっさん・ちゃっさんかっさん** 沖縄県首里「ちゃっさんこーゆん(幾らでもたくさん買う)」 **＊てんむてん** 富山県砺波「てんむてんに来いいいう」 **＊てんもてん** 富山県 **＊とんずくず** 青森県三戸郡「餓鬼どぁ、とんずくず喧嘩している」 **＊なにばり**(下に打ち消しを伴って)香川県「なにばり欲しげにいうたことないのに、テレビを欲しげにいうたきんな」 **＊のっぺ** 栃木県那須郡 新潟県東蒲原郡「のっぺ鳥打ちをされては困る」 **＊のっべー** 福島県安達郡 兵庫県宍粟郡 **＊のっぺー** 宮城県名取郡 茨城県 新潟県東蒲原郡 **＊のへち・のっぺち** 高知県「のへち長いとまぎれるきに、よい加減に切らにゃいかん」 **＊へー** 栃木県足利市「どうしたことかへーに呼んでいる」 群馬県邑楽郡 **＊へーし** 栃木県足利市 埼玉県大里郡 千葉県夷隅郡 **＊へーしゃたらん** 千葉県長生郡 **＊へーたくた** 島根県能義郡 **＊へーたこた** 島根県仁多郡 **＊へーたら** 群馬県利根郡・吾妻郡 埼玉県秩父郡「へーたらしゃべって、ぼろを出してしまった」 神奈川県津久井郡「へーたら食ってべーいる」 新潟県西頸城郡 長野県 三重県阿山郡・上野市 **＊へーと** 岐阜県飛驒 香川県「へいとに菓子を食べたら腹がいとんなるで」 **＊へーとー** 群馬県碓氷郡 長野県佐久 **＊へーとくそ** 香川県大川郡 **＊へーとくと** 香川県高松市・丸亀市 **＊へーとら** 長野県北部 **＊へし** 群馬県「へし人の悪口を言う」「へしに食う」 埼玉県南埼玉郡・秩父郡 長野県 **＊へしくた** 長野県下伊那郡 **＊へしへーたら** 長野県 **＊へしへし** 埼玉県秩父郡 **＊へしも** 千葉県夷隅郡 **＊へた** 栃木県足利市 群馬県吾妻郡・勢多郡 埼玉県秩父郡 長野市 **＊へたいき** 徳島県 **＊へたくた** 香川県仲多度郡 **＊へたこた・へたこと** 香川県三豊郡「あななもんへたこた買い込んでどうもならんがな」 **＊へたら** 群馬県吾妻郡 神奈川県津久井郡「昔は乞食がへたら来たもんだ」 徳島県 **＊べたら** 千葉県君津郡 神奈川県津久井郡「そうべたらに火を燃すな」 **＊へたらい** 徳島県 **＊へたらくたら** 静岡県志太郡 **＊へたろ** 徳島県 **＊へったくたら** 千葉県君津郡 **＊へったらくたら** 静岡県志太郡「へったらくたらしゃべんな」 **＊へったらくったら** 兵庫県但馬 **＊へと** 香川県「なんぼ酒が好きやいうても、そなんへとに飲んだらいかん」・仲多度郡 **＊へといき** 徳島県「空腹時はへといきに飯がいける」 **＊へとー** 徳島県阿波郡 **＊へとくそ** 徳島県 香川県大川郡「そなんへとくそ食べたらおなかこわすぞ」 **＊へとくと・へとくとに・へとこくと** 香川県「へとくとにたべたらいかんが」「へとくと食べた」 **＊へとこと** 香川県仲多度郡 **＊へとろ・へとろいき・へとろくそ** 徳島県 **＊へらに** 群馬県碓氷郡 静岡県「へらに人を打つ」 **＊べらに** 長野県長野市・上水内郡「べらに美しい」 **＊へらへーと** 兵庫県加古郡「へらへーと飯をよーけたべるな」 鳥取県・西伯郡 島根県 **＊へらへーとー** 群馬県碓氷郡 **＊へらへっと** 京都府竹野郡「どこへ行ってもへらへっとにあの話ばかりしとる」 兵庫県神戸市 **＊へらへっとー** 和歌山市 **＊へらへと** 兵庫県淡路島 鳥取県西伯郡 **＊へろに** 埼玉県南埼玉郡 **＊むかんげー** 長野県佐久 **＊むしゃべつに** 山形県西置賜郡・米沢市「むしゃべつに、きかなえ」 **＊むしゃらと** 新潟県東蒲原郡「むしゃらと騒ぎたい」 **＊むしょーくしょー** 沖縄県首里 **＊むしょーくたら** 岐阜県恵那郡 **＊むしょーと** 山形県北村山郡「むしょーど さどなめる(砂糖をなめる)」 **＊むしょっと** 新潟県中頸城郡 岐阜県吉城郡 **＊むて** 富山県「むてに(みだりに)」 岐阜県吉城郡 **＊むで** 岩手県気仙郡「むでににこにこしてるじゃないか」 **＊むてん** 新潟県西頸城郡 富山県砺波 石川県 岐阜県吉城郡 **＊むてんかい** 新潟県西頸城郡 **＊むてんこ** 岐阜県郡上郡「今日はむてんこに寒い」 **＊もーぞー** 群馬県多野郡「仕事は考えなしにもーぞーしても駄目だ」 長野県 **＊もしょー** 島根県邑智郡・隠岐島「もしょーに言うと叱られるで」 **＊やいめんの・やいめんね・やいめんとんの** 鹿児島県・肝属郡「やいめんとんの食うな(やたらに食べるな)」 **＊やけたり** 和歌山県和歌山市・東牟婁郡 **＊やたけた** 大阪市「やたけたに食べよる」 和歌山県日高郡・西牟婁郡 **＊やっさか** 宮城県石巻・仙台市 **＊やっさに** 福島県 **＊やっさら** 岩手県江刺郡・平泉 宮城県「やっさら行ったが相談がまとまらぬ」 福島県 **＊やっさらくっさら** 岩手県平泉 **＊やっさり** 福島県浜通・相馬郡「えろえろやっさりもらって大変だごど」 **＊やっされ** 福岡県粕屋郡 **＊やにわに** 岐阜県山県郡・本巣郡 **＊やむど** 兵庫県淡路島 **＊やんげん** 熊本県球磨郡 **＊やんご** 愛媛県周桑郡・伊予郡 **＊やんざ** 兵庫県淡路島「こんな事はやんざに有る事ではない」 愛媛県 **＊やんし** 香川県 愛媛県・周桑郡 山口県大島 香川県 愛媛県 **＊やんしん** 香川県仲多度郡 **＊やんた** 高知県 **＊やんだ** 兵庫県淡路島 和歌山県「やんだにする」 徳島県「この木はやんだ大きうにならん」 香川県 愛媛県 高知県「間違いがやんだあるのー」 **＊やんだむしょー** 和歌山県 **＊ゆにもさいにも** 群馬県館林「(一張羅の着物を)そーゆにもさいにもきてわ たまらぬ」

□**にするさま** **＊こくー** 静岡県 島根県石見「こくうに逃げてしまった」「綱をこくうに引っ張る」 **＊しちゃかちゃ** 熊本県菊池郡・下益城郡 鹿

児島県肝属郡 *しちゃかもちゃか 新潟県西蒲原郡「かなりあった金をしちゃかもちゃかにしてしまうた」 *しちゃくちゃ 秋田県北秋田郡・秋田市「しちゃくちゃに揉めた」 *しちゃらもちゃら 新潟県西蒲原郡 *しちゃんくちゃん 熊本県玉名郡 *しちょかちょ 宮崎県東諸県郡 *しっちょかっちょ 鹿児島県 *ひっちゃかっちゃ 熊本県

やっかいもの【厄介者】 *あまされがき 岩手県紫波郡 *あまされもっけ 青森県三戸郡 *あまされもの 岩手県気仙郡 新潟県岩船郡 *きもやき 山口県「うちの子供はみんなきもやきぢゃ」・豊浦郡・大島 熊本県天草郡 大分県宇佐郡 *ぎゃくざやろー(目下の者を怒る時に言う) 群馬県勢多郡「ぎゃくざやろー少しは仕事でもしろー」 *ごーさらし 新潟県佐渡 富山県砺波 岐阜県北飛騨 *ごーざらし 山形県東置賜郡・東田川郡 愛媛県 *ごーだるし 山口県大島 *こったやーなもん・こっちゃーなもん 佐賀県 *ごってもの 香川県・小豆島 *ごてもの 香川県 *すえぐぇ 宮崎県東諸県郡 *たから(家の厄介者。卑しめて言う語) 宮城県仙台市 神奈川県藤沢市 岐阜県本巣郡 長崎県対馬「おたからおっさん」 熊本県下益城郡 大分県大分市・大分郡 *たからもの(家の厄介者。卑しめて言う語) 青森県上北郡・三戸郡 岩手県九戸郡・気仙郡 宮城県栗原郡・仙台市「あいつ途方もないたからものだ」 秋田県 山形県 福島県大沼郡 *たたりもっけ(ののしって言う語) 青森県三戸郡 *ならずもの 鳥取県西伯郡 島根県那賀郡 *なんじゃもん(家族の厄介者) 熊本県玉名郡 *やかない 山口県 *やくざ 新潟県・東蒲原郡 富山県上新川郡「やくざな奴だ、一代貧乏しとる」 愛知県名古屋市 三重県志摩郡・名賀郡 島根県仁多郡・隠岐島「こなやくざ、それが出来んか」 徳島県 *やくざなし 新潟県中越 *やくざぼし 三重県志摩郡 *やくざもの 青森県南部「年とってやぐじゃものになったじゃ」 栃木県 千葉県 石川県江沼郡 長野県東筑摩郡 岐阜県羽島郡・恵那郡 三重県上野市・名張市 奈良県 鳥取県西伯郡 *やくざもん 福井県坂井郡・大飯郡 三重県志摩郡 大阪府泉北郡 鳥取県西伯郡 福岡市 *やくざやろー 群馬県勢多郡 新潟県東蒲原郡 *やくざら 島根県隠岐島 *やくだもん 三重県上野市 兵庫県赤穂郡 *やっかいぼし 和歌山県「あのやっかいぼしめが」

やつで【八手】 ウコギ科の常緑低木。庭木とされる。葉は長柄をもち厚く手のひら状に裂ける。 *おにのうちわ 和歌山県日高郡 *おにのて 秋田県 山口県 福岡県 *おんのて 福岡県築上郡 *かじっぱ 埼玉県入間郡 *てがしわ 島根県邑智郡・出雲 *てんぐうちわ 三重県伊勢市 *てんぐっぱ 群馬県佐波郡 千葉県・長生郡 神奈川県足柄上郡 *てんぐのうちわ 千葉県 静岡県・沼津市・富士郡 山口県 *てんぐのて 奈良県南大和 *てんぐのはうちわ 石川県鳳至郡 *てんぐば 静岡県駿東郡 三重県伊勢市 *てんぐんさんのうちわ 香川県香川郡 *てんごーっぱ 神奈川県津久井郡 *てんごーっぱ(ヤツデの葉) 東京都八王子 *てんごっぱ 埼玉県・入間郡 神奈川県・津久井郡・中郡 *ぬすっとのて 和歌山県海草郡 *ぬっとこっ 鹿児島県姶良郡 *はびら 東京都八丈島 *はぼろ 長崎県南高来郡

やっと【漸】 *いーやらやっと・いーやっと(ようやくのことで) 新潟県西頸城郡 *いっちゃ 栃木県河内郡 *いってや 栃木県 *いよいよ 長崎県北松浦郡 *ういこと 愛知県「ういこと魚を二ひき釣った」 *うっつかっつ 山梨県南巨摩郡 奈良市 徳島県「うっつかっつで商売を続けとる」 長崎県南高来郡・長崎市・壱岐島「うっつかっつやうよし届いた」 *えぁえぁ 岩手県気仙郡「えぁえぁ、稼いだって、月五万にはなるまい」 *えーほねして・えーほねほって 島根県隠岐島 *えーやっと(ようやくのことで) 島根県石見 山口県阿武郡 *えーやらやっと(ようやくのことで) 島根県 広島県高田郡 山口県・阿武郡・大島 福岡市 大分県 *えやらやっと(ようやくのことで) 島根県鹿足郡 *えんやっと(ようやくのことで) 大分県北海部郡・別府市 *えんやらさ(ようやくのことで) 滋賀県蒲生郡 *えんやらさっと・えーやらさっと(ようやくのことで) 島根県「えーやらさっと汽車に間においーた」 *えんやらやっと(ようやくのことで) 長野県諏訪 滋賀県彦根 島根県 広島県高田郡 福岡県 大分県速見郡 *おーつかこーつ 山口県豊浦郡 *おーつこーつ 愛媛県大三島 *おつかおつか 山形県米沢市「おづかおづか及第した」 *おっつかっつ 奈良県宇陀郡「おっつかっつ郡山へ行くまでには追い付けよう」 *かいっぱら 静岡県「汽車の時間にかいっぱらまにあった」 *かがかが 徳島県三好郡 *かすりかすり 徳島県美馬郡 *かすれかすれ 香川県三豊郡 *かなかな 香川県三豊郡 *かながな 岩手県気仙郡・平泉「なんぼおっきたて(大きいといっても)、三尺かながなすかねぁがんべぞ」 宮城県登米郡 山形県東置賜郡「かながな間に合う」・米沢市 栃木県 新潟県佐渡 *かながら 神奈川県足柄下郡「かながら大丈夫」 新潟県岩船郡 *かなしがなし 滋賀県彦根 京都府竹野郡「僅かなもうけでかなしがなし暮いとります」「大麦種はかなしがなし残って居ります」 大阪市「かなしがなし及第した」 愛媛県大三島 *かにここ 滋賀県神崎郡・蒲生郡 *こすこす 香川県三豊郡 *じなほな 福井県遠敷郡 *せーぎり 栃木県 *せーさい 岐阜県飛騨 静岡県「せーさい勉強致します」・榛原郡「せーさいそんなもんずら」 三重県 京都府 大阪市「せゑさい一升あるかなしや」 兵庫県加古郡「そう多くもできぬ、せいさいそれぐらいのものだ」 和歌山県 鳥取県「逃げたのがせいさいだった」 島根県「あの男はせーさいこのぐらいしか出来ん」 岡山県苫田郡 愛媛県 *せっか

く新潟県中頸城郡 *せっさい 島根県八束郡 *せんぎり 茨城県新治郡「せんぎり ふたばんか そごらよ(せいぜい二晩かそのくらいですよ)」 *せんどこんど・せんどこんご 福井県 *そこそこ・そこぞこ 滋賀県蒲生郡 *たんじまんじに 高知県幡多郡 *どーぞこーぞ 石川県江沼郡 岐阜県「まあどーぞこーぞやっておます」 愛知県名古屋市「へい、あれもどうぞこうぞ入学ができましてほっといたしました」 滋賀県彦根 大阪市 兵庫県但馬 和歌山市 鳥取県東部 岡山県児島郡 香川県「どうぞこうぞ食べられたらえが」 愛媛県・松山「どーぞこーぞ出来た」 熊本県八代郡 *どーなりこーなり 香川県 *どーばりこーばり 香川県「どうばりこうばり麦刈もすんだ」・三豊郡 *どーまりこーまり 愛媛県大三島 *どーもこーも 新潟県佐渡「どうもこうも生きている」 *どーろーこーろー 佐賀県「あまり富裕でもないが、どうろうこうろうで暮してゐるやうだ」 *どーろこーろ 熊本県天草郡 *どがーこがー 島根県石見 *どがなりこがなり 島根県大田市 *どぎゃなりこぎゃなり 島根県八束郡「どぎゃなりこぎゃなり出来た」 *どげーかこげーか 大分県 *どげーなりこげーなり 島根県仁多郡 *どげぞこげぞ・どげなーこげなー・どげーなこげーな・どげやらこげやら・どげだりこげだり 島根県出雲「おちゃひんごて、どげぞこげぞしておーがね(私は毎日、どうにかこうにかして暮らしています)」 *どげなりかげなり・どげかげ 島根県隠岐島「あの仕事をとうとうどげかげやった」 *どげなりこげなり 島根県「どげなりこげなり暮して来た」 *どげやこげや 島根県大原郡 *どげんこげん 島根県鹿足郡 *どぞこぞ・どそこそ 兵庫県加古郡「わしにもどぞこぞ分かる」・明石郡 *どないばり・どがいばり 岡山県苫田郡「どないばりに仕事をすませた」「三度めに、どがいばり免許をとったで」 *どろころ 熊本県八代郡 *なきなき 京都市「なきなき入学さしてもらいました」 *にょっと 和歌山県海草郡・有田郡 *にんごと 愛媛県伯方島・岩城島 *ねーと・ねと 兵庫県加古郡「ねえとお前にもでけるようになったか」 *ふこりふこり 島根県八束郡「ふこりふこりして生きちょー」 *ほつぽつ 長崎県対馬 *ほにょって 島根県「税金をほにょって払った」「わしゃほにょっておがんで来たわね(私はかろうじて拝んできましたよ)」 *ほねおって 島根県隠岐島 *ほのって 島根県出雲「ほのって試験に合格した」 *ほのっと 島根県 *まんまと 三重県伊賀 和歌山県 *みんごと 三重県中部 京都府与謝郡・竹野郡「みんごとこれで一段落になりました」 兵庫県淡路島 和歌山県那賀郡 広島県高田郡 *やーや 島根県出雲・隠岐島 *やーやー 島根県出雲・隠岐島「やーやー汽車に間にあった」 岡山県児島郡 *やーやーこーや 島根県出雲 *やーやーことで 島根県大原郡 *やーやーに 島根県仁多郡・隠岐島 *やーやこ・やーやこと・やーやこや 島根県出雲 *やーやっと 島根県出雲・隠岐島 *やーやと 島根県安来市・隠岐島 *やーやのこと 島根県大原郡 *やーやのことで 島根県出雲・隠岐島 *やくやく 富山県砺波 岐阜県大野郡 *やっくらやっくら 長野県佐久 *やっさ 長野県諏訪 *やっさら 山梨県南巨摩郡「今日の田植は一反どころか五畝やっさらだ」 *やってすって 岩手県上閉伊郡 *やっとぅかっとぅ 沖縄県首里・石垣島 *やっとが 秋田県北秋田郡「やっとが逃げて来た」 *やっとかた・やっとかし 新潟県佐渡 *やっとかっと 新潟県佐渡 富山県 福岡県 長崎県対馬「ああやっとかっと行って来た」 鹿児島県 *やっとかにここ 滋賀県蒲生郡 *やっとこさいさい 大阪府泉北郡 *やっとこっと 福岡市 熊本県天草郡 *やっとこまかせ 香川県三豊郡 *やっとしんど 鹿児島県 *やっとすっと 山形県 栃木県「やっとすっと昨日終ったばっかりだ」 *やっとつっと 山形県東置賜郡・北村山郡 *やっとて 山形県「ここの家ではやっとて今起きた様子だ」 *やっとのこんぼ 静岡県・志太郡 *やっとのほんそ 新潟県佐渡 *やっぱ 長野県上田 *やっぱし 長野県上田・佐久 *やらやっと 鳥取県西伯郡 島根県「やらやっとすんだ」 *やれやれ 京都府竹野郡「やれやれで汽車に間にあった」 *よいこなて 鹿児島県 *よいなこつ 鹿児島県姶良郡 *よいよで 長崎県南高来郡 *よーいと 大分県大分市・大分郡 *よーかーよー 長崎県対馬「よーかーよー間に合った」 *よーかい 愛媛県南宇和郡「よーかい済んだ」 *よーして 長崎県南高来郡「おりや、よーしてきたーてー(俺はようやく来たのに)」 *よーと 千葉県印旛郡 *よーほのって 島根県八東郡・隠岐島「税金をよーほのって払った」 *よーほのほって 島根県隠岐島 *よーやかい・よーやかや・よーやこーや・よーやこや 愛媛県 *よーやのかいに 徳島県美馬郡 *よーやらさっと 岩手県気仙郡 秋田県平鹿郡・雄勝郡「今日よーやらさっと出来だ」 島根県邇摩郡 *よーやらやっと 岩手県気仙郡 秋田県仙北郡 山形県 *よーよ 熊本県玉名郡・天草郡 大分県 *よーよーで 鹿児島県種子島 *よーよーのかよに 高知県 *よーよーほんそ 新潟県佐渡 *よーよかよ 愛媛県 *よーよこ 大分県速見郡 *よーよし 長崎県壱岐島 熊本県玉名郡 *よーよしかよし 長崎県壱岐島 *よーよして 佐賀県藤津郡「あめ(雨)ばかいふっとったいどん、よーよしてよーだ(やんだ)けん、きしょくのよか」 *よーよて 宮城県石巻 *よーよと 岐阜県山県郡 岡山市「よーよとここまで歩いて来た」 大分市 *よーよのかい 高知県 *よーよのこって 岩手県気仙郡「ようよのこって、おわった」 *よーりょりと 島根県大田市 *よねほって 島根県八東郡「よねほって山の上え着いた」 *よほにょって 島根県八束郡「今年は供出がよほにょって出来た」・出雲 *よほのって 島根県八束郡 *よやかし 徳島県美馬郡・名西郡 *よよって 宮城県石巻「よよって出来上りすたど」 *よよと 秋田県平鹿郡・雄勝郡「よよと方言を調べ終った」 □のこと ＊どずれはずれ 島根県簸川郡「とずれはずれに間に合った」 ＊どっこい 新潟県佐渡「時間にどっこいだ」 ＊はんしょはんしょ(「はんしはんしょう(半死半生)」の転) 和歌山県西牟婁郡

□のことで ＊あずーこずー 鳥取県西伯郡 ＊あずりこずり 島根県 ＊いーやらやっと・いーやっと 新潟県西頸城郡 ＊えーやっと 島根県石見 山口県阿武郡 ＊えーやらやっと 島根県 広島県高田郡 山口県・阿武郡・大島 福岡市 大分県 ＊えやらやっと 島根県鹿足郡 ＊えんやっと 大分県北海部郡・別府市 ＊えんやらさ 滋賀県蒲生郡 ＊えんやらさっと・えーやらさっと 島根県「えーやらさっと汽車に間におーた」 ＊えんやらやっと 長野県諏訪 滋賀県彦根 島根県 広島県高田郡 福岡県 大分県速見郡 ＊つーずに 島根県邇摩郡「つーずに勝った」「つーずに(間際に)着いた」 ＊とーとのことで 島根県出雲・隠岐島「とーとのことで汽車に間に合った」 ＊やらやっと 鳥取県西伯郡 島根県「やらやっとすんだ」

やっぱり ⇩やはり

やどかり【宿借】 ＊あーまん 沖縄県石垣島 ＊あーまんつぁー 沖縄県石垣島 ＊あまーみ 鹿児島県加計呂麻島 ＊あままー 鹿児島県喜界島 沖縄県島尻郡 ＊あまみ 鹿児島県奄美大島 ＊あまむ 鹿児島県奄美大島・沖永良部島 沖縄県宮古島 ＊あまん 鹿児島県奄美大島 沖縄県・首里・黒島・波照間島 ＊あまんつぁ 沖縄県竹富島・鳩間島 ＊あまんつぁー 沖縄県新城島 ＊あまんぶ 沖縄県与那国島 ＊あもー 沖縄県西表島 ＊あもま 沖縄県小浜島 ＊あんないもー(他家を訪問した時の挨拶の言葉から) 静岡県 ＊あんまく(大きいもの) 沖縄県首里 ＊うみがり 東京都八丈島 ＊がいにんそー 三重県志摩郡 ＊がさ 和歌山県西牟婁郡 ＊かざかり・がざかり・がさもり・がざもり・がすもり 新潟県佐渡「このがざもりども」 ＊がっさ 三重県志摩郡 ＊かながめ 東京都八丈島 ＊がなご 東京都三宅島 ＊がなじょ・がなじ・かなじ 千葉県夷隅郡 ＊がに 島根県隠岐島 ＊がにえろ 和歌山県西牟婁郡 ＊かにがい 兵庫県神戸市 ＊がにがんぼー 神奈川県三浦郡 ＊がにごもり 東京都三宅島 ＊がにな 高知県幡多郡 ＊がにぼら・がにぼろ 和歌山県西牟婁郡 ＊がにみな 長崎県壱岐島 ＊がにむり 東京都大島 ＊かにもぐら 静岡県 ＊かにもり 山形県庄内 ＊がにもり 青森県津軽 山形県庄内 新潟県佐渡 ＊がにや 島根県隠岐島 ＊がねご 長崎県南高来郡 熊本県天草郡 ＊がねごそ 鹿児島県揖宿郡 ＊がねごぼり・がねごま 熊本県天草郡 ＊がねほーじょー 長崎県南高来郡 ＊がねみな 長崎県壱岐島 鹿児島県揖宿郡 ＊がらほー 宮城県牡鹿郡 ＊がらんぞ 三重県鳥羽市・志摩郡 ＊かんこーばい 富山県 ＊かんごも 和歌山県日高郡 ＊がんちゃ 島根県隠岐島 ＊がんちょ 島根県東部 ＊がんな 島根県益田市 ＊かんにぶ 福島県相馬郡 ＊がんにゃ 島根県八束郡 ＊かんにょぶ 福島県相馬郡・東白川郡 ＊がんぼ 福井県 ＊がんぼー 山口県玖珂郡 ＊かんや 島根県隠岐島 ＊ごーな 千葉県長生郡 愛知県知多郡 三重県北牟婁郡・志摩郡 岡山県犬島・御津郡・児島郡 山口県玖珂郡 香川県 高知県 長崎県南高来郡・伊王島 熊本県 大分県宇佐郡 ＊ごーない 愛知県北設楽郡 ＊こーひな 熊本市 ＊ごな 三重県志摩郡 和歌山県東牟婁郡 徳島県海部郡 香川県 熊本県南部 ＊ごにゃ 熊本県天草郡 ＊ごんご 鹿児島県種子島 ＊ごんない 和歌山県西牟婁郡・日高郡 ＊さざえがん 島根県隠岐島 ＊じゅずりがい 青森県 ＊だめ 香川県小豆島 ＊ちんなも 沖縄県国頭郡 ＊つぶがに 岩手県上閉伊郡 宮城県仙台市 ＊ででんごーな 岡山県児島郡 ＊でんでこ 三重県志摩郡 ＊でんでんごーな 岡山県児島郡 ＊なじ 千葉県夷隅郡 ＊にーながに 島根県隠岐島 ＊はいがね 香川県高見島 ＊はいごな 高知県安芸郡 ＊はえごーな 岡山県邑久郡 ＊ほーじゃー 熊本県玉名郡 ＊ほーほーがい(ほーほーと温かい息を掛けると貝の中から姿を見せるところから) 東京都三宅島 ＊ほぜ 熊本県芦北郡・八代郡 ＊ほらつかい 東京都御蔵島 ＊ものもの(小さい種類) 三重県志摩郡 ＊やどがに 東京都江戸川 ＊やどかりがに 青森県上北郡 ＊やどもり 宮城県亘理郡

やどや【宿屋】 ⇩りょかん(旅館)

やなぎ【柳】

□の花 ＊いねころぼ 長野県東筑摩郡 ＊いのころ 滋賀県彦根 奈良県宇陀郡 ＊いんこーこー 福岡市 ＊いんことこと 宮崎県東諸県郡 ＊いんごびゅーたん・いんごひょーたん 熊本県玉名郡 ＊いんころさま 富山県下新川郡 ＊いんのころ 静岡県磐田郡 ＊えのこ 山形県西置賜郡・最上郡 ＊えのころ 長野県東筑摩郡 岐阜県武儀郡 静岡県志太郡 愛知県北設楽郡 ＊えのころぐさ 長野県下水内郡 ＊えんころさま・えんころわな 富山県下新川郡 ＊えんの 静岡県磐田郡 ＊えんのこ 長野県 静岡県磐田郡 ＊えんのころ 静岡県榛原郡・磐田郡 ＊ととこ 山口県豊浦郡 ＊ねこ 秋田県 神奈川県津久井郡 島根県 ＊ねこじゃらし 長野県下水内郡 ＊ねごずこ 青森県津軽 ＊ねこそばえ 富山県上新川郡 ＊ねこちんちん 島根県八束郡 ＊ねこばばー 鳥取県気高郡・岩美郡 ＊ねこやなぎ 神奈川県津久井郡 ＊ねごんつこ 青森県津軽 ＊ねこんぼち 富山市近在

□の芽 ＊いんこ 青森県上北郡 ＊いんのこ 鹿児島県肝属郡 ＊いんのこにょーにょー 新潟県佐渡 ＊えんまる 山梨県南巨摩郡 ＊こつこつ 青森県 ＊ねこ 秋田県 神奈川県津久井郡 島根県 ＊ねごずこ 青森県津軽 ＊ねこちんちん 島根県八束郡 ＊ねこばばー 鳥取県気高郡・岩美郡

＊ねこやなぎ 神奈川県津久井郡 ＊ねごんつこ 青森県津軽 ＊ねこんぼち 富山市近在 ＊べこ 青森県南部 ＊ぼんぼ 山形県米沢市・南置賜郡 ＊めめこ 秋田県 ＊めめんこ 秋田県平鹿郡

やに【脂】 ＊みどり 大分県宇佐郡

キセルに付いたタバコの□ ＊あせろ 千葉県安房郡 ＊ごーねつ 徳島県 愛媛県宇摩郡 ＊ごねつ 香川県伊吹島 ＊ず 三重県阿山郡 京阪 大阪府泉北郡 奈良県 徳島県 鹿児島県肝属郡 ＊ずー 大阪府 奈良県南大和 ＊ちしぬっすー(「キセルの糞」の意) 鹿児島県喜界島 ＊ねた 青森県 ＊ねつ 石川県鹿島郡 ＊よど 富山県・富山市近在・砺波

タバコの□ ＊ず 三重県阿山郡 京阪 大阪府泉北郡 奈良県 徳島県 鹿児島県肝属郡 ＊ずー 大阪府 奈良県南大和 ＊せすり 岩手県気仙郡 ＊せせり 岩手県上閉伊郡・気仙郡 ＊せせる 岩手県気仙郡 宮城県 ＊にく 石川県江沼郡 ＊のろ 福島県・北部「きせるののろたまった、掃除しろ」

松の□ ＊よじろ(肥松のやに) 広島県山県郡 ＊よじろー(ろうそくの材料にする) 島根県邑智郡

やぬし【家主】 ＊おしょーや・おしょや・そーや 岩手県気仙郡 ＊おしょーやさま 宮城県仙台市 ＊じおや 静岡県磐田郡 ＊しょーや 岩手県気仙郡 宮城県仙台市 ＊やもり 高知県

やね【屋根】 ＊いえーぬぴし・いえーぬつぃじ 沖縄県新城島 ＊いえのむね 高知県幡多郡 ＊うそず 沖縄県宮古島 ＊うね 徳島県 ＊えのうら 長崎県 ＊えのそら 長崎県五島 鹿児島県・鹿児島郡・肝属郡 ＊えんそら(児童語) 鹿児島県 ＊かわ 岡山県児島郡 ＊だぬつぃんぶる 沖縄県与那国島 ＊つべ 東京都八丈島 ＊みーやね 東京都八丈島 ＊やー 沖縄県石垣島 ＊やーぬい(家屋の屋根) 沖縄県宮古島 ＊やーぬうい(家屋の屋根) 沖縄県石垣島 ＊やーぬうぃー(家屋の屋根) 沖縄県島尻郡・中頭郡・首里 ＊やーぬちじ 沖縄県鳩間島 ＊やーぬぴさ 沖縄県八重山 ＊やーぬぴしゃ 沖縄県竹富島 ＊やーんぴらー 鹿児島県喜界島 ＊やない(家屋の屋根) 新潟県三島郡・柏崎 ＊やなぎ(家屋の屋根) 新潟県三島郡 長野県下伊那郡 ＊やなげ(家屋の屋根) 岐阜県恵那郡 三重県南牟婁郡 和歌山県東牟婁郡「やなげに草生えたーる」 ＊やなべ(家屋の屋根) 長野県西筑摩郡 ＊やのえ(家屋の屋根) 秋田県雄勝郡 ＊やんざ 沖縄県国頭郡 ＊やんだ 沖縄県・首里 ＊やんだら・やんだひりゃ 鹿児島県奄美大島 ＊やんちじ 鹿児島県徳之島・沖永良部島 沖縄県国頭郡 ＊やんひら 鹿児島県奄美大島・加計呂麻島

板ぶき□ ＊こばぶき 宮城県 秋田県鹿角郡 ＊こばやね 岩手県西磐井郡 秋田県鹿角郡 ＊こわやね・こわぶき 島根県出雲

かやぶき、わらぶきなど、草でふいた□ ＊かいや 長野県・下伊那郡 ＊かやえ 熊本県八代郡・球磨郡 ＊かやや 長野県諏訪 ＊かややー 沖縄県首里 ＊がややー 沖縄県石垣島 ＊かややね 千葉県長生郡 三重県伊賀 熊本県 ＊かんや 埼玉県秩父郡 ＊くさいぶき 三重県志摩郡 ＊くさや 岐阜県吉城郡 愛知県愛知郡 三重県志摩郡 岡山市 徳島県 香川県綾歌郡・仲多度郡 大分県 ＊くずや 青森県南部 岩手県中部 宮城県仙台市・石巻 秋田県平鹿郡 山形県南部 栃木県 群馬県勢多郡 埼玉県秩父郡 新潟県 富山県(合掌仕立て)・射水郡 福井県 長野県 岐阜県海津郡・飛騨 三重県 滋賀県彦根 大阪府南河内郡 兵庫県淡路島 奈良県・宇陀郡「あのくずやの大きなのが本宅や」 和歌山県 島根県 広島県高田郡 香川県塩飽諸島 愛媛県周桑郡・喜多郡 高知県土佐郡 ＊くざや 岐阜県吉城郡 ＊くさやね 長野県諏訪 ＊ぐし 茨城県新治郡 ＊くじや 香川県屋島 ＊くじやね 青森県津軽 ＊くじやぶき 京都府丹波 ＊くずぶき 栃木県 ＊ぐすや 秋田県平鹿郡 ＊くずやずくり 宮城県仙台市 ＊くずやね 青森県津軽・上北郡(棟に土塊を載せる) 岩手県 山形県 福島県北部・会津 栃木県 群馬県 埼玉県秩父郡 新潟県高田市 長野県上田・佐久 大阪府南河内郡 島根県邇摩郡・仁多郡 ＊ぐずやぶき 福井県 三重県名賀郡 京都府 大阪市 和歌山県 島根県那賀郡 ＊ぐずらや 岐阜県飛騨 ＊くつやね 福島県北部 ＊くんちゃ・くんちゃずくり 宮城県仙台市 ＊さかわら(わらを逆さにしてふいたもの) 新潟県佐渡 ＊とば(「とま」の転) 長野県長野市・上水内郡 ＊どぼーやね 島根県益田市 ＊べたやね(総わらぶき) 島根県益田市 ＊むぎからやね(わら屋根) 埼玉県入間郡 ＊むぎわらいえ 山口県大島 ＊むぎわらぶき 京都府 ＊むぎわらやね 熊本県天草郡 ＊むっからぶき 大分県大分郡 ＊むっからやね・むっからや 大分県 ＊むでがらえ(かやぶき) 熊本県天草郡 ＊わらいえ(かやぶき) 熊本県 ＊わらえ 佐賀県藤津郡 熊本県(かやぶき) ＊わらごや 鹿児島県種子島 ＊わらぶき 大分県 ＊わらぶきえ 佐賀県藤津郡 ＊わらや 岡山県苫田郡(かやぶき) 大分県 ＊わらやね 富山県西礪波郡(わらぶき) 鳥取県気高郡 香川県(小麦のわらでふいた家) 長崎県西彼杵郡 大分県

かわらぶき□ ＊ひいらず 大分市

トタン□ ＊とんとんぶき 長野県上田・佐久 ＊とんとんやね 長野県佐久

□の頂 ＊いぐし 静岡県志太郡 ＊いたぐつぃー 沖縄県与那国島 ＊うぐし 千葉県市原郡・君津郡 ＊うぐす 東京都三宅島 ＊うすず 沖縄県宮古島 ＊うずす 東京都御蔵島 ＊うね 富山県射水郡 鳥取県西伯郡 広島県佐木島・高田郡 ＊うむし・うむす 静岡県 ＊おぐし 千葉県山武郡 ＊おごし 千葉県 ＊おごす 東京都新島 ＊おぼそ 東京

都三宅島 *おむし 神奈川県藤沢市・中郡 *おもし 埼玉県北足立郡 千葉県九十九里浜 *ぐし 青森県津軽・南部 岩手県 宮城県栗原郡 秋田県鹿角郡 山形県 福島県 茨城県 栃木県 群馬県 埼玉県秩父・入間郡 千葉県印旛郡 新潟県 長野県 *ぐすん 青森県津軽 *ごしん・ごしんこ・しんこ 青森県津軽 *ついん 沖縄県与那国島 *つべ 東京都八丈島 *ぶし 新潟県上越市 *まる(草屋根の頂) 神奈川県津久井郡

□のふき替え *いらかがえ 宮崎県西諸県郡 *いらかとり 熊本県芦北郡・八代郡 *えふき 熊本県球磨郡 *ぞーやく 熊本県天草郡 *どーさく・どーさ 熊本県天草郡 *ふきがやし 岐阜県加茂郡 *ふしん 福井県 熊本県 *ふっかえぞーさく 佐賀県藤津郡 *ふるやさげ 岩手県気仙郡 *ぷんがい 鹿児島県喜界島 *やご 千葉県千葉郡 *やど 千葉県「母屋のやどをしていて忙しい」 *やどー 千葉県安房郡 山梨県 *やどがえ 千葉県 *やどげ 千葉県夷隅郡 *やとこ・やっとこ 熊本県天草郡 *やどこ 青森県上北郡・南部「やどごさ手伝してけろ」 岩手県 *やんどこ 秋田県鹿角郡 *わふき 島根県出雲 *わぶき 島根県邑智郡・大原郡

やのあさって【弥明後日】 ⇩「みょうごにち(明後日)」の子見出し、「明後日の次の日」

「明後日の次の次の日」

やはり *ごーじゃれ 東京都八丈島「ごーじゃれ、おめえは見えはしありんなか(あなたはやっぱり見えやぁしないんだよ)」 *やがて 秋田県鹿角郡「やがて行ったとみえる(やっぱり行ったらしい)」 *やっこし 山口県「やっこしそうであったか」・大島 *やっさり 兵庫県淡路島 *やっぱ 岩手県気仙郡 新潟県東蒲原郡 長野県諏訪 岐阜県郡上郡 静岡県志太郡 香川県 福岡県 長崎県 熊本県 大分県 *やんで・やんでが 秋田県鹿角郡「やんで腹へったかめんで来た(やはり腹が空いたとみえてきた)」

やはん【夜半】 ⇩よなか(夜中)

やぶ【藪】 *いぎぐいやぶ(とげのある野いばらの生い茂ったやぶ) 島根県益田市 *いぎす(とげのある野いばらの生い茂ったやぶ) 島根県美濃郡・益田市 *いぎわら(とげのある野いばらの生い茂ったやぶ) 島根県美濃郡 *うどす 高知県高岡郡 *おどそ 愛媛県周桑郡 高知県土佐郡 *おどそわら 高知県土佐郡 *おどら 高知県 *おどろ 東京都八王子 滋賀県滋賀郡 山口県大島 愛媛県 高知県 *がさ 奈良県 *がさー 京都府葛野郡 *がさかぶ 茨城県稲敷郡 *がさやぶ 山形県南置賜郡・西置賜郡 福島県 栃木県 埼玉県秩父郡 新潟県東蒲原郡 *がぶちゃ 和歌山県西牟婁郡・東牟婁郡「あのがぶちゃからくちなあ(蛇)出て来た」 *くさぶか 千葉県長生郡 *くさぶく 山形県東置賜郡・米沢市 *くさぶくやら 山形県 *くさぼか・くさぼこ 山形県米沢市 長野県飯田市 *くね 千葉県安房郡 山梨県 *ぐる(いばらのやぶ) 三重県上野市・阿山郡 和歌山県日高郡 *ぐろ(いばらのやぶ) 三重県飯南郡 和歌山県伊都郡・那賀郡 鳥取県八頭郡・気高郡 *ぐろわら(いばらのやぶ) 和歌山県那賀郡 *ごーや 群馬県勢多郡 岡山県小田郡 山口県向島 *ごさっかぶ 茨城県猿島郡 *ごや 愛媛県北条市・松山市 *しぐろ(小さな雑木が入り交じって茂っているやぶ) 香川県仲多度郡 *しっぽろ 大分県北海部郡 *しなーら(篠(しの)の生えたやぶ) 埼玉県秩父郡 *するも 静岡県駿東郡 *ずるも 静岡県・榛原郡 *たかっぽろ 千葉県 *たこーら 熊本県球磨郡 *たころ 滋賀県伊香郡 *だば 愛媛県・松山「あのだばに隠れとるじゃろう」 *どさっかぶ 埼玉県秩父郡 *どさやぶ 埼玉県秩父郡 *どぶろ 熊本県八代郡 *どしゃっかぶ 千葉県千葉郡 *ぶーせん 熊本県阿蘇郡 *ぶーろ 大分県北海部郡 *ぶーろやぶ 熊本県阿蘇郡 *ぶら・ぶらっか・ぶらっかぶ 栃木県 大分県大分郡 *ぶろ 岡山県川上郡 *ぼーろてん 大分県 大分県大分郡 *ぼーれん 大分県大分郡 *ぼーろ 広島県比婆郡 大分市 *ぼさ 福島県石城郡 茨城県 栃木県芳賀郡 群馬県多野郡 埼玉県・秩父郡 千葉県 東京都八王子 神奈川県 山梨県・南巨摩郡 静岡県 愛知県北設楽郡 岡山県阿哲郡 熊本県阿蘇郡 *ぼさか 茨城県久慈郡 *ぼさかぶ 福島県浜通 茨城県新治郡 静岡県駿東郡 *ぼさっか 茨城県稲敷郡 栃木県 埼玉県入間郡 神奈川県三浦郡・鎌倉市 *ぼさっかち 静岡県・榛原郡・磐田郡 *ぼさっかぶ 埼玉県秩父郡・入間郡 千葉県印旛郡 東京都八王子 神奈川県津久井郡 *ぼさっかぶら 神奈川県中郡 静岡県富士郡 *ぼさっくれ 愛知県北設楽郡「ぼさっくりょー探せ」 *ぼさっこ 栃木県 埼玉県秩父郡 神奈川県三浦郡 *ぼさっと 埼玉県秩父郡 *ぼさっぽろ 静岡県小笠郡 *ぼさやぶ 茨城県 埼玉県北足立郡 千葉県印旛郡 *ぼさら 千葉県夷隅郡・君津郡 静岡県島田市「大井川のぼさらで遊ぼー」・小笠郡 *ぼしゃ 静岡県 *ぼそ 愛知県北設楽郡 大分県 *ぼそろ 静岡県磐田郡 *ぼた 三重県名賀郡 *ぼた 静岡県小笠郡 *ぼっさ 群馬県吾妻郡 *ぼら 茨城県西茨城郡 栃木県 *ぼらっか 栃木県 大分県大分郡 *ぼろ 静岡県 愛知県北設楽郡・宝飯郡 大分県 *ぼろてん 大分県 *むずし(柴(しば)などの生い茂るやぶ) 青森県三戸郡 *むんじし(雑木のやぶ) 青森県 *もずす(いばらのやぶ) 青森県南部 *もずれ(いばらのやぶ) 千葉県君津郡 *もだ 岩手県江刺郡 宮城県 山形県東置賜郡・西置賜郡 福島県 *もだかぶ 宮城県栗原郡・仙台市 *もだやら 山形県東置賜郡 福島県大沼郡 *もだら 福島県耶麻郡 *もつらやぶ 新潟県佐渡 *や 広島県比婆郡 *やず 新潟県岩船郡 岡山県 広島県 愛媛県 *やち 新潟県 愛知県北設楽郡 *やぶあら 新潟県上越市

*やぶかー 茨城県稲敷郡 *やぷかた 宮城県 *やぶから 青森県上北郡　岩手県上閉伊郡・気仙郡　宮城県栗原郡(クマザサなどが丈なす所)　秋田県由利郡　山形県　福島県中部・会津 *やぶくじら 長野県更級郡 *やぶくたわら 岐阜県飛驒 *やぶくね 秋田県鹿角郡 *やぶくら 熊本県飽託郡 *やぶこ 山形県西置賜郡 *やぶこー 岩手県九戸郡 *やぶごそ 高知県・高知市・幡多郡 *やぶこっそ 高知県幡多郡 *やぶごっそ 高知県・高知市 *やぶさ 埼玉県秩父郡 *やぶさっさ 静岡県賀茂郡 *やぶしだ 秋田県雄勝郡 *やぷすこ 茨城県久慈郡 *やぶそー 大分県南海部郡 *やぶた 島根県 *やぶだ 青森県南部 *やぶたわら 福井県大飯郡 *やぶち 島根県出雲 *やぶっか 茨城県新治郡　千葉県千葉郡　長野県上田 *やぶっかー 山梨県 *やぶっから 千葉県長生郡 *やぶっこ 高知県土佐郡 *やぶっと 埼玉県秩父郡 *やぶやら 山形県東置賜郡・北村山郡 *やぶろ 熊本県下益城郡　大分県大野郡　宮崎県西臼杵郡 *やぶわら 山形県西田川郡　岐阜県飛驒(いばらの茂みも言う) *やぽ・やぽーら 鹿児島県種子島 *やぽくら 長崎県　熊本県 *やぽくろ 熊本県鹿本郡・玉名郡 *やほさら 東京都南多摩郡 *やぽさんがら 東京都八王子　神奈川県津久井郡 *やぽぞー 長崎県対馬 *やぽっさ 神奈川県津久井郡 *やま 埼玉県北葛飾郡　熊本県阿蘇郡　鹿児島県喜界島「でーやま(竹やぶ)」　沖縄県八重山 *やまー 沖縄県八重山 *やまーま 沖縄県石垣島 *やまぐゎー 沖縄県首里 *やまこーじ 青森県津軽 *やまのぐろ 奈良県南大和 *やまむらし・やまむるし 沖縄県石垣島

やぶる【破】 *いっくやす・いっくずす 長崎県対馬 *うっがい 鹿児島県鹿児島郡 *うっがる 鹿児島県肝属郡 *うっくーす 茨城県稲敷郡 *うっくす 茨城県新治郡・稲敷郡　埼玉県南埼玉郡 *おっきる 栃木県 *おっちゃーす 千葉県香取郡 *おっちゃばく 群馬県桐生市 *かす 岩手県 *こじゃす 茨城県新治郡　栃木県「形こじゃさねよーによーく持ってげ」 *こちゃす 茨城県稲敷郡 *さばく 秋田県仙北郡「竹を二つにさばけ」　山形県庄内「障子をさばくな」　群馬県利根郡　東京都八丈島・三宅島・御蔵島　新潟県　山梨県南巨摩郡　長野県　静岡県「きもんをくぎでさばぇーた(着物をくぎで破いた)」 *ししゃばく・しちゃばく 山形県 *しっちゃばく 山形県　茨城県　新潟県佐渡 *しっつぁばく 栃木県塩谷郡 *しゃばく 山形県　新潟県中頸城郡　山梨県・南巨摩郡　長野県諏訪・佐久　静岡県 *せっちゃばく 長野県佐久 *ちゃばく 群馬県勢多郡 *ばいさく 佐賀県 *ばいしゃぐ 佐賀県藤津郡 *ひきしゃく 熊本県天草郡 *ひちゃばく 山形県 *ひっさく 岩手県気仙郡　鹿児島県揖宿郡 *ひっさばく 山形県村山　新潟県　山梨県南巨摩郡　長野県「紙をひっさばく」 *ひったばく 静岡県 *ひっちゃく 岩手県気仙郡　山形県米沢市　埼玉県秩父郡　東京都八王子　神奈川県津久井郡　新潟県佐渡・中頸城郡　熊本県天草郡 *ひっちゃばく 山形県　福島県会津　群馬県佐波郡　東京都八王子　神奈川県津久井郡　新潟県中頸城郡　山梨県　長野県埴科郡 *ひっちゃぶく 群馬県勢多郡 *ひっちゃぶる 熊本県八代郡 *ひっつぁく 茨城県稲敷郡　埼玉県秩父郡　東京都八王子・八丈島 *ひっつぁばく 山形県東置賜郡　茨城県稲敷郡　栃木県　群馬県群馬郡　埼玉県秩父郡・入間郡　東京都八王子・三宅島・御蔵島 *ふかす 秋田県鹿角郡 *ぶかす 岩手県和賀郡　秋田県鹿角郡 *ふきしゃぐ 長崎県伊王島 *ぶくす 山形県「家をぶくす」 *ぶこす 秋田県「乱暴に弄ぶとぶこすよ」 *ぶじゅぐす 山形県西村山郡・最上郡「機械をぶじゅぐす」 *ぶずぐす・ぶずごす 山形県 *ぶちごす 山形県東置賜郡 *ふちゃぐ 岩手県和賀郡・気仙郡 *ぶちゃぐ 青森県「障子ぶちゃぐべぁ」 *ふちゃばく 山形県村山・米沢市 *ふっかーす 静岡県北伊豆 *ぶっかーす 岩手県九戸郡　静岡県北伊豆 *ぶっかく 岩手県気仙郡　茨城県　千葉県東葛飾郡 *ぶっかす 岩手県気仙郡　栃木県 *ぶっくす 山形県村山　福島県　栃木県河内郡　埼玉県入間郡・北葛飾郡　千葉県印旛郡・夷隅郡 *ぶっくます 静岡県榛原郡 *ふっくやす 鹿児島県種子島 *ぶっこす 岩手県江刺郡・気仙郡　秋田県雄勝郡「筆入れをぶっこしてしまった」　山形県米沢市　福島県東白川郡　栃木県　埼玉県入間郡　千葉県房総 *ふっさく 岩手県上閉伊郡 *ぶっさく 千葉県印旛郡 *ふっさばく 新潟県中越 *ぶっさばく 静岡県榛原郡 *ふっちゃく 岩手県九戸郡・気仙郡　山形県 *ふっちゃぐ 宮城県石巻 *ぶっちゃぐ 青森県南部　宮城県石巻 *ふっちゃばく 山形県　新潟県東蒲原郡 *ぶっちゃばく 山形県西置賜郡　東京都八王子　神奈川県津久井郡　新潟県東蒲原郡 *ぶっちゃぶく 千葉県東葛飾郡 *ぶっちる 茨城県稲敷郡 *ぶっつぁう 千葉県夷隅郡 *ぶっつぁく 山形県　福島県東白川郡　茨城県稲敷郡　栃木県　千葉県印旛郡　東京都八王子市 *ぷっつぁく 茨城県稲敷郡 *ふっつぁばく 岩手県気仙郡　山形県米沢市「書物ふっつーぁばえだ」　新潟県西蒲原郡・下越 *ぶっつぁばく 山形県　千葉県夷隅郡　東京都八王子 *ふんごーす 新潟県三島郡 *ほきやぶる 大分県 *ほげる 長崎市 *ぼこす 秋田県「あの子は絵本をぼこした」　山形県 *ぼっかす 栃木県　群馬県山田郡　千葉県長生郡 *ぼっこす 岩手県気仙郡　宮城県登米郡・玉造郡　山形県米沢市・西置賜郡　福島県　茨城県猿島郡　栃木県足利市　群馬県佐波郡　埼玉県川越　千葉県市原郡・房総　新潟県 *ぼっこなす 岩手県気仙郡 *みしる 大阪府東成郡 *むしくる 愛媛県松山「そんなに紙をむしくってはいけません」 *やばく 山形県西置賜郡　新潟県「障子をやばいた」　静岡県 *やぶす 島根県鹿足郡 *やぶつ 奈良県宇智

郡　和歌山県　広島県　山口県「本をやぶつ」　*やゆん 沖縄県首里「ちんやゆん（着物を破る）」　*やらかす 富山県東礪波郡「大事な本じゃでやらかすな」　*やらす 新潟県佐渡　富山県東礪波郡「大事な着物やらいてしもて」　岐阜県益田郡・飛騨　*やりん 沖縄県八重山　*やるん 沖縄県石垣島　*わざく 静岡県・川根　*わっちゃく 茨城県新治郡・稲敷郡　千葉県海上郡　*わっつぁく 岩手県気仙郡　宮城県仙台市「西瓜（すいか）を手でわっつぁいてたべる」　福島県東白川郡　茨城県新治郡・稲敷郡　栃木県　*わらかす 富山県砺波　岐阜県郡上郡「茶碗わらかいた」・大垣市　滋賀県彦根　大分県

やぶれる【破】　*うちゃれる 三重県志摩郡　*うっちゃける・うっちゃーける 埼玉県秩父郡「そんなことをしては障子がうっちゃける」「柿が熟して落ちてうっちゃあけた」　*うっつぁける 栃木県安蘇郡　*おっこれる・おっくれる・うっくれる 茨城県稲敷郡　*おっこわれる・おっこーれる 長野県上田　*くーねる 茨城県北相馬郡　*くーれる 茨城県筑波郡・稲敷郡　千葉県印旛郡・東葛飾郡　*くんでぃゆい 鹿児島県喜界島　*くんでぃゆん 沖縄県首里　*こばける 三重県名賀郡　京都府丹後　*こわける 石川県河北郡・鳳至郡　福井県　長野県　岐阜県郡上郡　静岡県「桓根がこわける」　愛知県　三重県鈴鹿郡　*さばける 東京都三宅島・大島「障子がさばけたから張り替へたい」　新潟県「筆の先がさばけて書けない」　長野県「大食して腹がさばけさうだ」　静岡県「しょーじんさばけた（障子が破けた）」　*しっちゃける 新潟県佐渡　長野県佐久　*しっちゃばける 新潟県上越市　*しゃくれる 岐阜県揖斐郡　*しゃばける 山梨県　静岡県　*だんでぃるん・だんでぃん 沖縄県与那国島　*ちーやるる 熊本県下益城郡　*ちゃーれる（「ちやれる」の転）茨城県稲敷郡・新治郡　*ちゃれる 千葉県印旛郡　*ちゅっくゆい 鹿児島県揖宿郡　*つっぽげる 長崎県南高来郡　*ひっちゃける 茨城県久慈郡　新潟県佐渡　*ひっちゃばける 山梨県東八代郡・北巨摩郡　*ひっつぁばける 神奈川県愛甲郡　*ぶちゃげる 青森県「ころんだけぁ着物ぶちゃげた」　*ふちゃばける 山形県村山　*ぶっさーける 栃木県塩谷郡　*ぷっちゃーれる 茨城県　*ぶっちゃげる 新潟県東蒲原郡　*ぶっちゃれる 茨城県真壁郡　*ぷっちゃれる 茨城県稲敷郡　*ふっつぁく 埼玉県北葛飾郡「じゃくろがふっつぁく」　*ふっつぁける 山形県米沢市　*ふっつぁげる 新潟県東蒲原郡　*ぶっつぁける 山形県西置賜郡　栃木県　*みげる 島根県出雲　*むざける 宮城県石巻　山形県東田川郡　新潟県東蒲原郡　*むじゃける 青森県「藪にひっからまって着物むじゃげだ」　*むんじゃげる 青森県　*めーる 滋賀県高島郡　*めげー鳥取県西伯郡　*めげる 新潟県　福井県三方郡・大飯郡　京都府与謝郡　大阪市　兵庫県　奈良県　鳥取県鳥取市・西伯郡　島根県「風で垣がめげた」　岡山県「娘の結婚話はめげてしもうた」　広島県「めげた米」　山口県　徳島県　香川県　愛媛県　高知県　長崎県対馬　*もざける 宮城県栗原郡　山形県西田川郡　*もじける 和歌山県那賀郡　*もじる 和歌山県　*やうらける 富山県射水郡　*やばける 新潟県　静岡県榛原郡　*やぶらける 富山県「書物がやぶらけた」・砺波　*やらける 富山県

布などがぼろぼろに□さま　*じんじこさい 島根県出雲「着物がじんじこさいに破れた」　*じんちこしゃー 島根県八束郡　*ずんずこさい 島根県「着物がずんずこさいに破れた」　*ずんちこしゃー 島根県八束郡　*つんずに・つんずこんずに 島根県邇摩郡

やぶれる【敗】　*まくれる（戦いに敗れる）山形県　*よじゃれる 茨城県久慈郡
→まける（負）

やま【山】　*おか 鹿児島県大隅　*さん 沖縄県那覇市・首里　*たかやま 兵庫県加古郡　*たき 沖縄県石垣島・小浜島・鳩間島　*たぎ 沖縄県与那国島　*だけ 青森県三戸郡　*のて 山梨県

円すい形の□　*しょーけやま 石川県能美郡　*はち 静岡県賀茂郡　*ふもとやま 静岡県富士郡　*ぼってんやま 新潟県北魚沼郡　*まるこやま 石川県能美郡　*まるやま 新潟県北蒲原郡・北魚沼郡　*もり 奈良県吉野郡

共有の□　*いりやま 長野県上伊那郡・下伊那郡　*かいとやま 奈良県南大和　和歌山県日高郡　*くわさきやま 栃木県河内郡　*こくさやま 愛知県西加茂郡　*さんぜー 東京都八王子　*そーもちやま 熊本県球磨郡　*そーやま 富山県西礪波郡　愛知県東加茂郡　滋賀県愛知郡　*つじやま 広島県山県郡　*なかばやま 岩手県気仙郡　*なかまやま 新潟県佐渡　岐阜県揖斐郡　愛知県北設楽郡　*なかやま 愛媛県北宇和郡　*もあいやま 福島県石城郡　*もえーやま・もややま 熊本県天草郡　*もやいやま 青森県三戸郡　高知県高岡郡　佐賀県東松浦郡　鹿児島県出水郡　*よりあいやま（共同で採草や伐木をする山）福島県石城郡

草木の生えていない□　*がんぱ・ぐれはげ 岩手県気仙郡　*はげ 新潟県岩船郡　奈良県南大和　島根県　*はげた・はげと 岐阜県飛騨　*はげたん 鹿児島県　*はげつる 山口県豊浦郡　*はげとろ 島根県隠岐島　*はげら 島根県

信仰と関係のある□　*おたけ 大分県速見郡　*さん 福島県飯豊山　*せん 兵庫県美方郡　*たき 沖縄県　*たけ 福島県南会津郡　長野県上伊那郡・飯田市　鹿児島県肝属郡　*だけ 鳥取県八頭郡　*たけやま 新潟県北魚沼郡

鋭くとがった形の□　*うまのせぼね 新潟県北魚沼郡　*えぶし 新潟県北魚沼郡　*かたねもり 山形県飽海郡　*ぎっぱやま 長野県佐久　*きびしやま 鹿児島県肝属郡　*けんのみね 長野県下

高井郡 *せん 鳥取県八頭郡 *ちょんげんじ 石川県能美郡 *ちょんこ 秋田県雄勝郡 *とがりやま 福島県南会津郡 石川県能美郡 *とんがりやま 福島県南会津郡 新潟県北蒲原郡 *はりやま 福島県南会津郡 *やりのお 奈良県吉野郡

雑木の生えた□ *あさきやま 福島県石城郡 *かなぎやま 新潟県佐渡 岐阜県郡上郡(薪を取る山) 静岡県 愛知県 和歌山県日高郡 *ばいたやま 新潟県佐渡 *ばいらやま 神奈川県高座郡 *ばえとやま 広島県安芸郡

高い□ *たかざん 沖縄県首里 *どやま 島根県隠岐島

低い□ *こーね 栃木県安蘇郡・上都賀郡 *さこ 和歌山県日高郡 *じぶくれ(卑語) 埼玉県北葛飾郡

□の中腹 *ずたんばら 鹿児島県 *ちゅーだん 栃木県 群馬県吾妻郡 千葉県君津郡「山んちゅーだん」 静岡県志太郡 *ちゅーだんごろ 静岡県志太郡 *なかもて 和歌山県日高郡 *ひら 秋田県雄勝郡 新潟県東蒲原郡 山梨県南都留郡 長野県諏訪 岐阜県揖斐郡 長崎県南高来郡 *ひらち 香川県高見島 *ふらっこ 島根県出雲 *ふらどこ 島根県隠岐島 *ふらなか 島根県八束郡・仁多郡 *ふらよこし 島根県八束郡 *やまねき 徳島県 *やまのどんびら 広島県比婆郡 *やまのはた 岡山県児島郡 *やまのひら・やまのふら 島根県 *やまのほて 岡山県邑久郡 *やまんねき 長崎県南高来郡

やまい【病】 ⇩びょうき(病気)

やまくずれ【山崩】 *あかたくれ 秋田県雄勝郡 *あらし 長野県飯田市付近 *くえ・ぐえ 奈良県吉野郡「くえがぬける」 *くずれやま 福島県耶麻郡 *じゃぬけ 山梨県 長野県飯田市付近・東筑摩郡 岐阜県恵那郡 *ずく 鳥取県八頭郡 *ずり 栃木県上都賀郡・那須郡 島根県石見 岡山県真庭郡 *ずれ 島根県石見 岡山県真庭郡 *だし 石川県能美郡 岐阜県飛驒 *つえ 奈良県吉野郡 島根県「昨夜の雨に大けなつえがあった」 広島県・山県郡 山口県大島 徳島県美馬郡・三好郡「南向きでつえの来ないところ、水利の便の良い所を先ず選んだ」 *つえぬけ 島根県石見 山口県豊浦郡・大島 愛媛県・宇和島 *なぎ 東京都西多摩郡 山梨県 長野県 静岡県「なぎんひけるぞ(山崩れがするぞ)」 愛知県北設楽郡・東加茂郡 *なぎあと 愛知県北設楽郡 *なぎおし 長野県佐久 *なぎくみ 静岡県 *なぎこけ 栃木県塩谷郡・日光市 *なぎこみ 山梨県 *なぎぬけ 長野県上伊那郡 *ぬけ 秋田県雄勝郡 福島県耶麻郡 新潟県佐渡 三重県北牟婁郡・飯南郡 奈良県宇陀郡「ぬけの横を上って」・吉野郡 鳥取県八頭郡 *ぬげ 石川県能美郡 長崎県諫早市 熊本県玉名郡 *ぬけしょ 新潟県佐渡 *ぬけっと 島根県出雲「ぬけっとする」 *ぬけど 岐阜県北飛驒 *ぬけやま 新潟県北魚沼郡 *ねけっと 島根県飯石郡・大原郡 *のけ 新潟県中頸城郡・西頸城郡「のげが出た」 *べとなぜ 新潟県北魚沼郡 *やまくぇ 鹿児島県肝属郡 *やまくめ 静岡県志太郡「このあめでやまくめんあった」 *やまこーずい 鳥取県八頭郡 *やましお 大分県速見郡「やましおがぬけた」 *やましょ 鹿児島県肝属郡 *やまずえ 京都府竹野郡 *やまなぜ・やまなで 福島県南会津郡 *やまにけ・やまねけ 島根県出雲 *やまぬけ 福島県 新潟県中蒲原郡 石川県河北郡 長野県飯田市 三重県飯南郡 滋賀県高島郡 京都府竹野郡 兵庫県美方郡 島根県邑智郡・大田市 *やまのけ 富山県中新川郡 島根県出雲・隠岐島 *やまむけ 岡山県真庭郡

やまのいも【山芋】 *うかご 岡山県御津郡 *うん 沖縄県石垣島・鳩間島・黒島 *おなごやまいも 熊本県阿蘇郡 *おにはな(蔓(つる)になった実を子供が鼻に付けて「鬼鼻」と言って遊ぶところから) 和歌山県日高郡 *かやうん・かよーん 沖縄県石垣島 *かやん 沖縄県竹富島 *きんどころ 奈良県十津川 *つくねいも 神奈川県中郡 石川県金沢 山梨県南巨摩郡 岐阜県飛驒 兵庫県美方郡 奈良県 香川県綾歌郡 熊本県下益城郡 *つぐねいも 鳥取県西伯郡 愛媛県周桑郡 *つるかめ(実を割り、中の白いものを鶴、黒いものを亀と言うところから) 岡山市 *ところいも 島根県石見・隠岐島 *とろいも 群馬県佐波郡 山梨県南巨摩郡 *ながねいも 岡山県小田郡 *ねいも 山梨県 静岡県磐田郡 *のいも 静岡県磐田郡 *ばかいも 山形県村山・東田川郡 静岡県志太郡 *ぼーいも 新潟県中部 *ぼーうん 沖縄県石垣島 *まいも 島根県美濃郡 *やまどころ 山形県飽海郡 島根県美濃郡 *やまとろいも 長野県北佐久郡 *わん 岡山県御津郡

やまびこ【山彦】 ⇩こだま(谺)

やまみち【山道】 *くるまかいどー(車が通れるくらいの山道) 青森県津軽 *すす・すず 山梨県 *ちどりみち(曲がりくねった山道) 山梨県南都留郡 愛媛県大三島 *つばな(峰伝いの山道) 青森県上北郡・三戸郡 *ひじ(曲がりくねった山道) 奈良県吉野郡 *へべみち(甚だしく折れ曲がっている山道) 山梨県南都留郡 *へんべみち(甚だしく折れ曲がっている山道) 岐阜県吉城郡 *やまげと 愛知県知多郡 *やまどみち(主として登り道に言う) 香川県三豊郡

やむ【病】 *いたつく 大分県大分郡 *いたむ 福岡県 佐賀県 長崎市「なごう(長く)いとーどったけん(病気をしていましたから)ごぶさたしました」 熊本県「久しゅーいとどって」 *さわる 島根県 香川県 愛媛県「おさわりといでたって、お見舞もえーしませんで」 *しつろう 岡山県 *なずむ 新潟県中蒲原郡・岩船郡 *ねおる 長崎県南高来郡「あんやんなねをってねとる」 熊本県 大分県日田郡「ねをる人」 鹿児島県 *ねござをうつ 大分県

大分郡「うちん子供ぁ久ぇこつねごずー打っちょるのじ困る」
→びょうき（病気）

やめる【止】 ＊**おく** 北海道函館市 青森県津軽「そした話、もうおげじゃ（そんな話、もうやめろよ）」 茨城県稲敷郡 新潟県 富山県 石川県 福井県 長野県 岐阜県 静岡県田方郡 愛知県 三重県志摩・員弁郡 滋賀県彦根・蒲生郡 京都府 大阪市 兵庫県多紀郡 奈良県 和歌山県「日が暮れたから、もう仕事おかんかい（やめませんか）」 岡山県児島郡 広島県高田郡「おきんさい」 徳島県 香川県 愛媛県・松山 高知県幡多郡 ＊**おこす** 富山県 ＊**おこる** 和歌山県「仕事をおこらい」 ＊**さらいおけ** 秋田県鹿角郡 新潟県佐渡 ＊**さらおけ** 秋田県鹿角郡 ＊**さらぐ** 秋田県中部「そんなことさらげ」 ＊**さらぱいやめる** 岩手県気仙郡 ＊**されおけ** 新潟県佐渡 ＊**ずりおく** 富山県婦負郡「ずりをけ」 ＊**そべる** 新潟県南魚沼郡 ＊**ちゃーる** 千葉県安房郡「ちゃーれ（よせ）」 ＊**とっぺる** 青森県津軽「あのふとぁ、はなししたでば、とっぺるしらなえ」 ＊**ほねかす** 富山県

遊びを□時に言う語 ＊**あわわ** 青森県南部 ＊**しねっぽん**（児童語） 埼玉県北葛飾郡 ＊**やんぴ** 兵庫県赤穂郡 ＊**やんべ** 静岡県磐田郡

中途半端で□こと ＊**はんちゃらけ** 滋賀県蒲生郡 ＊**はんちらかし** 三重県桑名郡 ＊**はんちらけ** 滋賀県彦根 ＊**はんぶぞーさく** 岐阜県飛騨「何をさせてもはんぶぞーさくでろくな事はない」 ＊**はんぶはんちゃく** 愛知県名古屋市「今時の大工は（台風後）家を建てかけても、半分半着でつづけくれんで困ってしまう」 ＊**ぱんぶんしー** 沖縄県石垣島

途中で□ ＊**かんずりがげる** 秋田県平鹿郡「何もかんずりがげるばかりだ」 ＊**けつーわる** 岡山県苫田郡 ＊**けつわる** 京都府竹野郡「この工事は最初の請負人にけつわられて後始末が大変でした」 兵庫県加古郡・明石郡 香川県 愛媛県大三島「けつわって逃げた」 ＊**しくさく** 和歌山県東牟婁郡 ＊**しくさす** 和歌山県「仕事をしくさす」 広島県 ＊**しながす** 新潟県西頸城郡

途中で□こと ＊**いれかけ** 徳島県 ＊**くいさし・はんさし** 新潟県佐渡「この仕事はくいさしにしてはこまるよ」 ＊**しくさし** 岡山県苫田郡「なんもかも、しくさしにしくさって」 香川県大川郡・三豊郡 ＊**とちー** 島根県「学校を二年の時とちーした」 ＊**はんばく** 茨城県稲敷郡 ＊**ほっぱえさん** 島根県簸川郡

□こと ＊**まい** 和歌山県新宮「もうかくれんぼうはまいじゃ」 ＊**まま** 長野県諏訪 兵庫県加古郡「もうこれでままにしとこう」

やもめ【寡】 ＊**いんがだち** 鹿児島県大島 ＊**ごけ** 広島県 ＊**ごけちき** 徳島県那賀郡 ＊**ごけらく** 広島県走島 ＊**よみゅーど** 長崎県佐世保市
→おとこやもめ（男鰥）

やもり【守宮】 ＊**いちぶ** 香川県伊吹島 ＊**ががめっちょ** 鹿児島県奄美大島 ＊**かがめっちょ** 鳥取県西伯郡 ＊**かたこし** 兵庫県赤穂郡 ＊**かべこ** 福岡県 ＊**かべちょろ** 香川県三豊郡 福岡県小倉・久留米 大分県 ＊**しちぶ・ひちぶしん・ひっちーむし** 大分市 ＊**しちぶん** 大分県北海部郡 ＊**しちむし** 大分県北海部郡・速見郡 ＊**ちしゃむし** 鹿児島県種子島 ＊**ひちびしゃ・ひちぶしゃ** 愛媛県 ＊**ひちぶ** 島根県美濃郡・益田市 山口県防府 愛媛県 ＊**ひちぶくさり** 愛媛県喜多郡 ＊**ひちみんじ** 愛媛県南宇和郡 ＊**ひちむし** 大分県大分市・大分郡 ＊**ふたしみ・ふだじめー** 沖縄県石垣島 ＊**ふたしめ** 沖縄県波照間島 ＊**ふだずめー** 沖縄県八重山 ＊**ふだちみ** 沖縄県西表島 ＊**ふだつぃみ** 沖縄県新城島 ＊**ふだつぁみ** 沖縄県黒島 ＊**ふたつめ** 沖縄県鳩間島 ＊**ふどつぃべ** 沖縄県竹富島 ＊**ふんだちび** 沖縄県小浜島 ＊**へーのぼり**（「壁上り」の意） 広島県芦品郡 ＊**へっこ** 徳島県・美馬郡 ＊**やーずみ** 沖縄県宮古島 ＊**やーどぅ** 沖縄県中頭郡 ＊**やーどぅー・やどまぶやー** 沖縄県首里 ＊**やどまーぶい** 鹿児島県沖永良部島・与論島 ＊**やどまぶや** 沖縄県国頭郡 ＊**やまとぅびっちゃー** 鹿児島県喜界島 ＊**やんぬし** 鹿児島県奄美大島・徳之島 ＊**ろくぶ** 島根県益田市

ややともすると ＊**さーちゅーと** 新潟県佐渡 ＊**さーともすると・さっとすると・さっともすると** 千葉県夷隅郡 ＊**さーともすれば・さーらばしれば** 神奈川県「お前はさーらばしれば女の子をかまう」 ＊**さーらば** 東京都大島 神奈川県 静岡県「彼人はさーらば怒る人だ」 ＊**さーらばすれば** 神奈川県高座郡 ＊**さーらばやれば・さーれば** 神奈川県三浦郡 ＊**さっともすっつた** 宮城県石巻「さっともすっつだ喧嘩ばりする」 ＊**ちゃらっとすると** 岩手県上閉伊郡 宮城県 ＊**ちゃらとすると** 岩手県磐井郡 ＊**よらばさーらば** 神奈川県

やりこめる【遣込】 ＊**いーこくる** 埼玉県北葛飾郡「いばってやがるからいーこくってやった」 新潟県佐渡「あのしとは自分のことばかり主張して、いつもいいこくっとる」・西頸城郡 ＊**いわしこめる**（口先で人をやりこめる） 奈良県南大和 ＊**いわす** 愛知県知多郡 三重県 岡山県児島郡 ＊**おろしこむ** 高知県幡多郡 ＊**かちゃげる** 兵庫県加古郡 ＊**かます** 滋賀県彦根 ＊**がんといわす**（強くやりこめる） 兵庫県加古郡 ＊**くたためる** 島根県隠岐島 ＊**こきあげる** 島根県 ＊**こきおとす** 滋賀県彦根 ＊**こみやる** 愛知県知多郡 ＊**こめる**（しかってやりこめる） 岐阜県 ＊**さばをきめる** 島根県隠岐島 ＊**しーっかしん** 沖縄県石垣島 ＊**だんずめをする** 高知市「昨日の討議会であの人が反対党からだんづめをせられ気の毒じゃった」 ＊**だんつめる** 高知県・幡多郡「それみよ、だんつめられつろが」 ＊**ぱがしん** 沖縄県石垣島 ＊**はちかえす**（逆にやりこめる） 岩手県気仙郡 ＊**はなごをすげる**（ぐうの音も出ないようにやりこめる） 高知県 ＊**へこなす** 山形県西置賜

郡　長野県　岐阜県　愛知県　滋賀県　*へしこめる（理屈でやりこめる）岡山県児島郡　*へっこなす　山形県西置賜郡　*へどまかす　愛媛県大三島　*へどます　愛媛県「彼があまり生意気な言い方であったからひとつへどましてやった」　*やっちめる（議論でやりこめる）茨城県久慈郡　新潟県岩船郡

やりそこなう【遣損】　*いただく（「小言を頂く」意から）東京都　*がっぱいはたく　新潟県佐渡　*かっぱたく　静岡県「ちょっと口出してかっぱたいた」　*こじゃす　宮城県栗原郡　秋田県平鹿郡・河辺郡　*こんじゃす　秋田県「清書をこんじゃしてしまった」　*しーやんじゅん　沖縄県首里　*そぶらかす（「そびらかす」の転。補助動詞として用いる）長崎県対馬「やりそぶらかし」　*とっぱくる　茨城県久慈郡　*とっぱぐる　福島県　茨城県・稲敷郡　*とっぱずす　山形県米沢市　茨城県稲敷郡　千葉県夷隅郡　新潟県中頸城郡　*とっぱずらかす　秋田県平鹿郡・雄勝郡　*とっぱずれる　茨城県稲敷郡　*とっぱどす　茨城県北相馬郡　千葉県「とっぱどしたからかんにんしてくれ」　*とっぱどする　岩手県気仙郡　*のめす　新潟県新発田
→しくじる・しそこなう（仕損）・しそんじる（仕損）

やる【遣】　*くらす（卑語）静岡県「彼奴をいぢめてくらす」　*くらわす（卑語）徳島県　*こませる（卑語）島根県仁多郡　*さっちゃる　山梨県　*たーする　石川県珠洲郡　*たーせる　石川県鳳至郡　*だす　秋田県　福島県浜通「これはお前にだすから」・東白川郡　茨城県・稲敷郡・北相馬郡「これだそーか」　栃木県「この菓子だすよ」　千葉県　徳島県（卑語）　*たらす　富山県砺波「たらいてやる」　石川県加賀　*たらする　富山県高岡市　石川県鹿島郡　*たらせる　富山県　石川県鹿島郡　*どぅらしゅん　沖縄県首里　*とらせる　新潟県佐渡　石川県鳳至郡　*まーしる・ましる（目下に対して用いる）石川県羽咋郡　*まーする（目下に対して用いる）島根県隠岐島「こりょまーしゃえ（これをくれ）」　山口県「芋粥をこしらえてまーしょー」　*まーせる（目下に対して用いる）東京都八丈島「その代りにはおみに良け物もぉせるじょう」　*まいす（目下に対して用いる）広島県高田郡　*ませる（目下に対して用いる）島根県簸川郡・出雲市「お前にこれをませーわ」　山口県・阿武郡　*まらす・まらせる（目下に対して用いる）新潟県古志郡　*めーす（目下に対して用いる）長崎県対馬「その品はおしい（汝に）めえすけ、取って行かしや」
→あたえる（与）

やわらかい【柔】　*ぐさらっこい　新潟県中頸城郡　*ぐすい　群馬県多野郡　岐阜県恵那郡　愛知県「性根がぐすい」　広島県比婆郡　*ぐずい　群馬県多野郡　*ぐやっかい　群馬県吾妻郡　埼玉県秩父郡「埋立地などは、雨でも降るとぐやっけー」　*しなこい　山形県　新潟県下越　京都市　大阪市　奈良県　*しなっこい　福島県東白川郡「この章魚はしなっこえ」　新潟県「この木の枝はしなっこい（生気があって柔らかい）」　静岡県志太郡「しなっこいたけんええよ（しなしなした竹がよいね）」　*しなやこい　富山県砺波「しなやこい身体しとる」　*しゅなこい　和歌山県那賀郡・有田郡　*ずるい　群馬県　東京都八王子「この飯はずるい」　神奈川県高座郡・津久井郡　山梨県　岐阜県吉城郡・飛騨「帯の結びめがずるい」　静岡県田方郡　愛媛県松山「帯がずるーて解けた」　*ずるこい　群馬県吾妻郡　*ずるたっこい　山梨県北巨摩郡　*ずるっこい　東京都大島「この樽の輪はづるっこい」　*びやこい　高知県　*ぶかさい（もろくて柔らかい）鹿児島県喜界島　*ほやい　徳島県阿波郡・美馬郡「この飯はほやいな」　*またい　京都市　*やーおい　愛媛県松山市・伊予郡　*やーかい　三重県度会郡　*やーくい・やくい・やっくい　新潟県佐渡「御飯がやくい」　*やーこい　福島県相馬郡　茨城県真壁郡・新治郡　群馬県吾妻郡　千葉県香取郡　新潟県　石川県　福井県　岐阜県　愛知県西春日井郡　三重県　*やーっけー　静岡県田方郡　*やーっこい　茨城県水戸市　東京都大島　静岡県　*やーらさーん　沖縄県石垣島　*やーらしー　和歌山県海草郡　*やいこい　三重県志摩郡「このとふやいこいね（この豆腐柔らかいね）」　*やうぃー　広島県安佐郡　*やうぇ　島根県出雲・隠岐島　宮崎県　*やうぇー　島根県出雲・隠岐島　熊本県阿蘇郡　*やえー　岡山県　広島県沼隈郡　大分県南海部郡「やえー餅（もち）」　*やおい　大阪市　兵庫県明石郡　鳥取県　島根県石見・隠岐島「骨がまだやおい」　岡山県　広島県　山口県「こりゃあ年寄りにはやおーてえーのう」　徳島県　香川県　愛媛県　高知県　佐賀県唐津市　長崎県彼杵　*やおかい　石川県珠洲郡　香川

方/言/の/窓

●推量表現の地域差

静岡・長野・山梨などでは「雨ガアガルラ」「降ルラ」と「雨ガアガルズラ」「降ルズラ」のように「ラ」と「ズラ」の二つの形式が存在しており、これらは微妙にニュアンスが異なるようである。「ラ」は、確信のある推量で「降るだろう」に対応し、「ズラ」は確信の強くない推量で「降るのだろう」に対応すると言われている。

なお、「ラ」は古語の「らむ」に、「ズラ」は「とすらむ」に由来する語形である。

高知でも、確信のある推量は「降ルロー」、確信の強くない推量は「降ルジャロー」で区別をしているようである。山形や福島などでは、特に区別はせずに「降ルベー」「降ッペ」などのようにベー、ペで表現する。このベー、ペは古語の「べし」に由来する語形である。

県 *やおこい 福井県三方郡・遠敷郡　岐阜県郡上郡　三重県一志郡　滋賀県蒲生郡 *やかい 新潟県佐渡　三重県鳥羽市・志摩郡 *やぐい 静岡県 *やけ 秋田県平鹿郡・由利郡「やけ豆腐だな」 *やこい 青森県津軽　秋田県　富山県　石川県　福井県　長野県北安曇郡・東筑摩郡　岐阜県飛騨・大野郡 *やこらい 滋賀県高島郡 *やそこい 山形県飽海郡 *やっかい 千葉県東葛飾郡 *やっけ 宮城県石巻　秋田県「今朝のままはやっけな」 *やっけー 福島県岩瀬郡・石川郡　茨城県新治郡・稲敷郡　栃木県那須郡・安蘇郡　群馬県　埼玉県秩父郡　千葉県安房・長生郡　神奈川県　山梨県北都留郡　長野県　静岡県 *やっこい 青森県津軽・南部　岩手県　宮城県　秋田県　山形県　福島県　茨城県真壁郡・稲敷郡　栃木県　群馬県　埼玉県入間郡　千葉県　新潟県「やっこいご飯」　山梨県　長野県　岐阜県飛騨　静岡県　三重県志摩郡 *やにこい 三重県伊賀南部　和歌山県伊都郡 *やねこい 岡山県児島郡 *やふぁらさん 沖縄県首里 *やぶらか 熊本県天草郡 *やほーい 島根県邑智郡 *やらい 広島県山県郡 *やらしー 兵庫県淡路島　鹿児島県 *やらすか 宮崎県西諸県郡 *やりこい 高知県幡多郡 *やわい 岩手県気仙郡・胆沢郡　愛知県碧海郡　兵庫県神戸市　山口県大津島　愛媛県　熊本県天草郡 *やわかい 山梨県南都留郡　三重県上野市・志摩郡 *やわけー 島根県隠岐島 *やわこい 新潟県北蒲原郡　石川県鹿島郡・江沼郡　福井県　岐阜県　愛知県　三重県　滋賀県蒲生郡 *やわしー 岡山県　広島県　宮崎県東諸県郡　鹿児島県種子島 *やわっこい 新潟県 *やわらしー 岡山県真庭郡　熊本県　宮崎県　鹿児島県 *やわらっすか 鹿児島県揖宿郡

水分が多くて□ *じゅるい 新潟県佐渡　静岡県島田市・小笠郡　愛知県額田郡　岡山県阿哲郡　愛媛県大三島　長崎県南高来郡　熊本県八代郡 *じゅるくたい・じんるくたい 静岡県志太郡 *じりくたい(土がねばねばする)愛媛県 *じるい 新潟県佐渡「だんごがじるうなってこまった」・上越市　富山県砺波　福井県「じるい飯」　山梨県南巨摩郡　静岡県　愛知県名古屋市「そばがきをじるくかいた」　岡山県　香川県三豊郡・佐柳島 *じろい 富山県「あの糊はじろかったけ」 *ずるたっこい 山梨県東八代郡 *ゆるい 岩手県気仙郡　山形県「ゆるえおかゆだ」　東京都利島「飯がゆるい」　佐賀県「飯はあまりゆるか」　鹿児島県 *ゆるっこい 群馬県多野郡 *よろっか 長崎県壱岐島

水分で□くする *うるかす 青森県津軽・上北郡「数の子は一ト晩うるがしてもうるげない」　岩手県　宮城県「よごれ物、しやぼんみんつぁうるかしておきましたから」　秋田県　山形県　福島県　栃木県那須郡　新潟県・東蒲原郡　熊本県玉名郡 *うろかす 新潟県 *おろかす 新潟県東蒲原郡 *かやかす 島根県「豆をかやかす」 *ほとがす 愛媛県 *ほとばかす 岐阜県飛騨「ぜんまいやわらびは、水に二、三日ほとばかいてから煮る」　大阪市　兵庫県・加古郡「湯気でほとばかす」　和歌山県新宮・東牟婁郡　鳥取県西伯郡　島根県　岡山市　広島県佐伯郡・比婆郡　山口県・豊浦郡「干物をほとばかす」　愛媛県　福岡県小倉・福岡市　長崎県対馬　大分県 *ほとばす 群馬県　新潟県　長野県　大阪市　兵庫県　島根県邑智郡　高知市「一つまみの塩を入れた水に黒豆をよくほとばしてその水で煮ると柔かに煮える」　大分県大分市・大分郡 *ほとばらす 三重県伊賀 *ほとびかす 島根県石見 *ほとびらかす 山形県庄内　長野県　鳥取県西伯郡　島根県　広島県比婆郡　大分市 *ほとびらす 新潟県岩船郡

→ふやける

水に浸って□くなる *うるける 青森県　岩手県　宮城県栗原郡「にしんがうるけ過ぎた」　秋田県　山形県　福島県「足が随分うるげた」　新潟県岩船郡・東蒲原郡　滋賀県栗太郡 *ふとびる 新潟県上越市 *ほとげる 愛媛県 *ほとびー 鹿児島県 *ほとびーる 長野県佐久 *ほとびっ 佐賀県藤津郡 *ほとびる 群馬県佐波郡　新潟県中頸城郡　富山県東礪波郡　長野県上田　岐阜県郡上郡「米は一晩水に漬けておきゃよーほとびるでな」・山県郡　静岡県榛原郡　大阪市　和歌山県東牟婁郡　岡山市　広島県比婆郡・高田郡　山口県　徳島県「米粒が溝の中でほとびとる」　香川県「堅パンがほとびる」　愛媛県　高知県「椎茸がほとびたら火にかけよ」　福岡市　長崎県　熊本県玉名郡・下益城郡 *ほとぶる 大分県 *ほとべる 富山県東礪波郡　岐阜県郡上郡　愛媛県大三島　高知県幡多郡　長崎県五島

→ふやける

□さま *ぐやぐや 山形県　群馬県多野郡 *ぐやらぐやら・もやらもやら 山形県 *ごにゃごにゃ 秋田県平鹿郡「あの人の体はいつもごにゃごにゃしてる」 *しな 山梨県 *ずわ(水分を含んで柔らかい)岡山市「ずわ太り」 *びやびや 香川県大川郡 *ひんにゃくにゃ(手触りが柔らかいさま)青森県三戸郡 *ふくろーふくろ 沖縄県石垣島 *ぼいやり 大阪市「楽茶碗は口当りがぼいやりして好い」 *ぼやんぼやん 島根県八東郡 *ぽやんぽやん 熊本県下益城郡 *もちもち 香川県綾歌郡 *もやもや・もやらくしゃら・もやり 山形県米沢市「ややもやて、んまえ(おいしい)」 *やか 静岡県

□くする *なやす 岡山県苫田郡「枝をなやす」 *にゃす 岡山県阿哲郡 *やーらぎるん・やふぁらぎるん・やふぁらぎん 沖縄県石垣島 *やふぁらきゅん 沖縄県首里

□くなる *ぐにゃける 新潟県佐渡　兵庫県淡

路島 *ずわる 鳥取県西伯郡「棚に置いた柿がずわった」 *だらける 千葉県香取郡「塩がだらけた」 静岡県志太郡 愛知県知多郡 長崎県対馬 *やおける 島根県石見「水気があると本がやおける」 *やわらになる 栃木県芳賀郡

若い草木や小児の肌などが□ *にゅるい 愛知県豊橋市 *にるい 静岡県周智郡 *みゅるい・みるしー・みんるい 静岡県「みんるいからまだ食べられん」 *みりー 静岡県・安倍郡 *みりっこい・みるっこい 静岡県・田方郡 *みるい 岩手県気仙郡 山梨県南巨摩郡「この大根の葉はみるいから漬物にしてもいい」 長野県下伊那郡 静岡県「茶の芽がみるい」

ゆ【湯】 *あっつ(幼児語) 長野県東筑摩郡 *あま(幼児語) 山形県 *あまこ(幼児語) 秋田県由利郡「あまこに入る」 *あまご(幼児語) 山形県最上郡・山形市 *あゆ(小児語) 青森県南部 *あんま(幼児語) 山形県 新潟県中頸城郡 *おちゃちゃ(幼児語) 長野県 *おっこ(幼児語) 秋田県雄勝郡 *おどぶ・おどんぶ(幼児語) 長野県 *おぼろがん・おぼろゆ(ぬるい湯) 島根県 *おり 新潟県東蒲原郡 *くらくらゆ(煮立っている湯) 高知県 *だだ(幼児語) 三重県宇治山田 *たぶ(幼児語) 岡山県北部 *だぶ(幼児語) 長野県 三重県志摩郡 *だぶこ(幼児語) 長野県北安曇郡 *たぶたぶ(幼児語) 徳島県 *だぶだぶ(幼児語) 三重県志摩郡 *だぼ・だぼー(幼児語) 新潟県 *だんぶ(幼児語) 福岡県久留米市 *だんぼ(幼児語) 長野県南安曇郡・東筑摩郡 *ちゃーちゃ(幼児語) 静岡県 *ちゃっちゃ(幼児語) 長野県上田・佐久 *どぅー 沖縄県与那国島 *どんびり 島根県八束郡 *どんぶ(幼児語) 富山県西礪波郡 *どんぶー 島根県大根島 *どんぶり 島根県 *どんべり 島根県松江「どんべりや(湯屋)」 *どんぼ(幼児語) 島根県能義郡 *どんぼり 島根県出雲 *なまだらゆ(なま温かい湯) 青森県南部 *ふちゅー(沸騰した湯) 沖縄県首里 *まー(幼児語) 長野県長野市・上水内郡 *まま(幼児語) 茨城県 群馬県邑楽郡 *まんま(幼児語。ふろの湯も言う) 茨城県北相馬郡 *もー(幼児語) 石川県河北郡

ゆいのう【結納】 *いーめ 島根県仁多郡・能義郡 *いーれ 静岡県田方郡 鳥取県東部 愛媛県 高知県長岡郡 大分県大分市・大分郡 *いーれー・いーれぎもん・いーれもん 大分県大分市・大分郡 *いちえん・いちげん 岐阜県飛驒 *いわい・ゆーえあ 岩手県気仙郡 *いわいたて 青森県南部 *おいわい(嫁が持参するもの) 青森県三戸郡 *おさえ 兵庫県神戸市 *おちゃ 佐賀県藤津郡 *おなまぐさ(魚を添えて熨斗(のし)を交換するところから) 高知県「おなまぐさになったかよ(婚約が成立しましたか)」 *かため 神奈川県愛甲郡・津久井郡 島根県 *くちがため 栃木県安蘇郡 愛媛県越智郡 *くちむすび 鹿児島県奄美大島 *くんもり 兵庫県揖保郡 *こんぱ 山形県飛島 *さきむい 沖縄県首里 *さけ 新潟県佐渡「さけする」 富山県砺波 島根県那賀郡「隣では娘のさけをしたと言うことだ」 *さけいれ 山梨県 三重県志摩郡 *さけすまし 山梨県南都留郡・南巨摩郡 *さけたて 青森県北津軽郡 岩手県気仙郡 *さしあわせ 長崎県南高来郡 熊本県天草郡 *さしよせ 熊本県天草郡 *ざっしょー 鹿児島県種子島 *じさんしき 鹿児島県奄美大島 *しすむり 沖縄県小浜島 *しめざけ 富山県砺波「きんの(昨日)しめざけがはいったそうな」 *しめだる 福井県坂井郡 *しゅーぎもん 大分県速見郡 *しょーこ 神奈川県津久井郡 *しるし 三重県名張市・名賀郡 京都市 *すいまし 沖縄県国頭郡 *すず 三重県志摩郡 *すみだる 大分県大分市・大分郡 *すめだる 長崎県南高来郡 大分県大分市・大分郡 *ぞーゆー(嫁方から夫の方へ持って行く結納) 沖縄県首里 *たのみ 千葉県夷隅郡 三重県伊賀 京都府 大阪府南河内郡 兵庫県 香川県「たのみがもう来たんやて」 愛媛県 大分県大分市・大分郡 *たのみうち・たのめもん 大分県大野郡 *たのみのしるし 千葉県夷隅郡 *たのみもの 福井県大飯郡 *たのめ 兵庫県明石郡 島根県邇摩郡・鹿足郡 岡山県児島郡 香川県「あそこの娘さんもたのめがはいったんじゃと」 愛媛県 高知県 大分県 *たる 福井県坂井郡・三方郡 *ちゃー・ちゃのもん 長崎県南高来郡 *ちゃおさめ 福島県南会津郡 *ちゃのみ 大分県北海部

郡・大分郡 *ちょーち・てうち 島根県鹿足郡 *ちょーちんつけ 三重県志摩郡 *っすむり 沖縄県小浜島 *てまじるし(正当に家督を相続する者が嫁取りの際に行う結納の印) 岐阜県大野郡 *といかわし 鹿児島県揖宿郡 *とりかわせ 奈良県吉野郡 *なかしゅーぎ 大分県 *ながだちぬさき 沖縄県波照間島 *なまぐさ(魚を添えて熨斗(のし)を交換するところから) 徳島県 *のーへー 徳島県 *のし 香川県綾歌郡・丸亀市「もうあしこにのしがはいったそうじゃ」 *のしいれ 岡山県小田郡・川上郡 *ぴーつぃくりり(「ぴー」は女陰。「女陰を作れ」すなわち「成長させよ」の意) 沖縄県新城島 *ふこーらさむっつぃ 沖縄県石垣島 *ぽーらさしん 沖縄県新城島 *むこひきで(女から男に贈る結納) 愛知県知多郡 *もじぎ 秋田県由利郡 *もたい 茨城県稲敷郡 *もらいきり 和歌山県日高郡「もらいきりにきました」 *ゆいれ 長野県諏訪 高知県土佐郡 *ゆのたで(「ゆいのしたて(結納立)」の転か) 青森県 *ゆわい 青森県八戸市「嫁のゆはひを、ふろげてら(嫁の結納を広げてるよ)」 岩手県気仙郡 *ゆわいたて 青森県上北郡・三戸郡 岩手県気仙郡 *よえり 新潟県岩船郡 *りーじ 沖縄県首里 *れんたる 長崎県南高来郡

ゆう【結】 ⇩むすぶ(結)

ゆうがお【夕顔】 *いで 徳島県三好郡 *かなばり 沖縄県八重山 *しゃく・しゃこ 滋賀県一部 *すぶる 沖縄県八重山 *ちょっぱげ 長崎県一部 *つぃぶり 沖縄県石垣島・新城島 *つぶる 鹿児島県奄美大島 沖縄県 *とーがん 長野県佐久 *とびん 宮城県一部 *ながふくべ 兵庫県一部 *ひょーたん 埼玉県一部 佐賀県一部 長崎県一部 鹿児島県一部 *ふくべ 秋田県一部 新潟県佐渡 滋賀県一部 *ふくべんかぼちゃ 岩手県一部 *へんぼ・へんぼん 富山県一部 *まーちぶる・まーつぃぶる・まちぶる 鹿児島県奄美大島 *むきうり 三重県一部 *よごふくべ 富山県東礪波郡 *よるがお 和歌山県日高郡 *んぶる 沖縄県与那国島

ゆうがた【夕方】 *あかくら 島根県出雲「このあかくらになって何処え行くか」 *あかくろもと 宮崎県東諸県郡 *あこーくろ 熊本県球磨郡 *あこーくろー 沖縄県首里 *あこくれ 熊本県 *あこくろ 熊本県「あこくろまでかかった」 宮崎県東諸県郡 *あこぐろ 宮崎県宮崎郡 *あこくろもと 鹿児島県揖宿郡 *あこくろんもと 鹿児島県肝属郡 *かいくらみ 愛知県日間賀島 *くーれー・くれあいがた 東京都八丈島 *くらくら 三重県志摩郡 *くらぐら 青森県三戸郡「帰りが遅くなって、くらぐらに帰った」 岩手県気仙郡 島根県隠岐島 宮崎県東諸県郡 *くらぐらじぶ 島根県隠岐島 *ぐらし 鹿児島県屋久島 *くらみ 長崎市「一のくらみ、二のくらみ、三のくらみ(暗くなっていく順に言う)」 *くらみあい 高知県高知市「くらみあいに人の家を訪問するは失礼だ」・幡多郡 宮崎県西臼杵郡 *くらめがた 宮崎県西臼杵郡 *くりや 熊本県上益城郡・下益城郡 *くりゃーがた 熊本県下益城郡 *くりゃみゃ 熊本県上益城郡 *くれあい 東京都八丈島 大分県 *くれー 東京都八丈島 熊本県阿蘇郡・球磨郡 *くれぐれ 三重県名賀郡 島根県出雲 岡山県苫田郡 大分県 *くれぐれじぶん 島根県 *くれじぶん 島根県出雲市・八束郡 *くれや 東京都八丈島 熊本県 *くれやがた 熊本県 *くれやん・くれやんがた 熊本県天草郡 *ごーなべ 和歌山県那賀郡「ごうなべに遊びにおいな」 *こばん 兵庫県飾磨郡 広島県世羅郡 *こばんかた 山形県 *こばんげ 鳥取県気高郡 *こよなべ(「よなべ」は夜の意) 和歌山県伊都郡「こよなべになったら早く帰ってこい」 *しっしゃくれがた・しゃーくれがた 富山県射水郡 *しのくれ 奈良県磯城郡 *しゃくれがた・っしゃくれがたし 富山県 *ずくらもて 鹿児島県 *たいあい・たっちえ 石川県能美郡 *たちあい 石川県 *たちあいもと 富山県砺波 石川県珠洲郡 *たっちゃい 石川県江沼郡 *たっちゃいもと 富山県 *でーしゃんご・でーしゃんごろ 東京都八丈島「でーしゃんごろおじゃれ」 *てもとくらがり(手回りが暗くなってくるというところから) 長野県佐久 *どぅさび 沖縄県与那国島 *どさら 香川県「どさらになって」 *ばーげ 岩手県気仙郡 *ばんがたし 埼玉県南埼玉郡 岐阜県飛驒 *ばんかたしま 宮城県宮城郡 山形県最上郡・西置賜郡 福島県相馬郡 *ばんがたしま 群馬県佐波郡 *ばんがたり 岐阜県飛驒 *ばんかち 茨城県・稲敷郡 *ばんかちゃー 佐賀県藤津郡 熊本県阿蘇郡・上益城郡 *ばんぐれ 岡山県小田郡 *ばんげ 青森県南津軽郡 岩手県上閉伊郡・気仙郡 山形県米沢市 福島県 茨城県新治郡 群馬県利根郡・吾妻郡 千葉県上総 東京都大島 新潟県中越 石川県石川郡 福井県 山梨県 長野県佐久 岐阜市 愛知県 京都府 兵庫県 和歌山県東牟婁郡 鳥取県西伯郡 島根県 岡山県 広島県 山口県 徳島県 香川県 愛媛県 高知県 長崎県壱岐島 大分県 宮崎県 *ばんけー 佐賀県藤津郡 *ばんげー 茨城県行方郡 千葉県安房郡 山梨県 島根県邑智郡 岡山県阿哲郡・小田郡 広島県比婆郡・高田郡 熊本県阿蘇郡 大分県大分郡 *ばんげーしま・ばんげん 静岡県 *ばんげがた 京都府 鳥取県気高郡 *ばんげさま 福島県 静岡県榛原郡 兵庫県淡路島 岡山県苫田郡 熊本県玉名郡 *ばんげしがた 群馬県多野郡 *ばんげしな 福島県 福井県 兵庫県加古郡 *ばんげしま 福井県 岐阜県岐阜市・恵那郡 静岡県 愛知県 *ばんげせー 宮崎県都城 *ばんげせーんもと 宮崎県西諸県郡 *ばんげんさま 静岡県 熊本県球磨郡 鹿児島県 *ばんげんしま 福島県浜通 静岡県 *ばんさけ・ばんちけ 鹿児島県揖宿郡 *ばんさにゃー 佐賀県藤津郡 *ばんさみゃ 熊本県球磨郡 *ばんさめ 熊本県球磨郡 鹿児島県

＊ばんしがた 山形県西置賜郡 長野県佐久 静岡県 ＊ばんしな 福島県相馬郡 ＊ばんしま 福島県浜通 山梨県南巨摩郡 静岡県 ＊ばんせー 宮崎県 ＊ばんつけ 宮崎県西諸県郡 鹿児島県・種子島・屋久島 ＊ばんつけー 鹿児島県種子島 ＊ばんもと 静岡県周智郡 三重県度会郡 ＊ばんよー 群馬県吾妻郡 ＊ばんよし 武蔵 ＊ばんより 長野県下水内郡・佐久 宮崎県南那珂郡 ＊ひがくれ 大阪府大阪市・東成郡 徳島県・海部郡 香川県 ＊ひがくれしな 群馬県山田郡 ＊ひがくれしま 静岡県志太郡 ＊ひぐら 島根県隠岐島 ＊ひぐらし 奈良県吉野郡 島根県隠岐島 ＊ひぐらめ 島根県八束郡「このひぐらめにどこへ行くか」 広島県因島 愛媛県・津島 ＊ひぐらもと 島根県隠岐島 岡山市 ＊ひぐれかっくい 茨城県 ＊ひぐれさぐれ 福岡市 ＊ひぐれさな 熊本県天草郡 ＊ひぐれしな 群馬県山田郡 ＊ひぐれしま 千葉県夷隅郡 岐阜県 静岡県 愛知県北設楽郡 ＊ひぐれまぐれ 千葉県印旛郡・東葛飾郡 長崎県壱岐島 ＊ひくれもと 群馬県勢多郡 ＊ひぐれもと 長野県諏訪・佐久 ＊ひなくれ 大阪府 ＊ひなぐれ・ひのくれまぎれ 香川県三豊郡 ＊ひのくらい 神奈川県三浦郡 ＊ひのくれ 福井県敦賀郡・大飯郡 三重県 滋賀県彦根 京都府・愛宕郡・京都市 奈良県吉野郡 徳島県 香川県 熊本県・天草郡 ＊ひのくれあがり 熊本県上益城郡 ＊ひのくれー 東京都八王子 神奈川県津久井郡 ＊ひのくれさぐれー 福岡市 ＊ひのくれさめ 熊本県芦北郡・球磨郡 ＊ひのくれしま 長野県上伊那郡・下伊那郡 静岡県志太郡 ＊ひのくれまぐれ 長崎県西彼杵郡 ＊ひのくれやぐれ 熊本県 ＊ひんがしもと 鹿児島県屋久島 ＊めそかす 長野県下伊那郡 ＊めそかそどき 長野県南佐久郡 ＊めそめそ 長野県 静岡県庵原郡 愛知県北設楽郡 ＊めそめそぐれ 静岡県庵原郡 ＊めそめそじぶん 長野県諏訪 愛知県北設楽郡 ＊めそめそどき 長野県 ＊ゆあがり・ゆーあがり 熊本県天草郡 ＊ゆーいりえー・ゆーいりがた 沖縄県首里 ＊ゆーおろし 佐賀県 熊本県玉名郡 ＊ゆーくい 沖縄県石垣島 ＊ゆーけ 千葉県山武郡 京都市 ＊ゆーけー 滋賀県彦根 京都市 大阪市 和歌山県「ゆーけいに伺ひます」 愛媛県松山 ＊ゆーさ 岐阜県山県郡・飛驒 ＊ゆーさがた 岐阜県郡上郡 愛媛県東宇和郡 ＊ゆーさり 岐阜県揖斐郡・飛驒 山口県 熊本県阿蘇郡 ＊ゆーさりがた 三重県名賀郡 宮崎県西臼杵郡 ＊ゆーさりがて 熊本県阿蘇郡 ＊ゆーさんた・よーさんた 岐阜県郡上郡 ＊ゆーさんた・よーさんた 熊本県天草郡 ＊ゆーはんご 山口県阿武郡 ＊ゆーま 新潟県中蒲原郡・佐渡 ＊ゆーまがた 岩手県気仙郡 新潟県佐渡 ＊ゆーるし 福岡県三潴郡・浮羽郡 佐賀県三養基郡 長崎県佐世保市 ＊ゆーるしがた 佐賀県三養基郡 ＊ゆーるしがちゃー・ゆーろし 佐賀県 ＊ゆさいもで 鹿児島県揖宿郡 ＊ゆさいもと 宮崎県都城 ＊ゆさらび・ゆさらびがた 沖縄県宮古島 ＊ゆさり 宮崎県東臼杵郡 ＊ゆさんでぃ 沖縄県首里 ＊ゆない 沖縄県黒島・新城島 ＊ゆねーん 沖縄県石垣島・鳩間島・波照間島 ＊ゆねん 沖縄県石垣島・竹富島 ＊ゆらがり・ゆらがりもと・よだいがるもと 富山県西礪波郡 ＊ゆんまがた 岩手県上閉伊郡 ＊よあざ・よわだ 香川県 ＊よいりもと 宮崎県東諸県郡 ＊よーけ 徳島県名西郡 ＊よーさ 長野県上田・北安曇郡 岐阜県郡上郡 和歌山県日高郡(宵) 岡山県阿哲郡 高知県 ＊よーさいがた 東京都新島 ＊よーさがた 岐阜県郡上郡 三重県南牟婁郡 奈良県吉野郡 和歌山県日高郡・東牟婁郡 徳島県美馬郡 愛媛県 ＊よーさっかた 長野県諏訪 ＊よーさま 長野県上田 ＊よーさり 富山県 石川県鹿島郡 兵庫県佐用郡 和歌山県東牟婁郡 鳥取市 ＊よーさりがた 三重県志摩郡 ＊よーさるがた 宮崎県西臼杵郡 ＊よーさんがた 石川県鹿島郡 ＊よーつけ 鹿児島県種子島 ＊よーで・よーでっかた 東京都利島「よーでんなったによって(夕方になったので)」 ＊よーねー・よーねーはたー 鹿児島県喜界島 ＊よーはんがた 富山県 ＊よーまがた 岩手県気仙郡 新潟県佐渡 ＊よーもと 静岡県磐田郡 ＊よさ 三重県志摩郡 ＊よさい 佐賀県 ＊よさがた 富山県 石川県能美郡 福井県 三重県 ＊よさっがた・よさるがた 富山県砺波 ＊よさもと 三重県志摩郡・度会郡 ＊よさり 長野県北安曇郡 三重県志摩郡 熊本県 ＊よざり 島根県出雲 ＊よさりがた 三重県(宵) 和歌山県那賀郡・伊都郡 ＊よさりがちゃ・よさるがちゃ 熊本県 ＊よさる 富山県 ＊よさるさにゃ 熊本県天草郡 ＊よっこれ 熊本県球磨郡 ＊よねがた 鹿児島県奄美大島 ＊よのいーもて 鹿児島県日置郡 ＊よのいーもと・よのへーもと 鹿児島県肝属郡 ＊よのいもて 鹿児島県「よのいもてあ(夕方は)せからしこっじゃっとなー(忙しいことは忙しいものですね)」 ＊よのいもと 宮崎県西諸県郡 鹿児島県姶良郡 ＊よのいりもと 鹿児島県種子島 ＊よまがた 岩手県中通 ＊よまひんて 長崎県五島 ＊よめしあがり 富山県 ＊よめしゃがり・よめしゃがるもと 富山県砺波 ＊よわざ 徳島県 香川県「よわざにゃいそがしかった」 ＊よわざはんぼ 香川県三豊郡

↓たそがれ(黄昏)・はくぼ(薄暮)・ひぐれ(日暮)・ゆうぐれ(夕暮)

□ごろ ＊ばんがたし 埼玉県南埼玉郡 岐阜県飛驒 ＊ばんかたしま 宮城県宮城郡 山形県最上郡・西置賜郡 福島県相馬郡 ＊ばんがたしま 群馬県佐波郡 ＊ばんがたり 岐阜県飛驒 ＊ばんかち 茨城県・稲敷郡 ＊ばんかちゃー 佐賀県藤津郡 熊本県阿蘇郡・上益城郡 ＊ばんしがた 山形県西置賜郡 長野県佐久 静岡県

□の薄明るいころ ＊ちっくらみがた 山形県西置賜郡 ＊ゆーまじみ 和歌山県・西牟婁郡 ＊ゆーまじめ 兵庫県赤穂郡 山口県玖珂郡 香川県木田郡・岩黒島 ＊ゆーまじょみ 和歌山県

＊ゆーまずみ 静岡県 三重県志摩 ＊よいまずめ 静岡県田方郡 ＊よーまずみ 千葉県夷隅郡 ＊よーまずめ 静岡県

ゆうぐれ【夕暮】 ＊いちくれ 石川県金沢市 ＊いちのくれ 熊本県 大分県南部 ＊いりあい 茨城県猿島郡 長崎県南高来郡 ＊いりいぇー 沖縄県那覇市 ＊いりえー・ゆーいりえー・ゆーいりがた 沖縄県首里 ＊うすうす 富山県砺波 熊本県阿蘇郡 ＊うそうそ 愛知県名古屋市 福岡市 ＊かいくれ 愛媛県今治市 ＊かいぐれ 兵庫県加古郡 ＊かっくらもと 長野県東筑摩郡「かっくらもとから納涼に出かけやう」 ＊くらくなりしま 岩手県気仙郡「くらくなりしままでかせぐ」 ＊くらくなりもと 山梨県南巨摩郡 長野県 ＊くろーなりがた 岐阜県飛驒 ＊くろなりかた 大阪市 ＊くろなりがた 奈良県 ＊くろなりがちゃー 熊本県阿蘇郡・上益城郡 ＊けーまぐれ 長崎県壱岐島 ＊さぐらみどき 鹿児島県種子島 ＊すずめいろどき 宮城県仙台市 山形県米沢市 ＊すばすば 新潟県佐渡 ＊どぅさび 沖縄県与那国島 ＊ばんよー 群馬県吾妻郡 ＊ばんよし 武蔵 ＊ばんより 長野県下水内郡・佐久 宮崎県南那珂郡 ＊ひいり 大分県大分市・北海部郡 ＊ひばいたまぎれ 三重県志摩郡 ＊まぐら 岡山市 愛媛県東宇和郡・北宇和郡 ＊まぐれ 長崎県対馬「まぐれ、下がりーなー（夕方、漁に出る時に）持ってくるけ」・壱岐島 ＊ゆーくい 沖縄県石垣島 ＊ゆーけ 千葉県山武郡 京都市 ＊ゆーけー 滋賀県彦根 京都市 大阪市 和歌山県「ゆーけいに伺ひます」 愛媛県松山 ＊ゆーさ 岐阜県山県郡・飛驒 ＊ゆーさがた 岐阜県郡上郡 愛媛県東宇和郡 ＊ゆーさり 岐阜県揖斐郡・飛驒 山口県 熊本県阿蘇郡 ＊ゆーさりがた 三重県名賀郡 宮崎県西臼杵郡 ＊ゆーさりがて 熊本県阿蘇郡 ＊ゆーさんた・よーさんた 岐阜県郡上郡 ＊ゆさいもで 鹿児島県揖宿郡 ＊ゆさいもと 宮崎県都城 ＊ゆさらび・ゆさらびがた 沖縄県宮古島 ＊ゆさり 宮崎県東臼杵郡 ＊ゆさんでぃ 沖縄県首里 ＊よーけ 徳島県名西郡 ＊よーさ 長野県上田・北安曇郡 岐阜県郡上郡 和歌山県日高郡（宵） 岡山県阿哲郡 高知県 ＊よーさいがた 東京都新島 ＊よーさがた 岐阜県郡上郡 三重県南牟婁郡 奈良県吉野郡 和歌山県日高郡・東牟婁郡 徳島県美馬郡 愛媛県 ＊よーさっかた 長野県諏訪 ＊よーさま 長野県上田 ＊よーさり 富山県 石川県鹿島郡 兵庫県佐用郡 和歌山県東牟婁郡 鳥取市 ＊よーさりがた・よさ 三重県志摩郡 ＊よーさるがた 宮崎県西臼杵郡 ＊よーさんがた 石川県鹿島郡 ＊よーつけ 鹿児島県種子島 ＊よさい 佐賀県 ＊よさがた 富山県 石川県能美郡 福井県 三重県 ＊よさっがた・よさるがた 富山県砺波 ＊よさもと 三重県志摩郡・度会郡 ＊よさり 長野県北安曇郡 三重県志摩郡 熊本県 ＊よざり 島根県出雲 ＊よさりがた 三重県（宵） 和歌山県那賀郡・伊都郡 ＊よさりがちゃ・よさるがちゃ 熊本県 ＊よさる 富山県 ＊よさるさにゃ 熊本県天草郡 ＊よら 奈良県吉野郡

↓たそがれ（黄昏）・はくぼ（薄暮）・ひぐれ（日暮）・ゆうがた（夕方）

□ごろ ＊がまがどき（「おおまがとき（大禍時）」の転） 岐阜県飛驒 ＊ぐーれー・くれあいがた 東京都八丈島 ＊くりや 熊本県上益城郡・下益城郡 ＊くりゃーがた 熊本県下益城郡 ＊くりゃみや 熊本県上益城郡 ＊くれあい 東京都八丈島 大分県 ＊くれー 東京都八丈島 熊本県阿蘇郡・球磨郡 ＊くれや 東京都八丈島 熊本県 ＊くれやがた 熊本県 ＊くれやん・くれやんがた 熊本県天草郡 ＊しっしゃくれがた・しゃーくれがた 富山県射水郡 ＊しのくれ 奈良県磯城郡 ＊しゃくれがた・っしゃくれがたし 富山県 ＊そぞみあい 山口県豊浦郡 ＊たちあい 石川県 ＊たちあいもと 富山県砺波 石川県珠洲郡 ＊たっちえ 石川県能美郡 ＊たっちゃい 石川県江沼郡 ＊たっちゃいもと 富山県 ＊だれぞがお 愛媛県周桑郡・東宇和郡 ＊だれそれがお 香川県三豊郡 ＊だれだがお 愛知県東加茂郡 ＊ひがくれ 大阪府大阪市・東成郡 徳島県・海部郡 香川県 ＊ひがくれしな 群馬県山田郡 ＊ひがくれしま 静岡県志太郡 ＊ひぐら 島根県隠岐島 ＊ひぐらし 奈良県吉野郡 島根県隠岐島 ＊ひぐらめ 島根県八束郡「このひぐらめにどこへ行くか」 広島県因島 愛媛県・津島 ＊ひぐらもと 島根県隠岐島 岡山市 ＊ひぐれかっくい 茨城県 ＊ひぐれさぐれ 福岡市 ＊ひぐれさな 熊本県天草郡 ＊ひぐれしな 群馬県山田郡 ＊ひぐれしま 千葉県夷隅郡 岐阜県 静岡県 愛知県北設楽郡 ＊ひぐれまぐれ 千葉県印旛郡・東葛飾郡 長崎県壱岐島 ＊ひくれもと 群馬県勢多郡 ＊ひぐれもと 長野県諏訪・佐久 ＊ひなくれ 大阪府 ＊ひなぐれ・ひのくれまぎれ 香川県三豊郡 ＊ひのくらい 神奈川県三浦郡 ＊ひのくれ 福井県敦賀郡・大飯郡 三重県 滋賀県彦根 京都府・愛宕郡・京都市 奈良県吉野郡 徳島県 香川県 熊本県・天草郡 ＊ひのくれあがり 熊本県上益城郡 ＊ひのくれー 東京都八王子 神奈川県津久井郡 ＊ひのくれさぐれー 福岡市 ＊ひのくれさめ 熊本県芦北郡・球磨郡 ＊ひのくれしま 長野県上伊那郡・下伊那郡 静岡県志太郡 ＊ひのくれまぐれ 長崎県西彼杵郡 ＊ひのくれやぐれ 熊本県 ＊ひんがしもと 鹿児島県屋久島 ＊まーまーどき 鳥取県日野郡 ＊まーまがどき 鳥取県西伯郡 ＊まがどき 岐阜県高山 ＊まじまじ 神奈川県津久井郡 山梨県 ＊まじまじどき 神奈川県津久井郡 山梨県 ＊まじみ 三重県北牟婁郡 和歌山県西牟婁郡・東牟婁郡 ＊まじめ 愛媛県 鹿児島県種子島 ＊まじめき 群馬県多野郡 ＊まずみ 三重県志摩郡 ＊ゆーどき・ゆーのうち 熊本県天草郡

□の薄暗いさま ＊ねこがお 岐阜県郡上郡「もう

ねこがおになったでかえろうかえ」

ゆうこく【夕刻】 ⇩ゆうがた（夕方）

ゆうしょく【夕食】 ＊**いー** 鹿児島県沖永良部島・喜界島 ＊**うよだい・よだい・よたがり** 石川県江沼郡 ＊**およなが** 石川県能美郡 ＊**しお** 三重県志摩郡 ＊**どぅい** 沖縄県与那国島 ＊**ばげまま** 青森県三戸郡 ＊**ばげみし・ばげめし** 青森県津軽 ＊**ばんげ** 千葉県東葛飾郡・夷隅郡「この若布はばんげのせい（おかず）にするんだよう」 香川県高松市 ＊**ばんげまま** 青森県上北郡 ＊**ばんまま** 兵庫県淡路島（卑語） 山口市 ＊**ひず・ひんず** 奈良県吉野郡 ＊**やしょく** 香川県香川郡 ＊**ゆい** 沖縄県八重山 ＊**ゆーい** 沖縄県小浜島 ＊**ゆーざけ** 三重県度会郡・宇治山田市 ＊**ゆーじゃ** 静岡県島田市 ＊**ゆーだい** 石川県河北郡 岐阜県大野郡 ＊**ゆだい** 富山県 岐阜県大野郡 ＊**ゆむぬ** 沖縄県波照間島 ＊**よーけ**（夜食）東京都八丈島「よーけあさけ（朝食）はいも汁」 ＊**よーげ** 長野県西筑摩郡 ＊**よーだい** 石川県 ＊**よーめし** 東京都大島・利島 静岡県庵原郡 ＊**よーもの** 東京都大島・利島「よーものをくふ」 ＊**よけ** 石川県石川郡 福井県大野郡 ＊**よざい** 滋賀県伊香郡 ＊**よさいめし** 佐賀県藤津郡 ＊**よさりめし** 熊本県下益城郡・芦北郡 ＊**よで** 石川県石川郡 ＊**よなが** 富山市近在 石川県 ＊**よみし** 東京都新島 ＊**よめし** 岩手県中通・和賀郡 山形県西置賜郡 東京都江戸川区・三宅島 富山県砺波 福井県 長野県下水内郡 京都府何鹿郡 兵庫県但馬・淡路島 愛媛県 高知県幡多郡 鹿児島県屋久島・川辺郡 ＊**よもし** 東京都神津島

ゆうじん【友人】 ＊**あいくち** 香川県大川郡 ＊**あぐ** 鹿児島県沖永良部島 ＊**あぐー** 鹿児島県与論島 ＊**あご** 沖縄県宮古島 ＊**しりょーと** 新潟県西頸城郡 ＊**つきあい・つっきゃ** 長崎県南高来郡 ＊**つきや** 長崎県 ＊**どーやく** 秋田県雄勝郡 ＊**どやく** 秋田県南部
→ともだち（友達）

ゆうだち【夕立】 ＊**あまうくり** 沖縄県小浜島 ＊**あまぐりー** 沖縄県新城島 ＊**あもーい** 沖縄県首里 ＊**あもーり** 沖縄県竹富島 ＊**あもーれー・なつぃあもーれー** 沖縄県石垣島 ＊**いせむらだち**（西南から来る夕立）愛知県知多郡 ＊**いっかけ** 長崎県南高来郡 ＊**いっかけあめ** 熊本県宇土郡 ＊**うちぶり** 島根県 ＊**うれー** 静岡県周智郡 ＊**おーそばい**（大夕立）香川県大川郡・高見島 ＊**おかだち** 山形県 福島県北部 ＊**おかだちあめ** 岩手県気仙郡・胆沢郡 山形県山形市・西村山郡 ＊**おきむらだち**（「おき」は東の方角。東の方角から来る夕立）愛知県知多郡 ＊**おしおえ** 福島県東白川郡 ＊**おらいあめ** 長野県諏訪 ＊**おらいさまあめ** 宮城県石巻 ＊**おらいさんあめ** 宮城県仙台市 ＊**おらいはんあめ** 福島県相馬郡 ＊**おろぶり** 岡山県児島郡 ＊**かたじあめ** 岩手県九戸郡 ＊**かだち** 山形県 ＊**かだちあめ** 山形県 福島県 ＊**かみなりこち** 石川県能美郡 ＊**かみなりごち** 山形県東田川郡 ＊**かんだち** 青森県南部 岩手県 千葉県東葛飾郡 東京都大島 神奈川県 長野県東筑摩郡 三重県度会郡 ＊**くまだち** 青森県津軽 ＊**こだつ** 山形県飽海郡 ＊**さたち** 愛媛県 ＊**さだち** 三重県志摩 徳島県・阿波郡 香川県 愛媛県 高知県 長崎県南高来郡・西彼杵郡 熊本県天草郡 宮崎県南那珂郡 鹿児島県・肝属郡・屋久島・種子島 ＊**さだちあめ** 熊本県天草郡 ＊**さだつ** 鹿児島県・姶良郡 ＊**さだっちゃめ** 鹿児島県 ＊**さだて** 愛媛県北宇和郡・東宇和郡 ＊**さなげーゆーだち**（北から来る夕立）愛知県知多郡 ＊**ざんざん** 静岡県浜名郡 ＊**さんばいね**（稲を三把も束ねないうちに降ってくるところからか）埼玉県北葛飾郡 ＊**すばい** 徳島県 香川県 ＊**すばえ** 徳島県 香川県高松 ＊**そばえ** 島根県石見 広島県大崎上島・高田郡 徳島県 香川県 ＊**だいしゃちこ・だいちゃちこ** 岐阜県郡上郡 ＊**ところぶり** 東京都八丈島 ＊**どしゃけ** 岐阜県恵那郡 ＊**どんどろそばえ** 香川県小豆島 ＊**ながし** 沖縄県首里 ＊**なちあもーり** 沖縄県鳩間島 ＊**なちぐり** 沖縄県中頭郡 ＊**なつぃぐり** 沖縄県首里 ＊**なつぐれ** 鹿児島県徳之島 ＊**ばばおどし** 長崎県南高来郡 ＊**まつぃあもり** 沖縄県小浜島 ＊**むらさ** 島根県八束郡 ＊**むらさく** 東京都利島 ＊**やとーたぶり** 東京都八丈島 ＊**ゆーず** 大分県南海部郡 ＊**よーあめ・よーやめ** 鹿児島県種子島

ゆうはん【夕飯】 ⇩ゆうしょく（夕食）

ゆうひ【夕日】 ＊**あーてぃだー**（「赤い日」の意）・**あやてぃだ** 鹿児島県喜界島 ＊**あかてぃーだ** 沖縄県首里 ＊**いーりてぃだ** 沖縄県石垣島 ＊**いりばさま** 富山市近在「いりば様ええから明日天気だろ」 ＊**いるばさま** 富山県婦負郡 ＊**さがいてぃーだ**（「下り天道」の意）沖縄県首里「あがいてぃーだどぅうがぬる、さがいてぃーだーうがまん（上がる日は拝むが、落ちる日は拝まない。勢いのよいものにつく意のことわざ）」
□の残照 ＊**むこだまし** 広島県神石郡・比婆郡

ゆうべ【昨夜】 ＊**ゆーべし** 栃木県安蘇郡 ＊**ゆーべしがた** 神奈川県愛甲郡 ＊**ゆーべつけー** 鹿児島県種子島 ＊**ゆーべっつぁり** 群馬県多野郡 ＊**ゆーべな** 岩手県気仙郡 宮城県登米郡・玉造郡 福島県 新潟県東蒲原郡・長岡市 長野県 ＊**ゆーや** 島根県石見 広島県江田島・倉橋島 山口県・大島 愛媛県大三島（中年以上の男が用いる上品な語） 福岡県小倉市・企救郡 大分県東国東郡 ＊**ゆべな** 青森県 秋田県 山形県 ＊**ゆべら** 青森県 ＊**ゆんべがた** 山口県 ＊**ゆんべがたし・よんべがたし** 岐阜県飛騨 ＊**ゆんべかち** 茨城県行方郡 ＊**ゆんべさくや** 宮城県加美郡 ＊**ゆんべし** 栃木県 ＊**ゆんべしがた** 栃木県 群馬県多野郡 埼玉県北葛飾郡 静岡県南部 ＊**ゆんべしな** 福島県 ＊**ゆんべしま** 静岡県 ＊**ゆんべな** 青森県南部 岩手県 宮城県栗原郡 秋田県由利郡 山形県 福島県「ゆんべな火事があった」 群馬県利根郡・佐波郡 新潟県 長野県 ＊**ゆんべり** 和歌山県東牟

妻郡 *ゆんや 島根県石見・隠岐島 岡山県 広島県 山口県「ゆんやは御馳走(ごちそう)になりました」・大島 香川県・綾歌郡・三豊郡 *よーべな 群馬県利根郡 新潟県東蒲原郡・中頸城郡 *よべさけ 鹿児島県鹿児島郡 *よべな 岩手県 秋田県 山形県東村山郡・東田川郡 新潟県 *よべら・よんべら 青森県津軽 *よんべしま 静岡県榛原郡 *よんべな 青森県南部 秋田県南秋田郡・河辺郡 山形県 福島県会津 群馬県群馬郡 新潟県 長野県 *よんべのばん 香川県 *よんべり 和歌山県東牟婁郡

→さくや(昨夜)

ゆうやけ【夕焼】 *あかだち・あかだろ 新潟県東蒲原郡 *あっかいなぎ 三重県志摩郡 *くもやけ 岩手県九戸郡・気仙郡 秋田県鹿角郡「くもやげぇぁした」 新潟県佐渡 *たんばやけ・たんばやけやけ・たんばやけやみ 奈良県 *ぬあかなぎ 三重県志摩郡 *ひやけ・ひよいやけ(好天の前触れの夕焼け) 鹿児島県肝属郡 *ましがほしものほす(歌) 青森県三戸郡 *ゆさんでぃあかがい・ゆさんでぃあけー・ゆさんでぃあけーい 沖縄県首里 *よいやけ 愛媛県周桑郡 *よーひ 神奈川県三浦郡

□する *こがれる 岐阜県大垣市 *さるがあかべべほす 京都府竹野郡「さるがあかべべほしとるで、あしたもええ天気だろう」・中郡 *さるがほしものほす 岩手県紫波郡

ゆかい【愉快】 *いきやり 山梨県 *いるきさ(愉快だ) 沖縄県国頭郡 *うぃーりきさん・うぃーるきさん(愉快だ) 沖縄県首里 *うまい(愉快だ) 山形県最上郡「んまぐね野郎だ(不愉快なやつだ)」 *おもいで 石川県 福井県「おもいでなかった(たいへん楽だった)」 *じぇー 鹿児島県喜界島「じぇーなむんじゃ(おもしろいことだ)」

→おもしろい(面白)

ゆがく【湯掻】 *あうむる(海藻類に言う) 長崎県壱岐島 *あおむる 熊本県芦北郡・八代郡 *はぜる 高知県 *ゆあげる 宮城県栗原郡 *ゆがえる 宮城県栗原郡 秋田県鹿角郡

ゆかた【浴衣】 *じゅばん 石川県鹿島郡・珠洲郡 *そめぬき 山梨県 *はらぎ(「はだぎ(肌着)」の転か) 長野県東筑摩郡 *ひらぐち 秋田県鹿角郡・山本郡 *もーか 静岡県榛原郡 広島県高田郡 *ゆあがい 宮崎県西諸県郡 *ゆあがり 石川県鳳至郡「ゆあがり半反こーちきてくさぇしー(買って来てくださいよ)」 山口県 長崎県南高来郡 *ゆとり 岩手県紫波郡

ゆがむ【歪】 *いじける(文字や草木がゆがむ) 茨城県真壁郡・猿島郡 *いばむ(木や板などがゆがむ) 和歌山県東牟婁郡 *いばる(木や板などがゆがむ) 奈良県宇智郡 和歌山県和歌山市・新宮「棒がいばる」 徳島県 香川県大川郡 *かゆむ 島根県邑智郡「大黒柱が左えかゆんだ」 *くねる 岐阜県恵那郡 京都府北部 島根県「筋が大分くねった」 広島県高田郡 大分県大分郡 *しかむ 岡山県児島郡「この柱は相当しかんどる」 *しゃくむ(表面がゆがむ) 島根県出雲 *しゃくれる 和歌山市 広島県比婆郡 *しょーる・ひよる 群馬県佐波郡 *しょふえる 京都府北部 *ひーよがむ 佐賀県 *ひじる 福岡県朝倉郡「形がひじる」 長崎県対馬 *ひずむ 宮城県栗原郡・玉造郡 山梨県南巨摩郡 大阪市 *ひっつくい 鹿児島県鹿児島郡 *ひねくる 山口県豊浦郡 徳島県 大分県大分郡 *ひねくれる 滋賀県彦根(ねじれる) 大分県大分郡 *ひょーる 群馬県勢多郡 *ひょこいがむ 大阪市 *ひよんごむ・ひんよごむ 熊本県天草郡「ひんよごどる(ゆがんでいる)」 *へじむ 島根県出雲 *へにゃぐる 島根県美濃郡・益田市「竿がへにゃぐった」 *へねくる 島根県「枝がへねくる」 山口県豊浦郡 大分県大分郡 *へねぐる 島根県 *へねくれる 島根県 岡山県北西部 *へねぐれる 島根県益田市 広島県佐伯郡 *へねまがる 大分県大分郡 *へねる 岡山県苫田郡 山口県豊浦郡 大分市 *むじける 宮城県加美郡 *もじくる・もじる・もんじる 東京都三宅島 *ゆばる(木や板などがゆがむ) 和歌山県西牟婁郡 *よんごん 鹿児島県揖宿郡 *わがなる 岡山県小田郡 *わがむ 兵庫県淡路島 徳島県 香川県「そこんとこ、ちょっとわがんどるじゃろ」 *わごむ 長野県下伊那郡 島根県隠岐島「わごんで寝る」 高知県「自転車つっかけてどこかもわごーでしもーた」 *われじなる 山形県東置賜郡

□でいること *いがみちゃんこ 兵庫県加古郡 *えんすがくち 高知県長岡郡 *きびつら 福島県北部「やかんがきびつらになった」 茨城県稲敷郡 *きぷっつら 茨城県 *しびんつ 長野県 *しょっこ 神奈川県中郡 静岡県「この団子はしょっこになった」・田方郡 *でびんつ 長野県長野市・上水内郡 *びっちょー 山梨県 *ひっちょく 静岡県田方郡 *びっちょく・びっちょこ 静岡県「箱を落してびっちょこにした」 *びっつー 神奈川県津久井郡 静岡県・安倍郡 *びっつく 神奈川県北部 *ひびんつ 長野県上田・佐久 *ひびんつー 長野県佐久 *ひょっこ 神奈川県南部 *ひよっこ 神奈川県小田原・足柄上郡 *へーご・へごたご・へごたま・へごっちょ・へごんちょ 新潟県佐渡 *へけ 秋田県鹿角郡 *へご 新潟県佐渡・西蒲原郡「この箱がへごになった」 *へごたれ 福井県 *へごちゃ 福井県南条郡 *へごちょー 新潟県西蒲原郡 *へごった 和歌山県「へごったな蜜柑やな」 *へちかんなり 石川県 *へんご 新潟県 *よこたくり 福岡市 *よこたくれ 和歌山県「よこたくれに帯結んで」 熊本県下益城郡 *よこたなぐれ 宮城県石巻「よごたなぐれになって(行儀の悪い座り方をして)、無作法なごた」

ゆき【雪】 *おーばーさん(「ひいおばあさん」に会ったように犬が喜んで戯れるところから) 広

島県 *おば(「うばゆき(姥雪)」の転か)長野県下水内郡・東筑摩郡 *こんこ(幼児語)長野県下水内郡 京都府 奈良県南大和 *しろ(山言葉)新潟県北魚沼郡 *ふき 新潟県北蒲原郡 *へだれ・べたれ 福岡県企救郡 *ほーて 福島県南会津郡 新潟県北魚沼郡「ほうてまぐれ(体が雪だらけになること)」 長野県佐久 *ほてぃ 福島県南会津郡

新しく積もった□ *わかえぎ 新潟県北蒲原郡 *わかさゆき 青森県三戸郡 *わかば 山形県東田川郡 新潟県岩船郡 *わかばゆき 秋田県南秋田郡 *わかゆき 青森県三戸郡 山形県飽海郡

雨混じりの□ *あまみそ 島根県出雲 *あまみぞり 山形県飽海郡 *あまみぞれ 秋田県由利郡 島根県 *あまみんぞれ 秋田県由利郡 *あまめそ 島根県能義郡 *あまゆき 岩手県和賀郡 秋田県 島根県 大分市 鹿児島県肝属郡 *あめゆき 青森県 岩手県九戸郡 新潟県佐渡 石川県能美郡 徳島県三好郡 愛媛県 長崎県南高来郡 *ぬべた 滋賀県高島郡 *ぬれゆき 山形県飽海郡 福島県南会津郡 長崎県壱岐島 *ぼた 新潟県北蒲原郡 *みずいき 石川県河北郡 *みずえき 新潟県中頸城郡 富山県 *みずだいき 富山県中新川郡 *みずたゆき 富山県 *みずてき・めずてき 富山県下新川郡 *みずゆき 新潟県 香川県広島 熊本県天草郡 大分県大分市・東国東郡 *みずよき 新潟県 *みそ 島根県益田市 広島県比婆郡 *みそー・みそったー 広島県比婆郡 *みそけ・みそったれ 新潟県刈羽郡 *みそた 兵庫県 *みそたゆき 新潟県上越市 *みそたれ 京都府 兵庫県 鳥取県 *みそて 新潟県上越市・西頸城郡 長野県 *みそで 新潟県西頸城郡 *みぞて 群馬県吾妻郡 長野県上高井郡 *みそていき 長野県東筑摩郡 *みそてえき 新潟県中頸城郡 *みそてき 長野県 *みそとえぎ・みそとぎ 長野県下高井郡 *みぞねゆき 山形県西置賜郡 *みそゆき 徳島県美馬郡 *みぞらゆき 岩手県気仙郡 *みぞれあめ 福島県西白河郡 *みぞれゆき 宮城県仙台市 福島県南会津郡・西白河郡 静岡県駿東郡 *みだれゆき 大分県大分郡 *みどれゆき 島根県益田市 *みどろゆき 福島県信夫郡 *めずえき 富山県上新川郡 島根県八束郡 *めずたえき 富山県上新川郡 *ゆきあめ 島根県出雲 愛媛県 佐賀県唐津市 長崎県南高来郡 大分県 *ゆくあめ 長崎県 *ゆっきゃめ 鹿児島県

あられ混じりの□ *あらねゆき 青森県三戸郡 *こざね 熊本県天草郡

固い□ *かのこゆき 長野県上水内郡 *きごいき 石川県能美郡 *ぐーぐーゆき 新潟県魚沼郡 *わたえぎ 長野県下高井郡 *わたゆき 新潟県北魚沼郡

乾いた□ *あわゆき 兵庫県美方郡 鳥取県八頭郡 *いてゆき 滋賀県高島郡 *しゃつゆき 鹿児島県肝属郡 *はしゃぎゆき 秋田県雄勝郡 新潟県北魚沼郡 *はしらぎもの 秋田県由利郡「はしらぎもの降る」 *はしらぎゆき 福島県南会津郡 新潟県北蒲原郡 *はっさぎゆき・はっしゃぎゆき 山形県西置賜郡 *はわ 鳥取県八頭郡

細かい□ *こーせんゆき 新潟県佐渡 *こごめゆき 富山県東礪波郡 島根県 *さかさゆき 青森県南部

さらさらした□ *あらねゆき 新潟県北魚沼郡 島根県 *こざさ 島根県 *こざさら 鳥取県西伯郡 *こざさり 島根県出雲 *ざらめ 兵庫県美方郡 *ざらめゆき 静岡県駿東郡 *ざらゆき 長野県下高井郡 *じゃれゆき 石川県能美郡 *すがゆき 福島県南会津郡 *はしゃぎゆき 秋田県雄勝郡 新潟県北魚沼郡 *はしらぎもの 秋田県由利郡「はしらぎもの降る」 *はしらぎゆき 福島県南会津郡 新潟県北蒲原郡 *はっさぎゆき・はっしゃぎゆき 山形県西置賜郡 *ほーたゆき 新潟県中頸城郡 *ほーてえき 長野県下水内郡 *ほやほやゆき 青森県三戸郡 *ぼやゆき 岐阜県飛驒 *むしくそ 新潟県中頸城郡

ざらざらした氷の入り混じった□ *さねゆき 青森県三戸郡 秋田県雄勝郡 *ざらゆき 山形県

樹木を覆っている□ *きずつれ 東京都西多摩郡 *しが 新潟県北魚沼郡 *しちれ 山形県西置賜郡 石川県能美郡 *しつ 島根県 *しっつり 新潟県中頸城郡 *すずれ 秋田県雄勝郡・由利郡 *すどね 福島県耶麻郡 *はなゆき 新潟県北魚沼郡

地上にうっすら降った□ *はーて・はーてゆき 長野県「はーてが降る」 *はーで 長野県東筑摩郡 *はだゆき(主として春季のもの)福島県南会津郡

氷結した□ *あおしが 秋田県雄勝郡 *いてたゆき 兵庫県美方郡 *かがみゆき 新潟県北魚沼郡 *かたゆき 北海道 青森県上北郡・三戸郡 山形県 新潟県北魚沼郡 *かっちたゆき 群馬県吾妻郡 *しがゆき 秋田県雄勝郡 *しみゆき 秋田県由利郡 山形県西置賜郡 福島県耶麻郡 *すが 富山県中新川郡 *すがゆき 青森県三戸郡 *すんずら 富山県射水郡「すんずらにのる」・砺波

水けを含んだ□ *くされゆき 山形県西置賜郡 新潟県北蒲原郡 *さまゆき 新潟県高田市 *しったりゆき 岩手県上閉伊郡 *しとりゆき 青森県上北郡・三戸郡 *しとれゆき 長野県上水内郡 *しどろゆき 長野県北安曇郡 *しめりゆき 秋田県雄勝郡 福島県南会津郡 新潟県北魚沼郡・中蒲原郡 滋賀県高島郡 *しもりゆき 青森県三戸郡 *しゅとぶったゆき 福島県信夫郡 *にめゆき 秋田県由利郡 山形県東田川

郡 *にめりいき 石川県能美郡 *にめりゆき 山形県飽海郡・東田川郡 *ぼっこゆき 静岡県富士郡 *みそたれゆき 兵庫県美方郡 *みそて 新潟県中頸城郡 *もちゆき 鹿児島県肝属郡 *ゆきしぶて 岐阜県飛驒

綿のような□ *ほやほやゆき 青森県三戸郡 *ぼやゆき 岐阜県飛驒 *みそれ 徳島県三好郡 *みぞれ 島根県石見 *ゆきわた 大分県大分郡 *わたいぼーし 愛媛県周桑郡 *わたぼーし 島根県鹿足郡 *わたぼし 長崎県壱岐島

ゆきかき【雪搔】 *すなはき 山形県 *すぼり 福島県南会津郡 *てこべら 岐阜県飛驒 *てすき 福井県大飯郡 長野県上水内郡 *てんじき・てんずけ 長野県南安曇郡 *てんしょ 兵庫県出石郡 *てんすき 福井県大飯郡 *てんずき 長野県南安曇郡 滋賀県高島郡 京都府 兵庫県・美方郡 *てんずく 長野県北安曇郡・南安曇郡 *てんつく 長野県北安曇郡 *ゆきのけ 福井県敦賀郡 滋賀県蒲生郡

□の道具 *えぶり 新潟県中頸城郡 山梨県南巨摩郡 *えんぶり 静岡県磐田郡 *かいしき 青森県津軽 *かいしきへら 秋田県秋田市・雄勝郡 *かいすき 青森県 秋田県由利郡 山形県新庄市・最上郡 *かえんすき 青森県 秋田県鹿角郡 *かしき 山形県最上郡 *かすき 山形県北村山郡・最上郡 *かすきべら・くすぎべら 山形県北村山郡 *かっすき 山形県最上郡 *きやんしぎ 青森県上北郡 *きゃんずき 青森県津軽 *くしき 新潟県北魚沼郡 *けーしき 山形県最上郡・東田川郡 *けしき 秋田県南秋田郡 山形県 *けんしぎ 青森県 *こいしき 富山県中新川郡 *ごいしき 福井県坂井郡 *こいすき 新潟県 *ごいすき 福井県 京都府 *ごいずき 新潟県中頸城郡 福井県大野郡 滋賀県 *こえずき 新潟県中頸城郡 *こーしき 福島県南会津郡 新潟県東蒲原郡 *こーしきべら 福島県会津若松市・大沼郡 *こーしけら・こーせき 新潟県岩船郡 *こーすき 山形県米沢市 新潟県 富山県砺波 *こーずき 長野県下高井郡・下水内郡 *こーすきべら・こーすきぼー 山形県米沢市 *こーすきゅー 新潟県東蒲原郡 *こーすけ 富山県高岡市・西礪波郡 *こーつき 長野県下高井郡 *こしき 福島県耶麻郡・南会津郡 新潟県 石川県能美郡 *こしきだ 石川県河北郡・江沼郡 *こす・こすくい・こすけ・こすけん 岐阜県飛驒 *こすき 新潟県 福井県大野郡 長野県 岐阜県飛驒 *こすきだ 新潟県長岡市 石川県・金沢市 *こっぱ 長野県 *さんてべら 秋田県仙北郡 *じょんば 北海道 *ゆきいた 長野県西筑摩郡 *ゆきかたし 埼玉県北葛飾郡 *ゆきすき 長野県小県郡 *ゆきつき 長野県 *ゆきはね 島根県 *ゆきはり 岩手県上閉伊郡 *ゆきべら 秋田県南秋田郡 山形県 長野県上田 *ゆきよけ 長野県北佐久郡 *ゆすき 山形県西置賜郡

ゆきがっせん【雪合戦】 *ゆきうち 山梨県

□の雪玉 *きんこ・ぎんこ 新潟県中越

ゆきだるま【雪達磨】 *いくのどーさま 富山県西礪波郡・富山市近在 *たんぽんぽ 岐阜県飛驒 *ゆーにんぎょ 長崎県五島 *ゆきころ 岐阜県大垣市 *ゆきどー 新潟県佐渡

ゆげ【湯気】 *あつぃき 沖縄県首里 *いき 青森県南部 岩手県気仙郡 秋田県鹿角郡「雨が晴れたら地面からえきが立つ」 福島県東白川郡 石川県珠洲郡・鳳至郡 山梨県 長野県南部 兵庫県淡路島 島根県 *いきり 富山県砺波 石川県 静岡県志太郡 鳥取県西伯郡 岡山市 *いぎり 福井県 *いけり 福井市 島根県那賀郡・邇摩郡 *いげり・ゆげり 島根県邇摩郡 *かえん(汗をかいた時などに頭から上がる湯気) 埼玉県北葛飾郡「頭からぽっぽとかえんがあがってる」 *けけり 島根県邇摩郡 *さーげ 静岡県 *どせ 島根県邑智郡「どせが上るけー(上がるから)、はー風呂の湯が沸いたぞ」 *ふき 沖縄県首里 *ほーけ 山口県豊浦郡 香川県 *ほけ 京都府「さっきむしたお芋にまだほけがたっとる」 兵庫県 鳥取県 島根県 岡山県 広島県 山口県 徳島県 香川県 愛媛県 高知県「禿頭からほけをたてておこられた」 福岡県 佐賀県・三養基郡 長崎県・壱岐島・五島 熊本県 大分県 宮崎県延岡 鹿児島県・姶良郡・鹿児島郡 *ほげ 静岡県・榛原郡・磐田郡 京都府与謝郡 宮崎県西臼杵郡 *ほけー 鳥取県西伯郡 島根県出雲 *ほけだし・ほけもん 熊本県芦北郡・八代郡 *ほけぶり 長崎県対馬 *ほけり 鳥取県西伯郡 島根県 山口県豊浦郡・大島 *ほせ・ほせり 島根県出雲 *ほせー 島根県大原郡 *ほや・もや 島根県隠岐島「鉄瓶からもやが上る」

ゆすり【強請】 ⇩きょうかつ(恐喝)

ゆだん【油断】 *うつつぬかし 広島県高田郡 *じょさい 青森県津軽「じょさえしな(油断するな)、えぐなぇぐえげば、あしおるあ(悪くすれば、足を折るぜ)」 秋田県鹿角郡「じょさいして(うっかりして)かぜひいた」 *そーらく 富山県砺波「そーらくする(油断する)」 *そらく 石川県羽咋郡「そらくする」 *ふゆー 沖縄県石垣島 *ゆさん 長崎県対馬「ゆさんする」 *ゆめすけ 長崎県対馬「彼は仲介人に利潤の大方を吸取られながら、気付かずにゆめすけをしとる」

↓「うっかり」の子見出し、「うっかりすること」・すき(隙)・ふちゅうい(不注意)

相手を□させる *あめこかへる 青森県津軽 *あめなめさせる 新潟県刈羽郡・上越市 *あめをくれる 群馬県佐波郡 山梨県南巨摩郡 *あめをなめらす 茨城県稲敷郡 *おちゃずけくわす 徳島県

□がならない *いびせない・いぶせない 長野市・上水内郡「えびせねー人」 *かめん 香川県「かめんひとやなー、あの人は」 *くらえん 奈良県「ぼんやりした顔をして居るがあいつ仲々くらえん奴やぜ」　香川県大川郡「あれはちょっとくらえんぞ」　*つがろしか 長崎県壱岐島「つがろしか男」　*やぐさい 兵庫県西宮

□する　*あなずる 島根県江津市　*うかびる 岐阜県飛驒「お前はうかびとったで、銭を落といたんじゃ」　*うかめる 新潟県佐渡「うかめていたが大変だ」　*すかす 岩手県気仙郡「すかさねぁで、よくいぐもんだ」　福島県石城郡「あの人ったらとってもすかさねえがら自分で損するやうなごとわやんね」・東白川郡　新潟県佐渡「すかさん(抜け目がない)男だ」・西頸城郡　*ふぬける 山形県「ふぬけているから忘れ物するんだ」　福岡市　*ゆとりをくる 高知県長岡郡

ゆっくり　*うちら 鳥取県米子市　*えんぎり 石川県石川郡　*えんげら 石川県能美郡　*おーおー 長野県佐久「おーおーした人」　*おそーら 富山県砺波　石川県　*おそら 富山県「なぜそんなにおそらと来られる」　石川県河北郡　*おちら 鳥取県西伯郡・日野郡　島根県出雲　*おっちら 東京都八王子　神奈川県津久井郡　新潟県佐渡　長野県佐久　三重県志摩郡　兵庫県　鳥取県西伯郡　島根県　岡山県　広島県双三郡・高田郡　徳島県「今夜はおっちら飯を食おう」　香川県　愛媛県・大三島　*おっちり 栃木県安蘇郡　群馬県館林　埼玉県秩父郡「あいつぁ、おっちりしていて焦らない」　長野県下伊那郡・佐久　静岡県　滋賀県蒲生郡　兵庫県加古郡・淡路島　徳島県　香川県　*おでおで 栃木県那須郡「おでおで今頃くる奴があるか」　*こそこそ 島根県益田市　*こそっこそっこ 島根県隠岐島「山からこそっこそっこ歩いて下りた」　*こそりこそり 島根県邇摩郡・鹿足郡「山の中をこそりこそり歩いて行った」　*ごそりごそり 島根県仁多郡・飯石郡　*ごちごち・ごとごと 高知県「ごとごと歩きよ」　*ごどりごどり 島根県石見「一日中ごどりごどり歩いて川本まで来た」　*じくっと 滋賀県蒲生郡　*じっくら 福島県河沼郡「じっくら、まー、めでたく飲んでくんつぇー」　石川県江沼郡・羽咋郡　三重県阿山郡　*しっくり 滋賀県彦根　兵庫県加古郡「しっくり考えよ」　*じっくり 富山県　石川県　福井県　長野県諏訪　三重県津　滋賀県蒲生郡　兵庫県神戸市　奈良県南大和　和歌山県東牟婁郡　島根県　*じっこり 高知県　*しっぽら 奈良県南大和　*しっぽり 山形県東田川郡　福井県大飯郡　広島県神石郡「いつもテレビはしっぽりと見るんですがな」　*しねほね 新潟県西頸城郡　*しねらほねら 新潟県西蒲原郡「腹がすえて(すいて)居なえのに、しねらほねらと、とうとう食てしまうた」　*じりーじりー 島根県能義郡・隠岐島「じりーじりー歩け」　*じりりじりり 島根県隠岐島　*しわこ・じわりっと 徳島県　*しわしわ 兵庫県淡路島「まあ、さう急がんとしわしわ行こではないか」　徳島県　愛媛県伊予郡　高知県「しわしわ歩け」　*じわじわ 東京都八王子　神奈川県津久井郡　岐阜県飛驒　大阪市　徳島県　香川県　愛媛県周桑郡　長崎県対馬「じわじわ片づきたなあ」　大分県南海部郡「じわじわ行く」　宮崎県　*じわっと 岐阜県揖斐郡　*しわりしわり 群馬県多野郡「しわりしわりと煮る」　兵庫県淡路島　徳島県・美馬郡　*じわりじわり 徳島県　宮崎県西臼杵郡「じわりじわり歩いて」　*しわりんこしわりんこ 徳島県・美馬郡　*しんびょー 岐阜県飛驒・郡上郡「しんびょーにあがっとくれ」　*ずっくり 富山県　*ずっこり 富山県下新川郡「ずっこり話しまいけ」　*ずんね 長野県松本「ずんねに走れ」　岐阜県飛驒　*せんかに 滋賀県高島郡　*たっくり 栃木県那須郡「たっくり遊びな」　*ちんたら 山梨県　*とっちら 新潟県佐渡「とっちら休もう」　*とっちり 新潟県佐渡　石川県　三重県志摩郡　*にっちりけーちり 沖縄県首里　*のさくさ 山形県　*のさらくさら 宮城県遠田郡　*のたくさ 東京都南多摩郡　*のたくた 岩手県気仙郡　東京都南多摩郡　*のったくった 岩手県気仙郡　*のらのら 新潟県西頸城郡　島根県簸川郡「のらのら松江中歩き回った」　*のらりのらり 島根県簸川郡　*べったり 宮城県石巻「朝からべったりすてお茶のんでた」　新潟県佐渡　*ぼしぼし 静岡県榛原郡「ぼしぼしあいべ(歩け)」　*ぽちぽち 栃木県「ぽちぽち仕事でも始めるか」　*ぽつかつ 新潟県佐渡　*ぽっちりぽっちり 奈良県南大和　鳥取県　*ぽっつら 広島県高田郡　*ぽつらぽつら 和歌山県那賀郡　*やらーなー 沖縄県石垣島　*やらやら 長崎県南高来郡「飲み飲みやらやら語ろだなぁし」　*やわやわ 富山県「やわやわと来たら遅くなった」　滋賀県彦根　宮崎県東諸県郡　*やわりやわり 新潟県　*ゆーら 茨城県久慈郡　*ゆーらっと 新潟県佐渡　熊本県玉名郡　*ゆたかた 秋田県鹿角郡「心配事があるとゆたかた

方/言/の/窓

●「はい・いいえ」の地域差

英語と日本語とで、とくに否定疑問で尋ねられた時の相づちのうちかたが相違することはよく知られている。例えば、Don't you speak English?（英語を話せませんか？）とたずねられて、話せるのならYes. であるが、標準日本語では、「英語を話せませんか」と聞かれれば「いいえ、話せます」となる。

ところが、英語と同じように相づちをうつ地方がある。たとえば岩手県の気仙地方のことばではハーが yes に、ウンツェーが no に相当する。「ムネァクルスクネァベカ（胸が苦しくないか）」「ウンツェ、クルスクネ（いいえ、苦しくない）」「コゴイダグネーノ（ここは痛くないの）」「ハー、イデ（はい、痛い）」のような会話が病院で交わされる。このような方言はほかにも存在するらしい。

と寝られない」 ***ゆっつら** 福岡県 佐賀県 熊本県下益城郡 ***ゆっつらー** 佐賀県唐津市「飲み飲み話そーで(話そうと思うから)、まあーゆっつらーっとせんけ」・三養基郡 ***ゆっら・ゆっらり** 兵庫県加古郡 ***ゆつらー** 佐賀県 ***ゆるーっと** 熊本県下益城郡 ***ゆるーと** 宮崎県西臼杵郡 ***ゆるっと** 宮城県栗原郡「ゆるっと休まえん(ゆっくりお休みなさい)」 秋田県鹿角郡 山形県北村山郡「ゆるっとしてえらっしゃえ」・西置賜郡 滋賀県彦根 福岡市 長崎県北松浦郡「ゆるっとお遊び」 熊本県玉名郡「飲み飲みゆるっと話しまっしゅーい(話しましょう)」 宮崎県西臼杵郡「まーゆるっとせ」 ***ゆるらっと** 長野県「ゆるらっと遊んで来た」 ***よいと** 長野県北安曇郡 ***よーい** 鹿児島県喜界島「よーいむてぃ(そっと持て)」 ***よーいと** 長野県「よーいと来い」 ***よーら** 東京都八丈島「動かずんよーらで居てあると治ろが早くおじゃるだろう」 福岡県八女郡 佐賀県東松浦郡「百姓がよーらしちょって(じっとしていて)聞くひまんあるもんか」 ***よーらっと** 熊本県 ***よーらと** 長崎県伊王島 ***よーり** 鹿児島県喜界島 ***よーりっと** 島根県石見「よーりっと降ろさにゃー子供が泣く」 ***よーんなー**(「よーん」は「軽く・柔らかく」、「なー」は「ずつ」の意) 沖縄県首里「よーんなーあっちゅん(ゆっくり歩く)」・石垣島 ***よよーと** 群馬県吾妻郡「そっじゃあよようとしてくれ(静かにおはたらき)」 ***よらっと・よろっと** 長崎県壱岐島 ***よんべ** 大阪府泉北郡 ***よんぼり** 岡山県児島郡 ***りるっと** 福島県会津若松市 ***れーんと** 新潟県中越「れーんとしやれ」 ***れんと**(「でんと」の転か) 岩手県九戸郡 秋田県鹿角郡

↓「いそぐ(急)」の子見出し、「急がないさま」・そろそろ

□**する** ***じねんにかける** 埼玉県北葛飾郡「餅をじねんにかけて焼くとうまい」 ***ゆーらーしー** 長崎県対馬「今日はゆーらーしゅーしてゆけ」 ***ゆーらしー** 長崎県対馬 宮崎県西諸県郡 ***ゆらりゆい** 鹿児島県喜界島「ゆらりてぃうもーり(御ゆっくりしてお出でなさい)」

□**と** ***あだはだと** 青森県津軽「たまにはあだはだど座って話でもしたい」 ***うったいもーたい** 沖縄県首里 ***こしらこしら・こしりこしり** 島根県「こしらこしら仕事をする」 ***じねん** 長野県下伊那郡「じねんとうっぱしれ(徐々に行け)」 ***じねんこ** 栃木県安蘇郡・上都賀郡「じねんこに煮つめろ」 ***じねんほっとり** 長崎県対馬「水の滴りも年数がたてば、じねんほっとりと石をもうがつやうになる」 ***しばりっと** 香川県仲多度郡 ***ゆっくと・ゆったと** 秋田県鹿角郡

ゆでる【茹】 ***いびる** 静岡県 ***いろとる** 富山県 ***うむす** 岐阜県羽島郡 ***たまがかす** 島根県石見「菜を湯の中でたまがかす」 ***たまがす** 島根県鹿足郡 ***にあげる** 岩手県下閉伊郡 秋田県鹿角郡 ***ゆがえる** 徳島県

ゆび【指】 ***いき** 鹿児島県 ***うやび** 沖縄県鳩間島・黒島 ***うゆび** 沖縄県与那国島 ***さんぱなー**(「足の突端」の意。足の指) 鹿児島県喜界島 ***てぃんぱなー** 鹿児島県喜界島「てぃんぱなー・しぐとぅ(手先仕事、手芸)」 ***ひび** 三重県度会郡

ゆびきり【指切】 ***いっがね** 鹿児島県鹿児島郡 ***かーきー**(児童語) 沖縄県首里・石垣島 ***かき**(児童語) 鹿児島県喜界島 ***かぎこやんぱ**(「やんぱ」は重い車を引く時などの掛け声) 秋田県鹿角郡 ***かけ**(児童語) 青森県三戸郡 新潟県東蒲原郡 三重県志摩郡「うちいいたら隣りの富子さんと毬つきのかけがしたるもん(帰ってから隣の富子さんとまりつきの約束がしてあるの)」 鹿児島県鹿児島郡 ***がんがん** 岩手県上閉伊郡 ***かんびき** 千葉県印旛郡 ***がんぼ** 富山県砺波「がんぼかける」 ***きんか** 青森県津軽「きんかじぇんこまんえんでぁ」 ***けんま** 香川県高松市 ***ちぎり** 神奈川県津久井郡 ***ちんぎり** 東京都八王子 ***はんかげ** 岩手県上閉伊郡 ***ゆびかけ** 群馬県多野郡 新潟県東蒲原郡 山梨県南巨摩郡 鹿児島県肝属郡 ***ゆびごく・ゆびこくり** 岐阜県飛騨 ***ゆびちょき** 神奈川県中郡

↓げんまん(拳万)

□**げんまん** ***いったんゆびきり** 奈良県宇陀郡 ***えんぴりかんぴり** 富山市近在 ***こいびかけ** 鹿児島県肝属郡

ゆびぬき【指貫】 ***うびんがに**(金属製) 沖縄県八重山 ***うぶんがに**(金属製) 沖縄県鳩間島 ***さらてかわ**(金属の皿が付いた長針用) 青森県 ***さらてっか**(金属の皿が付いた長針用) 青森県三戸郡 ***しごとゆびわ** 宮城県仙台市 ***つまてっか** 青森県三戸郡 ***てか** 青森県津軽 ***てかわ** 青森県 ***てっか**(「てかわ(手皮)」または「てっこう(手甲)」の転か) 青森県 岩手県上閉伊郡 秋田県鹿角郡 ***てっかー** 岩手県九戸郡・下閉伊郡 ***てっかえし** 岩手県下閉伊郡 ***てっこ** 青森県三戸郡 ***てぬき** 鹿児島県肝属郡 ***ゆびがね**(金属製) 山形県 新潟県上越市 島根県那賀郡 宮崎県東諸県郡 ***ゆびかわ**(革製) 山形県山形市・西置賜郡 新潟県佐渡 ***ゆびさし** 大阪市 宮崎県児湯郡 ***ゆびはめ** 神奈川県中郡 静岡県志太郡 ***ゆびわ**(金属製) 山形県村山 宮崎県東諸県郡

ゆびわ【指輪】 ***いーびーがに** 鹿児島県奄美大島・加計呂麻島 ***いーびがにー** 沖縄県那覇市・国頭郡・中頭郡 ***いーびなぎー・うるがに** 沖縄県首里 ***いーびんがね** 鹿児島県奄美大島 ***いっがね** 長崎県五島 宮崎県西諸県郡 鹿児島県 ***いびがん** 熊本県下益城郡 ***いびんちょ** 熊本県芦北郡 ***いぶがん** 熊本県宇土郡 ***いりがねー** 鹿児島県喜界島 ***いんび** 長崎市 ***うびんがに** 沖縄県八重山 ***うぶんがに** 沖縄県鳩間島 ***うやびんがに** 沖縄県黒島 ***ちえんま・ちま** 千葉県夷隅郡 ***ちんがねーま** 沖縄県小浜島 ***はりじし** 和歌山県西牟婁郡・東牟婁郡 ***びんがに** 沖縄県与

那国島 *ゆびかね 茨城県稲敷郡 新潟県中頸城郡 香川県伊吹島 *ゆびがね 青森県三戸郡 秋田県 福島県中部 新潟県中頸城郡 長野県南佐久郡 鳥取県西伯郡 島根県 広島県 山口県豊浦郡・大島 香川県 愛媛県周桑郡・松山 長崎県 熊本県 鹿児島県肝属郡 *ゆびかねこ 秋田県平鹿郡 *ゆびさし 宮城県仙台市 奈良県・大和高田 宮崎県延岡 *ゆびはめ 福島県 栃木県 群馬県山田郡・佐波郡 千葉県香取郡 神奈川県津久井郡・中郡 東京都八王子・三宅島・御蔵島 福井県 山梨県南巨摩郡 長野県 岐阜県 静岡県 愛媛県松山

ゆり【百合】 *いねら 東京都八丈島 *いりんぼ・えりんぼー 栃木県 *おにごり 石川県江沼郡 *かっこー 山口県玖珂郡・阿武郡 *かっこーごーら 山口県玖珂郡 *ごーら 広島県 山口県 *こーらー 広島県倉橋島 *こーらい 島根県那賀郡 *ごーらん 広島県安芸郡 *ごーる 愛媛県 *ごーろ 広島県 山口県 愛媛県・青島 *ごーろー 山口県大島 *ごろー 山口県都濃郡 *つんつん 富山県 *どーれん・ろーれん 富山県・射水郡 *どれ 富山県・下新川郡 *どれん・ろれー・ろれん 富山県 *ほっぽ 和歌山県西牟婁郡 *やまゆりおかっこー 山口県阿武郡 *ゆなー 沖縄県鳩間島 *ゆりね 三重県伊勢 *ゆりんぼ 栃木県 *ゆるで 香川県志々島 *ゆるね 三重県志摩郡 *ゆろもち 新潟県刈羽郡 *りれん・るーれ 石川県鹿島郡 *るるい 富山県 石川県鹿島郡 *るれ 富山県・砺波 石川県鹿島郡 *れろ 石川県羽咋郡 *ろーれ 富山県・砺波 *ろれ 富山県・砺波 石川県鳳至郡・羽咋郡

食用にする□ *がーら 島根県一部 *こーら 島根県鹿足郡 *ごーら・ごる 愛媛県一部 *すにゆり 和歌山県一部 *ゆりいも 愛知県一部

□の花 *かとばな 三重県志摩郡 *ゆりぼし 三重県度会郡

ゆるい【緩】 *ぐさっこい 新潟県・佐渡 *ぐすい 富山県砺波 岐阜県・可児郡 愛知県知多郡 京都府竹野郡「この靴はぐすい」 鳥取県東部 島根県出雲 岡山県岡山市・児島郡 徳島県「この縄はぐすいきん(緩いから)、もっとしめないかん」 香川県 *ぐずい 香川県 *ぐるい 富山県富山市・砺波 *ずるい 群馬県 東京都八王子「この飯はずるい」 神奈川県高座郡・津久井郡 山梨県 岐阜県吉城郡・飛驒「帯の結びめがずるい」 静岡県田方郡 愛媛県松山「帯がずるーて解けた」 *ずるこい 群馬県吾妻郡 *ずるたっこい 山梨県北巨摩郡 *ずるっこい 東京都大島「この樽の輪はづるっこい」 *たすい 香川県 *だすい 長野県東筑摩郡「だすい仕事のやり方だ」 兵庫県淡路島 岡山県児島郡 徳島県 香川県「帯がだすい」 愛媛県 高知市「栓のさしかたがだすい」 *だずい 長野県東筑摩郡 *だすくたい 兵庫県淡路島 香川県三豊郡 *たすこい 高知県 *だすこい 徳島県 香川県三豊郡 愛媛県 *ちょろい 新潟県佐渡 静岡県小笠郡「ちょろい谷川の流れ」 大阪市 *とろい 茨城県(角度に言う) 神奈川県「とろい加減に粉を練ってくれ」 富山県東礪波郡 岐阜県飛驒「川の流れがとろい」 兵庫県加古郡 山口県大島 *とろくさい・とろくたい 岐阜県飛驒 *へんだらすい・へんだらだすい(強意) 兵庫県淡路島「良いとも悪いとも薩張り分らんでないか、へんだらすい男じゃのお」 *ゆるこい 宮城県石巻 山形県「帯のしめ方がゆるこえ」 滋賀県蒲生郡 *ゆるっこい 福島県東白川郡 群馬県利根郡 長野県佐久 *ゆんだらけー 岩手県下閉伊郡

ゆるす【許】 *あます 香川県西部「あいつ悪い奴じゃけんあますな、くせになる」 *きばる 奈良県吉野郡「気張って遣れえらよ」 和歌山県「今度だけきばってやる」 *ごらーすい 鹿児島県鹿児島郡 *こらえる 岐阜県岐阜市・飛驒 三重県志摩郡 滋賀県彦根「こらえたる(許してやる)」・蒲生郡「こらえてかし(堪忍してくれ)」 京都府北部 大阪市 兵庫県 和歌山市 鳥取県西伯郡 島根県「こらえてござっしゃえ」 岡山県児島郡 広島県比婆郡・豊田郡 山口県 徳島県「わやく言うとこらえへんぞ(だだを言うと許さないよ)」 香川県 愛媛県 熊本県芦北郡 宮崎県延岡市・都城市 鹿児島県「こらいやんせ(ごめんなさい)」 *こらゆる 大分県 *こりゃーる 愛知県海部郡 鳥取県岩美郡・気高郡

□こと *かに 青森県南部「どうぞかにして下さい」「かにかに」 岩手県上閉伊郡「悪かったらかにしろ」・気仙郡 山形県「かにさんにゃえ(許せない)」 新潟県「かによする・かにやする」 長野県諏訪 静岡県「がらぇーかだに、かにしょー(わざとやったのではないから許してね)」 三重県度会郡 大阪市 *かにん 神奈川県中郡 奈良県・宇陀郡(女性語)「あら、かにん、すまんたなぁ」 *かね 岐阜県岐阜市・吉城郡 愛知県名古屋市「かねせる」・愛知郡 *がね 新潟県頸城 *かん 秋田県仙北郡「僕が悪い、かんせ、かんせ」 山形県「俺おめーの本なくしたさげかんせの」 新潟県 長野県 *かんきん 長崎県対馬 *かんに 山形県西置賜郡「かんになし」 東京都三宅島 新潟県頸城 *かんにょー 東京都三宅島 長野県諏訪 *かんね 新潟県頸城 富山県高岡市 *かんねん 新潟県 福井県「かんねんな」 *ざんまい 新潟県東蒲原郡 *じゃんまい・じゃんめん 東京都八丈島「じゃんみゃーよい(御免なさい)」「じゃんめんしてけろ」

ゆるやか【緩】 *おんのべ 島根県「おんのべな道だから楽だ」 *おんのめ 島根県石見「大雪で、ぎし(崖)も田もおんのめになった」 *おんのり 静岡県榛原郡「おんのりした坂」 島根県出雲 *おんのん 高知県 *ぐざら・ぐざらか・ぐじゃら・ぐじゃらか 新潟県佐渡「ぐざらかにしばってある」・中頸城郡 *ぐるぐる 富山県 *しんびょー 岐阜県飛

驛「しんびょーな所」 *そくそく 千葉県 新潟県佐渡「あぶねえさけえに、そくそく(ゆっくりと)いけよ」 岐阜県 *だうだう・だぶだぶ・だわだわ 富山県 *ほかほか 栃木県足利市 *ゆたかた 秋田県鹿角郡「心配事があるとゆたかたと寝られない」 *ゆたゆた 秋田県鹿角郡 静岡県「ゆたゆたな股引」 *ゆっつら 福岡県 佐賀県 熊本県下益城郡 *ゆっつらー 佐賀県唐津市「飲み飲み話そーで(話そうと思うから)、まあーゆっつらーっとせんけ」・三養基郡 *ゆっら・ゆっらり 兵庫県加古郡 *ゆつらー 佐賀県 *よなよな 長崎県北松浦郡

□だ *ちょろい 新潟県佐渡 静岡県小笠郡「ちょろい谷川の流れ」 大阪市 *とろい 茨城県(角度に言う) 神奈川県「とろい加減に粉を練ってくれ」 富山県東礪波郡 岐阜県飛驒「川の流れがとろい」 兵庫県加古郡 山口県大島 *とろくさい・とろくたい 岐阜県飛驒 *にすい 岐阜県郡上郡「けさわ いくぶんしみが(冷え込みが)にすい」 *にょろい 岡山県 *ふくさーん 沖縄県石垣島 *ゆるこい 宮城県石巻 山形県「帯のしめ方がゆるこえ」 滋賀県蒲生郡 *ゆるっこい 福島県東白川郡 群馬県利根郡 長野県佐久 *ゆんだらけー 岩手県下閉伊郡

□に *いんぎりと 石川県 *そーそと 新潟県・西蒲原郡「そうそと磨け」・中頸城郡「そーそと歩け」 富山県砺波 岐阜県 愛知県名古屋市 *そーらと 長崎県東彼杵郡・長崎市 *そーりっと 島根県美濃郡・益田市「どこへ行くやらそーりっと後をつけて見た」 *そっそと 和歌山県那賀郡

ゆれる【揺】 *あばく(炎が揺れる) 香川県伊吹島 *いくる 富山県 *いすぶれる 長野県佐久 *えぶる 新潟県東蒲原郡「地震がえぶる」 *えぶれる 島根県能義郡 *おだれる(「おだてる」の自動詞化か) 岡山県児島郡 *かぶる(船が揺れる) 徳島県海部郡 香川県 *がぶる 山口県防府(船が揺れる) 高知県土佐清水市(船が揺れる) 熊本県玉名郡 *ぐげーゆん 沖縄県首里「ふにぬぐげーゆん(船が揺れる)」 *ぐらめく(しっかり固定されていなくて揺れる) 青森県津軽「梯子ぐらめぐ」 *たぶる(船が揺れる) 山口県大島「船がたぶったのでたいぶん酔う人が出た」 *たんぶる(船が揺れる) 島根県那賀郡「大けな波に船がたんぶった」 *のんのめく 岩手県上閉伊郡 *ゆたぶる(おけなどを運ぶ時に中の水がぴちゃぴちゃと揺れる) 長野県上伊那郡 *ゆつく 青森県南部 *ゆつぐ 青森県三戸郡「風が吹いて梢がゆつぐ」・南部 *ゆぶる 島根県邑智郡

よあけ【夜明】 *あがた・あさくらがり 奈良県吉野郡 *あさまじみ 和歌山県 *あさまじめ 兵庫県赤穂郡 山口県玖珂郡 香川県木田郡・岩黒島 *あさまじょみ・あさまどろ 和歌山市 *あさまずみ 千葉県安房郡・夷隅郡 静岡県・安倍郡 三重県志摩郡 *あさまずめ 静岡県志太郡 *うすすみ 熊本県玉名郡 *ひきあけ 大阪市 岡山県真庭郡 徳島県海部郡 大分県 *よあさ 新潟県西頸城郡 兵庫県赤穂郡・淡路島 島根県鹿足郡・隠岐島 広島県走島 山口県大島「此頃はよあさが冷えるけえ気をつけんと風邪をひくで」 香川県伊吹島 愛媛県 *よだ 長野県下伊那郡 *よのあけあけ 山形県米沢市「よのあげあげに出掛げんべ」 *よのひきあけ 新潟県佐渡 滋賀県彦根 大阪市 広島県高田郡 山口県 徳島県 香川県仲多度郡 大分県 *よひきあけ 鹿児島県種子島 *よわさ 愛媛県今治市「よわさになって寒くなった」

→あかつき(暁)・あけがた(明方)

□方 *あかめくらめ 岡山市「あかめくらめから働く」 *あけあけ 岩手県気仙郡「夜のあげあげ稼ぎさいった」・平泉「なんたらまだ、あげあげに何の用でしぇあ」 宮城県仙台市 栃木県 *あさかずき 青森県三戸郡「あさがずきに川原町に火事があって驚ろいた」 岩手県二戸郡

よい【良】 *え 秋田県 鹿児島県鹿児島郡 *おかしー 香川県豊島「おかしい本」 *かぎ 沖縄県宮古島 *かたい 石川県「かたいこや」 *じょーず(下に打ち消しの語を伴う) 東京都大島「じょーずに算術がわからない」 *みさん 沖縄県黒島・鳩間島 *みしゃーん 沖縄県石垣島・小浜島・新城島 *ゆたさい 鹿児島県喜界島 *ゆたしゃ 沖縄県国

頭郡 *ゆたしゃん 沖縄県首里 *よろい 宮崎県西臼杵郡 *れー 茨城県新治郡・多賀郡「れえんだ(よいものだ)」 *んさーん 沖縄県与那国島

とても□ *おかい 秋田県仙北郡 *こてーさる(打ち消しの形で用いる)長野県「うまくてこてーされねー」 *すてきもない 栃木県 静岡県榛原郡「すてきもない美人」 *はったって 京都府竹野郡「この頃は商売の方もはったってようやっとんなる(やっておられる)」 *もたん(主に女性語)愛知県名古屋市「もたんがなも」 *わりがない・わりはちもない 千葉県市原郡「百万円ただでもらえたら、わりがない」

□子 *いっくわ 沖縄県首里 *えこもん 兵庫県 *ごほんそ 徳島県 *ちんご 東京都御蔵島 *てんがーもん・てんがらむん 鹿児島県姶良郡 *てんがなもん・てんがら・てんがらもん・てんがむん 鹿児島県 *てんがもの 鹿児島県肝属郡 *てんがん 宮崎県都城 *ほんこ 鳥取県・岩美郡・気高郡 島根県石見・隠岐島「本当にこの子はほんこじゃ」 山口県 徳島県 *ほんこのまんこ 島根県益田市・隠岐島 *ほんこのたまご 鳥取県岩美郡・気高郡 *ほんそ 広島県高田郡 山口県・下関市「ほんそほんそ」 徳島県 香川県高松 愛媛県・大三島「ほんそじゃなう」 *ほんそー 広島県・比婆郡 *ほんそーご 広島県比婆郡 山口県・豊浦郡 *ほんそご 島根県能義郡 愛媛県 *ほんそのこ 高知県幡多郡「おおかんばいし、かんばいし、ほんそのこ(かわいやかわいやいい子よ)」 *まめのこ 愛媛県

□ない *いかな・いかなー 香川県三豊郡 *いかない 福島県耶麻郡 栃木県 群馬県吾妻郡・多野郡 香川県 愛媛県周桑郡 高知県 *いかんあんたな 大分県 *いけせん 茨城県水戸市 三重県度会郡 *いけらん 大分県南海部郡 *いけりゃーせん 鳥取県・岩美郡・気高郡 岡山県 *いけん 山形市 新潟県佐渡 福井県遠敷郡 山梨県南巨摩郡 長野県上伊那郡 岐阜県恵那郡 静岡県榛原郡 三重県 滋賀県蒲生郡 兵庫県・但馬 奈良県 鳥取県 島根県 岡山県 広島県安芸郡・豊田郡 山口県 香川県三豊郡 愛媛県 高知県鵜来島・幡多郡・高岡郡 福岡県小倉市 長崎県対馬・南高来郡 大分県 鹿児島県種子島 *いけんやんせん 茨城県猿島郡 *いしー 栃木県河内郡 群馬県吾妻郡「米がいしい」「腹がいしい」・多野郡 埼玉県秩父郡「いしい餓鬼めらだ」 千葉県・安房郡 新潟県中越 山梨県北都留郡 広島県安佐郡 *いっしー 千葉県香取郡「いっしいおんな(醜婦)」 山梨県 *ぐすい 福井県大飯郡 岡山市「稲の出来がぐしい」 *ごつい 奈良県 *すかない 宮城県栗原郡「あらあすかねえ(まあ、失礼な)」 *すかん 岐阜県 三重県 山口県豊浦郡・大島「すかーん(あら嫌だ)」 徳島県 香川県 愛媛県周桑郡 熊本県阿蘇郡 宮崎県西諸県郡 *でけない 秋田県雄勝郡「それなんかでげねぁ」 *でけん 長崎県対馬「爺が亡うなってでけんばい」 熊本県玉名郡「そらーでけんな」 *はざわせん・はだん 三重県志摩郡「はざわせんわれ(いけません)」 *はざわん 三重県志摩郡・度会郡 *はざん 三重県「はざんかった(不漁だった)」「はざんひ(悪い日)」 *べべー 長崎市

□ないこと *どっこい 島根県石見・隠岐島「この喧嘩はどっちもどっこいじゃ」 *ろく 宮城県加美郡 京都府「ろくでいかぬ」 岡山県児島郡「ろくな奴しか来ん」 香川県 大分県南海部郡

□ないさま *さま 岩手県気仙郡「そんなさまなまねはするもんじゃない」 新潟県佐渡「さまのものが好きになったもんだ」 *だいなし 山形県米沢市「道路が悪くてだいなしだ」 新潟県岩船郡 *へぐさ 高知県土佐郡「へぐさな」

□ないものや人物 *よた 群馬県多野郡 新潟県佐渡 山梨県 長野県「彼の人はよただ」「よたなもん(粗末な品)」 三重県度会郡 *よたくれ 長野県東筑摩郡 *よたもの 山梨県 *よちゃれ 茨城県新治郡 *よっちゃれ 茨城県稲敷郡 *ろくたもの 秋田県平鹿郡

よいっぱり【宵張】

*あかめはり 富山県東礪波郡 *ねこまぶり 岩手県気仙郡「いつまで寝ねぁんだ、このねこまぶりぁ」 *ふるあずき 青森県津軽・上北郡 岩手県紫波郡・気仙郡 宮城県仙台市 秋田県鹿角郡 *ふるあんずぎ 岩手県気仙郡 *みーぐふぁー・みーぐふぁさん 沖縄県首里 *やだほり 岐阜県恵那郡 *ゆーだれこき・よーざれこき・よざらひき・よざれこき・よだれこき 愛媛県「よーざれこきの朝寝くれ」 *よいじっぱり 香川県丸亀市 *よいぼれ 長野県 *よーじっぱり 新潟県中頸城郡・西頸城郡 長野県 *よーっぱり 群馬県勢多郡 埼玉県秩父郡 *よーっぱれー 群馬県勢多郡 *よーばり 新潟県西頸城郡 *よざ・よざり 島根県隠岐島 *よざいこき 香川県三豊郡 *よさっぱり 岩手県東磐井郡 宮城県栗原郡 *よさばり 宮城県登米郡 *よざりひき 島根県鹿足郡 *よざる 島根県(多く子供に言う) 香川県高松市 *よざるとき 島根県邑智郡 *よざるひき 島根県「よざるひきのあさねぼー(ことわざ)」 広島県 山口県 香川県高松市 愛媛県・松山 *よざれひき 愛媛県・大三島(子供) *よたか 山形県村山 *よだか 島根県隠岐島 山口県豊浦郡 長崎県対馬「よだかする」 *よだる 島根県石見 *よだるひき 島根県石見 広島県倉橋島・高田郡 *よだれ 島根県 *よだれひき 大阪市 島根県益田市・那賀郡 広島県倉橋島 山口県大島 香川県丸亀市・三豊郡 愛媛県 *よっぱら 群馬県吾妻郡 *よっぱり 青森県 宮城県栗原郡 秋田県 長野県佐久 *よっぱりこき・よぱり・よぱりこき 秋田県南秋田郡・鹿角郡 *よぱれこき 秋田県山本郡 *よひかり 岩手県上閉伊郡・気仙郡 *よびかり 山形県「よびかりの朝寝こぎ」 *よぴかり 岩

手県上閉伊郡　宮城県石巻・仙台市　山形県　新潟県東蒲原郡　*よむし 和歌山市

よう【酔】　*いくらう 宮崎市　*いくろ 鹿児島県大隅　*いくろう 宮崎県児湯郡　*えーくさる 佐賀県　長崎県伊王島　*えーくらう 福岡県　佐賀県　熊本県玉名郡・八代郡　*えーくろう 福岡県久留米市　佐賀県　熊本県阿蘇郡　*えくさる 長崎県・長崎市「すぺれんにえくさった」　*えくらう 熊本県八代郡・天草郡　鹿児島県　*えくるー・よくろう 鹿児島県　*えくろ 鹿児島県薩摩　*えくろう 熊本県芦北郡・八代郡　鹿児島県　*おみる（祝い酒に酔う）長野県東筑摩郡「大層おみった」　*ぐでんまく（酒にひどく酔う）福岡市　*くらいこむ 新潟県佐渡「くりゃぁこんで、どこでのんだんだろう」　*くらいはらう 宮城県仙台市「朝っぱらから食ひはらって何うする気だ」「食ひはらふと何をするかわからぬ男だ」　*しもう 山形県「空き腹に酒がすもう」　*しもる 青森県津軽「酒がしもる」　*すっぱらー 茨城県西茨城郡　*すてっぱら（山言葉）福島県南会津郡　*たくねる（酒にひどく酔う）茨城県行方郡　*ちょーじらりる 石川県鳳至郡　*とっちりまく 福岡市　*とぼれる（少々酔う）熊本県「とぼれとる」　*びーるん・びーん 沖縄県石垣島　*ほざく 石川県鳳至郡「さけにほざいてなーでもゆーでや（酒に酔ってなんでも言っては）」　*ゆーいっさりゆい 鹿児島県喜界島　*よいくらう 福岡市　*よいくろう 福岡県粕屋郡　*よいぺちける（酒にひどく酔う）和歌山県西牟婁郡　*よきる 青森県南部　秋田県鹿角郡　*よくろ 宮崎県西諸県郡　鹿児島県　*よぐろ 鹿児島県揖宿郡　*よたくれる 秋田県鹿角郡　*よっきる 青森県南部　宮城県石巻・仙台市　秋田県鹿角郡　福島県相馬郡・東白川郡　*よったくれる 岩手県九戸郡　宮城県　山形県　千葉県香取郡「よったくれてみっともない」　*よったなぐれる 青森県三戸郡

酒に□た人　⇩よっぱらい（酔払）

□ていること　*どろんけ 兵庫県神戸市　*どろんけん（オランダ語 dronken から）茨城県新治郡　長野県東筑摩郡「どろんけんに成て役に立たぬ」

ようい【用意】　*さらく 和歌山市　*しがく 宮城県仙台市「しがくのよきあしき」　秋田県河辺郡　兵庫県加西郡　長崎県対馬「しがくする」　*しけ 鹿児島県「しけをすい」　*しこ 和歌山県西牟婁郡・東牟婁郡　熊本県玉名郡・天草郡　宮崎県西臼杵郡「夕飯のしこがあっりょるけ」　*しこー 福島県東白川郡　京都府　和歌山県西牟婁郡・新宮「旅行のしこうする」　鳥取県　徳島県　長崎県壱岐島「弁当はここにしこーしちょるけ」　熊本県下益城郡　大分県大分郡「しこーしちょいちぇおくれ（用意しておいておくれ）」　沖縄県　*しこーい 沖縄県首里　*しこまえ 熊本県八代郡・芦北郡　*しこめー 茨城県稲敷郡　*じさん 富山県砺波「こんなこともあろわいと思て去年からじさんしといた」　*しっこー 沖縄県竹富島　*しまつ 秋田市「まんまのしまつぃもしねーばいげねーししぇ」　東京都八丈島「ひょーろーしまつしとー（昼食を用意してくれ）」　*しんがく 秋田県河辺郡　*ずまい 山梨県南巨摩郡「昨夜は鼠にうまく逃げられとーが、今度こさーずまいしている」　*はなえ 島根県石見　*まかせ 島根県「なかなかまかせが出来ん」　*またじ 新潟県岩船郡　*やわい 富山県砺波　福井県大野郡　岐阜県「飯のやわいが出来た」　*よーわい 岐阜県不破郡「お蚕さんのよーわいする」
→したく（仕度）・じゅんび（準備）

□する　*うったつ 長崎市「すーぐうったたってしばやにいきなんせ」「立派にうったたってきた」　鹿児島県　*かまえる 香川県・三豊郡　高知県「今私が迎えにいくきにちゃんとかまえて待ちよりなーれ」　長崎県対馬　*しこ 鹿児島県・肝属郡　*しこう 高知県長岡郡「めんをしこー（御飯をこしらえる）」　鹿児島県屋久島「早よ昼んめしをしこーろう」　*しこーゆい 鹿児島県喜界島　*しこーゆん 沖縄県石垣島　*しこーるん 沖縄県首里　*したためる 鹿児島県種子島「弁当もしたためちゃえからん」　*じゅする 和歌山県東牟婁郡　*はなえる 島根県石見「御馳走をはなえる」　*もよう 岩手県「楽屋で役者がもよー」　東京都三宅島「三時に来てーもよってー（船の準備をして）」　*もよる 青森県上北郡「仕事始まるから早くもよれ」　秋田県鹿角郡　*よえる 岩手県気仙郡・胆沢郡　宮城県栗原郡・登米郡　*よーえる 岩手県気仙郡「簞笥もようえるつもりだ」　*よす 青森県上北郡「膳椀三十人分よした」　秋田県鹿角郡「あそこの家では何でもよして不自由がない」

ようい【容易】　*あさっぱら 山梨県　*あだ（下に打ち消しの表現を伴って用いる）長野県　静岡県北伊豆　京都府竹野郡「ここまで組立てるのがあだなこったなゃーてや」　兵庫県　鳥取県東伯郡　*あただん・あたでん 沖縄県石垣島　*あま 岡山県浅口郡「あまじゃあない」　愛媛県大三島「（女について）あまなもんじゃなー（一筋縄ではいかない）」　*あまちゃ・あまちゃく 島根県「そんなことはあまちゃだ」「あまちゃくなことじゃー出来ん」　*あまちょろ 島根県邇摩郡　*あまてご 島根県邑智郡「あまてごには返事が出来ん」　*おちゃかいぶーかい 徳島県　*おててこてん 新潟県佐渡　岐阜県飛騨「そんな事はおててこてんじゃ」　福岡市　*おてのこさいさい（「手軽な食べ物」の意から）新潟県中頸城郡「そのこと位おてのこさいさいだ」　*かな 新潟県中頸城郡（小児語）「此算術はかなだ」　滋賀県栗太郡・滋賀郡　京都市　*すかすか 長崎県対馬「すかすか進んで行く」　*そーで 徳島県「そーでたるきん（近所だから）一寸貸してやれ」　*だく 東京都八丈島　福井県坂井郡　*ただこ 島根県「この仕事はただこじゃーすまん」　*ちゃっか 秋田県北秋田郡「ちゃっかでねぇ仕事だ」　*ちょーれんこ 京都府竹野郡「二十貫ぐりゃーな荷ども君だったらち

ょーれんこだろー」 *ちょっこりごん 新潟県西頸城郡 *ちょろりと 千葉県東葛飾郡 鹿児島県 *てぃぬうち 沖縄県首里 *てこめそ 島根県隠岐島 *てどらまえ 新潟県西蒲原郡「そんな事はてどらまへだ」 *なま(打ち消しの形で用いられることが多い) 島根県隠岐島「なまなことでは出来ん」 長崎県対馬「なまにされる仕事ぢゃない」 *なまちゃ 島根県隠岐島「そんなことはなまちゃだ」 *なんのくそ 茨城県真壁郡 *はいた 和歌山県東牟婁郡「男の人でもはいたなこっちゃないよー(男の人でも並々のことではないよ)」 *はんさ 富山県高岡市「はんさな」 *へーこらへー 滋賀県彦根 *へちかすでもない・へちまでもない 石川県 *ぺろくり 茨城県猿島郡 *べろり 茨城県新治郡 千葉県東葛飾郡 *ぺろり 茨城県新治郡・稲敷郡 *めのこ 島根県「そんなことはめのこだ」 *やさ 新潟県佐渡「口ではいえるがやさのことではない」 *よーこー 熊本県下益城郡「ようこうにゃ(容易には)」 *らく 石川県 広島県 香川県「それ位なららくじゃわで、貸してあげる」 高知県香美郡「『かいて(貸して)くれるかよ』『らくなことよ(おやすいことですよ)』」

↓かんたん(簡単)・たやすい(容易)・へいい(平易)・やさしい(易)

□だ *あたみやすい 島根県邇摩郡 *あまみやすい 島根県石見「あまみやすいことで山へ登られるもんか」 *あやすい 岐阜市 愛知県「此の方があやすい」 滋賀県神崎郡 *うるさい 青森県・上北郡 *かかやすい 岡山県・小田郡 *かがやすい 京都府北部 *かない 奈良県南大和 *かなるい 滋賀県蒲生郡 京都市 *きやすい 徳島県 *ぐすい 岡山県小田郡「ぐすーない(難しい)」 広島県 *ここいやし 鹿児島県 *ここやし 鹿児島県揖宿郡 *こもない 静岡県浜松市 *さくい 静岡県 *さらくがよい 愛知県三河 *じゃらくさい 徳島県那賀郡 *じゃらこい 徳島県 *しょわない 岐阜県飛騨 香川県「それぐらいのことしょわないわ」 *ずるい 高知県香美郡「なかなか田役もずるーないわのー」・長岡郡「あっこも、でんづけでんづけできるとーぢゃけん、ずるーあるまい(あそこも次から次へ子の生まれる血統だから容易ではありますまい)」 *せわない 岐阜県 広島県佐伯郡 香川県 *たえーない 埼玉県北葛飾郡 山梨県 *たっこない・たやーねー 群馬県勢多郡 *たわいない 秋田県鹿角郡「あそこへ行って来るくらいはたわいない」 茨城県稲敷郡・猿島郡 栃木県 千葉県海上郡 新潟県・中頸城郡 静岡県志太郡 *たわいもない 栃木県河内郡 *ちゃーない 青森県津軽「それくらゐのことはちゃーないことだ」 *ちゃがすい・ちゃらすい 福井県 *ちゃらくさい 福井県 徳島県 *ちょろくさい 京都府竹野郡「そんなことちょろくさゃー俺が引きうけてやる」 *ちょろこい 山形県西置賜郡 奈良県南葛城郡 富山県砺波「ちょろこいことではでっけん」 愛知県名古屋市「十万円という金がちょろこいことでできるもんか」 三重県志摩郡「ちょろこいこたーとれんわさー(たやすくはとれっこないですよ)」 大阪市 兵庫県但馬・明石郡 香川県 *ちょろこない 山形県西置賜郡・米沢市 *てまない(「手間がかからない」「手数を要しない」の意から) 青森県津軽「この算術なら、てまなェデァ」 *てんがらやすい 岡山県苫田郡「そねえなことをいうて、てんがらやすうこのことができるんか」 *てんぐるやすい 岡山市「ほんてんぐるやすー産れた」 *てんごろやすい 徳島県・三好郡 *てんだらやすい 徳島県美馬郡 *てんでこやすい 高知県幡多郡 *てんでやすい・てんでらやすい・てんどらやすい・てんどりやすい 愛媛県 *てんてれやすい 福岡市 *てんどやすい 愛媛県越智郡「てんどやすい事よ」 *どぅーやっさん 沖縄県首里 *なまみやすい 島根県美濃郡・益田市「なまみやすい事では帰って来ん」 *なまやすい 島根県出雲 *なやすい 新潟県佐渡 京都府 兵庫県「そんななやすいこと、わいでも出来る」 和歌山県東牟婁郡 徳島県 香川県仲多度郡 愛媛県 *ぬるい 長野県上伊那郡 三重県名賀郡 *はもろい 滋賀県甲賀郡 *みやーす 沖縄県宮古島 *みやしー 島根県隠岐島 岡山県阿哲郡・児島郡 *みやすい 鳥取県西伯郡 島根県「この木を折る位はみやすいもんだ」 広島県 山口県 愛媛県 鹿児島県屋久島・種子島 *もやし 鹿児島県・揖宿郡 *もやすい 福井県大飯郡 三重県松阪市 和歌山県那賀郡 島根県邑智郡「そりゃーもやすい事だ」 広島県・安芸郡・高田郡 長崎県南高来郡・壱岐島「もやすー雨ぬあかっちよかった」 熊本県玉名郡・芦北郡 鹿児島県種子島 *やーしー 岡山県児島郡 *やおい 山口県「今日中に仕上げるのはやおうないぞ」 宮崎県西臼杵郡 *やし・やすか 鹿児島県 *やしー 岡山県児島郡「これぐれーな計算じゃったらやしーが」 大分県 *やすい 埼玉県川越 兵庫県養父郡 広島県比婆郡 徳島県 *やすけ 宮城県石巻 *やすこい 宮城県石巻 山形県「そんなことやすこいことだ」 福島県中部・北部 *やすっこい 神奈川県足柄下郡・足柄上郡 *やっすい 岐阜県吉城郡「やっすい事いなー(おやすいことですよ)」 *やにこい(否定語を伴う) 和歌山県日高郡「これはやにこいことで出来ぬ」 *やわい 三重県阿山郡 *ゆるい 三重県 *んやすい 島根県隠岐島

□でない *おどけでない 岩手県気仙郡 宮城県「やまみつ(山道)あるくのおどけでねーから」 秋田県 山形県 福島県 *おどけない 宮城県栗原郡 *おどけね 山形県最上郡「おどげね話だ」 *ただでない 青森県 *ついなこっちゃない・ついやない 兵庫県加古郡 *むさい 山形県庄内「中々むさい」 *やうーいかん・やおーいかん

長崎県壱岐島「やっち見るとなかなかやうーいかん」 *やおいかん 福岡市 宮崎県西臼杵郡「やおいかざった」 *やおいこっちゃーない 山口県豊浦郡 *やおーない 島根県石見・仁多郡 佐賀県 *やすからん 高知県・高知市「まーやすから話じゃのー」 長崎県対馬 *ゆるくない 北海道松前郡「きょーはふぃで(ふぶいて)ゆるくなぇくてあったべせぁ(たいへんだったでしょう)」 青森県「此暑気に病気でねているのもゆるぐなぇ」 岩手県気仙郡・下閉伊郡 宮城県 秋田県平鹿郡「其の工事をなすにはゆるくない」・鹿角郡 山形県西田川郡・米沢市

□でないこと *うざねっこ 岩手県下閉伊郡 *うじゃね 新潟県

□に *いごと・いながら 愛知県知多郡「そんな仕事いながらやってやらう」 *いったい 新潟県東蒲原郡「いったい来ない」 *いなり 徳島県 高知県幡多郡 *えーたい 群馬県佐波郡 *えーさいに・えさいに 富山県 *おいちょい 和歌山県西牟婁郡 *だいから 富山県「だいからできん」 *ちょいら 山形県最上郡 栃木県「何でもちょいら作って食べる」 *ちょかんと 福井県遠敷郡 *ちょっこい 鹿児島県 *ちょっこら 福島県耶麻郡 新潟県糸魚川市「ちょっこらまにあわない」・中頸城郡 *ちょっこり 新潟県中頸城郡「其仕事は急いでもちょっこり出来ないぞ」・西頸城郡「ちょっこりごん(容易なこと)」 愛媛県新居郡 *ちょっぺら 茨城県稲敷郡 *どぅーやすぃってーん・やすぃってーん 沖縄県首里 *とったかみたか 長野県佐久(手軽にものや労働を金に換えること) 岐阜県飛騨「とったかみたかに癒らまい」・郡上郡 愛知県名古屋市「あの人はなんでもかんでもとったかみたかにやるたちだで」 *へたむしょー 長野県東筑摩郡 *へたらむしょー 神奈川県藤沢市 *へったむしょー 和歌山県西牟婁郡「へったむしょーに使うてはいけない」 *へったもしょー 和歌山県日高郡 *へったやたら 栃木県 和歌山県日高郡 *へっと 愛知県尾張「そんな事へっとに出来ぬ」 *へらへーとーに 滋賀県彦根 *へらへと 奈良県宇陀郡 *へらむしょ・へらむしょー 静岡県 *へらめった 鳥取県 *むっく 山口県 *やすーに 島根県隠岐島「やすーにんまれる(安産する)」

よういく【養育】 *えこれ・えられ 宮崎県東諸県郡「子のえられも出来ん」 *こおし 熊本県玉名郡 *こおやし(「おやす」は養育する意) 鹿児島県肝属郡 *こびとね 岐阜県郡上郡 *こやらい 徳島県板野郡 愛媛県 高知市「おまさん、もーこやらいが済んだきに、あんきなもんぢゃ」 *まごやらい(孫の養育) 高知市「子やらいがすんだら又まごやらいで中々忙しい」 →そだてる(育)

□する *あじがう 岩手県気仙郡「あじげぁころした(死ぬまで養った)」 秋田県山本郡・南秋田郡「長い間親をあじがった」 *あずかる 青森県「この二十四人あんずがるねーどーやしてあずかったらいーだか(この二十四人を養うのにどうして育てたらいいものか)」 秋田県鹿角郡「誰もあずかる人が無くて気の毒だ」 新潟県東蒲原郡 *あつかう 宮城県仙台市「嫁にあつかれる」 秋田市「(亡くなった婆さんを)ほんとによぐあちかいみさったもの」 長崎県対馬「子もあつかーねならんばな」 *おやかし・おやし 鹿児島県鹿児島郡 *おやす 鹿児島県 *からぼる・しつける(子供を養育する) 青森県三戸郡

ようき【陽気】 *はんなり 京都市 大阪市「ちょっと はんなりしすぎやしまへんか」 奈良県「あそこははんなりした好い場所だ」

ようし【容姿】 *かーぎ 沖縄県首里「ちゅらかーぎ(美貌)」・石垣島 *かぎ 鹿児島県喜界島 *しなっこ・ひなりっこ 岩手県気仙郡「しなっこいー(スタイルがよい)」 *しょーなり 千葉県夷隅郡 *しょなり 千葉県夷隅郡「あの人のしょなりみろ」 山梨県南巨摩郡「他人のまーさ(前に)出るおりゃーだらしのないしょなりをしるもんじゃーないよ」 *しょんなり 静岡県「あの人はしょんなりが悪い」・志太郡(悪い姿に言う)「みょー、あぇーつんしょんなりょー(見ろよ、あの男のみすぼらしいざまを)」 *すがら・すがらっこ 岩手県気仙郡「すがらっこいい(スタイルがよい)」 *せき 島根県益田市「せきがえー(年に似合わず体が大きい)」 *せきたい 新潟県長岡市「あの女はせきたえがいい」 *なりふじ 沖縄県首里 *ふーぞく 島根県石見 山口県阿武郡 徳島県 愛媛県 *ふーろく 和歌山県東牟婁郡「あの人はふうろくがわるい」 *ふっぱい 新潟県東蒲原郡 *ぶっぱい 岩手県気仙郡・胆沢郡 山形県最上郡 新潟県東蒲原郡「ぶっぱいが良い(品がある)」 *みそぎ・みそく 千葉県夷隅郡 *みかじ・んちゃーぎ 沖縄県首里 →すがた(姿)

ようし【養子】 *あとぅみ 沖縄県宮古島 *いせき 山梨県「いせきにゆく」 *いわし・いわしっこ 新潟県中魚沼郡 *かっとーいりー(「家督入れ」の意) 沖縄県与那国島 *こぬか(「小糠三合あるならば入り婿すな」ということわざから) 滋賀県彦根・蒲生郡 *こぬかさんご 長野県佐久 *こんか 石川県江沼郡 *つぃかねーんぐゎ 沖縄県首里 *つかじふぁ 沖縄県宮古島 *っかないがみ 沖縄県与那国島 *ひやめし 徳島県美馬郡 *みょーせき 山形県米沢市 *むこさん 香川県大川郡 *むほ 鹿児島県奄美大島 *やしなーご 鹿児島県種子島 *やしないご 三重県志摩郡 *やしないふぁ 沖縄県西表島 *やしないふぁー 沖縄県石垣島・竹富島 *やしにゃご 熊本県玉名郡 *やしねーんぐゎ 沖縄県首里 *よーしふぁー(「ふぁー」は子の意) 沖縄県小浜島

ようじん【用心】 *くくり 沖縄県首里「くくりぬあるちゅ(気をつける人。注意心のある人)」

＊だいじ 岩手県胆沢郡「とぬかくしば、でーずにしんだでや(とにかく火は用心するんだよ)」 **＊ゆじん** 鹿児島県 **＊よーじょー** 群馬県吾妻郡「ようじょうして行って下され(山仕事に行く人に言う)」 ↓ちゅうい(注意)

□する **＊あばう** 岐阜県郡上郡「んなら、あばって行ってきてくだーあれ(それでは気をつけて行って来て下さい)」 奈良県吉野郡 **＊あばなう** 奈良県吉野郡「どうぞ道をあばのーて帰って下さい」 **＊くくりゆん** 沖縄県首里「くくりてぃあっきよー(気をつけて歩けよ)」 **＊だいじをふむ**(特に用心する) 山口県 **＊たんきゆん**(体に用心する) 沖縄県首里 **＊まえをちがえる** 岡山県苫田郡「ありゃー手に合わん人間じゃけー、まえをちがえてかからにゃひどいめにあうで」

ようする【要】 **＊ちえる** 香川県「高松へ通うんではだいぶ時間がちえるきんな」 **＊ついえる** 静岡県榛原郡 **＊てーゆん** 沖縄県首里 **＊てく**(人手を要する) 青森県津軽

ようだ【様】 **＊かーらん** 高知県香美郡「今から考えたらあほーにかーらん(あほうみたいだ)」・高知市「今までは失敗したが今度こそ大丈夫にかーらんよ(違いないよ)」 **＊かたり** 岩手県気仙郡「一緒に行くかたりしていた」 **＊かわらん** 高知県 **＊く** 宮城県仙台市「さうゆくしてはいけません」 山梨県 長野県北安曇郡「このくに」 **＊ぐ** 岩手県気仙郡「こいぐやるんだぞ」 宮城県石巻「かうゆぐすればうまく出来る」 福島県東白川郡「こえぐしろ」 山梨県「あのぐ」 **＊ぐとぅ** 沖縄県首里「はなぬ　ぐとぅちゅらさん(花のように美しい)」 **＊ごー・ごん** 東京都八丈島「お身をお花と並ぼうとこは(並んだところは)本当にひなさまのごんだりぁ」 **＊ごーげらな** 新潟県中越 **＊ごつ** 福岡県三井郡「親でん何(なん)でん馬鹿んごつゆーもんで」 熊本県「蜜のごつあまか」 大分県「しなもんが山んごつある」 宮崎県東臼杵郡 鹿児島県 **＊ごて** 大分県東国東郡 **＊ごてー** 長崎県対馬 大分県速見郡 **＊ごと** 島根県石見 徳島県美馬郡 福岡県小倉市・福岡市「山のごと大きい」 長崎県「(牛の腹が)せんぺのごとしとる(せんべいのようになっている)」 大分県「もとんごたーねー(以前のようではない)」 宮崎県西臼杵郡「ゆめのごと」

ようふく【洋服】 **＊かなぐのついたべべ** 徳島県美馬郡 **＊すっぽーだんぶくろ** 栃木県真岡市・芳賀郡 **＊つっぽーだんぶくろ** 新潟県西蒲原郡 ↓いふく(衣服)

ようふぼ【養父母】 **＊つぃかないうや** 沖縄県石垣島・小浜島 **＊よーしうや** 沖縄県

ようべん【用便】 **＊およーず**(大便) 滋賀県犬上郡 **＊よーがい** 香川県三豊郡 **＊よーきゃー** 京都府竹野郡 **＊よーじ** 新潟県佐渡「自分で用事の足せる間は生きていたい」 大阪市「ちょっと用事に行て来まっさ」 **＊よーと** 兵庫県加古郡「あの人も寝ついたなりよおともでけんそうや」 **＊よーもの** 岐阜県飛驒

□をする **＊おる** 島根県美濃郡・益田市 広島県比婆郡「おりたい」「おらんでがまんしとれ」

□を足すこと **＊じょーのー** 青森県三戸郡「上納に行く」

ようやく【漸】 ⇩やっと(漸)

よくじつ【翌日】 **＊あーちゃ** 岩手県東磐井郡 **＊あーつぁ** 沖縄県石垣島 **＊あいさ** 滋賀県 大阪府・泉北郡 和歌山県・東牟婁郡 香川県伊吹島 **＊あいた** 三重県 和歌山県 広島県 徳島県・海部郡 高知県 **＊あいたり** 和歌山県西牟婁郡 **＊あいった** 大阪府中河内 **＊あきのひ** 奈良県・宇陀郡 **＊あけのひ** 静岡県榛原郡 滋賀県高島郡 兵庫県加古郡・神戸市 奈良県 鳥取県西伯郡 島根県 岡山県邑久郡 広島県比婆郡 徳島県海部郡 鹿児島県種子島 **＊あけてのひ** 島根県 山口県佐波郡 大分県臼杵市 鹿児島県甑島 **＊あしたーとー** 大分県 **＊あしたつー** 大分県北海部郡 **＊あしたり** 岐阜県 三重県南牟婁郡 兵庫県神戸市 和歌山県 鳥取県 岡山県 山口県熊毛郡 熊本県下益城郡 宮崎県 **＊あして** 福岡県・久留米市 佐賀県 大分県 **＊あしてや** 熊本県 **＊あすえつ** 山梨県 **＊あすなった** 岩手県九戸郡 **＊あちゃ** 鹿児島県喜界島 沖縄県首里 **＊あちゃー** 山形県 鹿児島県 沖縄県 **＊あつぁ** 沖縄県小浜島・新城島・鳩間島「あつぁーゆー(明晩)」 **＊あったー** 沖縄県与那国島 **＊あっつぁ** 沖縄県八重山「あっつぁぬゆー(明晩)」 **＊あひたり** 岐阜県・恵那郡 岡山県阿哲郡 **＊つぐひ** 栃木県 群馬県勢多郡・佐波郡 埼玉県北葛飾郡 **＊つぐるひ** 茨城県 千葉県夷隅郡 新潟県佐渡 **＊なーさ** 鹿児島県奄美大島 沖縄県島尻郡 **＊なーしゃ** 鹿児島県奄美大島 **＊なーちゃ** 鹿児島県南西諸島 沖縄県 **＊なーちゃー** 沖縄県 **＊なーつぁ** 鹿児島県南西諸島 沖縄県 **＊なーつぁー** 沖縄県石垣島 **＊なーっつぁ** 沖縄県黒島

よくばり【欲張】 **＊いけほいと** 青森県上北郡・三戸郡 岩手県気仙郡 秋田県鹿角郡「えげほいとして腹こはすな(食べ過ぎておなかを痛めるな)」 新潟県東蒲原郡 **＊いじくされ** 島根県美濃郡・鹿足郡 **＊いしこい** 兵庫県加古郡 **＊うどおーちゃく** 愛媛県大三島 **＊えげほいと** 青森県三戸郡 秋田県北秋田郡 **＊おげ**(欲ばり者) 高知県 **＊おじぼー** 島根県 **＊かかいすぎむぬ** 沖縄県宮古島 **＊かきのたね** 新潟県佐渡 **＊かんくー** 島根県美濃郡 山口県玖珂郡 **＊がんくー** 島根県鹿足郡 **＊がんどー** 長崎県対馬「彼は取る事が好きで出すことが嫌ひ、実にがんどうな人である」「がんどうもん」 **＊がんばち** 和歌山県那賀郡 **＊きんま**(欲ばりなさま) 新潟県東蒲原郡「きんましないで他人にも借してやれ」・南魚沼郡 **＊きんまん**(欲ばりなさま) 埼玉県秩父郡「お客様に出したお菓子などきんまんするもんじゃあねえよ」 **＊くろきっつ** 長崎県五島 **＊げすす**(欲ばりな人) 新潟県中頸城郡 **＊げすばり**

新潟県上越市 *しちよく 秋田県鹿角郡「あまりしちよくたけるな」 島根県隠岐島 *しぶっかき 埼玉県入間郡 *たかり(「欲たかり」の略) 山形県西置賜郡 *とりよく 新潟県佐渡 *にんぜんかき 長野県佐久「全遺産を貰おうなんて、にんぜんかきだ」 *はてぃゆくー(すごい欲ばり) 沖縄県首里 *ひちよく 奈良県吉野郡 島根県美濃郡・益田市 大分県 *ほいと 青森県 宮城県栗原郡・仙台市 秋田県「そんたらにほいとすな(そんなに欲しがるな)」 *ほいとくされ 青森県津軽 *ほいとたかり 秋田県鹿角郡 *ほいとたかれ 青森県津軽 *ほいとやろ 山形県庄内 *ほんどがしら 秋田県山本郡 *ませながり 新潟県東蒲原郡 *むよく(「強欲は無欲に似たり」からか(越佐方言集)) 新潟県西頸城郡 京都府・竹野郡「あんまりむよくするもんじゃありませんで」 *めつっぱり(欲ばりな人) 山口県周防 *ゆーくー 沖縄県首里 *ゆくー 沖縄県 *ゆくじん 沖縄県八重山 *ゆくずぃん 沖縄県石垣島・新城島 *ゆくたかり 岩手県九戸郡・気仙郡 *ゆくたりむん 鹿児島県沖永良部島 *ゆくっさりー 鹿児島県喜界島 *ゆくとー 沖縄県小浜島 *ゆくどー 沖縄県八重山 *ゆくどーさ 沖縄県石垣島「ゆくどーさー(欲深いことよ)」 *ゆぐなむぬ 沖縄県波照間島 *ゆくぬむん 沖縄県鳩間島 *ゆくふぁり 沖縄県西表島 *ゆくむん 鹿児島県奄美大島 *ゆこーり 鹿児島県与論島 *ゆこどーり・ゆっくどーれ 鹿児島県奄美大島 *よくかたり 青森県 *よくし 香川県三豊郡 *よくしったれ 島根県美濃郡 *よくしっとー 島根県邑智郡 広島県高田郡 *よくしっぱ 島根県 *よくしっぱち 島根県仁多郡 *よくしっぽ 島根県出雲・隠岐島 *よくしっぽー 島根県 *よくしなれ 長崎県五島 *よくしろ 熊本県下益城郡 *よくしろー 大分県大分郡 *よくしん 香川県直島 大分県北海部郡 *よくしんぼ 福井県 岐阜県益田郡 滋賀県彦根 京都府竹野郡 香川県 高知県・幡多郡 *よくしんぼー 新潟県佐渡 香川県 *よくすけ 島根県大田市・隠岐島 愛媛県宇和島 *よくすっと 島根県大田市 *よくすっぱ 鳥取県西伯郡 *よくすっぺ 島根県隠岐島 *よくすっぽ 鳥取県西伯郡 島根県 *よくすっぽー 島根県 *よくずら 大分県 宮崎県 *よくたかしげ(欲ばりなさま) 香川県 *よくたかり 青森県 岩手県 宮城県北部 秋田県 山形県 福島県「あの子わよくたかりで困る」 新潟県佐渡・東蒲原郡 富山県砺波 *よくたけ 山形県村山・置賜 *よくたら 鳥取県西伯郡 島根県 *よくたれ 島根県 香川県三豊郡・伊吹島 *よくたんぽ 島根県八束郡 *よくちん 兵庫県淡路島 徳島県海部郡 *よくっかき 山梨県南巨摩郡 *よくったかり 栃木県 *よくったれ 島根県鹿足郡 *よくっと 高知県土佐郡 *よくっとー 島根県鹿足郡 *よくっとーもん 島根県益田市 *よくっとし 高知県 *よくつら 愛媛県 *よくどー 島根県石見 *よくどーされ・よくどーたれ 島根県美濃郡・益田市 *よくどーもの 島根県石見 広島県 *よくとし 高知県・高知市「よくとしは一種の病気ぢゃのーし、戸棚に腐った物がたくさんはいっちょる」 *よくどしん 熊本県玉名郡 *よくばーず 島根県隠岐島 *よくぱがり 山形県北村山郡 *よくひっぱり 島根県美濃郡・益田市 長崎県南高来郡 *よくふとーもん 島根県鹿足郡 *よくぼーし 三重県志摩郡 *よくぼし 兵庫県加古郡 和歌山県東牟婁郡 *よくぼり 兵庫県加古郡 愛媛県大三島 *よくまっちょー 福岡市 *よくめ 香川県伊吹島 *よくんどー 広島県山県郡 *よくんぼ 福井県足羽郡・南条郡 岐阜県飛驒 愛媛県・松山 高知県・高知市・幡多郡 *よくんぼー 広島県山県郡 *よこたか・よこたかり 山形県西田川郡 *よっかき 茨城県稲敷郡「よっがきする(欲深くする)」 *よっかっ 熊本県玉名郡 *よっくー 長崎県伊王島 *よっごろ 宮崎県西諸県郡 鹿児島県・肝属郡 *よっぽ 鹿児島県鹿児島郡 □だ *うたちー 大分県 *ゆくさーん・ゆくどーさーん 沖縄県石垣島 *よくい 富山県射水郡 兵庫県神戸市 愛媛県・松山「よくいお婆さんぢゃ」 佐賀県藤津郡「よっか」 熊本県玉名郡 *よくだましー 富山県砺波 石川県珠洲郡 *よくどい 千葉県夷隅郡「よくどぃ人だ」 福井県遠敷郡 熊本県玉名郡 *よくとーしー 新潟県佐渡 *よくどーしー 埼玉県秩父郡「よくどーしーが頂いてまいります」 千葉県長生郡 東京都八王子 神奈川県津久井郡 山梨県南巨摩郡 長野県諏訪・佐久 滋賀県彦根 岡山市 福岡市 *よくどーらしー 新潟県佐渡 *よくとしー 新潟県佐渡 兵庫県加古郡・淡路島 *よくどしー 千葉県市原郡 福井県遠敷郡 長野県佐久 愛知県知多郡 大阪市 兵庫県神戸市 奈良県生駒郡 香川県 愛媛県・松山「よくどしい事いふな」 *よくない 香川県伊吹島 *よっくい・よくちー・よくちん(児童語) 兵庫県神戸市

よけい【余計】 *がー 東京都大島「さざゑは獲れたが、がーには獲れなかった」 *がい 福島県岩瀬郡 茨城県 栃木県「がいに食ふと腹をいたくする」 静岡県島田市 三重県 愛媛県 *げあぇ 茨城県稲敷郡 *げー 福島県石城郡「おめえ、そんなにくっちゃげえだっぺえ」・東白川郡 栃木県芳賀郡「小さい人にはげいだ」 *げやぁー 栃木県河内郡 *しこー 島根県「お前がなぐさめるようなことを言うけえしこー悲しうなった」 *しここと 島根県安来市・邇摩郡 *しこのこと 島根県大田市 *しっこー 島根県邑智郡・大田市「そんなことをするとしっこー悪い」 *しょーぶ 東京都八丈島 *ついえ(よけいなさま) 長崎県南高来郡 熊本県玉名郡「ついえたくちゃきくな(よけいなことを言うな)」 *つーえか(よけいなさま) 熊本県天草郡 *つーよーごと(よけいなさま) 広島県倉橋島 大分県 *つえ(よけいなさま) 和歌山県「つえなこ

とするものやない」 *はした 山形県米沢市「この分あ、はしただ」 *ひす 石川県能美郡 *ひんず 石川県能美郡 福井県敦賀郡・遠敷郡 滋賀県甲賀郡

大阪市「えらいひんずの物入りや」 兵庫県神戸市「彼奴はひんずな金遣ひをする」・加古郡 奈良県 和歌山県伊都郡 山口県阿武郡・豊浦郡「ひんずにある」「ひんずの仕事」 徳島県・板野郡・美馬郡 香川県香川郡 福岡市「景品なんてひんずなもんば付とる」 長崎県対馬 *ひんずいー 大分県日田郡 *へんず 徳島県・阿波郡 香川県「へんずのことばがついとる」「へんずに買うてきた」

*へんめーこんめー・へんめー(よけいなさま) 長崎県対馬「へんめえこんめえする」「何をへんめえな事をいふか」 *よざん 岡山県苫田郡「よざんなこというな(よけいなことを言うな)」 香川県「よざんのこといわいでええが」 *よせー(よけいなさま) 茨城県真壁郡 埼玉県秩父郡「そんなよせーなことはやめろ」 *よんに 鹿児島県 *よんにょ 熊本県

*よんね 青森県三戸郡

→よぶん(余分)

□だ *いたらむねー 長崎県対馬 大分県日田郡「いたらむねーことするな」 *うかい 山形県

*えしれん 熊本県玉名郡・下益城郡 宮崎県東諸県郡 鹿児島県「えしれんもん」・肝属郡「えしれんこつ言ふな」 *おか 青森県津軽 *おかい 青森県津軽「そごぁ、ぼっつどおがぇだでぁ(そこんところが、そっくり余分だぜ)」 *しゃいこない(よけいなことだ) 山形県 *しゃいこはない・こじゃいこはない(よけいなことだ) 山形県米沢市 *しゃいこもない(よけいなことだ) 山形県置賜「しゃいこもないごどすんな(よけいな世話事するな)」 *しゃいもない(よけいなことだ) 新潟県刈羽郡 *よーでもない 千葉県市原郡

長野県下伊那郡・佐久 香川県「ようでもないやつはほうらないかん(捨てなければならない)」

□なこと *しゃいこ 山形県米沢市 *ちく 群馬県邑楽郡「ちくーこくな(よけいなことを言うな)」

*てんぐそ 徳島県海部郡 *とちぜーろく・とち 島根県隠岐島「とちをすんな」 *よしゃ 京都府竹野郡「関係もないものがよしゃなこと云ったものだ」

□なことを言う *あぎたたく 長崎県対馬

*あげとゆー 香川県 *あごたたく 新潟県西頸城郡 富山県砺波 愛知県知多郡 熊本県 *あごとーたたく 福岡県粕屋郡・福岡市 *あごをたたく 熊本県八代郡 大分県北海部郡 *あんごたたく 京都府 *あんごをたたく 京都府 *おたーまーくる 広島県芦品郡 *ぐだつく・ぐだずく 島根県簸川郡・隠岐島 *くちしゅい(「しゅい」はするの意) 鹿児島県喜界島 *さいはじける 秋田県河辺郡「あいつは何へでもせぁふぁんじける」 山形県 新潟県中頸城郡 *しゃーはちくる 熊本県玉名郡 *たたる 愛媛県南宇和郡「あいつがたたったけん皆に知れてしもうた」 高知県幡多郡

□なことをすること *こっつなし 山形県西置賜郡 *さいき 愛媛県 *さいきゃく 香川県 *さいきょ 島根県出雲「さいきょをやく」 広島県倉橋島「さいきょする」 愛媛県松山・大三島 *さいきょー 島根県鹿足郡・大原郡「さいきょーをやく」 岡山県苫田郡・邑久郡 愛媛県「さいきょーやくな」 *さいく 山口県玖珂郡 *さいこ 北海道「あまりさいこするな」 青森県南部 三重県度会郡 兵庫県淡路島「さいこ言わんとだまって引込んどれ」 山口県阿武郡「さいこをやく」

愛媛県 高知県 *さいご 和歌山県日高郡「さいごせんとあちらへ行って居れ」 *さいこー 山口県玖珂郡 *さいこずち 愛媛県大三島 *さいこばち 愛媛県「さいこばちつくな」 *さいこばな 愛媛県「さいこばなつくな」 *さいこばね 愛媛県「さいこばねやくな」 *さいこばり 愛媛県

*さいこまつ 高知県幡多郡 *さいじょー 島根県鹿足郡 *さいじん 新潟県東頸城郡「さいじんしんな」 *さいばな 愛媛県今治市・周桑郡 *しゃいこなし 山形県「あいつはしゃいこなしだ」

*しゃいっこ 山形県「他人の事をしゃえっこするな」 *しゃいっこなし 山形県 *しゃいなし 山形県西置賜郡・東田川郡 *てずくな 長野県「てづくなするな」 *てだくな 新潟県中頸城郡 長野県長野市・上水内郡

□に *ひすに 石川県能美郡 *ふんどに 徳島県三好郡 *やまこに 島根県浜田市・江津市「やまこに飯を炊くな」 *よっきゃーいな 島根県 *よっきゃーなー 島根県石見「鯉が池によっきゃーなー居る」「魚がよっきゃーなー網いはいった」

*よっけきっきゃーなー・よっけこーきゃーなー 島根県那賀郡「人がよっけきっきゃーなー集ま

方/言/の/窓

●擬声語・擬態語と方言 I

方言の世界における多様な擬態語の一部を紹介しよう。以下に記すのは、山形県庄内地方に見られるものである。

・アオラアオラ (病気あがりの弱々しいようす)
・アグデモグデ (悪口を言うようす)
・イカラマカラ (よろよろと歩くようす)
・イコイコ (生意気で落ちつきのないようす)
・イシェライシェラ (ふざけて笑うようす)
・イラホラ (いらいら)
・グジラグジラ (ぐずぐず)
・シャガシャガ (たじたじ)
・ダジダジ (物を粗く切るようす)
・バヤバヤ (そわそわ)
・ロンロ (言い争うようす)

はたと手を打ちたくなる表現も多い。

っとる」

よける【避】 ***しゃてる・しゃってる** 山形県「早くしゃてねからぶつかった」「邪魔になるからしゃってろ」 ***しょげる** 栃木県 ***へーる** 岐阜県飛騨 ***へる** 岐阜県恵那郡・飛騨 奈良県宇陀郡「へっとらなあぶないぞ」・吉野郡 ***へれる** 愛媛県大三島 ***よいく** 三重県志摩郡「よいかんかれ(退かぬか)」 ***よのく** 三重県度会郡・志摩郡「よのけ」 和歌山県日高郡・西牟婁郡 長崎県

→さける(避)

よこ【横】 ***ばば** 島根県邑智郡「挨拶をしてばばを向いて坐った」 ***へどま** 徳島県三好郡 ***へら** 愛媛県「へらを見る(そっぽを見る)」「へらで聞いとったんじゃけど」 ***ほて** 新潟県佐渡 石川県羽咋郡・江沼郡 長野県北安曇郡 岐阜県飛騨 兵庫県 ***ほと** 岡山県児島郡 ***よこさい** 兵庫県加古郡 ***よこし** 岩手県気仙郡 兵庫県加古郡 鳥取県「よこしから見ている者」「よこしえ寄ってゐなさい」 島根県 岡山県苫田郡 広島県比婆郡 山口県大島 香川県「よこしに歩いて来たもの」 愛媛県 熊本県下益城郡 ***よこすっぽ** 和歌山県 ***よこずっぽー** 熊本県下益城郡 ***よこせ** 島根県隠岐島 香川県「よこせになる」 ***よこせー** 島根県隠岐島 ***よこぞ** 福岡県久留米市・浮羽郡 ***よこた** 岐阜市 愛知県「あの人よこた向いている」 和歌山県那賀郡 ***よこたい** 新潟県佐渡 ***よこたくれ・よこったくれ** 和歌山県「よこたくれにこける」 ***よこたばえ** 岩手県胆沢郡 ***よこたる** 岐阜県武儀郡 ***よこたん** 宮崎県東諸県郡 ***よこった** 山梨県南巨摩郡 和歌山県和歌山市・海草郡 ***よこっちゃり** 長野県上田 ***よこっぱち** 広島県賀茂郡 ***よこっぱり** 東京都八王子 神奈川県津久井郡 長野県上田 ***よこっぴら** 宮崎県東諸県郡 ***よこっぺ** 神奈川県津久井郡 長野県佐久 ***よこっぺー** 山梨県南巨摩郡 ***よこっぺら** 大阪市 ***よこぱた** 青森県上北郡 ***よこぴた** 山形県「顔のよごぴたただえだ」 ***よこぺら** 青森県九戸郡 ***よころー** 岡山県 ***よんご** 長崎市 ***よんごひんご** 鹿児島県肝属郡

□**になる** ***うっくるぶん**(ごろりと横になる) 沖縄県首里 ***うとる** 徳島県三好郡「しゃんしゃんうとりさがれ」・麻植郡 香川県大川郡・三豊郡 ***おひなる** 徳島県美馬郡 香川県三豊郡 ***そべーる** 長野県諏訪・佐久 ***そべる** 茨城県「おそべりなさい」 栃木県 群馬県 埼玉県秩父郡「つかれたから少しそべれ」 千葉県 新潟県 山梨県 長野県「おそべりなんし」 三重県志摩郡 広島県高田郡 高知県幡多郡「もうそべらんせや」 ***どふさる**(卑語)島根県出雲・隠岐島 ***どぶさる**(卑語)宮城県登米郡 千葉県君津郡 神奈川県 石川県鹿島郡 長野県下伊那郡 岐阜県「ぶつぶついわず、早うどぶされ」 愛知県名古屋市 ***どふす**(卑語)山梨県 ***どぶす**(卑語)青森県津軽 福島県南部 神奈川県・中郡 静岡県磐田郡 ***どふせる**(卑語)富山県婦負郡 ***ながーなる** 島根県飯石郡・仁多郡・隠岐島 ***ながくなる** 岩手県気仙郡「さあさ、ながくなって、ゆっくり話語りしあすべ」 宮城県仙台市「まづながくおなんなえ、按摩とってあげすから」 山形県 ***ながなる** 島根県出雲・隠岐島「ふとり(独り)ながなって」 ***ながんなる** 島根県出雲 ***なごーなる** 新潟県佐渡 富山県氷見市「ただなごーなってあすんどるがっちゅ(遊んでいるというわけです)」 岐阜県飛騨「暇さえありやすぐなごーなる」 島根県石見 徳島県「どうぞなごーなってつかはれ」 ***なごーになる** 香川県 ***なごーんなる** 香川県 ***なごなる** 新潟県佐渡「少しなごなって休んで下さい」 富山県 石川県 熊本県八代郡 ***なんころぶ** 熊本県 ***ねこぜる**(だらしなく横になる)高知県 ***のそべる** 島根県美濃郡・益田市 ***のばる** 山形県東田川郡 ***はわる** 島根県出雲・隠岐島「縄が道にはわっちょる」 ***ぶっくりきゃーる** 東京都八丈島「ぶっくりきゃーってやすみやれ(横になってお休みなさい)」 ***まがる** 島根県出雲「朝間かぁ(朝から)、寝たぁ、曲ったぁしちょうが(横になったりしているよ)」 ***よこぼう** 岡山県苫田郡 ***よころぶ** 兵庫県加古郡 ***よっころぶ** 宮崎県東諸県郡 鹿児島県

→おうが(横臥)・ねころぶ(寝転)・ねそべる(寝―)

□**の方向** ***すばふぃら** 沖縄県首里 ***そっぱ** 千葉県東葛飾郡 ***ほっぱら・ほぱら** 秋田県鹿角郡「ほっぱら向いて聞かないふりする(そっぽを向いて聞こえない風をする)」 ***よこさい** 兵庫県加古郡 ***よこし** 岩手県気仙郡 兵庫県加古郡 鳥取県「よこしから見ている者」 島根県 岡山県苫田郡 広島県比婆郡 山口県大島 香川県 愛媛県 熊本県下益城郡 ***よこすっぽ** 和歌山県 ***よこずっぽー** 熊本県下益城郡 ***よこせ** 島根県隠岐島 香川県 ***よこせー** 島根県隠岐島 ***よこぞ** 福岡県久留米市・浮羽郡 ***よこた** 岐阜市 愛知県「あの人よこた向いている」 和歌山県那賀郡 ***よこたい** 新潟県佐渡 ***よこたくれ・よこったくれ** 和歌山県 ***よこたばえ** 岩手県胆沢郡 ***よこたる** 岐阜県武儀郡 ***よこたん** 宮崎県東諸県郡 ***よこった** 山梨県南巨摩郡 和歌山県和歌山市・海草郡 ***よこっちゃり** 長野県上田 ***よこっぱち** 広島県賀茂郡 ***よこっぱり** 東京都八王子 神奈川県津久井郡 長野県上田 ***よこっぴら** 宮崎県東諸県郡 ***よこっぺ** 神奈川県津久井郡 長野県佐久 ***よこっぺー** 山梨県南巨摩郡 ***よこっぺら** 大阪市 ***よこぱた** 青森県上北郡 ***よこぴた** 山形県 ***よこぺそ** 千葉県香取郡「山のよこぺそ」 ***よこぺら** 青森県九戸郡 ***よころー** 岡山県

よこす【寄越】 ***きやす** 三重県「ちっこい子をここへきやすなよ」 ***ぬわゆい** 鹿児島県喜界島

「うんぶしぬわてぃくり(その帽子よこしてくれ)」 秋田県鹿角郡「それのべておくれ(そこにあるものを取って、こっちによこしておくれ)」 *やる 秋田県仙北郡 福島県「やってくんつぇ」 長野市 岐阜県飛騨「わしにこいつをやっとくれんさい」 鳥取県東伯郡「これやってごしないなあ」 島根県「菓子をやんさった」 岡山県津山 広島県 山口県阿武郡「やれ」・玖珂郡・大島 徳島県 愛媛県「おらにもやんなれ」 福岡県 佐賀県・藤津郡 長崎県壱岐島「やらんせ」・北松浦郡 熊本県天草郡 宮崎県日南市・東臼杵郡 鹿児島県肝属郡「そゆこっちやれ(それをこっちへよこせ)」・揖宿郡「焼酎(しょうちゅう)を一本やっくいやい」・屋久島

よごれる【汚】 ***あかはぬん** 沖縄県首里「からじぬ あかはどーん(髪の毛が汚れている)」 ***おえーる** 山梨県中部 ***おえる** 山梨県 静岡県「おえると困るでせせくるな」 ***おがれる** 富山県 ***さぼれる** 島根県那賀郡・邇摩郡 ***にしまる** 秋田県平鹿郡「にしまった姿して来た」 ***ぬるる** 山形県庄内 ***へんやげる** 広島県大崎上島 ***やにやなるん** 沖縄県鳩間島 ***んなになる** 石川県金沢市

□ている ***おとましー** 静岡県富士郡 ***しょっぱい** 新潟県新井市「あいつはしょっぱいかっこーしてる」

□ているさま ***じゃげ・じゃーげ・じゃっげ** 長崎県五島 ***にしこ**(汚れていること) 三重県志摩郡 ***ふすふす**(汚れるさま) 山梨県「ふすふすする」

よそみ【余所見】 ***さんげー** 新潟県佐渡「さんげえせんな」 ***そーらく** 富山県射水郡・砺波 ***そらっぽ** 茨城県稲敷郡 ***へらみ** 愛媛県・周桑郡 ***よそめ** 大阪府泉北郡 和歌山市「よそめしていたらごぜんがこぼれる」

→わきみ(脇見)

よたよた ***えかえか** 青森県三戸郡 新潟県佐渡 ***えがえが** 富山県砺波 ***えかまか** 岩手県気仙郡 山形県飽海郡 ***えかもか・えっからもっから** 青森県三戸郡 ***えがりえがり** 島根県大原郡・隠岐島 ***えたえた・えちゃえちゃ** 秋田県鹿角郡 ***えっかえっか** 島根県能義郡・仁多郡 ***えっかまっか** 岩手県紫波郡・気仙郡 ***えっからまっから** 山形県飽海郡 ***えっがりえっがり・えんがりぐんがり** 島根県隠岐島 ***えっかりげ** 愛媛県越智郡 ***えっこえっこ** 島根県八束郡 ***えっこらまっこら** 山形県西置賜郡 ***えんがえんが** 島根県「年をとったもんだけんえんがえんがして歩いちょー」 ***つぃるつぃる** 沖縄県首里 ***へがもが** 島根県美濃郡・益田市「何をへがもがしとるか、早う追っついて来い」 ***よっかまっか** 岩手県気仙郡

→「あるく(歩)」の子見出し、「足元危なげに歩くさま」

□と危なっかしく歩くさま ***いんがらもんがら** 島根県美濃郡 ***えがらまがら** 山形県飽海郡 ***えがらもがら** 秋田市 ***えんがらまんがら** 山形県西田川郡・飽海郡

よだれ【涎】 ***あわ** 山形県西田川郡 ***おかーばり**(「かーばり」はこわばることの意。子供の衣服や顔などにこびり着いた、よだれなど) 静岡県榛原郡 ***くちしる** 沖縄県首里「くちしるじーじー(よだれをたらたら)」 ***げろ** 山形県 ***ごぼーじ** 島根県仁多郡 ***ごぼじ** 島根県出雲 ***したけ・ふたけ** 千葉県 ***ずぶ** 岡山県 ***ち** 島根県 ***つ** 埼玉県秩父郡 奈良県吉野郡 島根県 広島県比婆郡 ***つー** 三重県南牟婁郡 和歌山県南部 ***ねぺ** 秋田県平鹿郡 ***びろ** 青森県 秋田県 ***ふつぃじり** 沖縄県石垣島「ふつぃじりきしるん(口汁切れる=急によだれが出る)」 ***べら** 秋田県平鹿郡 ***へろ** 秋田県仙北郡 ***べろ** 青森県三戸郡・南部 岩手県上閉伊郡 秋田県 ***よず** 新潟県 島根県石見「よづをくる」「寝てよずーくった」 ***よずく** 新潟県東蒲原郡 ***よど** 長野県 岐阜県 静岡県 愛知県 三重県伊勢 鳥取県気高郡 長崎県南高来郡 ***よんだー** 長野県諏訪

□を垂らしていること ***ゆだれくり** 群馬県勢多郡 熊本県玉名郡・天草郡 ***よーだれくり** 広島県倉橋島 ***よずくり** 島根県石見 ***よだれくり** 三重県北牟婁郡 大阪市 兵庫県 島根県石見 岡山県苫田郡 広島県高田郡 愛媛県周桑郡 ***よばれこき** 香川県

□を垂らしている者 ***あべたらし** 福井県 ***ちたれ**(よだれを垂らす子供) 島根県出雲 ***つたれ**(よだれを垂らす子供) 島根県出雲・隠岐島 ***びろたらし**(「びろ」は唾液(だえき)の意。しょっちゅうよだれを垂らしている人) 青森県津軽・上北郡 ***ゆだれくり** 群馬県勢多郡 熊本県玉名郡・天草郡 ***よーだれくり** 広島県倉橋島 ***よずくり** 島根県石見 ***よだれくり** 三重県北牟婁郡 大阪市 兵庫県 島根県石見 岡山県苫田郡 広島県高田郡 愛媛県周桑郡 ***よばれこき** 香川県

よちよち ***えたえた・えちゃえちゃ** 秋田県鹿角郡 ***えちゃまちゃ** 秋田県平鹿郡「この子はえちゃまちゃど歩く」 ***えっかいえっかい** 鹿児島県肝属郡 ***えんごらえんごら** 岡山県児島郡 ***えんごらもんごら** 三重県度会郡 ***つぃるつぃる** 沖縄県首里 ***てとかと** 青森県三戸郡「此頃はてとかと歩くようになって目はずしがならない」 ***とちとち** 新潟県佐渡 島根県鹿足郡・隠岐島「おーおー、とちとちせー(幼児を歩かせる語)」「赤ん坊がとちとち歩く」 山口県豊浦郡 徳島県 ***ぶらぶら・ぶらぶらー** 沖縄県首里「ぶらぶらーあっち(よちよち歩き)」 ***よちゃくちゃ・よっちゃよっちゃ** 青森県三戸郡「酒食らってよっちゃよっちゃど、歩りて来た。あの爺っこぁ」 ***よちゃよちゃ** 岩手県気仙郡 ***よちりからり** 山形県米沢市 ***よっちかっち** 熊本県 ***よっちんよっちん** 長崎県北松浦郡「酒酔ふてよっちんよっちん」

→「あるく（歩）」の子見出し、「歩き始めの子供の歩き方のおぼつかないさま」「幼児がよちよちと歩くさま」

よっぱらい【酔払】　＊**いくれ** 宮崎県西臼杵郡・宮崎郡　＊**いくれぼ** 宮崎県南那珂郡　鹿児島県・肝属郡　＊**いくれんぼー** 宮崎県東諸県郡　＊**いたろー** 長崎市　＊**いちくりゃー** 熊本県飽託郡・上益城郡　＊**いばら** 富山県　石川県　＊**いばらじょーご** 富山県砺波　＊**うぃーっちゅ** 沖縄県首里・那覇市　＊**うぃーむんふりむん**（ひどい酔っぱらい）沖縄県首里　＊**うぃっちゃー・うぃっちゅ** 沖縄県首里　＊**うちくりゃー** 熊本県阿蘇郡・菊池郡　＊**えーくら・えくらい・えくりゃどん** 熊本県天草郡　＊**えーくらー** 鹿児島県種子島　＊**えーくらい** 熊本県　宮崎県西臼杵郡　＊**えーぐりー** 佐賀県　宮崎県西臼杵郡　＊**えーくりゃ** 長崎県南高来郡　熊本県玉名郡　＊**えーくりゃー** 佐賀県・藤津郡　熊本県　＊**えーたくり** 長崎県南高来郡　＊**えーたくれ** 三重県宇治山田市　熊本県天草郡　＊**えーたんぼー** 広島県比婆郡　＊**えーちくりゃー** 熊本県上益城郡　＊**えーと**（下流）長崎県「えーとの来た」　＊**えくりぼ・えくれぼ** 鹿児島県　＊**えくりゃ** 熊本県　＊**えくりゃー** 熊本県下益城郡　＊**えくれ** 熊本県　宮崎県西臼杵郡・西諸県郡　＊**えくれー** 熊本県芦北郡・天草郡　＊**えくれんぼー** 宮崎県　＊**えくろいぼー** 鹿児島県屋久島　＊**えくろぼ** 宮崎県西諸県郡　鹿児島県　＊**ぐざのみ** 三重県志摩郡　＊**ぐざべ** 三重県志摩郡　＊**ぐたべ** 三重県志摩郡　＊**ぐだんぼ** 福井県吉田郡・大野郡　＊**くらいたおし** 富山県東礪波郡　＊**くらいだおれ** 愛媛県　＊**くらいたくれ** 茨城県行方郡　＊**ぐれんそ** 三重県志摩郡　＊**ごとべー** 山口県浮島　＊**ごんじゃ** 三重県名賀郡　＊**ごんすけ** 三重県阿山郡　＊**さかくらい** 山形県米沢市　＊**さかよ** 新潟県西蒲原郡　＊**さかよい** 山形県　新潟県北蒲原郡　＊**さかよーい** 山形県東田川郡　＊**さかよと** 秋田県雄勝郡　＊**さけくらい** 山梨県　香川県高見島　＊**さけくりゃー** 熊本県菊池郡・上益城郡　＊**さけのみ** 三重県阿山郡・志摩郡　香川県　＊**さけのよい** 富山県射水郡・砺波　三重県志摩郡　京都府愛宕郡　香川県小豆島　＊**さけのよど** 岐阜県大垣市　＊**さけのんべ** 福島県相馬郡・東白川郡　＊**さけゆーと** 大分県東部　＊**さけよい** 山形県北村山郡・米沢市　山梨県南巨摩郡　三重県志摩郡・上野市　兵庫県赤穂郡　奈良県南大和　広島県安芸郡　香川県「さけよいがきよる」　＊**さけよいと** 大分県　＊**さけよいど** 大分県北海部郡　＊**さけよーと** 大分県大分郡・北海部郡　＊**さけよた** 大分県速見郡　＊**さけよっと** 秋田県平鹿郡　山形県新庄市・最上郡　＊**さけよと** 秋田県雄勝郡・由利郡　大分県東国東郡　＊**さんてつまごら** 佐賀県　長崎県　＊**じだいぼ** 島根県八束郡　＊**じだいぼー** 島根県仁多郡　＊**ずだいぼー** 福井県大飯郡　島根県能義郡　＊**ずたんぼー** 福井県南条郡　＊**ずだんぼー** 福井県　＊**ずぶ** 愛知県名古屋市　＊**つだいぼ・ずでんぼ** 福井県遠敷郡　＊**どぐくりゃ** 熊本県飽託郡　＊**どまぐれ** 熊本県鹿本郡　＊**どろんけん**（オランダ語 dronken から）福岡市　＊**のみすけ** 三重県　香川県丸亀市　＊**のみぬけ** 秋田県鹿角郡　＊**びーそーろん** 沖縄県石垣島　＊**びーっちゃー** 沖縄県石垣島・竹富島　＊**びーぴとぅ** 沖縄県石垣島　＊**びーぷす** 沖縄県鳩間島　＊**びっちゃー** 沖縄県竹富島　＊**ゆーたどん・ゆーてどん** 熊本県天草郡　＊**よいぐらい** 鹿児島県薩摩　＊**よいだおれ** 岐阜県飛騨　岡山県北木島　香川県広島　＊**よいたくれ** 岐阜県飛騨　三重県志摩郡　＊**よいたぐれ** 香川県三豊郡　＊**よいだくれ** 栃木県　三重県名張市　島根県　愛媛県新居郡　大分県別府市・速水郡　＊**よいたらぼー** 長野県諏訪　＊**よいたんべ** 新潟県・佐渡　＊**よいたんべー** 新潟県佐渡　＊**よいたんぼ** 岐阜県飛騨　三重県伊賀　兵庫県但馬・明石郡　和歌山県海草郡・東牟婁郡「よいたんぼになる」　島根県鹿足郡　広島県高田郡　香川県「何時もよひたんぼだ」　愛媛県　＊**よいたんぽ** 鳥取県西伯郡　＊**よいたんぼー** 島根県　広島県　福岡県小倉　＊**よいと** 長崎県南高来郡　大分県　＊**よいど** 岐阜県加茂郡・大垣市　愛知県　＊**よいどー** 山口県豊浦郡　福岡市（卑語）　＊**よいどー** 静岡県浜松市　＊**よいとぼけ** 三重県上野市　＊**よいぼれ** 三重県名賀郡　＊**よえたぐち** 島根県仁多郡　＊**よえたじ** 島根県飯石郡・仁多郡　＊**よえたぼ** 島根県隠岐島　＊**よーたくじ** 島根県出雲　＊**よーたくらい** 香川県仲多度郡　＊**よーたいぼ** 愛媛県松山市　＊**よーたえじ・よーたくじ** 島根県出雲　＊**よーたくらい** 香川県仲多度郡　＊**よーたれ** 香川県綾歌郡　＊**よーたんぼ** 福井県敦賀郡　三重県志摩郡　大阪市　兵庫県・加古郡・明石郡　鳥取県西伯郡　島根県「なに、おらがようたんぼだてて（何、おれが酔っぱらいだと）」　広島県能美島・倉橋島　山口県　徳島県　香川県　愛媛県　高知県　＊**よーたんぼー** 広島県倉橋島　香川県　＊**よーど** 愛知県名古屋市「むこうからよーどがきたでおそがいもん」　＊**よきり** 青森県　秋田県鹿角郡　＊**よくらい** 宮崎県西臼杵郡　＊**よくれぼ** 宮崎県都城　鹿児島県揖宿郡　＊**よぐれぼし・よぐれむん・よくれもん・よぐれもん・よぐろぼす** 鹿児島県揖宿郡　＊**よくれんぼ** 鹿児島県曾於郡　＊**よくろぼ** 鹿児島県・硫黄島　＊**よたいぼ** 三重県度会郡・宇治山田市　＊**よたぐれ** 青森県上北郡　秋田県仙北郡　＊**よたもん** 三重県名張市　＊**よたれんぼ** 兵庫県但馬　＊**よたんぼ** 三重県阿山郡・上野市　滋賀県蒲生郡　大阪市　兵庫県明石郡・淡路島　奈良県吉野郡　和歌山県　徳島県　香川県　高知県高知市・幡多郡　＊**よたんぽ** 和歌山県　愛媛県周桑郡・喜多郡　＊**よっきり** 青森県　岩手県九戸郡・東磐井郡　宮城県「書生さんのよっきりみっと（見ると）情なくなりす、おら」　秋田県鹿角郡　福島県相馬　＊**よっきりぼ** 福島県相馬郡　＊**よっきりぼー** 福島県北部　＊**よったくれ** 岩手県　宮城県　秋田県鹿角郡・北秋田郡　山形県　福島県相馬郡・東白川郡　茨城県新治郡・稲敷郡　千葉県香取郡・海上郡　新潟県東蒲原郡　長

野県東筑摩郡　島根県隠岐島　長崎県南高来郡　熊本県天草郡 *よったらくれ 秋田県鹿角郡 *よったらぼー 長野県北安曇郡 *よったんぼー 静岡県榛原郡「よったんぼーをしてあいっている(歩いている)」 *よっとー 山梨県南巨摩郡 *よんたくれ 千葉県海上郡 *よんだくれ 長野県佐久

よっぱらう【酔払】 ⇩よう（酔）

よどおし【夜通】 *ちゅゆる 沖縄県首里 *つんぬき 栃木県「忙しくて今夜はつんぬきだ」 *ぴとぅゆーぬさーだ・ぴとぅゆぬさっとぅ 沖縄県石垣島 *ひとよさ 三重県志摩郡　香川県伊吹島 *ひとよさじゅー 山口県 *ふとよーさ 島根県仁多郡 *ふとよさ 島根県「ふとよさ起きちょっても何ともなえ」 *ゆーあきどぅーし 沖縄県首里「ゆーあきどぅーしぬしぐとぅ(徹夜の仕事)」「ゆーあきどぅーしー　しゅむつぃ　ゆだん(徹夜で本を読んだ)」・石垣島・鳩間島 *ゆーあぎどぅーし 沖縄県石垣島 *ゆーぬさーだ 沖縄県石垣島 *よーまよっぴと 新潟県佐渡 *よーまよっぺて 新潟県佐渡 *よーよふて 岩手県上閉伊郡 *よがうら 富山県 *よかうらじゅー 富山市近在 *よがうらよっぴり・よがうらよっぴり 富山県 *よがかっぺ 石川県能美郡 *よがさなよっぴと 高知県 *よがさのよっぺど 山口県豊浦郡 *よがさら 愛媛県 *よがさらよんずし 愛媛県宇和島 *よがなして 徳島県 *よがなよー 兵庫県淡路島 *よがなよーさ 岡山県御津郡 *よがなよーじゅー 三重県志摩郡　島根県隠岐島 *よがなよし 徳島県「よがなよし話をした」 *よがなよして 徳島県 *よがなよしてー 宮崎県東諸県郡 *よがなよしとい 徳島県・美馬郡 *よがなよじゅー 三重県志摩郡　島根県隠岐島 *よがなよしゅーらく 島根県那賀郡 *よがなよしらく 和歌山県東牟婁郡「此の間はよがなよしらく働いたよ」 島根県邑智郡　広島県上蒲刈島 *よがなよっぴて 群馬県山田郡・館林　千葉県　新潟県佐渡　和歌山県西牟婁郡 *よがなよっぴてー 島根県大原郡・仁多郡　広島県　山口県 *よがなよっぴでー 広島県高田郡 *よがなよっぴと 和歌山県　高知県 *よがなよっぴとい 香川県小豆島 *よがなよっぷて 愛媛県大三島 *よがなよっぺて 新潟県佐渡 *よがなよっぺり 新潟県佐渡 *よがなよっぽて 広島県上蒲刈島 *よがなよなか 三重県志摩郡 *よがなよのふって 熊本県天草郡 *よがなよひして 宮崎県 *よがなよびって 島根県簸川郡 *よがなよぶって 鳥取県西伯郡　島根県能義郡 *よがねよしらく 島根県安来市 *よがのよしち 宮崎県南那珂郡 *よがのよしらく 愛媛県・大三島 *よがのよっぺと・よがのよっぺり 新潟県佐渡 *よがのよっぽて 愛媛県大三島 *よがのよぶて 島根県隠岐島 *よがよし 富山県砺波「犬がよがよし鳴いとった」 *よがよっぴと 新潟県佐渡 *よがよっぴる 富山市近在 *よがよっぺ 富山県砺波　石川県能美郡 *よがよっぺり 富山県 *よがよぶとい 山口県浮島 *よがらよじゅー 新潟県西頸城郡 *よがらよしらく 高知県長岡郡 *よからよっぴて 群馬県吾妻郡 *よがらよっぴて 神奈川県津久井郡 *よがらよっぴてー 東京都八王子 *よからよっぴどい 長野県下伊那郡 *よぎりはらう 茨城県久慈郡 *よしち 宮崎県東諸県郡・宮崎市 *よしつい 宮崎県東諸県郡 *よしてー 長野県北安曇郡　宮崎県東諸県郡　鹿児島県種子島 *よしむらく 島根県益田市「子供がよしむらく泣あて困った」 *よしゅーらく 島根県石見 *よずえ 徳島県美馬郡 *よずくなし 島根県隠岐島 *よずめ 青森県南部　宮崎県「よづめひいづめ」 鹿児島県姶良郡 *よっぴし 福島県大沼郡 *よっぴて 山形県米沢市 *よっぴとい 宮城県仙台市　東京都利島・神津島・大島　山梨県南巨摩郡　長野県下伊那郡　静岡県・志太郡・榛原郡　鳥取県岩美郡 *よっぴとえ 山口県祝島 *よっぴとじんす 高知県長岡郡 *よっぴら 新潟県東蒲原郡 *よっぴり 新潟県東蒲原郡・西蒲原郡 *よっぺ 新潟県佐渡「よっぺはたらいた」 *よっぺーと 奈良県吉野郡 *よっぺーとい 鳥取県岩美郡 *よっぺし 山口県 *よっぺてー 島根県美濃郡・益田市 *よっぺとい 山口県阿武郡 *よっぺとえ 奈良県 *よっぺり 新潟県佐渡 *よっぽて 島根県江津市　広島県江田島 *よっぽてー 島根県石見　岡山県・上房郡　広島県・比婆郡　山口県・阿武郡 *よっぽでー 広島県世羅郡・高田郡 *よっぽとい 鳥取県気高郡　山口県阿武郡 *よとろく 和歌山県東牟婁郡 *よながよして 香川県大川郡 *よながよじゅー 長崎県佐世保市 *よながよっぴと 新潟県佐渡 *よのーって 鹿児島県揖宿郡 *よのして・よのひて 熊本県 *よのふって 熊本県天草郡 *よのふて 熊本県 *よのみ 石川県 *よのよーして 鹿児島県肝属郡 *よのよーふて 熊本県飽託郡・八代郡 *よのよしち 鹿児島県大隅 *よのよして 福岡県久留米市　長崎県佐世保市　熊本県・玉名郡　宮崎県西諸県郡　鹿児島県 *よのよっしら・よのよひて 鹿児島県 *よのよひとよ 佐賀県「よのよひてぇ眠られなかった」 *よのよふて 長崎県西彼杵郡　熊本県 *よのんふて 熊本県天草郡 *よぴーとい 静岡県周智郡 *よひて 熊本県球磨郡 *よぴて 山形県米沢市 *よびとい 東京都大島 *よふて 熊本県球磨郡 *よぶてー 山口県・笠戸島 *よるよっぴり 富山県高岡市 *よるよっぴる 新潟県西蒲原郡・中魚沼郡 *よんがなよいせ 香川県伊吹島 *よんがなよし 愛媛県 *よんがなよしとい 徳島県 *よんがなよしらく・よんがなよっぽてー・よんがなよっぽとい 山口県大島 *よんがなよどーし 大分県 *よんがねーて 大分県国東郡 *よんがねよして・よんがねよっぴ・よんがのよしらく 愛媛県 *よんがよどーし 大分県 *よんがら 香川県 *よんがらよーして 香川県木田郡 *よんがらよじゅー 新潟県西頸城郡　山梨県 *よんがらよじょー 東京都三宅島 *よんがらよっぴて 山梨県　長野県 *よんがらよどーし 香

川県 *よんがらよんじゅー 新潟県西頸城郡 *よんがんよどーし 大分県 *よんにょふてー 熊本県上益城郡・下益城郡 *よんのして 熊本県天草郡 *よんのよして 熊本県下益城郡 *よんのよしらく 大分県大分郡 *よんのよどーし 大分県大分市・大分郡 *よんのよひて 熊本県阿蘇郡 *よんべちゅー 愛媛県新居郡

↓しゅうや（終夜）・「ひとばん（一晩）」の子見出し、「一晩中」

よなか【夜中】 *しょのよなか 熊本県天草郡 *しょんよなか 熊本県下益城郡 *ゆなー 鹿児島県喜界島 *ゆねー 沖縄県小浜島 *よたっぽれ 茨城県猿島郡 *よのかみ 長崎県対馬 *よるなか 岩手県胆沢郡「ほにひいっぺーか、ほによるなかまでかしぇで（まあ一日中か、まあ夜中まで稼いで）」

よなべ【夜鍋】 *おゆーわり 宮城県仙台市「おゆーわりであらんすかわ」 *ぽんじゅー 大分県北海部郡 *ゆーしくつぃ・ゆーしかま・ゆーしさぐ・ゆーしさーふ 沖縄県石垣島 *ゆーしぐとぅ 沖縄県石垣島・鳩間島 *ゆーずらーふ・ゆるぬっさーふ 沖縄県竹富島 *ゆーはり 福島県北部・中部 茨城県行方郡 *ゆーわり 岩手県気仙郡 宮城県 山形県「ゆうわりしる（する）」 茨城県稲敷郡 *ゆわり 岩手県気仙郡（下男下女の夜業） 宮城県栗原郡・石巻 山形県東置賜郡・西置賜郡 *よあり 岩手県磐井郡 山形県南置賜郡 *よーっぱか 埼玉県秩父郡 *よーねり 新潟県東蒲原郡 *よーぱか 群馬県多野郡 *よーはり 福島県大沼郡 *よーわり 岩手県気仙郡・東磐井郡 山形県南置賜郡 福島県 茨城県 栃木県 新潟県東蒲原郡「よーわりに箒を五本作った」 *よがき 茨城県新治郡 *よしごっ 鹿児島県 *よしごつ 鹿児島県 *よしごと 青森県三戸郡 山形県 大分県大分郡 鹿児島県屋久島・種子島 *よでーく（「夜大工」か） 鹿児島県屋久島 *よながり 熊本県八代郡 *よはり 山形県最上 福島県耶麻郡 *よわざ 徳島県 *よわり 岩手県 宮城県 秋田県平鹿郡 山形県 福島県 茨城県真壁郡・稲敷郡 栃木県「よわりはひがんからひがんまで」

よぶ【呼】 *おとなる 岐阜県揖斐郡 *おばこる 滋賀県高島郡 *おはる 秋田県河辺郡 *おんばる 秋田県「いくらおんばっても返事しない」 *がめる 岐阜県吉城郡 *さかぶ 岩手県上閉伊郡 宮城県栗原郡「一寸さかんでけれたらすぐ来っから」 秋田県鹿角郡 *さかんぶ 秋田市「伊藤さん、伊藤さんなてさかんばれてね」 *じなる 福島県「大きな声でじなる」 *ずなる 北海道 青森県津軽 *ひやこる 山口県玖珂郡 *ほめく 三重県名賀郡 *まねぶ 島根県邑智郡 *やらばしん（呼ばす） 沖縄県石垣島 *やらぶん 沖縄県石垣島 *よばーる 岩手県九戸郡 東京都八王子 神奈川県湘南・津久井郡 山梨県「遠くの人をよばーる」 長野県佐久 静岡県・志太郡・榛原郡 *よばう 栃木県 *よばくる 滋賀県高島郡 *よばこ 鹿児島県・肝属郡 *よばやる 山形県米沢市「よばやえ（呼びなさい）」 *よばる 青森県「あの人よばって相談しろ」「あの肴屋をよばれ」 岩手県気仙郡・胆沢郡 宮城県「おっきー声してよばんなけ（呼ばないと）、きこえんぺ」 秋田県 山形県 福島県 茨城県「よばっぞ（呼ぶよ）」 埼玉県川越市近傍・入間郡「行く時にゃーよばるからすぐこい」 千葉県夷隅郡・印旛郡 新潟県 長野県上水内郡・長野市 岐阜県稲葉郡・飛驒 静岡県榛原郡 愛知県東春日井郡 三重県松坂・宇治山田 *よばわる 新潟県佐渡 静岡県富士郡 *よぼう 石川県金沢市 岐阜県大野郡 *よぼる 群馬県桐生市 新潟県佐渡「くろうなったさけえ（暗くなったから）よぼうてこい」 富山県・砺波 石川県 福井県坂井郡 岐阜県 愛知県東春日井郡 三重県「よぼっとる」 *よんばる 秋田県鹿角郡「犬よんばる」 *わなる 石川県鳳至郡

大声で□ *あびーん 沖縄県那覇市・島尻郡 *あびゆい 鹿児島県喜界島 *あびゅん 沖縄県首里 *あべる 愛媛県伊予市 *いがる 岡山県備中東南部 広島県高田郡 山口県阿武郡・見島 香川県三豊郡 *おたえる 島根県能義郡 *おたく 鳥取県西伯郡 島根県八束郡・大根島 岡山県上房郡・苫田郡「おたーてくれ（呼んできてくれ）」 *おたける 島根県隠岐島 岡山県苫田郡 *おばこる 滋賀県高島郡 *おみく 奈良県吉野郡 *おむく 三重県北牟婁郡「用事のある人あ来たらな、あのー、おむいてくれよー」 *おめく 山形県最上郡「おめーで逃げていった」 新潟県佐渡・東蒲原郡「何をおめいているんだ」 長野県佐久 三重県 大阪市 奈良県 広島県高田郡 福岡市 佐賀県藤津郡 長崎県 熊本県「あーたはそんないやらしいことをなさるとおめくけん」 宮崎県西臼杵郡 *おめっ 鹿児島県北薩摩 *おらがる 高知県 *おらっ 鹿児島県・揖宿郡 *おらばかす 島根県邇摩郡 *おらぶ 山形県東置賜郡 大阪府摂津市 兵庫県淡路島 島根県 岡山県 広島県 山口県・屋代島・大島 徳島県美馬郡 香川県「おらんでいく（抗議しに行く）」 愛媛県 高知県 福岡県 佐賀県唐津市 長崎県・壱岐島「近所近辺わりわりおらび廻る」 熊本県玉名郡・阿蘇郡 大分県 宮崎県 鹿児島県・種子島・宝島 *おろっ 鹿児島県肝属郡 *がなる 福島県耶麻郡 群馬県佐波郡 *さわぐ 島根県隠岐島「隣のおばさん一寸さわいでごさっしゃえ（いらっしゃい）」 *じなる 福島県「大きな声でじなる」 *しゃばる 新潟県佐渡「しゃばりたてる（続けざまに叫ぶ）」 *ずなる 北海道 青森県津軽 *たかる 新潟県東蒲原郡 *たきる 三重県阿山郡 *たぎる 高知県土佐郡 *たける 岐阜県郡上郡 島根県「子どもが目をさますけー（覚ますから）あんまりたけるな」・鹿足郡 広島県佐伯郡・高田郡 山口県「これえたけったらどんなつんぼうでも聞こえんこたあなかろうに」「死んじゃならん人が死んだ時に、屋根

の上に上ってたければ戻る」 徳島県 福岡県京都郡・企救郡 長崎県対馬 大分県大分郡・別府市 宮崎県西臼杵郡 ***たっける** 山口県下関 ***どなる** 島根県出雲「田ん中のおとっつぁんをどなって来え」 ***どやく** 奈良県吉野郡 ***どやぐ** 三重県中部 大阪府南河内郡・泉北郡 奈良県「そうどやぎ廻らなくともええぜ」「どやいでこまそ(呼びかけてみてやろう)」 和歌山県伊都郡「大きな声でどやぐ」 ***ひやこる** 島根県石見 ***ひやこる** 島根県石見「お父さんをひやこる」

よぶん【余分】 ***あぶら** 岐阜県不破郡 ***うえ** 島根県「米にしたら二俵よりうえがあった」 鹿児島県揖宿郡「一反かうえやっと」「十畝(うね)うえ有つで」 ***うわーば** 沖縄県首里 ***がー** 東京都大島「さざゑは獲れたが、がーには獲れなかった」 ***がい**(「外」の意か) 福島県岩瀬郡 茨城県 栃木県「がいに食ふと腹をいたくする」 静岡県島田市 三重県 愛媛県 ***げあぇ** 茨城県稲敷郡 ***げー** 福島県石城郡「おめえ、そんなにくっちゃげえだっぺえ」・東白川郡 栃木県芳賀郡「小さい人にはげいだ」 ***げやぁー** 栃木県河内郡 ***で** 愛知県知多郡「幕の開くまでにはでがある」 島根県隠岐島「十人から一合ずつ米を集めたに一斗一合あって、一合でがきた(余分ができた)」 ***でー** 新潟県佐渡「ごはんたべてから、でいがねいすけやめておけっちゃ」「病人はもうでえんねえ」 ***てだこ**(余分のこと) 徳島県美馬郡 香川県綾歌郡 ***てだこー**(余分のこと) 徳島県「そんなてだこーすな(そんな徒労なことはするな)」 ***はした** 山形県米沢市「この分あ、はしただ」 ***ひす** 石川県能美郡 ***ひんず** 石川県能美郡 福井県敦賀郡・遠敷郡 滋賀県甲賀郡 大阪市「えらいひんずの物入りや」 兵庫県神戸市「彼奴はひんずな金遣ひをする」・加古郡 奈良県 和歌山県伊都郡 山口県阿武郡・豊浦郡「ひんずにある」「ひんずの仕事」 徳島県・板野郡・美馬郡 香川県香川郡 福岡市「景品なんてひんずなもんば付とる」 長崎県対馬 ***ひんずいー** 大分県日田郡 ***ふじ** 新潟県佐渡 兵庫県淡路島「するだけの事はして置いたのに、ふじに仕事を殖やされたのは困る」 ***へんず** 徳島県・阿波郡 香川県「へんずのことばがついとる」「へんずに買うてきた」 ***まし** 新潟県佐渡「働けばましを出すよ」 島根県石見 ***ませー** 鳥取市「ませいに支払った」 ***よざん** 岡山県苫田郡「よざんがあったらくれんさい」 香川県「よざんの金がはいったが、一杯買え」「その費用がよざんにいるではないか」 愛媛県 ***よぜん** 京都府竹野郡「蒸したお芋はよぜんに食べてしまった」 ***よでん** 岐阜県「よでんな金は持つものでない」「外泊すると何じゃ彼じゃといってよでんの金をつかうでな」 ***よべん** 岐阜県郡上郡 ***わは** 島根県「この洋服は一万円よりわはが出た」

↓よけい(余計)

よぼよぼ ***とぼなとぼな** 愛媛県南宇和郡 ***とぼらとぼら** 宮城県栗原郡 ***よかぷか** 宮城県登米郡 山形県「よかぷかて、あぶなえ」・米沢市・東田川郡 ***よかまか** 岩手県「あのじんちあよかまかどなった」 ***よかよか** 岩手県気仙郡 山形県米沢市・東田川郡 ***よんがらよんがら** 新潟県 ***よんぼりよんぼり** 長崎県壱岐島

↓「あるく(歩)」の子見出し、「老人が危なっかしく歩くさま」

よむ【読】 ***じみる**(本を読む) 青森県津軽 ***ねっつめる**(熱心に本を読む) 岩手県気仙郡

本ばかり□でいる人 ***しゅむつぃばく**(本ばかり読んでいる人をあざけって言う語) 沖縄県首里 ***しゅむつぃくぇーむし** 沖縄県首里

□こと ***いろいろ**(「いろ」は「いろは(伊呂波)」からか。幼児語) 青森県三戸郡 島根県鹿足郡 ***たいや**(経文を読むこと) 香川県 ***ぬすとよみ**(黙って本を読むこと) 岐阜県飛驒

よめ【嫁】 ***あーねさん**(若い嫁) 岐阜県飛驒 ***あっぱ** 青森県 岩手県九戸郡 秋田県鹿角郡 ***あうねー** 北海道函館 ***あね** 青森県津軽 秋田県 山形県東田川郡(息子の妻。三十歳ぐらいまで) 福島県福島市(舅姑が嫁を指して言う)・大沼郡(舅姑が嫁を指して言う) 新潟県(舅姑らが自家の嫁を他人に対して言う場合もある)・佐渡(主婦権を渡した後、姑が嫁を呼ぶ) 愛知県北設楽郡 島根県隠岐島 長崎県五島(敬称) 熊本県球磨郡 ***あねー** 東京都利島 岐阜県郡上郡(姑から言う) 島根県益田市 ***あねーさま** 岩手県九戸郡 ***あねーし** 群馬県吾妻郡 ***あねーじょー** 山梨県南巨摩郡 ***あねご** 山梨県 ***あねさ** 青森県三戸郡(だんな衆階級の嫁を目上の者が呼ぶ) 新潟県(家族の者が自家の嫁を指して言う) 富山県砺波(卑称・三人称) 石川県珠洲郡・能美郡 岐阜県郡上郡(姑から言う) ***あねさま** 青森県三戸郡 新潟県東蒲原郡(家族の者が自家の嫁を指して言う) 富山県砺波(三人称) ***あねさん** 秋田県 千葉県千葉郡(嫁にいく女性)・東葛飾郡 富山県 ***あねちゃ** 秋田県 山形県(呼び掛ける時に言う) ***あねちゃま**(家族の者が自家の嫁を指して言う) 新潟県東蒲原郡 ***あねちゃん** 山形県山形市・南村山郡(呼び掛ける時に言う) ***あねはん**(やや上流の嫁) 富山県砺波 ***あねま** 山形県東田川郡 新潟県東蒲原郡(家族が自家の嫁を言う) 富山県・砺波(自分の家以下の他家の嫁に、また、姑が嫁に対して言う) 石川県珠洲郡 岐阜県郡上郡(姑から言う) ***あねやん** 新潟県直江津 ***あは** 岩手県和賀郡 秋田県 ***あば** 秋田県 山形県 ***あぱ** 青森県津軽 秋田県鹿角郡 ***あんにゃま** 富山県 石川県江沼郡(新婦) ***あんね** 山梨県 岐阜県飛驒(若い嫁) ***あんねー** 東京都新島(上流の家の嫁) 山梨県 岐阜県飛驒(若い嫁をいう場合もある) ***あんねーじょ** 山梨県 ***いねさん** 石川県石川郡 ***おあねはん**(上流の嫁) 富山県砺波 ***おあんねーさん** 山梨県 ***おご**(主として舅、姑が嫁を指して言う語) 宮崎県児湯郡 ***おごー**(主

として舅、姑が嫁を指して言う語)山口県大島 *おじょーろ 静岡県田方郡 *おじょーろー 静岡県伊東市・田方郡 *おば 岐阜県大野郡 *おんなしゅ 山梨県南都留郡 *ごきあらい 大分県直入郡・大野郡 *ごれん 岐阜県飛驒 *ださま 岐阜県飛驒 *だだ 山形県米沢市 *だださ 山形県米沢市 *てま 長野県西筑摩郡 岐阜県飛驒・大野郡 愛知県「こちらさまもおてまが出来ておめでとうございます」 京都府竹野郡 兵庫県加古郡 島根県 岡山県真庭郡・苫田郡 広島県山県郡・高田郡 徳島県名西郡 *とてのー(「取って往(い)のう」か。嫁入りしても里へ帰って来て、ものを持って行くところから)愛媛県大三島 *にゃーにゃ 富山県砺波 *にゃーま 石川県能美郡 *にゃにゃ 新潟県中越 *にょーばし 島根県出雲 *ねーま 富山県砺波 岐阜県郡上郡 *めん 新潟県魚沼 *やといど 大分県大野郡 *ゆみじょー 鹿児島県喜界島 *ゆみふぁー 沖縄県石垣島・小浜島 *ゆみんけー 沖縄県鳩間島 *ゆみんざーら 沖縄県小浜島 *よめぐ 熊本県天草郡 *よめくさん 佐賀県 長崎県 *よめこ 山形県(若い嫁) 三重県志摩郡 *よめご 岩手県 群馬県 東京都八王子 神奈川県中郡 新潟県中魚沼郡 長野県佐久 岐阜県大垣市 愛知県碧海郡・愛知郡 島根県出雲 香川県小豆島 福岡市 長崎県南高来郡・五島 熊本県 *よめごさん 岐阜県大垣市 島根県出雲 *よめじょ 長野県佐久 三重県志摩郡 福岡県北九州市 長崎県南高来郡 熊本県 大分県臼杵市・南海部郡 宮崎県 鹿児島県大隅 *よめじょー 山梨県東八代郡・北巨摩郡 島根県 山口県 大分県南海部郡 *よめじょーさ 山口県阿武郡 *よめじょーさん 島根県石見 山口県都濃郡 *よめぞ 鹿児島県鹿児島郡「よか(よい)よめぞ」・揖宿郡 *よめっこ 千葉県東葛飾郡 東京都江戸川区 神奈川県中郡 静岡県 *よめどん 熊本県天草郡 *よめんじょー 山梨県 *よんめこ 青森県

よもぎ【蓬】 キク科の多年草。山野に普通に生える。新苗をつんで餅に入れ、また葉裏の綿毛で灸療治用の「もぐさ」を製する。 *くさ 大分県大分郡 *くさのはな 千葉県・長生郡・夷隅郡 東京都南多摩郡・八王子 神奈川県「くさのはなもち、くさのはなだんご」 *くさもちぐさ 島根県美濃郡 *ごまのき 新潟県刈羽郡 *ちどめぐさ 香川県中部 鹿児島県大口市 *はな 神奈川県藤沢市 *はなくさ 静岡県磐田郡 *ふーちばー・ふーつぃばー 沖縄県首里 *ふーつ 鹿児島県屋久島 *ふき 鹿児島県鹿屋市(ヒメヨモギ)・鹿児島市 *ふし 長崎県対馬 *ふしぬはー 沖縄県石垣島 *ふず 福岡県山門郡 *ふた 香川県塩飽島 *ふち 熊本県 鹿児島県奄美大島・沖永良部島・与論島 沖縄県黒島・鳩間島 *ふちー 沖縄県石垣島・与那国島 *ふっ 佐賀県唐津市「ふっだご(ヨモギ入りの餅)」 長崎県五島 鹿児島県 *ふつ 山口県厚狭郡 香川県高見島 福岡県 佐賀県「ふつ餅」 長崎県 熊本県 大分県 宮崎県 鹿児島県 *ぷつ 沖縄県竹富島 *ふつぃ 沖縄県石垣島・小浜島 *ふつのは 鹿児島県日置郡 *ぶつのは 山口県熊毛郡 *ぷとぅ 鹿児島県喜界島 *もくさ 愛知県額田郡 鹿児島県甑島 *もぐさ 山形県 新潟県 岐阜県武儀郡 愛知県知多郡 島根県美濃郡 山口県阿武郡 香川県大川郡 長崎県東彼杵郡 大分市 宮崎県東諸県郡 鹿児島県甑島・奄美大島 *もぐさよごみ 香川県高松市 *もちぐさ 山形県 *ももさ 新潟県西頸城郡・上越市 *もんくさ 香川県大川郡 *もんさ 岐阜県郡上郡 *もんじぐさ 新潟県中越 *やいとぐさ 愛媛県周桑郡 *やたふつぃ 沖縄県波照間島 *やちふさ・やつぃぶさ 沖縄県宮古島 *やつぃふつぃ 沖縄県石垣島 *やつふつぃ(「やつ」は灸(きゅう)の意)沖縄県新城島 *やまえぐみ 香川県高松市 *よなめ 香川県丸亀市

よりかかる【寄掛】 *いおる 岐阜県飛驒「松の古木が垣にいおりかかっとる」 *うかかる 福岡市 *うっかかる 山形県西村山郡・北村山郡 *うっちゃかゆん 沖縄県首里 *おかかる 青森県 山形県 *おっかかる(「おしかかる(押掛)」の転)岩手県「そんなにおっかがんな」 宮城県登米郡・玉造郡 山形県 茨城県 埼玉県入間郡 新潟県「戸におっかかるな」 長野県上伊那郡・下伊那郡 宮崎県東諸県郡 *おながかる 島根県「机におながかー」 *およびかかる 和歌山県西牟婁郡 *しおたれる(人にもたれかかる。甘えてしなだれかかる)和歌山県東牟婁郡 *しょったれる(人にもたれかかる。甘えてしなだれかかる)愛媛県 *せっかかっ 鹿児島県 *なんかかい 鹿児島県鹿児島郡 *なんかかる 新潟県佐渡 福岡市 佐賀県 長崎県 熊本県 鹿児島県・肝属郡 *のかかる 秋田県「そこにのかがると戸がはずれる」 *のかる 広島県比婆郡 *のしかかる 新潟県佐渡 山梨県南巨摩郡「なんぼー眠いとーて人いのしかかるもんぢゃあないよ」 奈良県 山口県 *のぞこむ 岩手県気仙郡 *のっかかる 岩手県気仙郡 山形県「橋のらんかんにのっかかる」 福島県 *はがる 岐阜県揖斐郡 *よかる 岡山県苫田郡・小田郡 広島県比婆郡 *よさりかかる 静岡県 *よさる 静岡県小笠郡「そこに寄さるとペンキがつく」 *よしかかる 富山県砺波 石川県金沢 長崎県対馬 *よでかける 長野県東筑摩郡「倚子によでかける」 *よりかさる 静岡県榛原郡「柱によりかさる」

よりわける【選分】 ⇩えりわける(選分)

よる【夜】 *おなべ 山梨県 長野県南佐久郡 *ばーげ 新潟県東蒲原郡 *ばぎ 福井県 *ばげ 青森県 *ばっげ 千葉県 *ばんぎ 福井県 *ばんげ 北海道松前郡 青森県 岩手県 宮城県栗原郡 秋田県 山形県 福島県「三ばんげも四ばんげも泊まんだがな」 栃木県 群馬県佐波郡 埼玉県川越市 千葉県 東京都三宅島・大島 神奈川県愛甲

郡、新潟県「ばんげのごはん」 石川県能美郡 福井県 山梨県 長野県上田「あしたのばんげ(明晩)」・佐久 静岡県富士郡・磐田郡 愛知県 京都府竹野郡・与謝郡 兵庫県但馬 鳥取県岩美郡 山口県 徳島県 *ばんけー 東京都八丈島 *ばんげー 岩手県九戸郡 千葉県香取郡 神奈川県津久井郡 山梨県 長野県諏訪・上伊那郡 *ばんげーかっちゃ 岩手県九戸郡 *ばんげさま 福島県安積郡 *ばんげしがた 埼玉県北葛飾郡 *ばんげしな 愛知県岡崎市 *ばんげしま 愛知県 *ばんね 新潟県佐渡・上越市 石川県江沼郡 福井県 *まーく(「まっくら(真暗)」の転。幼児語) 山形県南置賜郡「まあくになった」・米沢市 *まっく 山形県米沢市 *ゆーさ 岐阜県 熊本県阿蘇郡 大分県南海部郡 *ゆーさり 新潟県 岐阜県山県郡 愛知県東春日井郡 山口県 福岡県浮羽郡・粕屋郡 熊本県阿蘇郡・下益城郡 宮崎県西臼杵郡 *ゆーま 岩手県気仙郡 秋田県鹿角郡 *ゆーまな 宮城県栗原郡 *ゆさい 鹿児島県揖宿郡 *ゆさぬゆー 沖縄県石垣島 *ゆさり 愛知県名古屋市「あの人はゆさりはきっとうちにおらっせるでなも」 熊本県八代郡 沖縄県石垣島 *ゆま 青森県「ゆまさま(朝と晩)」 岩手県上閉伊郡 秋田県平鹿郡・雄勝郡 *ゆんま 岩手県上閉伊郡 *よーさ 東京都島嶼 新潟県 千葉県香取郡 石川県江沼郡 長野県 岐阜県 静岡県小笠郡・磐田郡 愛知県 三重県南牟婁郡 奈良県吉野郡 和歌山県 鳥取県西伯郡(夜中をいう場合もある)・気高郡「あしたのよーさ(明日の晩)」 島根県 岡山県 山口県祝島 徳島県(夜分をいう場合もある) 香川県 愛媛県 高知県「よーさ少し話したいからわしんくえ来てくれ」 *よーさと 島根県隠岐島 *よーさま 長野県 *よーさり 群馬県利根郡 埼玉県秩父郡 東京都八王子 神奈川県津久井郡 新潟県 富山県高岡市・砺波 石川県 山梨県 長野県 岐阜県 静岡県・田方郡 愛知県 三重県三重郡・志摩郡 兵庫県 奈良県吉野郡 和歌山県「この子はようさりになると泣くんで」 鳥取県 島根県益田市・江津市 岡山県 山口県・阿武郡 徳島県美馬郡 福岡県粕屋郡 宮崎県西臼杵郡 *よーさりー 岡山県児島郡 *よーさる 新潟県三島郡・刈羽郡 富山県 *よーされ 新潟県 静岡県田方郡 *よーで・よーでっかた 東京都利島「よーでんなったによって(夕方になったので)」 *よーま 岩手県気仙郡 福島県「よーまの中にみんななくなった」 茨城県 群馬県勢多郡・佐波郡 埼玉県大里郡 千葉県 武蔵 新潟県佐渡・東蒲原郡 山梨県・中巨摩郡 長野県 静岡県・小笠郡・磐田郡 愛知県「よーまになったらおいな」 *よさ 東京都利島 長野県上伊那郡「よさなーえ、みんなよせといて(夜にねえ、みんな集めておいて)」 岐阜県飛驒 愛知県海部郡 三重県 兵庫県神戸市・淡路島 奈良県吉野郡(夜分) 和歌山県 島根県出雲「よさに遊びに来い」 山口県 徳島県 香川県「よさはがいに冷えるのう」 愛媛県 高知県土佐郡 鹿児島県 *よさーり 岐阜県養老郡 *よさい 佐賀県 長崎県五島 熊本県球磨郡・芦北郡 *よさり(「さり」は、来ること、近づくことの意から) 山形県最上郡・西田川郡 群馬県多野郡 新潟県刈羽郡 石川県能美郡・石川郡 福井県「よさりまいよさりしんだくしてんにゃ(夜、毎晩洗濯しているんです)」 岐阜県 三重県「よさりじゅー(終夜)」 滋賀県 京都府愛宕郡・京都市 大阪府 兵庫県 奈良県「娘がよさり一人歩きするもので有りません」 和歌山県 島根県隠岐島 香川県・仲多度郡 福岡県 長崎県 熊本県 宮崎県延岡 *よさる 富山県 長崎県南高来郡「よさるのよっぽどなごうなったるけん(夜がよほど長くなりましたので)」・五島 熊本県 *よされ 山形県「きんなのよされ(昨晩)」 新潟県下越 滋賀県蒲生郡 大阪府泉北郡 *よしさ 香川県小豆島 *よしま 山形県 *よっさり 岐阜県不破郡「わっちんたあよっさりでもなあ、縄してまわんことには(縄を作ってしまわないことには)寝られやへなんだ」 *よなべ 群馬県群馬郡 神奈川県愛甲郡・津久井郡 山梨県 長野県南佐久郡 *よま 青森県津軽 岩手県 宮城県栗原郡 秋田県 山形県 *よるま 青森県上北郡 *よろま 新潟県東蒲原郡 *よわさ 愛媛県 *よわざ 徳島県 香川県大川郡・三豊郡 *よんべ 群馬県群馬郡 *よんま 岩手県 山形県

よる【選】 ⇨えらぶ(選)

よろける【蹌踉】 *いちゃめく 青森県南部 *ぐぜる 大阪市 奈良県南大和 *すぃーくゆん 沖縄県首里 *たくずく(暗くて道の凹凸がわからずに、足がよろける) 島根県簸川郡・大原郡「足がたくずいて歩かれん」 *たたらふむ 徳島市 *ひょこぞれる 和歌山市「そこでひょこぞれたら池へ落ちる」 *ひょこたる 岡山県浅口郡 *ひょこる 岡山県小田郡・浅口郡 *ひょとつく 高知県土佐郡 *ひょりどく 愛媛県大三島 *ひょろける 千葉県夷隅郡 三重県志摩郡 和歌山市 島根県「どしょーも足がひょろけて困る」 徳島県 *ひょろずく 岡山県 愛媛県 *ひょろどー 岡山県 *ひょろどる 愛媛県上浮穴郡 *へつめく 広島県双三郡 *へろつく 福井県坂井郡 鳥取県西伯郡 *めくらめぐ 青森県 *よじける 埼玉県秩父郡 神奈川県中郡 新潟県上越・中頸城郡 山梨県南巨摩郡「一本橋でよじけるなー(のは)危ない」 長野県 *よじゃぶる 栃木県河内郡 *よたつく 岐阜県飛驒 島根県隠岐島 *よたぶる 秋田県平鹿郡「酒に酔ってよたぶる」 *よちゃめく 岩手県上閉伊郡 秋田県鹿角郡 *よちゃらめく 青森県 *よぼつく 兵庫県西宮 *よろがる 新潟県中頸城郡 *よろつく 富山県・射水郡 *よろばる 茨城県・新治郡 栃木県 *よろぶ 神奈川県津久井郡 静岡県榛原郡「風で木がよろんだ」 *よろぶる 茨城県稲敷郡 *よろぼう 山形県米沢市 *よろぼる 山形県 福島県東白川郡「酒によってよろぼっ

た」 茨城県稲敷郡 *よろぽる 山形県東田川郡 *わっちゃめく 岩手県二戸郡「感冒のせいか、わっちゃめく」 *わにつく 和歌山県日高郡
□さま *しーくいめーくい（ふらふらとよろけるさま）沖縄県首里 *すぃーくいめーくい 沖縄県首里 *ととぼと（ふらふらとよろけるさま）新潟県西蒲原郡 *よかぷか 宮城県登米郡 山形県「よかぷかて、あぶなえ」・米沢市・東田川郡 *よかまか 岩手県「あのじんちあよかまかどなった」 *よかよか 岩手県気仙郡 山形県米沢市・東田川郡 *よたくた 岩手県平泉 宮城県玉造郡 *よたぼれ 宮城県石巻・仙台市 *よたぽれ 岩手県気仙郡 宮城県仙台市 *よったおれ 宮城県名取郡 *よっといよっとい・よっぽいよっぽい 鹿児島県 *よっとよっと 福岡市 鹿児島県 *よっとりよっとり 長崎県壱岐島

よろこぶ【喜】 *うぞめっ（大声を上げて喜ぶ）鹿児島県 *うどむ（大声を上げて喜ぶ）広島県芦品郡・賀茂郡 大分県 *きおう 福島県岩瀬郡 島根県石見「映画え子供がきおーて行った」 *つばえる 島根県「菓子をやったら、子供がつばえた」 広島県 *どぅんもーゆん（飛び上がって喜ぶ）沖縄県首里 *はずみかえる（うきうきと喜ぶ）島根県隠岐島 *はずみこむ（うきうきと喜ぶ）愛知県知多郡「明日ぁ運動会だではずみこんどる」 *はずむ（うきうきと喜ぶ）愛知県知多郡「はずんどる」 島根県「お父さんが帰るので子供等がはずんどる」 愛媛県大三島 *はずんこむ（うきうきと喜ぶ）島根県出雲 *はならす 青森県津軽「二十五銭でも、はならしてかてえぐぁね（買って行くよ）」 *ふくゆん 沖縄県首里 *よろこびかやす（たいそう喜ぶ）島根県石見「試験が通ったちゅーてよろこびかやーた」
□こと *いちやんばい 新潟県刈羽郡 *さにしや 沖縄県石垣島 *しちゃゆるくび（内心で喜ぶこと）沖縄県首里 *ちんちんおどり（小踊りして喜ぶこと）千葉県夷隅郡 *つべかやり（たいへん喜ぶこと）徳島県 *どぅんじゃーもーやー（躍り上がって喜ぶこと）沖縄県首里 *どてばたおどり（小躍りして喜ぶこと）静岡県川根 *ふちゅくるおーじめー（人知れず喜ぶこと）沖縄県首里 *ふちゅぐるおんぎー（人知れず喜ぶこと）沖縄県石垣島 *まくれこんご（転ばんばかりにたいへん喜ぶこと）島根県簸川郡・出雲市
□さま *つくつく（赤ん坊が足を屈伸させて喜ぶさま）山形県米沢市 *ほえほえ 和歌山県日高郡 *ほどゆ 新潟県佐渡「ほどゆする（喜ぶ）」

よろめく【蹌踉】 ⇩よろける（蹌踉）

よわい【弱】 *いんじゃくない 新潟県西頸城郡 *うぞつけない 石川県珠洲郡 *うとい 東京都八王子（気が弱い） 神奈川県津久井郡「うらん野郎は、ふんとーに気がうてーから、どーしようもねー」 岡山市「眼がうてー（視力が弱い）」 *うるさい 高知県幡多郡 *かいない 北海道 *かいなー 島根県石見「かいなー」 *かいない 北海道「あの子がかいないので困る」 青森県「身体がかぇなぇ」 岩手県「なんとけぁねぁがぎだべ」 宮城県「お若いのに、なんつ、かいなくあらさっつおねす」 秋田県 山形県「かえなくて、稼がれない」 茨城県 千葉県 東京都利島・新島・大島 島根県飯石郡・出雲市 岡山県児島郡 *がしー 静岡県「近頃からだががしくなった」・賀茂郡 *かなかなしー 山形県飽海郡 *かんかない 茨城県稲敷郡 *がんせない 山形県村山・山形市 *ぎたい 山形県南置賜郡 *ぐすい 群馬県多野郡 岐阜県恵那郡 愛知県「性根がぐすい」「釘を打っても木がぐすいできかぬ」 広島県比婆郡 *ぐずい 群馬県多野郡 *けなー 愛媛県大三島「まーけなー事だにー（まああっけなく死んでしまったことよねー）」 *けない 山形県東田川郡・飽海郡 島根県石見「この炭はけない」 広島県 山口県「この織物は見てくれはえーけれどまことにけないでの」・豊浦郡 徳島県「子供が多いのでお菓子やこーてきてもけないもんじゃ」 香川県「このごろぜにがいかさまけないのー」 愛媛県 高知県吾川郡 福岡県小倉市・企救郡 *けね 青森県上北郡 *しゃばい 福岡県北部 大分県日田郡 *しゃらい 静岡県「しゃらい糸」 *ずるい 福島県安積郡 *せぼい 岐阜県飛騨 *ちょすい 和歌山県有田郡・那賀郡 *ちょるい 宮崎県東諸県郡 *ちょろい 福井県遠敷郡 山梨県南巨摩郡「みてくりょーはちょろいが体はつをい（外見は弱々しいが体は強い）」 岐阜県郡上郡「こんなちょろいおもちゃわすぐいたんでまうぞ」 静岡県「そのはしらーちょろすぎるら（その柱では弱過ぎるだろう）」 京都府 兵庫県「この火はちょろい」「肥えが足らんのかちょろい稲やな」 奈良県「ちょろい柱ですぐ折れる」 和歌山県日高郡「此の柄はちょろい」 香川県大川郡・小豆島・伊吹島 *ちょろくさい 福井県「ちょろくさい事を言ふな」 滋賀県伊香郡 京都市 兵庫県加古郡・明石郡 和歌山県 *ちょろこい 岐阜県郡上郡 三重県松阪・員弁郡 京都府・京都市 大阪府大阪市・泉北郡 兵庫県加古郡・明石郡「ちょろこい修繕し方やなあ」 奈良県南大和 香川県・小豆島 *ちょろっこい 福井県大飯郡 *ちょんろい 静岡県志太郡 *どあん 沖縄県与那国島 *どーしなえ 山形県東田川郡 *どしない 山形県 *どっしね 山形県西田川郡 *とのくさい 三重県度会郡 *とやい 京都府・与謝郡 *とろい 滋賀県「気がとろい」 京都府与謝郡 兵庫県加古郡 和歌山市「火が少しとろいので中々煮えん」 香川県佐柳島 *とろくさい 福井県遠敷郡 三重県 *どろくさい（病弱だ）和歌山県東牟婁郡 *なよい 高知県「土佐の酒は此頃なよい美味いものが多い」・高知市「今日は海がなよいきに舟にのって室戸岬へ行ても酔うまい」 *にすい 岐阜県飛騨・本巣郡 愛知県 *にゃくい 徳島県 高知県 *ぬるい 京都府「たばこにぬるい」 *はもろい 富山県

滋賀県蒲生郡 *ひーらしか 長崎県佐世保市 *ひがいしょない 和歌山県日高郡・海草郡 *ひかいない 奈良県 *ひがいない 宮城県登米郡 大阪府南河内郡 奈良県 *ひよい 長野県佐久 *ひよえ 鹿児島県 *ひよしー・ひよすい・ひよそい 愛媛県 *ひょぼい・ひょぽい 愛知県名古屋市 *ひよぼい 愛知県知多郡「あの子はひよぼい子だ」・名古屋市 *ひよわしー 和歌山県東牟婁郡 *ひわい 愛媛県「あの子はちーとひわいんでのー」 *へにすい 岐阜県飛騨 *へべくたい 岐阜県飛騨 *へぼい 埼玉県川越 岐阜県 静岡県「この子はへぼい子だ」 愛知県 *へぼくさい 岐阜県 *へぼくたい 岐阜県吉城郡 *またい 岡山県苫田郡・岡山市 徳島県 香川県 高知県・高知市「お前は男ぢゃないかよ、女の子に泣かされる様なまたい事でいくもんか」・高岡郡 大分県西国東郡 *まったい 高知市 *みとこない・みとくない・みんどがない 山形県最上郡 *みのかない 山形県最上郡 *みのくない 山形県西村山郡・北村山郡 *みのこない・みんのこない(「みのこ」は力の意) 山形県新庄市・最上郡「あの馬はみのごない馬だ」 *むごい 熊本県「むげーもん(弱者)」 *もごい 石川県能美郡 *もそい 岐阜県武儀郡 *やさい 島根県石見・隠岐島「たる木は一寸角ではやさすぎる」 *やにくさい 千葉県夷隅郡 *やにこい 千葉県香取郡 福井県大飯郡「此台は脚がやにこい」 長野県上伊那郡「身体がやにこくて仕事が出来ねー」 愛知県名古屋市(職人言葉) 三重県 滋賀県高島郡 兵庫県明石郡「年がいってやにこーなってな」・淡路島 奈良県 和歌山県「悴が始終やにこいので困ります」 徳島県 *やにっこい 茨城県新治郡 東京都大島「あまりやにっこい道具だ」 *やねこい 三重県度会郡 岡山県南部「躰がやねこーて医者にかゝりづめじゃ」 徳島県 *やばい 兵庫県「やばい男」「こんなやばい作り方ではすぐめげる」 *やばたい 兵庫県加古郡 *ゆわさい 鹿児島県喜界島 *よーんぐゎー(きわめて弱く) 沖縄県首里「よーんぐゎーうちゅん(軽く打つ)」 *よたい 静岡県榛原郡 *よつい 宮崎県東諸県郡 *よわくさい 愛知県知多郡 三重県宇治山田市・度会郡 *よわくたい 岐阜県飛騨 *よわしない・よわしけない 三重県度会郡 *よわっくさい 長野県諏訪

□こと *かすたれ 茨城県稲敷郡 *がんた 新潟県南魚沼郡 長野県下水内郡 *がんだ 新潟県中越 *ぎーたれ 山形県南置賜郡「ぎいたれ苗」・米沢市「貴様あ、ぎいだれだ」 *きたれ 山形県米沢市 *ぎたれ 山形県「こんなぎだれ体で、だめだ」 *ぎったれ 山形県「これはぎったれ米だ」 福島市 *どん 高知県 *へべかす 新潟県佐渡 *へぼ 新潟県中越 長野県北安曇郡・東筑摩郡 岐阜県不破郡 愛知県「へぼな子」 三重県度会郡 島根県隠岐島 岡山県小田郡・浅口郡 徳島県 香川県 愛媛県 *べぼ 静岡県小笠郡 *へぼくそ(最下層の語) 愛知県宝飯郡 *べぼくそ 静岡県小笠郡 *へぼくそたれ 和歌山県東牟婁郡 *へぼくた 福井県大飯郡「へぼくたな奴や」 岐阜県山県郡 静岡県・田方郡 和歌山県東牟婁郡 愛媛県松山市(ののしりの語) *へぼくれ 愛知県知多郡 *へぼしゃ・へぼしゃくれ 岐阜県恵那郡 *へぼすけ 香川県仲多度郡 *へぼた 愛知県額田郡 *へぼたれ 愛知県東春日井郡 香川県仲多度郡 長崎県南高来郡 *よーや 石川県石川郡「いまのしわ(今の人は)、しゃーなもんくわんじゃけっど(そんなものは食べないんだけれど)、よーやでやちゃかんじゃ(弱くてだめです)」 *よた 秋田県鹿角郡 茨城県新治郡・稲敷郡 長野県下水内郡 三重県志摩郡 *よだかす 福島県伊達郡 *よたくそ 茨城県稲敷郡 長野県下水内郡 *よたくれ 秋田県北秋田郡 *よたごろ 熊本県 *よたっぴ 茨城県真壁郡 *よたっぽれ 岩手県上閉伊郡 *よたもの 秋田県雄勝郡 *よっちゃれ 宮城県牡鹿郡 *よとんぼ 宮崎県宮崎郡

□さま *かんちょー(もろくて弱いさま) 長崎県壱岐島 *かんちょろ(もろくて弱いさま) 鳥取市「なんちうかんちょろな事だろう」 *ごっどー 千葉県長生郡 *へご 新潟県「夜になるとへごになる」 *へんご 新潟県 *やか(もろくて弱いさま) 長野県佐久 静岡県島田市 愛知県宝飯郡 三重県度会郡 滋賀県甲賀郡・蒲生郡 京都府 兵庫県淡路島 和歌山県「見たとこはええけど、やかでかなはん」・海草郡 徳島県 *やかやか(もろくて弱いさま) 長野県佐久

□人 *がし(力の弱い人) 神奈川県中郡 静岡県 *がしっくれ(力の弱い人) 神奈川県中郡 *かますおい(「一俵を叺に分けて負う者」の意)

方/言/の/窓

●擬声語・擬態語と方言Ⅱ

方言の世界における擬声語・擬態語は実に多彩である。

雀の鳴き声を表す標準語形はチュンチュンであろうが、そのほか、チョンチョン、チンチン、チューチュー、チーチー、チュッチュッ、チュチュ、チリンチリンなどの表現が全国各地に見られる。チュンチュンは関西を中心に見られる表現であり、都区内はチーチー、その他の関東一帯ではチューチューが多い。そう言えば「チーチーパッパ、チーパッパ」という童謡が思い出される。

牛の鳴き声表現の標準語形はモーモーであろうが、東北地方にはメーメーが多く、西日本各地では親牛をモーモー、子牛をメーメーと区別する。

擬声語の場合、そこに用いられる音声にはある種のきまりが認められることに注目したい。

新潟県佐渡 *かんちょー(もろくて弱い人。体の不自由な人も言う)長崎県壱岐島 *かんちょろ(もろくて弱い人)鳥取市 *きちょ(身体の弱い人)宮崎県西臼杵郡 *ぎんちろ(体が弱い人)宮崎県西臼杵郡 *なぐれんぼ(気の弱い人)栃木県塩谷郡 *ひわ 山口県阿武郡 *へべかす 新潟県佐渡 *へぼ 新潟県中越 長野県北安曇郡・東筑摩郡 岐阜県不破郡 愛知県 三重県度会郡 島根県隠岐島 岡山県小田郡・浅口郡 徳島県 香川県 愛媛県 *べぼ 静岡県小笠郡 *へぼくそ(最下層の語)愛知県宝飯郡 *べぼくそ 静岡県小笠郡 *へぼくそたれ 和歌山県東牟婁郡 *へぼくた 福井県大飯郡 岐阜県山県郡 静岡県・田方郡 和歌山県東牟婁郡 愛媛県松山市(ののしりの語) *へぼくれ 愛知県知多郡 *へぼしゃ・へぼしゃくれ 岐阜県恵那郡 *へぼすけ 香川県仲多度郡 *へぼた 愛知県額田郡 *へぼたれ 愛知県東春日井郡 香川県仲多度郡 長崎県南高来郡 *めそめそ(気の弱い人)富山県東礪波郡 *めんどがり(気の弱い人)愛媛県 *めんどしがり(気の弱い人)奈良県宇陀郡 *よた 秋田県鹿角郡「この児はどうもよたで困ります」 茨城県新治郡・稲敷郡 長野県下水内郡 三重県志摩郡 *よだかす 福島県伊達郡 *よたくそ 茨城県稲敷郡 長野県下水内郡 *よたくれ 秋田県北秋田郡 *よたこ(子供)秋田県鹿角郡 *よたごろ 熊本県 *よたっぴ 茨城県真壁郡 *よたっぽれ 岩手県上閉伊郡 *よたもの 秋田県雄勝郡 *よとんぼ 宮崎県宮崎郡 *よろくそ 島根県出雲 熊本県下益城郡 宮崎県 *よろけ 宮城県栗原郡「女よろけ(女遊びが過ぎて身体が衰弱すること)」 秋田県鹿角郡 長崎県北松浦郡「内のかかはよろけ」・五島 大分県 宮崎県西諸県郡・西臼杵郡 *よろけこ 秋田県鹿角郡 *よろた 島根県出雲

□もの *かすたれ 茨城県稲敷郡 *ごた 新潟県 *じゃみ 兵庫県淡路島 *すっちょもの 熊本県玉名郡 *にゃらご 秋田県平鹿郡 *にわり 島根県石見 *へろむしゃ・へろむし 茨城県新治郡 *よーがー 沖縄県石垣島 *よされ 秋田県北部「其の様によされをいじめるものではないよ」

よわむし【弱虫】

*あめ 青森県津軽 *かじけっとー 広島県山県郡 *かますおい(「一俵を叺に分けて負う者」の意)新潟県佐渡 *がんない 山形県米沢市 長崎県 *がんにゃー 岡山県阿哲郡 愛媛県大三島 長崎県 *がんにゃくそ 愛媛県大三島 *がんね 長崎県 *がんねぁ 岩手県気仙郡 *かんねー 茨城県西茨城郡 *がんぼったれ 新潟県中越 *ぎーたれ 山形県南置賜郡「ぎぃたれ苗」・米沢市「貴様あ、ぎぃだれだ」 *きたれ 山形県米沢市 *ぎたれ 山形県「こんなぎだれ体で、だめだ」 *ぎったれ 山形県「これはぎったれ米だ」 福島市 *きょーとがり 香川県 *ぐずめき 岩手県上閉伊郡 *くそきったれ 宮崎県西諸県郡 *くそたれ(「恐怖の余り脱ぷんする者」の意)新潟県佐渡 宮崎県東諸県郡 鹿児島県 *くそったれ 新潟県三島郡 *げーがれ 福岡県 *ごーがれ・ごーごなし 新潟県中魚沼郡 *こわっぽ 愛媛県睦月島・宇和町 *ざまなし 新潟県佐渡 熊本県天草郡 鹿児島県鹿児島郡 *しおたれ 新潟県佐渡 愛媛県 *しぎたれ・しんきたれ 山形県 *しぎったれ 山形県西置賜郡 *しきとれ 大分県東国東郡 *しくた 静岡県安倍郡・榛原郡 *じくたれ 秋田県平鹿郡 *しとつこず 新潟県中越 *しぴたやー 沖縄県首里 *しびたれ 山形県 福島県会津 茨城県新治郡 *しぴたれ 岩手県九戸郡 山形県 *しびったれ 福島県 *しぶたれ 茨城県新治郡 *しぷたれ 青森県南部 *しみたれ 茨城県真壁郡 新潟県佐渡 岐阜県本巣郡 *しみったれ 福島県会津 茨城県新治郡 長野県北安曇郡 愛知県北設楽郡 滋賀県彦根 *じゃまぬけ 青森県上北郡 岩手県九戸郡 *じゃまのけ 青森県津軽「暗ぐなればへんつさもえげなぇ(便所にも行かれない)もんだね、じゃまのげで」 *しょーたれ 群馬県館林 新潟県佐渡 富山県下新川郡 徳島県「しょーたれで夜小便しによう行かん」 愛媛県 *しょーたれがんす 徳島県 *しょこたれ 愛媛県 *しょたれ 富山県砺波 長野県佐久 *しんどがなす 山形県新庄市 *ずくたれ 岩手県岩手郡・和賀郡 秋田県平鹿郡 山形県 福島市 岐阜県飛騨 *そったち・すだつ 山形県東村山郡・北村山郡「そったつで役に立たない」 *ちどこき 新潟県岩船郡 *どーみそ 福島県会津 新潟県 *どみそ 山形県西置賜郡 新潟県中頸城郡・下越 *どみそたがり 新潟県下越 *にゃらご 秋田県平鹿郡 *ぬつかれ 山形県西村山郡 *ぬびたれ 山形県 *ひーがぶい 鹿児島県屋久島 *ひーたれ 佐賀県 *びーたれ 島根県石見 山口市 *びーだれ・びんだれ 愛媛県大三島 *ひかぶい 宮崎県都城 *びくたれ 山形県南置賜郡・米沢市 *びくつき 大分県北海部郡 *びくどー 山梨県南巨摩郡 *びすかん 大分県南海部郡 *ひっかぶい 鹿児島県 *びっき 山形県庄内 *びったれ 高知県・幡多郡 *ひょーたんかす 岡山県備中北部 *ひよぼくれ 愛知県名古屋市「おいひょぼくれ、もう一ぺんぶつかってこい」 *びんたー 広島県比婆郡 *へべかす 新潟県佐渡 *へぼ 新潟県中越 長野県北安曇郡・東筑摩郡 岐阜県不破郡 愛知県「へぼな子」 三重県度会郡 島根県隠岐島 岡山県小田郡・浅口郡 徳島県 香川県 愛媛県 *べぼ 静岡県小笠郡 *へぼくそ(最下層の語)愛知県宝飯郡 *べぼくそ 静岡県小笠郡 *へぼくそたれ 和歌山県東牟婁郡 *へぼくた 福井県大飯郡「へぼくたな奴や」 岐阜県山県郡 静岡県・田方郡 和歌山県東牟婁郡 愛媛県松山市(ののしりの語) *へぼくれ 愛知県知多郡 *へぼしゃ・へぼしゃくれ 岐阜県恵那郡 *へぼすけ 香川県仲多度郡 *へぼた 愛知県額田郡 *へぼたれ 愛知県東春日井郡 香川県仲多度郡 長崎県南高来郡

*ぼろしょ 奈良県「ぼろしょではえらい人にはなれんぞ」 *めろり 岩手県気仙郡 山形県東置賜郡

*やくざ 栃木県安蘇郡「やくざな野郎だ」 埼玉県川越市 千葉県夷隅郡 新潟県 福井県足羽郡・南条郡 京都府 島根県出雲「やくざな人(病気がちの人)」

*やくせんぼ(「役に立たない者」の意) 鹿児島県肝属郡 *やくせんぼー 鹿児島県種子島

*やっせんぼ 宮崎県西諸県郡 鹿児島県 *よーがー 沖縄県石垣島 *よーせんぼー 鹿児島県姶良郡 *よーばー 沖縄県首里 *よーばれごし 福岡市 *よーばれおとこ(小児語) 福岡市 *よぼ 長崎県対馬 *よぼけ 高知県 *よぼそー 長崎県対馬 *よろ 島根県出雲 *よろぎっちょ 大分県日田郡 *よろくそ 島根県「あのよろくそに何が出来るもんか」

熊本県 宮崎県延岡 *よろけ 大分県 宮崎市

*よろた 島根県出雲市・大原郡 *よろりんぼー 長崎県北松浦郡「あの男はよろりんぼー」 *よわかす 山形県 福島県「君わほんとによわかすだなあ」

*よわくそ 三重県志摩郡 *よわしんべ 富山県砺波 *よわすけ 山形県 *よわたれ 山形県 熊本県天草郡 *よわっかす 福島県東白川郡「おっかながってばありえて、よわっかしだな」 *よわっそ 佐賀県藤津郡 *よわっび・よわっぺし 茨城県真壁郡 *よわっぴ 茨城県稲敷郡 *よわっぴー 東京都八王子 静岡県 *よわっぽ 宮城県 *よわみそ 石川県 滋賀県彦根・蒲生郡 大阪市 兵庫県明石市・神戸市 奈良県南葛城郡・高市郡 島根県鹿足郡 徳島県美馬郡 大分県大分市・大分郡 *よわんぞー 静岡県

↓いくじなし(意気地無)

よわよわしい【弱々】

*いたしー 鳥取県

*いたわしー 岡山県児島郡 香川県 *いちゃさん 沖縄県首里 *いわけない 新潟県 *おやげない 新潟県 *ちょるい 宮崎県東諸県郡 *ちょろい 福井県遠敷郡 山梨県南巨摩郡「みてくりょーはちょろいが体はつをい(外見は弱々しいが体は強い)」 岐阜県郡上郡「こんなちょろいおもちゃわすーぐいたんでまうぞ」 静岡県「そのはしらーちょろすぎる(その柱では弱過ぎるだろう)」 京都府 兵庫県「この火はちょろい」「肥えが足らんのかちょろい稲やな」 奈良県 和歌山県日高郡「此の柄はちょろい」 香川県大川郡・小豆島・伊吹島 *ちょろくさい 福井県 滋賀県伊香郡 京都市 兵庫県加古郡・明石郡 和歌山県 *ちょろこい 岐阜県郡上郡 三重県松阪・員弁郡 京都府・京都市 大阪府大阪市・泉北郡 兵庫県加古郡・明石郡 奈良県南大和 香川県・小豆島 *ちょろっこい 福井県大飯郡 *ちょんろい 静岡県志太郡 *とのくさい 三重県度会郡 *とろい 滋賀県「気がとろい」

京都府与謝郡 兵庫県加古郡 和歌山市「火がとろい」 香川県佐柳島 *とろくさい 福井県遠敷郡 三重県 *どろくさい(病弱だ) 和歌山県東牟婁郡 *なよなよしー 島根県出雲市・大原郡 *ひがいしょない 和歌山県日高郡・海草郡 *ひかいない 奈良県 *ひがいない 宮城県登米郡 大阪府南河内郡 奈良県 *ひごい 岐阜県飛驒 *ひひらし 鹿児島県鹿児島郡 *ひひろし 鹿児島県肝属郡

*ひゃーずい 山梨県南巨摩郡 *ひやずい 山梨県

*ひわすい 滋賀県蒲生郡 *ひわずい 福井県敦賀郡 静岡県 京都府竹野郡「こんなひわずい机では…」「ひわずい体だで大事にしなはれ」 香川県 愛媛県大三島 長崎県北松浦郡 *ひわそい 滋賀県高島郡・甲賀郡 *ひわつい 宮崎県東諸県郡 *ひわでない 静岡県「常にひわでないでこまる」 *へしー 兵庫県加古郡 *へわすい 滋賀県蒲生郡 *へわずい 京都府竹野郡 *へわそい 滋賀県高島郡 *ほにゃーか 佐賀県 *むぬよーちぎさん・むぬよーぎさん 沖縄県首里 *やじょーない(赤ん坊などに言う) 高知県・長岡郡 *やにくさい 千葉県夷隅郡

*やにこい 千葉県香取郡 福井県大飯郡「此台は脚がやにこい」 長野県上伊那郡「身体がやにこくて仕事が出来ねー」 愛知県名古屋市(職人言葉) 三重県 滋賀県高島郡 兵庫県明石郡・淡路島 奈良県 和歌山県「杵が始終やにこいので困ります」 東京都大島 徳島県 *やにっこい 茨城県新治郡 「あまりやにっこい道具だ」

*やねこい 三重県度会郡 岡山県南部 徳島県 *よーせ 千葉県東葛飾郡 *よーせー 茨城県稲敷郡 群馬県多野郡「体がよーせいから力仕事をするのに大ごとだ」 埼玉県秩父郡「そんなよーせー柄じゃあ、すぐ折れてしまう」 長野県上伊那郡 静岡県 *よーそい 新潟県中越・南魚沼郡 *よーそしー 長野県下伊那郡

*よせ 山形県 *よせー 群馬県多野郡 *よせたい 秋田県仙北郡 山形県 *よっせえ 山形県飽海郡

*よへったい 山形県最上郡

細く□人 *あおすたん(青い顔をした弱々しい人) 福岡市 *あおずっぺ(青い顔をした弱々しい人) 新潟県上越市 *あおずっぽー(青い顔をした弱々しい人) 新潟県 *がご・がぜ(痩せて弱々しい子) 長崎県対馬 *ぴーかり(あざけって言う語) 長崎県対馬 *ひがい 奈良県・宇陀郡・南大和 *ひがいしょ 和歌山県海草郡・日高郡 *ひがいす 石川県金沢市 滋賀県蒲生郡 兵庫県加古郡 和歌山県海草郡 香川県 高知県高岡郡 *ひがいそ 大阪市 和歌山県・那賀郡 *ひがす 長野県下水内郡 *ひがやせ (痩せて弱々しい子)兵庫県明石郡 *ひがら 三重県志摩郡 *ひぎゃーす 兵庫県但馬 *ひぎやす 高知県・長岡郡 *ひなず 三重県度会郡・宇治山田市 *ひはつ 宮城県仙台市「ひはつなる生れ」

*ひゃーず・ひーわず 新潟県佐渡 *ひやず 新潟県佐渡「あっこはびょうがちでひやず(成長の遅い子供)だ」 長野県下伊那郡 *ひょろ 新潟県佐渡 *ひょろひょろ 滋賀県彦根 *ひょろりんぼう 島根県益田市 *ひわず 東京都大島「ひわずもん(病身で青ざめた人)」 新潟県佐渡 岡山市 徳島県 香川県 福岡市 *よぼけ 高知県

らいきゃく【来客】 ⇨きゃく（客）

らいげつ【来月】 *あとげつ 長野県佐久 *じきげつ 長崎県南高来郡 *たしき 沖縄県島尻郡・八重山 *たすき 沖縄県石垣島・黒島 *たたっき 沖縄県宮古島 *たちき 鹿児島県奄美大島・与論島 *たちち 鹿児島県沖永良部島　沖縄県 *たついき 鹿児島県徳之島・沖永良部島　沖縄県八重山 *たついち 沖縄県首里 *たっつき 鹿児島県奄美大島 *たっとぅち 鹿児島県喜界島 *たとぅんってぃ 沖縄県与那国島 *でこーつき 東京都八丈島 *またしき 沖縄県波照間島 *またんつく 鹿児島県屋久島

らいそん【来孫】 自分から五代目の孫。玄孫の子。 *かめのまご 和歌山市 *がんじきまご 香川県大川郡 *きしゃご 神奈川県津久井郡 *くっちゃご 埼玉県秩父郡 *じじらご 山形県西置賜郡 *ずんずりご 山形県西置賜郡・東田川郡 *ずんぞりご 宮城県仙台市 *ぞんぞろご・ぞんぞらご 岩手県気仙郡 *だんだらご 静岡県志太郡 *ちじれまご 秋田県鹿角郡

らいねん【来年】 *いぇーん 沖縄県石垣島・波照間島 *いぇん 沖縄県八重山 *えん 沖縄県石垣島・鳩間島 *さき 兵庫県明石郡 *じゃーしぇん 熊本県天草郡 *じゃーしん 佐賀県藤津郡　熊本県 *だーせん 東京都大島 *だいしん 福岡市　長崎県南高来郡　熊本県 *だいせん 東京都大島　熊本県 *だいんな 新潟県中魚沼郡 *だえんな 新潟県長岡市 *でーしゅん 鹿児島県口之永良部島 *でしゅん 鹿児島県肝属郡 *でしん 宮崎県西諸県郡　鹿児島県 *ですん 鹿児島県揖宿郡 *でせん 鹿児島県鹿児島郡 *としあけ 宮崎県西臼杵郡 *としゃけち 長崎県壱岐島 *とっしゃげつ 鹿児島県・肝属郡「とっしゃげつの計画」 *もご 青森県南部 *もごろ 青森県津軽「もごろのあぎ、よめもらるぁ（来年の秋、嫁をもらうよ）」 *やーん 沖縄県首里 *やい 沖縄県国頭郡・小浜島 *やいん 沖縄県黒島 *やかっ 鹿児島県揖宿郡 *やに 沖縄県新城島 *やねん 秋田県山本郡 *らいしぇん 東京都大島 *らいしん 青森県南部　岩手県九戸郡　山口県大島　福岡県　熊本県　大分県 *らいせん 東京都大島　新潟県刈羽郡　熊本県 *らいねんな 新潟県中越「今年はだめだども、らいねんなくっさ（来るよ）」　長野県佐久 *らいれんな 長野県 *らいんな 長野県下水内郡 *らえんな 新潟県 *りゃーしん 佐賀県唐津市 *りゃーせん 熊本県玉名郡 *れすしゅん 鹿児島県揖宿郡

らく【楽】

□だ *ゆーらしー 宮崎県西臼杵郡 *ゆーらひか 長崎県五島 *ゆらし 宮崎県西諸県郡 *らーくい 滋賀県彦根 *らくい 岐阜県不破郡「水がたくさんならなあ、らくいけど」　香川県「自転車でいたららくいわ」 *らくない 三重県員弁郡

らくがき【落書】 *ぐるもじ（幼い子供が、ぐるぐると書いた落書き）島根県美濃郡・益田市 *つるもく・つりもく 長野県佐久 *てんごがき 大阪市 *やぼー 山形県東田川郡・西田川郡

らくがん【落雁】 干菓子の一種。もち米・うるち米・小麦・大麦・粟・大豆・小豆などの穀物を粉にして、水飴・砂糖水などを加えてねり、型に入れて焙炉（ほいろ）で乾燥させたもの。 *かたがし 鹿児島県鹿児島郡 *こーがーし 沖縄県首里 *こーさこ 熊本県玉名郡 *こがし 島根県益田市・邑智郡 *しんかん 富山県東礪波郡 *はくせこ・はくせと 香川県高松市 *はくせっこ 香川県綾歌郡 *ぴさんぐ 沖縄県石垣島 *ほーじがし 山形県西村山郡・北村山郡 *むしがし 島根県益田市

らくじつ【落日】 ⇨いりひ（入日）

らくたん【落胆】 *がたがた 長野県下水内郡 *がっかおち 岩手県気仙郡「がっかおずする」・胆沢郡 *しゅーたん 広島県比婆郡「しゅーたんする（落胆する）」 *ちだい・ちるだい 沖縄県首里 *つぃるだい（「筋がだれる」意。落胆すること）沖縄県首里「つぃるだいしゅん」 *はんがり 岐阜県飛騨 *へっこり 兵庫県加古郡 *めっさい 鹿児島県 *めっちゃい 佐賀県
↓がっかり

□する *がめる 静岡県　島根県「子供が死んでがめた」 *さおう 滋賀県 *せーをおとす 山梨県南巨摩郡　大阪府　兵庫県　奈良県南大和　和歌山県　愛媛県周桑郡・喜多郡 *つかれる 静岡県 *なえこむ 和歌山市「彼奴此頃なえこんでゐる」 *なえる 滋賀県　奈良県　岡山市「身がなえる（失望落胆する）」 *はらしまう 香川県 *はらをしまう 岡山県児島郡 *ひいしまう 和歌山市「ばくちにまけてひーしもた」 *へきとする 大分県北海部郡 *へこたる 京都府 *へったれる 栃木県足利市 *めをおとす 宮城県登米郡

□するさま *あっかい 熊本県南部 *うんざり 茨城県　徳島県　福岡市 *がったり 新潟県佐渡「あると思うたもんがのうなって、がったりしてしもうた」　岐阜県郡上郡 *がっぱい 佐賀県三養基郡 *がっぽり 長崎県伊王島・五島 *ぐらり 熊本県八代郡 *げっそり 秋田県「失敗してげっそりした」　茨城県新治郡　富山県砺波　長野県佐久　岐阜県恵那郡・北飛騨　三重県　滋賀県彦根　広島県佐伯郡・高田郡　徳島県　愛媛県周桑郡・喜多郡 *げったり 三重県志摩郡　滋賀県蒲生郡　香川県 *げっちゃり 島根県邇摩郡・大原郡 *げんなり 長野県下水内郡　大阪市　兵庫県神戸市・淡路島　和歌山市　島根県　岡山県苫田郡　徳島県

らくよう【落葉】 ⇨おちば（落葉）

らたい【裸体】 ⇨はだか（裸）

らっかせい【落花生】 *いじんまめ 神奈川県中郡 山梨県一部 福岡県三池郡 *えぐりまめ 岐阜県一部 *えだまめ 鳥取県一部 *かいこまめ（豆のさやが蚕に似ているところから）三重県一部 *かちまめ 山梨県一部 *かつら 静岡県一部 *かやまめ 富山県 *からまめ 青森県三戸郡 岩手県一部 宮城県 栃木県一部 群馬県 埼玉県一部 東京都一部 新潟県一部 山梨県 長野県一部 岐阜県一部 静岡県 愛知県一部 三重県 滋賀県一部 京都府一部 大阪府一部 奈良県 和歌山県一部 大分県一部 *かんとーまめ 秋田県由利郡 山形県一部 *かんとまめ 北海道一部 青森県 秋田県北秋田郡 山形県 新潟県一部・佐渡 *かんとんまめ 秋田県 新潟県一部 *じーまーみ 沖縄県首里・石垣島 *じーまみ 鹿児島県与論島 沖縄県八重山 *じーまめ 愛媛県一部 *じくぐりまめ 東京都一部 愛知県一部 宮崎県一部 *じごくまめ 京都府一部・竹野郡 島根県 岡山県一部 愛媛県 高知県一部 宮崎県一部・延岡市 *じごま 高知県一部 佐賀県一部 *じそこまめ 熊本県一部 *じだまめ（「じだ」は地面の意）岐阜県一部・稲葉郡 愛知県一部 熊本県芦北郡・八代郡 *しちまめ 山口県熊毛郡 *しなまめ 滋賀県一部 熊本県一部 *じのしたまめ 佐賀県一部 *じのそこまめ（地中に豆ができるところから）佐賀県一部 *じぶくりまめ 新潟県一部 *じほぐりまめ 熊本県一部・天草郡 *じまみ 鹿児島県奄美大島・徳之島 沖縄県鳩間島 *じまめ 埼玉県一部 東京都一部 新潟県糸魚川市・中頸城郡 富山県一部 福井県一部 長野県 岐阜県 愛知県渥美郡 三重県一部・北牟婁郡 滋賀県一部 京都府一部・竹野郡 島根県一部 愛媛県 高知県幡多郡 佐賀県一部 長崎県一部 大分県一部 宮崎県一部 鹿児島県 *じむぐりまめ 新潟県一部 *じもぐり 山梨県 *じもぐりまめ 新潟県 山梨県一部 *たこまめ 大阪府一部 *たわらまめ 大阪府一部 広島県一部 山口市 香川県丸亀 *ちまめ 三重県一部 *つちかせ 愛媛県一部 *つちまめ 宮城県一部 山形県一部・西置賜郡 福島県 新潟県一部 岐阜県一部 三重県一部 京都府一部 奈良県一部 和歌山県一部 *どーじんまめ 岐阜県一部 *どーはっせん 長崎県一部・南高来郡 熊本県一部・天草郡 *どーまめ 栃木県 *どこまめ 愛媛県一部 *どころまめ 宮崎県一部 *どまめ 岐阜県一部 *ねまめ 新潟県一部 *ひょーたんまめ 山口県豊浦郡 香川県一部 *ひょーまめ 和歌山県一部・東牟婁郡・新宮市 *へこまめ 広島県一部 *ぽーこまめ 新潟県一部 *ほーらいまめ 滋賀県一部 山口県吉敷郡 宮崎県 *ぽこまめ 新潟県中越 *ほらまめ 宮崎県一部 *やつがし 山梨県一部 *よばいまめ 群馬県佐波郡 *らっか 静岡県磐田郡 *らっかまめ 宮城県登米郡・玉造郡 岐阜県 *ろーはっせん 長崎市 熊本県天草郡

らっきょう【辣韮】 *かわむき 宮城県一部 *ぎょーじゃ 岐阜県一部 愛知県 熊本県一部 *ぎょーじゃびり 愛知県尾張 *さとにら 岐阜県一部 *せんぷき 福岡県一部 *だんきゅー 長崎県壱岐島 *だんきょー 三重県度会郡 広島県 佐賀県 長崎県 *ひるだま 岐阜県一部 *ふたもじ 岐阜県一部 *ら 宮崎県一部 *らしや 滋賀県一部

らんざつ【乱雑】 *あやくちゃ（乱雑なさま）島根県 *あらざっぱ（乱雑なさま）島根県隠岐島「あらざっぱな男だけん、悪口なんか何とも思っちょらん」 *いきなり 新潟県佐渡 山梨県・南巨摩郡 長野県上伊那郡「仕事がいきなりだ」・佐久 静岡県田方郡・磐田郡 三重県志摩郡・名張市 滋賀県蒲生郡 和歌山県「いきなりな人やよって約束した事も何も忘れてしまふんやなかろかの」 島根県美濃郡・益田市「いきなりで出て来た」 岡山県岡山市「子供をいきなりにしては為がわるい」・御津郡 熊本県阿蘇郡 *いけなり 鳥取県東部 *おっこー（乱雑なさま）長野県下伊那郡 *おんぼろ（乱雑なさま）香川県三豊郡 *がいがい（乱雑なさま）滋賀県 *かえらく（乱雑。また、そのさま）新潟県「一面かえらく」 *がざむざ（乱雑なさま）石川県 *がさもさ（乱雑なさま）山形県 *がしやがしゃ（乱雑なさま）徳島県 *がじゃがじゃ（乱雑なさま）新潟県西蒲原郡 富山県 *がじゃむじや・かざむざ（乱雑なさま）石川県珠洲郡・河北郡 *かちくち（乱雑なさま）青森県津軽 *かちほーりー 沖縄県首里 *かちゃくちゃ（乱雑なさま）青森県「かちゃくちゃする（混雑する）」 山形県東置賜郡 富山県東礪波郡 *がちゃくちゃ（乱雑なさま）山形県東置賜郡・東村山郡 *がちゃもちゃ（乱雑なさま）山形県「書物をがちゃもちゃに散らして」 *かつくつ（乱雑なさま）青森県 *かっちゃもっちゃ（乱雑なさま）山形県西置賜郡 *がんぐれん 新潟県三島郡・刈羽郡 *くしゃ（乱雑なさま）香川県三豊郡「くしゃにする」 *ごた（乱雑なこと）新潟県佐渡 長野県上伊那郡・佐久 *ごだ（乱雑なこと）岡山市「ごだにする」 *こぴしょ 千葉県印旛郡 *こびしょー 新潟県佐渡「家の中をこびしょうにしている」 *ささくさ（乱雑なさま）新潟県佐渡 *ざさくさ（乱雑なさま）宮城県仙台市 *ささこさ（乱雑なさま）山形県東置賜郡 *ざざござ（乱雑なさま）秋田県北秋田郡 *さっちゃらさっぽ 静岡県安倍郡 *さっちらさくで 静岡県 *さっちらさっぽー 静岡県 *ざまく（乱雑なさま）宮城県仙台市 山口県豊浦郡「ざまくな所」 徳島県 香川県 *さんこ 京都府 兵庫県加古郡「紙をさんこにする」・美嚢郡 *ざんまく（乱雑なさま）山形県東置賜郡 山梨県 *しかつ（乱雑なさま）佐賀県「しかつな人ばい」・神埼郡 *じもの（乱雑なさま）鹿児島県・肝属郡 *しゃらばちゃり（乱雑なさま）宮崎県東諸県郡 *じゅーけー（乱雑。また、そのさま）千葉県香取郡「じゅーけーになってる」 *ずれずれ（乱雑なさま）佐賀県 長崎県壱岐島「紙がずれずれーなっち揃わん」「行きにゃ一緒に行たばっちか(けれども)、戻りにゃずれずれー戻った」 ***だき**(乱雑なさま)高知県「家の内外がいつもだきで穢ないから、気持ちが悪い」「だきにするから皆がだきものとして良い仕事はさせん」 ***ただくさ** 岐阜県武儀郡・本巣郡 三重県志摩郡 福岡県粕屋郡 ***だだくさ** 新潟県・長岡市 富山県高岡市・砺波 石川県 長野県下伊那郡 岐阜県「あの人わ仕事わ速いがだだくさじゃ」 愛知県「今度来たおなご衆は水をだだくさに使うが悪いことだ」 三重県志摩郡・北牟婁郡 滋賀県 京都府竹野郡「やっととまとまったお話を、あの人にだだくさにしられちまった」 大阪市 奈良県宇陀郡「あこの嫁はん大分だだくさや」 和歌山県・東牟婁郡 鳥取県・西伯郡 高知県・高知市「此の手紙はあんまりだだくさな字になったきに書き直そー」

福岡県 長崎県対馬「何も彼もだだくさになっとる」 ***だだぐさ** 新潟県 ***だだくし** 岐阜県可児郡・加茂郡 ***だだくそ** 鳥取県・西伯郡 ***だだけ** 滋賀県 ***だだした** 岐阜県益田郡 ***だっせ**(乱雑なさま)島根県石見「だっせな風をするな」 ***だぼー**(乱雑なさま)静岡県「大変だぼーになった」 ***だらくさ** 新潟県佐渡 ***だらしこ**(乱雑なこと)愛知県知多郡 ***とざま** 島根県隠岐島「とざまな」 ***どっせー・どっせ・どっせない**(乱雑なさま)島根県石見 ***ののびき**(乱雑なさま)千葉県市原郡「家の中がののびきで足のふんごんば(踏込場)もない」

***ばやぐや**(乱雑なさま)青森県三戸郡 ***ばらこくたい**(「ばら」は散乱するさまの意)新潟県 ***ばらこんたえ** 新潟県西頸城郡 ***ばらはちかん** 新潟県・東蒲原郡 ***みざら**(乱雑なさま)新潟県佐渡

***もーごい**(乱雑なさま)三重県志摩郡「もーごいにしとる」 ***もざらく・もざら・もざく**(乱雑なさま)新潟県佐渡 ***もちゃくちゃ**(乱雑なさま)青森県三戸郡 秋田県南秋田郡「もちゃくちゃしてゐて、まだ礼も言はないで」 ***もっこく**(乱雑なさま)山梨県 ***もっちゃと**(乱雑なさま)青森県三戸郡「室中紙屑をもっちゃと散らかしていた」 ***やさもさ**(乱雑なさま)山形県最上郡・東田川郡「やさもさど積んだ」 ***やしゃくしゃ**(乱雑なさま)新潟県西蒲原郡「糸がやしゃくしゃして居る」 ***やじゃごじゃ**(乱雑なさま)山形県西置賜郡 ***やちゃくちゃ**(乱雑なさま)宮城県石巻 秋田県鹿角郡 山形県 富山県 ***やちゃやちゃ**(乱雑なさま)山形県南置賜郡・米沢市 ***やっちゃくちゃ**(乱雑なさま)秋田県鹿角郡 ***やっちゃごっちゃ**(乱雑なさま)茨城県久慈郡 ***やま** 沖縄県首里「やまなゆん(乱雑になる。ごたごたする)」 ***やんちゃ** 北海道 富山県砺波・婦負郡 石川県 兵庫県神戸市

香川県三豊郡 愛媛県「やんちゃな家じゃ」 ***よっきゃーなー**(乱雑なさま)島根県石見「下駄や草履がよっきゃーなー」 ***らんみゃく** 山梨県 ***わい**(乱雑。また、そのさま)大阪府泉北郡 和歌山県 ***わえ**(乱雑。また、そのさま)香川県 ***わえくそ**(乱雑。また、そのさま)大阪府泉北郡 和歌山県 ***わや**(乱雑。また、そのさま)北海道 青森県上北郡・津軽「家の中わやだ」 山形市 新潟県中頸城郡 福井県敦賀郡 岐阜県 愛知県 三重県 滋賀県蒲生郡 大阪市 兵庫県 奈良県 和歌山県 鳥取県 島根県 岡山県「大掃除でわやにしとる処(ところ)じゃ」 広島県倉橋島・高田郡 山口県 徳島県 香川県 愛媛県 高知県・高知市 福岡県「わやになった」 長崎県 熊本県玉名郡 大分県 ***わやく**(「おうわく(枉惑)」の転。乱雑。また、そのさま)富山県砺波 石川県金沢市 ***わやくさ**(乱雑。また、そのさま)滋賀県神崎郡 ***わやくそ**(乱雑。また、そのさま)福井県南条郡・大飯郡 岐阜県養老郡 滋賀県神崎郡 大阪府泉北郡 兵庫県 和歌山県 鳥取県 広島県高田郡 香川県 愛媛県 高知県 ***わやくた**(乱雑。また、そのさま)福井県大飯郡 滋賀県彦根・神崎郡 兵庫県明石郡・神戸市 和歌山県 香川県三豊 高知県・高知市 ***わやくちゃ**(乱雑。また、そのさま)富山県砺波 愛知県知多郡 滋賀県 京都市 大阪府大阪市「わやくちゃや」・泉北郡 兵庫県 奈良県「此本誰(だれ)かわやくちゃにしたか」 和歌山県 鳥取県 島根県 岡山県児島郡 広島県高田郡 徳島県 香川県 愛媛県松山 高知県・高知市 福岡市 ***わやてこ**(乱雑。また、そのさま)和歌山市 徳島県・美馬郡 ***わやんど**(乱雑。また、そのさま)香川県三豊郡

□**だ** ***かちゃましー・かっちゃましー** 青森県「かちゃましく字を書く」 ***さきらがない** 島根県飯石郡・大原郡「散らしてさきらがない」 ***ざっさくさない** 宮城県栗原郡 ***ざっしもない** 岐阜県郡上郡 ***ざっせがない** 島根県美濃郡「子供が散らかーてざっせがなー」 ***ざまむねー** 大分県 ***しゃきらがない** 島根県「納屋の中はしゃきらがない」 ***しゃきらもない** 新潟県刈羽郡 島根県 ***すさましー** 群馬県勢多郡 ***そーましー** 岐阜県 ***そましー** 岐阜県高山市 ***だいない** 岡山県 ***だちもない** 宮崎県東諸県郡 ***だっしもない** 岐阜県武儀郡 大分県大野郡 ***だっしゃまない・だっしゃむない・だっしゃもない・だっしょもない** 岐阜県飛驒 ***だっせがない** 島根県益田市 ***だっせもない** 島根県石見 ***ちゃちもない** 静岡県 ***とどらがない** 香川県木田郡 ***とどらさっけない** 宮城県石巻「とどらさっけねぁので、どっから片付けてえーか、わがんねあ」 ***とどらない** 岩手県気仙郡 宮城県石巻「今日はすすはきで、とどらござりえん」・仙台市「あやにく、まづ、とどらなく致して居りして、おしょし(お恥ずかしゅう)ござりす」 ***とどろがない** 岩手県胆沢郡 宮城県遠田郡・仙台市 ***とどろない** 岩手県江刺郡 宮城県 ***ほーらつあない** 岐阜県飛驒 ***ほーらつい** 熊本県芦北郡・八代郡 ***ほらつい** 宮崎県西臼杵郡 ***もんざない** 秋

田県仙北郡「もんざねぁ、少し片付けれ」 *もんじゃない 秋田県「もんじゃねぁ家に案内して面目ない」 *やぎろしー 兵庫県赤穂郡 *やくたいもない 岐阜県岐阜市・郡上郡「この本棚ちょっとみーよ。やくたいもないこととして、もっときちんとしとけよ」 愛知県名古屋市 *やくてもない 和歌山県那賀郡・有田郡 *やげろしー 愛媛県大三島 *やちがない 香川県小豆島・豊島 *やちゃない 山形県 *やっしゃない 福島県相馬郡 *やっちゃえない 千葉県印旛郡 *やっちゃない 山形県 千葉県印旛郡 *やばしー 新潟県「うちのなかがやばしいけん、あがってくんない」 富山県下新川郡 *やばしない 青森県南部 *やばちー 青森県津軽 岩手県上閉伊郡 *らしがない 島根県 *らしもない 岐阜県本巣郡 愛知県尾張 *らしゃない 和歌山県 *らちかちもなか 佐賀県 *らちがない 島根県 *らちくちがない 岩手県九戸郡・平泉 *らちもない 茨城県稲敷郡 *らちゃくちゃない 千葉県市川市 *らちゃない 山形県東置賜郡 *らっこくない 山形県東村山郡 *らっしがない 島根県鹿足郡「座敷中らっしがなー」 岡山県 高知市 *らっしこっしゃない 高知市 *らっしもない 岐阜県 愛知県葉栗郡・東春日井郡 岡山県苫田郡「らっしもないことをしとりますけんど、まあ上ってつかあさい(ください)」 大分県 *らっしゃーない 島根県石見 広島県芦品郡 *らっしゃがない 島根県仁多郡 *らっしゃこーせがない 島根県美濃郡・益田市 *らっしゃこっしゃがない 島根県仁多郡 *らっしゃない 奈良県吉野郡 島根県美濃郡・益田市 高知市 *らっしゃもない 岐阜県益田郡・郡上郡 *らっしょがない 島根県美濃郡・益田市 *らっしょむない 岐阜県大野郡 *らっしょもない 岐阜県郡上郡 *らっせがない 島根県石見 *らっせこーせがない 島根県美濃郡・益田市 *らっせもない 島根県石見 *らっちがない 宮城県登米郡 *らっちくちあない 宮城県栗原郡 *らっちもない 岩手県東磐井郡 *らっちゃない 山形県東置賜郡・西置賜郡 福島県相馬郡 千葉県印旛郡 *らんごくはない 静岡県榛原郡 *らんごくもない 愛知県 *らんごしー 岐阜県恵那郡 *りくつもない 愛知県東加茂郡

□にする *かっちゃます 青森県津軽 *けあらかす 高知県香美郡「こんにけあらかしてかける所がない(こんなに乱雑にして腰を掛ける所がない)」 *しぜーらかしゅん 沖縄県首里 *じゃみかやす 広島県高田郡 *ぞらす 奈良県宇陀郡「ぞらした玩具片附けよ」 高知県幡多郡 *とりさがす 徳島県 香川県塩飽諸島「とりさがしとる」 高知県土佐郡 *はばける 新潟県東蒲原郡 岐阜県飛驒 *ひっぱりさがす 香川県 *ひっぱる 香川県大川郡「ひっぱっとる」 *ふちらかす 山形県 *ふっちらかす 山形県東田川郡 *ぶっちらかす 岩手県気仙郡「そごら中ぶっちらがしておぐ」 秋田県平鹿郡 山形県 栃木県(まき散らすの意も) *ぼちゃくる 青森県三戸郡 *まぜくる 山口県豊浦郡

らんぼう【乱暴】 *あくだま 山梨県 *あくたれ(不平からの乱暴) 新潟県西頸城郡 *あくま 島根県能義郡 *あじゃら・あざら 岩手県江刺郡・気仙郡「なんとあざらだべ」 *あた 島根県 *あたいほたい 佐賀県 *あやくちゃ 島根県 *あらがい 高知県・高知市「あんなあらがいな人に大切の赤ん坊は頼まれん」 *あらち 沖縄県首里「あらちなむん(乱暴な者)」 *あらっぱ 山形県 群馬県勢多郡 埼玉県秩父郡「あのがきゃああらっぱだ」 *あらっぱぎ 埼玉県北足立郡 *あらっぱち 島根県隠岐島 *あられぐるい 島根県簸川郡「銭がなてあられぐるいする」 *おてっか 新潟県佐渡 *がーたく 長野県 *がえん 茨城県新治郡 新潟県刈羽郡 静岡県・田方郡 島根県大原郡 *きかず 宮城県石巻「きかずわらす」・仙台市 山形県「うちの子はきかずで困った」 新潟県「ありゃなかなかのきかずだ」 *がし 神奈川県津久井郡 山梨県南巨摩郡 *がしょーき 栃木県 群馬県山田郡・桐生市 埼玉県秩父郡 千葉県東葛飾郡「そんながしょうきするからぶつかれちゃんだ」 *がしょーぎ 茨城県北相馬郡 *がしょき 栃木県 *がしょぎ 千葉県夷隅郡 *がず 島根県石見・隠岐島(子供をののしって言う語)「この、がず」 *がたく 山形県「がだぐしんな(乱暴するな)」 *がっしょーき 群馬県勢多郡 *がった 長野県「がったをする」 *がったく 長野県北部 *がったこ 長野県北安曇郡 *がっと・がど 新潟県東蒲原郡「がっとに足を踏みつけられて痛かった」「あれはがどな子だ」 *がっとー 新潟県・西蒲原郡「がつたうにただく」 *がてれん 山梨県 *かど 長野県「かどにこなす」 *がとー 山形県米沢市「がとうにしっとぼっこれる(壊れる)」 茨城県猿島郡 埼玉県秩父郡「そんなにがとーにするな」 新潟県岩船郡 大分県 *がば 山口県防府 *がり 長野県上水内郡 三重県度会郡 愛媛県弓削島 *がりゅー 栃木県安蘇郡 群馬県吾妻郡 *がんた 長野県更級郡・埴科郡 *がんたく 長野県上水内郡・更級郡 *かんだくれ 富山県下新川郡 *がんにん 千葉県夷隅郡「あれはがんにんでしょうがねえ」 *かんぱ 静岡県駿東郡 *がんぱ 長野県上田 静岡県「あの児はがんぱだ」 *かんぱち 長野県北安曇郡 香川県 *がんぱち 長野県更級郡 三重県三重郡 和歌山県和歌山市・東牟婁郡「やくざのがんぱちや」 *がんばち 長野県東筑摩郡 *きかざる 岩手県気仙郡 鹿児島県肝属郡「ほんのきかざるが……」 *きかじ 富山県 *きかず 宮城県石巻「きかずわらす」・仙台市 山形県「うちの子はきかづで困った」 新潟県 *きかずがき 宮城県栗原郡・仙台市 *きかずぼー 茨城県 *きかずもん 新潟県上越 *きがっこ 秋田県由利郡 *きかっぽー 茨城県行方郡 *きかなす 山形県「あいつは

きかなすだ」 *きかんこ 岩手県気仙郡 新潟県佐渡 三重県志摩郡 *きかんしょ 福井県 *きかんしょー・きかんしょーもん 福井県 *きかんすつぽ 鹿児島県薩摩 *きかんぽ 秋田県仙北郡 山形県 *きかんぽー 山形県東田川郡 *きっかじ 山形県西置賜郡 *げど 秋田県河辺郡「げどおごす(乱暴する)」 *けんきょー 長崎県対馬「けんきょー馬」「あの子は平素が乱暴で、何か気に食わぬことがあればじきけんきょーずいて仕方がねー」 *ごーはい 香川県木田郡 *こみじ 愛媛県「こみじにする(ひどい目に遭わせる。いじめる)」 *ごも 千葉県印旛郡 *ごんず 兵庫県淡路島 岡山県児島郡「庭へ靴をぬいどったら犬のやつがごんずにかみゃーがっとる」 *しばい 香川県 *じゃんか 長野県諏訪「じゃんかを起す」 *しょーがる 香川県・小豆島 *しょーわる 香川県 *しょわる 香川県佐柳島 *しょわるぼーず 香川県木田郡 *すとんこ 香川県仲多度郡 *てぃべーやんべー 沖縄県首里 *てっか 岩手県気仙郡 新潟県佐渡 *てっくゎ 岩手県気仙郡 *てっこ 新潟県中頸城郡「あのおくさんはてっこだ」・新井市「このねこはてっこだ」 *てっこー 新潟県 *てんこ 福井県足羽郡 *でんご 山形県北村山郡「でんごかたる(無法なことを言う)」 *てんごー 愛媛県宇和島市「てんごうな(むてっぽうな)こともやめさい、なんちゃにならん」 *のか 高知県土佐郡 *ぽーきり 沖縄県石垣島 *ほが 島根県石見「あんまりほがをすると枝が折れるで」 *ほがっとー 島根県石見「ほがっとーをするとこわれる」 *ほがっぽー 島根県大田市・鹿足郡「あのほがっぽーには困る」 *ほげっとー 島根県鹿足郡「ほげっとーをすると折れるぞ」 *むかっとー 島根県石見「むかっとーをすると歯が折れるで」 *むせっかー・むせっか 長野県東筑摩郡 *むせっかい 新潟県上越市「そんなむせっかいなことすんなや」・中頸城郡 長野県「むせっけーに食う」 *むせっけ 長野県南佐久郡・上田 *やくざ 三重県南牟婁郡 和歌山県日高郡「あんなやくざな男はない」 *やくざぼし 和歌山県 *やくたい 岐阜県飛騨「やくたいなことをする人じゃ」 滋賀県 京都府「そんな事しられたらやくたいやがな」 大阪市 奈良県 和歌山県 *やくちゃ 石川県能美郡 *やけ 岐阜県飛騨「やけに取る」「やけなこと言う」 岡山県浅口郡 香川県塩飽諸島「やけな(乱暴な)」 大分県大分郡「やけを言う(暴言を吐く)」 *やたけた 三重県度会郡 兵庫県・淡路島「親を追出すなどとやたけたを言うのじゃ」 *やばた 千葉県夷隅郡 *やほ 新潟県東蒲原郡 *やぼ 新潟県佐渡・東蒲原郡 岐阜県・武儀郡 島根県出雲・隠岐島「やぼな者」 *やりかんぼ 福井県坂井郡 *やんちゃ 北海道「やんちゃ者」 富山県 石川県 岐阜県恵那郡 三重県 高知県 *よた 山梨県 長野県佐久「よたなもん(乱暴な人)」「よたおんな(乱暴な女)」 *よたもの(残酷な人) 新潟県佐渡 *られんぼ 京都府 *らんき 秋田県鹿角郡 島根県隠岐島「らんきする(暴れる)」 *らんきち 島根県隠岐島 *らんごく 岐阜県山県郡 静岡県志太郡 三重県南牟婁郡 *らんぴ 秋田県平鹿郡「あの人らんぴだ人だ」 *わいた 香川県「わいたせる」 *わや 福井県 岐阜県 愛知県「そんなわやしていかん」 三重県志摩郡・員弁郡 滋賀県高島郡 京都府 大阪市 兵庫県 奈良県 和歌山県東牟婁郡 島根県 岡山県 広島県 山口県「そんなわやをいうもんではない」 愛媛県 福岡県小倉市「わやするな」 *わやーく 京都府竹野郡 *わやく 富山県東礪波郡 福井県遠敷郡 大飯郡「わやくなことをするもんやない」 愛知県知多郡 大阪市「わやくばっかり云ふてこまる」 奈良県宇智郡 広島県「わやくーゆー」 山口県豊浦郡 徳島県海部郡 香川県 *わやくそ 福井県 高知県 *わやくた 京都府 *わやくちゃ 兵庫県神戸市「こんなわやくちゃな事をして、だんないで(どうもないでは)済まされん」 島根県 *わるさ 香川県

→あらっぽい(荒―)

□する *あくばる 岩手県上閉伊郡 *あたくる 和歌山県日高郡 *あたける 茨城県稲敷郡 新潟県中魚沼郡 石川県輪島市 長野県諏訪 岐阜県恵那郡 静岡県「そんなにあたけるなや」 愛知県豊橋市 *あだける 茨城県稲敷郡・北相馬郡 新潟県 静岡県磐田郡 兵庫県佐用郡・赤穂郡 奈良県宇陀郡 島根県益田市 岡山県小田郡 *あばかかる 山形県 *あばける 山形県 神奈川県 山梨県南巨摩郡「酒に酔ってあばける」 長野県佐久 *あばすれる 鳥取県東部 *あまかかる 青森県上北郡 *あらける 岩手県和賀郡 秋田県南秋田郡 山形県 栃木県塩谷郡 新潟県佐渡 長野県上田・佐久 島根県「馬があらける」 岡山県小田郡 *あらびる 岩手県上閉伊郡・気仙郡 山形県「馬があらびる」 長野県 岐阜県「酒を呑んでひどうあらびる」 広島県下蒲刈島 愛媛県 *あらべる 長野県上田市・佐久 愛媛県 *いきる 岡山県浅口郡 広島県賀茂郡 徳島県「あの馬はよくいきる」 愛媛県 *いぎる 愛媛県大三島 *いらきあばれる 山口県豊浦郡 *しこる 大阪府泉北郡 奈良県南大和・吉野郡(牛馬が暴れる) *てぃべーゆん 沖縄県首里 *ばける 新潟県佐渡 *ばすまく 富山県「あれをばすまいてやった」 *ふれる 栃木県 *ぽーきりるん 沖縄県石垣島 *ほたえる 徳島県 香川県 高知県幡多郡 福岡県企救郡 *ほたゆる 大分県玖珠郡 *ほてる 三重県員弁郡 *やぐらあげる 和歌山県和歌山市・東牟婁郡 *わいたくる 香川県高松市

□だ *あじゃらぽい 岩手県気仙郡「あじゃらぽいがぎだ」 *あらい 秋田県「あの子供はあれぁ」 長崎市 *あらかましー 山口県玖珂郡 愛媛県・大三島 長崎県対馬 *あらがましー 香川県塩飽諸島 *あらくたましー 長崎県五島 熊本県下益城郡 *あらぐまし 岩手県気仙郡 *あ

らくましー 島根県隠岐島　宮崎県東諸県郡 *あらくもしー 徳島県 *あらけない 青森県「あらげないから物毀しばかりしている」 岩手県二戸郡・九戸郡　秋田県鹿角郡　富山県砺波「あらけない脱ぎ方」 石川県鹿島郡・羽咋郡　山梨県　岐阜県大垣市　滋賀県彦根・蒲生郡　京都市　大阪市　鳥取県　島根県美濃郡「女をあらけのーもてあつかう」 香川県大川郡　愛媛県南宇和郡「あらけない奴」 高知県長岡郡　福岡県小倉市・福岡市 *あらしー 島根県 *あらっけない 富山県砺波　石川県 *がいたらかし 和歌山県「あの子はがいたらかし子や」 *がいたらくい 和歌山県西牟婁郡・東牟婁郡「あの子は大へんがいたらくい」 *がいたらしー 和歌山県東牟婁郡 *がみつい 兵庫県神戸市「がみつい物言いやな(乱暴な言葉だね)」 *ごーつい 兵庫県神戸市　和歌山県和歌山市・西牟婁郡 *ごつい 福井県足羽郡・南条郡　三重県員弁郡　大阪府大阪市・泉北郡　兵庫県神戸市　和歌山県　島根県「ごついことをする」 岡山市　徳島県　香川県 *ごっつい 兵庫県神戸市 *さだけない 岐阜県飛驒 *すぼっこい 岡山県岡山市「すぼっこーすると(乱暴に扱うと)めげて了ふぞ」・小田郡 *ぞっそらし 鹿児島県肝属郡 *だまむねー 大分県「だまむねーこつーするな(そんな乱暴なことをするな)」 *はばしー 新潟県佐渡　兵庫県淡路島　鳥取県西伯郡　島根県　山口県「はばしい食べ方」 香川県小豆島・佐柳島　愛媛県　長崎県　大分県北海部郡(金遣いについて言う)　宮崎県

▯なこ *あくたいもん 富山県砺波 *あらかんぼー 三重県 *がーたく 山梨県　長野県佐久 *がった・がったこ・がったっこ 長野県北安曇郡 *がんずあくれ・がんめ 富山県下新川郡 *がんた 新潟県中頸城郡 *がんたくれ 福井県大飯郡 *がんだくれ 香川県伊吹島 *かんつ 高知県 *しわっかー 山梨県南巨摩郡 *たいぱん 沖縄県新城島 *つばえでっち 島根県美濃郡・益田市「隣のつばえでっちは何処え行ったか」 *ゆたっかき 長野県佐久

▯なさま *あがっぱい 愛媛県大三島 *あくたい 富山県・砺波「あくたいな子でよわる」 *あらつか 岡山市「そんなあらつかな事をするもんぢゃない」 *あらつこ 石川県江沼郡 *あらっぱし 島根県仁多郡・能義郡「あらっぱしな」 *あらまし 島根県石見「あの子はあらましで困る」 *おーばち 千葉県安房郡「この子はおーばちだから　ぢきぼっこす」 *おてっか 新潟県佐渡 *がーい 和歌山県東牟婁郡 *がい 山形県「がいに引ぱるな」 新潟県「そんなにがいにしばるな」 愛知県名古屋市「よう加減をしてがいなことはせるなよ」 三重県「がいにする(乱暴にする)」 大阪府泉北郡　和歌山県　島根県「がいな扱い方」 徳島県「私はがいに打たれた」 香川県　愛媛県　高知県「そんなにがいに櫛を使うと、痛うてたまらん」 長崎県対馬　大分県宇佐郡　北海部郡 *がいー 和歌山市「そないがいいなことせいでもええやないか」 *がいそく 愛知県知多郡「がいそくな」 *がしょーき 栃木県　群馬県山田郡・桐生市　埼玉県秩父郡　千葉県東葛飾郡「そんながしょうきするからぶつかれちゃんだ」 *がしょーぎ 茨城県北相馬郡 *がしょき 栃木県 *がしょぎ 千葉県夷隅郡 *がっしょーき 群馬県勢多郡 *かま 兵庫県赤穂郡「あいつはかまじゃ」 *がま 岐阜県吉城郡・飛驒　山口県防府 *がみしゃ 新潟県頸城 *がむちゃれ・がむくちゃれ 山形県東置賜郡・米沢市 *がむしゃ 富山県　三重県宇治山田市・度会郡　鳥取県　愛媛県周桑郡・喜多郡 *がむしょー・がむそー 鹿児島県喜界島「道具をがむしょーしてはいかん」「がむしょーな畑打」 *がむちゃ 山形県米沢市 *がもしゃ 徳島県 *がんく 愛媛県 *がんこ 石川県 *かんごー 栃木県 *きゃー 長崎県佐世保市「きゃあなか(わんぱくである)」 *ぎゃー 京都府竹野郡「何をやらしてもぎゃーなことをする子だ」 長崎県北松浦郡 *げー 新潟県　長野県「げーに握った」 和歌山県東牟婁郡　長崎県 *げーそく 愛知県幡豆郡 *むしょー・こむしょー 山形県南置賜郡・米沢市「むしょおな事を、しんな」 *ざーふぁい 沖縄県石垣島「ざーふぁいしん(乱暴狼藉を働く)」 *ざーふぇー・ざーふぇーてぃーふぇー 沖縄県首里「ざーふぇーなむん(もて余し者)。ざーふぇーなとーん(始末に負えなくなっている)」 *しちらんば(ひどく乱暴なさま) 島根県隠岐島「しちらんばなことをする」 *すてっぽ 富山県西礪波郡 *すてんこ・すでんこ 香川県高松市・仲多度郡 *すてんぶ 愛知県名古屋市 *すてんぽ 富山県砺波 *そっぱつ 熊本県阿蘇郡 *だじゃく・だんじゃく 秋田県 *てっか 岩手県気仙郡　新潟県佐渡 *てっくれ 岩手県気仙郡 *てっこ 新潟県中頸城郡「あのおくさんはてっこだ」・新井市「このねこはてっこだ」 *てっこー 新潟県 *てっくゎ 岩手県気仙郡 *てんこ・てんこー 福井県「てんこうな」 *でんぶ 山形県「そんなでんぶな事をしてはいけない」 *でんぶやじ 秋田県「あいつでんぶやじな奴だな」 *どったんくさん(乱暴するさま) 長崎県対馬「彼は家中をどったんくさん言はして手当り次第物を打ち破り乱暴を働く」 *ぼっくー 愛知県豊橋市 *ぼっけ 鹿児島県 *ぼっこ 神奈川県中郡　和歌山県伊都郡　鳥取県因幡 *ほっこー 徳島県 *ぼっこー 鳥取県岩美郡　宮崎県延岡 *ほっぽー・まくろー 鹿児島県種子島「まくろーな」 *むたいさんぼー・みてさんぼー 島根県出雲「殴るにしてもあんまりみてさんぼーだ」 *むがむとー 大分県北海部郡 *むくしょ 富山県砺波 *むくる 鹿児島県 *むくろ 宮崎県東諸県郡　鹿児島県 *むくろいき 鹿児島県肝属郡

「(仕事を)むくろいきにやっちょる」 *むくろー 鹿児島県種子島 *むさんこ 石川県　三重県度会郡・宇治山田市　鳥取市 *むさんこー 新潟県南蒲原郡 *むたい 東京都御蔵島(ひどい)　岐阜県羽島郡　島根県　愛媛県　大分県「むたいにする(虐待する)」 *むて 宮城県栗原郡(乱暴)・仙台市「そたにむてにすんな(そんなに手荒にするな)」 福島県　埼玉県秩父郡　大分市 *むで 宮城県・石巻　栃木県「随分むでにひっぱたいたなー」 新潟県東蒲原郡 *むてき 長野県下伊那郡　岐阜県恵那郡 *むてこーじ 群馬県多野郡 *むてつ 新潟県佐渡 *むでっかい 岩手県上閉伊郡 *むてっき 栃木県「危険なことをするむてっき者だ」 *むでっき 埼玉県北足立郡・南埼玉郡 *むでつき 埼玉県入間郡「そんなむでつきなことして怪我するぞ」 *むてっこーじ 群馬県勢多郡「そんなにむてっこーじにするとこわれちゃうぞ」 *むてっこき 栃木県 *むてっこじ 栃木県　群馬県佐波郡　埼玉県秩父郡　山梨県 *むてっこち 静岡県「むてっこちな人だ」 *むとー 島根県美濃郡・益田市　大分県「むとーな事を言う(暴言を吐く)」 *むとーしゃ 島根県石見「あんまりむとーしゃな事をするな」 *もくしょ 富山県 *もくしょー 富山県婦負郡「もくしょうな」 *もくしょかす・もくしょかすげ 富山県砺波 *られんぼ 京都府「子供たちのられんぼの後で、お掃除がたいへんだった」 *らんごく 岐阜県山県郡　静岡県志太郡　三重県南牟婁郡 *らんぴ 秋田県平鹿郡「あの人らんぴだ人だ」

□者 *あくだれ 茨城県稲敷郡 *あくどーもの 岩手県気仙郡　鹿児島県 *あくぼーもの 岩手県気仙郡 *あくれんばち・あくればち 福井県 *あばれ 香川県　愛媛県周桑郡　宮崎県 *あばれぼー 大分県 *あふぁぶくらむぬ 沖縄県与那国島 *あまやー・あまいむん・あましたむん 沖縄県首里 *あらぐわっちょ・あらすっぽ 鹿児島県 *あらけもん 島根県出雲 *あらっぱ 山形県　群馬県勢多郡　埼玉県秩父郡「あのがきゃああらっぱだ」 *あらっぱぎ 埼玉県北足立郡 *あらっぱち 島根県隠岐島 *あらむしゃ 山形県　新潟県西蒲原郡 *あんばれ 山形県 *あんまく 沖縄県首里 *いご 愛媛県・大三島 *いごすけ・いごはち・いごさく 愛媛県大三島 *いごっそー 徳島県　愛媛県宇和 *がいもん 香川県　高知県幡多郡 *ががまた 熊本県・阿蘇郡 *かすもん 福井県大野郡 *がみしゃ 新潟県頸城 *がむちゃれ・がむくちゃれ 山形県東置賜郡・米沢市 *がむしゃ 富山県　三重県宇治山田市・度会郡　鳥取県　愛媛県周桑郡・喜多郡 *がむしょー・がむそー 鹿児島県喜界島 *がむちゃ 山形県米沢市 *がもしゃ 徳島県 *がらくた 福井県　香川県三豊郡 *がんにん 千葉県夷隅郡「あれはがんにんでしょうがねえ」 *きっとー 高知県 *くもすけ 静岡県志太郡「みんなくもすけさ」 *げんかい 大阪市　奈良県 *げんど 秋田県河辺郡 *ごーら 新潟県中越 *ごんぞ 鳥取県西伯郡 *ごんぞー 京都府　兵庫県　鳥取県西伯郡　島根県隠岐島　岡山県苫田郡 *ごんた 鳥取県西伯郡　徳島県 *ごんたく 愛媛県周桑郡 *さきしらず 島根県隠岐島 *じゃんか 神奈川県小田原市　新潟県中頸城郡 *じゃんかねこ 長野県諏訪 *じゃんかもの 神奈川県足柄上郡 *しれもの 宮崎県 *じれもん 宮崎県児湯郡 *しわっか 愛知県奥設楽 *すぃてぃむん・すいてぃまく 沖縄県首里 *すっぱもの 熊本県芦北郡・八代郡 *だだっぽい 新潟県三島郡 *だはんこき 青森県上北郡 *たんか 富山県砺波　石川県金沢市　島根県 *だんじゃくこき 秋田県平鹿郡 *てっか 福井県大飯郡 *てっかぽ 石川県能美郡 *てっかもの 宮城県栗原郡・登米郡　富山県 *てっくれ 岩手県気仙郡 *てっこー 新潟県・長岡市 *てっこもの・てっこーもん 富山県 *どでんがん・どてんかん 千葉県夷隅郡「あの人はどでんがんだ」 *とびあがり 福井県 *どんかす 福井県中北部 *どんぱち 青森県津軽 *なんかもの 新潟県佐渡「なんかもので困ります」 長野県東筑摩郡 *なんかんもの 岩手県気仙郡　山形県南置賜郡・米沢市 *なんばた 新潟県佐渡 *ぬっぽー 長崎県北松浦郡 *のーてんき 三重県飯南郡 *のっぽー 静岡県富士郡・田方郡 *ばがもの 山形県東田川郡 *ばぶれもん 高知県 *ふとんどー 東京都大島 *ぼーきらー・ぼーきりむぬ 沖縄県石垣島 *ぼーきりゃー 沖縄県竹富島 *もさ・むさ 和歌山県東牟婁郡「坂東もさ」 *むさんこ 千葉県夷隅郡　新潟県佐渡 *むさんこもん 島根県出雲 *むできなし 山形県東置賜郡 *むでっか 山形県米沢市 *むてんか(無法者) 徳島県海部郡 *むとーもの 福井県坂井郡　島根県美濃郡・益田市「山の中を通る時、むとーもんに出よーた」 広島県・安芸郡 *やから 鹿児島県喜界島 *やくざ 三重県南牟婁郡　和歌山県日高郡「あんなやくざな男はない」 *やくざぼし 和歌山県 *やけくそ・やけっちょ 和歌山県東牟婁郡 *やけのかんぱち 和歌山県 *やけのやんぱち 和歌山県東牟婁郡 *やだもの 長崎県 *やぼたくれ 岐阜県土岐郡 *やまいぬ・やまいん 新潟県佐渡・刈羽郡 *やまのかみ 岐阜県飛騨 *やんか 新潟県佐渡 *やんが 三重県志摩郡・度会郡　和歌山県東牟婁郡・新宮 *やんがもの 和歌山県東牟婁郡 *やんかん 新潟県佐渡 *やんがんもの 和歌山県東牟婁郡 *わりがねんじょー 福岡県築上郡 *わる 愛媛県周桑郡 *んじゃりむん 沖縄県首里

り

りえき【利益】 ***いりよー** 岩手県気仙郡「この仕事をすればいりようになる」 ***うきとく** 群馬県山田郡・邑楽郡 ***かんじょー** 京都府竹野郡「早く売った方がかんじょーだ」 ***かんじょまえ** 和歌山県 ***しゅーとぅく** 沖縄県首里 ***しょーみ** 島根県八束郡・大原郡「俺のしょーみはちっとも無ぇ」 ***しょみ** 島根県出雲 ***でめ** 岡山県苫田郡「そねぇな商売のやり方で、でめがあるか」 ***へぎ** 富山県・下新川郡　石川県鹿島郡　和歌山県那賀郡・日高郡「いいへぎした(思いがけない利を得た)」 ***よご** 千葉県海上郡「よごもねい(無益のこと)」 ***りあい** 愛知県名古屋市「危い橋を渡ってもあんまり利合にはならんよ」 ***りあか** 神奈川県「りあかで暮らす」 ***りかん** 京都府竹野郡　山口県 ***りこ** 青森県 ***りんもー** 岡山県苫田郡「りんもうがあわん(利益にならない)」・川上郡「りんもうがええ」
→もうけ（儲）

りえん【離縁】 ***いとま** 和歌山県海草郡 ***えがえり** 三重県名張市 ***えんがえり** 三重県 ***えんぎれ** 佐賀県藤津郡 ***さら** 島根県那賀郡「隣の嫁はさらになった」 ***さらかべり・さらかぶり** 大分県東国東郡 ***だしたる** 三重県志摩郡 ***なかわかれ** 三重県上野市 ***はちぶ** 新潟県「はちぶされて帰って来た」 ***ふえん** 新潟県佐渡「ふえんした」・東蒲原郡　富山県砺波　三重県志摩郡　鳥取県西伯郡　島根県「隣のよめごさんはとーとーふえんになった」 ***ふじく** 茨城県多賀郡 ***もどり** 奈良県吉野郡 ***わんき** 佐賀県藤津郡 ***わんぎ** 兵庫県淡路島　長崎県伊王島・西彼杵郡　熊本県南部「わんぎする」　宮崎県　鹿児島県 ***わんぎり** 宮崎県東諸県郡 ***わんぎわかれ** 長崎県五島　鹿児島県
□**する** ***いなす** 三重県　大阪市　和歌山市「とうとうあの養子をいなひてしもた」　岡山県苫田郡　山口県　香川県　愛媛県松山　高知市 ***いなせる** 島根県出雲・隠岐島 ***かえる** 三重県阿山郡 ***とだす** 秋田県南秋田郡 ***ぬちゅん** 沖縄県・首里 ***はってる** 鹿児島県 ***はねかえる** 長野県南佐久郡 ***もどす・もどる** 三重県志摩郡 ***やめる** 宮城県登米郡・玉造郡

りきむ【力】 ***いきごむ** 島根県仁多郡・飯石郡 ***いきずみへんばる** 島根県益田市「いきずみへんばってもできゃーせん」 ***いきずむ** 兵庫県神戸市　和歌山県　島根県　広島県　山口県見島　徳島県　香川県　愛媛県・松山・宇和島　高知県・高知市　長崎県壱岐島　熊本県玉名郡 ***いきずりへんばる** 島根県石見「坂道を車がいきずりへんばり上った」 ***いきばい** 茨城県多賀郡 ***いきばる** 青森県三戸郡　岩手県気仙郡　福島県 ***いきぱる** 青森県南部　岩手県上閉伊郡 ***いぎばる** 兵庫県淡路島 ***いきむ** 兵庫県神戸市「いきんどったけど、あの折くらい辛いことはなかった」 ***いきる** 大阪市　兵庫県加古郡・神戸市　和歌山県　島根県益田市　岡山市　香川県大川郡　愛媛県宇和島 ***いぎる** 山口県玖珂郡 ***いけずむ** 長崎県五島　熊本県 ***いけばる** 群馬県佐波郡 ***いっきばる** 岩手県気仙郡　山形県米沢市 ***いばる** 長野県佐久　徳島県 ***うけずむ** 熊本県玉名郡・天草郡 ***かしゃばる** 新潟県佐渡 ***がしゃばる** 山梨県南巨摩郡「金があるともってがしゃばるな」 ***がばる** 秋田県鹿角郡・河辺郡 ***ぎしぇむ・ぎしゅむ・ぎじゅむ** 長崎県対馬「彼は近頃分限者となったと思うて、ひどうぎしゅんどる」 ***ぎずむ** 宮城県仙台市 ***けずむ** 島根県邑智郡　広島県 ***けんつく** 新潟県佐渡　京都府北部 ***こばる** 京都府「にない棒を肩にしてうんとこばる」　兵庫県加古郡 ***しこーばる** 栃木県 ***しこふむ** 滋賀県彦根 ***しこる** 栃木県　和歌山県新宮 ***しゃきばる** 秋田県鹿角郡「彼氏は役人になったと思ってしゃきばって歩く(いばってふんぞり返る)」 ***しゃぎはる** 山形県「羽織など着てしゃぎはる」 ***しゃっきばる** 東京都三宅島 ***しょきぱる・そきぱる** 青森県 ***せきこむ** 島根県隠岐島 ***せっこむ** 栃木県「せっこんで怒鳴りこむ」 ***にじまる** 島根県隠岐島 ***ねきばる・ねっきばる・ねっこばる** 山形県「あんまりねっきばるな」 ***ねこばる** 秋田県河辺郡 ***ねこんばる** 秋田県「ねこんばって綱引している」 ***ねじまる** 新潟県中頸城郡　長野県下水内郡　島根県 ***ねずまる・ねじばる** 新潟県東蒲原郡 ***へばる** 新潟県佐渡　鳥取県・西伯郡　島根県　岡山県「裂けてもへばれ(産婦を声援する言葉)」 ***へんばる** 石川県羽咋郡　島根県
□**返る** ***きしゃばる** 山形県米沢 ***ぎしゃばる** 宮城県仙台市　山形県飽海郡・米沢市　新潟県

方/言/の/窓

●方言の助詞Ⅰ「～から」

「雨が降っているから行くのはやめろ」と言うときの原因・理由を表す接続助詞「から」には明瞭な地域差が認められる。

まず標準語と一致するカラが関東から東北地方南部にかけて分布する。これに対する近畿地方の言い方がサカイである。このサカイは北陸から日本海側を北上し、青森の旧南部藩領から岩手北部にまで及んでいる。北陸や山形・青森などではサケ(ー)・ハケに、新潟県ではスケに変化している。

愛知・三重・静岡西部・岐阜・長野などの中部地方にはデが広がっている。このデはとんで鹿児島にも見られる。青森で使われるハンデのデもこれとつながるものかもしれない。

中国・四国・九州北部にはケン・ケー・キー・キニの類が広く分布する。

*ぎしゃんばる 秋田県雄勝郡「ぎしゃんぱってきかない」 *りきみさらう 静岡県榛原郡

りく【陸】 *あぎ 鹿児島県喜界島 沖縄県 *あぎー 鹿児島県加計呂麻島 *あげ 京都府竹野郡 鳥取県東部 島根県那賀郡 岡山県児島郡 愛媛県 *あんぎ 沖縄県小浜島 *かし 沖縄県島尻郡 *から 沖縄県新城島 *ここ 広島県西能美島 *ないら 和歌山県有田郡

→りくち（陸地）

りくち【陸地】 *じ 静岡県浜名郡 島根県「波がじえうち上げる」 *なだ 徳島県海部郡 *たか（海から見た時の陸地）茨城県 静岡県「船をたかにつける」 愛知県知多郡 三重県志摩郡 *おか（陸の方）香川県佐柳島 *じかた（陸地の方）和歌山市 *じがた（陸地の方）長崎県壱岐島

→りく（陸）

りこう【利口】

→かしこい（賢）

□そうなさま *りくつらしー（子供が見るからに利口そうだ）愛媛県今治市・大三島 *ちょーちょーしげ 香川県三豊郡 *てんごげ 香川県丸亀市「てんごげにする（利口ぶる）」 *ねんごげ 香川県「そんなねんごげな事をいいよったら人に笑われる」 *ねんごすげ 香川県高松

□だ *うぞい 宮城県栗原郡 *おーぜー 栃木県下都賀郡・芳賀郡 *おそい 栃木県那須郡 愛媛県大三島 *おぞい 秋田県雄勝郡 山形県 栃木県西部 群馬県東南部 埼玉県 千葉県印旛郡・東葛飾郡 東京都 新潟県 京都府 鳥取県 島根県出雲・隠岐島「おぞい子が学校へ入学した」 岡山県 広島県豊田郡・山県郡 香川県綾歌郡 愛媛県大三島 *おぞっこい 新潟県 *おぞっこない 新潟県中魚沼郡 *おどい 和歌山県日高郡 広島県 愛媛県弓削島 *かんばし 栃木県 *けけしー 山形県庄内 *こーばしー 大分県北海部郡 *さかし 青森県津軽 岩手県紫波郡・和賀郡 秋田県平鹿郡・雄勝郡 *さかしー 青森県南津軽郡・三戸郡 岩手県九戸郡 宮城県栗原郡 秋田県仙北郡・鹿角郡 山形県南部 静岡県志太郡 島根県 広島県向島・深安郡 長崎県対馬 *さがしー 島根県隠岐島 *さかしか 長崎県南高来郡 熊本県玉名郡 *さすい 和歌山県日高郡 *じこか・でくか 熊本県天草郡 *ずない 静岡県小笠郡「ずない子でよく言うことをきく」・磐田郡 *めんごい 栃木県芳賀郡 *りこい 徳島県美馬郡 愛媛県 *りこーか 佐賀県藤津郡 熊本県天草郡

□な子 *おせまさり 長崎県対馬 *おたからまんちん（子供をあやす語）熊本県玉名郡 *たから（子供を褒める時に言う語）石川県加賀 岐阜県大垣市「坊はおたからさんやで（いい子だから）、そんなことしてあかんね」・本巣郡 愛知県名古屋市「ようお辞儀ができました、何たらおたから」 福岡県 熊本県玉名郡 大分県

□なこと *おじょーこー 長野県 *こーしゃ 神奈川県愛甲郡「こーしゃな子」 新潟県佐渡 富山県 岐阜県飛驒 静岡県磐田郡 三重県松阪 滋賀県彦根 *じく 鹿児島県「ぢくな人」 *たくま 沖縄県首里・石垣島 *たくまちり 沖縄県首里 *めごめご 新潟県「めごめごした顔してゐる」 長野県佐久 *めんこ 岩手県上閉伊郡 宮城県遠田郡 山形県米沢市（かわいいもの） 栃木県 *めんこのじょんこ 青森県三戸郡 *めんこのちょんこ 青森県上北郡

□なさま *おこしょ 静岡県小笠郡「おこしょな子（お利口さん）」 *おじょーこー 長野県 *こーしゃ 神奈川県愛甲郡「こーしゃな子」 新潟県佐渡 富山県 岐阜県飛驒 静岡県磐田郡 三重県松阪 滋賀県彦根 *こーしょ 富山県砺波 *こーしょー 静岡県志太郡「こーしょーなことぬかすなー」・小笠郡 *こーばく（子供などの利口なさま）富山県砺波 石川県金沢市 *ささい 鳥取県西伯郡 島根県八束郡 *さつばつ 広島県山県郡 *さっぱつ 島根県邑智郡「隣の子はさっぱつな子だ」 *じく 鹿児島県「ぢくな人」 *じごんならん（大人が利口なさま）島根県那賀郡 *めごめご 新潟県「めごめごした顔してゐる」 長野県佐久 *めんこ 岩手県上閉伊郡 宮城県遠田郡 山形県米沢市（かわいいもの） 栃木県 *めんこのじょんこ 青森県三戸郡 *めんこのちょんこ 青森県上北郡

□者 *いせむん 宮崎県都城 *えせむん 宮崎県児湯郡 *えらしこ 山口県大島 徳島県 愛媛県周桑郡 *えらみそ 徳島県那賀郡 *えらもの 長野県佐久 香川県 *おこもん 兵庫県但馬 *おぞいもん 京都府中郡・与謝郡 *からばし（特に、才知のある子供）沖縄県首里 *こーしやもん 福岡市 *しょーいらー・しょーいりむん 沖縄県首里 *たくま 沖縄県石垣島 *たくまー・たくまちらー・たくまちりむん 沖縄県首里 *たぐまつぃり 沖縄県与那国島 *たましきう・たましきき 鹿児島県 *たましごろ 熊本県南部 *てにゃわじ 島根県簸川郡 *てんがーもん・てんがらむん 鹿児島県姶良郡 *てんがなもん・てんがらもん・てんがむん 鹿児島県 *てんがもの 鹿児島県肝属郡 *てんがら 鹿児島県 *てんがん 宮崎県都城 *ふんべつばこ 島根県簸川郡・出雲市

りこうぶる【利口振】 *ぎしゃばる 新潟県佐渡 *こーしゃぶる 新潟県佐渡 *こんつく 京都府 *りこーずく 新潟県佐渡

□さま *つんつん 栃木県河内郡 *てんごげ 香川県丸亀市「てんごげにする（利口ぶる）」

りこん【離婚】 ⇩りえん（離縁）

りす【栗鼠】 *おこぜ（山中にすむ、リスに似た小動物）岐阜県飛驒 *きねじみ 岩手県九戸郡 山形県西置賜郡・最上郡 *きねずみ 青森県上北郡 山形県 福島県 群馬県吾妻郡 埼玉県秩父

郡　東京都西多摩郡　神奈川県津久井郡　新潟県中蒲原郡　長野県　静岡県富士郡・磐田郡　奈良県吉野郡 *きねんずみ・むささんび 秋田県雄勝郡 *やまねずみ 奈良県宇智郡

りそく【利息】 *たんぽぽ 岐阜県飛驒「貸せにたんぽぽがつく」 *りあい 愛知県名古屋市「危い橋を渡ってもあんまり利合にはならんよ」 *りあか 神奈川県「りあかで暮らす」 *りこ 青森県

りっぷく【立腹】 *くんじょーいでぃ 沖縄県石垣島

↓おこる（怒）・「はら（腹）」の子見出し、「腹が立つ」「腹を立てる」

□する *いじをこく 島根県邑智郡 *いらかす 富山県砺波 *えぶりつる（自分の思うことが通らなくて立腹する）島根県隠岐島 *えぼふる 島根県簸川郡・出雲市 *えらかす 富山県西部 *かんてきいこす 大阪市「またかんてきいこしてよる」 *かんてきおこす 奈良県南大和 *かんてきをおこす 奈良県 *きねこく 富山県東礪波郡 *きまげる 青森県津軽　秋田県雄勝郡・南秋田郡「算術出来ないできまげる」 *くそはむ 新潟県佐渡 *こく 島根県石見「腹をこく」　徳島県 *ごつーこく 島根県邑智郡　広島県山県郡・高田郡 *ごっぽーこく 広島県山県郡 *ごつをこく 広島県高田郡 *じんばらたてる 栃木県 *どーがにえる 新潟県三島郡 *ねたがる 岩手県二戸郡 *はうつる 長崎県五島 *はぶーだす 山口県大島 *はぶつる 長崎県伊王島・五島　大分県大分郡・速見郡 *はぶてる 山口県　長崎県対馬 *はらがかやる 岡山県児島郡 *はらがきーわく・はらがきしわく 鹿児島県 *はらがきりわく 鹿児島県種子島 *はらがたちきる（非常に立腹する）三重県北牟婁郡「はらーぁたちきってきた」 *はらくそがたつ 和歌山県「人を馬鹿にしてはらくそのたつ」 *ふーはらす 千葉県夷隅郡「うちん子はじっきにふーはらしておえなえさ」 *へぬる 熊本県 *へねる 鳥取県西伯郡・日野郡　島根県仁多郡・隠岐島　岡山県苫田郡 *ほてくさる 富山県東礪波郡 *ほてこく・ほてこむ 島根県出雲市 *ほてたてる 富山県　石川県鹿島郡 *ほてむく 富山県婦負郡 *やけおきる 栃木県中部 *やけおこす 福島県東白川郡「そうだにやげおごさなくても良かっぺぇ」 *やけっぱら 福島県東白川郡「やけっぱら起こす（怒る）」　茨城県久慈郡 *やんがんおこす 兵庫県加古郡 *ゆんぐさみち 沖縄県首里

りとく【利得】 ⇩りえき（利益）

りはつてん【理髪店】 *いっせん（近世初期、路傍で一人につき一銭で営業したところから）高知県（女髪結い）　福岡県　佐賀県・藤津郡　長崎県壱岐島　熊本県八代郡　大分県日田郡　宮崎県東諸県郡（女髪結いも言う）　鹿児島県・鹿児島郡 *いっせんさん 高知市 *いっせんどん 熊本県玉名郡 *いっせんば 長崎市 *いっせんや 高知県　長崎県長崎市・五島　熊本県下益城郡　鹿児島県・肝属郡 *かいしょ 京都市 *かみーどこ 岐阜県大垣市 *かみえど 秋田県鹿角郡 *かみさ 富山県 *ざんぎりや 島根県石見　山口県大島 *とこば 宮城県石巻　群馬県勢多郡・佐波郡　埼玉県秩父郡　東京都南多摩郡・八王子　神奈川県　新潟県西頸城郡　山梨県・南巨摩郡　長野県　岐阜県加茂郡　静岡県　滋賀県蒲生郡

↓とこや（床屋）

りゅうこう【流行】 ⇩はやる（流行）

りょう【漁】 *じょーじ（「りょーじ（漁事）」か）

りょうし【猟師】 *いぬつぃき 沖縄県小浜島　和歌山県東牟婁郡 *おいやま 徳島県三好郡 *おいやまど 徳島県三好郡・那賀郡 *おかりょーし 京都府 *かまいとぅるぷす（「イノシシ捕る人」の意）沖縄県鳩間島 *かまんとぅりぴとぅ 沖縄県新城島 *かりこ 三重県度会郡 *かりしゃ 鹿児島県奄美大島 *かりぴとぅ 沖縄県八重山 *かりゅー・かりゅーさん 三重県志摩郡 *かりんど 山形県東部　福島県会津若松市・大沼郡 *さんか 島根県邑智郡 *ししとり 福島県耶麻郡 *ししぶち 東京都西多摩郡 *せっしょーにん 栃木県　大阪府南河内郡　兵庫県淡路島　奈良県吉野郡　和歌山県日高郡　徳島県　香川県三豊郡　高知県幡多郡 *せっしょにん 兵庫県淡路島 *てつうち 愛知県西春日井郡 *てっぽうち 新潟県中頸城郡　富山県　長野県上伊那郡　静岡県駿東郡　三重県志摩郡　鳥取県西伯郡　熊本県 *てっぽーいり 鹿児島県種子島 *てっぽーうち 新潟県中蒲原郡　長野県諏訪郡　三重県上野市・志摩郡　兵庫県加古郡　広島県比婆郡　熊本県 *てっぽーおっちゃん 島根県大田市 *てっぽおち 島根県 *てっぽーはなし 広島県比婆郡 *てっぽーぶち 山形県　福島県耶麻郡・南会津郡　栃木県河内郡　群馬県勢多郡　埼玉県川越市　千葉県夷隅郡「てっぽーぶちが来ているので犬が多い」　東京都西多摩郡・八王子　神奈川県津久井郡　長野県　静岡県駿東郡 *てっぽや・てっぽどん 三重県志摩郡 *てっぽぶち 岩手県気仙郡　山形県　福島県　千葉県夷隅郡 *てっぽもち 三重県伊賀 *とずいらー 沖縄県宮古島 *とりうち 三重県上野市　熊本県天草郡 *とりうっどん 熊本県天草郡 *またき 秋田県由利郡・雄勝郡 *またぎ 北海道函館　青森県　岩手県　秋田県　山形県 *まとーのもの 香川県 *やまさ 鹿児島県奄美大島 *やまさー 和歌山県南部　沖縄県宮古島 *やまし 福島県南会津郡 *やましとぅやー 沖縄県本島 *やまじょーし 熊本県 *やまと 宮崎県東諸県郡 *やまりょーし 熊本県鹿本郡

りょうし【漁師】 *あみっと 岩手県上閉伊郡 *あみゅーど 広島県安芸郡 *あんご 静岡県田方郡 *いおつり 熊本県宇土郡 *いおとっどん 熊本県天草郡 *いおとり 熊本県 *いきまー（宮古諸島、池間島に住む人が漁をよくするところから）

沖縄県石垣島 *いさば 新潟県下越 *いじゅとぅりひとぅ 沖縄県竹富島 *いしょと・いしょしや・いしょーしゃー 鹿児島県奄美大島 *いずとぅるぴす 沖縄県黒島 *いずとぅるぴとぅ 沖縄県石垣島・小浜島・新城島 *いそーぴす 沖縄県黒島 *いちゅまなー 沖縄県八重山・石垣島(卑称) *いちゅまん(沖縄本島糸満(いとまん)の住民が漁をよくするところから) 沖縄県八重山 *いむぴと 沖縄県宮古島 *いゆとぅいとぅ 沖縄県与那国島 *いゆとぅやー 沖縄県首里 *いゆとぅらー 鹿児島県喜界島 *いゆとぅり 鹿児島県奄美大島 *うみあっちゃー 沖縄県首里 *うみじょーし 熊本県飽託郡 *うみとんぼ 茨城県多賀郡 静岡県安倍郡 香川県塩飽 *うみりょーし 京都市 *うみんちゅ 沖縄県島尻郡 *うみんちゅー 沖縄県首里 *えんぞーぼー 千葉県香取郡 *えんぞーぼー 千葉県海上郡 *おーご 岡山県小田郡 香川県志々島 *おきど 三重県・志摩郡 *おきゅーど 静岡県賀茂郡 *おご 高知県幡多郡 *かがりと 青森県上北郡 岩手県気仙郡 *かく 新潟県北蒲原郡 沖縄県首里 *かこ 岩手県気仙郡・九戸郡 宮城県本吉郡・亘理郡 千葉県夷隅郡 東京都神津島 新潟県佐渡・中頸城郡「かこのもん」 石川県鳳至郡 福井県丹生郡 三重県志摩郡 和歌山県 山口県見島 鹿児島県奄美大島 *がぜ 広島県厳島 *かわじょーし 熊本県八代郡 *かわりょーし 熊本県鹿本郡 *かわんど(川で漁をする漁師) 兵庫県但馬 *ざことり 秋田県雄勝郡 *さんがい 香川県屋島 *じゅーど・ずど 鹿児島県揖宿郡 *じょーがた 広島県因島 愛媛県伯方島・弓削島 *しょくてんぼー 千葉県山武郡 *すなどり 三重県志摩郡 *せっしょにん 兵庫県淡路島 *せっしょーにん 栃木県 大阪府南河内郡 兵庫県淡路島 奈良県吉野郡 和歌山県日高郡 徳島県 香川県三豊郡 高知県幡多郡 *ちゃせん 広島県江田島 *つばみ 香川県小豆島 *てんこ 千葉県夷隅郡 *どんきゅ・どっきゅ 鹿児島県 *どっぽ 熊本県下益城郡 *どんきゅー 宮崎県児湯郡 *どんきょ 鹿児島県肝属郡 *どんじょふみ 滋賀県蒲生郡 *のわい 岐阜県岐阜市・不破郡 *はまうと 岩手県下閉伊郡 *はまど 岩手県気仙郡 *はまのひと 香川県豊島 *はもーど・はもど 岩手県上閉伊郡 *ふなし 鹿児島県種子島 *ふなと 長崎県南高来郡 熊本県天草郡 鹿児島県揖宿郡 *ふなとー 長崎県壱岐島(卑語) 鹿児島県肝属郡・種子島 *ぽん 愛知県碧海郡 *ぽん 愛知県 *ぽんす 岐阜県武儀郡 山県郡 愛知県 *ぽんすけ 愛知県南設楽郡 *ぽんすけ 岐阜県武儀郡 愛知県東加茂郡 *ぽんつく 愛知県 *やんしゅー 北海道 *やんち 茨城県多賀郡 *りょーせん 長崎県対馬 *りょーど 広島県高田郡 山口県 長崎県壱岐島 大分県大分郡・速見郡 *ろっきゅー(平家の落人六騎が海岸に隠れ、魚を捕らえて生活したという言い伝えの「ろっき」の転か) 福岡県山門郡

りょうしん【両親】 *あやーたーりー(士族の語) 沖縄県首里 *えのひと 青森県上北郡 *おやおや 秋田県鹿角郡 *おやじかか 宮城県仙台市 山形県東置賜郡・米沢市「あそごのおやぢかがあ、やがましい」 *じゅーあっぱ 沖縄県石垣島 *ったいんとぅぬうや 沖縄県与那国島 *ててほわ・ととうんま 東京都八丈島 *ぱじー 島根県益田市 *ふたーずぃ 沖縄県宮古島 *ぶねーベー(「母親達」の意) 沖縄県竹富島 *むるーや 鹿児島県徳之島 *もろおや 長崎県南高来郡 *んまあさ 沖縄県宮古島
→おや(親)

りょうほう【両方】 *どんな 山形県庄内「どんなも役立たね」 *ふたいっぽ 長崎県五島 *まんぽ 鹿児島県・肝属郡「まんぼともよかごつ(両方ともよろしいように)」 *まんぽー 鹿児島県薩摩 *まんぽさんぽ 鹿児島県肝属郡

りょうり【料理】 *いたもと 三重県伊賀「いたもとにん(料理人)」 熊本県上益城郡 *おひら 静岡県川根 *くーにー(料理の一種。豚肉、豆腐、野菜の類を比較的小さい角切りにしてしょうゆで煮たもの) 沖縄県首里 *くみさかな(料理の一種。口取りざかな) 大阪市 *こしらえ 熊本県天草郡 *ごっちょこせ 山形県東田川郡 *ごっつぉー 静岡県川根 佐賀県藤津郡 *ごっつぉこしゃえ・ごっつぉこせ 山形県 *さかな 高知県 *しゅーき 鹿児島県喜界島「せーんしゅーき(酒の肴(さかな))」 *ずー 沖縄県石垣島・鳩間島 *ぞんぞ 群馬県前橋市 *でんぶ 茨城県 *にやき 青森県三戸郡「煮焼上手(料理じょうず)」 岩手県気仙郡 *ぱーじ 島根県隠岐島 *ぽーじ 東京都八丈島「ぽーじする」 島根県隠岐島 *りょーもん 島根県簸川郡

りょかん【旅館】 *どいや 鹿児島県 *や 東京都八丈島

りょこう【旅行】 ⇨たび(旅)

りんか【隣家】 *いぐらならび 宮城県登米郡 *うらせ(垣を境にして裏合わせに接している隣家) 宮城県仙台市「起きて見ると、すぐうらせが燃えている」 *おもて(上手にある隣家) 岐阜県飛騨「おもてではもう起きられた」 *かどぅぬちゃーし(軒を接する隣家) 沖縄県首里 *せど 香川県 *せどのうち 埼玉県秩父郡 *やどぅない 沖縄県竹富島「やどぅないひとぅ(隣人)」
→となり(隣)

りんき【悋気】 ⇨しっと(嫉妬)

りんご【林檎】 *あっぷり(英語 apple から)・あぶり 新潟県東蒲原郡 *びんごなし 石川県能美郡・江沼郡 福井県吉田郡・丹生郡 島根県江津市・那賀郡 *りんき 北海道小樽 秋田県南秋田郡・秋田市 新潟県佐渡 *りんごなし 福井県 島根県鹿足郡 *りんごみかん 鹿児島県肝属郡 *にほんりんご(在来種の林檎。和林檎(わりんご)) 宮城県一部 新潟県一部

りんしょく【吝嗇】 ⇨けち

る

るす【留守】 ＊**からるす** 栃木県 ＊**とっぴん** 滋賀県伊香郡「とっぴんやった」 ＊**ばん** 富山県 ＊**やんどい** 岩手県気仙郡 ＊**るすごと** 島根県益田市「主人のるすごとに洗濯した」 ＊**るすんぼ** 群馬県邑楽郡

家を□にすること ＊**すーらく・よたか** 大分市

るすばん【留守番】 ＊**えさど** 秋田県河辺郡 ＊**えさんど** 秋田県「たったひとりえさんどしてゐる」 ＊**えばん** 青森県三戸郡 ＊**ちゅーばん・じゅーばん** 長崎県五島 ＊**やどい** 青森県南部 岩手県九戸郡・気仙郡「やどえする」 ＊**やどし** 青森県三戸郡 ＊**やどと** 岩手県紫波郡 秋田県鹿角郡 ＊**やど** 青森県三戸郡「やどさせておいてもよいから、よこしてくれ」 ＊**やどもり** 東京都八丈島 ＊**やばん** 山口市 長崎県南松浦郡 ＊**ゆさんど** 秋田県平鹿郡 ＊**ゆすぎ** 秋田県平鹿郡・雄勝郡 ＊**ゆすれ** 山形県庄内 ＊**よしれ** 山形県 ＊**るしーと** 岩手県九戸郡 ＊**るす** 静岡県志太郡「きょーわおれん(僕が)るすだ」 ＊**るすと** 青森県上北郡 ＊**るすもり** 徳島県「小さいのに一人でるすもりをするってみょーやな(感心だ)」 愛媛県「るすもりがをらんけん出られん」

れ

れい【礼】 ＊**こまり**(「かしこまり」の転か) 青森県三戸郡「こまりもしないで立っていてはいけない」 ＊**へー** 和歌山県東牟婁郡「へいする」 ＊**へつあん** 愛媛県周桑郡(幼児語)「へつあんをせよ」 ↓おれい（御礼）・れいぎ（礼儀）

□を言う時の語 ＊**ごきみつ** 石川県金沢市 ＊**ごきみつさま** 石川県「ごきみつさまにありがたう」「ごきみつさまな」 ＊**ごきんみっさま** 石川県河北郡 ＊**ちょーじょ** 熊本県下益城郡 ＊**ちょーじょー** 熊本県「ちょうじょうだんだん(たいへんにありがとう)」 ＊**ちょじょ** 熊本県八代市「ちょじょじゃったのい」 ＊**とーでや** 秋田県仙北郡 ＊**とーどや** 秋田県鹿角郡 ＊**とーてやな** 東京都大島 ＊**とどござる** 秋田県鹿角郡「去年中はとどごじゃった」 ＊**どとこんざえぁ** 青森県三戸郡 ＊**どとこんじゃる** 秋田県鹿角郡 ＊**よーえ** 滋賀県甲賀郡 ＊**よーした** 岐阜県飛驒 ＊**よーしたにえ・よーしたにゃー・よーしたよ・よーしたりえ・よーしたんえ** 三重県志摩郡 ＊**よーしてくれた** 岐阜県「よーしてくれんさった」 大阪府中河内郡 ＊**よーしてたもった** 岐阜県恵那郡 ＊**よーしとくれた** 岐阜県益田郡・郡上郡 ＊**よーな** 滋賀県 ＊**よーなや・よーね** 滋賀県彦根 ＊**よーや** 滋賀県甲賀郡 ＊**よーよー** 岐阜県郡上郡(子供に対して言う) 三重県名賀郡「よーよーおおきに」 広島県安芸郡(子供に対して言う) ＊**よくした** 長野県上田・佐久 ＊**よしくった** 新潟県三条 ＊**よした** 岐阜県飛驒 三重県鳥羽市「掃除を手伝ってくれてよしたね」・志摩郡 ＊**よしたい** 石川県能美郡 ＊**よしたえ** 三重県志摩郡 ＊**よしてくれた** 岐阜県飛驒 ＊**よな** 滋賀県坂田郡・東浅井郡 ↓「あいさつのことば（挨拶言葉）」の子見出し、「礼の挨拶（ありがとうございます）」

□を言われた時の返事 ＊**なんたらことーおっしやりやー** 岡山市 ＊**ほんにはい** 山梨県南巨摩郡 ＊**もったい・もーさない** 山形県米沢市 ＊**もったいない** 山形県「『あなたのおかげで助かったんですよ』『もったえない』」

□をする ＊**かがねる** 島根県隠岐島 ＊**かがまる** 山形県 ＊**かがむ** 島根県「お客さんが来られたらかがめ」 ＊**かがめる** 茨城県稲敷郡 ＊**かごむ** 新潟県東蒲原郡・三島郡 広島県高田郡 山口県大島 ＊**かしがる** 群馬県多野郡 ＊**くぐまる** 宮城県栗原郡 ＊**こごなる** 新潟県西頸城郡 島根県 ＊**こごまる** 青森県 宮城県栗原郡 ＊**こごむ** 新潟県長岡市「今日おれが町あるいてたら、助のやつこごみやがるがこつたい(たいそう)おかしかったいや、きっと先生だと思たがあろう」 ＊**こまる** 青森県「先生が来たからこまるべし」 岩手県九戸郡 宮城県栗原郡 秋田県北秋田郡・鹿角郡「在郷太郎でこまる事も知らない」 山形県 ＊**つくばる** 山形県 栃木県 群馬県邑楽郡 ＊**はむ** 岐阜県 愛知県東加茂郡

□を尽くすこと ＊**おじんぎ** 長野県佐久 ＊**じぎ** 岐阜県飛驒「お客さんにじぎする」 ＊**じげ** 島根県隠岐島 ＊**じゅんぎ** 山梨県南巨摩郡 ＊**じょんぎ** 新潟県中頸城郡「隣りの家から土産を貰った、じょんぎを言へ」 ＊**じんぎ** 群馬県勢多郡「いくつになってもじんぎができなくって」・佐波郡 埼玉県秩父郡 新潟県佐渡 富山県砺波 山梨県 長野県佐久

れいぎ【礼儀】 ＊**おじんぎ** 長野県佐久 ＊**おれそれ** 大阪市 兵庫県淡路島「あの家の嫁はなかなかおれそれがよい」 奈良県 長崎県対馬「あの人は律気な人でおれそれがいい」 ＊**ざんめー** 沖縄県首里 ＊**じぎ** 岐阜県飛驒「お客さんにじぎする」 ＊**じげ** 島根県隠岐島 ＊**じゅんぎ** 山梨県南巨摩郡 ＊**じょんぎ** 新潟県中頸城郡「隣りの家から土産を

貰った、じょんぎを言へ」 ＊じんぎ 群馬県勢多郡「いくつになってもじんぎができなくって」・佐波郡 埼玉県秩父郡 新潟県佐渡 富山県砺波 山梨県 長野県佐久 ＊じんぎこーぎ 新潟県岩船郡
→れい（礼）

れいたん【冷淡】 ＊すらっこ 岡山県津山市
→はくじょう（薄情）
□だ ＊うさっぴゅーか 佐賀県「あの人の挨拶は甚うさっぴゅーか」 ＊うさぶか 長崎県五島「何某はうさぶか者よ(近所に居ながらつきあいがない人)」 ＊きすげない 愛媛県 ＊すっちょい 兵庫県加古郡 ＊すどい 兵庫県佐用郡「あの家はすどい」・赤穂郡 岡山県苫田郡「うちの嫁はすどいもんじゃ」・津山 広島県 ＊すねこい 兵庫県但馬 ＊すぼっこい 兵庫県加古郡

れんしゅう【練習】 ⇩けいこ（稽古）

ろ【櫓】 ＊あきろ(和船の右舷に立てる櫓) 和歌山市 ＊あいろ(和船の右舷に立てる櫓) 三重県北牟婁郡 和歌山市 ＊あばろ 大分県北海部郡(網船の艫(とも)の間(ま)の左舷前部の櫓) 長崎県壱岐島(鯨組の網船に使用する櫓) ＊うちろ(鯨組の網船の、網を投ずる側の第一の櫓) 長崎県壱岐島 ＊おーども(漁船の船尾の網を投ずる側の櫓) 長崎県壱岐島 ＊おもて(船の左の櫓) 三重県志摩郡 ＊かい・かいろ・かけろ(船首に近い左舷に取り付ける櫓) 三重県北牟婁郡 ＊ころ(鯨船の後方の櫓) 長崎県壱岐島 ＊しんぐ(船の櫓) 沖縄県鳩間島 ＊ずざく 沖縄県宮古島 ＊ともど・とも(船の左舷の櫓) 三重県志摩郡 ＊ともろ 茨城県(船の最後部の第一の櫓) 三重県北牟婁郡(船の左舷の櫓・船の最後部の第一の櫓) ＊はっさき(船の胴の間の左舷の櫓) 静岡県榛原郡 ＊はどろ(艫の左舷の櫓) 静岡県榛原郡 ＊ふるろ(鯨を捕る網船の最もへさき側の前後二挺の櫓) 長崎県壱岐島 ＊まえどーろ(船の左舷の櫓) 新潟県西頸城郡 ＊まえろ(船の左舷の櫓) 新潟県佐渡・西頸城郡 三重県北牟婁郡 和歌山市 長崎県壱岐島 ＊りゅー(船の櫓) 沖縄県石垣島・鳩間島・新城島 ＊わきろ(和船の右舷に立てる櫓) 新潟県佐渡・西頸城郡 香川県高見島・佐柳島 長崎県壱岐島(和船の最も後方にある艫櫓(ともろ)のさらに後方に立てる櫓)
□をこぐ時の音を表す語 ＊ぐんやりぐんやり・ぐんやらせぐんやらせ 鳥取県 ＊ろぎあい・どんぎやい 鹿児島県屋久島

ろうか【廊下】 ＊あまえん 茨城県稲敷郡 ＊あるき・ありき 岐阜県郡上郡 ＊いーん 沖縄県首里 ＊えんさ 山梨県 ＊えんばな 石川県鳳至郡 ＊かべなし(外側に壁のない付け廊下) 大分県大分郡 ＊しごえん(外廊下) 福島県 ＊でのじま(「でい(出居)のつま(妻)」の転か。座敷わきに付けた廊下) 岩手県気仙郡 ＊とーりえん 栃木県 愛知県渥美郡「とーりえんへ出る」 ＊とりえん 栃木県中部

ろうがん【老眼】 ＊どぅしゅいみー 沖縄県首里 ＊どっしょりめ 富山県東礪波郡 ＊めくらがり 滋賀県彦根

ろうじょ【老女】 ⇩「ろうじん（老人）」の子見出し、「女の老人」

ろうじん【老人】 ＊あがめ 三重県鈴鹿市 ＊いーっちゅ・いーむん 鹿児島県喜界島 ＊うぃーっちゅ・うぃーむん 鹿児島県喜界島 ＊うぃしとぅ 沖縄県小浜島 ＊うぃっちゅ 沖縄県首里 ＊うぃぴす 沖縄県黒島 ＊うぃひとぅ 沖縄県竹富島 ＊うぃぴとぅ 沖縄県宮古島・八重山 ＊うぃぷす 沖縄県鳩間島 ＊うしとぅ 沖縄県波照間島 ＊うちゅ・うっちゅ 鹿児島県奄美大島 ＊うぴとぅ 沖縄県西表島 ＊うふじゃ・うふじゃー(相手を卑しめて) 沖縄県首里 ＊おいぴと 沖縄県宮古島 ＊おとと 新潟県東蒲原郡 ＊おふさん 島根県美濃郡 ＊おんの 富山県東礪波郡「おんの、なんしちょーる(何しているー)」 ＊かずいき(「年の数のいった人」の意) 三重県「なんしえー、かずいきのことで」 ＊ごーとしより(かなりの老人) 新潟県 ＊じゃーじや 鹿児島県沖永良部島 ＊じやま 新潟県 ＊しろぐ 岐阜県郡上郡 ＊ちゃちゃ 北海道 ＊ちゃんちゃん 香川県豊島 ＊といなもん 鹿児島県揖宿郡 ＊とぅしとぅり 鹿児島県喜界島 ＊とぅしなぴとぅ 沖縄県石垣島 ＊とーばい(「としばえ(年延)」の転か) 長崎県五島 ＊としいき 青森県上北郡 秋田県鹿角郡 兵庫県加古郡 島根県出雲・隠岐島 徳島県海部郡 ＊としいきなし 島根県出雲 ＊としいきなふと 島根県隠岐島 ＊としとり 青森県上北郡 長崎県南高来郡 ＊としなしゅ・としなし 熊本県球磨郡 ＊としなむん 鹿児島県揖宿郡・肝属郡 ＊といなもん 鹿児島県揖宿郡 ＊としなもん 鹿児島県 ＊と

しのもん 東京都三宅島 *どっさえぽ 和歌山県 *どっちゃ 岩手県上閉伊郡 *どっつぁ(尊称) 新潟県岩船郡 *とと 岩手県上閉伊郡 *ひゃく 岩手県九戸郡 *ふるき(大工仲間の隠語) 奈良県南大和 *へんこら 千葉県香取郡 *へんころ 千葉県香取郡・匝瑳郡 *べんざい(もと島津藩での「弁済使(村役人などの有力者)」から出た語(方言生活の実態)) 大分県 *ほろくれ 群馬県吾妻郡 *ろーそ 滋賀県伊香郡 岡山県児島郡 *ろーそー 島根県石見 岡山県 山口県「あしこのろーそーはちっとも弱らん達者な人ぢゃのう」 *ろっさん 香川県

男の□ *あぶ 沖縄県与那国島 *あぶじ 沖縄県石垣島・竹富島・鳩間島 *あま 青森県三戸郡 岩手県九戸郡・岩手郡 *あまー 岩手県 *あまじ 岩手県岩手郡 *あや 青森県三戸郡 *あんま 岩手県岩手郡 *うじ 鹿児島県奄美大島 *うしゅまい 沖縄県石垣島 *うしゅめー 沖縄県首里 *おじ 和歌山市(下流) 高知県安芸郡「仲おじ芝居へ行かんか」 *おじー 群馬県利根郡 埼玉県川越市 *おじき 香川県 *おじさま(上流) 新潟県西蒲原郡 *おじさめ 新潟県東蒲原郡 *おじさん(下流) 和歌山県「大分おじさんやなあ」 *おじじ 新潟県西蒲原郡(中流の上) 島根県(中流以上) 熊本県天草郡 *おじっつぁん 島根県 *おじやん 高知県(幼児語) 宮崎県延岡市 *おじょー(目下の老夫) 静岡県富士郡 *おじん 島根県美濃郡・益田市「そのことならおじんに聞いて見い」 *おじんちゃ・おじんつぁ・おじんつぁま 山形県 *おっじゃん 奈良県「おっじゃんのくせに重い物持とるそ」 *おとこ・おっこ・おこ 青森県津軽 *おんじ 栃木県安蘇郡 徳島県(卑称)・美馬郡(卑称) *おんじー 東京都大島 愛知県岡崎市 *おんじょ 香川県 熊本県芦北郡・八代郡 宮崎県 鹿児島県 *おんじょー 宮崎県 *おんじょくされ(ののしって言う語) 宮崎県 *じ 宮城県栗原郡 秋田県鹿角郡 富山市近在 *じー 岩手県上閉伊郡 新潟県下越 熊本県 *じーかま 鳥取県東伯郡(腰の曲がった老人) 島根県(ののしって言う語) *じーくら(ののしって言う語) 山口県防府 *じーこ 香川県佐柳島 *じーご 岩手県気仙郡 群馬県多野郡「鍋八じーご」 *じーこたー 岡山県阿哲郡 *じーこつ 山口県(ののしって言う語) 熊本県下益城郡 大分県大分郡・直入郡 *じーさ 山形県東置賜郡 広島県芦品郡・高田郡 *じーさん 愛媛県宇和島市 熊本県 *じーじ 新潟県三島郡 *じーな 島根県出雲 *じーま 富山県砺波 岐阜県郡上郡 *じーや 東京都大島 岐阜県本巣郡 愛知県名古屋市 *じーやー 栃木県河内郡 島根県 *じーやさん 岩手県上閉伊郡 *じーやん 和歌山県 島根県 愛媛県宇和島市 熊本県 *じこ 秋田県鹿角郡 *じさ 岩手県和賀郡 山形県西置賜郡 新潟県三島郡 *じさーま 香川県 *じさま 宮城県栗原郡 秋田県鹿角郡 山形県 奈良県吉野郡 和歌山県 徳島県 香川県 愛媛県宇和島市 熊本県天草郡 *じさん 香川県三豊郡・小豆島 熊本県 *じじ 山形県東置賜郡(ののしって言う語) 新潟県下越 和歌山県 香川県小豆島 宮崎県都城 *じじー 島根県(ののしって言う語) 香川県小豆島 *じじーさん 香川県 *じじくだま 長野県上田・佐久 *じじくったま・じじくったれ 長野県上田 *じじさ 山形県東置賜郡・米沢市 新潟県下越 *じじさま 山形県米沢市 新潟県下越 *じじさん 熊本県 *じじちゃ・じじはん 山形県 *じじま 新潟県下越 *じちゃ 青森県上北郡 秋田県鹿角郡 *じっこ 青森県 秋田県 山形県庄内(雇用の老爺)・西置賜郡(ののしって言う語) *じっこつ(ののしって言う語) 富山県下新川郡 *じっさ 長野県諏訪 岐阜県本巣郡・恵那郡 愛知県名古屋市 *じっち 秋田県平鹿郡 茨城県 *じっちゃ 秋田県 *じっちゃん 茨城県鹿島郡 *じっつぁ 山形県新庄市 *じっつぁま 茨城県猿島郡 *じっつぁん 島根県 *じな 秋田県鹿角郡 *じぼた 滋賀県・蒲生郡(ののしって言う語) *じやん 新潟県佐渡 福井県遠敷郡 熊本県 *じょさん 宮崎県那珂郡 *じんがね(ののしって言う語) 宮城県登米郡 *じんざま 茨城県多賀郡 *じんじー 山梨県南巨摩郡 静岡県 *じんじくたー 静岡県志太郡 *じんちゃ 秋田県平鹿郡 *じんつぁ 山形県米沢市 *じんつぁー 栃木県 *じんつぁん 茨城県 *じんま 高知県 *じんまくり(ののしって言う語) 高知県 *ずこ 秋田県平鹿郡 *ずずこ 岩手県和賀郡 *ずっちゃ 秋田県南秋田郡・平鹿郡 *ずっちょ 山形県東置賜郡 *ずっつぁ 秋田県平鹿郡 *ずんじゃ 山形県東田川郡 *ずんず 山形県

女の□ *あーぱーま(愛称) 沖縄県石垣島 *あねぃー 鹿児島県喜界島 *あねぃんかー(祖父母の姉妹) 鹿児島県喜界島 *あば(小児語) 青森県津軽 山形県 新潟県佐渡(卑しめていう) 石川県(目下の老女を呼ぶ) *あばー 新潟県佐渡 *あばさん 新潟県佐渡(卑しめていう) 島根県能義郡(嫁に行かなかった老女) *あばやん 新潟県佐渡 福井県敦賀郡(小児語) 高知県中村市(敬称) *あばん 福井県敦賀郡・大飯郡 *あや 鹿児島県奄美大島 *うばさ 新潟県 *うぼ 鹿児島県 *うぼー 佐賀県 *うんば 奈良県吉野郡(ののしりの語) 香川県佐柳島 鹿児島県 *うんぼ 佐賀県 宮崎県都城 鹿児島県・肝属郡 *おなかい 山梨県甲府近在・北巨摩郡 *おばば 新潟県 福井県 鳥取県西伯郡 島根県出雲 熊本県天草郡 *おばはん 和歌山県 *おばばん 広島県芦品郡 *おばやん 群馬県館林 *おふくろさん 熊本県 *おんば 青森県三戸郡 徳島県(卑語) *おんばー 東京都大島 *じゃーま 石川県金沢市 *じゃま 富山県砺波 *じ

やんじゃ 石川県能美郡 *しゃんば 三重県志摩郡 *しょったればば 新潟県岩船郡 *どっさえばば(卑語) 和歌山県海草郡・那賀郡 *ねっこーば 東京都八丈島 *ば 鹿児島県(卑称)・肝属郡 *ばー 和歌山県日高郡 熊本県天草郡 *ばーご 岩手県気仙郡 *ばーさ 山形県西置賜郡 福井県南条郡 静岡県 広島県芦品郡(卑称) *ばーさー 山形県東置賜郡・西置賜郡 広島県芦品郡 *ばーば 新潟県 愛知県名古屋市 香川県仲多度郡(幼児語) *ばーばー 福井県越前 岡山市(幼児語) *ぱーぱー 沖縄県首里(敬称) *ばーはん 香川県仲多度郡 *ばーばん(幼児語) 三重県北牟婁郡 香川県小豆島・与島 *ばーぶ 山形県東田川郡 *ばーま 富山県砺波 石川県金沢市 岐阜県郡上郡 *ばーまー 山口県防府市 *はーめー 沖縄県首里 *ばーや 東京都大島(目上の老女に対していう) 愛知県名古屋市 *ばーやー 静岡県志太郡 *ばーやん 新潟県佐渡 香川県豊島 愛媛県周桑郡(幼児語)・宇和島(卑称) 福岡市(卑称) *ばえさ 山口県大島 *ばき 宮崎県日南市 *ばご(ののしっていう) 岩手県気仙郡 *ばさ 秋田県平鹿郡 山形県西置賜郡 新潟県 岐阜県吉城郡 京都府与謝郡 *ばさーま 香川県香川郡 *ばさま 青森県上北郡 岩手県気仙郡 山形県(卑語) 福島県 新潟県 三重県南牟婁郡 滋賀県彦根 兵庫県淡路島(卑語) 和歌山県(ののしっていう) 愛媛県松山市(ののしっていう)・宇和島(ののしっていう) 熊本県天草郡 *ばさん 福井県 滋賀県彦根 兵庫県養父郡 宮崎県南那珂郡 *ばしゅー 岩手県岩手郡 *ばじょ 宮崎県南那珂郡・東諸県郡(少しあざけっていう) 鹿児島県肝属郡 *ばちゃ 青森県三戸郡(農家の老婆の敬称) 山形県西置賜郡 *ばっか 鹿児島県奄美大島 *ばっき 鹿児島県屋久島 *ばっく 鹿児島県奄美大島 *ばっこ 岩手県(卑称) 秋田県平鹿郡 山形県(卑称) *ばっさ 愛知県知多郡 *ばっしゅ 秋田県鹿角郡 *ばっちゃ 青森県津軽 岩手県九戸郡 山形県置賜 *ばっつぁ 山形県北村山郡 *ばっば 静岡県 島根県八束郡 熊本県玉名郡(幼児語) *ばっぱ 岩手県上閉伊郡(下流)・気仙郡(幼児語) 秋田県 福島県 茨城県新治郡 栃木県河内郡(幼児語) 新潟県長岡市 *ばっぱさん 栃木県河内郡・芳賀郡 *ばっぱん(幼児語) 鹿児島県鹿児島郡 *ばば 北海道松前郡 山形県 長野県上水内郡 兵庫県神戸市 島根県(下流) 熊本県 *ばばさ 山形県 新潟県下越 長野県諏訪・上伊那郡 岐阜県本巣郡 *ばばさま 山形県米沢市 岐阜県北飛驒・郡上郡(下流) *ばばさん 新潟県佐渡(上流) 愛知県知多郡(敬称) 熊本県 *ばばし(ののしっていう) 島根県隠岐島 *ばばちゃ 山形県 *ばばま(敬称) 岐阜県飛驒 *ばばやん(下流) 長崎県北松浦郡 *ばはん(丁寧語) 兵庫県淡路島 *ばやん 長野県佐久 熊本県 *ばん 熊本県芦北郡・天草郡 *はんじゃんしーめー(貴族の老女をいう) 沖縄県首里 *ばんちゃん 栃木県那須郡 *ばんつぁ 山形県 *ばんば 秋田県 山形県 栃木県 新潟県西頸城郡 石川県江沼郡 福井県坂井郡・丹生郡 愛媛県周桑郡・喜多郡 高知県 長崎県北松浦郡(下流) *ばんばー 神奈川県中郡 長野県上田・佐久(ののしっていう) 静岡県志太郡 *ばんばこ 山形県北村山郡・最上郡(卑称) 熊本県 *ばんばはん 山形県鶴岡市 *ひねおばー 山梨県南都留郡 *ひやばば 島根県隠岐島 *めだち 青森県南津軽郡 *んま 沖縄県宮古島 *んみゃーま 沖縄県石垣島 *んめー 沖縄県首里

ろうどう【労働】 ⇩しごと(仕事)

ろうば【老婆】 ⇩「ろうじん(老人)」の子見出し、「女の老人」

ろうばい【狼狽】 *うろたえとんぼ 長崎県北松浦郡「一寸のことにもうろたえとんぼする」 *じやまどぅい・じゃまどぅいかー 沖縄県首里「じゃまどぅいかーどぅい(大いにうろたえること)」 *しょーまんぎ・そーまんにー 鹿児島県喜界島「麦打の最中俄雨に降られてしょーまんぎした」 *じりくりまい 兵庫県 島根県邇摩郡「金を借りようとしてじりくりまいをした」 *そそっぱえや 島根県隠岐島 *だいどめぐり 福島県東白川郡 *ちんじん 島根県出雲 *ちんじんまい 島根県簸川郡・仁多郡 *どしゃまく 青森県三戸郡 *どじゃまく 福島県東白川郡 *どっきゃく 宮城県栗原郡「どっきゃくする」 *とばずき 福島県中部 *はいぐん(一説に豊臣軍が朝鮮との戦いで大敗、総崩れしたところからという)・はいごん 島根県「よんべは親子喧嘩ではえごんだった」 *まんぐぃ(動詞は「まんぐぃゆん」) 沖縄県首里 *もーまい 青森県上北郡「忙しいのに病人ぁってもーめーしてしまった」・三戸郡 宮城県石巻 秋田県北秋田郡 山形県 埼玉県秩父郡 *もまい 山形県 *もんまい 愛媛県「もんまいかねる(あれもこれもで手が付けられなくなる)」

↓うろたえる(狼狽)

□**する** *あどえる 愛媛県 *あとれる 愛知県西尾市 *あやける 群馬県吾妻郡 長野県「あやけて飛んで行った」 *あわたく 山形県 新潟県 静岡県「そんなぇーあわたかなぇーってえ」 *あわつく 富山県・射水郡 *あわつる 大分県 *うげはちかやる 高知県 *かくたえる 東京都大島「そんなにかくたえると怪我をするよ」 和歌山県日高郡 *きょろたえる 和歌山市 愛媛県松山市 *きょろつく 和歌山市 愛媛県松山市 大分県大分郡 *けてんずく 長崎市 *じゃまどぅゆん 沖縄県首里 *じりくりまう 兵庫県 *じんどもう 奈良県南大和 *ずべあまわる 宮城県遠田郡 *せかれる 香川県・小豆島「ひとりせかれてくる」 *せしこ 宮崎県東諸県郡 *せし

こう宮崎県宮崎郡「仕事が多いかい、一人でせしこーじゃろ」 *ちちぎらかす 島根県出雲 *ちちぎれる 島根県「バスが来たのでちちぎれて乗った」 *ちちれる 鳥取県日野郡 *ちっちこくらかす 長崎県壱岐島 *ちばける 島根県「えんまかた十二時のサイレンが鳴ったあ、ちばけてえなっしゃぁましたで（慌てて帰って行かれましたよ）」・邇摩郡・大田市「あんまりつばけると、穴え落ちるぞ」 *ちんちくろまう 長崎県北松浦郡「ちんちくろまうて逃げた」 *とちねんぼーふる 島根県八束郡「あわててとちねんぼーふっちょー」 *とちばける 島根県隠岐島 *とちべんぼふる 富山県砺波 *とちめんくー 愛知県尾張 滋賀県甲賀郡 *とちめんぼーかえす・とちめんぼーまわす 茨城県稲敷郡 *とちめんぼーかわく 愛知県知多郡 *とちめんぼーくー 新潟県佐渡 福岡県三池郡 *とちめんぼーする 静岡県小笠郡「急にやれと云ったので、とちめんぼうした」 *とちめんぼーふる 千葉県上総 福井県敦賀郡 滋賀県彦根・神崎郡 島根県「先生が来られて、とちめんぼーふった」 福岡県 大分県大分郡 *とちめんぼーよこにふるー 三重県伊勢 *とちめんぼーをふる 奈良県 岡山市 広島県倉橋島 *とちめんぽーをふる 大分県西国東郡・北海部郡 *とちめんぼかわく 愛知県西春日井郡 *とちめんぼくー 愛知県東春日井郡 島根県出雲 *とちめんぼくらかく 愛知県東春日井郡 *とちめんぼふる 秋田県河辺郡「仕事が少しも出来ないので、とじめんぼふった」 鳥取県西伯郡 愛媛県大三島 *ととろずく 栃木県 *とどろつく 茨城県猿島郡 *どまひまくー 富山県砺波 *どりゅーまう 島根県邇摩郡 *ばける・ばけんなる 島根県隠岐島「火事にばけんなって物を持ち出した」 *めっぱをまわす・めっぱーまわす・めんぱーまわす 茨城県稲敷郡 *やしける 長野県東筑摩郡「そんなにやしけるな」

ろうひ【浪費】 *いちゃんだずぃけー 沖縄県首里 *うゎーばずぃけー 沖縄県首里 *おーざんか・ざんか・じゃんか 新潟県佐渡 *おかめ 山口県豊浦郡 *くぇーほーりー（財産などの浪費） 沖縄県首里 *じんすぃてぃぐとぅ 沖縄県首里 *じんだーり 沖縄県首里「ちゅーや ありとぅ あしでぃ じんだーり しゃん（今日は彼と遊んでむだ遣いした）」 *ぜにこじき 宮城県遠田郡「安もの買のぜにごじき」 *ぜんだくな 新潟県佐渡「そんなものを買うのはぜんだくなだ」・三島郡 *だくな 福島県南会津郡「金をだくなにする（むだにする）」 *どーけごま 徳島県 *どーな 岩手県気仙郡「どーなにすんな」 千葉県 *とてなし 徳島県 香川県大川郡 *ととなし 徳島県 *どなん 千葉県市原郡 *もちゃいぽなし 福島県岩瀬郡 *もちゃっぽなし 千葉県山武郡 *もちゃっぺなし 岩手県上閉伊郡・気仙郡 宮城県栗原郡 福島県相馬郡 新潟県東蒲原郡 *もちゃぱかり 山形県「この子もぢゃぱかりな子だ」 *もちゃぱなし 秋田県鹿角郡「何ももじゃぱなしでなくする」 *もちゃぷかり 山形県置賜・米沢市 *もちゃぶかれ 山形県東置賜郡 *もちゃぷかれ 山形県 *もちゃぺなし 青森県 *もちゃぼ 山形県東置賜郡・西置賜郡 *もちゃぼかれ 山形県西置賜郡 *もちゃぼっかえ 山形県米沢市 *もちゃぼなし 福島県北部 *もちゃぽなし 岩手県江刺郡 宮城県石巻・仙台市「もじゃぽなしの嫁なだ貰ったら、家つぶれす」 福島県会津 *もっちゃっぱいなし 千葉県安房郡 *やだずかい 長崎県対馬

□家 *あけなべ（「熱をむだに逃してしまうこと」の意から） 愛知県宝飯郡 *あたこなし 愛媛県・大三島 *あたごなし 香川県仲多度郡・三豊郡「そなんあたごなししとったらよそへいけんじゃないか」 *あぶつなし 山形県 *あぶてなし 新潟県 *げじきがみ 山口県大島 *じんてーしやー 沖縄県首里 *すったいな 徳島県 *ぜんらくもん・ぞんらくもん 福岡市 *だだらだいはち 三重県志摩郡 *だめなし 兵庫県赤穂郡 *たわしがみ 山口県大島 *でんぼー 福島県北部 *とてなし 徳島県 香川県大川郡 *ととなし 徳島県 *ふわふわ 富山県砺波 *もちでなし 長野県下水内郡 *もちゃいぽなし 福島県岩瀬郡 *もちゃっぺなし 千葉県山武郡 *もちゃっぽなし 岩手県上閉伊郡・気仙郡 宮城県栗原郡 福島県相馬郡 新潟県東蒲原郡 *もちゃぱかり 山形県「この子もぢゃぱかりな子だ」 *もちゃぱなし 秋田県鹿角郡「何ももじゃぱなしでなくする」 *もちゃぷかり 山形県置賜・米沢市 *もちゃぷかれ 山形県東置賜郡 *もちゃぷかれ 山形県 *もちゃぺなし 青森県 *もちゃぼ 山形県東置賜郡・西置賜郡 *もちゃぼかれ 山形県西置賜郡 *もちゃぼっかえ 山形県米沢市 *もちゃぼなし 福島県北部 *もちゃぽなし 岩手県江刺郡 宮城県石巻・仙台市「もじゃぽなしの嫁なだ貰ったら、家つぶれす」 福島県会津 *もっちゃっぱいなし 千葉県安房郡

□する *あじゃつく 富山県上新川郡 *あぷれる 茨城県久慈郡 *あんだら（むだ話をして時間を浪費する） 香川県 *あんだらこく（むだ話をして時間を浪費する） 香川県仲多度郡・塩飽諸島 *あんだらをひく（むだ話をして時間を浪費する） 広島県 *げじく（物品を浪費する） 山口県大島 *たいしん 沖縄県石垣島 *だべつく 富山県高岡市 *たわす 山口県大島 *ちゃばつく 富山県砺波 *てーしゅん 沖縄県首里 *とぼす 島根県大原郡「人の世話してとうとう一日をとぼえた」 *ひまをたれる（時間を浪費する）・ひまたれる 岩手県気仙郡「ひまたれでいつも遊んでいる」 *まどーしゅい 鹿児島県喜界島「はねぃ（金）まどーしゅい」 *らんびらんがいない（きりなく金を浪費する） 岩手県気仙郡「らんびらげあ

ねぁ人だな」
□するさま *ざかざか 新潟県佐渡「金をざかざか使う」 *ざらく 千葉県香取郡・海上郡 *だぼー・だんぼー 山形県米沢市「だぼーな事をしるな」 *だわだわ 富山県砺波「だわだわと銭使う」「このごろだわだわしとる」 *ちゃーこはーこ 島根県美濃郡・益田市「折角ためた金をちゃーこはーこにしてしもーた」「おもちゃの自動車をちゃーこはーこにした」 *ちゃらんぱらん（金品を浪費するさま）島根県「折角ためた金をちゃらんぱらん使うてしまった」 *ばさばさ 新潟県佐渡「あの人はばさばさだ」「ばさばさ何でもいう」

ろうや【老爺】 ⇩「ろうじん（老人）」の子見出し、「男の老人」

ろくがつ【六月】
□一日 *いのちなが 長崎県対馬 *かめんこくばい 鹿児島県肝属郡 *かわむけのついたち（芋の皮をむいて食う風習がある）山形県最上郡 *きんぬぎのちえたち 山形県西置賜郡 *きんのぎついたち 新潟県 *こーりのついたち（古く、この日、宮中で氷室（ひむろ）の節会が行われた）福井県 岐阜県飛騨・揖斐郡 京都府竹野郡 *こーりとかし 山口県見島・豊浦郡 *しょーがつみて 島根県八束郡 *としとり 新潟県佐渡 *ひとえせっく 香川県塩飽諸島 *ほし 鹿児島県肝属郡 *まんごくめ・まんごくめついたち 鹿児島県・肝属郡 *むぎついたち 山形県西置賜郡 *むけがらついたち・むげがらちだじ（この日はヘビの抜け殻を見ることを忌んで山へ行かない（野辺地方言集補遺・方言八巻二号）とか、人間が脱皮する日（山形県方言辞典）とかの俗信や種々の行事がある）青森県上北郡 *むけのついたち 青森県三戸郡 宮城県石巻 山形県 福島県会津 茨城県多賀郡 新潟県東蒲原郡 *むげび 山形県南村山郡・北村山郡 *むしのついたち（田畑に虫封じの札を付けた青竹を立てる）千葉県夷隅郡 *ろっかつひてー・ろっかつぶてー 岡山県川上郡

ろじ【路地】 *あわい（「家と家の間の細い道」の意から）徳島県・海部郡 *あわいっこ 岩手県上閉伊郡 *あわや 徳島県海部郡 *かんしょ（行き止まりの路地）愛知県「かんしょの奥の家」 *きど 宮崎県都城 *こびら（家と家との間の小さい路地）島根県石見 *さかさえ（建物と建物の間や、その狭い路地）島根県八束郡 *しーじ 茨城県稲敷郡 *ししゃわい 山形県西村山郡・新庄市 *しゅーじ 茨城県多賀郡 新潟県佐渡 沖縄県首里 *しゅじ・しゅじえ 宮崎県東諸県郡 *しゅち 鹿児島県肝属郡 *しょーじ 新潟県佐渡 富山県砺波 石川県金沢 三重県伊勢 兵庫県揖保郡 島根県 広島県比婆郡・高田郡 愛媛県周桑郡・喜多郡 高知市 *しょーな 愛知県北設楽郡・宝飯郡 *ずし 福井県敦賀市 奈良県 *ずしこ 青森県津軽 *すどー 京都府 *ひあい 青森県三戸郡 新潟県佐渡 長野県下水内郡 愛知県東加茂郡 兵庫県西宮 島根県美濃郡 *ひあいこ 青森県三戸郡 岩手県上閉伊郡 宮城県栗原郡・登米郡 *ひあさえ 新潟県佐渡 *ひあっこ 岩手県気仙郡 神奈川県津久井郡 *ひあわい 茨城県稲敷郡 栃木県 新潟県東蒲原郡 長野県 愛知県名古屋市 三重県名賀郡 *ひえこ 青森県上北郡 *ひしぇあこ 岩手県上閉伊郡 *ひしぇあっこ 岩手県気仙郡 *ひや 広島県芦品郡 *ひやこ 岩手県岩手郡 秋田県平鹿郡 *ひやっかい 静岡県田方郡 *ひやっけー 埼玉県秩父郡 神奈川県津久井郡 *ひやなかさい 新潟県 *ひゃべ 長野県佐久 *ひやべ 長野県上田・佐久 *ひよーい 長野県佐久 *へやけー 山梨県北都留郡 *へやっかい 山梨県 *もんや 香川県丸亀
→こうじ（小路）

ろっこつ【肋骨】 *あがら 愛知県葉栗郡 *あがらっぽね 新潟県刈羽郡 *あがらぼね 愛知県愛知郡・碧海郡 *かごぼね 島根県出雲市・簸川郡 *ぐいぶねぃ 鹿児島県喜界島 *そーき 沖縄県首里 *そーきぶに 鹿児島県沖永良部島 沖縄県宮古島・島尻郡・首里・黒島 *そーぎぶに 沖縄県石垣島・竹富島 *はちまいぼね 富山県・砺波 *むなぼね 大分県 *やーったふに 沖縄県竹富島 *やかたぷに 沖縄県鳩間島 *やかだぶに（「やかだ」は側の意）沖縄県石垣島・黒島 *やわ 京都府竹野郡 *やわらぼね（人体の急所に当たるろっ骨）島根県石見・仁多郡 *ろくまいあばら 大分市

ろんそう【論争】 *いーくゎーえー・いーまかせー 沖縄県首里 *くじ 島根県飯石郡 *ぐじ 高知県 *せんぎ 富山市近在 静岡県周智郡 岡山県 山口県 *むにいじっくなー・むにゅんくなー 沖縄県石垣島 *ろんじあえこ・ろんじやこ 島根県出雲「兄弟でろんじあえこばっかーする」 *ろんじこ 島根県大原郡・能義郡
→ぎろん（議論）・こうろん（口論）
□する *あらがーゆん 沖縄県首里 *あらがう 岩手県気仙郡 山形県庄内 新潟県佐渡 徳島県海部郡 愛媛県・周桑郡「二人してあらがい居った」 *あらがる 青森県三戸郡「人がかかって来てもお前はあらがるな」 *ありがう 愛媛県大三島 *おしてまわる 千葉県・夷隅郡「ちっとばんことですぐおしてまわってる」

わ

わ【輪】 ***あわ** 三重県度会郡 ***がわ** 富山県「蛇ががわかいとる」 ***ごー** 沖縄県首里「ごー　かくん（輪を書く）」 ***わか** 青森県　秋田県鹿角郡 ***わが** 新潟県三島郡 ***わさ** 鳥取県　岡山県児島郡　高知県・高知市「今流行の袋帯はわさになっている」 福岡市 ***わつー** 宮崎県西臼杵郡 ***わっか** 青森県南部・上北郡　岩手県気仙郡　宮城県　秋田県　山形県　福島県「自動車のわっか（タイヤが）パンクした」　栃木県　群馬県「わっかになって集まって来た」　埼玉県「車のわっか」　神奈川県　新潟県東蒲原郡・西蒲原郡 ***わっかこ** 宮城県石巻　山形県最上郡・西田川郡 ***わっこ** 宮城県仙台市　山形県　千葉県東葛飾郡　神奈川県三浦郡　新潟県中頸城郡　長野県佐久 ***わっぱ** 千葉県「竹のわっぱをはめる」　神奈川県中郡　山梨県南巨摩郡　静岡県 ***わんが** 新潟県中頸城郡 ***わんぐい** 佐賀県 ***わんぐら・わっくら** 埼玉県秩父郡「手をつないでわっくらを組む」 ***わんぐり** 愛媛県　高知県土佐郡 ***わんぐる** 香川県高松 ***わんこ**（環状のもの）高知県土佐郡 ***わんご** 高知県幡多郡 ***わんごろ** 奈良県宇智郡　高知県土佐清水市 ***わんた** 三重県度会郡 ***わんど** 島根県益田市 ***わんな** 三重県員弁郡

わかい【若】 ***どぅしつぃなさーん** 沖縄県石垣島 ***にゃくい・じゃくい** 高知県「あの人は小柄なせいかにゃくいこと」・高知市「年の割にじゃくい」 ***にゅるい** 愛知県豊橋市 ***にるい** 静岡県周智郡 ***のっけ** 宮崎県西臼杵郡「のっけ時にゃあ」 ***ひわかー** 愛媛県大三島「ひわかーもん（者）」 ***ひわかい** 長野県　滋賀県彦根　兵庫県赤穂郡　和歌山県西牟婁郡・東牟婁郡　愛媛県「ひわかいんじゃけん無理ないわ」 ***みずわかい** 富山県婦負郡 ***みゅるい・みんるい** 静岡県「みんるいからまだ食べられん」 ***みりー** 静岡県・安倍郡 ***みるい** 岩手県気仙郡　山梨県南巨摩郡「この大根の葉はみるいから漬物にしてもいい」　長野県下伊那郡　静岡県「茶の芽がみるい」 ***みるしー** 静岡県 ***みるっこい・みりっこい** 静岡県・田方郡 ***わらびしー** 富山県「あんたはなんちうわらびしい人ぢゃ」 ***わらびっしー・わらべしー** 富山県砺波

□**男** ***あーはん** 富山市近在 ***あいさん** 高知県幡多郡 ***あいな**（親しみのある呼称）岩手県上閉伊郡 ***あいなこ・あいなさん** 岩手県上閉伊郡（親しみのある呼称）・気仙郡（親愛の情ある呼称） ***あっち・あっちょ** 鹿児島県屋久島 ***あな** 秋田県北秋田郡 ***あに** 秋田県平鹿郡・雄勝郡 ***あにー**（やや軽んじて言う場合にも言う）埼玉県秩父郡 ***あにーま** 長野県下伊那郡 ***あにさん** 徳島県 ***あにっこ**（十五、六歳以上）北海道函館 ***あんか** 石川県 ***あんかま** 石川県能美郡 ***あんこ** 青森県・三戸郡　岩手県　宮城県　秋田県　山形県最上郡 ***あんさ** 石川県　長野県上田　岐阜県飛驒（若者大将を言う） ***あんさま** 青森県（敬称）「あねさまでもあんさまでも（略）みんなまーありたもんだべし（若い女も若い男も皆まあ歩いたものでしょう）」　新潟県下越（軽い敬称）　富山県高岡市　石川県河北郡　岐阜県吉城郡 ***あんさん** 岩手県気仙郡　秋田県　徳島県（親しんで言う）・美馬郡（親称） ***あんじょー**（蔑称）島根県 ***あんちゃ** 青森県南部　福島県会津　新潟県下越（軽い敬称） ***あんちや** 秋田県 ***あんちゃま**（軽い敬称）新潟県下越 ***あんつぁ** 秋田県 ***あんつぁん** 宮城県石巻 ***あんにゃ** 福島県会津　新潟県・長岡市　石川県河北郡（十五、六歳から二十三、四歳までくらい）・能美郡　徳島県 ***あんにゃさ**（軽い敬称）新潟県 ***あんにゃはん** 徳島県 ***あんにゃん** 香川県 ***あんのら** 三重県志摩郡 ***あんま** 石川県河北郡・能美郡 ***あんや** 島根県出雲「こな（このあんやはちと生意気なじ」 ***あんやさん** 島根県出雲・隠岐島 ***せな** 福島県石城郡 ***せなー** 福島県石城郡　茨城県猿島郡 ***にー** 静岡県磐田郡　島根県石見 ***にーさ** 山口県阿武郡 ***にーにー** 島根県石見　山口県阿武郡 ***にーま** 山口県阿武郡

□**主婦** ***おごりんさん**（良家の新婦）鳥取県西伯郡 ***おごれんさん** 岡山県小田郡 ***おごれんはん**（町家の若い主婦）広島県福山市 ***ごりょんさん**（商家など中流家庭の若主婦）大阪市 ***わかびょーさん** 千葉県山武郡

□**女性** ***あうねー** 岐阜県飛驒 ***あにやん** 新潟県佐渡 ***あね** 青森県津軽（敬称）　秋田市（敬称）　山形県　新潟県・佐渡　岐阜県飛驒　三重県名張市・度会郡　島根県隠岐島　長崎県五

方/言/の/窓

●方言の助詞Ⅱ「～けれども」

次は、逆接の接続助詞「～けれども」に当たる形について見てみよう。

まず、代表的な方言形にバッテンがある。例えば長崎市では次のように言う。

スコシ　サムカバッテン　シンボーショー（少し寒いけれどもがまんしよう）

このバッテンは九州の西側で聞かれる。バッテンによく似た形に青森県津軽地方のバテがある。

また、東北北部と山形（庄内地方）・新潟ではドモとなり、これも形の似たダドモが出雲地方、ドンが鹿児島にある。

そのほかの地方は、沖縄のシガを除くと、概ねケンドモ・ケンド・ケドの類が分布する。東北南部にケンドモ、関東と四国などにケンド、近畿を中心に中部・北陸、そして中国地方にケドが分布している。

島 *あねー 秋田県平鹿郡　山梨県　岐阜県飛驒 *あねーさま 岩手県九戸郡 *あねき 和歌山県伊都郡 *あねこ 青森県　岩手県(下輩の若い女) 宮城県(やや卑称) 秋田県(中流以下の娘) 山形県　福島県福島市・相馬郡(卑語) 新潟県佐渡(三十代以下の女をやや侮る語)・東蒲原郡 *あねご 徳島県 *あねさ 岩手県九戸郡・気仙郡(親しんで呼ぶ) 福島県東白川郡 新潟県西蒲原郡・中頸城郡 *あねさま 青森県南津軽郡・三戸郡(中流以上の娘の称) 栃木県塩谷郡　千葉県東葛飾郡　新潟県東蒲原郡　石川県珠洲郡 *あねさん 三重県志摩郡　島根県安濃郡・邇摩郡・隠岐島(敬称) 熊本県球磨郡 *あねそん(軽い敬称) 新潟市 *あねちゃ 青森県南部　秋田県北秋田郡　山形県東田川郡 *あねちゃん 宮城県石巻 *あねっこ 岩手県　長野県上田・佐久 *あねどん 熊本県球磨郡 *あねはん 徳島県 *あねま 新潟県新潟市(軽い敬称)・東蒲原郡　富山県下新川郡　石川県河北郡　岐阜県郡上郡(中流) *あねら・あねんこ 三重県志摩郡 *あまあね(女性語) 東京都新島 *あんぐゎー 沖縄県首里 *あんにゃ 富山県高岡市　石川県江沼郡・河北郡(二人称。下流の語) 福井県 *あんにゃま 石川県 *あんね 新潟県中越　富山市近在(主に中流以下) 山梨県　鹿児島県屋久島(名前に付けて「……あんね」と呼ぶ) *あんねー 埼玉県秩父郡(やや軽んじて言う) 富山県高岡市(多く下品な言い方) 三重県志摩郡 *あんねーじょ 山梨県 *あんねさん(敬称) 熊本県天草郡 *あんま 東京都三宅島　石川県河北郡(十七、八から二十二、三歳の女を言う)・羽咋郡(若く卑しい女) *あんまー・あんまーさま 東京都三宅島 *おじょーもの 山梨県　長野県諏訪 *じょーもん 青森県三戸郡　熊本県 *じょもん 熊本県下益城郡 *にゃ 石川県能美郡 *にゃーにゃ 京都府与謝郡 *にゃーにゃー 石川県金沢市・能美郡 *にゃにゃ 富山県高岡市 *にやにや 富山県砺波・高岡市　石川県金沢市・石川郡 *ねー 岐阜県大野郡・飛驒　静岡県磐田郡　奈良県吉野郡　大分県南海部郡 *ねーさま 岐阜県飛驒 *ねーさん 香川県三豊郡 *ねーねー 島根県鹿足郡・鹿足郡 *ねーま 長野県下伊那郡　岐阜県飛驒 *ねさま 岐阜県北飛驒 *ねねー 静岡県 *ねま 岐阜県吉城郡 *ひめ 東京都八丈島　岐阜県大垣市　愛知県知多郡　京都市(卑称) 大阪市(卑称) 和歌山市　岡山県・苫田郡　香川県小豆島　愛媛県 *みやらび 沖縄県首里・石垣島 *めーらび 鹿児島県喜界島　沖縄県八重山 *めーるび・みやるび 沖縄県石垣島 *めならえ 東京都八丈島 *めならべ(「めわらべ」の転) 東京都八丈島 *めらし 青森県　岩手県　秋田県　山形県 *めらしこ 青森県津軽　山形県南村山郡・米沢市 *めらび 鹿児島県奄美大島 *われもの 山口県 *んね(名前に付けて「……んね」と呼ぶ) 鹿児島県屋久島
□て未熟なもの *あおすべ 富山県下新川郡 *こびしゃく 山形県東田川郡「こびしゃぐのでーしていで(小僧っ子のくせに)」 *こびちゃく 福島県大沼郡　新潟県佐渡 *こべちゃく・こべっちゃく 新潟県佐渡 *すげんさい 山口県豊浦郡

わかい【和解】 ⇩なかなおり(仲直)

わかす【沸】 *たく(茶を) 三重県志摩郡「このお茶まーたいたていかんなー(このお茶もう煮切ってしまっていけないね)」 香川県三豊郡「お茶でもたいて」 *にやしたつ 新潟県佐渡 *にやす 新潟県佐渡　長野県西筑摩郡　三重県度会郡・宇治山田市　大阪市　島根県石見「湯をあんまりにやすな」 *にる 長野県佐久「茶をにる」 *ふかしゅん 沖縄県首里「ゆー　ふかしゅん(湯を沸かす)」 *ふかしん 沖縄県石垣島

わかだんな【若旦那】 *あいな 青森県南部 *あえなさま(敬称) 岩手県九戸郡・気仙郡 *あえま 青森県南部 *あな(農家の戸主) 秋田県鹿角郡 *あにさん 長野県上伊那郡　三重県志摩郡 *あにゃさ 山形県西置賜郡 *あま 岐阜県飛驒 *あんくさま(敬称) 青森県上北郡 *あんこさ・あんこさま 岩手県九戸郡 *あんさ 富山県砺波　岐阜県飛驒 *あんさま 青森県津軽　秋田県北秋田郡・由利郡　山形県　富山県砺波　石川県鳳至郡(尊称) 岐阜県飛驒(尊称) *あんさん 千葉県山武郡 *あんじょ(戸主) 島根県仁多郡 *あんちゃ 青森県南部　秋田県北秋田郡 *あんつぁ 秋田県 *あんま 岐阜県飛驒 *あんやさま(他家の主人の尊称) 岐阜県飛驒 *おあはん(尊称) 富山県東礪波郡 *おあんかさま 富山県砺波 *おあんさん(尊称) 富山県東礪波郡 *おちごさん 福井県 *こだんけ 岩手県気仙郡　宮城県登米郡・玉造郡 *こだんな 宮城県仙台市　山形県西置賜郡・庄内　茨城県行方郡　千葉県　香川県高松市 *ことー(幼い若だんな) 高知県長岡郡 *だんぽ 山形県 *だんぽー 岩手県気仙郡 *ちごさん 宮崎県西諸県郡　鹿児島県 *とんとさま 高知県 *わか 静岡県榛原郡　奈良県高市郡 *わかさん 兵庫県但馬 *わかて 長野県下伊那郡

わがまま【我儘】 *いたずら 愛媛県 *いばかり 大分県北海部郡 *うで 島根県石見「あれはうでな所があって仲々むつかしい」 *うわまま 山梨県 *えーごー 静岡県志太郡「なにょーえーごーゆーだ(なぜそんなにわがままを言うのだ)」 *おたんか 静岡県 *おっこー(病人などが言ういろいろなわがまま) 静岡県榛原郡「おっこーをいう」 *がい(「我意」か) 兵庫県淡路島「何でもない事をがいに怒りくさつて、癪な餓鬼じゃ」 奈良県吉野郡　島根県石見　徳島県那賀郡「おなごのがいなのわ、げんど(ほんとに)おとろしー」 香川県「がいな子」 愛媛県周桑郡「がいにしたらいかんぞ」 長崎県対馬

「がいな事を言って強情を張る」　＊かたこと　青森県　岩手県　宮城県登米郡・玉造郡　＊がちまん（「まんがち」の転）和歌山県南部　＊がてれん　山梨県　＊からきず　青森県「このま（馬）からきじで、からくさ（ただの草）だば、かなぇぐなた（食べなくなった）」「女はからきずするものでない」　岩手県上閉伊郡　＊からきずい　宮城県栗原郡・石巻「あずくのおがだ（奥さん）からきずえだ」　＊からきんじ　青森県津軽　岩手県上閉伊郡　＊かんばく　大分県大分郡「自由かんばく」　＊がんまく　茨城県北相馬郡　兵庫県加古郡　島根県美濃郡・益田市「そがーにがんまくなこと言うても出来あせん」　長崎県対馬「彼はどうもがんまくな人で、成し遂げられぬ事を何も彼も皆一緒にやってしまおうとする」　＊がんまち　京都市　大阪市　奈良県　和歌山県伊都郡・和歌山市「がんまちな人や、そないにせいでもええやないか」　岡山県児島郡　＊がんまつ　上方　大阪府大阪市・中河内郡　奈良県宇陀郡・南大和　＊きずい　宮城県仙台市　新潟県佐渡　京都府愛宕郡「きずいもの」　大阪市　鳥取県岩美郡・気高郡　島根県浜田市　山口県玖珂郡・防府市　香川県仲多度郡・小豆島　愛媛県　＊きずいきまま　新潟県佐渡「きずいきままにくらす」　京都市　大阪市　＊ぎゃー　長崎県北松浦郡「このおごしゃまー、ぎゃーなか上にゃじょうしきまで、なさるせん、どんてもならんとばい」　＊ぎゃい　香川県三豊郡　＊きんま　山形県米沢市　新潟県佐渡　＊くだら　茨城県新治郡　＊げ　青森県津軽「鳴らすなでば、げねして鳴らす」　＊げー　青森県津軽「来いってば、げぇねして来ない」　岡山県児島郡　長崎県壱岐島「げーなやつ（生意気なやつ）」　＊げーん　青森県津軽　＊ごんじゃ（子供のわがまま）長野県北安曇郡「ごんじゃこねる」・東筑摩郡　和歌山県海草郡・那賀郡　＊ごんじょ（子供のわがまま）長野県北安曇郡　＊ごんぜ（子供のわがまま）長野県長野市・上水内郡　＊じごーじ　山口県大島　＊じまま　沖縄県首里　＊じゅー　長野県佐久「じゅーしていただきやす（茶うけなどを勧められて食べる時の挨拶の言葉）」　＊じゅーてんべ　島根県益田市・美濃郡「待ってても来んけー、じゅーてんべに食うた」　＊じゅーぶん・じゅーぶんばす　富山県砺波「じゅーぶんにー（わがままを言うこと）」「じゅーぶんばすなことばっかり言う」　＊じゅーよ　兵庫県加古郡　＊じょー　岐阜県飛騨「じょーする」　島根県「じょーにして下さい（ひざを崩してください）」　＊すえらぼくたら　宮城県仙台市　＊すきすっぽー・すきのすっぽー　兵庫県加古郡　＊すきのすったら・すきのすったらたー　神奈川県津久井郡　＊すでっこい　岡山県　＊ずほー　青森県津軽「づはうす」　＊ぜっしょー（子供のわがまま）長崎県南高来郡　＊せんしゃ　大分県大分郡・速見郡「せんしゃをはる」　＊せんしょ　大分県大分郡「せんしょばる」　＊せんしょー　新潟県　＊ぞー　山形県「ぞーとおす（我意を通す）」　＊ぞんかい　静岡県榛原郡「ぞんかいな手合ら」　＊ぞんざい　静岡県磐田郡　島根県隠岐島　＊ぞんぞね　岩手県上閉伊郡「ぞんぞね増す（増長する）」　＊たいへーらく　埼玉県入間郡　山梨県　＊ちまかし　沖縄県首里　＊のふーぞー　東京都八王子「のふーぞーな育ち」　＊のふーど　山口県　＊ひっかり　静岡県「この子はひっかりで困る」　＊ふんだい・ふんだいしゃ　沖縄県石垣島「ふんだやー（わがまま者）」　＊ふんでー　沖縄県首里　＊まば　岩手県九戸郡　＊まんがち（「慢勝」か）愛知県名古屋市・尾張　岡山市「多勢よるとまんがちになりやすい」　＊やから（子供などのわがまま）新潟県　三重県「やからきる（やんちゃを言う）」　兵庫県神戸市　香川県小豆島　長崎県五島　熊本県球磨郡・天草郡「やからいう（むずかる）」　大分県「やからをいう（だだをこねる）」　宮崎県東諸県郡・都城（子供が甘えて泣くこと）　鹿児島県・喜界島「やからしゅい（やんちゃする）」　＊やくじょー（子供のわがまま）香川県　＊やだ　山形県東置賜郡・西置賜郡「やだかだる（無理難題を吹き掛ける）」　富山県下新川郡「やだまく（暴れる。管を巻く）」・砺波「やだこく」　福井県坂井郡　長野県「やだをこねる」　岐阜県　愛知県奥設楽　岡山県　広島県安芸郡「やだをいう」　山口県「この子のやだには閉口する」・豊浦郡　長崎市　熊本県天草郡「やだ言う（むずかる）」　＊やだい　広島県「やだいをゆー」　＊やたて　鳥取県西伯郡「やたてに育つ」　＊やだん　長崎県対馬「やだんはる」　＊やんかん　静岡県志太郡　＊やんちゃ　石川県能美郡　島根県　＊よこくじ　鳥取県　＊よこざいばかり　大分県宇佐郡　＊よこざりくつ　三重県一志郡　＊わがさ　岩手県九戸郡　岡山県真庭郡「わがさな奴」・阿哲郡　＊わや　長野県下伊那郡　静岡県「この児（こ）はわやで困る」　＊わやく（「おうわく（枉惑）」の転）茨城県・新治郡　福井県　岐阜県「あんまりわやくなことゆーと承知せんぞ」　愛知県「松坊が又わやくといいだした、蔵の中へ入れてしまうぞ」　京都府　島根県石見　徳島県

↓みがって（身勝手）

子供が□を言うこと　＊こーじゃ　岐阜県本巣郡「こーじゃ言う」　＊じょんだ　三重県一志郡「じょんだゆう」　＊じんだら　栃木県　＊だくれ　長崎県南高来郡「子供がひどうあしぇがって、だくれしやひばってん（子供がひどく急いで、だだをこねるのですが）」

□で言うことを聞かないこと　＊かたじゃーしき　島根県隠岐島「かたじゃーしきな人だ」　＊かたしょ　新潟県東蒲原郡　＊かたじょー　徳島県「かたじょーな」　＊かたぞー　新潟県佐渡　＊じゃーしき・じょー　島根県隠岐島　＊じょーしき　兵庫県加古郡　島根県邇摩郡・邑智郡「じょーしきな子」　広島県庄原市・高田郡　山口県　愛媛県　長崎県　福岡県「じょーしきする（我意を張る）」　大分県中部　＊じょーせき　長崎県南高来郡

□な子供　＊さんもんやす　山形県西置賜郡　＊やね　島根県隠岐島「うちの子はやねで始末におえん」　＊わがままみやご　島根県大原郡

□な人 *がいじん 長崎市 *がいもん 島根県大原郡・簸川郡　香川県 *かしらぱち・かっさぱち 兵庫県加古郡 *かってこき 三重県志摩郡 *かってぼし 和歌山県「あの子はかってぼしやよ」 *かってもの 三重県　京都市　大阪市 *かってんぼー 山梨県 *からきず 青森県「このま(馬)からきじで、からくさ(ただの草)だば、かなぇぐなた(食べなくなった)」「女はからきずするものでない」 岩手県上閉伊郡 *からきずい 宮城県栗原郡・石巻「あずくのおがだ(奥さん)からきずえだ」 *からきんじ 青森県津軽　岩手県上閉伊郡 *きしゅー 奈良県 *きしゅーさん 三重県伊賀　滋賀県彦根・蒲生郡　奈良県「この子はきしゅーさんや」 *きんくろー 山口県豊浦郡 *きんま 山形県米沢市　新潟県佐渡 *くないさん 三重県度会郡・宇治山田市　徳島県　香川県大川郡 *さこんさん(幕末に、松平左近頼該というわがまま者がいたことから(香川県方言辞典)) 香川県高松市 *じくねんぼー 栃木県 *すてぼちやろー 長野県諏訪 *すてぼて 茨城県西茨城郡・真壁郡　新潟県西頸城郡　長野県「此のすてぼてめ」 *せんまいばり 島根県隠岐島 *だーじら・だーじらもん 島根県江津市「あのだーじらには困ったもんだ」 *だいじょーかん(令制で国家の最高機関だったところから) 富山県砺波　三重県志摩郡 *だじょーかん 奈良県吉野郡 *でんこー 新潟県岩船郡 *ふんだやー 沖縄県石垣島 *ぼーちらー・ぼーちりむん 沖縄県首里 *われっさぼー・わるっさぼー 岩手県九戸郡

□にふるまう *ぞぜーる 長野県松本 *ぞぜる 長野県 *ぞんざいる 静岡県「ぞんざいると承知しないぞ」 *ぞんざえる 静岡県榛原郡 *ぞんぜーる・ぞんぜーけーる 埼玉県秩父郡「えら、ぞんぜーるな」 *ぬさばる 青森県　宮城県玉造郡・遠田郡　秋田県鹿角郡 *ぬさんばる 秋田県 *のさばる 青森県「大きくなったらあまりのさばるな」 岩手県九戸郡・和賀郡　宮城県本吉郡　秋田県河辺郡・仙北郡 *のさんばる 秋田県「あの子はのさんばる子だ」

□を言う *おごせばる 長野県東筑摩郡 *おごせる 長野県「大層おごせる人だ」 *じくねる 山形県　群馬県吾妻郡・多野郡 *じぐねる 福島県石城郡 *じらす 山口県阿武郡 *ぞざえる 長野県上田 *ぞぜる 長野県上伊那郡「ぞぜらかす(甘やかしてわがままをさせる)」 *そばえーる 神奈川県久良岐郡 *ぞんぜーる・ぞんぜーけーる 埼玉県秩父郡

□を言うこと *いーたくり 徳島県那賀郡 *いーだくり 長野県東筑摩郡「いーだくりをいう男だ」 *ごた 山形県　群馬県吾妻郡　長野県「ごたをぬかす」 愛知県八名郡　愛媛県 *ごだ 兵庫県淡路島「年が寄るととかくごだが多おて困る」 *ししょ 兵庫県加古郡 *しゃしゃく 島根県隠岐島「着物のしゃしゃく言って困る」 *しゃしゃこ 島根県隠岐島　香川県 *しら 山口県阿武郡　大分県別府市「しらこねる」 *じら 富山県砺波「じらまく」 石川県鹿島郡・羽咋郡　岐阜県飛騨　島根県石見　山口県「じらをくる」「うちの子は、ぢらでぢらでそりゃあしようがありません」 大分県別府市 *じらくそ 島根県鹿足郡・邇摩郡「この子はじらくそをこいて困る」 *じらぽっぽ 島根県大田市 *ねつ 茨城県新治郡「ねつを吹く」

わかめ【若布】 *しんぷ 福島県東白川郡 *ばっはん 富山県 *め 山形県西田川郡・飛島　富山県高岡市　石川県鳳至郡　三重県志摩郡　山口県長門　長崎県対馬・壱岐島 *めー 福井県遠敷郡・大飯郡　三重県志摩郡 *めーは 長崎県五島 *めこ 山形県東田川郡 *めし 三重県志摩郡 *めっぱ 秋田県平鹿郡　山形県東田川郡 *めなは 島根県那賀郡 *めのは 山形県西田川郡　島根県　山口県長門　福岡県久留米市　佐賀県　長崎県　熊本県玉名郡・天草郡

わかもの【若者】 *あっぴー 沖縄県首里 *なー・なーこ 千葉県東葛飾郡 *にー 静岡県磐田郡　島根県石見 *にーさ 山口県阿武郡 *にーさい 沖縄県石垣島 *にーしぇ 鹿児島県沖永良部島 *にーしぇー 沖縄県国頭郡 *にーせー 沖縄県首里 *にーにー 島根県石見　山口県阿武郡 *にーま 山口県阿武郡 *にさー 宮崎県西諸県郡 *にさーし・にさわろー 鹿児島県種子島 *にさい 熊本県球磨郡(他村に奉公に出ている若者に限って言うこともある)　宮崎県西諸県郡　鹿児島県奄美大島・喜界島 *にさいしゅー 鹿児島県宝島 *にしぇ 鹿児島県日置郡 *にしぇー 鹿児島県喜界島・与論島 *にしゃ 長崎県五島　熊本県菊池郡・天草郡 *にしゃい 沖縄県宮古島 *にすぇ 宮崎県東諸県郡　鹿児島県肝属郡 *にせ 熊本県芦北郡　宮崎県西諸県郡・都城　鹿児島県「にせんし(青年たち)」 *にせんこ 宮崎県西諸県郡 *ねっしぇ 鹿児島県奄美大島 *はしでのわかいもん(二十歳前) 香川県三豊郡 *はしりで(二十歳前) 徳島県　香川県三豊郡 *ばはーりむぬ 沖縄県黒島 *みすぇ 鹿児島県徳之島

わかる【分】 *おびーる 東京都八丈島「おびーなか(知らない)」 *おべる 青森県「しかぇだけ、にがぇだけ、おべで(酸いも苦いも知っていながら。百も承知で)」 岩手県気仙郡　宮城県栗原郡　秋田県鹿角郡「おべた人は手を挙げて」 山形県 *おぼえる 青森県津軽　宮城県栗原郡　山形県庄内　東京都八丈島 *がる(「わかる」の転。事情、様子などが分かる) 山形県村山「御話で内容が悉皆がった」「あいつは誰だかがったが」 *しょーずく(身に染みて分かる) 山梨県南巨摩郡「一度失敗したらしょーづくもんだよ」 長野県佐久 *すめる 山形県米沢市「よくすめる奴だ」 長野県松本市・東筑摩郡「おれにはまだすめぬ」 静岡県周智郡「すめん

(不思議だ)」・田方郡「すめない」 *そぁつく(身に染みて分かる)青森県津軽

道理の□ない人 *ごじゃ 茨城県稲敷郡 *ごじゃいも 香川県 *ごじゃっぺ 茨城県 千葉県夷隅郡 *ごじゃばこ・ごちゃっぺ 千葉県夷隅郡 *ごじゃもん 兵庫県加古郡「まだ六ついう(六歳の)ごじゃもんやさけん(だから)」 *どぅとぅる 沖縄県首里 *どーじん 群馬県勢多郡 東京都島嶼 静岡県志太郡「ほんにどーじんでこまる」 島根県「お前のようにどーじんをゆーちゃーこまる」 広島県「どーじんげな(ばかげた)」 山口県豊浦郡・大島 香川県 *どーじんさく 岡山県阿哲郡 *なむじゃー 沖縄県首里 *ふんだかまつ 新潟県佐渡

訳が□ない *あやがない 島根県出雲・隠岐島「誰のいふことはあやがない」「酒を飲んだらあやがない」 *あやくちゃもない 島根県出雲 *あわくちゃがない 島根県仁多郡 *えっとん 熊本県下益城郡 *しゃきらがない 新潟県南魚沼郡 *しゃきらもない 新潟県 *しゃけらもない 三重県度会郡 *ずつーせん 佐賀県藤津郡 *たずらもない 新潟県 *どへじもない 島根県出雲「とへじもないことを言うな」 *なさかがわからない 神奈川県津久井郡 山梨県南巨摩郡 *なさかない・なさかもない 山形県米沢市「なんのなさがもなえに」 *もじかない 山形県庄内・鶴岡 *もじゃない 山形県酒田市・西田川郡 *もんじゃない 山形県庄内 新潟県岩船郡 長野県佐久 *もんちゃない 山形県庄内 *やにこい 茨城県稲敷郡 *わきゃない 富山県砺波「酒に酔うとったもんじゃけで、何しとったやらわきゃない」 *わけない 富山県砺波 岐阜県

訳の□ないこと *いてもつかんこと 島根県邇摩郡「この子はいてもつかんことを云うて困らせる」 *がーぐれん 新潟県佐渡「よいか悪いか、どっちのことだ、があぐれんだ」 *がんがもや(雁(がん)がもやの中に包まれてはっきり見えないことからという)岩手県気仙郡「あのごどぁがんがもやだ」 *ぐーぐーじゃくじゃく 熊本県 *ごじゃ 茨城県 兵庫県加古郡「ごじゃを言うな」 岡山県 徳島県 香川県 *ごじゃごじゃ・ごじゃくそ 岡山県児島郡 *ごちゃ 茨城県行方郡「ごちゃーこねる(殊更に妨げをする)」 新潟県刈羽郡 *ごちゃっぺ 茨城県稲敷郡 *どえーなし 島根県仁多郡 *どーじん 群馬県勢多郡 東京都島嶼 静岡県志太郡「ほんにどーじんでこまる」 島根県「お前のようにどーじんをゆーちゃーこまる」 広島県「どーじんげな(ばかげた)」 山口県豊浦郡・大島 香川県 *どーじんさく 岡山県阿哲郡 *どーへろく 島根県邑智郡 *どーへん 島根県出雲 *どーへんじ 島根県仁多郡 *どーへんぼー 島根県仁多郡・能義郡「とーへんぼー言うな」 *どーへんぼく 島根県 *どじ 岡山県小田郡「どじを言ふ」 熊本県下益城郡 *どじごと 静岡県磐田郡「どじごとをいう(だだをこねる)」 *どへーじ・とへじ 島根県「あんまーとへーじ言うな、人が笑うで」 *とやーなし 島根県「とやーなしばかり言う」 *とやなし 島根県出雲 *ばや 東京都大島「帳簿が不始末で何も彼もばや(うやむや)になってゐる」 *ほが 島根県石見「ほがばかり言うて人の話を聞こうともせん」 *わや 岐阜県大野郡 愛知県東加茂郡「わやだなあ」 奈良県「わやいふ」 岡山県 大分県宇佐郡・日田郡

訳の□ないことを言う *じなる 島根県隠岐島 *どじくる 熊本県下益城郡 *どじる 長野県東筑摩郡「よくどじる奴だ」 *とわずがたり(訳の分からないことを言うこと) 島根県出雲 *ほだける 山口県

わかれる【別】

*あーりる 鹿児島県沖永良部島「かなしい子供にあーりる(かわいい子供と別れる)」 *あかりるん・あかりん 沖縄県石垣島 *たちわかる 香川県大川郡 *ぬちゅん 沖縄県・首里 *ばーりるん 沖縄県竹富島

人と□時に言い交わす語 *あーば 静岡県 *あいな 福井県吉田郡・坂井郡 *あいば 佐賀県・藤津郡(下流の語) 長崎県東彼杵郡 *あっあ(幼児語) 岩手県気仙郡 *あっば 長崎県東彼杵郡 *あば 福井県大野郡(児童語) 山梨県 長野県東筑摩郡 岐阜県武儀郡・郡上郡 三重県員弁郡 *あばー 岩手県和賀郡 三重県度会郡 *あばあば 岐阜県郡上郡(幼児語) 愛知県名古屋市(小児語)・知多郡(小児語) *あばえ 岩手県紫波郡 新潟県西頸城郡(小児または親しい者に言う) 岐阜県郡上郡(目上に言う。小児語)・恵那郡(同輩に言う) *あばえー 岐阜県吉城郡 *あばえな 岐阜県飛驒・益田郡 *あばえも 岐阜県恵那郡(目上に言う) 愛知県西春日井郡・名古屋市(女性語) *あばな 埼玉県大里郡・北葛飾郡(小児語) 長野県東筑摩郡・長野市(小児語) 愛知県知多郡(小児語) 三重県度会郡 愛媛県松山(小児語)・温泉郡 *あばね 埼玉県北葛飾郡 千葉県印旛郡(小児語) 新潟県 山梨県 長野県東筑摩郡 静岡県磐田郡 *あばや 秋田県河辺郡 新潟県中越・長岡市「あばや あしたまた来らあね」 岐阜県恵那郡(目下に言う) *あばよい 岐阜県郡上郡 *あんば 秋田県由利郡「大変御馳走になった。あんば」 福井県坂井郡 長野県下伊那郡(小児語) 滋賀県東浅井郡・坂田郡 *あんぱ 岩手県和賀郡 *あんばー 秋田県河辺郡(小児語)「太郎さん、あんばー」 福島県若松市(児童語)・大沼郡(児童語) 鹿児島県上甑島 *あんばあんば 秋田県仙北郡 長崎県東彼杵郡 *あんばえ・あんばや 秋田県 *あんばよ 秋田県仙北郡「あんばよ、行って来るよ」 滋賀県伊香郡・東浅井郡 *あんやえ 岩手県江刺郡

↓「あいさつのことば(挨拶言葉)」の子見出

し、「別れる時の挨拶（さようなら）」

わき【脇】 ＊**がわき** 愛媛県「西がわき」 ＊**ぐーろ** 愛知県知多郡 ＊**ぐろ** 岐阜県「道のくろにあった」 静岡県「くろの方によっていれば大丈夫」 愛知県 三重県三重郡・員弁郡 滋賀県彦根 熊本県玉名郡 大分県 ＊**ぐろ** 岐阜県 愛知県 大分県大分郡・南海部郡 ＊**こば** 静岡県志太郡「のしゃーこばぇーよってよー（お前はわきにのいていろ）」 鳥取県東部 岡山県 高知県長岡郡「えびら（蚕を入れるかご）のこばにあるろう」 ＊**こま**（家の側面） 奈良県添上郡 ＊**へら** 愛媛県「へらを見る（そっぽを見る）」「へらで聞いとったんじゃけど」 ＊**ほて** 新潟県佐渡「いろりのほてにある」・中越 富山県 石川県鹿島郡・江沼郡 長野県北安曇郡 岐阜県飛驒 京都府「お寺のほてのお家です」 兵庫県 鳥取県東部 島根県隠岐島 ＊**ぼて** 三重県度会郡 ＊**ほてこ・ほてき** 富山県 ＊**ほてっぱら** 新潟県西蒲原郡「もっとほてっぱらを探して見れ」 ＊**ほてら** 京都府中郡 兵庫県美方郡 ＊**わきかっつ** 山形県北村山郡・最上郡 ＊**わきっちょ** 栃木県 ＊**わきっちょー** 新潟県中越 ＊**わきっぱち** 広島県双三郡 ＊**わきっぱら** 青森県南部 ＊**わきぱら** 青森県「その石こもっとわきぱらさやれぢゃ」 岩手県気仙郡 ＊**わち**（物のわき） 京都府
↓そば（側）

□の方 ＊**へがっちょ** 愛媛県新居郡・周桑郡 ＊**へき** 新潟県佐渡「土手のへきを通って来た」 ＊**へこち** 愛媛県宇和島 ＊**へごちょ** 愛媛県周桑郡

わきばら【脇腹】 ＊**あばら** 福島県岩瀬郡 ＊**いきざし** 愛知県北設楽郡 ＊**がまく** 鹿児島県喜界島 ＊**こてっぱら** 茨城県猿島郡 埼玉県北葛飾郡 千葉県東葛飾郡・夷隅郡「えらい面白うてこてっぱらがよれる」 ＊**ほてっぱら** 新潟県「ほてっぱらがやめる」・西頸城郡 鳥取県 ＊**ほてっぺら** 新潟県西頸城郡 ＊**ほてばら・ほてばり** 石川県輪島市「鮑のほてばりへ金具をくゎした」 ＊**むなざし** 岡山県児島郡 ＊**やかだばだ**（「やかだ」は側の意） 沖縄県石垣島 ＊**ゆふぁら** 沖縄県首里 ＊**よーら** 沖縄県首里

わきみ【脇見】 ＊**さんげー** 新潟県佐渡「さんげえせんな」 ＊**そーらく** 富山県射水郡・砺波 ＊**そっぴみ**（「そっぽみ」の転か） 茨城県猿島郡 ＊**そらみ** 新潟県佐渡 鹿児島県肝属郡 ＊**へらみ** 愛媛県・周桑郡 ＊**ほがほが** 島根県八束郡・隠岐島 岡山県真庭郡 ＊**ほがみ** 島根県「ほがみは許さん」
↓よそみ（余所見）

わけまえ【分前】 ＊**あたい** 鹿児島県喜界島「此の子は自分のあたいは食ってから人のあたいまで欲しそうにしてゐる」 ＊**あたり** 静岡県浜名郡 兵庫県加古郡「兄弟が少ないと何でもあたりがよい」 和歌山県日高郡 鹿児島県喜界島 ＊**しろ**（漁獲代金の分け前） 千葉県夷隅郡「一しろ（一人前）」 東京都大島・利島 静岡県榛原郡・浜名郡 和歌山県 ＊**せぶた** 奈良県宇智郡「せぶたいく（分け前にあずかる）」 ＊**たまし** 熊本県球磨郡（狩猟の際の分け前） 鹿児島県（狩猟の際の分け前）・喜界島 ＊**たます** 熊本県球磨郡（狩猟の際の分け前） 宮崎県東諸県郡（狩猟の際の分け前） 鹿児島県喜界島 ＊**たますぃ** 沖縄県首里 ＊**ちょーふ** 宮城県栗原郡 福島県岩瀬郡「ちょーふを取る」 ＊**つけまえ・つけめ** 島根県隠岐島 ＊**どーぐのまえ**（「道具」は舟の意。漁獲物の分け前） 新潟県西頸城郡 ＊**とりみ** 島根県出雲・隠岐島 ＊**ぬれしろ**（網漁の時に若者たちに与える特別の分け前） 徳島県海部郡 ＊**ばんまえ** 山形県「それは俺のばんまえだ」 ＊**ぶ** 新潟県岩船郡（仕事の割り前） 滋賀県彦根 愛媛県 ＊**ぶいち**（全体の何分の一かに相当するものの意） 京都府竹野郡「僕のぶいちは少なかった」 ＊**ぶに** 埼玉県秩父郡 新潟県中頸城郡 山梨県 長野県 兵庫県淡路島 鳥取県西伯郡「一人前のぶに食ったけん死んでもよい」 島根県石見 岡山県 広島県賀茂郡 香川県大川郡・綾歌郡「わしのぶにはまだあるんじゃきに残しといてつかよ」 愛媛県 ＊**ぶね** 東京都大島 ＊**ぶわけ** 島根県出雲・隠岐島「今年は不漁でぶわけが少なかった」 島根県隠岐島（財産の分け前） ＊**ぶんぎ** 長野県上田 ＊**ぶんまえ** 山形県米沢市「俺のぶんまえをよこせ」 ＊**まわり**（一人当たりの分け前） 新潟県佐渡「まわりがよい（人数が少なくて配分がよい）」 ＊**めて** 鹿児島県屋久島 ＊**やまえ**（漁獲物の分け前） 長崎県西彼杵郡 ＊**わい**（勝負の分け前） 島根県隠岐島 ＊**わいくぃー**（「割り当ててくれるもの」の意） 沖縄県首里 ＊**わきぶん** 沖縄県首里 ＊**わけうち** 京都府竹野郡 岡山市 ＊**わけばんまえ** 山形県 ＊**わけぶ** 長野県佐久 愛媛県・松山「わけぶが少ないけんやみょー（少ないからやめよう）」 和歌山県日高郡（狩りの獲物の分け前） ＊**わけぶし** 山形県東置賜郡 ＊**わけぶつ** 新潟県西蒲原郡 ＊**わっぱか** 岩手県気仙郡 宮城県仙台市 ＊**わっぷ** 新潟県中頸城郡 ＊**わり** 滋賀県彦根 ＊**わりあい** 秋田県平鹿郡
↓ぶんぱい（分配）

わける【分】 ＊**あたる** 東京都利島「（泉から水を）あたってくろ（分けてくる）」 ＊**えばく** 高知県 ＊**こす** 岩手県気仙郡「どうが米っこ一升こしてけらいねぁべが」 宮城県「卵こされに（譲ってもらいに）来たんだっつきに」「わんつか（わずか）でよがすからこすて頂きす」 福島県会津「その品こして（売って）下さい」・大沼郡 茨城県（素人仲間で売買する）・真壁郡 栃木県「ないんじゃこしてやるよ」 埼玉県北葛飾郡「おれげーもこしてくらっせ」 新潟県東蒲原郡「あなたにこすことに決めました」 静岡県 ＊**しわける**（のれんを分ける） 香川県三豊郡 高知県土佐郡 ＊**ばぎん** 沖縄県石垣島 ＊**はじゅん** 沖縄県首里 ＊**ふらべる** 千葉県夷隅郡「だんだんにふらべる」 東京都大島「ふらべ米（配給米）」 ＊**よける** 奈良県山辺郡「卵、ちょっとよけてくれんのないけー（分けてくれるのはないかね）」 ＊**わかしゅん**

沖縄県首里「まぎーとぅ　ぐまーとぅ　わかしゅん（大きいのと小さいのと分ける）」　*わけぶる 静岡県榛原郡「みんなでわけぶる」

わざと【態】　*いじに 愛知県豊橋市 *うったーてぃ 沖縄県首里「うったーてぃ　くるだん（わざと転んだ）」　*えりわり 新潟県佐渡 *おーな 神奈川県津久井郡　山梨県「おーなと切っとう」　長野県更級郡・上田　静岡県安倍郡 *おーなさら 茨城県稲敷郡　千葉県香取郡　東京都大島 *おーなさろ 茨城県稲敷郡 *おたごな 富山県下新川郡　*おな 新潟県中魚沼郡　長野県「おなに叩く」　静岡県榛原郡　愛知県「おなとやる」　*おなおな 新潟県　長野県下伊那郡　愛知県東部 *おなさら 長野県諏訪・佐久　愛知県碧海郡 *がらに 埼玉県入間郡「がらにしたのぢゃない」　*げー 青森県津軽「げーにする」　*しねで 山形県鶴岡市・西田川郡 *てんご 香川県香川郡・木田郡 *ねっちたけて 山形県北村山郡 *ねっちょ 山形県 *ねっちょたけて 山形県西置賜郡・北村山郡 *ばざっと 静岡県 *はだって 神奈川県藤沢市　山梨県南巨摩郡　静岡県・小笠郡「はだって意地悪する男だ」　*やーくと 岩手県海岸地区「やあぐと知らぬ風して居った」・九戸郡　山形県 *やーこと 山形県米沢市 *やくさら 岩手県江刺郡・気仙郡「やくさらこんなごどして」　宮城県　長野県東筑摩郡 *やくだい 青森県南部「叱れば叱る程やぐだえ悪いことばかりする」　岩手県　宮城県北部・栗原郡 *やくだら 岩手県南部 *やくだれ 青森県南部 *やくで・やくとえ 山形県 *やくと 青森県「やぐと行ぐまねせ」　岩手県　宮城県　秋田県鹿角郡「やくと言ふたのをほんとにして」・河辺郡　山形県「やぐど泣えでみだんだ」　福島県北部　新潟県佐渡・岩船郡　石川県能登　長野県下伊那郡「彼れはやくとあんな事をするのだ」　岐阜県　愛知県東春日井郡 *やくとー 新潟県 *やくとに 青森県津軽「やぐどね負けていたら本気になって」　福島県　岐阜県 *やくとばし・やくばさ 新潟県佐渡 *やくやく 青森県三戸郡　岩手県九戸郡　石川県鳳至郡　長野県諏訪 *やくわざ 山形県東置賜郡 *やこと 山形県　岐阜県郡上郡 *やことえ 山形県北村山郡・最上郡 *やことに 岐阜県郡上郡「おれの足をやことにふんだろ」　*やごやご 山形県庄内 *やっくと 岐阜県加茂郡・恵那郡 *やっくら 長野県「やっくらここに置いた」　*やっくり 長野県諏訪・東筑摩郡 *やっちと 山形県東田川郡 *よなよな 島根県隠岐島　長崎県壱岐島「よなよな出て来た」　*わがと 京都府 *わざえ 山形県最上郡 *わざき 鹿児島県 *わざっとかに 三重県志摩郡 *わざに 岩手県上閉伊郡「わざにあんな話をしたのだ」　山形県　福島県「わざにしたからかんべん出来ね」　新潟県中頸城郡　香川県三豊郡・小豆島 *わざほか 茨城県稲敷郡 *わざやく 新潟県佐渡・東蒲原郡 *わじゃに 秋田県鹿角郡「わじゃに人の邪魔す」　*わっさに 山形県東置賜郡 *わらりっと 徳島県海部郡 *わんじゃに 秋田県「太郎はわんじゃに邪魔した」　*わんじゃね 青森県

□する *えせる 山形県西置賜郡・南置賜郡「えせたよーに」　*よせずく 新潟県佐渡「よせづいてするんだ」　*よせる 新潟県佐渡「よせてかかる」　愛知県知多郡「よせて人の方へ来る」

わさび【山葵】　*せんの 秋田県一部 *ひの 秋田県 *ふしべ 秋田県一部 *ふすべ 秋田県北秋田郡 *わさびな 京都市

わざわざ【態態】　*いじに 愛知県豊橋市 *いりわり 新潟県佐渡 *うったーてぃ 沖縄県首里「ちゅーぬふぃにうったーてぃ　あみふてぃ（今日に限って雨が降って）」　*えこたこ 新潟県佐渡 *えざわざ 栃木県　福井県大飯郡　兵庫県多紀郡「えざわざ来たのに」　鳥取県東部「ゑざわざ行きたに留守」　*えせくって 愛知県西加茂郡 *えせて 愛知県西加茂郡・額田郡 *えっさ 島根県石見「えっさとはるばる来たのに、一文にもならん」　*えれえれ 静岡県榛原郡「えれえれ来て貰うじゃーしょーしないな」　*えんくえんじゅー 佐賀県藤津郡 *えんくえんしょー 佐賀県 *えんさらまんさら 山形県 *えんさらわんさら 山形県東置賜郡 *おいなおいな 香川県伊吹島 *おえなおえな 島根県出雲「おえなおえな来たのに留守だった」　*おーな 神奈川県津久井郡　山梨県「おーなと切っとう」　長野県更級郡・上田　静岡県安倍郡 *おーなさら 茨城県稲敷郡　千葉県香取郡　東京都大島 *おーなさろ 茨城県稲敷郡 *おたごな 富山県下新川郡 *おな 新潟県中魚沼郡　長野県「おなに叩く」　静岡県榛原郡　愛知県「おなとやる」　*おなおな 新潟県　長野県下伊那郡　愛知県東部 *おなさら 長野県諏訪・佐久　愛知県碧海郡 *くわたち（「くわたて（企）」の転か） 鹿児島県肝属郡 *こーと・ことと 東京都八丈島「それでわら今日ことと来とあーだら（それで私は今日わざわざ来たのです）」　*こわ 福島県河沼郡「それわ、こわきてくなんした（わざわざ来てくださいました）」　*しこしこ 兵庫県淡路島「人がしこしこ採って来たものを、すぐに棄ててしもたりして無茶すない」　*せっかい 大分県大野郡 *せっかく 愛媛県北宇和郡「おまいせっかくえんぽーからここまできてやんなはったんかー（あんたわざわざ遠くからここまで来て下さったのかね）」　*たいだい 岐阜県羽島郡・郡上郡「たいだいもってきておくれたか」　愛知県 *たてて 島根県隠岐島「たてて来たのに留守じゃった」　*はだって 東京都大島「貸した本ははだって持って来なくともよい」　神奈川県愛甲郡・中郡　新潟県中頸城郡「はだって来てくれてありがたかった」　山梨県南巨摩郡　静岡県　愛知県豊橋市 *はだっと 愛知県宝飯郡 *ばだっとー 沖縄県与那国島 *はだてて 東京都利島　愛知県宝飯郡　山口県玖珂郡・大島「わしゃあ（私は）はだてて来たんぢゃ」　香川県 *べこべこ 長野県下水内郡 *ほのって 島根県八束郡 *まんまと 福井県 *みすみす 宮崎県東諸県郡

＊むりっと 岐阜県稲葉郡 **＊むりと** 山梨県甲府「むりとしたのではない」 岐阜県本巣郡 滋賀県彦根 **＊むりとに・むりに** 兵庫県神戸市「むりとに千切ってしもうた」 **＊やーやと・よーよ** 島根県隠岐島 **＊やかはか** 岐阜県郡上郡 **＊やかやか** 岐阜県郡上郡 長崎県対馬「とゆい所やかやか来てくれた」 **＊やきさら** 山形県「やきさらえがねたて(わざわざ行かなくても)」 **＊やくさら** 岩手県気仙郡 宮城県加美郡 山形県 福島県「やくさら来た」 新潟県東蒲原郡「やくさら告げ口に来る」 長野県東筑摩郡 **＊やくされ** 山形県西村山郡・北村山郡 **＊やくだり** 岩手県下閉伊郡 **＊やくだれ** 青森県三戸郡(下品な言葉)「あれぃあったらごとやぐだれにしている(あんなつまらぬことを、わざわざやっている)。馬鹿コァ」 岩手県 **＊やくと** 岩手県 宮城県仙台市 富山県砺波「やくとここまで来たがに(来たのに)」 石川県鹿島郡・羽咋郡 岐阜県飛驒 愛知県丹羽郡・葉栗郡 **＊やくとえ** 山形県西田川郡 **＊やくとー** 新潟県北蒲原郡 **＊やくやく** 青森県上北郡 岩手県「やぐやぐきてもらって申訳けない」 山形県「やぐやぐ来たのになあ」 福島県「やくやく来なくてもええ」 新潟県岩船郡・東蒲原郡 富山県砺波 石川県鹿島郡 山梨県南巨摩郡「やくやくすけっと(手伝い)に来てくれとーか」 長野県 岐阜県「あんたの注文じゃったで、やくやく取り寄せたんじゃね」 静岡県 長崎県対馬 **＊やくわさ** 岐阜県飛驒 **＊やごさご** 香川県伊吹島 **＊やごやご** 山形県庄内 **＊やっかと** 静岡県磐田郡 **＊やっきら** 静岡県「やっきら来たのに誰も居ない」 **＊やっくと** 山梨県南巨摩郡「やっくと来とうどう」 長野県諏訪 **＊やっくな** 長野県諏訪 **＊やっくら** 長野県 **＊やっさら** 福島県北部「やっさら福島へ出て来たんだ」 **＊やっやと** 山梨県南巨摩郡 **＊よなよな** 島根県隠岐島 長崎県壱岐島「よなよな出て来た」 **＊わざーと** 愛知県東春日井郡 **＊わざえ** 山形県最上郡 **＊わざおか** 茨城県 **＊わざく** 宮崎県日向 **＊わざくら** 島根県「わざくら来んされーでもよかったに」 広島県・高田郡 長崎県対馬・壱岐島 **＊わざくれ** 奈良県・吉野郡 広島県高田郡 **＊わざこざ** 山口県浮島 愛媛県「わざこざ持って来て下さって有難たう存じます」 **＊わざこぜ** 高知県 **＊わざさら** 山形県米沢市 **＊わざっと** 香川県 大分県大分郡 **＊わざに** 宮城県玉造郡・仙台市 山形県「わざにえって(行って)来た」 福島県相馬郡 新潟県中頸城郡 山梨県 三重県志摩郡 鳥取県西伯郡 島根県「わざに来たのに逢(あ)われん」 岡山県真庭郡 広島県 徳島県 香川県三豊郡・小豆島 愛媛県「わざに持って来いでもえーが」 **＊わざぶ** 山形県東置賜郡・北村山郡 **＊わざほか** 茨城県稲敷郡 **＊わざやく** 新潟県 山梨県南巨摩郡 長野県下伊那郡 愛知県北設楽郡 徳島県・海部郡 香川県高松市 大分県大分郡 **＊わざやくに** 香川県高松市・伊吹島「わざやくにおこし下さいまして有難うございます」 **＊わじゃに** 秋田県鹿角郡「わじゃに来て下さて」 **＊わだくら・わだに** 島根県石見「わだに来て呉(く)れて気の毒な」 **＊わだこだ** 山口県大島 **＊わんざに** 秋田県南秋田郡・平鹿郡 新潟県西頸城郡 **＊わんじぇぁん** 秋田県由利郡「わんじぇぁん行って来た」 **＊わんじゃね** 青森県津軽「わたしらにまで、わんじゃね届けて下さってどうもありがとう」

↓せっかく(折角)

わし【鷲】

＊くまだか 鹿児島県 **＊ばすぬとぅり** 沖縄県石垣島 **＊わしだか** 岩手県 **＊わしぬとぅい** 沖縄県首里

わずか【僅】

＊あんずらこと 静岡県安倍郡 **＊いきら・いふぃ・いんてーん** 沖縄県首里 **＊いんか・えんか・えんつか** 福島県浜通「砂糖をいんかくいよ(少し下さい)」 **＊えーんか** 茨城県多賀郡 **＊えっちぇだ** 青森県津軽「どうしたもんだがど思ったきゃ、えっちぇだもんだでぁ」 **＊かいさ** 島根県益田市「かいさこれ位の傷」 **＊かさら・がさら** 青森県津軽「二ふぇぁぐえんあだぇのくゎしぁ、かさらどしたもんだでぁ(二百円の価のお菓子は、ほんの少しですよ)」 **＊かた** 東京都大島「漁はほんのかただけだ」 神奈川県三浦郡・横須賀市「かたばっかしかなかった(ほんのわずかしかなかった)」 **＊くーてーん・くーてーんぐゎー** 沖縄県首里「くーてーんなー(少しずつ)」 **＊げしく・げしゅく** 島根県隠岐島「雨がげしゅくほど降った」「今日はほんとのげしゅくですみません(ふるまいをする側の挨拶)」 **＊けぶらい** 徳島県海部郡 **＊さふー** 沖縄県首里「さふーどぅやいびーしが(わずかでございますが)」 **＊しょーたれ** 千葉県夷隅郡 **＊しょーぶん** 京都府竹野郡「そりゃあしょーぶんの差はあろうで」 **＊すっつばり** 新潟県岩船郡 **＊すっとう** 沖縄県首里・石垣島 **＊そーっと** 島根県邇摩郡「砂糖をそーっとやんさい」 **＊そーと** 山口県阿武郡・豊浦郡 香川県 **＊そって** 福岡県 **＊そっと** 兵庫県淡路島 島根県「そっとばかりな(ほんの少しの)」 岡山県 広島県三次市・高田郡 山口県 徳島県美馬郡 長崎県壱岐島 **＊そっとこば** 香川県 **＊そと** 兵庫県淡路島「本をそとばあ(少しばかり)読んだとて、あんまりえらそおに云うない」 香川県三豊郡 **＊たんだこんど** 石川県能美郡 **＊ちーくし・ちーくり** 岡山県 **＊ちーたて** 島根県仁多郡 **＊ちーちっと** 山口県大島「樋が乾いていたと見えて、水を入れるとちーちっとずつ水が漏る」 **＊ちーとかち・ちーとかっち・ちーとやかった・ちーとやかっち・ちーとやかっと** 島根県隠岐島「ちーとやかったなら要らん」「つまらん事はちーとやかっちでねー」 **＊ちくし** 山口県「あの男はちくし足らんの」 **＊ちちっと** 山口県阿武郡・大島 **＊ちちんた** 福岡県企救郡 **＊ちっくし** 島根県石見「ちっくし腹がにがる」 岡山県 広島県高田郡 **＊ちっくら** 愛知県豊橋市 **＊ちっくり** 東京都八丈島「この本よちっくり借り申しいたす」 新潟県中魚沼郡 石川県鹿島郡 岐阜県大野郡 岡山県 徳島県 愛媛県 高知県幡多郡 **＊ちっこ**

熊本県天草郡 ***ちっこし** 山形県庄内「ちっこしばり(少しばかり)」 石川県珠洲郡「おれに胡麻ちっこしくだっしゃ(ください)」・石川郡 ***ちっこり** 石川県鹿島郡 鳥取県西伯郡 ***ちっちら** 静岡県「ちっちら食べんとはらを悪くする」 ***ちば** 香川県

***ちぼかー** 茨城県西茨城郡 ***ちゃっこり** 山形県西田川郡 ***ちょくし** 島根県鹿足郡・邇摩郡 ***ちょくり** 山梨県東八代郡・北巨摩郡 岡山県備中北部 広島県賀茂郡 ***ちょこ** 石川県「ちょこぐあいのわるい人あって」 ***ちょこし** 富山県 石川県加賀「ちょこし大火があった」 島根県 ***ちょこっり** 石川県能美郡 ***ちょこり** 富山県 石川県河北郡・鳳至郡 福井県足羽郡 島根県邑智郡 長崎県五島 ***ちょっくし** 広島県 ***ちょっくり** 群馬県利根郡 埼玉県秩父郡「ちょっくり一走りだ」 千葉県香取郡 神奈川県中郡 東京都八丈島「ちょっくり行ってくろわ」 新潟県佐渡・中頸城郡 石川県鹿島郡 福井県足羽郡 山梨県「ちょっくりてんだってくれで(ちょっと手伝って下さい)」 長野県北安曇郡 静岡県 鳥取県 岡山県上房郡・小田郡 広島県 愛媛県大三島 ***ちょっくる** 富山県射水郡「蚊さえちょっくるなら夏(なっつ)ぁ楽ぢゃ」 ***ちょっこ** 富山県氷見市・砺波 石川県珠洲郡 岐阜県飛騨 ***ちょっこい** 鳥取県米子市

鹿児島県 ***ちょっこー** 富山県東礪波郡 鳥取県西伯郡 島根県 ***ちょっこし** 北海道 新潟県「ちょっこしばかだけん、たべてくんない」 富山県「ちょっこしも」 石川県「ちょっこし大病になった」

福井県 岐阜県飛騨・郡上郡「ほんのちょっこし残っとる」 兵庫県美方郡 鳥取県西伯郡 島根県「ちょっこしがなかえ待ってごぜ」 広島県高田郡

愛媛県 ***ちょっこっと** 広島県高田郡 ***ちょっこと** 島根県石見 ***ちょっこら** 岩手県気仙郡 宮城県 秋田県 山形県 福島県 栃木県 新潟県

富山県 兵庫県西宮市 島根県邇摩郡・隠岐島 ***ちょっこり** 北海道松前郡「そこまで、まーちょっこりいってくるーどもーてー」 宮城県登米郡・遠田郡 秋田市 山形県 福島県東白川郡・岩瀬郡 新潟県 富山県「ちょっこりとも(ちっとも)」

石川県 福井県坂井郡 長野県東筑摩郡・上伊那郡 岐阜県飛騨 静岡県小笠郡「母がちょっこり顔を出した」 滋賀県蒲生郡 大阪府泉北郡 兵庫県加古郡「ご飯をちょっこりたべる」 和歌山県

鳥取県 島根県「ほんのちょっこりしたものしか無ぁ」 岡山県上房郡 広島県高田郡 徳島県 高知県 ***ちょっこる** 富山県下新川郡「ちょっこるつさいがと(少し小さいのと)」・砺波「ちょっこるともわからん」 ***ちょっこん** 富山県東礪波郡・射水郡 石川県能美郡 愛媛県周桑郡・伊予市 ***ちょぼっと** 福井県 愛知県名古屋市 滋賀県 三重県伊賀 京都市 大阪市 兵庫県 和歌山県 島根県 ***ちょぽっと・ちょぽっりと** 山形県米沢市 ***ちょぼと** 山口県阿武郡 福岡市 ***ちょろい** 兵庫県但馬・加古郡 奈良県 ***ちょろこい** 三重県 ***ちんと** 青森県南部 岩手県九戸郡・上閉伊郡 宮城県 秋田県鹿角郡・北秋田郡「御飯食べたくないからちんと下さい」 山形県 福島県 茨城県筑波郡・稲敷郡 栃木県 ***ちんど** 東京都三宅島 ***てべーこ・てべーんこ** 岩手県九戸郡 ***ばーこ** 宮城県 ***ばいこ** 岩手県盛岡・岩手郡 ***ばこばり・ばんこ** 岩手県気仙郡「ばこばり持ってきたって焼け石に水だ」 ***ばっこ** 岩手県気仙郡 秋田県山本郡・由利郡「砂糖ばっこくれ」 山形県南村山郡 ***ばっこばい** 宮城県牡鹿郡 ***ばっこばり** 岩手県気仙郡 宮城県玉造郡 ***びっくと・びっと・びっとこ・ぴっとこ** 高知県「よけは要らんがびっと欲しい」 ***ひっと** 三重県伊賀 ***ぴっと** 三重県

滋賀県滋賀郡・甲賀郡 高知県 ***ひとひっつみ** 岩手県気仙郡「あるにはあるが、ひとひっつみばりだ(ばかりだ)」 ***びゃーこ** 岩手県海岸地区・中通

***びゃっこ** 宮城県栗原郡・登米郡 ***べあっこ** 岩手県「べぁっこけろや」 ***ぺあっこ・べあんこ** 岩手県上閉伊郡 ***べあっこし** 秋田県平鹿郡「べぁっこしでいいからお湯をくれ」 ***べあっこばり** 宮城県石巻 ***へのかす** 滋賀県彦根・蒲生郡 ***ほけ・ほっけ** 島根県隠岐島「お前よりほけほど年が若い」

***ほげ** 島根県石見「ガラスのほげが足に立った」 山口県「もうほげも無いぞ」・大島 ***ぼけ** 岡山県備中北部「ぼけな(小さい)」 ***ぼってー** 山形県東田川郡 ***ほと** 兵庫県淡路島「ほとばあ(少しばかり)」 ***まめくそ** 福井県大飯郡 大阪府中河内郡

***みじん** 石川県鳳至郡「みじんに(わずかに)」 熊本県「おれにみじんでよかけん食はせんか」 ***みじんこ** 石川県能美郡・河北郡 ***みじんたま** 長崎県対馬 ***やっとかっと・やっとくさい・やっとこさい** 富山県 ***やっとこ・やっとのことで** 富山県砺波 ***わんつかしー** 宮城県仙台市「わんつかしいもの持ってあがりした」 ***んめーま** 沖縄県鳩間島

***んめーん** 沖縄県石垣島

↓しょうりょう（少量）・すこし（少）

ごく□ ***いめちょぽ** 兵庫県但馬 ***いめんちょ** 滋賀県高島郡 ***いめんちょー** 福井県遠敷郡

***おわざっと**(多く、挨拶の言葉の中で言う) 山梨県南巨摩郡 ***おわざと**(多く、挨拶の言葉の中で言う) 長野県諏訪・上伊那郡「おわざとでござんす」 ***ささらさっと** 青森県上北郡「ささらさっと春雪がふった」 ***ささらと** 青森県南津軽郡・中津軽郡 ***しゃたるばかり** 長崎県壱岐島「しゃたるばかりの畑持っちょっち」 ***ちっとこ** 秋田県秋田市「おれぁさちっとこたんえ」・南秋田郡「ちっとこだが、たべて下さい」 ***ちっとこし** 山形県東田川郡・飽海郡 ***ちとこ** 秋田県河辺郡「御飯あとちとこくれ」 ***ちびくさ** 和歌山県日高郡 ***ちびくそ** 新潟県佐渡 和歌山県・那賀郡 島根県石見「砂糖をちびくそ呉れた」 ***ちびくそはんない** 和歌山県東牟婁郡

***ちびっと** 福井県南条郡 長野県諏訪 岐阜県郡上郡 愛知県宝飯郡 三重県「ちびっとで

いいからくれ」　京都市　大阪市　兵庫県　奈良県　島根県石見　広島県高田郡　山口県　徳島県　香川県　高知県　熊本県天草郡(幼児語)　大分県 *ちびと 福岡県京都郡 *ちびりくそ 島根県石見「腹が痛うてやれん。仁丹をちびりくそ呉れ」 *ちびん 石川県石川郡・江沼郡 *ちびんたま 長崎県対馬 *ちびんと 三重県度会郡 *ちょっとこ 徳島県　香川県 *ちんちんべあっこ 岩手県気仙郡 *つぃみくす 沖縄県首里 *つめくそ 新潟県佐渡「つめくそほどのことを気にする」　滋賀県彦根　島根県「言うてやんさんな、あんにゃーつめくそほども世話になっとらんけー」 *つめっくそ 山梨県南巨摩郡「薬にしるどーでつめっくそでよいわ」 *なけしけ 青森県三戸郡 *なしなし 青森県三戸郡　秋田県鹿角郡「なしなしの財布はたく」 *のめくそ 群馬県佐波郡 *はしくらい 兵庫県加古郡 *ほこり 高知県「ほこりばーもらいたい」 *みみくそほど 島根県 *みみのあかほど 富山県砺波 *めくされ 新潟県佐渡　滋賀県彦根　広島県高田郡 *めぐすり 新潟県佐渡「めぐすりほど」　滋賀県彦根　長崎県壱岐島「めぐすりのしこばかり」 *めぐすりっこ 東京都大島 *めのこのあか・めめごのあか 和歌山県新宮 *めみのあかほど 富山市 *めめこのあか 和歌山県東牟婁郡 *やった 岐阜県飛騨「やったこれぎり」 *ゆめかんぐり・ゆめくそ 新潟県佐渡 *ゆめほど 岐阜県養老郡 *わざーっと(多く、挨拶の言葉の中で言う) 神奈川県津久井郡「わざーっとお印ですが」 *わざーと(多く、挨拶の言葉の中で言う) 神奈川県藤沢市　静岡県・田方郡 *わざっと(多く、挨拶の言葉の中で言う) 群馬県佐波郡　埼玉県秩父郡・入間郡「ほんのわざっとですが取っといておくんなさい」　東京都八王子　神奈川県中郡　山梨県西山梨郡・南巨摩郡 *わざと(多く、挨拶の言葉の中で言う) 群馬県勢多郡「わざとこんな物ですが産見舞の印です」　埼玉県秩父郡　長野県埴科郡・佐久　静岡県磐田郡 *わんざと(多く、挨拶の言葉の中で言う) 静岡県志太郡「わんざとお印です」 *わんちかこ 青森県三戸郡「姉さばうんとけで(くれて)おらさばわんちかこけだよ」 *わんつかこ(「わずか」の転に接尾語「こ」の付いたもの) 青森県上北郡「この餅わんつかこだとも上って下さい」

□に *あだら 新潟県中越 *たかで 埼玉県入間郡 *てっかり 山形県東田川郡「てっかりさわったら泣いた」 *とばいこ 宮城県栗原郡・玉造郡 *とばた 山形県北村山郡 *とばっこ 岩手県気仙郡・東磐井郡　宮城県牡鹿郡 *とばり 宮城県加美郡　山形県「とばりけろ(少しくれ)」 *とびゃっこ 宮城県牡鹿郡 *とべあえこ 岩手県東磐井郡 *とべぁこ 岩手県上閉伊郡　宮城県登米郡・石巻「火をとべぁこけでけさえ」 *とべあっこ 岩手県気仙郡　宮城県石巻「とべあっこばり分けて頂きす」 *とべあんこ 岩手県上閉伊郡 *とべり 山形県北村山郡・最上郡 *ほーさら・ほーたら 山口県阿武郡 *ほーそら・ほーそろ 山口県大島「いんま(先刻)からほうそら寒いが寒いがと思ひよったら、風邪をひいたんぢゃらう」 *ほーろ 兵庫県佐用郡「ほうろ寒い」　島根県石見「ほーろ覚えている」　山口県「この桃はほーろ酸味がある」・阿武郡「ほうろ赤い」・玖珂郡 *ほほら 秋田県雄勝郡「ほほら苦い」 *ぽぽら・ぽぽらんと 新潟県佐渡

□ばかり *かっぱり 山形県西置賜郡 *かつぱり 山形県最上郡 *そこかくし 京都府竹野郡「椎の実をそこかくしほど拾ってきました」 *ちょんびし・ちんびし 島根県石見 *ちょんびり 宮城県仙台市　富山県　鳥取県東部　高知県幡多郡 *ちょんぼー 島根県出雲 *ちょんぼし 鳥取県　島根県簸川郡・隠岐島 *ちょんぼり 茨城県多賀郡　東京都八丈島　山梨県　岐阜県　愛知県碧海郡　鳥取県　島根県　岡山県吉備郡・浅口郡 *ちんがり 静岡県 *ちんきりばー 徳島県那賀郡 *ちんびり 兵庫県　山口県阿武郡 *ちんぴり 山梨県 *ちんびりくしゃり 山口県阿武郡 *ちんびりくそ 三重県南牟婁郡　和歌山県東牟婁郡

わずらわしい【煩】

*あつかましー 京都府竹野郡「子供が居るとあつかましてゆっくり昼寝もでけん」　兵庫県佐用郡・赤穂郡　岡山市「おあつかましう御座いました」　徳島県・海部郡　香川県高松市・塩飽諸島　愛媛県「えーあつかましー、もー止みょー」　高知県「えらいあつかましい子で、少しもじっとしては居ません」 *いじくらしー 富山県　石川県　島根県出雲 *いじっかしー 石川県金沢市 *うっつぁーしー 群馬県勢多郡　埼玉県秩父郡「うっつぁーしー奴らだ」 *うっつぁし 福島県 *うっつぁしー 福島県　茨城県久慈郡・多賀郡　栃木県 *うっとーたい 愛知県宝飯郡・豊橋 *うっとさえ 茨城県東茨城郡・行方郡 *うっとしー 徳島県 *うっとしねー 長野県上田 *えじくらし・えんつくらし 青森県津軽「えんつくらしでぁ、やめろじゃ」 *えぜない 大分県速見郡 *おべったい 静岡県志太郡「おべったいでこなかったずら」 *きあいがわるい 岐阜県土岐郡　島根県　岡山市 *きやいくそがわりー 島根県石見 *きやくそがわるい 岡山市 *くっつい(煩雑で煩わしい) 茨城県稲敷郡 *こぜこぜ 三重県一志郡「おなごもこぜこぜの骨や折れとるわな」 *ごやごや・やごやご 長崎県対馬「そんなごやごやしたことを再々聴きたうはない」 *しゃーらしか 福岡市 *じやまくさい 福島県石川郡　新潟県佐渡　富山県・砺波　石川県　福井県・敦賀郡　三重県阿山郡・名賀郡　滋賀県　上方　京都府京都市・竹野郡　大阪府　兵庫県　広島県高田郡　香川県大川郡・仲多度郡 *じゃまくらしー 富山県・砺波 *しゃらくどい 長野県下水内郡 *しょしょろしー 大分県

中部 *しるしー 大分県速見郡 *しろーしー 山口県豊浦郡 *しろしー 山口県大島 大分県速見郡 *ずんけさんぼない 岩手県気仙郡 *ずんけない 岩手県気仙郡 宮城県石巻「毎どし寝られんのでずんけねぁ」・仙台市 *せしかましー・せせこましー 愛媛県 *せしょろしー 大分県大分郡・大分市 *せせかましー 愛媛県・松山「小肴はせせかましい」 大分県南海部郡 *せせくろしー 広島県高田郡 山口県玖珂郡 長崎県・北松浦郡「せせくろしかせんあっちにおいで」 *せせらしー・せわらし 島根県「せわらしね言わんでも分っちょる」 *せせりむつかしー 富山県 *せせるむつかしー 富山市「ああ、せせるむつかして嫌になった」 *せせろーしー 島根県石見 山口県「せせろうしい子じゃのう、いっときでえい、おとなしうせんかい」 香川県木田郡・綾歌郡 *せせろしー 大分県 *せつかましー 愛媛県大三島 *せつない 福岡県企救郡 *せつらしー 島根県隠岐島 *せつろーしー 島根県邑智郡「そがーな(そんな)せつろーしーことはやめた」 *せつろし 滋賀県蒲生郡 *せつろしー 徳島県美馬郡 *せやっか 栃木県 *せやっけー 埼玉県北葛飾郡「せやっけーな仕事はやめだよ」 *せわーか 埼玉県北足立郡 *せわっか 群馬県山田郡・館林 *せわっかー 埼玉県秩父郡 *せわのかな 和歌山県西牟婁郡・東牟婁郡 *せわのかわ 和歌山県東牟婁郡 *てさずらしー(干渉されて煩わしい) 山形県西置賜郡・東村山郡 福島県会津 *てしょずらしー(干渉されて煩わしい) 山形県「てしょずらすぐすんな」 *てすずらしー(干渉されて煩わしい) 山形県北村山郡 *てずらっぽい・でずらっぽい・てんずらしー(干渉されて煩わしい) 神奈川県津久井郡 *てぞくろしー(干渉されて煩わしい) 愛媛県 *てそじらしない(干渉されて煩わしい) 宮城県栗原郡 *てそずらしー(干渉されて煩わしい) 宮城県 山形県 *てそぞらしー(干渉されて煩わしい) 宮城県栗原郡 山形県米沢市 *どぜね 大分県速見郡 *めめぐろしー 島根県石見「そがーなめめぐろしー事はいやだ」 *もっけ 秋田県「そんなことばかりしてもっけんだ子供だ」 島根県邑智郡 *もっけー 新潟県佐渡 *やいこしー 兵庫県淡路島 高知県 *やえこしー・ややっこしー 新潟県佐渡 *やかましー 長野県上田・佐久 山口県「やかましい仕事」 長崎県北松浦郡 鹿児島県肝属郡 *やぎろーしー 岡山県児島郡「そのへりー持ってくなーやぎろーしいのに」 *やぎろしー 香川県 徳島県「木が生えかぶさってやぎろしい」 *やぐろーしー 岡山県備中 *やげろしー・ややくろしー 島根県石見「洗い髪が顔へかかってやげろしい」 *やぜくるしか 長崎市 *やせったい 山梨県「三人の孫を子守るこたーやせったい」 *やぜない 島根県益田市(忙しい時に赤ん坊が泣いたりする時に言う) 山口県「子供が多いのでやぜない」 福岡県 大分県大分郡・北海部郡「そんなにやぜのう言うても出来ない」 *やでくろしー 山口県大島・玖珂郡 *やでない 山口県 *やでほい 山口県大島 *やにこい 愛知県知多郡 *やねこい 石川県鹿島郡 香川県小豆島 *やぶしー・やんもしー 長野県下伊那郡 *やぶせったい 神奈川県小田原市 山梨県「眼にものもらひが出来てやぶせったい」 長野県 静岡県「やぶせったいからそこらにごろしているじゃない」 *やぶせっぽい 静岡県・富士郡 *やぶせぼったい 静岡県・安倍郡 *やぶっくせー 長野県佐久 *ややくしー 石川県能美郡 *ややこ・ややこい 愛媛県周桑郡・喜多郡「ああややこ」 *ややこしー 新潟県佐渡・西頸城郡 石川県 三重県 大阪府 兵庫県加古郡・淡路島 島根県「ややこし仕事に今かかっちょーところだ」 徳島県 愛媛県周桑郡・喜多郡「ややこしーことぎり云ひよるんじゃけん、好かん」 高知県 *わちゃれーがんどー 沖縄県首里
↓めんどう(面倒)・めんどうくさい(面倒臭)

□こと *かさまさ(形容詞は「かさまさーん」) 沖縄県石垣島「かさまさー(やかましいことよ)」 *せっき 新潟県中越 *せっちょー 岩手県上閉伊郡 群馬県 *わちゃれー 沖縄県首里 *わちらい 沖縄県石垣島

わすれる【忘】 *うちゃすれる(「うちわすれる」の転) 山梨県 *うっちゃーすれる 茨城県猿島郡 *うっちゃすれる 栃木県日光市・足利市 *ぬかる 愛媛県松山 高知県「お礼を言うのをぬからん様に」 福岡県企救郡 *ばしきるん(文語形は「ばしきん」) 沖縄県石垣島 *ひっかする 東京都八丈島「とうとうひっかすった」 *ほがる 岡山県真庭郡 *わすらける・わすらげる・わずらげる 三重県度会郡

聞いたことを、すぐに□てしまうこと *かごみ

方/言/の/窓

●方言の助詞Ⅲ「〜へ」

「東京へ行く」と言うときの方向を表す格助詞は東北地方と九州とに同系の語形が見られるという周圏分布を示す。

すなわち、東北から北関東にかけては「東京サ行ク」のようにサを用いるが、九州各地にはサン、サイ、サネなどが多い。これらのサ(〜)はサマ(様)の変化と言われている。

室町時代に「京へ筑紫に坂東さ」という諺があり、当時の、この助詞の分布状況を表したものとされているが、現在も九州東部ではニが多く、関西はエであるから、今も昔も大きくは変わっていないことになる。

なお、東京ではエとニの両方が用いられ、混乱(ゆれ)の状態にある。

沖縄にはンカイやカチが分布する。那覇では「東京ンカイ行(イ)チュン」のように言う。

み 新潟県東蒲原郡「近頃かごみみになった」 香川県三豊郡 *しょーけみみ 長崎県対馬

聞いたばかりのことでもすぐ□てしまう人 *ずかん 長崎県対馬 *てっぷみん 鹿児島県肝属郡 *てっぽーみみ 愛媛県周桑郡・喜多郡 *てっぽみみ 奈良県南大和

ものを□がちな人 *かけす 群馬県勢多郡「おらーこのごろかけすになっちゃって」 山梨県 *しょーずなし 山口県豊浦郡 *しょーどなし 千葉県君津郡

□やすい *ばしきっちゃーん（名詞は「ばしきっちゃ」） 沖縄県石垣島 *わすれたい・わっせたい 茨城県稲敷郡

□こと *かけす（ものをよく忘れること） 群馬県勢多郡 山梨県 *どわすれ（すっかり忘れること） 三重県志摩郡 *ほーらつ 高知県土佐郡「ほーらつする」 *むるわすぃー（すっかり忘れること） 沖縄県首里 *るてん 佐賀県

わた【綿】 *うずぬばだ（布団にもっぱら用いられるところから） 沖縄県八重山 *うちばな 沖縄県首里・国頭郡 *うどぅぬばた 沖縄県竹富島 *ござわた（着物に入れる綿） 徳島県 愛媛県 高知県 *なかいれ（着物に入れる綿） 徳島県 *ねじこ（糸を紡ぐために筒状にした綿） 茨城県稲敷郡 *はな・ぱな 沖縄県 *ほーれー 静岡県田方郡 *むみんはな 沖縄県与那国島 *むみんぱな 沖縄県竹富島・与那国島 *もめん 群馬県一部 埼玉県一部 千葉県一部 新潟県一部 山梨県一部 長野県一部 宮崎県一部 *もめんのき 鹿児島県一部 *もめんわた 埼玉県一部 千葉県一部 新潟県一部 鹿児島県一部 *わたばなー 沖縄県国頭郡

わたいれ【綿入】 *おひえ 大阪市 *ずーののこ 茨城県稲敷郡 *とーじんこ 埼玉県北葛飾郡 *どーののこ 群馬県利根郡 *とーぶく 奈良県吉野郡 *どーぶく 栃木県塩谷郡 広島県賀茂郡 *どぬのこ（木綿の綿入れ） 栃木県 *どんこ（綿の入った七分そでの下着） 岩手県気仙郡 *どんさ 三重県伊勢・宇治山田市 *どんざ 和歌山市 香川県三豊郡 *とんちん・どんちん（そでなしの綿入れ） 新潟県佐渡 *どんぶく 秋田県仙北郡 *ばんぷー 熊本県球磨郡 *ひらくち（広そでの綿入れ） 秋田県鹿角郡 *ひらぐち（広そでの綿入れ） 岩手県上閉伊郡 *ひろそで（広そでの綿入れ） 香川県伊吹島 長崎県南高来郡 熊本県天草郡 *ぶっざきはんこ（ふだんの働き着でひざまでの長さの綿入れ） 岩手県気仙郡 *まいずめ（そでなしの綿入れ） 岩手県九戸郡 *めのこ 三重県北牟婁郡

子供を背負った上に掛ける□ *ありやこじゃ 愛知県北設楽郡 *かめっこ 新潟県東蒲原郡 *かめのこ 山形県東村山郡 東京都新島 新潟県東蒲原郡 *こもりどぶく 高知県幡多郡 *こもんばんてん 島根県隠岐島 *たんでん 島根県石見「今日は寒いけーたんでんで負え」 *ねんねこはおり 静岡県志太郡 *はんこ 岡山県苫田郡 *はんだー 静岡県・庵原郡 *はんちゃ 三重県北牟婁郡 *ぶく 大分県

わたくしがね【私金】 ⇩へそくり（臍繰）

わたす【渡】 *いくす 富山県・砺波「この本読んでしもたらお前にいくすちゃ」 石川県羽咋郡・河北郡 *いこす・おこす 岐阜県飛騨 *いこせる 愛知県知多郡 *くす 富山県下新川郡「大きーふろすきー（ふろしきを）くすからいねー、こんにぇくるんで」・砺波 *ごす 島根県「わしがおすぅぇて（教えて）ごすわな」 *なげこむ 新潟県佐渡「あの店へこの手紙をなげこんでくれい」 *のける 島根県石見「その本をのけてやんさい（取ってください）」

ものを□時に発する語 *うり 沖縄県首里・石垣島 *うりっさ 沖縄県首里 *おいさ・おいした 富山県砺波 *おいしょ 岐阜県郡上郡「『その火箸、ちょっと貸してくりょ』『おいしょ』」 和歌山県 島根県 *へーしょ 和歌山県新宮「これ、へいしょ」 *へっと 青森県上北郡

わたる【渡】 *けーる（川を歩いて渡る） 栃木県河内郡 *こえる（川を歩いて渡る） 秋田県由利郡・雄勝郡 新潟県北魚沼郡 *こぐ（川や海の浅瀬を歩いて渡る） 青森県三戸郡 宮城県 秋田県鹿角郡 福島県「犬が川こえで来た」 新潟県佐渡・東蒲原郡「大した事ないからこいで行こう」 高知県 *こざく（川を歩いて渡る） 山形県 福島県耶麻郡「かわをこざく」 新潟県 岐阜県北部 *こぶる（水を渡る） 山口県阿武郡 高知県高岡郡 *ごぶる（水を渡る） 高知県 *ぞぶる（川を歩いて渡る） 愛媛県喜多郡・伊予郡「川をぞぶる」「水田をぞぶって渡る」 高知県「水が浅いきにぞぶって渡ろー」 大分県西国東郡・速見郡

川の、歩いて□れる地点 *こいぱ・こしぱ 福島県耶麻郡 *こえば 山形県西置賜郡 *こしっぱ 埼玉県秩父郡 *わたりば 福島県耶麻郡

わな【罠】 *おし 岐阜県飛騨 大阪府南河内郡 奈良県吉野郡 和歌山県日高郡 *おす 埼玉県秩父郡 静岡県遠州北部 愛知県北設楽郡 徳島県・美馬郡 *おせ 岐阜県郡上郡・飛騨「おせかく（落としわなを作る）」 *おそ 山形県西置賜郡 福島県南会津郡 静岡県磐田郡 *おっそ 山梨県 長野県諏訪 *おっつ 群馬県多野郡 長野県 *かんじ 熊本県天草郡 *くくし 青森県 *こーつ 岡山県 *ごっそ 長野県諏訪 *たび 高知県長岡郡 *ばた 山梨県

小鳥や獣などを捕らえる□ *おとし 栃木県安蘇郡 新潟県岩船郡 長野県佐久 三重県南牟婁郡 和歌山県日高郡 鳥取県西伯郡 *くんじりけー 鹿児島県喜界島 *こびち・こぶてん・こぼつ 徳島県 *こぶち（「こうべうち」の転） 栃木県安蘇郡 岐阜県海津郡・養老郡 静岡県榛原郡 三重県度会郡・一志郡 徳島県 *ごぶち 和歌山県日高郡 *こぶつ 岡山県「こぶつにあふ（不意に上から大きな物が落ちて被せられる）」

*こぶて 愛媛県 *こぶと 三重県阿山郡 *こぼち 三重県(陥穽) 徳島県 *ごぼち 三重県志摩郡 *こぼて 徳島県 高知県 *ごんぶち 福島県岩瀬郡 *ごんぼち 福島県相馬郡「ごんぼち掛んのに良いな今日は」 三重県志摩郡(落とし穴) *ごんぼちわな 福島県東白川郡

小鳥を捕る□ *いたおし 和歌山県日高郡 徳島県美馬郡 *うっつめわな 鹿児島県肝属郡 *くぐち(竹製) 栃木県上都賀郡・安蘇郡 *くぐつ(竹製) 静岡県田方郡 京都府何鹿郡 奈良県吉野郡 *くもつ・くんつ・こぐつ(竹製) 京都府何鹿郡 *ちんちんのわな 鹿児島県肝属郡 *はご 青森県上北郡 鳥取県 徳島県 愛媛県 *ばったり 熊本県・下益城郡 *ばったん 静岡県志太郡 *はなずら 奈良県吉野郡 *ぶちめ 千葉県夷隅郡 *ぶっちめ 茨城県・新治郡 栃木県 群馬県勢多郡 埼玉県秩父郡 *ぶっつめ 神奈川県中郡 *みぶせ 静岡県志太郡

針金などの輪で小動物が入ると締まるようにした□ *しこぐす・ひこぐす 山形県最上郡 *するする 三重県一志郡 *ひっくくし 山形県米沢市 *ひっくぐし 埼玉県秩父郡 *ひっくくり 東京都八王子 *ひっこぐし 岩手県九戸郡・気仙郡 山形県 *ひっこくり 岐阜県飛騨 静岡県賀茂郡 *ふぐくし 青森県上北郡

わびる【詫】 *いわげる 秋田県「悪い事をしたから、いわげる」 *ことわっ 佐賀県藤津郡 鹿児島県 *ことわる 富山県砺波 長野県下伊那郡 岐阜県益田郡・郡上郡「お前が悪いんじゃでことわってこい」 静岡県志太郡 山口県大島 徳島県 大分県 *てをする 新潟県佐渡

↓しゃざい(謝罪)

相手に□時に言う語 *かに 青森県南部「どうぞかにして下さい」「かにかに」 岩手県上閉伊郡「悪かったらかにしろ」・気仙郡 山形県「かにさんにゃえ(許せない)」 新潟県「かによする・かにやする」 長野県諏訪 静岡県「がらぇーかだに、かにしょー(わざとやったのではないから許してね)」 三重県度会郡 大阪市 *かにん 神奈川県中郡 奈良県・宇陀郡(女性語)「あら、かにん、すまんたなぁ」 *かね 岐阜県岐阜市・吉城郡 愛知県名古屋市「かねせる」・愛知郡 *がね 新潟県頸城 *かん 秋田県仙北郡「僕が悪い、かんせ、かんせ」 山形県「俺おめーの本なくしたさげかんせの」 新潟県 長野県 *かんに 山形県西置賜郡「かんになし」 東京都三宅島 長野県諏訪 *かんにょー 東京都三宅島 新潟県頸城 *かんね 新潟県頸城 富山県高岡市 *かんねん 新潟県 福井県「かんねんな」 *まちげー 沖縄県首里 *まつぃがさい 沖縄県石垣島

↓「あいさつのことば(挨拶言葉)」の子見出し、「謝罪・断りの挨拶の言葉(ごめんなさい)」

□こと *おしょしゅー・おしょしょー・おそしょー 山梨県「おそしょーする(わびる)」 *しょーしょー・そしょ 青森県津軽 *しょしゅー・しょしょよー 山梨県 *しょしょ 青森県南部 秋田県南秋田郡「あの婿しょしょして戻ったさうだ」・河辺郡 *しょしょー 青森県「しょしょうする」 *そそ 青森県上北郡「そそする」・津軽「となりさ、二しょかて(酒を二升買って)そそしてきたでぁ」 *そそー 徳島県「早うそそう言いに行け」

わら【藁】 *あら 三重県度会郡 和歌山県西牟婁郡 *すすき 三重県志摩郡 *ひご 鹿児島県屋久島 *みみ 石川県鳳至郡

稲苗を束ねる□ *なーば 茨城県 *なえで 岐阜県加茂郡 愛知県東加茂郡 *なえでばし 静岡県賀茂郡 *なえば 山形県西置賜郡・西村山郡 福島県石城郡 *なえばし 島根県石見 高知県土佐郡 *なえばわら 山形市 埼玉県北足立郡 *なわで 島根県隠岐島 *ねーでわら 長野県諏訪・上伊那郡 *ねーば 群馬県勢多郡 千葉県長生郡・夷隅郡 *ねーばわら 山形県東置賜郡 *のーで 新潟県佐渡 岡山県邑久郡 *のーでーわら 新潟県佐渡 *のーば 長崎県壱岐島 *のーばし 島根県石見 *のーばしわら(僧が神水を振って浄めたもの) 山口県見島 *のーばせ 山口県豊浦郡 *ので 石川県鹿島郡 *のてわら 新潟県岩船郡 *のでわら 富山県砺波 香川県香川郡 *のどなわ・のとわら 岐阜県飛騨 *のばし・のばせ 香川県仲多度郡 *のばしわら 香川県三豊郡 *はし 京都府竹野郡 島根県石見 広島県山県郡・高田郡 *はしわら(必ず二本で束ねるところから) 京都府 *ふぐし・ほぐし 香川県仲多度郡

刈った稲を束ねる□ *いなさし 島根県飯石郡 *たばっつら 栃木県 *たばつら 茨城県多賀郡 *たばねつら 青森県三戸郡 *たばねわら 山形県西村山郡 京都府竹野郡 *たばんそわら 富山県砺波 *てごえそ・てごそ・てごそわら・てごわら・よりわら 島根県隠岐島 *より 島根県

□くず *あくた 兵庫県 *あぐた 岐阜県飛騨 愛知県知多郡 京都府竹野郡 *くさじ・くさじこ 青森県三戸郡「千本松原くさじこくわえてちっちっているもの(なぞなぞ)」 *くたず 山形県最上郡 *くただ 宮城県加美郡 山形県 新潟県東蒲原郡 *くただら 山形県南置賜郡・東村山郡 *ごくも 神奈川県高座郡 *こもず 新潟県・岩船郡 *こもち 山形県東田川郡・西田川郡 *こもつ 山形県 *ごんど 岩手県上閉伊郡・気仙郡 *しくど 愛知県渥美郡 *しび 茨城県稲敷郡 栃木県 群馬県勢多郡 長崎県壱岐島 *しびし(葉くず) 香川県 *しびわら 福島県石城郡 *しぶ 茨城県稲敷郡 *しぶわら 鹿児島県肝属郡 *すーりっくり 沖縄県石垣島 *すくざ 岐阜県揖斐郡 *すくだ 三重県 *すぐた 岐阜県武儀郡・郡上郡 *すくたら 神奈川県津久井郡 *す

くど和歌山県日高郡 *すべ 長野県諏訪・佐久 *すぼ 福岡県浮羽郡 宮崎県西臼杵郡・西諸県郡 *だて（はやし言葉）愛媛県松山「おまいの頭にだてがある。だてを取らぬとびす（はげ）になる」 *はかま 山口県見島 *はしか 新潟県佐渡 鳥取県西伯郡 島根県邑智郡 *はしかぬか 新潟県佐渡 *はすかぬか 山形市 *ふくさわら 兵庫県淡路島 *ふくじ 沖縄県石垣島「ふくじぴー（藁火・草火）」 *ほくだ 鳥取県西伯郡 *ほくど 岡山県苫田郡 *ほくとー・ぼっとー・もく 島根県邑智郡 *もくだ 山形県村山 *もくだわら 山形県北村山郡 *わらくた 山形県 島根県石見 鹿児島県沖永良部島 *わらくたず 山形県最上郡 *わらくただ・わらもくた 山形県 *わらくたな 秋田県平鹿郡 山形県最上郡 *わらくで 愛媛県西宇和郡 *わらこもず 山形県 新潟県岩船郡 *わらしっぱ 静岡県 *わらしび（わらのはかま）福島県石城郡 *わらしべ 群馬県勢多郡 *わらすべ 山形県西置賜郡 *わらすぼ 宮崎県西臼杵郡

□を束ねたもの *さんばく 福井県大飯郡 *わらすと 徳島県美馬郡 *わらずと 広島県高田郡 *わらぼっち 埼玉県秩父郡 *わらぼて 徳島県

□を束ねて、魚、果実などの食品を包むもの *すぼき 徳島県 香川県 *すぼけ 徳島県・那賀郡 *すもーと 広島県高田郡 *たかんぼ 熊本県球磨郡 *たわら 長野県佐久 *つつこ 秋田県平鹿郡 茨城県・新治郡 新潟県 *つつっこ 山梨県 長野県諏訪・下伊那郡 静岡県 *つつっこみ 山梨県東八代郡・北巨摩郡 *つっとこ 山形県東村山郡・西村山郡 新潟県 *つつわら 岐阜県吉城郡・飛騨 *つといれ 熊本県球磨郡 *つとこ 宮城県栗原郡 山形県 埼玉県北足立郡 新潟県 *つとし 島根県隠岐島 *つとっこ 福島県東白川郡 埼玉県北葛飾郡 千葉県長生郡 神奈川県中郡 新潟県中頸城郡 長野県 静岡県静岡市・田方郡 *つとっこー 静岡県 *つとわら 富山県砺波 *ほぜ 奈良県吉野郡 和歌山県那賀郡 *ほで 奈良県 和歌山県日高郡 *わらしぼ 島根県出雲 *わらすぼ 島根県 山口県豊浦郡 福岡県小倉

わらう【笑】 *いやがわらわす（乳児が寝ながら）長崎県対馬 *えがつく（にこにこ）長崎県壱岐島「よかもん見たらえぐゎつきでーた」 *えせずらわらう（小面憎く）岩手県上閉伊郡 *えらぐ（楽しそうに・げらげら）島根県邑智郡「受けし神代の心安さに、えらぐ我等は寝た間も思え（盆踊り歌）」 *えへらめぐ（だらしなく）青森県津軽「あのおなごぁ、えじ見でも、えへらめぐ」 *えへらわらう（だらしなく）新潟県西頸城郡 *おしゃらかす（ばかにして）長野県佐久 *たらくれる（締まりなく）秋田県北秋田郡「あまりたらくれるな」・鹿角郡 *にかむ 秋田県鹿角郡「にっことにかむ」 愛媛県北部 *にくかくめぐ・にぐらめぐ（愛想よく）青森県津軽 *にこかこめぐ（愛想よく）青森県津軽 岩手県気仙郡 *にやける 広島県庄原市「にやけな（笑うな）」 *ふかす 高知県

大いに□ *げらつく 山形県米沢市・東置賜郡 新潟県佐渡 長野県諏訪・東筑摩郡「よくげらつく女だ」 *ぜらこく・ぜらつく 岐阜県飛騨 *わらいかえる 神奈川県中郡 *わらいかぶる 長崎県壱岐島 熊本県玉名郡「笑いかぶって話す」 *わらいからかす 岐阜県岐阜市・本巣郡 *わらいたくる・われたくっ 鹿児島県 *わらいはなす 富山県 *われかぶる・われたくる 鹿児島県肝属郡

幼児の□声を表す語 *うふぁーうふぁー 鹿児島県奄美大島・加計呂麻島 *うふぁんうふぁん 鹿児島県沖永良部島 *うわーうわー 鹿児島県徳之島 *うんがーうんがー 鹿児島県喜界島 *んがーんがー 沖縄県島尻郡 *んごーんごー 沖縄県石垣島

よく□人 *おきゃら・おぎゃら・きゃら・ぎゃら 徳島県 *おげら 長野県佐久 *きゃらすけ 香川県 *げた（「げたげた」笑うところから）香川県仲多度郡 *けら 福井県南条郡 *げら 山形県 新潟県中頸城郡 富山県砺波 福井県 大阪府南河内郡・泉北郡 兵庫県赤穂郡・加古郡 奈良県 徳島県 香川県 *げらさく 香川県三豊郡 *げらすけ 富山県東礪波郡 香川県仲多度郡 *げらつき 新潟県佐渡 *げらり 山形県東村山郡・西村山郡 *げろ 栃木県「なんでこんなにげろなんだんべー」 *げろさく・げろまつ 愛媛県 *げろはち 愛媛県大三島 *ばーらいやー 沖縄県石垣島

□こと *あたけわらい（故意に声を立てて）島根県隠岐島 *いやすび（赤ん坊が眠りながら）長崎県壱岐島 *うぶわらい（赤ん坊が眠りながら）愛媛県東宇和郡・北宇和郡 *えせわれ（おかしくもないことに）宮崎県東諸県郡 *おきゃら・おぎゃら・きゃら・ぎゃら（おかしくもないことに）徳島県 *くーわれー（くすっと）沖縄県首里 *けたけたじ（子供が非常に）岩手県気仙郡 *さばーらい・しさばーらい（にやにや）沖縄県石垣島 *ししゃわらい（鼻先で軽べつして）山形県東置賜郡 *ししらわらい（鼻先で軽べつして）島根県石見「失敬な、ししらわらいをして」 *ししりわらい（鼻先で軽べつして）島根県邇摩郡 *なまわれー（嘲笑（ちょうしょう）するようににやにや）沖縄県首里 *にがわらい（赤ん坊が眠りながら）青森県三戸郡 *ばーらいっちゃ（よく）沖縄県石垣島 *むしわらい（赤ん坊が眠りながら）新潟県佐渡 *わらーらんれー（強いて）沖縄県首里

□さま *いしらいしら（不気味に）島根県鹿足郡 *いひらいひら（締まりなく）長野県東筑摩郡 島根県鹿足郡 *えかえか（赤ちゃんが無心に）新潟県佐渡 *えがえが・えがっと（赤ちゃ

んが無心に）長崎県壱岐島「えがえがした顔」 ***えこえこ**（快く）栃木県塩谷郡「えこえこしたいい顔ですよ」 埼玉県秩父郡「もうかったもんだからえこえこしている」 ***えごえご**（快く）岩手県気仙郡 茨城県北相馬郡 新潟県佐渡 ***えへえへ**（締まりなく）長野県「えへえへ笑ふ人だ」 ***えらえら** 長崎県壱岐島 ***えんがりえんがり**（赤ちゃんが無心に）長崎県壱岐島 ***がんじり**（にっこり）長崎県壱岐島「がんじり笑ふた」 ***きゃらきゃら**（げらげら）島根県出雲 ***くすんくすん** 長野県東筑摩郡「くすんくすん笑う」 ***くつくつ**（ひそかに）新潟県佐渡 奈良県南大和 ***げしらげしら**（下品に）宮城県仙台市「人前でげしらげしらすっと、やんだがられっつぉ（嫌がられるぞ）」 ***けたくた**（若い女性の）青森県三戸郡 ***げとげと**（声に出して）静岡県「如何にも面白い様にげとげと笑う」 ***げとんげとん**（声に出して）静岡県榛原郡 ***げへらげへら**（締まりなく）山形県・米沢市「げへらげへらて、笑ってばかりいるあ」 ***しちりふぇーり**（甚だしく）沖縄県首里 ***しれっと・しれんしれん**（にやりと）熊本県玉名郡 ***にかさっ**（にっこり）鹿児島県肝属郡 ***にかにか** 秋田県雄勝郡（愛想よく）・河辺郡（愛想よく） 長野県佐久（いやみを帯びて） ***にがにが**（愛想よく）山形県米沢市・南置賜郡「にがにがと笑う」 ***にからはがら**（愛想よく）山形県米沢市・西置賜郡「にからはがらてめんごい（にこにこして、かわいい）」 ***にかりにかり** 長野県上伊那郡（愛想よく）・諏訪（いやみを帯びて） ***にくかく**（愛想よく）青森県上北郡・津軽「朝まのてかめぎ（朝のうちの上天気）と婆のにくかくぁ油断ななぇ」 ***にぐにぐ**（愛想よく）青森県津軽 ***にぐら**（愛想よく）青森県「にぐらと（にっこりと）」 ***にくらかくら** 青森県津軽（いやみを帯びて） 秋田県鹿角郡（愛想よく）青森県津軽 ***にぐらにぐら**（いやみを帯びて） ***にこかぎ**（愛想よく）山形県庄内 ***にこかこ**（愛想よく）岩手県気仙郡「あのがきにこかこしている」 山形県西置賜郡・南置賜郡 ***にこはこ**（愛想よく）群馬県山田郡・館林 ***にこらかこら**（愛想よく）宮城県栗原郡 秋田県鹿角郡 山形県東部 ***にこらにこら・にこりにこり**（愛想よく）山形県米沢市 ***にしらにしら**（じろじろ見て気味悪げに）島根県石見「にしらにしら笑う」 ***にっくらにっくら**（いやみを帯びて）青森県三戸郡「人の叱られるのを面白そうに、にっくらにっくらど笑っている」 ***にっこかっこ**（愛想よく）岩手県気仙郡 宮崎県東諸県郡 ***にんがり**（愛想よく）福井県敦賀郡「にんがりともせん」 ***にんにん**（愛想よく）高知県 ***ねつこりや**（にっこり）和歌山県日高郡 ***へなへな**（ひそかに）新潟県佐渡 ***へへんこへへんこ** 島根県隠岐島 ***へらくたへらくた**（へらへら）島根県出雲市・大原郡 ***へらくら**（へらへら）青森県三戸郡 新潟県 ***へらたらへらたら**（へらへら）島根県出雲 ***へらりへらり**（へらへら）島根県石見「何も言わんこー（言わないで）へらりへらり笑うとる」 ***ほやほや・ほやりほやり**（愛らしく）山口県豊浦郡

わらづと【藁苞】 ⇨「わら（藁）」の子見出し、「藁を束ねて、魚、果実などの食品を包むもの」

わらび【蕨】 ***かね** 岡山県備前 ***がんずり**（牛馬の飼料にする、生長したワラビ）山口県豊浦郡 ***こーろぎ** 島根県石見 ***しどけ** 高知県 ***しょーで** 新潟県古志郡 ***そーじもの** 鳥取県東伯郡 ***つぼ** 島根県隠岐島 ***はしわらび** 福井県今立郡 ***ほたろぱ** 山形県北村山郡 ***ほだわらび**（やせて細く短いワラビ）青森県津軽 ***ほつろ** 京都府竹野郡・中郡 ***ぼて** 長野県佐久 ***ほとろ** 和歌山県有田郡 ***ほどろ** 和歌山県日高郡 ***やせー**（山野に自生するワラビ）熊本県芦北郡・八代郡 ***よめのさい** 三重県伊勢 ***わらびな** 島根県隠岐島 香川県 長崎市 ***わらべな** 徳島県・三好郡 香川県

わる【割】 ***あーかしゅん** 沖縄県首里 ***うっがい** 鹿児島県鹿児島郡 ***うっかく** 埼玉県秩父郡「なあんだ。うっかいちゃったんか。それじゃあ役に立たねえ」 ***うっがる** 鹿児島県肝属郡 ***おっかる** 長野県南佐久郡 ***きかーす** 青森県三戸郡 ***つぐわる・つっぐわい・つっぐわる** 鹿児島県 ***はざく** 静岡県志太郡「たきょー（竹を）はざく」 ***はざす** 静岡県川根 ***わざく** 静岡県・川根 ***わっちゃく** 茨城県新治郡・稲敷郡 千葉県海上郡 ***わっつぁく** 岩手県気仙郡 宮城県仙台市「西瓜（すいか）を手でわっつぁいてたべる」 福島県東白川郡 茨城県新治郡・稲敷郡 栃木県 ***わらかす** 富山県砺波 岐阜県郡上郡「茶碗わらかいた」・大垣市 滋賀県彦根 大分県 ***わらす** 石川県江沼郡

わるい【悪】 ***あいさない** 三重県北牟婁郡「あいっつぁあいさない」 ***いーしたい** 千葉県 ***いーすって** 千葉県匝瑳郡 ***いけあらしない** 宮城県玉造郡・仙台市「他人の悪口ばかり云ふ、いげあらしないひとだ」 ***いしー** 栃木県河内郡 群馬県吾妻郡「米がいしい」・多野郡 埼玉県秩父郡「いしい餓鬼めらだ」 千葉県・安房郡 新潟県中越 山梨県北都留郡 広島県安佐郡 ***いしかい** 栃木県那須郡 ***いしこい** 茨城県久慈郡・稲敷郡 栃木県東部 ***いじし** 鹿児島県 ***いしたい** 茨城県稲敷郡 千葉県下総 ***いしっけ** 茨城県新治郡「だめだでや、いしっけのもってきたんで（だめですよ、よくないのを持って来ては）」 栃木県東部「この鉛筆いしっけいな」 ***いっしー** 千葉県香取郡「いっしいおんな（醜婦）」 山梨県 ***いな** 山梨県 長野県上田・佐久 島根県「近頃お前についていないことを聞く」 山口県豊浦郡 ***いみしー** 新潟県上越市・西頸城郡 ***えげたい** 秋田県鹿角郡「えげてぁ着物だ」 ***おるい** 山口県都濃郡「はー、おるかーござえませんよ（粗末ではございませんよ＝御ていねいにしてい

ただいてありがとうの意)」 *おろい 福岡県小倉市 宮崎県西臼杵郡 鹿児島県・肝属郡 *おろいー 佐賀県・神埼郡 長崎県「おろいか下駄でよか」 熊本県南部「おろいか女子(醜い女性)」 大分県 宮崎県西臼杵郡 *おろいげない 大分県東国東郡 *おろえー 福岡県企救郡・福岡市 熊本県 *おろよい 福岡県久留米市「此筆は其筆よりもおろよか」・福岡市 佐賀県東松浦郡 長崎県五島 熊本県 鹿児島県 *がし 静岡県「あの人はがし者だ」・志太郡 *きつい 福井県越前 *くさった 東京都大島 新潟県佐渡「くさった自転車」 富山県砺波 石川県金沢市 愛知県東春日井郡 三重県北牟婁郡「くさったゆびわ」 和歌山県東牟婁郡 徳島県海部郡 *だりぃ 宮崎県 *にっごい 山形県西田川郡 *ぬくい 和歌山県東牟婁郡 *ばらさーん 沖縄県石垣島 *ばらはーん 沖縄県小浜島 *ばるさーん(「悪さあり」の意) 沖縄県新城島・与那国島 *ひゅーなか・ひょーなか・ゆーなか 熊本県玉名郡 *べべー 長崎市 *ほっぱい 長崎県北松浦郡「此墨はほっぱい」 *みにくい 和歌山県東牟婁郡「ひよりゃやびしょい(日和がひどく)みにくい」 *もくでー 栃木県塩谷郡「もくでぇ日だ」 *やさい 鹿児島県喜界島「かぎぬやさい(顔が醜い)」 *やさん 沖縄県黒島 *やなさん・わっさん 沖縄県首里「でーぬ やっされー しなん わっさん(値が安ければ品も悪い)」 *やにっしゃーん 沖縄県石垣島 *よーない 新潟県佐渡「よーなかったのー」 富山県砺波 石川県 *よだきー 鳥取県 *よんどころない 高知市「あの娘は器量がよんどころない」

□こと *がし 山梨県 *がしども 山梨県北都留郡 *がしもの 静岡県 *ごーたれ 新潟県南蒲原郡 *ごそつく 茨城県 *ことぞくない 新潟県東蒲原郡 *どっこい 島根県石見・隠岐島「この喧嘩はどっちもどっこいじゃ」 *もくだ 山形県東田川郡「あぐだもぐだ」

□さま *あじ 島根県 *あじん 高知県幡多郡「これあじんなもんじゃけんど縫うて着せてやんなれなあ」 *げな 岩手県北部「げな雨だ」 *ごたくら 群馬県吾妻郡「ごたくら女め」 *したらく 沖縄県首里「くぬー したらこー ぬーが(このざまはなんだ)」 *ちじ 沖縄県首里 *つぎ 新潟県佐渡「口はうまいが仕事はつぎだ」 *みしゃーねーぬ(「よろしくない」の意) 沖縄県石垣島

□なる *おえーる 山梨県中部 *おえる 山梨県 静岡県「おえると困るでせせくるな」 *ごじゃくれる 香川県香川郡 *こつれる 香川県「やぶれこつれとる」

わるがしこい【悪賢】 *えぎー 熊本県 *えきすちゃー 島根県隠岐島 *えぐい 新潟県刈羽郡 三重県志摩郡 京都府竹野郡 奈良県南大和 鳥取県西伯郡 徳島県 香川県 愛媛県 熊本県玉名郡 *おぞい 山形県庄内 茨城県南部 埼玉県秩父郡 東京都八王子 神奈川県 新潟県佐渡・中頸城郡 山梨県「はいっから(早くから)あがーにおぞいどーで、いかくなったらどがーになるら」 長野県 鳥取県 *おでー 静岡県 *かしきー 大分県「かしきー奴」 *かしくいー 大分県日田郡 *かしけー 千葉県 *かしこい 宮城県栗原郡「かしこいことや」 福島県会津 高知県幡多郡 *かすけ 岩手県気仙郡「あのがき、いい方さばり(いい方にばかり)まわってかすけ」 *かつけ 岩手県上閉伊郡 *かどい 神奈川県津久井郡 山梨県南巨摩郡「あのしゃーかなりかどいで同じに仕事しとーぢゃあ損をする」 静岡県・田方郡 *がまい 長野県 *こちょ 青森県津軽 *ごまい 群馬県吾妻郡 埼玉県入間郡 長野県上水内郡・上伊那郡 *じゃじゃらばしかい 富山県砺波 *じょさいがない 大阪市 *じょさいない 青森県津軽 *すけー 長野県諏訪 静岡県 京都府竹野郡 兵庫県 *ずけー 群馬県勢多郡 *すこい 山形県米沢市 福島県耶麻郡 茨城県稲敷郡 埼玉県川越市 千葉県東葛飾郡 福井県 山梨県南巨摩郡 岐阜県飛騨 静岡県 愛知県 三重県 滋賀県 京都府 上方 大阪市 兵庫県 奈良県「すこいやり方ばかりしとる」 和歌山県 島根県那賀郡・邇摩郡 徳島県 香川県 愛媛県 高知県 *すごい 群馬県勢多郡 大阪府泉北郡 徳島県 *ずこい 栃木県 群馬県勢多郡・桐生市 大阪府大阪市・泉北郡 *すごすか 熊本県玉名郡 *すこたい 京都府 鳥取県 *すことい 香川県 *すこべー 滋賀県栗太郡・野洲郡 *すこまずい 京都府竹野郡「すこまずい男だ」 *すすこい 岐阜県飛騨 *すすどい 茨城県北相馬郡 千葉県東葛飾郡 東京都三宅島・御蔵島 神奈川県津久井郡・中郡 新潟県中頸城郡 山梨県南巨摩郡 岐阜県飛騨 静岡県「すすでー事をするな」・榛原郡 三重県志摩郡 島根県隠岐島 徳島県 香川県木田郡・仲多度郡 高知県「ちょいちょい悪いことをする、すすどい子ぞよ」 熊本県玉名郡「あやつぁすすどかけん」 *すすらこい 千葉県香取郡 *すたい・すったらこい 兵庫県 *すっからこい 福島市 *すっこい 山形県 福島県東白川郡・耶麻郡 茨城県多賀郡 愛知県碧海郡 三重県 兵庫県加古郡・神戸市 和歌山県 香川県 *すっすちょい 長崎県 *すったっか 熊本県玉名郡 *すったらがしけー 島根県隠岐島 *すっちょい 香川県綾歌郡・三豊郡 長崎県北松浦郡「あの人はすっちょか」 熊本県 *すっちょーい 佐賀県 熊本県下益城郡 *すっぱい 秋田県鹿角郡「あいつぁ中々すっぱえやつだ」 山形県村山郡 佐賀県 長崎県北松浦郡「あの男はすっぱかばい」 *すっぱこい・すっぱこすい 茨城県稲敷郡 *ずでっこい 島根県邑智郡「あいつはずでっこい奴だ」 *すどい 島根県石見 広島県 山口県「あの男はすどいから油断しちゃあなりませんぞう」・大島 愛媛県 佐賀県 *すぱい 山形県村山郡 *すばしこい 香川県大川郡 *するこい・すんこい 香川県仲多度郡「あとから割り込んですんこい」 *すれこい 三重

県 *すれっこい 三重県志摩郡 *ずれっこい 石川県鳳至郡・河北郡　岐阜県飛驒 *ちゃらこい 島根県邑智郡 *ちゃりこい 島根県石見・隠岐島「ちゃりこい子供がよけーおる」 *ちゃりっこい 島根県石見「ちゃりっこい奴で信用がならん」 *にすい 滋賀県甲賀郡　京都府竹野郡「にすいこと云われた」 *よぞい 岐阜県本巣郡　滋賀県坂田郡・東浅井郡

↓こうかつ（狡猾）・ずるい（狡）・ずるがしこい（狡賢）

□さま *すこたん 静岡県島田市「すこたんな野郎だ」 *すっちょ 香川県 *すっちょー 岡山県「すっちょーな」 *すらっこー 岡山県苫田郡「あいつはすらっこーなやっちゃ」・久米郡 *すらっちょー 岡山県小田郡 *すらんこー 岡山県浅口郡 *すれごー・すれっこー 広島県高田郡 *ずれっこ 青森県三戸郡「ずれっこする」　富山県砺波　福井県　岐阜県吉城郡・飛驒 *ずれっこー 岐阜県飛驒・郡上郡 *てーなし 広島県山県郡

□人 *うゎーぜーとぅばー・せーとぅばー・せーとぅびむん 沖縄県首里 *こすかっ・こすたくりん 熊本県玉名郡 *こすっかー 山梨県南巨摩郡 *こすったれ 新潟県　長野県諏訪・佐久 *こすっと 高知県 *こすっぽー 福岡市 *こすべ 愛知県名古屋市 *こすぽ 広島県沼隈郡 *こすもん 徳島県海部郡 *こすよも 三重県志摩郡 *こすんぼ 京都府葛野郡 *こすんぼー 長野県諏訪 *すったくれ 京都府竹野郡 *すったくろ 熊本県下益城郡 *せろっぱち 神奈川県 *たまかもん 島根県隠岐島「あの人はたまかもんだ」 *だまんぐ 沖縄県与那国島 *ちらてん 高知県「あれはちらてんじゃから、うかつにとり合われん」 *やままや 沖縄県新城島 *やまんぐ 沖縄県八重山

わるくち【悪口】

*あくぐってぃ 沖縄県与那国島 *あくさい 新潟県東蒲原郡・西頸城郡　徳島県 *あくぞーもくぞー（あらんかぎりの悪口）福岡市 *あくたれ 山形県東田川郡　長野県　島根県 *あくだん 福岡市「あくだんきる（悪口を言う）」 *あくでろ 山形県庄内 *あくとー 島根県石見　香川県「あくとーゆう（意地悪を言う）」 *あくふつぃ 沖縄県新城島 *あこもこ（あらんかぎりの悪口）青森県上北郡 *あたくさ・あだぐち 富山県砺波 *あたくそ 富山県 *あだくそ 富山県　石川県羽咋郡 *あだくち 石川県羽咋郡 *あたくれ 長野県上伊那郡 *あたこつ 熊本県天草郡 *あたこと 長崎県西彼杵郡 *あっこーもっこー（あらんかぎりの悪口）長崎県対馬　熊本県 *あっこもっこ（あらんかぎりの悪口）秋田県鹿角郡　山形県飽海郡 *あっと 島根県邑智郡　香川県 *あっとー 広島県三次　香川県仲多度郡・伊吹島 *あばくち 福島県相馬 *あばぐち 青森県津軽　岩手県九戸郡　福島県相馬郡 *あぶぐち 新潟県岩船郡 *あらそそ 群馬県東南部 *あんがい 静岡県 *あんざ 島根県簸川郡 *おーばく・おんばく 青森県津軽「いぃ人だが、口がおんばぐでね」 *おぞこと（「おぞいこと」の転）新潟県佐渡「おぞことを言う」 *おばく 青森県津軽　秋田県鹿角郡「おばぐすな（失礼なこと言うな）」 *がーばち 静岡県安倍郡「がーばちをいふ」 *かすくち 群馬県邑楽郡「かすくちをはたく」　山梨県南巨摩郡「かすくちをきく」 *かすっくち 山梨県・南巨摩郡 *かったい 栃木県日光市 *からくち 北海道函館「からくちきく」　青森県上北郡　宮城県栗原郡　秋田県鹿角郡 *ぐち 沖縄県首里「ぐちしゅん（悪口を言う。口答えをする）」 *くちぐそ 島根県大田市「あがーなくちぐそをひるけー（憎まれ口をたたくから）厭がられる」 *くちにくじゅー 福岡市　長崎県対馬 *くちぬけ 三重県南牟婁郡　和歌山県東牟婁郡・新宮 *くちわり 茨城県真壁郡 *くちわろ 千葉県香取郡 *けち 静岡県磐田郡「誰々のけちをいう」 *こなす 福島県石川郡・西白河郡　新潟県三島郡・刈羽郡　静岡県富士郡 *こんぼ 愛媛県岡村島 *ざんごー 新潟県佐渡「人のざんごうする」 *ざんず 山形県西置賜郡・山形市 *ざんそ 山形県　徳島県 *ざんぞ 岩手県和賀郡・気仙郡　宮城県「そったにざんぞかたるんでがえん」　秋田県平鹿郡「あの人はよくざんぞほる」　山形県「人をざんぞしてはいけない」　福島県相馬郡・東白川郡　栃木県「人のざんぞしかいえねやつだ」　千葉県東葛飾郡　新潟県「人のざんぞほる男だ」 *ざんぞー 山形県米沢市　千葉県香取郡　新潟県「人をざんぞうする」　長野県諏訪 *じくたれ 山形県西置賜郡「あいつはぢぐだればかり語る」 *すしゅー 沖縄県首里 *ぞあくたい 山形県米沢市 *そっしょー（「そしょう（訴訟）」の転）長崎県壱岐島「人ぬそっしょーはせんこつ」 *たっけ 山形県南置賜郡 *だなぐってぃー・だなむぬい 沖縄県与那国島 *つきずめ 三重県上野市 *つばぐち 熊本県天草郡 *てんごー 京都市 *どーくち 兵庫県加古郡 *どく 岩手県上閉伊郡「どくを吹く（悪口を言う）」　岡山県苫田郡「どくをつく」 *どっくち 福島県浜通・相馬郡「どっぐちつく」 *なかごと 香川県高松市 *にがぐち 島根県「今日もにがぐちを叩あて往んだ」　広島県 *にくぐち 新潟県佐渡　島根県石見「にくぐちをきく」 *にくさ 高知市「にくさを言うものではありません」 *にくされぐち 島根県石見 *にくじ 岡山県　山口県・阿武郡　熊本県玉名郡・天草郡（わざと反対して言う）　鹿児島県 *にぐち 山口県阿武郡 *にくど 奈良県吉野郡 *にんぎょー 岡山県「にんぎょうつく（悪口を言う）」 *ひとはり 石川県鹿島郡 *へったへりくそ 愛知県西春日井郡 *やすめごと 高知県香美郡 *やないー 沖縄県首里 *やなぐち 鹿児島県奄美大島・沖永良部島　沖縄県 *やなち 沖縄県宮古島 *やなふし 沖縄県竹富島 *やなふつぃ 沖縄県八重山 *やなむに 沖縄県石垣島・鳩間

島 *やなんぐつぃ 沖縄県小浜島 *よたぐち 新潟県佐渡 *わざ 富山県砺波 *わやく 佐賀県「そんなわやくは云ふな」 鹿児島県 *わりい 島根県出雲「わりいする」 *わりいー 島根県八束郡 *わる 新潟県西頸城郡「かげでわるばっか言っておる」 *わるい 鳥取県西伯郡 島根県石見

→かげぐち（陰口）

□を言う *あくたれる 千葉県山武郡 長野県諏訪 静岡県志太郡 *あぶる 富山県砺波 *おやす 静岡県志太郡「おまんのことーおやすなんじゃーなェー」・榛原郡 *かばちがきく 島根県鹿足郡・隠岐島 *かばちがたつ・かばちをきく・かばちをたたく・かばちをたてる・かばちをたれる 島根県 *かばちのかわをきく 島根県美濃郡・益田市 *くちーきく 長野県佐久 島根県石見「くちーきーてばっかし」 *くちきく 宮城県栗原郡 秋田県鹿角郡 新潟県中頸城郡「親の言うことにくちきくな」 徳島県 香川県 *くちぬける 和歌山県新宮「あの子はくちぬけた事ばかり言っている」 *くちをきく 長野県諏訪 島根県石見 *げなす 宮城県栗原郡 富山県射水郡 静岡県榛原郡 三重県志摩郡 京都府 兵庫県・淡路島 島根県邑智郡「げなしげなし嫁を使う」 山口県玖珂郡 香川県 長崎県南高来郡 熊本県 大分県宇佐郡 *こぶる 奈良県宇智郡 *ぞぶる 高知県幡多郡 *たたる 高知県幡多郡 *ぬく 青森県南部「今から不口ばぬぎません」 *のへろぐ 栃木県 *のろう 新潟県中頸城郡 *ひっこなす 栃木県安蘇郡「かげでひっこなす」 *へなす 栃木県 新潟県 長野県 香川県三豊郡 *べなす 福島県岩瀬郡 *まじく 福島県浜通「そんなにまじくな」 茨城県久慈郡

□を言うこと *ぎばす 富山県高岡市 *ざんぞかたり 岩手県気仙郡 宮城県栗原郡・仙台市 *ざんぞこき 山形県最上郡「あの人はざんぞこぎで困る」 *ざんぞほろぎ 岩手県気仙郡

□を言う人 *かたぎ（悪口を言い歩く人） 島根県美濃郡・益田市 *かばちきき・かばちたれ 島根県 *ぐたぐた・ぐたぐたこき（悪口を言い歩く人） 新潟県西頸城郡

われがち【我勝】

□にふるまうさま *がんまち 京都市 大阪市 奈良県 和歌山県伊都郡・和歌山市「がんまちな人や、そないにせいでもええやないか」 岡山県児島郡 *がんまつ 上方 大阪府大阪市・中河内郡 奈良県宇陀郡・南大和 *まんがち 愛知県名古屋市・尾張 岡山市「多勢よるとまんがちになりやすい」

われる【割】

*あーきゆん 沖縄県首里「いちゃぬかりてぃ（板が枯れて）あーきゆん」 *えむ 東京都南多摩郡 神奈川県「竹がえんだ」・中郡 静岡県掛川市「うだ（湿田）でさええんでひどくなって」 *さばける 東京都三宅島・大島「障子がさばけたから張り替へたい」 新潟県「筆の先がさばけて書けない」 長野県「大食して腹がさばけさうだ」 静岡県 *しゃばける 山梨県 静岡県 *はちわる 長崎県南高来郡 *はちわれる 三重県名賀郡「ひびやあかぎれではちわれた」 島根県「栗のいががはちわれる」 山口県阿武郡（果物など） 徳島県（果実など） 香川県三豊郡 愛媛県松山 長崎県対馬 大分県 *ひーわる 佐賀県 *ひわるる 佐賀県 鹿児島県 *わざける 静岡県川根 *わっちゃける 茨城県稲敷郡 *わっちゃばける 岩手県気仙郡 *わっつぁける 山形県東置賜郡 福島県相馬郡「頭痛くて、わっつぁけるようだ」・東白川郡 茨城県稲敷郡

果実が熟して□ *えびる 島根県 *えみっつぁける 埼玉県北葛飾郡 *えむ 宮城県登米郡・玉造郡 山形県 福島県相馬郡「せどの栗えんだ」・東白川郡 茨城県西茨城郡・北相馬郡 栃木県 群馬県佐波郡 埼玉県北葛飾郡・秩父郡「日向山のあけびはもうえんだべよ」 千葉県 東京都八王子 神奈川県津久井郡・高座郡 新潟県東蒲原郡「柿がいむだ」 山梨県・南巨摩郡 長野県上伊那郡・佐久 岐阜県 静岡県志太郡 愛知県 京都府竹野郡 *はごむく 富山市「柘榴（ざくろ）がはごむいた」 *はごもく（栗のいがに言う） 富山県砺波 *ひわるる 佐賀県唐津市 *みわれる 富山県砺波 *わしくる 熊本県玉名郡 *わじける 島根県石見「栗（くり）がわじけてじょーに（たくさん）落ちとる」 広島県 山口県阿武郡・豊浦郡 徳島県「小豆がわじける」

竹の先などが細かに□ *ささける 滋賀県彦根 京都市 鳥取県東部 徳島県 愛媛県松山 長崎県対馬 *そそける 兵庫県淡路島 島根県「竹の先がそそけた」 徳島県 香川県

非常に細かく□さま *ちんじ 島根県鹿足郡・那賀郡 山口県「茶碗がちんじに砕けた」・大島「瓶を道へ落としてちんじに砕いてしまった」 *ちんじこはい 広島県 山口県大島 *ちんじはっこー 島根県益田市・美濃郡「飛行機が墜落してちんじはっこーになった」 *ちんじばらばら 島根県那賀郡 広島県 *ちんじり 宮崎県東諸県郡 *ちんじん 長崎県対馬 *ちんじんみじゃん 福岡県小倉市 *ちんじんみじん 大分県大分郡

わん【椀】

*おかさ 福島県（小椀） 愛知県尾張（小椀）・知多郡（汁椀） 岡山市 *おしょーざ 宮城県仙台市 *かーつ 福島県南会津郡 *かうつ 新潟県北魚沼郡 *かさ 岩手県中通（小椀） 静岡県 三重県 滋賀県滋賀郡（浅いもの） 奈良県南葛城郡 和歌山県 島根県隠岐島 岡山県小田郡（塗り椀） 山口県豊浦郡（木をくりぬいて作ったもの） *かさっこ 岩手県和賀郡 *かじょ（猟師の忌み言葉） 青森県南津軽郡 *ごーき 熊本県天草郡 *ごき 青森県南部 岩手県上閉伊郡 宮城県仙台市 秋田県河辺郡 福島県会津 茨城県 東京都利島 新潟県東蒲原郡 富山県婦負郡 石川県

能美郡・江沼郡　山梨県南巨摩郡　岐阜県飛騨・郡上郡　愛知県知多郡　三重県志摩郡　奈良県吉野郡　和歌山県日高郡　鳥取県・西伯郡　島根県石見　岡山県苫田郡・岡山市　広島県芦品郡　山口県大島　徳島県海部郡・美馬郡　福岡市　長崎県南高来郡・長崎市　大分県宇佐郡　鹿児島県種子島　*ごけ 愛知県宝飯郡　岡山県　山口県大島

大分県北海部郡　*さら 沖縄県石垣島・竹富島・鳩間島　*しのわん 山形県東田川郡　*じょーぎ 山形県　*じょき 茨城県　*じょぎ・じょげ 石川県河北郡　*まーいっさら 鹿児島県喜界島　*めびら(ふた付きの大きい椀) 群馬県多野郡　*わんこ 岩手県和賀郡　山形県新庄市・最上郡　茨城県稲敷郡　埼玉県　千葉県安房郡・東葛飾郡　神奈川県横須賀市　長野県佐久　和歌山県日高郡　島根県　高知県　*わんごす 岩手県気仙郡

大きな□ *うめびら 神奈川県藤沢市　*おやわん 山形県西村山郡・西置賜郡　富山県下新川郡　長野県佐久　広島県比婆郡　*きんぱち 島根県邑智郡　*ごたわん 京都府加佐郡

汁を入れる□ *おこーで 長野県南安曇郡・東筑摩郡　*おこだい 岐阜県飛騨　*おこで 長野県　*こーじゃー 山形県　*こーだい 山梨県　長野県南部　岐阜県飛騨　静岡県

小さい□ *おなか 石川県鹿島郡　*さらーま 沖縄県石垣島　*なか 石川県珠洲郡・鳳至郡　*なかわん 新潟県佐渡

木製の□ *ごーき 宮崎県西臼杵郡　*ごき 山形県東田川郡　岐阜県飛騨　愛知県知多郡　広島県　宮崎県　鹿児島県屋久島　*ごきわん 静岡県磐田郡　*ごけわん 愛知県知多郡　*わんごき 島根県鹿足郡　熊本県

わんぱく【腕白】 *あぐ 青森県津軽　*あんまく・うーまく 沖縄県首里　*がし 神奈川県津久井郡　山梨県南巨摩郡　*がず 島根県石見・隠岐島(子供をののしって言う語)「この、がず」　*がっちゃがっちゃ 長野県東筑摩郡　*かんぱ 静岡県駿東郡　*がんぱ 長野県上田　静岡県「あの児はがんぱだ」　*かんぱち 長野県北安曇郡　香川県　*がんばち 長野県東筑摩郡　*がんぱち 長野県更級郡　三重県三重郡　和歌山県和歌山市・東牟婁郡「やくざのがんぱちや」　*きかざる 岩手県気仙郡　鹿児島県肝属郡「ほんのきかざるが」　*きかじ 富山県　*きかず 宮城県石巻「きかずわらす」・仙台市　山形県「うちの子はきかづで困った」　新潟県「ありゃなかなかのきかずだ」　*きかずがき 宮城県栗原郡・仙台市　*きかずぼー 茨城県　*きかずもん 新潟県上越　*きがっこ 秋田県由利郡　*きかっぽー 茨城県行方郡　*きかなす 山形県「あいつはきかなすだ」　*きかんこ 岩手県気仙郡　新潟県佐渡　三重県志摩郡　*きかんしょ・きかんしょー・きかんしょーもん 福井県　*きかんすつぼ 鹿児島県薩摩　*きかんぽ 秋田県仙北郡　山形県　*きかんぽー 山形県東田川郡　*きっかじ 山形県西置賜郡　*ぎゃーか 長崎県東彼杵郡　*ぎゃーなか 長崎県北松浦郡　*げーにある・げーもん(わんぱくな) 長崎県壱岐島　*すったま 神奈川県津久井郡　*そーこ 島根県出雲　*そーこえん 島根県大原郡　*てっか 福井県大飯郡　*てっかぽ 石川県能美郡　*てっかもの 宮城県栗原郡・登米郡　富山県　*てっくれ 岩手県気仙郡　*てっこー 新潟県・長岡市　*てっこーもん・てっこもの 富山県　*ぱだら・ぱだらさ(形容詞は「ぱだらさーん」) 沖縄県石垣島　*まかんぽ 山形県庄内　*まく 沖縄県首里　*やくざ 三重県南牟婁郡　和歌山県　*やくだもん 和歌山県西牟婁郡　*やだな(わんぱくな) 石川県河北郡・江沼郡　*やなしっぱ 沖縄県首里「やなしっぱむん(ひどく強情な者)」　*よんなか 佐賀県　*わっぱ(主におてんばな女を言う) 山形県庄内　*わや 長野県下伊那郡　静岡県「この児(こ)はわやで困る」　*わやく 茨城県・新治郡　福井県　岐阜県「あんまりわやくなことゆーと承知せんぞ」　愛知県「松坊が又わやくといいだした、蔵の中へ入れてしまうぞ」　京都府　島根県石見　徳島県　*わんぱ 新潟県佐渡

↓いたずら（悪戯）

□小僧 *てなわじご・てねあわじ 島根県出雲　*てなわん 鳥取県気高郡　*てにあわず(「手に負えない者」の意) 島根県「このいたずらは何処のてにあわずがしたか」　岡山市　*てにあわんぼー 島根県石見　*てにゃわず 島根県出雲・隠岐島　*てにやわず 島根県益田市・那賀郡・隠岐島　*てんやわず 島根県大原郡・隠岐島　*どーならず 京都府竹野郡　*どむなら・どもなら 和歌山県「どむならでかなはない」　*どむならんぼー 三重県志摩郡　*どもならず(「どうにもならない者」の意) 新潟県北魚沼郡　福井県大飯郡　滋賀県蒲生郡　京都府　兵庫県　*どもならやっこ 和歌山県日高郡　*どんならず 京都府

□だ *いじがわるい 長崎県五島　*いんぱてぃしゃーん(名詞は「いんぱてぃしゃ」) 沖縄県石垣島　*きかせない 青森県「きかせない子供だ」　*げーなか 長崎県壱岐島「げーなか奴」　*すっぱい 長崎県東彼杵郡　*ずない 山梨県南都留郡　長野県　静岡県榛原郡「ずない小僧」

□な子供 *あまいばち・あまいばっきょ 鹿児島県　*あまいばっちょ 宮崎県日向　鹿児島県・鹿児島郡　*あまいばっちょー・あまえばっちょー・あまりばっちょー 鹿児島県種子島　*ごん 兵庫県加古郡　島根県隠岐島　*しおから 島根県　岡山県阿哲郡・小田郡　香川県　*しおからご 岡山県苫田郡　*しょーから 鳥取県　島根県　*しょーからご・しょからご 島根県　*しょーからぼーず 鳥取県岩美郡　*しょーからもん 鳥取県気高郡　*しょから 島根県出雲　*そーから 島根県大原郡・仁多郡　*つらはり 山口県豊浦郡　*どーかん 山口県厚狭郡・豊浦

郡「どうかんむすこ」 *わやーくじ 京都府竹野郡 *わやくじ 京都府与謝郡 *わやくだい 兵庫県淡路島 *わやこ 愛知県名古屋市

→いたずらっこ（悪戯子）

□なさま *あんぱ 島根県大原郡 *がんじゃ 富山県射水郡 長野県上伊那郡・東筑摩郡 *がんじょ 富山県射水郡 *やろこやろこ 宮城県仙台「うちの坊や、田舎の学校さ、つけたらだんだんやろこやろこしてみっちとして来した」

□者 *いがず 神奈川県中郡 *いけじ・いけじご 島根県出雲 *いけず 三重県名張市 兵庫県佐用郡・赤穂郡 奈良県・宇陀郡 鳥取県西伯郡 島根県 愛媛県 高知県高岡郡 *うっぱっぽー・うんなぽー・すっぱっぽー 長崎県壱岐島 *うどーむん 鹿児島県喜界島 *えけずご 島根県 *えけそーこ・えけそーこー 島根県大原郡 *おーどーもの 京都府竹野郡 山口県「あいつは以てのほかなおーどーものぢゃ」 熊本県阿蘇郡・天草郡 *おどーむん 鹿児島県沖永良部島 *がーたく 山梨県 長野県佐久 *がった・がったこ・がったっこ 長野県北安曇郡 *がり 三重県度会郡・北牟婁郡「がりすんな」 *がりすけ 三重県北牟婁郡 *がりっぽ 三重県度会郡 *がりっぽー 広島県三次市・双三郡 *がんずあくれ・がんめ 富山県下新川郡 *がんた 新潟県中頸城郡 *がんたくれ 福井県大飯郡 *がんだくれ 香川県伊吹島 *かんつ 高知県 *きしゅー 奈良県 *きしゅーさん 三重県伊賀 滋賀県彦根・蒲生郡 奈良県「この子はきしゅーさんや」 *くたびれもん 石川県鳳至郡 *くたぶれもん 石川県鳳至郡・鹿島郡 *けんかし 大阪府泉北郡 *ごんぞ 島根県隠岐島 *ごんぞー 島根県 *ごんた 三重県名賀郡 滋賀県彦根 京都府 大阪市 兵庫県 奈良県南葛城郡・吉野郡 和歌山県伊都郡 島根県 徳島県 香川県 愛媛県 *ごんたく 京都府 愛媛県弓削島 *ごんたくれ 兵庫県神戸市 *しごならじ・しごんならじ 島根県出雲 *しごならず 鳥取県西伯郡 島根県「隣のしごならずにも困る」 *しごんならず 鳥取県西伯郡 島根県 山口県大島 *すいてぃまく・すいてぃむん 沖縄県首里 *せごならじ 島根県簸川郡・出雲市 *せごんならず 島根県簸川郡 *どろくた 福井県遠敷郡 滋賀県坂田郡・東浅井郡 *どろさく 奈良県 *どろさくさん 滋賀県伊香郡 *どろすもの 滋賀県愛知郡 *どろぼ 滋賀県坂田郡・東浅井郡 *どろぼー 滋賀県彦根・蒲生郡 兵庫県赤穂郡「この子はどろぼーで、しょーがあらしまへん」 奈良県 *どろぽー 滋賀県東部 *ぱだらー・ぱだらむぬ 沖縄県石垣島 *ぱたらしゃるむぬ 沖縄県波照間島 *ぱんだらーるふぁー 沖縄県小浜島 *めんちゃぼし 和歌山県那賀郡・有田郡 *やくざ 三重県南牟婁郡 和歌山県 *やくだもん 和歌山県西牟婁郡 *やんがん 和歌山県新宮 三重県志摩郡 *やんがこき・やんがれ 高知県 *やんがんじ 群馬県碓氷郡 *やんかんじー 栃木県足利市 *やんちゃくれ 京都市 和歌山県 *やんちゃぼし 和歌山県 *やんばらもん 鹿児島県 *わーさご・わりんご 島根県出雲 *わさこき 新潟県中頸城郡 *わっさばーず 島根県隠岐島 *わるご 岡山県苫田郡 *わるごこ 熊本県玉名郡 *わるさ 上方 大阪府泉北郡 奈良県 岡山県児島郡「そこのわるさをつれてけー」 *わるさご 島根県石見 *わるさこき 新潟県佐渡・上越市 *わるさし 広島県比婆郡 *わるさでっち 島根県美濃郡・益田市 *わるさぼ 宮崎県延岡 *わるす 香川県高松市・三豊郡 *わるすんぼ 香川県三豊郡 *わるそ 徳島県 香川県「わるそがそろたのう」 *わるそー 香川県 福岡県 *わるそんぼ 香川県綾歌郡・仲多度郡 *わるっとー 島根県邑智郡 *わるぼー 福岡県久留米市 *わるぼーず 山口県 大分県 *わるぼーむすこ 佐賀県 *わるやっこ 大阪府泉北郡 *わるんぼ 長崎市 *わんさこき 新潟県新井市 *わんざこき 新潟県上越市

［付録］

都道府県別方言概説

◆方言グッズ『徳川コレクション』とは……

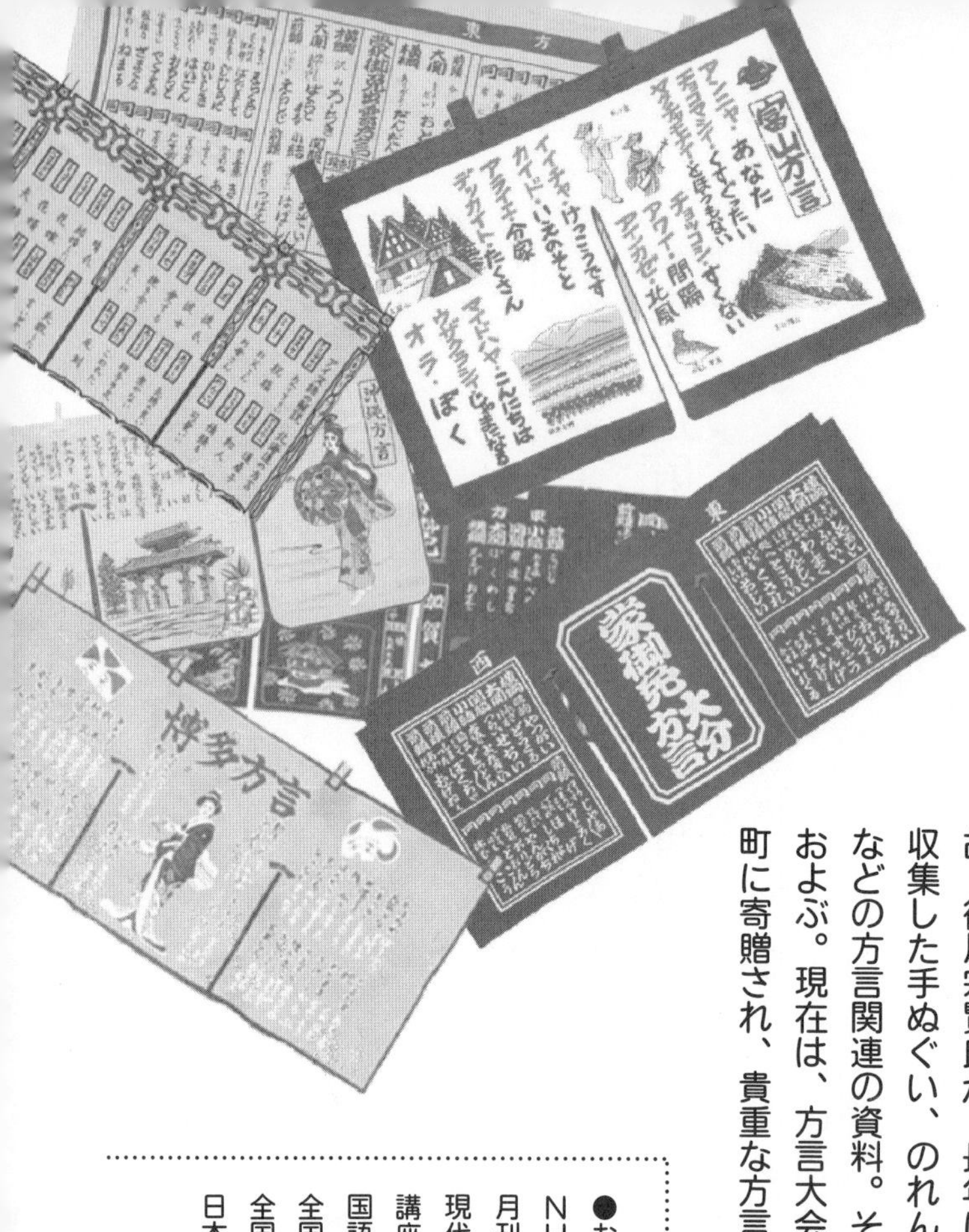

『日本方言大辞典』（小社刊）の編者でもある故・徳川宗賢氏が、長年にわたり日本全国から収集した手ぬぐい、のれん、絵はがき、万華鏡などの方言関連の資料。その数は約670点におよぶ。現在は、方言大会で有名な山形県三川町に寄贈され、貴重な方言資料となっている。

●おもな参考資料（五十音順）

NHKふるさとのことば（NHK総合）
月刊言語（大修館）
現代日本語方言大辞典（明治書院）
講座方言学（国書刊行会）
国語学研究事典（明治書院）
全国方言一覧辞典（学研）
全国方言小辞典（三省堂）
日本のことばシリーズ（明治書院）

◆目次◆

北海道

◉方言区画と特徴

北海道方言の基盤となっているのは東北方言。道内は、海岸部方言と内陸部方言に区画される。海岸部方言は、東北方言（とくに北奥方言*）と共通する部分が大きい。内陸部方言は、全国共通語*に近い。

北海道の海岸部には、比較的早い時期に、本州日本海側から多くの漁民が移住。内陸部には、明治期以降、日本全国から農民や士族が移住した。そのため、それぞれの地域で、様々な方言が混在していたが、次第に全国共通語に似た北海道共通語が形成されつつある。

北海道には開拓以前からそこに暮らしていたアイヌ民族がおり、日本語とは系統の異なるアイヌ語を用いていた。しかし、現在では日常生活でアイヌ語を用いる者はいない。

◉音韻・音声の特色

音声においては、海岸部が北奥方言的、内陸部が全国共通語的である。

母音では、中舌母音*・イとエの混同、連母音の融合*、母音の無声化*の特徴があげられる。中舌母音［ï］［ü］および［ë］は海岸部で盛んである。これに伴って、シとス、チとツ、ジとズの区別がなされず（ズーズー弁*）、イとエの混同が生じる。いずれにおいても、内陸部ではわずかに観察されるのみ。連母音の融合は、北海道全域で認められるが、海岸部に特徴が顕著。たとえば、「長い・毛糸・細(ほそ)い」では［ɛː］がみられる。母音の無声化は、ほぼ全域で観察されるが、それほど盛んではない。

子音では、語中語尾のカ・タ行の有声音（例オドゴ〈男〉）、語中ザ・ダ・バ行の前鼻音*（例ミンズ〈水〉、マンド〈窓〉、アンブラ〈油〉）、ヒとシの混同（例シト〈人〉、シガシ〈東〉）が、海岸部の特徴としてあげられる。ただし、ヒとシの混同は、みられなくなりつつある。また、語中のガ行音は海岸部で鼻濁音*、内陸部で破裂音（また摩擦音）である。

撥音、促音、長音においても、海岸部でその独立性が弱いことが指摘される。サポロ（札幌）のように、特殊拍*が一拍分の長さをなさない場合が多い。

◉アクセントの特色

地域・世代によってさまざまなアクセントがおこなわれているが、全体として北奥的な有型アクセント*が優勢である。二拍名詞では、東京語と同じ型を有しながら、類の統合の仕方、具体的な高低の配置に相異がある。動詞、形容詞においては、一型化*の傾向も報告されている。

◉文法の特色

動詞の活用では、一段・サ変動詞の命令形がレ語尾に。㊥「起ギレ、出レ、シレ、スレ」。カ変・サ変動詞の仮定形が「コイバ、シレバ」となり、全域で確認される。

助詞では、文末詞の豊かさと、格助詞や係助詞の省略があげられる。文末詞のうち、全国共通語「よ」に相当するサ（㊥元気だサ）や「でしょう」に当たるショ（㊥うまいっショ）、疑問念押しのカイ（㊥あるんでないカイ）は全域で多用。他に、女性を中心に用いられるワも特徴的。「早く行ったらどう?」という意味で「早く行ったらワ?」となる。この他、海岸部にノー、ヤ、セ、デー、ドヨ、内陸部にジャ、モなどもある。

一方、東北方言と同様に格助詞「が・を・に」の脱落が著しい。係助詞「は」も「ソーデナイ（そうではない）」のように、しばしば脱落する。

◉語彙の特色

北海道の人びとは、北海道人としての意識が高い反面、方言意識は低く、日常的に方言を用いていないとする人びとも多い。北海道で広く用いられる方言には、コワイ（疲れる）、ナゲル（捨てる）、シタッケ（そしたら、さようなら）、シバレル（ひどく寒い、凍る）、メンコイ（かわいい）、ハンカクサイ（ばかくさい）、ユルクナイ（容易でない）などがあるが、これらも東北方言と共通する部分が大きい。

北海道独特の方言語彙にはデレッキ（ストーブの石炭をかきまわす棒）、カイベツ（キャベツ）、メッカイ（女性）、ズリ（梅雨）などがあるが、これらの語は最近では使われなくなった。「手袋をハク」という表現も北海道共通語として知られている。

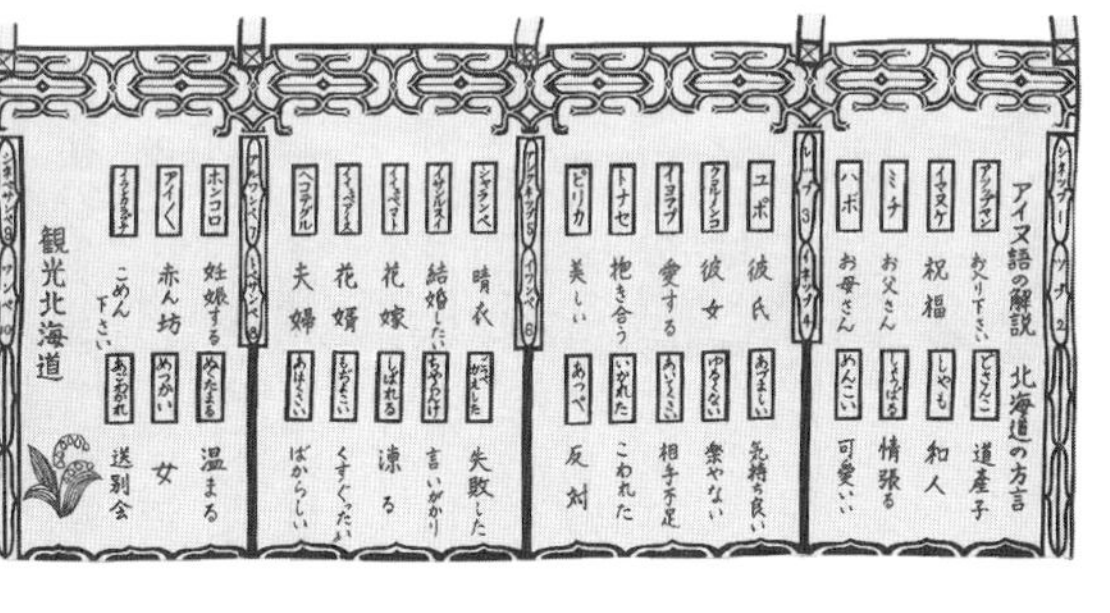

青森県

大畑
下北方言
津軽方言
青森
弘前
南部方言
八戸

◉方言区画と特徴

青森県方言は、県内を南北に走る奥羽山脈を境に、日本海側の津軽方言と、太平洋側の南部方言に区画される。また、下北半島を下北方言として独立させることもある。奥羽山脈は、気候・風土・産業を隔てる壁となっており、旧津軽藩領と旧南部藩領の境界線とも一致する。かつての幕藩体制が、現在の方言の違いに、深く関与しているといえよう。

◉音韻・音声の特色

単独のイとエは、両者とも[e̞]または[e]と発音される傾向にある。「胃」「絵」は、[e̞]または[e]。明瞭ではないが、胃[ï]・絵[e̞]と区別される地域もある。子音と結びついた場合は、県内全域で、イ段は[ï]、エ段は[e̞]と発音され、区別される。

イとともにウも中舌化*する。イ[ï]、ウ[ɯ̈]。シとス、ジとズ、チとツは、それぞれシ、ジ、チに統合される（ズーズー弁*）が、それ以外のイ段とウ段は区別される。

連母音の融合*現象は、それほど頻繁ではない。連母音アイ・アエは、[ɛ][æ]と発音されることがある。南部には、この現象がみられない地域もある。

合拗音*[kwa][gwa][ŋwa]が、県内全域で認められる。㊀クヮジ（火事）、グヮンジツ（元日）、ショグヮツ（正月）。

語中のカ・タ行音が有声化する。㊀カギ（柿）、ハダ（旗）。岩手県に近い南部方言では、直音で実現される。ただし、フタリ（二人）、ホント（本当）のように有声化しない場合もある。

語中のガ・ダ行音は、鼻音化する。ガ行は鼻濁音*、ダ行は前鼻音*が挿入される。㊀カギ（鍵）、ハンダ（肌）。前鼻音の挿入は、ザ・バ行でも生ずる。㊀地図[tsï^{n}dzï]、渋[sï^{m}bɯ̈]。

セ・ゼが口蓋化*する。「セ」はヘまたはシェに近くなり、ゼはジェになる。㊀ヘナガ・シェナガ（背中）、アヘ・アシェ（汗）、ジェン（膳）、カンジェ（風）。

撥音・促音・長音の、拍*としての独立性が弱い。脱落することもあり、一拍分の長さをもたない。

◉アクセントの特色

県内全域で、東京式アクセント*に準ずる北奥式アクセント。県内では、下北半島地域とそれ以外の地域の違いが大きいとされる。下北半島には、海上交通路による独特の言語文化圏が形成されており、アクセントの違いも地域の特殊性を示すものとなっている。

◉文法の特色

意志表現には、べが用いられる。例イグベ（行こう）、オギべ（起きよう）、アゲベ（開けよう）。

勧誘表現は、イグベシ・イグビャ（行こう）のように表現される。ベシは、やや丁寧な表現とされる。

推量表現は、ゴッタまたはベ・ベネ・ベオン・ビョンでおこなう。「行くだろう」は、南部でイグゴッタ、津軽でイグベ・イグベネ・イグベオン・イグビョン。ただし、イグベ・イグベオンは南部方言でも使う地域がある。

可能表現では、能力可能*と状況可能*を区別する。能力可能には可能動詞（行ける、読める、歩けるなど）や助動詞レル・ラレル（起きられるなど）が対応。状況可能には「行ぐニエー」や「読まエル」「起きラエル」のように、ニエー（に良い）やエル・ラエルが対応する。

禁止の表現「だめだ」は、津軽でマネ、南部でワガネ。例「遅れてきたらだめだよ」は、オグレテクレバマネヨ（津軽）、オグレテクレバワガネヨ（南部）。

丁寧な命令表現「～ください」は、津軽でアレ、南部でへ。「来てください」はオンデアレ、コイへ。

文末詞「ね」にキャを用いる地域がある。例ンダッキャ（そうだよね）。津軽方言の特徴である。

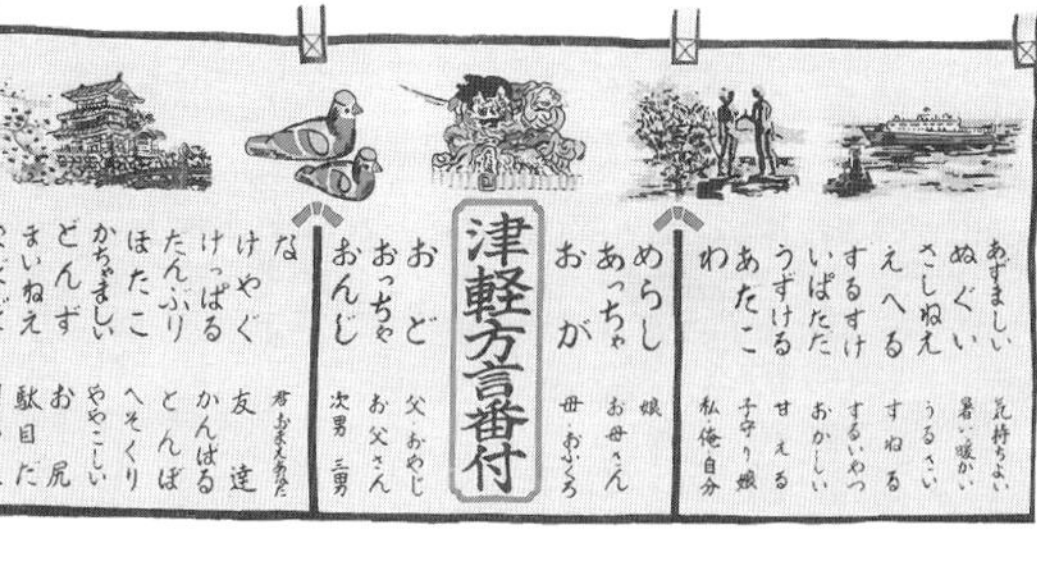

◉語彙の特色

津軽方言と南部方言で、表現が異なることも多い。たとえば、「恥ずかしい」は津軽でショシ・南部でメグセ、「犬などを飼う」は津軽でタデル・南部でアズガル、「目が覚める」は津軽でオドガル・南部でオドログなど。

アズマシー（心地よい）、カチャクチャネ（散らかっている）、モチヨコチェ（くすぐったい）、アサグ（歩く）、ケヤグ（友達）、ジャンボ（髪）、ジョッパリ（頑固者）などは青森県の代表的な方言として知られている。

岩手県

二戸
久慈
北部方言
沿岸部方言
宮古
盛岡
中部方言
花巻
釜石
県南部方言
一関
陸前高田

◉方言区画と特徴

県内に、東北方言の下位区画である北奥方言*と南奥方言*の境界線が走る。それは、旧伊達藩領と旧南部藩領の境界と一致。県内区画は、県南部方言、中部方言、北部方言、沿岸部方言の四つになされる。県南部が旧伊達藩領、中部・北部が旧南部藩領。山浦玄嗣医師の研究で知られるケセン語（大船渡地方の方言）は、沿岸部方言に区画される。

◉音韻・音声の特色

イとウは中舌化*する。㋡釘［küŋï］、麦［müŋï］。「鮨（すし）」は、中部・県南部・沿岸部方言で［süsü］、北部方言で［sïsï］。北部の青森県に接する地域以外では、母音の無声化*が目立つ。無声化を起こすのは、イとウ。

シとス、ジとズ、チとツは、それぞれお互いに区別されず（ズーズー弁*）、北部でシ、ジ、チに、県南部でス、ズ、ツに統合される傾向にある。

撥音・促音・長音は、学校［ga^{k}ko］、新聞［sï^{m}bü^{N}］のように独立した拍*をなさない。

◉アクセントの特色

全域で東京式*に準ずるアクセントであるが、東京アクセントとは異なる特徴を多く有し、北奥式アクセントと称される。北部・中部・沿岸部方言は、程度の差はあるが、東京式アクセントと類似している。県南部方言は、宮城県方言の影響を受け、型の区別が曖昧で、県内では特殊なアクセントとされる。

◉文法の特色

意志・推量にはベーを用いる。㋡カグベー（書こう・書くだろう）、クルベー（来よう・来るだろう）、スルベー（しよう・するだろう）など。中部・北部の推量には、ゴッタもある。話し手の自信のある推定の場合に用いられる。㋡ココダゴッタ（ここだと思う）、見るゴッタ（見るでしょう）、アゲェァゴッタ（赤いでしょう）。

自発にはサル・ラサルが使われる。笑わサル・起きラサルのように用い、「そのつもりはないのに自然にそうなる」という気持ちを表す。中部・北部方言の特徴。

伝聞の助動詞「そうだ」には、ズーがあたる。㊄エッタズー（行ったそうだ）、エグズー（行くそうだ）。

命令表現にケロやネーを用いる。ケロは共通語の「ください」や「くれ」と同様に「くだされ」に由来し、ネーは共通語の「なさい」と同様に「なされ」に由来する。ケロは、キテケロ（来てください）のように補助動詞としても使われる。丁寧の度合いが高まると、オデテケロのようになる。ネーは、コザネー（来てください）のように使われる。

丁寧表現の「ございます」に、県南部でゴザリマス・ガス、中北部でゴザンス・ガンスが用いられる。たとえば、県南部でオハヨーゴザリマス、アリガトガス、中北部でオハヨガンス、オバンデガンス、アリガトガンスのように使われる。

敬語表現には、県南部にオ～アル、オ～レアル、中北部にハル、サハルがある。「読む」「起きる」は、県南部でオヨメァル（お読みになる）・オキャレァル（お帰りになられる）、中北部でヨマハル（読まれる）・オキサハル（起きられる）。

共通語の「ね」に相当する文末詞には、ナモシ系の表現形式が存在し、聞き手が話し手と同等以上のときに用いられる待遇表現となっている。沿岸部にはナンス・ナモス、中部・北部にはナス・ナッス・ナハン、県南部にナムス・ネンスが用いられる。

◉語彙の特色

共通語にはない動作語彙が多くみられる。ウルダグ（慌てる）、セッチョハグ（難儀する）、トノゲル（取り片づける）、ヌグダマル（温まる）、ネマル（座る）、モヨウ（身支度をする）、チョス（触る）など。

合理的な造語によって、動作内容を端的に表す。サ変動詞のキャッパリスル（足を滑らせて川に落ちる）・ハッカハッカスル（どきどきする）・ブジョホスル（失礼する）や接頭辞を付されたオッケァル（つまずいて転ぶ）・ツッツグマル（しゃがむ、うずくまる）、敬意を含むオヒナル（お起きになる）・ゴロジル（ご覧になる）など。

いずれの語彙も、岩手県方言らしさを醸し出す。

宮城県

◉方言区画と特徴

東北方言の中では、南奥方言*に区画される。県内の方言は、仙台を中心とした比較的等質の方言であることが指摘されている。そのような現状の中でも、アクセントの違いによって、大きく県北半方言と県南半方言に区画される。さらに、細かな区画がなされ、県北半方言は海岸部と内陸部に、県南半方言は北部と南部に分けられることがある。

◉音韻・音声の特色

単独のイとエが混同し、[e] に統合することがある。「鯉」「声」は [koẹ] である。一方、胃 [ï]・柄 [j(z)e] のように、区別される語もある。イ段とエ段の母音は [ï] と [ẹ] で区別される。ウは中舌化*し [ɯ̈] となり、イ段とは区別される。ただし、シとス、ジとズ、チとツは、それぞれお互いに区別されない（ズーズー弁*）。

連母音の融合*現象はそれほど頻繁ではないが、アイ・アエのエァー [æː] [ɛː] への融合が認められる。エイはエーに融合し、エァーと区別される。「灰」「蝿」はヘァー、「塀」はヘーである。

語中のカ・タ行音は有声音（濁音）になり、語中のガ行音は鼻濁音*になる。また、ザ・ダ・バ行は前鼻音*を伴って発音されることもある。たとえば、キとギ、クとグは、カギ（柿）とカギ（鍵）、カグ（書く）とカグ（家具）のように区別する。チとジ、ツとズは、クズ（口）とクンズ（籤）、クズ（靴）とクンズ（屑）のように区別。タとダ、トとドは、ハダ（旗）とハンダ（肌）、マド（的）とマンド（窓）のように区別する。ザ・バ行の前鼻音は、ヒンザ（膝）、カンゼ（風）、オンビ（帯）、クンビ（首）のようになる。しかし、これらの前鼻音は消滅する傾向にあり、とくに、タ行とダ行の区別は不明瞭になっている。

また、キの口蓋化*が顕著で木 [kçï] のように発音され、チに聞こえることがある。チを [tsɯ̈] と発音するため、キとチの区別がなされる。

◉アクセントの特色

県内のアクセントの違いは、県内区画の拠りどころとなっている。県北半方言は東京式アクセント*に準ずる特殊アクセント*。県南半方言は無型アクセント*。有型・無型の大きな違いが認められ、両地域の間には曖昧アクセント*地域がある。県都仙台市は、無型アクセントである。近年、仙台文化圏は広がりつつあり、その影響で、無型アクセントの境界線が北上しているとの報告もある。

◉文法の特色

共通語「を」にバがあたる。(例)酒バ飲む。

共通語「へ」「に」にはサがあたり、方向や場所・目的などを表す。(例)遊びサ行く、机の上サ置く、東京サ行く。

文末詞チャが多用される。(例)行ったっチャ（行ったじゃないか）、雨だっチャ（雨だな）、イッバンダベッチャ（一番だろうよ）。

ベーベー言葉が盛んである。意志・勧誘・推量にベーまたはペーを用いる。(例)ヨムベー（読もう・読むだろう）、ミッペー（見よう・見るだろう）。

共通語「〜ます」「〜です」にあたる丁寧表現は、ス・デガスを用いる。(例)キス（来ます）、ゴザリス（行きます）、エーテンキデガス（いい天気です）。

◉語彙の特色

宮城県の食生活に密着した「鰊（にしん）」は、生か干物かで使い分けられる。生はカド、干物はニスン。他に、食語彙では、枝豆をすりつぶしたズンダがある。ズンダモズ（ずんだ餅）、ズンダアエ（ずんだ和え）などの複合語が作られており、ズンダを使った料理のバラエティーが多い。

形容語彙が豊かである。オショスイ（恥ずかしい）、エンズエ（違和感がある）、シェズネー（うるさい）、スナコエ（筋があってかみ切れない）、ナツコエ（人なつこい）、ネツコエ（しつこい、くどい）、メンコエ（かわいい）、モゾコエ（かわいそうだ）、ヤバツェ（湿っぽくて気持ち悪い）。これらの形容語彙は、共通語では言い尽くせない、さまざまな状態や状況を包み込んで表現する力を持っている。宮城県の人びとのものの捉え方や価値観を、たった一語で余すところなく表現する語彙といえる。

秋田県

◉方言区画と特徴

秋田県方言は、青森県、岩手県、山形県とともに、北奥方言*に区画される。

県内区画は、北部方言、中央方言、南部方言の三つに区分される。それぞれの方言は、地理的に隣接している他県との共通性が認められる。また、内陸地方と海岸地方で対立をなす方言事象が認められ、その二つに区画されることもある。以上の方言区画とは別に、旧藩領が関わっている方言の特殊性も、見逃すことはできない。北部方言地域の鹿角地方と南部方言地域の由利地方は、それぞれに独特の性格を持った方言であることが指摘される。

◉音韻・音声の特色

単独のイとエは混同されることが多い。子音と結びつくイとエは区別される。イ段のイは［ï］、エ段のエは［e］［ẹ］となる。ウは中舌化*して［ü］となる。イ段とウ段は区別されるが、シとス、チとツ、ジとズの場合は、それぞれ［sï］、［tsï］、［dzï］に統合される（ズーズー弁*）。

連母音の融合*現象が盛んで、母音の組み合わせによって様様な母音に融合する。アイ・アエ・オイ・オエは［ɛ(ː)］または［æ(ː)］に、ウエ・イエ・エイは［e(ː)］、ウイは［i(ː)］となる。したがって、「貝・食え」は、貝［kɛ(ː)］［kæ(ː)］、食え［ke(ː)］と発音されて区別されることになる。

サ行拗音が直音化されることがある。㋑ソッペァーソーユイッソーゴンゴー（しょっぱい醬油一升五合）。また、その逆もあり、直音が拗音化することもある。㋑シャレ（去れ）、ジャマ（ざま・醜態）。サ行の中でも、セは、シェまたはへと発音される。㋑シェンシェ・ヘンヘ（先生）、シェナカ・ヘナカ（背中）。

語中語尾のカ・タ行音は有声音（濁音）になる。㋑カギ（柿）、マド（的）、ハダ（旗）。語中のガ行音は鼻濁音*となり、カ行と対立する。「鍵」はカギと発音され、「柿」と区別される。ザ・ダ行は、前鼻音*が挿入され、ヒンザ（膝）、マンド（窓）、ハンダ（肌）と発音される。オンビ（帯）のように、語中のバ行にも前鼻音が挿入される。

撥音・促音・長音の、拍*としての独立性はない。「新聞」はシンブのように二拍、「測候所」はソコジョのように三拍で発音される傾向が強い。

［k］が［i］［j］の前で、口蓋化*し、キ・キャ・キュ・キョがチ・チャ・チュ・チョに近い音になる。「汽車」はチシャ、「今日」はチョーのように発音される。

◉アクセントの特色

全域で東京式アクセント*に準ずる北奥式アクセント。語によっては、型の現れ方や高から低への下がり方に特徴が認められる。

◉文法の特色

意志は語末にハをつけて表す。㊞クルハ（来よう）、オキルハ（起きよう）。

勧誘はベシを使う。㊞エグベシ（行こう）。

推量にはゴッタ、ベ、デロを用いる。「行くだろう」「高いだろう」「雨だろう」は、北部でエグゴッタ・タゲァゴッタ・アメダゴッタ、中部でエグベ・タゲァベ・アメダベ、南部でエグデロ・タケァデロ・アメダデロ。

中央方言では、「行くだろう」に文末詞「モノ（よ）」が付されると、エグベモノ・エグベオノ・エグビョン・エグベオとなる。

方向・場所・目的などをあらわす共通語「へ」「に」に当たる助詞として、サが用いられる。㊞東京サ行く、机の上サ置く、仕事サ行く。

◉語彙の特色

指小辞の「コ」が対象物の大小にかかわらず付く。㊞ムシコ（虫）、ハナコ（花）、ウマコ（馬）、イェコ（家）。食語彙にも現れる。㊞ガッコ（香の物。漬け物）、シェアッコ（おかず）。

共通語にはない動作語彙に、ナガマル（横になる、寝そべる）、ネマル（座る）、ジュップガスル（あきあきする）、ジギスル（遠慮する）、ドデンスル（びっくりする）などがある。これらの語の中には、東北地方（とくに北奥方言地域）で広く使われるものもある。

山形県

◉方言区画と特徴

北奥方言*圏に属する庄内方言（酒田市、鶴岡市など）と、南奥方言*圏に属する内陸方言に大きく分かれる。内陸方言は、最上方言（新庄市など）、村山方言（山形市など）、置賜方言（米沢市など）の三方言に区分される。

庄内方言と内陸方言の差はきわめて大きく、語彙・文法・アクセントのいずれの面でもかなりの差異が認められる。

なお、置賜地方のうち、小国町には庄内方言と共通する特徴がみられ、小国町方言として独立させる見方もある。

◉音韻・音声の特色

単独のイとエは区別されず、エに統合される傾向が強い。イ段は中舌化*しウ段に近く聞こえ、エ段は口の開きが共通語より小さい。単独のウおよびウ段は中舌化した［ɯ̈］。シとス、ジとズ、チとツは、イ段かウ段のどちらかに統合される傾向にある。庄内方言ではイ段の音に、内陸方言ではウ段の音に統合される傾向にある。「獅子・鮨」「知事・地図」「土・筒」は以下の通り。庄内方言では［sïsï］、［tsï˜dzï］、［tsïdzï］、内陸方言では［sɯ̈sɯ̈］、［tsɯ̈˜dzɯ̈］、［tsɯ̈dzɯ̈］。

連母音の融合*現象は地域によって異なる。庄内方言では盛んであるが、内陸方言では少ない。

語中語尾のカ・タ行音は、カギ（柿）、ハダ（旗）のように濁音になる。語中のガ行音は鼻濁音*、ダ行音は前鼻音*を伴って発音し、カ・タ行と区別する。㊥カギ（鍵）、ハンダ（肌）。しかし、ダ行の前鼻音は衰退しつつある。

◉アクセントの特色

庄内方言と最上方言は東京式*に準ずる北奥式アクセント。内陸方言は無型アクセント*。北奥式の地域であっても、無型の地域に近づくにつれて、型の区別が曖昧になる。

◉文法の特色

意志・推量のベーは、内陸方言では用いられ、庄内方言では用いられない。内陸でオギンベ（起きよう、起きるだろう）、庄内でオギロ・オギロー（起きよう）、オギンデロ・オギンデロー（起きるだろう）となる。

「トーチャンウジサイッダガ（お父さんは家にいるか）」のように、現在の事象にタを用いるが、これは山形県のみならず東日本に広く認められる特徴である。

可能表現も、庄内方言と内陸方言で異なる。「読める」「来られる」は、庄内でヨマエル・コラエル、内陸でヨムエ・クルエとなる。

原因・理由を表す「ので」「から」は庄内方言ではハゲ、サゲを用いる。これは関西弁サカイの変化である。

◉語彙の特色

共通語にはない、微妙な感覚や状態を表す形容語彙が豊富である。ヤバツエ（じめじめして嫌な感じ）、スナコエ（歯切れが悪い）、コチョビテ（くすぐったい）、イダマシ（惜しい、もったいない）、ウガエ（多い）、テショズラスエ（干渉されて煩わしい）など。

一語で幅広い動作内容を表す動作語彙がある。たとえば、タガグ（持って移動する）、ホログ（振るい落とす）など。

その他にも、山形県方言には特徴的な動作語彙が多い。共通語では言い尽くせない動作内容を含み、端的に表現している。ウルガス（浸す）、ウルゲル（ふやける）、カチャバグ（ひっかく）、ゴシャグ（叱る、怒る）は、山形県のほぼ全域で用いられる。とくにウルガスは、「米をウルガス」のように用いられ、共通語では言い表せないニュアンスを持つ。この語は東北地方で広く用いられるが、ウルガスを共通語だと思っている東北人も多い。

他に、庄内で、ウロタグ（慌てる）、ガオル（衰弱する）が特徴的。内陸では、オヤス（はやす）、マヨウ（弁償する）、ヌダバル（腹這いになる）、ズゴネル（むずかる）が特徴的。

福島県

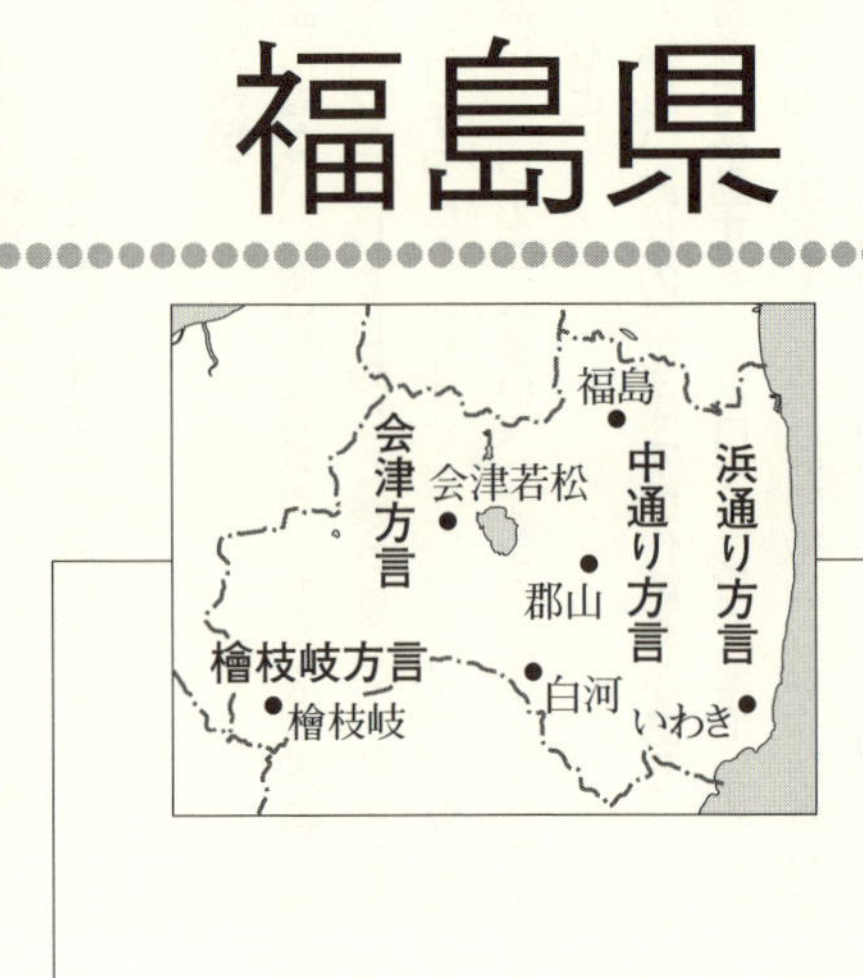

◉方言区画と特徴

県内区画を明確におこなうことはできないとする見方もあるが、一般的には、浜通り方言・中通り方言・会津方言に区画される。この境界線は、阿武隈高地と奥羽山脈の位置とほぼ一致する。県内を縦割りに区画したものである。また、福島県は、東北方言と関東方言の交わる地域であることから、南部と北部の横割りの区画もなされる。縦割りと横割りの区画を重ね合わせ、さらに下位区画がなされることがある。

なお、西南端に位置する檜枝岐(ひのえまた)方言は、非東北方言的とされ、県内において多くの特殊性が認められる。そのことから、別に区画される。

◉音韻・音声の特色

イの音声は、音環境によって変化する。単独では、全域でやや広口の［ẹ］となる。エも［ẹ］と発音されるため、イとエの混同が生ずる。「胃」「柄」はともに［ẹ］。イ段のイは中舌化*した［ï］、ウ段も中舌化して［ɯ̈］となる。

「梨・茄子（シとス）」「街・松（チとツ）」「知事・地図（ジとズ）」は、中部、南部で［ʃï］・［sɯ̈］、［tʃï］・［tsɯ̈］、［dʒï］・［dzɯ̈］と区別し、北部で［sɯ̈］、［tsɯ̈］、［dzɯ̈］と区別が不鮮明。南部は、関東・東北両方言の中間的な様相をみせる。

連母音の融合*現象は、起こりやすい母音の組み合わせと起こりにくい組み合わせがある。エイやアウは起こりやすく、「時計」がトゲ(ー)、「違う」がチガーとなる。

アイやアエは特別な語を除いて、ほとんど融合しない。

「湯・雪」のユが、北部でザ行の摩擦音を伴い、湯［jzɯ̈］、雪［jzɯ̈gï］のようにきこえる。

ヒとシの混同は、浜通り・中通り方言の南部で盛ん。「ひっくり返った」をシックルゲッタ。会津方言や北部では両唇摩擦音*のフィ［ɸï］もみられる。

語中語尾のカ・タ行音が濁音化する。㊞カギ（柿）、ハダ（旗）。ガ行音は鼻濁音*となり、カ行と区別される。㊞カギ（鍵）。ダ行子音も鼻音化してハンダ（肌）のように発音されることもあったが、ダ行の前鼻音*は現在ではほとんどみられない。

直音が、拗音化を起こすことがある。リとレに［t］［d］［n］が続くときに生ずる。ラ行音の母音脱落と促音化・撥音化が連動して起こり、さらに［t］［d］［n］が口蓋化*を起こすことによる。㋳ヤッチャグネ（やりたくない）、カエッチェ（帰りたい）、コンジェ（これで）、キンニャグナッタ（切れなくなった）。

◉アクセントの特色

ほぼ全域で無型アクセント*であるが、檜枝岐方言には東京式アクセント*が認められる。

◉文法の特色

「来る」「する」は上一段化*の傾向にある。「来る」の上一段化は、南部で顕著。㋳キラレル（来られる）、キナイ（来ない）、キレバ（来れば）。「する」の上一段化は、全県に認められる。㋳シル（する）、シレバ（すれば）。

意志・推量は、べ(ー)やぺ(ー)で表現する。「起きよう・起きるだろう」は、浜通り・中通り方言でオギッペ、会津方言北部でオギンベ、会津方言南部でオギベー。

敬語表現は、地域差があり、多様である。「～ください」には(ラ)ッシェ(ー)、(ラ)ッセ(ー)、ンセ、ナンショ、ヤレがあたる。「～ます」にはヤス、ヤンス、ゴザリヤス、ゴゼーヤスがあたる。文末詞イ、シ、ンも敬意を表す。「いいですね・そうですか」は、中通り方言でイーナイ・ソーガイ、ソーゲア、ソーゲ、会津方言でイーナシ・ソーガシ。浜通り方言北部では、これらの文末詞は使われない。

◉語彙の特色

ウッツァーシ（まつわりついてうるさい）、オンツァレル（叱られる）、ゴセヤケル（腹が立つ）、サスケネ（大丈夫、気にしなくてよい）などは県内の広い地域で使われる。会津方言で、マガルは「お辞儀する」の意味で使われ、「曲がる」にはムジルがあたる。

茨城県

北部方言
水戸
西南部方言
南部方言
土浦

◉方言区画と特徴

県内全域で地域間の差異が少ない方言とされ、県内区画も定かになされていない。区画は三区分または六区分で示される。三区分は「北部、西南部、南部」、六区分は「県北、県央、霞ケ浦・北浦周辺、県南西、利根川流域、浜ことば」とされる。学園都市があり、東京のベッドタウン化が進む県南西は、共通語化が顕著。

茨城県方言は、栃木県方言と同様に、東北方言と共通する特徴が多く、方言区画上、関東方言とするか東北方言とするかで議論がなされる。

◉音韻・音声の特色

イとウは中舌母音*であるが、[ï] と [ü] で互いに区別される。したがって、東北方言のズーズー弁*とは異なり、「獅子」「鮨」「煤」「乳」「土」「筒」はそれぞれ言い分けられている。

イとエは、混同されやすい。両者がイとエの中間的な音 [e̝] に発音される。「鯉」「声」はともに [koe̝] となる。

連母音の融合*現象が盛ん。アイとアエは、やや広口のエァーと発音され、エーと対立する。例ヘァー（灰）・ヘー（塀）、ケァール（帰る）・ケール（消える）。

母音の無声化*はイで盛ん。

語中のカ・タ行音は濁音になる。例カギ（柿）・ハグ（掃く）、ハダ（旗）・マド（的）・クズ（靴）。一方、語中のガ行音は、カギ（鍵）・ハグ（剝ぐ）のように鼻濁音*となり、意味の弁別に関与する。ダ行音は東北方言にみられる前鼻音*の挿入がなく、タ行音との区別がなされない。したがって、「旗」も「肌」もハダ、「的」も「窓」もマド、「靴」も「屑」もクズと発音される。なお、これと逆の現象であるが、「小遣い」がコヅケァー、「殆ど」がホドント、「伸びた」がノピタのように、本来の有声音が、無声音になることがある。

また、サがシャに発音されることがある。例シャシミ（刺身）・シャジ（匙）。

◉アクセント・イントネーションの特色

ほぼ全域で無型アクセント*。利根川河口付近の、ごく狭い地域で東京式アクセント*。

イントネーションは、全般に平板調で、「茨城の尻上がり」と呼ばれる独特の調子がある。文表現が終わりになるにつれて、漸増して上昇していくイントネーションを持つ。聞き手が目上や見知らぬ人のときに現れやすいイントネーションで、待遇表現の一つとされている。

◉文法の特色

「来る」「する」の上一段化*傾向が認められる。(例)キネァー（来ない）・キベ（来るだろう）・キッドキ（来るとき）・キレバ（来れば）。シネァー（しない）・シベ（するだろう）・シッゴト（すること）・シレバ（すれば）。

意志・勧誘・推量の表現は、ベーやペーによってなされる。ベ、ペに短呼化されることが多い。近年では、南部で、ダッペをダヘ、ダッヘと発音する人がおり、[p]→[h]への変化が指摘されている。

共通語の「へ」「に」に、東北方言の特徴とされる助詞サが現れる。(例)ウジサケァール（家へ帰る）、フートーサイレル（封筒に入れる）、シゴドサイグ（仕事に行く）。

待遇表現は多様。勧誘・依頼の「お入りください」にはナサル系、シャル系の形式がある。県北・県央でお入りナンショ（県央では入ラッショも）、利根川流域で入ラッサイ、県南西で入ラッセ。丁寧の「あります」は、県北・県央でアリアンスとなる。県内全域で「ありがとうございます」にアリガトーゴザンスが用いられる。

◉語彙の特色

接頭辞の多用が指摘される。ツッケァーシ（口答え）、ブッチメル（指を挟む）、カッチャグ（引き裂く）、オンノマル（埋まる）など。

形容語彙には、人の様子やものの状態を、直接的かつ端的に表した興味深い造語がみられる。アッパトッパ（慌てふためくさま）、メンドカンド（目が回るほど忙しいさま）、ホゲホゲ（腹一杯）、デッコボシャッコボ（でこぼこ）など。また、共通語には即座に言い換えられない形容語彙も多い。マジラッポエ（まぶしい）、ケンナルエ（うらやましい）、エシケー（よくない）、エガエ（大きい）、トッペツモンネー（とんでもない）、ムソエ（持ちがよい）など。

県内全域で、生き物を表す語彙に、接尾辞メが使われる。ウシメ（牛）、イヌメ（犬）となり、隣接する栃木だけでなく八丈島、石川、福井と共通する現象である。

「サボッテネーデ、シミジミヤレ」の「シミジミ」は「しっかり」という意味で、共通語の「しみじみ」とは意味がずれている。

栃木県

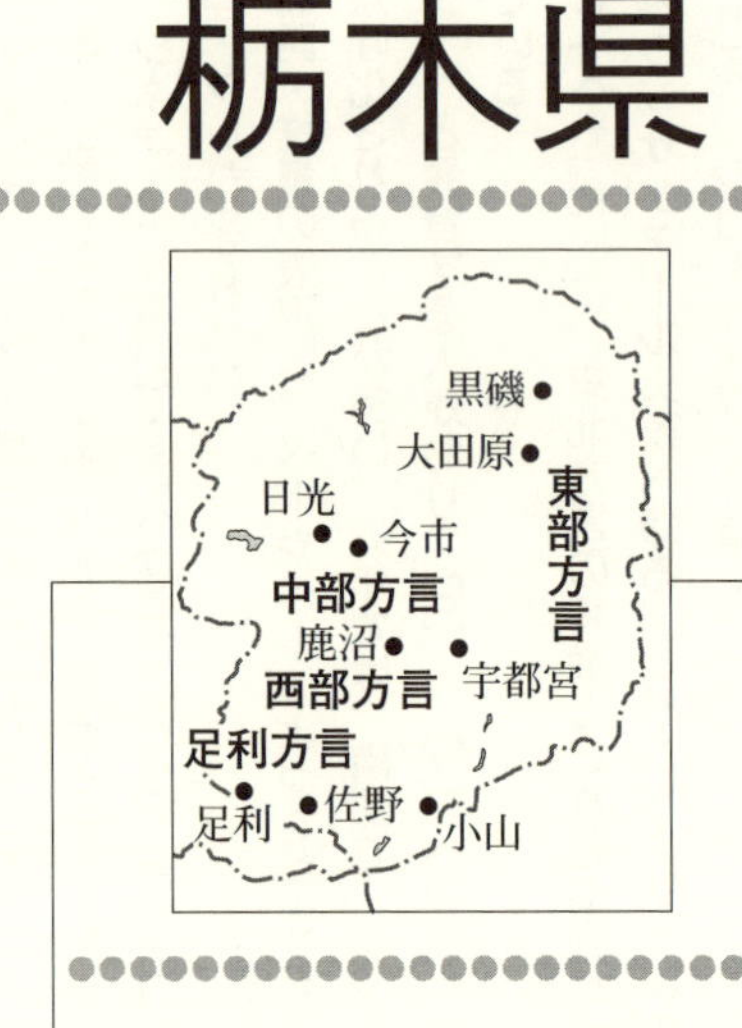

◉方言区画と特徴

足利方言・西部方言・中部方言・東部方言に区画される。足利方言はアクセントにおいて、県内の他地域と大きく異なる。茨城県方言と同様に東北方言と共通する特徴が多く認められ、南奥方言*に区画されることもある。

◉音韻・音声の特色

イの口の開きはやや広く、エのそれはやや狭い。そのため、イとエの混同が起こり、「今」がエマ、「月末（つきずえ）」がツキズイのように発音されることがある。ただし、イがエに発音されることのほうが多い。ウは中舌化*してイの発音と近くなるが、南奥方言のズーズー弁*とは異なり、「獅子（しし）」と「鮨（すし）」、「知事（ちじ）」と「地図（ちず）」のように区別して発音される。

母音の無声化*は、東京方言（共通語）と同様にイ・ウが無声子音*に挟まれた場合に起こる。

連母音の融合*現象も盛んである。(例)アゲァー（赤い）、カーベー（買うべー〈買おう〉）。

語頭以外のカ・タ行音が、中部・東部方言で濁音になる。(例)カギ（柿）、タダミ（畳）。一方、語頭以外のガ行音が鼻濁音*となり、カ行との弁別がなされる。

しかし、タ行とダ行の弁別はなされず、「的（まと）」も「窓」もマド、「乳（ちち）」も「知事」もチジと発音される。足利方言や西部方言では、これらの現象は認められない。

◉アクセントの特色

西部・中部・東部方言は無型アクセント*。群馬県と接する足利方言では、東京式アクセント*。西部方言でも、足利方言寄りの佐野市や安蘇郡では、曖昧アクセント*。無型および曖昧アクセント地域でも、若年層では、東京式アクセントの型を獲得しているかのような変化がみられるという。共通語化への動きとあわせ、これからのアクセント変化は興味深い。

●文法の特色

「来る」「する」の上一段化*傾向は、地域ごとに、あるいは意味用法によって程度が異なる。「来る」では、使役「来させる」が、キサセル・キラセルとなり、県内全域で認められる。また、程度の差はあるが、否定キネー、受身キラレル、可能キラレル、意志・推量キヨーとなる。「する」では、仮定形のシレバが全域でみられる。終止形において、スルの他にシルがみられる地域もある。

意志・勧誘・推量の助動詞べ(ー)、ペ(ー)が特徴的。(例)カグベー〈書こう〉、ミッペー〈見よう〉。ペーはル語尾が促音化したときに現れ(例)カエッペー〈帰ろう〉、シッペー〈しよう〉、中部・東部方言に顕著。推量では、べ(ー)、ペ(ー)の他にダンベーが用いられる。話し手の確信によって使い分けがなされる。べ(ー)、ペ(ー)は確信の程度が強い推量、ダンベーは確信の程度が弱い推量を表す。

「東京サ行く」「東京サ着く」のように、方向や場所を示す共通語「へ」「に」にあたるサは、中部・東部方言で用いられる。足利・西部方言では用いられない。

待遇表現では、「ございます」に相当するガンス(中部方言北部)とゴザンス(中部・東部方言)がみられる。いずれも、「ござります」から変化したものであり、ガンスよりゴザンスのほうが古いと考えられる。無敬語地帯とされる栃木県方言であるが、元禄時代に江戸で流行したガンスが待遇表現として認められる。

●語彙の特色

東部方言を中心に、昆虫や動物の名前に接尾辞メをつけて表現する。(例)ハジメ(蜂)、ジリメ(蝉)、ガニメ(蟹)、ンマメ(馬)、デデッポメ(鳩)。この現象は隣接する茨城県方言と共通するだけでなく、八丈島や石川、福井とも共通する。

共通語には簡単に言い換えられない動作語彙や形容語彙が多い。それらは、方言人の端的かつ合理的な造語法によって形成されている。動作語彙では、エッチカル(座る、腰を下ろす)、エッチケル(載せる、上げる)、クサル(濡れる)、トトロズク(慌てる)、ノマエル(ふさがる、つかえる)、ホロク(揺り動かす)、ヨロバル(よろめく)などがあげられる。

形容語彙では、テンズダンズ(不揃い)、ネンジコンジ(もじもじしているさま)、ズズネー(ぞくぞくする様子)、ムセーあるいはモソエ(長持ちするさま、長くかかるさま)などがあげられる。

また、広い関東平野を形成する栃木県は、稲作の盛んな地域である。そのような農業社会の生活環境を反映し、生業に関する語彙は色彩豊かな体系をなす。サナブリ、オーサナブリ(田植えの終了祝い)、タロージ、コタロージ(苗を配る人)などの語彙は、その当時の生活世界を彷彿とさせる。

さらに、初午の日に作られる郷土料理は、シミズカリ、シミツカリ、シミツカレ、スミツカレと呼ばれ、県内全域で食される。栃木県に特徴的な語彙であり、その分布は独自の文化圏を示す。

群馬県

◉方言区画と特徴

群馬県方言は、北部方言、中西部方言、東部方言の三つに区画される。県内において、東部方言の特殊性は話題にのぼりやすく、違いを指摘されることが多い。中西部方言の南西部山間地域と、北部方言の北部山間地域では、共通点がみられる。

◉音韻・音声の特色

連母音の融合*現象が盛ん。それを背景に、新たな若者ことばも生み出される。「違う」のアウは、中高年層ではオーとなり、チゴーとなるのが原則。若年層では、チゲーとなる。他に、特徴的な融合現象は、北部・中西部（とくに南西山間地域）方言のエァー。「暗い」はクレァーとなり、「黒い」のクレーと対立をなす。

母音の交替*は、イとエ、ウとオのそれぞれの間で盛ん。㊀例エバル（威張る）、メメズ（蚯蚓）、インダイ（縁台）、ムル（漏る）。さらに、東部方言ではイとエの対立が曖昧になり、ウの中舌化*も認められる。

母音の無声化*はイ・ウで頻繁。ただし、カカル（掛かる）、ココロモチ（心持ち）では、アとオも無声化。

促音と撥音が一定の音環境のもとに多用される。添加や音節の音声変化によるものである。例コマッケー（細かい）、ヒッチャバク（破る）、ゴンボ（牛蒡）、タンネー（足らない）。群馬県人の歯切れの良さ、威勢の良さを醸しだす。

東京で、ガ行鼻音*の衰退が指摘され始めた以前より、ガ行鼻音の存在は認められない。すべて破裂または摩擦で発音される。

北部方言では、[r]の脱落がみられ、「辛い」がカアイのようになる。

◉アクセントの特色

北部・中西部方言は東京式アクセント*である。東部方言は、栃木県の無型アクセント*地域と接触しており、曖昧*あるいは無型アクセントである。中西部方言でも、東部方言に近くなるにつれ、アクセントの高低差が次第に小さくなる。

東京式アクセントの地域では、東京式アクセントとは異なる特徴も認められる。江戸時代後期のアクセント、すなわち東京式アクセントの古態相が認められる。コギタナイ（こ汚い）、ナカセンドー（中山道）などのように、合成語のアクセントに現れる。

三拍以上の名詞では、個別の語によって違いが認められる。「苺」「半袖」の頭高型*アクセントはその例。「回数」と「階数」はアクセントによる意味の弁別がある。㊀一回イッカイ／一階イッカイ。無声化した拍*もアクセントの高い拍になりうる。

◉文法の特色

「来る」「する」において、上一段化*傾向が認められる。「来る」では、キナイ（来ない）、キラレル（来られる）、キズニ（来ずに）、「する」では、シズニ（せずに）、シレバ（すれば）がみられる。

「行ぐベー」「行ぐダンベー」のベーベー言葉は、年齢・性別に関係なく、県内全域で頻繁に用いられる。東部・中西部方言では、ベーは意志・勧誘、ダンベーは推量。北部方言では、推量にダンベーとベーが現れ、敬意によって使い分けられる。ちなみに、ベーは、形容詞に接続するときには、サムカンベー（寒いだろう）、ナカンベー（ないだろう）となる。

「ございます」から変化したゴザンス、ガンスが、北部方言で使用される。オハヨーゴザンス・オハヨーガンス（おはようございます）は、江戸時代後期に江戸で流行した形式で、栃木方言や埼玉方言と共通する。

「暑いムシ・ナー・ノー」の文末詞が、場面や相手によって使い分けられる。群馬県は無敬語地域であるが、北部方言においてはムシとナーが敬意によって使い分けられる。ノーは中西部で用いられる。

◉語彙の特色

サクイ、オーフー、タマカは、人の性向を表す語彙である。サクくて（人なつこい）、オーフーで（おしみない）、タマカ（倹約家）な人は好まれる。

養蚕業が盛んであった土壌を反映して、養蚕語彙は実に豊富であった。養蚕業の衰退した今では、これらのさまざまな形容表現が生みだされ、日常的に多用されている。

埼玉県

熊谷
東部方言
秩父
中央部方言
西部方言
春日部
さいたま

◉方言区画と特徴

東部方言、中央部方言、西部方言に区画される。東部方言は茨城・栃木・群馬東部方言と接し、やや南奥方言*の性格を帯びる。秩父市を含む西部方言は、群馬南西山間地域との共通点が多く、県内では特殊とされる。さいたま市を含む中央部方言は、東京下町方言に似る。

埼玉県は、東京と、北関東および東北との間にあり、双方のことばの行き交う場である。そのために、県内の方言は多様であり隣接県の方言との連続性が認められる。

◉音韻・音声の特色

連母音の融合*現象が盛ん。㊫アケー（赤い）、シレー（白い）、オベール（覚える）、ケール（消える）、チゴー・チガー（違う）。

イとエが単独拍のとき、混同が起こりやすい。中央部・東部方言で、「胃・柄」がともに[e]となる。

母音の無声化*は、関東方言の例にもれず、イとウが無声子音*に挟まれたとき生ずる。㊫キク（菊）、クサ（草）。

半母音[j][w]は、ある音環境のもとで音声変化をしたり、他の音節に影響を及ぼしたりする。ユがイに対応し、「鮎」がアイ、「粥」がカイとなる。ワが長音になり、「瓦」がカーラ、「洗わない」がアラーネーとなる。また、ワ行音の前のイがユワ（岩）、ユワシ（鰯）のように発音されることがある。

ガ行音は、破裂または摩擦で発音される。ただし、東京に接している南部地域では鼻濁音*が認められる。

促音の挿入が著しい。㊫アッチー（熱い）、テックビ（手首）。

◉アクセントの特色

中央部・西部方言は東京式アクセント*。東部方言は、埼玉特殊アクセント*。西部、とくに秩父方言のアクセントは、東京アクセントの古態相である江戸語*アクセントの残存が認められる。

東京式アクセントの地域でも、いくつかの単語において、型の所属に東京との異同が認められる。「枕」がマクラ、「朝日」がアサヒ、「命」がイノチ（いずれも東京は頭高型*）、「頭」がアタマ（東京は尾高型*が多い）のような、中高型*が目立つ。

埼玉特殊アクセントには、京阪式アクセント*との類似点が認められる。たとえば、「柄が・花・飴・泣く」が○○と発音され、「絵が・雨・切る」が○○と発音される。しかし、これらは、東京式アクセントから変化したものとされている。いずれにしても、栃木・茨城に近い地域ほど、型の曖昧性が強くなることが指摘されている。

◉文法の特色

「来る」「する」は上一段化*傾向にある。キネー（来ない）は全域に、シリャー・シレバ（すれば）は東部方言にみられる。

ベーベー言葉が盛んに使われる。意志・勧誘にベー、推量にダンベーを用いるのが一般的。

待遇表現の形式は、群馬県方言や栃木県方言との共通性が認められる。「ありがとうございます」は東部方言でアリガトウゴザンス、西部方言でアリガトウガンス。「お入りください」は、東部で入リナイとお入リナンシ、西部で入リナイ、南部地域で入ラッシャイ。

「ねえ」に相当する文末詞ムシが、西部方言に認められ、「暑いムシ」のように使われる。この文末詞は、群馬県北部方言と共通する。

総じて、言語の骨格をなす文法事象における群馬県方言や栃木県方言との共通性は、地理的な連続性と捉えることができ、語の伝播の歴史などを示唆する。

◉語彙の特色

動詞出自の接頭辞が多く、動詞の語気を強める。オッペス（押す）、ウッチャル（捨てる）、ヒッチラカス（散らかす）、スッパタク（叩く）。

語彙に限られることではないが、埼玉県は、東京都区内と隣接し、そこからの影響を直接受ける。高年層においては、その影響は県南部までだったが、若年層になると埼玉県全体を包み込んでいるとの報告もある。

千葉県

方言区画と特徴

千葉県の方言は本州東部方言のうちの関東方言に属する。県内での方言区画は大きく三つに分かれる。下総、上総という旧来の地域境界の南側が南部方言で、安房・上総地方がこれに入る。北側はさらに東西に分かれ、印旛郡から東側の東北部方言と、東京から千葉市に至る京葉地帯の西北部方言とになる。

南部方言域は房総半島南部にあたるが、ここではいわゆる「黒潮ことば」といわれる方言形が見られる。これは太平洋側の沿岸部や紀伊半島、伊豆半島、三浦半島などにある、西日本から黒潮に乗って入ってきたような分布を見せる語彙で、ベニサシユビ（薬指）、スクモ（もみがら）のようなものがある。

東北部方言では東北方言的な要素が認められる。「机」をツグエ、「肩」をカダと発音する語中のカ・タ行の濁音現象という音韻の面、「学校サ行く」のように助詞サを用いるという文法の面、東北方言と共通の方言語形が多いといった語彙の面というように随所で現れる。

西北部方言域では、県内でも共通語化が著しく進んでいる。東京のベッドタウンとなっており、住民も住まいは千葉、通勤通学は東京といったいわゆる「千葉都民」が多く、千葉の方言を意識しにくいようである。

音韻・アクセントの特色

南部方言は鼻濁音*がない地域、一方北部は鼻濁音がある地域というように分かれる。

南部方言では語中の［k］が脱落する例がみられ、「案山子（かかし）」がカーシ、「畑（はたけ）」がハタエのようになる。

西北部方言域の市原市の海岸部ではこの語中の［k］が［h］になる特徴がみられ、カハシ、ハタへのようになる。

東北部方言ではカギ（柿）、カダ（肩）のような語中語尾の濁音、カガミ（鏡）、カギ（鍵）のような語中語尾の鼻濁音のほか、特定の単語に限り、サガ（坂）、ハダゲ（畑）、カガシ（案山子）のように共通語の語中語尾のカ行音が鼻濁音になるという珍しい現象が認められる。

南部方言域の房総半島最南端部では「火事」がクヮジ、「すいか」がスイクヮとなるような合拗音*がある。

アクセントは県全域がほぼ東京式*である。埼玉県・茨城県との県境付近では特殊なアクセントの型があり、西北部の関宿町では無型アクセント*、その周辺では曖昧アクセント*が認められる。

◉文法・語彙などの特色

意志・推量表現に見ッペ、クルベーなどペ、ベーが広く用いられる。また東北部方言では「見サ行く」（見に行く）のように助詞サが用いられる。これらは東北方言の特徴に通じるものであるが、語彙にも東北方言と共通の語形が多くみられる。コワイ（疲れた）、シタキ（唾）、ツラ（顔）、ホータブ（頬）、ホソビ（ほくろ）、クロッポシ（ほくろ）、マキメ（つむじ）などがその例である。

命令には助動詞タイを用いる。「食ベタイヨ」は「食べなさいよ」、「寝タイヨ」は「寝なさいよ」の意味である。

禁止表現にオイネーを用いる。これは「（手に）おえない」に由来するもので、「ソンナコトシチャオイネー（そんなことしてはいけない）」のように用いる。

県内全域で接頭語が多用される。(例)オッペス（押す）、オッパジメル（始める）。

千葉方言だけにみられる特徴的な語彙にはイシナゴ（くるぶし。かかとを指す地域もある）、コーラ（かかと）、カガミコ（かくれんぼ）、シモマゲ（しもやけ）、ヒデブシー（まぶしい）、メネグモ（ものもらい）、ムギマキドリ（せきれい）などがある。

南部方言域では「かまきり」をトカゲ、北部では「とかげ」をカマキリ、カマゲッチョという意味の逆転*現象がある。この現象は埼玉県の一部や東京の多摩地方にもみられる。

オカシーは「恥ずかしい」の意味で用いられる。

アオナジミは「青あざ」のことだが、全世代で方言と意識されずによく用いられている。

東北部方言には「こんにちは」に当たるあいさつに、オアガンナサイマシ、オアガンナサイマシタカがある。

東京都

多摩方言
下町方言
山の手方言
北部
伊豆諸島方言
大島
式根島
新島
神津島
三宅島
御蔵島
中部
伊豆諸島方言
八丈島
八丈島方言
青ヶ島
伊
豆
諸
島
大島
小
笠
原
諸
島
父島
母島
硫黄島
沖ノ鳥島

◉方言区画と特徴

東京都の方言は、本州東部方言のうちの西関東方言に属する。そして地域と歴史的背景によって、下町方言、山の手方言、多摩方言に分類される。

江戸時代よりこの地には全国各地から人が集まり、各地のことばも持ち込まれた。そして江戸時代には武家階級が山の手に、町民が下町にという住み分けがあった。このため東京の方言には職業・階層的差異が山の手方言と下町方言の違いに反映している。

多摩方言は隣接する埼玉県西部、山梨県東部、神奈川県北部の諸方言と似た特徴が認められる。

また、行政区画からいうと伊豆諸島方言も東京方言に加わる。伊豆諸島方言は本州東部方言に属する北部伊豆諸島方言（大島方言、利島方言、新島・式根島方言、神津島方言）と中部伊豆諸島方言（三宅島方言、御蔵島方言）、さらに八丈島方言に分かれる。

なお、八丈島方言は、その特異性のため、伊豆諸島方言とは別に区画されることが多い。東条操は八丈島方言を東海東山方言と並ぶ方言と位置づけている。

◉下町方言・山の手方言・多摩方言

山の手方言は全国共通語*の土台となっているものであり、標準語*にもっとも似ている方言といえる。下町方言は江戸語*の伝統を受け継いだ江戸っ子のことばとみなされている。だが実際には山の手と下町の区別は曖昧なもので、多分に町の雰囲気をもとに恣意的に分けられており、厳密な区別は難しい。現在の東京では、下町・山の手・多摩という地区ごとの差は高年層にみられ、若い世代ではことばの地域差はそれほど目立たなくなっている。

音韻においては、母音の無声化*が盛んである。下町方言では「教える」がオセール、「帰る」がケールとなるような連母音の融合*がある。またヒとシが混同して「広い」がシロイ、

「朝日」がアサシとなる現象がみられる。シュがシ、ジュがジとなることがあり、「手術」はシジツ、「新宿」はシンジクとなる。下町方言の特徴として、促音化と子音添加が語によってみられる（例カックラウ〈食う〉、ケットバス〈蹴る〉など）こと、巻き舌の［ɾ］がみられることなどがある。

アクセントは東京式*だが、多くの単語に世代差が認められ、若い世代のアクセント型が共通語アクセントとして全国に広まりつつある。

男女を問わず終助詞のネ、ヨ、また接頭辞のオ、ゴを多用する。敬語はとくに山の手方言で発達しており、アソバセやザマスが残っている。アスペクト形式*にはテイル、テル、チャウなどを用いる。

東京方言は中央語*であり、また都市言語*でもあるため流動性に富む。かつ規範意識も働いて保守性も併せ持つという特徴があり、このことがことばを洗練させる要因の一つといわれている。

◉伊豆諸島方言

音韻においてはそれぞれの島ごとに特徴的な体系を持つ。個別にあげると、利島方言ではオがウォとなり、「沖」がウォキ、「顔」がカウォのようになる。利島、八丈島三根ではエとイの連母音をエーではなく「エイ」と発音する。「警察」はケーサツではなく「ケイサツ」、「丁寧」はテーネーではなく「テイネイ」と発音される。

アクセントは、北・中部伊豆諸島方言では東京式、八丈島方言では無型アクセント*である。

文法でも北・中部伊豆諸島方言と、八丈島方言で対立するものが多く見受けられる。否定表現には利島・三宅島坪田方言ではン（例書かン）、八丈島方言ではンナカ（例書きンナカ）、その他の島ではナイ（例書かナイ）を用いる。

推量表現に「書くズラ」のようにズラを用いるのは大島、新島、式根島、神津島、三宅島（坪田を除く）であり、「書くベイ」のようなベイや「書くノー」という形は利島、三宅島坪田、御蔵島、八丈島方言でみられる。

八丈島方言には、タカケヤマ（高い山）やイコトキ（行く時）のような万葉集の東歌にみられる古代東国方言の形式が残存している。

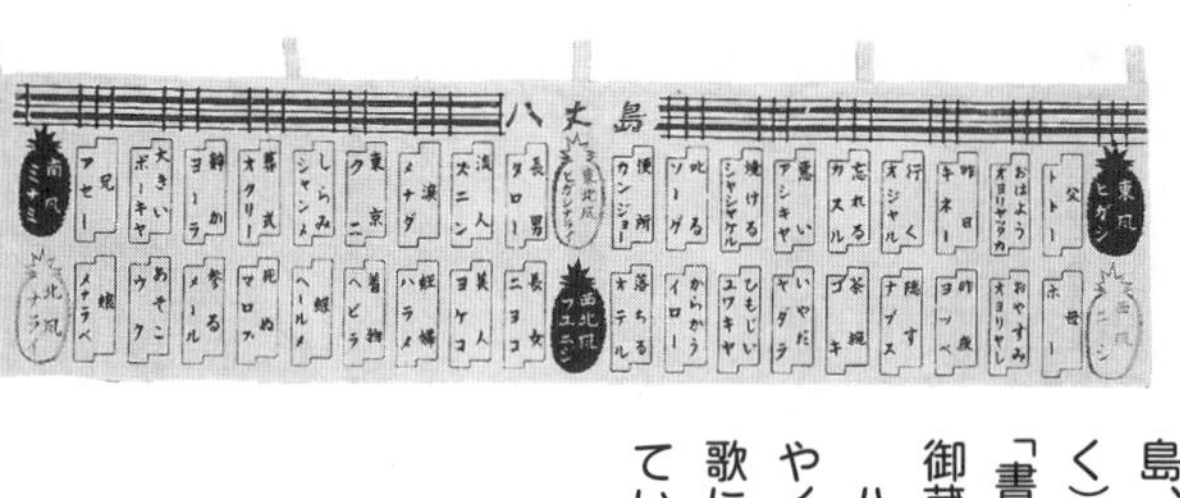

神奈川県

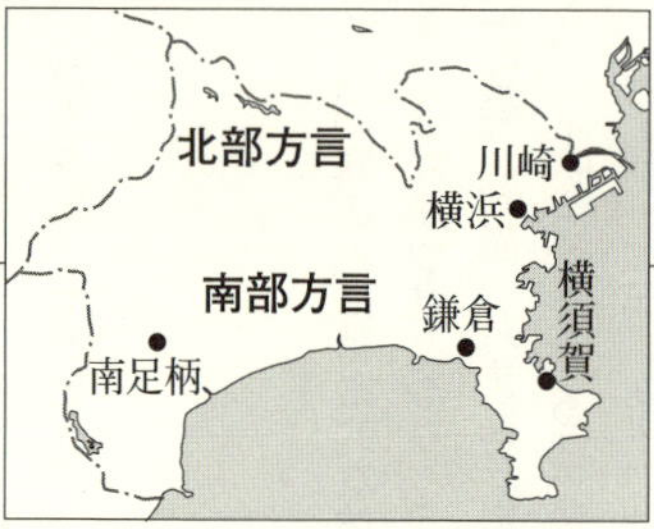

北部方言
川崎
横浜
南部方言
鎌倉
横須賀
南足柄

◉方言区画と特徴

神奈川県の方言は本州東部方言の関東方言に属する。県内の方言区画は、丹沢山地によって北部方言と南部方言に分かれる。だがこの区別も主に語彙の面で対立が認められるもので、全県下で共通語化が進んでいる。

北部方言は隣接する東京都の多摩方言や、山梨県東部方言に似通った特徴が認められる。

南部方言の中でも横浜・川崎・鎌倉・横須賀など都市部では共通語化が著しく進んでいる。

三浦半島では房総半島と共通する語形も見受けられるが、漁村どうしの交流があったことがその理由と考えられる。

◉音韻・アクセントの特色

音韻では、ガ行鼻音*がある。また、「甘い」がアメー、「遅い」がオセーになるような連母音の融合*がある。

母音の無声化*がみられる。例機会［kikai］、草［kusa］。ヒがシと発音されることがあり、シトツ（ひとつ）、シト（人）のようになる。音声の特徴も東京下町方言と似通っている。

アクセントは全県で東京式*である。個別の語彙では東京のアクセントと異なるものがみられ、「きのこ」「かぼちゃ」などは中高型*となる。

◉文法の特色

意志・勧誘にはベーを用い、イクベー（行こう）のようになる。推量にもベーやダンベーを用い、ハレベーカナ（晴れるだろうかな）やイクダンベー（行くだろう）のように使う。

否定にはネーを用い、イカネー（行かない）のようになる。

断定の助動詞ダは、イクダ（行くのだ）、イイダ（いいのだ）のように準体助詞の「の」「ん」を入れずに使う。これは関東方言に広く認められる特徴である。

ジャンは「〜ではないか」の意味で多用され、「浜ことば」、横浜の方言だと一般に意識された時代もあるが、今では東京の若者のほか全国に広がりつつある。

　このジャンは中部地方の伝統的な方言が神奈川方面に伝わってきたものだと考えられている。

◉語彙の特色

　北部方言と南部方言で対立を示す語が多くみられる。南部の語は東京方言と一致するものも多く、北部の語形のほうが古いと考えられる。次のようなものがある。（北部方言／南部方言）

・馬鈴薯　セーダユー／ジャガイモ、ジャガタライモ
・ひきがえる　ゴトーベー、ゴトロ／オーヒキ
・こおろぎ　ケサノカカー／コーロギ
・鬼ごっこ　オニードッコ／オニゴッコ
・かくれんぼ　カクレッコ／カクレカンジョー
・朝寝坊　ネップシ／アサネボー

　また、足柄地方とそれ以外の地域で対立する語もある。

・桑の実　カメンドー／ドドメ
・かみきりむし　ケバキリ／キーキームシ
・きりぎりす　ギス／キーチョ、ギッチョン
・天気雨　キツネノシューゲン／キツネノヨメイリ

　三浦半島とそれ以外の地域で対立する語には次のようなものがある。

・尻　デンボ／ケツ
・後妻　ニバンザ／ゴケイリ、アトメ
・堆肥　ドイ、ドヒ／ツクテ

　デンボやニバンザは房総半島にも認められる。

　他にソコル（潮が干る）、ナダ（波打ち際の水面）、バンニョ（背負い籠）なども房総と共通の語形であるが、これは漁村どうしの交流に由来するものだと考えられる。

　また全県で、三音節の擬態語*を反復させる形が用いられる。このアクセントは○○○○○○で一定している。次のようなものがある。

・マゴラマゴラ（まごまごする様子）
・モサリモサリ（のろまな様子）
・ヨイトヨイト（人出の多い様子）
・ワーコワーコ（騒がしい様子）

新潟県

◉方言区画と特徴

新潟県は日本海に面した南北に細長い県である。本州中央部に位置し、東北方言域、関東方言域、中部方言域、北陸方言域に接する。また佐渡島、粟島を含み、海上交通も盛んであることから西日本方言の影響も受けており、新潟県の方言は県内での差が大きく、複雑で多彩な様相を呈する。

方言区画は、大きく越後本土方言と佐渡方言に分かれる。越後本土方言はさらに北越方言（岩船郡、新発田市、東蒲原郡など）、中越方言（新潟市、長岡市、中頸城郡など）、南越方言（北魚沼郡、南魚沼郡、中魚沼郡など）、西越方言（東頸城郡、上越市、糸魚川市など）に分かれる。なお西頸城郡青海町方言はほぼ北陸方言と一致する。以下、それぞれの地域ごとに特色を見ていくことにする。

◉北越方言

東北方言に属する。岩船郡、北蒲原郡などは北奥方言*、旧会津藩領だった東蒲原郡では南奥方言*の特色が認められる。アクセントは準東京式*だが、北奥式アクセントに類似した曖昧アクセント*や無型アクセント*がみられるところもある。語中語尾のカ・タ行音は濁音化してカギ（柿）、ハダ（旗）のようになる。文法事象では、推量表現に「書くロァー」（書くだろう）のようにロァーを用いるが、東蒲原郡ではベーを用い、関東方言的である。

◉中越方言

この地域ではイとエの区別がなく、中間的な音声の［eː］で発音される。そのため「息」と「駅」のような語の区別がつきにくい。高年層にはオ段長音に開合の区別*があり、「楊枝」［jɔːdʒi］と「用事」［joːdʒi］のように区別して発音される。合拗音*があり、クヮジ（火事）、グヮンタン（元旦）のように発音される。また撥音が語頭に立つンラサキ（紫）、ンナ（皆）のような語がみられる。アクセントは準東京式である。文法事象では、原因・理由表現にスケを用いる。このスケは関西弁のサカイの変化形である。㋐アッタスケモッテキタ（あったから持ってきた）。

終助詞にはコテ、ノなどがある。㋐ソーラコテ（そうだよ）。シャル、サッシャル、ナサルなどによる敬意表現がある。

◉南越方言

中越方言と通じる要素が多いが、接する福島・群馬・長野の方言の影響を受けた特徴がみられる。音韻においては、中越方言と同様、準東京式アクセントであり、開合の区別がある。また合拗音も認められる。語中の撥音が促音化し「洗濯」がセッタク、セッダク、「貧乏」がビッボ、ビッポとなるような群馬や長野と共通の例がある。文法事象では、推量にベーが使われ、中魚沼郡にはズ、ズラがある。敬意表現にはコザリマス、ゴザエマス、ヤスなどを用いる。

◉西越方言

北陸方言域に接し、語彙では本州西部方言に通じるものが多くなるが、音韻・語法は東海東山方言の要素が多い。準東京式アクセントで、合拗音がある。また糸魚川市にオーとウーという開合の区別がある。文法事象では、勧誘表現にマイを用い「エゴマイカネ」（行かないかね）のように使う。原因・理由表現にはサカイやスケを用いる。敬意表現にはナサル、ヤンスが使われる。

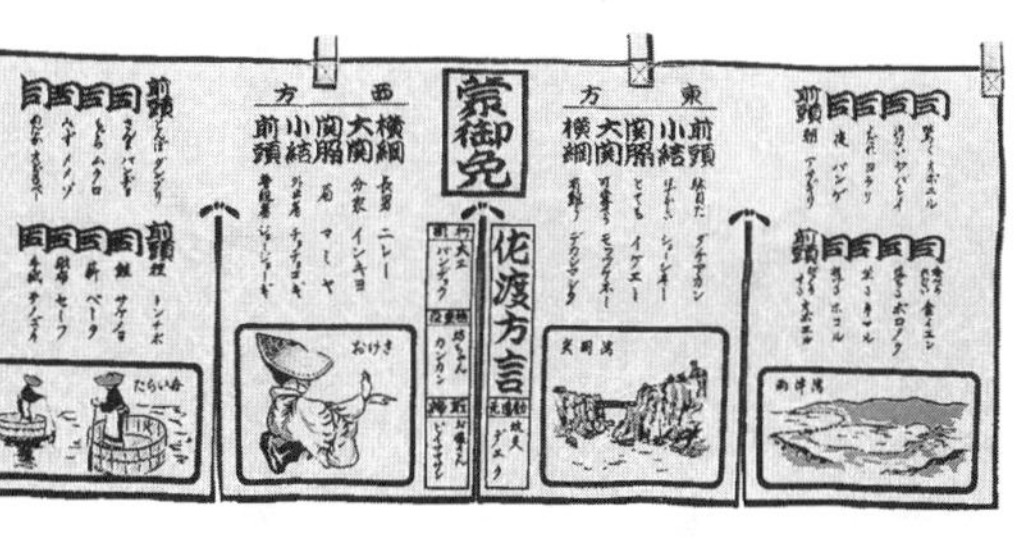

◉佐渡方言

東条操の区画では、本州西部方言の中の北陸方言に属する。アクセントは準京阪式*であるが、島内の地域差が大きい。音韻面ではダ行音とラ行音の混同がみられ（「だろう」がラロー）、また高年層ではオーとウーの音による開合の区別がみられる。㋐ヨージ（楊枝）とユージ（用事）。セ、ゼがシェ、ジェとなる。㋐シェミ（蝉）、ジェン（膳）。文法事象では、「見る」の命令形がミヨ・ミイとなる、ハロータ（払った）のようにウ音便がある、「居る」をオルというなどの本州西部方言の要素が認められる。

富山県

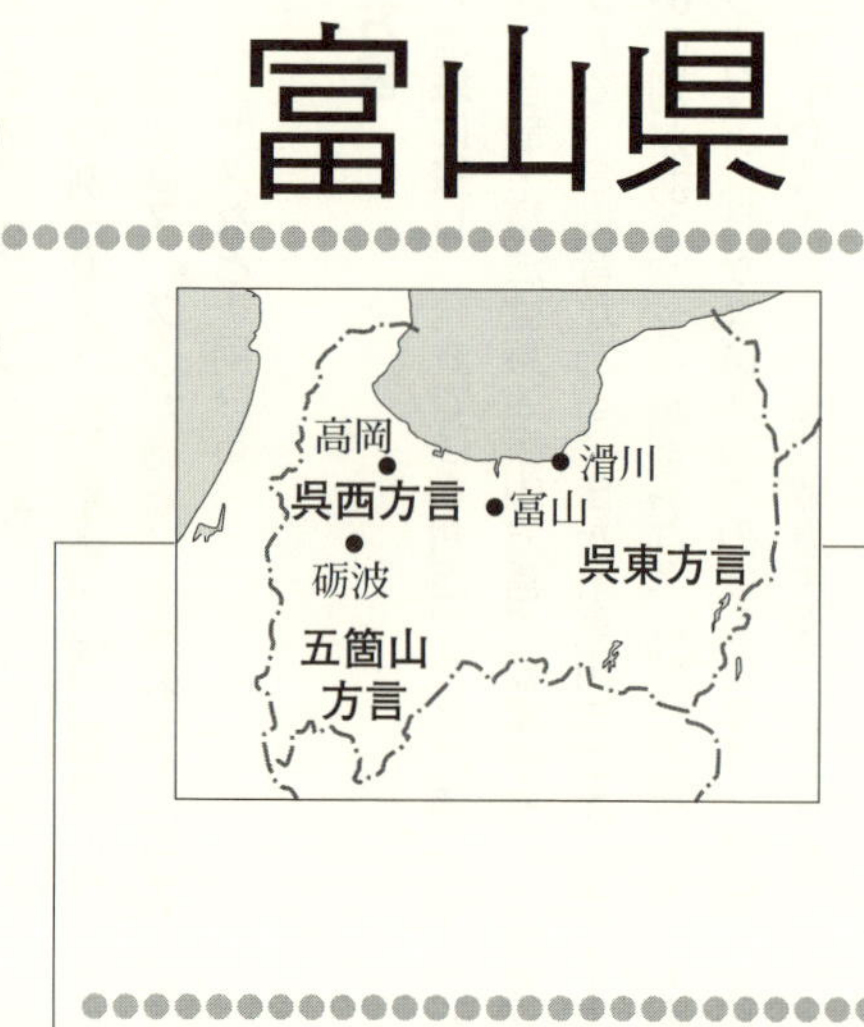

◉方言区画と特徴

富山県の方言は、本州西部方言の北陸方言に属する。県内の方言区画は呉東方言、呉西方言、五箇山方言の三つに分かれる。富山市の呉羽山を含む呉羽丘陵が富山平野を二分する自然境界になっており、それが方言境界に一致する。五箇山は東礪波郡の平村、上平村、利賀村の総称で、古くから越中五箇山と呼ばれ、平家落人伝説もある秘境の地であった。

呉東方言には本州東部方言的な要素も認められ、呉西方言はより本州西部方言的要素が多い。五箇山方言はとくに音韻・語彙で呉東・呉西方言に対立する事象がみられ、また古い様相を示す。

◉音韻・アクセントの特色

促音・長音・撥音が標準語*よりも短めに発音されるが、東北方言のような短さではない。

とくに平野部でみられる現象だが、シとス、ジとズ、チとツの音の区別がない（ズーズー弁*）。

イとエの区別もなく、中間音の[e̞]で発音される。

これらは東北地方や出雲地方の方言音と一致する特徴である。

滑川地方、砺波地方ではウが[v]のように発音される。また撥音、促音が語頭に立つ語彙がみられる。(例)ンメル（見える）、ンモエル（燃える）、ッショ（塩）、ッケル（消える）。

語中のガ行音は五箇山方言で[g]、呉東・呉西方言では[ŋ]という対立があるが、若年層では五箇山方言以外でも[g]が増加しつつある。またセ・ゼの音も、呉東・呉西方言に対し五箇山方言ではシェ・ジェと発音されていた。

イ段音、ウ段音においては母音の無声化*と脱落がみられる。キ、ク、シ、ス、チ、ツ、ビ、ブなどが語末に来ると母音が脱落して[k]、[s]、[t]、[b]と閉音節*の形になる。(例)割り木[warik]、足[as]、命[inot]、首[kub]。

語末のギ、グ、ニ、ヌ、ミ、ムは撥音化する。(例)カン（鍵・

蟹・紙）。

　アクセントは県全域で準京阪式*であり、二拍名詞の和語に富山方言独自の特徴が認められる。

　また、北陸方言の特徴である「ゆすり音調*」といわれる独特のイントネーションが認められる。

◉文法・語彙などの特色

　過去形にサ行イ音便がみられることがある。㊟オトイタ（落とした）、サイタ（刺した）。

　五箇山方言ではウ音便がある。㊟ノーダ（飲んだ）、トーダ（飛んだ）。

　推量表現にはオキロー（起きるだろう）、ネロー（寝るだろう）のような共通語の命令形に似た形を用いる。

　共通語の準体助詞「の」にはガが対応する。㊟ドーシタガ（どうしたの）。

　接続助詞の「から」「ので」にあたる形は多様で、サカイ、ノッテ、ダデ、ケデ、ケニ、ガデなどがある。ケニ、ケデという形は、中国・四国地方にあるケンや、東海地方のデなどにつながると考えられる。また関西方言のサカイと関東方言のカラの混交*形と考えられるサカライニ、カラサカイニや、サカイとカラとデの混交形と考えられるサカライデ、カラとノッテが合体したカラノッテがある。

　断定辞は、呉東方言ではダ、デァ、呉西方言ではヤ、五箇山方言ではジャが使われる。

　尊敬表現は、呉東・呉西方言ではシャル、サッシャルがあり（㊟行かッシャル）、五箇山方言ではサル、ヤッサル、ヤルなどの助動詞が用いられる（㊟行きヤル）。高岡市付近ではテヤ（㊟書いテヤ）がある。石川県境に近い地域ではマッシャル（㊟行くマッシャイ、行くマッシー）があり、石川県の形が流入したものと思われる。

　授受表現にも特徴的な動詞がみられる。呉西方言では「よこす、あげる」にあたる表現にイクスを使う。㊟イクステ（あげるよ）。「もらえる」にはアタルを用いる。㊟給料アタル（給料がもらえる）。

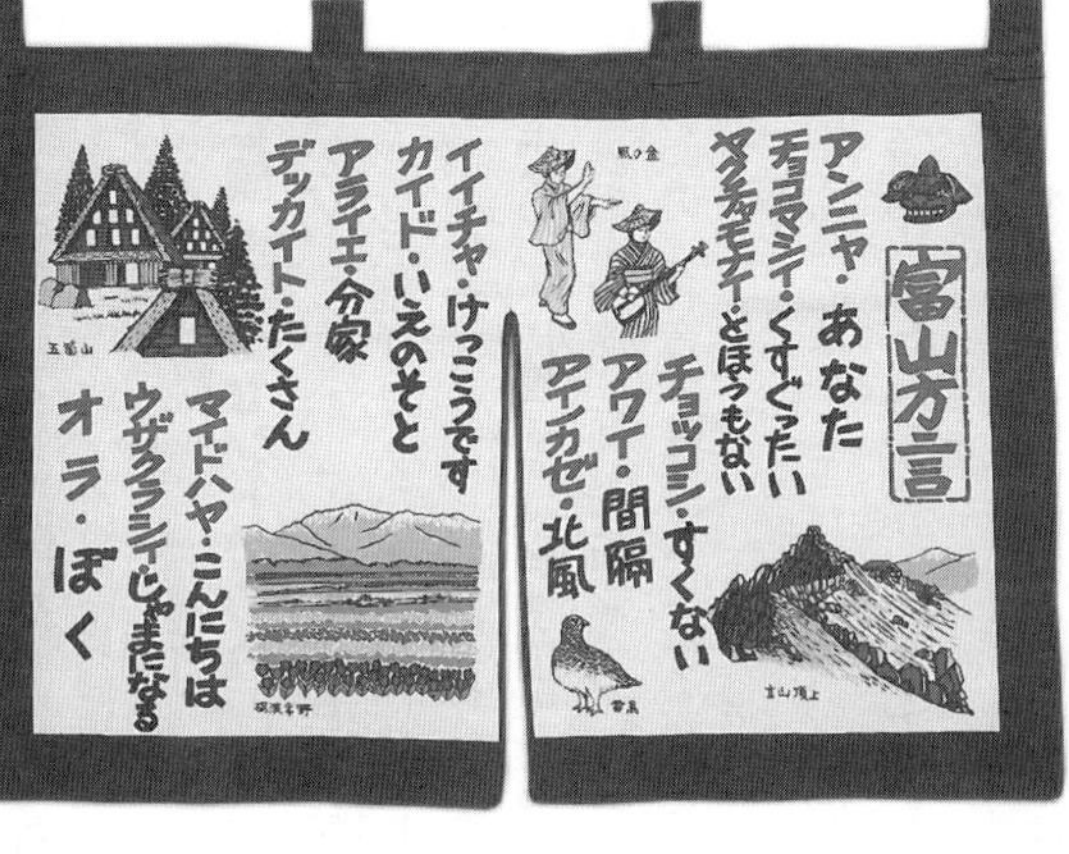

石川県

◉方言区画と特徴

石川県の方言は、本州西部方言の北陸方言に属する。県内の方言区画は、河北郡以南の加賀方言と、羽咋郡以北の能登方言とに大別される。なお、輪島市海士町方言、鹿島郡能登島町方言、石川郡白峰村方言は周囲とは異なる特色を持ち、言語島*のような様相を示す。

現在の石川県の地方共通語*的役割を果たしているのは、県庁所在地の金沢の方言である。若年層も金沢方言を用い、観光キャッチフレーズや県内の交通標語にも金沢方言が用いられている。

◉音韻・アクセントの特色

シとス、ジとズ、チとツを、加賀方言では区別するが、能登方言では区別がなくシ、ジ、チに統合して発音する。この東北地方や出雲地方と同じいわゆるズーズー弁*のような特徴は、能登でもとくに口能登地方（羽咋市や七尾市）、内浦地方（能登半島の富山湾に面した東半分）で盛んである。

語中のガ行音は鼻濁音*になるが、海士町方言では破裂音である。

能登方言ではイとエが混同し、中間音の［e］で発音される。たとえば「息」と「駅」、「鯉」と「声」などは同じに発音される。

セ・ゼの音がシェ・ジェとなる現象は加賀方言と能登方言の両方でみられる。シェナカ（背中）、カジェ（風）のようになる。

アクセントは準京阪式*であるが、能登半島は一部に東京式*や曖昧アクセント*や無型アクセント*も分布し、複雑な様相をみせる。

イントネーションでは、北陸方言に共通してみられる、文節末や文末で揺れるような「ゆすり音調*」がある。

◉文法・語彙などの特色

金沢には、かつての城下町として町屋や茶屋街を中心に、接客用に敬語・挨拶表現が発達した「金沢ことば」がある。

現在の代表的な金沢方言として紹介されるのが優しい命令・勧誘に用いられるマッシである。来マッシ、座りマッシのように使う。終助詞がつくマッシネ、マッシマのような言い方もある。マッシは尊敬の助動詞マサルの命令形だが、共通語化が進んでマサルによる方言敬語法*が使われなくなる中で、マッシは地域社会の中で使用しやすい優しい命令表現として使われ続けている。

また丁寧表現にミスが使われる。共通語の「ます」にあたるが、現在ではノコッテオリミス（残っております）やミトリミス（見ております）のようにオリミス、トリミスの形で使われることが多い。

敬語表現はフォーマルな場面で使われるものであるため共通語化がいち早く進みやすいが、現在の地域社会の表現にそぐうものは、形や意味合いを微妙に変えながら根強く存在し続ける。金沢方言の敬語表現はその一例としてあげられる。

若年層には文末詞ゲン（のだ、なのだ）が多用される。これはもとガイ・ガヤという形だったのがゲー、さらにゲンとなったもので「行くゲン（行くんだよ）」のように使う。

加賀方言と能登方言で対立を示す語彙には次のようなものがある。（加賀／能登）

・応答詞「いいえ」　ナーン／ベッチャ
・蛙　ギャワズ／ギャット
・しもやけ　シンバレ／ユキヤケ
・塩辛い　クドイ／カライ
・匂い　カザ／フガ

白峰村方言では生物名に接尾辞のメを付けてイリメ（犬）、ニョコメ（ネコ）、ヘンメ（蛇）、カーメ（蚊）、ハットメ（鳩）のようにいう。福井や茨城、栃木、八丈島などと通じる現象である。

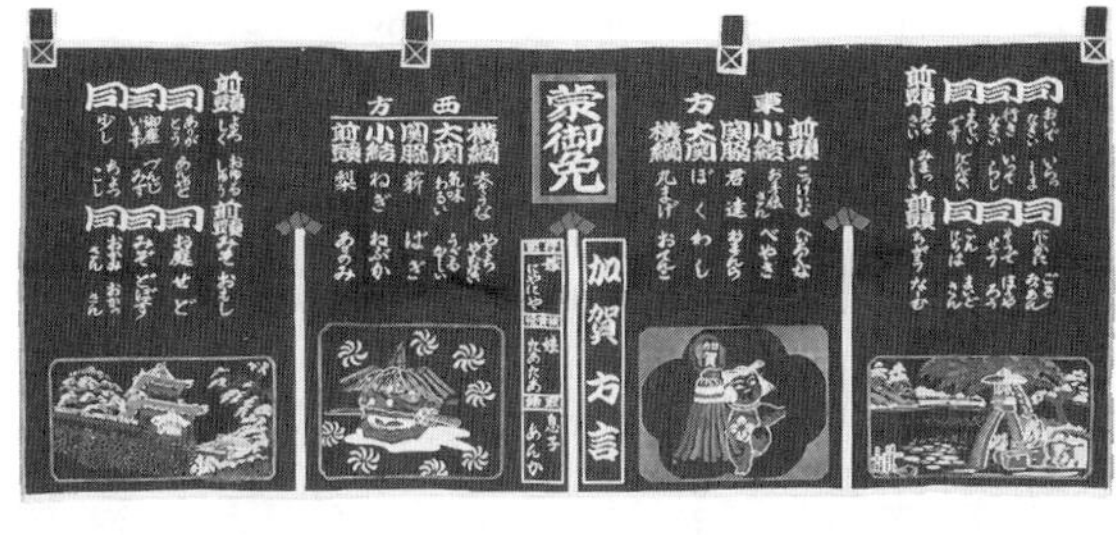

福井県

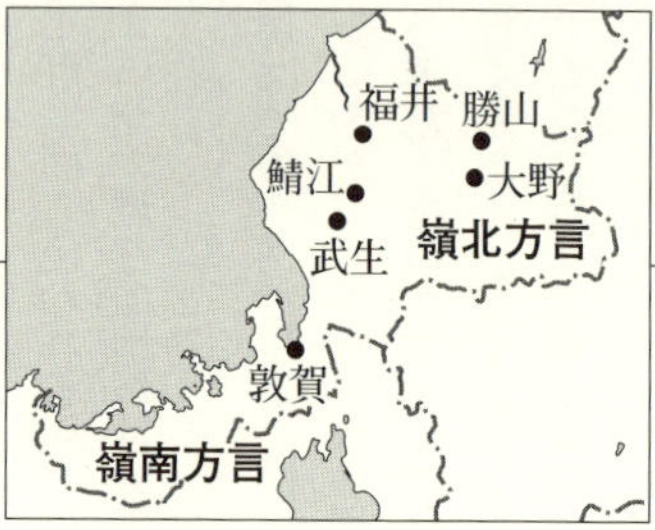

◉方言区画と特徴

福井県の方言は大きく二つに分けられる。敦賀市木の芽山嶺を境に北側が嶺北方言域、南側が嶺南方言域となる。嶺北方言は本州西部方言の北陸方言に属し、嶺南方言は本州西部方言の近畿方言に属する。旧国名でいえば、嶺北方言域は越前から敦賀市を除いた地域で、嶺南方言域は若狭に敦賀市を加えた地域となる。方言境界は旧国境ではなく、木の芽山嶺という自然境界によって形づくられている。

語法面では嶺北・嶺南両方言で近畿方言に共通する特色が多くみられる。語彙面では嶺北方言と嶺南方言で差異が大きい。

◉音韻・アクセントの特色

音韻においては嶺北方言と嶺南方言で対立する事象がいくつかあげられる。

嶺北方言では母音の無声化*が生じるが、嶺南方言ではあまり目立たない。また連母音の融合*は嶺北方言ではみられ、アイ、オイがエーとなる。

ガ行音は嶺北方言で鼻音の［ŋ］となり、嶺南方言では［ɣ］または［g］となる。

高年層においては、セ・ゼの音がシェ・ジェとなる。㊑シェーフ（政府）、シェンシェ（先生）。

嶺北方言はアクセントの分布が非常に複雑であることが大きな特徴である。福井・鯖江・武生市を中心に無型アクセント*地域があり、それを囲むように曖昧アクセント*や鹿児島方言と共通の二型アクセント*の地域があり、その外側の勝山市や大野市や南条郡で準京阪式アクセント*の地域があり、その東側の岐阜県に接する大野郡では東京式アクセント*となる、という複雑さである。

嶺南方言は京阪式アクセント*であり、遠敷郡以西が垂井式アクセント*、敦賀市と三方郡が準垂井式アクセント*の地域である。

なお近年の調査で、無型アクセント地域と報告されていた福井市の高年層に有型アクセント＊（二型アクセント）の話者が存在することが報告された。この地域のアクセントの調査・記録・分析はさらに進められるべきである。

嶺北方言を中心に、北陸方言に共通してみられる「ゆすり音調＊」が文節末や文末に現れる。

◉文法・語彙などの特色

否定にはカカン（書かない）のようにンを用いるが、嶺南方言ではヘン、シェン（例カカヘン、カカシェン）もある。

仮定表現には「ば」よりもタラが多用される。例カイタラ（書いたら）、ヨンダラ（読んだら）。

断定辞にはジャとヤがある。嶺北方言では高年層でジャ、中年層以下でヤの使用が多い。嶺南方言では多くはヤで、ジャは高年層に若干みられるのみである。

アスペクト形式＊は、嶺北方言はテルを用い、嶺南方言ではトルを用いる。進行態＊・結果態＊で区別がないのは嶺北、嶺南で共通である。

原因・理由を表す接続助詞「から」にあたる助詞にはサカイ、サケ(ー)、デなどがある。

共通語の「〜ても、〜だって」にあたる助詞にカッテがある。例ユータカッテ（言ったって）、アノヒトヤカッテ（あの人だって）。

共通語の終助詞「よ」「ぞ」にあたるものにザを用いる。例アカンザ（いけないよ）、アブネーザ（危ないよ）。

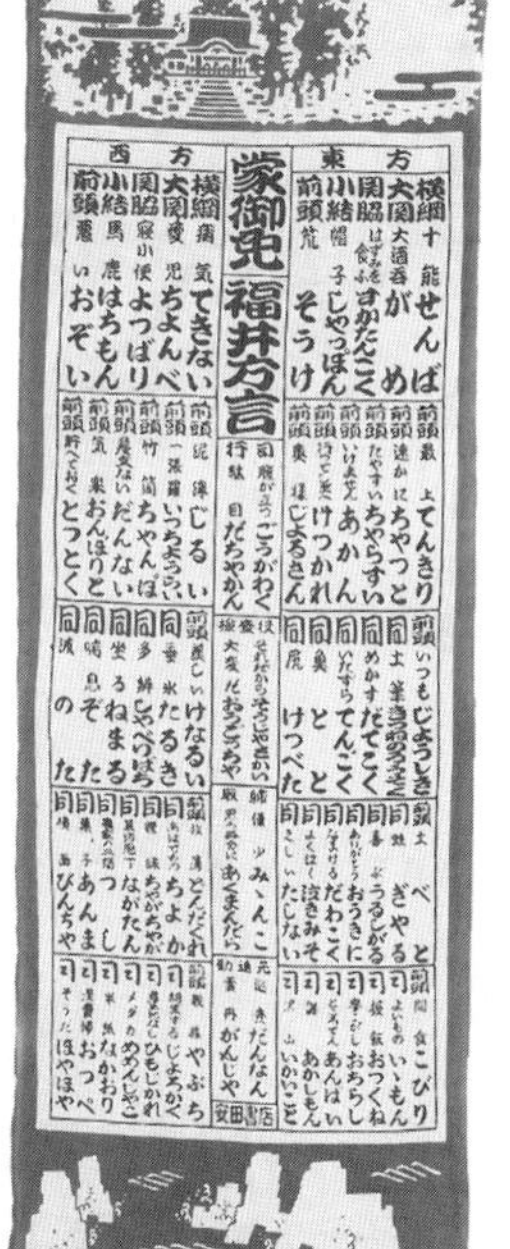

丁寧表現には嶺北方言でナサル、ナハル、ナルなどを用い、嶺南方言にはさらに、ッシャル、ンス、テヤ、テジャ、テデスがある。また「ございます」にあたる言い方にゴゼンス、「〜てください」にあたる言い方にトクンナサイ、トクンナセーがある。

優しい命令にはネー、ネマを用いる。例カキネー（書きなさい）、オキネマ（起きなさいね）。

嶺北方言では、生物名に接尾辞メをつける。例イヌメ（犬）、ネコメ（猫）、ノンメ（蚤）。同様の現象は石川、茨城、栃木、八丈島でも認められる。

山梨県

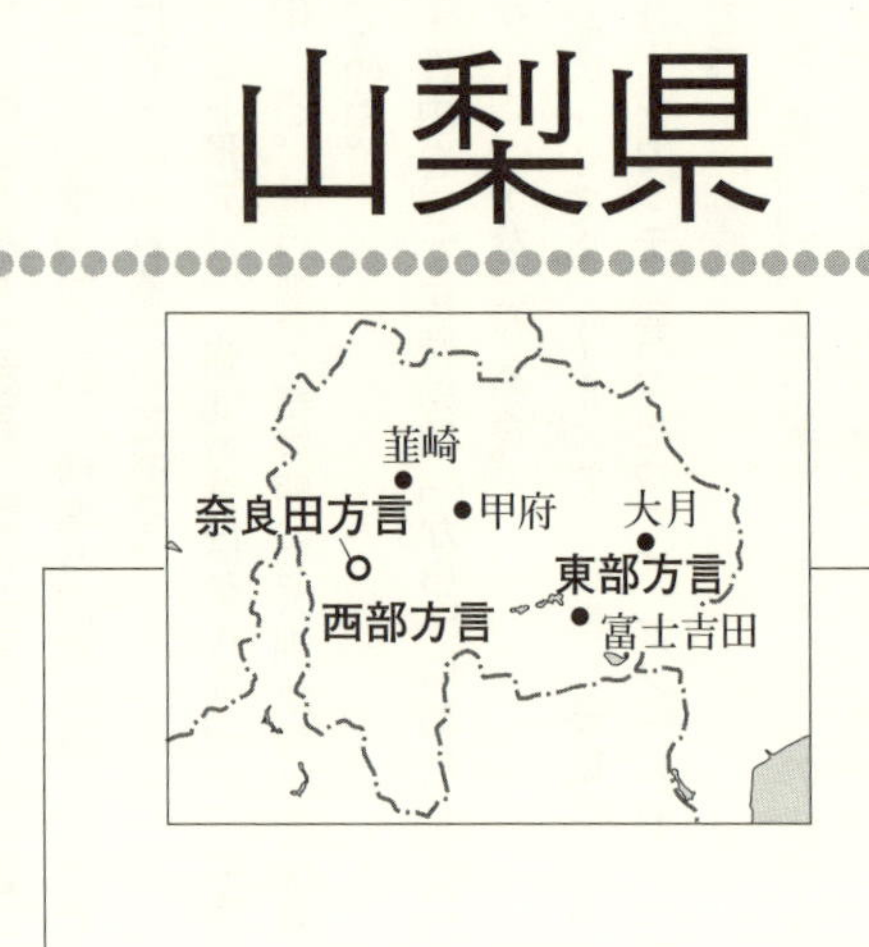

◉方言区画と特徴

山梨県の方言区画は大きく三つに分類される。大菩薩山系を境に、東側の郡内地方では西関東方言に属する山梨東部方言、西側の国中地方では長野・山梨・静岡方言（ナヤシ方言*）に属する山梨西部方言となる。それに南アルプスの奥地にある言語島*の早川町奈良田で使われる奈良田方言が加わる。県内区画を作る大きな要因が大菩薩山系や南アルプスのような山岳という自然境界であるが、往時の甲斐がそのまま山梨県となったこともあり、県内共通の方言も多い。江戸時代には天領となり、甲州街道経由で流入したと考えられる江戸語*の影響も見受けられる。近年の調査では、県内地域ごとの方言差は以前より少なくなり、一方、使用の世代差が大きくなっているという結果が報告されている。

◉音韻・アクセントの特色

発音においては無声化*が少なく、ガ行鼻音*がある。連母音の融合*はよくみられ、たとえば「高い」はタケーになるが、これは江戸語の影響を受けたものと考えられる。郡内や、国中南部ではタキャーのように拗長音になる地域もあり、この地域のことばは「にゃーにゃー言葉」と称されることがある。

ザ行音とダ行音の混同もよく認められる。㊎「午前中」がゴデンチュー。

アクセントは基本的には東京式*だが、語により多少違いがあり、それはより古い東京アクセントを反映している。

奈良田方言ではジ・ヂ、ズ・ヅの発音に区別がある（四つ仮名弁*）。また、ティ、トゥの音や、声門閉鎖音*がみられる。アクセントは周囲とまったく異なり、この特異性が言語島とみなされる大きな要因でもあるが、これももとは東京式だったものが独自に変化したものであることが明らかにされている。

◉文法・語彙などの特色

否定の表現は東日本でナイ、西日本でンという東西対立分布*

を示すが、その境界線の一部が山梨東部方言と西部方言の境界に一致する。

推量表現においては、東部ではベー、西部ではズラ、ラ、ツラがおもに使われる。静岡県に接する地域ではズラに代わってダラも使用される。

「〜う、〜よう」にあたる意志・勧誘の助辞にはバラエティーが多い。東部のベーのほか、全県で用いられるものにはズ、ザー（ダー）、チャー、ジャンなどがある。「行こう」はイカズ、イカザー（イカダー）、イッチャー、イクジャンのようになる。ジャンは山梨方言では古くから使用され、断定や確認だけでなく意志・勧誘表現にも使われるところに特徴がある。

禁止表現には助詞チョを用いる。これは古典語の「な〜そ」を引くもので、「行くな」はイッチョとなる。

可能表現では「ヨメル」（読める）のような可能動詞を多用する。また、可能動詞の未然形に助動詞レルをつける「読めレル」のような言い方も多い。「読めレル」はいわゆるレ足す言葉*といわれるものだが、山梨方言では伝統的な用法として古くからあるものである。可能の助動詞には、他にサル、ンゲルもある（㊎読めサル、読めンゲル）。

現在でもよく使われる方言の終助詞には、命令形に付くシ（行けシ）、疑問や感嘆を表すケ（行くケ）、「〜んだよ」にあたるサ（行ったサ）などがある。敬語表現にはゴイス、ヤス、イス、ガスなどがあるが現在では使用が少ない。

方言と意識されずよく使われる語にジャッシー（ジャージ）、コージ（校時。学校の何「時間」にあたる）、シーエーティービー（ケーブルテレビ。CATV）、バラセン（鉄条網）、カジル（爪でかく）、エライ（大変だ）などがある。

県外者にわかりにくい用法は、武田信玄が敵を欺くために作った隠し言葉だとする方言伝説が聞かれ、これは「信玄公の逆さ言葉」とも称される。

長野県

◉方言区画と特徴

長野県の方言区画は、奥信濃方言、北信方言、東信方言、中信方言、南信方言の五つに分類される。いずれも長野・山梨・静岡方言（ナヤシ方言*）に属し、中部地方という位置から、西日本方言的特徴が少々加わる。アクセントは東京式*（一部は準東京式*）である。以下、それぞれの地域ごとに特色をみていくことにする。

◉奥信濃方言

下水内郡栄村一帯がこの区域で、秋山郷もこの地域に属する。新潟県に接し、越後中越方言、とくに魚沼方言と連なる要素が多く認められる。

音韻に特色がみられ、シラビーム方言*である。また、[ɯ/o/a/e/i/ɔ/ɛ] の七つの母音がある。

両唇音*の [ɸ] があり「百」はフィャクのように発音される。また、「菓子」がクヮシ、「元旦」がグヮンタンとなる合拗音*もある。連声*があり、「本は」はホンナのようになる。

文法事象で長野県の他地域と違う点としては、推量表現にズラ、ラ、ダラズを用いず、ダロァー、ロァーを用いることがあげられる。また意志表現ではズを用いず、カコァー（書こう）のようになる。

◉北信方言

善光寺平とその周辺地域がこの区域で、中心都市は長野市である。音韻では合拗音クヮ、グヮがみられる。また奥信濃方言と同じく連声がある。

文法事象では推量・意志表現にズが用いられ、エカズ（行こう）のようになる。推量表現にダラズも用いられ、ソーダラズ（そうだろう）のようになる。

優しい禁止を表すナナ〜トがある。㊞ナナシト（するな）、ナナヨンド（読むな）。

◉東信方言

上田盆地・佐久平とその周辺地域がこの区域で、中心都市は上田市である。隣接する山梨の方言や、群馬の方言と似通った特徴も認められる。

音韻面では母音の無声化*がみられ、連母音の融合*がある。促音が挿入される語も多い。㊀シッタ（下）。

文法事象では、推量において、「書く」が北信方言に近いところではダラズ（書くダラズ）、群馬に近いところではベー（書くベー）、その他ではズラ（書くズラ）となる。

方角や場所を表す助詞にセ（ー）が用いられる。㊀ドコセ（どこへ）。これは東北方言や九州方言で用いられるサやサンに通ずる表現である。

◉中信方言

松本平とその周辺地域がこの区域で、中心都市は松本市である。北部には越後方言に、その他では岐阜・愛知方言（ギア方言*）に連続する特徴が認められる。

音韻面では、母音の無声化は北部を除いて少ない。連母音の融合は諏訪、上伊那地方で多くみられる。

文法事象では、否定表現にネー（㊀イカネー〈行かない〉）とン（㊀イカン〈行かない〉）を混用するなど、西日本方言の特徴が現れる。推量表現はズラ、ラ、ツラを用い、ナヤシ方言の特徴を示す。また、「隠した」がカクイタになるなど、サ行動詞にイ音便が現れる例がみられる。

◉南信方言

下伊那地方と木曽地方がこの区域で、伊那谷方言と木曽谷方言に分かれる。伊那谷の中心地は飯田市、木曽谷の中心地は木曽福島町である。愛知県の三河方言に連続する特徴が認められる。

音韻面では、伊那谷地方では無声化がないが、木曽谷地方では多い。木曽山村はシラビーム方言であり、また東北方言と同様に語中語尾の[k]が[g]となる。㊀カグ（書く）、サゲ（酒）。

文法事象では、西日本方言の特徴が現れる。「起きろ」がオキヨ、オキョー、「よく」がヨーのようになり、否定にンや過去否定にナンダ（㊀イカナンダ〈行かなかった〉）が使われる。木曽中南部では進行態*（㊀タマリヨル）と結果態*（㊀タマットル）の区別がある。

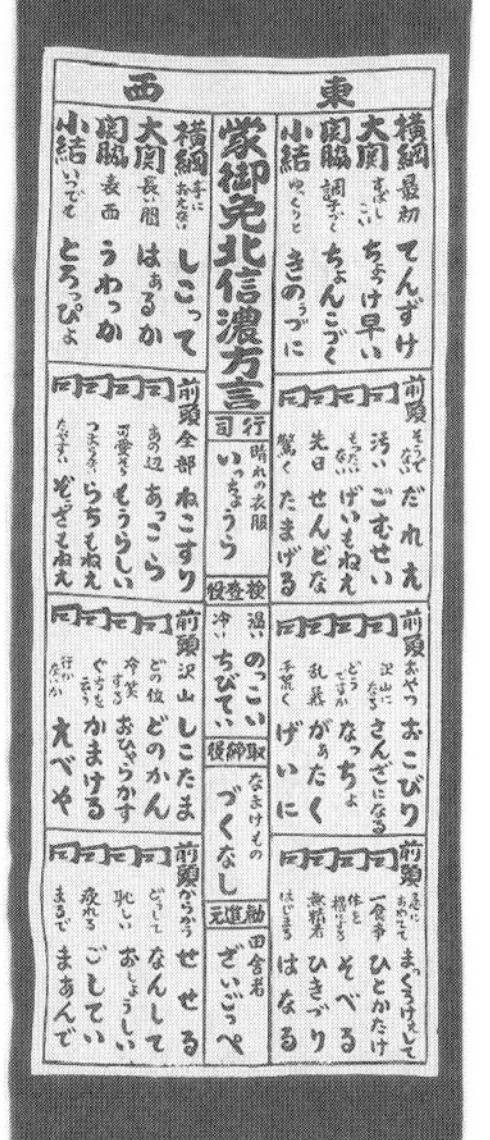

岐阜県

◉方言区画と特徴

岐阜県は東西方言の緩衝地帯である中部地方にあり、面積も広く、長野・富山・石川・福井・愛知・三重・滋賀の七県に接する。この地理的性格から、岐阜県内には東西方言の境界を示すいくつかの等語線*が走り、隣接する地域の影響を受けた県内での方言の差異が見受けられる。

県内の方言区画は、旧国境によって飛騨方言と美濃方言に大別される。さらに飛騨方言は北飛騨方言（高山市、吉城郡、大野郡など）と南飛騨方言（益田郡など）に分かれる。北飛騨方言には隣接する北陸方言の影響がみられ、南飛騨方言には美濃方言と似通う要素が認められる。

美濃方言は東美濃方言（恵那郡、加茂郡、可児市以東）と西美濃方言（郡上郡、武儀郡、美濃加茂市以西）に分かれる。なお、郡上郡のことばには南飛騨方言と共通する要素も多く、奥美濃方言として別に分類する区画案もある。東美濃方言には本州東部方言の要素が多く、西美濃方言には本州西部方言の要素が多い。

以上のように岐阜県の方言は県内の東西南北で地域差が認められる。現在、東西両方より新しい語形が入ったり、岐阜県内で新たな方言形が生じたりして、岐阜方言の動態も変化し、ことばの境界も従来と変わってきている。

◉音韻・アクセントの特色

母音の無声化*は目立たず、ガ行鼻音*がある。

西美濃方言の西縁では関西方言との共通点が多く、一音節語が長音で発音される。㊞メー（目）、テー（手）。

連母音アイ、アエは濃尾平野部でエァーと融合する。オイはオエーとなる。㊞デァーク（大工）、ナメァー（名前）、オソェー（遅い）。

東美濃方言ではアイがアー、オイがオー、ウイがウーとなる。㊞ダーク（大工）、クロー（黒い）。

アクセントは、西美濃方言の西縁では京阪式*のところがあるが、東に移るに従い東京式アクセント*に近くなる。西美濃方言は京阪式アクセントと東京式アクセントの接触地帯であり、複雑な様相を示す。

◉文法・語彙などの特色

一段動詞のラ行五段化*が東美濃方言によくみられる。「見る」においてはミラン（見ない）、ミリャヘン（見ない）、ミロウ（見よう）、ミレ（見ろ）のようになる。

断定辞は、西美濃方言ではジャ、ヤが用いられる。若い世代ほどヤの使用が多い。東美濃方言域の東南部ではダになる。

否定表現は、明治時代くらいまではナイ、ンが主流だったが、現在では全世代でヘンがもっともよく用いられる。否定過去もナンダからンカッタ・ヘンカッタに変わり、若い世代ほどヘンカッタのほうを多用する。

西美濃方言の西縁では敬語法に助動詞ハルを用い「行かハル」のように使う。

否定にはヘンの他にセン、ヤヘン、ヒンが用いられ、ミーセン、ミヤヘン、ミーヒン（以上すべて「見ない」の意）のようになる。

また「買った」がコータとなるなど、文法事象においても本州西部方言の特徴に通じるものが多くなる。

東美濃方言では推量表現にラ、ダラ、ズラ、ズが用いられる。「降る」においてはフルラ、フルズラ、フラズとなる。

勧誘表現にはマイカを用いる。「行かないか」が飛騨ではイカマイカ、美濃ではイコマイカとなる。カを略してイカマイ、イコマイとなることもある。

静岡県

◉方言区画と特徴

静岡県の方言は本州東部方言の長野・山梨・静岡方言（ナヤシ方言*）に属する。中部日本のこれらの地域は本州東部方言と本州西部方言とを分けるいくつかの等語線*が走っているが、東海道筋に沿って東西に広い静岡県にもそれがいくつかあり、県東部では東日本的特色が、県西部では西日本的特色が増す。

県内の方言区画は大きく四つに分かれる。富士川以東と伊豆半島が東部方言、富士川以西から掛川市以東が中部方言、周智郡・袋井市以西が西部方言、井川と本川根町最北部が井川方言となる。

◉音韻・アクセントの特色

連母音の融合*が認められる。県内全域で、助詞「は」「を」が付いた場合「夏は」がナツァー、「鳥を」がトリョーのようになる。大井川以東ではアイ、オイ、ウイの融合がみられる。アイはデァーコン（大根）、アキャー（赤い）、ヘール（入る）のようになり、オイはヒデー（ひどい）、ウイはワリー（悪い）のようになる。

ガ行音は語頭では[g]、語頭以外では[ŋ]となるが、いずれか一方しか使わない地域もある。[g]だけの地域は井川と伊豆西海岸、[ŋ]だけの地域は浜名湖西岸である。

語頭に[p]音が立つ語彙が、井川や安倍川上流地域に認められる。㊒プカイ（深い）、ポネ（骨）。

アクセントは無型アクセント*の地域を除き、東京式*である。特殊アクセント*の地域も認められ、中川根町特殊アクセント（無型アクセント地域に接する地域）、浜名湖特殊アクセント（湖東の舞阪系と湖西の新居系にさらに分かれる）、賀茂アクセント（賀茂郡と下田市）の三つがある。

無型アクセントは大井川上流地域、藁科川上流地域でみられる。周辺の人々はこのことばの調子を「ギラ」と呼んでいる。

◉文法・語彙などの特色

東西方言を分ける代表的な境界線のいくつかが静岡県内を南北に走っている。

否定表現のナイとンの境界は静岡県を走っており、ナイを用いるのは東部・中部方言域、ンを用いるのは島田市以西と西部方言域である。

命令の活用語尾のロとヨの境界もある。たとえば「起きる」の命令形が、東部ではオキロのようにロをとり、富士川以西の中部と西部ではオキヨ、オキョーのようにヨをとる。中部ではロとヨを併用するところもある。

進行態*のテルとトルの境界は浜名湖付近にあり、「降る」においては湖東ではフッテル、湖西ではフットルとなる。

なおサ行四段動詞のイ音便化の境界は、神奈川と静岡の県境に重なり、静岡県内ではダイタ（出した）、オトイタ（落とした）のようになる。

推量表現にズラ、ダラ、ラが用いられる。若い世代ではズラはほとんど用いられず、代わりにダラが使われている。若年層はラを体言にも接続させて「雨ラ」のように用いることもある。これまでは体言にラを接続させる用法はなく、「雨ズラ・雨ダラ」であったところに生じた新方言*である。

沼津以東と伊豆では推量や意志・勧誘にベーを用いる。

可能表現に、可能動詞にレルを付加した形を用いる（レ足す言葉*）。㊬イエレル（言える）、カテレル（勝てる）。

他の形には、「書ける」を例にすると、カケール、カキエル、カケンゲル、カキール、カカーサルなどがあり多様である。

語彙においても、東西対立分布*を示す「クスリユビ／ベニサシユビ」、「ヤノアサッテ／シアサッテ（シガサッテ）」などの境界線が静岡県内にある。

食事の挨拶に、イタダキマス・イタダキマシタを用いる。出かける挨拶・帰宅の挨拶は、イッテキマス・イッテキマシタとなる。

愛知県

◉方言区画と特徴

愛知県は旧尾張国と三河国とからなる。名古屋市は中京と呼ばれるように、近世以来江戸と京都の中間にある大都市として発達した。現代の愛知県は東海三県と呼ばれる愛知・三重・岐阜の中心に位置し、その方言は中部東海地方を代表するものであるといえる。同時に、東西方言緩衝部*の中でもとくに大きな境界地帯の方言である。旧国境があり、日本の東西方言の大きな境界地帯にあり、大都市も有する愛知県の方言は複雑で多様な様相を示す。

県内の方言は、大きくは二つ、かつての尾張藩域の尾張方言と、岡崎藩域の三河方言とに分かれる。尾張方言はさらに名古屋市を中心とする尾張北部方言と、知多半島部の尾張南部方言とに分かれる。三河方言は、岡崎市を中心とする西三河方言と、豊橋市を中心とする東三河方言とに分かれる。

尾張方言は西日本方言色が濃い。尾張南部方言や、名古屋市の東部地域は三河方言に近い部分がある。名古屋市内では旧屋敷町の士族ことば、中心的商業地区である上町のことばなどに違いが認められる。三河方言は静岡方言に近い。

◉音韻・アクセントの特色

尾張方言の連母音の融合*現象は「みゃーみゃー言葉」と称されて有名である。アイがエァー、ウイがウィー、オイがオェーとなる。ただし尾張方言でも瀬戸市ではそれぞれアー、ウー、オーとなる。三河方言ではアイがエーとなるが、ウイ、オイは変化しない。（尾張方言／瀬戸市／三河方言）

・大工　デァーク／ダーク／デーク
・薄い　ウスィー／ウスー／ウスイ
・匂い　ニオェー／ニオー／ニオイ

アクセントは東京式*であるが、尾張方言と三河方言で個別に違う語がある。また西三河方言と東三河方言で異なるアクセントの語もある。東三河方言域でも渥美半島先端部は、アクセントにおいては西三河方言と共通の部分が多い。

◉文法・語彙などの特色

本州東部方言の特徴を示すものと本州西部方言の特徴を示すものとの双方が認められる。

東日本的な要素には次のようなものがある。

断定辞はダ（ただし瀬戸市を除く）。高年層ではまれにデア（㊎どーデア）となる。過去形はカッタ（買った）、ヨンダ（読んだ）と促音便や撥音便をとる。また、オトイタ（落とした）、ホイタ（干した）のようなサ行イ音便がみられる。

一方、西日本的な要素は次のようなものである。瀬戸市では断定辞がジャ、ヤとなる。否定にはセン、ヘン、ンを用いる。「書かない」には書けセン、書けヘン、書かンなどの形がある。否定過去にはナンダがあり、書かナンダのようになる。

命令形の活用語尾はウケヨ（受けろ）、ミヨ（見ろ）のようにヨとなる。進行態*にはトルを用い、フットル（降っている）のようになる。

中部方言の特色を示すものには推量のズラ、ダラ(ー)、ダラーズ、ラなどがある。フルダラーズ（降るだろう）のようになるが、もっぱら高年層が使用する。ラや、過去推量のツラは三河に多く、フルラ（降るだろう）、フッツラ（降っただろう）のようになる。

尊敬表現にはテミエルがよく使われる。ヨンデミエル（読んでおられる）、カイテミエル（書いておられる）などで、この用法は方言と気づいていない人が多い。

ジャンはもと東三河方言でジャンカといっていたのが、ジャンとなって愛知県の西方にも使用を広めている。愛知のジャンは新情報の提示に使う用法がみられる。㊎私コーヒー好きジャン（私はコーヒーが好きなんです）。

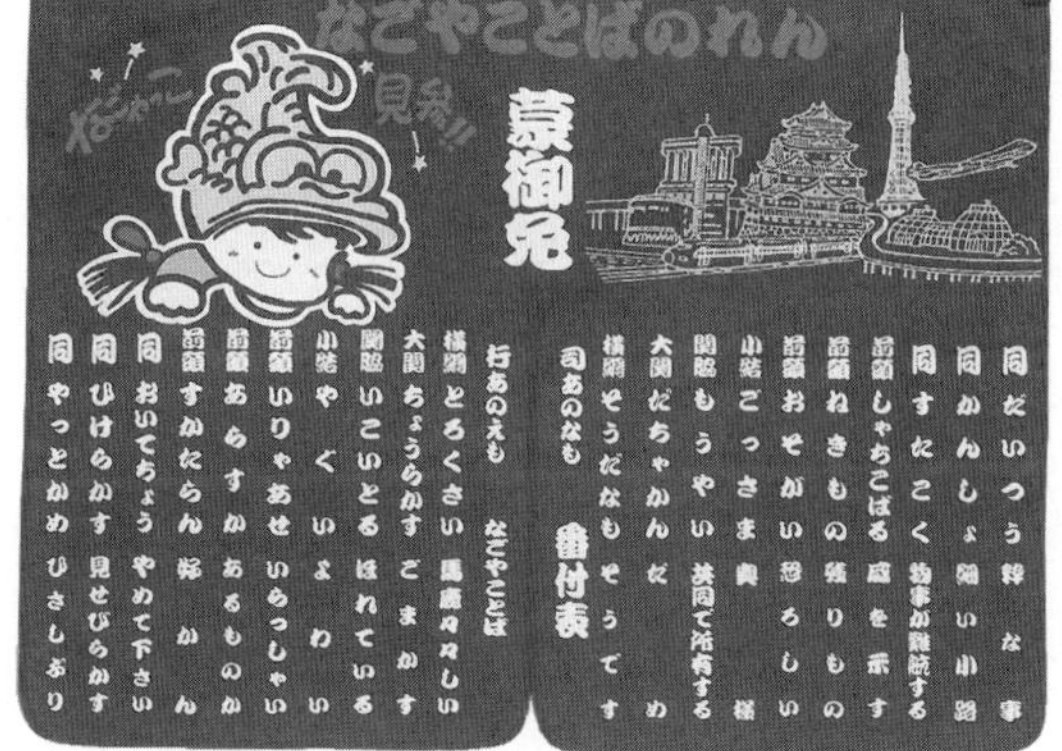

三重県

◉方言区画と特徴

三重県は紀伊半島東岸に位置し、愛知・岐阜・滋賀・京都・奈良・和歌山と接する。三重県の方言は本州西部方言のうちの近畿方言に属するが、県北部は東西方言の境界である中部東海方言地域に接して、東部方言のうちの東海東山方言の要素も併せ持っている。

近畿方言は北近畿、東近畿、西近畿、南近畿方言の四つに大別されるが、三重県方言は北部が東近畿方言区域、南部が南近畿方言区域に入る。

県内の方言も大きく北三重方言と、南三重方言の二つに分かれる。さらに北三重方言は北・中伊勢方言と、伊賀方言とに分かれる。南三重方言は志摩・南伊勢方言、北牟婁方言、南牟婁方言の三つに分かれる。この区画は旧国境とほぼ重なる。伊勢は北・中と南とに分かれるが、それぞれ伊勢（北・中伊勢）、伊賀、志摩（南伊勢が入る）、紀伊（北牟婁、南牟婁）となる。伊賀方言は京阪方言に近く、北牟婁・南牟婁方言は和歌山の方言に似通った特色を持つ。

◉音韻・アクセントの特色

連母音の融合*については、愛知県境に接する長島町、木曽岬町でアイがアー、ウイがウー、オイがオーとなる。㊋アカー（赤い）、フルー（古い）、シロー（白い）。

伊賀ではアイが［æe］となる。㊋アカェ（赤い）、タェ（鯛）。志摩ではアケー（赤い）、クレー（黒い）のようになる。

母音の交替*が認められ、とくにウとオ、アとオの交替が多い。㊋ウクル（送る）、ヒラウ（拾う）。

南三重方言ではセがシェ、ゼがジェとなるが、現在では高年層のみにみられる。㊋シェンシェー（先生）、ジェンジェン（全然）、カジェ（風）。

ザ行音とダ行音の混同は顕著で、とくにザ行音がダ行音に替わる例が多い。㊋デロ（ゼロ）、ヒダ（膝）。

またダ行音とラ行音の混同もよくみられる。㊋ウロン（うどん）、デキシ（歴史）。

ヒ、フ、ワの音や、その子音部分が脱落する現象が志摩の漁村地域にみられる。例ト（人）、トリタリ（ひとりふたり）、アタル（渡る）。

共通語で一拍の語は、長音化させて二拍で発音される。南牟婁方言の山間部ではこの現象はみられない。例チー（血）、テー（手）、メー（目）。

アクセントは県内の大半が京阪式*で、高起式*と低起式*の対立を持つ。南牟婁方言では牟婁式アクセントと呼ばれる特殊アクセント*がおこなわれている。狭い地域ごとにタイプが異なり、この地域のアクセント分布は複雑である。

愛知県境に接する長島町、木曽岬町、多度町のアクセントは東京式*である。

◉文法・語彙などの特色

否定表現にはン、ヤン、ヘン、センを用いる。「書かない」はカカン、カカヘン、カキャセン、「見ない」はミヤン、ミヤヘン、ミヤセンのようになる。

否定の過去表現は、ナンダ→ヘンダ→ヘンカッタ（高年層→若年層）という世代差がある。「書かなかった」はカカナンダ→カカヘンダ→カカヘンカッタとなっている。

断定辞に北三重方言はヤ、南三重方言はジャを用いる。

北三重方言は敬語が多彩である。「居る」「来る」の尊敬語にゴザル、ミエル、オイデルがあり、敬語表現の補助動詞としても使われる。テゴザルは古形だが、テミエルは現在もよく使われる。例カイテミエル（書いておられる）。

伊勢・伊賀ではレル、ラレル、ナハルが、伊勢ではナサル、ヤッセル、ッセルなどが使われる。

南三重方言では敬語表現は簡素で、助動詞による敬語がほとんどなく、文末詞による丁寧表現があるだけである。

南三重方言では進行態*と結果態*をヨルとトルとで区別する。北三重方言にはこのような区別はない。例タオレヨル（倒れていく途中である〈進行態〉）、タオレトル（倒れてそこにある〈結果態〉）。

南牟婁方言や、熊野市では「居る」にアルを用い、進行態はヤル・ヤール、結果態はタル・タールとなる。例タオレヤル・タオレヤール（進行態）、タオレタル・タオレタール（結果態）。

滋賀県

◉方言区画と特徴

滋賀県の方言は本州西部方言の近畿方言に属し、近畿方言の中では東近畿方言域に入る。県内は琵琶湖を中心に四方を湖東、湖南、湖西、湖北の四地域に分けるが、方言区画もこれに一致する。

湖南方言域は大津市、草津市、栗東市などが中心になる。京都にもっとも近く京都方言に通じる特色を持つ。なお湖南のうち甲賀地域（信楽町、甲賀郡など）は接する三重のことばと共通の要素が多く、甲賀方言という区画を別にたてる考え方もある。

湖西方言域は高島町、今津町を中心とする。湖南方言と湖北方言の緩衝地帯となるが、おおかた湖南方言に近い。隣接する福井県の若狭地方と似た要素も認められる。

湖東方言域は近江八幡市、彦根市、八日市市などを中心とする。隣接する岐阜のことばに似通った特色がみられる。

湖北方言域は長浜市、伊香郡などを中心とする。隣接する岐阜県美濃地方のことばの影響がみられる。湖北方言は、湖南・湖西・湖東方言とはアクセントのタイプや音韻等が異なり、京都方言の影響も少なく県内の他の方言と一線を画する。

◉音韻・アクセントの特色

湖北方言では連母音アイが［aẹ］、オイが［oẹ］のように発音されるのが県内の他の地域と異なる。(例)アカエ［akaẹ］（赤い）、シロエ［ʃiroẹ］（白い）。

ガ行音は湖西の高島郡と甲賀方言域では［g］、その他の地域では［ŋ］となる。

セ、ゼがシェ、ジェとなる現象は湖南（甲賀方言を除く）と湖西でみられる。

湖南の草津市にティ、トゥ、ディ、ドゥの音がある。

県内全域で、共通語で一音節の語が長音化して二拍になる。(例)キー（木）、ハー（葉）。

アクセントは、湖東・湖南・湖西方言が京阪式アクセント*

であるのに対し、湖北方言は垂井式アクセント*やその他の形式のアクセントが複雑に分布する。

●文法・語彙などの特色

動詞の打消にはン、ヘン、センが用いられ、「書かない」はカカン、カカヘン、カカセン、「見ない」はミン、ミヤヘン、ミヤセンのようになる。ヘンは湖北、ヒンは湖南に多い。

湖東と湖南の一部にサ行四段動詞の特殊なイ音便がみられる。カイセ（貸して）、タイサ（足した）のように動詞がイ音便になるとともに、後続するテ・タがセ・サとなる。これはカ行イ音便の語との同音衝突*の回避（カイセと「欠いて」、タイサと「炊いた」など）が発生の一因とみられている。

形容詞の連用形はウ音便になる。(例)シローなる（白く）、ハヨー行く（早く）。

断定辞にはヤが使われる。ジャは湖北、湖西高島郡、甲賀方言でみられるが少ない。

待遇表現に使う助動詞は種類が多く、用法も多様である。

尊敬表現の助動詞ではハル、ヤハルが広く使われる。(例)読まハル、見ヤハル。これが湖北ではアル、ヤアルとなる。(例)書かアル、見ヤアル。他にナハル、ンス、ヤンス、ヤスなどがある。(例)読みナハル、読まンス、読みヤス。

ヤスは挨拶語としてゴメンヤス（ごめんください）、オイデヤス（いらっしゃい）の形でよく使われる。

甲賀方言にはッサル、サッサル、サッシャルなどがあり、読まッサル、見サッサルのように使う。

軽蔑を表すといわれる助動詞にヨル、クサル、サラスなどがある。(例)書きヨル、寝クサル、来サラス。

ヨルは親愛を表すこともある。湖北方言ではヨルが五段動詞に付くと、イッコル（行きヨル）、シンノル（死にヨル）、トッボル（飛びヨル）のような形になる。

レル、ラレルは湖東・湖南方言では特殊な使われ方をする。話し手が自分の家族など、普段は敬語を使わない相手であっても、その人物を第三者として話題にのぼらせる場合その動作にレル、ラレルをつけるという第三者敬語*用法である。(例)（母親が先生に対して）「うちの子が行かレまして」（妻が和尚さんに）「（夫が）お邪魔しラレまして」

この第三者敬語用法を使うことによって、話し手が聞き手を高く待遇していると考えられる。

京都府

◉方言区画と特徴

京都府方言は、本州西部方言の近畿方言と中国方言の両方に属する。京都北部の丹後地方は中国方言に属している。

府内区画は、大きく北部地域の方言と中南部地域の方言に分けられる。北部地域は丹後方言、中南部地域は奥丹波方言、口丹波方言、山城方言に下位区画される。山城方言は、「京ことば」として名高く、府都京都市でおこなわれる方言である。

◉音韻・音声の特色

母音の発音は、共通語とほぼ同様であるが、ウがやや円唇*。無声化*は目立たない。連母音の融合*現象は、丹後方言の一部で頻繁。それ以外の方言では、頻繁ではない。一音節語の母音の長音化が顕著。㊐チー（血）、メー（目）。

語中のガ行音は、鼻濁音*または破裂音である。年代差や個人差が大きい。古い発音は鼻濁音。

ザ行音は、全体的に摩擦音の傾向にある。じ・ぢ・ず・づも、じ・ぢ［ʒi］とず・づ［zu］。

◉アクセントの特色

アクセントの違いは、府内方言を二区画する根拠となる。奥丹波・口丹波・山城方言は、京阪式アクセント*、丹後方言は東京式アクセント*。奥丹波方言北部に位置する京阪式と東京式の接触地域では、アクセントの安定性が認めにくい垂井式アクセント*である。

◉文法の特色

否定表現では、ヘン、ヒン、ンが基本的な形式である。山城方言では、カカヘン（書かない）、オキヒン（起きない）のように、ヘン・ヒンが一般的。ンは強い否定。丹後・奥丹波・口丹波方言では、カカン（書かない）、オキン（起きない）のようにンが一般的。ヘン、ヒンが強い否定を表す。以上の基本的な形式をもとに「ないでおく」にはヘントク、ントク、「なかった」にはヘンカッタ、ンカッタを派生させる。「なかった」には、古い表現とされるナンダもある。

コータ（買った）、ウトタ（歌った）、ワロタ（笑った）のような動詞のウ音便が盛んである。この他、丹後方言では、放イタ、差イタなどのサ行イ音便が認められる。

丁寧表現「ます」はマス。「ますよ」はマッセ、マッサ、マスエ、マスワ。「あります」はオス、「ありません」はオヘンであるが、いずれも女性語的。「です」はドス、デスで、上昇調のイントネーションを伴う。

尊敬表現は、地域差があり多様である。オ〜ヤス（〜なさいます）、ナハル・ハル（なさる）などが認められる。オ〜ヤスはオヤスミヤス、オイデヤスのように、慣用的なあいさつ表現として現れる。ただし、女性の使用が中心。

ナハル・ハルは書きナハッタ・書かハッタ、出かけてハルのように用いられる。雨がヨーフラハリマスナー（よく降りますねえ）のように、無情物が主語になることもあり、聞き手への尊敬や丁寧の気持ちを表現する。

アスペクト形式*は、進行態*、結果態*ともにテル。したがって、雪がフッテル（降っている）は、「今現在降り続いている」状態と、「雪はやんでいるが積もっている」状態の両方を表す。進行態にはヨルが用いられることがあるが、山城方言では卑罵語とされる。進行態には、口丹波・奥丹波・丹後方言で、トルが用いられることがある。

文末詞には、京都府方言のやわらかさを醸し出すものがみられる。命令表現に現れるヨシ、オシ、ナ、ヤはその代表である。㊎食べヨシ（食べなさい）、行きオシ（行きなさい）、しオシ（しなさい）、行きーナ（行ってください）、書きーヤ（書いてください）。とくに女性は、このような命令表現を好む。

◉語彙の特色

府都京都市は、平安京遷都以来、かなり長い間、日本の文化の中心を担ってきた。そのため、府内でも特別な文化圏を形成し、「御所ことば*」と称される古い表現が残る。語彙では、オスモジ（鮨）、オカチン（餅）などがその例である。

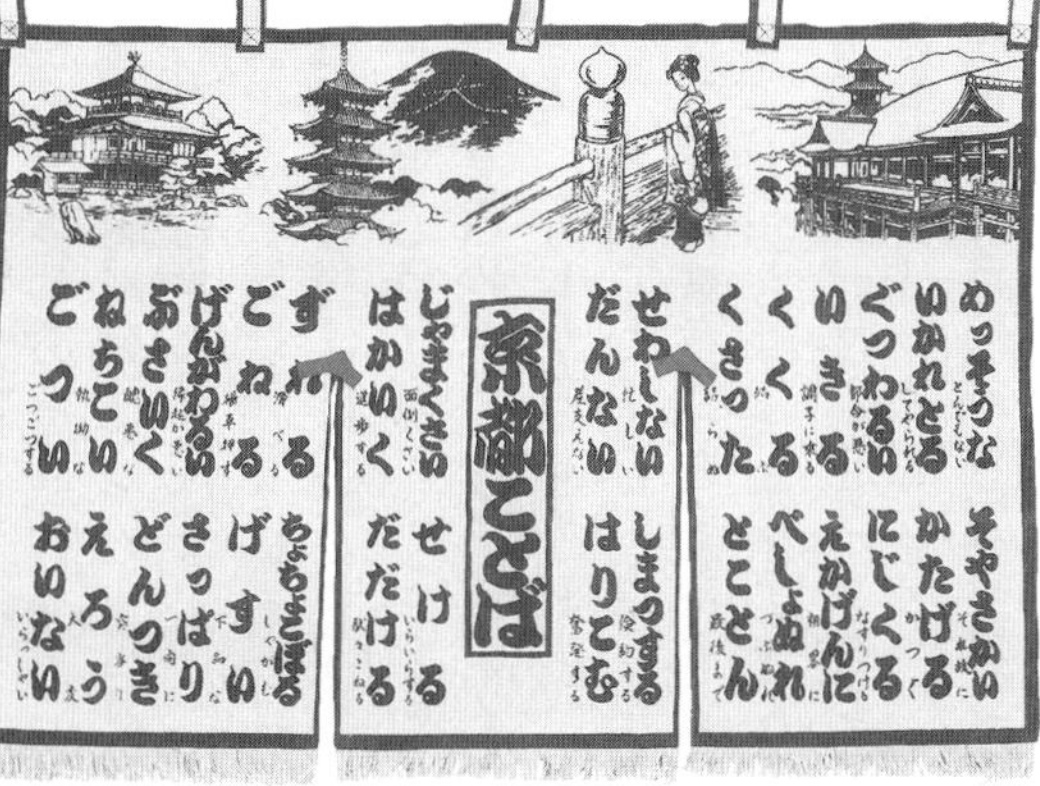

大阪府

◉方言区画と特徴

大阪府方言は、本州西部方言の中の近畿方言に属する。かつての都である京都と隣接し、西部方言の中心をなす。大阪府方言の、隣接地域方言への影響力はきわめて大きい。

府内の地域差は比較的小さいとされるが、河内方言、摂津方言、和泉方言の三つに区画される。とくに和泉方言は、和歌山県方言との共通点が多い。

◉音韻・音声の特色

母音は共通語とほぼ同様に発音されるが、ウはやや円唇*。母音の無声化*は目立たない。連母音の融合*は規則的におこなわれず、目立つ現象ではない。

語中のガ行音は鼻濁音*と破裂音。鼻濁音は高年層に認められるのみ。若年層では、ほんどが破裂音。和泉方言では、$[{}^{\eta}\mathrm{g}]$がみられることがある。

サ行音とハ行音は、ある音環境のもとで、お互いに子音が交替する。シがヒになる例は、ヒチヤ（質屋）、ヒツコイ（しつこい）。ヒがシになる例は、シタイ（額）、オシタシ（お浸し）。シ以外のサ行音がハ行音に変化する例は、オバハン（おばさん）、ホナ（そうなら）、ホイテ（そして）。

ザ行音は摩擦音と破擦音で発音されるが、共通語に比べ破裂の程度が弱い。

ザ行のダ行音化、ダ行のラ行音化が認められる。㊞ダブトン（座布団）、ウロン（うどん）など。

◉アクセントの特色

府内全域で、京阪式アクセント*。高年層には、二拍名詞の和語の四類*（肩・空・松など）と五類*（雨・朝・窓など）は型の区別があるが、若年層では区別が失われていることが報告されている。また、高年層には、五類に拍内下降*が認められる。

◉文法の特色

共通語と異なる音便形として、ウ音便ではコータ（買った）、ウトタ（歌った）など、撥音便ではヨンダ（読んだ）など、促音便ではカッタ（借りた、刈った）など。略音便形はイタ（行った）、クタ（食った）などがある。

否定表現は、ン、ヘン・ヒンが中心。ヒンはもっぱら和泉方言で用いられる。「書かない」はカカン・カケヘン・カキャヒン、「起きない」はオキン・オケヘン・オキヒン・オキャーヒン。「〜ないで」はント、イデ。㊧カカントク（書かないでおく）、カカント（カカイデ）ドナイスンネン（書かないでどうするの）。「〜なくても」は、ンデモ、イデモ。㊧カカンデモ・カカイデモ（書かなくても）。

丁寧表現「ます」はマス、マウ、マ。「あります」「ございます」はオマス。㊧タコオマス（高うございます）。「です」はダス、ダ、デス。ダはダスから変化したもの。ちなみに断定辞「だ」はヤ。他に、マッサ、マッセ、マンネン、マヒョ、マヒヨカなどがある。

尊敬表現は、一般にハル、ナハルによっておこなわれる。カカハル・カキャハル（書かれる）。オ〜ヤスは、オイデヤス・オコシヤス（いらっしゃいませ）のようなあいさつ表現でみられるのみ。

命令表現には男女差がある。「書け・起きろ・食べろ・しろ・来い」は、男性でカケ・オキー・タベー・セー・コイ、女性でカキー・オキー・タベー・シー・キー。オキーとタベーは、形式の男女差はないが、アクセントに男女差が認められるようである。

文末詞には、大阪府方言の特徴を示すものがある。ソーデンナー（そうですね）のナ、ナハレヤ（〜しなさいよ）のヤなど。

◉語彙の特色

伝統的な語彙は衰退傾向にあるが、動作語彙、感覚・感情語彙、性向語彙の中に、若年層でも頻繁に使われるものがある。

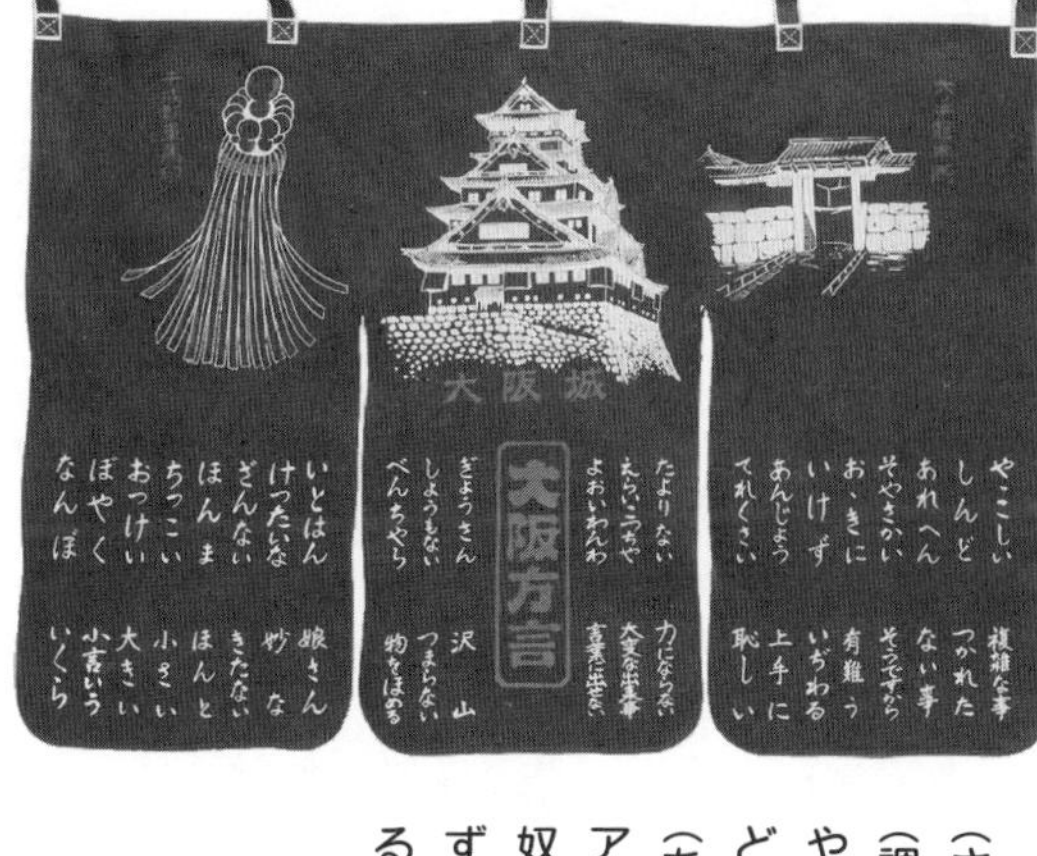

たとえば、イラウ（さわる）、イチビル（調子にのって騒ぐ）や、エゲツナイ（ひどい）、スカタン（あてはずれ）や、アカンタレ（だめな奴）、ゴンタ（いたずらっ子）などである。

兵庫県

◉方言区画と特徴

本州西部方言に位置し、県内に、西部方言の下位区画である中国方言と近畿方言の境界線が走る。

県内区画は、但馬方言と摂丹播淡方言に分けられる。但馬方言地域は日本海側に面しており、中国方言に属する。摂丹播淡方言は、大阪や京都とともに近畿方言に属する。摂丹播淡方言を下位区画すると、摂津方言、丹波方言、播磨方言、淡路方言となる。摂津・丹波方言は、それぞれ京都府・大阪府に接し、都会的であかぬけているとされる。

◉音韻・音声の特色

母音は、共通語とほぼ同様に発音されるが、ウはやや円唇*。無声化*は目立たない。連母音の融合*現象は、但馬、播磨方言で目立つ。例えば「大工」は地域により、ダーク・デァーク・デークなどに発音される。

語中のガ行音は、高年層で［ŋ］、若年層で［g］と発音される。

ザ行とダ行の混同が認められる。㊟ダブトン（座布団）、ドーキン（雑巾）、カデヒキ（風邪ひき）、オジドーサン（お地蔵さん）。

一音節名詞の長音化、キー（気）、ヒー（火・日）などは若年層では衰退傾向にある。

◉アクセントの特色

但馬方言は東京式アクセント*、播磨方言南部と摂津方言は京阪式アクセント*。東京式と京阪式の接触地域、すなわち播磨方言北部・西部と丹波方言北部は垂井式アクセント*。京阪式の地域では、二拍名詞における和語の四類と五類*の型の区別と、五類の拍内下降*が消滅しつつある。播磨方言では、近世初期の様相もみせる。

◉文法の特色

過去形は音便形をとる。ウ音便形、サ行イ音便形、略音便形が特徴的。ウ音便ではコータ（買った）など、サ行イ音便ではオトイタ（落とした）など、略音便ではクタ（食った）など。サ行イ音便形は衰退傾向にある。

否定表現「ない」は、ン、ヘンでなされ、ンのほうが強い否定とされる。カカン・カカヘン・カケヘン（書かない）、コン・コーヘン・ケーヘン（来ない）、セン・セーヘン・シャーヘン（しない）。丹波方言などでは「〜なかった」に、ヘンダがみられる。例行かヘンダ（行かなかった）。

尊敬表現は地域差に富む。ハル、ナハル、テ（ヤ）、ダハン、チャッタ、ナール、ンサルなどがある。播磨・丹波方言のテヤ（例オコッテヤ〈怒っていらっしゃる〉）は、ハル（例オコッテハル〈怒っていらしゃる〉）に押されて衰退傾向にある。

アスペクト形式*は、原則として進行態*がヨー（ヨル）、結果態*がトー（トル）であるが、必ずしもこの通りではない。たとえば、播磨方言では、トーは、「今書いトー」のように進行態でも用いられ、ヨー（今書っキョー）と併用される。トーは進行態として勢力を強めつつあり、ヨーと相補分布の傾向にある。すなわち、ヨーは主に瞬間動詞（点く、死ぬなど）に接続し、トーは主に状態動詞（切れる、出来るなど）に接続する傾向がある。

共通語と異なる助詞が多い。「〜から」はサカイ・ハカイ、サケ・ハケ、サケン・ハケン（例書いたサカイ）。「〜ながら」はモッテ（例歩きモッテ）。「〜さえ、〜だって」はカテ、カトテ（例ワシカテ・ワシカトテ〈私だって〉）。

◉語彙の特色

共通語にはない、形容語彙、動作語彙が豊富である。例イカメー（羨ましい）、サッチモナイ（つまらない）、ヤニコイ（弱々しい）。イヌ（帰る）、カツケル（ぶつける）、ハリコム（おごる）。

東北方言で「恥ずかしがる様子、気の毒な様子、恐れ入る様子」などを表すオショーシーや、共通語で「図々しい様子」などを表すアッカマシーが、兵庫県方言では、オショーシナモン（つまらないもの、粗品）、アッカマシーイチニチ（忙しい一日）のように用いられる。

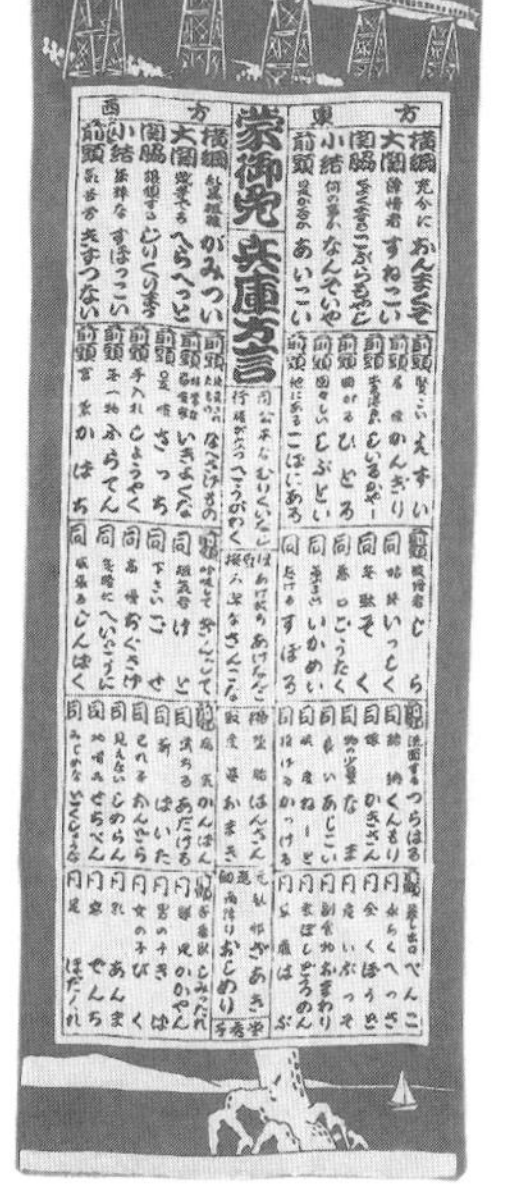

奈良県

◉方言区画と特徴

奈良県の方言は本州西部方言の近畿方言に属する。県内の方言区画は北部方言と南部方言とに分かれる。

北部方言は奈良盆地を中心とする国中と大和高原の東山中が含まれる。京都や大阪に近く、古くから交流も盛んだったのでことばや文化の面でも京阪地方と共通の要素が多い。

南部方言は吉野郡大塔村、十津川村、天川村、上北山村、下北山村の五村が入る。北部方言と南部方言の境は天辻峠、笠木峠、伯母峰峠を結ぶ線である。近畿方言は京阪式アクセント*地域だが、南部方言では東京式アクセント*がおこなわれている。この奈良の南部方言のみ特異な区画を示すことから、言語島*の例として名高い。かつてこの地域は山嶺に阻まれ北部地域との往来が不便な辺境の地であったため、京阪式アクセントが独自変化を遂げて東京式に変化したと考えられる。吉野郡内でも野迫川村は隣接する和歌山県高野山町と往来しやすかったため京阪式アクセントを保持したと考えられている。

国中では「大和ことばに讃打つな」という諺を伝えてきた。これは「奈良のことばにけちをつけるな」という意味で、奈良の言葉はかつての都の言葉・中央語*に類似しているという言語意識を表しているといえよう。また「京都弁の素地に大阪弁の上塗りをした姿」ともいわれる。奈良の方言は、奈良盆地を中心として人々にスタンダードと意識される北部方言と、吉野山中で独自な言語島として位置づけられる南部方言との二つから成り立っている。

◉音韻・アクセントの特色

●北部方言

アクセントは京阪式で、他の近畿方言と似た特色を持つ。母音の無声化*は目立たず、連母音の融合*もエイがエーとなる程度である。語中語尾のガ行音は鼻濁音*になる。

共通語で一拍の語は二拍で発音される。㊀テー（手）、チー（血）、ハー（歯）。

●南部方言

他の近畿方言と異なり母音の無声化が認められる。連母音アイがアーとなる融合が動詞や形容詞のような活用語や希望の助動詞「たい」などに多くみられる。㋕サータ（咲いた）、キタナー（汚い）、アンゲター（あげたい）。

助詞も前接する語に融合する。㋕キュー（木を）、ハニョー（葉を）、カビャー（壁は）。

合拗音*が認められる。㋕スイクヮ（西瓜）、グヮンタン（元旦）。

アクセントは東京式で、これは京阪式から東京式に移る過渡的相のアクセントとしてとらえられる。

◉文法・語彙などの特色

●北部方言

否定表現にはヘン、セン、ンを用いる。ヘンのほうが新しい形である。㋕カカヘン、カキャセン、カカン（書かない）。

命令表現では、強い命令と優しい命令とでアクセントが異なる場合がある。

㋕「見る」ミー（強い命令）
ミー（優しい命令）

断定辞はヤを用いる。

アスペクト形式*は、進行態*にトル、結果態*にタルを用いる。若年層ではこの区別が曖昧になり、双方にテルを用いる。

㋕「降ットル」（進行態）、「降ッタル」（結果態）。

間投助詞にミーがある。㋕アノミー（あのね）。

尊敬の助動詞にはハル、ヤハル、ナハル、ンス、ヤンスなどを用いる。

●南部方言

否定表現にはンをもっぱら用いる。

断定辞はジャ、ダとなる。

アスペクト形式は、進行態にヨール、結果態にトルを用いる。㋕「降リヨル」（進行態）、「降ッタル」（結果態）。「書キヨール」（進行態）、「書ートル」（結果態）。

「居る」をアルで表すことがまれにある。和歌山方言に通じる現象である。

尊敬は助動詞による表現はあまり用いられず、文末詞のノーラ、ノーエ、ノーなどを付して敬意を表す用法が主である。

㋕アノノーラ（あのね）。

和歌山県

◉方言区画と特徴

和歌山県の方言は本州西部方言の近畿方言に属する。近畿方言の中では、南近畿方言になる。県内の方言区画は大きく紀北方言、紀中方言、紀南方言の三つに分かれる。

紀北方言は和歌山市、海南市、那賀郡、伊都郡などが含まれる。地理的位置から、大阪府や奈良県大和地方のことばの影響を受けている。

紀中方言は御坊市、有田郡、龍神村などが含まれる。二段活用動詞や、田辺式アクセントなど古相の言語事象が見受けられる。

紀南方言は田辺市、新宮市などが含まれる。隣接する三重県のことばと似通う点がある。

◉音韻・アクセントの特色

音韻現象は他の近畿方言と似た特色を示す。母音の無声化*は目立たない。連母音の融合*も語的にイエ→エー（例「見える」がメールになる）の現象が認められる程度である。

一音節語や二音節語の語尾を長音化させる。例メー（目）、ハー（葉）、ハルー（春）。

県内は京阪式アクセント*だが、紀中方言では田辺市を中心とする地域に、京阪式アクセントの中でも古い、田辺式アクセントがおこなわれる。これは室町時代末期の文献『補忘記（ぶもうき）』に見られるアクセントに類似する。

また、新宮市では一アクセント節の中にアクセントの山*が二か所ある台頭現象*がみられ、俗に「新宮なまり」と呼ばれている。

隣接する奈良南部方言域では近畿方言の中では特異な東京式アクセント*がおこなわれていることなどもあわせて考えると、紀伊半島南半分は、京阪式アクセントとは性格の異なるアクセント基盤のある地域と考えられる。

◉文法・語彙などの特色

断定辞は山間部でジャ、平野部でヤとなる。

紀中方言では動詞の二段活用の残存が認められる。「暮れる」はクルル、「起きる」はオクルのようになる。

「(人・生物が)いる/いない」が、龍神村周辺の山間部では「オル/ナイ」、平野部では「アル/ナイ」となる。
㊎〈山間部〉魚がオル(魚がいる)/魚がナイ(魚がいない)
〈平野部〉魚がアル(魚がいる)/魚がナイ(魚がいない)

アスペクト形式*には現在では進行態*、結果態*ともにチャール(語源は「~てある」)がよく用いられる。「手紙カイチャール」で「手紙を書いているところだ」と「手紙が書いて(そこに)ある」と進行態と結果態の両方を示す。進行態には「降る」ではフッタール、フッタル、フッチャール、フッチャル、フッテル、フットル、フラル、フリヨル、結果態にはフッタール、フッタル、フッチャール、フッチャル、フッテアラ、フッテアル、フッテラ、フットラ、フットルなどさまざまな形式がみられる。

否定にはン、ヤンを用いる。㊎アカン(開かない)、ツレヤンカッタ(釣れなかった)。

過去推量にツローを用いる。紀中方言に多い。㊎ミニイッツロー(見に行っただろう)。

紀北方言にはシカエー(~のほうがよい)という表現がある。㊎酒シカエー(酒のほうがよい)。

多用される終助詞にはノーラ、ノシ、ラなどがある。ノーラは紀中方言域の龍神村で用いられ、隣接する奈良南部方言にも同じ用法がある。㊎クイタイノーラ(食いたいなあ)。

ノシは紀北、紀南で用いられる。㊎ケッコーヤノシ(結構ですねえ)。

ラは勧誘表現に用いられる。㊎ツレモテイコラ(一緒に行きましょうよ)、カコラ(書こうよ)。

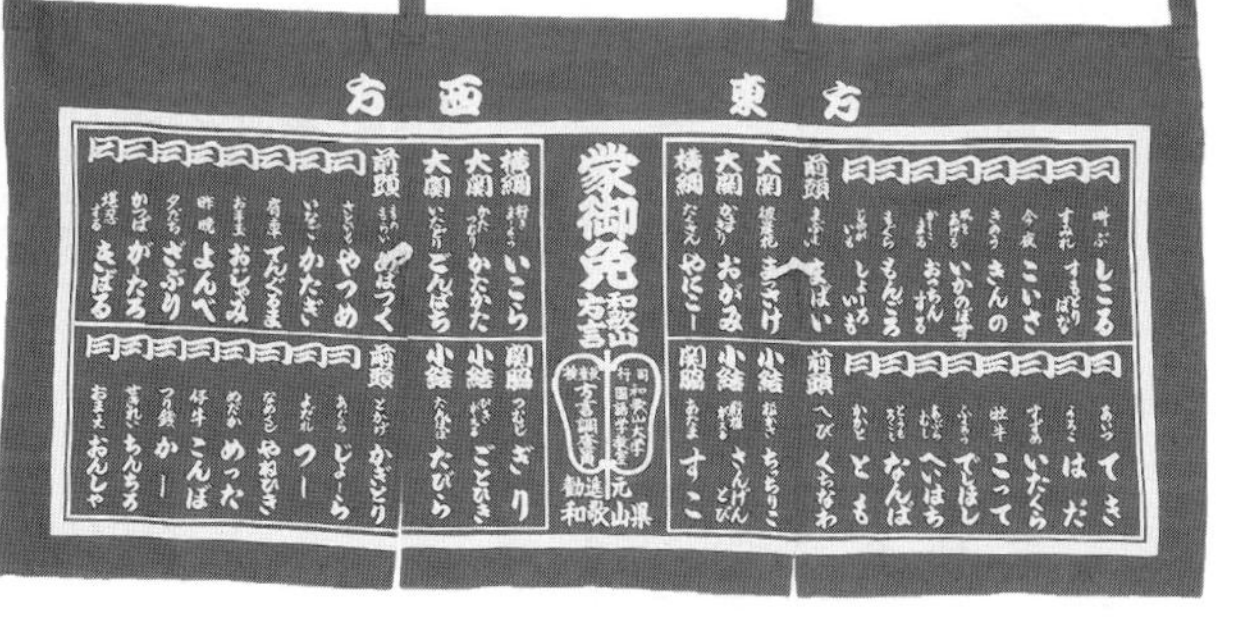

鳥取県

◉方言区画と特徴

鳥取県方言は、本州西部方言の中の、中国方言と雲伯(うんぱく)方言の一部である。

県内区画は、西伯耆地方（県西部）方言、東伯耆地方（県中部）方言、因幡地方（県東部）方言に三分される。西伯耆地方方言は、島根県の出雲方言とともに、雲伯方言に属しており、鳥取県の中では異色の存在である。因幡地方方言は、兵庫県と接し、近畿方言へと連なる。

◉音韻・音声の特色

母音における全域にみられる特徴は、やや円唇*的なウの音声。その他には、西伯耆地方方言に特徴がある。高年層を中心に中舌母音*［ï］［ü］が盛んで、とくに出雲方言に近い地域（米子市周辺）では、イ・ウがある音環境のもとで［ï］に統合される傾向が認められる。また、ウからオへの変化も盛ん。例オナギ（鰻）、モギ（麦）、ハボク（省く）、エノ（犬）。イ・エは［e］で、「息」「駅」は［ekçï］。

連母音の融合*現象は、アイで盛ん。その他の組合わせではほとんど生じない。アイの融合の仕方は地域差が著しい。「赤い」は、アケーになる地域とアキャーになる地域がある。

母音イ・ウの無声化*が、県内全域で盛んである。

［wo］や［je］が聞かれる。例ウォ（緒）、ウォナゴ（女子）。イェダ（枝）、ツイェ（杖）。

合拗音*クヮ、グヮが、西伯耆・東伯耆地方方言で盛ん。例クヮシ（菓子）、スイクヮ（西瓜）、グヮンタン（元旦）、シグヮツ（四月）。

セ・ゼが、全域でシェ・ジェになる。例シェナ（背中）、ジェニ（銭）。ただし若年層では使われなくなってきた。

西伯耆地方方言では、シとス、ジとズ、チとツの区別がなく、東北方言と同様に「ズーズー弁*」である。

◉アクセントの特色

県内の大部分は東京式アクセント*であるが、西伯耆地方方言のアクセントは、隣接する出雲方言と同様の準東京式アクセント*である。

◉文法の特色

意志・勧誘表現は、「う」「よう」または、その変化形が用いられる。例カカー、カカイ（書こう）、オキヨー・オキョー・オキョイ（起きよう）、ステヨー・スチョー（捨てよう）、コー（来よう）、ショー（しよう）。

西伯耆地方方言では、末尾の長音短呼*が認められる。例カカ（書こう）、オキ（起きよう）、スチョ（捨てよう）、コ（来よう）、ショ（しよう）。

推量表現「だろう」はダラー。例書くダラー、捨てっダラー。起きっダラー、来っダラーは、それぞれオキョー、コーと併用される。

否定表現は、ンやニャーによっておこなわれる。動詞の否定表現は主にンを用いる。例書かン、起きン、捨てン、来ン、シェン（しない）。これらを強調した「〜はしない」には、シェン、ヘンがあたる。例書キャーシェン、書キャーヘン。形容詞の否定表現は、ヨーニャー（良くない）、ウレシューニャー（嬉しくない）のような形になる。

動詞の過去形には、音便形が現れる。ウ音便形のクータ（食った）、アロータ（洗った）、サソータ（誘った）は、因幡地方方言で認められる。サ行イ音便形のダイタ（出した）、サイタ（刺した）、オコイタ（起こした）は、県内全域で。

アスペクト形式*には、進行態*にヨル・ヨー、結果態*にトル（東伯耆、因幡）・チョー（西伯耆）がある。東伯耆では、進行態にトルを用いる地域もある。

可能表現では、状況可能*と能力可能*を区別。状況可能はレル・ラレル、能力可能はヨー〜スルで表現される。

中年層以下では、行カレルと行ケル（可能動詞）で混交が起こり、行ケレルのような形式が現れ、状況可能で使われるようになっている。

待遇表現は、尊敬、謙譲、丁寧など、待遇価値によって細かな使い分けをおこなう。尊敬のナサル類、シャル類、謙譲のツカワサイ類、ゴッサー類、丁寧のゴザエマス類など、形式はバラエティーに富む。

助詞では場所を表すカラが特徴的。「二階カラ転んで骨折した」は、「二階で転んで」の意。

◉語彙の特色

共通語には見られない副詞語彙が存在し、程度により細かな使い分けをおこなっている。キョーサメー（驚くほどひどく）、ゴツー（ひどく）、ヨーニ（ほんとうに）、ホンニ（ほんとうに）など、鳥取県人の生活実感を表現する語彙として活用される。

島根県

◉方言区画と特徴

島根県方言は、西部方言の中の中国方言および、雲伯(うんぱく)方言に属する。

県内は、石見方言（県西部）、出雲方言（県東部）、隠岐方言（日本海上）の三つに区画される。出雲方言と隠岐方言は、鳥取県西部（西伯耆地方）方言とともに、雲伯方言に属する。石見方言は、山口県方言、広島県方言に連なる特徴を有する。

◉音韻・音声の特色

県内では、出雲・隠岐方言の特殊性が際だつ。石見方言の音声は、広島県方言や山口県方言との共通性が認められ、出雲・隠岐方言音声と大きく異なる。

以下、出雲・隠岐方言の音声を中心に概観する。

母音においては、まずイとエの混同や中舌母音*が認められる。シとス、ジとズ、チとツの区別がなく「梨」も「茄子」もナシのように発音される（ズーズー弁*）。東北弁と共通である。

開合の区別*があり、「楊枝」をヤージ、「用事」をヨージと区別して発音することも出雲方言（鳥取県西伯耆を含む雲伯方言）の特色の一つである。

また、ウとオの交替が起こる。(例)オタ（歌）、オミ（海）、モギ（麦）。

さらに、連母音の融合*現象も生ずる。たとえば、アイはエ（ー）と変化し、「赤い」はアケーまたはアケと発音される。ちなみに、石見方言では、アイはアーとなる傾向がある。(例)カータ（書いた）。

合拗音*クヮ、グヮが聞かれる。(例)クヮジ（火事）、グヮイコク（外国）。

子音においては、ラ行音の子音［ɾ］の脱落、ハ行子音の［ɸ］、シェ・ジェ音が特徴である。［ɾ］が脱落すると、母音が長音化し、アーマシタ（ありました）、デキーヨ（できるよ）、ヒーメシ（昼飯）のようになる。［ɸ］は、ファシ（橋）、フィバチ〈火鉢〉、のように現れる。シェ・ジェは、シェミ〈蝉〉、ジェン〈膳〉のような例にみられる。

◉アクセントの特色

石見方言では東京式アクセント*である。出雲方言は準東京式アクセント*であるが、二拍名詞の和語の一〜五類*のすべてに母音の広狭による区別がみられる点に特色が認められる。

石見方言では、共通語で○○の亀・渦・束・舵などが、○○と発音される。

隠岐方言のアクセントは、県内でも特殊であり、複雑な様相を示す。

◉文法の特色

推量表現「だろう」は、出雲・隠岐方言でダラー・ジャラー、石見方言でロー、ダロー・ジャロー・ヤロー。

否定表現「ない」は、全域でン。出雲・隠岐方言ではノやヌもある。㊖イッタカモシラノー〈行ったかもしれないねえ〉。

過去の否定表現では、ザッタ、ダッタ、ジャッタなどが使われる。㊖エカザッタ〈行かなかった〉、シラダッタ〈知らなかった〉。

敬語表現では、出雲・隠岐方言のナハル㊖エキナハーカ〈いらっしゃるの?〉、シャル㊖ダマッチョラッシャエ〈黙っていらっしゃい〉・サッシャル㊖オキサッシャンシタ〈お目覚めになりました〉、ゴザル㊖ゴザッタカノ〈いらっしゃったかね〉、石見方言のンサル㊖イキンサッタ〈いらっしゃった〉、ッセー㊖ヨラッセー〈お寄りなさい〉、出雲・石見方言のテダ㊖イッテダッタ〈行かれた〉が特徴的。豊富な形式によって、待遇価値を細かく言い表す。

アスペクト形式*は、石見方言において進行態*にヨル（ヨール）、結果態*にトルが用いられる。㊖ショール〈今現在している〉、ハーキトル〈もう来ている〉。出雲・隠岐方言では、進行態、結果態ともにチョルまたはトルで表現する。

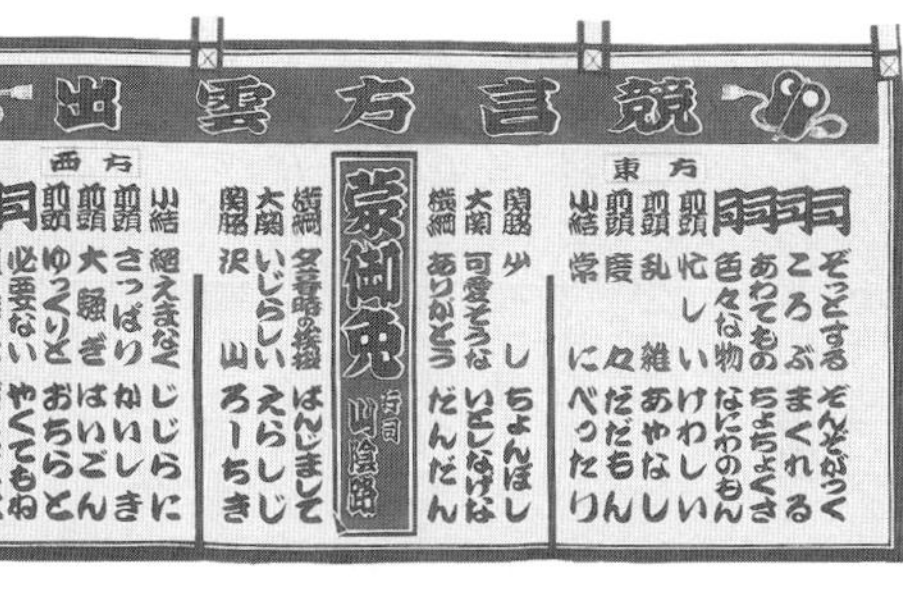

◉語彙の特色

ベッタベッタ〈たびたび〉、チョッコシ〈少し〉、チョンボシ〈ちょっと〉など、特徴的な副詞語彙が多い。アゲ〈そう、あんな〉、ソゲ〈そう、そんな〉、コゲ〈こう、こんな〉、ドゲ〈どう、どんな〉も県内で多用され、「アゲ、アゲ」「アゲダ、アゲダ」（「そうそう」「そうだそうだ」の意）のような同意の表現にも用いられる。

岡山県

◉方言区画と特徴

岡山県方言は、本州西部方言の中の中国方言に区画され、近畿方言との接触地域にあたる。

県内の方言差は緩やかだとされつつ、美作方言、備前方言、備中方言に区画される。備中方言は、さらに北部と南部に下位区画されることがある。備中方言北部では、伝統的な方言の古相が確認される。

◉音韻・音声の特色

連母音の融合*現象は、美作方言ではほとんど認められず、備前方言を中心に県南部地域で盛ん。たとえば、アイは、アケー・アケァー（赤い）のように、エー・エァーとなる。若年層ではエーとなることが多い。

子音では、備前・備中方言において、セ・ゼがシェ・ジェになるのが特徴的。㊎シェンシェー（先生）、ジェーキン（税金）。

語中のガ行音は県内全域で［g］。

助詞「を、へ、は」は、前接体言の語尾の母音とともに音声変化を起こす。㊎テョー（手を）、テャー（手は）、ハナー（花を・花は）、ハニャー（花へ）、トーファー（豆腐は）。

◉アクセントの特色

ほぼ全域で東京式アクセント*であるが、兵庫県との境界地域、瀬戸内海に面した地域、瀬戸内海の島嶼部では、京阪式アクセント*が認められる。

三拍形容詞は、高年層には平板型*（アカイ・カルイなど）と中高型*（シロイ・タカイなど）の二種類が認められるが、若年層はすべて中高型に統一（一型化*）されている。

◉文法の特色

意志表現は、カコー（書こう）、ウキョー（受けよう）、オキュー（起きよう）、コー（来よう）、ショー（しよう）のような形をとる。

推量表現はウ（オ）で表す。㊎イコー（行くだろう）、フロー（降るだろう）、アロー（あるだろう）。

否定の推量表現はマーで表す。㊎イクマー（行かないだろう）、ナカルマー（ないだろう）。

尊敬表現には、レル・ラレル、ンサル、テジャ、チャッタ、チャルが用いられる。レル・ラレル、ンサルには命令形がある。㊎行かレー、起きラレー、来（こ）ラレー、せラレー、書きンセー。たとえば、ハヨーイカレーは「早くいらしてください」。テジャ、チャッタ、チャルは、「先生が来てジャ（いらっしゃる）」「来チャッタ（いらっしゃった）」「行きんチャル（お行きになる）」のように用いられる。なお、チャルは美作方言の特徴。

否定過去表現「なかった」には、ナンダやザッタが用いられる。㊎書カナンダ・書カザッタ、見ナンダ・見ザッタ。

禁止表現はナでおこなう。接続が特徴的。㊎起きナ、当てナ、来ナ、すナ。

アスペクト形式*には、進行態*にオル、結果態*にトルがある。たとえば「（雪が）降る」は、進行態がフリョール（今現在降っている）、結果態がフットル（降りつもっている）。

形容動詞の終止形はナで終わる。㊎キレーナ（綺麗だ）、ゲンキナ（元気だ）。「元気だった」は、元気ナカッタ、または元気ニアッタ。「元気だろう」は元気ナカロー。「元気ならば」は元気ナケリャー。

助詞「ばかり」にはバーを用いる。㊎「雨バー降る」「チート（少し）バー欲しい」。

比較の助詞「より」は、「とは」から変化したターを用い、イヌターネコガスキ（犬より猫が好き）のように表現する。

文末詞では、「よ」にあたるトミー、「ものか」にあたるニーが特徴的。㊎「どうもええことにならんトミー（どうも良いことにならないんだよ）」「誰がこうちゃろうニー（誰が買ってやるものか）」。

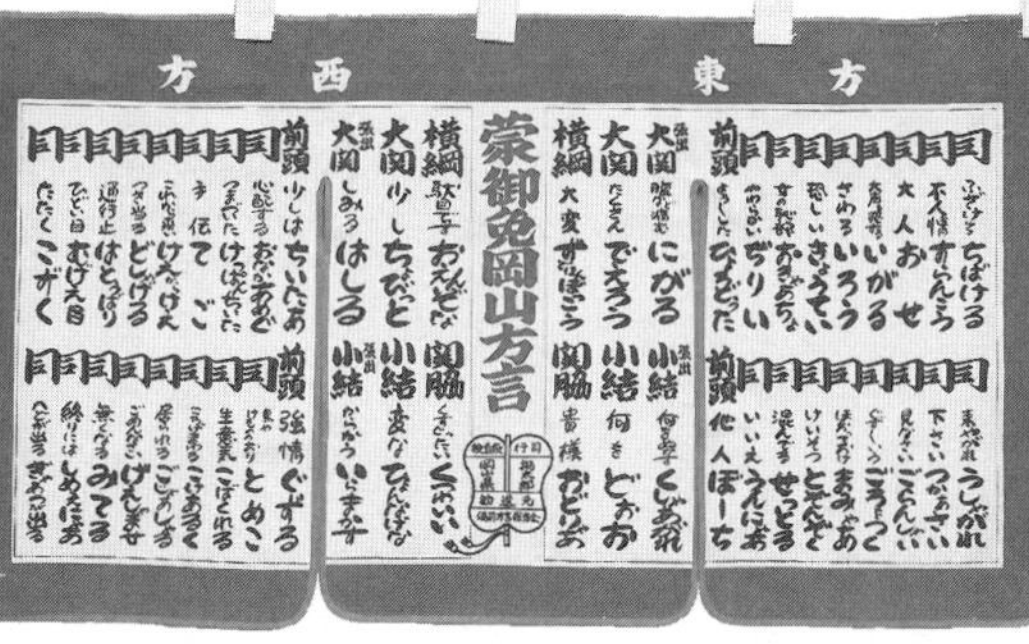

◉語彙の特色

程度を表す副詞に、デーレー、ボッケー・ボッコーがある。デーレーオコラレタ（ひどく怒られた）、ボッケー・ボッコーツレーナー（本当にに辛いなあ）のように用いられ、程度の微妙な違いを表現している。

「けうとし」に由来するキョーテー（恐ろしい）や、ヒル（かわく）のような古語の残存も認められる。

広島県

◉方言区画と特徴

広島県方言は、本州西部方言の中の中国方言に下位区画される。

県内区画は、備後方言と安芸方言に二分される。備後方言南部は旧福山藩、備後方言北部と安芸方言は旧浅野藩であり、県内の方言差を生み出す要因にもなっている。県東部の備後方言は岡山県方言と接し、県西部の安芸方言は山口県方言と接する。県南部は、瀬戸内海の島嶼部を経て愛媛県方言に連なる。県北部は、島根県方言との関わりが深い。

◉音韻・音声の特色

母音は、共通語とほぼ同様に発音するが、ウは円唇*で発音する。イ・ウは、無声子音*に挟まれたとき無声化*することがある。連母音の融合*現象は、備後方言で盛ん。アイは、全域で融合するが、音相に地域差がある。「赤い」は、備後方言でアケァー・アキャー、安芸方言でアカー。「白い」「軽い」は、備後方言でシレー、カリーと融合するが、安芸方言では融合しない。

[wo] が、安芸方言で認められる。㊙顔 [kawo]。

県北部では、ガ・ダ・ザ行音の前に撥音が挿入される。㊙カンゴ(籠)、ソレンダ(それだ)、ワランズ(草鞋)。

安芸方言の特徴としては、サ行音がハ行音に変化することがある。㊙ホーネ（そうね）、行きマヘン（ません）。

セ・ゼが、シェ・ジェになる。㊙シェンシェー（先生）、ジェーキン（税金）。備後方言北部の特徴である。

◉アクセントの特色

県下全域で、東京式アクセント*。安芸方言では、助詞が付くとアクセントの山*が後ろにずれるという特徴がみられる。たとえば、「薬・薬が」はクスリ、クスリガ。

◉文法の特色

否定表現は、「ない」にあたるンが基本的な形式。㊀行かン。否定過去の「なかった」には、ンカッタ・ンジャッタおよびザッタ・ナンダを用いる。行かンカッタ・行かンジャッタは、県内全域で用いられる。行かザッタは、高年層中心の古い言い方。行かナンダは、備後方言の中南部で用いられる。

動詞の過去形は音便形を用いる。安芸方言のウ音便形には、コータ（買った）、ナローダ（並んだ）やトーダ（飛んだ）が認められる。形容詞の「赤かった」「嬉しかった」は、赤カリョーッタ、嬉れしカリョーッタ。形容動詞の「静かだった」は静かジャッタ・静かナカッタ。

尊敬表現・丁寧表現は、助動詞レル・ラレルの他、ンサルなどのナサル類、テジャ、テジャッタ・チャッタなどのテジャ敬語、ガンス・ヤンスなどのゴザンス類、ツカイ・ツカーサイなどのツカワサル類がある。ナサル類では、ンサル（㊀行きンサル）が全域で盛ん。ナサル・ナハルは、備後方言南部でみられる。テジャ敬語は全域で盛ん。「行く」「来る」の敬語形式として行っテジャ、来テジャ。過去形には行っテジャッタ、来テジャッタおよび行っチャッタ、来チャッタが盛ん。ゴザンス類は、ホーデガンス（そうでございます）のような、ガンスが多い。ツカワサル類は、「ください」にあたり、謙譲の意味用法を担う。㊀来てツカイ、来てツカーサイ。

アスペクト形式*には、進行態*にヨル（安芸）・ヨール（備後）、結果態に*トル（安芸・備後）・チョル（安芸）がある。㊀進行態「雨が降りヨル、雨が降りョール」、結果態「雨が降っトル、雨が降っチョル」。

助詞には共通語と異なるものが多くある。カラ・カラニの用法が特徴的で、「雨が降るのにカラ行くのはやめなさい」「暑（あつ）ーてカラニ困るのよ」のように順接・逆接に関係なく用いられる。「雨が降るから行けない」の場合は、「雨が降るケー・ケン」。この他、悪口バー（悪口ばかり）、脇見シェンコーニ（よそみしないで）などが特徴的。

文末詞は、「ねえ」に相当するノー、「ぞ」に相当するワイ、問いかけのナラが特徴的。㊀キバリヨルノー（精を出すねえ）、オモーナットルワイ（重くなっているぞ）、イツイクンナラ（いつ行くんだい?）。

◉語彙の特色

広島県方言のツマランは「埒があかない」の意。「お父さんに相談しなければツマラン」のように使われる。共通語の「つまらない」（興味がもてなくて退屈だ、くだらない）とは意味が異なる。

山口県

◉方言区画と特徴

山口県は、本州の最西端に位置し、関門海峡を隔てて九州地方に隣接する。中国方言に位置するが、九州方言に近い特徴を示すともいわれる。

県内の方言差は目立たないとされているが、県内区画は、東部方言（周防東部地域）と西部方言（周防西部地域、長門地域）の二つに区画される。

◉音韻・音声の特色

母音は、共通語とほぼ同様に発音されるが、ウはやや円唇*。無声化*は、若年層でまれに認められる。連母音の融合*現象は、個人差・性差・年代差・場面差がある。アイ、アエ、オイ、ウイで盛ん。アイ、アエは[aː][æː]、オイは[eː][ŏe]、ウイは[iː]となる。（例）赤い[akaː][akæ]、鍛える[kitaːru][kitæːru]。細い[hoseː][hosŏe]、低い[çikiː]。

子音では、ザ行とダ行の交替（例）ダル〈笊〉、ムカゼ〈百足〉、ドーニ〈雑煮〉、ドード〈どうぞ〉、ダ行とラ行の交替（例）ランパン〈談判〉、レンシン〈電信〉、ウロン〈饂飩（うどん）〉、ダイハル〈来春〉、サ行とハ行の交替（例）ヒチガツ〈七月〉、ヘンヘー〈先生〉、ナ・マ・ラ行音節の撥音化（例）ウチン〈家（うち）の〉、シロートデン〈素人でも〉、アンニ〈あれに〉などが特徴的。語中のガ行音は［g］。

◉アクセントの特色

東京式アクセント*地域に属する。個別にみていくと、東京語アクセントとの異同も認められる。たとえば東京語で○]○○の「命」「涙」「姿」は、○○]○と発音する。

◉文法の特色

推量表現は、ジャロー・ヤローによっておこなう。西部方言ではローも用いられる。たとえば、「書くだろう」「起きるだろう」は、書くジャロー・起きるジャロー、書くロー・起きるロー。否定の推量表現は、ンジャローやマーでおこなう。「書かないだろう」は書かンジャロー、書くマー。過去の推量表現では、東部方言にツローが認められる。例書いツロー。

丁寧表現は、アリマスやゴザリマス・ゴザンス・ゴンス・ゴイスなどによっておこなわれる。とくに、オハヨーアリマス（おはようございます）のような、アリマスの用法が特徴的。

尊敬表現は、オイデル・オイジャール（居る・来る・行く）、オシラレル（言う）、オヨラレル（寝る）のような尊敬動詞を用いる他に、ンサレル・ンサル・サル（なさる）、テヤ・テジャ、チャッタによってなされる。例ヨミンサレル（お読みになる）、ユーテジャ（おっしゃっている）、オッテ（居られますか）、ユーテデアリマシタ（言われました）、イッチャッタ（行かれた）。

否定表現にはン（ない）を用いる。否定の過去はンジャッタ・ンダッタ・ダッタ・ザッタ（なかった）となる。たとえば「行かなかった」は、地域や世代により、イカンジャッタ、イカンダッタ、イカダッタ、イカザッタとなる。不可能の表現は、ヨー〜ン、エー〜ンでおこなう。たとえば「行けない」はヨーイカン、エーイカンとなる。

アスペクト形式*は、進行態*にヨル、結果態*にチョルが用いられる。桜が散りヨル・散りョール（散りつつある）。桜が散っチョル（散ってしまった状態にある）。東部方言と西部方言の境界地域では、改まった場面になると進行態、結果態ともにトルとなり、共通語のテイルと同様の使い方がなされる。すなわち、「桜が散っトル」で、〈散りつつある状態〉と〈散ってしまった状態にある〉を表す。

一段動詞「足りる、見る、寝る」などの五段化傾向が認められる。例タラン（足りない）、タロー（足りるだろう）。ミラン（見ない）。ネロー（寝よう）。

サ変動詞「する」はヘルとなり、ハ行音化かつ下一段化傾向にある。

文末詞では、「の」にあたるソ・ホ・ノンタが特徴的。「そうなの?」は、ソーナソ、ソーナホ、ソーノンタとなる。ノンタは「エー天気ジャノンタ（良い天気だねえ）」のようにも用いられる。他にも、「てば、さ、よ」にあたるチャ（学校に行くんチャ。お茶っチャ）や、訴えかけを表すイ（知っちょるイね）があり、いずれも、話し手から聞き手へのはたらきかけの役割を担う。

◉語彙の特色

程度を表す副詞の「とても」にあたる語彙が数多く認められる。ブチ、バチ、ブリ、バリ、エート、エット、ジョーニ、ゴッポーなど。さらに、ブチに対してブチクソ、ブリに対してマブリなどの合成語があり、程度の差を強調する。これらの程度副詞の使用には、年齢差や地域差も認められるが、同じ地域・世代でさまざまな表現を用いることも事実であり、山口県方言における程度表現のものさしの細かさを示している。

徳島県

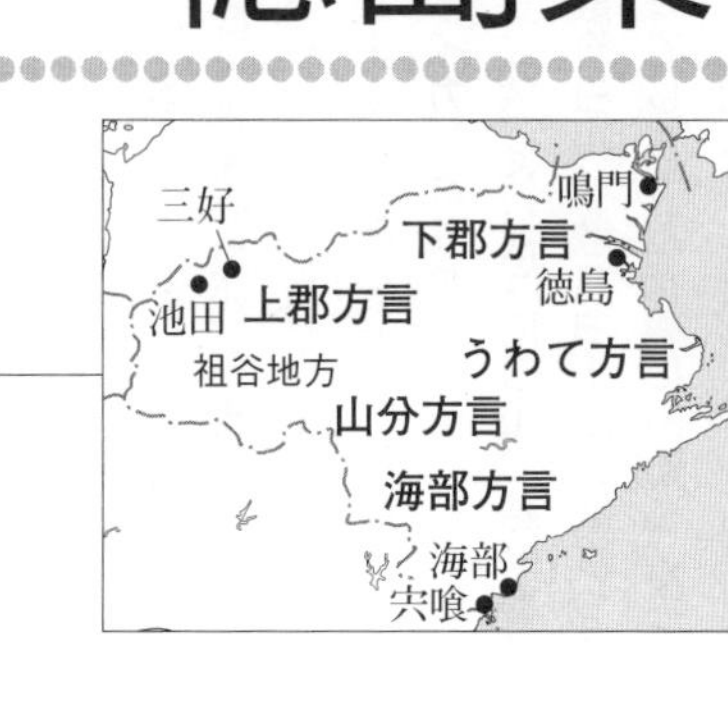

◉方言区画と特徴

徳島県方言は本州西部方言の中の四国方言に属し、その中の阿讃予（あさんよ）方言（徳島・香川・愛媛の方言）に区画される。四国東部に位置し、近畿方言との共通点が多い。

県内区画には、諸説があるが、一般的に、アクセント、文法の特徴から、上郡方言、下郡方言、山分方言、うわて方言、海部方言の五つに区画される。県都徳島市は、下郡方言に属する。

◉音韻・音声の特色

母音は丁寧に発音され、無声化*や連母音の融合*現象は目立たない。母音は共通語とほぼ同様であるが、ウがやや円唇*である。

高年層には合拗音*クヮ、グヮが認められる。㊇クヮジ（火事）、グヮイコク（外国）。カンシン（感心）とクヮンシン（関心）、コーガイ（公害）とコーグヮイ（口外）のように、カとクヮ、ガとグヮが意味の弁別に関与する。

ガ・ダ・バ行音の前に鼻濁音*を伴う地域がある。㊇カンゴ（籠）、マンド（窓）、ゴンボ（牛蒡）。

セ・ゼの口蓋化*が顕著である。㊇シェンシェイ（先生）、ジェンブ（全部）、ジェイキン（税金）。

◉アクセントの特色

県内のアクセントの違いは、県内区画の重要な根拠である。下郡方言、うわて方言は京阪式アクセント*で、京都や大阪のアクセントに似る。上郡方言は讃岐式アクセント、山分方言のうち、東部地域は垂井式アクセント*。山分方言の西部地域（上郡方言に隣接）では、讃岐式の変形したアクセントが用いられる。

◉文法の特色

意志はウ・ヨーで表現される。カコー（書こう）、ウケヨー

（受けよう）。高知県との境界地域では、起きロー、植えローも認められる。

過去形で、音便形や略音便形が用いられる。促音便にカッタ（借りた）・ミッタ（満ちた）、撥音便にモンタ（戻った）、ウ音便にコータ（買った）・アロータ（洗った）、サ行イ音便にオトイタ（落とした）、略音便形にはクタ（食った）、イタ（行った）などがある。

否定表現には、ン・ヘン・センなどを用いる。「置かない」はオカン・オカヘン・オケヘン・オキャーセンなどになる。「書くことができない」は、高年層でエーカカン・エーカカヘン、中年・若年層でヨーカカン・ヨーカカヘンである。「書かなかった」にカカナンダが用いられることがある。

アスペクト形式*には、進行態*にヨル、結果態*にトルが用いられる。着物をキーヨル（着つつある）、赤い着物をキートル（着ている）。ヨル、トルにはさまざまな変化形がある。雨が降リヨル・リョル・リョール・ロル・ンジョル・ッジョル・イヨル・イヨー、雨が降ットル・ットー。「雨が降ットル・トー」などは、進行態と結果態の区別が曖昧で、進行態でヨルとトルを併用する。

ナ変動詞「死ぬ」の連体形シヌルが用いられている。

また、共通語と異なる助詞が多い。「から」にケン・ケニ・キン・キニ、「（～し）ながら」にモッテ、疑問の文末詞「か」にはデを用いる。デは、疑問だけではなく、「行コーデ（行こうよ）」「ここにアルデナイデ（あるじゃないか）」のように勧誘や詰問など幅広く用いられる。他の助詞と結合してデカ・デヨ・デカイ・デワ・デゾなどの形で用いられることも多い。

◉語彙の特色

お礼のあいさつに「ドチライカー（どういたしまして）」という特徴的な表現を用いる。

共通語にはない、あるいは共通語と異なる形容語彙が目をひく。シンダイ（体がだるい）、セコイ（息苦しい）、エライ（疲れた）は、体の疲労感を表現した語彙であり、状態を細かく言い分ける。

ハシカイ（痛がゆい）、ヒダルイ（ひもじい）、ハラオキタ（満腹になった）は、感覚を表現。

ハガイタラシー（いらだたしい）、キドイ（いらだたしい）、タッスイ（くだらない）、ヘラコイ（ずるい）は感情を表現。

これらの感覚・感情を表す語彙は、徳島県人の感覚のするどさや感情の細やかさに通ずる。

香川県

◉方言区画と特徴

香川県方言は、本州西部方言の中の四国方言に属し、その中の阿讃予(あさんよ)方言（徳島・香川・愛媛の方言）に区画される。香川県方言は四国四県の中でも近畿方言・中国方言との共通点が多い。香川県が、四国地方への玄関口であることがその一要因。

香川県は、面積が狭く、自然環境も比較的平坦な土地柄である。県内の交通機関も発達している。そのため、県内における際だった方言の地域差はないとされる。県内区画をするならば、東讃方言、中讃方言、西讃方言、島嶼部方言に分けられる。

◉音韻・音声の特色

母音は丁寧に発音され、無声化*も認められず、連母音の融合*現象も頻繁にはみられない。母音の発音は共通語とほぼ同様であるが、ウはやや円唇*。

合拗音*クヮ、グヮは、高年層で認められるのみ。㊄クヮシ（菓子）、ズグヮ（図画）。

語中のガ行音は破裂音［g］。鼻濁音*、前鼻音*はない。

語末の長音、撥音は脱落することが多い。㊄ホーチョ（包丁）、ハンブ（半分）。

逆に、共通語の一拍名詞は、語末の母音が長音化して、二拍に発音される。㊄エー（絵・柄）、ヒー（日・火）。

◉アクセントの特色

アクセントは、きわめて複雑な様相を呈する。高松式、丸亀式、観音寺式などと称されるアクセントがおこなわれ、史的研究の重要な位置を占める。

伊吹島アクセント（一次アクセント*）、中央式・讃岐式・真鍋式アクセント（二次アクセント*）なども特徴的。

◉文法の特色

推量表現「だろう」は、ジャロ(ー)・ヤロ(ー)となる。

例書くジャロー・書くヤロー。

過去形に音便形をとる。共通語と異なる形には、ウ音便にコータ（買った）、促音便にカッタ（借りた）などがある。「借りた」のカッタは、共通語の「カッタ（買った）」と同音衝突*を起こす。過去の否定は、書かナカッタが多いが、高年層では「書かナンダ」のようにナンダが用いられる。

形容詞では、打ち消しがアコナイ（赤くない）、スズシナイ（涼しくない）、オモッショナイ（面白くない）となる。「〜くなる」は、アコンナル・アコーナル（赤くなる）、スズシンナル・スズシーナル（涼しくなる）となる。ソナルは若い世代に用いられる。

尊敬表現「〜ていらっしゃる」には、テオイデルを用いる。例書いテオイデル（書いていらっしゃる）。

「〜てください」にはマーセ・マイ、「〜てちょうだい」にはイタ・ツカを用いる。マーセとマイでは前者のほうが待遇価値が高い。上がりマイ、上がりマーセのように用いる。マーセを「そんなこといいマースナ」のように用いると、「そんなことおっしゃらないでください」の意味となる。

イタとツカは、親しい間柄の人に用いる。例ウドンイタ（うどんをちょうだい）、アローテイタ（洗ってちょうだい）。ツカは中讃・西讃方言で用いる。

アスペクト形式*には、進行態*ヨルと結果態*トルがある。ヨルは前接動詞と融合し、拗音になることが多い。例着物を着ヨル（着つつある）、赤い着物を着トル（着ている）。朝から雨が降ッリョル・降ッジョル・降ンリョル（降っている）、雨が降ットル（雨が降って地面が濡れている）。

「など」にあたる助詞に、ヤコシ（ヤカシ）・ヤコイ・ヤコ（ヤカ）・ヤがある。ヤコシは高・中年層で日常的に用いられ、ヤ・ヤコイ・ヤコは若年層で用いられる。例鞄ヤコシ持って行かん（鞄など持っていかない）、書きヤコシせん（書きなどしない）。

◉語彙の特色

生活実感を含んだ方言的なニュアンスを表現する動詞語彙が多い。オキル（満腹になる）、ドクレル（ふてくされる）、ヒニシル（つねる）、マケル（あふれてこぼれる）。

また、古語の形式や意味用法を残す動詞語彙も認められる。ホトビル（ふやける）、カス（ふやかす）、オドロク（目が覚める）など。

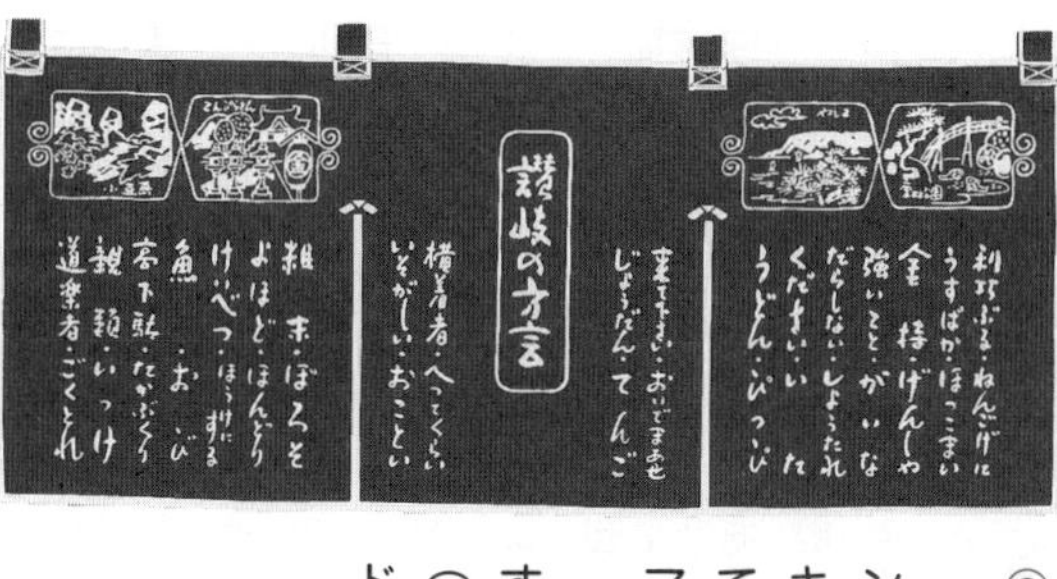

愛媛県

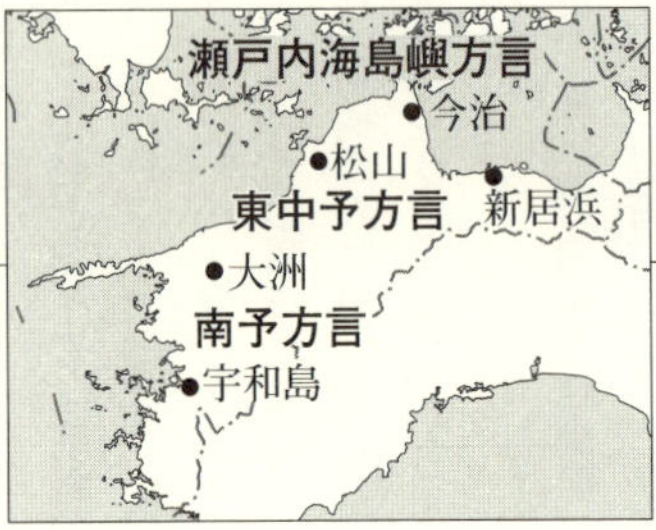

◉方言区画と特徴

愛媛県方言は、本州西部方言の中の四国方言に属し、その中の阿讃予方言（徳島・香川・愛媛の方言）に区画される。県内区画は、瀬戸内海島嶼方言、東中予方言、南予方言の三区画。南予方言のうち、南宇和島は、高知西南部とともに、渭南方言として下位区画する説もある。愛媛県方言は、瀬戸内海や四国山脈などの自然や旧藩領制などの歴史の影響を受け、多様な姿をみせる。

◉音韻・音声の特色

母音は、比較的丁寧に発音される。調音の仕方は、共通語とほとんど変わらないが、ウは共通語と比べて円唇*。無声化*は目立たない。連母音の融合*現象は、瀬戸内海島嶼と南予方言に、わずかに認められるのみ。中国・九州地方との接触によるものとされる。

東中予方言の高年層で、合拗音*クヮ、グヮがみられる。（例）クヮジ（火事）、エイグヮ（映画）、グヮイコク（外国）。イウォ（魚）やウォ（助詞「を」）のように、[wo] が認められる。若年層では、助詞「を」は、発音がオであっても、本来はウォであるとの意識があるという。

南予・東中予方言の山間部では、タ行にティ、トゥが認められる。トゥは若年層からもみられるという。

語中のガ行音は、原則として破裂音。高知県と接する地域ではカンガミ（鏡）のように前鼻音*を伴うことがある。前鼻音はマンド（窓）のようにダ行でも伴うことがある。

語中のガ・バ・マ行の前には、撥音が挿入されて独立した拍*を示すことがある。（例）トンガル（尖る）、インマ（今）。

◉アクセントの特色

東中予方言は京阪式アクセント*。南予方言の南部は東京式アクセント*で、高知県幡多方言に連なる。京阪式と東京式の境界に位置する南予方言北部では、特殊アクセント*および無型アクセント*。東中予方言の京阪式では、讃岐式と呼ばれるアクセントもおこなわれている。アクセントは地域差が大きく、さまざまな種類のアクセント体系が存在する。

◉文法の特色

推量表現の「だろう」はロー・ジャロー・ヤロー、「ただろう」はツロー・タジャロー・タヤロー、「ないだろう」はンロー・ンジャロー・ンヤローまたはマイによってなされる。

これらは、「らむ系」と「だろう系」に大別され、前者は高年層、後者は若年層に用いられる。「らむ系」は、書くロー、高いロー、書いツロー、高かっツローのように使われる。「だろう系」は、書くジャロー、書くヤローのように使われる。否定推量表現の知らマイ、知らンローは南予方言で、知らンジャロー、知らンヤローは全県で用いられる。

尊敬表現に、「オ＋動詞連用形＋ルまたはタ」という形式が認められる。「オイデル（来なさる）・オ行きル・オ読みル」「オイデタ（来なさった）・オ行きタ・オ読みタ」のように用いる。

アスペクト形式*には、進行態*「〜つつある」のヨル（ほぼ全域）・ヨー（東中予方言の一部）と、結果態*「〜てある」のトル（東中予方言）・チョル（南予方言）・トー（東中予方言の一部）がある。進行態で書ッキョル、死ンニョル、結果態で書いトル・書いチョル・書いトー、死んドル・死んジョル・死んドー。若年層では、県内全域でヨルとトルが対立。

助詞は、共通語と異なるものが多い。原因・理由「〜だから」にはケン・ケレ・キニ・キンを用いる。疑問「か」にはケ・カナを用いる。文末詞「ね」に当たる形式には、ナーシ（南予）、ノモシ（東中予・瀬戸内島嶼）、ナモシ（東中予）がある。

◉語彙の特色

共通語には言い換えにくい動詞・形容語彙が多く、生活実感を端的に表出している。クジクル（不平をいう）、アラケル（間隔を置く）、ヤリツケル（疲れ切る）、ムツコイ（味がしつこい）、イデラシー（長持ちしている様子）、ヘラコイ（意地が悪い）、ガイ（ひどい）、ヨモ（いい加減な）など。

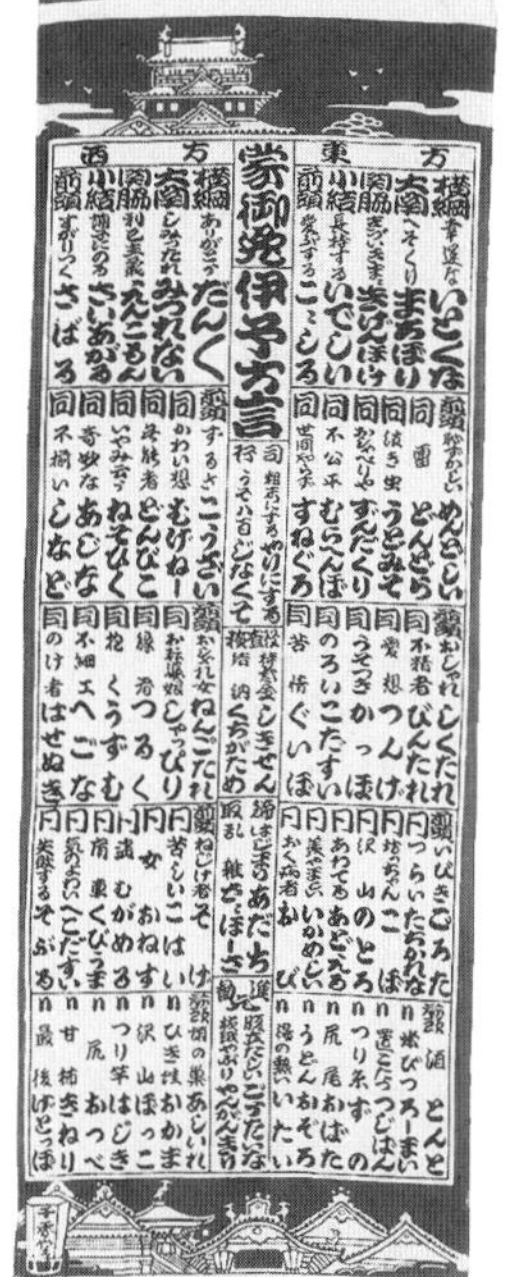

高知県

高知方言
高知
幡多方言
中村
室戸

◉方言区画と特徴

高知県方言は本州西部方言の四国方言に区画される。四国方言は阿讃予（あさんよ）方言（徳島・香川・愛媛）と土佐方言（高知）に二分される。高知県の県南は太平洋に面し、県北には四国山脈を擁する。このような自然環境は、四国四県における、あるいは日本全国における、高知県方言の特殊性を生み出している。

県内区画は、高知方言（東ことば）と幡多方言（西ことば）に分けられる。高知方言は、県都高知市を含み、県中東部でおこなわれる。幡多方言は、中村市を中心とする、県西部でおこなわれる。

◉音韻・音声・アクセントの特色

母音は、全体的にきわめて丁寧に発音される。無声化*や連母音の融合*現象は認められない。ウは唇を丸めて発音される。

タ行の発音は、「つ」の音声に特徴があり、[tɯ] または [t^{s}ɯ] と発音される。

ガ・ダ行音の前に鼻音が現れる。ガ行は原則として破裂音だが、高年層では語頭以外で前鼻音*が現れる。ダ行も、語頭以外で前鼻音が現れる。

(例)鏡 [ka^{ŋ}gami]、籠 [ka^{ŋ}go]。肌 [ha^{n}da]、窓 [ma^{n}do]。

ダ行音の前鼻音によって、じ・ず・ぢ・づは区別される。一般的に、ザ行は摩擦音。したがって、富士（ふじ）は [ɸuʒi]、藤（ふぢ）は [ɸu^{n}di] ないし [ɸu^{n}dʒi] のように区別して発音する。しかし、この対立も、年齢が下がるにつれ消失傾向にある。三つ仮名弁*（じ・ぢの対立消失）から二つ仮名弁*（ず・づの対立消失）へ段階的に移行しているとされる。

また、高知方言は京阪式アクセント*、幡多方言は東京式アクセント*。県内区画の重要な根拠の一つとなる。

◉文法の特色

推量表現は、ロー、ツロー、ニカーランでおこなう。ローとツローは、それぞれ古語の助動詞「らむ」と「つらむ」に由来し、「だろう」「ただろう」にあたる。例書くロー・高いロー、書いツロー・高かっツロー。

　ニカーランは、古語の「〜にかあらむ」の転化形。例書くニカーラン（書くだろう）、高いニカーラン（高いだろう）。この形式を「〜に変わらん」と意識する人もいるという。

　可能表現では、能力可能*と状況可能*を言い分ける傾向が強い。能力可能には「ヨー（エー）＋動詞」、状況可能には「可能動詞（書ける・読めるなど）」または「動詞＋レル」を用いる。能力可能の例は「孫が大きくなってきたので字をヨーカク（書くことができる）」「孫はまだ小さいので字はヨーカカン・エーカカン（書くことができない）」。状況可能の例は「明るい部屋なので字もカケル・カケレル（書くことができる）」「部屋が暗くて字がカケン・カケレン（書くことができない）」。可能動詞は、世代が下がると状況可能だけでなく、能力可能にも用いるという。

　アスペクト形式*には、進行態*のヨル・ユー、結果態*のチヨル・チューがある。進行態「今、雪がフルヨル・フリユー（降っている）」、結果態「雪がフッチョル・フッチュー（積もっている）」となる。

　尊敬表現「〜ていらっしゃる」にはテオイデル、丁寧表現「〜てください」にはテオーセ・トーセが現れる。例見テオイデル、見テオーセ・見トーセ。ちなみに、オイデルローは「いらっしゃるだろう」の意。

　助詞にも多様な形式が現れる。準体助詞「の」にはガを用いる。例安いガを買う（安いのを買う）、来てくれたガかえ（来てくれたのかい）。

　そのほか、接続助詞にはキ（から）、ケンド（けれど）、チ（て）など、「ね」「よ」にあたる終助詞にはゾネ、ネヤ、チヤ、ゼヨ、ノーシなどがある。

◉語彙の特色

　人の性格を表したり、人を形容する語彙および表現が注目される。イゴッソー（頑固な男性）やハチキン（男勝りな女性）は、高知県人を端的に表す語として有名。シャラクガハヤイ（手際がいい）、メッソーナ（素晴らしい）は、人をプラスの意味で形容する表現。 
　ウルサイ、フトイ、ホソイは、共通語とは異なる意味用法で用いられる。ウルサイは「病気をしてウルサカッタ」「洋服が雨で濡れてウルサイ」のように、「苦しい」や「うっとうしい」の意味で使われる。「細い・小さい・細かい」を区別せず、すべてコマイ・コンマイと表現したり、すべてホソイと表現する地域が県内にみられる。

福岡県

北九州
直方
東部方言
福岡
西部方言
甘木
久留米
南部方言
柳川

◉方言区画と特徴

九州方言はその内部でさらに肥筑（ひちく）方言、豊日（ほうにち）方言、薩隅（さつぐう）方言に三区分されるが、福岡県は東側が豊日方言圏、西側が肥筑方言圏になる。県内の方言区画は東部方言、西部方言、南部方言の三つに分かれる。

東部方言は旧豊前国全域に、遠賀川以東の遠賀郡、直方市、中間市を加えた地域となる。現在の北九州都市圏といえる地域である。本州方言の影響を受け、九州方言色がもっとも薄い。

西部方言は甘木市と朝倉郡を除く旧筑前国領域がこれにあたる。中心都市は福岡市である。

南部方言は旧筑後国全域に甘木市と朝倉郡を加えた地域となる。現在の久留米都市圏といえる地域である。肥前、肥後へ連なる地域で九州方言色が強い。

福岡県の方言区画は、旧国境をふまえながらもそれに完全一致するものではなく、現代の生活圏がそれにかぶさって画されるものであるといえよう。

福岡県は総じて地元意識が高く、呼応するかのように地元の方言への好感度も高い。以前から九州地方は方言コンプレックスが少ないことが指摘されていたが、福岡の方言についても肯定的にとらえられており、否定的な感情は非常に低いという報告がある。

◉音韻・アクセントの特色

方言音声は現在では共通語化が進み若年層ではほとんど認められない。

語中語尾のガ行音は［g］で、鼻濁音*はない。

シェ、ジェの音は以前からなかった北九州市とその周辺及び糸島半島を除いて、全県で中高年層にみられる。(例)シェンシェー（先生）、ジェーキン（税金）。

ダ行音とラ行音の混同が博多湾沿岸部とその周辺、筑豊地域に認められる。(例)ウロン（うどん）、カララ（体）、ダイオン（ライオン）、ダイドコド（台所）。

アクセントは次のようになっている。

・東部方言：豊前式アクセント（東京式*）
・西部方言：筑前式アクセント（準東京式*）
・西部方言南部：曖昧アクセント*
・南部方言：無型アクセント*
・南部方言最南域：九州西南部式アクセント（大牟田市、三池郡）

◉文法・語彙などの特色

県全域で下二段活用が認められる。例アグル（上げる）、スツル（捨てる）。

一段活用のラ行五段化*がみられ、東部方言でもっとも顕著である。一般に短い語ほどラ行五段化が進み、世代別にみると若年層に使用が多い。例オキラン（起きない）、オキロー（起きよう）、オキッタ（起きた）、オキレ（起きろ）。

否定形でもラ行五段化した形と旧来の形とが共存してみられる。例ミン・ミラン（見ない）、タベン・タベラン（食べない）。

東部方言では丁寧型においてもネリマス（寝ます）、ミリマス（見ます）のようにラ行五段化が現れている。

西部方言、南部方言は、ヨカ（良い）、ハデカ（派手だ）のように形容詞・形容動詞にカ語尾*を用いる地域になる。これは形容詞のカリ活用の残存である。

断定辞はかつてのジャからヤへ移行している。

可能表現には能力可能*のキルと、状況可能*のルル（レル）・ラルル（ラレル）とがある。例一人でキル（一人で着られる〈能力可能〉）、まだキラルル（まだ着られる〈状況可能〉）。

西部・南部方言ではサ詠嘆法が認められる。形容詞語幹に接尾辞サをつけて体言化し詠嘆を表すものである。例シェノタカサー（なんと背の高いこと!）、メズラッサ（なんと珍しい!）。

また「冷蔵庫に牛乳をナオス」のような「しまう」の意味のナオスは、福岡を中心とする九州地方（さらに西日本各地）で使われ、「気づかずに使う方言」の代表的な例である。

佐賀県

◉方言区画と特徴

佐賀県の方言は、九州方言のうちの肥筑(ひちく)方言に属する。県内の方言区画は佐賀東部方言、佐賀西部方言、唐津方言、田代方言の四つに分けられる。これは旧国境にほぼ一致する。佐賀東部・佐賀西部方言は旧佐賀藩領、唐津方言は旧唐津藩領、田代方言は旧対馬藩領である。

佐賀東部方言は旧佐賀藩領の「ひがしめ」と呼ばれる地域で佐賀郡、小城郡、神埼郡などがこれにあたる。

佐賀西部方言は「にしめ」と呼ばれる地域で伊万里市、武雄市、鹿島市などが入る。かつて多くの支藩、親藩があったためか小地域ごとに特色ある言語現象がみられる。

唐津方言には、かつて「唐津城内ことば」があり、ガ行鼻音*があるなどの特異性を示していたが、現在ではみられない。

田代方言は鳥栖市田代町を中心とする。隣接する福岡筑後のことばに近い。

◉音韻・アクセントの特色

語中語尾のガ行音は［g］で、鼻濁音*はない。

連母音の融合*は様々なものが認められる。アイはヤー、ウイはイー、オイはエーとなる。

開合の区別*があり、合音系のオ段長音はウーとなる。(例)ヨージ（楊枝）〈開音〉、ユージ（用事）〈合音〉、フーズキ（ほおずき）〈合音〉。

佐賀東部・西部方言では語中語尾のリの子音が脱落してイとなる。(例)クイ（栗）、クスイ（薬）、トイ（鳥）、ハイ（針）、クーイ（氷）。

語中語尾のイ段音・ウ段音は無声子音*の間で無声化*する。とくに語尾のルは母音がなくなり促音化する。(例)アッ（ある）、スッ（する）、トッ（取る）。

セ・ゼはシェ・ジェと発音される。(例)シェナ（背中）、ミシェ（店）、カジェ（風）。

ダ行音とラ行音の混同がみられる。(例)ウロン（うどん）、コロモ（子供）、ジローシャ（自動車）、デンコン（蓮根）、ドーソク（ろうそく）。

アクセントは佐賀東部・唐津・田代方言は無型アクセント*、佐賀西部方言が東京式アクセント*である。

◉文法・語彙などの特色

下二段活用動詞がある。ウクッ（受ける）、ナガルッ（流れる）、ナグッ（投げる）などの動詞で、共通語の下一段活用動詞に対応する。「受ける」はウケン・ウケタ・ウクッ・ウクッギー・ウケロのように活用する。

「～ければ」にあたる仮定表現は「ウクッギー（受ければ）」のようにギーで表す。ギーは限定を表す「きり」に由来する接続助詞である。

上一段活用動詞はラ行五段化*し、「起きる」はオキラン・オキレ・オキローのようになる。田代方言は五段化が進んでおりオキリマスのような連用形もある。

形容詞、形容動詞の終止形はカ語尾*をとる。㊥アカカ（赤い）、リッパカ（立派だ）。

断定辞にはジャ、ヤを用いるが、若年層ほどヤの使用が多い。

三回繰り返しの擬態語がみられるのは佐賀県の方言の特色である。「雨がざーざー降る」のように、共通語でなら「ざー」の二回の反復で表される様態を、「ザーザーザーデ」「ドードードーデ」（ざあざあと）のように三回反復させる。

佐賀東部方言では応答の返事の「はい」がナーイとなる。「煙草ある?」「ナーイ」のようなやりとりで、「はい」にあたるナーイを「無い」と間違われるというエピソードがよく披露される。「長崎バッテン、西部ドン、あってないのが東部ナイ」というこの地域の方言の特徴を表す言い回しがある。

長崎県

◉方言区画と特徴

長崎県の方言は、九州方言のうちの肥筑(ひちく)方言に入る。長崎県は離島が多くその数は六百余、日本でももっとも島の多い県である。加えて、江戸時代の旧藩領が細分化していたため、地理的・歴史的双方の要因により県内の方言区画は非常に複雑である。全体としては九州方言、肥筑方言の主要な特徴を有しているが、小区域で方言の特徴が分かれる。

県内の方言区画は、まず本土方言と島嶼部方言に分かれる。本土はさらに五つ、島嶼部は三つに分かれる。この区分は旧藩域と対応している。

本土方言
- 北部方言（松浦市・平戸市・佐世保市・北松浦郡）〈平戸藩〉
- 中部方言（大村市・東彼杵郡・西彼杵郡）〈大村藩〉
- 東部方言（諫早市・北高来郡）〈佐賀藩諫早領〉
- 東南部方言（島原半島部）〈島原藩〉
- 長崎方言（長崎市部）〈天領部〉

島嶼部方言
- 壱岐方言〈平戸藩〉
- 対馬方言〈対馬藩〉
- 五島方言〈五島藩〉

アクセント分布は筑前式アクセント、九州西南部式アクセント、無型アクセント*の三つに分かれる。筑前式は壱岐・対馬方言で、九州西南部式は中部・東部・東南部・長崎方言で、無型は北部・五島方言でおこなわれる。

以下、まず県内に共通する特色をあげ、次に地域ごとの特色をみていくことにする。

◉長崎県内共通の特色

母音のウは円唇*音になる。語中語尾のガ行音は[g]である。セ、ゼの音はシェ、ジェとなる。㊎シェンシェー（先生）、ジェン（銭）。

動詞語尾のルは促音化する。㊎クッ（来る）、スッ（する）、カンガユッ（考える）。

形容詞、形容動詞のカ語尾*があるが、これに促音化がみられることもある。㋐タッカ（高い）、キノドッカ（気の毒だ）。

動詞の下二段活用が多く、アグル（上げる）、ウクル（受ける）、スツル（捨てる）のようなものがある。また、一段活用のラ行五段化*が若い世代ほどよくみられる。㋐ミラン（見ない）、ミロー（見よう）、ミレ（見ろ）。

形容詞語幹にサをつけて体言化し詠嘆を表すサ詠嘆法がみられる。㋐タカサー（なんと高いこと！）

能力可能*と状況可能*の区別があり、前者にはキル、ユル、後者にはルル、ラルルを用いる。「読む」の場合は、ヨミキル（能力可能）とヨマルル（状況可能）のようになる。

●本土方言の特色

北部方言は語彙も合わせて、隣接する佐賀西部方言と似通う部分が多い。中部方言では逆接の「〜けれども」にドン、ジョンなどの「ども」に由来する語が使われるが、西彼杵郡ではバッテンが多い。東部方言では疑問の終助詞カンが用いられる。東南部方言では条件表現の「なら」「たら」にあたる言い方が北部でギラ、南部でギリャとなる。㋐イクギラ（行くなら）、シンギリャ（死んだら）。

長崎方言は長崎市旧市街地の伝統的な方言で、音声の方言的特徴が周辺部に比べて少ない。

●島嶼部方言の特色

壱岐方言の過去推量にはツローが用いられる。㋐イッツロー（行っただろう）。

五島方言では語中語尾のギ・グ・ヂ・ヅ・ニ・ブ・ミ・ムが撥音化する。「ミンのミンにミンの入った（右の耳に水が入った）」という言い回しがこの例として地元でよくあげられる。

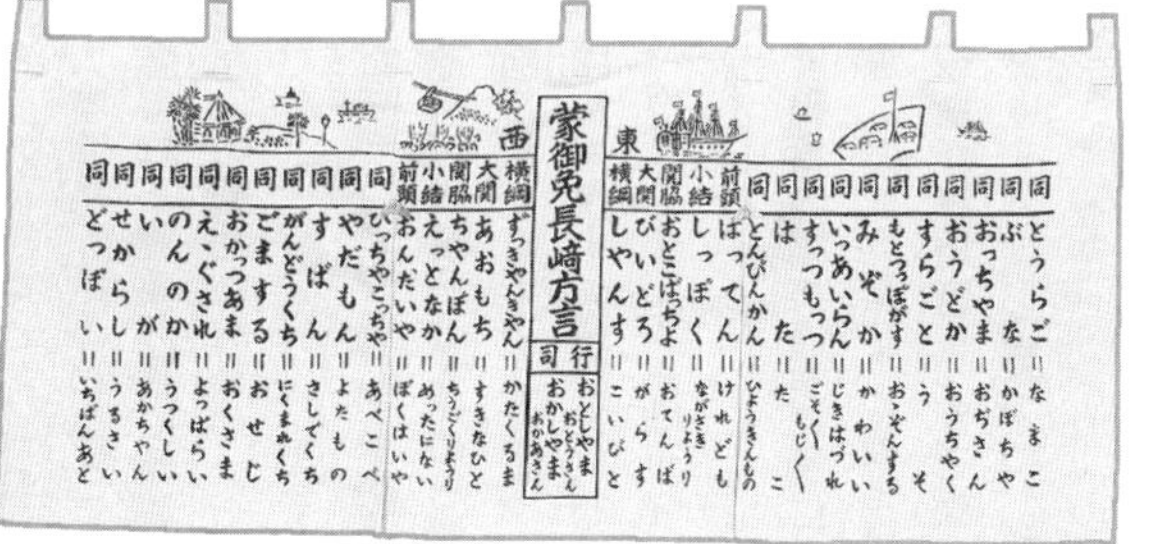

熊本県

◉方言区画と特徴

熊本県の方言は九州方言の肥筑(ひちく)方言に属する。県内の方言区画は北部方言、南部方言、東部方言の三つに分けられる。

北部方言は肥後方言の特色が、南部方言は薩隅(さつぐう)方言の特色が色濃いという点で分けられ、その境界は下益城郡から八代郡にわたる地域となる。北部方言域は熊本市、玉名市、菊池市、山鹿市などが含まれ、県都の熊本市があることからも地方共通語*としての役割を担っている。南部方言域は八代・芦北方言（八代市、水俣市など）、球磨方言（人吉市、球磨郡など）、天草方言（本渡市、牛深市など）に分かれる。東部方言は、豊日(ほうにち)方言に含まれる豊後方言に類似した特色もみられ、阿蘇郡、上益城郡がこの範囲となる。

◉音韻・アクセントの特色

連母音の融合*が認められ、アイは北部・南部方言ではヤー、東部方言ではエーとなる。たとえば「近い」は北部・南部方言ではチキャー、東部方言ではチケーとなる。オイはエーまたはエ、ウイはイーまたはウィーとなる。(例)オモシレー（面白い）、フリー（古い）。

連母音の融合は若年層にも多く、ヘンナイ（変だ）という新方言*もヘンニャーと変化させている。

母音が狭母音化*する現象がみられる。「原」がハル、「誰」がダル・ダリ、「笑った」がワルタ、「遅か」（遅い）がオスカのようになる。

セ、ゼの音はシェ、ジェになる。(例)シェイジ（政治）、ジェンブ（全部）。この音は方言音であると意識した世代が「ジェーアール（JR）」もゼーアールと過剰修正*した形で発音しているという報告もある。

撥音で終わる語につく助詞の「は」がナになるナ行連声*は九州各地でみられるものだが、熊本では全世代で盛んである。(例)「新聞ナ来とらん」（新聞は来ていない）、「みかんナ?」（蜜柑は?）。

南部方言では長音短呼*がみられ、一方、短音長呼*や一音節語の長呼もある。㊞ジサン（爺さん）、バサン（婆さん）、イーシ（石）、ハー（歯）。

天草方言では、合拗音*の［kw］が［p］になる唇音進化*現象が高年層に認められる。「食う」がプー、「食え」がペー、「食わん」がパンのようになる。同様の現象は鹿児島でもみられる。

アクセントは県内の大部分が無型アクセント*である。西部海岸沿いと西南部には二型アクセント*の地域があるが、その地域でも無型化が進んでいる。

◉文法・語彙などの特色

植ユル・始ムル・流ルル・燃ユル・消ユルなどの下二段活用動詞がある。「見る」「出る」のような一段動詞をミラン・ミレ、デラン・デレのようにラ行五段化*させることも盛んである。

形容詞・形容動詞のカ語尾*（㊞ヨカ〈よい〉、フトカ〈太い〉）があるが、北部ではカ語尾とイ語尾*が併用される。東部方言はイ語尾のみである。

ゴタルを比況・様態と、希望に使う。㊞スイカンゴタル（西瓜のようだ）、ゴハンバクオゴタル（ご飯を食べたい）。

対格にはバ、目的を表す「に」はギャーが用いられて「ホンバカイギャーイク」（本を買いに行く）のようになる。

接続助詞では、逆接にバッテン、順接にケンを用いる。㊞イコゴタルバッテンヒマンナーカケンネ（行きたいけれど暇がないからね）。

敬語表現は多彩である。敬語助動詞はナサル、ナハル、ナル、ナス、ナハンモス、ス、サス、ヤル、ル、ラルなど様々な形式がある。

謙譲表現ではハイリョースル（いただく）、アガル（参上する）、マカッデル（参上する）、アゲモス（差し上げる）、タモル（賜る）などの動詞を使うものがある。

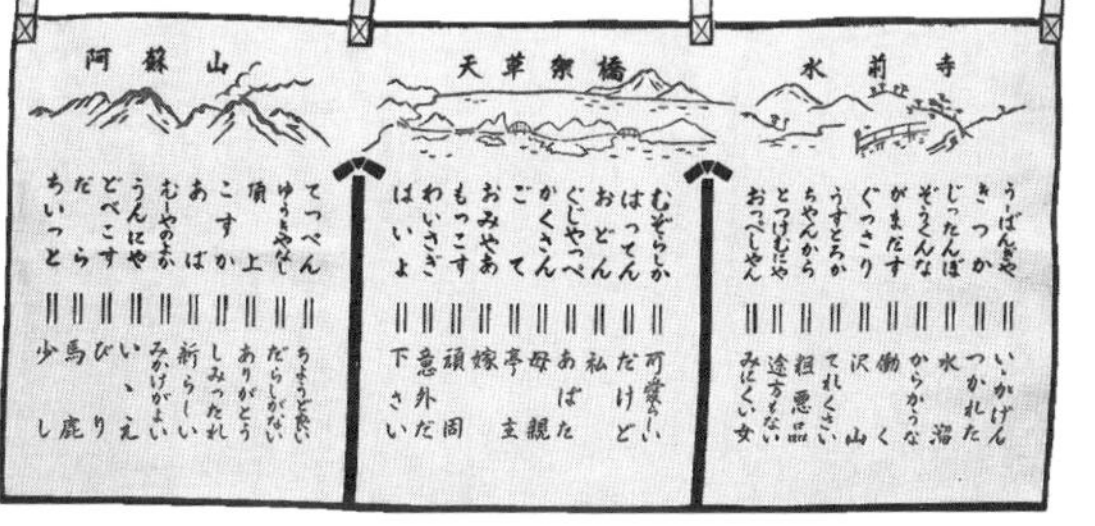

大分県

◉方言区画と特徴

大分県の方言は、九州方言の豊日(ほうにち)方言に属する。福岡東部方言と同様、本州中国方言と九州方言との中間的特徴を有する。九州的な特徴としては開合の区別*や四つ仮名弁*があること、下二段活用動詞や一段活用動詞のラ行五段化*があること、能力可能*と状況可能*を言い分けることなどがある。

一方、長音短呼*および短音長呼*がなく、形容詞・形容動詞のカ語尾*がなく、接続助詞バッテンや文末詞バイ・タイを使わない、敬語の要素が少ないなどが非九州的である。

県内の方言区画は北部方言、南部方言、東部方言、西部方言の四つに分かれる。

北部方言は別府市、宇佐市、西国東郡、速見郡などがこの範囲になる。南部方言は大分市、大分郡、臼杵市、直入郡などがこの範囲になり、北部と南部の境界は旧速見郡と大分郡境にほぼ一致する。西部方言は日田市、日田郡、玖珠郡、下毛郡山国町などが含まれる。肥筑方言の特色が県内ではもっとも強い。東部方言は東国東郡、杵築市、南海部郡、佐伯市など海に面した地域となる。

なお、豊後高田市大字呉崎、臼杵市諏訪津留では広島県人が入植したため、広島のことばの特色がある点が周辺と異なっている。

◉音韻・アクセントの特色

語中語尾のガ行音は[ŋ]である。

西部方言には、ジとヂ、ズとヅの音を区別して発音する四つ仮名弁がみられる。たとえばフジ(富士)とフヂ(藤)は区別して発音される。四つ仮名弁の地域の周辺部には、ズとヅの区別はあるがジとヂの区別を失った三つ仮名弁*の地域もある。

ナ行連声*がある。㊞ホンヌ(本を)、ホンノ(本を)、ホンナ(本は)、コンニャ(今夜)。

ザ・ダ・ラ行音の混同がみられる。㊞オメレトゴダイマス(おめでとうございます)。

アクセントは東部・北部・南部方言で準東京式*の一つである豊前式アクセントとなる。

西部方言域はアクセント分布が複雑である。玖珠郡、宇佐郡と下毛郡山国町・耶馬渓町は東京式*とわずかに異なり「院内式アクセント」と称される。日田市郡は特殊アクセント*の「日田アクセント」がおこなわれている。上・中津江では無型アクセント*である。

◉文法・語彙などの特色

格助詞「が」が北部方言ではグとなる。(例)「雨グ降った」(雨が降った)。南部方言ではイとなる。(例)「雨イ降った」。

断定辞はジャからヤに移行している。断定の過去もジャッタからヤッタへと変化している。

否定にはンが用いられる。否定過去は「行かザッタ」のようにザッタを使うのが一般的であったのが、現在では「行かンジャッタ」「行かンヤッタ」が多く、若年層では「行かンカッタ」を使うようになっている。

アスペクト形式*においては進行態*はヨル、結果態*はチョルで表現される。(例)「今雨がフリヨル」(今雨が降っている)〈進行態〉、「夜中に雨がフッチョル」(夜中に雨が降った)〈結果態〉。

能力可能をキル、状況可能をルルで表現することが多い。状況可能は客観的に可能なことか、話し手の主観により可能と判断されることかによって言い方が変わることもあり、細かい区別がなされている。(例)読みキル(能力可能)、読まルル(状況可能)。

尊敬表現にはナサル、ナハル、ナル、シャルという助動詞や、文末詞ナー、アンタナーなどを用いる。若年層に「書カレテクダサイ」のような言い方がみられるが、これは「書いてください」に当たるものである。

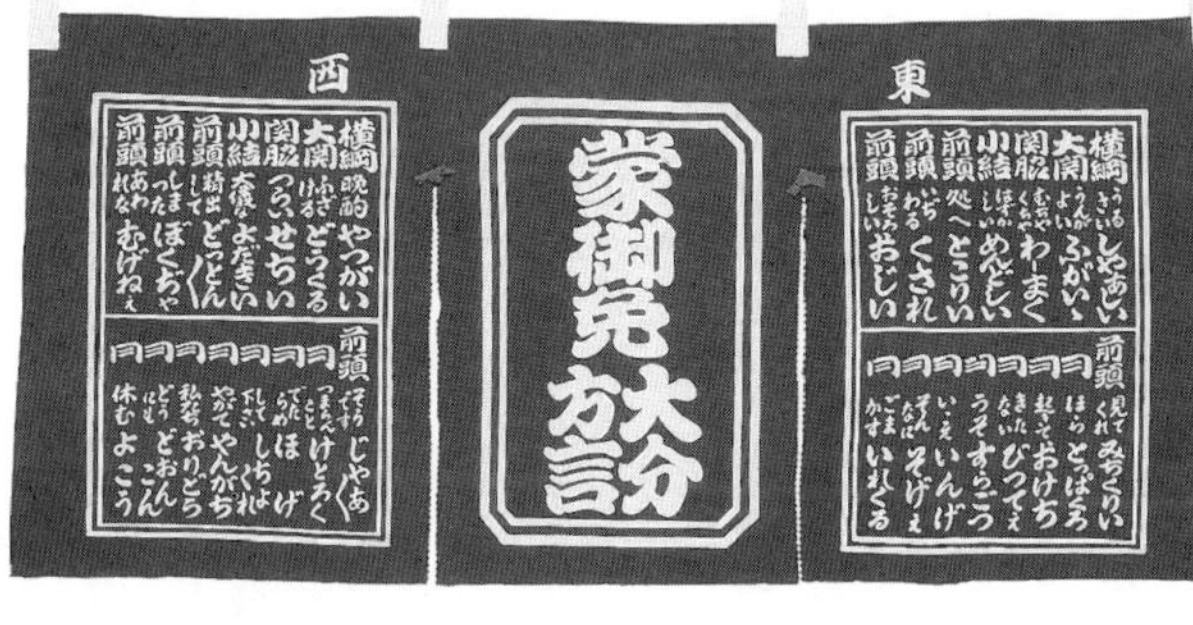

宮崎県

◉方言区画と特徴

宮崎県の方言は、大きく二つに分けられる。旧藩時代に島津領だった諸県地方の諸県方言と、それ以外の日向と呼ばれる地域の日向方言であり、諸県方言は九州方言の薩隅方言に、日向方言は豊日方言に属する。諸県方言は九州方言の特徴を色濃く有するが、日向方言は九州的特徴がやや薄い。

日向方言域は南北に広く、また旧藩時代は延岡・高鍋・佐土原・人吉などの小藩に分かれていたことや、平野部と山間部の交通が閉ざされていたことなどの地理的・歴史的背景を受けて、さらに北部方言（臼杵地方）、中部方言（児湯・宮崎地方）、南部方言（那珂地方）に区分することができる。北部方言では、大分と熊本に接する地域ではそれぞれ隣接する方言の影響が見受けられる。

諸県方言域もさらに東諸方言、西諸方言、北諸方言に分けられる。西諸方言と北諸方言とには共通する事象が多い。東諸方言は地理的に宮崎市に近いこともあって日向方言の影響が強く、日向方言と諸県方言の中間的な姿を呈する。

◉音韻・アクセントの特色

母音のウは円唇*音で発音される。

連母音の融合*は盛んであり、アイはエー、オイ・ウイ・エイはイーとなる。例タケー（高い）、シリー（白い）。

また、アウはオー、オウはウーとなる。これは開合の区別*を反映している。例クローナル（暗くなる）、クルーナル（黒くなる）。

合拗音*クヮ、グヮ、クィ、グィ、クォがある。例ヒクィー（低い）、エグィー（えぐい）、クォー（食おう）。

語中語尾のガ行音は［g］である。セ、ゼはシェ、ジェに発音される。

体言の末尾音が撥音のとき、助詞がつくとナ行連声*を起こす。例ホンナ（本は）、シンブンヌ（新聞を）。

ハ行音は、エ、イと結合するときにフェー（蝿）、フェーッタ（入った）、フィーター（吹いた）のように両唇摩擦音*が認められる。

日向方言全域と東諸方言は一定の型を持たない無型アクセント*地域である。西諸方言と北諸方言は最後の音節が高くなる尾高（おだか）一型アクセント*である。「雨」も「飴」もアメ、「桜」はサクラとなる。

◉文法・語彙などの特色

オクル（起きる）、デクル（できる）、アクル（開ける）などの二段活用がある。一段動詞は語によってラ行五段化*する。㊄ミラン（見ない）、ミレ（見ろ）。

断定辞にはジャを用いるが、若年層ではヤに移行している。アスペクト形式*はヨルが進行態*、チョルが結果態*を表す。「降りヨル」は今降っている最中であること、「降ッチョル」は降った結果が残っていることを表す。ヨルは習慣も表し、「行きヨル」は、「今行く途中であること（進行）」、「毎日行っていること（習慣）」の場合がある。

主格のノとガには敬意の差があり、ノが高くガが低い。「先生ノ来ナサッタ」（先生がいらした）と「クワンジンガ来タ」（乞食が来た）のように使い分けるが、若年層では区別を失い、ガに統一されている。

準体助詞にはト、ツを用いる。㊄ダレントカ（誰のか）、オリガツヨ（おれのだよ）。

相手のところに「行く」ことをクルで表現する。㊄ソッチークルワ（そっちに行くよ）。これは九州方言に広くみられる特徴である。

コッセンは「～じゃない」にあたり、若者が使う。㊄テッゲカワイーコッセン？（とってもかわいいんじゃない？）。

宮崎方言を代表する語彙で他の地方の人にわかりにくいものには、ヨダキー（億劫だ）、オヨバン（面倒くさい）、アタレー（もったいない）、ザットイカン（簡単にはいかない）などがある。

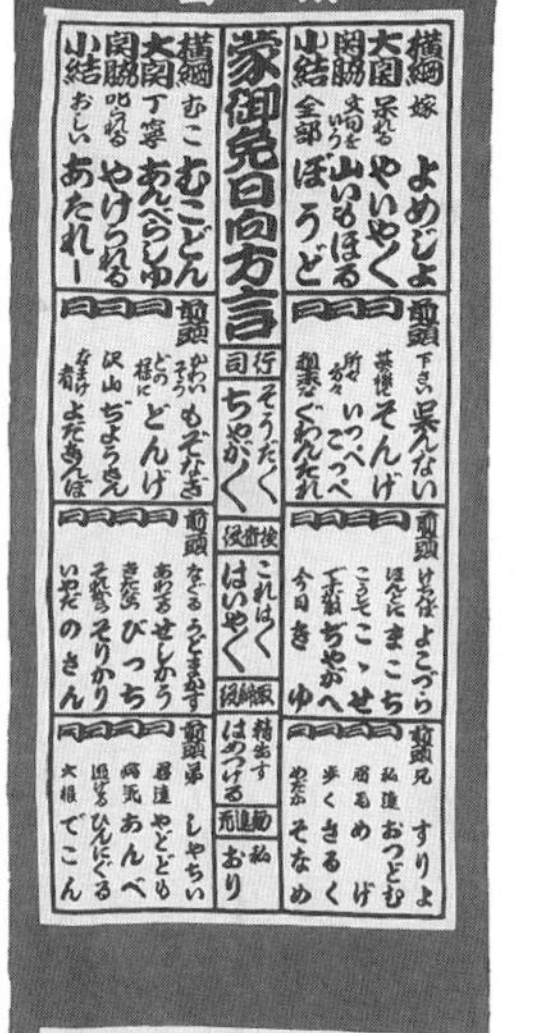

鹿児島県

◉方言区画と特徴

鹿児島県は九州本土の南端から奄美諸島までを含み、方言区画上では日本を二大分する本土方言と琉球方言とにまたがる唯一の県、日本でもっとも県内方言差の大きい県である。トカラ列島宝島と奄美大島の間を境に、九州方言の中の薩隅（さつぐう）方言と琉球方言の中の奄美方言に分かれる。薩隅方言はさらに本土方言と島嶼方言に分かれる。奄美方言は島ごとの、または島内の方言差が大きい。

音韻に特色があり、小地域ごとの地域差も激しいため、「鹿児島弁は江戸の隠密が聞いてもわからないように薩摩藩がわざとわかりにくく作った」という俗説がある。

共通語教育に熱心だった鹿児島県は、かつて小学校で方言を使った者に罰として「方言札*」を首から下げさせることもあった。

現在の鹿児島では「からいも普通語」と称されるスピーチスタイルがある。共通語と方言の中間にあたり、共通語の中に鹿児島のアクセントやイントネーションを交えながら話すもので、ノンネイティブにも通じ、聞いている人に親しみを感じさせるようなことばであるという。

◉音韻・アクセントの特色

薩隅・本土方言と島嶼方言との大きな違いは、本土方言には入声音*が多くみられるが、島嶼方言にはないことである。薩隅方言では語末の［i］［ɯ］は脱落し、「首」「口」「靴」はいずれもクッと発音される。

連母音アイ・オイはエ、ウイはイとなるため、「大根」がデコン、「来い」がケ、「付いた」がチタとなる。

母音の無声化*が多く、［k］［t］［s］などの無声子音*に挟まれた［i］［ɯ］は脱落するため、「草」は［ksa］となる。

県全域に合拗音*がある。(例)クワイシャ（会社）、シグワッ（四月）。

薩摩半島南端部では［kw］が［p］になる。(例)パン（食わん）、プ（食う）、ペ（食え）。これは唇音進化*と呼ばれる現象で、熊本県の天草方言にも認められる。

薩摩半島南部では他に、語中語尾のカ行音が［g］、タ行音が［d］、ガ行音が［ŋ］になるなど、東北方言の音韻と似た特色を示す。㊎カダガイダガ（肩が痛い）。

和語や漢語の長音短呼*が著しい。㊎キュ（今日）、キヌ（昨日）、テゲ（たいがい）。

奄美方言には、中舌母音*がみられる（奄美大島、徳之島、喜界島）。また、ハ行音が［p］（与論島）や［Φ］になる（沖永良部島）。これは古代日本語の特徴を残すものと考えられている。

県内のアクセントは二型アクセント*地域、尾高一型アクセント*地域、無型アクセント*地域の三つに分かれる。鹿児島県本土の大部分のアクセントは二型アクセントで、語の長さに関わらず末尾の音節が下がる型と、末尾の音節が上がる型の二つしかない。宮崎県に隣接する地域では尾高一型アクセント、種子島、悪石島、小宝島、宝島は無型アクセントである。

◉文法・語彙などの特色

下二段活用は全域にみられる。㊎アグッ（上げる）、ウクッ（受ける）。

また一段動詞がラ行五段化*する。「寝る」においては、ネラン（寝ない）、ネッタ（寝た）、ネーッ（寝る）、ネレ（寝ろ）のようになる。

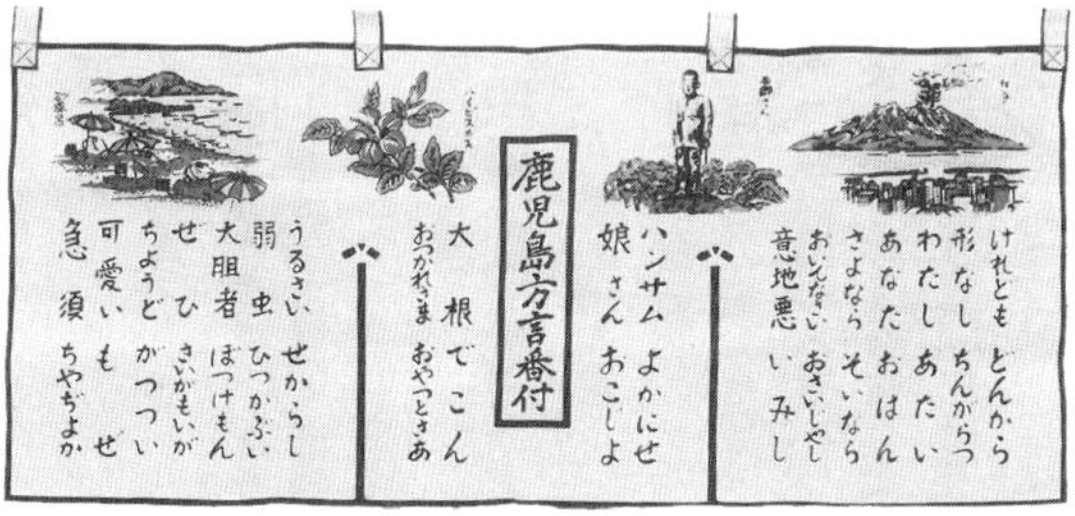

断定辞は、かつてはジャであったが、中年層はヤまたはダ、若年層はダの使用が多い。

丁寧語ゴアスがある。「～でございます」から生じている。㊎「西郷ゴアス」（西郷でございます）。

また丁寧語モスも使われる。「申す」から生じたものである。㊎ミーモス（見ます）、カッモス（書きます）。

若年層に使用の多い方言には文末詞の疑問のケがある。㊎コッチデスケ（こっちですか）。

勧誘にはガを用いる。㊎アソブガー（遊ぼう）。

軽い相づちにデスヨやダヨーを多用する。かつては方言の相づちでジャッドといっていたのを共通語に直訳した形がデスヨになる。ダヨーは若い女性に使用が多い。

沖縄県

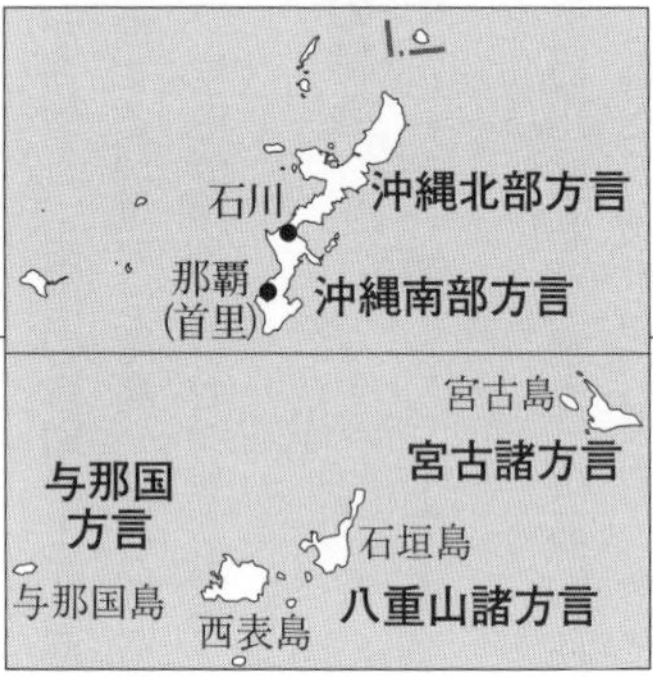

沖縄北部方言
石川
那覇
(首里)
沖縄南部方言
宮古島
宮古諸方言
与那国
方言
石垣島
与那国島
八重山諸方言
西表島

◉方言区画と特徴

琉球方言は音韻、文法、語彙などあらゆる面で本土方言とはかけ離れている。島嶼間の距離、往来の不便さなどから、琉球方言内部の言語差が非常に大きい。琉球では「ミジヌカワレークトゥバカワユン」（水が変われば言葉が変わる）という諺があり、集落による言語の違いも激しい。そうしたことも反映して、琉球方言の区画はいくつかの説もあるが、ここでは次のように区分してみる。

本土方言
琉球方言
　北琉球方言
　　─奄美方言
　　─沖縄諸方言─沖縄北部方言
　　　　　　　　─沖縄南部方言
　南琉球方言
　　─宮古諸方言
　　─八重山諸方言
　　─与那国方言

北琉球方言の奄美方言は、現在の行政区画では鹿児島県に入るため、沖縄県の方言としては沖縄諸方言以下となる。

なお、方言区画論で知られている東条操は、琉球方言を奄美方言、沖縄方言、先島方言（宮古、八重山、与那国）の三つに区画している。

琉球方言全体にみられる特徴には母音オ↓ウ、エ↓イへの変化や、母音の狭母音化*、それに伴う子音の変化などがある。たとえば、沖縄諸方言では「嫁」はユミ、「米」はクミ、「池」は「ʔイチ」（ʔは声門破裂音*を表す）と発音される。

◉北琉球・沖縄諸方言

沖縄北部方言と南部方言の境界は沖縄本島の石川市の北になる。琉球の代表的な言語は王朝のあった首里の方言で、士族と平民で言葉がかなり違っていた。現代の沖縄を代表することばは那覇の方言で、首里、那覇は沖縄南部方言域に含まれる。それに対し沖縄北部方言は一般に「ヤンバルクトゥバ」（山原言葉）と呼ばれる。

声門破裂音の有無が意味の区別に関与する場合があり、たとえば首里方言では「犬」は「ʔイン」、「縁」は「イン」と区別して発音する。古代ハ行子音の［p］を残すところもある。㊀プニ［puni］（船）。

動詞は連用形に存在動詞「居(を)り」の変化形［wuN］が融合して成立する。首里方言では「書く」はカチュン（「書きをり」の変化形）となる。

●南琉球方言

南琉球方言全域で、ワ行子音［w］に対して［b］が表れる。㊀バラ（藁）。

宮古諸方言ではアクセントの曖昧化が進んでおり、集落によっては無型アクセント*化しているところもある。また二モーラ*長子音があり、子音単独で単語になる。㊀［m:］（甘藷）、［v:］（売る）。

●ウチナーヤマトゥグチ

沖縄では明治中頃から、本土の言葉をヤマトゥグチ（大和口）、琉球方言をウチナーグチ（沖縄口）と称してきた。沖縄ではかつて熱心にかつ強制的に標準語*教育・方言撲滅運動がおこなわれ、「方言札*」も使われた。標準語を獲得する際にウチナーヤマトゥグチ（沖縄大和口）という変種が生まれた。これは方言の干渉を受けた沖縄の人々が話す共通語のことをいう。カエン（花壇。「花園」から）、カサヲカブル（傘をさす）、トゥーナー（ツナ缶詰。英語の発音から）などがこれにあたる。ウチナーヤマトゥグチは地方共通語*の一種といえる。

ヤマトゥウチナーグチ（大和沖縄口）というものもあり、これは標準語の干渉のもとで生じた方言のことをいう。ヤマトゥグチの「新しい」は、ウチナーグチでは「ミーサン」といい、ヤマトゥウチナーグチでは「アタラサン」という。

若年層では「ウチナースラング」と呼ばれる新しい方言が作り出されている。たとえばウチナーグチのチムグルサン（かわいそう）からチムイが生じており、「かわいそう」の他に「気持ち悪い、みっともない」の意味でも使われることがある。

●無型アクセント
型の区別がないアクセント。話者の型知覚がなく、型としての決まりがない。「無アクセント」または「一型アクセント」とも呼ばれる。東京式や京阪式のような型の区別が明瞭な有型アクセントと対立する。 →一型アクセント、有型アクセント
●無声化⇨母音の無声化
●無声子音
声帯の振動を伴わずに発音される子音。声帯の振動を伴う有声子音と対立する。カ行子音［k］、サ行子音［s］［ʃ］、タ行子音［t］［ts］［tʃ］などがそれにあたる。
●モーラ⇨拍

【ヤ行】

●有型アクセント
型の区別があるアクセント。話者による型の知覚も明瞭。無型アクセントと対立する。東京式アクセント、京阪式アクセント、特殊アクセントは有型アクセント。 →無型アクセント
●ゆすり音調
北陸方言にみられる、文節末や文末で揺れるようなイントネーション。「うねり音調」とも呼ばれる。あらたまった場面では現れにくい。
●四つ仮名弁
四つ仮名（じずぢづ）を、四つの音で発音しわける方言。室町時代中期までは、四つ仮名は区別して発音されており、高知方言や九州方言の一部、山梨県の一部では四つ仮名弁である。 →ズーズー弁、二つ仮名弁、三つ仮名弁

【ラ行】

●ラ行五段化
一段活用動詞が、ラ行五段活用に似た形式になる現象。「起きる」の場合、オキラン(未然)、オキリマス(連用)、オキレ(命令)のようになる。東北・九州・沖縄地方に多い。
●両唇音
上下の唇で調音する音。共通語における、フの子音［ɸ］、パ行子音［p］、バ行子音［b］、マ行子音［m］などがそれにあたる。
●両唇摩擦音
上下の唇の部分で狭めをつくり、呼気を摩擦させて調音する音。共通語のフの子音［ɸ］がこれにあたる。
●レ足す言葉
「行けれる」「飲めれない」など、可能動詞の未然形に助動詞レルをつけて可能を表す言い方の俗称。「ら抜き言葉」と同種の命名。「れ入れ」とも称される。
●連声—れんじょう—
「三位（さんみ）」「因縁（いんねん）」「屈託（くったく ※本来の表記は「屈惑」）」など、撥音［m］［n］や促音［t］に続くア行・ヤ行・ワ行音がそれぞれマ行・ナ行・タ行の音に変わる現象。
●連母音の融合
異なる母音が二つ続く音環境にあるとき、それらが融合して長音として発音されること。ai が［eː］［ɛː］［aː］などに、ui が［iː］などになる現象。㋕アメー（甘い）、サミー（寒い）。

【ワ行】

●和語の一〜五類
『類聚名義抄』などに記されたアクセントによって、和語の二拍名詞を分類したもの。二拍名詞は、平安期において、五種類の型で発音されていたと推定されている。

【ハ行】

●拍（モーラ）
音韻論における、音の長さやリズムを表す単位。おおよそ仮名一字（拗音は二字）に該当。たとえば「シャカイ（社会）」は三拍（三モーラ）、「ガッコー（学校）」は四拍（四モーラ）である。俳句や和歌の五・七・五（・七・七）は拍を単位としている。

●拍内下降
同一の拍内でアクセントが高から低に下降する現象。京都・大阪方言の高年層では、二拍名詞の第五類の単語の二番目の拍に、アメ（雨）、マド（窓）のような拍内下降が認められる。富山方言では二・三・五類の一部（二拍目の母音がａ・ｅ・ｏの単語）に拍内下降が現れる。

●鼻濁音⇨ガ行鼻音

●一つ仮名弁⇨ズーズー弁

●標準語
共通語（＝東京方言）の中から話しことば特有の俗っぽい形式を除いた表現。たとえば「オッコチル」は共通語であり、「オチル」は標準語であるとされる。しかし、実際には共通語と標準語を同じ意味で用いることも多い。　→全国共通語

●二つ仮名弁
四つ仮名（じずぢづ）を、二つの音（じず）で発音する方言。共通語（東京方言）を含めて日本の方言の大部分は二つ仮名弁である。　→ズーズー弁、三つ仮名弁、四つ仮名弁

●閉音節
子音で終わる音節。撥音や促音で終わるものも閉音節。これに対して、母音で終わる音節は「開音節」という。

●平板型―へいばんがた―
高から低にうつる部分（下がり目）を持たないアクセントの型。共通語の場合、語の二拍目から最終拍まで（付属の助詞まで）同じ高さで平らに続く型。ニワガ（庭が）、サクラガ（桜が）など。

●母音の交替
母音を入れ替えて発音する現象。複合語を作るときに入れ替わる場合（㊎カゼ〈風〉→カザムキ〈風向〉、キ〈木〉→コダチ〈木立〉）や、調音位置の近い母音、例えばイとエ、イとウ、ウとオなどが入れ替わる場合などがある。

●母音の無声化
本来は声帯の振動を伴って発音される有声音の母音が、声帯の振動を伴わずに発音されること。共通語では、無声子音にはさまれた狭母音のイとウに生じやすい。

●方言敬語法
方言による待遇表現の中の、敬語の語法・文法。方言により形式上・運用上の差が大きい。おおまかな傾向として、西日本のほうが東日本よりも複雑な体系を持つ。

●方言札
明治以降の標準語普及政策の中、おもに学校教育の場で使われたもので、方言を使った者に罰として首から下げさせた札。鹿児島県や沖縄県で使用された。

●北奥方言
東北地方の北部と日本海側地域の方言。青森県、秋田県、岩手県北部、山形県西部、新潟県北部の各方言がここに区画される。南奥方言と並ぶ東北方言の下位区画。　→南奥方言

【マ行】

●三つ仮名弁
「じずぢづ」を、三つの音で発音する方言。大分県北部に、四つ仮名弁と二つ仮名弁にはさまれて分布。ず［zu］・づ［du］は区別され対立。じ・ぢは［ʒi］または［dʒi］で区別されない。　→ズーズー弁、二つ仮名弁、四つ仮名弁

●東西方言緩衝部
日本語方言は東日本方言と西日本方言に二大別できるが、その境界にあたる地域。中部地方がほぼそれにあたり、東日本・西日本方言の特色が混じり合った様相が示されることが多い。
●特殊アクセント
すべての語や文節の発音で、特殊な型を有するアクセント。九州の二型アクセント、形式上は京阪式と似るが実際は周辺の東京式から変化した埼玉アクセント、奈良田アクセントなどがある。　→二型アクセント
●特殊拍
長音、促音、撥音の拍。アクセントや音韻において、他の拍とは違った「特殊な」ふるまいをみせることが多い。
●都市言語
都市部で使用される言語。威光を持つ都市のことばが周辺地域のことばに与える影響や、他地域出身者が流入する都市の言語状況などは、社会方言学（社会言語学）の注目する点である。

【ナ行】

●中舌化ーなかじたかー
イ・ウの母音が、中舌母音の［ï］［ü̈］で発音されること。なお、「中舌」は「ちゅうぜつ」とも呼ばれる。
●中舌母音ーなかじたぼいんー
唇の緊張をゆるめ、中舌を硬口蓋後部から軟口蓋前部に向けて高く持ち上げて調音した母音。たとえば、母音イは東北、北陸の一部、出雲の方言において中舌母音［ï］で発音される。
●中高型ーなかだかがたー
三拍以上の語のアクセントで、語中にアクセントの山を有する型。共通語では、ウチワ（団扇）、ウグイス（鶯）、ミズウミ（湖）などがその例。　→頭高型、尾高型、平板型
●ナ行連声
撥音に続くワ行音がナ行音に変わる現象。九州地方に多く、助詞「は［wa］」がナ、「を」がノやヌとなる。㋱本ナ（本は）、本ノ・本ヌ（本を）
●ナヤシ方言
「長野・山梨・静岡方言」の略称。東条操による方言区画では越後方言、岐阜・愛知方言（ギア方言）とともに東海東山方言の下位区画。
●南奥方言
東北地方の太平洋側南部地域の方言。東条操による方言区画では、福島県、宮城県、山形県東部、岩手県南部の方言がここに区画される。北奥方言と並ぶ東北方言の下位区画。　→北奥方言
●二型アクセント
音節数に関わらず、アクセントの型が常に二つのみのアクセント体系。九州西南地方に多くみられる。　→特殊アクセント
●二次アクセント
二拍名詞における五つの型（一次アクセント）のうち、ある二つの類が統合し、結果的に四つの型となるアクセント体系。近畿地方から四国にかけて多くみられる。　→一次アクセント
●入声音ーにっしょうおんー
声門に閉鎖を生じさせ、発音の断止をおこなう音。つまった感じを与える。とくに、促音のうち漢字音に関する［-p］［-t］［-k］をさす。
●能力可能
動作主体の持っている能力が、動作の可能・不可能の条件となっている可能表現。たとえば「私は泳げる」や「私は泳げない」は、動作主体の能力の有無が、動作（泳ぐ）の可能・不可能の条件になっている。　→状況可能

●全国共通語
現代の東京方言を基盤として成り、広く日本全国で通用するとされていることばの体系。地域共通語と区別するために用いられる用語。「全国共通語」を単に「共通語」と呼ぶことが多い。　→地方共通語、標準語
●前鼻音
前の音節の母音と次の音節の有声子音の間に軽く添えられた鼻音。鼻母音とは異なる。たとえば、東北方言のハンダ（肌）、高知方言のフンジ（藤）、クンズ（屑）など。

【タ行】
●第三者敬語
その場に居合わせない人を話題にのぼらせる時、その言及する第三者に対して使う敬語。
●台頭現象（台頭台尾現象）
一つのアクセント節（単語や文節）の中に、「高低高」のように高い部分を二か所持つ型が現れること。型が変化を起こしてアクセントが揺れている方言でみられるが、一般的には安定した型としては存在しにくい。
●垂井式アクセント
岐阜県垂井町を中心におこなわれる特殊アクセント体系の名称。東京式アクセントと京阪式アクセント双方の特徴がみられる。
●短音長呼
ハー（歯）のように、標準語に比べて音節を長めに発音する現象。西日本に多くみられる。　→長音短呼
●地方共通語
地方の人が改まった場面で用いる方言的特徴の混じった共通語。地方共通語の中には方言と気づかずに使われている単語や表現も多い。地域共通語とも。　→全国共通語
●中央語
地方の言葉＝方言に対して、歴史的に政治や文化の中心地であった地域のことば。かつての京都語や江戸語など。各時代の規範的なことばとしての地位を占め、言語資料も多く残っている。
●長音短呼
標準語に比べて長音を短めに発音する現象。九州地方に多くみられる。ジサン（爺さん）、バサン（婆さん）など。　→短音長呼
●低起式
京阪式アクセントでは第一拍が高く発音される型と低く発音される型との音韻的対立があり、その後者をいう。低起式はまた、中高型と上昇型に分けられる。　→高起式
●同音衝突
ある語が音韻変化等によって別の語と同形になり同音語ができる現象。同音異義語が接触した場合、一方が語形を変えて衝突を避けようとし、接触地域に新語形が現れることが多い。
●東京式アクセント
乙種アクセントとも呼ばれる有型のアクセント。共通語のアクセント。アクセント系譜上、京阪式（甲種）から変化したとされる。近畿地方の京阪式をはさみ、東京都を中心とする関東の一部、中部の一部、中国地方の大部分などに分布する。　→京阪式アクセント、準東京式アクセント／準京阪式アクセント
●等語線
方言分布において、ある方言的特徴の分布領域の外側に引く線。ある程度恣意的に引くものであり、等語線で囲まれた領域内に、対立する別の特徴が存在する場合もある。
●東西対立分布
方言の分布類型の中で、東日本と西日本で大きく二つに分かれる分布を示すパターン。音韻、文法、語彙についてみられ、境界の多くが中部地方（糸魚川・浜名湖線）を通る。

●合拗音
拗音のうち、半母音［w］を添えて発音されるヮ行拗音［kwa］［gwa］など。合拗音の大部分は漢字音の影響で生じた外来音である。一方、半母音［j］を添えるヤ行拗音（シャ・シュ・ショなど）は、開拗音と呼ばれ、合拗音と区別される。
●御所ことば
室町時代初期、内裏などで、宮中女官が仲間同士で用いていたことばの体系。使用範囲は、宮中から公家社会、町方へとしだいに広まっていったとされる。
●混交
二つの語形が接触したとき、それぞれの一部分を取って継ぎ合わせたり、組み合わせたりして新語形が生じる現象。カタウマとテングルマからカタグルマが生じるような例。

【サ行】

●三音節の擬態語
共通語の擬態語にみられる「まごまご」のような二音節を反復させるパターンに対し、神奈川県の方言でみられる「マゴラマゴラ」のように三音節を反復させるパターンの擬態語。
●準東京式アクセント／準京阪式アクセント
東京式アクセントや京阪式アクセントに類似する面もあるが、類の統合や母音の広狭による型の区別などに東京式や京阪式と異なる特徴がみられるアクセント体系。
●状況可能
動作主体のおかれている外界の状態が、その動作の可能・不可能の条件になるとき用いられる可能表現。たとえば「明るいから字が読める」は、明か暗かという外界の状態が、読む動作の可能・不可能を決定する。　→能力可能
●シラビーム方言
促音・撥音・長音が一つと数えられずに直前の音と一緒になって、シラブル（音節）単位でリズムが区切られる方言。モーラで区切るモーラ方言と対立する。シラビーム方言のうち北奥方言では、促音・撥音・長音が脱落したり、短く発音されたりすることが多い。
●唇音進化
日本語の唇音の変化は、ハ行子音の[p]→[ɸ]→[h]の変化や合拗音の消滅([kw]→[k]、[gw]→[g])のような唇音退化現象が一般的である。これに対して、天草方言の[kw]→[p]や、山形県、新潟県の一部にみられる[kw]→[ɸ]のような逆方向の変化を唇音進化と呼ぶ。
●進行態（進行相）
ある動作や状態が、今現在も続いている様子を表すアスペクト。進行相とも呼ばれる。一次アスペクトを下位分類したとらえ方で、結果態（結果相）と対立している。　→アスペクト形式、結果態
●新方言
若い世代で使用率の高まる、非標準語的な言い方。地元でも方言扱いされ、改まった場面では用いられない。高年層の用いる伝統方言に対する、新しい方言の意。
●ズーズー弁
シとス、ジとズ、チとツの区別がない方言。四つ仮名（じぢずづ）が一つの音に統合しているため、「一つ仮名弁」とも呼ばれる。ズーズー弁は東北地方、北陸地方の一部、島根県出雲地方にみられる。　→二つ仮名弁、三つ仮名弁、四つ仮名弁
●声門破裂音
声帯が閉じて声門が閉鎖され、その閉鎖を開放すると出る音。IPA（国際音標文字。国際音声学会が制定した音声記号）では［ʔ］と表記する。
●声門閉鎖音
声帯が閉じて声門が閉鎖し、それが持続して破裂を伴わない音。「声門破裂音」も含めて、閉鎖の開放のある音もない音もまとめて「声門閉鎖音」と呼ぶこともある。
●狭母音化ーせまぼいんかー
発音する母音が、より口の開きの小さい、舌の最高部が高い母音になる現象。

●円唇（円唇母音）
［o］［u］のように、唇をまるめて発音される母音。ウは西日本では唇をまるめる［u］、東日本では唇をまるめない［ɯ］に発音する人が多いとされているが詳細は不明。
●尾高一型アクセント
最後の拍を高く発音する型のみを持つアクセント。宮崎県の一部や鹿児島県にみられる。
●尾高型—おだかがた—
三拍以上の語において、共通語のオトコガ（男が）のように語の末尾拍にアクセント核を有する型。　→頭高型、中高型、平板型

【カ行】

●開合の区別
オ段長母音の開音と合音を区別すること。開音は歴史的仮名遣いの「あう、あふ、やう」などに対応し、合音は「おう、おふ、おほ、えう、えふ、よう」などに対応する。たとえば「湯治（タウジ）」と「冬至（トウジ）」は、九州方言では［toːdʒi］と［tuːdʒi］、島根県出雲方言では［taːdʒi］と［toːdʒi］のように区別して発音される。
●ガ行鼻音（鼻濁音）
有声の軟口蓋鼻音で調音されるガ行の音。軟口蓋と奥舌で閉鎖しながら鼻腔を通して出される音。語中や語尾のガ行音は、鼻音［ŋ］で発音される地方と非鼻音（軟口蓋破裂音［g］や軟口蓋摩擦音［ɣ］）で発音される地方がある。
●カ語尾
形容詞・形容動詞の語尾がヨカ（良い）、ハデカ（派手だ）のようにカとなるもの。形容詞のカリ活用の残存と考えられ、西九州地方に多くみられる。　→イ語尾
●過剰修正
ある語形を方言形と誤解し、それを直そうとして新たな方言形を生じさせる現象。北海道でキャベツの「キャ」を訛りであると誤解しカイベツと言っていたような例。「誤れる回帰」ともいう。
●上一段化
変格活用動詞「来る、する」が、現代の方言で、「見る」「着る」のような上一段動詞の活用の形式に近くなること。「来ない（未然）」がキナイ、「すれば（仮定）」がシレバのようになる例。
●ギア方言
「岐阜・愛知方言」の略称。東条操による方言区画では東海東山方言の、また都竹通年雄による方言区画では本州西部方言の下位区画。
●京阪式アクセント
甲種アクセントとも呼ばれる有型のアクセント。東京式（乙種）と並ぶ日本語アクセントの一つ。アクセント系譜上、東京式の前段階に位置する。京都・大阪を中心とし、近畿の大部分や四国の一部に分布。　→東京式アクセント、準東京式アクセント／準京阪式アクセント
●結果態（結果相）
変化の生じたあとの結果が、そのままの状態で持続していることを表すアスペクト。既然態（既然相）とも呼ばれる。一次アスペクトを下位分類したもので、進行態（進行相）と対立する。　→アスペクト形式、進行態
●言語島
ある言語領域内に、島のように孤立して存在し特異な区画を示す言語集団。「言語の島」、方言の場合「方言の島」と称することもある。
●口蓋化
子音の発音が、本来の調音点を硬口蓋の方向に移動させ、［i］や［j］の調音の口の構えに近くなる現象。イ段音や拗音の子音は、口蓋化が生じやすい。
●高起式
京阪式アクセントでは第一拍が高く発音される型と低く発音される型との音韻的対立があり、その前者をいう。高起式はさらに、全高型と下降型に分けられる。　→低起式

都道府県別方言概説

用語解説

ここでは、方言学の学術用語・専門用語などを解説します（各都道府県ページで初出の用語に「＊」印を付しました）。なお、一部項目の見出しにから見出しを立てて、「⇨」印で意味を解説した本見出しを示しました。また、関連項目がある場合には、解説の最後に「→」印で示しました。

【ア行】

●曖昧アクセント
アクセントの高低差が小さく、型の区別が曖昧なアクセント。話者による型の知覚が明確ではなく、音環境などによって高低の位置にゆれが認められる。

●アクセント核
弁別的な「下がり目」（アクセントの滝）がある直前の拍に「アクセント核」があるという。たとえば共通語（東京方言）では「男」は「オトコガ」と発音され、「コ」にアクセント核がある。

●アクセントの山
単語や文節のなかで高く発音される拍（または音節）。音声学的な観点からの用語であるが、音韻論的な観点から「アクセント核」と同じ意味で用いられることもある。

●アスペクト形式
動作の、ある時点における内容や、過程や様相を取り出して述べる形式。話し手が動作の過程をどのようなものと考えているかを表す文法範疇。

●頭高型―あたまだかがた―
共通語におけるアメ（雨）、カラス、ネクタイのように、第一拍の次にアクセントの「下がり目」（アクセントの滝）を有する型。

●イ語尾
形容詞や助動詞で語尾が「イ」となるもの。「カ語尾」に対しての用語。九州地方にはカ語尾（ヨカ、～ラシカなど）の地域とイ語尾（ヨイ、～ラシイなど）の地域がある。
→カ語尾

●一次アクセント
『類聚名義抄』などによって明らかにされている、平安時代アクセントの体系。とくに、二拍名詞における類の統合以前の体系（五つの型）をさし、アクセント系譜上もっとも古いものとされる。　→二次アクセント

●一型アクセント
型の区別がないアクセント。「型が一つのみ」（尾高一型）のものと「語に一定の型が無く、同じ語がいろいろな型で発音される」ものがあたり、後者は「無型アクセント」とも呼ばれる。　→無型アクセント

●一型化
アクセントの型の種類が一つに統合されて、型の区別がなくなり一型アクセントになること。一型アクセントには、尾高一型（統合一型）と平板一型（無型）がある。

●意味の逆転
同一の語形が、地域または時代によって逆の意味になる現象。「さかさことば」とも呼ばれる。「きりぎりす」と「こおろぎ」、「あざ」と「ほくろ」、「めだか」と「おたまじゃくし」、「しあさって」と「やのあさって」、「大きい」と「小さい」など、方言の世界に例が多い。

●江戸語
江戸時代中期に勢力が増大した江戸（現在の東京都）で、多くの人びとに盛んに用いられていたことばの体系全体。京都府を中心に用いられていた上方語と対立。

標準語引き　日本方言辞典

二〇〇四年一月一日　第一版　第一刷　発行

監　修　佐藤亮一
編　集　小学館辞典編集部
発行者　藤波誠治
印刷所　凸版印刷株式会社
製　本　牧製本印刷株式会社

発行所　株式会社　小学館
東京都千代田区一ツ橋二丁目三―一
郵便番号一〇一―八〇〇一　振替〇〇一八〇―一―二〇〇
電話　編集（〇三）三二三〇―五一九四
　　　制作（〇三）三二三〇―五三三三
　　　販売（〇三）五二八一―三五五五

ISBN4-09-508211-9

＊小学館国語辞典編集部のホームページ
http://www.web-nihongo.com/